KODEX
DES ÖSTERREICHISCHEN RECHTS

Herausgeber: Univ.-Prof. Dr. Werner Doralt

Redaktion: Dr. Veronika Doralt

STEUER-GESETZE

bearbeitet von

Dr. ANDREI BODIS
Hofrat des Verwaltungsgerichtshofes

Rubbeln Sie Ihren persönlichen Code frei und laden Sie diesen Kodexband kostenlos in die Kodex App!

Linde

Benützungsanleitung: Die Novellen sind nach dem Muster der Wiederverlautbarung in Kursivdruck jeweils am Ende eines Paragraphen, eines Absatzes oder einer Ziffer durch Angabe des Bundesgesetzblattes in Klammer ausgewiesen. Soweit nach Meinung des Bearbeiters ein Bedarf nach einem genauen Novellenausweis besteht, ist der geänderte Text zusätzlich durch Anführungszeichen hervorgehoben.

KODEX
DES ÖSTERREICHISCHEN RECHTS

VERFASSUNGSRECHT
EU-VERFASSUNGSRECHT
VÖLKERRECHT
EINFÜHRUNGSGESETZE ABGB UND B-VG
PARLAMENTSRECHT
BÜRGERLICHES RECHT
FAMILIENRECHT
UNTERNEHMENSRECHT
ZIVILGERICHTLICHES VERFAHREN
INTERNATIONALES PRIVATRECHT
WIRTSCHAFTSPRIVATRECHT
SCHIEDSVERFAHREN
STRAFRECHT
IT-STRAFRECHT
LEGAL TECH
IP-/IT-RECHT
GERICHTSORGANISATION
ANWALTS- UND GERICHTSTARIFE
NOTARIATSRECHT
JUSTIZGESETZE
WOHNUNGSGESETZE
FINANZMARKTRECHT
VERSICHERUNGSRECHT
WIRTSCHAFTSGESETZE
UWG
TELEKOMMUNIKATION
KARTELLRECHT
VERGABEGESETZE
COMPLIANCE FÜR UNTERNEHMEN
GLÜCKSSPIEL- UND WETTRECHT
ARBEITSRECHT
EU-ARBEITSRECHT
ARBEITNEHMERSCHUTZ
SOZIALVERSICHERUNG
SOZIALVERSICHERUNG DURCHFÜHRUNGSVORSCHRIFTEN
PERSONALVERRECHNUNG
STEUERGESETZE
STEUER-ERLÄSSE
EStG-RICHTLINIENKOMMENTAR
LSt-RICHTLINIENKOMMENTAR
KStG-RICHTLINIENKOMMENTAR
UmgrStG-RICHTLINIENKOMMENTAR
UStG-RICHTLINIENKOMMENTAR
GebG-RICHTLINIENKOMMENTAR
DOPPELBESTEUERUNGSABKOMMEN
VERRECHNUNGSPREISE
FINANZPOLIZEI
ZOLLRECHT UND VERBRAUCHSTEUERN
RECHNUNGSLEGUNG UND PRÜFUNG
INTERNATIONALE RECHNUNGSLEGUNG
VERBRAUCHERRECHT
VERKEHRSRECHT
WEHRRECHT
ÄRZTERECHT
KRANKENANSTALTENGESETZE
VETERINÄRRECHT
GESUNDHEITSBERUFE
UMWELTRECHT
EU-UMWELTRECHT
WASSERRECHT
ABFALLRECHT UND ÖKO-AUDIT
CHEMIKALIENRECHT
EU-CHEMIKALIENRECHT
LEBENSMITTELRECHT
SCHULGESETZE
UNIVERSITÄTSRECHT
ASYL- UND FREMDENRECHT
BESONDERES VERWALTUNGSRECHT
VERWALTUNGSVERFAHRENSGESETZE
INNERE VERWALTUNG
POLIZEIRECHT
LANDESRECHT TIROL
LANDESRECHT VORARLBERG
BAURECHT TIROL

LINDE VERLAG Ges. m. b. H., 1210 Wien, Scheydgasse 24
Telefon: 01/24 630 Serie, Telefax: 01/24 630-23 DW

Satz und Layout: psb, Berlin

Druck und Bindung: Czech Print Center a.s., Ostrava

Alle Angaben in diesem Fachbuch (sowie in darauf aufbauenden Online-Angeboten, E-Books, Apps udgl.) erfolgen trotz sorgfältiger Bearbeitung ohne Gewähr; eine Haftung des Verlages, des Autors, des Herausgebers sowie der Entwickler ist ausgeschlossen.

Vorwort

Erläuterung zur Darstellung der Rechtsquellen:
- Neue und geänderte Normen werden unter Anführungszeichen in Fettschrift dargestellt. Am Ende der jeweiligen Gliederungsebene der Norm (Paragraf oder Artikel, Absatz, Ziffer) wird in Klammer das jeweilige BGBl, mit dem die Änderung kundgemacht wurde, ausgewiesen. Ergänzend wird auch ein Hinweis auf das Inkrafttreten aufgenommen. Aus Gründen der Übersichtlichkeit werden länger als fünf Jahre zurückliegende BGBl gestrichen, wobei das jüngste BGBl immer beibehalten wird.
- Neue Normen, die erst zukünftig in Kraft treten, werden grau hinterlegt dargestellt, ergänzt um einen Hinweis auf das Inkrafttreten. Werden durch diese – erst zukünftig in Kraft tretenden – Normen bereits bestehende Normen ersetzt, werden sowohl die noch in Kraft stehenden als auch die erst zukünftig in Kraft tretenden Normen (grau hinterlegt) dargestellt.
- Aufgehobene Normen, Wortfolgen uä. werden durchgestrichen dargestellt und in der darauffolgenden Auflage schließlich gänzlich gelöscht. Gesetze und Verordnungen, die zur Gänze außer Kraft getreten sind, werden in der Regel zumindest noch eine Auflage – mit einem Hinweis auf das Außerkrafttreten – abgedruckt.
- Vorhandene, im BGBl kundgemachte Gliederungen bzw. Inhaltsverzeichnisse zu den jeweiligen Rechtsquellen werden durch redaktionelle, in der Darstellung vereinheitlichte Gliederungen ersetzt.
- Mathematische Formeln werden bei Bedarf aus Gründen der Erkennbarkeit und Verständlichkeit abweichend von der BGBl-Kundmachung dargestellt (etwa beim 2/2/3. Mindestbesteuerungsgesetz).

Die Neuauflage berücksichtigt Änderungen durch folgende **Bundesgesetze***:
- BGBl. I Nr. 123/2023 (EKBFG)
- BGBl. I Nr. 152/2023 (Budgetbegleitgesetz 2024 [UStG])
- BGBl. I Nr. 153/2023 (Progressionsabgeltungsgesetz 2024 – PrAG 2024)
- BGBl. I Nr. 179/2023 (Gesellschaftsrechts-Änderungsgesetz 2023 – GesRÄG 2023)
- BGBl. I Nr. 184/2023 (FLAG)
- BGBl. I Nr. 187/2023 (Mindestbesteuerungsreformgesetz – MinBestRefG)
- BGBl. I Nr. 188/2023 (Gemeinnützigkeitsreformgesetz 2023)
- BGBl. I Nr. 200/2023 (Start-Up-Förderungsgesetz)
- BGBl. I Nr. 201/2023 (UStG, BAO, KfzStG, ElAbgG, ErdgasAbgG, KohleAbgG)

Weiters wurden folgende Verordnungen bzw Änderungen von **Verordnungen** berücksichtigt:
- BGBl. II Nr. 247/2023 (Finanz-Video-Identifikationsverordnung – FVIV)
- BGBl. II Nr. 248/2023 (FOnV 2006)
- BGBl. II Nr. 251/2023 (Inflationsanpassungsverordnung 2024)
- BGBl. II Nr. 259/2023 (EDTV)
- BGBl. II Nr. 260/2023 (WiEReG-NutzungsentgelteV)
- BGBl. II Nr. 263/2023 (Befreiungserklärungs-Durchführungsverordnung – BefE-DV)
- BGBl. II Nr. 265/2023 (elektronische Übermittlung von Aufzeichnungen gemäß § 18a UStG)
- BGBl. II Nr. 273/2023 (VwG-Eingabengebührverordnung – VwG-EGebV)
- BGBl. II Nr. 319/2023 (Nicht klimaschädliche Infrastrukturprojekte-VO)
- BGBl. II Nr. 328/2023 (FamValVO 2024)
- BGBl. II Nr. 370/2023 (Quotenregelungsverordnung – QuRV)

Im Anhang finden sich zudem auszugsweise (für jene Gesetze, die in diesem Kodex abgedruckt sind) die Erläuterungen bzw. Begründungen zu folgenden Gesetzespaketen:
- Mindestbesteuerungsreformgesetz – MinBestRefG (BGBl. I Nr. 187/2023)
- Gemeinnützigkeitsreformgesetz 2023 (BGBl. I Nr. 188/2023)
- Start-Up-Förderungsgesetz (BGBl. I Nr. 200/2023)

Wien, im Jänner 2024 *Andrei Bodis*

* Anmerkung: Es werden nur die in diesem Kodex abgedruckten Gesetze angeführt; Gesetze, die nur auszugsweise abgedruckt sind, werden nur angeführt, wenn sich in den abgedruckten Stellen Änderungen ergeben haben.

Inhaltsverzeichnis

1. **Einkommensteuer**
   - 1/1. **Einkommensteuergesetz 1988** .... Seite 19
   - 1/2. **Sonstige Gesetze**
     - 1/2/1. **Endbesteuerungsgesetz** .... Seite 214
     - 1/2/2. Bundesgesetz über **steuerliche Sondermaßnahmen zur Förderung des Wohnbaus** .... Seite 215
     - 1/2/3. **Kunstförderungsgesetz** (Auszug) .... Seite 216
     - 1/2/4. **Filmförderungsgesetz** (Auszug) .... Seite 217
     - 1/2/5. **Mietrechtsgesetz** (Auszug) .... Seite 219
     - 1/2/6. **Investitionsprämiengesetz** .... Seite 222
   - 1/3. **Verordnungen**
     - 1/3/1. **§ 1:** Verordnung betreffend inländische **Zweitwohnsitze** .... Seite 224
     - 1/3/2. **§§ 2, 33:** Verordnung betreffend die **Ermittlung des Einkommens von Sportlern** .... Seite 224
     - 1/3/3. **§ 2 Abs. 2:** Verordnung (**Verwaltung unkörperlicher Wirtschaftsgüter**) .... Seite 225
     - 1/3/4. **§ 2 Abs. 3:** Verordnung über das Vorliegen von Einkünften, über die Annahme einer gewerblichen oder beruflichen Tätigkeit und über die Erlassung vorläufiger Bescheide (**Liebhabereiverordnung**) .... Seite 225
     - 1/3/5. **§§ 3 Abs. 2, 84 Abs. 1, 109a und 109b:** Verordnung betreffend die **elektronische Übermittlung von Daten der Lohnzettel** gemäß § 84 Abs 1 EStG 1988, der Meldungen gemäß §§ 3 Abs 2 und 109 a EStG 1988 sowie 109b EStG 1988 .... Seite 227
     - 1/3/6. **§ 4 Abs. 12 Z 4:** Verordnung über die Auswirkungen von Umgründungen auf die Innenfinanzierung (**Innenfinanzierungsverordnung – IF-VO**) .... Seite 228
     - 1/3/7. **§ 4a Abs. 4 lit. b:** Verordnung betreffend **Sammlungsgegenstände von überregionaler Bedeutung** im Sinne des § 4a EStG 1988 .... Seite 229
     - 1/3/8. **§ 11 Abs. 1 Z 1:** Verordnung über Wirtschaftsgüter, deren Anschaffung oder Herstellung für Zwecke des Investitionsfreibetrags dem Bereich Ökologisierung zuzuordnen ist (**Öko-IFB-VO**) .... Seite 230
     - 1/3/9. **§ 11 Abs. 3 Z 6:** Verordnung über die vom Investitionsfreibetrag ausgenommenen Anlagen im Zusammenhang mit fossilen Energieträgern (**Fossile Energieträger-Anlagen-VO**) .... Seite 231
     - 1/3/10. **§ 15 Abs. 2:** Verordnung über die Bewertung bestimmter Sachbezüge (**Sachbezugswerteverordnung**) .... Seite 232
     - 1/3/11. **§ 16 Abs. 1 lit. d:** Verordnung über die Festlegung des Grundanteils bei vermieteten Gebäuden im Sinne des § 16 Abs. 1 Z 8 lit. d EStG 1988 (**GrundanteilV 2016**) .... Seite 239
     - 1/3/12. **§§ 16, 20 und 33:** Verordnung über die Kriterien zur Ermittlung des Pendlerpauschales und des Pendlereuros, zur Einrichtung eines Pendlerrechners und zum Vorliegen eines Familienwohnsitzes (**Pendlerverordnung**) .... Seite 240
     - 1/3/13. **§ 17 Abs. 3a Z 5:** Verordnung zur branchenbezogenen Einordnung eines Betriebes als Dienstleistungsbetrieb (**Dienstleistungsbetriebe-Verordnung**) .... Seite 242
     - 1/3/14. **§ 17 Abs. 4, 5 und 5a:** Verordnung über die Aufstellung von Durchschnittssätzen für die Ermittlung des Gewinnes aus Land- und Forstwirtschaft (**LuF-PauschVO 2015**) .... Seite 245
     - 1/3/15. **§ 17:** Verordnung über die Aufstellung von Durchschnittssätzen für die Ermittlung des Gewinnes bei **nichtbuchführenden Gewerbetreibenden** .... Seite 250
     - 1/3/16. **§ 17 Abs. 4 und 5:** Verordnung über die Festlegung von Durchschnittssätzen für Betriebsausgaben für Betriebe des Gastgewerbes, über die vereinfachte Führung des Wareneingangsbuches und über

	die Aufzeichnungspflicht bei Lieferungen von Lebensmitteln und Getränken (**Gastgewerbepauschalierungsverordnung 2013**)	Seite 252
1/3/17.	**§ 17 Abs. 4 und 5:** Verordnung über die Aufstellung von Durchschnittssätzen für die Ermittlung des Gewinnes und der Vorsteuer bei **nichtbuchführenden Lebensmitteleinzel- oder Gemischtwarenhändlern**	Seite 254
1/3/18.	**§ 17 Abs. 4 und 5:** Verordnung über die Aufstellung von Durchschnittssätzen für die Ermittlung des Gewinnes und der Vorsteuerbeträge der **nichtbuchführenden Drogisten**	Seite 255
1/3/19.	**§ 17 Abs. 4 und 5:** Verordnung über die Aufstellung von Durchschnittssätzen für die Ermittlung von Betriebsausgaben und Vorsteuerbeträgen bei **Handelsvertretern**	Seite 256
1/3/20.	**§ 17 Abs. 4 und 5:** Verordnung über die Aufstellung von Durchschnittssätzen für die Ermittlung von Betriebsausgaben und Vorsteuerbeträgen bei Künstlern und Schriftstellern (**Künstler/Schriftsteller-Pauschalierungsverordnung**)	Seite 257
1/3/21.	**§ 17 Abs. 6:** Verordnung über die Aufstellung von **Durchschnittssätzen für Werbungskosten**	Seite 258
1/3/22.	**§ 18 Abs. 8:** Verordnung zur Übermittlung von Daten für die Berücksichtigung von Sonderausgaben in der Einkommensteuerveranlagung (**Sonderausgaben-Datenübermittlungsverordnung – Sonderausgaben-DÜV**)	Seite 259
1/3/23.	**§ 20 Abs. 1 Z 2 lit. b:** Verordnung betreffend die Angemessenheit von Anforderungen im Zusammenhang mit Personen- und Kombinationskraftwagen (**PKW-Angemessenheitsverordnung**)	Seite 262
1/3/24.	**§ 22 Z 2:** Verordnung über die **Bewertung von Sachbezügen** betreffend Kraftfahrzeuge, Krafträder und Fahrräder **bei wesentlich beteiligten Gesellschafter-Geschäftsführern**	Seite 262
1/3/25.	**§ 27a:** Verordnung betreffend KESt-Behandlung von Kapitalmaßnahmen (**Kapitalmaßnahmen-VO**)	Seite 263
1/3/26.	**§ 27a Abs. 4 und § 93 Abs. 4a Z 1:** Verordnung zur Ermittlung der Steuerdaten von Kryptowährungen (**Kryptowährungsverordnung – KryptowährungsVO**)	Seite 265
1/3/27.	**§ 28 Abs. 2, 3:** Verordnung betreffend Herstellungs- und Instandsetzungsaufwendungen bei Gebäuden (**Bauherrenverordnung**)	Seite 266
1/3/28.	**§ 33 Abs. 3:** Verordnung über die Anpassung der Familienbeihilfe und des Kinderabsetzbetrages in Bezug auf Kinder, die sich ständig in einem anderen Mitgliedstaat der EU oder einer Vertragspartei des Europäischen Wirtschaftsraumes oder der Schweiz aufhalten (**Familienbeihilfe-Kinderabsetzbetrag-EU-Anpassungsverordnung**)	Seite 267
1/3/29.	**§ 33 Abs. 3a:** Verordnung über die Anpassung des Familienbonus Plus, des Alleinverdiener-, Alleinerzieher- und Unterhaltsabsetzbetrages sowie des Kindermehrbetrages in Bezug auf Kinder, die sich ständig in einem anderen Mitgliedstaat der EU oder einer Vertragspartei des Europäischen Wirtschaftsraumes oder der Schweiz aufhalten (**Familienbonus Plus-Absetzbeträge-EU-Anpassungsverordnung**)	Seite 275
1/3/30.	**§ 33a Abs. 4:** Verordnung zu den im Ausmaß von zwei Dritteln inflationsangepassten Beträgen im EStG 1988 für das Jahr 2024 (**Inflationsanpassungsverordnung 2024**)	Seite 282
1/3/31.	**§ 33a Abs. 6:** Verordnung zum Progressionsbericht (**Progressionsberichtsverordnung – PBV**)	Seite 283
1/3/32.	**§§ 34, 35:** Verordnung über **außergewöhnliche Belastungen**	Seite 284
1/3/33.	**§ 34 Abs. 8:** Verordnung betreffend eine **Berufsausbildung eines Kindes außerhalb des Wohnortes**	Seite 285
1/3/34.	**§§ 26 Abs. 4 und 76 Abs. 2 StudFG:** Verordnung über die **Erreichbarkeit von Studienorten** nach dem Studienförderungsgesetz 1992	Seite 286
1/3/35.	**§ 47 Abs. 4:** Verordnung betreffend die **gemeinsame Versteuerung mehrerer Pensionen**	Seite 288
1/3/36.	**§ 69 Abs. 1:** Verordnung über die **Pauschbesteuerung von vorübergehend beschäftigten Arbeitnehmern**	Seite 289

1/3/37. **§ 76 Abs. 2:** Verordnung, mit der Daten, die in ein Lohnkonto einzutragen sind, sowie Erleichterungen bei der Lohnkontenführung für das Kalenderjahr 2006 festgelegt werden (**Lohnkontenverordnung 2006**) .... Seite 289

1/3/38. **§ 93:** Verordnung zur Durchführung der KESt-Entlastung in Bezug auf Auslandszinsen sowie zur Anrechnung ausländischer Quellensteuer bei Kapitalertragsteuerabzug bei Auslandsdividenden (**Auslands-KESt VO 2012**) .... Seite 291

1/3/39. **§ 94 Z 15:** Verordnung zur Durchführung der digitalen Befreiungserklärung (**Befreiungserklärungs-Durchführungsverordnung – BefE-DV**) .... Seite 292

1/3/40. **§ 94a Abs. 2:** Verordnung zur **Einbehaltung von Kapitalertragsteuer und deren Erstattung** bei Mutter- und Tochtergesellschaften im Sinne der **Mutter-Tochter-Richtlinie** .... Seite 293

1/3/41. **§ 99:** Verordnung betreffend die Entlastung von der Abzugsbesteuerung auf Grund von Doppelbesteuerungsabkommen (**DBA-Entlastungsverordnung**) .... Seite 294

1/3/42. Verordnung zur Abzugsteuerentlastung bei **Arbeitskräftegestellung** Seite 296

1/3/43. **§ 103:** Verordnung betreffend Zuzugsbegünstigungen (**Zuzugsbegünstigungsverordnung 2016 – ZBV 2016**) .... Seite 298

1/3/44. **§ 107 Abs. 8:** Verordnung zur Datenübermittlung gemäß § 107 Abs. 8 EStG 1988 betreffend den Steuerabzug bei Einkünften aus Anlass der Einräumung von Leitungsrechten (**Leitungsrechte-Datenübermittlungsverordnung – Leitungsrechte-DÜV**) .... Seite 301

1/3/45. **§ 108:** Verordnung betreffend **Bausparen gemäß § 108 EStG 1988** Seite 301

1/3/46. **§ 108 Abs. 1:** Erlass **Bausparprämie 2024** .... Seite 304

1/3/47. **§ 108a:** Verordnung betreffend **prämienbegünstigter Pensionsvorsorge gemäß § 108a EStG 1988** .... Seite 304

1/3/48. **§ 108c:** Verordnung über die Kriterien zur Festlegung förderbarer Forschungs- und Entwicklungsaufwendungen (-ausgaben), zur Forschungsbestätigung sowie über die Erstellung von Gutachten durch die Österreichische Forschungsförderungsgesellschaft mbH (**Forschungsprämienverordnung**) .... Seite 305

1/3/49. **§ 108g:** Verordnung betreffend **prämienbegünstigte Zukunftsvorsorge gemäß § 108g EStG 1988** .... Seite 313

1/3/50. **§§ 44, 109a:** Verordnung betreffend **Mitteilungen gemäß § 109a EStG 1988** .... Seite 314

1/3/51. **§ 124b:** Verordnung über Ableitung der Anschaffungskosten bei Wertpapieren vom gemeinen Wert (**WP-Anschaffungskosten-VO**) . Seite 315

1/3/52. **§ 229a Abs. 3 GSVG:** Verordnung betreffend die Durchführung der Übermittlung von Einkommensteuerdaten an die Sozialversicherungsanstalt der gewerblichen Wirtschaft .... Seite 315

1/3/53. **§ 124b Z 355:** Verordnung zur Verlustberücksichtigung 2019 und 2018 (**COVID-19-Verlustberücksichtigungsverordnung**) .... Seite 316

2. Körperschaftsteuer
2/1. **Körperschaftsteuergesetz 1988** .... Seite 321
2/2. **Sonstige Gesetze**
   2/2/1. **Stabilitätsabgabegesetz** .... Seite 367
   2/2/2. **BudgetbegleitG 2001 (Art 34)** .... Seite 371
   2/2/3. **Mindestbesteuerungsgesetz** .... Seite 372
2/3. **Verordnungen**
   2/3/1. Verordnung zur Durchführung der Hinzurechnungsbesteuerung und des Methodenwechsels bei Passiveinkünften niedrigbesteuerter Körperschaften (**VO-Passiveinkünfte niedrigbesteuerter Körperschaften**) .... Seite 419
   2/3/2. Verordnung zur Ermittlung des steuerlichen EBITDA sowie des Gruppen-EBITDA (**EBITDA-Ermittlungs-VO**) .... Seite 422

	2/3/3.	Verordnung zum Übergang eines Zins- und EBITDA-Vortrages (Zinsvortrags-Übergangsverordnung – **Zinsvortrags-ÜbergangsV**)	Seite 423
	2/3/4.	Verordnung über nicht klimaschädliche Infrastrukturprojekte für Zwecke der Zinsschranke (**Nicht klimaschädliche Infrastrukturprojekte-VO**)	Seite 424

3. Umgründungssteuer
- 3/1. **Umgründungssteuergesetz** .... Seite 427
- 3/2. Sonstige Gesetze
  - 3/2/1. BG über die **Umwandlung** von Handelsgesellschaften .... Seite 462
  - 3/2/2. BG über die **Spaltung** von Kapitalgesellschaften .... Seite 465
  - 3/2/3. **Genossenschaftsspaltungsgesetz** .... Seite 475
  - 3/2/4. **EU-Umgründungsgesetz** .... Seite 482

4. Umsatzsteuer
- 4/1. **Umsatzsteuergesetz 1994** .... Seite 509
- 4/2. Sonstige Gesetze
  - 4/2/1. Begleitmaßnahmen zum UStG 1994 .... Seite 593
  - 4/2/2. BGBl 1972/224 (Art XII Z 3) .... Seite 594
  - 4/2/3. **Bundesgesetz über die internationale Steuervergütung** .... Seite 594
  - 4/2/4. **Gesundheits- und Sozialbereich-Beihilfengesetz** .... Seite 597
  - 4/2/5. **Durchführungsverordnung (EU)** Nr. 282/2011 des Rates vom 15. März 2011 zur Festlegung von Durchführungsvorschriften zur Richtlinie 2006/112/EG über das **gemeinsame Mehrwertsteuersystem** ... Seite 600
- 4/3. Verordnungen
  - 4/3/1. Verordnung betreffend die **Datenübermittlung zur Steuervergütung** an ausländische Vertretungsbehörden und ihre im diplomatischen und berufskonsularischen Rang stehenden Mitglieder .... Seite 635
  - 4/3/2. Verordnung zu den Beihilfen- und Ausgleichsprozentsätzen, die im Rahmen des **Gesundheits- und Sozialbereich-Beihilfengesetzes (GSBG 1996)** anzuwenden sind .... Seite 636
  - 4/3/3. § 3a Abs. 10: Verordnung über die Verlagerung des Ortes der sonstigen Leistung bei **Telekommunikationsdiensten sowie Rundfunk- und Fernsehdienstleistungen** .... Seite 637
  - 4/3/4. § 3a Abs. 13: Verordnung über die Verlagerung des Ortes der sonstigen Leistung bei der **Vermietung von Beförderungsmitteln** .... Seite 638
  - 4/3/5. § 3a Abs. 13: Verordnung über die Verlagerung des Ortes der sonstigen Leistung bei der **Gestellung von Personal** .... Seite 638
  - 4/3/6. § 3a Abs. 16: Verordnung über die Verlagerung des Ortes der sonstigen Leistung bei **bestimmten Umsätzen** .... Seite 639
  - 4/3/7. § 6 Abs. 1 Z 6: Verordnung betreffend die nähere Regelung der Bescheinigung der Voraussetzungen für die Steuerfreiheit der Lieferung von Kraftfahrzeugen und der Vermietung von Grundstücken an **ausländische Vertretungsbehörden** und deren im diplomatischen oder berufskonsularischen Rang stehende Mitglieder .... Seite 639
  - 4/3/8. § 6 Abs. 1 Z 11 lit. a: Verordnung über das Vorliegen einer vergleichbaren Zielsetzung bei Bildungsleistungen (**Umsatzsteuer-Bildungsleistungsverordnung, UStBLV**) .... Seite 640
  - 4/3/9. § 11 Abs. 2: Verordnung, mit der die Anforderungen an eine elektronische Rechnung bestimmt werden (**E-Rechnung-UStV**) .... Seite 641
  - 4/3/10. § 11 Abs. 15: Verordnung betreffend den Entfall der Verpflichtung zur **Ausstellung von Rechnungen** .... Seite 641
  - 4/3/11. § 12 Abs. 1: Verordnung betreffend die umsatzsteuerliche Behandlung der Lieferungen und des Vorsteuerabzuges (Einfuhrumsatzsteuer) **ausländischer Unternehmer** .... Seite 642
  - 4/3/12. § 12 Abs. 2 Z 2 lit. b: Verordnung über die steuerliche Einstufung von Fahrzeugen als **Personenkraftwagen und Kleinbusse** .... Seite 643

4/3/13.	§ 14 Abs. 1: Durchschnittssätze für die Ermittlung der abziehbaren Vorsteuerbeträge bei **bestimmten Gruppen von Unternehmern**	Seite 644
4/3/14.	§ 14 Abs. 1 Z 2: Verordnung über die Aufstellung eines Durchschnittssatzes für die Ermittlung der abziehbaren Vorsteuerbeträge bei Umsätzen aus dem Einstellen von fremden Pferden (**PferdePauschV**) ...	Seite 651
4/3/15.	§ 18 Abs. 11 und § 27 Abs. 1: Verordnung, mit der Aufzeichnungs- und Sorgfaltspflichten im Bereich des E-Commerce und des Versandhandels bestimmt werden (Sorgfaltspflichten-Umsatzsteuerverordnung – **Sorgfaltspflichten-UStV**)	Seite 652
4/3/16.	§ 18a Abs. 8 Z 5: Verordnung über die **elektronische Übermittlung von Aufzeichnungen** gemäß § 18a des Umsatzsteuergesetzes 1994...	Seite 654
4/3/17.	§ 19 Abs. 1d: Verordnung betreffend die Umsätze von **Abfallstoffen**, für die die Steuerschuld auf den Leistungsempfänger übergeht	Seite 655
4/3/18.	§ 19 Abs. 1d: Verordnung betreffend Umsätze, für welche die Steuerschuld zur Bekämpfung des Umsatzsteuerbetrugs auf den Leistungsempfänger übergeht (**Umsatzsteuerbetrugsbekämpfungsverordnung – UStBBKV**)	Seite 657
4/3/19.	§ 21 Abs. 1: Verordnung betreffend die Abstandnahme von der **Verpflichtung zur Abgabe von Voranmeldungen**	Seite 658
4/3/20.	§ 21 Abs. 9: Verordnung, mit der ein eigenes Verfahren für die **Erstattung der abziehbaren Vorsteuern an ausländische Unternehmer** geschaffen wird	Seite 658
4/3/21.	§ 21 Abs. 10: Schätzungsrichtlinien für die Ermittlung der Höhe des **Eigenverbrauchs bei bestimmten Unternehmern**	Seite 661
4/3/22.	§ 28: Umsatzsteuerentlastung bei **Hilfsgüterlieferungen ins Ausland**	Seite 662
4/3/23.	Art. 7: Verordnung über den Nachweis der Beförderung oder Versendung und den **Buchnachweis bei innergemeinschaftlichen Lieferungen**	Seite 663
4/3/24.	Art. 27 Abs. 2: Verordnung betreffend die Meldepflicht der **innergemeinschaftlichen Lieferung neuer Fahrzeuge**	Seite 665

5. Bewertung

5/1.	**Bewertungsgesetz 1955**	Seite 669
5/2.	**Bodenschätzungsgesetz 1970**	Seite 708
5/3.	**Verordnungen**	
5/3/1.	Verordnung zur verbindlichen Festsetzung von **Erlebenswahrscheinlichkeiten zum Zwecke der Bewertung von Renten** und dauernden Lasten (**ErlWS-VO 2009**)	Seite 714
5/3/2.	**Mitwirkungs-V** Stadtgemeinden Bludenz, Dornbirn, Feldkirch, Marktgemeinden Lustenau, Rankweil und Gemeinde Zwischenwasser	Seite 716

6. Grundsteuer

6/1.	**Grundsteuergesetz 1955**	Seite 719
6/2.	**Abgabe von land- und forstwirtschaftlichen Betrieben**	Seite 731
6/3.	**Bodenwertabgabegesetz 1960**	Seite 733

7. Gebühren

7/1.	**Gebührengesetz 1957**	Seite 739
7/2.	**Sonstige Gesetze**	
7/2/1.	§ 17a Verfassungsgerichtshof 1953	Seite 771
7/2/2.	§ 24a Verwaltungsgerichtshof 1985	Seite 772
7/3.	**Verordnungen**	
7/3/1.	Verordnung betreffend **Ausnahmen** von der Verpflichtung des Bestandgebers zur **Selbstberechnung der Bestandvertragsgebühr**	Seite 773
7/3/2.	Verordnung betreffend **Feststellung von Durchschnittssätzen** für Gruppen von Bestandobjekten für die **Selbstberechnung der Bestandvertragsgebühr**	Seite 774

	7/3/3.	Verordnung betreffend die Gebühr für Eingaben bei den Verwaltungsgerichten (**VwG-Eingabengebührverordnung – VwG-EGebV**)	Seite	775
8.	**Erbschafts- und Schenkungssteuer**			
	8/1.	**Erbschafts- und SchenkungssteuerG 1955**	Seite	777
9.	**Grunderwerbsteuer**			
	9/1.	**Grunderwerbsteuergesetz 1987**	Seite	795
	9/2.	**§§ 26, 26a Gerichtsgebührengesetz**	Seite	807
	9/3.	**Verordnungen**		
		9/3/1. Verordnung betreffend die Grunderwerbsteuer-Selbstberechnungserklärung und die Übermittlung von Daten an die Justiz (**Grunderwerbsteuer-Selbstberechnungsverordnung – GrESt-SBV**)	Seite	809
		9/3/2. Verordnung betreffend Festlegung der Ermittlung des Grundstückswertes (**Grundstückswertverordnung – GrWV**)	Seite	810
		9/3/3. Verordnung über die zur Ermittlung des Werts des einzutragenden Rechts sowie die für die Inanspruchnahme einer begünstigten Bemessungsgrundlage erforderlichen Angaben und Bescheinigungen (**Grundbuchsgebührenverordnung – GGV**)	Seite	836
11.	**Versicherungssteuer**			
	11/1.	**Versicherungssteuergesetz**	Seite	841
	11/2.	**Feuerschutzsteuergesetz 1952**	Seite	858
		11/2/1. Verordnung zur Durchführung des Feuerschutzsteuergesetzes	Seite	861
12.	**Kraftfahrzeugsteuer**			
	12/1.	**Kraftfahrzeugsteuergesetz 1992**	Seite	863
13.	**Energieabgaben**			
	13/1.	**Elektrizitätsabgabegesetz**	Seite	873
	13/2.	**Erdgasabgabegesetz**	Seite	877
	13/3.	**Energieabgabenvergütungsgesetz**	Seite	881
	13/4.	**Kohleabgabegesetz**	Seite	884
	13/5.	**Flugabgabegesetz**	Seite	886
	13/6.	Energiekrisenbeiträge		
		13/6/1. **Bundesgesetz über den Energiekrisenbeitrag-Strom**	Seite	892
		13/6/2. Verordnung zur Umsetzung des Bundesgesetzes über den Energiekrisenbeitrag-Strom	Seite	895
		13/6/3. **Bundesgesetz über den Energiekrisenbeitrag-fossile Energieträger**	Seite	896
		13/6/4. Verordnung über den Absetzbetrag für begünstigte Investitionen im Rahmen der Energiekrisenbeiträge	Seite	898
14.	**Sonstige Gesetze und Verordnungen**			
	14/1.	**Abgabe von Zuwendungen**	Seite	903
	14/2.	**Investmentfonds**		
		14/2/1. **Investmentfondsgesetz 2011** (Auszug)	Seite	903
		14/2/2. **Immobilien-Investmentfondsgesetz** (Auszug)	Seite	909
		14/2/3. Verordnung über die Meldung der steuerrelevanten Daten für Investmentfonds, Immobilienfonds und AIF (**Fonds-Melde-Verordnung 2015 – FMV 2015**)	Seite	915
	14/3.	**Wirtschaftskammergesetz 1998** (Auszug)	Seite	919
	14/4.	**Normverbrauchsabgabegesetz – NoVAG 1991**	Seite	922
	14/5.	**Kraftfahrgesetz 1967** (Auszug)	Seite	929
	14/6.	**KonsulargebührenG 1992**	Seite	930
		14/6/1. Verordnung über die **pauschalierte Höhe des Ersatzes** der in Tarifpost 6 Abs. 7 in der Anlage zu § 1 des Konsulargebührengesetzes 1992 genannten Auslagen	Seite	938
	14/7.	**Kommunalsteuergesetz 1993**	Seite	939
		14/7/1. Verordnung betreffend die **Datenübermittlung** im Zusammenhang mit der gemeinsamen Prüfung lohnabhängiger Abgaben	Seite	944

	14/7/2.	Verordnung über die **elektronische Übermittlung von Kommunalsteuererklärungen**	Seite	945
14/8.	**Neugründungs-Förderungsgesetz – NeuFöG**		Seite	947
	14/8/1.	Verordnung zum Neugründungs-Förderungsgesetz betreffend Neugründungen (**Neugründungs-Förderungsverordnung**)	Seite	950
	14/8/2.	Verordnung zum Neugründungs-Förderungsgesetz betreffend die Übertragung von Klein- und Mittelbetrieben (**KMU-Übertragungs-Förderungsverordnung**)	Seite	952
	14/8/3.	Verordnung betreffend die **elektronische Übermittlung** von Erklärungen gemäß § 4 NeuFöG, mit denen eine Neugründung oder eine Übertragung von Betrieben erklärt wird	Seite	953
14/9.	**Werbeabgabegesetz 2000**		Seite	955
	14/9/1.	Verordnung über die **Befreiung der internationalen Organisationen** mit Sitz in Österreich von der Werbeabgabe	Seite	956
14/10.	**Stiftungseingangssteuergesetz**		Seite	957
14/11.	**Wirtschaftliche Eigentümer Registergesetz – WiEReG**		Seite	959
	14/11/1.	Verordnung zur Festlegung der Nutzungsentgelte für die Nutzung des Registers der wirtschaftlichen Eigentümer (**WiEReG-Nutzungsentgelte V**)	Seite	988
	14/11/2.	Verordnung über zusätzliche technische Möglichkeiten für die Einsicht in das Register (**WiEReG-EinsichtsV**)	Seite	989
14/12.	**Digitalsteuergesetz 2020 (DiStG 2020)**		Seite	991
15.	**Familienlastenausgleich**			
15/1.	**Familienlastenausgleichsgesetz 1967**		Seite	995
15/2.	**Verordnungen**			
	15/2/1.	Verordnung betreffend die Durchführung des **automationsunterstützten Datenverkehrs mit dem Hauptverband der Sozialversicherungsträger**	Seite	1034
	15/2/2.	Verordnung betreffend die **Datenübermittlung an den Hauptverband der Sozialversicherungsträger**	Seite	1034
	15/2/3.	Verordnung über die Höchstbeträge pro Schüler/in und Schulform für die unentgeltliche Abgabe von Schulbüchern im Schuljahr 2023/24 (**Limit-Verordnung 2023/24**)	Seite	1035
	15/2/4.	Verordnung über die **Verlängerung der Anspruchsdauer für den Bezug von Familienbeihilfe** für Studierendenvertreterinnen und Studierendenvertreter	Seite	1037
	15/2/5.	Verordnung über die Valorisierung der Familienbeihilfe, des Mehrkindzuschlages, des Kinderbetreuungsgeldes, des Familienzeitbonus und des Kinderabsetzbetrages für das Kalenderjahr 2023 (**Familienleistungs-Valorisierungsverordnung 2023 – FamValVO 2023**)	Seite	1038
	15/2/6.	Verordnung über die Valorisierung der Familienbeihilfe, des Mehrkindzuschlages, des Kinderbetreuungsgeldes, des Familienzeitbonus und des Kinderabsetzbetrages für das Kalenderjahr 2024 (**Familienleistungs-Valorisierungsverordnung 2024 – FamValVO 2024**)	Seite	1039
16.	**Doppelbesteuerungsabkommen**			
16/1.	**DBA-Übersicht**		Seite	1043
16/2.	**DBA Deutschland**		Seite	1049
16/3.	**OECD-Musterabkommen 2017**		Seite	1065
16/4.	**Verrechnungspreisdokumentationsgesetz – VPDG**		Seite	1079
	16/4/1.	**Verrechnungspreisdokumentationsgesetz-DV**	Seite	1086
16/5.	Mehrseitiges Übereinkommen zur Umsetzung steuerabkommensbezogener Maßnahmen zur Verhinderung der Gewinnverkürzung und Gewinnverlagerung (**MLI**)		Seite	1089
17.	**Bundesabgabenordnung**			
17/1.	**Bundesabgabenordnung**		Seite	1159
	17/1/1.	BGBl I 2005/112 (Art 9)	Seite	1258

17/2. **Verordnungen**
    17/2/1. Verordnung über **land- und forstwirtschaftliche Buchführung** ..... Seite 1259
    17/2/2. Verordnung über die **Zulassung von Telekopierern zur Einreichung von Anbringen** an das Bundesministerium für Finanzen, an die Verwaltungsgerichte sowie an die Finanzämter und Zollämter .... Seite 1260
    17/2/3. Verordnung über die Einreichung von Anbringen, die Akteneinsicht und die Zustellung von Erledigungen in automationsunterstützter Form **(FinanzOnline-Verordnung 2006 – FOnV 2006)** .... Seite 1260
    17/2/4. Verordnung über die elektronische Übermittlung von Steuererklärungen sowie von Jahresabschlüssen und anderen Unterlagen anlässlich der Steuererklärung **(FinanzOnline-Erklärungsverordnung – FOnErklV)** .... Seite 1266
    17/2/5. Verordnung betreffend die **Vermeidung von Doppelbesteuerungen** Seite 1269
    17/2/6. Verordnung betreffend **Unbilligkeit der Einhebung** im Sinn des § 236 BAO .... Seite 1270
    17/2/7. Verordnung über Erleichterungen bei der Führung von Büchern und Aufzeichnungen, bei der Registrierkassenpflicht und bei der Belegerteilungspflicht **(Barumsatzverordnung 2015 – BarUV 2015)** ...... Seite 1271
    17/2/8. Verordnung über die technischen Einzelheiten für Sicherheitseinrichtungen in den Registrierkassen und andere, der Datensicherheit dienende Maßnahmen **(Registrierkassensicherheitsverordnung, RKSV)** .... Seite 1273
    17/2/9. Verordnung über die Prüfung des Steuerkontrollsystems **(SKS-Prüfungsverordnung – SKS-PV)** .... Seite 1286
    17/2/10. Verordnung über die **Vorausmeldung** im Verfahren zur **Rückzahlung oder Erstattung** österreichischer Einkommen- oder Körperschaftsteuer .... Seite 1293
    17/2/11. Verordnung zur Festlegung der Sitze der Einrichtungen der Bundesfinanzverwaltung **(Sitz-Verordnung – SitzV)** .... Seite 1296
    17/2/12. Verordnung betreffend die elektronische Übermittlung von Anbringen an die Finanzstrafbehörde im Zusammenhang mit Maßnahmen zur Verhinderung der Verbreitung des Coronavirus .... Seite 1297
    17/2/13. Verordnung, mit der die Quotenregelung gemäß § 134a BAO näher konkretisiert wird **(Quotenregelungsverordnung – QuRV)** .... Seite 1297
    17/2/14. Verordnung über die videogestützte Online-Identifikation von Personen im Bereich der Bundesfinanzverwaltung **(Finanz-Video-Identifikationsverordnung – FVIV)** .... Seite 1301
    17/2/15. Verordnung zur elektronischen Übermittlung von Erledigungen und Anbringen mittels elektronischem Dateitransfer – **EDTV** .... Seite 1303
17/3. **Zustellgesetz** .... Seite 1305
    17/3/1. **Zustellformularverordnung 1982** .... Seite 1320
17/4. **Auskunftspflichtgesetz** .... Seite 1322
17/5. **Bundesfinanzgerichtsgesetz** .... Seite 1323
17/6. **Bundes-Verfassungsgesetz (B-VG)** – Auszug – Artikel 133 .... Seite 1334
17/7. **EU-Besteuerungsstreitbeilegungsgesetz – EU-BStbG** .... Seite 1336
17/8. **Bundesgesetz über die Schaffung eines Amtes für Betrugsbekämpfung – ABBG** .... Seite 1355
17/9. **Bundesgesetz über die Prüfung lohnabhängiger Abgaben und Beiträge (PLABG)** .... Seite 1358
18. **Abgabenexekutionsordnung**
    18/1. **Abgabenexekutionsordnung** .... Seite 1365
19. **Finanzstrafgesetz**
    19/1. **Finanzstrafgesetz** .... Seite 1389
        19/1/1. BGBl 1994/681 (Art X Z 29 und 30) .... Seite 1462
        19/1/2. **Sozialbetrugsbekämpfungsgesetz – SBBG** .... Seite 1463
    19/2. **Verbandsverantwortlichkeitsgesetz** (BGBl I 2005/151) .... Seite 1469
    19/3. **Finanzstrafzusammenarbeitsgesetz** .... Seite 1475

20. Unternehmensgesetzbuch – UGB
- 20/1. Unternehmensgesetzbuch .... Seite 1489
- 20/2. Mitarbeiterbeteiligungsstiftungsgesetz 2017 – **MitarbeiterBetStG 2017** (Art 6) .... Seite 1581

21. Bankwesen
- 21/1. **Bankwesengesetz** .... Seite 1585
- 21/2. **Kontenregister- und Konteneinschaugesetz – KontRegG** .... Seite 1587
  - 21/2/1. Kontenregister-Durchführungsverordnung – **KontReg-DV** .... Seite 1593
  - 21/2/2. 2. Kontenregister-Durchführungsverordnung – **2. KontReg-DV** .... Seite 1594
- 21/3. **Kapitalabfluss-Meldegesetz** .... Seite 1598
  - 21/3/1. Kapitalabfluss-Durchführungsverordnung – **KapAbfl-DV** .... Seite 1602
- 21/4. **Gemeinsamer Meldestandard-Gesetz – GMSG** .... Seite 1604
  - 21/4/1. Verordnung zur Durchführung des Gemeinsamen Meldestandard-Gesetzes **(GMSG-DV)** .... Seite 1629
  - 21/4/2. Verordnung zu § 91 Z 2 GMSG über die Liste der teilnehmenden Staaten .... Seite 1630

22. EU-Meldepflichtgesetz – EU-MPfG
- 22/1. **EU-Meldepflichtgesetz** .... Seite 1633

23. ASVG
- 23/1. **ASVG** .... Seite 1641

Anhang
- Mindestbesteuerungsreformgesetz samt Erläuterungen .... Seite 1655
- Gemeinnützigkeitsreformgesetz 2023 samt Erläuterungen .... Seite 1761
- Start-Up-Förderungsgesetz samt Erläuterungen .... Seite 1783

1. EINKOMMENSTEUER

Inhaltsverzeichnis

1/1.	Einkommensteuergesetz 1988	Seite	19
1/2.	Sonstige Gesetze		
	1/2/1.	Endbesteuerungsgesetz, BGBl 1993/11 idF		
		1 BGBl 1993/818 2 BGBl 1996/201		
		3 BGBl I 2015/103	Seite	214
	1/2/2.	Bundesgesetz über **steuerliche Sondermaßnahmen zur Förderung des Wohnbaus**, BGBl 1993/253 (Art VII) idF		
		1 BGBl 1993/532 2 BGBl 1994/680		
		3 BGBl I 2001/162 4 BGBl I 2015/157	Seite	215
	1/2/3.	**Kunstförderungsgesetz** (Auszug), BGBl 1988/146 idF BGBl I 2020/149 .	Seite	216
	1/2/4.	**Filmförderungsgesetz** (Auszug), BGBl 1980/557 idF BGBl I 2022/219....	Seite	217
	1/2/5.	**Mietrechtsgesetz** (Auszug), BGBl 1981/520 idF BGBl I 2021/59.............	Seite	219
	1/2/6.	**Investitionsprämiengesetz – InvPrG**, BGBl I 2020/88 idF		
		1 BGBl I 2020/110 2 BGBl I 2020/167		
		3 BGBl I 2021/52 4 BGBl I 2021/95		
		(2. COVID-19-StMG)..................................	Seite	222
1/3.	Verordnungen		
	1/3/1.	**§ 1:** Verordnung betreffend inländische **Zweitwohnsitze**, BGBl II 2003/528	Seite	224
	1/3/2.	**§§ 2, 33:** Verordnung betreffend die **Ermittlung des Einkommens von Sportlern**, BGBl II 2000/418	Seite	224
	1/3/3.	**§ 2 Abs. 2:** Verordnung **(Verwaltung unkörperlicher Wirtschaftsgüter)**, BGBl 1996/734	Seite	225
	1/3/4.	**§ 2 Abs. 3:** Verordnung über das Vorliegen von Einkünften, über die Annahme einer gewerblichen oder beruflichen Tätigkeit und über die Erlassung vorläufiger Bescheide **(Liebhabereiverordnung)**, BGBl 1993/33 idF		
		1 BGBl II 1997/358 2 BGBl II 1999/15..................	Seite	225
	1/3/5.	**§§ 3 Abs. 2, 84 Abs. 1, 109a und 109b:** Verordnung betreffend die **elektronische Übermittlung von Daten der Lohnzettel** gemäß § 84 Abs 1 EStG 1988, der Meldungen gemäß §§ 3 Abs 2 und 109 a EStG 1988 sowie 109b EStG 1988, BGBl II 2004/345 idF		
		1 BGBl II 2011/375 2 BGBl II 2019/60		
		3 BGBl II 2020/579..	Seite	227
	1/3/6.	**§ 4 Abs. 12 Z 4:** Verordnung über die Auswirkungen von Umgründungen auf die Innenfinanzierung **(Innenfinanzierungsverordnung – IF-VO)**, BGBl II 2016/90	Seite	228
	1/3/7.	**§ 4a Abs. 4 lit. b:** Verordnung betreffend **Sammlungsgegenstände von überregionaler Bedeutung** im Sinne des § 4a EStG 1988, BGBl II 2017/34 idF BGBl II 2020/579..	Seite	229
	1/3/8.	**§ 11 Abs. 1 Z 1:** Verordnung über Wirtschaftsgüter, deren Anschaffung oder Herstellung für Zwecke des Investitionsfreibetrags dem Bereich Ökologisierung zuzuordnen ist **(Öko-IFB-VO)**, BGBl II 2023/155............	Seite	230
	1/3/9.	**§ 11 Abs. 3 Z 6:** Verordnung über die vom Investitionsfreibetrag ausgenommenen Anlagen im Zusammenhang mit fossilen Energieträgern **(Fossile Energieträger-Anlagen-VO)**, BGBl II 2023/156.................	Seite	231
	1/3/10.	**§ 15 Abs. 2:** Verordnung über die Bewertung bestimmter Sachbezüge **(Sachbezugswerteverordnung)**, BGBl II 2001/416 idF		
		1 BGBl II 2003/582 2 BGBl II 2004/467		
		3 BGBl II 2008/371 4 BGBl II 2008/468		
		5 BGBl II 2012/366 6 BGBl II 2014/29		
		7 BGBl II 2015/243 8 BGBl II 2015/395		

1. ESt

	9 BGBl II 2018/237	10 BGBl II 2019/314	
	11 BGBl II 2020/221	12 BGBl II 2022/504	
	13 BGBl II 2023/404	Seite	232
1/3/11.	§ 16 Abs. 1 Z 8 lit. d: Verordnung über die Festlegung des Grundanteils bei vermieteten Gebäuden im Sinne des § 16 Abs. 1 Z 8 lit. d EStG 1988 (GrundanteilV 2016), BGBl II 2016/99	Seite	239
1/3/12.	§§ 16, 20 und 33: Verordnung über die Kriterien zur Ermittlung des Pendlerpauschales und des Pendlereuros, zur Einrichtung eines Pendlerrechners und zum Vorliegen eines Familienwohnsitzes (Pendlerverordnung), BGBl II 2013/276 idF		
	1 BGBl II 2014/154	2 BGBl II 2019/324	
	3 BGBl II 2022/275	Seite	240
1/3/13.	§ 17 Abs. 3a Z 5: Verordnung zur branchenbezogenen Einordnung eines Betriebes als Dienstleistungsbetrieb (Dienstleistungsbetriebe-Verordnung), BGBl II 2020/615	Seite	242
1/3/14.	§ 17 Abs. 4, 5 und 5a: Verordnung über die Aufstellung von Durchschnittssätzen für die Ermittlung des Gewinnes aus Land- und Forstwirtschaft (LuF-PauschVO 2015), BGBl II 2013/125 idF		
	1 BGBl II 2014/164	2 BGBl II 2020/559	
	3 BGBl II 2021/574	4 BGBl II 2022/449	Seite 245
1/3/15.	§ 17: Verordnung über die Aufstellung von Durchschnittssätzen für die Ermittlung des Gewinnes bei nichtbuchführenden Gewerbetreibenden, BGBl 1990/55 idF		
	1 BGBl II 2018/81	2 BGBl II 2018/215	Seite 250
1/3/16.	§ 17 Abs. 4 und 5: Verordnung über die Festlegung von Durchschnittssätzen für Betriebsausgaben für Betriebe des Gastgewerbes, über die vereinfachte Führung des Wareneingangsbuches und über die Aufzeichnungspflicht bei Lieferungen von Lebensmitteln und Getränken (Gastgewerbepauschalierungsverordnung 2013), BGBl II 2012/488 idF BGBl II 2020/355	Seite	252
1/3/17.	§ 17 Abs. 4 und 5: Verordnung über die Aufstellung von Durchschnittssätzen für die Ermittlung des Gewinnes und der Vorsteuer bei nichtbuchführenden Lebensmitteleinzel- oder Gemischtwarenhändlern, BGBl II 1999/228 idF		
	1 BGBl II 2001/416	2 BGBl II 2003/633	Seite 254
1/3/18.	§ 17 Abs. 4 und 5: Verordnung über die Aufstellung von Durchschnittssätzen für die Ermittlung des Gewinnes und der Vorsteuerbeträge der nichtbuchführenden Drogisten, BGBl II 1999/229	Seite	255
1/3/19.	§ 17 Abs. 4 und 5: Verordnung über die Aufstellung von Durchschnittssätzen für die Ermittlung von Betriebsausgaben und Vorsteuerbeträgen bei Handelsvertretern, BGBl II 2000/95 idF		
	1 BGBl II 2001/416	2 BGBl II 2003/635	Seite 256
1/3/20.	§ 17 Abs. 4 und 5: Verordnung über die Aufstellung von Durchschnittssätzen für die Ermittlung von Betriebsausgaben und Vorsteuerbeträgen bei Künstlern und Schriftstellern (Künstler/Schriftsteller-Pauschalierungsverordnung), BGBl II 2000/417 idF		
	1 BGBl II 2001/416	2 BGBl II 2003/636	
	3 BGBl II 2022/433	Seite	257
1/3/21.	§ 17 Abs. 6: Verordnung über die Aufstellung von Durchschnittssätzen für Werbungskosten, BGBl II 2001/382 idF		
	1 BGBl II 2015/240	2 BGBl II 2015/382	
	3 BGBl II 2018/48	4 BGBl II 2018/68	
	5 BGBl II 2018/271	6 BGBl II 2021/39	
	7 BGBl II 2021/500	Seite	258
1/3/22.	§ 18 Abs. 8: Verordnung zur Übermittlung von Daten für die Berücksichtigung von Sonderausgaben in der Einkommensteuerveranlagung (Sonderausgaben-Datenübermittlungsverordnung – Sonderausgaben-DÜV), BGBl II 2016/289 idF		
	1 BGBl II 2017/122	2 BGBl II 2020/579	Seite 259

1/3/23.	**§ 20 Abs. 1 Z 2 lit. b:** Verordnung betreffend die Angemessenheit von Anforderungen im Zusammenhang mit Personen- und Kombinationskraftwagen (**PKW-Angemessenheitsverordnung**), BGBl II 2004/466	Seite 262
1/3/24.	**§ 22 Z 2:** Verordnung über die **Bewertung von Sachbezügen** betreffend Kraftfahrzeuge, Krafträder und Fahrräder **bei wesentlich beteiligten Gesellschafter-Geschäftsführern**, BGBl II 2018/70 idF BGBl II 2022/468	Seite 262
1/3/25.	**§ 27a:** Verordnung betreffend KESt-Behandlung von Kapitalmaßnahmen (**Kapitalmaßnahmen-VO**), BGBl II 2011/322 idF BGBl II 2017/115	Seite 263
1/3/26.	**§ 27a Abs. 4 und § 93 Abs. 4a Z 1:** Verordnung zur Ermittlung der Steuerdaten von Kryptowährungen (**Kryptowährungsverordnung – KryptowährungsVO**), BGBl II 2022/455	Seite 265
1/3/27.	**§ 28 Abs. 2, 3:** Verordnung betreffend Herstellungs- und Instandsetzungsaufwendungen bei Gebäuden (**Bauherrenverordnung**), BGBl 1990/321	Seite 266
1/3/28.	**§ 33 Abs. 3:** Verordnung über die Anpassung der Familienbeihilfe und des Kinderabsetzbetrages in Bezug auf Kinder, die sich ständig in einem anderen Mitgliedstaat der EU oder einer Vertragspartei des Europäischen Wirtschaftsraumes oder der Schweiz aufhalten (**Familienbeihilfe-Kinderabsetzbetrag-EU-Anpassungsverordnung**), BGBl II 2020/482	Seite 267
1/3/29.	**§ 33 Abs. 3a:** Verordnung über die Anpassung des Familienbonus Plus, des Alleinverdiener-, Alleinerzieher- und Unterhaltsabsetzbetrages sowie des Kindermehrbetrages in Bezug auf Kinder, die sich ständig in einem anderen Mitgliedstaat der EU oder einer Vertragspartei des Europäischen Wirtschaftsraumes oder der Schweiz aufhalten (**Familienbonus Plus-Absetzbeträge-EU-Anpassungsverordnung**), BGBl II 2018/257 idF **1** BGBl II 2019/141 **2** BGBl II 2020/417 **3** BGBl II 2022/193 **4** BGBl II 2022/309	Seite 275
1/3/30.	**§ 33a Abs. 4:** Verordnung zu den im Ausmaß von zwei Dritteln inflationsangepassten Beträgen im EStG 1988 für das Jahr 2024 (**Inflationsanpassungsverordnung 2024**), BGBl II 2023/251	Seite 282
1/3/31.	**§ 33a Abs. 6:** Verordnung zum Progressionsbericht (**Progressionsberichtsverordnung – PBV**), BGBl II 2022/451	Seite 283
1/3/32.	**§§ 34, 35:** Verordnung über **außergewöhnliche Belastungen**, BGBl 1996/303 idF **1** BGBl II 1998/91 **2** BGBl II 2001/416 **3** BGBl II 2010/430 **4** BGBl II 2023/11	Seite 284
1/3/33.	**§ 34 Abs. 8:** Verordnung betreffend eine **Berufsausbildung eines Kindes außerhalb des Wohnortes**, BGBl 1995/624 idF **1** BGBl II 2001/449 **2** BGBl II 2018/37	Seite 285
1/3/34.	**§§ 26 Abs. 4 und 76 Abs. 2 StudFG:** Verordnung über die **Erreichbarkeit von Studienorten** nach dem Studienförderungsgesetz 1992, BGBl I 2017/203	Seite 286
1/3/35.	**§ 47 Abs. 4:** Verordnung betreffend die **gemeinsame Versteuerung mehrerer Pensionen**, BGBl II 2001/55 idF **1** BGBl II 2001/384 **2** BGBl II 2006/255	Seite 288
1/3/36.	**§ 69 Abs. 1:** Verordnung über die **Pauschbesteuerung von vorübergehend beschäftigten Arbeitnehmern**, BGBl 1988/594 idF BGBl II 2001/416	Seite 289
1/3/37.	**§ 76 Abs. 2:** Verordnung, mit der Daten, die in ein Lohnkonto einzutragen sind, sowie Erleichterungen bei der Lohnkontenführung für das Kalenderjahr 2006 festgelegt werden (**Lohnkontenverordnung 2006**), BGBl II 2005/256 idF **1** BGBl II 2007/316 **2** BGBl II 2013/84 **3** BGBl II 2015/383 **4** BGBl II 2021/122 **5** BGBl II 2022/83 **6** BGBl II 2022/303 **7** BGBl II 2023/55	Seite 289
1/3/38.	**§ 93:** Verordnung zur Durchführung der KESt-Entlastung in Bezug auf Auslandszinsen sowie zur Anrechnung ausländischer Quellensteuer bei Kapitalertragsteuerabzug bei Auslandsdividenden (**Auslands-KESt VO 2012**), BGBl II 2012/92 idF BGBl II 2012/195 (DFB)	Seite 291

1. ESt

1/3/39.	§ 94 Z 15: Verordnung zur Durchführung der digitalen Befreiungserklärung (**Befreiungserklärungs-Durchführungsverordnung – BefE-DV**), BGBl II 2023/263	Seite 292
1/3/40.	§ 94a Abs. 2: Verordnung zur **Einbehaltung von Kapitalertragsteuer und deren Erstattung** bei Mutter- und Tochtergesellschaften im Sinne der Mutter-Tochter-Richtlinie, BGBl 1995/56	Seite 293
1/3/41.	§ 99: Verordnung betreffend die Entlastung von der Abzugsbesteuerung auf Grund von Doppelbesteuerungsabkommen (**DBA-Entlastungsverordnung**), BGBl III 2005/92 idF 1 BGBl II 2006/44 2 BGBl II 2020/579 3 BGBl II 2022/318	Seite 294
1/3/42.	§§ 98, 99, 100: Verordnung zur Abzugsteuerentlastung bei **Arbeitskräftegestellung**, BGBl II 2022/318	Seite 296
1/3/43.	§ 103: Verordnung betreffend Zuzugsbegünstigungen (**Zuzugsbegünstigungsverordnung 2016 – ZBV 2016**), BGBl II 2016/261 idF BGBl II 2020/579	Seite 298
1/3/44.	§ 107 Abs. 8: Verordnung zur Datenübermittlung gemäß § 107 Abs. 8 EStG 1988 betreffend den Steuerabzug bei Einkünften aus Anlass der Einräumung von Leitungsrechten (**Leitungsrechte- Datenübermittlungsverordnung – Leitungsrechte-DÜV**), BGBl II 2018/321	Seite 301
1/3/45.	§ 108: Verordnung betreffend **Bausparen gemäß § 108 EStG 1988**, BGBl II 2005/296 idF 1 BGBl II 2010/164 2 BGBl II 2020/579	Seite 301
1/3/46.	§ 108 Abs. 1: Erlass **Bausparprämie 2024**, BMF-AV Nr. 120/2023	Seite 304
1/3/47.	§ 108a: Verordnung betreffend prämienbegünstigter Pensionsvorsorge gemäß § 108a EStG 1988, BGBl II 2003/530 idF 1 BGBl II 2005/46 2 BGBl II 2020/579	Seite 304
1/3/48.	§ 108c: Verordnung über die Kriterien zur Festlegung förderbarer Forschungs- und Entwicklungsaufwendungen (-ausgaben), zur Forschungsbestätigung sowie über die Erstellung von Gutachten durch die Österreichische Forschungsförderungsgesellschaft mbH (**Forschungsprämienverordnung**), BGBl II 2012/515 idFBGBl II 2022/302	Seite 305
1/3/49.	§ 108g: Verordnung betreffend **prämienbegünstigte Zukunftsvorsorge gemäß § 108g EStG 1988**, BGBl II 2003/529 idF 1 BGBl II 2005/45 2 BGBl II 2020/579	Seite 313
1/3/50.	§§ 44, 109a: Verordnung betreffend **Mitteilungen gemäß § 109a EStG 1988**, BGBl II 2001/417 idF 1 BGBl II 2006/51 2 BGBl II 2023/215	Seite 314
1/3/51.	§ 124b: Verordnung über Ableitung der Anschaffungskosten bei Wertpapieren vom gemeinen Wert (**WP-Anschaffungskosten-VO**), BGBl II 2012/94	Seite 315
1/3/52.	§ 229a Abs. 3 GSVG: Verordnung betreffend die Durchführung der **Übermittlung von Einkommensteuerdaten an die Sozialversicherungsanstalt der gewerblichen Wirtschaft**, BGBl II 1998/107 idF 1 BGBl II 2020/38 2 BGBl II 2022/432	Seite 315
1/3/53.	§ 124b Z 355: Verordnung zur Verlustberücksichtigung 2019 und 2018 (**COVID-19-Verlustberücksichtigungsverordnung**), BGBl II 2020/405	Seite 316

1/1. Einkommensteuergesetz 1988

Einkommensteuergesetz 1988, BGBl 1988/400 idF

1 BGBl 1989/660 (AbgÄG 1989)
2 BGBl 1990/257 (EEG)
3 BGBl 1990/281
4 BGBl 1991/10 (FBG)
5 BGBl 1991/28
6 BGBl 1991/412
7 BGBl 1991/458
8 BGBl 1991/695 (AbgÄG 1991)
9 BGBl 1991/699 (UmgrStG)
10 BGBl 1992/44
11 BGBl 1992/99
12 BGBl 1992/312 (FamBestG)
13 BGBl 1992/314
14 BGBl 1992/448
15 BGBl 1992/449
16 BGBl 1992/698 (VfGH)
17 BGBl 1993/12
18 BGBl 1993/253
19 BGBl 1993/254
20 BGBl 1993/532
21 BGBl 1993/694 (PSG)
22 BGBl 1993/818 (StReformG 1993)
23 BGBl 1994/314
24 BGBl 1994/680 (AbgÄG 1994)
25 BGBl 1994/681
26 BGBl 1995/21
27 BGBl 1995/297 (StruktAnpG)
28 BGBl 1995/499
29 BGBl 1996/201 (StruktAnpG1996)
30 BGBl 1996/411 (SRÄG 1996)
31 BGBl 1996/417
32 BGBl 1996/600
33 BGBl 1996/755
34 BGBl 1996/797 (AbgÄG 1996)
35 BGBl 1996/798 (EU-AbgÄG)
36 BGBl I 1997/39 (VfGH)
37 BGBl I 1997/122
38 BGBl I 1997/128 (VfGH)
39 BGBl I 1997/130
40 BGBl I 1998/9 (AbgÄG 1997)
41 BGBl I 1998/30
42 BGBl I 1998/31 (VfGH)
43 BGBl I 1998/49 (VfGH)
44 BGBl I 1998/79
45 BGBl I 1998/126
46 BGBl I 1999/28 (AbgÄG 1998)
47 BGBl I 1999/48 (VfGH)
48 BGBl I 1999/106 (StRefG 2000)
49 BGBl I 2000/13 (VfGH)
50 BGBl I 2000/21 (VfGH)
51 BGBl I 2000/29
52 BGBl I 2000/71
53 BGBl II 2000/79
54 BGBl I 2000/142 (BudBG 2001)
55 BGBl I 2001/2 (KMOG)
56 BGBl I 2001/47 (BudBG 2002)
57 BGBl I 2001/59 (EuroStUG 2001)
58 BGBl I 2001/103
59 BGBl I 2001/144 (AbgÄG 2001)
60 BGBl I 2002/7
61 BGBl I 2002/54
62 BGBl I 2002/68 (KonBG 2002)
63 BGBl I 2002/78 (VfGH)
64 BGBl I 2002/84 (AbgÄG 2002)
65 BGBl I 2002/100
66 BGBl I 2002/132 (2. AbgÄG 2002)
67 BGBl I 2002/155
68 BGBl I 2002/165 (VfGH)
69 BGBl I 2003/1 (VfGH)
70 BGBl I 2003/4 (VfGH)
71 BGBl I 2003/10
72 BGBl I 2003/22 (VfGH)
73 BGBl I 2003/71 (BBG 2003)
74 BGBl I 2003/80
75 BGBl I 2003/124 (AbgÄG 2003)
76 BGBl I 2003/133
77 BGBl I 2004/51 (VfGH)
78 BGBl I 2004/57 (StReformG 2005)
79 BGBl I 2004/130 (VfGH)
80 BGBl I 2004/180 (AbgÄG 2004)
81 BGBl I 2005/8
82 BGBl I 2005/34
83 BGBl I 2005/35
84 BGBl I 2005/36
85 BGBl I 2005/45
86 BGBl I 2005/103 (WuBG 2005)
87 BGBl I 2005/104
88 BGBl I 2005/112 (HWG 2005)
89 BGBl I 2005/115
90 BGBl I 2005/161 (AbgÄG 2005)
91 BGBl I 2006/99 (BetrbG 2006)
92 BGBl I 2006/100 (StruktAnpG 2006)
93 BGBl I 2006/101 (KMU-FG 2006)
94 BGBl I 2006/109 (VfGH)
95 BGBl I 2006/134
96 BGBl I 2006/151 (VfGH)
97 BGBl I 2006/155 (VfGH)
98 BGBl I 2007/3 (VfGH)
99 BGBl I 2007/24 (BudBG 2007)
100 BGBl I 2007/45 (RK-Nov. 2007)
101 BGBl I 2007/99 (AbgSiG 2007)
102 BGBl I 2007/100 (MiFiG-Gesetz 2007)
103 BGBl I 2007/102
104 BGBl I 2007/104
105 BGBl I 2008/2 (1. BVRBG)
106 BGBl I 2008/44
107 BGBl I 2008/65
108 BGBl I 2008/82

1/1. EStG

109 BGBl I 2008/85 (SchenkMG 2008)	**110** BGBl I 2008/133	**111** BGBl I 2008/137 (KBG 2008)
112 BGBl I 2008/140 (2. AbgÄG 2008)	**113** BGBl I 2009/26 (StRefG 2009)	**114** BGBl I 2009/27 (KonjbG)
115 BGBl I 2009/52 (BudBG 2009)	**116** BGBl I 2009/61	**117** BGBl I 2009/79
118 BGBl I 2009/101 (VfGH)	**119** BGBl I 2009/135 (EPG)	**120** BGBl I 2009/151 (AbgÄG 2009)
121 BGBl I 2010/9	**122** BGBl I 2010/29	**123** BGBl I 2010/34 (AbgÄG 2010)
124 BGBl I 2010/58 (IRÄ-BG)	**125** BGBl I 2010/81	**126** BGBl I 2010/89 (VfGH)
127 BGBl I 2010/94 (VfGH)	**128** BGBl I 2010/105 (BBKG 2010)	**129** BGBl I 2010/111 (BudBG 2011)
130 BGBl I 2011/41 (VfGH)	**131** BGBl I 2011/76 (AbgÄG 2011)	**132** BGBl I 2011/77
133 BGBl I 2011/112 (BudBG 2012)	**134** BGBl I 2011/123	**135** BGBl I 2012/22 (1. StabG 2012)
136 BGBl I 2012/112 (AbgÄG 2012)	**137** BGBl I 2013/53	**138** BGBl I 2013/135 (AIFMG)
139 BGBl I 2013/156	**140** BGBl I 2014/13 (AbgÄG 2014)	**141** BGBl I 2014/40 (BudBG 2014)
142 BGBl I 2014/105 (2. AbgÄG 2014)	**143** BGBl I 2015/22 (RÄG 2014)	**144** BGBl I 2015/34 (VAG 2016)
145 BGBl I 2015/101	**146** BGBl I 2015/118 (StRefG 2015/16)	**147** BGBl I 2015/160 (GG 2015)
148 BGBl I 2015/163 (AbgÄG 2015)	**149** BGBl I 2016/53	**150** BGBl I 2016/77 (EU-AbgÄG 2016)
151 BGBl I 2016/117 (AbgÄG 2016)	**152** BGBl I 2017/28 (ISG)	**153** BGBl I 2017/30 (WTG)
154 BGBl I 2017/34 (VfGH)	**155** BGBl I 2017/82	**156** BGBl I 2017/83
157 BGBl I 2017/105 (MitarbeiterBetStG 2017)	**158** BGBl I 2017/106 (MiFiGG 2017)	**159** BGBl I 2017/125 (SV-ZG)
160 BGBl I 2017/142	**161** BGBl I 2018/4 (VfGH)	**162** BGBl I 2018/16 (VersVertrRÄG 2018)
163 BGBl I 2018/62 (JStG 2018)	**164** BGBl I 2018/83	**165** BGBl I 2018/98 (ZPFSG)
166 BGBl I 2018/100	**167** BGBl I 2019/91 (AbgÄG 2020)	**168** BGBl I 2019/103 (StRefG 2020)
169 BGBl I 2019/104 (FORG)	**170** BGBl I 2020/23 (3. COVID-19-Gesetz)	**171** BGBl I 2020/44 (18. COVID-19-Gesetz)
172 BGBl I 2020/48 (19. COVID-19-Gesetz)	**173** BGBl I 2020/54	**174** BGBl I 2020/96 (KonStG 2020)
175 BGBl I 2020/99 (2. FORG)	**176** BGBl I 2021/3 (COVID-19-StMG)	**177** BGBl I 2021/18
178 BGBl I 2021/29	**179** BGBl I 2021/52 (2. COVID-19-StMG)	**180** BGBl I 2021/71
181 BGBl I 2021/112	**182** BGBl I 2021/134	**183** BGBl I 2021/227
184 BGBl I 2022/10 (ÖkoStRefG 2022)	**185** BGBl I 2022/56 (VfGH)	**186** BGBl I 2022/63
187 BGBl I 2022/93 (Teuerungs-EP)	**188** BGBl I 2022/108 (AbgÄG 2022)	**189** BGBl I 2022/135
190 BGBl I 2022/138	**191** BGBl I 2022/163 (Teuerungs-EP II)	**192** BGBl I 2022/174 (Teuerungs-EP III)
193 BGBl I 2022/194	**194** BGBl I 2022/220	**195** BGBl I 2023/31
196 BGBl I 2023/110 (AbgÄG 2023)	**197** BGBl I 2023/111	**198** BGBl I 2023/153 (PrAG 2024)
199 BGBl I 2023/188 (GemRefG 2023)	**200** BGBl I 2023/200 (Start-Up-FG)	

GLIEDERUNG

1. TEIL: PERSÖNLICHE STEUERPFLICHT
§ 1.

2. TEIL: SACHLICHE STEUERPFLICHT

1. ABSCHNITT
§ 2. Einkunftsarten, Einkünfte, Einkommen

2. ABSCHNITT
§ 3. Steuerbefreiungen

3. ABSCHNITT
§ 4. Gewinn
§ 4a. Freigebige Zuwendungen aus dem Betriebsvermögen (Spendenbegünstigung)
§ 4b. Zuwendungen zur Vermögensausstattung
§ 4c. Zuwendungen an die Innovationsstiftung für Bildung
§ 4d. Betriebliche Privatstiftungen
§ 5. Gewinn der rechnungslegungspflichtigen Gewerbetreibenden
§ 6. Bewertung
§ 7. Absetzung für Abnutzung
§ 7a. Vorzeitige Absetzung für Abnutzung
§ 8. Sonderformen der Absetzung für Abnutzung
§ 9. Rückstellungen
§ 10. Gewinnfreibetrag
§§ 10a–10c. (aufgehoben)
§ 11. Investitionsfreibetrag
§ 11a. (aufgehoben)
§ 12. Übertragung stiller Reserven, Übertragungsrücklage und steuerfreier Betrag
§ 13. Geringwertige Wirtschaftsgüter
§ 14. Vorsorge für Abfertigungen, Pensionen und Jubiläumsgelder

4. ABSCHNITT: Überschuß der Einnahmen über die Werbungskosten
§ 15. Einnahmen
§ 16. Werbungskosten

5. ABSCHNITT
§ 17. Durchschnittssätze

6. ABSCHNITT
§ 18. Sonderausgaben

7. ABSCHNITT
§ 19. Zeitliche Zuordnung von Einnahmen und Ausgaben

8. ABSCHNITT
§ 20. Nichtabzugsfähige Aufwendungen und Ausgaben

9. ABSCHNITT: Die einzelnen Einkunftsarten
§ 21. Land- und Forstwirtschaft (§ 2 Abs. 3 Z 1)
§ 22. Selbständige Arbeit (§ 2 Abs. 3 Z 2)
§ 23. Gewerbebetrieb (§ 2 Abs. 3 Z 3)
§ 23a. Verluste bei kapitalistischen Mitunternehmern mit beschränkter Haftung
§ 24. Veräußerungsgewinne
§ 25. Nichtselbständige Arbeit (§ 2 Abs. 3 Z 4)
§ 26. Leistungen des Arbeitgebers, die nicht unter die Einkünfte aus nichtselbständiger Arbeit fallen
§ 27. Einkünfte aus Kapitalvermögen
§ 27a. Besonderer Steuersatz und Bemessungsgrundlage für Einkünfte aus Kapitalvermögen
§ 27b. Einkünfte aus Kryptowährungen
§ 28. Vermietung und Verpachtung
§ 29. Sonstige Einkünfte (§ 2 Abs. 3 Z 7)
§ 30. Private Grundstücksveräußerungen
§ 30a. Besonderer Steuersatz für Einkünfte aus Grundstücksveräußerungen
§ 30b. Immobilienertragsteuer
§ 30c. Mitteilung und Selbstberechnung der Immobilienertragsteuer durch Parteienvertreter
§ 31. Spekulationsgeschäfte
§ 32. Gemeinsame Vorschriften

3. TEIL: TARIF
§ 33. Steuersätze und Steuerabsetzbeträge
§ 33a. Inflationsanpassung
§ 34. Außergewöhnliche Belastung
§ 35. Behinderte
§ 36. Steuerfestsetzung bei Schulderlass im Rahmen eines Insolvenzverfahrens
§ 37. Ermäßigung der Progression, Sondergewinne
§ 38. Verwertung von Patentrechten

4. TEIL: VERANLAGUNG
§ 39. Allgemeine Veranlagung und Veranlagungszeitraum
§ 40. Erstattung von Absetzbeträgen in der Veranlagung
§ 41. Veranlagung von lohnsteuerpflichtigen Einkünften
§ 42. Steuererklärungspflicht
§ 43. Steuererklärung bei Feststellung von Einkünften
§ 44. Form der Steuererklärungen
§ 45. Vorauszahlungen
§ 46. Abschlußzahlungen

5. TEIL: STEUERABZUG VOM ARBEITSLOHN (LOHNSTEUER)
§ 47. Arbeitgeber, Arbeitnehmer

1/1. EStG

§ 48.	Barzahlungsverbot von Arbeitslohn in der Bauwirtschaft
§§ 49–61.	(aufgehoben)
§§ 62, 62a.	Berücksichtigung besonderer Verhältnisse
§ 63.	Freibetragsbescheid
§ 64.	Berücksichtigung des Freibetragsbescheides
§ 65.	Mitteilungspflicht des Arbeitnehmers
§ 66.	Lohnsteuertarif
§ 67.	Sonstige Bezüge
§ 67a.	Start-Up-Mitarbeiterbeteiligung
§ 68.	Besteuerung bestimmter Zulagen und Zuschläge
§ 69.	Lohnsteuerabzug in besonderen Fällen
§ 70.	Beschränkt steuerpflichtige Arbeitnehmer
§ 71.	Arbeitslohn von mehreren Arbeitgebern
§ 72.	Jahresausgleich
§ 73.	Durchführung des Jahresausgleichs
§ 74.	Vorlage und Aufbewahrung der Lohnsteuerkarte und der Mitteilung gemäß § 63
§ 75.	Nichtvorlage der Lohnsteuerkarte
§ 76.	Lohnkonto
§ 77.	Lohnzahlungszeitraum
§ 78.	Einbehaltung der Lohnsteuer
§ 79.	Abfuhr der Lohnsteuer
§ 80.	Lohnsteueranmeldung
§ 81.	Betriebsstätte
§ 82.	Haftung
§ 82a.	Haftung bei Beauftragung zur Erbringung von Bauleistungen
§ 83.	Steuerschuldner
§ 84.	Lohnzettel
§ 84a.	Lohnbescheinigung
§ 85.	Körperschaften des öffentlichen Rechts
§ 86.	Lohnsteuerprüfung
§ 87.	Verpflichtung der Arbeitgeber
§ 88.	Verpflichtung der Arbeitnehmer
§ 89.	Mitwirkung von Versicherungsträgern und anderen Institutionen
§ 90.	Auskunftspflicht der Behörde
§ 91.	Arbeitnehmer ohne inländischen Wohnsitz
§ 92.	Auslandsbeamte

6. TEIL: KAPITALERTRAGSTEUER

§ 93.	Abzugspflicht
§ 94.	Ausnahmen von der Abzugspflicht
§ 94a.	(aufgehoben)
§ 95.	Schuldner und Abzugsverpflichteter
§ 96.	Abfuhr der Kapitalertragsteuer
§ 97.	Steuerabgeltung

7. TEIL: BESTEUERUNG BEI BESCHRÄNKTER STEUERPFLICHT

§ 98.	Einkünfte bei beschränkter Steuerpflicht
§ 99.	Steuerabzug in besonderen Fällen
§ 99a.	Befreiung vom Steuerabzug
§ 100.	Höhe und Einbehaltung der Steuer
§ 101.	Abfuhr der Abzugsteuer
§ 102.	Veranlagung beschränkt Steuerpflichtiger

8. TEIL: SONDERVORSCHRIFTEN

§ 103.	Zuzugsbegünstigung
§ 104.	(aufgehoben)
§ 105.	Inhaber von Amtsbescheinigungen und Opferausweisen
§ 106.	Kinder, (Ehe)Partnerschaften
§ 106a.	(aufgehoben)
§ 107.	Steuerabzug bei Einkünften aus Anlass der Einräumung von Leitungsrechten
§ 108.	Bausparen
§ 108a.	Prämienbegünstigte Pensionsvorsorge
§ 108b.	Pensionszusatzversicherung, prämienbegünstigter Pensionsinvestmentfonds
§ 108c.	Forschungsprämien
§ 108d.	Befristete Sonderprämien für die katastrophenbedingte Ersatzbeschaffung von Gebäuden und sonstigen Wirtschaftsgütern
§ 108e.	Befristete Investitionszuwachsprämie
§ 108f.	Lehrlingsausbildungsprämie
§ 108g.	Prämienbegünstigte Zukunftsvorsorge
§ 108h.	Einrichtungen der Zukunftsvorsorge
§ 108i.	Verfügung des Steuerpflichtigen über Ansprüche
§§ 109, 109a.	Verrechnung von Kinderabsetzbeträgen, Abgeltungs- und Erstattungsbeträgen
§ 109b.	Mitteilung bei Auslandszahlungen
§ 110.	Verweisungen auf andere Bundesgesetze

9. TEIL: ÜBERGANGSBESTIMMUNGEN

§ 111.	Verweisungen anderer Bundesgesetze
§§ 112, 112a.	Weitergeltung von Bestimmungen des EStG 1972
§ 113.	Bewertung
§ 114.	Absetzung für Abnutzung
§ 115.	Vorzeitige Abschreibung
§ 116.	Rücklagen, steuerfreie Beträge, Rückstellungen
§§ 117, 117a.	Sonderausgaben
§ 118.	Veräußerungsgewinne, Stille Reserven
§ 119.	Einkünfte aus Kapitalvermögen und aus Vermietung und Verpachtung
§ 120.	Sonstige Einkünfte
§ 121.	Vorauszahlungen
§ 122.	Lohnsteuerverfahren
§ 123.	Kapitalertragsteuer
§§ 124–124b.	Pensionskassen und betriebliche Kollektivversicherungen

10. TEIL: SCHLUSSBESTIMMUNGEN

§ 125.	Zeitlicher Geltungsbereich

§ 126. Vollziehung
§ 127. Wegfall der Lohnsteuerkarte
§ 128. Anmeldung des Arbeitnehmers
§§ 129–134. Berücksichtigung des Familienbonus Plus und von Absetzbeträgen durch den Arbeitgeber oder die pensionsauszahlende Stelle

STICHWORTVERZEICHNIS

A
Abfärbetheorie § 2 (4)
Abfertigungen aufgrund gesetzlicher Vorschriften, Lohnsteuer § 67 (3 f)
Abfertigungen, begünstigt § 67 (6)
Abfertigungen, freiwillige, Lohnsteuer § 67 (6)
Abfertigungsrückstellung § 14 (1 ff)
– Ausmaß § 14 (1)
– Bilanzausweis § 14 (2)
– erstmalige Bildung § 14 (3)
– Übergangsbestimmungen EStG 1972 § 116
– Unternehmerwechsel § 14 (4)
– Vordienstzeiten § 14 (1)
Abfindung, gem §§ 8–10 des Bauarbeiter-Urlaubs- und Abfertigungsgesetzes, Lohnsteuer § 67 (5)
Abgaben, Werbungskosten § 16 (1) Z 2
Abgeltungen von Wertminderungen von Grundstücken, Steuerbefreiungen § 3 (1) Z 33
Abgeordnete (EU-Parlament), Steuerbefreiungen § 3 (1) Z 32
Abschläge bei Wechsel der Gewinnermittlungsart § 4 (10)
Abschlagszahlung, Einbehaltung der Lohnsteuer § 78 (2)
Abschlusszahlung § 46
Absetzbeträge § 33 (2 ff)
– Erstattung § 40
Absetzung für Abnutzung § 7
– außergewöhnliche technische oder wirtschaftliche Abnutzung § 8 (4)
– degressive § 7 (1a)
– Denkmalpflege § 8 (2)
– Einnahmen-Ausgabenrechnung § 7 (3)
– Firmenwert § 8 (3)
– Gebäude § 8 (1)
– Halb- und Ganzjahres-AfA § 7 (2)
– lineare § 7 (1)
– Personen- und Kombinationskraftwagen § 8 (6)
– Sonderformen §§ 7 (1a), 8
– Substanzverringerung § 8 (5)
– Übergangsbestimmungen EStG 1972 § 114
– vorzeitige bei Gebäude § 8 (1a)
– Werbungskosten § 16 (1) Z 8
Absetzung für außergewöhnliche Abnutzung § 8 (4)
Absetzung für Substanzverringerung § 8 (5)
– Werbungskosten § 16 (1) Z 8
Abzugsteuer
– Abfuhr § 101
– Aufzeichnungen § 101 (2)
– Befreiung vom Steuerabzug § 99a
– bei beschränkter Steuerpflicht § 99
– Haftung § 100 (2)
– Mitteilung § 101 (3)
– Steuersatz § 100 (1)
– Steuerschuldner § 100 (2)
– Vorschreibung § 100 (3)
Abzugsverbote
– Angemessenheitsgrenze § 20 (1) Z 2
– Arbeitszimmer § 20 (1) Z 2
– Aufwendungen für Haushalt und Unterhalt § 20 (1) Z 1
– Aufwendungen für Lebensführung § 20 (1) Z 2
– Aufwendungen in Zusammenhang mit nicht steuerpflichtigen Einnahmen § 20 (2)
– Aufwendungen in Zusammenhang mit sondersatzbesteuerten Einkünften § 20 (2)
– Barzahlungen von Bauleistungen § 20 (1) Z 9
– Familienheimfahrten § 20 (1) Z 2
– Freiwillige Abfertigungen § 20 (1) Z 8
– Lohnaufwand über 500 000 € § 20 (1) Z 7
– Managergehälter § 20 (1) Z 7
– Personensteuern § 20 (1) Z 6
– Reisekosten § 20 (1) Z 2
– Repräsentationsaufwendungen § 20 (1) Z 3
– Strafen, Verbandsgeldbußen § 20 (1) Z 5
– Verhältnis zu Sonderausgaben § 20 (3)
– Verhältnis zur außergewöhnlichen Belastung § 20 (3)
– Zuwendungen an Unterhaltsberechtigte § 20 (1) Z 4
Agrargemeinschaften, Bezüge § 27 (2)
Airdrops § 27b (2)
Alleinerzieherabsetzbetrag § 33 (4)
– Berücksichtigung durch Arbeitgeber § 129 (1 f)
allgemeine Veranlagung § 39
Altersteilzeitgeld, Steuerbefreiungen § 3 (1) Z 5
Amtsbescheinigung § 105
Angemessenheitsgrenze, nichtabzugsfähige Aufwendungen § 20 (1) Z 2
Anlagekartei § 7 (3)
Anlagevermögen
– Bewertung des abnutzbaren § 6 Z 1
– Bewertung des nicht abnutzbaren § 6 Z 2
Anlageverzeichnis, Anlagenkartei § 10 (7)
Anschaffungsprämie, Registrierkassa § 124b Z 296
Antragsveranlagung § 41 (2) Z 1
Arbeitgeber
– Auskunftspflicht § 87 (3)
– Erläuterungspflicht § 87 (2)
Arbeitgeber, Haftung § 82
Arbeitgebergesellschaften § 3 (1) Z 15 lit c, § 4d (5)
Arbeitnehmer § 47 (1)

1/1. EStG

- Anmeldung § 128
- Auskunftspflicht § 88
- beschränkt lohnsteuerpflichtige § 70
- entsendete § 3 (1) Z 10
- Lohnsteuerschuldner § 83
- ohne inländischen Wohnsitz § 91
- vorübergehend beschäftigt § 69

Arbeitnehmerförderungsstiftung §§ 4 (11) Z 1, 4d (2)
Arbeitnehmerpflichtveranlagung § 41 (1)
Arbeitnehmerveranlagung § 41
- freiwillige § 41 (2)

Arbeitsgemeinschaften §§ 2 (4), 124b Z 260
Arbeitskleidung § 26 Z 1
Arbeitslohn § 25 (1) Z 1
- Erstattung § 62 Z 7
- vermindert, Lohnsteuer § 78 (3)

Arbeitslohn, Bauwirtschaft, Barzahlungsverbot § 48
Arbeitslosengeld, Steuerbefreiungen § 3 (1) Z 5
Arbeitsmittel, Werbungskosten § 16 (1) Z 7
Arbeitsplatzpauschale § 4 (4) Z 8
Arbeitsvergütungen nach Strafvollzugsgesetz, Steuerbefreiungen § 3 (1) 31
Arbeitszimmer, Absetzbarkeit §§ 4 (4) Z 8, 20 (1) Z 2
Arbeitszimmer, nichtabzugsfähige Aufwendungen § 20 (1) Z 2
ARGE §§ 2 (4), 124b Z 260
Aufsichtsrat, Einkünftezurechnung § 2 (4a)
Auftragswertgrenze §§ 2 (4), 124b Z 260
Aufwendungen für Aus- und Fortbildung §§ 4 (4) Z 7, 16 (1) Z 10
Aufwendungen für Haushalt und Unterhalt, nichtabzugsfähig § 20 (1) Z 1
Aufwendungen für Lebensführung, nichtabzugsfähig § 20 (1) Z 2
Aufwendungen und Ausgaben, nicht abzugsfähig § 20 (2)
Aufwendungen, nichtabzugsfähig § 20
Aufzeichnungen, Durchschnittssätze § 17 (2)
Ausbildungskosten § 26 Z 3
Ausbildungsmaßnahmen §§ 4 (4) Z 7, 16 (1) Z 10
Ausgaben, Abflussprinzip § 19 (2)
Ausgleichsposten bei Leasinggesellschaften § 6 Z 16
Ausgleichszulage § 3 (1) Z 4
Aushilfskräfte, Steuerbefreiungen § 3 (1) Z 11
Auskunftspflicht
- Arbeitgeber § 87 (2)
- Arbeitnehmer § 88
- Lohnsteuer, Behörde § 90

Auslagenersätze § 26 Z 2
ausländische Einkünfte § 2 (8)
ausländischer Arbeitnehmer, Lohnsteuer § 70 (4)
Auslandsbeamte § 92
- Steuerbefreiungen § 3 (1) Z 8 f

Auslandseinsatzzulage, Steuerbefreiungen § 3 (1) Z 24
Auslandsforderungen, Bewertung § 6 Z 2
Auslandsmontage, Steuerbefreiungen § 3 (1) Z 10
Auslandstätigkeit, begünstigte § 3 (1) Z 10
Auslandstätigkeit, Steuerbefreiungen §§ 3 (1) Z 10, 3 (3)

Auslandsverluste § 2 (8)
Auslandszahlung, Mitteilung § 109b
Ausschüttungen von Körperschaften § 124b Z 279
Ausschüttungen von Körperschaften § 4 (12) Z 4
Außenprüfung, Lohnsteuer § 86
außergewöhnliche Aufwendungen, Vermietung und Verpachtung § 28 (2)
außergewöhnliche Belastung § 34
- Freibetrag für Behinderte § 35
- Katastrophenschäden § 34 (6)
- Kinder, Behinderung § 34 (6)
- Kinder, Berufsausbildung § 34 (6), (8)
- Selbstbehalt § 34 (4 ff)
- Unterhaltsleistungen § 34 (7)
- Verhältnis zu nichtabzugsfähigen Aufwendungen § 20 (2)

außerordentliche Einkünfte, ermäßigter Steuersatz §§ 37 (1), (5)

B

Barzahlungen von Bauleistungen, nichtabzugsfähig § 20 (1) Z 9
Barzahlungsverbot, Arbeitslohn, Bauwirtschaft § 48
Baulandumlegung, Befreiung, private Grundstücksveräußerungen § 30 (2)
Bauleistungen, Haftung § 82a
Bausparen § 108
- Beantragung der Steuererstattung § 108 (3)
- Bemessungsgrundlage § 108 (2)
- Datenübermittlung § 108 (5)
- Erhöhungsbeträge § 108 (2), (4)
- pauschale Erstattung § 108 (5)
- Rückerstattung von Beiträgen § 108 (6)
- Rückforderung § 108 (5)
- Steuererstattung, Pauschalbetrag § 108 (1)
- zu Unrecht erstattete Einkommensteuer § 108 (7)

Bauwirtschaft, Barzahlungsverbot, Arbeitslohn § 48
Beendigung des Dienstverhältnisses, Lohnsteuer § 67 (6)
Befreiung vom Steuerabzug, beschränkte Steuerpflicht § 99a
Begünstigte Auslandstätigkeit § 3 (1) Z 10
begünstigte Besteuerung § 37
begünstigte Besteuerung, Veräußerungsgewinn § 24
Begünstigte Einrichtungen § 4a (3 ff)
Begünstigte Einrichtungen, Liste § 4a (7 f)
Begünstigte Zwecke § 4a (2)
Behinderte § 35
Behindertensport, Spenden § 4a (4)
behördlicher Eingriff
- Aufteilung § 37 (3)

behördlicher Eingriff, Befreiung, private Grundstücksveräußerungen § 30 (2)
Beiträge
- an Berufs- und Wirtschaftsverbände § 4 (9)
- an Pensionskassen § 4 (4) Z 2

Belegschaftsbeteiligungsstiftung §§ 4 (11) Z 1, 4d (3), 26 Z 8
Beratungskostenvorauszahlung
- Verteilungspflicht § 4 (6), 19 (3)

Bergbauunternehmen, Absetzung für Substanzverringerung § 8 (5)
Beschäftigung, durchgehende § 77 (1 f)
beschränkte Lohnsteuerpflicht, Arbeitnehmer § 70
beschränkte Steuerpflicht § 98
besondere Entgelte oder Vorteile, Einkünfte aus Kapitalvermögen § 27 (5) Z 1
Besonderer Steuersatz
– bei Kapitalvermögen § 27a
– bei privater Grundstücksveräußerung § 30a
Besteuerung, begünstigte §§ 24, 37
Besteuerungswahlrechte § 39
Beteiligungen, Übertragung stiller Reserven § 12 (4)
Betrieb gewerblicher Art, Pensionsrückstellung § 14 (11)
betriebliche Kollektivversicherung §§ 108a, 108i
betriebliche Privatstiftungen §§ 4 (11) Z 1, 4d, 25 (1) Z 2
Betriebliche Vorsorgekassen
– Betriebsausgaben § 4 (4) Z 1
– Bezüge und Vorteile § 25 (1) Z 2
Betriebsausgaben § 4 (4)
– Durchschnittssätze § 17 (1)
Betriebseröffnung, Bewertung § 6 Z 8
Betriebserwerb, entgeltlich, Bewertung § 6 Z 8
Betriebserwerb, unentgeltlich, Bewertung § 6 Z 9
Betriebspensionsgesetz § 26 Z 7
Betriebsräte, Reiseaufwendungen § 3 (1) Z 16b
Betriebsstätte §§ 2 (4), 81, 99a
Betriebsveranstaltungen, Steuerbefreiungen § 3 (1) Z 14
Betriebsvermögen § 4 (1)
Betriebsvermögen, Anlagenkartei § 10 (7)
Bewährungshilfe, Steuerbefreiungen § 3 (1) Z 26
Bewertung § 6
– abnutzbares Anlagevermögen § 6 Z 1
– Auslandsforderungen § 6 Z 2
– Betriebseröffnung § 6 Z 8
– Einlagen § 6 Z 5
– entgeltlicher Betriebserwerb § 6 Z 8
– Entnahmen § 6 Z 4
– Grundstücke § 6 Z 2, Z 5
– Kapitalvermögen § 6 Z 2, Z 5
– Kryptowährungen § 6 Z 2, Z 5
– nicht abnutzbares Anlagevermögen § 6 Z 2
– subventionierte Wirtschaftsgüter § 6 Z 10
– Tausch von Wirtschaftsgütern § 6 Z 14
– überführte Wirtschaftsgüter § 6 Z 6
– Übergangsbestimmungen EStG 1972 § 113
– Umlaufvermögen § 6 Z 2
– unentgeltlicher Betriebserwerb § 6 Z 9
– Verbindlichkeiten § 6 Z 3
– Vorsteuer § 6 Z 11 f
– Wegzugsbesteuerung, Entstrickung § 6 Z 6
– Wirtschaftsgüter mit biologischem Wachstum § 6 Z 2
Bezüge
– Agrargemeinschaften § 27 (2)
– aus Versorgungs- und Unterstützungseinrichtungen § 22 (2)
– Beamten, Nebentätigkeit § 25 (1) Z 4

– betriebliche Privatstiftungen §§ 25 (1) Z 2, 26 Z 8
– betriebliche Vorsorgekassen § 25 (1) Z 2
– Dienstleistungscheck § 69 (7)
– freiwillige Höherversicherung § 25 (1) Z 3
– frühere Dienstverhältnisse § 47 (4 f)
– gem. Heeresgebührengesetz, Lohnsteuer § 69 (3)
– Gesellschafter-Geschäftsführer § 25 (1) Z 1
– gesetzliche Kranken- oder Unfallversorgung § 25 (1) Z 1
– Insolvenz-Entgelt § 25 (1) Z 2
– Pension § 25 (1) Z 1
– Pensionskassen § 25 (1) Z 2
– Politiker § 25 (1) Z 4
– Vortragende, Unterrichtende, Lehrende § 25 (1) Z 5
Bezugsumwandlung § 26 Z 7
Bezugsumwandlung bei Pensionszusagen § 25 (1) Z 1
Bilanz § 4 (2)
Bilanzänderung § 4 (2)
Bilanzberichtigung § 4 (2)
Bounties § 27b (2)
Bundesdenkmalamt, Spenden § 4a (4)
Bürgschaftskostenvorauszahlungen
– Verteilungspflicht §§ 4 (6), 19 (3)

C
Carsharing, Steuerbefreiungen § 3 (1) Z 16d
COVID-19 Investitionsprämie § 124b Z 365

D
Datenübermittlung, Sonderausgaben § 18 (8)
dauernde Lasten, Sonderausgaben § 18 (1) Z 1
Denkmalfonds, Spenden § 4a (4)
Denkmalpflege, AfA § 8 (2)
Depotentnahme, Einkünfte aus Kapitalvermögen § 27 (6)
Depotübertragung, Einkünfte aus Kapitalvermögen § 27 (6)
Derivate § 27 (4)
Derivate, Teilwertabschreibung § 6 Z 2
Dienstfahrzeug § 16 (1) Z 6
Dienstleistungscheck § 69 (7)
dienstnehmerähnliche Beschäftigte § 109a
Dienstreise, Reisevergütungen § 26 Z 4
Dienstverhältnis § 47 (2)
Differenzausgleich § 27 (4)
digitale Arbeitsmittel § 26 Z 9
Diplomatische Akademie, Spenden § 4a (4)
Diskontbeträge § 27 (2)
Dividenden § 27 (2)
Dividendenscheine, Veräußerung, Einkünfte aus Kapitalvermögen § 27 (6)
Doppelte Buchführung § 4 (1)
durchlaufende Gelder § 26 Z 2
durchlaufende Posten § 4 (3)
Durchschnittssätze
– Aufzeichnungen § 17 (2)
– Gruppe von Stpfl § 17 (4 f)
– Kleinunternehmerpauschalierung § 17 (3a)
– Land- und Forstwirtschaft § 17 (5a)
– Übergang auf andere Gewinnermittlungsart § 17 (3)

1/1. EStG

Durchschnittssätze, Pauschalierung § 17
Durchschnittssteuersatz § 33 (10)

E
Ehepartner § 106
(Ehe)Partnerschaften § 106
Eigenheime, private Grundstücksveräußerungen § 30 (2)
Eigentumswohnungen, private Grundstücksveräußerungen § 30 (2)
Einkommen, Definition § 2 (2)
Einkünfte
- Aufteilung § 37 (2)
- Aufteilung, behördlicher Eingriff § 37 (3)
- aus besonderen Waldnutzungen, ermäßigter Steuersatz § 37 (1), (6)
- aus der Überlassung von Rechten § 28 (1)
- aus Gewerbebetrieb § 23
- aus Gewerbebetrieb, beschränkte Steuerpflicht § 98 (1) Z 3
- aus Kapitalvermögen § 27
- aus Kapitalvermögen, beschränkte Steuerpflicht § 98 (1) Z 5
- aus Kapitalvermögen, Steuersatz § 27a
- aus Kryptowährungen § 27b
- aus Land- und Forstwirtschaft § 21
- aus Land- und Forstwirtschaft, beschränkte Steuerpflicht § 98 (1) Z 1
- aus Leistungen § 29 Z 3
- aus Leitungsrechten § 107
- aus nichtselbständiger Arbeit § 25
- aus nichtselbständiger Arbeit, beschränkte Steuerpflicht § 98 (1) Z 4
- aus Patentrechten, ermäßigter Steuersatz § 37 (1)
- aus privaten Grundstücksveräußerungen, beschränkte Steuerpflicht § 98 (1) Z 7
- aus privater Grundstücksveräußerung § 30a
- aus selbständiger Arbeit § 22
- aus selbständiger Arbeit, beschränkte Steuerpflicht § 98 (1) Z 2
- aus Veräußerungsgeschäften § 29 Z 2
- aus Vermietung und Verpachtung § 28
- aus Vermietung und Verpachtung, beschränkte Steuerpflicht § 98 (1) Z 6
- ausländische § 2 (8)
- ehemalige Tätigkeiten § 32 (1) Z 2
- Gesamtbetrag der § 2 (2)
- Mittelstandsfinanzierungsgesellschaften § 27 (7)
- sonstige Einkünfte § 2 (3)
- Umrechnung auf Jahresbetrag bei steuerfreien Bezügen § 3 (2)
- Verteilung für Künstler § 37 (9)
- Verteilung für Land- und Forstwirtschaft § 37 (4)
- Zurechnung
  - Einkünfte aus Kapitalvermögen § 32 (4)
  - höchstpersönliche Tätigkeiten § 2 (4a)
Einkünfte aus Gewerbebetrieb §§ 2 (3), 23
- beschränkte Steuerpflicht § 98 (1) Z 3
- Gewinnanteile aus Mitunternehmerschaft § 23 Z 2
- Veräußerungsgewinn § 23 Z 3
Einkünfte aus Kapitalvermögen §§ 2 (3), 27

- Abzugspflicht § 93 (3)
- Abzugspflicht, Fiktionen § 93 (5)
- Anschaffungskosten § 27a (4), 93 (4)
- Anschaffungskosten, Kryptowährungen § 93 (4a)
- aus Agrargemeinschaften § 27 (2)
- Ausgleichszahlungen bei Wertpapierleihe § 27 (5) Z 4
- ausländische § 93 (5)
- bei Wegzug § 93 (5)
- bei Zuzug § 93 (5)
- Bemessungsgrundlage § 27a (3)
- beschränkte Steuerpflicht § 98 (1) Z 5
- besondere Entgelte oder Vorteile § 27 (5) Z 1
- besonderer Steuersatz § 27a
- betrieblich § 27a (6)
- Depotübertragung § 27 (6)
- Derivate § 27 (4), (6)
- Dividenden § 27 (2)
- Einkünftezurechnung § 32 (4)
- Entstrickung § 27 (6)
- Genussrechte § 27 (2), (7)
- Gewinnanteile § 27 (2)
- inländische, KESt § 93 (2)
- Kapitalertragsteuer § 93 ff
- Kryptowährungen § 27 (4a), 27b
- Kryptowährungen, Definition § 27b (4)
- Kryptowährungen, Tausch § 27b (3)
- laufende Einkünfte aus Kryptowährungen § 27b (2)
- Lebensversicherungen § 27 (5) Z 3
- Leihgebühren bei Wertpapierleihe § 27 (5) Z 4
- Liquidation § 27 (6)
- Mittelstandsfinanzierungsgesellschaften § 27 (7)
- Nichtfestsetzungskonzept § 27 (6)
- Partizipationskapital § 27 (2)
- Pensionsgeschäfte § 27 (5) Z 4
- Privatstiftungen § 27 (5) Z 7 ff
- Ratenzahlungskonzept § 27 (6)
- realisierte Wertsteigerungen von Kapitalvermögen § 27 (3)
- realisierte Wertsteigerungen von § 27 (3)
- realisierten Wertsteigerungen von Kryptowährungen § 27b (3)
- Regelbesteuerungsoption § 27a (5)
- Sondersteuersatz § 27a (1)
  - Ausnahmen § 27a (2)
  - öffentliches Angebot § 27a (2a)
- sonstige Abwicklung bei Termingeschäften § 27 (4)
- Steuerbefreiungen § 27 (7)
- Steuersatz § 27a
- Stiftungen § 27 (5) Z 7 ff
- stiller Gesellschafter § 27 (2)
- stiller Gesellschafter, Abschichtung § 27 (3)
- Stückzinsen § 27 (6)
- Übergangsbestimmungen § 119
- Überlassung von Kapital § 27 (2), (5)
- übernommene Kapitalertragsteuer § 27 (5) Z 2
- Veräußerungsfiktion § 27 (6)
- Verlustausgleich im Depot § 93 (6)

- Verlustausgleich § 27 (8)
- Wegzugsbesteuerung § 27 (6)
- Wirtschaftliches Eigentum § 32 (4)
- Zinsen § 27 (2)

Einkünfte aus Land- und Forstwirtschaft §§ 2 (3), 21
- beschränkte Steuerpflicht § 98 (1) Z 1
- Durchschnittssätze, Pauschalierung § 17 (5a)
- Gewinnanteile aus Mitunternehmerschaft § 21 (2)
- Nebenbetrieb § 21 (2)
- Pauschalierung, Durchschnittssätze § 17 (5a)
- Veräußerungsgewinn § 21 (2)
- Verteilung § 37 (2)

Einkünfte aus nichtselbständiger Arbeit §§ 2 (3), 25
- Arbeitslohn § 25 (1) Z 1
- Ausnahmen § 26
- Beamte § 25 (1) Z 4
- beschränkte Steuerpflicht § 98 (1) Z 4
- betriebliche Privatstiftungen § 25 (1) Z 2
- betriebliche Vorsorgekassen § 25 (1) Z 2
- Bezugsumwandlung bei Pensionszusagen § 25 (1) Z 1
- Dienstverhältnis § 25 (1) Z 1
- einmalige § 25 (2)
- freiwillige Höherversicherung § 25 (1) Z 3
- Gesellschafter-Geschäftsführer § 25 (1) Z 1
- gesetzliche Kranken- oder Unfallversorgung § 25 (1) Z 1
- Insolvenz-Entgelt § 25 (1) Z 2
- Lehrende § 25 (1) Z 5
- Pension § 25 (1) Z 1, 3
- Pensionskassen § 25 (1) Z 2
- Pensionszusagen § 25 (1) Z 1
- Rechtsanspruch § 25 (2)
- Rechtsnachfolger § 25 (2)
- Rückzahlung von Pflichtbeiträgen § 25 (1) Z 3
- Unterrichtende § 25 (1) Z 5
- Vortragende § 25 (1) Z 5

Einkünfte aus selbständiger Arbeit § 2 (3)
- aus Versorgungs- und Unterstützungseinrichtungen § 22 Z 4
- beschränkte Steuerpflicht § 98 (1) Z 2
- freiberufliche Tätigkeit § 22 Z 1
- Gesellschafter-Geschäftsführer § 22 Z 2
- Gesundheitsberufe § 22 Z 1
- Gewinnanteile aus Mitunternehmerschaft § 22 Z 3
- sonstige § 22 Z 2
- Stipendien § 22 Z 1
- Veräußerungsgewinn § 22 Z 5
- Vermögensverwaltung § 22 Z 2
- Vervielfältigungstheorie § 22 Z 1

Einkünfte aus Vermietung und Verpachtung §§ 2 (3), 28
- außergewöhnliche Aufwendungen § 28 (2)
- beschränkte Steuerpflicht § 98 (1) Z 6
- Ersatz von Aufwendungen § 28 (4)
- Fehlerberichtigung § 28 (7)
- Fünfzehntelabsetzung § 28 (2), (3)
- Herstellungsaufwendungen § 28 (3)
- Instandhaltungsaufwendungen § 28 (2)
- Subventionen § 28 (6)
- Zehntelabsetzung § 28 (4)

Einkünftefeststellung, gesondert; Steuererklärung § 43

Einkunftsarten § 2 (3)

Einlagen § 4 (1)
- Bewertung § 6 Z 5

Einlagen, in Körperschaften § 4 (12) Z 1

Einlagenrückzahlung, von Körperschaften § 4 (12)

Einnahmen § 15 (1)
- Zuflussprinzip § 19 (1)

Einnahmen-Ausgaben-Rechnung § 4 (3)
- Abfertigungsrückstellung § 14 (5)
- AfA § 7 (3)
- geringwertige Wirtschaftsgüter § 13

Einnahmenüberschuss § 2 (4)

Energieerzeugungsanlagen, degressive AfA § 7 (1a)

Energieträger, fossile; degressive AfA § 7 (1a)

Entnahmen § 4 (1)
- Bewertung § 6 Z 4

Entschädigungen § 32 (1) Z 1

Entschädigungen, Aufteilung § 37 (2)

Entsendete Arbeitnehmer, Steuerbefreiungen § 3 (1) Z 10

Entstrickung § 6 Z 6

Entstrickung, Einkünfte aus Kapitalvermögen § 27 (6)

Entwicklungshelfer, Steuerbefreiungen § 3 (1) Z 11, (3)

Ergänzungszulage § 3 (1) Z 4

Ersatz von Aufwendungen, Vermietung und Verpachtung § 28 (4)

Ersatzleistungen nach strafrechtlichem Entschädigungsgesetz, Steuerbefreiungen § 3 (1) Z 27

Erschwerniszulage § 68 (1), (5)

Erstattung von Einnahmen, Werbungskosten § 16 (2)

Erstattungsbeträge, Verrechnung § 109

erstmalige Anwendung dieses Bundesgesetzes § 125

EU-Parlamentsabgeordnete, Steuerbefreiungen § 3 (1) Z 32

Euro § 76

Evidenzkonto § 4 (12) Z 3 ff

Evidenzkonto, Privatstiftungen § 27 (5) Z 7 ff

F

Fahrtkosten, Werbungskosten § 16 (1) Z 6

Fahrtkostenpauschale § 16 (1) Z 6

Familienbeihilfenberechtigter § 33 (3a)

Familienbonus Plus § 33 (3a)

Familienheimfahrten, nichtabzugsfähige Aufwendungen § 20 (1) Z 2

Familienzeitbonus, Steuerbefreiungen § 3 (1) Z 5

Fehlerberichtigung § 4 (2)

Ferialpraktikant, Steuerbefreiungen § 3 (1) Z 12

fiktive Abfertigungsansprüche § 14 (1)

Finanzinstrumente, derivative § 27 (4)

Firmenwert, AfA § 8 (3)

Flurbereinigung, Befreiung, private Grundstücksveräußerungen § 30 (2)

1/1. EStG

Förderung der Kunst und Wissenschaft, Steuerbefreiungen § 3 (1) Z 3
Forschungsprämie § 108c
- Forschungsförderungsgesellschaft § 108c (7 ff)
Forschungszuwendungen, Sonderausgaben § 18 (1) Z 7
Fortbildungsmaßnahmen §§ 4 (4) Z 7, 16 (1) Z 10
Fortführungsoption, Gewinnermittlung § 5 (2)
freiberufliche Tätigkeit, Einkünfte § 22 Z 1
Freibetrag
- für Behinderte §§ 35, 62 Z 10
- für Inhaber von Amtsbescheinigungen und Opferausweisen § 105
- für Inhaber von Opferausweisen § 62 Z 10
- Mitarbeiterbeteiligung § 3 (1) Z 15
- sonstige Bezüge § 67 (1)
- Veräußerungsgewinn § 24 (4)
- Zulagen § 68 (1)
Freibeträge, aufgrund Freibetragsbescheid § 62 Z 8
Freibetragsbescheid § 63
- Berücksichtigung § 64
freie Dienstverträge § 109a
Freigrenze, sonstige Bezüge § 67 (1)
Freiwillige Feuerwehr, Spenden § 4a (6)
freiwillige soziale Zuwendungen, Steuerbefreiungen § 3 (1) Z 16
Fremdmittelkostenvorauszahlungen
- Verteilungspflicht §§ 4 (6), 19 (3)
Fünfzehntelabsetzung, Vermietung und Verpachtung § 28 (2), (3)
Funktionsgebühren § 29 Z 4
Futures § 27 (4)

G

Garantiekostenvorauszahlungen
- Verteilungspflicht §§ 4 (6), 19 (3)
Gebäude
- Übertragung stiller Reserven § 12 (4)
Gebäude, AfA § 8 (1)
- Verhältnis zu Grund und Boden § 16 (1) Z 8 lit d
Gebäude, AfA, doppelte, dreifache §§ 8 (1a), 16 (1) Z 8 lit e
Gefahrenzulage § 68 (1), (5)
Gehälter, nichtabzugsfähig § 20 (1) Z 7
geldwerter Vorteil § 15 (1), (2)
- Einbehaltung der Lohnsteuer § 78 (4)
- Steuerbefreiungen § 3 (1) Z 13 f
gemeinsame Versteuerung, Pensionen § 47 (4)
Genossenschaftskapital § 4 (12) Z 1
Genussrechte § 27 (2), (7)
Genussrechtskapital § 4 (12) Z 1
Genussscheine
- Sonderausgaben § 18 (1) Z 4
geringwertige Wirtschaftsgüter § 13
Gesamtbetrag der Einkünfte § 2 (2)
Gesundheitsförderung, Steuerbefreiungen § 3 (1) Z 13
Getränke, Steuerbefreiungen § 3 (1) Z 18
Gewerbebetrieb § 23
gewerbliche Einkünfte § 2 (4)
Gewinn §§ 2 (4), 4 (1 ff)
- rechnungslegungspflichtiger Gewerbebetrieb ender § 5 (1 f)
Gewinnanteile § 27 (2)
- aus Mitunternehmerschaft, Gewerbebetrieb § 23 Z 2
- aus Mitunternehmerschaft, Land- und Forstwirtschaft § 21 (2)
- aus Mitunternehmerschaft, selbständige Arbeit § 22 Z 3
Gewinnbeteiligungen an Arbeitnehmer, Steuerbefreiungen § 3 (1) Z 35
Gewinnermittlung, Auslandseinkünfte § 2 (8)
Gewinnermittlungsart, Wechsel § 4 (10)
Gewinnermittlungszeitraum, abweichendes Wirtschaftsjahr § 2 (5)
Gewinnfreibetrag § 10
- begünstigte Wirtschaftsgüter § 10 (3)
- Ersatzbeschaffung § 10 (5)
- investitionsbedinger § 10 (3)
- investitionsbedingter, Ausnahmen § 10 (4)
- investitionsbedingter, höhere Gewalt § 10 (5)
- Mitunternehmerschaft § 10 (2)
- Wertpapiere § 10 (3), (5)
Golden Handshakes, nichtabzugsfähig § 20 (1) Z 8
Grenzpendler § 1 (4)
Grund und Boden
- Anlagekartei § 4 (3)
- Übertragung stiller Reserven § 12 (4)
- Wertänderung §§ 4 (3a), 124b Z 212
Grundkapital § 4 (12) Z 1
Grundsätze ordnungsmäßiger Buchführung § 4 (2)
grundstücksgleiche Rechte, private Grundstücksveräußerungen § 30 (1)
Grundstücksveräußerung
- Altvermögen § 30 (4)
- Befreiung bei Baulandumlegung § 30 (2)
- Befreiung bei behördlichem Eingriff § 30 (2)
- Befreiung bei Flurbereinigungen § 30 (2)
- beschränkte Steuerpflicht § 98 (1) Z 7
- besonderer Steuersatz § 30a
- Einkünfteermittlung § 30 (3), (4), (6)
- Ermäßigung bei Doppelbelastung § 30 (8)
- fiktive Anschaffungskosten § 30 (6)
- Gewinn § 4 (3a)
- Grundstücksbegriff § 30 (1)
- grundstücksgleiche Rechte § 30 (1)
- Haftung Parteienvertreter § 30c
- Hauptwohnsitzbefreiung § 30 (2)
- Herstellerbefreiung § 30 (2)
- Immobilienertragsteuer §§ 30b, 30c
- Neuvermögen § 30 (3)
- Option auf Regeleinkünfteermittlung § 30 (5)
- pauschale Einkünfteermittlung § 30 (4)
- private § 30
- Regeleinkünfteermittlung § 30 (3)
- Tausch § 30 (1)
- Umwidmung § 30 (4)
- Verlustausgleich § 30 (7)
Gutschrift § 46 (2)

H
Haftung
- Abzugsteuer § 100 (2)
- Bauleistungen § 82a
- Kapitalertragsteuer § 95 (1)
- Lohnsteuer § 82

Hälftesteuersatz §§ 37 (1), 38
Hardfork § 27b (2)
Hauptwohnsitzbefreiung, private Grundstücksveräußerungen § 30 (2)
Herstellerbefreiung, private Grundstücksveräußerungen § 30 (2)
Herstellungsaufwendungen, Vermietung und Verpachtung § 28 (3)
Hochrechnungsfaktor § 66 (3)
Höchstpersönliche Tätigkeiten, Einkünftezurechnung § 2 (4a)
Höherversicherung, freiwillig §§ 18 (1) Z 2, 108a
Höherversicherung freiwillig, Bezüge § 25 (1) Z 3
Homeoffice-Pauschale § 26 Z 9

I
Immobilienertragsteuer § 30b
- Mitteilung § 30c

Immobilienfonds
- Steuerbefreiung § 94 Z 10, 11

ImmoESt § 30b
Indexzertifikate § 27 (4)
Inflationsanpassung § 33 (1a)
Infrastrukturbetreiber, Einkünfte aus Leitungsrechten § 107
Inhaber von Amtsbescheinigungen und Opferausweisen, Freibetrag § 105
inländische Kapitaleinkünfte § 93 (2)
Innenfinanzierung § 4 (12) Z 4
Innovationsstiftung für Bildung, Zuwendungen §§ 4c, 18 (1) Z 9
Insolvenz-Ausfallgeld § 69 (6)
Insolvenz-Entgelt § 25 (1) Z 2
Insolvenzverfahren
- Schulderlass § 36

Instandhaltungsaufwendungen, Vermietung und Verpachtung § 28 (2)
Instandsetzungsaufwendungen § 4 (7)
- Vermietung und Verpachtung § 28 (2)

Institut für Österreichische Geschichtsforschung, Spenden § 4a (4)
Internationale Anti-Korruptions-Akademie (IACA), Spenden § 4a (4)
Investitionsbedingter Gewinnfreibetrag § 10 (3)
Investitionsfreibetrag § 11
- AfA § 11 (1)
- Anlageverzeichnis, Anlagenkartei §§ 10 (7), 11 (6)
- ausgeschlossene Wirtschaftsgüter § 11 (3)
- Ausscheiden von Wirtschaftsgütern § 11 (5)
- behördlicher Eingriff § 11 (5)
- Geltendmachung § 11 (6)
- Höhe, Deckelung § 11 (1)
- höhere Gewalt § 11 (5)
- Nachversteuerung § 11 (5)
- Teilbeträge der Anschaffungs- oder Herstellungskosten § 11 (4)
- Zeitpunkt, Wirtschaftsjahr § 11 (4)
- zulässige Wirtschaftsgüter § 11 (2)

Investitionszuwachsprämie § 108e

J
Jahresabschluss § 4 (2)
Jahressechstel § 67 (1)
Jahressechstel, Kurzarbeit § 124b Z 364
Jubiläumsgeldrückstellung § 14 (12 f)
junge Aktien
- Sonderausgaben § 18 (1) Z 4
- Sonderausgaben, Nachversteuerung § 18 (4)

K
Kalte Progression § 33a
- Definition § 33a (2)
- Inflationsrate § 33a (3 f)
- Progressionsbericht § 33a (5 f)

Kapital aus sonstigen Finanzierungsinstrumenten § 4 (12) Z 1
Kapitaleinkünfte
- Verlustausgleich im Depot § 124b Z 207

Kapitalerhöhung aus Gesellschaftsmitteln, Steuerbefreiungen § 3 (1) Z 29
- Bewertung § 6 Z 15

Kapitalertragsteuer § 93 ff
- Abfuhr § 96
- Abzugspflicht, Ausnahmen § 94
- Abzugsverpflichteter § 95 (2)
- Abzugszeitpunkt § 95 (3)
- Anmeldung § 96 (3)
- Anrechnung ausländischer Steuern § 97 (2)
- Anschaffungskosten § 93 (4)
- Kryptowährungen § 93 (4a)
- Ausnahmen
  - ASVG-Privatstiftung § 94 Z 14
  - ausländische Körperschaften § 94 Z 13
  - Befreiungserklärung § 94 Z 5
  - Befreiungserklärung, digitale § 94 Z 15
  - beschränkt steuerpflichtige Körperschaften § 94 Z 6
  - Entstrickung § 94 Z 7
  - Immobilienfonds § 94 Z 10, 11
  - Immobilienfonds, öffentliches Angebot § 94 Z 8
  - Investmentfonds § 94 Z 10, 11
  - Kapitalerhöhung aus Gesellschaftsmitteln § 94 Z 9
  - Mutter-Tochter-Richtlinie § 94 Z 2
  - Privatstiftungen § 94 Z 12
  - Zwischenbankengeschäfte § 94 Z 3
- Bescheinigung an Empfänger § 96 (4)
- betriebliche Einkünfte § 93 (3)
- Endbesteuerung § 97
- Fiktionen § 93 (5)
- Haftung des Abzugsverpflichteten § 95 (1)
- Haftung des steuerlichen Vertreters von Investmentfonds § 95 (1)
- inländische Einkünfte § 93 (2)
- nachträglich gekürzte Kapitalerträge § 95 (5)
- Regelbesteuerungsoption §§ 27a (5), 97 (1)
- Schuldner § 95 (1)
- Steuerabgeltung § 97 (1)
- Steuerreporting § 96 (5)
- Steuerschuldner § 95 (1)

1/1. EStG

- Übergangsbestimmungen § 124b Z 185 ff
- Übergangsbestimmungen EStG 1972 § 123
- Übernahme § 27 (5) Z 2
- Verlustausgleich im Depot § 93 (6)
- Verlustausgleich Kryptowährungen § 93 (7)
- Verlustausgleichsbescheinigung § 96 (5)
- Verlustausgleichsoption § 97 (2)
- Vorschreibung an Steuerschuldner § 95 (4)
- Zufluss § 95 (3)
- zuständiges Finanzamt § 96 (2)

Kapitalherabsetzung, Rückzahlung § 32 (1) Z 3
kapitalistische Mitunternehmer § 23a
Kapitalkonto, kapitalistische Mitunternehmer § 23a
Kapitalrücklage § 4 (12) Z 1
Kapitalvermögen § 27 (3)
Kapitalvermögen, Besteuerung §§ 27, 27a
Kapitalvermögen, Teilwertabschreibung § 6 Z 2
Katastrophenschäden, außergewöhnliche Belastung § 34 (6)
KESt § 93 ff
Kinder § 106
- Behinderung, außergewöhnliche Belastung § 34 (6)
- Berufsausbildung, außergewöhnliche Belastung § 34 (6), (8)

Kinderabsetzbetrag § 33 (3)
- Verrechnung § 109

Kinderbetreuungsgeld, Steuerbefreiungen § 3 (1) Z 5
Kinderbetreuungskosten Zuschuss, Steuerbefreiungen § 3 (1) Z 13
Kindermehrbetrag § 33 (7)
Kirchenbeitrag, Sonderausgaben § 18 (1) Z 5
Kleinunternehmerpauschalierung § 17 (3a)
Klimabonus, Steuerbefreiungen § 3 (1) Z 37
Kombinationskraftwagen, AfA § 8 (6)
Körperschaften des öffentlichen Rechts, Lohnsteuer § 85
Kraftfahrzeuge, Investitionsfreibetrag § 10 (4)
Krankengeld § 69 (2)
Krankenversicherung, gesetzliche, vorübergehende Auszahlung, Lohnsteuer § 69 (2)
Kryptowährungen
- Abzugspflicht § 93 (2)

Kryptowährungen
- Betriebsvermögen § 4 (3b)

Kryptowährungen
- Besteuerung §§ 27 (4a), 27b

Kryptowährungen
- Teilwertabschreibung § 6 Z 2

Kündigungsentschädigungen, Arbeitnehmer § 67 (8)
Kunst und Kultur, Spenden § 4a (2), (4)
Künstler, Einkünfteverteilung § 37 (9)
Künstler, Einkünftezurechnung § 2 (4a)

L

Leasinggesellschaften, Ausgleichsposten § 6 Z 16
Lebensmittelgutscheine, Steuerbefreiungen § 3 (1) Z 17
Lebensversicherungen, Einkünfte aus Kapitalvermögen § 27 (5) Z 3

Lehrlingsausbildungsprämie § 108f
Leistungen aus Familienlastenausgleichsfonds, Steuerbefreiungen § 3 (1) Z 7
Liquidation, Einkünfte aus Kapitalvermögen § 27 (6)
Lizenzgebühren § 99a
Lizenzzahlungen, ermäßigter Steuersatz § 38
Lohnabrechnung § 78 (5)
Lohnaufzeichnungen, Einsichtnahme des Finanzamts § 87 (1)
Lohnkonto § 76
Lohnsteuer § 47
- Abfuhr § 79 (1 f)
- Anmeldung § 80
- beschränkte Steuerpflicht § 70
- Einbehaltung § 78
- Haftung § 82
- Nachforderung, aufgrund Haftung des Arbeitgebers § 86 (3)
- Nachforderung, Pauschbetrag § 86 (2)
- Pauschbetrag § 69 (1)
- Steuerschuldner § 83
- Unterbleiben der Abfuhr § 79 (2)

Lohnsteuerabzug in besonderen Fällen § 69
Lohnsteuerprüfung § 86
Lohnsteuertarif § 66
Lohnsteuerverfahren, Übergangsbestimmungen EStG 1972 § 122
Lohnzahlungen § 78 (1)
Lohnzahlungszeitraum § 77
Lohnzettel §§ 69 (5 f), 84
Luftfahrzeuge, degressive AfA § 7 (1a)
Luxustangente § 20 (1) Z 2

M

Mahlzeiten, Steuerbefreiungen § 3 (1) Z 17
Managergehälter, nichtabzugsfähig § 20 (1) Z 7
Massenbeförderungsmittel § 26 Z 5
maßgeblicher Wert, Einkünfte aus Kapitalvermögen § 27 (5) Z 7 ff
Mietkostenvorauszahlung
- Verteilungspflicht §§ 4 (6), 19 (3)

Mietzinsrücklage, Übergangsbestimmungen EStG 1972 § 116
Mitarbeiterbeteiligung, Freibetrag § 3 (1) Z 15
Mitarbeiterbeteiligungsstiftung §§ 3 (1) Z 15 lit c und d, 4 (11) Z 1, 4d (4)
Mitarbeiterrabatte § 15 (2) Z 3
Mitarbeiterrabatte, Steuerbefreiungen § 3 (1) Z 21
Mitgliedsbeiträge, Werbungskosten § 16 (1) Z 3
Mitteilung
- Auslandszahlung § 109b
- Immobilienertragsteuer § 30c

Mitteilungspflicht, Auslandszahlung § 109b
Mitteilungspflicht, Entgelt § 109a
Mittel, öffentliche § 3 (4)
Mittelstandsfinanzierungsgesellschaften § 27 (7)
Mitunternehmer, kapitalistische § 23a
Mitunternehmerschaft, Veräußerungsgewinn § 24 (2)
Mitwirkung Sozialversicherung § 89
Museen, Spenden § 4a (4)

N

Nachtarbeit § 68 (6)
Nachversteuerung § 124b Z 263
Nachversteuerung, ausländische Verluste § 2 (8)
Nachzahlungen, Arbeitnehmer § 67 (8)
Nationalbibliothek, Spenden § 4a (4)
Nebenbetrieb, Land- und Forstwirtschaft § 21 (2)
Negativsteuer § 33 (8)
Nettolohnvereinbarung § 62a
nichtabzugsfähige Aufwendungen § 20
- Verhältnis zur außergewöhnlichen Belastung § 20 (3)
- Verhältnis zu Sonderausgaben § 20 (3)
Nichtfestsetzungskonzept, Entstrickung § 27 (6)
Nichtraucherschutz, Umrüstungsprämie § 124b Z 268
nichtselbständige Arbeit § 25
nichtselbständige Einkünfte, Werbungskosten Pauschbetrag § 16 (3)
Notstandshilfe, Steuerbefreiungen § 3 (1) Z 5
Nutzungsdauer, betriebsgewöhnlich § 7 (1)

O

öffentliche Mittel, Definition § 3 (4)
Opferausweis § 105
Ortskräfte, Steuerbefreiungen § 3 (1) Z 30
Österreichisches Archäologisches Institut, Spenden § 4a (4)
Österreichisches Filminstitut, Spenden § 4a (4)

P

Parteienvertreter, Immobilienertragsteuer § 30c
Partizipationskapital §§ 4 (12) Z 1, 27 (2)
Patentrechte, Verwertung, ermäßigter Steuersatz §§ 37 (1), 38
Pauschale Wertberichtigungen § 6 Z 2
Pauschalierung, Durchschnittssätze § 17
Pauschbetrag, Lohnsteuer § 69 (1)
Pendlereuro § 33 (5)
Pendlerpauschale §§ 16 (1) Z 6, 62 Z 6
Pensionen, Steuerabzug § 47 (3)
Pensionistenabsetzbetrag § 33 (6)
Pensionsabfindungen § 67 (8)
Pensionsbezüge § 25 (1) Z 1
Pensionsgeschäft, Einkünfte aus Kapitalvermögen § 27 (5) Z 4
Pensionsinvestmentfonds, prämienbegünstigt § 108b (2)
Pensionskassen
- Bezüge § 25 (1) Z 2
Pensionskassen, Übertragungen Anwartschaften und Zusagen § 124
Pensionskassenbeiträge § 26 Z 7
Pensionsrückstellung § 14 (7 ff)
- Betrieb gewerblicher Art § 14 (11)
- Bildung § 14 (6)
- Kostenersatz durch Dritte § 14 (8)
- Übergangsbestimmungen EStG 1972 § 116
- Übernahme der gesetzlichen Pensionsversicherung § 14
- Vergütungen früherer Arbeitgeber § 14 (9)
- Wertpapierdeckung § 14 (7 ff)
Pensionsversicherung, Werbungskosten § 16 (1) Z 4
Pensionsvorsorge, prämienbegünstigt § 108a

Pensionszusatzversicherung §§ 18 (1) Z 2, 108a, 108b (1)
Personalvertreter, Reiseaufwendungen § 3 (1) Z 16b
Personenkraftwagen, AfA § 8 (6)
Personensteuern, nichtabzugsfähige Aufwendungen § 20 (1) Z 6
Pflegekarenzgeld, Steuerbefreiungen § 3 (1) Z 5
Pflegekosten, stehendes Holz § 4 (8)
Pflichtbeiträge
- zu Interessenvertretungen, Werbungskosten § 16 (1) Z 3
- zu Versicherungen § 4 (4) Z 1
- zu Versicherungen, Werbungskosten § 16 (1) Z 3
- zu Versorgungs- und Unterstützungseinrichtungen der Kammern § 4 (4) Z 1
Pflichtbeiträge zu Versicherungen
- zu gesetzlichen Interessenvertretungen § 62 Z 3
Pflichtversicherung, Werbungskosten § 16 (1) Z 4
Photovoltaik, Steuerbefreiungen § 3 (1) Z 39
Private Grundstücksveräußerungen § 30
Privatstiftungen
- Einkünfte aus Kapitalvermögen § 27 (5) Z 7 ff
- Substanzauszahlung § 27 (5) Z 7 ff
- Zuwendungen § 4 (11)
Progressionsermäßigung § 37 (1)
Progressionsvorbehalt § 33 (11)

R

Ratenzahlungskonzept, Entstrickung §§ 6 Z 6, 27 (6)
Realisierte Wertsteigerung von Kapitalvermögen § 27 (3)
Registrierkassa, Anschaffungsprämie § 124b Z 296
Reiseaufwandsentschädigungen (Sportler, Trainer), Steuerbefreiungen § 3 (1) Z 16c
Reiseaufwandsentschädigungen, Steuerbefreiungen § 3 (1) Z 16b
Reisekosten § 4 (5)
- nichtabzugsfähige Aufwendungen § 20 (1) Z 2
- Werbungskosten § 16 (1) Z 9
Renten
- Sonderausgaben § 18 (1) Z 1
- Werbungskosten § 16 (1) Z 1
Repräsentationsaufwendungen, nichtabzugsfähig § 20 (1) Z 3
Rücklagen, Übergangsbestimmungen EStG 1972 § 116
Rückstellungen
- Abzinsung § 9 (5)
- Anwartschaft auf Abfertigung § 9 (1)
- Dienstjubiläum § 14 (12 f)
- drohende Verluste § 9 (1), (3)
- Einschränkung § 9 (5)
- Firmenjubiläum § 9 (4)
- Jubiläumsgelder § 9 (2)
- pauschale § 9 (3)
- Pensionen §§ 9 (1), 14 (6), (7 ff)
- Teilwert § 9 (5)

1/1. EStG

- Übergangsbestimmungen EStG 1972 § 116
- ungewisse Verbindlichkeiten § 9 (1), (3)
Rückzahlung von Einnahmen, Werbungskosten § 16 (2)
Rumpfwirtschaftsjahr § 2 (6)

S
Salutogenese, Steuerbefreiungen § 3 (1) Z 13
Sanierung von Gebäuden, thermisch-energetische, Sonderausgaben § 18 (1) Z 10
Sanierungsgewinn § 36
Schmutzzulage § 68 (1), (5)
Schriftsteller, Einkünftezurechnung § 2 (4a)
Schulderlass § 36
Schuldzinsen, Werbungskosten § 16 (1) Z 1
Schülerbeihilfen, Steuerbefreiungen § 3 (1) Z 3
Sechstelgrenze § 67 (2)
selbständige Arbeit § 22
Sonderausgaben § 18
- Datenübermittlung § 18 (8)
- Ersatz eines fossilen Heizungssystems § 18 (1) Z 10
- freiwillige Weiterversicherung § 18 (1) Z 1a
- für nahe Angehörige § 18 (3)
- Genussscheine und junge Aktien § 18 (1) Z 4
- Höchstbetrag § 18 (3)
- Kirchenbeitrag § 18 (1) Z 5
- Nachkauf von Versicherungszeiten § 18 (1) Z 1a
- Nachversteuerung § 18 (4)
- Nachversteuerung, Höhe § 18 (5)
- Pauschale §§ 18 (2), 62 Z 2
- Renten und dauernde Lasten § 18 (1) Z 1
- Spenden § 18 (1) Z 7
- Steuerberatungskosten § 18 (1) Z 6
- thermisch-energetische Sanierung von Gebäuden § 18 (1) Z 10
- Übergangsbestimmungen EStG 1972 § 117
- Verhältnis zu nichtabzugsfähigen Aufwendungen § 20 (3)
- Verlustabzug § 18 (6)
- Versicherungsprämien § 18 (1) Z 2
- Wohnraumschaffung und -sanierung § 18 (1) Z 3
Sonderprämie für katastrophenbedingte Ersatzbeschaffung § 108d
Sondersteuersatz, Ausnahmen, Einkünfte aus Kapitalvermögen § 27a (2)
Sondersteuersatz, Einkünfte aus Kapitalvermögen § 27a (1)
Sondersteuersatz, private Grundstücksveräußerung § 30a
sonstige Bezüge § 67
- Arbeitnehmerveranlagung § 41 (4)
- Freibetrag § 67 (1)
- Freigrenze § 67 (1)
sonstige Einkünfte § 29
sonstige selbständige Arbeit, Einkünfte § 22 Z 2
Sozialversicherung, gesetzliche; Besteuerung der Bezüge § 47 (4 f)
Sozialversicherung, Mitteilung § 89
Sozialversicherungsbeiträge § 62 Z 4
Spekulationsgeschäfte § 31
Spenden
- aus dem Betriebsvermögen § 4a
- Begünstigte Einrichtungen § 4a (3 ff)
- Begünstigte Zwecke § 4a (2)
- Sonderausgaben § 18 (1) Z 7
- Spendenempfängerliste § 4a (7 f)
- zur Vermögensausstattung, Stiftungen § 18 (1) Z 8
Sportler, Einkünftezurechnung § 2 (4a)
Staking § 27b (2)
Stammkapital § 4 (12) Z 1
Stand der Einlagen § 4 (12) Z 3 ff
Steinbruch, Absetzung für Substanzverringerung § 8 (5)
Steuerabzug, vom Schuldner vorzunehmen § 100 (4)
Steuerbefreiungen § 3 (1 ff)
- Abgeltungen von Wertminderungen von Grundstücken § 3 (1) Z 33
- Altersteilzeitgeld § 3 (1) Z 5
- Arbeitslosengeld und Notstandshilfe § 3 (1) Z 5
- Arbeitsvergütungen nach Strafvollzugsgesetz § 3 (1) Z 31
- Ausgleichszulage § 3 (1) Z 4
- Aushilfskräfte § 3 (1) Z 11
- Auslandsbeamte § 3 (1) Z 8 f
- Auslandseinsatzzulage § 3 (1) Z 24
- Auslandstätigkeit § 3 (3)
- Auslandstätigkeit, Auslandsmontage § 3 (1) Z 10
- Baulandumlegung, private Grundstücksveräußerungen § 30 (2)
- behördlicher Eingriff, private Grundstücksveräußerungen § 30 (2)
- Beihilfen, ArbeitsmarktserviceG § 3 (1) Z 5
- Beihilfen, BerufsausbildungsG § 3 (1) Z 5
- Betriebsveranstaltungen § 3 (1) Z 14
- Bewährungshilfe § 3 (1) Z 26
- Einkünfte aus Kapitalvermögen § 27 (7)
- Entschädigungen für Tätigkeiten in Wahlbehörden § 3 (1) Z 40
- Entwicklungshelfer § 3 (1) Z 11, (3)
- Ergänzungszulage § 3 (1) Z 4
- Ersatzleistungen nach strafrechtlichem Entschädigungsgesetz § 3 (1) Z 27
- Erstattungsbeiträge von Sozialversicherungen § 3 (1) Z 4
- EU-Parlamentsabgeordnete § 3 (1) Z 32
- Ferialpraktikant § 3 (1) Z 12
- Flurbereinigung, private Grundstücksveräußerungen § 30 (2)
- Förderung der Kunst, Wissenschaft und Forschung § 3 (1) Z 3
- freiwillige soziale Zuwendungen § 3 (1) Z 16
- geldwerter Vorteil § 3 (1) Z 13 f
- Gesundheitsförderung § 3 (1) Z 13
- Getränke § 3 (1) Z 18
- Gewinnbeteiligungen an Arbeitnehmer § 3 (1) Z 35
- Hauptwohnsitz, private Grundstücksveräußerungen § 30 (2)
- Hilfsbedürftigkeit § 3 (1) Z 3
- Innovationsstiftung für Bildung § 3 (1) Z 3

- Kapitalerhöhung aus Gesellschaftsmitteln § 3 (1) Z 29
- Kinderbetreuuungsgeld § 3 (1) Z 5
- Klimabonus § 3 (1) Z 37
- Kriegsbeschädigte, Versorgungsleistungen, Transferzahlungen, Befreiungen § 3 (1) Z 1 f
- Lebensmittelgutscheine § 3 (1) Z 17
- Leistungen aus Familienlastenausgleichsfonds § 3 (1) Z 7
- Mahlzeiten § 3 (1) Z 17
- Mitarbeiterbeteiligung § 3 (1) Z 15
- Mitarbeiterbeteiligungsstiftung § 3 (1) Z 15
- Mitarbeiterrabatte § 3 (1) Z 21
- Ortskräfte § 3 (1) Z 30
- Pflegekarenzgelt § 3 (1) Z 5
- Photovoltaik § 3 (1) Z 39
- Reiseaufwandsentschädigungen (Sportler, Trainer) § 3 (1) Z 16c
- Reiseaufwandsentschädigungen § 3 (1) Z 16b
- Sachleistungen von Sozialversicherungen § 3 (1) Z 4
- Salutogenese § 3 (1) Z 13
- selbst hergestellte Gebäude, private Grundstücksveräußerungen § 30 (2)
- Stipendien § 3 (1) Z 3
- Stromtanken § 3 (1) Z 41
- Studien- und Schülerbeihilfen § 3 (1) Z 3
- Subventionen, öffentliche Mittel § 3 (1) Z 6
- SV-Rückerstattung § 3 (1) Z 34
- Transferzahlungen § 3 (1) Z 1 f
- Trinkgelder § 3 (1) Z 16a
- Überbrückungsgeld § 3 (1) Z 5
- Übergangsgelder § 3 (1) Z 4
- Umrechnung auf Jahresbetrag § 3 (2)
- unverzinsliche Gehaltsvorschüsse § 3 (1) Z 20
- Verbrechensopfer § 3 (1) Z 25
- Vermietung und Verpachtung § 28 (6)
- Versorgungsleistungen nach Impfschadengesetz § 3 (1) Z 28
- Wehrpflichtige § 3 (1) Z 22
- Weihnachtsfeiern § 3 (1) Z 14
- Wochengeld § 3 (1) Z 4
- Zivildiener § 3 (1) Z 23
- Zukunftssicherung § 3 (1) Z 15
- Zuschuss zu Kinderbetreuungskosten § 3 (1) Z 13
- Zuschüsse an Arbeitnehmer § 3 (1) Z 38
- Zuschüsse für Carsharing § 3 (1) Z 16d
- Zuwendungen einer Krankenkassen-Privatstiftung § 3 (1) Z 35
- Zuwendungen für Begräbnis § 3 (1) Z 19

Steuerberatungskosten, Sonderausgaben § 18 (1) Z 6
Steuererklärung
- Beilagen § 44 (1 ff)
- elektronische Übermittlung §§ 42 (1), 43 (2), 44 (8)
- Form § 44

Steuererklärungspflicht § 42 f
steuerfreie Beträge, Übergangsbestimmungen EStG 1972 § 116
Steuerpflicht
- Antrag auf unbeschränkte § 1 (4)
- beschränkt § 1 (3)
- beschränkte; Steuererklärung § 42 (2)
- beschränkte; Veranlagung § 102
- gewöhnlicher Aufenthalt § 1 (2)
- persönlich § 1 (1)
- sachlich § 2 (1)
- unbeschränkt § 1 (2)
- unbeschränkte; Steuererklärung § 42 (1)
- Wohnsitz § 1 (2)

Steuersatz
- besonderer bei Kapitalvermögen § 27a
- ermäßigter § 37
- fester § 67 (1)
- Kapitalvermögen § 27a
- Nachzahlungen § 67 (8 ff)
- private Grundstücksveräußerung § 30a

Steuersätze § 33
Steuerschuldner
- Abzugsteuer § 100 (2)
- Kapitalertragsteuer § 95 (1)
- Lohnsteuer § 83

Stiftungen, ausländische, Einkünfte aus Kapitalvermögen § 27 (5) Z 7 ff
Stiftungseingangswerte § 27 (5) Z 7 ff
stille Reserven
- Übergangsbestimmungen EStG 1972 § 118
- Übertragung § 12

stiller Gesellschafter, Abschichtung § 27 (3)
Stillhalterprämie § 27 (4)
Stimmrechte
- einheitliche Ausübung § 4d (4)
- Übertragung §§ 3 (1) Z 15 lit c, 4d (4)

Stipendien, Steuerbefreiungen § 3 (1) Z 3
strafbare Geld- oder Sachzuwendungen, nichtabzugsfähig § 20 (1) Z 5
Strafen, nichtabzugsfähig § 20 (1) Z 5
Stückzinsen § 27 (6)
Studienbeiträge, Absetzbarkeit §§ 4 (4) Z 7, 16 (1) Z 10
Subsidiarität
- Einkünfte aus Vermietung und Verpachtung § 28 (1)

Substanzauszahlung, bei Privatstiftungen § 27 (5) Z 7 ff
Substiftungen § 27 (5) Z 7 ff
Subventionen, Steuerbefreiungen § 3 (1) Z 6
SV-Rückerstattung, Steuerbefreiungen § 3 (1) Z 34
SV-Rückerstattung, Tarif § 33 (8)
Swaps § 27 (4)

T
Tank- und Zapfanlagen, degressive AfA § 7 (1a)
Tarif § 33
Tätigkeiten, höchstpersönliche, Einkünftezurechnung § 2 (4a)
Tausch
- Wirtschaftsgüter, Bewertung § 6 Z 14

Topfsonderausgaben § 18 (3)
Transparenzdatenbank, Spenden § 4a (4a)
Treuhandkostenvorauszahlung
- Verteilungspflicht §§ 4 (6), 19 (3)

Trinkgelder, Steuerbefreiungen § 3 (1) Z 16a

1/1. EStG

U

überführte Wirtschaftsgüter, Bewertung § 6 Z 6
Übergangsgewinn § 4 (10)
Übergangsverlust § 4 (10)
Überlassung von Kapital § 27 (2)
übernommene Kapitalertragsteuer § 27 (5) Z 2
Überschuss der Betriebseinnahmen § 4 (3)
Überschuss der Einnahmen über die Werbungskosten § 15 (1 ff)
Überstunde § 68 (4)
Überstundenzuschläge § 68 (2)
Übertragung stiller Reserven § 12
– Anschaffungs- oder Herstellungskosten § 12 (6)
– Behaltefrist § 12 (3)
– Einkünfte aus Waldnutzungen § 12 (7)
– erfasste Wirtschaftsgüter § 12 (4)
– höhere Gewalt § 12 (5)
– Übertragungsrücklage § 12 (7 ff)
Übertragung von Wirtschaftsgütern an Personengesellschaften § 32 (3)
Übertragungsrücklage
– gewinnerhöhende Auflösung § 12 (7 ff)
– Verwendung § 12 (7 ff)
– Zuschlag § 12 (7 ff)
Umgründungen §§ 4 (12) Z 3 ff , 124b Z 279
Umlaufvermögen, Bewertung § 6 Z 2
Umrüstungsprämie, Nichtraucherschutz § 124b Z 268
Umsatzsteuer, Einnahmen-Ausgaben-Rechnung § 4 (3)
Umschulungskosten §§ 4 (4) Z 7, 16 (1) Z 10
Umwidmung, private Grundstücksveräußerungen § 30 (4)
Umwidmungsgewinn § 124b Z 261
Umzugskostenvergütungen § 26 Z 6
Unterhaltsabsetzbetrag § 33 (4)
Unterhaltsleistungen, außergewöhnliche Belastung § 34 (7)
Unterhaltsverpflichteter § 33 (3a)
Unternehmen, verbundenes § 99a
Unternehmenszweckförderungsstiftung §§ 4 (11) Z 1, 4d (1)
unverzinsliche Gehaltsvorschüsse, Steuerbefreiungen § 3 (1) Z 20
Urlaubsentschädigung, -abfindung § 67 (8)

V

Veranlagung § 39 ff
– antragslose § 41 (2) Z 2
– beschränkte Steuerpflicht § 102
– lohnsteuerpflichtige Einkünfte § 41
Veranlagungsfreibetrag § 41 (3)
Veranlagungszeitraum § 39
Veräußerung von Beteiligung an Mitunternehmerschaft § 32 (3)
Veräußerungsgewinn § 24
– Aufteilung § 37 (2)
– Begünstigung bei Gebäuden § 24 (6)
– Buchwertfortführung nach UmgrStG § 24 (7)
– Ermäßigung bei Doppelbelastung § 24 (5)
– Freibetrag § 24 (4)
– Gewerbebetrieb § 23 Z 3
– Land- und Forstwirtschaft § 21 (2)

– Mitunternehmerschaft § 24 (2)
– selbständige Arbeit § 22 Z 5
– Übergangsbestimmungen EStG 1972 § 118
– Wirtschaftsgüter, Veräußerung, Entnahme § 24 (3)
Verbandsgeldbuße, nichtabzugsfähig § 20 (1) Z 5
Verbindlichkeiten, Bewertung § 6 Z 3
Verbrechensopfer, Steuerbefreiungen § 3 (1) Z 25
verbundenes Unternehmen § 99a
Vergleichssummen, Arbeitnehmer § 67 (8)
Verhältnis Grund und Boden zu Gebäude § 16 (1) Z 8 lit d
Verkehrsabsetzbetrag § 33 (5)
Verlustabzug, Sonderausgaben § 18 (6)
Verlustausgleich § 2 (2)
Verlustausgleich, Einkünfte aus Kapitalvermögen § 27 (8)
Verlustausgleich, Kapitaleinkünfte, Depot §§ 93 (6), 124b Z 207
Verlustausgleich, private Grundstücksveräußerungen § 30 (7)
Verlustausgleichsbeschränkung § 2 (2a)
Verlustausgleichsverbot § 2 (2a)
Verluste kapitalistischer Mitunternehmer § 23a
Verlustrücktrag § 124b Z 355
Verlustverrechnung
– ausländische Verluste § 2 (8)
– Einschränkung § 124b Z 248
Verlustvortrag § 18 (6)
Vermietung und Verpachtung § 28
– außergewöhnliche Aufwendungen § 28 (2)
– Ersatz von Aufwendungen § 28 (4)
– Fehlerberichtigung § 28 (7)
– Fünfzehntelabsetzung §§ 28 (2), (3)
– Herstellungsaufwendungen § 28 (3)
– Instandhaltungsaufwendungen § 28 (2)
– Instandsetzungsaufwendungen § 28 (2)
– Subventionen § 28 (6)
– Zehntelabsetzung § 28 (4)
Vermittlungskostenvorauszahlungen
– Verteilungspflicht §§ 4 (6), 19 (3)
Vermögensübersicht § 4 (2)
Verpflegungsmehraufwand § 4 (5)
Verrechnungsgrenze für Verluste § 124b Z 248
Versicherungsbeiträge, Werbungskosten § 16 (1) Z 2
Versicherungsprämien, Sonderausgaben § 18 (1) Z 2
– Sonderausgaben, Nachversteuerung § 18 (4)
Versicherungsträger, Mitwirkung § 89
Versicherungszeiten, Nachkauf, Sonderausgaben § 18 (1) Z 1a
Versorgungsleistungen nach Impfschadengesetz, Steuerbefreiungen § 3 (1) Z 28
Versteuerung, gemeinsame von Pensionen § 47 (4)
Verteilungspflicht § 19 (3)
Vervielfältigungstheorie § 22 Z 1
Verwaltungskostenvorauszahlungen
– Verteilungspflicht § 4 (6)
Vollziehung § 126
Vorauszahlungen § 45
– Änderung § 45 (3 f)
– Termin § 45 (2)
– Zufluss-Abfluss-Prinzip § 19 (3)

Vorschusszahlung, Einbehaltung der Lohnsteuer § 79 (1)
Vorstand, Einkünftezurechnung § 2 (4a)
Vorsteuer, Bewertung § 6 Z 11 f
Vorsteuerberichtigung § 6 Z 11 f
Vortragende, Einkünftezurechnung § 2 (4a)
vorübergehend Beschäftigte § 69 (1 ff)
vorzeitige Abschreibung, Übergangsbestimmungen EStG 1972 § 115

W
Wartetastenverluste, kapitalistische Mitunternehmer § 23a
Wechsel der Gewinnermittlungsart § 4 (10)
Wegzugsbesteuerung
– Bewertung § 6 Z 6
– Kapitalvermögen § 27 (6)
Wehrpflichtige, Steuerbefreiungen § 3 (1) Z 22
Weihnachtsfeiern, Steuerbefreiungen § 3 (1) Z 14
Weitergeltung, EStG 1972 § 112
Werbungskosten § 16
– Abgaben § 16 (1) Z 2
– Absetzung für Abnutzung § 16 (1) Z 8
– Absetzung für Substanzverringerung § 16 (1) Z 8
– Arbeitsmittel § 16 (1) Z 7
– Beiträge für Berufsverbände § 16 (1) Z 3
– Erstattung (Rückzahlung) von Einnahmen § 16 (2)
– Fahrtkosten § 16 (1) Z 6
– Mitgliedsbeiträge § 16 (1) Z 3
– nichtselbständige Einkünfte, Pauschbetrag § 16 (3)
– Pauschale § 62 Z 1
– Pendlerpauschale § 16 (1) Z 6
– Pensionsversicherung § 16 (1) Z 4
– Pflichtbeiträge zu Interessenvertretungen § 16 (1) Z 3
– Pflichtversicherung § 16 (1) Z 4
– Reisekosten § 16 (1) Z 9
– Renten und dauernde Lasten § 16 (1) Z 1
– Schuldzinsen § 16 (1) Z 1
– Versicherungsbeiträge § 16 (1) Z 2
– Wohnbauförderungsbeiträge § 16 (1) Z 5
Werkverkehr § 26 Z 5
Wertpapierdeckung
– Pensionsrückstellung § 14 (7 ff)
Wertpapierdeckung, Abfertigungsrückstellung § 14 (7 ff)
Wertpapierleihe, Einkünfte aus Kapitalvermögen § 27 (5) Z 4
Wertsicherung, Einkünfte aus Kapitalvermögen § 27 (5) Z 1
Wertsteigerung, realisierte § 27 (3)
Wiederaufforstungskosten § 4 (8)
wiederkehrende Bezüge § 29 Z 1
Wirtschaftsgüter
– des Anlagevermögens, unkörperliche § 4 (1)
– gebrauchte; degressive AfA § 7 (1a)
– gebrauchte; Investitionsfreibetrag § 10 (4)
– geringwertige § 13
– geringwertige; Investitionsfreibetrag § 10 (4)
– im Rahmen der Betriebsaufgabe § 24 (3)
– körperliche; Übertragung stiller Reserven § 12 (4)
– mit biologischem Wachstum, Bewertung § 6 Z 2
– subventionierte, Bewertung § 6 Z 10
– unkörperliche; degressive AfA § 7 (1a)
– unkörperliche; Investitionsfreibetrag § 10 (4)
– unkörperliche; Übertragung stiller Reserven § 12 (4)
Wirtschaftsjahr § 2 (5 f)
– abweichendes § 2 (5)
– Umstellung § 2 (7)
Wissenschaftler, Einkünftezurechnung § 2 (4a)
Wochengeld, Steuerbefreiungen § 3 (1) Z 4
Wohnbauförderungsbeiträge §§ 16 (1) Z 5, 62 Z 5
– Werbungskosten § 16 (1) Z 5
Wohnraumsanierung
– Sonderausgaben § 18 (1) Z 3
– Sonderausgaben, Nachversteuerung § 18 (6)

Z
Zahlung Dritter Lohn § 78
Zehntelabsetzung, Vermietung und Verpachtung § 28 (4)
Zinsen §§ 27 (2), 99a
Zivildiener, Steuerbefreiungen § 3 (1) Z 23
Zufluss-Abfluss-Prinzip § 19
– Ausgaben § 19 (2)
– Einnahmen § 19 (1)
– Vorauszahlungen § 19 (3)
Zukunftssicherung, Steuerbefreiungen § 3 (1) Z 15
Zukunftsvorsorge
– Einrichtung § 108h
– Prämienbegünstigung § 108g
– Verfügung des Steuerpflichtigen § 108i
Zulagen, Arbeitnehmerveranlagung § 41 (4)
Zulagen, Besteuerung § 68 (1 ff)
Zulagen, Freibetrag § 68 (1)
Zuschläge bei Wechsel der Gewinnermittlungsart § 4 (10)
Zuschreibungen § 6 Z 13
Zuschüsse an Arbeitnehmer, Steuerbefreiungen § 3 (1) Z 38
Zuschüsse für Carsharing, Steuerbefreiungen § 3 (1) Z 16d
Zuwendungen
– an betriebliche Unterstützungskassen und Hilfskassen § 4 (4) Z 2
– an Betriebsratsfonds § 4 (4) Z 3
– an und von Privatstiftungen §§ 4 (11), 15 (3)
– an Unterhaltsberechtigte, nicht abzugsfähig § 20 (1) Z 4
– aus öffentlichen Mitteln, Steuerbefreiungen § 3 (1) Z 6
– für begünstigte Zwecke § 4a (2)
– für begünstigte Zwecke, Sonderausgaben § 18 (1) Z 7
– in Katastrophenfällen § 4 (4) Z 9
– Innovationsstiftung für Bildung §§ 4c, 18 (1) Z 9
– zur Vermögensausstattung, Stiftungen §§ 4b, 18 (1) Z 8

Zuwendungen einer Krankenkassen-Privatstiftung, Steuerbefreiungen § 3 (1) Z 35
Zuwendungen für Begräbnis, Steuerbefreiungen § 3 (1) Z 19
Zuzugsbegünstigung § 103
Zuzugsfreibetrag § 62 Z 9

Bundesgesetz vom 7. Juli 1988 über die Besteuerung des Einkommens natürlicher Personen (Einkommensteuergesetz 1988 – EStG 1988)

1. TEIL
PERSÖNLICHE STEUERPFLICHT

§ 1. (1) Einkommensteuerpflichtig sind nur natürliche Personen.

(2) Unbeschränkt steuerpflichtig sind jene natürlichen Personen, die im Inland einen Wohnsitz oder ihren gewöhnlichen Aufenthalt haben. Die unbeschränkte Steuerpflicht erstreckt sich auf alle in- und ausländischen Einkünfte.

(3) Beschränkt steuerpflichtig sind jene natürlichen Personen, die im Inland weder einen Wohnsitz noch ihren gewöhnlichen Aufenthalt haben. Die beschränkte Steuerpflicht erstreckt sich nur auf die im § 98 aufgezählten Einkünfte.

(4) Auf Antrag werden auch Staatsangehörige von Mitgliedstaaten der Europäischen Union oder eines Staates, auf den das Abkommen über den Europäischen Wirtschaftsraum anzuwenden ist, als unbeschränkt steuerpflichtig behandelt, die im Inland weder einen Wohnsitz noch ihren gewöhnlichen Aufenthalt haben, soweit sie inländische Einkünfte im Sinne des § 98 haben. Dies gilt nur, wenn ihre Einkünfte im Kalenderjahr mindestens zu 90% der österreichischen Einkommensteuer unterliegen oder wenn die nicht der österreichischen Einkommensteuer unterliegenden Einkünfte nicht mehr als „12 816" Euro betragen. Inländische Einkünfte, die nach einem Abkommen zur Vermeidung der Doppelbesteuerung nur der Höhe nach beschränkt besteuert werden dürfen, gelten in diesem Zusammenhang als nicht der österreichischen Einkommensteuer unterliegend. Die Höhe der nicht der österreichischen Einkommensteuer unterliegenden Einkünfte ist durch eine Bescheinigung der zuständigen ausländischen Abgabenbehörde nachzuweisen.

(Teuerungs-EP II, BGBl I 2022/163; AbgÄG 2023, BGBl I 2023/110; PrAG 2024, BGBl I 2023/153 ab 1.1.2024)

2. TEIL
SACHLICHE STEUERPFLICHT

1. ABSCHNITT

Einkunftsarten, Einkünfte, Einkommen

§ 2. (1) Der Einkommensteuer ist das Einkommen zugrunde zu legen, das der Steuerpflichtige innerhalb eines Kalenderjahres bezogen hat.

(2) Einkommen ist der Gesamtbetrag der Einkünfte aus den im Abs. 3 aufgezählten Einkunftsarten nach Ausgleich mit Verlusten, die sich aus einzelnen Einkunftsarten ergeben, und nach Abzug der Sonderausgaben (§ 18) und außergewöhnlichen Belastungen (§§ 34 und 35) sowie des Freibetrags nach § 105.
(BGBl I 2018/62)

(2a) Weder ausgleichsfähig noch gemäß § 18 Abs. 6 vortragsfähig sind negative Einkünfte

– aus einer Beteiligung an Gesellschaften oder Gemeinschaften, wenn das Erzielen steuerlicher Vorteile im Vordergrund steht. Dies ist insbesondere dann der Fall, wenn

  – der Erwerb oder das Eingehen derartiger Beteiligungen allgemein angeboten wird,

  – und auf der Grundlage des angebotenen Gesamtkonzeptes aus derartigen Beteiligungen ohne Anwendung dieser Bestimmung Renditen erreichbar wären, die nach Steuern mehr als das Doppelte der entsprechenden Renditen vor Steuern betragen,

– aus Betrieben, deren Unternehmensschwerpunkt(e) im Verwalten unkörperlicher Wirtschaftsgüter oder in der gewerblichen Vermietung von Wirtschaftsgütern gelegen ist.

Solche negativen Einkünfte sind mit positiven Einkünften aus dieser Betätigung oder diesem Betrieb frühestmöglich zu verrechnen.
(BGBl I 2016/117)

(2b) (aufgehoben)

(3) Der Einkommensteuer unterliegen nur:

1. Einkünfte aus Land- und Forstwirtschaft (§ 21),
2. Einkünfte aus selbständiger Arbeit (§ 22),
3. Einkünfte aus Gewerbebetrieb (§ 23),
4. Einkünfte aus nichtselbständiger Arbeit (§ 25),
5. Einkünfte aus Kapitalvermögen (§ 27),
6. Einkünfte aus Vermietung und Verpachtung (§ 28),
7. sonstige Einkünfte im Sinne des § 29.

(4) Einkünfte im Sinne des Abs. 3 sind:

1. Der Gewinn (§§ 4 bis 14) bei Land- und Forstwirtschaft, selbständiger Arbeit und Gewerbebetrieb.

2. Der Überschuss der Einnahmen über die Werbungskosten (§§ 15 und 16) bei den anderen Einkunftsarten.

(BGBl I 2022/135)
Als gewerbliche Einkünfte (Abs. 3 Z 3) gelten stets und in vollem Umfang Einkünfte aus der Tätigkeit der offenen Gesellschaften, Kommanditgesellschaften und anderer Gesellschaften, bei denen die Gesellschafter als Mitunternehmer eines Gewerbebetriebes anzusehen sind. Betriebsstätten von nach bürgerlichem Recht nicht rechtsfähigen Personenvereinigungen gelten anteilig als Betriebsstätten der Mitglieder, wenn sich ihr alleiniger Zweck auf die Erfüllung eines einzigen Werkvertrages oder Werklieferungsvertrages beschränkt und der mit dem Auftraggeber bei Auftragsvergabe vereinbarte Auftragswert 700 000 Euro (ohne Umsatzsteuer) nicht übersteigt.

(4a) Einkünfte aus einer Tätigkeit als organschaftlicher Vertreter einer Körperschaft sowie aus einer höchstpersönlichen Tätigkeit sind der leistungserbringenden natürlichen Person zuzurechnen, wenn die Leistung von einer Körperschaft abgerechnet wird, die unter dem Einfluss dieser Person steht und über keinen eigenständigen, sich von dieser Tätigkeit abhebenden Betrieb verfügt. Höchstpersönliche Tätigkeiten sind nur solche als Künstler, Schriftsteller, Wissenschaftler, Sportler und Vortragender.

(BGBl I 2015/163)
(5) Gewinnermittlungszeitraum ist das Wirtschaftsjahr. Das Wirtschaftsjahr deckt sich grundsätzlich mit dem Kalenderjahr. Buchführende Land- und Forstwirte und rechnungslegungspflichtige Gewerbetreibende (§ 5) dürfen jedoch ein vom Kalenderjahr abweichendes Wirtschaftsjahr haben; in diesem Fall ist der Gewinn bei Ermittlung des Einkommens für jenes Kalenderjahr zu berücksichtigen, in dem das Wirtschaftsjahr endet.

(6) Das Wirtschaftsjahr umfaßt einen Zeitraum von zwölf Monaten. Einen kürzeren Zeitraum darf es dann umfassen, wenn

1. ein Betrieb eröffnet oder aufgegeben wird oder
2. das Wirtschaftsjahr bei einem buchführenden Land- und Forstwirt oder einem rechnungslegungspflichtigen Gewerbetreibenden auf einen anderen Stichtag umgestellt wird.

(7) Die Umstellung des Wirtschaftsjahres auf einen anderen Stichtag ist nur zulässig, wenn gewichtige betriebliche Gründe vorliegen und das Finanzamt vorher bescheidmäßig zugestimmt hat. Das Finanzamt muß zustimmen, wenn solche Gründe vorliegen. Die Erzielung eines Steuervorteils gilt nicht als gewichtiger betrieblicher Grund.

(8) Soweit im Einkommen oder bei Berechnung der Steuer ausländische Einkünfte zu berücksichtigen sind, gilt Folgendes:

1. Für die Ermittlung der ausländischen Einkünfte sind die Bestimmungen dieses Bundesgesetzes maßgebend.
2. Der Gewinn ist nach der Gewinnermittlungsart zu ermitteln, die sich ergäbe, wenn der Betrieb im Inland gelegen wäre. Wird der Gewinn des Betriebes im Ausland nach einem vom Kalenderjahr abweichenden Wirtschaftsjahr ermittelt, ist dies auch für das Inland maßgebend. Die Gewinnermittlung für eine Betriebsstätte richtet sich nach der für den gesamten Betrieb maßgebenden Gewinnermittlung.
3. Im Ausland nicht berücksichtigte Verluste sind bei der Ermittlung des Einkommens höchstens in Höhe der nach ausländischem Steuerrecht ermittelten Verluste des betreffenden Wirtschaftsjahres anzusetzen. Die angesetzten Verluste sind in der Steuererklärung an der dafür vorgesehenen Stelle auszuweisen.
4. Sind ausländische Einkünfte von der Besteuerung im Inland ausgenommen, erhöhen die nach Z 3 angesetzten ausländischen Verluste in jenem Kalenderjahr ganz oder teilweise den Gesamtbetrag der Einkünfte, in dem sie im Ausland ganz oder teilweise berücksichtigt werden oder berücksichtigt werden könnten. Angesetzte Verluste aus einem Staat, mit dem keine umfassende Amtshilfe besteht, erhöhen jedoch spätestens im dritten Jahr nach deren Ansatz den Gesamtbetrag der Einkünfte.

2. ABSCHNITT
Steuerbefreiungen

§ 3. (1) Von der Einkommensteuer sind befreit:

1. Versorgungsleistungen an Kriegsbeschädigte und Hinterbliebene oder diesen gleichgestellte Personen auf Grund der versorgungsrechtlichen Bestimmungen sowie auf Grund des Heeresentschädigungsgesetzes, BGBl. I Nr. 162/2015.

(BGBl I 2016/117)

2. Renten und Entschädigungen an Opfer des Kampfes für ein freies demokratisches Österreich auf Grund besonderer gesetzlicher Vorschriften.

3. Bezüge oder Beihilfen
   a) aus öffentlichen Mitteln oder aus Mitteln einer öffentlichen Stiftung oder einer unter § 5 Z 6 des Körperschaftsteuergesetzes 1988 fallenden Privatstiftung wegen Hilfsbedürftigkeit
   b) aus öffentlichen Mitteln oder aus Mitteln einer öffentlichen Stiftung oder einer Privatstiftung zur unmittelbaren Förderung der Kunst (Abgeltung von Aufwendungen oder Ausgaben)
   c) aus öffentlichen Mitteln, aus Mitteln einer öffentlichen Stiftung oder einer Privatstiftung oder aus Mitteln einer in § 4a Abs. 3 **„in der Fassung vor BGBl. I Nr. 188/2023"** genannten Institution zur unmittelbaren Förderung von Wis-

senschaft und Forschung (Abgeltung von Aufwendungen oder Ausgaben)
(GemRefG 2023, BGBl I 2023/188 ab 1.1.2024)

d) aus öffentlichen Mitteln oder aus Mitteln eines Fonds im Sinne des „**§ 4a Abs. 6 Z 3**" für eine Tätigkeit im Ausland, die der Kunst, der Wissenschaft oder Forschung dient
(GemRefG 2023, BGBl I 2023/188 ab 1.1.2024)

e) nach dem Studienförderungsgesetz 1992 und dem Schülerbeihilfengesetz 1983
(BGBl I 2016/117)

f) zur Förderung von Wissenschaft und Forschung (Stipendien) im Inland, wenn diese keine Einkünfte aus nichtselbständiger Arbeit sind und für den Stipendienbezieher keine Steuererklärungspflicht gemäß § 42 Abs. 1 Z 3 vorliegt
(BGBl I 2017/28)

g) aus Mitteln der Innovationsstiftung für Bildung gemäß § 1 des Innovationsstiftungs-Bildung-Gesetzes (ISBG), BGBl. I Nr. 28/2017, sowie aus Mitteln von Substiftungen gemäß § 4 Abs. 5 ISBG zur Erreichung der Ziele gemäß § 2 ISBG.
(BGBl I 2017/28)

4. a) das Wochengeld und vergleichbare Bezüge aus der gesetzlichen Sozialversicherung sowie dem Grunde und der Höhe nach gleichartige Zuwendungen aus Versorgungs- und Unterstützungseinrichtungen der Kammern der selbständig Erwerbstätigen

b) Erstattungsbeträge aus einer gesetzlichen Sozialversicherung für Kosten der Krankenheilbehandlung und für Maßnahmen der Rehabilitation sowie dem Grunde und der Höhe nach gleichartige Beträge aus Versorgungs- und Unterstützungseinrichtungen der Kammern der selbständig Erwerbstätigen

c) Erstattungsbeträge für Kosten im Zusammenhang mit der Unfallheilbehandlung oder mit Rehabilitationsmaßnahmen, weiters Geldleistungen aus einer gesetzlichen Unfallversorgung sowie dem Grunde und der Höhe nach gleichartige Beträge aus einer ausländischen gesetzlichen Unfallversorgung, die einer inländischen gesetzlichen Unfallversorgung entspricht, oder aus Versorgungs- und Unterstützungseinrichtungen der Kammern der selbstständig Erwerbstätigen

d) Sachleistungen aus der gesetzlichen Sozialversicherung oder aus einer ausländischen gesetzlichen Sozialversicherung, die der inländischen gesetzlichen Sozialversicherung entspricht

e) Übergangsgelder aus der gesetzlichen Sozialversicherung

f) jener Teil der Ausgleichs- oder Ergänzungszulage, der ausschließlich aufgrund der Richtsatzerhöhungen die nach § 293 Abs. 1 letzter Satz ASVG, § 150 Abs. 1 letzter Satz GSVG oder § 141 Abs. 1 letzter Satz BSVG und § 1 Z 1 und 2 Ergänzungszulagenverordnung gewährt wird. Abgesehen davon sind Ausgleichs- oder Ergänzungszulagen, die aufgrund sozialversicherungs- oder pensionsrechtlicher Vorschriften gewährt werden, steuerpflichtig (§ 25 Abs. 1 Z 3 lit. f).
(BGBl I 2019/103)

5. a) das versicherungsmäßige Arbeitslosengeld und die Notstandshilfe oder an deren Stelle tretende Ersatzleistungen

b) Leistungen nach dem Kinderbetreuungsgeldgesetz (KBGG), BGBl. I Nr. 103/2001, der Familienzeitbonus nach dem FamZeitbG, BGBl I Nr. 53/2016, sowie das Pflegekarenzgeld
(BGBl I 2016/53)

c) die Überbrückungshilfe für Bundesbedienstete nach den besonderen gesetzlichen Regelungen sowie gleichartige Bezüge, die auf Grund besonderer landesgesetzlicher Regelungen gewährt werden

d) Beihilfen nach dem Arbeitsmarktförderungsgesetz, BGBl. Nr. 31/1969, Beihilfen nach dem Arbeitsmarktservicegesetz, BGBl. Nr. 313/1994, Beihilfen nach dem Berufsausbildungsgesetz, BGBl. Nr. 142/1969, sowie das Altersteilzeitgeld gemäß § 27 des Arbeitslosenversicherungsgesetzes, BGBl. Nr. 609/1977,

e) Leistungen nach dem Behinderteneinstellungsgesetz 1988.

6. Zuwendungen aus öffentlichen Mitteln (einschließlich Zinsenzuschüsse) zur Anschaffung oder Herstellung von Wirtschaftsgütern des Anlagevermögens oder zu ihrer Instandsetzung (§ 4 Abs. 7). Dies gilt auch für entsprechende Zuwendungen in § 4a Abs. 3 „**in der Fassung vor BGBl. I Nr. 188/2023**" genannten Institutionen.
(GemRefG 2023, BGBl I 2023/188 ab 1.1.2024)

7. Leistungen auf Grund des Familienlastenausgleichsgesetzes 1967 und gleichartige ausländische Leistungen, die den Anspruch auf Familienbeihilfe gemäß § 4 des Familienlastenausgleichsgesetzes 1967 ausschließen.

8. Bei Auslandsbeamten (§ 92) die Zulagen und Zuschüsse gemäß § 21 des Gehaltsgesetzes 1956 in der Fassung der 53. Gehaltsgesetz-Novelle, BGBl. Nr. 314/1992, sowie Kostenersätze und Entschädigungen für den Heimaturlaub oder dem Grunde und der Höhe nach gleichartige Bezüge, Kostenersätze und

Entschädigungen auf Grund von Dienst(Besoldungs)ordnungen von Körperschaften des öffentlichen Rechts.

9. Jene Einkünfte von Auslandsbeamten (§ 92), die in dem Staat der Besteuerung unterliegen, in dessen Gebiet sie ihren Dienstort haben; dies gilt nicht für Einkünfte gemäß § 98.

10. 60% der steuerpflichtigen Einkünfte aus laufendem Arbeitslohn von vorübergehend ins Ausland entsendeten unbeschränkt steuerpflichtigen Arbeitnehmern, soweit dieser Betrag monatlich die für das Jahr der Tätigkeit maßgebende monatliche Höchstbeitragsgrundlage nach § 108 ASVG nicht übersteigt. Ist der Arbeitnehmer im Lohnzahlungszeitraum nicht durchgehend ins Ausland entsendet, ist der Höchstbetrag aus der täglichen Höchstbeitragsgrundlage nach § 108 ASVG abzuleiten. Für die Steuerfreiheit bestehen folgende Voraussetzungen:

   a) Die Entsendung erfolgt von
   - einem Betrieb oder einer Betriebsstätte eines in einem Mitgliedstaat der Europäischen Union, einem Staat des Europäischen Wirtschaftsraumes oder der Schweiz ansässigen Arbeitgebers, oder
   - einer in einem Mitgliedstaat der Europäischen Union, in einem Staat des Europäischen Wirtschaftsraumes oder der Schweiz gelegenen Betriebsstätte eines in einem Drittstaat ansässigen Arbeitgebers.

   b) Die Entsendung erfolgt an einen Einsatzort, der mehr als 400 Kilometer Luftlinie vom nächstgelegenen Punkt des österreichischen Staatsgebietes entfernt liegt.

   c) Die Entsendung erfolgt nicht in eine Betriebsstätte im Sinne des § 29 Abs. 2 lit. a und b der Bundesabgabenordnung des Arbeitgebers oder des Beschäftigers im Sinne des § 3 Abs. 3 Arbeitskräfteüberlassungsgesetz.

   d) Die Tätigkeit des entsendeten Arbeitnehmers im Ausland ist – ungeachtet ihrer vorübergehenden Ausübung – ihrer Natur nach nicht auf Dauer angelegt. Dies ist insbesondere bei Tätigkeiten der Fall, die mit der Erbringung einer Leistung gegenüber einem Auftraggeber abgeschlossen sind. Tätigkeiten, die Leistungen zum Gegenstand haben, die – losgelöst von den Umständen des konkreten Falles – regelmäßig ohne zeitliche Befristung erbracht werden, sind auch dann nicht auf Dauer angelegt, wenn sie im konkreten Fall befristet ausgeübt werden oder mit der Erbringung einer Leistung abgeschlossen sind.

   e) Die Entsendung erfolgt ununterbrochen für einen Zeitraum von mindestens einem Monat.

   f) Die im Ausland zu leistenden Arbeiten sind überwiegend unter erschwerenden Umständen zu leisten. Solche Umstände liegen insbesondere vor, wenn die Arbeiten
   - in erheblichem Maß zwangsläufig eine Verschmutzung des Arbeitnehmers oder seiner Kleidung bewirken (§ 68 Abs. 5 erster Teilstrich), oder
   - im Vergleich zu den allgemein üblichen Arbeitsbedingungen eine außerordentliche Erschwernis darstellen (§ 68 Abs. 5 zweiter Teilstrich), oder
   - infolge der schädlichen Einwirkungen von gesundheitsgefährdenden Stoffen oder Strahlen, von Hitze, Kälte oder Nässe, von Gasen, Dämpfen, Säuren, Laugen, Staub oder Erschütterungen oder infolge einer Sturz- oder anderen Gefahr zwangsläufig eine Gefährdung von Leben, Gesundheit oder körperlicher Sicherheit des Arbeitnehmers mit sich bringen (§ 68 Abs. 5 dritter Teilstrich), oder
   - in einem Land erfolgen, in dem die Aufenthaltsbedingungen im Vergleich zum Inland eine außerordentliche Erschwernis darstellen, oder
   - in einer Region erfolgen, für die nachweislich am Beginn des jeweiligen Kalendermonats der Tätigkeit eine erhöhte Sicherheitsgefährdung vorliegt (insbesondere Kriegs- oder Terrorgefahr).

   Die Steuerfreiheit besteht nicht, wenn der Arbeitgeber während der Auslandsentsendung
   - die Kosten für mehr als eine Familienheimfahrt im Kalendermonat trägt oder
   - Zulagen und Zuschläge gemäß § 68 steuerfrei behandelt.

   Mit der Steuerfreiheit ist die Berücksichtigung der mit dieser Auslandstätigkeit verbundenen Werbungskosten gemäß § 16 Abs. 1 Z 9 sowie der Aufwendungen für Familienheimfahrten und für doppelte Haushaltsführung abgegolten, es sei denn, der Arbeitnehmer beantragt die Berücksichtigung im Rahmen der Veranlagung; in diesem Fall steht die Steuerbefreiung nicht zu.

11. a) ~~Einkünfte, die Aushilfskräfte für ein geringfügiges Beschäftigungsverhältnis gemäß § 5 Abs. 2 ASVG beziehen, nach Maßgabe folgender Bestimmungen:~~
    - ~~Die Aushilfskraft steht nicht bereits in einem Dienstverhältnis zum Arbeitgeber und unterliegt daneben aufgrund einer selbständigen oder unselbständigen Er-~~

1/1. EStG
§ 3

~~werbstätigkeit einer Vollversicherung in der gesetzlichen Kranken-, Unfall- und Pensionsversicherung oder vergleichbaren gesetzlichen Regelungen.~~

~~— Die Beschäftigung der Aushilfskraft dient ausschließlich dazu, einen zeitlich begrenzten zusätzlichen Arbeitsanfall zu decken, der den regulären Betriebsablauf überschreitet, oder den Ausfall einer Arbeitskraft zu ersetzen.~~

~~— Die Tätigkeit als Aushilfskraft umfasst insgesamt nicht mehr als 18 Tage im Kalenderjahr.~~

~~— Der Arbeitgeber beschäftigt an nicht mehr als 18 Tagen im Kalenderjahr steuerfreie Aushilfskräfte.~~

a) Zum Außerkrafttreten siehe § 124b Z 310.

b) Einkünfte, die Fachkräfte der Entwicklungshilfe (Entwicklungshelfer oder Experten) als Arbeitnehmer von Entwicklungsorganisationen im Sinne des § 3 Abs. 2 des Entwicklungszusammenarbeitsgesetzes, BGBl. I Nr. 49/2002, für ihre Tätigkeit in Entwicklungsländern bei Vorhaben beziehen, die dem Dreijahresprogramm der österreichischen Entwicklungspolitik (§ 23 des Entwicklungszusammenarbeitsgesetzes) entsprechen.

(BGBl I 2016/77)

12. Bezüge von ausländischen Studenten (Ferialpraktikanten), die bei einer inländischen Unternehmung nicht länger als sechs Monate beschäftigt sind, soweit vom Ausland Gegenseitigkeit gewährt wird.

13. a) Der geldwerte Vorteil aus
    — der Benützung von Einrichtungen und Anlagen (beispielsweise Erholungs- und Kurheime, ~~Kindergärten,~~ Betriebsbibliotheken, Sportanlagen, betriebsärztlicher Dienst) und
    — zielgerichteter, wirkungsorientierter Gesundheitsförderung (Salutogenese) und Prävention, soweit diese vom Leistungsangebot der gesetzlichen Krankenversicherung erfasst sind, sowie Impfungen,

    die der Arbeitgeber allen Arbeitnehmern oder bestimmten Gruppen seiner Arbeitnehmer zur Verfügung stellt.

    (BGBl I 2015/118, PrAG 2024, BGBl I 2023/153 ab 1.1.2024)

    b) Zuschüsse des Arbeitgebers für die Betreuung von Kindern bis höchstens „2 000" Euro pro Kind und Kalenderjahr, die der Arbeitgeber allen Arbeitnehmern oder bestimmten Gruppen seiner Arbeitnehmer gewährt, wenn folgende Voraussetzungen vorliegen:

    — Die Betreuung betrifft ein Kind im Sinne des § 106 Abs. 1, für das dem Arbeitnehmer selbst der Kinderabsetzbetrag (§ 33 Abs. 3) für mehr als sechs Monate im Kalenderjahr zusteht.

    — Das Kind hat zu Beginn des Kalenderjahres **„das vierzehnte Lebensjahr"** noch nicht vollendet.

    — Die Betreuung erfolgt in einer öffentlichen institutionellen Kinderbetreuungseinrichtung oder in einer privaten institutionellen Kinderbetreuungseinrichtung, die den landesgesetzlichen Vorschriften über Kinderbetreuungseinrichtungen entspricht, oder durch eine pädagogisch qualifizierte Person, ausgenommen haushaltszugehörige Angehörige.

    — Der Zuschuss wird direkt an die Betreuungsperson, direkt an die Kinderbetreuungseinrichtung oder in Form von Gutscheinen geleistet, die nur bei institutionellen Kinderbetreuungseinrichtungen eingelöst werden können „ , **oder es werden die nachgewiesenen Kosten für die Kinderbetreuung vom Arbeitgeber ganz oder teilweise ersetzt."**

    — Der Arbeitnehmer erklärt dem Arbeitgeber unter Anführung der Versicherungsnummer (§ 31 ASVG) oder der Kennnummer der Europäischen Krankenversicherungskarte (§ 31a ASVG) des Kindes, dass die Voraussetzungen für einen Zuschuss vorliegen und er selbst von keinem anderen Arbeitgeber einen Zuschuss für dieses Kind erhält. Der Arbeitgeber hat die Erklärung des Arbeitnehmers zum Lohnkonto (§ 76) zu nehmen. Änderungen der Verhältnisse muss der Arbeitnehmer dem Arbeitgeber innerhalb eines Monats melden. Ab dem Zeitpunkt dieser Meldung hat der Arbeitgeber die geänderten Verhältnisse zu berücksichtigen.

    (PrAG 2024, BGBl I 2023/153 ab 1.1.2024)

    „c) **Der geldwerte Vorteil aus der Benützung einer arbeitgebereigenen elementaren Bildungseinrichtung, die durch alle Arbeitnehmer oder bestimmte Gruppen von Arbeitnehmern sowie durch betriebsfremde Personen genutzt werden kann."**

    (PrAG 2024, BGBl I 2023/153 ab 1.1.2024)

14. Der geldwerte Vorteil aus der Teilnahme an Betriebsveranstaltungen (zB Betriebsausflü-

ge, kulturelle Veranstaltungen, Betriebsfeiern) bis zu einer Höhe von 365 Euro jährlich und dabei empfangene Sachzuwendungen bis zu einer Höhe von 186 Euro jährlich sowie aus Anlass eines Dienst- oder eines Firmenjubiläums empfangene Sachzuwendungen bis zu einer Höhe von 186 Euro jährlich.

(BGBl I 2015/118)

15. a) Zuwendungen des Arbeitgebers für die Zukunftssicherung seiner Arbeitnehmer, soweit diese Zuwendungen an alle Arbeitnehmer oder bestimmte Gruppen seiner Arbeitnehmer geleistet werden oder dem Betriebsratsfonds zufließen und für den einzelnen Arbeitnehmer 300 Euro jährlich nicht übersteigen.

    Werden die Zuwendungen des Arbeitgebers für die Zukunftssicherung seiner Arbeitnehmer in Form von Beiträgen für eine Er- und Ablebensversicherung oder eine Erlebensversicherung geleistet, gilt Folgendes:
    – Beiträge zu Er- und Ablebensversicherungen sind nur dann steuerfrei, wenn für den Fall des Ablebens des Versicherten mindestens die für den Erlebensfall vereinbarte Versicherungssumme zur Auszahlung gelangt und die Laufzeit der Versicherung nicht vor dem Beginn des Bezuges einer gesetzlichen Alterspension oder vor Ablauf von fünfzehn Jahren endet.
    – Beiträge zu Er- und Ablebensversicherungen, bei denen nicht für den Fall des Ablebens des Versicherten nicht mindestens die für den Erlebensfall vereinbarte Versicherungssumme zur Auszahlung gelangt, und Beiträge zu Erlebensversicherungen sind nur dann steuerfrei, wenn die Laufzeit der Versicherung nicht vor dem Beginn des Bezuges einer gesetzlichen Alterspension endet.
    – Die Versicherungspolizze ist beim Arbeitgeber oder einem vom Arbeitgeber und der Arbeitnehmervertretung bestimmten Rechtsträger zu hinterlegen.
    – Werden Versicherungsprämien zu einem früheren Zeitpunkt rückgekauft oder sonst rückvergütet, hat der Arbeitgeber die steuerfrei belassenen Beiträge als sonstigen Bezug gemäß § 67 Abs. 10 zu versteuern, es sei denn, der Rückkauf oder die Rückvergütung erfolgt bei oder nach Beendigung des Dienstverhältnisses.

    b) der Vorteil aus der unentgeltlichen oder verbilligten Abgabe von Kapitalanteilen (Beteiligungen) am Unternehmen des Arbeitgebers oder an mit diesem verbundenen Konzernunternehmen oder an Unternehmen, die im Rahmen eines Sektors gesellschaftsrechtlich mit dem Unternehmen des Arbeitgebers verbunden sind oder sich mit dem Unternehmen des Arbeitgebers in einem Haftungsverbund gemäß § 30 Abs. 2a Bankwesengesetz befinden bis zu einem Betrag von 3 000 Euro jährlich nach Maßgabe der folgenden Bestimmungen:
    – Der Arbeitgeber muss den Vorteil allen Arbeitnehmern oder bestimmten Gruppen seiner Arbeitnehmer gewähren.
    – Besteht die Beteiligung in Form von Wertpapieren, müssen diese vom Arbeitnehmer bei einem inländischen Kreditinstitut hinterlegt werden. Anstelle der Hinterlegung bei einem inländischen Kreditinstitut können die vom Arbeitnehmer erworbenen Beteiligungen einem von Arbeitgeber und Arbeitnehmervertretung bestimmten Rechtsträger zur (treuhändigen) Verwaltung übertragen werden.

    Überträgt der Arbeitnehmer die Beteiligung vor Ablauf des fünften auf das Kalenderjahr der Anschaffung (Erwerb) folgenden Jahres unter Lebenden, hat der Arbeitgeber den steuerfrei belassenen Betrag zu jenem Zeitpunkt, in dem er davon Kenntnis erlangt, als sonstigen Bezug zu versteuern. Der Arbeitnehmer hat bis 31. März jeden Jahres die Einhaltung der Behaltefrist dem Arbeitgeber nachzuweisen. Der Nachweis ist zum Lohnkonto zu nehmen. Erfolgt eine Übertragung der Beteiligung vor Ablauf der Behaltefrist, ist dies dem Arbeitgeber unverzüglich zu melden. Die Meldeverpflichtung und die Besteuerung entfallen, wenn die Übertragung bei oder nach Beendigung des Dienstverhältnisses erfolgt.

    (BGBl I 2015/118)

    c) der Vorteil für Arbeitnehmer und deren Angehörige gemäß § 4d Abs. 5 Z 2 und Z 3 aus der unentgeltlichen oder verbilligten Abgabe von Aktien an Arbeitgebergesellschaften gemäß § 4d Abs. 5 Z 1 durch diese selbst oder durch eine Mitarbeiterbeteiligungsstiftung gemäß § 4d Abs. 4 bis zu einem Betrag von 4 500 Euro jährlich pro Dienstverhältnis nach Maßgabe der folgenden Bestimmungen:
    – Der Vorteil muss allen Arbeitnehmern oder bestimmten Gruppen von Arbeitnehmern eines der genannten Unternehmen gewährt werden.

- Der Arbeitnehmer muss die Aktien und die damit verbundenen Stimmrechte mindestens bis zur Beendigung des Dienstverhältnisses an eine Mitarbeiterbeteiligungsstiftung gemäß § 4d Abs. 4 zur treuhändigen Verwahrung und Verwaltung übertragen. Die Vereinbarung über die treuhändige Verwahrung und Verwaltung der Aktien und über die Übertragung der damit verbundenen Stimmrechte muss so ausgestaltet sein, dass eine Kündigung vor Beendigung des Dienstverhältnisses nicht zulässig ist.
- Werden die Aktien vor Beendigung des Dienstverhältnisses dem Arbeitnehmer ausgefolgt, gilt dies als Zufluss eines geldwerten Vorteils in Höhe des auf Grund dieser Bestimmung als steuerfrei behandelten Vorteils aus der unentgeltlichen oder verbilligten Abgabe dieser Aktien.
- Die Anschaffungskosten der Aktien entsprechen stets dem gemäß § 15 Abs. 2 Z 1 ermittelten Wert der Aktien im Zeitpunkt der Abgabe an den Arbeitnehmer.

(BGBl I 2017/105)

d) der Vorteil aus der unentgeltlichen oder verbilligten treuhändigen Verwahrung und Verwaltung der Aktien durch eine Mitarbeiterbeteiligungsstiftung gemäß § 4d Abs. 4 für deren Begünstigten.

(BGBl I 2017/105)

16. Freiwillige soziale Zuwendungen des Arbeitgebers an den Betriebsratsfonds, weiters freiwillige Zuwendungen zur Beseitigung von Katastrophenschäden, insbesondere Hochwasser-, Erdrutsch-, Vermurungs- und Lawinenschäden.

16a. Ortsübliche Trinkgelder, die anlässlich einer Arbeitsleistung dem Arbeitnehmer von dritter Seite freiwillig und ohne dass ein Rechtsanspruch auf sie besteht, zusätzlich zu dem Betrag gegeben werden, der für diese Arbeitsleistung zu zahlen ist. Dies gilt nicht, wenn auf Grund gesetzlicher oder kollektivvertraglicher Bestimmungen Arbeitnehmern die direkte Annahme von Trinkgeldern untersagt ist.

16b. Vom Arbeitgeber als Reiseaufwandsentschädigungen gezahlte Tagesgelder und Nächtigungsgelder, soweit sie nicht gemäß § 26 Z 4 zu berücksichtigen sind, die für eine

- Außendiensttätigkeit (zB Kundenbesuche, Patrouillendienste, Servicedienste),
- Fahrtätigkeit (zB Zustelldienste, Taxifahrten, Linienverkehr, Transportfahrten außerhalb des Werksgeländes des Arbeitgebers),
- Baustellen- und Montagetätigkeit außerhalb des Werksgeländes des Arbeitgebers,
- Arbeitskräfteüberlassung nach dem Arbeitskräfteüberlassungsgesetz, BGBl. Nr. 196/1988, oder eine
- vorübergehende Tätigkeit an einem Einsatzort in einer anderen politischen Gemeinde

gewährt werden, soweit der Arbeitgeber aufgrund einer lohngestaltenden Vorschrift gemäß § 68 Abs. 5 Z 1 bis 6 zur Zahlung verpflichtet ist. Die Tagesgelder dürfen die sich aus § 26 Z 4 ergebenden Beträge nicht übersteigen. Kann im Falle des § 68 Abs. 5 Z 6 keine Betriebsvereinbarung abgeschlossen werden, weil ein Betriebsrat nicht gebildet werden kann, ist von einer Verpflichtung des Arbeitgebers auszugehen, wenn eine vertragliche Vereinbarung für alle Arbeitnehmer oder bestimmte Gruppen von Arbeitnehmern vorliegt.

Reiseaufwandsentschädigungen sind nicht steuerfrei, soweit sie anstelle des bisher gezahlten Arbeitslohns oder üblicher Lohnerhöhungen geleistet werden.

Vom Arbeitgeber können für Fahrten zu einer Baustelle oder zu einem Einsatzort für Montage- oder Servicetätigkeit, die unmittelbar von der Wohnung angetreten werden, Fahrtkostenvergütungen nach dieser Bestimmung behandelt werden oder das Pendlerpauschale im Sinne des § 16 Abs. 1 Z 6 beim Steuerabzug vom Arbeitslohn berücksichtigt werden. Wird vom Arbeitgeber für diese Fahrten ein Pendlerpauschale im Sinne des § 16 Abs. 1 Z 6 berücksichtigt, stellen Fahrtkostenersätze bis zur Höhe des Pendlerpauschales steuerpflichtigen Arbeitslohn dar.

Reiseaufwandsentschädigungen, die an Mitglieder des Betriebsrates und Personalvertreter im Sinne des Bundes-Personalvertretungsgesetzes und ähnlicher bundes- oder landesgesetzlicher Vorschriften für ihre Tätigkeit gewährt werden, sind steuerfrei, soweit sie die Beträge gemäß § 26 Z 4 nicht übersteigen.

(BGBl I 2015/118)

16c. Pauschale Reiseaufwandsentschädigungen, die von begünstigten Rechtsträgern im Sinne der §§ 34 ff BAO, deren satzungsmäßer Zweck die Ausübung oder Förderung des Körpersportes ist, an Sportler, Schiedsrichter und Sportbetreuer (zB Trainer, Masseure) gewährt werden, in Höhe von bis zu 120 Euro pro Einsatztag, höchstens aber 720 Euro pro Kalendermonat der Tätigkeit. Die Steuerfreiheit steht nur zu, wenn beim Steuerabzug vom Arbeitslohn neben den pauschalen Aufwandsentschädigungen keine Reisevergütungen, Tages- oder Nächtigungsgelder gemäß § 26 Z 4 oder Reiseaufwandsentschädigungen ge-

mäß § 3 Abs. 1 Z 16b steuerfrei ausgezahlt werden. Der begünstigte Rechtsträger hat für jeden Steuerpflichtigen, dem er in einem Kalenderjahr für eine nichtselbständige Tätigkeit ausschließlich pauschale Reiseaufwandsentschädigungen ausbezahlt hat, diese mittels amtlichem Formular dem Finanzamt jeweils bis Ende Februar des Folgejahres zu übermitteln.
(BGBl I 2022/220; AbgÄG 2023, BGBl I 2023/110)

16d. Zuschüsse des Arbeitgebers für nicht beruflich veranlasste Fahrten im Rahmen von Carsharing bis zu 200 Euro pro Kalenderjahr, nach Maßgabe folgender Bestimmungen:
  a) Carsharing ist die Nutzung von Kraftfahrzeugen, Fahrrädern oder Krafträdern, die einer unbestimmten Anzahl von Fahrern auf der Grundlage einer Rahmenvereinbarung und einem die Energiekosten miteinschließenden Zeit- oder Kilometertarif oder Mischformen solcher Tarife angeboten und vom Arbeitnehmer selbständig reserviert und genutzt werden können.
  b) Der Zuschuss darf nur für die Nutzung von Kraftfahrzeugen, Fahrrädern oder Krafträdern mit einen CO_2-Emissionswert von 0 Gramm pro Kilometer gemäß § 6 Abs. 4 Normverbrauchsabgabegesetz verwendet werden.
  c) Der Zuschuss muss direkt an den Carsharing-Anbieter oder in Form von Gutscheinen geleistet werden.
(Teuerungs-EP II, BGBl I 2022/163)

17. a) Freie oder verbilligte Mahlzeiten, die der Arbeitgeber an nicht in seinen Haushalt aufgenommene Arbeitnehmer zur Verköstigung am Arbeitsplatz freiwillig gewährt.
  b) Gutscheine:
    – Bis zu einem Wert von 8 Euro pro Arbeitstag, wenn die Gutscheine nur zur Konsumation von Mahlzeiten eingelöst werden können, die von einer Gaststätte oder einem Lieferservice zubereitet bzw. geliefert werden.
    – Bis zu einem Wert von 2 Euro pro Arbeitstag zur Bezahlung von Lebensmitteln, die nicht sofort konsumiert werden müssen.
(BGBl I 2020/48, BGBl I 2021/227)

18. Getränke, die der Arbeitgeber zum Verbrauch im Betrieb unentgeltlich oder verbilligt abgibt.

19. Freiwillige Zuwendungen des Arbeitgebers für das Begräbnis des Arbeitnehmers, dessen (Ehe)Partners oder dessen Kinder im Sinne des § 106.
(BGBl I 2016/117)

20. Der geldwerte Vorteil aus unverzinslichen oder zinsverbilligten Gehaltsvorschüssen und Arbeitgeberdarlehen, soweit der Gehaltsvorschuss oder das Arbeitgeberdarlehen den Betrag von 7 300 Euro insgesamt nicht übersteigen.
(BGBl I 2015/118)

21. Der geldwerte Vorteil gemäß § 15 Abs. 2 Z 3 lit. a aus dem kostenlosen oder verbilligten Bezug von Waren oder Dienstleistungen, die der Arbeitgeber oder ein mit dem Arbeitgeber verbundenes Konzernunternehmen im allgemeinen Geschäftsverkehr anbietet (Mitarbeiterrabatt), nach Maßgabe folgender Bestimmungen:
  a) Der Mitarbeiterrabatt wird allen oder bestimmten Gruppen von Arbeitnehmern eingeräumt.
  b) Die kostenlos oder verbilligt bezogenen Waren oder Dienstleistungen dürfen vom Arbeitnehmer weder verkauft noch zur Einkünfteerzielung verwendet und nur in einer solchen Menge gewährt werden, die einen Verkauf oder eine Einkünfteerzielung tatsächlich ausschließen.
  c) Der Mitarbeiterrabatt ist steuerfrei, wenn er im Einzelfall 20% nicht übersteigt.
  d) Kommt lit. c nicht zur Anwendung, sind Mitarbeiterrabatte insoweit steuerpflichtig, als ihr Gesamtbetrag 1 000 Euro im Kalenderjahr übersteigt.
(BGBl I 2015/118)

22. a) Bezüge der Soldaten nach dem 2., 3., 5. und 7. Hauptstück des Heeresgebührengesetzes 2001, BGBl. I Nr. 31, ausgenommen Leistungen eines Kurzausgleiches, der sich auf das 6. Hauptstück bezieht.
  b) Geldleistungen gemäß § 4 Abs. 2 des Auslandseinsatzgesetzes 2001, BGBl. I Nr. 55.

23. Bezüge der Zivildiener nach dem Zivildienstgesetz 1986, ausgenommen die Entschädigung in der Höhe des Verdienstentganges im Sinne des § 34b des Zivildienstgesetzes 1986.

24. Die Auslandszulage im Sinne des § 1 Abs. 1 des Auslandszulagen- und -hilfeleistungsgesetzes, BGBl. I Nr. 66/1999.
(BGBl I 2016/117)

25. Geldleistungen nach dem Bundesgesetz über die Gewährung von Hilfeleistungen an Opfer von Verbrechen, BGBl. Nr. 288/1972.

26. Entschädigungen gemäß § 12 Abs. 4 des Bewährungshilfegesetzes, BGBl. Nr. 146/1969.

27. Ersatzleistungen nach dem Strafrechtlichen Entschädigungsgesetz 2005, BGBl. I Nr. 125/2004.

1/1. EStG
§ 3

28. In Geld bestehende Versorgungsleistungen nach dem Impfschadengesetz, BGBl. Nr. 371/1973.
29. Der Erwerb von Anteilsrechten auf Grund einer Kapitalerhöhung aus Gesellschaftsmitteln.
30. Einkünfte von Ortskräften (§ 10 Abs. 2 des Bundesgesetzes über Aufgaben und Organisation des auswärtigen Dienstes – Statut, BGBl. I Nr. 129/1999) aus ihrer Verwendung an einem bestimmten Dienstort im Ausland.
31. Arbeitsvergütungen und Geldbelohnungen gemäß §§ 51 bis 55 des Strafvollzugsgesetzes, BGBl. Nr. 144/1969.
32. Die einem unbeschränkt steuerpflichtigen österreichischen Abgeordneten zum Europäischen Parlament oder seinem Hinterbliebenen gebührenden Bezüge nach Artikel 9 des Abgeordnetenstatuts des Europäischen Parlaments.
33. Abgeltungen von Wertminderungen von Grundstücken im Sinne des § 30 Abs. 1 auf Grund von Maßnahmen im öffentlichen Interesse.
34. Die SV-Rückerstattung gemäß § 33 Abs. 8 sowie die Rückerstattung von Beiträgen gemäß § 24d des Bauern-Sozialversicherungsgesetzes.

(BGBl I 2015/118)

35. Gewinnbeteiligungen des Arbeitgebers an aktive Arbeitnehmer bis zu 3 000 Euro im Kalenderjahr. Bei mehreren Arbeitgebern steht die Befreiung insgesamt nur bis zu 3 000 Euro pro Arbeitnehmer im Kalenderjahr zu. Für die Steuerfreiheit gilt:
    a) Die Gewinnbeteiligung muss allen Arbeitnehmern oder bestimmten Gruppen von Arbeitnehmern gewährt werden.
    b) Insoweit die Summe der jährlich gewährten Gewinnbeteiligung das unternehmensrechtliche Ergebnis vor Zinsen und Steuern (EBIT) der im letzten Kalenderjahr endenden Wirtschaftsjahre übersteigt, besteht keine Steuerfreiheit. Abweichend davon gilt:
       – Ermittelt das Unternehmen des Arbeitgebers seinen Gewinn nicht nach § 5, kann bei Vorliegen eines Betriebsvermögensvergleichs gemäß § 4 Abs. 1 statt auf unternehmensrechtliche Werte auf die entsprechenden steuerlichen Werte abgestellt werden; ansonsten ist der steuerliche Vorjahresgewinn maßgeblich.
       – Gehört das Unternehmen des Arbeitgebers zu einem Konzern, kann alternativ bei sämtlichen Unternehmen des Konzerns auf das EBIT des Konzerns abgestellt werden.
       – Handelt es sich beim Unternehmen des Arbeitgebers um ein Kreditinstitut, kann statt auf das Ergebnis vor Zinsen und Steuern auf das Ergebnis der gewöhnlichen Geschäftstätigkeit gemäß Anlage 2 zu § 43 BWG abgestellt werden; dies gilt sinngemäß für Fälle des zweiten Teilstrichs.

(BGBl I 2022/194)

    c) Die Zahlung erfolgt nicht aufgrund einer lohngestaltenden Vorschrift gemäß § 68 Abs. 5 Z 1 bis 6.
    d) Die Gewinnbeteiligung darf nicht anstelle des bisher gezahlten Arbeitslohns oder einer üblichen Lohnerhöhung geleistet werden.

(BGBl I 2022/10, BGBl I 2022/108)

36. satzungsgemäße Zuwendungen einer nach § 718 Abs. 9 ASVG errichteten Privatstiftung an ihre Begünstigten, soweit sie nicht über jene Leistungen hinausgehen, die die jeweilige Betriebskrankenkasse nach ihrer Satzung am 31.12.2018 vorgesehen hat, entsprechend dem jeweiligen Stand der medizinischen und technischen Wissenschaften, nicht jedoch Rehabilitations- oder Krankengeld, sowie die Zuwendung geldwerter Vorteile gemäß Z 13 lit. a zweiter Teilstrich.

(BGBl I 2019/103, BGBl I 2022/108)

37. Der regionale Klimabonus.

(BGBl I 2022/10)

38. Zuschüsse oder sonstige Leistungen, auf die kein Rechtsanspruch besteht, der auf Grund des § 2 Abs. 2 Z 6 des Arbeitsverfassungsgesetzes, BGBl. Nr. 22/1974, kollektivvertraglich begründeten gemeinsamen Einrichtungen der Sozialpartner für das Bewachungsgewerbe sowie für das Denkmal-, Fassaden- und Gebäudereinigungsgewerbe, sowie vergleichbarer Einrichtungen, nach Maßgabe folgender Bestimmungen:
    a) Die Zuschüsse oder sonstigen Leistungen werden aktiven beziehungsweise ehemaligen Arbeitnehmern in folgenden Fällen gewährt:
       – Bei Arbeitslosigkeit bis zu einem Gesamtbetrag von 1 500 Euro pro Arbeitnehmer und Kalenderjahr;
       – für nachweislich nach Ende eines Arbeitsverhältnisses absolvierte Weiterbildungen und Umschulungen bis zu einem Gesamtbetrag von 1 500 Euro pro Arbeitnehmer und Kalenderjahr oder
       – bei einem mindestens 24 Tage andauernden Krankenstand, der während eines Arbeitsverhältnisses begonnen hat, bis zu einem Gesamtbetrag von 4 000 Euro pro Arbeitnehmer und Kalenderjahr.
    b) Im Todesfall des Arbeitnehmers in Folge eines Arbeitsunfalles werden die

Zuschüsse oder sonstigen Leistungen einem Angehörigen bis zu einem Gesamtbetrag von 5 000 Euro im Kalenderjahr gewährt.

c) In sachlich begründeten besonderen berufsspezifischen Härtefällen werden Zuschüsse an Arbeitnehmer oder an deren Angehörige bis zu einem Gesamtbetrag von 5 000 Euro pro Einzelfall gewährt.

d) Der kollektivvertragliche Beitrag des Arbeitgebers an die Einrichtung darf höchstens 0,5 vH des gebührenden Entgelts (Geld- und Sachbezüge) und der Sonderzahlungen, jeweils gemäß § 49 ASVG, auch über die ASVG-Höchstbeitragsgrundlage hinaus, betragen.

Die diese Zuschüsse oder sonstigen Leistungen gewährende Einrichtung hat bis 31. Jänner des Folgejahres dem Finanzamt des Empfängers des Zuschusses oder der sonstigen Leistung eine Mitteilung zu übersenden, die neben Namen und Anschrift des Empfängers des Zuschusses oder der sonstigen Leistung seine Sozialversicherungsnummer und die Höhe der Zuschüsse oder sonstigen Leistungen enthalten muss. Diese Mitteilung kann entfallen, wenn die entsprechenden Daten durch Datenträgeraustausch übermittelt werden.

(BGBl I 2022/108)

39. Einkünfte natürlicher Personen aus der Einspeisung von bis zu 12 500 kWh elektrischer Energie aus Photovoltaikanlagen, wenn die Engpassleistung der jeweiligen Anlage die Grenze von 35 kWp und die Anschlussleistung die Grenze von 25 kWp nicht überschreiten.

(BGBl I 2022/108; AbgÄG 2023, BGBl I 2023/110)

40. Entschädigungen gemäß § 20 der Nationalrats-Wahlordnung 1992 – NRWO, BGBl. Nr. 471/1992, oder diesen entsprechende Entschädigungen für die Tätigkeit in Wahlbehörden von Gebietskörperschaften auf Grund bundes- oder landesgesetzlicher Regelungen (wie insbesondere Bundespräsidentenwahlgesetz 1971 oder Europawahlordnung). Die Entschädigungen sind insoweit steuerfrei, als sie die Beträge nicht überschreiten, die nach Maßgabe des § 20 Abs. 1 und 2 NRWO zustehen.

(AbgÄG 2023, BGBl I 2023/110)

41. Zahlungen an Zulassungsbesitzer eines nicht zu einem Betriebsvermögen gehörenden elektrisch betriebenen Kraftfahrzeuges für die Übertragung von Strommengen aus erneuerbarer Energie, die als Antrieb für Kraftfahrzeuge im Bundesgebiet produziert wurden (§ 7a und § 11 der Kraftstoffverordnung 2012, BGBl. II Nr. 398/2012, zuletzt geändert durch die Verordnung BGBl. II Nr. 452/2022).

(AbgÄG 2023, BGBl I 2023/110)

„42. a) Einnahmen aus einer ehrenamtlichen Tätigkeit bis zu 30 Euro pro Kalendertag, höchstens aber 1 000 Euro im Kalenderjahr (kleines Freiwilligenpauschale), unter folgenden Voraussetzungen:
  – Der ehrenamtlich Tätige erbringt eine freiwillige Leistung für eine Körperschaft, die die Voraussetzungen der §§ 34 bis 47 der Bundesabgabenordnung (BAO), BGBl. Nr. 194/1961, erfüllt, im Rahmen ihrer Tätigkeit zur Erfüllung ihres abgabenrechtlich begünstigten Zwecks einschließlich eines Geschäftsbetriebs nach § 45 BAO,
  – der ehrenamtlich Tätige erhält von dieser Körperschaft oder einer mit ihr verbundenen Körperschaft keine Reiseaufwandsentschädigungen gemäß Z 16c und
  – der ehrenamtlich Tätige bezieht keine Einkünfte gemäß § 2 Abs. 3 Z 2 bis 4 oder 7 von dieser Körperschaft oder einer mit ihr verbundenen Körperschaft für eine weitere Tätigkeit, die eine vergleichbare Ausbildung oder Qualifikation erfordert.

b) Abweichend von lit. a beträgt das höchstmögliche Freiwilligenpauschale des ehrenamtlich Tätigen 50 Euro pro Kalendertag, höchstens aber 3 000 Euro im Kalenderjahr (großes Freiwilligenpauschale), für Tage, an denen er Tätigkeiten ausübt, die
  – gemäß § 37 BAO mildtätigen Zwecken dienen,
  – gemäß § 8 Z 2 des Kommunalsteuergesetzes 1993 (KommStG 1993), BGBl. Nr. 819/1993, von der Kommunalsteuer befreit sind,
  – der Hilfestellung in Katastrophenfällen gemäß § 4 Abs. 4 Z 9 dienen oder
  – eine Funktion als Ausbildner oder Übungsleiter darstellen.

Werden in einem Kalenderjahr sowohl Tätigkeiten gemäß lit. a als auch lit. b ausgeübt, können insgesamt nicht mehr als 3 000 Euro im Kalenderjahr steuerfrei bezogen werden. Werden die Höchstgrenzen überschritten, liegen insoweit Einkünfte gemäß § 29 Z 3 vor. Die Körperschaft hat über die Auszahlungen an ehrenamtlich Tätige Aufzeichnungen zu führen. Der Abgabenbehörde ist für jeden ehrenamtlich Tätigen, dem die Körperschaft in einem Kalenderjahr einen die jeweilige Höchstgrenze nach lit. a bzw. lit. b übersteigenden

1/1. EStG
§§ 3, 4

Betrag ausbezahlt hat, die erforderlichen Informationen mittels amtlichen Formulars bis Ende Februar des Folgejahres zu übermitteln."

(GemRefG 2023, BGBl I 2023/188 ab 1.1.2024)

(2) Erhält der Steuerpflichtige steuerfreie Bezüge im Sinne des Abs. 1 Z 5 lit. a oder c, Z 22 lit. a (5. Hauptstück des Heeresgebührengesetzes 2001), lit. b oder Z 23 (Bezüge gemäß § 25 Abs. 1 Z 4 und 5 des Zivildienstgesetzes 1986) nur für einen Teil des Kalenderjahres, so sind die für das restliche Kalenderjahr bezogenen laufenden Einkünfte im Sinne des § 2 Abs. 3 Z 1 bis 3 und die zum laufenden Tarif zu versteuernden Einkünfte aus nichtselbständiger Arbeit (§ 41 Abs. 4) für Zwecke der Ermittlung des Steuersatzes (§ 33 Abs. 10) auf einen Jahresbetrag umzurechnen. Dabei ist das Werbungskostenpauschale noch nicht zu berücksichtigen. Das Einkommen ist mit jenem Steuersatz zu besteuern, der sich unter Berücksichtigung der umgerechneten Einkünfte ergibt; die festzusetzende Steuer darf jedoch nicht höher sein als jene, die sich bei Besteuerung sämtlicher Bezüge ergeben würde. Die diese Bezüge auszahlende Stelle hat bis 31. Jänner des Folgejahres dem Finanzamt des Bezugsempfängers eine Mitteilung zu übersenden, die neben Namen und Anschrift des Bezugsempfängers seine Versicherungsnummer (§ 31 ASVG), die Höhe der Bezüge und die Anzahl der Tage, für die solche Bezüge ausgezahlt wurden, enthalten muß. Diese Mitteilung kann entfallen, wenn die entsprechenden Daten durch Datenträgeraustausch übermittelt werden. Der Bundesminister für Finanzen wird ermächtigt, das Verfahren des Datenträgeraustausches mit Verordnung festzulegen.

(BGBl I 2019/104, BGBl I 2020/99)

(3) Einkünfte im Sinne des Abs. 1 Z 11 lit. b und 32 sind bei der Festsetzung der Steuer für das übrige Einkommen des Steuerpflichtigen zu berücksichtigen.

(BGBl I 2016/117)

(4) Öffentliche Mittel im Sinne dieses Bundesgesetzes sind:
1. Mittel, die von inländischen Körperschaften des öffentlichen Rechts oder diesen entsprechenden ausländischen Körperschaften eines Mitgliedstaates der Europäischen Union oder eines Staates des Europäischen Wirtschaftsraumes stammen.
2. Mittel, die von Einrichtungen der Europäischen Union stammen.
3. Mittel die von gesetzlich eingerichteten in- oder ausländischen juristischen Personen des privaten Rechts stammen, an denen ausschließlich die in Z 1 und 2 genannten Institutionen beteiligt sind, wenn die Finanzierung der Förderungsmittel überwiegend durch die in Z 1 und 2 genannten Institutionen erfolgt. Ist die Vergabe von Fördermitteln nicht ausschließlicher Geschäftsgegenstand der Körperschaft, muss die Aufbringung und Vergabe von Förderungsmitteln in einem gesonderten Rechnungskreis geführt werden. Die Körperschaft hat gegenüber dem Empfänger der Fördermittel zu bestätigen, dass öffentliche Mittel zugewendet werden.

3. ABSCHNITT
Gewinn

§ 4. (1) Gewinn ist der durch doppelte Buchführung zu ermittelnde Unterschiedsbetrag zwischen dem Betriebsvermögen am Schluß des Wirtschaftsjahres und dem Betriebsvermögen am Schluß des vorangegangenen Wirtschaftsjahres. Der Gewinn wird durch Entnahmen nicht gekürzt und durch Einlagen nicht erhöht. Entnahmen sind alle nicht betrieblich veranlaßten Abgänge von Werten (zB von Bargeld, Waren, Erzeugnissen und anderen Wirtschaftsgütern des Umlaufvermögens, von Leistungen, von Wirtschaftsgütern des Anlagevermögens oder von Nutzungen solcher Wirtschaftsgüter). Einlagen sind alle Zuführungen von Wirtschaftsgütern aus dem außerbetrieblichen Bereich. Für unkörperliche Wirtschaftsgüter des Anlagevermögens darf ein Aktivposten nur angesetzt werden, wenn sie entgeltlich erworben worden sind.

(2) Die Vermögensübersicht (Jahresabschluss, Bilanz) ist nach den allgemeinen Grundsätzen ordnungsmäßiger Buchführung zu erstellen. Nach Einreichung der Vermögensübersicht beim Finanzamt gilt Folgendes:
1. Eine Änderung der Vermögensübersicht ist nur mit Zustimmung des Finanzamts zulässig (Bilanzänderung). Die Zustimmung ist zu erteilen, wenn die Änderung wirtschaftlich begründet ist.
2. Entspricht die Vermögensübersicht nicht den allgemeinen Grundsätzen ordnungsmäßiger Buchführung oder den zwingenden Vorschriften dieses Bundesgesetzes, ist sie zu berichtigen (Bilanzberichtigung). Kann ein Fehler nur auf Grund der bereits eingetretenen Verjährung nicht mehr steuerwirksam berichtigt werden, gilt Folgendes:
   - Zur Erreichung des richtigen Totalgewinnes kann von Amts wegen oder auf Antrag eine Fehlerberichtigung durch Ansatz von Zu- oder Abschlägen vorgenommen werden.
   - Die Fehlerberichtigung ist im ersten zum Zeitpunkt der Bescheiderlassung noch nicht verjährten Veranlagungszeitraum insoweit vorzunehmen, als der Fehler noch steuerliche Auswirkungen haben kann.
   - Die Nichtberücksichtigung von Zu- oder Abschlägen gilt als offensichtliche Unrichtigkeit im Sinne des § 293b der Bundesabgabenordnung.

(3) Der Überschuß der Betriebseinnahmen über die Betriebsausgaben darf dann als Gewinn angesetzt werden, wenn keine gesetzliche Verpflichtung zur Buchführung besteht und Bücher auch nicht freiwillig geführt werden. Durchlaufende Posten, das sind Beträge, die im Namen und für Rechnung

eines anderen vereinnahmt und verausgabt werden, scheiden dabei aus. Der Steuerpflichtige darf selbst entscheiden, ob er die für Lieferungen und sonstige Leistungen geschuldeten Umsatzsteuerbeträge und die abziehbaren Vorsteuerbeträge als durchlaufende Posten behandelt. Bei Zugehörigkeit zum Umlaufvermögen sind bei
- Grundstücken im Sinne des § 30 und bei
- Gold, Silber, Platin und Palladium, sofern sie nicht der unmittelbaren Weiterverarbeitung dienen,

die Anschaffungs- oder Herstellungskosten oder der Einlagewert erst bei Ausscheiden aus dem Betriebsvermögen abzusetzen. Grund und Boden ist in die Anlagekartei gemäß § 7 Abs. 3 aufzunehmen. Abs. 2 Z 2 gilt in Bezug auf die Fehlerberichtigung durch Ansatz von Zu- und Abschlägen sinngemäß.

(3a) Für Grundstücke im Sinne des § 30 Abs. 1, die einem Betriebsvermögen zugehören, gilt Folgendes:
1. Die Befreiungsbestimmungen für Abgeltungen von Wertminderungen gemäß § 3 Abs. 1 Z 33, für einen (drohenden) behördlichen Eingriff sowie für Zusammenlegungen, Flurbereinigungen, Baulandumlegungen und Grenzbereinigungen gemäß § 30 Abs. 2 Z 3 und 4 sind anzuwenden.
   (AbgÄG 2023, BGBl I 2023/110)
2. Die für die Mitteilung oder Selbstberechnung gemäß § 30c anfallenden Kosten dürfen als Betriebsausgaben abgezogen werden, außer es kommt Z 3 lit. a zur Anwendung. Abziehbar sind auch anlässlich der Veräußerung entstehende Minderbeträge aus Vorsteuerberichtigungen gemäß § 6 Z 12.
3. Bei der Veräußerung von Grund und Boden des Anlagevermögens gilt Folgendes:
   a) Der Veräußerungsgewinn kann pauschal nach § 30 Abs. 4 ermittelt werden, wenn der Grund und Boden am 31. März 2012 nicht steuerverfangen war.
   b) (aufgehoben)
      (BGBl I 2015/118)
   c) Ein Auf- oder Abwertungsbetrag nach § 4 Abs. 10 Z 3 lit. a in der Fassung vor dem 1. Stabilitätsgesetz, BGBl. I Nr. 22/2012, ist gewinnwirksam anzusetzen. Dabei kann § 30 Abs. 4 für Grund und Boden, der ohne Wechsel zur Gewinnermittlung nach § 5 zum 31. März 2012 nicht steuerverfangen gewesen wäre, sinngemäß angewendet werden, wobei an die Stelle des Veräußerungserlöses der Teilwert im Zeitpunkt des Wechsels der Gewinnermittlung tritt.
4. Bei der Veräußerung von mit dem Teilwert eingelegten Grundstücken des Betriebsvermögens gilt der Unterschiedsbetrag zwischen dem Teilwert im Einlagezeitpunkt und den Anschaffungs- oder Herstellungskosten als Einkünfte aus privaten Grundstücksveräußerungen. Als Veräußerungserlös gilt der Teilwert im Einlagezeitpunkt. Soweit das Grundstück zum 31. März 2012 nicht steuerverfangen war oder es ohne Einlage nicht mehr steuerverfangen gewesen wäre, kann § 30 Abs. 4 angewendet werden.
5. Müssen Grundstücksteile im Zuge einer Änderung der Widmung auf Grund gesetzlicher Vorgaben an die Gemeinde übertragen werden, sind die Anschaffungskosten der verbleibenden Grundstücksteile um die Anschaffungskosten der übertragenen Grundstücksteile zu erhöhen.

(3b) Für Kryptowährungen im Sinne des § 27 Abs. 4a, die einem Betriebsvermögen zugehören, sind § 27b Abs. 2 zweiter Satz und Abs. 3 Z 2 zweiter bis vierter Satz anzuwenden.
(AbgÄG 2023, BGBl I 2023/110)

(4) Betriebsausgaben sind die Aufwendungen oder Ausgaben, die durch den Betrieb veranlaßt sind. Betriebsausgaben sind jedenfalls:
1. a) Beiträge des Versicherten zur Pflichtversicherung in der gesetzlichen Kranken-, Unfall- und Pensionsversicherung, Beiträge zur gesetzlichen Arbeitslosenversicherung sowie
   b) Pflichtbeiträge zu Versorgungs- und Unterstützungseinrichtungen der Kammern der selbständig Erwerbstätigen, soweit diese Einrichtungen der Kranken-, Unfall-, Alters-, Invaliditäts- und Hinterbliebenenversorgung dienen, weiters Beiträge zu einer inländischen gesetzlichen Krankenversicherung. Beiträge zu Einrichtungen, die der Krankenversorgung dienen, sowie Beiträge zu inländischen gesetzlichen Krankenversicherungen sind nur insoweit abzugsfähig, als sie der Höhe nach insgesamt Pflichtbeiträgen in der gesetzlichen Sozialversicherung entsprechen.
   c) An eine Betriebliche Vorsorgekasse (BV-Kasse) geleistete Pflichtbeiträge im Sinne der §§ 6 und 7 BMSVG für freie Dienstnehmer, des § 52 Abs. 1 und des § 64 Abs. 1 BMSVG im Ausmaß von höchstens 1,53% der Beitragsgrundlagen gemäß § 6 Abs. 5, § 52 Abs. 3 und § 64 Abs. 3 BMSVG.

Der Bundesminister für Finanzen wird ermächtigt, im Einvernehmen mit der Bundesministerin für Arbeit, Soziales, Gesundheit und Konsumentenschutz im Wege einer Verordnung vorzusehen, dass Beiträge für Zwecke der Berücksichtigung im Rahmen der Veranlagung elektronisch übermittelt werden. In der Verordnung sind die zur Übermittlung verpflichteten Einrichtungen und die von der Übermittlung betroffenen Beiträge zu bezeichnen. In der Verordnung ist auch das Verfahren der elektronischen Übermittlung festzulegen; es kann vorgesehen werden, dass sich die zur Übermittlung verpflichteten

Einrichtungen einer bestimmten geeigneten öffentlich-rechtlichen oder privatrechtlichen Übermittlungsstelle zu bedienen haben.

(BGBl I 2019/103)

2.
  a) Vertraglich festgelegte Pensionskassenbeiträge im Sinne des Pensionskassengesetzes, Prämien zu betrieblichen Kollektivversicherungen im Sinne des § 93 des Versicherungsaufsichtsgesetzes 2016 (VAG 2016), BGBl. I Nr. 34/2015, sowie Beiträge zu ausländischen Einrichtungen im Sinne des § 5 Z 4 des Pensionskassengesetzes unter folgenden Voraussetzungen:

    aa) Der Pensionskassenvertrag und der betriebliche Kollektivversicherungsvertrag müssen dem Betriebspensionsgesetz entsprechen.

    bb) Die Zusagen dürfen 80% des letzten laufenden Aktivbezuges nicht übersteigen. Das Überschreiten der Grenze ist unbeachtlich, wenn es auf eine Verminderung des Arbeitslohnes aus wirtschaftlich beachtlichen Gründen in den letzten Aktivitätsjahren zurückzuführen ist.

    cc) Bei beitragsorientierten Zusagen dürfen die Beiträge 10% der Lohn- und Gehaltsumme der Anwartschaftsberechtigten nicht übersteigen.

    dd) Lit. cc gilt auch für leistungsorientierte Zusagen, wenn sie nicht in einem ausschließlich betraglich oder im Verhältnis zu sonstigen Bestimmungsgrößen zugesagten Ausmaß zum Erbringen von Pensionsleistungen dienen. Bei Zusagen mit im Pensionskassenvertrag oder betrieblichen Kollektivversicherungsvertrag vereinbarter Beitragsanpassung darf der in sublit. cc genannte Grenzwert überschritten werden, solange der Arbeitgeber vorübergehend höhere Beiträge zum Schließen einer unvorhergesehenen Deckungslücke leisten muß.

    ee) Beiträge des Arbeitgebers für sich sind nicht abzugsfähig. Als Arbeitgeber gelten in diesem Zusammenhang Unternehmer und Gesellschafter von Gesellschaften, bei denen die Gesellschafter als Mitunternehmer anzusehen sind.

(BGBl I 2015/34)

  b) Zuwendungen an betriebliche Unterstützungskassen und sonstige Hilfskassen, die keinen Rechtsanspruch auf Leistungen gewähren, soweit sie zusammen mit unmittelbaren Zuwendungen an die Leistungsberechtigten der Kasse 10% der Lohn- und Gehaltsumme der Leistungsberechtigten der Kasse nicht übersteigen. Die 10%-Grenze darf nicht ausgenützt werden, falls die Leistungen zu einem unangemessen hohen Kassenvermögen führen. Als angemessenes Kassenvermögen gilt:

– Bei Kassen, die im Falle des Alters oder der Invalidität laufende Unterstützungen gewähren, das Deckungskapital für die bereits laufenden Unterstützungen und für die Anwartschaften auf Witwen- und Waisenunterstützungen. Das Deckungskapital ist nach der Anlage zu diesem Bundesgesetz zu berechnen.

– Bei Kassen, die keine laufenden Unterstützungen gewähren, der durchschnittliche Jahresbedarf der Kasse. Dieser ist nach dem Durchschnitt der Leistungen zu bemessen, die die Kasse in den letzten drei Jahren vor dem Zeitpunkt der Zuwendung an die Leistungsempfänger gewährt hat.

3. Zuwendungen an den Betriebsratsfonds bis zu 3% der Lohn- und Gehaltsumme.

4. Der Verwaltungskostenbeitrag gemäß § 118 und § 118a der Bundesabgabenordnung und die für die Bestätigung eines Wirtschaftsprüfers gemäß § 108c Abs. 8 geleisteten Aufwendungen.

5. Die Ausgaben für eine Wochen-, Monats- oder Jahreskarte für Massenbeförderungsmittel, soweit die Fahrten durch den Betrieb veranlasst sind. Ohne weiteren Nachweis können 50 % der aufgewendeten Kosten für eine nicht übertragbare Wochen-, Monats- oder Jahreskarte für Einzelpersonen geltend gemacht werden, wenn glaubhaft gemacht wird, dass diese Karte auch für betrieblich veranlasste Fahrten verwendet wird.

(BGBl I 2022/108)

6. (aufgehoben)

7. Aufwendungen für Aus- und Fortbildungsmaßnahmen im Zusammenhang mit der vom Steuerpflichtigen ausgeübten oder einer damit verwandten beruflichen Tätigkeit und Aufwendungen für umfassende Umschulungsmaßnahmen, die auf eine tatsächliche Ausübung eines anderen Berufes abzielen. Aufwendungen für Nächtigungen sind jedoch höchstens im Ausmaß des den Bundesbediensteten zustehenden Nächtigungsgeldes der Höchststufe bei Anwendung des § 13 Abs. 7 der Reisegebührenvorschrift zu berücksichtigen.

8. Die Arbeitsplatzpauschale für Aufwendungen aus der betrieblichen Nutzung der Wohnung nach Maßgabe folgender Bestimmungen:

a) Das Arbeitsplatzpauschale steht zu, wenn dem Steuerpflichtigen zur Ausübung der betrieblichen Tätigkeit kein anderer Raum zur Verfügung steht. Die Berücksichtigung von Aufwendungen für ein Arbeitszimmer gemäß § 20 Abs. 1 Z 2 lit. d schließt das Arbeitsplatzpauschale aus.

b) Das Arbeitsplatzpauschale beträgt für ein Wirtschaftsjahr:
– 1 200 Euro, wenn der Steuerpflichtige im Kalenderjahr keine anderen Einkünfte aus einer aktiven Erwerbstätigkeit von mehr als „12 816" Euro erzielt, für die ihm außerhalb der Wohnung ein anderer Raum zur Verfügung steht. Mit diesem Arbeitsplatzpauschale werden sämtliche Aufwendungen, die aus der betrieblichen Nutzung der Wohnung entstehen, berücksichtigt.
– 300 Euro, wenn der Steuerpflichtige im Kalenderjahr andere Einkünfte aus einer aktiven Erwerbstätigkeit von mehr als „12 816" Euro erzielt, für die ihm außerhalb der Wohnung ein anderer Raum zur Verfügung steht. Neben diesem Arbeitsplatzpauschale sind nur Aufwendungen und Ausgaben für ergonomisch geeignetes Mobiliar (insbesondere Schreibtisch, Drehstuhl, Beleuchtung) eines in der Wohnung eingerichteten Arbeitsplatzes bis zu insgesamt 300 Euro (Höchstbetrag pro Kalenderjahr) nach Maßgabe des § 16 Abs. 1 Z 7a lit. a zweiter und dritter Satz abzugsfähig. Stehen derartige Ausgaben auch mit Einkünften aus nichtselbständiger Arbeit in Zusammenhang, sind sie zur Gänze entweder als Werbungskosten oder als Betriebsausgaben zu berücksichtigen; eine Aufteilung hat zu unterbleiben.

Bei einem Rumpfwirtschaftsjahr oder bei Wegfall einer Voraussetzung der lit. a für jeden Monat ein Zwölftel des maßgebenden Pauschalbetrages anzusetzen.
(Teuerungs-EP II, BGBl I 2022/163; PrAG 2024, BGBl I 2023/153 ab 1.1.2024)

c) Bei mehreren Betrieben steht das Arbeitsplatzpauschale nur einmal zu und ist nach dem Verhältnis der Betriebseinnahmen aufzuteilen.
(BGBl I 2021/227)

9. Geld- oder Sachaufwendungen im Zusammenhang mit der Hilfestellung in Katastrophenfällen (insbesondere Hochwasser-, Erdrutsch-, Vermurungs- und Lawinenschäden), wenn sie der Werbung dienen.

10. (aufgehoben)
(BGBl I 2015/118)

(5) Mehraufwendungen des Steuerpflichtigen für Verpflegung und Unterkunft bei ausschließlich betrieblich veranlassten Reisen sind ohne Nachweis ihrer Höhe als Betriebsausgaben anzuerkennen, soweit sie die sich aus § 26 Z 4 ergebenden Beträge nicht übersteigen. Dabei steht das volle Tagesgeld für 24 Stunden zu. Höhere Aufwendungen für Verpflegung sind nicht zu berücksichtigen.

(6) Nicht aktivierungspflichtige Vorauszahlungen von Beratungs-, Bürgschafts-, Fremdmittel-, Garantie-, Miet-, Treuhand-, Vermittlungs-, Vertriebs- und Verwaltungskosten müssen gleichmäßig auf den Zeitraum der Vorauszahlung verteilt werden, außer sie betreffen lediglich das laufende und das folgende Jahr.

(7) Bei Gebäuden, die zum Anlagevermögen gehören und Personen, die nicht betriebszugehörige Arbeitnehmer sind, für Wohnzwecke entgeltlich überlassen werden, gilt hinsichtlich der Instandsetzungsaufwendungen folgendes:
– Instandsetzungsaufwendungen, die unter Verwendung von entsprechend gewidmeten steuerfreien Subventionen aus öffentlichen Mitteln (§ 3 Abs. 1 Z 3, § 3 Abs. 1 Z 5 lit. d und e, § 3 Abs. 1 Z 6) aufgewendet werden, scheiden insoweit aus der Gewinnermittlung aus.
– Soweit Instandsetzungsaufwendungen nicht durch steuerfreie Subventionen gedeckt sind, sind sie gleichmäßig auf fünfzehn Jahre verteilt abzusetzen.

Instandsetzungsaufwendungen sind jene Aufwendungen, die nicht zu den Anschaffungs- oder Herstellungskosten gehören und allein oder zusammen mit Herstellungsaufwand den Nutzungswert des Gebäudes wesentlich erhöhen oder seine Nutzungsdauer wesentlich verlängern.
(BGBl I 2015/118)

(8) Wird bei land- und forstwirtschaftlichen Betrieben für das stehende Holz der höhere Teilwert (§ 6 Z 2 lit. b) nicht angesetzt, dann sind Aufwendungen für die Pflege des stehenden Holzes und Wiederaufforstungskosten als Betriebsausgaben abzusetzen.

(9) Die Beiträge für die freiwillige Mitgliedschaft bei Berufs- und Wirtschaftsverbänden sind nur unter folgenden Voraussetzungen abzugsfähig:
– Die Berufs- und Wirtschaftsverbände müssen sich nach ihrer Satzung und tatsächlichen Geschäftsführung ausschließlich oder überwiegend mit der Wahrnehmung der betrieblichen und beruflichen Interessen ihrer Mitglieder befassen.
– Die Beiträge können nur in angemessener, statutenmäßig festgesetzter Höhe abgesetzt werden.

1/1. EStG
§ 4

(10) Beim Wechsel der Gewinnermittlungsart gilt folgendes:

1. Es ist durch Zu- und Abschläge auszuschließen, daß Veränderungen des Betriebsvermögens (Betriebseinnahmen, Betriebsausgaben) nicht oder doppelt berücksichtigt werden. Ergeben die Zu- und Abschläge einen Überschuß (Übergangsgewinn), so ist dieser beim Gewinn des ersten Gewinnermittlungszeitraumes nach dem Wechsel zu berücksichtigen. Ergeben die Zu- und Abschläge einen Verlust (Übergangsverlust), so ist dieser, beginnend mit dem ersten Gewinnermittlungszeitraum nach dem Wechsel, zu je einem Siebentel in den nächsten sieben Gewinnermittlungszeiträumen zu berücksichtigen. Bei Veräußerung oder Aufgabe des ganzen Betriebes, eines Teilbetriebes oder eines Mitunternehmeranteiles sind Übergangsgewinne oder (restliche) Übergangsverluste beim Gewinn des letzten Gewinnermittlungszeitraumes vor Veräußerung oder Aufgabe zu berücksichtigen.
2. Darüber hinaus ist durch Zu- oder Abschläge und durch entsprechende Bilanzansätze sicherzustellen, daß sonstige Änderungen der Gewinnermittlungsgrundsätze (zB hinsichtlich der unternehmensrechtlichen Grundsätze ordnungsmäßiger Buchführung beim Übergang von der Gewinnermittlung gemäß § 4 Abs. 1 oder 3 auf § 5 oder hinsichtlich der Berücksichtigung von Wertminderungen des Betriebsvermögens beim Übergang auf Buchführung) mit dem Wechsel der Gewinnermittlungsart berücksichtigt werden.

(11) Für Zuwendungen an und von Privatstiftungen gilt folgendes:

1. Zuwendungen an betriebliche Privatstiftungen (Unternehmenszweckförderungsstiftung, Arbeitnehmerförderungsstiftung, Belegschaftsbeteiligungsstiftung, Mitarbeiterbeteiligungsstiftung) sind nach Maßgabe des § 4d Betriebsausgaben.

(BGBl I 2017/105)

2. a) Zuwendungen von Privatstiftungen sind mit dem Betrag anzusetzen, der für das einzelne Wirtschaftsgut, für sonstiges Vermögen oder sonstige geldwerte Vorteile im Zeitpunkt der Zuwendung hätte aufgewendet werden müssen (insbesondere fiktive Anschaffungskosten). Die fiktiven Anschaffungskosten sind um negative Anschaffungskosten des zugewendeten Wirtschaftsgutes bzw. negative Buchwerte des zugewendeten sonstigen Vermögens zu vermindern. Die sich ergebenden Anschaffungskosten sind evident zu halten.
   b) Die Zuwendung von Betrieben, Teilbetrieben oder Mitunternehmeranteilen ist hinsichtlich der steuerfreien Rücklagen und steuerfreien Beträge gemäß §§ 10, 12 und 116 Abs. 2 so zu behandeln, als ob eine Gesamtrechtsnachfolge vorläge.

(12) Die Einlagenrückzahlung von Körperschaften gilt als Veräußerung einer Beteiligung und führt beim Anteilsinhaber (Beteiligten) zu einer Minderung des Buchwertes der Beteiligung. Dabei gilt für Einlagenrückzahlungen und offene Ausschüttungen Folgendes:

1. Einlagen im Sinne dieser Vorschrift sind das aufgebrachte Grund-, Stamm- oder Genossenschaftskapital und sonstige Einlagen und Zuwendungen, die als Kapitalrücklage auszuweisen sind oder bei Erwerbs- und Wirtschaftsgenossenschaften auszuweisen waren einschließlich eines Partizipations-, Genussrechtskapitals und eines Kapitals aus sonstigen Finanzierungsinstrumenten gemäß § 8 Abs. 3 Z 1 des Körperschaftsteuergesetzes 1988, sowie jene Verbindlichkeiten denen abgabenrechtlich die Eigenschaft eines verdeckten Grund-, Stamm- oder Genossenschaftskapitals zukommt.
2. Nicht zu den Einlagen gehören Beträge, die unter § 32 Abs. 1 Z 3 fallen oder die infolge einer Umgründung im Sinne des Umgründungssteuergesetzes die Eigenschaft einer Gewinnrücklage oder eines Bilanzgewinnes verloren haben.
3. Die Körperschaft hat den Stand der Einlagen im Sinne dieser Vorschrift im Wege eines Evidenzkontos zu erfassen und seine Erhöhung durch weitere Einlagen und Zuwendungen und Verminderungen durch Ausschüttungen oder sonstige Verwendungen laufend fortzuschreiben. Bei Verschmelzungen, Umwandlungen und Aufspaltungen sind im Zeitraum zwischen dem Umgründungsstichtag und dem Tag des Umgründungsbeschlusses bzw. -vertrages getätigte
   – Einlagen in die übertragende Körperschaft und
   – Einlagenrückzahlungen durch die übertragende Körperschaft
   zum Umgründungsstichtag im Evidenzkonto der übertragenden Körperschaft zu erfassen. Das Evidenzkonto ist in geeigneter Form der jährlichen Steuererklärung anzuschließen.
4. Eine offene Ausschüttung setzt eine positive Innenfinanzierung voraus. Die Innenfinanzierung erhöht sich um Jahresüberschüsse im Sinne des Unternehmensgesetzbuches und vermindert sich um Jahresfehlbeträge im Sinne des Unternehmensgesetzbuches sowie um offene Ausschüttungen; dabei haben verdeckte Einlagen sowie erhaltene Einlagenrückzahlungen außer Ansatz zu bleiben. Gewinne, die durch Umgründungen unter Ansatz des beizulegenden Wertes entstanden sind, erhöhen die Innenfinanzierung erst in jenem Zeitpunkt und Ausmaß, in dem sie nach den Vorschriften des Unternehmensgesetzbuches ausgeschüttet werden können. Der Bundesminister für Finanzen wird ermächtigt, in einer Verordnung die weiteren Auswirkungen von Umgründungen auf die Innenfinanzierung

näher festzulegen. Die Körperschaft hat den Stand der Innenfinanzierung sinngemäß nach Maßgabe der Z 3 zu erfassen.
(BGBl I 2015/163)

„Freigebige Zuwendungen aus dem Betriebsvermögen (Spendenbegünstigung)

§ 4a. (1) Freigebige Zuwendungen (Spenden) aus dem Betriebsvermögen
– zu begünstigten Zwecken (Abs. 2) an durch Bescheid begünstigte Einrichtungen (Abs. 3) sowie
– an die in Abs. 6 genannten Einrichtungen
gelten nach Maßgabe des Abs. 7 als Betriebsausgabe, soweit sie 10% des Gewinnes vor Berücksichtigung von Zuwendungen gemäß § 4b und § 4c und vor Berücksichtigung eines Gewinnfreibetrages nicht übersteigen. Soweit abzugsfähige Zuwendungen die angeführte Höchstgrenze übersteigen, können sie nach Maßgabe des § 18 Abs. 1 Z 7 als Sonderausgabe abgesetzt werden.

(2) Begünstigte Zwecke sind:
1. Gemeinnützige Zwecke gemäß § 35 BAO.
2. Mildtätige Zwecke gemäß § 37 BAO.
3. Die Durchführung
   – von wissenschaftlichen Forschungsaufgaben,
   – der Entwicklung und Erschließung der Künste oder
   – von der Erwachsenenbildung dienenden Lehraufgaben, welche die wissenschaftliche oder künstlerische Lehre betreffen und dem Universitätsgesetz 2002 (UG), BGBl. I Nr. 120/2002, entsprechen,
sowie damit verbundene wissenschaftliche und künstlerische Publikationen und Dokumentationen durch die in Abs. 3 Z 3 und 4 genannten Einrichtungen, soweit nicht Z 1 greift.

(3) Als begünstigte Einrichtungen für die Erfüllung der in Abs. 2 genannten Zwecke kommen in Betracht:
1. Körperschaften im Sinne des § 1 Abs. 2 Z 1 und 2 des Körperschaftsteuergesetzes 1988 (KStG 1988), BGBl. Nr. 401/1988;
2. Körperschaften des öffentlichen Rechts im Sinne des § 1 Abs. 3 Z 2 des KStG 1988;
3. mit Forschungs- oder Lehraufgaben gemäß Abs. 2 Z 3 im Wesentlichen befasste juristisch unselbständige Einrichtungen von Gebietskörperschaften sowie juristische Personen, an denen entweder eine oder mehrere Gebietskörperschaften oder eine oder mehrere Körperschaften im Sinne des Abs. 6 Z 1, 3 oder 4 zumindest mehrheitlich beteiligt sind;
4. vergleichbare ausländische Körperschaften eines Mitgliedstaates der Europäischen Union oder eines Staates, mit dem eine umfassende Amtshilfe besteht.

(4) Die Spendenbegünstigung darf nur zuerkannt werden, wenn folgende Voraussetzungen erfüllt sind:
1. Für Körperschaften im Sinne des Abs. 3 Z 1, 2 und 4:
   a) Die Körperschaft erfüllt die Voraussetzungen nach den §§ 34 bis 47 BAO.
   b) Die Körperschaft oder deren Vorgängerorganisation (Organisationsfeld mit eigenem Rechnungskreis) dient seit mindestens einem zwölf Monate umfassenden Wirtschaftsjahr ununterbrochen ausschließlich und unmittelbar den in der Rechtsgrundlage angeführten begünstigten Zwecken gemäß Abs. 2. Betätigt sich die Körperschaft teilweise oder ausschließlich als Mittelbeschaffungskörperschaft und geht die abgabenrechtliche Begünstigung nur auf Grund von § 40a Z 1 BAO nicht verloren, gilt dies hiefür als unmittelbare Zweckverfolgung.
   c) Die Körperschaft entfaltet, abgesehen von völlig untergeordneten Nebentätigkeiten, ausschließlich solche wirtschaftliche Tätigkeiten, die unter § 45 Abs. 1, § 45 Abs. 2 oder § 47 BAO fallen oder die gemäß § 44 Abs. 2 oder § 45a BAO nicht zum Entfall der abgabenrechtlichen Begünstigung führen.
2. Für Körperschaften im Sinne des Abs. 3 Z 3 und 4:
   a) Das mangelnde Gewinnstreben ist – ausgenommen hinsichtlich einer untergeordneten betrieblichen Tätigkeit – in der Rechtsgrundlage verankert.
   b) Die tatsächliche Geschäftsführung entspricht den Vorgaben der Rechtsgrundlage und die Körperschaft entfaltet eine betriebliche Tätigkeit nur in untergeordnetem Ausmaß.
   c) Die Rechtsgrundlage stellt sicher, dass an Mitglieder oder Gesellschafter oder diesen nahe stehende Personen keinerlei Vermögensvorteile zugewendet werden und gesammelte Spendenmittel ausschließlich für die in der Rechtsgrundlage angeführten begünstigten Zwecke verwendet werden.
   d) Die Körperschaft oder deren Vorgängerorganisation (Organisationsfeld mit eigenem Rechnungskreis) dient seit mindestens einem zwölf Monate umfassenden Wirtschaftsjahr ununterbrochen der Erfüllung der in der Rechtsgrundlage angeführten begünstigten Zwecke.

1/1. EStG
§ 4a

3. Für alle Körperschaften im Sinne des Abs. 3:
   a) Die Körperschaft hat glaubhaft gemacht, dass Maßnahmen zur Erfüllung der Datenübermittlungsverpflichtung gemäß § 18 Abs. 8 getroffen wurden.
   b) Die in Zusammenhang mit der Verwendung der Spenden stehenden Verwaltungskosten der Körperschaft betragen ohne Berücksichtigung der für die Erfüllung der Übermittlungsverpflichtung gemäß § 18 Abs. 8 anfallenden Kosten höchstens 10% der Spendeneinnahmen.
   c) Bei Auflösung der Körperschaft oder bei Wegfall des begünstigten Zweckes darf das Vermögen der Körperschaft, soweit es die eingezahlten Kapitalanteile der Mitglieder und den gemeinen Wert der von den Mitgliedern geleisteten Sacheinlagen übersteigt, nur für die in der Rechtsgrundlage angeführten begünstigten Zwecke verwendet werden.
   d) Über die Körperschaft oder deren Vorgängerorganisation wurde innerhalb der vorangegangenen zwei Jahre keine Verbandsgeldbuße im Sinne des Verbandsverantwortlichkeitsgesetzes (VbVG), BGBl. I Nr. 151/2005, wegen einer gerichtlich strafbaren Handlung oder eines vorsätzlich begangenen Finanzvergehens im Sinne des Finanzstrafgesetzes (FinStrG), BGBl. Nr. 129/1958, ausgenommen Finanzordnungswidrigkeiten, rechtskräftig verhängt. Ebensowenig wurden deren Entscheidungsträger oder Mitarbeiter im Sinne des § 2 Abs. 1 und 2 VbVG wegen strafbarer Handlungen, für die die Körperschaft im Sinne des § 3 VbVG verantwortlich ist,
      – durch ein Gericht rechtskräftig verurteilt oder
      – über sie wegen vorsätzlicher, nicht vom Gericht zu ahndender Finanzvergehen im Sinne des FinStrG, ausgenommen Finanzordnungswidrigkeiten, Strafen rechtskräftig verhängt.
      Dies gilt nur für strafbare Handlungen, die innerhalb der vorangegangenen fünf Kalenderjahre begangen wurden.
   e) Die Körperschaft fördert nicht systematisch die vorsätzliche Begehung von in ihrem Interesse methodisch begangenen strafbaren Handlungen. Eine Förderung ist insbesondere gegeben, wenn die Körperschaft hiefür Mittel in nicht bloß untergeordnetem Ausmaß ihres Spendenaufkommens für die Begleichung von Strafen der handelnden Personen aufwendet.

(5) Für den Antrag auf Zuerkennung, die Aufrechterhaltung und die Aberkennung der Spendenbegünstigung gilt Folgendes:
1. Die Zuerkennung der Spendenbegünstigung ist von der Körperschaft mittels amtlichen elektronischen Formulars zu beantragen. Dieses ist durch einen berufsmäßigen Parteienvertreter gemäß Wirtschaftstreuhandberufsgesetz 2017 (WTBG 2017), BGBl. I Nr. 137/2017, im Wege von FinanzOnline zu übermitteln. Dem Antrag ist die geltende Rechtsgrundlage der Körperschaft beizulegen. Der Bundesminister für Finanzen kann durch Verordnung ein verbindliches technisches Format festlegen, in dem die Übermittlung zu erfolgen hat. Für die Aufrechterhaltung der Spendenbegünstigung ist die Erfüllung der Voraussetzungen des Abs. 4 für die Spendenbegünstigung jährlich innerhalb von neun Monaten nach dem Ende des Rechnungsjahres bzw. des Wirtschaftsjahres durch einen berufsmäßigen Parteienvertreter gemäß WTBG 2017 dem Finanzamt Österreich im Wege von FinanzOnline mittels amtlichen Formulars zu melden. Im Falle einer Änderung der Rechtsgrundlage ist auch die geänderte Rechtsgrundlage (Vereinsstatut, Satzung, Gesellschaftsvertrag) zu übermitteln.
2. Bei Körperschaften, die der Pflicht zur gesetzlichen oder satzungsmäßigen Abschlussprüfung durch einen Abschlussprüfer unterliegen, ist zusätzlich bei der Antragstellung sowie nachfolgend jährlich das Vorliegen der Voraussetzungen des Abs. 4 sowie die Einhaltung der anzuwendenden Rechnungslegungsvorschriften von einem Wirtschaftsprüfer im Rahmen einer den Anforderungen der §§ 268 ff des Unternehmensgesetzbuches (UGB), dRGBl. S 219/1897, entsprechenden Prüfung zu bestätigen. Die Bestimmungen des § 275 UGB gelten sinngemäß. Diese Bestätigung ist dem Finanzamt Österreich jährlich innerhalb von neun Monaten nach dem Abschlussstichtag durch den Parteienvertreter im Wege von FinanzOnline zu übermitteln. Im Falle einer Änderung der Rechtsgrundlage ist auch die geänderte Rechtsgrundlage (Vereinsstatut, Satzung, Gesellschaftsvertrag) zu übermitteln. Wird die Zuerkennung der Spendenbegünstigung erstmalig beantragt, sind die aktuelle Rechtsgrundlage und die Bestätigungen des Wirtschaftsprüfers für das vorangegangene Geschäftsjahr dem Finanzamt Österreich zu übermitteln.
3. Das Finanzamt Österreich hat die Erfüllung der gesetzlichen Voraussetzungen für die erstmalige Zuerkennung der Spendenbegünstigung mit Bescheid festzustellen und die Körperschaft in eine vom Finanz-

1/1. EStG
§ 4a

amt Österreich zu führende Liste der begünstigten Spendenempfänger aufzunehmen. In dieser Liste ist das Datum, zu dem die Spendenbegünstigung bescheidmäßig erteilt wurde, zu veröffentlichen. Die Liste ist auf der Webseite des Bundesministeriums für Finanzen zu veröffentlichen.

4. Bei Wegfall der Voraussetzungen nach Abs. 4 oder Unterbleiben der fristgerechten Meldungen nach Z 1 oder 2 trotz Setzung einer angemessenen Nachfrist ist die Spendenbegünstigung mit Bescheid zu widerrufen. Der Widerruf ist mit dem Datum des Widerrufsbescheides in der Liste gemäß Z 3 einzutragen.

5. Erfolgt ein Widerruf wegen Wegfalls der Voraussetzung des Abs. 4, kommt der Beschwerde auf Antrag aufschiebende Wirkung zu. Die aufschiebende Wirkung ist nicht zu bewilligen, wenn die Beschwerde keine hinreichende Aussicht auf Erfolg hat. Bleibt die Beschwerde ohne Erfolg, ist der Einrichtung ein Zuschlag zur Körperschaftsteuer in Höhe von 20% der ab dem in Z 4 genannten Tag zugewendeten Beträge vorzuschreiben; die Einrichtung ist verpflichtet, diese Zuwendungen zu dokumentieren.

6. Erfolgt ein Widerruf wegen Wegfalls der Voraussetzung des Abs. 4 Z 3 lit. d oder e, kann bei einer neuerlichen Antragstellung die Spendenbegünstigung nur dann zuerkannt werden, wenn innerhalb der in Abs. 4 Z 1 lit. b erster Satz genannten Frist keine Widerrufsgründe vorliegen.

(6) Begünstigte Einrichtungen sind jedenfalls:
1. Universitäten gemäß dem UG einschließlich deren Fakultäten, Institute und besonderen Einrichtungen, Fachhochschulen gemäß dem Fachhochschulgesetz (FHG), BGBl. Nr. 340/1993, Privathochschulen gemäß dem Privathochschulgesetz (PrivHG), BGBl. I Nr. 77/2020, Pädagogische Hochschulen gemäß dem Hochschulgesetz 2005 (HG), BGBl. I Nr. 30/2006, das Institute of Science and Technology Austria gemäß dem IST-Austria-Gesetz (ISTAG), BGBl. I Nr. 69/2006, das Institute of Digital Sciences Austria gemäß dem Bundesgesetz über die Gründung des Institute of Digital Sciences Austria, BGBl. I Nr. 120/2022, deren jeweilige Organisationseinheiten, die Österreichische Akademie der Wissenschaften und deren rechtlich selbständige Institute, sowie diesen entsprechende ausländische Einrichtungen mit Sitz in einem Mitgliedstaat der Europäischen Union oder einem Staat, mit dem eine umfassende Amtshilfe besteht;
2. a) öffentliche Kinderbetreuungseinrichtungen bis zum Eintritt der Schulpflicht (Kindergärten), öffentliche Schulen (im Sinne des Art. 14 Abs. 6 B-VG) im Rahmen ihrer Teilrechtsfähigkeit bzw. zweckgebundenen Gebarung gemäß § 128b des Schulorganisationsgesetzes, BGBl. Nr. 242/1962, sowie Österreichische Auslandsschulen,
   b) Kindergärten und Schulen mit Öffentlichkeitsrecht anderer Körperschaften des öffentlichen Rechts;
3. durch Bundes- oder Landesgesetz errichtete Fonds, die mit Aufgaben der Forschungsförderung betraut sind, sowie diesen entsprechende ausländische Einrichtungen mit Sitz in einem Mitgliedstaat der Europäischen Union oder einem Staat, mit dem eine umfassende Amtshilfe besteht;
4. nach dem Bundes-Stiftungs- und Fondsgesetz (BStFG), BGBl. Nr. 11/1975, in der Fassung des Verwaltungsgerichtsbarkeits-Anpassungsgesetzes-Inneres, BGBl. I Nr. 161/2013, dem Bundes-Stiftungs- und Fondsgesetz 2015 (BStFG 2015), BGBl. I Nr. 160/2015 oder nach diesen Bundesgesetzen entsprechenden, landesgesetzlichen Regelungen errichtete Stiftungen oder Fonds mit Sitz im Inland, die ausschließlich der Erfüllung von Aufgaben der Forschungsförderung dienen, wenn
   a) diese nicht auf Gewinnerzielung ausgerichtet sind,
   b) seit mindestens einem Jahr nachweislich im Bereich der Forschungsförderung tätig sind und
   c) die Empfänger der Fördermittel im Wesentlichen Begünstigte gemäß Z 1 und 3 sowie Abs. 3 Z 3 oder begünstigte Körperschaften im Sinne des Abs. 3, die unmittelbar begünstigten Zwecken nach Abs. 2 Z 3 dienen, sind.

Derartigen Stiftungen oder Fonds sind diesen entsprechende ausländische Einrichtungen mit Sitz in einem Mitgliedstaat der Europäischen Union oder einem Staat, mit dem eine umfassende Amtshilfe besteht, gleichzuhalten;

5. die Österreichische Nationalbibliothek, die GeoSphere Austria gemäß dem GeoSphere Austria-Gesetz (GSAG), BGBl. I Nr. 60/2022, die OeAD GmbH gemäß dem OeAD-Gesetz (OeADG), BGBl. I Nr. 99/2008, und das Österreichische Filminstitut gemäß § 1 des Filmförderungsgesetzes, BGBl. Nr. 557/1980;

6. Österreichische Museen
   a) von Körperschaften des öffentlichen Rechts;
   b) von anderen Rechtsträgern, wenn diese Museen einen den Museen von Körperschaften des öffentlichen Rechts vergleichbaren öffentlichen Zugang haben und Sammlungsgegenstände zur Schau stellen, die in geschicht-

1/1. EStG
§§ 4a, 4b

licher, künstlerischer oder sonstiger kultureller Hinsicht von überregionaler Bedeutung sind. Der Bundesminister für Finanzen wird ermächtigt, im Einvernehmen mit dem Bundesminister für Kunst, Kultur, öffentlichen Dienst und Sport mit Verordnung Kriterien zur Beurteilung der überregionalen Bedeutung eines Museums festzulegen;

7. das Bundesdenkmalamt und der Denkmalfonds gemäß § 33 Abs. 1 des Denkmalschutzgesetzes (DMSG), BGBl. Nr. 533/1923;
8. die Internationale Anti-Korruptions-Akademie (IACA);
9. die Diplomatische Akademie und vergleichbare Einrichtungen mit Sitz in einem Mitgliedstaat der Europäischen Union oder einem Staat, mit dem eine umfassende Amtshilfe besteht;
10. Einrichtungen mit Sitz in einem Mitgliedstaat der Europäischen Union oder einem Staat, mit dem eine umfassende Amtshilfe besteht, wenn sie den in Z 5 bis 7 genannten vergleichbar sind und der Förderung, Erhaltung, Vermittlung und Dokumentation von Kunst und Kultur in Österreich dienen;
11. das Hochkommissariat der Vereinten Nationen für Flüchtlinge (UNHCR);
12. Freiwillige Feuerwehren unbeschadet ihrer rechtlichen Stellung und Landesfeuerwehrverbände;
13. der Anerkennungsfonds für freiwilliges Engagement gemäß §§ 36 ff des Freiwilligengesetzes (FreiwG), BGBl. I Nr. 17/2012.

(7) Für die Spendenbegünstigung gilt Folgendes:
1. Zuwendungen an die in Abs. 3 genannten Einrichtungen sind nur abzugsfähig, wenn in der beim Finanzamt Österreich zu führenden Liste gemäß Abs. 5 Z 3 eine aufrechte Anerkennung als begünstigte Einrichtung ausgewiesen ist. Ein solcher Ausweis besteht ab dem in der Liste angegebenen Datum der Zuerkennung der Begünstigung (Abs. 5 Z 3) bis einschließlich dem in der Liste eingetragenen Datum des Widerrufs der Begünstigung (Abs. 5 Z 4).
2. Mitgliedsbeiträge sind in Höhe der satzungsgemäß von ordentlichen Mitgliedern zu entrichtenden Beiträge nicht abzugsfähig. Bezieht ein Steuerpflichtiger steuerfreie pauschale Reiseaufwandsentschädigungen gemäß § 3 Abs. 1 Z 16c oder ein steuerfreies Freiwilligenpauschale gemäß § 3 Abs. 1 Z 42, sind damit zusammenhängende Zuwendungen an die gleiche Einrichtung insoweit nicht abzugsfähig.
3. Zuwendungen an Rechtsträger gemäß § 1 Abs. 1 Publizistikförderungsgesetz 1984 (PubFG), BGBl. Nr. 369/1984, sind nicht abzugsfähig.
4. Zuwendungen, denen in einem unmittelbaren wirtschaftlichen Zusammenhang eine Gegenleistung gegenübersteht, sind nur insoweit abzugsfähig, als der gemeine Wert der Zuwendung mindestens das Doppelte des Wertes der Gegenleistung beträgt. Der dem gemeinen Wert der Gegenleistung entsprechende Teil der Zuwendung ist nicht abzugsfähig.
5. Werden Wirtschaftsgüter zugewendet, ist der gemeine Wert als Betriebsausgabe anzusetzen; der Restbuchwert ist nicht zusätzlich als Betriebsausgabe und der Teilwert nicht als Betriebseinnahme anzusetzen. Stille Reserven, die nach § 12 auf das zugewendete Wirtschaftsgut übertragen wurden, sind nachzuversteuern.
6. Zuwendungen an in Abs. 6 Z 2 und 12 genannte Einrichtungen sind nicht abzugsfähig, wenn sie durch eine Körperschaft im Sinne des § 1 Abs. 2 KStG 1988 erfolgen, die mit der Trägerkörperschaft dieser Einrichtung wirtschaftlich verbunden ist.
7. Die Zuwendung ist auf Verlangen der Abgabenbehörde durch Vorlage eines Beleges (§ 18 Abs. 1 Z 7) nachzuweisen. Auf Verlangen des Zuwendenden hat der Empfänger der Zuwendung eine Spendenbestätigung (§ 18 Abs. 1 Z 7) auszustellen.

(GemRefG 2023, BGBl I 2023/188 ab 1.1.2024)

Zuwendungen zur Vermögensausstattung

§ 4b. (1) Zuwendungen aus dem Betriebsvermögen zum Zweck der ertragsbringenden Vermögensausstattung an privatrechtliche Stiftungen oder an damit vergleichbare Vermögensmassen (Stiftungen), die die Voraussetzungen nach den §§ 34 bis 47 BAO erfüllen und begünstigte Zwecke gemäß § 4a Abs. 2 verfolgen, gelten nach Maßgabe der folgenden Bestimmungen als Betriebsausgaben:

1. Im Wirtschaftsjahr sind Zuwendungen insoweit abzugsfähig, als sie 10% des Gewinnes vor Berücksichtigung von Zuwendungen gemäß § 4a und § 4c und vor Berücksichtigung eines Gewinnfreibetrages nicht übersteigen.
2. Soweit eine Berücksichtigung als Betriebsausgabe gemäß Z 1 nicht in Betracht kommt, kann die Zuwendung gemäß § 18 Abs. 1 Z 8 als Sonderausgabe berücksichtigt werden.
3. Soweit eine Berücksichtigung einer Zuwendung gemäß Z 1 und 2 nicht in Betracht kommt, kann diese Zuwendung auf Antrag in den folgenden neun Veranlagungszeiträumen zusammen mit Zuwendungen des jeweiligen Jahres nach Maßgabe der Z 1 bis 2 abgezogen werden.

4. Zuwendungen an Rechtsträger gemäß § 1 Abs. 1 PubFG sind nicht abzugsfähig.
5. Zum Zeitpunkt der Zuwendung muss die Anerkennung als begünstigte Einrichtung aus der Liste gemäß § 4a Abs. 5 Z 3 hervorgehen.
6. Erfolgt die Zuwendung zu einem Zeitpunkt, zu dem die Stiftung oder deren Vorgängerorganisation nicht bereits seit mindestens einem zwölf Monate umfassenden Wirtschaftsjahr ununterbrochen im Wesentlichen unmittelbar begünstigten Zwecken gemäß § 4a Abs. 2 gedient hat, gilt die Zuwendung abweichend von Z 5 dennoch als Betriebsausgabe, wenn die Voraussetzungen für die Aufnahme der Stiftung in die in § 4a Abs. 5 Z 3 genannte Liste nach Ablauf von mindestens einem zwölf Monate umfassenden Wirtschaftsjahr ab ihrer Errichtung vorliegen.

(2) Die Stiftung ist verpflichtet, die Erträge aus der Verwaltung der zugewendeten Vermögenswerte spätestens mit Ablauf des siebten Jahres nach dem Kalenderjahr des Zuflusses dieser Erträge ausschließlich für die in der Rechtsgrundlage angeführten begünstigten Zwecke gemäß § 4a Abs. 2 zu verwenden. Als Verwendung für diese Zwecke gilt auch die Einstellung der jährlichen Erträge in eine Rücklage im Ausmaß
1. von höchstens 80% in den ersten fünf Wirtschaftsjahren ab der Gründung der Stiftung und
2. ansonsten von höchstens 50%.

(3) Eine Verwendung der zugewendeten Vermögenswerte unmittelbar für die in der Rechtsgrundlage angeführten begünstigten Zwecke ist bis Ablauf des der Zuwendung zweitfolgenden Kalenderjahres nur bis zu einer Höhe von 50% zulässig.

(4) Die Stiftung hat einen Zuschlag zur Körperschaftsteuer in Höhe von 30% der zugewendeten abzugsfähigen Beträge oder des abzugsfähigen gemeinen Wertes der zugewendeten Wirtschaftsgüter zu entrichten, wenn sie
1. entgegen Abs. 1 Z 6 die Voraussetzungen für die Aufnahme in die in § 4a Abs. 5 Z 3 genannten Liste nach Ablauf von einem zwölf Monate umfassenden Wirtschaftsjahr ab ihrer Errichtung nicht erfüllt oder
2. die zugewendeten Vermögenswerte entgegen Abs. 3 verwendet oder
3. innerhalb von fünf Jahren nach dem Zeitpunkt der Zuwendung in der in § 4a Abs. 5 Z 3 genannten Liste als nicht mehr begünstigt ausgewiesen wird.

(5) Ist der auf Grund von Abs. 4 Z 1 vorgeschriebene Betrag bei der Stiftung nicht einbringlich, gilt die Nichtaufnahme in die in § 4a Abs. 5 Z 3 genannte Liste für den Zuwendenden als rückwirkendes Ereignis im Sinne des § 295a BAO."
(GemRefG 2023, BGBl I 2023/188 ab 1.1.2024)

Zuwendungen an die Innovationsstiftung für Bildung

§ 4c. (1) Freigebige Zuwendungen aus dem Betriebsvermögen an die Innovationsstiftung für Bildung gemäß § 1 ISBG sowie an deren Substiftungen gemäß § 4 Abs. 5 ISBG zur Förderung ihrer Tätigkeiten gemäß § 3 Abs. 1 und 2 ISBG oder zum Zweck der ertragsbringenden Vermögensausstattung gelten als Betriebsausgaben, wobei folgende Höchstbeträge zu berücksichtigen sind:
1. Bis zu einem Gewinn vor Berücksichtigung von Zuwendungen gemäß § 4a und § 4b und vor Berücksichtigung eines Gewinnfreibetrages von höchstens 5 Millionen Euro beträgt der Höchstbetrag 500 000 Euro. Durch die Berücksichtigung der Zuwendung darf kein Verlust entstehen.
(BGBl I 2019/103)
2. Bei einem Gewinn vor Berücksichtigung von Zuwendungen gemäß § 4a und § 4b und vor Berücksichtigung eines Gewinnfreibetrages von mehr als 5 Millionen Euro beträgt der Höchstbetrag 10 % dieses Gewinnes.
(BGBl I 2018/62)
„3. § 4b Abs. 1 Z 3 gilt sinngemäß."
(GemRefG 2023, BGBl I 2023/188 ab 1.1.2024)

Werden Wirtschaftsgüter zugewendet, ist der gemeine Wert als Betriebsausgabe anzusetzen; der Restbuchwert ist nicht zusätzlich als Betriebsausgabe und der Teilwert nicht als Betriebseinnahme anzusetzen. Stille Reserven, die nach § 12 auf das zugewendete Wirtschaftsgut übertragen wurden, sind nachzuversteuern. Soweit Zuwendungen die angeführten Höchstgrenzen übersteigen, können diese nach Maßgabe des § 18 Abs. 1 Z 9 als Sonderausgabe abgesetzt werden.

(2) Wird Betriebsvermögen zur ertragsbringenden Vermögensausstattung zugewendet, ist „§ 4b Abs. 2" sinngemäß anzuwenden.
(GemRefG 2023, BGBl I 2023/188 ab 1.1.2024)

Betriebliche Privatstiftungen

§ 4d. (1) Betriebsausgaben sind Zuwendungen an eine Privatstiftung, die nach der Stiftungsurkunde und der tatsächlichen Geschäftsführung ausschließlich und unmittelbar dem Betriebszweck des stiftenden Unternehmers oder auch mit diesem verbundener Konzernunternehmen dient (Unternehmenszweckförderungsstiftung). Verteilt die Privatstiftung die Zuwendungen gemäß § 13 Abs. 1 Z 1 lit. b des Körperschaftsteuergesetzes 1988, sind die Zuwendungen gemäß dieser Verteilung abzugsfähig.

(2) Zuwendungen an eine Privatstiftung, die nach der Stiftungsurkunde und der tatsächlichen Geschäftsführung der Unterstützung von Arbeitnehmern gemäß Abs. 5 Z 2 dient (Arbeitnehmerför-

1/1. EStG
§ 4d

derungsstiftung), sind nach Maßgabe der folgenden Bestimmungen Betriebsausgaben:
1. Die Zuwendungen sind nur in dem in § 4 Abs. 4 Z 2 lit. b genannten Ausmaß abzugsfähig. Verteilt die Privatstiftung die nicht unter § 6 Abs. 4 des Körperschaftsteuergesetzes 1988 fallenden Zuwendungen gemäß § 13 Abs. 1 Z 1 lit. b des Körperschaftsteuergesetzes 1988, sind die Zuwendungen gemäß dieser Verteilung abzugsfähig.
(BGBl I 2017/142)
2. Der Kreis der Begünstigten der Privatstiftung ist in der Stiftungs(zusatz)urkunde genau bezeichnet und beschränkt sich auf Arbeitnehmer und deren Angehörigen gemäß Abs. 5 Z 2 und 3 sowie Personen, deren Gehälter und sonstige Vergütungen jeder Art für ihre Tätigkeit im Betrieb unter die Einkünfte aus sonstiger selbständiger Arbeit im Sinne des § 22 Z 2 fallen.
3. Die ausschließliche und unmittelbare Verwendung des Vermögens und der Einkünfte der Privatstiftung ist durch die Stiftungsurkunde und tatsächlich dauernd für Zwecke der Unterstützung der Arbeitnehmer und deren Angehörigen gemäß Abs. 5 Z 2 und 3 gesichert.
4. Die dem Kreis der Begünstigten angehörenden Personen sind nicht zu laufenden Beiträgen oder zu sonstigen Zuschüssen verpflichtet.
5. Die Stiftungsurkunde sieht vor, dass das Vermögen bei Auflösung der Privatstiftung nur den Begünstigten zufällt und bei Fehlen von Begünstigten nur für gemeinnützige, mildtätige oder kirchliche Zwecke im Sinne der Bundesabgabenordnung verwendet werden darf.

(3) Zuwendungen an eine Privatstiftung, die nach der Stiftungsurkunde und der tatsächlichen Geschäftsführung ausschließlich und unmittelbar der Weitergabe von Beteiligungserträgen im Sinne des § 10 Abs. 1 des Körperschaftsteuergesetzes 1988 aus Beteiligungen an Arbeitgebergesellschaften gemäß Abs. 5 Z 1 an die Begünstigten dient (Belegschaftsbeteiligungsstiftung), sind nach Maßgabe der folgenden Bestimmungen Betriebsausgaben:
1. Die Zuwendungen sind nur insoweit abzugsfähig, als es sich
   – um Beteiligungen an Arbeitgebergesellschaften gemäß Abs. 5 Z 1oder
   – um den für die Anschaffung solcher Beteiligungen notwendigen Geldbetrag, oder
   – um Aufwendungen für die Gründung und die laufende Betriebsführung der Stiftung handelt.

   Verteilt die Privatstiftung die Zuwendungen gemäß § 13 Abs. 1 Z 1 lit. b des Körperschaftsteuergesetzes 1988, sind die Zuwendungen gemäß dieser Verteilung abzugsfähig.
2. Stifter laut der Stiftungsurkunde können nur die Arbeitgebergesellschaften gemäß Abs. 5 Z 1 und die innerbetrieblich bestehende gesetzliche Arbeitnehmervertretung sein. Bei der Errichtung der Stiftung ist die Zustimmung jenes Organs der Arbeitnehmerschaft gemäß § 40 Arbeitsverfassungsgesetz, welches die größtmögliche Anzahl der Arbeitnehmer repräsentiert, einzuholen. Bestehen keine gesetzlichen Arbeitnehmervertretungen ist die Zustimmung der jeweiligen zuständigen kollektivvertragsfähigen Gewerkschaft einzuholen.
3. Der Kreis der Begünstigten und Letztbegünstigten der Privatstiftung ist in der Stiftungs(zusatz)urkunde genau bezeichnet und umfasst ausschließlich alle Arbeitnehmer und gegebenenfalls deren Angehörige gemäß Abs. 5 Z 2 und 3 oder bestimmte Gruppen von diesen. Abweichend davon kann die Stiftungsurkunde vorsehen, dass nach Ablauf von 99 Jahren ab Errichtung der Stiftung der Stifter Letztbegünstigter sein kann. Sind bei Auflösung der Privatstiftung keine Letztbegünstigten vorhanden, darf das Vermögen nach der Stiftungsurkunde nur für gemeinnützige, mildtätige oder kirchliche Zwecke im Sinne der Bundesabgabenordnung verwendet werden.
4. Die Weiterleitung der Beteiligungserträge der Privatstiftung im Wirtschaftsjahr des Zuflusses ist in der Stiftungs(zusatz)urkunde ausdrücklich festgehalten. Zum Zweck der Glättung der Zuwendungen über einen mehrjährigen Zeitraum kann auch eine teilweise Weiterleitung der Beteiligungserträge vorgesehen werden.

(4) Zuwendungen an eine Privatstiftung, die gemäß den Bestimmungen der Z 1 der gemeinsamen Verwaltung und Verwaltung von Mitarbeiterkapitalbeteiligungen dient (Mitarbeiterbeteiligungsstiftung), sind nach Maßgabe der Z 2 bis 4 Betriebsausgaben.
1. Die Privatstiftung dient nach der Stiftungsurkunde und der tatsächlichen Geschäftsführung ausschließlich und unmittelbar
   – der unentgeltlichen oder verbilligten Abgabe von Aktien an Arbeitgebergesellschaften gemäß Abs. 5 Z 1 an die Begünstigten,
   – der treuhändigen Verwahrung und Verwaltung von Aktien der Begünstigten,
   – der einheitlichen Ausübung der von den Begünstigten übertragenen, mit den treuhändig verwahrten und verwalteten Aktien verbundenen, Stimmrechte und
   – dem Erwerb und dem vorübergehenden Halten von Aktien an den Arbeitgebergesellschaften gemäß Abs. 5 Z 1 über einen mehrjährigen Zeitraum bis zu einem Anteil von 10% der Stimmrechte zum Zweck der unentgeltlichen oder verbilligten Abgabe an die Begünstigten, wobei die Abgabe planmäßig erfolgen muss.

2. Die Zuwendungen sind nur insoweit abzugsfähig, als es sich
   – um Aktien an Arbeitgebergesellschaften gemäß Abs. 5 Z 1, oder
   – um den für die Anschaffung solcher Aktien notwendigen Geldbetrag, oder
   – um den für die Abdeckung der Gründungsaufwendungen und der laufenden Aufwendungen der Privatstiftung notwendigen Geldbetrag, oder
   – um den für die Abdeckung der Aufwendungen für die treuhändige Verwahrung und Verwaltung der Aktien der Begünstigten notwendigen Geldbetrag handelt.

   Werden Aktien der Privatstiftung zugewendet, die nicht im selben Kalenderjahr gemäß § 3 Abs. 1 Z 15 lit. c unentgeltlich oder verbilligt an die Begünstigten abgegeben werden, ist die Zuwendung auf das Zuwendungsjahr und die folgenden neun Wirtschaftsjahre gleichmäßig verteilt als Betriebsausgaben abzusetzen.

3. Stifter können nur Arbeitgebergesellschaften gemäß Abs. 5 Z 1 und die jeweilige innerbetrieblich bestehende gesetzliche Arbeitnehmervertretung sein. Bei der Errichtung der Stiftung ist die Zustimmung jenes Organs der Arbeitnehmerschaft gemäß § 40 Arbeitsverfassungsgesetz, welches die größtmögliche Anzahl der Arbeitnehmer repräsentiert, einzuholen. Bestehen keine gesetzlichen Arbeitnehmervertretungen ist die Zustimmung der jeweiligen zuständigen kollektivvertragsfähigen Gewerkschaft einzuholen.

4. Der Kreis der Begünstigten und Letztbegünstigten der Privatstiftung ist in der Stiftungs(zusatz)urkunde genau bezeichnet und umfasst ausschließlich alle Arbeitnehmer und gegebenenfalls deren Angehörige gemäß Abs. 5 Z 2 und 3 oder bestimmte Gruppen von diesen. Abweichend davon kann die Stiftungsurkunde vorsehen, dass nach Ablauf von 99 Jahren ab Errichtung der Stiftung der Stifter Letztbegünstigter sein kann. Sind bei Auflösung der Privatstiftung keine Letztbegünstigten vorhanden, darf das Vermögen nach der Stiftungsurkunde nur für gemeinnützige, mildtätige oder kirchliche Zwecke im Sinne der Bundesabgabenordnung verwendet werden.

   Mitarbeiterbeteiligungsstiftungen haben dem Bundesminister für Finanzen für jedes Kalenderjahr Informationen zu übermitteln, insbesondere die Anzahl der gehaltenen und der verwalteten Aktien, der begünstigten Arbeitnehmer und deren Angehörige sowie der unentgeltlich oder verbilligt weitergegebenen Aktien betreffen. Der Bundesminister für Finanzen wird ermächtigt, die Art der Übermittlung und die Spezifikationen (Form, Struktur und Inhalt) der zu übermittelnden Informationen im Wege einer Verordnung näher zu bestimmen.

(5) Für betriebliche Privatstiftungen im Sinne der Abs. 2 bis 4 gelten folgende Begriffsbestimmungen:
1. „Arbeitgebergesellschaften" sind die Gesellschaft, die Arbeitgeber der Begünstigten ist, sowie mit dieser
   – verbundene Konzernunternehmen oder
   – im Rahmen eines Sektors gesellschaftsrechtlich verbundene Unternehmen oder
   – in einem Haftungsverbund gemäß § 30 Abs. 2a Bankwesengesetz befindliche Unternehmen.
2. „Arbeitnehmer" sind die Arbeitnehmer oder ehemalige Arbeitnehmer der Arbeitgebergesellschaften im Sinne der Z 1.
3. „Angehörige" von Arbeitnehmern im Sinne der Z 2 sind deren (Ehe-)Partner und Kinder.

(BGBl I 2017/105)

Gewinn der rechnungslegungspflichtigen Gewerbetreibenden

§ 5. (1) Für die Gewinnermittlung jener Steuerpflichtigen, die nach § 189 UGB oder anderen bundesgesetzlichen Vorschriften der Pflicht zur Rechnungslegung unterliegen und die Einkünfte aus Gewerbebetrieb (§ 23) beziehen, sind die unternehmensrechtlichen Grundsätze ordnungsmäßiger Buchführung maßgebend, außer zwingende steuerrechtliche Vorschriften treffen abweichende Regelungen. Die Widmung von Wirtschaftsgütern als gewillkürtes Betriebsvermögen ist zulässig. Beteiligt sich die Gesellschafter als Mitunternehmer am Betrieb eines nach § 189 UGB rechnungslegungspflichtigen Gewerbetreibenden, gilt auch diese Gesellschaft als rechnungslegungspflichtiger Gewerbetreibender.

(2) Als rechnungslegungspflichtiger Gewerbetreibender im Sinne des Abs. 1 gilt auf Antrag ein Steuerpflichtiger, der Einkünfte aus Gewerbebetrieb (§ 23) bezieht und nicht mehr der Pflicht zur Gewinnermittlung nach Abs. 1 unterliegt. Der Antrag ist für das Jahr zu stellen, in dem das Wirtschaftsjahr endet, für das erstmalig keine Pflicht zur Gewinnermittlung nach Abs. 1 besteht. Der Antrag bindet den Steuerpflichtigen so lange, als er nicht für das jeweils zu veranlagende Wirtschaftsjahr mit Wirkung für dieses und die folgenden Wirtschaftsjahre widerrufen wird.

(AbgÄG 2023, BGBl I 2023/110)

Bewertung

§ 6. Für die Bewertung der einzelnen Wirtschaftsgüter des Betriebsvermögens gilt folgendes:
1. Abnutzbares Anlagevermögen ist mit den Anschaffungs- oder Herstellungskosten, vermindert um die Absetzung für Abnutzung nach den §§ 7 und 8, anzusetzen. Bei Land- und Forstwirten und bei Gewerbetreibenden gilt der Firmenwert als abnutzbares Anlagevermögen. Ist der Teilwert niedriger, so kann dieser angesetzt werden. Teilwert ist der Betrag, den der Erwerber des ganzen Betriebes

1/1. EStG
§ 6

im Rahmen des Gesamtkaufpreises für das einzelne Wirtschaftsgut ansetzen würde; dabei ist davon auszugehen, daß der Erwerber den Betrieb fortführt. Bei Wirtschaftsgütern, die bereits am Schluß des vorangegangenen Wirtschaftsjahres zum Anlagevermögen gehört haben, darf der Bilanzansatz, abgesehen von den Fällen der Z 13, nicht über den letzten Bilanzansatz hinausgehen.

2. a) Nicht abnutzbares Anlagevermögen und Umlaufvermögen sind mit den Anschaffungs- oder Herstellungskosten anzusetzen. Ist der Teilwert niedriger, so kann dieser angesetzt werden. Bei Wirtschaftsgütern, die bereits am Schluß des vorangegangenen Wirtschaftsjahres zum Betriebsvermögen gehört haben, kann der Steuerpflichtige in den folgenden Wirtschaftsjahren den Teilwert auch dann ansetzen, wenn er höher ist als der letzte Bilanzansatz; es dürfen jedoch höchstens die Anschaffungs- oder Herstellungskosten angesetzt werden. Eine pauschale Wertberichtigung für Forderungen ist unter den Voraussetzungen des § 201 Abs. 2 Z 7 des Unternehmensgesetzbuches in der Fassung BGBl. I Nr. 22/2015 zulässig. Zu den Herstellungskosten gehören auch angemessene Teile der Materialgemeinkosten und der Fertigungsgemeinkosten.
    (BGBl I 2021/3)
    b) Bei land- und forstwirtschaftlichen Betrieben ist für die Wirtschaftsgüter mit biologischem Wachstum auch der Ansatz des über den Anschaffungs- oder Herstellungskosten liegenden Teilwertes zulässig.
    c) Abschreibungen auf den niedrigeren Teilwert (lit. a) und Verluste aus der Veräußerung, Einlösung und sonstigen Abschichtung von Wirtschaftsgütern, Derivaten und Kryptowährungen im Sinne des § 27 Abs. 3 bis 4a, auf deren Erträge ein besonderer Steuersatz gemäß § 27a Abs. 1 anwendbar ist, sind vorrangig mit positiven Einkünften aus realisierten Wertsteigerungen von solchen Wirtschaftsgütern, Derivaten und Kryptowährungen sowie mit Zuschreibungen derartiger Wirtschaftsgüter desselben Betriebes zu verrechnen. Ein verbleibender negativer Überhang darf nur zu 55% ausgeglichen werden.
    (BGBl I 2022/10)
    d) Abschreibungen auf den niedrigeren Teilwert (lit. a), Absetzungen für außergewöhnliche technische oder wirtschaftliche Abnutzung (§ 8 Abs. 4) und Verluste aus der Veräußerung von Grundstücken im Sinne des § 30 Abs. 1, auf deren Wertsteigerungen der besondere Steuersatz gemäß § 30a Abs. 1 anwendbar ist, sind vorrangig mit positiven Einkünften aus der Veräußerung oder Zuschreibung solcher Grundstücke desselben Betriebes zu verrechnen. Ein verbleibender negativer Überhang darf nur zu 60% ausgeglichen werden.
    (BGBl I 2016/117)

3. Verbindlichkeiten sind gemäß Z 2 lit. a zu bewerten. Im Jahr der Aufnahme einer Verbindlichkeit ist ein Aktivposten anzusetzen
    - in Höhe des Unterschiedsbetrages zwischen Rückzahlungsbetrag und aufgenommenem Betrag und
    - in Höhe der mit der Verbindlichkeit unmittelbar zusammenhängenden Geldbeschaffungskosten.

    Der Aktivposten ist zwingend auf die gesamte Laufzeit der Verbindlichkeit zu verteilen. Die Verteilung kann gleichmäßig oder entsprechend abweichenden unternehmensrechtlichen Grundsätzen ordnungsmäßiger Buchführung vorgenommen werden.

4. Entnahmen sind mit dem Teilwert im Zeitpunkt der Entnahme anzusetzen. Grundstücke im Sinne des § 30 Abs. 1 sind mit dem Buchwert im Zeitpunkt der Entnahme anzusetzen, sofern nicht eine Ausnahme vom besonderen Steuersatz gemäß § 30a Abs. 3 vorliegt. Der Entnahmewert tritt für nachfolgende steuerrelevante Sachverhalte an die Stelle der Anschaffungs- oder Herstellungskosten.
    (AbgÄG 2023, BGBl I 2023/110)

5. Einlagen sind wie folgt zu bewerten:
    a) Wirtschaftsgüter, Derivate und Kryptowährungen im Sinne des § 27 Abs. 3 bis 4a sind mit den Anschaffungskosten anzusetzen, es sei denn, der Teilwert zum Zeitpunkt der Zuführung ist niedriger.
    (BGBl I 2022/10)
    b) Grundstücke im Sinne des § 30 Abs. 1 sind mit den Anschaffungs- oder Herstellungskosten anzusetzen. Sie sind um Herstellungsaufwendungen zu erhöhen, soweit diese nicht bei der Ermittlung von Einkünften zu berücksichtigen waren. Sie sind um Absetzungen für Abnutzungen, soweit diese bei der Ermittlung der Einkünfte abgezogen worden sind, sowie um die in § 28 Abs. 6 genannten steuerfreien Beträge zu vermindern. Ist der Teilwert zum Zeitpunkt der Zuführung niedriger, ist dieser anzusetzen.
    c) Abweichend von lit. b sind Gebäude und grundstücksgleiche Rechte im Sinne des § 30 Abs. 1, die zum 31. März 2012 nicht steuerverfangen waren, stets mit dem Teilwert zum Zeitpunkt der Zuführung anzusetzen.
    d) In allen übrigen Fällen ist der Teilwert im Zeitpunkt der Zuführung anzusetzen.

6. a) Werden Wirtschaftsgüter eines im Inland gelegenen Betriebes (Betriebsstätte) ins Ausland in einen anderen Betrieb (Betriebsstätte) überführt oder werden im Inland gelegene Betriebe (Betriebsstätten) ins Ausland verlegt, sind die ins Ausland überführten Wirtschaftsgüter mit den Werten anzusetzen, die im Falle einer Lieferung an einen vom Steuerpflichtigen völlig unabhängigen Betrieb angesetzt worden wären, wenn
   – der ausländische Betrieb demselben Steuerpflichtigen gehört,
   – der Steuerpflichtige Mitunternehmer des ausländischen und/oder des inländischen Betriebes ist,
   – der Steuerpflichtige an der ausländischen Kapitalgesellschaft oder die ausländische Kapitalgesellschaft am Steuerpflichtigen wesentlich, das ist zu mehr als 25%, beteiligt ist oder
   – bei beiden Betrieben dieselben Personen die Geschäftsleitung oder die Kontrolle ausüben oder darauf Einfluss haben.
   Dies gilt sinngemäß für sonstige Leistungen.
   b) Treten sonstige Umstände ein, die zu einer Einschränkung des Besteuerungsrechts der Republik Österreich im Verhältnis zu anderen Staaten führen, sind Wirtschaftsgüter ebenfalls mit den nach lit. a maßgebenden Werten anzusetzen.
   (BGBl I 2015/163)
   c) Die Abgabenschuld gemäß lit. a und b ist auf Antrag in folgenden Fällen in Raten zu entrichten:
   – bei Überführung von Wirtschaftsgütern innerhalb eines Betriebes desselben Steuerpflichtigen oder Verlegung von Betrieben oder Betriebsstätten im Sinne der lit. a in einen EU/EWR-Staat;
   – bei einer Einschränkung des Besteuerungsrechts der Republik Österreich im Sinne der lit. b gegenüber einem EU/EWR-Staat.
   (AbgÄG 2023, BGBl I 2023/110)
   d) Die Raten gemäß lit. c sind für Wirtschaftsgüter des Anlagevermögens gleichmäßig über einen Zeitraum von fünf Jahren zu entrichten, wobei die erste Rate mit Ablauf eines Monats nach Bekanntgabe des Abgabenbescheides und die weiteren Raten jeweils am 30. Juni der Folgejahre fällig werden; dabei ist § 205 der Bundesabgabenordnung nicht anzuwenden. Offene Raten sind insoweit fällig zu stellen als
   – Wirtschaftsgüter, Betriebe oder Betriebsstätten veräußert werden, auf sonstige Art ausscheiden oder in einen Staat außerhalb des EU/EWR-Raumes überführt oder verlegt werden,
   – der Ort der Geschäftsleitung einer Körperschaft in einen Staat außerhalb des EU/EWR-Raumes verlegt wird,
   – der Steuerpflichtige Insolvenz anmeldet oder abgewickelt wird oder
   – der Steuerpflichtige eine Rate binnen zwölf Monaten ab Eintritt der Fälligkeit nicht oder in zu geringer Höhe entrichtet.
   Der Eintritt dieser Umstände ist der zuständigen Abgabenbehörde binnen drei Monaten ab Eintritt anzuzeigen.
   (BGBl I 2018/62)
   e) Die Raten gemäß lit. c sind für Wirtschaftsgüter des Umlaufvermögens gleichmäßig über einen Zeitraum von zwei Jahren zu entrichten, wobei die erste Rate mit Ablauf eines Monats nach Bekanntgabe des Abgabenbescheides und die zweite Rate am 30. Juni des Folgejahres fällig wird.
   (BGBl I 2018/62)
   f) Werden im Sinne der lit. a Wirtschaftsgüter oder Betriebe (Betriebsstätten) aus dem Ausland ins Inland überführt oder verlegt, sind die Werte anzusetzen, die im Falle einer Lieferung an einen vom Steuerpflichtigen völlig unabhängigen Betrieb angesetzt worden wären. Dies gilt sinngemäß für sonstige Leistungen.
   (BGBl I 2015/163)
   g) Treten sonstige Umstände im Sinne der lit. b ein, die zu einer Entstehung des Besteuerungsrechts der Republik Österreich im Verhältnis zu anderen Staaten führen, sind Wirtschaftsgüter ebenfalls mit den nach lit. f maßgebenden Werten anzusetzen.
   (BGBl I 2015/163)
   h) Abweichend von lit. f und g sind bei Wirtschaftsgütern, für die die Abgabenschuld nicht festgesetzt worden ist oder gemäß § 16 Abs. 1a des Umgründungssteuergesetzes nicht entstanden ist, die fortgeschriebenen Buchwerte anzusetzen; § 27 Abs. 6 Z 1 lit. e ist sinngemäß anzuwenden.
   (AbgÄG 2023, BGBl I 2023/110)
7. (aufgehoben)
8. a) Bei Eröffnung eines Betriebes sind die Wirtschaftsgüter mit den Anschaffungs- oder Herstellungskosten anzusetzen. Einlagen sind gemäß Z 5 zu bewerten.
   b) Bei entgeltlichem Erwerb eines Betriebes sind die Wirtschaftsgüter mit den Anschaffungskosten anzusetzen.

1/1. EStG
§§ 6, 7

9. a) Wird ein Betrieb, ein Teilbetrieb oder der Anteil eines Gesellschafters, der als Unternehmer (Mitunternehmer) eines Betriebes anzusehen ist, unentgeltlich übernommen, so hat der Rechtsnachfolger die Buchwerte des bisherigen Betriebsinhabers (Anteilsinhabers) zu übernehmen (Buchwertfortführung).

    b) Werden aus betrieblichem Anlaß einzelne Wirtschaftsgüter unentgeltlich in das Betriebsvermögen eines anderen Steuerpflichtigen übertragen, so gilt für den Empfänger als Anschaffungskosten der Betrag, den er für das einzelne Wirtschaftsgut im Zeitpunkt des Empfanges hätte aufwenden müssen (fiktive Anschaffungskosten). Liegt ein betrieblicher Anlaß nicht vor, dann gilt dies als Einlage (Z 5).

10. Bei Wirtschaftsgütern, die unter Verwendung von entsprechend gewidmeten steuerfreien Subventionen aus öffentlichen Mitteln (§ 3 Abs. 1 Z 3, § 3 Abs. 1 Z 5 lit. d und e, § 3 Abs. 1 Z 6) oder Zuwendungen im Sinne des § 3 Abs. 1 Z 16 angeschafft oder hergestellt wurden, gelten als Anschaffungs- oder Herstellungskosten nur die vom Empfänger der Zuwendungen aus anderen Mitteln geleisteten Aufwendungen.

11. Soweit die Vorsteuer abgezogen werden kann (§ 12 Abs. 1 und Artikel 12 des Umsatzsteuergesetzes 1994), gehört sie nicht zu den Anschaffungs- oder Herstellungskosten des Wirtschaftsgutes, auf dessen Anschaffung oder Herstellung sie entfällt, und ist als Forderung auszuweisen. Soweit die Vorsteuer nicht abgezogen werden kann, gehört sie zu den Anschaffungs- oder Herstellungskosten.

12. Wird die Vorsteuer berichtigt, so sind auch die Anschaffungs- oder Herstellungskosten zu berichtigen. Dies gilt nicht, wenn die Vorsteuer nach § 12 Abs. 10 und 11 des Umsatzsteuergesetzes 1994 berichtigt wird; in diesem Fall sind die Mehrbeträge als Betriebseinnahmen und die Minderbeträge als Betriebsausgaben zu behandeln.

13. Werden nach Maßgabe der unternehmensrechtlichen Grundsätze ordnungsmäßiger Buchführung im unternehmensrechtlichen Jahresabschluss eines späteren Wirtschaftsjahres Anlagegüter aufgewertet (Zuschreibung), sind diese Zuschreibungen auch für den steuerlichen Wertansatz maßgebend und erhöhen den steuerlichen Gewinn dieses Jahres. Sind infolge einer Umgründung mit steuerlicher Buchwertfortführung die sich aus der Umgründung ergebenden Anschaffungskosten von Anlagegütern niedriger als die ursprünglichen Anschaffungskosten vor der Umgründung, ist im Falle einer späteren Werterholung steuerlich auf die ursprünglichen Anschaffungskosten vor der Umgründung abzustellen und bis zu diesen zuzuschreiben.

    (BGBl I 2019/103)

14. a) Beim Tausch von Wirtschaftsgütern liegt jeweils eine Anschaffung und eine Veräußerung vor. Als Veräußerungspreis des hingegebenen Wirtschaftsgutes und als Anschaffungskosten des erworbenen Wirtschaftsgutes sind jeweils der gemeine Wert des hingegebenen Wirtschaftsgutes anzusetzen.

    b) Die Einlage oder die Einbringung von Wirtschaftsgütern und sonstigem Vermögen in eine Körperschaft (§ 1 des Körperschaftsteuergesetzes 1988) gilt als Tausch im Sinne der lit. a, wenn sie nicht unter das Umgründungssteuergesetz fällt oder das Umgründungssteuergesetz dies vorsieht. Die Einbringung von (Teil)Betrieben, Mitunternehmer- und Kapitalanteilen im Sinne des § 12 Abs. 2 des Umgründungssteuergesetzes ist auf den nach dem Umgründungssteuergesetz maßgeblichen Einbringungsstichtag zu beziehen.

15. Bei einer Kapitalerhöhung aus Gesellschaftsmitteln (§ 3 Abs. 1 Z 29) sind für die Anteilsrechte und Freianteile jene Beträge anzusetzen, die sich bei Verteilung des bisherigen Buchwertes entsprechend dem Verhältnis der Nennwerte der Anteilsrechte und Freianteile ergeben.

16. Liegt der Unternehmensschwerpunkt eines Betriebes in der Vermietung von Wirtschaftsgütern, kann der Unterschiedsbetrag zwischen dem Buchwert sämtlicher vermieteter Wirtschaftsgüter und dem Teilwert sämtlicher Forderungen aus der Vermietung als aktiver oder passiver Ausgleichsposten angesetzt werden. Als Teilwert der Forderungen ist dabei der Barwert der diskontierten Forderungen aus der Vermietung anzusetzen. Der Unterschiedsbetrag darf nur dann angesetzt werden, wenn er bereits bei der Gewinnermittlung für das Wirtschaftsjahr der Eröffnung des Betriebes und in den folgenden Wirtschaftsjahren angesetzt worden ist. Wird der Unterschiedsbetrag angesetzt, so ist er bei der Gewinnermittlung für die folgenden Wirtschaftsjahre ebenfalls anzusetzen.

Absetzung für Abnutzung

§ 7. (1) Bei Wirtschaftsgütern, deren Verwendung oder Nutzung durch den Steuerpflichtigen zur Erzielung von Einkünften sich erfahrungsgemäß auf einen Zeitraum von mehr als einem Jahr erstreckt (abnutzbares Anlagevermögen), sind die Anschaffungs- oder Herstellungskosten gleichmäßig verteilt auf die betriebsgewöhnliche Nutzungsdauer abzusetzen (lineare Absetzung für Abnutzung). Die betriebsgewöhnliche Nutzungs-

dauer bemißt sich nach der Gesamtdauer der Verwendung oder Nutzung.
(BGBl I 2020/96)
(1a) Die Absetzung für Abnutzung kann auch in fallenden Jahresbeträgen nach einem unveränderlichen Prozentsatz von höchstens 30% erfolgen (degressive Absetzung für Abnutzung). Dieser Prozentsatz ist auf den jeweiligen Buchwert (Restbuchwert) anzuwenden und ergibt den jeweiligen Jahresbetrag. Dabei gilt Folgendes:
1. Von der degressiven Absetzung für Abnutzung sind ausgenommen:
    a) Wirtschaftsgüter, für die in § 8 ausdrücklich eine Sonderform der Absetzung für Abnutzung vorgesehen ist, ausgenommen Kraftfahrzeuge mit einem CO_2-Emissionswert von 0 Gramm pro Kilometer,
    b) unkörperliche Wirtschaftsgüter, die nicht den Bereichen Digitalisierung, Ökologisierung und Gesundheit/Life-Science zuzuordnen sind; ausgenommen bleiben jedoch jene unkörperliche Wirtschaftsgüter, die zur entgeltlichen Überlassung bestimmt sind oder von einem konzernzugehörigen Unternehmen bzw. von einem einen beherrschenden Einfluss ausübenden Gesellschafter erworben werden,
    c) gebrauchte Wirtschaftsgüter,
    d) Anlagen, die der Förderung, dem Transport oder der Speicherung fossiler Energieträger dienen sowie Anlagen, die fossile Energieträger direkt nutzen. Diese sind:
        – Energieerzeugungsanlagen, sofern diese mit fossiler Energie betrieben werden,
        – Tank- und Zapfanlagen für Treib- und Schmierstoffe sowie Brennstofftanks, wenn diese der energetischen Nutzung fossiler Kraft- und Brennstoffe dienen,
        – Luftfahrzeuge.
2. Der Übergang von der degressiven Absetzung für Abnutzung zur linearen Absetzung für Abnutzung ist mit Beginn eines Wirtschaftsjahres zulässig. In diesem Fall bemisst sich die lineare Absetzung für Abnutzung vom Zeitpunkt des Übergangs an nach dem dann noch vorhandenen Restbuchwert und der Restnutzungsdauer des einzelnen Wirtschaftsguts. Der Übergang von der linearen Absetzung für Abnutzung zur degressiven Absetzung für Abnutzung ist nicht zulässig.

(BGBl I 2020/96)
(2) Wird das Wirtschaftsgut im Wirtschaftsjahr mehr als sechs Monate genutzt, dann ist der gesamte auf ein Jahr entfallende Betrag abzusetzen, sonst die Hälfte dieses Betrages.

(3) Steuerpflichtige, die den Gewinn gemäß § 4 Abs. 3 ermitteln, müssen ein Verzeichnis (Anlagekartei) der im Betrieb verwendeten Wirtschaftsgüter des abnutzbaren Anlagevermögens führen. Das Verzeichnis hat unter genauer Bezeichnung jedes einzelnen Anlagegutes zu enthalten:
– Anschaffungstag,
– Anschaffungs- oder Herstellungskosten,
– Name und Anschrift des Lieferanten,
– voraussichtliche Nutzungsdauer,
– Betrag der jährlichen Absetzung für Abnutzung und
– den noch absetzbaren Betrag (Restbuchwert).

Vorzeitige Absetzung für Abnutzung
§ 7a. Bei abnutzbaren, körperlichen Wirtschaftsgütern des Anlagevermögens, für die nach dem 31. Dezember 2008 und vor dem 1. Jänner 2011 Anschaffungs- oder Herstellungskosten anfallen, kann im Jahr der Anschaffung oder Herstellung eine vorzeitige Absetzung für Abnutzung von 30% der Anschaffungs- oder Herstellungskosten vorgenommen werden. Erfolgt im Wirtschaftsjahr der Anschaffung oder Herstellung auch die Inbetriebnahme des Wirtschaftsgutes, umfasst der Prozentsatz von 30% auch die nach § 7 zustehende Absetzung für Abnutzung. Die Abschreibung nach § 7 und die vorzeitige Absetzung für Abnutzung dürfen in Summe nicht die Anschaffungs- oder Herstellungskosten übersteigen. Von der vorzeitigen Absetzung für Abnutzung sind ausgenommen:
1. Gebäude und Herstellungsaufwendungen eines Mieters oder sonstigen Nutzungsberechtigten auf ein Gebäude.
2. Personen- und Kombinationskraftfahrzeuge, ausgenommen Fahrschulkraftfahrzeuge sowie Kraftfahrzeuge, die zu mindestens 80% der gewerblichen Personenbeförderung dienen.
3. Luftfahrzeuge.
4. Geringwertige Wirtschaftsgüter, die gemäß § 13 abgesetzt werden.

(BGBl I 2022/138)
5. Gebrauchte Wirtschaftsgüter.
6. Wirtschaftsgüter, die von einem Unternehmen erworben werden, das unter beherrschendem Einfluss des Steuerpflichtigen steht.
7. Wirtschaftsgüter, mit deren Anschaffung oder Herstellung vor dem 1. Jänner 2009 begonnen worden ist.

Für Wirtschaftsgüter, deren Anschaffung oder Herstellung sich über mehr als ein Wirtschaftsjahr erstreckt, ist die vorzeitige Absetzung für Abnutzung von den auf die einzelnen Jahre entfallenden Teilbeträgen der Anschaffungs- oder Herstellungskosten vorzunehmen. Wurde für ein Wirtschaftsgut die vorzeitige Absetzung für Abnutzung in Anspruch genommen, ist die Übertragung stiller Reserven gemäß § 12 von diesem Wirtschaftsgut auf ein neu angeschafftes oder hergestelltes Wirtschaftsgut insoweit ausgeschlossen. Steuerpflichtige, die ihren Gewinn gemäß § 4 Abs. 3 ermitteln, müssen die vorzeitige Absetzung für Abnutzung im Verzeichnis gemäß § 7 Abs. 3 ausweisen.

Sonderformen der Absetzung für Abnutzung

§ 8. (1) Von den Anschaffungs- oder Herstellungskosten der Gebäude beträgt die Absetzung für Abnutzung ohne Nachweis der Nutzungsdauer bis zu 2,5%. Davon abweichend beträgt bei für Wohnzwecke überlassenen Gebäuden die Absetzung für Abnutzung ohne Nachweis der Nutzungsdauer bis zu 1,5%.

(BGBl I 2015/118)

(1a) Im Jahr der erstmaligen Berücksichtigung der Absetzung für Abnutzung beträgt diese abweichend von Abs. 1 höchstens das Dreifache und im darauffolgenden Jahr höchstens das Zweifache des jeweiligen Prozentsatzes gemäß Abs. 1. § 7 Abs. 2 ist nicht anzuwenden.

(BGBl I 2020/96)

(2) Anschaffungs- oder Herstellungskosten, die für denkmalgeschützte Betriebsgebäude im Interesse der Denkmalpflege aufgewendet werden, können statt mit den Sätzen des Abs. 1 gleichmäßig auf zehn Jahre verteilt abgeschrieben werden. Dies kann unabhängig von der Behandlung im unternehmensrechtlichen Jahresabschluss erfolgen und ist im Anlageverzeichnis auszuweisen. Daß die Aufwendungen im Interesse der Denkmalpflege liegen, muß vom Bundesdenkmalamt bescheinigt sein. Die Anschaffung des Gebäudes gilt nicht als Maßnahme im Interesse der Denkmalpflege. Die Abschreibung auf zehn Jahre ist ausgeschlossen,
– wenn für die Anschaffungs- oder Herstellungskosten ein Investitionsfreibetrag oder
– soweit für die Anschaffungs- oder Herstellungskosten Förderungen aus öffentlichen Mitteln

in Anspruch genommen werden.

(BGBl I 2015/22)

(3) Die Anschaffungskosten eines Firmenwertes bei land- und forstwirtschaftlichen Betrieben und bei Gewerbebetrieben sind gleichmäßig verteilt auf fünfzehn Jahre abzusetzen.

(4) Absetzungen für außergewöhnliche technische oder wirtschaftliche Abnutzung sind zulässig.

(5) Bei Bergbauunternehmen, Steinbrüchen und anderen Betrieben, die einen Verbrauch der Substanz mit sich bringen, sind Absetzungen für Substanzverringerung vorzunehmen.

(6)
1. Bei Personenkraftwagen und Kombinationskraftwagen, die vor der Zuführung zum Anlagevermögen noch nicht in Nutzung standen (Neufahrzeuge), ausgenommen Fahrschulkraftfahrzeuge sowie Kraftfahrzeuge, die zu mindestens 80% der gewerblichen Personenbeförderung dienen, ist der Bemessung der Absetzung für Abnutzung eine Nutzungsdauer von mindestens acht Jahren zugrunde zu legen. Bei Kraftfahrzeugen im Sinne des vorstehenden Satzes, die bereits vor der Zuführung zum Anlagevermögen in Nutzung standen (Gebrauchtfahrzeuge), muß die Gesamtnutzungsdauer mindestens acht Jahre betragen. Eine höhere Absetzung ist nur bei Ausscheiden des Fahrzeuges zulässig. Der Bundesminister für Finanzen kann durch Verordnung die Begriffe Personenkraftwagen und Kombinationskraftwagen näher bestimmen. Die Verordnung kann mit Wirkung ab dem Veranlagungsjahr 1996 erlassen werden.
2. Wird dem Steuerpflichtigen ein Personenkraftwagen oder Kombinationskraftwagen im Sinne der Z 1 entgeltlich überlassen, gilt folgendes: Übersteigen die auf die Anschaffungs- oder Herstellungskosten entfallenden Teile des Nutzungsentgelts die sich nach den Verhältnissen des Mieters ergebende Absetzung für Abnutzung des Vermieters (Z 1), hat der Steuerpflichtige für den Unterschiedsbetrag einen Aktivposten anzusetzen. Der Aktivposten ist so abzuschreiben, daß der auf die Anschaffungs- oder Herstellungskosten entfallende Gesamtbetrag der Aufwendungen jeweils den sich aus der Z 1 ergebenden Abschreibungssätzen entspricht.

Rückstellungen

§ 9. (1) Rückstellungen können nur gebildet werden für
1. Anwartschaften auf Abfertigungen,
2. laufende Pensionen und Anwartschaften auf Pensionen,
3. sonstige ungewisse Verbindlichkeiten, wenn die Rückstellungen nicht Abfertigungen, Pensionen oder Jubiläumsgelder betreffen.
4. drohende Verluste aus schwebenden Geschäften.

(2) Rückstellungen im Sinne des Abs. 1 Z 1 und 2 sowie Rückstellungen für Jubiläumsgelder sind nach § 14 zu bilden.

(3) Die Bildung von Rückstellungen ist nur dann zulässig, wenn konkrete Umstände nachgewiesen werden können, nach denen im jeweiligen Einzelfall mit dem Vorliegen oder dem Entstehen einer Verbindlichkeit (drohende Verlustes) ernsthaft zu rechnen ist. Rückstellungen im Sinne des Abs. 1 Z 3 dürfen jedoch unter den Voraussetzungen des § 201 Abs. 2 Z 7 des Unternehmensgesetzbuches in der Fassung BGBl. I Nr. 22/2015 pauschal gebildet werden.

(BGBl I 2021/3)

(4) Rückstellungen für die Verpflichtung zu einer Zuwendung anläßlich eines Firmenjubiläums dürfen nicht gebildet werden.

(5) Rückstellungen im Sinne des Abs. 1 Z 3 und 4 sind mit dem Teilwert anzusetzen. Der Teilwert ist mit einem Zinssatz von 3,5% abzuzinsen, sofern die Laufzeit der Rückstellung am Bilanzstichtag mehr als zwölf Monate beträgt.

Gewinnfreibetrag

§ 10. (1) Bei natürlichen Personen kann bei der

Gewinnermittlung eines Betriebes ein Gewinnfreibetrag nach Maßgabe der folgenden Bestimmungen gewinnmindernd geltend gemacht werden:
1. Bemessungsgrundlage für den Gewinnfreibetrag ist der Gewinn, ausgenommen
   – Veräußerungsgewinne (§ 24),
   – Einkünfte im Sinne des § 27 Abs. 2 Z 1 und 2, auf die ein besonderer Steuersatz gemäß § 27a Abs. 1 angewendet wird.

   (BGBl I 2015/118)
2. Der Gewinnfreibetrag beträgt:
   – Für die ersten „33 000" Euro der Bemessungsgrundlage .... 15 %,
   – für die nächsten 145 000 Euro der Bemessungsgrundlage .... 13 %,
   – für die nächsten 175 000 Euro der Bemessungsgrundlage .... 7 %,
   – für die nächsten 230 000 Euro der Bemessungsgrundlage .... 4,5 %,
   insgesamt somit höchstens „46 400" Euro im Veranlagungsjahr.

   (BGBl I 2022/10; PrAG 2024, BGBl I 2023/153 ab 1.1.2024)
3. Bis zu einer Bemessungsgrundlage von „33 000" Euro, höchstens daher mit „4 950" Euro, steht der Gewinnfreibetrag dem Steuerpflichtigen für jedes Veranlagungsjahr einmal ohne Investitionserfordernis zu (Grundfreibetrag).

   (BGBl I 2022/10; PrAG 2024, BGBl I 2023/153 ab 1.1.2024)
4. Übersteigt die Bemessungsgrundlage „33 000" Euro, steht ein investitionsbedingter Gewinnfreibetrag insoweit zu, als er durch Anschaffungs- oder Herstellungskosten begünstigter Wirtschaftsgüter gemäß Abs. 3 gedeckt ist.

   (PrAG 2024, BGBl I 2023/153 ab 1.1.2024)
5. Der investitionsbedingte Gewinnfreibetrag kann für das Wirtschaftsjahr der Anschaffung oder Herstellung begünstigter Wirtschaftsgüter (Abs. 3) geltend gemacht werden. Er ist mit den Anschaffungs- oder Herstellungskosten begrenzt. Die Absetzung für Abnutzung wird dadurch nicht berührt.
6. Wird der Gewinn nach § 17 oder einer darauf gestützten Pauschalierungsverordnung ermittelt, steht nur der Grundfreibetrag nach Z 3 zu. Ein investitionsbedingter Gewinnfreibetrag kann nicht geltend gemacht werden.
7. Erzielt der Steuerpflichtige Einkünfte aus mehreren Betrieben und übersteigt die Bemessungsgrundlage in Summe den Betrag von „33 000" Euro, ist wie folgt vorzugehen:
   – Es ist auf Basis der Bemessungsgrundlage das höchstmögliche Ausmaß des dem Steuerpflichtigen insgesamt zustehenden Gewinnfreibetrages nach Z 2 zu ermitteln und ein Durchschnittssatz (Gewinnfreibetrag dividiert durch die Bemessungsgrundlage) zu bilden.
   – Dieser Gewinnfreibetrag ist unter Anwendung des Durchschnittssatzes auf die einzelnen Betriebe aufzuteilen.
   – Danach ist der Grundfreibetrag nach Wahl des Steuerpflichtigen zuzuordnen; wird von diesem Wahlrecht nicht Gebrauch gemacht, ist der Grundfreibetrag im Verhältnis der Gewinne zuzuordnen.

   (BGBl I 2022/10; PrAG 2024, BGBl I 2023/153 ab 1.1.2024)

Betriebe, deren Gewinn pauschal ermittelt wird, können höchstens mit einem Gewinn von „33 000" Euro bei der Ermittlung der Bemessungsgrundlage berücksichtigt werden.

(PrAG 2024, BGBl I 2023/153 ab 1.1.2024)

(2) Bei Gesellschaften, bei denen die Gesellschafter als Mitunternehmer anzusehen sind, können nur die Gesellschafter den Gewinnfreibetrag im Sinne des Abs. 1 in Anspruch nehmen. Sowohl der Grundfreibetrag als auch der investitionsbedingte Gewinnfreibetrag, höchstens jedoch „46 400" Euro (Abs. 1), sind bei den Mitunternehmern mit einem der Gewinnbeteiligung entsprechenden Teilbetrag anzusetzen. Hält der Mitunternehmer die Beteiligung im Betriebsvermögen eines Betriebes, kann der Gewinnfreibetrag nur bei Ermittlung des Gewinnes dieses Betriebes berücksichtigt werden.

(BGBl I 2022/10; PrAG 2024, BGBl I 2023/153 ab 1.1.2024)

(3) Begünstigte Wirtschaftsgüter im Sinne des Abs. 1 Z 4 sind:
1. Nicht unter Abs. 4 fallende abnutzbare körperliche Wirtschaftsgüter des Anlagevermögens mit einer betriebsgewöhnlichen Nutzungsdauer von mindestens vier Jahren, die inländischen Betrieben oder inländischen Betriebsstätten zuzurechnen sind, wenn der Betrieb oder die Betriebsstätte der Erzielung von Einkünften im Sinne des § 2 Z 3 Z 1 bis 3 dient. Dabei gelten Wirtschaftsgüter, die auf Grund einer entgeltlichen Überlassung überwiegend außerhalb eines Mitgliedstaates der Europäischen Union oder eines Staates des Europäischen Wirtschaftsraumes eingesetzt werden, nicht einem inländischen Betrieb oder einer inländischen Betriebsstätte als zugerechnet.
2. ~~Wohnbauanleihen, die dem Anlagevermögen eines inländischen Betriebes oder einer inländischen Betriebsstätte ab dem Anschaffungszeitpunkt mindestens vier Jahre gewidmet werden, vorbehaltlich Abs. 5 Z 2 und Z 3. Wohnbauanleihen sind Wandelschuldverschreibungen, die von~~
   a) ~~Aktiengesellschaften im Sinne des § 1 Abs. 2 des Bundesgesetzes über steuerliche Sondermaßnahmen zur Förderung des Wohnbaus, BGBl. Nr. 253/1993, in der jeweils geltenden Fassung, oder von~~

1/1. EStG
§ 10

~~b) diesen vergleichbaren Aktiengesellschaften mit Sitz in einem Mitgliedstaat der Europäischen Union oder einem Staat, mit dem eine umfassende Amtshilfe besteht,~~

~~ausgegeben worden sind und der Förderung des Wohnbaus in Österreich entsprechend den Vorschriften des Bundesgesetzes über steuerliche Sondermaßnahmen zur Förderung des Wohnbaus, BGBl. Nr. 253/1993, in der jeweils geltenden Fassung, dienen.~~

(BGBl I 2014/13; zum Inkrafttreten siehe § 124b Z 252; nicht mehr anwendbar für Wirtschaftsjahre, die nach dem 31.12.2016 beginnen)

2. Wertpapiere gemäß § 14 Abs. 7 Z 4, die dem Anlagevermögen eines inländischen Betriebes oder einer inländischen Betriebsstätte ab dem Anschaffungszeitpunkt mindestens vier Jahre gewidmet werden, vorbehaltlich Abs. 5 Z 2 und Z 3.

(Zum Inkrafttreten siehe § 124b Z 252; anwendbar für Wirtschaftsjahre, die nach dem 31.12.2016 beginnen)

(4) Für folgende Wirtschaftsgüter kann ein investitionsbedingter Gewinnfreibetrag nicht gewinnmindernd geltend gemacht werden:
– Personen- und Kombinationskraftfahrzeuge, ausgenommen Fahrschulkraftfahrzeuge sowie Kraftfahrzeuge, die zu mindestens 80 % der gewerblichen Personenbeförderung dienen.
– Luftfahrzeuge.
– Geringwertige Wirtschaftsgüter, die gemäß § 13 abgesetzt werden.
– Gebrauchte Wirtschaftsgüter.
– Wirtschaftsgüter, die von einem Unternehmen erworben werden, das unter beherrschendem Einfluss des Steuerpflichtigen steht.
– Wirtschaftsgüter, für die eine Forschungsprämie gemäß § 108c in Anspruch genommen wird.

(5) Scheiden Wirtschaftsgüter, für die der investitionsbedingte Gewinnfreibetrag geltend gemacht worden ist, vor Ablauf der Frist von vier Jahren aus dem Betriebsvermögen aus oder werden sie ins Ausland ausgenommen im Falle der entgeltlichen Überlassung in einen Mitgliedstaat der Europäischen Union oder in einen Staat des Europäischen Wirtschaftsraumes verbracht, gilt Folgendes:

1. Der investitionsbedingte Gewinnfreibetrag ist insoweit gewinnerhöhend anzusetzen. Der gewinnerhöhende Ansatz hat im Jahr des Ausscheidens oder des Verbringens zu erfolgen.

2. ~~Im Fall des Ausscheidens von Wohnbauanleihen unterbleibt insoweit der gewinnerhöhende Ansatz, als im Jahr des Ausscheidens begünstigte Wirtschaftsgüter im Sinne des Abs. 3 Z 1, die die Voraussetzungen für den Freibetrag erfüllen, angeschafft oder hergestellt werden (Ersatzbeschaffung). Auf den Fristenlauf des angeschafften oder hergestellten Wirtschaftsgutes wird die Behaltedauer der ausgeschiedenen Wohnbauanleihe angerechnet. Die Frist kann jedoch nicht vor jenem Zeitpunkt enden, zu dem die Frist für die ausgeschiedene Wohnbauanleihe geendet hätte. Soweit Wirtschaftsgüter der Ersatzbeschaffung dienen, kann ein Freibetrag nicht in Anspruch genommen werden. Wirtschaftsgüter, die der Ersatzbeschaffung dienen, sind als solche im Verzeichnis gemäß Abs. 7 Z 2 auszuweisen.~~

(BGBl I 2014/13; zum Inkrafttreten siehe § 124b Z 252; nicht mehr anwendbar für Wirtschaftsjahre, die nach dem 31.12.2016 beginnen)

2. Im Fall des Ausscheidens von Wertpapieren gemäß § 14 Abs. 7 Z 4 unterbleibt insoweit der gewinnerhöhende Ansatz, als im Jahr des Ausscheidens begünstigte Wirtschaftsgüter im Sinne des Abs. 3 Z 1, die die Voraussetzungen für den Freibetrag erfüllen, angeschafft oder hergestellt werden (Ersatzbeschaffung). Auf den Fristenlauf des angeschafften oder hergestellten Wirtschaftsgutes wird die Behaltedauer des ausgeschiedenen Wertpapiers angerechnet. Die Frist kann jedoch nicht vor jenem Zeitpunkt enden, zu dem die Frist für das ausgeschiedene Wertpapier geendet hätte. Soweit Wirtschaftsgüter der Ersatzbeschaffung dienen, kann ein Freibetrag nicht in Anspruch genommen werden. Wirtschaftsgüter, die der Ersatzbeschaffung dienen, sind als solche im Verzeichnis gemäß Abs. 7 Z 2 auszuweisen.

(Zum Inkrafttreten siehe § 124b Z 252; anwendbar für Wirtschaftsjahre, die nach dem 31.12.2016 beginnen)

3. ~~Werden Wohnbauanleihen, für die ein investitionsbedingter Gewinnfreibetrag in Anspruch genommen wurde, vorzeitig getilgt, können zur Vermeidung einer Nachversteuerung anstelle begünstigter körperlicher Wirtschaftsgüter innerhalb von zwei Monaten nach der vorzeitigen Tilgung auch Wohnbauanleihen angeschafft werden (Wohnbauanleihenersatzbeschaffung). In den ersatzbeschafften Wohnbauanleihen setzt sich der Lauf der Frist gemäß Abs. 3 hinsichtlich der vorzeitig getilgten Wohnbauanleihen unverändert fort. Soweit Wohnbauanleihen der Ersatzbeschaffung dienen, kann ein investitionsbedingter Gewinnfreibetrag nicht in Anspruch genommen werden. Wohnbauanleihen, die der Ersatzbeschaffung dienen, sind im Verzeichnis gemäß Abs. 7 Z 2 als solche auszuweisen.~~

(BGBl I 2014/13; zum Inkrafttreten siehe § 124b Z 252; nicht mehr anwendbar für Wirtschaftsjahre, die nach dem 31.12.2016 beginnen)

3. Werden Wertpapiere, für die ein investitionsbedingter Gewinnfreibetrag in Anspruch genommen wurde, vorzeitig getilgt, können zur Vermeidung einer Nachversteuerung anstelle begünstigter körperlicher Wirtschaftsgüter innerhalb von zwei Monaten nach der vorzei-

tigen Tilgung auch Wertpapiere gemäß § 14 Abs. 7 Z 4 angeschafft werden (Wertpapierersatzbeschaffung). In den ersatzbeschafften Wertpapieren setzt sich der Lauf der Frist gemäß Abs. 3 hinsichtlich der vorzeitig getilgten Wertpapiere unverändert fort. Soweit Wertpapiere der Ersatzbeschaffung dienen, kann ein investitionsbedingter Gewinnfreibetrag nicht in Anspruch genommen werden. Wertpapiere, die der Ersatzbeschaffung dienen, sind im Verzeichnis gemäß Abs. 7 Z 2 als solche auszuweisen.

(Zum Inkrafttreten siehe § 124b Z 252; anwendbar für Wirtschaftsjahre, die nach dem 31.12.2016 beginnen)

Im Falle des Ausscheidens eines Wirtschaftsgutes infolge höherer Gewalt oder behördlichen Eingriffs unterbleibt der gewinnerhöhende Ansatz.

(6) Im Falle der Übertragung eines Betriebes ist der gewinnerhöhende Ansatz (Abs. 5) beim Rechtsnachfolger dann vorzunehmen, wenn die Wirtschaftsgüter, für die der investitionsbedingte Gewinnfreibetrag geltend gemacht worden ist, vor Ablauf der Frist ausscheiden oder ins Ausland (Abs. 5) verbracht werden.

(7) Abnutzbare Wirtschaftsgüter und Wertpapiere, die der Deckung eines investitionsbedingten Gewinnfreibetrages dienen, sind im Anlageverzeichnis (der Anlagekartei) oder einem gesonderten Verzeichnis auszuweisen. Dort ist für jeden Betrieb auszuweisen, in welchem Umfang die Anschaffungs- oder Herstellungskosten zur Deckung des investitionsbedingten Gewinnfreibetrages beitragen. Die Verzeichnisse sind der Abgabenbehörde auf Verlangen vorzulegen.

(AbgÄG 2023, BGBl I 2023/110)

§§ 10a. bis 10c. (aufgehoben)
(BGBl I 2022/10)

Investitionsfreibetrag

§ 11. (1) Bei der Anschaffung oder Herstellung von Wirtschaftsgütern des abnutzbaren Anlagevermögens kann ein Investitionsfreibetrag als Betriebsausgabe geltend gemacht werden:
1. Der Investitionsfreibetrag beträgt 10% der Anschaffungs- oder Herstellungskosten. Für Wirtschaftsgüter, deren Anschaffung oder Herstellung dem Bereich Ökologisierung zuzuordnen ist, erhöht sich der Investitionsfreibetrag um 5% der Anschaffungs- oder Herstellungskosten. Der Bundesminister für Finanzen wird im Einvernehmen mit der Bundesministerin für Klimaschutz, Umwelt, Energie, Mobilität, Innovation und Technologie ermächtigt, die dem Bereich Ökologisierung zuzuordnenden Investitionen im Wege einer Verordnung näher festzulegen. Die Verordnung kann vorsehen, dass sich das Finanzamt für die Beurteilung, ob Investitionen dem Bereich Ökologisierung zuzuordnen sind, einer geeigneten Einrichtung bedienen kann.
2. Der Investitionsfreibetrag kann insgesamt höchstens von Anschaffungs- oder Herstellungskosten in Höhe von 1 000 000 Euro im Wirtschaftsjahr geltend gemacht werden; umfasst das Wirtschaftsjahr nicht zwölf Monate, ist für jeden Monat ein Zwölftel des Höchstbetrages anzusetzen.
3. Die Absetzung für Abnutzung (§§ 7 und 8) wird durch den Investitionsfreibetrag nicht berührt.
4. Wird der Gewinn nach § 17 oder einer darauf gestützten Pauschalierungsverordnung ermittelt, steht der Investitionsfreibetrag nicht zu.

(2) Der Investitionsfreibetrag kann nur für Wirtschaftsgüter geltend gemacht werden, die
– eine betriebsgewöhnliche Nutzungsdauer von mindestens vier Jahren haben und
– inländischen Betrieben oder inländischen Betriebsstätten zuzurechnen sind, wenn der Betrieb oder die Betriebsstätte der Erzielung von Einkünften im Sinne des § 2 Abs. 3 Z 1 bis 3 dient. Dabei gelten Wirtschaftsgüter, die aufgrund einer entgeltlichen Überlassung überwiegend außerhalb eines Mitgliedstaates der Europäischen Union oder eines Staates des Europäischen Wirtschaftsraumes eingesetzt werden, als nicht einem inländischen Betrieb oder einer inländischen Betriebsstätte zugerechnet.

(3) Für folgende Wirtschaftsgüter kann der Investitionsfreibetrag nicht geltend gemacht werden:
1. Wirtschaftsgüter, die zur Deckung eines investitionsbedingten Gewinnfreibetrages herangezogen werden,
2. Wirtschaftsgüter, für die in § 8 ausdrücklich eine Sonderform der Absetzung für Abnutzung vorgesehen ist, ausgenommen Kraftfahrzeuge mit einem CO_2-Emissionswert von 0 Gramm pro Kilometer, Wärmepumpen, Biomassekessel, Fernwärme- bzw. Kältetauscher, Fernwärmeübergabestationen und Mikronetze zur Wärme- und Kältebereitstellung in Zusammenhang mit Gebäuden,
(BGBl I 2023/31)
3. geringwertige Wirtschaftsgüter, die gemäß § 13 abgesetzt werden,
4. unkörperliche Wirtschaftsgüter, die nicht den Bereichen Digitalisierung, Ökologisierung oder Gesundheit/Life-Science zuzuordnen sind; ausgenommen vom Investitionsfreibetrag bleiben jedoch stets jene unkörperlichen Wirtschaftsgüter, die zur entgeltlichen Überlassung bestimmt sind oder von einem konzernzugehörigen Unternehmen bzw. von einem einen beherrschenden Einfluss ausübenden Gesellschafter erworben werden,
5. gebrauchte Wirtschaftsgüter,
6. Anlagen, die der Förderung, dem Transport oder der Speicherung fossiler Energieträger dienen, sowie Anlagen, die fossile Energieträger direkt nutzen. Der Bundesminister für Finanzen wird im Einvernehmen mit der

Bundesministerin für Klimaschutz, Umwelt, Energie, Mobilität, Innovation und Technologie ermächtigt, die für diese Beurteilung maßgebenden Kriterien in einer Verordnung näher festzulegen.

(4) Der Investitionsfreibetrag kann nur im Jahr der Anschaffung oder Herstellung geltend gemacht werden. Erstreckt sich die Anschaffung oder Herstellung von Anlagegütern über mehr als ein Wirtschaftsjahr, kann der Investitionsfreibetrag bereits von aktivierten Teilbeträgen der Anschaffungsoder Herstellungskosten, die auf das einzelne Wirtschaftsjahr entfallen, geltend gemacht werden.

(5) Scheiden Wirtschaftsgüter, für die der Investitionsfreibetrag geltend gemacht worden ist, vor Ablauf der Frist von vier Jahren aus dem Betriebsvermögen aus oder werden sie ins Ausland – ausgenommen im Falle der entgeltlichen Überlassung in einen Mitgliedstaat der Europäischen Union oder in einen Staat des Europäischen Wirtschaftsraumes – verbracht, gilt Folgendes:
1. Der Investitionsfreibetrag ist im Jahr des Ausscheidens oder des Verbringens insoweit gewinnerhöhend anzusetzen.
2. Im Falle der Übertragung eines Betriebes ist der gewinnerhöhende Ansatz beim Rechtsnachfolger vorzunehmen.
3. Im Falle des Ausscheidens infolge höherer Gewalt oder behördlichen Eingriffs unterbleibt der gewinnerhöhende Ansatz.

(6) Der Investitionsfreibetrag ist im Anlageverzeichnis bzw. in der Anlagekartei bei den jeweiligen Wirtschaftsgütern auszuweisen. Die Verzeichnisse sind der Abgabenbehörde auf Verlangen vorzulegen.

(AbgÄG 2023, BGBl I 2023/110)
(BGBl I 2022/10)

§ 11a. (aufgehoben)
(BGBl I 2022/10)

Übertragung stiller Reserven, Übertragungsrücklage und steuerfreier Betrag

§ 12. (1) Natürliche Personen können stille Reserven (Abs. 2), die bei der Veräußerung von Anlagevermögen aufgedeckt werden, von den Anschaffungs- oder Herstellungskosten oder den Teilbeträgen der Anschaffungs- oder Herstellungskosten des im Wirtschaftsjahr der Veräußerung angeschafften oder hergestellten Anlagevermögens absetzen. Die Absetzung kann unabhängig von der Behandlung im unternehmensrechtlichen Jahresabschluss erfolgen und ist im Anlageverzeichnis auszuweisen.

(BGBl I 2015/22)

(2) Stille Reserven sind die Unterschiedsbeträge zwischen den Veräußerungserlösen und den Buchwerten der veräußerten Wirtschaftsgüter.

(3) Eine Übertragung ist nur zulässig, wenn
1. das veräußerte Wirtschaftsgut im Zeitpunkt der Veräußerung mindestens sieben Jahre zum Anlagevermögen dieses Betriebes gehört hat und
2. das Wirtschaftsgut, auf das stille Reserven übertragen werden sollen, in einer inländischen Betriebsstätte verwendet wird. Dabei gelten Wirtschaftsgüter, die auf Grund einer entgeltlichen Überlassung überwiegend im Ausland eingesetzt werden, nicht als in einer inländischen Betriebsstätte verwendet.

Die in Z 1 genannte Frist beträgt 15 Jahre für Grundstücke, auf die stille Reserven übertragen worden sind, und für Gebäude, die nach § 8 Abs. 2 beschleunigt abgeschrieben worden sind.

(4) Eine Übertragung stiller Reserven ist zulässig auf die Anschaffungs- oder Herstellungskosten (Teilbeträge der Anschaffungs- oder Herstellungskosten) von
1. Grund und Boden, wenn auch die stillen Reserven aus der Veräußerung von Grund und Boden stammt,
2. Gebäuden, wenn die stillen Reserven aus der Veräußerung von Gebäuden oder Grund und Boden stammen,
3. Sonstigen körperlichen Wirtschaftsgütern, wenn auch die stillen Reserven aus der Veräußerung von sonstigen körperlichen Wirtschaftsgütern stammen,
4. Unkörperlichen Wirtschaftsgütern, wenn auch die stillen Reserven aus der Veräußerung von unkörperlichen Wirtschaftsgütern stammen.

Nicht zulässig ist die Übertragung stiller Reserven auf die Anschaffungskosten von (Teil-)Betrieben, von Beteiligungen an Personengesellschaften und von Finanzanlagen sowie die Übertragung stiller Reserven, die aus der Veräußerung von (Teil-)Betrieben oder Beteiligungen an Personengesellschaften stammen.

(5) Die Abs. 1 bis 4 gelten auch, wenn Anlagevermögen infolge höherer Gewalt, durch behördlichen Eingriff oder zur Vermeidung eines solchen nachweisbar unmittelbar drohenden Eingriffes aus dem Betriebsvermögen ausscheidet. Die Fristen des Abs. 3 gelten jedoch nicht.

(6) Als Anschaffungs- oder Herstellungskosten gelten sodann die um die übertragenen stillen Reserven gekürzten Beträge.

(7) 70 % der Einkünfte aus Waldnutzungen infolge höherer Gewalt (insbesondere Eis-, Schnee-, Windbruch, Insektenfraß, Hochwasser oder Brand) können"gemäß Abs. 1 bis 6 verwendet oder nach Abs. 8 Übertragungsrücklage (einem steuerfreien Betrag) zugeführt werden.

(BGBl I 2020/96)

(8) Stille Reserven können im Jahr der Aufdeckung einer steuerfreien Rücklage (Übertragungsrücklage) zugeführt werden, soweit eine Übertragung im selben Wirtschaftsjahr nicht erfolgt. Dies kann unabhängig von der Behandlung im unternehmensrechtlichen Jahresabschluss erfolgen. Diese Rücklage ist entsprechend zu bezeichnen und für steuerliche Zwecke in Evidenz zu halten. Bei Gewinnermittlung nach § 4 Abs. 3 kann ein Betrag

in dieser Höhe steuerfrei belassen werden. Dieser Betrag ist in einem Verzeichnis auszuweisen, aus dem seine Verwendung ersichtlich ist.

(BGBl I 2015/22)

(9) Die Rücklage (der steuerfreie Betrag) kann
- im Falle des Abs. 5 und des Abs. 7 innerhalb von 24 Monaten ab dem Ausscheiden des Wirtschaftsgutes,
- sonst innerhalb von zwölf Monaten ab dem Ausscheiden des Wirtschaftsgutes

nach den vorstehenden Bestimmungen auf die Anschaffungs- oder Herstellungskosten (Teilbeträge) von Anlagevermögen übertragen werden. Die Frist verlängert sich auf 24 Monate, wenn Rücklagen (steuerfreie Beträge) auf Herstellungskosten (Teilbeträge) von Gebäuden übertragen werden sollen und mit der tatsächlichen Bauausführung innerhalb der Frist von zwölf Monaten begonnen worden ist. Auf welche Wirtschaftsgüter die Rücklagen (die steuerfreien Beträge) übertragen werden können, richtet sich nach den Abs. 3 und 4.

(BGBl I 2020/96)

(10) Die Rücklagen (steuerfreien Beträge) sind im betreffenden Wirtschaftsjahr gewinnerhöhend aufzulösen, wenn sie
- nicht bis zum Ablauf der Verwendungsfrist (Abs. 9) übertragen worden sind,
- nach einer Umgründung nach dem Umgründungssteuergesetz ganz oder teilweise einer Körperschaft zuzurechnen wären.

Geringwertige Wirtschaftsgüter

§ 13. Die Anschaffungs- oder Herstellungskosten von abnutzbaren Anlagegütern können als Betriebsausgaben abgesetzt werden, wenn diese Kosten für das einzelne Anlagegut 1 000 Euro nicht übersteigen (geringwertige Wirtschaftsgüter). Dies kann unabhängig von der Behandlung im unternehmensrechtlichen Jahresabschluss erfolgen. Bei Gewinnermittlung gemäß § 4 Abs. 3 kann dieser Betrag im Jahr der Verausgabung voll abgesetzt werden. Wirtschaftsgüter, die aus Teilen bestehen, sind als Einheit aufzufassen, wenn sie nach ihrem wirtschaftlichen Zweck oder nach der Verkehrsauffassung eine Einheit bilden. Die vorstehenden Sätze gelten nicht für Wirtschaftsgüter, die zur entgeltlichen Überlassung bestimmt sind.

(BGBl I 2019/103, BGBl I 2022/10)

Vorsorge für Abfertigungen, Pensionen und Jubiläumsgelder

§ 14. (1) Für Wirtschaftsjahre, die nach dem 31. Dezember 2001 enden, kann eine Abfertigungsrückstellung im Ausmaß bis zu 47,5%, für die folgenden Wirtschaftsjahre eine solche bis zu 45% der am Bilanzstichtag bestehenden fiktiven Abfertigungsansprüche gebildet werden. Fiktive Abfertigungsansprüche sind jene, die bei Auflösung des Dienst- bzw. Anstellungsverhältnisses bezahlt werden müßten.
1. an Arbeitnehmer als Abfertigung auf Grund
 - gesetzlicher Anordnung oder
 - eines Kollektivvertrages,
 wobei in beiden Fällen Beschäftigungszeiten (Vordienstzeiten) angerechnet werden können,
2. an andere Personen auf Grund gesetzlicher Anordnung,
3. an Arbeitnehmer oder andere Personen auf Grund schriftlicher und rechtsverbindlicher Zusagen, wenn der Gesamtbetrag der zugesagten Abfertigung einer gesetzlichen oder dem Dienst- bzw. Anstellungsverhältnis entsprechenden kollektivvertraglichen Abfertigung nachgebildet ist, wobei in beiden Fällen Beschäftigungszeiten (Vordienstzeiten) angerechnet werden können.

Die Abfertigungsrückstellung kann insoweit bis zu 60% der am Bilanzstichtag bestehenden fiktiven Abfertigungsansprüche gebildet werden, als die Arbeitnehmer oder anderen Personen, an die die Abfertigungen bei Auflösung des Dienstverhältnisses bezahlt werden müßten, am Bilanzstichtag das 50. Lebensjahr vollendet haben.

(2) Die Rückstellung ist in der Bilanz gesondert auszuweisen.

(3) Bei erstmaliger Bildung der Rückstellung hat der Steuerpflichtige das prozentuelle Ausmaß der Rückstellung festzulegen. Dieses Ausmaß ist gleichmäßig auf fünf aufeinanderfolgende Wirtschaftsjahre verteilt zu erreichen. Eine Änderung des Ausmaßes ist unzulässig.

(4) Gehen im Falle des Unternehmerwechsels Abfertigungsverpflichtungen auf den Rechtsnachfolger über, so ist die Rückstellung beim Rechtsvorgänger insoweit nicht gewinnerhöhend aufzulösen, sondern vom Rechtsnachfolger weiterzuführen.

(5) Steuerpflichtige, die ihren Gewinn gemäß § 4 Abs. 3 ermitteln, können für die am Schluss des Wirtschaftsjahres bestehenden fiktiven Abfertigungsansprüche einen Betrag steuerfrei belassen. Die Bestimmungen der Abs. 1, 3 und 4 sind anzuwenden. Die Begünstigung darf nur in Anspruch genommen werden, wenn die steuerfrei belassenen Beträge in einer laufend geführten Aufzeichnung ausgewiesen sind. Aus dieser Aufzeichnung muss die Berechnung der steuerfrei belassenen Beträge klar ersichtlich sein.

(6) Steuerpflichtige, die ihren Gewinn gemäß § 4 Abs. 1 oder § 5 ermitteln, können Pensionsrückstellungen bilden für:
- Direkte Leistungszusagen in Rentenform im Sinne des Betriebspensionsgesetzes.
- Schriftliche und rechtsverbindliche Pensionszusagen in Rentenform, die keine über § 8 und § 9 des Betriebspensionsgesetzes hinausgehende Widerrufs-, Aussetzungs- und Einschränkungsklauseln enthalten.

Für die Bildung gilt folgendes:
1. Die Pensionsrückstellung ist nach den anerkannten Regeln der Versicherungsmathematik zu bilden.

1/1. EStG
§ 14

2. Die Pensionsrückstellung ist erstmals im Wirtschaftsjahr der Pensionszusage zu bilden, wobei Veränderungen der Pensionszusage wie neue Zusagen zu behandeln sind. Als neue Zusagen gelten auch Änderungen der Pensionsbemessungsgrundlage und Indexanpassungen von Pensionszusagen.
3. Der Rückstellung ist im jeweiligen Wirtschaftsjahr soviel zuzuführen, als bei Verteilung des Gesamtaufwandes auf die Zeit zwischen Pensionszusage und dem vorgesehenen Zeitpunkt der Beendigung der aktiven Arbeits- oder Werkleistung auf das einzelne Wirtschaftsjahr entfällt.
4. Soweit durch ordnungsmäßige Zuweisungen an die Pensionsrückstellung das zulässige Ausmaß der Rückstellung nicht erreicht wird, ist in dem Wirtschaftsjahr, in dem der Pensionsfall eintritt, eine erhöhte Zuweisung vorzunehmen.
5. Die zugesagte Pension darf 80% des letzten laufenden Aktivbezugs nicht übersteigen. Auf diese Obergrenze sind zugesagte Leistungen aus Pensionskassen anzurechnen, soweit die Leistungen nicht vom Leistungsberechtigten getragen werden.
6. Der Bildung der Pensionsrückstellung ist ein Rechnungszinsfuß von 6 % zugrunde zu legen.

(7) Für die Pensionsrückstellung besteht folgendes Deckungserfordernis:
1. Am Schluss jedes Wirtschaftsjahres müssen Wertpapiere (Z 4) im Nennbetrag von mindestens 50% des am Schluss des vorangegangenen Wirtschaftsjahres in der Bilanz ausgewiesenen Rückstellungsbetrages im Betriebsvermögen vorhanden sein. Auf das Deckungserfordernis können Ansprüche aus Rückdeckungsversicherungen, die in der gesonderten Abteilung des Deckungsstocks für die Lebensversicherung im Sinne des § 300 Abs. 1 Z 1 oder für die kapitalanlageorientierte Lebensversicherung im Sinne des § 300 Abs. 1 Z 5 des VAG 2016 geführt werden, in Höhe des versicherungsmathematischen Deckungskapitals angerechnet werden. Dies gilt auch für vergleichbare Ansprüche aus Rückdeckungsversicherungen gegenüber Versicherern, die in einem Mitgliedstaat der Europäischen Union oder Staat des Europäischen Wirtschaftsraumes ansässig sind. Ist der Rückkaufswert höher als das versicherungsmathematische Deckungskapital, kann der Rückkaufswert angerechnet werden. Soweit Wertpapiere oder Ansprüche aus Rückdeckungsversicherungen nicht ausschließlich der Besicherung von Pensionsanwartschaften oder Pensionsansprüchen dienen, erfüllen sie nicht das Deckungserfordernis.

(BGBl I 2015/34)

2. Beträgt die Wertpapierdeckung nach Z 1 im Wirtschaftsjahr auch nur vorübergehend weniger als 50% der maßgebenden Rückstellung, ist der Gewinn um 30% der Wertpapierunterdeckung zu erhöhen. Die Fortführung der Rückstellung wird durch die Gewinnerhöhung nicht berührt.
3. Z 2 gilt nicht
   – für jenen Teil des Rückstellungsbetrages, der infolge des Absinkens der Pensionsansprüche am Schluss des Wirtschaftsjahres nicht mehr ausgewiesen ist, und
   – für die Tilgung von Wertpapieren, wenn die getilgten Wertpapiere innerhalb von zwei Monaten nach Einlösung ersetzt werden.
4. Als Wertpapiere gelten:
   a) Auf Inhaber lautende und in Euro begebene Schuldverschreibungen inländischer Schuldner, für die die Prospektpflicht gemäß § 2 des Kapitalmarktgesetzes, BGBl. Nr. 625/1991, gilt, oder vergleichbare auf Inhaber lautende und in Euro begebene Schuldverschreibungen von Schuldnern, die in einem anderen Mitgliedstaat der Europäischen Union oder Staat des Europäischen Wirtschaftsraumes ansässig sind, ausgenommen Schuldverschreibungen, deren Ausgabewert niedriger ist als 90% des Nennbetrages.
   b) Auf Inhaber lautende und in Euro begebene Schuldverschreibungen inländischer Schuldner, für die die Prospektpflicht nur wegen § 3 des Kapitalmarktgesetzes, BGBl. Nr. 625/1991, nicht gilt, oder vergleichbare auf Inhaber lautende und in Euro begebene Schuldverschreibungen von Schuldnern, die in einem anderen Mitgliedstaat der Europäischen Union oder Staat des Europäischen Wirtschaftsraumes ansässig sind, ausgenommen Schuldverschreibungen, deren Ausgabewert niedriger ist als 90% des Nennbetrages.
   c) Auf Inhaber lautende Schuldverschreibungen inländischer Schuldner oder von Schuldnern, die in einem anderen Mitgliedstaat der Europäischen Union oder Staat des Europäischen Wirtschaftsraumes ansässig sind, die vor In-Kraft-Treten des Kapitalmarktgesetzes ausgegeben worden sind, ausgenommen Schuldverschreibungen, bei denen der Nominalwert der Gesamtemission 600 000 S nicht überschritten hat und Schuldverschreibungen, deren Ausgabewert niedriger war als 90% des Nennbetrages.
   d) Forderungen aus Schuldscheindarlehen an die Republik Österreich und an jeden anderen Mitgliedstaat der Europäischen Union oder Staat des Europäischen Wirtschaftsraumes.
   e) Anteilscheine an Investmentfonds im Sinne des § 3 Abs. 2 Z 30 des Invest-

mentfondsgesetzes 2011. Diese Investmentfonds
- dürfen nach den Fondsbestimmungen ausschließlich in Wertpapiere der in lit. a bis d genannten Art veranlagen, wobei Derivate im Sinne des § 73 des Investmentfondsgesetzes 2011 nur zur Absicherung erworben werden dürfen, oder
- müssen über Fondsbestimmungen verfügen, welche § 25 Abs. 1 Z 5 bis 8, § 25 Abs. 2 bis 4 und § 25 Abs. 6 bis 8 des Pensionskassengesetzes in der Fassung BGBl. I Nr. 68/2015 entsprechen.

Wertpapierleihgeschäfte gemäß § 84 des Investmentfondsgesetzes 2011 sind zulässig. An die Stelle des Nennwertes tritt der Erstausgabepreis.

(BGBl I 2018/62)

f) Anteilscheine an inländischen Immobilienfonds im Sinne des Immobilien-Investmentfondsgesetzes sowie von ausländischen offenen Immobilienfonds im Sinne des § 42 des Immobilien-Investmentfondsgesetzes mit Sitz in einem Mitgliedstaat der Europäischen Union oder Staat des Europäischen Wirtschaftsraumes, welche nach Satzung und tatsächlicher Geschäftsführung eine Veranlagung nach den Vorschriften der §§ 21 bis 33 des Immobilien-Investmentfondsgesetzes vornehmen. An die Stelle des Nennwertes tritt der Erstausgabepreis.

(8) Abs. 6 und Abs. 7 gilt auch für Rückstellungen, die für Zusagen von Kostenersätzen für Pensionsverpflichtungen eines Dritten gebildet werden.

(9) Wird eine Pension zugesagt, für die von einem früheren Arbeitgeber (Vertragspartner) des Leistungsberechtigten Vergütungen gewährt werden, ist bei der Bildung der Pensionsrückstellung nur der Höhe dieser Vergütungen, höchstens jedoch von dem nach Abs. 6 ermittelten Ausmaß auszugehen.

(10) Abs. 6 Z 5 und 6 gilt insoweit nicht, als dem Arbeitgeber die Aufgaben der gesetzlichen Pensionsversicherung übertragen worden sind.

(11) Abs. 7 sind auf Betriebe gewerblicher Art von Körperschaften öffentlichen Rechts (§ 2 des Körperschaftsteuergesetzes 1988) nicht anzuwenden.

(12) Für die Bildung von Rückstellungen für die Verpflichtung zu einer Zuwendung anläßlich eines Dienstjubiläums gilt folgendes: Die Bildung einer Rückstellung ist nur bei kollektivvertraglicher Vereinbarung, bei Betriebsvereinbarung oder bei anderen schriftlichen, rechtsverbindlichen und unwiderruflichen Zusagen zulässig. Die Rückstellung ist unter sinngemäßer Anwendung des Abs. 6 Z 1 bis 3, des Abs. 6 Z 6 sowie der Abs. 8 und 9 zu bilden; eine Bildung nach den Regeln der Finanzmathematik ist zulässig.

(13) Werden bei Pensionsrückstellungen oder bei Rückstellungen für die Verpflichtung zu einer Zuwendung anläßlich eines Dienstjubiläums die den anerkannten Regeln der Versicherungsmathematik entsprechenden biometrischen Rechnungsgrundlagen geändert, ist der dadurch bedingte Unterschiedsbetrag beginnend mit dem Wirtschaftsjahr der Änderung gleichmäßig auf drei Jahre zu verteilen. Der Unterschiedsbetrag errechnet sich aus der Differenz zwischen dem nach den bisherigen Rechnungsgrundlagen errechneten Rückstellungsbetrag und dem Rückstellungsbetrag auf der Grundlage der geänderten Rechnungsgrundlagen.

4. ABSCHNITT
Überschuß der Einnahmen über die Werbungskosten

Einnahmen

§ 15. (1) Einnahmen liegen vor, wenn dem Steuerpflichtigen Geld oder geldwerte Vorteile im Rahmen der Einkunftsarten des § 2 Abs. 3 Z 4 bis 7 zufließen. Die Veräußerung von Wirtschaftsgütern führt nur dann zu Einnahmen, wenn dies ausdrücklich angeordnet ist. Hinsichtlich der durchlaufenden Posten ist § 4 Abs. 3 anzuwenden.

(2)
1. Geldwerte Vorteile (Wohnung, Heizung, Beleuchtung, Kleidung, Kost, Waren, Überlassung von Kraftfahrzeugen zur Privatnutzung und sonstige Sachbezüge) sind mit den um übliche Preisnachlässe verminderten üblichen Endpreisen des Abgabeortes anzusetzen.

2. Der Bundesminister für Finanzen wird ermächtigt, im Einvernehmen mit dem Bundesminister für Arbeit, Soziales und Konsumentenschutz die Höhe geldwerter Vorteile mit Verordnung festzulegen sowie in der Verordnung für Kraftfahrzeuge, Krafträder und Fahrräder im Interesse ökologischer Zielsetzungen Ermäßigungen und Befreiungen vorzusehen.

(BGBl I 2019/103; AbgÄG 2023, BGBl I 2023/110)

3. Für Mitarbeiterrabatte im Sinne des § 3 Abs. 1 Z 21 gilt Folgendes:
    a) Ist die Höhe des geldwerten Vorteils nicht mit Verordnung gemäß Z 2 festgelegt, ist für Mitarbeiterrabatte der geldwerte Vorteil abweichend von Z 1 von jenem um übliche Preisnachlässe verminderten Endpreis zu bemessen, zu dem der Arbeitgeber Waren oder Dienstleistungen fremden Letztverbrauchern im allgemeinen Geschäftsverkehr anbietet. Sind die Abnehmer des Arbeitgebers keine Letztverbraucher (beispielsweise Großhandel), ist der um übliche Preisnachlässe verminderte übliche Endpreis des Abgabeortes anzusetzen.

1/1. EStG
§§ 15, 16

b) Liegen die Voraussetzungen gemäß § 3 Abs. 1 Z 21 vor, ist für Mitarbeiterrabatte der geldwerte Vorteil insoweit mit null zu bemessen.

(BGBl I 2015/118)

(3) Für Zuwendungen an und von Privatstiftungen sind die Z 1 und 2 zu beachten.

1. Für Zuwendungen an die Privatstiftung gilt Folgendes:

    Die zugewendeten Wirtschaftsgüter sind mit dem Betrag anzusetzen, der für die Ermittlung von Einkünften beim Stifter im Zeitpunkt der Zuwendung maßgeblich war oder maßgeblich gewesen wäre.

2. Für Zuwendungen der Privatstiftung gilt folgendes:

    a) Die zugewendeten Wirtschaftsgüter und zugewendetes sonstiges Vermögen gelten bei Ermittlung der Einkünfte als angeschafft; zugewendete sonstige geldwerte Vorteile gelten als zugeflossen.

    (BGBl I 2022/135)

    b) Die Zuwendungen sind mit dem Betrag anzusetzen, der für das einzelne Wirtschaftsgut, für sonstiges Vermögen oder sonstige geldwerte Vorteile im Zeitpunkt der Zuwendung hätte aufgewendet werden müssen (insbesondere fiktive Anschaffungskosten). Die fiktiven Anschaffungskosten sind um negative Anschaffungskosten des zugewendeten Wirtschaftsgutes bzw. negative Buchwerte des zugewendeten sonstigen Vermögens zu vermindern. Die sich ergebenden Anschaffungskosten sind evident zu halten.

(4) § 4 Abs. 12 ist entsprechend anzuwenden.

Werbungskosten

§ 16. (1) Werbungskosten sind die Aufwendungen oder Ausgaben zur Erwerbung, Sicherung oder Erhaltung der Einnahmen. Aufwendungen und Ausgaben für den Erwerb oder Wertminderungen von Wirtschaftsgütern sind nur insoweit als Werbungskosten abzugsfähig, als dies im folgenden ausdrücklich zugelassen ist. Hinsichtlich der durchlaufenden Posten ist § 4 Abs. 3 anzuwenden. Werbungskosten sind bei der Einkunftsart abzuziehen, bei der sie erwachsen sind. Werbungskosten sind auch:

1. Schuldzinsen und auf besonderen Verpflichtungsgründen beruhende Renten und dauernde Lasten, soweit sie mit einer Einkunftsart in wirtschaftlichem Zusammenhang stehen. Abzuziehen sind auch Renten und dauernde Lasten sowie Abfindungen derselben, wenn die Renten und dauernden Lasten zum Erwerb einer Einkunftsquelle gedient haben. Ein Abzug ist jedoch nur insoweit zulässig, als die Summe der verausgabten Beträge (Renten, dauernde Lasten, gänzliche oder teilweise Abfindungen derselben sowie allfällige Einmalzahlungen) den Wert der Gegenleistung (§ 29 Z 1) übersteigt.

2. Abgaben und Versicherungsbeiträge, soweit sie sich auf Wirtschaftsgüter beziehen, die dem Steuerpflichtigen zur Einnahmenerzielung dienen.

3. a) Pflichtbeiträge zu gesetzlichen Interessenvertretungen auf öffentlich-rechtlicher Grundlage sowie Betriebsratsumlagen.

    b) Beiträge für die freiwillige Mitgliedschaft bei Berufsverbänden und Interessenvertretungen. Die Beiträge sind nur unter folgenden Voraussetzungen abzugsfähig:

    – Die Berufsverbände und Interessenvertretungen müssen sich nach ihrer Satzung und tatsächlichen Geschäftsführung ausschließlich oder überwiegend mit der Wahrnehmung der beruflichen Interessen ihrer Mitglieder befassen.

    – Die Beiträge können nur in angemessener, statutenmäßig festgesetzter Höhe abgezogen werden.

4. a) Beiträge des Versicherten zur Pflichtversicherung in der gesetzlichen Sozialversicherung.

    b) Beiträge zu den zusätzlichen Pensionsversicherungen, die vom Pensionsinstitut der Linz AG, vom Pensionsinstitut für Verkehr und öffentliche Einrichtungen und nach der Bundesforste-Dienstordnung durchgeführt werden.

    c) Pensions(Provisions)pflichtbeiträge der Bediensteten der Gebietskörperschaften und Pflichtbeiträge der Bediensteten öffentlich-rechtlicher Körperschaften zu Versorgungseinrichtungen, soweit auf Grund öffentlich-rechtlicher Vorschriften eine Verpflichtung zur Teilnahme an einer solchen Versorgungseinrichtung besteht.

    d) Beiträge auf Grund gesetzlicher Verpflichtungen der von § 25 Abs. 1 Z 4 und § 29 Z 4 erfaßten Personen.

    e) Pflichtbeiträge zu Versorgungs- und Unterstützungseinrichtungen der Kammern der selbständig Erwerbstätigen, soweit diese Einrichtungen der Kranken-, Unfall-, Alters-, Invaliditäts- und Hinterbliebenenversorgung dienen; weiters Beiträge zu einer inländischen gesetzlichen Krankenversicherung sowie Beiträge zu einer Krankenversicherung auf Grund einer in- oder ausländischen gesetzlichen Versicherungspflicht. Beiträge zu Einrichtungen, die der Krankenversorgung dienen, Beiträge zu inländischen gesetzlichen Krankenversicherungen sowie Beiträge zu einer Krankenversicherung auf Grund einer in- oder ausländischen gesetzlichen Versicherungspflicht sind nur insoweit abzugsfähig, als sie der Höhe nach insgesamt Pflichtbeiträgen in der gesetzlichen Sozialversicherung entsprechen.

f) Beiträge von Arbeitnehmern zu einer ausländischen Pflichtversicherung, die einer inländischen gesetzlichen Sozialversicherung entspricht.

g) Beiträge von Grenzgängern zu einer inländischen oder ausländischen gesetzlichen Krankenversicherung. Grenzgänger sind im Inland ansässige Arbeitnehmer, die im Ausland ihren Arbeitsort haben und sich in der Regel an jedem Arbeitstag von ihrem Wohnort dorthin begeben.

h) Beiträge von Arbeitnehmern zu ausländischen Pensionskassen, die auf Grund einer ausländischen gesetzlichen Verpflichtung zu leisten sind.

5. Von Arbeitnehmern beim Steuerabzug vom Arbeitslohn entrichtete Wohnbauförderungsbeiträge im Sinne des Bundesgesetzes über die Einführung eines Wohnbauförderungsbeitrages, BGBl. Nr. 13/1952.

6. Ausgaben des Steuerpflichtigen für Fahrten zwischen Wohnung und Arbeitsstätte. Für die Berücksichtigung dieser Aufwendungen gilt:

a) Diese Ausgaben sind durch den Verkehrsabsetzbetrag (§ 33 Abs. 5 Z 1) abgegolten. Nach Maßgabe der lit. b bis j steht zusätzlich ein Pendlerpauschale sowie nach Maßgabe des § 33 Abs. 5 Z 4 ein Pendlereuro zu. Mit dem Verkehrsabsetzbetrag, dem Pendlerpauschale und dem Pendlereuro sind alle Ausgaben für Fahrten zwischen Wohnung und Arbeitsstätte abgegolten.

b) Wird dem Arbeitnehmer ein arbeitgebereigenes Kraftfahrzeug für Fahrten zwischen Wohnung und Arbeitsstätte zur Verfügung gestellt, steht kein Pendlerpauschale zu; dies gilt nicht wenn ein arbeitgebereigenes Fahrrad oder Elektrofahrrad zur Verfügung gestellt wird.
(BGBl I 2021/18)

c) Beträgt die Entfernung zwischen Wohnung und Arbeitsstätte mindestens 20 km und ist die Benützung eines Massenbeförderungsmittels zumutbar, beträgt das Pendlerpauschale:

Bei mindestens 20 km bis 40 km   696 Euro jährlich,
bei mehr als 40 km bis 60 km   1 356 Euro jährlich,
bei mehr als 60 km   2 016 Euro jährlich.

d) Ist dem Arbeitnehmer die Benützung eines Massenbeförderungsmittels zwischen Wohnung und Arbeitsstätte zumindest hinsichtlich der halben Entfernung nicht zumutbar, beträgt das Pendlerpauschale abweichend von lit. c:

Bei mindestens 2 km bis 20 km   372 Euro jährlich,
bei mehr als 20 km bis 40 km   1 476 Euro jährlich,
bei mehr als 40 km bis 60 km   2 568 Euro jährlich,
bei mehr als 60 km   3 672 Euro jährlich.

e) Voraussetzung für die Berücksichtigung eines Pendlerpauschales gemäß lit. c oder d ist, dass der Arbeitnehmer an mindestens elf Tagen im Kalendermonat von der Wohnung zur Arbeitsstätte fährt. Ist dies nicht der Fall gilt Folgendes:

— Fährt der Arbeitnehmer an mindestens acht Tagen, aber an nicht mehr als zehn Tagen im Kalendermonat von der Wohnung zur Arbeitsstätte, steht das jeweilige Pendlerpauschale zu zwei Drittel zu. Werden Fahrtkosten als Familienheimfahrten berücksichtigt, steht kein Pendlerpauschale für die Wegstrecke vom Familienwohnsitz (§ 20 Abs. 1 Z 2 lit. e) zur Arbeitsstätte zu.

— Fährt der Arbeitnehmer an mindestens vier Tagen, aber an nicht mehr als sieben Tagen im Kalendermonat von der Wohnung zur Arbeitsstätte, steht das jeweilige Pendlerpauschale zu einem Drittel zu. Werden Fahrtkosten als Familienheimfahrten berücksichtigt, steht kein Pendlerpauschale für die Wegstrecke vom Familienwohnsitz (§ 20 Abs. 1 Z 2 lit. e) zur Arbeitsstätte zu.

Einem Steuerpflichtigen steht im Kalendermonat höchstens ein Pendlerpauschale in vollem Ausmaß zu.

f) Bei Vorliegen mehrerer Wohnsitze ist für die Berechnung des Pendlerpauschales entweder der zur Arbeitsstätte nächstgelegene Wohnsitz oder der Familienwohnsitz (§ 20 Abs. 1 Z 2 lit. e) maßgeblich.

g) Für die Inanspruchnahme des Pendlerpauschales hat der Arbeitnehmer dem Arbeitgeber auf einem amtlichen Formular eine Erklärung über das Vorliegen der Voraussetzungen abzugeben oder elektronisch zu übermitteln. Der Arbeitgeber hat die Erklärung des Arbeitnehmers zum Lohnkonto (§ 76) zu nehmen. Änderungen der Verhältnisse für die Berücksichtigung des Pendlerpauschales

1/1. EStG
§ 16

muss der Arbeitnehmer dem Arbeitgeber innerhalb eines Monates melden.

(BGBl I 2019/103)

h) Das Pendlerpauschale ist auch für Feiertage sowie für Lohnzahlungszeiträume zu berücksichtigen, in denen sich der Arbeitnehmer im Krankenstand oder Urlaub befindet.

i) Liegen bei einem Arbeitnehmer die Voraussetzungen für die Berücksichtigung eines Pendlerpauschales vor, gilt bezüglich § 26 Z 5 Folgendes:

   aa) Nutzt der Arbeitnehmer an der Mehrzahl der Arbeitstage im Lohnzahlungszeitraum einen Werkverkehr gemäß § 26 Z 5 lit. a, steht ein Pendlerpauschale nur für jene Wegstrecke zu, die nicht von § 26 Z 5 lit. a umfasst ist. Kostenbeiträge des Arbeitnehmers für die Beförderung im Werkverkehr stellen Werbungskosten dar. Das zustehende Pendlerpauschale und ein zu leistender Kostenbeitrag sind dabei insgesamt mit der Höhe des sich aus lit. c, d oder e ergebenden Betrages für die Gesamtstrecke zwischen Wohnung und Arbeitsstätte begrenzt.

   bb) Bei Zuwendungen gemäß § 26 Z 5 lit. b vermindert sich das Pendlerpauschale gemäß lit. c, d oder e um die vom Arbeitgeber getragenen Kosten. Die Zuwendungen sind verhältnismäßig auf den gesamten Zeitraum der Gültigkeit der Wochen-, Monats- oder Jahreskarte zu verteilen.

(BGBl I 2021/18, BGBl I 2022/108)

j) Der Bundesminister für Finanzen wird ermächtigt, Kriterien zur Festlegung der Entfernung und der Zumutbarkeit der Benützung eines Massenverkehrsmittels mit Verordnung festzulegen.

7. Ausgaben für Arbeitsmittel (zB Werkzeug und Berufskleidung). Ausgaben für digitale Arbeitsmittel zur Verwendung eines in der Wohnung eingerichteten Arbeitsplatzes sind um ein Homeoffice-Pauschale gemäß § 26 Z 9 und Werbungskosten gemäß § 7a lit. b zu kürzen. Ist die Nutzungsdauer der Arbeitsmittel länger als ein Jahr, ist Z 8 anzuwenden.

(BGBl I 2021/52)

7a. Ausgaben und Beträge eines Arbeitnehmers, der seine berufliche Tätigkeit in der Wohnung (im Homeoffice) erbringt und bei dem keine Ausgaben für ein Arbeitszimmer gemäß § 20 Abs. 1 Z 2 lit. d berücksichtigt werden:

   a) Ausgaben für ergonomisch geeignetes Mobiliar (insbesondere Schreibtisch, Drehstuhl, Beleuchtung) eines in der Wohnung eingerichteten Arbeitsplatzes bis zu insgesamt 300 Euro (Höchstbetrag pro Kalenderjahr), wenn der Arbeitnehmer zumindest 26 Homeoffice-Tage gemäß § 26 Z 9 lit. a im Kalenderjahr geleistet hat. Übersteigen die Anschaffungs- oder Herstellungskosten insgesamt den Höchstbetrag, kann der Überschreitungsbetrag innerhalb des Höchstbetrages jeweils ab dem Folgejahr ~~bis zum Kalenderjahr 2023~~ geltend gemacht werden. Z 8 ist nicht anzuwenden.

   b) Soweit das Homeoffice-Pauschale gemäß § 26 Z 9 lit. a den Höchstbetrag von drei Euro pro Homeoffice-Tag nicht erreicht, die Differenz auf drei Euro.

(BGBl I 2021/52; zum Inkrafttreten siehe § 124b Z 373 und 374; PrAG 2024, BGBl I 2023/153 ab 23.12.2023)

8. Absetzungen für Abnutzungen und für Substanzverringerungen (§§ 7 und 8). Gehört ein abnutzbares Wirtschaftsgut (insbesondere Gebäude) nicht zu einem Betriebsvermögen, gilt für die Bemessung der Absetzung für Abnutzung oder Substanzverringerung Folgendes:

   a) Grundsätzlich sind die tatsächlichen Anschaffungs- oder Herstellungskosten zu Grunde zu legen. Bei der Ermittlung der Anschaffungs- oder Herstellungskosten sind § 6 Z 11 und 12 zu berücksichtigen. § 13 ist anzuwenden.

   b) Wird ein Wirtschaftsgut unentgeltlich erworben, ist die Absetzung für Abnutzung des Rechtsvorgängers fortzusetzen.

   c) Wird ein zum 31. März 2012 nicht steuerverfangenes Grundstück im Sinne des § 30 Abs. 1 erstmalig zur Erzielung von Einkünften verwendet, sind der Bemessung der Absetzung für Abnutzung die fiktiven Anschaffungskosten zum Zeitpunkt der erstmaligen Nutzung zur Einkünfteerzielung zu Grunde zu legen.

   d) Bei Gebäuden, die der Erzielung von Einkünften aus Vermietung und Verpachtung dienen, können ohne Nachweis der Nutzungsdauer jährlich 1,5% der Bemessungsgrundlage (lit. a bis c) als Absetzung für Abnutzung geltend gemacht werden. Ohne Nachweis eines anderen Aufteilungsverhältnisses sind von den Anschaffungskosten eines bebauten Grundstückes 40% als Anteil des Grund und Bodens auszuscheiden. Dies gilt nicht, wenn die tatsächlichen Verhältnisse offenkundig erheblich davon abweichen. Der Bundesminister für Finanzen wird ermächtigt, an Hand geeigneter Kriterien (z. B. Lage, Bebauung) abweichende Aufteilungsverhältnisse von Grund und Boden und Gebäude im Verordnungswege festzulegen.

(BGBl I 2015/118)

e) Im Jahr der erstmaligen Berücksichtigung der Absetzung für Abnutzung beträgt diese abweichend von lit. d höchstens das Dreifache und im darauffolgenden Jahr höchstens das Zweifache des Prozentsatzes gemäß lit. d. § 7 Abs. 2 ist nicht anzuwenden.
(BGBl I 2020/96)

9. Mehraufwendungen des Steuerpflichtigen für Verpflegung und Unterkunft bei ausschließlich beruflich veranlaßten Reisen. Diese Aufwendungen sind ohne Nachweis ihrer Höhe als Werbungskosten anzuerkennen, soweit sie die sich aus § 26 Z 4 ergebenden Beträge nicht übersteigen. Dabei steht das volle Tagesgeld für 24 Stunden zu. Höhere Aufwendungen für Verpflegung sind nicht zu berücksichtigen.

10. Aufwendungen für Aus- und Fortbildungsmaßnahmen im Zusammenhang mit der vom Steuerpflichtigen ausgeübten oder einer damit verwandten beruflichen Tätigkeit und Aufwendungen für umfassende Umschulungsmaßnahmen, die auf eine tatsächliche Ausübung eines anderen Berufes abzielen. Aufwendungen für Nächtigungen sind jedoch höchstens im Ausmaß des den Bundesbediensteten zustehenden Nächtigungsgeldes der Höchststufe bei Anwendung des § 13 Abs. 7 der Reisegebührenvorschrift zu berücksichtigen.

(2) Zu den Werbungskosten zählt auch die Erstattung (Rückzahlung) von Einnahmen, sofern weder der Zeitpunkt des Zufließens der Einnahmen noch der Zeitpunkt der Erstattung willkürlich festgesetzt wurde. Steht ein Arbeitnehmer in einem aufrechten Dienstverhältnis zu jenem Arbeitgeber, dem er Arbeitslohn zu erstatten (rückzuzahlen) hat, so hat der Arbeitgeber die Erstattung (Rückzahlung) beim laufenden Arbeitslohn als Werbungskosten zu berücksichtigen.

(3) Für Werbungskosten, die bei nichtselbständigen Einkünften erwachsen, ist ohne besonderen Nachweis ein Pauschbetrag von 132 Euro jährlich abzusetzen. Dies gilt nicht, wenn diese Einkünfte den Anspruch auf den Pensionistenabsetzbetrag (§ 33 Abs. 6 und § 57 Abs. 4) begründen. Der Abzug des Pauschbetrages darf nicht zu einem Verlust aus nichtselbständiger Arbeit führen. Ohne Anrechnung auf den Pauschbetrag sind abzusetzen:

– Werbungskosten im Sinne des Abs. 1 Z 3 mit Ausnahme der Betriebsratsumlagen
– Werbungskosten im Sinne des Abs. 1 Z 4, 5 und 7a
– der Pauschbetrag gemäß Abs. 1 Z 6
– dem Arbeitnehmer für den Werkverkehr erwachsende Kosten (Abs. 1 Z 6 lit. i letzter Satz) und
– Werbungskosten im Sinne des Abs. 2.

(BGBl I 2021/52)

5. ABSCHNITT
Durchschnittssätze

§ 17. (1) Bei den Einkünften aus einer Tätigkeit im Sinne des § 22 oder des § 23 können die Betriebsausgaben im Rahmen der Gewinnermittlung gemäß § 4 Abs. 3 mit einem Durchschnittssatz ermittelt werden. Der Durchschnittssatz beträgt

– bei freiberuflichen oder gewerblichen Einkünften aus einer kaufmännischen oder technischen Beratung, einer Tätigkeit im Sinne des § 22 Z 2 sowie aus einer schriftstellerischen, vortragenden, wissenschaftlichen, unterrichtenden oder erzieherischen Tätigkeit 6%, höchstens jedoch 13 200 €,
– sonst 12%, höchstens jedoch 26 400 €,

der Umsätze im Sinne des § 125 Abs. 1 der Bundesabgabenordnung. Daneben dürfen nur folgende Ausgaben als Betriebsausgaben abgesetzt werden: Ausgaben für den Eingang an Waren, Rohstoffen, Halberzeugnissen, Hilfsstoffen und Zutaten, die nach ihrer Art und ihrem betrieblichen Zweck in ein Wareneingangsbuch (§ 128 BAO) einzutragen sind oder einzutragen wären, sowie Ausgaben für Löhne (einschließlich Lohnnebenkosten) und für Fremdlöhne, soweit diese unmittelbar in Leistungen eingehen, die den Betriebsgegenstand des Unternehmens bilden, weiters Beiträge im Sinne des § 4 Abs. 4 Z 1, das Arbeitsplatzpauschale gemäß § 4 Abs. 4 Z 8, Kosten gemäß § 4 Abs. 4 Z 5 zweiter Satz und Reise- und Fahrtkosten, soweit ihnen ein Kostenersatz in gleicher Höhe gegenübersteht; diese Reise- und Fahrtkosten vermindern die Umsätze im Sinne des zweiten Satzes. § 4 Abs. 3 dritter Satz ist anzuwenden.

(BGBl I 2019/103, BGBl I 2021/227, BGBl I 2022/108)

(2) Die Anwendung des Durchschnittssatzes gemäß Abs. 1 setzt voraus, daß

1. keine Buchführungspflicht besteht und auch nicht freiwillig Bücher geführt werden, die eine Gewinnermittlung nach § 4 Abs. 1 ermöglichen und
   (AbgÄG 2023, BGBl I 2023/110)
2. die Umsätze im Sinne des § 125 Abs. 1 der Bundesabgabenordnung des vorangegangenen Wirtschaftsjahres nicht mehr als 220 000 Euro betragen.
   (AbgÄG 2023, BGBl I 2023/110)
3. (aufgehoben)
   (AbgÄG 2023, BGBl I 2023/110)

(3) Geht der Steuerpflichtige von der Ermittlung der Betriebsausgaben mittels des Durchschnittssatzes gemäß Abs. 1 auf die Gewinnermittlung nach § 4 Abs. 1 oder im Rahmen der Gewinnermittlung gemäß § 4 Abs. 3 auf die Geltendmachung der Betriebsausgaben nach den allgemeinen Gewinnermittlungsvorschriften über, so ist eine erneute Ermittlung der Betriebsausgaben mittels des Durchschnittssatzes gemäß Abs. 1 frühestens nach Ablauf von fünf Wirtschaftsjahren zulässig.

1/1. EStG
§ 17

(3a) Im Rahmen der Einnahmen-Ausgaben-Rechnung kann der Gewinn nach Maßgabe der Z 1 bis Z 9 pauschal ermittelt werden.

1. Die pauschale Gewinnermittlung betrifft Einkünfte gemäß § 22 oder § 23 mit Ausnahme von Einkünften aus einer Tätigkeit eines Gesellschafters gemäß § 22 Z 2 zweiter Teilstrich, als Aufsichtsratsmitglied oder als Stiftungsvorstand.
2. Die Pauschalierung kann angewendet werden, wenn im Veranlagungsjahr die Umsatzsteuerbefreiung gemäß § 6 Abs. 1 Z 27 UStG 1994 für Kleinunternehmer anwendbar ist oder nur deswegen nicht anwendbar ist, weil
   – die Umsatzgrenze gemäß § 6 Abs. 1 Z 27 UStG 1994 um nicht mehr als 5 000 Euro überschritten wurde,
   – auch Umsätze erzielt wurden, die zu Einkünften führen, die gemäß Z 1 von der Pauschalierung nicht betroffen sind, und die erhöhte Umsatzgrenze gemäß dem ersten Teilstrich nicht überschritten wurde, oder
   – auf die Anwendung der Umsatzsteuerbefreiung gemäß § 6 Abs. 3 UStG 1994 verzichtet wurde.

   Die Pauschalierung kann auch angewendet werden, wenn die obigen Voraussetzungen erfüllt wären, aber die Umsatzsteuerbefreiung gemäß § 6 Abs. 1 Z 27 UStG 1994 tatsächlich nicht zur Anwendung kommt, weil ihr eine mit dem Ausschluss des Vorsteuerabzuges verbundene andere Umsatzsteuerbefreiung gemäß § 6 Abs. 1 UStG 1994 vorgeht.

   (BGBl I 2021/3, BGBl I 2022/194; AbgÄG 2023, BGBl I 2023/110)

3. Gewinn ist der Unterschiedsbetrag zwischen den Betriebseinnahmen (ohne Umsatzsteuer) und den gemäß Z 4 pauschal ermittelten Betriebsausgaben. Bei der Ermittlung des Gewinnes gilt:
   a) Neben den pauschalen Betriebsausgaben sind Beiträge gemäß § 4 Abs. 4 Z 1, das Arbeitsplatzpauschale gemäß § 4 Abs. 4 Z 8, Kosten gemäß § 4 Abs. 4 Z 5 zweiter Satz und Reise- und Fahrtkosten, soweit ihnen in gleicher Höhe ein Kostenersatz gegenübersteht, zu berücksichtigen; diese Reise- und Fahrtkosten vermindern die Bemessungsgrundlage für die pauschalen Betriebsausgaben.

      (BGBl I 2021/227, BGBl I 2022/108)

   b) Weitere Betriebsausgaben und Entnahmen sind nicht zu berücksichtigen.

   (BGBl I 2021/3)

4. Die pauschalen Betriebsausgaben betragen 45% der Betriebseinnahmen gemäß Z 3, höchstens aber 18 900 Euro. Abweichend davon betragen die pauschalen Betriebsausgaben bei einem Dienstleistungsbetrieb 20% der Betriebseinnahmen gemäß Z 3, höchstens aber 8 400 Euro.

   (BGBl I 2021/3)

5. Der Bundesminister für Finanzen wird für die Anwendung der Z 4 ermächtigt, im Wege einer Verordnung eine branchenbezogene Einordnung eines Betriebes als Dienstleistungsbetrieb vorzunehmen. Bei einem Betrieb, der nicht ausschließlich Dienstleistungen erbringt, ist für die Anwendung des Pauschalsatzes die Tätigkeit maßgeblich, aus der die höheren Betriebseinnahmen stammen.

   (BGBl I 2021/3)

6. Wird ein Wirtschaftsgut des Anlagevermögens entnommen, ist § 6 Z 4 nicht anzuwenden.

7. Bei einer Mitunternehmerschaft im Sinne des § 22 Z 3 oder § 23 Z 2 gilt Folgendes:
   a) Für die Anwendung der Z 2 sind die Umsätze maßgeblich, die von der Mitunternehmerschaft insgesamt erzielt werden.
   b) Die pauschale Gewinnermittlung ist von der Mitunternehmerschaft einheitlich vorzunehmen; der so ermittelte Gewinn ist auf die Beteiligten aufzuteilen. Sonderbetriebseinnahmen und Sonderbetriebsausgaben sind beim jeweiligen Mitunternehmer in tatsächlicher Höhe zu berücksichtigen.
   c) Keiner der Mitunternehmer darf die Pauschalierung außerhalb der Gewinnermittlung für die betreffende Mitunternehmerschaft in Anspruch nehmen.

8. Bei Inanspruchnahme der Pauschalierung besteht keine Verpflichtung zur Führung eines Wareneingangsbuches und einer Anlagenkartei (§ 7 Abs. 3).

9. Wird von der Ermittlung des Gewinnes gemäß Z 1 bis Z 8 freiwillig auf eine andere Form der Gewinnermittlung übergegangen, ist eine erneute Ermittlung des Gewinnes gemäß Z 1 bis Z 8 frühestens nach Ablauf von drei Wirtschaftsjahren zulässig.

   (BGBl I 2019/103)

(4) Für die Ermittlung des Gewinnes können weiters mit Verordnung des Bundesministers für Finanzen Durchschnittssätze für Gruppen von Steuerpflichtigen aufgestellt werden. Die Durchschnittssätze sind auf Grund von Erfahrungen über die wirtschaftlichen Verhältnisse bei der jeweiligen Gruppe von Steuerpflichtigen festzusetzen. Solche Durchschnittssätze sind nur für Fälle aufzustellen, in denen weder eine Buchführungspflicht besteht noch ordnungsmäßige Bücher geführt werden, die eine Gewinnermittlung durch Betriebsvermögensvergleich ermöglichen.

(5) In der Verordnung werden bestimmt:
1. Die Gruppen von Betrieben, für die Durchschnittssätze anzuwenden sind.

2. Die für die Einstufung jeweils maßgeblichen Betriebsmerkmale. Als solche kommen insbesondere in Betracht:
   a) Bei land- und forstwirtschaftlichen Betrieben die Betriebsart und der Einheitswert.
   b) Bei anderen Betrieben die örtliche Lage, die Ausstattung, der Wareneingang oder Wareneinsatz, die Zahl der Arbeitskräfte und die Stabilität der Erträge und Aufwendungen.
3. Die Art der Gewinnermittlung für die einzelnen Gruppen von Betrieben durch Aufstellung von Reingewinnsätzen und Reingewinnprozentsätzen vom Einheitswert oder vom Umsatz oder von anderen, für einen Rückschluß auf den Umsatz und Gewinn geeigneten äußeren Betriebsmerkmalen. In der Verordnung kann bestimmt werden, daß für die Gewinnermittlung nur die Betriebsausgaben oder Betriebsausgabenteile nach Durchschnittssätzen ermittelt werden.
4. Der Veranlagungszeitraum, für den die Durchschnittssätze anzuwenden sind.
5. Der Umfang, in dem jenen Steuerpflichtigen, die den Gewinn nach Durchschnittssätzen ermitteln, Erleichterungen in der Führung von Aufzeichnungen gewährt werden.

(5a) Für eine Verordnung über die Aufstellung von Durchschnittssätzen für die Ermittlung des Gewinnes aus der Land- und Forstwirtschaft gelten folgende Grundsätze:
1. Die Gewinnermittlung auf Basis von Durchschnittssätzen ist nur für Betriebe zulässig, deren gemäß § 125 Abs. 1 der Bundesabgabenordnung in der Fassung vor BGBl. I Nr. 96/2020 ermittelter Einheitswert 165 000 Euro nicht übersteigt.

   (BGBl I 2020/96; Teuerungs-EP II, BGBl I 2022/163)

2. Eine Gewinnermittlung mit Hilfe von Reingewinnprozentsätzen vom Einheitswert ist nur zulässig, wenn der gemäß § 125 Abs. 1 der Bundesabgabenordnung in der Fassung vor BGBl. I Nr. 96/2020 ermittelte Einheitswert 75 000 Euro nicht übersteigt.

   (BGBl I 2020/96)

3. Eine Gewinnermittlung mit Hilfe von Reingewinnprozentsätzen ist für den Gewinn aus Weinbau nur zulässig, wenn die selbst bewirtschaftete weinbaulich genutzte (§ 48 Abs. 1 BewG 1955) Fläche 60 Ar nicht übersteigt. Davon unberührt bleibt die Gewinnermittlung des übrigen Betriebes.

4. (aufgehoben)

   (BGBl I 2020/96)

(6) Zur Ermittlung von Werbungskosten können vom Bundesminister für Finanzen Durchschnittssätze für Werbungskosten im Verordnungswege für bestimmte Gruppen von Steuerpflichtigen nach den jeweiligen Erfahrungen der Praxis festgelegt werden.

6. ABSCHNITT

Sonderausgaben*)

*) Die Topfsonderausgaben können ab der Veranlagung 2021 nicht mehr geltend gemacht werden; vgl. § 124b Z 285 und 286.

§ 18. (1) Folgende Ausgaben sind bei der Ermittlung des Einkommens als Sonderausgaben abzuziehen, soweit sie nicht Betriebsausgaben oder Werbungskosten sind:

1. Renten und dauernde Lasten, die auf besonderen Verpflichtungsgründen beruhen. Werden Renten oder dauernde Lasten als angemessene Gegenleistung für die Übertragung von Wirtschaftsgütern geleistet, gilt folgendes: Die Renten und dauernden Lasten sowie Abfindungen derselben sind nur insoweit abzugsfähig, als die Summe der verausgabten Beträge (Renten, dauernde Lasten, gänzliche oder teilweise Abfindungen derselben sowie allfällige Einmalzahlungen) den Wert der Gegenleistung (§ 29 Z 1) übersteigt. Stellt eine aus Anlaß der Übertragung eines Betriebes, Teilbetriebes oder Mitunternehmeranteils vereinbarte Rente oder dauernde Last keine angemessene Gegenleistung für die Übertragung dar, so sind die Renten oder dauernden Lasten nur dann abzugsfähig, wenn
   – keine Betriebsausgaben vorliegen und
   – keine derart unangemessen hohen Renten oder dauernden Lasten vorliegen, daß der Zusammenhang zwischen Übertragung und Vereinbarung einer Rente oder dauernden Last wirtschaftlich bedeutungslos und damit ein Abzug nach § 20 Abs. 1 Z 4 erster Satz ausgeschlossen ist.

1a. Beiträge für eine freiwillige Weiterversicherung einschließlich des Nachkaufs von Versicherungszeiten in der gesetzlichen Pensionsversicherung und vergleichbare Beiträge an Versorgungs- und Unterstützungseinrichtungen der Kammern der selbständig Erwerbstätigen. Besteht der Beitrag in einer einmaligen Leistung, kann der Erbringer dieser Leistung auf Antrag ein Zehntel des als Einmalprämie geleisteten Betrages durch zehn aufeinanderfolgende Jahre als Sonderausgaben in Anspruch nehmen.

   (BGBl I 2015/118)

2. Beiträge und Versicherungsprämien, wenn der der Zahlung zugrundeliegende Vertrag vor dem 1. Jänner 2016 abgeschlossen worden ist, ausgenommen Beiträge und Versicherungsprämien im Bereich des BMSVG und der prämienbegünstigten Zukunftsvorsorge (§ 108g) zu einer
   – freiwilligen Kranken-, Unfall- oder Pensionsversicherung, ausgenommen Beiträge für die freiwillige Höherver-

sicherung in der gesetzlichen Pensionsversicherung (einschließlich der zusätzlichen Pensionsversicherung im Sinne des § 479 des Allgemeinen Sozialversicherungsgesetzes), soweit dafür eine Prämie nach § 108a in Anspruch genommen wird, sowie ausgenommen Beiträge zu einer Pensionszusatzversicherung (§ 108b),
– Lebensversicherung (Kapital- oder Rentenversicherung), ausgenommen Beiträge zu einer Pensionszusatzversicherung (§ 108b),
– freiwillige Witwen-, Waisen-, Versorgungs- und Sterbekasse,
– Pensionskasse, soweit für die Beiträge nicht eine Prämie nach § 108a in Anspruch genommen wird,
– betrieblichen Kollektivversicherung im Sinne des § 93 des VAG 2016, soweit für die Beiträge nicht eine Prämie nach § 108a in Anspruch genommen wird,
– ausländischen Einrichtungen im Sinne des § 5 Z 4 des Pensionskassengesetzes.

Versicherungsprämien sind nur dann abzugsfähig, wenn das Versicherungsunternehmen Sitz oder Geschäftsleitung im Inland hat oder ihm die Erlaubnis zum Geschäftsbetrieb im Inland erteilt wurde.

Beiträge zu Versicherungsverträgen auf den Erlebensfall (Kapitalversicherungen) sind nur abzugsfähig, wenn der Versicherungsvertrag vor dem 1. Juni 1996 abgeschlossen worden ist, für den Fall des Ablebens des Versicherten mindestens die für den Erlebensfall vereinbarte Versicherungssumme zur Auszahlung kommt und überdies zwischen dem Zeitpunkt des Vertragsabschlusses und dem Zeitpunkt des Anfallens der Versicherungssumme im Erlebensfall ein Zeitraum von mindestens zwanzig Jahren liegt. Hat der Versicherte im Zeitpunkt des Vertragsabschlusses das 41. Lebensjahr vollendet, dann verkürzt sich dieser Zeitraum auf den Zeitraum bis zur Vollendung des 60. Lebensjahres, er darf jedoch nicht weniger als zehn Jahre betragen.

Beiträge zu Rentenversicherungsverträgen sind nur abzugsfähig, wenn eine mindestens auf die Lebensdauer zahlbare Rente vereinbart ist.

Besteht der Beitrag (die Versicherungsprämie) in einer einmaligen Leistung, so kann der Erbringer dieser Leistung auf Antrag ein Zehntel des als Einmalprämie geleisteten Betrages durch zehn aufeinanderfolgende Jahre als Sonderausgaben in Anspruch nehmen.

Werden als Sonderausgaben abgesetzte Versicherungsprämien ohne Nachversteuerung (Abs. 4 Z 1) vorausgezahlt, rückgekauft oder sonst rückvergütet, dann vermindern die rückvergüteten Beträge beginnend ab dem Kalenderjahr der Rückvergütung die aus diesem Vertrag als Sonderausgaben absetzbaren Versicherungsprämien.
(BGBl I 2015/118)

3. Ausgaben zur Wohnraumschaffung oder zur Wohnraumsanierung, wenn mit der tatsächlichen Bauausführung oder Sanierung vor dem 1. Jänner 2016 begonnen worden ist (lit. b und c) oder der Zahlung zugrundeliegende Vertrag vor dem 1. Jänner 2016 abgeschlossen worden ist (lit. a und d):

a) Mindestens achtjährig gebundene Beträge, die vom Wohnungswerber zur Schaffung von Wohnraum an Bauträger geleistet werden. Bauträger sind
– gemeinnützige Bau-, Wohnungs- und Siedlungsvereinigungen
– Unternehmen, deren Betriebsgegenstand nach Satzung und tatsächlicher Geschäftsführung die Schaffung von Wohnungseigentum ist
– Gebietskörperschaften.

Dabei ist es gleichgültig, ob der Wohnraum dem Wohnungswerber in Nutzung (Bestand) gegeben oder ob ihm eine Kaufanwartschaft eingeräumt wird. Ebenso ist es nicht maßgeblich, ob der Wohnungswerber bis zum Ablauf der achtjährigen Bindungszeit im Falle seines Rücktrittes einen Anspruch auf volle Erstattung des Betrages hat oder nicht.

b) Beträge, die verausgabt werden zur Errichtung von Eigenheimen oder Eigentumswohnungen, die in einem Mitgliedstaat der Europäischen Union oder einem Staat des Europäischen Wirtschaftsraumes, mit dem eine umfassende Amtshilfe besteht, gelegen sind. Eigenheim ist ein Wohnhaus mit nicht mehr als zwei Wohnungen, wenn mindestens zwei Drittel der Gesamtnutzfläche des Gebäudes Wohnzwecken dienen. Das Eigenheim kann auch im Eigentum zweier oder mehrerer Personen stehen. Das Eigenheim kann auch ein Gebäude auf fremdem Grund und Boden sein. Eine Eigentumswohnung muss mindestens zu zwei Dritteln der Gesamtnutzfläche Wohnzwecken dienen. Das Eigenheim oder die Eigentumswohnung muss unmittelbar nach Fertigstellung dem Steuerpflichtigen für einen Zeitraum von mindestens zwei Jahren als Hauptwohnsitz dienen. Auch die Aufwendungen für den Erwerb von Grundstücken zur Schaffung von Eigenheimen oder Eigentumswohnungen durch den Steuerpflichtigen oder durch von ihm Beauftragten sind abzugsfähig.

c) Ausgaben zur Sanierung von Wohnraum, wenn die Sanierung über unmittelbaren Auftrag des Steuerpflichtigen

durch einen befugten Unternehmer durchgeführt worden ist, und zwar
- Instandsetzungsaufwendungen einschließlich Aufwendungen für energiesparende Maßnahmen, wenn diese Aufwendungen den Nutzungswert des Wohnraumes wesentlich erhöhen oder den Zeitraum seiner Nutzung wesentlich verlängern oder
- Herstellungsaufwendungen.

d) Rückzahlungen von Darlehen, die für die Schaffung von begünstigtem Wohnraum oder für die Sanierung von Wohnraum im Sinne der lit. a bis lit. c aufgenommen wurden, sowie Zinsen für derartige Darlehen. Diesen Darlehen sind Eigenmittel der in lit. a genannten Bauträger gleichzuhalten.

(BGBl I 2015/118)

4. Vor dem 1. Jänner 2011 getätigte Ausgaben natürlicher Personen für die Anschaffung von Genußscheinen im Sinne des § 6 des Beteiligungsfondsgesetzes und für die Erstanschaffung junger Aktien (Abs. 3 Z 4 lit. a) von Aktiengesellschaften im Sinne des Abs. 3 Z 4 lit. b, die den Ausgabebetrag (Nennbetrag und ein Aufgeld) betreffen. Die Genußscheine oder jungen Aktien müssen bei einem inländischen Kreditinstitut
- gegen sofortige volle Zahlung der Anschaffungskosten der Genußscheine oder des Ausgabebetrages der jungen Aktien erworben und
- durch mindestens zehn Jahre ab der Anschaffung hinterlegt werden.

Das Kreditinstitut hat dem Steuerpflichtigen die Anschaffung der Genußscheine oder jungen Aktien, die bezahlten Beträge und die Tatsache der Hinterlegung auf einem amtlichen Vordruck zu bescheinigen. Eine Gleichschrift dieser Bescheinigung ist von dem Kreditinstitut dem Wohnsitzfinanzamt zu übersenden.

5. Verpflichtende Beiträge an Kirchen und Religionsgesellschaften, die in Österreich gesetzlich anerkannt sind, höchstens jedoch 400 Euro jährlich. In Österreich gesetzlich anerkannten Kirchen und Religionsgesellschaften stehen Körperschaften mit Sitz in einem Mitgliedstaat der Europäischen Union oder des Europäischen Wirtschaftsraumes gleich, die einer in Österreich gesetzlich anerkannten Kirche oder Religionsgesellschaft entsprechen.

6. Steuerberatungskosten, die an berufsrechtlich befugte Personen geleistet werden.

„7. Freigebige Geldzuwendungen an spendenbegünstigte Einrichtungen gemäß § 4a insoweit, als sie zusammen mit derartigen Zuwendungen aus dem Betriebsvermögen insgesamt 10% des sich nach Verlustausgleich ergebenden Gesamtbetrages der Einkünfte nicht übersteigen. An begünstigte Körperschaften gemäß § 4a Abs. 6 Z 1 bis 3, 5 und 6 sowie an Einrichtungen mit Sitz in einem Mitgliedstaat der Europäischen Union oder einem Staat, mit dem eine umfassende Amtshilfe besteht, wenn sie den in § 4a Abs. 6 Z 5 und 6 genannten vergleichbar sind und der Förderung, Erhaltung, Vermittlung und Dokumentation von Kunst und Kultur in Österreich dienen, geleistete freigebige Zuwendungen sind auch abzugsfähig, wenn sie nicht in Geld geleistet werden.

Eine Zuwendung an einen Empfänger, der keine feste örtliche Einrichtung im Inland unterhält, ist durch den Zuwendenden auf Verlangen der Abgabenbehörde durch Vorlage eines Beleges nachzuweisen. Dieser Beleg hat jedenfalls zu enthalten den Namen der empfangenden Körperschaft, den Namen des Zuwendenden, den Betrag und das Datum der Zuwendung. Auf Verlangen des Zuwendenden ist durch einen Empfänger der Zuwendung, der keine feste örtliche Einrichtung im Inland unterhält, eine Spendenbestätigung auszustellen. In dieser Bestätigung sind neben dem Inhalten, die ein Beleg jedenfalls zu enthalten hat, auch die Anschrift des Zuwendenden und die Registrierungsnummer, unter der die empfangende Einrichtung in die Liste begünstigter Spendenempfänger gemäß § 4a Abs. 5 Z 3 eingetragen ist, anzuführen. Die Bestätigung kann für alle von demselben Zuwendenden in einem Kalenderjahr getätigten Zuwendungen ausgestellt werden.

§ 4a Abs. 7 gilt mit Ausnahme von Z 5 und 6 entsprechend.

(GemRefG 2023, BGBl I 2023/188 ab 1.1.2024)

8. Zuwendungen zum Zweck der ertragsbringenden Vermögensausstattung an privatrechtliche Stiftungen oder an vergleichbare Vermögensmassen (Stiftungen) im Sinne des § 4b. Dabei gilt:

a) Im Kalenderjahr sind Zuwendungen insoweit abzugsfähig, als sie zusammen mit Zuwendungen aus dem Betriebsvermögen 10% des sich nach Verlustausgleich ergebenden Gesamtbetrages der Einkünfte vor Berücksichtigung von Zuwendungen gemäß Z 7 und Z 9 nicht übersteigen.

b) Soweit eine Berücksichtigung einer Zuwendung gemäß lit. a nicht in Betracht kommt, kann diese Zuwendung auf Antrag in den folgenden neun Veranlagungszeiträumen zusammen mit Zuwendungen des jeweiligen Jahres nach Maßgabe der lit. a als Sonderausgabe abgezogen werden.

Die Bestimmungen des § 4b gelten entsprechend."

(GemRefG 2023, BGBl I 2023/188 ab 1.1.2024)

9. Freigebige Zuwendungen an die Innovationsstiftung für Bildung gemäß § 1 ISBG sowie an deren Substiftungen gemäß § 4 Abs. 5 ISBG zur Förderung ihrer Tätigkeiten gemäß § 3 Abs. 1 und 2 ISBG oder zum Zweck der ertragsbringenden Vermögensausstattung im Sinne des § 4c, soweit diese zusammen mit Zuwendungen aus dem Betriebsvermögen im Kalenderjahr der Zuwendung 10 % des sich nach Verlustausgleich ergebenden Gesamtbetrages der Einkünfte, nicht übersteigen. Soweit freigebige Zuwendungen gemeinsam mit Zuwendungen aus dem Betriebsvermögen im Kalenderjahr der Zuwendung weder den Betrag von 500 000 Euro noch den Gesamtbetrag der Einkünfte übersteigen, sind sie jedenfalls als Sonderausgaben abzuziehen. § 4c Abs. 2 gilt entsprechend.
(BGBl I 2017/28)

10. a) Ausgaben für die thermisch-energetische Sanierung von Gebäuden sind unter folgenden Voraussetzungen zu berücksichtigen:
    aa) Für die Ausgaben wurde eine Förderung des Bundes gemäß dem 3. Abschnitt des Umweltförderungsgesetzes – UFG, BGBl. Nr. 185/1993, ausbezahlt.
    bb) Die Datenübermittlung gemäß § 40g TDBG 2012 ist erfolgt.
    cc) Die Ausgaben abzüglich ausbezahlter Förderungen aus öffentlichen Mitteln übersteigen den Betrag von 4 000 Euro.
  b) Ausgaben für den Ersatz eines fossilen Heizungssystems durch ein klimafreundliches Heizungssystem sind unter folgenden Voraussetzungen zu berücksichtigen:
    aa) Für die Ausgaben wurde eine Förderung des Bundes gemäß dem 3. Abschnitt des UFG ausbezahlt.
    bb) Die Datenübermittlung gemäß § 40g TDBG 2012 ist erfolgt.
    cc) Die Ausgaben abzüglich ausbezahlter Förderungen aus öffentlichen Mitteln übersteigen den Betrag von 2 000 Euro.
  c) Ausgaben gemäß lit. a und lit. b sind beim Empfänger der Förderung im Jahr der Auszahlung der Förderung und in den folgenden vier Kalenderjahren durch einen Pauschbetrag zu berücksichtigen. Dieser beträgt
    – für Ausgaben gemäß lit. a 800 Euro jährlich und
    – für Ausgaben gemäß lit. b 400 Euro jährlich.
  d) Wird im ersten Kalenderjahr des Vorliegens der Anspruchsvoraussetzungen oder innerhalb der folgenden vier Kalenderjahre eine weitere Förderung ausbezahlt, die eine begünstigte Ausgabe gemäß lit. a oder lit. b betrifft, gilt Folgendes:
    – Der Zeitraum für die Berücksichtigung eines Pauschbetrages verlängert sich auf insgesamt zehn Kalenderjahre.
    – Bei einer weiteren geförderten Ausgabe im ersten Kalenderjahr ist im Fall unterschiedlicher Pauschalsätze in den ersten fünf Kalenderjahren der Pauschbetrag gemäß lit. a und in den zweiten fünf Kalenderjahren der Pauschbetrag gemäß lit. b zu berücksichtigen.
    – Bei einer weiteren geförderten Ausgabe im zweiten bis fünften Kalenderjahr ist ab dem sechsten Kalenderjahr der Pauschalsatz anzuwenden, der auf Grund der weiteren geförderten Ausgabe in Betracht kommt. Sind für weitere geförderte Ausgaben unterschiedliche Pauschalsätze anzuwenden, ist der Pauschbetrag gemäß lit. a zu berücksichtigen.
(BGBl I 2022/10)

(2) Für Sonderausgaben im Sinne des Abs. 1 Z 2 bis 4 mit Ausnahme der Beiträge für eine freiwillige Weiterversicherung einschließlich des Nachkaufs von Versicherungszeiten in der gesetzlichen Pensionsversicherung und vergleichbarer Beiträge an Versorgungs- und Unterstützungseinrichtungen der Kammern der selbständig Erwerbstätigen ist ohne besonderen Nachweis ein Pauschbetrag von 60 Euro jährlich abzusetzen.

(3) In Ergänzung des Abs. 1 wird bestimmt:
1. Ausgaben im Sinne des Abs. 1 Z 1a, 2, 3 und 5 kann der Steuerpflichtige auch dann absetzen, wenn er sie für seinen nicht dauernd getrennt lebenden (Ehe)Partner (§ 106 Abs. 3) und für seine Kinder (§ 106) leistet.
(BGBl I 2015/118)
2. Für Ausgaben im Sinne des Abs. 1 Z 2 bis 4 mit Ausnahme der Beiträge für eine freiwillige Weiterversicherung einschließlich des Nachkaufs von Versicherungszeiten in der gesetzlichen Pensionsversicherung und vergleichbarer Beiträge an Versorgungs- und Unterstützungseinrichtungen der Kammern der selbständig Erwerbstätigen besteht ein einheitlicher Höchstbetrag von 2 920 Euro jährlich. Dieser Betrag erhöht sich
    – um 2 920 Euro, wenn dem Steuerpflichtigen der Alleinverdiener- oder der Alleinerzieherabsetzbetrag zusteht und/oder
    – um 2 920 Euro, wenn dem Steuerpflichtigen kein Alleinverdiener- oder Alleinerzieherabsetzbetrag zusteht, er aber mehr als sechs Monate im Kalenderjahr verheiratet oder eingetragener Partner ist und vom (Ehe-)Partner nicht dauernd

getrennt lebt und der (Ehe-)Partner Einkünfte im Sinne des § 33 Abs. 4 Z 1 von höchstens 6 000 Euro jährlich erzielt.

Sind diese Ausgaben insgesamt
– niedriger als der jeweils maßgebende Höchstbetrag, so ist ein Viertel der Ausgaben, mindestens aber der Pauschbetrag nach Abs. 2, als Sonderausgaben abzusetzen,
– gleich hoch oder höher als der jeweils maßgebende Höchstbetrag, so ist ein Viertel des Höchstbetrags als Sonderausgaben abzusetzen (Sonderausgabenviertel).

Beträgt der Gesamtbetrag der Einkünfte mehr als 36 400 Euro, vermindert sich das Sonderausgabenviertel gleichmäßig in einem solchen Ausmaß, dass sich bei einem Gesamtbetrag der Einkünfte von 60 000 Euro ein absetzbarer Betrag in Höhe des Pauschbetrages nach Abs. 2 ergibt.
(BGBl I 2015/118)

3. a) Soweit Beträge nach Abs. 1 Z 3 als Sonderausgaben anerkannt worden sind, können sie aus einem anderen Rechtstitel nicht nochmals als Sonderausgaben berücksichtigt werden. In gleicher Weise dürfen Beträge, bei denen gemäß § 108 Abs. 7 Z 2 die Rückforderung erstatteter Einkommensteuer (Lohnsteuer) unterbleibt, nicht als Sonderausgaben nach Abs. 1 Z 3 berücksichtigt werden.

b) Abs. 1 Z 3 ist auch dann anzuwenden, wenn innerhalb des in Z 1 genannten Personenkreises Geldgeber oder Darlehensschuldner einerseits und Errichter (Eigentümer) bzw. Wohnungswerber (Nutzungsberechtigter, Bestandnehmer) andererseits nicht identisch sind.

4. a) Junge Aktien im Sinne des Abs. 1 Z 4 sind Aktien,
   aa) die im Rahmen der Gründung gegen Bareinzahlung mit sofortiger voller Leistung des Ausgabebetrages (Nennbetrag und Aufgeld) bis zum Ablauf von drei Monaten ab der Eintragung der Gesellschaft in das Firmenbuch angeschafft werden,
   bb) die im Rahmen einer Kapitalerhöhung gegen Bareinzahlung mit sofortiger voller Leistung des Ausgabebetrages (Nennbetrag und Aufgeld) neu ausgegeben werden und die im Rahmen einer ordentlichen oder genehmigten Kapitalerhöhung bis zum Ablauf von drei Monaten ab der Eintragung der Durchführung der Erhöhung des Grundkapitals in das Firmenbuch angeschafft werden oder bei denen im Rahmen einer bedingten Kapitalerhöhung die Ausübung des unentziehbaren Bezugsrechtes erklärt wird. Nicht begünstigt sind Aktien, die auf Grund einer Kapitalerhöhung ausgegeben werden, wenn der Beschluß auf Erhöhung des Grundkapitals (§ 149 Abs. 1 des Aktiengesetzes 1965) innerhalb von zwei Jahren nach der Eintragung des Beschlusses über die Herabsetzung des Grundkapitals zum Zwecke der Rückzahlung von Teilen des Grundkapitals (§ 177 des Aktiengesetzes 1965) gefaßt wurde; dies gilt auch für Kapitalherabsetzungen durch eine Aktiengesellschaft oder eine Gesellschaft mit beschränkter Haftung als Rechtsvorgänger der Aktiengesellschaft (§§ 219 und 245 des Aktiengesetzes 1965, § 2 des Bundesgesetzes über die Umwandlung von Handelsgesellschaften, BGBl. Nr. 187/1954).

Die jungen Aktien müssen zur Gänze von einem oder mehreren Kreditinstituten gemeinsam übernommen werden. Die für die Zeichnung der Aktien aufgewendeten Geldmittel müssen der Aktiengesellschaft zusätzlich zugeflossen sein. Nicht begünstigt sind Aktien, für die Garantien hinsichtlich des Wertes oder der Dividendenansprüche abgegeben werden.

b) Aktiengesellschaften im Sinne des Abs. 1 Z 4 sind Aktiengesellschaften mit Sitz und Geschäftsleitung im Inland,
   aa) die den Sektionen „Gewerbe" oder „Industrie" einer Kammer der gewerblichen Wirtschaft angehören und deren Unternehmensschwerpunkt nach der Satzung sowie den Vorbereitungshandlungen oder der tatsächlichen Geschäftsführung nachweislich die industrielle Herstellung körperlicher Wirtschaftsgüter im Inland, ausgenommen die Herstellung elektrischer Energie, Gas, Wärme oder Wohnbauten, ist und
   bb) für die keine allgemeinen Ausfallshaftungen für den Fall der Insolvenz übernommen worden sind.

c) Als Aktiengesellschaft mit dem Unternehmensschwerpunkt im Sinne der lit. b gilt bei Vorliegen der übrigen Voraussetzungen auch eine Aktiengesellschaft, deren Unternehmensschwerpunkt die geschäftsleitende Verwaltung von Beteiligungen ist, wenn auf Grund der finanziellen und organisatorischen Verflechtung nach dem Gesamtbild der tatsächlichen Verhältnisse der Schwerpunkt des Unternehmensverbundes nachweislich die industrielle Herstellung körperlicher Wirtschaftsgüter in Aktiengesellschaften im Inland ist. Voraussetzung ist, daß die Mittel aus der Kapitalerhöhung nachweislich zur Übernahme des Grundkapitals oder einer ordentlichen Kapitalerhöhung bei einer Aktiengesellschaft im Sinne der lit. b verwendet werden.

d) Der Steuerpflichtige hat der Abgabenbehörde das Vorliegen der in lit. a bis c genannten Voraussetzungen nachzuweisen. Die Nachweispflicht entfällt insoweit, als das Finanzamt auf Antrag der ausgebenden Aktiengesellschaft das Vorliegen dieser Voraussetzungen bescheinigt.

(4) In folgenden Fällen sind die als Sonderausgaben abgesetzten Beträge nachzuversteuern:

1. Eine Nachversteuerung von Versicherungsprämien (Abs. 1 Z 2) hat zu erfolgen, wenn
   - die Ansprüche aus dem Versicherungsvertrag auf den Erlebensfall innerhalb von zwanzig Jahren seit Vertragsabschluß ganz oder zum Teil abgetreten oder rückgekauft werden. Dieser Zeitraum verkürzt sich, wenn der Versicherte im Zeitpunkt des Vertragsabschlusses das 41. Lebensjahr vollendet hat, entsprechend Abs. 1 Z 2
   - innerhalb von zehn Jahren seit Vertragsabschluß eine Vorauszahlung oder Verpfändung der Ansprüche aus dem Versicherungsvertrag erfolgt
   - die Ansprüche aus einem Rentenversicherungsvertrag ganz oder zum Teil abgetreten oder rückgekauft oder vor oder nach Beginn der Rentenzahlungen ganz oder zum Teil durch eine Kapitalzahlung abgegolten werden.

   Eine Nachversteuerung erfolgt nicht, wenn
   - die Ansprüche aus einer kurzen Ablebensversicherung abgetreten oder verpfändet wurden,
   - die Nachversteuerung bei den Erben vorzunehmen wäre oder
   - der Steuerpflichtige nachweist, daß die angeführten Tatsachen durch wirtschaftliche Notlage verursacht sind.

   Die Umstände, die zu einer Nachversteuerung oder Verminderung der absetzbaren Versicherungsprämien (Abs. 1 Z 2 letzter Satz) führen, müssen dem Finanzamt des Versicherungsnehmers ohne amtliche Aufforderung innerhalb eines Monats mitgeteilt werden
   - vom Versicherungsunternehmen im Falle des Rückkaufs, der Abgeltung der Ansprüche aus einem Rentenversicherungsvertrag sowie einer Vorauszahlung, einer Verpfändung oder einer sonstigen Rückvergütung,
   - vom Steuerpflichtigen in allen übrigen Fällen.

   Im Falle der Verminderung der absetzbaren Versicherungsprämien (Abs. 1 Z 2 letzter Satz) entfällt die Meldepflicht dann, wenn die rückvergüteten Beträge mit künftigen Versicherungsprämien aufgerechnet werden.
   (BGBl I 2019/104, BGBl I 2020/99)

2. a) Eine Nachversteuerung von achtjährig gebundenen Beträgen (Abs. 1 Z 3 lit. a) hat insoweit zu erfolgen, als vor Ablauf von acht Jahren seit Vertragsabschluß die geleisteten Beträge ganz oder zum Teil rückgezahlt werden. Eine Nachversteuerung erfolgt nicht,
   - wenn die Wohnung dem Wohnungswerber ins Eigentum (Eigentumswohnung, Eigenheim) übertragen wird
   - wenn der Vertrag durch den Tod des Wohnungswerbers aufgelöst wird oder
   - soweit die rückgezahlten Beträge wieder für Zwecke der Wohnraumschaffung oder der Wohnraumsanierung verwendet werden.

   Die im Abs. 1 Z 3 lit. a genannten Bauträger sind verpflichtet, die Umstände, die zu einer Nachversteuerung führen, dem Finanzamt des Wohnungswerbers innerhalb eines Monats ohne amtliche Aufforderung mitzuteilen.
   (BGBl I 2019/104, BGBl I 2020/99)

   b) Eine Nachversteuerung von Ausgaben zur Errichtung von Eigenheimen oder Eigentumswohnungen hat zu erfolgen, wenn die Voraussetzungen des Abs. 1 Z 3 lit. b nicht gegeben sind. Ausgaben zum Erwerb von Grundstücken sind nachzuversteuern, wenn nicht innerhalb von fünf Jahren Maßnahmen gesetzt werden, aus denen die Verwendung des Grundstücks zur Errichtung eines Eigenheimes oder einer Eigentumswohnung erkennbar ist. Eine Nachversteuerung erfolgt nicht, wenn der Steuerpflichtige inzwischen verstorben ist.

   c) Eine Nachversteuerung von Darlehensrückzahlungen (Abs. 1 Z 3 lit. d) hat zu erfolgen, wenn festgestellt wird, daß die gesetzlichen Voraussetzungen für die Anerkennung als Sonderausgaben nicht erfüllt sind. Eine Nachversteuerung erfolgt nicht, wenn der Steuerpflichtige inzwischen verstorben ist.

3. Eine Nachversteuerung von Ausgaben zur Anschaffung von Genußscheinen und jungen Aktien (Abs. 1 Z 4) hat zu erfolgen, wenn die Genußscheine oder Aktien vor Ablauf von zehn Jahren seit ihrer Hinterlegung aus dem Depot ausscheiden oder entnommen, entgeltlich oder unentgeltlich übertragen oder

einem Betriebsvermögen zugeführt werden. Der Umtausch von Aktien gemäß den §§ 67, 179, 226 Abs. 7 und 233 des Aktiengesetzes und gemäß § 1 Abs. 2 des Gesetzes über die Spaltung von Kapitalgesellschaften gilt insoweit nicht als Entnahme aus dem Depot, als nicht bare Zuzahlungen geleistet werden. Eine Kapitalherabsetzung mit Rückzahlung der Einlagen gilt insoweit als Ausscheiden aus dem Depot. Im Falle eines Depotwechsels oder der Drittverwahrung unterbleibt eine Nachversteuerung, wenn das übernehmende Kreditinstitut die Verpflichtungen im Sinne dieser Ziffer übernimmt und das übertragende Kreditinstitut hievon verständigt. Die Verständigung ist von dem übertragenden Kreditinstitut zehn Jahre ab der Anschaffung aufzubewahren. Die Nachversteuerung erfolgt im Falle der Auflösung eines Beteiligungsfonds höchstens in Höhe des ausgeschütteten Liquidationserlöses, im Falle der Kapitalherabsetzung oder der Abwicklung einer Aktiengesellschaft höchstens in Höhe der rückgezahlten Beträge. Die Tatsachen, die zur Nachversteuerung führen, sind im Falle des Ausscheidens oder der Entnahme von Genußscheinen oder Aktien aus dem Depot von dem depotführenden Kreditinstitut, in allen anderen Fällen vom Steuerpflichtigen seinem Finanzamt innerhalb eines Monats ohne amtliche Aufforderung mitzuteilen. Die Nachversteuerung erfolgt nicht, soweit

a) in den Fällen des Übergangs von Todes wegen, der Abgeltung eines Pflichtteilsanspruches, der Abgeltung von Ansprüchen aus Vermächtnissen, der Übertragung auf Miterben zur Teilung des Nachlasses, der Übertragung auf einen Ehegatten bei Aufteilung ehelichen Gebrauchsvermögens und ehelicher Ersparnisse anlässlich der Scheidung, Aufhebung oder Nichtigerklärung der Ehe oder der Übertragung auf einen eingetragenen Partner bei Aufteilung des partnerschaftlichen Gebrauchsvermögens und der partnerschaftlichen Ersparnisse anlässlich der Auflösung oder Nichtigerklärung der eingetragenen Partnerschaft die Genussscheine oder jungen Aktien weiter bei dem Kreditinstitut hinterlegt bleiben. In diesen Fällen treffen den Rechtsnachfolger die dem Steuerpflichtigen obliegenden Verpflichtungen im Sinne der vorstehenden Bestimmungen.

b) innerhalb eines Jahres nach Eintritt der Tatsachen, die zur Nachversteuerung führen, nach Wahl des Steuerpflichtigen
— in Höhe der dem Sonderausgabenabzug zugrunde gelegten Ausgaben bzw.
— in den Fällen der Auflösung eines Beteiligungsfonds bzw. der Kapitalherabsetzung oder Abwicklung einer Aktiengesellschaft in Höhe der rückgezahlten Beträge

(BGBl I 2019/104, BGBl I 2020/99)

Genußscheine oder im Wege der Erstanschaffung junge Aktien bei dem depotführenden Kreditinstitut erworben und hinterlegt werden (Ersatzbeschaffung). Das Kreditinstitut hat Anschaffungen, durch die eine Nachversteuerung vermieden werden kann, unter Anwendung des Abs. 1 Z 4 zu bescheinigen. Ausgaben für die Anschaffung solcher Genußscheine oder Aktien können nicht nach Abs. 1 Z 4 abgesetzt werden; in diesen Fällen läuft die Zehnjahresfrist für die Nachversteuerung ab dem Zeitpunkt der Hinterlegung jener Genußscheine oder Aktien, deren Anschaffungskosten als Sonderausgaben abgesetzt wurden.

(5) Die Nachversteuerung der als Sonderausgaben abgesetzten Beträge hat mit einem Steuersatz von 30% für jenes Jahr zu erfolgen, in dem die Voraussetzungen für eine Nachversteuerung eingetreten sind.

(6) Als Sonderausgaben sind auch Verluste abzuziehen, die in einem vorangegangenen Jahr entstanden sind (Verlustabzug). Dies gilt nur,

— wenn die Verluste durch ordnungsmäßige Buchführung oder bei Steuerpflichtigen, die ihren Gewinn gemäß § 4 Abs. 3 ermitteln, durch ordnungsgemäße Einnahmen-Ausgaben-Rechnung, ermittelt worden sind und

— soweit die Verluste nicht bereits bei der Veranlagung für die vorangegangenen Kalenderjahre berücksichtigt wurden.

Die Höhe des Verlustes ist nach den §§ 4 bis 14 zu ermitteln.

(BGBl I 2016/117)

(7) (aufgehoben)

(BGBl I 2016/117)

(8) Für Beiträge gemäß Abs. 1 Z 1a und Z 5 sowie für Zuwendungen gemäß Abs. 1 Z 7 bis 9 gilt Folgendes:

1. Beiträge und Zuwendungen an einen Empfänger, der eine feste örtliche Einrichtung im Inland unterhält, sind nur dann als Sonderausgaben zu berücksichtigen, wenn dem Empfänger Vor- und Zunamen und das Geburtsdatum des Leistenden bekannt gegeben werden und eine Datenübermittlung gemäß Z 2 erfolgt.

2. Empfänger von Beiträgen und Zuwendungen im Sinne der Z 1 sind verpflichtet, den Abgabenbehörden im Wege von FinanzOnline Informationen nach Maßgabe folgender Bestimmungen elektronisch zu übermitteln:

a) Zu übermitteln sind:
— das verschlüsselte bereichsspezifische Personenkennzeichen für Steuern und Abgaben (vbPK SA) des Leistenden, wenn dieser dem Empfänger Vor- und Zunamen und sein Geburtsdatum bekannt gegeben hat, und

- der Gesamtbetrag aller im Kalenderjahr zugewendeten Beträge des Leistenden.

Die Übermittlung hat zu unterbleiben, wenn der Leistende dem Empfänger die Übermittlung ausdrücklich untersagt hat. In diesem Fall darf bis zum Widerruf für sämtliche Leistungen des betreffenden Kalenderjahres und der Folgejahre keine Übermittlung erfolgen.

b) Zum Zweck der Datenübermittlung an die Abgabenbehörde sind die Empfänger von Beiträgen und Zuwendungen im Sinne der Z 1 berechtigt, wie Auftraggeber des öffentlichen Bereichs nach § 10 Abs. 2 des EGovernment-Gesetzes die Ausstattung ihrer Datenanwendungen mit der vbPK SA von der Stammzahlenregisterbehörde zu verlangen.

(BGBl I 2015/163)

c) Die Übermittlung hat nach Ablauf des Kalenderjahres bis Ende Februar des Folgejahres zu erfolgen.

d) Der Bundesminister für Finanzen wird ermächtigt, den Inhalt und das Verfahren der elektronischen Übermittlung mit Verordnung festzulegen. In der Verordnung kann vorgesehen werden, dass sich der Empfänger der Zuwendungen einer bestimmten geeigneten öffentlich-rechtlichen oder privatrechtlichen Übermittlungsstelle zu bedienen hat **„bzw. sich mehrere Empfänger auch einer gemeinsamen Übermittlungsstelle bedienen können"**.

(GemRefG 2023, BGBl I 2023/188 ab 1.1.2024)

3. Für die Berücksichtigung der Beiträge und Zuwendungen als Sonderausgaben gilt:

a) Die Berücksichtigung kann nur bei jenem Steuerpflichtigen erfolgen, der in der Übermittlung mit der vbPK SA ausgewiesen ist. Abweichend davon ist auf Antrag des Steuerpflichtigen ein Beitrag in Anwendung der Zehnjahresverteilung gemäß Abs. 1 Z 1a nur in Höhe eines Zehntels bzw. in Anwendung des Abs. 3 Z 1 bei einem anderen Steuerpflichtigen zu berücksichtigen. Erfolgt die Antragstellung nach Eintritt der Rechtskraft, gilt die vom Antrag abweichende Berücksichtigung als offensichtliche Unrichtigkeit im Sinne des § 293b der Bundesabgabenordnung.

b) Der übermittlungspflichtige Empfänger hat auf Veranlassung des Steuerpflichtigen die Übermittlung zu berichtigen oder nachzuholen, wenn sie fehlerhaft oder zu Unrecht unterblieben ist. Unterbleibt diese Berichtigung oder wird die Übermittlung trotz bestehender Verpflichtung dazu nicht nachgeholt, ist abweichend von Z 1 der Betrag an Sonderausgaben zu berücksichtigen, der vom Steuerpflichtigen glaubhaft gemacht wird. Dies gilt auch, wenn eine Zuwendung gemäß Abs. 1 Z 7, Z 8 oder Z 9 aus dem Betriebsvermögen geleistet wurde, soweit sie gemäß § 4a, § 4b oder § 4c nicht als Betriebsausgabe zu berücksichtigen ist.

(BGBl I 2018/62)

4. Kommt der übermittlungspflichtige Empfänger seinen Übermittlungsverpflichtungen im Bezug auf alle Personen, die Beiträge oder Zuwendungen geleistet haben nicht nach, ist er von dem für die Erhebung der Einkommensteuer des Steuerpflichtigen zuständigen Finanzamt aufzufordern, dies unverzüglich nachzuholen. Wird dies unterlassen,

a) hat das Finanzamt Österreich für einen Empfänger, der in der Liste gemäß **„§ 4a Abs. 5 Z 3"** aufscheint, den Bescheid über die Erfüllung der gesetzlichen Voraussetzungen für die Anerkennung als spendenbegünstigte Körperschaft zu widerrufen und die Geltungsdauer der Spendenbegünstigung zu begrenzen

(BGBl I 2019/104, BGBl I 2020/99; GemRefG 2023, BGBl I 2023/188 ab 1.1.2024)

b) kann dem Empfänger, der auf der Liste gemäß **„§ 4a Abs. 5 Z 3"** nicht aufscheint, ein Zuschlag zur Körperschaftsteuer in Höhe von 20% der zugewendeten Beträge vorgeschrieben werden.

(GemRefG 2023, BGBl I 2023/188 ab 1.1.2024)

5. „a) **Wer vorsätzlich oder grob fahrlässig eine unrichtige Datenübermittlung vornimmt und diese nicht korrigiert, haftet für die entgangene Steuer."**

(GemRefG 2023, BGBl I 2023/188 ab 1.1.2024)

b) Die auf Grundlage der Z 1 bis 3 vorzunehmenden Datenverarbeitungen erfüllen die Voraussetzungen ~~des Art. 35 Abs. 10~~ für den Entfall der Datenschutz-Folgeabschätzung nach „Art. 35 Abs. 10" der Verordnung (EU) Nr. 2016/679 zum Schutz natürlicher Personen bei der Verarbeitung personenbezogener Daten, zum freien Datenverkehr und zur Aufhebung der Richtlinie 95/46/EG (Datenschutz-Grundverordnung), ABl. Nr. L 119 vom 4.5.2016 S. 1.

(GemRefG 2023, BGBl I 2023/188 ab 1.1.2024)

(BGBl I 2016/117)
(BGBl I 2017/28)

7. ABSCHNITT

Zeitliche Zuordnung von Einnahmen und Ausgaben

§ 19. (1) Einnahmen sind in jenem Kalenderjahr

bezogen, in dem sie dem Steuerpflichtigen zugeflossen sind. Abweichend davon gilt:
1. Regelmäßig wiederkehrende Einnahmen, die dem Steuerpflichtigen kurze Zeit vor Beginn oder kurze Zeit nach Beendigung des Kalenderjahres, zu dem sie wirtschaftlich gehören, zugeflossen sind, gelten als in diesem Kalenderjahr bezogen.
2. In dem Kalenderjahr, für das der Anspruch besteht bzw. für das sie getätigt werden, gelten als zugeflossen:
   – Nachzahlungen von Pensionen, über deren Bezug bescheidmäßig abgesprochen wird, Bezüge gemäß § 25 Abs. 1 Z 1 lit. c, das Rehabilitationsgeld gemäß § 143a ASVG und das Wiedereingliederungsgeld gemäß § 143d ASVG,
   – das versicherungsmäßige Arbeitslosengeld, das Umschulungsgeld gemäß § 39b AlVG und die Notstandshilfe oder an deren Stelle tretende Ersatzleistungen,
   – Nachzahlungen im Insolvenzverfahren sowie
   – Förderungen und Zuschüsse aus öffentlichen Mitteln im Sinne des § 3 Abs. 4, mit Ausnahme der in § 3 Abs. 2 genannten Bezüge.
   (BGBl I 2021/134 ab 1.7.2022, BGBl I 2022/108)
3. Bezüge gemäß § 79 Abs. 2 gelten als im Vorjahr zugeflossen. Die Lohnsteuer ist im Zeitpunkt der tatsächlichen Zahlung einzubehalten. Für das abgelaufene Kalenderjahr ist ein Lohnzettel gemäß § 84 an das Finanzamt zu übermitteln.

(2) Ausgaben sind für das Kalenderjahr abzusetzen, in dem sie geleistet worden sind. Für regelmäßig wiederkehrende Ausgaben gilt Abs. 1 zweiter Satz. Rückzahlungen von Einnahmen gemäß Abs. 1 Z 2 erster und zweiter Teilstrich gelten in dem Kalenderjahr als abgeflossen, für das der Anspruch bestand bzw. für das sie getätigt wurden. Die Vorschriften über die Gewinnermittlung bleiben unberührt.
(BGBl I 2022/108)

(3) Vorauszahlungen von Beratungs-, Bürgschafts-, Fremdmittel-, Garantie-, Miet-, Treuhand-, Vermittlungs-, Vertriebs- und Verwaltungskosten müssen gleichmäßig auf den Zeitraum der Vorauszahlung verteilt werden, außer sie betreffen lediglich das laufende und das folgende Jahr.

8. ABSCHNITT
Nichtabzugsfähige Aufwendungen und Ausgaben

§ 20. (1) Bei den einzelnen Einkünften dürfen nicht abgezogen werden:
1. Die für den Haushalt des Steuerpflichtigen und für den Unterhalt seiner Familienangehörigen aufgewendeten Beträge.
2. a) Aufwendungen oder Ausgaben für die Lebensführung, selbst wenn sie die wirtschaftliche oder gesellschaftliche Stellung des Steuerpflichtigen mit sich bringt und sie zur Förderung des Berufes oder der Tätigkeit des Steuerpflichtigen erfolgen.
   b) Betrieblich oder beruflich veranlaßte Aufwendungen oder Ausgaben, die auch die Lebensführung des Steuerpflichtigen berühren, und zwar insoweit, als sie nach allgemeiner Verkehrsauffassung unangemessen hoch sind. Dies gilt für Aufwendungen im Zusammenhang mit Personen- und Kombinationskraftwagen, Personenluftfahrzeugen, Sport- und Luxusbooten, Jagden, geknüpften Teppichen, Tapisserien und Antiquitäten.
   c) Reisekosten, soweit sie nach § 4 Abs. 5 und § 16 Abs. 1 Z 9 nicht abzugsfähig sind.
   d) Aufwendungen oder Ausgaben für ein im Wohnungsverband gelegenes Arbeitszimmer und dessen Einrichtung sowie für Einrichtungsgegenstände der Wohnung. Bildet ein im Wohnungsverband gelegenes Arbeitszimmer den Mittelpunkt der gesamten betrieblichen und beruflichen Tätigkeit des Steuerpflichtigen, sind die darauf entfallenden Aufwendungen und Ausgaben einschließlich der Kosten seiner Einrichtung abzugsfähig.
   e) Kosten der Fahrten zwischen Wohnsitz am Arbeits-(Tätigkeits-)ort und Familienwohnsitz (Familienheimfahrten), soweit sie den auf die Dauer der auswärtigen (Berufs)Tätigkeit bezogenen höchsten in § 16 Abs. 1 Z 6 lit. d angeführten Betrag übersteigen.
3. Repräsentationsaufwendungen oder Repräsentationsausgaben. Darunter fallen auch Aufwendungen oder Ausgaben anläßlich der Bewirtung von Geschäftsfreunden. Weist der Steuerpflichtige nach, daß die Bewirtung der Werbung dient und die betriebliche oder berufliche Veranlassung weitaus überwiegt, können derartige Aufwendungen oder Ausgaben zur Hälfte abgezogen werden. Für Steuerpflichtige, die Ausfuhrumsätze tätigen, kann der Bundesminister für Finanzen mit Verordnung Durchschnittsätze für abzugsfähige Repräsentationsaufwendungen oder Repräsentationsausgaben nach den jeweiligen Erfahrungen der Praxis festsetzen, soweit für die Ausfuhrumsätze das inländische Besteuerungsrecht auf dem Gebiet der Einkommensteuer nicht eingeschränkt ist. Als Ausfuhrumsätze gelten Leistungen an ausländische Abnehmer (§ 7 Abs. 2 des Umsatzsteuergesetzes 1994), wenn es sich überdies um Umsätze im Sinne des § 6 Abs. 1 Z 1 des Umsatzsteuergesetzes 1994, innergemeinschaftliche Lieferungen und sonstige Leistungen im Sinne des Artikels 7 des Um-

1/1. EStG
§ 20

satzsteuergesetzes 1994 oder um Leistungen im Ausland handelt.

4. Freiwillige Zuwendungen und Zuwendungen an gesetzlich unterhaltsberechtigte Personen, auch wenn die Zuwendungen auf einer verpflichtenden Vereinbarung beruhen. Derartige Zuwendungen liegen auch vor,
   – wenn die Gegenleistung für die Übertragung von Wirtschaftsgütern weniger als die Hälfte ihres gemeinen Wertes beträgt oder
   – soweit für die Übertragung von Wirtschaftsgütern unangemessen hohe Gegenleistungen gewährt werden und

   wenn es sich in den vorgenannten Fällen nicht um die Übertragung von Betrieben, Teilbetrieben oder Mitunternehmeranteilen handelt, aus Anlaß deren Übertragung eine Rente oder dauernde Last als unangemessene Gegenleistung vereinbart wird. Werden bei Übertragungen im Sinne des vorstehenden Satzes derart unangemessen hohe Renten oder dauernde Lasten vereinbart, daß der Zusammenhang zwischen Übertragung und Vereinbarung der Rente oder dauernden Last wirtschaftlich bedeutungslos ist, ist der erste Satz anzuwenden.

5. a) Geld- und Sachzuwendungen, deren Gewährung oder Annahme mit gerichtlicher Strafe bedroht ist.
   b) Strafen und Geldbußen, die von Gerichten, Verwaltungsbehörden oder den Organen der Europäischen Union verhängt werden.
   c) Verbandsgeldbußen nach dem Verbandsverantwortlichkeitsgesetz.
   d) Abgabenerhöhungen nach dem Finanzstrafgesetz.
   e) Leistungen aus Anlass eines Rücktrittes von der Verfolgung nach der Strafprozessordnung oder dem Verbandsverantwortlichkeitsgesetz (Diversion).

6. Steuern vom Einkommen und sonstige Personensteuern, aus Anlass einer unentgeltlichen Grundstücksübertragung anfallende Grunderwerbsteuer, Eintragungsgebühren und andere Nebenkosten; weiters die auf Umsätze gemäß § 3 Abs. 2 und § 3a Abs. 1a UStG 1994 entfallende Umsatzsteuer, soweit eine Entnahme im Sinne des § 4 Abs. 1 vorliegt, sowie die auf den Eigenverbrauch gemäß § 1 Abs. 1 Z 2 lit. a UStG 1994 entfallende Umsatzsteuer. Abzugsfähig ist die Umsatzsteuer auf den Eigenverbrauch von gemischt genutzten Grundstücken, soweit für den nicht unternehmerisch genutzten Teil eine Vorsteuer geltend gemacht werden konnte und diese als Einnahme angesetzt worden ist.

7. Aufwendungen oder Ausgaben für das Entgelt für Arbeits- oder Werkleistungen, soweit es den Betrag von 500 000 Euro pro Person und Wirtschaftsjahr übersteigt. Entgelt ist die Summe aller Geld- und Sachleistungen, ausgenommen Abfertigungen im Sinne des § 67 Abs. 3, Entgelte, die sonstige Bezüge nach § 67 Abs. 6 darstellen und Aufwandsersätze, die an einen aktiven oder ehemaligen Dienstnehmer oder an eine vergleichbar organisatorisch eingegliederte Person geleistet werden. Dabei gilt:
   a) Bei der Überlassung einer Person durch Dritte zur Erbringung von Arbeits- oder Werkleistungen gilt die Vergütung für die Überlassung als Entgelt. Das vom Überlasser an die überlassene Person geleistete Entgelt unterliegt hingegen nicht dem Abzugsverbot.
   b) Der Betrag von 500 000 Euro pro Person ist nach der tatsächlichen Aufwandstragung zu aliquotieren, wenn Arbeits- oder Werkleistungen
      – über einen Zeitraum von weniger als zwölf Monate oder
      – für mehrere verbundene Betriebe oder Personengesellschaften erbracht werden.
   c) Abfindungen von Pensionsansprüchen unterliegen dem Abzugsverbot, wenn der abgefundene jährliche Pensionsanspruch 500 000 Euro übersteigt. Der nicht abzugsfähige Betrag ergibt sich aus dem Verhältnis des nicht abzugsfähigen Pensionsbestandteiles zur gesamten Pension.

8. Aufwendungen oder Ausgaben für Entgelte im Sinne des § 67 Abs. 6, soweit sie die Grenzen des § 67 Abs. 6 Z 1 bis 3 übersteigen. Davon ausgenommen sind Entgelte, die bei oder nach Beendigung des Dienstverhältnisses im Rahmen von Sozialplänen als Folge von Betriebsänderungen im Sinne des § 109 Abs. 1 Z 1 bis 6 des Arbeitsverfassungsgesetzes oder vergleichbarer gesetzlicher Bestimmungen anfallen.

   (BGBl I 2022/56, BGBl I 2022/194)

9. Aufwendungen oder Ausgaben für Entgelte, die für die Erbringung von beauftragten Bauleistungen im Sinne des § 82a bar gezahlt werden und für die jeweilige Leistung den Betrag von 500 Euro übersteigen.

   (BGBl I 2015/118)

(2) Weiters dürfen bei der Ermittlung der Einkünfte Aufwendungen und Ausgaben nicht abgezogen werden, soweit sie in unmittelbarem wirtschaftlichen Zusammenhang stehen mit

1. nicht steuerpflichtigen Einnahmen,
2. Einkünften im Sinne des § 27 Abs. 2 bis 4, auf die ein besonderer Steuersatz gemäß § 27 Abs. 1 anwendbar ist,
3. a) Einkünften im Sinne des § 27 Abs. 4a, auf die der besondere Steuersatz gemäß § 27a Abs. 1 Z 2 angewendet wird oder

b) Einkünften, auf die der besondere Steuersatz gemäß § 30a Abs. 1 angewendet wird.

(BGBl I 2015/118 BGBl I 2022/10)

(3) Aufwendungen und Ausgaben im Sinne des Abs. 1 Z 4 können nicht als Sonderausgaben (§ 18), Aufwendungen und Ausgaben im Sinne des Abs. 1 Z 5 können weder als Sonderausgaben noch als außergewöhnliche Belastung (§ 34) abgezogen werden. Im übrigen können die bei den einzelnen Einkünften nichtabzugsfähigen Aufwendungen und Ausgaben bei Zutreffen der gesetzlichen Voraussetzungen als Sonderausgaben oder außergewöhnliche Belastungen abgezogen werden.

9. ABSCHNITT
Die einzelnen Einkunftsarten

Land- und Forstwirtschaft (§ 2 Abs. 3 Z 1)

§ 21. (1) Einkünfte aus Land- und Forstwirtschaft sind:

1. Einkünfte aus dem Betrieb von Landwirtschaft, Forstwirtschaft, Weinbau, Gartenbau, Obstbau, Gemüsebau und aus allen Betrieben, die Pflanzen und Pflanzenteile mit Hilfe der Naturkräfte gewinnen. Werden Einkünfte auch aus zugekauften Erzeugnissen erzielt, dann gilt für die Abgrenzung zum Gewerbebetrieb § 30 Abs. 9 bis 11 des Bewertungsgesetzes 1955.
2. Einkünfte aus Tierzucht- und Tierhaltungsbetrieben im Sinne des § 30 Abs. 3 bis 7 des Bewertungsgesetzes 1955.
3. Einkünfte aus Binnenfischerei, Fischzucht und Teichwirtschaft sowie aus Bienenzucht.
4. Einkünfte aus Jagd, wenn diese mit dem Betrieb einer Landwirtschaft oder einer Forstwirtschaft im Zusammenhang steht.
5. Einkünfte aus übrigem land- und forstwirtschaftlichem Vermögen im Sinne des § 50 des Bewertungsgesetzes 1955.

(BGBl I 2019/103)

(2) Zu den Einkünften im Sinne des Abs. 1 gehören auch:

1. Einkünfte aus einem land- und forstwirtschaftlichen Nebenbetrieb. Als Nebenbetrieb gilt ein Betrieb, der dem land- und forstwirtschaftlichen Hauptbetrieb zu dienen bestimmt ist.
2. Gewinnanteile der Gesellschafter von Gesellschaften, bei denen die Gesellschafter als Mitunternehmer anzusehen sind, sowie die Vergütungen, die die Gesellschafter von der Gesellschaft für ihre Tätigkeit im Dienste der Gesellschaft oder für die Hingabe von Darlehen oder für die Überlassung von Wirtschaftsgütern bezogen haben. Voraussetzung ist jedoch, daß die Tätigkeit der Gesellschaft ausschließlich als land- und forstwirtschaftliche Tätigkeit anzusehen ist.
3. Veräußerungsgewinne im Sinne des § 24.

Selbständige Arbeit (§ 2 Abs. 3 Z 2)

§ 22. Einkünfte aus selbständiger Arbeit sind:

1. Einkünfte aus freiberuflicher Tätigkeit. Zu diesen Einkünften gehören nur
   a) Einkünfte aus einer wissenschaftlichen, künstlerischen, schriftstellerischen, unterrichtenden oder erzieherischen Tätigkeit. Dazu zählen auch Einkünfte aus Stipendien für eine der genannten Tätigkeiten, wenn diese wirtschaftlich einen Einkommensersatz darstellen und keine Einkünfte aus nichtselbständiger Arbeit sind. Stipendien stellen keinen wirtschaftlichen Einkommensersatz dar, soweit sie jährlich insgesamt nicht höher sind als die Studienbeihilfe nach Selbsterhalt gemäß § 31 Abs. 4 des Studienförderungsgesetzes 1992. Die Befreiung gemäß § 3 Abs. 1 Z 3 lit. e bleibt davon unberührt.

   (BGBl I 2022/108)

   b) Einkünfte aus der Berufstätigkeit der
   – staatlich befugten und beeideten Ziviltechniker oder aus einer unmittelbar ähnlichen Tätigkeit sowie aus der Berufstätigkeit der
   – Ärzte, Tierärzte und Dentisten,
   – Rechtsanwälte, Patentanwälte, Notare, Steuerberater und Wirtschaftsprüfer,
   – Unternehmensberater, Versicherungsmathematiker, Schiedsrichter im Schiedsgerichtsverfahren,
   – Bildberichterstatter und Journalisten,
   – Dolmetscher und Übersetzer.

   Zu den Einkünften aus freiberuflicher Tätigkeit zählen auch die Entgelte der Ärzte für die Behandlung von Pfleglingen der Sonderklasse (einschließlich ambulatorischer Behandlung), soweit diese Entgelte nicht von einer Krankenanstalt im eigenen Namen vereinnahmt werden, sowie Einkünfte als Notarzt, Vertretungsarzt oder Arzt für die Behandlung von Insassen von Justizanstalten gemäß § 2 Abs. 2a Z 2 bis 4 Freiberuflichen-Sozialversicherungsgesetz – FSVG, BGBl. Nr. 624/1978.[a)]

   (BGBl I 2019/103, BGBl I 2022/108, AbgÄG 2023, BGBl I 2023/110)

   c) Einkünfte aus
   – der therapeutischen psychologischen Tätigkeit von Personen, die die geistes- oder naturwissenschaftlichen Universitätsstudien mit dem Hauptfach Psychologie abgeschlossen haben
   – der Tätigkeit als Hebamme
   – der Tätigkeit im medizinischen Dienst im Sinne des § 52 Abs. 4

des Bundesgesetzes BGBl. Nr. 102/1961

Eine freiberufliche Tätigkeit liegt auch dann vor, wenn ein Angehöriger eines freien Berufes in seinem Beruf

- im Rahmen von Veranstaltungen tätig wird, denen die für das Vorliegen einer freiberuflichen Tätigkeit erforderlichen Eigenschaften fehlen
- sich der Mithilfe fachlich vorgebildeter Arbeitskräfte bedient. Abgesehen vom Fall einer vorübergehenden Verhinderung muß er selbst auf Grund eigener Fachkenntnisse leitend und eigenverantwortlich tätig werden.

2. Einkünfte aus sonstiger selbständiger Arbeit. Darunter fallen nur:
   - Einkünfte aus einer vermögensverwaltenden Tätigkeit (zB für die Tätigkeit als Hausverwalter oder als Aufsichtsratsmitglied).
   - Die Gehälter und sonstigen Vergütungen jeder Art, die von einer Kapitalgesellschaft an wesentlich Beteiligte für ihre sonst alle Merkmale eines Dienstverhältnisses (§ 47 Abs. 2) aufweisende Beschäftigung gewährt werden. Eine Person ist dann wesentlich beteiligt, wenn ihr Anteil am Grund- oder Stammkapital der Gesellschaft mehr als 25% beträgt. Die Beteiligung durch Vermittlung eines Treuhänders oder einer Gesellschaft steht einer unmittelbaren Beteiligung gleich. Einkünfte aus sonstiger selbständiger Arbeit sind auch die Gehälter und sonstigen Vergütungen jeder Art, die für eine ehemalige Tätigkeit einer Person gewährt werden, die in einem Zeitraum von zehn Jahren vor Beendigung ihrer Tätigkeit durch mehr als die Hälfte des Zeitraumes ihrer Tätigkeit wesentlich beteiligt war. Einkünfte aus sonstiger selbständiger Arbeit sind weiters Zuwendungen von betrieblichen Privatstiftungen im Sinne des § 4d, soweit sie als Bezüge und Vorteile aus einer bestehenden oder früheren Beschäftigung (Tätigkeit) anzusehen sind.

Der Bundesminister für Finanzen wird ermächtigt, die Höhe des geldwerten Vorteils aus der privaten Nutzung eines zur Verfügung gestellten Kraftfahrzeuges, Kraftrades oder Fahrrades mit Verordnung festzulegen sowie in der Verordnung im Interesse ökologischer Zielsetzungen Ermäßigungen und Befreiungen vorzusehen.

(BGBl I 2022/108)

3. Gewinnanteile der Gesellschafter von Gesellschaften, bei denen die Gesellschafter als Mitunternehmer anzusehen sind, sowie die Vergütungen, die die Gesellschafter von der Gesellschaft für ihre Tätigkeit im Dienste der Gesellschaft oder für die Hingabe von Darlehen oder für die Überlassung von Wirtschaftsgütern bezogen haben. Voraussetzung ist jedoch, daß
   - die Tätigkeit der Gesellschaft ausschließlich als selbständige Arbeit anzusehen ist und
   - jeder einzelne Gesellschafter im Rahmen der Gesellschaft selbständig im Sinne der Z 1 oder 2 tätig wird. Dies ist aber nicht erforderlich, wenn berufsrechtliche Vorschriften Gesellschaften mit berufsfremden Personen ausdrücklich zulassen.

4. Bezüge und Vorteile aus Versorgungs- und Unterstützungseinrichtungen der Kammern der selbständig Erwerbstätigen, soweit sie nicht unter § 25 fallen.

5. Veräußerungsgewinne im Sinne des § 24.

Gewerbebetrieb (§ 2 Abs. 3 Z 3)

§ 23. Einkünfte aus Gewerbebetrieb sind:

1. Einkünfte aus einer selbständigen, nachhaltigen Betätigung, die mit Gewinnabsicht unternommen wird und sich als Beteiligung am allgemeinen wirtschaftlichen Verkehr darstellt, wenn die Betätigung weder als Ausübung der Land- und Forstwirtschaft noch als selbständige Arbeit anzusehen ist.

2. Gewinnanteile der Gesellschafter von Gesellschaften, bei denen die Gesellschafter als Mitunternehmer anzusehen sind (wie insbesondere offene Gesellschaften und Kommanditgesellschaften), sowie die Vergütungen, die die Gesellschafter von der Gesellschaft für ihre Tätigkeit im Dienste der Gesellschaft, für die Hingabe von Darlehen oder für die Überlassung von Wirtschaftsgütern bezogen haben.

3. Veräußerungsgewinne im Sinne des § 24.

Verluste bei kapitalistischen Mitunternehmern mit beschränkter Haftung

§ 23a. (1) Bei natürlichen Personen sind Verluste eines kapitalistischen Mitunternehmers (Abs. 2) insoweit nicht ausgleichsfähig oder nach § 18 Abs. 6 vortragsfähig (Wartetastenverluste), als dadurch ein negatives steuerliches Kapitalkonto entsteht oder sich erhöht. Dies gilt nicht, soweit die Verluste aus einem Überhang von Sonderbetriebsausgaben entstehen.

(BGBl I 2018/62)

(2) Ein Gesellschafter ist als kapitalistischer Mitunternehmer anzusehen, wenn er Dritten gegenüber nicht oder eingeschränkt haftet und keine ausgeprägte Mitunternehmerinitiative entfaltet.

(3) Für das steuerliche Kapitalkonto nicht zu berücksichtigen sind

1. Wirtschaftsgüter, die einem Mitunternehmer oder mehreren Mitunternehmern anteilig zuzurechnen sind und der Mitunternehmerschaft zur Einkünfteerzielung überlassen werden (Sonderbetriebsvermögen) sowie damit in

Zusammenhang stehende Aufwendungen und Erträge,
2. sonstige Vergütungen iSd § 23 Z 2 (Sonderbetriebseinnahmen) und Sonderbetriebsausgaben,

jeweils einschließlich deren Entnahme oder Einlage.

(4) Wartetastenverluste
1. sind zu verrechnen mit Gewinnen späterer Wirtschaftsjahre (einschließlich Übergangs- und Veräußerungsgewinnen) oder
2. werden zu ausgleichs- und abzugsfähigen Verlusten in Höhe der in einem späteren Wirtschaftsjahr geleisteten Einlagen, soweit sie die Entnahmen übersteigen. Dabei sind Entnahmen und Einlagen im Sinne des Abs. 3 nicht zu berücksichtigen. Wird der kapitalistische Mitunternehmer zur Haftung herangezogen, gilt dies steuerlich als Einlage.

Wird der kapitalistische Mitunternehmer zu einem unbeschränkt haftenden Gesellschafter gemäß § 128 des Unternehmensgesetzbuches, werden sämtliche Wartetastenverluste ab diesem Veranlagungsjahr zu ausgleichs- und vortragsfähigen Verlusten.

(5) Die Abs. 1 bis 4 gelten bei der Gewinnermittlung nach § 4 Abs. 3 entsprechend.

(6) In der Einkünftefeststellungserklärung (§ 188 BAO) ist für jeden kapitalistischen Mitunternehmer die Entwicklung des steuerlichen Kapitalkontos und der Wartetastenverluste für das betreffende Wirtschaftsjahr darzustellen. Bei Einkünften aus ausländischen Mitunternehmerschaften hat eine entsprechende Darstellung in einer Beilage zur Einkommensteuererklärung des Beteiligten zu erfolgen.

(BGBl I 2015/118)

Veräußerungsgewinne

§ 24. (1) Veräußerungsgewinne sind Gewinne, die erzielt werden bei
1. der Veräußerung
   - des ganzen Betriebes
   - eines Teilbetriebes
   - eines Anteiles eines Gesellschafters, der als Unternehmer (Mitunternehmer) des Betriebes anzusehen ist
2. der Aufgabe des Betriebes (Teilbetriebes).

(2) Veräußerungsgewinn im Sinne des Abs. 1 ist der Betrag, um den der Veräußerungserlös nach Abzug der Veräußerungskosten den Wert des Betriebsvermögens oder den Wert des Anteils am Betriebsvermögen übersteigt. Dieser Gewinn ist für den Zeitpunkt der Veräußerung oder der Aufgabe nach § 4 Abs. 1 oder § 5 zu ermitteln. Im Falle des Ausscheidens eines Gesellschafters, der als Unternehmer (Mitunternehmer) des Betriebes anzusehen ist, ist als Veräußerungsgewinn jedenfalls der Betrag seines negativen Kapitalkontos zu erfassen, den er nicht auffüllen muß.

(3) Werden die einzelnen dem Betrieb gewidmeten Wirtschaftsgüter im Rahmen der Aufgabe des Betriebes veräußert, so sind die Veräußerungserlöse anzusetzen. Werden die Wirtschaftsgüter nicht veräußert, so ist der gemeine Wert im Zeitpunkt ihrer Überführung ins Privatvermögen anzusetzen. Für Grundstücke im Sinne des § 30 Abs. 1 ist § 6 Z 4 anzuwenden. Bei Aufgabe eines Betriebes, an dem mehrere Personen beteiligt waren, ist für jeden einzelnen Beteiligten der gemeine Wert jener Wirtschaftsgüter anzusetzen, die er bei der Auseinandersetzung erhalten hat.

(AbgÄG 2023, BGBl I 2023/110)

(4) Der Veräußerungsgewinn ist nur insoweit steuerpflichtig, als er bei der Veräußerung (Aufgabe) des ganzen Betriebes den Betrag von 7 300 Euro und bei der Veräußerung (Aufgabe) eines Teilbetriebes oder eines Anteiles am Betriebsvermögen den entsprechenden Teil von 7 300 Euro übersteigt. Der Freibetrag steht nicht zu,
- wenn von der Progressionsermäßigung nach § 37 Abs. 2 oder Abs. 3 Gebrauch gemacht wird,
- wenn die Veräußerung unter § 37 Abs. 5 fällt oder
- wenn die Progressionsermäßigung nach § 37 Abs. 7 ausgeschlossen ist.

(5) Die Einkommensteuer vom Veräußerungsgewinn wird im Ausmaß der sonst entstehenden Doppelbelastung der stillen Reserven auf Antrag ermäßigt oder erlassen, wenn der Steuerpflichtige den Betrieb oder Teilbetrieb oder den Anteil am Betriebsvermögen innerhalb der letzten drei Jahre vor der Veräußerung (Aufgabe) erworben und infolge des Erwerbes Erbschafts- oder Schenkungsteuer, Grunderwerbsteuer oder Stiftungseingangssteuer entrichtet hat.

(6) Wird der Betrieb aufgegeben und werden aus diesem Anlass Gebäudeteile (Gebäude) ins Privatvermögen übernommen, können diese – abweichend von § 6 Z 4 – auf Antrag mit dem gemeinen Wert gemäß Abs. 3 angesetzt werden, wenn einer der in § 37 Abs. 5 Z 1 bis 3 genannten Fälle vorliegt.

(AbgÄG 2023, BGBl I 2023/110)

(7) Ein Veräußerungsgewinn ist nicht zu ermitteln, soweit das Umgründungssteuergesetz eine Buchwertfortführung vorsieht. Fällt die gesellschaftsvertragliche Übertragung von (Teil) Betrieben oder Mitunternehmeranteilen nicht unter Art. IV oder Art. V des Umgründungssteuergesetzes, ist der Veräußerungsgewinn auf den nach dem Umgründungssteuergesetz maßgeblichen Stichtag zu beziehen; bei Gewährung von Gesellschafterrechten an einer Personengesellschaft ist § 32 Abs. 3 sinngemäß anzuwenden, wobei die bisherigen Buchwerte fortzuführen sind, soweit das Vermögen dem Übertragenden weiterhin zuzurechnen ist.

(AbgÄG 2023, BGBl I 2023/110)

1/1. EStG
§ 25

Nichtselbständige Arbeit (§ 2 Abs. 3 Z 4)

§ 25. (1) Einkünfte aus nichtselbständiger Arbeit (Arbeitslohn) sind:

1.
   a) Bezüge und Vorteile aus einem bestehenden oder früheren Dienstverhältnis. Dazu zählen auch Pensionszusagen, wenn sie ganz oder teilweise anstelle des bisher gezahlten Arbeitslohns oder der Lohnerhöhungen, auf die jeweils ein Anspruch besteht, gewährt werden, ausgenommen eine lohngestaltende Vorschrift im Sinne des § 68 Abs. 5 Z 1 bis 6 sieht dies vor.

   b) Bezüge und Vorteile von Personen, die an Kapitalgesellschaften nicht wesentlich im Sinne des § 22 Z 2 beteiligt sind, auch dann, wenn bei einer sonst alle Merkmale eines Dienstverhältnisses (§ 47 Abs. 2) aufweisenden Beschäftigung die Verpflichtung, den Weisungen eines anderen zu folgen, auf Grund gesellschaftsvertraglicher Sonderbestimmung fehlt.

   c) Bezüge aus einer gesetzlichen Kranken- oder Unfallversorgung.

   d) Bezüge aus einer ausländischen gesetzlichen Kranken- oder Unfallversorgung, die einer inländischen Kranken- oder Unfallversorgung entspricht.

   e) Bezüge aus einer Kranken- oder Unfallversorgung der Versorgungs- und Unterstützungseinrichtungen der Kammern der selbständig Erwerbstätigen.

   Bezüge gemäß lit. c bis e, ausgenommen solche aus einer Unfallversorgung, sind nur dann Einkünfte aus nichtselbständiger Arbeit, wenn sie auf Grund eines bestehenden oder früheren Dienstverhältnisses zufließen. In allen anderen Fällen sind diese Bezüge nach § 32 Z 1 zu erfassen.

2.
   a) Bezüge und Vorteile aus inländischen Pensionskassen und aus betrieblichen Kollektivversicherungen im Sinne des § 93 des VAG 2016. Jene Teile der Bezüge und Vorteile, die auf die

      aa) vom Arbeitnehmer,

      bb) vom wesentlich Beteiligten im Sinne des § 22 Z 2 und

      cc) von einer natürlichen Person als Arbeitgeber für sich selbst

      eingezahlten Beträge entfallen, sind nur mit 25% zu erfassen. Soweit für die Beiträge eine Prämie nach § 108a oder vor einer Verfügung im Sinne des § 108i Abs. 1 Z 3 eine Prämie nach § 108g in Anspruch genommen worden ist oder es sich um Bezüge handelt, die auf Grund einer Überweisung nach § 17 BMSVG oder gleichartige österreichische Rechtsvorschriften) geleistet werden, sind die auf diese Beiträge entfallenden Bezüge und Vorteile steuerfrei.

   Der Bundesminister für Finanzen wird ermächtigt, ein pauschales Ausscheiden der steuerfreien Bezüge und Vorteile mit Verordnung festzulegen.

   (BGBl I 2015/34)

   b) Bezüge und Vorteile aus ausländischen Pensionskassen (einschließlich aus ausländischen Einrichtungen im Sinne des § 5 Z 4 des Pensionskassengesetzes). Z 2 lit. a zweiter Satz ist für Bezüge und Vorteile aus ausländischen Pensionskassen (einschließlich aus ausländischen Einrichtungen im Sinne des § 5 Z 4 des Pensionskassengesetzes) insoweit anzuwenden, als die Beitragsleistungen an derartige ausländische Pensionskassen (einschließlich an Einrichtungen im Sinne des § 5 Z 4 des Pensionskassengesetzes) die in- oder ausländischen Einkünfte nicht vermindert haben. Dies gilt sinngemäß, wenn die Beitragsleistungen das Einkommen im Ausland nicht vermindert haben.

   c) Zuwendungen von betriebliche Privatstiftungen im Sinne des § 4d, soweit sie als Bezüge und Vorteile aus einem bestehenden oder früheren Dienstverhältnis anzusehen sind, sowie Bezüge und Vorteile aus Unterstützungskassen.

   (BGBl I 2017/105)

   d) Bezüge und Vorteile aus Betriebliche Vorsorgekassen (BV-Kassen) einschließlich der Bezüge und Vorteile im Rahmen der Selbständigenvorsorge nach dem 4. und 5. Teil des BMSVG.

   e) Insolvenz-Entgelt, das durch den Insolvenz-Entgelt-Fonds ausgezahlt wird.

3.
   a) Pensionen aus der gesetzlichen Sozialversicherung. Besondere Steigerungsbeträge aus der Höherversicherung in der Pensionsversicherung bzw. Höherversicherungspensionen sind nur mit 25% zu erfassen; soweit besondere Steigerungsbeträge aus der Höherversicherung in der Pensionsversicherung auf Beiträgen beruhen, die im Zeitpunkt der Leistung als Pflichtbeiträge abzugsfähig waren, sind sie zur Gänze zu erfassen. Soweit für Pensionsbeiträge eine Prämie nach § 108a in Anspruch genommen worden ist, sind die auf diese Beiträge entfallenden Pensionen steuerfrei.

   b) Gleichartige Bezüge aus Versorgungs- und Unterstützungseinrichtungen der Kammern der selbständig Erwerbstätigen. Soweit diese Bezüge auf Ansprüche entfallen, die von einer Pensionskasse an eine Versorgungs- und Unterstützungseinrichtung übertragen wurden, gilt Z 2 lit. a entsprechend.

   c) Pensionen aus einer ausländischen gesetzlichen Sozialversicherung, die einer

inländischen gesetzlichen Sozialversicherung entspricht.
d) Rückzahlungen von Pflichtbeiträgen, sofern diese ganz oder teilweise auf Grund des Vorliegens von Einkünften im Sinne der Z 1 einbehalten oder zurückgezahlt wurden.
e) Rückzahlungen von Beiträgen für freiwillige Weiterversicherungen einschließlich des Nachkaufs von Versicherungszeiten in der gesetzlichen Pensionsversicherung und vergleichbarer Beiträge an Versorgungs- und Unterstützungseinrichtungen der Kammern der selbständig Erwerbstätigen. Einkünfte aus nichtselbständiger Arbeit liegen nur insoweit vor, als die Beiträge als Sonderausgaben gemäß § 18 das Einkommen vermindert haben.
f) Ausgleichs- oder Ergänzungszulagen, die aufgrund sozialversicherungs- oder pensionsrechtlicher Vorschriften gewährt werden.
(BGBl I 2019/103)
4. a) Bezüge, Auslagenersätze und Ruhe-(Versorgungs)Bezüge im Sinne des Bezügegesetzes und des Verfassungsgerichtshofgesetzes.
b) Bezüge, Auslagenersätze und Ruhe-(Versorgungs)Bezüge, die Mitglieder einer Landesregierung (des Wiener Stadtsenates), Bezirksvorsteher (Stellvertreter) der Stadt Wien, Mitglieder eines Landtages sowie deren Hinterbliebene auf Grund gesetzlicher Regelung erhalten, weiters Bezüge, Auslagenersätze und Ruhe-(Versorgungs)Bezüge, die Bürgermeister, Vizebürgermeister (Bürgermeister-Stellvertreter), Stadträte und Mitglieder einer Stadt-, Gemeinde- oder Ortsvertretung sowie deren Hinterbliebene auf Grund gesetzlicher Regelung erhalten.
c) Bezüge von öffentlich-rechtlich Bediensteten (Beamten) des Bundes aus Nebentätigkeiten im Sinne des § 37 des Beamten-Dienstrechtsgesetzes 1979 und vertraglich Bediensteten des Bundes aus vergleichbaren Tätigkeiten sowie öffentlich Bediensteten anderer Gebietskörperschaften auf Grund vergleichbarer gesetzlicher Regelungen.
5. Bezüge, Auslagenersätze und Ruhe-(Versorgungs)Bezüge von Vortragenden, Lehrenden und Unterrichtenden, die diese Tätigkeit im Rahmen eines von der Bildungseinrichtung vorgegebenen Studien-, Lehr- oder Stundenplanes ausüben, und zwar auch dann, wenn mehrere Wochen- oder Monatsstunden zu Blockveranstaltungen zusammengefasst werden.

(2) Bei den Einkünften im Sinne des Abs. 1 ist es unmaßgeblich, ob es sich um einmalige oder laufende Einnahmen handelt, ob ein Rechtsanspruch auf sie besteht und ob sie dem zunächst Bezugsberechtigten oder seinem Rechtsnachfolger zufließen.

Leistungen des Arbeitgebers, die nicht unter die Einkünfte aus nichtselbständiger Arbeit fallen

§ 26. Zu den Einkünften aus nichtselbständiger Arbeit gehören nicht:
1. Der Wert der unentgeltlich überlassenen Arbeitskleidung und der Reinigung der Arbeitskleidung, wenn es sich um typische Berufskleidung handelt (zB Uniformen).
2. Beträge,
   – die der Arbeitnehmer vom Arbeitgeber erhält, um sie für ihn auszugeben (durchlaufende Gelder)
   – durch die Auslagen des Arbeitnehmers für den Arbeitgeber ersetzt werden (Auslagenersätze).
3. Beträge, die vom Arbeitgeber im betrieblichen Interesse für die Ausbildung oder Fortbildung des Arbeitnehmers aufgewendet werden. Unter den Begriff Ausbildungskosten fallen nicht Vergütungen für die Lehr- und Anlernausbildung.
4. Beträge, die aus Anlass einer Dienstreise als Reisevergütungen (Fahrtkostenvergütungen, Kilometergelder) und als Tagesgelder und Nächtigungsgelder gezahlt werden. Eine Dienstreise liegt vor, wenn ein Arbeitnehmer über Auftrag des Arbeitgebers
   – seinen Dienstort (Büro, Betriebsstätte, Werksgelände, Lager usw.) zur Durchführung von Dienstverrichtungen verlässt oder
   – so weit weg von seinem ständigen Wohnort (Familienwohnsitz) arbeitet, dass ihm eine tägliche Rückkehr an seinen ständigen Wohnort (Familienwohnsitz) nicht zugemutet werden kann.

   Bei Arbeitnehmern, die ihre Dienstreise vom Wohnort aus antreten, tritt an die Stelle des Dienstortes der Wohnort (Wohnung, gewöhnlicher Aufenthalt, Familienwohnsitz).
   a) Als Kilometergelder sind höchstens die den Bundesbediensteten zustehenden Sätze zu berücksichtigen. Fahrtkostenvergütungen (Kilometergelder) sind auch Kosten, die vom Arbeitgeber höchstens für eine Fahrt pro Woche zum ständigen Wohnort (Familienwohnsitz) für arbeitsfreie Tage gezahlt werden, wenn eine tägliche Rückkehr nicht zugemutet werden kann und für die arbeitsfreien Tage kein steuerfreies Tagesgeld gezahlt wird.
      Werden Fahrten zu einem Einsatzort in einem Kalendermonat überwiegend unmittelbar vom Wohnort aus angetreten, liegen hinsichtlich dieses Einsatzortes

ab dem Folgemonat Fahrten zwischen Wohnung und Arbeitsstätte vor.

b) Das Tagesgeld für Inlandsdienstreisen darf bis zu 26,40 Euro pro Tag betragen. Dauert eine Dienstreise länger als drei Stunden, so kann für jede angefangene Stunde ein Zwölftel gerechnet werden. Das volle Tagesgeld steht für 24 Stunden zu. Erfolgt eine Abrechnung des Tagesgeldes nach Kalendertagen, steht das Tagesgeld für den Kalendertag zu.

c) Wenn bei einer Inlandsdienstreise keine höheren Kosten für Nächtigung nachgewiesen werden, kann als Nächtigungsgeld einschließlich der Kosten des Frühstücks ein Betrag bis zu 15 Euro berücksichtigt werden.

d) Das Tagesgeld für Auslandsdienstreisen darf bis zum täglichen Höchstsatz der Auslandsreisesätze der Bundesbediensteten betragen. Dauert eine Dienstreise länger als drei Stunden, so kann für jede angefangene Stunde ein Zwölftel gerechnet werden. Das volle Tagesgeld steht für 24 Stunden zu. Erfolgt eine Abrechnung des Tagesgeldes nach Kalendertagen, steht das Tagesgeld für den Kalendertag zu.

e) Wenn bei einer Auslandsdienstreise keine höheren Kosten für Nächtigung einschließlich der Kosten des Frühstücks nachgewiesen werden, kann das den Bundesbediensteten zustehende Nächtigungsgeld der Höchststufe berücksichtigt werden.

Zahlt der Arbeitgeber höhere Beträge, so sind die die genannten Grenzen übersteigenden Beträge steuerpflichtiger Arbeitslohn.

5. a) Die Beförderung des Arbeitnehmers, wenn der Arbeitgeber seine Arbeitnehmer zwischen Wohnung und Arbeitsstätte mit Fahrzeugen in der Art eines Massenbeförderungsmittels befördert oder befördern lässt (Werkverkehr).

b) Die Zurverfügungstellung einer Wochen-, Monats- oder Jahreskarte für ein Massenbeförderungsmittel durch den Arbeitgeber für seine Arbeitnehmer, sofern die Karte zumindest am Wohn- oder Arbeitsort gültig ist. Dies gilt auch, wenn der Arbeitgeber die Kosten einer solchen Karte zumindest teilweise übernimmt.

(BGBl I 2022/108)

Die Beförderung und Übernahme der Kosten stellen steuerpflichtigen Arbeitslohn dar, wenn diese anstelle des bisher gezahlten Arbeitslohns oder einer üblichen Lohnerhöhung geleistet werden.

(BGBl I 2021/18)

6. Umzugskostenvergütungen, die Dienstnehmer anläßlich einer Versetzung aus betrieblichen Gründen an einen anderen Dienstort oder wegen der dienstlichen Verpflichtung, eine Dienstwohnung ohne Wechsel des Dienstortes zu beziehen, erhalten; dies gilt auch für Versetzungen innerhalb von Konzernen. Zu den Umzugskostenvergütungen gehören der Ersatz

a) der tatsächlichen Reisekosten für den Arbeitnehmer und seinen (Ehe)Partner (§ 106 Abs. 3) sowie seine Kinder (§ 106) unter Zugrundelegung der Kosten eines Massenbeförderungsmittels (Bahn, Autobus) für die Strecke vom bisherigen Wohnort zum neuen Wohnort

b) der tatsächlichen Frachtkosten für das Übersiedlungsgut (Wohnungseinrichtung usw.) des Arbeitnehmers und seines (Ehe-)Partners und seiner Kinder

c) sonstiger mit der Übersiedlung verbundener Aufwendungen (Umzugsvergütungen). Die Umzugsvergütung darf höchstens 1/15 des Bruttojahresarbeitslohnes betragen.

d) des Mietzinses (einschließlich sonstiger von Mietern zu entrichtender Beträge), den der Arbeitnehmer von der Aufgabe seiner bisherigen Wohnung an bis zum nächstmöglichen Kündigungstermin noch zahlen muß.

7. a) Beitragsleistungen des Arbeitgebers für seine Arbeitnehmer an
   – Pensionskassen im Sinne des Pensionskassengesetzes,
   – ausländische Pensionskassen auf Grund einer ausländischen gesetzlichen Verpflichtung oder an ausländische Einrichtungen im Sinne des § 5 Z 4 des Pensionskassengesetzes,
   – Unterstützungskassen, die keinen Rechtsanspruch auf Leistungen gewähren,
   – betriebliche Kollektivversicherungen im Sinne des § 93 des VAG 2016,
   – Arbeitnehmerförderstiftungen (§ 4d Abs. 2),
   – Belegschaftsbeteiligungsstiftung (§ 4d Abs. 3).

Keine Beiträge des Arbeitgebers, sondern solche des Arbeitnehmers liegen vor, wenn sie ganz oder teilweise anstelle des bisher gezahlten Arbeitslohns oder der Lohnerhöhungen, auf die jeweils ein Anspruch besteht, geleistet werden, ausgenommen eine lohngestaltende Vorschrift im Sinne des § 68 Abs. 5 Z 1 bis 6 sieht dies vor.

(BGBl I 2017/105)

b) Beträge, die der Arbeitgeber als Kostenersatz für Pensionsverpflichtungen eines früheren Arbeitgebers oder als Vergütung gemäß § 14 Abs. 9 leistet.

c) Beträge, die auf Grund des Betriebspensionsgesetzes oder vergleichbarer gesetzlicher Regelungen durch das Übertragen von Anwartschaften oder Leistungsverpflichtungen an einen die Verpflichtung übernehmenden inländischen Rechtsnachfolger oder an ausländische Einrichtungen im Sinne des § 5 Z 4 des Pensionskassengesetzes geleistet werden, wenn der Rückkauf ausgeschlossen ist und die Leistungen auf Grund des Betriebspensionsgesetzes oder vergleichbarer Regelungen Bezüge und Vorteile gemäß § 25 darstellen.

d) Beiträge, die der Arbeitgeber für seine Arbeitnehmer an eine BV-Kasse leistet, im Ausmaß von höchstens 1,53% des monatlichen Entgeltes im Sinne arbeitsrechtlicher Bestimmungen (§ 6 BMSVG oder gleichartige österreichische Rechtsvorschriften) bzw. von höchstens 1,53% der Bemessungsgrundlage für entgeltfreie Zeiträume (§ 7 BMSVG oder gleichartige österreichische Rechtsvorschriften), darauf entfallende zusätzliche Beiträge gemäß § 6 Abs. 2a BMSVG oder gleichartigen österreichischen Rechtsvorschriften, weiters Beiträge, die nach § 124b Z 66 geleistet werden, sowie Beträge, die auf Grund des BMSVG oder gleichartiger österreichischer Rechtsvorschriften durch das Übertragen von Anwartschaften an eine andere BV-Kasse oder als Überweisung der Abfertigung an ein Versicherungsunternehmen als Einmalprämie für eine Pensionszusatzversicherung gemäß § 108b oder als Überweisung der Abfertigung an ein Kreditinstitut zum ausschließlichen Erwerb von Anteilen an einem prämienbegünstigten Pensionsinvestmentfonds gemäß § 108b oder als Überweisung der Abfertigung an eine Pensionskasse geleistet werden.

8. Zuwendungen einer Belegschaftsbeteiligungsstiftung im Sinne des § 4d Abs. 3 bis zu einem Betrag von 4 500 € jährlich.
(BGBl I 2017/105)

9. Der Wert der digitalen Arbeitsmittel, die der Arbeitgeber dem Arbeitnehmer für seine berufliche Tätigkeit unentgeltlich überlässt, und ein Homeoffice-Pauschale nach Maßgabe folgender Bestimmungen:

a) Das Homeoffice-Pauschale beträgt bis zu drei Euro pro Tag, an dem der Arbeitnehmer seine berufliche Tätigkeit auf Grund einer mit dem Arbeitgeber getroffenen Vereinbarung ausschließlich in der Wohnung ausübt (Homeoffice-Tag); es steht für höchstens 100 Tage im Kalenderjahr zu.

b) Übersteigt das von mehreren Arbeitgebern nicht steuerbar ausgezahlte Homeoffice-Pauschale insgesamt den Betrag von 300 Euro pro Kalenderjahr, stellt der übersteigende Teil steuerpflichtigen Arbeitslohn dar, der in der Veranlagung zu erfassen ist.
(BGBl I 2021/52)

Einkünfte aus Kapitalvermögen

§ 27. (1) Einkünfte aus Kapitalvermögen sind Einkünfte aus der Überlassung von Kapital (Abs. 2), aus realisierten Wertsteigerungen von Kapitalvermögen (Abs. 3), aus Derivaten (Abs. 4) und aus Kryptowährungen (Abs. 4a), soweit sie nicht zu den Einkünften im Sinne des § 2 Abs. 3 Z 1 bis 4 gehören. Bei Tauschvorgängen ist § 6 Z 14 sinngemäß anzuwenden.
(BGBl I 2022/10)

(2) Zu den Einkünften aus der Überlassung von Kapital gehören:

1. a) Gewinnanteile (Dividenden) und sonstige Bezüge aus Aktien „,", Anteilen an Gesellschaften mit beschränkter Haftung **„oder Flexiblen Kapitalgesellschaften"**;
(Start-Up-FG, BGBl I 2023/200 ab 1.1.2024)

b) Gleichartige Bezüge und Rückvergütungen aus Anteilen an Erwerbs- und Wirtschaftsgenossenschaften;

c) Gleichartige Bezüge aus Genussrechten und sonstigen Finanzierungsinstrumenten sowie Bezüge aus Partizipationskapital gemäß § 8 Abs. 3 Z 1 des Körperschaftsteuergesetzes 1988;

d) Bezüge aus Anteilen an körperschaftlich organisierten Personengemeinschaften in den Angelegenheiten der Bodenreform (Agrargemeinschaften), wenn diese einen Betrag in Höhe von 4.000 Euro im Kalenderjahr übersteigen.
(BGBl I 2019/103)

2. Zinsen und andere Erträgnisse aus Kapitalforderungen jeder Art, beispielsweise aus Darlehen, Anleihen, Hypotheken, Einlagen, Guthaben bei Kreditinstituten und aus Ergänzungskapital im Sinne des VAG 2016, ausgenommen Stückzinsen;
(BGBl I 2015/34)

3. Diskontbeträge von Wechseln und Anweisungen;

4. Gewinnanteile aus der Beteiligung an einem Unternehmen als stiller Gesellschafter sowie aus der Beteiligung nach Art eines stillen Gesellschafters, soweit sie nicht zur Auffüllung einer durch Verluste herabgeminderten Einlage zu verwenden sind.

(3) Zu den Einkünften aus realisierten Wertsteigerungen von Kapitalvermögen gehören Einkünfte aus der Veräußerung, Einlösung und sonstigen

1/1. EStG
§ 27

Abschichtung von Wirtschaftsgütern, deren Erträge Einkünfte aus der Überlassung von Kapital im Sinne von Abs. 2 sind (einschließlich Nullkuponanleihen).

(4) Zu den Einkünften aus Derivaten gehören
1. der Differenzausgleich,
2. die Stillhalterprämie,
3. Einkünfte aus der Veräußerung und
4. Einkünfte aus der sonstigen Abwicklung

bei Termingeschäften (beispielsweise Optionen, Futures und Swaps) sowie bei sonstigen derivativen Finanzinstrumenten (beispielsweise Indexzertifikaten).

(4a) Zu den Einkünften aus Kryptowährungen gehören laufende Einkünfte aus Kryptowährungen sowie Einkünfte aus realisierten Wertsteigerungen von Kryptowährungen nach Maßgabe des § 27b.

(BGBl I 2022/10)

(5) Als Einkünfte aus der Überlassung von Kapital im Sinne von Abs. 2 gelten auch:
1. Besondere Entgelte oder Vorteile, die neben den im Abs. 2 bezeichneten Einkünften oder an deren Stelle gewährt werden, beispielsweise Sachleistungen, Boni und nominelle Mehrbeträge auf Grund einer Wertsicherung.
2. Vom Abzugsverpflichteten (§ 95 Abs. 2) oder Dritten übernommene Kapitalertragsteuerbeträge.
3. Unterschiedsbeträge zwischen der eingezahlten Versicherungsprämie und der Versicherungsleistung, die
    a) im Falle des Erlebens oder des Rückkaufs einer auf den Er- oder Er- und Ablebensfall abgeschlossenen Kapitalversicherung einschließlich einer fondsgebundenen Lebensversicherung,
    b) im Falle der Kapitalabfindung oder des Rückkaufs einer Rentenversicherung, bei der der Beginn der Rentenzahlungen vor Ablauf von zehn beziehungsweise fünfzehn Jahren ab Vertragsabschluss vereinbart ist,

   ausgezahlt werden, wenn im Versicherungsvertrag nicht laufende, im Wesentlichen gleich bleibende Prämienzahlungen vereinbart sind und die Höchstlaufzeit des Versicherungsvertrages
   – weniger als zehn Jahre ab Vertragsabschluss beträgt, wenn der Versicherungsnehmer und die versicherten Personen im Zeitpunkt des Abschlusses des Versicherungsvertrages jeweils das 50. Lebensjahr vollendet haben;
   – in allen anderen Fällen weniger als fünfzehn Jahre ab Vertragsabschluss beträgt.

   Ist der Versicherungsnehmer keine natürliche Person, gilt das Erfordernis der Vollendung des 50. Lebensjahres nur für die versicherten Personen. Im Übrigen gilt jede Erhöhung einer Versicherungssumme im Rahmen eines bestehenden Vertrages auf insgesamt mehr als das Zweifache der ursprünglichen Versicherungssumme gegen eine nicht laufende, im Wesentlichen gleich bleibende Prämienzahlung als selbständiger Abschluss eines neuen Versicherungsvertrages.

4. Ausgleichszahlungen und Leihgebühren, die der Verleiher eines Wertpapiers vom Entleiher oder der Pensionsgeber vom Pensionsnehmer erhält.

5. und 6. (aufgehoben)

7. Zuwendungen jeder Art
   – von nicht unter § 5 Z 6 des Körperschaftsteuergesetzes 1988 fallenden Privatstiftungen,
   – von Belegschaftsbeteiligungsstiftungen im Sinne des § 4d Abs. 3 bis zu einem Betrag von 4 500 Euro jährlich, sowie
   – von ausländischen Stiftungen oder sonstigen Vermögensmassen, die jeweils mit einer Privatstiftung vergleichbar sind.

   Als Zuwendungen gelten auch Einnahmen einschließlich sonstiger Vorteile, die anlässlich der unentgeltlichen Übertragung eines Wirtschaftsgutes an die Privatstiftung, ausländische Stiftung oder sonstige Vermögensmasse, die jeweils mit einer Privatstiftung vergleichbar sind, vom Empfänger der Zuwendung erzielt werden. Dies gilt nicht hinsichtlich der bei der Zuwendung von Grundstücken mitübertragenen Belastungen des Grundstückes, soweit sie mit dem Grundstück in unmittelbarem wirtschaftlichen Zusammenhang stehen.

   (BGBl I 2017/105)

8. Nicht zu den Einkünften im Sinne der Z 7 gehören Zuwendungen, soweit sie nach Maßgabe der folgenden Bestimmungen eine Substanzauszahlung von gestiftetem Vermögen darstellen:
   a) Zuwendungen gelten insoweit als Substanzauszahlung, als sie den maßgeblichen Wert im Sinne der lit. b übersteigen und im Evidenzkonto im Sinne der lit. c Deckung finden.
   b) Als maßgeblicher Wert gilt der am Beginn des Geschäftsjahres vorhandene Bilanzgewinn zuzüglich der gebildeten Gewinnrücklagen gemäß § 224 Abs. 3 A III und IV des Unternehmensgesetzbuches und zuzüglich der steuerrechtlichen stillen Reserven des zugewendeten Vermögens. Der am Beginn des Geschäftsjahres vorhandene Bilanzgewinn ist um Beträge zu erhöhen, die zu einer Verminderung auf Grund des Ansatzes des beizulegenden Wertes gemäß § 202 Abs. 1 des Unternehmensgesetzbuches geführt haben. Zuwendungen im Bilanzerstellungszeitraum gelten nicht als Substanzauszahlung, solange der im Jahresabschluss ausgewiesene Bi-

lanzgewinn nicht vom Abschlussprüfer bestätigt ist.
c) Voraussetzung für die Behandlung einer Zuwendung als Substanzauszahlung ist die laufende ordnungsgemäße Führung eines Evidenzkontos. Es erhöht sich um sämtliche Stiftungseingangswerte und vermindert sich um Substanzauszahlungen.
d) Stiftungseingangswert ist der Wert des gestifteten Vermögens zum Zeitpunkt der Zuwendung. Dabei sind § 6 Z 5, § 6 Z 9 und § 15 Abs. 3 Z 1 anzuwenden.
e) Soweit Zuwendungen Substanzauszahlungen darstellen, vermindern sie das Evidenzkonto in Höhe der in § 15 Abs. 3 Z 2 lit. b genannten Werte.
f) Zuwendungen einer Stiftung (Vermögensmasse) an eine von ihr errichtete Stiftung (Vermögensmasse) gelten abweichend von lit. a als Substanzauszahlung, soweit sie im Evidenzkonto (lit. c) Deckung finden. Die empfangende Stiftung (Vermögensmasse) hat die als Substanzauszahlungen geltenden Beträge als Stiftungseingangswert in gleicher Höhe anzusetzen; dieser Stiftungseingangswert ist um den bei der zuwendenden Stiftung (Vermögensmasse) vorhandenen maßgeblichen Wert im Sinne der lit. b zu vermindern.
g) Abweichend von lit. f gelten Zuwendungen einer Stiftung (Vermögensmasse) an eine von ihr errichtete Stiftung (Vermögensmasse) als Substanzauszahlung, soweit sie Vermögen betreffen, das in einer unternehmensrechtlichen Vermögensaufstellung zum 31. Juli 2008 erfasst ist. Die empfangende Stiftung (Vermögensmasse) hat die steuerlich maßgebenden Werte fortzuführen. Diese Zuwendungen erhöhen nicht die Stiftungseingangswerte und fließen nicht in das Evidenzkonto bei der empfangenden Stiftung (Vermögensmasse) ein. Dies gilt nur insoweit, als die Zuwendung im Stiftungszweck der zuwendenden Stiftung (Vermögensmasse) Deckung findet.
h) Soweit Zuwendungen als Substanzauszahlung gelten, sind sie in die Kapitalertragsteuer-Anmeldung aufzunehmen.
9. Ist ein Stifter im Falle des Widerrufs einer nicht unter § 4 Abs. 11 Z 1 fallenden Privatstiftung Letztbegünstigter gemäß § 34 des Privatstiftungsgesetzes, sind die Einkünfte auf seinen Antrag um die steuerlich maßgebenden Werte seiner vor dem 1. August 2008 getätigten Zuwendungen an die Privatstiftung zu kürzen. Dies gilt nur dann, wenn der Stifter diese Werte nachweist. Für Zuwendungen nach dem 31. Juli 2008 erfolgt die Kürzung um den Letztstand des Evidenzkontos gemäß Z 8 lit. c. Die Kürzung gilt sinngemäß für den Widerruf einer ausländischen Stiftung oder sonstigen Vermögensmasse, die jeweils mit einer Privatstiftung vergleichbar sind, mit der Maßgabe, dass die nach österreichischem Steuerrecht ermittelten Werte anzusetzen sind. Voraussetzung für die Kürzung bei Widerruf einer ausländischen Stiftung (Vermögensmasse) ist, dass für die Zuwendung an die ausländische Stiftung (Vermögensmasse) Stiftungseingangssteuer oder Erbschafts- oder Schenkungssteuer entrichtet wurde.

(6) Als Veräußerung im Sinne der Abs. 3 und 4 gelten auch:
1. Umstände, die zu einer Einschränkung des Besteuerungsrechtes der Republik Österreich im Verhältnis zu anderen Staaten hinsichtlich eines Wirtschaftsgutes im Sinne des Abs. 3, eines Derivates im Sinne des Abs. 4 oder einer Kryptowährung im Sinne des Abs. 4a führen.
a) Bei Wegzug einer natürlichen Person in einen EU/EWR-Staat ist auf Antrag über die dadurch entstandene Abgabenschuld im Abgabenbescheid nur abzusprechen, die Abgabenschuld jedoch bis zur tatsächlichen Veräußerung des Wirtschaftsgutes oder Derivates nicht festzusetzen. Dies gilt ebenso bei der unentgeltlichen Übertragung eines Wirtschaftsgutes oder Derivates an eine andere natürliche Person, die in einem EU/EWR-Staat ansässig ist.
(AbgÄG 2023, BGBl I 2023/110)
b) Als tatsächliche Veräußerung gilt auch ein späterer Wegzug oder die spätere Überführung des Wirtschaftsgutes oder Derivates in einen Staat, der von lit. a nicht erfasst ist.
(BGBl I 2019/103, BGBl I 2022/108)
c) Die tatsächliche Veräußerung gilt als rückwirkendes Ereignis im Sinne des § 295a der Bundesabgabenordnung. § 205 der Bundesabgabenordnung ist nicht anzuwenden.
d) In allen nicht in lit. a genannten Fällen sind die § 6 Z 6 lit. c und d sinngemäß anzuwenden.
e) Im Falle der Entstehung des Besteuerungsrechts der Republik Österreich im Verhältnis zu anderen Staaten gilt der gemeine Wert als Anschaffungskosten. Erfolgt in den Fällen nicht festgesetzter Abgabenschuld ein Wiedereintritt in das Besteuerungsrecht der Republik Österreich, sind weiterhin die ursprünglichen Anschaffungskosten, höchstens aber die gemeinen Werte maßgeblich. Die spätere Veräußerung gilt nicht als rückwirkendes Ereignis im Sinne des § 295a der Bundesabgabenordnung. Weist der Steuerpflichtige nach, dass Wertsteigerungen im EU/EWR-Raum eingetreten

1/1. EStG
§ 27

sind, sind diese vom Veräußerungserlös abzuziehen.
(BGBl I 2022/10)

2. Die Entnahme und das sonstige Ausscheiden aus dem Depot. Sofern nicht Z 1 anzuwenden ist, liegt in folgenden Fällen keine Veräußerung vor:
   – Bei der Übertragung auf ein anderes Depot desselben Steuerpflichtigen bei derselben depotführenden Stelle.
   – Bei der Übertragung auf ein Depot desselben Steuerpflichtigen bei einer inländischen depotführenden Stelle, wenn der Steuerpflichtige die übertragende depotführende Stelle beauftragt, der übernehmenden depotführenden Stelle die Anschaffungskosten mitzuteilen.
   – Bei der Übertragung von einer inländischen depotführenden Stelle auf ein Depot desselben Steuerpflichtigen bei einer ausländischen depotführenden Stelle, wenn der Steuerpflichtige die übertragende depotführende Stelle beauftragt, dem zuständigen Finanzamt innerhalb eines Monats seinen Namen und seine Steuer- oder Sozialversicherungsnummer, die übertragenen Wirtschaftsgüter, deren Anschaffungskosten sowie jene Stelle mitzuteilen, auf die die Übertragung erfolgt.
   – Bei der Übertragung von einer ausländischen depotführenden Stelle auf ein Depot desselben Steuerpflichtigen bei einer anderen ausländischen depotführenden Stelle und bei der unentgeltlichen Übertragung von einer ausländischen depotführenden Stelle auf ein Depot eines anderen Steuerpflichtigen, wenn der Steuerpflichtige dem zuständigen Finanzamt innerhalb eines Monats die übertragenen Wirtschaftsgüter, deren Anschaffungskosten sowie jene Stelle und jenen Steuerpflichtigen mitteilt, auf die die Übertragung erfolgt.
   – Bei der unentgeltlichen Übertragung von einer inländischen depotführenden Stelle auf das Depot eines anderen Steuerpflichtigen, wenn
     • der depotführenden Stelle anhand geeigneter Unterlagen (insbesondere Notariatsakt, Einantwortungsbeschluss, Schenkungsmeldung) die unentgeltliche Übertragung nachgewiesen wird, oder
     • der Steuerpflichtige die depotführende Stelle beauftragt, dem zuständigen Finanzamt innerhalb eines Monats seinen Namen und seine Steuer- oder Sozialversicherungsnummer, die übertragenen Wirtschaftsgüter, deren Anschaffungskosten und gegebenenfalls jene Stelle mitzuteilen, auf die die Übertragung erfolgt.
   – Bei der Übertragung im Zuge einer Umgründung im Sinne des Umgründungssteuergesetzes, wenn der Steuerpflichtige die depotführende Stelle beauftragt, dem zuständigen Finanzamt innerhalb eines Monats seinen Namen, seine Steuer- oder Sozialversicherungsnummer, die übertragenen Wirtschaftsgüter, deren Anschaffungskosten und gegebenenfalls jene Stelle mitzuteilen, auf die die Übertragung erfolgt. Bei der Übertragung von einer ausländischen depotführenden Stelle auf ein anderes Depot hat die Mitteilung an das Finanzamt durch den Steuerpflichtigen selbst zu erfolgen.
(BGBl I 2022/108)

3. Der Untergang von Anteilen auf Grund der Auflösung (Liquidation) oder Beendigung einer Körperschaft für sämtliche Beteiligte unabhängig vom Ausmaß ihrer Beteiligung.
(BGBl I 2015/163)

4. Die Veräußerung von Dividendenscheinen, Zinsscheinen und sonstigen Ansprüchen, wenn die dazugehörigen Wirtschaftsgüter nicht mitveräußert werden.
(BGBl I 2015/163)

5. Der Zufluss anteiliger Einkünfte aus der Überlassung von Kapital gemäß Abs. 2 Z 2 anlässlich der Realisierung der dazugehörigen Wirtschaftsgüter (Stückzinsen).
(BGBl I 2015/163)

(7) Steuerfrei sind 75% der Ausschüttungen aus Anteilen und Genussrechten an natürliche Personen bis zu einer Höhe von 15 000 Euro pro Kalenderjahr, die von Mittelstandsfinanzierungsgesellschaften im Sinne des § 6b Abs. 1 des Körperschaftsteuergesetzes 1988 in der Fassung des Bundesgesetzes BGBl. I Nr. 106/2017 ausgegeben worden sind. Dabei gilt Folgendes:
1. Die Befreiung erfolgt durch Anrechnung (Erstattung) der Kapitalertragsteuer im Rahmen der Veranlagung.
2. Die Befreiung ist nur zu gewähren, wenn die Mittelstandsfinanzierungsgesellschaft im Zeitpunkt des Ausschüttungsbeschlusses auf der zuletzt veröffentlichten Liste der Mittelstandsfinanzierungsgesellschaften (§ 6b Abs. 5 des Körperschaftsteuergesetzes 1988 in der Fassung des Bundesgesetzes BGBl. I Nr. 106/2017) genannt ist.
(BGBl I 2019/103)

(8) Der Verlustausgleich ist nur nach Maßgabe der folgenden Vorschriften zulässig:
1. Verluste aus Einkünften nach Abs. 3, 4 und 4a können nicht mit Zinserträgen aus Geldeinlagen und sonstigen Geldforderungen bei Kreditinstituten im Sinne des § 27a Abs. 1

Z 1 sowie mit Zuwendungen gemäß Abs. 5 Z 7 ausgeglichen werden.
(BGBl I 2022/10)

2. Verlustanteile aus der Beteiligung an einem Unternehmen als stiller Gesellschafter sowie aus der Beteiligung nach Art eines stillen Gesellschafters dürfen nicht mit anderen Einkünften ausgeglichen werden. Sie sind in Folgejahren mit Gewinnanteilen aus derselben Beteiligung zu verrechnen.
3. Einkünfte aus Kapitalvermögen, auf die ein besonderer Steuersatz gemäß § 27a Abs. 1 anwendbar ist, können nicht mit Einkünften aus Kapitalvermögen ausgeglichen werden, für die diese besonderen Steuersätze gemäß § 27a Abs. 2 nicht gelten.
(BGBl I 2015/118)
4. Nicht ausgeglichene Verluste aus Kapitalvermögen dürfen nicht mit Einkünften aus anderen Einkunftsarten ausgeglichen werden.

Die vorstehenden Regelungen über den Verlustausgleich gelten auch im Falle der Regelbesteuerung gemäß § 27a Abs. 5.

Besonderer Steuersatz und Bemessungsgrundlage für Einkünfte aus Kapitalvermögen

§ 27a. (1) Einkünfte aus Kapitalvermögen unterliegen

1. im Fall von Geldeinlagen und nicht verbrieften sonstigen Geldforderungen bei Kreditinstituten, ausgenommen Ausgleichszahlungen und Leihgebühren gemäß § 27 Abs. 5 Z 4, einem besonderen Steuersatz von 25%,
(BGBl I 2022/10)
2. in allen anderen Fällen einem besonderen Steuersatz von 27,5%

und sind bei der Berechnung der Einkommensteuer des Steuerpflichtigen weder beim Gesamtbetrag der Einkünfte noch beim Einkommen (§ 2 Abs. 2) zu berücksichtigen, sofern nicht die Regelbesteuerung (Abs. 5) anzuwenden ist.

Auf tatsächlich ausgeschüttete und als ausgeschüttet geltende Erträge aus Einkünften im Sinne des § 27 aus einem § 186 oder § 188 Investmentfondsgesetzes 2011 oder einem § 40 oder § 42 des Immobilien-Investmentfondsgesetzes unterliegenden Gebilde ist Z 2 anzuwenden.
(BGBl I 2015/118)

(2) Abs. 1 gilt nicht für
1. Einkünfte aus Darlehen und nicht verbrieften sonstigen Forderungen, denen kein Bankgeschäft zu Grunde liegt;
(BGBl I 2022/10; AbgÄG 2023, BGBl I 2023/110)
2. Einkünfte aus
   – Wertpapieren, die ein Forderungsrecht verbriefen,
   – Anteilscheinen und Anteilen an einem § 40 oder § 42 des Immobilien-Investmentfondsgesetzes unterliegenden Gebilde einschließlich der als ausgeschüttet geltenden Erträge,
   – der Überlassung von Kryptowährungen im Sinne des § 27b Abs. 2 Z 1,

wenn diese bei ihrer Begebung in rechtlicher oder tatsächlicher Hinsicht keinem unbestimmten Personenkreis angeboten werden;
(BGBl I 2022/10)
3. Einkünfte aus der Beteiligung an einem Unternehmen als stiller Gesellschafter sowie aus der Beteiligung nach Art eines stillen Gesellschafters;
4. Diskontbeträge von Wechseln und Anweisungen;
5. Ausgleichszahlungen und Leihgebühren, wenn es sich beim Entleiher (Pensionsnehmer) weder um ein Kreditinstitut noch um eine Zweigstelle im Sinne des § 95 Abs. 2 Z 1 lit. b handelt;
6. Unterschiedsbeträge zwischen der eingezahlten Versicherungsprämie und der Versicherungsleistung im Sinne des § 27 Abs. 5 Z 3 oder die realisierte Wertsteigerung aus der Veräußerung des Anspruchs aus dem Versicherungsvertrag;
7. Einkünfte aus nicht verbrieften Derivaten. Dies gilt nicht, wenn eine im § 95 Abs. 2 Z 4 genannten Einrichtungen eine der Kapitalertragsteuer entsprechende Steuer freiwillig einbehält und abführt; diesfalls sind § 95 Abs. 1 und § 97 sinngemäß anzuwenden.
(BGBl I 2022/10, BGBl I 2022/108)

(2a) Handelt es sich bei den Einkünften gemäß Abs. 2 Z 2 um tatsächlich ausgeschüttete oder als ausgeschüttet geltende Erträge aus einem § 186 oder § 188 InvFG 2011 oder einem § 40 oder § 42 ImmoInvFG unterliegenden Gebilde, dessen Anteile oder Anteilscheine bei ihrer Begebung in rechtlicher und tatsächlicher Hinsicht einem unbestimmten Personenkreis angeboten worden sind, gelten die diesen Einkünften zugrunde liegenden Wirtschaftsgüter stets als an einen unbestimmten Personenkreis angeboten.
(BGBl I 2023/111)

(3) Als Einkünfte anzusetzen sind:
1. Bei der Überlassung von Kapital (§ 27 Abs. 2) die bezogenen Kapitalerträge.
2. Bei realisierten Wertsteigerungen von Kapitalvermögen (§ 27 Abs. 3)
   a) der Unterschiedsbetrag zwischen dem Veräußerungserlös, dem Einlösungs- oder Abschichtungsbetrag und den Anschaffungskosten, jeweils inklusive anteiliger Stückzinsen;
   b) im Falle der Einschränkung des Besteuerungsrechts (§ 27 Abs. 6 Z 1) sowie im Falle der Entnahme oder des sonstigen Ausscheidens aus dem Depot (§ 27 Abs. 6 Z 2) der Unterschiedsbetrag zwischen dem gemeinen Wert zum

1/1. EStG
§ 27a

Zeitpunkt des Eintritts der Umstände, die zur Einschränkung des Besteuerungsrechts führen, bzw. der Entnahme oder des sonstigen Ausscheidens, und den Anschaffungskosten. In den Fällen nicht festgesetzter Abgabenschuld (§ 27 Abs. 6 Z 1 lit. a) sind zwischen Wegzug bzw. Übertragung und Veräußerung eingetretene Wertminderungen höchstens im Umfang der Bemessungsgrundlage bei Wegzug bzw. Übertragung zu berücksichtigen, soweit diese nicht in einem anderen Staat berücksichtigt werden.

(BGBl I 2015/163)

    c) im Falle der Liquidation (§ 27 Abs. 6 Z 3) der Unterschiedsbetrag zwischen dem Abwicklungsguthaben und den Anschaffungskosten.

(BGBl I 2015/163)

3. Bei Derivaten (§ 27 Abs. 4):
    a) im Falle des Differenzausgleichs
        – beim Empfänger des Differenzausgleichs der Unterschiedsbetrag zwischen diesem und den Anschaffungskosten des Derivats;
        – beim Empfänger der Stillhalterprämie oder der Einschüsse (Margins) der Unterschiedsbetrag zwischen der Stillhalterprämie bzw. den Einschüssen (Margins) und dem geleisteten Differenzausgleich;
    b) bei Verfall der Option die Stillhalterprämie;
    c) im Falle der Veräußerung oder sonstigen Abschichtung der Unterschiedsbetrag gemäß Abs. 3 Z 2; bei sonstiger Abwicklung (Glattstellen) gilt die Stillhalterprämie als Veräußerungserlös.

4. Bei Kryptowährungen (§ 27 Abs. 4a):
    a) Bei den laufenden Einkünften aus Kryptowährungen (§ 27b Abs. 2) die bezogenen Kryptowährungen bzw. sonstigen Entgelte.
    b) Bei den Einkünften aus realisierten Wertsteigerungen von Kryptowährungen (§ 27b Abs. 3)
        – der Unterschiedsbetrag zwischen dem Veräußerungserlös und den Anschaffungskosten;
        – im Falle der Einschränkung des Besteuerungsrechts gilt Z 2 lit. b sinngemäß.

(BGBl I 2022/10)

(4) Für die Anschaffungskosten gilt Folgendes:
1. Bei unentgeltlichem Erwerb sind die Anschaffungskosten des Rechtsvorgängers maßgeblich.
2. Bei Wirtschaftsgütern und Derivaten im Sinne des § 27 Abs. 3 und 4, auf deren Erträge ein besonderer Steuersatz gemäß Abs. 1 anwendbar ist, sind die Anschaffungskosten ohne Anschaffungsnebenkosten anzusetzen. Dies gilt nicht für in einem Betriebsvermögen gehaltene Wirtschaftsgüter und Derivate.

(BGBl I 2022/10)

3. Bei allen in einem Depot befindlichen Wirtschaftsgütern und Derivaten im Sinne des § 27 Abs. 3 und 4 mit derselben Wertpapierkennnummer ist bei Erwerb in zeitlicher Aufeinanderfolge der gleitende Durchschnittspreis in Euro anzusetzen. Nach § 93 Abs. 4 angesetzte Anschaffungskosten fließen nicht in den gleitenden Durchschnittspreis ein. Der Bundesminister für Finanzen wird ermächtigt, die Ermittlung der steuerlichen Anschaffungskosten bei Kapitalmaßnahmen durch Verordnung festzulegen.

3a. Bei allen auf einer Kryptowährungsadresse bzw. Kryptowährungswallet befindlichen Einheiten derselben Kryptowährung im Sinne des § 27 Abs. 4a ist bei Erwerb in zeitlicher Aufeinanderfolge der gleitende Durchschnittspreis in Euro als Anschaffungskosten anzusetzen. Nach § 93 Abs. 4a Z 2 angesetzte Anschaffungskosten fließen nicht in den gleitenden Durchschnittspreis ein. Der Bundesminister für Finanzen wird ermächtigt, die Ermittlung der steuerlichen Anschaffungskosten, insbesondere die Auswahl der Bezugsgröße, hinsichtlich derer der gleitende Durchschnittspreis zu ermitteln ist, sowie Vorgaben zu Veräußerungsreihenfolgen durch Verordnung festzulegen.

(AbgÄG 2023, BGBl I 2023/110)

4. Bei einer Kapitalerhöhung aus Gesellschaftsmitteln (§ 3 Abs. 1 Z 29) sind für die Anteilsrechte und Freianteile jene Beträge anzusetzen, die sich bei Verteilung der bisherigen Anschaffungskosten entsprechend dem Verhältnis der Nennwerte der Anteilsrechte und Freianteile ergeben.

5. Besteht die Leistung zur Transaktionsverarbeitung vorwiegend im Einsatz von vorhandenen Kryptowährungen (Staking), werden Kryptowährungen unentgeltlich (Airdrops) oder für lediglich unwesentliche sonstige Leistungen (Bounties) übertragen oder gehen Kryptowährungen im Rahmen einer Abspaltung von der ursprünglichen Blockchain zu (Hardfork), ist für die erhaltenen Kryptowährungen von Anschaffungskosten von Null auszugehen.

(BGBl I 2022/10)

(5) Anstelle der besonderen Steuersätze gemäß Abs. 1 kann auf Antrag der allgemeine Steuertarif angewendet werden (Regelbesteuerungsoption). Die Anrechnung ist betraglich insoweit ausgeschlossen, als der Steuerpflichtige den Anspruch auf einen Alleinverdienerabsetzbetrag oder einen Kinderabsetzbetrag vermittelt. Die Regelbesteuerungsoption kann nur für sämtliche Einkünfte, die

einem besonderen Steuersatz gemäß Abs. 1 unterliegen, ausgeübt werden.

(BGBl I 2015/118)

(6) Die Abs. 1 bis 5 gelten auch für Einkünfte im Sinne des § 27 von natürlichen Personen, soweit diese zu den Einkünften im Sinne des § 2 Abs. 3 Z 1 bis 3 gehören. Abs. 1 gilt nicht für Einkünfte aus realisierten Wertsteigerungen von Kapitalvermögen, aus Derivaten und Kryptowährungen, wenn die Erzielung solcher Einkünfte einen Schwerpunkt der betrieblichen Tätigkeit darstellt.

(BGBl I 2019/103, BGBl I 2022/10)

Einkünfte aus Kryptowährungen

§ 27b. (1) Einkünfte aus Kryptowährungen (Abs. 4) sind laufende Einkünfte (Abs. 2) und Einkünfte aus realisierten Wertsteigerungen (Abs. 3).

(2) Zu den laufenden Einkünften aus Kryptowährungen gehören
1. Entgelte für die Überlassung von Kryptowährungen und
2. der Erwerb von Kryptowährungen durch einen technischen Prozess, bei dem Leistungen zur Transaktionsverarbeitung zur Verfügung gestellt werden.

Keine laufenden Einkünfte stellen die erworbenen Kryptowährungen dar, wenn
– die Leistung zur Transaktionsverarbeitung vorwiegend im Einsatz von vorhandenen Kryptowährungen besteht (Staking) oder
– die Kryptowährungen unentgeltlich (Airdrops) oder für lediglich unwesentliche sonstige Leistungen (Bounties) übertragen werden, oder
– dem Steuerpflichtigen Kryptowährungen im Rahmen einer Abspaltung von der ursprünglichen Blockchain zugehen (Hardfork).

Die in diesen Fällen erworbenen Kryptowährungen sind nach Maßgabe des Abs. 3 zu besteuern.

(3) Zu den Einkünften aus realisierten Wertsteigerungen von Kryptowährungen gehören Einkünfte aus
1. der Veräußerung sowie
2. dem Tausch gegen andere Wirtschaftsgüter und Leistungen, einschließlich gesetzlich anerkannter Zahlungsmittel. Der Tausch einer Kryptowährung gegen eine andere Kryptowährung stellt keine Realisierung dar; damit in Zusammenhang stehende Aufwendungen sind steuerlich unbeachtlich. Die Überlassung einer Kryptowährung im Sinne des Abs. 2 Z 1 stellt keinen Tausch dar.

(AbgÄG 2023, BGBl I 2023/110)

§ 27 Abs. 6 Z 1 gilt sinngemäß.

(4) Eine Kryptowährung ist eine digitale Darstellung eines Werts, die von keiner Zentralbank oder öffentlichen Stelle emittiert wurde oder garantiert wird und nicht zwangsläufig an eine gesetzlich festgelegte Währung angebunden ist und die nicht den gesetzlichen Status einer Währung oder von Geld besitzt, aber von natürlichen oder juristischen Personen als Tauschmittel akzeptiert wird und die auf elektronischem Wege übertragen, gespeichert und gehandelt werden kann. Als Kryptowährung gelten auch Forderungen auf Rückzahlungen, die aus der Überlassung von Kryptowährungen im Sinne des Abs. 2 Z 1 entstehen.

(AbgÄG 2023, BGBl I 2023/110)
(BGBl I 2022/10)

Vermietung und Verpachtung

§ 28. (1) Folgende Einkünfte sind, soweit sie nicht zu den Einkünften im Sinne des § 2 Abs. 3 Z 1 bis 5 gehören, Einkünfte aus Vermietung und Verpachtung:
1. Einkünfte aus der Vermietung und Verpachtung von unbeweglichem Vermögen und von Rechten, die den Vorschriften des bürgerlichen Rechts über Grundstücke unterliegen.
2. Einkünfte aus der Vermietung und Verpachtung von Sachinbegriffen, insbesondere von beweglichem Betriebsvermögen.
3. Einkünfte aus der Überlassung von Rechten auf bestimmte oder unbestimmte Zeit oder aus der Gestattung der Verwertung von Rechten, insbesondere aus
   – der Einräumung der Werknutzung (Werknutzungsbewilligung), Werknutzungsrecht) im Sinne des Urheberrechtsgesetzes
   – der Überlassung von gewerblichen Schutzrechten, von gewerblichen Erfahrungen und von Berechtigungen.
4. Einkünfte aus der Veräußerung von Miet- und Pachtzinsforderungen, und zwar auch dann, wenn diese Forderungen im Veräußerungserlös des Grundstückes mit abgegolten werden.

(2) Aufwendungen für
– nicht regelmäßig jährlich anfallende Instandhaltungsarbeiten,
– Absetzungen für außergewöhnliche technische oder wirtschaftliche Abnutzung und damit zusammenhängende Aufwendungen sowie
– außergewöhnliche Aufwendungen, die keine Instandhaltungs-, Instandsetzungs- oder Herstellungsaufwendungen sind,

sind über Antrag gleichmäßig auf fünfzehn Jahre zu verteilen. Bei Gebäuden, die Wohnzwecken dienen, gilt hinsichtlich der Instandsetzungsaufwendungen folgendes:
– Instandsetzungsaufwendungen, die unter Verwendung von entsprechend gewidmeten steuerfreien Subventionen aus öffentlichen Mitteln getätigt werden, scheiden insoweit aus der Ermittlung der Einkünfte aus.
– Soweit Instandsetzungsaufwendungen nicht durch steuerfreie Subventionen gedeckt sind, sind sie gleichmäßig auf fünfzehn Jahre verteilt abzusetzen.

1/1. EStG
§§ 28, 29

Instandsetzungsaufwendungen sind jene Aufwendungen, die nicht zu den Anschaffungs- oder Herstellungskosten gehören und allein oder zusammen mit Herstellungsaufwand den Nutzungswert des Gebäudes wesentlich erhöhen oder seine Nutzungsdauer wesentlich verlängern. Bei Übertragung des Gebäudes auf eine andere Person gilt Folgendes:
- Bei entgeltlicher Übertragung können ab dem der Übertragung folgenden Kalenderjahr restliche Fünfzehntelbeträge nicht mehr abgezogen werden.
- Bei unentgeltlicher Übertragung können ab dem der Übertragung folgenden Kalenderjahr restliche Fünfzehntelbeträge vom Rechtsnachfolger fortgesetzt werden.

(BGBl I 2015/118)

(3) Folgende Aufwendungen, soweit sie Herstellungsaufwand darstellen, sind über Antrag gleichmäßig auf fünfzehn Jahre verteilt abzusetzen:
1. Aufwendungen im Sinne der §§ 3 bis 5 des Mietrechtsgesetzes in Gebäuden, die den Bestimmungen des Mietrechtsgesetzes über die Verwendung der Hauptmietzinse unterliegen.
2. Aufwendungen für Sanierungsmaßnahmen, wenn die Zusage für eine Förderung nach dem Wohnhaussanierungsgesetz, dem Startwohnungsgesetz oder den landesgesetzlichen Vorschriften über die Förderung der Wohnhaussanierung vorliegt.
3. Aufwendungen auf Grund des Denkmalschutzgesetzes. § 8 Abs. 2 dritter und vierter Satz gilt entsprechend.

(BGBl I 2022/108)

Werden zur Finanzierung dieses Herstellungsaufwandes erhöhte Zwangsmieten oder erhöhte Mieten, die auf ausdrücklich gesetzlich vorgesehenen Vereinbarungen beruhen, eingehoben, dann kann der Herstellungsaufwand gleichmäßig auch auf die Laufzeit der erhöhten Mieten, mindestens aber gleichmäßig auf zehn Jahre verteilt werden. Bei Übertragung des Gebäudes auf eine andere Person können restliche Teilbeträge ab dem der Übertragung folgenden Kalenderjahr vom Rechtsnachfolger nur fortgesetzt werden, wenn das Gebäude unentgeltlich erworben wurde.

(4) Der Ersatz von Aufwendungen gemäß § 10 des Mietrechtsgesetzes kann über Antrag gleichmäßig auf zehn Jahre verteilt werden. Die beiden letzten Sätze des Abs. 2 gelten auch für diese Zehntelabsetzungen.

(5) (aufgehoben)

(6) Nicht zu den Einnahmen aus Vermietung und Verpachtung zählen Zuwendungen aus öffentlichen Mitteln, die § 3 Abs. 1 Z 6 entsprechen. Diese Zuwendungen kürzen die damit in unmittelbarem wirtschaftlichen Zusammenhang stehenden Anschaffungs- oder Herstellungskosten sowie Instandhaltungs- oder Instandsetzungsaufwendungen.

(7) § 4 Abs. 2 Z 2 gilt in Bezug auf die Fehlerberichtigung durch Ansatz von Zu- und Abschlägen sinngemäß.

Sonstige Einkünfte (§ 2 Abs. 3 Z 7)

§ 29. Sonstige Einkünfte sind nur:
1. Wiederkehrende Bezüge, soweit sie nicht zu den Einkünften im Sinne des § 2 Abs. 3 Z 1 bis 6 gehören. Bezüge, die
   - freiwillig oder
   - an eine gesetzlich unterhaltsberechtigte Person oder
   - als Leistung aus einer Pensionszusatzversicherung (§ 108b) gewährt werden, soweit für die Beiträge eine Prämie nach § 108a oder gegebenenfalls vor einer Verfügung im Sinne des § 108i Z 3 eine Prämie nach § 108g in Anspruch genommen worden ist, oder es sich um Bezüge handelt, die auf Grund einer Überweisung einer BV-Kasse (§ 17 BMSVG oder gleichartige österreichische Rechtsvorschriften) geleistet werden,

   sind nicht steuerpflichtig. Werden die wiederkehrenden Bezüge als angemessene Gegenleistung für die Übertragung von Wirtschaftsgütern geleistet, gilt folgendes: Die wiederkehrenden Bezüge sowie gänzliche oder teilweise Abfindungen derselben sind nur insoweit steuerpflichtig, als die Summe der vereinnahmten Beträge (Renten, dauernde Lasten, gänzliche oder teilweise Abfindungen derselben sowie allfällige Einmalzahlungen) den Wert der Gegenleistung übersteigt. Besteht die Gegenleistung nicht in Geld, ist als Gegenwert der kapitalisierte Wert der wiederkehrenden Bezüge (§§ 15 und 16 des Bewertungsgesetzes) zuzüglich allfälliger Einmalzahlungen anzusetzen. Stellt ein aus Anlaß der Übertragung eines Betriebes, Teilbetriebes oder Mitunternehmeranteils vereinbarter wiederkehrender Bezug keine angemessene Gegenleistung für die Übertragung dar, sind die Renten oder dauernden Lasten nur dann steuerpflichtig, wenn
   - sie keine Betriebseinnahmen darstellen und
   - sie keine derart unangemessen hohen wiederkehrenden Bezüge darstellen, daß der Zusammenhang zwischen Übertragung und Vereinbarung der wiederkehrenden Bezüge wirtschaftlich bedeutungslos ist und damit eine freiwillige Zuwendung (§ 20 Abs. 1 Z 4 erster Satz) vorliegt.
2. Einkünfte aus privaten Grundstücksveräußerungen (§ 30) und aus Spekulationsgeschäften (§ 31).
3. Einkünfte aus Leistungen, wie insbesondere Einkünfte aus gelegentlichen Vermittlungen und aus der Vermietung beweglicher Gegenstände, soweit sie weder zu anderen

Einkunftsarten (§ 2 Abs. 3 Z 1 bis 6) noch zu den Einkünften im Sinne der Z 1, 2 oder 4 gehören. Solche Einkünfte sind nicht steuerpflichtig, wenn sie im Kalenderjahr höchstens 220 Euro betragen. Übersteigen die Werbungskosten die Einnahmen, so darf der übersteigende Betrag bei der Ermittlung des Einkommens nicht ausgeglichen werden (§ 2 Abs. 2).

4. Funktionsgebühren der Funktionäre von öffentlich-rechtlichen Körperschaften, soweit sie nicht unter § 25 fallen.

Private Grundstücksveräußerungen

§ 30. (1) Private Grundstücksveräußerungen sind Veräußerungsgeschäfte von Grundstücken, soweit sie keinem Betriebsvermögen angehören. Der Begriff des Grundstückes umfasst Grund und Boden, Gebäude und Rechte, die den Vorschriften des bürgerlichen Rechts über Grundstücke unterliegen (grundstücksgleiche Rechte). Bei unentgeltlich erworbenen Grundstücken ist auf den Anschaffungszeitpunkt des Rechtsvorgängers abzustellen. Bei Tauschvorgängen ist § 6 Z 14 sinngemäß anzuwenden.

(2) Von der Besteuerung ausgenommen sind die Einkünfte:
1. Aus der Veräußerung von Eigenheimen oder Eigentumswohnungen samt Grund und Boden (§ 18 Abs. 1 Z 3 lit. b), wenn sie dem Veräußerer
   a) ab der Anschaffung oder Herstellung (Fertigstellung) bis zur Veräußerung für mindestens zwei Jahre durchgehend als Hauptwohnsitz gedient haben und der Hauptwohnsitz aufgegeben wird oder
   b) innerhalb der letzten zehn Jahre vor der Veräußerung mindestens fünf Jahre durchgehend als Hauptwohnsitz gedient haben und der Hauptwohnsitz aufgegeben wird.
2. Aus der Veräußerung von im Privatvermögen selbst hergestellten Gebäuden, soweit sie innerhalb der letzten zehn Jahre nicht zur Erzielung von Einkünften gedient haben.

(AbgÄG 2023, BGBl I 2023/110)

3. Aus der Veräußerung von Grundstücken infolge eines behördlichen Eingriffs oder zur Vermeidung eines solchen nachweisbar unmittelbar drohenden Eingriffs.
4. Aus Tauschvorgängen
   – von land- und forstwirtschaftlichen Grundstücken im Rahmen eines Zusammenlegungs- oder Flurbereinigungsverfahrens im Sinne der jeweiligen Landesgesetze, soweit sie den Vorschriften des Flurverfassungs-Grundsatzgesetzes 1951, BGBl. Nr. 103/1951 in der Fassung BGBl. I Nr. 189/2013 entsprechen,
   – im Rahmen behördlicher Maßnahmen zur besseren Gestaltung von Bauland, insbesondere nach den für die bessere Gestaltung von Bauland geltenden Vorschriften, sowie
   – zur Umsetzung einer wechselseitigen Grenzbereinigung, sofern im jeweils betroffenen Fall eine allfällige Ausgleichszahlung den Betrag von 730 Euro nicht übersteigt.

Das in solchen Verfahren erworbene Grundstück tritt hinsichtlich aller für die Ermittlung der Einkünfte relevanter Umstände an die Stelle des hingegebenen Grundstückes.

(BGBl I 2019/103; AbgÄG 2023, BGBl I 2023/110)

(3) Als Einkünfte ist der Unterschiedsbetrag zwischen dem Veräußerungserlös und den Anschaffungskosten anzusetzen. Die Anschaffungskosten sind um Herstellungsaufwendungen und Instandsetzungsaufwendungen zu erhöhen, soweit diese nicht bei der Ermittlung von Einkünften zu berücksichtigen waren. Die Anschaffungskosten sind um Absetzungen für Abnutzung, soweit diese bei der Ermittlung von Einkünften abgezogen worden sind, sowie um die in § 28 Abs. 6 genannten steuerfreien Beträge zu vermindern. Müssen Grundstücksteile im Zuge einer Änderung der Widmung auf Grund gesetzlicher Vorgaben an die Gemeinde übertragen werden, sind die Anschaffungskosten der verbleibenden Grundstücksteile um die Anschaffungskosten der übertragenen Grundstücksteile zu erhöhen. Die Einkünfte sind um die für die Mitteilung oder Selbstberechnung gemäß § 30c anfallenden Kosten und um anlässlich der Veräußerung entstehende Minderbeträge aus Vorsteuerberichtigungen gemäß § 6 Z 12 zu vermindern.

(BGBl I 2015/118)

(4) Soweit Grundstücke am 31. März 2012 ohne Berücksichtigung von Steuerbefreiungen nicht steuerverfangen waren, sind als Einkünfte anzusetzen:
1. Im Falle einer Umwidmung des Grundstückes nach dem 31. Dezember 1987 der Unterschiedsbetrag zwischen dem Veräußerungserlös und den mit 40% des Veräußerungserlöses anzusetzenden Anschaffungskosten. Als Umwidmung gilt eine Änderung der Widmung, die nach dem letzten entgeltlichen Erwerb stattgefunden hat und die erstmals eine Bebauung ermöglicht, die in ihrem Umfang im Wesentlichen der Widmung als Bauland oder Baufläche im Sinne der Landesgesetze auf dem Gebiet der Raumordnung entspricht. Dies gilt auch für eine in wirtschaftlichem Zusammenhang mit der Veräußerung stehende Umwidmung, wenn diese innerhalb von fünf Jahren nach der Veräußerung erfolgt ist, sowie für eine Kaufpreiserhöhung auf Grund einer späteren Umwidmung; eine spätere Umwidmung gilt als rückwirkendes Ereignis im Sinne des § 295a der Bundesabgabenordnung und ist dem Finanzamt anzuzeigen.

(BGBl I 2015/163)

2. In allen übrigen Fällen der Unterschiedsbetrag zwischen dem Veräußerungserlös und den mit 86% des Veräußerungserlöses anzusetzenden Anschaffungskosten.

Der Unterschiedsbetrag erhöht sich um die Hälfte der in Teilbeträgen gemäß § 28 Abs. 3 abgesetzten Herstellungsaufwendungen, soweit sie innerhalb von fünfzehn Jahren vor der Veräußerung vom Steuerpflichtigen selbst oder im Fall der unentgeltlichen Übertragung von seinem Rechtsvorgänger geltend gemacht wurden.

(BGBl I 2015/163)

(5) Auf Antrag können die Einkünfte statt nach Abs. 4 auch nach Abs. 3 ermittelt werden.

(6) Für die Anwendung des Abs. 4 gilt Folgendes:

a) Wurde bei einem Grundstück die Absetzung für Abnutzung gemäß § 16 Abs. 1 Z 8 von den fiktiven Anschaffungskosten bemessen und war es zum 31. März 2012 nicht mehr steuerverfangen, sind die Einkünfte für Wertveränderungen vor und ab der erstmaligen Nutzung zur Einkünfteerzielung gesondert zu ermitteln:
   – Für Wertveränderungen bis zum Beginn der Einkünfteerzielung kann Abs. 4 angewendet werden, wobei an Stelle des Veräußerungserlöses die fiktiven Anschaffungskosten treten.
   – Wertveränderungen ab dem Beginn der Einkünfteerzielung sind nach Abs. 3 zu ermitteln, wobei an Stelle der tatsächlichen Anschaffungskosten die fiktiven Anschaffungskosten treten.

   (BGBl I 2015/118)

b) Werden gemäß § 4 Abs. 10 Z 3 lit. a in der Fassung vor dem 1. Stabilitätsgesetz, BGBl. I Nr. 22/2012, auf- oder abgewertete Grundstücke entnommen, gilt bei deren Veräußerung § 4 Abs. 3a Z 3 lit. c sinngemäß.

c) Bei der Veräußerung eines aus einem Betriebsvermögen entnommenen Grundstückes, das mit dem Teilwert eingelegt worden ist, gilt der Unterschiedsbetrag zwischen dem Teilwert im Einlagezeitpunkt und den Anschaffungs- oder Herstellungskosten als Einkünfte aus privaten Grundstücksveräußerungen. Als Veräußerungserlös gilt der Teilwert im Einlagezeitpunkt. Soweit das Grundstück zum 31. März 2012 nicht steuerverfangen war oder es ohne Einlage nicht mehr steuerverfangen gewesen wäre, kann § 30 Abs. 4 angewendet werden.

(7) Führen private Grundstücksveräußerungen, auf die der besondere Steuersatz gemäß § 30a Abs. 1 anwendbar ist, in einem Kalenderjahr insgesamt zu einem Verlust, ist dieser auf 60% zu kürzen und gleichmäßig auf das Jahr der Verlustentstehung und die folgenden vierzehn Jahre zu verteilen und ausschließlich mit Einkünften aus Vermietung und Verpachtung, soweit diese unter § 28 Abs. 1 Z 1 und 4 fallen, auszugleichen. Der Steuerpflichtige kann beantragen, dass stattdessen dieser gekürzte Verlust im Verlustentstehungsjahr mit Einkünften aus Vermietung und Verpachtung, soweit diese unter § 28 Abs. 1 Z 1 und 4 fallen, ausgeglichen wird. Diese Regelungen gelten auch im Falle der Ausübung der Regelbesteuerungsoption (§ 30a Abs. 2).

(AbgÄG 2023, BGBl I 2023/110)

(8) Die Einkommensteuer, die auf Grundstücksveräußerungen entfällt, wird im Ausmaß der sonst entstehenden Doppelbelastung der Einkünfte aus Grundstücksveräußerungen auf Antrag ermäßigt oder erlassen, wenn der Steuerpflichtige infolge des unentgeltlichen Erwerbes der Grundstücke innerhalb der letzten drei Jahre Erbschafts- oder Schenkungssteuer, Grunderwerbsteuer oder Stiftungseingangssteuer entrichtet hat.

Besonderer Steuersatz für Einkünfte aus Grundstücksveräußerungen

§ 30a. (1) Einkünfte aus der Veräußerung von Grundstücken im Sinne des § 30 unterliegen einem besonderen Steuersatz von 30% und sind bei der Berechnung der Einkommensteuer des Steuerpflichtigen weder beim Gesamtbetrag der Einkünfte noch beim Einkommen (§ 2 Abs. 2) zu berücksichtigen, sofern nicht die Regelbesteuerung (Abs. 2) anzuwenden ist.

(BGBl I 2015/118)

(2) Anstelle des besonderen Steuersatzes von 30% kann auf Antrag der allgemeine Steuertarif angewendet werden (Regelbesteuerungsoption). Die Regelbesteuerungsoption kann nur für sämtliche Einkünfte, die dem besonderen Steuersatz gemäß Abs. 1 unterliegen, angewendet werden.

(BGBl I 2015/118)

(3) Die Abs. 1 und 2 gelten auch für betriebliche Einkünfte aus der Veräußerung, der Zuschreibung oder der Entnahme von Grundstücken. Dies gilt nicht:

1. Wenn das Grundstück dem Umlaufvermögen zuzurechnen ist. Wurde das veräußerte Grundstück in das Betriebsvermögen eingelegt, sind hinsichtlich des Unterschiedsbetrages zwischen dem Einlagezeitpunkt und den niedrigeren Anschaffungs- oder Herstellungskosten Abs. 1 und 2 anzuwenden; für Grund und Boden, der zum 31. März 2012 nicht steuerverfangen war, ist § 30 Abs. 4 anzuwenden, wobei an die Stelle des Veräußerungserlöses der Teilwert im Einlagezeitpunkt tritt.
2. Wenn ein Schwerpunkt der betrieblichen Tätigkeit in der gewerblichen Überlassung und Veräußerung von Grundstücken liegt. Z 1 zweiter und dritter Satz gelten entsprechend.
3. Soweit der Buchwert durch eine vor dem 1. April 2012 vorgenommene Teilwertabschreibung gemindert ist.
4. Soweit stille Reserven übertragen wurden, die vor dem 1. April 2012 aufgedeckt worden sind.

(4) Die Abs. 1 und 2 gelten nicht für Einkünfte, bei denen der Veräußerungserlös in Form einer Rente geleistet wird und diese nach Maßgabe des § 4 Abs. 3 oder des § 19 zu Einkünften führt.

Immobilienertragsteuer

§ 30b. (1) Für Einkünfte aus Grundstücksveräußerungen ist im Falle der Selbstberechnung gemäß § 30c Abs. 2 eine auf volle Euro abzurundende Steuer in Höhe von 30% der Bemessungsgrundlage zu entrichten (Immobilienertragsteuer). Die Immobilienertragsteuer ist spätestens am 15. Tag des auf den Kalendermonat des Zuflusses zweitfolgenden Kalendermonats zu leisten.

(BGBl I 2015/118)

(1a) Abweichend von Abs. 1 kann eine Steuer in Höhe von 24% für im Kalenderjahr 2023 zugeflossene Einkünfte und in Höhe von 23% für ab dem Kalenderjahr 2024 zugeflossene Einkünfte entrichtet werden, wenn der Steuerpflichtige eine Körperschaft im Sinne des § 1 Abs. 1 des Körperschaftsteuergesetzes 1988 ist.

(BGBl I 2022/10)

(2) Mit der Entrichtung der selbstberechneten Immobilienertragsteuer durch Parteienvertreter gilt die Einkommensteuer für Einkünfte aus privaten Grundstücksveräußerungen gemäß § 30 als abgegolten. Dies gilt jedoch nicht, wenn die der Selbstberechnung zugrunde liegenden Angaben des Steuerpflichtigen nicht den tatsächlichen Gegebenheiten entsprechen. Die Abgeltungswirkung der Immobilienertragsteuer entfällt im Falle einer späteren Umwidmung gemäß § 30 Abs. 4 Z 1 letzter Satz.

(3) Auf Antrag sind die Einkünfte aus privaten Grundstücksveräußerungen gemäß § 30, für die eine selbstberechnete Immobilienertragsteuer entrichtet wurde, mit dem besonderen Steuersatz gemäß § 30a zu veranlagen (Veranlagungsoption). Dabei ist die Immobilienertragsteuer auf die zu erhebende Einkommensteuer anzurechnen und mit dem übersteigenden Betrag zu erstatten.

(4) Wird außer in den Fällen des § 30c Abs. 4 erster, dritter und vierter Teilstrich keine Immobilienertragsteuer entrichtet, ist vom Steuerpflichtigen eine besondere Vorauszahlung in Höhe von 30% der Bemessungsgrundlage zu entrichten, wobei Beträge unter 0,50 Euro abzurunden und Beträge ab 0,50 Euro aufzurunden sind. Abweichend vom ersten Satz ist für im Kalenderjahr 2023 zugeflossene Einkünfte eine besondere Vorauszahlung in Höhe von 24% und für ab dem Kalenderjahr 2024 zugeflossene Einkünfte eine besondere Vorauszahlung in Höhe von 23% zu entrichten, wenn der Steuerpflichtige eine Körperschaft im Sinne des § 1 Abs. 1 des Körperschaftsteuergesetzes 1988 ist. Abs. 1 letzter Satz gilt entsprechend.

(AbgÄG 2023, BGBl I 2023/110)

(5) Abs. 1, 1a und 4 gelten auch für betriebliche Einkünfte aus der Veräußerung von Grundstücken, es sei denn, der besondere Steuersatz ist aufgrund des § 30a Abs. 3 Z 1 und 2 zumindest teilweise nicht anwendbar.

(BGBl I 2015/163)

(6) Werden Anteile an Grundstücken durch sämtliche Wohnungseigentümer zum Zweck der Begründung von Wohnungseigentum an bisher allgemeinen Teilen der Liegenschaft gemäß § 2 Abs. 4 des Wohnungseigentumsgesetzes 2002, BGBl. I Nr. 70, veräußert, kann für die Berechnung der Immobilienertragsteuer sämtlicher Wohnungseigentümer der Unterschiedsbetrag zwischen dem Veräußerungserlös und den mit 40% des Veräußerungserlöses anzusetzenden Anschaffungskosten als Bemessungsgrundlage gemäß Abs. 1 angesetzt werden. Dies gilt nur, wenn die Veräußerung durch mehr als fünf Wohnungseigentümer erfolgt und der Veräußerungserlös insgesamt den Betrag von 150 000 Euro nicht übersteigt.

Mitteilung und Selbstberechnung der Immobilienertragsteuer durch Parteienvertreter

§ 30c. (1) Im Rahmen einer Abgabenerklärung gemäß § 10 Abs. 1 des Grunderwerbsteuergesetzes 1987 ist mitzuteilen, wenn aus dem zugrundeliegenden Erwerbsvorgang Einkünfte gemäß § 2 Abs. 3 Z 1 bis 3 oder 7 erzielt werden. Die Mitteilung hat die am Veräußerungsgeschäft beteiligten Parteien unter Angabe ihrer Steuernummer und die Höhe der nach den Angaben des Steuerpflichtigen zu entrichtenden besonderen Vorauszahlung gemäß § 30b Abs. 4 zu enthalten.

(2) Parteienvertreter, die eine Selbstberechnung gemäß § 11 des Grunderwerbsteuergesetzes 1987 vornehmen, haben gleichzeitig

1. dem für den Steuerpflichtigen zuständigen Finanzamt mitzuteilen, wenn aus dem zugrundeliegenden Erwerbsvorgang Einkünfte gemäß § 2 Abs. 3 Z 1 bis 3 oder 7 erzielt werden, und diesfalls
2. die Immobilienertragsteuer gemäß § 30b Abs. 1 auf Grund der Angaben des Steuerpflichtigen selbst zu berechnen. Dabei hat der Steuerpflichtige dem Parteienvertreter die für die Ermittlung der Bemessungsgrundlage erforderlichen Unterlagen vorzulegen und deren Richtigkeit und Vollständigkeit schriftlich zu bestätigen.

Die Mitteilung gemäß Z 1 hat die am Veräußerungsgeschäft beteiligten Parteien unter Angabe ihrer Steuernummer und die für die Selbstberechnung der Steuer notwendigen Daten zu enthalten.

(3) Die Parteienvertreter haben die selbstberechnete Immobilienertragsteuer gemäß § 30b Abs. 1 auf das Abgabenkonto (§ 213 Abs. 1 BAO) des Veräußerers zu entrichten und haften für deren Entrichtung. Ist die Fälligkeit noch nicht eingetreten, erlischt die Verpflichtung zur Entrichtung nach einem Jahr ab Vornahme der Mitteilung nach Abs. 2 Z 1. Zusätzlich haften die Parteienvertreter für die Richtigkeit der Immobilienertragsteuer nur,

1/1. EStG
§§ 30c – 32

wenn diese wider besseren Wissens auf Grundlage der Angaben des Steuerpflichtigen berechnet wird.
(AbgÄG 2023, BGBl I 2023/110)

(4) Die Selbstberechnung der Immobilienertragsteuer gemäß Abs. 2 Z 2 kann auch bei Vornahme einer Selbstberechnung gemäß § 11 des Grunderwerbsteuergesetzes 1987 unterbleiben, soweit
– die Einkünfte aus dem Veräußerungsgeschäft nach § 30 Abs. 2 oder § 21 Abs. 3 Z 4 in Verbindung mit Abs. 2 KStG 1988 befreit sind oder
– der Zufluss voraussichtlich später als ein Jahr nach dem Veräußerungsgeschäft erfolgt oder
– bei der Veräußerung von Grundstücken des Betriebsvermögens, die stillen Reserven gemäß § 12 übertragen oder einer Übertragungsrücklage zugeführt werden oder
– der Veräußerungserlös in Form einer Rente geleistet wird, oder
– das Grundstück im Rahmen eines Verfahrens gemäß § 133 ff der Exekutionsordnung, RGBl. Nr. 79/1896 (Zwangsversteigerung) veräußert wird.

In diesem Fall ist in der Mitteilung gemäß Abs. 2 Z 1 anzugeben, warum die Selbstberechnung unterbleibt.

Spekulationsgeschäfte

§ 31. (1) Spekulationsgeschäfte sind Veräußerungsgeschäfte von Wirtschaftsgütern des Privatvermögens, wenn die Einkünfte nicht gemäß § 27 oder § 30 steuerlich zu erfassen sind und der Zeitraum zwischen Anschaffung und Veräußerung nicht mehr als ein Jahr beträgt. Bei unentgeltlich erworbenen Wirtschaftsgütern ist auf den Anschaffungszeitpunkt des Rechtsvorgängers abzustellen. Bei Tauschvorgängen ist § 6 Z 14 sinngemäß anzuwenden.

(2) Als Einkünfte sind der Unterschiedsbetrag zwischen dem Veräußerungserlös einerseits und den Anschaffungskosten und den Werbungskosten andererseits anzusetzen.

(3) Die Einkünfte aus Spekulationsgeschäften bleiben steuerfrei, wenn sie insgesamt im Kalenderjahr 440 Euro nicht übersteigen.

(4) Führen Spekulationsgeschäfte in einem Kalenderjahr insgesamt zu einem Verlust, ist dieser nicht ausgleichsfähig (§ 2 Abs. 2).

Gemeinsame Vorschriften

§ 32. (1) Zu den Einkünften im Sinne des § 2 Abs. 3 gehören auch:
1. Entschädigungen, die gewährt werden
    a) als Ersatz für entgangene oder entgehende Einnahmen einschließlich eines Krankengeldes und vergleichbarer Leistungen oder
    b) für die Aufgabe oder Nichtausübung einer Tätigkeit, für die Aufgabe einer Gewinnbeteiligung oder einer Anwartschaft auf eine solche oder
    c) für die Aufgabe von Bestandrechten, sofern der Bestandgegenstand enteignet wird oder seine Enteignung nachweisbar unmittelbar droht, oder
    d) für die Aufgabe von Bestandrechten, deren zwangsweise Auflösung im Hinblick auf die künftige Verwendung des Bestandgegenstandes für einen Zweck, für den Enteignungsrechte in Anspruch genommen werden könnten, nachweisbar unmittelbar droht.
2. Einkünfte aus
    – einer ehemaligen betrieblichen Tätigkeit im Sinne des § 2 Abs. 3 Z 1 bis 3 (zB Gewinne aus dem Eingang abgeschriebener Forderungen oder Verluste aus dem Ausfall von Forderungen),
    – einer ehemaligen nichtselbständigen Tätigkeit im Sinne des § 2 Abs. 3 Z 4 oder
    – einem früheren Rechtsverhältnis im Sinne des § 2 Abs. 3 Z 5 bis 7,
    und zwar jeweils auch beim Rechtsnachfolger. Wenn nach einem verstorbenen Arbeitnehmer an dessen Rechtsnachfolger kein laufender Arbeitslohn bezahlt wird, hat die Besteuerung von Bezügen auf Grund der vom Arbeitgeber beim verstorbenen Arbeitnehmer zu beachtenden Besteuerungsmerkmale zu erfolgen. Soweit solche Bezüge in die Veranlagung einzubeziehen sind, sind sie bei der Veranlagung der Einkommensteuer des verstorbenen Arbeitnehmers zu berücksichtigen.
3. Rückzahlungen auf Grund einer Kapitalherabsetzung, die innerhalb von zehn Jahren nach einer Kapitalerhöhung aus Gesellschaftsmitteln (§ 3 Abs. 1 Z 29) erfolgt.

(2) Die Anschaffung oder Veräußerung einer unmittelbaren oder mittelbaren Beteiligung an einer Personengesellschaft stellt eine Anschaffung oder Veräußerung der anteiligen Wirtschaftsgüter dar.

(3) Die Übertragung von Wirtschaftsgütern aus dem Privatvermögen oder dem Sonderbetriebsvermögen des Steuerpflichtigen in das Gesellschaftsvermögen einer Personengesellschaft stellt insoweit eine Veräußerung dar, als die Wirtschaftsgüter dem Übertragenden nachfolgend anteilig (Abs. 2) nicht mehr zuzurechnen sind. Insoweit die Wirtschaftsgüter dem Steuerpflichtigen weiterhin zuzurechnen sind, liegt bei einer Übertragung von Wirtschaftsgütern aus dem Privatvermögen auf eine Mitunternehmerschaft eine Einlage gemäß § 6 Z 5 vor. Die an der Übertragung beteiligten Steuerpflichtigen haben für die weitere Einkünfteermittlung Vorsorge zu treffen, dass es zu keiner endgültigen Verschiebung der Steuerbelastung kommt.
(AbgÄG 2023, BGBl I 2023/110)

(4) Für Einkünfte im Sinne des § 27 Abs. 2 Z 1 lit. a, die über das Wertpapierliefer- und Wertpapierabrechnungssystem eines Zentralverwahrers ausbezahlt werden, gilt Folgendes:

1. Die Zurechnung der Einkünfte setzt wirtschaftliches Eigentum an den zugrundeliegenden Anteilen am Ende des Record-Tages voraus. Record-Tag ist der erste Handelstag nach dem Tag, an dem die Anteile erstmals ohne Auszahlungsanspruch gehandelt werden. Wirtschaftliches Eigentum liegt ab dem Zeitpunkt vor, zu dem die Anteile tatsächlich geliefert worden sind.
2. Die volle Anrechnung oder Rückerstattung der für die Einkünfte einbehaltenen Kapitalertragsteuer setzt bei zeitnahen Übertragungen zum Record-Tag voraus, dass der Steuerpflichtige ein angemessenes wirtschaftliches Risiko (lit. a) trägt und während der Mindesthaltedauer (lit. b) ununterbrochen wirtschaftlicher Eigentümer der zugrundeliegenden Anteile ist. Ansonsten kann die Kapitalertragsteuer nur insoweit angerechnet oder rückerstattet werden, als die Übertragung zu keinem Steuervorteil führt. Dabei gilt:
   a) Ein angemessenes wirtschaftliches Risiko setzt voraus, dass der Steuerpflichtige das Risiko aus einem sinkenden Wert der Anteile im Umfang von mindestens 70 Prozent wirtschaftlich selbst trägt. Dabei sind Ansprüche des Steuerpflichtigen und ihm nahestehender Personen aus Kurssicherungsgeschäften zu berücksichtigen.
   b) Die Mindesthaltedauer umfasst 45 Tage und muss innerhalb eines Zeitraumes von 45 Tagen vor und 45 Tagen nach dem Record-Tag erreicht werden.
   c) Die vorstehenden Bestimmungen sind nicht anzuwenden, wenn die Einkünfte im Sinne des § 27 Abs. 2 Z 1 lit. a, für die die Anrechnung oder Rückerstattung der Kapitalertragsteuer erfolgen soll, im Veranlagungszeitraum nicht mehr als 20 000 Euro betragen.

Zentralverwahrer sind juristische Personen gemäß Art. 2 Abs. 1 Z 1 und 2 der Verordnung (EU) Nr. 909/2014 zur Verbesserung der Wertpapierlieferungen und -abrechnungen in der Europäischen Union und über Zentralverwahrer sowie zur Änderung der Richtlinien 98/26/EG und 2014/65/EU und der Verordnung (EU) Nr. 236/2012, ABl. Nr. L 257 vom 28.08.2017 S. 1.

(AbgÄG 2023, BGBl I 2023/110)

3. TEIL
TARIF

Steuersätze und Steuerabsetzbeträge

§ 33. (1) Die Einkommensteuer beträgt jährlich

für die ersten „12 816" Euro	0%
für Einkommensteile über „12 816" Euro bis „20 818" Euro	20%
für Einkommensteile über „20 818" Euro bis „34 513" Euro	30%
für Einkommensteile über „34 513" Euro bis „66 612" Euro	40%
für Einkommensteile über „66 612" Euro bis „99 266" Euro	48%
für Einkommensteile über „99 266" Euro	50%

Für Einkommensteile über eine Million Euro beträgt der Steuersatz in den Kalenderjahren 2016 bis 2025 55%.

(BGBl I 2020/96, BGBl I 2022/10; zum Inkrafttreten siehe § 124b Z 390 und 391; Teuerungs-EP II, BGBl I 2022/163; PrAG 2024, BGBl I 2023/153 ab 1.1.2024)

(1a) Die für die Anwendung der Steuersätze für Einkommensteile bis eine Million Euro festgesetzten Grenzbeträge sowie die für die Anwendung des Abs. 4, des Abs. 5 Z 1 bis 3, des Abs. 6 und des Abs. 8 festgesetzten Beträge unterliegen einer Inflationsanpassung nach Maßgabe des § 33a. Gleiches gilt für die in § 1 Abs. 4, § 34 Abs. 4 zweiter Teilstrich, § 35 Abs. 1 dritter Teilstrich, § 42 Abs. 1 Z 3 und Abs. 2, § 99 Abs. 2 Z 2 und § 102 Abs. 3 festgesetzten Beträge sowie die Einkunftsgrenzen des § 4 Abs. 4 Z 8 lit. b.

(Teuerungs-EP II, BGBl I 2022/163, BGBl I 2022/194)

(2) Von dem sich nach Abs. 1 ergebenden Betrag sind Absetzbeträge in folgender Reihenfolge abzuziehen:
1. Der Familienbonus Plus gemäß Abs. 3a; der Familienbonus Plus ist insoweit nicht abzuziehen, als er jene Steuer übersteigt, die auf das gemäß Abs. 1 zu versteuernde Einkommen entfällt.
2. Die Absetzbeträge nach Abs. 4 bis 6.

(BGBl I 2018/62)

(3)
1. Steuerpflichtigen, denen auf Grund des Familienlastenausgleichsgesetzes 1967 Familienbeihilfe gewährt wird, steht im Wege der gemeinsamen Auszahlung mit der Familienbeihilfe ein Kinderabsetzbetrag von monatlich „67,80" Euro für jedes Kind zu. Für Kinder, die sich ständig außerhalb eines Mitgliedstaates der Europäischen Union, eines Staates des Europäischen Wirtschaftsraumes oder der Schweiz aufhalten, steht kein Kinderabsetzbetrag zu. Wurden Kinderabsetzbeträge zu Unrecht bezogen, ist § 26 des Familienlastenausgleichsgesetzes 1967 anzuwenden.

(Teuerungs-EP III, BGBl I 2022/174; Start-Up-FG, BGBl I 2023/200 ab Jänner 2024)

2. Der Kinderabsetzbetrag ist mit Wirksamkeit ab 1. Jänner eines jeden Kalenderjahres mit dem Anpassungsfaktor des § 108f ASVG zu vervielfachen. Der Vervielfachung ist der im vorangegangenen Kalenderjahr geltende Betrag zugrunde zu legen. Der vervielfachte Betrag ist kaufmännisch auf eine Dezimalstelle zu runden. Der Bundesminister für Fi-

nanzen hat den für das folgende Kalenderjahr geltenden Betrag bis spätestens 15. November jeden Jahres zu ermitteln und mit Verordnung kundzumachen.

(Teuerungs-EP III, BGBl I 2022/174)
(BGBl I 2022/135)

(3a) Für ein Kind, für das Familienbeihilfe nach dem Familienlastenausgleichsgesetz 1967 gewährt wird und das sich ständig in einem Mitgliedstaat der EU oder Hoheitsgebiet einer anderen Vertragspartei des Abkommens über den Europäischen Wirtschaftsraum oder der Schweiz aufhält, steht auf Antrag ein Familienbonus Plus nach Maßgabe der folgenden Bestimmungen zu:

1. Der Familienbonus Plus beträgt
   a) bis zum Ablauf des Monats, in dem das Kind das 18. Lebensjahr vollendet, für jeden Kalendermonat 166,68 Euro,
   (BGBl I 2022/10)
   b) nach Ablauf des Monats, in dem das Kind das 18. Lebensjahr vollendet, für jeden Kalendermonat „58,34" Euro.
   (BGBl I 2022/10; Start-Up-FG, BGBl I 2023/200 ab Jänner 2024)

2.a) Abweichend von Z 1 ist für Kinder, die sich ständig in einem anderen Mitgliedstaat der EU oder Hoheitsgebiet einer anderen Vertragspartei des Abkommens über den Europäischen Wirtschaftsraum oder der Schweiz aufhalten, die Höhe des Familienbonus Plus sowie der Absetzbeträge gemäß Abs. 4 auf Basis der vom Statistischen Amt der Europäischen Union veröffentlichten vergleichenden Preisniveaus für jeden einzelnen Mitgliedstaat der EU, jede Vertragspartei des Europäischen Wirtschaftsraumes und die Schweiz im Verhältnis zu Österreich zu bestimmen:
   a) Die Höhe des Familienbonus Plus und der Absetzbeträge gemäß Abs. 4 ist ab 1. Jänner 2019 auf Basis der zum Stichtag 1. Juni 2018 zuletzt veröffentlichten Werte anzupassen. Die Höhe ist in der Folge jedes zweite Jahr auf Basis der zum Stichtag 1. Juni des Vorjahres zuletzt veröffentlichten Werte anzupassen.
   b) Der Bundesminister für Finanzen hat die Berechnungsgrundlagen und die Beträge mit Verordnung bis spätestens 30. September nach dem Stichtag gemäß lit. a kundzumachen.
   (BGBl I 2022/135)

a) Zum Außerkrafttreten siehe § 124b Z 410.

3. Der Familienbonus Plus ist in der Veranlagung entsprechend der Antragstellung durch den Steuerpflichtigen wie folgt zu berücksichtigen:
   a) Für ein Kind, für das im jeweiligen Monat kein Unterhaltsabsetzbetrag nach Abs. 4 Z 3 zusteht:
      – Beim Familienbeihilfenberechtigten oder dessen (Ehe-)Partner der nach Z 1 oder Z 2 zustehende Betrag oder
      – beim Familienbeihilfenberechtigten und dessen (Ehe-)Partner jeweils die Hälfte des nach Z 1 oder Z 2 zustehenden Betrages.
   b) Für ein Kind, für das im jeweiligen Monat ein Unterhaltsabsetzbetrag nach Abs. 4 Z 3 zusteht:
      – Beim Familienbeihilfenberechtigten oder vom Steuerpflichtigen, dem für das Kind der Unterhaltsabsetzbetrag zusteht, der nach Z 1 oder Z 2 zustehende Betrag oder
      – beim Familienbeihilfenberechtigten und dem Steuerpflichtigen, dem für das Kind der Unterhaltsabsetzbetrag zusteht, jeweils die Hälfte des nach Z 1 oder Z 2 zustehenden Betrages.
   Für einen Monat, für den kein Unterhaltsabsetzbetrag zusteht, steht dem Unterhaltsverpflichteten kein Familienbonus Plus zu.
   (BGBl I 2020/96)
   c) Die Aufteilung des Familienbonus Plus gemäß lit. a und b ist bei gleichbleibenden Verhältnissen für das gesamte Kalenderjahr einheitlich zu beantragen. Wird von der Anspruchsberechtigten die Berücksichtigung in einer Höhe beantragt, die insgesamt über das nach Z 1 oder Z 2 zustehende Ausmaß hinausgeht, ist jeweils die Hälfte des monatlich zustehenden Betrages zu berücksichtigen.
   d) Der Antrag kann zurückgezogen werden. Ein Zurückziehen ist bis fünf Jahre nach Eintritt der Rechtskraft des Bescheides möglich und gilt nach Eintritt der Rechtskraft als rückwirkendes Ereignis im Sinne des § 295a der Bundesabgabenordnung sowohl für den Zurückziehenden als auch für den anderen Antragsberechtigten gemäß lit. a oder b. Wird der Antrag zurückgezogen, kann der gemäß lit. a oder b andere Antragsberechtigte den ganzen nach Z 1 oder Z 2 zustehenden Betrag beantragen.
   (BGBl I 2020/96)

4. (Ehe-)Partner im Sinne der Z 3 ist eine Person, mit der die Familienbeihilfenberechtigte verheiratet ist, eine eingetragene Partnerschaft nach dem Eingetragene Partnerschaft-Gesetz – EPG begründet hat oder für mehr als sechs Monate im Kalenderjahr in einer Lebensgemeinschaft lebt. Die Frist von sechs Monaten im Kalenderjahr gilt nicht, wenn dem nicht die Familienbeihilfe beziehenden Partner in den restlichen Monaten des Kalenderjahres, in denen die Lebensgemeinschaft nicht be-

steht, der Unterhaltsabsetzbetrag für dieses Kind zusteht.
(BGBl I 2019/103)

5.^{a)} § 26 Abs. 3 zweiter Satz der Bundesabgabenordnung kommt nicht zur Anwendung. Davon ausgenommen sind Ehegatten und Kinder von Steuerpflichtigen mit Dienstort im Ausland, die im Auftrag einer Gebietskörperschaft tätig sind.
(BGBl I 2022/135)

---
^{a)} Zum Außerkrafttreten siehe § 124b Z 410.

6. In der Steuererklärung ist die Versicherungsnummer (§ 31 ASVG) oder die persönliche Kennnummer der Europäischen Krankenversicherungskarte (§ 31a ASVG) jedes Kindes, für das ein Familienbonus Plus beantragt wird, anzugeben.

7. Der Bundesminister für Finanzen hat die technischen Voraussetzungen für die Berücksichtigung des Familienbonus Plus im Rahmen der Veranlagung zur Verfügung zu stellen.
(BGBl I 2018/62)

(4) Darüber hinaus stehen folgende Absetzbeträge zu, wenn sich das Kind ständig in einem Mitgliedstaat der EU oder Hoheitsgebiet einer anderen Vertragspartei des Abkommens über den Europäischen Wirtschaftsraum oder der Schweiz aufhält:

1. Alleinverdienenden steht ein Alleinverdienerabsetzbetrag zu. Dieser beträgt jährlich
   – bei einem Kind (§ 106 Abs. 1) „572" Euro,
   – bei zwei Kindern (§ 106 Abs. 1) „774" Euro.

   Dieser Betrag erhöht sich für das dritte und jedes weitere Kind (§ 106 Abs. 1) um jeweils „255" Euro jährlich. Alleinverdienende sind Steuerpflichtige mit mindestens einem Kind (§ 106 Abs. 1), die mehr als sechs Monate im Kalenderjahr verheiratet oder eingetragene Partner sind und von ihren unbeschränkt steuerpflichtigen Ehegatten oder eingetragenen Partnern nicht dauernd getrennt leben oder die mehr als sechs Monate mit einer unbeschränkt steuerpflichtigen Person in einer Lebensgemeinschaft leben. Für Steuerpflichtige im Sinne des § 1 Abs. 4 ist die unbeschränkte Steuerpflicht des Ehegatten oder eingetragenen Partners nicht erforderlich. Voraussetzung ist, dass der (Ehe)Partner (§ 106 Abs. 3) Einkünfte von höchstens „6 937" Euro jährlich erzielt. Die nach § 3 Abs. 1 Z 4 lit. a, weiters nach § 3 Abs. 1 Z 10, 11 und 32 und auf Grund zwischenstaatlicher oder anderer völkerrechtlicher Vereinbarungen steuerfreien Einkünfte sind in diese Grenzen mit einzubeziehen. Andere steuerfreie Einkünfte sind nicht zu berücksichtigen. Der Alleinverdienerabsetzbetrag steht nur einem der (Ehe)Partner zu. Erfüllen beide (Ehe)Partner die Voraussetzungen im Sinne der vorstehenden Sätze, hat jener (Ehe)Partner Anspruch auf den Alleinverdienerabsetzbetrag, der die höheren Einkünfte im Sinne der Z 1 erzielt. Haben beide (Ehe)Partner keine oder gleich hohe Einkünfte im Sinne der Z 1, steht der Absetzbetrag dem haushaltsführenden (Ehe)Partner zu.
   (PrAG 2024, BGBl I 2023/153 ab 1.1.2024)

2. Alleinerziehenden steht ein Alleinerzieherabsetzbetrag zu. Dieser beträgt jährlich
   – bei einem Kind (§ 106 Abs. 1) „572" Euro,
   – bei zwei Kindern (§ 106 Abs. 1) „774" Euro.

   Dieser Betrag erhöht sich für das dritte und jedes weitere Kind (§ 106 Abs. 1) um jeweils „255" Euro jährlich. Alleinerziehende sind Steuerpflichtige, die mit mindestens einem Kind (§ 106 Abs. 1) mehr als sechs Monate im Kalenderjahr nicht in einer Gemeinschaft mit einem (Ehe)Partner leben.
   (PrAG 2024, BGBl I 2023/153 ab 1.1.2024)

3. Steuerpflichtigen, die für ein Kind den gesetzlichen Unterhalt leisten, steht ein Unterhaltsabsetzbetrag von „35" Euro monatlich zu. Dabei gilt:

   a) Der Unterhaltsabsetzbetrag steht zu, wenn das Kind nicht dem Haushalt des Steuerpflichtigen zugehört (§ 2 Abs. 5 Familienlastenausgleichsgesetz 1967) und weder ihm noch seinem von ihm nicht dauernd getrennt lebenden (Ehe-)Partner Familienbeihilfe für das Kind gewährt wird.

   b) Leistet ein Steuerpflichtiger für mehr als ein nicht haushaltszugehöriges Kind den gesetzlichen Unterhalt, steht für das zweite Kind ein Absetzbetrag von „52" Euro und für jedes weitere Kind ein Absetzbetrag von jeweils „69" Euro monatlich zu.

   c) Erfüllen mehrere Personen in Bezug auf ein Kind die Voraussetzungen für den Unterhaltsabsetzbetrag, steht der Absetzbetrag nur einmal zu.

   d) Wird die Unterhaltsverpflichtung im Kalenderjahr nicht zur Gänze erfüllt, steht der Unterhaltsabsetzbetrag nur für jene Monate zu, für die rechnerisch die volle Unterhaltsleistung erfüllt wurde, wobei vorrangig die zeitlich am weitesten zurückliegende Unterhaltsverpflichtung getilgt wird.

   e) Nachzahlungen von gesetzlichen Unterhaltsleistungen sind ausschließlich im Kalenderjahr der Zahlung zu berücksichtigen.
   (BGBl I 2022/108; PrAG 2024, BGBl I 2023/153 ab 1.1.2024)

1/1. EStG
§ 33

4. a) Abweichend von Z 1 bis 3 bestimmt sich die Höhe der Absetzbeträge für Kinder, die sich ständig in einem anderen Mitgliedstaat der EU oder Hoheitsgebiet einer anderen Vertragspartei des Abkommens über den Europäischen Wirtschaftsraum oder der Schweiz aufhalten, nach Abs. 3a Z 2. Steht ein Absetzbetrag für mehrere Kinder zu und halten diese sich in unterschiedlichen Ländern auf, sind zuerst ältere vor jüngeren anspruchsvermittelnden Kindern zu berücksichtigen.

(BGBl I 2022/135)

a) Zum Außerkrafttreten siehe § 124b Z 410.

5. a) § 26 Abs. 3 zweiter Satz der Bundesabgabenordnung kommt nicht zur Anwendung. Davon ausgenommen sind Ehegatten und Kinder von Steuerpflichtigen mit Dienstort im Ausland, die im Auftrag einer Gebietskörperschaft tätig sind.

(BGBl I 2022/135)

a) Zum Außerkrafttreten siehe § 124b Z 410.

(Teuerungs-EP II, BGBl I 2022/163)

(5) Bei Einkünften aus einem bestehenden Dienstverhältnis stehen folgende Absetzbeträge zu:
1. Ein Verkehrsabsetzbetrag von „463" Euro jährlich.
   (Teuerungs-EP II, BGBl I 2022/163; PrAG 2024, BGBl I 2023/153 ab 1.1.2024)
2. Bei Anspruch auf ein Pendlerpauschale gemäß § 16 Abs. 1 Z 6 erhöht sich der Verkehrsabsetzbetrag auf „798" Euro, wenn das Einkommen des Steuerpflichtigen „14 106" Euro im Kalenderjahr nicht übersteigt. Der erhöhte Verkehrsabsetzbetrag vermindert sich zwischen Einkommen von „14 106" Euro und „15 030" Euro gleichmäßig einschleifend auf „463" Euro.
   (Teuerungs-EP II, BGBl I 2022/163; PrAG 2024, BGBl I 2023/153 ab 1.1.2024)
3. Der Verkehrsabsetzbetrag gemäß Z 1 oder 2 erhöht sich um „752" Euro (Zuschlag), wenn das Einkommen des Steuerpflichtigen „18 499" Euro im Kalenderjahr nicht übersteigt. Der Zuschlag vermindert sich zwischen Einkommen von „18 499" Euro und „28 326" Euro gleichmäßig einschleifend auf null.
   (BGBl I 2019/103, BGBl I 2020/96, BGBl I 2022/10; Teuerungs-EP II, BGBl I 2022/163; PrAG 2024, BGBl I 2023/153 ab 1.1.2024)
4. Ein Pendlereuro in Höhe von jährlich zwei Euro pro Kilometer der einfachen Fahrtstrecke zwischen Wohnung und Arbeitsstätte, wenn der Arbeitnehmer Anspruch auf ein Pendlerpauschale gemäß § 16 Abs. 1 Z 6 hat. Für die Berücksichtigung des Pendlereuros gelten die Bestimmungen des § 16 Abs. 1 Z 6 lit. b und lit. e bis j entsprechend.
5. (aufgehoben)
   (BGBl I 2015/118)

(6) Stehen einem Steuerpflichtigen die Absetzbeträge nach Abs. 5 nicht zu und erhält er Bezüge oder Vorteile im Sinne des § 25 Abs. 1 Z 1 oder 2 für frühere Dienstverhältnisse, Pensionen und gleichartige Bezüge im Sinne des § 25 Abs. 1 Z 3 oder Abs. 1 Z 4 bis 5, steht ein Pensionistenabsetzbetrag gemäß Z 1 und Z 2 oder gemäß Z 3 zu. Bei Einkünften, die den Anspruch auf einen Pensionistenabsetzbetrag begründen, steht der Werbungskostenpauschbetrag nach § 16 Abs. 3 nicht zu. Für die Berücksichtigung des Pensionistenabsetzbetrages gilt:
1. Ein erhöhter Pensionistenabsetzbetrag steht zu, wenn
   – der Steuerpflichtige mehr als sechs Monate im Kalenderjahr verheiratet oder eingetragener Partner ist und vom (Ehe-)Partner nicht dauernd getrennt lebt,
   – der (Ehe-)Partner (§ 106 Abs. 3) Einkünfte im Sinne des Abs. 4 Z 1 von höchstens „2 545" Euro jährlich erzielt und
   – der Steuerpflichtige keinen Anspruch auf den Alleinverdienerabsetzbetrag hat.
   (PrAG 2024, BGBl I 2023/153 ab 1.1.2024)
2. Der erhöhte Pensionistenabsetzbetrag beträgt „1 405" Euro, wenn die laufenden Pensionseinkünfte des Steuerpflichtigen „23 043" Euro im Kalenderjahr nicht übersteigen. Dieser Absetzbetrag vermindert sich gleichmäßig einschleifend zwischen zu versteuernden laufenden Pensionseinkünften von „23 043" Euro und „29 482" Euro auf null.
   (BGBl I 2019/103, BGBl I 2022/10, BGBl I 2022/93; PrAG 2024, BGBl I 2023/153 ab 1.1.2024)
3. Liegen die Voraussetzungen für einen erhöhten Pensionistenabsetzbetrag nach der Z 1 nicht vor, beträgt der Pensionistenabsetzbetrag „954" Euro. Dieser Absetzbetrag vermindert sich gleichmäßig einschleifend zwischen zu versteuernden laufenden Pensionseinkünften von „20 233" Euro und „29 482" Euro auf null.
   (PrAG 2024, BGBl I 2023/153 ab 1.1.2024)
   (BGBl I 2019/103, BGBl I 2022/10; Teuerungs-EP II, BGBl I 2022/163)

(7) Ergibt sich bei Steuerpflichtigen, die
– zumindest an 30 Tagen im Kalenderjahr steuerpflichtige Einkünfte gemäß § 2 Abs. 3 Z 1 bis 4 erzielen, oder
– **im gesamten Kalenderjahr nur Leistungen nach dem Kinderbetreuungsgeldgesetz (KBGG), BGBl. I Nr. 103/2001, Wochengeld oder Pflegekarenzgeld bezogen haben,"**
(PrAG 2024, BGBl I 2023/153 ab 1.1.2023)

nach Abs. 1 eine Einkommensteuer unter „700 Euro", gilt bei Vorhandensein eines Kindes (§ 106 Abs. 1) Folgendes:

1. Die Differenz zwischen „**700 Euro**" und der Einkommensteuer nach Abs. 1 ist als Kindermehrbetrag zu erstatten, wenn
   a) der Alleinverdiener- oder Alleinerzieherabsetzbetrag zusteht oder
   b) sich auch beim (Ehe)Partner gemäß § 106 Abs. 3, der Einkünfte gemäß § 2 Abs. 3 Z 1 bis 4 erzielt, eine Einkommensteuer nach Abs. 1 unter „**700 Euro**" ergibt; in diesem Fall hat nur der Familienbeihilfeberechtigte Anspruch auf den Kindermehrbetrag.
   (BGBl I 2022/135; PrAG 2024, BGBl I 2023/153 ab 1.1.2024)

2.[a)] ~~Hält sich das Kind ständig in einem anderen Mitgliedstaat der EU oder Hoheitsgebiet einer anderen Vertragspartei des Abkommens über den Europäischen Wirtschaftsraum oder der Schweiz auf, tritt an die Stelle des Betrages von „700 Euro" der Betrag, der sich bei Anwendung des Abs. 3a Z 2 ergibt.~~
   (BGBl I 2022/135; PrAG 2024, BGBl I 2023/153 ab 1.1.2024)

---
a) Zum Außerkrafttreten siehe § 124b Z 410.

Dieser Betrag erhöht sich für jedes weitere Kind (§ 106 Abs. 1) um den Betrag von „**700 Euro**" ~~oder den an seine Stelle tretenden Betrag~~[a)].
(BGBl I 2022/10, BGBl I 2022/93, BGBl I 2022/135; PrAG 2024, BGBl I 2023/153 ab 1.1.2024)

---
a) Zum Außerkrafttreten siehe § 124b Z 410.

(8)
1. Ergibt sich nach Abs. 1 und 2 eine Einkommensteuer unter null, ist insoweit der Alleinverdienerabsetzbetrag oder der Alleinerzieherabsetzbetrag zu erstatten.
2. Ergibt sich bei Steuerpflichtigen, die Anspruch auf den Verkehrsabsetzbetrag haben, nach Abs. 1 und 2 eine Einkommensteuer unter null, sind 55% der Werbungskosten im Sinne des § 16 Abs. 1 Z 3 lit. a (ausgenommen Betriebsratsumlagen) und des § 16 Abs. 1 Z 4 und 5, höchstens aber „**463**" Euro jährlich rückzuerstatten (SV-Rückerstattung). Bei Steuerpflichtigen, die Anspruch auf ein Pendlerpauschale gemäß § 16 Abs. 1 Z 6 haben, sind höchstens „**579**" Euro rückzuerstatten. Bei Steuerpflichtigen, die Anspruch auf den Zuschlag gemäß Abs. 5 Z 3 haben, ist der maximale Betrag für SV-Rückerstattung um „**752**" Euro zu erhöhen (SV-Bonus).
   (BGBl I 2019/103, BGBl I 2020/96, BGBl I 2022/10; PrAG 2024, BGBl I 2023/153 ab 1.1.2024)
3. Ergibt sich bei Steuerpflichtigen, die Anspruch auf den (erhöhten) Pensionistenabsetzbetrag haben, nach Abs. 1 und 2 eine Einkommensteuer unter null, sind 80% der Werbungskosten im Sinne des § 16 Abs. 1 Z 4, höchstens aber „**637**" Euro jährlich, rückzuerstatten (SV-Rückerstattung). Die Rückerstattung vermindert sich um steuerfreie Zulagen gemäß § 3 Abs. 1 Z 4 lit. f.
   (BGBl I 2019/103, BGBl I 2022/10; PrAG 2024, BGBl I 2023/153 ab 1.1.2024)
4. Auf Grund zwischenstaatlicher oder anderer völkerrechtlicher Vereinbarungen steuerfreie Einkünfte sind für Zwecke der Berechnung der Einkommensteuer gemäß Z 1 bis 3 wie steuerpflichtige Einkünfte zu behandeln. Der Kinderabsetzbetrag gemäß Abs. 3 bleibt bei der Berechnung außer Ansatz.
5. Die Erstattung erfolgt im Wege der Veranlagung gemäß § 41 und ist mit der nach Abs. 1 und 2 berechneten Einkommensteuer unter null begrenzt.

(Teuerungs-EP II, BGBl I 2022/163)

(9) und (9a) (aufgehoben)
(BGBl I 2015/118)

(10) Ein im Rahmen einer Veranlagung bei der Berechnung der Steuer anzuwendender Durchschnittssteuersatz ist vorbehaltlich des Abs. 11 nach Berücksichtigung der Abzüge gemäß Abs. 3a bis 6 (ausgenommen Kinderabsetzbeträge nach Abs. 3) zu ermitteln. Diese Abzüge sind nach Anwendung des Durchschnittssteuersatzes nicht nochmals abzuziehen.
(BGBl I 2019/103)

(11) Ist bei der Berechnung der Steuer ein Progressionsvorbehalt aus der Anwendung eines Doppelbesteuerungsabkommens zu berücksichtigen, gilt für die Steuerberechnung Folgendes: Der Durchschnittssteuersatz ist zunächst ohne Berücksichtigung der Abzüge gemäß Abs. 3a bis 6 zu ermitteln. Von der unter Anwendung dieses Durchschnittssteuersatzes ermittelten Steuer sind die Abzüge gemäß Abs. 3a bis 6 (ausgenommen Kinderabsetzbeträge nach Abs. 3) abzuziehen.
(BGBl I 2019/103)

Inflationsanpassung

§ 33a. (1) Die steuerliche Mehrbelastung durch die kalte Progression (Abs. 2) ist nach Maßgabe der folgenden Bestimmungen abzugelten.

(2) Als kalte Progression ist das inflationsbedingte Mehraufkommen an Einkommensteuer zu verstehen, das sich für das jeweilige Folgejahr als Differenz aus dem Steueraufkommen auf Grundlage von noch nicht nach § 33 Abs. 1a inflationsangepassten Beträgen und dem Steueraufkommen bei einer Inflationsanpassung nach Maßgabe des § 33 Abs. 1a unter Zugrundelegung einer gemäß Abs. 3 ermittelten positiven Inflationsrate ergibt.

(3) Für die Ermittlung der Inflationsrate ist das arithmetische Mittel der für die Monate Juli des vorangegangenen Jahres bis Mai des laufenden Jahres sowie des vorläufigen Wertes für Juni des laufenden Jahres der von der Bundesanstalt Statistik Österreich veröffentlichten Jahresinflationsraten des Verbraucherpreisindexes heranzuziehen. Das arithmetische Mittel ist auf das Zehntel eines Prozentpunktes zu runden.

1/1. EStG
§§ 33a, 34

(4) Für jedes Kalenderjahr erfolgt eine Anpassung der Beträge gemäß § 33 Abs. 1a im Ausmaß von zwei Dritteln der positiven Inflationsrate (Abs. 3). Die so ermittelten Beträge sind auf volle Euro aufzurunden. Der Bundesminister für Finanzen hat die für das Folgejahr angepassten Beträge jeweils bis zum 31. August des laufenden Kalenderjahres im Wege einer Verordnung kundzumachen.

(5) Zur Abgeltung der noch nicht gemäß Abs. 4 berücksichtigten Inflationswirkungen hat die Bundesregierung bis 15. September jeden Jahres einen Ministerratsbeschluss zu fassen, der im Umfang des noch nicht erfassten Volumens der kalten Progression Entlastungsmaßnahmen für Bezieher von Einkünften, vor allem im Bereich der Einkommensteuer, zum Gegenstand hat. Grundlage dafür bildet ein bis 31. Juli vorzulegender Progressionsbericht (Abs. 6), der auch dem Nationalrat vorzulegen ist. Die zuständigen Bundesminister haben Gesetzesvorschläge für die Entlastungsmaßnahmen auszuarbeiten, die eine Wirksamkeit mit 1. Jänner des folgenden Kalenderjahres vorsehen.

(6) Für den Progressionsbericht gilt:
1. Für das jeweilige Folgejahr sind darzustellen:
   a) Die Höhe der Inflationsrate gemäß Abs. 3,
   b) das prognostizierte Einkommensteueraufkommen auf Grundlage noch nicht nach § 33 Abs. 1a inflationsangepassten Beträgen,
   c) das prognostizierte Einkommensteueraufkommen bei einer Inflationsanpassung nach Maßgabe des § 33 Abs. 1a sowie bei Inflationsanpassung des für die Anwendung des Höchststeuersatzes maßgebenden Grenzbetrages unter Zugrundelegung einer positiven Inflationsrate gemäß Abs. 3 sowie
   d) das prognostizierte Einkommensteueraufkommen unter Berücksichtigung der Inflationsanpassung gemäß Abs. 4.

   Für das prognostizierte Einkommensteueraufkommen ist die das Folgejahr maßgebende Rechtslage heranzuziehen.
2. Der Ermittlung des prognostizierten Einkommensteueraufkommens gemäß Z 1 lit. b bis d ist eine wissenschaftlich fundierte geschätzte und simulierte Verteilung von Einkommen und relevanter sozioökonomischer Charakteristika zu Grunde zu legen.
3. Der Bundesminister für Finanzen hat zwei wirtschaftswissenschaftliche Forschungsinstitute mit der Erstellung des Progressionsberichtes zu betrauen und in einer Verordnung nähere Regelungen für die Erstellung des Berichtes sowie eine durchzuführende Evaluierung vorzusehen.

(Teuerungs-EP II, BGBl I 2022/163)

Außergewöhnliche Belastung

§ 34. (1) Bei der Ermittlung des Einkommens (§ 2 Abs. 2) eines unbeschränkt Steuerpflichtigen sind nach Abzug der Sonderausgaben (§ 18) außergewöhnliche Belastungen abzuziehen. Die Belastung muß folgende Voraussetzungen erfüllen:
1. Sie muß außergewöhnlich sein (Abs. 2).
2. Sie muß zwangsläufig erwachsen (Abs. 3).
3. Sie muß die wirtschaftliche Leistungsfähigkeit wesentlich beeinträchtigen (Abs. 4).

Die Belastung darf weder Betriebsausgaben, Werbungskosten noch Sonderausgaben sein.

(2) Die Belastung ist außergewöhnlich, soweit sie höher ist als jene, die der Mehrzahl der Steuerpflichtigen gleicher Einkommensverhältnisse, gleicher Vermögensverhältnisse erwächst.

(3) Die Belastung erwächst dem Steuerpflichtigen zwangsläufig, wenn er sich ihr aus tatsächlichen, rechtlichen oder sittlichen Gründen nicht entziehen kann.

(4) Die Belastung beeinträchtigt wesentlich die wirtschaftliche Leistungsfähigkeit, soweit sie einen vom Steuerpflichtigen von seinem Einkommen (§ 2 Abs. 2 in Verbindung mit Abs. 5) vor Abzug der außergewöhnlichen Belastungen zu berechnenden Selbstbehalt übersteigt. Der Selbstbehalt beträgt bei einem Einkommen

von höchstens 7 300 Euro	6%.
mehr als 7 300 Euro bis 14 600 Euro	8%.
mehr als 14 600 Euro bis 36 400 Euro	10%.
mehr als 36 400 Euro	12%.

Der Selbstbehalt vermindert sich um je einen Prozentpunkt
— wenn dem Steuerpflichtigen der Alleinverdienerabsetzbetrag oder der Alleinerzieherabsetzbetrag zusteht,
— wenn dem Steuerpflichtigen kein Alleinverdiener- oder Alleinerzieherabsetzbetrag zusteht, er aber mehr als sechs Monate im Kalenderjahr verheiratet oder eingetragener Partner ist und vom (Ehe-)Partner nicht dauernd getrennt lebt und der (Ehe-)Partner Einkünfte im Sinne des § 33 Abs. 4 Z 1 von höchstens „**6 937**" Euro jährlich erzielt
— für jedes Kind (§ 106).

(Teuerungs-EP II, BGBl I 2022/163; PrAG 2024, BGBl I 2023/153 ab 1.1.2024)

(5) Sind im Einkommen sonstige Bezüge im Sinne des § 67 enthalten, dann sind als Einkünfte aus nichtselbständiger Arbeit für Zwecke der Berechnung des Selbstbehaltes die zum laufenden Tarif zu versteuernden Einkünfte aus nichtselbständiger Arbeit, erhöht um die sonstigen Bezüge gemäß § 67 Abs. 1 und 2, anzusetzen.

(6) Folgende Aufwendungen können ohne Berücksichtigung des Selbstbehaltes abgezogen werden:
— Aufwendungen zur Beseitigung von Katastrophenschäden, insbesondere Hochwasser-, Erdrutsch-, Vermurungs- und Lawinenschäden im Ausmaß der erforderlichen Ersatzbeschaffungskosten.

- Kosten einer auswärtigen Berufsausbildung nach Abs. 8.
- Mehraufwendungen des Steuerpflichtigen für Personen, für die gemäß § 8 Abs. 4 des Familienlastenausgleichsgesetzes 1967 erhöhte Familienbeihilfe gewährt wird, soweit sie die Summe der pflegebedingten Geldleistungen (Pflegegeld, Pflegezulage, Blindengeld oder Blindenzulage) übersteigen.
- Aufwendungen im Sinne des § 35, die an Stelle der Pauschbeträge geltend gemacht werden (§ 35 Abs. 5).
- Mehraufwendungen aus dem Titel der Behinderung, wenn die Voraussetzungen des § 35 Abs. 1 vorliegen, soweit sie die Summe pflegebedingter Geldleistungen (Pflegegeld, Pflegezulage, Blindengeld oder Blindenzulage) übersteigen.

Der Bundesminister für Finanzen kann mit Verordnung festlegen, in welchen Fällen und in welcher Höhe Mehraufwendungen aus dem Titel der Behinderung ohne Anrechnung auf einen Freibetrag nach § 35 Abs. 3 und ohne Anrechnung auf eine pflegebedingte Geldleistung zu berücksichtigen sind.

(BGBl I 2019/103)

(7) Für Unterhaltsleistungen gilt folgendes:
1. Unterhaltsleistungen für ein Kind sind durch die Familienbeihilfe, den Familienbonus Plus gemäß § 33 Abs. 3a, den Kindermehrbetrag gemäß § 33 Abs. 7 sowie gegebenenfalls den Kinderabsetzbetrag gemäß § 33 Abs. 3 abgegolten, und zwar auch dann, wenn nicht der Steuerpflichtige selbst, sondern sein mit ihm im gemeinsamen Haushalt lebender (Ehe) Partner (§ 106 Abs. 3) Anspruch auf diese Beträge hat.
(BGBl I 2018/62)
2. Leistungen des gesetzlichen Unterhalts für ein Kind sind bei Vorliegen der Voraussetzungen des § 33 Abs. 4 Z 3 durch den Unterhaltsabsetzbetrag abgegolten.
3. (aufgehoben)
4. Darüber hinaus sind Unterhaltsleistungen nur insoweit abzugsfähig, als sie zur Deckung von Aufwendungen gewährt werden, die beim Unterhaltsberechtigten selbst eine außergewöhnliche Belastung darstellen würden. Ein Selbstbehalt (Abs. 4) auf Grund eigener Einkünfte des Unterhaltsberechtigten ist nicht zu berücksichtigen.
5. **(Verfassungsbestimmung)** Unterhaltsleistungen an volljährige Kinder, für die keine Familienbeihilfe ausbezahlt wird, sind außer in den Fällen und im Ausmaß der Z 4 weder im Wege eines Kinder- oder Unterhaltsabsetzbetrages noch einer außergewöhnlichen Belastung zu berücksichtigen.

(8) Aufwendungen für eine Berufsausbildung eines Kindes außerhalb des Wohnortes gelten dann als außergewöhnliche Belastung, wenn im Einzugsbereich des Wohnortes keine entsprechende Ausbildungsmöglichkeit besteht. Diese außergewöhnliche Belastung wird durch Abzug eines Pauschbetrages von 110 Euro pro Monat der Berufsausbildung berücksichtigt.

(9) (aufgehoben)
(BGBl I 2018/62)

Behinderte

§ 35. (1) Hat der Steuerpflichtige außergewöhnliche Belastungen
- durch eine eigene körperliche oder geistige Behinderung,
- bei Anspruch auf den Alleinverdienerabsetzbetrag durch eine Behinderung des (Ehe) Partners (§ 106 Abs. 3),
- ohne Anspruch auf den Alleinverdienerabsetzbetrag durch eine Behinderung des (Ehe-) Partners, wenn er mehr als sechs Monate im Kalenderjahr verheiratet oder eingetragener Partner ist und vom (Ehe-)Partner nicht dauernd getrennt lebt und der (Ehe-)Partner Einkünfte im Sinne des § 33 Abs. 4 Z 1 von höchstens „6 937" Euro jährlich erzielt,
- durch eine Behinderung eines Kindes (§ 106 Abs. 1 und 2), für das keine erhöhte Familienbeihilfe gemäß § 8 Abs. 4 des Familienlastenausgleichsgesetzes 1967 gewährt wird,

und erhält weder der Steuerpflichtige noch sein (Ehe-)Partner noch sein Kind eine pflegebedingte Geldleistung (Pflegegeld, Pflegezulage, Blindengeld oder Blindenzulage), so steht ihm jeweils ein Freibetrag (Abs. 3) zu.

(Teuerungs-EP II, BGBl I 2022/163; PrAG 2024, BGBl I 2023/153 ab 1.1.2024)

(2) Die Höhe des Freibetrages bestimmt sich nach dem Ausmaß der Minderung der Erwerbsfähigkeit (Grad der Behinderung). Die Minderung der Erwerbsfähigkeit (Grad der Behinderung) richtet sich in Fällen,
1. in denen Leistungen wegen einer Behinderung erbracht werden, nach der hiefür maßgebenden Einschätzung,
2. in denen keine eigenen gesetzlichen Vorschriften für die Einschätzung bestehen, nach § 7 und § 9 Abs. 1 des Kriegsopferversorgungsgesetzes 1957 bzw. nach der Einschätzungsverordnung, BGBl. II Nr. 261/2010, für die von ihr umfassten Bereiche.

Die Tatsache der Behinderung und das Ausmaß der Minderung der Erwerbsfähigkeit (Grad der Behinderung) sind durch eine amtliche Bescheinigung der für diese Feststellung zuständigen Stelle nachzuweisen. Zuständige Stelle ist:
- Der Landeshauptmann bei Empfängern einer Opferrente (§ 11 Abs. 2 des Opferfürsorgegesetzes, BGBl. Nr. 183/1947).
- Die Sozialversicherungsträger bei Berufskrankheiten oder
- Berufsunfällen von Arbeitnehmern.
- In allen übrigen Fällen sowie bei Zusammentreffen von

1/1. EStG
§§ 35 – 37

Behinderungen verschiedener Art das Bundesamt für Soziales und Behindertenwesen; dieses hat den Grad der Behinderung durch Ausstellung eines Behindertenpasses nach §§ 40 ff des Bundesbehindertengesetzes, im negativen Fall durch einen in Vollziehung dieser Bestimmungen ergehenden Bescheid zu bescheinigen.

(3) Es wird jährlich gewährt

bei einer Minderung der Erwerbsfähigkeit von	ein Freibetrag von Euro
25% bis 34%	124
35% bis 44%	164
45% bis 54%	401
55% bis 64%	486
65% bis 74%	599
75% bis 84%	718
85% bis 94%	837
ab 95%	1.198

(BGBl I 2019/103)

(4) Haben mehrere Steuerpflichtige Anspruch auf einen Freibetrag nach Abs. 3, dann ist dieser Freibetrag im Verhältnis der Kostentragung aufzuteilen. Weist einer der Steuerpflichtigen seine höheren Mehraufwendungen nach, dann ist beim anderen Steuerpflichtigen der Freibetrag um die nachgewiesenen Mehraufwendungen zu kürzen.

(5) Anstelle des Freibetrages können auch die tatsächlichen Kosten aus dem Titel der Behinderung geltend gemacht werden (§ 34 Abs. 6).

(6) Bezieht ein Arbeitnehmer Arbeitslohn von zwei oder mehreren Arbeitgebern, steht der Freibetrag nur einmal zu.

(7) Der Bundesminister für Finanzen kann nach den Erfahrungen der Praxis im Verordnungsweg Durchschnittssätze für die Kosten bestimmter Krankheiten sowie körperlicher und geistiger Gebrechen festsetzen, die zu Behinderungen im Sinne des Abs. 3 führen.

(8) Das Bundesamt für Soziales und Behindertenwesen hat mit ausdrücklicher Einwilligung der betroffenen Person dem zuständigen Finanzamt und dem Arbeitgeber, der Bezüge aus einer gesetzlichen Sozialversicherung oder Ruhegenussbezüge einer Gebietskörperschaft im Sinne des § 25 Abs. 1 Z 1, 3 oder 4 auszahlt, die vom Bundesamt für Soziales und Behindertenwesen gespeicherten und für die Berücksichtigung von Freibeträgen im Sinne der Abs. 1 bis 3 und 7 erforderlichen personenbezogenen Daten elektronisch zu übermitteln. Die Übermittlung der genannten personenbezogenen Daten ist auch hinsichtlich jener Personen zulässig, die einen Freibetrag im Sinne der Abs. 1 bis 3 und 7 bereits beantragt haben. Die Datenübermittlung ersetzt für den betroffenen Steuerpflichtigen den Nachweis gemäß Abs. 2 und die Bescheinigung gemäß § 62 Z 10. Eine Verwendung dieser personenbezogenen Daten darf nur zu diesem Zweck stattfinden. Personenbezogenen Daten, die nicht mehr benötigt werden, sind zu löschen.

(BGBl I 2018/62)

Steuerfestsetzung bei Schulderlass im Rahmen eines Insolvenzverfahrens

§ 36. (1) Sind im Einkommen eines Steuerpflichtigen aus einem Schulderlass resultierende Gewinne enthalten, hat die Steuerfestsetzung in den Fällen des Abs. 2 nach Maßgabe des Abs. 3 zu erfolgen.

(2) Aus dem Schulderlass resultierende Gewinne sind solche, die entstanden sind durch:

1. Erfüllung eines Sanierungsplans gemäß §§ 140 bis 156 der Insolvenzordnung (IO) oder einer vergleichbaren außergerichtlichen Sanierung,
   (BGBl I 2021/227)
2. Erfüllung eines Zahlungsplanes (§§ 193 bis 198 IO) oder
3. Erteilung einer Restschuldbefreiung nach Durchführung eines Abschöpfungsverfahrens (§§ 199 bis 216 IO).

(3) Für die Steuerfestsetzung gilt:

1. Es ist die Steuer vom Einkommen sowohl einschließlich als auch ausschließlich der aus dem Schulderlass resultierenden Gewinne zu berechnen und daraus der Unterschiedsbetrag zu ermitteln.
2. Auf den nach Z 1 ermittelten Unterschiedsbetrag ist der dem Schulderlass entsprechende Prozentsatz (100 Prozent abzüglich der Quote) anzuwenden.
3. Der nach Z 2 ermittelte Betrag ist von der Steuer abzuziehen, die sich aus dem Einkommen einschließlich der aus dem Schulderlass resultierenden Gewinne ergibt.

Ermäßigung der Progression, Sondergewinne

§ 37. (1) Der Steuersatz ermäßigt sich für
- außerordentliche Einkünfte (Abs. 5),
- Einkünfte aus besonderen Waldnutzungen (Abs. 6), soweit diese vorrangig den Verlust aus anderen Holznutzungen und sodann einen weiteren Verlust aus demselben forstwirtschaftlichen Betriebszweig, in dem die Einkünfte aus besonderer Waldnutzung angefallen sind, übersteigen,
- Einkünfte aus der Verwertung patentrechtlich geschützter Erfindungen (§ 38)

auf die Hälfte des auf das gesamte Einkommen entfallenden Durchschnittssteuersatzes.

(2) Über Antrag sind nachstehende Einkünfte, beginnend mit dem Veranlagungsjahr, dem der Vorgang zuzurechnen ist, gleichmäßig verteilt auf drei Jahre anzusetzen:

1. Veräußerungsgewinne im Sinne des § 24, wenn seit der Eröffnung oder dem letzten entgeltlichen Erwerbsvorgang sieben Jahre verstrichen sind.
2. Entschädigungen im Sinne des § 32 Abs. 1 Z 1, wenn überdies im Falle der lit. a oder b der Zeitraum, für den die Entschädigungen

gewährt werden, mindestens sieben Jahre beträgt.

(3) Über Antrag sind stille Reserven, die deswegen aufgedeckt werden, weil Wirtschaftsgüter durch behördlichen Eingriff oder zur Vermeidung eines solchen nachweisbar unmittelbar drohenden Eingriffs aus dem Betriebsvermögen ausscheiden, beginnend mit dem Veranlagungsjahr, dem der Vorgang zuzurechnen ist, gleichmäßig verteilt auf fünf Jahre anzusetzen. Diese Bestimmung ist nicht anzuwenden, soweit stille Reserven nach § 12 übertragen oder einer Übertragungsrücklage zugeführt werden.

(4) Über Antrag sind Einkünfte gemäß § 21 gleichmäßig auf drei Jahre verteilt anzusetzen. Dabei gilt:
1. In die Verteilung einzubeziehen sind:
   a) Einkünfte aus dem Betrieb von Landwirtschaft, Forstwirtschaft, Weinbau, Gartenbau, Obstbau, Gemüsebau und aus allen Betrieben, die Pflanzen und Pflanzenteile mit Hilfe der Naturkräfte gewinnen;
   b) Einkünfte aus Tierzucht- und Tierhaltungsbetrieben im Sinne des § 30 Abs. 3 bis 7 des Bewertungsgesetzes 1955;
   c) Einkünfte aus Binnenfischerei, Fischzucht und Teichwirtschaft und aus Bienenzucht;
   d) Einkünfte aus übrigem land- und forstwirtschaftlichem Vermögen im Sinne des § 50 des Bewertungsgesetzes 1955, wenn diese durch Teilpauschalierung (Betriebsausgabenpauschalierung), Einnahmen-Ausgaben-Rechnung oder Buchführung ermittelt worden sind.
2. Folgende Einkünfte gemäß Z 1 sind nicht in die Verteilung einzubeziehen:
   a) Einkünfte aus Nebenerwerb und Nebentätigkeiten, aus be- und/oder verarbeiteten eigenen oder zugekauften Urprodukten, aus dem Wein- und Mostbuschenschank und dem Almausschank;
   b) Einkünfte gemäß § 27;
   c) Einkünfte aus nicht regelmäßig im Betrieb anfallenden Vorgängen (insbesondere Einkünfte aus der Veräußerung von Grundstücken und Einkünfte aus der Einräumung von Rechten);
   d) Entschädigungen im Sinne des § 32 Abs. 1 Z 1 lit. a und b, wenn sie gemäß Abs. 2 verteilt angesetzt werden;
   e) Einkünfte aus besonderen Waldnutzungen, für die sich der Steuersatz gemäß Abs. 1 iVm 6 ermäßigt;
   f) Einkünfte, die gemäß Abs. 3 verteilt angesetzt werden;
   g) Übergangsgewinne und Übergangsverluste;
   h) Veräußerungsgewinne gemäß § 24.
3. Erfasst die Verteilung nicht sämtliche Einkünfte aus dem Betrieb, ist die Verteilung nur zulässig, wenn aus den Aufzeichnungen klar erkennbar ist, welche Einkünfte in die Verteilung einbezogen wurden und wie sie ermittelt wurden. Nicht eindeutig zuordenbare Betriebsausgaben sind nach dem Verhältnis der Betriebseinnahmen aus zu verteilenden Einkünften und nicht zu verteilenden Einkünften aufzuteilen. Ist eine derartige Aufteilung nicht möglich, sind die nicht eindeutig zuordenbaren Betriebsausgaben zur Gänze bei den zu verteilenden Einkünften zu berücksichtigen.
4. Zu verteilen ist der positive Saldo aus den zu verteilenden Einkünften des Betriebes, höchstens aber die gesamten aus dem Betrieb erzielten positiven Einkünfte gemäß § 21.
5. Die Einkünfte gemäß Z 1 sind im Veranlagungsjahr und den beiden Folgejahren jeweils zu einem Drittel zu berücksichtigen.
6. Der Antrag betrifft alle verteilungsfähigen Einkünfte eines Betriebes und ist bis zur Beendigung (Z 7) für die Folgejahre bindend.
(AbgÄG 2023, BGBl I 2023/110)
7. Die Verteilung endet, wenn einer der folgenden Umstände eingetreten ist:
   a) Tod des Steuerpflichtigen;
   b) Wegfall der Voraussetzung für die Verteilung sowie Betriebsveräußerung, Betriebsaufgabe oder Veräußerung oder Aufgabe der Betätigung, aus der zu verteilende Einkünfte stammen;
   (BGBl I 2022/108)
   c) Übertragung des Betriebes oder Teilbetriebes, aus dem zu verteilende Einkünfte stammen, im Wege einer Umgründung gemäß Art. III, Art. IV oder Art. V des Umgründungssteuergesetzes;
   d) Unentgeltliche Übertragung des Betriebes oder der Betätigung, aus der zu verteilende Einkünfte stammen;
   e) Widerruf des Antrages auf Verteilung durch den Steuerpflichtigen. Im Fall eines Widerrufs kann ein neuerlicher Antrag erst nach Ablauf von fünf Veranlagungsjahren gestellt werden;
   f) Nichterfüllung oder grob mangelhafte Erfüllung der Aufzeichnungsverpflichtung gemäß Z 3. In diesem Fall hat das Finanzamt im Abgabenbescheid festzustellen, dass die Verteilung unterbleibt oder endet; noch ausstehende Drittelbeträge sind in einem Gesamtbetrag im Jahr der Beendigung zu erfassen. Ein neuerlicher Antrag kann erst nach Ablauf von fünf Veranlagungsjahren gestellt werden.
8. Die Beendigung der Verteilung ist in den Fällen der Z 7 lit. a bis e für das betreffende Jahr bekannt zu geben. In den Fällen der lit. b, c, d und e hat eine Bekanntgabe zu unterbleiben,

wenn die Verteilung in Bezug auf Einkünfte aus einem anderen Betrieb als jenem, auf den sich der Beendigungsgrund bezieht, aufrecht bleiben soll. Im Fall der Bekanntgabe der Beendigung ist im Beendigungsjahr und dem Folgejahr die Gesamtsumme der noch nicht erfassten Drittelbeträge jeweils zur Hälfte zu erfassen. Abweichend davon gilt bei Beendigung gemäß Z 7 lit. a bis e:

a) Ist das Beendigungsjahr zumindest das zweitfolgende nach der erstmaligen Verteilung, ist auf Antrag der Gesamtbetrag aus den noch zu berücksichtigenden Drittelbeträgen entweder im Jahr der Beendigung zur Gänze oder im Jahr der Beendigung und den nachfolgenden drei Jahren jeweils zu einem Viertel gleichmäßig verteilt zu erfassen.

b) Ist das Beendigungsjahr das der erstmaligen Verteilung folgende Jahr, ist der Gesamtbetrag aus den noch zu berücksichtigenden zwei Drittelbeträgen im Jahr der Beendigung zu erfassen.

(BGBl I 2020/96; AbgÄG 2023, BGBl I 2023/110)

(5) Außerordentliche Einkünfte sind Veräußerungs- und Übergangsgewinne, wenn die Betriebsveräußerung oder aufgabe aus folgenden Gründen erfolgt:

1. Der Steuerpflichtige ist gestorben und es wird dadurch eine Betriebsveräußerung oder Betriebsaufgabe veranlasst.

2. Der Steuerpflichtige ist wegen körperlicher oder geistiger Behinderung in einem Ausmaß erwerbsunfähig, dass er nicht in der Lage ist, seinen Betrieb fortzuführen oder die mit seiner Stellung als Mitunternehmer verbundenen Aufgaben oder Verpflichtungen zu erfüllen. Das Vorliegen dieser Voraussetzung ist auf Grundlage eines vom Steuerpflichtigen beigebrachten medizinischen Gutachtens eines allgemein beeideten und gerichtlich zertifizierten Sachverständigen zu beurteilen, es sei denn, es liegt eine medizinische Beurteilung durch den für den Steuerpflichtigen zuständigen Sozialversicherungsträger vor.

3. Der Steuerpflichtige hat das 60. Lebensjahr vollendet und stellt seine Erwerbstätigkeit ein. Eine Erwerbstätigkeit liegt nicht vor, wenn der Gesamtumsatz aus den ausgeübten Tätigkeiten 22.000 Euro und die gesamten Einkünfte aus den ausgeübten Tätigkeiten 730 Euro im Kalenderjahr nicht übersteigen.

Für Veräußerungs- und Übergangsgewinne steht der ermäßigte Steuersatz nur über Antrag und nur dann zu, wenn seit der Eröffnung oder dem letzten entgeltlichen Erwerbsvorgang sieben Jahre verstrichen sind.

(6) Einkünfte aus besonderen Waldnutzungen liegen nur vor, wenn für das stehende Holz kein Bestandsvergleich vorgenommen wird und überdies außerordentliche Waldnutzungen oder Waldnutzungen infolge höherer Gewalt vorliegen. Einkünfte aus außerordentlichen Waldnutzungen sind solche, die aus wirtschaftlichen Gründen geboten sind und über die nach forstwirtschaftlichen Grundsätzen nachhaltig zu erzielenden jährlichen regelmäßigen Nutzungen hinausgehen. Die Betriebsart ist unmaßgeblich. Bei Einkünften aus Waldnutzungen infolge höherer Gewalt hindert die Behandlung eines Teiles der stillen Reserve nach § 12 Abs. 7 nicht die Versteuerung des restlichen Teiles der Einkünfte zum ermäßigten Steuersatz gemäß Abs. 1.

(7) Die Progressionsermäßigung nach Abs. 2, Abs. 3 oder Abs. 5 steht nicht zu, wenn Einkünfte nicht in einem Veranlagungszeitraum anfallen. Für Einkünfte, die zum Teil mit dem festen Steuersatz des § 67 versteuert werden, steht keine Progressionsermäßigung zu.

(8) (aufgehoben)

(9) Bei der erstmaligen Veranlagung für ein Kalenderjahr sind auf Antrag positive Einkünfte aus selbständiger künstlerischer Tätigkeit im Sinne des § 10 Abs. 3 Z 4 des Umsatzsteuergesetzes 1994 und aus schriftstellerischer Tätigkeit beginnend mit dem Veranlagungsjahr, das zwei Jahre vor dem Kalenderjahr liegt, dem die Einkünfte zuzurechnen sind, gleichmäßig auf drei Jahre zu verteilen. Der Antrag ist in der Steuererklärung für das Kalenderjahr zu stellen, dem die zu verteilenden Einkünfte zuzurechnen sind. Der Antrag ist unwiderruflich. Wird ein derartiger Antrag gestellt, sind die betreffenden Verfahren wiederaufzunehmen.

(BGBl I 2022/108)

Verwertung von Patentrechten

§ 38. (1) Sind im Einkommen Einkünfte aus der Verwertung patentrechtlich geschützter Erfindungen durch andere Personen enthalten, so ermäßigt sich der Steuersatz auf die Hälfte des auf das gesamte Einkommen entfallenden Durchschnittssteuersatzes. Diese Begünstigung steht nur dem Erfinder selbst zu.

(2) Der patentrechtliche Schutz muß für jenen Zeitraum gegeben sein, für den Lizenzzahlungen erfolgen oder in dem die Erfindung veräußert wird. Die Erfindung muß in jenem Gebiet patentrechtlich geschützt sein, in dem sie im Sinne des Abs. 1 verwertet wird; erfolgt diese Verwertung im Ausland, so genügt es, wenn die Erfindung in Österreich patentrechtlich geschützt ist.

(3) Der ermäßigte Steuersatz steht nur für Veranlagungszeiträume zu, für die der Patentschutz nach Abs. 2 aufrecht ist. Der aufrechte Patentschutz ist auf Verlangen der Abgabenbehörde vom Steuerpflichtigen nachzuweisen.

4. TEIL
VERANLAGUNG

Allgemeine Veranlagung und Veranlagungszeitraum

§ 39. (1) Die Einkommensteuer wird nach Ablauf des Kalenderjahres (Veranlagungszeitraumes) nach dem Einkommen veranlagt, das der Steuerpflichtige in diesem Veranlagungszeitraum bezogen hat. Hat der Steuerpflichtige lohnsteuerpflichtige

Einkünfte bezogen, so erfolgt eine Veranlagung nur, wenn die Voraussetzungen des § 41 vorliegen. Sind im Einkommen Einkünfte aus Kapitalvermögen enthalten, so bleiben Überschüsse aus dieser Einkunftsart außer Ansatz, wenn sie 22 Euro nicht übersteigen.

(2) Hat die Steuerpflicht nicht während des vollen Veranlagungszeitraumes bestanden, so wird das während der Dauer der Steuerpflicht bezogene Einkommen zugrunde gelegt. Bei Wegfall der Steuerpflicht kann die Veranlagung sofort vorgenommen werden.

(3) Die im Bescheid festgesetzte Einkommensteuer ist auf volle Euro abzurunden oder aufzurunden. Dabei sind Beträge unter 0,50 Euro abzurunden, Beträge ab 0,50 Euro aufzurunden.

(4) Besteuerungswahlrechte und Anträge sind in der Steuererklärung auszuüben, wenn dies auf dem amtlichen Vordruck oder im Rahmen der automationsunterstützten Datenübertragung vorgesehen ist (§ 133 BAO). Soweit nichts Anderes bestimmt ist, können derartige Besteuerungswahlrechte und Anträge nach Maßgabe der verfahrensrechtlichen Vorschriften nach erstmaligem Eintritt der Rechtskraft nachträglich ausgeübt oder geändert bzw. zurückgezogen werden. Die bloße Stellung bzw. Zurückziehung eines Antrages oder Ausübung bzw. Änderung eines Besteuerungswahlrechtes stellt kein rückwirkendes Ereignis im Sinne des § 295a BAO dar.

(AbgÄG 2023, BGBl I 2023/110)

Erstattung von Absetzbeträgen in der Veranlagung

§ 40. Eine Veranlagung nach § 39 erfolgt auch bei Steuerpflichtigen, die kein Einkommen, aber Anspruch auf den Alleinverdienerabsetzbetrag oder auf den Alleinerzieherabsetzbetrag haben und die Erstattung dieses Absetzbetrages beantragen. Der Antrag kann innerhalb von fünf Jahren ab dem Ende des jeweiligen Veranlagungszeitraums gestellt werden.

Veranlagung von lohnsteuerpflichtigen Einkünften

§ 41. (1) Sind im Einkommen lohnsteuerpflichtige Einkünfte enthalten, so ist der Steuerpflichtige zu veranlagen, wenn

1. er andere Einkünfte bezogen hat, deren Gesamtbetrag 730 Euro übersteigt,
2. im Kalenderjahr zumindest zeitweise gleichzeitig zwei oder mehrere lohnsteuerpflichtige Einkünfte, die beim Lohnsteuerabzug gesondert versteuert wurden, bezogen worden sind.
3. im Kalenderjahr Bezüge gemäß § 69 Abs. 2, 3, 5, 6, 7, 8 oder 9 zugeflossen sind,
4. ein Freibetragsbescheid für das Kalenderjahr gemäß § 63 Abs. 1 oder ein Freibetrag gemäß § 103 Abs. 1a bei der Lohnverrechnung berücksichtigt wurde,

(BGBl I 2016/117)

5. der Alleinverdienerabsetzbetrag, der Alleinerzieherabsetzbetrag, der erhöhte Pensionistenabsetzbetrag, der erhöhte Verkehrsabsetzbetrag oder Freibeträge nach § 62 Z 10 und Z 11 berücksichtigt wurden, aber die Voraussetzungen nicht vorlagen.

(BGBl I 2015/163)

6. ein Pendlerpauschale gemäß § 16 Abs. 1 Z 6 berücksichtigt wurde, aber die Voraussetzungen nicht vorlagen oder ein nicht zustehender Betrag berücksichtigt wurde,

(BGBl I 2022/108)

7. der Arbeitnehmer eine unrichtige Erklärung gemäß § 3 Abs. 1 Z 13 lit. b 5. Teilstrich abgegeben hat oder seiner Verpflichtung, Änderungen der Verhältnisse zu melden, nicht nachgekommen ist.
8. er Einkünfte im Sinn des § 3 Abs. 1 Z 32 bezogen hat.
9. er Einkünfte aus Kapitalvermögen im Sinne des § 27a Abs. 1 oder entsprechende betriebliche Einkünfte erzielt, die keinem Kapitalertragsteuerabzug unterliegen.
10. er Einkünfte aus privaten Grundstücksveräußerungen im Sinne des § 30 erzielt, für die keine Immobilienertragsteuer gemäß § 30c Abs. 2 entrichtet wurde, oder wenn keine Abgeltung gemäß § 30b Abs. 2 gegeben ist.
11. der Arbeitnehmer nach § 83 Abs. 2 Z 2 und Abs. 3 unmittelbar in Anspruch genommen wird.

(BGBl I 2021/3)

12. ein Familienbonus Plus gemäß § 33 Abs. 3a berücksichtigt wurde, aber die Voraussetzungen nicht vorlagen oder wenn sich ergibt, dass ein nicht zustehender Betrag berücksichtigt wurde.

(BGBl I 2018/62)

13. im Kalenderjahr ein Homeoffice-Pauschale gemäß § 26 Z 9 in einer insgesamt nicht zustehenden Höhe steuerfrei belassen wurde.

(BGBl I 2021/52, BGBl I 2022/108)

14. im Kalenderjahr mehr als 3 000 Euro Gewinnbeteiligung gemäß § 3 Abs. 1 Z 35 steuerfrei berücksichtigt wurde,

(BGBl I 2022/108)

15. gemäß § 26 Z 5 lit. b eine Wochen-, Monats- oder Jahreskarte für ein Massenbeförderungsmittel zur Verfügung gestellt wurde oder Kosten einer solchen Karte übernommen wurden, aber die Voraussetzungen nicht vorlagen oder ein nicht zustehender Betrag unversteuert belassen wurde.

(BGBl I 2022/108)

16. die Voraussetzungen gemäß § 3 Abs. 1 Z 16c oder § 3 Abs. 1 Z 38 nicht vorlagen oder ein zu hoher Betrag unversteuert belassen wurde.

(AbgÄG 2023, BGBl I 2023/110)

„17. ein geldwerter Vorteil aus einer Start-Up-Mitarbeiterbeteiligung (§ 67a) zugeflossen

1/1. EStG
§ 41

ist und kein oder ein zu geringer Steuerabzug vom Arbeitslohn erfolgt ist."

(Start-Up-FG, BGBl I 2023/200 ab 1.1.2024)

„18. die Voraussetzungen gemäß § 3 Abs. 1 Z 42 nicht vorlagen."

(GemRefG 2023, BGBl I 2023/188 ab 1.1.2024)

§ 39 Abs. 1 dritter Satz ist anzuwenden.

(2)
1. Liegen die Voraussetzungen des Abs. 1 nicht vor, hat das Finanzamt auf Antrag des Steuerpflichtigen eine Veranlagung vorzunehmen, wenn der Antrag innerhalb von fünf Jahren ab dem Ende des Veranlagungszeitraums gestellt wird (Antragsveranlagung). § 39 Abs. 1 dritter Satz ist anzuwenden.
2. Wurde bis Ende des Monats Juni keine Abgabenerklärung für das vorangegangene Veranlagungsjahr eingereicht, hat das Finanzamt von Amts wegen eine antragslose Veranlagung vorzunehmen, sofern der Abgabepflichtige nicht darauf verzichtet hat. Dabei gilt Folgendes::
   a) Folgende Voraussetzungen müssen vorliegen:
      – Aufgrund der Aktenlage ist anzunehmen, dass der Gesamtbetrag der zu veranlagenden Einkünfte ausschließlich aus lohnsteuerpflichtigen Einkünften besteht.
      – Aus der Veranlagung resultiert eine Steuergutschrift von zumindest fünf Euro.
      – Aufgrund der Aktenlage ist nicht anzunehmen, dass die zustehende Steuergutschrift höher ist als jene, die sich aufgrund der übermittelten Daten gemäß § 18 Abs. 1 Z 10 und Abs. 8, § 35 Abs. 8 und § 84 ergeben würde.

      (BGBl I 2022/108)
   b) Wurde bis zum Ablauf des dem Veranlagungszeitraum zweitfolgenden Kalenderjahres keine Abgabenerklärung für den betroffenen Veranlagungszeitraum abgegeben, ist jedenfalls eine antragslose Veranlagung durchzuführen, wenn sich nach der Aktenlage eine Steuergutschrift ergibt.
   c) Wird nach erfolgter antragsloser Veranlagung innerhalb der Frist der Z 1 eine Abgabenerklärung abgegeben, hat das Finanzamt darüber zu entscheiden und gleichzeitig damit den gemäß lit. a oder lit. b ergangenen Bescheid aufzuheben.

   (BGBl I 2018/62)
   d) Wurde der Bescheid aus der antragslosen Veranlagung aufgrund nachträglich übermittelter Daten im Sinne von lit. a dritter Teilstrich durch einen neuen Bescheid ersetzt, der die Steuergutschrift gegenüber dem bisherigen Bescheid erhöht, sind lit. c und lit. e auch auf diesen Bescheid anzuwenden. Dies gilt nicht, wenn Abs. 1 zur Anwendung kommt.

   (BGBl I 2022/108)
   e) Der Bescheid auf Grund einer antragslosen Veranlagung ist ersatzlos aufzuheben, wenn dies in einer Beschwerde (§ 243 BAO) beantragt wird; die Beschwerde bedarf keiner Begründung.

   (BGBl I 2022/108)
   f) Die Steuererklärungspflicht (§ 42) bleibt auch nach Vornahme der Veranlagung aufrecht.

   (BGBl I 2022/108)

   (BGBl I 2018/62)

   (BGBl I 2015/118)

(2a) Abs. 2 Z 2 ist nicht anzuwenden, wenn der Verdacht besteht, dass der Steuerpflichtige Dienstnehmer eines Scheinunternehmers gemäß § 8 des Sozialbetrugsbekämpfungsgesetzes – SBBG, BGBl. I Nr. 113/2015, ist, Zweifel an der Identität des Steuerpflichtigen oder der Bevollmächtigung seines steuerlichen Vertreters bestehen, oder sonstige schwerwiegende Bedenken gegen die Anwendung von Abs. 2 Z 2 bestehen.

(BGBl I 2015/118)

(3) Sind im Einkommen lohnsteuerpflichtige Einkünfte enthalten, ist von den anderen Einkünften ein Veranlagungsfreibetrag bis zu 730 Euro abzuziehen. Dies gilt nicht für Einkünfte aus Kapitalvermögen im Sinne des § 27a Abs. 1. Der Freibetrag vermindert sich um jenen Betrag, um den die anderen Einkünfte 730 Euro übersteigen.

(4) Bei der Ermittlung der Einkünfte aus nichtselbständiger Arbeit bleiben Bezüge, die nach § 67 Abs. 1 oder § 68 steuerfrei bleiben, oder mit den festen Sätzen des § 67 **„ , des § 67a"** oder mit den Pauschsätzen des § 69 Abs. 1 zu versteuern waren, außer Ansatz. Die Steuer, die auf sonstige Bezüge innerhalb des Jahressechstels gemäß § 67 Abs. 1 und 2 und auf Bezüge gemäß § 67 Abs. 5 zweiter Teilstrich, die gemäß § 67 Abs. 1 zu versteuern sind, entfällt, ist aber gemäß § 67 Abs. 1 und 2 neu zu berechnen, wenn diese sonstigen Bezüge 2 100 Euro übersteigen. Die Bemessungsgrundlage sind die sonstigen Bezüge innerhalb des Jahressechstels gemäß § 67 Abs. 1 und 2 sowie die Bezüge gemäß § 67 Abs. 5 zweiter Teilstrich, die gemäß § 67 Abs. 1 zu versteuern sind, abzüglich der darauf entfallenden Beiträge gemäß § 62 Z 3, 4 und 5. Bis zu einem Jahressechstel von 25 000 Euro beträgt die Steuer 6% der 620 Euro übersteigenden Bemessungsgrundlage, jedoch höchstens 30% der 2 000 Euro übersteigenden Bemessungsgrundlage. Ungeachtet des vorläufigen Steuerabzugs gemäß § 69 Abs. 2 und 3 gilt ein Siebentel als ein Bezug, der mit dem festen Steuersatz des § 67 Abs. 1 zu versteuern war und von dem 6% Lohnsteuer einbehalten wurde. Ein Siebentel der Bezüge gemäß § 69 Abs. 5 und 7 gilt als Bezug,

der mit dem festen Steuersatz des § 67 Abs. 1 zu versteuern ist.
(Start-Up-FG, BGBl I 2023/200 ab 1.1.2024)

Steuererklärungspflicht

§ 42. (1) Der unbeschränkt Steuerpflichtige hat eine Steuererklärung für das abgelaufene Kalenderjahr (Veranlagungszeitraum) abzugeben, wenn
1. er vom Finanzamt dazu aufgefordert wird oder
2. das Einkommen ganz oder teilweise aus Einkünften im Sinne des § 2 Abs. 3 Z 1 bis 3 bestanden hat und der Gewinn auf Grund eines Betriebsvermögensvergleiches zu ermitteln war oder ermittelt worden ist oder
3. das Einkommen, in dem keine lohnsteuerpflichtigen Einkünfte enthalten sind, mehr als „12 816" Euro betragen hat; liegen die Voraussetzungen des „§ 41 Abs. 1 Z 1, 2, 5, 6, 7, 12, 13, 14, 15, 16, 17 oder 18" vor, so besteht Erklärungspflicht dann, wenn das zu veranlagende Einkommen mehr als „13 981" Euro betragen hat, oder
(BGBl I 2022/108; Teuerungs-EP II, BGBl I 2022/163; AbgÄG 2023, BGBl I 2023/110; PrAG 2024, BGBl I 2023/153 ab 1.1.2024; GemRefG 2023, BGBl I 2023/188 ab 1.1.2024; Start-Up-FG, BGBl I 2023/200 ab 1.1.2024)
4. Einkünfte aus Kapitalvermögen im Sinne des § 27a Abs. 1 oder entsprechende betriebliche Einkünfte vorliegen, die keinem Kapitalertragsteuerabzug unterliegen, es sei denn, eine Regelbesteuerung gemäß § 27a Abs. 5 ergäbe keine Steuerpflicht, oder
(BGBl I 2022/108)
5. Einkünfte aus privaten Grundstücksveräußerungen im Sinne des § 30 erzielt werden, für die keine Immobilienertragsteuer gemäß § 30c Abs. 2 entrichtet wurde, oder wenn keine Abgeltung gemäß § 30b Abs. 2 gegeben ist.
(BGBl I 2022/108)

Die Übermittlung der Steuererklärung hat elektronisch zu erfolgen. Ist dem Steuerpflichtigen die elektronische Übermittlung der Steuererklärung mangels technischer Voraussetzungen unzumutbar, hat die Übermittlung der Steuererklärung unter Verwendung des amtlichen Vordrucks zu erfolgen. Der Bundesminister für Finanzen wird ermächtigt, den Inhalt und das Verfahren der elektronischen Übermittlung der Steuererklärung mit Verordnung festzulegen. In der Verordnung kann vorgesehen werden, dass sich der Steuerpflichtige einer bestimmten geeigneten öffentlich-rechtlichen oder privatrechtlichen Übermittlungsstelle zu bedienen hat.

(2) Der beschränkt Steuerpflichtige hat eine Steuererklärung über die inländischen Einkünfte für das abgelaufene Kalenderjahr (Veranlagungszeitraum) abzugeben, wenn er vom Finanzamt dazu aufgefordert wird oder wenn die gesamten inländischen Einkünfte, die gemäß § 102 zur Einkommensteuer zu veranlagen sind, mehr als „2 331" Euro betragen.
(BGBl I 2022/194; PrAG 2024, BGBl I 2023/153 ab 1.1.2024)

Steuererklärung bei Feststellung von Einkünften

§ 43. (1) Die zur Geschäftsführung oder Vertretung einer Gesellschaft oder Gemeinschaft befugten Personen sind, wenn die Einkünfte festzustellen sind (§ 188 BAO), verpflichtet, eine Steuererklärung zur Feststellung der Einkünfte der einzelnen Beteiligten abzugeben.

(2) Die Übermittlung der Steuererklärung hat elektronisch zu erfolgen. Ist die elektronische Übermittlung der Steuererklärung mangels technischer Voraussetzungen unzumutbar, hat die Übermittlung der Steuererklärung unter Verwendung des amtlichen Vordrucks zu erfolgen. Der Bundesminister für Finanzen wird ermächtigt, den Inhalt und das Verfahren der elektronischen Übermittlung der Steuererklärung mit Verordnung festzulegen. In der Verordnung kann vorgesehen werden, dass sich die zur Übermittlung verpflichteten Personen einer bestimmten geeigneten öffentlich-rechtlichen oder privatrechtlichen Übermittlungsstelle zu bedienen haben.

(3) (aufgehoben)

Form der Steuererklärungen

§ 44. (1) Wer Bücher führt und regelmäßig Abschlüsse macht, muss anlässlich der Einreichung der Steuererklärung der Abgabenbehörde eine Abschrift der Vermögensübersicht (Jahresabschluss, Bilanz) und der Gewinn- und Verlustrechnung vorlegen. Diese müssen auf dem Zahlenwerk der Buchführung beruhen.

(2) Beträge, die in den Übersichten nicht den steuerlichen Erfordernissen entsprechen, sind durch geeignete Zusätze oder Anmerkungen diesen anzupassen, wenn nicht eine besondere Übersicht mit dem Zusatz „für steuerliche Zwecke" beigefügt wird.

(3) Liegen Jahresberichte (Geschäftsberichte) oder Treuhandberichte (Wirtschaftsprüfungsberichte) vor, so müssen diese anlässlich der Einreichung der Steuererklärung der Abgabenbehörde vorgelegt werden.

(4) Wer den Gewinn gemäß § 4 Abs. 3 ermittelt, muss nach der in der Steuererklärung vorgesehenen gruppenweisen Gliederung die Betriebseinnahmen und Betriebsausgaben ausweisen.

(5) Wer Einkünfte aus Vermietung und Verpachtung erzielt, muss nach der in der Steuererklärung vorgesehenen gruppenweisen Gliederung die Einnahmen und Werbungskosten ausweisen.

(6) Hat eine natürliche Person, eine Personengesellschaft oder eine juristische Person, die geschäftsmäßig Hilfe in Steuersachen leistet, bei der Anfertigung der Anlagen (Abs. 1 bis 5) mitgewirkt, so sind ihr Name und ihre Anschrift in der Steuererklärung anzugeben.

1/1. EStG
§§ 44 – 47

(7) In der Einkommensteuererklärung ist die Versicherungsnummer gemäß § 31 ASVG anzuführen.

(8) Der Bundesminister für Finanzen wird ermächtigt, die Übermittlung der in Abs. 1 und 3 genannten Unterlagen auf elektronischem Weg vorzusehen. Inhalt und Verfahren der elektronischen Übermittlung sind mit Verordnung festzulegen. In der Verordnung kann vorgesehen werden, dass sich der Steuerpflichtige einer bestimmten geeigneten öffentlich-rechtlichen oder privatrechtlichen Übermittlungsstelle zu bedienen hat. Im Fall einer der Verordnung entsprechenden elektronischen Übermittlung müssen die genannten Unterlagen der Abgabenbehörde anlässlich der Einreichung der Steuererklärung nicht vorgelegt werden.

Vorauszahlungen

§ 45. (1) Der Steuerpflichtige hat auf die Einkommensteuer nach dem allgemeinen Steuertarif und nach einem besonderen Steuersatz gemäß § 27a Vorauszahlungen zu entrichten. Vorauszahlungen sind auf volle Euro abzurunden. Für Lohnsteuerpflichtige sind Vorauszahlungen nur in den Fällen des § 41 Abs. 1 Z 1 und 2 festzusetzen. Die Vorauszahlung für ein Kalenderjahr wird wie folgt berechnet:

– Einkommensteuerschuld für das letztveranlagte Kalenderjahr abzüglich der Beträge gemäß § 46 Abs. 1 Z 2 und Z 3.

– Der so ermittelte Betrag wird, wenn die Vorauszahlung erstmals für das dem Veranlagungszeitraum folgende Kalenderjahr wirkt, um 4%, wenn sie erstmals für ein späteres Kalenderjahr wirkt, um weitere 5% für jedes weitere Jahr erhöht.

Scheiden Einkünfte, die der Veranlagung zugrunde gelegt wurden, für den Vorauszahlungszeitraum infolge gesetzlicher Maßnahmen aus der Besteuerung aus, kann die Vorauszahlung pauschal mit einem entsprechend niedrigeren Betrag festgesetzt werden. Vorauszahlungen, deren Jahresbetrag 300 Euro nicht übersteigen würde, sind mit Null festzusetzen.

(BGBl I 2015/118)

(2) Die Vorauszahlungen sind zu je einem Viertel am 15. Februar, 15. Mai, 15. August und 15. November zu leisten.

(3) Bereits fällig gewordene oder innerhalb eines Monates ab Bekanntgabe einer Erhöhung der Vorauszahlungen fällig werdende Vorauszahlungsteilbeträge werden durch eine Änderung in der Höhe der Vorauszahlung (Abs. 1) nicht berührt. Der Unterschiedsbetrag ist, sofern er nicht eine Gutschrift ergibt, erst bei Fälligkeit des nächsten Vorauszahlungsteilbetrages auszugleichen (Ausgleichsviertel). Nach dem 30. September darf das Finanzamt Bescheide über die Änderung der Vorauszahlung für das laufende Kalenderjahr nicht mehr erlassen; dies gilt nicht für Bescheide auf Grund eines Antrages, den der Steuerpflichtige bis zum 30. September gestellt hat, sowie für eine Änderung in einem Rechtsmittelverfahren. Erfolgt die Bekanntgabe von Bescheiden über die Erhöhung oder die erstmalige Festsetzung der Vorauszahlung nach dem 15. Oktober, dann ist der Unterschiedsbetrag (der Jahresbetrag der Vorauszahlung) innerhalb eines Monates nach Bekanntgabe des Bescheides zu entrichten.

(4) Das Finanzamt kann die Vorauszahlung der Steuer anpassen, die sich für das laufende Kalenderjahr voraussichtlich ergeben wird. Dabei ist Abs. 3 anzuwenden. Scheiden Einkünfte, die der Veranlagung zugrunde gelegt wurden, für den Vorauszahlungszeitraum infolge gesetzlicher Maßnahmen aus der Besteuerung aus, so kann die Vorauszahlung pauschal entsprechend angepaßt werden. Dabei sind Abs. 1 und Abs. 3 anzuwenden.

(5) Ist ein Steuerpflichtiger von Katastrophenschäden (insbesondere Hochwasser-, Erdrutsch-, Vermurungs- und Lawinenschäden) betroffen, kann ein Antrag auf eine Änderung der Vorauszahlung abweichend von Abs. 3 bis zum 31. Oktober gestellt werden.

Abschlußzahlungen

§ 46. (1) Auf die Einkommensteuerschuld werden angerechnet:

1. Die für den Veranlagungszeitraum festgesetzten Vorauszahlungen,
2. die besondere Vorauszahlung gemäß § 30b Abs. 4 und die Immobilienertragsteuer gemäß § 30b Abs. 1, soweit sie auf veranlagte Einkünfte entfällt,
3. die durch Steuerabzug einbehaltenen Beträge, soweit sie auf veranlagte Einkünfte entfallen, *(BGBl I 2022/108)*
4. bei unbeschränkt Steuerpflichtigen die durch Steuerabzug vom Arbeitslohn (Lohnsteuer) einbehaltenen Beträge, die auf jenen Teil des Arbeitslohns entfallen, der bei der Berechnung der Einkommensteuer unter Berücksichtigung eines Abkommens zur Vermeidung der Doppelbesteuerung oder einer Maßnahme gemäß § 48 Abs. 5 BAO aus der inländischen Steuerbemessungsgrundlage auszuscheiden ist. *(BGBl I 2022/108)*

Lohnsteuer, die im Haftungsweg (§ 82) beim Arbeitgeber nachgefordert wurde, ist nur insoweit anzurechnen, als sie dem Arbeitgeber vom Arbeitnehmer ersetzt wurde.

(2) Ist die Einkommensteuerschuld kleiner als die Summe der Beträge, die nach Abs. 1 anzurechnen sind, so wird der Unterschiedsbetrag gutgeschrieben.

5. TEIL
STEUERABZUG VOM ARBEITSLOHN (LOHNSTEUER)

Arbeitgeber, Arbeitnehmer

§ 47. (1) Arbeitnehmer ist eine natürliche Person, die Einkünfte aus nichtselbständiger Arbeit bezieht. Arbeitgeber ist, wer Arbeitslohn im Sinne des § 25 auszahlt. Besteht im Inland eine Betriebsstätte (§ 81) des Arbeitgebers, wird bei Einkünften aus nichtselbständiger Arbeit (§ 25) die Einkommensteuer durch Abzug vom Arbeitslohn erhoben (Lohnsteuer). Besteht im Inland keine Betriebsstätte (§ 81) des Arbeitgebers gilt Folgendes:

a) für Bezüge und Vorteile aus ausländischen Einrichtungen im Sinne des § 5 Z 4 des Pensionskassengesetzes (§ 25) ist die Einkommensteuer durch Abzug vom Arbeitslohn (Lohnsteuer) zu erheben.

(BGBl I 2021/3)

b) für Einkünfte aus nichtselbständiger Arbeit (§ 25) kann die Einkommensteuer durch Abzug vom Arbeitslohn (Lohnsteuer) erhoben werden. Wenn die Abfuhr der Lohnsteuer erfolgt, sind die Einkünfte wie lohnsteuerpflichtige Einkünfte zu behandeln und der Arbeitgeber hat die Pflichten gemäß § 76 bis § 79, § 84 und § 87 wahrzunehmen;

(BGBl I 2021/3)

c) für Einkünfte aus nichtselbständiger Arbeit (§ 25) von unbeschränkt steuerpflichtigen Arbeitnehmern, die ihren Mittelpunkt der Tätigkeit für mehr als sechs Monate im Kalenderjahr in Österreich haben, hat der Arbeitgeber dem Finanzamt eine Lohnbescheinigung gemäß § 84a zu übermitteln, außer es kommt lit. b zur Anwendung.

(BGBl I 2021/3)
(BGBl I 2019/91)

(2) Ein Dienstverhältnis liegt vor, wenn der Arbeitnehmer dem Arbeitgeber seine Arbeitskraft schuldet. Dies ist der Fall, wenn die tätige Person in der Betätigung ihres geschäftlichen Willens unter der Leitung des Arbeitgebers steht oder im geschäftlichen Organismus des Arbeitgebers dessen Weisungen zu folgen verpflichtet ist. Ein Dienstverhältnis ist weiters dann anzunehmen, wenn bei einer Person, die an einer Kapitalgesellschaft nicht wesentlich im Sinne des § 22 Z 2 beteiligt ist, die Voraussetzungen des § 25 Abs. 1 Z 1 lit. b vorliegen. Ein Dienstverhältnis ist weiters bei Personen anzunehmen, die Bezüge gemäß § 25 Abs. 1 Z 4 und 5 beziehen.

(3) Werden Pensionen aus der gesetzlichen Sozialversicherung sowie Bezüge oder Vorteile aus einem früheren Dienstverhältnis im Sinne des § 25 Abs. 1 Z 1 bis 4 gemeinsam mit anderen gesetzlichen Pensionen oder Bezügen und Vorteilen aus einem früheren Dienstverhältnis ausgezahlt, dann sind die Pflichten des Arbeitgebers hinsichtlich des Steuerabzugs vom Arbeitslohn für die gemeinsam ausgezahlten Beträge ausschließlich von der auszahlenden Stelle wahrzunehmen. Über die ausgezahlten Bezüge ist ein einheitlicher Lohnzettel auszustellen.

(4) Der Bundesminister für Finanzen kann anordnen, dass bei getrennter Auszahlung von zwei oder mehreren Pensionen aus der gesetzlichen Sozialversicherung, gleichartigen Bezügen aus Versorgungs- und Unterstützungseinrichtungen der Kammern der selbständig Erwerbstätigen, von inländischen Pensionskassen, von Bezügen aus betrieblichen Kollektivversicherungen im Sinne des § 93 des VAG 2016, von Bezügen oder Vorteilen aus einem früheren Dienstverhältnis bei Körperschaften öffentlichen Rechts im Sinne des § 25 Abs. 1 Z 1 bis 4 sowie von Bezügen aus einer gesetzlichen Unfallversorgung und dem Grunde und der Höhe nach gleichartigen Bezügen aus Versorgungs- und Unterstützungseinrichtungen der Kammern der selbständig Erwerbstätigen eine der auszahlenden Stellen die gemeinsame Versteuerung dieser Bezüge vornimmt. In diesem Fall hat die die gemeinsame Versteuerung durchführende auszahlende Stelle einen einheitlichen Lohnzettel auszustellen.

(BGBl I 2015/34)

(5) Werden Bezüge oder Vorteile aus einem früheren Dienstverhältnis neben einer Pension aus der gesetzlichen Sozialversicherung ausbezahlt, so kann der Sozialversicherungsträger eine gemeinsame Versteuerung dieser Bezüge vornehmen. In diesem Fall hat der Sozialversicherungsträger einen einheitlichen Lohnzettel auszustellen.

Barzahlungsverbot von Arbeitslohn in der Bauwirtschaft

§ 48. Geldzahlungen von Arbeitslohn gemäß § 25 Abs. 1 Z 1 lit. a an zur Erbringung von Bauleistungen nach § 19 Abs. 1a UStG 1994 beschäftigte Arbeitnehmer dürfen nicht in bar geleistet oder entgegengenommen werden, wenn der Arbeitnehmer über ein bei einem Kreditinstitut geführtes Girokonto verfügt oder einen Rechtsanspruch auf ein solches hat.

(BGBl I 2015/118)

§§ 49. bis 61. (aufgehoben)

Berücksichtigung besonderer Verhältnisse

§ 62. Beim Steuerabzug vom Arbeitslohn sind vor Anwendung des Lohnsteuertarifes (§ 66) vom Arbeitslohn abzuziehen:

1. Der Pauschbetrag für Werbungskosten (§ 16 Abs. 3),
2. der Pauschbetrag für Sonderausgaben (§ 18 Abs. 2),
3. Pflichtbeiträge zu gesetzlichen Interessenvertretungen auf öffentlich-rechtlicher Grundlage, soweit sie nicht auf Bezüge entfallen, die mit einem festen Steuersatz im Sinne des § 67 zu versteuern sind, und vom Arbeitgeber einbehaltene Beiträge für die freiwillige Mitgliedschaft bei Berufsverbänden und Interessenvertretungen,
4. vom Arbeitgeber einbehaltene Beiträge im Sinne des § 16 Abs. 1 Z 4, soweit sie nicht auf Bezüge entfallen, die mit einem festen Steuersatz im Sinne des § 67 zu versteuern sind,
5. der entrichtete Wohnbauförderungsbeitrag im Sinne des § 16 Abs. 1 Z 5, soweit er nicht auf

1/1. EStG
§§ 62 – 63

6. Bezüge entfällt, die mit einem festen Steuersatz im Sinne des § 67 zu versteuern sind,
7. der sich gemäß § 16 Abs. 1 Z 6 ergebende Pauschbetrag und Kostenbeiträge gemäß § 16 Abs. 1 Z 6 lit. i sublit. aa,
(BGBl I 2022/220)
8. die Erstattung (Rückzahlung) von Arbeitslohn gemäß § 16 Abs. 2 zweiter Satz,
9. Freibeträge auf Grund eines Freibetragsbescheides (§ 63),
10. ein gemäß § 103 Abs. 1a gewährter Zuzugsfreibetrag,
(BGBl I 2016/117)
11. Freibeträge gemäß §§ 35 und 105 von jenem Arbeitgeber, der Bezüge aus einer gesetzlichen Sozialversicherung oder Ruhegenussbezüge einer Gebietskörperschaft im Sinne des § 25 Abs. 1 Z 1, 3 oder 4 auszahlt, wenn eine diesbezügliche Bescheinigung vorgelegt wurde. Hat der Steuerpflichtige keinen Anspruch auf den Alleinverdienerabsetzbetrag, sind die Freibeträge gemäß § 35 für den (Ehe-)Partner nur zu berücksichtigen, wenn der Steuerpflichtige erklärt, dass die Voraussetzungen im Sinne des § 35 Abs. 1 dritter Teilstrich vorliegen. Bei mehreren Pensions- oder Ruhegenussbezügen darf die Bescheinigung nur einer auszahlenden Stelle vorgelegt werden.
12. Der Pauschbetrag für Werbungskosten gemäß § 17 Abs. 6 iVm § 1 Z 11 der Verordnung des Bundesministers für Finanzen über die Aufstellung von Durchschnittssätzen für Werbungskosten, BGBl. II Nr. 382/2001.
(BGBl I 2015/118)

§ 62a. (1) In folgenden Fällen gilt ein Nettoarbeitslohn als vereinbart:
1. Der Arbeitgeber hat die Anmeldeverpflichtung des § 33 ASVG nicht erfüllt und die Lohnsteuer nicht vorschriftsmäßig einbehalten und abgeführt.
2. Der Arbeitgeber hat den gezahlten Arbeitslohn (einschließlich sonstiger Bezüge und Vorteile im Sinne des § 25) nicht im Lohnkonto (§ 76) erfasst, die Lohnsteuer nicht oder nicht vollständig einbehalten und abgeführt, obwohl er wusste oder wissen musste, dass dies zu Unrecht unterblieben ist, und er kann eine Bruttolohnvereinbarung nicht nachweisen.
3. Der Arbeitnehmer wird gemäß § 83 Abs. 3 unmittelbar als Steuerschuldner in Anspruch genommen.

(2) Die Annahme einer Nettolohnvereinbarung gilt nicht,
– wenn für die erhaltenen Bezüge die Meldepflichten gemäß den §§ 119 ff BAO oder § 18 GSVG erfüllt wurden,
– für geldwerte Vorteile gemäß § 15 Abs. 2.

(BGBl I 2016/117)

Freibetragsbescheid

§ 63. (1) Das Finanzamt hat für die Berücksichtigung bestimmter Werbungskosten, Sonderausgaben und außergewöhnlicher Belastungen beim Steuerabzug vom Arbeitslohn gemeinsam mit einem Veranlagungsbescheid einen Freibetragsbescheid und eine Mitteilung zur Vorlage beim Arbeitgeber zu erlassen. Der Freibetragsbescheid und eine Mitteilung sind jeweils für das dem Veranlagungszeitraum zweitfolgende Jahr zu erstellen, wenn bei der Veranlagung mindestens einer der folgenden Beträge berücksichtigt wurde:

1. Werbungskosten, die weder gemäß § 62 noch gemäß § 67 Abs. 12 oder § 77 Abs. 3 zu berücksichtigen sind,
2. Sonderausgaben im Sinne des § 18 Abs. 1 Z 2 und 3, soweit sie den Jahrespauschbetrag gemäß § 18 Abs. 2 übersteigen, sowie Beiträge für eine freiwillige Weiterversicherung einschließlich des Nachkaufs von Versicherungszeiten in der gesetzlichen Pensionsversicherung und vergleichbare Beiträge an Versorgungs- und Unterstützungseinrichtungen der Kammern der selbständig Erwerbstätigen, weiters Sonderausgaben im Sinne des § 18 Abs. 1 Z 1, 6 und 7. Sonderausgaben im Sinne des § 18 Abs. 1 Z 2 und 3 sind letztmalig in Freibetragsbescheiden zu berücksichtigen, die für das Kalenderjahr 2020 erstellt werden.
(BGBl I 2015/118)
3. außergewöhnliche Belastungen gemäß § 34 Abs. 6 mit Ausnahme von Aufwendungen zur Beseitigung von Katastrophenschäden,
4. Freibeträge gemäß §§ 35 und 105, sofern sie nicht gemäß § 62 vom Arbeitgeber berücksichtigt werden.

Dem Freibetragsbescheid sind die gemäß Z 1 bis 4 im Einkommensteuerbescheid berücksichtigten Beträge zugrunde zu legen.

Ein Freibetragsbescheid ist jedoch nicht zu erlassen:

– Nach dem 30. November des Kalenderjahres, für das der Freibetragsbescheid zu ergehen hätte,
– bei Wegfall der unbeschränkten Steuerpflicht,
– bei jährlichen Freibetrag unter 90 Euro,
– wenn bei jener Veranlagung, auf Grund derer ein Freibetragsbescheid zu erlassen wäre, die Einkommensteuer die angerechnete Lohnsteuer übersteigt und Vorauszahlungen festgesetzt werden.

(2) Auf Antrag des Arbeitnehmers hat das Finanzamt keinen Freibetragsbescheid zu erlassen oder einen betragsmäßig niedrigeren als den sich gemäß Abs. 1 ergebender Freibetrag festzusetzen.

(3) Auf der Mitteilung zur Vorlage beim Arbeitgeber sind der Freibetrag sowie das Kalenderjahr, für das der Freibetrag festgesetzt wurde, auszuweisen.

(4) Das Finanzamt hat auf Antrag des Arbeitnehmers losgelöst von einem Veranlagungsver-

fahren einen Freibetragsbescheid für das laufende Kalenderjahr zu erlassen, wenn glaubhaft gemacht wird, dass im Kalenderjahr
- zusätzliche Werbungskosten im Sinne des Abs. 1 Z 1 von mindestens 900 Euro oder
- Aufwendungen zur Beseitigung von Katastrophenschäden im Sinne des § 34 Abs. 6 vorliegen.

Der Antrag muss bis zum 31. Oktober gestellt werden. Gleichzeitig mit der Erlassung eines solchen Freibetragsbescheides ist eine Mitteilung zur Vorlage beim Arbeitgeber im Sinne des Abs. 1 zu erstellen. Die Einschränkung des Abs. 1 Z 3 ist bei diesem Freibetragsbescheid nicht anzuwenden.

(5) Wird der einem Freibetragsbescheid zugrundeliegende Einkommensteuerbescheid geändert, so sind der Freibetragsbescheid und die Mitteilung zur Vorlage beim Arbeitgeber anzupassen.

(6) Wurde für ein Kalenderjahr ein Freibetragsbescheid erlassen, ist dieser mit Erlassung eines neuen Freibetragsbescheides zu widerrufen. Der Widerruf ist auch auf der Mitteilung zur Vorlage beim Arbeitgeber anzuführen.

(7) Für beschränkt steuerpflichtige Arbeitnehmer und für Arbeitnehmer, die gemäß § 1 Abs. 4 als unbeschränkt steuerpflichtig behandelt werden, ist kein Freibetragsbescheid zu erstellen.

(8) Das Finanzamt kann abweichend von den Bestimmungen im Abs. 1 bei Aufwendungen im Sinne des Abs. 1 Z 1 und 2 gegenüber den bei der Veranlagung berücksichtigten Beträgen niedrigere Beträge als Freibeträge festsetzen, wenn die berücksichtigten Aufwendungen offensichtlich nur einmalig und nicht wiederkehrend getätigt werden.

Berücksichtigung des Freibetragsbescheides

§ 64. (1) Der Arbeitgeber hat den auf der Mitteilung zur Vorlage beim Arbeitgeber (§ 63) ausgewiesenen Freibetrag beim Steuerabzug vom Arbeitslohn zu berücksichtigen und die Mitteilung zum Lohnkonto zu nehmen. Der Arbeitnehmer kann auf der Mitteilung zur Vorlage beim Arbeitgeber erklären, daß anstelle des ausgewiesenen Freibetrages ein niedrigerer Betrag bei der Lohnverrechnung zu berücksichtigen ist.

(2) Wechselt der Arbeitnehmer während des Kalenderjahres den Arbeitgeber, so hat dieser auf dem Lohnkonto und dem Lohnzettel die Summe der bisher berücksichtigten Freibeträge auszuweisen und dem Arbeitnehmer die Mitteilung zur Vorlage beim Arbeitgeber auszuhändigen.

§ 65. (außerkraftgetreten)

Lohnsteuertarif

§ 66. (1) Die Lohnsteuer wird durch die Anwendung des Einkommensteuertarifes (§ 33) auf das hochgerechnete Jahreseinkommen (Abs. 2) ermittelt. Der sich dabei ergebende Betrag ist nach Abzug der Absetzbeträge gemäß § 33 Abs. 3a Z 1 bis Z 3, Abs. 4 Z 1, Z 2 und Z 4, Abs. 5 Z 1, Z 2 und Z 4 und Abs. 6 durch den Hochrechnungsfaktor (Abs. 3) zu dividieren und auf volle Cent zu runden.
(BGBl I 2019/103)

(2) Das hochgerechnete Jahreseinkommen ergibt sich aus der Multiplikation des zum laufenden Tarif zu versteuernden Arbeitslohnes abzüglich jener Werbungskosten, die sich auf den Lohnzahlungszeitraum beziehen, mit dem Hochrechnungsfaktor. Vom sich ergebenden Betrag sind die auf das gesamte Jahr bezogenen Beträge abzuziehen.

(3) Der Hochrechnungsfaktor ist der Kehrwert des Anteils des Lohnzahlungszeitraumes (§ 77) am Kalenderjahr, wobei das Jahr zu 360 Tagen bzw. zwölf Monaten zu rechnen ist. Ist der Lohnzahlungszeitraum kürzer als ein Kalendermonat, sind arbeitsfreie Tage miteinzubeziehen.

Sonstige Bezüge

§ 67. (1) Erhält der Arbeitnehmer neben dem laufenden Arbeitslohn von demselben Arbeitgeber sonstige, insbesondere einmalige Bezüge (zum Beispiel 13. und 14. Monatsbezug, Belohnungen), beträgt die Lohnsteuer für sonstige Bezüge innerhalb des Jahressechstels gemäß Abs. 2 nach Abzug der in Abs. 12 genannten Beträge
1. für die ersten 620 Euro 0%,
2. für die nächsten 24 380 Euro..................6%,
3. für die nächsten 25 000 Euro 27%,
4. für die nächsten 33 333 Euro .... 35,75%.

Die Besteuerung der sonstigen Bezüge mit diesen festen Steuersätzen unterbleibt, wenn das Jahressechstel höchstens 2 100 Euro beträgt. Der Freibetrag von 620 Euro und die Freigrenze von 2 100 Euro sind bei Bezügen gemäß Abs. 3, Abs. 4, Abs. 5 erster Teilstrich, Abs. 6 bis 8 und Abs. 10 nicht zu berücksichtigen.

(2) Das Jahressechstel beträgt ein Sechstel der bereits zugeflossenen, auf das Kalenderjahr umgerechneten laufenden Bezüge. Soweit die sonstigen Bezüge gemäß Abs. 1 mehr als das Jahressechstel oder nach Abzug der in Abs. 12 genannten Beträge mehr als 83 333 Euro betragen, sind diese übersteigenden Bezüge im Auszahlungsmonat nach Abs. 10 zu besteuern. Bei der Berechnung des Jahressechstels ist jener laufende Bezug, der zusammen mit dem sonstigen Bezug ausgezahlt wird, bereits zu berücksichtigen. Wird ein sonstiger Bezug in einem Kalenderjahr vor Fälligkeit des ersten laufenden Bezuges ausgezahlt, ist dieser erste laufende Bezug in seiner voraussichtlichen Höhe auf das Kalenderjahr umzurechnen. Steuerfreie laufende Bezüge gemäß § 3, ausgenommen laufende Einkünfte gemäß § 3 Abs. 1 Z 10, 11 und 15 lit. a, erhöhen nicht das Jahressechstel, steuerfreie sonstige Bezüge gemäß § 3, ausgenommen sonstige Einkünfte gemäß § 3 Abs. 1 Z 10 und 11, werden auf das Jahressechstel nicht angerechnet. Der Arbeitgeber darf in einem Kalenderjahr nicht mehr als ein Sechstel der im Kalenderjahr zugeflossenen laufenden Bezüge als sonstige Bezüge mit den festen Steuersätzen gemäß Abs. 1 besteu-

1/1. EStG
§ 67

ern (§ 77 Abs. 4a), davon ausgenommen sind die in § 77 Abs. 4a Z 1 lit. a bis lit. j genannten Fälle.

(BGBl I 2019/103, BGBl I 2021/3)

(3) Die Lohnsteuer von Abfertigungen, deren Höhe sich nach einem von der Dauer des Dienstverhältnisses abhängigen Mehrfachen des laufenden Arbeitslohnes bestimmt, wird so berechnet, daß die auf den laufenden Arbeitslohn entfallende tarifmäßige Lohnsteuer mit der gleichen Zahl vervielfacht wird, die dem bei der Berechnung des Abfertigungsbetrages angewendeten Mehrfachen entspricht. Ist die Lohnsteuer bei Anwendung des Steuersatzes von 6% niedriger, so erfolgt die Besteuerung der Abfertigung mit 6%. Unter Abfertigung ist die einmalige Entschädigung durch den Arbeitgeber zu verstehen, die an einen Arbeitnehmer bei Auflösung des Dienstverhältnisses auf Grund

– gesetzlicher Vorschriften,
– Dienstordnungen von Gebietskörperschaften,
– aufsichtsbehördlich genehmigter Dienst(Besoldungs)ordnungen der Körperschaften des öffentlichen Rechts,
– eines Kollektivvertrages oder
– der für Bedienstete des Österreichischen Gewerkschaftsbundes geltenden Arbeitsordnung

zu leisten ist.

Die vorstehenden Bestimmungen sind auf

– Bezüge und Entschädigungen im Sinne des § 14 des Bezügegesetzes sowie gleichartige Bezüge und Entschädigungen auf Grund landesgesetzlicher Regelungen,
– Bezüge und Entschädigungen im Sinne des § 5 des Verfassungsgerichtshofgesetzes,
– Abfertigungen durch die Urlaubs- und Abfertigungskasse auf Grund des Bauarbeiter-Urlaubs- und Abfertigungsgesetzes, BGBl. Nr. 414/1972

anzuwenden. Die Lohnsteuer von Abfertigungen sowie von Kapitalbeträgen (§§ 55 und 67 BMSVG) aus BV-Kassen beträgt 6%. Wird der Abfertigungsbetrag oder der Kapitalbetrag an ein Versicherungsunternehmen zur Rentenauszahlung, an ein Kreditinstitut zum ausschließlichen Erwerb von Anteilen an einem prämienbegünstigten Pensionsinvestmentfonds (§ 108b in Verbindung mit § 17 BMSVG oder gleichartigen österreichischen Rechtsvorschriften) oder an eine Pensionskasse übertragen, fällt keine Lohnsteuer an. Die Kapitalabfertigung angefallener Renten unterliegt einer Lohnsteuer von 6%. Zusätzliche Abfertigungszahlungen im Sinne dieser Bestimmung für Zeiträume, für die kein Anspruch gegenüber einer BV-Kasse besteht, sind gemäß Abs. 10 zu versteuern.

(4) Die Lohnsteuer von Abfertigungen der Witwer- oder Witwenpensionen, die auf Grund bundes- oder landesgesetzlicher Vorschriften aus dem Grunde der Wiederverehelichung geleistet werden, wird so berechnet, daß die auf die letzte laufende Witwer- oder Witwenpension entfallende tarifmäßige Lohnsteuer mit der gleichen Zahl vervielfacht wird, die dem bei der Berechnung des Abfertigungsbetrages angewendeten Mehrfachen entspricht. Ist die Lohnsteuer bei Anwendung des Steuersatzes von 6% niedriger, so erfolgt die Besteuerung der Abfertigung der Witwer- oder Witwenpension mit 6%. Diese Bestimmungen sind auch anzuwenden

– auf die Ablösung von Witwer- oder Witwenpensionen auf Grund bundes- oder landesgesetzlicher Vorschriften oder auf die Ablösung von Witwer- oder Witwenpensionen auf Grund von Satzungen der Versorgungs- und Unterstützungseinrichtungen der Kammern der selbständig Erwerbstätigen sowie
– auf Abfindungen im Sinne des § 269 ASVG und vergleichbare Abfindungen an Hinterbliebene im Rahmen der gesetzlichen Pensionsversicherung oder vergleichbare Abfindungen an Hinterbliebene auf Grund von Satzungen der Versorgungs- und Unterstützungseinrichtungen der Kammern der selbständig Erwerbstätigen.

(BGBl I 2018/62)

(5) Für Arbeitnehmer, die dem Bauarbeiter-Urlaubs- und Abfertigungsgesetz (BUAG), BGBl. Nr. 414/1972, unterliegen, gilt Folgendes:

– Von dem Urlaubsentgelt, der Urlaubsersatzleistung oder der Abfindung gemäß den §§ 8 bis 10 BUAG und der Überbrückungsabgeltungen gemäß § 13m Abs. 1 und 3 BUAG, ist die Hälfte als sonstiger Bezug zu behandeln und mit 6% zu besteuern.
– Weitere sonstige Bezüge sind abweichend von Abs. 2 (Jahressechstel) insoweit gemäß Abs. 1 und 2 zu besteuern, als diese vor Abzug der in Abs. 12 genannten Beiträge innerhalb eines Kalenderjahres ein Zwölftel der bereits zugeflossenen, auf das Kalenderjahr umgerechneten, laufenden Bezüge nicht übersteigen. Übersteigende Beträge sind dem laufenden Bezug des Lohnzahlungszeitraumes zuzurechnen, in dem sie ausgezahlt werden.

(BGBl I 2021/71)

(6) Sonstige Bezüge, die bei oder nach Beendigung des Dienstverhältnisses anfallen (wie zum Beispiel freiwillige Abfertigungen und Abfindungen, ausgenommen von BV-Kassen ausbezahlte Abfertigungen und Zahlungen für den Verzicht auf Arbeitsleistung für künftige Lohnzahlungszeiträume), sind nach Maßgabe folgender Bestimmungen mit dem Steuersatz von 6% zu versteuern:

1. Der Steuersatz von 6% ist auf ein Viertel der laufenden Bezüge der letzten zwölf Monate, höchstens aber auf den Betrag anzuwenden, der dem Neunfachen der monatlichen Höchstbeitragsgrundlage gemäß § 108 ASVG entspricht.
2. Über das Ausmaß der Z 1 hinaus ist bei freiwilligen Abfertigungen der Steuersatz von 6% auf einen Betrag anzuwenden, der von der nachgewiesenen Dienstzeit abhängt. Bei einer nachgewiesenen

Dienstzeit von	ist ein Betrag bis zur Höhe von
3 Jahren	2/12 der laufenden Bezüge der letzten 12 Monate
5 Jahren	3/12 der laufenden Bezüge der letzten 12 Monate
10 Jahren	4/12 der laufenden Bezüge der letzten 12 Monate
15 Jahren	6/12 der laufenden Bezüge der letzten 12 Monate
20 Jahren	9/12 der laufenden Bezüge der letzten 12 Monate
25 Jahren	12/12 der laufenden Bezüge der letzten 12 Monate

mit dem Steuersatz von 6% zu versteuern. Ergibt sich jedoch bei Anwendung der dreifachen monatlichen Höchstbeitragsgrundlage gemäß § 108 ASVG auf die der Berechnung zu Grunde zu legende Anzahl der laufenden Bezüge ein niedrigerer Betrag, ist nur dieser mit 6% zu versteuern.

3. Während dieser Dienstzeit bereits erhaltene Abfertigungen im Sinne des Abs. 3 oder gemäß den Bestimmungen dieses Absatzes sowie bestehende Ansprüche auf Abfertigungen im Sinne des Abs. 3 kürzen das sich nach Z 2 ergebende steuerlich begünstigte Ausmaß.

4. Den Nachweis über die zu berücksichtigende Dienstzeit sowie darüber, ob und in welcher Höhe Abfertigungen im Sinne des Abs. 3 oder dieses Absatzes bereits früher ausgezahlt worden sind, hat der Arbeitnehmer zu erbringen; bis zu welchem Zeitpunkt zurück die Dienstverhältnisse nachgewiesen werden, bleibt dem Arbeitnehmer überlassen. Der Nachweis ist vom Arbeitgeber zum Lohnkonto (§ 76) zu nehmen.

5. Abs. 2 ist auf Beträge, die nach Z 1 oder Z 2 mit 6% zu versteuern sind, nicht anzuwenden.

6. Soweit die Grenzen der Z 1 und der Z 2 überschritten werden, sind solche sonstigen Bezüge wie ein laufender Bezug im Zeitpunkt des Zufließens nach dem Lohnsteuertarif des jeweiligen Kalendermonats der Besteuerung zu unterziehen.

7. Die vorstehenden Bestimmungen gelten nur für jene Zeiträume, für die keine Anwartschaften gegenüber einer BV-Kasse bestehen.

(7) (aufgehoben)

(BGBl I 2015/118)

(8) Für die nachstehend angeführten sonstigen Bezüge gilt Folgendes:

a) auf gerichtlichen oder außergerichtlichen Vergleichen beruhende Vergleichssummen, sind, soweit sie nicht nach Abs. 3, 6 oder dem letzten Satz mit dem festen Steuersatz zu versteuern sind, gemäß Abs. 10 im Kalendermonat der Zahlung zu erfassen. Dabei ist nach Abzug der darauf entfallenden Beiträge im Sinne des § 62 Z 3, 4 und 5 ein Fünftel steuerfrei zu belassen, höchstens jedoch ein Fünftel des Neunfachen der monatlichen Höchstbeitragsgrundlage gemäß § 108 ASVG; Abs. 2 ist nicht anzuwenden. Fallen derartige Vergleichssummen bei oder nach Beendigung des Dienstverhältnisses an und werden sie für Zeiträume ausbezahlt, für die eine Anwartschaft gegenüber einer BV-Kasse besteht, sind sie bis zu einem Betrag von 7 500 Euro mit dem festen Steuersatz von 6% zu versteuern; Abs. 2 ist nicht anzuwenden.

b) Kündigungsentschädigungen sind gemäß Abs. 10 im Kalendermonat der Zahlung zu erfassen. Dabei ist nach Abzug der darauf entfallenden Beiträge im Sinne des § 62 Z 3, 4 und 5 ein Fünftel steuerfrei zu belassen, höchstens jedoch ein Fünftel des Neunfachen der monatlichen Höchstbeitragsgrundlage gemäß § 108 ASVG.

c) Nachzahlungen für abgelaufene Kalenderjahre, die nicht auf einer willkürlichen Verschiebung des Auszahlungszeitpunktes beruhen, sind, soweit sie nicht nach Abs. 3 oder 6 mit dem festen Steuersatz zu versteuern sind, gemäß Abs. 10 im Kalendermonat der Zahlung zu erfassen. Dabei ist nach Abzug der darauf entfallenden Beiträge im Sinne des § 62 Z 3, 4 und 5 ein Fünftel steuerfrei zu belassen. Soweit die Nachzahlungen laufenden Arbeitslohn für das laufende Kalenderjahr betreffen, ist die Lohnsteuer durch Aufrollen der in Betracht kommenden Lohnzahlungszeiträume zu berechnen.

d) Ersatzleistungen (Urlaubsentschädigungen, Urlaubsabfindungen sowie freiwillige Abfertigungen oder Abfindungen dieser Ansprüche) für nicht verbrauchten Urlaub sind, soweit sie laufenden Arbeitslohn betreffen, als laufender Arbeitslohn, soweit sie sonstige Bezüge betreffen, als sonstiger Bezug im Kalendermonat der Zahlung zu erfassen.

e) Zahlungen für Pensionsabfindungen, deren Barwert den Betrag im Sinne des § 1 Abs. 2 Z 1 des Pensionskassengesetzes nicht übersteigt, sind mit der Hälfte des Steuersatzes zu versteuern, der sich bei gleichmäßiger Verteilung des Bezuges auf die Monate des Kalenderjahres als Lohnzahlungszeitraum ergibt.

f) Bezüge, die bei oder nach Beendigung des Dienstverhältnisses im Rahmen von Sozialplänen als Folge von Betriebsänderungen im Sinne des § 109 Abs. 1 Z 1 bis 6 des Arbeitsverfassungsgesetzes oder vergleichbarer gesetzlicher Bestimmungen anfallen, soweit sie nicht nach Abs. 6 mit dem Steuersatz von 6% zu versteuern sind, sind bis zu einem Betrag von 22 000 Euro mit der Hälfte des Steuersatzes, der sich bei gleichmäßiger Verteilung des Bezuges auf die Monate des Kalenderjahres als Lohnzahlungszeitraum ergibt, zu versteuern.

1/1. EStG
§§ 67, 67a

g) Nachzahlungen in einem Insolvenzverfahren sind, soweit sie Bezüge gemäß § 67 Abs. 3, 6 oder 8 lit. e oder f betreffen, mit 6% zu versteuern. Von den übrigen Nachzahlungen ist nach Abzug der darauf entfallenden Beiträge im Sinne des § 62 Z 3, 4 und 5 ein Fünftel steuerfrei zu belassen. Nachzahlungen für Bezüge gemäß § 3 Abs. 1 Z 10 behalten im Rahmen der gesetzlichen Bestimmungen ihre Steuerfreiheit, wobei in diesen Fällen kein steuerfreies Fünftel zu berücksichtigen ist. Der verbleibende Betrag ist als laufender Bezug mit einer vorläufigen laufenden Lohnsteuer in Höhe von 15% zu versteuern.

(BGBl I 2016/117)

(9) Sonstige Bezüge, die mit festen Steuersätzen versteuert werden, bleiben bei der Veranlagung der Einkommensteuer außer Betracht. § 41 Abs. 4 ist zu beachten. Als fester Steuersatz gelten auch die vervielfachte Tariflohnsteuer der Abs. 3 und 4 sowie die Tariflohnsteuer des Abs. 8 lit. e und f.

(10) Sonstige Bezüge, die nicht unter Abs. 1 bis 8 fallen, sind wie ein laufender Bezug im Zeitpunkt des Zufließens nach dem Lohnsteuertarif des jeweiligen Kalendermonats der Besteuerung zu unterziehen. Diese Bezüge erhöhen nicht das Jahressechstel gemäß Abs. 2.

(11) Die Abs. 1, 2, 6 und 8 sind auch bei der Veranlagung von Arbeitnehmern anzuwenden.

(BGBl I 2015/118)

(12) Die auf Bezüge, die mit festen Steuersätzen zu versteuern sind, entfallenden Beiträge im Sinne des § 62 Z 3, 4 und 5 sind vor Anwendung der festen Steuersätze in Abzug zu bringen.

„Start-Up-Mitarbeiterbeteiligung

§ 67a. (1) Bei Start-Up-Mitarbeiterbeteiligungen (Abs. 2) gilt der geldwerte Vorteil (§ 15 Abs. 2 Z 1) aus der unentgeltlichen Abgabe von Kapitalanteilen (Beteiligungen) nicht im Zeitpunkt der Abgabe der Anteile, sondern erst bei Veräußerung oder dem Eintritt sonstiger Umstände (Abs. 3) als zugeflossen.

(2) Eine Start-Up-Mitarbeiterbeteiligung liegt unter folgenden Voraussetzungen vor:

1. Der Arbeitgeber oder ein Gesellschafter des Arbeitgebers gewährt einem oder mehreren Arbeitnehmern aus sachlichen, betriebsbezogenen Gründen unentgeltlich Anteile am Unternehmen des Arbeitgebers, wobei die Abgabe gegen eine Gegenleistung bis zur Höhe des Nennwerts für die Anwendung dieser Bestimmung als unentgeltliche Abgabe gilt.
2. Das Unternehmen des Arbeitgebers erfüllt bezogen auf das dem Zeitpunkt der Abgabe der Anteile vorangegangene Wirtschaftsjahr folgende Voraussetzungen:
   a) Im Jahresdurchschnitt werden nicht mehr als 100 Arbeitnehmer beschäftigt.
   b) Die Umsatzerlöse (§ 189a Z 5 UGB) betragen nicht mehr als 40 Millionen Euro.
   c) Das Unternehmen ist nicht vollständig in einen Konzernabschluss einzubeziehen.
   d) Die Anteile am Kapital oder den Stimmrechten am Unternehmen werden nicht zu mehr als 25% durch Unternehmen gehalten, die in einen Konzernabschluss einzubeziehen sind.

   Der Wert gemäß lit. b ist bei Vorliegen eines nicht zwölf Kalendermonate umfassenden Wirtschaftsjahres zu aliquotieren.
3. Die Anteile werden dem Arbeitnehmer innerhalb von zehn Jahren nach Ablauf des Kalenderjahres der Gründung des Unternehmens gewährt. Als Gründung des Unternehmens gilt die Schaffung einer bisher nicht vorhandenen betrieblichen Struktur im Sinne des § 2 Z 1 des Neugründungs-Förderungsgesetzes.
4. Der Arbeitnehmer hält im Zeitpunkt der Abgabe der Anteile weder unmittelbar noch mittelbar eine Beteiligung am Unternehmen des Arbeitgebers von 10% oder mehr am Kapital und hat auch davor zu keinem Zeitpunkt 10% oder mehr gehalten. Übersteigt durch die Abgabe der Anteile die Beteiligung am Unternehmen des Arbeitgebers 10% des Kapitals, liegt eine Start-Up-Mitarbeiterbeteiligung insoweit vor, als die Anteile diese Grenze nicht übersteigen.
5. Der Arbeitnehmer und der Arbeitgeber vereinbaren schriftlich, dass eine Veräußerung oder Übertragung durch den Arbeitnehmer unter Lebenden nur mit Zustimmung des Arbeitgebers möglich ist (Vinkulierung).
6. Der Arbeitnehmer erklärt dem Arbeitgeber bei Erhalt der Anteile schriftlich, die Regelung in Anspruch zu nehmen (Option zur Start-Up-Mitarbeiterbeteiligung) und diese Erklärung sowie die Höhe der Beteiligung werden in das Lohnkonto aufgenommen; in diesem Fall sind die Befreiungen gemäß § 3 Abs. 1 Z 15 lit. b und c nicht anwendbar und für Zwecke des § 20 Abs. 1 Z 7 ist das Entgelt mit den Anschaffungskosten des Arbeitgebers für die Kapitalanteile zu bemessen.

(3) Der geldwerte Vorteil (§ 15 Abs. 2 Z 1) aus der unentgeltlichen Abgabe gilt als zugeflossen:

1. soweit der Arbeitnehmer die Anteile veräußert, wobei die Rückübertragung der Anteile an den Arbeitgeber insbesondere in Zusammenhang mit der Beendigung des Dienstverhältnisses als Veräußerung gilt;
2. bei Beendigung des Dienstverhältnisses; dies gilt nicht für Anteile, die kein Stimmrecht und kein generelles Recht auf Anfechtung oder Nichtigerklärung von Gesell-

schafterbeschlüssen vorsehen und deren Inhaber entweder individuell im Firmenbuch eingetragen oder in einem Anteilsbuch oder vergleichbaren Verzeichnis erfasst werden (insbesondere Unternehmenswert-Anteile gemäß § 9 des Flexible Kapitalgesellschafts-Gesetzes – FlexKapGG, BGBl. I Nr. 179/2023), wenn der Arbeitgeber bei Beendigung des Dienstverhältnisses am Lohnzettel des Arbeitnehmers erklärt, dass der Zufluss erst nach Maßgabe der Z 1 und 3 bis 5 erfolgen soll. Der Arbeitgeber hat in den Fällen der Z 1 und 3 den späteren Zufluss nach Beendigung des Dienstverhältnisses dem Finanzamt Österreich mitzuteilen und haftet dabei für die Entrichtung der Einkommensteuer;

3. soweit die Vinkulierung (Abs. 2 Z 5) aufgehoben wird und im Kalenderjahr der Aufhebung keine Veräußerung (Z 1) oder Beendigung des Dienstverhältnisses (Z 2) stattfindet;
4. im Falle der Liquidation des Arbeitgebers oder des Todes des Arbeitnehmers;
5. wenn der Arbeitgeber die Pflichten gemäß § 76 bis § 79, § 84 und § 87 nicht mehr wahrnimmt.

(4) Für die Besteuerung der Einkünfte gilt Folgendes:
1. Der geldwerte Vorteil aus der unentgeltlichen Abgabe bemisst sich
   – im Falle der Veräußerung nach dem Veräußerungserlös, wobei Anpassungen des Veräußerungserlöses in Folgejahren als rückwirkendes Ereignis gemäß § 295a BAO gelten;
   – in allen anderen Fällen nach dem gemeinen Wert in dem nach Abs. 3 maßgeblichen Zeitpunkt; der gemeine Wert gilt in weiterer Folge als Anschaffungskosten

   und ist um Zahlungen gemäß Abs. 2 Z 1 zu vermindern.
2. Der geldwerte Vorteil ist als sonstiger Bezug zu 75% mit einem festen Satz von 27,5% zu erfassen, wenn das Dienstverhältnis zumindest zwei Jahre gedauert hat und der Zufluss in Fällen des Abs. 3 Z 1, 3, 4 und 5 nach Ablauf von drei Jahren ab dem Zeitpunkt der erstmaligen Abgabe einer Start-Up-Mitarbeiterbeteiligung an den Arbeitnehmer erfolgt. Im Fall des Todes des Arbeitnehmers sind diese Fristen nicht maßgeblich. Soweit der feste Satz auf den geldwerten Vorteil nicht anzuwenden ist, hat die steuerliche Erfassung nach § 67 Abs. 10 zu erfolgen.
3. Die Besteuerung des geldwerten Vorteils hat in sinngemäßer Anwendung der Z 2 im Rahmen der Veranlagung als Einkünfte aus nichtselbständiger Arbeit zu erfolgen, wenn der geldwerte Vorteil gemäß Abs. 3 erst nach Beendigung des Dienstverhältnisses zufließt.
4. Gewinnausschüttungen während der in Z 2 genannten Frist von drei Jahren gelten als Bezüge im Sinne des § 67 Abs. 10, soweit sie den Anspruch übersteigen, der sich aus dem quotenmäßigen Anteil am Kapital ergeben würde.
5. Die Abgabe von Anteilen durch den Gesellschafter des Arbeitgebers stellt beim Arbeitnehmer unmittelbar einen Vorteil aus dem Dienstverhältnis von dritter Seite dar und die Anteile gelten nicht als in das Unternehmen des Arbeitgebers eingelegt und von diesem abgegeben. Beim abgebenden Gesellschafter erhöhen die Anschaffungskosten (Buchwerte) der abgegebenen Anteile die Anschaffungskosten (Buchwerte) der bestehenden Anteile; empfangene Zahlungen gemäß Abs. 2 Z 1 senken die Anschaffungskosten (Buchwerte) der bestehenden Anteile.

(5) Die auf die Start-Up-Mitarbeiterbeteiligung entfallenden Sozialversicherungsbeiträge (§ 50a ASVG) sind beim Steuerabzug vom Arbeitslohn vor Anwendung des Lohnsteuertarifs (§ 66) vom Arbeitslohn abzuziehen. § 67 Abs. 12 ist nicht anzuwenden."

(Start-Up-FG, BGBl I 2023/200 ab 1.1.2024)

Besteuerung bestimmter Zulagen und Zuschläge

§ 68. (1) Schmutz-, Erschwernis- und Gefahrenzulagen sowie Zuschläge für Sonntags-, Feiertags- und Nachtarbeit und mit diesen Arbeiten zusammenhängende Überstundenzuschläge sind insgesamt bis „400" Euro monatlich steuerfrei.

(PrAG 2024, BGBl I 2023/153 ab 1.1.2024)

(2) Zusätzlich zu Abs. 1 sind Zuschläge für die ersten zehn Überstunden im Monat im Ausmaß von höchstens 50% des Grundlohnes, insgesamt höchstens jedoch „120" Euro monatlich, steuerfrei.

(PrAG 2024, BGBl I 2023/153 ab 1.1.2024)

(3) Soweit Zulagen und Zuschläge durch Abs. 1 und 2 nicht erfaßt werden, sind sie nach dem Tarif zu versteuern.

(4) Als Überstunde gilt jede über die Normalarbeitszeit hinaus geleistete Arbeitsstunde. Als Normalarbeitszeit gilt jene Arbeitszeit, die auf Grund

1. gesetzlicher Vorschriften,
2. von Dienstordnungen der Gebietskörperschaften,
3. aufsichtsbehördlich genehmigter Dienst(Besoldungs)ordnungen der Körperschaften des öffentlichen Rechts,
4. der vom Österreichischen Gewerkschaftsbund für seine Bediensteten festgelegten Arbeitsordnung,
5. von Kollektivverträgen oder Betriebsvereinbarungen, die auf Grund besonderer kollek-

1/1. EStG
§§ 68, 69

tivvertraglicher Ermächtigungen abgeschlossen worden sind,
6. von Betriebsvereinbarungen, die wegen Fehlens eines kollektivvertragsfähigen Vertragsteiles (§ 4 des Arbeitsverfassungsgesetzes, BGBl. Nr. 22/1974) auf der Arbeitgeberseite zwischen einem einzelnen Arbeitgeber und dem kollektivvertragsfähigen Vertragsteil auf der Arbeitnehmerseite abgeschlossen wurden,

festgesetzt wird oder die
7. innerbetrieblich für alle Arbeitnehmer oder bestimmte Gruppen von Arbeitnehmern allgemein übliche Normalarbeitszeit. Als Überstunde gilt jedoch nur jene Arbeitszeit, die 40 Stunden in der Woche übersteigt oder durch die die Tagesarbeitszeit überschritten wird, die sich auf Grund der Verteilung einer mindestens 40stündigen wöchentlichen Normalarbeitszeit auf die einzelnen Arbeitstage ergibt.

Als Überstundenzuschläge gelten die durch die Vorschriften im Sinne der Z 1 bis 6 festgelegten Zuschläge oder die im Sinne der Z 7 innerbetrieblich für alle Arbeitnehmer oder bestimmte Gruppen von Arbeitnehmern allgemein gewährten Zuschläge.

(5) Unter Schmutz-, Erschwernis- und Gefahrenzulagen sind jene Teile des Arbeitslohnes zu verstehen, die dem Arbeitnehmer deshalb gewährt werden, weil die von ihm zu leistenden Arbeiten überwiegend unter Umständen erfolgen, die

– in erheblichem Maß zwangsläufig eine Verschmutzung des Arbeitnehmers und seiner Kleidung bewirken,
– im Vergleich zu den allgemein üblichen Arbeitsbedingungen eine außerordentliche Erschwernis darstellen, oder
– infolge der schädlichen Einwirkungen von gesundheitsgefährdenden Stoffen oder Strahlen, von Hitze, Kälte oder Nässe, von Gasen, Dämpfen, Säuren, Laugen, Staub oder Erschütterungen oder infolge einer Sturz- oder anderen Gefahr zwangsläufig eine Gefährdung von Leben, Gesundheit oder körperlicher Sicherheit des Arbeitnehmers mit sich bringen.

Diese Zulagen sind nur begünstigt, soweit sie
1. auf Grund gesetzlicher Vorschriften,
2. auf Grund von Gebietskörperschaften erlassener Dienstordnungen,
3. auf Grund aufsichtsbehördlich genehmigter Dienst(Besoldungs)ordnungen der Körperschaften des öffentlichen Rechts,
4. auf Grund der vom Österreichischen Gewerkschaftsbund für seine Bediensteten festgelegten Arbeitsordnung,
5. auf Grund von Kollektivverträgen oder Betriebsvereinbarungen, die auf Grund besonderer kollektivvertraglicher Ermächtigungen abgeschlossen worden sind,
6. auf Grund von Betriebsvereinbarungen, die wegen Fehlens eines kollektivvertragsfähi-

gen Vertragsteiles (§ 4 des Arbeitsverfassungsgesetzes, BGBl. Nr. 22/1974) auf der Arbeitgeberseite zwischen einem einzelnen Arbeitgeber und dem kollektivvertragsfähigen Vertragsteil auf der Arbeitnehmerseite abgeschlossen wurden,
7. innerbetrieblich für alle Arbeitnehmer oder bestimmte Gruppen von Arbeitnehmern

gewährt werden.

(6) Als Nachtarbeit gelten zusammenhängende Arbeitszeiten von mindestens 3 Stunden, die auf Grund betrieblicher Erfordernisse zwischen 19 Uhr und 7 Uhr erbracht werden müssen. Für Arbeitnehmer, deren Normalarbeitszeit im Lohnzahlungszeitraum überwiegend in der Zeit von 19 Uhr bis 7 Uhr liegt, erhöht sich der Freibetrag gemäß Abs. 1 um 50%.

(7) Gemäß Abs. 1 bis 5 sind auch zu behandeln
– Zulagen und Zuschläge, die in dem an freigestellte Mitglieder des Betriebsrates fortgezahlten Entgelt enthalten sind,
– gleichartige Zulagen und Zuschläge an Personalvertreter im Sinne des Bundes-Personalvertretungsgesetzes und ähnlicher landesgesetzlicher Vorschriften,
– Zulagen und Zuschläge, die im Arbeitslohn, der an den Arbeitnehmer im Krankheitsfall weitergezahlt wird, enthalten sind.

(8) Schmutz-, Erschwernis- und Gefahrenzulagen, in Überstundenentlohnungen enthaltene Zuschläge für Mehrarbeit und Zuschläge für Sonntags-, Feiertags- und Nachtarbeit sind bei den im § 67 Abs. 11 genannten Personen unter Anwendung der Abs. 1 bis 6 zu versteuern, sofern auf Grund eines Vertrages über Rechtsschutz und Rechtshilfe in Abgabensachen überprüft werden kann, daß die Voraussetzungen der Abs. 1 bis 6 vorliegen.

(9) Sieht eine lohngestaltende Vorschrift im Sinne des Abs. 5 Z 1 bis 6 vor, dass an Sonntagen regelmäßig Arbeitsleistungen zu erbringen sind und dafür ein Wochentag als Ersatzruhetag (Wochenruhe) zusteht, sind Zuschläge und Überstundenzuschläge am Ersatzruhetag wie Zuschläge gemäß Abs. 1 zu behandeln, wenn derartige Zuschläge für an Sonntagen geleistete Arbeit nicht zustehen.

Lohnsteuerabzug in besonderen Fällen

§ 69. (1) Der Bundesminister für Finanzen kann für bestimmte Gruppen von
– Arbeitnehmern, die ausschließlich körperlich tätig sind,
– Arbeitnehmern, die statistische Erhebungen für Gebietskörperschaften durchführen,
– Arbeitnehmern der Berufsgruppen Musiker, Bühnenangehörige, Artisten und Filmschaffende,

die ununterbrochen nicht länger als eine Woche beschäftigt werden, die Einbehaltung und Abfuhr der Lohnsteuer abweichend von den §§ 33, 62 bis 64 und 66 mit einem Pauschbetrag gestatten. Der Pauschbetrag für ausschließlich körperlich tätige

Arbeitnehmer darf höchstens 7,5%, für andere Berufsgruppen höchstens 15% des vollen Betrages der Bezüge betragen. Diese Bestimmungen sind nicht anzuwenden, wenn der Taglohn 55 Euro oder der Wochenlohn 220 Euro übersteigt.

(2) Bei Auszahlung von Bezügen aus einer gesetzlichen Kranken- oder Unfallversorgung sowie aus einer Kranken- oder Unfallversorgung der Versorgungs- und Unterstützungseinrichtungen der Kammern der selbständig Erwerbstätigen gemäß § 25 Abs. 1 Z 1 lit. c und e, bei Auszahlung von Rehabilitationsgeld gemäß § 143a ASVG und bei Auszahlung von Wiedereingliederungsgeld gemäß § 143d ASVG sind 20% Lohnsteuer einzubehalten, soweit diese Bezüge 30 Euro täglich übersteigen. Wird ein 13. bzw. 14. Bezug zusätzlich ausgezahlt, hat ein vorläufiger Lohnsteuerabzug von diesen Bezügen zu unterbleiben. Zur Berücksichtigung dieser Bezüge im Veranlagungsverfahren haben die Versicherungsträger bis zum 31. Jänner des folgenden Kalenderjahres einen Lohnzettel (§ 84) auszustellen und an ihr Finanzamt zu übermitteln. In diesem Lohnzettel ist ein Siebentel gesondert als sonstiger Bezug gemäß § 67 Abs. 1 auszuweisen.

(BGBl I 2020/99, BGBl I 2021/3)

(3) Bei Auszahlung von einkommensteuerpflichtigen Bezügen nach dem Heeresgebührengesetz 2001 sind 20% der Lohnsteuer einzubehalten, soweit diese Bezüge 20 Euro täglich übersteigen. Zur Berücksichtigung dieser Bezüge im Veranlagungsverfahren hat die auszahlende Stelle bis zum 31. Jänner des Folgejahres einen Lohnzettel (§ 84) auszustellen und an ihr Finanzamt zu übermitteln. In diesem Lohnzettel ist ein Siebentel der einkommensteuerpflichtigen Bezüge nach dem Heeresgebührengesetz 2001 gesondert als sonstiger Bezug gemäß § 67 Abs. 1 auszuweisen.

(BGBl I 2020/99, BGBl I 2021/3)

(4)
1. Bei Auszahlung der Winterfeiertagsvergütung gemäß § 13j Bauarbeiter-Urlaubs- und Abfertigungsgesetz, BGBl. Nr. 414/1972, durch die Bauarbeiter-Urlaubs- und Abfertigungskasse sind 20% Lohnsteuer einzubehalten.
(BGBl I 2021/3)
2. Bei Auszahlung von Urlaubsentgelt gemäß § 8 Abs. 8 BUAG oder Urlaubsersatzleistung gemäß § 9 BUAG durch die Bauarbeiter-Urlaubs- und Abfertigungskasse ist Lohnsteuer unter Berücksichtigung des § 67 Abs. 5 erster Teilstrich einzubehalten. Die laufenden Bezüge sind nach dem Lohnsteuertarif unter Berücksichtigung des § 77 Abs. 1 zweiter Satz zu versteuern, die sonstigen Bezüge sind mit 6% zu versteuern.
3. Zur Berücksichtigung der Bezüge nach Z 1 und 2 im Veranlagungsverfahren hat die Bauarbeiter-Urlaubs- und Abfertigungskasse bis zum 31. Jänner des Folgejahres einen Lohnzettel (§ 84) auszustellen und an ihr Finanzamt zu übermitteln.
(BGBl I 2020/99)

(5) Bei Auszahlung von Bezügen im Sinne des § 25 Abs. 1 Z 3 lit. d hat die auszahlende Stelle bis 31. Jänner des folgenden Kalenderjahres einen Lohnzettel (§ 84) zur Berücksichtigung dieser Bezüge im Veranlagungsverfahren auszustellen und an ihr Finanzamt zu übermitteln. In diesem Lohnzettel sind ein Siebentel der ausgezahlten Bezüge als sonstiger Bezug gemäß § 67 Abs. 1 auszuweisen. Ein vorläufiger Lohnsteuerabzug hat zu unterbleiben.

(BGBl I 2020/99)

(6) Die auszahlende Stelle hat in folgenden Fällen zur Berücksichtigung der Bezüge im Veranlagungsverfahren bis zum 31. Jänner des folgenden Kalenderjahres einen Lohnzettel (§ 84) auszustellen und an ihr Finanzamt zu übermitteln:
1. Bei Auszahlung von Insolvenz-Entgelt durch den Insolvenz-Entgelt-Fonds sowie
2. bei quotaler Auszahlung zur Erfüllung von Dienstnehmerforderungen, die nicht auf den Insolvenz-Entgelt-Fonds übergegangen sind, durch den Insolvenzverwalter. Die Ausstellung eines Lohnzettels hat in diesem Fall zu unterbleiben, wenn die Bezüge 100 Euro nicht übersteigen. In diesem Lohnzettel ist die bei der Ermittlung des Auszahlungsbetrages gemäß § 67 Abs. 8 lit. g berechnete Lohnsteuer, soweit sie nicht auf Bezüge im Sinne des § 67 Abs. 3, 6 oder 8 lit. e oder f entfällt, als anrechenbare Lohnsteuer auszuweisen.

Betrifft eine Auszahlung im Sinne der Z 1 oder 2 ein abgelaufenes Kalenderjahr, ist der Lohnzettel bis zum Ende des Kalendermonats zu übermitteln, das dem Quartal der Auszahlung folgt.

(BGBl I 2020/99)

(7) Bei Auszahlung von Bezügen im Sinne des Dienstleistungsscheckgesetzes hat die Österreichische Gesundheitskasse bis 31. Jänner des folgenden Kalenderjahres einen Lohnzettel (§ 84) zur Berücksichtigung dieser Bezüge im Veranlagungsverfahren auszustellen und an ihr Finanzamt zu übermitteln. In diesem Lohnzettel ist ein Siebentel der ausgezahlten Bezüge als sonstiger Bezug gemäß § 67 Abs. 1 auszuweisen. Ein vorläufiger Lohnsteuerabzug hat zu unterbleiben.

(BGBl I 2020/99)

(8) Bei Auszahlung von Bezügen gemäß § 33f Abs. 1 Bauarbeiter-Urlaubs- und Abfertigungsgesetz, BGBl. Nr. 414/1972, in der Fassung des Bundesgesetzes BGBl. I Nr. 104/2005, durch die Bauarbeiter- Urlaubs- und Abfertigungskasse ist die Lohnsteuer nach § 70 Abs. 2 Z 1 in Verbindung mit § 67 Abs. 5 zu berechnen. Die Bauarbeiter-Urlaubs- und Abfertigungskasse hat die Lohnsteuer nur dann einzubehalten und abzuführen, wenn sie für das laufende Kalenderjahr den Betrag von 100 Euro übersteigt. Zur Berücksichtigung dieser Bezüge im Veranlagungsverfahren hat die Bauarbeiter-Urlaubs- und Abfertigungskasse bis 31. Jänner des folgenden Kalenderjahres einen

Lohnzettel (§ 84) auszustellen und an ihr Finanzamt zu übermitteln.

(BGBl I 2020/99)

(9) Bei Auszahlung von Bezügen im Sinne des § 25 Abs. 1 Z 3 lit. e erster Satz hat die auszahlende Stelle bis 31. Jänner des Folgejahres einen Lohnzettel (§ 84) zur Berücksichtigung dieser Bezüge im Veranlagungsverfahren auszustellen und an ihr Finanzamt zu übermitteln. Ein vorläufiger Lohnsteuerabzug hat zu unterbleiben.

(BGBl I 2020/99; AbgÄG 2023, BGBl I 2023/110)
(BGBl I 2019/104)

Beschränkt steuerpflichtige Arbeitnehmer

§ 70. (1) Beschränkt lohnsteuerpflichtig sind Arbeitnehmer, bei denen die Voraussetzungen der §§ 1 Abs. 3 und 98 Abs. 1 Z 4 vorliegen.

(2) Die Lohnsteuer wird berechnet:
1. Soweit nicht Z 2 zur Anwendung kommt, nach § 33 Abs. 5 sowie Abs. 6 und § 66 mit der Maßgabe, dass Absetzbeträge nach § 33 Abs. 3a und § 33 Abs. 4 Z 1, Z 2 und Z 4 nicht zu berücksichtigen sind.

(BGBl I 2018/62)

2. Bei Bezügen als Arbeitnehmer aus einer Tätigkeit im Sinne des § 99 Abs. 1 Z 1 mit 20% des vollen Betrages dieser Bezüge. Mit den Bezügen unmittelbar zusammenhängende Werbungskosten können vom vollen Betrag der Bezüge abgezogen werden, wenn sie ein in einem Mitgliedstaat der Europäischen Union oder Staat des Europäischen Wirtschaftsraumes ansässiger beschränkt steuerpflichtiger Arbeitnehmer dem Arbeitgeber vor Zufließen der Bezüge schriftlich mitteilt. Zieht der Arbeitgeber diese Werbungskosten ab, beträgt die Lohnsteuer 20% von den zugeflossenen Einkünften, soweit diese einen Betrag von 20 000 Euro im Kalenderjahr nicht übersteigen; für den übersteigenden Teil beträgt die Lohnsteuer 25%.

(AbgÄG 2023, BGBl I 2023/110)

(3) (aufgehoben)

(4) Der an ausländische Arbeitnehmer gezahlte Arbeitslohn unterliegt nicht der Lohnsteuer, wenn es sich um eine Arbeitsleistung von nur vorübergehender Dauer während des Aufenthaltes eines österreichischen Schiffes in einem ausländischen Hafen handelt.

§§ 71. bis 75. (aufgehoben)

Lohnkonto

§ 76. (1) Der Arbeitgeber hat für jeden Arbeitnehmer spätestens ab dem 15. Tag des Monats, der dem Beginn des Dienstverhältnisses folgt, ein Lohnkonto zu führen. Im Lohnkonto hat der Arbeitgeber Folgendes anzugeben:
– Name,
– Versicherungsnummer gemäß § 31 ASVG,
– Wohnsitz,
– Alleinverdiener/Alleinerzieherabsetzbetrag und Kinderzuschläge zum Alleinverdiener/Alleinerzieherabsetzbetrag laut Antrag des Arbeitnehmers,
– Name und Versicherungsnummer des (Ehe)Partners, wenn der Alleinverdienerabsetzbetrag berücksichtigt wurde,
– Name und Versicherungsnummer des (jüngsten) Kindes, wenn der Alleinerzieherabsetzbetrag berücksichtigt wurde,
– Name und Versicherungsnummer des Kindes (der Kinder), wenn der Kinderzuschlag (die Kinderzuschläge) berücksichtigt wurde,
– Name, Versicherungsnummer und Geburtsdatum des Kindes (der Kinder), wenn ein Familienbonus Plus gemäß § 33 Abs. 3a berücksichtigt wurde, sowie die Anzahl der Monate und die Höhe des berücksichtigten Familienbonus Plus,
– Pauschbetrag gemäß § 16 Abs. 1 Z 6 und Kostenbeiträge gemäß § 16 Abs. 1 Z 6 lit. i,
– Freibetrag laut Mitteilung zur Vorlage beim Arbeitgeber (§ 63). Wurde eine Versicherungsnummer nicht vergeben, ist jeweils das Geburtsdatum anstelle der Versicherungsnummer anzuführen.

(BGBl I 2022/135; AbgÄG 2023, BGBl I 2023/110)

(2) Der Bundesminister für Finanzen wird ermächtigt, mit Verordnung
– weitere Daten, die für Zwecke der Berechnung, Einbehaltung, Abfuhr und Prüfung lohnabhängiger Abgaben von Bedeutung und in das Lohnkonto einzutragen sind, und
– Erleichterungen für bestimmte Gruppen von Steuerpflichtigen bei der Führung des Lohnkontos

festzulegen.

Lohnzahlungszeitraum

§ 77. (1) Ist der Arbeitnehmer bei einem Arbeitgeber im Kalendermonat durchgehend beschäftigt, ist der Lohnzahlungszeitraum der Kalendermonat. Beginnt oder endet die Beschäftigung während eines Kalendermonats, so ist der Lohnzahlungszeitraum der Kalendertag. Der Kalendertag ist auch dann der Lohnzahlungszeitraum, wenn bei der Berechnung der Lohnsteuer unter Berücksichtigung eines Abkommens zur Vermeidung der Doppelbesteuerung oder einer Maßnahme gemäß § 48 BAO ein Teil des für den Kalendermonat bezogenen Lohns aus der inländischen Steuerbemessungsgrundlage ausgeschieden wird.

(2) Eine durchgehende Beschäftigung liegt insbesondere auch dann vor, wenn der Arbeitnehmer während eines Kalendermonats regelmäßig beschäftigt ist (aufrechtes Dienstverhältnis). Dabei kann der Arbeitnehmer auch für einzelne Tage keinen Lohn beziehen.

(3) Der Arbeitgeber kann im laufenden Kalenderjahr von den zum laufenden Tarif zu versteuernden Bezügen durch Aufrollen der vergange-

nen Lohnzahlungszeiträume die Lohnsteuer neu berechnen. Umfaßt die Aufrollung die Bezüge des Monats Dezember, können dabei vom Arbeitnehmer entrichtete Beiträge für die freiwillige Mitgliedschaft bei Berufsverbänden gemäß § 16 Abs. 1 Z 3 lit. b berücksichtigt werden, wenn
– der Arbeitnehmer im Kalenderjahr ständig von diesem Arbeitgeber Arbeitslohn (§ 25) erhalten hat,
– der Arbeitgeber keine Freibeträge auf Grund einer Mitteilung im Sinne des § 63 berücksichtigt hat und
– dem Arbeitgeber die entsprechenden Belege vorgelegt werden. Eine Neuberechnung der Lohnsteuer ist, abgesehen von Fällen gemäß Abs. 4a, nicht mehr zulässig, wenn im laufenden Kalenderjahr an den Arbeitnehmer Krankengeld aus der gesetzlichen Krankenversicherung ausbezahlt wird.

(BGBl I 2019/103)

(4) Der Arbeitgeber kann bei Arbeitnehmern, die im Kalenderjahr ständig von diesem Arbeitgeber Arbeitslohn (§ 25) erhalten haben, in dem Monat, in dem der letzte sonstige Bezug für das Kalenderjahr ausgezahlt wird, die Lohnsteuer für die im Kalenderjahr zugeflossenen sonstigen Bezüge innerhalb des Jahressechstels gemäß § 67 Abs. 1 und 2 sowie für Bezüge gemäß § 67 Abs. 5 zweiter Teilstrich, die gemäß § 67 Abs. 1 zu versteuern sind, neu berechnen, wenn das Jahressechstel 2 100 Euro übersteigt. Die Bemessungsgrundlage sind die sonstigen Bezüge innerhalb des Jahressechstels gemäß § 67 Abs. 1 und 2 sowie Bezüge gemäß § 67 Abs. 5 zweiter Teilstrich, die gemäß § 67 Abs. 1 zu versteuern sind, abzüglich der darauf entfallenden Beiträge gemäß § 62 Z 3, 4 und 5. Bis zu einem Jahressechstel von 25 000 Euro beträgt die Steuer 6% der 620 Euro übersteigenden Bemessungsgrundlage, jedoch höchstens 30% der 2 000 Euro übersteigenden Bemessungsgrundlage.

(4a) Der Arbeitgeber hat bei Auszahlung des letzten laufenden Bezuges im Kalenderjahr ein Sechstel der im Kalenderjahr zugeflossenen laufenden Bezüge zu ermitteln (Kontrollsechstel).
1. Wurden im laufenden Kalenderjahr insgesamt mehr sonstige Bezüge als das Kontrollsechstel mit den festen Steuersätzen gemäß § 67 Abs. 1 versteuert, hat der Arbeitgeber die das Kontrollsechstel übersteigenden Beträge nach § 67 Abs. 10 zu versteuern; dies gilt nicht, wenn beim Arbeitnehmer im Kalenderjahr mindestens einer der folgenden Fälle vorliegt:
   a) Elternkarenz,
   b) Bezug von Krankengeld aus der gesetzlichen Krankenversicherung,
   c) Bezug von Rehabilitationsgeld gemäß § 143a ASVG,
   d) Pflegekarenz oder Pflegeteilzeit gemäß § 14c oder § 14d AVRAG,
   e) Familienhospizkarenz oder Familienhospizteilzeit gemäß § 14a oder § 14b AVRAG,
   f) Wiedereingliederungsteilzeit gemäß § 13a AVRAG,
   g) Grundwehrdienst gemäß § 20 Wehrgesetz 2001 oder Zivildienst gemäß § 6a Zivildienstgesetz 1986,
   h) Bezug von Altersteilzeitgeld gemäß § 27 AlVG,
   i) Teilpension gemäß § 27a AlVG oder
   j) Beendigung des Dienstverhältnisses, wenn im Kalenderjahr kein neues Dienstverhältnis bei demselben Arbeitgeber oder einem mit diesem verbundenen Konzernunternehmen eingegangen wird.
2. Wurden im laufenden Kalenderjahr insgesamt weniger sonstige Bezüge als das Kontrollsechstel mit den festen Steuersätzen gemäß § 67 Abs. 1 versteuert, hat der Arbeitgeber den nicht ausgeschöpften Differenzbetrag auf das Kontrollsechstel durch Aufrollen nach § 67 Abs. 1 zu versteuern, wenn entsprechende sonstige Bezüge gemäß § 67 Abs. 1 und 2 ausbezahlt und gemäß § 67 Abs. 10 besteuert worden sind.

(BGBl I 2019/103, BGBl I 2021/3)

(5) Werden Bezüge für das Vorjahr bis zum 15. Februar ausgezahlt, kann der Arbeitgeber durch Aufrollen der Lohnzahlungszeiträume des Vorjahres die Lohnsteuer neu berechnen. Erfolgt keine Aufrollung, sind die Bezüge dem Lohnzahlungszeitraum Dezember des Vorjahres zuzuordnen.

Einbehaltung der Lohnsteuer

§ 78. (1) Der Arbeitgeber hat die Lohnsteuer des Arbeitnehmers bei jeder Lohnzahlung einzubehalten. Als Lohnzahlungen gelten auch Vorschuss- oder Abschlagszahlungen, sonstige vorläufige Zahlungen auf erst später fällig werdenden Arbeitslohn, Bezüge aus einer gesetzlichen Krankenversorgung sowie im Rahmen des Dienstverhältnisses von einem Dritten geleistete Vergütungen, wenn der Arbeitgeber weiß oder wissen muss, dass derartige Vergütungen geleistet werden.

(2) Arbeitgeber, die ihren Arbeitnehmern den Arbeitslohn während eines Kalendermonats regelmäßig nur in ungefähr gleicher Höhe in Teilbeträgen auszahlen (Abschlagszahlung) und erst für den Kalendermonat eine genaue Lohnabrechnung vornehmen, können die Lohnsteuer abweichend von Abs. 1 erst bei der Lohnabrechnung einbehalten. Voraussetzung ist, daß die Lohnabrechnung bis zum 15. Tag des folgenden Kalendermonats erfolgt. Das Finanzamt kann jedoch anordnen, daß die Lohnsteuer gemäß Abs. 1 einzubehalten ist.

(3) Reichen die dem Arbeitgeber zur Verfügung stehenden Mittel zur Zahlung des vollen vereinbarten Arbeitslohnes nicht aus, so hat er die Lohnsteuer von dem tatsächlich zur Auszahlung

gelangenden niedrigeren Betrag zu berechnen und einzubehalten.

(4) Besteht der Arbeitslohn ganz oder teilweise aus geldwerten Vorteilen und reicht der Barlohn zur Deckung der unter Berücksichtigung des Wertes der geldwerten Vorteile (§ 15 Abs. 2) einzubehaltenden Lohnsteuer nicht aus, so hat der Arbeitnehmer dem Arbeitgeber den zur Deckung der Lohnsteuer erforderlichen Betrag, soweit er nicht durch Barlohn gedeckt ist, zu zahlen. Soweit der Arbeitnehmer dieser Verpflichtung nicht nachkommt, hat der Arbeitgeber einen dem Betrag im Wert entsprechenden Teil des Arbeitslohnes (geldwerten Vorteiles) zurückzubehalten und daraus die Lohnsteuer für Rechnung des Arbeitnehmers zu decken.

(5) Der Arbeitgeber hat dem Arbeitnehmer spätestens mit der Lohnzahlung für den Lohnzahlungszeitraum eine Abrechnung für den im Kalendermonat ausbezahlten Arbeitslohn auszuhändigen oder elektronisch zur Verfügung zu stellen. Diese Abrechnung hat zumindest folgende Angaben zu enthalten:
– Bruttobezüge gemäß § 25,
– Beitragsgrundlage für Pflichtbeiträge gemäß § 16 Abs. 1 Z 3 lit. a, Z 4 und Z 5,
– Pflichtbeiträge gemäß § 16 Abs. 1 Z 3 lit. a, Z 4 und 5,
– Bemessungsgrundlage für die Ermittlung der Lohnsteuer,
– die Bemessungsgrundlage für den Beitrag zur Mitarbeitervorsorgekasse (§ 26 Z 7 lit. d) und den geleisteten Beitrag,
– die Höhe des berücksichtigten Familienbonus Plus (§ 33 Abs. 3a),
– Lohnsteuer.

(BGBl I 2018/62)

Abfuhr der Lohnsteuer

§ 79. (1) Der Arbeitgeber hat die gesamte Lohnsteuer, die in einem Kalendermonat einzubehalten war, spätestens am 15. Tag nach Ablauf des Kalendermonates in einem Betrag an sein Finanzamt abzuführen. Die Lohnsteuer von Bezügen (Löhnen), die regelmäßig wiederkehrend bis zum 15. Tag eines Kalendermonats für den vorangegangenen Kalendermonat ausbezahlt werden, gilt als Lohnsteuer, die im vorangegangenen Kalendermonat einzubehalten war.

(BGBl I 2019/104, BGBl I 2020/99)

(2) Werden Bezüge für das Vorjahr nach dem 15. Jänner bis zum 15. Februar ausgezahlt, ist die Lohnsteuer bis zum 15. Februar als Lohnsteuer für das Vorjahr abzuführen. § 67 Abs. 8 lit. c ist nicht anzuwenden.

(3) Das Finanzamt hat die Höhe der rückständigen Lohnsteuer zu schätzen und den Arbeitgeber in Höhe des geschätzten Rückstandes haftbar zu machen (§ 82), wenn die fällige Abfuhr der Lohnsteuer unterbleibt oder die geleistete Abfuhr auffallend gering erscheint und eine besondere Erinnerung keinen Erfolg hat.

Lohnsteueranmeldung

§ 80. (1) Das Finanzamt des Arbeitgebers kann verlangen, daß ein Arbeitgeber, der die Lohnsteuer nicht ordnungsmäßig abführt, eine Lohnsteueranmeldung abgibt. Die Lohnsteueranmeldung ist spätestens am 15. Tag nach Ablauf des Kalendermonates dem Finanzamt des Arbeitgebers zu übersenden. Der Arbeitgeber hat in der Lohnsteueranmeldung unabhängig davon, ob er die einbehaltene Lohnsteuer an das Finanzamt abgeführt hat oder nicht, zu erklären, wieviel Lohnsteuer im Kalendermonat einzubehalten war (§ 79 Abs. 1).

(BGBl I 2019/104, BGBl I 2020/99)

(2) Hat das Finanzamt des Arbeitgebers die Abgabe der Lohnsteueranmeldung verlangt, so muß der Arbeitgeber die Lohnsteueranmeldung auch dann abgeben, wenn er im Anmeldungszeitraum keine Lohnsteuer einzubehalten hatte. Der Arbeitgeber hat in diesem Fall in der Lohnsteueranmeldung zu erklären, daß er im Anmeldungszeitraum keine Lohnsteuer einzubehalten hatte. Der Arbeitgeber wird von der Verpflichtung zur Abgabe weiterer Lohnsteueranmeldungen befreit, wenn er Arbeitnehmer nicht mehr beschäftigt und dies dem Finanzamt mitteilt.

(BGBl I 2019/104, BGBl I 2020/99)

Betriebsstätte

§ 81. Als Betriebsstätte für Zwecke des Steuerabzuges vom Arbeitslohn gilt jede vom Arbeitgeber im Inland für die Dauer von mehr als einem Monat unterhaltene feste örtliche Anlage oder Einrichtung, wenn sie der Ausübung der durch den Arbeitnehmer ausgeführten Tätigkeit dient; § 29 Abs. 2 der Bundesabgabenordnung gilt entsprechend. Als Betriebsstätte gilt auch der Heimathafen österreichischer Handelsschiffe, wenn die Reederei im Inland keine Niederlassung hat.

(BGBl I 2019/104, BGBl I 2020/99)

Haftung

§ 82. Der Arbeitgeber haftet dem Bund für die Einbehaltung und Abfuhr der vom Arbeitslohn einzubehaltenden Lohnsteuer. Der Umstand, daß die Voraussetzungen des § 83 Abs. 2 Z 1 und 4 oder Abs. 3 vorliegen, steht einer Inanspruchnahme des Arbeitgebers nicht entgegen.

Haftung bei Beauftragung zur Erbringung von Bauleistungen

§ 82a. (1) Wird die Erbringung von Bauleistungen nach § 19 Abs. 1a UStG 1994 von einem Unternehmen (Auftrag gebendes Unternehmen) an ein anderes Unternehmen (beauftragtes Unternehmen) ganz oder teilweise weitergegeben, so haftet das Auftrag gebende Unternehmen für die vom Finanzamt einzuhebenden lohnabhängigen Abgaben, das das beauftragte Unternehmen abzuführen hat, bis zum Höchstausmaß von 5% des geleisteten Werklohnes.

(2) Die Haftung nach Abs. 1 tritt mit dem Zeitpunkt der Zahlung des Werklohnes ein und umfasst die vom beauftragten Unternehmen zu entrichtenden und vom Finanzamt einzuhebenden lohnabhängigen Abgaben, die bis zum 15. Tag nach Ablauf des Kalendermonats fällig werden, in dem die Leistung des Werklohnes erfolgt. Als Werklohn gilt das gesamte für die Erfüllung des Auftrages zu leistende Entgelt. Als Leistung des Werklohnes gilt auch jede Teilleistung dieses Entgeltes. Als Leistung gilt insbesondere auch die Erfüllung durch Aufrechnung seitens des Auftrag gebenden Unternehmens oder des beauftragten Unternehmens. Die Haftung kann geltend gemacht werden, wenn beim beauftragten Unternehmen zur Einbringung der vom Finanzamt einzuhebenden lohnabhängigen Abgaben erfolglos Exekution geführt wurde oder bezüglich des beauftragten Unternehmens ein Insolvenztatbestand nach § 1 IESG vorliegt.

(3) Die Haftung nach Abs. 1 entfällt,
1. wenn das beauftragte Unternehmen zum Zeitpunkt der Leistung des Werklohnes in der Gesamtliste der haftungsfreistellenden Unternehmen (HFU-Gesamtliste) nach § 67b Abs. 6 ASVG geführt wird oder
2. – wenn Z 1 nicht zutrifft – das Auftrag gebende Unternehmen 5 % des zu leistenden Werklohnes (Haftungsbetrag) gleichzeitig mit der Leistung des Werklohnes an das Dienstleistungszentrum bei der Österreichischen Gesundheitskasse (§ 67c ASVG) überweist.

Die beiden letzten Sätze des § 67a Abs. 3 ASVG gelten entsprechend.

(4) Der Haftungsbetrag nach Abs. 3 Z 2 wirkt gegenüber dem beauftragten Unternehmen schuldbefreiend; er gilt als Drittleistung und unterliegt nicht dem Zweiten Abschnitt des Ersten Teiles/ Erstes Hauptstück der Insolvenzordnung. Der Haftungsbetrag ist, sofern auch eine Überweisung nach § 67a Abs. 3 Z 2 ASVG erfolgt, gemeinsam mit dieser abzuführen. Für Zwecke der Weiterleitung des Haftungsbetrages nach Abs. 3 Z 2 an das Finanzamt sind die Umsatzsteuer-Identifikationsnummer, oder, wenn nicht vorhanden, die Steuernummer des beauftragten Unternehmens mitzuteilen. Erfolgt eine Überweisung nach § 82a Abs. 3 Z 2 gemeinsam mit der Überweisung nach § 67a Abs. 3 Z 2 ASVG sind auch die in § 67a Abs. 4 ASVG genannten Daten anzugeben. Das beauftragte Unternehmen ist verpflichtet, dem Auftrag gebenden Unternehmen seine Umsatzsteuer-Identifikationsnummer oder, wenn nicht vorhanden, seine Steuernummer bekannt zu geben.

(BGBl I 2020/99)

(5) Die beim Dienstleistungszentrum der Österreichischen Gesundheitskasse einlangenden Haftungsbeträge sind folgendermaßen zuzuordnen:
1. 80% entfällt auf den Haftungsbeitrag nach § 67a Abs. 3 Z 2 ASVG und 20% auf den Haftungsbetrag nach § 82a Abs. 3 Z 2.
2. Abweichend von Z 1 kann das Auftrag gebende Unternehmen mittels Verrechnungsweisung den Haftungsbetrag nach § 67a Abs. 3 Z 2 ASVG unter der Bezeichnung „AGH-SV" und den Haftungsbetrag nach § 82a Abs. 3 Z 2 unter der Bezeichnung „AGH-LSt" betragsmäßig bestimmen.
3. Bestehen für das beauftragte Unternehmen bei den österreichischen Krankenversicherungsträgern weder Beitrags- noch Meldepflichten nach dem ASVG, so entfällt abweichend von Z 1 der vom Auftrag gebenden Unternehmen entrichtete Haftungsbetrag zur Gänze auf den Haftungsbetrag nach § 82a Abs. 3 Z 2.

Der Bundesminister für Finanzen wird ermächtigt, das Verfahren des Zusammenwirkens zwischen dem Dienstleistungszentrum der Österreichischen Gesundheitskasse und den Finanzämtern hinsichtlich der Auftraggeberhaftung für vom Finanzamt einzuhebende lohnabhängige Abgaben im Einvernehmen mit dem Bundesminister für Arbeit, Soziales und Konsumentenschutz mit Verordnung festzulegen. Der Bundesminister für Finanzen hat die der Österreichischen Gesundheitskasse aufgrund dieses Gesetzes erwachsenden Adaptierungs- und Betriebskosten zu tragen, wobei die Beauftragung dieser Arbeiten durch die Österreichische Gesundheitskasse im Einvernehmen mit dem Bundesminister für Finanzen zu erfolgen hat.

(6) Das für die Erhebung der Lohnsteuer zuständige Finanzamt kann die Streichung von der HFU-Liste beantragen, wenn fällige lohnabhängige Abgaben nicht entrichtet wurden. Eine neuerliche Aufnahme in die HFU-Liste bedarf der Zustimmung des Finanzamtes.

(7) Haftungsbeträge nach Abs. 3 Z 2 sind in erster Linie mit fälligen Lohnabgaben zu verrechnen, in weiterer Folge ist die Verrechnung gemäß § 214 Abs. 1 BAO vorzunehmen.

(AbgÄG 2023, BGBl I 2023/110)

Steuerschuldner

§ 83. (1) Der Arbeitnehmer ist beim Lohnsteuerabzug Steuerschuldner.

(2) Der Arbeitnehmer wird unmittelbar in Anspruch genommen, wenn
1. die Voraussetzungen des § 41 Abs. 1 vorliegen,
2. ein Arbeitgeber ohne inländische Betriebsstätte die Einkommensteuer durch Abzug vom Arbeitslohn (§ 47 Abs. 1 lit. b) nicht entsprechend den Vorschriften dieses Bundesgesetzes berechnet und abgeführt hat.

(BGBl I 2021/3)

3. die Voraussetzungen für eine Nachversteuerung gemäß § 18 Abs. 4 vorliegen,
4. eine Veranlagung auf Antrag (§ 41 Abs. 2) durchgeführt wird,
5. eine ausländische Einrichtung im Sinne des § 5 Z 4 des Pensionskassengesetzes die Einkommensteuer durch Abzug vom Arbeitslohn (§ 47) nicht erhoben hat.

1/1. EStG
§§ 83 – 84a

(3) Der Arbeitnehmer kann unmittelbar in Anspruch genommen werden, wenn er und der Arbeitgeber vorsätzlich zusammenwirken um sich einen gesetzeswidrigen Vorteil zu verschaffen, der eine Verkürzung der vorschriftsmäßig zu berechnenden und abzuführenden Lohnsteuer bewirkt.

Lohnzettel

§ 84. (1)
1. Der Arbeitgeber hat seinem Finanzamt oder der Österreichischen Gesundheitskasse ohne besondere Aufforderung die Lohnzettel aller im Kalenderjahr beschäftigten Arbeitnehmer zu übermitteln. Bei Auszahlung einer pflegebedingten Geldleistung (Pflegegeld, Pflegezulage, Blindengeld oder Blindenzulage), von Wochengeld und vergleichbaren Bezügen aus der gesetzlichen Sozialversicherung sowie dem Grunde und der Höhe nach gleichartigen Zuwendungen aus Versorgungs- und Unterstützungseinrichtungen der Kammern der selbständig Erwerbstätigen ist ein Lohnzettel von der auszahlenden Stelle auszustellen.
   (BGBl I 2019/104, BGBl I 2020/99)
2. Der Lohnzettel hat alle im amtlichen Formular vorgesehenen für die Erhebung von Abgaben maßgeblichen Daten zu enthalten. Die Übermittlung der Lohnzettel hat elektronisch bis Ende Februar des folgenden Kalenderjahres zu erfolgen. Ist dem Arbeitgeber bzw. der auszahlenden Stelle die elektronische Übermittlung der Lohnzettel mangels technischer Voraussetzungen unzumutbar, hat die Übermittlung der Lohnzettel auf dem amtlichen Vordruck bis Ende Jänner des folgenden Kalenderjahres zu erfolgen.
   (BGBl I 2016/117)
3. Abweichend vom Übermittlungsstichtag gemäß Z 2 ist ein Lohnzettel bei Eröffnung eines Insolvenzverfahrens über das Vermögen des Arbeitgebers bis zum Ende des zweitfolgenden Monats zu übermitteln. In diesem Fall ist ein Lohnzettel bis zum Tag der Eröffnung des Insolvenzverfahrens auszustellen. Der Bundesminister für Finanzen wird ermächtigt, im Einvernehmen mit dem für Angelegenheiten des Arbeitsrechts zuständigen Bundesminister durch Verordnung für diesen Lohnzettel zusätzliche Daten, die für die Ermittlung der Ansprüche nach dem Insolvenz-Entgeltsicherungsgesetz erforderlich sind, festzulegen. Der Lohnzettel ist vom Finanzamt oder von der Österreichischen Gesundheitskasse den Geschäftsstellen der IEF-Service GmbH gemäß § 5 Abs. 1 des Insolvenz-Entgeltsicherungsgesetzes elektronisch zur Verfügung zu stellen.
   (BGBl I 2019/104, BGBl I 2020/99)
4. Der Bundesminister für Finanzen wird ermächtigt, den Inhalt und das Verfahren der elektronischen Lohnzettelübermittlung im Einvernehmen mit dem Bundesminister für soziale Sicherheit, Generationen und Konsumentenschutz mit Verordnung festzulegen. In der Verordnung kann vorgesehen werden, dass sich der Arbeitgeber einer bestimmten geeigneten öffentlich-rechtlichen oder privatrechtlichen Übermittlungsstelle zu bedienen hat.

(2) Der Arbeitgeber (der Insolvenzverwalter) hat dem Arbeitnehmer in den Fällen des Abs. 1 Z 3 oder über dessen Verlangen für Zwecke der Einkommensteuerveranlagung einen Lohnzettel nach dem amtlichen Vordruck auszustellen.

(3) Der Lohnzettel ist auf Grund der Eintragungen im Lohnkonto (§ 76) auszuschreiben. Erfolgen nach Übermittlung eines Lohnzettels Ergänzungen des Lohnkontos, welche die Bemessungsgrundlagen oder die abzuführende Steuer betreffen, ist ein berichtigter Lohnzettel innerhalb von zwei Wochen ab erfolgter Ergänzung an das Finanzamt des Arbeitgebers zu übermitteln. Ein in Folge einer Lohnsteuerprüfung gemäß § 86 erstellter Lohnzettel stellt ein rückwirkendes Ereignis im Sinn des § 295a der Bundesabgabenordnung dar.
(BGBl I 2019/104, BGBl I 2020/99, BGBl I 2022/108)

(4) Ein Lohnzettel ist auch für Arbeitnehmer auszuschreiben, bei denen eine Pauschbesteuerung gemäß § 69 vorgenommen wurde, und für beschränkt steuerpflichtige Arbeitnehmer (§ 70).

(5) Auf dem Lohnzettel sind
– die Versicherungsnummer gemäß § 31 ASVG des Arbeitnehmers,
– die Versicherungsnummer des (Ehe)Partners sowie die Anzahl der Kinder (§ 106 Abs. 1) des Arbeitnehmers, falls der Alleinverdienerabsetzbetrag oder der Alleinerzieherabsetzbetrag berücksichtigt wurde,
– die Versicherungsnummer des Ehepartners oder eingetragenen Partners des Arbeitnehmers, falls der erhöhte Pensionistenabsetzbetrag berücksichtigt wurde,
– die Anzahl, Name, Versicherungsnummer und Geburtsdatum der Kinder, für die ein Familienbonus Plus berücksichtigt wurde, sowie die Monate und die Höhe des berücksichtigten Familienbonus Plus,

anzuführen. Wurde eine Versicherungsnummer nicht vergeben, ist jeweils das Geburtsdatum anstelle der Versicherungsnummer anzuführen. Auf der für die Finanzverwaltung bestimmten Ausfertigung ist zusätzlich die Steuernummer des Arbeitgebers anzuführen.
(BGBl I 2019/103, BGBl I 2022/135)

(6) Dem Arbeitnehmer ist jede Änderung der vom Arbeitgeber vorgenommenen Eintragungen untersagt.

Lohnbescheinigung

§ 84a. (1) Bei Auszahlungen von Einkünften gemäß § 25 in Verbindung mit § 47 Abs. 1 lit. c hat der Arbeitgeber bis Ende Jänner des Folgejahres eine Lohnbescheinigung zur Berücksichtigung dieser Bezüge im Veranlagungsverfahren auszustellen und an das Finanzamt zu übermitteln. Bei elektronischer Übermittlung hat der Arbeitgeber die Lohnbescheinigung bis Ende Februar des Folgejahres zu übermitteln.

(2) Die Lohnbescheinigung hat zumindest folgende für die Erhebung von Abgaben maßgeblichen Daten gemäß dem amtlichen Formular zu enthalten: Name, Wohnsitz, Geburtsdatum, Sozialversicherungsnummer und die Bruttobezüge.

(BGBl I 2021/3)

Körperschaften des öffentlichen Rechts

§ 85. (1) Körperschaften des öffentlichen Rechts haben die Lohnsteuer nach diesem Bundesgesetz wie alle sonstigen Arbeitgeber einzubehalten. Öffentliche Kassen haben bei Auszahlung des Arbeitslohnes die Rechte und Pflichten des Arbeitgebers im Sinne dieses Bundesgesetzes.

(2) Wird ein Arbeitnehmer, der den Arbeitslohn im voraus für einen Lohnzahlungszeitraum erhalten hat, während dieser Zeit einer anderen Dienststelle zugeteilt und geht die Zahlung des Arbeitslohnes auf die Kasse dieser Dienststelle über, so hat die früher zuständige Kasse im Lohnzettel (§ 84) den vollen von ihr gezahlten Arbeitslohn und die davon einbehaltene Lohnsteuer auch dann aufzunehmen, wenn ihr ein Teil des Arbeitslohnes von der nunmehr zuständigen Kasse erstattet wird. Die nunmehr zuständige Kasse hat den der früher zuständigen Kasse erstatteten Teil des Arbeitslohnes in den von ihr auszuschreibenden Lohnzettel nicht aufzunehmen.

Lohnsteuerprüfung

§ 86. (1) Dem Finanzamt des Arbeitgebers (§ 81) obliegt die Prüfung der Einhaltung aller für die ordnungsgemäße Einbehaltung und Abfuhr
1. der Lohnsteuer,
2. der Abzugsteuer gemäß § 99 Abs. 1 Z 1, Z 4 und Z 5 zweiter Fall
sowie die für die Erhebung
3. des Dienstgeberbeitrages (§ 41 FLAG) und
4. des Zuschlages zum Dienstgeberbeitrag (§ 122 Abs. 8 Wirtschaftskammergesetz 1998)

maßgebenden tatsächlichen und rechtlichen Verhältnisse (Lohnsteuerprüfung) nach Maßgabe der Bestimmungen des Bundesgesetzes über die Prüfung lohnabhängiger Abgaben und Beiträge – PLABG, BGBl. I Nr. 98/2018. Es hat sich für die Durchführung der Prüfung des Prüfdienstes für Lohnabgaben und Beiträge zu bedienen.

(BGBl I 2020/54, BGBl I 2020/99)

(1a) Liegt ein rechtskräftiger Feststellungsbescheid nach § 412c ASVG oder § 194b GSVG oder § 182a BSVG vor, so ist die Versicherungszuordnung auch für die Qualifikation der Einkünfte nach § 2 Abs. 3 bindend. Dies gilt nicht, wenn der Bescheid auf falschen Angaben beruht oder sich der zugrunde liegende Sachverhalt geändert hat.

(BGBl I 2017/125)

(2) Ergibt sich bei einer Lohnsteuerprüfung, dass die genaue Ermittlung der auf den einzelnen Arbeitnehmer infolge einer Nachforderung entfallenden Lohnsteuer mit unverhältnismäßigen Schwierigkeiten verbunden ist, so kann die Nachforderung in einem Pauschbetrag erfolgen. Bei der Festsetzung dieses Pauschbetrages ist auf die Anzahl der durch die Nachforderung erfassten Arbeitnehmer, die Steuerabsetzbeträge sowie auf die durchschnittliche Höhe des Arbeitslohnes der durch die Nachforderung erfassten Arbeitnehmer Bedacht zu nehmen.

(3) Lohnsteuernachforderungen auf Grund der Haftung des Arbeitgebers (§ 82), für die der Arbeitgeber seine Arbeitnehmer nicht in Anspruch nimmt, sind nicht als Vorteil aus dem Dienstverhältnis im Sinne des § 25 anzusehen.

(4) (aufgehoben)

(BGBl I 2018/98)

Verpflichtung der Arbeitgeber

§ 87. (1) Die Arbeitgeber und ihre Angestellten haben den Organen des Finanzamtes Einsicht in die nach § 76 vorgeschriebenen Aufzeichnungen und in die Lohnaufzeichnungen der Betriebe sowie in die Geschäftsbücher und in die Unterlagen zu gewähren, soweit dies für die Feststellung der den Arbeitnehmern gezahlten Vergütungen aller Art und für die Lohnsteuerprüfung erforderlich ist.

(2) Die Arbeitgeber haben ferner jede vom Prüfungsorgan zum Verständnis der Aufzeichnungen verlangte Erläuterung zu geben.

(3) Die Arbeitgeber haben auf Verlangen dem Prüfungsorgan des Finanzamtes auch über sonstige für den Betrieb tätige Personen, bei denen es zweifelhaft ist, ob sie Arbeitnehmer des Betriebes sind, jede gewünschte Auskunft zur Feststellung ihrer Steuerverhältnisse zu geben.

Verpflichtung der Arbeitnehmer

§ 88. (1) Die Arbeitnehmer des Betriebes haben dem Prüfungsorgan jede gewünschte Auskunft über Art und Höhe ihres Arbeitslohnes zu geben und auf Verlangen die in ihrem Besitz befindlichen Aufzeichnungen und Belege über bereits entrichtete Lohnsteuer vorzulegen.

(2) Das Prüfungsorgan ist auch berechtigt, von Personen, bei denen es zweifelhaft ist, ob sie Arbeitnehmer des Betriebes sind, jede Auskunft zur Feststellung ihrer Steuerverhältnisse zu verlangen.

Mitwirkung von Versicherungsträgern und anderen Institutionen

§ 89. (1) Die Träger der gesetzlichen Sozialversicherung haben den Abgabenbehörden des Bundes jede zur Durchführung des Steuerabzuges und der den Finanzämtern obliegenden Prüfung und Aufsicht dienliche Hilfe zu leisten (§ 158 Abs. 1 der Bundesabgabenordnung). Insbesondere sind ohne Aufforderung die Feststellungen und das Ergebnis aller Prüfungen (§§ 41a und 42 Abs. 1 ASVG) dem Finanzamt zur Verfügung zu stellen.

1/1. EStG
§§ 89 – 93

(2) Die Zurverfügungstellung der Prüfungsergebnisse im Sinne des Abs. 1 kann im Wege des Datenträgeraustausches oder der automationsunterstützten Datenübermittlung erfolgen. Der Bundesminister für Finanzen wird ermächtigt, im Einvernehmen mit dem Bundesminister für Soziales das Verfahren der Übermittlung beziehungsweise den Inhalt der Meldungen und das Verfahren des Datenträgeraustausches und der automationsunterstützten Datenübermittlung mit Verordnung festzulegen.

(AbgÄG 2023, BGBl I 2023/110)

(3) Die Abgabenbehörden und das Amt für Betrugsbekämpfung haben im Rahmen der Vollziehung der abgabenrechtlichen Bestimmungen insbesondere zu erheben (§§ 143 und 144 BAO), ob
– die versicherungs- und melderechtlichen Bestimmungen des ASVG,
– die Anzeigepflichten des AlVG und
– die Bestimmungen, deren Missachtung den Tatbestand der §§ 366 Abs. 1 Z 1 oder 367 Z 54 GewO erfüllt,
eingehalten wurden. Zum Zweck der Prüfung der Einhaltung der Anzeigepflichten überprüfter Personen sind die Abgabenbehörden und das Amt für Betrugsbekämpfung berechtigt, die Arbeitslosmeldung und den Bezug von Leistungen aus der Arbeitslosenversicherung und von Überbrückungshilfen nach dem ÜHG für die letzten drei Monate durch Eingabe des Namens und der Sozialversicherungsnummer der überprüften Person automationsunterstützt abzufragen. Die Geschäftsstellen des Arbeitsmarktservice sind verpflichtet, den Abgabenbehörden und dem Amt für Betrugsbekämpfung den Zugriff auf diese Daten in einer technisch geeigneten Form kostenlos zur Verfügung zu stellen.

(BGBl I 2019/104, BGBl I 2020/99)

(4) Die Finanzämter haben der Österreichischen Gesundheitskasse, der Versicherungsanstalt öffentlich Bediensteter, Eisenbahnen und Bergbau und den Gemeinden alle für die Erhebung von lohnabhängigen Abgaben bedeutsamen Daten zur Verfügung zu stellen. Insbesondere sind den Gemeinden die Daten der Dienstgeberbeitragszahlungen der Arbeitgeber bereitzustellen. Diese Daten dürfen nur in der Art und dem Umfang verwendet werden, als dies zur Wahrnehmung der gesetzlich übertragenen Aufgaben eine wesentliche Voraussetzung ist. Die Verwendung nicht notwendiger Daten (Ballastwissen, Überschusswissen) ist unzulässig. Daten, die mit an Sicherheit grenzender Wahrscheinlichkeit nicht mehr benötigt werden, sind möglichst rasch zu löschen.

(BGBl I 2020/54)

(5) Die IEF-Service-GmbH und deren Geschäftsstellen haben alle für die Erhebung von Abgaben bedeutsamen Daten zur Verfügung zu stellen. Die Sätze 3, 4 und 5 des Abs. 4 gelten entsprechend.

(6) Die Träger der gesetzlichen Sozialversicherung haben an dem der An- oder Abmeldung folgenden Werktag den Abgabenbehörden des Bundes den Namen, die Wohnanschrift und die Versicherungsnummer gemäß § 31 Abs. 4 Z 1 ASVG (bei Nichtvorhandensein jedenfalls das Geburtsdatum) der an- und abgemeldeten Dienstnehmer zu übermitteln. Wenn für Dienstnehmer eine Befreiung gemäß § 1 Z 7 Neugründungs-Förderungsgesetz – NeuFöG, BGBl. I Nr. 106/1999, in Anspruch genommen wird, ist dies ebenfalls zu übermitteln. Weiters sind die Meldungen der monatlichen Beitragsgrundlagen nach Ablauf eines jeden Beitragszeitraumes sowie allfällige Berichtigungen der Beitragsgrundlagen pro versicherter Person zu übermitteln. Abs. 2 gilt sinngemäß. Der Bundesminister für Finanzen wird ermächtigt, im Einvernehmen mit dem Bundesminister für Soziales, Gesundheit, Pflege und Konsumentenschutz das Verfahren der Übermittlung bzw. den Inhalt der Meldungen und das Verfahren des Datenträgeraustausches sowie der automationsunterstützten Datenübermittlung, mit Verordnung festzulegen.

(BGBl I 2020/54; AbgÄG 2023, BGBl I 2023/110)

Auskunftspflicht der Behörde

§ 90. Das Finanzamt des Arbeitgebers hat auf Anfrage einer Partei tunlichst innerhalb von 14 Tagen darüber Auskunft zu geben, ob und inwieweit im einzelnen Fall die Vorschriften über die Lohnsteuer anzuwenden sind.

(BGBl I 2019/104, BGBl I 2020/99)

Arbeitnehmer ohne inländischen Wohnsitz

§ 91. Soweit in diesem Abschnitt der Wohnsitz des Arbeitnehmers maßgebend ist, ein inländischer Wohnsitz jedoch nicht besteht, tritt an seine Stelle der inländische gewöhnliche Aufenthalt und, wenn ein solcher nicht besteht, die Betriebsstätte.

Auslandsbeamte

§ 92. (1) Für Auslandsbeamte im Sinne des § 26 Abs. 3 der Bundesabgabenordnung ist die Lohnsteuer nach den §§ 33 und 66 bis 68 zu berechnen. Der Arbeitnehmer hat die für die Anwendung dieser Bestimmungen maßgebenden Verhältnisse durch eine amtliche Bescheinigung nachzuweisen.

(2) Weisen die im Abs. 1 genannten Arbeitnehmer nach, daß bei ihnen besondere Verhältnisse gemäß § 63 vorliegen, so stellt das Finanzamt des Arbeitgebers auf Antrag des Arbeitnehmers einen den §§ 63 und 64 entsprechenden Freibetragsbescheid auf Vorlage beim Arbeitgeber aus. Auf Grund dieser Mitteilung hat der Arbeitgeber die ausgewiesenen Freibeträge zu berücksichtigen.

(BGBl I 2019/104, BGBl I 2020/99)

6. TEIL
KAPITALERTRAGSTEUER

Abzugspflicht

§ 93. (1) Bei inländischen Einkünften aus Kapitalvermögen wird die Einkommensteuer durch Steuerabzug erhoben (Kapitalertragsteuer). Dies gilt nicht für die in § 27a Abs. 2 genannten Einkünfte.

(1a) Der Abzugsverpflichtete (§ 95 Abs. 2) kann bei inländischen Einkünften aus Kapitalvermögen stets Kapitalertragsteuer in Höhe von 24% für im Kalenderjahr 2023 zugeflossene Einkünfte und in Höhe von 23% für ab dem Kalenderjahr 2024 zugeflossene Einkünfte einbehalten, wenn der Schuldner der Kapitalertragsteuer (§ 95 Abs. 1) eine Körperschaft im Sinne des § 1 Abs. 1 des Körperschaftsteuergesetzes 1988 ist.

(BGBl I 2022/10)

(2) Inländische Einkünfte aus Kapitalvermögen liegen vor:

1. Bei Einkünften aus der Überlassung von Kapital (§ 27 Abs. 2), wenn sich die auszahlende Stelle (§ 95 Abs. 2 Z 1 lit. b) im Inland befindet. Bei Einkünften aus der Überlassung von Kapital gemäß § 27 Abs. 2 Z 1, § 27 Abs. 5 Z 7 und Zinsen aus Geldeinlagen bei Kreditinstituten und aus sonstigen Geldforderungen gegenüber Kreditinstituten im Sinne des § 27a Abs. 1 Z 1 liegen auch dann inländische Einkünfte aus Kapitalvermögen vor, wenn der Schuldner der Kapitalerträge Wohnsitz, Geschäftsleitung oder Sitz im Inland hat oder inländische Zweigstelle eines ausländischen Kreditinstituts ist. Als Geldeinlagen bei Kreditinstituten gelten auch von Kreditinstituten treuhändig oder zur Verwaltung aufgenommene Gelder, für deren Verlust sie das wirtschaftliche Risiko tragen.

   (BGBl I 2022/10)

2. Bei Einkünften aus realisierten Wertsteigerungen von Kapitalvermögen (§ 27 Abs. 3) und bei Einkünften aus Derivaten (§ 27 Abs. 4), wenn eine inländische depotführende Stelle (§ 95 Abs. 2 Z 2 lit. a) oder eine inländische auszahlende Stelle (§ 95 Abs. 2 Z 2 lit. b) vorliegt und diese die Realisierung abwickelt.

   (BGBl I 2015/118)

3. a) Bei laufenden Einkünften aus Kryptowährungen (§ 27 Abs. 4a in Verbindung mit § 27b Abs. 2), wenn ein inländischer Schuldner oder inländischer Dienstleister (§ 95 Abs. 2 Z 3) vorliegt, der die Kryptowährungen oder sonstigen Entgelte gutschreibt.

   b) Bei Einkünften aus realisierten Wertsteigerungen (§ 27 Abs. 4a in Verbindung mit § 27b Abs. 3), wenn ein inländischer Dienstleister (§ 95 Abs. 2 Z 3) vorliegt, der die Realisierung abwickelt.

   (BGBl I 2022/10)

(3) Die Kapitalertragsteuer ist auch abzuziehen, wenn die Kapitaleinkünfte beim Empfänger zu den Einkünften im Sinne des § 2 Abs. 3 Z 1 bis 4 gehören, sofern nicht die Voraussetzungen des § 94 vorliegen.

(4) Weist der Steuerpflichtige bei den Einkünften im Sinne des § 27 Abs. 3 und 4 die tatsächlichen Anschaffungskosten oder den Wert einer vorangegangenen steuerpflichtigen Entnahme der depotführenden Stelle nicht nach, hat diese für Zwecke des Steuerabzugs davon auszugehen, dass die Anschaffungskosten dem gemeinen Wert zum Zeitpunkt der Depoteinlage, vermindert um 0,5% für jeden seit der Anschaffung vergangenen Monat entsprechen. Zumindest ist der halbe gemeine Wert zum Zeitpunkt der Depoteinlage anzusetzen. Besteht kein Kurs- oder Handelswert, hat die depotführende Stelle bei einer späteren Realisierung davon auszugehen, dass die Anschaffungskosten im Falle des § 27a Abs. 3 Z 2 lit. a dem halben Erlös, im Falle des § 27a Abs. 3 Z 2 lit. b dem halben gemeinen Wert im Zeitpunkt der Entnahme entsprechen. Besteht weder im Zeitpunkt der Depoteinlage noch im Zeitpunkt einer späteren Realisierung ein Kurs- oder Handelswert, hat die depotführende Stelle davon auszugehen, dass die Anschaffungskosten dem gemeinen Wert im Zeitpunkt der Entnahme entsprechen.

Weist der Steuerpflichtige

– bei Anteilen an Körperschaften und Anteilscheinen und Anteilen an § 186 oder § 188 des Investmentfondsgesetzes 2011 und an § 40 oder § 42 des Immobilien-Investmentfondsgesetzes unterliegende Gebilde die Anschaffung vor dem 1. Jänner 2011 nicht nach, ist davon auszugehen, dass diese am 1. Jänner 2011 entgeltlich erworben wurden;

– bei allen anderen Wirtschaftsgütern und Derivaten die Anschaffung vor dem 1. April 2012 nicht nach, ist davon auszugehen, dass diese am 1. April 2012 entgeltlich erworben wurden.

Der Steuerpflichtige kann in diesen Fällen im Rahmen der Veranlagung (§ 97 Abs. 2) nachweisen, dass die tatsächliche Anschaffung vor den genannten Zeitpunkten erfolgt ist.

Weist der Steuerpflichtige die tatsächlichen Anschaffungskosten oder den Wert einer vorangegangenen steuerpflichtigen Entnahme der depotführenden Stelle nicht nach oder besteht im Zeitpunkt einer späteren Realisierung kein Kurs- oder Handelswert, bewirkt der Steuerabzug gemäß § 93 keine Steuerabgeltung gemäß § 97. Der Steuerpflichtige hat im Rahmen der Veranlagung die tatsächlichen Anschaffungskosten oder den Wert einer vorangegangenen steuerpflichtigen Entnahme nachzuweisen.

(4a) Sind dem Abzugsverpflichteten bei den Einkünften im Sinne des § 27 Abs. 4a die tatsächlichen Anschaffungskosten nicht bekannt, ist wie folgt vorzugehen:

1. Die Anschaffungskosten und der Anschaffungszeitpunkt sind auf Grundlage der Angaben des Steuerpflichtigen anzusetzen, soweit beim Abzugsverpflichteten keine entgegenstehenden Daten vorhanden sind. Der Bundesminister für Finanzen wird ermächtigt, mittels Verordnung die nähere Vorgangsweise festzulegen und dabei insbesondere vorzusehen,

   – in welcher Form die Angaben des Steuerpflichtigen zu erfolgen haben;

1/1. EStG
§§ 93, 94

- wie bei Erwerben derselben Kryptowährung in zeitlicher Aufeinanderfolge der Ansatz der Anschaffungskosten zu erfolgen hat.
2. Ist der Anschaffungszeitpunkt nicht bekannt oder wurde dieser vom Steuerpflichtigen nicht bzw. nicht richtig angegeben, ist von einer Anschaffung nach dem 28. Februar 2021 auszugehen. Sind die Anschaffungskosten nicht bekannt oder wurden diese vom Steuerpflichtigen nicht bzw. nicht richtig angegeben, hat der Abzugsverpflichtete im Rahmen der späteren Realisierung davon auszugehen, dass die Anschaffungskosten dem halben Erlös, im Falle des § 27a Abs. 3 Z 4 lit. b zweiter Teilstrich dem halben gemeinen Wert entsprechen. Der Steuerabzug bewirkt in diesem Fall keine Steuerabgeltung gemäß § 97.

(BGBl I 2022/10, BGBl I 2022/194)

(5) Für Zwecke des Steuerabzuges ist davon auszugehen, dass
- Wirtschaftsgüter, Derivate und Kryptowährungen im Sinne des § 27 Abs. 3 bis 4a nicht in einem Betriebsvermögen gehalten werden;
- im Ausland begebene Wertpapiere, die ein Forderungsrecht verbriefen, sowie Anteilscheine an einem ausländischen Immobilienfonds bei ihrer Begebung im Zweifel sowohl in rechtlicher als auch in tatsächlicher Hinsicht einem unbestimmten Personenkreis angeboten wurden;
- der Zeitpunkt der Einschränkung des Besteuerungsrechts gemäß § 27 Abs. 6 Z 1 dem Zeitpunkt der Meldung im Sinne des § 94 Z 7 entspricht;
- eine Übertragung im Sinne des § 27 Abs. 6 Z 2 sechster Teilstrich vorliegt, wenn der Schuldner der Kapitalertragsteuer (§ 95 Abs. 1) der depotführenden oder auszahlenden Stelle (§ 95 Abs. 2 Z 2) anhand geeigneter Unterlagen (insbesondere notariell beurkundeter Beschluss bzw. Vertrag oder Notariatsakt über die Umgründung) das Vorliegen einer Umgründung nach dem Umgründungssteuergesetz glaubhaft macht.
- Einkünfte im Sinne des § 32 Abs. 4 jenem Steuerpflichtigen zuzurechnen sind, bei dem ein Zufluss erfolgt. Ist die Kapitalertragsteuer vom Schuldner gemäß § 95 Abs. 2 Z 1 lit. a einzubehalten, gilt dies nur, wenn die Auszahlung nicht im Rahmen einer korrigierten Verteilung durch den Zentralverwahrer vorgenommen wird.

(BGBl I 2022/10, BGBl I 2022/108; AbgÄG 2023, BGBl I 2023/110)

(6) Die depotführende Stelle gemäß § 95 Abs. 2 Z 2 lit. a hat den Verlustausgleich gemäß § 27 Abs. 8 für sämtliche Depots des Steuerpflichtigen nach Maßgabe der folgenden Bestimmungen durchzuführen:

1. Werden zunächst negative und zeitgleich oder später positive Einkünfte erzielt, sind die negativen Einkünfte mit den zeitgleich oder später erzielten positiven Einkünften auszugleichen.
2. Werden zunächst positive und später negative Einkünfte erzielt, ist die für die positiven Einkünfte einbehaltene Kapitalertragsteuer gutzuschreiben, wobei die Gutschrift höchstens 27,5% der negativen Einkünfte betragen darf.
3. Negative Einkünfte dürfen nur einmalig ausgeglichen werden (Z 1) oder zu einer Gutschrift führen (Z 2).
4. Folgende Einkünfte sind vom Verlustausgleich ausgeschlossen:
    a) Einkünfte aus Depots, die gemäß den Angaben des Depotinhabers betrieblichen Zwecken dienen; diesfalls gilt Abs. 5 erster Teilstrich nicht für Zwecke des Verlustausgleichs;
    b) Einkünfte aus Depots, die gemäß den Angaben des Depotinhabers treuhändig gehalten werden;
    c) Einkünfte, bei denen dem Kapitalertragsteuerabzug gemäß Abs. 4 ermittelte Werte zu Grunde liegen;
    d) Einkünfte aus Depots mit mehreren Depotinhabern.

Der Bundesminister für Finanzen wird ermächtigt, eine Verordnung zur Durchführung dieser Bestimmung sowie zur Durchführung des § 96 Abs. 4 Z 2 zu erlassen.

(7) Der Abzugsverpflichtete gemäß § 95 Abs. 2 Z 3 hat den Verlustausgleich gemäß § 27 Abs. 8 für sämtliche von ihm gutgeschriebene Kryptowährungen bzw. sonstigen Entgelte sowie die von ihm abgewickelten Realisierungen von Kryptowährungen (Abs. 2 Z 3) durchzuführen. Abs. 6 ist sinngemäß anzuwenden, wobei Abs. 6 Z 4 lit. c auf pauschal ermittelte Werte gemäß Abs. 4a Z 2 zu beziehen ist.

(BGBl I 2022/10)

Ausnahmen von der Abzugspflicht

§ 94. Der Abzugsverpflichtete (§ 95 Abs. 2) hat keine Kapitalertragsteuer abzuziehen:
1. Bei jeglichen Kapitalerträgen, wenn Gläubiger und Schuldner der Kapitalerträge dieselbe Person sind.
2. Unter folgenden Voraussetzungen bei den Kapitalerträgen von Körperschaften im Sinne des § 1 Abs. 2 des Körperschaftsteuergesetzes 1988:
    - Es handelt sich um Gewinnanteile (Dividenden) und sonstige Bezüge aus Aktien, Anteilen an Gesellschaften mit beschränkter Haftung „**, Flexiblen Kapitalgesellschaften**" oder an Erwerbs- und Wirtschaftsgenossenschaften und

– die Körperschaft ist mindestens zu einem Zehntel mittel- oder unmittelbar am Grund- oder Stammkapital beteiligt.

Dies gilt auch für ausländische Körperschaften, die die in der Anlage 2 zu diesem Bundesgesetz vorgesehenen Voraussetzungen des Artikels 2 der Richtlinie 2011/96/EU über das gemeinsame Steuersystem der Mutter- und Tochtergesellschaften verschiedener Mitgliedstaaten, ABl. Nr. L 345 vom 29.12.2011 S. 8 in der jeweils geltenden Fassung erfüllen, wenn die Beteiligung während eines ununterbrochenen Zeitraumes von mindestens einem Jahr bestanden hat. Davon abweichend hat der Abzugsverpflichtete die Kapitalertragsteuer dann einzubehalten, wenn Gründe vorliegen, wegen derer der Bundesminister für Finanzen dies zur Verhinderung von Steuerverkürzung und Missbrauch (§ 22 der Bundesabgabenordnung) sowie in den Fällen verdeckter Ausschüttungen (§ 8 Abs. 2 des Körperschaftsteuergesetzes 1988) durch Verordnung anordnet.

In diesen Fällen ist eine der Richtlinie entsprechende Entlastung von der Kapitalertragsteuer auf Antrag der Muttergesellschaft durch ein Steuerrückerstattungsverfahren herbeizuführen.

(Start-Up-FG, BGBl I 2023/200 ab 1.1.2024)

3. Bei Einkünften aus Kapitalvermögen (einschließlich Ausgleichszahlungen und Leihgebühren im Sinne des § 27 Abs. 5 Z 4) bei Kreditinstituten, wenn der Gläubiger der Einkünfte ein in- oder ausländisches Kreditinstitut ist. Dies gilt nicht für Kapitalerträge gemäß § 27 Abs. 2 Z 1, deren Schuldner Geschäftsleitung oder Sitz im Inland hat.

(BGBl I 2018/62)

4. Bei Einkünften aus Kapitalvermögen, das bei ausländischen Betriebsstätten von Kreditinstituten besteht.

5. Bei Einkünften gemäß § 27 Abs. 2 Z 1 lit. a bis c, deren Schuldner weder Wohnsitz noch Geschäftsleitung oder Sitz im Inland hat, sowie bei Einkünften gemäß § 27 Abs. 2 Z 2, Abs. 3 und 4, unter folgenden Voraussetzungen:

   a) Der Empfänger der Einkünfte ist keine natürliche Person.

   b) Der Empfänger erklärt dem Abzugsverpflichteten unter Nachweis seiner Identität schriftlich, dass die Kapitaleinkünfte als Betriebseinnahmen eines in- oder ausländischen Betriebes, ausgenommen eines Hoheitsbetriebes (§ 2 Abs. 5 des Körperschaftsteuergesetzes 1988) zu erfassen sind (Befreiungserklärung).

   c) Der Empfänger leitet eine Gleichschrift der Befreiungserklärung unter Angabe seiner Steuernummer im Wege des Abzugsverpflichteten dem zuständigen Finanzamt zu.

Der Empfänger hat dem Abzugsverpflichteten und dem zuständigen Finanzamt im Wege des Abzugsverpflichteten unverzüglich alle Umstände mitzuteilen, die dazu führen, dass die Kapitaleinkünfte nicht mehr zu den Einnahmen eines in- oder ausländischen Betriebes gehören (Widerrufserklärung). Die Befreiung beginnt mit dem Vorliegen sämtlicher unter lit. a bis c angeführter Umstände und endet mit dem Wegfallen der Voraussetzung der lit. c, mit der Abgabe der Widerrufserklärung oder mit der Zustellung eines Bescheides, in dem festgestellt wird, dass die Befreiungserklärung unrichtig ist.

5.ª⁾ Bei Einkünften gemäß § 27 Abs. 2 Z 1 lit. a bis c, deren Schuldner weder Wohnsitz noch Geschäftsleitung oder Sitz im Inland hat, sowie bei Einkünften gemäß § 27 Abs. 2 Z 2, Abs. 3 und 4, unter folgenden Voraussetzungen:

   a) Der Empfänger der Einkünfte ist keine natürliche Person.

   b) Die Kapitaleinkünfte sind als Betriebseinnahmen eines in- oder ausländischen Betriebes, ausgenommen eines Hoheitsbetriebes (§ 2 Abs. 5 des Körperschaftsteuergesetzes 1988) zu erfassen.

   c) Für die Einkünfte, bei denen der Kapitalertragsteuerabzug durch ein Kreditinstitut im Sinne des § 95 Abs. 2 Z 2 letzter Satz erster bis dritter Teilstrich vorzunehmen ist, wird eine digitale Befreiungserklärung (§ 15) abgegeben.

(AbgÄG 2023, BGBl I 2023/110)

ª⁾ Tritt mit 1. Jänner 2025 in Kraft.

6. Bei folgenden Einkünften beschränkt Körperschaftsteuerpflichtiger im Sinne des § 1 Abs. 3 Z 2 und 3 des Körperschaftsteuergesetzes 1988:

   a) Beteiligungserträge im Sinne des § 10 des Körperschaftsteuergesetzes 1988,

   b) (aufgehoben)

   c) Einkünfte aus der Überlassung von Kapital gemäß § 27 Abs. 2 Z 2 sowie für Einkünfte aus realisierten Wertsteigerungen im Sinne des § 27 Abs. 3, Einkünfte aus Derivaten im Sinne des § 27 Abs. 4 und für Einkünfte aus Kryptowährungen im Sinne des § 27 Abs. 4a, die

      – innerhalb einer Veranlagungs- und Risikogemeinschaft einer befreiten Pensions- oder BV-Kasse,

      – einer befreiten Unterstützungskasse,

      – einer befreiten Privatstiftung im Sinne des § 6 Abs. 4 des Körperschaftsteuergesetzes 1988,

      – einer Versorgungs- oder Unterstützungseinrichtung einer Körperschaft des öffentlichen Rechtes,

1/1. EStG
§ 94

- einer von der unbeschränkten Steuerpflicht befreiten Körperschaft im Rahmen eines ebenfalls steuerbefreiten Betriebes (beispielsweise § 45 Abs. 2 der Bundesabgabenordnung) oder
- einem Einlagensicherungsfonds im Sinne des § 18 des Einlagensicherungs- und Anlegerentschädigungsgesetzes oder dem Beitragsvermögen gemäß § 74 WAG 2018

nachweislich zuzurechnen sind.

(BGBl I 2022/10)

d) Einkünfte einer Mittelstandsfinanzierungsgesellschaft im Rahmen des § 5 Z 14 des Körperschaftsteuergesetzes 1988.

e) Kapitalerträge auf Grund von Zuwendungen im Sinne des § 5 Z 7, wenn die Einkünfte gemäß § 3 befreit sind, der Empfänger unter § 4a fällt oder Zuwendungen gemäß § 4b oder § 4c vorliegen.

(BGBl I 2017/28)

7. Bei Kapitalerträgen gemäß § 27 Abs. 6 Z 1 und diesen gleichgestellten Einkünften aus Kryptowährungen, es sei denn, der Steuerpflichtige meldet dem Abzugsverpflichteten die Einschränkung des Besteuerungsrechts. Im Falle einer solchen Meldung ist vom Abzug abzusehen, wenn der Steuerpflichtige einen Abgabenbescheid im Sinne des § 27 Abs. 6 Z 1 vorweist. Bei Geldeinlagen und nicht verbrieften sonstigen Geldforderungen bei Kreditinstituten im Sinne des § 27a Abs. 1 Z 1 gilt im Falle der Einschränkung des Besteuerungsrechts der Schuldner der Kapitalerträge (§ 93 Abs. 2 Z 1 zweiter Satz) als depotführende Stelle im Sinne des § 95 Abs. 2 Z 2 lit. a.

(BGBl I 2022/10)

8. Bei Kapitalerträgen im Sinne des § 98 Abs. 1 Z 5 lit. d, wenn es sich um Immobilien eines Immobilienfonds handelt, dessen Anteile im In- oder Ausland sowohl in rechtlicher als auch in tatsächlicher Hinsicht an einen unbestimmten Personenkreis angeboten werden.

9. Bei der Ausgabe von Anteilsrechten auf Grund einer Kapitalerhöhung aus Gesellschaftsmitteln (§ 3 Abs. 1 Z 29).

10. Bei Einkünften im Sinne des § 27 Abs. 2 Z 1 lit. a bis c, deren Schuldner weder Wohnsitz noch Geschäftsleitung oder Sitz im Inland hat, sowie bei Einkünften im Sinne des § 27 Abs. 2 Z 2 und des § 27 Abs. 3 bis 4a, die

- einem § 186 oder § 188 des Investmentfondsgesetzes 2011 unterliegende Gebilde,
- einem § 40 oder § 42 des Immobilien-Investmentfondsgesetzes unterliegende Gebilde

zugehen. Dies gilt auch für Ausschüttungen von inländischen Grundstücks-Gesellschaften im Sinne der §§ 23 ff des Immobilien-Investmentfondsgesetzes an Immobilienfonds im Sinne des Immobilien-Investmentfondsgesetzes, soweit die Ausschüttungen auf Veräußerungsgewinne von Immobilienveräußerungen zurückzuführen sind.

(BGBl I 2022/10)

11. Bei tatsächlich ausgeschütteten Erträgen und als ausgeschüttet geltenden Erträgen aus

- einem § 186 oder § 188 des Investmentfondsgesetzes 2011 unterliegende Gebilde,
- einem § 40 oder § 42 des Immobilien-Investmentfondsgesetzes unterliegende Gebilde,

soweit die Erträge aus Einkünften im Sinne des § 27 Abs. 2 Z 1 lit. a bis c bestehen, deren Schuldner Wohnsitz, Geschäftsleitung oder Sitz im Inland hat.

12. Bei Einkünften im Sinne des § 27 Abs. 2 Z 1 lit. a bis c sowie bei Einkünften im Sinne des § 27 Abs. 2 Z 2, des § 27 Abs. 5 Z 1 und 2 und des § 27 Abs. 3 bis 4a, die einer nicht unter § 5 Z 6 oder nicht unter § 7 Abs. 3 des Körperschaftsteuergesetzes 1988 fallenden Privatstiftung zugehen, wenn für Einkünfte, bei denen der Kapitalertragsteuerabzug durch ein Kreditinstitut im Sinne des § 95 Abs. 2 Z 2 letzter Satz erster bis dritter Teilstrich vorzunehmen ist, eine digitale Befreiungserklärung (Z 15) abgegeben wird[a)].

(BGBl I 2022/10; AbgÄG 2023, BGBl I 2023/110)

[a)] Die Anfügung tritt mit 1. Jänner 2025 in Kraft.

13. Bei folgenden Einkünften aus Kapitalvermögen von beschränkt Steuerpflichtigen und gemäß § 1 Abs. 3 Z 1 des Körperschaftsteuergesetzes 1988 beschränkt Körperschaftsteuerpflichtigen:

- Einkünften, soweit diese im Rahmen der beschränkten Steuerpflicht gemäß § 98 Abs. 1 Z 5 nicht steuerpflichtig sind; dies berührt nicht die beschränkte Steuerpflicht gemäß § 98 Abs. 1 Z 5 lit. a bis c;
- Einkünften aus realisierten Wertsteigerungen von Kapitalvermögen gemäß § 98 Abs. 1 Z 5 lit. e.

14. Bei Zuwendungen einer nach § 718 Abs. 9 ASVG errichteten Privatstiftung gemäß § 3 Abs. 1 Z 36.

(BGBl I 2022/194)

15.[a)] Bei Einkünften gemäß Z 5 und 12, für die eine digitale Befreiungserklärung nach Maßgabe der folgenden Bestimmungen abgegeben wird:

a) Der Empfänger erklärt dem Abzugsverpflichteten unter Nachweis seiner

Identität schriftlich oder in digitaler Form, dass
- die Voraussetzungen der jeweiligen Befreiungsbestimmung erfüllt sind oder diese nicht mehr vorliegen (Widerruf) und
- für die digitale Weiterleitung der erforderlichen Daten an das Finanzamt die Entbindung vom Bankgeheimnis erfolgt.

b) Der Abzugsverpflichtete hat die für die Befreiung oder deren Widerruf erforderlichen Daten laufend dem zuständigen Finanzamt elektronisch zu übermitteln.

c) Der Bundesminister für Finanzen wird ermächtigt, die Art der Übermittlung und die Spezifikationen (Form, Struktur und Inhalt) der zu übermittelnden Daten im Wege einer Verordnung näher zu bestimmen.

Die Befreiung beginnt mit Abgabe der Erklärung gegenüber dem Abzugsverpflichteten und endet mit Widerruf durch den Empfänger oder mit der Zustellung eines Bescheides, in dem festgestellt wird, dass die Befreiungserklärung unrichtig ist.

(AbgÄG 2023, BGBl I 2023/110)

---
a) Tritt mit 1. Jänner 2025 in Kraft.

Schuldner und Abzugsverpflichteter

§ 95. (1) Schuldner der Kapitalertragsteuer ist der Empfänger der Kapitalerträge. Der Abzugsverpflichtete (Abs. 2) haftet dem Bund für die Einbehaltung und Abfuhr der Kapitalertragsteuer. Wird Kapitalertragsteuer auf Grundlage von Meldungen gemäß § 186 Abs. 2 Z 2 des Investmentfondsgesetzes 2011 und gemäß § 40 Abs. 2 Z 1 des Immobilien-Investmentfondsgesetzes einbehalten, haften für die Richtigkeit der gemeldeten Beträge der Rechtsträger des Investmentfonds und der steuerliche Vertreter zur ungeteilten Hand; in den Fällen des Abs. 2 Z 4 haften die Wertpapierfirma, der Zahlungsdienstleister, das E-Geldinstitut sowie ein allenfalls erforderlicher steuerlicher Vertreter zur ungeteilten Hand. Die Haftung ist vom Finanzamt für Großbetriebe geltend zu machen.

(BGBl I 2019/104, BGBl I 2020/99, BGBl I 2022/10, BGBl I 2022/108)

(2) Abzugsverpflichteter ist:
1. Bei Einkünften aus der Überlassung von Kapital, einschließlich tatsächlich ausgeschütteter Erträge und als ausgeschüttet geltender Erträge aus einem § 186 oder § 188 des Investmentfondsgesetzes 2011 oder einem § 40 oder § 42 des Immobilien-Investmentfondsgesetzes unterliegende Gebilde:
   a) Der Schuldner der Kapitalerträge, wenn dieser Wohnsitz, Geschäftsleitung oder Sitz im Inland hat oder inländische Zweigstelle eines ausländischen Kreditinstituts ist und es sich um Einkünfte aus der Überlassung von Kapital gemäß § 27 Abs. 2 Z 1, § 27 Abs. 5 Z 7 oder Zinsen aus Geldeinlagen bei Kreditinstituten und aus sonstigen Geldforderungen gegenüber Kreditinstituten im Sinne des § 27a Abs. 1 Z 1 handelt.

   (BGBl I 2022/10)

   b) die auszahlende Stelle in allen anderen Fällen. Auszahlende Stelle ist:
   - das Kreditinstitut, das an den Kuponinhaber Kapitalerträge im Zeitpunkt der Fälligkeit und anteilige Kapitalerträge anlässlich der Veräußerung des Wertpapiers auszahlt,
   - der inländische Emittent, der an den Kuponinhaber solche Kapitalerträge auszahlt,
   - die Zweigstelle eines Dienstleisters mit Sitz in einem Mitgliedstaat, der auf Grund der Richtlinie 2013/36/EU, ABl. Nr. L 176 vom 27.06.2013 S. 338, oder auf Grund der Richtlinie 2004/39/EG, ABl. Nr. L 145 vom 30.04.2004 S. 1, in der Fassung der Richtlinie 2010/78/EU, ABl. Nr. L 331 vom 15.12.2010 S. 120, zur Erbringung von Wertpapierdienstleistungen und Nebendienstleistungen im Inland berechtigt ist,
   - eine Wertpapierfirma im Sinne des 3 WAG 2018, die an den Kuponinhaber solche Kapitalerträge auszahlt.
   - Ein Dritter, der Kapitalerträge im Sinne des § 27 Abs. 5 Z 1 und 2 gewährt.
   - Bei ausländischen Kapitalerträgen im Sinne des § 27 Abs. 2 Z 1 lit. a bis c das Kreditinstitut oder die Wertpapierfirma, die die Kapitalerträge auszahlen.

   (AbgÄG 2023, BGBl I 2023/110)

2. Bei Einkünften aus realisierten Wertsteigerungen von Kapitalvermögen und bei Einkünften aus Derivaten, ausgenommen jenen der Z 4:
   a) Die inländische depotführende Stelle.
   b) Die inländische auszahlende Stelle, wenn keine inländische depotführende Stelle vorliegt, es sich bei der depotführenden Stelle um eine Betriebsstätte der auszahlenden Stelle oder ein konzernzugehöriges Unternehmen handelt und die auszahlende Stelle in Zusammenarbeit mit der depotführenden Stelle die Realisierung abwickelt und die Erlöse aus realisierten Wertsteigerungen von Kapitalvermögen, aus dem Differenzausgleich, aus der Veräußerung von Derivaten oder die Stillhalterprämie gutschreibt.

1/1. EStG
§ 95

c) (aufgehoben)
(BGBl I 2022/10)

Als inländische depotführende oder auszahlende Stellen kommen in Betracht:
- Kreditinstitute im Sinne des Bankwesengesetzes (§ 1 BWG),
- Zweigstellen eines Kreditinstituts aus Mitgliedstaaten (§ 9 BWG),
- Zweigstellen eines Dienstleisters mit Sitz in einem Mitgliedstaat, der auf Grund der Richtlinie 2013/36/EU, ABl. Nr. L 176 vom 27.06.2013 S. 338, oder auf Grund der Richtlinie 2004/39/EG, ABl. Nr. L 145 vom 30.04.2004 S. 1, in der Fassung der Richtlinie 2010/78/EU, ABl. Nr. L 331 vom 15.12.2010 S. 120, zur Erbringung von Wertpapierdienstleistungen und Nebendienstleistungen im Inland berechtigt ist,
- eine Wertpapierfirma im Sinne des § 3 WAG 2018.

(BGBl I 2022/108; AbgÄG 2023, BGBl I 2023/110)

3. Bei Einkünften aus Kryptowährungen:
   a) Bei laufenden Einkünften aus Kryptowährungen der inländische Schuldner der Kryptowährungen oder sonstigen Entgelte; wenn kein inländischer Schuldner vorliegt, der inländische Dienstleister (lit. b), der die Kryptowährungen oder sonstigen Entgelte gutschreibt.
   b) Bei Einkünften aus realisierten Wertsteigerungen von Kryptowährungen der inländische Dienstleister.

   Als inländische Dienstleister kommen in Betracht:
   - Dienstleister mit Sitz, Wohnsitz oder Ort der Geschäftsleitung im Inland, welche Dienste zur Sicherung privater kryptografischer Schlüssel anbieten, um Kryptowährungen im Namen eines Kunden zu halten, zu speichern und zu übertragen (§ 2 Z 22 lit. a FM-GwG),
   - Dienstleister mit Sitz, Wohnsitz oder Ort der Geschäftsleitung im Inland, die den Tausch von Kryptowährungen in gesetzlich anerkannte Zahlungsmittel und umgekehrt anbieten (§ 2 Z 22 lit. b FM-GwG),
   - Die inländische Zweigstelle oder Betriebsstätte von ausländischen Dienstleistern im Sinne des § 2 Z 22 lit. a und b FM-GwG.

   (BGBl I 2022/10)

4. Bei Einkünften aus nicht verbrieften Derivaten:
   a) Die inländische auszahlende Stelle gemäß Z 2 lit. b;
   b) Eine Wertpapierfirma im Sinne des § 3 WAG 2018, die sich für den Einbehalt und die Abfuhr einer der Kapitalertragsteuer entsprechenden Steuer eines konzessionierten Zahlungsdienstleisters im Sinne des § 7 ZaDiG 2018, eines E-Geldinstitutes im Sinne des § 3 Abs. 2 E-Geldgesetz oder eines zum Abzug einer der Kapitalertragsteuer vergleichbaren Steuer sonst Berechtigten bedient.

Dies gilt auch im Falle einer/eines ausländischen mit einer inländischen vergleichbaren auszahlenden Stelle oder einer Wertpapierfirma bzw. eines Zahlungsdienstleisters, sofern mit deren Ansässigkeitsstaat umfassende Amtshilfe besteht und ein steuerlicher Vertreter bestellt ist. Als steuerlicher Vertreter kann nur ein inländischer Wirtschaftstreuhänder oder eine Person bestellt werden, die vergleichbare fachliche Qualifikationen dem zuständigen Finanzamt nachweist.

(BGBl I 2022/108)

(3) Der Abzugsverpflichtete hat die Kapitalertragsteuer im Zeitpunkt des Zufließens der Kapitalerträge abzuziehen. Die Kapitalerträge gelten für Zwecke der Einbehaltung der Kapitalertragsteuer als zugeflossen:

1. Bei Kapitalerträgen, deren Ausschüttung von einer Körperschaft oder deren Zuwendung durch eine nicht unter § 5 Z 6 des Körperschaftsteuergesetzes 1988 fallende Privatstiftung beschlossen wird, an jenem Tag, der im Beschluss als Tag der Auszahlung bestimmt ist. Wird im Beschluss kein Tag der Auszahlung bestimmt, gilt der Tag nach der Beschlussfassung als Zeitpunkt des Zufließens.

2. Bei anderen Kapitalerträgen aus der Überlassung von Kapital
   - nach Maßgabe des § 19, wenn es sich um Zinserträge aus Geldeinlagen bei Kreditinstituten oder nicht unter Z 1 fallende sonstige Bezüge im Sinne des § 27 Abs. 2 Z 1 lit. a handelt,
   - im Zeitpunkt der Fälligkeit der Kapitalerträge bei allen sonstigen Kapitalerträgen aus der Überlassung von Kapital.

   Bei Meldung des Eintritts von Umständen, die die Abzugspflicht beenden oder begründen (insbesondere Befreiungserklärung oder Widerrufserklärung)[a], oder bei Zustellung eines Bescheides im Sinne des § 94 Z 5 letzter Satz gelten der Zinsertrag, der auf den Zeitraum vom letzten Zufließen gemäß § 19 bis zur Meldung oder Zustellung entfällt, bzw. die anteiligen Kapitalerträge im Rahmen der Einkünfte aus realisierten Wertsteigerungen als Stückzinsen als zugeflossen. Im Falle einer Depotentnahme oder eines Wegzugs im Sinne der Z 3 sind der Zinsertrag, der auf den Zeitraum vom letzten Zufließen gemäß § 19 bis zur Meldung oder Zustellung entfällt, bzw. die anteiligen Kapitalerträge im Rahmen der

Einkünfte aus realisierten Wertsteigerungen als Stückzinsen zu erfassen.
(AbgÄG 2023, BGBl I 2023/110)

a) Ab 1. Jänner 2025: „(insbesondere digitale Befreiungserklärung oder deren Widerruf)".

3. Bei Kapitalerträgen gemäß § 27 Abs. 3 bis 4a
   – nach Maßgabe des § 19;
   – im Falle der Einschränkung des Besteuerungsrechts im Sinne des § 27 Abs. 6 Z 1 im Zeitpunkt der Veräußerung, der Entnahme oder des sonstigen Ausscheidens aus dem Depot, jedoch höchstens im Ausmaß des Erlöses oder des gemeinen Wertes im Zeitpunkt der Entnahme oder des sonstigen Ausscheidens; bei Geldeinlagen bei Kreditinstituten und sonstigen Geldforderungen gegenüber Kreditinstituten im Sinne des § 27a Abs. 1 Z 1 jedoch nach Maßgabe des § 19. Der Abzugsverpflichtete kann die herauszugebenden Wirtschaftsgüter und Derivate im Sinne des § 27 Abs. 3 und 4 bis zum Ersatz der voraussichtlich anfallenden Kapitalertragsteuer durch den Schuldner zurückbehalten;
   – im Falle der Entnahme aus dem Depot im Sinne des § 27 Abs. 6 Z 2 im Entnahmezeitpunkt.

(BGBl I 2022/10)

(4) Dem Empfänger der Kapitalerträge ist die Kapitalertragsteuer ausnahmsweise vorzuschreiben, wenn
1. der Abzugsverpflichtete die Kapitalerträge nicht vorschriftsmäßig gekürzt hat und die Haftung nach Abs. 1 nicht oder nur erschwert durchsetzbar wäre oder
   (BGBl I 2015/118)
2. der Empfänger weiß, dass der Abzugsverpflichtete die einbehaltene Kapitalertragsteuer nicht vorschriftsmäßig abgeführt hat und dies dem Finanzamt nicht unverzüglich mitteilt.

(5) Werden gutgeschriebene Kapitalerträge aus der Überlassung von Kapital nachträglich gekürzt, ist vom Abzugsverpflichteten die auf die nachträglich gekürzten Kapitalerträge entfallende Kapitalertragsteuer gutzuschreiben. Verluste aus der Einlösung von Wirtschaftsgütern im Sinne des § 27 Abs. 3 stellen keine nachträgliche Kürzung dar.

Abfuhr der Kapitalertragsteuer

§ 96. (1) Die Kapitalertragsteuer ist innerhalb folgender Zeiträume abzuführen:
1. a) Bei Einkünften aus der Überlassung von Kapital gemäß § 27 Abs. 2 Z 1 und § 27 Abs. 5 Z 7, deren Schuldner Abzugsverpflichteter (§ 95 Abs. 2 Z 1 lit. a) ist, hat der Abzugsverpflichtete die einbehaltenen Steuerbeträge unter der Bezeichnung „Kapitalertragsteuer" binnen einer Woche nach dem Zuflie-

ßen der Kapitalerträge abzuführen, und zwar auch dann, wenn der Gläubiger die Einforderung des Kapitalertrages (zum Beispiel die Einlösung der Gewinnanteilscheine) unterlässt.

b) Bei Zinsen aus Geldeinlagen bei Kreditinstituten und aus sonstigen Geldforderungen gegenüber Kreditinstituten im Sinne des § 27a Abs. 1 Z 1 hat der Abzugsverpflichtete am 15. Dezember jeden Jahres eine Vorauszahlung zu entrichten. Der Berechnung der Vorauszahlung sind folgende Werte zugrunde zu legen:
   – Der Bestand an laufend verzinsten Geldeinlagen und sonstigen Forderungen zum letzten vorangegangenen Jahresabschluss.
   – Das bis 1. Dezember des laufenden Kalenderjahres ermittelte jeweilige arithmetische Mittel der den laufend verzinsten Einlagen und sonstigen Forderungen zuzuordnenden Zinssätze des laufenden Kalenderjahres.
   – Der bis 30. Oktober des laufenden Jahres angefallene Zinsaufwand für nicht laufend verzinste Geldeinlagen und sonstige Forderungen. Dieser Zinsaufwand ist um 15% zu erhöhen.

Die Vorauszahlung beträgt 90% der aus diesen Werten errechneten Jahressteuer. Die restliche Kapitalertragsteuer ist am 30. September des Folgejahres zu entrichten.
(BGBl I 2022/10)

c) Bei Zinsen, die der beschränkten Einkommensteuerpflicht gemäß § 98 Abs. 1 Z 5 lit. b unterliegen, hat der Abzugsverpflichtete die in einem Kalenderjahr einbehaltenen Steuerbeträge spätestens am 15. Februar des Folgejahres zu entrichten.

d) Bei allen anderen kapitalertragsteuerpflichtigen Einkünften aus der Überlassung von Kapital hat der Abzugsverpflichtete die in einem Kalendermonat einbehaltenen Steuerbeträge unter der Bezeichnung „Kapitalertragsteuer" spätestens am 15. Tag nach Ablauf des folgenden Kalendermonates abzuführen.

2. Bei Einkünften aus realisierten Wertsteigerungen von Kapitalvermögen und bei Einkünften aus Derivaten hat der Abzugsverpflichtete die unter Berücksichtigung des Verlustausgleichs gemäß § 93 Abs. 6 einbehaltenen Steuerbeträge unter der Bezeichnung „Kapitalertragsteuer" spätestens am 15. Tag nach Ablauf des folgenden Kalendermonats abzuführen.

1/1. EStG
§§ 96, 97

3. Bei Einkünften aus Kryptowährungen hat der Abzugsverpflichtete die unter Berücksichtigung des Verlustausgleichs gemäß § 93 Abs. 7 einbehaltenen Steuerbeträge unter der Bezeichnung „Kapitalertragsteuer" spätestens bis zum 15. Februar des Folgejahres abzuführen.

(BGBl I 2022/10)

(2) Die Kapitalertragsteuer ist an das für die Erhebung der Einkommen- oder Körperschaftsteuer des Abzugsverpflichteten zuständige Finanzamt abzuführen.

(BGBl I 2019/104, BGBl I 2020/99)

(3) Der Abzugsverpflichtete hat innerhalb der im Abs. 1 festgesetzten Frist dem Finanzamt eine Anmeldung elektronisch zu übermitteln. Der Bundesminister für Finanzen wird ermächtigt, den Inhalt und das Verfahren der elektronischen Übermittlung mit Verordnung festzulegen. In der Verordnung kann vorgesehen werden, dass sich der Abgabenschuldner einer bestimmten öffentlich-rechtlichen oder privatrechtlichen Übermittlungsstelle zu bedienen hat.

Die Anmeldung ist innerhalb der im Abs. 1 angeführten Fristen auch dann einzureichen, wenn ein Steuerabzug nicht vorzunehmen ist. In diesem Fall ist das Unterbleiben des Steuerabzugs zu begründen.

(4) Der Abzugsverpflichtete hat dem Empfänger der Kapitalerträge folgende Bescheinigungen zu erteilen:

1. Eine Bescheinigung über die Höhe der Einkünfte und des Steuerbetrages, über den Zahlungstag, über die Zeit, für welche die Einkünfte gezahlt worden sind, und über das Finanzamt, an das der Steuerbetrag abgeführt worden ist. Die Höhe der Einkünfte gemäß § 98 Abs. 1 Z 5 lit. b und der darauf entfallende Steuerbetrag sind gesondert auszuweisen.

2. Eine Bescheinigung über den Verlustausgleich gemäß § 93 Abs. 6. Darin sind für jedes Depot gesondert die bis zum Ende des Kalenderjahres erzielten positiven und negativen Einkünfte, untergliedert nach § 27 Abs. 2 und § 27 Abs. 3 und 4, sowie allfällige Änderungen der Depotinhaberschaft anzugeben. Auszuweisen ist weiters die Höhe der insgesamt im Rahmen des Verlustausgleichs gemäß § 93 Abs. 6 berücksichtigten negativen Einkünfte und erteilten Gutschriften.

3. Eine Bescheinigung über den Verlustausgleich gemäß § 93 Abs. 7. Darin sind für jeden Steuerpflichtigen die bis zum Ende des Kalenderjahres erzielten positiven und negativen Einkünfte aus Kryptowährungen, untergliedert nach § 27b Abs. 2 und § 27b Abs. 3, anzugeben. Auszuweisen ist weiters die Höhe der insgesamt im Rahmen des Verlustausgleichs gemäß § 93 Abs. 7 berücksichtigten negativen Einkünfte und erteilten Gutschriften.

(BGBl I 2022/10)

Die Verpflichtung des Abzugsverpflichteten nach Z 1 entfällt, wenn Kapitalerträge für seine Rechnung durch ein Kreditinstitut gezahlt werden und wenn über die Zahlung eine der Bescheinigung gleichartige Bestätigung erteilt wird.

(4)a) Der Abzugsverpflichtete hat dem Empfänger der Kapitalerträge eine Bescheinigung über die Höhe der Einkünfte und des Steuerbetrages, über den Zahlungstag, über die Zeit, für welche die Einkünfte gezahlt worden sind, und über das Finanzamt, an das der Steuerbetrag abgeführt worden ist, zu erteilen. Die Höhe der Einkünfte gemäß § 98 Abs. 1 Z 5 lit. b und der darauf entfallende Steuerbetrag sind gesondert auszuweisen. Die Verpflichtung des Abzugsverpflichteten entfällt, wenn Kapitalerträge für seine Rechnung durch ein Kreditinstitut gezahlt werden und wenn über die Zahlung eine der Bescheinigung gleichartige Bestätigung erteilt wird.

(BGBl I 2022/108)

a) Tritt am 1. Jänner 2025 in Kraft.

(5)a) Der Abzugsverpflichtete hat dem Empfänger der Kapitalerträge auf dessen Verlangen eine Steuerbescheinigung (Steuerreporting) zu erteilen. Diese hat die für den Steuerpflichtigen relevanten Daten über die ihn betreffenden Geschäftsfälle und das für ihn verwaltete Kapitalvermögen eines Kalenderjahres zu enthalten. Dies betrifft insbesondere

– die Höhe der positiven und negativen Einkünfte, untergliedert nach § 27 Abs. 2, Abs. 3, Abs. 4 und Abs. 4a;
– die Höhe der Ausschüttungen und ausschüttungsgleichen Erträge gemäß § 186 des Investmentfondsgesetzes 2011 und § 40 des Immobilien-Investmentfondsgesetzes;
– die Höhe der insgesamt im Rahmen des Verlustausgleichs gemäß § 93 Abs. 6 und 7 berücksichtigten negativen Einkünfte;
– die Höhe der für den Verlustausgleich im Rahmen der Veranlagung zur Verfügung stehenden Verluste;
– die einbehaltene und gutgeschriebene Kapitalertragsteuer;
– die berücksichtigten ausländischen Quellensteuern;
– die Anwendung von § 93 Abs. 4 sowie
– allfällige Änderungen der Depotinhaberschaft.

Der Bundesminister für Finanzen wird ermächtigt, die Art der Übermittlung, die Spezifikationen (Form, Struktur und Inhalt) und Merkmale zur Überprüfung der Echtheit der Steuerbescheinigung im Wege einer Verordnung näher zu bestimmen.

(BGBl I 2022/108; AbgÄG 2023, BGBl I 2023/110)

a) Tritt am 1. Jänner 2025 in Kraft.

Steuerabgeltung

§ 97. (1) Für natürliche Personen und für nicht unter § 7 Abs. 3 des Körperschaftsteuergesetzes 1988 fallende Körperschaften gilt die Einkommensteuer (Körperschaftsteuer) für Einkünfte aus Kapitalvermögen, auf deren Erträge ein besonderer Steuersatz gemäß § 27a Abs. 1 anwendbar ist, durch die Kapitalertragsteuer als abgegolten, ausgenommen in den Fällen der Regelbesteuerungsoption (§ 27a Abs. 5) und der Verlustausgleichsoption (Abs. 2). Die Steuerabgeltung gilt auch für als ausgeschüttet geltende Erträge aus Anteilscheinen und Anteilen an einem § 186 oder § 188 des Investmentfondsgesetzes 2011 unterliegenden Gebilde, soweit diese aus den genannten Einkünften bestehen, sowie für als ausgeschüttet geltende Erträge aus Anteilscheinen und Anteilen an einem § 40 oder § 42 des Immobilien-Investmentfondsgesetzes unterliegenden Gebilde. Die Steuerabgeltung gilt nicht:

a) für Einkünfte aus realisierten Wertsteigerungen von Kapitalvermögen (§ 27 Abs. 3), Einkünfte aus Derivaten (§ 27 Abs. 4) und Einkünfte aus Kryptowährungen (§ 27 Abs. 4a), soweit diese zu den Einkünften im Sinne des § 2 Abs. 3 Z 1 bis 4 gehören;
(BGBl I 2022/10)

b) soweit dem Kapitalertragsteuerabzug gemäß § 93 Abs. 4 oder § 93 Abs. 4a ermittelte Werte nicht den tatsächlichen Gegebenheiten entsprechende Annahmen gemäß § 93 Abs. 5 oder nicht den tatsächlichen Gegebenheiten entsprechende Angaben des Steuerpflichtigen gemäß § 93 Abs. 6 Z 4 lit. a und b oder § 93 Abs. 4a Z 1 zu Grunde liegen.
(BGBl I 2022/10)
(BGBl I 2015/118)

(2) Auf Antrag sind die der Kapitalertragsteuer unterliegenden Einkünfte aus Kapitalvermögen mit einem besonderen Steuersatz gemäß § 27a Abs. 1 zu veranlagen (Verlustausgleichsoption). Dabei ist die Kapitalertragsteuer auf Antrag auf die zu erhebende Einkommensteuer anzurechnen und mit dem übersteigenden Betrag zu erstatten. Eine solche Anrechnung und Erstattung ist weiters bei Erhebung der Kapitalertragsteuer von Einkünften vorzunehmen, hinsichtlich derer in Anwendung eines Doppelbesteuerungsabkommens eine über das entrichtete Ausmaß hinausgehende Anrechnung ausländischer Steuer beantragt wird. Bei der Berechnung des zu erstattenden Betrages sind die Kapitalerträge ohne jeden Abzug anzusetzen; dies gilt ungeachtet des § 20 Abs. 2 nicht hinsichtlich jener Kapitalerträge, für die eine über das entrichtete Ausmaß hinausgehende Anrechnung ausländischer Steuern beantragt wird.
(AbgÄG 2023, BGBl I 2023/110)

7. TEIL
BESTEUERUNG BEI BESCHRÄNKTER STEUERPFLICHT

Einkünfte bei beschränkter Steuerpflicht

§ 98. (1) Der beschränkten Einkommensteuerpflicht (§ 1 Abs. 3) unterliegen nur die folgenden Einkünfte:

1. Einkünfte aus einer im Inland betriebenen Land- und Forstwirtschaft (§ 21).
2. Einkünfte aus selbständiger Arbeit (§ 22), die im Inland ausgeübt oder verwertet wird oder worden ist. Die Arbeit wird im Inland
   – ausgeübt, wenn der Steuerpflichtige im Inland persönlich tätig geworden ist
   – verwertet, wenn sie zwar nicht im Inland persönlich ausgeübt wird, aber ihr wirtschaftlicher Erfolg der inländischen Volkswirtschaft unmittelbar zu dienen bestimmt ist.
3. Einkünfte aus Gewerbebetrieb (§ 23),
   – für den im Inland eine Betriebsstätte unterhalten wird oder
   – für den im Inland ein ständiger Vertreter bestellt ist oder
   – bei dem im Inland unbewegliches Vermögen vorliegt.
   Einkünfte
   – aus kaufmännischer oder technischer Beratung im Inland,
   – aus der Gestellung von Arbeitskräften zur inländischen Arbeitsausübung und
   – aus der gewerblichen Tätigkeit als Sportler, Artist oder als Mitwirkender an Unterhaltungsdarbietungen im Inland
   sind jedoch auch dann steuerpflichtig, wenn keine inländische Betriebsstätte unterhalten wird und kein ständiger Vertreter im Inland bestellt ist.
4. Einkünfte aus nichtselbständiger Arbeit (§ 25), die
   – im Inland oder auf österreichischen Schiffen ausgeübt oder verwertet wird oder worden ist (Z 2),
   – aus inländischen öffentlichen Kassen mit Rücksicht auf ein gegenwärtiges oder früheres Dienstverhältnis gewährt werden.
   Eine Erfassung von Einkünften aus nichtselbständiger Arbeit nach dieser Ziffer hat zu unterbleiben, wenn die Einkünfte wirtschaftlich bereits nach Z 3 erfasst wurden.
5. Einkünfte aus Kapitalvermögen im Sinne des § 27, wenn
   a) es sich dabei um Einkünfte aus der Überlassung von Kapital gemäß § 27 Abs. 2 Z 1 oder § 27 Abs. 5 Z 7 handelt, der Abzugsverpflichtete Schuldner der Kapitalerträge ist (§ 95 Abs. 2 Z 1 lit. a) und Kapitalertragsteuer einzubehalten war.
   b) es sich dabei um inländische Zinsen gemäß § 27 Abs. 2 Z 2 oder inländische Stückzinsen gemäß § 27 Abs. 6 Z 5 (einschließlich solche bei Nullkuponanleihen und sonstigen Forderungswertpapieren) handelt und Kapitalertragsteuer einzubehalten war. Inländische (Stück) Zinsen liegen vor, wenn

- der Schuldner der Zinsen Wohnsitz, Geschäftsleitung oder Sitz im Inland hat oder eine inländische Zweigstelle eines ausländischen Kreditinstitutes ist oder
- das Wertpapier von einem inländischen Emittenten begeben worden ist.

Werden solche inländischen (Stück)Zinsen, die in Ausschüttungen gemäß § 186 Abs. 1 des Investmentfondsgesetzes 2011 oder in ausschüttungsgleichen Erträgen gemäß § 186 Abs. 2 Z 1 des Investmentfondsgesetzes 2011 oder § 40 Abs. 1 des Immobilien-Investmentfondsgesetzes enthalten sind, sowie die sich daraus ergebende Kapitalertragsteuer nicht in tatsächlicher Höhe der Meldestelle gemäß § 186 Abs. 2 Z 2 des Investmentfondsgesetzes 2011 bzw. gemäß § 40 Abs. 2 Z 2 des Immobilien-Investmentfondsgesetzes gemeldet, ist Kapitalertragsteuer vom Gesamtbetrag der gemeldeten Zinsen einzubehalten, ansonsten ist Kapitalertragsteuer

- vom Gesamtbetrag der erfolgten Ausschüttungen sowie
- zum 31. Dezember von einem Betrag in Höhe von 6% des Rücknahmepreises des Anteilscheins, oder
- im Falle einer Veräußerung oder eines Depotübertrages vor dem 31. Dezember, ausgenommen bei einem Übertrag auf ein Depot desselben Steuerpflichtigen beim selben Abzugsverpflichteten, von einem Zinsanteil in Höhe von 0,5% des zuletzt festgestellten Rücknahmepreises des Anteilscheins für jeden angefangenen Kalendermonat des laufenden Kalenderjahres

einzubehalten.

(BGBl I 2018/62)

c) es sich dabei um Einkünfte aus der Überlassung von Kapital gemäß § 27 Abs. 2 Z 4 handelt und Abzugsteuer gemäß § 99 einzubehalten war.

d) es sich um Einkünfte aus Kapitalvermögen im Sinne der §§ 40 und 42 des Immobilien-Investmentfondsgesetzes aus Immobilien handelt, wenn diese Immobilien im Inland gelegen sind.

e) es sich dabei um Einkünfte aus realisierten Wertsteigerungen von Kapitalvermögen handelt, soweit diese Einkünfte aus der Veräußerung einer Beteiligung an einer Kapitalgesellschaft mit Sitz oder Geschäftsleitung im Inland stammen, an der der Steuerpflichtige oder im Falle des unentgeltlichen Erwerbs sein Rechtsvorgänger innerhalb der letzten fünf Kalenderjahre zu mindestens 1% beteiligt war.

Von der beschränkten Steuerpflicht ausgenommen sind

- (Stück)Zinsen, die nicht von natürlichen Personen erzielt werden;
- (Stück)Zinsen, die von Personen erzielt werden, die in einem Staat ansässig sind, mit dem ein automatischer Informationsaustausch besteht, wobei die Begründung der Ansässigkeit in einem solchen Staat dem Abzugsverpflichteten durch Vorlage einer Ansässigkeitsbescheinigung nachzuweisen ist;
- (Stück)Zinsen, die in Ausschüttungen gemäß § 186 Abs. 1 des Investmentfondsgesetzes 2011 oder in ausschüttungsgleichen Erträgen gemäß § 186 Abs. 2 Z 1 des Investmentfondsgesetzes 2011 oder § 40 Abs. 1 des Immobilien-Investmentfondsgesetzes enthalten sind, sofern das den §§ 186 oder 188 des Investmentfondsgesetzes 2011 bzw. §§ 40 oder 42 des Immobilien-Investmentfondsgesetzes unterliegende Gebilde direkt oder indirekt höchstens 15% seines Vermögens in Wirtschaftsgüter angelegt hat, deren Erträge inländische Zinsen sind.

(BGBl I 2018/62)

6. Einkünfte aus Vermietung und Verpachtung (§ 28), wenn das unbewegliche Vermögen, die Sachinbegriffe oder Rechte
   - im Inland gelegen sind oder
   - in ein inländisches öffentliches Buch oder Register eingetragen sind oder
   - in einer inländischen Betriebsstätte verwertet werden.

7. Einkünfte aus privaten Grundstücksveräußerungen im Sinne des § 30, soweit es sich um inländische Grundstücke handelt.

(2) Für Einkünfte im Sinne des Abs. 1 entfällt die beschränkte Steuerpflicht, wenn die Voraussetzungen für die Befreiung vom Steuerabzug gemäß § 99a gegeben sind.

(3) Die beschränkte Steuerpflicht erstreckt sich auch auf nachträgliche Einkünfte (§ 32 Abs. 1 Z 2) einschließlich nachzuversteuernder oder rückzuzahlender Beträge aus Vorjahren, in denen unbeschränkte oder beschränkte Steuerpflicht nach Abs. 1 bestanden hat.

(4) Für Einkünfte im Sinne des Abs. 1 Z 1 bis 3 und 7 sind die §§ 30a bis 30c entsprechend anzuwenden.

Steuerabzug in besonderen Fällen

§ 99. (1) Die Einkommensteuer beschränkt Steuerpflichtiger wird durch Steuerabzug erhoben (Abzugsteuer):

1. Bei Einkünften aus im Inland ausgeübter oder verwerteter selbständiger Tätigkeit als

Schriftsteller, Vortragender, Künstler, Architekt, Sportler, Artist oder Mitwirkender an Unterhaltungsdarbietungen, wobei es gleichgültig ist, an wen die Vergütungen für die genannten Tätigkeiten geleistet werden.

2. Bei Gewinnanteilen von Gesellschaftern (Mitunternehmern) einer ausländischen Gesellschaft, die an einer inländischen Personengesellschaft beteiligt ist. Ein Steuerabzug unterbleibt insoweit, als
   – die ausländische Gesellschaft der inländischen Personengesellschaft bekannt gibt oder
   – die zuständige Abgabenbehörde auf andere Weise davon Kenntnis erlangt,
   welche natürlichen Personen oder juristischen Personen Empfänger der Gewinnanteile sind. Die inländische Personengesellschaft gilt dabei als Schuldner der Gewinnanteile.
3. Bei den im § 28 Abs. 1 Z 3 aufgezählten Einkünften, wobei es gleichgültig ist, welcher der Einkunftsarten des § 2 Abs. 3 Z 1 bis 3 und 6 diese Einkünfte grundsätzlich zuzurechnen sind.
4. Bei Aufsichtsratsvergütungen.
5. Bei Einkünften aus im Inland ausgeübter kaufmännischer oder technischer Beratung und bei Einkünften aus der Gestellung von Arbeitskräften zur inländischen Arbeitsausübung.
6. Bei Einkünften im Sinne des § 98 Abs. 1 Z 5 lit. d, soweit es sich um Immobilien eines § 186 oder § 188 InvFG 2011 oder eines § 40 oder § 42 ImmoInvFG unterliegenden Gebildes handelt, dessen Anteile im In- oder Ausland entweder in rechtlicher oder in tatsächlicher Hinsicht nicht an einen unbestimmten Personenkreis angeboten werden. Die Einkommensteuer kann auch von einem § 186 oder § 188 InvFG 2011 oder einem § 40 oder § 42 ImmoInvFG unterliegenden Gebilde, dessen Anteile im In- oder Ausland entweder in rechtlicher oder in tatsächlicher Hinsicht nicht an einen unbestimmten Personenkreis angeboten werden, durch Steuerabzug erhoben werden, sofern dieses die Immobilien nicht unmittelbar hält und nicht bereits ein Steuerabzug erfolgt ist.

   (AbgÄG 2023, BGBl I 2023/110)

7. Bei Einkünften im Sinne des § 27 Abs. 2 Z 4, wenn die stille Beteiligung an einem inländischen Unternehmen besteht.

(1a) Der Bundesminister für Finanzen wird ermächtigt, mit Verordnung vorzusehen, daß bei beschränkt Steuerpflichtigen, die Einnahmen aus der Herstellung eines Werkes erzielen, die Einkommensteuer durch Steuerabzug eingehoben wird, wenn dies zur Erzielung einer den Grundsätzen der Gegenseitigkeit entsprechenden Behandlung erforderlich ist. Aus Gründen der Gegenseitigkeit kann bei Erbringen eines Nachweises, daß keine inländische Steuerpflicht vorliegt, eine Erstattung auch erst nach Ablauf des Veranlagungszeitraumes erfolgen.

(2)
1. Der Abzugsteuer unterliegt der volle Betrag der Einnahmen (Betriebseinnahmen) oder Gewinnanteile. Vom Schuldner übernommene Abzugsteuer unterliegt als weiterer Vorteil ebenfalls dem Steuerabzug.
2. Mit den Einnahmen (Betriebseinnahmen) unmittelbar zusammenhängende Ausgaben (Betriebsausgaben oder Werbungskosten) können vom vollen Betrag der Einnahmen (Betriebseinnahmen) abgezogen werden, wenn sie ein in einem Mitgliedstaat der Europäischen Union oder Staat des Europäischen Wirtschaftsraumes ansässiger Steuerpflichtiger vor dem Zufließen der Einkünfte dem Schuldner der Einkünfte schriftlich mitgeteilt hat. Ist der Empfänger der als Ausgaben geltend gemachten Beträge beschränkt steuerpflichtig und übersteigen die Ausgaben beim Empfänger den Betrag von „2 331" Euro, ist ein Abzug vom vollen Betrag der Einnahmen nicht zulässig, wenn die steuerliche Erfassung beim Empfänger zur inländischen Besteuerung nicht ausreichend sichergestellt ist.

(Teuerungs-EP II, BGBl I 2022/163; PrAG 2024, BGBl I 2023/153 ab 1.1.2024)

(3) Der Schuldner ist von der Verpflichtung zum Steuerabzug befreit, wenn er die geschuldeten Beträge auf Grund eines Übereinkommens nicht an den beschränkt steuerpflichtigen Gläubiger, sondern an eine inländische juristische Person abführt, die die Urheberrechte wahrt und von dem für die juristische Person zuständigen Finanzamt zur Vornahme des Steuerabzuges zugelassen worden ist. Diese hat den Steuerabzug vorzunehmen.

Befreiung vom Steuerabzug

§ 99a. (1) Der Schuldner ist von der Verpflichtung zum Steuerabzug von Zinsen und Lizenzgebühren befreit, wenn er entweder eine unbeschränkt steuerpflichtige Körperschaft oder eine Betriebsstätte eines Unternehmens eines anderen Mitgliedstaates ist und wenn der Nutzungsberechtigte ein verbundenes Unternehmen eines anderen Mitgliedstaates oder eine in einem anderen Mitgliedstaat gelegene Betriebsstätte eines verbundenen Unternehmens eines anderen Mitgliedstaates ist.

Als Lizenzgebühren gelten Vergütungen jeder Art, die für die Benutzung oder für das Recht auf Benutzung von Urheberrechten an literarischen, künstlerischen oder wissenschaftlichen Werken, einschließlich kinematografischer Filme und Software, von Patenten, Marken, Mustern oder Modellen, Plänen, geheimen Formeln oder Verfahren oder für die Mitteilung gewerblicher, kaufmännischer oder wissenschaftlicher Erfahrungen, sowie für die Benutzung oder das Recht auf Benutzung gewerblicher, kaufmännischer oder wissenschaftlicher Ausrüstungen gezahlt werden.

1/1. EStG
§ 99a

Als Zinsen gelten Einkünfte aus Forderungen jeder Art, auch wenn die Forderungen durch Pfandrechte an Grundstücken gesichert oder mit einer Beteiligung am Gewinn des Schuldners ausgestattet sind, insbesondere Einkünfte aus öffentlichen Anleihen und aus Obligationen einschließlich der damit verbundenen Aufgelder und der Gewinne aus Losanleihen. Zuschläge für verspätete Zahlung gelten nicht als Zinsen.

Als Betriebsstätte gilt eine feste Geschäftseinrichtung in einem Mitgliedstaat, in der die Tätigkeit eines Unternehmens eines anderen Mitgliedstaates ganz oder teilweise ausgeführt wird.

(2) Zinsen- und Lizenzgebührenzahlungen einer inländischen Betriebsstätte sind nur dann befreit, wenn diese Zinsen und Lizenzgebühren bei ihr eine steuerlich abzugsfähige Betriebsausgabe darstellen.

(3) Ein Unternehmen eines anderen Mitgliedstaates der Europäischen Union gilt nur dann als Nutzungsberechtigter, wenn es die Zahlungen zu eigenen Gunsten und nicht als Zwischenträger, etwa als Vertreter, Treuhänder oder Bevollmächtigter für eine andere Person, erhält, und wenn die Forderung, das Recht oder der Gebrauch von Informationen, die Grundlage für Zahlungen von Zinsen oder Lizenzgebühren sind, mit dem empfangenden Unternehmen in einem konkreten Zusammenhang stehen.

(4) Eine Betriebsstätte wird als Nutzungsberechtigter der Lizenzgebühren behandelt,
1. wenn die Forderung, das Recht oder der Gebrauch von Informationen, die Grundlage für Zahlungen von Zinsen oder Lizenzgebühren sind, mit der Betriebsstätte in einem konkreten Zusammenhang stehen und
2. wenn die Zahlungen der Zinsen oder Lizenzgebühren Einkünfte darstellen, auf Grund deren die Betriebsstätte in dem Mitgliedstaat, in dem sie gelegen ist, einer der in Artikel 3 Buchstabe a Ziffer iii der Richtlinie Nr. 2003/49/EG des Rates vom 3. Juni 2003 (ABl. EG Nr. L 157 S 49) in der jeweils geltenden Fassung genannten Steuern bzw. im Fall Belgiens dem „impot des non-résidents/belasting der niet-verblijfhouders" bzw. im Fall Spaniens dem „Impuesto sobre la Renta de no Residentes" bzw. einer mit diesen Steuern identischen oder weitgehend ähnlichen Steuer unterliegt, die nach dem Zeitpunkt des In-Kraft-Tretens der Richtlinie an Stelle der bestehenden Steuern oder ergänzend zu ihnen eingeführt wurde.

(5) Als Unternehmen eines anderen Mitgliedstaates gilt jedes Unternehmen, das eine der im Anhang der Richtlinie Nr. 2003/49/EG des Rates vom 3. Juni 2003 (ABl. EG Nr. L 157 S 49 bis 54 in der jeweils geltenden Fassung) angeführten Rechtsformen aufweist und nach dem Steuerrecht des anderen Mitgliedstaates in diesem Mitgliedstaat niedergelassen ist und nicht nach einem zwischen diesem Mitgliedstaat und einem Drittstaat abgeschlossenen Doppelbesteuerungsabkommen als außerhalb der Gemeinschaft niedergelassen gilt.

(6) Als verbundenes Unternehmen gilt jedes Unternehmen, das wenigstens dadurch mit einem zweiten Unternehmen verbunden ist, dass
1. das erste Unternehmen unmittelbar mindestens zu einem Viertel in Form von Gesellschaftsrechten am zweiten Unternehmen beteiligt ist oder
2. das zweite Unternehmen unmittelbar mindestens zu einem Viertel in Form von Gesellschaftsrechten am ersten Unternehmen beteiligt ist oder
3. ein drittes Unternehmen unmittelbar mindestens zu einem Viertel in Form von Gesellschaftsrechten am ersten Unternehmen und am zweiten Unternehmen beteiligt ist.

Die Beteiligungen dürfen nur Unternehmen umfassen, die im Gemeinschaftsgebiet niedergelassen sind. Diese Beteiligungserfordernisse müssen zum Zeitpunkt der Zahlung der Zinsen oder der Lizenzgebühren für einen ununterbrochenen Zeitraum von mindestens einem Jahr bestanden haben.

(7) Die Befreiung vom Steuerabzug erfolgt nur, wenn der Schuldner bereits zum Zeitpunkt der Zahlung der Zinsen oder der Lizenzgebühren über folgende Bestätigungen verfügt:
1. Eine Bestätigung durch die zuständigen Abgabenbehörden des anderen Mitgliedstaates, dass das empfangende Unternehmen in diesem Mitgliedstaat ansässig ist und einer der in Artikel 3 der Richtlinie Nr. 2003/49/EG des Rates vom 3. Juni 2003 (ABl. EG Nr. L 157 S 49) in der jeweils geltenden Fassung angeführten Steuern oder einer weitgehend ähnlichen Steuer, die nach dem Zeitpunkt des In-Kraft-Tretens dieser Richtlinie an Stelle der bestehenden Steuern oder ergänzend zu ihnen eingeführt wurde, unterliegt.
2. Ist eine in einem anderen Mitgliedstaat gelegene Betriebsstätte Nutzungsberechtigter der Zinsen oder der Lizenzgebühren, ist zusätzlich durch die Abgabenbehörden dieses Mitgliedstaates das Bestehen der Betriebsstätte und die Tatsache zu bestätigen, dass die Betriebsstätte einer der in Z 1 genannten Steuern unterliegt.
3. Eine Bestätigung des empfangenden Unternehmens über die Erfüllung der Mindestbeteiligungserfordernisse sowie über die Dauer des Bestehens der Beteiligung. Das empfangende Unternehmen hat zu bestätigen, dass es Nutzungsberechtigter im Sinne des Abs. 3 ist. Ist eine Betriebsstätte Nutzungsberechtigter der Zinsen oder der Lizenzgebühren, ist die Nutzungsberechtigung im Sinne des Abs. 4 durch die Betriebsstätte zu bestätigen.

Diese Bestätigungen gelten für einen Zeitraum von zwei Jahren ab dem Zeitpunkt der Ausstellung.

(8) Wenn zum Zeitpunkt der Zinsen- oder Lizenzgebührenzahlung die Mindestbehaltefrist im Sinne des Abs. 6 noch nicht gegeben war oder der Schuldner noch nicht über die erforderlichen Bestätigungen verfügte, kann das empfangende Unter-

nehmen oder die empfangende Betriebsstätte eine Erstattung bei dem zuständigen Finanzamt binnen fünf Jahren ab dem Zeitpunkt der Zinsen- oder Lizenzgebührenzahlung beantragen. Bei Zutreffen der übrigen Voraussetzungen des Abs. 6 wird die zu viel einbehaltene Quellensteuer innerhalb eines Jahres nach dem ordnungsgemäßen Einlangen des Antrags erstattet. Erfolgt die Erstattung der einbehaltenen Steuer nicht innerhalb dieser Frist, so hat das empfangende Unternehmen bzw. die Betriebsstätte nach Ablauf dieses Jahres Anspruch auf eine Verzinsung der Steuer, wobei § 205 BAO sinngemäß anzuwenden ist.

(9) Keine Befreiung von der Verpflichtung zum Steuerabzug besteht jedenfalls bei:
1. Zahlungen aus Forderungen, die einen Anspruch auf Beteiligung am Gewinn des Schuldners begründen, oder
2. Transaktionen, bei denen davon auszugehen ist, dass der hauptsächliche Beweggrund oder einer der hauptsächlichen Beweggründe die Steuerhinterziehung, die Steuerumgehung oder der Missbrauch ist.

Bestehen zwischen dem Zahler und dem Nutzungsberechtigten von Zinsen oder Lizenzgebühren oder zwischen einem von ihnen und einem Dritten besondere Beziehungen und übersteigt deshalb der Betrag der Zinsen oder der Lizenzgebühren den Betrag, den der Zahler und der Nutzungsberechtigte ohne diese Beziehungen vereinbart hätten, so besteht die Befreiung von der Verpflichtung zum Steuerabzug nur hinsichtlich des letztgenannten Betrages.

Höhe und Einbehaltung der Steuer

§ 100. (1) Die Abzugsteuer gemäß § 99 beträgt 20%, bei Einkünften gemäß § 99 Abs. 1 Z 6 und 7 jedoch 27,5%. In den Fällen des § 99 Abs. 2 Z 2 beträgt die Abzugsteuer 20% von den zugeflossenen Einkünften, soweit diese einen Betrag von 20 000 Euro im Kalenderjahr nicht übersteigen; für den übersteigenden Teil beträgt die Abzugsteuer 25%.

(AbgÄG 2023, BGBl I 2023/110)

(1a) Ist der Schuldner der Abzugsteuer (§ 100 Abs. 2 erster Satz) eine Körperschaft im Sinne des § 1 Abs. 1 des Körperschaftsteuergesetzes 1988, gilt Folgendes:
1. In den Fällen des § 99 Abs. 2 Z 2 beträgt die Abzugsteuer 24% für im Kalenderjahr 2023 zugeflossene Einkünfte und 23% für ab im Kalenderjahr 2024 zugeflossene Einkünfte.
2. In den Fällen des § 99 Abs. 1 Z 6 und 7 kann die Abzugsteuer in Höhe der Steuersätze gemäß Z 1 einbehalten werden.

(BGBl I 2022/10; AbgÄG 2023, BGBl I 2023/110)

(2) Schuldner der Abzugsteuer ist der Empfänger der Einkünfte gemäß § 99 Abs. 1. Der Schuldner dieser Einkünfte (in den Fällen des § 99 Abs. 3 die zum Steuerabzug zugelassene Person) haftet für die Einbehaltung und Abfuhr der Steuerabzugsbeträge im Sinne des § 99.

(3) Dem Empfänger der Einkünfte ist die Abzugsteuer ausnahmsweise vorzuschreiben, wenn
1. der Schuldner die geschuldeten Beträge nicht vorschriftsmäßig gekürzt hat und die Haftung nach Abs. 2 nicht oder nur erschwert durchsetzbar wäre oder
(BGBl I 2015/118)
2. der Empfänger weiß, daß der Schuldner (in den Fällen des § 99 Abs. 3 die zum Steuerabzug zugelassene Person) die einbehaltene Abzugsteuer nicht vorschriftsmäßig abgeführt hat, und dies dem Finanzamt nicht unverzüglich mitteilt.

(4) Der Steuerabzug ist vom Schuldner vorzunehmen,
1. bei Einkünften im Sinne des § 99 Abs. 1 Z 1, 3, 4, 5 und 7 in jenem Zeitpunkt, in dem sie dem Empfänger zufließen,
2. bei Einkünften im Sinne des § 99 Abs. 1 Z 2 am Tag nach Aufstellung des Jahresabschlusses, in dem der Gewinnanteil ermittelt wird,
3. bei Einkünften im Sinne des § 98 Abs. 1 Z 5 innerhalb von sieben Monaten nach Abschluss des Geschäftsjahres eines § 186 oder § 188 InvFG 2011 oder eines § 40 oder § 42 ImmoInvFG unterliegenden ausländischen Gebildes.

(AbgÄG 2023, BGBl I 2023/110)

Abfuhr der Abzugsteuer

§ 101. (1) Der Schuldner hat die innerhalb eines Kalendermonates gemäß § 99 einbehaltenen Steuerbeträge unter der Bezeichnung „Steuerabzug gemäß § 99 EStG" spätestens am 15. Tag nach Ablauf des Kalendermonates an sein Finanzamt abzuführen. Sind Steuerabzüge für mehrere Gläubiger vorgenommen worden, so ist der Gesamtbetrag in einer Summe ohne Bezeichnung der einzelnen Gläubiger abzuführen.

(BGBl I 2019/104, BGBl I 2020/99)

(2) Der Schuldner hat die dem Steuerabzug unterliegenden Beträge laufend aufzuzeichnen. Die Aufzeichnungen müssen insbesondere den Zeitpunkt der Zahlung oder der Gutschrift oder der Verrechnung sowie die Höhe und den Zeitpunkt der Abfuhr der einbehaltenen Steuer enthalten. Das nach Abs. 1 zuständige Finanzamt kann den Schuldner ganz oder teilweise von dieser Aufzeichnungspflicht befreien, soweit andere zur Überprüfung der Ordnungsmäßigkeit des Steuerabzuges hinreichende Aufzeichnungen geführt werden.

(3) Der Schuldner hat spätestens am 15. Tag nach Ablauf des Kalendermonates dem nach Abs. 1 zuständigen Finanzamt die Höhe der dem Steuerabzug unterliegenden Beträge und die Höhe der abgezogenen Steuerbeträge mitzuteilen.

Veranlagung beschränkt Steuerpflichtiger

§ 102. (1) Zur Einkommensteuer sind zu veranlagen:

1/1. EStG
§§ 102, 103

1. Einkünfte eines beschränkt Steuerpflichtigen, von denen kein Steuerabzug vom Arbeitslohn, vom Kapitalertrag oder nach den §§ 99 bis 101 vorzunehmen ist.
2. a) Steuerabzugspflichtige Einkünfte eines beschränkt Steuerpflichtigen, die
   – zu den Betriebseinnahmen eines inländischen Betriebes,
   – zu den Einkünften aus der Beteiligung an einem Unternehmen als stiller Gesellschafter oder
   – zu den Gewinnanteilen gemäß § 99 Abs. 1 Z 2
   gehören.
   (BGBl I 2019/103)
   b) Lohnsteuerpflichtige Einkünfte gemäß § 70 Abs. 2 Z 1, wenn
   – andere veranlagungspflichtige Einkünfte bezogen wurden, deren Gesamtbetrag 730 Euro übersteigt,
   – im Kalenderjahr zumindest zeitweise gleichzeitig zwei oder mehrere lohnsteuerpflichtige Einkünfte, die beim Lohnsteuerabzug gesondert versteuert wurden, bezogen worden sind.
   (BGBl I 2019/103)
   § 41 Abs. 3 ist dabei sinngemäß anzuwenden.
3. Nicht unter Z 2 lit. b fallende lohnsteuerpflichtige Einkünfte oder Einkünfte, von denen eine Abzugsteuer nach § 99 Abs. 1, 3, 4, 5, oder 6 zu erheben ist, über Antrag des beschränkt Steuerpflichtigen Dabei dürfen in den Fällen des § 70 Abs. 2 Z 2 Werbungskosten sowie in den Fällen des § 99 Abs. 1 Z 1 Betriebsausgaben nicht abgezogen werden, wenn sie ohne Beibringung eines inländischen Besteuerungsnachweises an Personen geleistet wurden, die hiemit der beschränkten Steuerpflicht unterliegen und die nicht in einem Mitgliedstaat der Europäischen Union oder des Europäischen Wirtschaftsraumes gegenüber der Republik Österreich ansässig sind. Der Antrag kann innerhalb von fünf Jahren ab dem Ende des Veranlagungszeitraumes gestellt werden.
   (BGBl I 2019/103, BGBl I 2023/31)
4. Einkünfte aus privaten Grundstücksveräußerungen im Sinne des § 30, für die keine Immobilienertragsteuer gemäß § 30c Abs. 2 entrichtet wurde, oder wenn keine Abgeltung gemäß § 30b Abs. 2 gegeben ist.

Erfolgt eine Veranlagung nach den Z 1 bis 4, bleiben jene Einkünfte aus nichtselbständiger Arbeit bei der Veranlagung außer Ansatz, von denen Lohnsteuer gemäß § 70 Abs. 2 Z 2 einzubehalten war, sofern nicht ein Antrag auf Veranlagung dieser Einkünfte nach Z 3 gestellt worden ist. Bei der Veranlagung der steuerabzugspflichtigen Einkünfte nach Z 2 und 3 sind die durch Steuerabzug einbehaltenen Beträge anzurechnen.
(AbgÄG 2023, BGBl I 2023/110)

(2) Bei der Veranlagung beschränkt Steuerpflichtiger gilt folgendes:
1. Betriebsausgaben (§ 4 Abs. 4) oder Werbungskosten (§ 16) dürfen nur insoweit berücksichtigt werden, als sie mit diesen Einkünften in wirtschaftlichem Zusammenhang stehen.
2. Sonderausgaben (§ 18) sind abzugsfähig, wenn sie sich auf das Inland beziehen. Der Verlustabzug (§ 18 Abs. 6) steht nur für Verluste zu, die in inländischen Betriebsstätten entstanden sind, die der Erzielung von Einkünften im Sinne von § 2 Abs. 3 Z 1 bis 3 dienen, oder für Verluste, die aus unbeweglichem Vermögen im Sinne des ersten Satzes des § 98 Abs. 1 Z 3 stammen. Er kann nur insoweit berücksichtigt werden, als er die nicht der beschränkten Steuerpflicht unterliegenden Einkünfte überstiegen hat.
   (BGBl I 2016/117)
3. Die §§ 34, 35, 38, 41 und 105 sind nicht anwendbar.

(3) Die Einkommensteuer ist bei beschränkt Steuerpflichtigen gemäß § 33 Abs. 1 mit der Maßgabe zu berechnen, dass dem Einkommen ein Betrag von „10 486" Euro hinzuzurechnen ist. Beim Steuerabzug vom Arbeitslohn angesetzte Absetzbeträge sind zu berücksichtigen.
(Teuerungs-EP II, BGBl I 2022/163; PrAG 2024, BGBl I 2023/153 ab 1.1.2024)

8. TEIL
SONDERVORSCHRIFTEN

Zuzugsbegünstigung

§ 103. (1) Bei Personen, deren Zuzug aus dem Ausland der Förderung von Wissenschaft, Forschung, Kunst oder Sport dient und aus diesem Grunde im öffentlichen Interesse gelegen ist, kann das Finanzamt Österreich für die Dauer des im öffentlichen Interesse gelegenen Wirkens dieser Personen steuerliche Mehrbelastungen bei nicht unter § 98 fallenden Einkünften beseitigen, die durch die Begründung eines inländischen Wohnsitzes eintreten. Dabei kann auch die für eine Begünstigung in Betracht kommende Besteuerungsgrundlage oder die darauf entfallende Steuer mit einem Pauschbetrag festgesetzt werden.
(BGBl I 2020/99)

(1a) Bei Personen, deren Zuzug aus dem Ausland der Förderung von Wissenschaft oder Forschung dient und aus diesem Grunde im öffentlichen Interesse gelegen ist, kann das Finanzamt Österreich, unabhängig von der Gewährung einer Begünstigung gemäß Abs. 1 aufgrund des Zuzugs für einen Zeitraum von fünf Jahren ab dem Zeitpunkt des Zuzugs einen Freibetrag in Höhe von 30% der zum Tarif besteuerten Einkünfte aus wissenschaftlicher Tätigkeit festsetzen. Wird der Freibetrag gewährt, können daneben keine weiteren Betriebsausgaben, Werbungskosten oder außergewöhnliche Belastun-

gen, die im Zusammenhang mit dem Zuzug stehen, geltend gemacht werden.
(BGBl I 2020/99)

(2) Abs. 1 ist auf Personen, die den Mittelpunkt ihrer Lebensinteressen aus Österreich wegverlegt haben, nur dann anzuwenden, wenn zwischen diesem Wegzug und dem Zuzug mehr als zehn Jahre verstrichen sind. Für Abs. 1a ist eine Frist von fünf Jahren maßgeblich.
(BGBl I 2016/117)

(3) Der Bundesminister für Finanzen wird ermächtigt, das Verfahren betreffend die Erteilung der Zuzugsbegünstigung im Sinne des Abs. 1 und des Abs. 1a mit Verordnung zu regeln. Dabei ist auch näher zu bestimmen, unter welchen Voraussetzungen der Zuzug aus dem Ausland der Förderung von Wissenschaft, Forschung, Kunst oder Sport dient und aus diesem Grunde im öffentlichen Interesse gelegen ist. Ebenso kann die Verordnung den sachlichen Umfang und die Dauer von Zuzugsbegünstigungen im Sinne des Abs. 1 regeln. In dieser Verordnung kann festgelegt werden, dass die Beseitigung der steuerlichen Mehrbelastung im Sinne des Abs. 1 in Form der Anwendung eines Durchschnittssteuersatzes, der sich aus der tatsächlichen Steuerbelastung vor dem Zuzug ergibt, erfolgt. Dieser Steuersatz darf 15% nicht unterschreiten.
(BGBl I 2015/118)

§ 104. (aufgehoben)
(BGBl I 2015/118)

Inhaber von Amtsbescheinigungen und Opferausweisen

§ 105. Den Inhabern von Amtsbescheinigungen und Opferausweisen ist ein besonderer Freibetrag von 801 Euro jährlich bei Berechnung der Einkommensteuer (Lohnsteuer) abzuziehen.

Kinder, (Ehe)Partnerschaften

§ 106. (1) Als Kinder im Sinne dieses Bundesgesetzes gelten Kinder, für die dem Steuerpflichtigen oder seinem (Ehe)Partner (Abs. 3) mehr als sechs Monate im Kalenderjahr ein Kinderabsetzbetrag nach § 33 Abs. 3 zusteht.
(BGBl I 2015/118)

(2) Als Kinder im Sinne dieses Bundesgesetzes gelten auch Kinder, für die dem Steuerpflichtigen mehr als sechs Monate im Kalenderjahr ein Unterhaltsabsetzbetrag nach § 33 Abs. 4 Z 3 zusteht.
(BGBl I 2015/118)

(3) (Ehe-)Partner ist eine Person, mit der die Steuerpflichtige verheiratet ist oder mit mindestens einem Kind (Abs. 1) in einer Lebensgemeinschaft lebt. Einem (Ehe-)Partner ist gleichzuhalten, wer in einer Partnerschaft im Sinn des Eingetragene Partnerschaft-Gesetzes – EPG eingetragen ist.
(BGBl I 2015/118)

(4) Für Steuerpflichtige im Sinne des § 1 Abs. 4 sind die Abs. 1 bis 3 sinngemäß anzuwenden.

§ 106a. (aufgehoben)
(BGBl I 2018/62)

Steuerabzug bei Einkünften aus Anlass der Einräumung von Leitungsrechten

§ 107. (1) Einkünfte gemäß §§ 21, § 22, § 23, § 27, § 28 oder § 29 Z 3 in Zusammenhang mit dem einem Infrastrukturbetreiber (Abs. 2) eingeräumten Recht, Grund und Boden zur Errichtung und zum Betrieb von ober- oder unterirdischen Leitungen im öffentlichen Interesse (Abs. 3) zu nutzen, unterliegen einer Abzugsteuer und sind bei der Berechnung der Einkommensteuer des von der Rechtseinräumung unmittelbar betroffenen Grundstückseigentümers oder -bewirtschafters weder beim Gesamtbetrag der Einkünfte noch beim Einkommen (§ 2 Abs. 2) zu berücksichtigen, sofern nicht die Regelbesteuerung (Abs. 11) beantragt wird.

(2) Infrastrukturbetreiber im Sinne dieser Bestimmung sind:
1. Elektrizitätsunternehmen (§ 7 Abs. 1 Z 11 des Elektrizitätswirtschafts- und -organisationsgesetzes 2010)
2. Erdgasunternehmen (§ 7 Abs. 1 Z 16 des Gaswirtschaftsgesetzes 2011)
3. Dem Mineralrohstoffgesetz, BGBl. I Nr. 38/1999, unterliegende Unternehmen, die Leitungsanlagen zum Zwecke des Transportes gasförmiger oder flüssiger Kohlenwasserstoffe betreiben
4. Fernwärmeversorgungsunternehmen, das sind Unternehmen, die zum Zwecke der entgeltlichen Versorgung Dritter Anlagen zur Erzeugung, Leitung und Verteilung von Fernwärme (Fernwärmeanlagen) betreiben.

(BGBl I 2019/103)

(3) Die Nutzung von Grund und Boden liegt bei allen Maßnahmen im öffentlichen Interesse, die von Infrastrukturbetreibern zur Errichtung und zum Betrieb von ober- oder unterirdischen Leitungen insbesondere nach Maßgabe der Bestimmungen des Elektrizitätswirtschafts- und – organisationsgesetzes 2010, des Gaswirtschaftsgesetzes 2011 oder des Mineralrohstoffgesetzes durchgeführt werden.
(BGBl I 2019/103)

(4) Bemessungsgrundlage für die Abzugsteuer ist der bezahlte Betrag vor Berücksichtigung der Abzugsteuer, unabhängig davon, ob und in welchem Umfang dieser Betrag die Rechtseinräumung, die Abgeltung einer gemäß § 3 Abs. 1 Z 33 steuerfreien Wertminderung oder sonstige Zahlungen (z. B. Entschädigungen für Ertragsausfälle, Wirtschaftserschwernisse, Wegebenützung oder für eine temporäre Nutzung einer Liegenschaft als Lagerplatz) betrifft. Die Umsatzsteuer ist nicht Teil der Bemessungsgrundlage.

(5) Die Abzugsteuer beträgt 10%.

(6) Schuldner der Abzugsteuer ist der Empfänger der Einkünfte. Der Abzugsverpflichtete (Abs. 7) haftet für die Entrichtung der Abzugsteuer.

1/1. EStG
§§ 107, 108

(7) Abzugsverpflichteter ist der Schuldner der Einkünfte. Der Abzugsverpflichtete hat die Abzugsteuer bei jeder Zahlung einzubehalten und die in einem Kalenderjahr einbehaltenen Steuerbeträge in einem Gesamtbetrag spätestens am 15. Februar des Folgejahres an sein Finanzamt abzuführen.
(BGBl I 2019/104, BGBl I 2020/99)

(8) Der Abzugsverpflichtete hat innerhalb der Frist des Abs. 7 dem Finanzamt eine Anmeldung elektronisch zu übermitteln, in der die Empfänger der Einkünfte zu bezeichnen und die auf diese entfallenden Steuerbeträge anzugeben sind. Der Bundesminister für Finanzen wird ermächtigt, den weiteren Inhalt der Anmeldung und das Verfahren der elektronischen Übermittlung mit Verordnung festzulegen. Der Empfänger der Einkünfte hat dem Abzugsverpflichteten für Zwecke der Anmeldung folgenden Daten bekannt zu geben:
1. Vor und Familienname, Firma bzw. sonstige Bezeichnung
2. Wohnsitz oder Sitz
3. Falls vorhanden: Steuernummer
(BGBl I 2020/99)
4. Bei natürlichen Personen: Die Versicherungsnummer (§ 31 ASVG), wenn keine Steuernummer angegeben wird. Besteht keine Versicherungsnummer, ist das Geburtsdatum anzugeben.
(BGBl I 2020/99)

(9) Mit der Entrichtung der Abzugsteuer durch den Abzugsverpflichteten oder Steuerschuldner gilt vorbehaltlich des Abs. 11 die Einkommensteuer in Bezug auf Einkünfte gemäß Abs. 1 als abgegolten.
(BGBl I 2019/103)

(10) Dem Empfänger der Einkünfte ist die Abzugsteuer ausnahmsweise vorzuschreiben, wenn
1. der Abzugsverpflichtete die geschuldeten Beträge nicht vorschriftsmäßig gekürzt hat und die Haftung nach Abs. 6 nicht oder nur erschwert durchsetzbar wäre oder
2. der Empfänger weiß, dass der Abzugsverpflichtete die einbehaltene Abzugsteuer nicht vorschriftsmäßig abgeführt hat, und dies dem Finanzamt nicht unverzüglich mitteilt.

(11) Auf Antrag ist auf Einkünfte, von denen eine Abzugsteuer einbehalten worden ist, der allgemeine Steuertarif anzuwenden (Regelbesteuerungsoption). Sofern der Steuerpflichtige die Berücksichtigung der Einkünfte nicht in der von ihm nachzuweisenden Höhe beantragt, sind diese mit 33% der auf das Veranlagungsjahr bezogenen Bemessungsgrundlage (Abs. 4) anzusetzen.
(BGBl I 2018/62)

Bausparen

§ 108. (1) Leistet ein unbeschränkt Steuerpflichtiger (§ 1 Abs. 2) Beiträge an eine Bausparkasse, die ihre Geschäftsleitung oder ihren Sitz im Inland hat, so wird ihm auf Antrag Einkommensteuer (Lohnsteuer) erstattet. Die Erstattung erfolgt mit einem Pauschbetrag, der sich nach einem Prozentsatz der im jeweiligen Kalenderjahr geleisteten Beiträge bemißt. Dieser Prozentsatz wird in dem diesem Kalenderjahr vorangehenden Berechnungsjahr wie folgt ermittelt:
1. Der Durchschnitt der von der Oesterreichischen Nationalbank veröffentlichten Umlaufgewichteten Durchschnittsrendite für Bundesanleihen (Periodendurchschnitte) oder einer entsprechenden Nachfolgetabelle für den Zeitraum vom 1. Oktober des Vorjahres bis zum 30. September des Berechnungsjahres wird um 25% vermindert und um 0,8 erhöht.
(BGBl I 2016/117)
2. Der sich nach Z 1 ergebende Prozentsatz ist zu halbieren und auf halbe Prozentpunkte auf- oder abzurunden. Er darf nicht weniger als 1,5 und nicht mehr als 4 betragen.

Der Prozentsatz ist vom Bundesminister für Finanzen bis zu jedem 30. November eines jeden Berechnungsjahres festzusetzen und im Amtsblatt zur Wiener Zeitung kundzumachen. Er ist bei Ermittlung der Pauschbeträge des folgenden Kalenderjahres anzuwenden. Die Erstattung steht dem Steuerpflichtigen nur für jeweils einen Bausparvertrag zu.

(2) Die Einkommensteuer (Lohnsteuer) darf dem Steuerpflichtigen nur für die Leistung von Beiträgen bis zu 1.200 Euro jährlich erstattet werden. Die Erstattung erhöht sich durch Anwendung des Prozentsatzes gemäß Abs. 1 auf weitere Beiträge für den unbeschränkt steuerpflichtigen (Ehe)Partner (§ 106 Abs. 3) und für jedes Kind (§ 106) bis zu einer jährlichen Beitragsleistung von jeweils 1.200 Euro pro Person, sofern diesen Personen nicht im selben Kalenderjahr auf Grund einer eigenen Abgabenerklärung (Abs. 3 erster Satz) Erstattungsbeträge zustehen oder sofern diese Personen nicht im selben Kalenderjahr in der Abgabenerklärung (Abs. 3) eines anderen Steuerpflichtigen für einen Erhöhungsbetrag zu berücksichtigen sind. (Ehe) Partner (§ 106 Abs. 3) und Kinder, für die dem Steuerpflichtigen in einem Kalenderjahr Erhöhungsbeträge zustehen, dürfen im selben Kalenderjahr keine Einkommen(Lohn)steuererstattung geltend machen. Sie können jedoch erklären, daß die im Rahmen des betreffenden Bausparvertrages für sie geltend gemachten Erhöhungsbeträge dem Steuerpflichtigen ab dem folgenden Kalenderjahr nicht mehr zustehen sollen. Diese Erklärung ist auf dem amtlichen Vordruck in zweifacher Ausfertigung bis 30. November bei der Abgabenbehörde im Wege der Bausparkasse abzugeben, mit der der Steuerpflichtige den betreffenden Bausparvertrag abgeschlossen hat. Für Personen, die eine solche Erklärung abgegeben haben, stehen dem Steuerpflichtigen Erhöhungsbeträge ab dem folgenden Kalenderjahr nicht mehr zu. Die Bausparkasse ist verpflichtet, binnen zwei Wochen den Steuerpflichtigen durch Übermittlung der zweiten Erklärungsausfertigung vom Wegfall der Erhöhungsbeträge zu verständigen. Eine Mitteilungspflicht im Sinne des Abs. 4 vorletzter Satz besteht nicht. Im Kalenderjahr der Auflösung des Vertrages dürfen die in der Abgabenerklärung für die Er-

höhung der Erstattung berücksichtigten Personen abweichend von den Bestimmungen des zweiten und dritten Satzes nach erfolgter Vertragsauflösung insoweit eine Einkommen(Lohn)steuererstattung geltend machen, als eine Einkommen(Lohn) steuererstattung nicht im Rahmen des aufgelösten Vertrages für sie in Anspruch genommen wurde. Die im Jahr der Auflösung des Vertrages geltend gemachte Einkommen(Lohn) steuererstattung ist dabei gleichmäßig auf den Steuerpflichtigen und die mitberücksichtigten Personen aufzuteilen. Im Kalenderjahr der Auflösung stehen nur so viele Zwölftel der Erstattung zu, als volle Kalendermonate bis zur Rückzahlung des Guthabens oder von Teilen desselben vergangen sind.

(3)
1. Der Steuerpflichtige hat die Erstattung auf dem amtlichen Vordruck im Wege der Bausparkasse bei der Abgabenbehörde zu beantragen und dabei zu erklären, dass die in den Abs. 1 und 2 angeführten Voraussetzungen vorliegen. Diese Abgabenerklärung ist mit dem Antrag auf Abschluss des Bausparvertrages, auf Grund dessen die Einkommensteuer (Lohnsteuer) erstattet werden soll, abzugeben.
2. In der Abgabenerklärung sind die Versicherungsnummer gemäß § 31 ASVG des Antragstellers und die Versicherungsnummern jener Personen, für die Erhöhungsbeträge geltend gemacht werden, anzuführen. Wurde eine Versicherungsnummer nicht vergeben, ist jeweils das Geburtsdatum anstelle der Versicherungsnummer anzuführen.
3. Mit dem Todestag des Steuerpflichtigen sowie mit dem Tag der Übertragung eines Bausparvertrages bei Aufteilung ehelichen Gebrauchsvermögens und ehelicher Ersparnisse anlässlich der Scheidung, Aufhebung oder Nichtigerklärung der Ehe oder der Übertragung auf einen eingetragenen Partner bei Aufteilung des partnerschaftlichen Gebrauchsvermögens und der partnerschaftlichen Ersparnisse anlässlich der Auflösung oder Nichtigerklärung der eingetragenen Partnerschaft, verliert die Abgabenerklärung ihre Wirksamkeit.
4. Die Abgabenerklärung kann widerrufen werden; ebenso kann auf Erhöhungsbeträge (Abs. 2) verzichtet werden. Sowohl der Widerruf als auch der Verzicht sind erst mit Beginn des nächstfolgenden Kalenderjahres wirksam.

(4) Erhöhungsbeträge (Abs. 2), die erst nach einer Antragstellung im Sinne des Abs. 3 geltend gemacht werden, sind erst ab jenem Kalenderjahr zu berücksichtigen, zu dessen Beginn die maßgeblichen Voraussetzungen gegeben waren, sofern ein entsprechender Antrag spätestens bis 31. Jänner dieses Jahres gestellt wird. Der Steuerpflichtige hat den Wegfall der für die Erstattung bzw. für die Gewährung von Erhöhungsbeträgen maßgeblichen Voraussetzungen im Wege der Bausparkasse innerhalb eines Monats der Abgabenbehörde mitzuteilen. Eine solche Änderung ist erst nach Ablauf des Kalenderjahres zu berücksichtigen, in dem sie eingetreten ist.

(5) Die pauschale Erstattung erfolgt durch die Bausparkasse, bei welcher der Bausparvertrag abgeschlossen worden ist. Diese fordert den zu erstattenden Steuerbetrag beim Finanzamt für Großbetriebe an. Das Finanzamt überweist der Bausparkasse den Betrag zugunsten des Bausparkontos des Steuerpflichtigen. Voraussetzung für diese Überweisung ist, daß die Bausparkasse die im Antrag und der Erklärung nach Abs. 3 angegebenen Daten im Wege des Datenträgeraustausches oder der automationsunterstützten Datenübermittlung meldet. Der Bundesminister für Finanzen wird ermächtigt, den Inhalt der Meldung und das Verfahren des Datenträgeraustausches und der automationsunterstützten Datenübermittlung mit Verordnung festzulegen. In der Verordnung kann vorgesehen werden, daß sich die Bausparkasse einer bestimmten geeigneten öffentlich-rechtlichen oder privatrechtlichen Übermittlungsstelle zu bedienen hat.

(BGBl I 2019/104, BGBl I 2020/99)

(6) Zu Unrecht erstattete Einkommensteuer (Lohnsteuer) ist vom Steuerpflichtigen zurückzufordern. Als zu Unrecht erstattet gelten auch Erstattungsbeträge, wenn vor Ablauf von sechs Jahren seit Vertragsabschluss Beiträge, die als Grundlage einer Steuererstattung geleistet wurden, und die erstattete Steuer selbst ganz oder zum Teil zurückgezahlt werden oder die Ansprüche aus dem Bausparvertrag als Sicherstellung dienen.

(7) Eine Rückforderung gemäß Abs. 6 hat zu unterbleiben, wenn
1. Beiträge in den Fällen des Abs. 3 Z 3 zurückgezahlt werden,
2. der Steuerpflichtige erklärt, dass die zurückgezahlten Beiträge oder die Sicherstellung für Maßnahmen im Sinne des § 1 Abs. 3 Z 1, Abs. 4 und 5 des Bausparkassengesetzes, BGBl. Nr. 532/1993, durch und für den Steuerpflichtigen verwendet werden. Eine Rückforderung hat auch dann zu unterbleiben, wenn die Maßnahmen im Sinne des § 1 Abs. 3 Z 1 des Bausparkassengesetzes durch oder für im Abs. 2 genannten Personen gesetzt werden. Dem Finanzamt ist die Höhe der zurückgezahlten Steuererstattung mitzuteilen. Die Mitteilung hat im Wege des Datenträgeraustausches oder der automationsunterstützten Datenübermittlung zu erfolgen. Der Bundesminister für Finanzen wird ermächtigt, den Inhalt der Meldung und das Verfahren des Datenträgeraustausches und der automationsunterstützten Datenübermittlung mit Verordnung festzulegen. In der Verordnung kann vorgesehen werden, dass sich die Bausparkasse einer bestimmten geeigneten öffentlich-rechtlichen oder privatrechtlichen Übermittlungsstelle zu bedienen hat.

(BGBl I 2015/118)

3. Beiträge gemäß § 13 Abs. 1 Einlagensicherungs- und Anlegerentschädigungsgesetz

1/1. EStG
§§ 108 – 108b

(ESAEG), BGBl. I Nr. 117/2015, zurückgezahlt werden.

(BGBl I 2018/62)

(8) Einkommensteuer(Lohnsteuer)erstattungen und Rückforderungsansprüche, die sich auf Grund der Abs. 1 bis 7 ergeben, gelten als Abgaben im Sinne der Bundesabgabenordnung.

(9) Erstattungsbeträge, die keinen vollen Centbetrag ergeben, sind auf volle Cent abzurunden oder aufzurunden. Hiebei sind Beträge unter 0,5 Cent abzurunden, Beträge ab 0,5 Cent aufzurunden.

(AbgÄG 2023, BGBl I 2023/110)

(10) Sobald das Guthaben aus dem Bausparvertrag ganz oder zum Teil zurückgezahlt wird oder die Ansprüche aus dem Bausparvertrag als Sicherstellung dienen, kann der Bausparvertrag nicht mehr die Grundlage für eine Steuererstattung bilden, wobei es unmaßgeblich ist, ob eine Rückforderung im Sinne der Abs. 7 bis 9 zu erfolgen hat. Dies gilt auch, wenn dem Steuerpflichtigen nach Ablauf von sechs Jahren seit Vertragsabschluß in einem der folgenden Kalenderjahre keine Steuer mehr zu erstatten war.

Prämienbegünstigte Pensionsvorsorge

§ 108a. (1) Leistet ein unbeschränkt Steuerpflichtiger (§ 1 Abs. 2) Beiträge zu einer Pensionszusatzversicherung (§ 108b Abs. 1), zu einer Pensionskasse, einer betrieblichen Kollektivversicherung im Sinne des § 93 des VAG 2016 oder für die freiwillige Höherversicherung in der gesetzlichen Pensionsversicherung (einschließlich der zusätzlichen Pensionsversicherung im Sinne des § 479 des Allgemeinen Sozialversicherungsgesetzes) oder erwirbt er Anteilscheine an einem prämienbegünstigten Investmentfonds (§ 108b Abs. 2), wird ihm auf Antrag Einkommensteuer (Lohnsteuer) erstattet. Von der Erstattung ausgenommen sind Einmalprämien im Sinne des § 108b Abs. 2 sowie Einmalprämien in Verbindung mit § 17 BMSVG oder gleichartigen österreichischen Rechtsvorschriften. Die Erstattung erfolgt mit einem Pauschbetrag, der sich nach einem Prozentsatz der im jeweiligen Kalenderjahr geleisteten Prämie bemißt. Der Prozentsatz beträgt 2,75% zuzüglich des nach § 108 Abs. 1 ermittelten Prozentsatzes.

(BGBl I 2015/34)

(2) Die Einkommensteuer (Lohnsteuer) darf dem Steuerpflichtigen jährlich insgesamt nur für Leistungen von Beiträgen bis zu 1 000 Euro erstattet werden.

(3) Der Steuerpflichtige hat die Erstattung auf dem amtlichen Vordruck im Wege der Versicherungsunternehmens, der Pensionskasse, des für Anteile an prämienbegünstigten Investmentfonds depotführenden Kreditinstituts oder der gesetzlichen Pensionsversicherung (zusätzliche Pensionsversicherung) zu beantragen und dabei zu erklären, daß die in Abs. 1 und 2 angeführten Voraussetzungen vorliegen. Diese Abgabenerklärung ist mit dem Antrag auf Abschluß einer Versicherung, eines unwiderruflichen Auszahlungsplanes gemäß § 108b Abs. 2, auf Widmung des Pensionskassenbeitrags, auf Erwerb des Anteilscheines an einem prämienbegünstigten Investmentfonds oder auf Widmung des Beitrags zur Höherversicherung in der gesetzlichen Pensionsversicherung (zusätzliche Pensionsversicherung), wofür Einkommensteuer (Lohnsteuer) erstattet werden soll, abzugeben. In der Abgabenerklärung ist die Versicherungsnummer gemäß § 31 ASVG des Antragstellers anzuführen. Wurde eine Versicherungsnummer nicht vergeben, ist das Geburtsdatum anstelle der Versicherungsnummer anzuführen.

(4) Die pauschale Erstattung erfolgt durch jenen Rechtsträger, bei dem der Antrag im Sinne des Abs. 3 abzugeben ist. Dieser Rechtsträger fordert den zu erstattenden Steuerbetrag beim Finanzamt für Großbetriebe an. Die Anforderung hat bis spätestens Ende Februar im Wege des Datenträgeraustausches oder der automationsunterstützten Datenübermittlung zu erfolgen und die im Antrag und der Erklärung nach Abs. 3 angegebenen Daten zu enthalten. Das Finanzamt überweist den jeweiligen Rechtsträgern die pauschalen Erstattungsbeträge. Der Bundesminister für Finanzen wird ermächtigt, den Inhalt der Meldung und das Verfahren des Datenträgeraustausches und der automationsunterstützten Datenübermittlung mit Verordnung festzulegen. In der Verordnung kann vorgesehen werden, daß sich der Rechtsträger einer bestimmten geeigneten öffentlich-rechtlichen oder privatrechtlichen Übermittlungsstelle zu bedienen hat.

(BGBl I 2019/104, BGBl I 2020/99)

(5) Zu Unrecht erstattete Einkommensteuer (Lohnsteuer) ist vom Steuerpflichtigen rückzufordern. Als zu Unrecht erstattet gelten auch Erstattungsbeträge, wenn es bei prämienbegünstigten Beiträgen zu Pensionskassen, zu betrieblichen Kollektivversicherungen im Sinne des § 93 des VAG 2016 oder bei Pensionszusatzversicherungen (§ 108b Abs. 1) zu einer Kapitalabfindung kommt. Weiters gelten als zu Unrecht erstattet Erstattungsbeträge, wenn der unwiderrufliche Auszahlungsplan gemäß § 108b Abs. 2 Z 2 nicht erfüllt wird, es sei denn, an die Stelle des nicht erfüllten Auszahlungsplanes tritt nachweislich ein anderer Auszahlungsplan im Sinne des § 174 Abs. 2 des Investmentfondsgesetzes 2011. Die zurückzufordernden Beträge sind durch den Rechtsträger einzubehalten. Der Rechtsträger hat die rückzufordernden Beträge spätestens am 15. Tag nach Ablauf des Kalendermonates, in dem die Rückforderung zu erfolgen hat, an das Finanzamt für Großbetriebe abzuführen.

(BGBl I 2019/104, BGBl I 2020/99)

(6) Einkommensteuer-(Lohnsteuer)Erstattungen und Rückforderungsansprüche gelten als Abgaben im Sinne der Bundesabgabenordnung.

(7) § 108 Abs. 9 ist anzuwenden.

Pensionszusatzversicherung, prämienbegünstigter Pensionsinvestmentfonds

§ 108b. (1) Für die Pensionszusatzversicherung und für Pensionsinvestmentfonds gilt folgendes:

1. Eine Pensionszusatzversicherung ist eine Rentenversicherung, die im Versicherungsvertrag als Pensionszusatzversicherung bezeichnet ist. Soweit sich aus den folgenden Bestimmungen nichts anderes ergibt, müssen für Pensionszusatzversicherungen die Regelungen des Versicherungsvertragsgesetzes für Rentenversicherungen gelten.
2. Bei einer Pensionszusatzversicherung ist der Versicherer nach Maßgabe des Vertrages verpflichtet, Rentenleistungen im Sinne der lit. a und zusätzlich eine oder mehrere Rentenleistungen im Sinne der lit. b bis e zu erbringen. Rentenleistungen dieser Art sind:
    a) Eine frühestens ab Bezug einer gesetzlichen Alterspension beginnende, an den Versicherungsnehmer auf dessen Lebensdauer zu zahlende Rente. Die Rentenbeträge dürfen sich nicht vermindern.
    b) Eine im Falle der Einstellung oder Einschränkung der Erwerbstätigkeit, frühestens mit Vollendung des 50. Lebensjahres beginnende und längstens bis zum Anfall der Rente gemäß lit. a zu zahlende Rente (Überbrückungsrente). Diese Überbrückungsrente ist in gleich bleibenden Beträgen über einen Zeitraum von mindestens 36 Monaten zu zahlen. Dieser Zeitraum vermindert sich entsprechend, wenn es vor Ablauf dieses Zeitraums zum Anfall der Rente gemäß lit. a kommt.
    c) Eine mit Eintritt der gänzlichen oder teilweisen Erwerbsunfähigkeit beginnende und längstens bis zum Anfall der Rente gemäß lit. a an den Versicherungsnehmer zu zahlende Rente.
    d) Eine mit dem Tod des Versicherungsnehmers beginnende, an den hinterbliebenen Ehegatten oder eine hinterbliebene Person, mit der der Versicherungsnehmer in einer eheähnlichen Lebensgemeinschaft gelebt hat, auf dessen Lebensdauer zu zahlende Rente.
    e) Eine mit dem Tod des Versicherungsnehmers beginnende, an hinterbliebene Waisen längstens bis zur Vollendung des 27. Lebensjahres zu zahlende Rente.
3. Bei fondsgebundenen Lebensversicherungen müssen die versicherungstechnischen Rückstellungen mit Ausnahme der Prämienüberträge, der Rückstellung für noch nicht abgewickelte Versicherungsfälle und der zusätzlichen versicherungstechnischen Rückstellungen für garantierte Mindestleistungen mindestens zu 75% mit Anteilen an Investmentfonds im Sinne des § 3 Abs. 2 Z 30 des Investmentfondsgesetzes 2011 bedeckt werden, wobei diese Investmentfonds jeweils die Veranlagungsbestimmungen der §§ 171 und 172 des Investmentfondsgesetzes 2011 erfüllen müssen.
4. Bei Pensionszusatzversicherungen sind ausgeschlossen:
    a) Der Rückkauf.
    b) Die Erbringung von Kapitalleistungen im Todesfall.
    c) Die Kapitalabfindung angefallener Renten, es sei denn, der Barwert übersteigt nicht den Betrag im Sinne des § 1 Abs. 2 Z 1 des Pensionskassengesetzes.
5. Der Versicherungsnehmer kann jederzeit für den Schluß der laufenden Versicherungsperiode die Änderung der Versicherung in der Weise verlangen, daß die Prämienzahlung eingestellt, eingeschränkt oder wieder aufgenommen wird. Verlangt der Versicherungsnehmer eine derartige Änderung, so tritt an die Stelle des vereinbarten Rentenbetrages derjenige Betrag, der sich nach den anerkannten Regeln der Versicherungsmathematik auf Grund der Rechnungsgrundlagen der Prämienkalkulation ergibt. Dieser Betrag ist für den Schluß der laufenden Versicherungsperiode unter Berücksichtigung von Prämienrückständen zu berechnen.

Forschungsprämien

§ 108c. (1) Steuerpflichtige, soweit sie nicht Mitunternehmer sind, und Gesellschaften, bei denen die Gesellschafter als Mitunternehmer anzusehen sind, können eine Forschungsprämie für eigenbetriebliche Forschung und eine Forschungsprämie für Auftragsforschung in Höhe von jeweils 14% der prämienbegünstigten Forschungsaufwendungen (-ausgaben) geltend machen. Die Prämien stellen keine Betriebseinnahmen dar; § 6 Z 10 und § 20 Abs. 2 sind auf sie nicht anwendbar.

(BGBl I 2017/82)

(2) Prämienbegünstigt sind:
1. Eigenbetriebliche Forschung und experimentelle Entwicklung, die systematisch und unter Einsatz wissenschaftlicher Methoden durchgeführt wird. Zielsetzung muss sein, den Stand des Wissens zu vermehren sowie neue Anwendungen dieses Wissens zu erarbeiten. Die Forschung muss in einem inländischen Betrieb oder einer inländischen Betriebsstätte erfolgen. Der Bundesminister für Finanzen wird ermächtigt, die Kriterien zur Festlegung der prämienbegünstigten Forschungsaufwendungen (-ausgaben) sowie die Berücksichtigung eines fiktiven Unternehmerlohnes für eine nachweislich in Forschung und experimenteller Entwicklung ausgeübte Tätigkeit mittels Verordnung festzulegen.

(BGBl I 2022/108)

2. Auftragsforschung für in Auftrag gegebene Forschung und experimentelle Entwicklung im Sinne der Z 1 nach Maßgabe folgender Bestimmungen:
    – Die Forschung muss von einem inländischen Betrieb oder einer inländischen

1/1. EStG
§ 108c

- Betriebsstätte in Auftrag gegeben werden.
- Es dürfen nur Einrichtungen oder Unternehmen beauftragt werden, die mit Forschungsaufgaben und experimentellen Entwicklungsaufgaben befasst sind und deren Sitz in einem Staat der Europäischen Union oder des Europäischen Wirtschaftsraumes gelegen ist.
- Der Auftragnehmer darf nicht unter beherrschendem Einfluss des Auftraggebers stehen oder Mitglied einer Unternehmensgruppe (§ 9 des Körperschaftsteuergesetzes 1988) sein, der auch der Auftraggeber angehört.
- Die Forschungsprämie kann nur für Aufwendungen (Ausgaben) in Höhe von höchstens 1 000 000 Euro pro Wirtschaftsjahr geltend gemacht werden. Umfasst das Wirtschaftsjahr einen Zeitraum von weniger als zwölf Monaten, ist der Höchstbetrag von 1 000 000 Euro entsprechend der Anzahl der Monate des Wirtschaftsjahres zu aliquotieren. Angefangene Kalendermonate gelten dabei als volle Kalendermonate.
- Voraussetzung für die Inanspruchnahme der Forschungsprämie ist, dass der Auftraggeber bis zum Ablauf seines Wirtschaftsjahres dem Auftragnehmer nachweislich mitteilt, bis zu welchem Ausmaß an Aufwendungen (Ausgaben) er die Forschungsprämie für Auftragsforschung in Anspruch nimmt. Der Auftragnehmer kann für die in Auftrag genommene Forschung und experimentelle Entwicklung hinsichtlich der von der Mitteilung umfassten Aufwendungen (Ausgaben) keine Forschungsprämie für eigenbetriebliche Forschung in Anspruch nehmen.
- Die Forschungsprämie für Auftragsforschung kann von jenen Aufwendungen (Ausgaben) nicht geltend gemacht werden, die Grundlage einer Forschungsprämie für eigenbetriebliche Forschung ist.

(3) Die Prämien können jeweils für ein Kalenderjahr beantragt werden. Die Bemessungsgrundlage für die Prämie für das Kalenderjahr ist aus den Forschungsaufwendungen(-ausgaben) aus dem/den Wirtschaftsjahr(en) zu ermitteln, das/die in dem Kalenderjahr enden/endet. Die Antragsfrist beginnt mit dem Ablauf des (letzten) Wirtschaftsjahres und endet vier Jahre nach dem Beginn. Die Antragstellung hat elektronisch im Wege von FinanzOnline zu erfolgen.

(BGBl I 2022/108)

(4) Die Prämien sind auf dem Abgabenkonto gut zu schreiben, es sei denn, es wird ein Bescheid gemäß § 201 BAO oder gemäß Abs. 4a erlassen. Die Gutschrift wirkt auf den Tag der Antragstellung zurück. Sowohl die Prämien als auch Rückforderungsansprüche gelten als Abgabe vom Einkommen im Sinne der Bundesabgabenordnung. Auf Gutschriften und Rückforderungen sind jene Bestimmungen der Bundesabgabenordnung anzuwenden, die für wiederkehrend zu erhebende, selbst zu berechnende Abgaben gelten. Bei Gesellschaften, die nach bürgerlichem Recht rechtsfähige Personenvereinigungen sind, hat die zusammengefasste Verbuchung der Gebarung mit jenen Abgaben zu erfolgen, die die Beteiligten gemeinsam schulden.

(BGBl I 2022/108)

(4a) Das Finanzamt kann auf Antrag die Forschungsprämie für eigenbetriebliche Forschung und experimentelle Entwicklung hinsichtlich eines sachverhaltsmäßig abgegrenzten Teiles des Prämienantrages (ein Forschungsprojekt, mehrere Forschungsprojekte und/oder ein Forschungsschwerpunkt, mehrere Forschungsschwerpunkte) mit gesondertem Bescheid festsetzen, wenn damit zu rechnen ist, dass sich andernfalls die Entscheidung über den Prämienantrag erheblich verzögert. Der Antrag hat zu enthalten:

1. Die im Gutachten der FFG verwendete Nummer und den Titel des Forschungsprojektes bzw. des Forschungsschwerpunktes, auf die er sich bezieht.
2. Die darauf entfallende Bemessungsgrundlage und die Höhe der Forschungsprämie, die gesondert festgesetzt werden soll.

Die Forschungsprämie, die auf den nicht auf diese Weise erledigten Antrag entfällt, ist ebenfalls mit einem gesonderten Bescheid oder mit mehreren gesonderten Bescheiden festzusetzen.

(BGBl I 2022/108)

(5) Die Prämien sind zu Lasten des Aufkommens an veranlagter Einkommen- oder Körperschaftsteuer zu berücksichtigen.

(BGBl I 2015/118)

(6) Die Prämien sind insoweit zu gewähren, als die Aufwendungen nach dem 31. Dezember 2001 angefallen sind.

(7) Das Finanzamt kann sich bei der Beurteilung, ob die Voraussetzungen einer Forschung und experimentellen Entwicklung im Sinne des Abs. 2 Z 1 vorliegen, der Forschungsförderungsgesellschaft mbH (FFG) bedienen. Voraussetzung für die Gewährung einer Forschungsprämie für eigenbetriebliche Forschung und experimentelle Entwicklung ist ein vom Steuerpflichtigen bei der FFG anzuforderndes Gutachten (Abs. 8), welches die Beurteilung zum Gegenstand hat, inwieweit eine Forschung und experimentelle Entwicklung unter Zugrundelegung der vom Steuerpflichtigen bekanntgegebenen Informationen die Voraussetzungen des Abs. 2 Z 1 erfüllt. Liegt bereits eine diesbezügliche bescheidmäßige Bestätigung nach § 118a der Bundesabgabenordnung vor, genügt die Glaubhaftmachung, dass die durchgeführte Forschung und experimentelle Entwicklung der der Bestätigung zu Grunde gelegten entspricht oder davon nicht wesentlich abweicht.

(8) Für die Erstellung von Gutachten durch die FFG gilt Folgendes:

1. Die FFG hat Gutachten ausschließlich auf Grundlage der vom Steuerpflichtigen zur Verfügung gestellten Informationen zu erstellen und – vorbehaltlich der Z 4 – deren Richtigkeit und Vollständigkeit nicht zu beurteilen.
2. Die FFG hat in ihrem Gutachten nicht zu beurteilen, ob und in welchem Umfang Aufwendungen oder Ausgaben für Forschung und experimentelle Entwicklung Bestandteil der Bemessungsgrundlage für die Forschungsprämie sind.
3. Die FFG hat ein von ihr erstelltes Gutachten bis zu einer Löschungsanordnung durch das Finanzamt aufzubewahren.
4. Mit Zustimmung des Steuerpflichtigen kann die FFG, die von ihm übermittelten Informationen mit den über den jeweiligen Steuerpflichtigen bei ihr vorhandenen personenbezogenen Daten aus bereits erledigten oder anhängigen Förderungsfällen vergleichen. Ansonsten ist die FFG nur bei begründetem Verdacht auf Unrichtigkeit oder Unvollständigkeit der ihr vom Steuerpflichtigen zur Verfügung gestellten Informationen ermächtigt, diesen Datenvergleich vorzunehmen. Auf das Ergebnis dieses Vergleichs ist im Gutachten ergänzend hinzuweisen.
5. Mit Zustimmung des Steuerpflichtigen hat das Finanzamt der FFG den Zugriff auf Informationen aus einer Anforderung eines Gutachtens zur Vornahme eines Vergleichs mit den über denselben Steuerpflichtigen bei ihr vorhandenen personenbezogenen Daten aus bereits erledigten oder anhängigen Förderungsfällen einzuräumen. Ansonsten darf das Finanzamt nur bei begründetem Verdacht auf Unrichtigkeit oder Unvollständigkeit der denselben Steuerpflichtigen betreffenden Informationen aus erledigten oder anhängigen Förderungsfällen einen Datenvergleich zulassen.
6. Der Steuerpflichtige hat Gutachten der FFG elektronisch anzufordern, wobei FinanzOnline als Authentifizierungsprovider zu fungieren hat. Die FFG hat Gutachten unter Bezugnahme auf die Anforderung durch den Steuerpflichtigen im Wege von FinanzOnline der Abgabenbehörde zu übermitteln und dem Steuerpflichtigen zur Einsichtnahme zur Verfügung zu stellen.
7. Die Bundesministerin für Finanzen wird ermächtigt, die Durchführung der Gutachtenserstellung sowie den Inhalt und das Verfahren der elektronischen Anforderung und Übermittlung von Gutachten mit Verordnung festzulegen.

(9) Das Finanzamt hat auf Antrag des Steuerpflichtigen einen Feststellungsbescheid über die Höhe der Bemessungsgrundlage für die Forschungsprämie für eine eigenbetriebliche Forschung zu erlassen, wenn anlässlich der Antragstellung

a) glaubhaft gemacht wird, dass der verwirklichte Sachverhalt den Voraussetzungen einer Forschung und experimentellen Entwicklung im Sinne des Abs. 2 Z 1 entspricht, sowie
(BGBl I 2022/108)
b) nachgewiesen wird, dass die Bemessungsgrundlage für die Forschungsprämie richtig ermittelt worden ist.
(BGBl I 2022/108)

Die Glaubhaftmachung gemäß lit. a hat unter Zugrundelegung eines Gutachtens der FFG zu erfolgen. Liegt eine diesbezügliche bescheidmäßige Bestätigung nach § 118a der Bundesabgabenordnung vor, genügt die Glaubhaftmachung, dass die durchgeführte Forschung der Bestätigung zu Grunde gelegten entspricht oder davon nicht wesentlich abweicht. Der Nachweis gemäß lit. b hat durch eine Bestätigung eines Wirtschaftsprüfers zu erfolgen, die auf Grundlage einer den Anforderungen der §§ 268 ff des Unternehmensgesetzbuches entsprechenden Prüfung über die Einhaltung der anzuwendenden Rechnungslegungsvorschriften ausgestellt wurde. Die Bestimmungen des § 275 des Unternehmensgesetzbuches gelten sinngemäß.
(BGBl I 2015/118)

Befristete Sonderprämien für die katastrophenbedingte Ersatzbeschaffung von Gebäuden und sonstigen Wirtschaftsgütern

§ 108d. (1) Befristete Sonderprämien für die katastrophenbedingte Ersatzbeschaffung von abnutzbaren Anlagegütern im Zusammenhang mit der Beseitigung von Hochwasserschäden des Sommers 2005 im Sinne des § 10c können geltend machen:

1. Steuerpflichtige, soweit sie nicht Gesellschafter einer Gesellschaft sind, bei der die Gesellschafter als Mitunternehmer anzusehen sind,
2. Gesellschaften, bei denen die Gesellschafter als Mitunternehmer anzusehen sind.

Voraussetzung ist, dass die Aufwendungen für die Anschaffung oder Herstellung im Wege der Absetzung für Abnutzung (§§ 7 und 8) abgesetzt werden.

(2) Es betragen

1. die befristete Sonderprämie für die Ersatzbeschaffung von Gebäuden (§ 10c Abs. 1) bei Steuerpflichtigen im Sinne des § 1 5% und bei Steuerpflichtigen im Sinne des § 1 des Körperschaftsteuergesetzes 1988 3% der Aufwendungen. Wird die Sonderprämie geltend gemacht, kann für das Gebäude im betreffenden Wirtschaftsjahr keine vorzeitige Abschreibung gemäß § 10c Abs. 1 beansprucht werden;
2. die befristete Sonderprämie für die Ersatzbeschaffung von sonstigen Wirtschaftsgütern (§ 10c Abs. 2) bei Steuerpflichtigen im Sinne des § 1 10% und bei Steuerpflichtigen im Sinne des § 1 des Körperschaftsteuerge-

setzes 1988 5% der Aufwendungen. Wird die Sonderprämie geltend gemacht, kann für das sonstige Wirtschaftsgut im betreffenden Wirtschaftsjahr keine vorzeitige Abschreibung gemäß § 10c Abs. 2 beansprucht werden.

(3) Die befristeten Sonderprämien können für jeden Kalendermonat geltend gemacht werden. Sie können auch in einer Beilage zur Einkommensteuer-, Körperschaftsteuer- oder Feststellungserklärung (§ 188 der Bundesabgabenordnung) des betreffenden Jahres geltend gemacht werden. Diese Beilage kann überdies bis zum Eintritt der Rechtskraft des Einkommensteuer-, Körperschaftsteueroder Feststellungsbescheides nachgereicht werden.

(4) Die sich aus dem Verzeichnis ergebenden Prämien sind auf dem Abgabenkonto gutzuschreiben, es sei denn, es ist ein Bescheid gemäß § 201 der Bundesabgabenordnung zu erlassen. Die Gutschrift wirkt auf den Tag der Einreichung des Verzeichnisses zurück. Sowohl die Prämien als auch Rückforderungsansprüche gelten als Abgaben vom Einkommen im Sinne der Bundesabgabenordnung und des Abgabenverwaltungsorganisationsgesetzes. Auf Gutschriften und Rückforderungen sind jene Bestimmungen der Bundesabgabenordnung anzuwenden, die für wiederkehrend zu erhebende, selbst zu berechnende Abgaben gelten. Bei Gesellschaften, die nach bürgerlichem Recht nicht rechtsfähige Personenvereinigungen sind, hat die zusammengefasste Verbuchung der Gebarung mit jenen Abgaben zu erfolgen, die die Beteiligten gemeinsam schulden.

(5) Die Prämien sind zu Lasten des Aufkommens an veranlagter Einkommensteuer zu berücksichtigen.

Befristete Investitionszuwachsprämie

§ 108e. (1) Für den Investitionszuwachs bei prämienbegünstigten Wirtschaftsgütern kann eine Investitionszuwachsprämie von 10% geltend gemacht werden. Voraussetzung ist, dass die Aufwendungen für die Anschaffung oder Herstellung im Wege der Absetzung für Abnutzung (§§ 7 und 8) abgesetzt werden.

(2) Prämienbegünstigte Wirtschaftsgüter sind ungebrauchte körperliche Wirtschaftsgüter des abnutzbaren Anlagevermögens. Nicht zu den prämienbegünstigten Wirtschaftsgütern zählen:
– Gebäude.
– Geringwertige Wirtschaftsgüter, die gemäß § 13 abgesetzt werden.
– Personen- und Kombinationskraftwagen, ausgenommen Fahrschulkraftfahrzeuge sowie Kraftfahrzeuge, die zu mindestens 80% der gewerblichen Personenbeförderung dienen. Personen- und Kombinationskraftwagen, ausgenommen Fahrschulkraftfahrzeuge sowie Kraftfahrzeuge, die zu mindestens 80% der gewerblichen Personenbeförderung dienen.
– Wirtschaftsgüter, die nicht in einer inländischen Betriebsstätte verwendet werden, die der Erzielung von Einkünften im Sinne des § 2 Abs. 3 Z 1 bis 3 dient. Dabei gelten Wirtschaftsgüter, die auf Grund einer entgeltlichen Überlassung überwiegend im Ausland eingesetzt werden, nicht als in einer inländischen Betriebsstätte verwendet.

(3) Der Investitionszuwachs bei prämienbegünstigten Wirtschaftsgütern ist die Differenz zwischen deren Anschaffungs- oder Herstellungskosten der Kalenderjahre 2002, 2003 und 2004 und dem Durchschnitt der Anschaffungs- oder Herstellungskosten dieser Wirtschaftsgüter der letzten drei Wirtschaftsjahre, die vor dem 1. Jänner 2002 bzw. dem 1. Jänner 2003 bzw. dem 1. Jänner 2004 enden. Dabei gilt Folgendes:

1. Erstreckt sich die Anschaffung oder Herstellung prämienbegünstigter Wirtschaftsgüter auf mehrere Jahre, sind in die Ermittlung des durchschnittlichen Investitionszuwachses die jeweils zu aktivierenden Teilbeträge der Anschaffungs- oder Herstellungskosten mit einzubeziehen. Ändern sich nachträglich die Anschaffungs- oder Herstellungskosten, die Investitionszuwachsprämie im Jahr der Änderung entsprechend anzupassen.
2. Von der Summe aller Anschaffungs- oder Herstellungskosten der prämienbegünstigten Wirtschaftsgüter sind die Anschaffungs- oder Herstellungskosten jener Wirtschaftsgüter, für die die Begünstigung nach § 10c Abs. 2 oder § 108d Abs. 2 Z 2 geltend gemacht wurde, abzuziehen. Der Investitionszuwachs ist höchstens in Höhe der Differenz prämienbegünstigt.

(4) Die Prämie kann nur in einer Beilage zur Einkommensteuer-, Körperschaftsteuer- oder Feststellungserklärung (§ 188 BAO) des betreffenden Jahres geltend gemacht werden. Sie kann überdies in einer bis zum Eintritt der Rechtskraft des Einkommensteuer-, Körperschaftsteuer- oder Feststellungsbescheides nachgereichten Beilage geltend gemacht werden. In der Beilage sind die Ermittlung der Bemessungsgrundlage und die daraus ermittelte Investitionszuwachsprämie darzustellen.

(5) Die sich aus dem Verzeichnis ergebende Prämie ist auf dem Abgabenkonto gutzuschreiben, es sei denn, es ist ein Bescheid gemäß § 201 BAO zu erlassen. Die Gutschrift wirkt auf den Tag der Einreichung des Verzeichnisses zurück. Sowohl die Prämie als auch eine Prämiennachforderung bzw. Rückforderungsanspruch auf Grund einer geänderten Bemessungsgrundlage gemäß Abs. 3 gelten als Abgabe vom Einkommen im Sinne der Bundesabgabenordnung und des Abgabenverwaltungsorganisationsgesetzes. Auf die Gutschrift sind jene Bestimmungen der Bundesabgabenordnung anzuwenden, die für wiederkehrend zu erhebende, selbst zu berechnende Abgaben gelten. Die Prämie ist zu Lasten des Aufkommens an veranlagter Einkommensteuer zu berücksichtigen.

Lehrlingsausbildungsprämie

§ 108f. (1) Sind Aufwendungen (Ausgaben) für die Lehrlingsausbildung als Betriebsausgaben oder Werbungskosten abzuziehen, kann unter den Voraussetzungen der Abs. 2 bis 4 eine Lehrlingsausbildungsprämie geltend gemacht werden.

(2) Einem Steuerpflichtigen, der mit einem Lehrling (§ 1 des Berufsausbildungsgesetzes) ein Lehrverhältnis hat, steht in jedem Kalenderjahr (Wirtschaftsjahr), in dem das Lehrverhältnis aufrecht ist, eine Lehrlingsausbildungsprämie in der Höhe von 1 000 Euro zu. Voraussetzung ist, dass das Lehrverhältnis nach der Probezeit in ein definitives Lehrverhältnis umgewandelt wird. Die Fortsetzung eines begonnenen Lehrverhältnisses begründet keinen Anspruch auf eine in einem Kalenderjahr (Wirtschaftsjahr) doppelte Inanspruchnahme der Lehrlingsausbildungsprämie. Der Bundesminister für Finanzen wird ermächtigt, die Lehrlingsprämie für Lehrlinge, die in so genannten Mangelberufen tätig sind, im Einvernehmen mit dem Bundesminister für Wirtschaft und Arbeit durch Verordnung auf bis zu 2 000 Euro zu erhöhen.

(3) Für Kalenderjahre (Wirtschaftsjahre), für die ein Lehrlingsfreibetrag gemäß § 124b Z 31 geltend gemacht wird, steht keine Lehrlingsausbildungsprämie zu. Für Lehrlinge im Sinne des § 2 Abs. 4 des land- und forstwirtschaftlichen Berufsausbildungsgesetzes und des § 63 des Land- und Forstarbeiter-Dienstrechtsgesetzes gelten die vorstehenden Bestimmungen sinngemäß.

(4) Die Prämien können erst nach Ablauf des jeweiligen Wirtschaftsjahres geltend gemacht werden, spätestens jedoch bis zum Eintritt der Rechtskraft des betreffenden Einkommensteuer-, Körperschaftsteuer- oder Feststellungsbescheides (§ 188 der Bundesabgabenordnung). Die sich aus dem Verzeichnis ergebende Prämie ist auf dem Abgabenkonto gutzuschreiben, es sei denn, es ist ein Bescheid gemäß § 201 BAO zu erlassen. Die Gutschrift wirkt auf den Tag der Einreichung des Verzeichnisses zurück. Die Prämie gilt als Abgabe vom Einkommen im Sinne der Bundesabgabenordnung und des Abgabenverwaltungsorganisationsgesetzes. Auf die Gutschrift sind jene Bestimmungen der Bundesabgabenordnung anzuwenden, die für wiederkehrend zu erhebende, selbst zu berechnende Abgaben gelten. Die Prämie ist zu Lasten des Aufkommens an veranlagter Einkommensteuer zu berücksichtigen.

(5) Eine Lehrlingsausbildungsprämie gebührt nur für die Ausbildung von Lehrlingen auf Grund eines Lehrverhältnisses, das vor dem 28. Juni 2008 begonnen hat. Die Lehrlingsausbildungsprämie ist letztmalig bei der Veranlagung für das Kalenderjahr (Wirtschaftsjahr) 2012 anwendbar.

Prämienbegünstigte Zukunftsvorsorge

§ 108g. (1) Leistet ein unbeschränkt Steuerpflichtiger (§ 1 Abs. 2) Beiträge zu einer Zukunftsvorsorgeeinrichtung, wird ihm unter den nachstehenden Voraussetzungen auf Antrag Einkommensteuer (Lohnsteuer) erstattet:

1. Der Steuerpflichtige bezieht keine gesetzliche Alterspension.
2. Der Steuerpflichtige gibt eine Erklärung ab, in der er sich unwiderruflich verpflichtet, für einen Zeitraum von mindestens zehn Jahren ab Einzahlung des ersten Beitrages auf eine Rückzahlung des aus den geleisteten Beiträgen resultierenden Anspruches zu verzichten.
3. Hat der Steuerpflichtige im Zeitpunkt der Antragstellung das 50. Lebensjahr vollendet, kann er sich auch wahlweise unwiderruflich verpflichten, zu verzichten
   a) auf eine Rückzahlung des aus den geleisteten Beiträgen resultierenden Anspruchs bis zum Bezug einer gesetzlichen Alterspension und
   b) auf eine Verfügung im Sinne des § 108i Abs. 1 Z 1 im Falle des Bezuges einer gesetzlichen Alterspension vor Ablauf von zehn Jahren (Z 2).

Die Erstattung erfolgt mit einem Pauschalbetrag, der sich nach einem Prozentsatz der im jeweiligen Kalenderjahr geleisteten Prämie bemisst. Der Prozentsatz beträgt 2,75% zuzüglich des nach § 108 Abs. 1 ermittelten Prozentsatzes. Von der Erstattung ausgenommen sind Einmalprämien im Sinne des § 108i Abs. 1 Z 2 und 3.

(2) Die Einkommensteuer (Lohnsteuer) darf dem Steuerpflichtigen jährlich insgesamt nur für Leistungen im Ausmaß von 1,53% des Sechsunddreißigfachen der Höchstbeitragsgrundlage zur Sozialversicherung (§ 45 Abs. 1 ASVG) für einen Kalendermonat erstattet werden.

(3) Der Steuerpflichtige hat die Erstattung auf dem amtlichen Vordruck im Wege der Zukunftsvorsorgeeinrichtung zu beantragen und dabei zu erklären, dass die in Abs. 1 und 2 angeführten Voraussetzungen vorliegen. Diese Abgabenerklärung ist mit dem Antrag auf Abschluss der Widmung des Beitrages, wofür Einkommensteuer (Lohnsteuer) erstattet werden soll, abzugeben. In der Abgabenerklärung ist die Versicherungsnummer gemäß § 31 ASVG des Antragstellers anzuführen. Wurde eine Versicherungsnummer nicht vergeben, ist das Geburtsdatum anstelle der Versicherungsnummer anzuführen.

(4) Die pauschale Erstattung erfolgt durch jenen Rechtsträger, bei dem der Antrag im Sinne des Abs. 3 abzugeben ist. Dieser Rechtsträger fordert den zu erstattenden Steuerbetrag beim Finanzamt für Großbetriebe an. Die Anforderung hat bis spätestens Ende Februar im Wege des Datenträgeraustausches oder der automationsunterstützten Datenübermittlung zu erfolgen und die im Antrag und der Erklärung nach Abs. 3 angegebenen Daten zu enthalten. Das Finanzamt überweist die jeweiligen Rechtsträgern die pauschalen Erstattungsbeträge. Der Bundesminister für Finanzen wird ermächtigt, den Inhalt der Meldung und das Verfahren des Datenträgeraustausches und der automationsunterstützten Datenübermittlung mit Verordnung festzulegen. In der Verordnung kann vorgesehen werden, dass sich der Rechtsträger einer bestimmten geeigneten öffentlich-rechtlichen oder privatrechtlichen Übermittlungsstelle zu bedienen hat.

(BGBl I 2019/104, BGBl I 2020/99)

(5) Zu Unrecht erstattete Einkommensteuer (Lohnsteuer) ist vom Steuerpflichtigen rückzufordern. Als zu Unrecht erstattet gelten auch Erstattungsbeträge, wenn der Steuerpflichtige nach Ablauf eines Zeitraumes von mindestens zehn Jahren eine Verfügung im Sinne des § 108i Abs. 1 Z 1 trifft. Ist aus diesem Grund zu Unrecht erstattete Steuer rückzufordern, so reduziert sich der zurückzufordernde Betrag auf die Hälfte. Gleichzeitig damit ist eine Nachversteuerung, der auf den Steuerpflichtigen im Rahmen der Zukunftsvorsorgeeinrichtung entfallenden Kapitalerträge unter Zugrundelegung eines Steuersatzes von 27,5% vorzunehmen. Diese Nachversteuerung tritt bei der Veräußerung von Anteilen an Pensionsinvestmentfonds oder deren Rücklösung im Sinne des § 108i Abs. 1 Z 1 an die Stelle einer Besteuerung gemäß § 27 Abs. 3. Die zurückzufordernden und nachzuversteuernden Beträge sind durch den Rechtsträger einzubehalten. Der Rechtsträger hat die einbehaltenen Beträge spätestens am 15. Tag des auf die Rückforderung (Nachversteuerung) zweitfolgenden Kalendermonates an das Finanzamt für Großbetriebe abzuführen.

(BGBl I 2019/104, BGBl I 2020/99)

(6) Einkommensteuer-(Lohnsteuer-)Erstattungen und Rückforderungsansprüche gelten als Abgaben im Sinne der Bundesabgabenordnung.

(7) § 108 Abs. 9 ist anzuwenden.

Einrichtungen der Zukunftsvorsorge

§ 108h. (1) Die Einrichtung für Zukunftsvorsorge muss folgende Voraussetzungen erfüllen:
1. Die Veranlagung der Zukunftsvorsorgebeiträge und der an die Zukunftsvorsorgeeinrichtung überwiesenen Prämien erfolgt im Wege von
   a) Pensionsinvestmentfonds im Sinne des § 168 des Investmentfondsgesetzes 2011 und/oder
   b) Betrieblichen Vorsorgekassen (§ 18 Abs. 1 BMSVG) und/oder
   c) Versicherungsunternehmen mit Sitz in einem EWR-Vertragsstaat, die die Rentenversicherung betreiben.
2. Die Veranlagung der Zukunftsvorsorgebeiträge und der an die Zukunftsvorsorgeeinrichtung überwiesenen Prämien hat zu erfolgen
   a) für Vertragsabschlüsse vor dem 1. Jänner 2010 zu mindestens 30% in Aktien.
   b) für Vertragsabschlüsse zwischen dem 31. Dezember 2009 und dem 1. August 2013 sowie für Vertragsabschlüsse vor dem 1. Jänner 2010, wenn eine Erklärung gemäß § 108h Abs. 1 Z 2 lit. b in der Fassung BGBl. I Nr. 151/2009 abgegeben worden ist, nach dem Lebenszyklusmodell zu mindestens
      – 30% in Aktien bei Steuerpflichtigen, die am 31. Dezember des Vorjahres das fünfundvierzigste Lebensjahr noch nicht vollendet haben;
      – 25% in Aktien bei Steuerpflichtigen, die am 31. Dezember des Vorjahres das fünfundvierzigste Lebensjahr vollendet und das fünfundfünfzigste Lebensjahr noch nicht vollendet haben;
      – 15% in Aktien bei Steuerpflichtigen, die am 31. Dezember des Vorjahres das fünfundfünfzigste Lebensjahr vollendet haben.
   c) für Vertragsabschlüsse nach dem 31. Juli 2013
      – mindestens zu 15% und höchstens zu 60% in Aktien bei Steuerpflichtigen, die am 31. Dezember des Vorjahres das fünfzigste Lebensjahr noch nicht vollendet haben;
      – mindestens zu 5% und höchstens zu 50% in Aktien bei Steuerpflichtigen, die am 31. Dezember des Vorjahres das fünfzigste Lebensjahr vollendet haben.
   d) nach lit. c, wenn der Steuerpflichtige bis zum Ablauf der vertraglich vereinbarten Laufzeit gegenüber der Zukunftsvorsorgeeinrichtung eine entsprechende unwiderrufliche Erklärung abgibt. Die Abgabe einer derartigen Erklärung führt weder zur Kündigung des bestehenden Vertrages noch zum Abschluss eines neuen Vertrages; die Mindestlaufzeit gemäß § 108g Abs. 1 Z 2 wird dadurch nicht berührt. Abs. 1 Z 4 und 5 sind sinngemäß anzuwenden. Die Zukunftsvorsorgeeinrichtung hat die Veranlagung entsprechend der Erklärung ab dem Ende der Mindestlaufzeit gemäß § 108g Abs. 1 Z 2, im Falle einer späteren Erklärung ab der Abgabe der Erklärung, anzupassen. Die Zukunftsvorsorgeeinrichtung hat dem Steuerpflichtigen eine Urkunde über den geänderten Inhalt des Zukunftsvorsorgevertrages auszustellen.

Für die Berechnung der Aktienquote einer Zukunftsvorsorgeeinrichtung ist der Tageswert der gesamten Veranlagungen dem Tageswert der darin enthaltenen Aktien gegenüberzustellen. Die Aktienquote ist auf Basis eines Jahresdurchschnittes zu ermitteln. Im Falle einer Unterdeckung am Ende des Geschäftsjahres hat innerhalb einer zweimonatigen Übergangsfrist eine Aufstockung zu erfolgen.

(BGBl I 2021/3)

3. Die Veranlagung hat in Aktien zu erfolgen, die an einem geregelten Markt einer in einem Mitgliedstaat der Europäischen Union oder einem Staat des Europäischen Wirtschaftsraumes gelegenen Börse erstzugelassen sind. Der Anteil der Börsekapitalisierung der in diesem Staat erstzugelassenen Aktien darf in einem mehrjährigen Zeitraum 40% des

Bruttoinlandsproduktes dieses Staates nicht übersteigen. Das gilt für Veranlagungen gemäß Z 2 lit. a und b zu 100%; für Veranlagungen gemäß Z 2 lit. c und d zu mindestens 60% der tatsächlich gehaltenen Aktien.

4. Die Zukunftsvorsorgeeinrichtung schüttet keine Gewinne aus.

5. Die Einrichtung oder ein zur Abgabe einer Garantie berechtigtes Kreditinstitut aus dem EWR-Raum garantiert, dass im Falle einer Verrentung der für die Verrentung zur Verfügung stehende Auszahlungsbetrag nicht geringer ist als die Summe der vom Steuerpflichtigen eingezahlten Beiträge zuzüglich der für diesen Steuerpflichtigen gutgeschriebenen Prämien im Sinne des § 108g. Die Garantie erlischt, wenn der Steuerpflichtige eine Verfügung im Sinne des § 108i Abs. 1 Z 1 trifft.

(2) Mitarbeitervorsorgekassen (§ 18 Abs. 1 BMSVG) sind abweichend von § 28 BMSVG für Zwecke gemäß Abs. 1 berechtigt, zusätzliche Veranlagungsgemeinschaften zu bilden. Die §§ 18 Abs. 2, 19, 20 Abs. 1 und 4, 21 bis 23, 27 Abs. 1 bis 4, 28 und 29 sowie 31 bis 45 und § 30 BMSVG mit Ausnahme von Abs. 3 Z 5 sind für die Verwaltung von Zukunftsvorsorgebeiträgen sinngemäß anzuwenden. § 20 Abs. 2 und 3 BMSVG sind für die Verwaltung von Zukunftsvorsorgebeiträgen nur insoweit anzuwenden, als die Mitarbeitervorsorgekasse selbst die in § 108h Abs. 1 Z 5 genannte Garantie oder eine zusätzliche Zinsgarantie gewährt. § 25 BMSVG ist mit der Maßgabe anzuwenden, dass in Z 2 an Stelle der vom Arbeitgeber geleisteten Beiträge die Zukunftsvorsorgebeiträge treten. § 1 Abs. 1 Z 21 BWG ist mit der Maßgabe anzuwenden, dass Mitarbeitervorsorgekassen zusätzlich berechtigt sind, Zukunftsvorsorgebeiträge hereinzunehmen und zu veranlagen (Zukunftsvorsorgegeschäft). § 93 Abs. 3d Z 2 BWG ist mit der Maßgabe anzuwenden, dass sich der Höchstbetrag beim Zukunftsvorsorgegeschäft jeweils auf den Begünstigten der Zukunftsvorsorge bezieht.

(AbgÄG 2023, BGBl I 2023/110)

(3) Bei Vertragsabschlüssen nach dem 31. Juli 2013 haben Versicherungsunternehmen gemäß Abs. 1 Z 1 lit. c den Steuerpflichtigen vor Abgabe seiner Vertragserklärung schriftlich zu informieren über

1. die Höhe der in den Beiträgen enthaltenen Kosten; dabei sind die Abschlusskosten als einheitlicher Gesamtbetrag und die übrigen Kosten als Gesamtbetrag unter Angabe der jeweiligen Laufzeit auszuweisen,

2. mögliche sonstige Kosten, insbesondere Kosten, die einmalig oder aus besonderem Anlass entstehen können und Kosten, die für eine prämienfreie Vertragsführung verrechnet werden,

3. den Betrag, der veranlagt wird und veranlagt bleibt, unter Angabe der jeweiligen Laufzeit,

4. die gesetzlichen Vorgaben zur Veranlagung gemäß Abs. 1 Z 2 lit. c sowie zur Veranlagung in Aktien gemäß Abs. 1 Z 3,

5. die Veranlagungsstrategie, die Art der Zusammensetzung der Kapitalanlagen und deren Auswirkungen auf den konkreten Vertrag, insbesondere die damit verbundenen Chancen und Risiken sowie die allfällige Möglichkeit zum Einsatz von Absicherungsinstrumenten und die damit verbundenen Vor- und Nachteile und

6. die Rechnungsgrundlagen (Sterbetafel, Rechnungszins) zur Berechnung einer allfälligen Rente und die damit verbundenen Chancen und Risiken; insbesondere ist der Steuerpflichtige darüber zu informieren, ob die Höhe der Rentenzahlungen garantiert ist.

Diese Informationen gelten als solche im Sinne des § 135c VAG 2016, in der jeweils geltenden Fassung. Weitere gesetzliche Informationspflichten bleiben unberührt.

(BGBl I 2018/16)

(4) Für Betriebliche Vorsorgekassen gemäß Abs. 1 Z 1 lit. b gelten Abs. 3 Z 1 bis 5 sinngemäß.

Verfügung des Steuerpflichtigen über Ansprüche

§ 108i. (1) Nach einem Zeitraum von mindestens zehn Jahren ab Einzahlung des ersten Beitrages (§ 108g Abs. 1) kann der Steuerpflichtige

1. die Auszahlung der aus seinen Beiträgen resultierenden Ansprüche verlangen. In diesem Fall treten die Rechtsfolgen des § 108g Abs. 5 ein,

2. die Übertragung seiner Ansprüche auf eine andere Zukunftsvorsorgeeinrichtung verlangen,

3. die Überweisung seiner Ansprüche

   a) an ein Versicherungsunternehmen seiner Wahl als Einmalprämie für eine vom Steuerpflichtigen nachweislich abgeschlossene Pensionszusatzversicherung (§ 108b), wobei abweichend von § 108b Abs. 1 Z 2 vorgesehen werden kann, dass die Zusatzpension frühestens mit Vollendung des 40. Lebensjahres auszuzahlen ist,
   (BGBl I 2016/117)

   b) an ein Kreditinstitut seiner Wahl zum ausschließlichen Zwecke des Erwerbes von Anteilen an einem Pensionsinvestmentfonds durch Abschluss eines unwiderruflichen Auszahlungsplanes gemäß § 174 Abs. 2 Z 2 des Investmentfondsgesetzes 2011,
   (BGBl I 2016/117)

   c) an eine Pensionskasse, bei der der Anwartschaftsberechtigte bereits Berechtigter im Sinne des § 5 des Pensionskassengesetzes (PKG) ist, als Beitrag gemäß § 15 Abs. 3 Z 10 PKG,
   (BGBl I 2016/117)

d) an eine Betriebliche Kollektivversicherung gemäß § 93 des VAG 2016, bei der der Anwartschaftsberechtigte bereits Berechtigter ist,
(BGBl I 2016/117)
e) an ein Versicherungsunternehmen seiner Wahl als Einmalprämie für eine vom Steuerpflichtigen nachweislich abgeschlossene selbständige Pflegeversicherung, bei der ein Rückkauf oder eine Kapitalabfindung ausgeschlossen ist und die Leistung der Pflegeversicherung an einen Anspruch auf Pflegegeld gemäß dem Bundespflegegeldgesetz, BGBl. Nr. 110/1993, geknüpft ist
(BGBl I 2016/117)
verlangen.

(2) Bei Veranlagungen in Pensionsinvestmentsfondsanteile, die die Voraussetzungen des § 108h Abs. 1 erfüllen, sind abweichend von § 174 Abs. 2 des Investmentfondsgesetzes 2011 Verfügungen gemäß Abs. 1 zulässig. Abweichend von § 23g Abs. 2 InvFG 1993 sind Übertragungen von Veranlagungen in Pensionsinvestmentsfondsanteile, die die Voraussetzungen des § 108h Abs. 1 nicht erfüllen, in Zukunftsvorsorgeeinrichtungen (§ 108h Abs. 1) bis zum 31. Dezember 2005 zulässig. Der Übertragungsbetrag gilt nicht als Beitrag zu einer Zukunftsvorsorgeeinrichtung im Sinne des § 108g Abs. 1.

Verrechnung von Kinderabsetzbeträgen, Abgeltungs- und Erstattungsbeträgen

§ 109. Kinderabsetzbeträge gemäß § 33 Abs. 3 und Erstattungsbeträge gemäß § 108 und § 108a sind insgesamt mit 25% zu Lasten des Aufkommens an veranlagter Einkommensteuer und mit 75% zu Lasten des Aufkommens an Lohnsteuer zu verrechnen.
(BGBl I 2015/118)

§ 109a. (1) Der Bundesminister für Finanzen kann im Interesse der Gleichmäßigkeit der Besteuerung durch Verordnung anordnen, dass Unternehmer und Körperschaften des öffentlichen und privaten Rechts von Gruppen von Personen und von Personenvereinigungen (Personengemeinschaften) ohne eigene Rechtspersönlichkeit, die für sie Leistungen erbringen, Folgendes mitzuteilen haben:
1. Name (Firma), Wohnanschrift bzw. Sitz der Geschäftsleitung, bei natürlichen Personen weiters die Versicherungsnummer nach § 31 ASVG (bei Nichtvorhandensein jedenfalls das Geburtsdatum), bei Personenvereinigungen (Personengemeinschaften) ohne eigene Rechtspersönlichkeit die Steuernummer.
(BGBl I 2019/104, BGBl I 2020/99)
2. Art der erbrachten Leistung,
3. Kalenderjahr, in dem das Entgelt geleistet wurde,
4. Entgelt und die darauf entfallende ausgewiesene Umsatzsteuer.

(2) Die Verordnung hat weiters zu bestimmen: Die Abgabenbehörde, an die die Mitteilung zu erfolgen hat, sowie den Zeitpunkt, bis zu dem die Mitteilung zu erfolgen hat.

(3) Die Verordnung kann eine Mitteilung im Wege der automationsunterstützten Datenübertragung insoweit vorsehen, als dies für den zur Übermittlung Verpflichteten zumutbar ist. In der Verordnung kann vorgesehen werden, dass sich der zur Übermittlung Verpflichtete einer bestimmten geeigneten öffentlich-rechtlichen oder privatrechtlichen Übermittlungsstelle zu bedienen hat.

(4) Die in der Verordnung genannten Personen und Personenvereinigungen (Personengemeinschaften) sind verpflichtet, den Unternehmern sowie den Körperschaften des öffentlichen und privaten Rechts alle Auskünfte zu erteilen, die diese zur Erfüllung der Mitteilungspflicht benötigen.

(5) Die zur Mitteilung Verpflichteten haben den in der Verordnung genannten Personen und Personenvereinigungen (Personengemeinschaften) den Inhalt der Mitteilungen bekannt zu geben.

Mitteilung bei Auslandszahlungen

§ 109b. (1) Unternehmer und Körperschaften des öffentlichen und privaten Rechts, die für Leistungen im Sinne des Abs. 2 Zahlungen ins Ausland tätigen, haben die im Abs. 3 beschriebenen Informationen mitzuteilen.

(2) Die Mitteilungspflicht betrifft folgende Leistungen:
1. Leistungen für Tätigkeiten im Sinne des § 22, wenn die Tätigkeit im Inland ausgeübt wird.
2. Vermittlungsleistungen, die von unbeschränkt Steuerpflichtigen erbracht werden oder die sich auf das Inland beziehen;
3. kaufmännische oder technische Beratung im Inland.

(3) Die Mitteilung hat zu enthalten:
1. Name (Firma), Wohn- oder Firmenanschrift des Leistungserbringers samt internationaler Länderkennung des betreffenden Staates;
2. bei einer Personenvereinigung (Personengemeinschaft) ohne eigene Rechtspersönlichkeit oder einer Körperschaft als Leistungserbringer auch die im Inland maßgeblich auftretende natürliche Person;
3. hinsichtlich des Leistungserbringers sowie gegebenenfalls der im Inland maßgeblich auftretenden natürlichen Person:
   – die österreichische Steuernummer; ist diese nicht vorhanden,
   – die Versicherungsnummer nach § 31 ASVG; ist diese nicht vorhanden,
   – die Umsatzsteuer-Identifikationsnummer; ist diese nicht vorhanden,
   – das Geburtsdatum;
4. die internationale Länderkennung des Landes oder der Länder, in die Zahlungen erfolgt sind;

5. die Höhe der Zahlungen zugunsten des Leistungserbringers und das Kalenderjahr, in dem die Zahlungen geleistet wurden.

(4) Eine Mitteilung hat zu unterbleiben, wenn
- sämtliche in einem Kalenderjahr zugunsten desselben Leistungserbringers geleisteten Zahlungen ins Ausland den Betrag von 100 000 Euro nicht übersteigen,
- ein Steuerabzug gemäß § 99 zu erfolgen hat oder
- bei Zahlungen an eine ausländische Körperschaft diese im Ausland einem Steuersatz unterliegt, der nicht um mehr als 10 Prozentpunkte niedriger ist als die österreichische Körperschaftsteuer gemäß § 22 Abs. 1 KStG 1988.

(5) Die Mitteilung hat im Wege der automationsunterstützten Datenübertragung zu erfolgen, wenn dies für den zur Übermittlung Verpflichteten zumutbar ist. Der Bundesminister für Finanzen wird ermächtigt, den Inhalt und das Verfahren der elektronischen Übermittlung mit Verordnung festzulegen. In der Verordnung kann vorgesehen werden, dass sich die auszahlende Stelle einer bestimmten geeigneten öffentlich-rechtlichen oder privatrechtlichen Übermittlungsstelle zu bedienen hat.

(6) Die Mitteilung hat elektronisch bis Ende Februar des auf die Zahlung folgenden Kalenderjahres zu erfolgen. Ist der auszahlenden Stelle die elektronische Übermittlung mangels technischer Voraussetzungen unzumutbar, hat die Übermittlung auf dem amtlichen Vordruck bis Ende Jänner des auf die Zahlung folgenden Kalenderjahres zu erfolgen.

(7) Die Mitteilung ist an das Finanzamt zu übermitteln, das für die Erhebung der Umsatzsteuer des zur Mitteilung Verpflichteten zuständig ist oder es im Falle der Umsatzsteuerpflicht wäre.

(8) Der Leistungserbringer ist verpflichtet, dem zur Übermittlung Verpflichteten alle Auskünfte zu erteilen, die dieser zur Erfüllung der Mitteilungspflicht benötigt.

Verweisungen auf andere Bundesgesetze
§ 110. Soweit in diesem Bundesgesetz auf andere Bundesgesetze verwiesen wird, sind diese in ihrer jeweils geltenden Fassung anzuwenden.

9. TEIL
ÜBERGANGSBESTIMMUNGEN

Verweisungen anderer Bundesgesetze
§ 111. Beziehen sich bundesgesetzliche Vorschriften über öffentliche Abgaben oder Beiträge auf Bestimmungen des Einkommensteuergesetzes 1972, BGBl. Nr. 440 (EStG 1972), so treten an die Stelle dieser Bestimmungen die entsprechenden Bestimmungen dieses Bundesgesetzes.

Weitergeltung von Bestimmungen des EStG 1972
§ 112. Folgende Bestimmungen des EStG 1972 sind auch für Zeiträume nach dem 31. Dezember 1988 anzuwenden:
1. § 3 Z 31.
1a. § 4 Abs. 4 Z 2 für Pensionskassen, die am 1. Jänner 1989 bestanden haben, bis zum Erlöschen der Konzession im Sinne des § 49 des Pensionskassengesetzes.
2. § 9 Abs. 4 bis 9 für Rücklagen (steuerfreie Beträge), soweit sie vor dem 1. Jänner 1989 durch Wertpapieranschaffung verwendet worden sind. Im Veranlagungsjahr 1993 können die durch Wertpapieranschaffung verwendeten Rücklagenbeträge (steuerfreien Beträge) freiwillig versteuert werden. Bei einer freiwilligen Versteuerung sämtlicher Rücklagenbeträge (sämtlicher steuerfreier Beträge) im Veranlagungsjahr 1993 entfällt der Zuschlag im Sinne des § 9 Abs. 6 EStG 1972 und ist § 37 anzuwenden.
3. § 11 für Rücklagen, die für Wirtschaftsjahre gebildet wurden, die vor dem 1. Jänner 1989 abgelaufen sind.
3a. § 18 Abs. 1 Z 3 lit. e für Energiesparmaßnahmen, die vor dem 1. Jänner 1989 durchgeführt worden sind. Derartige Beträge können als Sonderausgaben im Sinne des § 18 Abs. 1 Z 3 nach Maßgabe des § 18 Abs. 3 Z 2 geltend gemacht werden.
4. § 23a für Verluste im Sinne dieser Bestimmung, die nicht bis zum Veranlagungsjahr 1988 verrechnet werden konnten.
5. § 23b für Gewinnanteile aus Beteiligungen, die vor dem 1. Jänner 1989 erworben worden sind.
6. § 27 Abs. 2 Z 3 für stille Beteiligungen, die vor dem 1. Jänner 1989 erworben worden sind. Gewinnanteile aus derartigen Beteiligungen sind auch insoweit steuerpflichtig, als sie zur Auffüllung einer durch Verluste herabgeminderten Einlage zu verwenden sind.
7. § 27 Abs. 5 für Wertpapiere, die vor dem 1. Jänner 1989 erworben worden sind, hinsichtlich der Veranlagung für die Jahre 1989 bis 1992. Im Rahmen der Kapitalertragsteuer gilt jedoch § 123.
8. § 27 Abs. 6 Z 3 für Gewinnanteile aus Beteiligungen, die vor dem 1. Jänner 1989 erworben worden sind. Im Rahmen der Kapitalertragsteuer gilt jedoch § 123.
9. § 107.
10. § 110.

§ 112a. § 103 ist in der Fassung BGBl. Nr. 448/1992 weiterhin anzuwenden, wenn eine Zuzugsbegünstigung bereits erteilt worden ist oder die Erteilung einer Zuzugsbegünstigung schriftlich in Aussicht gestellt worden ist.

1/1. EStG
§§ 113 – 116

Bewertung

§ 113. (1) Bei der Bewertung von Wirtschaftsgütern, die bereits am Schluß des letzten vor dem 1. Jänner 1989 abgelaufenen Wirtschaftsjahres zum Betriebsvermögen gehört haben, ist von den Wertansätzen des § 6 EStG 1972 auszugehen.

(2) Nach § 123 EStG 1972 vorgenommene Wertberichtigungen gelten dem Grunde nach als solche nach § 6 Z 2 lit. c dieses Bundesgesetzes.

Absetzung für Abnutzung

§ 114. (1) Wurde die Absetzung für Abnutzung von Wirtschaftsgütern, die in einem vor dem 1. Jänner 1989 abgelaufenen Wirtschaftsjahr in Betrieb genommen worden sind, degressiv oder nach der Leistung berechnet, dann ist diese Berechnungsmethode weiterhin anzuwenden.

(2) § 8 Abs. 2 ist erstmals auf Assanierungsvorgänge in Wirtschaftsjahren anzuwenden, die nach dem 31. Dezember 1988 enden.

(3) § 8 Abs. 3 einschließlich § 6 Z 1 ist nur auf Firmenwerte anzuwenden, die nach dem 31. Dezember 1988 entgeltlich erworben worden sind.

(4) Durch § 16 Abs. 1 Z 8 wird gegenüber § 16 Abs. 1 Z 8 EStG 1972 für Wirtschaftsgüter, die vor dem 1. Jänner 1989 angeschafft, hergestellt oder unentgeltlich erworben worden sind und dem Steuerpflichtigen bereits am 31. Dezember 1988 zur Erzielung von Einkünften im Sinne des § 2 Abs. 3 Z 4 bis 7 gedient haben, weder eine neue Bemessungsgrundlage noch ein neues Wahlrecht für die Berechnung der Absetzung für Abnutzung oder für Substanzverringerung begründet.

Vorzeitige Abschreibung

§ 115. (1) Bei Wirtschaftsgütern, die bis zum Schluß des letzten vor dem 1. Jänner 1989 abgelaufenen Wirtschaftsjahres nach § 8 Abs. 4 EStG 1972, § 38 Abs. 1 des Stadterneuerungsgesetzes, Art. IV des Bundesgesetzes über die Änderung mietrechtlicher Vorschriften und über Mietzinsbeihilfen, BGBl. Nr. 409/1974, und § 19 Abs. 1 des Denkmalschutzgesetzes noch nicht zur Gänze vorzeitig abgeschrieben worden sind, sind die restlichen Abschreibungen der bis zum Schluß dieses Wirtschaftsjahres angefallenen Anschaffungs-, Herstellungs- oder Teilherstellungskosten nach den angeführten Bestimmungen vorzunehmen.

(2) Wurden vorzeitige Abschreibungen von Teilherstellungskosten vorgenommen, die bis zum Schluß des letzten vor dem 1. Jänner 1989 abgelaufenen Wirtschaftsjahres angefallen sind, so kann von den restlichen Teilherstellungskosten ein Investitionsfreibetrag geltend gemacht werden.

Rücklagen, steuerfreie Beträge, Rückstellungen

§ 116. (1) Bis 1993 gebildete Investitionsrücklagen (§ 9 in der bis 1993 geltenden Fassung) sind in der Bilanz nach Wirtschaftsjahren aufzugliedern und gesondert auszuweisen. Die Rücklage (im Falle der Gewinnermittlung nach § 4 Abs. 3 der steuerfreie Betrag) ist gegen jenen Betrag aufzulösen, der als Investitionsfreibetrag (§ 10) gewinnmindernd in Anspruch genommen werden könnte (bestimmungsgemäße Verwendung). Rücklagen (Rücklagenteile) bzw. steuerfreie Beträge (Teilbeträge), die nicht bestimmungsgemäß verwendet wurden, sind im vierten Wirtschaftsjahr nach der Bildung der Rücklage gewinnerhöhend aufzulösen. Die Rücklage (der steuerfreie Betrag) kann auch freiwillig vorher gewinnerhöhend aufgelöst werden. Der gewinnerhöhend aufgelöste Betrag erhöht sich um je 5% für jedes Wirtschaftsjahr ab der Bildung (Zuschlag). Der Zuschlag entfällt bei der gewinnerhöhenden Auflösung anläßlich der Betriebsaufgabe, der entgeltlichen Übertragung eines Betriebes, Teilbetriebes oder Mitunternehmeranteiles sowie anläßlich der Einbringung in eine Körperschaft. Im Wirtschaftsjahr 1993 entfällt für Rücklagen (steuerfreie Beträge), die in den Wirtschaftsjahren 1990 bis 1991 gebildet worden sind, im Falle der freiwilligen Auflösung der Zuschlag.

(2) Für die bis 1995 gebildeten Mietzinsrücklagen und steuerfreien Beträge (§ 11 in der bis 1995 geltenden Fassung) gilt folgendes:

1. Rücklagen, die nach § 4 Abs. 7 EStG 1972 gebildet wurden, gelten als Rücklagen im Sinne des § 11 in der bis 1995 geltenden Fassung.
2. Mit den im letzten vor dem 1. Jänner 1996 endenden Wirtschaftsjahr ausgewiesenen Rücklagen bzw. steuerfreien Beträgen sind innerhalb von neun Jahren nach ihrer Bildung, längstens aber bis zum 31. Dezember 1999 in folgender Reihenfolge zu verrechnen:

    a) Instandsetzungsaufwendungen, soweit sie nicht durch steuerfreie Subventionen gedeckt sind.

    b) Aufwendungen im Sinne der §§ 3 bis 5 des Mietrechtsgesetzes in Gebäuden, die den Bestimmungen des Mietrechtsgesetzes über die Verwendung der Hauptmietzinse unterliegen, soweit diese Aufwendungen Herstellungsaufwand darstellen und nicht durch steuerfreie Subventionen gedeckt sind.

    c) Verluste, die sich ergeben, falls die mit dem Grundstück (Gebäude) im wirtschaftlichen Zusammenhang stehenden Betriebsausgaben die nach mietrechtlichen Vorschriften verrechnungspflichtigen Einnahmen sowie die zur Deckung von Aufwendungen nach § 10 des Mietrechtsgesetzes vereinnahmten Beträge übersteigen. Dabei sind die Betriebskosten und die laufenden öffentlichen Abgaben für das Grundstück (Gebäude) sowohl bei den Betriebseinnahmen als auch bei den Betriebsausgaben außer Ansatz zu lassen.

    d) Aufwendungen im Sinne der §§ 3 bis 5 des Mietrechtsgesetzes in anderen Gebäuden des Betriebes, die den Bestimmungen des Mietrechtsgesetzes über die Verwendung der Hauptmietzinse unterliegen, soweit diese Aufwendungen

Instandsetzungs- oder Herstellungsaufwand darstellen und nicht durch steuerfreie Subventionen gedeckt sind. Soweit nach Verrechnung mit Rücklagen bzw. steuerfreien Beträgen Aufwendungen im Sinne der lit. b und d verbleiben, sind die verbleibenden Aufwendungen als Herstellungskosten anzusetzen. Die Verrechnung nach lit. b und d geht einer Übertragung stiller Reserven nach § 12 vor.
3. Rücklagen (Rücklagenteile) bzw. steuerfreie Beträge (Teilbeträge), die nicht bis zum Ende der Frist der Z 2 zu verrechnen sind, sind zu diesem Zeitpunkt gewinnerhöhend aufzulösen.

(3) Für die Abfertigungsrückstellungen gilt folgendes:
1. Abfertigungsrücklagen (steuerfreie Beträge), die nach § 14 Abs. 1 bis 5 des EStG 1972 gebildet wurden, gelten als Abfertigungsrückstellungen (steuerfreie Beträge) im Sinne des § 14 Abs. 1 bis 6. Beträge aus Abfertigungsrücklagen im Sinne des § 14 EStG 1972, auf die Art. III des Bundesgesetzes, mit dem das Bauarbeiter-Urlaubsgesetz 1972, das Arbeiter-Abfertigungsgesetz, das Insolvenz-Entgeltsicherungsgesetz sowie abgabenrechtliche Bestimmungen geändert werden, BGBl. Nr. 618/1987, zutrifft, gelten als Beträge aus Abfertigungsrückstellungen.
2. Bei Abfertigungsrückstellungen (steuerfreien Beträgen) für Arbeitnehmer, die am Ende des jeweiligen Wirtschaftsjahres das 50. Lebensjahr vollendet haben, erhöht sich das prozentuelle Höchstausmaß gemäß § 14 Abs. 1 erster Satz für jedes Wirtschaftsjahr, das nach dem 31. Dezember 1993 endet, um zwei Prozentpunkte, höchstens jedoch um 10 Prozentpunkte.
3. Abweichend von § 14 Abs. 5 Z 4 lit. a dürfen Schuldverschreibungen, deren Ausgabewert niedriger ist als 90% des Nennbetrages, noch bis 31. Dezember 1995 zur Wertpapierdeckung herangezogen werden.
4. Abweichend von § 14 Abs. 5 Z 4 lit. b dürfen unter § 3 Abs. 1 Z 10 des Kapitalmarktgesetzes fallende Schuldverschreibungen sowie vor dem Inkrafttreten des Kapitalmarktgesetzes ausgegebene Schuldverschreibungen, deren Ausgabewert niedriger ist als 90% des Nennbetrages, noch bis 31. Dezember 1995 zur Wertpapierdeckung herangezogen werden.
5. Abweichend von § 14 Abs. 5 Z 4 lit. e dürfen Anteilscheine an Kapitalanlagefonds, die ganz oder teilweise aus Wertpapieren der in Z 3 und 4 genannten Art bestehen, noch bis 31. Dezember 1995 zur Wertpapierdeckung herangezogen werden.
6. § 14 Abs. 5 Z 4 lit. e in der Fassung des Bundesgesetzes BGBl. I Nr. 9/1998 gilt erstmals für die Wertpapierdeckung zum 31. Dezember 1997.

(4) Für die Pensionsrückstellung gilt folgendes:
1. Abweichend von § 125 Z 1 sind auf Rückstellungen für Wirtschaftsjahre, die vor dem 1. Jänner 1990 enden, noch die Bestimmungen des EStG 1972 in Verbindung mit Abschnitt I Art. II Z 2 des 2. Abgabenänderungsgesetzes 1977, BGBl. Nr. 645, anzuwenden.
2. Übersteigt zum Schluß des letzten vor dem 1. Jänner 1990 endenden Wirtschaftsjahres die Rückstellung, die sich nach § 14 errechnen würde (fiktive Neurückstellung), die steuerwirksam gebildete Rückstellung (Altrückstellung), so ergibt sich die jeweils steuerlich maßgebende Rückstellung aus der Rückstellung nach § 14 abzüglich des seit dem genannten Bilanzstichtag jährlich um 5% verminderten Unterdeckungsbetrages. Der Unterdeckungsbetrag ergibt sich aus dem Unterschied zwischen der fiktiven Neurückstellung und der Altrückstellung. Vermindert sich die nach § 14 berechnete Rückstellung gegenüber der nach § 14 zum Schluß des vorangegangenen Wirtschaftsjahres berechneten Rückstellung, so vermindert sich der Unterdeckungsbetrag im gleichen Verhältnis; dabei sind der Berechnung der zu vergleichenden Rückstellungen jene Pensionsleistungen zugrunde zu legen, die an dem genannten Stichtag zugesagt wurden.
3. Der Bundesminister für Finanzen kann vereinfachte Berechnungen der fiktiven Neurückstellung nach anerkannten Regeln der Versicherungsmathematik durch Verordnung festlegen.
4. Die Wertpapierdeckung muß erstmalig am Schluß des im Kalenderjahr 1991 endenden Wirtschaftsjahres gegeben sein. Abweichend von § 14 Abs. 7 Z 7 ist das erforderliche Ausmaß von 50% auf 20 Wirtschaftsjahre gleichmäßig verteilt zu erreichen. Dies gilt auch für die Wertpapierdeckung im Sinne des § 14 Abs. 7 in der Fassung BGBl. I Nr. 24/2007 mit der Maßgabe, dass das vor Aufhebung des § 14 Abs. 7 Z 7 durch BGBl. I Nr. 155/2006 bereits erreichte Prozentausmaß als Ausgangspunkt für die weitere Erhöhung heranzuziehen ist.
5. In den Fällen des § 14 Abs. 9 ist die steuerlich maßgebende Rückstellung in der Höhe anzusetzen, in der sie sich beim früheren Arbeitgeber (Vertragspartner) unter Berücksichtigung der gleichen Pensionszusage nach Z 2 ergeben hätte.

(5) Für die bis 1995 nach § 28 Abs. 5 in der bis 1995 geltenden Fassung gebildeten steuerfreien Beträge gilt folgendes:
1. Steuerfreie Beträge, die nach § 28 Abs. 3 EStG 1972 gebildet wurden, gelten als steuerfreie Beträge im Sinne des § 28 Abs. 5 in der bis 1995 geltenden Fassung.
2. Mit den am 31. Dezember 1995 ausgewiesenen steuerfreien Beträgen sind innerhalb von neun Jahren nach ihrer Bildung, längstens aber bis

zum 31. Dezember 1999 in folgender Weise zu verrechnen:
a) Instandsetzungsaufwendungen, soweit sie nicht durch steuerfreie Subventionen gedeckt sind.
b) Aufwendungen im Sinne der §§ 3 bis 5 des Mietrechtsgesetzes in Gebäuden, die den Bestimmungen des Mietrechtsgesetzes über die Verwendung der Hauptmietzinse unterliegen, soweit diese Aufwendungen Herstellungsaufwand darstellen und nicht durch steuerfreie Subventionen gedeckt sind.
c) Verluste, die sich ergeben, falls die mit dem Grundstück (Gebäude) im wirtschaftlichen Zusammenhang stehenden Werbungskosten die nach mietrechtlichen Vorschriften verrechnungspflichtigen Einnahmen sowie die zur Deckung von Aufwendungen nach § 10 des Mietrechtsgesetzes vereinnahmten Beträge übersteigen. Dabei sind die Betriebskosten und die laufenden öffentlichen Abgaben für das Grundstück (Gebäude) sowohl bei den Einnahmen als auch bei den Werbungskosten außer Ansatz zu lassen.
d) Aufwendungen im Sinne der §§ 3 bis 5 des Mietrechtsgesetzes in anderen der Erzielung von Einkünften aus Vermietung und Verpachtung dienenden Gebäuden des Steuerpflichtigen, die den Bestimmungen des Mietrechtsgesetzes über die Verwendung der Hauptmietzinse unterliegen, soweit diese Aufwendungen Instandsetzungs- oder Herstellungsaufwand darstellen und nicht durch steuerfreie Subventionen gedeckt sind. Soweit nach Verrechnung mit steuerfreien Beträgen Aufwendungen im Sinne der lit. b und d verbleiben, sind die verbleibenden Aufwendungen als Herstellungskosten anzusetzen.
3. Steuerfreie Beträge (Teilbeträge), die nicht bis zum Ende der Frist der Z 2 zu verrechnen sind, sind zu diesem Zeitpunkt einnahmenerhöhend aufzulösen.
4. Die steuerfreien Beträge sind bei Erwerben von Todes wegen vom Rechtsnachfolger fortzuführen.

Sonderausgaben

§ 117. (1) Der dritte Satz des § 18 Abs. 1 Z 2 ist hinsichtlich der für den Fall des Ablebens zu vereinbarenden Versicherungssumme auf Versicherungsverträge anzuwenden, die nach dem 31. Dezember 1988 abgeschlossen wurden.

(2) Für Versicherungsverträge, die vor dem 1. Jänner 1989 abgeschlossen worden sind, treten an die Stelle der im § 18 Abs. 1 Z 2 und Abs. 4 Z 1 genannten Zeiträume von zehn bis zwanzig Jahren folgende Zeiträume:

1. Zehn Jahre, wenn der Antrag auf Vertragsabschluß vor dem 7. September 1979 gestellt wurde. Weiters ist für solche Versicherungsverträge § 18 Abs. 4 Z 1 hinsichtlich der Vorauszahlung und Verpfändung nicht anzuwenden.
2. Zehn bis fünfzehn Jahre, wenn der Antrag auf Vertragsabschluß nach dem 6. September 1979 gestellt wurde. Weiters tritt bei solchen Versicherungsverträgen an die Stelle des im § 18 Abs. 1 Z 2 und Abs. 4 Z 1 genannten 41. Lebensjahres das 46. Lebensjahr.

(3) Wurden für Beiträge (Versicherungsprämien) im Sinne des § 18 Abs. 1 Z 2 vor dem 1. Jänner 1989 anstelle des geleisteten Einmalbetrages Teilbeträge (Zehntel, Zwanzigstel) als Sonderausgaben in Anspruch genommen, so können die restlichen Teilbeträge auch für Zeiträume nach dem 31. Dezember 1988 nach Maßgabe des § 18 Abs. 3 Z 2 in Anspruch genommen werden.

(4) Eine Nachversteuerung von Beträgen im Sinne des § 18 Abs. 1 Z 3 lit. a EStG 1972, die vor dem 1. Jänner 1982 geleistet wurden, hat wegen Unterschreitens der achtjährigen Bindungsfrist nicht zu erfolgen.

(5) § 18 Abs. 4 und 5 gilt auch für die Nachversteuerung von Sonderausgaben, die bei der Einkommensermittlung für Zeiträume vor dem 1. Jänner 1989 zu berücksichtigen waren.

(6) § 18 Abs. 6 gilt auch für Verluste, die vor dem Inkrafttreten dieses Bundesgesetzes entstanden sind. § 18 Abs. 7 gilt erstmals für Verluste, die im Jahr 1989 entstanden sind.

(7)
1. Bei der Veranlagung für die Jahre 1996 und 1997 ist ein Verlustabzug (§ 18 Abs. 6 und 7) nicht zulässig. In den Kalenderjahren 1989 und 1990 entstandene Verluste sind, soweit sie nicht bis zur Veranlagung 1995 abgezogen worden sind, zu je einem Fünftel bei den Veranlagungen der Jahre 1998 bis 2002 abzuziehen.
2. In Fällen, in denen ein Verlust aus vorangegangenen Jahren von einem bei der Veranlagung für die Kalenderjahre 1996 oder 1997 zu berücksichtigenden Veräußerungs-, Aufgabe- oder Liquidationsgewinn abzuziehen wäre, kann der Steuerpflichtige beantragen, daß die steuerliche Erfassung des betreffenden Veräußerungs-, Aufgabe- oder Liquidationsgewinnes insoweit auf das Veranlagungsjahr 1998 verschoben wird.

§ 117a. (1) Für den ab der Veranlagung 1998 vorzunehmenden Verlustabzug gilt folgendes: Der Verlustabzug für in den Kalenderjahren 1989 bis 1996 entstandene Verluste ist insoweit nicht zulässig,
— als bei der Veranlagung für das Jahr 1996 bzw 1997 ein steuerfreier Sanierungsgewinn angefallen ist und
— unter Außerachtlassung der Bestimmungen des § 117 Abs. 7 Z 1 ein Verlustabzug anzusetzen wäre.

(2) § 117 Abs. 7 Z 2 ist auch auf Gewinne aus der Aufdeckung stiller Reserven bei Anteilen an einer Körperschaft von mehr als 10% sowie bei Grundstücken und Gebäuden anzuwenden, wenn in all diesen Fällen die Voraussetzungen des § 12 Abs. 2 vorliegen. Eine Verschiebung der steuerlichen Erfassung schließt die Anwendung des § 12 aus.

Veräußerungsgewinne, Stille Reserven

§ 118. (1) § 24 Abs. 6 ist nur auf Gebäude (Gebäudeteile) anzuwenden, die nicht gemäß § 8 Abs. 2 Z 1 lit. a EStG 1972 vorzeitig abgeschrieben wurden.

(2) Die in § 12 Abs. 2 genannte Frist von fünfzehn Jahren gilt auch für Gebäude (Gebäudeteile), die nach den §§ 8 und 122 Abs. 3 EStG 1972, § 38 Abs. 1 des Stadterneuerungsgesetzes, Art. IV des Bundesgesetzes über die Änderung mietrechtlicher Vorschriften und über Mietzinsbeihilfen, BGBl. Nr. 409/1974, oder § 19 Abs. 1 des Denkmalschutzgesetzes vorzeitig abgeschrieben worden sind.

Einkünfte aus Kapitalvermögen und aus Vermietung und Verpachtung

§ 119. (1) § 27 Abs. 3 ist auch auf Genußscheine und junge Aktien anzuwenden, die vor dem 1. Jänner 1989 erworben worden sind.

(2) Bei Erwerben von Todes wegen gelten Zehntelabsetzungen gemäß § 28 Abs. 2 EStG 1972 als Teilbeträge im Sinne des § 28 Abs. 3.

(3) Wurden Werbungskosten nach § 28 Abs. 2 EStG 1972 auf zehn Jahre verteilt geltend gemacht, so sind die restlichen Teilbeträge auch nach Inkrafttreten dieses Bundesgesetzes in unveränderter Höhe zu berücksichtigen.

(4) § 28 Abs. 6 gilt nicht, soweit vor dem Inkrafttreten dieses Bundesgesetzes Anschaffungs- oder Herstellungskosten sowie Instandhaltungs- oder Instandsetzungsaufwand als Werbungskosten berücksichtigt wurden.

(5) Für die Ermittlung der besonderen Einkünfte aus Vermietung und Verpachtung (§ 28 Abs. 7) gelten Zehntelabsetzungen gemäß § 28 Abs. 2 EStG 1972 insoweit als Teilbeträge gemäß § 28 Abs. 3, als sie auf Herstellungsaufwand entfallen. Eine Verrechnung von Herstellungsaufwand nach § 116 Abs. 5 ist im Rahmen des § 28 Abs. 7 einer Absetzung von Herstellungsaufwand in Teilbeträgen nach § 28 Abs. 3 gleichzuhalten.

Sonstige Einkünfte

§ 120. Die §§ 30 und 31 gelten für Veräußerungsvorgänge nach dem 31. Dezember 1988.

Vorauszahlungen

§ 121. (1) Die nach § 45 EStG 1972 für Kalenderjahre ab 1989 festgesetzten Vorauszahlungen sind um 5% zu erhöhen.

(2) Werden die Vorauszahlungen für das Kalenderjahr 1995 und die folgenden Kalenderjahre nicht
a) erstmals oder
b) auf Grund einer nach dem 1. Mai 1995 erfolgten Anpassung oder
c) auf der Grundlage der Einkommensteuerschuld für das veranlagte Kalenderjahr 1995
festgesetzt, so gilt folgendes:

1. Ein Investitionsfreibetrag gemäß § 10 kann von Anschaffungs- oder Herstellungskosten (Teilbeträgen), die in einem Betrieb in Wirtschaftsjahren im Sinne der Z 2 anfallen, nur dann gewinnmindernd oder durch Verwendung einer Investitionsrücklage (eines steuerfreien Betrages) geltend gemacht werden, wenn neben den Vorauszahlungen gemäß § 45 bis zum 15. Oktober des betreffenden Kalenderjahres eine Sondervorauszahlung entrichtet wird. Dies gilt auch dann, wenn der betreffende Betrieb unter Fortführung der Buchwerte erworben worden ist. Bei Mitunternehmerschaften sind die Verhältnisse des jeweiligen Mitunternehmers in Beziehung auf die seinem Mitunternehmeranteil betraglich zuzuordnenden Investitionsfreibeträge maßgeblich.

2. Wirtschaftsjahre gemäß Z 1 sind jene, die im Kalenderjahr, in dem die Sondervorauszahlung zu entrichten ist, sowie im folgenden Kalenderjahr enden.

3. Die Sondervorauszahlung errechnet sich von jenen Anschaffungs- oder Herstellungskosten (Teilbeträgen) im betreffenden Betrieb, für die bisher ein Investitionsfreibetrag geltend gemacht worden ist. Maßgeblich ist dabei die gewinnmindernd oder durch Verwendung einer Investitionsrücklage (eines steuerfreien Betrages) erfolgte Geltendmachung eines Investitionsfreibetrags für jene Wirtschaftsjahre, die im letztveranlagten Kalenderjahr, dessen Einkommensteuerschuld Grundlage für die Vorauszahlungen gemäß § 45 ist, enden. Es sind dabei die steuerlichen Beurteilungen zum 30. September des betreffenden Jahres zu berücksichtigen.

4. Die Sondervorauszahlung beträgt 3% von den Anschaffungs- oder Herstellungskosten (Teilbeträgen), hinsichtlich der dem Kalenderjahr 1993 zuzuordnenden Investitionsfreibeträgen 4% der Anschaffungs- oder Herstellungskosten (Teilbeträge).

5. Die Steuerschuld für die Sondervorauszahlung entsteht mit der Einreichung der Anmeldung der selbst berechneten Sondervorauszahlung im Ausmaß des angemeldeten Betrages. Die Anmeldung ist nach einem amtlichen Vordruck einzureichen. Die Sondervorauszahlung wird am 15. Oktober des betreffenden Jahres fällig. § 221a Abs. 3 der Bundesabgabenordnung gilt sinngemäß für die Z 1.

6. Die Sondervorauszahlung ist auf die Einkommensteuerschuld des betreffenden Kalenderjahres anzurechnen.

(3) Für die Vorauszahlungen der Jahre 1996 bis 1998 gilt folgendes:

1/1. EStG
§§ 121 – 123

1. Bei der Festsetzung (§ 45 Abs. 1) der Vorauszahlungen ist von jener Einkommensteuerschuld für das letztveranlagte Kalenderjahr auszugehen, die sich ohne Vornahme eines Verlustabzugs (§ 18 Abs. 6 und 7) ergibt.
2. Erfolgt für ein Kalenderjahr keine Festsetzung im Sinne der Z 1 oder ergibt sich auch ohne Vornahme eines Verlustabzugs für das letztveranlagte Kalenderjahr keine aus einem Einkommen abgeleitete Einkommensteuerschuld, so sind die Vorauszahlungen entsprechend der Z 1 anzupassen. Über Aufforderung des Finanzamtes hat der Steuerpflichtige bis zum 15. Oktober eines Jahres eine Abgabenerklärung einzureichen, in der die für die Anpassung erforderlichen Angaben enthalten sind. Wird die Erklärung nicht eingereicht, so ist die Höhe der Vorauszahlungen von Amts wegen zu ermitteln.
3. Bescheide über Festsetzungen (Z 1) und Anpassungen (Z 2) können abweichend von § 45 Abs. 3 jedenfalls bis zum 15. November erlassen werden.
4. Der nach § 45 unter Beachtung der Z 1 und 2 ermittelte Betrag an Vorauszahlungen ist um 5% zu erhöhen.

(4) Bei den Vorauszahlungen des Jahres 1999 ist der nach § 45 ermittelte Betrag um 5% zu erhöhen.

(5) Sind die Verhältnisse des Kalenderjahres 2000 oder eines früheren Kalenderjahres für die Festsetzung oder Nichtfestsetzung einer Vorauszahlung für das Kalenderjahr 2001 oder ein späteres Kalenderjahr maßgeblich oder sind Vorauszahlungen für diese Zeiträume vor dem Inkrafttreten dieser Bestimmung erstmalig festgesetzt worden, so gilt Folgendes:
1. Bei der Festsetzung (§ 45) der Vorauszahlungen ist von jener Einkommensteuerschuld für das letztveranlagte Kalenderjahr auszugehen, die sich bei Anwendung der Bestimmungen des § 2 Abs. 2b ergibt.
2. und 3. (aufgehoben)
4. Beantragt der Steuerpflichtige, die Vorauszahlung mit einem geringeren als dem sich aus den Z 1 bis 3 ergebenden Betrag festzusetzen, so darf diesem Antrag nur stattgegeben werden, wenn die Voraussetzungen dafür an Hand einer konkreten und detaillierten Einschätzung seines voraussichtlichen Einkommens vollständig offengelegt und nachgewiesen werden.
5. Die Z 1 bis 4 sind nicht anzuwenden, wenn der Vorauszahlung keine anderen als lohnsteuerpflichtige Einkünfte zu Grunde liegen.

Lohnsteuerverfahren

§ 122. (1) Für das Jahr 1996 ausgestellte Freibetragsbescheide und Mitteilungen für den Arbeitgeber verlieren mit Ablauf des 31. Mai 1996 ihre Wirksamkeit. Das Finanzamt hat für den Zeitraum 1. Juni 1996 bis 31. Dezember 1996 einen besonderen Freibetragsbescheid sowie eine Mitteilung für den Arbeitgeber nach den Vorschriften des § 63 Abs. 1 in der Fassung des Bundesgesetzes BGBl. Nr. 201/1996 zu erlassen. Ein Freibetrag gemäß § 35 Abs. 3 in der Fassung BGBl. Nr. 499/1995 bei Bezug von Pflege- oder Blindenzulage (Pflege- oder Blindengeld, Pflege- oder Blindenbeihilfe) oder Hilflosenzuschuß (Hilflosenzulage) ist nicht zu berücksichtigen. Für Freibetragsbescheide, die für die Jahre 1996 und 1997 ausgestellt werden, gilt folgendes: Als Sonderausgaben sind nur solche im Sinne des § 18 Abs. 1 Z 1, 6 und 7 sowie die Beiträge für eine freiwillige Weiterversicherung einschließlich des Nachkaufs von Versicherungszeiten in der gesetzlichen Pensionsversicherung und vergleichbare Beiträge an Versorgungs- und Unterstützungseinrichtungen der Kammern der selbständig Erwerbstätigen zu berücksichtigen.

(2) Aus einem Einkommensteuerbescheid 1995 gemäß § 63 Abs. 1 abgeleitete Freibetragsbescheide dürfen vor dem 30. September 1996 nicht erlassen werden.

(3) § 16 Abs. 1 Z 6 in der Fassung des Bundesgesetzes BGBl. Nr. 297/1995 ist auf Lohnzahlungszeiträume anzuwenden, die nach dem 30. April 1995 enden.

(4) Die Vorschußzahlung gemäß § 563 Abs. 3 ASVG, § 266 Abs. 2 GSVG bzw. § 255 Abs. 2 BSVG ist dem Kalenderjahr 1996 zuzuordnen. Die Vorschußzahlung ist als sonstiger Bezug gemäß § 67 Abs. 10 zu versteuern; dabei sind die besonderen Verhältnisse gemäß § 62 zu berücksichtigen. Die Vorschußzahlung bleibt bei der Ermittlung der Einkünfte aus nichtselbständiger Arbeit außer Ansatz und ist in den Lohnzettel für das Kalenderjahr 1996 nicht aufzunehmen.

(5) Freibetragsbescheide und Mitteilungen zur Vorlage beim Arbeitgeber gemäß § 63 Abs. 1 oder 4 in der Fassung BGBl. Nr. 798/1996 für das Jahr 1998 sind ab 30. Oktober 1997 nicht mehr auszustellen. Die bis zu diesem Zeitpunkt ausgestellten Freibetragsbescheide und Mitteilungen für den Arbeitgeber für das Jahr 1998 verlieren ihre Wirkung. Das Finanzamt hat für das Kalenderjahr 1998 frühestens ab 3. November 1997 neue Freibetragsbescheide und Mitteilungen zur Vorlage beim Arbeitgeber für das Jahr 1998 gemäß § 63 Abs. 1 oder 4 in der Fassung BGBl. I Nr. 122/1997 zu erlassen. Freibetragsbescheide, die für Kalenderjahre ab 1999 ausgestellt werden, sind gemäß § 63 Abs. 1 oder 4 in der Fassung BGBl. Nr. 201/1996 zu erlassen.

Kapitalertragsteuer

§ 123. (1) Die Kapitalertragsteuer ist von Kapitalerträgen im Sinne des § 93 Abs. 2 Z 3 einzubehalten, die auf Zeiträume nach dem 31. Dezember 1988 entfallen. Dies gilt auch für Kapitalerträge im Sinne des § 93 Abs. 3, deren Fälligkeit nicht jedes Jahr eintritt.

(2) Abweichend von § 95 beträgt der Steuersatz für Kapitalerträge gemäß § 93 Abs. 3, die bis 31. Dezember 1989 fällig werden, bei Fälligkeit im

1. Kalendervierteljahr 1989 .... 2,5%
2. Kalendervierteljahr 1989 .... 5%
3. Kalendervierteljahr 1989 .... 7,5%
4. Kalendervierteljahr 1989 .... 10%.

(3) Die Kapitalertragsteuer ist insoweit nicht auf die Einkommensteuer anzurechnen, als sie auf steuerfreie Einkünfte gemäß § 112 Z 7 und 8 entfällt. Eine Anrechnung ist aber insoweit vorzunehmen, als von den Kapitalerträgen auch ohne Anwendung dieser Steuerbefreiungen keine oder eine geringere Einkommensteuer zu erheben wäre.

(4) Hinsichtlich von Kapitalerträgen gemäß § 93 Abs. 2 Z 3 und Abs. 3 gilt Abs. 1 in Verbindung mit § 95 Abs. 1 in der Fassung des Bundesgesetzes BGBl. Nr. 400/1988 für Zeiträume bis 31. Dezember 1992 und Art. I Z 16 lit. b des Bundesgesetzes BGBl. Nr. 12/1993 in Verbindung mit § 95 Abs. 1 in der Fassung des Bundesgesetzes BGBl. Nr. 12/1993 für Zeiträume bis zum 30. Juni 1996. Die Kapitalertragsteuer ist gemäß § 95 in der Fassung des Bundesgesetzes BGBl. Nr. 201/1996 von Kapitalerträgen im Sinne des § 93 Abs. 2 Z 3 einzubehalten, die auf Zeiträume nach dem 30. Juni 1996 entfallen. Dies gilt auch für Kapitalerträge im Sinne des § 93 Abs. 3, deren Fälligkeit nicht jedes Jahr eintritt. Abweichend von § 95 in der Fassung des Bundesgesetzes BGBl. Nr. 201/1996 beträgt der Steuersatz für Kapitalerträge gemäß § 93 Abs. 3, die bis 31. Dezember 1996 fällig werden, bei Fälligkeit im
3. Kalendervierteljahr 1996 .... 23%
4. Kalendervierteljahr 1996 .... 24%.

(5) Die Optionsfrist im Sinne der Z 17 des Bundesgesetzes BGBl. Nr. 12/1993 besteht für Forderungswertpapiere, die dem Steuerpflichtigen bereits vor dem 1. Jänner 1996 zuzurechnen waren, bis zum 31. Dezember 1996. Für laufend fällige Kapitalerträge gilt ein Betrag in Höhe der Kapitalertragsteuer dann als freiwillig geleistet, wenn für Fälligkeiten bis zum 31. Dezember 1995 von den Kurswerten jeweils zum Ende der Kalenderjahre 1993, 1994 und 1995 ein Betrag von je 1,5% dieser Werte, bei Anteilscheinen an Kapitalanlagefonds ein Betrag in Höhe je 0,25% der rechnerischen Werte jeweils am Ende dieser Kalenderjahre der kuponauszahlenden Stelle entrichtet wird.

(6) Soweit in den Abs. 1 bis 5 auf Bestimmungen dieses Bundesgesetzes verwiesen wird, sind diese Bestimmungen in der Fassung vor dem Budgetbegleitgesetz 2011, BGBl. I Nr. 111/2010, anzuwenden.

Pensionskassen und betriebliche Kollektivversicherungen

§ 124. Werden Anwartschaften und Leistungsverpflichtungen aus Pensionszusagen und direkten Leistungszusagen (§ 14 Abs. 6) nach Maßgabe des Betriebspensionsgesetzes auf Pensionskassen im Sinne des Pensionskassengesetzes und betriebliche Kollektivversicherungen im Sinne des § 93 des VAG 2016 übertragen, gilt folgendes:
1. Für die Übertragung ist die Zehnprozentgrenze des § 4 Abs. 4 Z 2 lit. a nicht anzuwenden.
2. Das Deckungserfordernis (§ 48 des Pensionskassengesetzes und § 96 des VAG 2016) ist zum Übertragungsstichtag zu passivieren. Der Unterschiedsbetrag zwischen der steuerwirksam gebildeten Pensionsrückstellung und dem Deckungserfordernis ist zu aktivieren und gleichmäßig auf zehn Jahre verteilt abzusetzen.

(BGBl I 2015/34)

3. Fällt der Übertragungsstichtag auf einen Bilanzstichtag, ist die steuerwirksam zu bildende Pensionsrückstellung zum Übertragungsstichtag heranzuziehen, andernfalls ist die steuerwirksam gebildete Pensionsrückstellung zu dem dem Übertragungsstichtag unmittelbar vorangegangenen Bilanzstichtag heranzuziehen.
4. Der Übertragungsstichtag kann sofern dies in der Betriebsvereinbarung oder der Vereinbarung nach §§ 3 Abs. 2 oder 6a Abs. 2 des Betriebspensionsgesetzes vorgesehen ist mit steuerlicher Wirkung auf einen Zeitpunkt vor der Unterfertigung des Pensionskassenvertrages oder des betrieblichen Kollektivversicherungsvertrages oder seiner Änderung, längstens aber auf den Beginn des Wirtschaftsjahres zurückbezogen werden.
5. Die Z 1 bis 4 sind nur dann anzuwenden, wenn als Übertragungsstichtag kein späterer Tag als der 31. Dezember 2023 festgelegt wird.

(BGBl I 2021/3)

§ 124a.
1. § 108 Abs. 1 und 2 in der Fassung des Bundesgesetzes BGBl. Nr. 201/1996 gelten für Beiträge an Bausparkassen, die nach dem 31. Dezember 1995 geleistet werden, ausgenommen für Vertragsverhältnisse, die infolge Zeitablaufes vor dem 1. Juni 1996 enden.
2. § 2 Abs. 2 zweiter Satz, § 4 Abs. 11, § 4 Abs. 12, § 8 Abs. 2, § 8 Abs. 6, § 12 Abs. 3, § 12 Abs. 8, § 15 Abs. 4, § 27 Abs. 1 Z 7, § 28 Abs. 3 Z 3, § 31 Abs. 2 und 3, § 41 Abs. 1 Z 2 und § 97 Abs. 1 und 2, jeweils in der Fassung des Bundesgesetzes BGBl. Nr. 201/1996, sind erstmalig bei der Veranlagung für das Kalenderjahr 1996 anzuwenden.
3. § 18 Abs. 1 Z 3 lit. c, § 18 Abs. 3 Z 2 und 20 Abs. 1 Z 2 lit. d und e, jeweils in der Fassung des Bundesgesetzes BGBl. Nr. 201/1996, sind, wenn die Einkommensteuer veranlagt wird, erstmalig bei der Veranlagung für das Kalenderjahr 1996, wenn die Einkommensteuer (Lohnsteuer) durch Abzug eingehoben oder durch Arbeitnehmerveranlagung festgesetzt wird, für Lohnzahlungszeiträume, die nach dem 31. Dezember 1995 enden, anzuwenden.
4. § 24 Abs. 4 und Abs. 6 und § 37, jeweils in der Fassung des Bundesgesetzes BGBl. Nr. 201/1996, sind erstmalig auf Vorgänge nach dem 14. Februar 1996 anzuwenden. Liegt dem Vorgang ein Rechtsgeschäft zugrunde, so sind die vorgenannten Bestimmungen

1/1. EStG
§§ 124a, 124b

jeweils in der Fassung des Bundesgesetzes BGBl. Nr. 201/1996 noch nicht anzuwenden, wenn das zugrunde liegende Rechtsgeschäft nachweislich vor dem 15. Februar 1996 abgeschlossen worden ist.

(BGBl I 2015/34)

§ 124b.

1. Abschreibungen gemäß § 6 Z 2 lit. c in der Fassung vor dem Bundesgesetz BGBl. Nr. 201/1996, die für vor dem 1. Jänner 1996 endende Wirtschaftsjahre gebildet worden sind, müssen mit dem im Jahresabschluß des letzten dieser Wirtschaftsjahre angesetzten Betrag jedenfalls mindestens zur Hälfte im folgenden Wirtschaftsjahr und mit dem restlichen Betrag im nächstfolgenden Wirtschaftsjahr gewinnerhöhend aufgelöst werden.
2. Für Privatstiftungen, bei denen die Zuwendungen vor dem 1. Jänner 1996 an diese als Betriebsausgaben abzugsfähig waren, gilt folgendes:
   a) Zuwendungen an Privatstiftungen nach dem 31. Dezember 1995, die die Voraussetzungen des § 4 Abs. 11 Z 1 nicht erfüllen, fallen nach Maßgabe folgender Bestimmungen unter diese Vorschrift:
      aa) Die Stiftungsurkunde und/oder die Stiftungszusatzurkunde wird innerhalb von sechs Monaten nach Veröffentlichung des Bundesgesetzes BGBl. Nr. 201/1996 an die Voraussetzungen im Sinne des § 4 Abs. 11 Z 1 angepaßt.
      bb) Liegt zum 1. Jänner 1996 ein unangemessen hohes Stiftungsvermögen im Sinne des § 4 Abs. 4 Z 2 lit. b vor, sind Zuwendungen nach dem 31. Dezember 1995 so lange nicht abzugsfähig, als der Stand des Stiftungsvermögens die Angemessenheitsgrenze nicht unterschreitet.
   b) § 25 Abs. 1 Z 2 lit. c ist auch auf Zuwendungen der Privatstiftung anzuwenden, die auf abzugsfähige Zuwendungen an die Privatstiftung vor dem 1. Jänner 1996 zurückzuführen sind.
3. Körperschaften haben für Zwecke des § 4 Abs. 12 in der Fassung des Bundesgesetzes BGBl. Nr. 201/1996 sowie des § 15 Abs. 4 in der Fassung des Bundesgesetzes BGBl. Nr. 201/1996 das Evidenzkonto nach dem Stand laut dem Jahresabschluß des letzten vor dem 1. Jänner 1996 endenden Wirtschaftsjahres unter Beachtung der Grundsätze des § 4 Abs. 12 in der Fassung des Bundesgesetzes BGBl. Nr. 201/1996 zu erstellen.
4. Soweit Bescheide gemäß § 131 fünfter Satz BAO mit § 76 in der Fassung des Bundesgesetzes BGBl. Nr. 201/1996 in Widerspruch stehen, verlieren sie mit Ablauf des 31. Dezember 1996 ihre Wirksamkeit.
5. § 18 Abs. 6 erster Satz in der Fassung des Bundesgesetzes BGBl. Nr. 201/1996 ist erstmalig auf Verluste anzuwenden, die im Jahr 1991 entstanden sind.
6. § 102 Abs. 2 Z 2 letzter Satz in der Fassung des Bundesgesetzes BGBl. Nr. 201/1996 ist erstmalig bei der Veranlagung für das Kalenderjahr 1990 anzuwenden.
7. § 6 Z 2 lit. c, § 6 Z 7, § 11 und § 28 Abs. 5 jeweils in der Fassung vor dem Bundesgesetz BGBl. Nr. 201/1996, sind letztmalig bei der Veranlagung für das Kalenderjahr 1995 anzuwenden.
8. § 17 Abs. 1, § 42 Abs. 1 Z 3 und § 42 Abs. 2, jeweils in der Fassung des Bundesgesetzes BGBl. Nr. 201/1996, sind erstmalig bei der Veranlagung für das Kalenderjahr 1997 anzuwenden.
9. § 18 Abs. 2, § 33 Abs. 3 und § 33 Abs. 7, jeweils in der Fassung des Bundesgesetzes BGBl. Nr. 201/1996, sind, wenn die Einkommensteuer veranlagt wird, erstmalig bei der Veranlagung für das Kalenderjahr 1997, wenn die Einkommensteuer (Lohnsteuer) durch Abzug eingehoben oder durch Veranlagung festgesetzt wird, für Lohnzahlungszeiträume, die nach dem 31. Dezember 1996 enden, anzuwenden.
10. § 63 Abs. 1 und § 68 Abs. 2, jeweils in der Fassung des Bundesgesetzes BGBl. Nr. 201/1996, sind erstmalig für Lohnzahlungszeiträume, die nach dem 31. Mai 1996 enden, anzuwenden.
11. § 34 Abs. 6, § 35 Abs. 1 und § 35 Abs. 3 und 4, jeweils in der Fassung des Bundesgesetzes BGBl. Nr. 201/1996, treten mit 1. Juni 1996 in Kraft. Der Freibetrag von 16 632 S gemäß § 35 Abs. 3 in der Fassung vor dem Bundesgesetz BGBl. Nr. 201/1996 steht für das Jahr 1996 im Ausmaß von 6 930 S zu.
12. § 25 Abs. 1 Z 2 lit. c und § 26 Z 7 lit. a, jeweils in der Fassung des Bundesgesetzes BGBl. Nr. 201/1996, sind, wenn die Einkommensteuer (Lohnsteuer) durch Abzug eingehoben oder durch Veranlagung festgesetzt wird, erstmalig für Lohnzahlungszeiträume, die nach dem 31. Dezember 1995 enden, anzuwenden.
13. § 16 Abs. 1 Z 4 lit. h, § 25 Abs. 1 Z 2 lit. a und b, § 62 Z 3, 4 und 5, § 67 Abs. 12, und § 76 erster Satz, jeweils in der Fassung des Bundesgesetzes BGBl. Nr. 201/1996, sind, wenn die Einkommensteuer (Lohnsteuer) durch Abzug eingehoben oder durch Veranlagung festgesetzt wird, erstmalig für Lohnzahlungszeiträume, die nach dem 31. Dezember 1996 enden, anzuwenden.
14. § 2 Abs. 2 erster Satz und § 36 in der Fassung vor dem Bundesgesetz BGBl. Nr. 201/1996 ist letztmals bei der Veranlagung für 1997 anzuwenden.
15. § 95 Abs. 1 in der Fassung des Bundesgesetzes BGBl. Nr. 201/1996 ist auf Kapitalerträge im

Sinne des § 93 Abs. 2 Z 1 und 2 anzuwenden, die nach dem 30. Juni 1996 zufließen.

16. § 27 Abs. 1 Z 6 in der Fassung des Bundesgesetzes BGBl. Nr. 201/1996 ist auf nach dem 31. Mai 1996 abgeschlossene Versicherungsverträge anzuwenden.

17. § 109a gilt erstmals für Zeiträume ab dem 1. Juli 1996.

18. § 109a in der Fassung des Bundesgesetzes BGBl. Nr. 411/1996 tritt am 1. Juli 1996 in Kraft.

19. § 4 Abs. 4 Z 2 lit. a und § 124 Z 5, jeweils in der Fassung des Bundesgesetzes BGBl. Nr. 755/1996, sind erstmalig bei der Veranlagung für das Kalenderjahr 1997 anzuwenden. § 25 Abs. 1 Z 2 lit. a in der Fassung des Bundesgesetzes BGBl. Nr. 755/1996 ist erstmalig für Lohnzahlungszeiträume, die nach dem 31. Dezember 1996 enden, anzuwenden.

20. § 46 Abs. 1 Z 2 und § 109a Abs. 1, jeweils in der Fassung des Bundesgesetzes BGBl. Nr. 600/1996, treten mit 1. Juli 1996 in Kraft; § 109a Abs. 3 Z 3 in der Fassung des Bundesgesetzes BGBl. Nr. 600/1996 tritt mit 1. Jänner 1997 in Kraft.

21. § 6 Z 2 und Z 13 in der Fassung des Bundesgesetzes BGBl. Nr. 797/1996 ist erstmalig bei der Veranlagung für das Kalenderjahr 1998 anzuwenden. Abweichend davon ist § 6 Z 2 lit. a vorletzter Satz in der Fassung des Bundesgesetzes BGBl. Nr. 797/1996 bei der Veranlagung für das Kalenderjahr 1996 anzuwenden.

22. § 27 Abs. 1 Z 6 in der Fassung des Bundesgesetzes BGBl. Nr. 797/1996 ist auf nach dem 30. Oktober 1996 abgeschlossene Versicherungsverträge anzuwenden.

23. § 27 Abs. 1 Z 7 in der Fassung des Bundesgesetzes BGBl. Nr. 797/1996 ist erstmalig bei der Veranlagung für das Kalenderjahr 1996 anzuwenden.

24. § 94a Abs. 2 Z 2 in der Fassung des Bundesgesetzes BGBl. Nr. 797/1996 ist erstmals für Anträge, die nach dem 31. Dezember 1996 gestellt werden, anzuwenden.

25. (aufgehoben)

26. § 1 Abs. 4, § 33 Abs. 4 Z 1 und § 106 Abs. 4, jeweils in der Fassung des Bundesgesetzes BGBl. Nr. 798/1996, sind erstmalig bei der Veranlagung für das Kalenderjahr 1995 anzuwenden.

27. § 70 Abs. 2 Z 1 dritter und vierter Satz in der Fassung vor dem Bundesgesetz BGBl. Nr. 798/1996 ist letztmalig für Lohnzahlungszeiträume anzuwenden, die vor dem 1. Jänner 1997 enden.

28. § 102 Abs. 1 Z 3 in der Fassung des Bundesgesetzes BGBl. Nr. 798/1996 ist erstmals bei der Veranlagung für das Kalenderjahr 1997 anzuwenden.

29. § 108 Abs. 1, 2 und 6 in der Fassung des Bundesgesetzes BGBl. I Nr. 130/1997 ist auf Erstattungen anzuwenden, die nach dem 31. Dezember 1997 erfolgen.

30. § 17 Abs. 1 vorletzter Satz sowie § 97 Abs. 4 jeweils in der Fassung des Bundesgesetzes BGBl. I Nr. 9/1998 ist erstmals ab der Veranlagung für das Kalenderjahr 1998 anzuwenden.

31. Ein Lehrlingsfreibetrag kann unter folgenden Voraussetzungen auch außerbilanzmäßig als Betriebsausgabe abgezogen werden:
   a) Einem Steuerpflichtigen, der mit einem Lehrling (§ 1 des Berufsausbildungsgesetzes) ein Lehrverhältnis beginnt, steht in jenem Kalenderjahr (Wirtschaftjahr), in dem das Lehrverhältnis begonnen hat, ein Lehrlingsfreibetrag in Höhe von 1 460 Euro zu. Voraussetzung ist, daß das Lehrverhältnis nach Ablauf der Probezeit in ein definitives Lehrverhältnis umgewandelt wird. Die Fortsetzung eines begonnenen Lehrverhältnisses begründet keinen Anspruch auf den Freibetrag.
   b) Einem Steuerpflichtigen, bei dem das Lehrverhältnis mit Ablauf der im Lehrvertrag festgelegten Dauer der Lehrzeit oder durch frühere Ablegung der Lehrabschlußprüfung endet, steht im Kalenderjahr (Wirtschaftjahr) der Beendigung ein Lehrlingsfreibetrag von weiteren 1 460 Euro zu.
   c) Einem Steuerpflichtigen, bei dem das Lehrverhältnis auf Grund der erfolgreichen Ablegung der Lehrabschlußprüfung (§ 21 des Berufsausbildungsgesetzes) beendet wird, steht neben dem Freibetrag nach lit. b ein Lehrlingsfreibetrag von weiteren 1 460 Euro zu.

   Die lit. a bis c sind sinngemäß auf Lehrlinge im Sinne des § 2 Abs. 4 des land- und forstwirtschaftlichen Berufsausbildungsgesetzes und des § 63 des Land- und Forstarbeiter-Dienstrechtsgesetzes anzuwenden. Die vorstehenden Bestimmungen sind ab 1. Jänner 2000 und nur für Lehrverhältnisse anzuwenden, die vor dem 1. Jänner 2003 begonnen haben.

32. § 76, § 93 Abs. 3 Z 1 und 2 und § 101 Abs. 2 jeweils in der Fassung des Bundesgesetzes BGBl. I Nr. 126/1998 treten mit 1. Jänner 1999 in Kraft.

33. a) § 14 Abs. 12 in der Fassung des Bundesgesetzes BGBl. I Nr. 28/1999 ist erstmals bei der Veranlagung für das Kalenderjahr 1999 anzuwenden. Es darf dabei nur jener Betrag der Rückstellung zugeführt werden, der bei der Verteilung des Gesamtaufwandes auf das einzelne Wirtschaftsjahr entfällt.
   b) Art. I Z 64 des Steuerreformgesetzes 1993, BGBl. Nr. 818/1993, in der Fassung des Strukturanpassungsgesetzes 1996, BGBl. Nr. 201/1996, gilt

1/1. EStG
§ 124b

nicht für Rückstellungen im Sinne des § 14 Abs. 12 in der Fassung des Bundesgesetzes BGBl. I Nr. 28/1999. Wurde in endgültig rechtskräftig veranlagten Fällen eine Auflösung derartiger Rückstellungen vorgenommen so sind diese auf Antrag des Steuerpflichtigen wiederaufzunehmen. Der Antrag kann bis 30. Juni 1999 gestellt werden.

33a. § 14 Abs. 12 in der Fassung des Bundesgesetzes BGBl. I Nr. 28/1999 ist erstmals bei der Veranlagung für das Kalenderjahr 1999 anzuwenden. Es darf dabei nur jener Betrag der Rückstellung zugeführt werden, der bei der Verteilung des Gesamtaufwandes auf das einzelne Wirtschaftsjahr entfällt.

34. § 25 Abs. 1 Z 3 lit. a zweiter Satz, § 25 Abs. 1 Z 3 lit. d und § 69 Abs. 5 jeweils in der Fassung des Bundesgesetzes BGBl. I Nr. 28/1999 sind für Lohnzahlungszeiträume anzuwenden, die nach dem 31. Dezember 1998 enden.

35. § 108 Abs. 2 in der Fassung des Bundesgesetzes BGBl. I Nr. 28/1999 ist auf Zeiträume nach dem 31. Dezember 1998 anzuwenden.

36. Besondere Steigerungsbeträge aus der Höherversicherung in der Pensionsversicherung, die auf Pflichtbeiträgen beruhen, sind weiterhin nur mit 25% zu erfassen, wenn der Pensionsanfall vor dem 1. Jänner 1999 liegt.

37. § 6 Z 5, § 30 Abs. 1, Abs. 2, Abs. 8 und § 37 Abs. 4 Z 2 lit. a, jeweils in der Fassung des Bundesgesetzes BGBl. I Nr. 106/1999, sind anzuwenden, wenn die Anschaffung des eingelegten oder veräußerten Wirtschaftsgutes nach dem 30. September 2000 erfolgt ist. Der Bundesminister für Finanzen wird ermächtigt, diesen Zeitpunkt nach Maßgabe der Möglichkeiten zur Schaffung der technischen Rahmenbedingungen bis spätestens 30. September 2001 zu verschieben.

38. § 33 Abs. 4 Z 1 in der Fassung des Bundesgesetzes BGBl. I Nr. 106/1999 ist erstmalig auf steuerfreie Einkünfte anzuwenden, die nach dem 31. Juli 1999 zufließen.

39. § 2 Abs. 2, § 2 Abs. 2a, § 4 Abs. 4 Z 4, 7 und 8, § 11, § 20 Abs. 1 Z 4, § 37 Abs. 8, § 42 Abs. 1 Z 3 und § 42 Abs. 2, jeweils in der Fassung des Bundesgesetzes BGBl. I Nr. 106/1999, sind erstmalig bei der Veranlagung für das Kalenderjahr 2000 anzuwenden.

40. § 16 Abs. 1 Z 1, § 18 Abs. 1 Z 1 und § 29 Z 1, jeweils in der Fassung des Bundesgesetzes BGBl. I Nr. 106/1999, sind ab der Veranlagung 1989 anzuwenden. Abweichend davon ist § 29 Z 1 zweiter Satz in der Fassung des Bundesgesetzes BGBl. I Nr. 106/1999 erstmalig bei der Veranlagung für das Kalenderjahr 2000 anzuwenden.

41. § 14 Abs. 12 und Abs. 13 in der Fassung des Bundesgesetzes BGBl. I Nr. 106/1999 ist erstmalig bei der Veranlagung für das Kalenderjahr 1999 anzuwenden.

42. § 18 Abs. 1 Z 2, § 33 Abs. 1 und Abs. 3, jeweils in der Fassung des Bundesgesetzes BGBl. I Nr. 106/1999, sind anzuwenden, wenn
   – die Einkommensteuer veranlagt wird, erstmalig bei der Veranlagung für das Kalenderjahr 2000
   – die Einkommensteuer (Lohnsteuer) durch Abzug eingehoben oder durch Veranlagung festgesetzt wird, erstmalig für Lohnzahlungszeiträume, die nach dem 31. Dezember 1999 enden.

§ 33 Abs. 7 in der Fassung vor dem Bundesgesetz BGBl. I Nr. 106/1999, ist anzuwenden, wenn
   – die Einkommensteuer veranlagt wird, letztmalig bei der Veranlagung für das Kalenderjahr 1999
   – die Einkommensteuer (Lohnsteuer) durch Abzug eingehoben oder durch Veranlagung festgesetzt wird, letztmalig für Lohnzahlungszeiträume, die vor dem 1. Jänner 2000 enden.

43. § 16 Abs. 1 Z 10, § 25 Abs. 1 Z 2 lit. a und Z 3 lit. a und § 67 Abs. 8 lit. b, jeweils in der Fassung des Bundesgesetzes BGBl. I Nr. 106/1999, sind anzuwenden, wenn die Einkommensteuer (Lohnsteuer) durch Abzug eingehoben oder durch Veranlagung festgesetzt wird, erstmalig für Lohnzahlungszeiträume, die nach dem 31. Dezember 1999 enden.

44. § 108 Abs. 5, § 108a und § 109, jeweils in der Fassung des Bundesgesetzes BGBl. I Nr. 106/1999 sind auf Beiträge und Erwerbe von Anteilscheinen anzuwenden, die für Zeiträume nach dem 31. Dezember 1999 geleistet werden bzw. nach dem 31. Dezember 1999 erfolgen.

45. § 2 Abs. 2b, § 8 Abs. 1, § 9 Abs. 5, § 29 Z 4 und § 41 Abs. 1 Z 3, jeweils in der Fassung des Bundesgesetzes BGBl. I Nr. 142/2000, sind erstmalig bei der Veranlagung für das Kalenderjahr 2001 anzuwenden.

46. § 6 Z 16 in der Fassung des Bundesgesetzes BGBl. I Nr. 142/2000 ist erstmalig bei der Veranlagung für das Kalenderjahr 2001 anzuwenden. Ist für einen Betrieb, dessen Unternehmensschwerpunkt in der Vermietung von Wirtschaftsgütern liegt, der Gewinn für das letzte im Kalenderjahr 2000 endende Wirtschaftsjahr zu ermitteln, so kann dabei der Unterschiedsbetrag zwischen dem Buchwert sämtlicher vermieteter Wirtschaftsgüter und dem Teilwert sämtlicher Forderungen aus der Vermietung als aktiver oder passiver Ausgleichsposten angesetzt werden. Als Teilwert der Forderungen ist dabei der Barwert der diskontierten Forderungen aus der Vermietung anzusetzen. Abweichend von § 6 Z 16 in der Fassung des Bundesgesetzes BGBl. I Nr. 142/2000 ist der Unterschiedsbetrag bei Ermittlung des Gewinnes für Wirtschaftsjahre, die nach dem 31. Dezember 2000 enden, auch dann anzusetzen, wenn dieser Unter-

schiedsbetrag bei Ermittlung des Gewinnes für das letzte im Kalenderjahr 2000 endende Wirtschaftsjahr angesetzt wird.

47. § 9 Abs. 5 in der Fassung des Bundesgesetzes BGBl. I Nr. 142/2000 ist auch auf Rückstellungen anzuwenden, die bereits zum Ende des letzten vor dem 1. Jänner 2001 endenden Wirtschaftsjahres gebildet worden sind. Auflösungsgewinne, die sich aus der erstmaligen Anwendung des § 9 Abs. 5 in der Fassung des Bundesgesetzes BGBl. I Nr. 142/2000 für den zuvor genannten Rückstellungen ergeben, können auf das Wirtschaftsjahr, das nach dem 31. Dezember 2000 endet, und auf die folgenden vier Wirtschaftsjahre (Auflösungszeitraum) verteilt werden, wobei jährlich mindestens ein Fünftel anzusetzen ist. Scheidet eine Rückstellung während des Auflösungszeitraumes aus dem Betriebsvermögen aus, ist der darauf entfallende Auflösungsgewinn im Wirtschaftsjahr des Ausscheidens jedenfalls anzusetzen.

48. § 3 Abs. 1 Z 4 lit. c in der Fassung des Bundesgesetzes BGBl. I Nr. 59/2001 sowie § 25 Abs. 1 Z 1 lit. e, § 25 Abs. 1 Z 4 und 5, § 33 Abs. 3 Z 5, § 33 Abs. 5, 6 und 8, § 47 Abs. 2, § 67 Abs. 4, 5, 6, 8, 9 und 10, § 69 Abs. 2, jeweils in der Fassung des Bundesgesetzes BGBl. I Nr. 142/2000, sind anzuwenden, wenn
– die Einkommensteuer veranlagt wird, erstmalig bei der Veranlagung für das Kalenderjahr 2001;
– die Einkommensteuer (Lohnsteuer) durch Abzug eingehoben oder durch Veranlagung festgesetzt wird, erstmalig für Lohnzahlungszeiträume, die nach dem 31. Dezember 2000 enden.

49. § 69 Abs. 6 und § 78 Abs. 1, jeweils in der Fassung des Bundesgesetzes BGBl. I Nr. 142/2000 sind anzuwenden, wenn der Antrag auf Insolvenz-Ausfallgeld nach dem 31. Dezember 2000 gestellt wird.

50. § 84 Abs. 1 ist erstmalig auf Lohnzettel anzuwenden, die nach dem 31. Dezember 2000 zu übermitteln sind.

51. § 108a Abs. 1 in der Fassung des Bundesgesetzes BGBl. I Nr. 142/2000 ist auf Beiträge und Erwerbe von Anteilscheinen anzuwenden, die für Zeiträume nach dem 31. Dezember 2000 geleistet werden bzw. nach dem 31. Dezember 2000 erfolgen.

52. Zur Abgeltung der erhöhten Treibstoffkosten der Jahre 2000 und 2001 sind im Kalenderjahr 2001 anstelle der Pauschbeträge gemäß § 16 Abs. 1 Z 6 lit. c folgende Pauschbeträge zu berücksichtigen:

Bei einer einfachen Fahrtstrecke von

2 km bis 20 km	3 600 S jährlich
20 km bis 40 km	14 400 S jährlich
40 km bis 60 km	24 480 S jährlich
über 60 km	34 560 S jährlich

53. Zahlungen für Pensionsabfindungen, deren Barwert den Betrag im Sinne des § 1 Abs. 2 Z 1 des Pensionskassengesetzes übersteigt, sind gemäß § 67 Abs. 10 im Kalendermonat der Zahlung zu erfassen. Dabei ist bei Pensionsabfindungen, die im Jahre 2001 zufließen, nach Abzug der darauf entfallenden Beiträge im Sinne des § 62 Z 3, 4 und 5 ein Viertel steuerfrei zu belassen. Zahlungen für Pensionsabfindungen von Pensionskassen auf Grund gesetzlicher oder statutenmäßiger Regelungen sind nach Abzug der darauf entfallenden Pflichtbeiträge ab dem Jahr 2001 und in den folgenden Jahren zu einem Drittel steuerfrei zu belassen.

54. § 3 Abs. 1 Z 15 lit. b, § 26 Z 7 und § 26 Z 8, jeweils in der Fassung des Bundesgesetzes BGBl. I Nr. 2/2001, sind anzuwenden, wenn
– die Einkommensteuer veranlagt wird, erstmalig bei der Veranlagung für das Kalenderjahr 2001;
– die Einkommensteuer (Lohnsteuer) durch Abzug eingehoben oder durch Veranlagung festgesetzt wird, erstmalig für Lohnzahlungszeiträume, die nach dem 31. Dezember 2000 enden.

55. § 3 Abs. 1 Z 15 lit. c in der Fassung des Bundesgesetzes BGBl. I Nr. 2/2001 ist anzuwenden, wenn die Option nach dem 31. Dezember 2000 eingeräumt wird.

56. § 4 Abs. 11, § 6 Z 5, § 30, § 32 Abs. 4 und § 37 Abs. 4, jeweils in der Fassung des Bundesgesetzes BGBl. I Nr. 2/2001, sind erstmalig bei der Veranlagung für das Jahr 2001 anzuwenden. Abweichend davon ist § 4 Abs. 11 in der Fassung des Bundesgesetzes BGBl. I Nr. 2/2001 erstmalig bei der Veranlagung für das Jahr 2000 anzuwenden, wenn die Stiftung nach dem 30. November 2000 errichtet worden ist.

57. § 31 Abs. 1 in der Fassung des Bundesgesetzes BGBl. I Nr. 2/2001 ist auf Veräußerungsvorgänge nach dem 31. Dezember 2000 anzuwenden. Hat der Veräußerer oder bei unentgeltlichem Erwerb der Rechtsvorgänger die Anteile vor dem 1. Jänner 1998 angeschafft und war er nach dem 31. Dezember 1997 bis zum 31. Dezember 2000 zu nicht mehr als 10% beteiligt, kann an Stelle der Anschaffungskosten der gemeine Wert der Anteile zum 1. Jänner 2001 angesetzt werden. Der Ansatz des gemeinen Wertes ist bei Anteilen, die nur auf Grund des § 20 Abs. 5 des Umgründungssteuergesetzes als Anteile im Sinne des § 31 des Einkommensteuergesetzes gelten, nicht zulässig.

58. § 93 Abs. 3 Z 4 in der Fassung des Bundesgesetzes BGBl. I Nr. 2/2001 ist auf Ausschüttung aus Substanzgewinnen anzuwenden, wenn die Substanzgewinne nach dem 31. Dezember 2000 angefallen sind.

59. § 1 Abs. 4, § 3 Abs. 1 Z 15 lit. a, b und c, § 13, § 16 Abs. 1 Z 6 lit. b und c, § 16 Abs. 3,

1/1. EStG
§ 124b

§ 17 Abs. 2 Z 2, § 18 Abs. 1 Z 5, § 18 Abs. 2, § 18 Abs. 3 Z 2, § 24 Abs. 4, § 26 Z 4 lit. b und c, § 26 Z 8, § 27 Abs. 1 Z 7, § 27 Abs. 3 Z 3, § 29 Z 3, § 30 Abs. 4, § 33 Abs. 1, § 33 Abs. 3, § 33 Abs. 4 Z 1 und 2, § 33 Abs. 5 Z 1, 2 und 3, § 33 Abs. 6, § 34 Abs. 4, § 34 Abs. 8, § 35 Abs. 3, § 39 Abs. 1, § 40, § 41 Abs. 1 Z 1, § 41 Abs. 3, § 41 Abs. 4, § 42 Abs. 1 Z 3, § 42 Abs. 2, § 45 Abs. 1, § 63 Abs. 1 Z 4, § 63 Abs. 4, § 66 Abs. 1, § 67 Abs. 1, § 67 Abs. 8 lit. f, § 68 Abs. 1 und 2, § 69 Abs. 1, 2 und 3, § 77 Abs. 4, § 104 Abs. 1, § 105 und § 124b Z 31, jeweils in der Fassung des Bundesgesetzes BGBl. I Nr. 59/2001, sind anzuwenden, wenn
— die Einkommensteuer veranlagt wird, erstmals bei der Veranlagung für das Kalenderjahr 2002,
— wenn die Einkommensteuer (Lohnsteuer) durch Abzug eingehoben oder durch Veranlagung festgesetzt wird, erstmals für Lohnzahlungszeiträume, die nach dem 31. Dezember 2001 enden.

60. § 76, § 101 Abs. 2, § 107 Abs. 3 lit. b, § 107 Abs. 4, 5 und 6, § 107 Abs. 9 Z 1, § 108 Abs. 2, § 108 Abs. 9 und § 108a Abs. 2, jeweils in der Fassung des Bundesgesetzes BGBl. I Nr. 59/2001, treten mit 1. Jänner 2002 in Kraft.

61. § 121 Abs. 5 Z 2 in der Fassung des Bundesgesetzes BGBl. I Nr. 59/2001 ist erstmals auf die Festsetzung von Vorauszahlungen nach dem 31. Dezember 2001 anzuwenden.

62. § 18 Abs. 3 Z 2 und § 33 Abs. 6, jeweils in der Fassung des Bundesgesetzes BGBl. I Nr. 144/2001, sind anzuwenden, wenn
— die Einkommensteuer veranlagt wird, erstmals bei der Veranlagung für das Kalenderjahr 2002,
— die Einkommensteuer (Lohnsteuer) durch Abzug eingehoben oder durch Veranlagung festgesetzt wird, erstmals für Lohnzahlungszeiträume, die nach dem 31. Dezember 2001 enden.

63. § 33 Abs. 9 tritt mit Ablauf des 31. Dezember 2001 außer Kraft.

64. § 107 in der Fassung des Bundesgesetzes, BGBl. I Nr. 7/2002, tritt mit 1. Jänner 2002 in Kraft.

65. § 4 Abs. 4 Z 4a sowie § 4 Abs. 4 Z 8, jeweils in der Fassung des Konjunkturbelebungsgesetzes 2002, BGBl. I Nr. 68, sind auf Aufwendungen anzuwenden, die nach dem 31. Dezember 2001 anfallen.

66. Werden Abfertigungsansprüche bis zum Ausmaß des sich nach § 23 des Angestelltengesetzes oder gleichartigen österreichischen Rechtsvorschriften oder des sich nach der am 1. Jänner 2002 bestehenden kollektivvertraglichen Regelungen ergebenden Betrages nach Maßgabe des BMSVG oder gleichartiger österreichischer Rechtsvorschriften auf BV-Kassen übertragen, gilt Folgendes: Der Unterschiedsbetrag zwischen der steuerwirksam gebildeten Abfertigungsrückstellung (§ 14) und dem an die BV-Kasse zu leistenden Betrag ist gleichmäßig verteilt auf fünf Jahre abzusetzen. Dies gilt sinngemäß für steuerfreie Beträge nach § 14 Abs. 6.

67. § 14 Abs. 1 in der Fassung des Bundesgesetzes BGBl. I Nr. 100/2002 ist erstmalig bei der Veranlagung für das Kalenderjahr 2002 anzuwenden. § 14 Abs. 1 in der Fassung des Bundesgesetzes BGBl. I Nr. 100/2002 ist auch auf Rückstellungen anzuwenden, die bereits zum Ende des letzten vor dem 1. Jänner 2002 endenden Wirtschaftsjahres gebildet worden sind. Auflösungsgewinne, die sich aus der erstmaligen Anwendung des in § 14 Abs. 1 in der Fassung des Bundesgesetzes BGBl. I Nr. 100/2002 vorgesehenen Satzes ergeben, sind anzusetzen
— im ersten Wirtschaftsjahr, das nach dem 31. Dezember 2001 endet, soweit der Satz 47,5% beträgt,
— im ersten Wirtschaftsjahr, das nach dem 31. Dezember 2002 endet, soweit der Satz 45% beträgt.
Die vorstehenden Sätze gelten sinngemäß für steuerfreie Beträge nach § 14 Abs. 6.

68. Wurde am Ende des letzten vor dem 1. Jänner 2002 endenden Wirtschaftsjahres eine Abfertigungsrückstellung gebildet, gilt Folgendes:
a) Der Gesamtbetrag der Abfertigungsrückstellung kann, soweit nicht die zugrunde liegenden Abfertigungsansprüche ausbezahlt werden, im ersten vor dem 1. Jänner 2003 endenden Wirtschaftsjahr auf das Kapitalkonto oder auf eine als versteuert geltende Rücklage steuerfrei übertragen werden. Erfolgt in diesem Wirtschaftsjahr keine Übertragung, so kann der Gesamtbetrag der am Ende dieses Wirtschaftsjahres bestehenden Abfertigungsrückstellung, soweit nicht die zugrunde liegenden Abfertigungsansprüche ausbezahlt oder an eine BV-Kasse übertragen werden, im folgenden Wirtschaftsjahr auf das Kapitalkonto oder auf eine als versteuert geltende Rücklage steuerfrei übertragen werden. Dies gilt auch, wenn im unternehmensrechtlichen Jahresabschluss weiterhin eine Rückstellung für Abfertigungen (§ 198 Abs. 8 Z 4 lit. a des Unternehmensgesetzbuches) gebildet wird.
b) Erfolgt eine Übertragung im Sinne der lit. a, kann der Steuerpflichtige ab dem Wirtschaftsjahr der Übertragung keine Abfertigungsrückstellung bilden.
c) Treten nach einer Übertragung im Sinne der lit. a Verpflichtungen zur Auszahlung von Abfertigungen im Sinne des § 14 Abs. 1 Z 1 und 2 ein oder erfolgt

eine Übertragung der Abfertigungsansprüche an eine BV-Kasse, sind die entstehenden Aufwendungen (Ausgaben) gleichmäßig verteilt auf fünf Jahre abzusetzen.

Die lit. a bis c gelten sinngemäß für steuerfreie Beträge nach § 14 Abs. 6.

69. Die Wertpapierdeckung im Sinne des § 14 Abs. 5 vermindert sich in den nach dem 31. Dezember 2002 endenden Wirtschaftsjahren wie folgt:
   – im ersten Wirtschaftsjahr auf 40%,
   – im zweiten Wirtschaftsjahr auf 30%,
   – im dritten Wirtschaftsjahr auf 20%,
   – im vierten Wirtschaftsjahr auf 10%,

   des am Schluss des vorangegangenen Wirtschaftsjahres ausgewiesenen Rückstellungsbetrages. Ab dem fünften Wirtschaftsjahr besteht keine Verpflichtung zur Wertpapierdeckung. Die Wertpapierdeckung für Pensionsrückstellungen (§ 14 Abs. 7 Z 7) ist davon nicht berührt.

70. Die §§ 81 Abs. 3 und 89 Abs. 1, 3 und 4, jeweils in der Fassung des Bundesgesetzes BGBl. I Nr. 132/2002, sind ab 1. Jänner 2003 anzuwenden. § 84 in der Fassung des Bundesgesetzes BGBl. I Nr. 132/2002 ist für Lohnzahlungszeiträume anzuwenden, die nach dem 31. Dezember 2002 enden. § 86 in der Fassung des Bundesgesetzes BGBl. I Nr. 132/2002 ist für Prüfungen anzuwenden, die nach dem 31. Dezember 2002 begonnen werden.

71. § 3 Abs. 1 Z 16 und § 34 Abs. 6, jeweils in der Fassung des Bundesgesetzes BGBl. I Nr. 155/2002, sind anzuwenden, wenn
   – die Einkommensteuer veranlagt wird, erstmalig bei der Veranlagung für das Kalenderjahr 2002,
   – die Einkommensteuer (Lohnsteuer) durch Abzug eingehoben oder durch Veranlagung festgesetzt wird, erstmalig für Lohnzahlungszeiträume, die nach dem 31. Dezember 2001 enden.

72. § 4 Abs. 4 Z 9 und § 6 Z 10, jeweils in der Fassung des Bundesgesetzes BGBl. I Nr. 155/2002, sind erstmalig bei der Veranlagung für das Kalenderjahr 2002 anzuwenden.

73. § 4 Abs. 4 Z 4a, § 4 Abs. 4 Z 7, § 4 Abs. 4 Z 10 und § 108c Abs. 2 Z 1 jeweils in der Fassung des Bundesgesetzes BGBl. I Nr. 155/2002 sind erstmalig bei der Veranlagung für das Kalenderjahr 2003 anzuwenden.

74. §§ 108g bis § 108i, jeweils in der Fassung des Bundesgesetzes BGBl. I Nr. 155/2002, sind auf Beiträge anzuwenden, die nach dem 31. Dezember 2002 geleistet werden. § 108a Abs. 1 bis Abs. 4 ist anzuwenden, wenn der Antrag auf Abschluss einer Versicherung, eines unwiderruflichen Auszahlungsplanes gemäß § 108b Abs. 2, auf Erwerb des Anteilscheines an einem prämienbegünstigten Investmentfonds oder auf Widmung des Beitrags zur Höherversicherung in der gesetzlichen Pensionsversicherung (zusätzliche Pensionsversicherung) vor dem 1. Jänner 2004 gestellt worden ist.

75. § 16 Abs. 1 Z 10 und § 67 Abs. 7, jeweils in der Fassung des Bundesgesetzes BGBl. I Nr. 155/2002, sind anzuwenden, wenn
   – die Einkommensteuer veranlagt wird, erstmalig bei der Veranlagung für das Kalenderjahr 2003,
   – die Einkommensteuer (Lohnsteuer) durch Abzug eingehoben oder durch Veranlagung festgesetzt wird, erstmalig für Lohnzahlungszeiträume, die nach dem 31. Dezember 2002 enden.

76. § 108f in der Fassung des Bundesgesetzes BGBl. I Nr. 155/2002 ist erstmalig bei der Veranlagung für das Kalenderjahr 2002 anzuwenden, und zwar bei Lehrverhältnissen, die am 1. Jänner 2002 oder an einem späteren Zeitpunkt bestanden haben.

77. § 16 Abs. 1 Z 10, § 33 Abs. 3 und § 67 Abs. 1 in der Fassung des Bundesgesetzes BGBl. I Nr. 71/2003 sind anzuwenden, wenn
   – die Einkommensteuer veranlagt wird, erstmalig bei der Veranlagung für das Kalenderjahr 2004,
   – die Einkommensteuer (Lohnsteuer) durch Abzug eingehoben oder durch Veranlagung festgesetzt wird, erstmalig für Lohnzahlungszeiträume, die nach dem 31. Dezember 2003 enden.

78. § 4 Abs. 4 Z 7, § 9 Abs. 1 Z 3, § 11a, § 12 Abs. 3, § 14 Abs. 1 und § 17 Abs. 1 in der Fassung des Bundesgesetzes BGBl. I Nr. 71/2003 sind anzuwenden für das Kalenderjahr 2004 anzuwenden.

79. § 11 in der Fassung des Bundesgesetzes BGBl. I Nr. 106/1999 ist für natürliche Personen letztmalig bei der Veranlagung für das Kalenderjahr 2003 anzuwenden.

80. § 16 Abs. 1 Z 1 und § 18 Abs. 1 Z 1 in der Fassung des Bundesgesetzes BGBl. I Nr. 71/2003 sind anzuwenden, wenn
   – die Einkommensteuer veranlagt wird, erstmalig bei der Veranlagung für das Kalenderjahr 2004,
   – die Einkommensteuer (Lohnsteuer) durch Abzug eingehoben oder durch Veranlagung festgesetzt wird, erstmalig für Lohnzahlungszeiträume, die nach dem 31. Dezember 2003 enden.

Ist der Rechtsgrund für Renten oder dauernde Lasten vor dem 1. Jänner 2004 entstanden, gilt Folgendes:

a) Hat der Empfänger der Renten und dauernden Lasten einen Antrag gemäß Z 82 gestellt, sind Werbungskosten oder Sonderausgaben gemäß § 16 Abs. 1 Z 1 und

1/1. EStG
§ 124b

§ 18 Abs. 1 Z 1 in der Fassung vor dem Bundesgesetz BGBl. I Nr. 71/2003 unter Anwendung der Bewertungsbestimmungen vor der Kundmachung BGBl. I Nr. 165/2002 abzuziehen.

b) Gehören die Renten und dauernden Lasten beim Empfänger nicht zu Einkünften im Sinne des § 29 Z 1, kann der Abzug von Renten und dauernden Lasten wahlweise gemäß § 16 Abs. 1 Z 1 und § 18 Abs. 1 Z 1 in der Fassung vor dem Bundesgesetz BGBl. I Nr. 71/2003 unter Anwendung der Bewertungsbestimmungen vor der Kundmachung BGBl. I Nr. 165/2002 vorgenommen werden.

81. Als Sonderausgaben im Sinne des § 18 Abs. 1 sind absetzbar:

Ausgaben für die erstmalige Herstellung eines Internetzuganges mittels Breitbandtechnik bis zu einem Betrag von maximal 50 € und die laufenden Grundentgelte für den Internetzugang mittels Breitbandtechnik bis zu einem Betrag von maximal 40 € monatlich.

Breitbandtechnik liegt vor, wenn eine physikalische Downloadbandbreite von mindestens 256 kbit/Sekunde gegeben ist und ein ständiger Internetzugang gegen ein zeitunabhängiges, laufendes Grundentgelt vereinbart ist. Voraussetzung ist, dass die erstmalige Herstellung des Internetzuganges nach dem 30. April 2003 erfolgt und die Ausgaben vor dem 1. Jänner 2005 anfallen. Nicht anzuwenden sind § 18 Abs. 2 und 3 mit Ausnahme des § 18 Abs. 3 Z 1.

82. § 29 Z 1 in der Fassung des Bundesgesetzes BGBl. I Nr. 71/2003 ist erstmalig bei der Veranlagung für das Kalenderjahr 2004 anzuwenden. Ist der Rechtsgrund für wiederkehrende Bezüge vor dem 1. Jänner 2004 entstanden, kann spätestens bis 31. Dezember 2006 im Einvernehmen mit dem zur Rentenzahlung Verpflichteten beantragt werden, dass die wiederkehrenden Bezüge gemäß § 29 Z 1 in der Fassung des Bundesgesetzes BGBl. I Nr. 71/2003 unter Anwendung der Bewertungsbestimmungen vor der Kundmachung BGBl. I Nr. 165/2002 versteuert werden.

83. § 20 Abs. 2, § 37 Abs. 1, § 37 Abs. 4 Z 1, § 37 Abs. 8 und § 97 Abs. 4 in der Fassung des Bundesgesetzes BGBl. I Nr. 71/2003 sind erstmals für Einkünfte anzuwenden, die nach dem 31. März 2003 zufließen.

84. § 93 Abs. 2 Z 1 lit. e und Abs. 3 Z 4 in der Fassung des Budgetbegleitgesetzes 2003, BGBl. I Nr. 71, ist erstmals auf Kapitalerträge anzuwenden, die nach dem 31. März 2004 zufließen. Fließen Kapitalerträge gemäß § 93 Abs. 2 Z 1 lit. e und gemäß § 93 Abs. 3 Z 4, die aus Kapitalerträgen gemäß § 93 Abs. 2 Z 1 lit. e bestehen, nach dem 31. März 2003 und vor dem 1. April 2004 im Inland zu, ist auf diese Kapitalerträge § 37 Abs. 8 in der Fassung des Budgetbegleitgesetzes 2003, BGBl. I Nr. 71/2003, anzuwenden. § 94a in der Fassung des Bundesgesetzes BGBl. I Nr. 71/2003 ist erstmals auf Ausschüttungen anzuwenden, die nach dem 31. Dezember 2003 zufließen.

85. § 27 Abs. 2 Z 2 ist nicht auf Kapitalanlagen anzuwenden, deren Verzinsung nur von der Entwicklung eines (bestehenden oder künstlich geschaffenen) Wertpapierindex oder eines vergleichbaren Index abhängig ist, wenn folgende Voraussetzungen erfüllt sind:

a) Die Kapitalanlagen wurden vor dem 1. März 2004 begeben und

b) es ist rechtlich oder faktisch eine Kapitalrückzahlung von nicht mehr als 20% des bei der Begebung eingesetzten Kapitals garantiert.

Die Wertveränderungen solcher Wertpapiere sind nicht als kapitalertragsteuerpflichtig im Sinne des § 93 Abs. 4 Z 2 zu behandeln. Dies gilt für Daueremissionen mit unbegrenztem Volumen nur dann, wenn die Emission bis zu dem in lit. a genannten Zeitpunkt geschlossen wurde, für Daueremissionen mit begrenztem Volumen, wenn die Emission vor dem 1. August 2005 geschlossen wurde. Wurde keine Schließung durchgeführt, hat eine lineare Abgrenzung der Bemessungsgrundlage für die zu späteren Stichtagen zu erhebende (oder gutzuschreibende) Kapitalertragsteuer zu erfolgen.

86. Rückstellungen für Verpflichtungen zur Rücknahme und Verwertung von Altfahrzeugen gemäß § 5 der auf Grund von § 14 Abs. 1 des Abfallwirtschaftsgesetzes 2002, BGBl. I Nr. 102/2002, erlassenen Altfahrzeugeverordnung vom 6. November 2002, BGBl. II Nr. 407/2002, sind erstmals für das nach dem 5. November 2002 endende Wirtschaftsjahr zu bilden. Soweit diese Verpflichtungen auf Fahrzeuge beziehen, die vor dem 1. Juli 2002 in Verkehr gebracht wurden, ist der Unterschiedsbetrag zwischen der Rückstellung und dem Betrag, der sich bei Ansammlung der Rückstellung in gleichmäßig bemessenen Jahresraten ergibt, als gesonderter Aktivposten in der Bilanz auszuweisen. Dabei ist ein Ansammlungszeitraum zugrundezulegen, der mit dem nach dem 5. November 2002 endenden Wirtschaftsjahr beginnt und mit dem letzten vor dem 1. Jänner 2007 endenden Wirtschaftsjahr endet.

87. § 108b und § 108g in der Fassung des Budgetbegleitgesetzes 2003, BGBl. I Nr. 71, sind anzuwenden, wenn Verträge nach dem 31. Juli 2003 abgeschlossen werden. Werden Verträge vor diesem Zeitpunkt abgeschlossen, kann die unwiderrufliche Verpflichtung an § 108g Abs. 1 Z 3 in der Fassung des genannten Bundesgesetzes angepasst werden.

88. § 41 Abs. 4 und § 77 Abs. 4, jeweils in der Fassung des Bundesgesetzes BGBl. I Nr. 124/2003, sind anzuwenden, wenn
    - die Einkommensteuer veranlagt wird, erstmalig bei der Veranlagung für das Kalenderjahr 2004,
    - die Einkommensteuer (Lohnsteuer) durch Abzug eingehoben oder durch Veranlagung festgesetzt wird, erstmalig für Lohnzahlungszeiträume, die nach dem 31. Dezember 2003 enden.
89. § 42 Abs. 1 Z 3, § 98 und § 99a, jeweils in der Fassung des Bundesgesetzes BGBl. I Nr. 124/2003, gelten ab der Veranlagung für das Kalenderjahr 2004.
90. § 42 Abs. 1 letzter Unterabsatz, § 44 Abs. 1, Abs. 3, Abs. 4, Abs. 5 und Abs. 8 in der Fassung des Bundesgesetzes BGBl. I Nr. 124/2003 gelten ab der Veranlagung für das Kalenderjahr 2003.
91. § 98 in der Fassung des Bundesgesetzes BGBl. I Nr. 124/2003 und § 99a sind anzuwenden, wenn
    - die Einkommensteuer veranlagt wird, erstmalig bei der Veranlagung für das Kalenderjahr 2004,
    - die Einkommensteuer durch Abzug eingehoben wird, erstmalig für Zinsen- und Lizenzgebührenzahlungen, die nach dem 31. Dezember 2003 erfolgen.
92. § 109a Z 1 in der Fassung des Bundesgesetzes BGBl. I Nr. 124/2003 ist erstmals für Übermittlungen anzuwenden, die das Kalenderjahr 2004 betreffen.
93. § 4 Abs. 4 Z 4, § 4 Abs. 4 Z 4a, § 10c, § 108c Abs. 2 Z 1 und § 108e Abs. 3 jeweils in der Fassung des Wachstums- und Standortgesetzes 2003, BGBl. I Nr. 133/2003, sind erstmalig bei der Veranlagung für das Kalenderjahr 2004 anzuwenden.
94. § 1 Abs. 4, § 42 Abs. 1 Z 3 und § 42 Abs. 2, jeweils in der Fassung des Bundesgesetzes BGBl. I Nr. 57/2004, sind erstmals bei der Veranlagung für das Kalenderjahr 2005 anzuwenden.
95. § 12 in der Fassung des Bundesgesetzes BGBl. I Nr. 57/2004 ist auf stille Reserven anzuwenden, die aufgrund des Ausscheidens von Wirtschaftsgütern nach dem 31. Dezember 2004 aufgedeckt werden.
96. § 16 Abs. 1 Z 6 in der Fassung des Bundesgesetzes BGBl. I Nr. 57/2004 ist anzuwenden, wenn
    - die Einkommensteuer (Lohnsteuer) veranlagt wird, erstmalig bei der Veranlagung für das Kalenderjahr 2004,
    - die Einkommensteuer (Lohnsteuer) durch Abzug eingehoben wird, erstmalig für Lohnzahlungszeiträume, die nach dem 30. Juni 2004 enden. Für Lohnzahlungszeiträume, die nach dem 31. Dezember 2003 beginnen und vor dem 1. Juli 2004 enden, kann der Arbeitgeber spätestens im letzten vor dem 1. Dezember 2004 endenden Lohnzahlungszeitraum die Lohnsteuer nach § 77 Abs. 3 unter Berücksichtigung der erhöhten Pendlerpauschalien für das Kalenderjahr 2004 bis zu den vor dem 1. Dezember 2004 endenden Lohnzahlungszeiträumen neu berechnen.
97. § 18 Abs. 1 Z 5 in der Fassung des Bundesgesetzes BGBl. I Nr. 57/2004 ist erstmalig für im Kalenderjahr 2005 geleistete Beiträge an gesetzlich anerkannte Kirchen und Religionsgesellschaften anzuwenden.
98. § 33 Abs. 1 und 2 und § 33 Abs. 6 in der Fassung des Bundesgesetzes BGBl. I Nr. 57/2004 sind anzuwenden, wenn
    - die Einkommensteuer veranlagt wird, erstmalig bei der Veranlagung für das Kalenderjahr 2005,
    - die Einkommensteuer (Lohnsteuer) durch Abzug eingehoben oder durch Veranlagung festgesetzt wird, erstmalig für Lohnzahlungszeiträume, die nach dem 31. Dezember 2004 enden.
99. § 33 Abs. 3, § 66 Abs. 1 und § 70 Abs. 2 Z 1, jeweils in der vor dem Bundesgesetz BGBl. I Nr. 57/2004 geltenden Fassung, sind letztmalig anzuwenden, wenn
    - die Einkommensteuer veranlagt wird, bei der Veranlagung für das Kalenderjahr 2004,
    - die Einkommensteuer (Lohnsteuer) durch Abzug eingehoben oder durch Veranlagung festgesetzt wird, für Lohnzahlungszeiträume, die vor dem 1. Jänner 2005 enden.
100. § 33 Abs. 4 Z 1 und 2 in der Fassung des Bundesgesetzes BGBl. I Nr. 57/2004 ist anzuwenden, wenn
    - die Einkommensteuer (Lohnsteuer) veranlagt oder erstattet wird, erstmalig bei der Veranlagung oder Erstattung für das Kalenderjahr 2004,
    - die Einkommensteuer (Lohnsteuer) durch Abzug eingehoben wird, erstmalig für Lohnzahlungszeiträume, die nach dem 30. Juni 2004 enden. Für Lohnzahlungszeiträume, die nach dem 31. Dezember 2003 beginnen und vor dem 1. Juli 2004 enden, kann der Arbeitgeber spätestens im letzten vor dem 1. Dezember 2004 endenden Lohnzahlungszeitraum die Lohnsteuer nach § 77 Abs. 3 unter Berücksichtigung der erhöhten Alleinverdiener- oder Alleinerzieherabsetzbetrages für das Kalenderjahr 2004 bis zu den vor dem 1. Dezember 2004 endenden Lohnzahlungszeiträumen neu berechnen.

1/1. EStG
§ 124b

101. § 33 Abs. 8 in der Fassung des Bundesgesetzes BGBl. I Nr. 57/2004 ist erstmalig bei der Veranlagung für das Kalenderjahr 2004 anzuwenden.
102. § 40 in der Fassung des Bundesgesetzes BGBl. I Nr. 57/2004 ist erstmalig bei der Erstattung des Alleinverdiener- oder Alleinerzieherabsetzbetrages für das Kalenderjahr 2004 anzuwenden.
103. § 41 Abs. 4, § 67 Abs. 1 und § 77 Abs. 4, jeweils in der Fassung des Bundesgesetzes BGBl. I Nr. 57/2004, sind anzuwenden, wenn
   – die Einkommensteuer veranlagt wird, erstmalig bei der Veranlagung für das Kalenderjahr 2005,
   – die Einkommensteuer (Lohnsteuer) durch Abzug eingehoben oder durch Veranlagung festgesetzt wird, erstmalig für Lohnzahlungszeiträume, die nach dem 31. Dezember 2004 enden.
   Für das Kalenderjahr 2004 (im Kalenderjahr 2004 endende Lohnzahlungszeiträume) beträgt die in diesen Bestimmungen bezeichnete Freigrenze 1.950 Euro.
104. § 84 in der Fassung des Bundesgesetzes BGBl. I Nr. 57/2004 ist erstmalig auf Lohnzettel für das Kalenderjahr 2005 anzuwenden. Die Verpflichtung des Masseverwalters zur Ausstellung von Lohnzetteln für das Kalenderjahr 2005 gemäß § 84 Abs. 1 Z 3 lit. b in der Fassung des Bundesgesetzes BGBl. Nr. 57/2004 gilt nur in jenen Fällen, in denen der Konkurs oder im Falle eines Anschlusskonkurses die vorangegangene Eröffnung des Ausgleichsverfahrens nach dem auf die Kundmachung dieses Bundesgesetzes folgenden Kalendertag erfolgt ist; wurde eine Verordnung gemäß dieser Gesetzesstelle erlassen, ist der auf die Kundmachung dieser Verordnung folgende Kalendertag maßgeblich."
105. § 108c Abs. 3, § 108d Abs. 3 und § 108f Abs. 4, jeweils in der Fassung des Bundesgesetzes BGBl. I Nr. 57/2004, sind erstmals für Prämien anzuwenden, die ein bei der Veranlagung 2004 zu erfassendes Wirtschaftsjahr betreffen. § 108e Abs. 4 in der Fassung des Bundesgesetzes BGBl. I Nr. 57/2004 ist erstmals für Prämien anzuwenden, die das Kalenderjahr 2004 betreffen.
106. § 129 Abs. 1 in der Fassung des Bundesgesetzes BGBl. I Nr. 57/2004 ist erstmalig für das Kalenderjahr 2004 anzuwenden.
107. § 4 Abs. 4 Z 7 und § 16 Abs. 1 Z 10 in der Fassung des Bundesgesetzes BGBl. I Nr. 180/2004 ist erstmalig bei der Veranlagung für das Kalenderjahr 2003 anzuwenden.
108. § 11a Abs. 1 und § 97 Abs. 4 Z 2 in der Fassung des Bundesgesetzes BGBl. I Nr. 180/2004, sind erstmalig bei der Veranlagung für das Kalenderjahr 2004 anzuwenden.
109. § 33 Abs. 8, § 42 Abs. 2, § 67 Abs. 11 und § 102 in der Fassung des Bundesgesetzes BGBl. I Nr. 180/2004 sind erstmalig bei der Veranlagung für das Kalenderjahr 2005 anzuwenden.
110. § 24 Abs. 6 in der Fassung des Bundesgesetzes BGBl. I Nr. 180/2004 ist erstmalig bei der Veranlagung für das Kalenderjahr 2005 anzuwenden. § 24 Abs. 6 in der Fassung des Bundesgesetzes BGBl. I Nr. 180/2004 ist auf Betriebsaufgaben vor In-Kraft-Treten dieses Bundesgesetzes anzuwenden, wenn der Steuerpflichtige unwiderruflich erklärt, dass § 24 Abs. 6 in der Fassung des Bundesgesetzes BGBl. I Nr. 180/2004 auf ihn angewendet werden soll. Die Erklärung ist bis zum Ablauf jenes Kalenderjahres abzugeben, in dem eine unentgeltliche Übertragung unter Lebenden oder eine Überlassung oder Verwendung im Sinne des zweiten und dritten Teilstriches des § 24 Abs. 6 Z 2 in der Fassung des Bundesgesetzes vor BGBl. I Nr. 180/2004 erfolgt.
111. § 35 Abs. 2 in der Fassung des Bundesgesetzes BGBl. I Nr. 180/2004 ist erstmals auf Bescheinigungen anzuwenden, die nach dem 31. Dezember 2004 ausgestellt werden. Bescheinigungen, die vor dem 1. Jänner 2005 gemäß § 35 Abs. 2 in der Fassung vor dem Bundesgesetz BGBl. I Nr. 180/2004 ausgestellt werden, gelten ab 1. Jänner 2005 als Bescheinigungen im Sinne des § 35 Abs. 2 in der Fassung des Bundesgesetzes BGBl. I Nr. 180/2004.
112. § 63 und § 70 in der Fassung des Bundesgesetzes BGBl. I Nr. 180/2004 sind erstmals für Lohnzahlungszeiträume anzuwenden, die nach dem 31. Dezember 2004 enden. Für das Jahr 2005 für beschränkt Steuerpflichtige ausgestellte Freibetragsbescheide treten außer Kraft.
113. § 68 Abs. 9 in der Fassung des Bundesgesetzes BGBl. I Nr. 180/2004 ist erstmals für Lohnzahlungszeiträume anzuwenden, die nach dem 31. Dezember 2004 enden.
114. § 94 Z 6 lit. e in der Fassung des Bundesgesetzes BGBl. I Nr. 180/2004 ist auf Kapitalerträge anzuwenden, die nach dem 31. Dezember 2004 zufließen.
115. § 81 in der Fassung des Bundesgesetzes BGBl. I Nr. 180/2004 ist ab 1. Februar 2005 anzuwenden.
116. § 93 Abs. 3 Z 5 und § 95 Abs. 2 in der Fassung des Bundesgesetzes BGBl. I Nr. 180/2004 sind erstmals auf ausschüttungsgleiche Erträge anzuwenden, die nach dem 30. Juni 2005 als zugeflossen gelten.
117. § 12 Abs. 7 in der Fassung des Bundesgesetzes BGBl. I Nr. 180/2004 ist auf stille Reserven anzuwenden, die auf Grund des Ausscheidens von Wirtschaftsgütern nach dem 31. Dezember 2004 aufgedeckt werden.
118. § 4 Abs. 4 Z 2, § 18 Abs. 1 Z 2, § 26 Z 7, § 47 Abs. 4 und § 124, jeweils in der Fassung des Bundesgesetzes BGBl I Nr. 8/2005, sind erstmals anzuwenden, wenn

– die Einkommensteuer veranlagt wird, bei der Veranlagung für das Kalenderjahr 2005,
– die Einkommensteuer (Lohnsteuer) durch Abzug eingehoben oder durch Veranlagung festgesetzt wird, erstmalig für Lohnzahlungszeiträume, die nach dem 31. Dezember 2004 enden.

119. § 3 Abs. 1 Z 16a in der Fassung des Bundesgesetzes BGBl. I Nr. 35/2005 und § 3 Abs. 1 Z 31 in der Fassung des Bundesgesetzes BGBl. I Nr. 100/2006 sind anzuwenden, wenn
– die Einkommensteuer veranlagt wird, erstmals bei der Veranlagung für das Kalenderjahr 1999,
– die Einkommensteuer (Lohnsteuer) durch Abzug eingehoben oder durch Veranlagung festgesetzt wird, erstmals für Lohnzahlungszeiträume, die nach dem 31. Dezember 1998 enden.

120. § 33 Abs. 8 in der Fassung des Bundesgesetzes BGBl. I Nr. 34/2005 ist erstmals bei der Veranlagung oder im Verfahren gemäß § 40 für das Kalenderjahr 2005 anzuwenden.

121. § 41 Abs. 1 Z 3 und § 69 Abs. 7 in der Fassung des Bundesgesetzes BGBl. I Nr. 45/2005 treten mit 1. Jänner 2006 in Kraft.

122. § 3 Abs. 1 Z 15 lit. b in der Fassung des Bundesgesetzes BGBl. I Nr. 103/2005 ist erstmals auf Kapitalanteile anzuwenden, die nach dem 30. Juni 2005 unentgeltlich oder verbilligt abgegeben werden. § 3 Abs. 1 Z 15 lit. c in der Fassung des Bundesgesetzes BGBl. I Nr. 103/2005 ist erstmals auf Optionen anzuwenden, die nach dem 30. Juni 2005 eingeräumt werden.

123. § 4 Abs. 4 Z 4b und § 108c Abs. 2 Z 1 jeweils in der Fassung des Bundesgesetzes BGBl. I Nr. 103/2005 sind erstmalig für ab dem 1. Jänner 2005 erteilte Forschungsaufträge anzuwenden.

124. § 108 Abs. 6 und 7 in der Fassung des Bundesgesetzes BGBl. I Nr. 103/2005, ist ab 1. September 2005 anzuwenden.

125. § 108b Abs. 2 tritt mit Ablauf des 31. Dezember 2005 außer Kraft. Die Beschränkungen des Auszahlungsplanes gemäß § 23g Investmentfondsgesetz 1993 müssen nach dem 31. Dezember 2005 nicht mehr eingehalten werden. Bei einer Übertragung in eine Zukunftsvorsorgeeinrichtung gemäß § 108i Abs. 2 und bei Abschichtung ist § 41 Abs. 2 Investmentfondsgesetz 1993 sowie § 108a Abs. 5 nicht anzuwenden. Für Pensionsinvestmentfonds Anteile, die die Voraussetzungen des § 108 h Abs. 1 nicht erfüllen, ist § 41 Abs. 1 Investmentfondsgesetz 1993 ab 1. Jänner 2006 nicht anzuwenden.

126. § 16 Abs. 1 Z 6 in der Fassung des Bundesgesetzes BGBl. I Nr. 115/2005 ist anzuwenden, wenn
– die Einkommensteuer (Lohnsteuer) veranlagt wird, erstmalig bei der Veranlagung für das Kalenderjahr 2006,
– die Einkommensteuer (Lohnsteuer) durch Abzug eingehoben wird, erstmalig für Lohnzahlungszeiträume, die nach dem 31. Dezember 2005 enden.

127. § 2 Abs. 2b Z 3, § 4 Abs. 4 Z 4a lit. b, § 24 Abs. 6 Z 2, § 36 und § 37 Abs. 5 Z 2, jeweils in der Fassung des Bundesgesetzes BGBl. I Nr. 161/2005, sind erstmalig bei der Veranlagung für das Kalenderjahr 2006 anzuwenden.

128. § 3 Abs. 1 Z 10 in der Fassung des Bundesgesetzes BGBl. I Nr. 161/2005 ist anzuwenden, wenn
– die Einkommensteuer veranlagt wird, erstmalig bei der Veranlagung für das Kalenderjahr 2006.
– die Einkommensteuer (Lohnsteuer) durch Abzug eingehoben oder durch Veranlagung festgesetzt wird, erstmalig für Lohnzahlungszeiträume, die nach dem 31. Dezember 2005 enden.

129. § 4 Abs. 4 Z 4, der letzte Satz des § 4 Abs. 4 Z 4a, des § 4 Abs. 4 Z 4b, des § 4 Abs. 4 Z 8 sowie § 4 Abs. 4 Z 10 jeweils in der Fassung des Bundesgesetzes BGBl. I Nr. 161/2005 sind erstmalig bei der Veranlagung für das Kalenderjahr 2005 anzuwenden.

130. § 19 Abs. 1 in der Fassung des Bundesgesetzes BGBl. I Nr. 161/2005 ist erstmals für Konkurse, die nach dem 31. Dezember 2005 eröffnet werden, anzuwenden. § 69 Abs. 6 und § 84 Abs. 1 Z 3 in der Fassung des BGBl. I Nr. 161/2005 sind erstmalig auf Lohnzettel anzuwenden, die das Kalenderjahr 2006 betreffen.

131. § 98 in der Fassung des Bundesgesetzes BGBl. I Nr. 161/2005 ist erstmalig bei der Veranlagung für das Kalenderjahr 2006 anzuwenden. Für betrieblich genutzte Grundstücke und Gebäude, bei denen bis zum In-Kraft-Treten des Bundesgesetzes BGBl. I Nr. 161/2005 keine Einkünfte nach § 98 Z 3 zu erfassen waren, gilt bei Ausscheiden aus dem Betriebsvermögen Folgendes:

a) Erfolgt eine Veräußerung zu einem Zeitpunkt, der bei Anwendung des § 98 Z 7 außerhalb der Spekulationsfrist gelegen wäre, ist der Unterschiedsbetrag zwischen dem Buchwert zum 1. Jänner 2006 und dem höheren gemeinen Wert zum 1. Jänner 2006 vom Veräußerungsgewinn abzuziehen; es darf sich dadurch aber kein Veräußerungsverlust ergeben.

b) Im Fall einer Entnahme ist der Unterschiedsbetrag zwischen dem Buchwert zum 1. Jänner 2006 und dem höheren gemeinen Wert zum 1. Jänner 2006 vom Entnahmegewinn abzuziehen; es darf sich dadurch aber kein Entnahmeverlust ergeben.

1/1. EStG
§ 124b

132. § 108c Abs. 3 und § 108f Abs. 4, jeweils in der Fassung des Bundesgesetzes BGBl. Nr. 161/2005, sind erstmalig auf Prämien anzuwenden, die ein bei der Veranlagung 2006 zu erfassendes Wirtschaftsjahr betreffen.
133. Die §§ 14 Abs. 6, 37 Abs. 9 und 43 jeweils in der Fassung des Bundesgesetzes BGBl. I Nr. 99/2006 sind erstmals bei der Veranlagung für das Kalenderjahr 2006 anzuwenden. § 89 Abs. 3 in der Fassung des Bundesgesetzes BGBl. I Nr. 99/2006 tritt mit 1. Jänner 2007 in Kraft.
134. § 2 Abs. 5, 6, § 4 Abs. 10 Z 3, § 5 und § 6 Z 5 jeweils in der Fassung des Bundesgesetzes BGBl. I Nr. 100/2006 sind erstmalig für Wirtschaftsjahre anzuwenden, die nach dem 31. Dezember 2006 beginnen. § 16 Abs. 1 Z 8 lit. d sowie § 17 Abs. 1 und Abs. 2 Z 2 in der Fassung des Bundesgesetzes BGBl. I Nr. 100/2006 sind erstmalig für die Veranlagung 2007 anzuwenden. § 30 in der Fassung des Bundesgesetzes BGBl. I Nr. 100/2006 ist erstmalig auf Veräußerungsvorgänge nach dem 31. Dezember 2006 anzuwenden. § 102 Abs. 2 Z 2 in der Fassung des Bundesgesetzes BGBl. I Nr. 100/2006 ist erstmalig bei der Veranlagung 2006 anzuwenden. § 2 Abs. 4, § 23 Z 2, § 27 Abs. 1 Z 2, § 93 Abs. 2 Z 2, § 95 Abs. 4 Z 2, § 96 Abs. 3 und § 102 Abs. 1 Z 2 jeweils in der Fassung des Bundesgesetzes BGBl. I Nr. 100/2006 treten mit 1. Jänner 2007 in Kraft. Bei Unternehmern, deren Betrieb vor dem 1. Jänner 2007 eröffnet wurde, ist folgendermaßen vorzugehen: Für Betriebe, die bis zu diesem Stichtag nicht im Firmenbuch eingetragen waren, richtet sich die Art der Gewinnermittlung für Wirtschaftsjahre, die vor dem 1. Jänner 2010 beginnen, auf Antrag unbeschadet der Bestimmungen des § 124 BAO nach den vor dem 1. Jänner 2007 geltenden abgabenrechtlichen Bestimmungen. Eine zwischen 1. Jänner 2007 und 31. Dezember 2009 erfolgende Eintragung in das Firmenbuch löst für Gewerbetreibende jedoch keinen Wechsel zur Gewinnermittlung nach § 5 aus. Der Antrag ist in der Steuererklärung jenes Wirtschaftsjahres zu stellen, für das sich erstmals eine Rechnungslegungspflicht nach § 189 UGB ergibt.
135. Die §§ 10, 11a Abs. 2 und 18 Abs. 7 jeweils in der Fassung des Bundesgesetzes BGBl. Nr. 101/2006 sind erstmalig bei der Veranlagung für das Kalenderjahr 2007 anzuwenden. Anlaufverluste im Sinne der bis zur Veranlagung für das Kalenderjahr 2006 geltenden Fassung des § 18 Abs. 7 sind abzugsfähig, soweit sie vor 2007 weder ausgeglichen noch abgezogen werden konnten. Diese Verluste sind bei der Einkommensermittlung vorrangig abzuziehen.
136. § 67 Abs. 11 in der Fassung des Bundesgesetzes BGBl. I Nr. 24/2007 ist erstmals bei der Veranlagung für das Kalenderjahr 2005 anzuwenden.
137. § 38 Abs. 3 in der Fassung des Bundesgesetzes BGBl. I Nr. 24/2007 ist erstmals bei der Veranlagung für das Kalenderjahr 2006 anzuwenden. § 4 Abs. 4 Z 4 und Z 4a, § 6 Z 6 lit. b, § 10, § 11a und § 31 Abs. 2 Z 2 vorletzter Satz, jeweils in der Fassung des Bundesgesetzes BGBl. I Nr. 24/2007, sind erstmals bei der Veranlagung für das Kalenderjahr 2007 anzuwenden. § 14 in der Fassung des Bundesgesetzes BGBl. I Nr. 24/2007 ist erstmals für Wirtschaftsjahre anzuwenden, die nach dem 30. Juni 2007 beginnen. § 43 in der Fassung des Bundesgesetzes BGBl. I Nr. 24/2007 ist erstmals für Einkünftefeststellungen für das Kalenderjahr 2006 anzuwenden. § 98 Abs. 2 in der Fassung des Bundesgesetzes BGBl. I Nr. 24/2007 ist erstmals anzuwenden
   - hinsichtlich nachträglicher Einkünfte und Nachversteuerungen, die im Rahmen einer Veranlagung erfolgen, bei der Veranlagung für das Kalenderjahr 2007,
   - sonst auf Nachversteuerungs- oder Rückzahlungstatbestände, die nach dem 31. Dezember 2006 erfüllt werden.
138. § 16 Abs. 1 Z 6 in der Fassung des Bundesgesetzes BGBl. I Nr. 24/2007 ist anzuwenden, wenn
   - die Einkommensteuer (Lohnsteuer) veranlagt wird, erstmalig bei der Veranlagung für das Kalenderjahr 2007 für Lohnzahlungszeiträume, die nach dem 30. Juni 2007 enden,
   - die Einkommensteuer (Lohnsteuer) durch Abzug eingehoben wird, erstmalig für Lohnzahlungszeiträume, die nach dem 30. Juni 2007 enden.
139. § 33 Abs. 9 in der Fassung des Bundesgesetzes BGBl. I Nr. 44/2008 ist erstmals bei der Veranlagung des Kalenderjahres 2008 und letztmals bei der Veranlagung für das Kalenderjahr 2010 anzuwenden.
140. Die §§ 3 Abs. 1 Z 16b, 26 Z 4 und 67 Abs. 2 jeweils in der Fassung des Bundesgesetzes BGBl. I Nr. 45/2007 sind anzuwenden, wenn
   - die Einkommensteuer (Lohnsteuer) veranlagt wird, erstmalig bei der Veranlagung für das Kalenderjahr 2008,
   - die Einkommensteuer (Lohnsteuer) durch Abzug eingehoben wird, erstmalig für Lohnzahlungszeiträume, die nach dem 31. Dezember 2007 enden.
141. § 4 Abs. 10 Z 3 lit. b, § 10 Abs. 7 und § 33 Abs. 10 und 11 jeweils in der Fassung des Bundesgesetzes BGBl. I Nr. 99/2007 sind erstmalig bei der Veranlagung 2007 anzuwenden. § 10 Abs. 5 Z 2 in der Fassung des Bundesgesetzes BGBl I Nr. 99/2007 tritt erstmals bei der Veranlagung für das Kalenderjahr 2008 in Kraft.
142. § 27 Abs. 3 Z 3 in der Fassung des Bundesgesetzes BGBl. I Nr. 100/2007 tritt mit 1. Jänner 2008 in Kraft.

143. § 4 Abs. 4 Z 1 lit. c, § 25 Abs. 1 Z 2 lit. d und § 67 Abs. 3 jeweils in der Fassung des Bundesgesetzes BGBl. I Nr. 102/2007 treten mit 1. Jänner 2008 in Kraft.
144. § 95 Abs. 4 Z 3 in der Fassung des Bundesgesetzes BGBl. I Nr. 65/2008 tritt mit 1. Jänner 1998 in Kraft. Depotübertragungen im Sinne des § 95 Abs. 4 Z 3 vor dem 1. Jänner 2008 gelten nicht als Veräußerung.
145. § 95 Abs. 7 in der Fassung des Bundesgesetzes BGBl. I Nr. 65/2008 tritt mit 1. Jänner 1998 in Kraft. Für Depotübertragungen im Sinne des § 95 Abs. 4 Z 3 vor dem 1. Jänner 2008 steht eine Gutschrift nicht zu.
146. Die Änderungen treten wie folgt in Kraft:
    a) § 15 in der Fassung des Bundesgesetzes BGBl. I Nr. 85/2008 ist auf Zuwendungen nach dem 31. Juli 2008 anzuwenden.
    b) § 16 Abs. 1 Z 6 in der Fassung des Bundesgesetzes BGBl. I Nr. 85/2008 ist anzuwenden, wenn
        – die Einkommensteuer (Lohnsteuer) veranlagt wird, erstmalig bei der Veranlagung für das Kalenderjahr 2008 für Zeiträume, die nach dem 30. Juni 2008 enden, und letztmalig bei der Veranlagung 2010.
        – die Einkommensteuer (Lohnsteuer) durch Abzug eingehoben wird, für Lohnzahlungszeiträume, die nach dem 30. Juni 2008 und vor dem 1. Jänner 2011 enden.
    c) § 16 Abs. 1 Z 8 lit. b sowie § 28 Abs. 2, Abs. 3 und Abs. 7, jeweils in der Fassung des Bundesgesetzes BGBl. I Nr. 85/2008, sind erstmalig auf Übertragungen nach dem 31. Juli 2008 anzuwenden.
    d) § 24 Abs. 5, § 30 Abs. 7 und § 31 Abs. 4, jeweils in der Fassung des Bundesgesetzes BGBl. I Nr. 85/2008, sind erstmalig nach dem 31. Juli 2008 anzuwenden.
    e) § 27 Abs. 1 Z 7, § 37 Abs. 4 Z 1 lit. f und Abs. 8 Z 2, jeweils in der Fassung des Bundesgesetzes BGBl. I Nr. 85/2008, sind erstmalig auf Zuwendungen nach dem 31. Juli 2008 anzuwenden.
    f) § 27 Abs. 1 Z 8, in der Fassung des Bundesgesetzes BGBl. I Nr. 85/2008, gilt erstmalig für Zuwendungen an Stiftungen nach dem 31. Juli 2008.
    g) § 27 Abs. 1 Z 9, in der Fassung des Bundesgesetzes BGBl. I Nr. 85/2008, ist erstmals auf Widerrufe nach dem 31. Juli 2008 anzuwenden.
    h) § 32 Z 4, in der Fassung vor dem Bundesgesetz BGBl. I Nr. 85/2008, ist letztmals auf Zuwendungen oder Widerrufe vor dem 1. August 2008 anzuwenden.
147. § 3 Abs. 1 Z 16b in der Fassung des Bundesgesetzes BGBl. I Nr. 133/2008 ist anzuwenden, wenn
    – die Einkommensteuer (Lohnsteuer) veranlagt wird, erstmalig bei der Veranlagung für das Kalenderjahr 2009,
    – die Einkommensteuer (Lohnsteuer) durch Abzug eingehoben wird, erstmalig für Lohnzahlungszeiträume, die nach dem 31. Dezember 2008 enden.

Die §§ 68 Abs. 2 und 124b Z 140 in der Fassung des Bundesgesetzes BGBl. I Nr. 133/2008 treten mit 1. Jänner 2009 in Kraft.

148. § 108 Abs. 2 in der Fassung des Bundesgesetzes, BGBl. I Nr. 137/2008, ist auf Erstattungen anzuwenden, die nach dem 31. Dezember 2008 erfolgen.
149. § 1 Abs. 4, § 2 Abs. 2, § 41 Abs. 1 Z 7 und Abs. 4, § 42 Abs. 1 Z 3, § 97 Abs. 4 Z 2, § 102 Abs. 3 und § 106a, jeweils in der Fassung des Bundesgesetzes BGBl. I Nr. 26/2009, sind erstmals bei der Veranlagung für das Kalenderjahr 2009 anzuwenden.
150. § 3 Abs. 1 Z 13, § 67 Abs. 1 und § 77 Abs. 4, jeweils in der Fassung des Bundesgesetzes BGBl. I Nr. 26/2009, sind erstmalig für Lohnzahlungszeiträume, die nach dem 31. Dezember 2008 enden, anzuwenden.
151. § 3 Abs. 1 Z 15 lit. c in der Fassung vor dem BGBl. I Nr. 105/2017 ist letztmalig auf Optionen anzuwenden, die vor dem 1. April 2009 eingeräumt werden.

(BGBl I 2017/105)

152. § 4a Z 3 und Z 4 sowie § 18 Abs. 1 Z 8, jeweils in der Fassung des Bundesgesetzes BGBl. I Nr. 26/2009, sind erstmalig auf Zuwendungen anzuwenden, die im Kalenderjahr 2009 getätigt werden.

Zur Aufnahme in die in § 4a Z 4 genannten Listen für das Jahr 2009 haben Körperschaften im Sinne des § 4a Z 3, die selbst bereits seit drei Jahren bestehen und die die Voraussetzungen im Übrigen erfüllen, oder aus einer Vorgängerorganisation (Organisationsfeld mit eigenem Rechnungskreis), die diese Voraussetzungen erfüllt hat, hervorgegangen sind, zur Wahrung der rückwirkenden Spendenabzugsfähigkeit bis 15. Juni 2009 dem Finanzamt Wien 1/23 die Bestätigung des Wirtschaftsprüfers über das Vorliegen der in § 4a Z 4 genannten Voraussetzungen zu den Abschlussstichtagen der Jahre 2006 und 2007 gemeinsam mit einer aktuellen Fassung der Rechtsgrundlage (wie Satzung, Gesellschaftsvertrag) vorzulegen. Ab dem Abschlussstichtag des Jahres 2008 gilt § 4a Z 4, sodass eine Spendenabzugsfähigkeit erst mit Eintragung in der jeweiligen Liste gegeben ist. Das Finanzamt Wien 1/23 hat die Listen für 2009 erstmalig bis 31. Juli 2009 zu veröffentlichen. Diese bis 31. Juli 2009 veröffentlichten Listen gelten für Zuwendungen ab dem 1. Jänner 2009.

1/1. EStG
§ 124b

Für Zwecke der Evaluierung der Abzugsfähigkeit von Zuwendungen gemäß „**§§ 4a bis 4c sowie § 18 Abs. 1 Z 7 bis 9**" ist ein Prüfungsbeirat beim Bundesministerium für Finanzen einzurichten. Arbeitgeber, die Bezüge aus einer gesetzlichen Sozialversicherung oder Ruhegenussbezüge einer Gebietskörperschaft im Sinne des § 25 Abs. 1 Z 1, 3 oder 4 auszahlen, können im Zuge einer Aufrollung gemäß § 77 Abs. 3 Sonderausgaben im Sinne des § 18 Abs. 1 Z 8 berücksichtigen.

(GemRefG 2023, BGBl I 2023/188 ab 1.1.2024)

153. § 10 in der Fassung des Bundesgesetzes BGBl. I Nr. 26/2009 ist erstmals bei der Veranlagung für das Kalenderjahr 2010 anzuwenden. Für geltend gemachte Freibeträge für investierte Gewinne ist § 10 Abs. 5 und Abs. 6 in der Fassung vor dem BGBl. I Nr. 26/2009 weiterhin anzuwenden. Für Herstellungskosten von Gebäuden oder Herstellungsaufwendungen eines Mieters oder eines sonstigen Nutzungsberechtigten auf ein Gebäude kann ein investitionsbedingter Gewinnfreibetrag nur geltend gemacht werden, wenn mit der tatsächlichen Bauausführung nach dem 31. Dezember 2008 begonnen worden ist.

154. § 11a Abs. 1 und 2 sind letztmals bei der Veranlagung für das Kalenderjahr 2009 anzuwenden. Abweichend von § 11a Abs. 3 bis 6 kann bei der Veranlagung für das Kalenderjahr 2009 eine Nachversteuerung nach Maßgabe folgender Bestimmungen vorgenommen werden:
   – Es werden sämtliche bis zur Veranlagung für das Kalenderjahr 2008 begünstigt versteuerten Beträge, die noch nicht nachversteuert worden sind, mit einem Steuersatz von 10% nachversteuert.
   – Erfolgt eine Nachversteuerung nach Teilstrich 1, sind § 11a Abs. 1 und 2 bei der Veranlagung für das Kalenderjahr 2009 und § 11a Abs. 3 bis 6 bei der Veranlagung für das Kalenderjahr 2010 und folgende Jahre nicht mehr anzuwenden.

155. § 33 Abs. 1 und 4, jeweils in der Fassung des Bundesgesetzes BGBl. I Nr. 26/2009, sind anzuwenden, wenn
   – die Einkommensteuer veranlagt wird, erstmalig bei der Veranlagung für das Kalenderjahr 2009,
   – die Einkommensteuer (Lohnsteuer) durch Abzug eingehoben wird oder durch Veranlagung festgesetzt wird, erstmalig für Lohnzahlungszeiträume, die nach dem 31. Dezember 2008 enden. Für Lohnzahlungszeiträume, die nach dem 31. Dezember 2008 enden, ist dieser Lohnzahlungszeitraum im Sinne des § 77 Abs. 3, sofern die technischen und organisatorischen Möglichkeiten gegeben sind und ein aufrechtes Dienstverhältnis bei diesem Arbeitgeber vorliegt, ehe baldigst jedoch bis spätestens 30.6.2009 aufzurollen.

156. § 18 Abs. 1 Z 5, in der Fassung des Bundesgesetzes BGBl. I Nr. 26/2009, ist erstmalig auf Beiträge anzuwenden, die im Kalenderjahr 2009 geleistet werden.

157. § 33 Abs. 2 und 3, § 34 Abs. 6, Abs. 7 Z 1, Z 2 und Abs. 9, § 106 Abs. 1 und 2 und § 109, jeweils in der Fassung des Bundesgesetzes BGBl I Nr. 26/2009, gelten ab 1. Jänner 2009.

158. § 94 Z 6 lit. e in der Fassung des Bundesgesetzes BGBl. I Nr. 26/2009 ist erstmals auf Zuwendungen nach dem 31. Dezember 2008 anzuwenden.

159. § 3 Abs. 1 Z 16c in der Fassung des Bundesgesetzes BGBl. I Nr. 52/2009 tritt mit 1. Jänner 2009 in Kraft.

160. Die Änderungen in § 14 Abs. 7 Z 4 lit. a und b in der Fassung des Bundesgesetzes BGBl. I Nr. 52/2009 sind erstmals für Wertpapieranschaffungen nach dem 30. Juni 2009 anzuwenden.

161. § 18 Abs. 3 Z 1 in der Fassung des Bundesgesetzes BGBl. I Nr. 52/2009 ist erstmals bei der Veranlagung für das Kalenderjahr 2009 anzuwenden.

162. § 27 Abs. 1 Z 1 in der Fassung des Bundesgesetzes BGBl. I Nr. 52/2009 ist für Bezüge anzuwenden, die ab dem 1. Jänner 2009 zufließen.

163. § 69 Abs. 6 in der Fassung des Bundesgesetzes BGBl. I Nr. 52/2009 ist für Auszahlungen anzuwenden, die ab 30. September 2009 zufließen.

164. § 89 Abs. 5 in der Fassung des Bundesgesetzes BGBl. I Nr. 52/2009 tritt mit 1. Jänner 2010 in Kraft.

165. § 93 Abs. 2 Z 1 in der Fassung des Bundesgesetzes BGBl. I Nr. 52/2009 ist für Ausschüttungen anzuwenden, die ab dem 1. Jänner 2009 erfolgen.

166. § 34 Abs. 9 Z 2 in der Fassung des Bundesgesetzes BGBl. I Nr. 79/2009 tritt mit 1. Jänner 2009 in Kraft.

167. § 108h Abs. 1 Z 2 ist für Vertragsabschlüsse vor dem 1. Jänner 2010 hinsichtlich der Absenkung der Aktienquote auf 30% (§ 108h Abs. 1 Z 2 lit. b) sowie deren Berechnung bereits ab dem 1. Jänner 2009 anzuwenden.

168. § 3 Abs. 1 Z 20 in der Fassung vor dem Bundesgesetz BGBl. I Nr. 34/2010 ist letztmalig anzuwenden, wenn
   – die Einkommensteuer veranlagt wird, bei der Veranlagung für das Kalenderjahr 2009,
   – die Einkommensteuer (Lohnsteuer) durch Abzug eingehoben oder durch Veranlagung festgesetzt wird, für Lohnzahlungszeiträume, die vor dem 1. Jänner 2010 enden.

1/1. EStG
§ 124b

169. § 3 Abs. 4 in der Fassung des Bundesgesetzes BGBl. I Nr. 34/2010 ist auf Zuwendungen anzuwenden, die nach dem 30. Juni 2010 ausbezahlt werden.
170. § 14 Abs. 7 Z 4 lit. a und lit. b in der Fassung des Bundesgesetzes BGBl. I Nr. 34/2010 sind erstmals für Wertpapieranschaffungen nach dem 30. Juni 2010 anzuwenden.
171. § 34 Abs. 7 Z 2 in der Fassung des BGBl. I Nr. 34/2010 ist anzuwenden, wenn
    – die Einkommensteuer veranlagt wird, erstmalig bei der Veranlagung für das Kalenderjahr 2011,
    – die Einkommensteuer (Lohnsteuer) durch Abzug eingehoben oder durch Veranlagung festgesetzt wird, erstmalig für Lohnzahlungszeiträume, die nach dem 31. Dezember 2010 enden.
172. § 2 Abs. 2b Z 3 und § 36 Abs. 2 in der Fassung des Bundesgesetzes BGBl. I Nr. 58/2010 treten mit 1. Juli 2010 in Kraft. § 2 Abs. 2b Z 3 und § 36 Abs. 2 jeweils in der Fassung des Bundesgesetzes BGBl. I Nr. 58/2010 sind auf Gewinne anzuwenden, die in einem Insolvenzverfahren entstanden sind, das nach dem 30. Juni 2010 eröffnet oder wieder aufgenommen worden ist. Davon unberührt sind § 2 Abs. 2b Z 3 und § 36 Abs. 2 jeweils in der Fassung vor dem Bundesgesetz BGBl. I Nr. 58/2010 auf Gewinne anzuwenden, die in Konkurs- oder Ausgleichsverfahren entstanden sind, die aufgrund der Rechtslage vor Inkrafttreten des Bundesgesetzes BGBl. I Nr. 58/2010, abgewickelt werden.
173. § 69 Abs. 6 Z 2, § 84 Abs. 1 Z 3 lit. b und § 84 Abs. 2 in der Fassung des Bundesgesetzes BGBl. I Nr. 58/2010 treten mit 1. Juli 2010 in Kraft. § 69 Abs. 6 Z 2, § 84 Abs. 1 Z 3 lit. b und § 84 Abs. 2 jeweils in der Fassung des Bundesgesetzes BGBl. I Nr. 58/2010 sind für Insolvenzverfahren, die nach dem 30. Juni eröffnet werden, anzuwenden. Davon unberührt sind § 69 Abs. 6 Z 2, § 84 Abs. 1 Z 3 lit. b und § 84 Abs. 2 jeweils in der Fassung vor dem Bundesgesetz BGBl. I Nr. 58/2010 für Insolvenzverfahren, die vor dem 1. Juli eröffnet werden, anzuwenden.
[174. wurde nicht vergeben]
175. § 35 Abs. 2 Z 2 in der Fassung des Bundesgesetzes, BGBl. I Nr. 81/2010 tritt mit 1. September 2010 in Kraft.
176. § 62a, § 77 Abs. 1, § 82, § 83 Abs. 3 und jeweils in der Fassung des Bundesgesetzes, BGBl. I Nr. 105/2010, treten mit 1. Jänner 2011 in Kraft.
177. § 109b in der Fassung des Bundesgesetzes, BGBl. I Nr. 105/2010, ist erstmals auf Zahlungen nach dem 31. Dezember 2010 anzuwenden.
178. § 82a und § 89 Abs. 6 in der Fassung des Bundesgesetzes, BGBl. I Nr. 105/2010 treten mit 1. Juli 2011 in Kraft.

179. § 3 Abs. 1 Z 15 lit. a erster Teilstrich und § 27 Abs. 5 Z 3, jeweils in der Fassung des Budgetbegleitgesetzes 2011, BGBl. I Nr. 111/2010, sind erstmals auf nach dem 31. Dezember 2010 abgeschlossene Versicherungsverträge anzuwenden.
180. § 4 Abs. 4 Z 4, 4a und 4b, § 10 Abs. 4 und § 108c Abs. 1 und 2, jeweils in der Fassung vor dem Budgetbegleitgesetz 2011, BGBl. I Nr. 111/2010, sind letztmalig auf Wirtschaftsjahre anzuwenden, die vor dem 1. Jänner 2011 beginnen. § 108c in der Fassung des Budgetbegleitgesetzes 2011, BGBl. I Nr. 111/2010, ist erstmalig auf Prämien anzuwenden, die Wirtschaftsjahre betreffen, die nach dem 31. Dezember 2010 beginnen.
181. § 6 Z 2 lit. a und c in der Fassung des Budgetbegleitgesetzes 2011, BGBl. I Nr. 111/2010, tritt mit 1. April 2012 in Kraft. § 6 Z 5 in der Fassung des Budgetbegleitgesetzes 2011, BGBl. I Nr. 111/2010, tritt mit 1. April 2012 in Kraft und ist ab diesem Zeitpunkt auf
    – nach dem 31. Dezember 2010 entgeltlich erworbene Anteile an Körperschaften und Anteilscheine an Investmentfonds im Sinne des Investmentfondsgesetzes und an Immobilienfonds im Sinne des Immobilien-Investmentfondsgesetzes und
    – nach dem 30. September 2011 entgeltlich erworbene andere Wirtschaftsgüter und Derivate im Sinne des § 27 Abs. 3 und 4
    anzuwenden. Auf vor den jeweiligen Zeitpunkten entgeltlich erworbene Wirtschaftsgüter und Derivate im Sinne des § 27 Abs. 3 und 4 ist § 6 Z 5 in der Fassung vor dem Budgetbegleitgesetz 2011, BGBl. I Nr. 111/2010, weiter anzuwenden.
182. § 16 Abs. 1 Z 6, § 26 Z 5, § 33 Abs. 4 Z 1, Abs. 6, 8 und 9, § 34 Abs. 6, § 35 Abs. 1, § 40 und § 76 Abs. 1, jeweils in der Fassung des Budgetbegleitgesetzes 2011, BGBl. I Nr. 111/2010, sind anzuwenden, wenn
    – die Einkommensteuer (Lohnsteuer) veranlagt wird, erstmalig bei der Veranlagung für das Kalenderjahr 2011
    – die Einkommensteuer (Lohnsteuer) durch Abzug eingehoben oder durch Veranlagung festgesetzt wird, erstmalig für Lohnzahlungszeiträume, die nach dem 31. Dezember 2010 enden.
183. § 18 Abs. 1 Z 3 lit. b und Z 5 in der Fassung des Budgetbegleitgesetzes 2011, BGBl. I Nr. 111/2010, sind erstmalig bei der Veranlagung für das Kalenderjahr 2011 anzuwenden. § 18 Abs. 1 Z 3 lit. b in der Fassung vor dem Budgetbegleitgesetz 2011, BGBl. I Nr. 111/2010, ist auf Maßnahmen der Wohnraumschaffung, mit deren tatsächlicher Bauausführung vor dem 1. Jänner 2011 begonnen wurde, weiterhin anzuwenden. Auf Ausschüttungen aus Genussscheinen und jungen Aktien, die vor dem 1. Jänner 2011 angeschafft

1/1. EStG
§ 124b

wurden und deren Anschaffung nach § 18 Abs. 1 Z 4 begünstigt war, ist § 27 Abs. 3 in der Fassung vor dem Budgetbegleitgesetz 2011, BGBl. I Nr. 111/2010, weiter anzuwenden. § 18 Abs. 6 in der Fassung des Budgetbegleitgesetzes 2011, BGBl. I Nr. 111/2010, tritt mit 1. Jänner 2011 in Kraft.

184. § 20 Abs. 2, § 98 Abs. 1, § 99 Abs. 1 und § 100 in der Fassung des Budgetbegleitgesetzes 2011, BGBl. I Nr. 111/2010, treten mit 1. April 2012 in Kraft. § 29 Z 2, § 30 und § 37 in der Fassung vor dem Budgetbegleitgesetz 2011, BGBl. I Nr. 111/2010, sind
– bei Anteilen an Körperschaften und Anteilscheinen an Investmentfonds im Sinne des Investmentfondsgesetzes und an Immobilienfonds im Sinne des Immobilien-Investmentfondsgesetzes letztmalig auf vor dem 1. April 2012 verwirklichte Besteuerungstatbestände anzuwenden; dabei verlängert sich die Spekulationsfrist für nach dem 31. Dezember 2010 und vor dem 1. April 2011 entgeltlich erworbene Anteile an Körperschaften und Anteilscheine an Investmentfonds und Immobilienfonds bis 31. März 2012.
– bei anderen vor dem 1. April 2012 entgeltlich erworbenen Wirtschaftsgütern und Derivaten im Sinne des § 27 Abs. 3 und 4 weiter anzuwenden; dabei gilt bei nach dem 30. September 2011 und vor dem 1. April 2012 entgeltlich erworbenen Wirtschaftsgütern und Derivaten im Sinne des § 27 Abs. 3 und 4 jede Veräußerung oder sonstige Abwicklung (beispielsweise Glattstellung oder Differenzausgleich) als Spekulationsgeschäft im Sinne des § 30 Abs. 1 in der Fassung vor dem Budgetbegleitgesetz 2011, BGBl. I Nr. 111/2010. Auf die Veräußerung oder sonstige Abwicklung nach dem 31. März 2012 ist bereits der besondere Steuersatz gemäß § 27a Abs. 1 und 2 anzuwenden.

185. Die §§ 27, 27a, 93, 94, 95, 96 und 97 in der Fassung des Budgetbegleitgesetzes 2011, BGBl. I Nr. 111/2010 treten mit 1. April 2012 nach Maßgabe der folgenden Regelungen in Kraft, soweit sich nicht aus Z 193 anderes ergibt:
a) § 27 Abs. 3 und 4 in der Fassung des Budgetbegleitgesetzes 2011, BGBl. I Nr. 111/2010 sind ab 1. April 2012 erstmals anzuwenden auf
– Beteiligungen, die am 31. März 2012 die Voraussetzungen des § 31 erfüllen; bei vor dem 1. Jänner 2011 erworbenen Beteiligungen, an denen der Steuerpflichtige zum 31. März 2012 mit weniger als einem Prozent beteiligt ist, gilt dies nur dann, wenn die Beteiligungen innerhalb der Frist gemäß § 31 Abs. 1 oder innerhalb einer durch das Umgründungssteuergesetz verlängerten Frist veräußert wird;
– Anteile an Körperschaften, die nach dem 31. Dezember 2010 entgeltlich erworben worden sind;
– Anteilscheine an Investmentfonds im Sinne des Investmentfondsgesetzes und an Immobilienfonds im Sinne des Immobilien-Investmentfondsgesetzes, die nach dem 31. Dezember 2010 entgeltlich erworben worden sind;
– alle anderen Wirtschaftsgüter und Derivate im Sinne des § 27 Abs. 3 und 4, die nach dem 31. März 2012 entgeltlich erworben worden sind; dies umfasst auch Kapitalanlagen im Sinne der Z 85.

Sind dem Abzugsverpflichteten die Anschaffungskosten von Anteilen im Sinne des zweiten und dritten Teilstriches zum 1. April 2012 nicht bekannt, hat der Abzugsverpflichtete (§ 95 Abs. 2 Z 2) einen vom gemeinen Wert der Anteile zum 1. April 2012 abgeleiteten Wert als Anschaffungskosten anzusetzen; § 93 Abs. 4 dritter und vierter Satz sind sinngemäß anzuwenden. Der Bundesminister für Finanzen wird ermächtigt, mittels Verordnung festzulegen, wie dieser Wert vom gemeinen Wert zum 1. April 2012 abzuleiten ist. Die Verordnung kann zudem vorsehen, dass für Gutschriften von Kapitalertragsteuer gemäß § 95 Abs. 1 in der Fassung vor dem Budgetbegleitgesetz 2011, BGBl. I Nr. 111/2010 ein Abschlag von den tatsächlichen oder abgeleiteten Anschaffungskosten zu erfolgen hat.

b) § 31 ist letztmalig für Veräußerungen vor dem 1. April 2012 anzuwenden. Werden nach dem 31. März 2012 Beteiligungen im Sinne des § 31 in der Fassung vor dem Budgetbegleitgesetz 2011, BGBl. Nr. 111/2010 veräußert, die vor dem 1. Jänner 2011 erworben worden sind, besteht keine Abzugspflicht gemäß § 93.

c) Auf vor dem 1. April 2012 erworbene Forderungswertpapiere im Sinne des § 93 Abs. 3 Z 1 bis 3 in der Fassung vor dem Budgetbegleitgesetz 2011, BGBl. I Nr. 111/2010 (zB Nullkuponanleihen und Indexzertifikate) sind § 21, § 22, § 23, § 27, § 37 Abs. 8, § 42 Abs. 1 Z 4, § 93 und § 95 bis § 97 in der Fassung vor dem Budgetbegleitgesetz 2011, BGBl. I Nr. 111/2010 weiter anzuwenden, wobei ab dem 1. Jänner 2016 abweichend von § 37 Abs. 8 und § 95 Abs. 1 der besondere Steuersatz bzw. die Kapitalertragsteuer 27,5% beträgt.

(BGBl I 2015/163)

d) Realisierte Wertsteigerungen aus Kapitalvermögen und Derivaten gemäß § 27 Abs. 3 und 4, das bzw. die im Rahmen eines vor dem 1. November 2010 abgeschlossenen Tilgungsplanes erworben wurden, bleiben auf Antrag des Steuerpflichtigen im Rahmen der Veranlagung (§ 97 Abs. 2) steuerfrei. Dies gilt nur,
– wenn der Tilgungsplan nachweislich im Zusammenhang mit einem Darlehen steht, das dem Erwerb eines Eigenheimes, der Wohnraumschaffung oder Wohnraumsanierung im Sinne des § 18 Abs. 1 Z 3 in der Fassung vor dem Budgetbegleitgesetz 2011, BGBl. I Nr. 111/2010 dient und
– soweit die Darlehensvaluta den Betrag von 200 000 Euro nicht übersteigt.

§ 94a in der Fassung vor dem Budgetbegleitgesetz 2011, BGBl. I Nr. 111/2010 ist bis 31. März 2012 weiter anzuwenden.

e) Abschichtungsüberschüsse aus einer vor dem 1. April 2012 entgeltlich erworbenen Beteiligung an einem Unternehmen als stiller Gesellschafter sowie nach Art eines stillen Gesellschafters unterliegen ab 1. April 2012 bereits § 27 Abs. 3.

186. § 93 in der Fassung des Budgetbegleitgesetzes 2011, BGBl. I Nr. 111/2010, gilt nicht für Altemissionen. Altemissionen sind:
– Wertpapiere, die ein Forderungsrecht verbriefen und vor dem 31. Dezember 1983 in Schilling begeben wurden;
– Wertpapiere, die ein Forderungsrecht verbriefen und vor dem 31. Dezember 1988 in einer anderen Währung als Schilling begeben wurden;
– Forderungswertpapiere im Sinne des § 93 Abs. 3 in der Fassung vor dem Budgetbegleitgesetz 2011, BGBl. I Nr. 111/2010, die von internationalen Finanzinstitutionen vor dem 1. Oktober 1992 begeben wurden.

Für natürliche Personen und für Körperschaften, soweit die Körperschaften Einkünfte aus Kapitalvermögen beziehen, gilt die Einkommensteuer (Körperschaftsteuer) für solche Altemissionen durch einen der auszahlenden Stelle in Höhe der Kapitalertragsteuer freiwillig geleisteten Betrag als abgegolten. Der Auftrag zur Abfuhr eines solchen Betrages ist unwiderruflich.

187. § 34 Abs. 7 Z 3 ist letztmalig bei der Veranlagung 2010 anzuwenden.

188. § 28 Abs. 2 und § 39 Abs. 3, jeweils in der Fassung des Budgetbegleitgesetzes 2011, BGBl. I Nr. 111/2010, sind erstmalig bei der Veranlagung für das Kalenderjahr 2010 anzuwenden.

189. § 41 Abs. 1 und 3, § 42 Abs. 1 und § 46 Abs. 1, jeweils in der Fassung des Bundesgesetzes, BGBl. I Nr. 111/2010, sind erstmalig bei der Veranlagung 2012 anzuwenden.

190. Abweichend von § 96 Abs. 1 Z 2 letzter Satz in der Fassung vor dem Budgetbegleitgesetz 2011, BGBl. I Nr. 111/2010, ist für im Jahre 2011 zu entrichtende Vorauszahlungen an Stelle des Prozentsatzes von 90% ein Prozentsatz von 93% anzuwenden.

191. § 41 Abs. 1 Z 5, § 62 Z 10 und § 129, jeweils in der Fassung des Bundesgesetzes BGBl. I Nr. 111/2010, sind anzuwenden, wenn
– die Einkommensteuer (Lohnsteuer) veranlagt wird, erstmalig bei der Veranlagung für das Kalenderjahr 2011
– die Einkommensteuer (Lohnsteuer) durch Abzug eingehoben oder durch Veranlagung festgesetzt wird, erstmalig für Lohnzahlungszeiträume, die nach dem 31. Dezember 2010 enden.

192. Auf die Veräußerung nach dem 31. März 2012 von in einem Betriebsvermögen gehaltenen
– Anteilen an Körperschaften und Anteilscheinen an Investmentfonds im Sinne des Investmentfondsgesetzes und an Immobilienfonds im Sinne des Immobilien-Investmentfondsgesetzes, die vor dem 1. Jänner 2011 entgeltlich erworben worden sind und
– anderen Wirtschaftsgütern und Derivaten im Sinne des § 27 Abs. 3 und 4, die vor dem 1. April 2012 entgeltlich erworben worden sind,

ist bereits der besondere Steuersatz gemäß § 27a Abs. 1 und 2 anzuwenden.

193. a) § 6 Z 2 lit. c letzter Satz, § 27 Abs. 5 Z 5 und 6 in der Fassung des Budgetbegleitgesetzes 2011, BGBl. I Nr. 111/2010, entfallen mit 1. April 2012.

b) § 6 Z 2 lit. c letzter Satz, § 27a Abs. 2 Z 2, Z 3 und Z 6 sowie Abs. 4 Z 3, § 93 Abs. 2 Z 1, Abs. 4 und 5, § 94 Z 3 lit. a, Z 5, § 97 Abs. 2, § 95 Abs. 1, Abs. 2 Z 1, Abs. 3 Z 2 und Z 3, Abs. 4 Z 2 und Abs. 5, § 97 Abs. 1 und Abs. 2 sowie § 108g Abs. 5, jeweils in der Fassung des Bundesgesetzes BGBl. Nr. 76/2011, treten mit 1. April 2012 in Kraft.

194. § 3 Abs. 1 Z 10 und Abs. 3, § 41 Abs. 4, § 63 Abs. 7, § 67 Abs. 1 und 5, § 69 Abs. 4 Z 2 und § 77 Abs. 4, jeweils in der Fassung des Bundesgesetzes BGBl. I Nr. 76/2011, sind anzuwenden, wenn
– die Einkommensteuer veranlagt wird, erstmalig bei der Veranlagung für das Kalenderjahr 2012,
– die Einkommensteuer (Lohnsteuer) durch Abzug eingehoben oder durch Veranlagung festgesetzt wird, erstmalig für Lohnzahlungszeiträume, die nach dem 31. Dezember 2011 enden.

1/1. EStG
§ 124b

195. § 3 Abs. 1 Z 10 und Abs. 3 in der Fassung vor dem Bundesgesetz BGBl. I Nr. 76/2011 ist weiterhin anzuwenden, wenn die begünstigte Tätigkeit an einem Einsatzort erfolgt, der nicht mehr als 400 Kilometer Luftlinie vom nächstgelegenen Punkt des österreichischen Staatsgebietes entfernt liegt.
196. Die §§ 4a und 18 Abs. 1 Z 7 und 8, jeweils in der Fassung des Bundesgesetzes BGBl. I Nr. 76/2011, sind erstmalig auf Zuwendungen anzuwenden, die nach dem 31. Dezember 2011 erfolgen. Im Jahr 2011 gilt für die Aufnahme in die in § 4a Abs. 7 Z 1 genannte Liste:
    a) Für Körperschaften, die begünstigte Zwecke im Sinne des § 4a Abs. 2 Z 3 lit. d (Umwelt-, Naturschutz und Artenschutz) und lit. e (Tierheime) verfolgen:
       – Die Körperschaften muss selbst bereits seit drei Jahren bestehen und die Voraussetzungen im Übrigen erfüllen, oder aus einer Vorgängerorganisation (Organisationsfeld mit eigenem Rechnungskreis), die diese Voraussetzungen erfüllt hat, hervorgegangen sein.
       – Die Bestätigungen der Wirtschaftsprüfer über das Vorliegen der jeweils in § 4a Abs. 8 genannten Voraussetzungen zu den Abschlussstichtagen der Jahre 2008, 2009 und 2010 müssen gemeinsam mit einer aktuellen Fassung der Rechtsgrundlage (Vereinsstatut, Satzung, Gesellschaftsvertrag) bis 31. Dezember 2011 vorgelegt werden.
       – Eine Anerkennung als begünstigte Einrichtung, ist vom Finanzamt 1/23 bis längstens 31. März 2012 in der Liste zu veröffentlichen. Diese Eintragung entfaltet bereits für Zuwendungen ab dem 1. Jänner 2012 Wirkung.
    b) Forschungseinrichtungen, die vor dem 1. September 2011 den Antrag auf Anerkennung als begünstigte Körperschaft nach der Rechtslage vor Inkrafttreten des Bundesgesetzes, BGBl. I Nr. 76/2011, erstmalig stellen und Forschungseinrichtungen, die bereits als begünstigt anerkannt sind, müssen das Vorliegen der in § 4a Abs. 8 Z 1 oder 2 genannten Voraussetzungen bis 31. Dezember 2011 dem Finanzamt Wien 1/23 durch Vorlage einer Bestätigung des Wirtschaftsprüfers bestätigen. Dabei sind § 4a Abs. 8 Z 1 lit. b und § 4a Abs. 8 Z 2 lit. d nicht maßgeblich.
    c) Für Forschungseinrichtungen, die nach dem 31. August 2011 die Anerkennung als begünstigte Körperschaft gemäß § 4a erstmalig beantragen, ist § 4a Abs. 8 in der Fassung des Bundesgesetzes BGBl. I Nr. 76/2011, anzuwenden.
197. § 14 Abs. 6 in der Fassung des Bundesgesetzes BGBl. I Nr. 76/2011 ist erstmalig auf Pensionszusagen anzuwenden, die nach dem 31. Dezember 2010 erteilt werden.
198. § 18 Abs. 1 Z 5 in der Fassung des Bundesgesetzes BGBl. I Nr. 76/2011 ist erstmalig bei der Veranlagung für das Kalenderjahr 2012 anzuwenden.
199. § 19 Abs. 1 in der Fassung des Bundesgesetzes BGBl. I Nr. 76/2011 ist erstmals bei der Veranlagung für das Kalenderjahr 2011 anzuwenden.
200. § 39 Abs. 3 in der Fassung des Bundesgesetzes BGBl. I Nr. 76/2011 ist erstmals bei der Veranlagung für das Jahr 2011 anzuwenden.
201. § 45 Abs. 1 zweiter Satz in der Fassung des Bundesgesetzes BGBl. I Nr. 76/2011 ist erstmals auf Vorauszahlungen anzuwenden, die für das Kalenderjahr 2011 festgesetzt werden oder bereits festgesetzt worden sind.
202. § 14 Abs. 7 Z 4 lit. e, § 27a Abs. 2 Z 2, § 95 Abs. 1, § 108a Abs. 5, § 108b Abs. 1 Z 3, § 108h Abs. 1 Z 1 lit. a, § 108i Abs. 1 Z 3 lit. b und Abs. 2 in der Fassung des Bundesgesetzes BGBl. I Nr. 77/2011 treten mit 1. September 2011 in Kraft.
203. § 4a Abs. 2 Z 1 und Abs. 3 Z 1 bis 4 in der Fassung des Bundesgesetzes BGBl. I Nr. 112/2011 ist auf alle offenen Veranlagungen anzuwenden.
204. § 19 Abs. 1 Z 2 in der Fassung des Bundesgesetzes BGBl. I Nr. 112/2011 ist erstmals bei der Veranlagung für das Kalenderjahr 2011 anzuwenden.
205. § 27 Abs. 2 Z 2, Abs. 3 und Abs. 8, § 27a Abs. 5, § 93 Abs. 5, § 94 Z 10, 11 und 13, § 95 Abs. 1 und Abs. 2 Z 1 sowie § 97 Abs. 1 und 2, jeweils in der Fassung des Bundesgesetzes BGBl. I Nr. 112/2011, treten mit 1. April 2012 in Kraft.
206. § 45 in der Fassung des Bundesgesetzes BGBl. I Nr. 112/2011 tritt mit 2. August 2011 in Kraft.
207. § 93 Abs. 6 und § 96 Abs. 1 Z 2 und Abs. 4, jeweils in der Fassung des Bundesgesetzes BGBl. I Nr. 112/2011, treten mit 1. Jänner 2013 in Kraft.

Für die im Zeitraum vom 1. April 2012 bis zum 31. Dezember 2012 erzielten Einkünfte hat die depotführende Stelle gemäß § 95 Abs. 2 Z 2 lit. a den Verlustausgleich für sämtliche Depots des Steuerpflichtigen nachträglich bis zum 30. April 2013 wie folgt durchzuführen: Die unter Berücksichtigung des § 93 Abs. 6 Z 4 ausgleichbaren positiven und negativen Einkünfte gemäß § 27 sind gegenüberzustellen. Die tatsächlich für diese Einkünfte einbehaltene Kapitalertragsteuer ist
– im Falle eines negativen Überhangs zur Gänze gutzuschreiben;

- im Falle eines positiven Überhangs insoweit gutzuschreiben, als sie 25% des positiven Überhangs übersteigt.

Der Abzugsverpflichtete hat dem Empfänger der Kapitalerträge für diesen Zeitraum eine Bescheinigung über den Verlustausgleich im Sinne des § 96 Abs. 4 Z 2 zu erteilen. Diese Bescheinigung ist zur Vornahme des Verlustausgleichs nach § 27 Abs. 8 im Rahmen der Veranlagung auf Verlangen des Finanzamtes vorzulegen.

208. § 18 Abs. 3 Z 2 und § 34 Abs. 4, jeweils in der Fassung des Bundesgesetzes BGBl. I Nr. 123/2011, sind erstmals bei der Veranlagung für das Kalenderjahr 2012 anzuwenden.

209. § 33 Abs. 6 Z 1 in der Fassung des Bundesgesetzes BGBl. I Nr. 123/2011 ist anzuwenden, wenn
- die Einkommensteuer (Lohnsteuer) veranlagt wird, erstmalig bei der Veranlagung für das Kalenderjahr 2012
- die Einkommensteuer (Lohnsteuer) durch Abzug eingehoben wird, erstmalig für Lohnzahlungszeiträume, die nach dem 31. Dezember 2011 enden.

210. § 2 Abs. 8 Z 3 in der Fassung des 1. Stabilitätsgesetzes 2012, BGBl. I Nr. 22/2012, ist erstmals bei der Veranlagung für das Kalenderjahr 2012 anzuwenden.

211. § 4 Abs. 1 letzter Satz und Abs. 3 letzter Satz, jeweils in der Fassung vor dem 1. Stabilitätsgesetz 2012, BGBl. I Nr. 22/2012, sind letztmalig auf Wertveränderungen vor dem 1. April 2012 anzuwenden. § 4 Abs. 3 in der Fassung des 1. Stabilitätsgesetzes 2012, BGBl. I Nr. 22/2012, ist anzuwenden auf Wirtschaftsgüter, die nach dem 31. März 2012 angeschafft, hergestellt oder eingelegt werden.

212. § 4 Abs. 10 Z 3 in der Fassung vor dem 1. Stabilitätsgesetz 2012, BGBl. I Nr. 22/2012, ist letztmalig anzuwenden, wenn der Wechsel der Gewinnermittlung vor dem 1. April 2012 erfolgt. Zum 31. März 2012 bestehende Rücklagen oder steuerfreie Beträge im Sinne des § 4 Abs. 10 Z 3 lit. b in der Fassung vor dem 1. Stabilitätsgesetz 2012, BGBl. I Nr. 22/2012, sind im Zeitpunkt des Ausscheidens des Grund und Bodens aus dem Betriebsvermögen oder im Zeitpunkt der Veräußerung oder Aufgabe des Betriebes insoweit gemäß § 30a zu versteuern als die stillen Reserven in diesem Zeitpunkt noch vorhanden sind.

212a. § 5 Abs. 1 in der Fassung des 1. Stabilitätsgesetzes 2012, BGBl. I Nr. 22/2012, tritt mit 1. April 2012 in Kraft.

213. § 6 Z 2 lit. d, Z 4 und 5, jeweils in der Fassung des 1. Stabilitätsgesetzes 2012, BGBl. I Nr. 22/2012, treten mit 1. April 2012 in Kraft.

214. § 10 in der Fassung des 1. Stabilitätsgesetzes 2012, BGBl. I Nr. 22/2012, ist erstmalig bei der Veranlagung für das Kalenderjahr 2013 anzuwenden.

215. §§ 3 Abs. 1 Z 33, 4 Abs. 3a, 20 Abs. 2, 29 Z 2, 30, 30a, 31 und § 98 Abs. 1 Z 7, jeweils in der Fassung des 1. Stabilitätsgesetzes 2012, BGBl. I Nr. 22/2012, treten mit 1. April 2012 in Kraft und sind erstmals für Veräußerungen nach dem 31. März 2012 anzuwenden. Die §§ 41 Abs. 1 Z 10 und 42 Abs. 1 Z 5 in der Fassung des 1. Stabilitätsgesetzes 2012, BGBl. I Nr. 22/2012, sind erstmals anzuwenden bei der Veranlagung für das Kalenderjahr 2012 anzuwenden. § 12 Abs. 4 in der Fassung des 1. Stabilitätsgesetzes 2012, BGBl. I Nr. 22/2012, ist erstmals anzuwenden für die Übertragung stiller Reserven auf nach dem 31. März 2012 anfallende (Teil-)Anschaffungs- oder Herstellungskosten.

216. § 27a Abs. 6 in der Fassung des 1. Stabilitätsgesetzes 2012, BGBl. I Nr. 22/2012, tritt mit 1. April 2012 in Kraft.

217. §§ 30b, 30c und 102 Abs. 1, jeweils in der Fassung des 1. Stabilitätsgesetzes 2012, BGBl. I Nr. 22/2012, sind für Veräußerungen nach dem 31. Dezember 2012 anzuwenden. § 46 Abs. 1 in der Fassung des 1. Stabilitätsgesetzes 2012, BGBl. I Nr. 22/2012, ist bei der Veranlagung für das Kalenderjahr 2013 anzuwenden.

217a. § 98 Abs. 4 in der Fassung des 1. Stabilitätsgesetzes 2012, BGBl. I Nr. 22/2012, ist hinsichtlich der Geltung des § 30a erstmals auf Veräußerungen nach dem 31. März 2012, im Übrigen erstmals auf Veräußerungen nach dem 31. Dezember 2012 anzuwenden.

218. Für Grundstücksveräußerungen nach dem 31. März 2012 und vor dem 1. Jänner 2013 können Parteienvertreter, die eine Selbstberechnung gemäß § 11 des Grunderwerbsteuergesetzes vornehmen, einen Betrag in Höhe der Immobilienertragsteuer gemäß § 30b Abs. 1 selbst berechnen und entrichten. Mit der Entrichtung gilt unter den Voraussetzungen des § 30b Abs. 2 die Einkommensteuer als abgegolten. In diesem Fall sind die §§ 30b Abs. 3, 30c Abs. 2 Z 2 und Abs. 3, 41 Abs. 1 Z 10, 42 Abs. 1 Z 5 und 46 Abs. 1 Z 2 sinngemäß anzuwenden.

219. § 41 Abs. 4, § 67 Abs. 1 und 2, Abs. 12 sowie § 77 Abs. 4 letzter Satz, jeweils in der Fassung des 1. Stabilitätsgesetzes 2012, BGBl. I Nr. 22/2012, sind anzuwenden, wenn
- die Einkommensteuer veranlagt wird, erstmalig bei der Veranlagung für das Kalenderjahr 2013,
- die Einkommensteuer (Lohnsteuer) durch Abzug eingehoben oder durch Veranlagung festgesetzt wird, erstmalig für Lohnzahlungszeiträume, die nach dem 31. Dezember 2012 enden.

220. § 67 Abs. 3 und 4, jeweils zweiter Satz, Abs. 5, Abs. 6, Abs. 7 und Abs. 8 lit. f und g, jeweils

1/1. EStG
§ 124b

in der Fassung des 1. Stabilitätsgesetzes 2012, BGBl. I Nr. 22/2012, sind anzuwenden, wenn
- die Einkommensteuer veranlagt wird, erstmalig bei der Veranlagung für das Kalenderjahr 2013,
- die Einkommensteuer (Lohnsteuer) durch Abzug eingehoben oder durch Veranlagung festgesetzt wird, erstmalig für Lohnzahlungszeiträume, die nach dem 31. Dezember 2012 enden.

221. § 108 Abs. 1 Z 2 in der Fassung des 1. Stabilitätsgesetzes 2012, BGBl. I Nr. 22/2012, ist für Erstattungen, die für die Kalendermonate ab April 2012 erfolgen, anzuwenden. Für Erstattungen, die für die Kalendermonate Jänner bis März 2012 erfolgen, ist § 108 Abs. 1 Z 2 in der Fassung vor dem 1. Stabilitätsgesetz 2012, BGBl. I Nr. 22/2012, anzuwenden. Die Bausparprämie beträgt im Kalenderjahr 2012 aliquot für die Kalendermonate Jänner bis März 2012 3% und aliquot für die Kalendermonate April bis Dezember 2012 1,5%. Erfolgt die Erstattung für das gesamte Kalenderjahr 2012, ist der Durchschnittsprozentsatz von 1,875% anzuwenden.

222. § 108a Abs. 1 und § 108g Abs. 1, jeweils in der Fassung des 1. Stabilitätsgesetzes 2012, BGBl. I Nr. 22/2012, sind auf Erstattungen anzuwenden, die nach dem 31. Dezember 2012 erfolgen. Der Prozentsatz nach § 108a Abs. 1 und § 108g Abs. 1 beträgt für Erstattungen, die für das Kalenderjahr 2012 erfolgen, 4,25%.

223. a) § 108c Abs. 2 in der Fassung des 1. Stabilitätsgesetzes 2012, BGBl. I Nr. 22/2012, ist erstmalig auf Prämien anzuwenden, die Wirtschaftsjahre betreffen, die nach dem 31. Dezember 2011 beginnen.
b) § 108c Abs. 7 und 8 in der Fassung des 1. Stabilitätsgesetzes 2012, BGBl. I Nr. 22/2012, ist erstmalig auf Prämien anzuwenden, die Wirtschaftsjahre betreffen, die nach dem 31. Dezember 2011 beginnen. Abweichend davon tritt § 108c Abs. 7 erster Satz in der Fassung des 1. Stabilitätsgesetzes 2012, BGBl. I Nr. 22/2012 mit 1. Jänner 2013 in Kraft.
c) § 108c Abs. 7, 8 und 9 in der Fassung des Bundesgesetzes BGBl. I Nr. 112/2012 ist erstmalig auf Prämien anzuwenden, die Wirtschaftsjahre betreffen, die nach dem 31. Dezember 2011 beginnen. Abweichend davon tritt § 108c Abs. 7 erster Satz in der Fassung des Bundesgesetzes BGBl. I Nr. 112/2012 mit 1. Jänner 2013 in Kraft.

224. § 3 Abs. 1 Z 10 lit. f fünfter Teilstrich und § 35 Abs. 1 dritter Teilstrich, jeweils in der Fassung des Bundesgesetzes BGBl. I Nr. 112/2012, sind anzuwenden, wenn
- die Einkommensteuer veranlagt wird, erstmalig bei der Veranlagung für das Kalenderjahr 2013

- die Einkommensteuer (Lohnsteuer) durch Abzug eingehoben oder durch Veranlagung festgesetzt wird, erstmalig für Lohnzahlungszeiträume, die nach dem 31. Dezember 2012 enden.

225. § 4 Abs. 2 und 3 und § 28 Abs. 7, jeweils in der Fassung des Bundesgesetzes BGBl. I Nr. 112/2012, treten mit 1. Jänner 2013 in Kraft und sind erstmals bei der Veranlagung für das Kalenderjahr 2004 auf Fehler anzuwenden, die Veranlagungszeiträume ab 2003 betreffen.

(BGBl I 2015/163)

226. § 4 Abs. 3a Z 2 bis 5, § 6 Z 2 lit. d, Z 4 und Z 5, § 12 Abs. 3, § 24 Abs. 3, § 30 Abs. 2 Z 4, Abs. 3, Abs. 5 und Abs. 6 lit. b, § 30a Abs. 3 und Abs. 4, jeweils in der Fassung des Bundesgesetzes BGBl. I Nr. 112/2012, treten mit 1. April 2012 in Kraft.

227. § 27a Abs. 2 und 4 und § 30c Abs. 4, jeweils in der Fassung des Bundesgesetzes BGBl. I Nr. 112/2012, treten mit 1. Jänner 2013 in Kraft. § 16 Abs. 1 Z 8 und § 30 Abs. 6 lit. a, jeweils in der Fassung des Bundesgesetzes BGBl. I Nr. 112/2012, sind auf Wirtschaftsgüter anzuwenden, die nach dem 31. Dezember 2012 erstmalig zur Erzielung von Einkünften verwendet werden.

228. § 4a Abs. 1, Abs. 4 lit. d, Abs. 7 Z 1 und Z 5 und Abs. 8 Z 2 in der Fassung des Bundesgesetzes BGBl. I Nr. 112/2012 ist erstmalig auf Zuwendungen anzuwenden, die nach dem 31. Dezember 2012 erfolgen.

Einrichtungen, die gemäß § 4a Abs. 4 lit. d in der Fassung vor dem BGBl. I Nr. 112/2012 begünstigt sind, können bis 30. April 2013 einen Antrag auf Aufnahme in die Liste gemäß Abs. 7 Z 1 stellen. Werden die in § 4a Abs. 8 Z 2 genannten Voraussetzungen nachgewiesen, entfaltet die Anerkennung als begünstigte Einrichtung durch das Finanzamt Wien 1/23 und die Eintragung in die Liste gemäß Abs. 7 Z 1 ab dem 1. Jänner 2013 Wirkung.

229. § 10 idF des BGBl. I Nr. 112/2012 ist erstmalig bei der Veranlagung für das Kalenderjahr 2013 anzuwenden.

230. § 17 Abs. 5a in der Fassung des Bundesgesetzes BGBl. I Nr. 112/2012 ist erstmals für die Erlassung einer Verordnung anzuwenden, die für Veranlagungszeiträume gilt, für die gemäß § 20c Bewertungsgesetz 1955 festgestellte Einheitswerte anzuwenden sind.

231. § 18 Abs. 3 lit. b erster Satz in der Fassung des Bundesgesetzes BGBl. I Nr. 112/2012 ist erstmalig bei der Veranlagung für das Kalenderjahr 2013 anzuwenden.

232. § 18 Abs. 1 Z 7 in der Fassung des Bundesgesetzes BGBl. I Nr. 112/2012 ist erstmalig auf Zuwendungen anzuwenden, die nach dem 31. Dezember 2012 erfolgen. § 18 Abs. 1 Z 8 in der Fassung vor dem BGBl. I Nr. 112/2012 gilt letztmalig für Zuwendungen, die vor

dem 1. Jänner 2013 erfolgen. Arbeitgeber, die Bezüge aus einer gesetzlichen Sozialversicherung oder Ruhegenussbezüge einer Gebietskörperschaft im Sinne des § 25 Abs. 1 Z 1, 3 oder 4 auszahlen, können im Zuge einer Aufrollung gemäß § 77 Abs. 3 für Lohnzahlungszeiträume, die vor dem 1. Jänner 2017 enden, Sonderausgaben im Sinne des § 18 Abs. 1 Z 7 in der Fassung des Bundesgesetzes BGBl. I Nr. 112/2012 berücksichtigen.

(BGBl I 2015/163)

233. § 30 Abs. 4 in der Fassung des Bundesgesetzes BGBl. I Nr. 112/2012 ist erstmals anzuwenden auf Veräußerungen nach dem 31. März 2012. § 28 Abs. 7 und § 37 Abs. 2 Z 3 in der Fassung vor dem Bundesgesetz BGBl. I Nr. 112/2012 sind letztmalig anzuwenden auf Übertragungen vor dem 1. April 2012.

234. § 30 Abs. 7 ist erstmals bei der Veranlagung für das Kalenderjahr 2012 anzuwenden.

235. § 32 Abs. 1 und 2 in der Fassung des Bundesgesetzes BGBl. I Nr. 112/2012 ist erstmals anzuwenden für Einkünfte, die nach dem 31. Dezember 2012 anfallen.

236. § 33 Abs. 3 zweiter Satz in der Fassung des Bundesgesetzes BGBl. I Nr. 112/2012 tritt mit 1. Jänner 2013 in Kraft. § 33 Abs. 4 Z 3 erster Satz, § 34 Abs. 7 Z 2 und Abs. 9 Z 1 zweiter Teilstrich und § 106a Abs. 2, jeweils in der Fassung des Bundesgesetzes BGBl. I Nr. 112/2012, sind erstmalig bei der Veranlagung für das Kalenderjahr 2012 anzuwenden.

237. § 41 Abs. 1 Z 4 in der Fassung des Bundesgesetzes BGBl. I Nr. 112/2012 ist anzuwenden, wenn
– die Einkommensteuer veranlagt wird, erstmalig bei der Veranlagung für das Kalenderjahr 2012
– die Einkommensteuer (Lohnsteuer) durch Abzug eingehoben oder durch Veranlagung festgesetzt wird, erstmalig für Lohnzahlungszeiträume, die nach dem 31. Dezember 2011 enden.

238. Abweichend von Z 184 ist § 37 Abs. 4 in der Fassung vor dem Budgetbegleitgesetz 2011, BGBl. I Nr. 111/2010, für Zuwendungen von Privatstiftungen im Sinne des § 27 Abs. 1 Z 7 in der Fassung vor dem Budgetbegleitgesetz 2011, die vor dem 1. April 2012 zufließen, weiter anzuwenden.

239. § 93 Abs. 6 des Bundesgesetzes BGBl. I Nr. 112/2012 tritt mit 1. Jänner 2013 in Kraft.

240. § 95 Abs. 3 Z 2 in der Fassung des Bundesgesetzes BGBl. I Nr. 112/2012 tritt mit 1. April 2012 in Kraft.

241. § 96 Abs. 1 Z 1 lit. a und Abs. 3 in der Fassung des Bundesgesetzes BGBl. I Nr. 112/2012 treten mit 1. Jänner 2013 in Kraft.

242. § 16 Abs. 1 Z 6 lit. a und lit. c bis j, § 16 Abs. 3, § 20 Abs. 1 Z 2 lit. e, § 26 Z 5 lit. b, § 33, § 62 Z 6, § 68 Abs. 6 und § 76 Abs. 1 jeweils in der Fassung des Bundesgesetzes BGBl. I Nr. 53/2013, sind anzuwenden, wenn
– die Einkommensteuer veranlagt wird, erstmalig bei der Veranlagung für das Kalenderjahr 2013,
– die Einkommensteuer (Lohnsteuer) durch Abzug eingehoben oder durch Veranlagung festgesetzt wird, erstmalig für Lohnzahlungszeiträume, die nach dem 31. Dezember 2012 enden. Wurden für derartige Lohnzahlungszeiträume § 16 Abs. 1 Z 6 und § 33 Abs. 5 Z 4 in der Fassung des BGBl. I Nr. 53/2013 noch nicht berücksichtigt, hat eine Aufrollung gemäß § 77 Abs. 3 so bald als möglich, jedoch spätestens bis 30. Juni 2013 zu erfolgen, sofern die technischen und organisatorischen Möglichkeiten dazu vorliegen und ein aufrechtes Dienstverhältnis bei demselben Arbeitgeber vorliegt.

243. § 16 Abs. 1 Z 6 lit. b in der Fassung des Bundesgesetzes BGBl. I Nr. 53/2013 tritt mit 1. Mai 2013 in Kraft.

244. § 45 Abs. 1 in der Fassung des Bundesgesetzes BGBl. I Nr. 53/2013 ist erstmals bei der Veranlagung für das Kalenderjahr 2012 anzuwenden.

245. § 33 Abs. 6 in der Fassung des Bundesgesetzes BGBl. I Nr. 53/2013 ist anzuwenden, wenn
– die Einkommensteuer veranlagt wird, erstmalig bei der Veranlagung für das Kalenderjahr 2013,
– die Einkommensteuer (Lohnsteuer) durch Abzug eingehoben oder durch Veranlagung festgesetzt wird, erstmalig für Lohnzahlungszeiträume, die nach dem 31. Dezember 2012 enden. Wurden für derartige Lohnzahlungszeiträume § 33 Abs. 6 in der Fassung des BGBl. I Nr. 53/2013 noch nicht berücksichtigt, hat eine Aufrollung gemäß § 77 Abs. 3 so bald als möglich, jedoch spätestens bis 30. September 2013 zu erfolgen, sofern die technischen und organisatorischen Möglichkeiten dazu vorliegen.

246. § 108h Abs. 1 Z 2 lit. d ist auf Erklärungen ab dem 1. August 2013 anzuwenden. Fällt der Ablauf der vertraglich vereinbarten Laufzeit in das Jahr 2013, kann der Steuerpflichtige die unwiderrufliche Erklärung jedenfalls bis zum 31. Dezember 2013 abgeben.

247. § 3 Abs. 1 Z 13 lit. b in der Fassung des Bundesgesetzes BGBl. I Nr. 135/2013 ist erstmalig für Lohnzahlungszeiträume, die nach dem 31. Dezember 2012 enden, anzuwenden.

248. § 2 Abs. 2b in der Fassung vor dem Bundesgesetz BGBl. I Nr. 13/2014 ist letztmalig bei der Veranlagung für das Kalenderjahr 2013 anzuwenden.

249. a) § 2 Abs. 8 Z 3 in der Fassung vor dem Bundesgesetz BGBl. I Nr. 13/2014 ist

1/1. EStG
§ 124b

letztmalig bei der Veranlagung für das Kalenderjahr 2014 anzuwenden.

b) § 2 Abs. 8 Z 4 in der Fassung des Bundesgesetzes BGBl. I Nr. 13/2014 ist erstmalig bei der Veranlagung für das Kalenderjahr 2015 anzuwenden. Sämtliche noch nicht nachversteuerte Verluste aus Staaten, mit denen keine umfassende Amtshilfe besteht, die bis zur Veranlagung für das Kalenderjahr 2014 berücksichtigt wurden, erhöhen in den Veranlagungsjahren 2016 bis 2018 zu mindestens einem Drittel den Gesamtbetrag der Einkünfte, soweit sie nicht bei der Veranlagung 2016 bereits nach § 2 Abs. 8 Z 4 erster Satz nachzuversteuern sind. Angesetzte Verluste unterliegen nicht der Nachversteuerung, wenn die Verluste

- in Wirtschaftsjahren entstanden sind, die vor dem 1. März 2014 enden,
- nicht mehr im Ausland verwertet werden können, und
- aus ausländischen Betrieben oder Betriebsstätten stammen, die vor dem 1. Jänner 2017 aufgegeben oder veräußert werden.

250. § 4a Abs. 4 in der Fassung des Bundesgesetzes BGBl. I Nr. 13/2014 ist auf alle offenen Veranlagungsverfahren anzuwenden.

251. a) § 9 Abs. 5 in der Fassung des Bundesgesetzes BGBl. I Nr. 13/2014 ist für Rückstellungen anzuwenden, deren Anlass für die erstmalige Bildung in Wirtschaftsjahren liegt, die nach dem 30. Juni 2014 enden.

b) § 9 Abs. 5 in der Fassung vor dem Bundesgesetz BGBl. I Nr. 13/2014 ist letztmalig für Rückstellungen anzuwenden, die in Wirtschaftsjahren gebildet wurden, die vor dem 1. Juli 2014 enden. Für die Bewertung in den folgenden Wirtschaftsjahren gilt Folgendes:

- Ergibt sich aufgrund der erstmaligen Abzinsung für bestehende Rückstellungen nach Maßgabe von § 9 Abs. 5 in der Fassung des Bundesgesetzes BGBl. I Nr. 13/2014 ein geringerer als der bisher rückgestellte Betrag, ist die Rückstellung um den gesamten Unterschiedsbetrag zu vermindern. Der aufzulösende Unterschiedsbetrag ist im betreffenden und den nachfolgenden beiden Wirtschaftsjahren zu je einem Drittel zu berücksichtigen. Auf die um den Unterschiedsbetrag verminderte Rückstellung ist in den Folgejahren § 9 Abs. 5 in der Fassung des Bundesgesetzes BGBl. I Nr. 13/2014 anzuwenden. Im Falle einer Betriebsveräußerung oder aufgabe kann der Unterschiedsbetrag zur Gänze im betreffenden Wirtschaftsjahr berücksichtigt werden.

- Ergibt sich aufgrund der erstmaligen Abzinsung für bestehende Rückstellungen nach Maßgabe von § 9 Abs. 5 in der Fassung des Bundesgesetzes BGBl. I Nr. 13/2014 ein höherer als der bisher rückgestellte Betrag, ist die Rückstellung weiterhin mit 80% des Teilwertes anzusetzen, wenn deren Restlaufzeit mehr als ein Jahr beträgt.

252. § 10 in der Fassung des Bundesgesetzes BGBl. I Nr. 13/2014 ist erstmalig für Wirtschaftsjahre anzuwenden, die nach dem 30. Juni 2014 enden. § 10 Abs. 5 Z 2 und 3 in der Fassung vor dem Bundesgesetz BGBl. I Nr. 13/2014 sind für Wertpapiere, die in vor dem 1. Juli 2014 endenden Wirtschaftsjahren angeschafft wurden, weiter anzuwenden. § 10 in der Fassung vor dem Bundesgesetz BGBl. I Nr. 13/2014 ist wieder für Wirtschaftsjahre anzuwenden, die nach dem 31. Dezember 2016 beginnen.

253. a) § 20 Abs. 1 Z 7 in der Fassung des Bundesgesetzes BGBl. I Nr. 13/2014 ist erstmalig auf Aufwendungen anzuwenden, die nach dem 28. Februar 2014 anfallen, wobei die Aliquotierung gemäß § 20 Abs. 1 Z 7 lit. b sinngemäß anzuwenden ist. Ergibt sich aus der Anwendung des § 20 Abs. 1 Z 7 für bestehende Rückstellungen für Pensionen, die für Wirtschaftsjahre gebildet wurden, die vor dem 1. März 2014 enden, ein geringerer als der bisher rückgestellte Betrag, ist der Unterschiedsbetrag nicht gewinnerhöhend aufzulösen. Eine steuerwirksame Zuführung zu diesen Rückstellungen darf erst dann vorgenommen werden, wenn die Höhe der Pensionsansprüche unter Berücksichtigung des § 20 Abs. 1 Z 7 eine Rückstellungsbildung über den bisher rückgestellten Betrag hinaus zulässt.

b) Für die Festsetzung von Vorauszahlungen gemäß § 45 für das Jahr 2014 und die Folgejahre gilt unbeschadet des § 45 Abs. 4 Folgendes: Wurde die für die Festsetzung maßgebliche Einkommensteuerschuld unter Berücksichtigung des Ergebnisses eines vor dem 1. Jänner 2014 endenden Regelwirtschaftsjahres ermittelt und dabei für einen Arbeitnehmer oder einen ehemaligen Arbeitnehmer in einem oder mehreren Lohnzetteln ausgewiesene Bruttobezüge gemäß § 25 (ohne Bezüge gemäß § 26 und ohne Bezüge gemäß § 3 Abs. 1 Z 16b) in einer Höhe berücksichtigt, die den Betrag von 500 000 Euro übersteigen, ist bei Festsetzung von Vorauszahlungen das für die Ermittlung der Einkommensteuerschuld zu berücksichtigende Ergebnis um den 500 000 Euro übersteigenden Betrag zu erhöhen. Dies gilt nicht, soweit die maßgebliche Einkommensteuerschuld unter Berücksichtigung eines nach § 188 BAO festgestellten Ergebnisses ermittelt wurde.

254. § 20 Abs. 1 Z 8 in der Fassung des Bundesgesetzes BGBl. I Nr. 13/2014 ist erstmalig auf Auszahlungen anzuwenden, die nach dem 28. Februar 2014 anfallen. Dies gilt nicht für Auszahlungen auf Grund von Sozialplänen im Sinne des § 67 Abs. 8 lit. f, die vor dem 1. März 2014 abgeschlossen wurden. Ergibt sich aus der Anwendung des § 20 Abs. 1 Z 8 für bestehende Rückstellungen für Abfertigungen, die für Wirtschaftsjahre gebildet wurden, die vor dem 1. März 2014 enden, ein geringerer als der bisher rückgestellte Betrag, ist der Unterschiedsbetrag nicht gewinnerhöhend aufzulösen. Eine steuerwirksame Zuführung zu diesen Rückstellungen darf erst dann vorgenommen werden, wenn die Höhe der Abfertigungsansprüche unter Berücksichtigung des § 20 Abs. 1 Z 8 eine Rückstellungsbildung über den bisher rückgestellten Betrag hinaus zulässt.

255. § 27 Abs. 5 Z 3 in der Fassung des Bundesgesetzes BGBl. I Nr. 13/2014 ist erstmalig auf nach dem 28. Februar 2014 abgeschlossene Versicherungsverträge anzuwenden.

256. § 67 Abs. 6 und Abs. 8 lit. b, jeweils in der Fassung des Bundesgesetzes BGBl. I Nr. 13/2014, sind erstmalig auf Auszahlungen anzuwenden, die nach dem 28. Februar 2014 erfolgen. § 67 Abs. 6 in der Fassung vor dem Bundesgesetz BGBl. I Nr. 13/2014 ist auf Auszahlungen im Rahmen von Sozialplänen im Sinne des § 67 Abs. 8 lit. f, die nach dem 28. Februar 2014 erfolgen, weiterhin anzuwenden, wenn der Sozialplan vor dem 1. März 2014 abgeschlossen wurde.

257. § 89 Abs. 6 in der Fassung des Bundesgesetzes BGBl. I Nr. 13/2014 tritt mit 1. Jänner 2016 in Kraft. Datenübertragungen sind jedoch nicht vor dem Vorliegen der technischen und organisatorischen Voraussetzungen zulässig.

258. § 94 Z 13 und § 98 Abs. 1 Z 5 in der Fassung des Bundesgesetzes BGBl. I Nr. 13/2014 treten mit 1. Jänner 2015 in Kraft und gelten für Zinsen, die nach dem 31. Dezember 2014 angefallen sind. Wird für Zinsen, die davor angefallen sind, Kapitalertragsteuer abgezogen, kann diese im Rahmen der Veranlagung angerechnet oder erstattet werden.

259. § 69 Abs. 2 in der Fassung des Bundesgesetzes BGBl. I Nr. 13/2014 ist anzuwenden, wenn
   – die Einkommensteuer veranlagt wird, erstmalig bei der Veranlagung für das Kalenderjahr 2014,
   – die Einkommensteuer (Lohnsteuer) durch Abzug eingehoben oder durch Veranlagung festgesetzt wird, erstmalig für Lohnzahlungszeiträume, die nach dem 31. Dezember 2013 enden.

260. § 2 Abs. 4 in der Fassung des Bundesgesetzes BGBl. I Nr. 105/2014 ist erstmals auf Wirtschaftsjahre anzuwenden, die nach dem 31. Dezember 2014 beginnen, wenn die Vereinbarung des Auftragswertes bei Auftragsvergabe nach dem 31. Dezember 2014 erfolgt.

261. § 3 Abs. 1 Z 5 lit. b in der Fassung des Bundesgesetzes BGBl. I Nr. 105/2014 ist anzuwenden,
   – die Einkommensteuer veranlagt wird, erstmalig bei der Veranlagung für das Kalenderjahr 2014,
   – die Einkommensteuer (Lohnsteuer) durch Abzug eingehoben oder durch Veranlagung festgesetzt wird, erstmalig für Lohnzahlungszeiträume, die nach dem 31. Dezember 2013 enden.

262. § 4 Abs. 3 in der Fassung des Bundesgesetzes BGBl. I Nr. 105/2014 ist erstmalig bei der Veranlagung für das Kalenderjahr 2014 anzuwenden. Für Wirtschaftsgüter im Sinne des § 4 Abs. 3 vierter Satz in der Fassung vor dem BGBl. I Nr. 105/2014, ausgenommen Grundstücke im Sinne des § 30 und nicht zur unmittelbaren Weiterverarbeitung dienendes Gold, Silber, Platin und Palladium gilt: Wurde ein derartiges Wirtschaftsgut nach dem 31. März 2012 und vor dem 1. Jänner 2014 angeschafft, hergestellt oder eingelegt und wurden die Anschaffungs- oder Herstellungskosten oder der Einlagewert nicht im Wirtschaftsjahr der Anschaffung, Herstellung oder Einlage abgesetzt, hat die Berücksichtigung der Anschaffungs- oder Herstellungskosten bzw. des Einlagewertes abweichend von § 4 Abs. 3 vierter Satz in der Fassung vor dem BGBl. I Nr. 105/2014 in dem bei der Veranlagung 2014 zu erfassenden Wirtschaftsjahr zu erfolgen; eine nochmalige Berücksichtigung bei Ausscheiden des Wirtschaftsgutes aus dem Betriebsvermögen hat zu unterbleiben.

263. § 11a Abs. 3 in der Fassung des Bundesgesetzes BGBl. I Nr. 105/2014 ist erstmals bei der Veranlagung für das Jahr 2011 anzuwenden. Dabei gilt für die Veranlagung der Jahre 2011 bis 2013: Wurde in einem vor dem 1. Jänner 2015 erlassenen rechtskräftigen Bescheid eine Nachversteuerung nach Maßgabe des § 11a Abs. 3 in der Fassung vor diesem Bundesgesetz vorgenommen und ergibt sich in Anwendung des § 11a Abs. 3 in der Fassung des Bundesgesetzes BGBl. I Nr. 105/2014 kein oder ein geringerer Nachversteuerungsbetrag gilt die Berücksichtigung des Nachversteuerungsbetrages nach Maßgabe der Rechtslage vor Inkrafttreten des Bundesgesetzes BGBl. I Nr. 105/2014 als offensichtliche Unrichtigkeit im Sinne des § 293b der Bundesabgabenordnung, sofern der Abgabepflichtige eine entsprechende Bescheidänderung beantragt. Die

1/1. EStG
§ 124b

264. § 30 Abs. 4 Z 1 in der Fassung des Bundesgesetzes BGBl. I Nr. 105/2014 ist erstmalig anwendbar
   - für Veräußerungen nach dem 31. Dezember 2014 und
   - für Besserungsvereinbarungen, die auf Grund von Umwidmungen nach dem 31. Dezember 2014 wirksam werden.
265. § 67 Abs. 5 und § 69 Abs. 4 Z 2, jeweils in der Fassung des Bundesgesetzes BGBl. I Nr. 105/2014, treten mit 1. Juli 2014 in Kraft.
266. § 86 in der Fassung des Bundesgesetzes BGBl. I Nr. 105/2014 ist erstmals auf Prüfungen anzuwenden, die nach dem 31. Dezember 2015 beginnen.
267. § 96 Abs. 1 Z 1 und § 98 Abs. 1 Z 5, jeweils in der Fassung des Bundesgesetzes BGBl. I Nr. 105/2014, treten mit 1. Jänner 2015 in Kraft.
268. Für einen Betrieb, in dem spätestens zum 1. Juli 2016 ein umfassender Nichtraucherinnen- und Nichtraucherschutz gemäß § 12 Abs. 1 Z 4 und § 13 Abs. 2 des Tabakgesetzes, BGBl. Nr. 431/1995 in der Fassung BGBl. I Nr. 101/2015, entsprechendes Rauchverbot gewährleistet ist, kann nach Maßgabe folgender Bestimmungen eine Prämie in Höhe von 30% geltend gemacht werden:
   a) Bemessungsgrundlage für die Prämie sind jene Aufwendungen, die für die Bewirkung des Nichtraucherinnen- und Nichtraucherschutzes in Räumen der Gastronomie im Sinne des § 13a Abs. 2 des Tabakgesetzes, BGBl. Nr. 431/1995 in der Fassung vor dem BGBl. I Nr. 101/2015, vorgenommen und bis einschließlich des bei der Veranlagung 2015 zu erfassenden Wirtschaftsjahres steuerlich noch nicht berücksichtigt worden sind; dabei ist eine allfällige Abschreibung auf den niedrigeren Teilwert, die in dem bei der Veranlagung 2015 zu erfassenden Wirtschaftsjahr vorgenommen wird, nicht zu berücksichtigen.
   b) die Prämie stellt keine Betriebseinnahme dar; § 6 Z 10 und § 20 Abs. 2 sind auf sie nicht anwendbar.
   c) Die Ermittlung der Bemessungsgrundlage ist gesondert zu dokumentieren. Diese Dokumentation ist auf Verlangen der Abgabenbehörde vorzulegen.
   d) Die Prämie ist in der Abgaben- oder Einkünftefeststellungserklärung gemäß § 188 BAO für das Jahr 2015 zu beantragen, wenn das Rauchverbot zum Zeitpunkt der Abgabe der Erklärung für 2015 vollständig umgesetzt ist. Ist die Abgaben- oder Einkünftefeststellungserklärung für 2015 zum Zeitpunkt der vollständigen Umsetzung des Rauchverbotes bereits abgegeben worden, ist die Prämie in der Erklärung für 2016 zu beantragen. Eine nachträgliche Antragstellung ist bis zur Rechtskraft des jeweiligen Bescheides möglich.
   e) Die Prämie ist auf dem Abgabenkonto gut zu schreiben, es sei denn, es ist ein Bescheid gemäß § 201 BAO zu erlassen. Die Gutschrift wirkt auf den Tag der Antragstellung zurück. Sowohl die Prämie als auch ein Rückforderungsanspruch gelten als Abgaben vom Einkommen im Sinne der Bundesabgabenordnung. Auf Gutschriften und Rückforderungen sind jene Bestimmungen der Bundesabgabenordnung anzuwenden, die für wiederkehrend zu erhebende, selbst zu berechnende Abgaben gelten. Bei Gesellschaften, die nach bürgerlichem Recht nicht rechtsfähige Personenvereinigungen sind, hat die zusammengefasste Verbuchung der Gebarung mit jenen Abgaben zu erfolgen, die die Beteiligten gemeinsam schulden.
   f) Die Prämien sind zu Lasten des Aufkommens an veranlagter Einkommen- oder Körperschaftsteuer zu berücksichtigen.
   g) Für Betriebe, die nach dem 31. Juli 2015 im Sinne des § 2 Z 1 des Neugründungsförderungsgesetzes neu gegründet werden, steht keine Prämie zu.

(BGBl I 2015/101)

269. a) § 6 Z 13 lit. a und § 6 Z 13 jeweils in der Fassung des Rechnungslegungs-Änderungsgesetzes 2014, BGBl. I Nr. 22/2015, sind erstmalig für Wirtschaftsjahre anzuwenden, die nach dem 31. Dezember 2015 beginnen.
   b) § 4 Abs. 4 Z 2 lit. a, § 14 Abs. 7 Z 1, § 18 Abs. 1 Z 2, § 25 Abs. 1 Z 2 lit. a, § 26 Z 7 lit. a, § 27 Abs. 2 Z 2, § 47 Abs. 4, § 108a Abs. 1 und 5, § 108h Abs. 3 und § 124 in der Fassung des Bundesgesetzes BGBl. I Nr. 34/2015 treten mit 1. Jänner 2016 in Kraft.

(BGBl I 2015/118)

270. a) Soweit im ersten Wirtschaftsjahr, das nach dem 31.12.2015 beginnt, aufgrund einer bereits vor diesem Wirtschaftsjahr eingetretenen Wertaufholung eine Zuschreibung gemäß § 208 des Unternehmensgesetzbuches in der Fassung des Bundesgesetzes BGBl. I Nr. 22/2015 vorgenommen werden muss, ist diese Zuschreibung auch für steuerliche Zwecke maßgeblich und steuerwirksam. Der Zuschreibungsbetrag für das betreffende Wirtschaftsgut kann jedoch auf Grund eines in der Steuererklärung (Feststellungserklärung) gestellten Antrages einer Zuschreibungsrücklage zugeführt werden. Die Zuschreibungsrücklage

ist insoweit steuerwirksam aufzulösen, als der Teilwert des betreffenden Wirtschaftsgutes den für die Bildung der Zuschreibungsrücklage maßgeblichen Teilwert unterschreitet oder eine Absetzung für Abnutzung im Sinne der §§ 7 und 8 vorgenommen wird. Die Zuschreibungsrücklage ist spätestens im Zeitpunkt des Ausscheidens des betreffenden Wirtschaftsgutes aus dem Betriebsvermögen steuerwirksam aufzulösen.

b) Wirtschaftsgüter, für die eine Zuschreibungsrücklage gemäß lit. a gebildet wurde, sind in einem Verzeichnis auszuweisen. In diesem Verzeichnis sind der steuerliche Bilanzansatz des betreffenden Wirtschaftsgutes sowie die Zuschreibungsrücklage bis zum Ausscheiden des Wirtschaftsgutes aus dem Betriebsvermögen jährlich evident zu halten.

c) Wird im unternehmensrechtlichen Jahresabschluss eines Kreditinstitutes im Sinne von Artikel 4 Abs. 1 Unterabs. 1 der Verordnung (EU) Nr. 575/2013 über Aufsichtsanforderungen an Kreditinstitute und Wertpapierfirmen und zur Änderung der Verordnung (EU) Nr. 646/2012 im ersten Geschäftsjahr, das nach dem 31. Dezember 2015 begonnen hat, anstelle von bestehenden Einzelwertberichtigungen eine pauschale Wertberichtigung für Forderungen auf Basis von statistisch ermittelten Erfahrungswerten aus gleich gelagerten Sachverhalten gemäß § 201 Abs. 2 Z 7 UGB gebildet, kann der als Betriebseinnahme zu erfassende Betrag aus der Auflösung der Einzelwertberichtigungen einer Zuschreibungsrücklage im Sinne der lit. a zugeführt werden. Diese Zuschreibungsrücklage ist bis zur Veranlagung 2020 unverändert weiter zu führen und ab der Veranlagung 2021 jährlich um ein Fünftel steuerwirksam aufzulösen.

(BGBl I 2019/103)
(BGBl I 2016/117)

271. § 8 Abs. 2 EStG 1988, § 12 Abs. 1 und Abs. 8 EStG 1988 sowie § 13 EStG 1988, jeweils in der Fassung des Rechnungslegungs-Änderungsgesetzes 2014, BGBl. Nr. 22/2015, sind erstmals für Wirtschaftsjahre anzuwenden, die nach dem 31. Dezember 2015 beginnen. Bestehende unversteuerte Rücklagen (einschließlich Bewertungsreserven) im Sinne des § 906 Abs. 31 UGB können unabhängig vom unternehmensrechtlichen Jahresabschluss als steuerliche Rücklagen weitergeführt werden; auf diese sind § 205 UGB und § 6 Z 13 erster Satz EStG 1988, jeweils in der Fassung vor dem Rechnungslegungs-Änderungsgesetz 2014, BGBl. I Nr. 22/2015, sinngemäß weiter anzuwenden.

(BGBl I 2015/22)

272. § 4a Abs. 2 Z 5, Abs. 3 Z 2a, Abs. 4, Abs. 4a, Abs. 7 Z 1 und 2 und Abs. 8, § 18 Abs. 1 Z 7 lit. a und b sowie § 94 Z 6 lit. e in der Fassung des Gemeinnützigkeitsgesetzes 2015, BGBl. I Nr. 160/2015, sind erstmalig für Zuwendungen anzuwenden, die nach dem 31. Dezember 2015 erfolgen. Im Jahr 2016 gilt für die Erteilung der Spendenbegünstigung gemäß § 4a Abs. 8 Z 1 an Körperschaften, die begünstigte Zwecke im Sinne des § 4a Abs. 2 Z 5 (der österreichischen Kunst und Kultur dienende künstlerische Tätigkeiten) verfolgen, Folgendes:

a) Die Körperschaft muss selbst bereits seit drei Jahren bestehen und die Voraussetzungen des § 4a im Übrigen erfüllen, oder aus einer Vorgängerorganisation (Organisationsfeld mit eigenem Rechnungskreis), die diese Voraussetzungen erfüllt hat, hervorgegangen sein.

b) Die Bestätigungen des Wirtschaftsprüfers über das Vorliegen der in § 4a Abs. 8 Z 1 genannten Voraussetzungen zu den Abschlussstichtagen der Jahre 2013, 2014 und 2015 müssen gemeinsam mit einer aktuellen Fassung der Rechtsgrundlage (zB. Vereinsstatut, Satzung, Gesellschaftsvertrag) bis 30. Juni 2016 vorgelegt werden.

c) Eine Anerkennung als begünstigte Einrichtung, ist vom Finanzamt Wien 1/23 bis längstens 31. Oktober 2016 in der Liste gemäß § 4a Abs. 7 Z 1 zu veröffentlichen. Diese Eintragung entfaltet bereits für Zuwendungen ab dem 1. Jänner 2016 Wirkung.

(BGBl I 2015/160)

273. § 4a Abs. 9 in der Fassung des Gemeinnützigkeitsgesetzes 2015, BGBl. I Nr. 160/2015 tritt mit 1. Jänner 2016 in Kraft.

(BGBl I 2018/62)

274. § 4b und § 18 Abs. 1 Z 5 in der Fassung des Gemeinnützigkeitsgesetzes 2015, BGBl. I Nr. 160/2015 treten mit 1. Jänner 2016 in Kraft und sind anzuwenden, wenn die erstmalige Zuwendung gemäß § 4b Abs. 1 Z 5 nach dem 31. Dezember 2015 ~~und vor dem 1. Jänner 2024~~ getätigt wird. § 18 Abs. 8 in der Fassung des Gemeinnützigkeitsgesetzes 2015, BGBl. I Nr. 160/2015 ist für alle nach dem 31. Dezember 2016 erfolgenden Beiträge und Zuwendungen anzuwenden.

(BGBl I 2021/3, BGBl I 2021/227, BGBl I 2022/194; GemRefG 2023, BGBl I 2023/188 ab 1.1.2024)

275. § 2 Abs. 2, § 3 Abs. 1 Z 13 lit. a, Z 14, Z 15 lit. b, Z 19und Z 21, § 15 Abs. 2, § 18 Abs. 1 Z 1a und Abs. 3 Z 1, § 33 Abs. 1, Abs. 2, Abs. 5 Z 1 und 2 und Abs. 8, § 62 Z 11, § 67

1/1. EStG
§ 124b

Abs. 11, § 69 Abs. 2, § 106a sowie § 109, jeweils in der Fassung des Bundesgesetzes, BGBl. I Nr. 118/2015, sind erstmalig anzuwenden, wenn
- die Einkommensteuer veranlagt wird, bei der Veranlagung für das Kalenderjahr 2016,
- die Einkommensteuer (Lohnsteuer) durch Abzug eingehoben oder durch Veranlagung festgesetzt wird, für Lohnzahlungszeiträume, die nach dem 31. Dezember 2015 enden.

(BGBl I 2015/163)

276. § 4 Abs. 3a Z 3 lit. b, § 20 Abs. 2, § 30 Abs. 3, Abs. 6 lit. a und Abs. 7, § 30a, § 30b in der Fassung BGBl. I Nr. 118/2015 treten mit 1. Jänner 2016 in Kraft und sind erstmalig für Veräußerungen nach dem 31. Dezember 2015 anzuwenden.

Bei Steuerpflichtigen mit einem abweichenden Wirtschaftsjahr ist bei Veräußerungen von Grundstücken vor dem 1. Jänner 2016 noch § 30a Abs. 1 in der Fassung vor dem Bundesgesetz BGBl. I Nr. 118/2015 anzuwenden.

(BGBl I 2015/118)

277. § 4 Abs. 4 Z 8 und Z 10 in der Fassung vor dem BGBl. I Nr. 118/2015 ist letztmalig auf Wirtschaftsjahre anzuwenden, die vor dem 1. Jänner 2016 beginnen. § 108c in der Fassung des Bundesgesetzes BGBl. I Nr. 118/2015, ist erstmalig auf Prämien anzuwenden, die Wirtschaftsjahre betreffen, die nach dem 31. Dezember 2015 beginnen.

(BGBl I 2015/118)

278. § 4 Abs. 7 in der Fassung des Bundesgesetzes BGBl. I Nr. 118/2015 ist erstmalig auf Instandsetzungen anzuwenden, die in einem nach dem 31. Dezember 2015 beginnenden Wirtschaftsjahr erfolgen. Für davor erfolgte Instandsetzungen, die bisher nach Maßgabe des § 4 Abs. 7 in der Fassung vor dem Bundesgesetz BGBl. I Nr. 118/2015 steuerlich berücksichtigt worden sind, verlängert sich hinsichtlich der Beträge, die in einem nach dem 31. Dezember 2015 beginnenden Wirtschaftsjahr zu berücksichtigen sind, der ursprüngliche Verteilungszeitraum von zehn auf fünfzehn Jahre.

(BGBl I 2015/118)

279. § 4 Abs. 12 in der Fassung des Bundesgesetzes BGBl. I Nr. 118/2015 ist erstmals für Wirtschaftsjahre anzuwenden, die nach dem 31. Juli 2015 beginnen. Dabei gilt:
   a) Der Stand der Innenfinanzierung und der Stand der Einlagen sind erstmalig bereits zum letzten Bilanzstichtag vor dem 1. August 2015 zu ermitteln. Dabei kann
      - als erstmaliger Stand der Innenfinanzierung der Unterschiedsbetrag zwischen dem als Eigenkapital ausgewiesenen Betrag gemäß § 224 Abs. 3 des Unternehmensgesetzbuches und den vorhandenen Einlagen im Sinne des § 4 Abs. 12 in der Fassung vor dem Bundesgesetz BGBl. I Nr. 118/2015 und
      - als erstmaliger Stand der Einlagen die vorhandenen Einlagen im Sinne des § 4 Abs. 12 in der Fassung vor dem Bundesgesetz BGBl. I Nr. 118/2015

      angesetzt werden.
   b) Abweichend von lit. a sind für nach dem 31. Mai 2015 beschlossene Umgründungen die umgründungsbedingten Differenzbeträge bereits nach Maßgabe von § 4 Abs. 12 Z 3 in der Fassung des Bundesgesetzes BGBl. I Nr. 118/2015 gesondert im Evidenzkonto zu erfassen.
   c) Erstmalig erstellte Evidenzkontenstände im Sinne der lit. a und lit. b sind nach Maßgabe von § 4 Abs. 12 in der Fassung des Bundesgesetzes BGBl. I Nr. 118/2015 fortzuführen.

(BGBl I 2015/118)

280. § 4a Abs. 8 erster Satz und § 18 Abs. 1 Z 7 jeweils in der Fassung des Bundesgesetzes BGBl. I Nr. 118/2015 sind erstmalig nach dem 31. Dezember 2016 anzuwenden.

(BGBl I 2015/118)

281. § 6 Z 2 lit. c, § 10 Abs. 1 Z 1 zweiter Teilstrich, § 27 Abs. 8, § 27a Abs. 1, 4 und 5, § 45 Abs. 1, § 93, § 94, § 95 Abs. 2 und 3, § 96, § 97 Abs. 1 und 2 und § 100 Abs. 1 in der Fassung des Bundesgesetzes BGBl. I Nr. 118/2015 sind ab dem 1. Jänner 2016 anzuwenden.

Bei Steuerpflichtigen mit einem abweichenden Wirtschaftsjahr ist bei Veräußerungen oder sonstigen Realisierungen von Wirtschaftsgütern und Derivaten vor dem 1. Jänner 2016 noch § 27a Abs. 1 in der Fassung vor dem Bundesgesetz BGBl. I Nr. 118/2015 anzuwenden.

(BGBl I 2015/118)

282. § 6 Z 2 lit. d in der Fassung des Bundesgesetzes BGBl. I Nr. 118/2015 tritt mit 1. Jänner 2016 in Kraft.

(BGBl I 2015/118)

283. § 8 Abs. 1 in der Fassung des Bundesgesetzes BGBl. I Nr. 118/2015 tritt mit 1. Jänner 2016 in Kraft und ist erstmalig für nach dem 31. Dezember 2015 beginnende Wirtschaftsjahre anzuwenden. Der Steuerpflichtige kann für das erste Wirtschaftsjahr, das nach dem 31. Dezember 2015 beginnt, eine kürzere Restnutzungsdauer nachweisen als jene, die sich bei Anwendung der Prozentsätze nach § 8 Abs. 1 in der Fassung des Bundesgesetzes BGBl. I Nr. 118/2015 ergibt. Dabei sind die noch nicht abgeschriebenen Anschaffungs-

oder Herstellungskosten auf die nachgewiesene kürzere Restnutzungsdauer zu verteilen.
(BGBl I 2016/77)

284. § 16 Abs. 1 Z 8 lit. d in der Fassung des Bundesgesetzes BGBl. I Nr. 118/2015 ist erstmalig bei der Veranlagung für das Jahr 2016 anzuwenden. Wurde vor 2016 ohne Nachweis eines anderen Aufteilungsverhältnisses von Grund und Boden und Gebäude eine davon abweichende pauschale Aufteilung vorgenommen, sind die fortgeschriebenen Anschaffungskosten des Gebäudes und die Anschaffungskosten des Grund und Bodens mit Wirkung ab 1. Jänner 2016 entsprechend anzupassen (40% Grund und Boden; 60% Gebäude oder ein im Verordnungswege festgelegtes Aufteilungsverhältnis). Dafür sind die fortgeschriebenen Anschaffungskosten des Gebäudes im Verhältnis der vorgesehenen oder im Jahr 2016 nachgewiesenen Aufteilung zu der ursprünglich angewendeten Aufteilung abzustocken und auf die Anschaffungskosten von Grund und Boden zu übertragen. Die Absetzung für Abnutzung ist entsprechend anzupassen.
(BGBl I 2015/118)

285. § 18 Abs. 1 Z 2 und 3, Abs. 3 Z 2 in der Fassung des Bundesgesetzes BGBl. I Nr. 118/2015 sind anzuwenden, wenn
– die Einkommensteuer veranlagt wird, bei der Veranlagung für die Kalenderjahre 2016 bis 2020,
– die Einkommensteuer (Lohnsteuer) durch Abzug eingehoben oder durch Veranlagung festgesetzt wird, für Lohnzahlungszeiträume, die nach dem 31. Dezember 2015 und vor dem 1. Jänner 2021 enden.
(BGBl I 2015/118)

286. § 18 Abs. 2 und Abs. 3 Z 3 in der Fassung vor dem Bundesgesetz BGBl. I Nr. 118/2015 sind letztmalig anzuwenden, wenn
– die Einkommensteuer veranlagt wird, bei der Veranlagung für das Kalenderjahr 2020,
– die Einkommensteuer (Lohnsteuer) durch Abzug eingehoben oder durch Veranlagung festgesetzt wird, für Lohnzahlungszeiträume, die vor dem 1. Jänner 2021 enden.
(BGBl I 2015/118)

287. § 18 Abs. 7 in der Fassung des Bundesgesetzes BGBl. I Nr. 118/2015 ist ab der Veranlagung 2016 anzuwenden und gilt für Verluste, die ab dem Jahr 2013 entstanden sind.
(BGBl I 2015/118)

288. § 18 Abs. 1 Z 7 und Abs. 8 in der Fassung des Bundesgesetzes BGBl. I Nr. 118/2015 ist für alle nach dem 31. Dezember 2016 erfolgenden Beiträge und Zuwendungen anzuwenden.
(BGBl I 2015/163)

289. § 20 Abs. 1 Z 9 in der Fassung des Bundesgesetzes BGBl. I Nr. 118/2015 ist auf Aufwendungen anzuwenden, die nach dem 31. Dezember 2015 anfallen.
(BGBl I 2015/118)

290. § 23a ist erstmalig für Verluste aus Wirtschaftsjahren anzuwenden, die nach dem 31. Dezember 2015 beginnen.
(BGBl I 2015/118)

291. § 28 Abs. 2 in der Fassung des Bundesgesetzes BGBl. I Nr. 118/2015 ist erstmalig auf Ausgaben für Instandsetzungen und Instandhaltungen anzuwenden, die im Kalenderjahr 2016 abgeflossen sind. Für davor erfolgte Ausgaben für Instandsetzungen bei Wohngebäuden, die bisher nach Maßgabe des § 28 Abs. 2 in der Fassung vor dem Bundesgesetz BGBl. I Nr. 118/2015 steuerlich berücksichtigt worden sind, verlängert sich hinsichtlich der Beträge, die ab der Veranlagung 2016 zu berücksichtigen sind, der ursprüngliche Verteilungszeitraum von zehn auf fünfzehn Jahre.
(BGBl I 2015/118)

292. a) § 33 Abs. 8 in der Fassung des Bundesgesetzes BGBl. I Nr. 118/2015 ist erstmalig bei der Veranlagung für das Kalenderjahr 2016 anzuwenden. Ergibt sich bei Steuerpflichtigen, die Anspruch auf den Pensionistenabsetzbetrag haben, für das Kalenderjahr 2015 nach § 33 Abs. 1 und 2 in der Fassung vor dem Bundesgesetz BGBl. I Nr. 118/2015 keine Einkommensteuer, sind 20% der Werbungskosten im Sinne des § 16 Abs. 1 Z 4, höchstens aber 55 Euro, rückzuerstatten (SV-Rückerstattung). Die Rückerstattung vermindert sich um steuerfreie Zulagen gemäß § 3 Abs. 1 Z 4 lit. f.

b) § 33 Abs. 8 und Abs. 9 in der Fassung vor dem Bundesgesetz BGBl. I Nr. 118/2015 sind letztmalig nach Maßgabe folgender Bestimmungen bei der Veranlagung für das Kalenderjahr 2015 anzuwenden:
– Bei Anwendung des § 33 Abs. 8 sind 20% der Werbungskosten im Sinne des § 16 Abs. 1 Z 3 lit. a (ausgenommen Betriebsratsumlagen) und des § 16 Abs. 1 Z 4 und 5, höchstens aber 220 Euro, rückzuerstatten.
– Bei Anwendung des § 33 Abs. 9 sind 36% der Werbungskosten im Sinne des § 16 Abs. 1 Z 3 lit. a (ausgenommen Betriebsratsumlagen) und des § 16 Abs. 1 Z 4 und 5, höchstens aber 450 Euro, rückzuerstatten.

c) § 18 Abs. 3 Z 2, § 33 Abs. 5 Z 3 und Z 5 und Abs. 9a, § 62 Z 9, § 67 Abs. 7 und § 104, jeweils in der Fassung vor dem

1/1. EStG
§ 124b

Bundesgesetz BGBl. I Nr. 118/2015 sind letztmalig anzuwenden, wenn
- die Einkommensteuer veranlagt wird, bei der Veranlagung für das Kalenderjahr 2015,
- die Einkommensteuer (Lohnsteuer) durch Abzug eingehoben oder durch Veranlagung festgesetzt wird, für Lohnzahlungszeiträume, die vor dem 1. Jänner 2016 enden.

(BGBl I 2015/163)

293. § 41 Abs. 2 und 2a in der Fassung des Bundesgesetzes BGBl. I Nr. 118/2015 ist erstmalig bei der Veranlagung für das Kalenderjahr 2016 anzuwenden.

(BGBl I 2015/163)

294. § 48, § 89 Abs. 3 und § 108 Abs. 7 Z 2, jeweils in der Fassung des Bundesgesetzes BGBl. I Nr. 118/2015 treten mit 1. Jänner 2016 in Kraft.

(BGBl I 2015/118)

295. § 107 in der Fassung vor dem Bundesgesetz BGBl. I Nr. 118/2015 tritt mit Ablauf des 31. Dezember 2015 außer Kraft.

(BGBl I 2015/118)

296. Erfolgt nach dem 28. Februar 2015 und vor dem 1. April 2017 für den Einsatz im eigenen Betrieb eine Anschaffung eines Systems zur elektronischen Aufzeichnung der Barumsätze im Sinne des § 131b der Bundesabgabenordnung (beispielsweise einer elektronischen Registrierkasse oder eines elektronischen Kassensystems) oder eine Umrüstung eines schon bestehenden Aufzeichnungssystems zur Erfüllung der Voraussetzungen des § 131b der Bundesabgabenordnung, gilt Folgendes:

a) Die Anschaffungskosten sowie die aus Anlass der Umrüstung anfallenden Aufwendungen können in voller Höhe als Betriebsausgaben abgesetzt werden.

b) Nach Maßgabe folgender Bestimmungen kann eine Prämie geltend gemacht werden:
- Die Prämie steht bei Anschaffung eines neuen Systems oder Umrüstung eines bestehenden Systems zu.
- Sie bezieht sich auf jede einzelne Erfassungseinheit, der eine Signatur- bzw. Siegelerstellungseinheit im Sinne des § 131b Abs. 2 der Bundesabgabenordnung zugeordnet wird.
- Die Prämie beträgt 200 Euro pro Erfassungseinheit. Abweichend davon beträgt die Prämie im Falle eines elektronischen Kassensystems zumindest 200 Euro pro Kassensystem, maximal aber 30 Euro pro Erfassungseinheit.
- Im Fall der Anschaffung ist die Prämie in einer Gesamtsumme für alle im jeweiligen Kalenderjahr angeschafften Erfassungseinheiten geltend zu machen.
- Im Fall der Umrüstung ist die Prämie in einer Gesamtsumme für alle Erfassungseinheiten, für die im jeweiligen Kalenderjahr mit der Umrüstung begonnen wurde, geltend zu machen. Für Erfassungseinheiten, für deren Anschaffung eine Prämie beansprucht wurde, steht aus Anlass der Umrüstung keine Prämie mehr zu.
- Die Geltendmachung erfolgt durch Antragstellung in der jeweiligen Einkommen-, Körperschaftsteuer- oder Einkünftefeststellungserklärung gemäß § 188 der Bundesabgabenordnung bei dem Finanzamt, das für die Erhebung der Einkommen- oder Körperschaftsteuer zuständig ist oder zuständig wäre.
- Die Prämie ist auf dem Abgabenkonto gutzuschreiben, es sei denn, es ist ein Bescheid gemäß § 201 der Bundesabgabenordnung zu erlassen. Die Gutschrift wirkt auf den Tag der Antragstellung zurück. Sowohl die Prämie als auch ein Rückforderungsanspruch gelten als Abgaben vom Einkommen im Sinne der Bundesabgabenordnung. Auf Gutschriften und Rückforderungen sind jene Bestimmungen der Bundesabgabenordnung anzuwenden, die für wiederkehrend zu erhebende, selbst zu berechnende Abgaben gelten. Bei Gesellschaften, die nach bürgerlichem Recht nicht rechtsfähige Personenvereinigungen sind, hat die zusammengefasste Verbuchung der Gebarung mit jenen Abgaben zu erfolgen, die die Beteiligten gemeinsam schulden.
- Die Prämie stellt keine Betriebseinnahme dar. § 6 Z 10 und § 20 Abs. 2 sind auf die Prämie nicht anwendbar.
- Die Prämien sind zu Lasten des Aufkommens an veranlagter Einkommen- und Körperschaftsteuer zu berücksichtigen.

(BGBl I 2016/77)
(BGBl I 2016/77)

297. § 3 Abs. 1 Z 16b in der Fassung des Bundesgesetzes BGBl. I Nr. 118/2015 ist erstmals anzuwenden, wenn
- die Einkommensteuer veranlagt wird, bei der Veranlagung für das Kalenderjahr 2015,

- die Einkommensteuer (Lohnsteuer) durch Abzug eingehoben oder durch Veranlagung festgesetzt wird, für Lohnzahlungszeiträume, die nach dem 31. Dezember 2014 enden.

(BGBl I 2015/118)

298. § 2 Abs. 4a in der Fassung des Bundesgesetzes BGBl. I Nr. 163/2015 ist erstmalig für Wirtschaftsjahre anzuwenden, die nach dem 31. Dezember 2015 beginnen.

(BGBl I 2015/163)

299. a) § 4 Abs. 12 in der Fassung des Bundesgesetzes BGBl. I Nr. 118/2015 ist letztmalig für vor dem 1. Jänner 2016 beschlossene Einlagenrückzahlungen und offene Ausschüttungen anzuwenden.

b) § 4 Abs. 12 in Fassung des Bundesgesetzes BGBl. I Nr. 163/2015 ist erstmalig für nach dem 31. Dezember 2015 beschlossene Einlagenrückzahlungen und offene Ausschüttungen anzuwenden. Dabei gilt:
- Der gemäß § 4 Abs. 12 in der Fassung des Bundesgesetzes BGBl. I Nr. 118/2015 auf dem Evidenzkonto erfasste Einlagenstand sowie der Stand der Innenfinanzierung sind nach Maßgabe von § 4 Abs. 12 in der Fassung des Bundesgesetzes BGBl. I Nr. 163/2015 fortzuführen.
- Die gemäß § 4 Abs. 12 in der Fassung des Bundesgesetzes BGBl. I Nr. 118/2015 auf dem Evidenzkonto erfassten umgründungsbedingten Differenzbeträge sind nicht mehr gesondert in Evidenz zu halten. Bisher erfasste umgründungsbedingte Differenzbeträge erhöhen den fortzuführenden Stand der Innenfinanzierung erst in jenem Zeitpunkt und Ausmaß, in dem sie nach den Vorschriften des Unternehmensgesetzbuches ausgeschüttet werden können.

(BGBl I 2015/163)

300. § 6 Z 6 in der Fassung des Bundesgesetzes BGBl. I Nr. 163/2015 tritt mit 1. Jänner 2016 in Kraft. § 6 Z 6 lit. b in der Fassung vor dem Bundesgesetz BGBl. I Nr. 163/2015 ist letztmalig anzuwenden für Überführungen und Verlegungen, die vor dem 1. Jänner 2016 erfolgen.

(BGBl I 2019/103, BGBl I 2022/108)

301. § 18 Abs. 8 in der Fassung des Bundesgesetzes BGBl. I Nr. 163/2015 ist für alle nach dem 31. Dezember 2016 erfolgenden Beiträge und Zuwendungen anzuwenden.

302. § 27 Abs. 6, § 27a Abs. 3 Z 2, § 93 Abs. 5, § 94 Z 7, § 95 Abs. 3 Z 3, jeweils in der Fassung des Bundesgesetzes BGBl. I Nr. 163/2015 treten mit 1. Jänner 2016 in Kraft. § 27 Abs. 6 Z 1 lit. b in der Fassung vor dem Bundesgesetz BGBl. I Nr. 163/2015 ist letztmalig auf Umstände anzuwenden, die zu einem Verlust des Besteuerungsrechts der Republik Österreich führen und vor dem 1. Jänner 2016 eintreten.

(BGBl I 2015/163)

303. § 27a Abs. 5 in der Fassung des Bundesgesetzes BGBl. I Nr. 163/2015 ist ab dem 1. Jänner 2016 anzuwenden.

(BGBl I 2015/163)

304. § 70 Abs. 2 Z 2 in der Fassung des Bundesgesetzes BGBl. I Nr. 163/2015, ist erstmalig anzuwenden, wenn
- die Einkommensteuer veranlagt wird, bei der Veranlagung für das Kalenderjahr 2016,
- die Einkommensteuer (Lohnsteuer) durch Abzug eingehoben oder durch Veranlagung festgesetzt wird, für Lohnzahlungszeiträume, die nach dem 31. Dezember 2015 enden.

(BGBl I 2015/163)

305. § 77 Abs. 3 in der Fassung vor dem Bundesgesetz BGBl. I Nr. 163/2015 ist letztmalig anzuwenden für Lohnzahlungszeiträume, die vor dem 1. Jänner 2017 enden.

(BGBl I 2015/163)

306. § 100 Abs. 1 und 1a in der Fassung des Bundesgesetzes BGBl. I Nr. 163/2015 tritt mit 1. Jänner 2016 in Kraft.

(BGBl I 2015/163)

307. § 108g Abs. 5 in der Fassung des Bundesgesetzes BGBl. I Nr. 163/2015 ist ab dem 1. Jänner 2016 anzuwenden.

(BGBl I 2015/163)

308. § 3 Abs. 1 Z 5 lit b in der Fassung BGBl. I Nr. 53/2016 tritt mit 1. März 2017 in Kraft.

(BGBl I 2016/53)

309. Die §§ 94 und 98 in der Fassung des Bundesgesetzes BGBl. I Nr. 77/2016 treten mit 1. Jänner 2017 in Kraft. Dabei ist Z 258 letzter Satz weiterhin anzuwenden. § 98 Abs. 1 Z 5 lit. b in der Fassung vor dem Bundesgesetz BGBl. I Nr. 77/2016 ist nicht mehr auf Zinsen anzuwenden, die aufgrund von § 14 Abs. 4 des EU-Quellensteuergesetzes nicht der EU-Quellensteuer unterliegen.

(BGBl I 2016/77)

310. § 3 Abs. 1 Z 11 lit. a in der Fassung des Bundesgesetzes BGBl. I Nr. 77/2016 ist anzuwenden, wenn
- die Einkommensteuer veranlagt wird, bei der Veranlagung für die Kalenderjahre 2017 bis 2019,
- die Einkommensteuer (Lohnsteuer) durch Abzug eingehoben wird, für Lohnzahlungszeiträume, die nach dem 31. Dezember 2016 und vor dem 1. Jänner 2020 enden.

(BGBl I 2016/117)

1/1. EStG
§ 124b

311. § 3 Abs. 1 Z 3 lit. f und Abs. 1 Z 19, § 41 Abs. 2 Z 2 lit. a, § 62a und § 67 Abs. 5 erster Teilstrich und Abs. 8 lit. g, jeweils in der Fassung des Bundesgesetzes BGBl. I Nr. 117/2016, sind erstmalig anzuwenden, wenn
    – die Einkommensteuer veranlagt wird, bei der Veranlagung für das Kalenderjahr 2017,
    – die Einkommensteuer (Lohnsteuer) durch Abzug eingehoben oder durch Veranlagung festgesetzt wird, für Lohnzahlungszeiträume, die nach dem 31. Dezember 2016 enden.

    (BGBl I 2016/117)

311a. § 69 Abs. 2 in der Fassung des Bundesgesetzes BGBl. I Nr. 30/2017 ist anzuwenden, wenn
    – die Einkommensteuer veranlagt wird, erstmalig bei der Veranlagung für das Kalenderjahr 2017,
    – die Einkommensteuer (Lohnsteuer) durch Abzug eingehoben oder durch Veranlagung festgesetzt wird, erstmalig für Lohnzahlungszeiträume, die nach dem 30. Juni 2017 enden.

    (BGBl I 2017/106)

312. a) § 4a Abs. 2 Z 5 in der Fassung des Bundesgesetzes BGBl. I Nr. 117/2016 ist erstmalig für freigebige Zuwendungen anzuwenden, die nach dem 31. Dezember 2015 erfolgen. Dabei gilt für die Erteilung der Spendenbegünstigung nach § 4a Abs. 8 Z 1 an Körperschaften im Sinne des § 4a Abs. 4a, deren begünstigter Zweck im Sinne des § 4a Abs. 2 Z 5 die allgemein zugängliche Präsentation von Kunstwerken ist, Folgendes:
    – Die Körperschaft muss selbst bereits seit drei Jahren bestehen und die Voraussetzungen des § 4a im Übrigen erfüllen oder aus einer Vorgängerorganisation (Organisationsfeld mit eigenem Rechnungskreis), die diese Voraussetzungen erfüllt hat, hervorgegangen sein und
    – die Bestätigungen des Wirtschaftsprüfers über das Vorliegen der in § 4a Abs. 8 Z 1 genannten Voraussetzungen zu den Abschlussstichtagen der Jahre 2013, 2014 und 2015 müssen gemeinsam mit einer aktuellen Fassung der Rechtsgrundlage (zB. Vereinsstatut, Satzung, Gesellschaftsvertrag) bis 31. März 2017 vorgelegt werden.

    Eine Anerkennung als begünstigte Einrichtung ist vom Finanzamt Wien 1/23 bis längstens 30. Juni 2017 in der Liste gemäß § 4a Abs. 7 Z 1 zu veröffentlichen. Diese Eintragung entfaltet bereits für Zuwendungen ab dem 1. Jänner 2016 Wirkung.

    b) § 4a Abs. 4 lit. b in der Fassung des Bundesgesetzes BGBl. I Nr. 117/2016 ist erstmalig für freigebige Zuwendungen anzuwenden, die nach dem 31. Dezember 2016 erfolgen.

    (BGBl I 2016/117)

313. § 6 Z 2 in der Fassung des Bundesgesetzes BGBl. I Nr. 117/2016 ist erstmalig bei der Veranlagung für das Kalenderjahr 2016 anzuwenden.

    (BGBl I 2016/117)

314. a) § 18 Abs. 6 in der Fassung des Bundesgesetzes BGBl. I Nr. 117/2016 ist erstmalig bei der Veranlagung für das Kalenderjahr 2016 anzuwenden und gilt in Bezug auf die Einnahmen-Ausgaben-Rechnung für Verluste, die ab dem Kalenderjahr 2013 entstanden sind.

    b) § 18 Abs. 8 Z 5 lit. a in der Fassung des Bundesgesetzes BGBl. I Nr. 117/2016 tritt mit Ablauf des 24. Mai 2018 außer Kraft. § 18 Z 5 lit. b in der Fassung des Bundesgesetzes BGBl. I Nr. 117/2016 tritt mit 25. Mai 2018 in Kraft.

    (BGBl I 2016/117)

315. § 22 Z 1 lit. a in der Fassung des Bundesgesetzes BGBl. I Nr. 117/2016 ist erstmalig auf Zahlungen anzuwenden, die nach dem 31. Dezember 2016 zufließen.

    (BGBl I 2016/117)

316. § 108i Abs. 1 Z 3 in der Fassung des Bundesgesetzes BGBl. I Nr. 117/2016 tritt mit 1. Jänner 2017 in Kraft.

    (BGBl I 2016/117)

317. § 84 Abs. 1 Z 2, Z 3 und Abs. 3 in der Fassung des Bundesgesetzes BGBl. I Nr. 117/2016 ist erstmalig für Lohnzettel, die das Kalenderjahr 2019 betreffen, anzuwenden.

    (BGBl I 2017/106)

318. § 89 Abs. 6 in der Fassung des Bundesgesetzes BGBl. I Nr. 117/2016 tritt mit 1. Jänner 2019 in Kraft.

    (BGBl I 2017/106)

319. § 103 Abs. 2 in der Fassung des Bundesgesetzes BGBl. I Nr. 117/2016 ist erstmalig auf Zuzüge ab 1. Jänner 2017 anzuwenden.

    (BGBl I 2016/117)

320. § 106a Abs. 2 und 3 in der Fassung des Bundesgesetzes BGBl. I Nr. 117/2016 ist erstmalig bei der Veranlagung für das Kalenderjahr 2016 anzuwenden.

    (BGBl I 2016/117)

321. § 3 Abs. 1 Z 3, § 4c, § 18 Abs. 1 Z 9 und Abs. 8 sowie § 94 Z 6 lit. e, jeweils in der Fassung des Innovationsstiftungsgesetzes, BGBl. Nr. 28/2017, treten mit 1. Jänner 2017 in Kraft.

    (BGBl I 2017/28)

322. § 17 Abs. 1 in der Fassung des Bundesgesetzes BGBl. I Nr. 117/2016 ist erstmalig bei

der Veranlagung für das Kalenderjahr 2017 anzuwenden.
(BGBl I 2016/117)

323. § 108c Abs. 1 ist anzuwenden
   a) für Wirtschaftsjahre, die nach dem 31. Dezember 2017 beginnen sowie für
   b) ein abweichendes Wirtschaftsjahr 2017/2018. Dabei ist die Bemessungsgrundlage linear den Kalendermonaten des Jahres 2017 und 2018 zuzuordnen. Auf den Anteil der Bemessungsgrundlage, der auf das Kalenderjahr 2018 entfällt, ist der Prämiensatz von 14% anzuwenden.
   (BGBl I 2017/82)

324. § 3 Abs. 1 Z 15 lit. c und d in der Fassung des Bundesgesetzes BGBl. I Nr. 105/2017 sind erstmals anzuwenden, wenn
   – die Einkommensteuer veranlagt wird, bei der Veranlagung für das Kalenderjahr 2018,
   – die Einkommensteuer (Lohnsteuer) durch Abzug eingehoben oder durch Veranlagung festgesetzt wird, für Lohnzahlungszeiträume, die nach dem 31. Dezember 2017 enden.
   (BGBl I 2017/105)

325. § 4 Abs. 11 Z 1, § 4d, § 22 Z 2, § 25 Abs. 1 Z 2 lit. c, § 26 Z 7 und 8 sowie § 27 Abs. 5 Z 7 lit. a in der Fassung des Bundesgesetzes BGBl. I Nr. 105/2017 treten mit 1. Jänner 2018 in Kraft. § 4d Abs. 3 Z 2 zweiter und dritter Satz gelten nur für nach dem 31. Dezember 2017 errichtete Belegschaftsbeteiligungsstiftungen.
   (BGBl I 2017/105)

326. a) § 27 Abs. 7 in der Fassung des Bundesgesetzes BGBl. I Nr. 103/2019 tritt am 1. Oktober 2019 in Kraft.
   b) § 27 Abs. 7 in der Fassung des Bundesgesetzes BGBl. I Nr. 103/2019 ist auf Ausschüttungen aus Anteilen und Genussrechten von
   – zum 31. Dezember 2023 bestehenden Beteiligungen gemäß § 6b Abs. 1 des Körperschaftsteuergesetzes 1988 bis zum 31. Dezember 2029 anzuwenden;
   – nach dem 31. Dezember 2023 erworbenen Beteiligungen gemäß § 6b Abs. 1 des Körperschaftsteuergesetzes 1988 nicht mehr anzuwenden.
   (BGBl I 2019/103)

327. § 108h Abs. 3 in der Fassung des Bundesgesetzes BGBl. I Nr. 16/2018 tritt mit 1. Oktober 2018 in Kraft.
   (BGBl I 2018/16)

328. § 4a Abs. 1 und § 4b jeweils in der Fassung des Bundesgesetzes BGBl. I Nr. 62/2018 treten mit 1. Jänner 2016 in Kraft.
   (BGBl I 2018/62)

329. § 4c in der Fassung des Bundesgesetzes BGBl. I Nr. 62/2018 tritt mit 1. Jänner 2017 in Kraft.
   (BGBl I 2018/62)

330. § 6 Z 6 in der Fassung des Bundesgesetzes BGBl. I Nr. 62/2018 tritt mit 1. Jänner 2019 in Kraft. § 6 Z 6 lit. d und lit. e jeweils in der Fassung vor dem Bundesgesetz BGBl. I Nr. 62/2018 sind letztmalig anzuwenden für Überführungen, Verlegungen und Einschränkungen des Besteuerungsrechts der Republik Österreich, die vor dem 1. Jänner 2019 erfolgen.
   (BGBl I 2018/62)

331. § 18 Abs. 1 Z 7 in der Fassung des Bundesgesetzes BGBl. I Nr. 62/2018 ist erstmalig für Zuwendungen anzuwenden, die nach dem 31. Dezember 2015 erfolgen. § 18 Abs. 8 Z 3 lit. b in der Fassung des Bundesgesetzes BGBl. I Nr. 62/2018 tritt mit 1. Jänner 2017 in Kraft.
   (BGBl I 2018/62)

332. § 30 Abs. 7 in der Fassung des Bundesgesetzes BGBl. I Nr. 62/2018 ist erstmalig bei der Veranlagung für das Kalenderjahr 2018 anzuwenden.
   (BGBl I 2018/62)

333. § 98 Abs. 1 Z 5 in der Fassung des Bundesgesetzes BGBl. I Nr. 62/2018 gilt für Geschäftsjahre von den §§ 40 und 42 Immo-InvFG unterliegenden Gebilden, die nach dem 31. Dezember 2018 beginnen.
   (BGBl I 2018/62)

334. § 107 in der Fassung des Bundesgesetzes BGBl. I Nr. 62/2018 tritt mit 1. Jänner 2019 in Kraft und ist anzuwenden auf Zahlungen, die ab dem 1. Jänner 2019 erfolgen sowie hinsichtlich des Abs. 11 zweiter Satz auf alle zum Zeitpunkt der Kundmachung des Bundesgesetzes BGBl. I Nr. 62/2018 nicht rechtskräftig veranlagten Fälle mit Einkünften aus der Einräumung von Leitungsrechten.
   (BGBl I 2018/62)

335. § 2 Abs. 2, § 33 Abs. 2, Abs. 3a Abs. 4 und Abs. 7, § 34 Abs. 7, § 41 Abs. 1 Z 12, § 66 Abs. 1, § 70 Abs. 2 Z 1, § 76 Abs. 1 und § 129 in der Fassung des Bundesgesetzes BGBl. I Nr. 62/2018 treten mit 1. Jänner 2019 in Kraft und sind erstmalig anzuwenden, wenn
   – die Einkommensteuer veranlagt wird, bei der Veranlagung für das Kalenderjahr 2019,
   – die Einkommensteuer (Lohnsteuer) durch Abzug eingehoben oder durch Veranlagung festgesetzt wird, erstmalig für Lohnzahlungszeiträume, die nach dem 31. Dezember 2018 enden.
   (BGBl I 2018/62)

1/1. EStG
§ 124b

336. § 34 Abs. 9 und § 106a, jeweils in der Fassung vor dem Bundesgesetz BGBl. I Nr. 62/2018 sind letztmalig bei der Veranlagung für das Kalenderjahr 2018 anzuwenden. Abweichend von § 33 Abs. 3a Z 3 lit. b kann in der Veranlagung für die Kalenderjahre 2019 bis 2021 für ein Kind, für das ein Unterhaltsabsetzbetrag zusteht, entweder der Familienbeihilfenberechtigte oder der Steuerpflichtige, der den gesetzlichen Unterhalt im Kalenderjahr zur Gänze leistet, 90% des nach § 33 Abs. 3a Z 1 oder Z 2 zustehenden Familienbonus Plus beantragen, wenn folgende Voraussetzungen vorliegen:

   a) Es erfolgte eine Betreuung des Kindes entsprechend § 34 Abs. 9 Z 2 und 3 in der Fasssung vor dem Bundesgesetz BGBl. I Nr. 62/2018.

   b) Der Antragsteller hat im Kalenderjahr mehr als die Hälfte der Aufwendungen für diese Kinderbetreuung geleistet.

   c) Der Antragsteller hat im Kalenderjahr zumindest 1 000 Euro für diese Kinderbetreuung aufgewendet.

   Wird dem Antrag entsprochen, stehen dem anderen Antragsberechtigten 10% des nach § 33 Abs. 3a Z 1 oder Z 2 zustehenden Familienbonus Plus zu. Für das Jahr 2019 gemäß § 63 ausgestellte Freibetragsbescheide, in welchen Kinderbetreuungskosten berücksichtigt sind, treten außer Kraft. Freibetragsbescheide gemäß § 63 für die Kalenderjahre 2019 und 2020 sind ohne die Berücksichtigung von Kinderbetreuungskosten (§ 34 Abs. 9) zu erlassen.

   (BGBl I 2018/98)

337. § 129 in der Fassung des Bundesgesetzes BGBl. I Nr 98/2018 tritt mit 1. Jänner 2019 in Kraft und ist erstmalig anzuwenden, wenn
   – die Einkommensteuer veranlagt wird, bei der Veranlagung für das Kalenderjahr 2019,
   – die Einkommensteuer (Lohnsteuer) durch Abzug eingehoben oder durch Veranlagung festgesetzt wird, erstmalig für Lohnzahlungszeiträume, die nach dem 31. Dezember 2018 enden.

   (BGBl I 2018/98)

338. § 86 und 89, jeweils in der Fassung des Bundesgesetzes BGBl. I Nr. 98/2018, treten mit 1. Jänner 2020 in Kraft.

   (BGBl I 2018/98)

339. § 3 Abs. 2, § 4a Abs. 7 Z 1 und Abs. 8, § 18 Abs. 4 Z 1, Z 2 lit. a, Z 3 und Abs. 8 Z 4 lit. a, § 69, § 79 Abs. 1, § 80 Abs. 1 und Abs. 2, § 81, § 84 Abs. 1 Z 1 und Z 3 und Abs. 5, § 86 Abs. 1, § 89 Abs. 3, § 90, § 92 Abs. 2, § 95 Abs. 1, § 96 Abs. 2, § 101 Abs. 1, § 107 Abs. 7, § 108 Abs. 5, § 108a Abs. 4 und Abs. 5 und § 108g Abs. 4 und Abs. 5 und § 109a Abs. 1 Z 1, jeweils in der Fassung des Bundesgesetzes BGBl. I Nr. 104/2019, treten mit 1. Jänner 2021 in Kraft.

   (BGBl I 2020/99)

340. § 30 Abs. 2 Z 4, § 95 Abs. 1 und § 107 Abs. 7, jeweils in der Fassung des Bundesgesetzes BGBl. I Nr. 103/2019, treten mit 1. Jänner 2020 in Kraft.

   (BGBl I 2019/103)

341. § 6 Z 13 in der Fassung BGBl. I Nr. 103/2019 ist erstmals für Zuschreibungen nach Umgründungen anzuwenden, die nach dem 30. April 2019 beschlossen oder vertraglich unterfertigt werden.

   (BGBl I 2019/103)

342. § 13 in der Fassung BGBl. I Nr. 103/2019 ist erstmals für Wirtschaftsjahre anzuwenden, die nach dem 31. Dezember 2019 beginnen.

   (BGBl I 2019/103)

343. § 17 Abs. 3a und § 21 Abs. 1 in der Fassung des Bundesgesetzes, BGBl. I Nr. 103/2019, sind erstmalig bei der Veranlagung für das Kalenderjahr 2020 anzuwenden.

   (BGBl I 2019/103)

344. § 3 Abs. 1 Z 4 lit. f, § 25 Abs. 1 Z 3 lit. f, § 33 Abs. 5 Z 3, Abs. 6 Z 2 und Z 3, Abs. 8 Z 2 und Z 3, § 66, § 67 Abs. 2, § 77 Abs. 3 und Abs. 4a, § 102 Abs. 1 Z 2 und 3, in der Fassung des Bundesgesetzes BGBl. I Nr. 103/2019, sind erstmalig anzuwenden, wenn
   – die Einkommensteuer veranlagt wird, bei der Veranlagung für das Kalenderjahr 2020,
   – die Einkommensteuer (Lohnsteuer) durch Abzug eingehoben oder durch Veranlagung festgesetzt wird, für Lohnzahlungszeiträume, die nach dem 31. Dezember 2019 enden.

   (BGBl I 2019/103)

345. § 33 Abs. 3a Z 4, § 33 Abs. 10 und Abs. 11, § 34 Abs. 6, § 84 Abs. 5 in der Fassung des Bundesgesetzes BGBl. I Nr. 103/2019, sind erstmalig anzuwenden, wenn
   – die Einkommensteuer veranlagt wird, bei der Veranlagung für das Kalenderjahr 2019,
   – die Einkommensteuer (Lohnsteuer) durch Abzug eingehoben oder durch Veranlagung festgesetzt wird, für Lohnzahlungszeiträume, die nach dem 31. Dezember 2018 enden.

   (BGBl I 2019/103)

346. § 47 Abs. 1, in der Fassung des Bundesgesetzes BGBl. I Nr. 91/2019, ist erstmalig anzuwenden, wenn
   – die Einkommensteuer veranlagt wird, bei der Veranlagung für das Kalenderjahr 2020,
   – die Einkommensteuer (Lohnsteuer) durch Abzug eingehoben oder durch Veranlagung festgesetzt wird, für

Lohnzahlungszeiträume, die nach dem 31. Dezember 2019 enden.
Mit Inkrafttreten des Finanz-Organisationsreformgesetzes BGBl. I Nr. 104/2019 entfällt § 47 Abs. 1 lit. d. Für das Kalenderjahr 2020 ist für die Erhebung der Lohnsteuer gemäß § 47 Abs. 1 lit. a bis c das Finanzamt Graz-Stadt zuständig.
(BGBl I 2019/91, BGBl I 2021/3)

347. § 82a Abs. 4, § 103 Abs. 1 und Abs. 1a sowie § 107 Abs. 8 Z 3 und 4, jeweils in der Fassung des Bundesgesetzes BGBl. I Nr. 99/2020, treten mit 1. Jänner 2021 in Kraft.
(BGBl I 2020/99)

348. Steuerfrei sind ab dem 1. März 2020:
   a) Zuwendungen, die aus Mitteln des COVID-19-Krisenbewältigungsfonds gemäß dem Bundesgesetz über die Errichtung des COVID-19-Krisenbewältigungsfonds – COVID-19-FondsG, BGBl. I Nr. 12/2020, aufgebracht werden.
   b) Zuschüsse aus dem Härtefallfonds gemäß dem Bundesgesetz über die Errichtung eines Härtefallfonds (Härtefallfondsgesetz, BGBl. I Nr. 16/2020).
   c) Zuschüsse auf der Grundlage von § 2 Abs. 2 Z 7 ABBAG-Gesetz, BGBl. I Nr. 51/2014 idF BGBl. I Nr. 44/2020.
   d) Sonstige vergleichbare Zuwendungen der Bundesländer, Gemeinden und gesetzlichen Interessenvertretungen, die für die Bewältigung der COVID-19-Krisensituation geleistet werden.

Von der Steuerfreiheit ausgenommen sind ab der Veranlagung 2020 Zahlungen zum Ersatz entgehender Umsätze nach lit. b und c sowie der NPO-Lockdown-Zuschuss gemäß § 7a der 2. NPO-FondsRLV, BGBl. II Nr. 99/2021, und ab der Veranlagung 2021 Zahlungen zum Ersatz entgehender Umsätze nach lit. a und d. Zahlungen zum Ersatz entgehender Umsätze sind bei Anwendung der Kleinunternehmerpauschalierung gemäß § 17 Abs. 3a im Rahmen der Veranlagung 2020 wie Umsätze im Sinne des UStG 1994 zu behandeln, sofern der dem Jahr 2020 zuzuordnende Umsatzersatz höher ist als die Betriebseinnahmen (ohne Umsatzsteuer) aus Umsätzen gemäß § 1 Abs. 1 Z 1 UStG 1994.
(BGBl I 2020/23, BGBl I 2021/112)

349. § 16 Abs. 1 Z 6 lit. h und § 68 Abs. 7 sind auch im Falle von COVID-19-Kurzarbeit, Telearbeit wegen der COVID-19-Krise bzw. Dienstverhinderungen wegen der COVID-19-Krise anwendbar. Dies gilt für Lohnzahlungszeiträume, die vor dem 1. Juli 2021 enden.
(BGBl I 2020/23, BGBl I 2020/96, BGBl I 2021/3, BGBl I 2021/52)

350. a) Zulagen und Bonuszahlungen, die aufgrund der COVID-19-Krise zusätzlich geleistet werden, sind im Kalenderjahr 2020 bis 3.000 Euro steuerfrei. Ebenso sind derartige Zulagen und Bonuszahlungen die bis Februar 2022 für das Kalenderjahr 2021 geleistet werden bis 3 000 Euro steuerfrei. Es muss sich dabei um zusätzliche Zahlungen handeln, die ausschließlich zu diesem Zweck geleistet werden und üblicherweise bisher nicht gewährt wurden. Sie erhöhen nicht das Jahressechstel gemäß § 67 Abs. 2 und werden nicht auf das Jahressechstel angerechnet.
(BGBl I 2021/227)
   b) Soweit Zulagen und Bonuszahlungen nicht durch lit. a erfasst werden, sind sie nach dem Tarif zu versteuern.
(BGBl I 2020/23)

351. Eine schädliche Erwerbstätigkeit im Sinne von § 24 Abs. 6 Z 3 und § 37 Abs. 5 Z 3 liegt nicht vor, wenn Ärzte im Jahr 2020, 2021 oder 2022 während der COVID-19-Pandemie als Ärzte gemäß § 36b Ärztegesetz 1998, BGBl. Nr. 169/1998 idF BGBl. I Nr. 16/2020, in Österreich tätig werden.
(BGBl I 2020/44, BGBl I 2021/3, BGBl I 2022/108)

352. Können Einsatztage im Sinne des § 3 Abs. 1 Z 16c aufgrund der COVID-19-Krise im Kalenderjahr 2020 bzw. bis einschließlich 30. Juni 2021 nicht stattfinden und werden pauschale Reiseaufwandsentschädigungen weiter gewährt, können diese gemäß § 3 Abs. 1 Z 16c steuerfrei behandelt werden.
(BGBl I 2020/44, BGBl I 2021/3, BGBl I 2021/52)

353. § 3 Abs. 1 Z 17 in der Fassung des Bundesgesetzes BGBl. I Nr. 48/2020 ist erstmalig anzuwenden für Lohnzahlungszeiträume, die nach dem 30. Juni 2020 enden.
(BGBl I 2020/48)

354. Aufwendungen oder Ausgaben anlässlich der Bewirtung von Geschäftsfreunden gemäß § 20 Abs. 1 Z 3 Satz 3, die nach dem 30. Juni 2020 und vor dem 1. Jänner 2021 anfallen, können zu 75 % abgezogen werden.
(BGBl I 2020/48)

354a. § 86 Abs. 1 und § 89 Abs. 4, jeweils in der Fassung des Bundesgesetzes BGBl. Nr. 54/2020, treten mit 1. Juli 2020 in Kraft.
(BGBl I 2020/54, BGBl I 2021/3)

355. a) Verluste aus Einkünften gemäß § 2 Abs. 3 Z 1 bis 3, die bei der Ermittlung des Gesamtbetrags der Einkünfte im Rahmen der Veranlagung 2020 nicht ausgeglichen werden, können im Rahmen der Veranlagung 2019 bis zu einem Betrag von 5 000 000 Euro vom Gesamtbetrag der Einkünfte vor Sonder-

1/1. EStG
§ 124b

ausgaben und außergewöhnlichen Belastungen abgezogen werden (Verlustrücktrag). Soweit ein Abzug im Rahmen der Veranlagung 2019 nicht möglich ist, kann dieser unter bestimmten Voraussetzungen im Rahmen der Veranlagung 2018 erfolgen. Dabei gilt:
- Die Verluste müssen durch ordnungsmäßige Buchführung oder bei Steuerpflichtigen, die ihren Gewinn gemäß § 4 Abs. 3 ermitteln, durch ordnungsgemäße Einnahmen-Ausgaben-Rechnung, ermittelt worden sein.
- Der Verlustrücktrag erfolgt auf Antrag. Wurde das betreffende Jahr bereits rechtskräftig veranlagt, gilt der Antrag als rückwirkendes Ereignis im Sinne des § 295a BAO.
- Soweit Verluste aus der Veranlagung 2020 nicht rückgetragen werden, können sie nach Maßgabe des § 18 Abs. 6 in Folgejahren abgezogen werden (Verlustabzug).

Der Bundesminister für Finanzen wird ermächtigt, im Wege einer Verordnung festzulegen, dass eine Verlustberücksichtigung bereits vor Durchführung der Veranlagung 2020 erfolgen kann, um bei den Steuerpflichtigen früher positive Liquiditätseffekte herbeizuführen. Dabei sind auch die Voraussetzungen für die Verlustberücksichtigung im Rahmen der Veranlagung 2018 näher festzulegen.

(BGBl I 2021/3)

b) Endet im Kalenderjahr 2020 ein abweichendes Wirtschaftsjahr, besteht das Wahlrecht, den Verlust aus der Veranlagung 2020 oder aus der Veranlagung 2021 rückzutragen. Wird der Verlust aus der Veranlagung 2021 rückgetragen, beziehen sich die Regelungen der lit. a auf die Kalenderjahre 2021, 2020 und 2019.

(BGBl I 2020/96)

356. § 7 Abs. 1a in der Fassung BGBl. I Nr. 96/2020 ist erstmalig auf nach dem 30. Juni 2020 angeschaffte oder hergestellte Wirtschaftsgüter anzuwenden. Für vor dem 1. Jänner 2023 angeschaffte oder hergestellte Wirtschaftsgüter kann die degressive Absetzung für Abnutzung nach Maßgabe des § 7 Abs. 1a in der Fassung BGBl. I Nr. 96/2020 unabhängig von der im unternehmensrechtlichen Jahresabschluss vorgenommenen Abschreibung in Anspruch genommen werden; für Elektrizitätsunternehmen im Sinne des § 7 Z 11 des Elektrizitätswirtschafts- und -organisationsgesetzes 2010, BGBl. I Nr. 110/2010, gilt dies weiterhin für vor dem 1. Jänner 2026 angeschaffte und hergestellte Wirtschaftsgüter.

(BGBl I 2020/96, BGBl I 2021/3, BGBl I 2022/10, BGBl I 2022/220)

357. § 8 Abs. 1a und § 16 Abs. 1 Z 8 lit. e, jeweils in der Fassung BGBl. I Nr. 96/2020, sind erstmalig auf nach dem 30. Juni 2020 angeschaffte oder hergestellte Gebäude anzuwenden.

(BGBl I 2020/96)

358. § 12 in der Fassung des Bundesgesetzes BGBl. I Nr. 96/2020 ist auf stille Reserven anzuwenden, die auf Grund des Ausscheidens von Wirtschaftsgütern nach dem 31. Dezember 2019 aufgedeckt werden.

(BGBl I 2020/96)

359. § 17 Abs. 5a in der Fassung des Bundesgesetzes BGBl. I Nr. 96/2020 tritt mit 1. Jänner 2020 in Kraft.

(BGBl I 2020/96)

360. § 33 Abs. 1 in der Fassung des Bundesgesetzes BGBl. I Nr. 96/2020 ist erstmalig anzuwenden, wenn
- die Einkommensteuer veranlagt wird, bei der Veranlagung für das Kalenderjahr 2020,
- die Einkommensteuer (Lohnsteuer) durch Abzug eingehoben oder durch Veranlagung festgesetzt wird, für Lohnzahlungszeiträume, die nach dem 31. Dezember 2019 enden. Wurde für derartige Lohnzahlungszeiträume § 33 Abs. 1 in der Fassung BGBl. I Nr. 96/2020 noch nicht berücksichtigt, hat der Arbeitgeber für seine Arbeitnehmer eine Aufrollung gemäß § 77 Abs. 3 so bald wie möglich, jedoch spätestens bis 30. September 2020 durchzuführen, sofern die technischen und organisatorischen Möglichkeiten dazu vorliegen.

(BGBl I 2020/96)

361. § 33 Abs. 3a Z 3 lit. d in der Fassung des Bundesgesetzes BGBl. I Nr. 96/2020 ist erstmalig für Anträge betreffend das Kalenderjahr 2019 anzuwenden.

(BGBl I 2020/96)

362. § 33 Abs. 5 Z 3 und Abs. 8 Z 2, jeweils in der Fassung des Bundesgesetzes BGBl. I Nr. 96/2020, sind erstmalig bei der Veranlagung für das Kalenderjahr 2020 anzuwenden.

(BGBl I 2020/96)

363. § 37 Abs. 4 in der Fassung des Bundesgesetzes BGBl. I Nr. 96/2020 ist erstmalig bei der Veranlagung für das Kalenderjahr 2020 anzuwenden.

(BGBl I 2020/96)

364. In den Kalenderjahren 2020, 2021 und 2022 ist für Arbeitnehmer, welchen auf Grund von COVID-19-Kurzarbeit gemäß § 37b AMSG reduzierte laufende Bezüge zugeflossen sind, das Jahressechstel gemäß § 67 Abs. 2 pauschal um 15% zu erhöhen. Dies gilt sinngemäß auch für § 67 Abs. 5 zweiter Teilstrich, für die Neuberechnung der Lohnsteuer gemäß §

§ 77 Abs. 4 und für das Kontrollsechstel gemäß § 77 Abs. 4a.
(BGBl I 2020/96, BGBl I 2021/3, BGBl I 2022/108)

365. Die COVID-19 Investitionsprämie für Unternehmen nach dem Investitionsprämiengesetz, BGBl. I Nr. 88/2020, stellt keine Betriebseinnahme dar; § 6 Z 10, § 20 Abs. 2 und § 12 Abs. 2 KStG 1988 sind auf sie nicht anwendbar.
(BGBl I 2020/96)

366. § 17 Abs. 3a Z 1 bis Z 5 in der Fassung des Bundesgesetzes BGBl. I Nr. 3/2021 sind erstmalig bei der Veranlagung für das Kalenderjahr 2021 anzuwenden.
(BGBl I 2021/3)

367. § 41 Abs. 1 Z 11, § 47 Abs. 1, § 83 Abs. 2 Z 2 und § 84a, jeweils in der Fassung des Bundesgesetzes BGBl. I Nr. 3/2021, sind erstmalig anzuwenden, wenn
– die Einkommensteuer veranlagt wird, bei der Veranlagung für das Kalenderjahr 2020,
– die Einkommensteuer (Lohnsteuer) durch Abzug eingehoben oder durch Veranlagung festgesetzt wird, für Lohnzahlungszeiträume, die nach dem 31. Dezember 2019 enden.

Abweichend von § 84a Abs. 1 kann die Lohnbescheinigung gemäß § 84a für das Kalenderjahr 2020 bis spätestens 31. März 2021 an das Finanzamt übermittelt werden.
(BGBl I 2021/3)

368. § 67 Abs. 2, § 69 Abs. 2, 3 und 4 Z 1 sowie § 77 Abs. 4a, jeweils in der Fassung des Bundesgesetzes BGBl. I Nr. 3/2021, sind erstmalig für Lohnzahlungszeiträume anzuwenden, die nach dem 31. Dezember 2020 enden.
(BGBl I 2021/3)

369. Bei den Veranlagungen 2020 und 2021 ist hinsichtlich der 10 %-Grenzen in den §§ 4a Abs. 1, 4b Abs. 1 Z 5 lit. b, 4c Abs. 1 Z 2 sowie § 18 Abs. 1 Z 7 bis 9 auf die höhere Grenze aus der Veranlagung 2019 bzw. dem jeweiligen Veranlagungsjahr abzustellen.
(BGBl I 2021/3)

370. § 26 Z 5 in der Fassung des Bundesgesetzes BGBl. I Nr. 18/2021 ist erstmalig für Lohnzahlungszeiträume anzuwenden, die nach dem 30. Juni 2021 enden, und bei Anwendung der lit. b, wenn der Erwerb der Wochen-, Monats- oder Jahreskarte nach dem 30. Juni 2021 erfolgt.
(BGBl I 2021/18)

371. Wird im Kalenderjahr 2020 der Freibetrag für die Teilnahme an Betriebsveranstaltungen gemäß § 3 Abs. 1 Z 14 nicht oder nicht zur Gänze ausgeschöpft, kann der Arbeitgeber im Zeitraum von 1. November 2020 bis 31. Jänner 2021 Gutscheine im Wert von bis zu 365 Euro an seine Arbeitnehmer ausgeben. Diese Gutscheine stellen einen steuerfreien geldwerten Vorteil aus der Teilnahme an Betriebsveranstaltungen gemäß § 3 Abs. 1 Z 14 dar.
(BGBl I 2021/3)

372. § 6 Z 2 lit. a und § 9 Abs. 3 in der Fassung des Bundesgesetzes BGBl. I Nr. 3/2021 sind erstmalig anzuwenden für Wirtschaftsjahre, die nach dem 31. Dezember 2020 beginnen. Dabei gilt:
a) Eine pauschale Forderungswertberichtigung darf auch für Forderungen erfolgen, die in Wirtschaftsjahren entstanden sind, die vor dem 1. Jänner 2021 beginnen.
(BGBl I 2022/108)
b) Eine pauschale Rückstellung darf auch gebildet werden, wenn der Anlass für deren erstmalige Bildung in Wirtschaftsjahren liegt, die vor dem 1. Jänner 2021 beginnen.
(BGBl I 2022/108)
c) Die gemäß lit. a und lit. b zu berücksichtigenden Wertberichtigungs- und Rückstellungsbeträge sind auf das Wirtschaftsjahr, das nach dem 31. Dezember 2020 beginnt, und gleichmäßig auf die folgenden vier Wirtschaftsjahre zu verteilen.
(BGBl I 2021/3)

373. § 16 Abs. 1 Z 7 und Z 7a lit. b, § 26 Z 9 und § 41 Abs. 1 Z 13, jeweils in der Fassung des Bundesgesetzes BGBl. I Nr. 52/2021, sind erstmalig für Homeoffice-Tage ab 1. Jänner 2021 anzuwenden, wenn
– die Einkommensteuer veranlagt wird, bei der Veranlagung für das Kalenderjahr 2021,
– die Einkommensteuer (Lohnsteuer) durch Abzug eingehoben oder durch Veranlagung festgesetzt wird, für Lohnzahlungszeiträume, die nach dem 31. Dezember 2020 enden.
(BGBl I 2021/52)

374. § 16 Abs. 1 Z 7a lit. a und § 16 Abs. 3 in der Fassung des Bundesgesetzes BGBl. I Nr. 52/2021 sind erstmalig bei der Veranlagung für das Kalenderjahr 2022 anzuwenden. Abweichend davon gilt für die Veranlagung der Kalenderjahre 2020 und 2021 Folgendes:
– Ausgaben im Sinne des § 16 Abs. 1 Z 7a lit. a, die im Kalenderjahr 2020 getätigt wurden, sind zu berücksichtigen, wenn der Arbeitnehmer seine berufliche Tätigkeit für den Arbeitgeber an zumindest 26 Tagen im Jahr 2020 ausschließlich in der Wohnung ausgeübt hat. Der Höchstbetrag beträgt für das Kalenderjahr 2020 150 Euro. Der Antrag auf Berücksichtigung dieser Kosten stellt ein rückwirkendes Ereignis im Sinne des § 295a BAO dar.

1/1. EStG
§ 124b

- Der Höchstbetrag gemäß § 16 Abs. 1 Z 7a lit. a beträgt für das Kalenderjahr 2021 300 Euro. Er vermindert sich um den Betrag, der im Kalenderjahr 2020 für Ausgaben im Sinne des § 16 Abs. 1 Z 7a lit. a berücksichtigt worden ist.

(BGBl I 2021/52)

375. ~~§ 16 Abs. 1 Z 7a, § 26 Z 9 und § 41 Abs. 1 Z 13 treten mit 1. Jänner 2024 außer Kraft. § 16 Abs. 1 Z 7 und § 16 Abs. 3 in der Fassung des BGBl. I Nr. 52/2021 treten mit 1. Jänner 2024 außer Kraft; § 16 Abs. 1 Z 7 und § 16 Abs. 3 in der Fassung vor BGBl. I Nr. 52/2021 treten mit 1. Jänner 2024 wieder in Kraft.~~

(BGBl I 2021/52; PrAG 2024, BGBl I 2023/153 ab 23.12.2023)

376. § 67 Abs. 5 in der Fassung des Bundesgesetzes BGBl. I Nr. 71/2021 tritt mit 1. April 2021 in Kraft.

(BGBl I 2021/71, BGBl I 2021/112)

377. § 3 Abs. 1 Z 17 in der Fassung des Bundesgesetzes BGBl. I Nr. 227/2021 ist erstmalig anzuwenden für Lohnzahlungszeiträume, die nach dem 31. Dezember 2021 enden.

(BGBl I 2021/227)

378. § 4 Abs. 4 Z 8 und § 17 Abs. 1 und 3a in der Fassung des Bundesgesetzes BGBl. I Nr. 227/2021 sind erstmalig bei der Veranlagung für das Kalenderjahr 2022 anzuwenden.

(BGBl I 2021/227)

379. § 36 Abs. 2 Z 1 in der Fassung des Bundesgesetzes BGBl. I Nr. 227/2021 ist erstmalig bei der Veranlagung für das Kalenderjahr 2021 anzuwenden.

(BGBl I 2021/227)

380. § 16 Abs. 1 Z 6 lit. h und § 68 Abs. 7 sind auch im Falle von COVID-19-Kurzarbeit, Telearbeit wegen der COVID-19-Krise bzw. Dienstverhinderungen wegen der COVID-19-Krise anwendbar. Dies gilt für Lohnzahlungszeiträume, die nach dem 31. Oktober 2021 beginnen und vor dem 1. Jänner 2022 enden.

(BGBl I 2021/227)

381. Können Einsatztage im Sinne des § 3 Abs. 1 Z 16c aufgrund der COVID-19-Krise in den Kalendermonaten November und Dezember 2021 nicht stattfinden und werden pauschale Reiseaufwandsentschädigungen weiter gewährt, können diese gemäß § 3 Abs. 1 Z 16c steuerfrei behandelt werden.

(BGBl I 2021/227)

382. Wird im Kalenderjahr 2021 der Freibetrag für die Teilnahme an Betriebsveranstaltungen gemäß § 3 Abs. 1 Z 14 nicht oder nicht zur Gänze ausgeschöpft, kann der Arbeitgeber im Zeitraum von 1. November 2021 bis 31. Jänner 2022 Gutscheine im Wert von bis zu 365 Euro an seine Arbeitnehmer ausgeben. Diese Gutscheine stellen einen steuerfreien geldwerten Vorteil aus der Teilnahme an Betriebsveranstaltungen gemäß § 3 Abs. 1 Z 14 dar.

(BGBl I 2021/227)

383. § 3 Abs. 1 Z 35 in der Fassung des Bundesgesetzes BGBl. I Nr. 10/2022 ist erstmalig anzuwenden, wenn

- die Einkommensteuer veranlagt wird, bei der Veranlagung für das Kalenderjahr 2022,
- die Einkommensteuer (Lohnsteuer) durch Abzug eingehoben oder durch Veranlagung festgesetzt wird, für Lohnzahlungszeiträume, die nach dem 31. Dezember 2021 enden.

(BGBl I 2022/10)

384. a) § 6 Z 2 lit. c und Z 5, § 20 Abs. 2, § 27 Abs. 1, Abs. 4a, Abs. 6 und Abs. 8, § 27a Abs. 1 Z 1, Abs. 2 Z 1 und Z 2, Abs. 3 Z 4, Abs. 4 und Abs. 6, § 27b, § 93 Abs. 2 Z 1 und Z 3, Abs. 4a, Abs. 5 und Abs. 7, § 94 Z 6 lit. c, Z 7, Z 10 und Z 12, § 95 Abs. 2 Z 1 lit. a und Z 3, Abs. 3, § 96 Abs. 1 Z 1, Z 3 und Abs. 4 Z 3 und § 97 Abs. 1, jeweils in der Fassung des Bundesgesetzes BGBl. I Nr. 10/2022, treten mit 1. März 2022 in Kraft und sind erstmals auf Kryptowährungen anzuwenden, die nach dem 28. Februar 2021 angeschafft wurden.

b) Werden Kryptowährungen, die vor dem 1. März 2021 angeschafft wurden, nach dem 28. Februar 2022 zur Erzielung laufender Einkünfte aus Kryptowährungen gemäß § 27b Abs. 2 oder zum Erwerb von Kryptowährungen gemäß § 27b Abs. 2 zweiter Satz verwendet, ist bereits § 27b Abs. 2 anzuwenden und die erworbenen Kryptowährungen gelten als nach dem 28. Februar 2021 angeschafft.

c) Werden Kryptowährungen nach dem 31. Dezember 2021 und vor dem 1. März 2022 steuerpflichtig realisiert, können die Einkünfte auf Antrag des Steuerpflichtigen bereits als Einkünfte im Sinne des § 27b behandelt werden.

d) Die Verpflichtung zum Kapitalertragsteuerabzug für Einkünfte aus Kryptowährungen gilt erstmals für Kapitalerträge, die nach dem 31. Dezember 2023 anfallen. Für in den Kalenderjahren 2022 und 2023 anfallende Kapitalerträge kann freiwillig eine Kapitalertragsteuer einbehalten werden; die §§ 93 bis 97 gelten diesfalls sinngemäß.

e) § 27a Abs. 2 Z 7 und § 95 Abs. 1 sowie Abs. 2 Z 2 lit. c treten mit 1. März 2022 in Kraft, wobei der freiwillige Steuerabzug erstmals für Kapitalerträge, die nach dem 1. März 2022 anfallen, vorgenommen werden kann.

(BGBl I 2022/10)

385. § 10 Abs. 1 und 2 in der Fassung des Bundesgesetzes BGBl. I Nr. 10/2022 ist erstmalig für Wirtschaftsjahre anzuwenden, die nach dem 31. Dezember 2021 beginnen.
(BGBl I 2022/10, BGBl I 2022/194)

386. § 11 in der Fassung des Bundesgesetzes BGBl. I Nr. 10/2022 ist erstmalig auf nach dem 31. Dezember 2022 angeschaffte oder hergestellte Wirtschaftsgüter anzuwenden.
(BGBl I 2022/10)

387. § 13 in der Fassung des Bundesgesetzes BGBl. I Nr. 10/2022 tritt mit 1. Jänner 2023 in Kraft. Für Einkünfte gemäß § 2 Abs. 3 Z 1 bis 3 ist § 13 in der Fassung BGBl. I Nr. 10/2022 erstmals für Wirtschaftsjahre anzuwenden, die nach dem 31. Dezember 2022 beginnen.
(BGBl I 2022/10)

388. § 18 Abs. 1 Z 10 in der Fassung des Bundesgesetzes BGBl. I Nr. 10/2022 ist erstmalig bei der Veranlagung für das Kalenderjahr 2022 anzuwenden für Ausgaben,
   a) für welche nach dem 30. Juni 2022 eine Förderung des Bundes gemäß dem 3. Abschnitt des UFG ausbezahlt wurde,
   b) sofern das zugrundeliegende Förderungsansuchen nach dem 31. März 2022 eingebracht wurde.
(BGBl I 2022/10)

389. § 30b Abs. 1a, § 93 Abs. 1a und § 100 Abs. 1a, jeweils in der Fassung des Bundesgesetzes BGBl. I Nr. 10/2022, treten jeweils mit 1. Jänner 2023 in Kraft und sind erstmalig für Einkünfte anzuwenden, die nach dem 31. Dezember 2022 zufließen.
(BGBl I 2022/10)

390. a) Die Senkung des Steuersatzes von 35% auf 30% gemäß § 33 Abs. 1 in der Fassung des Bundesgesetzes BGBl. I Nr. 10/2022 tritt mit 1. Juli 2022 in Kraft und ist erstmalig anzuwenden, wenn
   – die Einkommensteuer veranlagt oder durch Veranlagung festgesetzt wird, bei der Veranlagung für das Kalenderjahr 2023,
   – die Einkommensteuer (Lohnsteuer) durch Abzug eingehoben wird, für Lohnzahlungszeiträume, die nach dem 31. Dezember 2022 enden.
   b) Für das Kalenderjahr 2022 ist die Senkung des Steuersatzes von 35% auf 30% wie folgt zu berücksichtigen:
   – Wenn die Einkommensteuer veranlagt oder durch Veranlagung festgesetzt wird, ist für das gesamte Kalenderjahr ein Steuersatz von 32,5% anzuwenden.
   – Wenn die Einkommensteuer (Lohnsteuer) durch Abzug eingehoben wird, ist für Lohnzahlungszeiträume, die nach dem 31. Dezember 2021 enden, ein Steuersatz von 32,5% anzuwenden. Wurde für derartige Lohnzahlungszeiträume der Steuersatz von 32,5% noch nicht berücksichtigt, hat der Arbeitgeber für seine Arbeitnehmer eine Aufrollung gemäß § 77 Abs. 3 so bald wie möglich, jedoch spätestens bis 31. Mai 2022 durchzuführen, sofern die technischen und organisatorischen Möglichkeiten dazu vorliegen.
(BGBl I 2022/10)

391. a) Die Senkung des Steuersatzes von 42% auf 40% gemäß § 33 Abs. 1 in der Fassung des Bundesgesetzes BGBl. I Nr. 10/2022 tritt mit 1. Juli 2023 in Kraft und ist erstmalig anzuwenden, wenn
   – die Einkommensteuer veranlagt wird, bei der Veranlagung für das Kalenderjahr 2024,
   – die Einkommensteuer (Lohnsteuer) durch Abzug eingehoben oder durch Veranlagung festgesetzt wird, für Lohnzahlungszeiträume, die nach dem 31. Dezember 2023 enden.
   b) Für das Kalenderjahr 2023 ist die Senkung des Steuersatzes von 42% auf 40% wie folgt zu berücksichtigen:
   – Wenn die Einkommensteuer veranlagt oder durch Veranlagung festgesetzt wird, ist für das gesamte Kalenderjahr ein Steuersatz von 41% anzuwenden.
   – Wenn die Einkommensteuer (Lohnsteuer) durch Abzug eingehoben wird, ist für Lohnzahlungszeiträume, die nach dem 31. Dezember 2022 enden, ein Steuersatz von 41% anzuwenden.
(BGBl I 2022/10)

392. § 33 Abs. 3a Z 1 in der Fassung des Bundesgesetzes BGBl. I Nr. 10/2022 ist für Kalendermonate ab Jänner 2022 anzuwenden. Wurde für derartige Lohnzahlungszeiträume der höhere Familienbonus Plus noch nicht berücksichtigt, hat der Arbeitgeber für seine Arbeitnehmer eine Aufrollung gemäß § 77 Abs. 3 so bald wie möglich, jedoch spätestens bis 30. September 2022 durchzuführen, sofern die technischen und organisatorischen Möglichkeiten dazu vorliegen.
(BGBl I 2022/10, BGBl I 2022/93)

393. § 33 Abs. 5 Z 3, Abs. 6 Z 2 und Z 3, Abs. 8 Z 2 und Z 3 in der Fassung des BGBl. I Nr. 10/2022 ist erstmalig bei der Veranlagung für das Kalenderjahr 2021 anzuwenden. Wenn die Einkommensteuer (Lohnsteuer) durch Abzug eingehoben wird, ist § 33 Abs. 6 Z 2 und Z 3 in Fassung BGBl. I Nr. 10/2022 für Lohnzahlungszeiträume, die nach dem 31. Dezember 2021 enden, anzuwenden. Wurde für

1/1. EStG
§ 124b

derartige Lohnzahlungszeiträume der höhere Absetzbetrag noch nicht berücksichtigt, hat die pensionsauszahlende Stelle eine Aufrollung gemäß § 77 Abs. 3 so bald wie möglich, jedoch spätestens bis 31. Mai 2022 durchzuführen, sofern die technischen und organisatorischen Möglichkeiten dazu vorliegen.

(BGBl I 2022/10)

394. a) § 33 Abs. 7 in der Fassung des Bundesgesetzes BGBl. I Nr. 10/2022 ist erstmalig bei der Veranlagung für das Kalenderjahr 2022 anzuwenden.
b) § 33 Abs. 7 in der Fassung des Bundesgesetzes BGBl. I Nr. 93/2022 tritt nach BGBl. I Nr. 10/2022 in Kraft und ist erstmalig bei der Veranlagung für das Kalenderjahr 2022 anzuwenden.

(BGBl I 2022/10, BGBl I 2022/93)

395. a) Zur Abgeltung der erhöhten Treibstoffkosten sind im Zeitraum Mai 2022 bis Juni 2023 zusätzlich zu den Pauschbeträgen gemäß § 16 Abs. 1 Z 6 lit. c folgende Pauschbeträge nach Maßgabe der Bestimmungen des § 16 Abs. 1 Z 6 lit. e bis j zu berücksichtigen:

Bei einer einfachen Fahrtstrecke von
mindestens 20 km bis 40 km
    29 Euro monatlich
mehr als 40 km bis 60 km
    56,50 Euro monatlich
mehr als 60 km   84 Euro monatlich

b) Zur Abgeltung der erhöhten Treibstoffkosten sind im Zeitraum Mai 2022 bis Juni 2023 zusätzlich zu den Pauschbeträgen gemäß § 16 Abs. 1 Z 6 lit. d folgende Pauschbeträge nach Maßgabe der Bestimmungen des § 16 Abs. 1 Z 6 lit. e bis j zu berücksichtigen:

Bei einer einfachen Fahrtstrecke von
mindestens 2 km bis 20 km
    15,50 Euro monatlich
mehr als 20 km bis 40 km
    61,50 Euro monatlich
mehr als 40 km bis 60 km
    107 Euro monatlich
mehr als 60 km   153 Euro monatlich

c) Im Zeitraum Mai 2022 bis Juni 2023 steht zusätzlich ein Pendlereuro gemäß § 33 Abs. 5 Z 4 von 0,50 Euro monatlich pro Kilometer der einfachen Fahrtstrecke zwischen Wohnung und Arbeitsstätte zu. Für die Berücksichtigung des zusätzlichen Pendlereuros gelten die Bestimmungen des § 16 Abs. 1 Z 6 lit. b und lit. e bis j entsprechend.

d) Bei Steuerpflichtigen, die Anspruch auf ein Pendlerpauschale gemäß § 16 Abs. 1 Z 6 haben, erhöht sich der nach § 33 Abs. 8 Z 2 errechnete und zurückzuerstattende Betrag im Kalenderjahr 2022 um 60 Euro und im Kalenderjahr 2023 um 40 Euro.

e) Wenn die Einkommensteuer (Lohnsteuer) durch Abzug eingehoben wird, und für Lohnzahlungszeiträume von Mai 2022 bis Juni 2023 lit. a bis c noch nicht berücksichtigt wurden, hat der Arbeitgeber für seine Arbeitnehmer eine Aufrollung gemäß § 77 Abs. 3 so bald wie möglich, jedoch spätestens bis 31. August 2022 durchzuführen, sofern die technischen und organisatorischen Möglichkeiten dazu vorliegen.

(BGBl I 2022/63)

396. § 3 Abs. 1 Z 38 in der Fassung des Bundesgesetzes BGBl. I Nr. 108/2022 ist erstmalig auf Zuschüsse und sonstige Leistungen anzuwenden, die nach dem 30. Juni 2022 ausbezahlt werden.

(BGBl I 2022/108)

397. § 3 Abs. 1 Z 39, § 4 Abs. 4 Z 5 und § 17 Abs. 1 und 3a, jeweils in der Fassung des Bundesgesetzes BGBl. I Nr. 108/2022, sind erstmalig bei der Veranlagung für das Kalenderjahr 2022 anzuwenden.

(BGBl I 2022/108)

398. § 16 Abs. 1 Z 6 lit. i in der Fassung des Bundesgesetzes BGBl. I Nr. 108/2022 ist erstmalig anzuwenden, wenn die Einkommensteuer (Lohnsteuer) durch Abzug eingehoben oder durch Veranlagung festgesetzt wird, für Lohnzahlungszeiträume, die nach dem 31. Dezember 2022 enden.

(BGBl I 2022/108)

399. § 19 Abs. 1 Z 2 und Abs. 2 in der Fassung des Bundesgesetzes BGBl. I Nr. 108/2022 ist für Zahlungen und Rückzahlungen ab 1. Jänner 2022 anzuwenden und über Antrag des Steuerpflichtigen auf alle offenen Veranlagungsverfahren. Eine Änderung auf Antrag des Steuerpflichtigen in einem offenen Veranlagungsverfahren betreffend das Kalenderjahr der Zahlung oder Rückzahlung stellt hinsichtlich der Kalenderjahre, für die der Anspruch besteht, ein rückwirkendes Ereignis gemäß § 295a BAO dar. Wurde die Zahlung nicht in dem Kalenderjahr steuerlich berücksichtigt, für das die Zahlung getätigt wurde, kann eine Rückzahlung abweichend von § 19 Abs. 2 in dem Kalenderjahr als abgeflossen gelten, in dem die Zahlung steuerlich berücksichtigt worden ist.

(BGBl I 2022/108)

400. § 22 Z 1 lit. a dritter Satz tritt mit 1. September 2022 in Kraft.

(BGBl I 2022/108)

401. § 22 Z 1 lit. b in der Fassung des Bundesgesetzes BGBl. I Nr. 108/2022 ist auf alle zum Zeitpunkt der Kundmachung des Bundes-

gesetzes BGBl. I Nr. 108/2022 nicht rechtskräftig veranlagten Fälle anzuwenden.
(BGBl I 2022/108)

402. § 27 Abs. 6 Z 2 sechster Teilstrich und § 93 Abs. 5, jeweils in der Fassung des Bundesgesetzes BGBl. I Nr. 108/2022, treten mit 1. Jänner 2023 in Kraft.
(BGBl I 2022/108)

403. § 41 Abs. 1 Z 6, 13, 14 und 15, § 41 Abs. 2 Z 2 sowie § 42 Abs. 1 Z 3 in der Fassung des Bundesgesetzes BGBl. I Nr. 108/2022 sind erstmalig bei der Veranlagung für das Kalenderjahr 2022 anzuwenden.
(BGBl I 2022/108)

404. § 96 Abs. 4 und 5 in der Fassung des Bundesgesetzes BGBl. I Nr. 108/2022 tritt am 1. Jänner 2025 in Kraft und ist erstmals auf Steuerbescheinigungen anzuwenden, die für das Kalenderjahr 2025 ausgestellt werden.
(BGBl I 2022/108; AbgÄG 2023, BGBl I 2023/110)

405. § 108c Abs. 2 Z 1 und Abs. 3 in der Fassung des Bundesgesetzes BGBl. I Nr. 108/2022 ist erstmalig auf Prämien anzuwenden, die das Kalenderjahr 2022 betreffen und nach dem 30. Juni 2022 erstmalig beantragt werden.
(BGBl I 2022/108)

406. § 33 Abs. 6 Z 2 in der Fassung des BGBl. I Nr. 93/2022 ist erstmalig anzuwenden, wenn
  – die Einkommensteuer veranlagt wird, bei der Veranlagung für das Kalenderjahr 2023,
  – die Einkommensteuer (Lohnsteuer) durch Abzug eingehoben oder durch Veranlagung festgesetzt wird, für Lohnzahlungszeiträume, die nach dem 31. Dezember 2022 enden.
(BGBl I 2022/93)

407. Hat ein Steuerpflichtiger Anspruch auf einen der Absetzbeträge nach § 33 Abs. 5 oder 6 und hat er keine außerordentliche Einmalzahlung gemäß § 772a ASVG, § 400a GSVG, § 394a BSVG, § 95h PG 1965 und § 19 BB-PG erhalten, so steht ihm für das Kalenderjahr 2022 im Wege der Einkommensteuerveranlagung ein Teuerungsabsetzbetrag in Höhe von 500 Euro zu. Für die Berücksichtigung des Teuerungsabsetzbetrages gilt:
  a) Bei Anspruch auf den Verkehrsabsetzbetrag steht der Teuerungsabsetzbetrag bis zu einem Einkommen von 18 200 Euro im Kalenderjahr zu und vermindert sich zwischen Einkommen von 18 200 Euro und 24 500 Euro gleichmäßig einschleifend auf null. Der Teuerungsabsetzbetrag vermindert sich um außerordentliche Gutschriften gemäß § 398a GSVG und § 392a BSVG. Abweichend von § 33 Abs. 8 Z 2 sind für das Kalenderjahr 2022 70% der Werbungskosten im Sinne des § 16 Abs. 1 Z 3 lit. a (ausgenommen Betriebsratsumlagen) und des § 16 Abs. 1 Z 4 und 5, höchstens aber 1 550 Euro, rückzuerstatten.
(BGBl I 2022/138)
  b) Bei Anspruch auf einen der Absetzbeträge gemäß § 33 Abs. 6 steht der Teuerungsabsetzbetrag bis zu laufenden Pensionseinkünften von 20 500 Euro im Kalenderjahr zu und vermindert sich zwischen laufenden Pensionseinkünften von 20 500 Euro und 25 500 Euro gleichmäßig einschleifend auf null. Der Teuerungsabsetzbetrag vermindert sich um außerordentliche Gutschriften gemäß § 398a GSVG und gemäß § 392a BSVG. Abweichend von § 33 Abs. 8 Z 3 sind für das Kalenderjahr 2022 100% der Werbungskosten im Sinne des § 16 Abs. 1 Z 4, höchstens aber 1 050 Euro, rückzuerstatten. Bei Anspruch auf einen Pensionistenabsetzbetrag ist der Teuerungsabsetzbetrag zusätzlich zu den Absetzbeträgen gemäß § 66 Abs. 1 bei der Berechnung der Lohnsteuer zu berücksichtigen. Die pensionsauszahlende Stelle hat für die Pensionsbezieher eine Aufrollung gemäß § 77 Abs. 3 so bald wie möglich, jedoch spätestens bis 30. September 2022 durchzuführen.
(BGBl I 2022/138)

408. a) Zulagen und Bonuszahlungen, die der Arbeitgeber in den Kalenderjahren 2022 und 2023 aufgrund der Teuerung zusätzlich gewährt (Teuerungsprämie), sind
  – bis 2 000 Euro pro Jahr steuerfrei und zusätzlich
  – bis 1 000 Euro pro Jahr steuerfrei, wenn die Zahlung aufgrund einer lohngestaltenden Vorschrift gemäß § 68 Abs. 5 Z 1 bis 7 erfolgt.
Es muss sich dabei um zusätzliche Zahlungen handeln, die üblicherweise bisher nicht gewährt wurden. Sie erhöhen nicht das Jahressechstel gemäß § 67 Abs. 2 und werden nicht auf das Jahressechstel angerechnet.
  b) Werden in den Kalenderjahren 2022 und 2023 sowohl eine Gewinnbeteiligung gemäß § 3 Abs. 1 Z 35 als auch eine Teuerungsprämie ausbezahlt, sind diese nur insoweit steuerfrei, als sie insgesamt den Betrag von 3 000 Euro pro Jahr nicht übersteigen. Eine steuerfrei gewährte Gewinnbeteiligung kann im Kalenderjahr 2022 rückwirkend als Teuerungsprämie behandelt werden.
  c) Soweit Zulagen und Bonuszahlungen nicht durch lit. a erfasst werden, sind sie nach dem Tarif zu versteuern.
  d) Die Teuerungsprämie ist beim Arbeitnehmer nur insoweit steuerfrei, als sie

1/1. EStG
§ 124b

insgesamt den Betrag von 3 000 Euro pro Jahr nicht übersteigt. Wird im Kalenderjahr mehr als 3 000 Euro Teuerungsprämie samt Gewinnbeteiligung gemäß § 3 Abs. 1 Z 35 steuerfrei berücksichtigt, ist der Steuerpflichtige gemäß § 41 Abs. 1 zu veranlagen.

(BGBl I 2022/194)

(BGBl I 2022/93)

409. § 33 Abs. 3 in der Fassung vor BGBl I Nr. 135/2022 entfällt rückwirkend ab 1. Jänner 2019 und § 33 Abs. 3 in der Fassung BGBl I Nr. 135/2022 tritt mit 1. Jänner 2019 in Kraft. Dabei gilt:

a) Die Nachzahlungen des Kinderabsetzbetrages für Kinder, die sich ständig in Bulgarien, Deutschland, Estland, Griechenland, Italien, Kroatien, Lettland, Litauen, Malta, Polen, Portugal, Rumänien, Slowakei, Slowenien, Spanien, Tschechien, Ungarn oder Zypern aufgehalten haben oder aufhalten, erfolgen im Wege der gemeinsamen Auszahlung mit der Familienbeihilfe automationsunterstützt, soweit auf Grund der im Familienbeihilfenverfahren vorhandenen Daten eine Auszahlung durchführbar ist.

b) Der Kinderabsetzbetrag für Kinder, die sich ständig in Belgien, Dänemark, Finnland, Frankreich, Irland, Island, Luxemburg, Niederlande, Norwegen, Schweden, Schweiz oder dem Vereinigten Königreich aufgehalten haben oder aufhalten, gilt bis zum 30. Juni 2022 in Bezug auf die Höhe als rechtmäßig zuerkannt.

(BGBl I 2022/135)

410. a) § 33 Abs. 3a, Abs. 4 und Abs. 7 in der Fassung des Bundesgesetzes BGBl. I Nr. 135/2022 sind für Kinder, die sich ständig in Bulgarien, Deutschland, Estland, Griechenland, Italien, Kroatien, Lettland, Litauen, Malta, Polen, Portugal, Rumänien, Slowakei, Slowenien, Spanien, Tschechien, Ungarn oder Zypern aufhalten, erstmalig anzuwenden, wenn
   – die Einkommensteuer veranlagt oder durch Veranlagung festgesetzt wird, bei der Veranlagung für das Kalenderjahr 2019; die Änderung des § 33 mit Bundesgesetz BGBl. I Nr. 135/2022 stellt ein rückwirkendes Ereignis im Sinne des § 295a BAO dar.
   – die Einkommensteuer (Lohnsteuer) durch Abzug eingehoben wird, für Lohnzahlungszeiträume, die nach dem 31. Dezember 2021 enden. Wurden für derartige Lohnzahlungszeiträume § 33 Abs. 3a und Abs. 4 in der Fassung des BGBl. I Nr. 135/2022 noch nicht berücksichtigt, hat der Arbeitgeber für seine Arbeitnehmer eine Aufrollung gemäß § 77 Abs. 3 so bald wie möglich, jedoch spätestens bis 30. September 2022 durchzuführen, sofern die technischen und organisatorischen Möglichkeiten dazu vorliegen.
   § 205 BAO ist nicht anzuwenden.

b) § 33 Abs. 3a, Abs. 4 und Abs. 7 in der Fassung des Bundesgesetzes BGBl. I Nr. 135/2022 sind für Kinder, die sich ständig in Belgien, Dänemark, Finnland, Frankreich, Irland, Island, Luxemburg, Niederlande, Norwegen, Schweden, Schweiz oder dem Vereinigten Königreich aufhalten, erstmalig anzuwenden, wenn
   – die Einkommensteuer veranlagt oder durch Veranlagung festgesetzt wird, bei der Veranlagung für das Kalenderjahr 2023,
   – die Einkommensteuer (Lohnsteuer) durch Abzug eingehoben wird, für Lohnzahlungszeiträume, die nach dem 31. Juli 2022 enden.

c) Für Kinder, die sich ständig in Belgien, Dänemark, Finnland, Frankreich, Irland, Island, Luxemburg, Niederlande, Norwegen, Schweden, Schweiz oder dem Vereinigten Königreich aufhalten, sind § 33 Abs. 3a, Abs. 4 und Abs. 7 im Rahmen der Veranlagung des Kalenderjahres 2022 wie folgt anzuwenden:
   – Für die Kalendermonate Jänner bis Juli 2022 sind § 33 Abs. 3a und Abs. 4 Z 3 in der Fassung vor dem Bundesgesetz BGBl. I Nr. 135/2022 anzuwenden und für die Kalendermonate August bis Dezember 2022 sind § 33 Abs. 3a und Abs. 4 Z 3 in der Fassung des Bundesgesetzes BGBl. I Nr. 135/2022 anzuwenden.
   – Für die Kalendermonate Jänner bis Juli 2022 ist jeweils ein Zwölftel der Beträge gemäß § 33 Abs. 4 Z 1 und 2 und Abs. 7 in der Fassung vor dem Bundesgesetz BGBl. I Nr. 135/2022 heranzuziehen und für die Kalendermonate August bis Dezember 2022 ist jeweils ein Zwölftel der Beträge gemäß § 33 Abs. 4 Z 1 und 2 und Abs. 7 in der Fassung des Bundesgesetzes BGBl. I Nr. 135/2022 heranzuziehen.

(BGBl I 2022/135)

411. a) Die außerordentliche Gutschrift gemäß § 398a GSVG und § 392a BSVG ist von der Einkommensteuer befreit, wenn das Einkommen (§ 2 Abs. 2 Einkommensteuergesetz 1988 – EStG 1988, BGBl 1988/400) des Empfängers im Zuflussjahr vor Berücksichtigung der

1/1. EStG

§ 124b

     außerordentlichen Gutschrift nicht mehr als 24 500 Euro beträgt; andernfalls ist sie – ohne Erhöhung der betrieblichen Einkünfte – der Einkommensteuerbemessungsgrundlage hinzuzurechnen.
  b) Liegen die Voraussetzungen für die Einkommensteuerbefreiung nicht vor, ist eine Veranlagung von lohnsteuerpflichtigen Einkünften gemäß § 41 Abs. 1 EStG 1988 vorzunehmen.
  c) Für Personen, denen eine außerordentliche Gutschrift gemäß § 398a GSVG und § 392a BSVG gewährt wurde, sind folgende Daten vom jeweiligen Sozialversicherungsträger, bis spätestens Ende Februar des der Auszahlung folgenden Kalenderjahres elektronisch an den Bundesminister für Finanzen zu übermitteln: Der (die) Familienname(n), der (die) Vorname(n), das Geburtsdatum, das verschlüsselte bereichsspezifische Personenkennzeichen (vbPK SA), das Jahr der Auszahlung, sowie die Höhe der Gutschrift.
(BGBl I 2022/194)

(BGBl I 2022/138)

412. § 1 Abs. 4, § 3 Abs. 1 Z 16d, § 4 Abs. 4 Z 8 lit. b, § 33 Abs. 1, Abs. 4, Abs. 5, Abs. 6 und Abs. 8, § 34 Abs. 4, § 35 Abs. 1, § 42 Abs. 1 Z 3, § 99 Abs. 2 Z 2 und § 102 Abs. 3 in der Fassung des Bundesgesetzes BGBl. I Nr. 163/2022 sind erstmalig anzuwenden, wenn
  – die Einkommensteuer veranlagt wird, bei der Veranlagung für das Kalenderjahr 2023,
  – die Einkommensteuer (Lohnsteuer) durch Abzug eingehoben wird, für Lohnzahlungszeiträume, die nach dem 31. Dezember 2022 enden.
(Teuerungs-EP II, BGBl I 2022/163)

413. § 33 Abs. 1a und § 33a in der Fassung des Bundesgesetzes BGBl. I Nr. 163/2022 sind erstmalig anzuwenden, wenn
  – die Einkommensteuer veranlagt wird, bei der Veranlagung für das Kalenderjahr 2024,
  – die Einkommensteuer (Lohnsteuer) durch Abzug eingehoben wird, für Lohnzahlungszeiträume, die nach dem 31. Dezember 2023 enden.
(Teuerungs-EP II, BGBl I 2022/163)

414. § 17 Abs. 5a Z 1 in der Fassung des Bundesgesetzes BGBl. I Nr. 163/2022 ist erstmalig bei der Veranlagung für das Kalenderjahr 2023 anzuwenden.
(Teuerungs-EP II, BGBl I 2022/163)

415. Die Anpassung des Kinderabsetzbetrages gemäß § 33 Abs. 3 Z 2 in der Fassung des Bundesgesetzes BGBl. I Nr. 174/2022 hat erstmalig für das Kalenderjahr 2023 zu erfolgen.
(Teuerungs-EP III, BGBl I 2022/174)

416. § 3 Abs. 1 Z 35 lit. b in der Fassung BGBl. I Nr. 194/2022 ist erstmals bei der Veranlagung für das Kalenderjahr 2022 bzw. Lohnzahlungszeiträume, die nach dem 31. Dezember 2021 enden, anzuwenden.
(BGBl I 2022/194)

417. § 17 Abs. 3a Z 2 in der Fassung BGBl. I Nr. 194/2022 ist erstmalig bei der Veranlagung für das Kalenderjahr 2023 anzuwenden.
(BGBl I 2022/194)

418. § 20 Abs. 1 Z 8 in der Fassung des Bundesgesetzes BGBl. I Nr. 194/2022 ist für alle nach dem 31. Dezember 2022 geleisteten Zahlungen anzuwenden.
(BGBl I 2022/194)

419. § 42 Abs. 2 in der Fassung des Bundesgesetzes BGBl. I Nr. 194/2022 ist erstmalig bei der Veranlagung für das Jahr 2023 anzuwenden.
(BGBl I 2022/194)

420. § 3 Abs. 1 Z 16c in der Fassung BGBl. I Nr. 220/2022 ist erstmals bei der Veranlagung für das Kalenderjahr 2023 bzw. für Lohnzahlungszeiträume, die nach dem 31. Dezember 2022 enden, anzuwenden.
(BGBl I 2022/220)

421. § 62 Z 6 in der Fassung des Bundesgesetzes BGBl. I Nr. 220/2022 ist erstmalig anzuwenden für Lohnzahlungszeiträume, die nach dem 31. Dezember 2022 enden.
(BGBl I 2022/220)

422. § 11 Abs. 3 Z 2 in der Fassung BGBl. I Nr. 31/2023 ist erstmalig auf nach dem 31. Dezember 2022 angeschaffte oder hergestellte Wirtschaftsgüter anzuwenden.
(BGBl I 2023/31)

423. § 1 Abs. 4, § 5 Abs. 2, § 6 Z 6 lit. c, § 10 Abs. 7, § 11 Abs. 6, § 17 Abs. 2, § 27 Abs. 6 Z 1 lit. a, § 30 Abs. 7, § 37 Abs. 4, § 39 Abs. 4, § 97 Abs. 2, jeweils in der Fassung des Bundesgesetzes BGBl. I Nr. 110/2023, sind erstmalig bei der Veranlagung für das Kalenderjahr 2023 anzuwenden.
(AbgÄG 2023, BGBl I 2023/110)

424. § 3 Abs. 1 Z 39 und 41 ist erstmalig bei der Veranlagung für das Kalenderjahr 2023 anzuwenden.
(AbgÄG 2023, BGBl I 2023/110)

425. § 3 Abs. 1 Z 40 tritt mit 1. Jänner 2024 in Kraft.
(AbgÄG 2023, BGBl I 2023/110)

426. § 4 Abs. 3a Z 1 und § 30 Abs. 2 Z 4 in der Fassung des Bundesgesetzes BGBl. I Nr. 110/2023 treten mit 1. September 2023 in Kraft.
(AbgÄG 2023, BGBl I 2023/110)

427. § 6 Z 4 und § 24 Abs. 3 sind erstmalig auf Entnahmen anzuwenden, die nach dem 30. Juni 2023 erfolgen. § 24 Abs. 6 in der Fassung des Bundesgesetzes BGBl. I Nr. 110/2023 ist

1/1. EStG
§ 124b

erstmalig auf Betriebsaufgaben nach dem 30. Juni 2023 anzuwenden. § 24 Abs. 6 in der Fassung vor dem Bundesgesetz BGBl. I Nr. 110/2023 ist auf Betriebsaufgaben vor dem 1. Juli 2023 weiterhin anzuwenden. § 30 Abs. 2 Z 2 tritt mit 1. Juli 2023 in Kraft.
(AbgÄG 2023, BGBl I 2023/110)

428. § 6 Z 6 lit. h in der Fassung des Bundesgesetzes BGBl. I Nr. 110/2023 tritt mit 1. April 2023 in Kraft.
(AbgÄG 2023, BGBl I 2023/110)

429. § 22 Z 1 lit. b in der Fassung des Bundesgesetzes BGBl. I Nr. 110/2023 ist erstmalig bei der Veranlagung für das Kalenderjahr 2024 anzuwenden.
(AbgÄG 2023, BGBl I 2023/110)

430. § 24 Abs. 7 in der Fassung des Bundesgesetzes BGBl. I Nr. 110/2023 ist erstmals anzuwenden für Übertragungen mit einem Stichtag nach dem 30. Juni 2023.
(AbgÄG 2023, BGBl I 2023/110)

431. § 32 Abs. 4 in der Fassung des Bundesgesetzes BGBl. I Nr. 110/2023 tritt mit 1. Juli 2023 in Kraft und ist erstmals für Zahlungen anzuwenden, deren Record-Tag nach dem 30. Juni 2023 liegt.
(AbgÄG 2023, BGBl I 2023/110)

432. § 70 Abs. 2 Z 2, § 100 Abs. 1 und 1a sowie § 102 Abs. 1 jeweils in der Fassung des Bundesgesetzes BGBl. I Nr. 110/2023, treten mit 1. Juli 2023 in Kraft und sind erstmalig für Einkünfte anzuwenden, die nach dem 30. Juni 2023 zufließen.
(AbgÄG 2023, BGBl I 2023/110)

433. § 94 Z 5, Z 12 und Z 15 sowie § 95 Abs. 3 Z 2, jeweils in der Fassung des Bundesgesetzes BGBl. I Nr. 110/2023, treten mit 1. Jänner 2025 in Kraft und sind erstmalig für digitale Datenübermittlungen anzuwenden, die nach dem 31. Dezember 2024 erfolgen. Dabei gilt Folgendes:
   a) Befreiungserklärungen in der Fassung vor BGBl. I Nr. 110/2023 bleiben bis 31. Dezember 2024 gültig, wobei bestehende Befreiungserklärungen, die auch die Voraussetzungen einer digitalen Befreiungserklärung erfüllen, bereits als digitale Befreiungserklärungen in der Fassung des Bundesgesetzes BGBl. I Nr. 110/2023 gelten.
   b) Für Befreiungserklärungen, die ab dem 1. Jänner 2024 abgegeben werden und die bereits die Voraussetzungen einer digitalen Befreiungserklärung erfüllen, kann die Übermittlung der Gleichschrift gemäß § 94 Z 5 in der Fassung vor BGBl. I Nr. 110/2023 unterbleiben, sofern sämtliche Daten über Befreiungen bzw. deren Widerruf zwischen 1. Jänner 2024 und 31. Dezember 2024 im Rahmen der erstmaligen elektronischen Datenübermittlung erfasst werden.
(AbgÄG 2023, BGBl I 2023/110)

434. § 96 Abs. 5 in der Fassung des Bundesgesetzes BGBl. I Nr. 110/2023 tritt mit 1. Jänner 2025 in Kraft und ist erstmals auf Steuerbescheinigungen anzuwenden, die für das Kalenderjahr 2025 ausgestellt werden.
(AbgÄG 2023, BGBl I 2023/110)

436. § 27a Abs. 2a in der Fassung des Bundesgesetzes BGBl. I Nr. 111/2023 tritt mit 1. Jänner 2024 in Kraft.
(BGBl I 2023/111)

„437. § 1 Abs. 4, § 3 Abs. 1 Z 13, § 4 Abs. 4 Z 8 lit. b, § 33 Abs. 1, Abs. 4, Abs. 5, Abs. 6, Abs. 7 und Abs. 8, § 34 Abs. 4, § 35 Abs. 1, § 42 Abs. 1 Z 3 und Abs. 2, § 99 Abs. 2 Z 2 und § 102 Abs. 3 in der Fassung des Bundesgesetzes BGBl. I Nr. 153/2023 sind erstmalig anzuwenden, wenn
   – die Einkommensteuer veranlagt wird, bei der Veranlagung für das Kalenderjahr 2024,
   – die Einkommensteuer (Lohnsteuer) durch Abzug eingehoben wird oder durch Veranlagung festgesetzt wird, für Lohnzahlungszeiträume, die nach dem 31. Dezember 2023 enden.
(PrAG 2024, BGBl I 2023/153)

438. § 10 Abs. 1 und 2 in der Fassung des Bundesgesetzes BGBl. I Nr. 153/2023 ist erstmalig für Wirtschaftsjahre anzuwenden, die nach dem 31. Dezember 2023 beginnen.
(PrAG 2024, BGBl I 2023/153)

439. § 33 Abs. 7, mit Ausnahme der Erhöhung des Betrages, in der Fassung des Bundesgesetzes BGBl. I Nr. 153/2023 ist erstmalig anzuwenden, wenn
   – die Einkommensteuer veranlagt wird, bei der Veranlagung für das Kalenderjahr 2023,
   – die Einkommensteuer (Lohnsteuer) durch Abzug eingehoben wird oder durch Veranlagung festgesetzt wird, für Lohnzahlungszeiträume, die nach dem 31. Dezember 2022 enden.
(PrAG 2024, BGBl I 2023/153)

440. a) § 68 Abs. 1 und 2 in der Fassung des Bundesgesetzes BGBl. I Nr. 153/2023 ist erstmalig für Lohnzahlungszeiträume anzuwenden, die nach dem 31. Dezember 2023 enden.
   b) Abweichend von lit. a sind im Anwendungsbereich des § 68 Abs. 2 für Lohnzahlungszeiträume, die nach dem 31. Dezember 2023 beginnen und vor dem 1. Jänner 2026 enden, die Zuschläge für die ersten 18 Überstunden im Monat im Ausmaß von höchstens 50% des Grundlohnes, insgesamt höchstens jedoch 200 Euro, steuer-

frei. Der Bundesminister für Finanzen hat die Auswirkungen der Maßnahme hinsichtlich ihrer Wirkung auf den Arbeitsmarkt sowie der Verteilung hinsichtlich Geschlecht, Branchen und Einkommensgruppen im Jahr 2025 zu evaluieren. Das Volumen der Entlastung ist im Kalenderjahr 2025 in die Inflationswirkungen gemäß § 33a Abs. 5 einzubeziehen."

(PrAG 2024, BGBl I 2023/153)

„441. § 3 Abs. 1 Z 3 lit. c, d und Z 6, § 4a sowie § 18 Abs. 1 Z 7 in der Fassung des Bundesgesetzes BGBl. I Nr. 188/2023 treten mit 1. Jänner 2024 in Kraft. § 4a sowie § 18 Abs. 1 Z 7 sind erstmalig für freigebige Zuwendungen anzuwenden, die nach dem 31. Dezember 2023 erfolgen. Dabei gilt für die bescheidmäßige Erteilung der Spendenbegünstigung nach § 4a Abs. 5 Folgendes:

a) Die Körperschaft muss selbst bereits seit einem zwölf Monate umfassenden Wirtschaftsjahr bestehen und die Voraussetzungen des § 4a im Übrigen erfüllen oder aus einer Vorgängerorganisation (Organisationsfeld mit eigenem Rechnungskreis), die diese Voraussetzungen erfüllt hat, hervorgegangen sein.

b) Wird der Antrag gemäß § 4a Abs. 5 Z 1 bis 30. Juni 2024 gestellt, entfaltet die Eintragung in die Liste gemäß § 4a Abs. 5 Z 3 bereits für Zuwendungen ab dem 1. Jänner 2024 Wirkung. Die bescheidmäßige Erteilung der Spendenbegünstigung ist vom Finanzamt Österreich bis längstens 31. Oktober 2024 zu veröffentlichen, es sei denn, der Antragsteller wurde zur Behebung von Mängeln aufgefordert oder ihm Ergänzungsaufträge oder Bedenkenvorhalte übermittelt.

c) Die Bestätigungen des Wirtschaftsprüfers gemäß § 4a Abs. 5 Z 2 über das Vorliegen der in § 4a Abs. 4 genannten Voraussetzungen kann sich auf den Abschlussstichtag der Jahre 2022 oder 2023 beziehen und muss gemeinsam mit einer aktuellen Fassung der Rechtsgrundlage vorgelegt werden.

d) Für zum 31. Dezember 2023 wirksame Spendenbegünstigungen gilt die gemäß § 4a Abs. 5 Z 1 und 2 zu erbringende jährliche Bestätigung im Jahr 2024 als erbracht.

e) § 4a Abs. 5 Z 4 und 5 sowie Abs. 8 Z 3 und 4 in der Fassung vor dem Bundesgesetz BGBl. I Nr. 188/2023 treten mit 31. Dezember 2023 außer Kraft. § 4a Abs. 4 Z 1 lit. b in der Fassung des Bundesgesetzes BGBl. I Nr. 188/2023 ist anzuwenden auf Anträge für die Zuerkennung der Spendenbegünstigung gemäß § 4a, die nach dem 31. Dezember 2023 gestellt werden. Jedoch ist § 4a Abs. 5 Z 4 und Abs. 8 Z 3 in der Fassung vor dem Bundesgesetz BGBl. I Nr. 188/2023 im Kalenderjahr 2024 noch anwendbar für begünstigte Einrichtungen nach § 4a Abs. 5 Z 4 in der Fassung vor dem Bundesgesetz BGBl. I Nr. 188/2023, denen die Spendenbegünstigung vor dem 1. Jänner 2024 bescheidmäßig zuerkannt wurde.

(GemRefG 2023, BGBl I 2023/188)

442. § 3 Abs. 1 Z 42, § 41 Abs. 1 Z 18 und § 42 Abs. 1 Z 3 in der Fassung des Bundesgesetzes BGBl. I Nr. 188/2023 sind erstmalig anzuwenden für freiwillige Leistungen, die nach dem 31. Dezember 2023 erbracht werden.

(GemRefG 2023, BGBl I 2023/188)

443. § 4b, § 4c und § 18 Abs. 1 Z 8 in der Fassung des Bundesgesetzes BGBl. I Nr. 188/2023 treten mit 1. Jänner 2024 in Kraft. Sie sind erstmalig für freigebige Zuwendungen anzuwenden, die nach dem 31. Dezember 2023 erfolgen. Zum 31. Dezember 2023 bestehende Stiftungen gemäß § 4b können abweichend zu § 4b Abs. 2 Z 1 in den ersten drei Wirtschaftsjahren, die nach dem 31. Dezember 2023 enden, bis zu 80% der jährlichen Erträge in eine Rücklage einstellen.

(GemRefG 2023, BGBl I 2023/188)

444. § 18 Abs. 8 Z 2 lit. d, Z 4 und 5 in der Fassung des Bundesgesetzes BGBl. I Nr. 188/2023 tritt mit 1. Jänner 2024 in Kraft."

(GemRefG 2023, BGBl I 2023/188)

„445. § 41 Abs. 1 Z 17, § 41 Abs. 4, § 42 Abs. 1 Z 3 und § 67a, jeweils in der Fassung des Bundesgesetzes, BGBl. I Nr. 200/2023, sind erstmalig für Anteile anzuwenden, die nach dem 31. Dezember 2023 abgegeben werden, wenn

– die Einkommensteuer veranlagt wird, bei der Veranlagung für das Kalenderjahr 2024,

– die Einkommensteuer (Lohnsteuer) durch Abzug eingehoben oder durch Veranlagung festgesetzt wird, für Lohnzahlungszeiträume, die nach dem 31. Dezember 2023 enden.

(Start-Up-FG, BGBl I 2023/200)

446. § 33 Abs. 3 Z 1 und Abs. 3a Z 1 lit. b in der Fassung des Bundesgesetzes BGBl. I Nr. 200/2023 ist für Kalendermonate ab Jänner 2024 anzuwenden.

(Start-Up-FG, BGBl I 2023/200)

447. a) Zulagen und Bonuszahlungen, die der Arbeitgeber im Kalenderjahr 2024 gewährt (Mitarbeiterprämie), sind bis 3 000 Euro pro Jahr steuerfrei,

1/1. EStG
§§ 124b – 129

wenn die Zahlung aufgrund einer lohngestaltenden Vorschrift gemäß § 68 Abs. 5 Z 5 oder 6 erfolgt. Kann im Falle des § 68 Abs. 5 Z 5 oder 6 keine Betriebsvereinbarung abgeschlossen werden, weil ein Betriebsrat nicht gebildet ist, ist von einer Verpflichtung des Arbeitgebers auszugehen, wenn eine vertragliche Vereinbarung für alle Arbeitnehmer vorliegt.

Es muss sich dabei um zusätzliche Zahlungen handeln, die üblicherweise bisher nicht gewährt wurden. Sie erhöhen nicht das Jahressechstel gemäß § 67 Abs. 2 und werden nicht auf das Jahressechstel angerechnet.

b) Mitarbeiterprämien sind beim Arbeitnehmer im Kalenderjahr 2024 insgesamt bis zu einem Betrag von 3 000 Euro pro Kalenderjahr steuerfrei. Werden im Kalenderjahr 2024 sowohl eine Gewinnbeteiligung gemäß § 3 Abs. 1 Z 35 als auch eine Mitarbeiterprämie ausbezahlt, sind diese nur insoweit steuerfrei, als sie insgesamt den Betrag von 3 000 Euro pro Jahr nicht übersteigen. Werden im Kalenderjahr mehr als 3 000 Euro steuerfrei berücksichtigt, ist der Steuerpflichtige gemäß § 41 Abs. 1 zu veranlagen.

c) Soweit Zulagen und Bonuszahlungen nicht durch lit. a erfasst werden oder 3 000 Euro übersteigen (lit. b), sind sie nach dem Tarif zu versteuern."

(Start-Up-FG, BGBl I 2023/200)

10. TEIL
SCHLUSSBESTIMMUNGEN

§ 125. Dieses Bundesgesetz ist anzuwenden,
1. wenn die Einkommensteuer veranlagt wird, erstmalig bei der Veranlagung für das Kalenderjahr 1989,
2. wenn die Einkommensteuer (Lohnsteuer) durch Abzug eingehoben oder durch Jahresausgleich festgesetzt wird, für Lohnzahlungszeiträume, die nach dem 31. Dezember 1988 enden,
3. beim Steuerabzug in sonstigen Fällen für Zeiträume nach dem 31. Dezember 1988, sofern sich aus § 123 nicht anderes ergibt.

Vollziehung

§ 126. Mit der Vollziehung dieses Bundesgesetzes sind
1. hinsichtlich des § 4 Abs. 4 Z 4 zweiter Satz der Bundesminister für wirtschaftliche Angelegenheiten,
2. hinsichtlich des § 4 Abs. 4 Z 5 dritt- und vorletzter Satz der Bundesminister für Wissenschaft und Forschung,
3. hinsichtlich des § 103 Abs. 4 zweiter Satz der Bundesminister für Wissenschaft und Forschung,
4. hinsichtlich des § 106 der Bundesminister für Finanzen im Einvernehmen mit dem Bundesminister für Justiz,
5. hinsichtlich des § 111 der jeweils in Betracht kommende Bundesminister,
6. hinsichtlich der §§ 84 und 86 in der Fassung des Bundesgesetzes BGBl. I Nr. 132/2002 der Bundesminister für Finanzen im Einvernehmen mit dem Bundesminister für soziale Sicherheit und Generationen,
7. hinsichtlich der übrigen Bestimmungen der Bundesminister für Finanzen

betraut.

Wegfall der Lohnsteuerkarte

§ 127. (1) Die §§ 48 bis 61, 65 und 71 bis 75 sind für Lohnzahlungszeiträume, die nach dem 31. Dezember 1993 enden, nicht mehr anzuwenden.

(2) Dem Arbeitgeber bis zum 31. Dezember 1993 vorgelegte Lohnsteuerkarten sind vom Arbeitgeber bis zum 31. Dezember 1998 aufzubewahren und in der Folge zu vernichten.

(3) Wurde vom Arbeitgeber im Jahre 1993 auf Grund der Eintragung auf der Lohnsteuerkarte der Alleinverdiener- oder Alleinerzieherabsetzbetrag berücksichtigt, ist der Absetzbetrag vorerst ohne Erklärung gemäß § 129 bis längstens 31. Dezember 1994 weiter zu berücksichtigen. Den Wegfall der Voraussetzungen für die Berücksichtigung des Alleinverdiener- oder des Alleinerzieherabsetzbetrages muß der Arbeitnehmer dem Arbeitgeber innerhalb eines Monats melden. Ab dem Zeitpunkt der Meldung hat der Arbeitgeber den Alleinverdiener- oder den Alleinerzieherabsetzbetrag nicht mehr zu berücksichtigen.

Anmeldung des Arbeitnehmers

§ 128. Bei Antritt des Dienstverhältnisses hat der Arbeitnehmer dem Arbeitgeber unter Verwendung eines amtlichen Vordruckes oder Vorlage einer amtlichen Urkunde, die geeignet ist, seine Identität nachzuweisen, folgende Daten bekanntzugeben:
– Name,
– Versicherungsnummer gemäß § 31 ASVG,
– Wohnsitz.

Wurde für den Arbeitnehmer eine Versicherungsnummer nicht vergeben, ist das Geburtsdatum anzuführen.

Berücksichtigung des Familienbonus Plus und von Absetzbeträgen durch den Arbeitgeber oder die pensionsauszahlende Stelle

§ 129. (1) Für die Inanspruchnahme eines Familienbonus Plus, des Alleinverdiener-, Alleinerzieher-, oder des erhöhten Pensionistenabsetzbetrages hat der Arbeitnehmer (Pensionist) dem Arbeitgeber (der pensionsauszahlenden Stelle) auf einem amtlichen Formular eine Erklärung über das Vorliegen

der Voraussetzungen gemäß § 33 Abs. 3a, § 33 Abs. 4 Z 1 oder Z 2 oder § 33 Abs. 6 Z 1 abzugeben oder elektronisch zu übermitteln.
(BGBl I 2019/103)

(2) In dieser Erklärung ist anzugeben:
1. Für die Inanspruchnahme des Alleinverdienerabsetzbetrages:
   – Name und Versicherungsnummer des (Ehe-)Partners (§ 106 Abs. 3)
   – Name und Versicherungsnummer von Kindern (§ 106 Abs. 1)
   (BGBl I 2022/135)
2. Für die Inanspruchnahme des Alleinerzieherabsetzbetrages:
   – Name und Versicherungsnummer von Kindern (§ 106 Abs. 1)
   (BGBl I 2022/135)
3. Für die Inanspruchnahme des erhöhten Pensionistenabsetzbetrages:
   – Name und Versicherungsnummer des (Ehe-)Partners (§ 106 Abs. 3)
4. Für die Inanspruchnahme eines Familienbonus Plus:
   – Name, Versicherungsnummer und Geburtsdatum des Kindes, für das ein Familienbonus Plus berücksichtigt werden soll,
   – ob der Arbeitnehmer der Familienbeihilfenberechtigte oder dessen (Ehe-)Partner (§ 33 Abs. 3a Z 5) ist
   – ob der Arbeitnehmer den gesetzlichen Unterhalt für ein nicht haushaltszugehöriges Kind leistet,
   – ob der Familienbonus Plus zur Gänze oder zur Hälfte berücksichtigt werden soll

Weiters ist dem Arbeitgeber (der pensionsauszahlenden Stelle) für die Inanspruchnahme eines Familienbonus Plus ein Nachweis über den Familienbeihilfenanspruch oder über die Unterhaltsleistung vorzulegen oder elektronisch zu übermitteln.
(BGBl I 2019/103, BGBl I 2022/135)

(3) Der Arbeitgeber hat die Erklärung des Arbeitnehmers (Pensionisten) zum Lohnkonto (§ 76) zu nehmen.

(4) Änderungen der Verhältnisse muss der Arbeitnehmer (Pensionist) dem Arbeitgeber (der pensionsauszahlenden Stelle) innerhalb eines Monats melden. Ab dem Zeitpunkt der Meldung der Änderung der Verhältnisse hat der Arbeitgeber (die pensionsauszahlende Stelle) den Familienbonus Plus und die Absetzbeträge, beginnend mit dem von der Änderung betroffenen Monat, nicht mehr oder in geänderter Höhe zu berücksichtigen.

(5) Die Erklärung für die Inanspruchnahme des Alleinverdienerabsetzbetrages, des Alleinerzieherabsetzbetrages oder des erhöhten Pensionistenabsetzbetrages darf bei Vorliegen mehrerer Arbeitgeber (pensionsauszahlenden Stellen) gleichzeitig nur einem Arbeitgeber (einer pensionsauszahlenden Stelle) vorgelegt oder elektronisch übermittelt werden.
(BGBl I 2019/103)

(6) Weiters ist beim Familienbonus Plus Folgendes zu berücksichtigen:
1. Die Erklärung für die Inanspruchnahme eines Familienbonus Plus darf von jedem Anspruchsberechtigten für ein Kind nur einem Arbeitgeber (einer pensionsauszahlenden Stelle) vorgelegt oder elektronisch übermittelt werden.
   (BGBl I 2019/103)
2. Der Arbeitgeber darf einen Familienbonus Plus nicht für Zeiträume berücksichtigen, für die für das Kind kein Anspruch auf Familienbeihilfe besteht.
3. Bei gleichbleibenden Verhältnissen entfaltet eine Erklärung über eine Änderung der Höhe des zu berücksichtigenden Familienbonus Plus erst ab Beginn des folgenden Kalenderjahres Wirkung.
4. Der Arbeitgeber darf einen Familienbonus Plus nur bis zu dem Monat berücksichtigen, in dem das Kind das 18. Lebensjahr vollendet. Nach Ablauf dieses Monats darf ein Familienbonus Plus nur berücksichtigt werden, wenn dem Arbeitgeber neuerlich eine Erklärung gemäß Abs. 2 Z 4 mit den dort vorgesehenen Nachweisen vorgelegt oder elektronisch übermittelt wird.
   (BGBl I 2019/103)

(7) Eine Haftung des Arbeitgebers nach § 82 besteht nur insoweit, als die Lohnsteuer nach Maßgabe der Verhältnisse, wie sie dem Arbeitgeber aufgrund der, nicht offensichtlich unrichtigen Erklärung gemäß Abs 2 des Arbeitnehmers, beim Steuerabzug bekannt waren, unrichtig berechnet wurde.
(BGBl I 2018/98)
(BGBl I 2018/62)

§ 130. § 3 Abs. 1 Z 5 lit. d in der Fassung des Bundesgesetzes BGBl. Nr. 314/1994 tritt mit 1. Juli 1994 in Kraft.

§ 131. § 69 Abs. 4 in der Fassung des Bundesgesetzes BGBl. Nr. 417/1996 tritt mit 1. Juli 1996 in Kraft.

§ 132. Die §§ 3 Abs. 1 Z 22 lit. a und 35 Abs. 2 in der Fassung des Bundesgesetzes BGBl. I Nr. 30/1998 treten mit 1. Jänner 1998 in Kraft.

§ 133. § 20 Abs. 1 Z 1, § 33 Abs. 4 Z 3 lit. a und c, § 33 Abs. 8, § 34 Abs. 7 Z 1 und 2, § 40, § 97 Abs. 4 Z 2 in der Fassung des Bundesgesetzes BGBl. I Nr. 79/1998 treten mit Ablauf des 31. Dezember 1998 in Kraft.

§ 134. (1) § 3 Abs. 1 Z 5 lit. d tritt mit 28. Juni 2008 in Kraft.

(2) § 25 Abs. 1 Z 2 lit. e, § 69 Abs. 6 Z 1 und 2 und § 84 Abs. 1 Z 3 lit. b in der Fassung des Bundesgesetzes BGBl. I Nr. 82/2008 treten mit 1. Juli 2008 in Kraft.

1/1. EStG
Anlagen 1, 2

Anlage 1
(zu § 4 Abs. 4 Z 2 lit. b)

Die Jahresbeträge der laufenden Unterstützungen sind zu vervielfachen

Erreichtes Alter des Unterstützungsempfängers (Jahre)	bei Unterstützungen an ehemalige Betriebszugehörige mit	bei Unterstützungen an Witwen (Waisen) ehemaliger Betriebszugehöriger mit
bis 24	10	20
25	11	20
26	12	20
27 bis 28	13	20
29 bis 31	14	20
32 bis 37	15	19
38 bis 43	15	18
44 bis 46	15	17
47 bis 49	15	16
50	15	15
51 bis 52	14	15
53 bis 55	14	14
56 bis 57	14	13
58 bis 60	13	12
61 bis 62	13	11
63 bis 64	12	10
65	11	10
66 bis 67	11	9
68	10	9
69	10	8
70	9	8
71 bis 72	9	7
73	8	7
74 bis 75	8	6
76	7	6
77	7	5
78 bis 79	6	5
80	6	4
81 bis 84	5	4
85 bis 87	4	3
88 bis 91	3	3
92 bis 97	2	2
98 bis 100	1	1

Anlage 2
(zu § 94 Z 2 EStG)

Gesellschaften im Sinne des Artikels 2 der Richtlinie 2011/96/EU über das gemeinsame Steuersystem der Mutter- und Tochtergesellschaften verschiedener Mitgliedstaaten, ABl. Nr. L 345 vom 29.12.2011 S. 8.

Gesellschaft im Sinne des Artikels 2 der genannten Richtlinie ist jede Gesellschaft, die

1. eine der angeführten Formen aufweist:
   a) Die gemäß der Verordnung (EG) Nr. 2157/2001 des Rates vom 8. Oktober 2001 über das Statut der Europäischen Gesellschaft (SE) und der Richtlinie 2001/86/EG des Rates vom 8. Oktober 2001 zur Ergänzung des Statuts der Europäischen Gesellschaft hinsichtlich der Beteiligung der Arbeitnehmer gegründeten Gesellschaften sowie die gemäß der Verordnung (EG) Nr. 1435/2003 des Rates vom 22. Juli 2003 über das Statut der Europäischen Genossenschaft (SCE) und gemäß der Richtlinie 2003/72/EG des Rates vom 22. Juli 2003 zur Ergänzung des Statuts der Europäischen Genossenschaft hinsichtlich der Beteiligung der Arbeitnehmer gegründeten Genossenschaften;
   b) Gesellschaften belgischen Rechts mit der Bezeichnung „société anonyme"/ „naamloze vennootschap", „société en commandite par actions"/„commanditaire vennootschap op aandelen", „société privée à responsabilité limitée"/ „besloten vennootschap met beperkte aansprakelijkheid", „société coopérative à responsabilité limitée"/„coöperatieve vennootschap met beperkte aansprakelijkheid", „société coopérative à responsabilité illimitée"/„coöperatieve vennootschap met onbeperkte aansprakelijkheid", „société en nom collectif"/ „vennootschap onder firma", „société en commandite simple"/„gewone commanditaire vennootschap", öffentliche Unternehmen, die eine der genannten Rechtsformen angenommen haben, und andere nach belgischem Recht gegründete Gesellschaften, die der belgischen Körperschaftsteuer unterliegen;
   c) Gesellschaften bulgarischen Rechts mit der Bezeichnung „събирателното дружество", „командитното дружество", дружеството с ограничена отговорност", „акционерното дружество" „командитното дружество с акции", неперсонифицирано дружество" кооперации", „кооперативни съюзи", „държавни предприятия", die nach bulgarischem Recht gegründet wurden und gewerbliche Tätigkeiten ausüben;

d) Gesellschaften tschechischen Rechts mit der Bezeichnung „akciová společnost", „společnost s ručením omezeným";
e) Gesellschaften dänischen Rechts mit der Bezeichnung „aktieselskab" oder „anpartsselskab". Weitere nach dem Körperschaftsteuergesetz steuerpflichtige Gesellschaften, soweit ihr steuerbarer Gewinn nach den allgemeinen steuerrechtlichen Bestimmungen für die „aktieselskaber" ermittelt und besteuert wird;
f) Gesellschaften deutschen Rechts mit der Bezeichnung „Aktiengesellschaft", „Kommanditgesellschaft auf Aktien", „Gesellschaft mit beschränkter Haftung", „Versicherungsverein auf Gegenseitigkeit", „Erwerbs- und Wirtschaftsgenossenschaft", „Betrieb gewerblicher Art von juristischen Personen des öffentlichen Rechts", und andere nach deutschem Recht gegründete Gesellschaften, die der deutschen Körperschaftsteuer unterliegen;
g) Gesellschaften estnischen Rechts mit der Bezeichnung „täisühing", „usaldusühing", „osaühing", „aktsiaselts", „tulundusühistu";
h) Gesellschaften griechischen Rechts mit der Bezeichnung „ανώνυμη εταιρεία", „εταιρεία περισμένης ευθύνης (Ε.Π.Ε.)" und andere nach griechischem Recht gegründete Gesellschaften, die der griechischen Körperschaftsteuer unterliegen;
i) Gesellschaften spanischen Rechts mit der Bezeichnung „sociedad anónima", „sociedad comanditaria por acciones", „sociedad de responsabilidad limitada" die öffentlich-rechtlichen Körperschaften, deren Tätigkeit unter das Privatrecht fällt. Andere nach spanischem Recht gegründete Körperschaften, die der spanischen Körperschaftsteuer („impuesto sobre sociedades") unterliegen;
j) Gesellschaften französischen Rechts mit der Bezeichnung „société anonyme", „société en commandite par actions", „société à responsabilité limitée", „sociétés par actions simplifiées", „sociétés d'assurance mutuelle", „caisses d'épargne et de prévoyance", „sociétés civiles", die automatisch der Körperschaftsteuer unterliegen, „coopératives", „unions de coopératives", die öffentlichen Industrie- und Handelsbetriebe und unternehmen und andere nach französischem Recht gegründete Gesellschaften, die der französischen Körperschaftsteuer unterliegen;
k) nach irischem Recht gegründete oder eingetragene Gesellschaften, gemäß dem Industrial and Provident Societies Act eingetragene Körperschaften, gemäß dem Building Societies Act gegründete „building societies" und „trustee savings banks" im Sinne des Trustee Savings Banks Act von 1989;
l) Gesellschaften italienischen Rechts mit der Bezeichnung „società per azioni", „società in accomandita per azioni", „società a responsabilità limitata", „società cooperative", „società di mutua assicurazione" sowie öffentliche und private Körperschaften, deren Tätigkeit ganz oder überwiegend handelsgewerblicher Art ist;
m) Gesellschaften zyprischen Rechts mit der Bezeichnung „εταιρείες" im Sinne der Einkommensteuergesetze;
n) Gesellschaften lettischen Rechts mit der Bezeichnung „akciju sabiedrība", „sabiedrība ar ierobežotu atbildību";
o) Gesellschaften litauischen Rechts;
p) Gesellschaften luxemburgischen Rechts mit der Bezeichnung „société anonyme", „société en commandite par actions", „société à responsabilité limitée", „société coopérative", „société coopérative organisée comme une société anonyme", „association d'assurances mutuelles", „association d'épargne-pension", „entreprise de nature commerciale, industrielle ou minière de l'Etat, des communes, des syndicats de communes, des établissements publics et des autres personnes morales de droit public" sowie andere nach luxemburgischem Recht gegründete Gesellschaften, die der luxemburgischen Körperschaftsteuer unterliegen;
q) Gesellschaften ungarischen Rechts mit der Bezeichnung „közkereseti társaság", „betéti társaság", „közös vállalat", „korlátolt felelősségű társaság", „részvénytársaság", „egyesülés", „szövetkezet";
r) Gesellschaften maltesischen Rechts mit der Bezeichnung „Kumpaniji ta' Responsabilita' Limitata", „Soċjetajiet en commandite li l-kapital tagħhom maqsum f'azzjonijiet";
s) Gesellschaften niederländischen Rechts mit der Bezeichnung „naamloze vennootschap", „besloten vennootschap met beperkte aansprakelijkheid", „Open commanditaire vennootschap", „Coöperatie", „onderlinge waarborgmaatschappij", „Fonds voor gemene rekening", „vereniging op coöperatieve grondslag", „vereniging welke op onderlinge grondslag als verzekeraar of kredietinstelling optreedt" und andere nach niederländischem Recht gegründete Gesellschaften, die der niederländischen Körperschaftsteuer unterliegen;
t) Gesellschaften österreichischen Rechts mit der Bezeichnung „Aktiengesellschaft", „Gesellschaft mit beschränkter

1/1. EStG
Anlage 2

Haftung", „**Flexible Kapitalgesellschaft**"," „Versicherungsvereine auf Gegenseitigkeit", „Erwerbs- und Wirtschaftsgenossenschaften", „Betriebe gewerblicher Art von Körperschaften des öffentlichen Rechts", „Sparkassen" und andere nach österreichischem Recht gegründete Gesellschaften, die der österreichischen Körperschaftsteuer unterliegen;
(Start-Up-FG, BGBl I 2023/200 ab 1.1.2024)

- u) Gesellschaften polnischen Rechts mit der Bezeichnung: ‚spółka akcyjna', ‚spółka z ograniczoną odpowiedzialnością', ‚spółka komandytowo-akcyjna';
(BGBl I 2016/77)
- v) die nach portugiesischem Recht gegründeten Handelsgesellschaften oder zivilrechtlichen Handelsgesellschaften, Genossenschaften und öffentlichen Unternehmen;
- w) Gesellschaften rumänischen Rechts mit der Bezeichnung: ‚societăţi pe acţiuni', ‚societăţi în comandită pe acţiuni', ‚societăţi cu răspundere limitată', ‚societăţi în nume colectiv', ‚societăţi în comandită simplă';
(BGBl I 2016/77)
- x) Gesellschaften slowenischen Rechts mit der Bezeichnung „delniška družba", „komanditna družba", „družba z omejeno odgovornostjo";
- y) Gesellschaften slowakischen Rechts mit der Bezeichnung „akciová spoločnosť", „spoločnosť s ručením obmedzeným", „komanditná spoločnosť";
- z) Gesellschaften finnischen Rechts mit der Bezeichnung „osakeyhtiö"/„aktiebolag", „osuuskunta"/„andelslag", „säästöpankki"/„sparbank" and „vakuutusyhtiö"/ „försäkringsbolag";
- aa) Gesellschaften schwedischen Rechts mit der Bezeichnung „aktiebolag", „försäkringsaktiebolag", „ekonomiska föreningar", „sparbanker", „ömsesidiga försäkringsbolag" und „försäkringsföreningar";
- ab) nach dem Recht des Vereinigten Königreichs gegründete Gesellschaften;
- ac) Gesellschaften kroatischen Rechts mit der Bezeichnung ‚dioničko društvo' oder ‚društvo s ograničenom odgovornošću' und andere nach kroatischem Recht gegründete Gesellschaften, die der kroatischen Gewinnsteuer unterliegen.

2. nach dem Steuerrecht eines Mitgliedstaates in Bezug auf den steuerlichen Wohnsitz als in diesem Staat ansässig und auf Grund eines mit einem dritten Staat geschlossenen Doppelbesteuerungsabkommens in Bezug auf den steuerlichen Wohnsitz nicht als außerhalb der Gemeinschaft ansässig betrachtet wird und

3. ohne Wahlmöglichkeit einer der nachstehenden Steuern
   - vennootschapsbelasting/impôt des sociétés in Belgien,
   - selskabsskat in Dänemark,
   - Körperschaftsteuer in Deutschland,
   - φόρος εισοδήματος νομικών προσώπων κερδοσκοπικού χαρακτήρα in Griechenland,
   - impuesto sobre sociedades in Spanien,
   - impôt sur les sociétés in Frankreich,
   - corporation tax in Irland,
   - imposta sul reddito delle società in Italien,
   - impôt sur le revenu des collectivités in Luxemburg,
   - vennootschapsbelasting in den Niederlanden,
   - imposto sobre o rendimento das pessoas colectivas in Portugal,
   - corporation tax im Vereinigten Königreich,
   - Körperschaftsteuer in Österreich,
   - yhteisöjen tulovero/inkomstskatten för samfund in Finnland,
   - statlig inkomstskatt in Schweden,
   - Daň z příjmů právnických in der Tschechischen Republik,
   - Tulumaks in Estland,
   - φόρος Εισοδήματος in Zypern,
   - uzņēmumu ienākuma nodoklis in Lettland,
   - Pelno mokestis in Litauen,
   - Társasági adó, osztalékadó in Ungarn,
   - Taxxa fuq l-income in Malta,
   - Podatek dochodowy od osób prawnych in Polen,
   - Davek od dobička pravnih oseb in Slowenien,
   - daň z príjmov právnických osôb in der Slowakei,
   - корпоративен данък in Bulgarien,
   - impozit pe profit in Rumänien,
   - porez na dobit in Kroatien

oder irgendeiner Steuer, die eine dieser Steuern ersetzt, unterliegt, ohne davon befreit zu sein.

Z 1 lit. a ist anzuwenden: soweit es sich um eine SE handelt, auf Ausschüttungen, die nach dem 7. Oktober 2004 erfolgen, soweit es sich um eine SCE handelt, auf Ausschüttungen, die nach dem 17. August 2006 erfolgen.

Z 1 lit. d, g, m, n, o, q, r, u, x und y sind auf Ausschüttungen anzuwenden, die nach dem 30. April 2004 erfolgen.

Z 1 lit. c und w sind auf Ausschüttungen anzuwenden, die nach dem 31. Dezember 2006 erfolgen.

Die Anlage 2 zu § 94 Z 2 EStG in der Fassung des Bundesgesetzes BGBl. I Nr. 77/2016 ist auf Ausschüttungen anzuwenden, die nach dem 31. Dezember 2015 erfolgen.

(BGBl I 2016/77)

1/2. SONSTIGE GESETZE

1/2/1. Endbesteuerungsgesetz (Auszug)

BGBl 1993/11 idF BGBl I 2015/103

Bundesverfassungsgesetz über eine Steuerabgeltung bei Einkünften aus Kapitalvermögen, bei sonstigem Vermögen und bei Übergang dieses Vermögens von Todes wegen durch den Abzug einer Kapitalertragsteuer, über eine Steueramnestie, über eine Sonderregelung bei der Einkommen- und Körperschaftsteuerveranlagung für das Kalenderjahr 1992 und über eine Amnestie im Bereich des Devisenrechts (Endbesteuerungsgesetz)

Abschnitt I
Steuerabgeltung bei bestimmten Einkünften aus Kapitalvermögen und sonstigem Vermögen durch Abzug von Kapitalertragsteuer

§ 1. (1) Es ist bundesgesetzlich vorzusehen, daß bei der Besteuerung

1. von Einkünften aus Kapitalvermögen (§ 27 des Einkommensteuergesetzes 1988), und zwar von

   a) Kapitalerträgen aus Geldeinlagen bei Kreditinstituten und sonstigen Forderungen gegenüber Kreditinstituten (§ 1 des Bankwesengesetzes), denen ein Bankgeschäft zugrunde liegt,
   (BGBl I 2015/103)

   b) Kapitalerträgen aus Forderungswertpapieren, wenn sich die kuponauszahlende Stelle im Inland befindet,

   c) Kapitalerträgen aus Ausschüttungen inländischer Kapitalgesellschaften oder Erwerbs- und Wirtschaftsgenossenschaften auf Gesellschafts- und Genossenschaftsanteile sowie auf Genußrechte,

   d) Kapitalerträgen aus Ausschüttungen auf Partizipationskapital im Sinne des Bankwesengesetzes oder des Versicherungsaufsichtsgesetzes,

   e) Rückvergütungen aus Anteilen an Erwerbs- und Wirtschaftsgenossenschaften mit Ausnahme der Rückvergütungen gemäß § 13 des Körperschaftsteuergesetzes 1988,

   f) Zuwendungen jeder Art von Privatstiftungen an Begünstigte und Letztbegünstigte,
   (BGBl I 2015/103)

   g) Einkünften aus realisierten Wertsteigerungen von Kapitalvermögen (§ 27 Abs. 3 des Einkommensteuergesetzes 1988),
   (BGBl I 2015/103)

   h) Einkünften aus Derivaten (§ 27 Abs. 4 des Einkommensteuergesetzes 1988) sowie
   (BGBl I 2015/103)

2. des sonstigen Vermögens (§ 69 des Bewertungsgesetzes 1955), aus dem die Kapitalerträge im Sinne der Z 1 fließen, sowie des Erwerbes dieses Vermögens von Todes wegen

die Steuern (Abs. 2) mit dem Kapitalertragsteuerabzug abgegolten sind. Für abzugsfreie Forderungswertpapiere ist bundesgesetzlich vorzusehen, daß die Abgeltung der Steuern auch dann eintritt, wenn im Wege der kuponauszahlenden Stelle ein Betrag in Höhe dieser Kapitalertragsteuer geleistet wird.

Unter die Steuerabgeltung fallen Einkünfte aus Wertpapieren, die ein Forderungsrecht verbriefen, einschließlich Derivate sowie Einkünfte aus Anteilscheinen und Anteilen an einem § 40 oder § 42 des Immobilien-Investmentfondsgesetz unterliegenden Gebilde nur dann, wenn diese bei ihrer Begebung sowohl in rechtlicher als auch in tatsächlicher Hinsicht einem unbestimmten Personenkreis angeboten werden; dies gilt hinsichtlich der Erbschafts- und Schenkungssteuer für Erwerbe von Todes wegen, wenn der Erblasser nach dem 31. Mai 1996 verstorben ist.

Es können bundesgesetzliche Ausnahmen von der Abgeltungswirkung vorgesehen werden, wenn den Kapitalertragsteuerabzug zugrunde liegenden steuerlichen Werte nicht den tatsächlichen Gegebenheiten entsprechen.
(BGBl I 2015/103)

(2) Abs. 1 gilt hinsichtlich

1. Lit. a und b für die Einkommensteuer (Körperschaftsteuer) und Vermögensteuer, soweit die Steuerschuld ab 1. Jänner 1993 entstanden ist, sowie die Erbschafts- und Schenkungssteuer, wenn der Erblasser nach dem 31. Dezember 1992 verstorben ist.

2. Lit. c bis f für die Einkommensteuer, soweit die Steuerschuld ab 1. Jänner 1994 entstanden ist.

3. Lit. g und h für die Einkommensteuer (Körperschaftsteuer), soweit die Steuerschuld ab 1. April 2012 entstanden ist.
(BGBl I 2015/103)

(3) Es ist bundesgesetzlich vorzusehen, daß für natürliche Personen bei Kapitalerträgen im Sinne des Abs. 1 Z 1 lit. a bis f die Einkommensteuer, soweit die Kapitalerträge nach dem 31. Dezember 1993 zugeflossen sind, auch dann mit dem Kapitalertragsteuerabzug oder mit einem im Wege der kuponauszahlenden Stelle geleisteten Betrag in Höhe der Kapitalertragsteuer (Abs. 1 vorletzter Satz) abgegolten sind, wenn sie zu den Betriebseinnahmen gehören.
(BGBl I 2015/103)

(4) Die Kapitalertragsteuer für Kapitalerträge im Sinne des Abs. 1 darf nicht weniger als 20% und nicht mehr als 27,5% betragen.

(BGBl I 2015/103)

(5) Es ist bundesgesetzlich vorzusehen, daß die einbehaltene Kapitalertragsteuer insoweit erstattet wird, als sich aus der Anwendung des für die Einkommensteuer (Körperschaftsteuer) jeweils geltenden Steuertarifs auf das Einkommen eine niedrigere Steuer ergäbe. Dabei ist das Ausmaß der Steuererstattung bei einem unterhaltsberechtigten Steuerpflichtigen um die steuerliche Abgeltung der Unterhaltsverpflichtungen zu kürzen. Ferner ist bundesgesetzlich vorzusehen, daß bei der Erstattung der für 1993 einbehaltenen Kapitalertragsteuer der für 1994 geltende Einkommensteuertarif anzuwenden ist.

§ 2. (1) Es ist bundesgesetzlich vorzusehen, daß für Kapitalerträge und Vermögen, für die eine Abgeltung der Steuern (§ 1 Abs. 2) eintritt, bei der Ermittlung des Einkommens (§ 2 Abs. 2 des Einkommensteuergesetzes 1988, § 7 Abs. 2 des Körperschaftsteuergesetzes 1988), des Einkommens für Zwecke der Erstattung (§ 1 Abs. 5), des Gesamtvermögens (§ 76 des Bewertungsgesetzes 1955) und des Erwerbes von Todes wegen (§ 20 des Erbschafts- und Schenkungssteuergesetzes 1955) Werbungskosten, Schulden und Lasten nicht berücksichtigt werden.

(BGBl I 2015/103)

(2) Es ist bundesgesetzlich vorzusehen, daß für Kapitalerträge, die zu den Betriebseinnahmen gehören und für die eine Abgeltung der Einkommensteuer eintritt (§ 1 Abs. 3), bei der Ermittlung des Einkommens (§ 2 Abs. 2 des Einkommensteuergesetzes 1988) Betriebsausgaben nicht berücksichtigt werden.

§ 3. Von den Maßnahmen im Sinne der §§ 1 und 2 bleiben unberührt:
1. Die Besteuerung von Einkünften und Vermögen, die nicht dieser Kapitalertragsteuer unterliegen.
2. Die Besteuerung von Erwerben von Todes wegen von Vermögen, aus dem keine Kapitalerträge im Sinne des § 1 fließen, sowie von Schenkungen unter Lebenden.

Abschnitt V
Vollziehung

§ 8. Mit der Vollziehung dieses Bundesverfassungsgesetzes ist der Bundesminister für Finanzen, hinsichtlich der §§ 4 und 5 im Einvernehmen mit dem Bundesminister für Justiz, betraut.

1/2/2. Bundesgesetz über steuerliche Sondermaßnahmen zur Förderung des Wohnbaus

BGBl 1993/253 idF BGBl I 2015/157

Bundesgesetz über steuerliche Sondermaßnahmen zur Förderung des Wohnbaus

§ 1. (1) Die Bestimmungen des § 18 des Einkommensteuergesetzes 1988 betreffend junge Aktien gelten auch für die Erstanschaffung junger Aktien, Wandelschuldverschreibungen und Partizipationsrechte im Sinne des Bankwesengesetzes zur Förderung des Wohnbaus. § 18 Abs. 4 Z 3 zweiter Satz des Einkommensteuergesetzes 1988 gilt sinngemäß für die Ausübung des in der Wandelschuldverschreibung eingeräumten Umtauschrechts.

(2) Eine Förderung des Wohnbaus liegt vor, wenn zusätzlich zu den Bestimmungen des § 18 des Einkommensteuergesetzes 1988 folgende Voraussetzungen erfüllt sind:
1. Es müssen ausgegeben werden
   a) junge Aktien und Wandelschuldverschreibungen von Aktiengesellschaften, die Bauträger im Sinne des § 18 Abs. 1 Z 3 des Einkommensteuergesetzes 1988, idF BGBl. I Nr. 115/2015, sind (Bauträger) oder den Sektionen ‚Geld- und Kreditwesen' oder ‚Gewerbe' einer Kammer der gewerblichen Wirtschaft angehören und deren Unternehmensschwerpunkt nach der Satzung sowie den Vorbereitungshandlungen oder der tatsächlichen Geschäftsführung nachweislich die Finanzierung (Wohnbaubanken) oder die Errichtung (Bauträger) von Wohnbauten sowie von sonstigen Maßnahmen zur Erschließung und zur Förderung von Wohngebieten ist;

   (BGBl I 2015/157)

   b) Partizipationsrechte von Aktiengesellschaften, die den Sektionen ‚Geld- und Kreditwesen' der gewerblichen Wirtschaft angehören und die in lit. a angeführten Voraussetzungen aufweisen.

   Wandelschuldverschreibungen gleichzuhalten sind Schuldverschreibungen, die von Wohnbaubanken im Sinne der lit. a begeben werden und bei denen dem Gläubiger ein Umtauschrecht auf Aktien von Bauträgern im Sinne der lit. a eingeräumt ist.
2. Der Emissionserlös muss zur Errichtung, zur Erhaltung oder nützlichen Verbesserung durch bautechnische Maßnahmen von Wohnungen mit einer Nutzfläche von höchstens 150 m² oder von überwiegend zu Wohnzwecken bestimmten Gebäuden sowie zur Durchführung von Maßnahmen zur Erschließung und zur Förderung von Wohngebieten zur Verfügung stehen und innerhalb von drei

1/2/3. EStG
Kunstförderungsgesetz

Jahren zur Bedeckung der Kosten verwendet werden.
(BGBl I 2015/157)

3. Im Falle einer Vermietung darf die Miete jenen Betrag nicht übersteigen, der für die Zuerkennung von Mitteln aus der Wohnbauförderung maßgebend ist. Dies muß in der Satzung verankert sein.

(3) Der einheitliche Höchstbetrag des § 18 Abs. 3 Z 2 des Einkommensteuergesetzes 1988 besteht auch für Ausgaben gemäß Abs. 1. Derartige Ausgaben sind im Rahmen dieses Höchstbetrages nur insoweit anzusetzen, als der Höchstbetrag nicht durch andere Sonderausgaben ausgeschöpft ist.

§ 2. Gehören Kapitalerträge aus Aktien, Wandelschuldverschreibungen und Partizipationsrechten, die von Aktiengesellschaften im Sinne des § 1 Abs. 2 ausgegeben worden sind, zu den Einkünften aus Kapitalvermögen (§ 27 des Einkommensteuergesetzes 1988), so gilt für die Zeit der Hinterlegung dieser Wertpapiere bei einem inländischen Kreditinstitut folgendes:

1. Von den Kapitalerträgen ist im Ausmaß bis zu 4% des Nennbetrages der Aktien, Wandelschuldverschreibungen und Partizipationsrechte keine Kapitalertragsteuer abzuziehen.
2. Für die Kapitalerträge gilt die Einkommensteuer als gemäß § 97 des Einkommensteuergesetzes 1988 durch Steuerabzug abgegolten.

§ 3. Die §§ 1 und 2 sind anzuwenden,
1. wenn die Einkommensteuer veranlagt wird, erstmalig bei der Veranlagung für das Kalenderjahr 1993,
2. wenn die Einkommensteuer (Lohnsteuer) durch Abzug eingehoben oder durch Jahresausgleich festgesetzt wird, für Lohnzahlungszeiträume, die nach dem 31. Dezember 1992 enden,
3. beim Steuerabzug in sonstigen Fällen für Zeiträume nach dem 31. Dezember 1992.

§ 4. Mit der Vollziehung der §§ 1 bis 3 ist der Bundesminister für Finanzen betraut.

§ 5. § 1 Abs. 2 Z 1 lit. a und § 1 Abs. 2 Z 2 in der Fassung des BGBl. I Nr. 157/2015 treten mit 1. Jänner 2016 in Kraft.
(BGBl I 2015/157)

1/2/3. Kunstförderungsgesetz (Auszug)

BGBl 1988/146 idF BGBl I 2020/149

Arten der Förderung

§ 3. (1) Arten der Förderung im Sinne dieses Bundesgesetzes sind:
1. Geld- und Sachzuwendungen für einzelne Vorhaben (Projekte),
2. der Ankauf von Werken (insbesondere der zeitgenössischen Kunst),
3. zins- oder amortisationsbegünstigte Gelddarlehen,
4. Annuitäten-, Zinsen- und Kreditkostenzuschüsse,
5. die Vergabe von Stipendien (insbesondere von Studienaufenthalten im Ausland),
6. die Erteilung von Aufträgen zur Herstellung von Werken der zeitgenössischen Kunst,
7. die Vergabe von Staats-, Würdigungs- und Förderungspreisen sowie Prämien und Preise für hervorragende künstlerische Leistungen und
8. sonstige Geld- und Sachzuwendungen.

(2) Sofern Einrichtungen der Bundesschulen gegen jederzeitigen Widerruf für künstlerische Zwecke überlassen werden, darf diese Überlassung unentgeltlich erfolgen.

(3) Stipendien im Sinne des Abs. 1 Z 5 und Preise im Sinne des Abs. 1 Z 7 sind von der Einkommensteuer befreit. Dies gilt im Grunde und der Höhe nach vergleichbare Leistungen auf Grund von landesgesetzlichen Vorschriften sowie für Stipendien und Preise, die unter vergleichbaren Voraussetzungen von nationalen und internationalen Förderungsinstitutionen vergeben werden.

(4) Der Bund kann den Ankauf von Kunstwerken durch Landes- und Gemeindegalerien durch Zuschüsse fördern, wenn dies im gesamtösterreichischen Kunstinteresse gelegen ist. § 5 Abs. 1 und 2 ist anzuwenden.

1/2/4. Filmförderungsgesetz (Auszug)

BGBl 1980/557 idF BGBl I 2022/219

Ziele, Förderungsgegenstand

§ 2. (1) Ziel der Filmförderung ist es,

a) einen Beitrag zur Erhaltung des gemeinsamen kulturellen Erbes Europas und der weiteren Entfaltung der europäischen Kultur mit ihrer nationalen und regionalen Vielfalt unter besonderer Berücksichtigung der österreichischen Identität zu leisten,
(BGBl I 2022/219)

b) die Herstellung, Verbreitung und Vermarktung österreichischer Filme zu unterstützen, die geeignet sind, die Qualität, Eigenständigkeit und kulturelle Identität des österreichischen Filmschaffens zu steigern,
(BGBl I 2022/219)

c) die Wettbewerbsfähigkeit und Attraktivität des Filmstandorts Österreich zu steigern,
(BGBl I 2022/219)

d) die kulturellen, gesamtwirtschaftlichen und internationalen Belange des österreichischen Filmschaffens zu unterstützen, insbesondere durch Maßnahmen zur Nachwuchsförderung sowie durch Erstellung eines jährlichen Filmwirtschaftsberichts,

e) die internationale Orientierung des österreichischen Filmschaffens und damit die Grundlagen für die Verbreitung des österreichischen Films im Inland und seine kulturelle Ausstrahlung und Verwertung im Ausland zu verbessern, insbesondere durch die Förderung der Präsentation des österreichischen Films im Ausland,

f) österreichisch-ausländische Koproduktionen zu unterstützen,
(BGBl I 2022/219)

g) die Zusammenarbeit zwischen der Filmwirtschaft und den Fernsehveranstaltern zur Stärkung des österreichischen Kinofilms zu unterstützen,
(BGBl I 2022/219)

h) Anreize zu ökologisch nachhaltiger Filmproduktion zu schaffen,
(BGBl I 2022/219)

i) einen Beitrag zur Chancengleichheit aller Geschlechter im Filmschaffen zu leisten sowie
(BGBl I 2022/219)

j) auf eine Abstimmung und Koordinierung der Filmförderung des Bundes und der Länder (Regionalförderungen) hinzuwirken.
(BGBl I 2022/219)

(2) Aufgabe des Filminstitutes ist es, die in Abs. 1 genannten Ziele durch geeignete Maßnahmen, insbesondere durch die Gewährung von finanziellen Förderungen nach Maßgabe der vorhandenen Mittel auf der Grundlage eines Auswahlverfahrens oder durch fachlich-organisatorische Hilfestellungen als Kompetenzzentrum zu verwirklichen. Zu diesem Zweck fördert das Filminstitut insbesondere die Herstellung von Filmen einerseits nach dem Projektprinzip gemäß Abs. 3 und andererseits nach dem Erfolgsprinzip (Referenzfilmförderung) gemäß Abs. 4 sowie nach dem Standortprinzip gemäß Abs. 5. Darüber hinaus kann das Filminstitut auch an filmfördernden Maßnahmen Dritter mitwirken, sofern dafür keine Geldmittel des Filminstitutes verwendet werden. Dies gilt auch für Maßnahmen auf dem Gebiet des Filmwesens, die sich aus der Mitgliedschaft Österreichs in internationalen und supranationalen Organisationen ergeben. Aufgabe des Filminstitutes ist es weiters, die Bundesregierung und andere öffentliche Stellen in zentralen Fragen der Belange des österreichischen Films zu beraten, insbesondere im Hinblick auf die Wahrnehmung sämtlicher filmkultureller und filmwirtschaftlicher Interessen und die Harmonisierung der Maßnahmen auf dem Gebiet des Filmwesens innerhalb und außerhalb der Europäischen Union.
(BGBl I 2022/219)

(3) Für die Herstellungsförderung nach dem Projektprinzip sind Vorhaben mit kulturellem Inhalt auszuwählen, die einen künstlerischen und/oder wirtschaftlichen Erfolg erwarten lassen oder den Zielsetzungen der Nachwuchsförderung entsprechen. Durch die Nachwuchsförderung soll der Einstieg in das professionelle Filmschaffen erleichtert werden.

(4) Voraussetzung für die Herstellungsförderung im Wege der Referenzfilmförderung ist, dass die Herstellerin bzw. der Hersteller eines programmfüllenden Kinofilms mit kulturellem Inhalt einen künstlerisch oder wirtschaftlich erfolgreichen Referenzfilm mit folgenden Maßgaben vorweisen kann:

a) Als künstlerisch erfolgreich gilt ein Film, der von einem in den Förderungsrichtlinien (§ 14) festzulegenden international bedeutsamen Filmfestival (Festivalliste) zur Teilnahme ausgewählt oder ausgezeichnet wurde.

b) Als wirtschaftlich erfolgreich gilt ein Film, der die in den Förderungsrichtlinien (§ 14) festzulegenden Besucherzahlen in österreichischen Kinos erreicht hat.

c) Bei Kinder-, Dokumentar- und Nachwuchsfilmen gelten erleichterte Förderungsvoraussetzungen, insbesondere eine Herabsetzung der Besucherschwellen, die in den Förderungsrichtlinien (§ 14) festgelegt sind. Ein Nachwuchsfilm ist der erste und zweite Film, bei dem die Regisseurin bzw. der Regisseur die Regieverantwortung für einen Kinofilm trägt.
(BGBl I 2022/219)

d) Bei Dokumentar- und Kinderfilmen kann auf begründetes Ersuchen der Herstellerin bzw. des Herstellers für die Feststellung des Zuschauererfolges eine Besucherzahl herangezogen werden, die über einen längeren Zeitraum nach Erstaufführung in einem Filmtheater im Inland ermittelt wird. Die Dauer dieses verlängerten Beobachtungszeitraumes ist in den Förderungsrichtlinien (§ 14) festzulegen.

(BGBl I 2022/219)

e) Bei Dokumentar- und Kinderfilmen werden die Besucherinnen und Besucher von nichtgewerblichen Abspielstätten nach Maßgabe der in den Förderungsrichtlinien (§ 14) festzulegenden Bestimmungen berücksichtigt.

(BGBl I 2022/219)

f) Bei der Erstellung der Liste der international bedeutsamen Filmfestivals ist der Festivalpraxis bei Kinder- und Dokumentarfilmen ausreichend Rechnung zu tragen.

(BGBl I 2022/219)

(5) Die Förderung nach dem Standortprinzip verpflichtet zu einem Mindestprozentsatz der Produktions- und Verleihtätigkeiten in Österreich und erfolgt auf Basis eines kulturellen Eigenschaftstests, dessen Kriterien in den Förderungsrichtlinien festgelegt werden. Diese Förderung dient dazu, die Wettbewerbsfähigkeit des Filmstandorts Österreich und die Wertschöpfung aus Kinofilmen mit kulturellem Inhalt zu steigern.

(BGBl I 2022/219)

(6) Gegenstand der Förderung sind:
a) die Stoffentwicklung;
b) die Projektentwicklung;
c) in Eigenverantwortung von österreichischen Filmherstellerinnen und Filmherstellern produzierte österreichische Filme und internationale Koproduktionen mit österreichischer Beteiligung;

(BGBl I 2022/219)

d) die Verwertung österreichischer und diesen gleichgestellter Filme;
e) die berufliche Weiterbildung von im Filmwesen künstlerisch, technisch oder kaufmännisch tätigen Personen.

(BGBl I 2022/219)

(7) Das Filminstitut hat seine Aufgaben nach den Grundsätzen der Wirtschaftlichkeit, Zweckmäßigkeit und Sparsamkeit zu erfüllen.

(BGBl I 2022/219)

(8) Ein Rechtsanspruch auf Förderung besteht nicht. Das Filminstitut hat die Gewährung von Förderungen von Auflagen und fachlichen Voraussetzungen abhängig zu machen.

(BGBl I 2022/219)

Abgabenrechtliche Vorschriften

§ 17. (1) Die Tätigkeit des Filminstitutes gilt als Betätigung für gemeinnützige Zwecke im Sinne der §§ 34 ff. der Bundesabgabenordnung, BGBl. Nr. 194/1961. Die durch dieses Bundesgesetz unmittelbar veranlassten Schriften und Amtshandlungen sind von den Stempelgebühren befreit und von den Bundesverwaltungsabgaben befreit.

(BGBl I 2022/219)

(2) Zuschüsse des Filminstitutes zur Förderung der Stoffentwicklung sowie der beruflichen Weiterbildung im Sinne des § 2 Abs. 6 lit. a und e dieses Bundesgesetzes sind von der Einkommensteuer befreit.

(BGBl I 2022/219)

1/2/5. Mietrechtsgesetz (Auszug)

BGBl 1981/520 idF BGBl I 2021/59

Erhaltung

§ 3. (1) Der Vermieter hat nach Maßgabe der rechtlichen, wirtschaftlichen und technischen Gegebenheiten und Möglichkeiten dafür zu sorgen, dass das Haus, die Mietgegenstände und die der gemeinsamen Benützung der Bewohner des Hauses dienenden Anlagen im jeweils ortsüblichen Standard erhalten und erhebliche Gefahren für die Gesundheit der Bewohner beseitigt werden. Im übrigen bleibt § 1096 des allgemeinen bürgerlichen Gesetzbuchs unberührt.

(2) Die Erhaltung im Sinn des Abs. 1 umfaßt:
1. die Arbeiten, die zur Erhaltung der allgemeinen Teile des Hauses erforderlich sind;
2. die Arbeiten, die zur Erhaltung der Mietgegenstände des Hauses erforderlich sind; diese Arbeiten jedoch nur dann, wenn es sich um die Behebung von ernsten Schäden des Hauses oder um die Beseitigung einer vom Mietgegenstand ausgehenden erheblichen Gesundheitsgefährdung handelt oder wenn sie erforderlich sind, um einen zu vermietenden Mietgegenstand in brauchbarem Zustand zu übergeben;
2a. die Arbeiten, die zur Erhaltung von mitvermieteten Heizthermen, mitvermieteten Warmwasserboilern und sonstigen mitvermieteten Wärmebereitungsgeräten in den Mietgegenständen des Hauses erforderlich sind;
3. die Arbeiten, die zur Aufrechterhaltung des Betriebes von bestehenden, der gemeinsamen Benützung der Bewohner dienenden Anlagen, wie im besonderen von zentralen Wärmeversorgungsanlagen, Personenaufzügen oder zentralen Waschküchen erforderlich sind, es sei denn, daß alle Mieter des Hauses für die gesamte Dauer ihres Mietvertrages auf die Benützung der Anlage verzichten; ist die Erhaltung einer bestehenden Anlage unter Bedachtnahme auf die Kosten der Errichtung und des Betriebes einer vergleichbaren neuen Anlage wirtschaftlich nicht vertretbar, so ist anstelle der Erhaltung der bestehenden Anlage eine vergleichbare neue Anlage zu errichten;
4. die Neueinführungen oder Umgestaltungen, die kraft öffentlich-rechtlicher Verpflichtungen vorzunehmen sind, wie etwa der Anschluß an eine Wasserleitung oder an eine Kanalisierung, die Installation von geeigneten Schutzvorrichtungen für die Energieversorgung oder von Geräten zur Feststellung des individuellen Energieverbrauchs;
5. die Installation von technisch geeigneten Gemeinschaftseinrichtungen zur Senkung des Energieverbrauchs oder die der Senkung des Energieverbrauchs sonst dienenden Ausgestaltungen des Hauses, von einzelnen Teilen des Hauses oder von einzelnen Mietgegenständen, wenn und insoweit die hiefür erforderlichen Kosten in einem wirtschaftlich vernünftigen Verhältnis zum allgemeinen Erhaltungszustand des Hauses und den zu erwartenden Einsparungen stehen;
6. bei Vorliegen einer nach § 17 Abs. 1a zulässigen Vereinbarung die Installation und die Miete von technisch geeigneten Meßvorrichtungen zur Verbrauchsermittlung im Sinn dieser Bestimmung.

(3) Die Kosten von Erhaltungsarbeiten sind aus den in den vorausgegangenen zehn Kalenderjahren erzielten Mietzinsreserven einschließlich der Zuschüsse, die aus Anlaß der Durchführung einer Erhaltungsarbeit gewährt werden, zu decken. Reichen diese Beträge zur Deckung der Kosten aller unmittelbar heranstehenden Erhaltungsarbeiten nicht aus, so gilt folgendes:
1. Zur Bedeckung der Kosten einer Erhaltungsarbeit sind auch die während des Zeitraums, in dem sich solche oder ähnliche Arbeiten unter Zugrundelegung regelmäßiger Bestandsdauer erfahrungsgemäß wiederholen, zu erwartenden oder anrechenbaren Hauptmietzinse, somit einschließlich der zur Deckung eines erhöhten Aufwandes zulässigen Einhebung eines erhöhten Hauptmietzinses, für alle vermieteten, vermietbaren oder vom Vermieter benützten Wohnungen und Geschäftsräumlichkeiten des Hauses heranzuziehen; insoweit hiedurch Deckung geboten ist, hat der Vermieter zur Finanzierung der nach Abzug der erzielten Mietzinsreserven ungedeckten Kosten der Erhaltungsarbeit eigenes oder fremdes Kapital aufzuwenden; die mit der Aufnahme fremden Kapitals verbundenen notwendigen Geldbeschaffungskosten und angemessenen Sollzinsen sowie die durch den Einsatz eigenen Kapitals entgangenen angemessenen Habenzinsen (Kapitalmarktzinsen) sind in diesen Fällen Kosten der Erhaltungsarbeiten.
2. Können die Kosten aller Erhaltungsarbeiten auch auf diese Weise nicht gedeckt werden, so sind die Erhaltungsarbeiten nach Maßgabe ihrer bautechnischen Dringlichkeit zu reihen und durchzuführen; jedenfalls sind aber die Arbeiten,
   a) die kraft eines öffentlich-rechtlichen Auftrages vorzunehmen sind,
   b) die der Behebung von Baugebrechen, die die Sicherheit von Personen oder Sachen gefährden, dienen oder
   c) die zur Aufrechterhaltung des Betriebes von bestehenden Wasserleitungs-, Lichtleitungs-, Gasleitungs-, Beheizungs- (einschließlich der zentralen Wärmeversorgungsanlagen), Kanalisations- und sanitären Anlagen erforderlich sind,

vorweg durchzuführen.

Nützliche Verbesserung durch bautechnische Maßnahmen

§ 4. (1) Der Vermieter hat nützliche Verbesserungen des Hauses oder einzelner Mietgegenstände nach Maßgabe der rechtlichen, wirtschaftlichen und technischen Gegebenheiten und Möglichkeiten durchzuführen, soweit dies im Hinblick auf den allgemeinen Erhaltungszustand des Hauses zweckmäßig ist; hiebei ist nützlichen Verbesserungen des Hauses gegenüber nützlichen Verbesserungen einzelner Mietgegenstände der Vorrang einzuräumen.

(2) Unter den Voraussetzungen des Abs. 1 sind nützliche Verbesserungen:

1. die den Erfordernissen der Haushaltsführung der Bewohner dienende Neuerrichtung oder Umgestaltung von Wasserleitungs-, Lichtleitungs-, Gasleitungs-, Beheizungs- (einschließlich von zentralen Wärmeversorgungsanlagen), Kanalisations- und sanitären Anlagen in normaler Ausstattung,
2. die Errichtung oder Ausgestaltung von der gemeinsamen Benützung der Bewohner dienenden, einer zeitgemäßen Wohnkultur entsprechenden sonstigen Anlagen in normaler Ausstattung, wie etwa von Personenaufzügen, zentralen Waschküchen oder Schutzräumen vom Typ Grundschutz,
3. Maßnahmen, die eine dem jeweiligen Stand der Technik entsprechende Erhöhung der Schalldämmung bewirken, wie die Verbesserung der Schalldämmung von Fenstern, Außentüren, Außenwänden, Dächern, Kellerdecken und obersten Geschoßdecken,
3a. die Errichtung einer Anlage, die den Anschluß des Hauses (samt den einzelnen Mietgegenständen) an eine Einrichtung zur Fernwärmeversorgung bewirkt;
4. die Installation einer Wasserentnahmestelle oder eines Klosetts im Inneren eines Mietgegenstandes,
5. die bautechnische Umgestaltung eines Mietgegenstandes, im besonderen einer Mietwohnung der Ausstattungskategorie D oder C in eine Mietwohnung der Ausstattungskategorie C, B oder A.

(3) Nützliche Verbesserungen sind vom Vermieter durchzuführen

1. wenn und soweit die Kosten aus den in den vorausgegangenen zehn Kalenderjahren erzielten Mietzinsreserven einschließlich der Zuschüsse, die zur Finanzierung der nützlichen Verbesserungen gewährt werden, gedeckt werden können und Erhaltungsarbeiten nicht erforderlich sind oder sichergestellt ist, daß hiemit auch die erforderlichen Erhaltungsarbeiten in einem Zug durchgeführt werden, oder
2. wenn und soweit sich der Vermieter und die Mehrheit der Mieter – berechnet nach der Anzahl der im Zeitpunkt der Vereinbarung vermieteten Mietgegenstände – des Hauses über ihre Durchführung und die Finanzierung des durch die in den vorausgegangenen zehn Kalenderjahren erzielten Mietzinsreserven nicht gedeckten Teiles der Kosten schriftlich einigen sowie überdies sichergestellt ist, daß die übrigen Mieter des Hauses durch die Verbesserungsarbeiten finanziell nicht belastet und auch sonst nicht übermäßig beeinträchtigt werden.

(4) Nützliche Verbesserungen im Inneren eines Mietgegenstandes bedürfen der Zustimmung des Hauptmieters, es gilt jedoch § 30 Abs. 2 Z 16, sofern der Hauptmieter einer mangelhaft ausgestatteten Wohnung im Sinn des § 3 Z 10 des Stadterneuerungsgesetzes, die zur Anhebung des Standards nach Abs. 2 Z 4 geeignet ist, das vom Vermieter gestellte Angebot, die zur Abwendung eines Enteignungsantrags nach § 14 des Stadterneuerungsgesetzes erforderlichen bautechnischen Maßnahmen gegen Entrichtung des für die so verbesserte Wohnung nach § 15a Abs. 3 Z 3 berechneten Hauptmietzinses durchzuführen, ablehnt und auch nicht bereit ist, diese bautechnischen Maßnahmen selbst durchzuführen.

(5) Auf Antrag auch nur eines Mieters hat der Vermieter im Miethaus einen dem Stand der Technik entsprechenden Behindertenaufzug zu errichten, wenn und soweit eine solche Maßnahme bei billiger Abwägung aller Interessen dem Vermieter auch zumutbar ist; die Kosten der Herstellung und Erhaltung dieser Anlage hat der Mieter, der den Antrag gestellt hat, dem Vermieter zu ersetzen.

Nützliche Verbesserung durch Vereinigung von Wohnungen; Anbotspflicht

§ 5. (1) Als nützliche Verbesserung gilt auch die Vereinigung und bautechnische Umgestaltung zweier oder mehrerer Wohnungen, im besonderen von Mietwohnungen der Ausstattungskategorie D oder C in eine oder mehrere Mietwohnungen der Ausstattungskategorie C, B oder A.

(2) Wird eine Wohnung der Ausstattungskategorie D durch Beendigung des Mietverhältnisses frei und ist es baurechtlich zulässig und bautechnisch möglich und zweckmäßig, diese Wohnung mit einer Nachbarwohnung der Ausstattungskategorie D zu einer Wohnung der Ausstattungskategorie C mit einer Nutzfläche bis zu 90 m² zu vereinigen und umzugestalten, so hat der Vermieter die frei gewordene Wohnung vor der Vermietung an einen Dritten dem Hauptmieter einer zur Anhebung des Standards geeigneten Nachbarwohnung der Ausstattungskategorie D zur Zumietung und Umgestaltung in eine Wohnung der Ausstattungskategorie C gegen Entrichtung des für die so vergrößerte Wohnung nach § 15a Abs. 3 Z 3 berechenbaren Hauptmietzinses anzubieten, es sei denn, daß der Vermieter die durch Beendigung des Mietverhältnisses frei gewordene Wohnung der Ausstattungskategorie D durch sonstige bautechnische Maßnahmen (§ 4 Abs. 2 Z 4 oder 5) in eine Wohnung der Ausstattungskategorie C verbessert. Zur Abgabe des Angebots genügt die Absendung eines eingeschriebenen Briefes. Der Hauptmieter der Nachbarwohnung muß das vom Vermieter gestellte

Anbot binnen 30 Tagen annehmen, widrigenfalls sein Recht auf Zumietung erloschen ist.

(3) Hat der Vermieter eine durch Beendigung des Mietverhältnisses frei gewordene Wohnung der Ausstattungskategorie D allen hiefür in Betracht kommenden Hauptmietern der Nachbarwohnungen der Ausstattungskategorie D im Sinn des Abs. 2 erfolglos zur Zumietung und Umgestaltung angeboten, so kann der Vermieter die frei gewordene Wohnung der Ausstattungskategorie D an einen Dritten vermieten; mit diesem Hauptmieter darf vereinbart werden, daß sich der Hauptmieter im Fall des Freiwerdens einer zur Anhebung des Standards geeigneten Nachbarwohnung der Ausstattungskategorie D zur Zumietung und Umgestaltung in eine Wohnung der Ausstattungskategorie C gegen Entrichtung des für die so vergrößerte Wohnung nach § 15a Abs. 3 Z 3 berechenbaren Hauptmietzinses verpflichtet und daß für den Fall, in dem er dieser Pflicht nicht nachkommen sollte, das Freiwerden einer solchen Nachbarwohnung der Ausstattungskategorie D einen Kündigungsgrund darstellt, der im Sinn des § 30 Abs. 2 Z 13 als wichtig und bedeutsam anzusehen ist.

Ersatz von Aufwendungen auf eine Wohnung

§ 10. (1) Der Hauptmieter einer Wohnung, der in den letzten zwanzig Jahren vor der Beendigung des Mietverhältnisses in der gemieteten Wohnung Aufwendungen zur wesentlichen Verbesserung (§ 9) gemacht hat, die über seine Mietdauer hinaus wirksam und von Nutzen sind, oder solche Aufwendungen dem Vormieter oder dem Vermieter abgegolten hat (Abs. 6 erster und zweiter Satz), hat bei der Beendigung des Mietverhältnisses Anspruch auf Ersatz dieser Aufwendungen vermindert um eine jährliche Abschreibung. Das Ausmaß dieser Abschreibung beträgt für jedes vollendete Jahr

1. bei den in Abs. 3 Z 1 und 3 genannten Aufwendungen ein Zehntel,
2. bei den von einer Gebietskörperschaft aus öffentlichen Mitteln geförderten Aufwendungen jenen Bruchteil, der sich aus der Laufzeit der Förderung errechnet,
3. sonst ein Zwanzigstel.

(2) Der Abs. 1 gilt nicht, wenn der Vermieter berechtigterweise seine Zustimmung verweigert oder an die Verpflichtung zur Wiederherstellung des früheren Zustandes gebunden hat oder wenn er deswegen, weil ihm der Hauptmieter die beabsichtigte wesentliche Veränderung nicht angezeigt hat, verhindert war, das eine oder das andere zu tun.

(3) Die im Abs. 1 genannten Aufwendungen sind:
1. die Errichtung oder die den Erfordernissen der Haushaltsführung dienende Umgestaltung von Wasserleitungs-, Lichtleitungs-, Gasleitungs-, Beheizungs- (einschließlich der Errichtung von zentralen Wärmeversorgungsanlagen) oder sanitären Anlagen in normaler und dem jeweiligen Stand der Technik entsprechender Ausstattung, sowie die Erneuerung einer bei Beginn des Mietverhältnisses vorhandenen, aber schadhaft gewordenen Heiztherme oder eines solchen Warmwasserboilers,
2. die Vereinigung und die Umgestaltung der Wohnung mit der zur Zumietung angebotenen Nachbarwohnung (§ 5 Abs. 2) in normaler Ausstattung,
3. die gänzliche Erneuerung eines schadhaft gewordenen Fußbodens in einer dem sonstigen Ausstattungszustand der Wohnung entsprechenden Ausführung und
4. andere gleich wesentliche Verbesserungen, insbesondere solche, die von einer Gebietskörperschaft aus öffentlichen Mitteln gefördert worden sind.

(4) Der Anspruch auf Ersatz ist bei sonstigem Verlust des Anspruches vom Vermieter vom Hauptmieter unter Vorlage von Rechnungen schriftlich anzuzeigen;
1. bei einvernehmlicher Auflösung des Mietverhältnisses spätestens 14 Tage nach Abschluss der Auflösungsvereinbarung,
2. bei Aufkündigung des Mietverhältnisses durch den Hauptmieter spätestens 14 Tage nach Zustellung der Aufkündigung an den Vermieter,
3. in allen übrigen Fällen binnen einer Frist von zwei Monaten ab Eintritt der Rechtskraft des Räumungstitels, bei früherer Zurückstellung des Mietgegenstandes jedoch spätestens mit der Zurückstellung.

(4a) Entspricht eine rechtzeitig erstattete Anzeige des Ersatzanspruchs in Form oder Inhalt nicht der Regelung des Abs. 4, so hat der Vermieter den Mieter zur Verbesserung des Mangels binnen einer Frist von mindestens 14 Tagen aufzufordern. Der Verlust des Ersatzanspruchs tritt nur ein, wenn der Mieter einer solchen Aufforderung nicht fristgerecht nachkommt.

(5) Der Hauptmieter einer Wohnung kann den Ersatzanspruch nach Abs. 1 überdies nur gerichtlich geltend machen,
1. wenn er innerhalb von sechs Monaten nach der Zurückstellung des Mietgegenstandes dem Vermieter einen Mieter namhaft macht, der zur Befriedigung des Ersatzanspruches nach Abs. 1 bereit ist, oder
2. sobald der Vermieter den Mietgegenstand sonst vermietet oder verwertet.

(6) Befriedigt der neue Mieter den berechtigten Ersatzanspruch des früheren Mieters, so ist die dadurch abgegoltene Aufwendung bei der Bestimmung der Höhe des zulässigen Hauptmietzinses als nicht getätigt zu behandeln. Dies gilt auch dann, wenn der Vermieter die Ansprüche des früheren Mieters befriedigt hat und den Ersatz des von ihm geleisteten Betrags nun vom neuen Mieter begehrt. Verlangt der Vermieter vom neuen Mieter keinen Ersatz, so sind die Bestimmungen über den höchstzulässigen Hauptmietzins (§ 16) uneingeschränkt anzuwenden; der Vermieter kann diesfalls den von ihm an den früheren Mieter geleisteten Betrag

insoweit als Ausgabe in der Hauptmietzinsabrechnung ausweisen (§ 20 Abs. 1 Z 2), als dieser Betrag unter Annahme einer zehnjährigen gleichmäßigen Mietzinszahlung den Unterschiedsbetrag zwischen dem ohne die abgegoltene Aufwendung zulässigen Hauptmietzins und dem auf Grund dieser Aufwendung zulässigen Hauptmietzins nicht übersteigt.

(7) Auf den Ersatzanspruch kann der Hauptmieter im voraus nicht rechtswirksam verzichten.

(8) Weitergehende Ansprüche nach den §§ 1097, 1036, 1037 des allgemeinen bürgerlichen Gesetzbuchs bleiben hiedurch unberührt.

1/2/6. Investitionsprämiengesetz

BGBl I 2020/88 idF BGBl I 2021/95

Bundesgesetz über eine COVID-19 Investitionsprämie für Unternehmen (Investitionsprämiengesetz – InvPrG)

Gegenstand der Förderung, Abwicklung

§ 1. (1) Gegenstand des Förderungsprogrammes des Bundes ist die Schaffung eines Anreizes für Unternehmen, in und nach der COVID-19 Krise in das Anlagevermögen zu investieren. Die Förderung wird in Form eines Zuschusses gewährt.

(2) Mit der Abwicklung des Förderprogramms nach diesem Bundesgesetz wird die Austria Wirtschaftsservice Gesellschaft mit beschränkter Haftung im Namen und auf Rechnung des Bundes beauftragt.

(3) Die liquiden Mittel werden der Austria Wirtschaftsservice Gesellschaft mit beschränkter Haftung auf Anforderung bedarfsgerecht zur Verfügung gestellt. Hiefür werden maximal 7,8 Milliarden Euro zur Verfügung gestellt.[a]

(BGBl I 2020/110, BGBl I 2020/167, BGBl I 2021/95)

[a] Der letzte Satz tritt mit 31.12.2025 außer Kraft.

COVID-19 Investitionsprämie

§ 2. (1) Gefördert werden materielle und immaterielle aktivierungspflichtige Neuinvestitionen in das abnutzbare Anlagevermögen eines Unternehmens an österreichischen Standorten, für die zwischen dem 1. September 2020 und 28. Februar 2021 diese Förderung beantragt werden kann. Erste Maßnahmen im Zusammenhang mit der Investition müssen zwischen 1. August 2020 und 31. Mai 2021 gesetzt werden.[a]

(BGBl I 2021/52)

[a] Der letzte Satz tritt mit 31.12.2025 außer Kraft.

(2) Nicht förderungsfähig sind insbesondere klimaschädliche Investitionen, unbebaute Grundstücke, Finanzanlagen, Unternehmensübernahmen und aktivierte Eigenleistungen. Detaillierungen dazu sind in der Förderungsrichtlinie gemäß § 3 Abs. 1 vorzunehmen.

(3) Als klimaschädliche Investitionen gelten Investitionen in die Errichtung bzw. die Erweiterung von Anlagen, die der Förderung, dem Transport oder der Speicherung fossiler Energieträger dienen, sowie die Errichtung von Anlagen, die fossile Energieträger direkt nutzen. Die Investitionsprämie für Investitionen in bestehende Anlagen, die fossile Energieträger direkt nutzen, kann nur in Anspruch genommen werden, wenn eine substanzielle Treibhausgasreduktion durch die Investition erzielt wird.

(4) Als Förderungswerber kommen bestehende und neugegründete Unternehmen aller Branchen und aller Größen mit Sitz oder Betriebsstätte in Österreich in Betracht.

(5) Die Investitionsprämie beträgt 7 % der Neuinvestitionen gemäß Abs. 1. Bei Neuinvestitionen in den Bereichen Digitalisierung, Ökologisierung und Gesundheit/Life-Science beträgt die Investitionsprämie 14 %.

Förderungsrichtlinie

§ 3. (1) Die Bundesministerin für Digitalisierung und Wirtschaftsstandort wird ermächtigt, im Einvernehmen mit dem Bundesminister für Finanzen und der Bundesministerin für Klimaschutz, Umwelt, Energie, Mobilität, Innovation und Technologie eine Richtlinie für die Abwicklung der COVID-19 Investitionsprämie zu erlassen. Die Richtlinie hat insbesondere folgende Punkte zu enthalten:
1. Rechtsgrundlagen, Ziele,
2. den Gegenstand der Förderung,
3. die förderbaren Kosten,
4. die persönlichen und fachlichen Voraussetzungen für das Erlangen einer Förderung,
5. das Ausmaß und die Art der Förderung,
6. das Verfahren, insbesondere
   a) Ansuchen (Art, Inhalt und Ausstattung der Unterlagen),
   b) Entscheidung,
   c) Auszahlungsmodus,
   d) Behalteverpflichtungen,
   e) Berichtspflichten des Fördernehmers,
   f) Einstellung und Rückforderung der Förderung,
7. Geltungsdauer,
8. Evaluierung.

(2) Die Förderungsrichtlinie wird auf der Homepage des Bundesministeriums für Digitalisierung und Wirtschaftsstandort veröffentlicht.

Datenübermittlung zur Abwicklung und Kontrolle der COVID-19 Investitionsprämie

§ 4. (1) Der Bundesministerin für Digitalisierung und Wirtschaftsstandort und der Austria Wirtschaftsservice Gesellschaft mit beschränkter Haftung sind zum Zwecke der Abwicklung und Kontrolle von Förderungen nach diesem Bundesgesetz von den Abgabenbehörden die erforderlichen Auskünfte zu erteilen.

(2) Der Bundesminister für Finanzen hat der Bundesministerin für Digitalisierung und Wirtschaftsstandort und der Austria Wirtschaftsservice Gesellschaft mit beschränkter Haftung – unter Beachtung der datenschutzrechtlichen Regelungen – auf ihre Anfrage unter Verwendung einer elektronischen Schnittstelle soweit verfügbar Daten zu übermitteln, die für die Kontrolle des Zuschusses notwendig sind.

Schlussbestimmungen

§ 5. (1) Dieses Bundesgesetz tritt mit dem der Kundmachung folgenden Tag in Kraft und mit 31.12.2025 außer Kraft.

(1a) § 1 Abs. 3 letzter Satz in der Fassung des BGBl. I Nr. 110/2020 tritt mit dem der Kundmachung folgenden Tag in Kraft und mit 31.12.2025 außer Kraft.

(BGBl I 2020/110)

(1b) § 1 Abs. 3 letzter Satz in der Fassung des BGBl. I Nr. 167/2020 tritt mit dem der Kundmachung folgenden Tag in Kraft und mit 31.12.2025 außer Kraft.

(BGBl I 2020/167)

(1c) § 2 Abs. 1 letzter Satz in der Fassung des BGBl. I Nr. 52/2021 tritt mit dem der Kundmachung folgenden Tag in Kraft und mit 31.12.2025 außer Kraft.

(BGBl I 2021/52)

(1d) § 1 Abs. 3 letzter Satz in der Fassung des BGBl. I Nr. 95/2021 tritt mit dem der Kundmachung folgenden Tag in Kraft und mit 31.12.2025 außer Kraft.

(BGBl I 2021/95)

(2) Sämtliche in diesem Bundesgesetz verwendeten Funktionsbezeichnungen und personenbezogenen Ausdrücke sind geschlechtsneutral zu verstehen.

(3) Mit der Vollziehung dieses Bundesgesetzes ist die Bundesministerin für Digitalisierung und Wirtschaftsstandort, hinsichtlich des § 3 Abs. 1 im Einvernehmen mit dem Bundesminister für Finanzen und der Bundesministerin für Klimaschutz, Umwelt, Energie, Mobilität, Innovation und Technologie, betraut.

1/3. VERORDNUNGEN

1/3/1. VO zu § 1
Zweitwohnsitze

BGBl II 2003/528

Verordnung des Bundesministers für Finanzen betreffend inländische Zweitwohnsitze

Auf Grund des § 1 des Einkommensteuergesetzes 1988 wird verordnet:

§ 1. (1) Bei Abgabepflichtigen, deren Mittelpunkt der Lebensinteressen sich länger als fünf Kalenderjahre im Ausland befindet, begründet eine inländische Wohnung nur in jenen Jahren einen Wohnsitz im Sinne des § 1 des Einkommensteuergesetzes 1988, in denen diese Wohnung allein oder gemeinsam mit anderen inländischen Wohnungen an mehr als 70 Tagen benutzt wird.

(2) Absatz 1 ist nur anzuwenden, wenn ein Verzeichnis geführt wird, aus dem die Tage der inländischen Wohnungsbenutzung ersichtlich sind.

§ 2. Die Wirkungen des § 1 treten bei Auswärtsverlagerungen des Mittelpunktes der Lebensinteressen erstmals im folgenden Kalenderjahr und bei Einwärtsverlagerungen letztmals im vorhergehenden Kalenderjahr ein.

§ 3. Eine Benutzung des inländischen Wohnsitzes des unbeschränkt steuerpflichtigen (Ehe-)Partners, von dem der Abgabepflichtige nicht dauernd getrennt lebt, begründet einen zur unbeschränkten Steuerpflicht führenden Wohnsitz für den Abgabepflichtigen.

§ 4. Die Verordnung ist ab 1. Jänner 2004 anzuwenden.

1/3/2. VO zu §§ 2 und 33
Sportler

BGBl II 2000/418

Verordnung des Bundesministers für Finanzen betreffend die Ermittlung des Einkommens von Sportlern

Auf Grund der §§ 2 und 33 des Einkommensteuergesetzes 1988 wird verordnet:

§ 1. Auf Antrag hat die Ermittlung des in Österreich steuerpflichtigen Anteils der Einkünfte von selbständig tätigen Sportlern pauschal zu erfolgen. Die pauschale Ermittlung ist nur zulässig, wenn der Sportler in Österreich unbeschränkt steuerpflichtig ist und im Kalenderjahr überwiegend im Rahmen von Sportveranstaltungen (Wettkämpfen, Turnieren) im Ausland auftritt. Die pauschale Ermittlung hat die Einkünfte aus der Tätigkeit als Sportler einschließlich der Werbetätigkeit zu umfassen.

§ 2. Der Anteil der in Österreich zu versteuernden Einkünfte aus der Tätigkeit als Sportler einschließlich Werbetätigkeit beträgt 33 % der insgesamt im Kalenderjahr erzielten Einkünfte aus der Tätigkeit als Sportler einschließlich der Werbetätigkeit.

§ 3. Erfolgt eine pauschale Ermittlung der steuerpflichtigen Einkünfte gemäß § 1, ist eine Anrechnung ausländischer Steuern, die für Einkünfte im Sinne des § 1 entrichtet wurden, ausgeschlossen. Ausländische Einkünfte aus der Tätigkeit als Sportler einschließlich der Werbetätigkeit sind bei der Festsetzung der Steuer für das übrige Einkommen zu berücksichtigen.

§ 4. Die Verordnung ist erstmals bei der Veranlagung für das Kalenderjahr 2000 anzuwenden.

1/3/3., 4. EStG
unkörperliche Wirtschaftsgüter, Liebhaberei

1/3/3. VO zu § 2 Abs. 2

Verwaltung unkörperlicher Wirtschaftsgüter

BGBl 1996/734

Verordnung des Bundesministers für Finanzen zu § 2 Abs. 2 EStG 1988

Zu § 2 Abs. 2 EStG 1988 in der Fassung BGBl. Nr. 660/1989 wird verordnet:

Als Verwalten unkörperlicher Wirtschaftsgüter ist sowohl die Verwaltung von Anlagevermögen als auch die Verwaltung von Umlaufvermögen zu verstehen. Darunter fällt insbesondere auch der gewerbliche Handel mit unkörperlichen Wirtschaftsgütern.

1/3/4. VO zu § 2 Abs. 3

Liebhabereiverordnung

BGBl 1993/33 idF BGBl II 1999/15

Verordnung des Bundesministers für Finanzen über das Vorliegen von Einkünften, über die Annahme einer gewerblichen oder beruflichen Tätigkeit und über die Erlassung vorläufiger Bescheide (Liebhabereiverordnung)

Zu § 2 Abs. 3 EStG 1988, BGBl. Nr. 400/1988, § 7 Abs. 2 KStG 1988, BGBl. Nr. 401/1988, § 2 UStG 1972,[a)] BGBl. Nr. 223/1972 in der Fassung BGBl. Nr. 587/1983 und § 200 Abs. 1 BAO, BGBl. Nr. 194/1961, wird verordnet:

[a)] Gilt gem § 28 Abs 5 Z 4 UStG 1994 als auf Grund des UStG 1994 erlassen.

Abschnitt I
Einkommen- und Körperschaftsteuer

[Einkünftevermutung]

§ 1. (1) Einkünfte liegen vor bei einer Betätigung (einer Tätigkeit oder einem Rechtsverhältnis), die

– durch die Absicht veranlaßt ist, einen Gesamtgewinn oder einen Gesamtüberschuß der Einnahmen über die Werbungskosten (§ 3) zu erzielen, und

– nicht unter Abs. 2 fällt.

Voraussetzung ist, daß die Absicht anhand objektiver Umstände (§ 2 Abs. 1 und 3) nachvollziehbar ist. Das Vorliegen einer derartigen Absicht ist für jede organisatorisch in sich geschlossene und mit einer gewissen Selbständigkeit ausgestattete Einheit gesondert zu beurteilen.

(2) Liebhaberei ist bei einer Betätigung anzunehmen, wenn Verluste entstehen

1. aus der Bewirtschaftung von Wirtschaftsgütern, die sich nach der Verkehrsauffassung in einem besonderen Maß für eine Nutzung im Rahmen der Lebensführung eignen (z.B. Wirtschaftsgüter, die der Sport- und Freizeitausübung dienen, Luxuswirtschaftsgüter) und typischerweise einer besonderen in der Lebensführung begründeten Neigung entsprechen oder

2. aus Tätigkeiten, die typischerweise auf eine besondere in der Lebensführung begründete Neigung zurückzuführen sind, oder

3. aus der Bewirtschaftung von Eigenheimen, Eigentumswohnungen und Mietwohngrundstücken mit qualifizierten Nutzungsrechten.

Die Annahme von Liebhaberei kann in diesen Fällen nach Maßgabe des § 2 Abs. 4 ausgeschlossen sein. Das Vorliegen der Voraussetzungen der Z 1 und 2 ist für jede organisatorisch in sich geschlossene und mit einer gewissen Selbständigkeit ausgestattete Einheit gesondert zu beurteilen.

(3) Liebhaberei liegt nicht vor, wenn eine Betätigung bei einer einzelnen Einheit im Sinn des Abs. 1 vorletzter Satz, die im wirtschaftlichen

1/3/4. EStG
Liebhaberei

Zusammenhang mit weiteren Einheiten steht, aus Gründen der Gesamtrentabilität, der Marktpräsenz oder der wirtschaftlichen Verflechtung aufrechterhalten wird.

[Kriterienprüfung]

§ 2. (1) Fallen bei Betätigungen im Sinn des § 1 Abs. 1 Verluste an, so ist das Vorliegen der Absicht, einen Gesamtgewinn oder Gesamtüberschuß der Einnahmen über die Werbungskosten (§ 3) zu erzielen, insbesondere anhand folgender Umstände zu beurteilen:
1. Ausmaß und Entwicklung der Verluste,
2. Verhältnis der Verluste zu den Gewinnen oder Überschüssen,
3. Ursachen, auf Grund deren im Gegensatz zu vergleichbaren Betrieben, Tätigkeiten oder Rechtsverhältnissen kein Gewinn oder Überschuß erzielt wird,
4. marktgerechtes Verhalten im Hinblick auf angebotene Leistungen,
5. marktgerechtes Verhalten im Hinblick auf die Preisgestaltung,
6. Art und Ausmaß der Bemühungen zur Verbesserung der Ertragslage durch strukturverbessernde Maßnahmen (z.B. Rationalisierungsmaßnahmen).

[Anlaufzeitraum]

(2) Innerhalb der ersten drei Kalenderjahre (Wirtschaftsjahre) ab Beginn einer Betätigung (z.B. Eröffnung eines Betriebes) im Sinn des § 1 Abs. 1, längstens jedoch innerhalb der ersten fünf Kalenderjahre (Wirtschaftsjahre) ab dem erstmaligen Anfallen von Aufwendungen (Ausgaben) für diese Betätigung liegen jedenfalls Einkünfte vor (Anlaufzeitraum). Dieser Zeitraum wird durch die Übertragung der Grundlagen der Betätigung auf Dritte nicht unterbrochen. Nach Ablauf dieses Zeitraumes ist unter Berücksichtigung der Verhältnisse auch innerhalb dieses Zeitraumes nach dem Gesamtbild der Verhältnisse zu beurteilen, ob weiterhin vom Vorliegen von Einkünften auszugehen ist. Ein Anlaufzeitraum im Sinn des ersten Satzes darf nicht angenommen werden, wenn nach den Umständen des Einzelfalls damit zu rechnen ist, daß die Betätigung vor dem Erzielen eines Gesamtgewinnes (Gesamtüberschusses) beendet wird.

[Entgeltliche Gebäudeüberlassung]

(3) Abs. 2 gilt nicht für Betätigungen im Zusammenhang mit der entgeltlichen Überlassung von Gebäuden. Das Vorliegen einer Absicht im Sinn des § 1 Abs. 1 ist in diesem Fall nach dem Verhältnis des Zeitraumes, innerhalb dessen ein Gesamtgewinn oder Gesamtüberschuß geplant ist, zu einem absehbaren Zeitraum zu beurteilen. Als absehbarer Zeitraum gilt ein Zeitraum von 25 Jahren ab Beginn der entgeltlichen Überlassung, höchstens 28 Jahren ab dem erstmaligen Anfallen von Aufwendungen (Ausgaben).

[Absehbarer Zeitraum / Vermietung von Eigenheimen]

(4) Bei Betätigungen gemäß § 1 Abs. 2 liegt Liebhaberei dann nicht vor, wenn die Art der Bewirtschaftung oder der Tätigkeit in einem absehbaren Zeitraum einen Gesamtgewinn oder Gesamtüberschuß der Einnahmen über die Werbungskosten (§ 3) erwarten läßt. Andernfalls ist das Vorliegen von Liebhaberei ab Beginn dieser Betätigung so lange anzunehmen, als die Art der Bewirtschaftung oder der Tätigkeit nicht im Sinn des vorstehenden Satzes geändert wird. Bei Betätigungen im Sinne des § 1 Abs. 2 Z 3 gilt als absehbarer Zeitraum ein Zeitraum von 20 Jahren ab Beginn der entgeltlichen Überlassung, höchstens 23 Jahren ab dem erstmaligen Anfallen von Aufwendungen (Ausgaben).

[Gesamtgewinn / Gesamtüberschuss]

§ 3. (1) Unter Gesamtgewinn ist der Gesamtbetrag der Gewinne zuzüglich steuerfreier Einnahmen abzüglich des Gesamtbetrags der Verluste zu verstehen. Steuerfreie Einnahmen sind nur insoweit anzusetzen, als sie nicht zu einer Kürzung von Aufwendungen (Ausgaben) führen. Wertänderungen von Grund und Boden, der zum Anlagevermögen gehört, sind nur bei der Gewinnermittlung nach § 5 EStG 1988 anzusetzen.

(2) Unter Gesamtüberschuß ist der Gesamtbetrag der Überschüsse der Einnahmen über die Werbungskosten abzüglich des Gesamtbetrags der Verluste zu verstehen.

[Personengemeinschaften]

§ 4. (1) Die §§ 1 bis 3 sind auch bei Personenvereinigungen (Personengemeinschaften) ohne eigene Rechtspersönlichkeit anzuwenden.

(2) Es ist zuerst für die Personenvereinigung (Personengemeinschaft) zu prüfen, ob die gemeinschaftliche Betätigung als Liebhaberei im Sinn des § 1 zu beurteilen ist.

(3) Zusätzlich ist gesondert zu prüfen, ob jeweils beim einzelnen Gesellschafter (Mitglied) Liebhaberei vorliegt. Dabei sind auch besondere Vergütungen (Einnahmen) und Aufwendungen (Ausgaben) der einzelnen Gesellschafter (Mitglieder) zu berücksichtigen.

(4) Bei der Prüfung im Sinn des Abs. 3 ist weiters darauf Bedacht zu nehmen, ob nach den Umständen des Einzelfalls damit zu rechnen ist, daß der Gesellschafter (das Mitglied) vor dem Erzielen eines anteiligen Gesamtgewinns (Gesamtüberschusses) aus der Personenvereinigung (Personengemeinschaft) ausscheidet. In diesem Fall ist auch für den Zeitraum gemäß § 2 Abs. 2 das Vorliegen von Liebhaberei zu prüfen.

[Ausnahmen]

§ 5. Die §§ 1 bis 4 sind nicht anzuwenden auf
1. Betriebe gewerblicher Art von Körperschaften des öffentliches Rechts (§ 2 KStG 1988),

2. juristische Personen des privaten Rechts, an denen unmittelbar oder mittelbar ausschließlich Körperschaften des öffentliches Rechts beteiligt sind, soweit § 2 Abs. 4 dritter Satz KStG 1988 anzuwenden ist,
3. Körperschaften, Personenvereinigungen oder Vermögensmassen, die der Förderung gemeinnütziger, mildtätiger oder kirchlicher Zwecke nach Maßgabe der §§ 34 bis 47 BAO dienen, und
4. wirtschaftliche Geschäftsbetriebe im Sinn des § 31 BAO.

Abschnitt II
Umsatzsteuer

§ 6. Liebhaberei im umsatzsteuerlichen Sinn kann nur bei Betätigungen im Sinne des § 1 Abs. 2, nicht hingegen bei anderen Betätigungen vorliegen.

Abschnitt III
Bundesabgabenordnung

§ 7. Ergehen Bescheide gemäß § 200 Abs. 1 BAO vorläufig, weil zwar noch ungewiß, aber wahrscheinlich ist, daß Liebhaberei vorliegt, so berührt dies nicht die Verpflichtung zur Führung von Büchern und Aufzeichnungen.

Abschnitt IV

§ 8. (1) Abschnitt I und II sind anzuwenden
1. bei der Einkommen- und Körperschaftsteuer erstmalig bei der Veranlagung für das Jahr 1993
2. bei der Umsatzsteuer ab dem 1. Jänner 1993.

(2) Die Verordnung vom 18. Mai 1990, BGBl. Nr. 322/1990, tritt mit 31. Dezember 1992 außer Kraft.

(3) § 1 Abs. 2 Z 1, 2 und 3 und § 2 Abs. 3 und 4 in der Fassung der Verordnung BGBl. II Nr. 358/1997 sind auf entgeltliche Überlassungen anzuwenden, wenn der maßgebliche Zeitraum (absehbare Zeitraum, Kalkulationszeitraum, überschaubare Zeitraum) nicht vor dem 14. November 1997 begonnen hat. Bei Betätigungen im Sinne des § 1 Abs. 2 Z 3 in der Fassung der Verordnung BGBl. II Nr. 358/1997, die bisher als Betätigungen im Sinne des § 1 Abs. 2 in der Fassung vor der Verordnung BGBl. II Nr. 358/1997 zu beurteilen waren, kann der Abgabepflichtige gegenüber jenem Finanzamt, das für die Erhebung der Abgaben vom Einkommen bzw. für die Feststellung der Einkünfte zuständig ist, bis 31. Dezember 1999 schriftlich erklären, daß § 1 Abs. 2 Z 1, 2 und 3 und § 2 Abs. 4 in der Fassung der Verordnung BGBl. II Nr. 358/1997 auf alle nicht endgültig rechtskräftig veranlagten Jahre anzuwenden ist.

1/3/5. EStG
Datenübermittlung

1/3/5. VO zu §§ 3 Abs. 2, 84 Abs. 1, 109a und 109b

Datenübermittlung

BGBl II 2004/345 idF BGBl II 2020/579

Verordnung des Bundesministers für Finanzen betreffend die elektronische Übermittlung von Daten der Lohnzettel gemäß § 84 Abs. 1 EStG 1988, der Meldungen gemäß §§ 3 Abs. 2 und 109a EStG 1988 sowie 109b EStG 1988

Zu §§ 3 Abs. 2, 84 Abs. 1 und 109a EStG 1988, BGBl. Nr. 400/1988, wird verordnet:

§ 1. (1) Die elektronische Übermittlung der Daten von
- Meldungen gemäß § 3 Abs. 2 EStG 1988,
- Lohnzetteln gemäß § 69 Abs. 2 bis 9 sowie § 84 Abs. 1 EStG 1988 und
(BGBl II 2019/60)
- Mitteilungen gemäß § 109a EStG 1988
- Mitteilungen gemäß § 109b EStG 1988

hat grundsätzlich über eine Übermittlungsstelle zu erfolgen.

(BGBl II 2019/60)

(2) Die elektronische Übermittlung von Daten gemäß Absatz 1 durch
- den Dachverband der Sozialversicherungsträger als Auftragsverarbeiter für Arbeitgeber, Auftraggeber, bezugs- oder pensionsauszahlende Stellen oder Dienstleister im Sinne der Verordnung (EU) Nr. 2016/679 zum Schutz natürlicher Personen bei der Verarbeitung personenbezogener Daten, zum freien Datenverkehr und zur Aufhebung der Richtlinie Nr. 95/46/EG, ABl. Nr. L 119 vom 04.05.2016 S. 1 (DSGVO),
- die Bundesbesoldung sowie
- das Arbeitsmarktservice

kann auch ohne Übermittlungsstelle erfolgen. Die §§ 4, 5 und 8 gelten sinngemäß.

(BGBl II 2019/60, BGBl II 2020/579)

(3) Die elektronische Übermittlung von Daten gemäß Absatz 1 hat an das für den zur Übermittlung Verpflichteten zuständige Finanzamt oder die Österreichische Gesundheitskasse zu erfolgen. Die Bundesrechenzentrum GmbH ist dabei als Auftragsverarbeiter der Finanzämter und der Österreichischen Gesundheitskasse tätig.

(BGBl II 2019/60, BGBl II 2020/579 ab 1.1.2021)

§ 2. Übermittlungsstelle ist das Datensammelsystem ELDA (Elektronischer Datenaustausch mit den Österreichischen Sozialversicherungsträgern), das durch den Dachverband der Sozialversicherungsträger als Auftragsverarbeiter der Finanzämter im Sinne des Art 28 DSGVO eingesetzt wird.

(BGBl II 2019/60, BGBl II 2020/579)

§ 3. (1) Für eine Übermittlung im Sinne dieser Verordnung ist eine Anmeldung bei der Übermittlungsstelle erforderlich. Die Anmeldung hat

1/3/6. EStG
Innenfinanzierung

vor der ersten Übermittlung der Daten zu erfolgen und gilt für die Folgejahre bis zum Widerruf. Eine Übermittlung darf erst ab Vorliegen einer Bestätigung der Übermittlungsstelle über die Anmeldung erfolgen.

(2) Nach erfolgter Anmeldung zur Teilnahme am Übermittlungsverfahren sind die Daten sämtlicher auszustellender Meldungen, Lohnzettel und Mitteilungen elektronisch zu übermitteln.

§ 4. (1) Vom Bundesministerium für Finanzen sind im Einvernehmen mit dem Dachverband der Sozialversicherungsträger Richtlinien zu erstellen, die den Satzaufbau und die Regeln über die Feldinhalte der zu übermittelnden Datensätze enthalten.

(BGBl II 2020/579)

(2) Die Übermittlung hat diesen Richtlinien zu entsprechen.

§ 5. (1) Die Übermittlung der Daten kann in einer oder mehreren Sendung(en) erfolgen.

(2) Werden Daten mehrfach übermittelt, sind die jeweils zuletzt übermittelten Daten maßgeblich.

§ 6. (1) Über jede erfolgreiche Sendung ist durch die Übermittlungsstelle (§ 2) dem zur Übermittlung Verpflichteten oder dem vom Verpflichteten zur Übermittlung Beauftragten eine Empfangsbestätigung mit folgenden Angaben zu übermitteln:

1. Name des Verpflichteten und des Beauftragten;
2. Datum und Uhrzeit der Übermittlung;
3. Anzahl der richtigen und fehlerhaften Meldungen, Lohnzettel oder Mitteilungen.

(2) Die Empfangsbestätigung (Abs. 1) kann auch elektronisch übermittelt werden.

§ 7. Wird bei den übermittelten Daten ein Fehler festgestellt, so ist dies dem zur Übermittlung Verpflichteten oder dessen Beauftragten mitzuteilen.

§ 8. Sobald die Daten durch die Übermittlungsstelle als nicht fehlerhaft erkannt wurden, ist die Übermittlung abgeschlossen.

§ 9. Von der elektronischen Übermittlung der Daten kann das Finanzamt einen zur Übermittlung Verpflichteten oder dessen Beauftragten ausschließen, wenn er Versuche oder Handlungen unternimmt, die auf eine Störung des ordnungsmäßigen Ablaufes der Übermittlungen hinzielen oder eine Störung zur Folge haben.

(BGBl II 2020/579)

§ 10. Die Verordnung BGBl. II Nr. 9/1997 tritt außer Kraft.

§ 11. § 1 und § 2 in der Fassung der Verordnung BGBl. II Nr. 60/2019, sind erstmalig bei elektronischen Übermittlungen von Daten gemäß § 1 Abs. 1 anzuwenden, das das Kalenderjahr 2019 betreffen.

(BGBl II 2019/60)

§ 12. § 1 Abs. 3 und § 9, jeweils in der Fassung der Verordnung BGBl. II Nr. 579/2020, treten mit 1. Jänner 2021 in Kraft.

(BGBl II 2020/579)

1/3/6. VO zu § 4 Abs. 12 Z 4
Innenfinanzierungsverordnung

BGBl II 2016/90

Verordnung des Bundesministers für Finanzen über die Auswirkungen von Umgründungen auf die Innenfinanzierung (Innenfinanzierungsverordnung – IF-VO)

Auf Grund des § 4 Abs. 12 Z 4 des Einkommensteuergesetzes 1988 – EStG 1988, BGBl. Nr. 400, zuletzt geändert durch das Bundesgesetz BGBl. I Nr. 163/2015, wird verordnet:

§ 1. (1) Für die Auswirkungen von Umgründungen nach dem Umgründungssteuergesetz – UmgrStG, BGBl. Nr. 699/1991, auf die Innenfinanzierung gemäß § 4 Abs. 12 Z 4 EStG 1988 gilt bei Buchwertfortführung Folgendes:

1. Die Innenfinanzierung ist nach Maßgabe des § 2 fortzuführen. Die Auswirkungen von Umgründungen auf den unternehmensrechtlichen Jahresüberschuss/Jahresfehlbetrag sind nicht relevant.
2. Durch Umgründungen entstehende Buchgewinne und -verluste wirken sich nicht auf die Innenfinanzierung aus.
3. Durch Umgründungen entstehende Confusiogewinne und -verluste erhöhen bzw. senken die Innenfinanzierung im Wirtschaftsjahr ihrer Berücksichtigung.

(2) Abs. 1 Z 2 gilt auch in den dem Umgründungsstichtag folgenden Wirtschaftsjahren, wenn Buchverluste aus Umgründungen im unternehmensrechtlichen Jahresabschluss durch den Ansatz eines Umgründungsmehr- bzw. Firmenwertes gemäß § 202 Abs. 2 Z 2 und 3 des Unternehmensgesetzbuches vermieden worden sind. In diesen Fällen ist bei der Ermittlung der Innenfinanzierung in Folgejahren

– die Abschreibung,
– die Zuschreibung und
– der Buchwertabgang

des Umgründungs- bzw. Firmenwerts aus dem unternehmensrechtlichen Jahresüberschuss/Jahresfehlbetrag auszuscheiden. Dies gilt sinngemäß, soweit Buchverluste durch den Ansatz des beizulegenden Wertes gemäß § 202 Abs. 1 UGB vermieden worden sind.

§ 2. (1) Bei Verschmelzungen gemäß Art. I UmgrStG ist die Innenfinanzierung der übertragenden Körperschaft der Innenfinanzierung der übernehmenden Körperschaft hinzuzurechnen. Dies gilt auch bei der Verschmelzung verbundener Körperschaften. Dabei ist eine negative Innenfinanzierung der Körperschaft, an der die Beteiligung besteht, insoweit zu erhöhen, als auf diese unternehmensrechtliche Abschreibungen vorgenommen wurden.

(2) Bei Umwandlungen gemäß Art. II UmgrStG ist die Innenfinanzierung der übertragenden Körperschaft im jeweiligen Beteiligungsausmaß der

Innenfinanzierung jener Rechtsnachfolger hinzuzurechnen, die selbst Evidenzkonten im Sinne des § 4 Abs. 12 EStG 1988 zu führen haben. Dabei ist die Höhe der Beteiligung an der übertragenden Körperschaft im Zeitpunkt der Eintragung des Umwandlungsbeschlusses in das Firmenbuch maßgeblich. Ein gemäß § 9 Abs. 6 UmgrStG als ausgeschüttet geltender Betrag wirkt sich nicht auf die Innenfinanzierung des Rechtsnachfolgers aus. § 2 Abs. 1 letzter Satz gilt sinngemäß.

(3) Bei Einbringungen gemäß Art. III UmgrStG erhöht die Innenfinanzierung des Einbringenden, ausgenommen in den Fällen des Abs. 4 und 5, die Innenfinanzierung der übernehmenden Körperschaft nicht. Ist der Einbringende eine natürliche Person, vermindern Beträge, die gemäß § 18 Abs. 2 Z 1 UmgrStG als ausgeschüttet gelten, die Innenfinanzierung in dem für die Ausschüttung maßgebenden Zeitpunkt.

(4) Besitzt die übernehmende Körperschaft alle Anteile an der einbringenden Körperschaft, ist die Innenfinanzierung der einbringenden Körperschaft in dem Ausmaß zu vermindern und im gleichen Ausmaß der Innenfinanzierung der übernehmenden Körperschaft zuzuschreiben, in dem sich der Wert der einbringenden Körperschaft durch die Einbringung vermindert hat.

(5) Sind die Anteile an der einbringenden und der übernehmenden Körperschaft in einer Hand vereinigt, ist die Innenfinanzierung der einbringenden Körperschaft in dem Ausmaß zu vermindern und im gleichen Ausmaß der Innenfinanzierung der übernehmenden Körperschaft zuzuschreiben, in dem sich die Werte der Anteile durch die Einbringung verschieben.

(6) Bei Abspaltungen gemäß Art. VI UmgrStG ist die Innenfinanzierung der spaltenden Körperschaft in dem Ausmaß zu vermindern und im gleichen Ausmaß der Innenfinanzierung der übernehmenden Körperschaft zuzuschreiben, in dem sich der Wert der spaltenden Körperschaft durch die Spaltung vermindert hat. Davon abweichend ist Abs. 3 sinngemäß auf Abspaltungen anzuwenden, soweit die spaltende Körperschaft an der übernehmenden Körperschaft beteiligt ist und auf die Anteilsgewährung an die Muttergesellschaft der spaltenden Körperschaft verzichtet wird.

(7) Bei Aufspaltungen gemäß Art. VI UmgrStG ist die Innenfinanzierung der aufspaltenden Körperschaft entsprechend den Wertverhältnissen des übertragenen Vermögens der Innenfinanzierung der übernehmenden Körperschaften zuzuschreiben. § 2 Abs. 1 letzter Satz gilt sinngemäß.

§ 3. Diese Verordnung ist erstmals für Umgründungen anzuwenden, die nach dem 31. Mai 2015 beschlossen werden. Für Zwecke der erstmaligen Ermittlung der Innenfinanzierung (mittels genauer Berechnung oder vereinfacht gemäß § 124b Z 279 lit. a erster Teilstrich EStG 1988) und deren Fortführung (§ 124b Z 279 lit. c EStG 1988) kann die Verordnung ebenfalls angewendet werden.

1/3/7. VO zu § 4a Abs. 4 lit. b

Sammlungsgegenstände

BGBl II 2017/34 idF BGBl II 2020/579

Verordnung des Bundesministers für Finanzen betreffend Sammlungsgegenstände von überregionaler Bedeutung im Sinne des § 4a EStG 1988

Auf Grund des § 4a Abs. 4 lit. b des Einkommensteuergesetzes 1988 – EStG 1988, BGBl Nr. 400, zuletzt geändert durch das Bundesgesetz BGBl. I Nr. 30/2017, wird im Einvernehmen mit dem Bundesminister für Kunst und Kultur, Verfassung und Medien verordnet:

§ 1. Sammlungsgegenstände sind in geschichtlicher, künstlerischer oder sonstiger kultureller Hinsicht von überregionaler Bedeutung, wenn sie durch ihre Einzigartigkeit, Besonderheit oder Vielfalt der Sammlung einen besonderen Stellenwert verleihen oder als Grundlage eines spezifischen Alleinstellungsmerkmals fungieren. Ob dies zutrifft, ist insbesondere nach folgenden Kriterien zu beurteilen:

1. Die wissenschaftlichen, forschungsbezogenen und erzieherischen Aufgaben des Museums sind nicht nur auf den näheren regionalen Umkreis des Museums bezogen.
2. Das Publikumsinteresse ist nicht bloß der betreffenden Region zuzuordnen, sondern ein wesentlicher Teil der Besucherinnen und Besucher stammt auch aus anderen Regionen.
3. Das Medieninteresse ist nicht bloß der betreffenden Region zuzuordnen.

§ 2. Das Finanzamt Österreich hat zur sachverständigen Beurteilung des Vorliegens der Voraussetzungen gemäß § 1 die in Angelegenheiten der Bundesmuseen zuständige Bundesministerin oder den dafür zuständigen Bundesminister beizuziehen.
(BGBl II 2020/579)

§ 3. § 2 in der Fassung der Verordnung BGBl. II Nr. 579/2020 tritt mit 1. Jänner 2021 in Kraft
(BGBl II 2020/579)

1/3/8. EStG
Öko-IFB-VO

1/3/8. VO zu § 11 Abs. 1 Z 1
Öko-IFB-VO

BGBl II 2023/155

Verordnung des Bundesministers für Finanzen über Wirtschaftsgüter, deren Anschaffung oder Herstellung für Zwecke des Investitionsfreibetrags dem Bereich Ökologisierung zuzuordnen ist (Öko-IFB-VO)

Auf Grund des § 11 Abs. 1 Z 1 des Einkommensteuergesetzes 1988 – EStG 1988, BGBl. Nr. 400/1988, zuletzt geändert durch das BGBl. I Nr. 31/2023, wird im Einvernehmen mit der Bundesministerin für Klimaschutz, Umwelt, Energie, Mobilität, Innovation und Technologie verordnet:

§ 1. (1) Der Investitionsfreibetrag beträgt nach Maßgabe des § 11 EStG 1988 15% für Wirtschaftsgüter, deren Anschaffung oder Herstellung dem Bereich Ökologisierung zuzuordnen ist (Öko-IFB).

(2) Ein Öko-IFB steht zu für:
1. Wirtschaftsgüter, auf die das Umweltförderungsgesetz (UFG) oder das Klima- und Energiefondsgesetz (KLI.EN-FondsG), jeweils in der geltenden Fassung, anwendbar ist und für die von der zuständigen Förderstelle Kommunalkredit Public Consulting GmbH (KPC) eine Förderung nach den genannten Rechtsgrundlagen gewährt wird oder nach Maßgabe des § 2 plausibilisiert wird, dass die inhaltlichen Voraussetzungen für die Zuerkennung einer Förderung vorliegen.
2. Emissionsfreie Fahrzeuge ohne Verbrennungsmotor (lit. a), E-Ladestationen (lit. b) und Wirtschaftsgüter zum Betrieb einer Wasserstofftankstelle (lit. c):
   a) Elektro-Kraftfahrzeuge (Battery Electric Vehicle, BEV), Brennstoffzellenfahrzeuge (Fuel Cell Electric Vehicles, FCEV) sowie E-Sonderfahrzeuge (BEV oder FCEV) wie beispielsweise E-Stapler, E-Baumaschinen, E-Bagger, E-Traktoren, E-Radlader, E-Reach-Stacker, E-Erntemaschinen, E-Schiffe, E-Boote, E-Fähren, E-Flugzeuge, E-Flugzeug-Schlepper, E-Pistenraupen, E-Karts, E-Motorschlitten, E-Raupenfahrzeuge, E-Fahrzeuge für Streu- oder Schneeräumarbeiten, E-Eismaschinen, E-Hoftracs, E-Quads, E-Baustellenkipper, E-Abfallsammelfahrzeuge, E-Mischwagen, E-Pumpwagen, E-Kranwagen, E-Fahrzeuge für Straßen- und Kanalreinigung, E-Kehrmaschinen, E-Einsatzfahrzeuge, E-Bestattungsfahrzeuge, E-Leiterfahrzeuge, E-Pannen- und Abschleppfahrzeuge.
   b) E-Ladestationen, an denen ausschließlich Strom aus erneuerbaren Energieträgern als Antriebsenergie für Elektrofahrzeuge erhältlich ist (Normalladen, beschleunigtes Laden, Schnellladen). Dazu zählen sowohl öffentliche als auch nicht öffentlich zugängliche E-Ladestationen inklusive intelligente Ladekabel.
   c) Wasserstofftankstellen, an denen ausschließlich Wasserstoff aus erneuerbaren Energieträgern als Antriebsenergie für Brennstoffzellenfahrzeuge erhältlich ist. Dazu zählen sowohl öffentliche als auch nicht öffentlich zugängliche Wasserstofftankstellen.
3. Fahrräder, Transporträder, Spezialfahrräder jeweils mit und ohne Elektroantrieb und Fahrradanhänger.
4. Wirtschaftsgüter, die der Verlagerung von Güterverkehr auf die Schiene dienen. Das sind:
   a) Wirtschaftsgüter, für die im Rahmen des „Programms für die Unterstützung des Ausbaus von Anschlussbahnen sowie von Umschlagsanlagen des Intermodalen Verkehrs", SA. 104987 (2022/N), oder des „Investitionsförderprogramms Kombinierter Güterverkehr", SA. 60132 (2021/N), von der zuständigen Förderstelle Schieneninfrastruktur-Dienstleistungsgesellschaft mbH (SCHIG) eine Förderung gewährt wird oder nach Maßgabe des § 2 plausibilisiert wird, dass die inhaltlichen Voraussetzungen für die Zuerkennung einer derartigen Förderung vorliegen. Keine derartigen Wirtschaftsgüter sind jedoch nach diesen beiden Programmen geförderte Maschinen und Geräte, die dem Umschlag von Verkehrsträger Straße auf die Schiene dienen und mit fossiler Energie betrieben werden können.
   b) Wirtschaftsgüter im Bereich des Rollenden Materials für den Schienengüterverkehr (insbesondere Güterwaggons sowie sonstige Schienenfahrzeuge für den Güterverkehr, die elektrisch bzw. emissionsfrei ohne Verbrennungsmotor betrieben werden).
5. Wirtschaftsgüter zur Erzeugung von Strom aus erneuerbaren Quellen gemäß § 5 Abs. 1 Z 13 des Erneuerbaren-Ausbau-Gesetzes (EAG) in der geltenden Fassung, die in der Herkunftsnachweisdatenbank der Regulierungsbehörde E-Control gemäß § 81 EAG registriert sind sowie Wirtschaftsgüter zur Erzeugung von Biomethan. Bei Geltendmachung von Teilbeträgen der Anschaffungs- oder Herstellungskosten steht der Öko-IFB auch zu, wenn die Registrierung in der Herkunftsnachweisdatenbank bei Fertigstellung erfolgt.
6. Anlagen zur Speicherung von Strom in Form eines stationären Systems, das elektrische Energie (z. B. auf elektrochemischer Basis) aus erneuerbaren Quellen gemäß § 5 Abs. 1 Z 13 EAG in der geltenden Fassung in Akkumulatoren aufnimmt und in einer zeitlich

1/3/9. EStG
Fossile Energieträger-Anlagen

verzögerten Nutzung wieder zur Verfügung stellt.
7. Wirtschaftsgüter zur Erzeugung von Wasserstoff aus erneuerbaren Quellen gemäß § 5 Abs. 1 Z 13 EAG in der geltenden Fassung.

(3) Für die Anwendung des Abs. 2 Z 1 und Z 4 lit. a gilt eine Förderung auch dann als gewährt, wenn von der zuständigen Förderstelle eine Förderzusage vorliegt. Wird entgegen dieser Förderzusage jedoch keine Förderung ausbezahlt, weil die inhaltlichen Voraussetzungen für eine Förderung nicht vorliegen, gilt dies als rückwirkendes Ereignis im Sinne des § 295a BAO.

§ 2. (1) In Fällen des § 1 Abs. 2 Z 1 und Z 4 lit. a, in denen keine Förderung gewährt wird, kann das Vorliegen der materiellen Fördervoraussetzungen plausibilisiert werden durch
1. einen Ziviltechniker oder ein Ingenieurbüro mit einschlägigem Fachgebiet,
2. einen allgemein beeideten und gerichtlich zertifizierten Sachverständigen mit einschlägigem Fachgebiet oder
3. die KPC oder die SCHIG.

Die Plausibilisierung kann sich auf eine kursorische Prüfung der wesentlichen Förderkriterien beschränken.

(2) Eine Plausibilisierung nach Abs. 1 Z 3 muss bis längstens drei Monate nach Ablauf des Wirtschaftsjahres der Anschaffung oder Herstellung des Wirtschaftsgutes bei der KPC oder SCHIG beantragt werden.

(3) Abweichend von den vorangehenden Absätzen kann in den Fällen des § 1 Abs. 2 Z 1 bei einem Wirtschaftsgut mit Anschaffungs- oder Herstellungskosten von höchstens 50 000 Euro die Plausibilisierung durch den Steuerpflichtigen selbst erfolgen. Dazu ist auf Verlangen des Finanzamtes glaubhaft zu machen, dass die Voraussetzungen für die Gewährung einer Förderung zum Zeitpunkt der Anschaffung oder Herstellung erfüllt waren.

§ 3. (1) Diese Verordnung ist erstmals auf Anschaffungen und Herstellungen nach dem 31. Dezember 2022 anzuwenden.

(2) Die Plausibilisierung nach § 2 Abs. 1 Z 3 kann letztmalig für Anschaffungen und Herstellungen vor dem 1. Jänner 2026 beantragt werden.

1/3/9. VO zu § 11 Abs. 3 Z 6
Fossile Energieträger-Anlagen-VO
BGBl II 2023/156

Verordnung des Bundesministers für Finanzen über die vom Investitionsfreibetrag ausgenommenen Anlagen im Zusammenhang mit fossilen Energieträgern (Fossile Energieträger-Anlagen-VO)

Auf Grund des § 11 Abs. 3 Z 6 des Einkommensteuergesetzes 1988 – EStG 1988, BGBl. Nr. 400/1988, zuletzt geändert durch das BGBl. I Nr. 31/2023, wird im Einvernehmen mit der Bundesministerin für Klimaschutz, Umwelt, Energie, Mobilität, Innovation und Technologie verordnet:

§ 1. (1) Für die Anschaffung oder Herstellung von Anlagen gemäß § 11 Abs. 3 Z 6 EStG 1988 kann ein Investitionsfreibetrag nicht geltend gemacht werden. Anlagen gemäß § 11 Abs. 3 Z 6 EStG 1988 sind Anlagen, die der Förderung, dem Transport oder der Speicherung fossiler Energieträger dienen sowie Anlagen, die fossile Energieträger direkt nutzen. Eine direkte Nutzung liegt vor, wenn eine technisch-funktionale Verbindung mit der Anlage besteht.

(2) Anlagen im Sinne des Abs. 1 sind:
1. Energieerzeugungsanlagen, sofern diese direkt mit fossiler Energie betrieben werden können.
2. Anlagen zum Transport und der Speicherung von fossilen Energieträgern wie insbesondere Öltanks, Gasleitungen und Tankfahrzeuge.
3. Anlagen zur Wärme- oder Kältebereitstellung in Zusammenhang mit Gebäuden, wenn dabei fossile Energieträger genutzt werden können, wie beispielsweise Ölkessel und Gasthermen.
4. Anlagen zur Erzeugung von Prozesswärme, die fossile Energieträger direkt nutzen, ausgenommen Investitionen in bestehende Anlagen, wenn dadurch eine substanzielle Treibhausgasreduktion erzielt wird. Eine solche liegt vor, wenn eine Prozessenergie-Einsparung von mehr als 10% oder eine Treibhausgasreduktion von 25 000 t CO_{2e} pro Jahr im Regelbetrieb erzielt wird.
5. Tank- und Zapfanlagen für Treib- und Schmierstoffe sowie Brennstofftanks, wenn diese der Nutzung fossiler Kraft- und Brennstoffe dienen.
6. Lastkraftwagen gemäß § 3 Abs. 1 Z 2.2. KFG 1967 und Zugmaschinen gemäß § 3 Abs. 1 Z 2.5. KFG 1967, sofern diese direkt mit fossiler Energie betrieben werden können.
7. Luftfahrzeuge und Schiffe, sofern diese direkt mit fossiler Energie betrieben werden können.
8. Selbstfahrende Arbeitsmaschinen und nicht für den Straßenverkehr bestimmte mobile Maschinen und Geräte (Non Road Mobile Machinery), sofern diese direkt mit fossiler Energie betrieben werden können. Ausge-

1/3/10. EStG
Sachbezüge

nommen sind Maschinen und Geräte, die dem Umschlag vom Verkehrsträger Straße auf die Schiene dienen und im Rahmen des „Programms für die Unterstützung des Ausbaus von Anschlussbahnen sowie Umschlagsanlagen des Intermodalen Verkehrs", SA. 104987 (2022/N), oder im Rahmen des „Investitionsförderprogramms Kombinierter Güterverkehr", SA. 60132 (2021/N), gefördert werden; für diese kann ein Investitionsfreibetrag in Höhe von 10% im Sinne des § 11 EStG 1988 geltend gemacht werden.

9. Nicht-kranbare Sattelanhänger.

§ 2. Diese Verordnung ist erstmalig auf nach dem 31. Dezember 2022 angeschaffte oder hergestellte Wirtschaftsgüter anzuwenden.

1/3/10. VO zu § 15 Abs. 2
Sachbezugswerteverordnung

BGBl II 2001/416 idF BGBl II 2023/404

Verordnung über die Bewertung bestimmter Sachbezüge (Sachbezugswerteverordnung)

Zu § 15 Abs. 2 des Einkommensteuergesetzes 1988, BGBl. Nr. 400, wird verordnet:

Wert der vollen freien Station

§ 1. (1) Der Wert der vollen freien Station beträgt 196,20 Euro monatlich. In diesen Werten sind enthalten:

– Die Wohnung (ohne Beheizung und Beleuchtung) mit einem Zehntel,
– die Beheizung und Beleuchtung mit einem Zehntel,
– das erste und zweite Frühstück mit je einem Zehntel,
– das Mittagessen mit drei Zehntel,
– die Jause mit einem Zehntel,
– das Abendessen mit zwei Zehntel.

(2) Wird die volle freie Station nicht nur dem Arbeitnehmer, sondern auch seinen Familienangehörigen gewährt, so erhöhen sich die genannten Beträge

– für den Ehegatten (Lebensgefährten) um 80%,
– für jedes Kind bis zum 6. Lebensjahr um 30%,
– für jedes nicht volljährige Kind im Alter von mehr als sechs Jahren um 40% und
– für jedes volljährige Kind sowie jede andere im Haushalt des Arbeitnehmers lebende Person, sofern der Arbeitgeber die volle freie Station gewährt, um 80%.

(3) Werden im Zusammenhang mit der Gewährung der vollen freien Station Kostensätze durch den Arbeitnehmer geleistet, vermindert sich der Betrag von 196,20 Euro um den entsprechenden Anteilswert im Sinne des Abs. 1.

Wohnraumbewertung

§ 2. (1) Stellt der Arbeitgeber seinem Arbeitnehmer Wohnraum kostenlos oder verbilligt zur Verfügung, ist als monatlicher Quadratmeterwert der jeweils am 31. Oktober des Vorjahres geltende Richtwert gemäß § 5 des Richtwertgesetzes, BGBl. Nr. 800/1993, in der Fassung des Bundesgesetzes BGBl. I Nr. 50/2008, bezogen auf das Wohnflächenausmaß gemäß Abs. 5 anzusetzen. Kostenbeiträge des Arbeitnehmers vermindern den Sachbezugswert.

(2) Der Quadratmeterwert gemäß Abs. 1 ist auf einen Wohnraum anzuwenden, der hinsichtlich der Ausstattung – unabhängig vom Ausmaß der Nutzfläche – der mietrechtlichen Normwohnung gemäß § 2 des Richtwertgesetzes entspricht.

(3) Der Wert gemäß Abs. 1 verändert sich folgendermaßen:

1/3/10. EStG
Sachbezüge

1. Für Wohnraum, der den Standard der mietrechtlichen Normwohnung nicht erreicht, ist der Wert gemäß Abs. 1 um 30% zu vermindern.
2. Bei Dienstwohnungen für Hausbesorger, Hausbetreuer und Portiere ist der Wert gemäß Abs. 1 in Verbindung mit Z 1 um 35% zu vermindern.

(4) Für Wohnraum, dessen um 25% verminderter üblicher Endpreis des Abgabeortes um mehr als 50% niedriger oder um mehr als 100% höher ist als der sich aus Abs. 1 und 3 ergebende Wert, ist der um 25% verminderte fremdübliche Mietzins anzusetzen.

(BGBl II 2015/395)

(5) Die Ermittlung des Wohnflächenausmaßes ist im Sinne des § 17 Abs. 2 und 3 des Mietrechtsgesetzes BGBl. Nr. 520/1981, in der Fassung des Bundesgesetzes BGBl. I Nr. 124/2006 vorzunehmen.

(6) Die Quadratmeterwerte beinhalten auch die Betriebskosten im Sinne des § 21 des Mietrechtsgesetzes. Werden die Betriebskosten vom Arbeitnehmer getragen, ist von den Quadratmeterwerten ein Abschlag von 25% vorzunehmen.

(7) Bei einer vom Arbeitgeber gemieteten Wohnung sind die Quadratmeterwerte gemäß Abs. 1 und 3 der um 25% gekürzten tatsächlichen Miete (samt Betriebskosten, exklusive Heizkosten) einschließlich der vom Arbeitgeber getragenen Betriebskosten gegenüberzustellen; der höhere Wert bildet den maßgeblichen Sachbezug.

(7a) Überlässt der Arbeitgeber dem Arbeitnehmer kostenlos oder verbilligt eine arbeitsplatznahe Unterkunft (Wohnung, Appartement, Zimmer), die nicht den Mittelpunkt der Lebensinteressen bildet, gilt Folgendes:

(BGBl II 2018/237)

1. Bis zu einer Größe von 30 m² ist kein Sachbezug anzusetzen.
2. Bei einer Größe von mehr als 30 m² aber nicht mehr als 40 m² ist der Wert gemäß Abs. 1 oder der Wert gemäß Abs. 7 um 35% zu vermindern, wenn die arbeitsplatznahe Unterkunft durchgehend höchstens zwölf Monate vom selben Arbeitgeber zur Verfügung gestellt wird.

(8) Trägt die Heizkosten der Arbeitgeber, ist ganzjährig ein Heizkostenzuschuss von 0,58 Euro pro m² anzusetzen. Kostenbeiträge des Arbeitnehmers kürzen diesen Zuschlag.

(9) Trägt der Arbeitgeber bei einer von ihm gemieteten Wohnung die Heizkosten, ist der Sachbezugswert um die auf die Wohnung entfallenden tatsächlichen Heizkosten des Arbeitgebers zu erhöhen. Können die tatsächlichen Kosten nicht ermitteln werden, ist ganzjährig ein Heizkostenzuschlag von 0,58 Euro pro m² anzusetzen. Kostenbeiträge des Arbeitnehmers kürzen diesen Zuschlag.

Deputate in der Land- und Forstwirtschaft

§ 3. (1) Der Wert der Wohnungen, die Arbeitern in der Land- und Forstwirtschaft kostenlos oder verbilligt zur Verfügung gestellt werden, beträgt für 190,80 Euro jährlich (15,90 Euro monatlich).

(2) Für ständig in der Land- und Forstwirtschaft beschäftigte Angestellte gilt Folgendes:

1. Der Wert des Grunddeputats (freie Wohnung, Beheizung und Beleuchtung) beträgt bei

Kategorie nach Kollektivvertrag	Familienerhalter monatlich Euro	Alleinstehende monatlich Euro
I	60,31	30,52
II und III	71,94	38,51
IV und V	81,39	42,87
VI	95,92	50,87

2. Für den unentgeltlichen Verbrauch von höchstens 70 kWh monatlich bei Angestellten mit Angehörigen bzw. höchstens 35 kWh monatlich bei alleinstehenden Angestellten ist kein Sachbezug anzusetzen. Als Familienerhalter ist jene Person anzusehen, die mindestens für eine weitere Person, mit welcher sie im gemeinsamen Haushalt lebt, sorgt oder auf Grund der lohngestaltenden Vorschriften als Familienerhalter anzuerkennen ist.

3. Werden nur einzelne Bestandteile des Grunddeputats gewährt, dann sind anzusetzen:
   – Die Wohnung mit 40%,
   – die Heizung mit .... 50%, und
   – die Beleuchtung mit .... 10%.

Privatnutzung des arbeitgebereigenen Kraftfahrzeuges

§ 4. (1) Besteht für den Arbeitnehmer die Möglichkeit, ein arbeitgebereigenes Kraftfahrzeug gemäß § 2 Z 1 Kraftfahrgesetz 1967 für nicht beruflich veranlasste Fahrten einschließlich Fahrten zwischen Wohnung und Arbeitsstätte zu benützen, gilt Folgendes:

1. Es ist ein Sachbezug von 2% der tatsächlichen Anschaffungskosten des Kraftfahrzeuges (einschließlich Umsatzsteuer und Normverbrauchsabgabe), maximal 960 Euro monatlich, anzusetzen.
2. Abweichend von Z 1 ist für Kraftfahrzeuge mit einem CO_2-Emissionswert von nicht mehr als 141 Gramm pro Kilometer ein Sachbezug von 1,5% der tatsächlichen Anschaffungskosten des Kraftfahrzeuges (einschließlich Umsatzsteuer und Normverbrauchsabgabe), maximal 720 Euro monatlich, anzusetzen. Dabei gilt:
   a) Der CO_2-Emissionswert von 141 Gramm pro Kilometer gilt im Kalenderjahr 2020 für erstmalig nach dem 31. März 2020 zugelassene Kraftfahrzeuge und verringert sich beginnend ab dem Kalenderjahr 2021 bis zum Kalenderjahr 2025 um jährlich 3 Gramm. Für die Ermittlung des Sachbezugs ist die CO_2-Emissions-

1/3/10. EStG
Sachbezüge

wert-Grenze im Kalenderjahr der erstmaligen Zulassung maßgeblich.

(BGBl II 2019/314)

b) Sofern für ein Kraftfahrzeug kein CO_2-Emissionswert vorliegt, ist Z 1 anzuwenden.

(BGBl II 2019/314)

3. Abweichend von Z 1 und Z 2 ist für Kraftfahrzeuge mit einem CO_2-Emissionswert von 0 Gramm pro Kilometer ab dem Kalenderjahr 2016 ein Sachbezugswert von Null anzusetzen. Ein Sachbezugswert von Null ist auch für die Zurverfügungstellung derartiger Kraftfahrzeuge im Rahmen einer (befristeten oder unbefristeten) Umwandlung überkollektivvertraglich gewährter Bruttobezüge anzusetzen. Eine vereinbarte Reduktion der Bruttobezüge und damit in Verbindung stehende zusätzliche Gewährung eines Sachbezugs stellt keine Bezugsverwendung dar.

(BGBl II 2022/504)

4. Als maßgeblicher CO_2-Emissionswert ist entsprechend § 6 Abs. 3 des Normverbrauchsabgabegesetzes (NoVAG 1991) folgender Wert laut Typenschein bzw. Einzelgenehmigungsbescheid gemäß Kraftfahrgesetz 1967 heranzuziehen:

a) der kombinierte WLTP-Wert der CO_2-Emissionen in Gramm pro Kilometer, ermittelt nach dem weltweit harmonisierten Prüfverfahren für leichte Nutzfahrzeuge (WLTP),

b) bei extern aufladbaren Elektro-Hybridfahrzeugen der gewichtet kombinierte WLTP-Wert der CO_2-Emissionen in Gramm pro Kilometer, ermittelt nach dem weltweit harmonisierten Prüfverfahren für leichte Nutzfahrzeuge (WLTP),

c) für Krafträder der WMTC-Wert der CO_2-Emissionen in Gramm pro Kilometer, ermittelt nach dem weltweit harmonisierten Emissions-Laborprüfzyklus (WMTC).

(BGBl II 2019/314)

Die Anschaffungskosten umfassen auch Kosten für Sonderausstattungen. Sonderausstattungen, die selbständige Wirtschaftsgüter darstellen, gehören nicht zu den Anschaffungskosten.

(BGBl II 2019/314, BGBl II 2022/504)

(2) Beträgt die monatliche Fahrtstrecke für Fahrten im Sinne des Abs. 1 im Jahr nachweislich nicht mehr als 500 km, ist ein Sachbezug im Ausmaß des halben Sachbezugswertes gemäß Abs. 1 anzusetzen. Unterschiedliche Fahrtstrecken in den einzelnen Lohnzahlungszeiträumen sind dabei unbeachtlich.

(BGBl II 2015/243)

(3) Ergibt sich für ein Fahrzeug mit einem Sachbezug

1. von 2% (Abs. 1 Z 1) bei Ansatz von 0,67 Euro (Fahrzeugbenützung ohne Chauffeur) bzw. 0,96 Euro (Fahrzeugbenützung mit Chauffeur),

2. von 1,5% (Abs. 1 Z 2) bei Ansatz von 0,50 Euro (Fahrzeugbenützung ohne Chauffeur) bzw. 0,72 Euro (Fahrzeugbenützung mit Chauffeur)

pro Kilometer Fahrtstrecke im Sinne des Abs. 1 ein um mehr als 50% geringerer Sachbezugswert als nach Abs. 2, ist der geringere Sachbezugswert anzusetzen. Voraussetzung ist, dass sämtliche Fahrten lückenlos in einem Fahrtenbuch aufgezeichnet werden.

(BGBl II 2015/243)

(4) Bei Gebrauchtfahrzeugen ist für die Sachbezugsbewertung der Listenpreis und die CO_2-Emissionswert-Grenze im Zeitpunkt der erstmaligen Zulassung des Fahrzeuges maßgebend. Sonderausstattungen bleiben dabei unberücksichtigt. Anstelle dieses Betrages können die nachgewiesenen tatsächlichen Anschaffungskosten (einschließlich allfälliger Sonderausstattungen und Rabatte) im Sinne des Abs. 1 des ersten Erwerbes des Kraftfahrzeuges zu Grunde gelegt werden.

(BGBl II 2015/243)

(5) Bei geleasten Kraftfahrzeugen ist der Sachbezugswert von jenen Anschaffungskosten im Sinne des Abs. 1 zu berechnen, die der Berechnung der Leasingrate zu Grunde gelegt wurden.

(6) Bei Vorführkraftfahrzeugen sind die um 15% erhöhten tatsächlichen Anschaffungskosten (einschließlich Sonderausstattungen) zuzüglich Umsatzsteuer und Normverbrauchsabgabe anzusetzen.

(BGBl II 2019/314)

(6a) Besteht für Arbeitnehmer die Möglichkeit abwechselnd verschiedene arbeitgebereigene Fahrzeuge zu benützen, ist der Durchschnittswert der Anschaffungskosten aller Fahrzeuge und der Durchschnittswert des auf die Fahrzeuge anzuwendenden Prozentsatzes maßgebend. Ist unter diesen Fahrzeugen ein Fahrzeug mit einem Sachbezug von 2% (Abs. 1 Z 1), ist ein Sachbezug von maximal 960 Euro anzusetzen. In allen anderen Fällen ist ein Sachbezug von maximal 720 Euro anzusetzen.

(BGBl II 2015/243)

(7) Kostenbeiträge des Arbeitnehmers an den Arbeitgeber mindern den Sachbezugswert. Bei einem einmaligen Kostenbeitrag ist dieser zuerst von den tatsächlichen Anschaffungskosten (Abs. 1) abzuziehen, davon ist der Sachbezugswert zu berechnen und dann erst der Maximalbetrag gemäß Abs. 1 Z 1 oder 2 zu berücksichtigen. Bei einem laufenden Kostenbeitrag ist zuerst der Sachbezugswert von den tatsächlichen Anschaffungskosten (Abs. 1) zu berechnen, davon ist der Kostenbeitrag abzuziehen und dann erst der Maximalbetrag gemäß Abs. 1 Z 1 oder 2 zu berücksichtigen. Trägt der Arbeitnehmer Treibstoffkosten selbst, so ist der Sachbezugswert nicht zu kürzen.

(BGBl II 2019/314)

1/3/10. EStG
Sachbezüge

Privatnutzung eines arbeitgebereigenen Kfz-Abstell- oder Garagenplatzes

§ 4a. (1) Besteht für den Arbeitnehmer die Möglichkeit, das von ihm für Fahrten Wohnung–Arbeitsstätte genutzte Kraftfahrzeug während der Arbeitszeit in Bereichen, die einer Parkraumbewirtschaftung unterliegen, auf einem Abstell- oder Garagenplatz des Arbeitgebers zu parken, ist ein Sachbezug von 14,53 Euro monatlich anzusetzen.

(2) Abs. 1 ist sowohl bei arbeitnehmereigenen Kraftfahrzeugen als auch bei arbeitgebereigenen Kraftfahrzeugen, für die ein Sachbezug gemäß § 4 der Verordnung anzusetzen ist, anzuwenden.

(3) Parkraumbewirtschaftung im Sinne des Abs. 1 liegt vor, wenn das Abstellen von Kraftfahrzeugen auf öffentlichen Verkehrsflächen für einen bestimmten Zeitraum gebührenpflichtig ist.

Privatnutzung eines arbeitgebereigenen Fahrrads oder Kraftrads

§ 4b. Besteht für den Arbeitnehmer die Möglichkeit, ein arbeitgebereigenes Fahrrad oder Kraftrad mit einem CO_2-Emissionswert von 0 Gramm pro Kilometer für nicht beruflich veranlasste Fahrten einschließlich Fahrten zwischen Wohnung und Arbeitsstätte zu benützen, ist ein Sachbezugswert von Null anzusetzen. Ein Sachbezugswert von Null ist auch für die Zurverfügungstellung derartiger Fahrräder oder Krafträder im Rahmen einer (befristeten oder unbefristeten) Umwandlung überkollektivvertraglich gewährter Bruttobezüge anzusetzen. Eine vereinbarte Reduktion der Bruttobezüge und damit in Verbindung stehende zusätzliche Gewährung eines Sachbezugs stellt keine Bezugsverwendung dar. Für andere Krafträder ist § 4 anzuwenden.

(BGBl II 2019/314, BGBl II 2022/504)

Aufladen emissionsfreier Kraftfahrzeuge

§ 4c. (1) Stellt der Arbeitgeber dem Arbeitnehmer ein Kraftfahrzeug gemäß § 4 Abs. 1 Z 3 für nicht beruflich veranlasste Fahrten einschließlich Fahrten zwischen Wohnung und Arbeitsstätte zur Verfügung, gilt Folgendes:

1. Für das unentgeltliche Aufladen dieses Kraftfahrzeuges beim Arbeitgeber ist ein Sachbezugswert von Null anzusetzen.
2. Ersetzt oder trägt der Arbeitgeber die Kosten für das Aufladen dieses Kraftfahrzeuges, ist keine Einnahme anzusetzen, wenn
   a) die Kosten des Aufladens an einer öffentlichen Ladestation nachgewiesen werden, oder
   b) **„beim Aufladen durch den Arbeitnehmer an einer nicht öffentlichen Ladestation die nachweisliche Zuordnung der Lademenge zu diesem Kraftfahrzeug sichergestellt wird"** und die Höhe des Kostenersatzes wie folgt berechnet wird:
   – Die Kosten werden auf Basis des von der Energie-Control Austria für die Regulierung der Elektrizitäts- und Erdgaswirtschaft (E-Control) für das erste Halbjahr des vorherigen Kalenderjahres festgelegten durchschnittlichen Strom-Gesamtpreises (Cent pro kWh) der Haushaltspreise (öffentliches Netz) **„basierend auf dem Datenstand September im Kalenderjahr des Beobachtungszeitraumes"** ermittelt.
   – Der für das Folgejahr anzuwendende Strompreis ist vom Bundesminister für Finanzen spätestens bis 30. November jeden Jahres im Rechts- und Fachinformationssystem des Finanzressorts (http://findok.bmf.gv.at/findok) zu veröffentlichen.

(BGBl II 2023/404 ab 1.1.2023)

3. Ersetzt der Arbeitgeber dem Arbeitnehmer ganz oder teilweise die Kosten für die Anschaffung einer Ladeeinrichtung für dieses Kraftfahrzeug oder schafft er für den Arbeitnehmer eine Ladeeinrichtung für dieses Kraftfahrzeug an, ist nur der 2 000 Euro übersteigende Wert als Einnahme bzw. geldwerter Vorteil anzusetzen. **„Wenn der Arbeitgeber die Ladeeinrichtung für dieses Kraftfahrzeug least und dem Arbeitnehmer zur Verfügung stellt, ist auf die im Leasingvertrag der Berechnung der Leasingrate zugrundeliegenden Anschaffungskosten der Ladeeinrichtung abzustellen und als Sachbezug jener Teil der Leasingrate anzusetzen, der sich aus dem Verhältnis des 2 000 Euro übersteigenden Wertes zu den Anschaffungskosten ergibt."**

(BGBl II 2023/404 ab 1.1.2023)

(2) Besteht für den Arbeitnehmer die Möglichkeit, ein nicht arbeitgebereigenes Kraftfahrzeug gemäß § 2 Z 1 Kraftfahrgesetz 1967 mit einem CO_2-Emissionswert von 0 Gramm pro Kilometer (§ 4 Abs. 1 Z 4) beim Arbeitgeber unentgeltlich aufzuladen, ist ein Sachbezugswert von Null anzusetzen.

(3) Die Abs. 1 und 2 gelten auch für Fahrräder oder Krafträder mit einem CO_2-Emissionswert von 0 Gramm pro Kilometer.

(BGBl II 2022/504)

Zinsenersparnisse bei unverzinslichen oder zinsverbilligten Gehaltsvorschüssen und Arbeitgeberdarlehen

„§ 5. (1) Die jährliche Zinsenersparnis bei zinsverbilligten Gehaltsvorschüssen und Arbeitgeberdarlehen ist die Differenz zwischen dem tatsächlichen Zinssatz (Sollzinssatz) und dem Prozentsatz gemäß Abs. 2 oder Abs. 3. Bei unverzinslichen Gehaltsvorschüssen und Arbeitgeberdarlehen ist der Prozentsatz gemäß Abs. 3 anzusetzen.

1/3/10. EStG
Sachbezüge

(2) Bei Gehaltsvorschüssen und Arbeitgeberdarlehen mit einem variablen Sollzinssatz wird der Prozentsatz für jedes Kalenderjahr im jeweiligen Vorjahr wie folgt ermittelt:

1. Auf Grund der von der Europäischen Zentralbank veröffentlichten Monatsdurchschnittstabelle des Euribor für zwölf Monate ist für den Zeitraum vom 1. Oktober des Vorjahres bis zum 30. September des laufenden Jahres ein Durchschnittswert zu ermitteln, der um 0,75 Prozentpunkte erhöht wird.
2. Der sich nach Z 1 ergebende Prozentsatz ist auf halbe Prozentpunkte kaufmännisch zu runden.
3. Der Prozentsatz ist vom Bundesminister für Finanzen spätestens zum 30. November jeden Jahres für das Folgejahr im Rechts- und Fachinformationssystem des Finanzressorts (http://findok.bmf.gv.at/findok) zu veröffentlichen.

Der jeweilige Prozentsatz gemäß Z 1 und 2 ist für Zeiträume, für die Zinsen variabel festgelegt wurden, maßgeblich.

(3) Bei Gehaltsvorschüssen und Arbeitgeberdarlehen gilt für Zeiträume mit einem unveränderlichen Sollzinssatz Folgendes:

1. Als Prozentsatz ist der von der Oesterreichischen Nationalbank für den Monat des Abschlusses des Darlehensvertrages veröffentlichte „Kreditzinssatz im Neugeschäft an private Haushalte für Wohnbau mit anfänglicher Zinsbindung über zehn Jahre", der um 10 Prozent vermindert wird (Referenzzinssatz), anzusetzen.
2. Der Prozentsatz gemäß Z 1 ist für den gesamten Zeitraum, für den Zinsen unveränderlich festgelegt wurden, maßgeblich.

(4) Die Höhe der Raten und die Rückzahlungsdauer haben keinen Einfluss auf das Ausmaß des Sachbezuges. Die Zinsenersparnis ist vom aushaftenden Kapital zu berechnen. Die Zinsenersparnis ist ein sonstiger Bezug gemäß § 67 Abs. 10 des Einkommensteuergesetzes 1988, BGBl. Nr. 400/1988. Übersteigen Gehaltsvorschüsse und Arbeitgeberdarlehen insgesamt den gemäß § 3 Abs. 1 Z 20 Einkommensteuergesetz 1988 steuerfreien Betrag von 7 300 Euro, ist ein Sachbezug nur vom übersteigenden Betrag zu ermitteln."

(BGBl II 2015/243, BGBl II 2023/404 ab 1.1.2024)

Sonstige Sachbezugswerte in der Land- und Forstwirtschaft

§ 6. (1)

1. Holzdeputate (Brennholz), je Raummeter:
    a) Hartholz (ungeschnitten) ... 21,80 Euro
    b) Weichholz (ungeschnitten). 14,53 Euro
    c) Sägeabfallholz und Astholz 10,90 Euro

Bei Übertragung von Holz am Stamm ist ein Abschlag von 10,90 Euro je Raummeter vorzunehmen.

2. Kartoffeln, je kg .... 0,21 Euro
3. Vollmilch, je Liter .... 0,65 Euro
4. Butter, je kg .... 5,23 Euro
5. Käse, je kg .... 5,88 Euro
6. Eier, je Stück .... 0,13 Euro
7. Fleisch, je kg gemischte Qualität ohne Knochen,
    a) Rindfleisch .... 5,45 Euro
    b) Schweinefleisch .... 3,99 Euro
    c) Kalbfleisch .... 8,72 Euro
    Schweinehälfte im Ganzen .... 1,81 Euro
8. Ferkel, lebend .... 54,50 Euro
9. Getreide, je 100 kg
    a) Roggen .... 13,80 Euro
    b) Weizen – Futtergerste .... 15,20 Euro
    c) Mais .... 15,98 Euro
10. Mahlprodukte, je kg
    a) Roggenmehl .... 0,36 Euro
    b) Weizenmehl .... 0,43 Euro
    c) Weizen- und Maisgrieß .... 0,43 Euro
11. Kohle und Koks, je 100 kg
    a) Steinkohle .... 22,67 Euro
    b) Briketts .... 28,34 Euro
    c) Hüttenkoks .... 23,98 Euro

Bei Bezug von mehr als 1.000 kg ist ein Abschlag von 15% vorzunehmen; bei Selbstabholung ist (zusätzlich) ein Abschlag von 20% vorzunehmen.

12. **Strom**

    Unentgeltlich oder verbilligt abgegebener Strom ist mit dem jeweils günstigsten regionalen Tarif für private Haushalte zu bewerten.

13. **Bereitstellung von landwirtschaftlichen Maschinen und Geräten**

    Unentgeltlich oder verbilligt bereitgestellte landwirtschaftliche Maschinen und Geräte sind mit dem Richtwert für die Maschinenselbstkosten des österreichischen Kuratoriums für Landtechnik und Landentwicklung zu bewerten.

(2) Sind die Aufwendungen des Arbeitgebers für die Anschaffung oder Herstellung der im § 6 angeführten Wirtschaftsgüter höher als die festgesetzten Werte, sind die jeweiligen Anschaffungs- oder Herstellungskosten als Sachbezugswert anzusetzen.

§ 7. Der Wert von an Mitarbeiter kostenlos oder verbilligt abgegebenen Optionen, die Wirtschaftsgüter darstellen, zum Erwerb von Beteiligungen (zB Aktien) ist mit dem gemeinen Wert der Option anzusetzen. Bei Optionen, die an einer Börse notieren, entspricht der gemeine Wert dem Börsenkurs am Tag des Überganges der Verfügungsmacht (der Einräumung der Option). Notiert die Option nicht an der Börse, ist der Wert der Option unter

Berücksichtigung des inneren Wertes und des Zeitwertes zu ermitteln. Der innere Wert der Option ergibt sich aus der Differenz des gemeinen Wertes der Beteiligung (bei börsenotierten Wertpapieren der Börsenkurs) zum Zeitpunkt der Einräumung der Option und des (niedrigeren) Ausübungspreises. Bei einem über dem Tageskurs liegenden Ausübungspreis ergibt sich ein negativer innerer Wert. Der Zeitwert der Option ist in Höhe eines Prozentsatzes pro Kalendermonat der Laufzeit der Option vom gemeinen Wert der Beteiligung (bei börsenotierten Wertpapieren der Börsenkurs) zum Zeitpunkt der Einräumung der Option anzusetzen. Dieser Prozentsatz berücksichtigt den nicht erforderlichen Kapitaleinsatz für das Halten der Beteiligung sowie den Ausschluss eines Kursrisikos unter Abzug einer allfälligen Dividendenzahlung während der Laufzeit der Option. Für die ersten zwölf Monate der Laufzeit beträgt der Prozentsatz 1,4% pro Kalendermonat, für die restliche Laufzeit 1% pro Kalendermonat. Der gemeine Wert ergibt sich aus der Summe des inneren Wertes und des Zeitwertes, wobei durch einen negativen inneren Wert der Zeitwert maximal auf ein Drittel reduziert werden kann.

§ 8. (1) Die Verordnung ist erstmals für Lohnzahlungszeiträume anzuwenden, die nach dem 31. Dezember 2001 enden. § 5 Abs. 1 und 2 in der Fassung der Verordnung BGBl. II Nr. 582/2003 ist erstmals für Lohnzahlungszeiträume anzuwenden, die nach dem 31. Dezember 2003 enden. § 4 Abs. 1 in der Fassung der Verordnung BGBl. II Nr. 467/2004 sowie § 4 Abs. 2 in der Fassung der Verordnung BGBl. II Nr. 467/2004 ist anzuwenden, wenn
– die Einkommensteuer veranlagt wird, erstmals bei der Veranlagung für das Kalenderjahr 2005,
– die Einkommensteuer (Lohnsteuer) durch Abzug eingehoben wird, erstmals für Lohnzahlungszeiträume, die nach dem 31. Dezember 2004 enden.

(2) § 2 in der Fassung der Verordnung BGBl. II Nr. 468/2008 ist erstmals für Lohnzahlungszeiträume anzuwenden, die nach dem 31. Dezember 2008 enden. War vom Arbeitgeber für den Lohnzahlungszeitraum Dezember 2008 ein Sachbezugswert gemäß § 2 der Verordnung in der Fassung BGBl. II Nr. 416/2001 anzusetzen und ist der Sachbezugswert gemäß § 2 der Verordnung in der Fassung BGBl. II Nr. 468/2008 höher als der Sachbezugswert für Dezember 2008, ist für die Kalenderjahre 2009, 2010 und 2011 jeweils der Differenzbetrag zwischen dem Sachbezugswert gemäß § 2 der Verordnung in der Fassung BGBl. II Nr. 468/2008 und dem Sachbezugswert gemäß § 2 der Verordnung in der Fassung BGBl. II Nr. 416/2001 zu ermitteln. Der sich gemäß § 2 Abs. 1 bis 4 ergebende Sachbezugswert vermindert sich
– für Lohnzahlungszeiträume des Jahres 2009 um 75% des Differenzbetrages,
– für Lohnzahlungszeiträume des Jahres 2010 um 50% des Differenzbetrages und
– für Lohnzahlungszeiträume des Jahres 2011 um 25% des Differenzbetrages.

(3) § 2 Abs. 7a in der Fassung der Verordnung BGBl. II Nr. 366/2012 ist anzuwenden, wenn
– die Einkommensteuer veranlagt wird, erstmals bei der Veranlagung für das Jahr 2013,
– die Einkommensteuer (Lohnsteuer) durch Abzug eingehoben wird, erstmals für Lohnzahlungszeiträume, die nach dem 31. Dezember 2012 enden.

(4) § 5 in der Fassung der Verordnung BGBl. II Nr. 396/2012 ist anzuwenden, wenn
1. die Einkommensteuer veranlagt wird, erstmals bei der Veranlagung für das Jahr 2013,
2. die Einkommensteuer (Lohnsteuer) durch Abzug eingehoben wird, erstmals für Lohnzahlungszeiträume, die nach dem 31. Dezember 2012 enden.

(5) § 4 Abs. 1 und 2 in der Fassung der Verordnung BGBl. II Nr. 29/2014 sind anzuwenden, wenn
1. die Einkommensteuer veranlagt wird, erstmals bei der Veranlagung für das Kalenderjahr 2014 für Zeiträume, die nach dem 28. Februar 2014 enden.
2. die Einkommensteuer (Lohnsteuer) durch Abzug eingehoben wird, erstmals für Lohnzahlungszeiträume die nach dem 28. Februar 2014 enden.

(6) § 4, § 5 und § 6, jeweils in der Fassung der Verordnung BGBl. II Nr. 243/2015, sind anzuwenden, wenn
1. die Einkommensteuer veranlagt wird, erstmals bei der Veranlagung für das Kalenderjahr 2016,
2. die Einkommensteuer (Lohnsteuer) durch Abzug eingehoben wird, erstmals für Lohnzahlungszeiträume, die nach dem 31. Dezember 2015 enden.

(BGBl II 2015/243)

(7) § 2 Abs. 7a in der Fassung der Verordnung BGBl. II Nr. 237/2018 ist anzuwenden, wenn
– die Einkommensteuer veranlagt wird, erstmals bei der Veranlagung für das Jahr 2018,
– die Einkommensteuer (Lohnsteuer) durch Abzug eingehoben wird, erstmals für Lohnzahlungszeiträume, die nach dem 31. Dezember 2017 enden.

(BGBl II 2018/237)

(8)
1. § 4 Abs. 1 in der Fassung der Verordnung BGBl. II Nr. 314/2019 gilt für Kraftfahrzeuge, die nach dem 31. März 2020 erstmalig zugelassen werden und für die im Typenschein bzw. Einzelgenehmigungsbescheid gemäß Kraftfahrgesetz 1967 der WLTP-Wert bzw. WMTC-Wert der CO_2-Emissionen ausgewiesen ist, und ist erstmals für Lohnzahlungszeiträume anzuwenden, die nach dem 31. März 2020 enden.

1/3/10. EStG
Sachbezüge

2. Für folgende Kraftfahrzeuge kommt für Lohnzahlungszeiträume, die nach dem 31. März 2020 enden, weiterhin § 4 Abs. 1 in der Fassung der Verordnung BGBl. II Nr. 395/2015 zur Anwendung:
   a) für Kraftfahrzeuge die vor dem 1. April 2020 erstmalig zugelassen werden und
   b) für Kraftfahrzeuge, für die nach dem 31. März 2020 im Typenschein bzw. Einzelgenehmigungsbescheid gemäß Kraftfahrgesetz 1967 kein WLTP-Wert bzw. WMTC-Wert der CO_2-Emissionen ausgewiesen ist (wie insbesondere bei Kraftfahrzeugen gemäß § 15 Abs. 22 NoVAG 1991).

2a. Für Kraftfahrzeuge, für die vor dem 1. April 2020 ein gültiger Kaufvertrag bzw. Leasingvertrag abgeschlossen wurde, die nachweislich aufgrund der COVID-19 Krise nicht vor 1. April 2020 erstmalig zugelassen werden konnten und es deshalb zu einem höheren Sachbezugswert kommt, kann für Lohnzahlungszeiträume, die nach dem 31. März 2020 enden, für Erstzulassungen bis 30. Mai 2020 weiterhin § 4 Abs. 1 in der Fassung der Verordnung BGBl. II Nr. 395/2015 zur Anwendung kommen.

(BGBl II 2020/221)

3. § 4 Abs. 6 in der Fassung der Verordnung BGBl. II Nr. 314/2019 gilt für Vorführkraftfahrzeuge, die nach dem 31. Dezember 2019 erstmalig zugelassen werden und ist erstmals für Lohnzahlungszeiträume anzuwenden, die nach dem 31. Dezember 2019 enden. Für Vorführkraftfahrzeuge, die vor dem 1. Jänner 2020 erstmalig zugelassen werden, kommt für Lohnzahlungszeiträume, die nach dem 31. Dezember 2019 enden, weiterhin § 4 Abs. 6 in der Fassung der Verordnung BGBl. II Nr. 395/2015 zur Anwendung.

(BGBl II 2019/314)

(9) § 4c in der Fassung der Verordnung BGBl. II Nr. 504/2022 ist erstmals für Lohnzahlungszeiträume anzuwenden, die nach dem 31. Dezember 2022 enden.

1. Der für einen Kostenersatz maßgebliche Strompreis im Sinne des § 4c Abs. 1 Z 2 lit. b zweiter Teilstrich beträgt für das Kalenderjahr 2023 22,247 Cent/kWh.

2. Abweichend von § 4c Abs. 1 Z 2 lit. b kann der Arbeitgeber für Lohnzahlungszeiträume, die nach dem 31. Dezember 2022 und vor dem 1. Jänner 2026 enden, die Kosten des Arbeitnehmers für das Aufladen eines arbeitgebereigenen Kraftfahrzeuges bis zu einem Betrag von 30 Euro pro Kalendermonat ersetzen, ohne dass eine Einnahme anzusetzen ist, **„wenn beim Aufladen durch den Arbeitnehmer an einer nicht öffentlichen Ladestation die nachweisliche Zuordnung der Lademenge zu diesem Kraftfahrzeug (§ 4 Abs. 1 Z 3) nicht sichergestellt werden kann".**

(BGBl II 2023/404 ab 1.1.2023)

„3. Für Lohnzahlungszeiträume im Kalenderjahr 2023 kann Z 2 auch angewendet werden, wenn die für das Aufladen des Kraftfahrzeuges vom Arbeitnehmer verwendete Ladeeinrichtung nachweislich nicht in der Lage ist, die Lademenge diesem Kraftfahrzeug zuzuordnen."

(BGBl II 2023/404 ab 21.12.2023)

(BGBl II 2022/504)

„(10) § 4c Abs. 1 Z 2 lit. b, § 4c Abs. 1 Z 3 und § 8 Abs. 9 Z 2 in der Fassung der Verordnung BGBl. II Nr. 404/2023 sind erstmals für Lohnzahlungszeiträume anzuwenden, die nach dem 31. Dezember 2022 enden.

(BGBl II 2023/404)

(11) § 5 in der Fassung der Verordnung BGBl. II Nr. 404/2023 ist für Lohnzahlungszeiträume nach dem 31. Dezember 2023 auf Gehaltsvorschüsse und Arbeitgeberdarlehen anzuwenden, wenn deren Gewährung
1. nach dem 31. Dezember 2023 vereinbart wurde oder
2. nach dem 31. Dezember 2002 und vor dem 1. Jänner 2024 vereinbart wurde, sofern der Arbeitnehmer der Anwendung nicht bis 30. Juni 2024 widerspricht.

Im Fall eines Widerspruchs gemäß Z 2 ist § 5 Abs. 3 nicht anzuwenden und ist auch für Zeiträume mit einem unveränderlichen Sollzinssatz der Zinssatz gemäß § 5 Abs. 2 Z 2 maßgeblich."

(BGBl II 2023/404)

1/3/11. EStG
Grundanteil

1/3/11. VO zu § 16 Abs. 1 Z 8 lit. d

GrundanteilV 2016

BGBl II 2016/99

Verordnung des Bundesministers für Finanzen über die Festlegung des Grundanteils bei vermieteten Gebäuden im Sinne des § 16 Abs. 1 Z 8 lit. d EStG 1988 (GrundanteilV 2016)

Aufgrund des § 16 Abs. 1 Z 8 lit. d EStG 1988, BGBl. Nr. 400/1988, zuletzt geändert durch das Bundesgesetz BGBl. I Nr. 163/2015, wird verordnet:

§ 1. Für die Bemessung der Absetzung für Abnutzung von den Anschaffungskosten eines bebauten Grundstückes ist der Anteil des Grund und Bodens auszuscheiden. Ohne Nachweis ist der auszuscheidende Anteil des Grund und Bodens nach Maßgabe der folgenden Bestimmungen zu ermitteln.

§ 2. (1) In Gemeinden mit weniger als 100 000 Einwohnern sind als Anteil des Grund und Bodens 20% auszuscheiden, wenn der durchschnittliche Quadratmeterpreis für als Bauland gewidmete und voll aufgeschlossene unbebaute Grundstücke (baureifes Land) weniger als 400 Euro beträgt.

(2) In Gemeinden mit mindestens 100 000 Einwohnern und in Gemeinden, in denen der durchschnittliche Quadratmeterpreis für als Bauland gewidmete und voll aufgeschlossene unbebaute Grundstücke (baureifes Land) mindestens 400 Euro beträgt, sind als Anteil des Grund und Bodens

– 30% auszuscheiden, wenn das Gebäude mehr als 10 Wohn- oder Geschäftseinheiten umfasst, oder

– 40% auszuscheiden, wenn das Gebäude bis zu 10 Wohn- oder Geschäftseinheiten umfasst.

Eine eigene Geschäftseinheit liegt jedenfalls pro angefangenen 400 m2 Nutzfläche vor.

(3) Für die Bestimmung der Anzahl der Einwohner ist das jeweils letzte Ergebnis einer Volkszählung heranzuziehen, das vor dem Beginn des Kalenderjahres veröffentlicht worden ist, in dem erstmalig eine Absetzung für Abnutzung angesetzt wird.

(4) Für zum Zeitpunkt des Inkrafttretens der Verordnung bereits vermietete Grundstücke ist auf die gemäß Abs. 1 bis 3 relevanten Verhältnisse zum 1. Jänner 2016 abzustellen.

§ 3. (1) Der auszuscheidende Anteil des Grund und Bodens ist nicht nach § 2 pauschal zu ermitteln, wenn er nachgewiesen wird. Der Nachweis kann beispielsweise durch ein Gutachten eines Sachverständigen erbracht werden. Ein vorgelegtes Gutachten unterliegt der freien Beweiswürdigung der Behörde.

(2) Der Anteil des Grund und Bodens ist gemäß § 16 Abs. 1 Z 8 lit. d dritter Satz EStG 1988 dann nicht nach § 2 pauschal auszuscheiden, wenn die tatsächlichen Verhältnisse offenkundig erheblich davon abweichen. Eine erhebliche Abweichung ist dann gegeben, wenn der tatsächliche Anteil des Grund und Bodens um zumindest 50% abweicht.

§ 4. Die Verordnung tritt mit 1. Jänner 2016 in Kraft und ist erstmalig bei der Veranlagung für das Jahr 2016 unter Beachtung des § 124b Z 284 EStG anzuwenden.

1/3/12. EStG
Pendler

1/3/12. VO zu §§ 16, 20 und 33

Pendlerverordnung

BGBl II 2013/276 idF BGBl II 2022/275

Verordnung des Bundesministers für Finanzen über die Kriterien zur Ermittlung des Pendlerpauschales und des Pendlereuros, zur Einrichtung eines Pendlerrechners und zum Vorliegen eines Familienwohnsitzes (Pendlerverordnung)

Auf Grund des § 16 Abs. 1 Z 6, des § 20 Abs. 1 Z 2 lit. e und des § 33 Abs. 5 des Einkommensteuergesetzes 1988 – EStG 1988, BGBl. Nr. 400, zuletzt geändert durch das Bundesgesetz BGBl. I Nr. 156/2013, wird verordnet:

Entfernung zwischen Wohnung und Arbeitsstätte

§ 1. (1) Die Entfernung zwischen Wohnung und Arbeitsstätte umfasst die gesamte Wegstrecke, die unter Verwendung eines Massenbeförderungsmittels, ausgenommen eines Schiffes oder Luftfahrzeuges, unter Verwendung eines privaten Personenkraftwagens oder auf Gehwegen (Abs. 7) zurückgelegt werden muss, um nach Maßgabe des Abs. 2 in der kürzesten möglichen Zeitdauer (§ 2 Abs. 2) die Arbeitsstätte von der Wohnung aus zu erreichen. Entsprechendes gilt nach Maßgabe des Abs. 3 für die Entfernung zwischen Arbeitsstätte und Wohnung.

(2) Der Ermittlung der Entfernung zwischen Wohnung und Arbeitsstätte sind die Verhältnisse zu Grunde zu legen, die vorliegen, wenn die Arbeitsstätte in einem Zeitraum von 60 Minuten vor dem tatsächlichen Arbeitsbeginn bis zum tatsächlichen Arbeitsbeginn erreicht wird.

(3) Der Ermittlung der Entfernung zwischen Arbeitsstätte und Wohnung sind die Verhältnisse zu Grunde zu legen, die vorliegen, wenn die Arbeitsstätte in einem Zeitraum vom tatsächlichen Arbeitsende bis zu einem Zeitpunkt, der 60 Minuten später liegt, verlassen wird.

(4) Bei flexiblen Arbeitszeitmodellen (beispielsweise gleitender Arbeitszeit), ist der Ermittlung der Entfernung ein Arbeitsbeginn und ein Arbeitsende zu Grunde zu legen, das den überwiegenden tatsächlichen Arbeitszeiten im Kalenderjahr entspricht.

(5) Sind die zeitlichen und örtlichen Umstände der Erbringung der Arbeitsleistung während des gesamten Kalendermonats im Wesentlichen gleich und ergeben sich nach Abs. 2 einerseits und Abs. 3 andererseits abweichende Entfernungen, ist die längere Entfernung maßgebend.

(6) Sind die zeitlichen oder örtlichen Umstände der Erbringung der Arbeitsleistung während des gesamten Kalendermonats nicht im Wesentlichen gleich, ist jene Entfernung maßgebend, die im Kalendermonat überwiegend zurückgelegt wird. Liegt kein Überwiegen vor, ist die längere Entfernung maßgebend.

(7) Gehwege sind Teilstrecken, auf denen kein Massenbeförderungsmittel verkehrt. Eine Teilstrecke unmittelbar vor der Arbeitsstätte ist als Gehweg zu berücksichtigen, wenn sie zwei Kilometer nicht übersteigt. In allen übrigen Fällen sind als Gehwege Teilstrecken zu berücksichtigen, die einen Kilometer nicht übersteigen.

(8) Ist die Benützung eines Massenbeförderungsmittels zumutbar (§ 2 Abs. 1), bemisst sich die Entfernung nach den Streckenkilometern des Massenbeförderungsmittels und allfälliger zusätzlicher Straßenkilometer und Gehwege. Beträgt die Gesamtstrecke zumindest 20 Kilometer, sind angefangene Kilometer auf volle Kilometer aufzurunden.

(9) Ist die Benützung eines Massenbeförderungsmittels unzumutbar (§ 2 Abs. 1), bemisst sich die Entfernung nach den Straßenkilometern der schnellsten Straßenverbindung. Beträgt die Gesamtstrecke zumindest zwei Kilometer, sind angefangene Kilometer auf volle Kilometer aufzurunden.

(10) Bei der Ermittlung der Straßenkilometer gemäß Abs. 8 und 9 sind nur abstrakte durchschnittliche Verhältnisse zu berücksichtigen, die auf einer typisierenden Betrachtung beruhen (insbesondere Durchschnittsgeschwindigkeiten). Konkrete Verhältnisse (insbesondere Staus oder privat veranlasste Umwege) sind nicht zu berücksichtigen.

Zumutbarkeit und Unzumutbarkeit der Benützung eines Massenbeförderungsmittels

§ 2. (1) Die Zumutbarkeit bzw. Unzumutbarkeit der Benützung eines Massenbeförderungsmittels ist nach Z 1 und Z 2 zu beurteilen. Dabei sind die Verhältnisse gemäß § 1 zu Grunde zu legen. Die Umstände, die die Zumutbarkeit bzw. Unzumutbarkeit begründen, müssen jeweils überwiegend im Kalendermonat vorliegen.

1. Unzumutbarkeit der Benützung eines Massenbeförderungsmittels liegt vor, wenn,
    a) zumindest für die Hälfte der Entfernung zwischen Wohnung und Arbeitsstätte oder zwischen Arbeitsstätte und Wohnung nach Maßgabe des § 1 kein Massenbeförderungsmittel zur Verfügung steht oder
    b) der Steuerpflichtige über einen gültigen Ausweis gemäß § 29b der Straßenverkehrsordnung 1960, BGBl. Nr. 159, in der Fassung des Bundesgesetzes BGBl. I Nr. 39/2013 verfügt oder
    c) die Unzumutbarkeit der Benützung öffentlicher Verkehrsmittel wegen dauernder Gesundheitsschädigung oder wegen Blindheit des Steuerpflichtigen im Behindertenpass (§ 42 Abs. 1 Bundesbehindertengesetz BGBl. Nr. 283/1990, in der Fassung des Bundesgesetzes BGBl. I Nr. 150/2002) eingetragen ist.
2. Kommt Z 1 nicht zur Anwendung, gilt unter Zugrundelegung der Zeitdauer (Abs. 2) Folgendes:

1/3/12. EStG
Pendler

a) Bis 60 Minuten Zeitdauer ist die Benützung eines Massenbeförderungsmittels stets zumutbar.
b) Bei mehr als 120 Minuten Zeitdauer ist die Benützung eines Massenbeförderungsmittels stets unzumutbar.
c) Übersteigt die Zeitdauer 60 Minuten nicht aber 120 Minuten, ist auf die entfernungsabhängige Höchstdauer abzustellen. Diese beträgt 60 Minuten zuzüglich einer Minute pro Kilometer der Entfernung, jedoch maximal 120 Minuten. Angefangene Kilometer sind dabei auf volle Kilometer aufzurunden. Übersteigt die kürzeste mögliche Zeitdauer die entfernungsabhängige Höchstdauer, ist die Benützung eines Massenbeförderungsmittels unzumutbar.

(2) Die Zeitdauer umfasst die gesamte Zeit, die vom Verlassen der Wohnung bis zum Arbeitsbeginn bzw. vom Arbeitsende bis zum Eintreffen bei der Wohnung verstreicht; sie umfasst auch Wartezeiten. Für die Ermittlung der Zeitdauer gilt:
1. Stehen verschiedene Massenbeförderungsmittel zur Verfügung, ist das schnellste Massenbeförderungsmittel zu berücksichtigen.
2. Zudem ist die optimale Kombination von Massenbeförderungs- und Individualverkehrsmittel zu berücksichtigen; dabei ist für mehr als die Hälfte der Entfernung ein zur Verfügung stehendes Massenbeförderungsmittel zu berücksichtigen. Ist eine Kombination von Massenbeförderungs- und Individualverkehrsmittel mit einem Anteil des Individualverkehrsmittels von höchstens 15 Prozent der Entfernung verfügbar, ist diese Kombination vorrangig zu berücksichtigen.
3. Steht sowohl ein Massenbeförderungsmittel als auch eine Kombination von Massenbeförderungs- und Individualverkehrsmittel zur Verfügung, liegt eine optimale Kombination im Sinne der Z 2 nur dann vor, wenn die nach Z 2 ermittelte Zeitdauer gegenüber dem schnellsten Massenbeförderungsmittel zu einer Zeitersparnis von mindestens 15 Minuten führt.

(3) Sind die zeitlichen und örtlichen Umstände der Erbringung der Arbeitsleistung während des gesamten Kalendermonates im Wesentlichen gleich, und ergeben sich nach § 1 Abs. 2 und 3 unterschiedliche Zeitdauern, ist die längere Zeitdauer maßgebend.

(4) Sind die zeitlichen oder örtlichen Umstände der Erbringung der Arbeitsleistung während des gesamten Kalendermonats nicht im Wesentlichen gleich, ist jene Zeit maßgebend, die erforderlich ist, um die Entfernung von der Wohnung zur Arbeitsstätte bzw. von der Arbeitsstätte zur Wohnung im Lohnzahlungszeitraum überwiegend zurückzulegen. Liegt kein Überwiegen vor, ist die längere Zeitdauer gemäß § 2 Abs. 2 maßgebend.

Pendlerrechner

§ 3. (1) Für die Ermittlung der Entfernung zwischen Wohnung und Arbeitsstätte bzw. zwischen Arbeitsstätte und Wohnung (§ 1) und für die Beurteilung, ob die Benützung eines Massenbeförderungsmittels zumutbar oder unzumutbar ist (§ 2), ist für Verhältnisse innerhalb Österreichs der vom Bundesministerium für Finanzen im Internet zur Verfügung gestellte Pendlerrechner zu verwenden.

(2) Dem Pendlerrechner sind die Verhältnisse zu Grunde zu legen, die für den abgefragten Tag bestehen.

(3) Entsprechen die zeitlichen und örtlichen Umstände der Erbringung der Arbeitsleistung während des gesamten Kalendermonats im Wesentlichen jenen, die für den abgefragten Tag im Pendlerrechner bestehen, kann angenommen werden, dass das unter Verwendung des Pendlerrechners für den abgefragten Tag ermittelte Ergebnis mit dem übereinstimmt, das sich für alle maßgebenden Tage des Kalendermonats ergibt.

(4) Liegen für verschiedene abgefragte Tage unter Verwendung des Pendlerrechners unterschiedliche Ergebnisse vor, ist jenes maßgebend, das für einen abgefragten Tag (Abs. 3) ermittelt wurde, der jenem Kalenderjahr zuzurechnen ist, für das die Entfernung zwischen Wohnung und Arbeitsstätte und die Beurteilung, ob die Benützung eines Massenbeförderungsmittels zumutbar ist, zu beurteilen ist. In allen anderen Fällen ist die zeitnähere Abfrage nach Abs. 3 maßgebend.

(5) Das Ergebnis des Pendlerrechners ist nicht heranzuziehen, wenn nachgewiesen wird, dass
1. bei der Berechnung der Entfernung zwischen Wohnung und Arbeitsstätte bzw. der Entfernung zwischen Arbeitsstätte und Wohnung (§ 1) oder
2. bei der Beurteilung, ob die Benützung eines Massenbeförderungsmittels unzumutbar ist (§ 2)

unrichtige Verhältnisse berücksichtigt werden. Dieser Nachweis kann vom Steuerpflichtigen nur im Rahmen der Einkommensteuerveranlagung erbracht werden. Die Nachweismöglichkeit erstreckt sich jedoch nicht auf jene Verhältnisse, die dem Pendlerrechner auf Grund einer abstrakten Betrachtung des Individualverkehrs hinterlegt sind und auf einer typisierenden Betrachtung beruhen (beispielsweise die hinterlegte Durchschnittsgeschwindigkeit).

(6) Das Ergebnis des Pendlerrechners gilt als amtliches Formular im Sinne des § 16 Abs. 1 Z 6 lit. g EStG 1988, das der Arbeitnehmer dem Arbeitgeber ausgedruckt und unterschrieben oder elektronisch signiert übermitteln kann. Erfolgt keine Berücksichtigung des Pendlerpauschales und des Pendlereuro durch den Arbeitgeber bei Anwendung des Lohnsteuertarifs, hat der Arbeitnehmer das Ergebnis des Pendlerrechners für Zwecke der Berücksichtigung bei der Einkommensteuerveranlagung heranzuziehen und aufzubewahren.

(BGBl II 2019/324)

1/3/12. EStG
Pendler

(7) Ist die Verwendung des Pendlerrechners nicht möglich (insbesondere weil die Wohnung oder Arbeitsstätte im Ausland liegt) oder liefert der Pendlerrechner dauerhaft kein Ergebnis (insbesondere bei Fehlermeldung wegen Zeitüberschreitung), hat der Arbeitnehmer für die Inanspruchnahme des Pendlerpauschales und des Pendlereuro das für derartige Fälle vorgesehene amtliche Formular zu verwenden. Wenn der Pendlerrechner dauerhaft kein Ergebnis liefert, ist dies durch einen entsprechenden Ausdruck oder durch ein PDF-Dokument des Pendlerrechners nachzuweisen.

(BGBl II 2019/324)

Familienwohnsitz

§ 4. (1) Ein Familienwohnsitz (§ 16 Abs. 1 Z 6 lit. f und § 20 Abs. 1 Z 2 lit. e EStG 1988) liegt dort, wo
1. ein in (Ehe)Partnerschaft oder in Lebensgemeinschaft lebender Steuerpflichtiger oder
2. ein alleinstehender Steuerpflichtiger

seine engsten persönlichen Beziehungen (zB Familie, Freundeskreis) und einen eigenen Hausstand (Abs. 2) hat.

(2) Der Steuerpflichtige hat einen eigenen Hausstand, wenn er eine Wohnung besitzt, deren Einrichtung seinen Lebensbedürfnissen entspricht. Ein eigener Hausstand liegt jedenfalls nicht vor, wenn der Steuerpflichtige Räumlichkeiten innerhalb eines Wohnverbandes einer oder mehrerer Person(en), die nicht (Ehe)Partner sind oder mit denen eine Lebensgemeinschaft besteht, mitbewohnt.

Inkrafttreten

§ 5. (1) Diese Verordnung ist vorbehaltlich des Abs. 2 anzuwenden, wenn
1. die Einkommensteuer veranlagt wird, erstmalig bei der Veranlagung für das Kalenderjahr 2014,
2. die Einkommensteuer (Lohnsteuer) durch Abzug eingehoben oder durch Veranlagung festgesetzt wird, für Lohnzahlungszeiträume, die nach dem 31. Dezember 2013 enden.

(2) Diese Verordnung ist solange nicht anzuwenden, als der Pendlerrechner nicht im Internet auf der Homepage des Bundesministeriums für Finanzen zur Verfügung gestellt wird. Wird der Pendlerrechner erst nach dem 1. Jänner 2014 zur Verfügung gestellt, gilt Folgendes:
1. Die Verordnung ist rückwirkend für den Zeitraum vom 1. Jänner 2014 bis zur Zurverfügungstellung des Pendlerrechners anwendbar, wenn dies für den Steuerpflichtigen mit keinen steuerlichen Nachteile verbunden ist.
2. Trifft Z 1 zu, hat eine Aufrollung gemäß § 77 Abs. 3 EStG 1988 so bald als möglich, jedoch spätestens bis 31. Oktober zu erfolgen, sofern die technischen und organisatorischen Möglichkeiten beim Arbeitgeber dazu vorliegen und ein aufrechtes Dienstverhältnis bei demselben Arbeitgeber vorliegt.
3. Wurde bereits vor der Anwendbarkeit der Verordnung vom Arbeitnehmer eine Erklärung zur Berücksichtigung des Pendlerpauschales (amtlicher Vordruck L 34) abgegeben, so hat dieser einen Ausdruck des ermittelten Ergebnisses des Pendlerrechners (§ 3 Abs. 6) bis spätestens 30. September 2014 beim Arbeitgeber abzugeben.

(3) Elektronische Übermittlungen gemäß § 3 Abs. 6 und 7 in der Fassung BGBl. II Nr. 324/2019 sind nicht vor dem Vorliegen der technischen Voraussetzungen zulässig.

(BGBl II 2019/324)

Übergangsbestimmungen

§ 6. (1) Liegt dem Arbeitgeber ein Ausdruck des Pendlerrechners mit einem Abfragedatum vor dem 25. Juni 2014 vor, ist dieses Ergebnis im Rahmen der Lohnverrechnung nur bis 31. Dezember 2014 zu berücksichtigen. Für Lohnzahlungszeiträume die nach dem 31. Dezember 2014 beginnen, sind ausschließlich Ausdrucke des Pendlerrechners mit einem Abfragedatum ab dem 25. Juni 2014 zu berücksichtigen.

(2) Liegt dem Arbeitgeber ein Ausdruck des Pendlerrechners mit einem Abfragedatum ab dem 25. Juni 2014 vor, gilt Folgendes:
1. Ergibt dieser Ausdruck gegenüber dem schon abgegebenen Ausdruck ein höheres Pendlerpauschale und/oder einen höheren Pendlereuro und liegt dieser Ausdruck bis spätestens 30. September 2014 beim Arbeitgeber vor, ist das höhere Pendlerpauschale und/oder der höhere Pendlereuro zu berücksichtigen. Der Arbeitgeber hat bis spätestens 31. Oktober 2014 eine Aufrollung gemäß § 77 Abs. 3 EStG 1988 mit Wirkung ab 1. Jänner 2014 vorzunehmen (§ 5 Abs. 2 Z 2).
2. Ergibt dieser Ausdruck gegenüber dem schon abgegebenen Ausdruck ein geringeres Pendlerpauschale und/oder einen geringeren Pendlereuro, ist das geringere Pendlerpauschale und/oder der geringere Pendlereuro erstmalig für Lohnzahlungszeiträume zu berücksichtigen, die nach dem 31. Dezember 2014 beginnen.

(3) Abs. 1 und 2 gelten für die Berücksichtigung des Pendlerpauschales und des Pendlereuro im Wege der Einkommensteuerveranlagung entsprechend.

(4) In den Monaten Mai 2022 bis Juni 2023 sind bei der Berücksichtigung des Pendlerpauschales und des Pendlereuro gemäß § 3 Abs. 6 zusätzlich zu den durch den Pendlerrechner ermittelten Pauschbeträgen (gemäß § 16 Abs. 1 Z 6 und § 33 Abs. 5 EStG 1988 heranzuziehen. Der Arbeitgeber hat für diesen Zeitraum die höheren Werte im Rahmen der Lohnverrechnung zu berücksichtigen, eine erneute Abgabe des amtlichen Formulars nur aufgrund der höheren Werte ist nicht erforderlich.

(BGBl II 2022/275)

1/3/13. EStG
Dienstleistungsbetriebe

1/3/13. VO zu § 17 Abs. 3a Z 5
Dienstleistungsbetriebe-Verordnung
BGBl II 2020/615

Verordnung des Bundesministers für Finanzen zur branchenbezogenen Einordnung eines Betriebes als Dienstleistungsbetrieb (Dienstleistungsbetriebe-Verordnung)

Auf Grund des § 17 Abs. 3a Z 5 des Einkommensteuergesetzes 1988 – EStG 1988, BGBl Nr. 400, zuletzt geändert durch das Bundesgesetz BGBl. I Nr. 99/2020, wird verordnet:

§ 1. (1) Der für einen Dienstleistungsbetrieb vorgesehene Pauschalsatz von 20% ist anzuwenden, wenn der Betrieb einer der folgenden Branchen mit der jeweils zugehörigen Branchenkennzahl zuzuordnen ist:

Branche	Branchen-kennzahl
Dienstleistungen im Bereich freiberuflicher und wissenschaftlicher Tätigkeiten	
Rechtsberatung	691
Wirtschaftsprüfung und Steuerberatung; Buchführung	692
Verwaltung und Führung von Unternehmen und Betrieben	701
Public-Relations- und Unternehmensberatung	702
Arzt- und Zahnarztpraxen	862
Dienstleistungen im Gesundheitswesen, anderweitig nicht genannt	869
Architektur- und Ingenieurbüros	711
Technische, physikalische und chemische Untersuchung	712
Forschung und Entwicklung im Bereich Natur-, Ingenieur-, Agrarwissenschaften und Medizin	721
Werbung	731
Markt- und Meinungsforschung	732
Forschung und Entwicklung im Bereich Rechts-, Wirtschafts-, Sozial-, Sprach-, Kultur- und Kunstwissenschaften	722
Fotografie und Fotolabors	742
Übersetzen und Dolmetschen	743
Veterinärwesen	750
Sonstige freiberufliche, wissenschaftliche und technische Tätigkeiten, anderweitig nicht genannt	749
Dienstleistungen in Kunst, Unterhaltung, Sport und Erholung	
Ateliers für Textil-, Schmuck-, Grafik- u. ä. Design	741
Kreative, künstlerische und unterhaltende Tätigkeiten	900
Erbringung von Dienstleistungen des Sports	931
Erbringung von sonstigen Dienstleistungen der Unterhaltung und der Erholung	932
Dienstleistungen im Bereich der gewerblichen Vermietung, Beherbergung und Verpflegung	
Vermietung, Verpachtung von eigenen oder geleasten Grundstücken, Gebäuden und Wohnungen	682
Vermittlung und Verwaltung von Grundstücken, Gebäuden und Wohnungen für Dritte	683
Leasing von nichtfinanziellen immateriellen Vermögensgegenständen (ohne Copyrights)	774
Dienstleistungen im Bereich der Informationstechnologie und Technik	
Erbringung von Dienstleistungen der Informationstechnologie	620
Datenverarbeitung, Hosting und damit verbundene Tätigkeiten; Webportale	631
Erbringung von sonstigen Informationsdienstleistungen	639
Dienstleistungen im Bereich des Tourismus und Veranstaltungswesens	
Erbringung von Reservierungsdienstleistungen	799
Dienstleistung in der Vermittlung und Arbeitskräfteüberlassung	

1/3/13. EStG
Dienstleistungsbetriebe

Handelsvermittlung	461
Vermittlung von Arbeitskräften	781
Befristete Überlassung von Arbeitskräften	782
Sonstige Überlassung von Arbeitskräften	783
Dienstleistungen im Bereich der Beaufsichtigung, Reinigung, für private Haushalte und Ähnliches	
Hausmeisterdienste	811
Reinigung von Gebäuden, Straßen und Verkehrsmitteln	812
Sekretariats- und Schreibdienste, Copy-Shops	821
Erbringung sonstiger wirtschaftlicher Dienstleistungen für Unternehmen und Privatpersonen	829
Erbringung von sonstigen überwiegend persönlichen Dienstleistungen	960
Private Haushalte mit Hauspersonal	970
Erbringungen von Dienstleistungen durch private Haushalte für den Eigenbedarf ohne ausgeprägten Schwerpunkt	982
Dienstleistungen im Bereich des Unterrichts, Vortragstätigkeit	
Unterricht (außerhalb Schulen und Kindergärten)	855
Erbringung von Dienstleistungen für den Unterricht	856
Dienstleistungen im sozialen Bereich	
Soziale Betreuung älterer Menschen und Behinderter	881
Sonstiges Sozialwesen (ohne Heime)	889
Dienstleistungen im Bereich der Installation, für die Landwirtschaft, den Bergbau und die Gewinnung von Steinen und Erden	
Installation von Maschinen und Ausrüstungen (anderweitig nicht genannt)	332
Erbringung von gewerblichen Dienstleistungen für die Forstwirtschaft und Holzeinschlag	024
Erbringung von Dienstleistungen für die Gewinnung von Erdöl und Erdgas	091
Erbringung von Dienstleistungen für den sonstigen Bergbau und die Gewinnung von Steinen und Erden	099

(2) Die in Abs. 1 genannten Branchenkennzahlen entsprechen den ersten drei Ziffern (mit führender Null) der ÖNACE 2008, das ist die österreichische Version der europäischen Wirtschaftstätigkeitenklassifikation (NACE).

§ 2. Bei Inanspruchnahme der Pauschalierung für einen Dienstleistungsbetrieb ist in der Abgabenerklärung die für den Betrieb maßgebende Branchenkennzahl gemäß § 1 Abs. 1 anzuführen.

§ 3. Bei einem Betrieb, der branchenbezogen nicht ausschließlich dem § 1 zuzuordnen ist, muss aus den Aufzeichnungen klar erkennbar sein, welche Betriebseinnahmen auf Tätigkeiten entfallen, für die branchenbezogen der Pauschalsatz von 20% maßgeblich ist und welche Betriebseinnahmen auf Tätigkeiten entfallen, für die branchenbezogen der Pauschalsatz von 45% maßgeblich ist. Für die Anwendung des einheitlichen Pauschalsatzes von 20% oder 45% ist die Tätigkeit maßgeblich, aus der die höheren Betriebseinnahmen stammen.

§ 4. Diese Verordnung ist erstmals bei der Veranlagung für das Kalenderjahr 2020 anzuwenden.

1/3/14. EStG

Land- und Forstwirtschaft

1/3/14. VO zu § 17 Abs. 4, 5 und 5a

LuF-PauschVO 2015

BGBl II 2013/125 idF BGBl II 2022/449

Verordnung der Bundesministerin für Finanzen über die Aufstellung von Durchschnittssätzen für die Ermittlung des Gewinnes aus Land- und Forstwirtschaft (Land- und Forstwirtschaft-Pauschalierungsverordnung 2015 – LuF-Pausch-VO 2015)

Auf Grund des § 17 Abs. 4, Abs. 5 und 5a des Einkommensteuergesetzes 1988 – EStG 1988, BGBl. Nr. 400, zuletzt geändert durch das Bundesgesetz BGBl. I Nr. 53/2013, wird verordnet:

1. Abschnitt
Anwendungsbereich

§ 1. (1) Der Gewinn eines land- und forstwirtschaftlichen Betriebes, kann nach den Bestimmungen dieser Verordnung ermittelt werden, wenn
1. dessen Einheitswert 165 000 Euro nicht übersteigt und
   (BGBl II 2022/449)
2. dessen Inhaber hinsichtlich dieses Betriebes nicht freiwillig Bücher führt und
3. die Anwendung der Verordnung nicht gemäß Abs. 1a ausgeschlossen ist.

Die Anwendung der Verordnung ist nur auf den gesamten land- und forstwirtschaftlichen Betrieb zulässig. Eine Anwendung auf bloß einzelne Betriebszweige oder einzelne betriebliche Teiltätigkeiten ist unzulässig.

(1a) Wurden in zwei aufeinander folgenden Kalenderjahren Umsätze iSd § 125 BAO von jeweils mehr als 600 000 Euro erzielt, kann mit Beginn des darauf zweitfolgenden Kalenderjahres der Gewinn des land- und forstwirtschaftlichen Betriebes nicht mehr nach den Bestimmungen dieser Verordnung ermittelt werden, es sei denn der Inhaber macht glaubhaft, dass die Umsatzgrenze nur vorübergehend und auf Grund besonderer Umstände überschritten worden ist und beantragt die weitere Anwendung dieser Verordnung. Der Gewinn eines land- und forstwirtschaftlichen Betriebes kann mit Beginn des darauf folgenden Kalenderjahres wieder nach den Bestimmungen dieser Verordnung ermittelt werden, wenn diese Umsatzgrenze in zwei aufeinanderfolgenden Kalenderjahren nicht überschritten wird. Wird in einem landwirtschaftlichen Tierhaltungsbetrieb das Futter vom Abnehmer der Tiere zur Verfügung gestellt (insbesondere Lohnmast), ist für die Ermittlung des relevanten Umsatzes der Wert des Futters hinzuzurechnen.
(BGBl II 2020/559, BGBl II 2022/449)

(2) Als maßgebender Einheitswert des land- und forstwirtschaftlichen Betriebes gilt der Einheitswert für das während des Veranlagungsjahres bewirtschaftete land- und forstwirtschaftliche Vermögen zuzüglich der Einheitswertanteile der während des Veranlagungsjahres bewirtschafteten Zupachtungen, Zukäufe und zur Nutzung übernommenen Flächen und abzüglich der Einheitswertanteile der während des Veranlagungsjahres nicht selbst bewirtschafteten Verpachtungen, Verkäufe und zur Nutzung überlassenen Flächen. Für die Ermittlung der Einheitswertanteile der Zu- und Verpachtungen, der Zu- und Verkäufe bzw. der zur Nutzung übernommenen und überlassenen Flächen ist hinsichtlich des Hektarsatzes § 125 Abs. 1 der Bundesabgabenordnung in der Fassung vor BGBl. I Nr. 96/2020 maßgebend.
(BGBl II 2020/559)

(3) Für die Anwendung der Voll- oder Teilpauschalierung gilt Folgendes:
1. Wird am 31. Dezember eines Jahres die in § 2 Abs. 1 genannte Grenze überschritten, sind im Folgejahr die §§ 9 bis 14 anzuwenden.
   (BGBl II 2020/559)
2. Wird am 31. Dezember eines Jahres der maßgebende Teileinheitswert gemäß § 3 Abs. 2 überschritten, ist im Folgejahr § 3 Abs. 2 anzuwenden.
3. Wird am 31. Dezember eines Jahres die selbst bewirtschaftete weinbaulich genutzte Grundfläche von 60 Ar überschritten, ist im Folgejahr § 4 Abs. 2 anzuwenden.
4. (aufgehoben)
   (BGBl II 2020/559)
5. Wird am 31. Dezember eines Jahres die in § 2 Abs. 1 genannte Grenze unterschritten und wird die sozialversicherungsrechtliche Beitragsgrundlagenoption gemäß § 23 Abs. 1a des Bauern-Sozialversicherungsgesetzes – BSVG, BGBl. Nr. 559/1978, in der jeweils geltenden Fassung oder die Option nach § 2 Abs. 3 nicht ausgeübt, sind im Folgejahr die §§ 9 bis 14 nicht mehr anzuwenden.
   (BGBl II 2020/559)
6. Wird am 31. Dezember eines Jahres der maßgebende Teileinheitswert gemäß § 3 Abs. 2 unterschritten, ist im Folgejahr § 3 Abs. 2 nicht mehr anzuwenden, es sei denn die §§ 9 bis 14 sind für den gesamten land- und forstwirtschaftlichen Betrieb anzuwenden.
7. Wird am 31. Dezember eines Jahres die selbst bewirtschaftete weinbaulich genutzte Grundfläche von mehr als 60 Ar unterschritten, ist im Folgejahr § 4 Abs. 2 nicht mehr anzuwenden, es sei denn die §§ 9 bis 14 sind für den gesamten land- und forstwirtschaftlichen Betrieb anzuwenden.
8. (aufgehoben)
   (BGBl II 2020/559)
9. Bei der Ermittlung des maßgebenden Einheitswertes gemäß § 2 bzw. des maßgebenden Teileinheitswertes gemäß § 3 Abs. 2 ist § 125 Abs. 1 der Bundesabgabenordnung in der Fassung vor BGBl. I Nr. 96/2020 sinngemäß anzuwenden, wobei der Steuerpflichtige zum 31. Dezember jenen Hektarsatz zugrunde zu legen hat, der im zuletzt vor diesem Stichtag

1/3/14. EStG
Land- und Forstwirtschaft

ergangenen Einheitswertbescheid festgestellt wurde.

(BGBl II 2020/559)

10. (aufgehoben)

(BGBl II 2020/559)

(4) Durch diese Verordnung werden nur die regelmäßig in den Betrieben anfallenden Rechtsgeschäfte und Vorgänge pauschal berücksichtigt. Nicht regelmäßig in den Betrieben anfallende Vorgänge (zB die Veräußerung von Grundstücken nach § 30 EStG 1988 oder von Kapitalvermögen gemäß § 27 Abs. 3 und 4 EStG 1988) sind daher gesondert zu erfassen.

(5) Abweichend von den Abs. 1 bis 4 können aus der Veräußerung von forstwirtschaftlich genutzten Flächen entstehende Gewinne mit 35% des auf Grund und Boden, stehendes Holz und Jagdrecht entfallenden Veräußerungserlöses angenommen werden, sofern dieser 250 000 Euro im Kalenderjahr nicht überschreitet. Dies gilt abweichend von Abs. 1 auch für Betriebe, für die der Gewinn durch Buchführung gemäß § 4 Abs. 1 EStG 1988 oder vollständige Einnahmen-Ausgaben-Rechnung gemäß § 4 Abs. 3 EStG 1988 ermittelt wird.

2. Abschnitt
Gewinnermittlung im Rahmen der Vollpauschalierung (einheitswertabhängige Gewinnermittlung)

Grundbetrag

§ 2. (1) Der Gewinn ist mittels eines Durchschnittssatzes von 42% vom maßgebenden Einheitswert (§ 1 Abs. 2) zu ermitteln (Grundbetrag), wenn der maßgebende Einheitswert des land- und forstwirtschaftlichen Betriebes 75 000 Euro nicht übersteigt. Soweit die §§ 3 bis 7 Abweichendes bestimmen, die sozialversicherungsrechtliche Beitragsgrundlagenoption gemäß § 23 Abs. 1a des Bauern-Sozialversicherungsgesetzes – BSVG, BGBl. Nr. 559/1978 in der jeweils geltenden Fassung, oder die Option gemäß Abs. 3 ausgeübt wird, kommt die Anwendung dieses Durchschnittssatzes nicht in Betracht.

(BGBl II 2020/559)

(2) Wird der Grundbetrag von Alpen von einem gemäß § 39 Abs. 2 Z 1 lit. a BewG. 1955, gesondert festgestellten Vergleichswert abgeleitet, ist der Durchschnittssatz mit 70% des sich aus Abs. 1 ergebenden Satzes anzusetzen.

(3) Liegen die Voraussetzungen des Abs. 1 vor und wird die sozialversicherungsrechtliche Beitragsgrundlagenoption gemäß § 23 Abs. 1a BSVG nicht ausgeübt, kann der Gewinn auf Antrag gemäß den §§ 9 bis 14 ermittelt werden. Eine erneute Gewinnermittlung gemäß den §§ 2 bis 7 dieser Verordnung oder entsprechender Bestimmungen einer dieser Verordnung nachfolgenden Pauschalierungsverordnung ist frühestens nach Ablauf von fünf Kalenderjahren zulässig.

Forstwirtschaft

§ 3. (1) Beträgt der forstwirtschaftliche (Teil) Einheitswert nicht mehr als 15 000 Euro, ist der Gewinn aus Forstwirtschaft mit dem Durchschnittssatz gemäß § 2 erfasst.

(BGBl II 2020/559)

(2) Übersteigt der forstwirtschaftliche (Teil)Einheitswert den Betrag von 15 000 Euro, sind von den Betriebseinnahmen pauschale Betriebsausgaben abzuziehen. Diese sind von der dem forstwirtschaftlichen (Teil)Einheitswert zugrunde liegenden Minderungszahl für Fichte und Lärche der Bonität 7 bzw. der Bringungslage abhängig und betragen:
1. Bei Selbstschlägerung:
   a) 70% der Betriebseinnahmen (einschließlich Umsatzsteuer) bei einer Minderungszahl von 1 bis 61 oder bei einer Bringungslage 3,
   b) 60% der Betriebseinnahmen (einschließlich Umsatzsteuer) bei einer Minderungszahl von 62 bis 68 oder bei einer Bringungslage 2,
   c) 50% der Betriebseinnahmen (einschließlich Umsatzsteuer) bei einer Minderungszahl von 69 bis 100 oder bei einer Bringungslage 1.
2. Bei Holzverkäufen am Stock:
   a) 30% der Betriebseinnahmen (einschließlich Umsatzsteuer) bei einer Minderungszahl von 1 bis 63 oder bei einer Bringungslage 3,
   b) 20% der Betriebseinnahmen (einschließlich Umsatzsteuer) bei einer Minderungszahl von 64 bis 100 oder bei einer Bringungslage 2 oder 1.

Liegt dem Einheitswert einer forstwirtschaftlich genutzten Grundfläche keine Minderungszahl oder Bringungslage zugrunde, ist vom Finanzamt eine fiktive Bringungslage zu ermitteln.

(BGBl II 2020/559)

(3) Wird für die Ermittlung des Gewinnes aus Forstwirtschaft Abs. 2 angewendet, sind Abs. 2 Z 1 und Z 2 auch für die Ermittlung der Einkünfte aus besonderen Waldnutzungen gemäß § 37 Abs. 6 EStG 1988 anzuwenden. Dabei erhöhen sich für die Ermittlung der Einkünfte aus Waldnutzungen in Folge höherer Gewalt gemäß § 37 Abs. 6 EStG 1988 die in Abs. 2 Z 1 und Z 2 genannten Prozentsätze um jeweils 20 Prozentpunkte.

(BGBl II 2020/559)

(4) Ist der Gewinn aus Forstwirtschaft gemäß Abs. 2 gesondert zu ermitteln, ist der auf die forstwirtschaftlich genutzten Grundflächen entfallende Teil des Einheitswertes bei der Berechnung des Grundbetrages (§ 2) auszuscheiden.

(BGBl II 2020/559)

Weinbau

§ 4. (1) Der Gewinn aus Weinbau (zB Wein, Weintrauben, Maische, Traubensaft, Traubenmost und Sturm sowie alkoholfreie Getränke und Speisen im Rahmen des Buschenschankes) ist durch Einnahmen-Ausgaben-Rechnung gesondert zu ermitteln. Beträgt die weinbaulich genutzte Grundfläche höchstens 60 Ar, hat die gesonderte Ermittlung des Gewinnes aus Weinbau zu unterbleiben.

(2) Die Betriebsausgaben betragen 70% der Betriebseinnahmen (einschließlich Umsatzsteuer), mindestens aber 5 000 Euro je Hektar weinbaulich genutzter Grundflächen, höchstens jedoch die Höhe der Betriebseinnahmen.

(3) Ist der Gewinn aus Weinbau gemäß Abs. 1 erster Satz gesondert zu ermitteln, ist der auf die weinbaulich genutzten Grundflächen entfallende Teil des Einheitswertes bei der Berechnung des Grundbetrages (§ 2) auszuscheiden.

(4) Übersteigt die selbst bewirtschaftete weinbaulich genutzte Grundfläche nicht 60 Ar, sind abweichend von Abs. 1 zweiter Satz die Gewinne aus dem Buschenschank und Bouteillenweinverkauf durch Einnahmen-Ausgaben-Rechnung gesondert zu ermitteln, wobei Abs. 2 anzuwenden ist.

Gartenbau

§ 5. (1) Der Gewinn aus Gartenbau (§ 49 BewG. 1955) ist durch Einnahmen-Ausgaben-Rechnung zu ermitteln.

(2) Die Betriebsausgaben sind mit einem Durchschnittssatz von 70% der Betriebseinnahmen (einschließlich Umsatzsteuer) anzusetzen. Neben diesem Durchschnittssatz sind die Ausgaben für Löhne (einschließlich Lohnnebenkosten) als zusätzliche Betriebsausgaben zu berücksichtigen. Der Abzug der Betriebsausgaben darf nur bis zur Höhe der Betriebseinnahmen erfolgen.

(3) Abweichend von den Bestimmungen der Abs. 1 und 2 sind für die Ermittlung des Gewinnes aus Gartenbau flächenabhängige Durchschnittssätze anzuwenden. Voraussetzung dafür ist, dass der ausschließliche Betriebsgegenstand in der Lieferung eigener gärtnerischer Erzeugnisse an Wiederverkäufer oder an Land- u. Forstwirte für deren erwerbsmäßige Produktion besteht. Diese Voraussetzung ist auch erfüllt, wenn die Einnahmen aus anderen Lieferungen – ausgenommen aus Anlagenverkäufen – und aus anderen Leistungen nachhaltig insgesamt nicht mehr als 2 000 Euro (einschließlich Umsatzsteuer) jährlich betragen. Als Wiederverkäufer gelten Betriebe, die gewerbsmäßig die ihnen gelieferten Erzeugnisse entweder unverändert oder nach Bearbeitung oder Verarbeitung weiterveräußern. Die Durchschnittssätze betragen:

Gärtnerisch genutzte Fläche	Euro/m²
Freiland für Schnittblumen, Gemüse, Bauflächen, Hof, Wege, Folientunnel kleiner 3,5m Basisbreite, Rasenerzeugung	0,13
Freiland für Beeren- Obst- und Ziergehölze, Stauden; Rebschulen	0,25
Freiland für Forstgehölze	0,10
Folientunnel mit 3,5m bis 7,5m Basisbreite; Folientunnel einfach für Feldgemüse und Obstbau mit mindestens 3,5m Basisbreite	0,34
Folientunnel größer 7,5m Basisbreite	0,45
Foliengewächshaus einfach	0,67
Foliengewächshaus normal	1,50
Foliengewächshaus gut	2,17
Gewächshaus älter als 30 Jahre	1,64
Gewächshaus über 20 bis 30 Jahre alt	2,17
Gewächshaus bis 20 Jahre alt	2,43

(BGBl II 2020/559)

(4) Das Ausmaß der überdachten Kulturflächen bestimmt sich nach dem Flächenausmaß, das die Innenseiten der überdachten Flächen umschließt.

(5) Bei der Ermittlung des Grundbetrages (§ 2) scheidet der auf die gärtnerisch genutzten Grundflächen entfallende Anteil des Einheitswertes aus.

Mostbuschenschank

§ 6. Der Gewinn aus Mostbuschenschank (Buschenschank im Rahmen des Obstbaues einschließlich alkoholfreier Getränke und Speisen) ist durch Einnahmen-Ausgaben-Rechnung gesondert zu ermitteln. Die Betriebsausgaben sind mit 70% der Betriebseinahmen (einschließlich Umsatzsteuer) anzusetzen.

(BGBl II 2020/559)

Land- und forstwirtschaftlicher Nebenerwerb, Be- und/oder Verarbeitung und Almausschank

§ 7. (1) Der Gewinn aus land- und forstwirtschaftlichem Nebenerwerb, aus be- und/oder verarbeiteten eigenen und zugekauften Urprodukten sowie aus dem Almausschank ist durch Einnahmen-Ausgaben-Rechnung gesondert zu ermitteln. Bei Ermittlung des Gewinnes aus land- und forstwirtschaftlichem Nebenerwerb dürfen die Betriebsausgaben nur bis zur Höhe der entsprechenden Betriebseinnahmen in Abzug gebracht werden.

(2) Als land- und forstwirtschaftlicher Nebenerwerb sind Nebentätigkeiten zu verstehen, die nach ihrer wirtschaftlichen Zweckbestimmung zum land- und forstwirtschaftlichen Hauptbetrieb im Verhältnis der wirtschaftlichen Unterordnung stehen. Die Zimmervermietung mit Frühstück im Ausmaß von höchstens zehn Betten stellt land- und forstwirtschaftlichen Nebenerwerb dar, wobei die Betriebsausgaben mit 50% der entsprechenden Betriebseinnahmen (einschließlich Umsatzsteuer) angesetzt werden können. Wird beim land- und forstwirtschaftlichen Nebenerwerb das Entgelt überwiegend für die Bereitstellung von Fahrzeugen, Maschinen oder Geräten gegenüber Nichtlandwirten geleistet, können 50% der gesamten Einnahmen (einschließlich Umsatzsteuer) als pauschale Betriebsausgaben abgezogen werden. Dies gilt auch dann, wenn das anteilige Entgelt für die

1/3/14. EStG
Land- und Forstwirtschaft

Arbeitsleistung zu Einkünften aus nichtselbständiger Arbeit führt.

(3) Bei der Ermittlung des Gewinnes aus be- und/oder verarbeiteten Urprodukten sowie aus Almausschank (Abs. 1) sind die Betriebsausgaben mit 70% der Betriebseinnahmen (einschließlich Umsatzsteuer) anzusetzen. Voraussetzung für die Zurechnung der Be- und/oder Verarbeitung des Urproduktes und des Almausschankes zur Land- und Forstwirtschaft ist, dass die Be- und/oder Verarbeitung bzw. der Almausschank nach ihrer wirtschaftlichen Zweckbestimmung zum land- und forstwirtschaftlichen Hauptbetrieb im Verhältnis der wirtschaftlichen Unterordnung stehen.

(4) Wird bloß eine Be- und/oder Verarbeitung oder bloß ein Almausschank betrieben, liegt eine Unterordnung im Sinne der Abs. 2 und 3 vor, wenn die Einnahmen aus Be- und/oder Verarbeitung oder dem Almausschank 45 000 Euro (einschließlich Umsatzsteuer) nicht übersteigen. Wird eine Be- und/oder Verarbeitung bzw. ein Almausschank neben einem Nebenerwerb betrieben, ist die Unterordnung nur dann gegeben, wenn die gemeinsamen Einnahmen 45 000 Euro (einschließlich Umsatzsteuer) nicht übersteigen und das Ausmaß der land- und forstwirtschaftlichen Grundflächen mehr als fünf Hektar oder der weinbaulich oder gärtnerisch genutzten Grundflächen mehr als 1 Hektar beträgt. Auf den Betrag von 45 000 Euro sind Einnahmen aus Zimmervermietung sowie Einnahmen aus auf reiner Selbstkostenbasis und ohne Verrechnung der eigenen Arbeitsleistung erbrachte Dienstleistungen und Vermietungen im Rahmen der zwischenbetrieblichen Zusammenarbeit (bäuerliche Nachbarschaftshilfe) nicht anzurechnen.

(BGBl II 2020/559, BGBl II 2022/449)

Wechsel der Pauschalierungsmethode

§ 8. Wechselt der Steuerpflichtige in Anwendung dieser Verordnung von der pauschalen Gewinnermittlung mittels eines Durchschnittssatzes gemäß § 2 Abs. 1 zur Gewinnermittlung mittels Berücksichtigung pauschaler Betriebsausgaben oder umgekehrt, hat die Ermittlung eines Übergangsgewinnes bzw. -verlustes gemäß § 4 Abs. 10 EStG 1988 zu unterbleiben.

3. Abschnitt
Gewinnermittlung im Rahmen der Teilpauschalierung (Ausgabenpauschalierung)

§ 9. (1) In folgenden Fällen ist der Gewinn aus Land- und Forstwirtschaft stets durch Einnahmen-Ausgaben-Rechnung zu ermitteln:
1. Bei einem Einheitswert des land- und forstwirtschaftlichen Betriebes von mehr als 75 000 Euro.
2. Bei Ausübung der Option gemäß § 2 Abs. 3. *(BGBl II 2020/559)*
3. Bei Ausübung der sozialversicherungsrechtlichen Beitragsgrundlagenoption gemäß § 23 Abs. 1a BSVG.

(BGBl II 2020/559)

(2) Die Betriebsausgaben sind, soweit Abs. 3 und die §§ 10 bis 14 keine abweichende Regelung vorsehen, mit einem Durchschnittssatz von 70% der diesen Betriebsausgaben gegenüberstehenden Betriebseinnahmen (einschließlich Umsatzsteuer) anzusetzen.

(3) Bei Veredelungstätigkeiten (Haltung von Schweinen, Rindern, Schafen, Ziegen und Geflügel) sind die mit diesen Tätigkeiten in Zusammenhang stehenden Betriebsausgaben mit einem Durchschnittssatz von 80% der auf diese Tätigkeit entfallenden Betriebseinnahmen (einschließlich Umsatzsteuer) anzusetzen.

Forstwirtschaft

§ 10. Die Betriebsausgaben aus Forstwirtschaft sind unter sinngemäßer Anwendung des § 3 Abs. 2 und 3 zu berechnen.

(BGBl II 2020/559)

Weinbau

§ 11. Die Betriebsausgaben aus Weinbau (zB Wein, Weintrauben, Maische, Traubensaft, Traubenmost und Sturm sowie alkoholfreie Getränke und Speisen im Rahmen des Buschenschankes) sind unter sinngemäßer Anwendung des § 4 Abs. 2 zu berechnen.

Gartenbau

§ 12. Die Betriebsausgaben aus Gartenbau (§ 49 BewG. 1955) sind unter sinngemäßer Anwendung des § 5 Abs. 2 zu berechnen.

Obstbau

§ 13. (1) Bei Intensivobstanlagen zur Produktion von Tafelobst sind neben dem Durchschnittssatz gemäß § 9 Abs. 2 die Ausgaben für Löhne (einschließlich Lohnnebenkosten) als zusätzliche Betriebsausgaben zu berücksichtigen. Der Abzug der Betriebsausgaben darf nur bis zur Höhe der Betriebseinnahmen erfolgen.

(2) Die Betriebsausgaben aus Mostbuschenschank (Buschenschank im Rahmen des Obstbaues einschließlich alkoholfreier Getränke und Speisen) sind unter sinngemäßer Anwendung des § 6 zu berechnen.

(BGBl II 2020/559)

Land- und forstwirtschaftlicher Nebenerwerb, Be- und/oder Verarbeitung und Almausschank

§ 14. Für die Gewinnermittlung der Einkünfte aus land- und forstwirtschaftlichem Nebenerwerb, der Be- und/oder Verarbeitung und aus dem Almausschank gilt § 7 sinngemäß.

4. Abschnitt
Gewinnerhöhende und gewinnmindernde Beträge

§ 15. (1) Die sich nach den Bestimmungen der §§ 1 bis 7 oder 9 bis 14 ergebende Zwischensumme ist um vereinnahmte Pachtzinse (einschließlich Jagdpacht und Verpachtung von Fischereirechten), um Einkünfte aus Wildabschüssen sowie um Einkünfte aus gemäß § 1 Abs. 4 und 5 nicht erfassten Vorgängen und um Einkünfte aus gemäß §§ 30 Abs. 2 Z 6 und 11 Abs. 4 BewG. 1955 nicht zum Einheitswert gehörenden Wirtschaftsgütern zu erhöhen, sofern diese Einkünfte nicht gemäß § 97 Abs. 1 EStG 1988 als endbesteuert behandelt werden. Der gesonderte Ansatz dieser durch die Pauschalierung nicht erfassten Vorgänge darf in jedem einzelnen Fall zu keinem Verlust führen.

(2) Der sich nach Zurechnung gemäß Abs. 1 ergebende Betrag ist um den Wert der Ausgedingelasten (Geld- und Sachleistungen), um Beiträge, die an die Sozialversicherungsanstalt der Selbständigen entrichtet wurden, insoweit sie Pflichtbeiträge nach dem BSVG oder BMSVG darstellen, um bezahlte Schuldzinsen und um bezahlte Pachtzinse zu vermindern, wobei der Abzug der bezahlten Pachtzinse 25% des auf die zugepachteten Flächen entfallenden Einheitswertes nicht übersteigen darf. Durch den Abzug dieser gewinnmindernden Beträge darf insgesamt kein Verlust entstehen.

(BGBl II 2020/559, BGBl II 2021/574, BGBl II 2022/449)

(3) Die aus Sachleistungen bestehenden Ausgedingelasten sind pro Person mit 700 Euro jährlich anzusetzen. Werden die Sachleistungen nachgewiesen oder glaubhaft gemacht, sind sie in der nachgewiesenen (glaubhaft) gemachten Höhe zu berücksichtigen.

5. Abschnitt
Wechsel der Gewinnermittlungsart

§ 16. Geht der Steuerpflichtige von der pauschalen Gewinnermittlung auf Grund dieser Verordnung zur Gewinnermittlung nach § 4 Abs. 1 oder zur Gewinnermittlung nach § 4 Abs. 3 EStG 1988 über, so ist eine erneute pauschale Ermittlung der Einkünfte aus Land- und Forstwirtschaft auf Grund dieser oder einer dieser Verordnung nachfolgenden Pauschalierungsverordnung frühestens nach Ablauf von fünf Wirtschaftsjahren zulässig.

6. Abschnitt
Zeitlicher Anwendungsbereich

§ 17. (1) Diese Verordnung in der Fassung der Verordnung BGBl. II Nr. 164/2014, tritt mit 1. Jänner 2015 in Kraft und ist erstmals für Veranlagungszeiträume anzuwenden, für die gemäß § 20c BewG 1955 festgestellte Einheitswerte gemäß § 20 Abs. 3 BewG. 1955 erstmalig anzuwenden sind.

(2) § 8 ist auf den Wechsel von der pauschalen Gewinnermittlung in Anwendung der LuF-PauschVO 2011, BGBl. II Nr. 471/2010 in der Fassung der Verordnung BGBl. II Nr. 164/2014, zur pauschalen Gewinnermittlung in Anwendung dieser Verordnung entsprechend anzuwenden.

(3) Die LuF-PauschVO 2011, BGBl. II Nr. 471/2010 in der Fassung der Verordnung BGBl. II Nr. 4/2011, ist auf Veranlagungen für das Kalenderjahr 2015 und die folgenden Kalenderjahre weiterhin anzuwenden, wenn die Anwendungsvoraussetzungen gemäß Abs. 1 nicht erfüllt sind.

(4) § 1 Abs. 2 und Abs. 3, § 2 Abs. 1, § 3, § 6, § 7 Abs. 4, § 9 Abs. 1, § 10, § 13 sowie § 15 Abs. 2 in der Fassung der Verordnung BGBl. II Nr. 559/2020 sind erstmalig bei der Veranlagung für das Kalenderjahr 2020 anzuwenden. § 5 Abs. 3 in der Fassung der Verordnung BGBl. II Nr. 559/2020 ist erstmalig bei der Veranlagung für das Kalenderjahr 2021 anzuwenden.

(BGBl II 2020/559)

(5) § 1 Abs. 1a in der Fassung der Verordnung BGBl. II Nr. 559/2020 ist erstmalig bei der Veranlagung für das Kalenderjahr 2021 anzuwenden. Für die Anwendung des § 1 Abs. 1a ab dem Veranlagungsjahr 2021 ist hinsichtlich der in den Jahren 2018 bis 2020 ausgeführten Umsätze bereits die geänderte Umsatzberechnung anzuwenden. Würde ein Betrieb dadurch aus dem Anwendungsbereich dieser Verordnung ausscheiden, kann der Gewinn bei der Veranlagung 2021 oder 2022 weiter nach den Bestimmungen dieser Verordnung ermittelt werden, wenn die Umsatzgrenze des § 1 Abs. 1a auch nach Hinzurechnung des Wertes des Futters im Jahr 2021 oder 2022 nicht überschritten wird.

(BGBl II 2020/559, BGBl II 2021/574)

(6) § 15 Abs. 2 in der Fassung der Verordnung BGBl. II Nr. 574/2021 ist erstmalig bei der Veranlagung für das Kalenderjahr 2021 anzuwenden.

(BGBl II 2021/574)

(7) § 1 Abs. 1a und § 7 Abs. 4 in der Fassung der Verordnung BGBl. II Nr. 449/2022 sind erstmalig bei der Veranlagung für das Kalenderjahr 2023 anzuwenden. § 15 Abs. 2 in der Fassung der Verordnung BGBl. II Nr. 449/2022 ist erstmalig bei der Veranlagung für das Kalenderjahr 2021 anzuwenden.

(BGBl II 2022/449)

1/3/15. EStG
Gewerbetreibende

1/3/15. VO zu § 17

Nichtbuchführende Gewerbetreibende

BGBl 1990/55 idF BGBl II 2018/215

Verordnung des Bundesministers für Finanzen vom 14. Dezember 1989 über die Aufstellung von Durchschnittssätzen für die Ermittlung des Gewinnes bei nichtbuchführenden Gewerbetreibenden

Auf Grund des § 17 des Einkommensteuergesetzes 1988, BGBl. Nr. 400, wird verordnet:

§ 1. (1) Die folgenden Durchschnittssätze für die Ermittlung der nicht von § 2 umfassten Betriebsausgaben können bei Gewerbetreibenden der angeführten Gewerbezweige unter folgenden Voraussetzungen angewendet werden:
1. Es besteht keine Buchführungspflicht und es werden keine ordnungsmäßigen Bücher geführt, die eine Gewinnermittlung durch Betriebsvermögensvergleich ermöglichen.
2. Die gemäß § 2 erforderlichen Aufzeichnungen werden ordnungsmäßig geführt.

Gewerbezweig	Durchschnittssatz
1. Bandagisten und Orthopädiemechaniker	9,5
2. Bäcker	11,5
3. Binder, Korb- und Möbelflechter	8,8
4. Buchbinder, Kartonagewaren-, Etui- und Kassettenerzeuger	8,7
5. Büromaschinenmechaniker	14,3
6. Bürsten- und Pinselmacher, Kammacher und Haarschmuckerzeuger	10,2
7. Chemischputzer	17,2
8. Dachdecker	10,8
9. Damenkleidermacher	8,9
10. Drechsler und Holzbildhauer	11,1
11. Elektroinstallateure	8,5
12. Elektromechaniker	12,5
13. Erzeuger von Waren nach Gablonzer Art	9,2
14. Fleischer	5,2
15. Fliesenleger	8,3
16. Fotografen	14,4
17. Friseure	9,2
18. Fußpfleger, Kosmetiker und Masseure	14,3
19. Gärtner und Naturblumenbinder	9,7
20. Gas- und Wasserleitungsinstallateure	10,2
21. Gemüsekonservenerzeuger	13,3
22. Gerber	12,8
23. Glaser	17,7
24. Graphisches Gewerbe	11,0
25. Hafner, Keramiker und Töpfer	12,2
26. Herrenkleidermacher	7,5
27. Hutmacher, Modisten und Schirmmacher	7,1
28. Kunststoffverarbeiter	12,4
29. Kraftfahrzeugmechaniker	16,2
30. Kürschner, Handschuhmacher	9,0
31. Lederwarenerzeuger, Taschner, Kunstlederwarenerzeuger	10,6
32. Maler, Anstreicher und Lackierer	11,9
33. Mieder- und Wäschewarenerzeuger	8,3
34. Müller	10,1
35. Münzreinigungsbetriebe	20,7
36. Musikinstrumentenerzeuger	10,8
37. Nähmaschinen- und Fahrradmechaniker	9,1
38. Optiker	10,8
39. Orthopädieschuhmacher	9,7
40. Radiomechaniker	10,0
41. Schuhmacher	7,6
42. Sattler, Riemer	7,6
43. Schmiede, Schlosser und Landmaschinenbauer	16,0
44. Spengler und Kupferschmiede	13,0
45. Steinmetzmeister	13,0
46. Sticker, Stricker, Wirker, Weber und Seiler	14,1
47. Tapezierer	7,6
48. Tischler	10,4
49. Uhrmacher	12,0
50. Wagner und Karosseriebauer	8,8
51. Wäscher	16,7
52. Zimmermeister	10,7
53. Zuckerbäcker	8,0
54. Zahntechniker	11,0

(2) Bei Mischbetrieben (zB Elektroinstallateur, Elektromechaniker) ist der Durchschnittssatz für jenen Gewerbezweig heranzuziehen, dessen Anteil am Umsatz überwiegt. Der Unternehmer ist bei entsprechender Trennung der Umsätze berechtigt, den für den einzelnen Gewerbezweig vorgesehenen Durchschnittssatz in Anspruch zu nehmen. Wird neben einem Gewerbe, das zu einem im Abs. 1 angeführten Gewerbezweig gehört, auch ein darin nicht angeführtes Gewerbe ausgeübt, so ist der Durchschnittssatz nur auf den Umsatz aus dem angeführten Gewerbe anzuwenden.

(3) Die Durchschnittssätze sind in Hundertsätzen der vereinnahmten Entgelte ausgedrückt.

(4) Die Führung von Aufzeichnungen im Sinne des § 18 des Umsatzsteuergesetzes 1994 schließt die Anwendung des Durchschnittssatzes nicht aus.
(BGBl II 2018/215)

§ 2. Neben den mittels eines Durchschnittssatzes (§ 1) berechneten Betriebsausgaben sind bei der Gewinnermittlung noch nachstehende Posten – ausgenommen Aufwendungen für betriebsfremde Zwecke (Entnahmen, § 4 Abs. 1 Einkommensteuergesetz 1988) – als Betriebsausgaben zu berücksichtigen:

1. Wareneingang an Rohstoffen, Halberzeugnissen, Hilfsstoffen und Zutaten,
(BGBl II 2018/215)
2. Lohnaufwand (laut Lohnkonto, § 76 Einkommensteuergesetz 1988), Arbeitgeberanteil zur gesetzlichen Sozialversicherung, Wohnbauförderungsbeitrag des Dienstgebers, Dienstgeberbeitrag zum Ausgleichsfonds für Familienbeihilfe,
3. Fremdlöhne, soweit diese in die gewerbliche Leistung eingehen,
4. Absetzung für Abnutzung nach §§ 7 und 8 Einkommensteuergesetz 1988 (laut Anlagekartei), allenfalls der Restbuchwert (bei Verkauf, Tausch oder Entnahme),
5. Anschaffungs- oder Herstellungskosten geringwertiger Wirtschaftsgüter (§ 13 Einkommensteuergesetz 1988),
6. und 7. (aufgehoben)
(BGBl II 2018/215)
8. steuerfreier Betrag nach § 12 Abs. 7 und 8 Einkommensteuergesetz 1988 (laut Verzeichnis),
9. steuerfreier Betrag nach § 14 Abs. 5 Einkommensteuergesetz 1988 (laut Verzeichnis),
(BGBl II 2018/215)
10. (aufgehoben)
(BGBl II 2018/215)
11. Ausgaben für Miete oder Pacht, Energie, Beheizung, Post und Telefon (laut Zahlungsbelegen),
12. abgeführte Umsatzsteuer – abzüglich Umsatzsteuer vom Eigenverbrauch – und Umsatzsteuer (Vorsteuer) für aktivierungspflichtige Aufwendungen sowie Kommunalsteuer, Dienstgeberabgabe nach dem Landesgesetz LGBl. für Wien Nr. 17/1970 (laut Zahlungsbelegen),
(BGBl II 2018/215)
13. Beiträge zur Pflichtversicherung in der gesetzlichen Kranken-, Unfall- und Pensionsversicherung sowie Beiträge zur gesetzlichen Arbeitslosenversicherung.
(BGBl II 2018/215)

§ 3. Die Verordnung ist erstmalig bei der Veranlagung für das Kalenderjahr 1989 anzuwenden. § 1 Abs. 1 in der Fassung der Verordnung BGBl. II Nr. 215/2018 tritt mit 1. Jänner 2018 in Kraft und ist auf alle zum Zeitpunkt der Kundmachung der Verordnung noch nicht rechtskräftig veranlagten Fälle anzuwenden.
(BGBl II 2018/81)

1/3/16. EStG
Gastgewerbe

1/3/16. VO zu § 17 Abs. 4 und 5
Gastgewerbepauschalierungsverordnung 2013

BGBl II 2012/488 idF BGBl II 2020/355

Verordnung der Bundesministerin für Finanzen über die Festlegung von Durchschnittssätzen für Betriebsausgaben für Betriebe des Gastgewerbes, über die vereinfachte Führung des Wareneingangsbuches und über die Aufzeichnungspflicht bei Lieferungen von Lebensmitteln und Getränken (Gastgewerbepauschalierungsverordnung 2013)

Auf Grund des § 17 Abs. 4 und 5 des Einkommensteuergesetzes 1988 – EStG 1988, BGBl. Nr. 400, zuletzt geändert durch das Bundesgesetz BGBl. I Nr. 112/2012, und zu § 128, § 131 Abs. 1 Z 3 und § 163 der Bundesabgabenordnung – BAO, BGBl. Nr. 194/1961, zuletzt geändert durch das Bundesgesetz BGBl. I Nr. 112/2012, wird verordnet:

§ 1. (1) Bei der Ermittlung des Gewinnes bei Betrieben, für die eine Gewerbeberechtigung für das Gastgewerbe (§ 111 der Gewerbeordnung 1994 – GewO 1994, BGBl. I Nr. 194) erforderlich ist und während des gesamten Wirtschaftsjahres vorliegt, können nach Maßgabe der folgenden Bestimmungen Betriebsausgaben pauschal berücksichtigt werden.

(2) Voraussetzung für die Inanspruchnahme der Pauschalierung ist:
1. Es besteht keine Buchführungspflicht und es werden auch nicht freiwillig Bücher geführt, die eine Gewinnermittlung nach § 4 Abs. 1 EStG 1988 ermöglichen.
2. Die Umsätze im Sinne des § 125 BAO betragen nicht mehr als 400 000 Euro. Dabei gilt Folgendes:
   a) Im Fall eines zwölf Kalendermonate umfassenden vorangegangenen Wirtschaftsjahres sind die Umsätze maßgebend, die der Steuerpflichtige in dem vorangegangenen Wirtschaftsjahr erzielt hat. Im Fall eines mit Buchwertfortführung erfolgten Überganges des Betriebes ist auf die Umsätze abzustellen, die der Rechtsvorgänger in diesem Wirtschaftsjahr erzielt hat.
   b) Im Fall eines vorangegangenen Rumpfwirtschaftsjahres sind die Umsätze maßgebend, die sich durch Hochrechnung der in dem vorangegangenen Rumpfwirtschaftsjahr erzielten Umsätze auf ein zwölf Kalendermonate umfassendes Wirtschaftsjahr ergeben. Lit. a letzter Satz gilt entsprechend.
   c) Im Fall der Betriebseröffnung sind für das Jahr der Betriebseröffnung die Umsätze dieses Wirtschaftsjahres maßgebend. Bei Vorliegen eines Rumpfwirtschaftsjahres sind die Umsätze maßgebend, die sich durch Hochrechnung der in dem Rumpfwirtschaftsjahr erzielten Umsätze auf ein zwölf Kalendermonate umfassendes Wirtschaftsjahr ergeben.

(BGBl II 2020/355)

3. Aus der Steuererklärung geht hervor, dass der Steuerpflichtige von der Pauschalierung Gebrauch macht.

§ 2. (1) Die Betriebsausgaben können unter Zugrundelegung eines Grundpauschales (§ 3), eines Mobilitätspauschales (§ 4) und eines Energie- und Raumpauschales (§ 5) ermittelt werden. Bemessungsgrundlage für alle Pauschalien sind die Umsätze im Sinne des § 125 Abs. 1 BAO.

(2) Voraussetzung für die Berücksichtigung des Mobilitätspauschales ist die Inanspruchnahme des Grundpauschales.

(3) Voraussetzung für die Berücksichtigung des Energie- und Raumpauschales ist die Inanspruchnahme des Grundpauschales sowie das Vorliegen von außerhalb des Wohnungsverbandes gelegenen Räumlichkeiten, die der Ausübung des Gastgewerbes dienen.

§ 3. (1) Das Grundpauschale beträgt 15 % der Bemessungsgrundlage, mindestens jedoch 6 000 Euro und höchstens 60 000 Euro. Beträgt die Bemessungsgrundlage weniger als 40 000 Euro, darf durch den Ansatz des Pauschalbetrages von 6 000 Euro kein Verlust entstehen.

(BGBl II 2020/355)

(2) Unter das Grundpauschale fallen auch Aufwendungen und Ausgaben für ein im Wohnungsverband gelegenes Arbeitszimmer sowie Einrichtungsgegenstände der Wohnung.

(3) Neben dem Grundpauschale dürfen nur berücksichtigt werden:
1. Ausgaben für den Eingang an Waren, Rohstoffen, Halberzeugnissen, Hilfsstoffen und Zutaten, die nach ihrer Art und ihrem betrieblichen Zweck in ein Wareneingangsbuch (§ 128 BAO) einzutragen sind oder einzutragen wären,
2. Ausgaben für Löhne, Lohnnebenkosten und für Fremdlöhne, soweit diese unmittelbar in Leistungen eingehen, die den Betriebsgegenstand des Unternehmens bilden,
3. Beiträge im Sinne des § 4 Abs. 4 Z 1 EStG 1988,
4. Ausgaben, die im betrieblichen Interesse für die Ausbildung oder Fortbildung von Arbeitnehmern und für im Betrieb des Steuerpflichtigen tätige Personen aufgewendet werden, einschließlich damit zusammenhängender Vergütungen für Reisekosten, einen Verpflegungsmehraufwand (Tagesgelder) und den Nächtigungsaufwand,
5. die Absetzung für Abnutzung nach den §§ 7 und 8 EStG 1988 sowie ein zu berücksichtigender Restbuchwert,
6. betriebliche Ausgaben für die Instandsetzung und Instandhaltung,

7. Ausgaben für Miete und Pacht von unbeweglichen Wirtschaftsgütern des Betriebsvermögens sowie von (Teil-)Betrieben,
8. Fremdmittelkosten,
9. ein Bildungsfreibetrag nach § 4 Abs. 4 Z 8 und Z 10 EStG 1988 sowie ein Grundfreibetrag nach § 10 EStG 1988,
(BGBl II 2020/355)
10. das Mobilitätspauschale oder die darunter fallenden tatsächlichen Aufwendungen und Ausgaben,
11. das Energie- und Raumpauschale oder die darunter fallenden tatsächlichen Aufwendungen und Ausgaben.

§ 4. (1) Das Mobilitätspauschale beträgt:
1. 6 % der Bemessungsgrundlage, wenn sich der Betrieb in einer Gemeinde mit höchstens 5 000 Einwohnern befindet; höchstens jedoch 24 000 Euro.
2. 4 % der Bemessungsgrundlage, wenn sich der Betrieb in einer Gemeinde mit mehr als 5 000, aber höchstens 10 000 Einwohnern befindet; höchstens jedoch 16 000 Euro.
3. 2 % der Bemessungsgrundlage, wenn sich der Betrieb in einer Gemeinde mit mehr als 10 000 Einwohnern befindet; höchstens jedoch 8 000 Euro.

Hinsichtlich der Einwohnerzahl ist auf die von der Bundesanstalt Statistik Österreich gemäß § 10 Abs. 7 Finanzausgleichsgesetz 2017 (FAG 2017) für den Finanzausgleich ermittelte Bevölkerungszahl (Volkszahl) zum Stichtag 31. Oktober des vorangegangenen Kalenderjahrs abzustellen.

(BGBl II 2020/355)

(2) Unter das Mobilitätspauschale fallen folgende Aufwendungen und Ausgaben, soweit diese nicht Arbeitnehmer oder Personen betreffen, die für den Betrieb des Steuerpflichtigen tätig sind:
1. Ausgaben aus Anlass der betrieblichen Nutzung eines Kraftfahrzeuges (insbesondere Abschreibung für Abnutzung, Leasing, Kilometergeld),
2. Ausgaben aus Anlass der betrieblichen Nutzung eines der Personenbeförderung dienenden Verkehrsmittels (öffentliches Verkehrsmittel, Taxi),
3. Mehraufwendungen für Verpflegung und Unterkunft bei betrieblich veranlassten Reisen im Sinne des § 4 Abs. 5 EStG 1988.

(3) Wird das Mobilitätspauschale nicht in Anspruch genommen, sind Ausgaben und Aufwendungen im Sinne des Abs. 2 gesondert zu berücksichtigen.

§ 5. (1) Das Energie- und Raumpauschale beträgt 8% der Bemessungsgrundlage, höchstens aber 32 000 Euro.

(BGBl II 2020/355)

(2) Unter das Energie- und Raumpauschale fallen sämtliche Ausgaben und Aufwendungen aus Anlass der betrieblichen Nutzung von Räumlichkeiten, die der Ausübung des Gastgewerbes dienen. Nicht darunter fallen:
1. die Absetzung für Abnutzung nach den §§ 7 und 8 EStG 1988 sowie ein zu berücksichtigender Restbuchwert,
2. Ausgaben für die Instandsetzung und Instandhaltung,
3. Ausgaben für Miete und Pacht.

(3) Wird das Energie- und Raumpauschale nicht in Anspruch genommen, sind darunter fallende Aufwendungen und Ausgaben gesondert zu berücksichtigen.

§ 6. (1) Nimmt der Steuerpflichtige in einem Wirtschaftsjahr (Basisjahr) das Grundpauschale erstmalig in Anspruch, ist er in den folgenden zwei Wirtschaftsjahren verpflichtet, ebenfalls das Grundpauschale in Anspruch zu nehmen und Aufwendungen, die unter das Mobilitätspauschale und unter das Energie- und Raumpauschale fallen, in gleicher Weise zu behandeln wie im Basisjahr.

(BGBl II 2020/355)

(2) Geht der Steuerpflichtige von der Ermittlung der Betriebsausgaben unter Zugrundelegung dieser Verordnung auf die Gewinnermittlung nach § 4 Abs. 1 EStG 1988 oder im Rahmen der Gewinnermittlung gemäß § 4 Abs. 3 EStG 1988 auf die Geltendmachung der Betriebsausgaben nach den allgemeinen Gewinnermittlungsvorschriften freiwillig über, ist eine erneute Ermittlung der Betriebsausgaben unter Zugrundelegung dieser Verordnung frühestens nach Ablauf von drei Wirtschaftsjahren zulässig.

§ 7. Das Wareneingangsbuch (§ 127 BAO) kann bei Betrieben des Gastgewerbes im Sinne des § 1 in der Weise vereinfacht geführt werden, dass
1. die Belege sämtlicher Wareneingänge jeweils getrennt nach ihrer Bezeichnung (branchenüblichen Sammelbezeichnung) in richtiger zeitlicher Reihenfolge mit einer fortlaufenden Nummer versehen werden,
2. die Beträge jährlich für das abgelaufene Wirtschaftsjahr jeweils getrennt nach der Bezeichnung (branchenüblichen Sammelbezeichnung) des Wareneingangs zusammengerechnet werden, und die zusammengerechneten Beträge in das Wareneingangsbuch eingetragen werden,
3. die Berechnungsunterlagen zu den Summenbildungen (Rechenstreifen) aufbewahrt werden.

§ 8. Für nach dem 31. Juli 1999 erfolgte Lieferungen von Lebensmitteln und Getränken, die
1. nach den äußeren Umständen (insbesondere Menge der gelieferten Gegenstände) anzunehmen ist, dass die gelieferten Gegenstände nicht im Rahmen der privaten Lebensführung verwendet werden, und
2. Name und Anschrift des Empfängers der Lieferung nicht festgehalten und aufgezeichnet werden,

1/3/17. EStG
Lebensmittelhandel

gilt die Vermutung der ordnungsmäßigen Führung von Büchern und Aufzeichnungen des liefernden Unternehmers als nicht gegeben.

§ 9. (1) Die Verordnung ist erstmalig bei der Veranlagung für das Kalenderjahr 2013 anzuwenden. Die Verordnung des Bundesministers für Finanzen über die Aufzeichnungspflicht bei Lieferungen von Lebensmittel und Getränken sowie über die Aufstellung von Durchschnittssätzen für die Ermittlung des Gewinnes und der Vorsteuerbeträge der nichtbuchführenden Inhaber von Betrieben des Gaststätten- und Beherbergungsgewerbes, BGBl. II Nr. 227/1999, ist letztmalig bei der Veranlagung für das Kalenderjahr 2012 anzuwenden.

(BGBl II 2020/355)

(2) § 1 Abs. 2 Z 2, § 3 Abs. 1, § 4 Abs. 1 sowie § 5 Abs. 1 in der Fassung der Verordnung BGBl. II Nr. 355/2020 sind erstmalig bei der Veranlagung für das Kalenderjahr 2020 anzuwenden.

(BGBl II 2020/355)

(3) Ist das Basisjahr gemäß § 6 Abs. 1 das Jahr 2018 oder 2019, kann das Mobilitätspauschale gemäß § 4 Abs. 1 lit. a oder lit. b bei Vorliegen der diesbezüglichen Voraussetzungen stets in Anspruch genommen werden.

(BGBl II 2020/355)

1/3/17. VO zu § 17 Abs. 4 und 5
Lebensmitteleinzel- oder Gemischtwarenhändler

BGBl II 1999/228 idF BGBl II 2003/633

Verordnung des Bundesministers für Finanzen über die Aufstellung von Durchschnittssätzen für die Ermittlung des Gewinnes und der Vorsteuer bei nichtbuchführenden Lebensmitteleinzel- oder Gemischtwarenhändlern

Auf Grund des § 17 Abs. 4 und 5 des Einkommensteuergesetzes 1988 und des § 14 Abs. 1 Z 2 des Umsatzsteuergesetzes 1994 sowie des § 125 Abs. 1 der Bundesabgabenordnung wird verordnet:

§ 1. Für die Ermittlung des Gewinnes und des Abzugs von Vorsteuern bei Betrieben von Lebensmitteleinzel- oder Gemischtwarenhändlern, deren Inhaber hinsichtlich dieser Betriebe weder zur Buchführung verpflichtet sind noch freiwillig Bücher führen, gelten die folgenden Bestimmungen.

§ 2. (1) Lebensmitteleinzel- oder Gemischtwarenhändler sind Gewerbetreibende, die einen Handel mit Waren des täglichen Bedarfs weitaus überwiegend in Form eines Kleinhandels unter folgenden Voraussetzungen ausüben:

1. Andere Waren als Lebensmittel dürfen im Durchschnitt der letzten drei Wirtschaftsjahre in einem Ausmaß von höchstens 50% der gesamten Betriebseinnahmen (einschließlich Umsatzsteuer) veräußert worden sein.

2. Be- und/oder verarbeitete Lebensmittel dürfen im Durchschnitt der letzten drei Wirtschaftsjahre in einem Ausmaß von höchstens 25% der Betriebseinnahmen (einschließlich Umsatzsteuer) aus Lebensmitteln veräußert worden sein.

(2) Zu den Betrieben des Lebensmitteleinzel- oder Gemischtwarenhandels gehören keinesfalls gastronomische Betriebe.

§ 3. (1) Der Gewinn aus dem Betrieb eines Lebensmitteleinzel- oder Gemischtwarenhändlers kann wie folgt ermittelt werden: Der Gewinn ist im Rahmen einer Einnahmen-Ausgaben-Rechnung mit einem Durchschnittssatz von 3.630 Euro [50.000 S] zuzüglich 2% der Betriebseinnahmen (einschließlich Umsatzsteuer) anzusetzen. Von dem mittels dieses Durchschnittssatzes berechneten Gewinn dürfen keine Betriebsausgaben abgezogen werden.

(2) Das Wareneingangsbuch (§ 127 der Bundesabgabenordnung) kann in der Weise vereinfacht geführt werden, daß

– die Belege sämtlicher Wareneingänge jeweils getrennt nach ihrer Bezeichnung (branchenüblichen Sammelbezeichnung) in richtiger zeitlicher Reihenfolge mit einer fortlaufenden Nummer versehen werden,

– die Beträge jährlich für das abgelaufene Wirtschaftsjahr jeweils getrennt nach der Bezeichnung (branchenüblichen Sammelbezeichnung) des Wareneingangs zusammengerechnet wer-

den, und die zusammengerechneten Beträge in das Wareneingangsbuch eingetragen werden,
- die Berechnungsunterlagen zu den Summenbildungen (Rechenstreifen) aufbewahrt werden.

§ 4. (1) Die unter §§ 1 und 2 angeführten Unternehmer können die nach § 12 und Art. 12 des Umsatzsteuergesetzes 1994 abziehbaren Vorsteuerbeträge nach Maßgabe der folgenden Bestimmungen nach Durchschnittssätzen ermitteln:
1. Die Vorsteuer beträgt 7% jener Betriebseinnahmen (einschließlich Umsatzsteuer), die auf Umsätze von in der Anlage zum Umsatzsteuergesetz 1994 angeführten Lebensmitteln ausgenommen Getränke entfallen.
2. Neben dem nach Z 1 berechneten Vorsteuerbetrag können bei Vorliegen der Voraussetzungen des § 12 des Umsatzsteuergesetzes 1994 abgezogen werden:
   a) Vorsteuerbeträge im Sinne des § 14 Abs. 1 Z 1 lit. a und b des Umsatzsteuergesetzes 1994
   b) Vorsteuerbeträge im Sinne des § 14 Abs. 1 Z 1 lit. c des Umsatzsteuergesetzes 1994, soweit es sich nicht um Vorsteuerbeträge von in der Anlage zum Umsatzsteuergesetz 1994 angeführten Lebensmitteln ausgenommen Getränke handelt.

(2) Soweit die abziehbare Vorsteuer nach einem Durchschnittssatz berechnet wird, ist der Unternehmer von der Aufzeichnungspflicht gemäß § 18 Abs. 2 Z 5 und 6 des Umsatzsteuergesetzes 1994 befreit.

§ 5. (aufgehoben)

§ 6. (1) Die Verordnung ist erstmals bei der Veranlagung für das Kalenderjahr 2000 anzuwenden.

(2) § 3 Abs. 1 in der Fassung der Verordnung BGBl. II Nr. 416/2001 ist erstmals bei der Veranlagung für das Kalenderjahr 2002 anzuwenden.

(3) § 5 in der Fassung vor BGBl. II Nr. 633/2003 ist letztmalig bei der Veranlagung für das Kalenderjahr 2002 anzuwenden.

1/3/18. VO zu § 17 Abs. 4 und 5

Drogisten

BGBl II 1999/229

Verordnung des Bundesministers für Finanzen über die Aufstellung von Durchschnittssätzen für die Ermittlung des Gewinnes und der Vorsteuerbeträge der nichtbuchführenden Drogisten

Auf Grund des § 17 Abs. 4 und 5 des Einkommensteuergesetzes 1988 und des § 14 Abs. 1 Z 2 des Umsatzsteuergesetzes 1994 wird verordnet:

§ 1. Für die Ermittlung des Gewinnes und des Abzugs von Vorsteuern bei Betrieben von Drogisten, deren Inhaber hinsichtlich dieser Betriebe weder zur Buchführung verpflichtet sind noch freiwillig Bücher führen, gelten die folgenden Bestimmungen.

§ 2. Der Gewinn aus dem Betrieb eines Drogisten kann wie folgt ermittelt werden: Der Gewinn ist nach Maßgabe des § 17 Abs. 1 bis 3 des Einkommensteuergesetzes 1988 zu ermitteln; das Vorliegen der Voraussetzungen des § 17 Abs. 2 Z 2 des Einkommensteuergesetzes 1988 ist dabei unbeachtlich.

§ 3. Die unter § 1 angeführten Unternehmer können die nach § 12 und Art. 12 des Umsatzsteuergesetzes 1994 abziehbaren Vorsteuerbeträge nach Maßgabe des § 14 Abs. 1 Z 1 des Umsatzsteuergesetzes 1994 ermitteln; das Vorliegen der Voraussetzungen des § 17 Abs. 2 Z 2 des Einkommensteuergesetzes 1988 ist dafür unbeachtlich.

§ 4. Die Verordnung ist erstmals bei der Veranlagung für das Kalenderjahr 2000 anzuwenden.

1/3/19. EStG
Handelsvertreter

1/3/19. VO zu § 17 Abs. 4 und 5
Handelsvertreter
BGBl II 2000/95 idF BGBl II 2003/635

Verordnung des Bundesministers für Finanzen über die Aufstellung von Durchschnittssätzen für die Ermittlung von Betriebsausgaben und Vorsteuerbeträgen bei Handelsvertretern

Auf Grund des § 17 Abs. 4 und 5 des Einkommensteuergesetzes 1988, des § 14 Abs. 1 Z 2 des Umsatzsteuergesetzes 1994 sowie des § 184 der Bundesabgabenordnung wird verordnet:

§ 1. Bei einer Tätigkeit als Handelsvertreter im Sinne des Handelsvertretergesetzes 1993, BGBl. Nr. 88/1993, können im Rahmen
1. der Gewinnermittlung bestimmte Betriebsausgaben
2. der Entrichtung der Umsatzsteuer bestimmte abziehbare Vorsteuersteuerbeträge

jeweils mit Durchschnittssätzen angesetzt werden.

§ 2. Bei der Anwendung von Durchschnittssätzen gilt folgendes:

(1) Durchschnittssätze können nur für die in Abs. 2 und 3 angeführten Betriebsausgaben und Vorsteuerbeträge angesetzt werden. Neben dem jeweiligen Durchschnittssatz dürfen Betriebsausgaben oder Vorsteuerbeträge nur dann berücksichtigt werden, wenn sie in vollem Umfang nach den tatsächlichen Verhältnissen angesetzt werden.

(2) Der Durchschnittssatz für Betriebsausgaben umfaßt
– Mehraufwendungen für die Verpflegung (Tagesgelder im Sinne des § 4 Abs. 5 in Verbindung mit § 26 Z 4 des Einkommensteuergesetzes 1988),
– Ausgaben für im Wohnungsverband gelegene Räume (insbesondere Lagerräumlichkeiten und Kanzleiräumlichkeiten),
– Ausgaben anläßlich der Bewirtung von Geschäftsfreunden,
– üblicherweise nicht belegbare Betriebsausgaben wie Trinkgelder und Ausgaben für auswärtige Telefongespräche.

Der Durchschnittssatz beträgt 12% der Umsätze (§ 125 Abs. 1 der Bundesabgabenordnung), höchstens jedoch 5.825 Euro [80.000 S] jährlich.

(3) Der Durchschnittssatz für Vorsteuerbeträge gilt die bei Betriebsausgaben im Sinne des Abs. 2 anfallenden Vorsteuern ab. Der Durchschnittssatz beträgt 12% des sich aus Abs. 2 ergebenden Durchschnittssatzes. Als Vorsteuer darf höchstens ein Betrag von 699 Euro [9.600 S] jährlich angesetzt werden. Soweit die abziehbare Vorsteuer nach einem Durchschnittssatz berechnet wird, ist das Unternehmen von der Aufzeichnungspflicht gemäß § 18 Abs. 2 Z 5 und 6 des Umsatzsteuergesetzes 1994 befreit.

§ 3. (aufgehoben)

§ 4. (1) Die Verordnung ist erstmals bei der Veranlagung für das Kalenderjahr 2000 anzuwenden.

(2) § 2 Abs. 2 und 3, jeweils in der Fassung der Verordnung BGBl. II Nr. 416/2001, sind erstmals bei der Veranlagung für das Kalenderjahr 2002 anzuwenden.

(3) § 3 in der Fassung vor BGBl. II Nr. 635/2003 ist letztmalig bei der Veranlagung für das Kalenderjahr 2002 anzuwenden.

1/3/20. VO zu § 17 Abs. 4 und 5

Künstler/Schriftsteller-Pauschalierungsverordnung

BGBl II 2000/417 idF BGBl II 2022/433

Verordnung des Bundesministers für Finanzen über die Aufstellung von Durchschnittssätzen für die Ermittlung von Betriebsausgaben und Vorsteuerbeträgen bei Künstlern und Schriftstellern (Künstler/Schriftsteller-Pauschalierungsverordnung)

Auf Grund des § 17 Abs. 4 und 5 des Einkommensteuergesetzes 1988 und des § 14 Abs. 1 Z 2 des Umsatzsteuergesetzes 1994 wird verordnet:

§ 1. Bei einer selbständigen künstlerischen Tätigkeit im Sinne des § 10 Abs. 3 Z 4 des Umsatzsteuergesetzes 1994 oder einer schriftstellerischen Tätigkeit können im Rahmen
1. der Gewinnermittlung bestimmte Betriebsausgaben,
2. der Entrichtung der Umsatzsteuer bestimmte abziehbare Vorsteuerbeträge

jeweils mit Durchschnittssätzen angesetzt werden. Voraussetzung ist, dass keine Buchführungspflicht besteht und auch nicht freiwillig Bücher geführt werden, die eine Gewinnermittlung nach § 4 Abs. 1 des Einkommensteuergesetzes 1988 ermöglichen. *(BGBl II 2022/433)*

§ 2. Bei der Anwendung von Durchschnittssätzen gilt Folgendes:

(1) Durchschnittssätze können nur für die in Abs. 2 und 3 angeführten Betriebsausgaben und Vorsteuerbeträge angesetzt werden. Neben dem jeweiligen Durchschnittssatz dürfen Betriebsausgaben oder Vorsteuerbeträge nur dann berücksichtigt werden, wenn sie in vollem Umfang nach den tatsächlichen Verhältnissen angesetzt werden.

(2) Der Durchschnittssatz für Betriebsausgaben umfasst
1. Aufwendungen für übliche technische Hilfsmittel (insbesondere Computer, Ton- und Videokassetten inklusive der Aufnahme- und Abspielgeräte),
2. Aufwendungen für Telefon und Büromaterial,
3. Aufwendungen für Fachliteratur und Eintrittsgelder,
4. betrieblich veranlasste Aufwendungen für Kleidung, Kosmetika und sonstige Aufwendungen für das äußere Erscheinungsbild,
5. Mehraufwendungen für die Verpflegung (Tagesgelder im Sinne des § 4 Abs. 5 in Verbindung mit § 26 Z 4 des Einkommensteuergesetzes 1988),
6. Ausgaben für im Wohnungsverband gelegene Räume (insbesondere Arbeitszimmer, Atelier, Tonstudio, Probenräume),
7. Ausgaben anlässlich der Bewirtung von Geschäftsfreunden,
8. üblicherweise nicht belegbare Betriebsausgaben.

Der Durchschnittssatz beträgt 12% der Umsätze (§ 125 Abs. 1 der Bundesabgabenordnung), höchstens jedoch 8 725 Euro [120.000 S] jährlich.

(3) Der Durchschnittssatz für Vorsteuerbeträge gilt die bei Betriebsausgaben im Sinne des Abs. 2 anfallenden Vorsteuern ab. Der Durchschnittssatz beträgt 12% des sich aus Abs. 2 ergebenden Durchschnittssatzes. Als Vorsteuer darf höchstens ein Betrag von 1 047 Euro [14.400 S] jährlich angesetzt werden. Soweit die abziehbare Vorsteuer nach einem Durchschnittssatz berechnet wird, ist das Unternehmen von der Aufzeichnungspflicht gemäß § 18 Abs. 2 Z 5 und 6 des Umsatzsteuergesetzes 1994 befreit.

§ 3. (1) (aufgehoben)

(2) Die Inanspruchnahme der Pauschalierung nach § 1 Z 1 ist ausgeschlossen, wenn Betriebsausgaben oder Werbungskosten im Sinn des § 2 Abs. 2
— in tatsächlicher Höhe oder
— unter Inanspruchnahme der Verordnung über die Individualpauschalierung von Betriebsausgaben, Werbungskosten und Vorsteuern, BGBl. II Nr. 230/1999 in der Fassung BGBl. II 500/1999,

bei einer weiteren Tätigkeit geltend gemacht werden, die mit der künstlerischen oder schriftstellerischen Tätigkeit im Zusammenhang steht.

(3) Die Inanspruchnahme der Pauschalierung nach § 1 Z 2 ist ausgeschlossen, wenn Vorsteuern, die bei Betriebsausgaben im Sinn des § 2 Abs. 2 angefallen sind,
— in tatsächlicher Höhe oder
— unter Inanspruchnahme der Verordnung über die Individualpauschalierung von Betriebsausgaben, Werbungskosten und Vorsteuern, BGBl. II Nr. 230/1999 in der Fassung BGBl. II 500/1999,

bei einer weiteren Tätigkeit geltend gemacht werden, die mit der künstlerischen oder schriftstellerischen Tätigkeit im Zusammenhang steht.

(4) Neben dem Pauschbetrag nach dieser Verordnung können für die im § 2 genannten Betriebsausgaben oder Vorsteuerbeträge keine weiteren Pauschbeträge geltend gemacht werden.

§ 4. (1) Die Verordnung ist erstmals bei der Veranlagung für das Kalenderjahr 2000 anzuwenden.

(2) § 2 Abs. 2 und 3, jeweils in der Fassung der Verordnung BGBl. II Nr. 416/2001, ist erstmals bei der Veranlagung für das Kalenderjahr 2002 anzuwenden.

(3) § 3 Absatz 1 in der Fassung vor BGBl. II Nr. 636/2003 ist letztmalig bei der Veranlagung für das Kalenderjahr 2002 anzuwenden.

1/3/21. EStG
Werbungskostenpauschale

1/3/21. VO zu § 17 Abs. 6
Werbungskostenpauschale

BGBl II 2001/382 idF BGBl II 2021/500

Verordnung des Bundesministers für Finanzen über die Aufstellung von Durchschnittssätzen für Werbungskosten

Auf Grund des § 17 Abs. 6 des Einkommensteuergesetzes 1988, BGBl. Nr. 400/1988, wird verordnet:

§ 1. Für nachstehend genannte Gruppen von Steuerpflichtigen werden nach den jeweiligen Erfahrungen der Praxis anstelle des Werbungskostenpauschbetrages gemäß § 16 Abs. 3 EStG 1988 folgende Werbungskosten auf die Dauer des aufrechten Dienstverhältnisses festgelegt:

1. Artisten
   5% der Bemessungsgrundlage, höchstens 2.628 Euro jährlich.
2. Bühnenangehörige, die § 1 Abs. 1 Theaterarbeitsgesetz, BGBl. I Nr. 100/2010, unterliegen, andere auf Bühnen auftretende Personen, Filmschauspieler
   5% der Bemessungsgrundlage, höchstens 2.628 Euro jährlich.
3. Fernsehschaffende, die regelmäßig (mehrmals im Monat) auf dem Bildschirm erscheinen
   7,5% der Bemessungsgrundlage, höchstens 3.942 Euro jährlich.
4. Journalisten
   7,5% der Bemessungsgrundlage, höchstens 3.942 Euro jährlich.
5. Musiker
   5% der Bemessungsgrundlage, höchstens 2.628 Euro jährlich.
6. Forstarbeiter, Förster im Revierdienst und Berufsjäger im Revierdienst
   Für Forstarbeiter ohne Motorsäge, Förster im Revierdienst und Berufsjäger im Revierdienst:
   5% der Bemessungsgrundlage, höchstens 1.752 Euro jährlich.
   Für Forstarbeiter mit Motorsäge:
   10% der Bemessungsgrundlage, höchstens 2.628 Euro jährlich.
7. Hausbesorger
   15% der Bemessungsgrundlage, höchstens 3.504 Euro jährlich.
8. Heimarbeiter
   10% der Bemessungsgrundlage, höchstens 2.628 Euro jährlich.
9. Vertreter
   5% der Bemessungsgrundlage, höchstens 2.190 Euro jährlich.
   Der Arbeitnehmer muss ausschließlich Vertretertätigkeit ausüben. Zur Vertretertätigkeit gehört sowohl die Tätigkeit im Außendienst als auch die für konkrete Aufträge erforderliche Tätigkeit im Innendienst. Von der Gesamtarbeitszeit muss dabei mehr als die Hälfte im Außendienst verbracht werden.
10. Mitglieder einer Stadt-, Gemeinde- oder Ortsvertretung
    15% der Bemessungsgrundlage, mindestens 438 Euro jährlich, höchstens 2.628 Euro jährlich. Der Mindestbetrag kann nicht zu negativen Einkünften führen.
11. Expatriates
    20% der Bemessungsgrundlage, höchstens 10 000 Euro jährlich.
    Expatriates sind Arbeitnehmer,
    a) die im Auftrag eines ausländischen Arbeitgebers in Österreich im Rahmen eines Dienstverhältnisses zu einem österreichischen Arbeitgeber (Konzerngesellschaft oder inländische Betriebsstätte im Sinne des § 81 EStG 1988) für höchstens fünf Jahre beschäftigt werden,
    b) die während der letzten zehn Jahre keinen Wohnsitz im Inland hatten,
    c) die ihren bisherigen Wohnsitz im Ausland beibehalten und
    d) für deren Einkünfte Österreich das Besteuerungsrecht zukommt.

(BGBl II 2015/382)

§ 2. Bemessungsgrundlage für die Ermittlung der Pauschbeträge sind die Bruttobezüge abzüglich der steuerfreien Bezüge und abzüglich der sonstigen Bezüge, soweit diese nicht wie ein laufender Bezug nach dem Lohnsteuertarif zu versteuern sind (Bruttobezüge gemäß Kennzahl 210 abzüglich der Bezüge gemäß Kennzahlen 215 und 220 des amtlichen Lohnzettelvordruckes L 16). Bei nicht ganzjähriger Tätigkeit sind die sich aus § 1 ergebenden Beträge anteilig zu berücksichtigen; hiebei gelten angefangene Monate als volle Monate. Die Berücksichtigung der Pauschbeträge erfolgt im Veranlagungsverfahren. Im Rahmen der Lohnverrechnung können die Pauschbeträge nur im Wege eines Freibetragsbescheides gemäß § 63 EStG 1988 berücksichtigt werden; ausgenommen davon ist jener nach § 1 Z 11 (Expatriates).

(BGBl II 2015/240)

§ 3. Wird eine Tätigkeit teils nichtselbständig, teils selbständig ausgeübt und werden bei der selbständig ausgeübten Tätigkeit Betriebsausgaben geltend gemacht, können Pauschbeträge im Sinne dieser Verordnung nicht in Anspruch genommen werden.

§ 4. (1) Kostensätze gemäß § 26 EStG 1988, ausgenommen jene nach § 26 Z 9 EStG 1988, kürzen die jeweiligen Pauschbeträge.

(BGBl II 2021/500)

(2) Bei Expatriates gemäß § 1 Z 11 kürzen Kostensätze gemäß § 26 Z 4 EStG 1988 nicht den Pauschbetrag.

(BGBl II 2015/382)

§ 5. Werden die Pauschbeträge in Anspruch genommen, dann können daneben keine anderen Werbungskosten, ausgenommen jene Werbungskosten, die gemäß § 16 Abs. 3 EStG 1988 nicht auf den Pauschbetrag anzurechnen sind, aus dieser Tätigkeit geltend gemacht werden.
(BGBl II 2021/500)

§ 6. (1) Diese Verordnung ist anzuwenden,
1. wenn die Einkommensteuer im Wege des Abzugs vom Arbeitslohn erhoben wird, erstmalig für Lohnzahlungszeiträume, die nach dem 31. Dezember 2001 enden,
2. wenn die Einkommensteuer veranlagt wird, erstmalig bei der Veranlagung für das Kalenderjahr 2002.

(BGBl II 2015/240)

(2) Die Verordnung des Bundesministers für Finanzen über die Aufstellung von Durchschnittssätzen für Werbungskosten von Angehörigen bestimmter Berufsgruppen, BGBl. Nr. 32/1993 in der Fassung der Verordnung BGBl. II Nr. 383/2001, tritt außer Kraft.

(BGBl II 2015/240)

(3) § 1 Z 11 und § 4 Abs. 2, jeweils in der Fassung der Verordnung BGBl. II Nr. 382/2015, sind anzuwenden, wenn
1. die Einkommensteuer veranlagt wird, erstmalig bei der Veranlagung 2016,
2. die Einkommensteuer (Lohnsteuer) durch Abzug eingehoben oder durch Veranlagung festgesetzt wird, erstmalig für Lohnzahlungszeiträume, die nach dem 31. Dezember 2015 enden.

(BGBl II 2015/382)

(4) § 4 Abs. 1 in der Fassung der Verordnung BGBl. II Nr. 68/2018 ist erstmalig bei der Veranlagung für das Kalenderjahr 2018 anzuwenden.

(BGBl II 2018/68)

(5) § 1 Z 9 ist auch anwendbar, wenn aufgrund der COVID-19-Krise im Kalenderjahr 2020 nicht mehr als die Hälfte der Gesamtarbeitszeit im Außendienst verbracht wurde.

(BGBl II 2021/39)

(6) § 4 Abs. 1 und § 5, jeweils in der Fassung der Verordnung BGBl. II Nr. 500/2021, sind anzuwenden, wenn
1. die Einkommensteuer veranlagt wird, erstmalig bei der Veranlagung 2021,
2. die Einkommensteuer (Lohnsteuer) durch Abzug eingehoben oder durch Veranlagung festgesetzt wird, erstmalig für Lohnzahlungszeiträume, die nach dem 31. Dezember 2020 enden.

(BGBl II 2021/500)

1/3/22. VO zu § 18 Abs. 8

Sonderausgaben-DÜV

BGBl II 2016/289 idF BGBl II 2020/579

Verordnung des Bundesministers für Finanzen zur Übermittlung von Daten für die Berücksichtigung von Sonderausgaben in der Einkommensteuerveranlagung (Sonderausgaben-Datenübermittlungsverordnung – Sonderausgaben-DÜV)

Auf Grund des § 18 Abs. 8 des Einkommensteuergesetzes 1988 – EStG 1988, BGBl. Nr. 400/1988, zuletzt geändert durch das Bundesgesetz BGBl. I Nr. 77/2016 wird verordnet:

1. Abschnitt

Allgemeines

§ 1. (1) Ein Zuwendungsempfänger, für den gesetzlich die Verpflichtung zur Datenübermittlung vorgesehen ist (übermittlungspflichtige Organisation) hat in Bezug auf Zuwendungen, die nach dem 31. Dezember 2016 erfolgen, eine Datenübermittlung durchzuführen, wenn diesem der Vor- und Zunamen und das Geburtsdatum (Identifikationsdaten) des Zuwendenden bekannt gegeben wurden.

(2) Die Verpflichtung zur Datenübermittlung betrifft sämtliche Zuwendungen, die im Kalenderjahr der Bekanntgabe der Identifikationsdaten und einem späteren Kalenderjahr erfolgen. Die Verpflichtung entfällt durch die Untersagung der Übermittlung durch den Zuwendenden.

§ 2. Erfolgte eine Bekanntgabe der Identifikationsdaten, kann die übermittlungspflichtige Organisation davon ausgehen, dass die Zuwendung der Person steuerlich zuzuordnen ist, deren Daten bekannt gegeben wurden.

§ 3. Sind einer übermittlungspflichtigen Organisation zum 1. Jänner 2017 die Identifikationsdaten einer Person, die eine Zuwendung geleistet hat, bereits bekannt, muss sie die betreffende Person bis zum 30. November 2017 über diesen Umstand verständigen und ihr Gelegenheit geben, innerhalb einer Frist von zumindest vier Wochen die Datenübermittlung zu untersagen. Erfolgt fristgerecht keine Untersagung, hat eine Datenübermittlung zu erfolgen. Die übermittlungspflichtige Organisation ist nicht verpflichtet, nach ergebnislosem Ablauf der Frist, weitere Maßnahmen in Bezug auf eine Untersagung vorzunehmen.

§ 4. Der Zuwendende kann der übermittlungspflichtigen Organisation die Datenübermittlung ausdrücklich untersagen. In diesem Fall darf ab der Untersagung bis zu einer neuerlichen Bekanntgabe der Identifikationsdaten keine Datenübermittlung erfolgen. Die Untersagung der Datenübermittlung muss der übermittlungspflichtigen Organisation gegenüber so erteilt werden, dass sie für diese unzweifelhaft als solche erkennbar ist; sie ist von ihr zu dokumentieren.

1/3/22. EStG
Sonderausgaben

§ 5. (1) Wird von einer Kirche oder Religionsgesellschaft für Beitragszahlungen mehrerer Beitragsverpflichteter ein gemeinsames Konto geführt, hat für die Übermittlung eine anteilige Zuordnung des gemeinsamen Beitrages entsprechend den Berechnungsanteilen der betroffenen Personen zu erfolgen. Ein davon abweichender Sachverhalt ist vom Zuwendenden gemäß § 18 Abs. 8 Z 3 lit. a EStG 1988 gegenüber der zuständigen Abgabenbehörde offen zu legen.

(2) Sind einer Kirche oder Religionsgesellschaft die Identitätsdaten gemäß § 20 Abs. 7 des Meldegesetzes 1991, BGBl. Nr. 9/1992 in der jeweils geltenden Fassung, oder aufgrund der verpflichtend zu führenden Mitgliederverzeichnisse bekannt, muss sie die betreffende Person spätestens bei der erstmaligen Vorschreibung von Beiträgen darüber verständigen, dass eine Datenübermittlung in Bezug auf Beitragszahlungen des betreffenden Jahres und nachfolgender Jahre bis zu einer allfälligen Untersagung durch den Betroffenen erfolgen wird. Sie muss der betroffenen Person gleichzeitig Gelegenheit geben, innerhalb einer Frist von zumindest vier Wochen die Datenübermittlung zu untersagen. Erfolgt fristgerecht keine Untersagung, hat eine Datenübermittlung zu erfolgen.

(BGBl II 2017/122)

§ 6. Die übermittlungspflichtige Organisation kann davon ausgehen, dass Kontogutschriften, deren spätestes Wertstellungsdatum (§ 43 Abs. 1 des Zahlungsdienstegesetzes, BGBl. I Nr. 66/2009 in der jeweils geltenden Fassung) der 3. Jänner eines Kalenderjahres ist, solche Zahlungen betreffen, die beim Zuwendenden vor dem 1. Jänner des Kalenderjahres gemäß § 19 EStG 1988 abgeflossen und damit für die Datenübermittlung dem Vorjahr zuzuordnen sind. Ein davon abweichender Sachverhalt ist der übermittlungspflichtigen Organisation gegenüber offen zu legen, die gegebenenfalls eine Berichtigung vorzunehmen hat.

§ 7. (1) Die übermittlungspflichtige Organisation hat eine Berichtigung einer unrichtigen Datenübermittlung längstens innerhalb von drei Monaten nach Entdeckung des Fehlers vorzunehmen und dabei den zutreffenden Gesamtbetrag sowie zum Zweck der Identifizierung des zu berichtigenden Datensatzes jedenfalls auch dessen Referenznummer anzugeben. Die Berichtigung kann unterbleiben, wenn sie im Abgabenverfahren des betroffenen Steuerpflichtigen wegen eingetretener Verjährung keine steuerliche Auswirkung mehr entfaltet.

(2) Eine zu Unrecht unterbliebene Datenübermittlung ist längstens innerhalb von drei Monaten nach Entdeckung des Fehlers nachzuholen. Abs. 1 letzter Satz gilt entsprechend.

(3) Erfolgt eine Zahlung, die von einer Datenübermittlung erfasst ist, zu einem Zeitpunkt rückerstattet, zu dem die die Zuwendung umfassende Datenübermittlung bereits erfolgt ist, ist Abs. 1 anzuwenden; bei vollständiger Rückerstattung ist der Betrag mit Null zu berücksichtigen.

§ 8. Die übermittlungspflichtige Organisation ist nicht verpflichtet zu prüfen, ob eine freigebige Zuwendung beim Zuwendenden steuerlich als Betriebsausgabe oder als Sonderausgabe zu qualifizieren ist.

2. Abschnitt
Übermittlung der Daten

§ 9. Die elektronische Datenübermittlung hat nach der FinanzOnline-Verordnung 2006 – FOnV 2006, BGBl. II Nr. 97/2006 in der jeweils geltenden Fassung, im Verfahren FinanzOnline (https://finanzonline.bmf.gv.at) zu erfolgen.

§ 10. (1) Für die Teilnahme an der Datenübermittlung betreffend Sonderausgaben in FinanzOnline gilt:

1. Folgende übermittlungspflichtige Organisationen sind ohne bescheidmäßige Zulassung gemäß Z 2 Teilnehmer an der Datenübermittlung:
   a) eine Organisation, die auf der Homepage des Bundesministeriums für Finanzen als spendenbegünstigt ausgewiesen ist (§ 4a Abs. 8 EStG 1988)
   b) die Österreichische Akademie der Wissenschaften
   c) das Österreichische Archäologische Institut
   d) das Institut für Österreichische Geschichtsforschung
   (BGBl II 2017/122)
   e) die Österreichische Nationalbibliothek
   f) das Österreichisches Filminstitut gemäß § 1 des Filmförderungsgesetzes, BGBl. Nr. 557/1980
   g) das Bundesdenkmalamt
   h) der Bundesdenkmalfonds gemäß § 33 des Denkmalschutzgesetzes, BGBl. Nr. 533/1923
   i) die Internationale Anti-Korruptions-Akademie (IACA)
   j) die Diplomatische Akademie
   k) ein Landesfeuerwehrverband und eine freiwillige Feuerwehr. Der Österreichische Bundesfeuerwehrverband hat dem Bundesministerium für Finanzen die Landesfeuerwehrverbände und die Bezeichnungen der freiwilligen Feuerwehren im Bundesgebiet für die Teilnahme an der Datenübermittlung bekannt zu geben und allfällige nachträgliche Änderungen zu melden.

2. Andere als die in Z 1 genannten übermittlungspflichtigen Organisationen haben beim Finanzamt Österreich unter Verwendung des amtlichen Formulars den Antrag zu stellen, als Teilnehmer an der Datenübermittlung zugelassen zu werden. Das Finanzamt Österreich hat festzustellen, ob die Voraussetzungen für die Datenübermittlung vorliegen

und über den Antrag bescheidmäßig abzusprechen. Jede Änderung der tatsächlichen Verhältnisse, die auf die bescheidmäßige Zulassung von Einfluss ist, ist dem Finanzamt Österreich innerhalb eines Monats anzuzeigen.

(BGBl II 2020/579)

(2) Teilnehmer an der Datenübermittlung gemäß Z 1 lit. b bis k und Z 2 sind auf der Homepage des Bundesministeriums für Finanzen als spendenbegünstigte Organisation zu veröffentlichen.

(3) Teilnehmer können sich zur Datenübermittlung eines namhaft zu machenden Dienstleisters (insbesondere eines Rechenzentrums) bedienen. Die Beendigung des Dienstleistungsverhältnisses ist unverzüglich mitzuteilen. Im Einzelfall kann der Dienstleister aus den in § 6 FonV 2006 genannten Gründen ausgeschlossen oder abgelehnt werden.

(4) Für die Anmeldung übermittlungspflichtiger Organisationen zu FinanzOnline gilt § 3 FOnV 2006 entsprechend. Keine Anmeldung zu FinanzOnline ist für die in Abs. 1 Z 1 genannten Organisationen und solche Einrichtungen erforderlich, die bereits Teilnehmer gemäß § 2 Abs. 1 FOnV 2006 sind.

(BGBl II 2017/122)

§ 11. (1) Für Teilnehmer an der Datenübermittlung betreffend Sonderausgaben ist in FinanzOnline zum Zweck der Ermittlung des vbPK SA des Zuwendenden und zum Zweck der Ausstattung der Daten der Zuwendungen mit einem vbPK SA ein Link zur Stammzahlenregisterbehörde einzurichten. Dabei hat FinanzOnline als Authentifizierungsprovider zu fungieren.

(2) Die Strukturen für die Datenübermittlung im Weg der Datenstromübermittlung und im Weg eines Webservices sind im Internet unter https://www.bmf.gv.at zu veröffentlichen.

§ 12. Kann auf Grundlage der bekannt gegebenen Identifikationsdaten und nach Ausschöpfung der bei der übermittlungspflichtigen Organisation bereits vorhandenen Daten ein vbPK SA nicht ermittelt werden, hat eine Datenübermittlung zu unterbleiben.

§ 13. Datenübertragungen sind nicht vor dem Vorliegen der technischen und organisatorischen Voraussetzungen zulässig.

3. Abschnitt

Behandlung der Daten

§ 14. Im Interesse des Schutzes der Persönlichkeitssphäre des Zuwendenden ist verwaltungsorganisatorisch und technisch Folgendes sicherzustellen:

1. Einem berechtigten Organwalter dürfen Informationen betreffend die konkrete(n) übermittlungspflichtige(n) Organisation(en) nur in Fällen zugänglich gemacht werden, in denen übermittelte Zuwendungen Gegenstand einer Überprüfungshandlung sind.

2. In allen von Z 1 nicht betroffenen Fällen dürfen Daten, die übermittelte Zuwendungen betreffen, im Rahmen der automatisationsunterstützten Datenverarbeitung nur summarisch und ohne Benennung der jeweils übermittelnden Organisation zugänglich gemacht werden. Der Gesamtbetrag der von der Datenübermittlung betroffenen Zuwendungen ist nach Kategorien gegliedert darzustellen. Dabei gilt:

   a) Beiträge für eine freiwillige Weiterversicherung bzw. den Nachkauf von Versicherungszeiten hinsichtlich der Pensionsversicherung (§ 18 Abs. 1 Z 1a EStG 1988) und verpflichtende Beiträge an gesetzlich anerkannte Kirchen und Religionsgesellschaften (§ 18 Abs. 1 Z 5 EStG 1988) sind jeweils gesondert gegliedert in einer Gesamtsumme darzustellen.

   b) Die sonstigen übermittelten Zuwendungen sind nach der in der Abgabenerklärung für derartige Betriebsausgaben vorgesehenen Gliederung und Bezeichnung in einer Gesamtsumme darzustellen.

3. Die von übermittlungspflichtigen Organisationen durchgeführten Übermittlungen sind dem betroffenen Steuerpflichtigen in FinanzOnline einsehbar zu machen. Dabei sind die übermittelten Daten nach den übermittlungspflichtigen Organisationen zu gliedern und betragsmäßig anzuzeigen.

4. In einem Abgabenbescheid dürfen betragsmäßige Informationen, die sich auf die übermittlungspflichtigen Organisationen beziehen, nur in einer Beilage ersichtlich gemacht werden. Im Rahmen der automatisationsunterstützten Datenverarbeitung darf diese Beilage für Organwalter nicht einsehbar gemacht werden.

§ 15. § 10 Abs. 1 Z 2 in der Fassung der Verordnung BGBl. II Nr. 579/2020 tritt mit 1. Jänner 2021 in Kraft.

(BGBl II 2020/579)

1/3/23., 24. EStG
PKW-Aufwendungen

1/3/23. VO zu § 20 Abs. 1 Z 2 lit. b
PKW-Angemessenheitsverordnung

BGBl II 2004/466

Verordnung des Bundesministers für Finanzen betreffend die Angemessenheit von Aufwendungen im Zusammenhang mit Personen- und Kombinationskraftwagen (PKW-Angemessenheitsverordnung)

Zu § 20 Abs. 1 Z 2 lit. b des Einkommensteuergesetzes 1988, BGBl. Nr. 400, und § 12 Abs. 1 Z 2 des Körperschaftsteuergesetzes 1988, BGBl. Nr. 401, wird verordnet:

§ 1. Aufwendungen oder Ausgaben im Zusammenhang mit der Anschaffung eines Personen- oder Kombinationskraftwagens sind insoweit angemessen, als die Anschaffungskosten inklusive Umsatzsteuer und Normverbrauchsabgabe im Kalenderjahr 2004 34.000 Euro und ab dem Kalenderjahr 2005 40.000 Euro nicht übersteigen. Diese Anschaffungskosten umfassen auch Kosten für Sonderausstattungen. Selbständig bewertbare Sonderausstattungen gehören nicht zu den Anschaffungskosten. Anschaffungskostenabhängige Nutzungsaufwendungen oder -ausgaben sind im entsprechenden Ausmaß zu kürzen.

§ 2. Bei in gebrauchtem Zustand angeschafften Personen- oder Kombinationskraftwagen, die nicht mehr als fünf Jahre (60 Monate) nach ihrer Erstzulassung angeschafft wurden, hat eine Kürzung der Aufwendungen oder Ausgaben auf Grund der Verhältnisse zum Zeitpunkt der Erstzulassung des Fahrzeuges zu erfolgen. Eine Kürzung ist vorzunehmen, wenn der Neupreis des Fahrzeuges abzüglich der ortsüblichen Preisnachlässe den Betrag gemäß § 1 übersteigt. Bei in gebrauchtem Zustand angeschafften Fahrzeugen, die mehr als fünf Jahre (60 Monate) nach ihrer Erstzulassung angeschafft wurden, ist hinsichtlich der Kürzung auf die tatsächlichen Anschaffungskosten des Gebrauchtfahrzeuges abzustellen.

§ 3. Bei Leasingfahrzeugen hat eine Kürzung von Aufwendungen oder Ausgaben beim Leasingnehmer insoweit zu erfolgen, als die der Berechnung der Leasingrate im Zeitpunkt der erstmaligen Vermietung zugrunde liegenden Anschaffungskosten den Betrag gemäß § 1 übersteigen. Dies gilt sinngemäß für Mietfahrzeuge, es sei denn, die Anmietung erfolgt für einen Zeitraum von höchstens 21 Tagen.

§ 4. Die Verordnung ist erstmals bei der Veranlagung für das Kalenderjahr 2004 anzuwenden.

1/3/24. VO zu § 22 Z 2
Sachbezüge Kraftfahrzeuge

BGBl II 2018/70 idF BGBl II 2022/468

Verordnung des Bundesministers für Finanzen über die Bewertung von Sachbezügen betreffend Kraftfahrzeuge, Krafträder und Fahrräder bei wesentlich beteiligten Gesellschafter-Geschäftsführern

(BGBl II 2022/468)

Auf Grund des § 22 Z 2 des Einkommensteuergesetzes 1988 – EStG 1988, BGBl. Nr. 400/1988, zuletzt geändert durch das BGBl. I Nr. 4/2018, wird verordnet:

Privatnutzung eines überlassenen Kraftfahrzeuges, Kraftrades oder Fahrrades

§ 1. Besteht für einen an einer Kapitalgesellschaft wesentlich Beteiligten im Sinne des § 22 Z 2 zweiter Teilstrich des Einkommensteuergesetzes 1988 die Möglichkeit, ein zur Verfügung gestelltes Kraftfahrzeug gemäß § 2 Abs. 1 Z 1 Kraftfahrgesetz 1967, Kraftrad oder Fahrrad für privat veranlasste Fahrten zu benützen, gilt Folgendes:

1. Für ein Kraftfahrzeug ist § 4 der Sachbezugswerteverordnung, BGBl. II 2008/468, in der jeweils geltenden Fassung, für die Bemessung des geldwerten Vorteils aus der privaten Nutzung des zur Verfügung gestellten Kraftfahrzeuges sinngemäß anzuwenden.
2. Für ein Kraftrad oder Fahrrad ist § 4b der Sachbezugswerteverordnung, BGBl. II 2008/468, in der jeweils geltenden Fassung, für die Bemessung des geldwerten Vorteils aus der privaten Nutzung des zur Verfügung gestellten Fahrzeuges sinngemäß anzuwenden.
3. Abweichend von Z 1 und Z 2 kann der geldwerte Vorteil aus der privaten Nutzung des zur Verfügung gestellten Kraftfahrzeuges, Kraftrades oder Fahrrades nach den auf die private Nutzung entfallenden, vom Überlasser des Fahrzeuges getragenen Aufwendungen bemessen werden. Dazu ist erforderlich, dass der Empfänger des Sachbezuges den Anteil der privaten Fahrten (beispielsweise durch Vorlage eines Fahrtenbuches) nachweist.

(BGBl II 2022/468)

§ 2. (1) Die Verordnung ist erstmalig bei der Veranlagung für das Kalenderjahr 2018 anzuwenden.

(BGBl II 2022/468)

(2) § 1 in der Fassung BGBl. II Nr. 468/2022 ist erstmalig bei der Veranlagung für das Kalenderjahr 2022 anzuwenden.

(BGBl II 2022/468)

1/3/25. EStG
Kapitalmaßnahmen

1/3/25. VO zu § 27a
Kapitalmaßnahmen-VO

BGBl II 2011/322 idF BGBl II 2017/115

Verordnung der Bundesministerin für Finanzen betreffend KESt-Behandlung von Kapitalmaßnahmen (Kapitalmaßnahmen-VO)

Aufgrund des § 27a Abs. 4 Z 3 EStG und § 93 Abs. 2 Z 2 EStG, BGBl. Nr. 400/1988, wird verordnet:

§ 1. Unter Kapitalmaßnahmen werden verschiedene zivil- und gesellschaftsrechtliche Vorgänge im Zusammenhang mit Wertpapieren verstanden. Für steuerliche Zwecke ist nach dieser Verordnung zwischen steuerrelevanten Kapitalmaßnahmen (§ 2 bis 7) und nicht steuerrelevanten Kapitalmaßnahmen (§ 8) zu unterscheiden.

Steuerrelevante Kapitalmaßnahmen

§ 2. (1) Steuerrelevante Kapitalmaßnahmen sind:
1. Maßnahmen, die sich
   - auf das Eigenkapital einer Körperschaft und/oder
   - auf die Stückelung von Wertpapieren

   beziehen. Darunter fallen insbesondere Änderungen des Kapitals durch Erhöhung, Herabsetzung, Emission von Bezugsrechten auf Aktien, Aktiensplit und Aktienzusammenlegung, Aktienumtausch infolge von Unternehmenszusammenschlüssen oder -aufspaltungen sowie die Einbuchung von Aktien auf Grund von Unternehmensabspaltungen.

   (BGBl II 2017/115)
2. Spaltungen und Verschmelzungen von Investmentfonds gemäß § 65 und §§ 114 bis 127 InvFG 2011.

   (BGBl II 2017/115)
3. Die Lieferung von Wertpapieren zur Tilgung bei Schuldverschreibungen, mit denen untrennbar das Recht verbunden ist, an Stelle der Rückzahlung eine vorher festgelegte Anzahl von Wertpapieren zu fordern (Inhaber) oder anzudienen (Emittent).

(2) Für Kapitalmaßnahmen im Sinne des Abs. 1 gilt:
1. Eine Abwicklung der Realisierung im Sinne des § 93 Abs. 2 Z 2 EStG 1988 liegt nicht vor.
   Davon ausgenommen sind:
   - Zahlungen aufgrund einer Einlagenrückzahlung oder infolge einer Liquidation, wenn der Abzugsverpflichtete davon Kenntnis hat. Zahlungen aufgrund einer Einlagenrückzahlung führen zu einer Verminderung der entsprechenden Anschaffungskosten (§ 4 Abs. 12 und § 15 Abs. 4 EStG 1988); insoweit sie die Anschaffungskosten übersteigen, liegen Einkünfte im Sinne des § 27 Abs. 3 EStG 1988 vor. Dasselbe gilt für Liquidationen.
   - Kapitalmaßnahmen, bei denen dem Steuerpflichtigen ein Wahlrecht zum Umtausch eingeräumt wird.

   (BGBl II 2017/115)
2. Im Zuge einer steuerrelevanten Kapitalmaßnahme eingebuchte Wertpapiere treten für Zwecke des Kapitalertragsteuerabzugs zur Abgrenzung von Alt- und Neuvermögen nach § 124b Z 185 lit. a EStG 1988 an Stelle der ausgebuchten Wertpapiere. Werden im Zuge einer steuerrelevanten Kapitalmaßnahme Wertpapiere eingebucht, ohne dass es zuvor zur Ausbuchung von anderen Wertpapieren kommt, ist für Zwecke des Einstufung als Alt- oder Neuvermögen auf die bisherigen Wertpapiere abzustellen.

   (BGBl II 2017/115)
3. Der Abzugsverpflichtete darf sich grundsätzlich auf entsprechende Informationen von im Wertpapiergeschäft anerkannten Informationssystemen und Datenprovidern verlassen. Dies gilt nicht, wenn dem Abzugsverpflichteten im Vorhinein Informationen vorliegen, die zu begründeten Zweifeln an den Informationen der genannten Datenprovider führen.

§ 3. Kommt es im Zuge von steuerrelevanten Kapitalmaßnahmen gemäß § 2 Abs. 1 Z 1 zum Tausch oder zur Einbuchung von Wertpapieren, gilt nur für Zwecke des Kapitalertragsteuerabzuges Folgendes:
1. Die Anschaffungskosten der im Zuge des Tausches ausgebuchten Wertpapiere sind auf die dafür erhaltenen Wertpapiere zu übertragen; dies gilt auch für Kapitalmaßnahmen gemäß § 2 Abs. 1 Z 2. Werden Wertpapiere mit unterschiedlicher Wertpapierkennnummer eingebucht, sind die Anschaffungskosten der ausgebuchten Wertpapiere im Verhältnis der Verkehrswerte der eingebuchten Wertpapiere auf diese aufzuteilen. Sind keine Verkehrswerte vorhanden, hat diese Aufteilung nach Stücken zu erfolgen.

   (BGBl II 2017/115)
2. Vom Steuerpflichtigen im Zuge des Tausches empfangene Barzahlungen senken und geleistete Zuzahlungen erhöhen die Anschaffungskosten der eingebuchten Wertpapiere.

   (BGBl II 2017/115)
3. Werden Wertpapiere auf ein Wertpapierdepot eingebucht, ohne dass es zuvor zur Ausbuchung von anderen Wertpapieren kommt, sind für Zwecke des Kapitalertragsteuerabzuges die Anschaffungskosten der bestehenden Wertpapiere auf die bestehenden und die neu eingebuchten Wertpapiere aufzuteilen. Diese Aufteilung hat im Verhältnis der Verkehrswerte der bestehenden zu den eingebuchten

Kapitalmaßnahmen

Wertpapieren zu erfolgen. Sind keine Verkehrswerte vorhanden, hat diese Aufteilung nach Stücken zu erfolgen.
(BGBl II 2017/115)
(BGBl II 2017/115)

§ 4. (1) Werden Aktien im Zuge einer Kapitalerhöhung aus Gesellschaftsmitteln auf ein Wertpapierdepot eingebucht, sind für Zwecke des Kapitalertragsteuerabzuges die Anschaffungskosten der vor der Kapitalerhöhung bestehenden Aktien auf die bestehenden und neu eingebuchten Aktien aufzuteilen.

(BGBl II 2017/115)

(2) Werden Aktien im Zuge einer Abspaltung auf ein Wertpapierdepot eingebucht, sind für Zwecke des Kapitalertragsteuerabzuges die Anschaffungskosten der vor der Abspaltung bestehenden Aktien auf die bestehenden und die neu eingebuchten Aktien aufzuteilen. Diese Aufteilung hat im Verhältnis der Verkehrswerte der bestehenden zu den eingebuchten Aktien zu erfolgen. Sind keine Verkehrswerte vorhanden, hat diese Aufteilung nach Stücken zu erfolgen. Dies gilt auch für Kapitalmaßnahmen gemäß § 2 Abs. 1 Z 2.

(BGBl II 2017/115)

§ 5. Auf einem Wertpapierdepot eingebuchte Bezugsrechte sind für Zwecke des Kapitalertragsteuerabzuges mit einem Wert von Null anzusetzen. Die Anschaffungskosten der Aktien, die die Bezugsrechte vermitteln, bleiben unberührt.

§ 6. (1) Wird im Zuge eines Aktiensplits der Nennwert einer Aktie heruntergesetzt und daher die Anzahl der ausgegebenen Aktien erhöht, sind die bisherigen Anschaffungskosten auf die im Zuge des Aktiensplits ausgegebenen Aktien aufzuteilen.

(2) Werden im Zuge einer Aktienzusammenlegung (Reverse Split) mehrere Aktien zusammengelegt, sind die bisherigen Anschaffungskosten auf die zusammengelegten Aktien aufzuteilen.

§ 7. Bei steuerrelevanten Kapitalmaßnahmen gemäß § 2 Abs. 1 Z 3 stellt die Lieferung der Wertpapiere keinen Tausch dar. Die Anschaffungskosten der ausgebuchten Schuldverschreibungen sind auf die dafür erhaltenen Wertpapiere aufzuteilen. Bare Zuzahlungen bis zur Höhe von 10% des Gesamtnennbetrags der erhaltenen Wertpapiere, die der Steuerpflichtige zum Zweck der Rundung auf ganze Stücke erhält, senken die Anschaffungskosten der eingebuchten Wertpapiere. Bei Wertpapieren ohne Nennwert (z. B. Stückaktien) sind Zuzahlungen generell steuerpflichtig.

(BGBl II 2017/115)

Nicht steuerrelevante Kapitalmaßnahmen

§ 8. Nicht unter § 2 fallende Kapitalmaßnahmen bilden lediglich abwicklungs- oder buchungstechnische Vorgänge auf dem Depot ab oder bewirken Stammdatenänderungen bloß informativer oder administrativer Art und sind daher in steuerlicher Hinsicht unbeachtlich. Darunter fallen insbesondere die bloße Erneuerung der Wertpapierurkunde, Gesellschaftshinweise, Eigentümer- und Gesellschaftsversammlungen, Nennwährungsänderungen, Publikumsöffnungen, Zertifizierungshinweise, bloße Wertpapierkennnummeränderungen.

1/3/26. EStG
Kryptowährung

1/3/26. VO zu § 27a Abs. 4 und § 93 Abs. 4a Z 1

KryptowährungsVO

BGBl II 2022/455

Verordnung des Bundesministers für Finanzen zur Ermittlung der Steuerdaten von Kryptowährungen (Kryptowährungsverordnung – KryptowährungsVO)

Aufgrund von § 27a Abs. 4 und § 93 Abs. 4a Z 1 des Einkommensteuergesetzes 1988 – EStG 1988, BGBl. Nr. 400/1988, zuletzt geändert durch das Bundesgesetz BGBl. I Nr. 194/2022, wird verordnet:

Form der Übermittlung von Steuerdaten

§ 1. (1) Sind dem Abzugsverpflichteten bei den Einkünften im Sinne des § 27 Abs. 4a EStG 1988 der tatsächliche Anschaffungszeitpunkt bzw. die tatsächlichen Anschaffungskosten nicht bekannt, können durch den Steuerpflichtigen diese Steuerdaten nach Maßgabe der folgenden Bestimmungen bekannt gegeben werden.

(2) Folgende Steuerdaten sind dem Abzugsverpflichteten bekannt zu geben:
1. das Anschaffungsdatum der Kryptowährung oder, wenn der Erwerb in zeitlicher Aufeinanderfolge erfolgt ist, der Anschaffungszeitraum;
2. die Anschaffungskosten der betreffenden Kryptowährung unter Anwendung von § 2;
3. die Information, ob seit Erwerb der betreffenden Kryptowährung ein steuerneutraler Tausch im Sinne des § 27b Abs. 3 Z 2 zweiter Satz EStG 1988 erfolgt ist.

(3) Der Abzugsverpflichtete kann Inhalt und Struktur der zu übermittelnden Steuerdaten vorgeben. Dabei kann der Abzugsverpflichtete die Übermittlung durch externe Dienstleister zulassen. Dies gilt nicht, wenn dem Abzugsverpflichteten im Vorhinein Informationen vorliegen, die zu begründeten Zweifeln an den Informationen der genannten externen Dienstleister führen.

(4) Der Abzugsverpflichtete hat die Angaben des Steuerpflichtigen auf deren Plausibilität zu überprüfen, wobei eine standardisierte automatisationsunterstützte Überprüfung erfolgen kann. Der Abzugsverpflichtete kann vom Steuerpflichtigen weitere Nachweise zu den Steuerdaten verlangen, soweit eine standardisierte Überprüfung nicht oder nicht erfolgreich vorgenommen wurde.

Gleitender Durchschnittspreis

§ 2. (1) Bei allen auf einer Kryptowährungsadresse befindlichen Einheiten derselben Kryptowährungen ist sowohl für Zwecke des Kapitalertragsteuerabzuges als auch im Rahmen der Veranlagung bei Erwerb in zeitlicher Aufeinanderfolge der gleitende Durchschnittspreis in Euro als Anschaffungskosten anzusetzen. Werden die Kryptowährungen auf einer Kryptowährungswallet verwahrt, ist der gleitende Durchschnittspreis für alle auf einer Kryptowährungswallet befindlichen Einheiten derselben Kryptowährung anzusetzen; die durch den Abzugsverpflichteten gewählte Bezugsgröße (Kryptowährungsadresse oder Kryptowährungswallet) ist stets auch für die Veranlagung maßgeblich.

(2) Nach § 93 Abs. 4a Z 2 EStG 1988 angesetzte Anschaffungskosten fließen nicht in den gleitenden Durchschnittspreis ein.

(3) Bei Veräußerung von auf derselben Kryptowährungsadresse bzw. Kryptowährungswallet befindlichen Kryptowährungen gelten im Zweifel Kryptowährungen nach Abs. 2 als zuerst veräußert.

Altbestand

§ 3. Befinden sich auf einer Kryptowährungsadresse bzw. Kryptowährungswallet Einheiten derselben Kryptowährung, wobei nicht alle nach dem 28. Februar 2021 angeschafft worden sind (Altbestand), gilt Folgendes:
1. Der Steuerpflichtige kann wählen, welche Einheiten der Kryptowährung zuerst veräußert bzw. übertragen werden, oder den Abzugsverpflichteten dazu ermächtigen.
2. Im Zweifel gilt die früher erworbene Einheit der Kryptowährung als zuerst veräußert bzw. übertragen.
3. Eine im Rahmen des Kapitalertragsteuerabzuges vorgenommene Reihung ist stets auch für die Veranlagung maßgeblich.

Bewertung der laufenden Einkünfte aus Kryptowährungen

§ 4. (1) Bei laufenden Einkünften aus Kryptowährungen (§ 27b Abs. 2 EStG 1988) ist der Wert der bezogenen Kryptowährungen im Zuflusszeitpunkt als Einkünfte und zugleich als deren Anschaffungskosten anzusetzen. Als Wert gilt ein vorhandener Kurswert einer Kryptowährungsbörse. Ist kein Börsenkurs vorhanden, ist der Kurswert eines Kryptowährungshändlers anzusetzen. Ist auch ein solcher Kurs nicht vorhanden, ist der Kurs einer allgemein anerkannten und vom Steuerpflichtigen unabhängigen, webbasierten Liste, die aktuelle Kaufpreise für Kryptowährungen abbildet, anzusetzen; dabei ist das Prinzip der Bewertungsstetigkeit zu beachten. Eine im Rahmen des Kapitalertragsteuerabzuges vorgenommene Bewertung ist stets auch für die Veranlagung maßgeblich.

(2) Kommt es im Rahmen eines Vorgangs zu Zuflüssen von Entgelten aus den laufenden Einkünften aus Kryptowährungen, die öfter als dreimal pro Monat erfolgen, ist als Wert der Kryptowährung der Tagesendkurs am Monatsersten des Monats anzusetzen, in dem der tatsächliche Zufluss erfolgt, sofern nicht der Abzugsverpflichtete eine Bewertung zum tatsächlichen Zuflusszeitpunkt vornimmt. Die im Rahmen des Kapitalertragsteuerabzuges vorgenommene Bewertung ist stets auch für die Veranlagung maßgeblich.

1/3/27. EStG
Bauherren

Einstufung als Kryptowährung
§ 5. Der Abzugsverpflichtete hat im Zweifel für Zwecke des Kapitalertragsteuerabzuges davon auszugehen, dass es sich um eine Kryptowährung im Sinne des § 27b Abs. 4 EStG 1988 handelt.

Begriffsbestimmungen
§ 6. Für Zwecke dieser Verordnung bezeichnet der Ausdruck:
1. „Kryptowährungsadresse": eine eindeutige Kennung, die ein mögliches Ziel für eine Kryptowährungstransaktion darstellt.
2. „Kryptowährungswallet": ein Dienst oder eine Applikation, die eine oder mehrere Kryptowährungsadressen als Einheit verwaltet, wobei keine standardisierte Auslesungsmöglichkeit der einzelnen Kryptowährungsadressen vorgesehen ist.
3. „Kryptowährungsbörse": ein Dienstleister, der den Tausch von Kryptowährungen in gesetzlich anerkannte Zahlungsmittel und umgekehrt bzw. in andere Kryptowährungen anbietet, wobei Käufer und Verkäufer der Kryptowährungen unter den Grundsätzen von Angebot und Nachfrage unmittelbar miteinander kontrahieren.
4. „Kryptowährungshändler": ein Dienstleister, der den Tausch von Kryptowährungen in gesetzlich anerkannte Zahlungsmittel und umgekehrt bzw. in andere Kryptowährungen anbietet, wobei Käufer und Verkäufer der Kryptowährungen direkt mit dem Kryptowährungshändler kontrahieren.

Inkrafttreten
§ 7. Diese Verordnung tritt am 1. Jänner 2023 in Kraft, wobei § 2 für sämtliche Einkünfte aus realisierten Wertsteigerungen von Kryptowährungen anzuwenden ist, die nach dem 31. Dezember 2022 zufließen. § 4 Abs. 2 kann bereits für Einkünfte angewendet werden, die vor dem 1. Jänner 2023 zufließen.

1/3/27. VO zu § 28 Abs. 2 und 3
Bauherrenverordnung

BGBl 1990/321

Verordnung des Bundesministers für Finanzen vom 18. Mai 1990 betreffend Herstellungs- und Instandsetzungsaufwendungen bei Gebäuden (Bauherrenverordnung)

Zu § 28 Abs. 2 Z 2 bis 4 EStG 1972, BGBl. Nr. 440/1972, und § 28 Abs. 2 und 3 EStG 1988, BGBl. Nr. 400/1988, wird verordnet:

Artikel I
§ 1. Im Zusammenhang mit der Anschaffung von Grund und Boden (Gebäuden) durch den Steuerpflichtigen gelten für die Herstellung (Instandsetzung) die §§ 2 bis 4.

§ 2. Aufwendungen für die Herstellung (Instandsetzung) eines Gebäudes können nur dann gemäß § 28 Abs. 2 und 3 Einkommensteuergesetz 1988 (§ 28 Abs. 2 Z 2 bis 4 Einkommensteuergesetz 1972) abgesetzt werden, wenn der Steuerpflichtige das mit der Herstellung (Instandsetzung) verbundene wirtschaftliche Risiko trägt. Dieses Risiko trägt derjenige, der auf eigene Rechnung und Gefahr ein Gebäude herstellt (instand setzt) oder herstellen (instand setzen) läßt.

§ 3. Ein wirtschaftliches Risiko gemäß § 2 ist anzunehmen, wenn folgende Voraussetzungen vorliegen:
1. Die Leistungen der die Herstellung (Instandsetzung) tatsächlich ausführenden Unternehmer müssen dem Steuerpflichtigen gegenüber aufgeschlüsselt werden. Wird gegenüber dem Steuerpflichtigen eine Preisgarantie abgegeben, so darf nicht ausgeschlossen sein, daß Preisunterschiede, die durch den Steuerpflichtigen oder durch Gesetze, Verordnungen bzw. behördliche Anordnungen verursacht worden sind, auf Rechnung des Steuerpflichtigen gehen.
2. Mit der tatsächlichen Bauausführung darf erst nach der Anschaffung des Grund und Bodens (Gebäudes) durch den Steuerpflichtigen begonnen werden.

§ 4. Im Falle einer Personenvereinigung (Personengemeinschaft) ohne eigene Rechtspersönlichkeit können Aufwendungen nur von jenen Steuerpflichtigen gemäß § 28 Abs. 2 Z 2 bis 4 EStG 1972 bzw. gemäß § 28 Abs. 2 und 3 EStG 1988 abgesetzt werden, die die Voraussetzungen der §§ 2 und 3 erfüllen.

Artikel II
Artikel I ist auf alle noch nicht endgültig rechtskräftig veranlagten Fälle anzuwenden.

1/3/28. EStG
Familienbeihilfe

1/3/28. VO zu § 33 Abs. 3
Familienbeihilfe-Kinderabsetzbetrag-EU-Anpassungsverordnung

BGBl II 2020/482

Verordnung der Bundesministerin für Arbeit, Familien und Jugend und des Bundesministers für Finanzen über die Anpassung der Familienbeihilfe und des Kinderabsetzbetrages in Bezug auf Kinder, die sich ständig in einem anderen Mitgliedstaat der EU oder einer Vertragspartei des Europäischen Wirtschaftsraumes oder der Schweiz aufhalten (Familienbeihilfe-Kinderabsetzbetrag-EU-Anpassungsverordnung)

Aufgrund des § 8a des Familienlastenausgleichsgesetzes 1967, BGBl. Nr. 376, in der Fassung BGBl. I Nr. 103/2020, und des § 33 Abs. 3 des Einkommensteuergesetzes 1988, BGBl. Nr. 400, in der Fassung BGBl. I Nr. 99/2020, wird verordnet:

§ 1. Diese Verordnung bestimmt die Beträge an Familienbeihilfe gemäß § 8 des Familienlastenausgleichsgesetzes 1967 sowie des Kindesabsetzbetrages gemäß § 33 Abs. 3 EStG 1988 in Bezug auf Kinder, die sich ständig in einem anderen Mitgliedstaat der EU oder Hoheitsgebiet einer anderen Vertragspartei des Abkommens über den Europäischen Wirtschaftsraum oder der Schweiz aufhalten.

§ 2. (1) Zur Bestimmung der Beträge nach §1 wird ein Anpassungsfaktor festgelegt, der auf den vom Statistischen Amt der Europäischen Union am 1. Juni 2020 veröffentlichten Indikatoren im Rahmen der „*Vergleichenden Preisniveaus des Endverbrauchs der privaten Haushalte einschließlich indirekter Steuern (EU-27=100)*" basiert.

(2) Das Statistische Amt der Europäischen Union hat den Indikator für Österreich mit 112 festgelegt. Um den Anpassungsfaktor zu ermitteln, wird das Verhältnis der Indikatoren der einzelnen Staaten zum Indikator Österreichs in Verhältnis gesetzt. Die Berechnung des Anpassungsfaktors erfolgt auf drei Nachkommastellen, ohne Anwendung einer Rundung. Der Anpassungsfaktor wird demnach wie folgt festgelegt:

Staat, in dem sich die Kinder ständig aufhalten	Indikator des Statistischen Amtes der Europäischen Union	Anpassungsfaktor
Belgien	114,8	1,025
Bulgarien	52,0	0,464
Dänemark	141,6	1,264
Deutschland	106,8	0,953
Estland	83,0	0,741
Finnland	126,0	1,125
Frankreich	113,6	1,014
Griechenland	86,5	0,772
Irland	132,7	1,184
Island	162,3	1,449
Italien	103,5	0,924
Kroatien	70,2	0,626
Lettland	76,5	0,683
Litauen	68,0	0,607
Luxemburg	129,5	1,156
Malta	85,2	0,760
Niederlande	115,5	1,031
Norwegen	151,0	1,348
Polen	59,5	0,531
Portugal	89,1	0,795
Rumänien	54,1	0,483
Schweden	123,6	1,103
Schweiz	156,0	1,392
Slowakei	79,7	0,711
Slowenien	87,2	0,778
Spanien	95,7	0,854
Tschechien	73,4	0,655
Ungarn	64,5	0,575
Vereinigtes Königreich	120,1	1,072
Zypern	89,9	0,802

(3) Da für das Fürstentum Liechtenstein kein Indikator des Statistischen Amtes der Europäischen Union vorliegt, sind in Bezug auf Kinder, die sich ständig im Fürstentum Liechtenstein aufhalten, die gesetzlich festgelegten Beträge an Familienbeihilfe gemäß § 8 des Familienlastenausgleichsgesetzes 1967 sowie des Kinderabsetzbetrages gemäß § 33 Abs. 3 EStG 1988 anzuwenden.

§ 3. (1) Die im Folgenden angepassten Beträge werden jeweils auf die zweite Nachkommastelle kaufmännisch gerundet.

(2) In Bezug auf Kinder, die sich ständig in Belgien aufhalten, werden die Beträge an Familienbeihilfe aufgrund des Anpassungsfaktors nach § 2 Abs. 2 wie folgt bestimmt:

Beträge gemäß §§ des Familienlastenausgleichsgesetzes 1967:		Angepasste Beträge in Euro
8 Abs. 2 Z 3 lit. a	114,0	116,85
8 Abs. 2 Z 3 lit. b	121,9	124,95
8 Abs. 2 Z 3 lit. c	141,5	145,04
8 Abs. 2 Z 3 lit. d	165,1	169,23
8 Abs. 3 Z 3 lit. a	7,1	7,28
8 Abs. 3 Z 3 lit. b	17,4	17,84
8 Abs. 3 Z 3 lit. c	26,5	27,16
8 Abs. 3 Z 3 lit. d	32,0	32,80
8 Abs. 3 Z 3 lit. e	35,7	36,59
8 Abs. 3 Z 3 lit. f	52,0	53,30

1/3/28. EStG
Familienbeihilfe

8 Abs. 4 Z 3	155,9	159,80
8 Abs. 8	100,0	102,50

(3) In Bezug auf Kinder, die sich ständig in Bulgarien aufhalten, werden die Beträge an Familienbeihilfe aufgrund des Anpassungsfaktors nach § 2 Abs. 2 wie folgt bestimmt:

Beträge gemäß §§ des Familienlastenausgleichsgesetzes 1967:	Angepasste Beträge in Euro	
8 Abs. 2 Z 3 lit. a	114,0	52,90
8 Abs. 2 Z 3 lit. b	121,9	56,56
8 Abs. 2 Z 3 lit. c	141,5	65,66
8 Abs. 2 Z 3 lit. d	165,1	76,61
8 Abs. 3 Z 3 lit. a	7,1	3,29
8 Abs. 3 Z 3 lit. b	17,4	8,07
8 Abs. 3 Z 3 lit. c	26,5	12,30
8 Abs. 3 Z 3 lit. d	32,0	14,85
8 Abs. 3 Z 3 lit. e	35,7	16,56
8 Abs. 3 Z 3 lit. f	52,0	24,13
8 Abs. 4 Z 3	155,9	72,34
8 Abs. 8	100,0	46,40

(4) In Bezug auf Kinder, die sich ständig in Dänemark aufhalten, werden die Beträge an Familienbeihilfe aufgrund des Anpassungsfaktors nach § 2 Abs. 2 wie folgt bestimmt:

Beträge gemäß §§ des Familienlastenausgleichsgesetzes 1967:	Angepasste Beträge in Euro	
8 Abs. 2 Z 3 lit. a	114,0	144,10
8 Abs. 2 Z 3 lit. b	121,9	154,08
8 Abs. 2 Z 3 lit. c	141,5	178,86
8 Abs. 2 Z 3 lit. d	165,1	208,69
8 Abs. 3 Z 3 lit. a	7,1	8,97
8 Abs. 3 Z 3 lit. b	17,4	21,99
8 Abs. 3 Z 3 lit. c	26,5	33,50
8 Abs. 3 Z 3 lit. d	32,0	40,45
8 Abs. 3 Z 3 lit. e	35,7	45,12
8 Abs. 3 Z 3 lit. f	52,0	65,73
8 Abs. 4 Z 3	155,9	197,06
8 Abs. 8	100,0	126,40

(5) In Bezug auf Kinder, die sich ständig in Deutschland aufhalten, werden die Beträge an Familienbeihilfe aufgrund des Anpassungsfaktors nach § 2 Abs. 2 wie folgt bestimmt:

Beträge gemäß §§ des Familienlastenausgleichsgesetzes 1967:	Angepasste Beträge in Euro	
8 Abs. 2 Z 3 lit. a	114,0	108,64
8 Abs. 2 Z 3 lit. b	121,9	116,17
8 Abs. 2 Z 3 lit. c	141,5	134,85
8 Abs. 2 Z 3 lit. d	165,1	157,34
8 Abs. 3 Z 3 lit. a	7,1	6,77
8 Abs. 3 Z 3 lit. b	17,4	16,58
8 Abs. 3 Z 3 lit. c	26,5	25,25
8 Abs. 3 Z 3 lit. d	32,0	30,50
8 Abs. 3 Z 3 lit. e	35,7	34,02
8 Abs. 3 Z 3 lit. f	52,0	49,56
8 Abs. 4 Z 3	155,9	148,57
8 Abs. 8	100,0	95,30

(6) In Bezug auf Kinder, die sich ständig in Estland aufhalten, werden die Beträge an Familienbeihilfe aufgrund des Anpassungsfaktors nach § 2 Abs. 2 wie folgt bestimmt:

Beträge gemäß §§ des Familienlastenausgleichsgesetzes 1967:	Angepasste Beträge in Euro	
8 Abs. 2 Z 3 lit. a	114,0	84,47
8 Abs. 2 Z 3 lit. b	121,9	90,33
8 Abs. 2 Z 3 lit. c	141,5	104,85
8 Abs. 2 Z 3 lit. d	165,1	122,34
8 Abs. 3 Z 3 lit. a	7,1	5,26
8 Abs. 3 Z 3 lit. b	17,4	12,89
8 Abs. 3 Z 3 lit. c	26,5	19,64
8 Abs. 3 Z 3 lit. d	32,0	23,71
8 Abs. 3 Z 3 lit. e	35,7	26,45
8 Abs. 3 Z 3 lit. f	52,0	38,53
8 Abs. 4 Z 3	155,9	115,52
8 Abs. 8	100,0	74,10

(7) In Bezug auf Kinder, die sich ständig in Finnland aufhalten, werden die Beträge an Familienbeihilfe aufgrund des Anpassungsfaktors nach § 2 Abs. 2 wie folgt bestimmt:

Beträge gemäß §§ des Familienlastenausgleichsgesetzes 1967:	Angepasste Beträge in Euro	
8 Abs. 2 Z 3 lit. a	114,0	128,25
8 Abs. 2 Z 3 lit. b	121,9	137,14
8 Abs. 2 Z 3 lit. c	141,5	159,19
8 Abs. 2 Z 3 lit. d	165,1	185,74
8 Abs. 3 Z 3 lit. a	7,1	7,99
8 Abs. 3 Z 3 lit. b	17,4	19,58
8 Abs. 3 Z 3 lit. c	26,5	29,81
8 Abs. 3 Z 3 lit. d	32,0	36,00
8 Abs. 3 Z 3 lit. e	35,7	40,16
8 Abs. 3 Z 3 lit. f	52,0	58,50
8 Abs. 4 Z 3	155,9	175,39
8 Abs. 8	100,0	112,50

(8) In Bezug auf Kinder, die sich ständig in Frankreich aufhalten, werden die Beträge an Familienbeihilfe aufgrund des Anpassungsfaktors nach § 2 Abs. 2 wie folgt bestimmt:

1/3/28. EStG
Familienbeihilfe

Beträge gemäß §§ des Familienlastenausgleichsgesetzes 1967:		Angepasste Beträge in Euro
8 Abs. 2 Z 3 lit. a	114,0	115,60
8 Abs. 2 Z 3 lit. b	121,9	123,61
8 Abs. 2 Z 3 lit. c	141,5	143,48
8 Abs. 2 Z 3 lit. d	165,1	167,41
8 Abs. 3 Z 3 lit. a	7,1	7,20
8 Abs. 3 Z 3 lit. b	17,4	17,64
8 Abs. 3 Z 3 lit. c	26,5	26,87
8 Abs. 3 Z 3 lit. d	32,0	32,45
8 Abs. 3 Z 3 lit. e	35,7	36,20
8 Abs. 3 Z 3 lit. f	52,0	52,73
8 Abs. 4 Z 3	155,9	158,08
8 Abs. 8	100,0	101,40

(9) In Bezug auf Kinder, die sich ständig in Griechenland aufhalten, werden die Beträge an Familienbeihilfe aufgrund des Anpassungsfaktors nach § 2 Abs. 2 wie folgt bestimmt:

Beträge gemäß §§ des Familienlastenausgleichsgesetzes 1967:		Angepasste Beträge in Euro
8 Abs. 2 Z 3 lit. a	114,0	88,01
8 Abs. 2 Z 3 lit. b	121,9	94,11
8 Abs. 2 Z 3 lit. c	141,5	109,24
8 Abs. 2 Z 3 lit. d	165,1	127,46
8 Abs. 3 Z 3 lit. a	7,1	5,48
8 Abs. 3 Z 3 lit. b	17,4	13,43
8 Abs. 3 Z 3 lit. c	26,5	20,46
8 Abs. 3 Z 3 lit. d	32,0	24,70
8 Abs. 3 Z 3 lit. e	35,7	27,56
8 Abs. 3 Z 3 lit. f	52,0	40,14
8 Abs. 4 Z 3	155,9	120,35
8 Abs. 8	100,0	77,20

(10) In Bezug auf Kinder, die sich ständig in Irland aufhalten, werden die Beträge an Familienbeihilfe aufgrund des Anpassungsfaktors nach § 2 Abs. 2 wie folgt bestimmt:

Beträge gemäß §§ des Familienlastenausgleichsgesetzes 1967:		Angepasste Beträge in Euro
8 Abs. 2 Z 3 lit. a	114,0	134,98
8 Abs. 2 Z 3 lit. b	121,9	144,33
8 Abs. 2 Z 3 lit. c	141,5	167,54
8 Abs. 2 Z 3 lit. d	165,1	195,48
8 Abs. 3 Z 3 lit. a	7,1	8,41
8 Abs. 3 Z 3 lit. b	17,4	20,60
8 Abs. 3 Z 3 lit. c	26,5	31,38
8 Abs. 3 Z 3 lit. d	32,0	37,89
8 Abs. 3 Z 3 lit. e	35,7	42,27
8 Abs. 3 Z 3 lit. f	52,0	61,57
8 Abs. 4 Z 3	155,9	184,59
8 Abs. 8	100,0	118,40

(11) In Bezug auf Kinder, die sich ständig in Island aufhalten, werden die Beträge an Familienbeihilfe aufgrund des Anpassungsfaktors nach § 2 Abs. 2 wie folgt bestimmt:

Beträge gemäß §§ des Familienlastenausgleichsgesetzes 1967:		Angepasste Beträge in Euro
8 Abs. 2 Z 3 lit. a	114,0	165,19
8 Abs. 2 Z 3 lit. b	121,9	176,63
8 Abs. 2 Z 3 lit. c	141,5	205,03
8 Abs. 2 Z 3 lit. d	165,1	239,23
8 Abs. 3 Z 3 lit. a	7,1	10,29
8 Abs. 3 Z 3 lit. b	17,4	25,21
8 Abs. 3 Z 3 lit. c	26,5	38,40
8 Abs. 3 Z 3 lit. d	32,0	46,37
8 Abs. 3 Z 3 lit. e	35,7	51,73
8 Abs. 3 Z 3 lit. f	52,0	75,35
8 Abs. 4 Z 3	155,9	225,90
8 Abs. 8	100,0	144,90

(12) In Bezug auf Kinder, die sich ständig in Italien aufhalten, werden die Beträge an Familienbeihilfe aufgrund des Anpassungsfaktors nach § 2 Abs. 2 wie folgt bestimmt:

Beträge gemäß §§ des Familienlastenausgleichsgesetzes 1967:		Angepasste Beträge in Euro
8 Abs. 2 Z 3 lit. a	114,0	105,34
8 Abs. 2 Z 3 lit. b	121,9	112,64
8 Abs. 2 Z 3 lit. c	141,5	130,75
8 Abs. 2 Z 3 lit. d	165,1	152,55
8 Abs. 3 Z 3 lit. a	7,1	6,56
8 Abs. 3 Z 3 lit. b	17,4	16,08
8 Abs. 3 Z 3 lit. c	26,5	24,49
8 Abs. 3 Z 3 lit. d	32,0	29,57
8 Abs. 3 Z 3 lit. e	35,7	32,99
8 Abs. 3 Z 3 lit. f	52,0	48,05
8 Abs. 4 Z 3	155,9	144,05
8 Abs. 8	100,0	92,40

(13) In Bezug auf Kinder, die sich ständig in Kroatien aufhalten, werden die Beträge an Familienbeihilfe aufgrund des Anpassungsfaktors nach § 2 Abs. 2 wie folgt bestimmt:

Beträge gemäß §§ des Familienlastenausgleichsgesetzes 1967:		Angepasste Beträge in Euro
8 Abs. 2 Z 3 lit. a	114,0	71,36
8 Abs. 2 Z 3 lit. b	121,9	76,31

1/3/28. EStG
Familienbeihilfe

8 Abs. 2 Z 3 lit. c	141,5	88,58
8 Abs. 2 Z 3 lit. d	165,1	103,35
8 Abs. 3 Z 3 lit. a	7,1	4,44
8 Abs. 3 Z 3 lit. b	17,4	10,89
8 Abs. 3 Z 3 lit. c	26,5	16,59
8 Abs. 3 Z 3 lit. d	32,0	20,03
8 Abs. 3 Z 3 lit. e	35,7	22,35
8 Abs. 3 Z 3 lit. f	52,0	32,55
8 Abs. 4 Z 3	155,9	97,59
8 Abs. 8	100,0	62,60

(14) In Bezug auf Kinder, die sich ständig in Lettland aufhalten, werden die Beträge an Familienbeihilfe aufgrund des Anpassungsfaktors nach § 2 Abs. 2 wie folgt bestimmt:

Beträge gemäß §§ des Familienlastenausgleichsgesetzes 1967:		Angepasste Beträge in Euro
8 Abs. 2 Z 3 lit. a	114,0	77,86
8 Abs. 2 Z 3 lit. b	121,9	83,26
8 Abs. 2 Z 3 lit. c	141,5	96,64
8 Abs. 2 Z 3 lit. d	165,1	112,76
8 Abs. 3 Z 3 lit. a	7,1	4,85
8 Abs. 3 Z 3 lit. b	17,4	11,88
8 Abs. 3 Z 3 lit. c	26,5	18,10
8 Abs. 3 Z 3 lit. d	32,0	21,86
8 Abs. 3 Z 3 lit. e	35,7	24,38
8 Abs. 3 Z 3 lit. f	52,0	35,52
8 Abs. 4 Z 3	155,9	106,48
8 Abs. 8	100,0	68,30

(15) In Bezug auf Kinder, die sich ständig in Liechtenstein aufhalten, werden die Beträge an Familienbeihilfe nach § 2 Abs. 3 wie folgt bestimmt:

Beträge gemäß §§ des Familienlastenausgleichsgesetzes 1967:	
8 Abs. 2 Z 3 lit. a	114,0
8 Abs. 2 Z 3 lit. b	121,9
8 Abs. 2 Z 3 lit. c	141,5
8 Abs. 2 Z 3 lit. d	165,1
8 Abs. 3 Z 3 lit. a	7,1
8 Abs. 3 Z 3 lit. b	17,4
8 Abs. 3 Z 3 lit. c	26,5
8 Abs. 3 Z 3 lit. d	32,0
8 Abs. 3 Z 3 lit. e	35,7
8 Abs. 3 Z 3 lit. f	52,0
8 Abs. 4 Z 3	155,9
8 Abs. 8	100,0

(16) In Bezug auf Kinder, die sich ständig in Litauen aufhalten, werden die Beträge an Familienbeihilfe aufgrund des Anpassungsfaktors nach § 2 Abs. 2 wie folgt bestimmt:

Beträge gemäß §§ des Familienlastenausgleichsgesetzes 1967:		Angepasste Beträge in Euro
8 Abs. 2 Z 3 lit. a	114,0	69,20
8 Abs. 2 Z 3 lit. b	121,9	73,99
8 Abs. 2 Z 3 lit. c	141,5	85,89
8 Abs. 2 Z 3 lit. d	165,1	100,22
8 Abs. 3 Z 3 lit. a	7,1	4,31
8 Abs. 3 Z 3 lit. b	17,4	10,56
8 Abs. 3 Z 3 lit. c	26,5	16,09
8 Abs. 3 Z 3 lit. d	32,0	19,42
8 Abs. 3 Z 3 lit. e	35,7	21,67
8 Abs. 3 Z 3 lit. f	52,0	31,56
8 Abs. 4 Z 3	155,9	94,63
8 Abs. 8	100,0	60,70

(17) In Bezug auf Kinder, die sich ständig in Luxemburg aufhalten, werden die Beträge an Familienbeihilfe aufgrund des Anpassungsfaktors nach § 2 Abs. 2 wie folgt bestimmt:

Beträge gemäß §§ des Familienlastenausgleichsgesetzes 1967:		Angepasste Beträge in Euro
8 Abs. 2 Z 3 lit. a	114,0	131,78
8 Abs. 2 Z 3 lit. b	121,9	140,92
8 Abs. 2 Z 3 lit. c	141,5	163,57
8 Abs. 2 Z 3 lit. d	165,1	190,86
8 Abs. 3 Z 3 lit. a	7,1	8,21
8 Abs. 3 Z 3 lit. b	17,4	20,11
8 Abs. 3 Z 3 lit. c	26,5	30,63
8 Abs. 3 Z 3 lit. d	32,0	36,99
8 Abs. 3 Z 3 lit. e	35,7	41,27
8 Abs. 3 Z 3 lit. f	52,0	60,11
8 Abs. 4 Z 3	155,9	180,22
8 Abs. 8	100,0	115,60

(18) In Bezug auf Kinder, die sich ständig in Malta aufhalten, werden die Beträge an Familienbeihilfe aufgrund des Anpassungsfaktors nach § 2 Abs. 2 wie folgt bestimmt:

Beträge gemäß §§ des Familienlastenausgleichsgesetzes 1967:		Angepasste Beträge in Euro
8 Abs. 2 Z 3 lit. a	114,0	86,64
8 Abs. 2 Z 3 lit. b	121,9	92,64
8 Abs. 2 Z 3 lit. c	141,5	107,54
8 Abs. 2 Z 3 lit. d	165,1	125,48
8 Abs. 3 Z 3 lit. a	7,1	5,40
8 Abs. 3 Z 3 lit. b	17,4	13,22
8 Abs. 3 Z 3 lit. c	26,5	20,14

1/3/28. EStG
Familienbeihilfe

8 Abs. 3 Z 3 lit. d	32,0	24,32
8 Abs. 3 Z 3 lit. e	35,7	27,13
8 Abs. 3 Z 3 lit. f	52,0	39,52
8 Abs. 4 Z 3	155,9	118,48
8 Abs. 8	100,0	76,00

(19) In Bezug auf Kinder, die sich ständig in den Niederlanden aufhalten, werden die Beträge an Familienbeihilfe aufgrund des Anpassungsfaktors nach § 2 Abs. 2 wie folgt bestimmt:

Beträge gemäß §§ des Familienlastenausgleichsgesetzes 1967:		Angepasste Beträge in Euro
8 Abs. 2 Z 3 lit. a	114,0	117,53
8 Abs. 2 Z 3 lit. b	121,9	125,68
8 Abs. 2 Z 3 lit. c	141,5	145,89
8 Abs. 2 Z 3 lit. d	165,1	170,22
8 Abs. 3 Z 3 lit. a	7,1	7,32
8 Abs. 3 Z 3 lit. b	17,4	17,94
8 Abs. 3 Z 3 lit. c	26,5	27,32
8 Abs. 3 Z 3 lit. d	32,0	32,99
8 Abs. 3 Z 3 lit. e	35,7	36,81
8 Abs. 3 Z 3 lit. f	52,0	53,61
8 Abs. 4 Z 3	155,9	160,73
8 Abs. 8	100,0	103,10

(20) In Bezug auf Kinder, die sich ständig in Norwegen aufhalten, werden die Beträge an Familienbeihilfe aufgrund des Anpassungsfaktors nach § 2 Abs. 2 wie folgt bestimmt:

Beträge gemäß §§ des Familienlastenausgleichsgesetzes 1967:		Angepasste Beträge in Euro
8 Abs. 2 Z 3 lit. a	114,0	153,67
8 Abs. 2 Z 3 lit. b	121,9	164,32
8 Abs. 2 Z 3 lit. c	141,5	190,74
8 Abs. 2 Z 3 lit. d	165,1	222,55
8 Abs. 3 Z 3 lit. a	7,1	9,57
8 Abs. 3 Z 3 lit. b	17,4	23,46
8 Abs. 3 Z 3 lit. c	26,5	35,72
8 Abs. 3 Z 3 lit. d	32,0	43,14
8 Abs. 3 Z 3 lit. e	35,7	48,12
8 Abs. 3 Z 3 lit. f	52,0	70,10
8 Abs. 4 Z 3	155,9	210,15
8 Abs. 8	100,0	134,80

(21) In Bezug auf Kinder, die sich ständig in Polen aufhalten, werden die Beträge an Familienbeihilfe aufgrund des Anpassungsfaktors nach § 2 Abs. 2 wie folgt bestimmt:

Beträge gemäß §§ des Familienlastenausgleichsgesetzes 1967:		Angepasste Beträge in Euro
8 Abs. 2 Z 3 lit. a	114,0	60,53
8 Abs. 2 Z 3 lit. b	121,9	64,73
8 Abs. 2 Z 3 lit. c	141,5	75,14
8 Abs. 2 Z 3 lit. d	165,1	87,67
8 Abs. 3 Z 3 lit. a	7,1	3,77
8 Abs. 3 Z 3 lit. b	17,4	9,24
8 Abs. 3 Z 3 lit. c	26,5	14,07
8 Abs. 3 Z 3 lit. d	32,0	16,99
8 Abs. 3 Z 3 lit. e	35,7	18,96
8 Abs. 3 Z 3 lit. f	52,0	27,61
8 Abs. 4 Z 3	155,9	82,78
8 Abs. 8	100,0	53,10

(22) In Bezug auf Kinder, die sich ständig in Portugal aufhalten, werden die Beträge an Familienbeihilfe aufgrund des Anpassungsfaktors nach § 2 Abs. 2 wie folgt bestimmt:

Beträge gemäß §§ des Familienlastenausgleichsgesetzes 1967:		Angepasste Beträge in Euro
8 Abs. 2 Z 3 lit. a	114,0	90,63
8 Abs. 2 Z 3 lit. b	121,9	96,91
8 Abs. 2 Z 3 lit. c	141,5	112,49
8 Abs. 2 Z 3 lit. d	165,1	131,25
8 Abs. 3 Z 3 lit. a	7,1	5,64
8 Abs. 3 Z 3 lit. b	17,4	13,83
8 Abs. 3 Z 3 lit. c	26,5	21,07
8 Abs. 3 Z 3 lit. d	32,0	25,44
8 Abs. 3 Z 3 lit. e	35,7	28,38
8 Abs. 3 Z 3 lit. f	52,0	41,34
8 Abs. 4 Z 3	155,9	123,94
8 Abs. 8	100,0	79,50

(23) In Bezug auf Kinder, die sich ständig in Rumänien aufhalten, werden die Beträge an Familienbeihilfe aufgrund des Anpassungsfaktors nach § 2 Abs. 2 wie folgt bestimmt:

Beträge gemäß §§ des Familienlastenausgleichsgesetzes 1967:		Angepasste Beträge in Euro
8 Abs. 2 Z 3 lit. a	114,0	55,06
8 Abs. 2 Z 3 lit. b	121,9	58,88
8 Abs. 2 Z 3 lit. c	141,5	68,34
8 Abs. 2 Z 3 lit. d	165,1	79,74
8 Abs. 3 Z 3 lit. a	7,1	3,43
8 Abs. 3 Z 3 lit. b	17,4	8,40
8 Abs. 3 Z 3 lit. c	26,5	12,80
8 Abs. 3 Z 3 lit. d	32,0	15,46
8 Abs. 3 Z 3 lit. e	35,7	17,24

1/3/28. EStG
Familienbeihilfe

8 Abs. 3 Z 3 lit. f	52,0	25,12
8 Abs. 4 Z 3	155,9	75,30
8 Abs. 8	100,0	48,30

(24) In Bezug auf Kinder, die sich ständig in Schweden aufhalten, werden die Beträge an Familienbeihilfe aufgrund des Anpassungsfaktors nach § 2 Abs. 2 wie folgt bestimmt:

Beträge gemäß §§ des Familienlastenausgleichsgesetzes 1967:		Angepasste Beträge in Euro
8 Abs. 2 Z 3 lit. a	114,0	125,74
8 Abs. 2 Z 3 lit. b	121,9	134,46
8 Abs. 2 Z 3 lit. c	141,5	156,07
8 Abs. 2 Z 3 lit. d	165,1	182,11
8 Abs. 3 Z 3 lit. a	7,1	7,83
8 Abs. 3 Z 3 lit. b	17,4	19,19
8 Abs. 3 Z 3 lit. c	26,5	29,23
8 Abs. 3 Z 3 lit. d	32,0	35,30
8 Abs. 3 Z 3 lit. e	35,7	39,38
8 Abs. 3 Z 3 lit. f	52,0	57,36
8 Abs. 4 Z 3	155,9	171,96
8 Abs. 8	100,0	110,30

(25) In Bezug auf Kinder, die sich ständig in der Schweiz aufhalten, werden die Beträge an Familienbeihilfe aufgrund des Anpassungsfaktors nach § 2 Abs. 2 wie folgt bestimmt:

Beträge gemäß §§ des Familienlastenausgleichsgesetzes 1967:		Angepasste Beträge in Euro
8 Abs. 2 Z 3 lit. a	114,0	158,69
8 Abs. 2 Z 3 lit. b	121,9	169,68
8 Abs. 2 Z 3 lit. c	141,5	196,97
8 Abs. 2 Z 3 lit. d	165,1	229,82
8 Abs. 3 Z 3 lit. a	7,1	9,88
8 Abs. 3 Z 3 lit. b	17,4	24,22
8 Abs. 3 Z 3 lit. c	26,5	36,89
8 Abs. 3 Z 3 lit. d	32,0	44,54
8 Abs. 3 Z 3 lit. e	35,7	49,69
8 Abs. 3 Z 3 lit. f	52,0	72,38
8 Abs. 4 Z 3	155,9	217,01
8 Abs. 8	100,0	139,20

(26) In Bezug auf Kinder, die sich ständig in Slowakei aufhalten, werden die Beträge an Familienbeihilfe aufgrund des Anpassungsfaktors nach § 2 Abs. 2 wie folgt bestimmt:

Beträge gemäß §§ des Familienlastenausgleichsgesetzes 1967:		Angepasste Beträge in Euro
8 Abs. 2 Z 3 lit. a	114,0	81,05
8 Abs. 2 Z 3 lit. b	121,9	86,67
8 Abs. 2 Z 3 lit. c	141,5	100,61
8 Abs. 2 Z 3 lit. d	165,1	117,39
8 Abs. 3 Z 3 lit. a	7,1	5,05
8 Abs. 3 Z 3 lit. b	17,4	12,37
8 Abs. 3 Z 3 lit. c	26,5	18,84
8 Abs. 3 Z 3 lit. d	32,0	22,75
8 Abs. 3 Z 3 lit. e	35,7	25,38
8 Abs. 3 Z 3 lit. f	52,0	36,97
8 Abs. 4 Z 3	155,9	110,84
8 Abs. 8	100,0	71,10

(27) In Bezug auf Kinder, die sich ständig in Slowenien aufhalten, werden die Beträge an Familienbeihilfe aufgrund des Anpassungsfaktors nach § 2 Abs. 2 wie folgt bestimmt:

Beträge gemäß §§ des Familienlastenausgleichsgesetzes 1967:		Angepasste Beträge in Euro
8 Abs. 2 Z 3 lit. a	114,0	88,69
8 Abs. 2 Z 3 lit. b	121,9	94,84
8 Abs. 2 Z 3 lit. c	141,5	110,09
8 Abs. 2 Z 3 lit. d	165,1	128,45
8 Abs. 3 Z 3 lit. a	7,1	5,52
8 Abs. 3 Z 3 lit. b	17,4	13,54
8 Abs. 3 Z 3 lit. c	26,5	20,62
8 Abs. 3 Z 3 lit. d	32,0	24,90
8 Abs. 3 Z 3 lit. e	35,7	27,77
8 Abs. 3 Z 3 lit. f	52,0	40,46
8 Abs. 4 Z 3	155,9	121,29
8 Abs. 8	100,0	77,80

(28) In Bezug auf Kinder, die sich ständig in Spanien aufhalten, werden die Beträge an Familienbeihilfe aufgrund des Anpassungsfaktors nach § 2 Abs. 2 wie folgt bestimmt:

Beträge gemäß §§ des Familienlastenausgleichsgesetzes 1967:		Angepasste Beträge in Euro
8 Abs. 2 Z 3 lit. a	114,0	97,36
8 Abs. 2 Z 3 lit. b	121,9	104,10
8 Abs. 2 Z 3 lit. c	141,5	120,84
8 Abs. 2 Z 3 lit. d	165,1	141,00
8 Abs. 3 Z 3 lit. a	7,1	6,06
8 Abs. 3 Z 3 lit. b	17,4	14,86
8 Abs. 3 Z 3 lit. c	26,5	22,63
8 Abs. 3 Z 3 lit. d	32,0	27,33
8 Abs. 3 Z 3 lit. e	35,7	30,49
8 Abs. 3 Z 3 lit. f	52,0	44,41
8 Abs. 4 Z 3	155,9	133,14
8 Abs. 8	100,0	85,40

1/3/28. EStG
Familienbeihilfe

(29) In Bezug auf Kinder, die sich ständig in Tschechien aufhalten, werden die Beträge an Familienbeihilfe aufgrund des Anpassungsfaktors nach § 2 Abs. 2 wie folgt bestimmt:

Beträge gemäß §§ des Familienlastenausgleichsgesetzes 1967:		Angepasste Beträge in Euro
8 Abs. 2 Z 3 lit. a	114,0	74,67
8 Abs. 2 Z 3 lit. b	121,9	79,84
8 Abs. 2 Z 3 lit. c	141,5	92,68
8 Abs. 2 Z 3 lit. d	165,1	108,14
8 Abs. 3 Z 3 lit. a	7,1	4,65
8 Abs. 3 Z 3 lit. b	17,4	11,40
8 Abs. 3 Z 3 lit. c	26,5	17,36
8 Abs. 3 Z 3 lit. d	32,0	20,96
8 Abs. 3 Z 3 lit. e	35,7	23,38
8 Abs. 3 Z 3 lit. f	52,0	34,06
8 Abs. 4 Z 3	155,9	102,11
8 Abs. 8	100,0	65,50

(30) In Bezug auf Kinder, die sich ständig in Ungarn aufhalten, werden die Beträge an Familienbeihilfe aufgrund des Anpassungsfaktors nach § 2 Abs. 2 wie folgt bestimmt:

Beträge gemäß §§ des Familienlastenausgleichsgesetzes 1967:		Angepasste Beträge in Euro
8 Abs. 2 Z 3 lit. a	114,0	65,55
8 Abs. 2 Z 3 lit. b	121,9	70,09
8 Abs. 2 Z 3 lit. c	141,5	81,36
8 Abs. 2 Z 3 lit. d	165,1	94,93
8 Abs. 3 Z 3 lit. a	7,1	4,08
8 Abs. 3 Z 3 lit. b	17,4	10,01
8 Abs. 3 Z 3 lit. c	26,5	15,24
8 Abs. 3 Z 3 lit. d	32,0	18,40
8 Abs. 3 Z 3 lit. e	35,7	20,53
8 Abs. 3 Z 3 lit. f	52,0	29,90
8 Abs. 4 Z 3	155,9	89,64
8 Abs. 8	100,0	57,50

(31) In Bezug auf Kinder, die sich ständig im Vereinigten Königreich aufhalten, werden die Beträge an Familienbeihilfe aufgrund des Anpassungsfaktors nach § 2 Abs. 2 wie folgt bestimmt:

Beträge gemäß §§ des Familienlastenausgleichsgesetzes 1967:		Angepasste Beträge in Euro
8 Abs. 2 Z 3 lit. a	114,0	122,21
8 Abs. 2 Z 3 lit. b	121,9	130,68
8 Abs. 2 Z 3 lit. c	141,5	151,69
8 Abs. 2 Z 3 lit. d	165,1	176,99
8 Abs. 3 Z 3 lit. a	7,1	7,61
8 Abs. 3 Z 3 lit. b	17,4	18,65
8 Abs. 3 Z 3 lit. c	26,5	28,41
8 Abs. 3 Z 3 lit. d	32,0	34,30
8 Abs. 3 Z 3 lit. e	35,7	38,27
8 Abs. 3 Z 3 lit. f	52,0	55,74
8 Abs. 4 Z 3	155,9	167,12
8 Abs. 8	100,0	107,20

(32) In Bezug auf Kinder, die sich ständig in Zypern aufhalten, werden die Beträge an Familienbeihilfe aufgrund des Anpassungsfaktors nach § 2 Abs. 2 wie folgt bestimmt:

Beträge gemäß §§ des Familienlastenausgleichsgesetzes 1967:		Angepasste Beträge in Euro
8 Abs. 2 Z 3 lit. a	114,0	91,43
8 Abs. 2 Z 3 lit. b	121,9	97,76
8 Abs. 2 Z 3 lit. c	141,5	113,48
8 Abs. 2 Z 3 lit. d	165,1	132,41
8 Abs. 3 Z 3 lit. a	7,1	5,69
8 Abs. 3 Z 3 lit. b	17,4	13,95
8 Abs. 3 Z 3 lit. c	26,5	21,25
8 Abs. 3 Z 3 lit. d	32,0	25,66
8 Abs. 3 Z 3 lit. e	35,7	28,63
8 Abs. 3 Z 3 lit. f	52,0	41,70
8 Abs. 4 Z 3	155,9	125,03
8 Abs. 8	100,0	80,20

§ 4. (1) Der Kinderabsetzbetrag gemäß § 33 Abs. 3 EStG 1988 wird aufgrund des Anpassungsfaktors nach § 2 Abs. 2 sowie nach § 2 Abs. 3 wie folgt bestimmt:

Staat, in dem sich die Kinder ständig aufhalten	Kinderabsetzbetrag gemäß § 33 Abs. 3 EStG 1988	Angepasster Betrag in Euro
Belgien	58,40	59,86
Bulgarien	58,40	27,10
Dänemark	58,40	73,82
Deutschland	58,40	55,66
Estland	58,40	43,27
Finnland	58,40	65,70
Frankreich	58,40	59,22
Griechenland	58,40	45,08
Irland	58,40	69,15
Island	58,40	84,62
Italien	58,40	53,96
Kroatien	58,40	36,56
Lettland	58,40	39,89
Liechtenstein	58,40	58,40
Litauen	58,40	35,45

1/3/28. EStG
Familienbeihilfe

Land		
Luxemburg	58,40	67,51
Malta	58,40	44,38
Niederlande	58,40	60,21
Norwegen	58,40	78,72
Polen	58,40	31,01
Portugal	58,40	46,43
Rumänien	58,40	28,21
Schweden	58,40	64,42
Schweiz	58,40	81,29
Slowakei	58,40	41,52
Slowenien	58,40	45,44
Spanien	58,40	49,87
Tschechien	58,40	38,25
Ungarn	58,40	33,58
Vereinigtes Königreich	58,40	62,60
Zypern	58,40	46,84

§ 5. (1) Die Familienbeihilfe-Kinderabsetzbetrag-EU-Anpassungsverordnung, BGBl. II Nr. 318/2018 in der Fassung BGBl. II Nr. 204/2019 und BGBl. II Nr. 366/2020, tritt mit 31. Dezember 2020 außer Kraft.

(2) Diese Verordnung tritt mit 1. Jänner 2021 in Kraft.

1/3/29. EStG
Familienbonus Plus

1/3/29. VO zu § 33 Abs. 3a Z 2

Familienbonus Plus-Absetzbeträge-EU-Anpassungsverordnung*)

BGBl II 2018/257 idF BGBl II 2022/309

*) Die Familienbonus Plus-Absetzbeträge-EU-Anpassungsverordnung trat mit 1. Jänner 2023 außer Kraft.

Verordnung des Bundesministers für Finanzen über die Anpassung des Familienbonus Plus, des Alleinverdiener-, Alleinerzieher- und Unterhaltsabsetzbetrages sowie des Kindermehrbetrages in Bezug auf Kinder, die sich ständig in einem anderen Mitgliedstaat der EU oder einer Vertragspartei des Europäischen Wirtschaftsraumes oder der Schweiz aufhalten (Familienbonus Plus-Absetzbeträge-EU-Anpassungsverordnung)

Aufgrund des § 33 Abs. 3a Z 2 des Einkommensteuergesetzes 1988, BGBl. Nr. 400, zuletzt geändert durch das Bundesgesetz BGBl. I Nr. 62/2018, wird verordnet:

§ 1. Diese Verordnung bestimmt die Absetzbeträge gemäß § 33 Abs. 3a und Abs. 4 EStG 1988 sowie den Kindermehrbetrag gemäß § 33 Abs. 7 EStG 1988 in Bezug auf Kinder, die sich ständig in einem anderen Mitgliedstaat der EU oder Hoheitsgebiet einer anderen Vertragspartei des Abkommens über den Europäischen Wirtschaftsraum oder der Schweiz aufhalten.

§ 2. (1) Zur Bestimmung der Beträge nach § 1 wird ein Anpassungsfaktor festgelegt, der auf den vom Statistischen Amt der Europäischen Union am 1. Juni 2020 veröffentlichten Indikatoren im Rahmen der „Vergleichenden Preisniveaus des Endverbrauchs der privaten Haushalte einschließlich indirekter Steuern (EU-27=100)" basiert.

(2) Das Statistische Amt der Europäischen Union hat den Indikator für Österreich mit 112 festgelegt. Um den Anpassungsfaktor zu ermitteln, wird das Verhältnis der Indikatoren der einzelnen Staaten zum Indikator Österreichs in Verhältnis gesetzt. Die Berechnung des Anpassungsfaktors erfolgt auf drei Nachkommastellen, ohne Anwendung einer Rundung. Der Anpassungsfaktor wird demnach wie folgt festgelegt:

Staat, in dem sich die Kinder ständig aufhalten	Indikator des Statistischen Amtes der Europäischen Union	Anpassungsfaktor
Belgien	114,8	1,025
Bulgarien	52,0	0,464
Dänemark	141,6	1,264
Deutschland	106,8	0,953
Estland	83,0	0,741
Finnland	126,0	1,125
Frankreich	113,6	1,014
Griechenland	86,5	0,772
Irland	132,7	1,184
Island	162,3	1,449
Italien	103,5	0,924
Kroatien	70,2	0,626
Lettland	76,5	0,683
Litauen	68,0	0,607
Luxemburg	129,5	1,156
Malta	85,2	0,760
Niederlande	115,5	1,031
Norwegen	151,0	1,348
Polen	59,5	0,531
Portugal	89,1	0,795
Rumänien	54,1	0,483
Schweden	123,6	1,103
Schweiz	156,0	1,392
Slowakei	79,7	0,711
Slowenien	87,2	0,778

1/3/29. EStG
Familienbonus Plus

Spanien	95,7	0,854
Tschechien	73,4	0,655
Ungarn	64,5	0,575
Vereinigtes Königreich	120,1	1,072
Zypern	89,9	0,802

(3) Da für das Fürstentum Liechtenstein kein Indikator des Statistischen Amtes der Europäischen Union vorliegt, sind in Bezug auf Kinder, die sich ständig im Fürstentum Liechtenstein aufhalten, die gesetzlich festgelegten Absetzbeträge gemäß § 33 Abs. 3a und Abs. 4 EStG 1988 sowie der Kindermehrbetrag gemäß § 33 Abs. 7 EStG 1988 anzuwenden.
(BGBl II 2020/417)

§ 3. (1) Die im Folgenden angepassten Beträge werden jeweils auf die zweite Nachkommastelle kaufmännisch gerundet.

(2) Der Familienbonus Plus gemäß § 33 Abs. 3a Z 1 lit. a und lit. b EStG 1988 wird aufgrund des Anpassungsfaktors nach § 2 Abs. 2 wie folgt bestimmt:

Familienbonus Plus § 33 Abs. 3a Z 1 lit. a und b EStG 1988:	166,68 Euro	54,18 Euro
Staat, in dem sich die Kinder ständig aufhalten	Angepasster Betrag in Euro	Angepasster Betrag in Euro
Belgien	170,85	55,53
Bulgarien	77,34	25,14
Dänemark	210,68	68,48
Deutschland	158,85	51,63
Estland	123,51	40,15
Finnland	187,52	60,95
Frankreich	169,01	54,94
Griechenland	128,68	41,83
Irland	197,35	64,15
Island	241,52	78,51
Italien	154,01	50,06
Kroatien	104,34	33,92
Lettland	113,84	37,00
Liechtenstein	166,68	54,18
Litauen	101,17	32,89
Luxemburg	192,68	62,63
Malta	126,68	41,18
Niederlande	171,85	55,86
Norwegen	224,68	73,03
Polen	88,51	28,77
Portugal	132,51	43,07
Rumänien	80,51	26,17
Schweden	183,85	59,76
Schweiz	232,02	75,42
Slowakei	118,51	38,52
Slowenien	129,68	42,15
Spanien	142,34	46,27
Tschechien	109,18	35,49
Ungarn	95,84	31,15
Vereinigtes Königreich	178,68	58,08
Zypern	133,68	43,45

(BGBl II 2022/193)

1/3/29. EStG
Familienbonus Plus

(3) Der Alleinverdiener- und der Alleinerzieherabsetzbetrag gemäß § 33 Abs. 4 Z 1 und Z 2 EStG 1988 werden aufgrund des Anpassungsfaktors nach § 2 Abs. 2 wie folgt bestimmt:

Alleinverdiener- und Alleinerzieherabsetzbetrag § 33 Abs. 4 Z 1 und Z 2 EStG 1988:	bei einem Kind 494 Euro	für das zweite Kind 175 Euro	für jedes weitere Kind 220 Euro
Staat, in dem sich die Kinder ständig aufhalten	Angepasster Betrag in Euro	Angepasster Betrag in Euro	Angepasster Betrag in Euro
Belgien	506,35	179,38	225,50
Bulgarien	229,22	81,20	102,08
Dänemark	624,42	221,20	278,08
Deutschland	470,78	166,78	209,66
Estland	366,05	129,68	163,02
Finnland	555,75	196,88	247,50
Frankreich	500,92	177,45	223,08
Griechenland	381,37	135,10	169,84
Irland	584,90	207,20	260,48
Island	715,81	253,58	318,78
Italien	456,46	161,70	203,28
Kroatien	309,24	109,55	137,72
Lettland	337,40	119,53	150,26
Liechtenstein	494,00	175,00	220,00
Litauen	299,86	106,23	133,54
Luxemburg	571,06	202,30	254,32
Malta	375,44	133,00	167,20
Niederlande	509,31	180,43	226,82
Norwegen	665,91	235,90	296,56
Polen	262,31	92,93	116,82
Portugal	392,73	139,13	174,90
Rumänien	238,60	84,53	106,26
Schweden	544,88	193,03	242,66
Schweiz	687,65	243,60	306,24
Slowakei	351,23	124,43	156,42
Slowenien	384,33	136,15	171,16
Spanien	421,88	149,45	187,88
Tschechien	323,57	114,63	144,10
Ungarn	284,05	100,63	126,50
Vereinigtes Königreich	529,57	187,60	235,84
Zypern	396,19	140,35	176,44

(4) Der Unterhaltsabsetzbetrag gemäß § 33 Abs. 4 Z 3 EStG 1988 wird aufgrund des Anpassungsfaktors nach § 2 Abs. 2 wie folgt bestimmt:

Unterhaltsabsetzbetrag § 33 Abs. 4 Z 3 EStG 1988:	für das erste Kind 29,20 Euro	für das zweite Kind 43,80 Euro	für jedes weitere Kind 58,40 Euro
Staat, in dem sich die Kinder ständig aufhalten	Angepasster Betrag in Euro	Angepasster Betrag in Euro	Angepasster Betrag in Euro
Belgien	29,93	44,90	59,86
Bulgarien	13,55	20,32	27,10
Dänemark	36,91	55,36	73,82
Deutschland	27,83	41,74	55,66

1/3/29. EStG
Familienbonus Plus

Estland	21,64	32,46	43,27
Finnland	32,85	49,28	65,70
Frankreich	29,61	44,41	59,22
Griechenland	22,54	33,81	45,08
Irland	34,57	51,86	69,15
Island	42,31	63,47	84,62
Italien	26,98	40,47	53,96
Kroatien	18,28	27,42	36,56
Lettland	19,94	29,92	39,89
Liechtenstein	29,20	43,80	58,40
Litauen	17,72	26,59	35,45
Luxemburg	33,76	50,63	67,51
Malta	22,19	33,29	44,38
Niederlande	30,11	45,16	60,21
Norwegen	39,36	59,04	78,72
Polen	15,51	23,26	31,01
Portugal	23,21	34,82	46,43
Rumänien	14,10	21,16	28,21
Schweden	32,21	48,31	64,42
Schweiz	40,65	60,97	81,29
Slowakei	20,76	31,14	41,52
Slowenien	22,72	34,08	45,44
Spanien	24,94	37,41	49,87
Tschechien	19,13	28,69	38,25
Ungarn	16,79	25,19	33,58
Vereinigtes Königreich	31,30	46,95	62,60
Zypern	23,42	35,13	46,84

(5) Der Kindermehrbetrag gemäß § 33 Abs. 7 EStG 1988 wird aufgrund des Anpassungsfaktors nach § 2 Abs. 2 wie folgt bestimmt:

Kindermehrbetrag § 33 Abs. 7 EStG 1988:	pro Kind 350 Euro
Staat, in dem sich die Kinder ständig aufhalten	Angepasster Betrag in Euro
Belgien	358,75
Bulgarien	162,40
Dänemark	442,40
Deutschland	333,55
Estland	259,35
Finnland	393,75
Frankreich	354,90
Griechenland	270,20
Irland	414,40
Island	507,15
Italien	323,40
Kroatien	219,10
Lettland	239,05
Liechtenstein	350,00
Litauen	212,45

1/3/29. EStG
Familienbonus Plus

Luxemburg	404,60
Malta	266,00
Niederlande	360,85
Norwegen	471,80
Polen	185,85
Portugal	278,25
Rumänien	169,05
Schweden	386,05
Schweiz	487,20
Slowakei	248,85
Slowenien	272,30
Spanien	298,90
Tschechien	229,25
Ungarn	201,25
Vereinigtes Königreich	375,20
Zypern	280,70

(BGBl II 2022/193)
(BGBl II 2020/417)

§ 4. (1) Diese Verordnung ist erstmalig anzuwenden, wenn
– die Einkommensteuer veranlagt wird, bei der Veranlagung für das Kalenderjahr 2019,
– die Einkommensteuer (Lohnsteuer) durch Abzug eingehoben oder durch Veranlagung festgesetzt wird, erstmalig für Lohnzahlungszeiträume, die nach dem 31. Dezember 2018 enden.
(BGBl II 2019/141)
(2) § 2 Abs. 2 und § 3 Abs. 2 bis Abs. 5, jeweils in der Fassung BGBl. II Nr. 141/2019, sind ab dem Folgemonat nach dem Wirksamwerden des Austritts des Vereinigten Königreichs aus der Europäischen Union anzuwenden, unter der Bedingung, dass der Austritt ohne Austrittsabkommen gemäß Art. 50 Abs. 2 EUV erfolgt.
(BGBl II 2019/141)
(3) § 2 und § 3 in der Fassung des BGBl. II Nr. 417/2020 treten mit 1. Jänner 2021 in Kraft und sind erstmalig anzuwenden, wenn
– die Einkommensteuer veranlagt wird, bei der Veranlagung für das Kalenderjahr 2021,
– die Einkommensteuer (Lohnsteuer) durch Abzug eingehoben oder durch Veranlagung festgesetzt wird, erstmalig für Lohnzahlungszeiträume, die nach dem 31. Dezember 2020 enden.
(BGBl II 2020/417)
(4) § 3 Abs. 2 in der Fassung des BGBl. II Nr. 193/2022 ist für Kalendermonate ab Jänner 2022 anzuwenden.
(BGBl II 2022/193, BGBl II 2022/309)
(5) § 3 Abs. 5 in der Fassung des BGBl. II Nr. 193/2022 tritt nicht in Kraft. § 3 Abs. 5 in der Fassung vor BGBl. II Nr. 193/2022 ist letztmalig für die Veranlagung des Kalenderjahres 2021 anzuwenden.
(BGBl II 2022/193, BGBl II 2022/309)
(6) Für die Veranlagung für das Kalenderjahr 2021 wird der Kindermehrbetrag gemäß § 33 Abs. 7 EStG 1988 aufgrund des Anpassungsfaktors nach § 2 Abs. 2 wie folgt bestimmt:

Kindermehrbetrag § 33 Abs. 7 EStG 1988:	pro Kind 350 Euro
Staat, in dem sich die Kinder ständig aufhalten	Angepasster Betrag in Euro
Belgien	256,25
Bulgarien	116,00
Dänemark	316,00
Deutschland	238,25
Estland	185,25

1/3/29. EStG
Familienbonus Plus

Finnland	281,25
Frankreich	253,50
Griechenland	193,00
Irland	296,00
Island	362,25
Italien	231,00
Kroatien	156,50
Lettland	170,75
Liechtenstein	250,00
Litauen	151,75
Luxemburg	289,00
Malta	190,00
Niederlande	257,75
Norwegen	337,00
Polen	132,75
Portugal	198,75
Rumänien	120,75
Schweden	275,75
Schweiz	348,00
Slowakei	177,75
Slowenien	194,50
Spanien	213,50
Tschechien	163,75
Ungarn	143,75
Zypern	200,50

(BGBl II 2022/193)

(7) Für die Veranlagung für das Kalenderjahr 2022 werden der Alleinverdiener- und der Alleinerzieherabsetzbetrag gemäß § 33 Abs. 4 Z 1, Z 2 und § 124b Z 410 lit. c EStG 1988 aufgrund des Anpassungsfaktors nach § 2 Abs. 2 wie folgt bestimmt:

Alleinverdiener- und Alleinerzieherabsetzbetrag § 33 Abs. 4 Z 1 und Z 2 EStG 1988:	bei einem Kind 494 Euro	für das zweite Kind 175 Euro	für jedes weitere Kind 220 Euro
Staat, in dem sich die Kinder ständig aufhalten	Angepasster Betrag in Euro	Angepasster Betrag in Euro	Angepasster Betrag in Euro
Belgien	501,20	177,55	223,21
Dänemark	570,08	201,95	253,88
Finnland	530,02	187,76	236,04
Frankreich	498,03	176,43	221,80
Irland	547,02	193,78	243,61
Island	623,39	220,84	277,62
Luxemburg	538,95	190,93	240,02
Niederlande	502,93	178,16	223,98
Norwegen	594,28	210,53	264,66
Schweden	523,68	185,51	233,22
Schweiz	606,96	215,02	270,31
Vereinigtes Königreich	514,75	182,35	229,22

(BGBl II 2022/309)

(8) Für die Veranlagung für das Kalenderjahr 2022 wird der Kindermehrbetrag gemäß § 33 Abs. 7 und § 124b Z 410 lit. c EStG 1988 aufgrund des Anpassungsfaktors nach § 2 Abs. 2 wie folgt bestimmt:

1/3/29. EStG
Familienbonus Plus

Kindermehrbetrag § 33 Abs. 7 EStG 1988:	pro Kind 550 Euro
Staat, in dem sich die Kinder ständig aufhalten	Angepasster Betrag in Euro
Belgien	558,02
Dänemark	634,70
Finnland	590,10
Frankreich	554,49
Irland	609,03
Island	694,05
Luxemburg	600,05
Niederlande	559,95
Norwegen	661,65
Schweden	583,05
Schweiz	675,77
Vereinigtes Königreich	573,10

(BGBl II 2022/309)

(9)
1. § 3 Abs. 2 und Abs. 4 sind letztmalig für den Kalendermonat Juli 2022 anzuwenden (§ 124b Z 410 EStG 1988).
2. § 3 Abs. 3 in der Fassung BGBl. II Nr. 193/2022 ist letztmalig anzuwenden für die Veranlagung des Kalenderjahres 2021 bzw. wenn die Einkommensteuer (Lohnsteuer) durch Abzug eingehoben wird, für Lohnzahlungszeiträume, die vor dem 1. August 2022 enden (§ 124b Z 410 EStG 1988).
3. Die Familienbonus Plus-Absetzbeträge-EU-Anpassungsverordnung tritt mit 1. Jänner 2023 außer Kraft.

(BGBl II 2022/309)

1/3/30. EStG
Inflationsanpassung

1/3/30. VO § 33a Abs. 4
Inflationsanpassungsverordnung 2024
BGBl II 2023/251

Verordnung des Bundesministers für Finanzen zu den im Ausmaß von zwei Dritteln inflationsangepassten Beträgen im EStG 1988 für das Jahr 2024 (Inflationsanpassungsverordnung 2024)

Aufgrund des § 33a Abs. 4 des Einkommensteuergesetzes 1988, BGBl. Nr. 400/1988, zuletzt geändert durch das Bundesgesetz BGBl. I Nr. 111/2023, wird verordnet:

§ 1. Mit dieser Verordnung werden die im Ausmaß von zwei Dritteln der positiven Inflationsrate angepassten Beträge gemäß § 33 Abs. 1a EStG 1988 für das Jahr 2024 kundgemacht.

§ 2. Die nach § 33a Abs. 3 EStG 1988 ermittelte Inflationsrate beträgt 9,9%, weshalb die für das Kalenderjahr 2023 geltenden Beträge um 6,6% anzuheben sind. Für das Kalenderjahr 2024 sind bei Anwendung der in § 3 genannten gesetzlichen Bestimmungen die für 2024 maßgeblichen Beträge anzuwenden, die im Vergleich zum Kalenderjahr 2023 um 6,6% erhöht und auf volle Euro aufgerundet wurden.

§ 3.

Gesetzliche Bestimmung	Beträge 2024 in Euro
§ 1 Abs. 4 EStG 1988	12 465
§ 4 Abs. 4 Z 8 lit. b EStG 1988	12 465
§ 33 Abs. 1 EStG 1988	12 465
	20 397
	34 192
	66 178
	99 266
§ 33 Abs. 4 Z 1 und Z 2 EStG 1988	555
	751
	248
	6 729
§ 33 Abs. 4 Z 3 EStG 1988	34
	51
	67
§ 33 Abs. 5 Z 1 EStG 1988	449
§ 33 Abs. 5 Z 2 EStG 1988	774
	13 683
	14 579
	449
§ 33 Abs. 5 Z 3 EStG 1988	730
	17 943
	27 476
§ 33 Abs. 6 Z 1 und Z 2 EStG 1988	2 468
	1 363
	22 351
	28 597
§ 33 Abs. 6 Z 3 EStG 1988	926
	19 626
	28 597
§ 33 Abs. 8 Z 2 EStG 1988	449
	561
	730
§ 33 Abs. 8 Z 3 EStG 1988	618
§ 34 Abs. 4 zweiter Teilstrich EStG 1988	6 729
§ 35 Abs. 1 dritter Teilstrich EStG 1988	6 729
§ 42 Abs. 1 Z 3 EStG 1988	12 465
	13 598
§ 42 Abs. 2 EStG 1988	2 267
§ 99 Abs. 2 Z 2 EStG 1988	2 267
§ 102 Abs. 3 EStG 1988	10 199

§ 4. Diese Verordnung ist anzuwenden, wenn
- die Einkommensteuer veranlagt wird, bei der Veranlagung für das Kalenderjahr 2024,
- die Einkommensteuer (Lohnsteuer) durch Abzug eingehoben oder durch Veranlagung festgesetzt wird, für Lohnzahlungszeiträume, die nach dem 31. Dezember 2023 und vor dem 1. Jänner 2025 enden.

1/3/31. EStG
Progressionsbericht

1/3/31. VO § 33a Abs. 6
Progressionsberichtsverordnung

BGBl II 2022/451

Verordnung des Bundesministers für Finanzen zum Progressionsbericht (Progressionsberichtsverordnung – PBV)

Auf Grund des § 33a Abs. 6 des Einkommensteuergesetzes 1988, BGBl. Nr. 4/1988, zuletzt geändert durch das Bundesgesetz BGBl. I Nr. 174/2022, wird verordnet:

§ 1. Für die Ermittlung des prognostizierten Einkommensteueraufkommens im Progressionsbericht gilt:

1. Auf Grundlage von Lohn- und Einkommensteuerdaten sowie sozioökonomischen Daten aus dem Basisjahr ist eine Einkommensverteilung zu ermitteln. Das Basisjahr ist das drittvorangegangene Kalenderjahr in Bezug auf das Jahr, für das der Progressionsbericht erstellt wird. Sollte dieses Jahr hinsichtlich der Einkommensverteilung nicht ausreichend repräsentativ sein, ist als Basisjahr das vor diesem liegende repräsentative Kalenderjahr heranzuziehen und diese Wahl im Progressionsbericht zu begründen. Für die Einkommensverteilung sind insbesondere folgende Parameter zu berücksichtigen:
   a) Jahresbruttoeinkommen aus unselbständiger Beschäftigung aller Arbeitnehmer;
   b) Jahresbruttoeinkommen aus unselbständiger Beschäftigung aller Pensionisten, insbesondere Pensionen aus der gesetzlichen Sozialversicherung;
   c) Betriebseinnahmen aus selbständiger Beschäftigung;
   d) Weitere steuerlich relevante sozioökonomische Charakteristiken (z. B. Kinderanzahl).

2. Die Einkommensverteilung für das Folgejahr ist entsprechend der Einkommensverteilung im Basisjahr und anhand der voraussichtlichen Entwicklung relevanter makroökonomischer Parameter zu prognostizieren. Dabei sind insbesondere zu berücksichtigen:
   a) Die Entwicklung der Zahl der Erwerbspersonen (unselbständigen Beschäftigten bzw. Arbeitslosen);
   b) Die Entwicklung der nominellen Brutto-Löhne pro Kopf;
   c) Die Entwicklung der Zahl der Pensionisten;
   d) Die Entwicklung der Pensionshöhe (d.h. die gesetzliche Pensionsanpassung);
   e) Die Entwicklung der Arbeitsproduktivität;

Sämtliche verwendeten Datengrundlagen sind im Bericht offenzulegen.

§ 2. Die Ergebnisse des Progressionsberichtes eines Jahres sind im zweitfolgenden Jahr zu evaluieren. Dabei hat unter Berücksichtigung des tatsächlichen Einkommensteueraufkommens eine Ex-post-Prüfung des prognostizierten Einkommensteueraufkommens im Hinblick auf die dafür verwendeten Grundlagen zu erfolgen. Das Ergebnis der Evaluierung ist dem Nationalrat vorzulegen.

§ 3. Diese Verordnung ist erstmalig auf den Progressionsbericht für das Kalenderjahr 2024 anzuwenden. § 2 der Verordnung ist auf die Studie des Instituts für Höhere Studien (IHS) und des Österreichischen Instituts für Wirtschaftsforschung (WIFO) vom 31. August 2022 „Schätzung der kalten Progression als Grundlage für Maßnahmen zur Inflationsabgeltung für das Jahr 2023" entsprechend anzuwenden.

1/3/32. EStG
Außergewöhnliche Belastungen

1/3/32. VO zu §§ 34 und 35
Außergewöhnliche Belastungen
BGBl 1996/303 idF BGBl II 2023/11

Verordnung des Bundesministers für Finanzen über außergewöhnliche Belastungen

Auf Grund der §§ 34 und 35 des Einkommensteuergesetzes 1988, BGBl. Nr. 400, wird verordnet:

§ 1. (1) Hat der Steuerpflichtige Aufwendungen
- durch eine eigene körperliche oder geistige Behinderung,
- bei Anspruch auf den Alleinverdienerabsetzbetrag durch eine Behinderung des (Ehe-)Partners (§ 106 Abs. 3 EStG 1988),
- ohne Anspruch auf den Alleinverdienerabsetzbetrag durch eine Behinderung des (Ehe-)Partners (§ 106 Abs. 3 EStG 1988), wenn dessen Einkünfte den jährlichen Höchstbetrag gemäß § 33 Abs. 4 Z 1 EStG 1988 nicht übersteigen, oder
- bei Anspruch des Steuerpflichtigen selbst oder seines (Ehe-)Partners auf den Kinderabsetzbetrag oder den Unterhaltsabsetzbetrag, durch eine Behinderung des Kindes (§ 106 Abs. 1 und 2 EStG 1988), für das keine erhöhte Familienbeihilfe gemäß § 8 Abs. 4 des Familienlastenausgleichsgesetzes 1967 gewährt wird,

so sind die in den §§ 2 bis 4 dieser Verordnung genannten Mehraufwendungen als außergewöhnliche Belastungen zu berücksichtigen.

(BGBl II 2023/11)

(2) Eine Behinderung liegt vor, wenn das Ausmaß der Minderung der Erwerbsfähigkeit (Grad der Behinderung) mindestens 25% beträgt.

(3) Die Mehraufwendungen gemäß §§ 2 bis 4 dieser Verordnung sind nicht um eine pflegebedingte Geldleistung (Pflegegeld, Pflegezulage oder Blindenzulage) oder um einen Freibetrag nach § 35 Abs. 3 EStG 1988 zu kürzen.

§ 2. (1) Als Mehraufwendungen wegen Krankendiätverpflegung sind ohne Nachweis der tatsächlichen Kosten bei
- Tuberkulose, Zuckerkrankheit, Zöliakie oder Aids .... 70 Euro
- Gallen-, Leber- oder Nierenkrankheit .... 51 Euro
- Magenkrankheit oder einer anderen inneren Krankheit .... 42 Euro

pro Kalendermonat zu berücksichtigen. Bei Zusammentreffen mehrerer Krankheiten ist der höhere Pauschbetrag zu berücksichtigen.

(2) Bei einer Minderung der Erwerbsfähigkeit von weniger als 25% sind die angeführten Beträge ohne Nachweis der tatsächlichen Kosten nach Abzug des Selbstbehaltes gemäß § 34 Abs. 4 EStG 1988 zu berücksichtigen.

§ 3. (1) Für Körperbehinderte, die zur Fortbewegung ein eigenes Kraftfahrzeug benützen, ist zur Abgeltung der Mehraufwendungen für besondere Behindertenvorrichtungen und für den Umstand, daß ein Massenbeförderungsmittel auf Grund der Behinderung nicht benützt werden kann, ein Freibetrag von 190 Euro monatlich zu berücksichtigen. Die Körperbehinderung ist durch eine Bescheinigung gemäß § 29 b der Straßenverkehrsordnung 1960 oder einen Bescheid über die Befreiung von der Kraftfahrzeugsteuer gemäß § 2 Abs. 2 des Kraftfahrzeugsteuergesetzes 1952, gemäß § 2 Abs. 1 Z 12 des Kraftfahrzeugsteuergesetzes 1992 oder gemäß § 4 Abs. 3 Z 9 des Versicherungssteuergesetzes 1953 nachzuweisen.

(2) Bei einem Gehbehinderten mit einer mindestens 50%igen Erwerbsminderung, der über kein eigenes Kraftfahrzeug verfügt, sind die Aufwendungen für Taxifahrten bis zu einem Betrag von monatlich 153 Euro [2.100 S] zu berücksichtigen.

§ 4. Nicht regelmäßig anfallende Aufwendungen für Hilfsmittel (z.B. Rollstuhl, Hörgerät, Blindenhilfsmittel) sowie Kosten der Heilbehandlung sind im nachgewiesenen Ausmaß zu berücksichtigen.

§ 5. (1) Mehraufwendungen des Steuerpflichtigen für unterhaltsberechtigte Personen, für die gemäß § 8 Abs. 4 des Familienlastenausgleichsgesetzes 1967 erhöhte Familienbeihilfe gewährt wird, sind ohne Nachweis der tatsächlichen Kosten mit monatlich 262 Euro [3.600 S] vermindert um die Summe der pflegebedingten Geldleistungen (Pflegegeld, Pflegezulage oder Blindenzulage) zu berücksichtigen.

(2) Bei Unterbringung in einem Vollinternat vermindert sich der nach Abs. 1 zustehende Pauschbetrag pro Tag des Internatsaufenthaltes um je ein Dreißigstel.

(3) Zusätzlich zum (gegebenenfalls verminderten) Pauschbetrag nach Abs. 1 sind auch Aufwendungen gemäß § 4 sowie das Entgelt für die Unterrichtserteilung in einer Sonder- oder Pflegeschule oder für die Tätigkeit in einer Behindertenwerkstätte im nachgewiesenen Ausmaß zu berücksichtigen.

§ 6. Haben mehrere Steuerpflichtige Anspruch auf einen Pauschbetrag nach §§ 2, 3 oder 5, dann ist dieser Pauschbetrag im Verhältnis der Kostentragung aufzuteilen. Weist einer der Steuerpflichtigen seine höheren Mehraufwendungen nach, dann ist um den anderen Steuerpflichtigen der Pauschbetrag um die nachgewiesenen Mehraufwendungen zu kürzen.

§ 7. (1) Diese Verordnung ist anzuwenden:
1. wenn die Einkommensteuer veranlagt wird, erstmalig für die Veranlagung für das Kalenderjahr 1996,
2. wenn die Einkommensteuer im Wege des Abzugs vom Arbeitslohn erhoben wird, für Lohnzahlungszeiträume, die nach dem 31. Dezember 1995 enden.

(2) Der Pauschbetrag gemäß § 5 ist im Jahr 1996 für den Zeitraum 1. Jänner bis 31. Mai nicht um eine pflegebedingte Geldleistung zu vermindern.

1/3/33. EStG
Berufsausbildung – Kinder

(3) § 2 Abs. 1, § 3 Abs. 1 und 2 sowie § 5 Abs. 1, jeweils in der Fassung der Verordnung BGBl. II Nr. 416/2001, sind anzuwenden,
1. wenn die Einkommensteuer veranlagt wird, erstmalig bei der Veranlagung für das Kalenderjahr 2002,
2. wenn die Einkommensteuer im Wege des Abzugs vom Arbeitslohn erhoben wird, für Lohnzahlungszeiträume, die nach dem 31. Dezember 2001 enden.

(4) § 1 Abs. 1 und § 3 Abs. 1 in der Fassung der Verordnung BGBl. II Nr. 430/2010 sind anzuwenden,
1. wenn die Einkommensteuer (Lohnsteuer) veranlagt wird, erstmalig bei der Veranlagung 2011,
2. wenn die Einkommensteuer (Lohnsteuer) im Wege des Abzugs von Arbeitslohn erhoben wird, für Lohnzahlungszeiträume, die nach dem 31. Dezember 2010 enden.

§ 8. Die Verordnung vom 5. Dezember 1988, BGBl. Nr. 675, tritt mit 31. Dezember 1995 außer Kraft.

1/3/33. VO zu § 34 Abs. 8
Berufsausbildung – Kinder

BGBl 1995/624 idF BGBl II 2018/37

Verordnung des Bundesministers für Finanzen betreffend eine Berufsausbildung eines Kindes außerhalb des Wohnortes

Zu § 34 Abs. 8 des Einkommensteuergesetzes 1988, BGBl. Nr. 400, wird verordnet:

§ 1. Ausbildungsstätten, die vom Wohnort mehr als 80 km entfernt sind, liegen nicht innerhalb des Einzugsbereiches des Wohnortes.

§ 2. (1) Ausbildungsstätten innerhalb einer Entfernung von 80 km zum Wohnort gelten dann als nicht innerhalb des Einzugsbereiches des Wohnortes gelegen, wenn die Fahrzeit vom Wohnort zum Ausbildungsort und vom Ausbildungsort zum Wohnort mehr als je eine Stunde unter Benützung des günstigsten öffentlichen Verkehrsmittels beträgt. Dabei sind die Grundsätze des § 26 Abs. 3 des Studienförderungsgesetzes 1992, BGBl. Nr. 305 in der Fassung des Bundesgesetzes BGBl. I Nr. 50/2016, anzuwenden.

(BGBl II 2018/37)

(2) Ausbildungsstätten innerhalb einer Entfernung von 80 km zum Wohnort gelten als innerhalb des Einzugsbereiches des Wohnortes gelegen, wenn von diesen Gemeinden die tägliche Hin- und Rückfahrt zum und vom Studienort nach den Verordnungen gemäß § 26 Abs. 3 des Studienförderungsgesetzes 1992, BGBl. Nr. 305 in der Fassung des Bundesgesetzes BGBl. I Nr. 50/2016, zeitlich noch zumutbar sind. Abweichend davon kann nachgewiesen werden, dass von einer Gemeinde die tägliche Fahrzeit zum und vom Studienort unter Benützung der günstigsten öffentlichen Verkehrsmittel mehr als je eine Stunde beträgt. Dabei sind die Grundsätze des § 26 Abs. 3 des Studienförderungsgesetzes 1992, BGBl. Nr. 305 in der Fassung des Bundesgesetzes BGBl. I Nr. 50/2016, anzuwenden. In diesem Fall gilt die tägliche Fahrt von dieser Gemeinde an den Studienort trotz Nennung in einer Verordnung gemäß § 26 Abs. 3 des Studienförderungsgesetzes 1992, BGBl. Nr. 305 in der Fassung des Bundesgesetzes BGBl. I Nr. 50/2016, in der jeweils geltenden Fassung als nicht mehr zumutbar.

(BGBl II 2018/37)

(3) Ausbildungsstätten innerhalb einer Entfernung von 80 km gelten als nicht im Einzugsbereich des Wohnortes gelegen, wenn Schüler oder Lehrlinge, die innerhalb von 25 km keine adäquate Ausbildungsmöglichkeit haben, für Zwecke der Ausbildung außerhalb des Hauptwohnortes eine Zweitunterkunft am Ausbildungsort bewohnen (zB Unterbringung in einem Internat).

§ 3. Erfolgt die auswärtige Berufsausbildung im Rahmen eines Dienstverhältnisses, steht der pauschale Freibetrag für die auswärtige Berufsausbildung nur dann zu, wenn die Voraussetzungen gemäß §§ 1 und 2 vorliegen und von den Eltern

1/3/34. EStG
Studienorte

Unterhaltszahlungen von nicht untergeordneter Bedeutung für eine Zweitunterkunft am Schulort oder für Fahrtkosten zu leisten sind.

§ 4. Die Verordnung ist für Zeiträume ab 1. September 1995 anzuwenden. § 2 in der Fassung der Verordnung BGBl. II Nr. 449/2001 ist für Zeiträume ab 1. Jänner 2002 anzuwenden.

1/3/34. VO zu §§ 26 Abs. 4 und 76 Abs. 2 StudFG
Erreichbarkeit von Studienorten

BGBl II 2017/103

Verordnung des Bundesministers für Wissenschaft, Forschung und Wirtschaft über die Erreichbarkeit von Studienorten nach dem Studienförderungsgesetz 1992

Aufgrund der §§ 26 Abs. 4 und 76 Abs. 2 des Studienförderungsgesetzes 1992 – StudFG, BGBl. Nr. 305/1992, zuletzt geändert durch das Bundesgesetz BGBl. I Nr. 54/2016, wird im Einvernehmen mit dem Bundesminister für Finanzen verordnet:

Zumutbarkeit der täglichen Fahrt zum Studienort

§ 1. (1) Die tägliche Hin- und Rückfahrt zwischen dem Wohnsitz der Eltern bzw. dem Wohnsitz des Elternteils, bei dem der Studierende zuletzt im gemeinsamen Haushalt gelebt hat, und dem Studienort ist nur zumutbar, wenn die Wegzeit bei Benützung des günstigsten öffentlichen Verkehrsmittels pro Strecke nicht länger als eine Stunde dauert.

(2) Das günstigste öffentliche Verkehrsmittel (Massenbeförderungsmittel ausgenommen Schiffe, Luftfahrzeuge und Flughafenschnellverkehr) ist jenes, das nach Maßgabe der folgenden Bestimmungen zur kürzesten Wegzeit führt.

(3) Die tägliche Hin- und Rückfahrt zwischen dem Elternwohnsitz und dem Studienort ist jedenfalls unzumutbar, wenn der Studierende

1. über einen gültigen Ausweis gemäß § 29b der Straßenverkehrsordnung 1960, BGBl. Nr. 159, oder
2. über einen Behindertenpass, in dem die Unzumutbarkeit der Benützung öffentlicher Verkehrsmittel wegen dauernder Gesundheitsschädigung oder wegen Blindheit eingetragen ist (§ 42 Abs. 1 des Bundesbehindertengesetzes, BGBl Nr. 283/1990), verfügt.

(4) Die Bestimmungen dieser Verordnung gelten auch für die Beurteilung der Zumutbarkeit der täglichen Hin- und Rückfahrt zwischen dem Wohnsitz des Studierenden und dem Studienort gemäß § 26 Abs. 3 Z 2 des Studienförderungsgesetzes 1992 – StudFG, BGBl. Nr. 305/1992. Dabei tritt an die Stelle des Elternwohnsitzes der Wohnsitz des Studierenden.

Wegzeit

§ 2. Die Wegzeit umfasst

1. die Gehzeit zwischen dem Elternwohnsitz und der nächstgelegenen Haltestelle des günstigsten öffentlichen Verkehrsmittels, wobei ein Fußweg von mehr als 2.000 m nicht zumutbar ist, und
2. die Fahrzeit (einschließlich allfälliger Umstiegszeiten) mit dem günstigsten öffentlichen Verkehrsmittel zwischen der zum Eltern-

wohnsitz nächstgelegenen Haltestelle und der nach Anlage 1 maßgeblichen Haltestelle am Studienort. Sind Studienorte nicht in der Anlage 1 genannt, ist der (Haupt-) Bahnhof oder eine zentrale Haltestelle des öffentlichen Verkehrs heranzuziehen.

Berechnung der Wegzeit

§ 3. (1) Die Studienbeihilfenbehörde berechnet die Wegzeit automationsunterstützt unter Verwendung der von einem öffentlichen Verkehrsinformationssystem zur Verfügung gestellten Daten.

(2) Die Berechnung der Wegzeit erfolgt für alle Anträge eines Studienjahres auf der Grundlage der am 1. Oktober eines jeden Jahres bestehenden Verkehrsverbindungen, wie sie laut der am 31. August eines jeden Jahres erfolgenden Abfrage des öffentlichen Verkehrsinformationssystems bestehen. Fällt der 1. Oktober auf einen Samstag oder Sonntag, gilt der darauf folgende Werktag als Stichtag für die Verbindungsdaten.

(3) Die Berechnung der Wegzeit erfolgt nur bei erstmaliger Antragstellung auf der Grundlage des am 1. Oktober bestehenden Verkehrsverbindungen. Eine Neuberechnung der Wegzeit ist von Amts wegen nur bei Änderung des Wohnortes des Studierenden oder bei einer Änderung des Studienortes vorzunehmen.

(4) Für die Berechnung der Fahrzeit vom Elternwohnort zum Studienort sind die Verkehrsverbindungen zwischen 7:00 Uhr und 9:00 Uhr, für die Fahrt vom Studienort zum Elternwohnort die Verkehrsverbindungen zwischen 17:00 Uhr und 19:00 Uhr heranzuziehen.

Inkrafttreten

§ 4. (1) Diese Verordnung tritt mit 1. September 2017 in Kraft.

Anlage 1

Für die Berechnung der Wegzeit gemäß § 2 der Verordnung des Bundesministers für Wissenschaft, Forschung und Wirtschaft über die Erreichbarkeit von Studienorten nach dem Studienförderungsgesetz 1992 sind an den jeweiligen Studienorten folgende Haltestellen maßgeblich:

Standort	Haltestelle
Bad Gleichenberg	Bushaltestelle Villa D'Orsay
Bad Radkersburg	Bahnhof
Baden	Bahnhof
Badgastein	Bahnhof
Bregenz	Bahnhof
Dornbirn	Bahnhof
Eisenstadt	Bahnhof
Feldkirch	Bahnhof
Feldkirchen in Kärnten	Bahnhof
Graz	Hauptbahnhof
Hagenberg im Mühlkreis	Bushaltestelle Hagenberg, Softwarepark Süd
Hall in Tirol	Bahnhof
Heiligenkreuz	Bushaltestelle Stift Heiligenkreuz
Innsbruck	Hauptbahnhof
Kapfenberg	Bahnhof
Klagenfurt	Hauptbahnhof
Krems an der Donau	Bahnhof
Kuchl	Bahnhof
Kufstein	Bahnhof
Landeck	Bahnhof
Leoben	Hauptbahnhof
Lienz	Bahnhof
Linz	Hauptbahnhof
Mödling	Bahnhof
Oberschützen	Bushaltestelle Oberschützen Hauptplatz
Pinkafeld	Bushaltestelle HTL Pinkafeld
Puch bei Hallein	Bahnhof
Ried im Innkreis	Bahnhof
Rottenmann	Bahnhof
Salzburg	Hauptbahnhof
Sankt Pölten	Hauptbahnhof
Seekirchen am Wallersee	Bahnhof
Spittal an der Drau	Bahnhof
Stams	Bahnhof
Steyr	Bahnhof
Trumau	Bahnhof
Tulln	Bahnhof
Übelbach	Bahnhof
Villach	Hauptbahnhof
Vöcklabruck	Bahnhof
Wels	Hauptbahnhof
Wien	Hauptbahnhof
Wiener Neustadt	Hauptbahnhof
Wieselburg	Bahnhof

1/3/35. EStG
Pensionen

1/3/35. VO zu § 47 Abs. 4

Gemeinsame Versteuerung mehrerer Pensionen

BGBl II 2001/55 idF BGBl II 2006/255

Verordnung des Bundesministers für Finanzen betreffend die gemeinsame Versteuerung mehrerer Pensionen

Auf Grund des § 47 Abs. 4 des Einkommensteuergesetzes 1988, BGBl. Nr. 400/1998, in der Fassung BGBl. I Nr. 142/2000, wird verordnet:

§ 1. Eine gemeinsame Versteuerung ist vorzunehmen, wenn steuerpflichtige Bezüge im Sinne des § 2 gleichzeitig einer Person zufließen.

§ 2. Bezüge im Sinne dieser Verordnung sind:

(1)
1. Pensionen nach dem Allgemeinen Sozialversicherungsgesetz (ASVG), dem Bauern-Sozialversicherungsgesetz (BSVG), dem Gewerblichen Sozialversicherungsgesetz (GSVG), dem Beamten-Kranken- und Unfallversicherungsgesetz (B-KUVG) sowie dem Bundesbahn-Pensionsgesetz 2000 (BB-PG);
2. Bezüge und Vorteile aus einem früheren Dienstverhältnis zum Bund;
3. Ruhe(Versorgungs)bezüge im Sinne des Bezügegesetzes und des Verfassungsgerichtshofgesetzes.

(2) Bezüge und Vorteile aus einem früheren Dienstverhältnis zu einem Bundesland oder zur Gemeinde Wien.

(3) Bezüge und Vorteile aus inländischen Pensionskassen sowie Bezüge aus betrieblichen Kollektivversicherungen im Sinne des § 18f des Versicherungsaufsichtsgesetzes.

§ 3. (1) Die gemeinsame Versteuerung hat jene bezugsauszahlende Stelle vorzunehmen, die den höheren steuerpflichtigen Bezug auszahlt.

(2) Abweichend von Abs. 1 hat bei Vorliegen von Bezügen und Vorteilen aus inländischen Pensionskassen oder von Bezügen aus betrieblichen Kollektivversicherungen im Sinne des § 18f des Versicherungsaufsichtsgesetzes die gemeinsame Versteuerung immer von jener Stelle zu erfolgen, die eine Pension oder einen Vorteil aus einem früheren Dienstverhältnis im Sinne des § 2 Abs. 1 oder 2 auszahlt. Bei mehreren derartigen Bezügen hat die gemeinsame Versteuerung jene bezugsauszahlende Stelle vorzunehmen, die den höheren steuerpflichtigen Bezug auszahlt.

§ 4. Fließen einer Person gleichzeitig steuerpflichtige Bezüge im Sinne des § 47 Abs. 4 EStG 1988 zu, die nicht gemäß § 1 und § 2 dieser Verordnung gemeinsam zu versteuern sind, kann eine gemeinsame Versteuerung vorgenommen werden. § 3 ist anzuwenden.

§ 5. Die gemeinsame Versteuerung kann unterbleiben, wenn die laufend einzubehaltende Lohnsteuer höher ist als der Bezug, den die gemäß § 3 für die gemeinsame Versteuerung zuständige bezugsauszahlende Stelle auszahlt.

§ 6. Wird eine gemeinsame Versteuerung nicht durchgeführt, sind die Bezüge gemäß § 41 Abs. 1 EStG 1988 zu veranlagen.

§ 7. (1) Die Verordnung mit Ausnahme der Bestimmungen des § 2 Abs. 2 und 3 tritt mit 1. Jänner 2001 in Kraft.

(2) § 2 Abs. 2 und 3 der Verordnung treten mit 1. Jänner 2002 in Kraft.

(3) Die Verordnung betreffend die gemeinsame Versteuerung mehrerer Pensionen BGBl 41/1994 tritt mit 31. Dezember 2000 außer Kraft.

(4) § 2 Abs. 1 Z 1, § 2 Abs. 3 und § 3 Abs. 2, jeweils in der Fassung der Verordnung BGBl. II Nr. 255/2006, treten mit 1. Jänner 2007 in Kraft.

1/3/36., 37. EStG
vorübergehend beschäftigte Arbeitnehmer, Lohnkonten

1/3/36. VO zu § 69 Abs. 1

Pauschbesteuerung vorübergehend beschäftigter Arbeitnehmer

BGBl 1988/594 idF BGBl II 2001/416

Verordnung des Bundesministers für Finanzen vom 27. Oktober 1988 über die Pauschbesteuerung von vorübergehend beschäftigten Arbeitnehmern

Auf Grund des § 69 Abs. 1 des Einkommensteuergesetzes 1988, BGBl. Nr. 400, wird verordnet:

§ 1. Der Pauschbetrag bei vorübergehend beschäftigten Arbeitnehmern beträgt
1. bei allen ausschließlich körperlich tätigen Arbeitnehmern 2% des Bruttolohnes,
2. bei Arbeitnehmern, die statistische Erhebungen für Gebietskörperschaften durchführen, sowie Arbeitnehmern der Berufsgruppen Musiker, Bühnenangehörige, Artisten und Filmschaffende
   a) wenn der Taglohn 44 Euro [600 S], aber nicht 55 Euro [750 S], oder der Wochenlohn 175 Euro [2.400 S], aber nicht 219 Euro [3.000 S] übersteigt, 15% des vollen Betrages der Bezüge,
   b) wenn der Taglohn 39 Euro [525 S], aber nicht 44 Euro [600 S], oder der Wochenlohn 153 Euro [2.100 S], aber nicht 175 Euro [2.400 S] übersteigt, 12% des vollen Betrages der Bezüge,
   c) wenn der Taglohn 33 Euro [450 S], aber nicht 39 Euro [525 S], oder der Wochenlohn 131 Euro [1.800 S], aber nicht 153 Euro [2.100 S] übersteigt, 9% des vollen Betrages der Bezüge,
   d) wenn der Taglohn 28 Euro [375 S], aber nicht 33 Euro [450 S], oder der Wochenlohn 110 Euro [1.500 S], aber nicht 131 Euro [1.800 S] übersteigt, 7% des vollen Betrages der Bezüge,
   e) wenn der Taglohn 22 Euro [300 S], aber nicht 28 Euro [375 S], oder der Wochenlohn 88 Euro [1.200 S], aber nicht 110 Euro [1.500 S] übersteigt, 4% des vollen Betrages der Bezüge,
   f) wenn der Taglohn 19 Euro [250 S], aber nicht 22 Euro [300 S], oder der Wochenlohn 73 Euro [1.000 S], aber nicht 88 Euro [1.200 S] übersteigt, 3% des vollen Betrages der Bezüge,
   g) wenn der Taglohn 19 Euro [250 S] oder der Wochenlohn 73 Euro [1.000 S] nicht übersteigt, 2% des vollen Betrages der Bezüge.

§ 2. (1) Diese Verordnung ist für Lohnzahlungszeiträume anzuwenden, die nach dem 31. Dezember 1988 enden.

(2) § 1 Z 2 lit. a bis g, jeweils in der Fassung der Verordnung BGBl. II Nr. 416/2001, sind erstmals für Lohnzahlungszeiträume anzuwenden, die nach dem 31. Dezember 2001 enden.

1/3/37. VO zu § 76 Abs. 2

Lohnkontenverordnung 2006

BGBl II 2005/256 idF BGBl II 2023/55

Verordnung des Bundesministers für Finanzen, mit der Daten, die in ein Lohnkonto einzutragen sind, sowie Erleichterungen bei der Lohnkontenführung ab 2006 festgelegt werden (Lohnkontenverordnung 2006)

Auf Grund § 76 Abs. 2 des Einkommensteuergesetzes 1988, BGBl. Nr. 400, in der Fassung des Abgabenänderungsgesetzes 2004, BGBl. I Nr. 180/2004, wird verordnet:

§ 1. (1) Folgende Daten sind fortlaufend in das Lohnkonto einzutragen:
1. Der gezahlte Arbeitslohn (einschließlich sonstiger Bezüge und Vorteile im Sinne des § 25 EStG 1988) ohne jeden Abzug unter Angabe des Zahltages und des Lohnzahlungszeitraumes,
2. die einbehaltene Lohnsteuer,
3. die Beitragsgrundlage für Pflichtbeiträge gemäß § 16 Abs. 1 Z 3 lit. a, Z 4 und 5 EStG 1988,
4. vom Arbeitgeber für lohnsteuerpflichtige Einkünfte einbehaltene Beiträge gemäß § 16 Abs. 1 Z 3 lit. a, Z 4 und 5 EStG 1988,
5. vom Arbeitgeber einbehaltene Beiträge für die freiwillige Mitgliedschaft bei Berufsverbänden und Interessenvertretungen gemäß § 16 Abs. 1 Z 3 lit. b EStG 1988,
6. der Pauschbetrag gemäß § 16 Abs. 1 Z 6 EStG 1988 sowie der Pendlereuro gemäß § 33 Abs. 5 Z 4 EStG 1988.
7. der erstattete (rückgezahlte) Arbeitslohn gemäß § 16 Abs. 2 EStG 1988,
8. die Bemessungsgrundlage für den Beitrag zur BV-Kasse (§ 26 Z 7 lit. d EStG 1988) und der geleistete Beitrag,
9. die Beiträge an ausländische Pensionskassen (einschließlich Beiträge an ausländische Einrichtungen im Sinne des § 5 Z 4 des Pensionskassengesetzes),
10. sofern der Arbeitgeber Betriebsstätten in mehreren Gemeinden hat, die Betriebsstätte gemäß § 4 des Kommunalsteuergesetzes 1993 und der Zeitraum, in dem der Arbeitnehmer bei dieser Betriebsstätte tätig ist, sowie die jeweils erhebungsberechtigte Gemeinde gemäß § 7 des Kommunalsteuergesetzes 1993,
11. die Bemessungsgrundlage für den Dienstgeberbeitrag gemäß § 41 des Familienlastenausgleichsgesetzes 1967 und für den Zuschlag zum Dienstgeberbeitrag gemäß § 122 des Wirtschaftskammergesetzes 1998 sowie die geleisteten Beiträge,
12. die Bezeichnung des für den Arbeitnehmer zuständigen Sozialversicherungsträgers,

1/3/37. EStG
Lohnkonten

13. die Kalendermonate, in denen der Arbeitnehmer gemäß § 26 Z 5 EStG 1988 auf Kosten des Arbeitgebers befördert wird, und die Kalendermonate, in denen dem Arbeitnehmer ein arbeitgebereigenes Kraftfahrzeug für Fahrten zwischen Wohnung und Arbeitsstätte zur Verfügung gestellt wird,
(BGBl II 2021/122)
14. der erhöhte Pensionistenabsetzbetrag (§ 33 Abs. 6 Z 1 EStG 1988),
(BGBl II 2015/383)
15. Mitarbeiterrabatte gemäß § 3 Abs. 1 Z 21 EStG 1988, die im Einzelfall 20% übersteigen,
(BGBl II 2015/383)
16. der Pauschbetrag für Werbungskosten gemäß § 17 Abs. 6 EStG 1988 iVm § 1 Z 11 der Verordnung des Bundesministers für Finanzen über die Aufstellung von Durchschnittssätzen für Werbungskosten,
(BGBl II 2021/122)
17. die Anzahl der Homeoffice-Tage im Sinne des § 16 Abs. 1 Z 7a lit. a und des § 26 Z 9 lit. a EStG 1988, an denen der Arbeitnehmer seine berufliche Tätigkeit für den Arbeitgeber ausschließlich in seiner Wohnung ausgeübt hat,
(BGBl II 2021/122, BGBl II 2022/303)
18. ob ein freiwilliger Lohnsteuerabzug durch den Arbeitgeber nach § 47 Abs. 1 lit. b EStG 1988 vorgenommen wurde,
(BGBl II 2022/303, BGBl II 2023/55)
19. vom Arbeitgeber geleistete Ersätze für Kosten
    a) des Aufladens an einer öffentlichen Ladestation gemäß § 4c Abs. 1 Z 2 lit. a der Sachbezugswerteverordnung, BGBl. II Nr. 416/2001,
    b) des Aufladens samt der Lademenge in Kilowattstunden gemäß § 4c Abs. 1 Z 2 lit. b der Sachbezugswerteverordnung,
    c) des Aufladens gemäß § 8 Abs. 9 Z 2 der Sachbezugswerteverordnung (pauschale Monatsbeträge) samt dem Nachweis, dass die vom Arbeitnehmer verwendete Ladeeinrichtung nicht in der Lage ist die Lademenge diesem Kraftfahrzeug zuzuordnen und
    d) der Anschaffung einer Ladeeinrichtung gemäß § 4c Abs. 1 Z 3 der Sachbezugswerteverordnung.

(BGBl II 2023/55)

(2) Die Daten der Z 1 bis 4 sind getrennt nach
- Bezügen, die nach dem Tarif (§ 66 EStG 1988), und
- Bezügen, die nach festen Steuersätzen (§ 67 EStG 1988) zu versteuern sind,

einzutragen.

(3) (aufgehoben)
(BGBl II 2015/383)

§ 2. Folgende Bezüge, die nicht zum steuerpflichtigen Arbeitslohn gehören (§§ 3 und 26 EStG 1988), sind in das Lohnkonto aufzunehmen:
1. Die steuerfreien Bezüge gemäß §§ 3 Abs. 1 Z 4 lit. a, 5 lit. a und c, 8, 9, 10, 11, 12, 13 lit. b, 15 lit. a, b und c, 16, soweit es sich um freiwillige Zuwendungen zur Beseitigung von Katastrophenschäden handelt, 16d, 22, 23, 24, 30 und 35 EStG 1988,
(BGBl II 2022/83, BGBl II 2023/55)
2. die steuerfreien Bezüge gemäß § 3 Abs. 1 Z 16b EStG 1988, die nicht steuerbaren Leistungen gemäß § 26 Z 4 EStG 1988, soweit es sich um Tagesgelder, Kilometergelder und pauschale Nächtigungsgelder handelt, sowie § 26 Z 5 lit. b, 6, 7 lit. a und Z 9 EStG 1988; bei § 26 Z 5 lit. b EStG 1988 ist ein Nachweis über die Höhe der Kosten der übernommenen Wochen-, Monats- oder Jahreskarte zum Lohnkonto zu nehmen.
(BGBl II 2021/122, BGBl II 2023/55)
3. steuerfreie Mitarbeiterrabatte gemäß § 3 Abs. 1 Z 21 EStG 1988, die im Einzelfall 20% übersteigen.
(BGBl II 2015/383)

§ 3. Für Arbeitnehmer, die ausschließlich Bezüge gemäß § 25 Abs. 1 Z 4 lit. b EStG 1988 erhalten, die den Betrag von monatlich 200 Euro nicht übersteigen, kann die Führung eines Lohnkontos entfallen, sofern die erforderlichen Daten aus anderen Aufzeichnungen hervorgehen.

§ 4. Die Daten gemäß § 76 Abs. 1 EStG 1988 sowie gemäß Abs. 1 und 2 dieser Verordnung brauchen für Arbeitnehmer, die im Inland weder der beschränkten noch der unbeschränkten Steuerpflicht unterliegen, insoweit nicht in einem Lohnkonto angeführt werden, als sie aus anderen Aufzeichnungen des Arbeitgebers hervorgehen. Dies gilt nicht für Arbeitnehmer, die von inländischen Arbeitgebern ins Ausland entsendet werden.

§ 5. (1) Diese Verordnung ist auf Lohnzahlungszeiträume anzuwenden, die nach dem 31. Dezember 2005 enden.
(BGBl II 2015/383)

(2) Die Verordnung des Bundesministers für Finanzen, mit der Daten, die in ein Lohnkonto einzutragen sind, sowie Erleichterungen bei der Lohnkontenführung für das Kalenderjahr 2005 festgelegt werden (Lohnkontenverordnung 2005), BGBl. II Nr. 116/2005, tritt außer Kraft.
(BGBl II 2015/383)

(3) Für das Kalenderjahr 2022 ist im Lohnkonto iSd § 1 Abs. 1 einzutragen, ob eine außerordentliche Einmalzahlung nach § 772a ASVG, § 400a GSVG, § 394a BSVG, § 95h PG 1965 oder § 60 Abs. 19 BB-PG zugewendet wurde.
(BGBl II 2022/303)

(4) Für die Kalenderjahre 2022 und 2023 ist zusätzlich zu den Bezügen gemäß § 2 Z 1 die steuerfreie Teuerungsprämie gemäß § 124b Z 408 EStG 1988 in das Lohnkonto aufzunehmen und auszu-

weisen, in welcher Höhe diese auf Grund einer lohngestaltenden Vorschrift gemäß § 68 Abs. 5 Z 1 bis 7 EStG 1988 geleistet wurde.
(BGBl II 2022/303)

1/3/38. EStG
Auslandszinsen

1/3/38. VO zu § 93 EStG und § 48 BAO

Auslands-KESt VO 2012

BGBl II 2012/92 idF BGBl II 2012/195

Verordnung der Bundesministerin für Finanzen zur Durchführung der KESt-Entlastung in Bezug auf Auslandszinsen sowie zur Anrechnung ausländischer Quellensteuer bei Kapitalertragsteuerabzug bei Auslandsdividenden (Auslands-KESt VO 2012)

Zur Durchführung von Abkommen zur Vermeidung der Doppelbesteuerung auf dem Gebiete der Steuer vom Einkommen (Doppelbesteuerungsabkommen) sowie gemäß § 48 der Bundesabgabenordnung, BGBl. Nr. 194/1961, in der jeweils geltenden Fassung wird verordnet:

§ 1. (1) Bei im Inland bezogenen ausländischen Kapitalerträgen aus Wertpapieren, die ein Forderungsrecht verbriefen, ist der Steuerabzug (§ 93 des Einkommensteuergesetzes 1988) ungeachtet der Bestimmung der Doppelbesteuerungsabkommen vorzunehmen, wenn bei unmittelbarer Abkommensanwendung der Gesamtbetrag des in- und ausländischen Steuerabzuges unter den in § 27a Abs. 1 des Einkommensteuergesetzes 1988 vorgesehenen Steuersatz sinkt.

(2) Beim Abzug von Kapitalertragsteuer von ausländischen Kapitalerträgen im Sinne des § 27 Abs. 2 Z 1 lit. a bis c des Einkommensteuergesetzes 1988 kann der zum Abzug Verpflichtete (§ 95 Abs. 2 Z 1 lit. b fünfter Teilstrich des Einkommensteuergesetzes 1988) eine tatsächlich entrichtete ausländische Quellensteuer auf die Kapitalertragsteuer anrechnen. Der Anrechnungsbetrag darf jedoch 15% der Kapitalerträge nicht übersteigen.

§ 2. Bei tatsächlich ausgeschütteten und als ausgeschüttet geltenden Erträgen aus einem Investmentfonds im Sinne des Investmentfondsgesetzes oder einem Immobilienfonds im Sinne des Immobilien-Investmentfondsgesetzes findet § 1 Abs. 2 insoweit Anwendung, als diese aus ausländischen Kapitalerträgen gemäß § 27 Abs. 2 Z 1 lit. a bis c des Einkommensteuergesetzes 1988 oder aus derartigen ausgeschütteten oder als ausgeschüttet geltenden Erträgen eines anderen Investmentfonds oder Immobilienfonds bestehen. Solche, dem Fonds zugegangenen Erträge sind einschließlich der anrechenbaren ausländischen Quellensteuer auf die Anteilsinhaber zum Ende des Fondsgeschäftsjahres zu verteilen.

§ 3. Ein Kapitalertragsteuerabzug von Kapitalerträgen im Sinne des § 27 Abs. 2 Z 1 lit. a bis c des Einkommensteuergesetzes 1988, deren Schuldner weder Wohnsitz noch Geschäftsleitung oder Sitz im Inland hat, unterbleibt in folgenden Fällen:

1. Wenn die Kapitalerträge von Wertpapieren stammen, die in einem Depot sind, wenn der Depotinhaber ein anderes in- oder ausländisches Kreditinstitut ist und die Kapitalerträge an den Depotinhaber ausbezahlt werden.

1/3/39. EStG
Befreiungserklärung

2. Unter den Voraussetzungen des § 94 Z 5 EStG 1988.

§ 4. Soweit in dieser Verordnung auf Bundesgesetze verwiesen wird, sind diese in ihrer jeweils geltenden Fassung anzuwenden.

§ 5. (1) Diese Verordnung ist auf Kapitalerträge anzuwenden, die nach dem 31. März 2012 zugehen. Die Auslands-KESt VO 2003, BGBl. II Nr. 393/2003, ist letztmalig auf Kapitalerträge anzuwenden, die vor dem 1. April 2012 zugehen, soweit in Abs. 2 keine gegenteilige Regelung getroffen ist.

(2) Auf Kapitalerträge aus vor dem 1. April 2012 erworbenen Forderungswertpapieren im Sinne des § 93 Abs. 3 Z 1 bis 3 in der Fassung vor dem Budgetbegleitgesetz 2011, BGBl. I Nr. 111/2010 (§ 124b Z 185 lit. c EStG 1988) ist § 1 Abs. 1 der Auslands-KESt VO 2003, BGBl. II Nr. 393/2003, weiter anzuwenden.

1/3/39. VO zu § 94 Z 15
BefE-DV

BGBl II 2023/263

Verordnung des Bundesministers für Finanzen zur Durchführung der digitalen Befreiungserklärung (Befreiungserklärungs-Durchführungsverordnung – BefE-DV)

Aufgrund des § 94 Z 15 des Einkommensteuergesetzes 1988, BGBl. Nr. 400/1988, zuletzt geändert durch das Bundesgesetz BGBl. I Nr. 111/2023, wird verordnet:

Verfahren

§ 1. (1) Diese Verordnung trifft nähere Regelungen für die elektronische Übertragung von Daten der digitalen Befreiungserklärung an das zuständige Finanzamt.

(2) Die elektronische Übermittlung der Daten hat nach der FinanzOnline-Verordnung 2006, (FonV 2006), BGBl. II Nr. 97/2006, in der jeweils geltenden Fassung, im Verfahren FinanzOnline (https://finanzonline.bmf.gv.at) zu erfolgen. Die Übermittlung ist nur zulässig im Weg der Datenstromübermittlung und im Weg eines Webservices.

Teilnehmer

§ 2. (1) Teilnehmer sind die abzugsverpflichteten Kreditinstitute gemäß § 95 Abs. 2 Z 2 letzter Satz erster bis dritter Teilstrich EStG 1988. Die Teilnehmer können sich zur Datenübermittlung eines Dienstleisters (insbesondere eines Rechenzentrums) bedienen, den sie dem Finanzamt namhaft zu machen haben. Die Beendigung des Dienstleistungsverhältnisses ist dem Finanzamt unverzüglich mitzuteilen.

(2) Der Bundesminister für Finanzen kann im Einzelfall den Dienstleister ablehnen oder ihn bei sinngemäßer Anwendung des § 6 FonV 2006 ausschließen.

Datenübermittlung

§ 3. (1) Die elektronisch zu übermittelnden Daten sind:
1. die von der Befreiung umfassten IBAN (Kontonummern) bzw. Depotnummern;
2. sämtliche Inhaber der von der Befreiung umfassten Konten bzw. Depots (Empfänger), wobei die Stammzahl gemäß § 6 Abs. 3 des E-Government-Gesetzes – E-GovG, BGBl. Nr. 10/2004, oder ein Ordnungsbegriff, mit dem diese Stammzahl ermittelt werden kann sowie Name und Adresse anzugeben sind;
3. der Tag des Beginns und der Tag des Endes der Befreiung für das Konto bzw. das Depot und des jeweiligen Inhabers;
4. der anwendbare Befreiungstatbestand;
5. zum Zweck der Identifikation des Abzugsverpflichteten in FinanzOnline dessen Be-

zeichnung, Steuernummer und dessen Bank Identifier Code („BIC").

(2) Bei Gemeinschaftskonten sind sämtliche Inhaber zu übermitteln.

(3) Die Strukturen für die Datenübermittlung sind im Internet unter https://www.bmf.gv.at zu veröffentlichen.

(4) Für die Datenübermittlungen gilt:
1. Die erstmalige Datenübermittlung für digitale Befreiungserklärungen an das Finanzamt kann ab 2. Jänner 2025 erfolgen.
2. Erstübermittlung: Ab 2. Jänner 2025 und bis spätestens zum Ablauf des 27. Jänner 2025 ist als Initiallieferung der Datenbestand aller befreiten Konten bzw. Depots zum 1. Jänner 2025 zu übermitteln. Die Übermittlung hat auch die vom 1. Jänner 2024 bis einschließlich 1. Jänner 2025 erfolgten Änderungen im Datenbestand sowie die zwischen 1. Jänner 2024 und 1. Jänner 2025 bereits widerrufenen Befreiungen zu umfassen, für die gemäß § 124b Z 433 lit. b des EStG 1988 die Übermittlung der Gleichschrift unterblieben ist. Die Bundesrechenzentrum Gesellschaft mit beschränkter Haftung (BRZ GmbH) hat als gesetzliche Dienstleisterin für das Finanzamt den Empfang von Datenübermittlungen zu Testzwecken ab dem 5. Juli 2023 und für Echtübermittlungen ab 2. Jänner 2025 technisch zu ermöglichen.
3. Folgeübermittlung: Die Übermittlung der Daten hinsichtlich sämtlicher nach dem 1. Jänner 2025 eingetretenen Änderungen im Datenbestand ist jeweils quartalsweise bis zum 25. April, 25. Juli, 25. Oktober und 25. Jänner vorzunehmen und hat alle angefallenen Änderungen (sämtliche Befreiungen als auch sämtliche Widerrufe) zu umfassen; ein reiner Stichtagsvergleich ist unzulässig. Fällt dieser Tag auf einen Samstag, Sonntag, gesetzlichen Feiertag oder auf den Karfreitag, ist die Übermittlung der Daten am nächsten Tag, der nicht einer der vorgenannten Tage ist, vorzunehmen.
4. Stornoübermittlung: Unrichtigkeiten in Bezug auf einen bereits übermittelten Datensatz sind durch eine Stornomeldung zu löschen. In weiterer Folge ist ein korrigierter Datensatz zu übermitteln. Dabei ist Z 3 sinngemäß anzuwenden.

1/3/40. VO zu § 94a Abs. 2

KESt-Erstattung Mutter- und Tochtergesellschaften

BGBl 1995/56

Verordnung des Bundesministers für Finanzen zur Einbehaltung von Kapitalertragsteuer und deren Erstattung bei Mutter- und Tochtergesellschaften im Sinne der Mutter-Tochter-Richtlinie

Auf Grund des § 94 a Abs. 2 des Einkommensteuergesetzes 1988, BGBl. Nr. 400/1988, wird verordnet:

§ 1. Eine Unterlassung des Steuerabzugs im Sinne des § 94 a Abs. 1 des Einkommensteuergesetzes 1988 ist unzulässig, wenn
1. Umstände vorliegen, die für die Annahme eines Mißbrauchs im Sinne des § 22 der Bundesabgabenordnung sprechen und ein Mißbrauch von dem zum Abzug Verpflichteten zu vertreten wäre (§ 2), oder
2. eine offenkundige verdeckte Ausschüttung (§ 8 Abs. 2 des Körperschaftsteuergesetzes 1988 vorliegt (§ 3) oder
3. der zum Abzug Verpflichtete nicht ausreichend nachweisen kann, daß die Voraussetzungen für eine Befreiung vom Kapitalertragsteuerabzug vorliegen (§ 4).

§ 2. (1) Ein Mißbrauch im Sinne des § 22 der Bundesabgabenordnung wäre von dem zum Abzug Verpflichteten nur dann nicht zu vertreten, wenn er über eine schriftliche Erklärung der die Kapitalerträge empfangenden Gesellschaft verfügt, aus der die in Abs. 2 angeführten Umstände hervorgehen. Überdies dürfen dem zum Abzug Verpflichteten keine Umstände erkennbar sein, die Zweifel an der Richtigkeit dieser Erklärung auslösen.

(2) Schriftliche Erklärungen im Sinne des Abs. 1 müssen folgende Aussagen enthalten:
1. Die Gesellschaft entfaltet eine Betätigung, die über die bloße Vermögensverwaltung hinausgeht.
2. Die Gesellschaft beschäftigt eigene Arbeitskräfte.
3. Die Gesellschaft verfügt über eigene Betriebsräumlichkeiten.

§ 3. Eine offenkundige verdeckte Ausschüttung liegt vor, wenn der zum Abzug Verpflichtete die verdeckte Ausschüttung bei Beachtung der Sorgfalt eines ordentlichen Kaufmannes insbesondere auf Grund der Rechtsprechung der Gerichtshöfe des öffentlichen Rechts oder der allgemein zugänglichen Verwaltungspraxis erkannte oder erkennen mußte.

§ 4. (1) Der Nachweis der Voraussetzungen für eine Befreiung vom Kapitalertragsteuerabzug ist durch Unterlagen zu führen, aus denen diese Voraussetzungen jederzeit leicht nachprüfbar sind. Der Nachweis darüber, daß die Kapitalerträge einer in einem Mitgliedstaat der Europäischen Union ansässigen Gesellschaft zufließen, ist nach Maßgabe des Abs. 2 zu führen.

1/3/41. EStG
DBA-Entlastung

(2) Das Vorliegen der Voraussetzung im Sinne des Abs. 1 zweiter Satz ist folgendermaßen nachzuweisen:

a) Es ist eine von der Steuerverwaltung des Ansässigkeitsstaates erteilte Ansässigkeitsbescheinigung zu erbringen.

b) Diese Ansässigkeitsbescheinigung kann auf jenen Vordrucken beigebracht werden, die auf Grund der mit den Ansässigkeitsstaaten abgeschlossenen Abkommen zur Vermeidung der Doppelbesteuerung für Zwecke der Rückerstattung der österreichischen Kapitalertragsteuer oder sonst für Zwecke einer abkommensgemäßen Steuerentlastung in Österreich aufgelegt sind.

c) Die Ansässigkeitsbescheinigung muß zeitnah vor oder nach der Zahlung der Kapitalerträge ausgestellt sein. Sind für den Abzugsverpflichteten keine Umstände erkennbar, die auf eine ungerechtfertigte Steuerentlastung hindeuten könnten, ist eine Bescheinigung innerhalb eines Zeitraumes von einem Jahr noch als zeitnah anzusehen.

§ 5. Macht der zum Abzug Verpflichtete ein berechtigtes Interesse daran glaubhaft, so kann das für die Erhebung der Kapitalertragsteuer zuständige Finanzamt über dessen Anfrage Auskunft geben, welche Wirkungen sich für seine Stellung als Haftungspflichtiger im Sinne des § 95 Abs. 2 des Einkommensteuergesetzes 1988 aus den Bestimmungen des § 94 a des Einkommensteuergesetzes 1988 sowie aus den Bestimmungen der §§ 1 bis 4 dieser Verordnung ergeben werden.

1/3/41. VO zu § 99
DBA-Entlastungsverordnung

BGBl III 2005/92 idF BGBl II 2022/318

Verordnung des Bundesministers für Finanzen betreffend die Entlastung von der Abzugsbesteuerung auf Grund von Doppelbesteuerungsabkommen (DBA-Entlastungsverordnung)

Zur Durchführung von Doppelbesteuerungsabkommen wird auf deren Grundlage verordnet:

§ 1. Sind Einkünfte von im Ausland ansässigen Personen auf Grund von Doppelbesteuerungsabkommen ganz oder teilweise von einer inländischen Abzugsbesteuerung zu entlasten, kann diese Entlastung in unmittelbarer Anwendung der Doppelbesteuerungsabkommen vorbehaltlich der nachfolgenden Bestimmungen vom Vergütungsschuldner (vom Abfuhrpflichtigen) herbeigeführt werden (Entlastung an der Quelle). Der Vergütungsschuldner ist in diesem Fall verpflichtet, die Richtigkeit der Unterlassung oder Einschränkung des Steuerabzuges zu beweisen oder nach Maßgabe des § 138 BAO glaubhaft zu machen.

§ 2. (1) Die Abkommensberechtigung des ausländischen Einkünfteempfängers kann dem Grunde nach durch eine von der ausländischen Steuerverwaltung ausgestellte Ansässigkeitsbescheinigung unter Verwendung der Vordrucke ZS-QU1 (für natürliche Personen) oder ZS-QU2 (für juristische Personen) glaubhaft gemacht werden.

(2) Sofern die vom Schuldner der Einkünfte an den einzelnen Einkünfteempfänger geleisteten Vergütungen 10 000 Euro im Kalenderjahr nicht übersteigen und in Österreich kein Wohnsitz des Einkünfteempfängers besteht, kann die Abkommensberechtigung dem Grunde nach als glaubhaft gemacht angesehen werden, wenn anstelle einer Ansässigkeitsbescheinigung eine schriftliche Erklärung des Einkünfteempfängers vorliegt, die folgende Angaben enthält:

1. bei natürlichen Personen den Familien- und Vornamen und bei juristischen Personen die genaue Bezeichnung (z.B. den Firmennamen),
2. bei natürlichen Personen die Erklärung, dass sich in Österreich kein weiterer Wohnsitz (keine Wohnstätte) befindet,
3. bei natürlichen Personen die Anschriften aller in verschiedenen ausländischen Staaten unterhaltenen Wohnungen sowie die Bezeichnung jener Wohnung, an der sich der Mittelpunkt der Lebensinteressen befindet,
4. bei juristischen Personen die Angabe des Gründungsstaates und die Anschrift des Ortes der tatsächlichen Geschäftsleitung,
5. die Erklärung, dass keine Verpflichtung zur Weitergabe der Einkünfte an andere Personen besteht,
6. die Erklärung, dass die Einkünfte nicht einer vom Einkünfteempfänger unterhaltenen inländischen Betriebstätte zufließen,

1/3/41. EStG
DBA-Entlastung

7. Art und Höhe der bezogenen Vergütung.

§ 3. (1) Ist der Einkünfteempfänger eine juristische Person oder eine als solche im anderen Staat behandelte Personengesellschaft, dann ist neben den in § 2 genannten Dokumentationserfordernissen noch eine Erklärung abzugeben, dass der Einkünfteempfänger
1. eine Betätigung entfaltet, die über den Rahmen der Vermögensverwaltung hinausgeht,
2. eigene Arbeitskräfte beschäftigt und
3. über eigene Betriebsräumlichkeiten verfügt.

(2) Die Erklärung im Sinn von Abs. 1 kann durch einen Nachweis ersetzt werden, aus dem sich ergibt, dass innerhalb der letzten drei Jahre einem Antrag des Einkünfteempfängers auf abkommenskonforme Steuerrückzahlung in Bezug auf Einkünftezahlungen des Vergütungsschuldners von der Abgabenbehörde stattgegeben worden ist.

§ 4. Ist der Empfänger eine im ausländischen Staat als steuerlich transparent behandelte Personengesellschaft, sind der Firmenname und die Anschrift der Gesellschaft anzugeben. Ansässigkeitsbescheinigungen unter Verwendung der Vordrucke ZS-QU1 oder ZS-QU2 sind für jene Gesellschafter erforderlich, deren Anteil an den abkommensrechtlich zu entlastenden Vergütungen 10.000 Euro im Kalenderjahr überschreiten. Für andere Gesellschafter muss der Vergütungsschuldner Namen und Anschriften in Evidenz nehmen, sofern nicht auf andere Weise die Entlastungsberechtigung auf Grund des Abkommens glaubhaft gemacht werden kann.

§ 5. (1) Eine Entlastung an der Quelle ist in folgenden Fällen unzulässig:
1. wenn den Dokumentationsanforderungen der §§ 2 bis 4 nicht ausreichend entsprochen wird,
2. wenn dem Vergütungsschuldner Umstände bekannt sind oder bei Anwendung der Sorgfalt eines ordentlichen Kaufmannes hätten bekannt sein müssen, dass die Einkünfte dem ausländischen Empfänger der Vergütung steuerlich nicht zuzurechnen sind,
3. wenn Vergütungen aus einer Tätigkeit im Sinne des § 99 Abs. 1 Z 1 EStG nicht an den Erbringer der dort genannten Tätigkeiten, sondern an Dritte gezahlt werden und keine Belege über Name und Anschrift des Erbringers der Tätigkeit sowie Angaben über die Höhe der an ihn fließenden Vergütungen vorliegen,
4. (aufgehoben)

(BGBl II 2022/318)

5. wenn der Einkünfteempfänger eine ausländische Stiftung, ein ausländischer Trust oder ein ausländischer Investmentfonds ist,
6. wenn der Einkünfteempfänger eine juristische Person ist, deren Ort der tatsächlichen Geschäftsleitung sich nicht im Gründungsstaat befindet,
7. wenn Kapitalerträge im Zeitpunkt der Fälligkeit oder anlässlich der Veräußerung von Wertpapieren von Kreditinstituten in ihrer Funktion als Verwahrer oder Verwalter von Wertpapieren ausbezahlt werden.

(2) Werden zur beschränkten Steuerpflicht zu erfassende Vergütungen im Sinn des § 99 Abs. 1 Z 1 EStG nicht an den Erbringer der dort genannten Tätigkeiten, sondern an Dritte gezahlt, kann der Steuerabzug auf den an den Erbringer der Tätigkeit weiter fließenden Teil der Vergütungen eingeschränkt werden; für diesen Teil ist eine Entlastung an der Quelle auf Grund von Doppelbesteuerungsabkommen unzulässig.

(3) (aufgehoben)

(BGBl II 2020/579, BGBl II 2022/318)

§ 6. (1) Die Verordnung tritt am 1. Juli 2005 in Kraft und ist auf Einkünfte anzuwenden, die ab diesem Zeitpunkt zufließen.

(2) (aufgehoben)

(BGBl II 2022/318)

(3) Nachstehende Durchführungsvereinbarungen stehen der Anwendung des Systems der Entlastung an der Quelle nach dieser Verordnung nicht entgegen:
– Durchführungsvereinbarung zum DBA-Dänemark, BGBl. Nr. 172/1972
– Durchführungsvereinbarung zum DBA-Liechtenstein, BGBl. Nr. 437/1971
– Durchführungsvereinbarung zum DBA-Luxemburg, BGBl. Nr. 143/1964
– Durchführungsvereinbarung zum DBA-Schweden, BGBl. Nr. 298/1972
– Durchführungsvereinbarung zum DBA-Schweiz, BGBl. Nr. 65/1975.

(4) § 5 Abs. 3 in der Fassung der Verordnung BGBl. II Nr. 579/2020 tritt mit 1. Jänner 2021 in Kraft.

(BGBl II 2020/579)

(5) § 5 Abs. 1 Z 4 und Abs. 3 tritt mit Ablauf des 31. August 2022 außer Kraft und ist letztmalig auf Einkünfte anzuwenden, die bis zu diesem Zeitpunkt zufließen. § 6 Abs. 2 tritt mit Ablauf des 31. August 2022 außer Kraft.

(BGBl II 2022/318)

1/3/42. EStG
Arbeitskräftegestellung

1/3/42. VO zu §§ 98, 99, 100
VO Arbeitskräftegestellung

BGBl II 2022/318

Verordnung zur Abzugsteuerentlastung bei Arbeitskräftegestellung

Zur Durchführung
1. der §§ 98, 99 und 100 des Einkommensteuergesetzes 1988 – EStG 1988, BGBl. 400/1988, zuletzt geändert durch das Bundesgesetz BGBl. I Nr. 138/2022 und
2. des § 240 der Bundesabgabenordnung – BAO, BGBl. Nr. 194/1961, zuletzt geändert durch das Bundesgesetz BGBl. I Nr. 108/2022, sowie
3. von Doppelbesteuerungsabkommen

wird verordnet:

Sicherstellung der Steuer auf die Löhne bei Arbeitskräftegestellung

§ 1. Bei Vergütungen für die Gestellung von Arbeitskräften zur inländischen Arbeitsausübung gelten mit dem Einbehalt und der Abfuhr von 70 % der Abzugsteuer vom Gestellungsentgelt (§§ 99 Abs. 2 Z 1 in Verbindung mit § 100 Abs. 1 EStG 1988) die Einkünfte aus nichtselbständiger Arbeit der überlassenen Arbeitskräfte im Sinne des § 98 Abs. 1 Z 4 EStG 1988 als wirtschaftlich bereits nach § 98 Abs. 1 Z 3 EStG 1988 erfasst sowie deren Besteuerung sichergestellt.

Entlastung auf Grund von Doppelbesteuerungsabkommen

§ 2. Sind Einkünfte aus der Gestellung von Arbeitskräften zur inländischen Arbeitsausübung von im Ausland ansässigen Personen auf Grund von Doppelbesteuerungsabkommen von einer inländischen Abzugsbesteuerung zu entlasten, kann diese Entlastung nach Maßgabe der folgenden Bestimmungen in unmittelbarer Anwendung der Doppelbesteuerungsabkommen an der Quelle (§ 3) oder im Wege einer Rückerstattung (§ 4) herbeigeführt werden.

Entlastung an der Quelle

§ 3. (1) Für die Entlastung an der Quelle gelten die §§ 1 bis 6 der Verordnung des Bundesministers für Finanzen betreffend die Entlastung von der Abzugsbesteuerung auf Grund von Doppelbesteuerungsabkommen – DBA-Entlastungsverordnung, BGBl. III Nr. 92/2005, in der jeweils geltenden Fassung.

(2) Zur Sicherstellung der Besteuerung der Einkünfte aus nichtselbständiger Arbeit der gestellten Arbeitnehmer ist eine Entlastung an der Quelle nur in folgenden Fällen zulässig:
1. Im Fall von konzerninternen Personalüberlassungen von Angestellten, wenn
   a) 70 % der Abzugsteuer vom Gestellungsentgelt (§ 1) einbehalten und abgeführt wird oder
   b) für die überlassenen Arbeitskräfte ein Lohnsteuerabzug im Sinne des § 47 Abs. 1 lit. b EStG 1988 durchgeführt wird.
2. In allen anderen Fällen kann das Finanzamt für Großbetriebe über Antrag eines abkommensberechtigten Arbeitskräfteüberlassungsunternehmens bei Vergütungen für die Gestellung von Arbeitskräften zur inländischen Arbeitsausübung zeitlich befristet durch Bescheid eine Entlastung an der Quelle zulassen, wenn sichergestellt ist, dass keine Umgehungsgestaltung vorliegt und
   a) 70 % der Abzugsteuer vom Gestellungsentgelt (§ 1) einbehalten und abgeführt wird oder
   b) für die überlassenen Arbeitskräfte ein Lohnsteuerabzug im Sinne des § 47 Abs. 1 lit. b EStG 1988 vorgenommen wird sowie das ausländische Arbeitskräfteüberlassungsunternehmen die Pflichten des Arbeitgebers im Sinne des § 82 EStG 1988 wahrnimmt.

Gestellungsnehmer können die Entlastung an der Quelle für jene Zeiträume vornehmen, für die ihnen eine Kopie dieses Bescheides (Befreiungsbescheid) vorliegt.

(3) Das Arbeitskräfteüberlassungsunternehmen hat vor Stellung des Antrages im Sinne des Abs. 2 Z 2 elektronisch eine Vorausmeldung beim Finanzamt für Großbetriebe abzugeben (Abs. 4). Der Antrag kann ausschließlich mittels des mit einer Übermittlungsbestätigung versehenen, unterfertigten und mit der Ansässigkeitsbescheinigung der ausländischen Abgabenverwaltung ergänzten Ausdruckes der Vorausmeldung gestellt werden.

(4) Für die elektronische Vorausmeldung gilt Folgendes:
1. Die Vorausmeldung ist unter Verwendung der auf der Website des Bundesministeriums für Finanzen zur Verfügung gestellten Web-Formulare vorzunehmen.
2. Vorausmeldungen können in deutscher oder englischer Sprache erfolgen.
3. Bei Vornahme einer Vorausmeldung sind durch das Arbeitskräfteüberlassungsunternehmen (Arbeitgeber) für Zwecke der Beantragung des Befreiungsbescheides insbesondere anzugeben:
   a) Daten zum Arbeitgeber: Vor- und Familienname, Geburtsdatum, Umsatzsteuer-Identifikationsnummer, Adresse und Staat, bei juristischen Personen Firmenname, Gründungsdatum, Umsatzsteuer-Identifikationsnummer, Adresse und Staat;
   b) Daten zu der zur Vertretung nach außen berufenen Person des Arbeitgebers: Vor- und Familienname, Geburtsdatum, Adresse und Staat;
   c) Daten zum inländischen Auftraggeber (Gestellungsnehmer): Firmenname,

Arbeitskräftegestellung

- d) Umsatzsteuer-Identifikationsnummer, Adresse und Staat, Telefonnummer;
- d) das voraussichtliche Bruttoleistungsentgelt;
- e) der Beginn und das voraussichtliche Ende der Gestellung;
- f) Daten zu den überlassenen Arbeitnehmern: Vor- und Familienname, Staatsbürgerschaft, Geburtsdatum, Sozialversicherungsträger und -nummer, Adresse und Staat des Wohnsitzes, Art der Tätigkeit und Verwendung des Arbeitnehmers, Angaben über das Vorhandensein einer Ansässigkeitsbescheinigung des eingesetzten Arbeitnehmers, Angaben über das dem Arbeitnehmer nach österreichischen Rechtsvorschriften gebührende Entgelt;
- g) Erklärung, ob eine pauschale Entlastung an der Quelle gemäß Abs. 2 Z 2 lit. a in Anspruch genommen wird;
- h) Zusätzlich zu den nach lit. a bis g erforderlichen Angaben können weitere ergänzende Angaben sowie die Übermittlung ergänzender Unterlagen vorgesehen werden.

4. Das ausgefüllte Web-Formular im Sinne der Z 1 ist über die im Web-Formular vorgesehene elektronische Übermittlungsfunktion einzureichen. Nach Einlangen des Web-Formulars (Vorausmeldung) ist elektronisch ein Antrag in einem plattformunabhängigen Dateiformat zu erzeugen, der mit einer zu generierenden Transaktionsnummer zu versehen und dem Arbeitskräfteüberlassungsunternehmen zur Verfügung zu stellen ist.

Rückerstattung

§ 4. (1) Sind Einkünfte aus der Gestellung von Arbeitskräften zur inländischen Arbeitsausübung von im Ausland ansässigen Personen auf Grund von Doppelbesteuerungsabkommen von einer inländischen Abzugsbesteuerung zu entlasten, ist eine Rückerstattung in Höhe von 70 % der Abzugsteuer vom Gestellungsentgelt (§ 1) unzulässig.

(2) Ungeachtet des Abs. 1 ist eine Rückerstattung in voller Höhe zulässig, wenn für die überlassenen Arbeitskräfte ein Lohnsteuerabzug im Sinne des § 47 Abs. 1 lit. b EStG 1988 vorgenommen wurde sowie das ausländische Arbeitskräfteüberlassungsunternehmen die Pflichten des Arbeitgebers im Sinne des § 82 EStG 1988 wahrnimmt.

Kurzfristige Arbeitskräftegestellungen aus Deutschland

§ 5. In den Fällen des § 3 Abs. 2 und § 4 Abs. 2 kann der Lohnsteuerabzug unterbleiben, wenn ein Nachweis darüber erbracht wird, dass der Arbeitslohn der überlassenen Arbeitskräfte auf Grund von Art. 15 Abs. 3 des Abkommens zwischen der Republik Österreich und der Bundesrepublik Deutschland zur Vermeidung der Doppelbesteuerung auf dem Gebiet der Steuern vom Einkommen und vom Vermögen, BGBl. III Nr. 182/2002, in der Fassung BGBl. III Nr. 32/2012, in Österreich nicht besteuert werden darf.

Schlussbestimmungen

§ 6. Die Verordnung tritt am 1. September 2022 in Kraft und ist auf Einkünfte anzuwenden, die ab diesem Zeitpunkt zufließen, wobei § 4 auch auf alle offenen Fälle anzuwenden ist. Abweichend davon tritt § 3 Abs. 2 Z 2 lit. a und Abs. 4 Z 3 lit. g am 1. Jänner 2023 in Kraft und ist auf Einkünfte anzuwenden, die ab dem 1. Jänner 2023 zufließen.

1/3/43. EStG
Zuzugsbegünstigung

1/3/43. VO zu § 103
Zuzugsbegünstigungsverordnung 2016

BGBl II 2016/261 idF BGBl II 2020/579

Verordnung des Bundesministers für Finanzen betreffend Zuzugsbegünstigungen (Zuzugsbegünstigungsverordnung 2016 – ZBV 2016)

Auf Grund des § 103 Abs. 3 des Einkommensteuergesetzes 1988, BGBl. Nr. 400/1988, zuletzt geändert durch das Bundesgesetz BGBl. I Nr. 118/2015, wird verordnet:

Antragstellung und Bescheid

§ 1. (1) Das Finanzamt Österreich kann auf Antrag der zuziehenden Person die Beseitigung der steuerlichen Mehrbelastungen (§ 103 Abs. 1 EStG 1988) und einen Zuzugsfreibetrag (§ 103 Abs. 1a EStG 1988) zuerkennen. Dem Antrag ist ein Verzeichnis im Sinne des § 7 Abs. 1 samt den dazugehörigen Nachweisen beizulegen.

(BGBl II 2020/579)

(2) Der Antrag ist spätestens sechs Monate nach dem Zuzug einzubringen.

(3) Ist es dem Antragsteller nicht möglich, bei der Antragstellung alle erforderlichen Unterlagen (§ 7 Abs. 1) vorzulegen, kann das Finanzamt Österreich auf Antrag eine Frist zur Nachreichung der Unterlagen gewähren.

(BGBl II 2020/579)

(4) Das Finanzamt Österreich hat über einen Antrag für die gesamte Dauer der Zuzugsbegünstigung (§ 6) abzusprechen. Im Fall der Beseitigung der steuerlichen Mehrbelastungen durch Anwendung eines pauschalen Durchschnittssteuersatzes ist auch die Höhe des Durchschnittssteuersatzes im Sinne des § 5 Abs. 1 festzusetzen.

(BGBl II 2020/579)

Wissenschaft und Forschung

§ 2. (1) Der Zuzug hochqualifizierter Personen aus dem Ausland dient der Förderung von Wissenschaft und Forschung und ist aus diesem Grund im öffentlichen Interesse gelegen, wenn folgende Voraussetzungen vorliegen:

1. Die Tätigkeit der zuziehenden Person im Bereich der Wissenschaft und Forschung besteht überwiegend in einer wissenschaftlichen Tätigkeit (einschließlich der universitären Erschließung und Entwicklung der Künste). Eine Tätigkeit ist als wissenschaftlich anzusehen, wenn sie auf systematische Weise unter Verwendung wissenschaftlicher Methoden mit dem Ziel durchgeführt wird, den Stand des Wissens zu vermehren sowie neue Anwendungen dieses Wissens zu erarbeiten (Forschung und experimentelle Entwicklung).
2. Die Tätigkeit im Bereich der Wissenschaft und Forschung liegt maßgeblich im öffentlichen Interesse Österreichs.
3. Die Förderung von Wissenschaft und Forschung würde ohne Zuzug nicht in diesem Ausmaß eintreten und erfolgt unmittelbar.
4. Die hohe wissenschaftliche Qualifikation des Antragstellers ist hinreichend dokumentiert.

(2) Ein der Förderung der Wissenschaft und Forschung dienender Zuzug aus dem Ausland liegt in folgenden Fällen jedenfalls im öffentlichen Interesse:

1. Der zuziehende Wissenschaftler wird als Professorin/Professor im Sinne des § 94 Abs. 2 Z 1 Universitätsgesetz 2002 (UG), BGBl. I Nr. 120, tätig oder des § 12 Abs. 1 Bundesgesetz über das Institute of Science and Technology – Austria, BGBl. I Nr. 69/2006 in Verbindung mit § 94 Abs. 2 Z 1 UG.
2. Der zuziehende Wissenschaftler wird in seinem Habilitationsfach oder einem an sein Habilitationsfach angrenzenden wissenschaftlichen oder künstlerischen Fach tätig, und zwar an einer
   a) Universität im Sinne des § 4 UG oder § 1 Bundesgesetz über die Universität für Weiterbildung Krems (DUK-Gesetz 2004), BGBl. I Nr. 22/2004, an einer
   b) Privatuniversität im Sinne des § 1 Privatuniversitätengesetz (PUG), BGBl. I Nr. 74/2011, an einer
   c) Fachhochschule im Sinne des § 8 Fachhochschul-Studiengesetz (FHStG), BGBl. Nr. 340/1993, in einer
   d) wissenschaftlichen Einrichtung im Sinne des Forschungsorganisationsgesetzes (FOG), BGBl. Nr. 341/1981, in einer
   e) Körperschaft, die kraft Gesetzes eines Mitgliedstaats der Europäischen Union oder eines Staates, mit dem eine umfassende Amtshilfe besteht, im Wesentlichen der Forschung dient, oder in einer
   f) nach § 71 Niederlassungs- und Aufenthaltsgesetz (NAG), BGBl. I Nr. 100/2005 zertifizierten Forschungseinrichtung.

   Die Forschung und experimentelle Entwicklung muss in einem inländischen Betrieb, einer inländischen Betriebsstätte oder einer anderen inländischen wirtschaftlich selbständigen Einheit dieser Forschungseinrichtung erfolgen. Bei Personen, die nicht ausschließlich in Forschung und experimenteller Entwicklung tätig sind, müssen dabei die der Forschung und experimentellen Entwicklung (einschließlich der universitären Erschließung und Entwicklung der Künste) dienenden Tätigkeiten im Kalenderjahr überwiegen.
3. Die dem zuziehenden Wissenschaftler zu bezahlenden Vergütungen (Löhne, Gehälter, Honorare) stellen Aufwendungen (Ausgaben) im Sinne des § 108c Abs. 1 EStG 1988 dar und betragen mindestens das für die Blaue Karte EU erforderliche Bruttojahresgehalt. Z 2 letzter Satz gilt entsprechend.

1/3/43. EStG
Zuzugsbegünstigung

Kunst

§ 3. (1) Der Zuzug aus dem Ausland dient der Förderung der Kunst und ist aus diesem Grund im öffentlichen Interesse gelegen, wenn folgende Voraussetzungen vorliegen:

1. Die der Förderung der Kunst zu Grunde liegende Tätigkeit besteht ungeachtet der Einkunftsart überwiegend in einer künstlerischen Tätigkeit im Sinne des § 22 Z 1 lit. a EStG 1988.
2. Die Tätigkeit im Bereich der Kunst liegt maßgeblich im öffentlichen Interesse Österreichs.
3. Die Förderung der Kunst würde ohne Zuzug nicht in diesem Ausmaß eintreten und erfolgt unmittelbar.
4. Der Antragsteller ist Künstler von herausragender internationaler Bedeutung.

(2) Ein der Förderung der Kunst dienender Zuzug aus dem Ausland liegt jedenfalls im öffentlichen Interesse, wenn der zuziehende Künstler gemäß Artikel III Abs. 1 der Entschließung des Bundespräsidenten betreffend die Schaffung von Berufstiteln, BGBl. I Nr. 49/2008, zur Führung des Berufstitels Kammersängerin/Kammersänger oder Kammerschauspielerin/Kammerschauspieler berechtigt ist und im Rahmen dieser Tätigkeit bei mindestens zehn inländischen Aufführungen im Jahr auftritt.

Sport

§ 4. Der Zuzug aus dem Ausland dient der Förderung des Sports und ist aus diesem Grund im öffentlichen Interesse gelegen, wenn folgende Voraussetzungen vorliegen:

1. Der Sportler ist Spitzensportlerin/Spitzensportler im Sinne des § 3 Z 11 Bundes-Sportförderungsgesetz 2013 (BSFG 2013), BGBl. I Nr. 100.
2. Die Förderung der sportlichen Tätigkeit liegt maßgeblich im öffentlichen Interesse.
3. Der Sportler tritt bei internationalen Wettkampfveranstaltungen im Sinne des § 3 Z 6 BSFG 2013 offiziell als Repräsentant Österreichs in Erscheinung.
4. Die Förderung des Sports erfolgt unmittelbar.

Umfang der Begünstigung

§ 5. (1) Die Beseitigung der steuerlichen Mehrbelastungen erfolgt durch Anwendung eines pauschalen Durchschnittssteuersatzes von mindestens 15% auf die nicht unter § 98 EStG 1988 fallenden Einkünfte unter Hinzurechnung der Hälfte des in § 102 Abs. 3 EStG 1988 genannten Betrages. Dabei werden ausländische Steuern in sinngemäßer Anwendung des § 1 Abs. 2 erster und zweiter Satz der Verordnung des Bundesministers betreffend die Vermeidung von Doppelbesteuerung in der Stammfassung BGBl. II Nr. 474/2002, angerechnet. Für die Ermittlung des pauschalen Durchschnittssteuersatzes gilt:

1. Es ist die Summe sämtlicher nicht in Österreich erhobener Steuern auf das Einkommen der letzten drei Kalenderjahre, die dem Jahr des Zuzuges vorangegangen sind, zu ermitteln. Dabei sind auch ausländische Steuern anzusetzen, die das Einkommen mittelbar belasten.
2. Es ist die Summe der Einkommen zu ermitteln, die in den letzten drei Kalenderjahren, die dem Jahr des Zuzuges vorangegangen sind, erzielt wurden. Dabei sind die für unbeschränkt Steuerpflichtige geltenden Vorschriften des EStG 1988 anzuwenden; Einkünfte, die einem besonderen Steuersatz unterliegen, sind zu berücksichtigen, nicht aber Einkünfte, die unter § 98 EStG 1988 fallen.
3. Der pauschale Durchschnittssteuersatz ergibt sich aus dem Verhältnis der Gesamtsteuer gemäß Z 1 zum Gesamteinkommen gemäß Z 2.

(2) Durch den pauschalen Durchschnittssteuersatz gelten allfällige Doppelbesteuerungsabkommen als bereits berücksichtigt. Die nicht unter § 98 EStG 1988 fallenden Einkünfte sind bei der Berechnung der Einkommensteuer des Steuerpflichtigen weder beim Gesamtbetrag der Einkünfte noch beim Einkommen (§ 2 Abs. 2 EStG 1988) zu berücksichtigen.

(3) Nach Ablauf des zehnten Kalenderjahres ab dem Zuzug erhöht sich der pauschale Durchschnittssteuersatz im Sinne des Abs. 1 mit 1. Jänner eines Kalenderjahres jährlich um 2 Prozentpunkte.

Dauer

§ 6. (1) Die Beseitigung der steuerlichen Mehrbelastungen ist ab dem Zuzugszeitpunkt bis zum 31. Dezember des Kalenderjahres zuzuerkennen, in dem der Steuersatz im Sinne des § 5 Abs. 3 erstmalig mindestens 48% erreicht.

(2) Der Zuzugsfreibetrag ist ab dem Zuzugszeitpunkt für fünf Jahre zuzuerkennen.

(3) Die Zuzugsbegünstigung erlischt in folgenden Fällen vorzeitig:

1. Es kommen Tatsachen oder Beweismittel neu hervor, denen zufolge für die Begünstigung bedeutsame Umstände nicht vollständig und wahrheitsgemäß offengelegt wurden, und deren Kenntnis einen im Spruch anders lautenden Bescheid herbeigeführt hätte.
2. Die begünstigte Person zieht aus Österreich weg.
3. Die begünstigte Person beendet die für die Zuerkennung der Zuzugsbegünstigung maßgebliche Tätigkeit, ohne eine andere begünstigungswürdige Tätigkeit aufzunehmen.
4. Es treten Umstände ein, die dem öffentlichen Interesse an der Gewährung der Zuzugsbegünstigung wesentlich entgegenstehen.
5. Es wird den in § 7 Abs. 2 genannten Verpflichtungen nicht nachgekommen.
6. Es wird in einer Beilage zur Steuererklärung durch ausdrückliche Erklärung freiwillig auf die weitere Anwendung der Begünstigung verzichtet.

1/3/43. EStG
Zuzugsbegünstigung

(4) Das Finanzamt hat jeweils im Rahmen der Veranlagung zu prüfen, ob einer der in Abs. 3 genannten Umstände eingetreten ist.

Formelle Voraussetzungen

§ 7. (1) Dem Antrag auf Zuzugsbegünstigung ist ein Verzeichnis anzuschließen, das folgende Angaben zu enthalten hat:
1. Die Glaubhaftmachung, dass der Zuzug gemäß §§ 2, 3 oder 4 im öffentlichen Interesse gelegen sein wird. Belege, die der Glaubhaftmachung dienen, sind beizulegen,
2. die Bekanntgabe des Wegzugsstaates,
3. die Bekanntgabe des Zuzugszeitpunktes,
4. die Bekanntgabe der inländischen Wohnsitze in einem Zeitraum von zehn Jahren vor dem Zuzug und zum Antragszeitpunkt,
5. die Bekanntgabe der ausländischen Wohnsitze in einem Zeitraum von fünf Jahren vor dem Zuzug und zum Antragszeitpunkt,
6. die Bekanntgabe der Mittelpunkte der Lebensinteressen in einem Zeitraum von zehn Jahren vor dem Zuzug und zum Antragszeitpunkt und
7. für Anträge auf Beseitigung der steuerlichen Mehrbelastungen die vollständige Darstellung der Ermittlung des pauschalen Steuersatzes.

(BGBl II 2020/579)

(2) Die gemäß § 1 Abs. 4 zugesprochene Zuzugsbegünstigung darf vom Finanzamt nur berücksichtigt werden, wenn vom Steuerpflichtigen als Beilage zur Steuererklärung des jeweiligen Veranlagungsjahres ein ordnungsgemäß geführtes Verzeichnis vorgelegt wird, das unter Hinweis auf die den Eintragungen zugrunde liegenden Belege folgende Angaben zu enthalten hat:
1. Die Glaubhaftmachung, dass das öffentliche Interesse am Zuzug gemäß §§ 2, 3 oder 4 im Veranlagungsjahr vorliegt.
2. Die Bekanntgabe der ausländischen und inländischen Wohnsitze im jeweiligen Veranlagungszeitraum.
3. Die Glaubhaftmachung, dass der Mittelpunkt der Lebensinteressen im jeweiligen Veranlagungszeitraum in Österreich war.

(BGBl II 2020/579)

Beiziehung von Sachverständigen

§ 8. Liegt das öffentliche Interesse nicht gemäß § 2 Abs. 2 oder § 3 Abs. 2 jedenfalls vor, kann das Finanzamt zur sachverständigen Beurteilung des öffentlichen Interesses in Fällen des § 2 die Österreichische Forschungsförderungsgesellschaft mbH (FFG), in Fällen des § 3 den für Kunst und Kultur zuständigen Bundesminister und in Fällen des § 4 den für Sport zuständigen Bundesminister beiziehen.

(BGBl II 2020/579)

Verweisungen

§ 9. (1) Soweit in dieser Verordnung auf Bestimmungen anderer Bundesgesetze, Verordnungen und Entschließungen verwiesen wird, sind diese in ihrer jeweils geltenden Fassung anzuwenden.

(2) Dies gilt nicht für § 1 Abs. 2 der Verordnung des Bundesministers betreffend die Vermeidung von Doppelbesteuerung.

Schluss- und Übergangsbestimmungen

§ 10. (1) Diese Verordnung tritt mit Ablauf des Tages der Kundmachung im Bundesgesetzblatt in Kraft.

(2) Mit dem Inkrafttreten dieser Verordnung tritt die Zuzugsbegünstigungsverordnung, BGBl. II Nr. 102/2005, außer Kraft.

(3) Erfolgte der Zuzug vor dem 15. August 2015, gelten folgende Übergangsbestimmungen:
1. Die gemäß § 2 Abs. 2 Z 3 erforderliche Mindestvergütung gilt nicht.
2. Abweichend von § 5 erfolgt die Beseitigung der durch den Zuzug eintretenden steuerlichen Mehrbelastungen bei Personen, denen bereits eine Zuzugsbegünstigung gewährt wurde, durch Anwendung der im zuletzt ergangenen Bescheid vorgesehenen Entlastungsmethode.
3. Die Zuzugsbegünstigung ist für Zeiträume nach dem 31. Dezember 2016 nicht zuzuerkennen, wenn die gesamte Dauer der Begünstigung 20 Jahre überschreiten würde.
4. § 6 Abs. 1 ist nicht anzuwenden.

(4) § 1 Abs. 1, 3 und 4, § 7 Abs. 1 und 2 und § 8, jeweils in der Fassung der Verordnung BGBl. II Nr. 579/2020, treten mit 1. Jänner 2021 in Kraft. Die Übergangsbestimmungen des § 323b Abs. 4 der Bundesabgabenordnung – BAO, BGBl. Nr. 194/1961 in der Fassung des Bundesgesetzes BGBl. I Nr. 99/2020, sind anzuwenden.

(BGBl II 2020/579)

1/3/44. VO zu § 107 Abs. 8
Leitungsrechte-Datenübermittlungsverordnung

BGBl II 2018/321

Verordnung des Bundesministers für Finanzen zur Datenübermittlung gemäß § 107 Abs. 8 EStG 1988 betreffend den Steuerabzug bei Einkünften aus Anlass der Einräumung von Leitungsrechten (Leitungsrechte-Datenübermittlungsverordnung – Leitungsrechte-DÜV)

Auf Grund des § 107 Abs. 8 des Einkommensteuergesetzes 1988 – EStG 1988, BGBl. Nr. 400/1988, zuletzt geändert durch das Bundesgesetz BGBl. I Nr. 83/2018 wird verordnet.

§ 1. (1) Ein Abzugsverpflichteter hat in einer Anmeldung die Daten und den Steuerbetrag für jene Personen oder Einrichtungen zu übermitteln, gegenüber denen er zahlungsverpflichtet ist.

(2) Kommen mehrere Personen oder Einrichtungen als Empfänger der Einkünfte in Betracht und ist der Abzugsverpflichtete nicht gegenüber jeder einzelnen von ihnen zahlungsverpflichtet, insbesondere weil erhaltene Zahlungen vom Empfänger weitergegeben werden, muss der Abzugsverpflichtete von der Person oder Einrichtung, der gegenüber er zahlungsverpflichtet ist, über diesen Umstand informiert werden. Der Abzugsverpflichtete hat die erhaltene Information in der Anmeldung bei der Person oder Einrichtung anzuführen, deren Daten er übermittelt.

(3) Werden mehrere Zahlungen an denselben Empfänger geleistet, kann der Steuerbetrag für jede einzelne Zahlung getrennt oder für alle Zahlungen des Kalenderjahres zusammengefasst übermittelt werden.

§ 2. (1) Die elektronische Übermittlung der Anmeldung hat nach der FinanzOnline-Verordnung 2006 – FOnV 2006, BGBl. II Nr. 97/2006, in der jeweils geltenden Fassung, im Verfahren Finanz-Online (https://finanzonline.bmf.gv.at) zu erfolgen.

(2) Der Umfang der elektronisch zu übermittelnden Anmeldung bestimmt sich nach § 1 Abs. 2 FOnV 2006.

(3) Die elektronische Übermittlung der Anmeldung ist nur im Weg der Datenstromübermittlung und im Weg eines Webservices zulässig. Sie ist nicht vor dem Vorliegen der technischen und organisatorischen Voraussetzungen zulässig.

§ 3. Diese Verordnung tritt mit 1. Jänner 2019 in Kraft.

1/3/45. VO zu § 108 EStG und § 86a BAO:
Bausparen

BGBl II 2005/296 idF BGBl II 2020/579

Verordnung des Bundesministers für Finanzen betreffend Bausparen gemäß § 108 EStG 1988

Auf Grund des § 108 des Einkommensteuergesetzes 1988 (EStG 1988), BGBl. Nr. 400, zuletzt geändert durch BGBl. I Nr. 104/2005, in Verbindung mit § 86a der Bundesabgabenordnung (BAO), BGBl. Nr. 194/1961, zuletzt geändert durch BGBl. I Nr. 5/2005, wird verordnet:

§ 1. Der Abgabenpflichtige hat die Erstattung der Einkommensteuer (Lohnsteuer) gemäß § 108 EStG 1988 (Bausparprämie) nach dem in Anhang 1 zu dieser Verordnung kundgemachten amtlichen Vordruck (Abgabenerklärung) zu beantragen sowie die widmungsgemäße Verwendung der begünstigten Beiträge und Erstattungsbeträge oder der Sicherstellung gemäß § 108 Abs. 7 Z 2 EStG 1988 nach dem in Anhang 2 zu dieser Verordnung kundgemachten amtlichen Vordruck (Abgabenerklärung) zu erklären. Erstellt die Bausparkasse die Abgabenerklärung gemäß Anhang 1 nach diesem amtlichen Vordruck, können für die Eintragungen unter „Angaben zum Kind bzw. zu den Kindern (nur bei Erhöhungsbetrag)" eine oder mehrere Zeilen vorgesehen werden.

II. Elektronischer Antrag auf Erstattung der Bausparprämie

§ 2. (1) Wird der Antrag auf Abschluss eines Bausparvertrages elektronisch gestellt, kann auch der Antrag auf Erstattung der Bausparprämie elektronisch gestellt werden.

(2) Der Antrag auf Erstattung der Bausparprämie hat im Rahmen des von der Bausparkasse angebotenen Verfahrens zur Stellung eines elektronischen Antrags auf Abschluss eines Bausparvertrages zu erfolgen. Für den Antrag auf Erstattung der Bausparprämie muss Folgendes gewährleistet sein:

1. In dem von der Bausparkasse angebotenen Verfahren zur Stellung eines elektronischen Antrags auf Abschluss eines Bausparvertrages ist die eindeutige Identifizierung und Authentifizierung des Antragstellers sicher gestellt.

2. Das von der Bausparkasse angebotene Verfahren zur Stellung eines elektronischen Antrags auf Abschluss eines Bausparvertrages entspricht den jeweiligen Standards der Datensicherheit und Datenintegrität (Verschlüsselung).

3. Der Antrag auf Erstattung der Bausparprämie ist vom Antrag auf Abschluss des Bausparvertrages deutlich getrennt, insbesondere wird dem Antragsteller die Tatsache, dass er eine Abgabenerklärung abgibt, deutlich gemacht, indem

- der Antrag als „Antrag auf Erstattung der Einkommensteuer (Lohnsteuer) gemäß § 108 Einkommensteuergesetz 1988 (EStG 1988), im Wege der Bausparkasse" bezeichnet ist, und
- dem Antragsteller jener Text zur ausdrücklichen Bestätigung angezeigt wird, der in der amtlichen Drucksorte (Anhang 1)a) mit „Erklärung:" bezeichnet ist.

a) Vordruck nicht abgedruckt

4. Der Antrag auf Erstattung der Prämie enthält die in der amtlichen Drucksorte (Anhang 1) umrandeten Inhalte, wobei es zulässig ist, dass die Daten aus dem Antrag auf Abschluss des Bausparvertrages übernommen werden. Für die Eintragungen unter „Angaben zum Kind bzw. zu den Kindern (nur bei Erhöhungsbetrag)" können eine oder mehrere Zeilen vorgesehen werden.
5. Die Bausparkassen bewahren die elektronischen Anträge auf Erstattung der Prämie entsprechend den jeweiligen Standards der Datensicherheit und Datenintegrität auf, wobei § 131 und § 132 BAO sinngemäß anzuwenden sind.

III. Erstattung der Bausparprämie

§ 3. Die Bausparkasse hat einmal jährlich auf Grund der vorgelegten Abgabenerklärungen bis zum 15. Jänner des Folgejahres den zu erstattenden Steuerbetrag beim Finanzamt für Großbetriebe anzufordern. Die Anforderung kann ein Mal korrigiert werden; diese Korrekturmeldung ist bis zum 30. Juni des Folgejahres zulässig.
(BGBl II 2020/579)

§ 4. Beitragsnachzahlungen für Vorjahre sind nicht zulässig.

§ 5. Die Bausparkasse hat im Zuge der Anforderung des zu erstattenden Steuerbetrages im Wege des Datenträgeraustausches oder der automationsunterstützten Datenübermittlung folgende Daten auf Grund der Abgabenerklärung dem Finanzamt für Großbetriebe zu übermitteln:

- Bezeichnung der Bausparkasse
- Nummer des Bausparvertrages
- Name des Abgabepflichtigen
- Sozialversicherungsnummer des Abgabepflichtigen (wurde für den Abgabepflichtigen eine Versicherungsnummer nicht vergeben, ist das Geburtsdatum anzuführen)
- Adresse des Abgabepflichtigen
- Name des (Ehe-)Partners, wenn der Erhöhungsbetrag geltend gemacht wurde
- Sozialversicherungsnummer des (Ehe-)Partners, wenn der Erhöhungsbetrag geltend gemacht wurde (wurde für den (Ehe-)Partner eine Versicherungsnummer nicht vergeben, ist das Geburtsdatum anzuführen)
- Name des Kindes, wenn der Erhöhungsbetrag geltend gemacht wurde
- Sozialversicherungsnummer des Kindes, wenn der Erhöhungsbetrag geltend gemacht wurde (wurde für das Kind eine Versicherungsnummer nicht vergeben, ist das Geburtsdatum anzuführen)
- Beginn der Prämienbegünstigung für mitberücksichtigte Personen
- Bemessungsgrundlage für die Prämienbegünstigung (eingezahlte prämienwirksame Beiträge)
- Vertragsbeginn des Bausparvertrages
- Ende der Prämienbegünstigung.

(BGBl II 2020/579)

§ 6. (1) Bemessungsgrundlage für die Prämienerstattung ist der eingezahlte Beitrag, höchstens der gemäß § 108 EStG 1988 prämienwirksame Betrag. Werden mehrere Abgabenerklärungen mit gleichzeitiger Prämienwirksamkeit zu Gunsten des Antragstellers oder einer mitberücksichtigten Person festgestellt, erfolgt die Prämienerstattung für den Bausparvertrag mit dem früheren Vertragsbeginn. Wird zu Gunsten eines Antragstellers mehr als eine Abgabenerklärung mit nicht gleichzeitiger Prämienwirksamkeit festgestellt, erfolgt die Prämienerstattung insgesamt bis zum gesetzlichen Höchstbetrag.

(2) Bei mehreren Abgabenerklärungen mit demselben Vertragsbeginn erfolgt zunächst keine Prämienerstattung. Die Prämienerstattung erfolgt erst, wenn sie im Rahmen der Korrekturmeldung (§ 3) für den Abgabepflichtigen nur ein Mal geltend gemacht wird.

§ 7. Werden angeforderte zu erstattende Steuerbeträge durch das Finanzamt für Großbetriebe gekürzt, hat eine Rückmeldung des Finanzamts für Großbetriebe an die Bausparkasse zu erfolgen.
(BGBl II 2020/579)

IV. Elektronische Erklärung zur widmungsgemäßen Verwendung

§ 8. (1) Die Erklärung zur widmungsgemäßen Verwendung kann elektronisch abgegeben werden, wenn
1. die Verwendung der begünstigten Beiträge und der Erstattungsbeträge selbst ganz oder zum Teil vor Ablauf der in § 108 Abs. 6 EStG 1988 genannten Frist erfolgt und der Bausparvertrag elektronisch gekündigt wird, oder
2. die Ansprüche aus dem Bausparvertrag vor Ablauf der in § 108 Abs. 6 EStG 1988 genannten Frist als Sicherstellung dienen.

(2) Die Erklärung zur widmungsgemäßen Verwendung hat im Rahmen des von der Bausparkasse angebotenen Verfahrens zur elektronischen Kündigung eines Bausparvertrages zu erfolgen. Für die Erklärung der widmungsgemäßen Verwendung muss Folgendes gewährleistet sein:
1. In dem von der Bausparkasse angebotenen Verfahren zur elektronischen Kündigung eines Bausparvertrages ist die eindeutige

Identifizierung und Authentifizierung des Erklärenden sichergestellt.
2. Das von der Bausparkasse angebotene Verfahren zur elektronischen Kündigung eines Bausparvertrages entspricht den jeweiligen Standards der Datensicherheit und Datenintegrität (Verschlüsselung).
3. Dem Erklärenden wird die Tatsache, dass er eine Abgabenerklärung abgibt, deutlich gemacht, indem
   – die Erklärung als „Erklärung zur widmungsgemäßen Verwendung begünstigter Beiträge und Erstattungsbeträge (Bausparprämie) gemäß § 108 Abs. 7 Z 2 Einkommensteuergesetz 1988 (EStG 1988), im Wege der Bausparkasse" bezeichnet ist, und
   – dem Erklärenden jener Text zur ausdrücklichen Bestätigung angezeigt wird, der in der amtlichen Drucksorte (Anhang 2)a) mit „Erklärung:" bezeichnet ist.

a) Vordruck nicht abgedruckt

4. Die Erklärung zur widmungsgemäßen Verwendung enthält die in der amtlichen Drucksorte (Anhang 2) umrandeten Inhalte, wobei es zulässig ist, dass die Daten aus dem Antrag auf Abschluss des Bausparvertrages übernommen werden.
5. Die Bausparkassen bewahren die elektronischen Erklärungen zur widmungsgemäßen Verwendung entsprechend den jeweiligen Standards der Datensicherheit und Datenintegrität auf, wobei § 131 und § 132 BAO sinngemäß anzuwenden sind.

V. Mitteilung der Höhe der zurückgezahlten Steuererstattung

§ 9. Die Bausparkasse hat in den Fällen des § 108 Abs. 7 Z 2 EStG 1988 ein Mal jährlich auf Grund der vorgelegten Erklärungen zur widmungsgemäßen Verwendung bis zum 30. April des Folgejahres die Höhe der zurückgezahlten Steuererstattung dem Finanzamt für Großbetriebe mitzuteilen.
(BGBl II 2020/579)

§ 10. Die Bausparkasse hat im Zuge der Mitteilung der Höhe der zurückgezahlten Steuererstattung im Wege des Datenträgeraustausches oder der automationsunterstützten Datenübermittlung folgende Daten auf Grund der Erklärungen dem Finanzamt zu übermitteln:
– Bezeichnung der Bausparkasse
– Nummer des Bausparvertrages
– Name des Abgabepflichtigen
– Sozialversicherungsnummer des Abgabepflichtigen (wurde für den Abgabepflichtigen eine Versicherungsnummer nicht vergeben, ist das Geburtsdatum anzuführen)
– Adresse des Abgabepflichtigen
– Vertragsbeginn des Bausparvertrages
– Datum des Endes der Prämienbegünstigung
– Erstattungsbetrag
– Verwendungsgrund
– Name und Adresse des gesetzlichen Vertreters.

VI. Zeitliche Anwendung

§ 11. Diese Verordnung ist erstmals auf Abgabenerklärungen, die ab dem In-Kraft-Treten dieser Verordnung unterschrieben werden, anzuwenden; die §§ 8 bis 10 sind auch auf zu diesem Zeitpunkt bereits bestehende Bausparverträge anzuwenden. Die Erstattung der Einkommensteuer (Lohnsteuer) gemäß § 108 EStG 1988 kann bis 31. Dezember 2006 auch in der Form der im Anhang zur Verordnung des Bundesministers für Finanzen betreffend Bausparen gemäß § 108 EStG in der Fassung BGBl. II Nr. 515/1999 kundgemachten Abgabenerklärung beantragt werden.

§ 12. (1) Die Verordnung des Bundesministers für Finanzen betreffend Bausparen gemäß § 108 EStG 1988, BGBl. II Nr. 515/1999, soweit sie noch in Anwendung ist, tritt mit 1. Juli 2010 außer Kraft.
(BGBl II 2020/579)

(2) § 3, § 5, § 7 und § 9, jeweils in der Fassung der Verordnung BGBl. II Nr. 579/2020, treten mit 1. Jänner 2021 in Kraft.
(BGBl II 2020/579)

1/3/46., 47. EStG
Pensionsvorsorge

1/3/46. VO zu § 108 Abs. 1
Bausparprämie 2024

BMF-AV Nr. 120/2023
Erlass des BMF vom 18.10.2023, 2023-0.697.267

Gemäß § 108 Abs. 1 EStG 1988 beträgt die Höhe der Bausparprämie für das **Kalenderjahr 2024 1,5%** der prämienbegünstigten Bausparkassenbeiträge.

1/3/47. VO zu § 108a
Pensionsvorsorge

BGBl II 2003/530 idF BGBl II 2020/579

Verordnung des Bundesministers für Finanzen betreffend prämienbegünstigte Pensionsvorsorge gemäß § 108a EStG 1988

Auf Grund des § 108a EStG 1988, BGBl. Nr. 400, in der Fassung des Bundesgesetzes BGBl. I Nr. 71/2003 wird verordnet:

§ 1. Der Abgabepflichtige hat die Erstattung der Prämie gemäß § 108a EStG 1988 nach dem amtlichen Vordruck (Abgabenerklärung) zu beantragen.

§ 2. Als amtlicher Vordruck (Lg.Nr. 108a) gilt die im Anhang zu dieser Verordnung kundgemachte Abgabenerklärung.[a]

[a] Vordruck nicht abgedruckt.

§ 3. (1) Der Rechtsträger hat einmal jährlich auf Grund der vorgelegten Abgabenerklärungen (§ 2) bis spätestens Ende Februar des Folgejahres den Antrag auf Prämienerstattung an das Finanzamt für Großbetriebe zu stellen. Eine einmalige Korrekturmeldung hat bis zum 30. Juni des Folgejahres zu erfolgen und ist nur für jene Abgabenerklärungen zulässig, die bereits im Prämienerstattungsantrag berücksichtigt wurden.

(BGBl II 2020/579)

(2) Bei Erwerb von Anteilen an einen Pensionsinvestmentfonds hat das depotführende Kreditinstitut die Aufgaben des Rechtsträgers wahrzunehmen.

§ 4. Beitragsnachzahlungen für Vorjahre sind nicht zulässig. Beitragszahlungen für das Folgejahr sind zulässig, wenn die Zahlungen nach dem 15. Dezember des laufenden Kalenderjahres erfolgen.

§ 5. Der Rechtsträger hat im Zuge der Antragstellung auf Prämienerstattung im Wege von Finanz-Online folgende Daten auf Grund der Abgabenerklärung dem Finanzamt für Großbetriebe zu übermitteln:

– Bezeichnung des Rechtsträgers
– Vertragsnummer
– Name des Abgabepflichtigen
– Sozialversicherungsnummer des Abgabepflichtigen (Wurde für den Abgabepflichtigen eine Versicherungsnummer nicht vergeben, ist das Geburtsdatum anzuführen)
– Adresse des Abgabepflichtigen
– Bemessungsgrundlage für die Prämienbegünstigung
– Höhe der Prämie
– Datum der Unterschrift der Abgabenerklärung.

(BGBl II 2020/579)

§ 6. Bemessungsgrundlage für die Prämienerstattung ist der eingezahlte Betrag, höchstens jedoch der in der Abgabenerklärung beantragte Betrag. Eine Indexanpassung ist jedoch zulässig. Bei Überschreiten der Bemessungsgrundlage von

1/3/48. EStG
Forschungsprämien

1.000 Euro hat die Erstattung der Prämie nur bis zu einer Bemessungsgrundlage von 1.000 Euro zu erfolgen. Werden von einem Antragsteller mehrere Abgabenerklärungen abgegeben, erfolgt die Prämienerstattung vorrangig für die früher abgegebene Abgabenerklärung (Datum der Unterschrift). Bei mehreren Abgabenerklärungen mit demselben Datum der Unterschrift ist eine Aliquotierung nach Maßgabe der Bemessungsgrundlagen vorzunehmen.

§ 7. Werden beantragte Prämienerstattungen durch das Finanzamt für Großbetriebe gekürzt, hat eine Rückmeldung des Finanzamtes an den Rechtsträger zu erfolgen.

(BGBl II 2020/579)

§ 8. Wird eine Erhöhung der Bemessungsgrundlage bei einem Rechtsträger beantragt, hat der Abgabepflichtige eine neue Abgabenerklärung beim Rechtsträger abzugeben, ausgenommen die Erhöhung bezieht sich auf eine Indexanpassung.

§ 9. (1) Die Verordnung BGBl. II Nr. 441/1999 tritt außer Kraft.

(BGBl II 2020/579)

(2) § 3 Abs. 1, § 5 und § 7, jeweils in der Fassung der Verordnung BGBl. II Nr. 579/2020, treten mit 1. Jänner 2021 in Kraft.

(BGBl II 2020/579)

1/3/48. VO zu § 108c EStG und § 118a BAO
Forschungsprämienverordnung

BGBl II 2012/515 idF BGBl II 2022/302

Verordnung der Bundesministerin für Finanzen über die Kriterien zur Festlegung förderbarer Forschungs- und Entwicklungsaufwendungen (-ausgaben), zur Forschungsbestätigung sowie über die Erstellung von Gutachten durch die Österreichische Forschungsförderungsgesellschaft mbH (Forschungsprämienverordnung)

Auf Grund des § 108c des Einkommensteuergesetzes 1988 – EStG 1988, BGBl. Nr. 400, zuletzt geändert durch das Bundesgesetz BGBl. I Nr. 112/2012, und des § 118a der Bundesabgabenordnung – BAO, BGBl. Nr. 194/1961, zuletzt geändert durch das Bundesgesetz BGBl. I Nr. 112/2012, wird verordnet:

1. Abschnitt
Allgemeine Vorschriften

§ 1. (1) Der Geltendmachung einer Forschungsprämie sind Aufwendungen (Ausgaben) im Sinne der Abs. 2 und 3 im Bereich von Forschung und experimenteller Entwicklung (Anhang I) zu Grunde zu legen. Die Bestimmungen der § 6 Z 10 und § 20 Abs. 2 EStG 1988 sowie § 12 Abs. 2 KStG 1988 sind anzuwenden.

(2) Aufwendungen (Ausgaben) zur Forschung und experimentellen Entwicklung (Anhang I, Teil A) sind:

1. Löhne und Gehälter für in Forschung und experimenteller Entwicklung Beschäftigte einschließlich Arbeitgeberbeiträge zur Sozialversicherung, Wohnbauförderungsbeiträge und sonstige Personalaufwendungen (beispielsweise freiwillige Sozialleistungen) sowie Vergütungen für in Forschung und experimenteller Entwicklung Beschäftigte, die außerhalb eines Dienstverhältnisses tätig werden. Bei Beschäftigten, die nicht ausschließlich in Forschung und experimenteller Entwicklung tätig sind, werden die der Arbeitsleistung für Forschung und experimentelle Entwicklung entsprechenden Anteile an diesen Aufwendungen (Ausgaben) herangezogen.

2. Unmittelbare Aufwendungen (Ausgaben) und unmittelbare Investitionen (einschließlich der Anschaffung von Grundstücken), soweit sie nachhaltig Forschung und experimenteller Entwicklung dienen.

3. Finanzierungsaufwendungen (-ausgaben), soweit sie der Forschung und experimentellen Entwicklung zuzuordnen sind.

4. Gemeinkosten, soweit sie der Forschung und experimentellen Entwicklung zuzuordnen sind.

5. Für Einzelunternehmer, Mitunternehmer und unentgeltlich tätige Gesellschafter einer Kapitalgesellschaft ein Betrag von 45 Euro für jede

1/3/48. EStG
Forschungsprämien

im Wirtschaftsjahr geleistete Tätigkeitsstunde in begünstigter Forschung und experimenteller Entwicklung, maximal jedoch 77 400 Euro für jede Person pro Wirtschaftsjahr (fiktiver Unternehmerlohn). Voraussetzung dafür ist, dass die Tätigkeit auf Grundlage von Zeitaufzeichnungen mit aussagekräftiger Beschreibung nachgewiesen wird.

(BGBl II 2022/302)

(3) Aufwendungen (Ausgaben) für Forschung und experimentelle Entwicklung im Sinne dieser Verordnung, die gemäß § 108c Abs. 2 Z 2 EStG 1988 an Dritte außer Haus vergeben werden (externe Aufwendungen und Ausgaben für Forschung und experimentelle Entwicklung, Auftragsforschung), sind keine Aufwendungen (Ausgaben) für Forschung und experimentelle Entwicklung im Sinne des § 108c Abs. 2 Z 1 EStG 1988.

(4) Die Aufwendungen (Ausgaben) für Forschung und experimentelle Entwicklung eines Wirtschaftsjahres sind in einem nach Maßgabe des Anhanges II zu dieser Verordnung erstellten Verzeichnis darzustellen. Das Verzeichnis hat die Ermittlung der Bemessungsgrundlage und die daraus ermittelte Forschungsprämie zu enthalten. Das Verzeichnis ist auf Verlangen der Abgabenbehörde vorzulegen.

§ 2. (1) Eine Forschungsbestätigung gemäß § 118a BAO kann für jeweils ein Forschungsprojekt (Anhang I, Teil A, Punkt 5) beantragt werden. Ein Forschungsschwerpunkt (Anhang I, Teil A, Punkt 6) kann nicht Gegenstand einer Forschungsbestätigung sein.

(2) Die Forschungsbestätigung darf keinen Zeitraum betreffen, der nicht von dem entsprechenden Projektgutachten erfasst ist (§ 5 Abs. 3).

2. Abschnitt
Gutachten

§ 3. (1) Gutachten (§ 4 und § 5) der Österreichischen Forschungsförderungsgesellschaft mbH (§ 1 FFG-G, BGBl. I Nr. 73/2004, im Folgenden: FFG) betreffen:

1. Die Beurteilung, inwieweit ein Forschungsschwerpunkt/Forschungsprojekt, aus dem für die Forschungsprämie maßgebliche Aufwendungen resultieren, unter Zugrundelegung der vom Steuerpflichtigen bekanntgegebenen Informationen die Voraussetzungen des § 108c Abs. 2 Z 1 EStG 1988 erfüllt.
2. Die Beurteilung, ob nicht forschungsschwerpunkt- oder forschungsprojektbezogen zugeordnete Investitionen nach der Beschreibung in der Anforderung des Gutachtens so beschaffen sind, dass sie nachhaltig der Forschung und experimentellen Entwicklung dienen können.

(2) Das Gutachten umfasst nicht
– die Tatsachenfeststellung, ob die bekanntgegebenen Informationen zu einem Forschungsschwerpunkt/Forschungsprojekt oder zu nicht forschungsschwerpunkt- oder forschungsprojektbezogen zugeordneten Investitionen richtig sind, sowie
– die Beurteilung, ob und in welchem Umfang Aufwendungen oder Ausgaben für Forschung und experimentelle Entwicklung Bestandteil der Bemessungsgrundlage für die Forschungsprämie sind.

(3) Die Gutachten der FFG haben sich auf jene Forschungsschwerpunkte/Forschungsprojekte oder nicht forschungsschwerpunkt- oder forschungsprojektbezogen zugeordnete Investitionen zu beziehen, für die die Beurteilung durch die FFG angefordert worden ist. Die vom Steuerpflichtigen bekannt gegebenen Informationen aus der Anforderung des Gutachtens bilden einen integralen Bestandteil des Gutachtens.

§ 4. (1) Die FFG hat zur Geltendmachung einer Forschungsprämie für eigenbetriebliche Forschung und experimentelle Entwicklung auf Anforderung des Steuerpflichtigen ein Jahresgutachten zu erstellen. Das Jahresgutachten hat sich auf alle Forschungsschwerpunkte/Forschungsprojekte und nicht forschungsschwerpunkt- oder forschungsprojektbezogen zugeordnete Investitionen zu beziehen, aus denen für die Forschungsprämie maßgebliche Aufwendungen resultieren.

(2) Das Jahresgutachten ist nach Ablauf des Wirtschaftsjahres, für das die Forschungsprämie beantragt wird, bei der FFG anzufordern. Dazu sind die Forschungsschwerpunkte/Forschungsprojekte und nicht forschungsschwerpunkt- oder forschungsprojektbezogen zugeordneten Investitionen inhaltlich genau zu umschreiben und die im Anhang III, Teil A, enthaltenen Daten und Informationen bekannt zu geben. Für ein Wirtschaftsjahr kann nur ein Jahresgutachten angefordert werden.

§ 5. (1) Die FFG hat für das Forschungsprojekt, das Gegenstand eines Antrages auf Forschungsbestätigung gemäß § 118a BAO ist, auf Anforderung des Steuerpflichtigen ein Projektgutachten zu erstellen.

(2) Das Projektgutachten kann nach Beantragung der Forschungsbestätigung für das jeweilige Forschungsprojekt bei der FFG angefordert werden. Die Anforderung muss sich auf das Forschungsprojekt beziehen, das Gegenstand des Antrages auf Erteilung der Forschungsbestätigung ist. In der Anforderung ist das Forschungsprojekt inhaltlich genau zu umschreiben; es sind die (geplanten) bemessungsgrundlagenrelevanten Gesamtaufwendungen nach Maßgabe der Gliederung des Verzeichnisses laut Anhang II anzuführen und nach Wirtschaftsjahren zu gliedern sowie die im Anhang III, Teil A, enthaltenen Daten und Informationen bekannt zu geben.

(3) Das Projektgutachten hat sich auf die (geplante) Projektdauer, höchstens aber auf einen Zeitraum zu beziehen, der das Wirtschaftsjahr der Anforderung des Gutachtens und die nachfolgenden drei Wirtschaftsjahre umfasst. Nach Ablauf dieses Zeitraumes kann für dasselbe Projekt ein neuerliches Projektgutachten angefordert werden.

1/3/48. EStG
Forschungsprämien

§ 6. Die Erstellung von Jahresgutachten und Projektgutachten ist für den Steuerpflichtigen kostenlos.

§ 7. (1) Die FFG ist befugt, zur Erstellung von Gutachten in einzelnen Fällen nach Bedarf externe Gutachter beizuziehen.

(2) Für die Beiziehung eines externen Gutachters gilt:

1. Als externe Gutachter beigezogen werden dürfen nur
   a) Personen, die nachweislich als befugte Sachverständige auf dem zu beurteilenden Fachgebiet tätig sind oder
   b) Organisationen, die der FFG vergleichbare Aufgaben in der Abwicklung von Förderungen im Bereich der Forschung und experimentellen Entwicklung an Unternehmen oder im Bereich der Beratung von Unternehmen in der Forschung und experimentellen Entwicklung erfüllen oder
   c) Personen, die in oder für derartige Organisationen tätig sind und über die erforderlichen Fachkenntnisse verfügen.

2. Nicht als externe Gutachter beigezogen werden dürfen Personen und Organisationen, die
   a) nach den bei der FFG vorhandenen Informationen im Geschäftsfeld des Steuerpflichtigen als Mitbewerber tätig sind oder
   b) nach den bei der FFG vorhandenen Informationen für den Steuerpflichtigen selbst oder einen Marktteilnehmer, mit dem der Steuerpflichtige im Wettbewerb steht, tätig sind, oder die
   c) nicht vertraglich verpflichtet wurden, alle Verpflichtungen, die die FFG aus der Wahrnehmung ihrer Funktion als Gutachter treffen, in gleicher Weise zu erfüllen, wie die FFG selbst oder die
   d) vom Steuerpflichtigen abgelehnt wurden.
   (BGBl II 2022/302)

3. Die FFG hat dem Steuerpflichtigen eine beabsichtigte Beiziehung eines externen Gutachters unter Wahrung der Anonymität des Gutachters mittels E-Mail an die ihr in der Gutachtensanforderung übermittelte E-Mail-Adresse bekannt zu geben. Darin hat die FFG
   a) dem Steuerpflichtigen bekannt zu geben,
      – in welchem Gebiet (Technologiefeld/Wissenschaftsdisziplin und Branche) die als Gutachter in Aussicht genommene Person (Z 1 lit. a oder lit. c) tätig ist bzw.
      – welches Aufgabengebiet die als Gutachter in Aussicht genommene Organisation (Z 2 lit. b) hat sowie
   b) den Steuerpflichtigen darüber zu informieren, dass er die Möglichkeit hat, innerhalb von vierzehn Tagen ohne Angabe von Gründen jene Personen zu benennen, die nicht als externer Gutachter beigezogen werden dürfen.

4. Die FFG darf keine Person oder Organisation als externen Gutachter beiziehen, die
   a) den Voraussetzungen der Z 1 nicht entspricht oder
   b) gemäß Z 2 nicht beigezogen werden darf oder
   (BGBl II 2022/302)
   c) vom Steuerpflichtigen gemäß Z 3 fristgerecht abgelehnt worden ist oder
   d) in einem Gebiet tätig ist oder ein Aufgabengebiet hat, über das der Steuerpflichtige nicht gemäß Z 3 informiert worden ist.

5. Die FFG darf Informationen, die ihr vom Steuerpflichtigen im Rahmen der Anforderung des Gutachtens bekannt gegeben wurden, nur in einer Weise an einen externen Gutachter weitergeben, dass die Anonymität des Steuerpflichtigen gegenüber dem externen Gutachter gewahrt bleibt.

6. Die FFG hat über die Einhaltung der Verpflichtungen aus den Z 1 bis 5 eine Dokumentation zu führen und der zuständigen Abgabenbehörde die Einsicht in diese jederzeit zu ermöglichen.

§ 8. Die FFG hat die Gutachten nach Möglichkeit innerhalb von zwei Monaten, jedenfalls aber innerhalb von vier Monaten ab der Anforderung zu erstellen, es sei denn, der Bearbeitung einer Gutachtensanforderung durch die FFG stehen Umstände entgegen, die nicht von ihr zu vertreten sind.

§ 9. Das Gutachten ist im Wege des Verfahrens FinanzOnline dem Finanzamt weiterzugeben und dem Steuerpflichtigen zur elektronischen Akteneinsicht (§ 90a BAO) zur Verfügung zu stellen. Die FFG hat den Steuerpflichtigen unverzüglich nach Fertigstellung des Gutachtens mittels E-Mail unter Verwendung der in der Gutachtensanforderung bekannt gegebenen E-Mail-Adresse auf die Möglichkeit der Einsichtnahme des Gutachtens im Wege von FinanzOnline hinzuweisen.

§ 10. Die Abwicklung des Prozesses betreffend die Gutachtenserstellung hat nach Maßgabe des Anhanges III, Teil B, zu erfolgen.

3. Abschnitt
Datenschutz und Geheimhaltung

§ 11. (1) Die FFG ist bezüglich der Erstellung von Gutachten Dienstleister iSd § 4 Z 5 des Datenschutzgesetzes 2000 – DSG 2000, BGBl. I Nr. 165/1999, für das zuständige Finanzamt.

(2) Die FFG ist befugt, zur Erfüllung ihres Auftrages als Gutachter treuhändig für das Finanzamt eine Datenanwendung zu führen, in der die für die Erstellung eines Gutachtens erforderlichen personenbezogenen Daten erfasst und verarbeitet werden. Das zuständige Finanzamt ist dafür Auftraggeber iSd § 4 Z 4 DSG 2000.

1/3/48. EStG
Forschungsprämien

(3) Im Zuge der Gutachtenserstellung hat die FFG treuhändig für das zuständige Finanzamt die personenbezogenen Daten im Zusammenhang mit der Erstellung von Gutachten zu speichern.

(4) Die FFG hat auch nach Erstellung des Gutachtens treuhändig für das zuständige Finanzamt die für die Erstellung des Gutachtens erforderlichen personenbezogenen Daten einschließlich des Gutachtens selbst dauerhaft und vor unbefugter Einsicht Dritter geschützt aufzubewahren und nach einer Löschungsanordnung des zuständigen Finanzamtes zu vernichten.

(5) Dem zuständigen Finanzamt ist in Bezug auf Daten, die mit der Erstellung von Gutachten in Zusammenhang stehen, die jederzeitige Einsichtnahme und Kontrolle der Datenverarbeitungseinrichtungen, zu gewähren.

§ 12. (1) Die FFG hat die ermittelten Daten und Verarbeitungsergebnisse ausschließlich im Rahmen der Erfüllung ihrer Verpflichtung zur Erstellung von Gutachten nach Maßgabe des § 108c EStG 1988 und § 118a BAO zu verwenden. Hierbei treffen die FFG die Dienstleisterpflichten nach § 11 Abs. 1 DSG 2000.

(2) Die FFG hat im Rahmen der Gutachtensanforderung auf die Zulässigkeit der Verarbeitung von Daten nach § 108c Abs. 8 Z 4 oder 5 EStG 1988 hinzuweisen.

§ 13. (1) Die Organe, Mitarbeiter und Auftragnehmer der FFG sind über Tatsachen, die ihnen in Wahrnehmung ihrer Tätigkeit für die Gutachtenserstellung zur Kenntnis gelangen, im Rahmen des § 48a BAO zur Geheimhaltung verpflichtet.

(2) Die FFG ist verpflichtet, im Zuge der Datenverarbeitung im Zusammenhang mit der Erstellung von Gutachten das Datengeheimnis zu wahren und sämtliche Mitarbeiter und Auftragnehmer vor Aufnahme ihrer Tätigkeit zur Wahrung dieses Datengeheimnisses gemäß § 15 DSG 2000 zu verpflichten.

4. Abschnitt
Inkrafttreten

§ 14. (1) Diese Verordnung ist mit Ausnahme des § 2 erstmalig auf Forschungsprämien anzuwenden, die Wirtschaftsjahre betreffen, die nach dem 31. Dezember 2011 beginnen. § 2 dieser Verordnung tritt mit 1. Jänner 2013 in Kraft. Die Verordnung des Bundesministers für Finanzen über die Kriterien zur Festlegung förderbarer Forschungs- und Entwicklungsaufwendungen (-ausgaben) gemäß § 4 Abs. 4 Z 4a bzw. § 108c Abs. 2 Z 1 EStG 1988, BGBl. II Nr. 506/2002, ist letztmalig auf Forschungsprämien anzuwenden, die Wirtschaftsjahre betreffen, die vor dem 1. Jänner 2012 beginnen.

(2) § 1 Abs. 2, § 7, Anhang II und Anhang III in der Fassung der Verordnung BGBl. II Nr. 302/2022 sind erstmalig auf Prämien anzuwenden, die das Kalenderjahr 2022 betreffen und nach dem 30. Juni 2022 erstmalig beantragt werden.

Anhang I
Begriffsbestimmungen und Abgrenzungen

A. Allgemeine Begriffsbestimmungen

1. Forschung und experimentelle Entwicklung im Sinne des § 108c Abs. 2 Z 1 EStG 1988 ist eine schöpferische Tätigkeit, die auf systematische Weise unter Verwendung wissenschaftlicher Methoden mit dem Ziel durchgeführt wird, den Stand des Wissens zu vermehren sowie neue Anwendungen dieses Wissens zu erarbeiten. Forschung und experimentelle Entwicklung in diesem Sinne umfasst Grundlagenforschung (Z 2) und/oder angewandte Forschung (Z 3) und/oder experimentelle Entwicklung (Z 4). Sie umfasst sowohl den naturwissenschaftlich-technischen als auch den sozial- und geisteswissenschaftlichen Bereich.

2. Grundlagenforschung umfasst originäre Untersuchungen mit dem Ziel, den Stand des Wissens ohne Ausrichtung auf ein spezifisches praktisches Ziel zu vermehren.

3. Angewandte Forschung umfasst originäre Untersuchungen mit dem Ziel, den Stand des Wissens zu vermehren, jedoch mit Ausrichtung auf ein spezifisches praktisches Ziel.

4. Experimentelle Entwicklung umfasst den systematischen Einsatz von Wissen mit dem Ziel, neue oder wesentlich verbesserte Materialien, Vorrichtungen, Produkte, Verfahren, Methoden oder Systeme hervorzubringen.

5. Forschungsprojekte sind auf ein definiertes wissenschaftliches oder spezifisch praktisches Ziel gerichtete inhaltlich und zeitlich abgrenzbare Arbeiten im Bereich der Forschung und experimentellen Entwicklung unter Einsatz von personellen und sachlichen Ressourcen.

6. Ein Forschungsschwerpunkt ist eine Zusammenfassung von Forschungsprojekten oder laufenden Arbeiten im Bereich der Forschung und experimentellen Entwicklung, die inhaltlich einem übergeordneten Thema zugeordnet werden können.

Als Grundsatz gilt, dass Forschung und experimentelle Entwicklung (Z 1) aus Tätigkeiten besteht, deren primäres Ziel die weitere technische Verbesserung des Produktes oder des Verfahrens ist. Dies gilt insbesondere für die Abgrenzung der experimentellen Entwicklung von Produktionstätigkeiten. Sind hingegen das Produkt oder das Verfahren im Wesentlichen festgelegt und ist das primäre Ziel der weiteren Arbeiten die Marktentwicklung oder soll durch diese Arbeiten das Produktionssystem zum reibungslosen Funktionieren gebracht werden, können diese Tätigkeiten nicht mehr der Forschung und experimentellen Entwicklung (Z 1) zugerechnet werden. Grundlage dieser Begriffsbestimmungen und Abgrenzungen ist das Frascati Manual (2002) der OECD in der jeweils gültigen Fassung, das ergänzend zu diesen

1/3/48. EStG
Forschungsprämien

Begriffsbestimmungen und Abgrenzungen herangezogen wird.

B. Weitere Abgrenzungen (in alphabetischer Reihenfolge)

1. Datensammlung: Datensammlungen fallen nicht unter Forschung und experimentelle Entwicklung (Teil A, Z 1), es sei denn, sie werden unmittelbar für ein bestimmtes Forschungs- und Entwicklungsprojekt (Teil A, Z 1) durchgeführt.
2. Dokumentation: Dokumentationen fallen nicht unter Forschung und experimentelle Entwicklung (Teil A, Z 1), es sei denn, sie werden unmittelbar für ein bestimmtes Forschungs- und Entwicklungsprojekt (Teil A, Z 1) durchgeführt.
3. Fehlgeschlagene Forschung und experimentelle Entwicklung: Unter den Voraussetzungen der Punkte 1 bis 4 des Teils A sind auch Aufwendungen (Ausgaben) für eine fehlgeschlagene Forschung und experimentelle Entwicklung begünstigt.
4. Industrial Design (industrielles Entwerfen und Konstruieren): Der Forschung und experimentellen Entwicklung (Teil A, Z 1) sind Entwürfe (technische Zeichnungen, Modelle), welche der Definition von Prozessabläufen und technischen Spezifikationen dienen und für die Konzeption, Entwicklung und Herstellung neuer Produkte und Prozesse notwendig sind, zuzuordnen. Industrial Design umfasst daher auch Entwicklungsarbeiten zur Definition der Fertigungsüberleitung bzw. des Up-Scalings von Labor- und Versuchsanordnungen für die Produktion. Industrial Design fällt demnach nur dann unter Forschung und experimentelle Entwicklung (Teil A, Z 1), wenn es integraler Bestandteil eines Forschungs- und Entwicklungsprojektes (Teil A, Z 1) ist. Dienen Konstruktion und industrielle Entwürfe lediglich der Serienfertigung, fallen sie nicht unter Forschung und experimentelle Entwicklung.
5. Industrielles Engineering und Umrüsten von Anlagen für den Produktionsprozess: Unter industriellem Engineering sind jene technischen Arbeiten zu verstehen, die notwendig werden, um den Produktionsprozess in Gang zu setzen. Grundsätzlich sind industrielles Engineering und das Umrüsten von Maschinen und Anlagen, einschließlich der Erstausrüstung für die Serienproduktion, Teil des Produktionsprozesses und nicht der Forschung und experimentellen Entwicklung (Teil A, Z 1) zuzuordnen. Ergibt sich jedoch aus diesem Prozess die Notwendigkeit zu weiteren Forschungs- und Entwicklungsarbeiten, wie etwa Entwicklungen an Maschinen und Werkzeugen, Entwicklungen zum Up-Scaling von Labor- und Versuchsanordnungen für die Produktion oder die Fertigungsüberleitung, Veränderungen in der Produktions- und Qualitätskontrolle oder die Entwicklung neuer Methoden und Standards, sind solche Arbeiten als Aufwendungen für Forschung und experimentelle Entwicklung (Teil A, Z 1) zu klassifizieren.
6. Lizenzarbeiten: Administrative und juristische Arbeiten, die im Zusammenhang mit Lizenzen stehen, fallen nur dann unter Forschung und experimentelle Entwicklung (Teil A, Z 1), wenn sie in unmittelbarem Zusammenhang mit konkreten Forschungs- und Entwicklungsprojekten (Teil A, Z 1) stehen.
7. Marktforschung: Marktforschung fällt grundsätzlich nicht unter Forschung und experimentelle Entwicklung (Teil A, Z 1). Werden grundlegend neue Methoden zur Gewinnung von Informationen systematisch erprobt oder neue Stichproben-, Erhebungs- oder Auswertungsverfahren entwickelt und getestet, sind diese Tätigkeiten der Forschung und experimentellen Entwicklung (Teil A, Z 1) zuzuordnen.
8. Nachbetreuung und Fehlerbehebung („trouble shooting"): Nachbetreuung und „trouble shooting" (Störungssuche, Fehlerbehebung) sind ab dem Stadium der Versuchsproduktion der Vertriebstätigkeit zuzuordnen und können daher generell nicht unter Forschung und experimentelle Entwicklung (Teil A, Z 1) fallen.
9. Patentarbeiten: Administrative und juristische Arbeiten, die im Zusammenhang mit Patenten stehen, fallen nur dann unter Forschung und experimentelle Entwicklung (Teil A, Z 1), wenn sie in unmittelbarem Zusammenhang mit konkreten Forschungs- und Entwicklungsprojekten (Teil A, Z 1) stehen.
10. Pilotanlagen (Bau und Betrieb von): Pilotanlagen sind Anlagen, deren Hauptzweck darin besteht, weitere Erfahrungen, technisches Wissen und Informationen zu erzielen, die insbesondere als Grundlage für weitere Produktbeschreibungen und -spezifikationen dienen. Pilotanlagen fallen zur Gänze unter Forschung und experimentelle Entwicklung (Teil A, Z 1), solange der Hauptzweck Forschung und experimentelle Entwicklung (Teil A, Z 1) ist. Wird nach Abschluss der experimentellen Phase eine Pilotanlage auf normalen kommerziellen Betrieb umgestellt, gilt die Aktivität nicht mehr als Forschung und experimentelle Entwicklung (Teil A, Z 1), selbst wenn die Einrichtung weiterhin als Pilotanlage bezeichnet wird.
11. Prototypen (Konstruktion, Errichtung und Erprobung von): Ein Prototyp ist ein Modell, das alle technischen Eigenschaften und Ausführungen eines neuen Produkts aufweist. Die Konstruktion, Errichtung und Erprobung eines Prototyps fällt zur Gänze unter Forschung und experimentelle Entwicklung (Teil A, Z 1), jedoch nur so lange, bis der beabsichtigte Entwicklungsendstand (Produktionsreife) erreicht ist.
12. Routine-Tests: Routinemäßige Qualitäts- und Produktionskontrollen im Rahmen des

1/3/48. EStG
Forschungsprämien

Produktionsvorganges fallen nicht unter Forschung und experimentelle Entwicklung (Teil A, Z 1), selbst wenn sie von im Rahmen von Forschung und experimenteller Entwicklung (Teil A, Z 1) eingesetztem Personal durchgeführt werden. Nur Qualitätskontrollen, die im Rahmen eines konkreten Forschungs- und Entwicklungsprojektes erfolgen, fallen unter Teil A, Z 1.

13. Standardisierungsarbeiten: Standardisierungsarbeiten sind grundsätzlich keine Forschung und experimentelle Entwicklung (Teil A, Z 1). Dies gilt nicht in Fällen, in denen eine Forschungstätigkeit unter Einsatz wissenschaftlicher Methoden zum Zwecke der Standardisierung erfolgt.

14. Software (Herstellung von): Software-Entwicklung ist unabhängig davon, ob sie Teil eines Projektes oder Endprodukt ist, nur dann der Forschung und experimentellen Entwicklung (Teil A, Z 1) zuzuordnen, wenn sie zu Problemlösungen beiträgt, die einen wissenschaftlichen und/oder technologischen Fortschritt darstellen. Das Ziel des Projektes muss in der Klärung bzw. Beseitigung einer wissenschaftlichen und/oder technologischen Unsicherheit bestehen. Dieses Ziel muss auf systematischer wissenschaftlicher Basis verfolgt werden. Die routinemäßige Herstellung von Software (Standard- und Individualsoftware) stellt keine Forschung und experimentelle Entwicklung (Teil A, Z 1) dar. Der Einsatz von Software für eine neue Anwendung bzw. einen neuen Zweck ist als solcher gleichfalls nicht der Forschung und experimentellen Entwicklung (Teil A, Z 1) zuzuordnen. Weicht eine derartige Anwendung signifikant von bisherigen Lösungen ab und löst sie ein Problem von allgemeiner Relevanz, ist sie der Forschung und experimentellen Entwicklung (Teil A, Z 1) zuzuordnen.

Insbesondere sind folgende Software-Entwicklungen der Forschung und experimentellen Entwicklung (Teil A, Z 1) zuzuordnen:
- die Entwicklung neuer Lehrsätze oder Algorithmen auf dem Gebiet der theoretischen Computerwissenschaften,
- die Entwicklung von Betriebssystemen, Programmiersprachen, Datenverwaltungssystemen, Kommunikationssoftware, Zugangstechniken und Werkzeugen zur Software-Entwicklung (software development tools, embedded systems, ergonomische interfaces),
- die Entwicklung von Internet-Technologien,
- Forschung zu Methoden der Entwicklung, der Anwendung, des Schutzes und der Speicherung (Aufbewahrung) von Software,
- Software-Entwicklungen, die allgemeine Fortschritte auf dem Gebiet der Erfassung, Übertragung, Speicherung, Abrufbarkeit, Verarbeitung, Integration und Darstellung sowie des Schutzes von Daten bewirken,
- experimentelle Entwicklung, die darauf ausgerichtet ist, technologische Wissenslücken bei der Erarbeitung von Softwareprogrammen oder -systemen zu schließen,
- Forschung und experimentelle Entwicklung (Teil A, Z 1) zu Software-Tools oder Software-Technologien in spezialisierten Einsatzbereichen (Bildbearbeitung, Präsentation geographischer und anderer Daten, Zeichenerkennung, künstliche Intelligenz, Visualisierung, Integration von Telemetrie- und Sensorikdaten, Aggregation oder Disaggregation zur Weiterverarbeitung, Simulation und andere Gebiete).

Insbesondere sind folgende Software-Entwicklungen nicht der Forschung und experimentellen Entwicklung (Teil A, Z 1) zuzuordnen:
- Standardisierte Anwendersoftware und Informationssysteme, die bekannte Methoden und bereits existierende Softwaretools verwenden,
- der Support von bereits existierenden Systemen,
- die Anpassung von existierender Software ohne wesentliche Veränderung der Struktur oder des Ablaufes,
- die Konvertierung und/oder Übersetzung von Computersprachen,
- das Bereinigen von Programmfehlern,
- die Vorbereitung von Nutzerhandbüchern und Dokumentationen.

15. Versuchsproduktion (Probefertigung, Probebetrieb): Die Versuchsproduktion ist die Startphase der Serienproduktion und kann Produkt- und Verfahrensmodifikationen, Umschulungen des Personals auf neue Techniken und deren Einweisung in den Betrieb neuer Maschinen einschließen. Das Endprodukt dieses Vorganges muss wirtschaftlich verwertbar sein. Versuchsproduktion ist nicht der Forschung und experimentellen Entwicklung (Teil A, Z 1) zuzuordnen.

16. Zugang zu wissenschaftlich-technischen Erkenntnissen: Aufwendungen für den Zugang zu wissenschaftlich-technischen Erkenntnissen fallen nur dann unter Forschung und experimentelle Entwicklung, wenn sie unmittelbar einem oder mehreren konkreten Forschungszielen zuzuordnen sind und nachhaltig der Forschung oder experimentellen Entwicklung dienen.

Anhang II
Verzeichnis der Aufwendungen (Ausgaben) für Forschung und experimentelle Entwicklung

Forschungsaufwendungen (Art; vor allfälliger Kürzung um steuerfreie Zuschüsse aus öffentlichen Mitteln)	Betrag in Euro
1. Löhne und Gehälter für in Forschung und experimenteller Entwicklung Beschäftigte einschließlich Arbeitgeberbeiträge zur Sozialversicherung, Wohnbauförderungsbeiträge und sonstige Personalaufwendungen (z. B. freiwillige Sozialleistungen) sowie Vergütungen für in Forschung und experimenteller Entwicklung Beschäftigte, die außerhalb eines Dienstverhältnisses tätig werden. Für Beschäftigte, die nicht ausschließlich in Forschung und experimenteller Entwicklung tätig sind, sind nur die der Arbeitsleistung für Forschung und experimentelle Entwicklung entsprechenden Anteile an diesen Aufwendungen (Ausgaben) einzubeziehen.	
2. Unmittelbare Aufwendungen (Ausgaben) und unmittelbare Investitionen (einschließlich der Anschaffung von Grundstücken), soweit sie nachhaltig Forschung und experimenteller Entwicklung dienen (**Anhang I**, Teil A, Z 1).	
3. Finanzierungsaufwendungen (-ausgaben), soweit sie der Forschung und experimentellen Entwicklung (**Anhang I**, Teil A, Z 1) zuzuordnen sind.	
4. Gemeinkosten, soweit sie der Forschung und experimentellen Entwicklung (Anhang I, Teil A, Z 1) zuzuordnen sind.	
5. Fiktiver Unternehmerlohn	
Forschungsaufwendungen gesamt (Summe aus 1 bis 5)	
Abzüglich steuerfreier Zuwendungen aus öffentlichen Mitteln (§ 3 Abs. 4 EStG 1988), die die Bemessungsgrundlage für die Forschungsprämie mindern, und/oder Aufwendungen/Ausgaben, die von einer Mitteilung gemäß § 108c Abs. 2 Z 2 vorletzter Teilstrich EStG 1988 erfasst sind	
Bemessungsgrundlage für die Forschungsprämie gemäß § 108c EStG 1988	
Forschungsprämie gemäß § 108c EStG 1988	

(BGBl II 2022/302)

Anhang III
A. Informationen an die FFG im Rahmen der Anforderung eines Jahres- oder Projektgutachtens

Der FFG sind im Rahmen der an sie gerichteten Gutachtensanforderung jedenfalls folgende Daten zu übermitteln und folgende Informationen in deutscher Sprache bekannt zu geben:

1. Identifikationsdaten
1.1. Firmenbuchnummer, soweit vorhanden
1.2. E-Mail-Adresse des Steuerpflichtigen und gegebenenfalls der steuerlichen Vertretung
1.3. Wirtschaftsjahr mit Beginn und Ende
2. Informationen zur Plausibilitätsprüfung
2.1. Umsatz im Wirtschaftsjahr
2.2. Bilanzsumme im Wirtschaftsjahr
2.3. Beschäftigtenanzahl (Vollzeitäquivalente, VZÄ) im Wirtschaftsjahr sowie hinsichtlich der gesamten eigenbetrieblichen Forschung und experimentellen Entwicklung
2.3.1 Beschäftigte mit Universitäts- oder Hochschulabschluss

(BGBl II 2022/302)

2.3.2. Beschäftigte mit Matura
2.3.3. Beschäftigte mit anderer Ausbildung
2.4. Darstellung der (gesamten) dem Antrag auf Forschungsprämie zu Grunde liegenden bemessungsgrundlagenrelevanten Aufwendungen für eigenbetriebliche Forschung und experimentelle Entwicklung entsprechend der Gliederung des Verzeichnisses laut Anhang II. Für Jahresgutachten darf die hier angegebene Bemessungsgrundlage von der Bemessungsgrundlage, die dem Antrag auf die Forschungsprämie für eigenbetriebliche Forschung zu Grunde gelegt wird, im Ausmaß von höchstens +/-10 % abweichen; dies gilt nicht, wenn unter Berücksichtigung des Gutachtens der FFG dem Prämienantrag eine niedrigere Bemessungsgrundlage zu Grunde gelegt wird.
2.5. Für die Anforderung von Projektgutachten:
2.5.1. Gesamtaufwendungen (Gesamtausgaben) für eigenbetriebliche Forschung und experimentelle Entwicklung im letzten Wirtschaftsjahr
2.5.2. Beschäftigte in eigenbetrieblicher Forschung und experimenteller Entwicklung im letzten Wirtschaftsjahr (in VZÄ)
3. Informationen zum jeweiligen Forschungsschwerpunkt/Forschungsprojekt, zur Forschungstätigkeit und zum Wirtschaftsjahr
3.1. Informationen zum Forschungsschwerpunkt/Forschungsprojekt
3.1.1. Titel des Forschungsprojektes/Forschungsschwerpunktes

1/3/48. EStG
Forschungsprämien

3.1.2. Ziel und Inhalt
3.1.3. Methode bzw. Vorgangsweise
3.1.4. Neuheit
3.1.5. Gewichtung des einzelnen Forschungsschwerpunktes/Forschungsprojekts im Rahmen der gesamten bemessungsgrundlagenrelevanten Forschungstätigkeit (in % der gesamten bemessungsgrundlagenrelevanten Aufwendungen)
3.1.6. Gegebenenfalls: Mitteilung, dass für dasselbe Forschungsprojekt ein Projektgutachten angefordert wurde oder bereits vorliegt oder dass eine aufrechte Forschungsbestätigung gemäß § 118a BAO vorliegt.
3.1.7. Für die Anforderung eines Projektgutachtens: Voraussichtlicher Beginn und voraussichtliches Ende des Forschungsprojektes
3.2. Informationen zu nicht zugeordneten Investitionen und sonstigen Aufwendungen/Ausgaben
Soweit eine Zuordnung zu einzelnen Forschungsschwerpunkten/Forschungsprojekten nicht möglich oder zielführend ist:
3.2.1. Beschreibung der Investitionen, die nachhaltig der Forschung und experimentellen Entwicklung dienen, mit Erläuterung der nachhaltigen Bedeutung für diese Zwecke
3.2.1.1. Davon Investitionen in Gebäude und Grundstücke
3.2.1.2. Davon Investitionen in sonstige Anlagen und Ausstattung
3.2.2. Beschreibung (Schlagworte, Tätigkeitshinweise) der übrigen nicht forschungsschwerpunkt- oder forschungsprojektbezogen beschriebenen Aktivitäten in Forschung und experimenteller Entwicklung im Ausmaß von höchstens 10 % der gesamten bemessungsgrundlagenrelevanten Aufwendungen/Ausgaben entsprechend Punkt 2.4.

B. Übermittlung der Anforderung und Bekanntgabe eines Gutachtens auf elektronischem Weg

(1) Die FFG ist befugt, in der für die Anforderung eines Jahresgutachtens zur Verfügung gestellten Eingabemaske die zur Beschreibung eines Forschungsprojektes oder eines Forschungsschwerpunktes (Anhang III, Teil A, Punkte 3.1.1 bis 3.1.5) und zur Darstellung der Informationen gemäß Anhang III, Teil A, Punkte 3.2.1 und 3.2.2, zur Verfügung gestellte Anzahl von Zeichen mit 3 000 zu begrenzen.

(2) Die FFG ist befugt, in der für die Anforderung des Jahresgutachtens zur Verfügung gestellten Eingabemaske die Anzahl der für Zwecke der Begutachtung zu beschreibenden Forschungsprojekte oder Forschungsschwerpunkte mit 20 zu begrenzen.

(3) Es liegt im Ermessen des Steuerpflichtigen, ob und wie viele inhaltlich zusammengehörige Forschungsprojekte im Rahmen der Anforderung eines Jahresgutachtens zu einem Forschungsschwerpunkt zusammengefasst werden. Übersteigen die bemessungsgrundlagenrelevanten Aufwendungen gemäß Anhang III, Teil A, Punkt 2.4. nicht den Betrag von 100 000 Euro, können sämtliche Forschungsaktivitäten als ein Forschungsschwerpunkt dargestellt werden.

(4) Die FFG ist befugt, in der für die Anforderung eines Projektgutachtens zur Verfügung gestellten Eingabemaske die zur Beschreibung des Forschungsprojektes zur Verfügung gestellte Anzahl von Zeichen mit 10 000 zu begrenzen.

(5) Nach Absenden der Gutachtensanforderung ist diese nicht mehr veränderbar.

(6) Sollten übermittelte Informationen offensichtlich lückenhaft, widersprüchlich oder aufgrund eines offensichtlichen Irrtums entstanden sein, ist die FFG berechtigt, den Anfordernden um Aufklärung zu ersuchen. Dieses Ersuchen hat den Hinweis zu enthalten, dass die Bearbeitung sodann auf Grundlage der Gutachtensanforderung und dieser ergänzenden Informationen erfolgt und weitere Informationen durch die FFG nicht mehr abgefragt werden.

1/3/49. EStG
Zukunftsvorsorge

1/3/49. VO zu § 108g

Zukunftsvorsorge

BGBl II 2003/529 idF BGBl II 2020/579

Verordnung des Bundesministers für Finanzen betreffend prämienbegünstigte Zukunftsvorsorge gemäß § 108g EStG 1988

Auf Grund des § 108g EStG 1988, BGBl. Nr. 400, in der Fassung des Bundesgesetzes BGBl. I Nr. 71/2003 wird verordnet:

§ 1. Der Abgabepflichtige hat die Erstattung der Prämie gemäß § 108g EStG 1988 nach dem amtlichen Vordruck (Abgabenerklärung) zu beantragen.

§ 2. Als amtlicher Vordruck (Lg.Nr. 108g) gilt die im Anhang zu dieser Verordnung kundgemachte Abgabenerklärung.[a)]

[a)] Vordruck nicht abgedruckt.

§ 3. (1) Der Rechtsträger hat einmal jährlich auf Grund der vorgelegten Abgabenerklärungen (§ 2) bis spätestens Ende Februar des Folgejahres den Antrag auf Prämienerstattung an das Finanzamt für Großbetriebe zu stellen. Eine einmalige Korrekturmeldung hat bis zum 30. Juni des Folgejahres zu erfolgen und ist nur für jene Abgabenerklärungen zulässig, die bereits im Prämienerstattungsantrag berücksichtigt wurden.

(BGBl II 2020/579)

(2) Bei Erwerb von Anteilen an einen Pensionsinvestmentfonds hat das depotführende Kreditinstitut die Aufgaben des Rechtsträgers wahrzunehmen.

§ 4. Beitragsnachzahlungen für Vorjahre sind nicht zulässig. Beitragszahlungen für das Folgejahr sind zulässig, wenn die Zahlungen nach dem 15. Dezember des laufenden Kalenderjahres erfolgen.

§ 5. Der Rechtsträger hat im Zuge der Antragstellung auf Prämienerstattung im Wege von FinanzOnline folgende Daten auf Grund der Abgabenerklärung dem Finanzamt für Großbetriebe zu übermitteln:
- Bezeichnung des Rechtsträgers
- Vertragsnummer
- Name des Abgabepflichtigen
- Sozialversicherungsnummer des Abgabepflichtigen (Wurde für den Abgabepflichtigen eine Versicherungsnummer nicht vergeben, ist das Geburtsdatum anzuführen)
- Adresse des Abgabepflichtigen
- Bemessungsgrundlage für die Prämienbegünstigung
- Höhe der Prämie
- Datum der Unterschrift der Abgabenerklärung.

(BGBl II 2020/579)

§ 6. Bemessungsgrundlage für die Prämienerstattung ist der eingezahlte Betrag, höchstens jedoch der in der Abgabenerklärung beantragte Betrag. Bei Überschreiten der höchsten prämienbegünstigten Bemessungsgrundlage gemäß § 108g Abs. 2 EStG 1988 im Ausmaß von 1,53% des Sechsunddreißigfachen der monatlichen Höchstbeitragsgrundlage zur Sozialversicherung (§ 45 Abs. 1 ASVG) hat die Erstattung der Prämie nur bis zur höchsten prämienbegünstigten Bemessungsgrundlage zu erfolgen. Werden von einem Antragsteller mehrere Abgabenerklärungen abgegeben, erfolgt die Prämienerstattung vorrangig für die früher abgegebene Abgabenerklärung (Datum der Unterschrift). Bei mehreren Abgabenerklärungen mit demselben Datum der Unterschrift ist eine Aliquotierung nach Maßgabe der Bemessungsgrundlage vorzunehmen.

§ 7. Werden beantragte Prämienerstattungen durch das Finanzamt für Großbetriebe gekürzt, hat eine Rückmeldung des Finanzamtes an den Rechtsträger zu erfolgen.

(BGBl II 2020/579)

§ 8. Wird eine Erhöhung der Bemessungsgrundlage bei einem Rechtsträger beantragt, hat der Abgabepflichtige eine neue Abgabenerklärung beim Rechtsträger abzugeben, ausgenommen die Erhöhung bezieht sich auf die Höhe der prämienbegünstigten Bemessungsgrundlage oder auf eine Indexanpassung.

§ 9. § 3 Abs. 1, § 5 und § 7, jeweils in der Fassung der Verordnung BGBl. II Nr. 579/2020, treten mit 1. Jänner 2021 in Kraft.

(BGBl II 2020/579)

1/3/50. EStG
Mitteilungen

1/3/50. VO zu §§ 44 und 109a

Mitteilungen

BGBl II 2001/417 idF BGBl II 2023/215

Verordnung des Bundesministers für Finanzen betreffend Mitteilungen gemäß § 109a EStG 1988

Auf Grund des § 44 und des § 109a des Einkommensteuergesetzes 1988 (EStG 1988), BGBl. Nr. 400, in der Fassung des Bundesgesetzes BGBl. I Nr. 59/2001, wird verordnet:

§ 1. (1) Unternehmer sowie Körperschaften des öffentlichen und privaten Rechts haben für folgende natürliche Personen und Personenvereinigungen (Personengemeinschaften) ohne eigene Rechtspersönlichkeit die in § 109a Abs. 1 Z 1 bis 4 EStG 1988 genannten Daten mitzuteilen, soweit diese die folgenden Leistungen außerhalb eines Dienstverhältnisses (§ 47 EStG 1988) erbringen:

1. Leistungen als Mitglied des Aufsichtsrates, Verwaltungsrates und andere Leistungen von mit der Überwachung der Geschäftsführung beauftragten Personen (im Sinne des § 6 Abs. 1 Z 9 lit. b UStG 1994),
2. Leistungen als Bausparkassenvertreter und Versicherungsvertreter (im Sinne des § 6 Abs. 1 Z 13 UStG 1994),
3. Leistungen als Stiftungsvorstand (§ 15 Privatstiftungsgesetz),
4. Leistungen als Vortragender, Lehrender und Unterrichtender,
5. Leistungen als Kolporteur und Zeitungszusteller,
6. Leistungen als Privatgeschäftsvermittler,
7. Leistungen als Funktionär von öffentlich-rechtlichen Körperschaften, wenn die Tätigkeit zu Funktionsgebühren nach § 29 Z 4 EStG 1988 führt,
8. sonstige Leistungen, die im Rahmen eines freien Dienstvertrages erbracht werden und der Versicherungspflicht gemäß § 4 Abs. 4 ASVG oder § 1 Abs. 6 B-KUVG unterliegen.

(BGBl II 2023/215)

(2) Eine Mitteilung gemäß Abs. 1 kann unterbleiben, wenn das einer Person oder Personenvereinigung (Personengemeinschaft) im Kalenderjahr insgesamt geleistete (Gesamt-)Entgelt einschließlich allfälliger Reisekostenersätze nicht mehr als 900 Euro und das (Gesamt-)Entgelt einschließlich allfälliger Reisekostenersätze für jede einzelne Leistung nicht mehr als 450 Euro beträgt.

§ 2. Die Mitteilung gemäß § 1 hat an das Finanzamt, das für die Erhebung der Umsatzsteuer des zur Mitteilung Verpflichteten zuständig ist oder es im Fall der Umsatzsteuerpflicht wäre, zu erfolgen.

§ 3. (1) Die Mitteilung gemäß § 1 hat im Wege der automationsunterstützten Datenübertragung zu erfolgen, soweit dies dem zur Übermittlung Verpflichteten auf Grund der vorliegenden technischen Voraussetzungen zumutbar ist. Für solche automationsunterstützte Übermittlungen gilt die Verordnung des Bundesministers für Finanzen, BGBl. II Nr. 345/2004. Die Übermittlung hat jeweils für die Daten des Vorjahres bis zum letzten Tag des Monates Februar zu erfolgen.

(2) Soweit die Übermittlung der Mitteilung gemäß § 1 im Wege der automationsunterstützten Datenübertragung mangels technischer Voraussetzungen nicht zumutbar ist, hat die Mitteilung für jedes Kalenderjahr jeweils bis Ende Jänner des Folgejahres unter Verwendung des amtlichen Vordruckes zu erfolgen.

(3) Die zur Mitteilung Verpflichteten haben den in § 1 genannten Personen oder Personenvereinigungen (Personengemeinschaften) für Zwecke der Einkommensteuererklärung eine gleich lautende Mitteilung nach dem amtlichen Vordruck für jedes Kalenderjahr jeweils bis Ende Jänner des Folgejahres auszustellen (§ 109a Abs. 5 EStG 1988).

§ 4. Personen und Personenvereinigungen (Personengemeinschaften) ohne eigene Rechtspersönlichkeit, für die Mitteilungen gemäß § 3 Abs. 3 ausgestellt wurden, haben in der ihrer Einkommensteuer- oder Einkünftefeststellungserklärung beigeschlossenen Gewinn- und Verlustrechnung, Einnahmen-Ausgaben-Rechnung oder Überschussrechnung jene (Betriebs-)Einnahmen, für die Mitteilungen gemäß § 3 Abs. 3 ausgestellt wurden, gesondert auszuweisen.

§ 5. (1) Die Verordnung ist erstmals auf Leistungen anzuwenden, für die das Entgelt ab dem 1. Jänner 2002 geleistet wird.

(BGBl II 2023/215)

(2) § 1 Abs. 1 Z 8 in der Fassung der Verordnung BGBl. II Nr. 215/2023 ist erstmals auf Leistungen anzuwenden, für die das Entgelt ab dem 1. August 2023 geleistet wird.

(BGBl II 2023/215)

1/3/51., 52. EStG
WP-Anschaffungskosten, Datenübermittlung

1/3/51. VO zu § 124b
WP-Anschaffungskosten-VO
BGBl II 2012/94

Verordnung der Bundesministerin für Finanzen über Ableitung der Anschaffungskosten bei Wertpapieren vom gemeinen Wert (WP-Anschaffungskosten-VO)

Gemäß § 124b Z 185 lit. a EStG 1988 wird verordnet:

§ 1. Sind nach § 124b Z 185 lit. a EStG 1988 dem Abzugsverpflichteten die tatsächlichen Anschaffungskosten nicht bekannt, hat dieser für Zwecke des Kapitalertragsteuerabzuges den gemeinen Wert der Anteile oder Anteilscheine zum 1. April 2012 als Anschaffungskosten anzusetzen. Als nicht bekannt gelten die tatsächlichen Anschaffungskosten auch dann, wenn sie vom Abzugsverpflichteten nur mit unverhältnismäßig hohem Aufwand ermittelt werden können. Dies ist insbesondere der Fall, wenn die steuerlichen Anschaffungskosten nicht vollautomatisch ohne Adaptierungen verarbeitet werden können.

§ 2. Werden nach dieser Verordnung abgeleitete Anschaffungskosten angesetzt
- entfaltet ein auf deren Basis vorgenommener Kapitalertragsteuerabzug Abgeltungswirkung gemäß § 97 Abs. 1 EStG 1988; der Nachweis der tatsächlichen Anschaffungskosten kann im Wege der Veranlagung erfolgen;
- gehen diese in die Bildung des gleitenden Durchschnittspreises gemäß § 27a Abs. 4 Z 3 EStG 1988 ein;
- sind die betroffenen Wirtschaftsgüter und Derivate nach Maßgabe des § 93 Abs. 6 EStG 1988 in den Verlustausgleich einzubeziehen.

1/3/52. VO zu § 229a Abs. 3 GSVG
Datenübermittlung an SV-Träger
BGBl II 1998/107 idF BGBl II 2022/432

Verordnung des Bundesministers für Finanzen betreffend die Durchführung der Übermittlung von Einkommensteuerdaten an die Sozialversicherungsanstalt der Selbständigen

Auf Grund des § 229 a Abs. 3 des Gewerblichen Sozialversicherungsgesetzes, BGBl. Nr.560/1978, wird im Einvernehmen mit dem Bundesminister für Arbeit, Gesundheit und Soziales verordnet:

§ 1. Die Übermittlung der im § 229 a Abs. 1 bis 3 GSVG genannten Daten hat unbeschadet der Bestimmungen des § 5 in magnetisch gespeicherter Form zu erfolgen. Die Durchführung obliegt den Abgabenbehörden des Bundes. Diese haben sich der Bundesrechenzentrum Gesellschaft mit beschränkter Haftung zu bedienen, in ihren Angelegenheiten des § 2 Abs. 3 Z 1 des Bundesgesetzes über die Bundesrechenzentrum GmbH, BGBl. Nr. 757/1996, in ihrer Eigenschaft als Auftragsverarbeiter im Sinne des Art. 4 Z 8 der Datenschutz-Grundverordnung, ABl. Nr. L 119 vom 04.05.2016, S. 1, tätig ist.
(BGBl II 2020/38)

§ 2. (1) Die Sozialversicherungsanstalt der Selbständigen hat die Datenübermittlung gemäß § 229 a Abs. 1 GSVG für den einzelnen Versicherten anzufordern. Die Anforderung hat die Steuernummer, die Beitragsnummer, die ersten fünf Buchstaben des Familiennamens und den Zeitraum, für den Daten angefordert werden, zu enthalten. Die Anforderungen sind der Bundesrechenzentrum Gesellschaft mit beschränkter Haftung in magnetisch gespeicherter Form zur Verfügung zu stellen.
(BGBl II 2022/432)

(2) In den Fällen des Abs. 1 sind die Daten aus einer Kapitalertragsteueranmeldung (§ 96 Abs. 3 EStG 1988) insoweit elektronisch zur Verfügung zu stellen, als sie sich auf Ausschüttungen an Empfänger beziehen, die in dieser als GSVG- oder FSVG-pflichtige Gesellschafter einer Gesellschaft mit beschränkter Haftung genannt sind.
(BGBl II 2022/432)
(BGBl II 2020/38)

§ 3. (1) Die Bundesrechenzentrum Gesellschaft mit beschränkter Haftung hat gemäß § 229 a Abs. 2 GSVG – zur Einbeziehung der nach § 2 Abs. 1 Z 4 GSVG Pflichtversicherten und zur Bemessung der Beiträge – unaufgefordert die in § 229 a Abs. 1 GSVG angeführten Daten von Personen, die mit Einkünften aus selbständiger Arbeit oder aus Gewerbebetrieb zur Einkommensteuer veranlagt sind, der Sozialversicherungsanstalt der Selbständigen zu übermitteln. Einkünfte aus selbständiger Arbeit und aus Gewerbebetrieb sind auch für die Kalenderjahre 1995, 1996 und 1997 zu übermitteln.
(BGBl II 2020/38)

1/3/53. EStG
COVID-19-Verlustberücksichtigung

(2) Für die in Abs. 1 genannten Personen sind zusätzlich die Daten aus einer Kapitalertragsteueranmeldung (§ 96 Abs. 3 EStG 1988) insoweit elektronisch zur Verfügung zu stellen, als sie sich auf Ausschüttungen an Empfänger beziehen, die in dieser als GSVG- oder FSVG-pflichtige Gesellschafter einer Gesellschaft mit beschränkter Haftung genannt sind.
(BGBl II 2020/38, BGBl II 2022/432)

§ 4. Die Bundesrechenzentrum Gesellschaft mit beschränkter Haftung hat die benötigten Daten, sofern die zugrunde liegenden Einkommensteuerbescheide in Rechtskraft erwachsen sind, zu übermitteln oder einen Hinweis darauf zu geben, warum keine Daten übermittelt werden können. Die Daten oder die Hinweise sind der Sozialversicherungsanstalt der Selbständigen in magnetisch gespeicherter Form zur Verfügung zu stellen.
(BGBl II 2020/38)

§ 5. In den Fällen, in denen eine Übermittlung der in § 229 a Abs. 1 GSVG genannten Daten in magnetisch gespeicherter Form nicht möglich ist und Erhebungen beim Versicherten ergebnislos verlaufen sind, können die Daten durch die Sozialversicherungsanstalt der Selbständigen bei der zuständigen Abgabenbehörde des Bundes angefordert werden.
(BGBl II 2020/38)

§ 6. Die Übermittlung von Daten ist mit Inkrafttreten der Verordnung aufzunehmen.

§ 7. (1) § 2 und § 5, jeweils in der Fassung der Verordnung BGBl. II Nr. 38/2020, treten mit 1. Juli 2020 in Kraft.

(2) § 3 Abs. 2 in der Fassung der Verordnung BGBl. II Nr. 38/2020 ist erstmals auf Kapitalertragsteueranmeldungen anzuwenden, die Ausschüttungen betreffen, die im Kalenderjahr 2019 zugeflossen sind. Eine Berücksichtigung erfolgt für Beitragszeiträume ab 1. Jänner 2019.

(3) § 2 Abs. 2 in der Fassung der Verordnung BGBl. II Nr. 432/2022, tritt mit 1. Jänner 2023 in Kraft und ist erstmalig auf Kapitalertragsteueranmeldungen anzuwenden, die Ausschüttungen betreffen, die im Kalenderjahr 2019 zugeflossen sind.
(BGBl II 2022/432)
(BGBl II 2020/38)

1/3/53. VO zu § 124b Z 355 EStG und § 26c Z 76 KStG
COVID-19-Verlustberücksichtigungsverordnung

BGBl II 2020/405

Verordnung des Bundesministers für Finanzen zur Verlustberücksichtigung 2019 und 2018 (COVID-19-Verlustberücksichtigungsverordnung)

Auf Grund des § 124b Z 355 des Einkommensteuergesetzes 1988 (EStG 1988), BGBl. Nr. 400/1988, zuletzt geändert durch das Bundesgesetz BGBl. I Nr. 99/2020, und des § 26c Z 76 des Körperschaftsteuergesetzes 1988 (KStG 1988), BGBl. Nr. 401/1988, zuletzt geändert durch das Bundesgesetz BGBl. I Nr. 96/2020, wird verordnet:

1. Abschnitt
COVID-19-Rücklage

§ 1. (1) Zur Schaffung von positiven Liquiditätseffekten vor Durchführung der Veranlagung 2020 können voraussichtliche betriebliche Verluste 2020 bereits im Rahmen der Veranlagung 2019 bei Ermittlung des Gesamtbetrages der Einkünfte durch einen besonderen Abzugsposten (COVID-19-Rücklage) berücksichtigt werden. Dabei gilt:

1. Die Bildung der COVID-19-Rücklage setzt voraus, dass der Gesamtbetrag der betrieblichen Einkünfte im Jahr 2019 positiv und im Jahr 2020 voraussichtlich negativ ist. Als Gesamtbetrag der betrieblichen Einkünfte gilt der Saldo der nach dem Tarif zu versteuernden Gewinne und Verluste (§ 2 Abs. 3 Z 1 bis 3 EStG 1988) aus Wirtschaftsjahren, die im jeweiligen Kalenderjahr enden.
2. Die COVID-19-Rücklage kürzt den Gesamtbetrag der Einkünfte 2019. Sie lässt die Höhe der betrieblichen Einkünfte unberührt.
3. Für die Ermittlung der Höhe der COVID-19-Rücklage gilt:
    a) Sie beträgt ohne weiteren Nachweis bis zu 30% des positiven Gesamtbetrages der betrieblichen Einkünfte 2019, wenn die Vorauszahlungen Null betragen oder nur in Höhe der Mindeststeuer gemäß § 24a KStG 1988 festgesetzt wurden.
    b) Sie beträgt bis zu 60% des positiven Gesamtbetrages der betrieblichen Einkünfte 2019, insoweit ein voraussichtlicher negativer Gesamtbetrag der betrieblichen Einkünfte 2020 glaubhaft gemacht wird.
    c) Sie darf fünf Millionen Euro nicht übersteigen.

(2) Der Abzug und die Hinzurechnung (§ 2) der COVID-19-Rücklage hat beim selben Steuerpflichtigen zu erfolgen. Bei Gesellschaften, deren Gesellschafter als Mitunternehmer anzusehen sind, wird die COVID-19-Rücklage nicht im Rahmen des

Feststellungsverfahrens (§ 188 der Bundesabgabenordnung (BAO), BGBl. Nr. 1961/194), sondern im Rahmen der Veranlagung der Mitunternehmer berücksichtigt.

(3) Bei Unternehmensgruppen darf eine COVID-19-Rücklage nur durch den Gruppenträger gebildet werden; das Höchstausmaß gemäß Abs. 1 Z 3 lit. c richtet sich entsprechend § 26c Z 76 lit. c KStG 1988 nach der Anzahl der unbeschränkt und beschränkt steuerpflichtigen Gruppenmitglieder zuzüglich des Gruppenträgers.

§ 2. Die bei der Veranlagung 2019 berücksichtigte COVID-19-Rücklage ist im Rahmen der Veranlagung 2020 als Hinzurechnungsposten bei Ermittlung des Gesamtbetrages der Einkünfte anzusetzen. Dieser lässt die Höhe der betrieblichen Einkünfte unberührt.

§ 3. Endet im Kalenderjahr 2020 ein abweichendes Wirtschaftsjahr, besteht das Wahlrecht, die COVID-19-Rücklage nach dem voraussichtlichen negativen Gesamtbetrag der betrieblichen Einkünfte 2020 oder vom voraussichtlichen negativen Gesamtbetrag der betrieblichen Einkünfte 2021 zu bemessen. Wird der voraussichtliche negative Gesamtbetrag der betrieblichen Einkünfte 2021 herangezogen, sind sämtliche Bestimmungen der § 1 und § 2, die sich auf die Jahre 2020 und 2019 beziehen, auf die Jahre 2021 und 2020 zu beziehen. Bei Unternehmensgruppen ist auf das abweichende Wirtschaftsjahr des Gruppenträgers abzustellen.

§ 4. Die Bildung einer COVID-19-Rücklage erfolgt auf Antrag. Der Antrag kann ab 21. September 2020 unter Verwendung des dafür vorgesehenen amtlichen Formulars gestellt werden. Wurde das betreffende Jahr bereits rechtskräftig veranlagt, gilt der Antrag als rückwirkendes Ereignis im Sinne des § 295a BAO.

2. Abschnitt
Herabsetzung von Vorauszahlungen für 2019

§ 5. Sind die Voraussetzungen für die Berücksichtigung einer COVID-19-Rücklage im Rahmen der Veranlagung 2019 gegeben, kann bis zur Abgabe der Steuererklärung für 2019 beantragt werden, die Vorauszahlungen an Einkommen- bzw. Körperschaftsteuer für das Jahr 2019 nachträglich herabzusetzen. Die Steuer ist mit dem Betrag festzusetzen, der sich als voraussichtliche Steuer des Jahres 2019 auf Grundlage einer Veranlagung unter Berücksichtigung einer COVID-19-Rücklage ergibt. Eine Ermittlung dieses voraussichtlichen Betrages ist dem Antrag anzuschließen.

3. Abschnitt
Verlustrücktrag

§ 6. Die nach Hinzurechnung der COVID-19-Rücklage verbleibenden Verluste des Jahres 2020 können nach Maßgabe des § 124b Z 355 EStG 1988 sowie § 26c Z 76 KStG 1988 in das Jahr 2019 rückgetragen werden. Die erfolgte Berücksichtigung der COVID-19-Rücklage bleibt dadurch unberührt.

§ 7. Wird durch den bei der Veranlagung 2019 zu berücksichtigenden Verlustrücktrag aus dem Jahr 2020 der Höchstbetrag nicht ausgeschöpft, kann insoweit eine Berücksichtigung des Verlustrücktrages im Rahmen der Veranlagung 2018 beantragt werden. Dabei gilt:
1. Als Verlustrücktrag kann im Jahr 2018 höchstens ein Betrag von zwei Millionen Euro nach Maßgabe der § 124b Z 355 EStG 1988 sowie § 26c Z 76 KStG 1988 abgezogen werden.
2. Soweit Verluste aus der Veranlagung 2020 weder bei der Veranlagung 2019 noch bei der Veranlagung 2018 berücksichtigt werden, können sie nach Maßgabe des § 18 Abs. 6 ab dem Veranlagungszeitraum 2021 abgezogen werden (Verlustabzug).

Wird bei einem abweichenden Wirtschaftsjahr das Wahlrecht ausgeübt, den Verlust aus der Veranlagung 2021 rückzutragen (§ 124b Z 355 lit. b), sind die vorstehenden Bestimmungen, soweit sie das Jahr 2020, 2019 und 2018 betreffen, auf das Jahr 2021, 2020 und 2019 zu beziehen.

§ 8. Für die Übertragung des Verlustrücktrages auf einen anderen Steuerpflichtigen gelten die für den Verlustabzug bestehenden Grundsätze. Eine Übertragung des Verlustrücktrages im Rahmen von Umgründungen auf den Rechtsvorgänger ist nicht zulässig.

2. KÖRPERSCHAFTSTEUER

Inhaltsverzeichnis

- 2/1. **Körperschaftsteuergesetz 1988** .... Seite 321
- 2/2. **Sonstige Gesetze**
  - 2/2/1. **Stabilitätsabgabegesetz**, BudBG 2011, BGBl I 2010/111 (Art. 56) idF
    1 BGBl I 2012/22 (1. StabG 2012) **2** BGBl I 2013/184
    3 BGBl I 2014/13 (AbgÄG 2014) **4** BGBl I 2014/40 (BudBG 2014)
    5 BGBl I 2014/98 **6** BGBl I 2016/117 (AbgÄG 2016)
    7 BGBl I 2019/104 (FORG) .... Seite 367
  - 2/2/2. **BudgetbegleitG 2001** (Art 34), BGBl I 2000/142 idF
    1 BGBl I 2001/144 (AbgÄG 2001) **2** BGBl I 2002/84 (AbgÄG 2002)
    3 BGBl I 2013/5 .... Seite 371
  - 2/2/3. **Mindestbesteuerungsgesetz**, MinBestRefG, BGBl I 2023/187 .... Seite 372
- 2/3. **Verordnungen**
  - 2/3/1. Verordnung zur Durchführung der Hinzurechnungsbesteuerung und des Methodenwechsels bei Passiveinkünften niedrigbesteuerter Körperschaften **(VO-Passiveinkünfte niedrigbesteuerter Körperschaften)**, BGBl II 2019/21 .... Seite 419
  - 2/3/2. Verordnung zur Ermittlung des steuerlichen EBITDA sowie des Gruppen-EBITDA **(EBITDA-Ermittlungs-VO)**, BGBl II 2021/390 .... Seite 422
  - 2/3/3. Verordnung zum Übergang eines Zins- und EBITDA-Vortrages (Zinsvortrags-Übergangsverordnung – **Zinsvortrags-ÜbergangsV**), BGBl II 2022/210 .... Seite 423
  - 2/3/4. Verordnung über nicht klimaschädliche Infrastrukturprojekte für Zwecke der Zinsschranke **(Nicht klimaschädliche Infrastrukturprojekte-VO)**, BGBl II 2023/319 .... Seite 424

2/1. Körperschaftsteuergesetz 1988

Körperschaftsteuergesetz 1988, BGBl 1988/401 idF

1 BGBl 1989/660 (AbgÄG 1989)
2 BGBl 1990/281
3 BGBl 1991/697
4 BGBl 1991/699
5 BGBl 1993/253
6 BGBl 1993/530
7 BGBl 1993/532
8 BGBl 1993/694 (PSG)
9 BGBl 1993/818 (StRefG 1993)
10 BGBl 1994/680 (AbgÄG 1994)
11 BGBl 1994/681
12 BGBl 1994/922
13 BGBl 1995/21
14 BGBl 1996/201 (StruktAnpG 1996)
15 BGBl 1996/797 (AbgÄG 1996)
16 BGBl I 1997/18 (VfGH)
17 BGBl I 1997/70
18 BGBl I 1998/9
19 BGBl I 1998/32 (VfGH)
20 BGBl I 1998/184
21 BGBl I 1999/28 AbgÄG 1998)
22 BGBl I 1999/106
23 BGBl I 2000/142 (BudgetbegleitG 2001)
24 BGBl I 2001/2 (KMOG)
25 BGBl I 2001/59 (EuroStUG 2001)
26 BGBl I 2001/114 (VfGH)
27 BGBl I 2001/144 (AbgÄG 2001)
28 BGBl I 2002/68 (KonjunkturbelebungsG 2002)
29 BGBl I 2002/84 (AbgÄG 2002)
30 BGBl I 2002/100
31 BGBl I 2002/155
32 BGBl I 2003/71 (BudgetbegleitG 2003)
33 BGBl I 2003/80
34 BGBl I 2003/124 (AbgÄG 2003)
35 BGBl I 2004/57 (StReformG 2005)
36 BGBl I 2004/180 (AbgÄG 2004)
37 BGBl I 2005/8
38 BGBl I 2005/93 (VAG-Nov. 2005)
39 BGBl I 2005/161 (AbgÄG 2005)
40 BGBl I 2006/100 (StruktAnpG 2006)
41 BGBl I 2007/24 (BudBG 2007)
42 BGBl I 2007/99 (AbgSiG 2007)
43 BGBl I 2007/100 (MiFiG-Gesetz 2007)
44 BGBl I 2007/102
45 BGBl I 2009/52 (BudBG 2009)
46 BGBl I 2009/135 (EPG)
47 BGBl I 2009/151 (AbgÄG 2009)
48 BGBl I 2010/34 (AbgÄG 2010)
49 BGBl I 2010/58 (IRÄ-BG)
50 BGBl I 2010/105 (BBKG 2010)
51 BGBl I 2010/111 (BudBG 2011)
52 BGBl I 2011/76 (AbgÄG 2011)
53 BGBl I 2011/112 (BudBG 2012)
54 BGBl I 2012/22 (1. StabG 2012)
55 BGBl I 2012/112 (AbgÄG 2012)
56 BGBl I 2013/109 (GesRÄG 2013)
57 BGBl I 2013/135 (AIFMG)
58 BGBl I 2014/13 (AbgÄG 2014)
59 BGBl I 2014/40 (BudBG 2014)
60 BGBl I 2014/105 (2. AbgÄG 2014)
61 BGBl I 2015/34 (VAG 2016)
62 BGBl I 2015/68 (RÄ-BG 2015)
63 BGBl I 2015/101
64 BGBl I 2015/118 (StRefG 2015/16)
65 BGBl I 2015/160 (GG 2015)
66 BGBl I 2015/163 (AbgÄG 2015)
67 BGBl I 2016/77 (EU-AbgÄG 2016)
68 BGBl I 2016/117 (AbgÄG 2016)
69 BGBl I 2017/28 (ISG)
70 BGBl I 2017/105 (MitarbeiterBetStG 2017)
71 BGBl I 2017/106 (MiFiGG 2017)
72 BGBl I 2017/107
73 BGBl I 2017/142
74 BGBl I 2018/62 (JStG 2018)
75 BGBl I 2019/103 (StRefG 2020)
76 BGBl I 2019/104 (FORG)
77 BGBl I 2020/96 (KonStG 2020)
78 BGBl I 2021/3 (COVID-19-StMG)
79 BGBl I 2021/227
80 BGBl I 2022/10 (ÖkoStRefG 2022)
81 BGBl I 2022/108 (AbgÄG 2022)
82 BGBl I 2023/110 (AbgÄG 2023)
83 BGBl I 2023/188 (GemRefG 2023)
84 BGBl I 2023/200 (Start-Up-FG)

2/1. KStG

GLIEDERUNG

1. TEIL: PERSÖNLICHE STEUERPFLICHT

1. ABSCHNITT: Arten der Steuerpflicht
- § 1. Unbeschränkte und beschränkte Steuerpflicht
- § 2. Betriebe gewerblicher Art von Körperschaften des öffentlichen Rechts
- § 3. Abgrenzung der persönlichen Steuerpflicht
- § 4. Beginn und Ende der Steuerpflicht

2. ABSCHNITT: Befreiungen
- § 5. Befreiungen
- § 6. Pensions-, Unterstützungs- und Betriebliche Vorsorgekassen
- § 6a. Gemeinnützige Bauvereinigungen
- § 6b. Mittelstandsfinanzierungsgesellschaften

2. TEIL: EINKOMMEN

3. ABSCHNITT: Allgemeine Vorschriften
- § 7. Einkommen, Einkommensermittlung
- § 8. Einlagen, Entnahmen und Einkommensverwendung
- § 9. Unternehmensgruppen
- § 10. Befreiung für Beteiligungserträge und internationale Schachtelbeteiligungen
- § 10a. Passiveinkünfte niedrigbesteuerter Körperschaften
- § 11. Abzugsfähige Aufwendungen und Ausgaben
- § 12. Nichtabzugsfähige Aufwendungen und Ausgaben
- § 12a. Zinsschranke

4. ABSCHNITT
- § 13. Sondervorschriften für Privatstiftungen

5. ABSCHNITT
- § 14. Sondervorschriften für hybride Gestaltungen

6. ABSCHNITT: Sondervorschriften für Versicherungsunternehmen
- § 15. Versicherungstechnische Rückstellungen
- § 16. Rückstellungen bei Pensionskassen
- § 17. Prämienrückerstattungen (Gewinnbeteiligungen)

7. ABSCHNITT: Einkommensermittlung bei Beginn und Ende der Steuerpflicht
- § 18. Beginn und Ende einer Steuerbefreiung
- § 19. Auflösung und Abwicklung (Liquidation)
- § 20. Umgründungen

3. TEIL: BESTEUERUNG BEI BESCHRÄNKTER STEUERPFLICHT
- § 21. Einkünfte bei beschränkter Steuerpflicht

4. TEIL: TARIF
- § 22. Steuersätze
- § 23. Freibetrag für begünstigte Zwecke
- § 23a. Sanierungsgewinne

5. TEIL: ERHEBUNG DER STEUER
- § 24.
- § 24a. Sondervorschriften für Unternehmensgruppen

6. TEIL: VERWEISE AUF ANDERE BUNDESGESETZE
- § 25.

7. TEIL: ÜBERGANGS- UND SCHLUSSVORSCHRIFTEN
- §§ 26–26c. Inkrafttreten und Aufhebung
- § 27. Vollziehung

STICHWORTVERZEICHNIS

A

Abgabenerhöhungen FinanzstrafG, nichtabzugsfähig § 12 (1) Z 4
Abgabenrechtlich begünstigte Körperschaften, Befreiung § 5 Z 6
Abspaltung § 20
abweichendes Wirtschaftsjahr § 7 (5)
Abwicklung § 19 (1 ff)
Abwicklungs-Anfangsvermögen § 19 (2)
Abwicklungs-Anfangsvermögen, Definition § 19 (5)
Abwicklungs-Endvermögen § 19 (2)
Abwicklungs-Endvermögen, Definition § 19 (4)
abzugsfähige Aufwendungen und Ausgaben § 11 (1 f)
Agrargemeinschaften, Befreiung § 5 Z 5

Anrechnung, internationale Schachtelbeteiligung § 10 (3)
Anrechnung, Mindeststeuer § 24 (4)
Anstalt, nichtrechtsfähige
– ausländische § 1 (3)
– Einkünftezurechnung § 3
– inländische § 1 (2)
Antrag auf unbeschränkte Steuerpflicht, Bauvereinigung § 6a (2)
Arbeitnehmerförderungsstiftung § 13 (1) Z 1
Arbeitnehmerförderungsstiftung, Befreiung § 6 (4)
Auflösung § 19 (1 ff)
– Wirtschaftsjahr der Gründung § 19 (5)
Aufsichtsratsvergütungen, nichtabzugsfähig § 12 (1) Z 7
Aufspaltung § 20

Aufwendungen
- abzugsfähig § 11 (1 f)
- für satzungsmäßigen Zweck § 12 (1) Z 1
- im Zusammenhang mit Einkünften aus Grundstücksveräußerungen § 12 (2)
- im Zusammenhang mit Kapitaleinkünften § 12 (2)
- im Zusammenhang mit nicht steuerpflichtigen Einnahmen § 12 (2)
- nichtabzugsfähig § 12
- unangemessen § 12 (1) Z 2

Ausgaben
- abzugsfähig § 11 (1 f)
- nichtabzugsfähig § 12

ausgegliederter Rechtsträger § 2 (4)
ausländische Anstalt § 1 (3)
ausländische Einkünfte, beschränkte Steuerpflicht § 21 (3)
ausländische Körperschaft, Betriebsstätte im Inland § 21 (1)
ausländische Personenvereinigung § 1 (3)
ausländische Stiftung § 1 (3)
ausländische Vermögensmasse § 1 (3)
ausländisches Zweckvermögen § 1 (3)
Ausschüttung § 8 (2 f)
ausschüttungsbedingte Teilwertabschreibung und Verluste § 12 (3)

B

Barzahlungen in der Baubranche, nichtabzugsfähig § 12 (1) Z 11
Bauvereinigung, gemeinnützige § 6a (1 ff)
befreite Körperschaft, teilweise unbeschränkte Steuerpflicht § 11 (2)
Befreiungen § 5
- abgabenrechtlich begünstigte Körperschaften § 5 Z 6
- Agrargemeinschaften § 5 Z 5
- Arbeitnehmerförderungsstiftungen §§ 6 (4), 21 (2)
- Beginn bei Pensions- und Unterstützungskassen § 6 (3)
- Berufsvereinigungen § 5 Z 13
- Beteiligungserträge § 10 (1 ff)
- Betriebe gewerblicher Art § 5 Z 12
- Entschädigungseinrichtungen (Anlegerentschädigung) § 5 Z 4
- Gemeinnützige Bauvereinigungen § 5 Z 10
- gemeinnützige Körperschaften § 5 Z 6
- kirchliche Körperschaften § 5 Z 6
- Krankenkassen-Privatstiftungen § 5 Z 15
- Kreditinstitute (Garantiegesellschaften) § 5 Z 3
- landwirtschaftliche Genossenschaften § 5 Z 9
- mildtätige Körperschaften § 5 Z 6
- Mitarbeitervorsorgekassen § 5 Z 7
- Mitarbeitervorsorgekassen, Kapitaleinkünfte § 21 (2)
- Mittelstandsfinanzierungsgesellschaften § 5 Z 14
- Monopolbetriebe § 5 Z 2
- Parteifeste § 5 Z 12
- Pensionskassen § 5 Z 7
- Privatstiftungen § 5 Z 11

- Sicherungseinrichtungen (Einlagensicherung) § 5 Z 4
- Siedlungsträger § 5 Z 5
- Unterstützungskassen § 5 Z 7
- Versicherungsvereine § 5 Z 8
- Winzergenossenschaften § 5 Z 9

Beginn, Steuerpflicht § 4 (1)
Belegschaftsbeteiligungsstiftung § 13 (1) Z 1
Bemessungsgrundlage § 7 (1 f)
Berufsvereinigungen, Befreiung § 5 Z 13
beschränkte Steuerpflicht §§ 1 (3), 21 (1 ff)
- Arbeitnehmerförderungsstiftungen, Ausnahme § 21 (2)
- ausländische Kapitaleinkünfte § 21 (3)
- ausländische Körperschaft § 21 (1)
- Ausnahmen § 21 (2)
- Beteiligungserträge § 21 (1), (2)
- Betriebsstätte im Inland § 21 (1)
- Einkünfte aus Beteiligungsveräußerungen § 21 (3)
- Einkünfte aus Grundstücksveräußerungen § 21 (3)
- Einkünfte aus Kryptowährungen § 21 (2)
- Einkünfte aus Kryptowährungen, kein Steuerabzug § 21 (3)
- Entschädigungseinrichtungen (Anlegerentschädigung), Ausnahme § 21 (2)
- Förderungsdarlehen § 21 (3)
- inländische Kapitaleinkünfte, kein Kapitalertragsteuerabzug § 21 (3)
- inländische Körperschaft § 21 (2)
- Kapitaleinkünfte § 21 (2)
- Körperschaft des öffentlichen Rechts § 21 (2)
- Krankenkassen-Privatstiftungen, Ausnahme § 21 (2)
- Mitarbeitervorsorgekassen, Ausnahme § 21 (2)
- Mittelstandsfinanzierungsgesellschaften, Ausnahme § 21 (2)
- Pensionskassen, Ausnahme § 21 (2)
- Privatstiftung, Ausnahme § 21 (2)
- Rückerstattung Kapitalertragsteuer § 21 (1)
- Sicherungseinrichtungen (Einlagensicherung), Ausnahme § 21 (2)
- Spenden, Ausnahme § 21 (2)
- umgekehrt hybrides Unternehmen § 21 (1)
- unentbehrlicher Hilfsbetrieb, Ausnahme § 21 (2)
- Unterstützungskassen, Ausnahme § 21 (2)
- Versorgungs- oder Unterstützungseinrichtungen, Ausnahme § 21 (2)

Bestechungsgelder, nichtabzugsfähig § 12 (1) Z 4
Besteuerungszeitraum, Liquidation § 19 (3)
Beteiligungserträge § 10 (1)
- beschränkte Steuerpflicht § 21 (2)
Beteiligungsgemeinschaft § 9 (3)
Betrieb gewerblicher Art §§ 1 (2), 2 (1 ff)
- Befreiung § 5 Z 12
- Gewinnermittlung § 7 (3)
betriebliche Privatstiftungen § 13 (1) Z 1
Betriebliche Vorsorgekassen § 6 (5)
Betriebsausgaben § 11 (1 f)
Betriebsstätte, im Inland, ausländische Körperschaft § 21 (1)

2/1. KStG

buchführungspflichtige Stpfl § 7 (3)

D
Desinfektionsanstalt § 2 (4)
Diversionszahlungen, nichtabzugsfähig § 12 (1) Z 4
Dividendengarantie § 8 (3)

E
Eigenkapitalquote, Zinsschranke § 12a (5)
Einbringung § 20
Einkommen § 7 (1 f)
Einkommensermittlung §§ 7 (1 f), 8 (1 ff), (3)
- bei Beginn und Ende der Steuerpflicht § 18 ff
- bei Liquidation § 19 (1 ff)
- bei Umgründungen § 20 (2)
- Unternehmensgruppe § 9 (6)

Einkommensverwendung § 8 (3)
Einkommenszurechnung, Unternehmensgruppe § 9 (1)
Einkünfte
- aus Gewerbebetrieb § 7 (3)
- aus Gewerbebetrieb, Privatstiftung § 13 (1) Z 3
- aus Grundstücksveräußerungen, Privatstiftung § 13 (3)
- aus Kapitalvermögen, Privatstiftung § 13 (3)
- aus Kryptowährungen, Privatstiftung § 13 (3)
- aus Land- und Forstwirtschaft §§ 2 (1), 7 (5)
- aus Land- und Forstwirtschaft, Privatstiftung § 13 (1) Z 2
- Bauvereinigung § 6a (4)
- beschränkte Steuerpflicht § 21 (1)
- Einräumung von Leitungsrechten § 24 (7)
- Zurechnung bei Umgründungen § 20 (2)

Einlagen § 8 (1)
- in mittelbar verbundene Körperschaften § 12 (3)

Einnahmenerzielung, Betrieb gewerblicher Art § 2 (1)
Eintragungsgebühr, nichtabzugsfähig § 12 (1) Z 6
Elektrizitätsversorgungsbetrieb § 2 (3)
Emissionskosten § 11 (1)
Empfängerbenennung, Zuschlag zur Körperschaftsteuer § 22 (3)
Ende, Steuerpflicht § 4 (2)
Entnahme § 8 (2)
Entrichtung § 24 (3)
Entschädigungseinrichtungen (Anlegerentschädigung), Befreiung § 5 Z 4
Ermittlung, Liquidationsgewinn bei Umgründungen § 20 (2)
Erträge, internationale Schachtelbeteiligung § 10 (2)
Erwerbs- und Wirtschaftsgenossenschaften, Gewinnermittlung § 7 (3)

F
Feststellungsbescheid
- geplante Geschäfte, Bauvereinigung § 6a (3)
- Gruppenbesteuerung § 9 (8 f)

finanzielle Verbindung § 9 (4) f
Finanzierungsbereich, Mittelstandsfinanzierungsgesellschaft § 6b (2 f)
Finanzierungsinstrumente, sonstige § 8 (3)
Forderungsverzicht § 8 (1)
Forschungsanstalt § 2 (4)
Forschungsprämie § 24 (6)
Freibetrag für begünstigte Zwecke §§ 7 (2), 23
Friedhof § 2 (4)

G
Gasversorgungsbetrieb § 2 (3)
Gehälter, nichtabzugsfähig § 12 (1) Z 8
Geldbußen, nichtabzugsfähig § 12 (1) Z 4
Geldzuwendungen, nichtabzugsfähig § 12 (1) Z 4
Gemeinnützige Bauvereinigungen, Befreiung § 5 Z 10
gemeinnützige Körperschaften
- Befreiung § 5 Z 6
- beschränkte Steuerpflicht § 1 (3) Z 3
- Freibetrag § 23
- Kapitaleinkünfte, unentbehrlicher Hilfsbetrieb § 21 (2)
- unentbehrlicher Hilfsbetrieb, Ausnahme § 21 (2)

gemeinsame Leitung, Betrieb gewerblicher Art § 2 (3)
Genussrechte §§ 8 (3), 10 (1)
Geschäftsleitung § 1 (2)
gesellschaftliche Veranstaltung, Befreiung § 5 Z 12
Gewinnanteil § 10 (1)
Gewinnbeteiligung § 11 (1)
Gewinnbeteiligung, Versicherungen § 17
Gewinnermittlung, Liquidation § 19 (6)
Gewinnermittlungszeitraum § 7 (4 f)
Gewinnerzielungsabsicht, Betrieb gewerblicher Art § 2 (1)
Grunderwerbsteuer, nichtabzugsfähig § 12 (1) Z 6
Gruppenantrag § 9 (8)
Gruppenbesteuerung § 9
- Änderungen der Unternehmensgruppe § 9 (9)
- Außergruppenverluste § 9 (6) Z 4
- Beteiligungsgemeinschaften § 9 (3), (6) Z 3
- Ergebnismittlung § 9 (6)
- Feststellungsbescheid §§ 9 (8 f), 24a
- finanzielle Verbindung § 9 (4) f
- Firmenwertabschreibung § 9 (7)
- Gruppenmitglied § 9 (2)
- Gruppenträger § 9 (3)
- Mindestdauer der Unternehmensgruppe § 9 (10)
- Nachversteuerung ausländischer Verluste § 9 (6) Z 7
- Steuerumlagen § 9 (6) Z 5
- Teilwertabschreibung § 9 (7)
- Veranlagung § 24a
- Veräußerungsverlust § 9 (7)

- Verlustberücksichtigung § 9 (6) Z 6
- Verlustzurechnung § 9 (6) Z 7
- Vorgruppenverluste § 9 (6) Z 4

Gruppenmitglied § 9 (2)
Gruppenträger § 9 (3)

H

Hafenbetrieb § 2 (3)
Haftrücklage bei Kreditinstituten, abzugsfähig § 11 (1)
Hinzurechnungsbesteuerung § 10a
- ausländische Betriebsstätten § 10a (6)
- Ausmaß Hinzurechnung § 10a (5)
- Ausnahme für Finanzunternehmen § 10a (8)
- beherrschende und beherrschte Körperschaft § 10a (4)
- beschränkte Steuerpflicht § 21 (1)
- inländische Körperschaften § 10a (6)
- Liste nicht kooperierender Länder § 10a (10)
- Methodenwechsel § 10a (7)
- Niedrigbesteuerung, Definition § 10a (3)
- Passiveinkünfte, Definition § 10a (2)
- Vermeidung der Doppelbesteuerung § 10a (9)
- Voraussetzungen Hinzurechnung § 10a (4)

Hoheitsbetrieb § 2 (4)
hybride Gestaltungen § 14
- Abzugsverbot § 14 (6 ff)
- Auswirkungen § 14 (6 ff)
- beschränkte Steuerpflicht § 14 (12)
- Definition § 14 (3)
- hybride Betriebsstätte § 14 (3)
- hybride Übertragung § 14 (3)
- hybrides Finanzinstrument § 14 (3)
- hybrides Unternehmen § 14 (3)
- importierte hybride Gestaltung § 14 (9)
- Neutralisierung, nachträglich § 14 (10)
- Quellensteuer, Anrechnung oder Ermäßigung § 14 (11)
- rückwirkendes Ereignis § 14 (10)
- Steuerdiskrepanz § 14 (1)
- Steuerdiskrepanz, Definition § 14 (2)
- steuerliche Erfassung der Erträge § 14 (6 ff)
- strukturierte Gestaltung § 14 (3)
- strukturierte Gestaltung, Definition § 14 (5)
- umgekehrt hybrides Unternehmen §§ 14 (12), 21 (1)
- verbundene Unternehmen § 14 (3)
- verbundene Unternehmen, Definition § 14 (4)

I

Inkrafttreten § 26 ff
inländische Körperschaft
- beschränkte Steuerpflicht §§ 1 (3), 21 (2)
- unbeschränkte Steuerpflicht § 1 (2)

Insolvenz, Verlustvortragsgrenze § 8 (4)
Internationale Schachtelbeteiligung
- Anrechnung § 10 (5)
- Ausnahme von Befreiung § 10 (4)
- endgültige Verluste § 10 (3)
- Methodenwechsel § 10a (7)
- Option auf Steuerwirksamkeit § 10 (3)
- Voraussetzung § 10 (2)

J

juristische Person § 1 (2)

K

kirchliche Körperschaften, Befreiung § 5 Z 6
Körperschaft
- ohne Sitz im Inland § 1 (3)
- Sitz im Inland § 1 (2)

Körperschaft des öffentlichen Rechts
- beschränkte Steuerpflicht § 1 (3) Z 2
- Betrieb gewerblicher Art §§ 1 (2), 2 (1 ff)
- Versorgungs- oder Unterstützungseinrichtungen, Kapitaleinkünfte § 21 (2)

Körperschaften, ohne Sitz im Inland, beschränkte Steuerpflicht § 21 (1)
Krankenkassen-Privatstiftungen
- Befreiung § 5 Z 15

Krankenversicherung
- Mindestbesteuerung § 17 (3)
- Prämienrückerstattung, Gewinnbeteiligung § 17 (1)
- versicherungstechnische Rückstellung § 15 (1)

Kreditinstitute (Garantiegesellschaften), Befreiung § 5 Z 3

L

Land- und Forstwirtschaft
- Privatstiftung § 13 (1) Z 2

Land- und Forstwirtschaft, Betrieb gewerblicher Art § 2 (1)
landwirtschaftliche Genossenschaften, Befreiung § 5 Z 9
Lebensversicherung
- Mindestbesteuerung § 17 (3)
- Prämienrückerstattung, Gewinnbeteiligung § 17 (1)
- versicherungstechnische Rückstellung § 15 (1)

Leichenverbrennungsanstalt § 2 (4)
Leitungsrechte, Einkünfte aus der Einräumung § 24 (7)
Liquidation § 19 (1 ff)
- Abwicklungs-Anfangsvermögen § 19 (2)
- Abwicklungs-Anfangsvermögen, Definition § 19 (5)
- Abwicklungs-Endvermögen § 19 (2)
- Abwicklungs-Endvermögen, Definition § 19 (4)
- Besteuerungszeitraum § 19 (3)
- Einkommensermittlung bei Umgründungen § 20 (2)
- Gewinnermittlung § 19 (6)
- Liquidationsgewinn § 19 (2)
- nicht buchführungspflichtige Körperschaft § 19 (7)
- Umgründungen § 20 (2)
- Wirtschaftsjahr der Gründung § 19 (5)

Liquidationsgewinn
- Verlustvortragsgrenze § 8 (4)

Lizenzaufwand, nichtabzugsfähig § 12 (1) Z 10
Lizenzgebühren, nichtabzugsfähig § 12 (1) Z 10

Lohnaufwendungen, nichtabzugsfähig § 12 (1) Z 8
Luxustangente § 12 (1) Z 2

M
Managergehälter, nichtabzugsfähig § 12 (1) Z 8
Mantelkauf § 8 (4)
mildtätige Körperschaften, Befreiung § 5 Z 6
Mindestbesteuerung, Versicherung § 17 (3)
Mindeststeuer § 24 (4)
Mitarbeiterbeteiligungsstiftung § 13 (1) Z 1
Mitarbeitervorsorgekassen, Befreiung § 5 Z 7
Mittelstandsfinanzierungsgesellschaften § 6b
– Befreiung § 5 Z 14
– Bescheinigung durch das Finanzamt § 6b (5)
– beschränkte Steuerpflicht § 21 (2)
– Finanzierungsbereich § 6b (2 f)
– jährliche Bestätigung § 6b (5)
– Liste § 6b (5)
– Veranlagung, Veranlagungsbereich § 6b (2 f)
– Verletzung der Voraussetzungen § 6b (6)
Mitunternehmerschaft, Betrieb gewerblicher Art § 2 (2)
Monopolbetriebe, Befreiung § 5 Z 2
Müllabfuhr § 2 (4)
Müllbeseitigung § 2 (4)

N
Nahrungsmitteluntersuchungsanstalt § 2 (4)
nichtrechtsfähige Abgabenerhöhungen FinanzstrafG
– Anstalt § 1 (2), (3), 3
– Personenvereinigung § 1 (2), (3), 3
– Stiftung § 1 (2), (3), 3
– Zweckvermögen § 1 (2), (3), 3
nichtabzugsfähige Aufwendungen § 12 (1 ff), (1) Z 4
– Aufsichtsratsvergütungen § 12 (1) Z 7
– Barzahlungen in der Baubranche § 12 (1) Z 11
– Bestechungsgelder § 12 (1) Z 4
– Diversionszahlungen § 12 (1) Z 4
– Eintragungsgebühr § 12 (1) Z 6
– für satzungsmäßigen Zweck § 12 (1) Z 1
– Gehälter § 12 (1) Z 8
– Geldbußen § 12 (1) Z 4
– Geldzuwendungen § 12 (1) Z 4
– Grunderwerbsteuer § 12 (1) Z 6
– im Zusammenhang mit Einkünften aus Grundstücksveräußerungen § 12 (2)
– im Zusammenhang mit Kapitaleinkünften § 12 (2)
– im Zusammenhang mit nichtsteuerpflichtigen Einnahmen § 12 (2)
– Lizenzgebühren im Konzern § 12 (1) Z 10
– Lohnaufwendungen § 12 (1) Z 8
– Luxustangente § 12 (1) Z 2
– Managergehälter § 12 (1) Z 8
– Personensteuern § 12 (1) Z 6
– Reisekostenersatz § 12 (1) Z 7
– Repräsentationsaufwendungen § 12 (1) Z 3
– Sachzuwendungen § 12 (1) Z 4
– Schmiergelder § 12 (1) Z 4
– sonstige Bezüge § 12 (1) Z 8
– Spenden § 12 (1) Z 5
– Stiftungszuwendungen § 12 (1) Z 1
– Strafen § 12 (1) Z 4
– Umsatzsteuer § 12 (1) Z 6
– unangemessen hohe § 12 (1) Z 2
– Verbandsgeldbußen § 12 (1) Z 4
– Zinsen für Beteiligungserwerb § 12 (1) Z 9
– Zinsen im Konzern § 12 (1) Z 10
nichtbuchführungspflichtige Körperschaft, Liquidation § 19 (7)
nichtrechtsfähige Personenvereinigung
– ausländische § 1 (3)
Niedrigbesteuerung, Passiveinkünfte § 10a

O
öffentlicher Verkehr § 2 (3)
organisatorische Zusammenfassung, Betrieb gewerblicher Art § 2 (3)

P
Parteien, politische § 1 (3) Z 2
Parteifeste, Befreiung § 5 Z 12
Partizipationskapital, Gewinnanteil §§ 8 (3), 10 (1)
Passiveinkünfte niedrigbesteuerter ausländischer Körperschaften § 10a
Pensionskasse § 6 (1)
– Befreiung § 5 Z 7
– Rückstellungen § 16
Personensteuern, nichtabzugsfähig § 12 (1) Z 6
Personenvereinigung, nichtrechtsfähige
– ausländische § 1 (3)
– Einkünftezurechnung § 3
– inländische § 1 (2)
persönliche Steuerpflicht, Abgrenzung § 3
Politische Parteien § 1 (3) Z 2
Prämienrückerstattung § 11 (1)
Prämienrückerstattung, Versicherungen § 17
Privatstiftung
– Befreiung § 5 Z 11
– Befreiung Beteiligungserträge § 13 (2)
– beschränkte Steuerpflicht § 21 (2)
– Besteuerung § 13 (3)
– Besteuerung, Anrechnung § 24 (5)
– Beteiligungsveräußerung § 13 (4)
– betriebliche Privatstiftungen § 13 (1) Z 1
– Einkünfte aus Gewerbebetrieb § 13 (1) Z 3
– Einkünfte aus Grundstücksveräußerungen § 13 (3)
– Einkünfte aus Kapitalvermögen § 13 (3)
– Einkünfte aus Land- und Forstwirtschaft § 13 (1) Z 2
– Entlastung der Zuwendungen von Kapitalertragsteuer § 13 (3)
– Evidenzkonto, Zwischensteuer § 24 (5)
– Immobilienertragsteuer, Ausnahme § 24 (3)
– Kapitaleinkünfte, Ausnahme § 21 (2)
– Meldung an Geldwäschemeldestelle § 13 (6)
– Offenlegung Stiftungsurkunde § 13 (6)
– Sondervorschriften § 13
– Sparkassenstiftung § 13 (5)
– Spenden § 13 (1) Z 4

- steuerfreier Betrag, Beteiligungsveräußerung § 13 (4)
- steuerpflichtige Erträge § 13 (3)
- Steuersatz § 22 (2)
- Übertragung stiller Reserven § 13 (4)
- Zuwendungen § 12 (1) Z 1
- Zwischenbesteuerung § 13 (3)
- Zwischensteuer § 22 (2)
- Zwischensteuer, Anrechnung, Rückerstattung § 24 (5)

privatwirtschaftliche Tätigkeit, Betrieb gewerblicher Art § 2 (1)

R

Realteilung § 20
rechnungslegungspflichtige Stpfl § 7 (3)
Rechtsnachfolger, Umgründungen § 20 (3)
Reisekostenersatz, nichtabzugsfähig § 12 (1) Z 7
Repräsentationsaufwendungen, nichtabzugsfähig § 12 (1) Z 3
Rückstellungen
- für noch nicht abgewickelte Versicherungsfälle § 15 (3)
- Gewinnbeteiligung, Versicherungen § 17 (2)
- Pensionskassen § 16
- Prämienrückerstattung, Versicherungen § 17 (2)
- Schadensreserverückstellung § 15 (3)
- Schwankungsrückstellungen § 15 (2)
- versicherungstechnische § 15

Rückvergütung §§ 8 (3), 10 (1)
Rundfunkbetrieb § 2 (3)

S

Sachzuwendungen, nichtabzugsfähig § 12 (1) Z 4
Sanierungsgewinne § 23a
- Verlustvortragsgrenze § 8 (4)

Sanierungsplan § 23a
Schachtelbeteiligung, internationale § 10 (2 ff)
Schadensreserverückstellung § 15 (3)
Schlachthof § 2 (4)
Schmiergelder, nichtabzugsfähig § 12 (1) Z 4
Schulderlass §§ 8 (4), 23a
Schwankungsrückstellungen § 15 (2)
Sicherungseinrichtungen (Einlagensicherung), Befreiung § 5 Z 4
Siedlungsträger, Befreiung § 5 Z 5
Sitz § 1 (2), (3)
Sonderausgaben §§ 7 (2), 8 (4)
Sonderausgaben, beschränkte Steuerpflicht § 21 (1)
sonstige Bezüge, nichtabzugsfähig § 12 (1) Z 8
Spaltung § 20
Spenden, nichtabzugsfähig § 12 (1) Z 5
Spenden, Privatstiftung § 13 (1) Z 4
Spenden, Sonderausgaben § 8 (4)
Spülwasserabfuhr § 2 (4)
Steuerabzug § 21 (2)
- Abgeltungswirkung § 24 (2)
- Ausnahmen, Immobilienertragsteuer § 24 (3)
- Einkünfte aus der Einräumung von Leitungsrechten § 24 (7)
- Steuererhebung § 24 (2)

Steuerbefreiung, Beginn, Einkommensermittlung § 18 (1 ff)
- Ende, Einkommensermittlung § 18 (2 f)
- Voraussetzung, Mittelstandsfinanzierungsgesellschaft § 6b (1)

Steuerbelastung, Hinzurechnungsbesteuerung § 10a (3)
Steuererhebung § 24
steuerfreie Rücklage, Bauvereinigung § 6a (5)
Steuerpflicht § 1 (1 ff)
- Beginn § 4 (1)
- Beginn und Ende bei Bauvereinigung § 6a (1)
- beschränkte §§ 1 (3), 21 (1 ff)
- Ende § 4 (2)
- unbeschränkte § 1 (2)
- unbeschränkte, Mindeststeuer § 24 (4)

Steuersatz § 22
Steuerspaltung § 20
Stiftung, nichtrechtsfähige
- ausländische § 1 (3)
- Einkünftezurechnung § 3
- inländische § 1 (2)

Stiftungsurkunde, Vorlage § 13 (6)
Strafen, nichtabzugsfähig § 12 (1) Z 4
Straßenreinigung § 2 (4)

T

Tarif § 22
Tauschgrundsatz § 8 (1)
Teilwertabschreibung
- ausschüttungsbedingt § 12 (3)
- bei Einlagen in mittelbar verbundene Körperschaften § 12 (3)
- Siebentelverteilung § 12 (3)
- Unternehmensgruppe § 9 (7)

Trinkwasserversorgung § 2 (4)

U

Umgründungen § 20
Umsatzsteuer, nichtabzugsfähig § 12 (1) Z 6
Umwandlung § 20
unangemessene Aufwendungen § 12 (1) Z 2
Unfallversicherung
- Mindestbesteuerung § 17 (3)
- Prämienrückerstattung, Gewinnbeteiligung § 17 (1)
- versicherungstechnische Rückstellung § 15 (1)

Unternehmensgruppe §§ 9, 24a
Unternehmenszweckförderungsstiftung § 13 (1) Z 1
Unterstützungskasse § 6 (2)
- Befreiung § 5 Z 7

V

Veranlagung § 24 (3)
- Mittelstandsfinanzierungsgesellschaft § 6b (1), (2 f)

Veranlagungsbereich, Mittelstandsfinanzierungsgesellschaft § 6b (2 f)
Veranlagungszeitraum § 24 (1)
Veranstaltung, Befreiung § 5 Z 12
Verbandsgeldbußen, nichtabzugsfähig § 12 (1) Z 4

2/1. KStG
§ 1

Verbindung, finanzielle § 9 (4) f
verdeckte Ausschüttungen § 8 (2 f)
Verlust
– ausschüttungsbedingt § 12 (3)
Verlustabzug § 8 (4)
Verlustausgleich § 7 (2)
Vermietung, Betrieb gewerblicher Art § 2 (2)
Vermögensmasse
– ausländische § 1 (3)
Verpachtung Betrieb gewerblicher Art § 2 (2)
Verschmelzung § 20
Versicherung, Mindestbesteuerung § 17 (3)
versicherungstechnische Rückstellung §§ 11 (1), 15
Versicherungsvereine, Befreiung § 5 Z 8
Versorgungsbetrieb § 2 (3)
Verweis auf andere Gesetze § 25
Verwendung
– Rückstellung für Prämienrückerstattung § 17 (2)
Vollziehung § 27
Vorauszahlungen § 24 (3)
Vorsorgekassen, betriebliche § 6 (5)

W
Wärmeversorgungsbetrieb § 2 (3)
Wasserwerk § 2 (4)
Wetterwarte § 2 (4)
Winzergenossenschaften, Befreiung § 5 Z 9
wirtschaftliche Selbständigkeit, Betrieb gewerblicher Art § 2 (1)
Wirtschaftsjahr § 7 (4 f)
Wirtschaftsjahr, abweichendes § 7 (5)

Z
Zinsen für Beteiligungserwerb § 11 (1)

Zinsen, nichtabzugsfähig § 12 (1) Z 9, 10
Zinsschranke § 12a
– Ausnahme für öffentliche Infrastrukturprojekte § 12a (9)
– EBITDA-Vortrag § 12a (6)
– Eigenkapitalquotenvergleich § 12a (5)
– Eigenkapitalquotenvergleich, beschränkte Steuerpflicht § 21 (1)
– Eigenkapitalquotenvergleich, Unternehmensgruppe § 12a (7)
– erfasste Körperschaften § 12a (2)
– Gruppen-Freibetrag § 12a (7)
– steuerliches EBITDA, Definition § 12a (4)
– steuerliches Gruppen-EBITDA § 12a (7)
– Unternehmensgruppe § 12a (7)
– Zinsüberhang § 12a (1)
– Zinsüberhang, Definition § 12a (3)
– Zinsüberhang, Unternehmensgruppe § 12a (7)
– Zinsvortrag § 12a (6)
Zinsüberhang, Zinsschranke § 12a (1)
Zinsvortrag, Zinsschranke § 12a (6)
Zusammenschluss § 20
Zuschlag zur Körperschaftsteuer § 22 (3)
Zuwendung
– an Begünstigte und Letztbegünstigte, Privatstiftung § 12 (1) Z 1
– an Gesellschafter § 8 (3)
Zweckvermögen, nichtrechtsfähiges
– ausländisches § 1 (3)
– Einkünftezurechnung § 3
– inländisches § 1 (2)
Zwischenbesteuerung, Privatstiftung § 13 (3)
Zwischensteuer, Privatstiftung § 22 (2)

Bundesgesetz vom 7. Juli 1988 über die Besteuerung des Einkommens von Körperschaften (Körperschaftsteuergesetz 1988 – KStG 1988)

1. TEIL
PERSÖNLICHE STEUERPFLICHT

1. ABSCHNITT
Arten der Steuerpflicht

Unbeschränkte und beschränkte Steuerpflicht

§ 1. (1) Körperschaftsteuerpflichtig sind nur Körperschaften.

(2) Unbeschränkt steuerpflichtig sind Körperschaften, die im Inland ihre Geschäftsleitung oder ihren Sitz (§ 27 der Bundesabgabenordnung) haben. Als Körperschaften gelten:
1. Inländische juristische Personen des privaten Rechts und diesen vergleichbare ausländische Rechtsgebilde.
   (AbgÄG 2023, BGBl I 2023/110)
2. Betriebe gewerblicher Art von Körperschaften des öffentlichen Rechts (§ 2).
3. Nichtrechtsfähige Personenvereinigungen, Anstalten, Stiftungen und andere Zweckvermögen (§ 3).

Die unbeschränkte Steuerpflicht erstreckt sich auf alle in- und ausländischen Einkünfte im Sinne des § 2 des Einkommensteuergesetzes 1988.

(3) Beschränkt steuerpflichtig sind:
1. Körperschaften, die im Inland weder ihre Geschäftsleitung noch ihren Sitz (§ 27 Bundesabgabenordnung) haben, mit ihren Einkünften im Sinne des § 21 Abs. 1. Als Körperschaften gelten:
   a) Körperschaften, Personenvereinigungen und Vermögensmassen, die einer inländischen juristischen Person vergleichbar sind.
   b) Nichtrechtsfähige Personenvereinigungen, Anstalten, Stiftungen und andere Zweckvermögen (§ 3).
2. Inländische Körperschaften des öffentlichen Rechts mit ihren Einkünften im Sinne des § 21 Abs. 2 und 3. Politische Parteien sind wie Körperschaften des öffentlichen Rechts zu behandeln, wenn ihnen gemäß § 1 Abs. 4 des

Parteiengesetzes 2012, BGBl. I Nr. 56/2012, Rechtspersönlichkeit zukommt.
(BGBl I 2016/77)
3. Körperschaften im Sinne des Abs. 2, soweit sie nach § 5 oder nach anderen Bundesgesetzen von der Körperschaftsteuerpflicht befreit sind, mit ihren Einkünften im Sinne des § 21 Abs. 2 und 3. Dies gilt auch für den Fall einer umfassenden Befreiung.

Betriebe gewerblicher Art von Körperschaften des öffentlichen Rechts

§ 2. (1) Betrieb gewerblicher Art einer Körperschaft des öffentlichen Rechts ist jede Einrichtung, die
- wirtschaftlich selbständig ist und
- ausschließlich oder überwiegend einer nachhaltigen privatwirtschaftlichen Tätigkeit von wirtschaftlichem Gewicht und
- zur Erzielung von Einnahmen oder im Falle des Fehlens der Beteiligung am allgemeinen wirtschaftlichen Verkehr von anderen wirtschaftlichen Vorteilen und
- nicht der Land- und Forstwirtschaft (§ 21 des Einkommensteuergesetzes 1988)

dient. Die Absicht, Gewinn zu erzielen, ist nicht erforderlich. Die Tätigkeit der Einrichtung gilt stets als Gewerbebetrieb.

(2) Als Betrieb gewerblicher Art gelten auch:
1. Die Beteiligung an einer Gesellschaft, bei der die Gesellschafter als Mitunternehmer anzusehen sind.
2. Die entgeltliche Überlassung eines Betriebes gewerblicher Art.
3. Die entgeltliche Überlassung von Grundstücken zu anderen als land- und forstwirtschaftlichen Zwecken durch
   - Personengemeinschaften in den Angelegenheiten der Bodenreform und
   - Siedlungsträger,
   die nach den landesgesetzlichen Vorschriften als Körperschaften des öffentlichen Rechtes anerkannt sind.

(BGBl I 2019/103)

(3) Versorgungsbetriebe einer Körperschaft des öffentlichen Rechts werden als einheitlicher Betrieb gewerblicher Art behandelt, wenn sie organisatorisch zusammengefaßt sind und unter einer gemeinsamen Leitung stehen. Versorgungsbetrieb ist nur ein Betrieb, der die Bevölkerung mit
- Wasser oder
- Gas oder
- Elektrizität oder
- Wärme

versorgt oder der
- dem öffentlichen Verkehr einschließlich des Rundfunks oder
- dem Hafenbetrieb

dient.

(4) Ein Betrieb gewerblicher Art ist auch dann unbeschränkt steuerpflichtig, wenn er selbst eine Körperschaft des öffentlichen Rechts ist. Betriebe, die von juristischen Personen des privaten Rechts geführt werden, sind nach den für diese Rechtsform geltenden Vorschriften zu besteuern. Sind an der juristischen Person des privaten Rechts unmittelbar oder mittelbar ausschließlich Körperschaften des öffentlichen Rechts beteiligt, gelten in einem gesonderten Rechnungskreis geführte Tätigkeiten im Sinne des Abs. 3 als einheitliche Tätigkeit, auch wenn bei den einzelnen Tätigkeiten die Absicht fehlt, Gewinne zu erzielen. Auf das Zusammenfassen derartiger Tätigkeiten in einer juristischen Person des privaten Rechts ist § 8 Abs. 2 nicht anzuwenden.

(5) Eine privatwirtschaftliche Tätigkeit im Sinne des Abs. 1 liegt nicht vor, wenn die Tätigkeit überwiegend der öffentlichen Gewalt dient (Hoheitsbetrieb). Eine Ausübung der öffentlichen Gewalt ist insbesondere anzunehmen, wenn es sich um Leistungen handelt, zu deren Annahme der Leistungsempfänger auf Grund gesetzlicher oder behördlicher Anordnung verpflichtet ist. Als Hoheitsbetriebe gelten insbesondere Wasserwerke, wenn sie überwiegend der Trinkwasserversorgung dienen, Forschungsanstalten, Wetterwarten, Friedhöfe, Anstalten zur Nahrungsmitteluntersuchung, zur Desinfektion, zur Leichenverbrennung, zur Müllbeseitigung, zur Straßenreinigung und zur Abfuhr von Spülwasser und Abfällen.

Abgrenzung der persönlichen Steuerpflicht

§ 3. Nichtrechtsfähige Personenvereinigungen, Anstalten, Stiftungen und andere Zweckvermögen sind körperschaftsteuerpflichtig, wenn ihr Einkommen weder nach diesem Bundesgesetz noch nach dem Einkommensteuergesetz 1988 unmittelbar bei einem anderen Steuerpflichtigen zu versteuern ist.

Beginn und Ende der Steuerpflicht

§ 4. (1) Körperschaften im Sinne des § 1 Abs. 2 Z 1 sind ab jenem Zeitpunkt steuerpflichtig, in dem die Rechtsgrundlage wie Satzung, Gesellschaftsvertrag oder Stiftungsbrief festgestellt ist und sie erstmalig nach außen in Erscheinung treten. Der Beginn der Steuerpflicht der Körperschaften im Sinne des § 1 Abs. 2 Z 2 und 3 richtet sich nach den §§ 2 und 3.

(2) Körperschaften im Sinne des § 1 Abs. 2 sind bis zu jenem Zeitpunkt steuerpflichtig, in dem die Rechtspersönlichkeit untergeht, jedenfalls bis zu jenem Zeitpunkt, in dem das gesamte Vermögen auf andere übergegangen ist.

2. ABSCHNITT

Befreiungen

§ 5. Von der unbeschränkten Körperschaftsteuerpflicht sind befreit:
1. (aufgehoben)
2. Die staatlichen Monopolbetriebe, soweit sie nicht in eine privatrechtliche Form gekleidet sind.

3. Kreditinstitute im Sinne des Kreditwesengesetzes, wenn folgende Voraussetzungen zutreffen:
   a) Der genehmigte Geschäftsgegenstand darf ausschließlich in der Übernahme von Bürgschaften und sonstigen Haftungen für Kredite und Darlehen mit oder ohne Gewährung von nicht rückzahlbaren Zinsenzuschüssen sowie in der Durchführung allfälliger sonstiger Zuschußaktionen des Bundes oder eines Landes bestehen.
   b) Das Kreditinstitut darf nach der Satzung oder der sonstigen Rechtsgrundlage und der tatsächlichen Geschäftsführung keinen Gewinn anstreben; ihre Eigentümer oder Anteilseigner dürfen keine Gewinnanteile oder sonstigen Zuwendungen aus Mitteln des Kreditinstitutes erhalten.
   c) Das Kreditinstitut darf keine Person durch Verwaltungsausgaben, die dem Zweck des Kreditinstitutes fremd sind, und kein Vorstandsmitglied, keinen Geschäftsführer und kein Aufsichtsratsmitglied durch unverhältnismäßig hohe Vergütungen begünstigen.
   d) Bei Auflösung des Kreditinstitutes dürfen die Eigentümer oder Anteilseigner jene Kapitalanteile nicht zurückerhalten, die zur Deckung von Verlusten aus im Zeitpunkt der Auflösung bestehenden Verpflichtungen aus Bürgschaften und sonstigen Haftungen benötigt werden; das restliche Vermögen des Kreditinstitutes darf nur im Rahmen des genehmigten Geschäftsgegenstandes verwendet werden.
4. Sicherungseinrichtungen gemäß § 1 Abs. 1 und § 59 Z 1 des Einlagensicherungs- und Anlegerentschädigungsgesetzes – ESAEG, BGBl. I Nr. 117/2015, hinsichtlich der Einkünfte aus der Dotierung und Veranlagung der Einlagensicherungsfonds gemäß § 21 und § 19 ESAEG und die Entschädigungseinrichtung gemäß § 73 Abs. 2 des Wertpapieraufsichtsgesetzes 2018 – WAG 2018, BGBl. I Nr. 107/2017, hinsichtlich der Einkünfte aus der Dotierung und Veranlagung des Beitragsvermögens gemäß § 74 WAG 2018.
   (BGBl I 2017/107)
5. Personengemeinschaften in den Angelegenheiten der Bodenreform, weiters Siedlungsträger, wenn und soweit sie nach den landesgesetzlichen Vorschriften anerkannt sind.
   Sie sind insoweit unbeschränkt steuerpflichtig, als sie
   – einen Gewerbebetrieb unterhalten, der über den Umfang eines Nebenbetriebes hinausgeht, oder
   – einen solchen Gewerbebetrieb verpachten, oder
   – Grundstücke entgeltlich für andere als land- und forstwirtschaftliche Zwecke zur Nutzung überlassen.
   (BGBl I 2019/103)
6. Körperschaften im Sinne des § 1 Abs. 2, die der Förderung gemeinnütziger, mildtätiger oder kirchlicher Zwecke nach Maßgabe der §§ 34 bis 47 der Bundesabgabenordnung dienen.
7. Pensions-, Unterstützungs- und Mitarbeitervorsorgekassen nach Maßgabe des § 6
8. Kleine Versicherungsvereine im Sinne des § 5 Z 4 des Versicherungsaufsichtsgesetzes 2016 (VAG 2016), BGBl. I Nr. 34/2015, die nicht unter Z 7 fallen, wenn ihre Beitragseinnahmen im Durchschnitt der letzten drei Wirtschaftsjahre (einschließlich des im Veranlagungsjahr endenden Wirtschaftsjahres) 4 400 Euro jährlich nicht überstiegen haben.
   (BGBl I 2015/34)
9. a) Erwerbs- und Wirtschaftsgenossenschaften, deren Zweck und tatsächlicher Geschäftsbetrieb sich auf die gemeinschaftliche Benutzung land- und forstwirtschaftlicher Betriebseinrichtungen oder Betriebsgegenstände durch ihre Mitglieder beschränkt (zB Zucht-, Weide-, Maschinengenossenschaften).
   b) Winzergenossenschaften, deren tatsächlicher Geschäftsbetrieb sich auf die Bearbeitung oder Verwertung der von den Mitgliedern selbst gewonnenen landwirtschaftlichen Erzeugnisse beschränkt, wenn die Bearbeitung oder Verwertung im Bereich der Landwirtschaft liegt.
   Die Steuerbefreiung geht nicht verloren, wenn die Genossenschaften im Rahmen ihres Geschäftsbetriebes Hilfsgeschäfte tätigen.
10. Bauvereinigungen, die nach dem Wohnungsgemeinnützigkeitsgesetz als gemeinnützig anerkannt sind, wenn sich ihre Tätigkeit auf die in § 7 Abs. 1 bis 3 des Wohnungsgemeinnützigkeitsgesetzes genannten Geschäfte und die Vermögensverwaltung beschränkt, nach Maßgabe des § 6a.
11. Privatstiftungen, die nicht unter Z 6 oder 7 fallen, nach Maßgabe des § 13.
12. a) Betriebe gewerblicher Art von Körperschaften des öffentlichen Rechtes unter folgenden Voraussetzungen:
    – Der Betrieb besteht ausschließlich in der entgeltlichen Durchführung von geselligen oder gesellschaftlichen Veranstaltungen aller Art (insbesondere Feste, Bälle, Kränzchen, Feiern, Juxveranstaltungen, Heurigenausschank, Wandertage, Vergnügungs-Sportveranstaltungen), und
    – diese Veranstaltungen müssen nach außen hin erkennbar zur materiel-

len Förderung eines bestimmten Zweckes im Sinne der §§ 35, 37 und 38 der Bundesabgabenordnung abgehalten werden, und
- die Erträge aus der jeweiligen Veranstaltung müssen nachweislich für diesen Zweck verwendet werden, und
- diese Veranstaltungen dürfen insgesamt eine Dauer von 72 Stunden im Kalenderjahr nicht überschreiten.

b) Abweichend von lit. a zweiter Teilstrich darf eine gesellige oder gesellschaftliche Veranstaltung einer Körperschaft im Sinne des § 1 Abs. 3 Z 2 zweiter Satz, die an der Wahlwerbung zu einem allgemeinen Vertretungskörper oder dem Europäischen Parlament beteiligt oder in einem solchen Vertretungskörper oder dem Europäischen Parlament vertreten ist, auch zur materiellen Förderung von Zwecken im Sinne des § 1 des Parteiengesetzes 2012 dieser Körperschaft abgehalten werden, wenn folgende zusätzliche Voraussetzungen erfüllt sind:
- Die gesellige oder gesellschaftliche Veranstaltung erfüllt jene Kriterien, die auch für das Vorliegen eines Betriebes gemäß § 45 Abs. 1a BAO maßgebend sind.
- Die Umsätze aus diesen Veranstaltungen betragen insgesamt nicht mehr als 15 000 Euro im Kalenderjahr.

Nicht unter § 34 bis § 47 BAO fallende Körperschaften im Sinne des § 2 Z 3 Parteiengesetzes 2012 sowie Gliederungen mit eigener Rechtspersönlichkeit von Körperschaften im Sinne des § 1 Abs. 3 Z 2 zweiter Satz, die an der Wahlwerbung zu einem allgemeinen Vertretungskörper oder dem Europäischen Parlament beteiligt oder in einem solchen Vertretungskörper oder dem Europäischen Parlament vertreten ist, sind für Zwecke der Z 12 wie Körperschaften des öffentlichen Rechts zu behandeln.

c) Die Gesamtdauer gemäß lit. a der geselligen oder gesellschaftlichen Veranstaltung pro Kalenderjahr sowie die Umsätze gemäß lit. b zweiter Teilstrich sind für jede kleinste territoriale Gliederung ohne eigene Rechtspersönlichkeit
- einer Körperschaft öffentlichen Rechts,
- einer Körperschaft im Sinne des § 1 Abs. 3 Z 2 zweiter Satz, die an der Wahlwerbung zu einem allgemeinen Vertretungskörper oder dem Europäischen Parlament beteiligt oder in einem solchen Vertretungskörper oder dem Europäischen Parlament vertreten ist, oder deren Gliederungen mit eigener Rechtspersönlichkeit oder
- einer Körperschaft im Sinne des § 2 Z 3 Parteiengesetzes 2012

gesondert zu bemessen. Die kleinste territoriale Gliederung umfasst die Katastralgemeinde.

(BGBl I 2016/77)

13. Körperschaften, denen als Berufsvereinigung im Sinne des § 4 Abs. 2 des Arbeitsverfassungsgesetzes, BGBl. Nr. 22/1974, gemäß § 5 Abs. 1 dieses Gesetzes die Kollektivvertragsfähigkeit zuerkannt wurde, für die Dauer der Kollektivvertragsfähigkeit. Sie sind insoweit unbeschränkt steuerpflichtig, als sie einen wirtschaftlichen Geschäftsbetrieb (§ 31 der Bundesabgabenordnung), der nicht unmittelbar der Zweckerfüllung dient, einen land- und forstwirtschaftlichen Betrieb oder einen Gewerbebetrieb unterhalten.

14. Mittelstandsfinanzierungsgesellschaften hinsichtlich des dem Finanzierungsbereich zuzurechnenden Teiles des Einkommens nach Maßgabe des § 6b. Die Befreiung entfällt rückwirkend, wenn der angestrebte begünstigte Zweck innerhalb der ersten sieben Jahre nach der Eintragung der neu gegründeten Mittelstandsfinanzierungsgesellschaft in das Firmenbuch aufgegeben wird.

(BGBl I 2017/106)

15. Privatstiftungen, die gemäß § 718 Abs. 9 ASVG errichtet wurden.

(BGBl I 2019/103)

Pensions-, Unterstützungs- und Betriebliche Vorsorgekassen

§ 6. (1) Pensionskassen im Sinne des Pensionskassengesetzes und ausländische Einrichtungen im Sinne des § 5 Z 4 des Pensionskassengesetzes sind hinsichtlich des einer Veranlagungs- oder Risikogemeinschaft zuzurechnenden Teiles des Einkommens von der Körperschaftsteuer befreit, wenn die Pensionszusagen 80% des letzten laufenden Aktivbezuges nicht übersteigen. Dies gilt sinngemäß für Versicherungen hinsichtlich betrieblicher Kollektivversicherungen im Sinne des § 93 des VAG 2016. Das Überschreiten der genannten Grenze ist unbeachtlich, wenn es auf eine Verminderung des Arbeitslohnes aus wirtschaftlich beachtlichen Gründen in den letzten Aktivitätsjahren zurückzuführen ist. Bei ausländischen Einrichtungen im Sinne des § 5 Z 4 des Pensionskassengesetzes umfasst die Befreiung auch die beschränkte Steuerpflicht.

(BGBl I 2015/34)

(2) Unterstützungskassen und sonstige Hilfskassen, die keinen Rechtsanspruch auf Leistungen gewähren, sind von der Körperschaftsteuer unter folgenden Voraussetzungen befreit:

1. Der Kreis der Leistungsberechtigten der Kasse muß sich auf Zugehörige oder frühere Zugehörige der Betriebe
   - eines Arbeitgebers oder
   - mehrerer finanziell verbundener Unternehmen

   beschränken (Trägerunternehmen). Zu den Zugehörigen zählen auch deren Angehörige. Angehörige sind nur der Ehegatte, der eingetragene Partner und Kinder (§ 106 Abs. 1 und 2 des Einkommensteuergesetzes 1988).

2. Der Kreis der Leistungsberechtigten muß in den Satzungen oder Geschäftsbedingungen der Kasse genau bezeichnet werden. Die Mehrzahl dieser Personen darf sich nicht aus dem Unternehmer oder dessen Angehörigen (Z 1) und bei Gesellschaften nicht aus den Gesellschaftern und deren Angehörigen (Z 1) zusammensetzen.

3. Die ausschließliche und unmittelbare Verwendung des Vermögens und der Einkünfte der Kasse muß satzungsmäßig und tatsächlich dauernd für Zwecke der Kasse gesichert sein.

4. Die Leistungsberechtigten dürfen nicht zu laufenden Beiträgen oder zu sonstigen Zuschüssen verpflichtet sein.

5. Die Leistungen der Kasse dürfen folgende Beträge nicht übersteigen:

Als Pension (Pensionszuschuß)	1 200 Euro jährlich,
als Witwengeld	900 Euro jährlich,
als Waisengeld	350 Euro jährlich für jede Waise,
als Sterbegeld	150 Euro als Gesamtleistung.

6. Den Zugehörigen oder den Betriebsräten des Trägerunternehmens muß satzungsmäßig und tatsächlich das Recht zustehen, an der Verwaltung sämtlicher Beträge, die der Kasse zufließen, beratend mitzuwirken.

7. Bei Auflösung der Kasse darf ihr Vermögen satzungsmäßig nur den Leistungsberechtigten zufallen. Darüber hinaus darf das Vermögen nur für gemeinnützige, mildtätige oder kirchliche Zwecke im Sinne der Bundesabgabenordnung verwendet werden.

(3) Erfüllt eine bestehende Kasse die in den Abs. 1 und 2 genannten Voraussetzungen erst im Laufe eines Kalender(Wirtschafts)jahres, so tritt die Steuerbefreiung erst mit Beginn des folgenden Kalender(Wirtschafts)jahres ein.

(4) Privatstiftungen, die die Voraussetzungen des § 4d Abs. 2 des Einkommensteuergesetzes 1988 erfüllen, sind befreit, wenn die Zuwendungen an die Begünstigten die Leistungsgrenzen des Abs. 2 Z 5 nicht übersteigen. Abs. 3 ist anzuwenden.

(BGBl I 2017/105)

(5) Betriebliche Vorsorgekassen im Sinne des BMSVG, sind hinsichtlich des einer Veranlagungsgemeinschaft zuzurechnenden Teiles des Einkommens befreit.

Gemeinnützige Bauvereinigungen

§ 6a. (1) Bauvereinigungen im Sinne des § 5 Z 10, die Geschäfte außerhalb der in § 7 Abs. 1 bis 3 des Wohnungsgemeinnützigkeitsgesetzes bezeichneten Art tätigen, sind ab dem Wirtschaftsjahr unbeschränkt steuerpflichtig, in dem die Tätigkeit aufgenommen wird. Die Tätigkeit gilt als aufgenommen, wenn konkrete Vorbereitungshandlungen für solche Geschäfte vorgenommen werden. Die unbeschränkte Steuerpflicht endet mit Ablauf des Wirtschaftsjahres, in dem die Tätigkeit im Sinne des ersten Satzes abgeschlossen wird.

"(2) Auf Antrag der Bauvereinigung hat das zuständige Finanzamt die unbeschränkte Steuerpflicht bescheidmäßig auf geplante Geschäfte im Sinne des Abs. 1 unter der Auflage zu beschränken, dass Einnahmen und Aufwendungen in Zusammenhang mit diesen Geschäften diesen eindeutig zuordenbar erfasst werden, insbesondere indem für diese Geschäfte insgesamt ein gesonderter Rechnungskreis geführt wird. Der Antrag ist von der Bauvereinigung vor der Aufnahme der Geschäfte im Sinne des Abs. 1 zu stellen. Bestehen Zweifel, ob das geplante Geschäft ein Geschäft im Sinne des Abs. 1 ist, kann der Antrag insbesondere auch nach Ergehen eines Bescheides gemäß Abs. 3 oder gemäß § 7 Abs. 3a oder Abs. 4 des Wohnungsgemeinnützigkeitsgesetzes gestellt werden. Ein aus diesen Geschäften insgesamt entstehender Verlust ist nicht ausgleichsfähig. Das Antragsrecht des zuständigen Finanzamtes nach § 35 des Wohnungsgemeinnützigkeitsgesetzes bleibt unberührt."

(BGBl I 2019/104; GemRefG 2023, BGBl I 2023/188 ab 1.1.2024)

(3) Auf Antrag der Bauvereinigung hat das zuständige Finanzamt im Zweifelsfall bescheidmäßig festzustellen, ob ein geplantes Geschäft unter § 7 Abs. 1 bis 3 des Wohnungsgemeinnützigkeitsgesetzes fällt oder nicht. Der Antrag ist von der Bauvereinigung vor der Aufnahme des Geschäftes zu stellen. Der Antrag kann mit einem Antrag nach Abs. 2 verbunden werden.

(BGBl I 2019/104)

(4) Einkünfte einer Bauvereinigung im Sinne des § 5 Z 10 aus der Verwaltung von Eigenkapital im Sinne des § 7 Abs. 6 des Wohnungsgemeinnützigkeitsgesetzes sind in einem eigenen Rechnungskreis zu erfassen und sind nach Maßgabe des Abs. 5 steuerpflichtig. Bei der Ermittlung dieser Einkünfte sind nur die mit den Betriebseinnahmen in unmittelbarem wirtschaftlichen Zusammenhang stehenden Aufwendungen zu berücksichtigen.

(5) Einkünfte im Sinne des Abs. 4 können einer steuerfreien Rücklage zugeführt werden. Die Zuführung und Verwendung ist in einem gesonderten Verzeichnis als Beilage zur Körperschaftsteuererklärung getrennt nach den einzelnen Wirtschaftsjahren aufzugliedern. Die Rücklage ist

im Bildungsjahr und in den Folgejahren in jenem Verhältnis steuerneutral aufzulösen, in dem sich das in Abs. 4 genannte Eigenkapital am Schluß des Wirtschaftsjahres gegenüber dem Stand am Schluß des vorangegangenen Wirtschaftsjahres vermindert hat. Die Verhältniszahl ist dabei stets auf die Rücklage (Rücklagenteile) des Vorjahres zu beziehen. Rücklagen (Rücklagenteile), die nicht bis zum Ablauf des der Zuführung folgenden dritten Wirtschaftsjahres verwendet werden konnten, sind im dritten Wirtschaftsjahr gewinnerhöhend aufzulösen. In diesen Zeitraum werden Wirtschaftsjahre, für die im Sinne des § 7 Abs. 5 des Wohnungsgemeinnützigkeitsgesetzes von der Landesregierung festgelegt wurde, daß die Bautätigkeit unterbrochen werden darf, nicht eingerechnet. Der gewinnerhöhend aufzulösende Betrag erhöht sich um einen Zuschlag von 20%.

(6) (aufgehoben)

(BGBl I 2019/104)

Mittelstandsfinanzierungsgesellschaften

§ 6b. (1) Bei Mittelstandsfinanzierungsgesellschaften bleiben im Finanzierungsbereich (Z 3 lit. a) Veräußerungsgewinne, Veräußerungsverluste und sonstige Wertänderungen aus Beteiligungen (Abs. 2 Z 4) bei der Ermittlung der Einkünfte außer Ansatz, wenn folgende Voraussetzungen erfüllt sind:

1. Die Mittelstandsfinanzierungsgesellschaft ist eine Aktiengesellschaft, eine Gesellschaft mit beschränkter Haftung oder eine vergleichbare ausländische Körperschaft.
2. Die Satzung der Mittelstandsfinanzierungsgesellschaft kann die Ausgabe von Genussrechten gemäß § 8 Abs. 3 Z 1 zweiter Teilstrich vorsehen, wenn der Gesamtnennbetrag der Genussrechte mit der Höhe des aufgebrachten Grund- oder Stammkapitals beschränkt ist.
3. Der Geschäftsgegenstand der Mittelstandsfinanzierungsgesellschaft umfasst den Finanzierungsbereich und den Veranlagungsbereich sowie damit zusammenhängende Nebenleistungen und ist wie folgt beschränkt:
    a) Der Finanzierungsbereich umfasst die Investition des Eigenkapitals der Mittelstandsfinanzierungsgesellschaft nach Maßgabe des Abs. 2 und beträgt nachhaltig mindestens 75% des Eigenkapitals.
    b) Der Veranlagungsbereich umfasst die Veranlagung des Eigenkapitals der Mittelstandsfinanzierungsgesellschaft und beträgt nachhaltig höchstens 25% des Eigenkapitals. Die Veranlagung erfolgt ausschließlich in Form von Geldeinlagen, sonstigen Forderungen bei Kreditinstituten oder Forderungswertpapieren; mit dem Finanzierungsbereich zusammenhängende Sicherungsgeschäfte sind innerhalb der 25%-Grenze zulässig.

Der Bundesminister für Finanzen wird ermächtigt, die Voraussetzungen für die nachhaltige Investition und Veranlagung des Eigenkapitals in einer Verordnung näher festzulegen.

4. Die Investitionsstrategie der Mittelstandsfinanzierungsgesellschaft ist wirtschaftlich solide und umfasst eine nach Maßgabe der Rz 67 der Leitlinien für staatliche Beihilfen zur Förderung von Risikofinanzierungen, ABl. C 19 vom 22.1.2014 (Leitlinien 2014) geeignete Risikodiversifizierungsstrategie.
5. Am Grund- oder Stammkapital und an den Stimmrechten der Mittelstandsfinanzierungsgesellschaft sind mindestens fünf Gesellschafter unmittelbar oder mittelbar beteiligt, wobei die Beteiligung eines Gesellschafters nicht mehr als 49% beträgt.
6. Bei Veräußerung einer Beteiligung (Abs. 2 Z 4) wird im folgenden Wirtschaftsjahr mindestens ein Betrag in Höhe der sich aus der Steuerfreiheit ergebenden Steuerersparnis an die Anteilsinhaber der Mittelstandsfinanzierungsgesellschaft ausgeschüttet.

(BGBl I 2019/103)

Die Befreiung umfasst auch Erträge aus der Annexfinanzierung gemäß Abs. 2 Z 3 lit. f.

(2) Die Investition des Eigenkapitals (Finanzierungsbereich) erfolgt ausschließlich in Form von Beteiligungen an operativen Unternehmen in der Frühphase und Unternehmen in der Wachstumsphase nach Maßgabe der folgenden Bestimmungen:

1. Unternehmen in der Frühphase sind zu Beginn der Finanzierung durch die Mittelstandsfinanzierungsgesellschaft nicht börsennotiert und erfüllen eine der folgenden Voraussetzungen:
    a) sie sind noch auf keinem Markt tätig;
    b) sie sind seit ihrem ersten kommerziellen Verkauf noch keine sieben Jahre gewerblich tätig;
    c) sie benötigen eine erste Risikofinanzierung, die ausgehend von einem mit Blick auf den Eintritt in einen neuen sachlich oder räumlich relevanten Markt erstellten Geschäftsplan mehr als 50% ihres durchschnittlichen Jahresumsatzes in den vorangegangenen fünf Jahren beträgt.

Die Investition umfasst auch eine Anschlussfinanzierung nach Ablauf des in lit. b genannten Zeitraums, wenn die Möglichkeit dafür bereits im ursprünglichen Geschäftsplan vorgesehen war und nicht bereits eine Risikofinanzierung durch ein mit dem Unternehmen in der Frühphase verbundenes Unternehmen im Sinne des Anhang 1 Art. 3 Abs. 3 der Verordnung (EU) Nr 651/2014 zur Feststellung der Vereinbarkeit bestimmter Gruppen von Beihilfen mit dem Binnenmarkt in Anwendung der Artikel 107 und 108 des Vertrags über die Arbeitsweise der Europäischen Union (im Folgenden: AGVO 2014), ABl. Nr. L 187 vom 26.06.2014 S. 1, in der Fassung der Berichtigung ABl. Nr. L 283 vom 27.9.2014 S. 65, erfolgt.

2. Unternehmen in der Wachstumsphase sind zu Beginn der Finanzierung durch die Mittelstandsfinanzierungsgesellschaft nicht börsennotiert, fallen nicht unter Z 1, sind seit ihrem ersten kommerziellen Verkauf noch keine zehn Jahre gewerblich tätig und sind
   a) nach Maßgabe des Art. 2 Abs. 80 der AGVO 2014 innovativ oder
   b) in einem stark risikobehafteten Sektor (zB Biotechnologie) im Sinne der Rz 73 der Leitlinien 2014 tätig.

(BGBl I 2019/103)

3. Als Beteiligungen an Unternehmen gemäß Z 1 oder Z 2 gelten
   a) Aktien, Geschäftsanteile einer Gesellschaft mit beschränkter Haftung und Genossenschaftsanteile;
   b) Genussrechte gemäß § 8 Abs. 3 Z 1 zweiter Teilstrich;
   c) Anteile an einer Kommanditgesellschaft, wenn damit die Stellung als Mitunternehmer gemäß § 23 des Einkommensteuergesetzes 1988 verbunden ist;
   d) stille Beteiligungen im Sinne des § 179 des Unternehmensgesetzbuches, wenn damit die Stellung als Mitunternehmer gemäß § 23 des Einkommensteuergesetzes 1988 verbunden ist;
   e) Anteile an ausländischen Gesellschaften, die den in lit. a bis d genannten vergleichbar sind, wenn von deren Ansässigkeitsstaat bzw. Belegenheitsstaat das Vorliegen eines Marktversagens auf Grundlage der Leitlinien 2014 erfolgreich nachgewiesen wurde;
   f) Geldveranlagungen neben Beteiligungen im Sinne der lit. a bis e in Form von Darlehen, Schuldverschreibungen, nicht unter lit. d fallenden stillen Beteiligungen oder nicht unter lit. b fallenden Genussrechten, sowie in Form von Zuzahlungen in wirtschaftlich begründeten Fällen (Annexfinanzierung).

4. Eine Investition darf nicht in Unternehmen erfolgen, die zu Unrecht staatliche Beihilfen erhalten und diese noch nicht zurückgezahlt haben.

(BGBl I 2019/103)

(3) Im Finanzierungsbereich gilt für die Mittelstandsfinanzierungsgesellschaft Folgendes:

1. Das Gesamtinvestitionsvolumen ist ausschließlich in
   a) kleine und mittlere Unternehmen im Sinne des Anhang I Art. 2 der AGVO 2014,
   b) kleine Unternehmen mittlerer Kapitalisierung im Sinne der Rz 52 der Leitlinien 2014 und
   c) innovative Unternehmen mittlerer Kapitalisierung im Sinne der Rz 52 der Leitlinien 2014 zu investieren. Dabei müssen mindestens 70% in Unternehmen gemäß lit. a investiert werden.

2. Die Mittelstandsfinanzierungsgesellschaft darf in ein einzelnes Unternehmen
   a) höchstens 20% ihres Eigenkapitals und
   b) höchstens 15 Millionen Euro einschließlich Anschluss- und Annexfinanzierung investieren. Der Betrag von 15 Millionen Euro vermindert sich, soweit das Unternehmen bereits Investitionen, einschließlich Anschluss- und Annexfinanzierung, von anderen Mittelstandsfinanzierungsgesellschaften erhalten hat.

(BGBl I 2019/103)

3. Die Mittelstandsfinanzierungsgesellschaft darf sich an einem einzelnen Unternehmen zu höchstens 49% des Grund- oder Stammkapitals bzw. des fixen Kapitals beteiligen und keine beherrschende Stellung ausüben.

(4) Wird bei Beteiligungen gemäß Abs. 2 Z 3 lit. e eine Option zur Steuerwirksamkeit gemäß § 10 Abs. 3 ausgeübt, sind auch Veräußerungsgewinne, Veräußerungsverluste und sonstige Wertänderungen steuerwirksam.

(5) Die Mittelstandsfinanzierungsgesellschaft hat das Vorliegen der Voraussetzungen jährlich durch Bestätigung eines Wirtschaftsprüfers oder einer Wirtschaftsprüfungsgesellschaft nachzuweisen und Informationen über die getätigten Investitionen entsprechend den Anforderungen in Rz 166 lit. v der Leitlinien 2014 offenzulegen. Die Bestimmungen des § 275 des Unternehmensgesetzbuches gelten dabei sinngemäß. Das Finanzamt für Großbetriebe hat das Vorliegen der Voraussetzungen zu bescheinigen und sämtliche Mittelstandsfinanzierungsgesellschaften, die diese Voraussetzungen erfüllen, einmal jährlich elektronisch zu veröffentlichen (Liste der Mittelstandsfinanzierungsgesellschaften); dabei ist das Datum der Veröffentlichung auf der Liste anzugeben. Davon abweichend ist im Fall der erstmaligen Bestätigung eines Wirtschaftsprüfers oder einer Wirtschaftsprüfungsgesellschaft das Vorliegen der Voraussetzungen binnen acht Wochen zu bescheinigen und die Mittelstandsfinanzierungsgesellschaft auf die zuletzt veröffentlichte Liste aufzunehmen; dabei ist zusätzlich zum Datum der Veröffentlichung der Zusatz „neu aufgenommen" anzuführen.

(BGBl I 2019/103, BGBl I 2019/104)

(6) Verletzt eine Mittelstandsfinanzierungsgesellschaft nachhaltig die genannten Voraussetzungen, hat sie den Bruttobetrag aller Ausschüttungen für die von der Verletzung der Voraussetzungen betroffene Geschäftsjahre, die bei den Anteilsinhabern eine Steuerbefreiung gemäß § 27 Abs. 7 des Einkommensteuergesetzes 1988 vermitteln können, neben ihrem Einkommen mit dem besonderen Steuersatz gemäß § 27a Abs. 1 Z 2 des Einkommensteuergesetzes 1988 zu versteuern; dabei ist

zudem eine von der Mittelstandsfinanzierungsgesellschaft für die Anteilsinhaber übernommene Kapitalertragsteuerpflicht zu berücksichtigen.
(BGBl I 2017/106)

2.TEIL
EINKOMMEN

3. ABSCHNITT
Allgemeine Vorschriften

Einkommen, Einkommensermittlung

§ 7. (1) Der Körperschaftsteuer ist das Einkommen zugrunde zu legen, das der unbeschränkt Steuerpflichtige innerhalb eines Kalenderjahres bezogen hat.

(2) Einkommen ist der Gesamtbetrag der Einkünfte aus den in § 2 Abs. 3 des Einkommensteuergesetzes 1988 aufgezählten Einkunftsarten nach Ausgleich mit Verlusten, die sich aus den einzelnen Einkunftsarten ergeben, und nach Abzug der Sonderausgaben (§ 8 Abs. 4) und des Freibetrages für begünstigte Zwecke (§ 23). Wie das Einkommen zu ermitteln ist, bestimmt sich nach dem Einkommensteuergesetz 1988 und diesem Bundesgesetz. Anzuwenden sind § 2 Abs. 2a des Einkommensteuergesetzes 1988 auf Einkünfte aus einer Beteiligung, wenn das Erzielen steuerlicher Vorteile im Vordergrund steht, sowie § 2 Abs. 8 des Einkommensteuergesetzes 1988.

(3) Bei Steuerpflichtigen, die auf Grund der Rechtsform nach unternehmensrechtlichen Vorschriften zur Rechnungslegung verpflichtet sind, bei rechnungslegungspflichtigen Erwerbs- und Wirtschaftsgenossenschaften und bei vergleichbaren unbeschränkt steuerpflichtigen ausländischen Körperschaften sind alle Einkünfte (§ 2 Abs. 3 des Einkommensteuergesetzes 1988) den Einkünften aus Gewerbebetrieb (§ 23 Z 1 des Einkommensteuergesetzes 1988) zuzurechnen. Der Gewinn ist
– bei vergleichbaren unbeschränkt steuerpflichtigen ausländischen Körperschaften und
– bei Betrieben gewerblicher Art (§ 2), die nach unternehmensrechtlichen oder vergleichbaren Vorschriften zur Rechnungslegung verpflichtet sind und deren jeweilige Umsätze iSd § 125 Abs. 1 der Bundesabgabenordnung in zwei aufeinanderfolgenden Wirtschaftsjahren mehr als 700 000 Euro betragen, in sinngemäßer Anwendung von § 125 Abs. 3 und 4 der Bundesabgabenordnung,

nach § 5 Abs. 1 EStG 1988 zu ermitteln. § 6 Z 2 lit. c und d des Einkommensteuergesetzes 1988 ist nicht anzuwenden. Auf den Wechsel zwischen der Einkommensermittlung nach Abs. 2 und diesem Absatz sind die Vorschriften des § 6 Z 4 und 5 des Einkommensteuergesetzes 1988 anzuwenden.

Als rechnungslegungspflichtige Erwerbs- und Wirtschaftsgenossenschaft im Sinne des ersten Satzes gilt auf Antrag auch eine Erwerbs- und Wirtschaftsgenossenschaft, die nicht mehr unter den ersten Satz fällt. Der Antrag ist für das Jahr zu stellen, in dem das Wirtschaftsjahr endet, für das erstmalig keine Pflicht zur Gewinnermittlung nach dem ersten Satz besteht. Der Antrag bindet den Steuerpflichtigen so lange, als er nicht für das jeweils zu veranlagende Wirtschaftsjahr mit Wirkung für dieses und die folgenden Wirtschaftsjahre widerrufen wird.
(BGBl I 2021/3; AbgÄG 2023, BGBl I 2023/110)

(4) Gewinnermittlungszeitraum ist das Wirtschaftsjahr. Das Wirtschaftsjahr deckt sich grundsätzlich mit dem Kalenderjahr.

(5) Steuerpflichtige, die zur Rechnungslegung verpflichtet sind, und buchführende Steuerpflichtige, die eine Land- und Forstwirtschaft betreiben, dürfen ein vom Kalenderjahr abweichendes Wirtschaftsjahr haben; in diesem Fall ist der Gewinn bei Ermittlung des Einkommens für jenes Kalenderjahr zu berücksichtigen, in dem das Wirtschaftsjahr endet. § 2 Abs. 6 und 7 des Einkommensteuergesetzes 1988 ist anzuwenden.

Einlagen, Entnahmen und Einkommensverwendung

§ 8. (1) Bei der Ermittlung des Einkommens bleiben Einlagen und Beiträge jeder Art insoweit außer Ansatz, als sie von Personen in ihrer Eigenschaft als Gesellschafter, Mitglieder oder in ähnlicher Eigenschaft geleistet werden. § 6 Z 14 lit. b des Einkommensteuergesetzes 1988 ist sinngemäß anzuwenden. Bei einem Forderungsverzicht auf Seiten des Gesellschafters ist der nicht mehr werthaltige Teil der Forderung steuerwirksam.

(2) Für die Ermittlung des Einkommens ist es ohne Bedeutung, ob das Einkommen
– im Wege offener oder verdeckter Ausschüttungen verteilt oder
– entnommen oder
– in anderer Weise verwendet wird.

(3) Eine Einkommensverwendung ist auch anzunehmen bei:
1. Ausschüttungen jeder Art
   – auf Partizipationskapital im Sinne des Bankwesengesetzes in der Fassung vor dem Bundesgesetz BGBl. I Nr. 184/2013 und des Versicherungsaufsichtsgesetzes in der Fassung vor dem Bundesgesetz BGBl. I Nr. 34/2015 sowie
   – auf Genussrechte und sonstige Finanzierungsinstrumente, mit denen das Recht auf Beteiligung am Gewinn und am Liquidationsgewinn des Steuerpflichtigen verbunden ist.

(BGBl I 2015/34)
2. Rückvergütungen, die von Erwerbs- und Wirtschaftsgenossenschaften in Form von Kaufpreisrückvergütungen gewährt werden und aus dem Mitgliedergeschäft erwirtschaftet wurden.
3. Zuwendungen eines Steuerpflichtigen an Anteilsinhaber, die Gesellschafter einer mit dem Steuerpflichtigen verbundenen Gesellschaft sind, als Ausgleich für entgehende Aus-

schüttungen auf Grund des Bestehens einer Gewinngemeinschaft (Dividendengarantie).

(4) Folgende Ausgaben sind bei der Ermittlung des Einkommens als Sonderausgaben abzuziehen, soweit sie nicht Betriebsausgaben oder Werbungskosten darstellen:
1. Ausgaben im Sinne des § 18 Abs. 1 Z 1 und 6 bis 9 des Einkommensteuergesetzes 1988.
(BGBl I 2017/28)
2. Der Verlustabzug im Sinne des § 18 Abs. 6 des Einkommensteuergesetzes 1988 nach Maßgabe folgender Bestimmungen:
   a) Der Verlustabzug steht nur im Ausmaß von 75% des Gesamtbetrages der Einkünfte zu. Insoweit die Verluste im laufenden Jahr nicht abgezogen werden können, sind sie in den folgenden Jahren unter Beachtung dieser Grenze abzuziehen.
   b) Lit. a ist in folgenden Fällen insoweit nicht anzuwenden, als im Gesamtbetrag der Einkünfte enthalten sind:
      – Gewinne aus einem Schulderlass, insbesondere Sanierungsgewinne gemäß § 23a,
      – Gewinne, die in Veranlagungszeiträumen anfallen, die von einem Insolvenzverfahren betroffen sind,
      – Gewinne aus der Veräußerung sowie der Aufgabe von Betrieben, Teilbetrieben und Mitunternehmeranteilen,
      – Liquidationsgewinne gemäß § 19,
      – Beträge, die gemäß § 9 Abs. 6 Z 7 oder nach § 2 Abs. 8 Z 4 des Einkommensteuergesetzes 1988 nachzuversteuern sind,
      – Beträge gemäß § 6 Z 6 des Einkommensteuergesetzes 1988, ausgenommen jene nach § 6 Z 6 lit. a letzter Satz des Einkommensteuergesetzes 1988.
   (BGBl I 2021/227)
   c) Der Verlustabzug steht ab jenem Zeitpunkt nicht mehr zu, ab dem die Identität des Steuerpflichtigen infolge einer wesentlichen Änderung der organisatorischen und wirtschaftlichen Struktur im Zusammenhang mit einer wesentlichen Änderung der Gesellschafterstruktur auf entgeltlicher Grundlage nach dem Gesamtbild der Verhältnisse wirtschaftlich nicht mehr gegeben ist (Mantelkauf). Dies gilt nicht, wenn diese Änderungen zum Zwecke der Sanierung des Steuerpflichtigen mit dem Ziel der Erhaltung eines wesentlichen Teiles betrieblicher Arbeitsplätze erfolgen. Verluste sind jedenfalls insoweit abzugsfähig, als infolge der Änderung der wirtschaftlichen Struktur bis zum Ende des Wirtschaftsjahres der Änderung stille Reserven steuerwirksam aufgedeckt werden.

(BGBl I 2016/117)

Unternehmensgruppen

§ 9. (1) Abweichend von § 7 können finanziell verbundene Körperschaften (Abs. 2 bis 5) nach Maßgabe des Abs. 8 eine Unternehmensgruppe bilden. Dabei wird das steuerlich maßgebende Ergebnis des jeweiligen Gruppenmitglieds (Abs. 6 und Abs. 7) dem steuerlich maßgebenden Ergebnis des beteiligten Gruppenmitglieds bzw. Gruppenträgers jenes Wirtschaftsjahres zugerechnet, in das der Bilanzstichtag des Wirtschaftsjahres des Gruppenmitgliedes fällt.

(2) Gruppenmitglieder (als Beteiligungskörperschaften oder als beteiligte inländische Körperschaften) können sein:
– unbeschränkt steuerpflichtige Kapitalgesellschaften und Erwerbs- und Wirtschaftsgenossenschaften, die unter § 7 Abs. 3 fallen,
– vergleichbare nicht unbeschränkt steuerpflichtige Körperschaften, die
   – in einem Mitgliedstaat der Europäischen Union oder in einem Staat, mit dem eine umfassende Amtshilfe besteht, ansässig sind und
   – ausschließlich mit unbeschränkt steuerpflichtigen Gruppenmitgliedern oder dem Gruppenträger finanziell verbunden sind (Abs. 4).

Gruppenmitglieder können nicht Mitbeteiligte einer Beteiligungsgemeinschaft sein.

(3) Gruppenträger können sein
– unbeschränkt steuerpflichtige Kapitalgesellschaften und Erwerbs- und Wirtschaftsgenossenschaften, die unter § 7 Abs. 3 fallen,
– unbeschränkt steuerpflichtige Versicherungsvereine auf Gegenseitigkeit im Sinne des VAG 2016,
– unbeschränkt steuerpflichtige Kreditinstitute im Sinne des Bankwesengesetzes,
– beschränkt steuerpflichtige
   – in der Anlage 2 zum Einkommensteuergesetz 1988 in der jeweils geltenden Fassung genannten, den von den Teilstrichen 1 bis 4 umfassten inländischen Rechtsformen vergleichbaren Gesellschaften und
   – den Kapitalgesellschaften vergleichbare Gesellschaften, die den Ort der Geschäftsleitung und den Sitz in einem Mitgliedstaat des Europäischen Wirtschaftsraumes haben,

   wenn sie mit einer Zweigniederlassung im Firmenbuch eingetragen sind und die Beteiligung an den Gruppenmitgliedern (Abs. 2) der Zweigniederlassung zuzurechnen ist, und
– Beteiligungsgemeinschaften (als Personengesellschaft, Beteiligungssyndikat oder im Wege gemeinsamer Kontrolle), wenn sie aus-

schließlich aus den in den Vorpunkten genannten Steuerpflichtigen gebildet werden, nach Maßgabe des Abs. 4. Als Beteiligungsgemeinschaft gelten jedenfalls Personen, die die Beteiligungskörperschaft gemeinsam im Sinne des Art. 3 der Fusionskontrollverordnung, (EWG) Nr. 139/2004 in der jeweils geltenden Fassung, kontrollieren oder an der gemeinsamen Kontrolle mitwirken. Ein Mitbeteiligter einer Beteiligungsgemeinschaft kann nicht gleichzeitig Gruppenmitglied einer anderen Unternehmensgruppe sein.

Ist eine Körperschaft in mehreren Staaten unbeschränkt steuerpflichtig, kann sie nur dann Gruppenträger sein, wenn sie im Inland mit einer Zweigniederlassung im Firmenbuch eingetragen ist und die Beteiligung an Gruppenmitgliedern der Zweigniederlassung zuzurechnen ist.

(BGBl I 2015/34)

(4) Als finanziell verbundene Körperschaften gelten solche, bei denen
- die beteiligte Körperschaft unmittelbar mehr als 50% des Grund-, Stamm- oder Genossenschaftskapitals und der Stimmrechte der Beteiligungskörperschaft besitzt,
- die beteiligte Körperschaft mittelbar über eine Personengesellschaft oder zusammen mit einer unmittelbar gehaltenen Beteiligung in einem Ausmaß beteiligt ist, dass sie unter Berücksichtigung der an der Personengesellschaft bestehenden Beteiligungsquote mehr als 50% des Grund-, Stamm- oder Genossenschaftskapitals und der Stimmrechte der Beteiligungskörperschaft besitzt,
- die beteiligte Körperschaft mittelbar über eine oder mehrere unmittelbar gehaltene Beteiligung(en) an Gruppenmitgliedern, die für sich nicht im Sinne des ersten Teilstriches an der Beteiligungskörperschaft beteiligt sind, allein oder zusammen mit einer unmittelbar gehaltenen Beteiligung insgesamt eine Beteiligung von mehr als 50% des Grund-, Stamm- oder Genossenschaftskapitals und der Stimmrechte der Beteiligungskörperschaft besitzt,
- die Beteiligungsgemeinschaft insgesamt unmittelbar oder mittelbar über eine Personengesellschaft mehr als 50% des Grund-, Stamm- oder Genossenschaftskapitals und der Stimmrechte an einer Beteiligungskörperschaft besitzt und zumindest ein Mitbeteiligter der Gemeinschaft eine Beteiligung am Grund-, Stamm- oder Genossenschaftskapital und an den Stimmrechten von mindestens 40% der Beteiligungskörperschaft und jeder weitere Mitbeteiligte eine solche von mindestens 15% besitzt.

(5) Die finanzielle Verbindung im Sinne des Abs. 4 muss während des gesamten Wirtschaftsjahres des jeweiligen Gruppenmitgliedes vorliegen. Erfüllen im Falle einer Beteiligungsgemeinschaft die Mitbeteiligten die Voraussetzungen des Abs. 4 zu Beginn des Wirtschaftsjahres des jeweiligen Gruppenmitglieds, kann die Beteiligungsgemeinschaft bis zum Gruppenantrag gebildet werden. Steuerlich wirksame rückwirkende Anteilserwerbe und Anteilsübertragungen im Sinne der Abgabenvorschriften sind auch für die Frage der finanziellen Verbindung maßgebend.

Vermögensübertragungen innerhalb der Unternehmensgruppe gelten nicht als Änderung der Voraussetzungen für Gruppenverhältnisse, sofern die Unternehmensgruppe weiterhin finanziell verbunden bleibt.

(6) Bei Ermittlung des zuzurechnenden steuerlich maßgebenden Ergebnisses ist Folgendes zu beachten:
1. Als Ergebnis eines unbeschränkt steuerpflichtigen Gruppenmitglieds gilt das Einkommen unter Berücksichtigung der Z 4.
2. Das Einkommen im Sinne der Z 1 ist dem am Gruppenmitglied nach Abs. 4 entsprechend unmittelbar oder mittelbar beteiligten Gruppenmitglied bzw. Gruppenträger zuzurechnen. Als Ergebnis des Gruppenträgers gilt das Einkommen mit der Maßgabe, dass Sonderausgaben vom zusammengefassten Ergebnis abzuziehen sind.
3. Bei Beteiligungsgemeinschaften ist das Einkommen des Gruppenmitglieds im Sinne der Z 1 und 2, an dem die Beteiligung besteht, den Mitbeteiligten im Ausmaß ihrer Beteiligung an der Beteiligungsgemeinschaft zuzurechnen.
4. Vortragsfähige Verluste (§ 8 Abs. 4 Z 2) des unbeschränkt steuerpflichtigen Gruppenmitglieds aus Zeiträumen vor dem Wirksamwerden der Unternehmensgruppe (Vorgruppenverluste) oder aus einer umgründungsbedingten Übernahme durch ein Gruppenmitglied (Außergruppenverluste) können bis zur Höhe des eigenen Gewinnes des jeweiligen Gruppenmitglieds verrechnet werden. Außergruppenverluste liegen nicht vor, wenn vortragsfähige Verluste innerhalb der Gruppe entstanden sind und umgründungsbedingt auf ein anderes Gruppenmitglied übergehen.
5. Steuerumlagen zum Zwecke des Ausgleichs der steuerlichen Wirkungen, die sich aus der Zurechnung der Einkommen der Gruppenmitglieder zum Gruppenträger ergeben, sind steuerneutral.
6. Bei nicht unbeschränkt steuerpflichtigen ausländischen Gruppenmitgliedern sind nur die nach § 5 Abs. 1 und den übrigen Vorschriften des Einkommensteuergesetzes 1988 und dieses Bundesgesetzes ermittelten Verluste aus Einkunftsquellen des jeweiligen Wirtschaftsjahres, höchstens jedoch die nach ausländischem Steuerrecht ermittelten Verluste des betreffenden Wirtschaftsjahres dem unmittelbar beteiligten Gruppenmitglied bzw. Gruppenträger im Ausmaß der Beteiligungen aller beteiligter Gruppenmitglieder einschließlich eines beteiligten Gruppenträgers zuzurechnen. Zuzurechnende Verluste können nur im Ausmaß von 75% der Summe der

eigenen Einkommen sämtlicher unbeschränkt steuerpflichtiger Gruppenmitglieder sowie des Gruppenträgers berücksichtigt werden. Insoweit dabei die Verluste im laufenden Jahr nicht berücksichtigt werden können, sind sie in folgenden Jahren als vortragsfähige Verluste des Gruppenträgers abzuziehen.

7. In Jahren, in denen ein gemäß Z 6 zugerechneter ausländischer Verlust mit einem ausländischen Gewinn verrechnet wird oder verrechnet werden könnte, ist ein Betrag in diesem Ausmaß beim beteiligten inländischen Gruppenmitglied bzw. Gruppenträger, dem der Verlust zugerechnet wurde, als Gewinn zuzurechnen. Scheidet das nicht unbeschränkt steuerpflichtige ausländische Gruppenmitglied aus der Unternehmensgruppe aus, ist im Jahr des Ausscheidens ein Betrag im Ausmaß aller zugerechneten im Ausland nicht verrechneten Verluste beim Gruppenmitglied bzw. beim Gruppenträger als Gewinn zuzurechnen. Dem Ausscheiden ist ein Verlust der Vergleichbarkeit im Sinne § 4 Z 1 lit. c des Umgründungssteuergesetzes gleichzuhalten. Im Falle des Untergangs (Liquidation oder Insolvenz) des ausländischen Gruppenmitglieds ist bei tatsächlichem und endgültigem Vermögensverlust der zuzurechnende Betrag um die während der Gruppenzugehörigkeit nicht steuerwirksamen Teilwertabschreibungen zu kürzen.

(7) Bei der Gewinnermittlung sind Abschreibungen auf den niedrigeren Teilwert (§ 6 Z 2 lit. a des Einkommensteuergesetzes 1988) und Veräußerungsverluste hinsichtlich von Beteiligungen an Gruppenmitgliedern nicht abzugsfähig. Im Falle der Anschaffung einer Beteiligung (Abs. 4) vor dem 1. März 2014 durch ein Gruppenmitglied bzw. den Gruppenträger oder eine für eine Gruppenbildung geeignete Körperschaft an einer betriebsführenden unbeschränkt steuerpflichtigen Beteiligungskörperschaft (Abs. 2), ausgenommen unmittelbar oder mittelbar von einem konzernzugehörigen Unternehmen bzw. unmittelbar oder mittelbar von einem einen beherrschenden Einfluss ausübenden Gesellschafter, ist ab Zugehörigkeit dieser Körperschaft zur Unternehmensgruppe beim unmittelbar beteiligten Gruppenmitglied bzw. Gruppenträger eine Firmenwertabschreibung in folgender Weise vorzunehmen:

– Als Firmenwert gilt der dem Beteiligungsausmaß entsprechende Unterschiedsbetrag zwischen dem handelsrechtlichen Eigenkapital der Beteiligungskörperschaft zuzüglich stiller Reserven im nicht abnutzbaren Anlagevermögen und den steuerlich maßgebenden Anschaffungskosten, höchstens aber 50% dieser Anschaffungskosten. Der abzugsfähige Firmenwert ist gleichmäßig auf 15 Jahre verteilt abzusetzen.

– Insoweit von den Anschaffungskosten einer Beteiligung steuerwirksame Abschreibungen auf den niedrigeren Teilwert (§ 6 Z 2 lit. a des Einkommensteuergesetzes 1988) vorgenommen worden sind, ist der Firmenwert im ersten Jahr der Zugehörigkeit zur Unternehmensgruppe um den vollen Betrag der Teilwertabschreibung, saldiert mit erfolgten Zuschreibungen, zu kürzen. Offene Teilbeträge der Teilwertabschreibung sind unabhängig davon gem. § 12 Abs. 3 Z 2 weiter zu berücksichtigen.

– Findet die Gruppenbildung erst nach dem Anschaffungsjahr statt, können jene Fünfzehntel abgesetzt werden, die ab dem Jahr des Wirksamwerdens der Unternehmensgruppe offen sind. Die Firmenwertabschreibung ist auf die Dauer der Zugehörigkeit der Körperschaft und der Zugehörigkeit des Betriebes oder der Teilbetriebe der Beteiligungskörperschaft zur Unternehmensgruppe beschränkt.

– Ergibt sich auf Grund der Anschaffung der Beteiligung ein negativer Firmenwert, ist dieser im Sinne der vorstehenden Sätze gewinnerhöhend anzusetzen.

– Die steuerlich berücksichtigten Fünfzehntelbeträge vermindern oder erhöhen den steuerlich maßgeblichen Buchwert.

– Gehen Beteiligungen, auf die eine Firmenwertabschreibung vorgenommen wurde, umgründungsbedingt unter oder werden sie zur Abfindung der Anteilsinhaber der übertragenden Körperschaft verwendet, sind abgesetzte Fünfzehntelbeträge zum Umgründungsstichtag steuerwirksam nachzuerfassen, soweit der Nacherfassungsbetrag im Unterschiedsbetrag zwischen Buchwert und Verkehrswert der abgeschriebenen Beteiligung Deckung findet. Tritt an die Stelle der firmenwertabgeschriebenen Beteiligung umgründungsbedingt die Beteiligung an einer übernehmenden Körperschaft, hat die Nacherfassung erst dann zu erfolgen, wenn die Beteiligung an der übernehmenden Körperschaft umgründungsbedingt untergeht.

(8) Die Gruppenbesteuerung erstreckt sich auf den Gruppenträger und die Gruppenmitglieder, die in einem schriftlichen Gruppenantrag genannt sind. Dabei gilt Folgendes:

– Der Gruppenantrag ist von den gesetzlichen Vertretern des Gruppenträgers und aller einzubeziehenden inländischen Körperschaften zu unterfertigen.

– Der Gruppenantrag muss nachweislich vor dem Ablauf jenes Wirtschaftsjahres jeder einzubeziehenden inländischen Körperschaft unterfertigt werden, für das die Zurechnung des steuerlich maßgebenden Ergebnisses erstmalig wirksam sein soll.

– Im Gruppenantrag ist zu erklären, dass zwischen den finanziell verbundenen inländischen Körperschaften jeweils eine Regelung über den Steuerausgleich vereinbart worden ist.

– Im Gruppenantrag sind Beteiligungs- und Stimmrechtsverhältnisse sowie die Wirt-

schaftsjahre aller einzubeziehenden Körperschaften anzugeben.
- Der Gruppenantrag ist vom Gruppenträger, bei Vorliegen einer Beteiligungsgemeinschaft vom Hauptbeteiligten oder im Zweifel von einem der Beteiligungsgemeinschaft bestimmten Mitbeteiligten bei dem für den Antragsteller für die Erhebung der Körperschaftsteuer zuständigen Finanzamt, unter Verwendung des amtlichen Vordruckes, innerhalb eines Kalendermonats nach der Unterfertigung des letzten gesetzlichen Vertreters zu stellen. Alle übrigen einzubeziehenden inländischen Körperschaften haben dem jeweils für jede Körperschaft zuständigen Finanzamt die Tatsache einer Antragstellung anzuzeigen.
- Das für die Erhebung der Körperschaftsteuer des Antragstellers zuständige Finanzamt hat das Vorliegen der Voraussetzungen für das Bestehen der Unternehmensgruppe gegenüber allen den Antrag unterfertigten Körperschaften bescheidmäßig festzustellen.

(9) Für Änderungen einer bestehenden Unternehmensgruppe gilt Folgendes:
- Jede Änderung ist vom betroffenen Gruppenmitglied bzw. vom betroffenen Gruppenträger dem für die Erhebung der Körperschaftsteuer des Antragstellers zuständigen Finanzamt (Abs. 8) innerhalb eines Monats anzuzeigen.
- Jedes Gruppenmitglied kann dem für den Antragsteller zuständigen Finanzamt (Abs. 8) gegenüber sein Ausscheiden aus der Unternehmensgruppe erklären. Erklärt der Gruppenträger sein Ausscheiden aus der Unternehmensgruppe, ist die Unternehmensgruppe beendet.
- Im Falle des nachträglichen Eintritts einer Körperschaft (Abs. 2) gilt Abs. 8 für den Gruppenträger und die eintretende Körperschaft sinngemäß.
- Der Feststellungsbescheid (Abs. 8) ist in allen Fällen der Änderung gegenüber dem Gruppenträger und und dem betroffenen Gruppenmitglied abzuändern.

(10) Die Unternehmensgruppe muss für einen Zeitraum von mindestens drei Jahren bestehen. Dabei gilt Folgendes:
- Die Mindestdauer ist nur erfüllt, wenn das steuerlich maßgebende Ergebnis von drei jeweils zwölf Monate umfassenden Wirtschaftsjahren in Sinne des Abs. 6 zugerechnet wird.
- Die Regelung über die Mindestdauer gilt im Falle des nachträglichen Eintritts einer weiteren Körperschaft (Abs. 2) in eine bestehende Unternehmensgruppe für die eintretende Körperschaft.
- Scheidet eine Körperschaft innerhalb von drei Jahren nach dem Eintritt aus der Unternehmensgruppe aus, gilt dieses Ausscheiden als rückwirkendes Ereignis im Sinn des § 295a der Bundesabgabenordnung. Im Wege der Veranlagung und der Anpassung der abgeleiteten Bescheide gemäß § 295 der Bundesabgabenordnung sind jene steuerlich maßgebenden Verhältnisse herzustellen, die sich ohne Gruppenzugehörigkeit ergeben hätten.

Befreiung für Beteiligungserträge und internationale Schachtelbeteiligungen

§ 10. (1) Von der Körperschaftsteuer sind Beteiligungserträge befreit. Beteiligungserträge sind:
1. Gewinnanteile jeder Art auf Grund einer Beteiligung an inländischen Kapitalgesellschaften und Erwerbs- und Wirtschaftsgenossenschaften in Form von Gesellschafts- und Genossenschaftsanteilen.
2. Rückvergütungen von inländischen Erwerbs- und Wirtschaftsgenossenschaften nach § 8 Abs. 3 Z 2 und Bezüge aus Anteilen an körperschaftlich organisierten Personengemeinschaften (Agrargemeinschaften).

(BGBl I 2019/103)

3. Gewinnanteile jeder Art auf Grund einer Beteiligung an inländischen Körperschaften in Form von Genussrechten und sonstigen Finanzierungsinstrumenten gemäß § 8 Abs. 3 Z 1 zweiter Teilstrich.
4. Gewinnanteile jeder Art auf Grund von Partizipationskapital gemäß § 8 Abs. 3 Z 1 erster Teilstrich.
5. Gewinnanteile im Sinne der Z 1 bis 4 aus einer Beteiligung an einer ausländischen Körperschaft, die die in der Anlage 2 zum Einkommensteuergesetz 1988 vorgesehenen Voraussetzungen des Art. 2 der Richtlinie 2011/96/EU über das gemeinsame Steuersystem der Mutter- und Tochtergesellschaften verschiedener Mitgliedstaaten, ABl. Nr. L 345 vom 29.12.2011 S. 8 in der jeweils geltenden Fassung erfüllt und die nicht unter Z 7 fällt.
6. Gewinnanteile im Sinne der Z 1 bis 4 aus einer Beteiligung an einer ausländischen Körperschaft, die mit einer inländischen unter § 7 Abs. 3 fallenden Körperschaft vergleichbar ist und mit deren Ansässigkeitsstaat eine umfassende Amtshilfe besteht, wenn sie nicht unter Z 7 fällt.
7. Gewinnanteile jeder Art auf Grund einer internationalen Schachtelbeteiligung im Sinne des Abs. 2.

(2) Eine internationale Schachtelbeteiligung liegt vor, wenn unter § 7 Abs. 3 fallende Steuerpflichtige oder sonstige unbeschränkt steuerpflichtige ausländische Körperschaften, die einem inländischen unter § 7 Abs. 3 fallenden Steuerpflichtigen vergleichbar sind, nachweislich in Form von Kapitalanteilen während eines ununterbrochenen Zeitraumes von mindestens einem Jahr mindestens zu einem Zehntel
1. an ausländischen Körperschaften, die einer inländischen Kapitalgesellschaft vergleichbar sind,

2. an anderen ausländischen Körperschaften, die die in der Anlage 2 zum Einkommensteuergesetz 1988 vorgesehenen Voraussetzungen des Artikels 2 der Richtlinie 2011/96/EU in der jeweils geltenden Fassung erfüllen, beteiligt sind. Die genannte Frist von einem Jahr gilt nicht für Anteile, die auf Grund einer Kapitalerhöhung erworben wurden, soweit sich das Beteiligungsausmaß dadurch nicht erhöht hat.

(3) Bei der Ermittlung der Einkünfte bleiben Veräußerungsgewinne, Veräußerungsverluste und sonstige Wertänderungen aus internationalen Schachtelbeteiligungen im Sinne des Abs. 2 außer Ansatz. Dies gilt auch für den Untergang (Liquidation oder Insolvenz) der ausländischen Körperschaft, sofern nicht tatsächliche und endgültige Vermögensverluste vorliegen. Diese Verluste sind um steuerfreie Gewinnanteile jeder Art, die innerhalb der letzten fünf Wirtschaftsjahre vor dem Wirtschaftsjahr der Liquidationseröffnung oder des Eintrittes der Insolvenz anfallen, zu kürzen. Die Steuerneutralität der Beteiligung gilt nach Maßgabe der folgenden Bestimmungen nicht:

1. Der Steuerpflichtige erklärt in der Körperschaftsteuererklärung für das Jahr der Anschaffung einer internationalen Schachtelbeteiligung oder des Entstehens einer internationalen Schachtelbeteiligung durch die zusätzliche Anschaffung von Anteilen, dass Gewinne, Verluste und sonstige Wertänderungen für diese steuerwirksam sein sollen (Option zugunsten der Steuerwirksamkeit der Beteiligung).
2. Die Option kann nur innerhalb eines Monats ab Abgabe der Körperschaftsteuererklärung durch deren Berichtigung nachgeholt oder widerrufen werden.
3. Die getroffene Option erstreckt sich auch auf die Erweiterung einer bestehenden internationalen Schachtelbeteiligung durch zusätzliche Anschaffungen.
4. Im Falle der Veräußerung oder der Übertragung einer bestehenden internationalen Schachtelbeteiligung im Rahmen einer Umgründung im Sinne des Umgründungssteuergesetzes an eine unmittelbar oder mittelbar konzernzugehörige Körperschaft ist auch die erwerbende Körperschaft an die Option im Sinne der Z 1 gebunden. Dies gilt auch für den Fall, dass die erwerbende Konzernkörperschaft eine internationale Schachtelbeteiligung an derselben ausländischen Körperschaft besitzt, für die die Option anders ausgeübt worden ist.
5. Entsteht eine internationale Schachtelbeteiligung durch die Sitzverlegung der Körperschaft, an der die Beteiligung besteht, in das Ausland, erstreckt sich die Steuerneutralität nicht auf den Unterschiedsbetrag zwischen dem Buchwert und dem höheren Teilwert im Zeitpunkt der Sitzverlegung. Geht eine internationale Schachtelbeteiligung, soweit für sie keine Option zugunsten der Steuerwirksamkeit erklärt worden ist, durch die Sitzverlegung der Körperschaft, an der die Beteiligung besteht, in das Inland unter, gilt der höhere Teilwert im Zeitpunkt der Sitzverlegung als Buchwert.

(4) Von der Körperschaftsteuer nicht befreit sind Gewinnanteile im Sinne des § 10 Abs. 1 Z 5 bis 7, soweit sie bei der ausländischen Körperschaft abzugsfähig sind.

(BGBl I 2018/62)

Passiveinkünfte niedrigbesteuerter Körperschaften

§ 10a. (1) Erzielt eine niedrigbesteuerte ausländische Körperschaft Passiveinkünfte im Sinne des Abs. 2, sind

1. diese Passiveinkünfte der beherrschenden Körperschaft im Sinne des Abs. 4 Z 2 nach Maßgabe der Abs. 4 und 5 hinzuzurechnen (Hinzurechnungsbesteuerung);
2. Erträge aus internationalen Schachtelbeteiligungen sowie aus qualifizierten Portfoliobeteiligungen im Sinne des Abs. 7 bei der beteiligten Körperschaft nach Maßgabe des Abs. 7 nicht von der Körperschaftsteuer befreit, sondern unterliegen unter Anrechnung der ausländischen Steuer der Steuerpflicht (Methodenwechsel).

(2) Passiveinkünfte sind:

1. Zinsen oder sonstige Einkünfte aus Finanzanlagevermögen;
2. Lizenzgebühren oder sonstige Einkünfte aus geistigem Eigentum;
3. Dividenden und Einkünfte aus der Veräußerung von Anteilen, soweit diese bei der beteiligten Körperschaft steuerpflichtig wären;
4. Einkünfte aus Finanzierungsleasing;
5. Einkünfte aus Tätigkeiten von Versicherungen und Banken und anderen finanziellen Tätigkeiten sowie
6. Einkünfte aus Abrechnungsunternehmen, die Einkünfte aus dem Verkauf von Waren und der Erbringung von Dienstleistungen erzielen, die von verbundenen Unternehmen erworben und an verbundene Unternehmen verkauft werden, und keinen oder nur geringen wirtschaftlichen Mehrwert bringen.

(3) Niedrigbesteuerung einer ausländischen Körperschaft liegt vor, wenn deren tatsächliche Steuerbelastung im Ausland nicht mehr als 12,5% beträgt. Dabei ist das Einkommen der ausländischen Körperschaft nach § 5 Abs. 1 des Einkommensteuergesetzes 1988, den übrigen Vorschriften des Einkommensteuergesetzes 1988 sowie dieses Bundesgesetzes zu ermitteln; § 12a bleibt dabei unberücksichtigt. Dem Einkommen ist die im Ausland tatsächlich entrichtete Steuer gegenüberzustellen.

(BGBl I 2021/3)

(4) Zu einer Hinzurechnung nach Abs. 5 kommt es unter folgenden Voraussetzungen:

1. Die niedrigbesteuerte ausländische Körperschaft erzielt Passiveinkünfte im Sinne des Abs. 2, die mehr als ein Drittel der gesamten Einkünfte der ausländischen Körperschaft betragen. Dabei ist Abs. 3 zweiter Satz sinngemäß anzuwenden, wobei auch steuerbefreite Dividenden und Einkünfte aus der Veräußerung von Anteilen zu den gesamten Einkünften zählen.
2. Eine unter § 1 Abs. 2 oder § 1 Abs. 3 Z 1 fallende Körperschaft (beherrschende Körperschaft) hält selbst oder zusammen mit ihren verbundenen Unternehmen unmittelbar oder mittelbar mehr als 50% der Stimmrechte oder des Kapitals oder hat Anspruch auf mehr als 50% der Gewinne der ausländischen Körperschaft (beherrschte Körperschaft). Für Zwecke dieser Bestimmung liegt ein verbundenes Unternehmen vor, wenn
    a) die Körperschaft an diesem unmittelbar oder mittelbar eine Beteiligung in Form von Stimmrechten oder Kapital von mindestens 25% hält oder bei dem sie Anspruch auf mindestens 25% der Gewinne hat;
    b) eine juristische oder natürliche Person oder eine Personenvereinigung unmittelbar oder mittelbar eine Beteiligung an der Körperschaft in Form von Stimmrechten oder Kapital von mindestens 25% hält oder Anspruch auf mindestens 25% der Gewinne dieser Körperschaft hat.
    Halten verbundene juristische oder natürliche Personen oder Personenvereinigungen Beteiligungen im Sinne der lit. b an weiteren Unternehmen, gelten auch diese als verbundene Unternehmen.
3. Die ausländische beherrschte Körperschaft übt bezogen auf Personal, Ausstattung, Vermögenswerte und Räumlichkeiten keine wesentliche wirtschaftliche Tätigkeit aus. Das Vorliegen einer wesentlichen wirtschaftlichen Tätigkeit ist von der beherrschenden Körperschaft nachzuweisen (Substanznachweis).

(5) Für die Hinzurechnung der Passiveinkünfte gilt Folgendes:
1. Das Ausmaß der Hinzurechnung bestimmt sich nach der Höhe der von der jeweiligen beherrschenden Körperschaft unmittelbar und mittelbar (anteilig) gehaltenen Beteiligung am Nennkapital der ausländischen beherrschten Körperschaft. Weicht die Gewinnverteilung von der Beteiligung am Nennkapital ab, ist der anteilige Anspruch auf Gewinn maßgebend.
2. Die Passiveinkünfte werden der beherrschenden Körperschaft in jenem Wirtschaftsjahr hinzugerechnet, in das der Bilanzstichtag des Wirtschaftsjahres der ausländischen Körperschaft fällt.
3. Abs. 3 zweiter Satz ist sinngemäß anzuwenden. Ein etwaiger Verlust ist nicht hinzuzurechnen.

(6) Die Vorschriften über die Hinzurechnung von Passiveinkünften sowie die Vermeidung der Doppelbesteuerung (Abs. 9) sind sinngemäß anzuwenden
1. auf inländische Körperschaften, die aufgrund eines Doppelbesteuerungsabkommens im Ausland ansässig sind und
    (BGBl I 2019/103)
2. auf ausländische Betriebsstätten, auch wenn das Doppelbesteuerungsabkommen eine Befreiung vorsieht.

(7) Zu einem Methodenwechsel kommt es bei internationalen Schachtelbeteiligungen im Sinne des § 10 Abs. 2 sowie bei Beteiligungen von mindestens 5%, deren Gewinnanteile unter § 10 Abs. 1 Z 5 oder 6 fallen (qualifizierte Portfoliobeteiligungen), wenn der Unternehmensschwerpunkt der niedrigbesteuerten ausländischen Körperschaft in der Erzielung von Passiveinkünften im Sinne des Abs. 2 liegt. Dabei gilt Folgendes:
1. Die Steuerbefreiung für Gewinnanteile gemäß § 10 Abs. 1 Z 5 bis 7 sowie die Steuerneutralität gemäß § 10 Abs. 3 kommen nicht zur Anwendung.
2. Ein Methodenwechsel unterbleibt insoweit, als Passiveinkünfte nachweislich bereits im Rahmen der Hinzurechnungsbesteuerung erfasst wurden.

(8) Die Hinzurechnung von Passiveinkünften gemäß Abs. 5 sowie der Methodenwechsel gemäß Abs. 7 unterbleiben für ausländische Finanzunternehmen im Sinne von Artikel 2 Abs. 5 der Richtlinie (EU) 2016/1164 mit Vorschriften zur Bekämpfung von Steuervermeidungspraktiken mit unmittelbaren Auswirkungen auf das Funktionieren des Binnenmarkts, ABl. Nr. L 193 vom 19.7.2016 S. 1, wenn nicht mehr als ein Drittel der Passiveinkünfte des Unternehmens im Sinne des Abs. 2 aus Transaktionen mit der inländischen beherrschenden oder beteiligten Körperschaft oder deren verbundenen Unternehmen stammen.
(BGBl I 2019/103)

(9) Die Doppelbesteuerung ist wie folgt zu vermeiden:
1. Die Hinzurechnung bei mittelbar beteiligten beherrschenden Körperschaften unterbleibt insoweit, als die Passiveinkünfte bereits bei einer unmittelbar oder mittelbar näher beteiligten beherrschenden Körperschaft im Inland hinzugerechnet werden.
    (BGBl I 2019/103)
2. Veräußert die beherrschende Körperschaft ihre Beteiligung an der ausländischen Körperschaft, ist der Veräußerungserlös insoweit von der Körperschaftsteuer befreit, als in diesem Gewinne enthalten sind, die bereits gemäß Abs. 5 hinzugerechnet wurden.
3. Bei der Hinzurechnung gemäß Abs. 5 wird auf Antrag die auf die hinzugerechneten Passiveinkünfte entfallende tatsächliche Steuerbelastung der beherrschten Körperschaft sowie eine auf diese entfallende vergleichbare

ausländische vorgelagerte Hinzurechnungsbesteuerung angerechnet.
4. Beim Methodenwechsel gemäß Abs. 7 wird auf Antrag die auf die steuerpflichtigen Gewinnanteile entfallende tatsächliche Steuerbelastung, vorrangig die ausländische Körperschaftsteuer, angerechnet. Die anrechenbare ausländische Steuer erhöht die steuerpflichtigen Gewinnanteile.

(BGBl I 2019/103)

Übersteigt in den Fällen der Z 3 und Z 4 die anrechenbare ausländische Körperschaftsteuer die Steuerschuld unter Außerachtlassung einer Mindeststeuer nach § 24 Abs. 4, kann der Übersteigungsbetrag auf die Steuerschuld in folgenden Jahren auf Antrag angerechnet werden. Über die Höhe des Übersteigungsbetrages ist im Abgabenbescheid abzusprechen.

(10) Der Bundesminister für Finanzen wird ermächtigt, in einer Verordnung die nähere Vorgehensweise für die Hinzurechnungsbesteuerung und den Methodenwechsel festzulegen.

(11) Als niedrigbesteuert iSd Abs. 3 in einem Wirtschaftsjahr gilt eine Körperschaft, wenn diese in einem Staat ansässig ist, der zum Abschlussstichtag dieses Wirtschaftsjahres in der Liste jener Drittländer geführt wird, die von den Mitgliedstaaten gemeinsam als nicht kooperierende Länder eingestuft worden sind.

(BGBl I 2021/3)
(BGBl I 2018/62)

Abzugsfähige Aufwendungen und Ausgaben

§ 11. (1) Bei der Gewinnermittlung gelten auch folgende Aufwendungen als Betriebsausgaben im Sinne des Einkommensteuergesetzes 1988:
1. Bei unter § 7 Abs. 3 fallenden Steuerpflichtigen die von ihnen zu tragenden Aufwendungen, soweit sie mit Einlagen und Beiträgen (§ 8 Abs. 1) in unmittelbarem wirtschaftlichen Zusammenhang stehen.
2. (aufgehoben)

(BGBl I 2022/108)

3. Bei Versicherungsunternehmen die Zuführungen zu versicherungstechnischen Rückstellungen und Rücklagen sowie die Gewährung von Prämienrückerstattungen (Gewinnbeteiligungen) nach den §§ 15 bis 17.
4. Die Zinsen in Zusammenhang mit der Fremdfinanzierung des Erwerbes von Kapitalanteilen im Sinne des § 10, soweit sie zum Betriebsvermögen zählen. Nicht abgezogen werden dürfen Geldbeschaffungs- und Nebenkosten sowie Aufwendungen, die unter § 12 Abs. 1 Z 9 oder 10 fallen.

(2) Ist eine nach § 5 oder nach anderen Bundesgesetzen befreite Körperschaft zum Teil unbeschränkt steuerpflichtig, dürfen bei der Ermittlung der Einkünfte Aufwendungen und Ausgaben nur insoweit abgezogen werden, als sie mit steuerpflichtigen Erträgen und Einnahmen in unmittelbarem wirtschaftlichen Zusammenhang stehen.

Nichtabzugsfähige Aufwendungen und Ausgaben

§ 12. (1) Bei den einzelnen Einkünften dürfen nicht abgezogen werden:
1. Die Aufwendungen für die Erfüllung von Zwecken des Steuerpflichtigen, die durch Stiftung, Satzung oder sonstige Verfassung vorgeschrieben sind. Eine Privatstiftung kann Zuwendungen an Begünstigte und Letztbegünstigte auch nicht als Sonderausgaben (§ 8 Abs. 4 Z 1) abziehen.
2. Aufwendungen nach § 20 Abs. 1 Z 2 lit. b des Einkommensteuergesetzes 1988, die nicht schon unter § 8 Abs. 2 fallen, soweit sie nach allgemeiner Verkehrsauffassung unangemessen hoch sind.
3. Repräsentationsaufwendungen nach § 20 Abs. 1 Z 3 des Einkommensteuergesetzes 1988.
4. a) Geld- und Sachzuwendungen, deren Gewährung oder Annahme mit gerichtlicher Strafe bedroht ist.
   b) Strafen und Geldbußen, die von Gerichten, Verwaltungsbehörden oder den Organen der Europäischen Union verhängt werden.
   c) Verbandsgeldbußen nach dem Verbandsverantwortlichkeitsgesetz.
   d) Abgabenerhöhungen nach dem Finanzstrafgesetz.
   e) Leistungen aus Anlass eines Rücktrittes von der Verfolgung nach der Strafprozessordnung und nach dem Verbandsverantwortlichkeitsgesetz (Diversion).
5. Aufwendungen zu gemeinnützigen, mildtätigen oder kirchlichen Zwecken und andere freiwillige Zuwendungen (Spenden), soweit sie nicht nach § 4a des Einkommensteuergesetzes 1988 oder nach § 8 Abs. 4 Z 1 abzugsfähig sind.
6. Die Steuern vom Einkommen und sonstige Personensteuern und die aus Anlass einer unentgeltlichen Grundstücksübertragung anfallende Grunderwerbsteuer, Eintragungsgebühren und andere Nebenkosten; weiters die Umsatzsteuer, die auf nichtabzugsfähige Aufwendungen entfällt.
7. Die Hälfte der Vergütungen jeder Art, die an Mitglieder des Aufsichtsrates, Verwaltungsrates oder andere mit der Überwachung der Geschäftsführung beauftragte Personen für diese Funktion gewährt werden. Ein Viertel der Vergütungen jeder Art, die an nicht ausschließlich mit geschäftsleitenden Funktionen betraute Verwaltungsräte im monistischen System gewährt werden. Die ersten beiden Sätze gelten auch für Reisekostensätze, soweit sie die in § 26 Z 4 des Einkommen-

steuergesetzes 1988 angeführten Sätze übersteigen.
8. Aufwendungen nach § 20 Abs. 1 Z 7 und Z 8 des Einkommensteuergesetzes 1988. Für die Anwendung des § 20 Abs. 1 Z 7 des Einkommensteuergesetzes 1988 gilt: Der Betrag von 500 000 Euro ist zu aliquotieren, wenn eine Person von mehreren Unternehmen Entgelte erhält, die unmittelbar oder mittelbar konzernzugehörig sind oder unmittelbar oder mittelbar unter dem beherrschenden Einfluss desselben Gesellschafters stehen. Werden Umlagen für diese Entgelte geleistet, sind die Aufwendungen um die empfangenen Umlagen zu kürzen und die Aliquotierung hat nach dieser Kürzung stattzufinden. § 20 Abs. 1 Z 7 lit. a des Einkommensteuergesetzes 1988 ist in diesen Fällen nicht anzuwenden.
9. Aufwendungen für Zinsen in Zusammenhang mit einer Fremdfinanzierung, die dem Erwerb von Kapitalanteilen gedient hat, wenn diese Kapitalanteile unmittelbar oder mittelbar von einem konzernzugehörigen Unternehmen bzw. unmittelbar oder mittelbar von einem einen beherrschenden Einfluss ausübenden Gesellschafter erworben worden sind. Dies gilt auch bei Kapitalerhöhungen oder Zuschüssen, die in Zusammenhang mit einem Erwerb von Kapitalanteilen im Sinne des vorherigen Satzes stehen.

(BGBl I 2018/62)

10. Aufwendungen für Zinsen oder Lizenzgebühren im Sinne des § 99a Abs. 1 zweiter und dritter Satz des Einkommensteuergesetzes 1988 unter folgenden Voraussetzungen:
    a) Empfänger der Zinsen oder Lizenzgebühren ist eine Körperschaft im Sinne des § 1 Abs. 2 Z 1 oder eine vergleichbare ausländische Körperschaft.
    b) Die empfangende Körperschaft ist unmittelbar oder mittelbar konzernzugehörig oder steht unmittelbar oder mittelbar unter dem beherrschenden Einfluss desselben Gesellschafters.
    c) Die Zinsen oder Lizenzgebühren unterliegen bei der empfangenden Körperschaft
        – aufgrund einer persönlichen oder sachlichen Befreiung keiner Besteuerung oder
        – einem Steuersatz von weniger als 10% oder
        – aufgrund einer auch dafür vorgesehenen Steuerermäßigung einer tatsächlichen Steuerbelastung von weniger als 10% oder
        – aufgrund einer Steuerrückerstattung einer Steuerbelastung von weniger als 10%, wobei auch eine Steuerrückerstattung an die Anteilsinhaber zu berücksichtigen ist.

Kann eine Steuerermäßigung oder -rückerstattung im Sinne des dritten und vierten Teilstriches erst in einem späteren Wirtschaftsjahr in Anspruch genommen werden, ist diese bereits bei der Ermittlung der Steuerbelastung zu berücksichtigen. Erfolgt jedoch innerhalb von neun Wirtschaftsjahren nach dem Anfallen der Aufwendungen für Zinsen oder Lizenzgebühren tatsächlich keine solche Steuerermäßigung oder -rückerstattung, stellt dies ein rückwirkendes Ereignis im Sinne des § 295a der Bundesabgabenordnung dar.

Ist der Empfänger nicht Nutzungsberechtigter, ist auf den Nutzungsberechtigten abzustellen. Die Aufwendungen dürfen abgezogen werden, wenn
   – die Zinsen oder Lizenzgebühren aufgrund der Hinzurechnungsbesteuerung gemäß § 10a oder einer vergleichbaren ausländischen Regelung nachweislich keiner Niedrigbesteuerung im Sinne der lit. c unterliegen oder
   – die empfangende Körperschaft die unionsrechtlichen Vorschriften für Risikokapitalbeihilfen erfüllt.

(BGBl I 2019/103)

11. Aufwendungen nach § 20 Abs. 1 Z 9 des Einkommensteuergesetzes 1988.

(BGBl I 2015/118)

(2) Weiters dürfen bei der Ermittlung der Einkünfte die nicht unter § 11 Abs. 1 fallenden Aufwendungen und Ausgaben nicht abgezogen werden, soweit sie mit
   – nicht steuerpflichtigen (steuerneutralen) Vermögensmehrungen und Einnahmen,
   – Einkünften aus der Überlassung von Kapital, aus realisierten Wertsteigerungen von Kapitalvermögen und Einkünften aus Derivaten, mit Ausnahme der in § 27a Abs. 2 des Einkommensteuergesetzes 1988 genannten Einkünfte oder
   – Einkünften aus Grundstücksveräußerungen, außer in den Fällen des § 30a Abs. 3 Z 1 bis 4 und Abs. 4 des Einkommensteuergesetzes 1988

in unmittelbarem wirtschaftlichem Zusammenhang stehen. Für unter § 7 Abs. 3 fallende Steuerpflichtige sind der zweite und dritte Teilstrich nicht anzuwenden.

(3) Für Kapitalanteile gilt Folgendes:
1. Die Abschreibung auf den niedrigeren Teilwert (§ 6 Z 2 lit. a des Einkommensteuergesetzes 1988) oder ein Verlust anläßlich der Veräußerung oder eines sonstigen Ausscheidens darf nur insoweit abgezogen werden, als nachgewiesen wird, daß die Wertminderung oder der Verlust nicht mit Einkommensverwendungen im Sinne des § 8 Abs. 2 und 3 der Körperschaft, an der die Beteiligung besteht,

in ursächlichem Zusammenhang steht (ausschüttungsbedingte Teilwertabschreibung und ausschüttungsbedingter Verlust). Dies gilt nur, wenn die Beteiligungserträge aus dem Kapitalanteil unter § 10 Abs. 1 fallen.

(BGBl I 2018/62)

2. Abzugsfähige Abschreibungen auf den niedrigeren Teilwert (§ 6 Z 2 lit. a des Einkommensteuergesetzes 1988) oder Verluste anläßlich der Veräußerung oder eines sonstigen Ausscheidens einer zum Anlagevermögen gehörenden Beteiligung sind im betreffenden Wirtschaftsjahr und den nachfolgenden sechs Wirtschaftsjahren zu je einem Siebentel zu berücksichtigen, soweit nicht
   – eine Zuschreibung erfolgt oder
   – stille Reserven anläßlich der Veräußerung oder eines sonstigen Ausscheidens der Beteiligung steuerwirksam aufgedeckt werden oder
   – im Wirtschaftjahr der Abschreibung oder des Verlustes stille Reserven anläßlich der Veräußerung oder eines sonstigen Ausscheidens einer anderen zum Anlagevermögen gehörenden von dieser Vorschrift nicht berührten Beteiligung steuerwirksam

   aufgedeckt und auf Antrag des Steuerpflichtigen gegenverrechnet werden.

3. Im Falle von Einlagen in mittelbar verbundene Körperschaften darf bei den Zwischenkörperschaften insoweit der niedrigere Teilwert nicht angesetzt werden, es sei denn, ein wirtschaftlicher Zusammenhang zwischen Einlagen und Ansatz des niedrigeren Teilwertes ist nachweislich nicht gegeben. Dasselbe gilt auch für unmittelbare Einlagen in Zwischenkörperschaften mit nachfolgender mittelbarer oder unmittelbarer Durchleitung an die Zielkörperschaft. Verluste bei einer Zwischenkörperschaft anlässlich der Veräußerung oder des sonstigen Ausscheidens der Beteiligung sind im Ausmaß der nicht abschreibbaren Einlagen nicht abzugsfähig.

(BGBl I 2018/62)

Zinsschranke

§ 12a. (1) Ein Zinsüberhang im Sinne des Abs. 3 ist in einem Wirtschaftsjahr nur im Ausmaß von 30% des steuerlichen EBITDA im Sinne des Abs. 4 dieses Wirtschaftsjahres abzugsfähig. Ein Zinsüberhang ist jedoch jedenfalls bis zu einem Betrag von 3 Millionen Euro pro Veranlagungszeitraum abzugsfähig (Freibetrag).

(2) Abs. 1 ist anzuwenden auf unbeschränkt steuerpflichtige Körperschaften iSd § 1 Abs. 2 Z 1 und beschränkt steuerpflichtige Körperschaften iSd § 1 Abs. 3 Z 1 lit. a, die im Inland eine Betriebsstätte unterhalten. Davon ausgenommen sind Körperschaften, die
– nicht vollständig in einen Konzernabschluss einbezogen werden,
– über kein verbundenes Unternehmen im Sinne des § 10a Abs. 4 Z 2 verfügen und
– keine ausländische Betriebsstätte unterhalten.

(3) Ein Zinsüberhang liegt vor, soweit abzugsfähige Zinsaufwendungen steuerpflichtige Zinserträge des Wirtschaftsjahres übersteigen. Zinsen im Sinne dieser Bestimmung sind jegliche Vergütungen für Fremdkapital einschließlich sämtlicher Zahlungen für dessen Beschaffung sowie sonstige Vergütungen, die wirtschaftlich gleichwertig sind.

(4) Als steuerliches EBITDA gilt der vor Anwendung des § 12a ermittelte Gesamtbetrag der Einkünfte, neutralisiert um steuerliche Abschreibungen und Zuschreibungen sowie den Zinsüberhang nach Abs. 3. Als verrechenbares EBITDA gelten 30% des steuerlichen EBITDA.

(5) Ungeachtet des Abs. 1 ist ein Zinsüberhang in einem Wirtschaftsjahr zur Gänze abzugsfähig, wenn die Körperschaft in einen Konzernabschluss nach dem Unternehmensgesetzbuch, den International Financial Reporting Standards (IFRS) oder anderen vergleichbaren Rechnungslegungsstandards vollständig einbezogen wird und das Verhältnis zwischen ihrem Eigenkapital und ihrer Bilanzsumme (Eigenkapitalquote) am Abschlussstichtag dieses Wirtschaftsjahres gleich hoch oder höher ist als die Eigenkapitalquote des Konzerns (Eigenkapitalquotenvergleich). Dies gilt auch dann, wenn die Eigenkapitalquote der Körperschaft bis zu 2 Prozentpunkte unter der Eigenkapitalquote des Konzerns liegt. Beim Eigenkapitalquotenvergleich ist Folgendes zu beachten:

1. Die Ermittlung der Eigenkapitalquote des Konzerns hat zum Abschlussstichtag des Konzerns für das Wirtschaftsjahr zu erfolgen, in das der Jahresabschluss der Körperschaft eingegangen ist.
2. Wurde der Jahresabschluss der Körperschaft nicht nach demselben Rechnungslegungsstandard wie im Konzernabschluss erstellt, hat eine Überleitung auf den für den Konzernabschluss geltenden Rechnungslegungsstandard zu erfolgen. Die Richtigkeit der Überleitungsrechnung ist auf Verlangen der Abgabenbehörde durch einen Wirtschaftsprüfer zu bestätigen.
3. Die Bewertung im Jahresabschluss der Körperschaft hat nach derselben Methode wie im Konzernabschluss zu erfolgen.

(6)
1. Ein Zinsüberhang der nach Maßgabe der Abs. 1 bis 5 im laufenden Wirtschaftsjahr nicht abgezogen werden kann, ist auf Antrag in darauffolgende Wirtschaftsjahre vorzutragen (Zinsvortrag). Dieser Zinsvortrag erhöht die Zinsaufwendungen im Sinne des Abs. 3 in den darauffolgenden Wirtschaftsjahren, nicht aber das steuerliche EBITDA im Sinne des Abs. 4.
2. a) Soweit das verrechenbare EBITDA im Sinne des Abs. 4 den Zinsüberhang in einem Wirtschaftsjahr übersteigt, ist

dieses auf Antrag in die darauffolgenden fünf Wirtschaftsjahre vorzutragen (EBITDA-Vortrag).
  b) Soweit ein Zinsüberhang nach Maßgabe dieser Bestimmung nicht abgezogen werden kann, ist dieser bis zur Höhe der EBITDA-Vorträge aus vorangegangenen Wirtschaftsjahren abziehbar. Dabei sind vorrangig die ältesten EBITDA-Vorträge zu verrechnen.
3. Der Bundesminister für Finanzen wird ermächtigt, in einer Verordnung die Voraussetzungen für den Übergang von nicht verrechneten Zinsvorträgen (Z 1) und nicht verrechneten EBITDA- Vorträgen (Z 2) auf Rechtsnachfolger im Rahmen von Umgründungen näher festzulegen.

(7) Liegt eine Unternehmensgruppe im Sinne des § 9 vor, kommt § 12a ausschließlich auf Ebene des Gruppenträgers im Rahmen der Ermittlung des zusammengefassten Ergebnisses zur Anwendung. Dabei gilt Folgendes:
1. Ein Gruppen-Zinsüberhang ist bei der Ermittlung des zusammengefassten Ergebnisses des Veranlagungszeitraumes nur im Ausmaß von 30% des steuerlichen Gruppen-EBITDA abzugsfähig. Ein Gruppen-Zinsüberhang ist jedoch jedenfalls bis zu einem Betrag von 3 Millionen Euro pro Veranlagungszeitraum abzugsfähig (Gruppen-Freibetrag). Dabei gelten als
  a) Gruppen-Zinsüberhang die um die steuerpflichtigen Zinserträge verminderten abzugsfähigen Zinsaufwendungen des Gruppenträgers und der unbeschränkt sowie beschränkt steuerpflichtigen Gruppenmitglieder aus inländischen Betriebsstätten;
  b) Gruppen-EBITDA die Summe
    – der Gesamtbeträge der Einkünfte des Gruppenträgers und der unbeschränkt steuerpflichtigen Gruppenmitglieder sowie
    – der Einkünfte beschränkt steuerpflichtiger Gruppenmitglieder aus inländischen Betriebsstätten
  neutralisiert um die darin enthaltenen steuerlichen Abschreibungen und Zuschreibungen sowie den Gruppen-Zinsüberhang nach lit. a;
  c) verrechenbares Gruppen-EBITDA 30% des Gruppen-EBITDA.
2. Für den Eigenkapitalquotenvergleich gemäß Abs. 5 ist maßgeblich, dass der Gruppenträger vollständig in einen Konzernabschluss einbezogen wird und die Eigenkapitalquote der Unternehmensgruppe gleich hoch oder höher ist als die Eigenkapitalquote des Konzerns. Für Zwecke der Ermittlung der Eigenkapitalquote der Unternehmensgruppe ist ein konsolidierter Gruppenabschluss zu erstellen, in den der Gruppenträger, die unbeschränkt steuerpflichtigen Gruppenmitglieder und Betriebsstätten der beschränkt steuerpflichtigen Gruppenmitglieder vollständig einzubeziehen sind. Dieser Gruppenabschluss ist zum Abschlussstichtag des Gruppenträgers zu erstellen.
3. Ein Gruppen-Zinsüberhang sowie nicht verrechenbares Gruppen-EBITDA können in sinngemäßer Anwendung des Abs. 6 vom Gruppenträger auf Antrag vorgetragen werden.
4. Zinsvorträge gemäß Abs. 6 aus Zeiträumen vor Wirksamwerden der Unternehmensgruppe erhöhen den Gruppen-Zinsüberhang; EBITDA-Vorträge gemäß Abs. 6 aus Zeiträumen vor Wirksamwerden der Unternehmensgruppe erhöhen das Gruppen-EBITDA.
5. Abs. 2 letzter Satz ist nicht anzuwenden.

(8) Der Bundesminister für Finanzen wird ermächtigt, in einer Verordnung die Ermittlung des steuerlichen EBITDA (Abs. 4) sowie des Gruppen-EBITDA (Abs. 7 Z 1 lit. b), und insbesondere die dabei zu neutralisierenden steuerlichen Zu- und Abschreibungen, näher festzulegen.

(9) Bei der Ermittlung des Zinsüberhangs im Sinne des Abs. 3 bleiben Zinsaufwendungen für Darlehen außer Ansatz, die nachweislich und ausschließlich zur Finanzierung von langfristigen öffentlichen Infrastrukturprojekten innerhalb der Europäischen Union von allgemeinem öffentlichen Interesse verwendet werden. Ausgenommen davon sind Atomkraftwerke und klimaschädliche Infrastrukturprojekte, wobei der Bundesminister für Finanzen im Einvernehmen mit der Bundesministern für Klimaschutz, Umwelt, Energie, Mobilität, Innovation und Technologie ermächtigt wird, die Voraussetzungen näher mit Verordnung festzulegen. Bei der Ermittlung des steuerlichen EBITDA im Sinne des Abs. 4 bleiben Einkünfte aus langfristigen öffentlichen Infrastrukturprojekten außer Ansatz.

(BGBl I 2021/3)

4. ABSCHNITT

Sondervorschriften für Privatstiftungen

§ 13. (1) Bei der Einkommensermittlung von Privatstiftungen, die die Offenlegungsverpflichtungen gemäß Abs. 6 erfüllen, gilt Folgendes:
1. a) § 7 Abs. 3 ist nicht anzuwenden. Dies gilt nicht für betriebliche Privatstiftungen gemäß § 4d des Einkommensteuergesetzes 1988.
   b) Bei Unternehmenszweckförderungsstiftungen, Arbeitnehmerförderungsstiftungen und Belegschaftsbeteiligungsstiftungen gemäß § 4d Abs. 1 bis 3 des Einkommensteuergesetzes 1988 können Zuwendungen auf das Zuwendungsjahr und die folgenden neun Wirtschaftsjahre gleichmäßig verteilt als Betriebseinnahmen angesetzt werden, es sei denn, aus

2/1. KStG
§ 13

c) Zuwendungen an Belegschaftsbeteiligungsstiftungen gemäß § 4d Abs. 3 des Einkommensteuergesetzes 1988 sind bei dieser insoweit steuerfrei, als sich diese Zuwendungen auf den Zugang (Erwerb) der Beteiligungen oder den für die Anschaffung der Beteiligungen notwendigen Geldbetrag beschränken und für jeden Begünstigten pro Kalenderjahr den Betrag von 4 500 Euro nicht übersteigen.

d) Zuwendungen an Mitarbeiterbeteiligungsstiftungen gemäß § 4d Abs. 4 des Einkommensteuergesetzes 1988 sind bei dieser steuerfrei.

(BGBl I 2017/105)

2. Bei der Ermittlung der Einkünfte aus Land- und Forstwirtschaft ist § 125 Abs. 5 der Bundesabgabenordnung anzuwenden.

3. § 5 des Einkommensteuergesetzes 1988 ist nur für die Ermittlung der Einkünfte aus Gewerbebetrieb anzuwenden.

4. Nicht im Rahmen der Ermittlung des Einkommens berücksichtigte Zuwendungen gemäß § 4a bis § 4c oder § 18 Abs. 1 Z 7 bis Z 9 des Einkommensteuergesetzes 1988 können von den Einkünften gemäß Abs. 3 und 4 als Sonderausgabe abgesetzt werden. Dabei ist der Abzug nur bis zu einem Betrag von 10 % der Einkünfte gemäß Abs. 3 und 4 sowie unter Berücksichtigung des Höchstbetrages gemäß § 4b des Einkommensteuergesetzes 1988 zulässig. § 4c Abs. 2 des Einkommensteuergesetzes 1988 gilt entsprechend.

Freigebige Zuwendungen an die Innovationsstiftung für Bildung gemäß § 1 ISBG sind bis zu einem Höchstbetrag von 500 000 Euro jedenfalls als Sonderausgabe abzuziehen, wobei durch den Abzug die Einkünfte gemäß Abs. 3 und 4 höchstens auf null reduziert werden können. Der Höchstbetrag von 500 000 Euro reduziert sich um den Betrag der Zuwendungen, die im Rahmen der Ermittlung des Einkommens im selben Kalenderjahr gemäß § 4c und § 18 Abs. 1 Z 9 des Einkommensteuergesetzes 1988 berücksichtigt wurde.

(BGBl I 2022/108)

Auf den Wechsel zwischen der Einkommensermittlung nach Abs. 1 und nach § 7 Abs. 3 sind die Vorschriften des § 6 Z 4 und 5 des Einkommensteuergesetzes 1988 anzuwenden.

(2) Privatstiftungen im Sinne des Abs. 1, die nicht unter § 5 Z 6 fallen, sind mit ausländischen Beteiligungserträgen im Sinne des § 10 Abs. 1 befreit, soweit kein Anwendungsfall des § 10 Abs. 4 in der Fassung BGBl. I Nr. 62/2018 vorliegt. § 10a ist sinngemäß anzuwenden.

(BGBl I 2018/62)

(3) Bei Privatstiftungen, die nicht unter § 5 Z 6 oder 7 oder unter § 7 Abs. 3 fallen, sind weder bei den Einkünften noch beim Einkommen zu berücksichtigen, sondern nach Maßgabe des § 22 Abs. 2 gesondert zu versteuern:

1. Einkünfte aus Kapitalvermögen gemäß § 27 des Einkommensteuergesetzes 1988, soweit es sich um

   a) Einkünfte aus der Überlassung von Kapital im Sinne des § 27 Abs. 2 Z 2 des Einkommensteuergesetzes 1988,

   b) Einkünfte aus realisierten Wertsteigerungen von Kapitalvermögen im Sinne des § 27 Abs. 3 des Einkommensteuergesetzes 1988, soweit nicht Abs. 4 angewandt wird,

   (BGBl I 2022/10)

   c) Einkünfte aus Derivaten im Sinne des § 27 Abs. 4 des Einkommensteuergesetzes 1988, und

   (BGBl I 2022/10)

   d) Einkünfte aus Kryptowährungen im Sinne des § 27 Abs. 4a des Einkommensteuergesetzes 1988,

   (BGBl I 2022/10)

   handelt und diese nicht in § 27a Abs. 2 des Einkommensteuergesetzes 1988 genannt sind.

2. Einkünfte aus privaten Grundstücksveräußerungen gemäß § 30 des Einkommensteuergesetzes 1988.

Die Summe der Einkünfte gemäß Z 1 und 2 ist um die Summe der im Veranlagungszeitraum getätigten Zuwendungen im Sinne des § 27 Abs. 5 Z 7 des Einkommensteuergesetzes 1988 zu verringern, insoweit davon Kapitalertragsteuer einbehalten und abgeführt worden ist. Findet eine Entlastung der Zuwendungen von der Kapitalertragsteuer auf Grund eines Doppelbesteuerungsabkommens statt, ist die Summe der Zuwendungen insoweit zu verringern, als sie nicht endgültig mit Kapitalertragsteuer belastet ist. Dies gilt auch, wenn die Entlastung nach Abfuhr der Kapitalertragsteuer stattfindet; die nachträgliche Entlastung gilt als rückwirkendes Ereignis im Sinne des § 295a der Bundesabgabenordnung.

(BGBl I 2015/163)

(4) Wird ein nicht in einem Betriebsvermögen gehaltener Anteil an einer Körperschaft veräußert, an dem die Privatstiftung oder bei unentgeltlichem Erwerb ihr Rechtsvorgänger innerhalb der letzten fünf Jahre zu mindestens 1% beteiligt war, gilt Folgendes:

1. Soweit nicht Abs. 3 letzter Satz anzuwenden ist, können die dabei aufgedeckten stillen Reserven von den Anschaffungskosten eines im Kalenderjahr der Veräußerung angeschafften Anteils an einer Körperschaft, der mehr als 10% beträgt, abgesetzt werden (Übertragung stiller Reserven). Davon ausgenommen sind Anschaffungen von bestehenden Anteilen von einer Körperschaft, an die die Privatstiftung, der Stifter oder ein Begünstigter allein oder

gemeinsam unmittelbar oder mittelbar zu mindestens 20% beteiligt sind.
2. Stille Reserven sind der Unterschiedsbetrag zwischen den Anschaffungskosten und dem Veräußerungserlös.
3. Als Anschaffungskosten des erworbenen Anteils gelten die um die übertragenen stillen Reserven gekürzten Beträge. Diese Anschaffungskosten sind in Evidenz zu nehmen.
4. Erfolgt im Kalenderjahr der Aufdeckung keine Übertragung stiller Reserven, kann dafür ein steuerfreier Betrag gebildet werden. Der steuerfreie Betrag kann innerhalb von zwölf Monaten ab der Veräußerung der Beteiligung als stille Reserve im Sinne der Z 1 bis 3 übertragen werden. Steuerfreie Beträge, die nicht innerhalb dieser Frist übertragen werden, sind nach § 22 Abs. 2 zu versteuern. Abs. 3 letzter Satz ist sinngemäß anzuwenden.

(5) Für Privatstiftungen im Sinne des § 27a Abs. 4 des Sparkassengesetzes, BGBl. Nr. 64/1979, und des § 66 VAG 2016 gelten die Abs. 1 bis 4 nach Maßgabe folgender Bestimmungen:
1. Die formwechselnde Umwandlung einer anteilsverwaltenden Sparkasse oder eines Versicherungsvereins auf Gegenseitigkeit in eine Privatstiftung gemäß § 27a Abs. 4 des Sparkassengesetzes beziehungsweise § 66 VAG 2016 gilt mit Ablauf des Umwandlungsstichtages als bewirkt. Umwandlungsstichtag ist der Tag, zu dem die Schlussbilanz einer anteilsverwaltenden Sparkasse im Sinne des § 27a Abs. 6 des Sparkassengesetzes oder des Versicherungsvereins auf Gegenseitigkeit im Sinne des § 66 Abs. 5 VAG 2016 aufgestellt ist. Das Wirtschaftsjahr der übertragenden Sparkasse oder des umgewandelten Vereins endet mit dem Umwandlungsstichtag.

(BGBl I 2015/34)
2. Z 1 gilt für die übernehmende Privatstiftung mit dem Beginn des dem Umwandlungsstichtag folgenden Tages. Eine aus der Anwendung des § 6 Z 4 des Einkommensteuergesetzes 1988 entstehende Steuerpflicht verschiebt sich auf Antrag, wenn der bei sofortiger Besteuerung entstehende Unterschiedsbetrag zwischen den steuerlich maßgebenden Buchwerten und den Teilwerten ermittelt und in Evidenz genommen wird. Die auf die einzelnen Wirtschaftsgüter entfallenden Unterschiedsbeträge werden erst im Jahr der Veräußerung oder eines sonstigen Ausscheidens dieser Wirtschaftsgüter steuerwirksam.

Kapitalerhöhungen führen nicht zu einem sonstigen Ausscheiden, wenn das Beteiligungsausmaß ohne Substanzwertauswirkung vermindert wird. Umgründungen nach dem Umgründungssteuergesetz führen dann nicht zu einem sonstigen Ausscheiden einer Beteiligung, wenn
– der in Evidenz gehaltene Unterschiedsbetrag auf die als Gegenleistung erhaltene Beteiligung übertragen und bei dieser evident gehalten wird, oder
– durch eine Umgründung das Beteiligungsausmaß ohne Substanzwertauswirkung verändert wird.

(BGBl I 2015/34)

(6) Privatstiftungen haben dem zuständigen Finanzamt Abschriften ihrer Stiftungsurkunde und Stiftungszusatzurkunde in der jeweils geltenden Fassung vorzulegen. Tritt der Stifter über eine verdeckte Treuhandschaft auf, ist diese gegenüber dem zuständigen Finanzamt offenzulegen. Kommt die Privatstiftung diesen Verpflichtungen trotz Aufforderung durch das Finanzamt nicht nach, hat das zuständige Finanzamt hievon unverzüglich die Geldwäschemeldestelle (§ 4 Abs. 2 des Bundeskriminalamt-Gesetzes, BGBl. I Nr. 22/2002) zu informieren.

5. ABSCHNITT
Sondervorschriften für hybride Gestaltungen
(BGBl I 2019/103)

§ 14. (1) Eine Steuerdiskrepanz im Sinne des Abs. 2 im Rahmen einer hybriden Gestaltung im Sinne der Abs. 3 bis 5 ist nach Maßgabe der Abs. 6 bis 10 zu neutralisieren.

(2) Eine Steuerdiskrepanz liegt vor, wenn
1. Aufwendungen in einem Staat abzugsfähig sind und die korrespondierenden Erträge steuerlich in keinem anderen Staat erfasst werden (Abzug ohne korrespondierende Einnahme) oder
2. dieselben Aufwendungen in mehr als einem Staat abzugsfähig sind (doppelter Abzug).

(3) Eine hybride Gestaltung liegt unter folgenden Voraussetzungen vor:
1. a) Eine Steuerdiskrepanz im Sinne des Abs. 2 Z 1 entsteht aufgrund von Unterschieden hinsichtlich der
   – Einstufung eines Finanzinstrumentes (hybrides Finanzinstrument),
   – Zurechnung der Einkünfte aus einem übertragenen Finanzinstrument (hybride Übertragung),
   – Beurteilung der Steuersubjektivität des Zahlers oder Zahlungsempfängers (hybrides Unternehmen),
   – Zuordnung von Aufwendungen und Erträgen zu einer Betriebsstätte (hybride Betriebsstätte),
   – Beurteilung über das Bestehen einer Betriebsstätte (unberücksichtigte Betriebsstätte).
   b) Eine Steuerdiskrepanz im Sinne des Abs. 2 Z 2 führt aufgrund von steuerlichen Sondervorschriften zu einem doppelten Abzug von Aufwendungen eines hybriden Unternehmens, einer Betriebsstätte oder einer doppelt ansässigen Körperschaft.

2. Die Steuerdiskrepanz im Sinne der Z 1 ergibt sich
   – zwischen verbundenen Unternehmen im Sinne des Abs. 4,
   – zwischen dem Stammhaus und einer Betriebsstätte eines Unternehmens,
   – zwischen zwei oder mehreren Betriebsstätten desselben Unternehmens oder
   – im Rahmen einer strukturierten Gestaltung im Sinne des Abs. 5.

(4) Für Zwecke dieser Bestimmung gelten als verbundene Unternehmen:
   – Unternehmen im Sinne des § 10a Abs. 4 Z 2,
   – Unternehmen, die vollständig in denselben Konzernabschluss gemäß §§ 245a oder 247 UGB einbezogen werden,
   – Unternehmen, in denen die Körperschaft maßgeblichen Einfluss auf die Unternehmensleitung nimmt und
   – Unternehmen mit einem maßgeblichen Einfluss auf die Leitung der Körperschaft.

(5) Eine strukturierte Gestaltung liegt vor, wenn
   – die Steuerdiskrepanz in die Bedingungen der Gestaltung eingerechnet ist oder
   – diese mit der Absicht der Erzielung einer Steuerdiskrepanz entwickelt wurde.

Dies gilt nicht, wenn die Körperschaft nicht an dem Steuervorteil aus der hybriden Gestaltung beteiligt wurde und vernünftigerweise davon ausgegangen werden kann, dass die Körperschaft oder ein verbundenes Unternehmen von der hybriden Gestaltung nichts wusste.

(6) Soweit eine hybride Gestaltung zu einem Abzug von Aufwendungen ohne korrespondierende steuerliche Erfassung der Erträge im Sinne des Abs. 2 Z 1 führt, gilt Folgendes:
1. Diese Aufwendung dürfen im Inland nicht abgezogen werden.
2. Wird der Abzug im Ausland nicht verweigert, sind die Erträge bei der inländischen Körperschaft steuerlich zu erfassen, wenn eine Zahlung eines ausländischen hybriden Unternehmens an die an ihm beteiligte inländische Körperschaft stattfindet.

(7) Soweit eine hybride Gestaltung zu einem doppelten Abzug von Aufwendungen im Sinne des Abs. 2 Z 2 führt, gilt Folgendes:
1. Diese Aufwendungen dürfen im Inland bei der (beteiligten) Körperschaft nicht abgezogen werden.
2. Wird der Abzug im Ausland nicht verweigert, dürfen diese Aufwendungen bei einem inländischen hybriden Unternehmen oder einer inländischen Betriebsstätte nicht abgezogen werden.
3. Bei einer doppelt ansässigen Körperschaft dürfen diese Aufwendungen im Inland nicht abgezogen werden. Dies gilt nicht, wenn die Körperschaft aufgrund eines Doppelbesteuerungsabkommens mit einem Mitgliedstaat der Europäischen Union abkommensrechtlich als im Inland steuerlich ansässig betrachtet wird.

Die Z 1 bis 3 gelten nicht für Aufwendungen, die mit steuerlich doppelt berücksichtigten Einkünften im jeweiligen oder in einem späteren Wirtschaftsjahr verrechnet werden.

(8) Werden bei einer ausländischen unberücksichtigten Betriebsstätte Erträge weder im Inland noch im Betriebsstättenstaat erfasst, sind diese im Inland steuerlich zu erfassen. Dies gilt nicht, wenn die Einkünfte gemäß einem Doppelbesteuerungsabkommen mit einem Drittstaat von der Steuer zu befreien sind.

(9) Aufwendungen für eine Zahlung einer Körperschaft an ein verbundenes Unternehmen in einem Drittstaat dürfen im Inland nicht abgezogen werden, wenn diese Zahlung in einem Drittstaat mit abzugsfähigen Aufwendungen im Rahmen einer hybriden Gestaltung verrechnet wird (importierte hybride Gestaltung). Dies gilt nicht, wenn bereits einer der beteiligten Drittstaaten die hybride Gestaltung neutralisiert hat.

(10) Soweit in den Fällen des Abs. 6 Z 2, Abs. 7 Z 2, Abs. 8 und Abs. 9 eine hybride Gestaltung nachträglich im anderen Staat neutralisiert wird, stellt dies ein rückwirkendes Ereignis im Sinne des § 295a BAO dar.

(11) Soweit eine hybride Übertragung im Sinne des Abs. 3 Z 1 lit. a zweiter Teilstrich mit der Absicht entwickelt wurde, bei mehr als einer der beteiligten Parteien eine Ermäßigung oder Anrechnung der Quellensteuer auf eine Zahlung einem übertragenen Finanzinstrument herbeizuführen, wird der sich aus der Ermäßigung oder Anrechnung ergebende Vorteil im Verhältnis zu den steuerpflichtigen Nettoeinkünften in Zusammenhang mit der Zahlung begrenzt.

(12) Einkünfte einer beherrschenden Körperschaft (Z 2) aus der Beteiligung an einem umgekehrt hybriden Unternehmen (Z 1) unterliegen ungeachtet eines Doppelbesteuerungsabkommens unter folgenden Voraussetzungen der beschränkten Steuerpflicht (§ 21 Abs. 1 Z 1):
1. Eine inländische Personenvereinigung (Personengesellschaft) gilt nach ausländischem Steuerrecht als Körperschaftsteuersubjekt (umgekehrt hybrides Unternehmen) und ist kein Organismus für gemeinsame Anlagen im Sinne des Art. 9a Abs. 2 der Richtlinie (EU) 2016/1164, ABl. Nr. L 193 vom 12.7.2016 S. 1.
2. Eine Körperschaft im Sinne des § 1 Abs. 3 Z 1 hält selbst oder zusammen mit ihren nicht der unbeschränkten Steuerpflicht unterliegenden verbundenen Unternehmen unmittelbar oder mittelbar mehr als 50 % der Stimmrechte oder des Kapitals oder hat Anspruch auf mehr als 50 % der Gewinne der Personenvereinigung (beherrschende Körperschaft).
3. Die Einkünfte aus der Beteiligung an einem umgekehrt hybriden Unternehmen unterliegen weder

- im Ansässigkeitsstaat der beherrschenden Körperschaft (Z 2) noch
- im Inland nach Maßgabe von § 98 Abs. 1 Z 1 bis Z 7 des Einkommensteuergesetzes 1988 noch
- in einem anderen Staat der Besteuerung.

(BGBl I 2021/227)
(BGBl I 2019/103)

6. ABSCHNITT
Sondervorschriften für Versicherungsunternehmen

Versicherungstechnische Rückstellungen

§ 15. (1) Zuführungen zu versicherungstechnischen Rückstellungen sind insoweit abzugsfähig, als deren Bildung im VAG 2016 oder in den dazu ergangenen Verordnungen vorgeschrieben ist. Dabei dürfen die versicherungstechnischen Rückstellungen den Betrag nicht übersteigen, der zur Sicherstellung der Verpflichtungen aus den am Bilanzstichtag bestehenden Versicherungsverträgen erforderlich ist. Für die Lebensversicherung, die Krankenversicherung und die nach Art der Lebensversicherung betriebene Unfallversicherung sind die versicherungstechnischen Rückstellungen unter Verwendung der der Finanzmarktaufsichtsbehörde gemäß § 92 Abs. 1 bzw. § 102 Abs. 1 des VAG 2016 vorgelegten oder mitgeteilten versicherungsmathematischen Grundlagen zu berechnen.

(BGBl I 2015/34)

(2) Rückstellungen zum Ausgleich des schwankenden Jahresbedarfes sind insbesondere unter folgenden Voraussetzungen steuerlich zu berücksichtigen:
1. Es muss nach den Erfahrungen in dem betreffenden Versicherungszweig mit erheblichen Schwankungen des Jahresbedarfes zu rechnen sein.
2. Die Schwankungen des Jahresbedarfes dürfen nicht durch die Prämien ausgeglichen werden. Sie müssen aus den am Bilanzstichtag bestehenden Versicherungsverträgen herrühren und dürfen nicht durch Rückversicherungen gedeckt sein.
3. Die Änderung der Rückstellung ist zur Hälfte steuerwirksam.

(3) Rückstellungen für noch nicht abgewickelte Versicherungsfälle und sonstige Rückstellungen (§ 144 Abs. 3 C VII VAG 2016) sind mit 80% des Teilwertes anzusetzen. Rückstellungen, deren Laufzeit am Bilanzstichtag weniger als zwölf Monate beträgt, sind ohne Kürzung des maßgeblichen Teilwertes anzusetzen. Bei den Rückstellungen für noch nicht abgewickelte Versicherungsfälle ist davon auszugehen, dass bei 70% der Summe dieser Rückstellungen die Laufzeit am Bilanzstichtag weniger als zwölf Monate beträgt.

(BGBl I 2015/68)

Rückstellungen bei Pensionskassen

§ 16. Bei Pensionskassen sind Zuführungen zur geschäftsplanmäßigen Rückstellung für die nach Pensionsbeginn anfallenden Verwaltungskosten insoweit abzugsfähig, als deren Bildung im Pensionskassengesetz oder in dazu ergangenen Verordnungen vorgeschrieben und im Geschäftsplan der Pensionskasse vorgesehen ist.

Prämienrückerstattungen (Gewinnbeteiligungen)

§ 17. (1) Für erfolgsabhängige Prämienrückerstattungen (Gewinnbeteiligungen), die auf Grund des Ergebnisses des direkten Versicherungsgeschäftes im Eigenbehalt gewährt werden, gilt folgendes:
1. Prämienrückerstattungen (Gewinnbeteiligungen) im Lebens-, Kranken- oder Unfallversicherungsgeschäft mit Prämienrückgewähr sind abzugsfähig.
2. Prämienrückerstattungen (Gewinnbeteiligungen) in anderen Versicherungszweigen sind nur insoweit abzugsfähig, als sie in diesen Versicherungszweigen insgesamt die auf das Wirtschaftsjahr entfallenden Prämieneinnahmen
   - zuzüglich einer Verminderung der versicherungstechnischen Rückstellungen und der den versicherungstechnischen Rückstellungen einschließlich der Rückstellungen für Prämienrückerstattungen (Gewinnbeteiligungen) zuzuordnenden Nettoerträge der Kapitalanlagen, und
   - abzüglich der auf das Wirtschaftsjahr entfallenden Versicherungsleistungen, Erhöhungen der versicherungstechnischen Rückstellungen und Aufwendungen für den Versicherungsbetrieb

nicht übersteigen. Bei Versicherungsunternehmen, die ausschließlich das Rückversicherungsgeschäft betreiben, ist das Rückversicherungsgeschäft dem direkten Versicherungsgeschäft gleichzuhalten.

(2) Für Rückstellungen für Prämienrückerstattungen (Gewinnbeteiligungen) gilt folgendes:
1. Zuführungen sind bei Zutreffen der Voraussetzungen des Abs. 1 abzugsfähig,
   - wenn die ausschließliche bestimmungsgemäße Verwendung dieser Rückstellungen gesichert ist oder als gesichert gilt und
   - soweit die noch nicht verwendeten Rückstellungen das unter Bedachtnahme auf eine kontinuierliche Prämienrückerstattung für Leistungen aus den am Bilanzstichtag laufenden Versicherungsverträgen erforderliche Ausmaß nicht übersteigen.
2. Jene Teile der Rückstellungen gelten als bereits verwendet, die spätestens bei Genehmigung des Abschlusses des Wirtschaftsjahres durch die satzungsmäßig zuständigen Organe

mit der Maßgabe beschlossen werden, daß sie spätestens an dem auf die Beschlußfassung folgenden Bilanzstichtag oder in dem auf die Beschlußfassung folgenden Kalenderjahr
- den einzelnen Versicherungsnehmern gutzuschreiben oder
- bis zum Ende des auf die Beschlußfassung folgenden Kalenderjahres bar auszuzahlen oder
- auf fällig werdende Prämien anzurechnen

sind.

3. Die ausschließliche Verwendung der Rückstellungen für erfolgsabhängige Prämienrückerstattung (Gewinnbeteiligung) gilt im Lebens- und Krankenversicherungsgeschäft und in dem nach Art der Lebensversicherung betriebenen Unfallversicherungsgeschäft auch als gesichert, wenn der Rückstellung Beträge zur Deckung von Verlusten entnommen werden dürfen.

(BGBl I 2015/163)

(3) Versicherungsunternehmen haben mindestens 20% des nach den Vorschriften des Einkommensteuergesetzes 1988 und dieses Bundesgesetzes jeweils ermittelten Gewinnes
- aus dem Lebensversicherungsgeschäft,
- aus dem Krankenversicherungsgeschäft,
- aus dem Unfallversicherungsgeschäft mit Prämienrückgewähr und
- aus den anderen Versicherungszweigen

zu versteuern, von dem der für die Versicherten bestimmte Anteil noch nicht abgezogen ist. Dies gilt nicht für Pensionszusatzversicherungen im Sinne des § 108b sowie für Versicherungen im Rahmen einer Zukunftsvorsorgeeinrichtung im Sinne des § 108h des Einkommensteuergesetzes 1988 sowie für betriebliche Kollektivversicherungen im Sinne des § 93 des VAG 2016.

(BGBl I 2015/34)

7. ABSCHNITT
Einkommensermittlung bei Beginn und Ende der Steuerpflicht

Beginn und Ende einer Steuerbefreiung

§ 18. (1) Wird eine unbeschränkt steuerpflichtige Körperschaft von der unbeschränkten Körperschaftsteuerpflicht befreit, hat sie zum Zeitpunkt des Endes der Steuerpflicht dem Buchwert der Wirtschaftsgüter des Betriebsvermögens dem gemeinen Wert dieser Wirtschaftsgüter gegenüberzustellen und den Unterschiedsbetrag der Besteuerung zugrunde zu legen. Von diesem Unterschiedsbetrag ist bei einem nicht unter § 7 Abs. 3 fallenden Steuerpflichtigen der Freibetrag gemäß § 24 Abs. 4 des Einkommensteuergesetzes 1988 abzuziehen.

(2) Wird eine von der unbeschränkten Körperschaftsteuerpflicht befreite Körperschaft unbeschränkt steuerpflichtig, hat sie auf den Beginn der Steuerpflicht den gemeinen Wert der bislang nicht steuerhängigen Wirtschaftsgüter des Betriebsvermögens anzusetzen.

(3) Beginnt oder endet die unbeschränkte Steuerpflicht nicht zur Gänze, gelten die Abs. 1 und 2 für die betroffenen Teile.

Auflösung und Abwicklung (Liquidation)

§ 19. (1) Erfolgt bei einem unter § 7 Abs. 3 fallenden Steuerpflichtigen, der seine Auflösung beschlossen hat, tatsächlich die Abwicklung, ist der Besteuerung der Liquidationsgewinn zugrunde zu legen.

(2) Liquidationsgewinn ist der im Zeitraum der Abwicklung erzielte Gewinn, der sich aus der Gegenüberstellung des Abwicklungs-Endvermögens und des Abwicklungs-Anfangsvermögens ergibt.

(3) Der Besteuerungszeitraum darf drei Jahre, in den Fällen der Abwicklung im Insolvenzverfahren fünf Jahre nicht übersteigen. Das Finanzamt kann diesen Zeitraum in berücksichtigungswürdigen Fällen auf Antrag verlängern.

(4) Abwicklungs-Endvermögen ist das zur Verteilung kommende Vermögen. Sind im Abwicklungs-Endvermögen nicht veräußerte Wirtschaftsgüter enthalten, sind sie mit dem gemeinen Wert anzusetzen.

(5) Abwicklungs-Anfangsvermögen ist das Betriebsvermögen, das am Schluß des der Auflösung vorangegangenen Wirtschaftsjahres nach den Vorschriften über die Gewinnermittlung anzusetzen war. Wird die Auflösung im Wirtschaftsjahr der Gründung (Errichtung) beschlossen, ist Abwicklungs-Anfangsvermögen das eingezahlte Kapital.

(6) Auf die Gewinnermittlung sind im übrigen die sonst geltenden Vorschriften anzuwenden.

(7) Erfolgt bei einem nicht unter Abs. 1 fallenden Steuerpflichtigen die Abwicklung, richtet sich die Steuerpflicht nach den Vorschriften des Einkommensteuergesetzes 1988 und dieses Bundesgesetzes.

Umgründungen

§ 20. (1) Geht das Vermögen einer unbeschränkt steuerpflichtigen Körperschaft auf einen anderen über, sind
1. bei Verschmelzungen, Umwandlungen, Aufspaltungen und vergleichbaren Vermögensübertragungen § 19,
2. bei Einbringungen und Abspaltungen § 6 Z 14 des Einkommensteuergesetzes 1988 und
3. bei Zusammenschlüssen und Realteilungen § 24 Abs. 7 des Einkommensteuergesetzes 1988

anzuwenden, wenn die Voraussetzungen des Umgründungssteuergesetzes nicht gegeben sind oder das Umgründungssteuergesetz dies vorsieht.

(2) Für die Ermittlung des Liquidations- oder Veräußerungsgewinnes gilt folgendes:
1. In den Fällen des Abs. 1 Z 1 tritt an die Stelle des zur Verteilung kommenden Vermögens

der Wert der für die Vermögensübertragung gewährten Gegenleistung
- nach dem Stand im Zeitpunkt der tatsächlichen Übertragung, jedenfalls aber nicht vor der Eintragung im Firmenbuch,
- im Falle der Verschmelzung, Umwandlung oder Aufspaltung nach dem Stand zum Verschmelzungs-, Umwandlungs- oder Spaltungsstichtag im Sinne des Umgründungssteuergesetzes.

2. In den Fällen des Abs. 1 Z 2 und 3 ist der Wert der Gegenleistung nach dem Stand zum Einbringungs-, Spaltungs-, Zusammenschluß- oder Realteilungsstichtag im Sinne des Umgründungssteuergesetzes anzusetzen.

Soweit eine Gegenleistungen in Form von Gesellschafts- oder anderen Mitgliedschaftsrechten nicht gewährt wird, ist der Teilwert der Wirtschaftsgüter einschließlich selbstgeschaffener unkörperlicher Wirtschaftsgüter anzusetzen.

(3) Der Rechtsnachfolger hat das übernommene Vermögen mit den nach Abs. 2 jeweils maßgebenden Werten anzusetzen. Die Einkünfte sind ihm ab dem Beginn des Tages zuzurechnen, der dem gemäß Abs. 2, § 6 Z 14 oder § 24 Abs. 7 des Einkommensteuergesetzes 1988 maßgebenden Stichtag folgt.

3. TEIL
BESTEUERUNG BEI BESCHRÄNKTER STEUERPFLICHT

Einkünfte bei beschränkter Steuerpflicht

§ 21. (1) Bei beschränkt Steuerpflichtigen im Sinne des § 1 Abs. 3 Z 1 gilt folgendes:

1. Die Steuerpflicht erstreckt sich nur auf Einkünfte im Sinne des § 98 des Einkommensteuergesetzes 1988 und im Sinne des § 14 Abs. 12. Wie die Einkünfte zu ermitteln sind, bestimmt sich nach dem Einkommensteuergesetz 1988 und diesem Bundesgesetz. § 5 Z 6 ist sinngemäß anzuwenden, wenn die Körperschaft, Personenvereinigung oder Vermögensmasse
   - ihren Sitz oder ihre Geschäftsleitung im übrigen Gemeinschaftsgebiet der Europäischen Union oder einem Staat des Europäischen Wirtschaftsraumes hat oder
   - der Förderung gemeinnütziger, mildtätiger oder kirchlicher Zwecke im Sinne des § 34 der Bundesabgabenordnung zumindest überwiegend im Bundesgebiet dient.

   § 10 und § 10a sind nicht anzuwenden. Von den Einkünften sind nach Maßgabe des § 8 Abs. 4 Sonderausgaben abzuziehen; § 102 Abs. 2 Z 2 des Einkommensteuergesetzes 1988 ist anzuwenden.
   (BGBl I 2021/227)

1a. Beschränkt Steuerpflichtigen, die in einem Mitgliedstaat der Europäischen Union oder einem Staat des Europäischen Wirtschaftsraumes ansässig sind, ist die Kapitalertragsteuer für die von ihnen bezogenen Einkünfte gemäß § 27 Abs. 2 Z 1 lit. a, b und c des Einkommensteuergesetzes 1988 auf Antrag zurückzuzahlen, soweit die Kapitalertragsteuer nicht auf Grund eines Doppelbesteuerungsabkommens im Ansässigkeitsstaat angerechnet werden kann. Dies gilt auch für beschränkt Steuerpflichtige, die in einem anderen Staat ansässig sind, mit dem eine umfassende Amtshilfe besteht, wenn diese weniger als zu einem Zehntel am Kapital des Abzugsverpflichteten (§ 95 Abs. 2 Z 1 lit. a Einkommensteuergesetz 1988) beteiligt sind. Der Steuerpflichtige hat den Nachweis zu erbringen, dass die Kapitalertragsteuer ganz oder teilweise nicht angerechnet werden kann.
   (BGBl I 2022/108)

2. Bei beschränkt Steuerpflichtigen gilt hinsichtlich jener Einkünfte, die einer im Inland unterhaltenen Betriebsstätte zuzurechnen sind, folgendes:

   a) Abweichend von der Z 1 sind § 10 und § 10a sinngemäß anzuwenden. Für Zwecke des Eigenkapitalquotenvergleichs gemäß § 12a Abs. 5 ist ausschließlich das Eigenkapital der inländischen Betriebsstätte maßgeblich.
   (BGBl I 2021/3)

   b) Besteht bei nicht unter Z 3 fallenden Steuerpflichtigen hinsichtlich einer im Inland unterhaltenen Betriebsstätte nach unternehmensrechtlichen Vorschriften eine Verpflichtung zur Rechnungslegung, sind alle Einkünfte, die dieser Betriebsstätte zuzurechnen sind, als gewerbliche Einkünfte zu behandeln. Der Gewinn ist nach § 5 des Einkommensteuergesetzes 1988 zu ermitteln.

3. Bei beschränkt Steuerpflichtigen, die inländischen unter § 7 Abs. 3 fallenden Körperschaften vergleichbar sind, ist § 7 Abs. 3 auf Betriebsstätten und unbewegliches Vermögen anzuwenden.

(2) Bei beschränkt Steuerpflichtigen im Sinne des § 1 Abs. 3 Z 2 und 3 erstreckt sich die Steuerpflicht auf Einkünfte, bei denen die Steuer durch Steuerabzug erhoben wird. Dies gilt

1. für Beteiligungserträge im Sinne des § 10,
2. (aufgehoben)
3. für Einkünfte aus der Überlassung von Kapital gemäß § 27 Abs. 2 Z 2 des Einkommensteuergesetzes 1988, für Einkünfte aus realisierten Wertsteigerungen im Sinne des § 27 Abs. 3 des Einkommensteuergesetzes 1988, für Einkünfte aus Derivaten im Sinne des § 27 Abs. 4 des Einkommensteuergesetzes 1988 und für Einkünfte aus Kryptowährungen im Sinne des § 27 Abs. 4a des Einkommensteuergesetzes 1988, die

- innerhalb einer Veranlagungs- oder Risikogemeinschaft einer Pensions- oder Mitarbeitervorsorgekasse (§ 6 Abs. 1 und 5),
- einer Unterstützungskasse (§ 6 Abs. 2),
- einer Privatstiftung im Sinne des § 6 Abs. 4,
- einer Versorgungs- oder Unterstützungseinrichtung einer Körperschaft des öffentlichen Rechts,
- den Einkünften aus Kapitalvermögen (§ 27 des Einkommensteuergesetzes 1988) einer nicht unter § 5 Z 6 fallenden Privatstiftung,

(BGBl I 2016/117)

- einem von der unbeschränkten Steuerpflicht befreiten Steuerpflichtigen im Rahmen eines ebenfalls steuerbefreiten Betriebes (beispielsweise § 45 Abs. 2 der Bundesabgabenordnung) oder

(BGBl I 2016/117)

- einem Einlagensicherungsfonds gemäß § 18 ESAEG oder dem Beitragsvermögen gemäß § 74 WAG 2018

(BGBl I 2016/117)

- einer nach § 718 Abs. 9 ASVG errichteten Privatstiftung

(BGBl I 2019/103)

nachweislich zuzurechnen sind.

(BGBl I 2022/10)

4. für Einkünfte einer Mittelstandsfinanzierungsgesellschaft im Rahmen des § 5 Z 14,
5. (aufgehoben)
6. für Kapitalerträge auf Grund von Zuwendungen im Sinne des § 27 Abs. 5 Z 7 erster oder dritter Teilstrich des Einkommensteuergesetzes 1988, wenn die Einkünfte gemäß § 3 des Einkommensteuergesetzes 1988 befreit sind, der Empfänger unter § 4a des Einkommensteuergesetzes 1988 fällt oder Zuwendungen gemäß § 4b oder § 4c des Einkommensteuergesetzes 1988 vorliegen.

(BGBl I 2017/28)

(3) Bei Steuerpflichtigen im Sinne des § 1 Abs. 3 Z 2 und 3 erstreckt sich die Steuerpflicht unter sinngemäßer Anwendung von Abs. 2 auch auf:
1. ausländische Kapitalerträge, die den Kapitalerträgen im Sinne des Abs. 2 vergleichbar sind. Ein vergleichbarer ausländischer Kapitalertrag liegt insoweit vor, als wegen seines Bezugs zum Ausland keine Kapitalertragsteuer erhoben wird.
2. Einkünfte gemäß § 27a Abs. 2 des Einkommensteuergesetzes 1988, ausgenommen Einkünfte aus Förderungsdarlehen (insbesondere zur Förderung des Wohnbaus, der Wirtschaft oder des Gesundheitswesens).
3. Einkünfte aus realisierten Wertsteigerungen von Anteilen an Körperschaften.
3a. Einkünfte aus Kryptowährungen gemäß § 27 Abs. 4a des Einkommensteuergesetzes 1988, bei denen kein inländischer Schuldner oder inländischer Dienstleister (§ 95 Abs. 2 Z 3 des Einkommensteuergesetzes 1988) vorliegt, die Kryptowährungen oder sonstigen Entgelte gutschreibt bzw. die Realisierung abwickelt.

(BGBl I 2022/10)

4. Einkünfte aus privaten Grundstücksveräußerungen gemäß § 30 des Einkommensteuergesetzes 1988. Die §§ 30b und 30c des Einkommensteuergesetzes 1988 sind sinngemäß anzuwenden.

4. TEIL
TARIF

Steuersätze

§ 22. (1) Die Körperschaftsteuer vom Einkommen (§ 7 Abs. 2) oder vom Gesamtbetrag der Einkünfte beschränkt Steuerpflichtiger im Sinne des § 21 beträgt für das Kalenderjahr 2023 24% und für die Kalenderjahre ab 2024 23%.

(BGBl I 2022/10)

(2) Die Körperschaftsteuer für nach § 13 Abs. 3 und 4 zu versteuernde Einkünfte einer Privatstiftung nach Abzug von Sonderausgaben gemäß § 13 Abs. 1 Z 4 beträgt für das Kalenderjahr 2023 24% und für die Kalenderjahre ab 2024 23%.

(BGBl I 2019/103, BGBl I 2022/10)

(3) Zusätzlich zur Körperschaftsteuer gemäß Abs. 1 und 2 ist ein Zuschlag in Höhe von 25% von jenen Beträgen zu entrichten, bei denen der Abgabepflichtige auf Verlangen der Abgabenbehörde die Gläubiger oder Empfänger der Beträge nicht genau bezeichnet.

Freibetrag für begünstigte Zwecke

§ 23. (1) Bei Körperschaften im Sinne des § 5 Z 6 ist bei der Ermittlung des Einkommens nach Abzug der Sonderausgaben ein Betrag in Höhe des Einkommens, höchstens jedoch 10 000 Euro, abzuziehen.

(2) Erzielt eine Körperschaft im Sinne des Abs. 1 in einem Kalenderjahr vor Anwendung des Abs. 1 kein steuerpflichtiges Einkommen, ist der nicht wirksam gewordene Freibetrag vom Einkommen, das in einem der zehn folgenden Jahre (Ansammlungszeitraum) erzielt wird, in folgender Weise abzuziehen:
1. Es ist zunächst der für das jeweilige Jahr zustehende Freibetrag abzuziehen.
2. Verbleibt nach Abzug des Freibetrages nach Z 1 ein Einkommen, sind aus vorangegangenen Jahren zustehende Freibeträge abzuziehen, wobei die Freibeträge der zeitlich am weitesten zurückliegenden Jahre vorrangig zu berücksichtigen sind.
3. Nicht verrechnete Freibeträge nach Z 2 bleiben innerhalb der Frist von zehn Jahren weiter abzugsfähig.

Übersteigt das steuerpflichtige Einkommen vor Anwendung des Abs. 1 in einem Kalenderjahr nicht 10% des Freibetrages und übersteigt das kumulierte steuerpflichtige Einkommen vor Anwendung des Abs. 1 im Ansammlungszeitraum nicht 5% der im Ansammlungszeitraum maximal vortragsfähigen Freibeträge, kann der im jeweiligen Kalenderjahr noch nicht verbrauchte Freibetrag nach Z 1 bis 3 vorgetragen werden.

Sanierungsgewinne

§ 23a. (1) Zu den Einkünften gehören Sanierungsgewinne, das sind Gewinne, die durch Vermehrungen des Betriebsvermögens infolge eines gänzlichen oder teilweisen Erlasses von Schulden zum Zwecke der Sanierung entstanden sind.

(2) Sind im Einkommen Sanierungsgewinne enthalten, die durch Erfüllung der Sanierungsplanquote nach Abschluss eines Sanierungsplans gemäß §§ 140 bis 156 der Insolvenzordnung (IO) oder einer vergleichbaren außergerichtlichen Sanierung entstanden sind, gilt für die Berechnung der Steuer Folgendes:
1. Es ist die rechnerische Steuer sowohl einschließlich als auch ausschließlich der Sanierungsgewinne zu ermitteln.
2. Der Unterschiedsbetrag ist mit jenem Prozentsatz zu vervielfachen, der dem Forderungsnachlass entspricht (100% abzüglich Sanierungsplanquote).
3. Das Ergebnis ist von der nach Z 1 ermittelten Steuer einschließlich der Sanierungsgewinne abzuziehen.

(BGBl I 2021/227)

5. TEIL
ERHEBUNG DER STEUER

§ 24. (1) Die Körperschaftsteuer wird nach Ablauf des Kalenderjahres (Veranlagungszeitraum) nach dem Einkommen oder dem Gesamtbetrag der Einkünfte beschränkt Steuerpflichtiger im Sinne des § 21 Abs. 1 und 3 veranlagt, das der Steuerpflichtige in diesem Veranlagungszeitraum bezogen hat.

(2) Die Körperschaftsteuer für Einkünfte, die dem Steuerabzug unterliegen, gilt bei beschränkt Steuerpflichtigen durch den Steuerabzug als abgegolten, außer es ergibt sich aus den Vorschriften des Einkommensteuergesetzes 1988, daß eine Veranlagung zu erfolgen hat. Dies gilt sinngemäß für die selbstberechnete Immobilienertragsteuer gemäß § 30b Abs. 1 desEinkommensteuergesetzes 1988, es sei denn, dass die der Selbstberechnung zugrunde liegenden Angaben Steuerpflichtigen nicht den tatsächlichen Gegebenheiten entsprechen.

(3) Für die Veranlagung und Entrichtung der Steuer gilt Folgendes:
1. Es sind die Vorschriften des Einkommensteuergesetzes 1988 über die Veranlagung und Entrichtung sinngemäß anzuwenden. Die Körperschaftsteuererklärung für unbeschränkt Steuerpflichtige ist elektronisch zu übermitteln. Ist dem Steuerpflichtigen die elektronische Übermittlung der Steuererklärung mangels technischer Voraussetzungen unzumutbar, hat die Übermittlung der Steuererklärung unter Verwendung des amtlichen Vordrucks zu erfolgen. Der Bundesminister für Finanzen wird ermächtigt, den Inhalt und das Verfahren der elektronischen Übermittlung der Steuererklärung mit Verordnung festzulegen. In der Verordnung kann vorgesehen werden, dass sich der Steuerpflichtige einer bestimmten geeigneten öffentlich-rechtlichen oder privatrechtlichen Übermittlungsstelle zu bedienen hat.

(BGBl I 2022/108)

2. Bei der Festsetzung von Vorauszahlungen ist eine sich aus § 22 Abs. 2 ergebende Körperschaftsteuerschuld zu berücksichtigen. Ein Zuschlag zur Körperschaftsteuer gemäß § 22 Abs. 3 ist nicht zu berücksichtigen.
3. Das Finanzamt hat die Vorauszahlungen für Privatstiftungen im Sinne des § 13 bis 30. September 2011 für das Kalenderjahr 2011 und Folgejahre auf Grund der Anhebung der Zwischensteuer gemäß § 22 Abs. 2 und § 24 Abs. 5 Z 3 entsprechend anzupassen.
4. Die §§ 30b und 30c des Einkommensteuergesetzes 1988 sind nicht anzuwenden auf
   – Körperschaften gemäß § 1 Abs. 2 und Abs. 3 Z 1, sofern diese unter § 7 Abs. 3 fallen, und
   – Privatstiftungen.

(4) Für unbeschränkt steuerpflichtige inländische Kapitalgesellschaften und diesen vergleichbaren unbeschränkt steuerpflichtigen ausländischen Körperschaften gilt Folgendes:
1. Es ist für jedes volle Kalendervierteljahr des Bestehens der unbeschränkten Steuerpflicht eine Mindeststeuer in Höhe von 5% eines Viertels der gesetzlichen Mindesthöhe des Grund- oder Stammkapitals (§ 7 des Aktiengesetzes 1965, § 6 des GmbH-Gesetzes und Art. 4 der Verordnung (EG) Nr. 2157/2001 über das Statut der Europäischen Gesellschaft (SE), ABl. Nr. L 294 vom 10.11.2001 S. 1) zu entrichten. Fehlt bei ausländischen Körperschaften eine gesetzliche Mindesthöhe des Kapitals oder ist diese niedriger als die gesetzliche Mindesthöhe nach § 6 des GmbH-Gesetzes, ist § 6 des GmbH-Gesetzes maßgebend. Ändert sich die für die Mindeststeuer maßgebliche Rechtsform während eines Kalendervierteljahres, ist dafür die am Beginn des Kalendervierteljahres bestehende Rechtsform maßgeblich.
2. Abweichend von Z 1 beträgt die Mindeststeuer für unbeschränkt steuerpflichtige Kreditinstitute und Versicherungsunternehmen in der Rechtsform einer Kapitalgesellschaft für jedes volle Kalendervierteljahr 1 363 Euro.
3. ~~Abweichend von Z 1 und 2 beträgt die Mindeststeuer für unbeschränkt steuerpflichtige~~

§§ 24, 24a

~~Gesellschaften mit beschränkter Haftung in den ersten fünf Jahren ab Eintritt in die unbeschränkte Steuerpflicht für jedes volle Kalendervierteljahr 125 Euro und in den folgenden fünf Jahren für jedes volle Kalendervierteljahr 250 Euro.~~
(Start-Up-FG, BGBl I 2023/200 ab 1.1.2024)

4. Die Mindeststeuer ist in dem Umfang, in dem sie die tatsächliche Körperschaftsteuerschuld übersteigt, wie eine Vorauszahlung im Sinne des § 45 des Einkommensteuergesetzes 1988 anzurechnen. Die Anrechnung ist mit jenem Betrag begrenzt, mit dem die im Veranlagungsjahr oder in den folgenden Veranlagungszeiträumen entstehende tatsächliche Körperschaftsteuerschuld den sich aus den „Z 1 und 2" für diesen Veranlagungszeitraum ergebenden Betrag übersteigt.
(Start-Up-FG, BGBl I 2023/200 ab 1.1.2024)

(5) Körperschaftsteuer, die auf Einkünfte im Sinne des § 13 Abs. 3 und 4 entfällt, ist nach Maßgabe der nachstehenden Bestimmungen in der Veranlagung gutzuschreiben:

1. Die Körperschaftsteuer ist bei Abgabe der Steuererklärung auf Grund einer erfolgten Veranlagung festgesetzt und entrichtet.
2. Die Privatstiftung tätigt Zuwendungen im Sinne des § 27 Abs. 5 Z 7 des Einkommensteuergesetzes 1988, für die Kapitalertragsteuer abgeführt wurde.
3. a) Die Bemessungsgrundlage für die Gutschrift ist der Unterschiedsbetrag zwischen
   – der Summe der gemäß § 13 Abs. 3 gesondert zu versteuernden Einkünfte und
   – der Summe der Zuwendungen im Sinne des § 27 Abs. 5 Z 7 des Einkommensteuergesetzes 1988, wenn diese die Summe der Einkünfte im Sinne des ersten Teilstriches übersteigt.
   b) Findet eine Entlastung der Zuwendungen von der Kapitalertragsteuer auf Grund eines Doppelbesteuerungsabkommens statt, ist die Summe der Zuwendungen bei der Ermittlung der Bemessungsgrundlage gemäß lit. a insoweit zu verringern, als sie nicht endgültig mit Kapitalertragsteuer belastet ist. Dies gilt auch, wenn die Entlastung nach Abfuhr der Kapitalertragsteuer stattfindet; die nachträgliche Entlastung gilt als rückwirkendes Ereignis im Sinne des § 295a der Bundesabgabenordnung.
4. Wird die Körperschaftsteuer der Jahre vor 2011 gutgeschrieben, beträgt die Gutschrift 12,5% der Bemessungsgrundlage gemäß Z 3. Die Gutschrift der Körperschaftsteuer der Jahre ab 2011 bis 2022 beträgt 25%, des Jahres 2023 24% und der Jahre ab 2024 23% der jeweiligen Bemessungsgrundlage gemäß Z 3. Die Körperschaftsteuer der ältesten Jahre ist vorrangig gutzuschreiben.
(BGBl I 2022/10)
5. Die Privatstiftung führt ein Evidenzkonto, in dem die jährlich entrichtete Körperschaftsteuer, die gutgeschriebenen Beträge und der jeweils für eine Gutschrift in Betracht kommende Restbetrag fortlaufend aufgezeichnet werden.
6. Im Falle der Auflösung der Privatstiftung ist die Höhe der Gutschrift gemäß Z 3 und 4 zu ermitteln. Dabei ist bei der Berechnung der Gutschrift nach Z 3 auch der Restbetrag gemäß Z 5 wie eine Zuwendung im Sinne des § 27 Abs. 5 Z 7 des Einkommensteuergesetzes 1988 zu behandeln. Abweichend von Z 3 lit. b ist trotz Abfuhr der Kapitalertragsteuer im Fall einer möglichen nachträglichen Entlastung der Zuwendungsbetrag entsprechend zu reduzieren. Die Erteilung der Gutschrift erfolgt mit der letzten Veranlagung.
(BGBl I 2015/163)

(6) Die Bestimmungen des § 108c EStG 1988 gelten sinngemäß für Körperschaften im Sinne des § 1, soweit sie nicht von der Körperschaftsteuer befreit sind.
(AbgÄG 2023, BGBl I 2023/110)

(7) § 107 des Einkommensteuergesetzes 1988 gilt für Körperschaften im Sinne des § 1 Abs. 2 und Abs. 3 Z 1 nach Maßgabe folgender Bestimmungen sinngemäß:

1. Die Abzugsteuer beträgt 7,5%.
(BGBl I 2022/10)
2. Abweichend von § 107 Abs. 6 des Einkommensteuergesetzes 1988 haftet der Schuldner der Einkünfte für die Entrichtung der Abzugsteuer nicht, wenn eine Anmeldung und der Abzug auf Grundlage der Angaben des Einkünfteempfängers unterblieben ist und diese Angaben nicht offensichtlich unrichtig sind.
3. Dem Empfänger der Einkünfte ist die Abzugsteuer vorzuschreiben, wenn ein Abzug gemäß Z 2 zu Unrecht unterblieben ist.
(BGBl I 2018/62)

Sondervorschriften für Unternehmensgruppen

§ 24a. (1)
1. Das Ergebnis jedes unbeschränkt steuerpflichtigen Gruppenmitgliedes (§ 9 Abs. 2) ist mit Bescheid (§ 92 Abs. 1 lit. b der Bundesabgabenordnung) festzustellen. In diesem Bescheid ist abzusprechen über:
   – Das eigene Einkommen gemäß § 9 Abs. 6 Z 1,
   – die zuzurechnenden Verluste nicht unbeschränkt steuerpflichtiger ausländischer Gruppenmitglieder, an denen eine ausreichende finanzielle Verbindung

besteht, sowie deren allenfalls nachzuversteuernde Verluste,
- die anzurechnenden inländischen Steuern,
- die anrechenbaren ausländischen Steuern,
- die verrechenbare Mindeststeuer (Abs. 4 Z 2) und
- die Aufteilung des vom Gruppenmitglied zuzurechnenden Ergebnisses auf die Mitbeteiligten einer dem Gruppenmitglied übergeordneten Beteiligungsgemeinschaft.
2. Das Ergebnis des Gruppenträgers (§ 9 Abs. 3) oder des Hauptbeteiligten einer Beteiligungsgemeinschaft als Gruppenträger ist mit Bescheid (§ 92 Abs. 1 lit. b der Bundesabgabenordnung) festzustellen. In diesem Bescheid ist abzusprechen über:
- Das eigene Einkommen gemäß § 9 Abs. 6 Z 2 zweiter Satz,
- die zuzurechnenden Verluste nicht unbeschränkt steuerpflichtiger ausländischer Gruppenmitglieder, an denen eine ausreichende finanzielle Verbindung besteht, sowie deren allenfalls nachzuversteuernde Verluste,
- die anzurechnenden inländischen Steuern,
- die anrechenbaren ausländischen Steuern und
- die verrechenbare Mindeststeuer (Abs. 4 Z 2).
3. Das Ergebnis jedes beschränkt steuerpflichtigen ausländischen Gruppenmitglieds (§ 9 Abs. 2 zweiter Teilstrich) ist mit Bescheid (§ 92 Abs. 1 lit. b der Bundesabgabenordnung) festzustellen. In diesem Bescheid ist über den Gesamtbetrag der beschränkt steuerpflichtigen Einkünfte aus inländischen Betriebsstätten und inländischem unbeweglichen Vermögen abzusprechen.

(BGBl I 2019/103, BGBl I 2022/108)

(2) Der Feststellungsbescheid im Sinne des Abs. 1 ergeht an das jeweilige Gruppenmitglied, den Gruppenträger und im Falle einer dem Gruppenmitglied übergeordneten Beteiligungsgemeinschaft an den Minderbeteiligten. Der Feststellungsbescheid ist Grundlage für die Festsetzung der Körperschaftsteuer beim Gruppenträger.

(3) Die Körperschaftsteuer wird nach Ablauf des Kalenderjahres (Veranlagungszeitraum) nach dem Gruppeneinkommen veranlagt, das dem Gruppenträger zuzurechnen ist (§ 9 Abs. 6 Z 2). Das Gruppeneinkommen ergibt sich wie folgt:
1. Bei Gruppenträgern im Sinne des § 9 Abs. 3 erster bis vierter Teilstrich durch Zusammenrechnung des eigenen Einkommens mit den im jeweiligen Veranlagungsjahr zuzurechnenden Ergebnissen der Gruppenmitglieder unter Berücksichtigung des § 12a und der Sonderausgaben.

(BGBl I 2021/3)

2. Bei allen Mitbeteiligten einer Beteiligungsgemeinschaft im Sinne des § 9 Abs. 3 fünfter Teilstrich durch Zusammenrechnung des eigenen Einkommens des Mitbeteiligten mit dem anteilig auf jeden entfallenden Anteil an den Ergebnissen der ruppenmitglieder unter Berücksichtigung der Sonderausgaben.

(BGBl I 2016/77)

Auf die sich daraus ergebende Körperschaftsteuerschuld sind anzurechnende inländische Steuern, anrechenbare ausländische Steuern und verrechenbare Mindeststeuern (Abs. 4) ganz oder im Falle einer Beteiligungsgemeinschaft anteilig anzurechnen. Mit der Erlassung des Körperschaftsteuerbescheides ist zuzuwarten, bis sämtliche Feststellungsbescheide im Sinn des Abs. 1 erlassen sind.

(4) In der Unternehmensgruppe gilt hinsichtlich der Mindeststeuer Folgendes:
1. Eine Mindeststeuer ist für jedes mindeststeuerpflichtige Gruppenmitglied und den Gruppenträger zu berechnen und vom Gruppenträger zu entrichten, wenn das Gesamteinkommen in der Unternehmensgruppe nicht ausreichend positiv ist. Das Gesamteinkommen in der Unternehmensgruppe ist dann nicht ausreichend positiv, wenn es unter dem Betrag liegt, der sich für alle mindeststeuerpflichtige Gruppenmitglieder und den mindeststeuerpflichtigen Gruppenträger nach § 24 Abs. 4 Z 1 bis 3 zusammengezählt ergibt.
2. Mindeststeuern aus Zeiträumen vor dem Wirksamwerden der Unternehmensgruppe sind dem finanziell ausreichend beteiligten Gruppenmitglied bzw. dem Gruppenträger in jener Höhe zuzurechnen, die auf das vom Gruppenmitglied weitergeleitete eigene Einkommen anrechenbar wäre. Das beteiligte Gruppenmitglied leitet die zugerechnete Mindeststeuer gemeinsam mit dem eigenen Einkommen jenes Zeitraumes weiter, in dem die Zurechnung erfolgt ist.

6. TEIL
VERWEISE AUF ANDERE BUNDESGESETZE

§ 25. Soweit in diesem Bundesgesetz auf andere Bundesgesetze verwiesen wird, sind diese in ihrer jeweils geltenden Fassung anzuwenden.

7. TEIL
ÜBERGANGS- UND SCHLUSSVORSCHRIFTEN

Inkrafttreten und Aufhebung

§ 26. (1) Dieses Bundesgesetz ist anzuwenden,
1. wenn die Körperschaftsteuer veranlagt wird, erstmalig bei der Veranlagung für das Kalenderjahr 1989,

2. wenn die Körperschaftsteuer durch Abzug erhoben wird, für die Zeit ab 1. Jänner 1989.

(2) Das Körperschaftsteuergesetz 1966 ist letztmalig anzuwenden,
1. wenn die Körperschaftsteuer veranlagt wird, bei der Veranlagung für das Kalenderjahr 1988,
2. wenn die Körperschaftsteuer durch Abzug erhoben wird, für die Zeit bis 31. Dezember 1988.

(3) Abweichend von Abs. 1 und 2 gilt folgendes:
1. § 8 Abs. 3 Z 3 und § 18 sind auf alle nicht rechtskräftigen Veranlagungen anzuwenden.
2. a) § 8 Abs. 4 Z 3 ist anzuwenden auf Mantelkäufe, die in Wirtschaftsjahren erfolgen, die nach dem 31. Dezember 1988 enden.
   b) § 117 Abs. 6 des Einkommensteuergesetzes 1988 ist anzuwenden.
3. § 14 Abs. 3 ist erstmalig ab der Veranlagung für das Kalenderjahr 1987 anzuwenden.

(4) Für gemeinnützige Bauvereinigungen im Sinne des Wohnungsgemeinnützigkeitsgesetzes gilt folgendes:
1. § 1 Abs. 3 des Wohnungsgemeinnützigkeitsgesetzes ist für Wirtschaftsjahre anzuwenden, die vor dem 1. Jänner 1989 enden.
2. § 5 Z 10 ist erstmalig für jenes Wirtschaftsjahr anzuwenden, das nach dem 31. Dezember 1988 endet. Bei gemeinnützigen Bauvereinigungen, die am Beginn des im ersten Satz genannten Wirtschaftsjahres Geschäfte außerhalb der in § 7 Abs. 1 bis 3 des Wohnungsgemeinnützigkeitsgesetzes bezeichneten Art tätigen, ist der Bescheid der Finanzlandesdirektion für dieses Wirtschaftsjahr unter der Voraussetzung wirksam, daß der Antrag innerhalb von drei Monaten ab Beginn des Wirtschaftsjahres gestellt wird. Der Antrag muß jedoch in keinem Fall vor dem 1. April 1989 gestellt werden.

(5) Pensionskassen, die nach § 6 des Körperschaftsteuergesetzes 1966 befreit waren und die Voraussetzungen für die Körperschaftsteuerbefreiung nach § 6 am 1. Jänner 1989 nicht erfüllen, bleiben bis zum Erlöschen der Konzession im Sinne des § 49 des Pensionskassengesetzes steuerfrei, wenn sie die Voraussetzungen für die Körperschaftsteuerbefreiung nach § 6 des Körperschaftsteuergesetzes 1966 weiterhin erfüllen.

(6) Hat ein Organträger im Sinne des § 8 Abs. 4 des Körperschaftsteuergesetzes 1966 ein abweichendes Wirtschaftsjahr, ist das Einkommen der Organgesellschaft für das Jahr 1988 dem Einkommen des Organträgers für das Jahr 1988 zuzurechnen.

(7) Beziehen sich bundesgesetzliche Vorschriften auf Bestimmungen des Körperschaftsteuergesetzes 1966, treten an die Stelle dieser Bestimmungen die entsprechenden Bestimmungen dieses Bundesgesetzes.

§ 26a. (1) § 117 Abs. 7 Z 2 des Einkommensteuergesetzes 1988 in der Fassung des Bundesgesetzes BGBl. Nr. 201/1996 ist anzuwenden.

(2) § 14 Abs. 1 in der Fassung des Bundesgesetzes BGBl. Nr. 818/1993 ist auf Wirtschaftsjahre, die vor dem 1. Jänner 1997 und nach dem 31. Dezember 1995 enden, mit der Maßgabe anzuwenden, daß an Stelle der Hälfte der Zuführung zur Haftrücklage ein Viertel der Zuführung zur Haftrücklage tritt. Auf Wirtschaftsjahre, die nach dem 31. Dezember 1996 enden, sind die Abs. 1 bis 3 nicht anzuwenden. Soweit für Wirtschaftsjahre, die vor dem 1. Jänner 1997 enden, steuerwirksame Haftrücklagen gebildet wurden, sind sie in den Jahren ihrer bestimmungsgemäßen Verwendung nachzuversteuern. Bei bestimmungsgemäßer Verwendung ist die steuerwirksame Haftrücklage im Verhältnis des Standes der steuerwirksamen und der steuerneutral gebildeten Rücklagenteile vor der bestimmungsgemäßen Verwendung steuerwirksam aufzulösen.

(3) § 16 ist auf Wirtschaftsjahre, die vor dem 1. Jänner 1997 und nach dem 31. Dezember 1995 enden, mit der Maßgabe anzuwenden, daß die Hälfte der Zuführung zur Risikorücklage abzugsfähig ist. Auf Wirtschaftsjahre, die nach dem 31. Dezember 1996 enden, ist § 16 nicht anzuwenden. Soweit für Wirtschaftsjahre, die vor dem 1. Jänner 1997 enden, steuerwirksame Risikorücklagen gebildet wurden, sind sie in den Jahren ihrer bestimmungsgemäßen Verwendung nachzuversteuern.

(4) § 17 Abs. 3 in der Fassung des Bundesgesetzes BGBl. Nr. 201/1996 ist erstmalig bei der Veranlagung für 1997 anzuwenden. Bei der Veranlagung für 1996 tritt an die Stelle der Prozentzahl „10" die Prozentzahl „15".

(5) § 24 Abs. 4 in der Fassung des Bundesgesetzes BGBl. Nr. 201/1996 ist erstmals für Zeiträume nach dem 31. Dezember 1995 anzuwenden. Die am 1. Jänner 1996 bestehenden der Mindeststeuer unterliegenden unbeschränkt Steuerpflichtigen haben die für das erste und zweite Quartal maßgebenden Beträge am 15. August 1996 nachzuentrichten. Für die in den Jahren 1994 bis 1996 zu entrichtende Mindeststeuerbeträge entfällt die nach § 24 Abs. 4 in der Fassung des Bundesgesetzes BGBl. Nr. 680/1994 vorgesehene siebenjährige Verrechnungsfrist.

(6) § 7 Abs. 2 und § 23 in der Fassung vor dem Bundesgesetz BGBl. Nr. 201/1996 ist letztmals bei der Veranlagung für 1997 anzuwenden. Im übrigen ist § 7 Abs. 2 bei der Veranlagung für 1996 und 1997 mit der Maßgabe anzuwenden, daß Verluste aus der Beteiligung als Mitunternehmer oder stiller Gesellschafter an Betrieben, deren Unternehmensschwerpunkt in der Verwaltung unkörperlicher Wirtschaftsgüter oder in der gewerblichen Vermietung von Wirtschaftsgütern gelegen ist, weder ausgleichsfähig noch gemäß § 8 Abs. 4 vortragsfähig sind, wenn die Beteiligung in Wirtschaftsjahren angeschafft wurde, die in den Jahren 1996 oder 1997 enden. Solche Verluste sind mit Gewinnen (Gewinnanteilen) aus dieser Beteiligung frühestmöglich zu verrechnen.

(7) § 10 Abs. 2 in der Fassung des Bundesgesetzes BGBl. Nr. 797/1996 ist für Beteiligungserträge im Sinne des § 10 Abs. 2 Z 2 lit. a erstmalig bei der Veranlagung für 1996 und für Beteiligungserträge im Sinne des § 10 Abs. 2 Z 2 lit. b, erstmalig bei der Veranlagung für 1997 anzuwenden.

(8) § 117a des Einkommensteuergesetzes 1988 ist anzuwenden.

(9) § 11 Abs. 2, § 17 Abs. 3 und § 22 Abs. 3 und 4 in der Fassung des Bundesgesetzes BGBl. I Nr. 106/1999 sind erstmals bei der Veranlagung für das Jahr 2000 anzuwenden.

(10) § 7 Abs. 2, § 13 Abs. 2 bis 4, § 15 Abs. 2 und 3, § 22 Abs. 2 und 3 und § 24 Abs. 5, jeweils in der Fassung des Bundesgesetzes BGBl. I Nr. 142/2000, sind erstmals bei der Veranlagung für das Kalenderjahr 2001 anzuwenden.

(11) Rückstellungen zum Ausgleich des schwankenden Jahresbedarfes, die bereits zum Ende des letzten vor dem 1. Jänner 2001 endenden Wirtschaftsjahres gebildet worden sind, sind mit der Hälfte jenes Betrages gewinnerhöhend aufzulösen, mit dem die Rückstellungen im Jahresabschluss für das letzte vor dem 1. Jänner 2001 endende Wirtschaftsjahr angesetzt wurden. Die gewinnerhöhende Auflösung ist im Wirtschaftsjahr, das nach dem 31. Dezember 2000 endet, und in den folgenden zwei Wirtschaftsjahren (Auflösungszeitraum) mit jährlich mindestens einem Drittel vorzunehmen.

(12) § 15 Abs. 3 in der Fassung des Bundesgesetzes BGBl. I Nr. 142/2000 ist auch auf Rückstellungen für noch nicht abgewickelte Versicherungsfälle und auf sonstige Rückstellungen (§ 81c Abs. 3 Pos. D VII des Versicherungsaufsichtsgesetzes) anzuwenden, die bereits zum Ende des letzten vor dem 1. Jänner 2001 endenden Wirtschaftsjahres gebildet worden sind. Auflösungsgewinne, die sich aus der erstmaligen Anwendung des § 15 Abs. 3 in der Fassung des Bundesgesetzes BGBl. I Nr. 142/2000 bei den zuvor genannten Rückstellungen ergeben, können in dem Wirtschaftsjahr, das nach dem 31. Dezember 2000 endet, und auf die folgenden vier Wirtschaftsjahre (Auflösungszeitraum) verteilt werden, wobei jährlich mindestens ein Fünftel anzusetzen ist. Scheidet eine Rückstellung während des Auflösungszeitraumes aus dem Betriebsvermögen aus, ist der darauf entfallende Auflösungsgewinn im Wirtschaftsjahr des Ausscheidens jedenfalls anzusetzen.

(13) § 6 Abs. 4 und § 13 Abs. 1 Z 1, jeweils in der Fassung des Bundesgesetzes BGBl. I Nr. 2/2001, sind erstmalig bei der Veranlagung für das Jahr 2001 anzuwenden. Abweichend davon sind § 6 Abs. 4 und § 13 Abs. 1 Z 1, jeweils in der Fassung des Bundesgesetzes BGBl. I Nr. 2/2001, erstmalig bei der Veranlagung für das Jahr 2000 anzuwenden, wenn die Stiftung nach dem 30. November 2000 errichtet worden ist.

(14) § 5 Z 8, § 6 Abs. 2 Z 5, § 23 und § 24 Abs. 4 Z 2 und 3, jeweils in der Fassung des Bundesgesetzes BGBl. I Nr. 59/2001, sind erstmals bei der Veranlagung für das Jahr 2002 anzuwenden.

(15) § 22 Abs. 4 ist letztmalig bei der Veranlagung für das Jahr 2001 anzuwenden.

(16)
1. § 10 Abs. 2 in der Fassung des Bundesgesetzes BGBl. I Nr. 71/2003 ist ab der Veranlagung für das Kalenderjahr 2004 anzuwenden.
2. § 10 Abs. 3 in der Fassung des Bundesgesetzes BGBl. I Nr. 71/2003 ist anzuwenden:
   a) auf Steuerpflichtige, die vor dem 1. Jänner 2001 in das Firmenbuch eingetragen worden sind, ab der Veranlagung für das Kalenderjahr 2006, und zwar dahin gehend, dass sie die Option für bestehende und vor dem 1. Jänner 2006 erworbene Beteiligungen mit Wirkung für das Jahr 2006 ausüben und spätestens mit der Körperschaftsteuererklärung für das Jahr 2006 eine entsprechende Optionserklärung abgeben; § 10 Abs. 2 Z 2 in der Fassung vor Bundesgesetz BGBl. I Nr. 71/2003 gilt, unbeschadet der Wirksamkeit des § 10 Abs. 2 KStG 1988 in der Fassung des Bundesgesetzes BGBl. I Nr. 71/2003, bis zum Jahr der Ausübung der Option,
   b) auf Steuerpflichtige, die nach dem 31. Dezember 2000 in das Firmenbuch eingetragen worden sind ab der Veranlagung für 2004, und zwar dahin gehend, dass sie die Option für bestehende und vor dem 1. Jänner 2004 erworbene Beteiligungen, mit Wirksamkeit für die Veranlagung 2004 ausüben und eine entsprechende Erklärung spätestens gemeinsam mit der Körperschaftsteuererklärung für das Jahr 2004 abgeben. Dies gilt auch dann, wenn bei einer bestehenden und vor dem ersten Jänner 2004 erworbenen Beteiligung ausschließlich durch das In-Kraft-Treten des § 10 Abs. 2 in der Fassung des Bundesgesetzes BGBl. I Nr. 71/2003 die Voraussetzungen für eine internationale Schachtelbeteiligung eintreten.
3. Wird keine Option im Sinne der Z 2 lit. a bzw. der Z 2 lit. b ausgeübt, gilt Folgendes:

   Ist im Fall der Z 2 lit. a vor dem letzten im Kalenderjahr 2006 endenden Wirtschaftsjahr, im Fall der Z 2 lit. b vor dem letzten im Kalenderjahr 2004 endenden Wirtschaftsjahr für eine Beteiligung oder für Teile hievon der niedrigere Teilwert (§ 6 Z 2 lit. a des Einkommensteuergesetzes 1988) angesetzt worden, ist der Unterschiedsbetrag zwischen dem steuerlich maßgebenden Buchwert und den seinerzeitigen Anschaffungskosten jeweils im unmittelbar folgenden Wirtschaftsjahr mit mindestens einem Siebentel und in den jeweils sechs weiteren Wirtschaftsjahren ebenfalls mit mindestens einem Siebentel gewinnerhöhend anzusetzen.
4. Im Falle der Ausübung einer Option kann anstelle des steuerlichen Buchwertes der

2/1. KStG
§ 26a

Beteiligung der gemeine Wert abzüglich vorgenommener Teilwertabschreibungen am Ende des Wirtschaftsjahres, in dem die Option ausgeübt wurde, angesetzt werden.

5. § 10 Abs. 4 in der Fassung des Bundesgesetzes BGBl. I Nr. 71/2003 ist anzuwenden:
   a) auf Steuerpflichtige, die vor dem 1. Jänner 2001 in das Firmenbuch eingetragen worden sind, ab der Veranlagung für das Kalenderjahr 2006,
   b) auf Steuerpflichtige, die nach dem 31. Dezember 2000 in das Firmenbuch eingetragen worden sind, ab der Veranlagung für das Kalenderjahr 2004.
   c) Am Ende des ersten im Kalenderjahr 2006 endenden Wirtschaftsjahres (lit. a) bzw. des ersten im Kalenderjahr 2004 endenden Wirtschaftsjahres (lit. b) kann an Stelle des steuerlichen Buchwertes der Beteiligung der gemeine Wert abzüglich vorgenommener Teilwertabschreibungen angesetzt werden. Dies gilt nur dann, wenn bei einer vor dem Beginn des ersten im Kalenderjahr 2004 bzw. 2006 endenden Wirtschaftsjahres erworbenen Beteiligung ausschließlich durch das In-Kraft-Treten des § 10 Abs. 4 in der Fassung des BGBl. I Nr. 71/2003 die Voraussetzungen für die Steuerbefreiung der Erträge aus der internationalen Schachtelbeteiligung entfallen.

(17) § 22 Abs. 2 in der Fassung des Bundesgesetzes BGBl. I Nr. 71/2003 ist erstmals auf Kapitalerträge anzuwenden, die nach dem 31. März 2003 zufließen.

(18) § 24 Abs. 3 Z 1 in der Fassung des Bundesgesetzes BGBl. I Nr. 124/2003 gilt ab der Veranlagung für das Kalenderjahr 2003.

(19) Für bestehende Mittelstandsfinanzierungsgesellschaften, die vor dem 31. Dezember 2007 zur Eintragung in das Firmenbuch angemeldet wurden, sind § 5 Z 14 und § 6b jeweils in der Fassung vor dem Bundesgesetz BGBl. I Nr. 100/2007
1. für zum 31. März 2008 bestehende Beteiligungen bis zum ersten Wirtschaftsjahr, das nach dem 31. Dezember 2012 beginnt, anzuwenden. Diese Frist verlängert sich um zwei Jahre, soweit sich die Mittelstandsfinanzierungsgesellschaft vor dem 31. Dezember 2007 zum Halten der Beteiligungen über den 31. Dezember 2012 hinaus verpflichtet hat und diese Verpflichtung gegenüber Dritten eingegangen ist, soweit diese Verpflichtung Voraussetzung für die Gewährung einer zusätzlichen Komplementärfinanzierung am Markt war.
2. für nach dem 31. März 2008 erworbene Beteiligungen bis zum ersten Wirtschaftsjahr, das nach dem 31. Dezember 2012 beginnt, anzuwenden,
   – wenn deren Erwerb ausschließlich aus bis zum 31. Dezember 2007 eingezahltem Kapital der Mittelstandsfinanzierungsgesellschaft finanziert worden ist, oder
   – wenn deren Erwerb ausschließlich aus bis zum 31. Oktober 2007 kommittiertem Kapital der Mittelstandsfinanzierungsgesellschaft finanziert worden ist und sich die Mittelstandsfinanzierungsgesellschaft im Rahmen eines Beteiligungsplans bereits zum Erwerb zusätzlicher Beteiligungen an dem Zielunternehmen verpflichtet hat. Kommittiertes Kapital der Mittelstandsfinanzierungsgesellschaft ist Kapital, das dieser aufgrund vertraglicher Verpflichtung bereits verbindlich zugesagt worden ist.
3. für alle anderen nach dem 31. März 2008 erworbenen Beteiligungen bis zum ersten Wirtschaftsjahr, das nach dem 31. Dezember 2012 beginnt, nicht mehr anzuwenden. Auf diese neu erworbenen Beteiligungen sind bereits § 5 Z 14, § 6b Abs. 1 Z 6 lit. a und b und § 6b Abs. 2 in der Fassung dieses Bundesgesetzes BGBl. I Nr. 100/2007 bis zum ersten Wirtschaftsjahr, das nach dem 31. Dezember 2012 beginnt, anzuwenden.

Bestehende Mittelstandsfinanzierungsgesellschaften können jedoch ihre Tätigkeit auf die Erfordernisse des § 6b in der Fassung des Bundesgesetzes BGBl. I Nr. 100/2007 bis zum Ende des letzten Wirtschaftsjahres, auf das § 6b in der Fassung vor dem Bundesgesetz BGBl. I Nr. 100/2007 anzuwenden ist, umstellen. Die Begünstigung des dem Veranlagungsbereich zuzurechnenden Ergebnisses gemäß § 5 Z 14 in der Fassung vor dem Bundesgesetz BGBl. I Nr. 100/2007 läuft bei bestehenden Mittelstandsfinanzierungsgesellschaften mit dem Ablauf des fünften auf das Jahr der Eintragung der Gesellschaft in das Firmenbuch folgenden Kalenderjahres, spätestens jedoch mit 31. Dezember 2010, aus.

(20) Für Mittelstandsfinanzierungsgesellschaften, die nach dem 31. Dezember 2007 zur Eintragung in das Firmenbuch angemeldet wurden, sind § 5 Z 14 und § 6b jeweils in der Fassung des Bundesgesetzes BGBl. I Nr. 100/2007 erstmalig für Wirtschaftsjahre anzuwenden, die nach dem 31. Dezember 2007 beginnen.

(21) Für Mittelstandsfinanzierungsgesellschaften, die nach dem 31. Dezember 2007 zur Eintragung in das Firmenbuch angemeldet wurden oder nach Abs. 19 vorletzter Satz ihre Tätigkeit umgestellt haben, sind § 5 Z 14 und § 6b jeweils in der Fassung des Bundesgesetzes BGBl. I Nr. 100/2007
1. für zum 31. Dezember 2012 bestehende Beteiligungen bis zum ersten Wirtschaftsjahr, das nach dem 31. Dezember 2018 beginnt, anzuwenden.
2. für nach dem 31. Dezember 2012 erworbene Beteiligungen nicht mehr anzuwenden.

(22) § 5 Z 14 und § 6b jeweils in der Fassung des Bundesgesetzes BGBl. I Nr. 100/2007 treten erst mit Tag nach der Veröffentlichung der Genehmigung durch die Kommission der Europäischen Gemeinschaften im Bundesgesetzblatt in Kraft. Liegt dieser Tag nach dem 31. Dezember 2007, ändert sich der Zeitpunkt in Abs. 19 und 20 vom 31. Dezember 2007 auf diesen Tag.

§ 26b. (Verfassungsbestimmung) (1) § 13 in der Fassung des Bundesgesetzes BGBl. Nr. 201/1996 ist erstmalig bei der Veranlagung für 1996 anzuwenden. Die Bestimmung ist auch auf Privatstiftungen, die die in Abs. 1 genannten Voraussetzungen im Zeitpunkt des Inkrafttretens dieses Bundesgesetzes nicht erfüllen, anzuwenden, wenn die Offenlegung innerhalb der folgenden zwei Monate gegenüber dem für die Privatstiftung zuständigen Finanzamt erfolgt.

(2) § 6 Abs. 4 ist erstmalig bei der Veranlagung für das Jahr 1996 anzuwenden. Die Bestimmung ist auch auf Privatstiftungen, die die in § 6 Abs. 4 genannten Voraussetzungen im Zeitpunkt des Inkrafttretens dieses Bundesgesetzes nicht erfüllen, anzuwenden, wenn die Anpassung an die Voraussetzungen im Sinne des § 4 Abs. 11 Z 1 des Einkommensteuergesetzes 1988 innerhalb von sechs Monaten nach Inkrafttreten des Bundesgesetzes BGBl. Nr. 201/1996 erfolgt.

(3) § 5 Z 11, § 12 Abs. 3 und § 22 Abs. 2, jeweils in der Fassung des Bundesgesetzes BGBl. Nr. 201/1996, sind erstmalig bei der Veranlagung für das Jahr 1996 anzuwenden.

(4) § 117 Abs. 7 Z 1 des Einkommensteuergesetzes 1988 in der Fassung des Bundesgesetzes BGBl. Nr. 201/1996 ist anzuwenden.

§ 26c.
1. § 8 Abs. 3 Z 3, § 11, § 12 und § 15 Abs. 3 in der Fassung des Bundesgesetzes BGBl. I Nr. 57/2004 ist erstmals bei der Veranlagung für das Jahr 2005 anzuwenden.
2. § 22 in der Fassung des Bundesgesetzes BGBl. I Nr. 57/2004 ist erstmals bei der Veranlagung für das Kalenderjahr 2005 anzuwenden. Wird das Einkommen unter Berücksichtigung eines vom Kalenderjahr abweichenden Wirtschaftsjahres, das vor dem 1. Jänner 2005 beginnt und nach dem 31. Dezember 2004 endet, ermittelt, ist der dem Jahr 2004 zuzurechnende Einkommensteil zwar im Einkommen des Kalenderjahres 2005 zu erfassen, aber mit dem Steuersatz des § 22 Abs. 1 in der Fassung vor diesem Bundesgesetz zu besteuern. Dabei gilt Folgendes:
   a) Das Einkommen ist durch die Anzahl der Kalendermonate dieses Wirtschaftsjahres zu teilen und mit der Anzahl der in das Kalenderjahr 2004 fallenden Kalendermonate zu vervielfachen. Angefangene Kalendermonate gelten als volle Kalendermonate.
   b) Sinngemäß ist das Einkommen des Gruppenträgers bzw. der Gruppenmitglieder zu ermitteln. Für Wirtschaftsjahre von Gruppenmitgliedern, die vor dem 1. Jänner 2005 beginnen und auf die Z 2 zweiter Satz nicht zur Anwendung kommt, ist § 22 Abs. 1 in der Fassung vor dem Bundesgesetz BGBl. I Nr. 57/2004 anzuwenden. Dies gilt für Veranlagungen ab dem Kalenderjahr 2005.
   c) Dem Unternehmer steht es frei, den bis zum 31. Dezember 2004 angefallenen Gewinn durch Zwischenabschluss zu ermitteln und das Einkommen entsprechend der Gewinnrelation aufzuteilen.
   d) Ist im Einkommen des Jahres 2005 oder 2006 der Körperschaft das Ergebnis aus einer Mitunternehmerbeteiligung enthalten, gilt Folgendes:
   – Wird der Gewinn der Mitunternehmerschaft nach einem abweichenden Wirtschaftsjahr ermittelt, das vor dem 1. Jänner 2005 beginnt und nach dem 31. Dezember 2004 endet, ist unabhängig davon, ob die beteiligte Körperschaft selbst den Gewinn nach einem abweichenden Wirtschaftsjahr ermittelt, dieser Gewinnanteil nach lit. a) aufzuteilen und der auf das Kalenderjahr 2004 entfallende Teil zwar im Einkommen des Kalenderjahres 2005 oder 2006 zu erfassen, aber mit dem Steuersatz des § 22 Abs. 1 in der Fassung vor dem Bundesgesetz BGBl. I Nr. 57/2004 zu besteuern.
   – Wird der Gewinn der Mitunternehmerschaft nach dem Kalenderjahr, das der beteiligten Körperschaft aber nach einem abweichenden Wirtschaftsjahr, das vor dem 1. Jänner 2005 beginnt und nach dem 31. Dezember 2004 endet, ermittelt, ist der in dieses Wirtschaftsjahr fallende Gewinn der Mitunternehmerschaft zwar im Einkommen des Kalenderjahres 2005 zu erfassen, aber mit dem Steuersatz des § 22 Abs. 1 in der Fassung vor dem Bundesgesetz BGBl. I Nr. 57/2004 zu besteuern.
3. § 9 in der Fassung des Bundesgesetzes BGBl. I Nr. 57/2004 ist erstmals bei der Veranlagung für das Kalenderjahr 2005 anzuwenden. Die Firmenwertabschreibung im Sinne des § 9 Abs. 7 gilt nur für Beteiligungen, die nach dem 31. Dezember 2004 angeschafft worden sind. Bestehende Organschaften im Sinne des § 9 in der Fassung vor dem Bundesgesetz BGBl. I Nr. 57/2004 gelten unabhängig davon, ob der Ergebnisabführungsvertrag aufgehoben wird oder nicht, und unabhängig vom Ende des Wirtschaftsjahres der Organgesellschaft als Unternehmensgruppe, wenn der Antrag im Sinne des § 9 Abs. 8 bis 31. Dezember 2005 dem zuständigen Finanzamt

übermittelt wird. Die Jahre der Zugehörigkeit zum Organkreis sind beim Übergang in die Gruppe in die Mindestbestandsfrist des § 9 Abs. 10 in der Fassung dieses Bundesgesetzes einzurechnen.

4. § 15 Abs. 3 in der Fassung des Bundesgesetzes BGBl. I Nr. 57/2004 ist auch auf Rückstellungen für noch nicht abgewickelte Versicherungsfälle und auf sonstige Rückstellungen (§ 81c Abs. 3 Pos. D VII des Versicherungsaufsichtsgesetzes) anzuwenden, die bereits zum Ende des letzten vor dem 1. Jänner 2005 endenden Wirtschaftsjahres gebildet worden sind. Unterschiedsbeträge, die sich aus der erstmaligen Anwendung des § 15 Abs. 3 in der Fassung des Bundesgesetzes BGBl. I Nr. 57/2004 ergeben, sind gleichmäßig auf das Wirtschaftsjahr, das nach dem 31. Dezember 2004 endet und auf die folgenden vier Wirtschaftsjahre (Aufbauzeitraum) zu verteilen. § 26a Abs. 12 bleibt von dieser Bestimmung unberührt. Scheidet eine Rückstellung während des Aufbauzeitraumes aus dem Betriebsvermögen aus, ist der darauf entfallende Differenzbetrag im Wirtschaftsjahr des Ausscheidens anzusetzen.

5. Sind die Verhältnisse des Kalenderjahres 2004 oder eines früheren Kalenderjahres für die Festsetzung einer Vorauszahlung für das Kalenderjahr 2005 oder eines späteren Kalenderjahres maßgeblich oder sind Vorauszahlungen für diese Zeiträume vor dem In-Kraft-Treten dieser Bestimmung erstmalig festgesetzt worden, gilt Folgendes: Beantragt der Steuerpflichtige eine Herabsetzung der Vorauszahlung, darf diesem Antrag nur statt gegeben werden, wenn die Voraussetzungen dafür anhand einer konkreten und detaillierten Einschätzung seines voraussichtlichen Einkommens vollständig offengelegt und nachgewiesen werden.

6. § 2 Abs. 2 Z 4, § 9, § 24 Abs. 4 und § 26c Z 2 in der Fassung des Bundesgesetzes BGBl. I Nr. 180/2004 sind erstmalig bei der Veranlagung für das Kalenderjahr 2005 anzuwenden. § 2 Abs. 4 Z 4 in der Fassung des Bundesgesetzes BGBl. I Nr. 180/2004 ist nicht auf die entgeltliche Überlassung von Finanzmitteln anzuwenden, denen ein Vertragsabschluss vor dem 1. November 2004 zu Grunde liegt.

7. § 12 Abs. 1 Z 7 in der Fassung des Bundesgesetzes BGBl. I Nr. 180/2004 ist auf Vergütungen aller Art und übersteigende Reisekostenersätze anzuwenden, die für die Zeit nach dem 7. Oktober 2004 gewährt werden.

8. § 21 Abs. 2 Z 6 in der Fassung des Bundesgesetzes BGBl. I Nr. 180/2004 ist auf Kapitalerträge auf Grund von Zuwendungen anzuwenden, die nach dem 31. Dezember 2004 zufließen.

9. § 6 Abs. 1 und § 17 Abs. 3 in der Fassung des Bundesgesetzes BGBl. Nr. 8/2005 ist erstmals bei der Veranlagung für das Kalenderjahr 2005 anzuwenden.

10. a) § 10 Abs. 3 Z 5 und § 24 Abs. 3 Z 1 in der Fassung des Bundesgesetzes BGBl. I 161/2005 sind erstmals bei der Veranlagung für das Kalenderjahr 2006 anzuwenden.

b) § 21 in der Fassung des Bundesgesetzes BGBl. I Nr. 161/2005 ist erstmalig bei der Veranlagung für das Kalenderjahr 2006 anzuwenden. Für betrieblich genutzte Grundstücke und Gebäude, bei denen bis zum In-Kraft-Treten des Bundesgesetzes BGBl. I Nr. 161/2005 keine Einkünfte nach § 98 Abs. 1 Z 3 des Einkommensteuergesetzes 1988 zu erfassen waren oder die unter § 4 Abs. 1 letzter Satz des Einkommensteuergesetzes 1988 gefallen sind, gilt Folgendes: Erfolgt ihre Veräußerung zu einem Zeitpunkt, der bei Anwendung des § 98 Abs. 1 Z 7 des Einkommensteuergesetzes 1988 außerhalb der Spekulationsfrist (§ 30 Einkommensteuergesetz 1988) gelegen wäre, ist der Unterschiedsbetrag zwischen dem Buchwert zum 1. Jänner 2006 und dem höheren gemeinen Wert zum 1. Jänner 2006 vom Veräußerungsgewinn abzuziehen; es darf sich dadurch aber kein Veräußerungsverlust ergeben.

c) § 24 Abs. 4 in der Fassung des Bundesgesetzes BGBl. I Nr. 161/2005 ist erstmals für Zeiträume nach dem 31. Jänner 2006 anzuwenden.

d) § 24a Abs. 1 und 2 ist erstmals auf Ergebnisse anzuwenden, die einem im Kalenderjahr 2005 endenden Wirtschaftsjahr zuzurechnen sind oder ein im Kalenderjahr 2005 endendes Wirtschaftsjahr betreffen.

e) § 24a Abs. 3 und 4 in der Fassung des Bundesgesetzes BGBl. I Nr. 161/2005 ist erstmals bei der Veranlagung für das Kalenderjahr 2005 anzuwenden.

11. § 7 Abs. 3 und § 21 Abs. 1 Z 2 lit. b jeweils in der Fassung des Bundesgesetzes BGBl. I Nr. 100/2006 sind erstmals für Wirtschaftsjahre anzuwenden, die nach dem 31. Dezember 2006 beginnen. Die letzten drei Sätze des § 124b Z 134 EStG 1988 sind anzuwenden.

12. § 7 Abs. 3 in der Fassung des Bundesgesetzes BGBl. I Nr. 24/2007 ist erstmals für die Veranlagung des Jahres 2007 anzuwenden.

13. § 9 Abs. 7 in der Fassung des Bundesgesetzes BGBl. I Nr. 99/2007 ist erstmals auf Umgründungen anzuwenden, denen ein Stichtag nach dem 30. Dezember 2007 zugrunde liegt.

14. § 13 Abs. 4 in der Fassung des Bundesgesetzes BGBl. I Nr. 99/2007 ist erstmals auf Anschaffungen nach dem 31. Dezember 2007 anzuwenden.

15. § 23 Abs. 2 in der Fassung des Bundesgesetzes BGBl. I Nr. 99/2007 ist erstmals bei Ermittlung des steuerpflichtigen Einkommens für das Jahr 2004 mit der Maßgabe anzuwenden, dass die ab dem Jahr 1995 nicht wirksam gewordenen Freibeträge berücksichtigt werden können.
16. In der Fassung des Bundesgesetzes BGBl. I Nr. 52/2009
    a) ist § 9 Abs. 6 Z 6 erstmals auf Sachverhalte nach dem 30. Juni 2009 anzuwenden;
    b) sind § 10 und § 21 Abs. 1 Z 1 auf alle offenen Veranlagungen anzuwenden;
    c) ist § 12 Abs. 1 Z 5 erstmalig auf Zuwendungen anzuwenden, die im Kalenderjahr 2009 getätigt werden;
    d) ist § 13 Abs. 5 Z 2 auf alle offenen Verfahren anzuwenden.
    e) ist § 6 Abs. 1 erster und zweiter Satz auf alle Anträge auf Rückzahlung des einbehaltenen Betrages gemäß § 240 Abs. 3 BAO anzuwenden, die nach dem 22. September 2005 gestellt werden oder gestellt worden sind und die noch nicht rechtskräftig erledigt worden sind.
17. § 9 Abs. 2 und Abs. 3 in der Fassung des Bundesgesetzes BGBl. I Nr. 34/2010 treten mit 1. Juli 2010 in Kraft.
18. Auf zum 30. Juni 2010 bestehende Beteiligungsgemeinschaften sind § 9 Abs. 2 und 3 in der Fassung vor dem Bundesgesetz BGBl. I Nr. 34/2010 bis 31. Dezember 2020 unter folgenden Voraussetzungen weiter anzuwenden:
    – Die Beteiligungsgemeinschaft nimmt keine neuen Körperschaften in die Unternehmensgruppe auf.
    – Es werden keine neuen Mitbeteiligten in die Beteiligungsgemeinschaft aufgenommen.
    – Das Beteiligungsausmaß der Beteiligungsgemeinschaft an den Beteiligungskörperschaften bleibt unverändert.
    Die Verletzung einer dieser Voraussetzungen führt im Zeitpunkt der Verletzung zur Auflösung der Beteiligungsgemeinschaft. Zum 1. Jänner 2021 noch bestehende Beteiligungsgemeinschaften, die nicht Gruppenträger sind, gelten als an diesem Tag aufgelöst.
19. Mitbeteiligte einer zum 30. Juni 2010 bestehenden Beteiligungsgemeinschaft, die gleichzeitig Gruppenmitglied einer anderen Unternehmensgruppe sind, scheiden spätestens am 1. Jänner 2021 aus der Beteiligungsgemeinschaft aus.
20. § 13 Abs. 1 und 6 in der Fassung des Bundesgesetzes BGBl. I Nr. 34/2010 treten mit 1. Juli 2010 in Kraft. Bei vor dem 1. Juli 2010 gegründeten Privatstiftungen erfolgt eine Meldung gemäß § 13 Abs. 6 nur, wenn die Privatstiftung ihren Verpflichtungen gemäß § 13 Abs. 6 bis zum 31. Dezember 2010 nicht nachkommt.
21. § 23a Abs. 2 tritt mit 1. Juli 2010 in Kraft. § 23a Abs. 2 in der Fassung des Bundesgesetzes BGBl. I Nr. 58/2010 ist auf Gewinne anzuwenden, die in einem Insolvenzverfahren entstanden sind, das nach dem 30. Juni 2010 eröffnet oder wieder aufgenommen worden ist. Davon unberührt ist § 23a Abs. 2 in der Fassung vor dem Bundesgesetz BGBl. I Nr. 58/2010 auf Gewinne anzuwenden, die in Konkurs- oder Ausgleichsverfahren entstanden sind, die aufgrund der Rechtslage vor Inkrafttreten des Bundesgesetzes BGBl. I Nr. 58/2010, abgewickelt werden.
22. § 22 Abs. 3 in der Fassung des Bundesgesetzes BGBl. I Nr. 105/2010 ist erstmals bei der Veranlagung 2011 anzuwenden.
23. In der Fassung des Budgetbegleitgesetzes 2011, BGBl. I Nr. 111/2010,
    a) treten § 2 Abs. 2 Z 4, § 6b Abs. 4, § 7 Abs. 3, § 12 Abs. 2 und § 21 Abs. 2 Z 3 und 6 sowie § 21 Abs. 3 mit 1. April 2012 in Kraft; § 21 Abs. 2 Z 5 entfällt mit 31. März 2012.
    b) sind § 10 Abs. 7 und § 11 Abs. 1 Z 4 erstmals auf Wirtschaftsjahre anzuwenden, die nach dem 31. Dezember 2010 beginnen;
    c) ist § 13 Abs. 1 Z 4 auf Grundstücke und Rechte im Sinne des § 30 Abs. 1 Z 1 lit. a des Einkommensteuergesetzes 1988 anzuwenden,
        – die der Privatstiftung nach dem 31. Dezember 2010 zugewendet werden und beim Stifter oder Zustifter im Zeitpunkt der Zuwendung steuerhängig sind, oder
        – von der Privatstiftung nach dem 31. Dezember 2010 angeschafft werden, oder
        – deren Veräußerung durch die Privatstiftung zum 31. Dezember 2010 gemäß § 30 EStG 1988 nach der vor Inkrafttreten des Budgetbegleitgesetzes 2011, BGBl. I Nr. 111/2010, geltenden Rechtslage steuerpflichtig wäre;
    d) tritt § 13 Abs. 3 mit 1. April 2012 in Kraft;
    e) ist § 13 Abs. 4 erstmals auf Veräußerungen nach dem 31. März 2012 anzuwenden; nicht übertragene steuerfreie Beträge, die vor dem 1. Jänner 2011 gebildet wurden, sind nach § 22 Abs. 2 in der Fassung vor dem Budgetbegleitgesetz 2011, BGBl. I Nr. 111/2010, zu versteuern;
    f) ist § 22 Abs. 2 erstmals bei der Veranlagung 2011 anzuwenden;
    g) ist § 24 Abs. 5 Z 3 erstmals auf die Gutschrift von Körperschaftsteuer gemäß

§ 22 Abs. 2 des Jahres 2011 anzuwenden. Auf die Gutschrift von Körperschaftsteuer der Jahre vor 2011 ist § 24 Abs. 5 Z 3 in der vor Inkrafttreten dieses Bundesgesetzes geltenden Fassung weiterhin anzuwenden.

24. § 21 Abs. 1 Z 1a in der Fassung des Budgetbegleitgesetzes 2011, BGBl. I Nr. 111/2010, tritt mit 1. Jänner 2011 in Kraft. Für bis zum 1. April 2012 zugeflossene Kapitalerträge gemäß § 93 Abs. 2 Z 1 lit. a, b und c des Einkommensteuergesetzes 1988 ist § 21 Abs. 1 Z 1a sinngemäß anzuwenden.

25. § 21 Abs. 3 in der Fassung des Bundesgesetzes, BGBl. I Nr. 76/2011 tritt mit 1. April 2012 nach Maßgabe der folgenden Regelungen in Kraft:
   a) § 21 Abs. 3 Z 3 tritt mit 1. April 2012 in Kraft und ist erstmals auf nach dem 31. August 2011 entgeltlich erworbene Anteile an Körperschaften anzuwenden.
   b) § 21 Abs. 3 Z 4 tritt mit 1. April 2012 in Kraft. Einkünfte aus realisierten Wertsteigerungen sind nur steuerpflichtig, wenn sie aus nicht öffentlich begebenen
      – nach dem 31. März 2012 entgeltlich erworbenen Wertpapieren oder
      – nach dem 31. Dezember 2010 entgeltlich erworbenen Anteilscheinen an Immobilienfonds
      stammen.

26. § 10 Abs. 1 Z 6 und § 22 Abs. 3 in der Fassung des Bundesgesetzes BGBl. I Nr. 76/2011 sind erstmals bei der Veranlagung für das Kalenderjahr 2011 anzuwenden.

27. § 13 Abs. 4 in der Fassung des Bundesgesetzes BGBl. I Nr. 76/2011 tritt mit 1. April 2012 in Kraft.

28. § 2 Abs. 2 Z 4 entfällt mit Ablauf des 31. März 2012.

29. a) § 24 Abs. 5 Z 2 in der Fassung des Bundesgesetzes BGBl. I Nr. 112/2011 tritt mit 1. April 2012 in Kraft.
    b) § 13 Abs. 3 in der Fassung des Bundesgesetzes BGBl. I Nr. 111/2010 ist auch auf die Veräußerung oder sonstige Abschichtung nach dem 31. März 2012 von nach dem 30. September 2011 und vor dem 1. April 2012 entgeltlich erworbenen Wirtschaftsgütern und Derivaten im Sinne des § 124b Z 184 zweiter Teilstrich EStG 1988 anzuwenden.

30. § 21 Abs. 3 Z 2 in der Fassung des Bundesgesetzes BGBl. I Nr. 112/2011 ist ab 1. April 2012 erstmals anzuwenden auf:
    a) Einkünfte aus Darlehen und sonstigen Forderungen im Sinne des § 27a Abs. 2 Z 1 EStG 1988, Ausgleichszahlungen und Leihgebühren im Sinne des § 27a Abs. 2 Z 5 EStG 1988 sowie Unterschiedsbeträge im Sinne des § 27a Abs. 2 Z 6 EStG 1988, wenn die entsprechenden Verträge nach dem 31. März 2012 abgeschlossen wurden.
    b) Einkünfte aus der entgeltlichen Überlassung von Finanzmitteln gemäß § 2 Abs. 2 Z 4 in der Fassung vor dem Bundesgesetz BGBl. I Nr. 112/2011, denen ein Vertragsabschluss nach dem 31. Oktober 2004 zu Grunde liegt.
    c) Nicht öffentlich begebene
       – nach dem 31. März 2012 entgeltlich erworbene Wertpapiere, die ein Forderungsrecht verbriefen, und
       – nach dem 31. Dezember 2010 entgeltlich erworbene Anteilscheine an Immobilienfonds
       im Sinne des § 27a Abs. 2 Z 2 EStG 1988, soweit es sich um Einkünfte aus realisierten Wertsteigerungen handelt. Einkünfte aus der Überlassung von Kapital aus solchen Wertpapieren und Anteilscheinen sind dagegen stets steuerpflichtig.
    d) Beteiligungen als stiller Gesellschafter sowie nach Art eines stillen Gesellschafters im Sinne des § 27a Abs. 2 Z 3 EStG 1988. Einkünfte aus der Veräußerung einer stillen Beteiligung sind steuerpflichtig, wenn die Beteiligung nach dem 31. März 2012 entgeltlich erworben worden ist.
    e) Diskontbeträge im Sinne des § 27a Abs. 2 Z 4 EStG 1988 aus nach dem 31. März 2012 entgeltlich erworbenen Wechseln und Anweisungen.

31. § 1 Abs. 3 Z 3 zweiter Satz tritt mit 1. April 2012 in Kraft. § 1 Abs. 3 Z 3 zweiter Satz, in der Fassung des 1. Stabilitätsgesetzes 2012, BGBl. I Nr. 22/2012, gilt nicht für die Österreichische Bundesfinanzierungsagentur.

32. § 9 Abs. 6 Z 6 in der Fassung des 1. Stabilitätsgesetzes 2012, BGBl. I Nr. 22/2012, ist erstmals bei der Veranlagung für das Kalenderjahr 2012 anzuwenden.

33. § 12 Abs. 2 in der Fassung des 1. Stabilitätsgesetzes 2012, BGBl. I Nr. 22/2012, tritt mit 1. April 2012 in Kraft und ist erstmals für Grundstücksveräußerungen nach dem 31. März 2012 anzuwenden.

34. § 13 Abs. 1 und 3 in der Fassung des 1. Stabilitätsgesetzes 2012, BGBl. I Nr. 22/2012, tritt mit 1. April 2012 in Kraft.

35. § 21 Abs. 3 Z 4 in der Fassung des 1. Stabilitätsgesetzes 2012, BGBl. I Nr. 22/2012, tritt mit 1. April 2012 in Kraft und ist erstmals für Veräußerungen nach dem 31. März 2012 anzuwenden.

36. § 24 Abs. 2 und Abs. 3 in der Fassung des 1. Stabilitätsgesetzes 2012, BGBl. I Nr. 22/2012, ist erstmals für die Veranlagung 2012 anzuwenden.

37. § 7 Abs. 3 und § 12 Abs. 2 jeweils in der Fassung des Bundesgesetzes BGBl. I Nr. 112/2012 treten mit 1. April 2012 in Kraft.
38. § 24 Abs. 4 Z 3 tritt mit Ablauf des 31.12.2013 außer Kraft. Ab dem 1.7.2013 kommt § 24 Abs. 4 Z 3 in der Fassung vor dem BGBl. I Nr. 109/2013 nur zur Anwendung, wenn die sich aus § 24 Abs. 4 Z 1 oder Z 2 ergebende Mindeststeuer höher ist.
39. Für das Kalenderjahr 2013 sind für bereits vor dem 1.7.2013 unbeschränkt steuerpflichtige Gesellschaften mit beschränkter Haftung bereits festgesetzte Vorauszahlungen nicht neu festzusetzen.
40. § 5 Z 4 und § 21 Abs. 2 Z 2 entfallen mit 22. Juli 2013. § 6b Abs. 2 Z 2 lit. d in der Fassung des Bundesgesetzes BGBl. I Nr. 135/2013 tritt mit 23. Juli 2013 in Kraft.
41. § 6a Abs. 5 in der Fassung des Bundesgesetzes BGBl. I Nr. 135/2013 ist erstmalig bei der Veranlagung für das Kalenderjahr 2014 anzuwenden.
42. § 23 Abs. 1 in der Fassung des Bundesgesetzes BGBl. I Nr. 135/2013 ist erstmalig bei der Veranlagung für das Kalenderjahr 2013 anzuwenden.
43. § 7 Abs. 2 in der Fassung vor dem Bundesgesetz BGBl. I Nr. 13/2014 ist letztmalig bei der Veranlagung für das Kalenderjahr 2013 anzuwenden.
44. § 8 Abs. 4 in der Fassung des Bundesgesetzes BGBl. I Nr. 13/2014 ist erstmals bei der Veranlagung für das Kalenderjahr 2014 anzuwenden. Davon abweichend ist § 8 Abs. 4 Z 2 lit. b letzter Teilstrich erstmals bei der Veranlagung für das Kalenderjahr 2015 anzuwenden.
45. a) § 9 Abs. 2 in der Fassung des Bundesgesetzes BGBl. I Nr. 13/2014 tritt mit 1. März 2014 in Kraft. Ausländische Gruppenmitglieder, die die Voraussetzungen des § 9 Abs. 2 in der Fassung des Bundesgesetzes BGBl. I Nr. 13/2014 nicht mehr erfüllen, scheiden am 1. Jänner 2015 aus der Unternehmensgruppe aus. Dieses Ausscheiden sowie das dadurch bewirkte Ausscheiden weiterer Gruppenmitglieder führt zu keiner Verletzung der Mindestdauer des § 9 Abs. 10.
b) Kommt es aufgrund des Ausscheidens nach lit. a zur Nachversteuerung gemäß § 9 Abs. 6 Z 7, sind die nachzuversteuernden Beträge gleichmäßig auf drei Jahre zu verteilen.
c) § 9 Abs. 2 in der Fassung vor dem Bundesgesetz BGBl. I Nr. 13/2014 ist bei der Feststellung des Ergebnisses des unmittelbar beteiligten Gruppenmitglieds oder Gruppenträgers sowie bei der Veranlagung des Gruppeneinkommens weiterhin anzuwenden, wenn das Ergebnis eines vor dem 1. Jänner 2015 endenden Wirtschaftsjahres des nach lit. a ausgeschiedenen Gruppenmitglieds zugerechnet wird.
46. § 9 Abs. 6 Z 6 in der Fassung vor dem Bundesgesetz BGBl. I Nr. 13/2014 tritt mit Ablauf des 31. Dezember 2014 außer Kraft. § 9 Abs. 6 Z 6 und § 9 Abs. 6 Z 7 in der Fassung des Bundesgesetzes BGBl. I Nr. 13/2014 treten am 1. Jänner 2015 in Kraft und sind erstmals bei der Veranlagung des Gruppeneinkommens für das Kalenderjahr 2015 anzuwenden.
47. § 9 Abs. 7 in der Fassung des Bundesgesetzes BGBl. I Nr. 13/2014 tritt mit 1. März 2014 in Kraft. Offene Fünfzehntel für Beteiligungen, die vor dem 1. März 2014 angeschafft wurden, sind nur dann weiter zu berücksichtigen, wenn sich der steuerliche Vorteil aus der Firmenwertabschreibung beim Erwerb der Beteiligung auf die Bemessung des Kaufpreises auswirken konnte und die Einbeziehung dieser Körperschaft in eine Unternehmensgruppe spätestens für ein Wirtschaftsjahr dieser Körperschaft erfolgt, das im Kalenderjahr 2015 endet.
48. Für einen Gruppenträger gilt für die Festsetzung von Vorauszahlungen gemäß § 24 Abs. 3 Z 1 in Verbindung mit § 45 Abs. 1 des Einkommensteuergesetzes 1988 für das Jahr 2015 und die Folgejahre Folgendes: Ist der Festsetzung von Vorauszahlungen die Körperschaftsteuerschuld eines Kalenderjahres vor 2015 zu Grunde zu legen, ist der sich nach Maßgabe des § 45 Abs. 1 des Einkommensteuergesetzes 1988 ergebende Betrag an Vorauszahlungen um 3,5% zu erhöhen.
49. § 11 Abs. 1 Z 4 sowie § 12 Abs. 1 Z 9 und 10 in der Fassung des Bundesgesetzes BGBl. I Nr. 13/2014 sind auf Aufwendungen anzuwenden, die nach dem 28. Februar 2014 anfallen.
50. § 12 Abs. 1 Z 8 in der Fassung des Bundesgesetzes BGBl. I Nr. 13/2014 ist auf Aufwendungen anzuwenden, die nach dem 28. Februar 2014 anfallen. § 124b Z 253 des Einkommensteuergesetzes 1988 in der Fassung des Bundesgesetzes BGBl. I Nr. 13/2014 ist sinngemäß anzuwenden.
51. § 24 Abs. 4 Z 3 in der Fassung des Bundesgesetzes BGBl. I Nr. 13/2014 tritt mit 1. März 2014 in Kraft und ist auf nach dem 30. Juni 2013 gegründete unbeschränkt steuerpflichtige Gesellschaften mit beschränkter Haftung anzuwenden. Die erstmalige Festsetzung von Vorauszahlungen in Höhe der Mindeststeuer für vor dem 1. Juli 2013 gegründete Gesellschaften mit beschränkter Haftung kann im Jahr 2014 je Kalendervierteljahr noch in Höhe von jeweils 125 Euro erfolgen. Wurde für das Kalenderjahr 2014 bereits eine Vorauszahlung in Höhe der Mindeststeuer festgesetzt, ist die Vorauszahlung unter Berücksichtigung des § 6 Abs. 1 GmbHG in der Fassung des

2/1. KStG
§ 26c

52. § 10 Abs. 3 Z 1 bis Z 3 in der Fassung des Bundesgesetzes BGBl. I Nr. 105/2014 ist erstmalig bei der Veranlagung für das Kalenderjahr 2014 anzuwenden.
53. § 21 Abs. 3 in der Fassung des Bundesgesetzes BGBl. I Nr. 105/2014 ist erstmalig bei der Veranlagung für das Kalenderjahr 2014 anzuwenden.
54. § 5 Z 8, § 6 Abs. 1, § 8 Abs. 3 Z 1, § 9 Abs. 3, § 13 Abs. 5, § 15 Abs. 1 und 3 und § 17 Abs. 3 in der Fassung des Bundesgesetzes BGBl. I Nr. 34/2015 treten mit 1. Jänner 2016 in Kraft.
(BGBl I 2015/34)
55. § 15 Abs. 3 in der Fassung des Bundesgesetzes BGBl. I Nr. 68/2015 tritt mit 1. Jänner 2016 in Kraft.
(BGBl I 2015/68)
56. § 12 Abs. 1 Z 11 in der Fassung BGBl. I Nr. 118/2015 ist für Aufwendungen anzuwenden, die nach dem 31. Dezember 2015 anfallen.
(BGBl I 2015/118)
57. § 8 Abs. 4 und § 17 Abs. 2 Z 3 in der Fassung des BGBl. Nr. 163/2015 treten mit 1. Jänner 2016 in Kraft.
(BGBl I 2015/163)
58. §§ 13 Abs. 3 und § 24 Abs. 5 Z 3 und Z 4, jeweils in der Fassung des Bundesgesetzes BGBl. I Nr. 163/2015, treten mit 1. Jänner 2016 in Kraft und sind auf alle offenen Verfahren anzuwenden. § 24 Abs. 5 Z 6 in der Fassung des Bundesgesetzes BGBl. I Nr. 163/2015 tritt mit 1. Jänner 2016 in Kraft und ist auf Privatstiftungen anwendbar, deren Auflösung gemäß § 35 Abs. 5 zweiter Satz des Privatstiftungsgesetzes nach dem 31. Dezember 2015 in das Firmenbuch eingetragen wurde.
(BGBl I 2015/163)
59. § 8 Abs. 4 Z 1 und § 13 Abs. 1 Z 4 in der Fassung des Gemeinnützigkeitsgesetzes 2015, BGBl. I Nr. 160/2015 treten mit 1. Jänner 2016 in Kraft und sind erstmals bei der Veranlagung für das Kalenderjahr 2016 anzuwenden.
(BGBl I 2015/160)
60. § 21 Abs. 2 Z 6 in der Fassung des Gemeinnützigkeitsgesetzes 2015, BGBl. I Nr. 160/2015, ist erstmalig für Zuwendungen anzuwenden, die nach dem 31. Dezember 2015 erfolgen.
(BGBl I 2015/160)
61. § 5 Z 12 lit. a in der Fassung des Bundesgesetzes BGBl. I Nr. 77/2016, ist auf gesellige und gesellschaftliche Veranstaltungen anzuwenden, die ab 1. Jänner 2016 stattfinden.
(BGBl I 2016/77)
62. § 5 Z 12 lit. b und c in der Fassung des Bundesgesetzes BGBl. I Nr. 77/2016 ist auf gesellige und gesellschaftliche Veranstaltungen anzuwenden, die ab 1. Jänner 2016 stattfinden. Abweichend von § 5 Z 12 lit. c letzter Satz sind bei Körperschaften im Sinne des § 5 Z 12 lit. b, die zum 31. Mai 2016 über Katastralgemeinden hinausgehende weitere territoriale Gliederungsebenen verfügen (beispielsweise Sektionen), diese territorialen Gliederungsebenen maßgeblich. Dies gilt nur für zum 31. Mai 2016 bereits bestehende weitere territoriale Gliederungsebenen.
(BGBl I 2016/77)
63. § 8 Abs. 4 Z 1, § 13 Abs. 1 Z 4 und § 21 Abs. 2 Z 6, jeweils in der Fassung des Innovationstiftungsgesetzes, BGBl. I Nr. 28/2017, treten mit 1. Jänner 2017 in Kraft.
(BGBl I 2017/28)
64. § 6 Abs. 4 und § 13 Abs. 1 Z 1 in der Fassung des Bundesgesetzes BGBl. I Nr. 105/2017 treten mit 1. Jänner 2018 in Kraft.
(BGBl I 2017/142)
65. a) § 5 Z 14 in der Fassung des Bundesgesetzes BGBl. I Nr. 106/2017 und § 6b, mit Ausnahme des Abs. 5 dritter Satz, in der Fassung des Bundesgesetzes BGBl. I Nr. 103/2019 treten am 1. Oktober 2019 in Kraft.
b) § 5 Z 14 in der Fassung des Bundesgesetzes BGBl. I Nr. 106/2017 und § 6b in der Fassung des Bundesgesetzes BGBl. I Nr. 103/2019 sind auf zum 31. Dezember 2023 bestehende Beteiligungen gemäß § 6b Abs. 2 bis zum 31. Dezember 2029 weiter anzuwenden.
(BGBl I 2019/103)
66. § 5 Z 4 und § 21 Abs. 2 Z 3 in der Fassung des Bundesgesetzes BGBl. I Nr. 107/2017 treten mit 3. Jänner 2018 in Kraft.
(BGBl I 2017/142)
67. § 10 Abs. 4 bis 6 in der Fassung des Bundesgesetzes vor BGBl. I Nr. 62/2018 treten mit Ablauf des 31. Dezember 2018 außer Kraft.
(BGBl I 2018/62)
68. § 10a, § 13 Abs. 2 und § 21 Abs. 1 treten mit 1. Jänner 2019 in Kraft. § 10a Abs. 5 ist erstmalig für Wirtschaftsjahre der beherrschenden und beherrschten Körperschaften anzuwenden, die nach dem 31. Dezember 2018 beginnen.
(BGBl I 2018/62)
69. § 24 Abs. 7 in der Fassung des des Bundesgesetzes BGBl. I Nr. 62/2018 tritt mit 1. Jänner 2019 in Kraft und ist anzuwenden auf Zahlungen, die ab dem 1. Jänner 2019 erfolgen sowie hinsichtlich des § 107 Abs. 11 zweiter Satz des Einkommensteuergesetzes 1988 auf alle zum Zeitpunkt der Kundmachung des Bundesgesetzes BGBl. I Nr. 62/2018 nicht rechtskräftig veranlagten Fälle mit Einkünften aus der Einräumung von Leitungsrechten.
(BGBl I 2018/62)
[70. wurde nicht vergeben]

71. § 6a und § 6b Abs. 5 dritter Satz, jeweils in der Fassung des Bundesgesetzes BGBl. I Nr. 104/2019 treten mit 1. Juli 2020 in Kraft. § 6b Abs. 5 dritter Satz in der Fassung des Bundesgesetzes BGBl. I Nr. 104/2019, tritt jedoch nicht vor dem sich aus Z 65 ergebenden Zeitpunkt in Kraft.
(BGBl I 2019/104)
72. § 14 in der Fassung des Bundesgesetzes BGBl. I Nr. 103/2019 tritt mit 1. Jänner 2020 in Kraft.
(BGBl I 2019/103)
73. § 10a und § 12 Abs. 1 Z 10, jeweils in der Fassung des Bundesgesetzes BGBl. I Nr. 103/2019, sind erstmalig bei der Veranlagung 2019 anzuwenden.
(BGBl I 2019/103)
74. § 24a Abs. 1 in der Fassung des Bundesgesetzes BGBl. I Nr. 103/2019 ist auf alle offenen Verfahren anzuwenden.
(BGBl I 2019/103)
75. § 2 Abs. 2 Z 3, § 5 Z 5, § 10 Abs. 1 Z 2, jeweils in der Fassung des Bundesgesetzes BGBl. I Nr. 103/2019, treten mit 1. Jänner 2020 in Kraft.
(BGBl I 2019/103)
76. Der Verlustrücktrag gemäß § 124b Z 355 Einkommensteuergesetz 1988 steht auch Körperschaften zu. Für Unternehmensgruppen (§ 9) gilt Folgendes:
   a) Der Verlustrücktrag kann nur vom Gruppenträger beantragt werden. Körperschaften, deren Einkommen in der Veranlagung 2019 oder 2018 im Rahmen der Gruppenbesteuerung zugerechnet wurden, können selbst keinen Verlustrücktrag beantragen.
   b) Bei Durchführung des Verlustrücktrags durch den Gruppenträger ist anstelle des Gesamtbetrags der Einkünfte jeweils das Gruppeneinkommen (§ 24a Abs. 3) vor Berücksichtigung von Sonderausgaben auf das zusammengefasste Ergebnis (§ 9 Abs. 6 Z 2 zweiter Satz) maßgeblich.
   c) Der für den Verlustrücktrag in der Veranlagung 2019 durch den Gruppenträger insgesamt zulässige Höchstbetrag beträgt 5 000 000 Euro für den Gruppenträger und 5 000 000 Euro für jedes unbeschränkt oder beschränkt steuerpflichtige Gruppenmitglied, dessen Einkommen bei dieser Veranlagung dem Gruppenträger zugerechnet wurde.
   (BGBl I 2021/3)
   Der Bundesminister für Finanzen wird ermächtigt, im Rahmen einer gemäß § 124b Z 355 Einkommensteuergesetz 1988 erlassenen Verordnung die Ausgestaltung des Verlustrücktrags bei Unternehmensgruppen näher festzulegen.
   (BGBl I 2020/96)

77. § 7 Abs. 3 in der Fassung BGBl. I Nr. 3/2021, ist erstmalig bei der Veranlagung 2020 anzuwenden. Für die Anwendung des § 7 Abs. 3 zweiter Satz in der Fassung BGBl. I Nr. 3/2021 ab dem Kalenderjahr 2020 sind auch die in den Jahren 2018 und 2019 ausgeführten Umsätze des Betriebes gewerblicher Art zu berücksichtigen.
(BGBl I 2021/3)
78. § 10a Abs. 3 in der Fassung BGBl. I Nr. 3/2021 tritt mit 1. Jänner 2021 in Kraft.
(BGBl I 2021/3)
79. § 10a Abs. 11 in der Fassung BGBl. I Nr. 3/2021 tritt mit 1. Jänner 2021 in Kraft und ist erstmalig für Wirtschaftsjahre der ausländischen Körperschaft anzuwenden, die nach dem 31.12.2020 beginnen.
(BGBl I 2021/3)
80. § 12a in der Fassung des Bundesgesetzes BGBl. I Nr. 3/2021 tritt mit 1. Jänner 2021 in Kraft und ist erstmalig für Wirtschaftsjahre anzuwenden, die nach dem 31. Dezember 2020 beginnen. Bei der Ermittlung eines Zinsüberhangs gemäß § 12a Abs. 3 in der Fassung des Bundesgesetzes BGBl. I Nr. 3/2021 bleiben Zinsaufwendungen außer Ansatz, die aufgrund von vor dem 17. Juni 2016 geschlossenen Verträgen anfallen. Dies gilt letztmalig bei der Veranlagung 2025.
(BGBl I 2021/3)
81. § 24a Abs. 3 Z 1 in der Fassung des Bundesgesetzes BGBl. I Nr. 3/2021 ist erstmalig bei der Veranlagung für das Kalenderjahr 2021 anzuwenden.
(BGBl I 2021/3)
82. § 8 Abs. 4 Z 2 lit. b erster Teilstrich und § 23a Abs. 2, jeweils in der Fassung des Bundesgesetzes BGBl. I Nr. 227/2021, sind erstmalig bei der Veranlagung für das Kalenderjahr 2021 anzuwenden.
(BGBl I 2021/227)
83. § 14 Abs. 12 und § 21 Abs. 1 Z 1 erster Satz, jeweils in der Fassung BGBl. I Nr. 227/2021, treten mit 1. Jänner 2022 in Kraft.
(BGBl I 2021/227)
84. § 13 Abs. 3, § 21 Abs. 2 Z 3 und Abs. 3 Z 3a, jeweils in der Fassung des Bundesgesetzes BGBl. I Nr. 10/2022, treten mit 1. März 2022 in Kraft und sind erstmals auf Kryptowährungen anzuwenden, die nach dem 28. Februar 2021 angeschafft wurden.
(BGBl I 2022/10)
85. a) § 22 Abs. 1 und Abs. 2, jeweils in der Fassung des Bundesgesetzes BGBl. I Nr. 10/2022, treten mit 1. Jänner 2023 in Kraft und sind für die Veranlagung der Kalenderjahre ab 2023 anzuwenden.
   b) Wird das Einkommen für das Kalenderjahr 2023 (2024) unter Berücksichtigung eines abweichenden Wirtschaftsjahres ermittelt, ist

- der dem Jahr 2022 zuzurechnende Einkommensteil bei der Veranlagung 2023 insoweit mit dem Steuersatz gemäß § 22 Abs. 1 in der Fassung vor dem BGBl. I Nr. 10/2022,
- der dem Jahr 2023 zuzurechnende Einkommensteil bei der Veranlagung 2024 insoweit mit dem für das Kalenderjahr 2023 maßgeblichen Körperschaftsteuersatz gemäß § 22 Abs. 1 in der Fassung des Bundesgesetzes BGBl. I Nr. 10/2022

zu besteuern. Der dem Jahr 2022 (2023) zuzurechnende Einkommensteil wird ermittelt, indem das im Jahr 2023 (2024) zu versteuernde Einkommen durch die Anzahl der Kalendermonate des Wirtschaftsjahres 2022/2023 (2023/2024) zu teilen und mit der Anzahl der in das Kalenderjahr 2022 (2023) fallenden Kalendermonate zu vervielfältigen ist. Angefangene Kalendermonate gelten als volle Kalendermonate. Der Körperschaft steht es frei, den bis zum 31. Dezember 2022 (31. Dezember 2023) angefallenen Gewinn durch Zwischenabschluss zu ermitteln und das im Jahr 2023 (2024) zu versteuernde Einkommen entsprechend der Gewinnrelation aufzuteilen.

c) Wird bei Unternehmensgruppen das Gruppeneinkommen für das Kalenderjahr 2023 (2024) unter Berücksichtigung eines abweichenden Wirtschaftsjahres des Gruppenträgers ermittelt, ist lit. b mit Ausnahme des letzten Satzes sinngemäß anzuwenden, wobei für die Aufteilung des Gruppeneinkommens die Kalendermonate des Gruppenträgers maßgeblich sind.

(BGBl I 2022/10)

86. § 24 Abs. 5 Z 4 in der Fassung des Bundesgesetzes BGBl. I Nr. 10/2022 tritt mit 1. Jänner 2023 in Kraft.

(BGBl I 2022/10)

87. § 24 Abs. 7 Z 1 in der Fassung des Bundesgesetzes BGBl. I Nr. 10/2022 tritt mit 1. Jänner 2023 in Kraft und ist erstmalig auf Zahlungen anzuwenden, die nach dem 31. Dezember 2022 erfolgen.

(BGBl I 2022/10)

88. § 1 Abs. 2 Z 1 in der Fassung BGBl. I Nr. 110/2023 ist auf alle offenen Verfahren anzuwenden.

(AbgÄG 2023, BGBl I 2023/110)

89. § 7 Abs. 3 in der Fassung des Bundesgesetzes BGBl. I Nr. 110/2023 ist erstmalig bei der Veranlagung für das Kalenderjahr 2023 anzuwenden.

(AbgÄG 2023, BGBl I 2023/110)

90. Wurden durch eine Privatstiftung stille Reserven bei der Veräußerung von Anteilen im Sinne des § 13 Abs. 4 vor dem 1. Jänner 2023 aufgedeckt und deren Übertragung auf eine Ersatzbeteiligung erklärt, gilt Folgendes:

a) Die stillen Reserven gelten auch dann als auf die Ersatzbeteiligung übertragen und die Anschaffungskosten der Ersatzbeteiligung als entsprechend gekürzt, wenn es sich bei der Ersatzbeteiligung um einen Anteil von nicht mehr als 10% handelt, der im Zuge einer ordentlichen Kapitalerhöhung (lit. b) erworben wurde. Dies gilt auch für anlässlich der Kapitalerhöhung geleistete Einlagen.

b) Die Kapitalerhöhung wurde vor dem 1. Mai 2023 beschlossen und erfüllt eine der folgenden Voraussetzungen:
- Der Anteil der Privatstiftung erreicht ein Ausmaß von mehr als 10%.
- Das Grund- oder Stammkapital wird um insgesamt mehr als 10% erhöht und der Anteil der Privatstiftung wird dadurch nicht verwässert.

c) Lit. a und b gelten sinngemäß auch für die Übertragung von stillen Reserven bei Erwerb von Surrogatkapital.

d) Diese Bestimmung ist für die Veranlagung der Kalenderjahre ab 2001 anzuwenden.

(AbgÄG 2023, BGBl I 2023/110)

„91. **§ 6a Abs. 2 in der Fassung des Bundesgesetzes BGBl. I Nr. 188/2023 tritt mit 1. Jänner 2024 in Kraft."**

(GemRefG 2023, BGBl I 2023/188)

„92. **§ 24 Abs. 4 Z 3 entfällt mit Ablauf des 31. Dezember 2023."**

(Start-Up-FG, BGBl I 2023/200)

Vollziehung

§ 27. Mit der Vollziehung dieses Bundesgesetzes ist der Bundesminister für Finanzen betraut.

2/2. SONSTIGE GESETZE

2/2/1. Stabilitätsabgabegesetz

BGBl I 2010/111 idF BGBl I 2019/104 (FORG)

GLIEDERUNG
§ 1. Steuergegenstand
§ 2. Bemessungsgrundlage der Abgabe
§ 3. Höhe der Stabilitätsabgabe
§ 4. Begrenzung der Stabilitätsabgabe
§ 5. Sonderzahlung
§ 6. Abgabenschuldner und Abgabenschuld
§ 7. Erhebung der Abgabe
§§ 7a, 7b. Sonderbeitrag zur Stabilitätsabgabe
§ 8. Zuständigkeit
§ 9. Inkrafttreten
§ 10. Schlussbestimmungen

Bundesgesetz, mit dem eine Stabilitätsabgabe von Kreditinstituten eingeführt wird (Stabilitätsabgabegesetz – StabAbgG)

Der Nationalrat hat beschlossen:

Steuergegenstand

§ 1. Der Stabilitätsabgabe unterliegt der Betrieb von Kreditinstituten. Kreditinstitute im Sinne dieses Bundesgesetzes sind solche, die über eine Konzession nach dem Bankwesengesetz (BWG), BGBl. Nr. 532/1993, verfügen und Zweigstellen von ausländischen Kreditinstituten, die gemäß BWG berechtigt sind, Dienstleistungen im Wege einer Zweigstelle in Österreich anzubieten. BV-Kassen im Sinne des Betrieblichen Mitarbeiter- und Selbständigenvorsorgegesetzes (BMSVG), BGBl. I Nr. 100/2002, sind keine Kreditinstitute im Sinne dieses Bundesgesetzes.

Bemessungsgrundlage der Abgabe

§ 2. (1) Bemessungsgrundlage für die Stabilitätsabgabe ist die durchschnittliche unkonsolidierte Bilanzsumme (Abs. 2) des Kreditinstitutes, vermindert um die in Abs. 2 genannten Beträge. Für die Kalenderjahre 2011, 2012 und 2013 ist die durchschnittliche unkonsolidierte Bilanzsumme jenes Geschäftsjahres zugrunde zu legen, das im Jahr 2010 endet. Ab dem darauf folgenden Kalenderjahr ist die durchschnittliche unkonsolidierte Bilanzsumme jenes Geschäftsjahres, das im Jahr vor dem Kalenderjahr endet, für das die Stabilitätsabgabe zu entrichten ist, zugrunde zu legen.

(2) Die durchschnittliche unkonsolidierte Bilanzsumme ergibt sich aus dem arithmetischen Mittel der für die ersten drei Kalendervierteljahre des Geschäftsjahres übermittelten Aufstellung über die Kapital- und Gruppensolvenz, die im Rahmen des Meldewesens (§ 74 BWG) ermittelt wird, und der Bilanzsumme des Jahresabschlusses des Geschäftsjahres. Die Bilanzsumme des Kreditinstitutes ist nach den Vorschriften des § 43 ff BWG und der Anlage 2 zu § 43 BWG zu ermitteln. Die Bilanzsumme des Jahresabschlusses und die Vermögensausweise gemäß § 74 BWG sind dabei jeweils um folgende Beträge zu vermindern:

1. Gedeckte Einlagen gemäß § 7 Abs. 1 Z 5 des Einlagensicherungs- und Anlegerentschädigungsgesetzes (ESAEG), BGBl. I Nr. 117/2015;
(BGBl I 2016/117)

2. gezeichnetes Kapital und Rücklagen;

3. ~~Verpflichtungen gegenüber Kreditinstituten, soweit diese aus der Erfüllung des Liquiditätserfordernisses gemäß § 25 BWG entstanden sind. Eine Verminderung ist nur in jenem Ausmaß zulässig, als Forderungen an das Zentralinstitut oder ein anderes Kreditinstitut gemäß § 27a BWG bestehen, die der Erfüllung der eigenen Liquiditätshaltungspflicht gemäß § 25 BWG dienen und das Zentralinstitut oder das andere Kreditinstitut gemäß § 27a BWG der Stabilitätsabgabe gemäß diesem Bundesgesetz oder einer vergleichbaren Abgabe in einem Mitgliedstaat (§ 2 Z 5 BWG) unterliegt;~~[a)]

[a)] Zum Außerkrafttreten siehe § 9 Abs. 2.

3a. Verpflichtungen gegenüber Kreditinstituten, soweit diese aus der Erfüllung des Liquiditätserfordernisses gemäß Teil 6 der Verordnung (EU) Nr. 575/2013 entstanden sind. Eine Verminderung ist nur in jenem Ausmaß zulässig, als Forderungen an das Zentralinstitut oder ein anderes Kreditinstitut gemäß § 27a BWG bestehen, die der Erfüllung der eigenen Liquiditätshaltungspflicht gemäß Teil 6 der Verordnung (EU) Nr. 575/2013 dienen und das Zentralinstitut oder das andere Kreditinstitut gemäß § 27a BWG der Stabilitätsabgabe gemäß diesem Bundesgesetz oder einer vergleichbaren Abgabe in einem Mitgliedstaat (§ 2 Z 5 BWG) unterliegt;

4. Verbindlichkeiten und andere Passivposten von Kreditinstituten, die der Europäischen Kommission nach den unionsrechtlichen Vorschriften über staatliche Beihilfen gemäß Art 107 ff AEUV einen Abwicklungs- oder Restrukturierungsplan vorzulegen haben, sofern das Kreditinstitut abgewickelt wird und kein Neugeschäft abgeschlossen werden darf; dies umfasst auch Verbindlichkeiten von Kreditinstituten aus Anleiheemissionen, deren Gegenwert solchen Kreditinstituten zur Verfügung gestellt wurde und diese Transaktion Teil des Restrukturierungsplanes ist.

5. Verbindlichkeiten, für die der Bund Haftungen nach dem Ausfuhrfinanzierungsförderungsgesetz 1981, (AFFG), BGBl. Nr. 216/1981, übernommen hat sowie Verbindlichkeiten aus Guthaben des Bundes auf den gemäß § 5 AFFG und § 7 des Ausfuhrförde-

rungsgesetzes, (AusfFG), BGBl. Nr. 215/1981, eingerichteten Konten;
(BGBl I 2016/117)
6. Verbindlichkeiten auf Grund von Treuhandgeschäften, für die das Kreditinstitut lediglich das Gestionsrisiko trägt, soweit sie in der Bilanzsumme enthalten sind.
7. Verbindlichkeiten der Österreichischer Exportfonds GmbH, die der Refinanzierung von Rechtsgeschäften mit Haftung des Bundes gemäß den §§ 1 und 2 AusfFG dienen;
(BGBl I 2016/117)
8. Verbindlichkeiten der Oesterreichische Entwicklungsbank AG, die zur Erfüllung ihrer Aufgaben gemäß § 9 Abs. 2 AusfFG eingegangen worden sind.
(BGBl I 2016/117)

(3) Bei ab dem Jahr 2010 neu gegründeten Kreditinstituten, die nicht unter Abs. 5 fallen, ist die durchschnittliche unkonsolidierte Bilanzsumme jenes Geschäftsjahres, das im Jahr vor dem Kalenderjahr endet, für das die Stabilitätsabgabe zu entrichten ist, zugrunde zu legen.

(4) Kommen in einem Kalenderjahr mehrere Bilanzsummen des Jahresabschlusses als Bemessungsgrundlage in Betracht, dann ist jener Jahresabschluss maßgebend, der für das zuletzt im Kalenderjahr endende Geschäftsjahr aufgestellt wird. Endet in einem Kalenderjahr kein Geschäftsjahr, dann ist die Bilanzsumme der Eröffnungsbilanz maßgebend. Bei einem Rumpfgeschäftsjahr ist Abs. 1 letzter Satz entsprechend der Anzahl der vorhandenen Kalendervierteljahre sinngemäß anzuwenden.

(5) Ist im Zeitraum zwischen dem nach Abs. 1 maßgeblichen Bilanzstichtag und dem Jahr, für das die Stabilitätsabgabe zu entrichten ist, Vermögen durch eine Umgründung im Sinne des Umgründungssteuergesetzes (UmgrStG), BGBl. Nr. 699/1991, auf ein Kreditinstitut im Sinne des § 1 übergegangen, erfolgt eine Erfassung dieses Vermögens beim Rechtsnachfolger. Beim Rechtsvorgänger ist dieses Vermögen zum Abzug zu bringen.

(6) Für Kreditinstitute gemäß § 1 mit Sitz in einem anderen Mitgliedstaat (§ 2 Z 5 BWG), die in Österreich im Wege einer Zweigstelle tätig sind, ist eine fiktive Bilanzsumme die dieser Zweigstelle zuzurechnenden Geschäftsvolumens nach den Bestimmungen des Abs. 1 bis 5 zu errechnen und bildet diese die Bemessungsgrundlage. Dabei treten anstelle der Einlagen gemäß Abs. 2 Z 1 gedeckte Einlagen, die einem vergleichbaren Sicherungssystem eines Mitgliedstaates unterliegen und bei der Zweigstelle entgegengenommen werden.
(BGBl I 2016/117)

Höhe der Stabilitätsabgabe

§ 3. Die Stabilitätsabgabe beträgt für jene Teile der Bemessungsgrundlage gemäß § 2,

1. die einen Betrag von 300 Millionen Euro überschreiten und 20 Milliarden Euro nicht überschreiten 0,024%,
(BGBl I 2016/117)
2. die einen Betrag von 20 Milliarden Euro überschreiten 0,029%.
(BGBl I 2016/117)

Begrenzung der Stabilitätsabgabe

§ 4. Die gemäß § 2 und § 3 errechnete Stabilitätsabgabe wird nach Maßgabe der folgenden Bestimmungen begrenzt:

1. Die Stabilitätsabgabe darf höchstens 20% des Jahresüberschusses/Jahresfehlbetrages gemäß Anlage 2 zu Artikel I § 43 BWG zuzüglich des im Jahresüberschuss/Jahresfehlbetrag enthaltenen Aufwands für die Stabilitätsabgabe und die Sonderzahlung sowie unter Außerachtlassung des außerordentlichen Ergebnisses aus der Dotierung/Auflösung des Fonds für allgemeine Bankrisiken gemäß § 57 Abs. 3 BWG betragen (Zumutbarkeitsgrenze). Dabei ist der Jahresüberschuss/Jahresfehlbetrag jenes Geschäftsjahres heranzuziehen, das vor dem Kalenderjahr endet, für das die Stabilitätsabgabe zu entrichten ist.
2. Die Stabilitätsabgabe darf 50% des arithmetischen Mittels der letzten drei nach Z 1 ermittelten Jahresergebnisse nicht übersteigen (Belastungsobergrenze). Für die Berechnung des arithmetischen Mittels sind negative Jahresergebnisse mit Null anzusetzen.
3. Die zu entrichtende Stabilitätsabgabe beträgt mindestens 5% der nach den Bestimmungen der §§ 2 und 3 errechneten Stabilitätsabgabe, auch wenn damit die Zumutbarkeitsgrenze der Z 1 oder die Belastungsobergrenze der Z 2 überschritten werden (Mindestbetrag).
4. Für die Ermittlung der Zumutbarkeitsgrenze und der Belastungsobergrenze sind im Fall eines Rumpfwirtschaftsjahres die nach Z 1 ermittelten Jahresüberschüsse/Jahresfehlbeträge auf ein volles Wirtschaftsjahr hochzurechnen.
5. Wird ein Kreditinstitut neu gegründet und ist § 2 Abs. 5 nicht anzuwenden, sind die Z 1 bis 3 für die Berechnung der Stabilitätsabgabe für das Jahr der Neugründung nicht anzuwenden.

(BGBl I 2016/117)

Sonderzahlung

§ 5. (1) Zusätzlich zur Abgabenschuld der Stabilitätsabgabe hat das Kreditinstitut (§ 1) eine Sonderzahlung zu entrichten. Die Sonderzahlung wird nach Maßgabe folgender Bestimmungen errechnet:

1. Die Bemessungsgrundlage bestimmt sich nach § 2. Der Sonderzahlung ist die durchschnittliche unkonsolidierte Bilanzsumme (§ 2) jenes Geschäftsjahres zugrunde zu legen, das im Jahr 2015 endet.
2. Die Sonderzahlung beträgt für jene Teile der Bemessungsgrundlage gemäß Abs. 1,

a) die einen Betrag von 300 Millionen Euro überschreiten und 20 Milliarden Euro nicht überschreiten 0,211%,
b) die einen Betrag von 20 Milliarden Euro überschreiten .... 0,258%.

§ 4 ist für die Berechnung der Sonderzahlung nicht anzuwenden. § 2 Abs. 5 ist sinngemäß anzuwenden.

3. Die Abgabenschuld für die Sonderzahlung entsteht jeweils zu einem Viertel am 1. Jänner der Jahre 2017 bis 2020 und ist jeweils bis zum 31. März in den Jahren 2017 bis 2020 selbst zu berechnen und zu entrichten. Bis zum 31. März der Jahre 2017 bis 2020 hat das Kreditinstitut jeweils eine Voranmeldung beim Finanzamt für Großbetriebe einzureichen, in der die Bemessungsgrundlage und die Abgabenschuld für den Voranmeldungszeitraum selbst berechnet werden. Die Voranmeldung gilt als Steuererklärung.
(BGBl I 2019/104)

4. Die Abgabenschuld für die Sonderzahlung entsteht mit Beginn des letzten Kalendervierteljahres 2016, wenn ein Kreditinstitut die Sonderzahlung bis zum 31. Jänner 2017 selbst berechnet, mit einer Verrechnungsweisung (§ 214 Abs. 4 der Bundesabgabenordnung, BGBl. Nr. 194/1961) Sonderzahlung Stabilitätsabgabe 2016 auf das Abgabenkonto entrichtet und dies dem Finanzamt für Großbetriebe unter Bekanntgabe der Bemessungsgrundlage und der Abgabenschuld mitteilt. Diese Mitteilung gilt als Steuererklärung.
(BGBl I 2019/104)

(2) Die Sonderzahlung ist eine ausschließliche Bundesabgabe.
(BGBl I 2016/117)

Abgabenschuldner und Abgabenschuld

§ 6. (1) Abgabenschuldner ist das Kreditinstitut im Sinne des § 1.

(2) Die Abgabenschuld entsteht mit 1. Jänner des Kalenderjahres, für das die Stabilitätsabgabe zu entrichten ist. Abweichend davon entsteht die Abgabenschuld bei unterjähriger Neugründung eines Kreditinstitutes mit der Eintragung des Kreditinstitutes im Firmenbuch.

(3) Bei unterjähriger Begründung oder Beendigung der Abgabepflicht ist die Stabilitätsabgabe anteilig nach der Zahl der vollen Kalendermonate zu entrichten, in denen die Steuerpflicht im Kalenderjahr bestanden hat.

(4) Die Abgabenschuld für Kreditinstitute im Sinne des § 2 Abs. 2 Z 4 endet mit jenem Monat, in dem die Europäische Kommission den Beschluss gefasst hat, dass die staatliche Beihilfe für die geordnete Abwicklung eines Kreditinstituts mit dem Binnenmarkt gemäß Art. 107 Abs. 3 Buchst. b AEUV vereinbar ist.

Erhebung der Abgabe

§ 7. (1) Jedes Kreditinstitut im Sinne des § 1 hat bis zum 31. Oktober des Kalenderjahres, für das die Stabilitätsabgabe zu berechnen ist, eine Abgabenerklärung über die Stabilitätsabgabe abzugeben. Dies hat elektronisch zu erfolgen. Der Bundesminister für Finanzen wird ermächtigt, den Inhalt und das Verfahren der elektronischen Übermittlung mit Verordnung festzulegen. In der Verordnung kann vorgesehen werden, dass sich der Abgabenschuldner einer bestimmten öffentlich-rechtlichen oder privatrechtlichen Übermittlungsstelle zu bedienen hat.

(2) Die Stabilitätsabgabe ist vom Kreditinstitut selbst zu berechnen und vierteljährlich jeweils bis zum 31. Jänner, 30. April, 31. Juli und 31. Oktober zu gleichen Teilen zu entrichten (Fälligkeitstage). Soweit sich aus der Abgabenerklärung und dem Betrag, der den vierteljährlichen Zahlungen zu Grunde gelegt wird, ein Unterschiedsbetrag ergibt, mindert oder erhöht dieser die Zahlung am 31. Oktober entsprechend.

(3) Bei Neugründung eines Kreditinstitutes nach dem 31. Oktober eines Kalenderjahres ist die Stabilitätsabgabe dieses Kalenderjahres erstmals zum 31. Jänner des Folgejahres zu entrichten. Die Abgabenerklärung für dieses Kalenderjahr ist bis zum 31. Jänner des Folgejahres abzugeben.

§ 7a. (aufgehoben)
(BGBl I 2016/117)

§ 7b. (1) Abweichend von § 6 Abs. 2 erster Satz entsteht die Abgabenschuld für das Kalenderjahr 2014 mit 1. April 2014. Der zum 31. Jänner 2014 zu entrichtende Betrag gemäß § 7 Abs. 2 stellt eine Vorauszahlung auf die Stabilitätsabgabe dar.

(2) Für das Kalenderjahr 2014 berechnet sich die Stabilitätsabgabe wie folgt:

1. Für das erste Kalendervierteljahr ist das Stabilitätsabgabegesetz in der Fassung vor dem Bundesgesetz BGBl. I Nr. 13/2014 anzuwenden mit der Maßgabe, dass ein Viertel der durchschnittlichen unkonsolidierten Bilanzsumme gemäß § 2 Abs. 2 in der Fassung vor dem Bundesgesetz BGBl. I Nr. 184/2013 für das Geschäftsjahr 2013 die Bemessungsgrundlage für den Steuersatz gemäß § 3 in der Fassung vor dem Bundesgesetz BGBl. I Nr. 13/2014 bildet. Für die Berechnung der Stabilitätsabgabe für das erste Kalendervierteljahr ist § 3 in der Fassung vor dem Bundesgesetz BGBl. I Nr. 13/2014 mit der Maßgabe anzuwenden, dass an die Stelle des Betrages von einer Milliarde ein Betrag von 250 Millionen und an die Stelle des Betrages von 20 Milliarden ein Betrag von fünf Milliarden tritt. Ein Viertel des durchschnittlichen Geschäftsvolumens der Derivate gemäß § 4 Abs. 2 in der Fassung vor dem Bundesgesetz BGBl. I Nr. 13/2014 des Kalenderjahres 2013 bildet die Bemessungsgrundlage für den Steuersatz gemäß § 4 Abs. 1 in der Fassung vor dem Bundesgesetz BGBl. I Nr. 13/2014.

2. Für das zweite bis vierte Kalendervierteljahr ist die Stabilitätsabgabe gemäß §§ 2 und 3 zu berechnen mit der Maßgabe, dass drei Viertel der durchschnittlichen unkonsolidierten Bilanzsumme gemäß § 2 Abs. 2 in der Fassung vor dem Bundesgesetz BGBl. I Nr. 184/2013 für das Geschäftsjahr 2013 die Bemessungsgrundlage für den Steuersatz gemäß § 3 bilden. Für die Berechnung der Stabilitätsabgabe für das zweite bis vierte Kalendervierteljahr ist § 3 mit der Maßgabe anzuwenden, dass an die Stelle des Betrages von einer Milliarde ein Betrag von 750 Millionen und an die Stelle des Betrages von 20 Milliarden ein Betrag von 15 Milliarden tritt.

3. Die errechnete Steuer gemäß Z 1 ist mit der errechneten Steuer gemäß Z 2 zu addieren und bildet die Abgabenschuld für das Jahr 2014.

Zuständigkeit

§ 8. Die Erhebung der Stabilitätsabgabe obliegt dem Finanzamt für Großbetriebe.
(BGBl I 2019/104)

Inkrafttreten

§ 9. (1) Dieses Bundesgesetz tritt mit 1. Jänner 2011 in Kraft.

(2) § 2 Abs. 2 erster Satz und Z 3 und § 4 Abs. 2 in der Fassung des Bundesgesetzes BGBl. I Nr. 184/2013 treten mit 1. Jänner 2014 in Kraft. § 2 Abs. 2 Z 3a in der Fassung des Bundesgesetzes BGBl. I Nr. 184/2013 tritt mit 1. Jänner 2015 in Kraft. § 2 Abs. 2 Z 3 in der Fassung des Bundesgesetzes BGBl. I Nr. 184/2013 tritt mit Ablauf des 31. Dezember 2014 außer Kraft.

(3) § 3, § 7a und § 7b in der Fassung des Bundesgesetzes BGBl. I Nr. 13/2014 treten mit 1. April 2014 in Kraft. § 4 und § 5 treten mit Ablauf des 31. März 2014 außer Kraft.

(4) § 6 Abs. 4 tritt mit der Veranlagung 2013 in Kraft.

(5) Die §§ 2 Abs. 2 Z 1 und Abs. 6 sowie die §§ 3 und 4 in der Fassung des Bundesgesetzes BGBl. I Nr. 117/2016 treten mit 1. Jänner 2017 in Kraft.

(6) § 2 Abs. 2 Z 5, Z 7 und Z 8 sowie § 5 in der Fassung des Bundesgesetzes BGBl. I Nr. 117/2016 treten mit 31. Dezember 2016 in Kraft.
(BGBl I 2016/117)

(7) § 7a tritt mit Ablauf des 31. Dezember 2016 außer Kraft.
(BGBl I 2016/117)

(8) § 10 Abs. 1 in der Fassung des Bundesgesetzes BGBl. I Nr. 117/2016 tritt mit 1. Jänner 2017 in Kraft und ist erstmals für Zahlungen anzuwenden, die für Abgabenschulden geleistet werden, die nach dem 31. Dezember 2016 entstehen.
(BGBl I 2016/117)

(9) § 10 Abs. 2 in der Fassung des Bundesgesetzes BGBl. I Nr. 117/2016 tritt mit 1. Jänner 2017 in Kraft und ist, wenn ein Kreditinstitut § 5 Abs. 1 Z 4 in Anspruch nimmt, bereits bei der Körperschaftsteuerveranlagung für das Jahr 2016 anzuwenden.
(BGBl I 2016/117)

(10) § 5 Abs. 1 Z 3 und Z 4 und § 8, jeweils in der Fassung des Bundesgesetzes BGBl. I Nr. 104/2019 treten mit 1. Juli 2020 in Kraft.

Schlussbestimmungen

§ 10. (1) Die Stabilitätsabgabe stellt eine nicht abzugsfähige Betriebsausgabe dar (§ 12 Abs. 1 Z 6 Körperschaftsteuergesetz 1988, BGBl. Nr. 401/1988).
(BGBl I 2016/117)

(2) Abweichend von Abs. 1 ist die Sonderzahlung (§ 5) als Betriebsausgabe abzugsfähig.
(BGBl I 2016/117)

(3) Mit der Vollziehung dieses Bundesgesetzes ist die Bundesministerin oder der Bundesminister für Finanzen betraut.
(BGBl I 2016/117)

(4) Der Bundesminister für Finanzen hat im Hinblick auf die Entwicklungen in der Europäischen Union die Stabilitätsabgabe unter Einbeziehung der Oesterreichischen Nationalbank spätestens bis 30. September 2012 und im Hinblick auf die Wirkungsweise des Fonds gemäß § 7a Abs. 3 spätestens bis 30. September 2013 zu evaluieren.
(BGBl I 2016/117)

(5) Soweit in diesem Bundesgesetz auf Bestimmungen anderer Bundesgesetze verwiesen wird, sind diese in ihrer jeweils geltenden Fassung anzuwenden.
(BGBl I 2016/117)

2/2/2. BudgetbegleitG 2001 (Art 34)

BGBl I 2000/142 idF BGBl I 2013/5

Artikel 34

Steuerliche Sonderregelungen für die Ausgliederung von Aufgaben der Körperschaften öffentlichen Rechts

§ 1. (1) Die durch die Ausgliederung und Übertragung von Aufgaben der Körperschaften öffentlichen Rechts an juristische Personen des privaten oder öffentlichen Rechts sowie an Personenvereinigungen (Personengemeinschaften), die unter beherrschendem Einfluss einer Körperschaft öffentlichen Rechts stehen, unmittelbar veranlassten (anfallenden) Schriften, Rechtsvorgänge und Rechtsgeschäfte sind von der Gesellschaftsteuer, Grunderwerbsteuer, den Stempel- und Rechtsgebühren sowie von den Gerichts- und Justizverwaltungsgebühren befreit. Derartige Vorgänge gelten nicht als steuerbare Umsätze. Ist die juristische Person des privaten oder öffentlichen Rechts im Rahmen der Aufgabenerfüllung als Unternehmer tätig, gelten für Zwecke der Umsatzsteuer die Rechtsverhältnisse für diese Tätigkeit als Unternehmer weiter.

(2) Miet- und Pachtverträge, die zwischen der juristischen Person des privaten oder öffentlichen Rechts oder der Personenvereinigung (Personengemeinschaft) als Vermieterin und der übertragenden Körperschaft öffentlichen Rechts als Mieterin unmittelbar anlässlich der Ausgliederung bezüglich der übertragenen Objekte abgeschlossen werden, sind von den Stempel- und Rechtsgebühren befreit.

§ 2. § 1 ist sinngemäß auf alle durch die Rückgängigmachung von Ausgliederungen und Übertragungen, die von § 1 erfasst waren, unmittelbar veranlassten (anfallenden) Schriften, Rechtsvorgänge und Rechtsgeschäfte anzuwenden. Für Zwecke der Umsatzsteuer gilt dies erst nach Ablauf des Vorsteuerberichtigungszeitraumes gemäß § 12 Abs. 10 und 11 UStG 1994. Darüber hinaus unterliegen diese Vorgänge insoweit nicht der Körperschaftsteuer (Einkommensteuer), als Wirtschaftsgüter dem Beteiligungsverhältnis entsprechend auf eine Körperschaft öffentlichen Rechts rückübertragen werden; dabei sind für die rückübertragenen Wirtschaftsgüter die Buchwerte des Rechtsvorgängers fortzuführen.

§ 3. § 1 ist sinngemäß auf alle auf Grund der Zusammenlegung von Gebietskörperschaften anfallenden Schriften, Rechtsvorgänge und Rechtsgeschäfte anzuwenden. Wenn durch eine solche Zusammenlegung ein Rechtsvorgang verwirklicht wird, der gemäß § 1 des Grunderwerbsteuergesetzes 1987 – GrEStG 1987, BGBl. Nr. 309, der Grunderwerbsteuer unterliegt, kann die Abgabenerklärung gemäß § 10 GrEStG 1987 in der geltenden Fassung abweichend von § 10 Abs. 2 GrEStG 1987 in der geltenden Fassung auch durch die in § 9 GrEStG 1987 in der geltenden Fassung genannten Personen vorgelegt und elektronisch übermittelt werden. Ertragsteuerrechtlich gelten auf Grund der Zusammenlegung von Gebietskörperschaften übertragene Wirtschaftsgüter als unentgeltlich übertragen.

§ 4. Mit der Vollziehung dieses Bundesgesetzes ist hinsichtlich der Befreiung von den Gerichts- und Justizverwaltungsgebühren der Bundesminister für Justiz, im übrigen der Bundesminister für Finanzen betraut.

2/2/3. MinBestG

2/2/3. Mindestbesteuerungsgesetz

Bundesgesetz zur Gewährleistung einer globalen Mindestbesteuerung für Unternehmensgruppen (Mindestbesteuerungsgesetz – MinBestG)*), BGBl I 2023/187

*) Die Darstellung der mathematischen Formeln in den §§ 13, 46, 47, 49, 65 und 82 entspricht nicht der im BGBl. kundgemachten (authentischen) Darstellung, sondern wurde zwecks besserer Erkennbarkeit und Verständlichkeit redaktionell angepasst.

GLIEDERUNG

1. Abschnitt: Allgemeine Bestimmungen
- § 1. Regelungsgegenstand
- § 2. Begriffsbestimmungen
- § 3. Anwendungsbereich
- § 4. Ausgenommene Einheiten
- § 5. Standort einer Geschäftseinheit

2. Abschnitt: Nationale Ergänzungssteuer (NES), Primär-Ergänzungssteuer (PES) und Sekundär-Ergänzungssteuer (SES)
- § 6. NES-Pflicht
- § 7. PES-Pflicht bei Vorliegen einer obersten Muttergesellschaft in Österreich
- § 8. PES-Pflicht bei Vorliegen einer zwischengeschalteten Muttergesellschaft in Österreich
- § 9. PES-Pflicht bei Vorliegen einer im Teileigentum stehenden Muttergesellschaft in Österreich
- § 10. Für Zwecke der PES zuzurechnender Anteil am Ergänzungssteuerbetrag
- § 11. Ausgleichsmechanismus für Zwecke der PES
- § 12. SES-Pflicht
- § 13. Berechnung und Zurechnung des SES-Betrags

3. Abschnitt: Mindeststeuer-Gewinnermittlung
- § 14. Mindeststeuer-Gewinn oder -Verlust
- § 15. Anpassungen des Jahresüberschusses oder Jahresfehlbetrages (Mindeststeuer-Mehr-Weniger-Rechnung)
- § 16. Nettosteueraufwand und Nettosteuerertrag
- § 17. Ausgenommene Dividenden
- § 18. Ausgenommene Gewinne oder –Verluste aus Eigenkapitalbeteiligungen
- § 19. Gewinne oder Verluste aus der Anwendung der Neubewertungsmethode auf Sachanlagen
- § 20. Asymmetrische Wechselkursgewinne oder Wechselkursverluste
- § 21. Nicht abzugsfähige Aufwendungen
- § 22. Fehler aus der Vorperiode und Änderungen der Rechnungslegungsgrundsätze
- § 23. Korrekturposten Pensionsaufwand
- § 24. Wahlrecht zur Ausnahme von Sanierungsgewinnen
- § 25. Wahlrecht für aktienbasierte Vergütungen
- § 26. Fremdvergleichsgrundsatz
- § 27. Anpassungsbeträge für Steuergutschriften
- § 28. Wahlrecht zur Anwendung des Realisationsprinzips
- § 29. Verteilungswahlrecht für unbewegliches Vermögen
- § 30. Gruppeninterne Finanzierungsvereinbarungen
- § 31. Wahlrecht zur Anwendung von Konsolidierungsgrundsätzen
- § 32. Behandlung bestimmter Versicherungserträge
- § 33. Behandlung von zusätzlichem Kernkapital
- § 34. Ausnahme für Gewinne oder Verluste aus dem internationalen Seeverkehr
- § 35. Zuordnung der Gewinne oder Verluste zwischen Stammhaus und Betriebsstätte
- § 36. Zurechnung der Gewinne oder Verluste einer transparenten Einheit

4. Abschnitt: Berechnung der angepassten erfassten Steuern
- § 37. Erfasste Steuern
- § 38. Angepasste erfasste Steuern
- § 39. Hinzurechnungen
- § 40. Kürzungen
- § 41. Zusätzlicher Ergänzungssteuerbetrag bei fehlendem Mindeststeuer-Nettogewinn
- § 42. Gesamtbetrag der angepassten latenten Steuern
- § 43. Mindeststeuer-Verlustwahlrecht
- § 44. Besondere Zurechnung von erfassten Steuern einer Geschäftseinheit zu einer anderen Geschäftseinheit
- § 45. Anpassungen und Steuersatzänderungen nach Einreichung des Mindeststeuerberichts

5. Abschnitt: Ermittlung des Effektivsteuersatzes und des Ergänzungssteuerbetrages
- § 46. Ermittlung des Effektivsteuersatzes einer Unternehmensgruppe für ein Steuerhoheitsgebiet
- § 47. Ermittlung des Ergänzungssteuerbetrages
- § 48. Substanzfreibetrag
- § 49. Zusätzlicher Ergänzungssteuerbetrag
- § 50. De-minimis-Ausnahme

§ 51. Im Minderheitseigentum stehende Geschäftseinheiten

6. Abschnitt: Safe-Harbour-Regelungen
§ 52. Anwendung von Safe-Harbour-Regelungen
§ 53. NES-Safe-Harbour
§ 54. Vereinfachte Berechnung für unwesentliche Geschäftseinheiten
§ 55. Vereinfachte Berechnung anhand eines länderbezogenen Berichts (temporärer CbCR-Safe-Harbour)
§ 56. Sonderregelungen für den temporären CbCR-Safe-Harbour
§ 57. Temporärer SES-Safe-Harbour

7. Abschnitt: Sondervorschriften für Unternehmensumstrukturierungen und Holdingstrukturen
§ 58. Anwendung des Schwellenwerts für konsolidierte Umsatzerlöse auf Zusammenschlüsse und Teilungen von Unternehmensgruppen
§ 59. Aus- und Beitritt von Geschäftseinheiten einer Unternehmensgruppe
§ 60. Übertragung von Vermögenswerten und Schulden
§ 61. Joint Ventures
§ 62. Mehrmüttergruppen

8. Abschnitt: Regelungen für Steuerneutralität und Ausschüttungssteuersysteme
§ 63. Oberste Muttergesellschaft als transparente Einheit
§ 64. Abzugsfähige Dividenden bei einer obersten Muttergesellschaft
§ 65. Anerkannte Ausschüttungssteuersysteme
§ 66. Ermittlung des Effektivsteuersatzes und des Ergänzungssteuerbetrages einer Investmenteinheit

§ 67. Steuertransparenzwahlrecht für Investmenteinheiten
§ 68. Wahlrecht für steuerpflichtige Ausschüttungen von Investmenteinheiten

9. Abschnitt: Verwaltungsvorschriften
§ 69. Pflicht zur Einreichung des Mindeststeuerberichts durch eine in Österreich gelegene Geschäftseinheit
§ 70. Entfall der Pflicht zur Einreichung des Mindeststeuerberichts durch eine in Österreich gelegene Geschäftseinheit
§ 71. Sondervorschrift für Mehrmüttergruppen
§ 72. Frist für die Einreichung des Mindeststeuerberichts und der Mitteilung
§ 73. Inhalt des Mindeststeuerberichts
§ 74. Wahlrechte
§ 75. Strafbestimmung
§ 76. Entstehung des Abgabenanspruchs, Abgabenschuld und Haftung
§ 77. Erhebung der Mindeststeuer
§ 78. Zuständigkeit
§ 79. Verordnungsermächtigung

10. Abschnitt: Übergangsbestimmungen
§ 80. Steuerattribute des Übergangsjahres
§ 81. SES-Befreiung multinationaler Unternehmensgruppen in der Anfangsphase ihrer internationalen Tätigkeit
§ 82. Gemischtes Hinzurechnungsbesteuerungsregime

11. Abschnitt: Schlussbestimmungen
§ 83. Verweis auf andere Bundesgesetze
§ 84. Inkrafttreten

Bundesgesetz zur Gewährleistung einer globalen Mindestbesteuerung für Unternehmensgruppen (Mindestbesteuerungsgesetz – MinBestG)

1. Abschnitt
Allgemeine Bestimmungen

Regelungsgegenstand

§ 1. (1) Mit diesem Bundesgesetz wird die Richtlinie (EU) 2022/2523 zur Gewährleistung einer globalen Mindestbesteuerung für multinationale Unternehmensgruppen und große inländische Gruppen in der Union, ABl. Nr. L 328 vom 22.12.2022 S. 1, berichtigt in ABl. L 13 vom 16.1.2023 S. 9 (nachfolgend: „die Richtlinie"), in österreichisches Recht umgesetzt.

(2) Die Erhebung der Mindeststeuer von in Österreich gelegenen Geschäftseinheiten einer Unternehmensgruppe gemäß § 3 erfolgt im Wege der nationalen Ergänzungssteuer (NES) nach Maßgabe des § 6, der Primär-Ergänzungssteuer (PES) nach Maßgabe der §§ 7 bis 11 und der Sekundär-Ergänzungssteuer (SES) nach Maßgabe der §§ 12 und 13.

Begriffsbestimmungen

§ 2. Für die Zwecke dieses Bundesgesetzes gelten folgende Begriffsbestimmungen:

1. „Einheit" bezeichnet ein Rechtsgebilde, das einen eigenen Abschluss zu erstellen hat, oder eine juristische Person.
2. „Geschäftseinheit" bezeichnet
   a) eine Einheit, die Teil einer multinationalen Unternehmensgruppe (Z 4) oder einer großen inländischen Gruppe (Z 5) ist, oder
   b) eine Betriebsstätte (Z 13) eines Stammhauses (Z 41), das Teil einer multinationalen Unternehmensgruppe gemäß lit. a ist,

2/2/3. MinBestG
§ 2

sofern es sich nicht um eine ausgenommene Einheit gemäß § 4 handelt.

3. „Unternehmensgruppe" bezeichnet
   a) eine Gruppe von Einheiten, die durch Eigentum oder Beherrschung nach Maßgabe eines anerkannten Rechnungslegungsstandards (Z 25) für die Erstellung eines Konzernabschlusses (Z 6) durch die oberste Muttergesellschaft miteinander verbunden sind, einschließlich aller Einheiten, die etwa allein aufgrund ihrer geringen Größe, aus Wesentlichkeitsgründen oder weil sie zu Veräußerungszwecken gehalten werden, nicht in den Konzernabschluss des obersten Mutterunternehmens einbezogen werden, oder
   b) eine Einheit, die über eine oder mehrere Betriebsstätten verfügt, vorausgesetzt, sie ist nicht Teil einer anderen Unternehmensgruppe gemäß lit. a.
4. „Multinationale Unternehmensgruppe" bezeichnet jede Unternehmensgruppe im Sinne der Z 3, die mindestens eine Einheit oder eine Betriebsstätte umfasst, welche nicht im Steuerhoheitsgebiet der obersten Muttergesellschaft (Z 14) gelegen ist.
5. „Große inländische Gruppe" bezeichnet jede Unternehmensgruppe im Sinne der Z 3, deren Geschäftseinheiten allesamt in Österreich gelegen sind.
6. „Konzernabschluss" bezeichnet
   a) den von einer Einheit im Einklang mit einem anerkannten Rechnungslegungsstandard erstellten Abschluss, in dem die Vermögenswerte, Verbindlichkeiten, Erträge, Aufwendungen und Zahlungsströme dieser Einheit und aller Einheiten, an denen sie eine die Kontrolle begründende Eigenkapitalbeteiligung hält, so dargestellt werden, als gehörten sie zu einer einzigen wirtschaftlichen Einheit;
   b) für Unternehmensgruppen im Sinne der Z 3 lit. b den nach einem anerkannten Rechnungslegungsstandard erstellten Abschluss einer Einheit;
   c) den Abschluss im Sinne der lit. a oder b der obersten Muttergesellschaft, der nicht im Einklang mit einem anerkannten Rechnungslegungsstandard erstellt wurde und der anschließend angepasst wurde, um erhebliche Vergleichbarkeitseinschränkungen (Z 27) zu vermeiden, und
   d) sofern die oberste Muttergesellschaft keinen Abschluss gemäß lit. a, b oder c erstellt, den Abschluss, der erstellt worden wäre, wenn die oberste Muttergesellschaft verpflichtet gewesen wäre, einen solchen Abschluss gemäß einem der folgenden Standards zu erstellen:
      – einem anerkannten Rechnungslegungsstandard oder
      – einem anderen Rechnungslegungsstandard, vorausgesetzt, dass dieser Abschluss angepasst wurde, um erhebliche Vergleichbarkeitseinschränkungen (Z 27) zu vermeiden.
7. „Geschäftsjahr" bezeichnet den Rechnungslegungszeitraum, für den die oberste Muttergesellschaft einer Unternehmensgruppe ihren Konzernabschluss erstellt oder, wenn die oberste Muttergesellschaft keinen Konzernabschluss erstellt, das Kalenderjahr.
8. „Berichtspflichtige Geschäftseinheit" bezeichnet eine Einheit, die einen Mindeststeuerbericht gemäß §§ 69 bis 75 einzureichen hat.
9. „Staatliche Einheit" bezeichnet eine Einheit, die alle folgenden Kriterien erfüllt:
   a) Die Einheit ist Teil eines Staates oder einer politischen Unterteilung oder Gebietskörperschaft eines solchen oder steht vollständig im Eigentum der genannten Träger,
   b) sie übt keine gewerbliche Tätigkeit aus und ihr Hauptzweck besteht in
      – der Wahrnehmung hoheitlicher Aufgaben oder
      – der Verwaltung oder Anlage der Vermögenswerte des Staates oder des Steuerhoheitsgebiets,
   c) sie ist in Bezug auf ihre Gesamtleistung gegenüber einem Staat rechenschaftspflichtig und stellt diesem jährlich Informationsberichte zur Verfügung und
   d) ihre Vermögenswerte fallen bei ihrer Auflösung einem Staat zu und ihre Nettogewinne werden ausschließlich an diesen Staat ausgeschüttet, ohne dass ein Teil ihrer Nettogewinne einzelnen Privatpersonen zugutekommt.
10. „Internationale Organisation" bezeichnet jegliche zwischenstaatliche Organisation, auch eine supranationale Organisation, oder eine vollständig in deren Eigentum stehende Behörde oder Einrichtung, die alle folgenden Kriterien erfüllt:
    a) Sie besteht hauptsächlich aus Staaten,
    b) hat mit dem Steuerhoheitsgebiet, in dem sie ihren Sitz hat, ein Sitzabkommen oder im Wesentlichen ähnliches Abkommen geschlossen und
    c) gesetzliche Bestimmungen oder ihre Satzungen verhindern, dass ihre Erträge Privatpersonen zugutekommen.
11. „Non-Profit-Organisation" bezeichnet eine Einheit, die alle folgenden Kriterien erfüllt:
    a) Sie hat ihren Sitz in dem Staat, in dem sie gelegen ist, und wird dort geführt, und zwar

- ausschließlich zu religiösen, gemeinnützigen, wissenschaftlichen, künstlerischen, kulturellen, sportlichen, erzieherischen oder ähnlichen Zwecken oder
- als Berufsverband, Wirtschaftsverband, Handelskammer, Arbeitnehmerverband, Landwirtschafts- oder Gartenbauverband, Bürgervereinigung oder Organisation, die ausschließlich zur Wohlfahrtsförderung betrieben wird;

b) im Wesentlichen sind sämtliche Erträge aus den unter lit. a genannten Tätigkeiten in dem Staat, in dem sie gelegen ist, von der Ertragsteuer befreit;

c) sie hat keine Anteilseigner oder Mitglieder, die Eigentums- oder Nutzungsrechte an ihren Einkünften oder Vermögenswerten haben;

d) die Einkünfte oder Vermögenswerte der Einheit dürfen nicht an eine Privatperson oder einen nicht gemeinnützigen Rechtsträger ausgeschüttet oder zu deren Gunsten verwendet werden, außer dies erfolgt
- im Rahmen der Ausübung der gemeinnützigen Tätigkeiten der Einheit,
- als Zahlung einer angemessenen Vergütung für erbrachte Leistungen oder für die Nutzung von Eigentum oder Kapital oder
- als Zahlung in Höhe des Marktwerts eines von der Einheit erworbenen Vermögensgegenstands und

e) bei der Schließung, Abwicklung oder Auflösung der Einheit sind alle ihre Vermögenswerte an eine Non-Profit-Organisation oder an den Staat, in dem sie gelegen ist, staatliche Einheiten oder eine ihrer Gebietskörperschaften auszuschütten oder zurückzugeben;

f) sie beinhaltet keine Einheiten, die gewerbliche Tätigkeiten ausüben, die nicht in direktem Zusammenhang mit den Zwecken stehen, für die sie eingerichtet wurden;

12. a) „Transparente Einheit" bezeichnet eine Einheit, die in Bezug auf ihre Erträge, Aufwendungen, Gewinne oder Verluste in dem Steuerhoheitsgebiet ihrer Gründung als steuerlich transparent gilt, es sei denn, sie ist in einem anderen Steuerhoheitsgebiet steuerlich ansässig und unterliegt dort in Bezug auf ihre Erträge oder Gewinne einer erfassten Steuer.

Als transparente Einheit gilt
- eine in Bezug auf ihre Erträge, Aufwendungen, Gewinne oder Verluste „volltransparente Einheit", sofern sie in dem Steuerhoheitsgebiet, in dem ihr Gesellschafter gelegen ist, als steuerlich transparent gilt;
- eine in Bezug auf ihre Erträge, Aufwendungen, Gewinne oder Verluste „umgekehrt hybride Einheit", sofern sie in dem Steuerhoheitsgebiet, in dem ihr Gesellschafter gelegen ist, nicht als steuerlich transparent gilt.

b) „Steuerlich transparent" bezeichnet eine Einheit, deren Erträge, Aufwendungen, Gewinne oder Verluste nach den Rechtsvorschriften eines Steuerhoheitsgebiets so behandelt werden, als hätte der direkte Gesellschafter dieser Einheit deren Erträge proportional zu seinem Anteil an dieser Einheit erzielt oder als seien sie ihm proportional zu seinem Anteil an dieser Einheit entstanden.

c) Eine Beteiligung an einer Einheit oder einer Betriebsstätte, die eine Geschäftseinheit darstellt, wird als von einer „volltransparenten Struktur" gehalten behandelt, wenn diese Beteiligung mittelbar über eine Kette volltransparenter Einheiten gehalten wird.

d) Eine Geschäftseinheit, die aufgrund des Ortes ihrer Geschäftsleitung, ihres Gründungsortes oder ähnlicher Kriterien weder steuerlich ansässig ist noch einer erfassten Steuer oder einer anerkannten nationalen Ergänzungssteuer unterliegt, wird in Bezug auf ihre Erträge, Aufwendungen, Gewinne oder Verluste als „transparente Einheit" und „volltransparente Einheit" behandelt, sofern
- ihre Gesellschafter in einem Steuerhoheitsgebiet gelegen sind, in dem die Einheit als steuerlich transparent behandelt wird,
- sie keinen Ort der Geschäftstätigkeit im Steuerhoheitsgebiet ihrer Gründung hat und
- die Erträge, Aufwendungen, Gewinne oder Verluste nicht einer Betriebsstätte zuzuordnen sind.

e) „Hybride Einheit" bezeichnet eine Einheit, die ertragsteuerlich als selbständige steuerpflichtige Person in dem Steuerhoheitsgebiet behandelt wird, in dem sie gelegen ist, jedoch als steuerlich transparent in dem Steuerhoheitsgebiet gilt, in dem ihr Gesellschafter gelegen ist.

13. „Betriebsstätte" bezeichnet
a) einen Ort der Geschäftstätigkeit oder einen fiktiven Ort der Geschäftstätigkeit, der in einem Steuerhoheitsgebiet gelegen ist, in dem er gemäß einem anwendbaren Doppelbesteuerungsab-

kommen als Betriebsstätte behandelt wird, vorausgesetzt, dass die dieser Betriebsstätte zuzuordnenden Erträge nach den steuerlichen Vorschriften dieses Steuerhoheitsgebiets und nach Maßgabe des anwendbaren Doppelbesteuerungsabkommens entsprechend den Grundsätzen einer des Art. 7 des OECD-Musterabkommens zur Vermeidung der Doppelbesteuerung von Einkommen und Vermögen in der jeweils geltenden Fassung ähnlichen Bestimmung besteuert werden;

b) bei Fehlen eines anwendbaren Doppelbesteuerungsabkommens einen Ort der Geschäftstätigkeit oder einen fiktiven Ort der Geschäftstätigkeit, der in einem Steuerhoheitsgebiet gelegen ist, welches die diesem Ort der Geschäftstätigkeit zuzuordnenden Erträge nach den steuerlichen Vorschriften dieses Steuerhoheitsgebiets auf Nettobasis besteuert, die der Besteuerung der in diesem Steuerhoheitsgebiet ansässigen Steuerpflichtigen entspricht;

c) bei Fehlen eines Körperschaftsteuersystems in einem Steuerhoheitsgebiet einen dort gelegenen Ort der Geschäftstätigkeit oder fiktiven Ort der Geschäftstätigkeit, der gemäß dem OECD-Musterabkommen zur Vermeidung der Doppelbesteuerung von Einkommen und Vermögen in der jeweils geltenden Fassung als Betriebsstätte behandelt werden würde und dieses Steuerhoheitsgebiet hiefür ein Besteuerungsrecht entsprechend den Grundsätzen des Art. 7 des OECD-Musterabkommens in der jeweils geltenden Fassung hätte; oder

d) einen unter lit. a bis c nicht beschriebenen Ort der Geschäftstätigkeit oder fiktiven Ort der Geschäftstätigkeit, vorausgesetzt, dass die aufgrund dieser Geschäftstätigkeit erzielten Einkünfte im Steuerhoheitsgebiet, in dem das Stammhaus (Z 41) gelegen ist, steuerbefreit sind.

14. „Oberste Muttergesellschaft" bezeichnet eine Einheit, die entweder
a) unmittelbar oder mittelbar eine Kontrollbeteiligung (Z 21) an einer anderen Einheit hält und an der keine andere Einheit unmittelbar oder mittelbar eine Kontrollbeteiligung hält, oder
b) das Stammhaus einer Unternehmensgruppe im Sinne von Z 3 lit b ist.

Eine staatliche Einheit mit dem Hauptzweck der Verwaltung oder Anlage der Vermögenswerte des Staates oder des Steuerhoheitsgebietes (Z 9 lit. b zweiter Teilstrich) ist keine oberste Muttergesellschaft.

15. „Mindeststeuersatz" bezeichnet einen Steuersatz von 15 %.

16. „Ergänzungssteuerbetrag" bezeichnet den gemäß § 47 für ein Steuerhoheitsgebiet oder eine Geschäftseinheit berechneten Ergänzungssteuerbetrag.

17. „Hinzurechnungsbesteuerung" bezeichnet Steuervorschriften, die keine anerkannte PES-Regelung (Z 18) sind und gemäß denen ein unmittelbarer oder mittelbarer Anteilseigner einer ausländischen Einheit oder das Stammhaus einer Betriebsstätte für seinen Anteil an einem Teil oder an den gesamten von dieser ausländischen Geschäftseinheit erzielten Einkünften unabhängig von deren Ausschüttung Steuern entrichten muss.

18. „Anerkannte PES-Regelung" bezeichnet ein Regelwerk, das im innerstaatlichen Recht eines Steuerhoheitsgebiets – unter der Voraussetzung, dass dieses Steuerhoheitsgebiet keine mit diesen Bestimmungen im Zusammenhang stehenden Vorteile gewährt – umgesetzt wird und
a) den in der Richtlinie festgelegten Bestimmungen oder im Fall von Drittstaaten und -gebieten den GloBE-Mustervorschriften (Z 46) gleichwertig ist, wonach die Muttergesellschaft einer Unternehmensgruppe den ihr zuzurechnenden Anteil am Ergänzungssteuerbetrag für die niedrig besteuerten Geschäftseinheiten (Z 19) dieser Unternehmensgruppe berechnet und entrichtet, und
b) in einer Weise verwaltet wird, die mit den Bestimmungen der Richtlinie oder im Fall von Drittstaaten und -gebieten mit den GloBE-Mustervorschriften (Z 46) in Einklang steht.

19. „Niedrig besteuerte Geschäftseinheit" bezeichnet
a) eine Geschäftseinheit einer Unternehmensgruppe, die in einem Niedrigsteuerstaat oder -gebiet (Z 35) gelegen ist, oder
b) eine staatenlose Geschäftseinheit, die in einem Geschäftsjahr Mindeststeuer-Gewinne (Z 36) erzielt und einem Effektivsteuersatz unterliegt, der niedriger ist als der Mindeststeuersatz.

20. „Zwischengeschaltete Muttergesellschaft" bezeichnet eine Geschäftseinheit,
a) die unmittelbar oder mittelbar eine Eigenkapitalbeteiligung (Z 23) an einer anderen Geschäftseinheit in derselben Unternehmensgruppe hält und
b) nicht als oberste Muttergesellschaft, im Teileigentum stehende Muttergesellschaft (Z 22), Betriebsstätte oder Investmenteinheit (Z 30) gilt.

21. „Kontrollbeteiligung" bezeichnet eine Eigenkapitalbeteiligung (Z 23) an einer Einheit, aufgrund derer der Anteilseigner verpflichtet ist oder verpflichtet gewesen wäre, die Vermögenswerte, Verbindlichkeiten, Erträge, Aufwendungen und Zahlungsströme der Einheit

nach einem anerkannten Rechnungslegungsstandard (Z 25) vollzukonsolidieren, wobei davon ausgegangen wird, dass ein Stammhaus (Z 41) über keine Kontrollbeteiligung an seinen Betriebsstätten verfügt.

22. „Im Teileigentum stehende Muttergesellschaft" bezeichnet eine Geschäftseinheit,
   a) die unmittelbar oder mittelbar eine Eigenkapitalbeteiligung (Z 23) an einer anderen Geschäftseinheit derselben Unternehmensgruppe hält,
   b) zu mehr als 20 % unmittelbar oder mittelbar im Eigentum einer oder mehrerer Personen gehalten wird, die keine Geschäftseinheiten dieser Unternehmensgruppe sind, und
   c) die nicht als oberste Muttergesellschaft, Betriebsstätte oder Investmenteinheit (Z 30) gilt.

23. „Eigenkapitalbeteiligung" bezeichnet alle Beteiligungen am Eigenkapital, die Ansprüche auf Gewinne, Kapital oder Rücklagen einer Einheit oder einer Betriebsstätte begründen.

24. „Muttergesellschaft" bezeichnet
   a) eine oberste Muttergesellschaft, bei der es sich nicht um eine ausgenommene Einheit handelt,
   b) eine zwischengeschaltete Muttergesellschaft oder
   c) eine im Teileigentum stehende Muttergesellschaft.

25. „Anerkannter Rechnungslegungsstandard" bezeichnet internationale Rechnungslegungsstandards (IFRS oder von der Union angenommene IFRS gemäß der Verordnung [EG] Nr. 1606/2002 betreffend die Anwendung internationaler Rechnungslegungsstandards, ABl. Nr. L 243 vom 11.09.2002 S. 1, geändert durch die Verordnung [EG] Nr. 297/2008, ABl. Nr. L 97 vom 09.04.2008 S. 62 des Europäischen Parlaments und des Rates) und die allgemein anerkannten Rechnungslegungsgrundsätze Australiens, Brasiliens, der Mitgliedstaaten der Europäischen Union, der Mitgliedstaaten des Europäischen Wirtschaftsraums, Hongkongs (China), Japans, Kanadas, Mexikos, Neuseelands, der Republik Indien, der Republik Korea, Russlands, der Schweiz, Singapurs, des Vereinigten Königreichs, der Vereinigten Staaten von Amerika und der Volksrepublik China.

26. „Zugelassener Rechnungslegungsstandard" bezeichnet in Bezug auf eine Einheit eine Reihe allgemein anerkannter Rechnungslegungsgrundsätze, die von einem in dem Steuerhoheitsgebiet, in dem die Einheit gelegen ist, zugelassenen Rechnungslegungsorgan genehmigt sind; für die Zwecke dieser Begriffsbestimmung bezeichnet ein zugelassenes Rechnungslegungsorgan das Gremium, das in einem Steuerhoheitsgebiet gesetzlich befugt ist, Rechnungslegungsstandards für die Finanzberichterstattung vorzuschreiben, aufzustellen oder anzuerkennen.

27. „Erhebliche Vergleichbarkeitseinschränkung" bezeichnet in Bezug auf die Anwendung eines bestimmten Grundsatzes oder Verfahrens gemäß einer Reihe allgemein anerkannter Rechnungslegungsgrundsätze eine Gesamtabweichung der Erträge oder Aufwendungen von mehr als 75 Millionen Euro in einem Geschäftsjahr gegenüber dem Betrag, der sich durch Anwendung des entsprechenden Grundsatzes oder Verfahrens nach den Internationalen Rechnungslegungsstandards (den IFRS oder den von der Union gemäß der Verordnung [EG] Nr. 1606/2002 übernommenen IFRS) ergeben hätte;

28. „Anerkannte NES-Regelung" bezeichnet ein Regelwerk, das im innerstaatlichen Recht eines Steuerhoheitsgebiets – unter der Voraussetzung, dass dieses Steuerhoheitsgebiet keine mit diesen Bestimmungen im Zusammenhang stehenden Vorteile gewährt – eine Mindeststeuer umsetzt und dabei
   a) die Bestimmung des Übergewinns der in diesem Steuerhoheitsgebiet gelegenen Geschäftseinheiten im Einklang mit den Vorschriften der Richtlinie oder im Fall von Drittstaaten und -gebieten mit den GloBE-Mustervorschriften (Z 46) und die Anwendung des Ergänzungssteuersatzes auf den Übergewinn für das Steuerhoheitsgebiet und die Geschäftseinheiten im Einklang mit den Vorschriften der Richtlinie oder im Fall von Drittstaaten und -gebieten mit den GloBE-Mustervorschriften (Z 46) regelt und
   b) in einer Weise verwaltet wird, die mit den Bestimmungen der Richtlinie oder im Fall von Drittstaaten und -gebieten mit den GloBE-Mustervorschriften (Z 46) in Einklang steht.

   Der Übergewinn kann auf der Grundlage eines vom befugten Rechnungslegungsorgan genehmigten anerkannten Rechnungslegungsstandards oder eines zugelassenen Rechnungslegungsstandards, der zur Vermeidung wesentlicher Wettbewerbsverzerrungen angepasst wurde, anstatt des im Konzernabschluss verwendeten Rechnungslegungsstandards bestimmt werden.

29. „Nettobuchwert der materiellen Vermögenswerte" bezeichnet den Durchschnitt des Anfangs- und Endwerts materieller Vermögenswerte nach Berücksichtigung kumulierter Abschreibungen und (substanzbedingter) Wertminderungen, wie im Abschluss verbucht.

30. „Investmenteinheit" bezeichnet
   a) einen Investmentfonds (Z 31), Immobilieninvestmentvehikel (Z 32) oder eine Versicherungsinvestmenteinheit (Z 47),

2/2/3. MinBestG
§ 2

b) eine Einheit, die unmittelbar oder über eine Kette solcher Einheiten zu mindestens 95 % im Eigentum einer unter lit. a genannten Einheit steht und die ausschließlich oder fast ausschließlich für diese Einheiten Vermögenswerte hält oder Gelder veranlagt oder

c) eine Einheit, die zu mindestens 85 % ihres Werts im Eigentum einer unter lit. a genannten Einheit steht und die im Wesentlichen ausgenommene Dividenden oder Gewinne oder Verluste aus Eigenkapitalbeteiligungen im Sinne der §§ 18 und 19 erzielt.

31. „Investmentfonds" bezeichnet eine Einheit oder eine Konstruktion, die alle folgenden Bedingungen erfüllt:
    a) Sie dient dazu, einen Pool aus finanziellen und nichtfinanziellen Vermögenswerten von einer Anzahl von Anlegern, von denen einige nicht verbunden sind, zu bilden;
    b) sie investiert im Einklang mit einer festgelegten Anlagepolitik;
    c) sie ermöglicht es Anlegern, ihre Transaktions-, Recherche- und Analysekosten zu senken oder Risiken zu streuen;
    d) sie dient in erster Linie dazu, Erträge oder Gewinne aus Investitionen zu generieren oder Schutz vor einem bestimmten oder allgemeinen Ereignis oder Ergebnis zu bieten;
    e) Anleger haben auf der Grundlage ihres Beitrags ein Recht auf Erträge aus den Vermögenswerten des Fonds oder auf Erträge aus diesen Vermögenswerten;
    f) sie oder ihre Geschäftsleitung unterliegen den aufsichtsrechtlichen Vorschriften für Investmentfonds, einschließlich angemessener Vorschriften für die Bekämpfung von Geldwäsche und den Anlegerschutz, in dem Steuerhoheitsgebiet, in dem sie ansässig ist oder verwaltet wird und
    g) sie wird im Namen der Anleger von professionellen Investmentfondsmanagern verwaltet.

32. „Immobilieninvestmentvehikel" bezeichnet eine Einheit im Streubesitz, die überwiegend unbewegliches Vermögen hält und deren Erträge auf einer einzigen Besteuerungsebene erfasst werden, und zwar entweder auf Ebene des Immobilieninvestmentvehikels selbst oder auf Ebene seiner Anteilseigner, mit einem Aufschub von höchstens einem Jahr.

33. „Pensionsfonds" bezeichnet
    a) eine in einem Steuerhoheitsgebiet niedergelassene und geführte Einheit, die ausschließlich oder nahezu ausschließlich dazu dient, Altersversorgungsleistungen sowie verbundene Leistungen oder Nebenleistungen zugunsten von natürlichen Personen zu verwalten und bereitzustellen, wenn
    – diese Einheit als solche den aufsichtsrechtlichen Vorschriften dieses Steuerhoheitsgebiets oder einer seiner Gebietskörperschaften oder lokalen Behörden unterliegt oder
    – die genannten Leistungen durch nationale Regelungen gesichert oder anderweitig geschützt und aus einem Pool von Vermögenswerten finanziert werden, die von einer Treuhandschaft oder einem Treugeber gehalten werden, um die Erfüllung der entsprechenden Pensionsverpflichtungen für den Fall einer Insolvenz der Unternehmensgruppe sicherzustellen.
    b) eine Pensionsfonds-Dienstleistungseinheit (Z 34).

34. „Pensionsfonds-Dienstleistungseinheit" bezeichnet eine Einheit, die ausschließlich oder nahezu ausschließlich dazu gegründet wurde und betrieben wird, für die unter Z 33 lit. a genannten Einheiten Gelder anzulegen oder Tätigkeiten auszuüben, die Nebentätigkeiten zu den unter Z 33 lit. a genannten regulierten Tätigkeiten sind, vorausgesetzt, dass die Pensionsfonds-Dienstleistungseinheit derselben Unternehmensgruppe angehört wie die diese regulierten Tätigkeiten ausübenden Einheiten.

35. „Niedrigsteuerstaat oder -gebiet" bezeichnet in Bezug auf eine Unternehmensgruppe ein Steuerhoheitsgebiet, in dem diese Unternehmensgruppe in einem Geschäftsjahr Mindeststeuer-Gewinne erzielt und einem Effektivsteuersatz unterliegt, der niedriger ist als der Mindeststeuersatz.

36. „Mindeststeuer-Gewinne oder -Verluste" bezeichnen die Jahresüberschüsse oder Jahresfehlbeträge einer Geschäftseinheit, die gemäß den Bestimmungen der Abschnitte 3, 7 und 8 angepasst wurden.

37. „Nicht anerkannte erstattungsfähige Anrechnungssteuer" bezeichnet jede Steuer, bei der es sich nicht um eine anerkannte Anrechnungssteuer handelt, die von einer Geschäftseinheit noch zu entrichten ist oder bereits entrichtet wurde und
    – dem wirtschaftlichen Eigentümer einer von einer solchen Geschäftseinheit ausgeschütteten Dividende erstattet werden kann oder vom wirtschaftlichen Eigentümer mit einer anderen Steuerschuld als der Steuerschuld in Bezug auf diese Dividende als Gutschrift verrechnet werden kann, oder
    – bei Ausschüttung einer Dividende an einen Anteilseigner an die ausschüttende Gesellschaft erstattet werden kann.

38. „Anerkannte Anrechnungssteuer" bezeichnet eine erfasste, von einer Geschäftseinheit oder

einer Betriebsstätte noch zu entrichtende oder bereits entrichtete Steuer, die dem wirtschaftlichen Eigentümer der von der Geschäftseinheit ausgeschütteten Dividende oder, im Falle einer von einer Betriebsstätte noch zu entrichtenden oder bereits entrichteten erfassten Steuer, der vom Stammhaus ausgeschütteten Dividende erstattet wird oder von diesem als Gutschrift verrechnet werden kann, sofern die Erstattung oder Gutschrift

a) von einem anderen Steuerhoheitsgebiet als dem Steuerhoheitsgebiet, das die erfassten Steuern erhoben hat, gemäß einer Regelung zur Anrechnung ausländischer Steuern gewährt wird,

b) einem wirtschaftlichen Eigentümer der Dividende gewährt wird, der einem nominalen Steuersatz unterliegt, welcher dem Mindeststeuersatz für die erhaltene Dividende nach dem innerstaatlichen Recht des Steuerhoheitsgebiets, das die erfassten Steuern von der Geschäftseinheit erhoben hat, entspricht oder diesen übersteigt,

c) einer natürlichen Person gewährt wird, die wirtschaftlicher Eigentümer der Dividende und in dem Steuerhoheitsgebiet steuerlich ansässig ist, welches die erfassten Steuern von der Geschäftseinheit erhoben hat, und die einem nominalen Steuersatz unterliegt, der dem auf ordentliche Erträge anwendbaren Normalsteuersatz entspricht oder diesen übersteigt, oder

d) einer staatlichen Einheit, einer internationalen Organisation, einer gebietsansässigen Non-Profit-Organisation, einem gebietsansässigen Pensionsfonds, einer gebietsansässigen Investmenteinheit, die nicht der Unternehmensgruppe angehört, oder einer gebietsansässigen Lebensversicherungsgesellschaft gewährt wird, sofern die Dividende im Zusammenhang mit Tätigkeiten eines gebietsansässigen Pensionsfonds bezogen wird und sie in ähnlicher Weise wie eine von einem Pensionsfonds bezogene Dividende besteuert wird. Dabei gilt Folgendes:

   aa) Eine Non-Profit-Organisation oder ein Pensionsfonds gilt als in einem Steuerhoheitsgebiet gebietsansässig, wenn sie oder er in diesem Steuerhoheitsgebiet gegründet und verwaltet wird.

   bb) Eine Investmenteinheit gilt als in einem Steuerhoheitsgebiet gebietsansässig, wenn sie in diesem Steuerhoheitsgebiet gegründet wird und dessen Regulierungsvorschriften unterliegt.

   cc) Eine Lebensversicherungsgesellschaft gilt als in dem Steuerhoheitsgebiet gebietsansässig, in dem sie gelegen ist.

39. „Anerkannte auszahlbare Steuergutschrift" bezeichnet

a) eine auszahlbare Steuergutschrift, die so gestaltet ist, dass sie innerhalb von vier Jahren ab dem Zeitpunkt, zu dem die Geschäftseinheit nach den Rechtsvorschriften des die Gutschrift gewährenden Steuerhoheitsgebiets Anspruch auf die auszahlbare Steuergutschrift hat, als Barzahlung oder in Barmitteläquivalenten an die Geschäftseinheit auszuzahlen ist, oder

b) im Falle, dass die Steuergutschrift teilweise auszahlbar ist, den Teil der auszahlbaren Steuergutschrift, der innerhalb von vier Jahren ab dem Zeitpunkt, zu dem die Geschäftseinheit Anspruch auf die teilweise auszahlbare Steuergutschrift hat, als Barzahlung oder in Barmitteläquivalenten an die Geschäftseinheit auszuzahlen ist.

Eine anerkannte auszahlbare Steuergutschrift umfasst keine Steuerbeträge, die aufgrund einer anerkannten Anrechnungssteuer oder einer nicht anerkannten erstattungsfähigen Anrechnungssteuer als Gutschrift verrechnet werden oder erstattet werden können.

40. „Nicht anerkannte auszahlbare Steuergutschrift" bezeichnet eine Steuergutschrift, die keine anerkannte auszahlbare Steuergutschrift darstellt, jedoch ganz oder teilweise auszahlbar ist.

41. „Stammhaus" bezeichnet eine Einheit, die die bilanziellen Nettoerträge oder -verluste einer Betriebsstätte in ihrem Abschluss erfasst.

42. „Gruppenzugehöriger Gesellschafter einer Geschäftseinheit" bezeichnet eine Geschäftseinheit, die unmittelbar oder mittelbar eine Eigenkapitalbeteiligung an einer anderen Geschäftseinheit derselben Unternehmensgruppe hält.

43. „Anerkanntes Ausschüttungssteuersystem" bezeichnet ein Körperschaftsteuersystem, das

a) eine Körperschaftsteuer auf Gewinn nur dann erhebt, wenn diese Gewinne an die Anteilsinhaber tatsächlich oder fiktiv ausgeschüttet werden oder wenn im Unternehmen bestimmte nicht geschäftsbezogene Aufwendungen anfallen,

b) eine Körperschaftsteuer in Höhe des Mindeststeuersatzes oder darüber erhebt und

c) am oder vor dem 1. Juli 2021 in Kraft war.

44. „Anerkannte SES-Regelung" bezeichnet ein Regelwerk, das im innerstaatlichen Recht eines Steuerhoheitsgebiets – unter der Voraussetzung, dass dieses Steuerhoheitsgebiet keine mit diesen Bestimmungen im Zusammen-

hang stehenden Vorteile gewährt – umgesetzt wird und

a) den in der Richtlinie festgelegten Bestimmungen oder im Fall von Drittstaaten und -gebieten den GloBE-Mustervorschriften (Z 46) gleichwertig ist, wonach ein Steuerhoheitsgebiet seinen zuzurechnenden Anteil an dem Ergänzungssteuerbetrag einer multinationalen Unternehmensgruppe, welcher nicht nach einer PES-Regelung erhoben wurde, für die niedrig besteuerten Geschäftseinheiten der multinationalen Unternehmensgruppe erhebt, und

b) in einer Weise verwaltet wird, die mit den Bestimmungen der Richtlinie oder im Fall von Drittstaaten und -gebieten mit den GloBE-Mustervorschriften (Z 46) in Einklang steht.

45. „Als berichtspflichtig benannte Einheit" bezeichnet eine Geschäftseinheit, bei der es sich nicht um die oberste Muttergesellschaft handelt und die von der Unternehmensgruppe benannt wurde, um im Namen der Unternehmensgruppe die in den §§ 69 bis 75 genannten Berichtspflichten zu erfüllen.

46. „GloBE-Mustervorschriften" bezeichnet die im von der OECD veröffentlichten Bericht: „Tax Challenges Arising from Digitalisation of the Economy – Global Anti Base Erosion Model Rules (Pillar Two), OECD/G20 Inclusive Framework on BEPS" enthaltenen Mustervorschriften.

47. „Versicherungsinvestmenteinheit" bezeichnet eine Einheit, die unter die Definition eines Investmentfonds gemäß Z 31 oder eines Immobilieninvestmentvehikels gemäß Z 32 fallen würde, wenn sie nicht im Zusammenhang mit Verbindlichkeiten im Rahmen eines Versicherungs- oder Rentenvertrags gegründet worden wäre und sich nicht vollständig im Eigentum einer Einheit befände, die als Versicherungsgesellschaft den aufsichtsrechtlichen Vorschriften ihres Belegenheitsstaates unterliegt.

Anwendungsbereich

§ 3. (1) Der Mindeststeuer unterliegen in Österreich gelegene Geschäftseinheiten einer Unternehmensgruppe (§ 2 Z 3), wenn die jährlichen Umsatzerlöse gemäß den Konzernabschlüssen ihrer obersten Muttergesellschaft in mindestens zwei der vier vorangegangenen Geschäftsjahre mindestens 750 Millionen Euro (Umsatzgrenze) betragen. Für die Ermittlung der Umsatzgrenze sind auch Umsatzerlöse ausgenommener Einheiten (§ 4) zu berücksichtigen. Bei Zusammenschlüssen und Teilungen von Unternehmensgruppen ist § 58 zu beachten.

(2) Sind eines oder mehrere der in Abs. 1 genannten vier Geschäftsjahre länger oder kürzer als zwölf Monate, wird der in Abs. 1 genannte Schwellenwert für die Umsatzerlöse für jedes dieser Geschäftsjahre proportional angepasst.

Ausgenommene Einheiten

§ 4. (1) Von der Mindeststeuer ausgenommen sind:
1. staatliche Einheiten;
2. internationale Organisationen;
3. Non-Profit-Organisationen;
4. Pensionsfonds;
5. Investmentfonds, die oberste Muttergesellschaften sind;
6. Immobilieninvestmentvehikel, die oberste Muttergesellschaften sind;
7. eine Einheit, die
    a) zu mindestens 95 % ihres Werts unmittelbar oder mittelbar über eine oder mehrere ausgenommene Einheit(en) gemäß Z 1 bis 6, mit Ausnahme von Pensionsfonds-Dienstleistungseinheiten, gehalten wird und die
        – ausschließlich oder fast ausschließlich für diese ausgenommenen Einheiten Vermögenswerte hält oder Gelder veranlagt, oder
        – ausschließlich Nebentätigkeiten zu den von ausgenommenen Einheiten ausgeübten Tätigkeiten ausführt;
    b) zu mindestens 85 % ihres Werts unmittelbar oder mittelbar über eine oder mehrere ausgenommene Einheiten gemäß Z 1 bis 6, mit Ausnahme von Pensionsfonds-Dienstleistungseinheiten, gehalten wird und die im Wesentlichen ausgenommene Dividenden (§ 17) oder Gewinne oder Verluste aus Eigenkapitalbeteiligungen (§ 18) erzielt; oder
    c) zu 100 % ihres Werts im gesamten Geschäftsjahr unmittelbar oder mittelbar von einer ausgenommenen Einheit gemäß Z 3 gehalten wird, sofern im Geschäftsjahr die Summe der Umsatzerlöse der Geschäftseinheiten der Unternehmensgruppe, mit Ausnahme der Umsatzerlöse der ausgenommenen Einheit gemäß Z 3 sowie der ausgenommenen Einheiten gemäß Z 7, niedriger als der Schwellenwert gemäß § 3 und als 25 % der im Konzernabschluss ausgewiesenen Umsatzerlöse ist.

(2) Eine Einheit gemäß Z 7 kann auf Antrag gemäß § 74 als nicht ausgenommene Einheit behandelt werden.

Standort einer Geschäftseinheit

§ 5. (1) Der Standort einer Einheit (§ 2 Z 1), die keine transparente Einheit ist, wird wie folgt bestimmt:
1. Die Einheit ist in jenem Steuerhoheitsgebiet gelegen, in dem diese aufgrund des Ortes ihrer Geschäftsleitung, ihres Gründungs-

ortes oder ähnlicher Kriterien als steuerlich ansässig gilt;
2. in allen anderen Fällen ist eine Einheit in dem Steuerhoheitsgebiet gelegen, in dem sie gegründet wurde.

(2) Der Standort einer transparenten Einheit (§ 2 Z 12) wird wie folgt bestimmt:
1. Die transparente Einheit ist in jenem Steuerhoheitsgebiet gelegen, in dem sie gegründet wurde, wenn sie die oberste Muttergesellschaft einer Unternehmensgruppe ist, oder sie verpflichtet ist, eine anerkannte PES-Regelung anzuwenden;
2. in allen anderen Fällen gilt eine transparente Einheit als staatenlos.

(3) Der Standort einer Betriebsstätte wird wie folgt bestimmt:
1. Im Falle des § 2 Z 13 lit. a ist eine Betriebsstätte in dem Steuerhoheitsgebiet gelegen, in dem sie als Betriebsstätte behandelt wird und nach dem anwendbaren Doppelbesteuerungsabkommen steuerpflichtig ist;
2. im Falle des § 2 Z 13 lit. b ist eine Betriebsstätte in dem Steuerhoheitsgebiet gelegen, in dem sie aufgrund ihrer geschäftlichen Präsenz auf Nettobasis besteuert wird;
3. im Falle des § 2 Z 13 lit. c ist eine Betriebsstätte in dem Steuerhoheitsgebiet gelegen, in dem sie sich befindet;
4. im Falle des § 2 Z 13 lit. d gilt die Betriebsstätte als staatenlos.

(4) Ist eine Geschäftseinheit gemäß Abs. 1 in zwei Steuerhoheitsgebieten gelegen, wird ihr Standort wie folgt bestimmt:
1. Wenn die Geschäftseinheit in zwei Steuerhoheitsgebieten gelegen ist, zwischen denen ein anwendbares Doppelbesteuerungsabkommen besteht,
   a) ist sie in dem Steuerhoheitsgebiet gelegen, in dem sie gemäß diesem Doppelbesteuerungsabkommen als steuerlich ansässig gilt;
   b) ist Z 2 anzuwenden, wenn das zwischen beiden Steuerhoheitsgebieten anwendbare Doppelbesteuerungsabkommen vorsieht, dass die zuständigen Behörden die steuerliche Ansässigkeit der Geschäftseinheit in gegenseitigem Einvernehmen regeln und keine Einigung erzielt wird;
   c) ist Z 2 anzuwenden, wenn das zwischen beiden Steuerhoheitsgebieten anwendbare Doppelbesteuerungsabkommen keine Entlastung von der Doppelbesteuerung vorsieht, wenn die Geschäftseinheit in beiden Steuerhoheitsgebieten steuerlich ansässig ist.
2. Wenn die Geschäftseinheit in zwei Steuerhoheitsgebieten gelegen ist, zwischen denen kein anwendbares Doppelbesteuerungsabkommen besteht,
   a) gilt sie in dem Steuerhoheitsgebiet gelegen, in dem für das Geschäftsjahr der höhere Betrag an erfassten Steuern erhoben wurde, wobei die gemäß einer Hinzurechnungsbesteuerung gezahlten Steuern nicht berücksichtigt werden;
   b) und der erhobene Betrag der erfassten Steuern in beiden Steuerhoheitsgebieten gleich oder null ist, gilt sie in dem Steuerhoheitsgebiet gelegen, in dem der gemäß § 48 berechnete Substanzfreibetrag auf Ebene der Geschäftseinheit höher ist;
   c) und sowohl der erhobene Betrag der erfassten Steuern als auch der Substanzfreibetrag in beiden Steuerhoheitsgebieten gleich oder null ist, gilt sie als staatenlos, es sei denn, es handelt sich um eine oberste Muttergesellschaft; in diesem Fall gilt sie als in dem Steuerhoheitsgebiet gelegen, in dem sie gegründet wurde.

(5) Ist eine Muttergesellschaft infolge der Anwendung von Abs. 4 in einem Steuerhoheitsgebiet gelegen, in dem sie keiner anerkannten PES-Regelung unterliegt, gilt sie als der anerkannten PES-Regelung des anderen Steuerhoheitsgebietes unterliegend, es sei denn, ein anwendbares Doppelbesteuerungsabkommen steht deren Anwendung entgegen.

(6) Verlegt eine Geschäftseinheit ihren Standort im Laufe eines Geschäftsjahres, gilt sie als in dem Steuerhoheitsgebiet gelegen, in dem sie zu Beginn des betreffenden Geschäftsjahres nach Anwendung der Abs. 1 bis 4 als gelegen galt.

**2. Abschnitt
Nationale Ergänzungssteuer (NES),
Primär-Ergänzungssteuer (PES) und
Sekundär-Ergänzungssteuer (SES)**

NES-Pflicht

§ 6. (1) Beträgt der Effektivsteuersatz (§ 46 Abs. 1) einer Unternehmensgruppe für die in Österreich gelegenen Geschäftseinheiten für ein Geschäftsjahr weniger als der Mindeststeuersatz, unterliegt die gemäß § 76 abgabepflichtige Geschäftseinheit dem NES.

(2) Die von der abgabepflichtigen Geschäftseinheit gemäß Abs. 1 zu entrichtende NES entspricht unabhängig von den Beteiligungsverhältnissen an den in Österreich gelegenen Geschäftseinheiten der Unternehmensgruppe dem gemäß § 47 für das betroffene Geschäftsjahr für Österreich berechneten Ergänzungssteuerbetrag.

(3) Beträgt der Effektivsteuersatz (§ 46 Abs. 4) einer in Österreich gegründeten staatenlosen transparenten Einheit (§ 5 Abs. 2 Z 2) oder einer staatenlosen Betriebsstätte (§ 5 Abs. 3 Z 4) mit Ort der Geschäftstätigkeit in Österreich für das Geschäftsjahr weniger als der Mindeststeuersatz, sind Abs. 1 und 2 sinngemäß anzuwenden.

PES-Pflicht bei Vorliegen einer obersten Muttergesellschaft in Österreich

§ 7. (1) Ist eine in Österreich gelegene oberste Muttergesellschaft zu einem Zeitpunkt während des Geschäftsjahres an einer in einem anderen Steuerhoheitsgebiet gelegenen oder staatenlosen niedrig besteuerten Geschäftseinheit unmittelbar oder mittelbar beteiligt, unterliegt sie in Bezug auf diese niedrig besteuerte Geschäftseinheit für das betroffene Geschäftsjahr der PES.

(2) Die abgabepflichtige Geschäftseinheit für die nach Abs. 1 zu entrichtende PES bestimmt sich nach Maßgabe von § 76.

PES-Pflicht bei Vorliegen einer zwischengeschalteten Muttergesellschaft in Österreich

§ 8. (1) Ist eine in Österreich gelegene zwischengeschaltete Muttergesellschaft zu einem Zeitpunkt während des Geschäftsjahres an einer in einem anderen Steuerhoheitsgebiet gelegenen oder staatenlosen niedrig besteuerten Geschäftseinheit unmittelbar oder mittelbar beteiligt, unterliegt sie in Bezug auf diese niedrig besteuerte Geschäftseinheit für das betroffene Geschäftsjahr der PES, wenn die oberste Muttergesellschaft nicht verpflichtet ist, in dem betroffenen Geschäftsjahr eine anerkannte PES-Regelung auf die niedrig besteuerte Geschäftseinheit anzuwenden.

(2) Die Bestimmungen des Abs. 1 sind nicht anzuwenden, wenn eine andere zwischengeschaltete Muttergesellschaft, die unmittelbar oder mittelbar eine Kontrollbeteiligung an der in Abs. 1 genannten zwischengeschalteten Muttergesellschaft hält, verpflichtet ist, für das betroffene Geschäftsjahr eine anerkannte PES-Regelung auf die niedrig besteuerte Geschäftseinheit anzuwenden.

(3) Die abgabepflichtige Geschäftseinheit für die nach Abs. 1 zu entrichtende PES bestimmt sich nach Maßgabe von § 76.

PES-Pflicht bei Vorliegen einer im Teileigentum stehenden Muttergesellschaft in Österreich

§ 9. (1) Ist eine in Österreich gelegene und im Teileigentum stehende Muttergesellschaft zu einem Zeitpunkt während des Geschäftsjahres an einer in einem anderen Steuerhoheitsgebiet gelegenen oder staatenlosen niedrig besteuerten Geschäftseinheit unmittelbar oder mittelbar beteiligt, unterliegt sie in Bezug auf diese niedrig besteuerte Geschäftseinheit für das betroffene Geschäftsjahr der PES.

(2) Die Bestimmungen des Abs. 1 sind nicht anzuwenden, wenn die Eigenkapitalbeteiligungen an der im Teileigentum stehenden Muttergesellschaft unmittelbar oder mittelbar vollständig von einer anderen im Teileigentum derselben Unternehmensgruppe stehenden ausländischen Muttergesellschaft gehalten werden und diese verpflichtet ist, für das betroffene Geschäftsjahr eine anerkannte PES-Regelung auf die niedrig besteuerte Geschäftseinheit anzuwenden.

(3) Die abgabepflichtige Geschäftseinheit für die nach Abs. 1 zu entrichtende PES bestimmt sich nach Maßgabe von § 76.

Für Zwecke der PES zuzurechnender Anteil am Ergänzungssteuerbetrag

§ 10. (1) Die für eine niedrig besteuerte Geschäftseinheit zu entrichtende PES entspricht dem der jeweiligen Muttergesellschaft gemäß § 7 Abs. 1, § 8 Abs. 1 und § 9 Abs. 1 zuzurechnenden Anteil am gemäß § 47 für das betroffene Geschäftsjahr berechneten Ergänzungssteuerbetrag der niedrig besteuerten Geschäftseinheit.

(2) Der einer Muttergesellschaft zuzurechnende Anteil am Ergänzungssteuerbetrag einer niedrig besteuerten Geschäftseinheit ergibt sich aus dem Ergänzungssteuerbetrag der niedrig besteuerten Geschäftseinheit multipliziert mit dem Einbeziehungsquotienten der Muttergesellschaft für das betroffene Geschäftsjahr. Der Einbeziehungsquotient der Muttergesellschaft ist zu bestimmen, indem für das betroffene Geschäftsjahr zunächst von den Mindeststeuer-Gewinnen der niedrig besteuerten Geschäftseinheit jener Betrag ihrer Mindeststeuer-Gewinne abzuziehen ist, der nach dem Beteiligungsverhältnis auf andere Gesellschafter entfällt. Teilt man den danach verbleibenden Betrag durch die Mindeststeuer-Gewinne der niedrig besteuerten Geschäftseinheit im betroffenen Geschäftsjahr, ist das Ergebnis der Einbeziehungsquotient.

(3) Der Betrag der Mindeststeuer-Gewinne niedrig besteuerter Geschäftseinheiten, der nach dem Beteiligungsverhältnis auf andere Gesellschafter entfällt, entspricht dem Betrag, der diesen Gesellschaftern nach den Grundsätzen des im Konzernabschluss der obersten Muttergesellschaft verwendeten anerkannten Rechnungslegungsstandards zugerechnet worden wäre, wenn der Jahresüberschuss der niedrig besteuerten Geschäftseinheit den Mindeststeuer-Gewinnen entsprochen hätte und

1. die Muttergesellschaft den Konzernabschluss im Einklang mit diesem Rechnungslegungsstandard erstellt hätte (hypothetischer Konzernabschluss),
2. die Muttergesellschaft eine Kontrollbeteiligung an der niedrig besteuerten Geschäftseinheit gehalten hätte, sodass die Erträge und Aufwendungen der niedrig besteuerten Geschäftseinheit im hypothetischen Konzernabschluss mit den Erträgen und Aufwendungen der Muttergesellschaft vollkonsolidiert worden wären,
3. alle Mindeststeuer-Gewinne der niedrig besteuerten Geschäftseinheit Transaktionen mit Personen, die keine Einheiten der Unternehmensgruppe sind, zuzurechnen wären und
4. alle Beteiligungen, die nicht unmittelbar oder mittelbar von der Muttergesellschaft gehalten werden, von Personen, die keine Einheiten der Unternehmensgruppe sind, gehalten würden.

Ausgleichsmechanismus für Zwecke der PES

§ 11. (1) Der einer Muttergesellschaft gemäß den §§ 7 bis 10 zuzurechnende Anteil am Ergänzungssteuerbetrag einer niedrig besteuerten Geschäftseinheit ist nach Maßgabe des Abs. 2 zu kürzen, sofern die in Österreich gelegene Muttergesellschaft mittelbar über eine zwischengeschaltete oder im Teileigentum stehende Muttergesellschaft (nachgeordnete Muttergesellschaft) an der niedrig besteuerten Geschäftseinheit beteiligt ist.

(2) Der Kürzungsbetrag entspricht jenem Anteil am Ergänzungssteuerbetrag der niedrig besteuerten Geschäftseinheit, der der in Österreich gelegenen Muttergesellschaft mittelbar über die nachgeordnete Muttergesellschaft zuzurechnen ist und gemäß einer anerkannten PES-Regelung bereits aufgrund des Vorliegens einer nachgeordneten Muttergesellschaft zu entrichten ist.

SES-Pflicht

§ 12. Die gemäß § 76 abgabepflichtige Geschäftseinheit einer multinationalen Unternehmensgruppe unterliegt der SES in Höhe des Österreich für das betroffene Geschäftsjahr gemäß § 13 zuzurechnenden Betrags (SES-Betrag).

Berechnung und Zurechnung des SES-Betrags

§ 13. (1) Der Österreich für eine multinationale Unternehmensgruppe mit in Österreich gelegenen Geschäftseinheiten zuzurechnende SES-Betrag ist zu ermitteln, indem der gemäß Abs. 2 zu bestimmende Gesamtbetrag der SES der multinationalen Unternehmensgruppe mit dem gemäß Abs. 5 zu bestimmenden SES-Prozentsatz für Österreich multipliziert wird.

(2) Der Gesamtbetrag der SES der multinationalen Unternehmensgruppe ist die Summe der SES-Beträge sämtlicher niedrig besteuerter Geschäftseinheiten der multinationalen Unternehmensgruppe. Der SES-Betrag einer niedrig besteuerten Geschäftseinheit ergibt sich aus der Anpassung des gemäß § 47 berechneten Ergänzungssteuerbetrages der niedrig besteuerten Geschäftseinheit gemäß den Bestimmungen der Abs. 3 und 4.

(3) Der SES-Betrag einer niedrig besteuerten Geschäftseinheit ist mit null anzusetzen, wenn in dem betroffenen Geschäftsjahr alle Eigenkapitalbeteiligungen der obersten Muttergesellschaft an der niedrig besteuerten Geschäftseinheit unmittelbar oder mittelbar von einer oder mehreren Muttergesellschaften gehalten werden, die für das betroffene Geschäftsjahr auf die niedrig besteuerte Geschäftseinheit eine anerkannte PES-Regelung anzuwenden haben.

(4) Findet Abs. 3 keine Anwendung, entspricht der SES-Betrag einer niedrig besteuerten Geschäftseinheit dem gemäß § 47 berechneten Ergänzungssteuerbetrag der niedrig besteuerten Geschäftseinheit, vermindert um den einer Muttergesellschaft zuzurechnenden Anteil am Ergänzungssteuerbetrag der niedrig besteuerten Geschäftseinheit, sofern dieser Anteil nach einer anerkannten PES-Regelung zu entrichten ist.

(5) Der SES-Prozentsatz für Österreich ist für jedes Geschäftsjahr und für jede multinationale Unternehmensgruppe nach der folgenden Formel zu ermitteln:

$$50\,\% \times \left(\frac{\text{Zahl der Beschäftigten in Österreich}}{\text{Zahl der Beschäftigten in allen SES-Steuerhoheitsgebieten}} \right)$$

$$+$$

$$50\,\% \times \left(\frac{\text{Gesamtwert der materiellen Vermögenswerte in Österreich}}{\text{Gesamtwert der materiellen Vermögenswerte in allen SES-Steuerhoheitsgebieten}} \right)$$

Dabei gilt Folgendes:

1. Ein SES-Steuerhoheitsgebiet ist ein Steuerhoheitsgebiet, in dem im betroffenen Geschäftsjahr eine anerkannte SES-Regelung in Geltung steht.
2. Die Zahl der Beschäftigten in Österreich ist die Gesamtzahl der Beschäftigten aller in Österreich gelegenen Geschäftseinheiten der multinationalen Unternehmensgruppe.
3. Die Zahl der Beschäftigten in allen SES-Steuerhoheitsgebieten ist die Gesamtzahl der Beschäftigten aller Geschäftseinheiten der multinationalen Unternehmensgruppe, die in einem SES-Steuerhoheitsgebiet gelegen sind.
4. Der Gesamtwert der materiellen Vermögenswerte in Österreich ist die Summe des Nettobuchwerts der materiellen Vermögenswerte aller in Österreich gelegenen Geschäftseinheiten der multinationalen Unternehmensgruppe.
5. Der Gesamtwert der materiellen Vermögenswerte in allen SES-Steuerhoheitsgebieten ist die Summe des Nettobuchwerts der materiellen Vermögenswerte aller Geschäftseinheiten der multinationalen Unternehmensgruppe, die in einem SES-Steuerhoheitsgebiet gelegen sind.

(6) Die Zahl der Beschäftigten entspricht der Zahl der Beschäftigten in Vollzeitäquivalenten aller in dem betroffenen Steuerhoheitsgebiet gelegenen Geschäftseinheiten, einschließlich selbstständiger Auftragnehmer, sofern diese an der regulären Geschäftstätigkeit der Geschäftseinheit mitwirken. Materielle Vermögenswerte umfassen die materiellen Vermögenswerte aller in dem betroffenen Steuerhoheitsgebiet gelegenen Geschäftseinheiten, jedoch keine Barmittel oder Barmitteläquivalente, immateriellen oder finanziellen Vermögenswerte.

Für Betriebsstätten gilt Folgendes:

1. Die Beschäftigten, deren Lohnkosten gemäß § 35 Abs. 1 in dem eigenen Abschluss einer Betriebsstätte erfasst und gemäß § 35 Abs. 2 angepasst wurden, sind dem Steuerhoheits-

gebiet zuzurechnen, in dem die Betriebsstätte gelegen ist.
2. Materielle Vermögenswerte, die gemäß § 35 Abs. 1 im eigenen Abschluss einer Betriebsstätte erfasst und gemäß § 35 Abs. 2 angepasst wurden, sind dem Steuerhoheitsgebiet zuzurechnen, in dem die Betriebsstätte gelegen ist.
3. Die Zahl der Beschäftigten und die materiellen Vermögenswerte, die dem Steuerhoheitsgebiet einer Betriebsstätte zuzurechnen sind, sind für die Zahl der Beschäftigten und die materiellen Vermögenswerte des Steuerhoheitsgebiets des Stammhauses nicht zu berücksichtigen.

(7) Die Zahl der Beschäftigten und der Buchwert der materiellen Vermögenswerte einer Investmenteinheit sind von den Elementen der in Abs. 5 festgelegten Formel auszunehmen.

(8) Sind die Zahl der Beschäftigten und der Nettobuchwert der materiellen Vermögenswerte einer transparenten Einheit keiner Betriebsstätte zuzurechnen, sind sie den Geschäftseinheiten zuzurechnen, die in dem Steuerhoheitsgebiet, in dem die transparente Einheit gegründet wurde, gelegen sind. Gibt es keine Geschäftseinheiten, denen die Zahl der Beschäftigten und der Nettobuchwert der materiellen Vermögenswerte der transparenten Einheit nach den Bestimmungen dieses Abs. zugerechnet werden kann, sind sie von den Elementen der in Abs. 5 festgelegten Formel auszunehmen.

(9) Entsteht den in einem Steuerhoheitsgebiet gelegenen Geschäftseinheiten durch den diesem Steuerhoheitsgebiet zuzurechnenden SES-Betrag kein zusätzlicher zahlungswirksamer Steueraufwand für das betroffene Geschäftsjahr, ist in den nachfolgenden Geschäftsjahren der SES-Prozentsatz des Steuerhoheitsgebietes solange mit null anzusetzen, bis den Geschäftseinheiten aufgrund des für das vorangegangene Geschäftsjahr zugerechneten SES-Betrags ein zahlungswirksamer Steueraufwand entstanden ist, der insgesamt die Höhe des diesem Steuerhoheitsgebiet für das vorangegangene Geschäftsjahr zugerechneten SES-Betrag erreicht.

(10) Die Zahl der Beschäftigten und der Nettobuchwert der materiellen Vermögenswerte der Geschäftseinheiten einer multinationalen Unternehmensgruppe, die in einem Steuerhoheitsgebiet gelegen sind, dessen SES-Prozentsatz für ein Geschäftsjahr gemäß Abs. 9 mit null anzusetzen ist, sind bei der Ermittlung des SES-Prozentsatzes für Österreich für das betroffene Geschäftsjahr von den Elementen der in Abs. 5 festgelegten Formel auszunehmen.

(11) Die Abs. 9 und 10 kommen nicht für Geschäftsjahre zur Anwendung, in denen die Anwendung dieser Bestimmungen dazu führen würde, dass der SES-Prozentsatz einer multinationalen Unternehmensgruppe in allen Steuerhoheitsgebieten, in denen im betroffenen Geschäftsjahr eine anerkannte SES-Regelung in Geltung steht, mit null angesetzt würde.

3. Abschnitt
Mindeststeuer-Gewinnermittlung

Mindeststeuer-Gewinn oder -Verlust

§ 14. (1) Der Mindeststeuer-Gewinn oder -Verlust einer Geschäftseinheit entspricht deren Jahresüberschuss oder Jahresfehlbetrag für das Geschäftsjahr
1. unter Anwendung des bei der Erstellung des Konzernabschlusses der obersten Muttergesellschaft verwendeten Rechnungslegungsstandards,
2. vor der Konsolidierung gruppeninterner Transaktionen und
3. nach den Anpassungen gemäß § 15.

Nicht berücksichtigt werden dürfen Auswirkungen aus der Anpassung des Buchwerts von Vermögenswerten und Schulden, die aus der Anwendung der Erwerbsmethode bei einem Beteiligungserwerb im Rahmen eines Unternehmenszusammenschlusses resultieren. Abweichend davon dürfen jedoch bei einem Beteiligungserwerb vor dem 1. Dezember 2021 diese Auswirkungen berücksichtigt werden, wenn es der Unternehmensgruppe ansonsten nicht möglich ist, den Mindeststeuer-Gewinn oder -Verlust zu bestimmen; diesfalls sind auch die latenten Steueransprüche und latenten Steuerschulden im Zusammenhang mit diesem Beteiligungserwerb bei der Ermittlung des Mindeststeuer-Gewinns oder -Verlusts und der angepassten erfassten Steuern zu berücksichtigen.

(2) Abweichend von Abs. 1 Z 1 kann der Jahresüberschuss oder Jahresfehlbetrag einer Geschäftseinheit unter Anwendung des bei der Erstellung des Abschlusses der Geschäftseinheit angewendeten Rechnungslegungsstandards ermittelt werden, wenn
1. es unverhältnismäßig ist, den Jahresüberschuss oder Jahresfehlbetrag einer Geschäftseinheit auf der Grundlage des Rechnungslegungsstandards gemäß Abs. 1 Z 1 zu bestimmen,
2. es sich um einen anerkannten oder einen zugelassenen Rechnungslegungsstandard handelt,
3. die in dem Abschluss enthaltenen Informationen zuverlässig sind und
4. die sich aus der Anwendung eines bestimmten Grundsatzes oder Standards ergebenden permanenten Differenzen von insgesamt mehr als 1 000 000 Euro derart angepasst werden, dass diese mit dem Rechnungslegungsstandard gemäß Abs. 1 Z 1 im Einklang stehen.

(3) Wurde ein konsolidierter Abschluss einer obersten Muttergesellschaft nicht im Einklang mit einem anerkannten Rechnungslegungsstandard (§ 2 Z 25) erstellt, ist dieser Abschluss zur Vermeidung erheblicher Vergleichbarkeitseinschränkungen gemäß § 2 Z 5 anzupassen (Konzernabschluss nach § 2 Z 6 lit. c).

(4) Stellt die oberste Muttergesellschaft keinen Konzernabschluss nach § 2 Z 6 lit. a bis c auf, gilt

als Konzernabschluss der obersten Muttergesellschaft nach § 2 Z 6 lit. d der Abschluss, der erstellt worden wäre, wenn die oberste Muttergesellschaft verpflichtet gewesen wäre, einen solchen Konzernabschluss gemäß einem der folgenden Standards zu erstellen:
1. Gemäß einem anerkannten Rechnungslegungsstandard oder
2. einem zugelassenen Rechnungslegungsstandard, sofern dieser Konzernabschluss zur Vermeidung erheblicher Vergleichbarkeitseinschränkungen gemäß Abs. 5 angepasst wird.

(5) Führt bei Verwendung eines zugelassenen Rechnungslegungsstandards (§ 2 Z 26) die Anwendung eines bestimmten Grundsatzes oder Verfahrens gemäß einer Reihe allgemein anerkannter Rechnungslegungsgrundsätze zu erheblichen Vergleichbarkeitseinschränkungen, ist die Bilanzierung eines Postens oder einer Transaktion nach diesem Grundsatz oder Verfahren derart anzupassen, dass sie der nach den IFRS erforderlichen Behandlung des Postens oder der Transaktion entspricht.

(6) Für Zwecke der NES ist der Mindeststeuer-Gewinn oder -Verlust für sämtliche in Österreich gelegenen Geschäftseinheiten nach Maßgabe von Abs. 1 und 2 zu ermitteln.

Anpassungen des Jahresüberschusses oder Jahresfehlbetrages (Mindeststeuer-Mehr-Weniger-Rechnung)

§ 15. Zur Ermittlung des Mindeststeuer-Gewinns oder -Verlusts einer Geschäftseinheit wird deren Jahresüberschuss oder Jahresfehlbetrag um die Beträge folgender Posten wie folgt angepasst:
1. Erhöht um den Nettosteueraufwand oder vermindert um den Nettosteuerertrag gemäß § 16,
2. vermindert um ausgenommene Dividenden gemäß § 17,
3. erhöht um ausgenommene Verluste und vermindert um ausgenommene Gewinne aus Eigenkapitalbeteiligungen gemäß § 18,
4. erhöht um Gewinne oder vermindert um Verluste aus der Anwendung der Neubewertungsmethode auf Sachanlagen gemäß § 19,
5. erhöht um ausgenommene Verluste und vermindert um ausgenommene Gewinne aus der Veräußerung von Vermögenswerten und Verbindlichkeiten gemäß § 60,
6. erhöht um asymmetrische Wechselkursgewinne oder vermindert um asymmetrische Wechselkursverluste gemäß § 20 Abs. 1 sowie erhöht um asymmetrische Wechselkursverluste oder vermindert um asymmetrische Wechselkursgewinne gemäß § 20 Abs. 2,
7. erhöht um nicht abzugsfähige Aufwendungen gemäß § 21,
8. erhöht oder vermindert um Fehler aus der Vorperiode und Änderungen der Rechnungslegungsgrundsätze gemäß § 22,
9. erhöht oder vermindert um den Korrekturposten Pensionsaufwand gemäß § 23,
10. vermindert um qualifizierte Sanierungsgewinne gemäß § 24,
11. erhöht oder vermindert um Anpassungsbeträge aufgrund des Wahlrechts für aktienbasierte Vergütungen gemäß § 25,
12. erhöht oder vermindert um Anpassungsbeträge aufgrund des Fremdvergleichsgrundsatzes gemäß § 26,
13. erhöht oder vermindert um Anpassungsbeträge für Steuergutschriften gemäß § 27,
14. erhöht oder vermindert um Anpassungsbeträge aufgrund des Wahlrechts zur Anwendung des Realisationsprinzips gemäß § 28,
15. erhöht oder vermindert um Anpassungsbeträge aufgrund des Verteilungswahlrechts für unbewegliches Vermögen gemäß § 29,
16. erhöht um Aufwendungen für gruppeninterne Finanzierungsvereinbarungen gemäß § 30,
17. erhöht oder vermindert um Anpassungsbeträge aufgrund des Wahlrechts zur Anwendung von Konsolidierungsgrundsätzen gemäß § 31,
18. erhöht oder vermindert um Anpassungsbeträge für bestimmte Erträge und Aufwendungen von Versicherungseinheiten gemäß § 32,
19. erhöht oder vermindert um Anpassungsbeträge für zusätzliches Kernkapital gemäß § 33,
20. erhöht um ausgenommene Verluste und vermindert um ausgenommene Gewinne aus dem internationalen Seeverkehr gemäß § 34,
21. erhöht oder vermindert um Beträge aufgrund der Zuordnung der Gewinne oder Verluste zwischen Stammhaus und Betriebsstätte gemäß § 35 und
22. erhöht oder vermindert um Beträge aufgrund der Zurechnung der Gewinne oder Verluste einer transparenten Einheit gemäß § 36.

Nettosteueraufwand und Nettosteuerertrag

§ 16. (1) Der Jahresüberschuss oder Jahresfehlbetrag einer Geschäftseinheit ist zu erhöhen um den Nettosteueraufwand und zu vermindern um den Nettosteuerertrag (Abs. 2).

(2) Als Nettosteueraufwand oder Nettosteuerertrag gilt der saldierte Betrag der folgenden Positionen:
1. Aufwandswirksame erfasste Steuern (§ 37) sowie laufende und latente Steuern, die im Steueraufwand berücksichtigt werden; dazu zählen auch erfasste Steuern auf Erträge, die bei der Ermittlung des Mindeststeuer-Gewinns oder -Verlusts ausgenommen sind.
2. Latente Steuererträge, die auf steuerliche Verluste des jeweiligen Geschäftsjahres zurückzuführen sind, soweit diese nicht bereits von Z 1 erfasst sind.
3. Aufwandswirksame Steuern, die aufgrund einer
   a) anerkannten NES-Regelung (§ 2 Z 28),

b) anerkannten PES-Regelung (§ 2 Z 18) oder
c) anerkannten SES-Regelung (§ 2 Z 44) zu entrichten sind.
4. Aufwandswirksame nicht anerkannte erstattungsfähige Anrechnungssteuern (§ 2 Z 37).

Ausgenommene Dividenden

§ 17. (1) Der Jahresüberschuss oder Jahresfehlbetrag einer Geschäftseinheit ist zu vermindern um ausgenommene Dividenden (Abs. 2).

(2) Als ausgenommene Dividenden gelten Dividenden oder andere Ausschüttungen aus einer Eigenkapitalbeteiligung (§ 2 Z 23), es sei denn, bei der Eigenkapitalbeteiligung handelt es sich um eine kurzfristige Portfoliobeteiligung im Sinne der Z 1, eine optierte Portfoliobeteiligung im Sinne der Z 2 oder um eine Eigenkapitalbeteiligung an einer Investmenteinheit im Sinne der Z 3:
1. Eine kurzfristige Portfoliobeteiligung liegt vor, wenn diese
   a) der Unternehmensgruppe zum Zeitpunkt der Ausschüttung oder für Zwecke von § 18 Abs. 2 Z 3 im Zeitpunkt der Veräußerung einen Anspruch von weniger als 10 % am Gewinn, Kapital, den Rücklagen oder den Stimmrechten an einer Einheit vermittelt (Portfoliobeteiligung) und
   b) zum Zeitpunkt der Ausschüttung für einen Zeitraum von weniger als einem Jahr von der Geschäftseinheit in deren wirtschaftlichem Eigentum gehalten wird.
2. Eine optierte Portfoliobeteiligung liegt vor, wenn auf Antrag sämtliche von der Geschäftseinheit erhaltene Dividenden oder andere Ausschüttungen aus Portfoliobeteiligungen (Z 1 erster Teilstrich) bei der Ermittlung ihres Mindeststeuer-Gewinns oder -Verlusts einbezogen werden. Dieses Wahlrecht ist im Hinblick auf die jeweilige Geschäftseinheit unter Berücksichtigung von § 74 auszuüben und gilt für fünf Jahre.
3. Eine Eigenkapitalbeteiligung an einer Investmenteinheit im Sinne des § 2 Z 30 liegt vor, wenn für diese das Wahlrecht für steuerpflichtige Ausschüttungen nach Maßgabe von § 68 in Anspruch genommen wird.

Ausgenommene Gewinne oder Verluste aus Eigenkapitalbeteiligungen

§ 18. (1) Der Jahresüberschuss oder Jahresfehlbetrag einer Geschäftseinheit ist zu erhöhen um ausgenommene Verluste und zu vermindern um ausgenommene Gewinne aus Eigenkapitalbeteiligungen (Abs. 2); dies gilt nicht in Fällen des Abs. 4.

(2) Als ausgenommene Gewinne oder Verluste aus Eigenkapitalbeteiligungen gelten im Jahresüberschuss oder Jahresfehlbetrag einer Geschäftseinheit enthaltene Gewinne oder Verluste

1. aufgrund von Änderungen des beizulegenden Zeitwerts von Eigenkapitalbeteiligungen mit Ausnahme von Portfoliobeteiligungen (§ 17 Abs. 2 Z 1 erster Teilstrich),
2. in Bezug auf Eigenkapitalbeteiligungen, die nach der Equity-Methode bilanziert werden, oder
3. aus Veräußerungen von Eigenkapitalbeteiligungen mit Ausnahme von Portfoliobeteiligungen (§ 17 Abs. 2 Z 1 erster Teilstrich).

(3) Auf Antrag gelten als ausgenommene Gewinne oder Verluste aus Eigenkapitalbeteiligungen auch Fremdwährungsgewinne oder -verluste einer Geschäftseinheit, wenn diese
1. die Absicherung von Währungsrisiken aus Eigenkapitalbeteiligungen betreffen,
2. im Konzernabschluss im sonstigen Ergebnis verbucht werden und
3. ein Sicherungsinstrument betreffen, das nach einem zugelassenen Rechnungslegungsstandard, der bei der Erstellung des Konzernabschlusses herangezogen wurde, als effektive Nettoinvestition in einen Geschäftsbetrieb eingestuft wird.

Soweit die wirtschaftlichen und bilanziellen Folgen des Sicherungsinstruments nicht von der das Sicherungsinstrument emittierenden Geschäftseinheit, sondern von der Geschäftseinheit getragen werden, die die Eigenkapitalbeteiligung hält, ist Abs. 3 bei dieser und nicht beim Emittenten anzuwenden. Das Wahlrecht ist für die Absicherung von Währungsrisiken aus sämtlichen Eigenkapitalbeteiligungen einer Geschäftseinheit einheitlich unter Berücksichtigung von § 74 auszuüben und gilt für fünf Jahre.

(4) Auf Antrag werden steuerwirksame Gewinne und Verluste aus Eigenkapitalbeteiligungen, die von Geschäftseinheiten in einem Steuerhoheitsgebiet gehalten werden, bei der Ermittlung des Mindeststeuer-Gewinns oder -Verlusts der beteiligten Geschäftseinheiten einbezogen. Dabei gilt Folgendes:
1. Dieses Wahlrecht ist einheitlich für sämtliche Eigenkapitalbeteiligungen aller Geschäftseinheiten in einem Steuerhoheitsgebiet unter Berücksichtigung von § 74 auszuüben und gilt für fünf Jahre.
2. Als steuerwirksam gelten auch Gewinne und Verluste aus der Änderung des beizulegenden Zeitwertes, wenn nur die Veräußerung der Eigenkapitalbeteiligung der Besteuerung unterliegt und hinsichtlich der Änderung des beizulegenden Zeitwerts nur latente Steuern zu erfassen sind.
3. Wird das Wahlrecht widerrufen, erstreckt sich dessen Wirkung dennoch in den folgenden Jahren auf jene Eigenkapitalbeteiligungen, bei denen während der Geltungsdauer des Wahlrechtes steuerwirksame Verluste einbezogen wurden.

Gewinne oder Verluste aus der Anwendung der Neubewertungsmethode auf Sachanlagen

§ 19. (1) Der Jahresüberschuss oder Jahresfehlbetrag einer Geschäftseinheit ist zu erhöhen um Gewinne und zu vermindern um Verluste aus der Anwendung der Neubewertungsmethode auf Sachanlagen (Abs. 2), sofern nicht das Wahlrecht zur Anwendung des Realisationsprinzips gemäß § 28 zur Anwendung kommt.

(2) Gewinne oder Verluste aus der Anwendung der Neubewertungsmethode sind die Nettogewinne oder -verluste für das Geschäftsjahr, einschließlich damit im Zusammenhang stehender erfasster Steuern des Geschäftsjahrs, aus der Anwendung einer Rechnungslegungsmethode oder -praxis, die in Bezug auf sämtliche Sachanlagen
1. den Buchwert dieser Sachanlagen regelmäßig an ihren beizulegenden Zeitwert anpasst,
2. die Wertänderungen im sonstigen Ergebnis (Abs. 3) verbucht und
3. die im sonstigen Ergebnis (Abs. 3) verbuchten Gewinne oder Verluste anschließend nicht erfolgswirksam erfasst.

(3) Das sonstige Ergebnis umfasst Ertrags- und Aufwandsposten, die gemäß dem für die Erstellung des Konzernabschlusses verwendeten zugelassenen Rechnungslegungsstandard nicht in der Gewinn- und Verlustrechnung ausgewiesen werden dürfen oder müssen.

Asymmetrische Wechselkursgewinne oder Wechselkursverluste

§ 20. (1) Der Jahresüberschuss oder Jahresfehlbetrag einer Geschäftseinheit ist um asymmetrische Wechselkursgewinne zu erhöhen und um asymmetrische Wechselkursverluste zu vermindern, die auf abweichende funktionale Währungen für Zwecke der Rechnungslegung und für Steuerzwecke zurückzuführen sind, und die
1. in die Ermittlung der steuerpflichtigen Einkünfte einer Geschäftseinheit einbezogen werden und auf Schwankungen des Wechselkurses zwischen der funktionalen Währung für Zwecke der Rechnungslegung und der funktionalen Währung für Steuerzwecke dieser Geschäftseinheit zurückzuführen sind, oder
2. auf Wechselkursschwankungen zwischen einer Drittwährung und der funktionalen Währung für Steuerzwecke der Geschäftseinheit zurückzuführen sind, unabhängig davon, ob ein solcher Wechselkursgewinn oder -verlust in die steuerpflichtigen Einkünfte dieser Geschäftseinheit einbezogen wird.

(2) Der Jahresüberschuss oder Jahresfehlbetrag ist um asymmetrische Wechselkursgewinne zu vermindern und um asymmetrische Wechselkursverluste zu erhöhen, die auf abweichende funktionale Währungen für Zwecke der Rechnungslegung und für Steuerzwecke zurückzuführen sind, und die
1. in die Ermittlung des Jahresüberschusses oder Jahresfehlbetrages einer Geschäftseinheit einbezogen werden und auf Schwankungen des Wechselkurses zwischen der funktionalen Währung für Zwecke der Rechnungslegung und der funktionalen Währung für Steuerzwecke dieser Geschäftseinheit zurückzuführen sind, oder
2. in die Ermittlung des Jahresüberschusses oder Jahresfehlbetrages einer Geschäftseinheit einbezogen werden und auf Schwankungen des Wechselkurses zwischen einer Drittwährung und der funktionalen Währung für Zwecke der Rechnungslegung der Geschäftseinheit zurückzuführen sind.

(3) Für Zwecke dieser Bestimmung gilt:
1. Die funktionale Währung für Steuerzwecke ist jene funktionale Währung, die zur Ermittlung der steuerpflichtigen Einkünfte und der erfassten Steuern der Geschäftseinheit in deren Belegenheitsstaat verwendet wird.
2. Die funktionale Währung für Zwecke der Rechnungslegung ist jene funktionale Währung, die zur Ermittlung des Jahresüberschusses oder Jahresfehlbetrages der Geschäftseinheit verwendet wird.
3. Eine Drittwährung ist eine Währung, die weder für Steuerzwecke noch für Zwecke der Rechnungslegung als funktionale Währung der Geschäftseinheit verwendet wird.

Nicht abzugsfähige Aufwendungen

§ 21. Der Jahresüberschuss oder Jahresfehlbetrag einer Geschäftseinheit ist zu erhöhen um folgende nicht abzugsfähige Aufwendungen der Geschäftseinheit:
1. Aufwendungen für illegale Zahlungen wie Schmier- oder Bestechungsgelder und versteckte Provisionen;
2. Aufwendungen für Geldbußen und Sanktionen, die jeweils mindestens 50 000 Euro betragen und die von einem Gericht oder einer Behörde festgesetzt wurden.

Fehler aus der Vorperiode und Änderungen der Rechnungslegungsgrundsätze

§ 22. (1) Der Jahresüberschuss oder Jahresfehlbetrag einer Geschäftseinheit ist um Anpassungsbeträge aufgrund von Fehlern aus der Vorperiode und Änderungen der Rechnungslegungsgrundsätze (Abs. 2) zu erhöhen oder zu vermindern.

(2) Als Fehler aus der Vorperiode und Änderungen der Rechnungslegungsgrundsätze gilt eine Änderung des Eigenkapitalanfangssaldos einer Geschäftseinheit zu Beginn eines Geschäftsjahres, die zurückzuführen ist auf:
1. die Berichtigung eines Fehlers bei der Ermittlung des Jahresüberschusses oder Jahresfehlbetrages in einem früheren Geschäftsjahr, der sich auf die Höhe der Mindeststeuer-Gewinne oder -Verluste des betreffenden früheren Geschäftsjahres ausgewirkt hat, oder
2. eine Änderung der Rechnungslegungsgrundsätze oder -methode, die sich auf die Höhe

der im Mindeststeuer-Gewinn oder -Verlust berücksichtigten Erträge oder Aufwendungen für dieses Geschäftsjahr ausgewirkt hat.

(3) Abs. 2 Z 1 gilt nicht, soweit die Berichtigung eines Fehlers zu einer unter § 45 Abs. 2 fallenden Verminderung der geschuldeten erfassten Steuern führt.

Korrekturposten Pensionsaufwand

§ 23. (1) Der Jahresüberschuss oder Jahresfehlbetrag einer Geschäftseinheit ist um den Korrekturposten Pensionsaufwand (Abs. 3) zu erhöhen, wenn der Betrag gemäß Abs. 3 Z 1 den Betrag gemäß Abs. 3 Z 2 übersteigt.

(2) Der Jahresüberschuss oder Jahresfehlbetrag ist um den Korrekturposten Pensionsaufwand (Abs. 3) zu vermindern, wenn der Betrag gemäß Abs. 3 Z1 den Betrag gemäß Abs. 3 Z 2 unterschreitet.

(3) Als Korrekturposten Pensionsaufwand gilt die Differenz zwischen:
1. dem Betrag, der im Jahresüberschuss oder Jahresfehlbetrag als Aufwand berücksichtigten Pensionsverpflichtungen und
2. den für das Geschäftsjahr an einen Pensionsfonds geleisteten Beiträgen.

Dies gilt nur für Pensionsverpflichtungen, die auf einen Pensionsfonds (§ 2 Z 33) ausgelagert sind.

Wahlrecht zur Ausnahme von Sanierungsgewinnen

§ 24. (1) Auf Antrag ist der Jahresüberschuss oder Jahresfehlbetrag einer Geschäftseinheit um den Kürzungsbetrag (Abs. 3) für darin enthaltene Sanierungsgewinne (Abs. 2) zu vermindern.

(2) Sanierungsgewinne sind Gewinne aus einem Schuldenerlass, wenn
1. zum Erlasszeitpunkt über das Vermögen der Geschäftseinheit ein an die eingetretene Zahlungsunfähigkeit anknüpfendes Insolvenzverfahren eröffnet wurde, das der Kontrolle eines Gerichts oder eines anderen unabhängigen Justizorgans unterliegt oder für das ein vom Schuldner unabhängiger Insolvenzverwalter bestellt wurde;
2. die Geschäftseinheit unter alleiniger Berücksichtigung von Verbindlichkeiten gegenüber nicht mit der Geschäftseinheit verbundenen Gläubigern im Sinne des Art. 5 Abs. 8 des OECD-Musterabkommens (Drittgläubiger) ohne den Erlass dieser Verbindlichkeiten innerhalb von zwölf Monaten zahlungsunfähig wird und hierzu eine begründete Prognose eines unabhängigen Experten vorliegt; oder
3. kein Fall der Z 1 oder 2 vorliegt und die Verbindlichkeiten der Geschäftseinheit zum Zeitwert ihrer Vermögenswerte unmittelbar vor dem Zeitpunkt des Schuldenerlasses übersteigen (Überschuldungsbetrag).

(3) Der Kürzungsbetrag bei Sanierungsgewinnen (Abs. 2) entspricht im Fall des

1. Abs. 2 Z 1 den gesamten Sanierungsgewinnen;
2. Abs. 2 Z 2 den gesamten Sanierungsgewinnen im Zusammenhang mit Drittgläubigern sowie Sanierungsgewinnen im Zusammenhang mit verbundenen Gläubigern im Sinne des Art. 5 Abs. 8 des OECD-Musterabkommens, soweit deren Sanierungsbeiträge als Teil einer einheitlichen Sanierungsbemühung mit den Drittgläubigern angesehen werden kann;
3. Abs. 2 Z 3 den gesamten Sanierungsgewinnen im Zusammenhang mit Drittgläubigern, höchstens jedoch dem niedrigeren der beiden folgenden Beträge:
   a) Überschuldungsbetrag oder
   b) Gesamtbetrag, der nach den steuerrechtlichen Bestimmungen des Belegenheitsstaats der Geschäftseinheit sanierungsbedingt untergehenden nationalen Steuerattribute.

Wahlrecht für aktienbasierte Vergütungen

§ 25. (1) Auf Antrag können die von einer Geschäftseinheit im Jahresüberschuss oder Jahresfehlbetrag berücksichtigten Aufwendungen für aktienbasierte Vergütungen bei der Ermittlung des Mindeststeuer-Gewinns oder -Verlusts durch jene Aufwendungen ersetzt werden, die bei der Ermittlung ihrer steuerpflichtigen Einkünfte im Belegenheitsstaat für aktienbasierte Vergütungen abzugsfähig sind (Wahlrecht für aktienbasierte Vergütungen).

(2) Wird das Wahlrecht gemäß Abs. 1 in einem Geschäftsjahr in Bezug auf aktienbasierte Vergütungen ausgeübt, für die bereits in vorangegangenen Geschäftsjahren Aufwendungen im Abschluss der Geschäftseinheit berücksichtigt wurden, gilt Folgendes:
1. Es ist jener Betrag zu ermitteln, der für die Ermittlung der Mindeststeuer-Gewinne oder -Verluste in den vorangegangenen Geschäftsjahren abgezogen wurde.
2. Dem unter Z 1 ermittelten Betrag ist jener Betrag gegenüberzustellen, der in den vorangegangenen Geschäftsjahren bei Ausübung des Wahlrechtes bei der Ermittlung der Mindeststeuer-Gewinne oder -Verluste abgezogen hätte werden dürfen.
3. Übersteigt der nach Z 1 ermittelte Betrag jenen nach Z 2, ist der Differenzbetrag bei der Ermittlung der Mindeststeuer-Gewinne oder -Verluste im Geschäftsjahr des Antrags hinzuzurechnen.

(3) Wurde das Wahlrecht gemäß Abs. 1 in Bezug auf eine aktienbasierte Vergütung in einem vorangegangenen Geschäftsjahr ausgeübt und verfällt die Aktienoption, sind die in den vorangegangenen Geschäftsjahren abgezogenen Aufwendungen in jenem Geschäftsjahr bei der Ermittlung der Mindeststeuer-Gewinne oder -Verluste wieder hinzuzurechnen, in welchem die Aktienoption abgelaufen ist.

(4) Das Wahlrecht gemäß Abs. 1 ist einheitlich für alle in demselben Steuerhoheitsgebiet gelegenen Geschäftseinheiten unter Berücksichtigung von § 74 auszuüben und gilt für fünf Jahre.

(5) Wird das Wahlrecht gemäß Abs. 1 widerrufen und übersteigen die in der Vergangenheit infolge der Ausübung des Wahlrechts abgezogenen Aufwendungen jene, die bereits im Abschluss der Geschäftseinheit berücksichtigt wurden, ist dieser Differenzbetrag im Geschäftsjahr des Widerrufs bei der Ermittlung der Mindeststeuer-Gewinne oder -Verluste hinzuzurechnen.

Fremdvergleichsgrundsatz

§ 26. (1) Transaktionen zwischen in verschiedenen Steuerhoheitsgebieten gelegenen Geschäftseinheiten, die in den Abschlüssen der Geschäftseinheiten nicht in derselben Höhe verbucht werden oder nicht dem Fremdvergleichsgrundsatz (Abs. 3) entsprechen, sind bei der Ermittlung des Mindeststeuer-Gewinns oder -Verlusts dahingehend anzupassen, dass sie betragsmäßig korrespondieren und dem Fremdvergleichsgrundsatz (Abs. 3) entsprechen. Eine Anpassung hat jedoch nicht zu erfolgen, wenn diese zu einer Doppelbesteuerung oder doppelten Nichtbesteuerung führen würde.

(2) Steht ein Verlust aus einer Veräußerung oder einer anderen Übertragung von Vermögenswerten zwischen in demselben Steuerhoheitsgebiet gelegenen Geschäftseinheiten nicht im Einklang mit dem Fremdvergleichsgrundsatz (Abs. 3) und wurde dieser Verlust im Jahresüberschuss oder Jahresfehlbetrag berücksichtigt, ist bei der Ermittlung des Mindeststeuer-Gewinns oder -Verlusts eine Anpassung an den Fremdvergleichsgrundsatz (Abs. 3) vorzunehmen.

(3) Transaktionen zwischen Geschäftseinheiten entsprechen dem Fremdvergleichsgrundsatz, wenn sie zu Bedingungen wie zwischen unabhängigen Unternehmen bei vergleichbaren Transaktionen und unter vergleichbaren Umständen abgeschlossen werden.

Anpassungsbeträge für Steuergutschriften

§ 27. (1) Der Jahresüberschuss oder Jahresfehlbetrag ist um anerkannte auszahlbare Steuergutschriften gemäß § 2 Z 39 sowie um marktfähige und übertragbare Steuergutschriften (Abs. 4) zu erhöhen, soweit diese Steuergutschriften bei der Ermittlung des Jahresüberschusses oder Jahresfehlbetrages nicht als Erträge erfasst wurden. Werden diese Steuergutschriften im Zusammenhang mit der Anschaffung oder Herstellung eines Vermögenswertes für Zwecke der Rechnungslegung als Minderung der Anschaffungs- oder Herstellungskosten erfasst, kann für Zwecke der Ermittlung des Mindeststeuer-Gewinns oder -Verlusts die Erfassung als Ertrag auf die Nutzungsdauer des Vermögenswerts verteilt werden.

(2) Überträgt der originär Anspruchsberechtigte eine marktfähige und übertragbare Steuergutschrift (Abs. 4) innerhalb der Frist gemäß Abs. 4 Z 1 lit. a, ist bei diesem für Zwecke der Ermittlung des Mindeststeuer-Gewinns oder -Verlusts der Veräußerungspreis anstelle des Nennwerts als Ertrag anzusetzen; erfolgt die Übertragung nach Ablauf dieser Frist, ist im Geschäftsjahr der Übertragung ein Verlust in Höhe der Differenz zwischen dem Nennwert der Steuergutschrift und dem Veräußerungspreis anzusetzen. Verfällt die Steuergutschrift ganz oder teilweise ungenutzt, ist ein Verlust in Höhe des Nennwertes der Steuergutschrift im Verfallszeitpunkt zu erfassen.

(3) Eine marktfähige und übertragbare Steuergutschrift (Abs. 4) ist beim Erwerber für Zwecke der Ermittlung des Mindeststeuer-Gewinns oder -Verlusts in Höhe der Differenz zwischen ihrem Nennwert und dem Kaufpreis als Ertrag anzusetzen, soweit die Steuergutschrift im Geschäftsjahr zur Minderung der angepassten erfassten Steuern genutzt wird. Wird die Steuergutschrift weiterübertragen, ist als Veräußerungsgewinn oder -verlust im Geschäftsjahr der Übertragung der Verkaufspreis abzüglich des Kaufpreises und des Ertrags aus der Nutzung der Steuergutschrift zu erfassen.

(4) Eine marktfähige und übertragbare Steuergutschrift liegt unter folgenden Voraussetzungen vor:

1. Die Steuergutschrift gilt als übertragbar:
   a) Beim originär Anspruchsberechtigten, wenn er diese in dem Geschäftsjahr, in dem die Anspruchsvoraussetzungen erfüllt sind, oder innerhalb von 15 Monaten nach diesem Geschäftsjahr an unverbundene Personen übertragen kann.
   b) Beim Erwerber, wenn er diese in dem Geschäftsjahr des Erwerbs an unverbundene Personen weiterübertragen kann.

2. Die Steuergutschrift gilt als marktfähig:
   a) Beim originär Anspruchsberechtigten, wenn er diese
   – innerhalb der Frist gemäß Z 1 lit. a an eine unverbundene Person mindestens zum Marktbasispreis überträgt oder
   – nicht überträgt oder an eine verbundene Person im Sinne des Art. 5 Abs. 8 OECD-Musterabkommen überträgt und vergleichbare Steuergutschriften innerhalb der Frist gemäß Z 1 lit. a zwischen unverbundenen Personen mindestens zum Marktbasispreis gehandelt werden.
   b) Beim Erwerber, wenn er diese von einer unverbundenen Person mindestens zum Marktbasispreis erwirbt.

Der Marktbasispreis ist 80 % des Kapitalwerts der Steuergutschrift, wobei

1. der jährliche Zahlungsstrom nach den rechtlichen Vorgaben des die Steuergutschrift gewährenden Steuerhoheitsgebietes maximal dem in jedem Geschäftsjahr nutzbaren Betrag der Steuergutschrift entspricht und

2. der Abzinsungssatz dem Zinssatz eines Schuldinstruments des die Steuergutschrift gewährenden Steuerhoheitsgebietes mit einer Laufzeit von maximal fünf Geschäftsjahren beginnend mit dem Geschäftsjahr, in dem die Steuergutschrift eingeräumt oder übertragen wurde, entspricht; wird die Steuergutschrift ratierlich über einen Zeitraum von weniger als fünf Geschäftsjahren gewährt, ist dieser Zeitraum bei der Bestimmung der Laufzeit des Schuldinstruments maßgeblich.

(5) Der Jahresüberschuss oder Jahresfehlbetrag ist um nicht anerkannte auszahlbare Steuergutschriften gemäß § 2 Z 40, um nicht-marktfähige und übertragbare Steuergutschriften und um andere Steuergutschriften zu vermindern, soweit diese bei der Ermittlung des Jahresüberschusses oder Jahresfehlbetrages als Erträge erfasst wurden.

Wahlrecht zur Anwendung des Realisationsprinzips

§ 28. (1) Auf Antrag kann für Vermögenswerte und Schulden anstelle einer Zeitwert- oder Wertminderungsbilanzierung das Realisationsprinzip bei der Ermittlung des Mindeststeuer-Gewinns oder -Verlusts einer Geschäftseinheit angewendet werden (Wahlrecht zur Anwendung des Realisationsprinzips).

(2) Im Falle der Ausübung des Wahlrechts gemäß Abs. 1 gilt bei der Ermittlung des Mindeststeuer-Gewinns oder -Verlusts einer Geschäftseinheit Folgendes:
1. Vermögenswerte und Schulden sind mit dem Buchwert zu Beginn des Geschäftsjahres, in dem das Wahlrecht in Anspruch genommen wurde, anzusetzen; wurde ein Vermögenswert zu einem späteren Zeitpunkt angeschafft oder ist eine Schuld zu einem späteren Zeitpunkt entstanden, sind die jeweiligen Anschaffungs- oder Herstellungskosten maßgebend (maßgeblicher Buchwert).
2. Der Jahresüberschuss oder Jahresfehlbetrag ist zu erhöhen um Aufwendungen und zu vermindern um Erträge aus der Zeitwert- oder Wertminderungsbilanzierung der Vermögenswerte und Schulden.

(3) Das Wahlrecht gemäß Abs. 1 ist für alle Vermögenswerte und Schulden von in demselben Steuerhoheitsgebiet gelegenen Geschäftseinheiten einheitlich unter Berücksichtigung von § 74 auszuüben und gilt für fünf Jahre. Das Wahlrecht kann jedoch einheitlich auf materielle Vermögenswerte der Geschäftseinheiten oder einheitlich auf Investmenteinheiten (§ 2 Z 30) beschränkt werden.

(4) Wird das Wahlrecht gemäß Abs. 1 widerrufen, ist der Jahresüberschuss oder Jahresfehlbetrag um den Differenzbetrag zwischen dem beizulegenden Zeitwert des Vermögenswerts oder der Schuld und dem maßgeblichen Buchwert gemäß Abs. 2 zu Beginn des Geschäftsjahres, in dem der Widerruf erfolgt,
1. zu erhöhen, wenn der beizulegende Zeitwert des Vermögenswerts den maßgeblichen Buchwert übersteigt und der beizulegende Zeitwert der Schuld den maßgeblichen Buchwert unterschreitet, oder
2. zu vermindern, wenn der maßgebliche Buchwert des Vermögenswerts den beizulegenden Zeitwert übersteigt und der beizulegende Zeitwert der Schuld den maßgeblichen Buchwert unterschreitet.

Verteilungswahlrecht für unbewegliches Vermögen

§ 29. Bei der Ermittlung der Mindeststeuer-Gewinne oder -Verluste können Gewinne oder Verluste von in demselben Steuerhoheitsgebiet gelegenen Geschäftseinheiten aus der Veräußerung von in diesem Steuerhoheitsgebiet gelegenem unbeweglichem Vermögen in einem Geschäftsjahr und den vier vorangegangenen Geschäftsjahren des Verteilungszeitraumes nach Maßgabe von Z 1 bis 6 angepasst werden (Verteilungswahlrecht für unbewegliches Vermögen):

1. Das Verteilungswahlrecht ist auf Antrag bezogen auf das jeweilige Geschäftsjahr unter Berücksichtigung von § 74 für sämtliche in demselben Steuerhoheitsgebiet gelegenen Geschäftseinheiten auszuüben. Veräußerungen von unbeweglichem Vermögen zwischen Geschäftseinheiten derselben Unternehmensgruppe sind vom Verteilungswahlrecht ausgenommen.
2. Die Ausübung des Verteilungswahlrechtes setzt das Vorliegen eines länderbezogenen Nettogewinnes aus der Veräußerung von unbeweglichem Vermögen im Geschäftsjahr der Ausübung des Verteilungswahlrechtes voraus. Ein länderbezogener Nettogewinn liegt vor, wenn die in einem Geschäftsjahr erzielten Gewinne die in diesem Geschäftsjahr erzielten Verluste aller in demselben Steuerhoheitsgebiet gelegenen Geschäftseinheiten aus der Veräußerung von unbeweglichem Vermögen übersteigen; andernfalls liegt in diesem Geschäftsjahr ein länderbezogener Nettoverlust vor.
3. Ein länderbezogener Nettogewinn im Geschäftsjahr der Ausübung des Verteilungswahlrechtes ist mit länderbezogenen Nettoverlusten der vorangegangenen vier Geschäftsjahre, beginnend mit dem ersten Geschäftsjahr des fünfjährigen Verteilungszeitraumes, in dem ein länderbezogener Nettoverlust entstanden ist, bis zur Höhe des länderbezogenen Nettoverlusts zu verrechnen.
4. Verbleibt auch nach Verrechnung mit Nettoverlusten innerhalb des fünfjährigen Verteilungszeitraumes nach Maßgabe von Z 3 ein länderbezogener Nettogewinn (positiver Restbetrag), gilt Folgendes:
    a) Der positive Restbetrag ist allen in demselben Steuerhoheitsgebiet gelegenen Geschäftseinheiten zuzuordnen, bei denen im Geschäftsjahr der Ausübung des Verteilungswahlrechtes die jeweils

erzielten Gewinne die Verluste aus der Veräußerung von unbeweglichem Vermögen übersteigen (individueller Nettogewinn). Die Zuordnung auf diese Geschäftseinheiten erfolgt im Verhältnis des individuellen Nettogewinns zum länderbezogenen Nettogewinn im Jahr der Ausübung des Verteilungswahlrechtes.

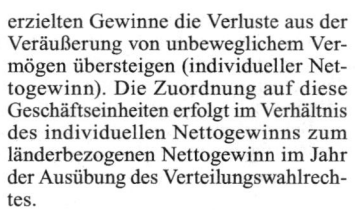

b) Der nach lit. a zuzuordnende Betrag ist gleichmäßig auf den fünfjährigen Verteilungszeitraum zu verteilen.

5. Erfasste Steuern im Hinblick auf Nettogewinne oder Nettoverluste im Jahr der Ausübung des Verteilungswahlrechtes sind von der Berechnung der angepassten erfassten Steuern auszunehmen.

6. Bei Ausübung des Verteilungswahlrechtes ist der Effektivsteuersatz der vorangegangenen vier Geschäftsjahre gemäß § 49 neu zu berechnen.

Gruppeninterne Finanzierungsvereinbarungen

§ 30. (1) Der Jahresüberschuss oder Jahresfehlbetrag einer Geschäftseinheit ist unter folgenden Voraussetzungen um Aufwendungen im Zusammenhang mit einer gruppeninternen Finanzierungsvereinbarung (Abs. 2) zu erhöhen:

1. Die Geschäftseinheit ist in einem Niedrigsteuerhoheitsgebiet oder in einem Steuerhoheitsgebiet gelegen, bei dem es sich ohne Anfall dieser Aufwendungen um ein Niedrigsteuerhoheitsgebiet handeln würde;

2. es kann nach vernünftigem Ermessen davon ausgegangen werden, dass der Betrag der Aufwendungen, der bei der Ermittlung der Mindeststeuer-Gewinne oder -Verluste dieser Geschäftseinheit berücksichtigt werden müsste, aufgrund der gruppeninternen Finanzierungsvereinbarung (Abs. 2) über deren erwartete Laufzeit ansteigen wird, ohne dass dies zu einem entsprechenden Anstieg des steuerpflichtigen Einkommens der Gegenpartei im Sinne des Abs. 3 führen wird; und

3. die Gegenpartei (Abs. 3) ist in keinem Niedrigsteuerhoheitsgebiet oder in einem Steuerhoheitsgebiet gelegen, bei dem es sich auch ohne die mit den Aufwendungen korrespondierenden Erträgen aus der gruppeninternen Finanzierungsvereinbarung (Abs. 3) um kein Niedrigsteuerhoheitsgebiet handeln würde.

(2) Eine gruppeninterne Finanzierungsvereinbarung liegt vor, wenn Geschäftseinheiten derselben Unternehmensgruppe einander im Rahmen dieser Finanzierungsvereinbarung Kredite bereitstellen oder anderweitig eine Investition tätigen.

(3) Gegenpartei ist jene Geschäftseinheit, die im Rahmen einer gruppeninternen Finanzierungsvereinbarung den Kredit bereitstellt oder anderweitig eine Investition tätigt.

Wahlrecht zur Anwendung von Konsolidierungsgrundsätzen

§ 31. (1) Auf Antrag können Erträge, Aufwendungen, Gewinne und Verluste aus Transaktionen zwischen Geschäftseinheiten, die in demselben Steuerhoheitsgebiet gelegen sind und in einem steuerlichen Organkreis oder Gruppenbesteuerungssystem zusammengefasst sind, unter Anwendung der Konsolidierungsmethode der obersten Muttergesellschaft von der Berechnung des Mindeststeuer-Gewinns oder -Verlusts der einzelnen Geschäftseinheiten ausgenommen werden. Das Wahlrecht gilt nicht für Investmenteinheiten, im Minderheitseigentum stehende Geschäftseinheiten sowie als Joint-Venture behandelte Geschäftseinheiten.

(2) Das Wahlrecht gemäß Abs. 1 ist bezogen auf alle in demselben Steuerhoheitsgebiet gelegenen Geschäftseinheiten, die in einem steuerlichen Organkreis oder Gruppenbesteuerungssystem zusammengefasst sind, unter Berücksichtigung von § 74 auszuüben und gilt für fünf Jahre.

(3) Bei Inanspruchnahme oder Widerruf des Wahlrechts gemäß Abs. 1 ist durch entsprechende Zu- oder Abschläge zu verhindern, dass Posten im Mindeststeuer-Gewinn oder -Verlust nicht oder mehrfach berücksichtigt werden.

Behandlung bestimmter Erträge und Aufwendungen von Versicherungseinheiten

§ 32. (1) Erträge einer Versicherungseinheit, die sie aus der Weiterbelastung von Steuern erzielt und die vertraglich vom Versicherungsnehmer zu tragen sind, sind von der Berechnung des Mindeststeuer-Gewinns oder -Verlusts auszunehmen.

(2) Eine Versicherungseinheit hat bei der Berechnung des Mindeststeuer-Gewinns oder -Verlusts an Versicherungsnehmer gezahlte Leistungen als Ertrag anzusetzen, wenn die den Leistungen zugrundeliegenden Erträge bei der Versicherungseinheit nicht im Jahresüberschuss oder Jahresfehlbetrag berücksichtigt sind, soweit die entsprechende Zu- oder Abnahme der Verbindlichkeiten gegenüber den Versicherungsnehmern im Jahresüberschuss oder Jahresfehlbetrag der Versicherungseinheit erfasst wird.

(3) Der Jahresüberschuss oder Jahresfehlbetrag einer Versicherungseinheit ist um Zuführungen zu versicherungstechnischen Rückstellungen für fondsgebundene Versicherungen zu erhöhen, soweit die Zuführungen im wirtschaftlichen Zusammenhang mit ausgenommenen Dividenden (§ 17) oder ausgenommenen Gewinnen oder Verlusten aus Eigenkapitalbeteiligungen (§ 18) stehen.

Behandlung von zusätzlichem Kernkapital

§ 33. (1) Der Jahresüberschuss oder Jahresfehlbetrag ist um Ausschüttungen einer Geschäftseinheit aufgrund eines begebenen zusätzlichen Kernkapitals (Abs. 3) zu vermindern, soweit diese bei der Ermittlung des Jahresüberschusses oder Jahresfehlbetrages nicht als Aufwand erfasst wurden.

(2) Der Jahresüberschuss oder Jahresfehlbetrag ist um Ausschüttungen einer Geschäftseinheit aufgrund eines von ihr gehaltenem zusätzlichen Kernkapitals (Abs. 3) zu erhöhen, soweit diese bei der Ermittlung des Jahresüberschusses oder Jahresfehlbetrages nicht als Ertrag erfasst wurden.

(3) Zusätzliches Kernkapital bezeichnet ein von einer Geschäftseinheit gemäß den aufsichtsrechtlichen Anforderungen begebenes Instrument, das im Fall des Eintretens eines vorab festgelegten auslösenden Ereignisses in Eigenkapital umgewandelt oder abgeschrieben werden kann und das weitere Merkmale aufweist, die die Verlustdeckung im Fall einer Finanzkrise unterstützen sollen.

Ausnahme für Gewinne oder Verluste aus dem internationalen Seeverkehr

§ 34. (1) Gewinne oder Verluste aus dem internationalen Seeverkehr (Abs. 2) und aus anerkannten Nebentätigkeiten aus dem internationalen Seeverkehr (Abs. 3) sind vom Mindeststeuer-Gewinn oder -Verlust einer Geschäftseinheit auszunehmen. Dies gilt nur, wenn die Geschäftseinheit nachweist, dass die strategische oder wirtschaftliche Geschäftsleitung aller betroffenen Seeschiffe tatsächlich von dem Steuerhoheitsgebiet aus erfolgt, in dem die Geschäftseinheit gelegen ist.

(2) Gewinne oder Verluste aus dem internationalen Seeverkehr sind solche, die eine Geschäftseinheit aus den folgenden Tätigkeiten erzielt, sofern die Beförderung nicht auf Binnenwasserstraßen in demselben Steuerhoheitsgebiet erfolgt:

1. Beförderung von Passagieren oder Fracht auf einem Seeschiff im internationalen Verkehr, unabhängig davon, ob es sich um ein eigenes, ein gemietetes oder ein der Geschäftseinheit anderweitig zur Verfügung stehendes Schiff handelt;
2. Beförderung von Passagieren oder Fracht auf einem Seeschiff im internationalen Verkehr im Rahmen von Slot-Charter-Vereinbarungen;
3. Vermietung eines für die Beförderung von Passagieren oder Fracht im internationalen Verkehr eingesetzten, vollständig ausgerüsteten und bemannten Seeschiffs auf Charter-Basis;
4. Vermietung eines für die Beförderung von Passagieren oder Fracht im internationalen Verkehr eingesetzten Seeschiffs an eine andere Geschäftseinheit auf Bareboat-Charter-Basis;
5. Beteiligung an einem Frachtpool, einem Gemeinschaftsunternehmen oder einer internationalen Betriebsagentur für die Beförderung von Passagieren oder Fracht auf einem Seeschiff im internationalen Verkehr und
6. Verkauf eines für die Beförderung von Passagieren oder Fracht im internationalen Verkehr eingesetzten Seeschiffs, sofern das Seeschiff von der Geschäftseinheit mindestens ein Jahr lang zur Nutzung gehalten wurde.

(3) Gewinne oder Verluste aus anerkannten Nebentätigkeiten aus dem internationalen Seeverkehr sind solche, die eine Geschäftseinheit aus den folgenden Tätigkeiten erzielt, sofern diese Tätigkeiten hauptsächlich im Zusammenhang mit der Beförderung von Passagieren oder Fracht mit Seeschiffen im internationalen Verkehr stehen:

1. Vermietung eines Seeschiffs auf Bareboat-Charter-Basis an ein anderes Schifffahrtsunternehmen, das keine Geschäftseinheit ist, für einen Charterzeitraum von nicht mehr als drei Jahren;
2. Verkauf von durch andere Schifffahrtsunternehmen ausgestellten Fahrkarten für den inländischen Teil einer internationalen Fahrt;
3. Vermietung und kurzfristige Lagerung von Containern oder Liegegelder für die verspätete Rückgabe von Containern;
4. Erbringung von Dienstleistungen für andere Schifffahrtsunternehmen durch Ingenieure, Wartungspersonal, Ladearbeiter, Bewirtungs- und Kundendienstpersonal und
5. Kapitalerträge, wenn die Investitionen, mit denen die Erträge erzielt werden, als fester Bestandteil der Ausübung der Tätigkeit des Betriebs von Seeschiffen im internationalen Verkehr getätigt werden.

(4) Abweichend von Abs. 1 sind Gewinne oder Verluste aus anerkannten Nebentätigkeiten aus dem internationalen Seeverkehr (Abs. 3) sämtlicher in einem Steuerhoheitsgebiet gelegenen Geschäftseinheiten nicht auszunehmen, soweit diese 50 % der Gewinne oder Verluste aus dem internationalen Seeverkehr (Abs. 2) dieser Geschäftseinheiten übersteigen.

(5) Für die Berücksichtigung von Aufwendungen bei der Ermittlung der gemäß Abs. 1 auszunehmenden Gewinne oder Verluste aus dem internationalen Seeverkehr (Abs. 2) und aus anerkannten Nebentätigkeiten aus dem internationalen Seeverkehr (Abs. 3) gilt Folgendes:

1. Aufwendungen, die in unmittelbarem wirtschaftlichem Zusammenhang mit Tätigkeiten gemäß Abs. 2 oder 3 stehen, sind diesen Tätigkeiten direkt zuzuordnen.
2. Aufwendungen, die in mittelbarem wirtschaftlichem Zusammenhang mit Tätigkeiten gemäß Abs. 2 oder 3 stehen, sind im Verhältnis der Umsatzerlöse der Geschäftseinheiten aus diesen Tätigkeiten im Verhältnis zu ihren Gesamtumsatzerlösen zuzuordnen.

Zuordnung der Gewinne oder Verluste zwischen Stammhaus und Betriebsstätte

§ 35. (1) Bei einer Betriebsstätte im Sinne des § 2 Z 3 lit. b in Verbindung mit Z 13 lit. a, b oder c ist deren Jahresüberschuss oder Jahresfehlbetrag der in einem eigenen Abschluss der Betriebsstätte ausgewiesene Jahresüberschuss oder Jahresfehlbetrag. Wird kein eigener Abschluss für die Betriebsstätte erstellt, entsprechen ihr Jahresüberschuss oder Jahresfehlbetrag jenem Betrag, der in ihrem eigenen Abschluss ausgewiesen worden wäre, wenn dieser gesondert und im Einklang mit dem für die Erstellung des Konzernabschlusses der obersten Muttergesellschaft verwendeten Rechnungslegungsstandard aufgestellt worden wäre.

(2) Der Jahresüberschuss oder Jahresfehlbetrag gemäß Abs. 1 ist derart anzupassen, dass
1. bei einer Betriebsstätte gemäß § 2 Z 13 lit. a oder b nur die Erträge und Aufwendungen berücksichtigt werden, die ihr gemäß dem anwendbaren Doppelbesteuerungsabkommen oder gemäß den Rechtsvorschriften des Belegenheitsstaates unabhängig von der Höhe der steuerpflichtigen Erträge und der abzugsfähigen Aufwendungen in diesem Steuerhoheitsgebiet zuzuordnen sind;
2. bei einer Betriebsstätte gemäß § 2 Z 13 lit. c nur die Erträge und Aufwendungen berücksichtigt werden, die ihr gemäß Art. 7 des OECD-Musterabkommens zur Vermeidung der Doppelbesteuerung von Einkommen und Vermögen in der jeweils geltenden Fassung zugeordnet würden.

(3) Bei einer Betriebsstätte gemäß § 2 Z 13 lit. d erfolgt die Ermittlung ihres Jahresüberschusses oder Jahresfehlbetrages auf der Grundlage der Erträge, die in dem Steuerhoheitsgebiet des Stammhauses steuerbefreit sind und Tätigkeiten außerhalb dieses Steuerhoheitsgebiets zuzuordnen sind. Aufwendungen sind dabei im Steuerhoheitsgebiet der Betriebsstätte nur insoweit zu berücksichtigen, als diese nicht bereits im Steuerhoheitsgebiet des Stammhauses steuerlich abzugsfähig und den außerhalb dieses Steuerhoheitsgebiets durchgeführten Tätigkeiten zuzuordnen sind.

(4) Der Jahresüberschuss oder Jahresfehlbetrag einer Betriebsstätte wird bei der Ermittlung der Mindeststeuer-Gewinne oder -Verluste des Stammhauses nicht berücksichtigt.

(5) Abweichend von Abs. 4 wird ein Mindeststeuer-Verlust einer Betriebsstätte bei der Ermittlung der Mindeststeuer-Gewinne oder -Verluste des Stammhauses insoweit berücksichtigt, als
1. der Verlust der Betriebsstätte bei der Berechnung der steuerpflichtigen Erträge dieses Stammhauses in dessen Steuerhoheitsgebiet als Aufwand behandelt wird und
2. nicht mit steuerpflichtigen Erträgen verrechnet wird, die sowohl im Steuerhoheitsgebiet des Stammhauses als auch im Steuerhoheitsgebiet der Betriebsstätte steuerpflichtig sind.

(6) Mindeststeuer-Gewinne der Betriebsstätte in späteren Geschäftsjahren werden bis zur Höhe des Mindeststeuer-Verlusts, der zuvor gemäß Abs. 5 beim Stammhaus berücksichtigt wurde, als Mindeststeuer-Gewinne des Stammhauses berücksichtigt.

Zurechnung der Gewinne oder Verluste einer transparenten Einheit

§ 36. (1) Der Jahresüberschuss oder Jahresfehlbetrag einer transparenten Einheit (§ 2 Z 12 lit. a) ist um den Betrag zu vermindern, der ihren Gesellschaftern zuzurechnen ist, die nicht Einheiten der Unternehmensgruppe sind und die ihre Eigenkapitalbeteiligung an der transparenten Einheit unmittelbar oder über eine volltransparente Struktur (§ 2 Z 12 lit. c) mittelbar halten. Dies gilt nicht für eine transparente Einheit, die
1. selbst oberste Muttergesellschaft ist oder
2. unmittelbar oder über eine volltransparente Struktur (§ 2 Z 12 lit. c) mittelbar von einer transparenten obersten Muttergesellschaft im Sinne der Z 1 gehalten wird.

(2) Übt eine transparente Einheit ihre Tätigkeiten über eine Betriebsstätte (§ 2 Z 13) aus, ist der nach Anwendung von Abs. 1 verbleibende Jahresüberschuss oder Jahresfehlbetrag insoweit gemäß § 35 dieser Betriebsstätte zuzurechnen und bei der transparenten Einheit um den entsprechenden Betrag zu vermindern.

(3) Handelt es sich bei der transparenten Einheit um eine volltransparente Einheit, die keine oberste Muttergesellschaft ist, ist der nach Anwendung der Abs. 1 und 2 verbleibende Jahresüberschuss oder Jahresfehlbetrag der transparenten Einheit ihren gruppenzugehörigen Gesellschaftern entsprechend der Höhe ihrer jeweiligen Eigenkapitalbeteiligung an ihr zuzurechnen und bei der transparenten Einheit um den entsprechenden Betrag zu vermindern.

(4) Handelt es sich bei der transparenten Einheit um
1. eine volltransparente Einheit, die oberste Muttergesellschaft ist, oder
2. eine umgekehrt hybride Einheit,
wird der nach Anwendung von Abs. 2 verbleibende Jahresüberschuss oder Jahresfehlbetrag der transparenten Einheit selbst zugerechnet.

(5) Die Abs. 2 bis 4 sind in Bezug auf jede Eigenkapitalbeteiligung an der transparenten Einheit gesondert anzuwenden.

4. Abschnitt
Berechnung der angepassten erfassten Steuern

Erfasste Steuern

§ 37. (1) Erfasste Steuern sind:
1. Steuern, die im Abschluss einer Geschäftseinheit in Bezug auf ihre Erträge oder Gewinne oder auf ihren Anteil an den Erträgen oder Gewinnen einer Geschäftseinheit, an der sie eine Eigenkapitalbeteiligung (§ 2 Z 23) hält, ausgewiesen werden,
2. Steuern auf ausgeschüttete Gewinne, auf als Gewinnausschüttungen geltende Zahlungen oder auf nicht betrieblich veranlasste Aufwendungen, die im Rahmen eines anerkannten Ausschüttungssteuersystems (§ 2 Z 43) erhoben werden,
3. Steuern, die anstelle einer allgemein geltenden Körperschaftsteuer erhoben werden und
4. Steuern, die auf das Eigenkapital erhoben werden, einschließlich Steuern, die sowohl

auf Einkommens- als auch auf Eigenkapitalbestandteile erhoben werden.

(2) Zu den erfassten Steuern zählen nicht:
1. Steuern, die aufgrund einer
   a) anerkannten PES,
   b) anerkannten SES oder
   c) anerkannten NES
   erhoben werden,
2. nicht anerkannte erstattungsfähige Anrechnungssteuer (§ 2 Z 37) und
3. Steuern, die ein Versicherungsunternehmen für an Versicherungsnehmer gezahlte Erträge im Sinne des § 32 Abs. 1 entrichtet.

Angepasste erfasste Steuern

§ 38. (1) Zur Ermittlung der angepassten erfassten Steuern einer Geschäftseinheit für ein Geschäftsjahr werden die im Jahresüberschuss oder Jahresfehlbetrag für das Geschäftsjahr berücksichtigten laufenden Steuern, soweit es sich um erfasste Steuern gemäß § 37 handelt, um die Beträge folgender Posten angepasst:
1. Erhöht um den Nettobetrag der Hinzurechnungen gemäß § 39 und vermindert um den Nettobetrag der Kürzungen gemäß § 40 zu den erfassten Steuern für das Geschäftsjahr,
2. erhöht oder vermindert um den Gesamtbetrag der angepassten latenten Steuern gemäß § 42 und
3. erhöht oder vermindert um jede im Eigenkapital oder im sonstigen Ergebnis berücksichtigte Zu- oder Abnahme der erfassten Steuern (§ 37) im Zusammenhang mit Beträgen, die im Mindeststeuer-Gewinn oder -Verlust enthalten sind und nach dem Steuerrecht des Belegenheitsstaates der Geschäftseinheit steuerpflichtig sind.

(2) Bei der Ermittlung der angepassten erfassten Steuern gemäß Abs. 1 darf kein Betrag erfasster Steuern (§ 37) mehrfach berücksichtigt werden, auch wenn dieser unter den Anwendungsbereich mehrerer Ziffern des Abs. 1 fallen würde.

Hinzurechnungen

§ 39. Die laufenden erfassten Steuern (§ 37) einer Geschäftseinheit für das Geschäftsjahr sind um die Beträge folgender Posten zu erhöhen:
1. erfasste Steuern, die im Abschluss als Aufwendungen im Ergebnis vor Steuern berücksichtigt wurden,
2. latente Steueransprüche aufgrund der Inanspruchnahme des Mindeststeuer-Verlustwahlrechts, die gemäß § 43 Abs. 2 verwendet wurden,
3. erfasste Steuern, die im Zusammenhang mit einer unsicheren Steuerposition in dem Geschäftsjahr entrichtet wurden, soweit die betreffenden Beträge in einem vorangegangenen Geschäftsjahr die erfassten Steuern gemäß § 40 Z 4 vermindert haben,
4. anerkannte auszahlbare Steuergutschriften (§ 2 Z 39) sowie marktfähige und übertragbare Steuergutschriften (§ 27 Abs. 4), die den laufenden Steueraufwand vermindert haben, und
5. aus einer Eigenkapitalbeteiligung an einer steuerlich transparenten Einheit außerhalb der Unternehmensgruppe zugerechnete steuerliche Vorteile, die den laufenden Steueraufwand vermindert haben.

Der Bundesminister für Finanzen kann im Einklang mit internationalen Vereinbarungen mit Verordnung näher festlegen, unter welchen Voraussetzungen eine Hinzurechnung nach Z 5 erfolgt.

Kürzungen

§ 40. Die laufenden erfassten Steuern (§ 37) einer Geschäftseinheit für das Geschäftsjahr sind um die Beträge folgender Posten zu kürzen:
1. Laufender Steueraufwand betreffend Erträge, die von der Berechnung der Mindeststeuer-Gewinne oder -Verluste nach dem 3. Abschnitt ausgenommen werden;
2. nicht anerkannte auszahlbare Steuergutschriften (§ 2 Z 40), nicht-marktfähige und übertragbare Steuergutschriften sowie andere Steuergutschriften, die den laufenden Steueraufwand nicht vermindert haben; dies gilt bei nicht-marktfähigen und übertragbaren Steuergutschriften auch für
   a) das Entgelt für deren Übertragung beim originär Anspruchsberechtigten,
   b) die Differenz zwischen dem Nennwert und dem Kaufpreis beim Erwerber, soweit die Steuergutschrift im Geschäftsjahr zur Minderung der angepassten erfassten Steuern genutzt wird, und
   c) den Veräußerungsgewinn beim Erwerber aus der Weiterübertragung.
3. erstattete oder gutgeschriebene erfasste Steuern, die im Abschluss nicht als Verminderung des laufenden Steueraufwands behandelt wurden, ausgenommen für anerkannte auszahlbare Steuergutschriften (§ 2 Z 39);
4. laufender Steueraufwand für eine unsichere Steuerposition und
5. laufender Steueraufwand, der voraussichtlich nicht binnen drei Jahren nach Ende des Geschäftsjahres entrichtet wird.

Zusätzlicher Ergänzungssteuerbetrag bei fehlendem Mindeststeuer-Nettogewinn

§ 41. (1) Liegt für ein Geschäftsjahr in einem Steuerhoheitsgebiet kein Mindeststeuer-Nettogewinn vor und ist der Betrag der erfassten Steuern negativ und niedriger als der Betrag der voraussichtlichen angepassten erfassten Steuern (Abs. 3), wird der Differenzbetrag zwischen den angepassten erfassten Steuern und den voraussichtlichen angepassten erfassten Steuern als zusätzlicher Ergänzungssteuerbetrag für das betreffende Geschäftsjahr erfasst. Eine Erfassung als zusätzlicher Ergänzungssteuerbetrag unterbleibt jedoch bei Ausübung des Wahlrechts gemäß Abs. 4.

(2) Der zusätzliche Ergänzungssteuerbetrag gemäß Abs. 1 wird jeder Geschäftseinheit in dem Steuerhoheitsgebiet nach Maßgabe von § 49 Abs. 3 zugeordnet.

(3) Der Betrag der voraussichtlichen angepassten erfassten Steuern entspricht dem Mindeststeuer-Nettoverlust für ein Steuerhoheitsgebiet (§ 46) multipliziert mit dem Mindeststeuersatz (§ 2 Z 15).

(4) Auf Antrag wird der Differenzbetrag gemäß Abs. 1 in die folgenden Geschäftsjahre vorgetragen. Dabei gilt Folgendes:
1. Die angepassten erfassten Steuern sind in diesem Geschäftsjahr um den vorgetragenen Differenzbetrag zu erhöhen.
2. Liegt in einem folgenden Geschäftsjahr ein Mindeststeuer-Nettogewinn vor, sind die angepassten erfassten Steuern des Folgejahres um den vorgetragenen Differenzbetrag, höchstens bis auf null, zu kürzen.
3. Ein die angepassten erfassten Steuern übersteigender vorgetragener Differenzbetrag, ist insoweit in folgende Geschäftsjahre vorzutragen.

(5) Liegt für ein Geschäftsjahr in einem Steuerhoheitsgebiet ein Mindeststeuer-Nettogewinn vor, ist jedoch der Betrag der angepassten erfassten Steuern für dieses Steuerhoheitsgebiet negativ, ist der negative Betrag der angepassten erfassten Steuern zwingend in die folgenden Geschäftsjahre vorzutragen und Abs. 4 sinngemäß anzuwenden.

(6) Die Abs. 4 und 5 sind nicht anzuwenden, soweit der Differenzbetrag (Abs. 4) oder negative Betrag (Abs. 5) aufgrund eines steuerlichen Verlustrücktrages nach Maßgabe des § 45 Abs. 2 entsteht.

Gesamtbetrag der angepassten latenten Steuern

§ 42. (1) Zur Ermittlung des Gesamtbetrages der angepassten latenten Steuern einer Geschäftseinheit für ein Geschäftsjahr werden die in ihrem Jahresüberschuss oder Jahresfehlbetrag abgegrenzten latenten Steuern um Beträge gemäß Abs. 2 bereinigt, um Beträge gemäß Abs. 3 erhöht und um Beträge gemäß Abs. 4 vermindert. Der so ermittelte Gesamtbetrag der angepassten latenten Steuern ist auf den Mindeststeuersatz (§ 2 Z 15) umzurechnen und mit dem umgerechneten Betrag anzusetzen, wenn der für Zwecke der Berechnung der abgegrenzten latenten Steuern angewendete Steuersatz über dem Mindeststeuersatz liegt; in allen anderen Fällen hat keine Umrechnung des Gesamtbetrags der angepassten latenten Steuern zu erfolgen.

(2) Die angepassten latenten Steuern umfassen nicht die Beträge folgender ausgenommener Posten:
1. Latente Steuern betreffend Posten, die von der Berechnung der Mindeststeuer-Gewinne oder -Verluste nach dem 3. Abschnitt ausgenommen werden;
2. latenter Steueraufwand in Bezug auf nicht zulässige Abgrenzungen (Abs. 8) und nicht beanspruchte Abgrenzungen (Abs. 9);
3. Auswirkungen einer Wertberichtigung oder einer Ansatzanpassung im Abschluss in Bezug auf einen latenten Steueranspruch;
4. neu bewertete latente Steuern aufgrund einer Änderung des geltenden lokalen Steuersatzes und
5. latente Steuern in Bezug auf die Entstehung und die Nutzung von Steuergutschriften, es sei denn, es handelt sich um einen qualifizierten gebietsfremden Steueranrechnungsbetrag.

Ein qualifizierter gebietsfremder Steueranrechnungsbetrag einer Geschäftseinheit liegt vor:
a) Sofern nach dem Recht des Belegenheitsstaats der Geschäftseinheit vorgesehen ist, dass
   – aus dem Belegenheitsstaat stammende Verluste zunächst mit gebietsfremden Gewinnen verrechnet werden müssen, bevor eine Anrechnung gebietsfremder Steuern erfolgen kann, und
   – ungenutzte gebietsfremde Steueranrechnungsbeträge in nachfolgenden Besteuerungszeiträumen auf Steuern des Belegenheitsstaats in Bezug auf aus dem Belegenheitsstaat stammende Gewinne angerechnet werden können,
b) soweit die Geschäftseinheit einen aus dem Belegenheitsstaat stammenden Verlust mit einem gebietsfremden Gewinn verrechnet hat, und
c) soweit der gebietsfremde Steueranrechnungsbetrag auf diesem gebietsfremden Gewinn beruht.

Als qualifizierter gebietsfremder Steueranrechnungsbetrag ist, vorbehaltlich der weiteren in dieser Bestimmung geregelten Ausnahmen und Anpassungen, höchstens der niedrigere der beiden folgenden Beträge anzusetzen:
– Betrag, der bezogen auf den gebietsfremden Gewinn gezahlten gebietsfremden Steuern,
– verrechneter Verlust multipliziert dem Steuersatz, der für Berechnung der gebietsfremden Steuer maßgebend ist.

Gebietsfremde Gewinne der Geschäftseinheit im Sinne dieser Vorschrift sind Einkünfte aufgrund einer Hinzurechnungsbesteuerung.

(3) Die abgegrenzten latenten Steuern sind um die Beträge folgender Posten zu erhöhen:
1. Während des Geschäftsjahres tatsächlich angefallene nicht zulässige Abgrenzungen (Abs. 8) oder nicht beanspruchte Abgrenzungen (Abs. 9) und

2. eine in einem früheren Geschäftsjahr nachversteuerte latente Steuerschuld (Abs. 6), die in dem laufenden Geschäftsjahr beglichen wurde.

(4) Die abgegrenzten latenten Steuern werden um den Betrag vermindert, um den sich der Gesamtbetrag der angepassten latenten Steuern gemäß Abs. 1 verringert hätte, wenn ein latenter Steueranspruch für steuerliche Verlustvorträge im laufenden Geschäftsjahr im Abschluss angesetzt worden wäre, jedoch hiefür die Ansatzkriterien nicht erfüllt waren.

(5) Ein latenter Steueranspruch, der für ein Geschäftsjahr zu einem niedrigeren Steuersatz als dem Mindeststeuersatz verbucht wurde, kann in demselben Geschäftsjahr auf den Mindeststeuersatz umgerechnet werden, sofern die Geschäftseinheit nachweisen kann, dass der latente Steueranspruch auf einen Mindeststeuer-Verlust zurückzuführen ist (Neuberechnungswahlrecht). Erhöht sich ein latenter Steueranspruch aufgrund der Inanspruchnahme des Neuberechnungswahlrechts, wird der Gesamtbetrag der angepassten latenten Steuern entsprechend verringert.

(6) Eine latente Steuerschuld, die nicht binnen der fünf folgenden Geschäftsjahre aufgelöst oder beglichen wird, ist in dem Ausmaß nachzuversteuern, in dem sie im Gesamtbetrag der angepassten latenten Steuern gemäß Abs. 1 berücksichtigt worden war. Der Nachversteuerungsbetrag für das laufende Geschäftsjahr entspricht dem Differenzbetrag zwischen der im Gesamtbetrag der angepassten latenten Steuern gemäß Abs. 1 im fünften vorangegangenen Geschäftsjahr berücksichtigten latenten Steuerschuld und der bis zum letzten Tag des laufenden Geschäftsjahres nicht wieder aufgelösten latenten Steuerschuld. Der für das laufende Geschäftsjahr ermittelte Nachversteuerungsbetrag ist als Senkung der erfassten Steuern im fünften vorangegangenen Geschäftsjahr zu erfassen und der Effektivsteuersatz und die Ergänzungssteuerbeträge dieses Geschäftsjahres sind gemäß § 49 neu zu berechnen.

(7) Abweichend von Abs. 6 sind latente Steuerschulden in Bezug auf folgende Posten nicht nachzuversteuern:
1. Abschreibungen für materielle Vermögenswerte;
2. Kosten einer Lizenz oder ähnlichen Regelung eines Staates für die Nutzung von unbeweglichem Vermögen oder natürlichen Ressourcen, die mit erheblichen Investitionen in materielle Vermögenswerte verbunden ist;
3. Forschungs- und Entwicklungskosten;
4. Stilllegungs- und Sanierungskosten;
5. Zeitwertbilanzierung nicht realisierter Nettogewinne, sofern nicht die Realisationsmethode nach § 28 anzuwenden ist;
6. Wechselkursnettogewinne;
7. Versicherungsrückstellungen und abgegrenzte Versicherungsvertragsabschlusskosten;
8. Gewinne aus dem Verkauf von in demselben Steuerhoheitsgebiet wie die Geschäftseinheit gelegenem Sachvermögen, die in Sachvermögen in demselben Steuerhoheitsgebiet reinvestiert werden und
9. zusätzliche Beträge, die sich aus Änderungen von Rechnungslegungsgrundsätzen in Bezug auf die unter den Z 1 bis 8 angeführten Posten ergeben.

(8) „Nicht zulässige Abgrenzung" bezeichnet jede Veränderung eines latenten Steueraufwands im Abschluss einer Geschäftseinheit in Bezug auf
1. eine unsichere Steuerposition oder
2. Ausschüttungen einer Geschäftseinheit.

(9) „Nicht beanspruchte Abgrenzung" bezeichnet jede Erhöhung einer im Abschluss einer Geschäftseinheit für ein Geschäftsjahr verbuchten latenten Steuerschuld, die
1. voraussichtlich nicht innerhalb des in Abs. 6 genannten Zeitraums beglichen wird und
2. für die jährlich gemäß § 74 das Wahlrecht in Anspruch genommen wird, sie nicht in den Gesamtbetrag der angepassten latenten Steuern für das betreffende Geschäftsjahr aufzunehmen.

Mindeststeuer-Verlustwahlrecht

§ 43. (1) Auf Antrag kann nach Maßgabe des Abs. 5 für ein Steuerhoheitsgebiet von der Berücksichtigung der angepassten latenten Steuern gemäß § 42 abgesehen werden. Dieses Wahlrecht kann jedoch nicht für ein Steuerhoheitsgebiet mit einem anerkannten Ausschüttungssteuersystem gemäß § 65 ausgeübt werden. Bei Ausübung des Wahlrechts wird für jedes Geschäftsjahr, in dem ein Mindeststeuer-Nettoverlust in diesem Steuerhoheitsgebiet vorliegt, ein verlustbedingter latenter Steueranspruch ermittelt. Dieser entspricht dem Mindeststeuer-Nettoverlust für ein Geschäftsjahr für das Steuerhoheitsgebiet multipliziert mit dem Mindeststeuersatz.

(2) Der gemäß Abs. 1 bestimmte verlustbedingte Steueranspruch wird in die folgenden Geschäftsjahre vorgetragen. Liegt in einem folgenden Geschäftsjahr in dem Steuerhoheitsgebiet ein Mindeststeuer-Nettogewinn vor, wird der vorgetragene Steueranspruch verwendet. Der verwendete Betrag entspricht dem Mindeststeuer-Nettogewinn multipliziert mit dem Mindeststeuersatz, höchstens aber dem vorgetragenen verlustbedingten latenten Steueranspruch.

(3) Der gemäß Abs. 1 bestimmte verlustbedingte latente Steueranspruch wird um den Betrag vermindert, der gemäß Abs. 2 in einem Geschäftsjahr verwendet wird. Der Saldo wird in die folgenden Geschäftsjahre vorgetragen.

(4) Bei Widerruf des Wahlrechts gemäß Abs. 1 verfallen die vorgetragenen verlustbedingten latenten Steueransprüche zu Beginn des ersten Geschäftsjahres, in dem die Option nicht länger gilt.

(5) Das Wahlrecht gemäß Abs. 1 ist im Mindeststeuerbericht (§ 73 Z 4) für das erste Geschäftsjahr

auszuüben, in dem die Unternehmensgruppe über eine Geschäftseinheit in dem vom Wahlrecht betroffenen Steuerhoheitsgebiet verfügt.

(6) Übt eine transparente Einheit, die oberste Muttergesellschaft ist, das Wahlrecht gemäß Abs. 1 aus, wird der verlustbedingte latente Steueranspruch unter Berücksichtigung der Mindeststeuer-Verluste der transparenten Gesellschaft nach der Kürzung gemäß § 63 Abs. 2 berechnet.

Besondere Zurechnung von erfassten Steuern einer Geschäftseinheit zu einer anderen Geschäftseinheit [Art. 24 RL]

§ 44. (1) Die erfassten Steuern (§ 38) einer Geschäftseinheit im Zusammenhang mit Betriebsstätten (Z 1), volltransparenten Einheiten (Z 2), hybriden Einheiten (Z 3), einer Hinzurechnungsbesteuerung (Z 4) und einer Ausschüttung (Z 5) werden anderen Geschäftseinheiten wie folgt zugerechnet:
1. Der im Abschluss einer Geschäftseinheit enthaltene Betrag der erfassten Steuern, der sich auf die Mindeststeuer-Gewinne oder -Verluste einer Betriebsstätte bezieht, wird dieser Betriebsstätte zugerechnet.
2. Der im Abschluss einer volltransparenten Einheit enthaltene Betrag der erfassten Steuern, der sich auf die Mindeststeuer-Gewinne oder -Verluste bezieht, die gemäß § 36 Abs. 3 ihrem gruppenzugehörigen Gesellschafter zugerechnet werden, wird diesem gruppenzugehörigen Gesellschafter ebenfalls zugerechnet.
3. Der im Abschluss eines unmittelbar oder mittelbar gruppenzugehörigen Gesellschafters gemäß einer Hinzurechnungsbesteuerung (§ 2 Z 17) enthaltene Betrag der erfassten Steuern, wird einer Geschäftseinheit, deren Einkünfte bei einem gruppenzugehörigen Gesellschafter der Hinzurechnungsbesteuerung unterliegen, entsprechend dem Anteil an den hinzugerechneten Einkünften nach Maßgabe von Abs. 2 zugerechnet.
4. Der im Abschluss eines gruppenzugehörigen Gesellschafters enthaltene Betrag der erfassten Steuern, der sich auf die Mindeststeuer-Gewinne einer hybriden Einheit (§ 2 Z 12 lit. e) bezieht, wird dieser hybriden Einheit nach Maßgabe von Abs. 2 zugerechnet.
5. Einer Geschäftseinheit, die in dem Geschäftsjahr eine Ausschüttung vorgenommen hat, wird der Betrag aller erfassten Steuern zugerechnet, die in den Abschlüssen ihrer unmittelbaren gruppenzugehörigen Gesellschafter auf diese Ausschüttung entfallen.

(2) Die einer Geschäftseinheit gemäß Abs. 1 Z 3 und 4 in Bezug auf passive Einkünfte (Abs. 3) zuzurechnenden erfassten Steuern sind auf den niedrigeren der beiden folgenden Beträge zu begrenzen:
1. Den Betrag an erfassten Steuern in Bezug auf diese passiven Einkünfte oder
2. den Betrag der passiven Einkünfte der Geschäftseinheit, die aufgrund einer Hinzurechnungsbesteuerung oder Steuertransparenzregelung einzubeziehen sind, multipliziert mit dem Ergänzungssteuersatz für das Steuerhoheitsgebiet der Geschäftseinheit, der ohne Berücksichtigung der vom gruppenzugehörigen Gesellschafter der Geschäftseinheit zu entrichtenden erfassten Steuern bestimmt wird.

Sodann verbleibende erfasste Steuern sind von der Zurechnung gemäß Abs. 1 Z 3 und 4 auszunehmen.

(3) Für Zwecke dieser Bestimmung gelten als passive Einkünfte folgende im Mindeststeuer-Gewinn berücksichtigte Erträge, sofern ein gruppenzugehöriger Gesellschafter einer Geschäftseinheit aufgrund einer Hinzurechnungsbesteuerung oder aufgrund einer Eigenkapitalbeteiligung an einer hybriden Einheit besteuert wurde:
1. Dividenden oder dividendenähnliche Erträge,
2. Zinsen oder zinsähnliche Erträge,
3. Mieten,
4. Lizenzgebühren,
5. Annuitäten oder
6. Nettogewinne aus Vermögen, das zu Erträgen gemäß Z 1 bis 5 führt.

(4) Werden die Mindeststeuer-Gewinne einer Betriebsstätte gemäß § 35 Abs. 6 als Mindeststeuer-Gewinne des Stammhauses berücksichtigt, sind die erfassten Steuern, die im Belegenheitsstaat auf den Gewinn der Betriebsstätte entfallen, als erfasste Steuern des Stammhauses zu berücksichtigen. Dabei sind jedoch höchstens jene Beträge zu berücksichtigen, die sich aus der Multiplikation dieser Mindeststeuer-Gewinne mit dem höchsten Steuersatz für reguläre Einkünfte im Belegenheitsstaat des Stammhauses ergeben.

(5) Abweichend von Abs. 1 Z 1, 3, 4 und 5 sind einer in Österreich gelegenen Geschäftseinheit für Zwecke der nationalen Ergänzungssteuer keine erfassten ausländischen Steuern ihres Stammhauses und ihrer unmittelbaren oder mittelbaren gruppenzugehörigen Gesellschafter zuzurechnen. Dies gilt jedoch nicht für eine von der in Österreich gelegenen Geschäftseinheit für Ausschüttungen an den gruppenzugehörigen Gesellschafter gemäß den §§ 93 bis 96 des Einkommensteuergesetzes 1988, BGBl. Nr. 400/1988, einbehaltene und abgeführte Kapitalertragsteuer.

Anpassungen und Steuersatzänderungen nach Einreichung des Mindeststeuerberichts

§ 45. (1) Eine im Abschluss der Geschäftseinheit im laufenden Geschäftsjahr ausgewiesene Erhöhung der erfassten Steuern um Steuerbeträge für ein vorangegangenes Geschäftsjahr ist als Erhöhung der angepassten erfassten Steuern (§ 38) im laufenden Geschäftsjahr zu berücksichtigen.

(2) Eine im Abschluss der Geschäftseinheit im laufenden Geschäftsjahr ausgewiesene Verminderung der erfassten Steuern um Steuerbeträge für ein vorangegangenes Geschäftsjahr ist als Verminderung der angepassten erfassten Steuern

(§ 38) des vorangegangenen Geschäftsjahres zu berücksichtigen. Dies gilt auch, wenn ein steuerlicher Verlust in ein vorangegangenes Geschäftsjahr rückgetragen wird. Der Effektivsteuersatz und der Ergänzungssteuerbetrag für dieses vorangegangene Geschäftsjahr sind gemäß § 49 neu zu berechnen. Die Mindeststeuer-Gewinne oder -Verluste für das laufende Geschäftsjahr und jedes andere vorangegangene Geschäftsjahr sind entsprechend anzupassen.

(3) Abweichend von Abs. 2 kann auf Antrag gemäß § 74 eine im laufenden Geschäftsjahr ausgewiesene Verminderung der erfassten Steuern um Steuerbeträge für ein vorangegangenes Geschäftsjahr als eine Verminderung der angepassten erfassten Steuern (§ 38) im laufenden Geschäftsjahr berücksichtigen, sofern die Verminderung für das Geschäftsjahr und für das Steuerhoheitsgebiet insgesamt weniger als 1 000 000 Euro beträgt (unwesentliche Verminderung).

(4) Wird der anwendbare lokale Steuersatz unter den Mindeststeuersatz gesenkt, ist die Senkung des latenten Steueraufwands, als eine Verminderung der in einem vorangegangenen Geschäftsjahr gemäß § 38 angesetzten angepassten erfassten Steuern zu erfassen, soweit nicht Abs. 3 anzuwenden ist.

(5) Wurde ein latenter Steueraufwand ursprünglich zu einem unter dem Mindeststeuersatz liegenden Steuersatz berücksichtigt und wird der anwendbare Steuersatz später erhöht, ist die Erhöhung des latenten Steueraufwands im Geschäftsjahr seiner Entrichtung als eine Erhöhung der angepassten erfassten Steuern zu erfassen, die gemäß § 38 für ein früheres Geschäftsjahr angesetzt wurden. Der Erhöhungsbetrag ist jedoch mit dem zum Mindeststeuersatz neu berechneten latenten Steueraufwand begrenzt.

(6) Wird ein Betrag von mehr als 1 000 000 EUR des laufenden Steueraufwands einer Geschäftseinheit, der für ein Geschäftsjahr in den angepassten erfassten Steuern berücksichtigt wurde, nicht binnen drei Jahren nach diesem Geschäftsjahr entrichtet, ist der Effektivsteuersatz und der Ergänzungssteuerbetrag für das Geschäftsjahr, in dem der nicht entrichtete Betrag als erfasste Steuer berücksichtigt wurde, gemäß § 49 neu zu berechnen. Dabei sind die angepassten erfassten Steuern um den nicht entrichteten Betrag zu vermindern.

5. Abschnitt
Ermittlung des Effektivsteuersatzes und des Ergänzungssteuerbetrages

Ermittlung des Effektivsteuersatzes einer Unternehmensgruppe für ein Steuerhoheitsgebiet

§ 46. (1) Der Effektivsteuersatz einer Unternehmensgruppe für ein Steuerhoheitsgebiet, in dem diese einen Mindeststeuer-Nettogewinn erzielt, wird für jedes Geschäftsjahr wie folgt ermittelt:

Gesamtbetrag der angepassten erfassten Steuern der Geschäftseinheiten im Steuerhoheitsgebiet
÷
Mindeststeuer-Nettogewinn der Geschäftseinheiten im Steuerhoheitsgebiet

Der Gesamtbetrag der angepassten erfassten Steuern der Geschäftseinheiten ist die Summe der gemäß dem 4. Abschnitt ermittelten angepassten erfassten Steuern aller im selben Steuerhoheitsgebiet gelegenen Geschäftseinheiten.

(2) Der Mindeststeuer-Nettogewinn oder -verlust aller Geschäftseinheiten der Unternehmensgruppe in Steuerhoheitsgebiet für ein Geschäftsjahr wird wie folgt ermittelt:

Mindeststeuer-Gewinne aller Geschäftseinheiten
−
Mindeststeuer-Verluste aller Geschäftseinheiten

Dabei gilt Folgendes:
1. Mindeststeuer-Gewinne aller Geschäftseinheiten bezeichnet die Summe der gemäß dem 3. Abschnitt ermittelten Mindeststeuer-Gewinne aller im selben Steuerhoheitsgebiet gelegenen Geschäftseinheiten;
2. Mindeststeuer-Verluste aller Geschäftseinheiten bezeichnet die Summe der gemäß dem 3. Abschnitt ermittelten Mindeststeuer-Verluste aller im selben Steuerhoheitsgebiet gelegenen Geschäftseinheiten.

(3) Bei der Ermittlung des Effektivsteuersatzes gemäß Abs. 1 und des Mindeststeuer-Nettogewinnes oder -verlusts gemäß Abs. 2 werden die angepassten erfassten Steuern und Mindeststeuer-Gewinne oder -Verluste von Investmenteinheiten ausgenommen.

(4) Der Effektivsteuersatz jeder staatenlosen Geschäftseinheit wird für jedes Geschäftsjahr getrennt vom Effektivsteuersatz aller anderen Geschäftseinheiten ermittelt.

Ermittlung des Ergänzungssteuerbetrages

§ 47. (1) Liegt der Effektivsteuersatz der Unternehmensgruppe in einem Steuerhoheitsgebiet für ein Geschäftsjahr unter dem Mindeststeuersatz, ist für dieses Steuerhoheitsgebiet ein Ergänzungssteuerbetrag gemäß Abs. 4 zu ermitteln. Dieser Ergänzungssteuerbetrag auf Steuerhoheitsgebietsebene ist gemäß Abs. 5 jenen Geschäftseinheiten zuzuordnen, die für dieses Geschäftsjahr einen Mindeststeuer-Gewinn erzielt haben.

(2) Der Ergänzungssteuersatz für ein Steuerhoheitsgebiet für ein Geschäftsjahr entspricht der positiven Differenz in Prozentpunkten zwischen dem Mindeststeuersatz (§ 3 Z 15) und dem Effektivsteuersatz gemäß § 46 Abs. 1.

(3) Der Übergewinn des Steuerhoheitsgebiets für das Geschäftsjahr entspricht dem positiven Differenzbetrag zwischen dem Mindeststeuer-Nettogewinn für das Steuerhoheitsgebiet gemäß § 46 Abs. 2 und dem Substanzfreibetrag für das Steuerhoheitsgebiet gemäß § 48.

(4) Der Ergänzungssteuerbetrag auf Steuerhoheitsgebietsebene für ein Geschäftsjahr wird wie folgt ermittelt:

Ergänzungssteuersatz (Abs. 2)
×
Übergewinn (Abs. 3)
+ zusätzlicher Ergänzungssteuerbetrag
− NES-Beträge eines anderen Steuerhoheitsgebiets
+ nicht fristgerecht entrichtete NES-Beträge eines anderen Steuerhoheitsgebiets

Dabei gilt Folgendes:
1. Der zusätzliche Ergänzungssteuerbetrag ist der gemäß § 49 ermittelte Steuerbetrag für das Geschäftsjahr.
2. NES-Beträge eines anderen Steuerhoheitsgebiets sind Steuerbeträge für das Geschäftsjahr, die gemäß einer anerkannten NES-Regelung eines anderen Steuerhoheitsgebiets, die keinen NES-Safe-Harbour gemäß § 53 auslöst, zu entrichten sind. NES-Beträge eines anderen Steuerhoheitsgebiets können den Ergänzungssteuerbetrag auf Steuerhoheitsgebietsebene bis auf maximal null reduzieren.
3. NES-Beträge gelten als nicht fristgerecht entrichtet, wenn sie nicht binnen der vier auf das Geschäftsjahr, in dem sie fällig wurden, folgenden Geschäftsjahre in dem jeweiligen Steuerhoheitsgebiet entrichtet werden.
4. Nicht zu berücksichtigen sind NES-Beträge eines anderen Steuerhoheitsgebiets, solange die Frage deren rechtmäßiger Erhebung direkt oder indirekt Gegenstand eines von der Unternehmensgruppe angestrebten Gerichts- oder Verwaltungsverfahrens ist oder hinsichtlich derer die Abgabenbehörde des anderen Steuerhoheitsgebiets festgestellt hat, dass eine Erhebung der Steuer im konkreten Fall nicht zulässig ist. Dies gilt nur, wenn dies unter Anführung verfassungsrechtlicher Gründe oder aufgrund anderer über einfachem Gesetzesrang stehender Vorschriften und Rechtsprinzipien erfolgt oder, wenn Grundlage dafür eine bindende Vereinbarung der Verwaltung des Steuerhoheitsgebiets mit der Unternehmensgruppe ist, mittels derer die Steuerschuld der Unternehmensgruppe mit einem bestimmten Betrag begrenzt wurde.

(5) Der einer Geschäftseinheit für ein Geschäftsjahr zuzuordnende Ergänzungssteuerbetrag wird wie folgt ermittelt, sofern nicht die Zuordnung eines zusätzlichen Ergänzungssteuerbetrages gemäß § 49 Abs. 3 erfolgt:

$$\text{Ergänzungssteuerbetrag auf Steuerhoheitsgebietsebene} \times \left(\frac{\text{Mindeststeuer-Gewinn der Geschäftseinheit}}{\text{Mindeststeuer-Gewinne aller Geschäftseinheiten}} \right)$$

(6) Ergibt sich der Ergänzungssteuerbetrag auf Steuerhoheitsgebietsebene aus einer Neuberechnung gemäß § 49 Abs. 1 für vorangegangene Geschäftsjahre, liegt jedoch für dieses Steuerhoheitsgebiet für das laufende Geschäftsjahr kein Mindeststeuer-Nettogewinn vor, wird der Ergänzungssteuerbetrag jeder Geschäftseinheit nach Maßgabe der in Abs. 5 festgelegten Formel auf der Grundlage der Mindeststeuer-Gewinne der Geschäftseinheiten in den vorangegangenen Geschäftsjahren zugeordnet, für die die Neuberechnungen gemäß § 49 Abs. 1 vorgenommen wurden.

(7) Der Ergänzungssteuerbetrag jeder staatenlosen Geschäftseinheit wird für jedes Geschäftsjahr getrennt von dem Ergänzungssteuerbetrag aller anderen Geschäftseinheiten ermittelt.

Substanzfreibetrag

§ 48. (1) Bei der Ermittlung des Ergänzungssteuerbetrages in einem Steuerhoheitsgebiet gemäß § 47 ist ein Substanzfreibetrag für alle in diesem Steuerhoheitsgebiet gelegenen Geschäftseinheiten, ausgenommen die gemäß § 66 gesondert zu betrachtenden Investmenteinheiten, vom Mindeststeuer-Nettogewinn in diesem Steuerhoheitsgebiet abzuziehen.

(2) Die Geltendmachung des Substanzfreibetrages kann für jedes Geschäftsjahr und für jedes Steuerhoheitsgebiet unterlassen werden.

(3) Für die Ermittlung des Substanzfreibetrages gilt Folgendes:
1. Der Substanzfreibetrag beträgt für Geschäftsjahre, die ab dem Kalenderjahr 2033 beginnen:
   a) 5 % der berücksichtigungsfähigen Lohnkosten einer in einem Steuerhoheitsgebiet gelegenen Geschäftseinheit (Abs. 5) für berücksichtigungsfähige Beschäftigte (Abs. 4), die Tätigkeiten für die Unternehmensgruppe in diesem Steuerhoheitsgebiet ausüben und
   b) 5 % des Buchwerts (Abs. 7) der berücksichtigungsfähigen materiellen Vermögenswerte einer in einem Steuerhoheitsgebiet gelegenen Geschäftseinheit (Abs. 6).
2. Für Geschäftsjahre, die in den Kalenderjahren 2023 bis 2032 beginnen, sind abweichend von Z 1 die in der folgenden Tabelle angegebenen Prozentsätze anzusetzen:

2/2/3. MinBestG
§ 48

Geschäftsjahr beginnt im Kalenderjahr	Prozentsatz für berücksichtigungsfähige Lohnkosten für berücksichtigungsfähige Beschäftigte	Prozentsatz für berücksichtigungsfähige materielle Vermögenswerte
2023	10,0 %	8,0 %
2024	9,8 %	7,8 %
2025	9,6 %	7,6 %
2026	9,4 %	7,4 %
2027	9,2 %	7,2 %
2028	9,0 %	7,0 %
2029	8,2 %	6,6 %
2030	7,4 %	6,2 %
2031	6,6 %	5,8 %
2032	5,8 %	5,4 %

(4) Berücksichtigungsfähige Beschäftigte sind Vollzeit- oder Teilzeitkräfte einer Geschäftseinheit sowie selbstständige Auftragnehmer, die unter Leitung und Kontrolle der Unternehmensgruppe an der regulären Geschäftstätigkeit der Unternehmensgruppe im Steuerhoheitsgebiet, in dem diese Geschäftseinheit gelegen ist, mitwirken.

(5) Berücksichtigungsfähige Lohnkosten sind mit der Vergütung der Beschäftigten gemäß Abs. 4 zusammenhängende Aufwendungen, darunter Löhne, Gehälter und sonstige Aufwendungen, die für den Beschäftigten gemäß Abs. 4 einen unmittelbaren und gesonderten persönlichen Nutzen haben, wie Krankenkassen- und Pensionsbeiträge, Lohnsteuern, Steuern auf Leistungen wie Lohnnebenleistungen sowie der Arbeitgeberbeitrag. Sind berücksichtigungsfähige Beschäftigte einer Geschäftseinheit (Abs. 4) im betreffenden Geschäftsjahr im überwiegenden Ausmaß ihrer Arbeitszeit im Steuerhoheitsgebiet dieser Geschäftseinheit tätig, sind die gesamten Lohnkosten berücksichtigungsfähig, andernfalls nur die dem jeweiligen Ausmaß entsprechenden Lohnkosten.

Nicht zu berücksichtigen sind:
1. Lohnkosten, die aktiviert wurden und im Buchwert der berücksichtigungsfähigen materiellen Vermögenswerte enthalten sind;
2. Lohnkosten, die den ausgenommenen Gewinnen oder Verlusten gemäß § 34 zuzuordnen sind.

(6) Berücksichtigungsfähige materielle Vermögenswerte einer in einem Steuerhoheitsgebiet gelegenen Geschäftseinheit sind:
1. Sachanlagen, die in dem Steuerhoheitsgebiet gelegen sind,
2. natürliche Ressourcen, die in dem Steuerhoheitsgebiet gelegen sind,
3. das Recht eines Leasingnehmers auf Nutzung materieller Vermögenswerte, die in dem Steuerhoheitsgebiet gelegen sind, und
4. eine Lizenz oder eine ähnliche Regelung des Staates für die Nutzung von unbeweglichem Vermögen oder natürlichen Ressourcen, die mit erheblichen Investitionen in materielle Vermögenswerte verbunden ist.

Nicht zu berücksichtigen sind:
1. Der Buchwert der materiellen Vermögenswerte, die zur Erzielung von Erträgen verwendet werden, die nach § 34 ausgenommen sind;
2. der Buchwert von Vermögenswerten, einschließlich Grundstücken und Gebäuden, die zu Veräußerungs-, Leasing- oder Investitionszwecken gehalten werden; zu berücksichtigen ist jedoch der Buchwert (Abs. 7) des materiellen Vermögenswertes eines Leasinggebers bei einem Operating Leasing, soweit dieser den Buchwert (Abs. 7) des Nutzungsrechts des Leasingnehmers übersteigt.

(7) Der Buchwert der berücksichtigungsfähigen materiellen Vermögenswerte entspricht dem Durchschnitt des zu Beginn und am Ende des Geschäftsjahres für die Erstellung des Konzernabschlusses der obersten Muttergesellschaft maßgeblichen Buchwerts. Sind berücksichtigungsfähige materielle Vermögenswerte einer Geschäftseinheit (Abs. 6) im betreffenden Geschäftsjahr zeitlich überwiegend im Steuerhoheitsgebiet dieser Geschäftseinheit gelegen, ist der gesamte Buchwert berücksichtigungsfähig, andernfalls nur der dem jeweiligen Ausmaß entsprechende Buchwert.

(8) Die berücksichtigungsfähigen Lohnkosten und berücksichtigungsfähigen materiellen Vermögenswerte sind einer Betriebsstätte wie folgt zuzuordnen:
1. Sie sind einer Betriebsstätte zuzuordnen, soweit sie gemäß § 35 in deren eigenem Abschluss ausgewiesen sind und sich in demselben Steuerhoheitsgebiet wie die Betriebsstätte befinden.
2. Wurden die Erträge einer Betriebsstätte gemäß § 36 und § 63 bei der Ermittlung des Mindeststeuer-Gewinns oder -Verlusts vollständig oder teilweise ausgenommen, werden die berücksichtigungsfähigen Lohnkosten und berücksichtigungsfähigen materiellen Vermögenswerte dieser Betriebsstätte im selben Ausmaß von der Berechnung des Substanzfreibetrages für die Unternehmensgruppe ausgenommen.

Die bei der Betriebsstätte berücksichtigten Werte sind beim Stammhaus nicht zu berücksichtigen.

(9) Die berücksichtigungsfähigen Lohnkosten und berücksichtigungsfähigen materiellen Vermögenswerte, die keiner Betriebsstätte nach Abs. 8 zuzuordnen sind, sind bei transparenten Einheiten wie folgt zuzuordnen:
1. Im Fall einer transparenten Einheit, die keine oberste Muttergesellschaft ist, sind diese den gruppenzugehörigen Gesellschaftern entsprechend ihrer jeweiligen Eigenkapitalbeteiligung zuzuordnen, soweit die berücksichtigungsfähigen Beschäftigten und berücksichtigungsfähigen materiellen Vermögenswerte im gleichen Steuerhoheitsgebiet gelegen sind wie die jeweiligen gruppenzugehörigen Gesellschafter.
2. Im Fall einer transparenten Einheit, die oberste Muttergesellschaft ist, sind sie dieser Einheit selbst zuzuordnen, soweit die berücksichtigungsfähigen Beschäftigten und berücksichtigungsfähigen materiellen Vermögenswerte im gleichen Steuerhoheitsgebiet gelegen sind wie die oberste Muttergesellschaft, gegebenenfalls im selben Ausmaß vermindert, in dem Gewinne gemäß § 63 oder § 64 bei der Ermittlung des Mindeststeuer-Gewinns oder -Verlusts ausgenommen werden.

Alle berücksichtigungsfähigen Lohnkosten und berücksichtigungsfähigen materiellen Vermögenswerte, die nicht nach Z 1 und 2 zugeordnet werden können, sind bei der Ermittlung des Substanzfreibetrages nicht zu berücksichtigen.

(10) Der Substanzfreibetrag jeder staatenlosen Geschäftseinheit wird für jedes Geschäftsjahr getrennt vom Substanzfreibetrag aller anderen Geschäftseinheiten ermittelt.

Zusätzlicher Ergänzungssteuerbetrag

§ 49. (1) Führt eine Anpassung der erfassten Steuern oder der Mindeststeuer-Gewinne oder -Verluste gemäß § 29, §42 Abs. 6, § 45 Abs. 2 und Abs. 6 und § 65 Abs. 5 zu einer Neuberechnung des Effektivsteuersatzes und des Ergänzungssteuerbetrages für ein vorangegangenes Geschäftsjahr, gilt Folgendes:
1. Die Neuberechnung des Effektivsteuersatz und des Ergänzungssteuerbetrages erfolgt gemäß den §§ 46 bis 48 nach Berücksichtigung der Anpassungen der angepassten erfassten Steuern und der Mindeststeuer-Gewinne oder -Verluste.
2. Jeder sich aus der Neuberechnung ergebende weitere Ergänzungssteuerbetrag gilt für Zwecke des § 47 Abs. 4 als zusätzlicher Ergänzungssteuerbetrag für das laufende Geschäftsjahr, in dem die Neuberechnung vorgenommen wird.

(2) Ergibt sich ein zusätzlicher Ergänzungssteuerbetrag aus einer Neuberechnung gemäß Abs. 1, liegt jedoch für dieses Steuerhoheitsgebiet für das laufende Geschäftsjahr kein Mindeststeuer-Nettogewinn vor, entspricht der Mindeststeuer-Gewinn jeder in diesem Steuerhoheitsgebiet gelegenen Geschäftseinheit dem dieser Geschäftseinheit gemäß § 47 Abs. 6 zuzuordnendem Ergänzungssteuerbetrag geteilt durch den Mindeststeuersatz (§ 2 Z 15).

(3) Ergibt sich ein zusätzlicher Ergänzungssteuerbetrag gemäß § 41, entspricht der Mindeststeuer-Gewinn jeder in dem Steuerhoheitsgebiet gelegenen Geschäftseinheit dem dieser Geschäftseinheit zuzuordnenden Ergänzungssteuerbetrag (Z 2) geteilt durch den Mindeststeuersatz (§ 2 Z 15). Dabei gilt Folgendes:
1. Der zusätzliche Ergänzungssteuerbetrag ist nur den Geschäftseinheiten zuzuordnen, deren angepasste erfasste Steuern weniger als null und weniger als die Mindeststeuer-Gewinne oder -Verluste dieser Geschäftseinheiten multipliziert mit dem Mindeststeuersatz betragen.
2. Die Zuordnung erfolgt anteilig für jede Geschäftseinheit auf der Grundlage der folgenden Formel:

$$\frac{\textit{Mindeststeuer-Gewinne oder -Verluste} \times \textit{Mindeststeuersatz}}{\textit{angepasste erfasste Steuern}}$$

(4) Wird einer Geschäftseinheit ein zusätzlicher Ergänzungssteuerbetrag gemäß den vorangegangenen Absätzen und § 47 Abs. 6 zugeordnet, gilt diese Geschäftseinheit für Zwecke des 2. Abschnitts als niedrig besteuerte Geschäftseinheit.

De-minimis-Ausnahme

§ 50. (1) Abweichend von den §§ 46 bis 49 und 51 kann auf Antrag der für die in einem Steuerhoheitsgebiet gelegenen Geschäftseinheiten zu entrichtende Ergänzungssteuerbetrag für ein Geschäftsjahr mit null angesetzt werden, wenn für dieses Geschäftsjahr die folgenden Voraussetzungen erfüllt sind:
1. Die durchschnittlichen Mindeststeuer-Umsatzerlöse des Geschäftsjahres und der zwei vorangegangenen Geschäftsjahre aller in diesem Steuerhoheitsgebiet gelegenen Geschäftseinheiten betragen weniger als 10 Millionen Euro und
2. der durchschnittliche Mindeststeuer-Nettogewinn (§ 46 Abs. 2) für das Geschäftsjahr und der zwei vorangegangenen Geschäftsjahre beträgt weniger als 1 Million Euro oder es liegt ein durchschnittlicher Mindeststeuer-Nettoverlust vor.

(2) Gibt es in dem Steuerhoheitsgebiet im ersten oder zweiten vorangegangenen Geschäftsjahr oder in beiden Geschäftsjahren keine Geschäftseinheiten mit Mindeststeuer-Umsatzerlösen oder einem Mindeststeuer-Gewinn oder -Verlust, ist dieses Geschäftsjahr bzw. sind diese Geschäftsjahre bei der Durchschnittsermittlung gemäß Abs. 1 nicht zu berücksichtigen.

(3) Die Mindeststeuer-Umsatzerlöse aller in einem Steuerhoheitsgebiet gelegenen Geschäfts-

einheiten für ein Geschäftsjahr sind die Summe aller Umsatzerlöse der in diesem Steuerhoheitsgebiet gelegenen Geschäftseinheiten unter Berücksichtigung der gemäß dem 3. Abschnitt erfolgten Anpassungen.

(4) Abs. 1 ist nicht auf staatenlose Geschäftseinheiten und Investmenteinheiten anzuwenden und deren Mindeststeuer-Umsatzerlöse und Mindeststeuer-Gewinne oder Verluste sind bei der Durchschnittsermittlung gemäß Abs. 1 nicht zu berücksichtigen.

Im Minderheitseigentum stehende Geschäftseinheiten

§ 51. (1) Der Effektivsteuersatz und der Ergänzungssteuerbetrag für ein Steuerhoheitsgebiet wird für Mitglieder einer im Minderheitseigentum stehenden Untergruppe gemäß den Bestimmungen der Abschnitte 3 bis 7 so ermittelt, als ob es sich bei jeder im Minderheitseigentum stehenden Untergruppe um eine eigene Unternehmensgruppe handeln würde.

(2) Die angepassten erfassten Steuern und die Mindeststeuer-Gewinne oder -Verluste von Mitgliedern einer im Minderheitseigentum stehenden Untergruppe sind bei der Ermittlung des Effektivsteuersatzes und des Mindeststeuer-Nettogewinnes der restlichen Unternehmensgruppe auszunehmen.

(3) Der Effektivsteuersatz und der Ergänzungssteuerbetrag einer im Minderheitseigentum stehenden Geschäftseinheit, die nicht einer im Minderheitseigentum stehenden Untergruppe angehört, wird auf Ebene dieser Geschäftseinheit entsprechend Abs. 1 ermittelt. Auf die angepassten erfassten Steuern und Mindeststeuer-Gewinne oder -Verluste dieser Geschäftseinheit ist Abs. 2 sinngemäß anzuwenden. Dieser Abs. gilt jedoch nicht, wenn die im Minderheitseigentum stehende Geschäftseinheit eine Investmenteinheit ist.

(4) Für Zwecke dieser Bestimmung gilt Folgendes:
1. Eine im Minderheitseigentum stehende Geschäftseinheit bezeichnet eine Geschäftseinheit, an der die oberste Muttergesellschaft eine unmittelbare oder mittelbare Eigenkapitalbeteiligung von höchstens 30 % hält;
2. eine im Minderheitseigentum stehende Untergruppe bezeichnet eine im Minderheitseigentum stehende Muttergesellschaft und ihre im Minderheitseigentum stehenden Tochtergesellschaften;
3. eine im Minderheitseigentum stehende Muttergesellschaft bezeichnet eine im Minderheitseigentum einer Unternehmensgruppe stehende Geschäftseinheit, die unmittelbar oder mittelbar eine Kontrollbeteiligung an einer anderen in im Minderheitseigentum stehenden Geschäftseinheit hält, es sei denn, die Kontrollbeteiligung der erstgenannten Einheit wird unmittelbar oder mittelbar von einer anderen in im Minderheitseigentum stehenden Geschäftseinheit gehalten.
4. eine im Minderheitseigentum stehende Tochtergesellschaft bezeichnet eine im Minderheitseigentum stehende Geschäftseinheit, deren Kontrollbeteiligung unmittelbar oder mittelbar von einer in im Minderheitseigentum stehenden Muttergesellschaft gehalten wird.

6. Abschnitt
Safe-Harbour-Regelungen

Anwendung von Safe-Harbour-Regelungen

§ 52. (1) Der Ergänzungssteuerbetrag gemäß § 47 wird für ein Steuerhoheitsgebiet (Safe-Harbour-Steuerhoheitsgebiet) in folgenden Fällen auf null reduziert (Safe-Harbour):
1. Für das betreffende Geschäftsjahr ist im jeweiligen Steuerhoheitsgebiet eine anerkannte NES-Regelung in Geltung, die die Voraussetzungen des NES-Safe-Harbour gemäß § 53 erfüllt.
2. Bei Inanspruchnahme einer der vereinfachten Berechnungen nach §§ 54 bis 56 wird einer der folgenden Tests für das jeweilige Steuerhoheitsgebiet erfüllt:
   a) Im jeweiligen Steuerhoheitsgebiet betragen die Mindeststeuer-Umsatzerlöse weniger als 10 Millionen Euro und der Mindeststeuer-Nettogewinn beträgt weniger als 1 Million Euro Gewinn oder es liegt ein Mindeststeuer-Nettoverlust vor (De-minimis-Test);
   b) der für das jeweilige Steuerhoheitsgebiet ermittelte Effektivsteuersatz entspricht zumindest dem Mindeststeuersatz, jedoch bei Inanspruchnahme der vereinfachten Berechnung nach § 55 zumindest dem maßgeblichen Referenzsteuersatz (Effektivsteuersatz-Test);
   c) der für das jeweilige Steuerhoheitsgebiet ermittelte Mindeststeuer-Nettogewinn ist gleich oder geringer als der Substanzfreibetrag gemäß § 48 (Routinegewinn-Test).
3. Für das betreffende Geschäftsjahr sind im jeweiligen Steuerhoheitsgebiet die Voraussetzungen des temporären SES-Safe-Harbour gemäß § 57 erfüllt; die Reduktion des Ergänzungssteuerbetrages auf null gilt jedoch lediglich für Zwecke der SES.

(2) Die Anwendung der Safe-Harbour-Regelungen erfolgt auf Antrag. Für ein Geschäftsjahr kann für ein Steuerhoheitsgebiet jeweils nur eine der Safe-Harbour-Regelungen in den §§ 53, 54, 55 und 57 in Anspruch genommen werden.

(3) Abs. 1 gilt nicht in Fällen, in denen
1. für eine in Österreich gelegene Geschäftseinheit eine Abgabepflicht nach dem 2. Abschnitt dieses Bundesgesetzes entstehen würde, wenn der nach dem 5. Abschnitt für das Safe-Harbour-Steuerhoheitsgebiet berechnete Effektivsteuersatz unter dem Mindeststeuersatz liegt,

2. die abgabepflichtige Geschäftseinheit binnen 36 Monaten nach Einreichung des Mindeststeuerberichts durch das Finanzamt für Großbetriebe unter Angabe von besonderen Gründen zum Nachweis der Anspruchsberechtigung aufgefordert wird und
3. die abgabepflichtige Geschäftseinheit die Anspruchsberechtigung nicht innerhalb von sechs Monaten nach der Aufforderung nachweist.

NES-Safe-Harbour

§ 53. (1) Der Ergänzungssteuerbetrag gemäß § 47 wird auf Antrag für ein Steuerhoheitsgebiet auf null reduziert, wenn für das betreffende Geschäftsjahr im jeweiligen Steuerhoheitsgebiet eine anerkannte NES-Regelung in Geltung ist, die
1. die Ermittlung des Mindeststeuer-Gewinns oder -Verlusts für sämtliche Geschäftseinheiten in diesem Steuerhoheitsgebiet auf der Grundlage eines der beiden Rechnungslegungsstandards gemäß Abs. 2 ohne Wahlmöglichkeit des Rechnungslegungsstandards für die Unternehmensgruppe vorsieht (NES-Rechnungslegungsstandard),
2. die Anwendung des Mindeststeuersatzes auf den Übergewinn in diesem Steuerhoheitsgebiet für Zwecke der NES im Einklang mit den GloBE-Mustervorschriften regelt (NES-Konsistenzstandard) und
3. in einer Weise verwaltet wird, die im Einklang mit den GloBE-Mustervorschriften steht (NES-Verwaltungsstandard).

(2) Als NES-Rechnungslegungsstandard gilt:
1. Der Rechnungslegungsstandard im Sinne des § 14 Abs. 1 oder Abs. 2 oder
2. ein nationaler Rechnungslegungsstandard gemäß Abs. 3, wenn folgende Voraussetzungen erfüllt sind:
   a) Sämtliche im Steuerhoheitsgebiet gelegene Geschäftseinheiten, die für Zwecke der NES den Mindeststeuer-Gewinn oder -Verlust auf Grundlage eines nationalen Rechnungslegungsstandards zu ermitteln haben, erstellen entweder einen Jahresabschluss (Einzelabschluss) nach dem nationalen Rechnungslegungsstandard oder ihre Finanzinformationen finden Aufnahme in einen nach dem nationalen Rechnungslegungsstandard erstellten Konzernabschluss.
   b) Die Abschlüsse nach lit. a sind nach dem nationalen Unternehmens- oder Steuerrecht
      – verpflichtend aufzubewahren oder zu verwenden oder
      – unterliegen einer externen Abschlussprüfung.

Dabei gilt, dass innerhalb einer Unternehmensgruppe sämtliche Geschäftseinheiten im jeweiligen Steuerhoheitsgebiet denselben nationalen Rechnungslegungsstandard anzuwenden und sämtliche Einzelabschlüsse nach lit. a auf den Stichtag des Konzernabschlusses aufzustellen haben.

(3) Als nationaler Rechnungslegungsstandard (Abs. 2 Z 2) gilt ein von einem zugelassenen Rechnungslegungsorgan genehmigter oder nach dem nationalen Recht dieses Steuerhoheitsgebiets freiwillig oder verpflichtend anzuwendender
a) anerkannter Rechnungslegungsstandard oder
b) zugelassener Rechnungslegungsstandard, der zur Vermeidung erheblicher Vergleichbarkeitseinschränkungen angepasst wird.

(4) Ein Steuerhoheitsgebiet erfüllt die Voraussetzungen des NES-Konsistenzstandards auch, wenn es
1. keinen oder einen niedrigeren Substanzfreibetrag als in den GloBE-Mustervorschriften vorsieht,
2. keine oder eine eingeschränktere De-Minimis-Ausnahme als in den GloBE-Mustervorschriften vorsieht, oder
3. einen Steuersatz auf den Übergewinn anwendet, der höher ist als der Mindeststeuersatz.

(5) Sofern bei einer Unternehmensgruppe für ein Geschäftsjahr NES-Beträge im Sinne des § 47 Abs. 4 Z 4 in einem Steuerhoheitsgebiet vorliegen, ist abweichend von § 52 Abs. 2 die Unternehmensgruppe von der Beantragung des NES-Safe-Harbour für dieses Steuerhoheitsgebiet ausgeschlossen.

(6) Sofern eine anerkannte NES-Regelung nach Abs. 1 folgende Regelungen beinhaltet, kann abweichend von § 52 Abs. 2 kein NES-Safe-Harbour für die von diesen Regelungen erfassten Geschäftseinheiten beantragt werden:
1. Im jeweiligen Steuerhoheitsgebiet gegründete transparente Einheiten (§ 2 Z 12), die entweder eine oberste Muttergesellschaft sind oder eine anerkannte PES-Regelung anzuwenden haben, haben keine NES zu entrichten.
2. Investmenteinheiten, die in den Anwendungsbereich der §§ 66 bis 68 fallen, haben keine NES zu entrichten.
3. Eine § 81 entsprechende Regelung ist für Zwecke der NES ohne Einschränkungen für alle im jeweiligen Steuerhoheitsgebiet gelegene Geschäftseinheiten in der Anfangsphase ihrer internationalen Tätigkeit vorgesehen.
4. Die für Joint Ventures und ihre Geschäftseinheiten zu entrichtende NES ist nicht von den Mitgliedern der Joint Venture-Gruppe im jeweiligen Steuerhoheitsgebiet zu entrichten, sondern von im jeweiligen Steuerhoheitsgebiet gelegenen Geschäftseinheiten der Unternehmensgruppe der am Joint Venture beteiligten Muttergesellschaft.

Vereinfachte Berechnung für unwesentliche Geschäftseinheiten

§ 54. Für Zwecke des § 52 Abs. 1 Z 2 gilt für unwesentliche Geschäftseinheiten folgende vereinfachte Berechnung:

1. Die Mindeststeuer-Umsatzerlöse und der Mindeststeuer-Gewinn oder -Verlust der Geschäftseinheit entsprechen den im länderbezogenen Bericht auszuweisenden Erträgen der Geschäftseinheit, gekürzt um von anderen Geschäftseinheiten der Unternehmensgruppe erhaltene Gewinnausschüttungen und den im sonstigen Ergebnis erfassten Umsatzerlösen und Erträgen.
2. Die angepassten erfassten Steuern entsprechen den im länderbezogenen Bericht auszuweisenden für dieses Geschäftsjahr gezahlten und rückgestellten Ertragsteuern. Nicht darunter fallen Erträge oder Aufwendungen aus der Bildung und Auflösung aktiver und passiver latenter Steuern, Aufwendungen aus der Bildung von Rückstellungen für unsichere Steuerpositionen sowie sonstige periodenfremde Steueraufwands- oder Steuerertragspositionen.
3. Die Z 1 und 2 sind auf unwesentliche Geschäftseinheiten mit Erträgen über 50 Millionen Euro nur anzuwenden, wenn die Daten aus dem länderbezogenen Bericht aus Finanzkonten stammen, die auf Basis eines anerkannten Rechnungslegungsstandards (§ 2 Z 25) oder eines zugelassenen Rechnungslegungsstandards (§ 2 Z 26) erstellt worden sind.

„Unwesentliche Geschäftseinheiten" sind alle Geschäftseinheiten einer Unternehmensgruppe, die aufgrund von Wesentlichkeitserwägungen für das Geschäftsjahr nicht in einen durch einen externen Prüfer testierten Konzernabschluss einbezogen worden sind.

Vereinfachte Berechnung anhand eines länderbezogenen Berichts (temporärer CbCR-Safe-Harbour)

§ 55. (1) Für Geschäftsjahre, die am oder vor dem 31. Dezember 2026 beginnen, aber vor dem 1. Juli 2028 enden (Übergangszeitraum), gilt für Zwecke des § 52 Abs. 1 Z 2 Folgendes:

1. Für Zwecke des De-minimis-Tests gilt:
   a) Die Mindeststeuer-Umsatzerlöse entsprechen den im qualifizierten länderbezogenen Bericht auszuweisenden Erträgen, zuzüglich der Erträge von zum Verkauf stehenden Einheiten, die nicht im qualifizierten länderbezogenen Bericht erfasst sind.
   b) Der Mindeststeuer-Nettogewinn oder -verlust entspricht dem im qualifizierten länderbezogenen Bericht auszuweisenden Vorsteuergewinn (-verlust), erhöht um einen nicht realisierten Nettoverlust aus der Bewertung zum beizulegenden Zeitwert.
2. Für Zwecke des Effektivsteuersatztests gilt:
   a) Der Gesamtbetrag der angepassten erfassten Steuern der Geschäftseinheiten im Steuerhoheitsgebiet entspricht dem in der qualifizierten Finanzberichterstattung der Unternehmensgruppe auszuweisenden Ertragsteueraufwand, nach Bereinigung um alle nicht erfassten Steuern und unsichere Steuerpositionen.
   b) Der Mindeststeuer-Nettogewinn oder -verlust entspricht dem im qualifizierten länderbezogenen Bericht auszuweisenden Vorsteuergewinn oder -verlust, erhöht um einen nicht realisierten Nettoverlust aus der Bewertung zum beizulegenden Zeitwert.
   c) Es sind folgende Referenzsteuersätze maßgeblich:
      – 15 % für Geschäftsjahre, die in 2023 und 2024 beginnen,
      – 16 % für Geschäftsjahre, die in 2025 beginnen und
      – 17 % für Geschäftsjahre, die in 2026 beginnen.
3. Für Zwecke des Routinegewinntests gilt:
   a) Der Mindeststeuer-Nettogewinn oder -verlust entspricht dem im qualifizierten länderbezogenen Bericht auszuweisenden Vorsteuergewinn oder -verlust, erhöht um einen nicht realisierten Nettoverlust aus der Bewertung zum beizulegenden Zeitwert.
   b) Es sind nur solche Geschäftseinheiten zu berücksichtigen, die nach den Regelungen des länderbezogenen Berichts in diesem Steuerhoheitsgebiet gelegen sind. Einheiten, die zum Verkauf stehen, oder ausgeschlossene Einheiten (§ 4) sind nicht zu berücksichtigen.

(2) Für große inländische Gruppen (§ 2 Z 5) ist Abs. 1 sinngemäß anzuwenden, wobei der Mindeststeuer-Nettogewinn oder -verlust und die Mindeststeuer-Umsatzerlöse auf Basis der qualifizierten Finanzberichterstattung zu ermitteln sind.

(3) Für die Anwendung der vorstehenden Bestimmungen gelten folgende Begriffsbestimmungen:

1. Ein länderbezogener Bericht ist qualifiziert, wenn dieser auf Grundlage einer qualifizierten Finanzberichterstattung erstellt wurde. Als solche qualifizierte Finanzberichterstattung gelten:
   a) Die Finanzkonten, die zur Erstellung des Konzernabschlusses der obersten Muttergesellschaft verwendet werden; oder
   b) Jahresabschlüsse der Geschäftseinheiten, die entweder nach einem anerkannten Rechnungslegungsstandard (§ 2 Z 25) oder einem zugelassenen Rechnungslegungsstandard (§ 2 Z 26) erstellt werden, sofern die in diesen Abschlüssen enthaltenen Informationen auf der Grundlage dieses Rechnungslegungsstandards fortgeführt werden und verlässlich sind; oder

c) im Falle einer Geschäftseinheit, die allein aus Gründen der Größe oder der Wesentlichkeit nicht in den Konzernabschluss der Unternehmensgruppe einbezogen wird, der Jahresabschluss, der für die Erstellung des länderbezogenen Berichts der Unternehmensgruppe verwendet wird.

Der Bundesminister für Finanzen kann im Einklang mit internationalen Vereinbarungen mit Verordnung näher festlegen, unter welchen Voraussetzungen eine qualifizierte Finanzberichterstattung und ein qualifzierter länderbezogener Bericht vorliegen.

2. Ein nicht realisierter Nettoverlust aus der Bewertung zum beizulegenden Zeitwert ist die Summe aller Verluste, verringert um etwaige Gewinne, die auf einer Änderung des beizulegenden Zeitwerts von Eigenkapitalbeteiligungen (§ 2 Z 23), die keine Portfoliobeteiligungen (§ 17 Abs. 2 Z 1 erster Teilstrich) darstellen, beruhen. Dies gilt nur, wenn dieser 50 000 000 Euro insgesamt für ein Steuerhoheitsgebiet übersteigt.

(4) Die folgenden Geschäftseinheiten, Unternehmensgruppen oder Steuerhoheitsgebiete sind von der Anwendung des temporären CbCR-Safe-Harbours ausgeschlossen:
1. Staatenlose Geschäftseinheiten;
2. Geschäftseinheiten, die für Zwecke des länderbezogenen Berichts in einem anderen Steuerhoheitsgebiet gelegen sind als für Zwecke dieses Bundesgesetzes;
3. Mehrmütter-Unternehmensgruppen, für die kein gemeinsamer qualifizierter länderbezogener Bericht abgegeben wird;
4. Steuerhoheitsgebiete, in denen Geschäftseinheiten gelegen sind, für die ein Antrag nach § 65 gestellt wurde (anerkanntes Ausschüttungssteuersystem);
5. Steuerhoheitsgebiete, für die in einem vergangenen Geschäftsjahr die Voraussetzungen für die Anwendung von Abs. 1 nicht erfüllt waren oder für die diese nicht beantragt worden ist. Dies gilt nicht, wenn in dem betreffenden Steuerhoheitsgebiet im vorherigen Geschäftsjahr keine Geschäftseinheit der Unternehmensgruppe gelegen war.

(5) Stellt sich nachträglich heraus, dass die Voraussetzungen nach Abs. 1 nicht erfüllt waren, entfällt die Anwendung des Abs. 1 für dieses sowie die folgenden Geschäftsjahre rückwirkend.

Sonderregelungen für den temporären CbCR-Safe-Harbour

§ 56. (1) Bei Inanspruchnahme der vereinfachten Berechnung nach § 55 sind Joint Ventures und die Geschäftseinheiten so zu behandeln, als würde es sich um Geschäftseinheiten einer separaten Unternehmensgruppe handeln. Der Mindeststeuer-Nettogewinn oder -verlust und die Mindeststeuer-Umsatzerlöse sind abweichend von § 55 auf Basis der qualifizierten Finanzberichterstattung zu ermitteln.

(2) Ist die oberste Muttergesellschaft eine transparente Einheit, kommt § 55 nicht für deren Belegenheitsstaat zur Anwendung. Dies gilt nicht, wenn alle an der obersten Muttergesellschaft gehaltenen Eigenkapitalbeteiligungen von qualifizierten Gesellschaftern im Sinne des § 63 Abs. 1 gehalten werden.

(3) Ist die oberste Muttergesellschaft eine transparente Einheit oder unterliegt sie einer Regelung für abzugsfähige Dividenden, sind der vereinfachte Mindeststeuer-Nettogewinn oder -verlust sowie die dazugehörigen Steuern, die den Eigenkapitalbeteiligungen der qualifizierten Gesellschafter im Sinne des § 63 Abs. 1 oder § 65 Abs. 1 zuzurechnen sind, entsprechend dem § 63 oder § 64 zu kürzen.

(4) Für eine Investmenteinheit (§ 2 Z 30) sowie deren gruppenzugehörige Gesellschafter gilt für die Inanspruchnahme von § 55 Folgendes:
1. Wurde für die Investmenteinheit kein Wahlrecht gemäß den §§ 67 und 68 ausgeübt und sind deren gruppenzugehörige Gesellschafter nach Maßgabe der Regelungen des länderbezogenen Berichts in demselben Steuerhoheitsgebiet gelegen, kann für die Investmenteinheit § 55 in Anspruch genommen werden. Diesfalls erfolgt abweichend von § 66 keine von der Unternehmensgruppe getrennte Berechnung des Mindeststeuer-Gewinns oder -Verlusts.
2. Wurde für die Investmenteinheit ein Wahlrecht gemäß den §§ 67 und 68 in Anspruch genommen, kann diese § 55 nicht in Anspruch nehmen. Der Belegenheitsstaat der Investmenteinheit sowie des gruppenzugehörigen Gesellschafters können ungeachtet dessen für alle übrigen Geschäftseinheiten dennoch § 55 in Anspruch nehmen. Dabei sind die Mindeststeuer-Umsatzerlöse und der Mindeststeuer-Nettogewinn oder -verlust sowie die dazugehörigen Steuern der Investmenteinheit nur in den Steuerhoheitsgebieten der gruppenzugehörigen Gesellschafter entsprechend deren Eigenkapitalbeteiligungen auszuweisen.

Temporärer SES-Safe-Harbour

§ 57. Für Geschäftsjahre, die am oder vor dem 31. Dezember 2025 beginnen, aber vor dem 31. Dezember 2026 enden, wird für Zwecke der SES der Ergänzungssteuerbetrag gemäß § 47 für sämtliche niedrig besteuerte Geschäftseinheiten, die im Steuerhoheitsgebiet der obersten Muttergesellschaft gelegen sind, auf null reduziert, wenn der nominelle Körperschaftsteuersatz in diesem Steuerhoheitsgebiet im jeweiligen Geschäftsjahr mindestens 20 % beträgt.

7. Abschnitt
Sondervorschriften für Unternehmensumstrukturierungen und Holdingstrukturen

Anwendung des Schwellenwerts für Umsatzerlöse auf Zusammenschlüsse und Teilungen von Unternehmensgruppen

§ 58. (1) Haben sich mehrere Unternehmensgruppen in einem der letzten vier aufeinanderfolgenden Geschäftsjahre, die dem geprüften Geschäftsjahr unmittelbar vorausgehen, zu einer Unternehmensgruppe zusammengeschlossen, gilt der Schwellenwert für ein Geschäftsjahr vor dem Zusammenschluss gemäß § 3 als erreicht, wenn die Summe der in ihren Konzernabschlüssen für das jeweilige Geschäftsjahr ausgewiesenen Umsatzerlöse mindestens 750 000 000 EUR beträgt.

(2) Schließt sich eine Einheit, die nicht zu einer Unternehmensgruppe gehört, im geprüften Geschäftsjahr mit einer Einheit oder einer Unternehmensgruppe zusammen und hat eine der beiden in einem der letzten vier aufeinanderfolgenden, unmittelbar vorangehenden Geschäftsjahren keinen Konzernabschluss erstellt, gilt der Schwellenwert für ein Geschäftsjahr vor dem Zusammenschluss gemäß § 3 als erreicht, wenn die Summe der in ihren (Konzern-)Abschlüssen für das jeweilige Geschäftsjahr ausgewiesenen Umsatzerlöse mindestens 750 000 000 EUR beträgt.

(3) Teilt sich eine unter § 3 fallende Unternehmensgruppe in zwei oder mehrere Teilunternehmensgruppen auf, gilt der Schwellenwert gemäß § 3 in Bezug auf die in Z 1 und Z 2 genannten Geschäftsjahre als erfüllt, wenn die Teilunternehmensgruppe

1. in Bezug auf das erste Geschäftsjahr, das nach der Teilung endet, Umsatzerlöse von mindestens 750 000 000 EUR erreicht;
2. in Bezug auf das zweite bis vierte Geschäftsjahr, das nach der Teilung endet, in mindestens zwei auf das Jahr der Teilung folgenden Geschäftsjahren Umsatzerlöse von mindestens 750 000 000 EUR erreicht.

(4) Für Zwecke dieser Bestimmung gelten folgende Begriffsbestimmungen:
1. „Zusammenschluss" bezeichnet eine Vereinbarung, bei der
   a) alle oder im Wesentlichen alle einer Unternehmensgruppe angehörenden Einheiten von zwei oder mehr separaten Unternehmensgruppen unter eine gemeinsame Kontrolle gebracht werden, sodass sie eine zusammengeschlossene Unternehmensgruppe bilden, oder
   b) eine Einheit, die keiner Unternehmensgruppe angehört, unter die gemeinsame Kontrolle mit einer anderen Einheit oder einer anderen Unternehmensgruppe gebracht wird, sodass sie eine zusammengeschlossene Unternehmensgruppe bilden.
2. „Teilung" bezeichnet eine Vereinbarung, bei der die Einheiten einer einzigen Unternehmensgruppe in zwei oder mehr unterschiedliche Unternehmensgruppen aufgeteilt werden, die nicht länger von derselben obersten Muttergesellschaft konsolidiert werden.

Beitritt und Austritt von Geschäftseinheiten

§ 59. (1) Wird eine Einheit Geschäftseinheit einer Unternehmensgruppe oder oberste Muttergesellschaft einer neuen Unternehmensgruppe, oder ist eine Einheit nicht länger Geschäftseinheit einer solchen, gilt diese Einheit als Geschäftseinheit jener Unternehmensgruppe, die im Geschäftsjahr des Beitritts oder Austritts einen Teil der Vermögenswerte, Verbindlichkeiten, Erträge, Aufwendungen und Zahlungsströme der beitretenden oder austretenden Geschäftseinheit im Konzernabschluss der obersten Muttergesellschaft ausweist.

(2) Für die Berechnung des Effektivsteuersatzes und des Ergänzungssteuerbetrages der beitretenden oder austretenden Geschäftseinheit gilt:

1. Im Geschäftsjahr des Beitritts oder Austritts berücksichtigt eine Unternehmensgruppe Mindeststeuer-Gewinne, Mindeststeuer-Verluste und angepasste erfasste Steuern der bei- oder austretenden Geschäftseinheit nur insoweit, als diese im Konzernabschluss der obersten Muttergesellschaft berücksichtigt sind.
2. Im Geschäftsjahr des Beitritts oder Austritts und in jedem nachfolgenden Geschäftsjahr werden die Mindeststeuer-Gewinne oder -Verluste und die angepassten erfassten Steuern der bei- oder austretenden Geschäftseinheit auf der Grundlage der historischen Buchwerte ihrer Vermögenswerte und Schulden berechnet.
3. Im Geschäftsjahr des Beitritts oder Austritts werden bei der Berechnung der berücksichtigungsfähigen Lohnkosten gemäß § 48 Abs. 5 nur im Konzernabschluss der obersten Muttergesellschaft ausgewiesenen Lohnkosten der bei- oder austretenden Geschäftseinheit berücksichtigt.
4. Im Geschäftsjahr des Beitritts oder Austritts werden bei der Berechnung der berücksichtigungsfähigen materiellen Vermögenswerte gemäß § 48 Abs. 6 die Buchwerte zeitanteilig im Verhältnis des Zeitraums der Zugehörigkeit der bei- oder austretenden Geschäftseinheit zur Unternehmensgruppe zum gesamten Geschäftsjahr berücksichtigt.
5. Mit Ausnahme der verlustbedingten latenten Steueransprüche aufgrund des Mindeststeuer-Verlustwahlrechts gemäß § 43 sind die latenten Steueransprüche und -schulden einer bei- oder austretenden Geschäftseinheit, die zwischen Unternehmensgruppen übertragen werden, von der erwerbenden Unternehmensgruppe so zu berücksichtigen, als ob sie die diese Geschäftseinheit zum Zeitpunkt des Entstehens der latenten Steueransprüche und -schulden bereits beherrscht hätte.

6. Latente Steuerschulden der bei- oder austretenden Geschäftseinheit, die zuvor in den Gesamtbetrag der angepassten latenten Steuern einbezogen wurden, werden für die Zwecke des § 42 Abs. 6 im Erwerbsjahr von der veräußernden Unternehmensgruppe als aufgelöst und der erwerbenden Unternehmensgruppe als entstanden behandelt. Abweichend von § 42 Abs. 6 letzter Satz ist in diesen Fällen der Nachversteuerungsbetrag als Minderung der erfassten Steuern des laufenden Geschäftsjahrs zu behandeln.
7. Ist die bei- oder austretende Geschäftseinheit im Geschäftsjahr des Beitritts oder Austritts eine Muttergesellschaft und gehört sie zwei oder mehreren Unternehmensgruppen an, wendet sie die PES-Regelung separat auf die ihr zuzurechnenden Anteile an dem Ergänzungssteuerbetrag für die niedrig besteuerten Geschäftseinheiten der jeweiligen Unternehmensgruppe an.

(3) Abweichend von den Abs. 1 und 2 wird der Erwerb oder die Veräußerung einer Kontrollbeteiligung als Erwerb oder Veräußerung von Vermögenswerten und Schulden behandelt, wenn das Steuerhoheitsgebiet diese wie den Erwerb oder die Veräußerung von Vermögenswerten und Schulden behandelt und den Veräußerer auf der Grundlage der Differenz zwischen deren steuerlichen Buchwerten und dem Kaufpreis für die Kontrollbeteiligung oder dem beizulegenden Zeitwert der Vermögenswerte und Schulden mit einer erfassten Steuer besteuert. Das Steuerhoheitsgebiet ist jenes Gebiet, in dem die Einheit gelegen ist oder im Fall einer volltransparenten Gesellschaft jenes Gebiet, in dem die Vermögenswerte gelegen sind.

Übertragung von Vermögenswerten und Schulden

§ 60. (1) Eine Geschäftseinheit, die Vermögenswerte oder Schulden überträgt, bezieht die Gewinne oder Verluste aus einer solchen Übertragung bei der Berechnung ihrer Mindeststeuer-Gewinne oder -Verluste ein. Eine Geschäftseinheit, die Vermögenswerte oder Schulden übernimmt, legt der Berechnung ihrer Mindeststeuer-Gewinne oder -Verluste die von ihr angesetzten Buchwerte der erworbenen Vermögenswerte und Schulden zu Grunde, die gemäß dem Rechnungslegungsstandard für die Erstellung des Konzernabschlusses der obersten Muttergesellschaft ermittelt wurden.

(2) Abweichend von Abs. 1 gilt für die Übertragung von Vermögenswerten und Schulden im Rahmen einer Umstrukturierung Folgendes:
1. Bei der Ermittlung der Mindeststeuer-Gewinne oder -Verluste der übertragenden Geschäftseinheit bleiben die Gewinne oder Verluste aus der Übertragung außer Ansatz.
2. Bei der Ermittlung der Mindeststeuer-Gewinne oder -Verluste der übernehmenden Geschäftseinheit werden die Buchwerte der übernommenen Vermögenswerte und Schulden der übertragenden Geschäftseinheit zum Zeitpunkt der Übertragung fortgeführt.

(3) Abweichend von den Abs. 1 und 2 gilt für die Übertragung von Vermögenswerten und Schulden im Rahmen einer Umstrukturierung, insoweit diese für die übertragende Geschäftseinheit zu nicht begünstigten Gewinnen oder Verlusten führt, Folgendes:
1. Bei der Ermittlung der Mindeststeuer-Gewinne oder -Verluste der übertragenden Geschäftseinheit werden nicht begünstigte Gewinne oder Verluste aus der Übertragung berücksichtigt.
2. Bei der Ermittlung der Mindeststeuer-Gewinne oder -Verluste der übernehmenden Geschäftseinheit übernimmt diese die von der übertragenden Geschäftseinheit bei der Übertragung angesetzten Buchwerte unter Anpassung an die lokalen Steuervorschriften der übernehmenden Geschäftseinheit zur Berücksichtigung der nicht begünstigten Gewinne oder Verluste.

(4) Setzt eine Geschäftseinheit in ihrem Steuerhoheitsgebiet ihre Vermögenswerte und Schulden steuerlich mit dem beizulegenden Zeitwert an, ist auf Antrag
1. bei der Berechnung des Mindeststeuer-Gewinns oder -Verlusts der Geschäftseinheit in Bezug auf jeden ihrer Vermögenswerte und jede ihrer Schulden ein Betrag zu berücksichtigen,
    a) der Differenz zwischen dem Buchwert für Rechnungslegungszwecke des Vermögenswerts oder der Schuld unmittelbar vor dem auslösenden Ereignis für die Steueranpassung (auslösendes Ereignis) und dem beizulegenden Zeitwert unmittelbar nach dem auslösenden Ereignis entspricht und
    b) um die nicht begünstigten Gewinne oder Verluste, die sich gegebenenfalls in Verbindung mit dem auslösenden Ereignis ergeben, vermindert oder erhöht wird;
2. bei der Berechnung des Mindeststeuer-Gewinns oder -Verlusts der Geschäftseinheit in den Geschäftsjahren nach dem auslösenden Ereignis der beizulegende Zeitwert für Rechnungslegungszwecke des Vermögenswerts oder der Schuld unmittelbar nach dem auslösenden Ereignis zu verwenden;
3. bei der Berechnung des Mindeststeuer-Gewinns oder -Verlusts der Geschäftseinheit der Saldo der nach Z 1 ermittelten Beträge zu berücksichtigen, indem
    a) der Saldo in dem Geschäftsjahr, in dem das auslösende Ereignis eintritt, angesetzt wird oder
    b) ein Fünftel des Saldos jeweils in dem Geschäftsjahr, in dem das auslösende Ereignis eintritt, und in den unmittelbar darauffolgenden vier Geschäftsjahren angesetzt wird; scheidet die Geschäfts-

einheit innerhalb dieses Zeitraums aus der Unternehmensgruppe aus, ist der verbleibende Betrag vollständig im Geschäftsjahr des Ausscheidens anzusetzen.

(5) Für Zwecke dieser Bestimmung gelten folgende Begriffsbestimmungen:
1. „Umstrukturierung" bezeichnet eine Umgründung aufgrund des Umgründungssteuergesetzes (UmgrStG), BGBl. Nr. 699/1991, eine damit vergleichbare ausländische Umgründung sowie die Übertragung von Vermögenswerten und Schulden im Rahmen einer Verschmelzung, einer Spaltung, einer Liquidation oder einer ähnlichen Transaktion, wenn
   a) die Gegenleistung für die Übertragung
      – ganz oder zu einem wesentlichen Teil aus Kapitalanteilen an der übernehmenden Geschäftseinheit oder einer anderen mit dieser verbundenen Rechtsperson besteht,
      – im Fall einer Liquidation aus Kapitalbeteiligungen an der liquidierten Gesellschaft besteht, oder
      – wirtschaftlich unbedeutend wäre, wenn keine Gegenleistung vorgesehen wäre;
   b) der Gewinn oder Verlust der übertragenden Geschäftseinheit aus diesen Vermögenswerten ganz oder teilweise nicht besteuert wird und
   c) die übernehmende Geschäftseinheit die steuerpflichtigen Einkünfte nach der Übertragung auf Basis der Buchwerte der übertragenden Geschäftseinheit berechnen muss, angepasst um nicht begünstigte Gewinne oder Verluste.
2. „Nicht begünstigte Gewinne oder Verluste" bezeichnet die steuerpflichtigen Gewinne oder Verluste der übertragenden Geschäftseinheit aus einer Umstrukturierung. Sind die die nach den Rechnungslegungsvorschriften ausgewiesenen Gewinne oder Verluste aus der Umstrukturierung geringer, sind diese als nicht begünstigte Gewinne anzusetzen.

Joint Ventures

§ 61. (1) Die Berechnung der Ergänzungssteuerbeträge eines Joint Venture (Abs. 5) und seiner Geschäftseinheiten erfolgt im Einklang mit den Abschnitten 3 bis 8, als handle es sich um Geschäftseinheiten einer separaten Unternehmensgruppe und bei dem Joint Venture um deren oberste Muttergesellschaft (Joint Venture-Gruppe).

(2) Die NES-Pflicht von Joint Ventures und ihren Geschäftseinheiten und die Höhe der für sie als NES zu entrichtenden Mindeststeuer ist unter sinngemäßer Anwendung von § 6 zu ermitteln. Abgabepflichtige Einheit für die Joint Venture-Gruppe ist das Joint Venture oder ein von dem Joint Venture beauftragtes Mitglied der Joint Venture-Gruppe.

(3) Eine Muttergesellschaft einer Unternehmensgruppe, die eine unmittelbare oder mittelbare Eigenkapitalbeteiligung an einem Joint Venture oder an einer Geschäftseinheit eines Joint Venture (Abs. 6) hält, hat die PES-Regelung auf dieses Mitglied der Joint Venture-Gruppe anzuwenden und den ihr zuzurechnenden Anteil an dessen Ergänzungssteuerbetrag zu entrichten. Ist die Muttergesellschaft in Österreich gelegen, unterliegt sie in Bezug auf dieses Mitglied der Joint Venture-Gruppe für das betroffene Geschäftsjahr nach Maßgabe der §§ 8 bis 12 der PES, wobei sich die abgabepflichtige Geschäftseinheit nach Maßgabe von § 76 bestimmt.

(4) Der Ergänzungssteuerbetrag der Joint Venture-Gruppe ist für Zwecke der PES und SES der Anteil an den für die einzelnen Mitglieder der Joint Venture-Gruppe berechneten Ergänzungssteuerbeträgen, welcher der obersten Muttergesellschaft zuzurechnen ist, in deren Konzernabschluss die Finanzergebnisse des Joint Venture erfasst sind. Ist dieser Ergänzungssteuerbetrag der Joint Venture-Gruppe nicht zur Gänze gemäß den Bestimmungen in Abs. 3 nach einer anerkannten PES-Regelung zu entrichten, so ist der verbleibende Teil nach einer anerkannten SES-Regelung zu entrichten. Zu diesem Zwecke ist der Ergänzungssteuerbetrag der Joint-Venture-Gruppe in dem Ausmaß zu kürzen, in dem gemäß Abs. 3 einer oder mehreren Muttergesellschaften ein Anteil an einem Ergänzungssteuerbetrag eines Mitglieds der Joint-Venture-Gruppe zuzurechnen ist. Der danach verbleibende Betrag ist als SES-Betrag dem gemäß § 13 Abs. 2 ermittelten Gesamtbetrag der SES der multinationalen Unternehmensgruppe hinzuzufügen und nach einer anerkannten SES-Regelung zu entrichten. Sind Geschäftseinheiten dieser multinationalen Unternehmensgruppe in Österreich gelegen, unterliegt die gemäß § 76 abgabepflichtige Geschäftseinheit nach Maßgabe der §§ 12 und 13 hinsichtlich des Österreich zuzurechnenden SES-Betrages der SES.

(5) „Joint Venture" bezeichnet eine Einheit, deren Finanzergebnisse nach der Equity-Methode im Konzernabschluss der obersten Muttergesellschaft erfasst werden, sofern die oberste Muttergesellschaft unmittelbar oder mittelbar eine Eigenkapitalbeteiligung von mindestens 50 % an ihr hält. Ein Joint Venture umfasst nicht:
1. Eine oberste Muttergesellschaft einer Unternehmensgruppe, die eine anerkannte PES-Regelung anwenden muss,
2. eine ausgenommene Einheit im Sinne des § 4
3. eine Einheit, deren von der Unternehmensgruppe gehaltene Eigenkapitalbeteiligungen unmittelbar von einer ausgenommenen Einheit im Sinne des § 4 gehalten werden und die eine der folgenden Bedingungen erfüllt:
   a) Sie dient ausschließlich oder fast ausschließlich dazu, für ihre Anleger Vermögenswerte zu halten oder Gelder zu veranlagen,

b) sie übt Tätigkeiten aus, die Nebentätigkeiten zu den Tätigkeiten der ausgenommenen Einheit sind, oder
c) ihre Erträge sind im Wesentlichen vollständig von der Berechnung der Mindeststeuer-Gewinne oder -Verluste gemäß den §§ 17 und 18 ausgenommen.
4. Eine Einheit, die von einer Unternehmensgruppe gehalten wird, die ausschließlich aus ausgenommenen Einheiten besteht, oder
5. eine Geschäftseinheit eines Joint Venture (Abs. 6).

(6) „Geschäftseinheit eines Joint Venture" bezeichnet
1. eine Einheit, deren Vermögenswerte, Verbindlichkeiten, Erträge, Aufwendungen und Zahlungsströme nach einem anerkannten Rechnungslegungsstandard von einem Joint Venture konsolidiert werden oder konsolidiert worden wären, wenn das Joint Venture verpflichtet gewesen wäre, solche Vermögenswerte, Verbindlichkeiten, Erträge, Aufwendungen und Zahlungsströme nach einem anerkannten Rechnungslegungsstandard zu konsolidieren, oder
2. eine Betriebsstätte, deren Stammhaus ein Joint Venture oder eine Geschäftseinheit nach Z 1 ist. In diesen Fällen wird die Betriebsstätte als separate Geschäftseinheit eines Joint Venture behandelt.

Mehrmüttergruppen

§ 62. (1) Bilden Einheiten und Geschäftseinheiten von zwei oder mehr Unternehmensgruppen gemeinsam eine Mehrmüttergruppe (Abs. 7), werden die Einheiten und Geschäftseinheiten jeder dieser Unternehmensgruppen nach Maßgabe dieser Bestimmung wie Mitglieder einer einzigen zusammengeschlossenen Unternehmensgruppe behandelt. Eine Einheit, die keine gemäß § 4 ausgenommene Einheit ist, wird als Geschäftseinheit dieser zusammengeschlossenen Unternehmensgruppe behandelt, wenn sie von der Mehrmüttergruppe vollkonsolidiert wird oder die Kontrollbeteiligungen an ihr von Einheiten in der Mehrmüttergruppe gehalten werden.

(2) Der Konzernabschluss der Mehrmüttergruppe entspricht den kombinierten Konzernabschlüssen, auf die in den Begriffsbestimmungen einer Verbundstruktur in Abs. 8 bzw. einer Konstruktion mit zweifacher Börsennotierung in Abs. 9 Bezug genommen wird und die nach einem anerkannten Rechnungslegungsstandard erstellt werden, der als Rechnungslegungsstandard der obersten Muttergesellschaft betrachtet wird.

(3) Die obersten Muttergesellschaften der jeweiligen Unternehmensgruppen, die zusammen die Mehrmüttergruppe bilden, sind die obersten Muttergesellschaften der Mehrmüttergruppe. Bei der Anwendung dieses Bundesgesetzes auf eine Mehrmüttergruppe gelten Bezugnahmen auf eine oberste Muttergesellschaft gegebenenfalls als Bezugnahmen auf mehrere oberste Muttergesellschaften.

(4) Geschäftseinheiten der Mehrmüttergruppe unterliegen in Österreich nach Maßgabe von § 6 der NES, wobei sich die abgabepflichtige Geschäftseinheit der jeweiligen Unternehmensgruppe nach § 76 bestimmt.

(5) Sind in Österreich Muttergesellschaften der Mehrmüttergruppe, einschließlich einer obersten Muttergesellschaft, gelegen, unterliegen diese in Bezug auf den ihnen zuzurechnenden Anteil am Ergänzungssteuerbetrag der niedrig besteuerten Geschäftseinheiten nach Maßgabe der §§ 7 bis 11 der PES, wobei sich die abgabepflichtige Geschäftseinheit der jeweiligen Unternehmensgruppe nach § 76 bestimmt.

(6) Sind in Österreich Geschäftseinheiten der Mehrmüttergruppe gelegen, unterliegt die gemäß § 76 abgabepflichtige Geschäftseinheit der jeweiligen Unternehmensgruppe nach Maßgabe der §§ 12 und 13 der SES, und berücksichtigt dabei den Ergänzungssteuerbetrag einer jeden niedrig besteuerten Geschäftseinheit, die Mitglied der Mehrmüttergruppe ist.

(7) „Mehrmüttergruppe" bezeichnet zwei oder mehr Unternehmensgruppen, deren oberste Muttergesellschaften eine Konstruktion vereinbaren, bei der es sich um eine Verbundstruktur (Abs. 8) oder eine Konstruktion mit zweifacher Börsennotierung (Abs. 9) handelt.

(8) „Verbundstruktur" bezeichnet eine Konstruktion, die von zwei oder mehr obersten Muttergesellschaften separater Unternehmensgruppen vereinbart wird und in deren Rahmen
1. 50 % oder mehr der Eigenkapitalbeteiligungen an den obersten Muttergesellschaften der separaten Unternehmensgruppen, welche im Fall einer Börsennotierung mit einem einzigen Preis notiert sind, aufgrund der Rechtsform, aufgrund von Übertragungsbeschränkungen oder aufgrund von anderen Bedingungen miteinander verbunden sind und nicht unabhängig voneinander übertragen oder gehandelt werden können, und
2. eine der obersten Muttergesellschaften einen Konzernabschluss erstellt, in dem die Vermögenswerte, Verbindlichkeiten, Erträge, Aufwendungen und Zahlungsströme aller Einheiten der betroffenen Unternehmensgruppen zusammen als die einer einzigen wirtschaftlichen Einheit dargestellt werden und die aufsichtsrechtlichen Vorschriften unterliegen, die eine externe Prüfung vorschreiben;

(9) „Konstruktion mit zweifacher Börsennotierung" bezeichnet eine Konstruktion, die von zwei oder mehr obersten Muttergesellschaften separater Unternehmensgruppen vereinbart wird und in deren Rahmen
1. die obersten Muttergesellschaften vereinbaren, ihre Geschäftstätigkeit nur vertraglich miteinander zu verbinden,

2. die obersten Mutterunternehmen gemäß vertraglichen Vereinbarungen nach einem im Voraus festgelegten Anteilsverhältnis Ausschüttungen – sowohl in Form von Dividenden wie auch im Abwicklungsfall – an ihre Anteilseigner vornehmen werden,
3. die Tätigkeiten der obersten Muttergesellschaften als eine wirtschaftliche Einheit im Rahmen vertraglicher Vereinbarungen verwaltet werden, wobei sie aber ihre jeweilige Rechtspersönlichkeit behalten,
4. die Eigentumsanteile der obersten Muttergesellschaften, die die Vereinbarung eingegangen sind, unabhängig voneinander auf verschiedenen Kapitalmärkten notiert, gehandelt oder übertragen werden und
5. die obersten Muttergesellschaften Konzernabschlüsse erstellen, in denen die Vermögenswerte, Verbindlichkeiten, Erträge, Aufwendungen und Zahlungsströme von Einheiten in allen Unternehmensgruppen zusammen als die einer einzigen wirtschaftlichen Einheit dargestellt werden, und die aufsichtsrechtlichen Vorschriften unterliegen, die eine externe Prüfung vorschreiben.

8. Abschnitt
Sondervorschriften

Oberste Muttergesellschaft als transparente Einheit

§ 63. (1) Der für das Geschäftsjahr ermittelte Mindeststeuer-Gewinn einer transparenten Einheit, die oberste Muttergesellschaft ist, ist um den Betrag des Mindeststeuer-Gewinns zu vermindern, der dem jeweiligen Gesellschafter der transparenten Einheit zuzuordnen ist, wenn,
1. der Gesellschafter für einen Steuerzeitraum, der innerhalb von zwölf Monaten nach Ablauf dieses Geschäftsjahres endet, steuerpflichtig ist und
   a) mit dem ihm zuzuordnenden Gewinn einem nominalen Steuersatz unterliegt, der mindestens dem Mindeststeuersatz entspricht, oder
   b) nach vernünftigem Ermessen davon ausgegangen werden kann, dass der Gesamtbetrag der entrichteten erfassten Steuern der obersten Muttergesellschaft und anderer Einheiten der volltransparenten Struktur sowie der Steuern des Gesellschafters für den ihm zuzuordnenden Gewinn mindestens einem Betrag entspricht, der sich aus der Multiplikation dieses Gewinnes mit dem Mindeststeuersatz ergibt, oder
2. der Gesellschafter eine im Steuerhoheitsgebiet der obersten Muttergesellschaft ansässige natürliche Person ist und eine Eigenkapitalbeteiligung hält, die ihm Anspruch auf höchstens 5 % der Gewinne und Vermögenswerte der obersten Muttergesellschaft vermittelt, oder

3. der Gesellschafter im Steuerhoheitsgebiet der obersten Muttergesellschaft ansässig ist, eine Eigenkapitalbeteiligung hält, die ihm einen Anspruch auf höchstens 5 % der Gewinne und Vermögenswerte der obersten Muttergesellschaft vermittelt, und dieser
   a) eine staatliche Einheit,
   b) eine internationale Organisation,
   c) eine Non-Profit-Organisation oder
   d) ein Pensionsfonds
ist.

(2) Der Mindeststeuer-Verlust einer transparenten Einheit gemäß Abs. 1 ist für das Geschäftsjahr um jenen Betrag des Mindeststeuer-Verlusts zu vermindern, der dem Gesellschafter der transparenten Einheit zuzuordnen ist, soweit der Gesellschafter den Verlust bei der Ermittlung seines steuerpflichtigen Gewinnes berücksichtigen kann.

(3) Ist der Mindeststeuer-Gewinn einer transparenten Einheit gemäß Abs. 1 zu vermindern, sind im selben Ausmaß auch die erfassten Steuern zu vermindern.

(4) Die vorangegangenen Absätze gelten auch für eine Betriebsstätte,
1. über die eine transparente Einheit gemäß Abs. 1 ihre Geschäftstätigkeit ganz oder teilweise ausübt, oder
2. über die die Geschäftstätigkeit einer volltransparenten Einheit ganz oder teilweise ausgeübt wird, sofern die Eigenkapitalbeteiligung der obersten Muttergesellschaft an dieser volltransparenten Einheit unmittelbar oder mittelbar über eine volltransparente Struktur gehalten wird.

Abzugsfähige Dividenden bei einer obersten Muttergesellschaft

§ 64. (1) Der für das Geschäftsjahr ermittelte Mindeststeuer-Gewinn einer obersten Muttergesellschaft, die einer Regelung für abzugsfähige Dividenden (Abs. 5) unterliegt, ist um den Betrag, der als abzugsfähige Dividende innerhalb von zwölf Monaten nach Ende des Geschäftsjahres ausgeschüttet wird, höchstens jedoch auf bis zu null, zu vermindern, wenn
1. die Dividende beim Empfänger für einen Steuerzeitraum, der innerhalb von zwölf Monaten nach Ablauf des Geschäftsjahres der obersten Muttergesellschaft endet, der Besteuerung unterliegt und
   a) der Empfänger der Dividende mit dieser einem nominalen Steuersatz unterliegt, der mindestens dem Mindeststeuersatz entspricht, oder
   b) nach vernünftigem Ermessen davon ausgegangen werden kann, dass der Gesamtbetrag der entrichteten erfassten Steuern der obersten Muttergesellschaft und der Steuern, die vom Empfänger für diese Dividende gezahlt werden, mindestens einem Betrag entspricht,

der sich aus der Multiplikation dieser Dividendenerträge mit dem Mindeststeuersatz ergibt, oder
2. der Empfänger der Dividende eine natürliche Person und die erhaltene Dividende eine Genossenschaftsdividende einer Versorgungsgenossenschaft ist, oder
3. der Empfänger der Dividende eine im Steuerhoheitsgebiet der obersten Muttergesellschaft ansässige natürliche Person ist und eine Eigenkapitalbeteiligung hält, die ihm einen Anspruch auf höchstens 5 % der Gewinne und Vermögenswerte der obersten Muttergesellschaft vermittelt, oder
4. der Dividendenempfänger im Steuerhoheitsgebiet der obersten Muttergesellschaft ansässig ist und
   a) – eine staatliche Einheit,
   b) – eine internationale Organisation,
   c) – eine Non-Profit-Organisation oder
   d) – ein Pensionsfonds, ausgenommen eine Pensionsfonds-Dienstleistungsgesellschaft,
   ist.

(2) Ist der Mindeststeuer-Gewinn einer obersten Muttergesellschaft gemäß Abs. 1 zu vermindern, sind im selben Ausmaß die erfassten Steuern, ausgenommen jene, für die der Dividendenabzug zulässig war, zu vermindern; insoweit ist auch der Mindeststeuer-Gewinn zusätzlich zu vermindern.

(3) Hält die oberste Muttergesellschaft eine Eigenkapitalbeteiligung an einer anderen Geschäftseinheit, die einer Regelung für abzugsfähige Dividenden unterliegt, unmittelbar oder mittelbar über eine Kette solcher Geschäftseinheiten, gelten die vorherigen Absätze auch für diese andere, im Steuerhoheitsgebiet der obersten Muttergesellschaft gelegene Geschäftseinheit, soweit deren Mindeststeuer-Gewinn von der obersten Muttergesellschaft an Empfänger weiter ausgeschüttet wird, die die Anforderungen nach Abs. 1 erfüllen.

(4) Genossenschaftsdividenden einer Versorgungsgenossenschaft gelten als der Besteuerung beim Empfänger unterliegend, soweit diese Dividenden die abzugsfähigen Aufwendungen oder Kosten senken, die bei der Ermittlung der steuerpflichtigen Gewinne oder Verluste des Empfängers der Dividenden abzugsfähig sind.

(5) Regelung für abzugsfähige Dividenden bezeichnet eine Steuerregelung, nach der die Gewinne einer Geschäftseinheit nur auf Ebene der Gesellschafter besteuert werden, indem die an die Gesellschafter ausgeschütteten Gewinne von den Gewinnen der Geschäftseinheit abgezogen oder ausgenommen werden, oder indem eine Genossenschaft von der Besteuerung befreit wird. Dabei gilt als abzugsfähige Dividende
1. eine von den steuerpflichtigen Gewinnen der Geschäftseinheit gemäß den Rechtsvorschriften ihres Belegenheitsstaates abzugsfähige Gewinnausschüttung oder
2. eine an ein Mitglied einer Genossenschaft ausgeschüttete Genossenschaftsdividende.

(6) Genossenschaft bezeichnet eine Einheit, die Waren oder Dienstleistungen im Namen ihrer Mitglieder kollektiv vermarktet oder erwirbt und in ihrem Belegenheitsstaat einer Steuerregelung unterliegt, durch die eine steuerliche Neutralität in Bezug auf Waren oder Dienstleistungen gewährleistet wird, die von ihren Mitgliedern über die Genossenschaft veräußert oder erworben werden.

Anerkannte Ausschüttungssteuersysteme

§ 65. (1) Auf Antrag kann in Bezug auf eine Geschäftseinheit, die einem anerkannten Ausschüttungssteuersystem (§ 2 Z 43) unterliegt, der Betrag, der gemäß Abs. 2 als Steuer auf fiktive Ausschüttungen bestimmt wird, in die angepassten erfassten Steuern der Geschäftseinheit für das Geschäftsjahr einbezogen werden. Das Wahlrecht gilt für ein Jahr und verlängert sich ohne Widerruf jeweils um ein weiteres Jahr (§ 74). Es gilt für alle in einem Steuerhoheitsgebiet gelegenen Geschäftseinheiten.

(2) Der Betrag der Steuer auf fiktive Ausschüttungen entspricht dem Betrag, der notwendig ist, um den gemäß § 47 Abs. 2 berechneten Effektivsteuersatz für das Steuerhoheitsgebiet für das Geschäftsjahr auf den Mindeststeuersatz anzuheben, höchstens aber dem Betrag an Ausschüttungssteuern, der geschuldet worden wäre, wenn die in dem Steuerhoheitsgebiet gelegenen Geschäftseinheiten alle ihre dem anerkannten Ausschüttungssteuersystem unterliegenden Gewinne in diesem Geschäftsjahr ausgeschüttet hätten.

(3)
1. Bei Inanspruchnahme des Wahlrechts gemäß Abs. 1 wird ein Nachversteuerungskonto für die fiktiven Ausschüttungen für jedes Geschäftsjahr eingerichtet, in dem das Wahlrecht in Anspruch genommen wird. Der Betrag der für das Steuerhoheitsgebiet gemäß Abs. 2 bestimmten Steuer auf fiktive Ausschüttungen wird dem Nachversteuerungskonto für die fiktiven Ausschüttungen für das Geschäftsjahr hinzugerechnet, in dem es eingerichtet wurde. Dieser Betrag ist um einen Verlustvortrag aus Abs. 4 höchstens bis auf null zu kürzen.
2. Am Ende eines jeden darauffolgenden Geschäftsjahres wird der offene Saldo der Nachversteuerungskonten für die fiktiven Ausschüttungen, die für frühere Geschäftsjahre eingerichtet wurden, in chronologischer Reihenfolge wie folgt reduziert, wobei eine Reduktion unter null nicht möglich ist:
   a) Um die Steuern, die von den Geschäftseinheiten während des Geschäftsjahres in Bezug auf tatsächliche oder fiktiv angenommene Ausschüttungen entrichtet wurden;
   b) danach um einen Betrag, der dem Mindeststeuer-Verlust für ein Steuerhoheits-

gebiet multipliziert mit dem Mindeststeuersatz entspricht;

c) danach um den Betrag, der in vorangegangenen Geschäftsjahren gemäß Abs. 4 auf nachfolgende Geschäftsjahre vorgetragen wurde.

(4) Restbeträge der Mindeststeuer-Verluste multipliziert mit dem Mindeststeuersatz, die nach der Anwendung von Abs. 3 Z 1 letzter Satz und Abs. 3 Z 2 lit. b für das Steuerhoheitsgebiet verbleiben, werden auf nachfolgende Geschäftsjahre vorgetragen. Dieser Vortrag wird um jenen Betrag vermindert, der in einem folgenden Geschäftsjahr den offenen Saldo am Nachversteuerungskonto nach Abs. 3 lit. c reduziert hat.

(5) Ein bis zum letzten Tag des vierten Geschäftsjahres nach dem Geschäftsjahr, für das ein solches Konto eingerichtet wurde, noch nicht nach Abs. 3 verringerter Saldo des Nachversteuerungskontos für die fiktiven Ausschüttungen, wird als Verminderung der zuvor für dieses Geschäftsjahr ermittelten angepassten erfassten Steuern behandelt. Dementsprechend sind der Effektivsteuersatz und der Ergänzungssteuerbetrag für dieses Geschäftsjahr gemäß § 49 Abs. 1 neu zu berechnen.

(6) Steuern, die während des Geschäftsjahres im Zusammenhang mit tatsächlichen oder fiktiven Ausschüttungen entrichtet werden, vermindern die angepassten erfassten Steuern dieses Geschäftsjahres, soweit sie nach Abs. 3 zu einer Verminderung des Saldos der Nachversteuerungskonten für die fiktiven Ausschüttungen führen.

(7) Verlässt eine Geschäftseinheit, für die das Wahlrecht gemäß Abs. 1 in Anspruch genommen wurde, die Unternehmensgruppe oder werden im Wesentlichen alle ihre Vermögenswerte auf eine nicht in demselben Steuerhoheitsgebiet gelegene Geschäftseinheit oder auf eine Person übertragen, die nicht derselben Unternehmensgruppe angehört, gilt Folgendes:

1. Die angepassten erfassten Steuern sind neu zu berechnen, sofern ein offener Saldo der Nachversteuerungskonten für die fiktiven Ausschüttungen in früheren Geschäftsjahren besteht. Dabei werden die offenen Salden in den Geschäftsjahren, in denen entsprechende Konten eingerichtet wurden, als Senkung der angepassten erfassten Steuern für jedes dieser Geschäftsjahre gemäß § 49 Abs. 1 behandelt.
2. Ergibt sich aus der Ermittlung nach Z 1 ein zusätzlicher Nachversteuerungsbetrag, wird dieser mit dem folgenden Quotienten multipliziert, um den für das Steuerhoheitsgebiet zusätzlich geschuldeten Ergänzungssteuerbetrag zu bestimmen:

Mindeststeuer-Gewinne der Geschäftseinheit
÷
Mindeststeuer-Nettogewinne des Steuerhoheitsgebiets

Dabei gilt Folgendes:

a) Die Mindeststeuer-Gewinne der Geschäftseinheit werden gemäß dem 3. Abschnitt für jedes Geschäftsjahr bestimmt, in dem die Nachversteuerungskonten für die fiktiven Ausschüttungen für das Steuerhoheitsgebiet einen offenen Saldo aufweisen, und

b) die Mindeststeuer-Nettogewinne für das Steuerhoheitsgebiet werden gemäß § 46 Abs. 2 für jedes Geschäftsjahr bestimmt, in dem die Nachversteuerungskonten für die fiktiven Ausschüttungen für das Steuerhoheitsgebiet einen offenen Saldo aufweisen.

Ermittlung des Effektivsteuersatzes und des Ergänzungssteuerbetrages einer Investmenteinheit

§ 66. (1) Der Effektivsteuersatz einer Investmenteinheit (§ 2 Z 30) wird unter folgenden Voraussetzungen getrennt vom Effektivsteuersatz der Unternehmensgruppe in diesem Steuerhoheitsgebiet berechnet:
1. Es handelt sich um keine volltransparente Einheit.
2. Es wurde für diese Einheit kein Wahlrecht gemäß den §§ 67 bis 68 in Anspruch genommen.

(2) Die Berechnung des Effektivsteuersatzes einer Investmenteinheit gemäß Abs. 1 erfolgt, indem ihre angepassten erfassten Steuern durch den der Unternehmensgruppe zuzurechnenden Anteil (Abs. 4) am Mindeststeuer-Gewinn oder -Verlust dieser Investmenteinheit geteilt werden. Sind mehrere Investmenteinheiten in einem Steuerhoheitsgebiet gelegen, wird der Effektivsteuersatz sämtlicher Investmenteinheiten berechnet, indem ihre angepassten erfassten Steuern sowie die zuzurechnenden Anteile der Unternehmensgruppe an ihren Mindeststeuer-Gewinnen oder -Verlusten zusammengefasst werden.

(3) Die angepassten erfassten Steuern einer Investmenteinheit gemäß Abs. 1 entsprechen den angepassten erfassten Steuern, die der Unternehmensgruppe anteilig an den Mindeststeuer-Gewinnen der Investmenteinheit zuzurechnen sind, und den der Investmenteinheit gemäß § 44 zugerechneten erfassten Steuern. Die angepassten erfassten Steuern der Investmenteinheit umfassen keine Steuern, die auf Gewinne entfallen, die nicht zu dem der Unternehmensgruppe zuzurechnenden Anteil an dem Mindeststeuer-Gewinn der Investmenteinheit gehören.

(4) Für Zwecke dieser Bestimmung wird der zuzurechnende Anteil der Unternehmensgruppe an dem Mindeststeuer-Gewinn oder -Verlust einer Investmenteinheit gemäß § 10 bestimmt, wobei nur Eigenkapitalbeteiligungen berücksichtigt werden, für die kein Wahlrecht gemäß §§ 67 oder 68 in Anspruch genommen wurde.

(5) Für die Ermittlung des Ergänzungssteuerbetrages einer Investmenteinheit gemäß Abs. 1 gilt Folgendes:
1. Der Ergänzungssteuerbetrag entspricht dem Ergänzungssteuersatz (Z 2) der Investmenteinheit multipliziert mit einem Betrag, um

den der Mindeststeuer-Gewinn der Investmenteinheit den Substanzfreibetrag (Abs. 6) der Investmenteinheit übersteigt.

2. Der Ergänzungssteuersatz der Investmenteinheit entspricht der positiven Differenz in Prozentpunkten zwischen dem Mindeststeuersatz (§ 2 Z 15) und dem Effektivsteuersatz (Abs. 2) der Investmenteinheit

3. Sind mehrere Investmenteinheiten in einem Steuerhoheitsgebiet gelegen, wird ihr Ergänzungssteuerbetrag berechnet, indem ihre Substanzfreibeträge (Abs. 6) sowie ihre Mindeststeuer-Gewinne oder -Verluste zusammengefasst werden.

(6) Der Substanzfreibetrag einer Investmenteinheit wird, gesondert von anderen Geschäftseinheiten im Steuerhoheitsgebiet, gemäß § 48 – ungeachtet der Ausnahme in § 48 Abs. 1 – ermittelt, wobei nur die berücksichtigungsfähigen Lohnkosten von berücksichtigungsfähigen Beschäftigten und die berücksichtigungsfähigen materiellen Vermögenswerte der Investmenteinheit einzubeziehen sind.

Steuertransparenzwahlrecht für Investmenteinheiten

§ 67. (1) Auf Antrag kann eine Geschäftseinheit, die eine Investmenteinheit (§ 2 Z 30) ist, in folgenden Fällen als volltransparente Geschäftseinheit behandelt werden (Steuertransparenzwahlrecht):

1. Der gruppenzugehörige Gesellschafter der Geschäftseinheit ist in seinem Belegenheitsstaat im Rahmen einer auf dem Marktwert beruhenden Regelung oder einer vergleichbaren, auf den jährlichen Änderungen des beizulegenden Zeitwerts seiner Eigenkapitalbeteiligung an dieser Geschäftseinheit beruhenden Regelung steuerpflichtig und der für den gruppenzugehörigen Gesellschafter der Geschäftseinheit geltende Steuersatz auf solche Erträge entspricht mindestens dem Mindeststeuersatz; oder

2. der gruppenzugehörige Gesellschafter der Geschäftseinheit ist eine regulierte Versicherungseinheit auf Gegenseitigkeit (Abs. 3).

(2) Eine Geschäftseinheit, die mittelbar eine Eigenkapitalbeteiligung an einer Investmenteinheit aufgrund einer unmittelbaren Eigenkapitalbeteiligung an einer anderen Investmenteinheit hält, gilt bezüglich ihrer mittelbaren Eigenkapitalbeteiligung an der erstgenannten Investmenteinheit als im Rahmen einer auf dem Marktwert beruhenden Regelung oder einer vergleichbaren Regelung steuerpflichtig (Abs. 1 Z 1), wenn sie bezüglich ihrer unmittelbaren Eigenkapitalbeteiligung an der letztgenannten Investmenteinheit einer auf dem Marktwert beruhenden oder vergleichbaren Regelung (Abs. 1 Z 1) unterliegt.

(3) Versicherungseinheit auf Gegenseitigkeit bezeichnet eine Einheit, die einer mit den Vorgaben des Versicherungsaufsichtsgesetzes 2016 (VAG 2016), BGBl. I Nr. 34/2015, vergleichbaren Versicherungsaufsicht unterliegt und die Versicherungsgeschäfte ausschließlich mit ihren Gesellschaftern betreibt.

(4) Das Wahlrecht ist nach Maßgabe des § 74 auszuüben und gilt für fünf Jahre.

(5) Wird die Inanspruchnahme dieses Wahlrechts widerrufen, werden Gewinne oder Verluste aus der Veräußerung eines Vermögenswerts oder einer Verbindlichkeit der Investmenteinheit auf der Grundlage des Marktwerts des Vermögenswerts oder der Verbindlichkeit zu Beginn des Geschäftsjahres, in dem der Widerruf erfolgt, bestimmt.

Wahlrecht für steuerpflichtige Ausschüttungen von Investmenteinheiten

§ 68. (1) Auf Antrag kann ein gruppenzugehöriger Gesellschafter einer Investmenteinheit (§ 2 Z 30) die Methode für steuerpflichtige Ausschüttungen (Abs. 2) auf seine Eigenkapitalbeteiligung an dieser Geschäftseinheit anwenden, sofern folgende Voraussetzungen erfüllt sind:

1. Beim gruppenzugehörigen Gesellschafter handelt es sich um keine Investmenteinheit.

2. Es kann nach vernünftigem Ermessen davon ausgegangen werden, dass der gruppenzugehörige Gesellschafter für Ausschüttungen der Investmenteinheit einem Steuersatz unterliegt, der mindestens dem Mindeststeuersatz entspricht.

(2) Im Rahmen der Methode für steuerpflichtige Ausschüttungen gilt:

1. Ausschüttungen und fiktive Ausschüttungen des Mindeststeuer-Gewinns der Investmenteinheit werden im Mindeststeuer-Gewinn des gruppenzugehörigen Gesellschafters, der die Ausschüttung erhalten hat, berücksichtigt.

2. Die von der Investmenteinheit zu entrichtenden erfassten Steuern, die auf die aufgrund der Ausschüttung entstehende Steuerschuld des gruppenzugehörigen Gesellschafters angerechnet werden können, werden im Mindeststeuer-Gewinn und in den angepassten erfassten Steuern des gruppenzugehörigen Gesellschafters berücksichtigt, der die Ausschüttung erhalten hat.

3. Der auf den gruppenzugehörigen Gesellschafter im Prüfjahr (Abs. 5 Z 1) anteilig entfallende nicht ausgeschüttete Mindeststeuer-Nettogewinn gemäß Abs. 3 einer Investmenteinheit ist als Mindeststeuer-Gewinn dieser Geschäftseinheit zu behandeln. Er gilt multipliziert mit dem Mindeststeuersatz für Zwecke des 2. Abschnittes als Ergänzungssteuerbetrag einer niedrig besteuerten Geschäftseinheit für das Geschäftsjahr.

4. Der Mindeststeuer-Gewinn oder -Verlust einer Investmenteinheit und die für das Geschäftsjahr darauf entfallenden angepassten erfassten Steuern sind von der Berechnung des Effektivsteuersatzes gemäß dem 5. Abschnitt und § 66 auszunehmen, sofern Z 2 nichts Anderes vorsieht.

(3) Zur Ermittlung des nicht ausgeschütteten Mindeststeuer-Nettogewinnes einer Investmenteinheit für das Prüfjahr (Abs. 5 Z 1) ist der Betrag des Mindeststeuer-Gewinnes dieser Geschäftseinheit für dieses Prüfjahr auf höchstens null zu vermindern um:
1. Erfasste Steuern der Geschäftseinheit,
2. Ausschüttungen und fiktive Ausschüttungen an Gesellschafter (ausgenommen an Investmenteinheiten) im Prüfzeitraum (Abs. 5 Z 2),
3. Mindeststeuer-Verluste, die während des Prüfzeitraumes entstanden sind, und
4. Restbeträge von Mindeststeuer-Verlusten, die noch nicht zur Senkung der nicht ausgeschütteten Mindeststeuer-Nettogewinne dieser Geschäftseinheit für ein früheres Prüfjahr gemäß Abs. 4 herangezogen wurden (Verlustvortrag für Investitionen).

(4) Nicht ausgeschüttete Mindeststeuer-Nettogewinne dürfen weder um Ausschüttungen oder fiktive Ausschüttungen noch um den Betrag der Mindeststeuer-Verluste reduziert werden, die nach Abs. 3 Z 2 und 3 bereits zur Reduzierung der nicht ausgeschütteten Mindeststeuer-Nettogewinne für ein früheres Prüfjahr berücksichtigt wurden.

(5) Für Zwecke dieser Bestimmung gilt:
1. Prüfjahr ist das dritte Jahr vor dem Geschäftsjahr.
2. Prüfzeitraum ist der Zeitraum zwischen dem Beginn des dritten Jahres vor dem Geschäftsjahr und dem Ende des Geschäftsjahres, in dem die Eigenkapitalbeteiligung gehalten wurde.
3. Eine fiktive Ausschüttung liegt vor, wenn eine unmittelbare oder mittelbare Eigenkapitalbeteiligung an der Investmenteinheit an eine Einheit übertragen wird, die nicht Teil der Unternehmensgruppe ist. Die Höhe dieser fiktiven Ausschüttung entspricht dem Anteil der übertragenden Einheit an den nicht ausgeschütteten Mindeststeuer-Nettogewinnen im Zeitpunkt der Übertragung, ohne Berücksichtigung der fiktiven Ausschüttung selbst.

(6) Das Wahlrecht gemäß Abs. 1 gilt für fünf Jahre und ist unter Berücksichtigung von § 74 auszuüben.

(7) Wird das Wahlrecht gemäß Abs. 1 widerrufen, wird der Anteil der gruppenzugehörigen Gesellschafter an den nicht ausgeschütteten Mindeststeuer-Nettogewinnen der Investmenteinheit für das Prüfjahr am Ende des Geschäftsjahres, das dem Geschäftsjahr des Widerrufs vorausgeht, als Mindeststeuer-Gewinn dieser Investmenteinheit für das Geschäftsjahr behandelt. Der Betrag dieses Mindeststeuer-Gewinnes multipliziert mit dem Mindeststeuersatz ist für Zwecke des 2. Abschnitts als Ergänzungssteuerbetrag einer niedrig besteuerten Geschäftseinheit für das Geschäftsjahr zu behandeln.

9. Abschnitt
Verwaltungsvorschriften

Pflicht zur Einreichung des Mindeststeuerberichts durch eine in Österreich gelegene Geschäftseinheit

§ 69. (1) Jede in Österreich gelegene Geschäftseinheit hat beim Finanzamt für Großbetriebe einen Mindeststeuerbericht einzureichen.

(2) Die in Österreich gelegenen Geschäftseinheiten können die Verpflichtung zur Einreichung eines Mindeststeuerberichts gemeinsam auf eine andere in Österreich gelegene Geschäftseinheit derselben Unternehmensgruppe („benannte örtliche Einheit") übertragen.

(3) Die Übertragung ist dem Finanzamt für Großbetriebe innerhalb der in § 72 vorgesehenen Fristen für die Einreichung des Mindeststeuerberichts nachzuweisen.

Entfall der Pflicht zur Einreichung des Mindeststeuerberichts durch eine in Österreich gelegene Geschäftseinheit

§ 70. (1) Wurde ein Mindeststeuerbericht von der obersten Muttergesellschaft (§ 2 Z 14) oder einer als berichtspflichtig benannten Einheit (§ 2 Z 45) in ihrem jeweiligen Steuerhoheitsgebiet eingereicht, ist abweichend von § 69 Abs. 1 und Abs. 2 weder die in Österreich gelegene Geschäftseinheit noch die in Österreich gelegene benannte örtliche Einheit zur Einreichung des Mindeststeuerberichts verpflichtet. Dies gilt nur, wenn diese jeweils in einem Steuerhoheitsgebiet gelegen sind, das für das Geschäftsjahr mit Österreich ein in Kraft befindliches anerkanntes Abkommen zwischen den zuständigen Behörden geschlossen hat. Als solches gilt ein bilaterales oder multilaterales Abkommen, das eine Verpflichtung zum grenzüberschreitenden automatischen Austausch von jährlichen Mindeststeuerberichten enthält.

(2) An die Stelle der Pflicht zur Einreichung des Mindeststeuerberichts der in Österreich gelegenen Geschäftseinheit oder der benannten örtlichen Einheit tritt die Pflicht, dem Finanzamt für Großbetriebe die Identität der Einheit, die den Mindeststeuerbericht einreichen wird, sowie das Steuerhoheitsgebiet, in dem diese gelegen ist, mitzuteilen („Mitteilung").

Sondervorschrift für Mehrmüttergruppen

§ 71. (1) Jede in Österreich gelegene Geschäftseinheit, die oberste Muttergesellschaft einer Mehrmüttergruppe im Sinne des § 62 ist, hat die Pflicht zur Einreichung eines Mindeststeuerberichts.

(2) Die Pflicht zur Einreichung des Mindeststeuerberichts durch eine in Österreich gelegene Geschäftseinheit, die oberste Muttergesellschaft einer Mehrmüttergruppe ist, entfällt, wenn die obersten Muttergesellschaften eine einzige als berichtspflichtig benannte Einheit im Sinne des § 2 Z 45 benannt haben und das Steuerhoheitsgebiet, in dem die benannte Einheit gelegen ist, für das Geschäftsjahr mit Österreich ein in Kraft be-

findliches anerkanntes Abkommen zwischen den zuständigen Behörden geschlossen hat.

(3) Die Pflicht jeder in Österreich gelegenen Geschäftseinheit, einen Mindeststeuerbericht im Sinne des § 69 Abs. 1 einzureichen, bleibt unberührt, sofern der Mindeststeuerbericht weder von einer der obersten Muttergesellschaften der Mehrmüttergruppe noch einer von diesen als berichtspflichtig benannten Einheit (§ 2 Z 45) noch einer von den in Österreich gelegenen Geschäftseinheiten benannten örtlichen Einheit (§ 69 Abs. 2) eingereicht wurde.

(4) Der Mindeststeuerbericht hat Angaben zu jeder der Gruppen, aus denen sich die Mehrmüttergruppe zusammensetzt, zu enthalten.

Frist für die Einreichung des Mindeststeuerberichts und der Mitteilung

§ 72. (1) Die Frist für die Einreichung des Mindeststeuerberichts und der Mitteilung gemäß § 70 Abs. 2 beträgt fünfzehn Monate nach dem letzten Tag des Geschäftsjahres im Sinne des § 2 Z 7.

(2) Abweichend von Abs. 1 beträgt die Frist für die Einreichung des Mindeststeuerberichts und der Mitteilung gemäß § 70 Abs. 2 achtzehn Monate nach dem letzten Tag des Geschäftsjahres, wenn das Geschäftsjahr ein Übergangsjahr gemäß § 80 darstellt.

(3) Die Frist zur Einreichung des ersten Mindeststeuerberichts endet nicht vor dem 30. Juni 2026.

Inhalt des Mindeststeuerberichts

§ 73. Der Mindeststeuerbericht ist mithilfe einer Standardvorlage einzureichen und hat die folgenden Angaben zur Unternehmensgruppe zu enthalten:
1. Identifizierung der Geschäftseinheiten, einschließlich ihrer Steueridentifikationsnummern, das Steuerhoheitsgebiet, in dem sie gelegen sind, und ihre Qualifikation im Sinne der Bestimmungen dieses Bundesgesetzes,
2. Informationen über die Gesamtstruktur der Unternehmensgruppe, einschließlich der Kontrollbeteiligungen an Geschäftseinheiten, die von anderen Geschäftseinheiten gehalten werden,
3. die Angaben, die erforderlich sind für
   a) die Berechnung des Effektivsteuersatzes für jedes Steuerhoheitsgebiet und des Ergänzungssteuerbetrags für jede Geschäftseinheit,
   b) die Berechnung des Ergänzungssteuerbetrags eines Mitglieds einer Joint-Venture-Gruppe,
   c) die Zurechnung des Ergänzungssteuerbetrags im Rahmen der PES und der SES zu jedem Steuerhoheitsgebiet und
4. eine Aufzeichnung der in Anspruch genommenen Wahlrechte (§ 74).

Wahlrechte

§ 74. (1) Die in § 4 Abs. 2, § 17 Abs. 2 Z 2, § 18 Abs. 3 und 4, §§ 25, 28, 31 sowie §§ 67 und 68 genannten Wahlrechte gelten jeweils für fünf Jahre, beginnend in dem Jahr, in dem das Wahlrecht in Anspruch genommen wurde. Das Wahlrecht wird automatisch erneuert, sofern die berichtspflichtige Geschäftseinheit (§ 2 Z 8) das Wahlrecht nicht am Ende des Fünfjahreszeitraums widerruft. Ein Widerruf eines Wahlrechts gilt für fünf Jahre, beginnend mit dem Ende des Jahres, in dem der Widerruf erfolgt.

(2) Die in § 24, § 29 Z 1, § 41 Abs. 4, § 42 Abs. 9, § 45 Abs. 3, § 48 Abs. 2, § 50 Abs. 1, § 65 Abs. 1 und § 80 Abs. 4 und 5 genannten Wahlrechte gelten jeweils für ein Jahr. Das Wahlrecht wird automatisch erneuert, sofern die berichtspflichtige Geschäftseinheit das Wahlrecht nicht am Ende des Jahres widerruft.

(3) Ist eine in Österreich gelegene Geschäftseinheit berichtspflichtig, hat sie die Inanspruchnahme oder den Widerruf eines der in den Abs. 1 und 2 genannten Wahlrechte sowie der Wahlrechte gemäß §§ 43 und 60 gemäß § 73 Z 4 gegenüber dem Finanzamt für Großbetriebe zu erklären.

Strafbestimmung

§ 75. (1) Eines Finanzvergehens macht sich schuldig, wer ohne hierdurch den Tatbestand eines anderen Finanzvergehens zu erfüllen, vorsätzlich eine Verpflichtung nach den §§ 69 bis 73 oder nach einer gemäß § 79 Abs. 1 ergangenen Verordnung dadurch verletzt, dass der Mindeststeuerbericht nicht, nicht vollständig oder nicht rechtzeitig übermittelt wird.

(2) Das Finanzvergehen wird mit einer Geldstrafe bis zu 100 000 Euro geahndet.

(3) Wer die Tat nach Abs. 1 grob fahrlässig begeht, ist mit Geldstrafe bis zu 50 000 Euro zu bestrafen.

Entstehung des Abgabenanspruchs, Abgabenschuld und Haftung

§ 76. (1) Der Abgabenanspruch für die Mindeststeuer eines Geschäftsjahres entsteht mit Ablauf des Kalenderjahres, in dem das Geschäftsjahr endet. Besteuert werden alle Geschäftsjahre, die im jeweiligen Kalenderjahr enden (Voranmeldungszeitraum).

(2) Abgabepflichtige der Mindeststeuer, die im Wege der NES, der PES und der SES erhoben wird, ist:
1. Die von der obersten Muttergesellschaft beauftragte in Österreich gelegene Geschäftseinheit oder,
2. wenn keine in Österreich gelegene Geschäftseinheit im Sinne der Z 1 beauftragt wurde, die oberste in Österreich gelegene Geschäftseinheit (Abs. 3) oder,
3. wenn keine in Österreich gelegene Geschäftseinheit im Sinne der Z 1 beauftragt wurde und es keine oberste in Österreich gelegene Geschäftseinheit im Sinne der Z 2 gibt, die

wirtschaftlich bedeutendste in Österreich gelegene Geschäftseinheit.

Für diese Beurteilung sind die Verhältnisse zum Ablauf des Voranmeldungszeitraums (Abs. 1) maßgeblich. Geschäftseinheiten, die Investmenteinheiten (§ 2 Z 30) sind, können keine Abgabepflichtigen im Sinne der Z 1 bis Z 3 sein.

(3) „Oberste in Österreich gelegene Geschäftseinheit" bezeichnet eine in Österreich gelegene Geschäftseinheit, die entweder

1. unmittelbar oder mittelbar eine Eigenkapitalbeteiligung an sämtlichen anderen in Österreich gelegenen Geschäftseinheiten hält und an der keine andere in Österreich gelegene Geschäftseinheit unmittelbar oder mittelbar eine Eigenkapitalbeteiligung hält, oder
2. das Stammhaus einer Unternehmensgruppe im Sinne von § 2 Z 3 lit. b in Österreich ist.

Eine staatliche Einheit mit dem Hauptzweck der Verwaltung oder Anlage der Vermögenswerte des Staates oder des Steuerhoheitsgebietes (§ 2 Z 9 lit. b zweiter Teilstrich) kann keine oberste in Österreich gelegene Geschäftseinheit sein.

(4) Bei Ausscheiden der abgabepflichtigen Geschäftseinheit aus der Unternehmensgruppe oder Untergang der abgabepflichtigen Geschäftseinheit nach Ablauf des Voranmeldungszeitraums kann die oberste Muttergesellschaft innerhalb von drei Monaten ab Ausscheiden oder Untergang eine andere in Österreich gelegene Geschäftseinheit beauftragen. Erfolgt keine Beauftragung, ist die abgabepflichtige Geschäftseinheit nach Maßgabe von Abs. 2 Z 2 und 3 zum Ablauf des jeweiligen Voranmeldungszeitraumes zu bestimmen. Die nunmehr abgabepflichtige Geschäftseinheit tritt für abgelaufene Voranmeldungszeiträume an die Stelle der bis zum Ausscheiden oder Untergang abgabepflichtigen Geschäftseinheit; im Fall des rückwirkenden Ereignisses (§ 77 Abs. 4) gilt dies auch für Voranmeldungszeiträume, für die eine Voranmeldung bereits eingereicht wurde.

(5) Der Nachweis über die Beauftragung der abgabepflichtigen Einheit durch die oberste Muttergesellschaft oder über deren Widerruf ist vor Ablauf des Voranmeldungszeitraums (Abs. 2) bzw. vor Ablauf der Dreimonatsfrist (Abs. 4) von der abgabepflichtigen Geschäftseinheit zu erbringen. Das Ausscheiden und der Untergang einer abgabepflichtigen Geschäftseinheit sind dem Finanzamt für Großbetriebe unverzüglich anzuzeigen.

(6) Nach Maßgabe der gesellschaftsrechtlichen Erfordernisse kann die abgabepflichtige Geschäftseinheit von anderen Geschäftseinheiten einen Ausgleich für die von ihr entrichtete Mindeststeuer fordern. Dieser Ausgleich ist steuerneutral.

(7) Jede in Österreich gelegene Geschäftseinheit haftet für die Mindeststeuer. Bei der Ermessensübung hat das Finanzamt für Großbetriebe insbesondere die hierarchische Stellung der haftungspflichtigen Geschäftseinheiten in der Unternehmensgruppe, ihre rechtliche und wirtschaftliche Verflechtung mit der gemäß Abs. 2 abgabepflichtigen Geschäftseinheit, das Beteiligungsausmaß nicht gruppenzugehöriger Gesellschafter an diesen sowie deren Beitrag zur Höhe der Mindeststeuer zu berücksichtigen.

Erhebung der Mindeststeuer

§ 77. (1) Die gemäß § 76 abgabepflichtige Geschäftseinheit hat spätestens am Fälligkeitstag eine Voranmeldung für die Mindeststeuer einzureichen, in der sie die für den Voranmeldungszeitraum zu entrichtende Mindeststeuer selbst berechnet, sowie die Mindeststeuer zu entrichten. Die Mindeststeuer wird am 31. Dezember des auf den Voranmeldungszeitraum (§ 76 Abs. 1) zweitfolgenden Kalenderjahres fällig; im Fall des § 76 Abs. 4 jedoch frühestens mit Ablauf der Dreimonatsfrist. Gemäß § 201 der Bundesabgabenordnung (BAO), BGBl. Nr. 194/1961, festgesetzte Mindeststeuerbeträge haben denselben Fälligkeitstag.

(2) Bei der erstmaligen Festsetzung mit Abgabenbescheid ist § 201 BAO mit der Maßgabe anzuwenden, dass die Festsetzung innerhalb der Verjährungsfrist erfolgen kann, wenn sich die bekanntgegebene Selbstberechnung als nicht richtig erweist.

(3) Alle Geschäftseinheiten sowie Joint Venture und Mitglieder der Joint Venture Gruppe sind verpflichtet, der abgabepflichtigen Geschäftseinheit jene Auskünfte zu erteilen, die diese zur Berechnung der Mindeststeuer und Erstellung der Voranmeldung benötigt.

(4) Änderungen der Bemessungsgrundlage oder Änderungen der anzurechnenden NES-Beträge anderer Steuerhoheitsgebiete sind rückwirkende Ereignisse im Sinne des § 295a BAO. Der Eintritt solcher Änderungen ist dem Finanzamt für Großbetriebe unverzüglich anzuzeigen.

Zuständigkeit

§ 78. Die Erhebung der Mindeststeuer obliegt dem Finanzamt für Großbetriebe.

Verordnungsermächtigung

§ 79. (1) Der Bundesminister für Finanzen kann mit Verordnung den Inhalt des Mindeststeuerberichts und der Voranmeldung für die Mindeststeuer näher bestimmen – insbesondere ist er ermächtigt, im Einklang mit internationalen Vereinbarungen im Mindeststeuerbericht zusätzliche Angaben zu verlangen.

(2) Der Bundesminister für Finanzen kann mit Verordnung bestimmen, dass

1. der Mindeststeuerbericht,
2. der Nachweis der Benennung gemäß § 69 Abs. 2 und 3,
3. die Mitteilung gemäß § 70 Abs. 2,
4. der Nachweis der Beauftragung bzw. deren Widerrufs sowie die Anzeige gemäß § 76 Abs. 5,
5. die Voranmeldung für die Mindeststeuer gemäß § 77 Abs. 1,
6. die Anzeige von Änderungen gemäß § 77 Abs. 4 und

7. die Unterrichtung über den Beginn der Anfangsphase der internationalen Tätigkeit gemäß § 81 Abs. 4

elektronisch im Verfahren FinanzOnline einzubringen sind.

10. Abschnitt
Übergangsbestimmungen

Steuerattribute des Übergangsjahres

§ 80. (1) Bei der Bestimmung des Effektivsteuersatzes für ein Steuerhoheitsgebiet in einem Übergangsjahr und für jedes darauffolgende Geschäftsjahr berücksichtigt die Unternehmensgruppe alle latenten Steueransprüche und latenten Steuerschulden, die in den Finanzkonten aller Geschäftseinheiten in einem Steuerhoheitsgebiet für das Übergangsjahr nachweislich erfasst oder in einem Abschluss offengelegt wurden. Dabei gilt Folgendes:

1. Latente Steueransprüche und latente Steuerschulden werden entweder zum Mindeststeuersatz oder zu dem niedrigeren anwendbaren lokalen Steuersatz berücksichtigt.
2. Ein latenter Steueranspruch, der zu einem unter dem Mindeststeuersatz liegenden Steuersatz erfasst wurde, kann zum Mindeststeuersatz berücksichtigt werden, wenn der Steuerpflichtige nachweisen kann, dass der latente Steueranspruch einem Mindeststeuer-Verlust zuzurechnen ist.
3. Ein latenter Steueranspruch, der zu einem über dem Mindeststeuersatz liegenden Steuersatz erfasst wurde und die Nutzung von Steuergutschriften betrifft, ist nur in Höhe des Verhältnisses vom Mindeststeuersatz zu dem im Steuerhoheitsgebiet geltenden Steuersatz zu berücksichtigen. Bei einer späteren Steuersatzänderung ist der berücksichtigungsfähige Betrag bezogen auf den noch ausstehenden Betrag entsprechend anzupassen.
4. Die Auswirkungen einer Wertberichtigung oder einer Ansatzanpassung in Bezug auf einen latenten Steueranspruch dürfen nicht berücksichtigt werden.

(2) Latente Steueransprüche, die sich aus Posten ergeben, welche von der Berechnung der Mindeststeuer-Gewinne oder -Verluste nach dem 3. Abschnitt ausgenommen sind, sind von der Berechnung nach Abs. 1 auszunehmen, wenn diese latenten Steueransprüche durch eine Transaktion entstehen, die nach dem 30. November 2021 stattfindet.

(3) Bei Übertragungen von Vermögenswerten zwischen Geschäftseinheiten, die nach dem 30. November 2021 und vor Beginn eines Übergangsjahres stattfinden, basiert die Bemessungsgrundlage der erworbenen Vermögenswerte, mit Ausnahme der Vorräte, auf dem Buchwert der übertragenen Vermögenswerte der veräußernden Geschäftseinheit zum Zeitpunkt der Veräußerung. Dabei werden latente Steueransprüche und latente Steuerschulden so berechnet, als wäre diese Bemessungsgrundlage auch für steuerliche Zwecke maßgeblich. Als Übertragung von Vermögenswerten zwischen Geschäftseinheiten gelten auch andere Geschäftsvorfälle zwischen Geschäftseinheiten oder innerhalb einer Geschäftseinheit, die für steuerliche oder unternehmensrechtliche Zwecke wie eine Übertragung von Vermögenswerten erfasst werden.

(4) Abweichend von Abs. 3 zweiter Satz kann auf Antrag ein latenter Steueranspruch von der erwerbenden Geschäftseinheit auf Grundlage der von der veräußernden Geschäftseinheit auf den Veräußerungsgewinn gezahlten erfassten Steuern, einschließlich ihr zugerechneter Steuern im Sinne des § 43, ermittelt werden. Dabei können auch solche latenten Steueransprüche der veräußernden Geschäftseinheit angesetzt werden, die bei Anwendung von Abs. 1 berücksichtigt worden wären, wenn der Veräußerungsgewinn bei ihr aufgrund anderer steuerlicher Effekte nicht tatsächlich besteuert worden ist. Der nach den vorstehenden Sätzen angesetzte latente Steueranspruch

1. darf die positive Differenz zwischen dem steuerlichen Buchwert des Vermögenswerts bei der erwerbenden Geschäftseinheit und dem nach Abs. 3 erster Satz anzusetzenden Wert multipliziert mit dem Mindeststeuersatz nicht übersteigen (Höchstbetrag),
2. wirkt sich im Jahr der Bildung nicht auf die angepassten erfassten Steuern der erwerbenden Geschäftseinheit aus und
3. ist entsprechend der Wertentwicklung des Buchwerts fortzuschreiben.

(5) Abweichend von Abs. 3 kann auf Antrag die erwerbende Geschäftseinheit ihren Buchwert beibehalten, wenn sie bei Anwendung des Abs. 4 einen latenten Steueranspruch in Höhe des Höchstbetrages (Abs. 4) beanspruchen könnte.

(6) Ein Übergangsjahr im Sinne dieser Bestimmung bezeichnet für ein Steuerhoheitsgebiet das erste Geschäftsjahr, in dem eine Unternehmensgruppe in Bezug auf dieses Steuerhoheitsgebiet in den Anwendungsbereich dieses Bundesgesetzes oder vergleichbarer ausländischer Regelungen fällt. Sofern die Unternehmensgruppe die De-minimis-Ausnahme gemäß § 50 oder den temporären CbCR-Safe-Harbour nach Maßgabe der §§ 55 bis 56 in Anspruch nimmt, verschiebt sich das Übergangsjahr entsprechend.

SES-Befreiung multinationaler Unternehmensgruppen in der Anfangsphase ihrer internationalen Tätigkeit

§ 81. (1) Die von der gemäß § 76 abgabepflichtigen Geschäftseinheit gemäß § 12 zu entrichtende SES ist in den ersten fünf Jahren der Anfangsphase der internationalen Tätigkeit einer multinationalen Unternehmensgruppe mit null anzusetzen.

(2) Eine multinationale Unternehmensgruppe gilt als in der Anfangsphase ihrer internationalen Tätigkeit befindlich, wenn in dem betroffenen Geschäftsjahr sämtliche der folgenden Voraussetzungen erfüllt sind:

1. Die multinationale Unternehmensgruppe verfügt über Geschäftseinheiten in höchstens sechs Steuerhoheitsgebieten.
2. Die Summe des Nettobuchwerts der materiellen Vermögenswerte sämtlicher Geschäftseinheiten der multinationalen Unternehmensgruppe, die nicht in ihrem Referenzsteuerhoheitsgebiet gelegen sind, übersteigt nicht den Betrag von 50 Millionen Euro.

Für Zwecke der Z 2 ist Referenzsteuerhoheitsgebiet einer multinationalen Unternehmensgruppe das Steuerhoheitsgebiet, in dem die Geschäftseinheiten der multinationalen Unternehmensgruppe in dem Geschäftsjahr, in dem die multinationale Unternehmensgruppe erstmals in den Anwendungsbereich dieses Bundesgesetzes oder vergleichbarer ausländischer Regelungen fällt, den höchsten Gesamtwert an materiellen Vermögenswerten ausweisen. Der Gesamtwert der materiellen Vermögenswerte in einem Steuerhoheitsgebiet ist die Summe der Nettobuchwerte aller materiellen Vermögenswerte aller in diesem Steuerhoheitsgebiet gelegenen Geschäftseinheiten der multinationalen Unternehmensgruppe.

(3) Der in Abs. 1 genannte Zeitraum von fünf Jahren beginnt mit dem Beginn des Geschäftsjahres, in dem die multinationale Unternehmensgruppe erstmals in den Anwendungsbereich dieses Bundesgesetzes oder vergleichbarer ausländischer Regelungen fällt. Für multinationale Unternehmensgruppen, die zum Zeitpunkt des Inkrafttretens dieses Bundesgesetzes in dessen Anwendungsbereich oder in den Anwendungsbereich vergleichbarer ausländischer Regelungen fallen, beginnt der in Abs. 1 genannte Zeitraum von fünf Jahren am 31. Dezember 2024.

(4) Die in Österreich gelegene berichtspflichtige Geschäftseinheit (§ 2 Z 8) hat das Finanzamt für Großbetriebe über den Beginn der Anfangsphase der internationalen Tätigkeit der multinationalen Unternehmensgruppe zu unterrichten.

Gemischtes Hinzurechnungsbesteuerungsregime

§ 82. (1) Für Geschäftsjahre, die am oder vor dem 31. Dezember 2025 beginnen, aber vor dem 1. Juli 2027 enden, ist bei gemischtem Hinzurechnungsbesteuerungsregime (Abs. 2) die Zurechnung des im Jahresabschluss eines gruppenzugehörigen Gesellschafters berücksichtigten Betrags an erfassten Steuern zu den jeweiligen Geschäftseinheiten, deren Einkommen bei gruppenzugehörigen Gesellschafter einer solchen Hinzurechnungsbesteuerung unterliegt, abweichend von § 44 Abs. 1 Z 3 und Abs. 2 nach folgender Formel vorzunehmen:

$$\frac{Zurechnungsschlüssel}{Summe\ aller\ Zurechnungsschlüssel} \times zuzurechnende\ Steuern$$

(2) Ein „gemischtes Hinzurechnungsbesteuerungsregime" ist eine Form der Hinzurechnungsbesteuerung im Sinne des § 2 Z 17, bei der Gewinne, Verluste sowie anrechenbare Steuern aller ausländischen Einheiten für Zwecke der Berechnung des Hinzurechnungsbetrages des unmittelbar oder mittelbar beteiligten Gesellschafters dieser ausländischen Einheiten aggregiert betrachtet werden und der Hinzurechnungsbetrag einem anwendbaren Steuersatz unterhalb von 15% unterliegt. Der anwendbare Steuersatz entspricht dem Steuersatz, bei dem unter Anrechnung ausländischer Steuern keine Steuer auf den Hinzurechnungsbetrag mehr verbleibt.

(3) Der Zurechnungsschlüssel nach Abs. 1 ermittelt sich wie folgt:

$$\frac{Zuzurechnendes\ Einkommen\ der\ ausländischen\ Geschäftseinheit}{(anwendbarer\ Steuersatz - Effektivsteuersatz)}$$

Dabei entspricht das zuzurechnende Einkommen der Einheit dem betragsmäßigen Anteil des beteiligten Gesellschafters an dem Einkommen der ausländischen Einheit. Der Effektivsteuersatz entspricht dem gemäß § 46 Abs. 1 ermittelten Effektivsteuersatz ohne Berücksichtigung von Steuern auf Hinzurechnungsbeträge. Entspricht der Effektivsteuersatz mindestens dem anwendbaren Steuersatz, beträgt der Zurechnungsschlüssel nach Abs. 1 null. Steuern aufgrund einer anerkannten NES-Regelung sind bei der Berechnung des Effektivsteuersatzes zu berücksichtigen, soweit für deren Anrechnung im Rahmen des gemischten Hinzurechnungsbesteuerungsregimes dieselben Voraussetzungen wie für alle andere erfassten Steuern gelten.

(4) Findet das gemischte Hinzurechnungsbesteuerungsregime auch auf Einheiten Anwendung, die keine Geschäftseinheiten im Sinne dieses Bundesgesetzes sind, ist für die Anwendung des Abs. 1 insoweit ebenfalls eine Zurechnung zu diesen Einheiten vorzunehmen.

11. Abschnitt
Verweis auf andere Bundesgesetze

§ 83. Soweit in diesem Bundesgesetz auf Bestimmungen anderer Bundesgesetze verwiesen wird, sind diese in ihrer jeweils geltenden Fassung anzuwenden.

Inkrafttreten

§ 84. (1) Dieses Bundesgesetz tritt mit 31. Dezember 2023 in Kraft.

(2) Die Bestimmungen dieses Bundesgesetzes sind auf Geschäftsjahre anzuwenden, die ab dem 31. Dezember 2023 beginnen.

(3) Abweichend von Abs. 2 sind die Bestimmungen über die Erhebung der SES gemäß §§ 12 und 13 erstmalig auf Geschäftsjahre anzuwenden, die ab dem 31. Dezember 2024 beginnen. Dies gilt jedoch nicht für multinationale Unternehmensgruppen, deren oberste Muttergesellschaften in Mitgliedstaaten der Europäischen Union gelegen sind, die die Option gemäß Art. 50 Abs. 1 der Richtlinie ausgeübt haben.

2/3. VERORDNUNGEN

2/3/1. VO zu § 10a Abs. 10
Passiveinkünfte niedrigbesteuerter Körperschaften

BGBl II 2019/21

Verordnung des Bundesministers für Finanzen zur Durchführung der Hinzurechnungsbesteuerung und des Methodenwechsels bei Passiveinkünften niedrigbesteuerter Körperschaften (VO-Passiveinkünfte niedrigbesteuerter Körperschaften)

Auf Grund des § 10a Abs. 10 des Körperschaftsteuergesetzes 1988, BGBl. I Nr. 401/1988, zuletzt geändert durch das Bundesgesetz BGBl. I Nr. 62/2018, wird verordnet:

1. Abschnitt
Niedrigbesteuerung

§ 1. (1) Für die Beurteilung der Niedrigbesteuerung gemäß § 10a Abs. 3 KStG 1988 sind dem Einkommen (Abs. 2) die im Ausland tatsächlich entrichteten Steuern (Abs. 3) gegenüberzustellen (Durchschnittsteuerbelastung). Die Niedrigbesteuerung ist für jedes Wirtschaftsjahr gesondert zu beurteilen.

(2) Für die Ermittlung des Einkommens der ausländischen Körperschaft nach § 10a Abs. 3 zweiter Satz KStG 1988 gilt Folgendes:
1. Das Einkommen ist nach § 5 Abs. 1 des Einkommensteuergesetzes 1988, den übrigen Vorschriften des Einkommensteuergesetzes 1988 sowie des KStG 1988 zu ermitteln.
2. Inländische Einkünfte sind nicht zu berücksichtigen, wenn Österreich für diese ein Besteuerungsrecht zusteht.
3. § 10 KStG 1988 ist mit der Maßgabe anzuwenden, dass für Beteiligungen der ausländischen Körperschaft
    – an inländischen Körperschaften § 10 Abs. 1 Z 1 bis 4 KStG 1988 und
    – an ausländischen Körperschaften § 10 Abs. 1 Z 5 bis 7 und § 10 Abs. 2 und 3 KStG 1988
    sinngemäß gilt.
4. Eine Hinzurechnung von Passiveinkünften im Sinne des § 10a Abs. 5 KStG 1988 ist bei der Ermittlung des Einkommens der ausländischen Körperschaft nicht zu berücksichtigen. Ein Methodenwechsel ist nach Maßgabe des § 10a Abs. 7 KStG 1988 anzuwenden.

(3) Für die Ermittlung der tatsächlich entrichteten ausländischen Steuern gilt Folgendes:
1. Die auf das Wirtschaftsjahr entfallenden Steuern sind von der beteiligten Körperschaft glaubhaft zu machen. Ändert sich nachträglich die Höhe der tatsächlich entrichteten Steuern, stellt dies ein rückwirkendes Ereignis im Sinne des § 295a der Bundesabgabenordnung dar.
2. Ausländische Steuern sind anzusetzen, wenn sie hinsichtlich deren Bemessungsgrundlage mit der Körperschaftsteuer vergleichbar sind und das gemäß Abs. 2 ermittelte Einkommen der ausländischen Körperschaft unmittelbar belasten. Ist bei der Ermittlung des Einkommens der ausländischen Körperschaft der Methodenwechsel gemäß Abs. 2 Z 4 anzuwenden, kann darüber hinaus die als Vorbelastung anzusehende ausländische Steuer jener Körperschaften angesetzt werden, deren Erträge dem Methodenwechsel unterliegen.
3. Unterliegt das Einkommen der ausländischen Körperschaft erst anlässlich der Ausschüttung an ihre Anteilsinhaber bei der ausschüttenden Körperschaft einer der Körperschaftsteuer vergleichbaren Steuer, erfolgt die Beurteilung der Niedrigbesteuerung anhand des nominellen Steuersatzes.
4. An die ausländische Körperschaft oder ihre Anteilsinhaber rückerstattete Steuern gelten als nicht tatsächlich entrichtet. Kann eine Steuerrückerstattung erst in einem späteren Wirtschaftsjahr in Anspruch genommen werden, ist diese bereits bei der Ermittlung der Durchschnittsteuerbelastung zu berücksichtigen. Erfolgt jedoch innerhalb von neun Jahren nach dem hinsichtlich der Niedrigbesteuerung zu beurteilenden Wirtschaftsjahr tatsächlich keine solche Steuerrückerstattung und liegt deshalb in diesem Wirtschaftsjahr keine Niedrigbesteuerung vor, stellt dies ein rückwirkendes Ereignis im Sinne des § 295a der Bundesabgabenordnung dar.

(4) Überschreitet die Durchschnittsteuerbelastung der ausländischen Körperschaft nur deshalb nicht den in § 10a Abs. 3 des KStG 1988 vorgesehenen Prozentsatz, weil das ausländische Steuerrecht abweichende Regelungen für
– die Abschreibung von Wirtschaftsgütern und damit zusammenhängende Ausgleichsposten (wie insbesondere § 6 Z 16 des Einkommensteuergesetzes 1988) und Verteilungsregelungen (§ 12 Abs. 3 Z 2 KStG 1988),
– die Bildung von Rückstellungen oder
– die Verrechnung von Verlusten aus anderen Veranlagungszeiträumen vorsieht,

ist keine Niedrigbesteuerung im Sinne des § 10a Abs. 3 KStG 1988 anzunehmen.

(5) Ist der Gesamtbetrag der gemäß § 10a Abs. 3 KStG 1988 ermittelten Einkünfte negativ, hat die Beurteilung der Niedrigbesteuerung anhand des nominellen ausländischen Steuersatzes zu erfolgen.

2/3/1. KStG
Passiveinkünfte

2. Abschnitt
Hinzurechnungsbesteuerung

Drittelgrenze

§ 2. Für die Beurteilung der für die Anwendung der Hinzurechnungsbesteuerung gemäß § 10a Abs. 4 Z 1 KStG 1988 maßgeblichen Drittelgrenze gilt Folgendes:
1. Die Drittelgrenze ist für jedes Wirtschaftsjahr gesondert zu beurteilen.
2. Überschreiten die Passiveinkünfte in einem Wirtschaftsjahr die Drittelgrenze um nicht mehr als 25% oder sind die aktiven Einkünfte negativ, können in die Beurteilung dieses Wirtschaftsjahres auch die beiden vorangegangenen Wirtschaftsjahre mit einbezogen werden. Eine Hinzurechnung unterbleibt, wenn die gesamten Passiveinkünfte des Beurteilungszeitraumes nicht mehr als ein Drittel der gesamten Einkünfte des Beurteilungszeitraumes betragen.

Beherrschung

§ 3. Eine beherrschte ausländische Körperschaft im Sinne des § 10a Abs. 4 Z 2 KStG 1988 liegt vor, wenn die Summe der vom Steuerpflichtigen und seinen verbundenen Unternehmen unmittelbar gehaltenen Beteiligungen mehr als 50% der Stimmrechte oder des Kapitals oder des Gewinnanspruches an der ausländischen Körperschaft vermittelt.

Substanznachweis

§ 4. Für den Nachweis, ob die ausländische Körperschaft eine wesentliche wirtschaftliche Tätigkeit im Sinne des § 10a Abs. 4 Z 3 KStG 1988 ausübt, gilt Folgendes:
1. Das Vorliegen einer wesentlichen wirtschaftlichen Tätigkeit ist stets nach dem Gesamtbild der Verhältnisse unter Einbeziehung aller aktiven und passiven Einkünfte zu beurteilen. Im Falle des § 10a Abs. 6 Z 2 KStG 1988 ist auf die ausländische Betriebsstätte abzustellen.
2. Eine wesentliche wirtschaftliche Tätigkeit setzt voraus, dass die ausländische Körperschaft über jenes Ausmaß an Personal, Ausstattung, Vermögenswerte und Räumlichkeiten verfügt, das in einem angemessenen wirtschaftlichen Verhältnis zu den behaupteten wirtschaftlichen Tätigkeiten steht.
3. Insbesondere bei folgenden Tätigkeiten besteht die Vermutung, dass eine oder mehrere dieser Tätigkeiten noch keine wesentliche wirtschaftliche Tätigkeit begründen:
    – das bloße Halten von Beteiligungen und ihre Veräußerung;
    – das Durchleiten von Vermögenswerten;
    – das Bündeln von unkörperlichen Wirtschaftsgütern, für deren Herstellung die ausländische Körperschaft nicht im Wesentlichen selbst die Aufwendungen getragen hat.
4. Übt die ausländische Körperschaft mehrere Tätigkeiten aus, besteht die Vermutung, dass die wirtschaftlichen Tätigkeiten wesentlich sind, wenn
    – Personal, Ausstattung, Vermögenswerte und Räumlichkeiten mindestens zu einem Drittel für diese wirtschaftlichen Tätigkeiten eingesetzt werden und
    – mindestens ein Drittel der gesamten Einkünfte aus diesen wirtschaftlichen Tätigkeiten erzielt werden.

Durchführung der Hinzurechnung

§ 5. Für die Hinzurechnung der Passiveinkünfte gemäß § 10a Abs. 5 KStG 1988 gilt Folgendes:
1. Für das Ausmaß der Hinzurechnung sind die unmittelbare Beteiligung der beherrschenden Körperschaft sowie die aliquoten Beteiligungen, die die beherrschende Körperschaft mittelbar über ihre verbundenen Unternehmen hält, maßgeblich.
2. Bei der Einkünfteermittlung sind positive und negative Passiveinkünfte auszugleichen. Aktiveinkünfte sind hingegen nicht zu berücksichtigen. Übersteigen die negativen Passiveinkünfte die positiven, kann der übersteigende Betrag in Folgejahren mit den positiven Passiveinkünften ausgeglichen werden (Wartetaste).
3. Die hinzuzurechnenden Passiveinkünfte sind bei der beherrschenden Körperschaft als Einkünfte aus Gewerbebetrieb zu erfassen.

3. Abschnitt
Methodenwechsel

§ 6. Für die Beurteilung gemäß § 10a Abs. 7 KStG 1988, ob der Unternehmensschwerpunkt der niedrigbesteuerten ausländischen Körperschaft in der Erzielung von Passiveinkünften liegt, gilt Folgendes:
1. Der Unternehmensschwerpunkt ist unabhängig davon zu beurteilen, ob die Betätigung der niedrigbesteuerten ausländischen Körperschaft als gewerbliche Tätigkeit oder als Vermögensverwaltung einzustufen ist.
2. Ein passiver Unternehmensschwerpunkt liegt vor, wenn die passiven Einkünfte mehr als die Hälfte der gesamten Einkünfte dieses Wirtschaftsjahres betragen. Dabei ist § 10a Abs. 3 zweiter Satz KStG 1988 sinngemäß anzuwenden, wobei auch steuerbefreite Dividenden und Einkünfte aus der Veräußerung von Anteilen zu den gesamten Einkünften zählen.
3. Abweichend von Z 2 gilt:
    a) Überschreiten die Passiveinkünfte die Grenze gemäß Z 2 um nicht mehr als 25%, können in die Beurteilung dieses Wirtschaftsjahres auch die beiden vorangegangenen Wirtschaftsjahre mit einbezogen werden. Kein passiver Unternehmensschwerpunkt liegt vor, wenn die gesamten Passiveinkünfte nicht mehr

als die Hälfte der gesamten Einkünfte des Beurteilungszeitraumes betragen.
b) Überschreiten die Passiveinkünfte die Grenze gemäß Z 2, weil die Aktiveinkünfte aufgrund besonderer Umstände (insbesondere Anlaufverluste, Konjunktureinbruch) weniger als die Hälfte der gesamten Einkünfte betragen, können in die Beurteilung auch der Kapital- und Arbeitskräfteeinsatz einbezogen werden. Dabei liegt kein passiver Unternehmensschwerpunkt vor, wenn die beteiligte Körperschaft nachweist, dass Kapital und Arbeitskräfte der niedrigbesteuerten Körperschaft nachhaltig nahezu ausschließlich zur Erzielung von Aktiveinkünften eingesetzt werden.

4. Die Beurteilung des Unternehmensschwerpunktes und der Niedrigbesteuerung erfolgt nach Maßgabe der Verhältnisse jenes Wirtschaftsjahres, in dem die ausgeschütteten Gewinne erwirtschaftet wurden. Umfasst eine Ausschüttung Gewinne mehrerer Wirtschaftsjahre, erfolgt diese Beurteilung und die etwaige Anwendung des Methodenwechsels für jedes Wirtschaftsjahr gesondert. Kann die beteiligte Körperschaft nicht glaubhaft machen, welchen Wirtschaftsjahren die ausgeschütteten Gewinne zuzuordnen sind, gelten die Gewinne früherer Wirtschaftsjahre als zuerst ausgeschüttet.

5. Wird eine internationale Schachtelbeteiligung veräußert, erfolgt die Beurteilung des Unternehmensschwerpunktes und der Niedrigbesteuerung anhand der letzten sieben abgeschlossenen Wirtschaftsjahre vor der Veräußerung. Ein passiver Unternehmensschwerpunkt liegt vor, wenn die gesamten Passiveinkünfte mehr als die Hälfte der gesamten Einkünfte des Beurteilungszeitraumes betragen. Dies gilt nicht, wenn die beteiligte Körperschaft glaubhaft macht, dass der Veräußerungsgewinn überwiegend aus dem aktiven Unternehmensbereich stammt. Ein etwaiger Methodenwechsel ist stets auf den gesamten Veräußerungsgewinn anzuwenden.

4. Abschnitt
Verhältnis zwischen Hinzurechnungsbesteuerung und Methodenwechsel

§ 7. Für das Verhältnis zwischen der Hinzurechnungsbesteuerung und dem Methodenwechsel gilt Folgendes:
1. Wurden Passiveinkünfte nachweislich bereits im Rahmen der Hinzurechnungsbesteuerung erfasst, unterbleibt gemäß § 10a Abs. 7 Z 2 KStG 1988 der Methodenwechsel, indem diese von der für den Methodenwechsel maßgeblichen Bemessungsgrundlage abgezogen werden.
2. Die Hinzurechnung von Passiveinkünften eines Wirtschaftsjahres erfolgt auch, wenn diese vor oder mit Ablauf dieses Wirtschaftsjahres ausgeschüttet werden. Dies gilt jedoch nicht, wenn diese Passiveinkünfte auf Grund dieser Ausschüttung bereits dem Methodenwechsel unterlagen.

5. Abschnitt
Inkrafttreten und Anwendungszeitraum

§ 8. Die Beurteilung gemäß § 2 Z 2 und § 6 dieser Verordnung umfasst auch Wirtschaftsjahre, die vor dem 1. Jänner 2019 begonnen haben. Bei neu gegründeten ausländischen Körperschaften verkürzt sich der Beurteilungszeitraum gemäß § 2 Z 2 und § 6 Z 3 dieser Verordnung auf bereits abgeschlossene Wirtschaftsjahre.

§ 9. Die Verordnung ist erstmalig bei der Veranlagung für das Jahr 2019 unter Beachtung des § 26c Z 68 KStG 1988 anzuwenden.

§ 10. Die Verordnung des Bundesministers für Finanzen betreffend die steuerliche Entlastung von Erträgen aus der internationalen Schachtelbeteiligung, BGBl. II Nr. 295/2004, tritt mit Ablauf des 31. Dezember 2018 außer Kraft und ist letztmalig anzuwenden auf Erträge aus internationalen Schachtelbeteiligungen, die vor dem 1. Jänner 2019 realisiert wurden.

2/3/2. VO zu § 12a Abs. 8
EBITDA-Ermittlungs-VO

BGBl II 2021/390

Verordnung des Bundesministers für Finanzen zur Ermittlung des steuerlichen EBITDA sowie des Gruppen-EBITDA (EBITDA-Ermittlungs-VO)

Aufgrund des § 12a Abs. 8 des Körperschaftsteuergesetzes 1988, BGBl. I Nr. 401/1988, zuletzt geändert durch das Bundesgesetz BGBl. I Nr. 3/2021, wird verordnet:

§ 1. Bei der Ermittlung des steuerlichen EBITDA gemäß § 12a Abs. 4 des Körperschaftsteuergesetzes (KStG 1988) eines Wirtschaftsjahres gilt Folgendes:

1. Der Gesamtbetrag der Einkünfte vor Anwendung des § 12a KStG 1988 ist zu erhöhen um darin enthaltene
   a) Absetzungen für Abnutzungen im Sinne von §§ 7, § 8, § 13, § 16 Abs. 1 Z 8 und § 28 Abs. 3 des Einkommensteuergesetzes 1988 (EStG 1988),
   b) Abschreibungen des Anlagevermögens auf den niedrigeren Teilwert im Sinne von § 6 Z 1 und 2 lit. a EStG 1988 sowie
   c) abzugsfähige Zinsaufwendungen des jeweiligen Wirtschaftsjahres.
2. Der Gesamtbetrag der Einkünfte vor Anwendung des § 12a KStG 1988 ist zu vermindern um darin enthaltene
   a) Zuschreibungen des Anlagevermögens im Sinne von § 6 Z 1 und Z 2 lit. a sowie Z 13 EStG 1988 sowie
   b) steuerpflichtige Zinserträge des jeweiligen Wirtschaftsjahres.
3. Erhöhungen gemäß Z 1 und Verminderungen gemäß Z 2 sind nur insoweit vorzunehmen, als sich diese nach den Vorschriften des EStG 1988 und des KStG 1988 bei der Ermittlung des Gesamtbetrages der Einkünfte vor Anwendung des § 12a KStG 1988 in diesem Wirtschaftsjahr steuerlich auswirken.

§ 2. Bei der Ermittlung des Gruppen-EBITDA eines Veranlagungszeitraumes gemäß § 12a Abs. 7 Z 1 lit. b KStG 1988 gilt § 1 sinngemäß. Weiters sind die in den Gesamtbeträgen der Einkünfte enthaltenen Firmenwertabschreibungsfünfzehntel gemäß § 9 Abs. 7 KStG 1988 erhöhend, nachzuerfassende Fünfzehntelbeträge gemäß § 9 Abs. 7 letzter Teilstrich KStG 1988 vermindernd zu berücksichtigen.

§ 3. Diese Verordnung ist erstmalig für Wirtschaftsjahre anzuwenden, die nach dem 31. Dezember 2020 beginnen. Zuschreibungen gemäß § 1 Z 2 lit. a sowie nachzuerfassende Fünfzehntelbeträge gemäß § 2 sind nur dann vermindernd zu berücksichtigen, wenn die vorangegangenen Abschreibungen (§ 1 Z 1 lit. b, § 2) Wirtschaftsjahren zuzuordnen sind, die nach dem 31. Dezember 2020 beginnen.

2/3/3. VO zu § 12a Abs. 6 Z 3
Zinsvortrags-ÜbergangsV

BGBl II 2022/210

Verordnung des Bundesministers für Finanzen zum Übergang eines Zins- und EBITDA-Vortrages (Zinsvortrags-Übergangsverordnung – Zinsvortrags-ÜbergangsV)

Aufgrund des § 12a Abs. 6 Z 3 des Körperschaftsteuergesetzes 1988, BGBl. Nr. 401/1988, zuletzt geändert durch das Bundesgesetz BGBl. I Nr. 10/2022, wird verordnet:

§ 1. Der Übergang eines nicht verrechneten Zinsvortrages gemäß § 12a Abs. 6 Z 1 des Körperschaftsteuergesetzes 1988 (KStG 1988), BGBl. Nr. 401/1988, oder eines nicht verrechneten EBITDA-Vortrages gemäß § 12a Abs. 6 Z 2 lit. a KStG 1988 im Rahmen von Umgründungen im Sinne des Umgründungssteuergesetzes (UmgrStG), BGBl. Nr. 699/1991, auf Rechtsnachfolger erfolgt nur unter den folgenden Voraussetzungen:

1. Es handelt sich um eine Umgründung unter Buchwertfortführung und
2. beim übernehmenden Rechtsnachfolger handelt es sich um eine unter § 12a Abs. 2 KStG 1988 fallende Körperschaft.

§ 2. Der Übergang eines Zins- oder EBITDA-Vortrages im Sinne des § 1 richtet sich nach den für den Verlustabzug maßgebenden Grundsätzen und erfolgt bei den einzelnen Umgründungsarten nach Maßgabe der folgenden Bestimmungen:

1. Bei der Verschmelzung gemäß Art. I UmgrStG ist § 4 Z 1 lit. a und c UmgrStG sinngemäß anzuwenden.
2. Bei der Umwandlung gemäß Art. II UmgrStG ist § 10 Z 1 lit. a und b UmgrStG sinngemäß anzuwenden, wobei für Zwecke des § 10 Z 1 lit. a UmgrStG die Anwendung von § 4 Z 1 lit. d UmgrStG ausgenommen ist.
3. Bei der Einbringung gemäß Art. III UmgrStG und der Spaltung gemäß Art. VI UmgrStG ist § 21 Z 1 UmgrStG sinngemäß anzuwenden, wobei die Anwendung von § 4 Z 1 lit. d UmgrStG ausgenommen ist.

Kann ein Zins- oder EBITDA-Vortrag den noch vorhandenen und nicht mehr vorhandenen Betrieben, Teilbetrieben oder nicht einem Betrieb zurechenbaren Vermögensteilen nicht eindeutig zugeordnet werden, ist eine sachgerechte Zuordnung vorzunehmen.

§ 3. Für einen beim Gruppenträger einer Unternehmensgruppe (§ 9 KStG 1988) bestehenden und zum Umgründungsstichtag noch nicht verrechneten Zins- oder EBITDA-Vortrag gemäß § 12a Abs. 7 Z 3 KStG 1988 sind die §§ 1 und 2 sinngemäß mit der Maßgabe anzuwenden, dass die Betriebe, Teilbetriebe oder nicht einem Betrieb zurechenbaren Vermögensteile, denen der Zins- oder EBITDA-Vortrag zugeordnet werden kann, in der Unternehmensgruppe noch tatsächlich vorhanden sind.

§ 4. Diese Verordnung ist erstmals für Umgründungen anzuwenden, die nach dem 31. Dezember 2021 beschlossen oder vertraglich unterfertigt werden.

2/3/4. VO zu § 12a Abs. 9
Nicht klimaschädliche Infrastrukturprojekte-VO

BGBl II 2023/319

Verordnung des Bundesministers für Finanzen über nicht klimaschädliche Infrastrukturprojekte für Zwecke der Zinsschranke (Nicht klimaschädliche Infrastrukturprojekte-VO)

Aufgrund des § 12a Abs. 9 des Körperschaftsteuergesetzes 1988 – KStG 1988, BGBl. Nr. 401/1988, zuletzt geändert durch das Bundesgesetz BGBl. I Nr. 110/2023, wird im Einvernehmen mit der Bundesministerin für Klimaschutz, Umwelt, Energie, Mobilität, Innovation und Technologie verordnet:

§ 1. (1) Gemäß § 12a Abs. 9 KStG 1988 bleiben bei der Ermittlung des Zinsüberhangs im Sinne des § 12a Abs. 3 KStG 1988 Zinsaufwendungen außer Ansatz, die nachweislich und ausschließlich zur Finanzierung von langfristigen öffentlichen Infrastrukturprojekten innerhalb der Europäischen Union von allgemeinem öffentlichen Interesse verwendet werden; dies gilt korrespondierend für Einkünfte aus solchen Infrastrukturprojekten bei der Ermittlung des steuerlichen EBITDA im Sinne des § 12a Abs. 4 KStG 1988. Ausgenommen davon sind Atomkraftwerke und klimaschädliche Infrastrukturprojekte.

(2) Ein Infrastrukturprojekt ist für Zwecke des § 12a Abs. 9 KStG 1988 nicht klimaschädlich, wenn es sämtliche folgende Voraussetzungen erfüllt:
1. Das Infrastrukturprojekt ist nicht für den Transport oder die Lagerung fossiler Brennstoffe bestimmt.
2. Das Infrastrukturprojekt wird einer Klimaanpassungsprüfung im Sinne des Anhangs II der Delegierten Verordnung (EU) 2021/2139 der Kommission vom 4. Juni 2021 zur Ergänzung der Verordnung (EU) 2020/852 des Europäischen Parlaments und des Rates nach den geeigneten Verfahren zur Sicherung der Klimaverträglichkeit unterzogen, anhand der der Nachweis erbracht wird, dass sich durch das Infrastrukturprojekt die relativen Treibhausgasemissionen nicht erhöhen.

Soweit für das Infrastrukturprojekt im Anhang II der Delegierten Verordnung (EU) 2021/2139 über Z 1 und 2 hinausgehende oder davon abweichende Kriterien zur Vermeidung erheblicher Beeinträchtigungen im Bereich Klimaschutz vorgesehen sind, sind diese zu erfüllen.

(3) Lässt der Steuerpflichtige bei der Ermittlung des Zinsüberhangs aufgrund von § 12a Abs. 9 KStG 1988 erstmals Zinsaufwendungen außer Ansatz, hat er unter Zugrundelegung eines Gutachtens (Abs. 4) glaubhaft zu machen, dass es sich um kein klimaschädliches Infrastrukturprojekt nach Maßgabe von Abs. 2 handelt. Das Gutachten ist der Körperschaftsteuererklärung anzuschließen.

(4) Das Gutachten gemäß Abs. 3 muss nach dem aktuellen Stand der Technik und Wissenschaften erstellt werden und für die Beurteilung geeignet sein, dass keine Klimaschädlichkeit im Sinne des Abs. 2 vorliegt; diese Beurteilung muss dabei verständlich dokumentiert und zusammengefasst werden. Das Gutachten ist von
1. einem Ziviltechniker oder Ingenieurbüro mit einschlägigem Fachgebiet oder
2. einem allgemein beeideten und gerichtlich zertifizierten Sachverständigen mit einschlägigem Fachgebiet oder
3. von der Umweltbundesamt GmbH oder
4. einem unabhängigen, staatlich anerkannten Wissenschaftler

zu erstellen.

§ 2. Diese Verordnung ist erstmals auf Wirtschaftsjahre anzuwenden, die nach dem 31. Dezember 2020 beginnen. Wurden für Wirtschaftsjahre, die vor dem 1. Jänner 2023 begonnen haben, Zinsaufwendungen aufgrund von § 12a Abs. 9 KStG 1988 bei der Ermittlung des Zinsüberhangs vom Steuerpflichtigen bereits außer Ansatz gelassen, hat der Steuerpflichtige ein Gutachten nach Maßgabe von § 1 Abs. 3 und 4 dem zuständigen Finanzamt bis spätestens 30. Juni 2024 zu übermitteln; wurden Zinsaufwendungen bei der Ermittlung des Zinsüberhangs hingegen nicht außer Ansatz gelassen, gilt die Übermittlung des Gutachtens als rückwirkendes Ereignis im Sinne des § 295a BAO.

3. UmgrStG

3. UMGRÜNDUNGSSTEUER

Inhaltsverzeichnis

3/1. Umgründungssteuergesetz .... Seite 427

3/2. Sonstige Gesetze

- 3/2/1. BG über die **Umwandlung** von Handelsgesellschaften, BGBl 1996/304 (Art XIV) idF
  1 BGBl I 2005/120 (HaRÄG)   **2** BGBl I 2006/75 (ÜbRÄG 2006)
  3 BGBl I 2007/72 (GesRÄG 2007)   **4** BGBl I 2009/71 (AktRÄG 2009)
  5 BGBl I 2023/78 (GesMobG) .... Seite 462

- 3/2/2. BG über die **Spaltung von Kapitalgesellschaften**, BGBl 1996/304 idF
  1 BGBl I 1998/125   **2** BGBl I 2005/75 (VfGH)
  3 BGBl I 2006/75 (ÜbRÄG 2006)   **4** BGBl I 2008/70 (URÄG 2008)
  5 BGBl I 2009/71 (AktRÄG 2009)   **6** BGBl I 2010/58 (IRÄ-BG)
  7 BGBl I 2011/53 (GesRÄG 2011)   **8** BGBl I 2015/112 (SRÄG 2015)
  9 BGBl I 2017/107   **10** BGBl I 2022/186 (GesDigG 2022) Seite 465

- 3/2/3. BG über die **Spaltung von Genossenschaften** – Genossenschaftsspaltungsgesetz (GenSpaltG), BGBl I 2018/69 .... Seite 475

- 3/2/4. Bundesgesetz über grenzüberschreitende Umgründungen von Kapitalgesellschaften in der Europäischen Union **(EU-Umgründungsgesetz – EU-UmgrG)**, BGBl I 2023/78 (GesMobG) .... Seite 482

UmgrStG
UmwG
SpaltG
GenSpaltG
EU-UmgrG

3/1. UmgrStG

3/1. Umgründungssteuergesetz

Umgründungssteuergesetz, BGBl 1991/699 idF

1 BGBl 1993/818	2 BGBl 1994/680	3 BGBl 1994/681
4 BGBl 1995/21	5 BGBl 1996/201 (StruktAnpG 1996)	6 BGBl 1996/797 (AbgÄG 1996)
7 BGBl I 1998/9 (AbgÄG 1997)	8 BGBl I 1999/28 (AbgÄG 1998)	9 BGBl I 1999/106 (StReformG 2000)
10 BGBl I 2000/22 (VfGH)	11 BGBl I 2000/142 (BudgetbegleitG 2001)	12 BGBl I 2001/47 (BudgetbegleitG 2002)
13 BGBl I 2001/144 (AbgÄG 2001)	14 BGBl I 2003/71 (BudgetbegleitG 2003)	15 BGBl I 2003/124 (AbgÄG 2003)
16 BGBl I 2004/180 (AbgÄG 2004)	17 BGBl I 2005/161 (AbgÄG 2005)	18 BGBl I 2007/24 (BudBG 2007)
19 BGBl I 2007/99 (AbgSiG 2007)	20 BGBl I 2008/2 (1. BVRBG)	21 BGBl I 2010/9
22 BGBl I 2010/34 (AbgÄG 2010)	23 BGBl I 2010/111 (BudBG 2011)	24 BGBl I 2011/79 (VfGH)
25 BGBl I 2011/112 (BudBG 2012)	26 BGBl I 2012/112 (AbgÄG 2012)	27 BGBl I 2014/13 (AbgÄG 2014)
28 BGBl I 2014/105 (2. AbgÄG 2014)	29 BGBl I 2015/34 (VAG 2016)	30 BGBl I 2015/118 (StRefG 2015/16)
31 BGBl I 2015/163 (AbgÄG 2015)	32 BGBl I 2016/117 (AbgÄG 2016)	33 BGBl I 2018/62 (JStG 2018)
34 BGBl I 2018/69	35 BGBl I 2019/103 (StRefG 2020)	36 BGBl I 2019/104 (FORG)
37 BGBl I 2020/1 (VfGH)	38 BGBl I 2022/10 (ÖkoStRefG 2022)	39 BGBl I 2022/108 (AbgÄG 2022)
40 BGBl I 2023/110 (AbgÄG 2023)	41 BGBl I 2023/200 (Start-Up-FG)	

UmgrStG
UmwG
SpaltG
GenSpaltG
EU-UmgrG

GLIEDERUNG

1. TEIL: UMGRÜNDUNGSSTEUERGESETZ

1. HAUPTSTÜCK: Umgründungen

Artikel I: Verschmelzung
- § 1. Anwendungsbereich
- § 2. Übertragende Körperschaft
- § 3. Übernehmende Körperschaft
- § 4. Verlustabzug
- § 5. Behandlung der Anteilsinhaber
- § 6. Sonstige Rechtsfolgen der Verschmelzung

Artikel II: Umwandlung
- § 7. Anwendungsbereich
- § 8. Übertragende Körperschaft
- § 9. Rechtsnachfolger
- § 10. Verlustabzug
- § 11. Sonstige Rechtsfolgen der Umwandlung

Artikel III: Einbringung
- § 12. Anwendungsbereich
- § 13. Einbringungsstichtag
- § 14. Der Einbringende
- § 15. Einbringungsbilanz
- § 16. Bewertung von Betriebsvermögen
- § 17. Bewertung der nicht zu einem inländischen Betriebsvermögen gehörenden Kapitalanteile
- § 18. Die übernehmende Körperschaft
- § 19. Die Gegenleistung
- § 20. Die Anteile an der übernehmenden Körperschaft
- § 21. Verlustabzug
- § 22. Sonstige Rechtsfolgen der Einbringung

Artikel IV: Zusammenschluß
- § 23. Anwendungsbereich
- § 24. Übertragungsvorgang
- § 25. Die übernehmende Personengesellschaft
- § 26. Sonstige Rechtsfolgen des Zusammenschlusses

Artikel V: Realteilung
- § 27. Anwendungsbereich
- § 28. Teilungsvorgang
- § 29. Bewertung des Betriebsvermögens in der Teilungsbilanz
- § 30. Der Nachfolgeunternehmer
- § 31. Sonstige Rechtsfolgen der Realteilung

3/1. UmgrStG

Artikel VI: Spaltung
- § 32. Anwendungsbereich
- § 33. Spaltende Körperschaft
- § 34. Neue oder übernehmende Körperschaften
- § 35. Verlustabzug
- § 36. Behandlung der Anteilsinhaber bei einer verhältniswahrenden Spaltung
- § 37. Behandlung der Anteilsinhaber bei einer nicht verhältniswahrenden Spaltung
- § 38. Sonstige Rechtsfolgen der Spaltung
- § 38a. Steuerspaltungen
- § 38b. Spaltungsvertrag
- § 38c. Spaltende Körperschaft
- § 38d. Behandlung der Anteilsinhaber bei einer die Beteiligungsverhältnisse wahrenden Spaltung
- § 38e. Behandlung der Anteilsinhaber bei einer die Beteiligungsverhältnisse nicht wahrenden Spaltung
- § 38f. Sonstige Rechtsfolgen der Spaltung

2. HAUPTSTÜCK: Ergänzende Vorschriften
- § 39. Mehrfache Umgründungen auf einen Stichtag
- § 40. Rechtsgrundlage der Umgründungen
- § 41. Lohnsteuerliche Verhältnisse
- § 42. Vertragsübernahme
- § 43. Anzeige- und Evidenzpflicht
- § 44. Mißbräuchliche Umgründungen
- § 45. Verweisung auf andere Bundesgesetze

3. TEIL: ÜBERGANGS- UND SCHLUSSBESTIMMUNGEN

4. TEIL: VOLLZIEHUNG

Anlage

STICHWORTVERZEICHNIS

A
Abfindung, mit bestehenden Anteilen
– Anschaffungskosten § 20 (3)
– Einbringung § 19 (2)
Abfindung, mit eigenen Anteilen, Einbringung § 19 (2)
abfindungsberechtigte Anteilsinhaber, Umwandlung § 11 (2)
Abspaltung § 32 (1)
– Einschränkung des Besteuerungsrechts § 32 (1a)
Aktivposten, für Einlagen, Einbringung § 16 (5)
Änderung der Struktur, Verschmelzung § 4
Anteilsinhaber
– verhältniswahrende Spaltung § 36 (1)
– verhältniswahrende Steuerspaltung § 38d
– Verschmelzung § 5 (1 ff)
Anteilstausch
– Spaltung § 37 (1)
– Verschmelzung § 5 (1)
Anzeigepflicht § 43
Äquivalenzverletzung
– Einbringung § 22 (1)
– Realteilung § 31 (1)
– Spaltung § 38 (4)
– Steuerspaltung § 38f (1)
– Verschmelzung § 6 (2)
– Zusammenschluss § 26 (1)
Arbeitgebereigenschaft § 41
– Spaltung § 38 (1)
– Umwandlung § 11 (1)
– Verschmelzung § 6 (1)
Arbeitnehmer, Zusammenschluss § 26 (2)
Aufgabe, Anteile an einbringender Mitunternehmerschaft § 19 (2)
Aufspaltung § 32 (1)
Aufwertungsoption
– Einbringung, Grund und Boden § 16 (6)
– Zusammenschluss, Grund und Boden § 24 (3)
Aufwertungsoption, Einbringung § 16 (2), (3)
ausländische Körperschaft, Einbringung § 12 (3)
ausländisches Vermögen, Einbringung § 16 (3)
Ausschüttungsfiktion, Umwandlung § 9 (6)

B
Beschäftigung, Einbringung § 18 (3)
Beteiligungsgleichheit
– Anschaffungskosten § 20 (4)
– Einbringung § 19 (2)
Betrieb, Einbringung § 12 (2)
Buchgewinn
– Einbringung §§ 18 (6), 20 (4)
– Spaltung §§ 33 (7), 34 (2)
– Umwandlung § 9 (2)
– Verschmelzung § 3 (2)
Buchverlust
– Einbringung §§ 18 (6), 20 (4)
– Spaltung §§ 33 (7), 34 (2)
– Umwandlung § 9 (2)
– Verschmelzung § 3 (2)
Buchwertfortführung
– Einbringung §§ 14 (1), 18 (1)
– Realteilung § 30 (1)
– Spaltung § 36 (2)
– Steuerspaltung §§ 38d (1 f), 38e (1 f)
– Umwandlung §§ 8 (1), 9 (1)
– Umwandlung, Ausnahmen § 8 (2)
– Verschmelzung, übernehmende Körperschaft § 3 (1)
– Verschmelzung, übertragende Körperschaft § 2 (1)
– Zusammenschluss §§ 24 (2), 25 (1)

3/1. UmgrStG

UmgrStG
UmwG
SpaltG
GenSpaltG
EU-UmgrG

C
Confusio, Verschmelzung § 3 (3)

D
Darlehensvertrag, Vertragsübernahme § 42

E
Eigentumsgleichheit § 19 (2)
Einbringung § 12 ff
– Abfindung mit bestehenden Anteilen § 19 (2)
– Abfindung mit bestehenden Anteilen, Anschaffungskosten § 20 (3)
– Aktivposten für Einlagen § 16 (5)
– Anteilstausch § 16 (1a)
– Äquivalenzverletzung § 22 (1)
– Aufwertungsoption § 16 (3)
– Aufwertungsoption, Grund und Boden § 16 (6)
– ausländisches Vermögen § 16 (3)
– Betrieb, Teilbetrieb § 12 (2)
– Bewertung außerbetrieblicher Kapitalanteile § 17 (1)
– Bewertung außerbetrieblicher Kapitalanteile, Aufwertung § 17 (2)
– Bewertung außerbetrieblicher Kapitalanteile, Nichtfestsetzung § 17 (1a)
– Buchgewinn, Buchverlust §§ 18 (6), 20 (4)
– Buchwerteinbringung §§ 14 (1), 16 (1), 18 (1)
– Definition § 12 (1)
– Dienstverhältnis § 22 (2)
– Einbringender § 14 (1 f)
– Einbringungsbilanz § 15
– Einbringungsstichtag § 13 (1 f)
– Einbringungsstichtag, Ersatzstichtag § 13 (2)
– Einbringungsstichtag, rückbezogener § 13 (1)
– Einbringungsstichtag, Zurechnung des Vermögens § 13 (2)
– Einbringungsvertrag § 12 (1)
– Einlagen im Rückwirkungszeitraum § 16 (5)
– Entnahmen im Rückwirkungszeitraum § 16 (5)
– Entstrickung § 16 (2)
– Gebühren § 22 (4)
– Gegenleistung § 19 (1 ff)
– Gewährung neuer Anteile § 19 (1)
– Gewährung neuer Anteile, Ausnahmen § 19 (2)
– Gewinnausschüttungen einbringender Körperschaften § 16 (5)
– Grund und Boden, Aufwertungsoption § 16 (6)
– Grund und Boden, übernehmende Körperschaft § 18 (5)
– Grunderwerbsteuer § 22 (5)
– internationale Schachtelbeteiligung §§ 14 (1), 16 (1a), 18 (4), 20 (7)
– Kapitalanteil § 12 (2)
– Mantelkauf § 21
– Meldung beim Finanzamt § 13 (1)
– Mitunternehmeranteil § 12 (2)
– Mitunternehmerschaften § 16 (4)
– neue Anteile, Anschaffungskosten § 20 (2)
– neue Anteile, Anschaffungszeitpunkt § 20 (1)
– nichtsteuerverstrickte Kapitalanteile § 20 (6)
– Passivposten für Entnahmen § 16 (5)
– positiver Verkehrswert § 12 (1)
– Rechtsbeziehungen, Einbringender zur übernehmenden Körperschaft § 18 (3)
– Rückwirkungsfiktion § 14 (2)
– Sacheinlagevertrag § 12 (1)
– übernehmende Körperschaft §§ 12 (3), 18 (1 ff)
– übernehmende Körperschaft, Ausschüttungsfiktion § 18 (2)
– übernehmende Körperschaft, außerbetriebliche Kapitalanteile § 18 (1)
– übernehmende Körperschaft, Passivposten § 18 (2)
– Umsatzsteuer § 22 (3)
– Verlustabzug § 21
– Vermögen, Definition § 12 (2)
– zurückbehaltene Wirtschaftsgüter § 16 (5)
– Zuzahlungen § 19 (3)
Einkommensermittlung
– übertragende Körperschaft, Handelsspaltung § 33 (1)
– übertragende Körperschaft, Verschmelzung § 2 (3)
– Umwandlung § 8 (3)
Einlagen
– Einbringung, Rückwirkungszeitraum § 16 (5)
– nach Umwandlungsstichtag § 8 (4)
– nach Verschmelzungsstichtag § 2 (4)
Entstrickung, Einbringung § 16 (2)
errichtende Umwandlung § 7 (1)

F
Firmenwert, Verschmelzung § 3 (2)
Forderungen, aus Leistungsbeziehungen, Umwandlung § 9 (5)

G
Gebühren
– Einbringung § 22 (4)
– Realteilung § 31 (2)
– Steuerspaltung § 38f (3)
– Zusammenschluss § 26 (3)
Gegenleistung, Einbringung § 19 (1 ff)
Gewährung neuer Anteile
– Einbringung § 19 (1)
– Einbringung, Unterbleiben § 19 (2)
Gewinnausschüttung
– Einbringung, Rückwirkungszeitraum § 16 (5)
– nach Umwandlungsstichtag § 8 (4)
– nach Verschmelzungsstichtag § 2 (4)
Gewinnermittlung
– spaltende Körperschaft, Handelsspaltung § 33 (1)
– Umwandlung § 8 (1)
– Verschmelzung § 2 (1)
Gewinnverwirklichung im Ausland

3/1. UmgrStG

- Spaltung § 33 (2)
- Umwandlung § 8 (2)
- Verschmelzung § 2 (2)

Grunderwerbsteuer
- Einbringung § 22 (5)
- Realteilung § 31 (3)
- Spaltung § 38 (5)
- Umwandlung § 11 (4)
- Verschmelzung § 6 (5)
- Zusammenschluss § 26 (4)

Grund und Boden
- Einbringung § 18 (5)
- Realteilung § 30 (4)
- Zusammenschluss §§ 24 (3), 25 (5)

I
internationale Schachtelbeteiligung
- Einbringung §§ 14 (1), 18 (4), 20 (7)
- Realteilung § 30 (3)
- Spaltung §§ 34 (3), 36 (5)
- Steuerspaltung § 38d (4)
- Umwandlung § 9 (4)
- Verschmelzung §§ 3 (4), 5 (7)
- Zusammenschluss § 25 (3)

K
Kapitalanteil, Einbringung § 12 (2)
Kapitalanteile, nicht im Betriebsvermögen, Einbringung § 17 (1)
Kreditgewährung, Einbringung § 18 (3)
Kreditvertrag, Vertragsübernahme § 42

L
lohnsteuerliche Verhältnisse § 41

M
Mantelkauf
- Einbringung § 21
- Spaltung § 35
- Umwandlung § 10
- Verschmelzung § 4

Meldung § 43
Mindeststeuer, Umwandlung § 9 (8)
Mitunternehmeranteil, Einbringung § 12 (2)

N
neue Anteile
- Einbringung, Anschaffungskosten § 20 (2)
- Einbringung, Anschaffungszeitpunkt § 20 (1)
- Spaltung § 37 (2)
- Verschmelzung § 5 (2)

Nutzungsüberlassung, Einbringung § 18 (3)

P
Passivposten, für Entnahmen, Einbringung § 16 (5)
Personengesellschaft
- Realteilung § 27 (4)
- Zusammenschluss § 23 (3)

positiver Verkehrswert
- Einbringung § 12 (1)
- Realteilung § 27 (1)
- Zusammenschluss § 23 (1)

R
Realteilung § 27 ff
- Äquivalenzverletzung § 31 (1)
- Ausgleichsposten § 29 (1)
- Ausgleichsposten, gesonderte § 29 (1)
- Ausgleichszahlung § 29 (2)
- ausländisches Vermögen § 29 (1)
- Betrieb, Teilbetrieb § 27 (2)
- Bewertung Betriebsvermögen § 29 (1 f)
- Buchwertteilung § 29 (1)
- Definition § 27 (1)
- Entstehung Besteuerungsrecht § 30 (1)
- Entstrickung § 29 (1)
- Forstbetrieb, Teilbetriebsfiktion § 27 (3)
- Gebühren § 31 (2)
- Grunderwerbsteuer § 31 (3)
- Grundstücke § 29 (1)
- Grund und Boden, Altvermögen § 30 (4)
- internationale Schachtelbeteiligung § 30 (3)
- Kapitalvermögen § 29 (1)
- Kundenstock, Klientenstock, Teilbetriebsfiktion § 27 (3)
- mandantenorientierte Berufsgruppen, Teilbetriebsfiktion § 27 (3)
- Meldung beim Finanzamt § 28
- Mitunternehmeranteil § 27 (2)
- Nachfolgeunternehmer § 30 (1 ff)
- Nachfolgeunternehmer, Gesamtrechtsnachfolge § 30 (1)
- Personengesellschaft § 27 (4)
- positiver Verkehrswert § 27 (1)
- Rückwirkungsfiktion § 30 (2)
- Teilbetriebsfiktion § 27 (3)
- Teilungsbilanz §§ 27 (1), 28
- Teilungsstichtag § 28
- Teilungsvertrag § 27 (1)
- Teilungsvorgang § 28
- Umsatzsteuer § 31 (1)
- Vermögen, Definition § 27 (2)
- Vorsorge, Verschiebung Steuerbelastung § 29 (1)

Rechtsbeziehungen, Einbringender zur übernehmenden Körperschaft § 18 (3)
Rechtsnachfolger, Umwandlung §§ 7 (3), 9 (1 ff)
Rückwirkungsfiktion
- Einbringung § 14 (2)
- Realteilung § 30 (2)
- Spaltung § 33 (3)
- Umwandlung § 8 (3)
- Verschmelzung § 2 (3)
- Zusammenschluss § 24 (1)

S
Spaltung § 32 ff
- Abspaltung, Rückwirkungszeitraum § 33 (5)
- Anteilstausch § 37 (1)
- Äquivalenzverletzung § 38 (4)
- Arbeitgebereigenschaft § 38 (1)
- Arten § 32 (1)
- ausländisches Vermögen § 33 (2)
- Barabfindungsangebot, Annahme § 38 (2)
- Betrieb, Teilbetrieb § 32 (2)
- Buchgewinn, Buchverlust §§ 33 (7), 34 (2)
- Buchwertfortführung § 34 (1)

3/1. UmgrStG

UmgrStG
UmwG
SpaltG
GenSpaltG
EU-UmgrG

- Einlagen, spaltende Körperschaft § 33 (4)
- Einlagenrückzahlungen, spaltende Körperschaft § 33 (4)
- Einschränkung des Besteuerungsrechts § 36 (1a)
- Entstehung des Besteuerungsrechts § 34 (1a)
- Forstbetrieb, Teilbetriebsfiktion § 32 (3)
- Gewinnausschüttung, spaltende Körperschaft § 33 (4)
- Grunderwerbsteuer § 38 (5)
- internationale Schachtelbeteiligung § 34 (3)
- Kapitalanteil § 32 (2)
- Kundenstock, Klientenstock, Teilbetriebsfiktion § 32 (3)
- mandantenorientierte Berufsgruppen, Teilbetriebsfiktion § 32 (3)
- Mantelkauf § 35
- Mitunternehmeranteil § 32 (2)
- nichtverhältniswahrende § 37 (1)
- nichtverhältniswahrende, Buchwertfortführung § 37 (3)
- nichtverhältniswahrende, neue Anteile § 37 (2)
- nichtverhältniswahrende, Zuzahlungen § 37 (4)
- Restbilanz § 33 (6)
- Rückwirkungsfiktion § 33 (3)
- spaltende Körperschaft § 33 (1)
- Spaltungsstichtag § 33 (6)
- Tätigkeitsvergütungen § 38 (1)
- Teilbetriebsfiktion § 32 (3)
- übernehmende Körperschaft § 34 (1)
- Übertragungsbilanz § 33 (6)
- Umsatzsteuer § 38 (3)
- verhältniswahrende, Anteilsinhaber § 36 (1)
- verhältniswahrende, Anteilstausch § 36 (4)
- verhältniswahrende, Bewertung Anteile § 36 (2)
- verhältniswahrende, Entstrickung § 36 (3)
- verhältniswahrende, internationale Schachtelbeteiligung § 36 (5)
- Verlustabzug § 35
- Vermögen, Definition § 32 (2)

Steuerspaltung § 38a ff
- Abspaltung § 38a (3)
- Äquivalenzverletzung § 38f (1)
- Aufspaltung § 38a (2)
- Definition § 38a (1)
- erfasste Körperschaften § 38a (4)
- Gebühren § 38f (3)
- nichtverhältniswahrende, Anteilsinhaber § 38e
- nicht verhältniswahrende, Ausgleichszahlungen § 38e (3)
- nichtverhältniswahrende, Buchwertfortführung § 38e (1 f)
- nichtverhältniswahrende, Meldung Finanzamt § 38e (4)
- spaltende Körperschaft § 38c
- Spaltungsvertrag § 38b
- Umsatzsteuer § 38f (2)
- verhältniswahrende, Anteilsinhaber § 38d
- verhältniswahrende, Buchwertfortführung § 38d (1 f)

- verhältniswahrende, internationale Schachtelbeteiligung § 38d (4)

T
Tätigkeitsvergütungen
- Spaltung § 38 (1)
- Umwandlung § 11 (1)
tatsächliche Übertragung
- Nachweis, Einbringung § 12 (1)
- Nachweis, Realteilung § 27 (1)
- Nachweis, Zusammenschluss § 23 (1)
Teilbetrieb, Einbringung § 12 (2)
Teilbetriebsfiktion
- Realteilung § 27 (3)
- Spaltung § 32 (3)

U
übernehmende Körperschaft
- Einbringung § 12 (3)
- Einbringung, Verlustabzug § 21
- Spaltung § 34 (1)
- Umwandlung, Verlustabzug § 10
- Verschmelzung § 3 (1 ff)
- Verschmelzung, Verlustabzug § 4
übernehmende Körperschaft, Einbringung § 18 (1 ff)
übernehmende Personengesellschaft, Zusammenschluss § 25 (1 f)
übertragende Körperschaft
- Umwandlung § 8 (1 ff)
- Umwandlung, Verlustabzug § 10
- Verschmelzung § 2 (1 ff)
- Verschmelzung, Verlustabzug § 4
Umgründungen
- mehrere § 39
- missbräuchliche § 44
- Rechtsgrundlage § 40
Umgründungsplan § 39
Umsatzsteuer
- Einbringung § 22 (3)
- Realteilung § 31 (1)
- Spaltung § 38 (3)
- Steuerspaltung § 38f (2)
- Umwandlung § 11 (3)
- Verschmelzung § 6 (4)
- Zusammenschluss § 26 (1)
Umwandlung § 7 ff
- abfindungsberechtigte Anteilsinhaber § 11 (2)
- Arbeitgebereigenschaft § 11 (1)
- Arten § 7 (1)
- Ausschüttungsfiktion § 9 (6)
- Buchgewinn, Buchverlust § 9 (2)
- Buchwertfortführung §§ 8 (1), 9 (1)
- Buchwertfortführung, Ausnahmen § 8 (2)
- Einkommensermittlung § 8 (3)
- Einlagen, übertragende Körperschaft § 8 (4)
- Einlagenrückzahlungen, übertragende Körperschaft § 8 (4)
- Entstrickung § 7 (2)
- errichtende § 7 (1)
- Forderungen, Verbindlichkeiten, Leistungsbeziehungen § 9 (5)

3/1. UmgrStG

- Gewinnausschüttung, übertragende Körperschaft § 8 (4)
- Grunderwerbsteuer § 11 (4)
- internationale Schachtelbeteiligung § 9 (4)
- KESt-Befreiung, Entfall § 9 (9)
- Leistungsbeziehungen, Forderungen, Verbindlichkeiten § 9 (5)
- Mantelkauf § 10
- Mindeststeuer § 9 (8)
- Rechtsnachfolger §§ 7 (3), 9 (1 ff)
- Rückwirkungsfiktion § 8 (3)
- Tätigkeitsvergütungen § 11 (1)
- übertragende Körperschaft § 8 (1 ff)
- Umsatzsteuer § 11 (3)
- Umwandlungsstichtag § 8 (5)
- Verlustabzug § 10
- verschmelzende § 7 (1)
- Wechsel der Gewinnermittlungsart § 9 (3)

Umwandlung im Ausland, anzusetzender Wert § 8 (2)

V

Verbindlichkeiten, aus Leistungsbeziehungen, Umwandlung § 9 (5)
Vereinigung, Aktive und Passive, Verschmelzung § 3 (3)
Verlustabzug
- Einbringung § 21
- Spaltung § 35
- Umwandlung § 10
- Verschmelzung § 4

Vermögen
- Einbringung § 12 (2)
- Realteilung § 27 (2)
- Zusammenschluss § 23 (2)

Vermögensübertragung § 1 (1)
verschmelzende Umwandlung § 7 (1)
Verschmelzung § 1 ff
- Abfindungsangebot § 6 (3)
- Anteilsinhaber § 5 (1 ff)
- Anteilstausch § 5 (1)
- Äquivalenzverletzung § 6 (2)
- Arbeitgebereigenschaft § 6 (1)
- Arten § 1 (1 f)
- Buchgewinn, Buchverlust § 3 (2)
- Buchwertfortführung, übernehmende Körperschaft § 3 (1)
- Confusio § 3 (3)
- Einlagen, übertragende Körperschaft § 2 (4)
- Einlagenrückzahlungen, übertragende Körperschaft § 2 (4)
- Entstrickung §§ 3 (1 ff), 5 (1)
- Firmenwert § 3 (2)
- Gewinnausschüttung, übertragende Körperschaft § 2 (4)
- Gewinnermittlung § 2 (1)
- Grunderwerbsteuer § 6 (5)
- im Ausland, anzusetzender Wert § 2 (2)
- internationale Schachtelbeteiligung §§ 3 (4), 5 (7)
- Mantelkauf § 4
- neue Anteile § 5 (2)
- Rückwirkungsfiktion § 2 (3)
- übereinstimmende Beteiligungsverhältnisse § 5 (5)
- übernehmende Körperschaft § 3 (1 ff)
- übertragende Körperschaft § 2 (1 ff), (3)
- Umsatzsteuer § 6 (4)
- Verlustabzug § 4
- Verschmelzungsstichtag § 2 (5)
- Verzicht auf Gewährung neuer Anteile § 5 (6)
- Zuzahlung § 5 (1)

Vertragsübernahme § 42
Verweis auf andere Bundesgesetze § 45

W

Wechsel der Gewinnermittlungsart, Umwandlung § 9 (3)

Z

zurückbehaltene Wirtschaftsgüter, Einbringung § 16 (5)
Zusammenschluss § 23 ff
- Äquivalenzverletzung § 26 (1)
- Aufwertung § 24 (2)
- Aufwertungsoption, Grund und Boden § 24 (3)
- ausländisches Vermögen § 24 (1)
- Betrieb, Teilbetrieb § 23 (2)
- Buchwertfortführung §§ 24 (2), 25 (1)
- Definition § 23 (1)
- Entstehung Besteuerungsrecht § 25 (1)
- Entstrickung § 24 (1)
- Gebühren § 26 (3)
- Grunderwerbsteuer § 26 (4)
- Grund und Boden, Altvermögen § 25 (5)
- Grund und Boden, Aufwertungsoption § 24 (3)
- internationale Schachtelbeteiligung § 25 (3)
- KESt-Befreiung, Entfall § 25 (4)
- Meldung beim Finanzamt § 24 (1)
- Mitunternehmeranteil § 23 (2)
- Personengesellschaft § 23 (3)
- positiver Verkehrswert § 23 (1)
- Rückwirkungsfiktion § 24 (1)
- Teilnahme von Arbeitnehmern § 26 (2)
- übernehmende Personengesellschaft § 25 (1 f), (2)
- Übertragungsvorgang § 24 (1 f)
- Umsatzsteuer § 26 (1)
- Vermögen, Definition § 23 (2)
- Vorsorge, Verschiebung Steuerbelastung § 24 (2)
- Zusammenschlussbilanz §§ 23 (1), 24 (1)
- Zusammenschlussvertrag § 23 (1)

Zuzahlung, Einbringung § 19 (2), (3)
Zuzahlung, Verschmelzung § 5 (1)

3/1. UmgrStG

Bundesgesetz, mit dem abgabenrechtliche Maßnahmen bei der Umgründung von Unternehmen getroffen werden (Umgründungssteuergesetz – UmgrStG)

1. TEIL
UMGRÜNDUNGSSTEUERGESETZ

1. HAUPTSTÜCK
Umgründungen

Artikel I
Verschmelzung

Anwendungsbereich

§ 1. (1) Verschmelzungen im Sinne dieses Bundesgesetzes sind
1. Verschmelzungen auf Grund gesellschaftsrechtlicher Vorschriften,
2. Verschmelzungen im Sinne gesellschaftsrechtlicher Vorschriften auf Grund anderer Gesetze,
3. Vermögensübertragungen im Sinne des § 236 des Aktiengesetzes und
   (BGBl I 2015/34)
4. Verschmelzungen ausländischer Körperschaften im Ausland auf Grund vergleichbarer Vorschriften.

(2) Abs. 1 Z 1 bis 4 findet nur insoweit Anwendung, als das Besteuerungsrecht der Republik Österreich hinsichtlich der stillen Reserven einschließlich eines allfälligen Firmenwertes bei der übernehmenden Körperschaft nicht eingeschränkt wird. Soweit bei der Verschmelzung auf eine übernehmende
– in der Anlage genannte Gesellschaft eines Mitgliedstaates der Europäischen Union oder
– den Kapitalgesellschaften vergleichbare Gesellschaft eines Staates des Europäischen Wirtschaftsraumes,
   (BGBl I 2018/62)

die auch den Ort der Geschäftsleitung in einem Mitgliedstaat der Europäischen Union oder in einem Staat des Europäischen Wirtschaftsraumes hat, eine Steuerpflicht nach § 20 des Körperschaftsteuergesetzes 1988 entsteht, ist die Abgabenschuld auf Antrag in Raten zu entrichten; dabei sind § 6 Z 6 lit. d bis e des Einkommensteuergesetzes 1988 sinngemäß anzuwenden.
(AbgÄG 2023, BGBl I 2023/110)

(3) Auf Verschmelzungen sind die §§ 2 bis 6 anzuwenden.

Übertragende Körperschaft

§ 2. (1) Bei der Ermittlung des Gewinnes ist für das mit dem Verschmelzungsstichtag endende Wirtschaftsjahr das Betriebsvermögen mit dem Wert anzusetzen, der sich nach den steuerrechtlichen Vorschriften über die Gewinnermittlung ergibt.

(2) Abweichend von Abs. 1 kann
1. bei Verschmelzungen im Sinne des § 1 Abs. 1 Z 1 bis 3 das ausländische Vermögen und
2. bei Verschmelzungen im Sinne des § 1 Abs. 1 Z 4 das Betriebsvermögen und sonstige Vermögensteile

mit dem sich aus § 20 des Körperschaftsteuergesetzes 1988 ergebenden Wert angesetzt werden, wenn die Verschmelzung im Ausland zur Gewinnverwirklichung führt und mit dem in Betracht kommenden ausländischen Staat ein Doppelbesteuerungsabkommen besteht, das dafür die Anrechnungsmethode vorsieht, oder eine vergleichbare innerstaatliche Maßnahme zur Vermeidung der Doppelbesteuerung getroffen wurde.

(3) Das Einkommen der übertragenden Körperschaft ist so zu ermitteln, als ob der Vermögensübergang mit Ablauf des Verschmelzungsstichtages erfolgt wäre.

(4) Abs. 3 gilt nicht für Gewinnausschüttungen der übertragenden Körperschaft auf Grund von Beschlüssen nach dem Verschmelzungsstichtag sowie für
– die Einlagenrückzahlung im Sinne des § 4 Abs. 12 des Einkommensteuergesetzes 1988 durch die übertragende Körperschaft und
– Einlagen im Sinne des § 8 Abs. 1 des Körperschaftsteuergesetzes 1988 in die übertragende Körperschaft

in der Zeit zwischen dem Verschmelzungsstichtag und dem Tag des Abschlusses des Verschmelzungsvertrages.

(5) Verschmelzungsstichtag ist der Tag, zu dem die Schlußbilanz aufgestellt ist, die der Verschmelzung zugrunde gelegt wird. Zum Verschmelzungsstichtag ist weiters eine Verschmelzungsbilanz aufzustellen, in der die nach Abs. 1 oder 2 steuerlich maßgebenden Buchwerte oder Werte und das sich daraus ergebende Verschmelzungskapital unter Berücksichtigung nachträglicher Veränderungen im Sinne des Abs. 4 darzustellen sind.

Übernehmende Körperschaft

§ 3. (1) Für die übernehmende Körperschaft gilt Folgendes:
1. Sie hat die zum Verschmelzungsstichtag steuerlich maßgebenden Buchwerte im Sinne des § 2 fortzuführen.
2. Soweit das Besteuerungsrecht der Republik Österreich hinsichtlich des übernommenen Vermögens entsteht, gilt Folgendes:
   – Das übernommene Vermögen ist mit dem gemeinen Wert anzusetzen.
   – Wird Vermögen ganz oder teilweise übernommen, für das die Abgabenschuld bei der übernehmenden Körperschaft oder einer konzernzugehörigen Körperschaft der übernehmenden Körperschaft nicht festgesetzt worden ist oder gemäß § 16 Abs. 1a nicht entstanden ist, sind die fortgeschriebenen Buchwerte, höchstens aber die gemeinen Werte anzusetzen. Die spätere Veräu-

ßerung oder das sonstige Ausscheiden gilt nicht als rückwirkendes Ereignis im Sinn des § 295a der Bundesabgabenordnung. Weist die übernehmende Körperschaft nach, daß Wertsteigerungen im übrigen EU/EWR-Raum eingetreten sind, sind diese vom Veräußerungserlös oder vom gemeinen Wert im Zeitpunkt des Ausscheidens abzuziehen.

(BGBl I 2015/163)

3. Ist die übernehmende Körperschaft oder ein konzernzugehöriges Unternehmen der übernehmenden Körperschaft am Verschmelzungsstichtag an der übertragenden ausländischen Körperschaft beteiligt und würden die Gewinnanteile der übertragenden Körperschaft bei der übernehmenden Körperschaft oder dem konzernzugehörigen Unternehmen am Verschmelzungsstichtag § 10 Abs. 4 oder Abs. 5 in der Fassung vor BGBl. I Nr. 62/2018 oder § 10a Abs. 7 des Körperschaftsteuergesetzes 1988 unterliegen, gilt der Unterschiedsbetrag zwischen dem Verschmelzungskapital im Sinne des § 2 Abs. 5 und den vorhandenen Einlagen im Sinne des § 4 Abs. 12 des Einkommensteuergesetzes 1988 zum Verschmelzungsstichtag mit dem Beginn des auf den Verschmelzungsstichtag folgenden Tages als offen ausgeschüttet. Dies gilt nur für Gewinne der übertragenden Körperschaft aus Wirtschaftsjahren, die vor dem 1. Jänner 2019 geendet haben. Der Steuerpflichtige hat nachzuweisen, dass die Einlagen nicht aus Gesellschaftsmitteln stammen.

(BGBl I 2018/62)

4. § 2 Abs. 3 gilt mit dem Beginn des auf den Verschmelzungsstichtag folgenden Tages.

(2) Buchgewinne und Buchverluste bleiben bei der Gewinnermittlung außer Ansatz.

(3) Unabhängig vom Vorliegen eines Buchgewinnes oder verlustes sind Veränderungen des Betriebsvermögens, die aus der Vereinigung von Aktiven und Passiven (Confusio) stammen, in dem dem Verschmelzungsstichtag folgenden Wirtschaftsjahr zu berücksichtigen.

(4) Entsteht durch die Verschmelzung bei der übernehmenden Körperschaft eine internationale Schachtelbeteiligung im Sinne des § 10 Abs. 2 des Körperschaftsteuergesetzes 1988 oder wird ihr Ausmaß erweitert, ist hinsichtlich der bisher nicht steuerbegünstigten Beteiligungsquoten auf den Unterschiedsbetrag zwischen den Buchwerten und den höheren Teilwerten § 10 Abs. 3 erster Satz des Körperschaftsteuergesetzes 1988 nicht anzuwenden.

Verlustabzug

§ 4. § 8 Abs. 4 Z 2 des Körperschaftsteuergesetzes 1988 ist nach Maßgabe folgender Bestimmungen anzuwenden:

1. a) Verluste der übertragenden Körperschaft, die bis zum Verschmelzungsstichtag entstanden und noch nicht verrechnet sind, gelten im Rahmen der Buchwertfortführung ab dem dem Verschmelzungsstichtag folgenden Veranlagungszeitraum der übernehmenden Körperschaft insoweit als abzugsfähige Verluste dieser Körperschaft, als sie den übertragenen Betrieben, Teilbetrieben oder nicht einem Betrieb zurechenbaren Vermögensteilen zugerechnet werden können. Voraussetzung ist weiters, daß das übertragene Vermögen am Verschmelzungsstichtag tatsächlich vorhanden ist.

   b) Verluste der übernehmenden Körperschaft, die bis zum Verschmelzungsstichtag entstanden und noch nicht verrechnet sind, bleiben abzugsfähig, soweit die Betriebe, Teilbetriebe oder nicht einem Betrieb zurechenbaren Vermögensteile, die die Verluste verursacht haben, am Verschmelzungsstichtag tatsächlich vorhanden sind.

   c) Ist in den Fällen der lit. a und b der Umfang der Betriebe, Teilbetriebe oder nicht einem Betrieb zurechenbaren Vermögensteile am Verschmelzungsstichtag gegenüber jenem im Zeitpunkt des Entstehens der Verluste derart vermindert, daß nach dem Gesamtbild der wirtschaftlichen Verhältnisse eine Vergleichbarkeit nicht mehr gegeben ist, ist der von diesen Betrieben, Teilbetrieben oder Vermögensteilen verursachte Verlust vom Abzug ausgeschlossen.

   d) Im Falle der Verschmelzung verbundener Körperschaften sind vortragsfähige Verluste der Körperschaft, an der die Beteiligung besteht, um abzugsfähige Teilwertabschreibungen zu kürzen, die die beteiligte Körperschaft auf die Beteiligung in Wirtschaftsjahren, die nach dem 31. Dezember 1990 geendet haben, vorgenommen hat; die Kürzung vermindert sich insoweit, als in der Folge Zuschreibungen erfolgt sind. Eine Kürzung unterbleibt, wenn eine solche nach dem letzten Satz erfolgt ist. Die Kürzung hat im Falle der Verschmelzung auf die Mutterkörperschaft in dem dem Verschmelzungsstichtag folgenden Veranlagungszeitraum und im Falle der Verschmelzung auf die Tochterkörperschaft in dem Veranlagungszeitraum zu erfolgen, in den der Verschmelzungsstichtag fällt. § 12 Abs. 3 Z 2 des Körperschaftsteuergesetzes 1988 gilt im Falle der Verschmelzung auf die Tochterkörperschaft ab dem Verschmelzungsstichtag folgenden Wirtschaftsjahr und im Übrigen mit der Maßgabe, dass in dem Jahr, in dem die Kürzung zu erfolgen hat, zusätzlich der Unterschiedsbetrag zwischen den insgesamt berücksichtigten Teilen der

Teilwertabschreibung und dem Kürzungsbetrag im Sinne des ersten Satzes zu berücksichtigen ist. Die vorstehenden Bestimmungen gelten sinngemäß auch im Falle der Verschmelzung mittelbar verbundener Körperschaften, soweit abzugsfähige Teilwertabschreibungen auf Verluste zurückzuführen sind, die die mittelbar verbundene Körperschaft erlitten hat.

2. Ein Mantelkauf, der den Abzug von Verlusten ausschließt, liegt auch dann vor, wenn die wesentlichen Änderungen der Struktur zu einem Teil bei der übertragenden und zum anderen Teil bei der übernehmenden Körperschaft erfolgen. Änderungen zum Zwecke der Verbesserung oder Rationalisierung der betrieblichen Struktur im Unternehmenskonzept der übernehmenden Körperschaft stehen Sanierungen im Sinne des § 8 Abs. 4 Z 2 dritter Satz des Körperschaftsteuergesetzes 1988 gleich.

Behandlung der Anteilsinhaber

§ 5. (1) Für die Anteilsinhaber gilt Folgendes:
1. Der Austausch von Anteilen an der übertragenden Körperschaft auf Grund der Verschmelzung gilt nicht als Tausch. Die Anteile an der übernehmenden Körperschaft gelten mit Beginn des dem Verschmelzungsstichtag folgenden Tages als erworben.
2. Zuzahlungen auf Grund gesellschaftsrechtlicher Vorschriften kürzen die Anschaffungskosten oder Buchwerte.
3. Soweit das Besteuerungsrecht der Republik Österreich hinsichtlich des übertragenen Vermögens auf Grund der Verschmelzung eingeschränkt wird, gilt Z 1 auch für Anteilsinhaber, die in einem Staat des EU/EWR-Raumes ansässig sind.

(BGBl I 2018/62)

4. Soweit das Besteuerungsrecht der Republik Österreich hinsichtlich der Anteile der übertragenden Körperschaft an der übernehmenden Körperschaft eingeschränkt wird, sind diese mit den nach § 6 Z 6 lit. a des Einkommensteuergesetzes 1988 maßgebenden Werten anzusetzen, wobei § 6 Z 6 lit. c bis e des Einkommensteuergesetzes 1988 sinngemäß anzuwenden sind.

(BGBl I 2015/163)

5. Werden ausländischen Anteilsinhabern eigene Anteile der übernehmenden Körperschaft gewährt, sind diese mit den nach § 6 Z 6 lit. a des Einkommensteuergesetzes 1988 maßgebenden Werte anzusetzen, wobei § 6 Z 6 lit. c bis e des Einkommensteuergesetzes 1988 sinngemäß anzuwenden sind.

(BGBl I 2015/163)

6. Soweit aufgrund einer Verschmelzung ohne Gewährung einer Gegenleistung das Besteuerungsrecht der Republik Österreich hinsichtlich der Anteile an der übertragenden Körperschaft eingeschränkt wird, gilt Folgendes: Werden in weiterer Folge Anteile an der übernehmenden Körperschaft durch die ausländischen Anteilsinhaber veräußert oder scheiden diese sonst aus dem Betriebsvermögen aus, entsteht insoweit bei den Anteilsinhabern der übertragenden Körperschaft eine Steuerschuld hinsichtlich des Unterschiedsbetrages zwischen dem Buchwert und dem nach § 6 Z 6 lit. a des Einkommensteuergesetzes 1988 maßgebenden Wert der Anteile an der übertragenden Körperschaft zum Verschmelzungsstichtag. Zwischen dem Verschmelzungsstichtag und der Veräußerung (Ausscheiden) eingetretene Wertminderungen sind dabei höchstens im Ausmaß des Unterschiedsbetrages zu berücksichtigen, soweit diese nicht in einem anderen Staat berücksichtigt werden. Die voranstehenden Sätze gelten nicht für Anteile der übernehmenden Körperschaft an der übertragenden Körperschaft.

(AbgÄG 2023, BGBl I 2023/110)

(2) Für neue Anteile sind die Anschaffungszeitpunkte der alten Anteile maßgeblich.

(3) und (4) (aufgehoben)

(5) Unterbleibt die Gewährung von Anteilen, weil die Beteiligungsverhältnisse an der übertragenden und der übernehmenden Körperschaft übereinstimmen (§ 224 Abs. 2 Z 1 des Aktiengesetzes), sind die steuerlich maßgebenden Anschaffungskosten oder Buchwerte der Anteile an der übertragenden Körperschaft den Anteilen an der übernehmenden Körperschaft zuzurechnen.

(6) Unterbleibt die Gewährung von Anteilen, weil Anteilsinhaber der übertragenden Körperschaft auf die Gewährung verzichten (§ 224 Abs. 2 Z 2 des Aktiengesetzes), ist § 3 Abs. 2 anzuwenden.

(7) Für internationale Schachtelbeteiligungen im Sinne des § 10 Abs. 2 des Körperschaftsteuergesetzes 1988 gilt folgendes:
1. Entsteht durch eine Verschmelzung im Sinne des § 1 Abs. 1 bei einer Körperschaft als Anteilsinhaber eine internationale Schachtelbeteiligung oder wird ihr Ausmaß durch neue Anteile oder durch Zurechnung zur bestehenden Beteiligung verändert, ist hinsichtlich der bisher nicht steuerbegünstigten Beteiligungsquoten auf den Unterschiedsbetrag zwischen den Buchwerten und den höheren Teilwerten § 10 Abs. 3 erster Satz des Körperschaftsteuergesetzes 1988 nicht anzuwenden.
2. Geht durch eine Verschmelzung im Sinne des § 1 Abs. 1 die Eigenschaft einer Beteiligung als internationale Schachtelbeteiligung unter, gilt, soweit für sie keine Option zugunsten der Steuerwirksamkeit erklärt worden ist, der höhere Teilwert zum Verschmelzungsstichtag, abzüglich auf Grund einer Umgründung nach diesem Bundesgesetz von § 10 Abs. 3 erster

Satz des Körperschaftsteuergesetzes 1988 ausgenommener Beträge, als Buchwert.

Sonstige Rechtsfolgen der Verschmelzung

§ 6. (1) Die übertragende Körperschaft bleibt bis zu ihrem Erlöschen Arbeitgeber im Sinne des § 47 des Einkommensteuergesetzes 1988. Dies gilt auch für die Beurteilung von Tätigkeitsvergütungen als solche im Sinne des § 22 Z 2 des Einkommensteuergesetzes 1988.

(2) Entsprechen die Beteiligungsverhältnisse nach der Verschmelzung nicht den Wertverhältnissen, gilt der Unterschiedsbetrag, wenn der Wertausgleich nicht auf andere Weise erfolgt, als unentgeltlich zugewendet. Die Wertverhältnisse sind im Zweifel durch das Gutachten eines Sachverständigen nachzuweisen.

(3) Die Annahme eines Abfindungsangebotes gilt als Anteilsveräußerung. Beim Erwerber gilt der Beginn des dem Verschmelzungsstichtag folgenden Tages als Anschaffungstag der Anteile.

(4) Verschmelzungen nach § 1 gelten nicht als steuerbare Umsätze im Sinne des Umsatzsteuergesetzes 1994; die übernehmende Körperschaft tritt für den Bereich der Umsatzsteuer unmittelbar in die Rechtsstellung der übertragenden Körperschaft ein.

(5) Werden auf Grund einer Verschmelzung nach § 1 Erwerbsvorgänge nach § 1 des Grunderwerbsteuergesetzes 1987 verwirklicht, so ist die Grunderwerbsteuer gemäß § 4 in Verbindung mit § 7 des Grunderwerbsteuergesetzes 1987 zu berechnen.

(BGBl I 2019/103)

Artikel II
Umwandlung

Anwendungsbereich

§ 7. (1) Umwandlungen im Sinne dieses Bundesgesetzes sind
1. errichtende Umwandlungen nach dem Bundesgesetz über die Umwandlung von Handelsgesellschaften, BGBl. Nr. 304/1996, wenn am Umwandlungsstichtag und am Tag des Umwandlungsbeschlusses ein Betrieb vorhanden ist,
2. verschmelzende Umwandlungen nach dem Bundesgesetz über die Umwandlung von Handelsgesellschaften, BGBl. Nr. 304/1996, wenn
   – am Umwandlungsstichtag und am Tag des Umwandlungsbeschlusses ein Betrieb vorhanden ist oder
   – Hauptgesellschafter eine unter § 7 Abs. 3 des Körperschaftsteuergesetzes 1988 fallende Körperschaft oder eine ausländische Gesellschaft eines Mitgliedstaates der Europäischen Union, die die in der Anlage zu diesem Bundesgesetz vorgesehenen Voraussetzungen des Artikels 3 der Richtlinie 2009/133/EG über das gemeinsame Steuersystem für Fusionen, Spaltungen, Abspaltungen, die Einbringung von Unternehmensteilen und den Austausch von Anteilen, die Gesellschaften verschiedener Mitgliedstaaten betreffen, sowie für die Verlegung des Sitzes einer Europäischen Gesellschaft oder einer Europäischen Genossenschaft von einem Mitgliedstaat in einen anderen Mitgliedstaat, ABl. Nr. L 310 vom 25.11.2009 S. 34, in der jeweils geltenden Fassung erfüllt, ist,
3. vergleichbare Umwandlungen ausländischer Körperschaften im Ausland.

(2) Abs. 1 Z 1 bis 3 findet nur insoweit Anwendung, als das Besteuerungsrecht der Republik Österreich hinsichtlich der stillen Reserven einschließlich eines allfälligen Firmenwertes beim Rechtsnachfolger nicht eingeschränkt wird. Soweit bei der Umwandlung das Besteuerungsrecht der Republik Österreich gegenüber einem EU/EWR-Staat eingeschränkt wird, ist die nach § 20 des Körperschaftsteuergesetzes 1988 entstehende Abgabenschuld auf Antrag in Raten zu entrichten; dabei sind § 6 Z 6 lit. d bis e des Einkommensteuergesetzes 1988 sinngemäß anzuwenden.

(AbgÄG 2023, BGBl I 2023/110)

(3) Rechtsnachfolger sind der Hauptgesellschafter (§ 2 Abs. 1 UmwG), beziehungsweise dessen Gesellschafter (Mitunternehmer), oder die Gesellschafter (Mitunternehmer) der errichteten Personengesellschaft (§ 5 Abs. 1 UmwG).

(4) Auf Umwandlungen sind die §§ 8 bis 11 anzuwenden.

Übertragende Körperschaft

§ 8. (1) Bei der Ermittlung des Gewinnes ist für das mit dem Umwandlungsstichtag endende Wirtschaftsjahr das Betriebsvermögen mit dem Wert anzusetzen, der sich nach den steuerrechtlichen Vorschriften über die Gewinnermittlung ergibt.

(2) Abweichend von Abs. 1 kann
1. bei Umwandlungen im Sinne des § 7 Abs. 1 Z 1 und 2 das ausländische Vermögen und
2. bei Umwandlungen im Sinne des § 7 Abs. 1 Z 3 das Betriebsvermögen und sonstige Vermögensteile mit dem sich aus § 20 des Körperschaftsteuergesetzes 1988 ergebenden Wert angesetzt werden, wenn die Umwandlung im Ausland zur Gewinnverwirklichung führt und mit dem in Betracht kommenden ausländischen Staat ein Doppelbesteuerungsabkommen besteht, das dafür die Anrechnungsmethode vorsieht, oder eine vergleichbare innerstaatliche Maßnahme zur Vermeidung der Doppelbesteuerung getroffen wurde.

(3) Das Einkommen ist so zu ermitteln, als ob der Vermögensübergang mit Ablauf des Umwandlungsstichtages erfolgt wäre.

(4) Abs. 3 gilt nicht für Gewinnausschüttungen der übertragenden Körperschaft auf Grund von Beschlüssen nach dem Umwandlungsstichtag sowie für

- die Einlagenrückzahlung im Sinne des § 4 Abs. 12 des Einkommensteuergesetzes 1988 durch die übertragende Körperschaft und
- Einlagen im Sinne des § 8 Abs. 1 des Körperschaftsteuergesetzes 1988 in die übertragende Körperschaft

in der Zeit zwischen dem Umwandlungsstichtag und dem Tag des Umwandlungsbeschlusses.

(5) Umwandlungsstichtag ist der Tag, zu dem die Schlußbilanz aufgestellt ist, die der Umwandlung zugrunde gelegt wird. Zum Umwandlungsstichtag ist weiters eine Umwandlungsbilanz aufzustellen, in der die nach Abs. 1 oder 2 steuerlich maßgebenden Buchwerte oder Werte und das sich daraus ergebende Umwandlungskapital unter Berücksichtigung nachträglicher Veränderungen im Sinne des Abs. 4 darzustellen sind.

Rechtsnachfolger

§ 9. (1) Für die Rechtsnachfolger gilt Folgendes:
1. Sie haben die zum Umwandlungsstichtag maßgebenden Buchwerte im Sinne des § 8 fortzuführen. § 8 Abs. 3 gilt für die Rechtsnachfolger mit Beginn des dem Umwandlungsstichtag folgenden Tages.
2. Soweit das Besteuerungsrecht der Republik Österreich hinsichtlich der Anteile an der übertragenden Körperschaft durch die Umwandlung eingeschränkt wird, gilt dies als Tausch im Sinne des § 6 Z 14 lit. a des Einkommensteuergesetzes 1988 an dem dem Umwandlungsstichtag folgenden Tag. § 6 Z 6 lit. c bis e des Einkommensteuergesetzes 1988 sind sinngemäß anzuwenden.

  (BGBl I 2015/163)
3. Soweit das Besteuerungsrecht der Republik Österreich entsteht, gilt Folgendes:
   - Das übernommene Vermögen ist mit dem gemeinen Wert anzusetzen.
   - Wird Vermögen ganz oder teilweise übernommen, für das die Abgabenschuld bei einem Rechtsnachfolger oder bei einer konzernzugehörigen Körperschaft eines Rechtsnachfolgers nicht festgesetzt worden ist oder gemäß § 16 Abs. 1a nicht entstanden ist, sind die fortgeschriebenen Buchwerte oder die ursprünglichen Anschaffungskosten, höchstens aber die gemeinen Werte anzusetzen. Die spätere Veräußerung oder das sonstige Ausscheiden gilt nicht als rückwirkendes Ereignis im Sinn des § 295a der Bundesabgabenordnung. Weist die übernehmende Körperschaft nach, dass Wertsteigerungen im übrigen EU/EWR-Raum eingetreten sind, sind diese vom Veräußerungserlös abzuziehen.

  (BGBl I 2015/163)
   - Soweit das Besteuerungsrecht der Republik Österreich hinsichtlich der Anteile an der durch eine errichtende Umwandlung entstandenen Personengesellschaft entsteht, ist der Unterschiedsbetrag zwischen dem Buchwert und dem gemeinen Wert der Anteile am Umwandlungsstichtag bei einer späteren Realisierung der Anteile bei natürlichen Personen als Rechtsnachfolger mit einem besonderen Steuersatz von
     - 25% für vor dem 1. Jänner 2023 gelegene Umgründungsstichtage;
     - 24% für zwischen dem 31. Dezember 2022 und dem 1. Jänner 2024 gelegene Umgründungsstichtage;
     - 23% für nach dem 31. Dezember 2023 gelegene Umgründungsstichtage zu besteuern. Dies gilt sinngemäß für verschmelzende Umwandlungen auf natürliche Personen als Rechtsnachfolger.

  (BGBl I 2022/10)

(2) Auf Buchgewinne und Buchverluste ist § 3 Abs. 2 und 3 anzuwenden. Dies gilt sinngemäß auch für Umwandlungsgewinne und Umwandlungsverluste in Bezug auf die Anschaffungskosten von außerbetrieblich gehaltenen Anteilen an der übertragenen Körperschaft.

(3) Auf einen durch die Umwandlung bewirkten Wechsel der Gewinnermittlungsart ist § 4 Abs. 10 des Einkommensteuergesetzes 1988 anzuwenden. Diese Bestimmung gilt auch für den Fall des durch die Umwandlung bewirkten Ausscheidens von Wirtschaftsgütern aus dem Betriebsvermögen und für Gewinnerhöhungen, die sich aus der Änderung der Besteuerungsgrundsätze ergeben. Ein sich daraus insgesamt ergebender Gewinn ist in dem dem Umwandlungsstichtag folgenden Wirtschaftsjahr zu berücksichtigen; auf Antrag der Rechtsnachfolger ist der Gewinn einschließlich eines steuerwirksamen Buchgewinns im Sinne des Abs. 2 in den dem Umwandlungsstichtag folgenden drei Wirtschaftsjahren gleichmäßig verteilt zu berücksichtigen.

(4) Für internationale Schachtelbeteiligungen im Sinne des § 10 Abs. 2 des Körperschaftsteuergesetzes 1988 gilt folgendes:
1. Entsteht durch die Umwandlung eine internationale Schachtelbeteiligung oder wird ihr Ausmaß erweitert, ist hinsichtlich der bisher nicht steuerbegünstigten Beteiligungsquoten auf den Unterschiedsbetrag zwischen den Buchwerten und den höheren Teilwerten § 10 Abs. 3 erster Satz des Körperschaftsteuergesetzes 1988 nicht anzuwenden.
2. Geht durch die Umwandlung die Eigenschaft einer Beteiligung als internationale Schachtelbeteiligung unter, gilt, soweit für sie keine Option zugunsten der Steuerwirksamkeit erklärt wurde, der höhere Teilwert zum Umwandlungsstichtag, abzüglich auf Grund einer Umgründung nach diesem Bundesgesetz von § 10 Abs. 3 erster Satz des Körperschaftsteuergesetzes 1988 ausgenommener Beträge, als Buchwert.

(5) Forderungen und Verbindlichkeiten eines Anteilsinhabers der übertragenden Körperschaft aus Leistungsbeziehungen, die nicht unter Abs. 2 fallen, gelten spätestens mit dem Tag der Anmeldung des Umwandlungsbeschlusses zur Eintragung in das Firmenbuch im Rahmen der betreffenden Einkunftsart nach § 19 des Einkommensteuergesetzes 1988 als vereinnahmt oder verausgabt.

(6) Mit dem Tag der Anmeldung des Umwandlungsbeschlusses zur Eintragung in das Firmenbuch gilt das Gewinnkapital der übertragenden Körperschaft als offen an die Rechtsnachfolger ausgeschüttet. Gewinnkapital ist der Unterschiedsbetrag zwischen dem Umwandlungskapital im Sinne des § 8 Abs. 5 und den vorhandenen Einlagen im Sinne des § 4 Abs. 12 des Einkommensteuergesetzes 1988 zum Umwandlungsstichtag. Wurde im Zuge von Umgründungen innerhalb von zehn Jahren vor dem Umwandlungsstichtag Vermögen mit negativem Buchwert übernommen, erhöht sich das Gewinnkapital um diesen Betrag, soweit er nicht im Rahmen des § 18 Abs. 2 als ausgeschüttet gilt. Der Tag der Anmeldung des Umwandlungsbeschlusses zur Eintragung in das Firmenbuch gilt als Tag des Zufließens im Sinne des § 95 Abs. 3 Z 1 des Einkommensteuergesetzes 1988.

(BGBl I 2015/163)

(7) (aufgehoben)

(8) Mindeststeuern der übertragenden Körperschaft im Sinne des § 24 Abs. 4 des Körperschaftsteuergesetzes 1988, die bis zum Umwandlungsstichtag entstanden und noch nicht verrechnet sind, sind den Rechtsnachfolgern ab dem dem Umwandlungsstichtag folgenden Wirtschaftsjahr in jenem Ausmaß zuzurechnen, das sich aus der Höhe der Beteiligung an der umgewandelten Körperschaft im Zeitpunkt der Eintragung des Umwandlungsbeschlusses in das Firmenbuch ergibt. Dabei sind die Anteile abfindungsberechtigter Anteilsinhaber den Rechtsnachfolgern quotenmäßig zuzurechnen. § 24 Abs. 4 des Körperschaftsteuergesetzes 1988 gilt für natürliche Personen als Rechtsnachfolger, wenn der Betrieb nach § 7 Abs. 1 am Ende des Jahres, für das die Anrechnung erfolgen soll, noch vorhanden ist; unabhängig von diesem Betriebserfordernis ist auf die Einkommensteuer, die auf Veräußerungsgewinne gemäß § 24 des Einkommensteuergesetzes 1988 dieses Betriebes entfällt, eine Anrechnung vorzunehmen. § 46 Abs. 2 des Einkommensteuergesetzes 1988 ist nicht anzuwenden.

(9) Entfällt durch die Umwandlung die Befreiung von nach dem Umwandlungsstichtag angefallenen Kapitalerträgen gemäß § 94 Z 2 oder § 94 Z 5 des Einkommensteuergesetzes 1988, gilt Folgendes:
1. Kapitalerträge im Sinne des § 94 Z 2 des Einkommensteuergesetzes 1988 gelten mit dem Tag der Anmeldung des Umwandlungsbeschlusses zur Eintragung in das Firmenbuch als zugeflossen.
2. Bei Kapitalerträgen im Sinne des § 94 Z 5 des Einkommensteuergesetzes 1988 ist eine Widerrufserklärung innerhalb einer Woche nach dem Tag der Anmeldung des Umwandlungsbeschlusses zur Eintragung in das Firmenbuch abzugeben. Die Widerrufserklärung ist auf den dem Umwandlungsstichtag folgenden Tag zu beziehen.

Verlustabzug

§ 10. § 8 Abs. 4 Z 2 des Körperschaftsteuergesetzes 1988 ist nach Maßgabe folgender Bestimmungen anzuwenden:

1. a) Für Verluste der übertragenden Körperschaft ist § 4 Z 1 lit. a, c und d anzuwenden.
   b) Übergehende Verluste sind den Rechtsnachfolgern als Verluste gemäß § 18 Abs. 6 des Einkommensteuergesetzes 1988 oder § 8 Abs. 4 Z 2 des Körperschaftsteuergesetzes 1988 in jenem Ausmaß zuzurechnen, das sich aus der Höhe der Beteiligung an der umgewandelten Körperschaft im Zeitpunkt der Eintragung des Umwandlungsbeschlusses in das Firmenbuch ergibt. Dabei sind die Anteile abfindungsberechtigter Anteilsinhaber den Rechtsnachfolgern quotenmäßig zuzurechnen.
   c) Das Ausmaß der nach lit. b maßgebenden Beteiligungen verringert sich um jene Anteile, die im Wege der Einzelrechtsnachfolge, ausgenommen
      – die Kapitalerhöhung innerhalb des gesetzlichen Bezugsrechtes,
      – Erwerbe von Todes wegen,
      – Erwerbe eines unter § 7 Abs. 3 des Körperschaftsteuergesetzes 1988 fallenden Hauptgesellschafters
         – vor der verschmelzenden Umwandlung oder
         – vor der errichtenden Umwandlung, an der neben dem Hauptgesellschafter nur ein Arbeitsgesellschafter teilnimmt, oder
      – Erwerbe einer Mitunternehmerschaft als Hauptgesellschafter, an der neben einem Arbeitsgesellschafter nur eine unter § 7 Abs. 3 des Körperschaftsteuergesetzes 1988 fallende Körperschaft beteiligt ist,

   erworben worden sind, sofern die Verluste nicht erst in Wirtschaftsjahren entstanden sind, die nach dem Anteilserwerb begonnen haben.

2. § 4 Z 1 lit. b und c ist auch für eigene Verluste einer Körperschaft anzuwenden, die am Nennkapital der umgewandelten Körperschaft am Tage der Eintragung der Umwandlung in das Firmenbuch mindestens zu einem Viertel beteiligt ist.

3. § 4 Z 2 ist auf Verluste der übertragenden und der übernehmenden Körperschaft anzuwenden.

Sonstige Rechtsfolgen der Umwandlung

§ 11. (1) Die übernehmende Körperschaft bleibt bis zu ihrem Erlöschen Arbeitgeber im Sinne des § 47 des Einkommensteuergesetzes 1988. Dies gilt auch für die Beurteilung von Tätigkeitsvergütungen als solche im Sinne des § 22 Z 2 des Einkommensteuergesetzes 1988.

(2) Die Anteile abfindungsberechtigter Anteilsinhaber gelten am Tag der Eintragung des Umwandlungsbeschlusses in das Firmenbuch als veräußert.

(3) Umwandlungen nach § 7 gelten nicht als steuerbare Umsätze im Sinne des Umsatzsteuergesetzes 1994; die Rechtsnachfolger treten für den Bereich der Umsatzsteuer unmittelbar in die Rechtsstellung der übertragenden Körperschaft ein.

(4) Werden auf Grund einer Umwandlung nach § 7 Erwerbsvorgänge nach § 1 des Grunderwerbsteuergesetzes 1987 verwirklicht, so ist die Grunderwerbsteuer gemäß § 4 in Verbindung mit § 7 des Grunderwerbsteuergesetzes 1987 zu berechnen.

(BGBl I 2019/103)

Artikel III
Einbringung

Anwendungsbereich

§ 12. (1) Eine Einbringung im Sinne dieses Bundesgesetzes liegt vor, wenn Vermögen (Abs. 2) auf Grundlage eines schriftlichen Einbringungsvertrages (Sacheinlagevertrages) und einer Einbringungsbilanz (§ 15) nach Maßgabe des § 19 einer übernehmenden Körperschaft (Abs. 3) tatsächlich übertragen wird. Voraussetzung ist, dass das Vermögen am Einbringungsstichtag, jedenfalls aber am Tag des Abschlusses des Einbringungsvertrages, für sich allein einen positiven Verkehrswert besitzt. Der Einbringende hat im Zweifel die Höhe des positiven Verkehrswertes durch ein begründetes Gutachten eines Sachverständigen nachzuweisen.

(2) Zum Vermögen zählen nur
1. Betriebe und Teilbetriebe, die der Einkunftserzielung gemäß § 2 Abs. 3 Z 1 bis 3 des Einkommensteuergesetzes 1988 dienen, wenn sie zu einem Stichtag eingebracht werden, zu dem eine Bilanz (§ 4 Abs. 1 des Einkommensteuergesetzes 1988) für den gesamten Betrieb des Einbringenden vorliegt,
2. Mitunternehmeranteile, das sind Anteile an Gesellschaften, bei denen die Gesellschafter als Mitunternehmer anzusehen sind, wenn sie zu einem Stichtag eingebracht werden, zu dem eine Bilanz (§ 4 Abs. 1 des Einkommensteuergesetzes 1988) der Mitunternehmerschaft vorliegt, an der die Beteiligung besteht,
3. Kapitalanteile, das sind Anteile an inländischen und vergleichbaren ausländischen Kapitalgesellschaften sowie Erwerbs- und Wirtschaftsgenossenschaften, weiters an anderen ausländischen Gesellschaften eines Mitgliedstaates der Europäischen Union, die in der Anlage zu diesem Bundesgesetz vorgesehenen Voraussetzungen des Artikels 3 der Richtlinie 2009/133/EG in der jeweils geltenden Fassung erfüllen,
   – wenn sie mindestens ein Viertel des gesamten Nennkapitals oder des rechnerischen Wertes der Gesamtanteile umfassen oder
   – wenn die eingebrachten Anteile der übernehmenden Gesellschaft für sich oder gemeinsam mit ihr bereits vor der Einbringung gehörenden Anteilen unmittelbar die Mehrheit der Stimmrechte an der Gesellschaft, deren Anteile eingebracht werden, vermitteln oder erweitern.

Zum Begriff des Kapitalanteiles zählt bei vertraglicher Einbeziehung auch der am Einbringungsstichtag aushaftende Teil des nachweisbar ausschließlich zur Anschaffung des einzubringenden Anteiles aufgenommenen Fremdkapitals. Verbindlichkeiten in unmittelbarem Zusammenhang mit einer Einlage im Sinne des § 8 Abs. 1 des Körperschaftsteuergesetzes 1988 in die Körperschaft, deren Anteile übertragen werden, zählen jedenfalls zum Begriff des Kapitalanteils, wenn die Einlage innerhalb von zwei Jahren vor dem Einbringungsstichtag erfolgt ist.

(3) Übernehmende Körperschaften können sein:
1. Unbeschränkt steuerpflichtige Kapitalgesellschaften oder Erwerbs- und Wirtschaftsgenossenschaften (§ 1 Abs. 2 des Körperschaftsteuergesetzes 1988).
2. Ausländische Körperschaften, die mit einer inländischen Kapitalgesellschaft oder Erwerbs- und Wirtschaftsgenossenschaft vergleichbar sind, wenn mit dem in Betracht kommenden ausländischen Staat ein Doppelbesteuerungsabkommen besteht sowie andere ausländische Gesellschaften eines Mitgliedstaates der Europäischen Union, die in der Anlage zu diesem Bundesgesetz vorgesehenen Voraussetzungen des Artikels 3 der Richtlinie 2009/133/EG in der jeweils geltenden Fassung erfüllen.

(4) Eine Einbringung im Sinne dieses Bundesgesetzes liegt auch im Falle der Ausgliederung gemäß § 47 Z 5 des EU-Umgründungsgesetzes – EU-UmgrG vor, wenn diese die Voraussetzungen der Abs. 1, 2 und 3 Z 2 sinngemäß erfüllt.

(AbgÄG 2023, BGBl I 2023/110)

(5) Auf Einbringungen sind die §§ 13 bis 22 anzuwenden.

(AbgÄG 2023, BGBl I 2023/110)

Einbringungsstichtag

§ 13. (1) Einbringungsstichtag ist der Tag, zu dem das Vermögen mit steuerlicher Wirkung auf die übernehmende Körperschaft übergehen soll.

Der Stichtag kann auch auf einen Zeitpunkt vor Unterfertigung des Einbringungsvertrages rückbezogen werden. In jedem Fall ist innerhalb einer Frist von neun Monaten nach Ablauf des Einbringungsstichtages (§ 108 der Bundesabgabenordnung)
- die Anmeldung der Einbringung im Wege der Sachgründung bzw. einer Kapitalerhöhung zur Eintragung in das Firmenbuch und
- in den übrigen Fällen die Meldung der Einbringung bei dem für die Erhebung der Körperschaftsteuer der übernehmenden Körperschaft zuständigen Finanzamt

vorzunehmen. Der Bundesminister für Finanzen wird ermächtigt, die Spezifikationen der zu übermittelnden Daten (Struktur und Inhalt) durch Verordnung näher zu bestimmen und dabei vorzusehen, dass die Meldung in elektronischer Form zu erfolgen hat und diesfalls eine gesonderte Anzeige gemäß § 43 Abs. 1 entfallen kann. Erfolgt die Anmeldung oder Meldung nach Ablauf der genannten Frist, gilt als Einbringungsstichtag der Tag des Abschlusses des Einbringungsvertrages, wenn dies innerhalb einer Frist von neun Monaten nach Ablauf des Ersatzstichtages (§ 108 BAO) dem für die Erhebung der Körperschaftsteuer der übernehmenden Körperschaft zuständigen Finanzamt gemeldet wird und die in § 12 Abs. 1 genannten Voraussetzungen auf den Ersatzstichtag vorliegen. Erfolgt die Einbringung in eine im Ausland ansässige übernehmende Körperschaft, für die bis zur Einbringung kein inländisches Finanzamt zuständig ist, tritt an die Stelle der vorgenannten Behörden das für die Erhebung der Einkommen- oder Körperschaftsteuer des Einbringenden zuständige Finanzamt.

(BGBl I 2019/104; AbgÄG 2023, BGBl I 2023/110)

(2) Einbringungsstichtag kann nur ein Tag sein, zu dem das einzubringende Vermögen dem Einbringenden zuzurechnen war. Im Falle der Einbringung durch eine Gesellschaft, bei der die Gesellschafter als Mitunternehmer anzusehen sind, gelten für die Frage der Zurechnung auch die Mitunternehmer als Einbringende. Erfolgt eine Einbringung auf einen Stichtag, zu dem das einzubringende Vermögen dem Einbringenden nicht zuzurechnen war, gilt als Einbringungsstichtag der Tag des Abschlusses des Einbringungsvertrages, wenn dies innerhalb einer Frist von neun Monaten nach Ablauf des Ersatzstichtages (§ 108 BAO) dem für die Erhebung der Körperschaftsteuer der übernehmenden Körperschaft zuständigen Finanzamt gemeldet wird und die in § 12 Abs. 1 genannten Voraussetzungen auf den Ersatzstichtag vorliegen. Die vorstehenden Sätze kommen nicht zur Anwendung, wenn das Vermögen im Erbwege erworben wurde und eine Buchwerteinbringung (§§ 16 und 17) erfolgt.

Der Einbringende

§ 14. (1) Bei der Einbringung von Betrieben und Teilbetrieben endet für das eingebrachte Vermögen das Wirtschaftsjahr des Einbringenden mit dem Einbringungsstichtag. Dabei ist das Betriebsvermögen mit dem Wert anzusetzen, der sich nach den steuerrechtlichen Vorschriften über die Gewinnermittlung ergibt. Das gilt auch für einzubringende Kapitalanteile. Bei einzubringenden internationalen Schachtelbeteiligungen kommt die zeitliche Beschränkung des § 10 Abs. 2 des Körperschaftsteuergesetzes 1988 nicht zur Anwendung.

(2) Die Einkünfte des Einbringenden sind hinsichtlich des einzubringenden Vermögens so zu ermitteln, als ob der Vermögensübergang mit Ablauf des Einbringungsstichtages erfolgt wäre.

Einbringungsbilanz

§ 15. Bei der Einbringung von Betrieben, Teilbetrieben, Mitunternehmeranteilen und zu einem Betriebsvermögen gehörenden Kapitalanteilen ist zum Einbringungsstichtag eine Einbringungsbilanz aufzustellen, in der das einzubringende Vermögen nach Maßgabe des § 16 und das sich daraus ergebende Einbringungskapital darzustellen ist. Die Einbringungsbilanz ist dem für die übernehmende Körperschaft zuständigen Finanzamt vorzulegen. Die Einbringungsbilanz kann entfallen, wenn die steuerlich maßgebenden Werte und das Einbringungskapital im Einbringungsvertrag beschrieben werden.

Bewertung von Betriebsvermögen

§ 16. (1) Der Einbringende hat das in § 15 genannte Vermögen in der Einbringungsbilanz (oder im Einbringungsvertrag) und einzubringende Kapitalanteile im Einbringungsvertrag mit den in § 14 Abs. 1 genannten Werten anzusetzen (Buchwerteinbringung). Soweit im Rahmen der Einbringung in eine inländische oder ausländische Körperschaft das Besteuerungsrecht der Republik Österreich ganz oder teilweise eingeschränkt wird, sind die nach § 6 Z 6 lit. a des Einkommensteuergesetzes 1988 maßgebenden Werte anzusetzen, wobei § 6 Z 6 lit. c bis e des Einkommensteuergesetzes 1988 sinngemäß anzuwenden sind. Dabei sind offene Raten auch dann fällig zu stellen, wenn in weiterer Folge die Gegenleistung durch den Einbringenden veräußert wird oder auf sonstige Art ausscheidet. Bei teilweiser Einschränkung des Besteuerungsrechtes der Republik Österreich ist auf den nach dem zweiten Satz ermittelten Gewinn der besondere Steuersatz gemäß § 27a Abs. 1 Z 2 des Einkommensteuergesetzes 1988 anzuwenden. Dabei sind offene Raten nur dann fällig zu stellen, wenn in weiterer Folge die Gegenleistung durch den Einbringenden veräußert wird oder auf sonstige Art ausscheidet.

(BGBl I 2019/103)

(1a) Abweichend von Abs. 1 gilt bei Einbringung von Kapitalanteilen im Sinne des § 12 Abs. 2 Z 3 in eine in einem EU/EWR-Staat ansässige Gesellschaft, wenn dem Einbringenden eine Gegenleistung gewährt wird (Anteilstausch), Folgendes:
- Abs. 1 erster Satz ist anzuwenden.
- Entsteht durch die Einbringung eine internationale Schachtelbeteiligung im Sinne des § 10 Abs. 2 des Körperschaftsteuergesetzes 1988

3/1. UmgrStG § 16

oder wird ihr Ausmaß durch neue Anteile oder durch Zurechnung zur bestehenden Beteiligung verändert, entsteht eine Steuerschuld hinsichtlich des Unterschiedsbetrages zwischen dem Buchwert und dem nach § 6 Z 14 des Einkommensteuergesetzes 1988 maßgebenden Wert zum Einbringungsstichtag, wenn die Kapitalanteile von der übernehmenden Gesellschaft in weiterer Folge veräußert werden oder sonst aus dem Betriebsvermögen ausscheiden. Dies gilt nicht, soweit die Anteile an der übernehmenden Körperschaft vor dem Entstehen der Abgabenschuld entgeltlich übertragen werden.

– Zwischen dem Einbringungsstichtag und der Veräußerung (Ausscheiden) eingetretene Wertminderungen sind höchstens im Ausmaß des Unterschiedsbetrages zu berücksichtigen, soweit diese nicht in einem anderen Staat berücksichtigt werden.

(BGBl I 2019/103)

– Bei einer natürlichen Person als Einbringendem sind § 17 Abs. 1 und Abs. 1a sinngemäß anzuwenden.

(BGBl I 2019/103)
(BGBl I 2019/103)

(2) Ist beim Einbringenden das Besteuerungsrecht der Republik Österreich hinsichtlich der Gegenleistung (§ 19) eingeschränkt, gilt Folgendes:
1. Wird das Besteuerungsrecht im Verhältnis zu anderen Mitgliedstaaten der Europäischen Union oder zu anderen Mitgliedstaaten des Europäischen Wirtschaftsraumes eingeschränkt, sind die Abs. 1, 1a und 3 anzuwenden. Dies gilt auch bei der Einbringung von inländischem Vermögen gemäß § 12 Abs. 2 Z 1 und 2 (Betriebe, Teilbetriebe und Mitunternehmeranteile) durch natürliche Personen, wenn lediglich das Besteuerungsrecht an der Gegenleistung und nicht am Vermögen eingeschränkt wird (teilweise Einschränkung).
(BGBl I 2019/103)
2. Wird das Besteuerungsrecht im Verhältnis zu anderen als in Z 1 angeführten Staaten eingeschränkt, sind für das inländische und das ausländische Vermögen die nach § 6 Z 14 des Einkommensteuergesetzes 1988 maßgebenden Werte anzusetzen.

(3) Abweichend von Abs. 1 gilt bei der Einbringung von inländischem und ausländischem Vermögen folgendes:
1. Alle unter Abs. 2 Z 1 fallende Personen können vorbehaltlich des Abs. 4 das inländische und das ausländische Vermögen mit dem nach § 6 Z 14 des Einkommensteuergesetzes 1988 maßgebenden Wert ansetzen, wenn die Einbringung im Ausland zur Gewinnverwirklichung führt und mit dem in Betracht kommenden ausländischen Staat ein Doppelbesteuerungsabkommen besteht, das dafür die Anrechnungsmethode vorsieht oder eine vergleichbare innerstaatliche Maßnahme zur Vermeidung der Doppelbesteuerung getroffen wurde.
2. Alle nicht unter Abs. 2 fallenden Personen können vorbehaltlich des Abs. 4 das ausländische Vermögen mit dem nach § 6 Z 14 des Einkommensteuergesetzes 1988 maßgebenden Wert ansetzen, wenn die Einbringung im Ausland zur Gewinnverwirklichung führt und mit dem in Betracht kommenden ausländischen Staat ein Doppelbesteuerungsabkommen besteht, das dafür die Anrechnungsmethode vorsieht oder eine vergleichbare innerstaatliche Maßnahme zur Vermeidung der Doppelbesteuerung getroffen wurde.
3. Zum ausländischen Vermögen zählen ausländische Betriebe, Teilbetriebe, Anteile an ausländischen Mitunternehmerschaften und Kapitalanteile im Sinne des § 12 Abs. 2 Z 3 an ausländischen Körperschaften, die mit einer inländischen Kapitalgesellschaft oder Erwerbs- und Wirtschaftsgenossenschaft vergleichbar sind. Inländisches Vermögen ist das übrige Vermögen im Sinne des § 12 Abs. 2.

(4) Bringt eine Gesellschaft, bei der die Gesellschafter als Mitunternehmer anzusehen sind, Vermögen ein, gilt folgendes:
1. Der jeweils nach Abs. 1 bis 3 in Betracht kommende Wertansatz ist für alle Mitunternehmer maßgebend.
2. Fallen nicht sämtliche Mitunternehmer unter Abs. 1 oder unter Abs. 2 Z 2, ist abweichend von Z 1 für sämtliche Mitunternehmer Abs. 1 maßgebend. Unabhängig vom Wertansatz in der Einbringungsbilanz ist für die unter Abs. 2 Z 2 fallenden Mitunternehmer und für die im Falle der gemeinsamen Ausübung des Wahlrechtes unter Abs. 3 fallenden Mitunternehmer § 6 Z 14 des Einkommensteuergesetzes 1988 anzuwenden. Die übernehmende Körperschaft hat den Betrag, der sich als Unterschied zwischen dem Buchwertanteil und dem nach § 6 Z 14 des Einkommensteuergesetzes 1988 maßgebenden Wert ergibt, wie einen Firmenwert im Sinne des § 8 Abs. 3 des Einkommensteuergesetzes 1988 zu behandeln und ab dem dem Einbringungsstichtag folgenden Wirtschaftsjahr außerbilanzmäßig abzusetzen.

(5) Abweichend von § 14 Abs. 2 kann bei der Einbringung von Betrieben, Teilbetrieben oder Mitunternehmeranteilen das nach § 14 Abs. 1 anzusetzende Vermögen, sofern die Voraussetzungen des § 12 gewahrt bleiben, in folgender Weise verändert werden:
1. Entnahmen und Einlagen, die in der Zeit zwischen dem Einbringungsstichtag und dem Tag des Abschlusses des Einbringungsvertrages getätigt werden, können an Stelle der Erfassung als Verrechnungsforderung oder verbindlichkeit gegenüber der übernehmenden Körperschaft zurückbezogen werden. Diese Vorgänge gelten als mit Ablauf des Ein-

bringungsstichtages getätigt, wenn sie in der Einbringungsbilanz durch den Ansatz einer Passivpost für Entnahmen oder einer Aktivpost für Einlagen berücksichtigt werden.

2. Neben der in Z 1 genannten Passivpost kann eine weitere Passivpost für vorbehaltene Entnahmen in folgender Weise gebildet werden:
   – Auszugehen ist vom positiven Verkehrswert am Einbringungsstichtag (§ 12 Abs. 1).
   – Sämtliche Veränderungen auf Grund der Inanspruchnahme der Z 1, Z 3 und Z 4 und der nicht nach Z 1 rückbezogenen Entnahmen sind zu berücksichtigen, sofern diese Veränderungen insgesamt zu einer Verminderung des Verkehrswertes führen.
   – Der sich danach ergebende Betrag ist höchstens in Höhe von 50% anzusetzen.

   Der sich ergebende Betrag gilt mit Ablauf des Einbringungsstichtages als entnommen.

3. Bis zum Tag des Abschlusses des Einbringungsvertrages können vorhandene Wirtschaftsgüter des Anlagevermögens einschließlich mit ihnen unmittelbar zusammenhängendes Fremdkapital und vorhandene Verbindlichkeiten zurückbehalten werden. Ein unmittelbarer Zusammenhang zwischen Wirtschaftsgütern und Fremdkapital ist jedenfalls nicht mehr gegeben, wenn die Wirtschaftsgüter am Einbringungsstichtag bereits länger als sieben Wirtschaftsjahre durchgehend dem Anlagevermögen zuzuordnen waren. Das Zurückbehalten gilt durch die Nichtaufnahme in die Einbringungsbilanz als eine mit Ablauf des Einbringungsstichtages getätigte Entnahme beziehungsweise Einlage, sofern der Vorgang nicht unter Z 4 fällt.

4. Wirtschaftsgüter und mit diesen unmittelbar zusammenhängendes Fremdkapital können im verbleibenden Betrieb des Einbringenden zurückbehalten oder aus demselben zugeführt werden. Diese Vorgänge gelten durch die Nichtaufnahme bzw. Einbeziehung in die Einbringungsbilanz als mit Ablauf des Einbringungsstichtages getätigt. Einbringende unter § 7 Abs. 3 des Körperschaftsteuergesetzes 1988 fallende Körperschaften können Wirtschaftsgüter und mit ihnen unmittelbar zusammenhängendes Fremdkapital auch dann zurückbehalten, wenn ein Betrieb nicht verbleibt. Ein unmittelbarer Zusammenhang ist jedenfalls nicht mehr gegeben, wenn die Wirtschaftsgüter am Einbringungsstichtag bereits länger als sieben Wirtschaftsjahre durchgehend dem Betrieb zuzuordnen waren.

5. Gewinnausschüttungen einbringender Körperschaften, Einlagen im Sinne des § 8 Abs. 1 des Körperschaftsteuergesetzes 1988 und die Einlagenrückzahlung im Sinne des § 4 Abs. 12 des Einkommensteuergesetzes 1988 in dem in Z 1 genannten Zeitraum können

auf das einzubringende Vermögen bezogen werden.

Bei einem bebauten Grundstück kann der Grund und Boden gemäß Z 3 oder 4 zurückbehalten werden, indem nur das Gebäude im Wege eines Baurechtes im Sinne des Baurechtsgesetzes auf die übernehmende Körperschaft übertragen wird. Dabei gilt die Übertragung des Gebäudes als im Zuge der Einbringung verwirklicht, wenn Baurechtsvertrag und Einbringungsvertrag aufeinander Bezug nehmen und das Gesuch auf Einverleibung des Baurechts im Rückwirkungszeitraum gestellt wird; das Baurecht muss in weiterer Folge tatsächlich eingetragen werden.

(BGBl I 2018/62)

(6) Abweichend von § 14 Abs. 1 kann bei der Einbringung von Vermögen im Sinne des § 12 Abs. 2 Z 1 und 2 der zum Betriebsvermögen gehörende Grund und Boden mit den nach § 6 Z 14 des Einkommensteuergesetzes 1988 maßgebenden Werten angesetzt werden, in dem Falle einer Veräußerung am Einbringungsstichtag § 30 Abs. 4 des Einkommensteuergesetzes 1988 auf den Grund und Boden ganz oder eingeschränkt anwendbar wäre. Dies ist im Einbringungsvertrag festzuhalten.

Bewertung der nicht zu einem inländischen Betriebsvermögen gehörenden Kapitalanteile

§ 17. (1) Der Einbringende hat Kapitalanteile, die nicht zu einem Betriebsvermögen gehören, mit den nach § 27a Abs. 3 Z 2 des Einkommensteuergesetzes 1988 maßgebenden Anschaffungskosten anzusetzen. Die Bewertungsregeln des § 16 Abs. 1 zweiter Satz, Abs. 2 und 3 sind anzuwenden.

(1a) Eine sich im Zuge eines Anteilstausches aus der Anwendung der Bewertungsregelungen des Abs. 1 oder in Verbindung mit § 16 Abs. 1 zweiter Satz ergebende Steuerschuld ist auf Antrag des Einbringenden nicht festzusetzen, wobei § 27 Abs. 6 Z 1 lit. a bis c und § 27a Abs. 3 Z 2 lit. b letzter Satz des Einkommensteuergesetzes 1988 sinngemäß anzuwenden sind. Zu einer Festsetzung kommt es im Fall der tatsächlichen Veräußerung, des sonstigen Ausscheidens oder des steuerneutralen Untergangs der Gegenleistung (§ 19). Als tatsächliche Veräußerung der Gegenleistung gilt auch, wenn die eingebrachten Kapitalanteile von der übernehmenden Gesellschaft veräußert werden oder sonst aus deren Betriebsvermögen ausscheiden und in diesem Zusammenhang ein Wegzug oder eine unentgeltliche Übertragung der Gegenleistung durch den Steuerpflichtigen erfolgt; diesfalls ist § 27 Abs. 6 Z 1 lit. a des Einkommensteuergesetzes 1988 nicht anzuwenden.

(BGBl I 2019/103, BGBl I 2022/108; AbgÄG 2023, BGBl I 2023/110)

(2) Abweichend von Abs. 1 gilt Folgendes:

1. Kapitalanteile, bei denen am Einbringungsstichtag ein Besteuerungsrecht der Republik Österreich im Verhältnis zu anderen Staaten nicht besteht, sind mit dem gemeinen Wert anzusetzen, es sei denn, dass im Einbringungsvertrag der Ansatz der niedrigeren An-

schaffungskosten bzw. Buchwerte festgelegt wird.
2. Kapitalanteile, bei denen am Einbringungsstichtag ein Besteuerungsrecht der Republik Österreich auf Grund einer Ausnahme von der unbeschränkten Körperschaftsteuerpflicht nicht besteht, sind mit dem höheren gemeinen Wert anzusetzen.

Die übernehmende Körperschaft

§ 18. (1) Für die übernehmende Körperschaft gilt Folgendes:
1. Sie hat das eingebrachte Vermögen mit den für den Einbringenden nach § 16 maßgebenden Werten anzusetzen. Bei einer teilweisen Einschränkung des Besteuerungsrechtes gemäß § 16 Abs. 1 vierter Satz hat die übernehmende Körperschaft das übernommene Vermögen mit den Buchwerten anzusetzen.
(BGBl I 2015/163)
2. Kapitalanteile, die nicht aus einem Betriebsvermögen eingebracht wurden, sind mit den nach § 17 maßgebenden Werten, höchstens jedoch mit den gemeinen Werten anzusetzen.
3. Soweit das Besteuerungsrecht der Republik Österreich hinsichtlich übernommener Vermögensteile entsteht, gilt Folgendes:
   – Die übernommenen Vermögensteile sind mit dem gemeinen Wert anzusetzen, soweit sich aus § 17 Abs. 2 Z 1 nichts anderes ergibt.
   – Wird Vermögen ganz oder teilweise übernommen, für das die Abgabenschuld bei der übernehmenden Körperschaft oder einer konzernzugehörigen Körperschaft der übernehmenden Körperschaft nicht festgesetzt worden ist oder gemäß § 16 Abs. 1a nicht entstanden ist sind die fortgeschriebenen Buchwerte, höchstens aber die gemeinen Werte anzusetzen. Die spätere Veräußerung oder das sonstige Ausscheiden gilt nicht als rückwirkendes Ereignis im Sinn des § 295a der Bundesabgabenordnung. Weist die übernehmende Körperschaft nach, dass Wertsteigerungen im übrigen EU/EWR-Raum eingetreten sind, sind diese vom Veräußerungserlös oder vom gemeinen Wert im Zeitpunkt des Ausscheidens abzuziehen.
(BGBl I 2015/163)
4. Sie ist im Rahmen einer Buchwerteinbringung für Zwecke der Gewinnermittlung so zu behandeln, als ob sie Gesamtrechtsnachfolger wäre.
5. § 14 Abs. 2 gilt mit Beginn des dem Einbringungsstichtag folgenden Tages, soweit in Abs. 3 und in § 16 Abs. 5 keine Ausnahmen vorgesehen sind.

(2) Für nach § 16 Abs. 5 Z 1 und 2 gebildete Passivposten gilt Folgendes:
1. Soweit sich auf Grund sämtlicher Veränderungen im Sinne des § 16 Abs. 5 ein negativer Buchwert des einzubringenden Vermögens ergibt oder sich ein solcher erhöht, gelten die als rückwirkende Entnahmen zu behandelnden Beträge der Passivposten im Ausmaß des negativen Buchwertes mit dem Tag der nach § 13 Abs. 1 maßgebenden Anmeldung oder Meldung der Einbringung als an den Einbringenden ausgeschüttet. Der als ausgeschüttet geltende Betrag ist in der Anmeldung gemäß § 96 Abs. 3 des Einkommensteuergesetzes 1988 anzugeben. Abweichend von § 96 Abs. 1 des Einkommensteuergesetzes 1988 ist die Kapitalertragsteuer
   – bei Entnahmen gemäß § 16 Abs. 5 Z 1 binnen einer Woche nach dem Tag der nach § 13 Abs. 1 maßgebenden Anmeldung oder Meldung der Einbringung und
   – bei Entnahmen gemäß § 16 Abs. 5 Z 2 binnen einer Woche
      – nach einer Tilgung oder
      – nach dem Beschluss auf Auflösung oder
      – nach dem Beschluss auf Verschmelzung, Umwandlung oder Aufspaltung oder
      – nach Zuwendung der Beteiligung an eine Privatstiftung

   abzuführen. Die Ausschüttungsfiktion nach dem ersten Satz entfällt, soweit Anteile an der übernehmenden Körperschaft vor den im Vorsatz genannten Maßnahmen entgeltlich übertragen worden sind.
2. Ein nicht als rückwirkende Entnahme geltender Betrag der Passivpost ist als versteuerte Rücklage zu behandeln.

(3) Rechtsbeziehungen des Einbringenden zur übernehmenden Körperschaft bezogen auf das eingebrachte Vermögen können auf den dem Einbringungsstichtag folgenden Tag rückbezogen werden, wenn spätestens am Tag des Abschlusses des Einbringungsvertrages nachweislich eine Entgeltvereinbarung getroffen wird. Abweichend davon sind jedoch Rechtsbeziehungen einer einbringenden natürlichen Person zur übernehmenden Körperschaft im Zusammenhang mit deren Beschäftigung ab Vertragsabschluss, frühestens jedoch für Zeiträume steuerwirksam, die nach dem Abschluss des Einbringungsvertrages beginnen. Im Falle der Einbringung durch eine Gesellschaft, bei der die Gesellschafter als Mitunternehmer anzusehen sind, gilt dies auch für die Mitunternehmer.
(AbgÄG 2023, BGBl I 2023/110)

(4) Für internationale Schachtelbeteiligungen im Sinne des § 10 Abs. 2 des Körperschaftsteuergesetzes 1988 gilt folgendes:
1. Entsteht durch die Einbringung bei der übernehmenden Körperschaft eine internationale Schachtelbeteiligung oder wird ihr Ausmaß erweitert, ist hinsichtlich der bisher nicht steuerbegünstigten Beteiligungsquoten auf den

Unterschiedsbetrag zwischen den Buchwerten und den höheren Teilwerten § 10 Abs. 3 erster Satz des Körperschaftsteuergesetzes 1988 nicht anzuwenden.

2. Geht durch die Einbringung die Eigenschaft einer Beteiligung als internationale Schachtelbeteiligung unter, gilt, soweit für sie keine Option zugunsten der Steuerwirksamkeit erklärt worden ist, der höhere Teilwert zum Einbringungsstichtag, abzüglich von auf Grund einer Umgründung nach diesem Bundesgesetz von § 10 Abs. 3 erster Satz des Körperschaftsteuergesetzes 1988 ausgenommener Beträge, als Buchwert.

(5) Für zum Buchwert übernommene Grundstücke im Sinne des § 30 Abs. 1 des Einkommensteuergesetzes 1988 gilt Folgendes:
1. Der Teilwert von Grund und Boden ist in Evidenz zu nehmen, wenn beim Rechtsvorgänger im Falle einer Veräußerung am Einbringungsstichtag § 30 Abs. 4 des Einkommensteuergesetzes 1988 auf den gesamten Grund und Boden anwendbar wäre. Bei späterer Veräußerung des Grund und Bodens ist wie folgt vorzugehen:
   – Für Wertveränderungen bis zum Einbringungsstichtag kann § 30 Abs. 4 des Einkommensteuergesetzes 1988 angewendet werden, wobei an Stelle des Veräußerungserlöses der in Evidenz genommene Teilwert tritt.
   – Für Wertveränderungen nach dem Einbringungsstichtag tritt der in Evidenz genommene Teilwert an die Stelle des Buchwerts.
   (BGBl I 2015/118)
2. § 30 Abs. 4 des Einkommensteuergesetzes 1988 kann bei der übernehmenden Körperschaft insoweit angewendet werden, als beim Rechtsvorgänger im Falle einer Veräußerung am Einbringungsstichtag § 30 Abs. 4 des Einkommensteuergesetzes 1988 aufgrund eines Wechsels der Gewinnermittlungsart oder einer Einlage (§ 4 Abs. 3a Z 3 lit. c und Z 4 des Einkommensteuergesetzes 1988) nur eingeschränkt anwendbar wäre.

(6) Auf Buchgewinne und Buchverluste ist § 3 Abs. 2 und 3 anzuwenden.

Die Gegenleistung

§ 19. (1) Die Einbringung muß ausschließlich gegen Gewährung von neuen Anteilen an der übernehmenden Körperschaft erfolgen.

(2) Die Gewährung von neuen Anteilen kann unterbleiben,
1. soweit die übernehmende Körperschaft den Einbringenden mit eigenen Anteilen abfindet,
2. soweit die Anteilsinhaber der übernehmenden Körperschaft den Einbringenden mit bestehenden Anteilen an dieser abfinden,
3. soweit die übernehmende Körperschaft zum Zweck der Rundung auf volle Beteiligungsprozentsätze bare Zuzahlungen leistet, sofern diese 10% des Gesamtnennbetrages der neuen Anteile nicht übersteigen,
4. soweit die übernehmende Körperschaft Anteile an der einbringenden Mitunternehmerschaft aufgibt,
5. wenn der Einbringende unmittelbar oder mittelbar Alleingesellschafter der übernehmenden Körperschaft ist oder wenn die unmittelbaren oder mittelbaren Beteiligungsverhältnisse an der einbringenden und der übernehmenden Körperschaft übereinstimmen; im Falle der Einbringung eines Kapitalanteiles (§ 12 Abs. 2 Z 3) in eine ausländische übernehmende Körperschaft (§ 12 Abs. 3 Z 2) gilt dies nur, wenn die Einbringung ausschließlich bei inländischen Anteilen an der übernehmenden Körperschaft eine Zu- oder Abschreibung auslöst,
(AbgÄG 2023, BGBl I 2023/110)
6. wenn alle an der übernehmenden Körperschaft unmittelbar oder mittelbar Beteiligten begünstigtes Vermögen im Sinne des § 12 Abs. 2 Z 2 oder 3 einbringen, an dem sie insgesamt im Verhältnis zueinander im selben Ausmaß wie an der übernehmenden Körperschaft substanzbeteiligt sind.
(AbgÄG 2023, BGBl I 2023/110)

(3) Die in Abs. 1 und 2 genannten Anteile und Zuzahlungen müssen dem Einbringenden gewährt werden.

Die Anteile an der übernehmenden Körperschaft

§ 20. (1) Neue Anteile gelten mit dem Beginn des dem Einbringungsstichtag folgenden Tages als angeschafft. Soweit eine Kapitalerhöhung nach § 19 nicht erfolgt, gilt die Gegenleistung mit Beginn des dem Einbringungsstichtag folgenden Tages als bewirkt.

(2) Für die Bewertung der Anteile und der sonstigen Gegenleistung im Sinne des Abs. 1 gilt Folgendes:
1. Im Falle der Gewährung von Anteilen im Sinne des § 19 Abs. 1 und Abs. 2 Z 1 und 4 gilt der nach den §§ 16 und 17 maßgebende Wert der Sacheinlage als deren Anschaffungskosten.
2. Kommt die Abfindung im Sinne des § 19 Abs. 2 Z 1 ausländischen Einbringenden zu, ist § 6 Z 6 des Einkommensteuergesetzes 1988 sinngemäß anzuwenden.
3. Zuzahlungen im Sinne des § 19 Abs. 2 Z 3 kürzen beim Empfänger die Anschaffungskosten oder Buchwerte.
4. Ausschüttungen im Sinne des § 18 Abs. 2 Z 1 erhöhen ab Eintritt der Fälligkeit die Anschaffungskosten oder Buchwerte.
5. Kommt es in Fällen des § 16 Abs. 1 oder Abs. 2 Z 1 in der Fassung des Bundesgesetzes vor BGBl. I Nr. 163/2015 oder des § 17 Abs. 1a zur Festsetzung der Steuerschuld,

erhöhen sich rückwirkend mit Beginn des dem Einbringungsstichtag folgenden Tages die Anschaffungskosten oder Buchwerte entsprechend.
(BGBl I 2019/103)

(3) Im Falle des § 19 Abs. 2 Z 2 sind bei den abtretenden Gesellschaftern die Anschaffungskosten oder der Buchwert der bisherigen Anteile weiterhin maßgebend. Bei von den Beteiligungsverhältnissen abweichenden Wertverhältnissen ist § 6 Abs. 2 anzuwenden.

(4) Bei Vorliegen der Voraussetzung des § 19 Abs. 2 Z 5 gilt folgendes:

1. Der nach den §§ 16 und 17 maßgebende Wert der Sacheinlage ist dem steuerlich maßgebenden Wert der bisherigen Anteile des Einbringenden an der übernehmenden Körperschaft zuzuschreiben oder von ihm abzuschreiben. Gehören die Anteile an der übernehmenden Körperschaft nicht zum Betriebsvermögen des Einbringenden, bleibt ein Buchgewinn oder Buchverlust bei der Gewinnermittlung außer Ansatz. Abs. 2 Z 4 und Z 5 ist anzuwenden.
(BGBl I 2019/103)

2. Besitzt die übernehmende Körperschaft alle Anteile an der einbringenden Körperschaft, ist § 3 Abs. 2 mit der Maßgabe anzuwenden, daß bei der Ermittlung des Buchgewinnes oder Buchverlustes der steuerlich maßgebende Buchwert der Anteile an der übertragenden Körperschaft in dem Verhältnis zu vermindern ist, in dem sich der Wert der übertragenden Körperschaft durch die Einbringung vermindert hat. § 3 Abs. 3 ist anzuwenden. Der bei der einbringenden Körperschaft entstehende Buchverlust oder Buchgewinn bleibt bei der Gewinnermittlung außer Ansatz.

3. Unterbleibt die Gewährung von Anteilen, weil die Anteile an der einbringenden und der übernehmenden Körperschaft in einer Hand vereinigt sind, sind die steuerlich maßgebenden Anschaffungskosten oder Buchwerte der Anteile an der übertragenden Körperschaft in dem Ausmaß zu vermindern und im gleichen Ausmaß bei den Anteilen an der übernehmenden Körperschaft zuzuschreiben, in dem sich die Werte der Anteile durch die Einbringung verschieben. Der bei der einbringenden Körperschaft entstehende Buchgewinn oder Buchverlust bleibt bei der Gewinnermittlung außer Ansatz.

(5) (aufgehoben)

(6) Wird ein Kapitalanteil eingebracht, bei dem die Möglichkeit der Besteuerung der stillen Reserven nach den Regelungen des Einkommensteuergesetzes 1988 am Tag des Abschlusses des Einbringungsvertrages nicht gegeben ist, sind § 5 Abs. 1 und 2 sinngemäß anzuwenden.

(7) Für internationale Schachtelbeteiligungen im Sinne des § 10 Abs. 2 des Körperschaftsteuergesetzes 1988 gilt folgendes:

1. Entsteht durch eine Einbringung eine internationale Schachtelbeteiligung oder wird ihr Ausmaß durch neue Anteile oder durch Zurechnung zur bestehenden Beteiligung verändert, ist hinsichtlich der bisher nicht steuerbegünstigten Beteiligungsquoten auf den Unterschiedsbetrag zwischen den Buchwerten und den höheren Teilwerten § 10 Abs. 3 erster Satz des Körperschaftsteuergesetzes 1988 nicht anzuwenden. Dies gilt nicht im Falle des Entstehens der Steuerschuld nach § 16 Abs. 1a oder § 16 Abs. 2 auf Grund der Einbringung von Kapitalanteilen im Sinne des § 12 Abs. 2 Z 3.
(BGBl I 2015/163)

2. Geht durch eine Einbringung die Eigenschaft einer Beteiligung als internationale Schachtelbeteiligung unter, gilt, soweit für sie keine Option zugunsten der Steuerwirksamkeit erklärt worden ist, der höhere Teilwert zum Einbringungsstichtag, abzüglich auf Grund einer Umgründung nach diesem Bundesgesetz von § 10 Abs. 3 erster Satz des Körperschaftsteuergesetzes 1988 ausgenommener Beträge, als Buchwert.

(8) Kommt es auf Grund der Einbringung zum Wechsel der Gewinnermittlungsart, ist das sich nach den vorstehenden Absätzen ergebende Ausmaß der Anschaffungskosten oder des Buchwertes der Anteile um jene Beträge zu erhöhen oder zu vermindern, die sich auf Grund von Änderungen des Betriebsvermögens nach § 4 Abs. 10 des Einkommensteuergesetzes 1988 ergeben.

Verlustabzug

§ 21. § 18 Abs. 6 und 7 des Einkommensteuergesetzes 1988 und § 8 Abs. 4 Z 2 des Körperschaftsteuergesetzes 1988 sind nach Maßgabe der folgenden Bestimmungen anzuwenden:

1. Verluste des Einbringenden, die bis zum Einbringungsstichtag entstanden und bis zum Veranlagungszeitraum, in den der Einbringungsstichtag fällt, nicht verrechnet sind, gelten im Rahmen einer Buchwerteinbringung (§ 16 Abs. 1) ab dem dem Einbringungsstichtag folgenden Veranlagungszeitraum der übernehmenden Körperschaft insoweit als abzugsfähige Verluste dieser Körperschaft, als sie dem übertragenen Vermögen im Sinne des § 12 Abs. 2 zugerechnet werden können. Voraussetzung ist weiters, daß das übertragene Vermögen am Einbringungsstichtag tatsächlich vorhanden ist. § 4 Z 1 lit. c und d ist anzuwenden. Im Falle der Einbringung durch eine Gesellschaft, bei der die Gesellschafter als Mitunternehmer anzusehen sind, gelten auch die Mitunternehmer als Einbringende.

2. Für eigene Verluste der übernehmenden Körperschaft ist § 4 Z 1 lit. b, c und d anzuwenden.

3. Die Bestimmung des § 4 Z 2 über den Mantelkauf ist zu beachten.

Dies gilt auch für Verluste gemäß § 23a des Einkommensteuergesetzes 1988, wobei die übernehmende Körperschaft für diese § 23a des Einkommensteuergesetzes 1988 sinngemäß weiter anzuwenden hat.
(BGBl I 2015/163)

Sonstige Rechtsfolgen der Einbringung

§ 22. (1) Weichen die Beteiligungsverhältnisse nach der Einbringung von den Wertverhältnissen ab, ist § 6 Abs. 2 mit der Maßgabe anzuwenden, dass der Unterschiedsbetrag mit Beginn des dem Einbringungsstichtag folgenden Tages als unentgeltlich zugewendet gilt.

(2) Entsteht auf Grund der Einbringung von Vermögen im Sinne des § 12 Abs. 2 durch einen Arbeitnehmer einer Körperschaft in diese als Gegenleistung eine wesentliche Beteiligung im Sinne des § 22 Z 2 des Einkommensteuergesetzes 1988, bleiben die Bezüge und Vorteile aus dem Dienstverhältnis abweichend von § 14 Abs. 2 bis zur Eintragung der Einbringung in das Firmenbuch, andernfalls bis zum Tag der Meldung im Sinne des § 13 Einkünfte aus nichtselbständiger Arbeit, soweit sich auf diese Zeit beziehen.

(3) Einbringungen nach § 12 gelten nicht als steuerbare Umsätze im Sinne des Umsatzsteuergesetzes 1994; die übernehmende Körperschaft tritt für den Bereich der Umsatzsteuer unmittelbar in die Rechtsstellung des Einbringenden ein.

(4) Einbringungen nach § 12 und dafür gewährte Gegenleistungen nach § 19 sind von den Gebühren nach § 33 TP 21 des Gebührengesetzes 1957 befreit, wenn das zu übertragende Vermögen am Tag des Abschlusses des Einbringungsvertrages länger als zwei Jahre als Vermögen des Einbringenden besteht.
(BGBl I 2019/103)

(5) Werden auf Grund einer Einbringung nach § 12 Erwerbsvorgänge nach § 1 des Grunderwerbsteuergesetzes 1987 verwirklicht, so ist die Grunderwerbsteuer gemäß § 4 in Verbindung mit § 7 des Grunderwerbsteuergesetzes 1987 zu berechnen.
(BGBl I 2015/118)

Artikel IV
Zusammenschluß

Anwendungsbereich

§ 23. (1) Ein Zusammenschluss im Sinne dieses Bundesgesetzes liegt vor, wenn Vermögen (Abs. 2) ausschließlich gegen Gewährung von Gesellschafterrechten auf Grundlage eines schriftlichen Zusammenschlussvertrages (Gesellschaftsvertrages) und einer Zusammenschlussbilanz einer Personengesellschaft tatsächlich übertragen wird. Voraussetzung ist, dass das übertragene Vermögen am Zusammenschlussstichtag, jedenfalls aber am Tag des Abschlusses des Zusammenschlussvertrages, für sich allein einen positiven Verkehrswert besitzt. Der Übertragende hat im Zweifel die Höhe des positiven Verkehrswertes durch ein begründetes Gutachten eines Sachverständigen nachzuweisen.

(2) Zum Vermögen zählen nur Betriebe, Teilbetriebe und Mitunternehmeranteile im Sinne des § 12 Abs. 2.

(3) Personengesellschaften sind Gesellschaften, bei denen die Gesellschafter als Unternehmer (Mitunternehmer) anzusehen sind.

(4) Auf Zusammenschlüsse sind die §§ 24 bis 26 anzuwenden.

Übertragungsvorgang

§ 24. (1) Für den Übertragenden gilt Folgendes:
1. Hinsichtlich des Zusammenschlußstichtages, der Behandlung des Übertragenden und der zum Zwecke der Darstellung des Vermögens erstellten Zusammenschlußbilanz sind die §§ 13 bis 15 sowie § 16 Abs. 1 und 5 anzuwenden.
2. § 13 Abs. 1 ist mit der Maßgabe anzuwenden, daß sich die Firmenbuchzuständigkeit auf die Sachgründung einer einzutragenden Personengesellschaft und auf den Eintritt neuer Gesellschafter in eingetragene Personengesellschaften bezieht und die Meldung bei dem für die Feststellung der Einkünfte der Personengesellschaft zuständigen Finanzamt zu erfolgen hat.
3. Soweit im Rahmen des Zusammenschlusses das Besteuerungsrecht der Republik Österreich hinsichtlich des Vermögens eingeschränkt wird, sind die nach § 6 Z 6 lit. a des Einkommensteuergesetzes 1988 maßgebenden Werte anzusetzen, wobei § 6 Z 6 lit. c bis e Einkommensteuergesetzes 1988 sinngemäß anzuwenden sind.
(BGBl I 2015/163)
4. Für den Fall der Übertragung von ausländischen Betrieben, Teilbetrieben und Anteilen an ausländischen Mitunternehmerschaften in Personengesellschaften ist § 16 Abs. 3 mit der Maßgabe anzuwenden, dass an die Stelle des gemeinen Wertes die höheren Teilwerte einschließlich selbstgeschaffener unkörperlicher Wirtschaftsgüter treten.

(2) Die Buchwertfortführung ist in Anwendung des § 16 Abs. 1 nur zulässig, wenn für die weitere Gewinnermittlung Vorsorge getroffen wird, dass es bei den am Zusammenschluß beteiligten Steuerpflichtigen durch den Vorgang der Übertragung zu keiner endgültigen Verschiebung der Steuerbelastung kommt. Ist nach dem vorstehenden Satz keine Buchwertfortführung zulässig, ist § 24 Abs. 7 letzter Satz des Einkommensteuergesetzes 1988 anzuwenden.
(AbgÄG 2023, BGBl I 2023/110)

(3) Grund und Boden, auf den im Falle einer Veräußerung am Zusammenschlussstichtag § 30 Abs. 4 des Einkommensteuergesetzes 1988 ganz oder eingeschränkt anwendbar wäre, kann zur Gänze mit den nach § 6 Z 14 des Einkommensteuergesetzes 1988 maßgebenden Werten angesetzt werden. Dies ist im Zusammenschlussvertrag festzuhalten.

Dies gilt auch für nicht zum Betriebsvermögen gehörenden Grund und Boden.

Die übernehmende Personengesellschaft

§ 25. (1) Für die übernehmende Personengesellschaft gilt Folgendes:
1. Sie hat das übernommene Vermögen mit jenen Werten anzusetzen, die sich beim Übertragenden unter Anwendung des § 16 bei Beachtung des § 24 Abs. 2 ergeben.
2. Soweit das Besteuerungsrecht der Republik Österreich hinsichtlich übernommener Vermögensteile entsteht, gilt Folgendes:
   - Sie sind mit dem höheren Teilwert anzusetzen.
   - Werden Vermögensteile übernommen, für die die Abgabenschuld nicht festgesetzt worden ist, sind die ursprünglichen Anschaffungskosten oder fortgeschriebenen Buchwerte, höchstens aber die gemeinen Werte anzusetzen. Die spätere Veräußerung oder das sonstige Ausscheiden gilt nicht als rückwirkendes Ereignis im Sinn des § 295a der Bundesabgabenordnung. Weist die übernehmende Personengesellschaft nach, dass Wertsteigerungen im übrigen EU/EWR-Raum eingetreten sind, sind diese vom Veräußerungserlös abzuziehen.

   (BGBl I 2015/163)
3. Sie ist im Rahmen einer Buchwertübertragung für Zwecke der Gewinnermittlung so zu behandeln, als ob sie Gesamtrechtsnachfolger wäre.

(2) § 14 Abs. 2 gilt für die übernehmende Personengesellschaft mit Beginn des dem Zusammenschlussstichtag folgenden Tages, soweit in § 16 Abs. 5 und § 26 Abs. 2 keine Ausnahmen vorgesehen sind.

(3) Für internationale Schachtelbeteiligungen im Sinne des § 10 Abs. 2 des Körperschaftsteuergesetzes 1988 gilt Folgendes:
1. Entsteht durch den Zusammenschluss eine internationale Schachtelbeteiligung oder wird ihr Ausmaß erweitert, ist hinsichtlich der bisher nicht steuerbegünstigten Beteiligungsquoten auf den Unterschiedsbetrag zwischen den Buchwerten und den höheren Teilwerten § 10 Abs. 3 erster Satz des Körperschaftsteuergesetzes 1988 nicht anzuwenden.
2. Geht durch den Zusammenschluss die Eigenschaft einer Beteiligung als internationale Schachtelbeteiligung unter, gilt, soweit für sie keine Option zugunsten der Steuerwirksamkeit erklärt worden ist, der höhere Teilwert zum Zusammenschlussstichtag, abzüglich auf Grund einer Umgründung nach diesem Bundesgesetz von § 10 Abs. 3 erster Satz des Körperschaftsteuergesetzes 1988 ausgenommener Beträge, als Buchwert.

(4) § 9 Abs. 9 ist sinngemäß anzuwenden.

(5) Für zum Buchwert übernommene Grundstücke im Sinne des § 30 Abs. 1 des Einkommensteuergesetzes 1988 gilt Folgendes:
1. Der Teilwert von Grund und Boden ist in Evidenz zu nehmen, wenn im Falle einer Veräußerung am Zusammenschlussstichtag § 30 Abs. 4 des Einkommensteuergesetzes 1988 beim Übertragenden auf den gesamten Grund und Boden anwendbar wäre. Bei späterer Veräußerung des Grund und Bodens ist wie folgt vorzugehen:
   - Für Wertveränderungen bis zum Zusammenschlussstichtag kann § 30 Abs. 4 des Einkommensteuergesetzes 1988 beim Übertragenden angewendet werden, wobei an Stelle des Veräußerungserlöses der in Evidenz genommene Teilwert tritt.
   - Für Wertveränderungen nach dem Zusammenschlussstichtag kann § 30 Abs. 4 des Einkommensteuergesetzes 1988 beim Übertragenden insoweit angewendet werden, als diesem der Grund und Boden weiterhin zuzurechnen ist. Darüber hinaus ist § 30 Abs. 4 des Einkommensteuergesetzes 1988 nicht anwendbar.

   (BGBl I 2015/118)
2. § 30 Abs. 4 des Einkommensteuergesetzes 1988 kann insoweit beim Übertragenden angewendet werden, als bei diesem im Falle einer Veräußerung am Zusammenschlussstichtag § 30 Abs. 4 des Einkommensteuergesetzes 1988 aufgrund eines Wechsels der Gewinnermittlungsart oder einer Einlage (§ 4 Abs. 3a Z 3 lit. c oder Z 4 des Einkommensteuergesetzes 1988) nur eingeschränkt anwendbar wäre.

Dies gilt sinngemäß für nicht zum Betriebsvermögen gehörende Grundstücke, soweit auf diese § 6 Z 5 des Einkommensteuergesetzes 1988 angewendet wird.

Sonstige Rechtsfolgen des Zusammenschlusses

§ 26. (1) Es sind anzuwenden:
1. § 6 Abs. 2 hinsichtlich einer im Zuge der Übertragung auftretenden Verschiebung der Beteiligungsverhältnisse mit der Maßgabe, dass der Unterschiedsbetrag mit Beginn des dem Zusammenschlussstichtag folgenden Tages als unentgeltlich zugewendet gilt.
2. § 22 Abs. 3 hinsichtlich der Umsatzsteuer.

(2) Nimmt ein Arbeitnehmer des zu übertragenden Betriebes am Zusammenschluß teil, bleiben die Bezüge und Vorteile aus diesem Dienstverhältnis abweichend von § 14 Abs. 2 bis zur Eintragung des Zusammenschlusses in das Firmenbuch, andernfalls bis zum Tag der Meldung im Sinne des § 24 Abs. 1 Einkünfte aus nichtselbständiger Arbeit, soweit sie sich auf diese Zeit beziehen.

(3) Zusammenschlüsse nach § 23 sind hinsichtlich des übertragenen Vermögens (§ 23 Abs. 2) von

den Gebühren nach § 33 TP 21 des Gebührengesetzes 1957 befreit, wenn das zu übertragene Vermögen am Tag des Abschlusses des Zusammenschlußvertrages länger als zwei Jahre als Vermögen des Übertragenden besteht.

(BGBl I 2019/103)

(4) Werden auf Grund eines Zusammenschlusses nach § 23 Erwerbsvorgänge nach § 1 des Grunderwerbsteuergesetzes 1987 verwirklicht, so ist die Grunderwerbsteuer gemäß § 4 in Verbindung mit § 7 des Grunderwerbsteuergesetzes 1987 zu berechnen.

(BGBl I 2015/118)

Artikel V
Realteilung

Anwendungsbereich

§ 27. (1) Eine Realteilung im Sinne dieses Bundesgesetzes liegt vor, wenn Vermögen (Abs. 2 oder 3) von Personengesellschaften auf Grundlage eines schriftlichen Teilungsvertrages (Gesellschaftsvertrages) und einer Teilungsbilanz zum Ausgleich untergehender Gesellschafterrechte ohne oder ohne wesentliche Ausgleichszahlung (§ 29 Abs. 2) tatsächlich auf Nachfolgeunternehmer übertragen wird, denen das Vermögen zur Gänze oder teilweise zuzurechnen war. Voraussetzung ist, dass das übertragene Vermögen am Teilungsstichtag, jedenfalls aber am Tag des Abschlusses des Teilungsvertrages, für sich allein einen positiven Verkehrswert besitzt. Die Personengesellschaft hat im Zweifel die Höhe des positiven Verkehrswertes durch ein begründetes Gutachten eines Sachverständigen nachzuweisen. Besteht die Personengesellschaft weiter, muss ihr aus der Realteilung Vermögen (Abs. 2 oder 3) verbleiben.

(2) Zum Vermögen zählen nur Betriebe, Teilbetriebe und Mitunternehmeranteile im Sinne des § 12 Abs. 2.

(3) Abweichend von Abs. 2 gilt folgendes:
1. Liegen bei einem Forstbetrieb keine Teilbetriebe im Sinne des § 12 Abs. 2 Z 1 vor, gilt als Teilbetrieb die Übertragung von Flächen, für die ein gesetzlicher Realteilungsanspruch besteht und die vom Nachfolgeunternehmer für sich als Forstbetrieb geführt werden können.
2. Liegen bei einem Betrieb, dessen wesentliche Grundlage der Klienten- oder Kundenstock ist, keine Teilbetriebe im Sinne des § 12 Abs. 2 Z 1 vor, gilt als Teilbetrieb die Übertragung jenes Teiles des Klienten- oder Kundenstocks, der vom Nachfolgeunternehmer bereits vor der Realteilung dauerhaft betreut worden ist und für sich als Betrieb geführt werden kann.

(4) Personengesellschaften sind solche, bei denen die Gesellschafter als Unternehmer (Mitunternehmer) anzusehen sind.

(5) Auf Realteilungen sind die §§ 28 bis 31 anzuwenden.

Teilungsvorgang

§ 28. Hinsichtlich des Teilungsstichtages, der Behandlung der zu teilenden Personengesellschaft und der zum Zweck der Darstellung des Vermögens erstellten Teilungsbilanz sind die §§ 13 bis 15 anzuwenden. § 13 Abs. 1 ist mit der Maßgabe anzuwenden, daß sich die Firmenbuchzuständigkeit auf die teilungsbedingte Löschung einer eingetragenen Personengesellschaft und das teilungsbedingte Ausscheiden eines Gesellschafters aus einer solchen bezieht und die Meldung bei dem für die Feststellung der Einkünfte der zu teilenden Personengesellschaft zuständigen Finanzamt zu erfolgen hat.

Bewertung des Betriebsvermögens in der Teilungsbilanz

§ 29. (1) Für der Bewertung des Betriebsvermögens in der Teilungsbilanz gilt Folgendes:
1. Es sind § 14 Abs. 1 und § 16 Abs. 5 anzuwenden.
2. Die Teilung zu Buchwerten (Buchwertteilung) ist nur zulässig, wenn für die weitere Gewinnermittlung Vorsorge getroffen wird, daß es bei den an der Teilung beteiligten Steuerpflichtigen durch den Vorgang der Teilung zu keiner endgültigen Verschiebung der Steuerbelastung kommt. Die dafür bei den Nachfolgeunternehmern eingestellten Ausgleichsposten sind ab dem Teilungsstichtag folgenden Wirtschaftsjahr gleichmäßig verteilt auf fünfzehn Wirtschaftsjahre abzusetzen oder aufzulösen. § 24 Abs. 2 letzter Satz ist anzuwenden.
2a. Für Wirtschaftsgüter, auf deren Erträge bzw. Wertsteigerungen ein besonderer Steuersatz gemäß § 27a Abs. 1 oder der besondere Steuersatz gemäß § 30a Abs. 1 des Einkommensteuergesetzes 1988 anwendbar ist, sind gesonderte Ausgleichsposten im Sinne der Z 2 zu bilden. Diese sind jeweilige besonderen Steuersatz gemäß § 27a Abs. 1 oder § 30a Abs. 1 des Einkommensteuergesetzes 1988 aufzulösen oder jeweils unter sinngemäßer Anwendung von § 6 Z 2 lit. c oder d des Einkommensteuergesetzes 1988 abzusetzen. Abweichend davon kann, wenn am Teilungsstichtag § 30 Abs. 4 des Einkommensteuergesetzes 1988 ganz oder eingeschränkt anwendbar wäre, Grund und Boden zur Gänze mit den nach § 6 Z 14 des Einkommensteuergesetzes 1988 maßgebenden Werten angesetzt werden. Dies ist im Teilungsvertrag festzuhalten.

(BGBl I 2015/118)

3. Soweit im Rahmen der Realteilung auf einen ausländischen Nachfolgeunternehmer das Besteuerungsrecht der Republik Österreich hinsichtlich des Vermögens eingeschränkt wird, sind die nach § 6 Z 6 lit. a des Einkommensteuergesetzes 1988 maßgebenden Werte anzusetzen, wobei § 6 Z 6 lit. c bis e

des Einkommensteuergesetzes 1988 sinngemäß anzuwenden sind.
(BGBl I 2015/163)
4. Für den Fall der Übertragung von ausländischen Betrieben, Teilbetrieben und Anteilen an ausländischen Mitunternehmerschaften in Personengesellschaften ist § 16 Abs. 3 mit der Maßgabe anzuwenden, dass an die Stelle des gemeinen Wertes die höheren Teilwerte einschließlich selbstgeschaffener unkörperlicher Wirtschaftsgüter treten.

(2) Sind im Hinblick auf die Wertverhältnisse des übertragenen Vermögens Ausgleichszahlungen erforderlich, dürfen sie ein Drittel des Wertes des empfangenen Vermögens des Zahlungsempfängers nicht übersteigen.

Der Nachfolgeunternehmer
§ 30. (1) Für den Nachfolgeunternehmer gilt Folgendes:
1. Er hat das übertragene Vermögen mit jenen Werten anzusetzen, die sich bei der geteilten Personengesellschaft bei Anwendung des § 16 unter Beachtung des § 29 ergeben haben.
2. Soweit das Besteuerungsrecht der Republik Österreich hinsichtlich übernommener Vermögensteile entsteht, gilt Folgendes:
   – Sie sind mit dem höheren Teilwert anzusetzen.
   – Werden Vermögensteile übernommen, für die bei dem übernehmenden Nachfolgeunternehmer die Abgabenschuld nicht festgesetzt worden ist oder gemäß § 16 Abs. 1a nicht entstanden ist, sind beim übernehmenden Nachfolgeunternehmer die fortgeschriebenen Buchwerte oder die ursprünglichen Anschaffungskosten, höchstens aber die gemeinen Werte anzusetzen. Die spätere Veräußerung oder das sonstige Ausscheiden gilt nicht als rückwirkendes Ereignis im Sinn des § 295a der Bundesabgabenordnung. Weist der übernehmende Nachfolgeunternehmer nach, dass Wertsteigerungen im übrigen EU/EWR-Raum eingetreten sind, sind diese vom Veräußerungserlös abzuziehen.
   (BGBl I 2015/163)
3. Er ist im Rahmen einer Buchwertteilung für Zwecke der Gewinnermittlung so zu behandeln, als ob er Gesamtrechtsnachfolger wäre.

(2) § 14 Abs. 2 gilt für den Nachfolgeunternehmer mit Beginn des dem Teilungsstichtag folgenden Tages, soweit in § 16 Abs. 5 keine Ausnahmen vorgesehen sind.

(3) Für internationale Schachtelbeteiligungen im Sinne des § 10 Abs. 2 des Körperschaftsteuergesetzes 1988 gilt Folgendes:
1. Entsteht durch die Realteilung eine internationale Schachtelbeteiligung oder wird ihr Ausmaß erweitert, ist hinsichtlich der bisher nicht steuerbegünstigten Beteiligungsquoten auf den Unterschiedsbetrag zwischen den Buchwerten und den höheren Teilwerten § 10 Abs. 3 erster Satz des Körperschaftsteuergesetzes 1988 nicht anzuwenden.
2. Geht durch die Realteilung die Eigenschaft einer Beteiligung als internationale Schachtelbeteiligung unter, gilt, soweit für sie keine Option zugunsten der Steuerwirksamkeit erklärt worden ist, der höhere Teilwert zum Teilungsstichtag, abzüglich auf Grund einer Umgründung nach diesem Bundesgesetz von § 10 Abs. 3 erster Satz des Körperschaftsteuergesetzes 1988 ausgenommener Beträge, als Buchwert.

(4) Soweit im Fall der Veräußerung eines Grundstücks im Sinne des § 30 Abs. 1 des Einkommensteuergesetzes 1988 am Teilungsstichtag § 30 Abs. 4 des Einkommensteuergesetzes 1988 anwendbar wäre, kann dies bei der Bildung der Ausgleichsposten (§ 29 Abs. 1 Z 2a) einheitlich berücksichtigt werden. Bei späterer Veräußerung des Grundstücks ist wie folgt vorzugehen:
   – Für Wertveränderungen bis zum Teilungsstichtag ist § 30 Abs. 4 des Einkommensteuergesetzes 1988 anwendbar, soweit dies bei der Bildung der Ausgleichsposten berücksichtigt wurde.
   – Für Wertveränderungen nach dem Teilungsstichtag kann § 30 Abs. 4 des Einkommensteuergesetzes 1988 bei dem das Grundstück übernehmenden Nachfolgeunternehmer insoweit weiter angewendet werden, als ihm das Grundstück schon vor dem Teilungsstichtag zuzurechnen war; bei der Übertragung einer Mehrzahl von Grundstücken ist dabei eine verkehrswertmäßige Betrachtung anzuwenden. Darüber hinaus ist § 30 Abs. 4 des Einkommensteuergesetzes 1988 nicht anwendbar.
(BGBl I 2015/118)

Sonstige Rechtsfolgen der Realteilung
§ 31. (1) Es sind anzuwenden:
1. § 6 Abs. 2 hinsichtlich einer im Zuge der Teilung auftretenden Verschiebung im Verhältnis der zuzurechnenden Werte mit der Maßgabe, dass der Unterschiedsbetrag mit Beginn des dem Teilungsstichtag folgenden Tages als unentgeltlich zugewendet gilt.
2. § 22 Abs. 3 hinsichtlich der Umsatzsteuer.

(2) Realteilungen nach § 27 sind von den Gebühren nach § 33 TP 21 des Gebührengesetzes 1957 befreit, wenn das zu teilende Vermögen am Tag des Abschlusses des Teilungsvertrages länger als zwei Jahre als Vermögen der zu teilenden Personengesellschaft besteht.
(BGBl I 2019/103)

(3) Werden auf Grund einer Realteilung nach § 27 Erwerbsvorgänge nach § 1 des Grunderwerbsteuergesetzes 1987 verwirklicht, so ist die Grunderwerbsteuer gemäß § 4 in Verbindung mit § 7 des Grunderwerbsteuergesetzes 1987 zu berechnen, sofern diese Grundstücke nicht innerhalb der letz-

ten drei Jahre Gegenstand eines nach diesem Bundesgesetz begünstigten Erwerbsvorganges waren.
(BGBl I 2015/118)

Artikel VI
Spaltung

Anwendungsbereich

§ 32. (1) Spaltungen im Sinne dieses Bundesgesetzes sind
1. Auf- und Abspaltungen zur Neugründung oder zur Aufnahme auf Grund gesellschaftsrechtlicher Vorschriften und
(AbgÄG 2023, BGBl I 2023/110)
2. Spaltungen ausländischer Körperschaften im Ausland auf Grund vergleichbarer Vorschriften,

wenn nur Vermögen im Sinne der Abs. 2 und/oder 3 auf die neuen oder übernehmenden Körperschaften tatsächlich übertragen wird.
(AbgÄG 2023, BGBl I 2023/110)

(1a) Abs. 1 Z 1 und 2 findet nur insoweit Anwendung, als das Besteuerungsrecht der Republik Österreich hinsichtlich der stillen Reserven einschließlich eines allfälligen Firmenwertes beim Rechtsnachfolger nicht eingeschränkt wird. Soweit bei der Spaltung auf eine neue oder übernehmende
- in der Anlage genannten Gesellschaft eines Mitgliedstaates der Europäischen Union oder
- den Kapitalgesellschaften vergleichbare Gesellschaft eines Staates des Europäischen Wirtschaftsraumes,

die auch den Ort der Geschäftsleitung in einem Mitgliedstaat der Europäischen Union oder in einem Staat des Europäischen Wirtschaftsraumes hat, eine Steuerpflicht nach § 20 des Körperschaftsteuergesetzes 1988 entsteht, ist die Abgabenschuld auf Antrag in Raten zu entrichten; dabei sind § 6 Z 6 lit. d bis e des Einkommensteuergesetzes 1988 sinngemäß anzuwenden.
(AbgÄG 2023, BGBl I 2023/110)

(2) Zum Vermögen zählen Betriebe, Teilbetriebe, Mitunternehmeranteile und Kapitalanteile im Sinne des § 12 Abs. 2.

(3) Abweichend von Abs. 2 gilt Folgendes:
1. Liegen bei einem Forstbetrieb keine Teilbetriebe im Sinne des § 12 Abs. 2 Z 1 vor, gilt als Teilbetrieb die Übertragung von Flächen, für die ein gesetzlicher Realteilungsanspruch besteht und die von der neuen oder übernehmenden Körperschaft für sich als Forstbetrieb geführt werden können.
2. Liegen bei einem Betrieb, dessen wesentliche Grundlage der Klienten- oder Kundenstock ist, keine Teilbetriebe im Sinne des § 12 Abs. 2 Z 1 vor, gilt bei einer nicht verhältniswahrenden Auf- oder Abspaltung als Teilbetrieb die Übertragung jenes Teiles des Klienten- oder Kundenstocks, der in der spaltenden Körperschaft bereits vor der Spaltung von einem Anteilsinhaber dauerhaft betreut worden ist und in der neuen oder übernehmenden Körperschaft für sich als Betrieb geführt werden kann.

(4) Auf Spaltungen im Sinne des Abs. 1 sind die §§ 33 bis 38 anzuwenden.

Spaltende Körperschaft

§ 33. (1) Bei der Ermittlung des Gewinnes für das hinsichtlich des zu übertragenden Vermögens mit dem Spaltungsstichtag endende Wirtschaftsjahr ist das Betriebsvermögen mit dem Wert anzusetzen, der sich nach den steuerrechtlichen Vorschriften über die Gewinnermittlung ergibt.

(2) Abweichend von Abs. 1 kann ausländisches Vermögen (§ 16 Abs. 3 Z 3) mit dem sich aus § 20 des Körperschaftsteuergesetzes 1988 ergebenden Wert angesetzt werden, wenn die Spaltung im Ausland zur Gewinnverwirklichung führt und mit dem in Betracht kommenden ausländischen Staat ein Doppelbesteuerungsabkommen besteht, das dafür die Anrechnungsmethode vorsieht, oder eine vergleichbare innerstaatliche Maßnahme zur Vermeidung der Doppelbesteuerung getroffen wurde.

(3) Das Einkommen (der Gewinn) der spaltenden Körperschaft ist so zu ermitteln, als ob der Vermögensübergang mit Ablauf des Spaltungsstichtages erfolgt wäre.

(4) Bei Aufspaltungen gilt Abs. 3 nicht für Gewinnausschüttungen der spaltenden Körperschaft auf Grund von Beschlüssen nach dem Spaltungsstichtag, sowie für
- die Einlagenrückzahlung im Sinne des § 4 Abs. 12 des Einkommensteuergesetzes 1988 durch die spaltende Körperschaft und
- Einlagen im Sinne des § 8 Abs. 1 des Körperschaftsteuergesetzes 1988 in die spaltende Körperschaft

in der Zeit zwischen dem Spaltungsstichtag und dem Tag des Spaltungsbeschlusses.
(AbgÄG 2023, BGBl I 2023/110)

(5) Bei Aufspaltungen kann § 16 Abs. 5 Z 4 samt Schlussteil sinngemäß angewendet werden. Bei Abspaltungen kann abweichend von Abs. 3 auf das zu übertragende Vermögen § 16 Abs. 5 Z 4 und 5 samt Schlussteil angewendet werden. Wird das Besteuerungsrecht der Republik Österreich hinsichtlich zurückbehaltener oder zugeführter Wirtschaftsgüter eingeschränkt, sind die §§ 32 bis 38 dennoch anwendbar; § 6 Z 6 des Einkommensteuergesetzes 1988 ist anzuwenden.
(AbgÄG 2023, BGBl I 2023/110)

(6) Spaltungsstichtag ist der Tag, zu dem die Schlussbilanz aufgestellt ist, die der Spaltung zugrunde gelegt ist. Die spaltende Körperschaft hat zum Spaltungsstichtag weiters aufzustellen
- eine Übertragungsbilanz, in der das auf die neuen oder übernehmenden Körperschaften jeweils zu übertragende Vermögen mit den nach Abs. 1 und 2 steuerlich maßgebenden Buchwerten bzw. Werten und dem sich jeweils daraus ergebenden Übertragungskapital unter Berücksichtigung nachträglicher Veränderun-

gen im Sinne der Abs. 4 und 5 darzustellen ist und
– im Falle der Abspaltung auch eine Restbilanz zur Darstellung der steuerlich maßgebenden Buchwerte des nach der Spaltung verbleibenden Vermögens.

(7) Bei einer Abspaltung bleiben Buchverluste oder Buchgewinne bei der Gewinnermittlung außer Ansatz. § 20 Abs. 4 Z 1 ist anzuwenden.

Neue oder übernehmende Körperschaften

§ 34. (1) Die neue oder übernehmende Körperschaft hat die zum Spaltungsstichtag steuerlich maßgebenden Buchwerte im Sinne des § 33 fortzuführen. § 33 Abs. 3 gilt für die neue oder übernehmende Körperschaft mit dem Beginn des auf den Spaltungsstichtag folgenden Tages. § 18 Abs. 3 erster Satz ist anzuwenden.

(AbgÄG 2023, BGBl I 2023/110)

(1a) Soweit das Besteuerungsrecht der Republik Österreich hinsichtlich des übernommenen Vermögens entsteht, gilt Folgendes:
– Das übernommene Vermögen ist mit dem gemeinen Wert anzusetzen.
– Wird Vermögen ganz oder teilweise übernommen, für das die Abgabenschuld bei der übernehmenden Körperschaft oder einer konzernzugehörigen Körperschaft der übernehmenden Körperschaft nicht festgesetzt worden ist oder gemäß § 16 Abs. 1a nicht entstanden ist, sind die fortgeschriebenen Buchwerte, höchstens aber die gemeinen Werte anzusetzen. Die spätere Veräußerung oder das sonstige Ausscheiden gilt nicht als rückwirkendes Ereignis im Sinn des § 295a der Bundesabgabenordnung. Weist die übernehmende Körperschaft nach, dass Wertsteigerungen im übrigen EU/EWR-Raum eingetreten sind, sind diese vom Veräußerungserlös oder vom gemeinen Wert im Zeitpunkt des Ausscheidens abzuziehen.

(AbgÄG 2023, BGBl I 2023/110)

(2) Für übernehmende Körperschaften gilt folgendes:
1. Buchgewinne und Buchverluste bleiben bei der Gewinnermittlung außer Ansatz.
2. Besitzt die übernehmende Körperschaft Anteile an der abspaltenden Körperschaft, ist Z 1 mit der Maßgabe anzuwenden, daß bei der Ermittlung des Buchgewinnes oder Buchverlustes der steuerlich maßgebende Buchwert der Anteile an der abspaltenden Körperschaft in dem Verhältnis zu vermindern ist, in sich der Wert der abspaltenden Körperschaft durch die Abspaltung vermindert hat. Bei Nominalspaltungen im Sinne des § 2 Abs. 2 GenSpaltG ist für die Verminderung des Wertes der Anteile an der spaltenden Genossenschaft das gemäß § 2 Abs. 2 GenSpaltG festgelegte Umtauschverhältnis maßgeblich, wenn die übernehmende Körperschaft eine Genossenschaft ist.

(BGBl I 2018/69)

3. Unabhängig vom Vorliegen eines Buchgewinnes oder verlustes sind Veränderungen des Betriebsvermögens, die aus der Vereinigung von Aktiven und Passiven (Confusio) stammen, in dem dem Spaltungsstichtag folgenden Wirtschaftsjahr zu berücksichtigen.

(3) Für internationale Schachtelbeteiligungen im Sinne des § 10 Abs. 2 des Körperschaftsteuergesetzes 1988 gilt folgendes:
1. Entsteht durch die Spaltung bei der übernehmenden Körperschaft eine internationale Schachtelbeteiligung oder wird ihr Ausmaß erweitert, ist hinsichtlich der bisher nicht steuerbegünstigten Beteiligungsquoten auf den Unterschiedsbetrag zwischen den Buchwerten und den höheren Teilwerten § 10 Abs. 3 erster Satz des Körperschaftsteuergesetzes 1988 nicht anzuwenden.
2. Geht durch die Spaltung die Eigenschaft einer Beteiligung als internationale Schachtelbeteiligung unter, gilt, soweit für sie keine Option zugunsten der Steuerwirksamkeit erklärt worden ist, der höhere Teilwert zum Spaltungsstichtag, abzüglich vorgenommener oder als nach diesem Bundesgesetz vorgenommen geltender Teilwertabschreibungen im Sinne des § 6 Z 2 lit. a des Einkommensteuergesetzes 1988, als Buchwert.

Verlustabzug

§ 35. § 8 Abs. 4 Z 2 des Körperschaftsteuergesetzes 1988 ist nach Maßgabe des § 21 anzuwenden.

Behandlung der Anteilsinhaber bei einer verhältniswahrenden Spaltung

§ 36. (1) Bei den Anteilsinhabern der spaltenden Körperschaft und im Falle der Spaltung zur Aufnahme auch bei den Anteilsinhabern übernehmender Körperschaften gilt der dem Spaltungsplan oder Spaltungs- und Übernahmevertrag entsprechende Austausch von Anteilen nicht als Tausch. Die Anteile an den neuen oder übernehmenden Körperschaften gelten mit Beginn des dem Spaltungsstichtag folgenden Tages als erworben. Für neue Anteile sind die Anschaffungszeitpunkte der alten Anteile maßgeblich.

(1a) Soweit das Besteuerungsrecht der Republik Österreich hinsichtlich des übertragenen Vermögens auf Grund der Spaltung eingeschränkt wird, gilt Abs. 1 auch für Anteilsinhaber, die in einem Staat des EU/EWR-Raumes ansässig sind.

(AbgÄG 2023, BGBl I 2023/110)

(2) Für Spaltungen zur Neugründung gilt folgendes:
1. Bei einer Aufspaltung haben die Anteilsinhaber den Buchwert oder die Anschaffungskosten der Anteile an der spaltenden Körperschaft, abzüglich erhaltener Zuzahlungen der beteiligten Körperschaften (§ 2 Abs. 1 Z 3

SpaltG und § 2 Abs. 2 GenSpaltG) fortzuführen und den gewährten Anteilen entsprechend den Wertverhältnissen zuzuordnen.
(BGBl I 2018/69)

2. Bei einer Abspaltung ist für die Bewertung der Anteile an der spaltenden und den neuen Körperschaften § 20 Abs. 4 Z 3 anzuwenden.

Bei Nominalwertspaltungen im Sinne des § 2 Abs. 2 GenSpaltG ist für die Verschiebung des Wertes der Anteile das gemäß § 2 Abs. 2 GenSpaltG festgelegte Umtauschverhältnis maßgeblich, wenn die übernehmende Körperschaft eine Genossenschaft ist.
(BGBl I 2018/69)

(3) Abweichend von Abs. 1 gilt Folgendes:

1. Soweit das Besteuerungsrecht der Republik Österreich hinsichtlich der Anteile der übertragenen Körperschaft an der übernehmenden Körperschaft eingeschränkt wird, sind diese bei der übernehmenden Körperschaft mit den nach § 6 Z 6 lit. a des Einkommensteuergesetzes 1988 maßgebenden Werte anzusetzen, wobei § 6 Z 6 lit. c bis e des Einkommensteuergesetzes 1988 sinngemäß anzuwenden sind.
(BGBl I 2015/163)

2. Werden ausländischen Anteilsinhabern eigene Anteile der übernehmenden Körperschaft gewährt, sind diese mit den nach § 6 Z 6 lit. a des Einkommensteuergesetzes 1988 maßgebenden Werte anzusetzen, wobei § 6 Z 6 lit. c bis e des Einkommensteuergesetzes 1988 sinngemäß anzuwenden sind.
(BGBl I 2015/163)

3. Soweit aufgrund einer Spaltung ohne Gewährung einer Gegenleistung das Besteuerungsrecht der Republik Österreich hinsichtlich der Anteile an der spaltenden Körperschaft eingeschränkt wird, gilt Folgendes: Werden in weiterer Folge Anteile an der neuen oder übernehmenden Körperschaft durch die ausländischen Anteilsinhaber veräußert oder scheiden diese sonst aus dem Betriebsvermögen aus, entsteht insoweit bei den Anteilsinhabern der spaltenden Körperschaft eine Steuerschuld hinsichtlich des Unterschiedsbetrages zwischen dem Buchwert und dem nach § 6 Z 6 lit. a des Einkommensteuergesetzes 1988 maßgebenden Wert der Anteile an der spaltenden Körperschaft zum Spaltungsstichtag. Zwischen dem Spaltungsstichtag und der Veräußerung (Ausscheiden) eingetretene Wertminderungen sind dabei höchstens im Ausmaß des Unterschiedsbetrages zu berücksichtigen, soweit diese nicht in einem anderen Staat berücksichtigt werden. Die voranstehenden Sätze gelten nicht für Anteile der übernehmenden Körperschaft an der spaltenden Körperschaft.
(AbgÄG 2023, BGBl I 2023/110)

(4) Bei Auf- und Abspaltungen zur Aufnahme gilt, soweit auf Anteilsinhaber nicht § 33 Abs. 7 und § 34 Abs. 2 anzuwenden ist, die spaltungs- und übernahmevertragsmäßige Anteilsaufteilung zunächst als Austausch von Anteilen auf Grund einer Auf- oder Abspaltung zur Neugründung, auf den Abs. 2 anzuwenden ist, und nachfolgend als Austausch von Anteilen auf Grund einer Verschmelzung, auf den § 5 anzuwenden ist.

(5) Für internationale Schachtelbeteiligungen im Sinne des § 10 Abs. 2 des Körperschaftsteuergesetzes 1988 gilt folgendes:

1. Entsteht durch eine Spaltung im Sinne des § 32 Abs. 1 bei einer Körperschaft als Anteilsinhaber eine internationale Schachtelbeteiligung oder wird ihr Ausmaß durch neue Anteile oder durch Zurechnung zur bestehenden Beteiligung verändert, ist hinsichtlich der bisher nicht steuerbegünstigten Beteiligungsquoten auf den Unterschiedsbetrag zwischen den Buchwerten und den höheren Teilwerten § 10 Abs. 3 erster Satz des Körperschaftsteuergesetzes 1988 nicht anzuwenden.
(AbgÄG 2023, BGBl I 2023/110)

2. Geht durch die Spaltung die Eigenschaft einer Beteiligung als internationale Schachtelbeteiligung unter, gilt der höhere Teilwert zum Spaltungsstichtag, abzüglich auf Grund einer Umgründung nach diesem Bundesgesetz von § 10 Abs. 3 erster Satz des Körperschaftsteuergesetzes 1988 ausgenommener Beträge, als Buchwert.

Behandlung der Anteilsinhaber bei einer nicht verhältniswahrenden Spaltung

§ 37. (1) Bei einer nicht unter § 36 fallenden Auf- oder Abspaltung gilt die spaltungsplanmäßige oder spaltungs- und übernahmevertragsmäßige Anteilsaufteilung zwischen den Anteilsinhabern der spaltenden Körperschaft als Anteilstausch nach Durchführung einer Spaltung im Sinne des § 36.

(2) Tauschvorgänge im Sinne des Abs. 1, die ohne oder ohne wesentliche Zuzahlung (Abs. 4) erfolgen, gelten nicht als Veräußerung und Anschaffung; dabei ist jedoch § 36 Abs. 3 sinngemäß anzuwenden. Die Anteile an den neuen oder übernehmenden Körperschaften gelten mit Beginn des dem Spaltungsstichtag folgenden Tages als erworben. Für neue Anteile sind die Anschaffungszeitpunkte der alten Anteile maßgeblich.
(AbgÄG 2023, BGBl I 2023/110)

(3) Der Anteilsinhaber hat den Buchwert oder die Anschaffungskosten der im Sinne des Abs. 1 hingegebenen Anteile fortzuführen und den eingetauschten Anteilen entsprechend den Wertverhältnissen zuzuordnen. § 5 ist anzuwenden.

(4) Zuzahlungen von Anteilsinhabern sind nicht wesentlich, wenn sie ein Drittel des gemeinen Wertes der in Anteilen empfangenen Gegenleistung des Zahlungsempfängers nicht übersteigen. Abweichend von Abs. 2 gilt in diesem Fall die Zahlung beim Empfänger als Veräußerungsentgelt und beim Leistenden als Anschaffung.

Sonstige Rechtsfolgen der Spaltung

§ 38. (1) Die spaltende Körperschaft bleibt bis zur Eintragung der Spaltung in das Firmenbuch Arbeitgeber im Sinne des § 47 des Einkommensteuergesetzes 1988. Dies gilt auch für die Beurteilung von Tätigkeitsvergütungen als solche im Sinne des § 22 Z 2 des Einkommensteuergesetzes 1988.

(2) Die Annahme eines Barabfindungsangebotes (§ 9 SpaltG) sowie die Auseinandersetzung anlässlich der Kündigung (§ 9 Abs. 1 Z 1 iVm § 10 Abs. 2 GenSpaltG) gelten als Anteilsveräußerung. Beim Erwerber gilt der Spaltungsstichtag als Anschaffungstag der Anteile.

(BGBl I 2018/69)

(3) Spaltungen gelten nicht als steuerbare Umsätze im Sinne des Umsatzsteuergesetzes 1994; neue oder übernehmende Körperschaften treten für den Bereich der Umsatzsteuer unmittelbar in die Rechtsstellung der übertragenden Körperschaft ein.

(4) Erfolgen die spaltungsplanmäßigen Anteilstauschvorgänge außerhalb des § 37 Abs. 2 nicht wertgleich, ist § 6 Abs. 2 anzuwenden.

(5) Werden auf Grund einer Spaltung im Sinne des § 32 Erwerbsvorgänge nach § 1 des Grunderwerbsteuergesetzes 1987 verwirklicht, so ist die Grunderwerbsteuer gemäß § 4 in Verbindung mit § 7 des Grunderwerbsteuergesetzes 1987 zu berechnen.

(BGBl I 2019/103)

Steuerspaltungen

§ 38a. (1) Steuerspaltungen im Sinne dieses Bundesgesetzes sind Auf- und Abspaltungen auf Grund eines Spaltungsvertrages (§ 38b) nach Maßgabe der Abs. 2 und 3.

(2) Eine Aufspaltung im Sinne des Abs. 1 liegt unter folgender Voraussetzung vor:
Die spaltende Körperschaft bringt Vermögen (§ 12 Abs. 2) in zwei oder mehrere übernehmende Körperschaften, die nicht an der spaltenden Körperschaft beteiligt sind, nach Art. III ein. § 32 Abs. 3 kann angewendet werden. Der spaltenden Körperschaft verbleiben zu dem in § 20 Abs. 1 genannten Zeitpunkt neben der Gegenleistung im Sinne des § 19 nur liquide Mittel und allfällige restliche Verbindlichkeiten. Die Auflösung der spaltenden Körperschaft wird innerhalb von neun Monaten nach dem Einbringungsstichtag zur Eintragung in das Firmenbuch angemeldet. Im Rahmen der Liquidation der spaltenden Körperschaft kommen die Kapitalanteile und restlichen liquiden Mittel den Anteilsinhabern im Verhältnis ihrer Beteiligungen im Sinne des § 38d oder nach Maßgabe des § 38e zu; dabei dürfen die restlichen liquiden Mittel 10% des gemeinen Wertes des zu verteilenden Gesamtvermögens nicht übersteigen.

(3) Eine Abspaltung im Sinne des Abs. 1 liegt in folgenden Fällen vor:
1. Die spaltende Körperschaft bringt Vermögen (§ 12 Abs. 2) in eine oder mehrere übernehmende Körperschaften, die nicht an der spaltenden Körperschaft beteiligt sind, nach Art. III ein. § 32 Abs. 3 kann angewendet werden. Die spaltende Körperschaft überträgt die Anteile an der übernehmenden Körperschaft (§ 20) an ihre Anteilsinhaber im Verhältnis ihrer Beteiligungen im Sinne des § 38d oder nach Maßgabe des § 38e.

2. Die spaltende Körperschaft bringt Vermögen (§ 12 Abs. 2) in eine oder mehrere übernehmende Körperschaften nach Art. III ein, wobei die Gewährung von Anteilen nach § 19 Abs. 2 Z 5 unterbleibt, weil die Anteile an der spaltenden und übernehmenden Körperschaft in einer Hand vereinigt sind. § 32 Abs. 3 kann angewendet werden. Die Anteilsinhaber der spaltenden Körperschaft tauschen in der Folge Anteile nach Maßgabe des § 38e.

(4) Spaltende und übernehmende Körperschaften können nur unbeschränkt steuerpflichtige Kapitalgesellschaften, Erwerbs- und Wirtschaftsgenossenschaften und Versicherungsvereine auf Gegenseitigkeit (§ 1 Abs. 2 des Körperschaftsteuergesetzes 1988) und ausländische Gesellschaften eines Mitgliedstaates der Europäischen Union, die die in der Anlage zu diesem Bundesgesetz vorgesehenen Voraussetzungen des Artikels 3 der Richtlinie 2009/133/EG in der jeweils geltenden Fassung erfüllen, sein, wenn an der spaltenden Körperschaft am Spaltungsstichtag mehr als ein Anteilsinhaber beteiligt ist.

(5) Auf Spaltungen im Sinne des Abs. 1 sind die §§ 38b bis 38f anzuwenden.

Spaltungsvertrag

§ 38b. (1) Der Spaltungsvertrag bedarf eines Beschlusses der Anteilsinhaber nach Maßgabe der Mehrheitsverhältnisse für Spaltungsbeschlüsse im Sinne des Bundesgesetzes über die Spaltung von Kapitalgesellschaften. Er hat die Art und Durchführung der geplanten Spaltung genau zu beschreiben. Dabei sind die wesentlichen Umstände anzugeben, die der Bewertung des einzubringenden Vermögens und der auszutauschenden Anteile einschließlich allfälliger Ausgleichszahlungen zugrunde gelegt werden.

(2) Der Spaltungsvertrag hat vorzusehen, daß die zur Durchführung der Spaltung erforderlichen Tauschvorgänge innerhalb eines Monats nach dem Zeitpunkt durchgeführt werden, ab dem sie gesellschaftsrechtlich zulässig sind.

(3) Der Spaltungsvertrag ist dem für die Erhebung der Körperschaftsteuer der spaltenden Körperschaft zuständigen Finanzamt innerhalb eines Monats vorzulegen.

Spaltende Körperschaft

§ 38c. Bei einer Spaltung im Sinne des § 38a unterbleibt die Besteuerung der stillen Reserven im eingebrachten Vermögen (Art. III) und in den als Gegenleistung (§ 19) gewährten Anteilen sowie die Liquidationsbesteuerung nach § 19 des Körperschaftsteuergesetzes 1988 bezüglich der übertragenen Kapitalanteile im Sinne des § 38a

Abs. 2. Der Buchverlust oder Buchgewinn auf Grund der Gewährung von Anteilen bleibt bei der Gewinnermittlung außer Ansatz.

Behandlung der Anteilsinhaber bei einer die Beteiligungsverhältnisse wahrenden Spaltung

§ 38d. (1) Bei den Anteilsinhabern der spaltenden Körperschaft unterbleibt die Besteuerung hinsichtlich der übertragenen im Spaltungsvertrag festgelegten Gegenleistung im Sinne des § 38a. Dies gilt auch dann, wenn die spaltende Körperschaft nicht liquidiert wird.

(2) Die Anteilsinhaber haben den Buchwert oder die Anschaffungskosten der Anteile an der liquidierten Körperschaft, abzüglich liquider Mittel im Sinne des § 38a Abs. 2 und 3 fortzuführen und den gewährten Anteilen zuzuordnen. Kommen den Anteilsinhabern Anteile an übernehmenden Körperschaften zu, ohne daß die spaltende Körperschaft beendigt oder liquidiert wird, ist für die Bewertung der Anteile an der spaltenden und den übernehmenden Körperschaften § 20 Abs. 4 Z 3 anzuwenden.

(3) (aufgehoben)

(4) Für internationale Schachtelbeteiligungen im Sinne des § 10 Abs. 2 des Körperschaftsteuergesetzes 1988 gilt folgendes:

1. Entsteht durch die Spaltung bei einer Körperschaft als Anteilsinhaber eine internationale Schachtelbeteiligung oder wird ihr Ausmaß durch neue Anteile oder durch Zurechnung zur bestehenden Beteiligung verändert, ist hinsichtlich der bisher nicht steuerbegünstigten Beteiligungsquoten auf den Unterschiedsbetrag zwischen den Buchwerten und den höheren Teilwerten § 10 Abs. 3 erster Satz des Körperschaftsteuergesetzes 1988 nicht anzuwenden.

2. Geht durch die Spaltung die Eigenschaft einer Beteiligung als internationale Schachtelbeteiligung unter, gilt, soweit für sie keine Option zugunsten der Steuerwirksamkeit erklärt worden ist, der höhere Teilwert zum Spaltungsstichtag, abzüglich auf Grund einer Umgründung nach diesem Bundesgesetz von § 10 Abs. 3 erster Satz des Körperschaftsteuergesetzes 1988 ausgenommener Beträge, als Buchwert.

Behandlung der Anteilsinhaber bei einer die Beteiligungsverhältnisse nicht wahrenden Spaltung

§ 38e. (1) Bei einer nicht unter § 38d fallenden Spaltung gilt der spaltungsvertragsmäßige Tausch eines Anteils an der spaltenden Körperschaft gegen Anteile an übernehmenden Körperschaften ohne oder ohne wesentliche Ausgleichszahlung (Abs. 3) nicht als Veräußerung und Anschaffung. Dies gilt auch, wenn die Anteilsinhaber der spaltenden Körperschaft spaltungsvertragsmäßig nur Anteile an den übernehmenden Körperschaften tauschen. Für neue Anteile sind die Anschaffungszeitpunkte der alten Anteile maßgeblich.

(2) Der Anteilsinhaber hat den Buchwert oder die Anschaffungskosten der bisherigen Anteile unter Beachtung des § 38d Abs. 2 fortzuführen und den nach der Spaltung bestehenden Anteilen zuzuordnen. § 38d Abs. 3 und 4 ist anzuwenden.

(3) Ausgleichszahlungen von Anteilsinhabern sind nicht wesentlich, wenn sie ein Drittel des gemeinen Wertes der in Anteilen empfangenen Gegenleistung des Zahlungsempfängers nicht übersteigen. Abweichend von Abs. 2 gilt in diesem Fall die Zahlung beim Empfänger als Veräußerungsentgelt und beim Leistenden als Anschaffung.

(4) Die Durchführung der im Spaltungsvertrag festgelegten Tauschvorgänge ist dem für die Erhebung der Körperschaftsteuer der spaltenden Körperschaft zuständigen Finanzamt innerhalb eines Monats anzuzeigen.

Sonstige Rechtsfolgen der Spaltung

§ 38f. (1) Erfolgen die spaltungsvertragsmäßigen Anteilstauschvorgänge außerhalb des § 38e Abs. 1 nicht wertgleich, ist § 6 Abs. 2 anzuwenden.

(2) Spaltungen gelten nicht als steuerbare Umsätze im Sinne des Umsatzsteuergesetzes 1994; übernehmende Körperschaften treten für den Bereich der Umsatzsteuer unmittelbar in die Rechtsstellung der übertragenden Körperschaft ein.

(3) Ist der Anteilsinhaber am Tage des Abschlusses des Spaltungsvertrages an der spaltenden Körperschaft länger als zwei Jahre beteiligt, so ist eine Vermögensübertragung im Rahmen der Liquidation der spaltenden Körperschaft oder der Abspaltung oder ein Anteilstausch von den Gebühren nach § 33 TP 21 des Gebührengesetzes befreit.

(BGBl I 2019/103)

2. HAUPTSTÜCK
Ergänzende Vorschriften

Mehrfache Umgründungen auf einen Stichtag

§ 39. Werden mehrere Umgründungen, die dasselbe Vermögen ganz oder teilweise betreffen, auf einen Stichtag bezogen, gilt für ertragsteuerliche Zwecke erst die letzte Vermögensübertragung für den oder die davon betroffenen Rechtsnachfolger als mit dem Beginn des auf den ersten Umgründungsstichtag folgenden Stichtages bewirkt, wenn dies von sämtlichen an den Umgründungen Beteiligten in einem Umgründungsplan festgelegt wird. Voraussetzung ist, daß der Umgründungsplan spätestens am Tag der Beschlußfassung der ersten Umgründung gefaßt und in allen Umgründungsverträgen auf diesen Plan Bezug genommen wird.

Rechtsgrundlage der Umgründungen

§ 40. Gerichtliche Entscheidungen sind den jeweiligen Umgründungsbeschlüssen oder verträgen im Sinne des ersten Hauptstückes gleichzuhalten.

Lohnsteuerliche Verhältnisse

§ 41. Übernehmende Körperschaften, Personengesellschaften und Nachfolgeunternehmer treten hinsichtlich der lohnsteuerlichen Verhältnisse in die Rechtsstellung des bisherigen Arbeitgebers ein, soweit bei den übernommenen Arbeitnehmern auch arbeitsrechtlich die entsprechenden Folgerungen gezogen werden.

Vertragsübernahme

§ 42. Rechtsgeschäfte, mit denen anläßlich eines gebührenbegünstigten Vorganges nach Artikel III bis VI des ersten Hauptstückes eine Vertragsstellung übertragen wird (Vertragsübernahme), sind von den Stempel- und Rechtsgebühren befreit.
(BGBl I 2019/103)

Anzeige- und Evidenzpflicht

§ 43. (1) Wer Vermögen durch eine Umgründung überträgt oder übernimmt, hat die Umgründung abweichend von der Frist des § 121 der Bundesabgabenordnung innerhalb der im ersten Hauptstück genannten Frist dem für die Erhebung der Einkommen- oder Körperschaftsteuer zuständigen Finanzamt unter Verwendung des dafür vorgesehenen amtlichen Formulars elektronisch über FinanzOnline anzuzeigen. Dies berührt die Meldeverpflichtung nach § 13 nicht. Abweichend vom ersten Satz kann von einer Anzeige in elektronischer Form abgesehen werden, wenn der übertragende oder der übernehmende Rechtsträger im Zeitpunkt des Beschlusses oder der vertraglichen Unterfertigung der Umgründung nicht über eine inländische Steuernummer verfügt.
((BGBl I 2019/104, AbgÄG 2023, BGBl I 2023/110)

(2) Die sich auf Grund einer Umgründung ergebenden oder die zu übernehmenden Buchwerte oder Anschaffungskosten von Anteilen sind von den davon Betroffenen und im Falle eines unentgeltlichen Erwerbes von ihren Rechtsnachfolgern aufzuzeichnen und evident zu halten.

Mißbräuchliche Umgründungen

§ 44. Die Anwendung der Bestimmungen dieses Bundesgesetzes ist zu versagen, wenn die Umgründungsmaßnahmen der Umgehung oder Minderung einer Abgabenpflicht im Sinne des § 22 der Bundesabgabenordnung dienen oder wenn die Umgründungsmaßnahmen als hauptsächlichen Beweggrund oder als einen der hauptsächlichen Beweggründe die Steuerhinterziehung oder –umgehung im Sinne des Artikels 15 der Richtlinie Nr. 2009/133/EG über das gemeinsame Steuersystem für Fusionen, Spaltungen, Einbringung von Unternehmensteilen und den Austausch von Anteilen, die Gesellschaften verschiedener Mitgliedstaaten betreffen, sowie für die Verlegung des Sitzes einer Europäischen Gesellschaft oder einer Europäischen Genossenschaft von einem Mitgliedstaat in einen anderen Mitgliedstaat, ABl. L 310 vom 25.11.2009 S. 34 ff) in der jeweils geltenden Fassung haben.

Verweisung auf andere Bundesgesetze

§ 45. Soweit in diesem Bundesgesetz auf andere Bundesgesetze verwiesen wird, sind diese in ihrer jeweils geltenden Fassung anzuwenden.

3. TEIL
ÜBERGANGS- UND SCHLUSSBESTIMMUNGEN

1. a) Der 1. Teil dieses Bundesgesetzes ist auf Umgründungen anzuwenden, denen ein Stichtag nach dem 31. Dezember 1991 zugrunde gelegt wird.
   b) § 9 Abs. 6 dieses Bundesgesetzes gilt nur für Gewinne aus Wirtschaftsjahren, die nach dem 31. Dezember 1988 enden.
   c) § 9 Abs. 7 dieses Bundesgesetzes gilt auch, wenn die in § 4 Abs. 1 des Bundesgesetzes über steuerliche Maßnahmen bei der Kapitalerhöhung aus Gesellschaftsmitteln, BGBl. Nr. 157/1966, vorgesehene Frist noch nicht abgelaufen ist.
   d) Ist die einer Verschmelzung oder Einbringung nach Art. I und III des Strukturverbesserungsgesetzes zugrunde zu legende Bilanz der übertragenden Gesellschaft oder des Einbringenden auf einen nach dem 30. Juni 1987 liegenden Zeitpunkt aufgestellt, so ist für alle nicht endgültig rechtskräftig veranlagten Fälle die Grunderwerbsteuer für Erwerbsvorgänge nach § 1 Abs. 1 oder 2 des Grunderwerbsteuergesetzes 1987 vom Zweifachen des Einheitswertes der Grundstücke zu berechnen. Dies gilt auch für Zusammenschlüsse nach Art. IV des Strukturverbesserungsgesetzes, wenn die Erwerbsvorgänge nach dem 30. Juni 1987 verwirklicht wurden.

2. Der 2. Teil dieses Bundesgesetzes ist, wenn die Steuern veranlagt werden, erstmalig bei der Veranlagung für das Kalenderjahr 1992 anzuwenden.

3. a) Abweichend von Abschnitt IX Art. II des Bundesgesetzes vom 10. Juni 1986, mit dem das Kreditwesengesetz, das Postsparkassengesetz, das Rekonstruktionsgesetz, das Einkommensteuergesetz, das Körperschaftsteuergesetz, das Bewertungsgesetz, die Bundesabgabenordnung und das Strukturverbesserungsgesetz geändert und kapitalverkehrsteuerliche Bestimmungen geschaffen werden, BGBl. Nr. 325, gilt folgendes:
Die Art. I, III und V bis VII des Strukturverbesserungsgesetzes, BGBl. Nr. 69/1969, in der geltenden Fassung, sowie die Bestimmungen zu Vorgängen im Sinne des Kreditwesengesetzes, BGBl. Nr. 63/1979, in der jeweils geltenden Fassung, sind letztmalig auf Vorgänge anzuwenden, denen ein Stichtag vor dem 1. Jänner 1992 zugrunde gelegt wird.

3/1. UmgrStG
3. Teil

b) Die Rücklagen nach § 1 Abs. 3 und in § 8 Abs. 1 lit. d des Strukturverbesserungsgesetzes gelten ab dem 1. Jänner 1992 als versteuerte Rücklagen.

c) Abweichend von § 1 Abs. 2 und § 8 Abs. 4 des Strukturverbesserungsgesetzes kann bei Einbringungen jeder Stichtag innerhalb der dort genannten Frist zugrunde gelegt werden. Voraussetzung ist bei der Einbringung von Betrieben oder Teilbetrieben, daß zum gewählten Stichtag eine Bilanz (§ 4 Abs. 1 des Einkommensteuergesetzes) des gesamten Betriebes vorliegt.

4. a) (aufgehoben)

b) § 3 Abs. 3 Z 1 in der Fassung des Bundesgesetzes BGBl. Nr. 699/1991 ist auch auf Umgründungen anzuwenden, denen ein Stichtag nach dem 31. Dezember 1995 zugrunde liegt.

c) § 9 Abs. 8 in der Fassung des Bundesgesetzes BGBl. Nr. 201/1996 ist erstmalig auf Umwandlungen anzuwenden, denen ein Stichtag nach dem 30. Dezember 1995 zugrunde gelegt wird.

d) § 2 Abs. 4, § 3 Abs. 2 und 3, § 8 Abs. 4, § 9 Abs. 3 und 6, § 16 Abs. 5 Z 5, § 18 Abs. 5 und § 34 Abs. 1, jeweils in der Fassung des Bundesgesetzes BGBl. Nr. 201/1996, sind erstmalig auf Umgründungen anzuwenden, denen ein Stichtag nach dem 31. Dezember 1995 zugrunde gelegt wird.

5. § 4 Z 1 in der Fassung des Bundesgesetzes BGBl. Nr. 201/1996 ist erstmalig auf Umgründungen anzuwenden, denen ein Stichtag nach dem 31. Dezember 1995 zugrunde gelegt wird.

6. a) § 2 Abs. 5, § 3 Abs. 4, § 4 Z 1, § 5 Abs. 7 Z 1, § 8 Abs. 5, § 9 Abs. 4 Z 1, § 10 Z 1 lit. a, § 12, § 13 Abs. 1, § 16 Abs. 5 Z 3, § 17 Abs. 2, § 18 Abs. 3, § 18 Abs. 4 Z 1, § 19 Abs. 2 Z 5, § 20 Abs. 7, § 21 Z 1, § 23 Abs. 1, § 24 Abs. 1, § 28 und § 30 Abs. 3, jeweils in der Fassung des Bundesgesetzes BGBl. Nr. 797/1996, sind erstmalig auf Umgründungen anzuwenden, denen ein Stichtag nach dem 31. Dezember 1996 zugrunde gelegt wird.

b) Als Teilwertabschreibung im Sinne des § 4 Z 1 lit. d in der Fassung des Bundesgesetzes BGBl. Nr. 797/1996 gilt auch jener Betrag, um den sich die gewinnerhöhende Auflösung stiller Reserven im Sinne des § 3 Abs. 3 Z 1 zweiter Satz in der Fassung des Bundesgesetzes BGBl. Nr. 699/1991 vermindert.

c) § 7 Abs. 1 und Abs. 2 in der Fassung des Bundesgesetzes BGBl. Nr. 797/1996 ist bereits auf Umwandlungen auf Grund des Bundesgesetzes über die Umwandlung von Handelsgesellschaften, BGBl. Nr. 304/1996, anzuwenden, die vor dem Inkrafttreten des Bundesgesetzes BGBl. Nr. 797/1996 im Firmenbuch eingetragen worden sind.

d) § 9 Abs. 3 und § 27 in der Fassung des Bundesgesetzes BGBl. Nr. 797/1996 ist auf Umwandlungen und Realteilungen anzuwenden, denen ein Stichtag nach dem 31. Dezember 1995 zugrunde gelegt wird.

e) In § 10 Z 1 lit. a in der Fassung vor dem Bundesgesetz BGBl. Nr. 797/1996 tritt an die Stelle des Verweises „§ 4 Z 1 lit. a und c" der Verweis „§ 4 Z 1".

f) In § 21 Z 1 in der Fassung vor dem Bundesgesetz BGBl. Nr. 797/1996 tritt an die Stelle des Verweises „§ 4 Z 1 lit. c" der Verweis „§ 4 Z 1".

g) Die §§ 32 bis 38 in der Fassung des Bundesgesetzes BGBl. Nr. 797/1996 sind bereits auf Spaltungen auf Grund des Bundesgesetzes über die Spaltung von Kapitalgesellschaften, BGBl. Nr. 304/1996, anzuwenden, die vor dem Inkrafttreten des Bundesgesetzes BGBl. Nr. 797/1996 im Firmenbuch eingetragen worden sind. § 33 Abs. 6, § 34 Abs. 3 Z 1 und § 36 Abs. 4 Z 1, jeweils in der Fassung des Bundesgesetzes BGBl. Nr. 797/1996, ist auf Spaltungen anzuwenden, denen ein Stichtag nach dem 31. Dezember 1996 zugrunde gelegt wird.

h) Die §§ 32 bis 38 in der Fassung vor dem Bundesgesetz BGBl. Nr. 797/1996 sind, soweit sie sich auf Spaltungen im Sinne des § 32 Abs. 2 und 3 beziehen, letztmalig auf Spaltungen anzuwenden, denen ein Stichtag vor dem 1. Jänner 1997 zugrunde liegt. Die §§ 38a bis 38f sind auf Steuerspaltungen anzuwenden, denen ein Stichtag nach dem 31. Dezember 1996 und vor dem 1. Jänner 2023 zu Grunde liegt.

(BGBl I 2018/62)

i) Bei Spaltungen im Sinne des § 32 Abs. 2 und Abs. 3 Z 1 in der Fassung vor dem Bundesgesetz, BGBl. Nr. 797/1996, und im Sinne des § 38a Abs. 2 und Abs. 3 Z 1 in der Fassung des Bundesgesetzes BGBl. Nr. 797/1996, bei denen der Spaltungsvertrag nach dem 31. Dezember 1996 abgeschlossen wird, unterbleibt abweichend von § 32 Abs. 2 Z 1 in der Fassung vor dem Bundesgesetz, BGBl. Nr. 797/1996, bzw. § 38c in der Fassung des Bundesgesetzes BGBl. Nr. 797/1996 die Besteuerung nicht hinsichtlich stiller Reserven, die die spaltende Körperschaft nach § 12 des Einkommensteuergesetzes 1988 in der Fassung vor dem Strukturanpassungsgesetz 1996, BGBl. Nr. 201, innerhalb der letzten fünf Jahre vor dem Spaltungsstichtag beziehungsweise vor dem in § 19 Abs. 5 des Körperschaftsteuergesetzes 1988 genannten Zeitpunkt auf Anteile übertragen hat, die auf Anteilsinhaber der spaltenden Körperschaft übergehen. Der nachzuversteuernde Betrag vermindert sich insoweit, als auf Grund der Anwendung des § 12 des Einkommensteuergesetzes 1988 für die Anteile der Ansatz des niedrigeren Teilwertes zu unterbleiben hatte. Die Nachversteuerung hat in dem mit dem Einbringungsstichtag endenden oder dem der Auflösung vorangegangenen Wirtschaftsjahr zu erfolgen.

j) Die Aufzeichnungs- und Evidenzhaltungspflicht gemäß § 43 gilt ab 1. Jänner 1997 und erstreckt sich auch auf alle Buchwerte und Anschaffungskosten von Anteilen, die sich auf Grund einer Umgründung im Sinne dieses Bundesgesetzes ergeben haben oder zu übernehmen waren.

7. § 9 Abs. 6 in der Fassung des Abgabenänderungsgesetzes 2001, BGBl. I Nr. 144/2001, ist auf Umwandlungen anzuwenden, bei denen der Umwandlungsbeschluss nach dem 31. Dezember 2001 zur Eintragung in das Firmenbuch angemeldet wird.

8. § 5 Abs.1, § 20 Abs. 2, § 22 Abs. 2, § 32, § 38a Abs. 2 Z 1 und § 38a Abs. 3 Z 1 und Z 2 in der Fassung des Bundesgesetzes BGBl. I Nr. 71/2003 ist auf Umgründungen anzuwenden, denen ein Stichtag nach dem 30. Dezember 2002 zu Grunde liegt. § 10 Z 1 lit. c in der Fassung des Bundesgesetzes BGBl. I Nr. 71/2003 ist auf Umwandlungen anzuwenden, denen ein Stichtag nach dem 30. Dezember 1995 zugrunde liegt.

9. § 1, § 3 Abs. 1, § 5 Abs. 1, § 7, § 16 Abs. 2 Z 1, § 17 Abs. 2, § 18 Abs. 1, § 29 Abs. 1 und § 30 Abs. 1 in der Fassung des Bundesgesetzes BGBl. I 180/2004, ist auf Umgründungen anzuwenden, denen ein Stichtag nach dem 7. Oktober 2004 zu Grunde liegt. § 38a Abs. 2 in der Fassung des Bundesgesetzes BGBl. I 180/2004, ist auf Spaltungen anzuwenden, denen ein Stichtag nach dem 31. Dezember 2004 zu Grunde liegt.

10. Artikel V und Artikel VI sind auch dann anzuwenden, wenn kein Teilbetrieb im Sinne des § 12 Abs. 2 Z 2 vorliegt und die Übertragung im Zusammenhang mit gesetzlichen Unvereinbarkeitsvorschriften erfolgt. Dies gilt für Umgründungen, die nach dem 31. Dezember 2004 beschlossen oder vertraglich unterfertigt werden.

11. Die §§ 3, 5, 7 bis 9, 12 bis 20, 23, 25, 27, 30, 33, 34, 38d und 44, jeweils in der Fassung des Bundesgesetzes BGBl. I Nr. 161/2005, sind auf Umgründungen anzuwenden, bei denen die Beschlüsse oder Verträge nach dem 31. Jänner 2006 bei dem zuständigen Firmenbuchgericht zur Eintragung angemeldet oder bei dem zuständigen Finanzamt gemeldet werden.

12. Die §§ 5, 18, 20, 36 und 37, jeweils in der Fassung des Bundesgesetzes BGBl. I Nr. 24/2007, sind auf Umgründungen anzuwenden, denen ein Stichtag nach dem 31. Dezember 2006 zu Grunde liegt.

13. § 1 Abs. 2 zweiter Satz in der Fassung des Bundesgesetzes BGBl. I Nr. 99/2007 ist erstmals auf Verschmelzungen anzuwenden, denen ein Stichtag nach dem 14. Dezember 2007 zugrunde liegt.

14. § 5 Abs. 1 Z 5 und § 36 Abs. 3 jeweils in der Fassung des Bundesgesetzes BGBl. I Nr. 99/2007 sind erstmals auf Umgründungen anzuwenden, die nach dem 31. Dezember 2007 beschlossen werden.

15. § 18 Abs. 2 Z 1 in der Fassung des Bundesgesetzes BGBl. I Nr. 99/2007 ist erstmals auf Zuwendungen nach dem 31. Dezember 2007 anzuwenden.

16. § 3 Abs. 1 in der Fassung des Bundesgesetzes BGBl. I Nr. 34/2010 ist erstmals auf Umgründungen anzuwenden, die nach dem 30. Juni 2010 beschlossen werden.

17. § 9 Abs. 6 in der Fassung des Budgetbegleitgesetzes 2011, BGBl. I Nr. 111/2010, ist erstmals auf Umwandlungen anzuwenden, die nach dem 31. Dezember 2010 beschlossen werden.

18. § 9 Abs. 1 Z 3 letzter Teilstrich in der Fassung des Bundesgesetzes BGBl. I Nr. 112/2011 ist erstmals auf Umwandlungen anzuwenden, bei denen der Umwandlungsbeschluss nach dem 31. Oktober 2011 zur Eintragung in das Firmenbuch angemeldet wird.

19. § 9 Abs. 8 in der Fassung des Bundesgesetzes BGBl. I Nr. 112/2011 ist erstmals bei der Veranlagung 2011 anzuwenden.

20. § 3 Abs. 1 Z 3 in der Fassung des Bundesgesetzes BGBl. I Nr. 112/2012 ist erstmals auf Verschmelzungen anzuwenden, die nach dem 31. Dezember 2012 zur Eintragung in das Firmenbuch angemeldet werden.

21. § 5 Abs. 2, § 36 Abs. 1, § 37 Abs. 2 und § 38e Abs. 1, jeweils in der Fassung des Bundesgesetzes BGBl. I Nr. 112/2012, sind erstmals auf Umgründungen anzuwenden, denen ein Stichtag nach dem 31. März 2012 zu Grunde liegt. Die Anwendbarkeit des § 27 Abs. 3 EStG 1988 auf neue Anteile richtet sich nach § 124b Z 185 lit. a EStG 1988.

22. § 9 Abs. 1 Z 3, § 17 Abs. 1, § 30 Abs. 1 Z 2, jeweils in der Fassung des Bundesgesetzes BGBl. I Nr. 112/2012, sind erstmals auf Umgründungen anzuwenden, denen ein Stichtag nach dem 31. März 2012 zu Grunde liegt. § 9 Abs. 1 Z 3 und § 30 Abs. 1 Z 2 zweiter Teilstrich in der Fassung des Bundesgesetzes BGBl. I Nr. 112/2012 sind sinngemäß anzuwenden, wenn die Steuerschuld auf Grund des § 31 des Einkommensteuergesetzes 1988

3/1. UmgrStG
3. Teil

in der Fassung vor dem Budgetbegleitgesetz 2011, BGBl. I Nr. 111/2010, nicht festgesetzt wurde.

§ 5 Abs. 3 und 4 und § 38d Abs. 3, jeweils in der Fassung vor dem BGBl. I Nr. 112/2012, sind letztmalig auf Umgründungen anzuwenden, denen ein Stichtag vor dem 1. April 2012 zu Grunde liegt. Die Aufwertung gemäß § 5 Abs. 4 und § 38d Abs. 3 gilt nicht, insoweit Anteile nach dem 31. Dezember 2010 entgeltlich erworben worden sind.

23. § 9 Abs. 6 und § 10 Z 2 und 3, jeweils in der Fassung des Bundesgesetzes BGBl. I Nr. 112/2012, sind erstmals für Umwandlungen anzuwenden, bei denen der Umwandlungsbeschluss nach dem 31. Dezember 2012 zur Eintragung in das Firmenbuch angemeldet wird. Bei der Anwendung von § 9 Abs. 6 dritter Satz sind im Zuge von Vorumgründungen übernommene negative Buchwerte nur zu berücksichtigen, wenn der Vorumgründung ein Stichtag nach dem 31. Dezember 2007 zu Grunde lag. § 9 Abs. 7 ist letztmalig auf Umwandlungen anzuwenden, bei denen der Umwandlungsbeschluss vor dem 1. Jänner 2013 zur Eintragung in das Firmenbuch angemeldet wird.

24. § 12 Abs. 2 Z 3 letzter Satz in der Fassung des Bundesgesetzes BGBl. I Nr. 112/2012, ist erstmals auf Umgründungen anzuwenden, bei denen die Beschlüsse oder Verträge nach dem 31. Dezember 2012 bei dem zuständigen Firmenbuchgericht zur Eintragung angemeldet oder bei dem zuständigen Finanzamt gemeldet werden.

25. § 16 Abs. 6 und § 18 Abs. 5 in der Fassung des Bundesgesetzes BGBl. I Nr. 112/2012 sind erstmals auf Umgründungen anzuwenden, denen ein Stichtag nach dem 31. März 2012 zu Grunde liegt.

26. § 16 Abs. 6 letzter Satz in der Fassung des Bundesgesetzes BGBl. I Nr. 105/2014 ist auf Einbringungsverträge anzuwenden, die nach dem 31. Dezember 2014 abgeschlossen werden.

27. a) § 3 Abs. 1 Z 2 zweiter Teilstrich, § 9 Abs. 1 Z 3 zweiter Teilstrich, § 18 Abs. 1 Z 3 zweiter Teilstrich, § 24 Abs. 3, § 25 Abs. 5, § 29 Abs. 2a und § 30 Abs. 4, jeweils in der Fassung des Bundesgesetzes BGBl. I Nr. 105/2014, sind erstmals auf Umgründungen anzuwenden, die nach dem Tag der Kundmachung dieses Bundesgesetzes im BGBl. I Nr. 105/2014 beschlossen oder vertraglich unterfertigt werden.

b) § 3 Abs. 1 Z 2 zweiter Teilstrich, § 9 Abs. 1 Z 3 zweiter Teilstrich und § 18 Abs. 1 Z 3 zweiter Teilstrich sind sinngemäß anzuwenden, wenn eine Beteiligung übernommen wird, an der das Besteuerungsrecht der Republik Österreich aufgrund einer Umgründung mit einem Stichtag vor dem 8. Oktober 2004 oder der Verlegung eines Betriebes vor dem 1. Jänner 2005 eingeschränkt worden ist. Dies gilt für Umgründungen, die nach dem Tag der Kundmachung dieses Bundesgesetzes im BGBl. I Nr. 105/2014 beschlossen oder vertraglich unterfertigt werden.

28. § 1 Abs. 1 Z 3 in der Fassung des Bundesgesetzes BGBl. I Nr. 34/2015 tritt mit 1. Jänner 2016 in Kraft.

(BGBl I 2015/34)

29. § 6 Abs. 6, § 11 Abs. 5, § 18 Abs. 5 Z 1, § 22 Abs. 5, § 25 Abs. 5 Z 1, § 26 Abs. 4, § 30 Abs. 4, § 31 Abs. 3 und § 38 Abs. 6, jeweils in der Fassung BGBl. I Nr. 118/2015 sind erstmals auf Umgründungen mit einem Stichtag nach dem 31. Dezember 2015 anzuwenden.

(BGBl I 2015/118)

30. § 1 Abs. 2, § 3 Abs. 1, § 5 Abs. 1 Z 3 bis 5, § 7 Abs. 2, § 9 Abs. 1 Z 2 und 3, § 16 Abs. 1, 1a und 2, § 18 Abs. 1 Z 3, § 20 Abs. 2 Z 5 und Abs. 7 Z 1, § 21, § 24 Abs. 1 Z 3, § 25 Abs. 1 Z 2, § 29 Abs. 1 Z 3, § 30 Abs. 1 Z 2 und § 36 Abs. 3 Z 1 und 2, jeweils in der Fassung des Bundesgesetzes BGBl. I Nr. 163/2015, sind erstmals auf Umgründungen anzuwenden, die nach dem 31. Dezember 2015 beschlossen oder vertraglich unterfertigt werden.

(BGBl I 2019/103, BGBl I 2022/108)

31. Für Umgründungen mit einem Stichtag nach dem 31. Dezember 2018 ist § 6 Z 6 des Einkommensteuergesetzes 1988 in der Fassung des Bundesgesetzes BGBl. I Nr. 62/2018 erstmals anzuwenden. Dabei gilt § 124b Z 330 des Einkommensteuergesetzes 1988 sinngemäß für Umgründungen, denen ein Stichtag vor dem 1. Jänner 2019 zu Grunde liegt.

(BGBl I 2019/103)

32. § 16 Abs. 5 in der Fassung des Bundesgesetzes BGBl. I Nr. 62/2018 ist auf Umgründungen anzuwenden, die nach dem 31. Juli 2018 beschlossen oder vertraglich unterfertigt werden.

(BGBl I 2018/62)

33. § 32 Abs. 1 Z 1, § 34 Abs. 2 Z 2, § 36 Abs. 2 sowie § 38 Abs. 2, jeweils in der Fassung des Bundesgesetzes BGBl. I Nr. 69/2018, sind erstmals auf Umgründungen anzuwenden, die nach dem 1. Jänner 2019 beschlossen oder vertraglich unterfertigt werden.

(BGBl I 2018/69)

34. § 13 Abs. 1 und § 43 Abs. 1, jeweils in der Fassung des Bundesgesetzes BGBl. I Nr. 104/2019, treten mit 1. Juli 2020 in Kraft.

(BGBl I 2019/104)

35. § 16 Abs. 1a und § 17 Abs. 1a in der Fassung des Bundesgesetzes BGBl. I Nr. 103/2019 sind erstmals auf Einbringungen anzuwenden, die

nach dem 31. Dezember 2019 beschlossen oder vertraglich unterfertigt werden.
(BGBl I 2019/103)

36. § 9 Abs. 1 Z 3 letzter Teilstrich in der Fassung des Bundesgesetzes BGBl. I Nr. 10/2022 tritt mit 1. Jänner 2023 in Kraft und ist erstmalig anwendbar für Umwandlungsstichtage nach dem 31. Dezember 2022.
(BGBl I 2022/10)

37. § 1 Abs. 2, § 7 Abs. 2 und § 17 Abs. 1a in der Fassung des Bundesgesetzes BGBl. I Nr. 110/2023 sind erstmalig bei der Veranlagung für das Kalenderjahr 2023 anzuwenden.
(AbgÄG 2023, BGBl I 2023/110)

38. § 5 Abs. 1 Z 6, § 18 Abs. 3, § 19 Abs. 2 Z 6, § 34 Abs. 1, § 36 Abs. 3 Z 3 sowie § 37 Abs. 2, jeweils in der Fassung des Bundesgesetzes BGBl. I Nr. 110/2023, sind erstmals anzuwenden für Umgründungen mit einem Stichtag nach dem 30. Juni 2023.
(AbgÄG 2023, BGBl I 2023/110)

39. § 12 Abs. 4 und Abs. 5, § 32 Abs. 1 und Abs. 1a, § 33 Abs. 4 und 5, § 34 Abs. 1a, § 36 Abs. 1a sowie § 36 Abs. 5 Z 1, jeweils in der Fassung des Bundesgesetzes BGBl. I Nr. 110/2023, sind erstmals anzuwenden auf Umgründungen, die nach dem 31. Jänner 2023 beschlossen werden.
(AbgÄG 2023, BGBl I 2023/110)

40. § 24 Abs. 2 in der Fassung des Bundesgesetzes BGBl. I Nr. 110/2023 ist erstmals anzuwenden auf Umgründungen mit einem Stichtag nach dem 30. Juni 2023.
(AbgÄG 2023, BGBl I 2023/110)

41. § 43 Abs. 1 in der Fassung des Bundesgesetzes BGBl. I Nr. 110/2023 ist erstmals anzuwenden auf Umgründungen, die nach dem 31. Dezember 2023 beschlossen oder vertraglich unterfertigt werden.
(AbgÄG 2023, BGBl I 2023/110)

4. TEIL
VOLLZIEHUNG

Mit der Vollziehung dieses Bundesgesetzes ist der Bundesminister für Finanzen betraut.

Anlage
(zu Art. I, II, III und VI)

Gesellschaften im Sinne des Artikels 3 der Richtlinie 2009/133/EG über das gemeinsame Steuersystem für Fusionen, Spaltungen, Abspaltungen, die Einbringung von Unternehmensteilen und den Austausch von Anteilen, die Gesellschaften verschiedener Mitgliedstaaten betreffen, sowie für die Verlegung des Sitzes einer Europäischen Gesellschaft oder einer Europäischen Genossenschaft von einem Mitgliedstaat in einen anderen Mitgliedstaat, ABl. Nr. L 310 vom 25.11.2009 S. 34.

Gesellschaft im Sinne des Artikels 3 der genannten Richtlinie ist jede Gesellschaft, die

1. eine der angeführten Formen aufweist:

   a) Die gemäß der Verordnung (EG) Nr. 2157/2001 des Rates vom 8. Oktober 2001 über das Statut der Europäischen Gesellschaft (SE) und der Richtlinie 2001/86/EG des Rates vom 8. Oktober 2001 zur Ergänzung des Statuts der Europäischen Gesellschaft hinsichtlich der Beteiligung der Arbeitnehmer gegründeten Gesellschaften sowie die gemäß der Verordnung (EG) Nr. 1435/2003 des Rates vom 22. Juli 2003 über das Statut der Europäischen Genossenschaft (SCE) und der Richtlinie 2003/72/EG des Rates vom 22. Juli 2003 zur Ergänzung des Statuts der Europäischen Genossenschaft hinsichtlich der Beteiligung der Arbeitnehmer gegründeten Genossenschaften;

   b) die Gesellschaften belgischen Rechts mit der Bezeichnung „société anonyme"/ „naamloze vennootschap", „société en commandite par actions"/„commanditaire vennootschap op aandelen", „société privée à responsabilité limitée"/ „besloten vennootschap met beperkte aansprakelijkheid", „société coopérative à responsabilité limitée"/„coöperatieve vennootschap met beperkte aansprakelijkheid", „société coopérative à responsabilité illimitée"/„coöperatieve vennootschap met onbeperkte aansprakelijkheid", „société en nom collectif"/ „vennootschap onder firma", „société en commandite simple"/„gewone commanditaire vennootschap", öffentliche Unternehmen, die eine der genannten Rechtsformen angenommen haben und andere nach belgischem Recht gegründete Gesellschaften, die der belgischen Körperschaftsteuer unterliegen;

   c) die Gesellschaften tschechischen Rechts mit der Bezeichnung „akciová společnost", „společnost s ručením omezeným";

   d) die Gesellschaften dänischen Rechts mit der Bezeichnung „aktieselskab" und „anpartsselskab"; weitere nach dem Körperschaftsteuergesetz steuerpflichtige Unternehmen, soweit ihr steuerbarer Gewinn nach den allgemeinen steuerrechtlichen Bestimmungen für „aktieselskaber" ermittelt und besteuert wird;

   e) die Gesellschaften deutschen Rechts mit der Bezeichnung „Aktiengesellschaft", „Kommanditgesellschaft auf Aktien", „Gesellschaft mit beschränkter Haftung", „Versicherungsverein auf Gegenseitigkeit", „Erwerbs- und Wirtschaftsgenossenschaft", „Betriebe gewerblicher Art von juristischen Personen des öffentlichen Rechts" und andere nach deutschem Recht gegründete Gesellschaften, die der deutschen Körperschaftsteuer unterliegen;

3/1. UmgrStG
Anlage

f) die Gesellschaften estnischen Rechts mit der Bezeichnung „täisühing", „usaldusühing", „osaühing", „aktsiaselts", „tulundusühistu";

g) die Gesellschaften griechischen Rechts mit der Bezeichnung „ανώνυμη εταιρεία", „εταιρεία περισμένης ευθύνης (Ε.Π.Ε.)";

h) die Gesellschaften spanischen Rechts mit der Bezeichnung „sociedad anónima", „sociedad comanditaria por acciones" und „sociedad de responsabilidad limitada" sowie die öffentlich-rechtlichen Körperschaften, deren Tätigkeit unter das Privatrecht fällt;

i) die Gesellschaften französischen Rechts mit der Bezeichnung „société anonyme", „société en commandite par actions" und „société à responsabilité limitée", „sociétés par actions simplifiées", „sociétés d"assurances mutuelles", „caisses d'épargne et de prévoyance", „sociétés civiles", die automatisch der Körperschaftsteuer unterliegen, „coopératives", „unions de coopératives", die öffentlichen Industrie- und Handelsbetriebe und unternehmen und andere nach französischem Recht gegründete Gesellschaften, die der französischen Körperschaftsteuer unterliegen;

j) nach irischem Recht gegründete oder eingetragene Gesellschaften, gemäß dem Industrial and Provident Societies Act eingetragene Körperschaften, gemäß den Building Societies Acts gegründete „building societies" und „trustee savings banks" im Sinne des Trustee Savings Banks Act von 1989;

k) die Gesellschaften italienischen Rechts mit der Bezeichnung „società per azioni", „società in accomandita per azioni", „società a responsabilità limitata", „società cooperative", „società di mutua assicurazione" sowie öffentliche und private Körperschaften, deren Tätigkeit ganz oder überwiegend handelsgewerblicher Art ist;

l) die nach zyprischem Recht gegründeten Gesellschaften „εταιρείες" gemäß der Begriffsbestimmung in den Einkommensteuergesetzen;

m) die Gesellschaften lettischen Rechts mit der Bezeichnung „akciju sabiedrība", „sabiedrība ar ierobežotu atbildību";

n) die nach litauischem Recht gegründeten Gesellschaften;

o) die Gesellschaften luxemburgischen Rechts mit der Bezeichnung „société anonyme", „société en commandite paractions", „société à responsabilité limitée", „société coopérative", „société coopérative organisée comme une société anonyme", „association d"assurances mutuelles", „association d'épargne-pension", "entreprise de nature commerciale", „industrielle ou minière de l'État", „des communes", „des syndicats de communes", „des établissements publics et des autres personnes morales de droit public" sowie andere nach luxemburgischem Recht gegründete Gesellschaften, die der luxemburgischen Körperschaftsteuer unterliegen;

p) die Gesellschaften ungarischen Rechts mit der Bezeichnung „közkereseti társaság", „betéti társaság", „közös vállalat", „korlátolt felelősségű társaság", „részvénytársaság", „egyesülés", „közhasznú társaság", „szövetkezet";

q) die Gesellschaften maltesischen Rechts mit der Bezeichnung „Kumpaniji ta Responsabilita", „Limitata", „Soċjetajiet en commandite li l-kapital tagħhom maqsum f"azzjonijiet";

r) die Gesellschaften niederländischen Rechts mit der Bezeichnung „naamloze vennnootschap", „besloten vennootschap met beperkte aansprakelijkheid", „open commanditaire vennootschap", „coöperatie", „onderlinge waarborgmaatschappij", „fonds voor gemene rekening", „vereniging op coöperatieve grondslag" und „vereniging welke op onderlinge grondslag als verzekeraar of kredietinstelling optreedt" sowie andere nach niederländischem Recht gegründete Gesellschaften, die der niederländischen Körperschaftsteuer unterliegen;

s) die Gesellschaften österreichischen Rechts mit der Bezeichnung „Aktiengesellschaft", „Gesellschaft mit beschränkter Haftung", **„ Flexible Kapitalgesellschaft",** „Erwerbs- und Wirtschaftsgenossenschaft";
(Start-Up-FG, BGBl I 2023/200 ab 1.1.2024)

t) die Gesellschaften polnischen Rechts mit der Bezeichnung „spółka akcyjna", „spółka z ograniczoną odpowiedzialnością";

u) die nach portugiesischem Recht gegründeten „Handelsgesellschaften" und zivilrechtlichen Handelsgesellschaften sowie andere nach portugiesischem Recht gegründete juristische Personen, die Industrie- oder Handelsunternehmen sind;

v) die Gesellschaften slowenischen Rechts mit der Bezeichnung „delniška družba", „komanditna družba", „družba z omejeno odgovornostjo";

w) die Gesellschaften slowakischen Rechts mit der Bezeichnung „akciová spoločnosť", „spoločnosť s ručením obmedzeným", „komanditná spoločnosť";

x) die Gesellschaften finnischen Rechts mit der Bezeichnung „osakeyhtiö"/„aktiebolag", „osuuskunta"/„andelslag", „säästöpankki"/„sparbank" und „vakuutusyhtiö"/„försäkringsbolag";
y) die Gesellschaften schwedischen Rechts mit der Bezeichnung „aktiebolag", „bankaktiebolag", „försäkringsaktiebolag", „ekonomiska föreningar", „sparbanker" und „ömsesidiga försäkringsbolag";
z) die nach dem Recht des Vereinigten Königreichs gegründeten Gesellschaften;
aa) Gesellschaften bulgarischen Rechts mit der Bezeichnung „събирателнот дружество", „командитното дружество", дружеството с ограничена отговорност", „акционерното дружество" „командитното дружество с акции", „кооперации", „кооперативни съюзи", „държавни предприятия", die nach bulgarischem Recht gegründet wurden und gewerbliche Tätigkeiten ausüben;
ab) Gesellschaften rumänischen Rechts mit der Bezeichnung „societăți pe acțiuni", „societăți în comandită pe acțiuni", „societăți cu răspundere limitată";
ac) Gesellschaften kroatischen Rechts mit der Bezeichnung ‚dioničko društvo' oder ‚društvo s ograničenom odgovornošću' und andere nach kroatischem Recht gegründete Gesellschaften, die der kroatischen Gewinnsteuer unterliegen;

2. nach dem Steuerrecht eines Mitgliedstaats der Europäischen Gemeinschaft als in diesem Staat ansässig und nicht auf Grund eines Doppelbesteuerungsabkommens mit einem dritten Staat als außerhalb der Gemeinschaft ansässig anzusehen ist und

3. ohne Wahlmöglichkeit einer der nachstehenden Steuern
   – vennootschapsbelasting/impôt des sociétés in Belgien,
   – selskabsskat in Dänemark,
   – Körperschaftsteuer in Deutschland,
   – φόρος εισοδήματος νομικών προσώπων κερδοσκοπικού χαρακτήρα in Griechenland,
   – impuesto sobre sociedades in Spanien,
   – impôt sur les sociétés in Frankreich,
   – corporation tax in Irland,
   – imposta sul reddito delle società in Italien,
   – impôt sur le revenu des collectivités in Luxemburg,
   – vennootschapsbelasting in den Niederlanden,
   – imposto sobre o rendimento das pessoas colectivas in Portugal,
   – corporation tax im Vereinigten Königreich,
   – Körperschaftsteuer in Österreich,
   – yhteisöjen tulovero/inkomstskatten för samfund in Finnland,
   – statlig inkomstskatt in Schweden,
   – daň z příjmů právnických osob in der Tschechischen Republik,
   – Tulumaks in Estland,
   – φόρος Εισοδήματος in Zypern,
   – uzņēmumu ienākuma nodoklis in Lettland,
   – Pelno mokestis in Litauen,
   – Társasági adó in Ungarn,
   – Taxxa fuq l-income in Malta,
   – Podatek dochodowy od osób prawnych in Polen,
   – Davek od dobička pravnih oseb in Slowenien,
   – daň z príjmov právnických osôb in der Slowakei,
   – корлоративен данък in Bulgarien,
   – impozit pe profit in Rumänien,
   – porez na dobit in Kroatien

oder irgendeiner Steuer, die eine dieser Steuern ersetzt, unterliegt, ohne davon befreit zu sein.

Z 1 lit. a ist anzuwenden: soweit es sich um eine SE handelt, auf Umgründungen, wenn die zugrundeliegenden Beschlüsse nach dem 7. Oktober 2004 zustandegekommen sind, soweit es sich um eine SCE handelt, auf Umgründungen, wenn die zugrundeliegenden Beschlüsse nach dem 17. August 2006 zustandegekommen sind.

Z 1 lit. c, f, l, m, n, p, q, t, v, w sind auf Umgründungen anzuwenden, wenn die zugrundeliegenden Beschlüsse nach dem 30. April 2004 zustandegekommen sind.

Z 1 lit. aa und bb sind auf Umgründungen anzuwenden, wenn die zugrundeliegenden Beschlüsse nach dem 31. Dezember 2006 zustandegekommen sind.

Die Anlage (zu Art. I, II, III und IV) in der Fassung des Bundesgesetzes BGBl. I Nr. 13/2014 ist auf Umgründungen anzuwenden, wenn die zugrundeliegenden Beschlüsse nach dem 30. Juni 2013 zustande gekommen sind.

3/2. SONSTIGE GESETZE

3/2/1. Umwandlungsgesetz

BGBl 1996/304 idF BGBl I 2023/78

GLIEDERUNG

- § 1. Begriff der Umwandlung
- § 2. Umwandlung durch Übertragung des Unternehmens auf den Hauptgesellschafter
- § 3. Anmeldung und Eintragung der Umwandlung
- § 4. Firmenfortführung
- § 5. Umwandlung unter gleichzeitiger Errichtung einer eingetragenen Personengesellschaft
- § 6. In-Kraft-Treten

Bundesgesetz über die Umwandlung von Handelsgesellschaften (UmwG)

Begriff der Umwandlung

§ 1. Kapitalgesellschaften können nach Maßgabe der folgenden Bestimmungen unter Ausschluß der Abwicklung durch Übertragung des Unternehmens im Weg der Gesamtrechtsnachfolge auf einen Gesellschafter oder in eine offene Gesellschaft oder Kommanditgesellschaft (Nachfolgerechtsträger) umgewandelt werden.

Umwandlung durch Übertragung des Unternehmens auf den Hauptgesellschafter

§ 2. (1) Die Hauptversammlung (Generalversammlung) der Kapitalgesellschaft kann die Umwandlung durch Übertragung des Unternehmens auf den Hauptgesellschafter beschließen, wenn ihm Anteilsrechte an mindestens neun Zehnteln des Grundkapitals (Stammkapitals) gehören und er für die Umwandlung stimmt, es sei denn, dass der Hauptgesellschafter eine Aktiengesellschaft, eine Gesellschaft mit beschränkter Haftung oder sonst eine Kapitalgesellschaft im Sinn des § 2 Z 1 EU-Umgründungsgesetz (EU-UmgrG) oder des § 27 Z 2 EU-UmgrG mit Sitz in einem Mitgliedstaat im Sinn des § 2 Z 2 EU-UmgrG ist. Hiebei werden eigene Aktien der Kapitalgesellschaft den Gesellschaftern nach dem Verhältnis ihrer Anteilsrechte zugerechnet.

(GesMobG, BGBl I 2023/78)

(2) Mit der Eintragung der Umwandlung bei der übertragenden Gesellschaft treten folgende Rechtswirkungen ein:

1. Das Vermögen der Kapitalgesellschaft geht einschließlich der Schulden auf den Hauptgesellschafter über. Treffen aus gegenseitigen Verträgen, die zur Zeit der Umwandlung von keiner Seite vollständig erfüllt sind, Abnahme-, Lieferungs- oder ähnliche Verpflichtungen zusammen, die miteinander unvereinbar sind oder die beide zu erfüllen eine schwere Unbilligkeit für den Hauptgesellschafter bedeuten würde, so bestimmt sich der Umfang der Verpflichtungen nach Billigkeit unter Würdigung der vertraglichen Rechte aller Beteiligten.

2. Die Kapitalgesellschaft erlischt, einer besonderen Löschung bedarf es nicht.

3. Der Hauptgesellschafter hat den anderen Gesellschaftern und den Berechtigten aus von der Gesellschaft eingeräumten Rechten zum Bezug von Anteilen (Umtausch-, Bezugs-, Optionsrechte oder ähnliche Rechte) eine angemessene Barabfindung zu gewähren. Der Tag der Beschlussfassung durch die Gesellschafterversammlung gilt als Stichtag für die Feststellung der Angemessenheit. Werden Sonderrechte entzogen, so ist dies bei der Festlegung der Abfindung zu berücksichtigen. Die Barabfindung ist zwei Monate nach dem Tag fällig, an dem die Eintragung der Umwandlung gemäß § 10 UGB als bekannt gemacht gilt; der Anspruch verjährt innerhalb von drei Jahren. Die Barabfindung ist ab dem Beschlussfassung durch die Gesellschafterversammlung folgenden Tag bis zur Fälligkeit mit jährlich zwei Prozentpunkten über dem jeweils geltenden Basiszinssatz zu verzinsen. Die Kosten der Durchführung des Ausschlusses, insbesondere der Auszahlung der Barabfindung trägt der Hauptgesellschafter.

4. Der Mangel der notariellen Beurkundung des Umwandlungsbeschlusses wird durch die Eintragung in das Firmenbuch geheilt.

(3) Im Übrigen sind auf die übertragende Kapitalgesellschaft, soweit in diesem Bundesgesetz nichts anderes bestimmt wird, die Vorschriften über die Verschmelzung durch Aufnahme (§§ 220 bis 221a, § 225a Abs. 2, §§ 225b bis 225m AktG – ausgenommen § 225c Abs. 3 und 4, § 225e Abs. 3 zweiter Satz und § 225j –, §§ 226 bis 232 AktG, §§ 97, 98 und 100 GmbHG) nach Maßgabe der folgenden Bestimmungen sinngemäß anzuwenden:

1. (aufgehoben)

2. An die Stelle des Verschmelzungsvertrags tritt der Umwandlungsvertrag, der zwischen der Kapitalgesellschaft und dem Hauptgesellschafter abzuschließen ist, an die Stelle des Verschmelzungsberichts der Umwandlungsbericht, den der Vorstand (die Geschäftsführung) der umzuwandelnden Kapitalgesellschaft gemeinsam mit dem Hauptgesellschafter aufzustellen hat, an die Stelle des Umtauschverhältnisses die Höhe der baren Abfindung für die Anteilsrechte.

3. Im Umwandlungsbericht ist insbesondere die Angemessenheit der Barabfindung zu erläutern und zu begründen; auf besondere Schwierigkeiten bei der Bewertung des Unternehmens ist hinzuweisen. Es ist weiters

darauf hinzuweisen, dass jedem Minderheitsgesellschafter ein Anspruch auf eine angemessene Abfindung gemäß Abs. 2 Z 3 zusteht, weiters darauf, dass die Gesellschafter, auch wenn sie dem Beschluss zustimmen, bei dem Gericht, in dessen Sprengel die Kapitalgesellschaft ihren Sitz hat, innerhalb einer Frist von einem Monat nach dem Tag, an dem die Eintragung des Beschlusses gemäß § 10 UGB als bekannt gemacht gilt, einen Antrag auf Überprüfung der Barabfindung stellen können.

4. Der Umwandlungsprüfer (§ 220b AktG) wird auf gemeinsamen Antrag des Aufsichtsrats der Kapitalgesellschaft und des Hauptgesellschafters vom Gericht ausgewählt und bestellt. Er hat insbesondere die Angemessenheit der Barabfindung zu überprüfen. Das Auskunftsrecht des Prüfers besteht auch gegenüber dem Hauptgesellschafter.

5. Neben den Unterlagen gemäß § 221a Abs. 2 AktG sind auch allfällige Gutachten, auf denen die Beurteilung der Angemessenheit beruht, vorzulegen; § 118 Abs. 3 AktG ist sinngemäß anzuwenden.

6. Jedem Gesellschafter ist auf Verlangen in der Gesellschafterversammlung auch über alle für den Ausschluss wesentlichen Angelegenheiten des Hauptgesellschafters Auskunft zu geben. § 118 Abs. 3 AktG ist sinngemäß anzuwenden. Bei der GmbH besteht dieses Recht auch außerhalb der Gesellschafterversammlung; in der Einberufung ist auf dieses Recht ausdrücklich hinzuweisen.

7. Der Hauptgesellschafter hat einen Treuhänder zu bestellen; § 2 Abs. 3 und § 3 Abs. 10 GesAusG gelten sinngemäß.

(4) Der Umwandlungsbeschluß ist notariell zu beurkunden.

Anmeldung und Eintragung der Umwandlung

§ 3. (1) Der Vorstand (die Geschäftsführung) der Kapitalgesellschaft und der Hauptgesellschafter haben die Umwandlung zur Eintragung in das Firmenbuch beim Gericht, in dessen Sprengel die Kapitalgesellschaft ihren Sitz hat, anzumelden. Der Anmeldung sind in Urschrift, Ausfertigung oder beglaubigter Abschrift beizufügen:

1. der Umwandlungsvertrag;
2. die Niederschrift des Umwandlungsbeschlusses;
3. wenn die Umwandlung einer behördlichen Genehmigung bedarf, die Genehmigungsurkunde;
4. der Umwandlungsbericht;
5. der Prüfungsbericht;
6. die Schlussbilanz der umzuwandelnden Kapitalgesellschaft;
7. die Erklärung des Vorstands der umzuwandelnden Kapitalgesellschaft, dass eine Klage auf Anfechtung oder Feststellung der Nichtigkeit des Umwandlungsbeschlusses innerhalb eines Monats nach der Beschlussfassung nicht erhoben oder zurückgenommen wurde oder dass alle Anteilsinhaber durch notariell beurkundete Erklärung auf eine solche Klage verzichtet haben;
8. eine Erklärung des Treuhänders, dass er im Besitz der Gesamtsumme der Barabfindungen oder einer entsprechenden Bankgarantie für den voraussichtlichen Zeitpunkt der Auszahlung ist (§ 2 Abs. 3 Z 7).

Kann die Erklärung gemäß Z 7 nicht vorgelegt werden, so hat das Gericht gemäß § 19 FBG vorzugehen.

(2) Ist der Hauptgesellschafter nicht im Firmenbuch eingetragen, aber als Nachfolgerechtsträger hiezu verpflichtet, so sind der Anmeldung der Umwandlung alle hiefür erforderlichen Unterlagen anzuschließen. Wenn die umzuwandelnde Kapitalgesellschaft und der Nachfolgerechtsträger ihren Sitz nicht im selben Gerichtssprengel haben, hat das Gericht, in dessen Sprengel die umzuwandelnde Kapitalgesellschaft ihren Sitz hat, gleichzeitig mit der Umwandlung und der Eintragung des Nachfolgerechtsträgers die Beendigung seiner Zuständigkeit auszusprechen und dies dem Gericht, in dessen Sprengel der Nachfolgerechtsträger seinen Sitz hat, mitzuteilen. Weiters hat es diesem Gericht die bei ihm aufbewahrten Urkunden und sonstigen Schriftstücke zu übersenden.

Firmenfortführung

§ 4. Führt der Hauptgesellschafter das von der umzuwandelnden Kapitalgesellschaft betriebene Unternehmen weiter, kann er die bisherige Firma unter den Voraussetzungen des § 22 UGB fortführen.

Umwandlung unter gleichzeitiger Errichtung einer eingetragenen Personengesellschaft

§ 5. (1) Die Hauptversammlung (Generalversammlung) einer Kapitalgesellschaft kann die Errichtung einer offenen Gesellschaft oder einer Kommanditgesellschaft und zugleich die Übertragung des Vermögens der Kapitalgesellschaft auf die offene Gesellschaft oder Kommanditgesellschaft beschließen. An dieser Personengesellschaft müssen Personen, deren Anteilsrechte zumindest neun Zehntel des Grundkapitals (Stammkapitals) der Kapitalgesellschaft umfassen, beteiligt sein; der übrigen Gesellschafter haben einen Anspruch auf Abfindung. Neue Gesellschafter dürfen höchstens im Umfang von einem Zehntel der Anteilsrechte am Grundkapital (Stammkapital) hinzutreten.

(2) Der Umwandlungsbeschluss bedarf der Zustimmung von neun Zehnteln des gesamten Grundkapitals (Stammkapitals), wenn ein Gesellschafter diese Anteile hält; § 1 Abs. 3 GesAusG gilt sinngemäß. Ansonsten bedarf der Umwandlungsbeschluss der Zustimmung aller Gesellschafter. Die Zustimmung kann auch außerhalb der Hauptversammlung (Generalversammlung) durch Erklärung innerhalb

dreier Monate ab Beschlussfassung erfolgen; solche Erklärungen müssen gerichtlich oder notariell beglaubigt unterfertigt sein.

(3) Im Umwandlungsbeschluß gemäß Abs. 1 sind auch die Namen der Gesellschafter, das Ausmaß ihrer Beteiligung, die Firma, die Rechtsform und der Sitz der Personengesellschaft festzusetzen.

(4) Der Vorstand (die Geschäftsführung) der umzuwandelnden Kapitalgesellschaft und die Gesellschafter der zu errichtenden Personengesellschaft haben die Umwandlung sowie die Errichtung der Personengesellschaft zur Eintragung bei dem Gericht, in dessen Sprengel die umzuwandelnde Kapitalgesellschaft ihren Sitz hat, anzumelden; hiebei sind die Vorschriften über die Anmeldung und Eintragung von Personengesellschaften zu beachten.

(5) Die §§ 2 bis 4 sind sinngemäß anzuwenden. Die Personengesellschaft entsteht mit der Eintragung des Umwandlungsbeschlusses im Firmenbuch.

In-Kraft-Treten

§ 6. (1) § 1, § 2, § 4 und § 5 Abs. 1 in der Fassung des Handelsrechts-Änderungsgesetzes, BGBl. I Nr. 120/2005, treten mit 1. Jänner 2007 in Kraft. § 4 ist in dieser Fassung auf Umwandlungen anzuwenden, die nach dem 31. Dezember 2006 zur Eintragung in das Firmenbuch angemeldet werden.

(2) § 2 Abs. 2 und 3, § 3 Abs. 1 sowie § 5 Abs. 1, 2 und 5 in der Fassung des Übernahmerechts-Änderungsgesetzes 2006, BGBl. I Nr. 75/2006, treten mit 20. Mai 2006 in Kraft und sind auf Umwandlungen anzuwenden, bei denen der Umwandlungsbeschluss nach diesem Zeitpunkt gefasst wurde. Auf Umwandlungen, bei denen der Umwandlungsbeschluss vor diesem Zeitpunkt gefasst wurde, ist das Umwandlungsgesetz in der vor In-Kraft-Treten des Übernahmerechts-Änderungsgesetzes 2006, BGBl. I Nr. 75/2006, geltenden Fassung weiter anzuwenden.

(3) § 2 in der Fassung des Bundesgesetzes BGBl. I Nr. 72/2007 ist auf Umwandlungen anzuwenden, die nach dem 1. Dezember 2007 zum Firmenbuch angemeldet werden.

(4) § 2 Abs. 3 und § 3 Abs. 1 in der Fassung des Aktienrechts-Änderungsgesetzes 2009, BGBl. I Nr. 71/2009, treten mit 1. August 2009 in Kraft. § 2 Abs. 3 ist auf Umwandlungen anzuwenden, bei denen die Gesellschafterversammlung nach dem 31. Juli 2009 einberufen wird. Auf Umwandlungen, bei denen die Gesellschafterversammlung vor diesem Zeitpunkt einberufen wurde, ist § 2 Abs. 3 in der bisher geltenden Fassung weiter anzuwenden. § 3 Abs. 1 ist auf Umwandlungen anzuwenden, bei denen der Umwandlungsbeschluss nach dem 31. Juli 2009 gefasst wird. Auf vor diesem Zeitpunkt beschlossene Umwandlungen ist § 3 Abs. 1 in der bisher geltenden Fassung weiter anzuwenden.

(5) § 2 Abs. 1 in der Fassung des Gesellschaftsrechtlichen Mobilitätsgesetzes, BGBl. I Nr. 78/2023, tritt mit 1. August 2023 in Kraft.

(GesMobG, BGBl I 2023/78)

3/2/2. SpaltG

3/2/2. Spaltungsgesetz

BGBl 1996/304 idF BGBl I 2022/186 (GesDigG 2022)

GLIEDERUNG

1. Teil: Begriff der Spaltung
§ 1.

2. Teil: Spaltung zur Neugründung
§ 2. Spaltungsplan
§ 3. Kapitalerhaltung, Anwendung des Gründungsrechts, Haftung der Organe
§ 4. Spaltungsbericht
§ 5. Prüfung der Spaltung
§ 6. Prüfung durch den Aufsichtsrat
§ 7. Vorbereitung der Beschlußfassung
§ 8. Spaltungsbeschluß
§ 9. Barabfindungsangebot bei nicht verhältniswahrender Spaltung: Ausschluß von Anfechtungsklagen
§ 10. Besondere Zustimmungserfordernisse
§ 11. Barabfindungsangebot bei rechtsformübergreifender Spaltung
§ 12. Anmeldung
§ 13. Beilage zur Anmeldung
§ 14. Eintragung und ihre Rechtswirkungen
§ 15. Schutz der Gläubiger
§ 16. Auskunftserteilung
§ 16a. Verhältniswahrende Spaltung

3. Teil: Spaltung zur Aufnahme
§ 17.

5. Teil: In-Kraft-Treten
§ 19.

STICHWORTVERZEICHNIS

A
Abschlußprüfer 2 (1) 9
Abspaltung
 – zur Aufnahme 1 (2) 2, 17
 – zur Neugründung 1 (2) 2, 2ff, 3 (2), 14 (2)
Abwicklung 1 (2)
Aktie 1 (2), 8 (2), 10 (3)
Aktiengesellschaft 8 (1)
Aktionär 7 (5)
Anfechtungsklagen, Ausschluß 9 (2), 14 (3)
Anmeldung 12
 – Beilagen zur 13
Anteile 1 (2)
 – Aufteilung 2 (1) 3, 4 (1)
Anteilsinhaber 1 (2), 7 (1), 8 (1), 8 (3), 9 (1), 10 (1), 11
Anwendung
 – des AktienG 3 (1), 3 (4), 3 (5), 4 (1), 5 (5), 6 (1), 9 (2), 14 (6), 17
 – des GmbHG 9 (1)
 – des Gründungsrechts 3
 – des HGB 2 (2), 3 (5), 5 (3), 9 (1)
Aufsichtsrat der übertragenden Gesellschaft 3 (5), 5 (2)
 – Prüfung der Spaltung 6
Aufspaltung
 – zur Aufnahme 1 (2) 1, 17
 – zur Neugründung 1 (2) 1, 2ff, 14 (2)
Aufteilung der Anteile 2 (1) 3, 4 (1)
Auskunftserteilung 16

B
Barabfindung 2 (1) 13, 2 (3)
Barabfindungsangebot
 – bei nichtverhältniswahrender Spaltung 9 (1)
 – bei rechtsformübergreifender Spaltung 11
Beendigung der übertragenden Gesellschaft 1 (2) 1
Beglaubigung 10 (4)
Beilagen zur Anmeldung 13
Bericht des Aufsichtsrates 6, 7 (2) 6
Beschluß 8
Beschlußfassung
 – Vorbereitung 7
Betriebsrat 7 (1), 7 (5)
Beurkundung des Spaltungsbeschlusses 8 (4), 14 (2)
Bilanzgewinn 2 (1) 6

E
Eid 16 (2)
Einsichtnahme 7 (2)
Eintragung der Spaltung und der neuen Gesellschaften 14
 – Rechtswirkungen 14 (2)
Eröffnungsbilanz 2 (1) 12

F
Firma 2 (1) 1
Firmenbuch 3 (5)
 – Eintragung der Spaltung 3 (5), 14
Firmenbuchnummer 14 (1)
Fortbestand der übertragenden Gesellschaft 1 (2) 2

G
Genehmigung 13
Generalversammlung 4 (2), 7 (6), 10 (4)
Genußrechte 2 (1) 8, 15 (5)
Gericht 12 (1)
Gesamtrechtsnachfolge 1 (2), 2 (1) 2, 14 (2)
Gesamtschuldner 9 (1), 15

3/2/2. SpaltG

Geschäftsanteil 1 (2), 10 (3)
Geschäftsführer 2 (1), 10 (1)
Gesellschaft
– neue 12 (1), 13, 14 (1), 14 (2)
– übernehmende 17
– übertragende 1 (2), 2 (1), 2 (2), 3 (1), 3 (2), 3 (3), 3 (5), 4 (1), 7 (1), 8 (3), 10 (3), 14 (2), 14 (6), 15, 17
Gesellschaft mit beschränkter Haftung 7 (4), 8 (1), 9 (1)
– kleine 3 (1)
Gesellschaftsvertrag 2 (1) 1, 10 (1), 10 (2), 10 (3)
Gewinnschuldverschreibung 2 (1) 8
Gläubiger 7 (5), 14 (5)
– Schutz 15
Gründer 3 (3)
Grundkapital 2 (1) 3
Gründung 3 (4)
Gründungsprüfer 2 (1) 9
Gründungsprüfung 3 (4)
Gründungsprüfungsberichte 4 (1)
Gründungsrecht 3
Gründungsvorschriften 3 (3), 13

H
Haftung
– der Organe 3
– des Spaltungsprüfers 5 (3)
Hauptversammlung 4 (2), 7 (6), 8 (2), 10 (4)

I
Inventar 2 (1) 10

J
Jahresabschluß 2 (2), 7 (2)

K
Kapitalerhaltung 3
Kapitalgesellschaft 1
– neue 1 (2), 1 (3)
– übernehmende 1 (2), 1 (3)
Kapitalherabsetzung 3 (2)
Klage
– auf Anfechtung des Spaltungsbeschlusses 9 (2), 12 (2), 14 (3)
– auf Feststellung der Nichtigkeit des Spaltungsbeschlusses 12 (2), 14 (3)

L
Lagebericht 7 (2)

M
Mängel der Spaltung 14 (3)
Mehrstimmrechtsanteile 2 (1) 8

N
Nennbetrag 2 (1) 4
Nennbetragsaktien 2 (1) 4
Nennkapital 2 (1) 4, 3, 8 (3), 10 (2)
– Herabsetzung 3 (2)
Neugründung 1 (2)
nichtverhältniswahrende Spaltung 2 (1) 13, 5 (4), 8 (3), 9 (1)
– Barabfindungsangebot 9 (1)

P
Prüfung der Spaltung 5
– durch den Aufsichtsrat 6
– Unterbleiben 6 (2)
Prüfungsbericht 5 (4), 7 (2) 5, 13
– Verzicht 5 (6)

R
rechtliches Interesse 16
rechtsformübergreifende Spaltung 2 (1) 13
– Barabfindungsangebot 11
Rechtswirkungen der Eintragung der Spaltung ins Firmenbuch 14 (2)
Reue, tätige 18 (2)
Rücklagen 3 (1)
– gebundene 3 (1), 4

S
Sachverständige 16 (2)
Satzung 2 (1) 1, 10 (1), 10 (2), 10 (3)
Schlußbilanz der übertragenden Gesellschaft 2 (1) 12, 2 (2), 7 (2)
schuldbefreiend 14 (4)
Schuldner 14 (4)
Sitz
– der neuen Gesellschaft 14 (1)
– der übertragenden Gesellschaft 12 (1)
– Sonderrechte 10
Spaltung
– Begriff 1
– Firmenbucheintragung 14
– nichtverhältniswahrende 2 (1) 13, 8 (3), 9 (1)
– Prüfung 5
– Bericht 5 (4)
– rechtsformübergreifende 2 (1) 13, 11
– unter Beendigung der übertragenden Gesellschaft 1 (2) 1
– unter Fortbestand der übertragenden Gesellschaft 1 (2) 2
– verhältniswahrende 4 (1)
– zur Aufnahme 17
– zur Neugründung 2ff
Spaltungsbericht 4, 7 (2) 4, 13
– Inhalt 4 (1)
– Unterbleiben 4 (2)
Spaltungsbeschluß 8
– Anfechtungsklage 9 (2), 12 (2), 14 (3)
– besondere Zustimmungserfordernisse 10
– Beurkundung 8 (4)
– Vorbereitung 7
Spaltungsbilanz 2 (1) 12
Spaltungsplan 2, 4 (1), 7 (1), 7 (2), 7 (6), 14 (2)
– beschlossener 8 (4)
– Inhalt 2 (1)
– Prüfung 5
Spaltungsprüfer 2 (1) 9, 5
– Bestellung 5 (2)
Spaltungsprüfung 5
– durch Aufsichtsrat der übertragenden Gesellschaft 6
Spaltungsstichtag 2 (1) 7, 2 (2)
Spaltungs- und Übernahmsvertrag 17
Spaltungsvorgang 18 (1)
Strafbestimmung 18

U
Übertragung von Vermögensteilen 1 (2), 1 (3), 2 (1) 2
Umtausch der Aktien 14 (6)
Umtauschverhältnis 2 (1) 3, 4 (1), 7 (6)

V
Verbindlichkeiten – Gläubigerschutz 15
Verfahren, außerstreitiges 15 (3), 16 (2)
Verweise
– auf das AktienG 3 (1), 3 (4), 3 (5), 4 (1), 5 (5), 6 (1), 9 (2), 14 (6), 17
– auf das Firmenbuchgesetz 12 (2)
– auf das GmbHG 9 (1)
– auf das HGB 2 (2), 3 (5), 5 (3), 9 (1), 14 (1), 15 (2)
– auf die Jurisdiktionsnorm 14 (1)
Vorlage der Handelsbücher 16 (2)
Vorstand
– der neuen Gesellschaften 12 (1)
– der übertragenden Gesellschaft 2 (1), 3 (5), 4 (1), 4 (2), 5 (2), 7 (1), 7 (6), 12 (1), 12 (2)
Vorzugsaktien 2 (1) 8

Z
Zuordnung von Vermögensteilen 2 (1) 11, 16 (1)
Zustimmungserklärungen 8 (4), 13
Zuzahlungen 2 (1) 3, 2 (3)
Zwischenbilanz 7 (2) 3, 7 (3)

Bundesgesetz über die Spaltung von Kapitalgesellschaften (SpaltG)

1. Teil:
Begriff der Spaltung

§ 1. (1) Eine Kapitalgesellschaft kann ihr Vermögen nach diesem Bundesgesetz spalten.

(2) Die Spaltung ist möglich
1. unter Beendigung ohne Abwicklung der übertragenden Gesellschaft durch gleichzeitige Übertragung aller ihrer Vermögensteile (Vermögensgegenstände, Schulden und Rechtsverhältnisse) im Weg der Gesamtrechtsnachfolge auf andere dadurch gegründete neue Kapitalgesellschaften (Aufspaltung zur Neugründung) oder auf übernehmende Kapitalgesellschaften (Aufspaltung zur Aufnahme) oder
2. unter Fortbestand der übertragenden Gesellschaft durch Übertragung eines oder mehrerer Vermögensteile dieser Gesellschaft im Weg der Gesamtrechtsnachfolge auf eine oder mehrere dadurch gegründete neue Kapitalgesellschaften (Abspaltung zur Neugründung) oder auf übernehmende Kapitalgesellschaften (Abspaltung zur Aufnahme)

gegen Gewährung von Anteilen (Aktien oder Geschäftsanteilen) der neuen oder übernehmenden Kapitalgesellschaften an die Anteilsinhaber der übertragenden Gesellschaft.

(3) Die gleichzeitige Übertragung auf neue und übernehmende Kapitalgesellschaften ist zulässig.

2. Teil:
Spaltung zur Neugründung

Spaltungsplan

§ 2. (1) Der Vorstand (der Vorstand einer Aktiengesellschaft, die Geschäftsführer einer Gesellschaft mit beschränkter Haftung) der übertragenden Gesellschaft hat einen Spaltungsplan aufzustellen. Dieser muß jedenfalls enthalten:
1. die Firma und den Sitz der übertragenden Gesellschaft und die vorgesehenen Satzungen (Gesellschaftsverträge) der an der Spaltung beteiligten Gesellschaften;
2. die Erklärung über die Übertragung der Vermögensteile der übertragenden Gesellschaft jeweils im Wege der Gesamtrechtsnachfolge gegen Gewährung von Anteilen an den neuen Gesellschaften;
3. das Umtauschverhältnis der Anteile und deren Aufteilung auf die Anteilsinhaber sowie gegebenenfalls die Höhe einer baren Zuzahlung der beteiligten Gesellschaften, die zehn von Hundert des auf die gewährten Anteile entfallenden anteiligen Betrages des Grundkapitals nicht übersteigen darf, sowie von Zuzahlungen Dritter, die unbeschränkt zulässig sind;
4. die Einzelheiten der Herabsetzung des Nennbetrages bei Nennbetragsaktien oder der Zusammenlegung von Anteilen an der übertragenden Gesellschaft, wenn diese ihr Nennkapital gemäß § 3 herabsetzt;
5. die Einzelheiten für die Gewährung von Anteilen an den neuen Gesellschaften;
6. den Zeitpunkt, von dem an die Anteile einen Anspruch auf einen Anteil am Bilanzgewinn gewähren, sowie alle Besonderheiten in bezug auf diesen Anspruch;
7. den Stichtag, von dem an die Handlungen der übertragenden Gesellschaft als für Rechnung der neuen Gesellschaften vorgenommen gelten (Spaltungsstichtag);
8. die Rechte, die die neuen Gesellschaften einzelnen Anteilsinhabern sowie den Inhabern besonderer Rechte, wie Anteilen ohne Stimmrecht, Vorzugsaktien, Mehrstimmrechtsanteilen, Gewinnschuldverschreibungen und Genußrechten, gewähren, und gegebenenfalls die für diese Personen vorgesehenen Maßnahmen;
9. jeden besonderen Vorteil, der einem Mitglied des Vorstands oder eines Aufsichtsorgans der an der Spaltung beteiligten Gesellschaften oder einem Abschluß-, Gründungs- oder Spaltungsprüfer gewährt wird;

10. die genaue Beschreibung und Zuordnung der Vermögensteile, die an jede der übernehmenden Gesellschaften übertragen werden; dabei kann auf Urkunden, wie Bilanzen, insbesondere gemäß Z 12, und Inventare, Bezug genommen werden, soweit deren Inhalt eine Zuordnung des einzelnen Vermögensteiles ermöglicht;

11. eine Regelung über die Zuordnung von Vermögensteilen, die sonst auf Grund des Spaltungsplans keiner der an der Spaltung beteiligten Gesellschaften zugeordnet werden können;

12. die Schlußbilanz der übertragenden Gesellschaft, weiters Eröffnungsbilanzen der neuen Gesellschaften und bei der Abspaltung eine Spaltungsbilanz, die das der übertragenden Gesellschaft verbleibende Vermögen ausweist;

13. bei einer nicht verhältniswahrenden Spaltung (§ 8 Abs. 3) und einer rechtsformübergreifenden Spaltung (§ 11) die Bedingungen der von einer beteiligten Gesellschaft oder einem Dritten angebotenen Barabfindung; diese Regelung kann entfallen, wenn alle Gesellschafter der übertragenden Gesellschaft schriftlich in einer gesonderten Erklärung darauf verzichten.

(2) Die übertragende Gesellschaft hat auf den Spaltungsstichtag eine Schlußbilanz aufzustellen. Für sie gelten die Vorschriften des UGB über den Jahresabschluß und dessen Prüfung sinngemäß; sie braucht nicht veröffentlicht zu werden. Die Schlußbilanz muß auf einen höchstens neun Monate vor der Anmeldung der Spaltung liegenden Stichtag aufgestellt werden.

(3) Die Erklärungen eines Dritten, Zuzahlungen gemäß Abs. 1 Z 3 oder eine Barabfindung gemäß Abs. 1 Z 13 anzubieten, müssen gerichtlich oder notariell beglaubigt unterfertigt sein.

Kapitalerhaltung, Anwendung des Gründungsrechts, Haftung der Organe

§ 3. (1) Die Summe der Nennkapitalien der an der Spaltung beteiligten Gesellschaften muß mindestens die Höhe des Nennkapitals der übertragenden Gesellschaft vor der Spaltung erreichen, die Summe der gebundenen Rücklagen der an der Spaltung beteiligten Gesellschaften mindestens die Höhe der gebundenen Rücklagen der übertragenden Gesellschaft vor der Spaltung. Gebundene Rücklagen dürfen auf die neuen Gesellschaften übertragen werden. Für solche Rücklagen gilt auch bei kleinen Gesellschaften mit beschränkter Haftung § 229 Abs. 7 UGB.

(2) Bei der Abspaltung darf das Nennkapital der übertragenden Gesellschaft ohne Einhaltung der Vorschriften über die Kapitalherabsetzung herabgesetzt werden. Werden die Vorschriften über die ordentliche Kapitalherabsetzung eingehalten, so darf insoweit von Abs. 1 erster Satz abgewichen werden.

(3) Auf die neuen Gesellschaften sind die für deren Rechtsform geltenden Gründungsvorschriften anzuwenden, soweit sich aus diesem Bundesgesetz nichts anderes ergibt. Als Gründer ist die übertragende Gesellschaft anzusehen.

(4) Der Hergang der Gründung der neuen Gesellschaften ist einer Prüfung zu unterziehen; ebenso ist zu prüfen, ob der tatsächliche Wert des verbliebenen Nettoaktivvermögens der übertragenden Gesellschaft wenigstens der Höhe ihres Nennkapitals zuzüglich gebundener Rücklagen nach Durchführung der Spaltung entspricht. Die aktienrechtlichen Bestimmungen über die Gründungsprüfung sind sinngemäß anzuwenden. Der Prüfer kann gleichzeitig Spaltungsprüfer sein. Der Gründungsbericht gemäß § 24 AktG entfällt.

(5) Die Mitglieder des Vorstands und des Aufsichtsrats der übertragenden Gesellschaft haften den beteiligten Gesellschaften in sinngemäßer Anwendung des § 41 AktG. Weiters haften sie den Anteilsinhabern für den Ersatz des Schadens, den diese durch die Spaltung erleiden; sie können sich von der Schadenersatzpflicht durch den Gegenbeweis befreien, daß sie ihre Sorgfaltspflicht beobachtet haben. Anspruchsberechtigt sind die Anteilsinhaber, die die Voraussetzungen gemäß § 225c Abs. 3 Z 2 erfüllen. Die Ansprüche verjähren in fünf Jahren seit dem Tage, an dem die Eintragung der Spaltung in das Firmenbuch gemäß § 10 UGB als bekanntgemacht gilt.

Spaltungsbericht

§ 4. (1) Der Vorstand der übertragenden Gesellschaft hat einen schriftlichen Bericht zu erstatten, in dem die Spaltung, der Spaltungsplan im einzelnen und insbesondere das Umtauschverhältnis der Anteile (einschließlich allfälliger barer Zuzahlungen) sowie deren Aufteilung auf die Anteilsinhaber und die Maßnahmen gemäß § 15 Abs. 5 rechtlich und wirtschaftlich ausführlich erläutert und begründet werden. Auf besondere Schwierigkeiten bei der Bewertung der Unternehmen und auf die gemäß § 3 Abs. 4 zu erstellenden Gründungsprüfungsberichte ist hinzuweisen; weiters sind die Gerichte anzuführen, bei welchen die Gründungsprüfungsberichte gemäß § 14 Abs. 1 einzureichen sein werden. § 118 Abs. 3 AktG ist sinngemäß anzuwenden.

(2) Der Bericht des Vorstands ist nicht erforderlich, wenn alle Anteilsinhaber schriftlich oder in der Niederschrift zur Hauptversammlung (Generalversammlung) darauf verzichten.

Prüfung der Spaltung

§ 5. (1) Der Spaltungsplan ist durch einen Spaltungsprüfer zu prüfen.

(2) Der Spaltungsprüfer wird vom Aufsichtsrat, wenn kein Aufsichtsrat bestellt ist, vom Vorstand der übertragenden Gesellschaft bestellt.

(3) Für die Auswahl, das Auskunftsrecht und die Verantwortlichkeit des Spaltungsprüfers gelten die §§ 268 Abs. 4, 271, 271a, 272 und 275 UGB sinngemäß. Die Haftung besteht gegenüber den an

der Spaltung beteiligten Gesellschaften und deren Anteilsinhabern.

(4) Der Spaltungsprüfer hat über das Ergebnis der Prüfung schriftlich zu berichten. Bei einer nicht verhältniswahrenden Spaltung ist der Bericht mit einer Erklärung darüber abzuschließen, ob das vorgeschlagene Umtauschverhältnis der Anteile und gegebenenfalls die Höhe der baren Zuzahlungen und deren Aufteilung auf die Anteilsinhaber sowie das Barabfindungsangebot angemessen sind. Dabei ist insbesondere anzugeben:
1. nach welchen Methoden das vorgeschlagene Umtauschverhältnis der Anteile, deren Aufteilung auf die Anteilsinhaber sowie das Barabfindungsangebot ermittelt worden sind;
2. aus welchen Gründen die Anwendung dieser Methoden angemessen ist;
3. welches Umtauschverhältnis und welche Verteilung auf die Anteilsinhaber sich bei der Anwendung verschiedener Methoden, sofern mehrere angewendet worden sind, jeweils ergeben würde; zugleich ist dazu Stellung zu nehmen, welche Gewichtung diesen Methoden beigemessen wurde und darauf hinzuweisen, ob und welche besonderen Schwierigkeiten bei der Bewertung aufgetreten sind.

Der Spaltungsprüfer hat den Prüfungsbericht dem Vorstand und den Mitgliedern des Aufsichtsrats vorzulegen.

(5) Besteht in sinngemäßer Anwendung von § 133 Abs. 3 zweiter Satz AktG ein Geheimhaltungsinteresse, so hat der Spaltungsprüfer auch eine darauf Bedacht nehmende Fassung vorzulegen, die zur Einsicht der Anteilsinhaber bestimmt ist.

(6) Die Spaltungsprüfung ist nicht erforderlich, wenn alle Anteilsinhaber schriftlich oder in der Niederschrift zur Hauptversammlung (Generalversammlung) darauf verzichten.

Prüfung durch den Aufsichtsrat

§ 6. (1) Der Aufsichtsrat der übertragenden Gesellschaft hat die beabsichtigte Spaltung auf der Grundlage des Spaltungsprüfer zu prüfen und darüber einen schriftlichen Bericht zu erstatten; § 118 Abs. 3 AktG ist sinngemäß anzuwenden.

(2) Die Prüfung durch den Aufsichtsrat der übertragenden Gesellschaft ist nicht erforderlich, wenn alle Anteilsinhaber schriftlich in einer gesonderten Erklärung darauf verzichten. In diesem Fall hat der Vorstand den Aufsichtsrat unverzüglich über die geplante Spaltung zu informieren. Gehören dem Aufsichtsrat gemäß § 110 ArbVG entsandte Mitglieder an, so hat der Vorstand gegebenenfalls auch darüber zu informieren, welche Auswirkungen für die Arbeitnehmer (betreffend Arbeitsplätze, Beschäftigungsbedingungen und Standorte) die Spaltung voraussichtlich haben wird.

Vorbereitung der Beschlußfassung

§ 7. (1) Der Vorstand der übertragenden Gesellschaften hat mindestens einen Monat vor dem Tag der Beschlußfassung durch die Anteilsinhaber den Spaltungsplan nach Prüfung durch den Aufsichtsrat bei dem Gericht, in dessen Sprengel die übertragende Gesellschaft ihren Sitz hat, einzureichen und einen Hinweis auf diese Einreichung gemäß § 18 AktG zu veröffentlichen. In dieser Veröffentlichung sind die Anteilsinhaber, die Gläubiger und der Betriebsrat auf ihre Rechte gemäß Abs. 2, 4 und 5 hinzuweisen.

(1a) Die Einreichung des Spaltungsplans bei Gericht und die Veröffentlichung des Hinweises auf die Einreichung gemäß Abs. 1 sind nicht erforderlich, wenn die Gesellschaft den Spaltungsplan sowie den Hinweis gemäß Abs. 1 zweiter Satz spätestens einen Monat vor dem Tag der Beschlussfassung durch die Anteilsinhaber in elektronischer Form in der Ediktsdatei (§ 89j GOG) veröffentlicht. Die Bundesministerin für Justiz kann die technischen Details der Vorgangsweise bei der Veröffentlichung durch Verordnung regeln.

(2) Mindestens während eines Monats vor dem Tag der Hauptversammlung, die über die Zustimmung zur Spaltung beschließen soll, sind gemäß § 108 Abs. 3 bis 5 AktG bereit zu stellen:
1. der Spaltungsplan;
2. die Jahresabschlüsse und die Lageberichte der übertragenden Gesellschaft für die letzten drei Geschäftsjahre, weiters die Schlußbilanz, wenn der Spaltungsstichtag vom Stichtag des letzten Jahresabschlusses abweicht und die Schlußbilanz – gegebenenfalls in geprüfter Form – bereits vorliegt;
3. falls sich der letzte Jahresabschluß auf ein Geschäftsjahr bezieht, das mehr als sechs Monate vor der Aufstellung des Spaltungsplans abgelaufen ist, eine Bilanz auf einen Stichtag, der nicht vor dem ersten Tag des dritten Monats liegt, welcher dem Monat der Aufstellung vorausgeht (Zwischenbilanz);
4. der Spaltungsbericht;
5. der Prüfungsbericht;
6. der Bericht des Aufsichtsrats.

(3) Die Zwischenbilanz (Abs. 2 Z 3) ist nach den Vorschriften aufzustellen, die auf die letzte Jahresbilanz der Gesellschaft angewendet worden sind. Eine körperliche Bestandsaufnahme ist nicht erforderlich. Die Wertansätze der letzten Jahresbilanz dürfen übernommen werden. Abschreibungen, Wertberichtigungen und Rückstellungen sowie wesentliche, aus den Büchern nicht ersichtliche Veränderungen der wirklichen Werte von Vermögensgegenständen bis zum Stichtag der Zwischenbilanz sind jedoch zu berücksichtigen.

(3a) Die Zwischenbilanz (Abs. 2 Z 3) muss nicht aufgestellt werden, wenn die Gesellschaft seit dem letzten Jahresabschluss einen Halbjahresfinanzbericht nach §§ 125 und 126 Börsegesetz 2018 – BörseG 2018, BGBl. I Nr. 107/2017, oder nach den vom Aufnahmemitgliedstaat gemäß Art. 5 der Transparenz-Richtlinie 2004/109/EG erlassenen Vorschriften veröffentlicht hat. In diesem Fall tritt der Halbjahresfinanzbericht bei der

Vorbereitung der Hauptversammlung an die Stelle der Zwischenbilanz.

(BGBl I 2017/107)

(4) Den Gesellschaftern einer Gesellschaft mit beschränkter Haftung sind die in Abs. 2 bezeichneten Unterlagen zu übersenden. Zwischen dem Tag der Aufgabe der Sendung zur Post und der Beschlußfassung muß mindestens ein Zeitraum von 14 Tagen liegen.

(5) Werden die in Abs. 2 bezeichneten Unterlagen nicht auf der Internetseite der Gesellschaft allgemein zugänglich gemacht, so ist den Gläubigern und dem Betriebsrat auf Verlangen unverzüglich und kostenlos eine Abschrift der in Abs. 2 Z 1 bis 3 bezeichneten Unterlagen zu erteilen.

(6) In der Hauptversammlung (Generalversammlung) sind die in Abs. 2 bezeichneten Unterlagen aufzulegen. Der Vorstand hat den Spaltungsplan zu Beginn der Verhandlung mündlich zu erläutern. Der Vorstand hat die Anteilsinhaber vor der Beschlußfassung über jede wesentliche Veränderung der Vermögens- oder Ertragslage der Gesellschaft, die zwischen der Aufstellung des Spaltungsplans und dem Zeitpunkt der Beschlußfassung eingetreten ist, zu unterrichten; dies gilt insbesondere, wenn die Veränderung ein anderes Umtauschverhältnis oder eine andere Aufteilung der Anteile rechtfertigen würde.

Spaltungsbeschluß

§ 8. (1) Die Spaltung bedarf eines Beschlusses der Anteilsinhaber, der bei einer Aktiengesellschaft mit einer Mehrheit von drei Vierteln des bei der Beschlußfassung vertretenen Grundkapitals, bei einer Gesellschaft mit beschränkter Haftung von drei Vierteln der abgegebenen Stimmen zu fassen ist. die Satzung (der Gesellschaftsvertrag) kann eine größere Mehrheit und weitere Erfordernisse bestimmen.

(2) Sind bei einer Aktiengesellschaft mehrere Gattungen von stimmberechtigten Aktien vorhanden, so bedarf der Beschluss der Hauptversammlung zu seiner Wirksamkeit eines in gesonderter Abstimmung gefassten Beschlusses der Aktionäre jeder Gattung; für diesen gilt Abs. 1.

(3) Werden die Anteile der neuen Gesellschaften den Anteilsinhabern der übertragenden Gesellschaft nicht in dem Verhältnis zugeteilt, das ihrer Beteiligung an der übertragenden Gesellschaft entspricht (nicht verhältniswahrende Spaltung), so bedarf der Beschluss einer Mehrheit von neun Zehnteln des gesamten Nennkapitals. Abweichend davon bedarf der Beschluss der Zustimmung aller Gesellschafter, wenn

1. die Anteile an einer oder mehreren beteiligten Gesellschaften ausschließlich oder überwiegend Gesellschaftern zugewiesen werden, die insgesamt über Anteile von nicht mehr als einem Zehntel des Nennkapitals der übertragenden Gesellschaft verfügen, oder
2. einer oder mehreren beteiligten Gesellschaften, an denen die in Z 1 genannten Gesell-

schafter beteiligt sind, überwiegend Wertpapiere, flüssige Mittel (§ 224 Abs. 2 B IV UGB) oder andere nicht betrieblich genutzte Vermögensgegenstände zugeordnet werden. Werden die dazu erforderlichen Stimmen nicht in der Gesellschafterversammlung abgegeben, so wird der Beschluss nur wirksam, wenn der übertragenden Gesellschaft innerhalb von drei Monaten Zustimmungserklärungen von Anteilsinhabern, die den Beschluss gestimmt haben oder an der Abstimmung nicht beteiligt waren, im jeweils erforderlichen Ausmaß zugehen.

(4) Der Spaltungsbeschluß ist notariell zu beurkunden, die Zustimmungserklärungen müssen gerichtlich oder notariell beglaubigt unterfertigt sein. Der beschlossene Spaltungsplan ist in die Niederschrift über den Beschluß und in die Zustimmungserklärungen aufzunehmen oder diesen als Anlage beizufügen.

Barabfindungsangebot bei nicht verhältniswahrender Spaltung: Ausschluß von Anfechtungsklagen

§ 9. (1) Jeder Anteilsinhaber, der einer nicht verhältniswahrenden Spaltung nicht zugestimmt hat, hat Anspruch auf angemessene Barabfindung seiner Anteile (§ 2 Abs. 1 Z 13), wenn er vom Zeitpunkt der Beschlussfassung der Gesellschafterversammlung bis zur Geltendmachung des Rechts Gesellschafter war. Dieser Anspruch steht einem Anteilsinhaber nicht zu, wenn er an allen beteiligten Gesellschaften im gleichen Verhältnis wie an der übertragenden Gesellschaft beteiligt ist. Bei Gesellschaften mit beschränkter Haftung sind an Stelle von § 81 GmbHG die für den Erwerb eigener Aktien für die Entschädigung von Minderheitsaktionären geltenden Vorschriften sinngemäß anzuwenden. Das Angebot kann nur binnen zwei Monaten nach dem Tag angenommen werden, an dem die Eintragung der Spaltung gemäß § 10 UGB als bekanntgemacht gilt. Die Zahlung ist binnen zwei Monaten ab Zugang der Annahmeerklärung fällig und verjährt in drei Jahren. Der Erwerber hat die Kosten der Übertragung zu tragen. Die beteiligten Gesellschaften haften als Gesamtschuldner. Für die Erfüllung der angebotenen Barabfindung einschließlich der Übertragungskosten ist den Abfindungsberechtigten Sicherheit zu leisten.

(2) Eine Klage auf Anfechtung des Spaltungsbeschlusses kann nicht darauf gestützt werden, dass das Umtauschverhältnis der Anteile (einschließlich allfälliger Zuzahlungen), deren Aufteilung auf die Anteilsinhaber oder die angebotene Barabfindung nicht angemessen festgelegt ist, oder dass die im Spaltungsbericht, im Prüfungsbericht des Spaltungsprüfers oder im Bericht des Aufsichtsrats enthaltenen Erläuterungen des Umtauschverhältnisses der Anteile (einschließlich allfälliger Zuzahlungen), deren Aufteilung auf die Anteilsinhaber oder des Barabfindungsangebots den gesetzlichen Bestimmungen nicht entsprechen. Anteilsinhaber, die das Angebot nach Abs. 1 angenommen haben, können bei Gericht den Antrag stellen, dass die angebotene Barabfindung überprüft und eine

höhere Barabfindung festgelegt wird; sie haben glaubhaft zu machen, dass sie vom Zeitpunkt der Beschlussfassung der Gesellschafterversammlung der übertragenden Gesellschaft bis zur Antragstellung Anteilsinhaber waren. Für das Verfahren auf gerichtliche Überprüfung gelten die §§ 225d bis 225m, ausgenommen § 225e Abs. 3 zweiter Satz und § 225j Abs. 2 AktG, sinngemäß. Wird die gerichtliche Überprüfung der angebotenen Barabfindung begehrt, so endet die Frist für die Annahme des Barabfindungsangebots einen Monat nach dem Tag der letzten Bekanntmachung gemäß § 225k Abs. 1 AktG.

Besondere Zustimmungserfordernisse
§ 10. (1) Werden durch die Spaltung Rechte beeinträchtigt, die in der Satzung (dem Gesellschaftsvertrag) einem einzelnen Anteilsinhaber oder einzelnen Anteilsinhabern insbesondere bei der Geschäftsführung der Gesellschaft, bei der Bestellung von Geschäftsführern oder des Aufsichtsrats oder bei der Übertragung von Geschäftsanteilen eingeräumt sind, so bedarf auch der Spaltungsbeschluß der Zustimmung dieses Anteilsinhabers (dieser Anteilsinhaber), es sei denn, daß die Satzung (der Gesellschaftsvertrag) der beteiligten Gesellschaften im Spaltungsplan gleichwertige Rechte festlegen.

(2) Sieht die Satzung (der Gesellschaftsvertrag) für einzelne Beschlußgegenstände eine Beschlußmehrheit über die Mehrheit von drei Vierteln des bei der Beschlußfassung vertretenen Nennkapitals oder der abgegebenen Stimmen vor, so bedarf auch der Spaltungsbeschluß dieser Mehrheit, es sei denn, daß in der Satzung (im Gesellschaftsvertrag) der beteiligten Gesellschaften durch entsprechende Gestaltung der Beschlußmehrheiten die Rechte der Minderheit gewahrt werden.

(3) Sind die Aktien (Geschäftsanteile) der übertragenden Gesellschaft frei übertragbar und macht die Satzung (der Gesellschaftsvertrag) einer neuen Gesellschaft die Übertragung von bestimmten Voraussetzungen, insbesondere von der Zustimmung der Gesellschaft abhängig, so bedarf der Spaltungsbeschluß der Zustimmung aller Gesellschafter der übertragenden Gesellschaft.

(4) Ist nach den vorhergehenden Vorschriften die Zustimmung eines Gesellschafters erforderlich, so kann diese auch außerhalb der Hauptversammlung (Generalversammlung) erteilt werden. In diesem Fall muß sie gerichtlich oder notariell beglaubigt unterfertigt sein und der übertragenden Gesellschaft spätestens innerhalb der Frist von drei Monaten nach der Beschlußfassung zugehen; der Spaltungsplan ist in die Zustimmungserklärung aufzunehmen oder dieser als Anlage beizufügen.

Barabfindungsangebot bei rechtsformübergreifender Spaltung
§ 11. (1) Hat die neue Gesellschaft eine andere Rechtsform als die übertragende Gesellschaft (rechtsformübergreifende Spaltung), so steht jedem Anteilsinhaber, der gegen den Spaltungsbeschuß Widerspruch zur Niederschrift erklärt hat, das Recht auf angemessene Barabfindung seiner Anteile zu (§ 2 Abs. 1 Z 13). § 9 ist sinngemäß anwendbar; das Antragsrecht gemäß § 9 Abs. 2 steht nur denjenigen Anteilsinhabern zu, die gegen den Spaltungsbeschluß Widerspruch zur Niederschrift erklärt haben.

(2) Bei einer Spaltung im Sinn des Abs. 1 ist eine Prüfung durch einen Spaltungsprüfer (§§ 5 und 7 Abs. 2 Z 5) auch dann erforderlich, wenn es sich um eine verhältniswahrende Spaltung (§ 16a) handelt.

Anmeldung
§ 12. (1) Sämtliche Mitglieder des Vorstands der übertragenden Gesellschaft und sämtliche Mitglieder der Vorstände aller neuen Gesellschaften haben die Spaltung und die Errichtung der neuen Gesellschaften zur Eintragung bei dem Gericht am Sitz der übertragenden Gesellschaft anzumelden. Der Anmeldung sind so viele Ausfertigungen (einschließlich der Beilagen) anzuschließen, wie neue Gesellschaften entstehen.

(2) Weiters ist dem Gericht eine Erklärung des Vorstands der übertragenden Gesellschaft vorzulegen, daß eine Klage auf Anfechtung oder Feststellung der Nichtigkeit des Spaltungsbeschlusses innerhalb eines Monats nach der Beschlußfassung nicht erhoben oder zurückgezogen worden ist oder daß alle Anteilsinhaber durch notariell beurkundete Erklärung auf eine solche Klage verzichtet haben. Können diese Erklärungen nicht vorgelegt werden, so hat das Gericht gemäß § 19 FBG vorzugehen.

(3) Ist die übertragende Gesellschaft im Inland börsenotiert und führt die Spaltung zu einer Beendigung der Börsenotierung oder hat sie mit einer Beendigung der Börsenotierung vergleichbare Auswirkungen, so darf die Spaltung erst zur Eintragung angemeldet werden, nachdem unter Hinweis auf die geplante Spaltung innerhalb der letzten sechs Monate vor der Anmeldung oder unter Hinweis auf den gefassten Spaltungsbeschluss eine Angebotsunterlage nach dem 5. Teil des ÜbG veröffentlicht wurde. Ein solches Angebot ist jedoch dann nicht erforderlich, wenn bei einer Spaltung zur Aufnahme für die zu gewährenden Beteiligungspapiere der übernehmenden Gesellschaft die Zulassung und der Handel an zumindest einem geregelten Markt in einem EWR-Vertragsstaat gewährleistet sind, an dem für einen Widerruf der Zulassung zum Handel an diesem Markt mit § 38 Abs. 6 bis 8 BörseG 2018 gleichwertige Voraussetzungen gelten.

(BGBl I 2017/107)

Beilage zur Anmeldung
§ 13. Der Anmeldung sind in Urschrift, Ausfertigung oder beglaubigter Abschrift beizufügen:
1. die Niederschrift des Spaltungsbeschlusses samt Spaltungsplan;
2. die allenfalls erforderlichen Zustimmungserklärungen einzelner Anteilsinhaber;
3. den Spaltungsbericht gemäß § 4 und den Prüfungsbericht gemäß § 5;

4. die nach den Gründungsvorschriften für die Eintragung der neuen Gesellschaften erforderlichen weiteren Urkunden;
5. die Genehmigung, falls die Spaltung einer behördlichen Genehmigung bedarf;
6. der Nachweis der Veröffentlichung der beabsichtigten Spaltung gemäß § 7 Abs. 1 oder 1a;
7. die Erklärungen gemäß § 2 Abs. 3;
8. der Nachweis der Sicherheit gemäß §§ 9 und 11.

Eintragung und ihre Rechtswirkungen

§ 14. (1) Die Spaltung und die neuen Gesellschaften sind im Firmenbuch gleichzeitig einzutragen. Das Gericht, in dessen Sprengel die übertragende Gesellschaft ihren Sitz hat, hat zu prüfen, ob im Hinblick auf den satzungsmäßigen Sitz der neuen Gesellschaften § 30 UGB beachtet ist. Unter Hinweis auf die Firmenbuchnummer der übertragenden Gesellschaft ist einzutragen, daß die neuen Gesellschaften aus einer Spaltung hervorgegangen sind. Die Eintragung der neuen Gesellschaft ist dem Gericht in dessen Sprengel die neue Gesellschaft ihren Sitz hat, mitzuteilen. Der Mitteilung sind auch der Akt und die Urkunden der neuen Gesellschaft beizufügen. Die Beendigung der Zuständigkeit für die Ersteintragung (§ 120 Abs. 6 JN) ist vom Gericht, in dessen Sprengel die neue Gesellschaft ihren Sitz hat, einzutragen.

(2) Mit der Eintragung der Spaltung in das Firmenbuch treten folgende Rechtswirkungen ein:
1. Die Vermögensteile der übertragenden Gesellschaft gehen entsprechend der im Spaltungsplan vorgesehenen Zuordnung jeweils im Wege der Gesamtrechtsnachfolge auf die neue Gesellschaft oder die neuen Gesellschaften über.
2. Bei der Aufspaltung erlischt die übertragende Gesellschaft; bei der Abspaltung werden die im Spaltungsplan vorgesehenen Änderungen der Satzung (des Gesellschaftsvertrags) der übertragenden Gesellschaft wirksam. Darauf ist in der Eintragung hinzuweisen.
3. Die Anteile an den beteiligten Gesellschaften werden entsprechend dem Spaltungsplan erworben. Rechte Dritter an den Anteilen der übertragenden Gesellschaft bestehen an den an ihre Stelle tretenden Anteile und an allfälligen baren Zuzahlungen weiter.
4. Der Mangel der notariellen Beurkundung des Spaltungsbeschlusses wird geheilt.

(3) Mängel der Spaltung lassen die Wirkungen der Eintragung gemäß Abs. 2 unberührt. Nach der Eintragung der Spaltung in das Firmenbuch ist eine Anfechtung des Spaltungsbeschlusses der übertragenden Gesellschaft gegen die neuen Gesellschaften zu richten, bei der Abspaltung gegen alle beteiligten Gesellschaften. Das auf Anfechtung oder Feststellung der Nichtigkeit eines Spaltungsbeschlusses gerichtete Begehren kann ohne Vorliegen der Voraussetzungen des § 235 ZPO auf den Ersatz des Schadens, der dem Kläger aus der auf dem Beschluß beruhenden Eintragung der Spaltung ins Firmenbuch entstanden ist, abgeändert oder auf Ersatz der Prozeßkosten eingeschränkt werden.

(4) Solange einem Schuldner nicht bekannt wird, welcher an der Spaltung beteiligten Gesellschaften die Forderung zugeordnet ist, kann er mit schuldbefreiender Wirkung an jede von ihnen bezahlen oder sich sonst mit jeder von ihnen abfinden.

(5) Solange einem Gläubiger nicht bekannt wird, welcher der an der Spaltung beteiligten Gesellschaften die Verbindlichkeit zugeordnet ist, kann er Erklärungen, die diese Verbindlichkeit betreffen, gegenüber jeder von ihnen abgeben.

(6) Für den Umtausch der Aktien der übertragenden Gesellschaft gilt § 67 AktG, bei Zusammenlegung von Aktien § 179 AktG über die Kraftloserklärung von Aktien sinngemäß; einer Genehmigung des Gerichts bedarf es nicht.

Schutz der Gläubiger

§ 15. (1) Für die bis zur Eintragung der Spaltung begründeten Verbindlichkeiten der übertragenden Gesellschaft, einschließlich Verbindlichkeiten aus späterer nicht gehöriger Erfüllung und aus späterer Rückabwicklung, haften neben der Gesellschaft, der die Verbindlichkeit nach dem Spaltungsplan zugeordnet wird, die übrigen an der Spaltung beteiligten Gesellschaften bis zur Höhe des ihnen jeweils zugeordneten Nettoaktivvermögens (Wert der der haftenden Gesellschaft zugeordneten aktiven Vermögensteile abzüglich Wert der ihr zugeordneten Verbindlichkeiten) als Gesamtschuldner. Jede haftende Gesellschaft wird insoweit frei, als sie Schulden für andere Gesellschaften berichtigt hat. Keine Haftung besteht für solche Verbindlichkeiten, für die nach den folgenden Absätzen Sicherheit geleistet wurde.

(2) Den Gläubigern der übertragenden Gesellschaften ist von den beteiligten Gesellschaften Sicherheit zu leisten, soweit sie nicht Befriedigung verlangen können, wenn sie sich binnen sechs Monaten nach der Eintragung der Spaltung zu diesem Zweck melden; dieses Recht steht den Gläubigern jedoch nur zu, wenn sie glaubhaft machen, dass durch die Spaltung die Erfüllung ihrer Forderung gefährdet wird. Die Gläubiger sind in der Veröffentlichung der Eintragung auf dieses Recht hinzuweisen.

(GesDigG 2022, BGBl I 2022/186)

(3) Wird innerhalb der in Abs. 2 genannten Frist eine Sicherheitsleistung gerichtlich verlangt, so haften ab diesem Zeitpunkt alle beteiligten Gesellschaften für die Forderung betraglich unbeschränkt als Gesamtschuldner, bis entweder die Sicherheit geleistet oder die Klage rechtskräftig abgewiesen wird.

(4) Das Recht, Sicherheitsleistung zu verlangen, steht solchen Gläubigern nicht zu, die im Insolvenzverfahren ein Recht auf vorzugsweise Befriedigung aus einer nach gesetzlicher Vorschrift zu ihrem Schutz errichteten und behördlich überwachten Deckungsmasse haben.

(5) Den Inhabern von Schuldverschreibungen und Genußrechten sind gleichwertige Rechte zu gewähren oder die Änderung der Rechte oder als Recht selbst angemessen abzugelten.

Auskunftserteilung

§ 16. (1) Wer durch die Spaltung in seinen rechtlichen Interessen betroffen wird, kann von jeder an der Spaltung beteiligten Gesellschaft die Erteilung von Auskünften über die Zuordnung von Vermögensteilen verlangen.

(2) Über diesen Anspruch entscheidet das Gericht im außerstreitigen Verfahren; die Glaubhaftmachung des rechtlichen Interesses genügt. Das Gericht kann die Vorlage der Handelsbücher sowie die Einsichtnahme durch die Partei oder durch einen zu beruflichen Verschwiegenheit verpflichteten Sachverständigen anordnen. Das Gericht kann auch anordnen, daß der zu Auskunft Verpflichtete einen Eid dahin zu leisten hat, daß die Auskunft richtig und vollständig ist.

Verhältniswahrende Spaltung

§ 16a. (1) Wenn die Anteilsinhaber an der übertragenden Gesellschaft und an den neuen Gesellschaften im selben Verhältnis beteiligt sein sollen (verhältniswahrende Spaltung), sind der Spaltungsbericht des Vorstands (§§ 4 und 7 Abs. 2 Z 4), die Prüfung der Spaltung durch einen Spaltungsprüfer (§§ 5 und 7 Abs. 2 Z 5), die Prüfung sowie Berichterstattung durch den Aufsichtsrat (§§ 6 und 7 Abs. 2 Z 6) und die Erstellung einer Zwischenbilanz (§ 7 Abs. 2 Z 3 und Abs. 3) nicht erforderlich.

(2) Sofern keine Berichterstattung durch den Aufsichtsrat (§ 6) erfolgen soll, ist § 6 Abs. 2 zweiter und dritter Satz sinngemäß anzuwenden.

3. Teil:
Spaltung zur Aufnahme

§ 17. Auf die Spaltung zur Aufnahme sind die Vorschriften der §§ 2 bis 16 sinngemäß anzuwenden, soweit im folgenden nichts anderes bestimmt wird:
1. An die Stelle des Spaltungsplans (§ 2) tritt der Spaltungs- und Übernahmsvertrag, der von den Vorständen der übertragenden und der übernehmenden Gesellschaft bis zur Anmeldung zum Firmenbuch in notariell beurkundeter Form abzuschließen ist;
2. an die Stelle der neuen Gesellschaft tritt die übernehmende Gesellschaft;
3. bei einer Aufspaltung zur Aufnahme und bei einer Abspaltung zur Aufnahme, bei der das Nennkapital der übertragenden Gesellschaft herabgesetzt wird, darf die Spaltung erst eingetragen werden, nachdem die Vorschriften über die ordentliche Kapitalherabsetzung eingehalten worden sind;
3a. wird bei der übernehmenden Gesellschaft zur Durchführung der Spaltung zur Aufnahme das Nennkapital erhöht, so hat eine Prüfung durch einen oder mehrere Prüfer stattzufinden; § 25 Abs. 3 bis 5 sowie die §§ 26, 27, 42 und 44 gelten sinngemäß. Der Prüfer kann gleichzeitig Spaltungsprüfer sein;
4. jene Gläubiger der übertragenden Gesellschaft, deren Forderungen einer übernehmenden Gesellschaft zugewiesen werden, haben zusätzlich zu den Rechten gemäß § 15 Anspruch auf Sicherheitsleistung in sinngemäßer Anwendung von § 226 AktG;
5. im übrigen gelten für die übernehmende Gesellschaft die Vorschriften über die Verschmelzung durch Aufnahme sinngemäß, an die Stelle des Verschmelzungsberichts tritt der Spaltungsbericht, an die Stelle der Verschmelzungsprüfung die Spaltungsprüfung. Bei Beteiligung einer Aktiengesellschaft bedarf der Verzicht auf den Spaltungsbericht (§ 4 Abs. 2) und die Spaltungsprüfung (§ 5 Abs. 6) der Zustimmung sämtlicher Anteilsinhaber aller beteiligten Gesellschaften. § 221a Abs. 5 AktG dritter Satz gilt auch für den Vorstand (Geschäftsführer) der übertragenden Gesellschaft;
6. sämtliche Mitglieder des Vorstands der übertragenden Gesellschaft und der Vorstand der übernehmenden Gesellschaft haben die Spaltung zur Aufnahme zur Eintragung beim Gericht, in dessen Sprengel ihre Gesellschaft den Sitz hat, anzumelden. Die erforderlichen Unterlagen sind der Anmeldung der übertragenden Gesellschaft beizufügen. Wird zur Durchführung der Spaltung zur Aufnahme das Nennkapital erhöht, so sind die hiefür erforderliche Anmeldungen zur Eintragung in das Firmenbuch mit der Anmeldung der Spaltung gemäß § 12 zu verbinden;
7. befinden sich alle Anteile der übertragenden Gesellschaft direkt oder indirekt in der Hand der übernehmenden Gesellschaft(en), so bedarf die Spaltung nicht der Beschlussfassung durch die Anteilsinhaber der übertragenden Gesellschaft. Findet auch in der übernehmenden Gesellschaft keine Beschlussfassung über die Spaltung zur Aufnahme statt, so darf die Eintragung der Spaltung gemäß § 14 erst erfolgen, wenn bei Aktiengesellschaften seit der Veröffentlichung oder Bereitstellung nach § 7 Abs. 1, 1a und 2 ein Monat, bei Gesellschaften mit beschränkter Haftung seit Übersendung der Unterlagen nach § 7 Abs. 4 14 Tage vergangen sind.

§ 18. (aufgehoben)
(BGBl I 2015/112)

5. Teil:
In-Kraft-Treten

§ 19. (1) § 8 Abs. 3, § 9 Abs. 1 und 2 und § 11 in der Fassung des Übernahmerechts-Änderungsgesetzes 2006, BGBl. I Nr. 75/2006, treten mit 20. Mai 2006 in Kraft und sind auf Spaltungen anzuwenden, bei denen der Spaltungsbeschluss (§ 8) nach diesem Zeitpunkt gefasst wurde. Auf Spaltungen, bei denen der Spaltungsbeschluss vor diesem Zeitpunkt gefasst wurde, ist das Spaltungsgesetz in der vor In-Kraft-Treten des Übernahmerechts-Änderungsgesetzes 2006, BGBl. I Nr. 75/2006, geltenden Fassung weiter anzuwenden.

(2) § 5 in der Fassung des Bundesgesetzes BGBl. I Nr. 70/2008 tritt mit 1. Juni 2008 in Kraft und ist auf die Bestellung von Prüfern nach dem 31. Mai 2008 anzuwenden.

(3) Die §§ 3 Abs. 1, 4 Abs. 1, 5 Abs. 5, 6 Abs. 1 und 7 Abs. 1, 2 und 5 und § 8 Abs. 2 in der Fassung des Aktienrechts-Änderungsgesetzes 2009, BGBl. I Nr. 71/2009, treten mit 1. August 2009 in Kraft und sind auf Spaltungen anzuwenden, wenn die Gesellschafterversammlung nach dem 31. Juli 2009 einberufen wird oder wenn bei einer Gesellschaft mit beschränkter Haftung die zur Beschlussfassung notwendigen Unterlagen nach dem 31. Juli 2009 an die Gesellschafter übersendet werden. Auf Spaltungen, bei denen vor diesem Zeitpunkt die Gesellschafterversammlung einberufen wurde oder die Unterlagen an die Gesellschafter übersendet wurden, sind die bisher geltenden Bestimmungen weiter anzuwenden.

(4) § 15 Abs. 4 in der Fassung des Bundesgesetzes BGBl. I Nr. 58/2010 tritt mit 1. August 2010 in Kraft.

(5) § 3 Abs. 4, § 4 Abs. 1, § 6 Abs. 2, § 7 Abs. 1a, 3a und 6, § 11, § 13, § 15 Abs. 2 und 3, § 16a und § 17 in der Fassung des Gesellschaftsrechts-Änderungsgesetzes 2011, BGBl. I Nr. 53/2011, treten mit 1. August 2011 in Kraft. Auf Spaltungen, bei denen vor diesem Zeitpunkt die Bereitstellung oder Übersendung der Unterlagen (§ 7 Abs. 2 und 4) erfolgte, sind die bis dahin geltenden Bestimmungen weiter anzuwenden.

(6) § 18 tritt mit Ablauf des 31. Dezember 2015 außer Kraft.

(BGBl I 2015/112)

(7) § 7 Abs. 3a und § 12 Abs. 3 in der Fassung des Bundesgesetzes BGBl. I Nr. 107/2017 treten mit 3. Jänner 2018 in Kraft.

(BGBl I 2017/107)

(8) § 15 Abs. 2 in der Fassung des Gesellschaftsrechtlichen Digitalisierungsgesetzes 2022, BGBl. I Nr. 186/2022, tritt mit 1. Dezember 2022 in Kraft.

(GesDigG 2022, BGBl I 2022/186)

3/2/3. GenSpaltG

3/2/3. Genossenschaftsspaltungsgesetz (GenSpaltG)

BGBl I 2018/69

GLIEDERUNG

1. Teil: Begriff der Spaltung
§ 1.

2. Teil: Spaltung zur Neugründung
§ 2. Spaltungsplan
§ 3. Kapitalerhaltung, Anwendung des Gründungsrechts, Haftung der Organe
§ 4. Spaltungsbericht
§ 5. Gutachten des Revisors
§ 6. Prüfung durch den Aufsichtsrat
§ 7. Vorbereitung der Beschlussfassung
§ 8. Spaltungsbeschluss
§ 9. Kündigungsrecht, Wahlrecht bei nicht verhältniswahrender Spaltung; Ausschluss von Anfechtungsklagen
§ 10. Rechtsfolgen der Kündigung oder der Ausübung des Wahlrechts
§ 11. Verhältniswahrende Spaltung und Nominalwertspaltung
§ 12. Besondere Zustimmungserfordernisse
§ 13. Anmeldung
§ 14. Beilagen zur Anmeldung
§ 15. Eintragung und ihre Rechtswirkungen
§ 16. Mitgliederregister
§ 17. Besondere Mitteilungspflichten
§ 18. Schutz der Gläubiger
§ 19. Auskunftserteilung

3. Teil: Spaltung zur Aufnahme
§ 20. Allgemeines
§ 21. Abspaltung zur Aufnahme durch eine Kapitalgesellschaft
§ 22. Unterbleiben der Anteilsgewährung

4. Teil: Gerichtszuständigkeit und Schlussbestimmungen
§ 23. Gerichtszuständigkeit
§ 24. Verweisungen
§ 25. Inkrafttreten

Bundesgesetz, mit dem ein Bundesgesetz über die Spaltung von Genossenschaften (Genossenschaftsspaltungsgesetz – GenSpaltG) erlassen wird und mit dem das Genossenschaftsrevisionsgesetz 1997, das Genossenschaftsrevisionsrechtsänderungsgesetz 1997, das Gesetz über Erwerbs- und Wirtschaftsgenossenschaften, das SCE-Gesetz, das Firmenbuchgesetz, das Rechtspflegergesetz, das Wohnungsgemeinnützigkeitsgesetz, das Umgründungssteuergesetz und das Bankwesengesetz geändert werden

Der Nationalrat hat beschlossen:

1. Teil:
Begriff der Spaltung

§ 1. (1) Eine Genossenschaft kann ihr Vermögen nach diesem Bundesgesetz spalten.

(2) Die Spaltung ist möglich
1. unter Beendigung ohne Abwicklung der übertragenden Genossenschaft durch gleichzeitige Übertragung aller ihrer Vermögensteile (Vermögensgegenstände, Schulden und Rechtsverhältnisse) im Weg der Gesamtrechtsnachfolge auf andere dadurch gegründete neue Genossenschaften (Aufspaltung zur Neugründung) oder auf übernehmende Genossenschaften (Aufspaltung zur Aufnahme) oder
2. unter Fortbestand der übertragenden Genossenschaft durch Übertragung eines oder mehrerer Vermögensteile dieser Genossenschaft im Weg der Gesamtrechtsnachfolge auf eine oder mehrere dadurch gegründete neue Genossenschaften (Abspaltung zur Neugründung) oder auf übernehmende Genossenschaften (Abspaltung zur Aufnahme) gegen Gewährung von Geschäftsanteilen der neuen oder übernehmenden Genossenschaften an die Mitglieder der übertragenden Genossenschaft.

(3) Die neue bzw. übernehmende Genossenschaft muss eine Genossenschaft gleicher Haftungsart wie die übertragende Genossenschaft sein. Liegen die Voraussetzungen des § 21 Abs. 1 vor, so kann die übertragende Genossenschaft Teile ihres Vermögens alternativ auch auf eine Kapitalgesellschaft abspalten.

(4) Die gleichzeitige Übertragung auf neue und übernehmende Genossenschaften ist zulässig.

2. Teil:
Spaltung zur Neugründung

Spaltungsplan

§ 2. (1) Der Vorstand der übertragenden Genossenschaft hat einen Spaltungsplan aufzustellen. Dieser muss jedenfalls enthalten:
1. die Firma, den Sitz und die vorgesehenen Genossenschaftsverträge der an der Spaltung beteiligten Genossenschaften;
2. die Erklärung über die Übertragung der Vermögensteile der übertragenden Genossenschaft jeweils im Wege der Gesamtrechtsnachfolge gegen Gewährung von Anteilen an den neuen Genossenschaften;
3. das Umtauschverhältnis der Anteile (Abs. 2) und deren Aufteilung auf die Mitglieder;

4. den Hinweis, dass bei einer Herabsetzung der Nennbeträge der Geschäftsanteile der übertragenden Genossenschaft das Aufgebotsverfahren gemäß § 33a Abs. 1 GenG unterbleiben kann;
5. die Einzelheiten für die Gewährung von Geschäftsanteilen an den neuen Genossenschaften;
6. den Zeitpunkt, von dem an die Anteile gegebenenfalls einen Anspruch auf Gewinnausschüttung gewähren, sowie alle Besonderheiten in Bezug auf diesen Anspruch;
7. den Stichtag, von dem an die Handlungen der übertragenden Genossenschaft als für Rechnung der neuen Genossenschaft vorgenommen gelten (Spaltungsstichtag);
8. die Rechte, die die neuen Genossenschaften einzelnen Mitgliedern oder Gruppen von Mitgliedern gewähren, und gegebenenfalls die für diese Personen vorgesehenen Maßnahmen;
9. jeden besonderen Vorteil, der einem Mitglied des Vorstands oder eines Aufsichtsorgans der an der Spaltung beteiligten Genossenschaften gewährt wird;
10. die genaue Beschreibung und Zuordnung der Vermögensteile, die an jede der neuen Genossenschaften übertragen werden; dabei kann auf Urkunden, wie Bilanzen, insbesondere gemäß Z 12, und Inventare, Bezug genommen werden, soweit deren Inhalt eine Zuordnung des einzelnen Vermögensteiles ermöglicht;
11. eine Regelung über die Zuordnung von Vermögensteilen, die sonst auf Grund des Spaltungsplans keiner der an der Spaltung beteiligten Genossenschaften zugeordnet werden können;
12. die Schlussbilanz der übertragenden Genossenschaft, weiters Eröffnungsbilanzen der neuen Genossenschaften und bei der Abspaltung eine Spaltungsbilanz, die das der übertragenden Genossenschaft verbleibende Vermögen ausweist;
13. bei einer nicht verhältniswahrenden Spaltung die Angabe, bei welcher Genossenschaft (oder welchen Genossenschaften) welche Mitglieder der übertragenden Genossenschaft die Mitgliedschaft erhalten oder behalten sollen;
14. bei einer nicht verhältniswahrenden Spaltung Angaben zur Höhe der der übertragenden und den neuen Genossenschaften über das Geschäftsanteilskapital hinaus zugewiesenen Gesellschaftsmittel (offenen Rücklagen einschließlich eines Gewinnvortrages und abzüglich eines Bilanzverlustes oder eines Verlustvortrages), durch welche die Ausübung des Wahlrechts gemäß § 9 Abs. 1 Z 2 ermöglicht wird.

(2) Das Umtauschverhältnis kann in jenen Fällen, in denen die Mitglieder satzungsgemäß bei Ausscheiden aus der übertragenden Genossenschaft und bei deren Liquidation nach Befriedigung der Gläubiger lediglich ihre auf den Geschäftsanteil geleisteten Einlagen („Geschäftsguthaben") zurückerhalten, vereinfacht in der Weise festgelegt werden, dass die Höhe ihres Geschäftsguthabens insgesamt möglichst gleich bleibt (Nominalwertspaltung). Ein allenfalls erforderlicher Spitzenausgleich erfolgt entweder durch ergänzende Einzahlung der Mitglieder auf die gewährten Geschäftsanteile oder durch bare Zuzahlung der an der Spaltung beteiligten Genossenschaften. Allfällige bare Zuzahlungen dürfen frühestens sechs Monate nach Veröffentlichung des Gläubigeraufrufs gemäß § 18 Abs. 2 und überdies nicht eher geschehen, als die Gläubiger, die sich gemäß § 18 gemeldet haben, befriedigt oder sichergestellt sind. Dasselbe gilt bei einer verhältniswahrenden Spaltung. Bei einer nicht verhältniswahrenden Spaltung einer Genossenschaft mit einer satzungsmäßig für das Ausscheiden oder die Liquidation vorgesehenen Substanzbeteiligung hat die Festsetzung des Umtauschverhältnisses auf Basis einer Unternehmensbewertung zu erfolgen; die Regeln über ergänzende Einzahlungen oder bare Zuzahlungen gelten in diesem Fall entsprechend.

(3) Die übertragende Genossenschaft hat, auch wenn sie nicht mindestens zwei der in § 221 Abs. 1 UGB bezeichneten Merkmale überschreitet, auf den Spaltungsstichtag eine Schlussbilanz aufzustellen und gegebenenfalls prüfen zu lassen. Für sie gelten die Vorschriften des UGB nach Maßgabe des § 22 Abs. 4 und 6 GenG sinngemäß. Die Schlussbilanz muss auf einen höchstens neun Monate vor der Anmeldung der Spaltung liegenden Stichtag aufgestellt werden.

Kapitalerhaltung, Anwendung des Gründungsrechts, Haftung der Organe

§ 3. (1) Sofern die übertragende Genossenschaft ein Mindestgeschäftsanteilskapital nach § 5a Abs. 2 Z 2 GenG festgesetzt hat, muss die Summe der Geschäftsanteilskapitalien der an der Spaltung beteiligten Genossenschaften mindestens die Höhe dieses Mindestgeschäftsanteilskapitals der übertragenden Genossenschaft vor der Spaltung erreichen. Allen beteiligten Genossenschaften ist ein – insbesondere aus Gläubigersicht – angemessener Anteil an diesem Mindestgeschäftsanteilskapital zuzuweisen. Die Ausstattung aller beteiligten Genossenschaften mit einem angemessenen Anteil am Mindestgeschäftsanteilskapital kann unterbleiben, wenn der Revisor in seinem Gutachten gemäß § 5 ausspricht, dass die Lebensfähigkeit aller beteiligten Genossenschaften unzweifelhaft gegeben ist.

(2) Bei der Abspaltung dürfen die Geschäftsanteile der übertragenden Genossenschaft ohne Einhaltung der Vorschriften des § 33a Abs. 1 GenG herabgesetzt werden.

(3) Auf die Gründung der neuen Genossenschaft sind die Gründungsvorschriften des GenG anzuwenden, soweit sich aus diesem Bundesgesetz nichts anderes ergibt. Als Gründer ist die übertragende Genossenschaft anzusehen.

(4) Die Mitglieder des Vorstands und des Aufsichtsrats der übertragenden Genossenschaft sind den Mitgliedern und den Gläubigern dieser Ge-

nossenschaft als Gesamtschuldner zum Ersatz jenes Schadens verpflichtet, den diese durch die Spaltung erleiden; sie können sich von der Schadenersatzpflicht durch den Gegenbeweis befreien, dass sie ihre Sorgfaltspflicht beobachtet haben. Die Ersatzansprüche sind beim zuständigen Gericht (§ 23) geltend zu machen und verjähren in fünf Jahren seit dem Tage, an dem die Eintragung der Spaltung in das Firmenbuch gemäß § 10 UGB als bekanntgemacht gilt.

Spaltungsbericht

§ 4. (1) Der Vorstand der übertragenden Genossenschaft hat einen schriftlichen Bericht zu erstatten, in dem die Spaltung, der Spaltungsplan im Einzelnen und insbesondere das Umtauschverhältnis der Geschäftsanteile (einschließlich allfälliger barer Zuzahlungen), deren Aufteilung auf die Mitglieder sowie die künftige Mitgliederzusammensetzung (§ 2 Abs. 1 Z 13) und die Maßnahmen gemäß § 18 Abs. 5 rechtlich und wirtschaftlich ausführlich erläutert und begründet werden. Auf besondere Schwierigkeiten bei der Bewertung der Unternehmen ist hinzuweisen. § 118 Abs. 3 AktG ist sinngemäß anzuwenden.

(2) Der Bericht des Vorstands ist nicht erforderlich, wenn alle Mitglieder schriftlich oder in der Niederschrift zur Generalversammlung darauf verzichten.

Gutachten des Revisors

§ 5. (1) Vor der Beschlussfassung der Generalversammlung hat ein hierfür nach den Rechtsvorschriften für die Revision von Genossenschaften zu bestellender Revisor ein schriftliches Gutachten darüber zu erstatten, ob die Spaltung mit den Belangen der Mitglieder und den Belangen der Gläubiger der an der Spaltung beteiligten Genossenschaften vereinbar ist.

(2) Die Spaltung ist nur zulässig, wenn der Revisor in seinem Gutachten bestätigt, dass das allen beteiligten Genossenschaften zugewiesene Vermögen jeweils einen positiven Verkehrswert hat, der bei den neuen Genossenschaften mindestens der Höhe der dafür gewährten Geschäftsanteile entspricht. Weiters hat das Gutachten einzugehen auf:
1. die Lebensfähigkeit der neuen Genossenschaften sowie (bei Fortbestand) der übertragenden Genossenschaft;
2. die Gewährleistung der Erfüllung des Förderungsauftrages durch alle an der Spaltung beteiligten (und fortbestehenden) Genossenschaften;
3. im Falle einer nicht verhältniswahrenden Spaltung das Vorliegen einer angemessenen Eigenkapitalausstattung.

Prüfung durch den Aufsichtsrat

§ 6. (1) Hat die übertragende Genossenschaft einen Aufsichtsrat, so hat dieser die beabsichtigte Spaltung auf Grundlage des Spaltungsberichts und des Gutachtens des Revisors zu prüfen und darüber einen schriftlichen Bericht zu erstatten; § 118 Abs. 3 AktG ist sinngemäß anzuwenden.

(2) Die Prüfung durch den Aufsichtsrat der übertragenden Genossenschaft ist nicht erforderlich, wenn alle Mitglieder der Genossenschaft schriftlich in einer gesonderten Erklärung darauf verzichten. In diesem Fall hat der Vorstand den Aufsichtsrat unverzüglich über die geplante Spaltung zu informieren. Gehören dem Aufsichtsrat gemäß § 110 ArbVG entsandte Mitglieder an, so hat der Vorstand gegebenenfalls auch darüber zu informieren, welche Auswirkungen für die Arbeitnehmer (betreffend Arbeitsplätze, Beschäftigungsbedingungen und Standorte) die Spaltung voraussichtlich haben wird.

Vorbereitung der Beschlussfassung

§ 7. (1) Der Vorstand der übertragenden Genossenschaften hat mindestens einen Monat vor dem Tag der Beschlussfassung durch die Mitglieder den Spaltungsplan nach Prüfung durch den Aufsichtsrat beim zuständigen Gericht (§ 23) einzureichen und einen Hinweis auf diese Einreichung in sinngemäßer Anwendung des § 18 AktG zu veröffentlichen. In dieser Veröffentlichung sind die Mitglieder, die Gläubiger und der Betriebsrat auf ihre Rechte gemäß Abs. 2, 4 und 5 hinzuweisen. § 7 Abs. 1a SpaltG ist sinngemäß anzuwenden.

(2) Mindestens während eines Monats vor dem Tag der Generalversammlung, die über die Zustimmung zur Spaltung beschließen soll, sind in sinngemäßer Anwendung von § 108 Abs. 3 und 5 AktG bereit zu stellen:
1. der Spaltungsplan;
2. die Jahresabschlüsse oder sonstigen Rechnungsabschlüsse (§ 22 Abs. 2 GenG) und bei großen und mittelgroßen Genossenschaften (§ 22 Abs. 4 GenG) die Lageberichte der übertragenden Genossenschaft für die letzten drei Geschäftsjahre, weiters die Schlussbilanz, wenn der Spaltungsstichtag vom Stichtag des letzten Jahresabschlusses oder sonstigen Rechnungsabschlusses abweicht und die Schlussbilanz – gegebenenfalls in geprüfter Form – bereits vorliegt;
3. falls sich der letzte Jahresabschluss oder sonstige Rechnungsabschluss auf ein Geschäftsjahr bezieht, das mehr als sechs Monate vor der Aufstellung des Spaltungsplans abgelaufen ist, eine Bilanz zu einem Stichtag, der nicht vor dem ersten Tag des dritten Monats liegt, welcher dem Monat der Aufstellung vorausgeht (Zwischenbilanz);
4. der Spaltungsbericht;
5. das Gutachten des Revisors;
6. der Bericht des Aufsichtsrats.

(3) Die Zwischenbilanz (Abs. 2 Z 3) ist nach denselben Vorschriften aufzustellen wie die Schlussbilanz (§ 2 Abs. 3), wobei weder eine körperliche Bestandsaufnahme, noch eine Prüfung erforderlich ist. Die Wertansätze der letzten Jahresbilanz dürfen übernommen werden. Abschreibungen, Wertberichtigungen und Rückstellungen sowie

wesentliche, aus den Büchern nicht ersichtliche Veränderungen der wirklichen Werte von Vermögensgegenständen bis zum Stichtag der Zwischenbilanz sind jedoch zu berücksichtigen.

(4) Werden die in Abs. 2 bezeichneten Unterlagen nicht auf der Internetseite der Genossenschaft allgemein zugänglich gemacht, so ist den Gläubigern und dem Betriebsrat auf Verlangen unverzüglich und kostenlos eine Abschrift der in Abs. 2 Z 1 bis 3 bezeichneten Unterlagen zu erteilen.

(5) In der Generalversammlung sind die in Abs. 2 bezeichneten Unterlagen aufzulegen. Der Vorstand hat den Spaltungsplan zu Beginn der Verhandlung mündlich zu erläutern. Der Vorstand hat die Mitglieder vor der Beschlussfassung über jede wesentliche Veränderung der Vermögens- oder Ertragslage der Genossenschaft, die zwischen der Aufstellung des Spaltungsplans und dem Zeitpunkt der Beschlussfassung eingetreten ist, zu unterrichten; dies gilt insbesondere, wenn die Veränderung ein anderes Umtauschverhältnis der Geschäftsanteile oder eine andere Aufteilung der Geschäftsanteile auf die Mitglieder rechtfertigen würde.

Spaltungsbeschluss
§ 8. (1) Die Spaltung zur Neugründung ist nur zulässig, wenn die Generalversammlung der übertragenden Genossenschaft sie beschließt. Der Beschluss bedarf einer Mehrheit, die mindestens zwei Drittel der abgegebenen Stimmen umfasst. Der Genossenschaftsvertrag kann eine größere Mehrheit und weitere Erfordernisse bestimmen.

(2) Vor der Beschlussfassung ist das Gutachten des Revisors (§ 5) zu verlesen. Der Revisor und der Revisionsverband sind berechtigt, an der Generalversammlung beratend teilzunehmen. Spricht sich der Revisor aus einem der Gründe des § 5 Abs. 1 oder Abs. 2 Z 1 bis 3 gegen die Spaltung aus, so bedarf der Beschluss einer Mehrheit, die mindestens zwei Drittel der abgegebenen Stimmen in zwei mit einem Abstand von mindestens einem Monat aufeinanderfolgenden Generalversammlungen umfasst.

(3) Werden die Anteile der neuen Genossenschaften den Mitgliedern der übertragenden Genossenschaft nicht in dem Verhältnis zugeteilt, das ihrer Beteiligung an der übertragenden Genossenschaft entspricht (nicht verhältniswahrende Spaltung), so bedarf der Beschluss folgender Mehrheiten:
1. einer Mehrheit von neun Zehnteln der insgesamt abgegebenen Stimmen;
2. einer Mehrheit von zwei Dritteln der abgegebenen Stimmen jener Mitglieder, die laut Spaltungsplan der übertragenden Genossenschaft zugeordnet sind, sofern diese fortbesteht;
3. in Bezug auf jede der neuen Genossenschaften einer Mehrheit von zwei Dritteln der abgegebenen Stimmen jener Mitglieder, die laut Spaltungsplan dieser Genossenschaft zugeordnet sind.

(4) Der Spaltungsbeschluss ist zu protokollieren (§ 34 Abs. 2 GenG), die Zustimmungserklärungen müssen unterfertigt sein. Der beschlossene Spaltungsplan ist in die Niederschrift über den Beschluss und in die Zustimmungserklärungen aufzunehmen oder diesen als Anlage beizufügen.

Kündigungsrecht, Wahlrecht bei nicht verhältniswahrender Spaltung; Ausschluss von Anfechtungsklagen
§ 9. (1) Jedes Mitglied, das einer nicht verhältniswahrenden Spaltung nicht zugestimmt hat, kann durch schriftliche Erklärung
1. seine Mitgliedschaft oder einzelne Geschäftsanteile bei der übertragenden Genossenschaft bzw. bei der neuen Genossenschaft kündigen (Kündigungsrecht), oder
2. verlangen, unter Berücksichtigung des vorgesehenen Umtauschverhältnisses entgegen dem Spaltungsplan (§ 2 Abs. 1 Z 13) mit einem, mehreren oder allen Geschäftsanteilen Mitglied einer oder mehrerer anderer an der Spaltung beteiligter Genossenschaften zu werden, sofern es die Voraussetzungen für die Mitgliedschaft in den gewählten Genossenschaften erfüllt (Wahlrecht).

Das Kündigungsrecht nach Z 1 steht jedem Mitglied auch bei einer verhältniswahrenden Spaltung sowie im Fall des Abs. 4 zu, wenn sich der Revisor gegen die Spaltung ausgesprochen (§ 8 Abs. 2 dritter Satz) und das betreffende Mitglied der Spaltung nicht zugestimmt hat.

(2) Die Kündigung muss der Genossenschaft gegenüber erklärt werden, aus der das Mitglied austreten möchte; dies können je nach Spaltungsplan die übertragende Genossenschaft, die neue Genossenschaft oder beide Genossenschaften sein. Die Ausübung seines Wahlrechts hat das Mitglied sowohl gegenüber jener Genossenschaft zu erklären, bei der es laut Spaltungsplan (§ 2 Abs. 1 Z 13) Mitglied ist, als auch gegenüber jener Genossenschaft, deren Mitgliedschaft es verlangt.

(3) Kündigung und Wahlrecht müssen innerhalb von sechs Monaten seit Eintragung der Spaltung in das Firmenbuch des Sitzes der übertragenden Genossenschaft erklärt werden.

(4) Kündigungsrecht und Wahlrecht stehen einem einzelnen Mitglied außer im Fall des Abs. 1 letzter Satz nicht zu, wenn es individuell an allen beteiligten Genossenschaften im gleichen Verhältnis wie an der übertragenden Genossenschaft beteiligt ist.

(5) Die Durchführung einer nicht verhältniswahrenden Spaltung ist nur zulässig, wenn sichergestellt ist, dass jede der beteiligten Genossenschaften in der Lage ist, allen Mitgliedern, die der Spaltung nicht zugestimmt und auf ihr Wahlrecht nach Abs. 1 Z 2 nicht verzichtet haben und die im Spaltungsplan jeweils einer anderen Genossenschaft zugewiesen wurden, bei Ausübung des Wahlrechts Geschäftsanteile aus über das Geschäftsanteilskapital hinausgehenden Gesellschaftsmitteln (offene Rücklagen einschließlich eines Gewinnvortrages und abzüglich eines allfälligen Bilanzverlusts oder eines Verlustvortrages) zu gewähren.

(6) Eine Klage auf Anfechtung des Spaltungsbeschlusses kann, auch wenn das Umtauschverhältnis nicht gemäß § 2 Abs. 1 Z 3 vereinfacht festgesetzt wurde, nicht darauf gestützt werden, dass das Umtauschverhältnis der Geschäftsanteile (einschließlich allfälliger Zuzahlungen) oder deren Aufteilung auf die Mitglieder nicht angemessen festgelegt ist.

Rechtsfolgen der Kündigung oder der Ausübung des Wahlrechts

§ 10. (1) Kündigt ein Mitglied seine Mitgliedschaft oder einzelne Geschäftsanteile bei der neuen Genossenschaft (§ 9 Abs. 1 Z 1) oder macht es von seinem Wahlrecht Gebrauch, mit einzelnen, mehreren oder allen Geschäftsanteilen Mitglied der übertragenden Genossenschaft zu bleiben (§ 9 Abs. 1 Z 2), so gelten die Mitgliedschaft oder die Geschäftsanteile bei der neuen Genossenschaft als nicht erworben; dies ist bei der Eintragung des Ausscheidens in das Register der Mitglieder der neuen Genossenschaft zu vermerken.

(2) Mit einem kündigenden Mitglied hat sich jene Genossenschaft auseinanderzusetzen, aus der das Mitglied austreten möchte. Maßgebend ist die nach den Grundsätzen ordnungsgemäßer Buchführung aufgestellte Schlussbilanz der übertragenden Genossenschaft. Das kündigende Mitglied ist nur berechtigt, seinen Geschäftsanteil zu verlangen; auf den Reservefonds und auf das sonst vorhandene Vermögen der übertragenden Genossenschaft hat es, wenn der Genossenschaftsvertrag nichts anderes bestimmt, keinen Anspruch. Die Ansprüche des kündigenden Mitglieds sind innerhalb von sechs Monaten ab der Kündigung zu befriedigen; die Auszahlung darf jedoch nicht geschehen, bevor die Gläubiger, die sich nach § 18 gemeldet haben, befriedigt oder sichergestellt sind, und überdies nicht vor Ablauf von sechs Monaten seit der Veröffentlichung nach § 18 Abs. 2.

(3) Reichen die Geschäftsanteile und die in der Schlussbilanz ausgewiesenen Rücklagen zur Deckung eines in dieser Bilanz ausgewiesenen Verlustes nicht aus, so hat das kündigende Mitglied den anteiligen Fehlbetrag an die Genossenschaft, aus der es austreten möchte, zu zahlen, bei der Genossenschaft mit beschränkter Haftung jedoch höchstens bis zur Höhe des Haftungsbetrages; der anteilige Fehlbetrag wird, falls der Genossenschaftsvertrag der übertragenden Genossenschaft nichts anderes bestimmt, nach der Kopfzahl der Mitglieder der übertragenden Genossenschaft, bei der Genossenschaft mit beschränkter Haftung, falls der Genossenschaftsvertrag die Beteiligung mit mehreren Geschäftsanteilen zulässt, nach der Zahl der Geschäftsanteile errechnet.

Verhältniswahrende Spaltung und Nominalwertspaltung

§ 11. (1) Wenn die Mitglieder an der übertragenden Genossenschaft und an den neuen Genossenschaften im selben Verhältnis beteiligt sein sollen (verhältniswahrende Spaltung), sind der Spaltungsbericht des Vorstands (§§ 4 und 7 Abs. 2 Z 4), die Prüfung sowie die Berichterstattung durch den Aufsichtsrat (§§ 6 und 7 Abs. 2 Z 6) und die Erstellung einer Zwischenbilanz (§ 7 Abs. 2 Z 3 und Abs. 3) nicht erforderlich. Für Nominalwertspaltungen (§ 2 Abs. 2) gelten dieselben Erleichterungen.

(2) Sofern keine Berichterstattung durch den Aufsichtsrat (§ 6) erfolgen soll, ist § 6 Abs. 2 zweiter und dritter Satz sinngemäß anzuwenden.

Besondere Zustimmungserfordernisse

§ 12. Sieht der Genossenschaftsvertrag für einzelne Beschlussgegenstände eine Beschlussmehrheit über die Mehrheit von zwei Dritteln der abgegebenen Stimmen oder ein doppeltes Mehrheitserfordernis vor, so bedarf auch der Spaltungsbeschluss dieser Mehrheiten, es sei denn, dass in den Genossenschaftsverträgen der beteiligten Genossenschaften durch entsprechende Gestaltung der Beschlussmehrheiten die Rechte der Minderheit gewahrt werden.

Anmeldung

§ 13. (1) Der Vorstand der übertragenden Genossenschaft und die Vorstände aller neuen Genossenschaften haben die Spaltung und die Errichtung der neuen Genossenschaften zur Eintragung beim zuständigen Gericht (§ 23) anzumelden. Der Anmeldung sind so viele Ausfertigungen (einschließlich der Beilagen) anzuschließen, wie neue Genossenschaften entstehen.

(2) Weiters ist dem Gericht eine Erklärung des Vorstands der übertragenden Genossenschaft vorzulegen, dass eine Klage auf Anfechtung oder Feststellung der Nichtigkeit des Spaltungsbeschlusses innerhalb eines Monats nach der Beschlussfassung nicht erhoben oder zurückgezogen worden ist oder dass alle Mitglieder durch schriftliche Erklärung auf eine solche Klage verzichtet haben. Können diese Erklärungen nicht vorgelegt werden, so hat das Gericht gemäß § 19 FBG vorzugehen.

Beilagen zur Anmeldung

§ 14. Der Anmeldung sind in Urschrift, Ausfertigung oder beglaubigter Abschrift beizufügen:
1. die Niederschrift des Spaltungsbeschlusses samt Spaltungsplan;
2. den Spaltungsbericht des Vorstands (§ 4) und das Gutachten des Revisors (§ 5);
3. die nach den Gründungsvorschriften für die Eintragung der neuen Genossenschaft erforderlichen weiteren Urkunden;
4. die Genehmigung, falls die Spaltung einer behördlichen Genehmigung bedarf;
5. der Nachweis der Veröffentlichung der beabsichtigten Spaltung gemäß § 7 Abs. 1.

Eintragung und ihre Rechtswirkungen

§ 15. (1) Die Spaltung und die neuen Genossenschaften sind im Firmenbuch gleichzeitig einzutragen. Das Gericht (§ 23) hat zu prüfen, ob im Hinblick auf den satzungsmäßigen Sitz der neuen Genossenschaften § 30 UGB beachtet ist. Unter Hinweis auf die Firmenbuchnummer der übertragenden Genossenschaft ist einzutragen, dass die neuen Genossenschaften aus einer Spaltung hervorgegangen sind. Die Eintragung der neuen Genossenschaft ist dem Gericht, in dessen Sprengel die neue Genossenschaft ihren Sitz hat, mitzuteilen. Der Mitteilung sind auch der Akt und die Urkunden der neuen Genossenschaft beizufügen. Die Beendigung der Zuständigkeit für die Ersteintragung (§ 23 Abs. 2 zweiter Satz) ist vom Gericht, in dessen Sprengel die neue Genossenschaft ihren Sitz hat, einzutragen.

(2) Mit der Eintragung der Spaltung in das Firmenbuch treten folgende Rechtswirkungen ein:

1. Die Vermögensteile der übertragenden Genossenschaft gehen entsprechend der im Spaltungsplan vorgesehenen Zuordnung jeweils im Wege der Gesamtrechtsnachfolge auf die neue Genossenschaft oder die neuen Genossenschaften über.
2. Bei der Aufspaltung erlischt die übertragende Genossenschaft; bei der Abspaltung werden die im Spaltungsplan vorgesehenen Änderungen des Genossenschaftsvertrags der übertragenden Genossenschaft wirksam. Darauf ist in der Eintragung hinzuweisen.
3. Die Geschäftsanteile an den beteiligten Genossenschaften werden entsprechend dem Spaltungsplan von den Mitgliedern der übertragenden Genossenschaft erworben. Rechte Dritter an den Anteilen der übertragenden Genossenschaft bestehen an den an ihre Stelle tretenden Anteilen und an allfälligen baren Zuzahlungen weiter.

(3) Mängel der Spaltung lassen die Wirkungen der Eintragung gemäß Abs. 2 unberührt. Nach der Eintragung der Spaltung in das Firmenbuch ist eine Anfechtung des Spaltungsbeschlusses der übertragenden Genossenschaft gegen die neuen Genossenschaften zu richten, bei einer Abspaltung gegen alle beteiligten Genossenschaften. Das auf Anfechtung oder Feststellung der Nichtigkeit eines Spaltungsbeschlusses gerichtete Begehren kann ohne Vorliegen der Voraussetzungen des § 235 ZPO auf den Ersatz des Schadens, der dem Kläger aus der auf dem Beschluss beruhenden Eintragung der Spaltung ins Firmenbuch entstanden ist, abgeändert oder auf Ersatz der Prozesskosten eingeschränkt werden.

(4) Solange einem Schuldner nicht bekannt wird, welcher der an der Spaltung beteiligten Genossenschaften die Forderung zugeordnet ist, kann er mit schuldbefreiender Wirkung an jede von ihnen bezahlen oder sich sonst mit jeder von ihnen abfinden.

(5) Solange einem Gläubiger nicht bekannt wird, welcher der an der Spaltung beteiligten Genossenschaften die Verbindlichkeit zugeordnet ist, kann er Erklärungen, die diese Verbindlichkeit betreffen, gegenüber jeder von ihnen abgeben.

Mitgliederregister

§ 16. (1) Der Vorstand der neuen Genossenschaft hat die Mitglieder der übertragenden Genossenschaft nach der Eintragung der Spaltung in das Firmenbuch des Sitzes der übertragenden Genossenschaft unverzüglich in das Register der Mitglieder der neuen Genossenschaft einzutragen.

(2) Im Falle einer nicht verhältniswahrenden Abspaltung erfolgt die Eintragung nach Abs. 1 nur hinsichtlich jener Mitglieder, die gemäß dem Spaltungsplan (§ 2 Abs. 1 Z 13) oder aufgrund der Ausübung des Wahlrechts gemäß § 9 Abs. 1 Z 2 Mitglied bei der neuen Genossenschaft sind. Abgesehen vom Falle einer Doppelmitgliedschaft (§ 2 Abs. 1 Z 13) sind diese Mitglieder aus dem Mitgliederregister der übertragenden Genossenschaft zu löschen.

Besondere Mitteilungspflichten

§ 17. (1) Der Vorstand der neuen Genossenschaft hat jedes Mitglied der neuen Genossenschaft spätestens binnen drei Monaten seit der Eintragung der Spaltung in das Firmenbuch des Sitzes der übertragenden Genossenschaft von der Eintragung in das Mitgliederregister (§ 16) schriftlich zu benachrichtigen und ihm mitzuteilen:

1. den Betrag des Geschäftsanteiles bei der neuen Genossenschaft;
2. bei Genossenschaften mit beschränkter Haftung den Haftungsbetrag der neuen Genossenschaft;
3. die Zahl der Geschäftsanteile, mit denen das Mitglied an der neuen Genossenschaft beteiligt ist;
4. den Betrag der ergänzenden Einzahlungen oder der baren Zuzahlungen, die für einen allfälligen Spitzenausgleich erforderlichen sind (§ 2 Abs. 1 Z 3).

(2) Im Falle einer nicht verhältniswahrenden Abspaltung sind die Mitglieder unverzüglich nach der Eintragung der Spaltung in das Firmenbuch des Sitzes der übertragenden Genossenschaft darüber zu informieren, bei welcher Genossenschaft sie laut Spaltungsplan Mitglied sind, und von ihrem Wahlrecht gemäß § 9 Abs. 1 Z 2 in Kenntnis zu setzen.

Schutz der Gläubiger

§ 18. (1) Für die bis zur Eintragung der Spaltung begründeten Verbindlichkeiten der übertragenden Genossenschaft, einschließlich Verbindlichkeiten aus späterer nicht gehöriger Erfüllung und aus späterer Rückabwicklung, haften neben der Genossenschaft, der die Verbindlichkeit nach dem Spaltungsplan zugeordnet wird, die übrigen an der Spaltung beteiligten Genossenschaften bis zur Höhe des ihnen jeweils zugeordneten Nettoaktivvermögens (Wert der der haftenden Genossenschaft zugeordneten aktiven Vermögensteile abzüglich Wert der ihr zugeordneten Verbindlichkeiten) als Gesamtschuldner. Jede haftende Genossenschaft wird insoweit frei, als sie Schulden für andere Genossenschaften berichtigt hat. Keine Haftung besteht für solche Verbindlichkeiten, für die nach den folgenden Absätzen Sicherheit geleistet wurde.

(2) Den Gläubigern der übertragenden Genossenschaften ist von den beteiligten Genossenschaften Sicherheit zu leisten, soweit sie nicht Befriedigung

verlangen können, wenn sie sich binnen sechs Monaten nach der Veröffentlichung der Eintragung der Spaltung zu diesem Zweck melden; dieses Recht steht den Gläubigern jedoch nur zu, wenn sie glaubhaft machen, dass durch die Spaltung die Erfüllung ihrer Forderung gefährdet wird. Die Gläubiger sind in der Veröffentlichung der Eintragung auf dieses Recht hinzuweisen.

(3) Wird innerhalb der in Abs. 2 genannten Frist eine Sicherheitsleistung gerichtlich verlangt, so haften ab diesem Zeitpunkt alle beteiligten Genossenschaften für die Forderung betraglich unbeschränkt als Gesamtschuldner, bis entweder die Sicherheit geleistet oder die Klage rechtskräftig abgewiesen wird.

(4) Das Recht, Sicherheitsleistung zu verlangen, steht solchen Gläubigern nicht zu, die im Insolvenzverfahren ein Recht auf vorzugsweise Befriedigung aus einer nach gesetzlicher Vorschrift zu ihrem Schutz errichteten und behördlich überwachten Deckungsmasse haben.

(5) Den Inhabern von Schuldverschreibungen und Genussrechten sind gleichwertige Rechte zu gewähren oder die Änderung der Rechte oder das Recht selbst angemessen abzugelten.

Auskunftserteilung

§ 19. (1) Wer durch die Spaltung in seinen rechtlichen Interessen betroffen wird, kann von jeder an der Spaltung beteiligten Genossenschaften die Erteilung von Auskünften über die Zuordnung von Vermögensteilen verlangen.

(2) Über diesen Anspruch entscheidet das Gericht (§ 23) im außerstreitigen Verfahren; die Glaubhaftmachung der rechtlichen Interessen genügt. Das Gericht kann die Vorlage der Handelsbücher sowie die Einsichtnahme durch die Partei oder durch einen zur beruflichen Verschwiegenheit verpflichteten Sachverständigen anordnen. Das Gericht kann auch anordnen, dass der zur Auskunft Verpflichtete einen Eid dahin zu leisten hat, dass die Auskunft richtig und vollständig ist.

3. Teil:
Spaltung zur Aufnahme

Allgemeines

§ 20. Auf die Spaltung zur Aufnahme sind die Vorschriften der §§ 2 bis 19 sinngemäß anzuwenden, soweit im Folgenden nichts anderes bestimmt wird:

1. An die Stelle des Spaltungsplans (§ 2) tritt der Spaltungs- und Übernahmevertrag, der von den Vorständen der übertragenden Genossenschaft und des übernehmenden Rechtsträgers (§ 1 Abs. 3) bis zur Anmeldung zum Firmenbuch in schriftlicher Form abzuschließen ist.
2. An die Stelle der neuen Genossenschaft tritt der übernehmende Rechtsträger.
3. Jene Gläubiger der übertragenden Genossenschaft, deren Forderungen einem übernehmenden Rechtsträger zugewiesen werden, haben zusätzlich zu den Rechten gemäß § 18 Anspruch auf Sicherheitsleistung in sinngemäßer Anwendung von § 226 AktG.
4. Im Übrigen gelten für den übernehmenden Rechtsträger die seiner Rechtsform entsprechenden Vorschriften über die Verschmelzung durch Aufnahme sinngemäß. Handelt es sich beim übernehmenden Rechtsträger um eine Kapitalgesellschaft, so tritt an die Stelle des Verschmelzungsberichts der Spaltungsbericht (§ 4 SpaltG) und an die Stelle der Verschmelzungsprüfung die Spaltungsprüfung (§ 5 SpaltG).
5. Der Vorstand der übertragenden Genossenschaft und der Vorstand des übernehmenden Rechtsträgers haben die Spaltung zur Aufnahme zur Eintragung beim Gericht, in dessen Sprengel ihr Rechtsträger den Sitz hat, anzumelden. Die erforderlichen Unterlagen sind der Anmeldung des übernehmenden Rechtsträgers beizufügen. Die erforderlichen Unterlagen sind der Anmeldung des übernehmenden Genossenschaft beizufügen. Wird zur Durchführung der Spaltung zur Aufnahme das Nennkapital der übernehmenden Kapitalgesellschaft erhöht, so sind die hierfür erforderlichen Anmeldungen zur Eintragung in das Firmenbuch mit der Anmeldung der Spaltung gemäß § 13 zu verbinden.

Abspaltung zur Aufnahme
durch eine Kapitalgesellschaft

§ 21. (1) Der übernehmende Rechtsträger kann eine Kapitalgesellschaft sein, wenn es sich um eine Abspaltung handelt und eine Anteilsgewährung gemäß § 22 unterbleibt.

(2) Handelt es sich bei der übertragenden Genossenschaft um eine Kreditgenossenschaft und wird ein bankgeschäftlicher Betrieb oder Teilbetrieb abgespalten, so ist die Abspaltung auf eine Kapitalgesellschaft nur zulässig, sofern diese demselben Fachverband angehört wie die übertragende Genossenschaft. § 92 Abs. 7 BWG und § 60 Abs. 2 zweiter Satz BWG gelten entsprechend.

(3) Der Spaltungsbeschluss bedarf einer Mehrheit von zwei Dritteln der abgegebenen Stimmen (§ 8 Abs. 1). Den Mitgliedern der übertragenden Genossenschaft kommt kein Kündigungs- oder Wahlrecht gemäß § 9 zu. Die Erleichterungen gemäß § 11 Abs. 1 sind anwendbar.

Unterbleiben der Anteilsgewährung

§ 22. Eine Anteilsgewährung kann unterbleiben, wenn die Mitglieder am übernehmenden Rechtsträger unmittelbar oder mittelbar im selben Verhältnis wie an der übertragenden Genossenschaft beteiligt sind.

4. Teil:
Gerichtszuständigkeit und
Schlussbestimmungen

Gerichtszuständigkeit

§ 23. (1) Für die nach diesem Bundesgesetz vom Gericht zu erledigenden Angelegenheiten sind die mit Handelssachen betrauten Gerichtshöfe erster Instanz sachlich zuständig.

(2) Örtlich zuständig ist jenes Gericht, in dessen Sprengel die übertragende Genossenschaft ihren Sitz hat oder hatte. Dieses Gericht ist bei einer Spaltung zur Neugründung auch für die erste Eintragung der neuen Genossenschaft und bei einer Spaltung zur Aufnahme auch für die Eintragung beim übernehmenden Rechtsträger zuständig.

Verweisungen
§ 24. Soweit in diesem Bundesgesetz auf Bestimmungen anderer Bundesgesetze verwiesen wird, sind diese in ihrer jeweils geltenden Fassung anzuwenden.

Inkrafttreten
§ 25. Dieses Bundesgesetz tritt mit 1. Jänner 2019 in Kraft.

Vollziehung
§ 26. Mit der Vollziehung dieses Bundesgesetzes ist der Bundesminister für Verfassung, Reformen, Deregulierung und Justiz betraut.

3/2/4. EU-Umgründungsgesetz
BGBl I 2023/78 (GesMobG)

GLIEDERUNG

1. Hauptstück: Allgemeine Bestimmungen
§ 1. Zweck
§ 2. Begriffsbestimmungen
§ 3. Ausgeschlossene Gesellschaften
§ 4. Zuständiges Gericht
§ 5. Haftung der Organmitglieder
§ 6. Heilung von Beschlussmängeln

2. Hauptstück: Grenzüberschreitende Umwandlung

1. Abschnitt: Gemeinsame Vorschriften
§ 7. Anwendungsbereich
§ 8. Begriffsbestimmungen

2. Abschnitt: Hinaus-Umwandlung
§ 9. Anwendungsbereich
§ 10. Umwandlungsplan
§ 11. Umwandlungsbericht
§ 12. Umwandlungsprüfung
§ 13. Prüfung durch den Aufsichtsrat
§ 14. Information der Gesellschafter und der Arbeitnehmervertretung
§ 15. Offenlegung
§ 16. Umwandlungsbeschluss
§ 17. Barabfindung
§ 18. Ausschluss von Anfechtungs- oder Nichtigkeitsklagen
§ 19. Überprüfung der Barabfindung
§ 20. Gläubigerschutz, Schutz sonstiger schuldrechtlich Beteiligter und Gerichtsstand
§ 21. Anmeldung und Eintragung der beabsichtigten Umwandlung, Ausstellung der Vorabbescheinigung

3. Abschnitt: Herein-Umwandlung
§ 22. Anwendungsbereich
§ 23. Anwendung des Gründungsrechts
§ 24. Anmeldung und Eintragung
§ 25. Wirkungen der Eintragung der Umwandlung

3. Hauptstück: Grenzüberschreitende Verschmelzung

1. Abschnitt: Gemeinsame Vorschriften
§ 26. Anwendungsbereich
§ 27. Begriffsbestimmungen
§ 28. Verschmelzungsplan
§ 29. Verschmelzungsbericht
§ 30. Verschmelzungsprüfung
§ 31. Prüfung durch den Aufsichtsrat

- § 32. Information der Gesellschafter und der Arbeitnehmervertretung
- § 33. Offenlegung
- § 34. Verschmelzungsbeschluss und -vertrag
- § 35. Ausschluss von Anfechtungs- oder Nichtigkeitsklagen
- § 36. Überprüfung des Umtauschverhältnisses
- § 37. Gläubigerschutz und Schutz sonstiger schuldrechtlich Beteiligter
- § 38. Wirkungen der Eintragung der Verschmelzung

2. Abschnitt: Hinaus-Verschmelzung
- § 39. Anwendungsbereich
- § 40. Barabfindung
- § 41. Überprüfung der Barabfindung
- § 42. Anmeldung und Eintragung der beabsichtigten Verschmelzung, Ausstellung der Vorabbescheinigung

3. Abschnitt: Herein-Verschmelzung
- § 43. Anwendungsbereich
- § 44. Anwendung gesellschaftsrechtlicher Vorschriften
- § 45. Anmeldung und Eintragung

4. Hauptstück; Grenzüberschreitende Spaltung

1. Abschnitt: Gemeinsame Vorschriften
- § 46. Anwendungsbereich
- § 47. Begriffsbestimmungen

2. Abschnitt: Hinaus-Spaltung
- § 48. Anwendungsbereich
- § 49. Spaltungsplan
- § 50. Kapitalerhaltung
- § 51. Spaltungsbericht
- § 52. Spaltungsprüfung
- § 53. Prüfung durch den Aufsichtsrat
- § 54. Information der Gesellschafter und der Arbeitnehmervertretung
- § 55. Offenlegung
- § 56. Spaltungsbeschluss
- § 57. Barabfindung
- § 58. Ausschluss von Anfechtungs- oder Nichtigkeitsklagen
- § 59. Überprüfung der Barabfindung
- § 60. Überprüfung der Anteilsaufteilung
- § 61. Gläubigerschutz und Schutz sonstiger schuldrechtlich Beteiligter
- § 62. Anmeldung und Eintragung der beabsichtigten Spaltung, Ausstellung der Vorabbescheinigung
- § 63. Wirkungen der Eintragung der Spaltung

3. Abschnitt: Herein-Spaltung
- § 64. Anwendungsbereich
- § 65. Anwendung des Gründungsrechts
- § 66. Anmeldung und Eintragung der begünstigten Gesellschaft
- § 67. Wirkungen der Eintragung der Spaltung

5. Hauptstück: Schlussbestimmungen
- § 68. Verweisungen
- § 69. Sprachliche Gleichbehandlung
- § 70. In- und Außerkrafttreten
- § 71. Vollziehung

Bundesgesetz über grenzüberschreitende Umgründungen von Kapitalgesellschaften in der Europäischen Union (EU-Umgründungsgesetz – EU-UmgrG)

1. Hauptstück
Allgemeine Bestimmungen

Zweck

§ 1. Dieses Bundesgesetz regelt grenzüberschreitende Umgründungen (Umwandlungen, Verschmelzungen und Spaltungen) von Kapitalgesellschaften mit Sitz in verschiedenen Mitgliedstaaten.

Begriffsbestimmungen

§ 2. Für dieses Bundesgesetz gelten folgende Begriffsbestimmungen:

1. Eine „Kapitalgesellschaft" ist eine Gesellschaft mit einer Rechtsform, die in Anhang II der Richtlinie (EU) 2017/1132 über bestimmte Aspekte des Gesellschaftsrechts, ABl. Nr. L 169 vom 30.6.2017 S. 46, genannt wird.
2. Der Begriff „Mitgliedstaat" erfasst die Mitgliedstaaten der Europäischen Union und die Vertragsstaaten des Abkommens über den Europäischen Wirtschaftsraum.
3. Der Begriff „Vorstand" umfasst den Vorstand einer Aktiengesellschaft oder Europäischen Gesellschaft (SE), den Verwaltungsrat einer Europäischen Gesellschaft (SE) sowie die Geschäftsführung einer Gesellschaft mit beschränkter Haftung.
4. Der Begriff „Satzung" umfasst die Satzung einer Aktiengesellschaft oder Europäischen Gesellschaft (SE) sowie den Gesellschaftsvertrag einer Gesellschaft mit beschränkter Haftung.
5. Der Begriff „Gesellschafter" umfasst die Aktionäre einer Aktiengesellschaft oder Europäischen Gesellschaft (SE) sowie die Gesellschafter einer Gesellschaft mit beschränkter Haftung.
6. Der Begriff „Anteile" umfasst die Aktien einer Aktiengesellschaft oder Europäischen Gesellschaft (SE) sowie die Geschäftsanteile einer Gesellschaft mit beschränkter Haftung.
7. Der Begriff „Gesellschafterversammlung" umfasst die Hauptversammlung einer Aktiengesellschaft oder Europäischen Gesellschaft (SE) sowie die Generalversammlung einer Gesellschaft mit beschränkter Haftung.

Ausgeschlossene Gesellschaften

§ 3. Eine Kapitalgesellschaft darf in folgenden Fällen keine grenzüberschreitende Umgründung vornehmen oder sich daran beteiligen:
1. Zweck der Gesellschaft ist es, die vom Publikum bei ihr eingelegten Gelder nach dem Grundsatz der Risikostreuung gemeinsam anzulegen, und ihre Anteile werden auf Verlangen der Anteilsinhaber unmittelbar oder mittelbar zulasten des Vermögens dieser Gesellschaft zurückgenommen oder ausgezahlt. Diesen Rücknahmen oder Auszahlungen gleichgestellt sind Handlungen, mit denen eine solche Gesellschaft sicherstellen will, dass der Börsenwert ihrer Anteile nicht erheblich von deren Nettoinventarwert abweicht.
2. Die Gesellschaft befindet sich in Liquidation und hat mit der Verteilung ihres Vermögens an ihre Gesellschafter begonnen.
3. Die Gesellschaft ist Gegenstand von Abwicklungsinstrumenten, -befugnissen und -mechanismen, die in Titel IV der Richtlinie 2014/59/EU zur Festlegung eines Rahmens für die Sanierung und Abwicklung von Kreditinstituten und Wertpapierfirmen, ABl. Nr. L 173 vom 12.6.2014 S. 190, oder in Titel V der Verordnung (EU) 2021/23 über einen Rahmen für die Sanierung und Abwicklung zentraler Gegenparteien, ABl. Nr. L 22 vom 22.1.2021 S. 1, vorgesehen sind.
4. Über das Vermögen der Gesellschaft wurde rechtskräftig ein Konkursverfahren eröffnet oder ein Beschluss, durch den das Insolvenzverfahren mangels kostendeckenden Vermögens nicht eröffnet oder aufgehoben wird, wurde rechtskräftig.

Zuständiges Gericht

§ 4. (1) Über die Rechtmäßigkeit der einer grenzüberschreitenden Umgründung vorangehenden Rechtshandlungen und Formalitäten, über die Rechtmäßigkeit der Durchführung der grenzüberschreitenden Umgründung, über die Ausstellung einer Vorabbescheinigung sowie die sonst in diesem Bundesgesetz dem Gericht zugewiesenen Angelegenheiten verhandelt und entscheidet der für den Sitz der beteiligten inländischen Gesellschaft zuständige, zur Ausübung der Gerichtsbarkeit in Handelssachen berufene Gerichtshof erster Instanz im Verfahren außer Streitsachen.

(2) Sind an einer grenzüberschreitenden Verschmelzung sowohl eine übertragende als auch eine aus der Verschmelzung hervorgehende Gesellschaft mit Sitz in Österreich beteiligt, ist jenes Gericht örtlich zuständig, in dessen Sprengel die aus der Verschmelzung hervorgehende Gesellschaft ihren Sitz hat; für die übertragende inländische Gesellschaft gilt § 225 Abs. 3 AktG.

Haftung der Organmitglieder

§ 5. Die Mitglieder des Vorstands und gegebenenfalls des Aufsichtsrats der an einer grenzüberschreitenden Umgründung beteiligten inländischen Gesellschaft haften dieser in sinngemäßer Anwendung des § 41 AktG. Weiters haften sie den Gesellschaftern für den Ersatz des Schadens, den diese durch die grenzüberschreitende Umgründung erleiden; sie können sich von der Schadenersatzpflicht durch den Gegenbeweis befreien, dass sie ihre Sorgfaltspflicht beobachtet haben. Die Ansprüche verjähren in fünf Jahren seit dem Tag, an dem die Eintragung der grenzüberschreitenden Umgründung in das Firmenbuch gemäß § 10 UGB als bekanntgemacht gilt.

Heilung von Beschlussmängeln

§ 6. (1) Ist eine grenzüberschreitende Umgründung wirksam geworden, so lassen Mängel der Umgründung die Wirkung der jeweils ausschlaggebenden Eintragung unberührt. Insbesondere wird der Mangel der notariellen Beurkundung eines Umgründungsbeschlusses geheilt.

(2) Das auf Anfechtung oder Feststellung der Nichtigkeit eines Umgründungsbeschlusses gerichtete Begehren kann ohne Vorliegen der Voraussetzungen des § 235 ZPO auf den Ersatz des Schadens, der dem Kläger aus der auf dem Beschluss beruhenden Eintragung der Umgründung im Firmenbuch entstanden ist, abgeändert oder auf Ersatz der Prozesskosten eingeschränkt werden.

2. Hauptstück
Grenzüberschreitende Umwandlung

1. Abschnitt
Gemeinsame Vorschriften

Anwendungsbereich

§ 7. Dieses Hauptstück gilt für grenzüberschreitende Umwandlungen.

Begriffsbestimmungen

§ 8. Für dieses Hauptstück gelten folgende Begriffsbestimmungen:
1. Eine grenzüberschreitende Umwandlung im Sinne dieses Hauptstücks ist eine Umwandlung einer Kapitalgesellschaft, die nach dem Recht eines Mitgliedstaats (Wegzugsmitgliedstaat) gegründet worden ist und dessen Recht unterliegt und ihren satzungsmäßigen Sitz, ihre Hauptverwaltung oder ihre Hauptniederlassung in einem Mitgliedstaat hat, unter Beibehaltung ihrer Rechtspersönlichkeit in eine dem Recht eines anderen Mitgliedstaats (Zuzugsmitgliedstaat) unterliegende Kapitalgesellschaft, wobei die Gesellschaft ihren satzungsmäßigen Sitz in diesen Mitgliedstaat verlegt.
2. Bei einer „Hinaus-Umwandlung" im Sinne dieses Hauptstücks wird eine Kapitalgesellschaft, die österreichischem Recht unterliegt, in eine Kapitalgesellschaft umgewandelt, die dem Gesellschaftsrecht eines anderen Mitgliedstaats unterliegt.
3. Bei einer „Herein-Umwandlung" im Sinne dieses Hauptstücks wird eine Kapitalgesellschaft, die dem Recht eines anderen Mit-

gliedstaats als Österreich unterliegt, in eine Kapitalgesellschaft umgewandelt, die österreichischem Gesellschaftsrecht unterliegt.

2. Abschnitt
Hinaus-Umwandlung

Anwendungsbereich

§ 9. Dieser Abschnitt gilt für Hinaus-Umwandlungen (§ 8 Z 2).

Umwandlungsplan

§ 10. (1) Der Vorstand der Gesellschaft hat einen Plan für die grenzüberschreitende Umwandlung (Umwandlungsplan) zu erstellen, der zumindest folgende Angaben enthält:
1. Rechtsform, Firma und Sitz der Gesellschaft in Österreich;
2. Rechtsform, Firma und Sitz, die für die umgewandelte Gesellschaft im Zuzugsmitgliedstaat vorgesehen sind;
3. soweit einschlägig den Errichtungsakt der Gesellschaft im Zuzugsmitgliedstaat und, falls sie Gegenstand eines gesonderten Aktes ist, die Satzung;
4. den vorgesehenen indikativen Zeitplan für die grenzüberschreitende Umwandlung;
5. die Rechte, welche die umgewandelte Gesellschaft den mit Sonderrechten ausgestatteten Gesellschaftern und den Inhabern von anderen Wertpapieren als Anteilen gewährt, oder die für diese Personen vorgeschlagenen Maßnahmen;
6. etwaige Sicherheiten, die den Gläubigern angeboten werden, wie Garantien oder Zusagen;
7. etwaige besondere Vorteile, die den Mitgliedern des Vorstands, des Aufsichtsrats oder eines Kontrollorgans der Gesellschaft gewährt werden;
8. Angaben zu Förderungen oder Beihilfen, welche die Gesellschaft in den letzten fünf Jahren in Österreich erhalten hat;
9. die Einzelheiten zum Angebot einer Barabfindung für Gesellschafter nach § 17;
10. die voraussichtlichen Auswirkungen der grenzüberschreitenden Umwandlung auf die Beschäftigung, insbesondere auf die in der Gesellschaft beschäftigten Arbeitnehmer, die Beschäftigungslage und die Beschäftigungsbedingungen;
11. gegebenenfalls Angaben zu dem Verfahren, nach dem die Einzelheiten für die Beteiligung von Arbeitnehmern an der Festlegung ihrer Mitbestimmungsrechte in der umgewandelten Gesellschaft geregelt werden.

(2) Die Gesellschaft hat auf den Umwandlungsstichtag eine Schlussbilanz aufzustellen. Für sie gelten die Vorschriften des UGB über den Jahresabschluss und dessen Prüfung sinngemäß; sie muss nicht veröffentlicht werden. Die Schlussbilanz muss auf einen höchstens neun Monate vor der Anmeldung der beabsichtigten Umwandlung liegenden Stichtag aufgestellt werden.

Umwandlungsbericht

§ 11. (1) Der Vorstand der Gesellschaft hat einen Bericht für Gesellschafter und Arbeitnehmer (Umwandlungsbericht) zu erstellen, in dem die rechtlichen und wirtschaftlichen Aspekte der grenzüberschreitenden Umwandlung erläutert und begründet sowie ihre Auswirkungen auf die Arbeitnehmer erläutert werden. Dabei sind insbesondere die Auswirkungen der grenzüberschreitenden Umwandlung auf die künftige Geschäftstätigkeit der Gesellschaft zu erläutern.

(2) Der Bericht hat einen allgemeinen Abschnitt sowie einen Abschnitt für die Gesellschafter (Abs. 3) und einen Abschnitt für die Arbeitnehmer (Abs. 5) zu enthalten. Die Gesellschaft kann entscheiden, ob sie einen einzigen Bericht erstellt, der alle diese Abschnitte enthält, oder gesonderte Berichte für Gesellschafter und Arbeitnehmer, die neben dem allgemeinen Abschnitt nur den jeweiligen Abschnitt enthalten.

(3) Im Abschnitt für die Gesellschafter ist insbesondere Folgendes zu erläutern:
1. die Barabfindung und die Methode, die zu ihrer Ermittlung benutzt wurde;
2. die Auswirkungen der grenzüberschreitenden Umwandlung auf die Gesellschafter;
3. die Rechte und Rechtsbehelfe für Gesellschafter nach den §§ 17 und 19.

(4) Der Abschnitt für die Gesellschafter ist nicht erforderlich, wenn
1. alle Gesellschafter der Gesellschaft schriftlich oder in der Niederschrift zur Gesellschafterversammlung darauf verzichtet haben oder
2. es sich um eine Gesellschaft mit einem einzigen Gesellschafter handelt.

(5) Im Abschnitt für die Arbeitnehmer ist insbesondere Folgendes zu erläutern:
1. die Auswirkungen der grenzüberschreitenden Umwandlung auf die Arbeitsverhältnisse sowie gegebenenfalls Maßnahmen, um diese Arbeitsverhältnisse zu sichern;
2. wesentliche Änderungen der anwendbaren Beschäftigungsbedingungen oder der Standorte der Niederlassungen der Gesellschaft;
3. wie sich die in Z 1 und 2 genannten Faktoren auf etwaige Tochtergesellschaften der Gesellschaft auswirken.

(6) Der Abschnitt für die Arbeitnehmer ist nicht erforderlich, wenn die Gesellschaft und ihre etwaigen Tochtergesellschaften keine anderen Arbeitnehmer als die Mitglieder des Vorstands haben.

(7) Wenn weder der Abschnitt für die Gesellschafter (Abs. 4) noch der Abschnitt für die Arbeitnehmer (Abs. 6) erforderlich ist, kann die Erstellung des Umwandlungsberichts gänzlich unterbleiben.

Umwandlungsprüfung

§ 12. (1) Ein unabhängiger Sachverständiger (Umwandlungsprüfer) hat den Plan für die grenzüberschreitende Umwandlung zu prüfen und einen Bericht für die Gesellschafter zu erstellen (Umwandlungsprüfung).

(2) Der Bericht nach Abs. 1 hat jedenfalls eine Stellungnahme des Umwandlungsprüfers zur Frage zu enthalten, ob die Barabfindung angemessen ist. Bei der Bewertung der Barabfindung hat der Umwandlungsprüfer einen etwaigen Marktpreis, den die Anteile an der Gesellschaft vor Ankündigung der geplanten Umwandlung hatten, oder den nach allgemein anerkannten Bewertungsmethoden bestimmten Wert der Gesellschaft ohne die Auswirkungen der geplanten Umwandlung zu berücksichtigen. Im Bericht ist zumindest anzugeben,

1. nach welcher Methode oder welchen Methoden die vorgeschlagene Barabfindung festgesetzt worden ist und
2. ob die verwendete Methode oder die verwendeten Methoden für die Bewertung der Barabfindung angemessen ist bzw. sind, und welcher Wert sich bei diesen Methoden ergibt; zugleich ist dazu Stellung zu nehmen, welche relative Bedeutung diesen Methoden bei der Bestimmung des zugrunde gelegten Wertes beigemessen wurde.

Gegebenenfalls ist auch zu beschreiben, welche besonderen Bewertungsschwierigkeiten aufgetreten sind.

(3) Für die Bestellung, die Auswahl, das Auskunftsrecht und die Verantwortlichkeit des Umwandlungsprüfers gilt § 5 Abs. 2 und 3 SpaltG sinngemäß.

(4) Die Umwandlungsprüfung ist nicht erforderlich, wenn
1. alle Gesellschafter der Gesellschaft schriftlich oder in der Niederschrift zur Gesellschafterversammlung darauf verzichtet haben oder
2. es sich um eine Gesellschaft mit einem einzigen Gesellschafter handelt.

Prüfung durch den Aufsichtsrat

§ 13. (1) Hat die Gesellschaft einen Aufsichtsrat, so hat dieser die beabsichtigte grenzüberschreitende Umwandlung auf der Grundlage des Umwandlungsberichts und des Prüfungsberichts des Umwandlungsprüfers zu prüfen und darüber einen schriftlichen Bericht zu erstatten; § 118 Abs. 3 AktG ist sinngemäß anzuwenden.

(2) Die Prüfung durch den Aufsichtsrat ist nicht erforderlich, wenn
1. alle Gesellschafter der Gesellschaft schriftlich oder in der Niederschrift zur Gesellschafterversammlung darauf verzichtet haben oder
2. es sich um eine Gesellschaft mit einem einzigen Gesellschafter handelt.

In einem solchen Fall hat der Vorstand den Aufsichtsrat unverzüglich über die geplante grenzüberschreitende Umwandlung zu informieren.

Information der Gesellschafter und der Arbeitnehmervertretung

§ 14. (1) Die Gesellschafterversammlung, in welcher der Umwandlungsbeschluss (§ 16) gefasst werden soll, ist spätestens sechs Wochen vor dem Tag dieser Versammlung einzuberufen. In der Einberufung ist anzugeben, auf welche Weise und zu welchem Zeitpunkt den Gesellschaftern die in Abs. 2 genannten Unterlagen zugänglich gemacht werden.

(2) In einer Aktiengesellschaft oder Europäischen Gesellschaft (SE) sind zu den nachstehend genannten Zeitpunkten die folgenden Unterlagen gemäß § 108 Abs. 3 bis 5 AktG bereitzustellen:
1. der Umwandlungsplan;
2. die Jahresabschlüsse und die Lageberichte der übertragenden Gesellschaft für die letzten drei Geschäftsjahre, weiters die Schlussbilanz, wenn der Umwandlungsstichtag vom Stichtag des letzten Jahresabschlusses abweicht und die Schlussbilanz – gegebenenfalls in geprüfter Form – bereits vorliegt;
3. falls sich der letzte Jahresabschluss auf ein Geschäftsjahr bezieht, das mehr als sechs Monate vor der Aufstellung des Umwandlungsplans abgelaufen ist, eine Bilanz auf einen Stichtag, der nicht vor dem ersten Tag des dritten Monats liegt, welcher dem Monat der Aufstellung vorausgeht (Zwischenbilanz);
4. der Umwandlungsbericht samt dem Hinweis, dass dazu noch eine Stellungnahme der Arbeitnehmervertretung gemäß Abs. 8 erfolgen kann;
5. der Bericht des Umwandlungsprüfers;
6. der Bericht des Aufsichtsrats.

Die in Z 1 bis 4 genannten Unterlagen sind spätestens sechs Wochen, die in Z 5 und 6 genannten Unterlagen spätestens einen Monat vor dem Tag der Hauptversammlung bereitzustellen. Die Bereitstellung der Unterlagen kann unterbleiben, wenn sämtliche Aktionäre schriftlich oder in der Niederschrift zur Hauptversammlung darauf verzichten.

(3) Die Zwischenbilanz (Abs. 2 Z 3) ist nach den Vorschriften aufzustellen, die auf die letzte Jahresbilanz der Gesellschaft angewendet worden sind. Eine körperliche Bestandsaufnahme ist nicht erforderlich. Die Wertansätze der letzten Jahresbilanz dürfen übernommen werden. Abschreibungen, Wertberichtigungen und Rückstellungen sowie wesentliche, aus den Büchern nicht ersichtliche Veränderungen der wirklichen Werte von Vermögensgegenständen bis zum Stichtag der Zwischenbilanz sind jedoch zu berücksichtigen.

(4) Die Zwischenbilanz (Abs. 2 Z 3) muss nicht aufgestellt werden, wenn die Gesellschaft seit dem letzten Jahresabschluss einen Halbjahresfinanzbericht nach den §§ 125 und 126 Börsegesetz 2018 – BörseG 2018 oder nach dem Aufnahmemitgliedstaat gemäß Art. 5 der Richtlinie 2004/109/EG zur Harmonisierung der Transparenzanforderungen in Bezug auf Informationen über Emittenten, deren Wertpapiere zum Handel auf einem

geregelten Markt zugelassen sind, ABl. Nr. L 390 vom 31.12.2004 S. 38, erlassenen Vorschriften veröffentlicht hat. In diesem Fall tritt der Halbjahresfinanzbericht bei der Vorbereitung der Hauptversammlung an die Stelle der Zwischenbilanz.

(5) In einer Gesellschaft mit beschränkter Haftung gelten die Abs. 2 bis 4 mit der Maßgabe, dass die Unterlagen den Gesellschaftern zu übersenden oder in elektronischer Form zugänglich zu machen sind.

(6) In der Gesellschafterversammlung sind die in Abs. 2 bezeichneten Unterlagen aufzulegen. Der Vorstand hat den Umwandlungsplan zu Beginn der Verhandlung mündlich zu erläutern. Der Vorstand hat die Gesellschafter vor der Beschlussfassung über jede wesentliche Veränderung der Vermögens- oder Ertragslage der Gesellschaft, die zwischen der Aufstellung des Umwandlungsplans und dem Zeitpunkt der Beschlussfassung eingetreten ist, zu unterrichten; dies gilt insbesondere, wenn die Veränderung eine andere Barabfindung rechtfertigen würde.

(7) Dem zuständigen Organ der Arbeitnehmervertretung, in Ermangelung eines solchen den Arbeitnehmern selbst, sind die in Abs. 2 Z 1 bis 4 genannten Unterlagen spätestens sechs Wochen vor dem Tag der Gesellschafterversammlung, in welcher der Umwandlungsbeschluss (§ 16) gefasst werden soll, zu übersenden oder in elektronischer Form zugänglich zu machen.

(8) Das zuständige Organ der Arbeitnehmervertretung, in Ermangelung eines solchen die Arbeitnehmer selbst, hat bzw. haben das Recht, innerhalb von vier Wochen nach Erhalt der Unterlagen eine Stellungnahme zum Umwandlungsbericht abzugeben. Ist dies der Fall, so hat der Vorstand die Gesellschafter hiervon unverzüglich in Kenntnis zu setzen und die Stellungnahme dem Umwandlungsbericht als Anlage beizufügen; dies gilt auch dann, wenn die Gesellschafter gemäß Abs. 2 letzter Satz auf die Bereitstellung der Unterlagen verzichtet haben.

(9) Abs. 7 und 8 lassen die Unterrichtungs- und Anhörungsrechte sowie -verfahren nach den §§ 108 und 109 ArbVG unberührt.

Offenlegung

§ 15. (1) Der Vorstand der Gesellschaft hat spätestens einen Monat vor dem Tag der Gesellschafterversammlung, in welcher der Umwandlungsbeschluss (§ 16) gefasst werden soll, bei dem Gericht, in dessen Sprengel die Gesellschaft ihren Sitz hat, folgende Unterlagen einzureichen:
1. den Umwandlungsplan nach § 10;
2. eine Mitteilung an die Gesellschafter, die Gläubiger und das zuständige Organ der Arbeitnehmervertretung, in Ermangelung eines solchen an die Arbeitnehmer selbst, dass sie der Gesellschaft spätestens fünf Arbeitstage vor dem Tag der Gesellschafterversammlung Bemerkungen zum Umwandlungsplan übermitteln können.

(2) Der Umstand sowie der Tag der Einreichung der Unterlagen nach Abs. 1 sind von Amts wegen in das Firmenbuch einzutragen; die Unterlagen sind in die Urkundensammlung aufzunehmen (§ 12 FBG). Die Abfrage dieser Unterlagen in der Urkundensammlung ist kostenlos.

(3) Gläubigern der Gesellschaft sind die in § 14 Abs. 2 Z 2 und 3 genannten Unterlagen auf Verlangen zu übersenden oder in elektronischer Form zugänglich zu machen.

Umwandlungsbeschluss

§ 16. (1) Die grenzüberschreitende Umwandlung wird nur wirksam, wenn die Gesellschafter dem Umwandlungsplan zustimmen und beschließen, die Satzung der Gesellschaft an das Recht des Zuzugsmitgliedstaats anzupassen (Umwandlungsbeschluss).

(2) In einer Aktiengesellschaft oder Europäischen Gesellschaft (SE) gilt für die Zustimmung der Hauptversammlung Folgendes:
1. Der Beschluss bedarf einer Mehrheit, die mindestens drei Viertel des bei der Beschlussfassung vertretenen Grundkapitals umfasst. Die Satzung kann eine größere Kapitalmehrheit und weitere Erfordernisse bestimmen.
2. Sind mehrere Gattungen von stimmberechtigten Aktien vorhanden, so bedarf der Beschluss der zu seiner Wirksamkeit eines in gesonderter Abstimmung gefassten Beschlusses der Aktionäre jeder Gattung; für diesen gilt Z 1.
3. § 147 AktG und § 99 GmbHG gelten sinngemäß.
4. Der Umwandlungsplan ist in die Niederschrift über den Beschluss aufzunehmen oder dieser als Anlage beizufügen.

(3) In einer Gesellschaft mit beschränkter Haftung gilt für die Zustimmung der Gesellschafter Folgendes:
1. Der Beschluss bedarf einer Mehrheit von drei Vierteln der abgegebenen Stimmen; er kann im Gesellschaftsvertrag an weitere Erfordernisse geknüpft sein.
2. § 147 AktG und § 99 GmbHG gelten sinngemäß.
3. Der Umwandlungsplan ist in die Niederschrift über den Beschluss aufzunehmen oder dieser als Anlage beizufügen.
4. Der Beschluss bedarf der notariellen Beurkundung.

(4) Die Gesellschafterversammlung kann die Umwandlung davon abhängig machen, dass die Modalitäten für die Mitbestimmung der Arbeitnehmer in der umgewandelten Gesellschaft im Zuzugsmitgliedstaat ausdrücklich von ihr bestätigt werden.

Barabfindung

§ 17. (1) Jedem Gesellschafter der sich umwandelnden Gesellschaft steht gegenüber dieser Gesellschaft oder einem Dritten, der eine Barabfindung angeboten hat (§ 10 Abs. 1 Z 9), das Recht auf angemessene Barabfindung gegen Hingabe seiner Anteile zu, wenn er gegen den Umwandlungsbeschluss Widerspruch zur Niederschrift erklärt hat, vom Zeitpunkt der Beschlussfassung der Gesellschafterversammlung bis zur Geltendmachung des Rechts Gesellschafter war und auf das Recht nicht schriftlich oder in der Niederschrift zur Gesellschafterversammlung verzichtet hat. Wird die Barabfindung von einem Dritten angeboten, so haften Dritter und Gesellschaft als Gesamtschuldner. Die Gesellschaft hat auch eine elektronische Adresse für den Zugang von Annahmeerklärungen bekanntzugeben.

(2) Das Angebot kann gleichzeitig mit dem Widerspruch zur Niederschrift in der Gesellschafterversammlung angenommen werden; andernfalls muss die Annahmeerklärung der Gesellschaft oder dem Dritten schriftlich oder in Textform (§ 13 Abs. 2 AktG) binnen eines Monats nach dem Umwandlungsbeschluss zugehen. Der Anspruch auf Barabfindung ist mit Eintragung der Umwandlung bedingt, wird mit dieser Eintragung fällig und verjährt in drei Jahren. Die Gesellschaft oder der Dritte hat die Kosten der Übertragung zu tragen. Für die Erfüllung der Barabfindung einschließlich der Übertragungskosten ist den Abfindungsberechtigten Sicherheit zu leisten.

(3) Die Vorabbescheinigung nach § 21 Abs. 6 darf erst ausgestellt werden, wenn die Barabfindungsansprüche der Gesellschafter ausreichend sichergestellt sind oder nachgewiesen wird, dass alle Gesellschafter auf die Barabfindung verzichtet haben.

(4) Einer anderweitigen Veräußerung der Anteile durch einen dem Umwandlungsbeschluss widersprechenden Gesellschafter stehen nach Fassung des Umwandlungsbeschlusses bis zum Ablauf der Frist für die Geltendmachung der Barabfindung satzungsgemäße Verfügungsbeschränkungen nicht entgegen.

Ausschluss von Anfechtungs- oder Nichtigkeitsklagen

§ 18. Der Umwandlungsbeschluss kann nicht für nichtig erklärt werden und seine Nichtigkeit kann nicht festgestellt werden, weil das Angebot auf Barabfindung nicht angemessen bemessen ist oder weil die von der Gesellschaft, ihren Organen oder den Umwandlungsprüfern schriftlich oder mündlich gegebenen Erläuterungen des Barabfindungsangebots den gesetzlichen Bestimmungen nicht entsprechen.

Überprüfung der Barabfindung

§ 19. Gesellschafter, die das Barabfindungsangebot angenommen haben, können binnen eines Monats nach dem Umwandlungsbeschluss bei Gericht den Antrag stellen, dass die Barabfindung überprüft und eine höhere Barabfindung festgelegt wird. Das Gericht hat den Antrag gemäß § 18 AktG bekannt zu machen. Gesellschafter, welche die Voraussetzungen gemäß § 225c Abs. 3 Z 1 AktG erfüllen, können binnen eines weiteren Monats nach dieser Bekanntmachung eigene Anträge stellen. Nach Ablauf dieser Frist sind Anträge weiterer Gesellschafter unzulässig; darauf ist in der Bekanntmachung hinzuweisen. Im Übrigen gelten für das Verfahren auf gerichtliche Überprüfung die §§ 225d bis 225m, ausgenommen § 225e Abs. 2 und Abs. 3 und § 225j Abs. 2 AktG, sinngemäß.

Gläubigerschutz, Schutz sonstiger schuldrechtlich Beteiligter und Gerichtsstand

§ 20. (1) Gläubiger der Gesellschaft können über die gemäß § 10 Abs. 1 Z 6 angebotenen Sicherheiten hinaus weitere Sicherheiten von der Gesellschaft verlangen. Wird diesem Verlangen nicht entsprochen, muss die Leistung der Sicherheit innerhalb von drei Monaten nach der Offenlegung des Umwandlungsplans mit Klage gegen die Gesellschaft geltend gemacht werden. Der Gläubiger muss glaubhaft machen, dass seine Forderung entstanden ist, dass er keine Befriedigung verlangen kann und dass durch die Hinaus-Umwandlung die Erfüllung seiner Forderung gefährdet wird. Wenn die Umwandlung nicht wirksam wird, kann die Gesellschaft die Rückübertragung oder Auflösung der gewährten Sicherheiten verlangen.

(2) Den Inhabern von Schuldverschreibungen und Genussrechten sind gleichwertige Rechte zu gewähren oder, wenn dies nicht möglich ist, die Änderung der Rechte oder das Recht selbst nach Wahl der Rechtsinhabers angemessen abzugelten.

(3) Die Vorabbescheinigung darf erst ausgestellt werden, wenn allen Gläubigern, die nach Abs. 1 Sicherheitsleistung verlangt und gegebenenfalls eingeklagt haben, eine angemessene Sicherheit geleistet wurde, und sichergestellt ist, dass den Inhabern von Rechten nach Abs. 2 gleichwertige Rechte gewährt oder die Änderung der Rechte oder das Recht selbst angemessen abgegolten wurde.

(4) Die Gesellschaft gilt in Bezug auf alle Forderungen, die vor der Offenlegung des Umwandlungsplans entstanden sind, als Gesellschaft mit einem Gerichtsstand im Inland an ihrem früheren Sitz, sofern die Klage innerhalb von zwei Jahren nach Wirksamwerden der Umwandlung erhoben wird.

Anmeldung und Eintragung der beabsichtigten Umwandlung, Ausstellung der Vorabbescheinigung

§ 21. (1) Der Vorstand der Gesellschaft hat die beabsichtigte Umwandlung zur Eintragung beim Gericht, in dessen Sprengel die Gesellschaft ihren Sitz hat, anzumelden.

(2) Der Anmeldung sind in Urschrift, Ausfertigung oder beglaubigter Abschrift beizufügen:

1. die Niederschrift des Umwandlungsbeschlusses samt dem Umwandlungsplan;

2. wenn die Umwandlung einer behördlichen Genehmigung bedarf, die Genehmigungsurkunde;
3. der Umwandlungsbericht, gegebenenfalls die Stellungnahme nach § 14 Abs. 8;
4. der Bericht des Umwandlungsprüfers;
5. etwaige nach § 15 Abs. 1 Z 2 übermittelte Bemerkungen;
6. die Schlussbilanz der Gesellschaft;
7. der Nachweis der Offenlegung des Umwandlungsplans;
8. der Nachweis der Sicherstellung der Barabfindung widersprechender Gesellschafter (§ 17 Abs. 2);
9. der Nachweis der Sicherstellung der Gläubiger (§ 20) und die Erklärung, dass andere als die befriedigten oder sichergestellten Gläubiger innerhalb der Frist des § 20 Abs. 1 keine Klage auf Sicherheitsleistung erhoben haben.

(3) Weiters haben sämtliche Mitglieder des Vorstands dem Gericht gegenüber zu erklären,
1. dass eine Klage auf Anfechtung oder Feststellung der Nichtigkeit des Umwandlungsbeschlusses innerhalb eines Monats nach der Beschlussfassung nicht erhoben oder zurückgezogen worden ist oder dass alle Gesellschafter durch notariell beurkundete Erklärung auf eine solche Klage verzichtet haben;
2. ob und wie viele Gesellschafter von ihrem Recht auf Barabfindung gemäß § 17 Gebrauch gemacht haben und dass die Anteile der austrittswilligen Gesellschafter entsprechend den gesetzlichen Bestimmungen übernommen werden können;
3. dass kein Umstand gemäß § 3 vorliegt.

Kann die Erklärung nicht vorgelegt werden, so hat das Gericht gemäß § 19 FBG vorzugehen.

(4) Der Vorstand der Gesellschaft teilt dem Firmenbuchgericht Folgendes mit:
1. die Zahl der Arbeitnehmer zum Zeitpunkt der Erstellung des Plans für die grenzüberschreitende Umwandlung;
2. das Bestehen von Tochtergesellschaften und ihre jeweiligen geographischen Standorte;
3. das Bestehen von Verbindlichkeiten gegenüber der öffentlichen Hand.

(5) Ist die übertragende Aktiengesellschaft im Inland börsenotiert, so darf die beabsichtigte Umwandlung erst zur Eintragung angemeldet werden, nachdem unter Hinweis auf die geplante Umwandlung innerhalb der letzten sechs Monate vor der Anmeldung oder unter Hinweis auf den gefassten Umwandlungsbeschluss eine Angebotsunterlage nach dem 5. Teil des ÜbG veröffentlicht wurde. Ein solches Angebot ist jedoch nicht erforderlich, wenn für die Beteiligungspapiere die Zulassung und der Handel an zumindest einem geregelten Markt in einem EWR-Vertragsstaat gewährleistet sind, an dem für einen Widerruf der Zulassung zum Handel an diesem Markt mit § 38 Abs. 6 bis 8 BörseG 2018 gleichwertige Voraussetzungen gelten.

(6) Das Gericht hat zu prüfen, ob die der Umwandlung vorangehenden Rechtshandlungen und Formalitäten ordnungsgemäß durchgeführt wurden und die Forderungen der Gläubiger und sonstigen schuldrechtlich Beteiligten sowie die Abfindung der austrittswilligen Gesellschafter sichergestellt sind. Dabei sind auch die Angaben im Umwandlungsplan zu den Verfahren, nach denen die einschlägigen Regelungen für die Arbeitnehmermitbestimmung getroffen werden, sowie zu den Optionen für diese Regelungen zu prüfen, ebenso die Angabe der Gesellschaft, dass das Verfahren, nach dem die Einzelheiten für die Beteiligung von Arbeitnehmern an der Festlegung ihrer Mitbestimmungsrechte in der umgewandelten Gesellschaft geregelt werden, begonnen hat. Ist dies der Fall, so hat das Gericht die beabsichtigte Umwandlung einzutragen und eine Vorabbescheinigung hierüber auszustellen. Die Eintragung bzw. Ausstellung darf nicht vor Ablauf der Fristen gemäß § 17 Abs. 2 und § 20 Abs. 1 erfolgen.

(7) Das Gericht hat weiters zu prüfen, ob die Umwandlung zu missbräuchlichen oder betrügerischen Zwecken, die dazu führen oder führen sollen, sich Unionsrecht oder nationalem Recht zu entziehen oder es zu umgehen, oder zu kriminellen Zwecken vorgenommen werden soll. Liegen solche Zwecke vor, so hat es die Eintragung der beabsichtigten Umwandlung abzulehnen. Für diese Prüfung gilt Folgendes:
1. Ist im Firmenbuch die Feststellung eingetragen, dass die Gesellschaft als Scheinunternehmen gilt (§ 3 Abs. 1 Z 15a FBG in Verbindung mit § 8 SBBG), so ist anzunehmen, dass die Umwandlung zu missbräuchlichen Zwecken vorgenommen werden soll.
2. Wird dem Gericht von der Gesellschaft ein Auskunftsbescheid nach § 118 BAO vorgelegt, in dem in Bezug auf die Umwandlung das Vorliegen von abgabenrechtlichem Missbrauch (§ 118 Abs. 2 Z 5 BAO) verneint wird, ist insofern kein Missbrauch anzunehmen.

(8) Soweit dies für die Prüfung nach Abs. 6 und 7 erforderlich ist, kann das Gericht insbesondere auch
1. von der Gesellschaft Informationen und Unterlagen verlangen;
2. von inländischen Behörden oder Stellen Informationen und Unterlagen verlangen oder von Behörden oder Stellen anderer Mitgliedstaaten Informationen und Unterlagen erbitten;
3. einen Sachverständigen bestellen.

(9) Die Eintragung soll innerhalb von drei Monaten ab der Anmeldung erfolgen. Ist es für die Zwecke der Prüfung nach Abs. 7 notwendig, zusätzliche Informationen zu berücksichtigen oder zusätzliche Untersuchungstätigkeiten durchzuführen, so kann die Frist um höchstens drei Monate verlängert werden. Ist es wegen der Komplexität des grenzüberschreitenden Verfahrens ausnahmsweise nicht möglich, die Prüfung innerhalb dieser Fristen vorzunehmen, so hat das Gericht die Gesellschaft

vor Ablauf dieser Fristen über die Gründe für eine etwaige Verzögerung zu unterrichten.

(10) Bei der Eintragung der beabsichtigten Umwandlung sind der geplante Sitz der umgewandelten Gesellschaft, das Register, in dem diese Gesellschaft geführt werden soll, und die Tatsache anzugeben, dass die Bescheinigung über die Ordnungsmäßigkeit der der Umwandlung vorangehenden Rechtshandlungen und Formalitäten ausgestellt wurde. Aus der Vorabbescheinigung muss hervorgehen, dass alle einschlägigen Voraussetzungen erfüllt und alle Verfahren und Formalitäten ordnungsgemäß erledigt sind.

(11) Die Vorabbescheinigung ist in die Urkundensammlung aufzunehmen. Für den Informationsaustausch über das System der Registervernetzung gilt § 37 Abs. 3 FBG.

(12) Sobald das Register des Zuzugsmitgliedstaats über das System der Registervernetzung mitteilt, dass die grenzüberschreitende Umwandlung wirksam geworden ist, hat das Gericht die Gesellschaft unverzüglich zu löschen. Dabei sind der Tag der Löschung der Gesellschaft, die Tatsache, dass die Löschung infolge einer grenzüberschreitenden Umwandlung erfolgte, sowie die Eintragungsnummer, Firma und Rechtsform der umgewandelten Gesellschaft anzugeben.

3. Abschnitt
Herein-Umwandlung

Anwendungsbereich

§ 22. Dieser Abschnitt gilt für Herein-Umwandlungen (§ 8 Z 3).

Anwendung des Gründungsrechts

§ 23. (1) Auf die sich umwandelnde Gesellschaft sind die für deren neue Rechtsform geltenden Gründungsvorschriften sinngemäß anzuwenden, soweit sich aus diesem Bundesgesetz nichts anderes ergibt. Als Gründer ist die sich umwandelnde Gesellschaft anzusehen.

(2) Die Einhaltung der Gründungsvorschriften ist einer Prüfung zu unterziehen; dabei ist zu prüfen, ob der tatsächliche Wert des Nettoaktivvermögens der Gesellschaft wenigstens der Höhe ihres Nennkapitals zuzüglich gebundener Rücklagen nach Durchführung der Umwandlung entspricht. Die aktienrechtlichen Bestimmungen über die Gründungsprüfung sind sinngemäß anzuwenden. Der Prüfer kann gleichzeitig Umwandlungsprüfer sein. Der Gründungsbericht gemäß § 24 AktG entfällt.

Anmeldung und Eintragung

§ 24. (1) Der Vorstand der Gesellschaft hat die Umwandlung zur Eintragung bei dem Gericht, in dessen Sprengel die umgewandelte Gesellschaft ihren Sitz hat, anzumelden.

(2) Der Anmeldung sind in Urschrift, Ausfertigung oder beglaubigter Abschrift beizufügen:
1. die Niederschrift des Umwandlungsbeschlusses samt dem Umwandlungsplan;
2. die bei einer Gründung für die jeweilige Rechtsform erforderlichen Unterlagen mit Ausnahme der Bestätigung gemäß § 29 Abs. 1 AktG oder § 10 Abs. 3 GmbHG;
3. der Bericht des Gründungsprüfers;
4. die Schlussbilanz der Gesellschaft.

(3) Der Anmeldung der Umwandlung zur Eintragung im Firmenbuch sind die Nachweise beizuschließen, dass die allenfalls erforderlichen Verhandlungen mit den Arbeitnehmervertretern über die Beteiligung der Arbeitnehmer ordnungsgemäß geführt und abgeschlossen wurden, gegebenenfalls die Vereinbarung über die Beteiligung der Arbeitnehmer, oder, wenn keine Vereinbarung zustande gekommen ist oder das besondere Verwaltungsgremium beschließt, keine Verhandlungen zu eröffnen oder die bereits eröffneten Verhandlungen abbricht, dass die entsprechenden Auffangregelungen nach § 265 Abs. 2 oder 3 ArbVG angewendet wurden.

(4) Das Gericht hat zu prüfen, ob die Umwandlung ordnungsgemäß durchgeführt wurde, insbesondere ob die anwendbaren Gründungsvorschriften eingehalten wurden und gegebenenfalls ob die erforderlichen Verhandlungen mit den Arbeitnehmervertretern über die Beteiligung der Arbeitnehmer in der Gesellschaft ordnungsgemäß geführt und abgeschlossen wurden. Ist dies der Fall, so hat das Gericht die Umwandlung einzutragen. Die der Umwandlung vorangehenden Rechtshandlungen und Formalitäten gelten als ordnungsgemäß durchgeführt, wenn eine gültige Vorabbescheinigung der zuständigen Stelle des Wegzugsmitgliedstaats vorliegt.

(5) Bei der Eintragung der Umwandlung sind die bei der Gründung erforderlichen Eintragungen zu machen. Darüber hinaus ist anzugeben, dass die Eintragung der Gesellschaft aufgrund einer grenzüberschreitenden Umwandlung erfolgt.

Wirkungen der Eintragung der Umwandlung

§ 25. Mit Eintragung der Umwandlung besteht die Gesellschaft in der im Umwandlungsbeschluss bestimmten Rechtsform weiter. Damit treten folgende Rechtswirkungen ein:
1. Das gesamte Aktiv- und Passivvermögen der sich umwandelnden Gesellschaft, einschließlich aller Verträge, Kredite, Rechte und Pflichten, verbleibt bei der umgewandelten Gesellschaft.
2. Die Gesellschafter der sich umwandelnden Gesellschaft bleiben Gesellschafter der umgewandelten Gesellschaft, es sei denn, sie haben ihre Anteile nach der § 17 entsprechenden Bestimmung des auf die sich umwandelnde Gesellschaft anwendbaren Rechts veräußert.
3. Die am Tag des Wirksamwerdens der grenzüberschreitenden Umwandlung bestehenden Rechte und Pflichten der sich umwandelnden Gesellschaft aus Arbeitsverträgen oder -verhältnissen verbleiben bei der umgewandelten Gesellschaft.

3. Hauptstück
Grenzüberschreitende Verschmelzung

1. Abschnitt
Gemeinsame Vorschriften

Anwendungsbereich

§ 26. Dieses Hauptstück gilt für grenzüberschreitende Verschmelzungen.

Begriffsbestimmungen

§ 27. Für dieses Hauptstück gelten folgende Begriffsbestimmungen:
1. Eine grenzüberschreitende Verschmelzung im Sinne dieses Hauptstücks ist eine Verschmelzung von Kapitalgesellschaften, die nach dem Recht eines Mitgliedstaats gegründet worden sind oder dessen Recht unterliegen und ihren satzungsmäßigen Sitz, ihre Hauptverwaltung oder ihre Hauptniederlassung in einem Mitgliedstaat haben, sofern mindestens zwei der Gesellschaften dem Recht verschiedener Mitgliedstaaten unterliegen.
2. Als Kapitalgesellschaft im Sinne dieses Hauptstücks gilt auch eine Gesellschaft, die Rechtspersönlichkeit besitzt und über gesondertes Gesellschaftskapital verfügt, das allein für die Verbindlichkeiten der Gesellschaft haftet, und die nach dem für sie maßgebenden nationalen Recht Schutzbestimmungen im Sinne des Titels I Kapitel II Abschnitt 2 und des Titels I Kapitel III Abschnitt 1 der Richtlinie (EU) 2017/1132 über bestimmte Aspekte des Gesellschaftsrechts, ABl. Nr. L 169 vom 30.6.2017 S. 46, im Interesse der Gesellschafter sowie Dritter einhalten muss.
3. Eine Verschmelzung im Sinne dieses Hauptstücks ist ein Vorgang, bei dem zum Zeitpunkt ihrer Auflösung unter Ausschluss der Abwicklung
   a) eine oder mehrere Gesellschaften (übertragende Gesellschaften) ihr gesamtes Aktiv- und Passivvermögen auf eine bereits bestehende Gesellschaft (übernehmende Gesellschaft) gegen Gewährung von Anteilen am Gesellschaftskapital der anderen Gesellschaft an ihre eigenen Gesellschafter und gegebenenfalls einer baren Zuzahlung übertragen (Verschmelzung zur Aufnahme);
   b) zwei oder mehrere übertragende Gesellschaften ihr gesamtes Aktiv- und Passivvermögen auf eine von ihnen gegründete Gesellschaft (neue Gesellschaft) gegen Gewährung von Anteilen am Gesellschaftskapital der neuen Gesellschaft an ihre eigenen Gesellschafter und gegebenenfalls einer baren Zuzahlung übertragen (Verschmelzung zur Neugründung);
   c) eine übertragende Gesellschaft ihr gesamtes Aktiv- und Passivvermögen auf die übernehmende Gesellschaft überträgt, die sämtliche Anteile am Gesellschaftskapital der übertragenden Gesellschaft besitzt (Verschmelzung auf die Alleingesellschafterin);
   d) eine oder mehrere übertragende Gesellschaften ihr gesamtes Aktiv- und Passivvermögen auf eine bereits bestehende Gesellschaft (übernehmende Gesellschaft) übertragen, ohne dass die übernehmende Gesellschaft neue Anteile ausgibt, sofern eine Person unmittelbar oder mittelbar alle Anteile an den sich verschmelzenden Gesellschaften besitzt oder die Anteile der Gesellschafter der sich verschmelzenden Gesellschaften bei allen sich verschmelzenden Gesellschaften dasselbe Verhältnis haben (Verschmelzung ohne Anteilsgewähr).
4. Bei einer „Hinaus-Verschmelzung" im Sinne dieses Hauptstücks wird eine Kapitalgesellschaft, die österreichischem Recht unterliegt, als übertragende Gesellschaft mit einer Kapitalgesellschaft als übernehmende oder neue Gesellschaft verschmolzen, die dem Gesellschaftsrecht eines anderen Mitgliedstaats unterliegt.
5. Bei einer „Herein-Verschmelzung" im Sinne dieses Hauptstücks wird eine Kapitalgesellschaft, die dem Recht eines anderen Mitgliedstaats als Österreich unterliegt, als übertragende Gesellschaft mit einer Kapitalgesellschaft als übernehmende oder neue Gesellschaft verschmolzen, die österreichischem Gesellschaftsrecht unterliegt.

Verschmelzungsplan

§ 28. (1) Der Vorstand der sich verschmelzenden inländischen Gesellschaft hat mit den Verwaltungs- oder Leitungsorganen der anderen an der Verschmelzung beteiligten Gesellschaften einen gemeinsamen Plan für die grenzüberschreitende Verschmelzung (Verschmelzungsplan) zu erstellen, der zumindest folgende Angaben enthält:
1. Rechtsform, Firma und Sitz jeder der sich verschmelzenden Gesellschaften sowie Rechtsform, Firma und Sitz, die für die aus der grenzüberschreitenden Verschmelzung hervorgehende Gesellschaft vorgesehen sind;
2. das Umtauschverhältnis der Anteile und gegebenenfalls die Höhe der baren Zuzahlungen, die 10% des Nennwerts oder – bei Fehlen eines solchen – des rechnerischen Werts dieser Anteile nicht überschreiten dürfen;
3. die Einzelheiten der Übertragung der Anteile der aus der grenzüberschreitenden Verschmelzung hervorgehenden Gesellschaft;
4. die voraussichtlichen Auswirkungen der grenzüberschreitenden Verschmelzung auf die Beschäftigung, insbesondere auf die in den beteiligten Gesellschaften beschäftigten Arbeitnehmer, die Beschäftigungslage und die Beschäftigungsbedingungen;
5. den Zeitpunkt, von dem an diese Anteile deren Inhabern das Recht auf Beteiligung am

Gewinn gewähren, sowie alle Besonderheiten, die eine Auswirkung auf dieses Recht haben;

6. den Zeitpunkt, von dem an die Handlungen der sich verschmelzenden Gesellschaften unter dem Gesichtspunkt der Rechnungslegung als für Rechnung der aus der grenzüberschreitenden Verschmelzung hervorgehenden Gesellschaft vorgenommen gelten (Verschmelzungsstichtag);
7. die Rechte, welche die aus der grenzüberschreitenden Verschmelzung hervorgehende Gesellschaft den mit Sonderrechten ausgestatteten Gesellschaftern und den Inhabern von anderen Wertpapieren als Anteilen gewährt, oder die für diese Personen vorgeschlagenen Maßnahmen;
8. etwaige besondere Vorteile, die den Mitgliedern der Verwaltungs-, Leitungs-, Aufsichts- oder Kontrollorgane der sich verschmelzenden Gesellschaften gewährt werden;
9. soweit einschlägig den Errichtungsakt der aus der grenzüberschreitenden Verschmelzung hervorgehenden Gesellschaft und, falls sie Gegenstand eines gesonderten Aktes ist, die Satzung;
10. gegebenenfalls Angaben zu dem Verfahren, nach dem die Einzelheiten über die Beteiligung von Arbeitnehmern an der Festlegung ihrer Mitbestimmungsrechte in der aus der grenzüberschreitenden Verschmelzung hervorgehenden Gesellschaft geregelt werden;
11. Angaben zur Bewertung des Aktiv- und Passivvermögens, das auf die aus der grenzüberschreitenden Verschmelzung hervorgehende Gesellschaft übertragen wird;
12. den Stichtag der Jahresabschlüsse der an der Verschmelzung beteiligten Gesellschaften, die zur Festlegung der Bedingungen der grenzüberschreitenden Verschmelzung verwendet werden;
13. die Einzelheiten zum Angebot einer Barabfindung für Gesellschafter nach § 40;
14. etwaige Sicherheiten, die den Gläubigern angeboten werden, wie Garantien oder Zusagen.

(2) Eine inländische übertragende Gesellschaft hat auf den Verschmelzungsstichtag eine Schlussbilanz aufzustellen. Für sie gelten die Vorschriften des UGB über den Jahresabschluss und dessen Prüfung sinngemäß; sie muss nicht veröffentlicht werden. Die Schlussbilanz muss auf einen höchstens neun Monate vor der Anmeldung der beabsichtigten Verschmelzung liegenden Stichtag aufgestellt werden.

(3) Nimmt eine Gesellschaft, die alle stimmberechtigten Anteile an der oder den übertragenden Gesellschaften besitzt, oder eine Person, die unmittelbar oder mittelbar alle Anteile an der übernehmenden Gesellschaft und an der oder den übertragenden Gesellschaften besitzt, eine grenzüberschreitende Verschmelzung zur Aufnahme vor und gewährt die übernehmende Gesellschaft im Rahmen dieser Verschmelzung keine Anteile, so sind die Angaben gemäß Abs. 1 Z 2, 3, 5 und 13 nicht erforderlich.

Verschmelzungsbericht

§ 29. (1) Der Vorstand der sich verschmelzenden inländischen Gesellschaft hat einen Bericht für Gesellschafter und Arbeitnehmer (Verschmelzungsbericht) zu erstellen, in dem die rechtlichen und wirtschaftlichen Aspekte der grenzüberschreitenden Verschmelzung erläutert und begründet sowie ihre Auswirkungen auf die Arbeitnehmer erläutert werden. Dabei sind insbesondere die Auswirkungen der grenzüberschreitenden Verschmelzung auf die künftige Geschäftstätigkeit der Gesellschaft zu erläutern.

(2) Für den Verschmelzungsbericht gilt § 11 Abs. 2 bis 7 mit folgender Maßgabe sinngemäß:
1. Im Abschnitt für die Gesellschafter (§ 11 Abs. 3) sind auch das Umtauschverhältnis der Anteile und gegebenenfalls die Methode oder die Methoden zu erläutern, die benutzt wurde bzw. wurden, um das Umtauschverhältnis zu ermitteln.
2. Die Erläuterung der Rechte und Rechtsbehelfe für Gesellschafter (§ 11 Abs. 3 Z 3) hat sich auf die §§ 36, 40 und 41 zu beziehen.
3. Handelt es sich bei einer Verschmelzung im Sinne des § 28 Abs. 3 bei einer beteiligten inländischen Gesellschaft um eine übertragende Gesellschaft, so ist in dieser der Abschnitt des Verschmelzungsberichts für die Gesellschafter nicht erforderlich.

Verschmelzungsprüfung

§ 30. (1) Für die sich verschmelzende inländische Gesellschaft hat ein unabhängiger Sachverständiger (Verschmelzungsprüfer) den gemeinsamen Plan für die grenzüberschreitende Verschmelzung zu prüfen und einen Bericht für die Gesellschafter zu erstellen (Verschmelzungsprüfung).

(2) Der Bericht nach Abs. 1 hat jedenfalls eine Stellungnahme des Verschmelzungsprüfers zur Frage zu enthalten, ob die Barabfindung und das Umtauschverhältnis der Anteile angemessen sind. Bei der Bewertung der Barabfindung und des Umtauschverhältnisses hat der Verschmelzungsprüfer einen etwaigen Marktpreis, den die Anteile an den sich verschmelzenden Gesellschaften vor Ankündigung der geplanten Verschmelzung hatten, oder den nach allgemein anerkannten Bewertungsmethoden bestimmten Wert der Gesellschaften ohne die Auswirkungen der geplanten Verschmelzung zu berücksichtigen. Im Bericht ist zumindest anzugeben,
1. nach welcher Methode oder welchen Methoden die vorgeschlagene Barabfindung festgesetzt worden ist,
2. nach welcher Methode oder welchen Methoden das vorgeschlagene Umtauschverhältnis der Anteile bestimmt worden ist und
3. ob die verwendete Methode oder die verwendeten Methoden für die Bewertung der

Barabfindung und des Umtauschverhältnisses der Anteile angemessen ist bzw. sind und welcher Wert sich bei diesen Methoden ergibt; zugleich ist dazu Stellung zu nehmen, welche relative Bedeutung diesen Methoden bei der Bestimmung des zugrunde gelegten Wertes beigemessen wurde, und in dem Fall, dass unterschiedliche Methoden in den sich verschmelzenden Gesellschaften verwendet werden, ist auch anzugeben, ob die Verwendung unterschiedlicher Methoden gerechtfertigt war.

Gegebenenfalls ist auch zu beschreiben, welche besonderen Bewertungsschwierigkeiten aufgetreten sind.

(3) Für die Bestellung, die Auswahl, das Auskunftsrecht und die Verantwortlichkeit des Verschmelzungsprüfers gilt § 220b Abs. 2 und 3 AktG sinngemäß. Hat die Gesellschaft keinen Aufsichtsrat, so wird der Verschmelzungsprüfer vom Vorstand bestellt. Ein gemeinsamer Verschmelzungsprüfer kann neben dem Gericht, in dessen Sprengel die übernehmende Gesellschaft ihren Sitz hat, auch von dem Gericht bestellt werden, in dem eine übertragende Gesellschaft ihren Sitz hat.

(4) Im Übrigen ist § 12 Abs. 4 sinngemäß auf die Verschmelzungsprüfung anwendbar.

(5) Bei einer Verschmelzung im Sinne des § 28 Abs. 3 ist eine Verschmelzungsprüfung nicht erforderlich.

Prüfung durch den Aufsichtsrat

§ 31. (1) Hat eine an der Verschmelzung beteiligte inländische Gesellschaft einen Aufsichtsrat, so gilt § 13 mit der Maßgabe sinngemäß, dass die Prüfung durch den Aufsichtsrat der übernehmenden Gesellschaft auch in den Fällen des § 220c zweiter Satz AktG entfallen kann.

(2) Handelt es sich bei einer Verschmelzung im Sinne des § 28 Abs. 3 bei einer beteiligten inländischen Gesellschaft um eine übertragende Gesellschaft, so ist in dieser eine Prüfung durch den Aufsichtsrat nicht erforderlich.

Information der Gesellschafter und der Arbeitnehmervertretung

§ 32. Für die Information der Gesellschafter und der Arbeitnehmervertretung der sich verschmelzenden inländischen Gesellschaft gilt § 14 mit folgender Maßgabe sinngemäß:
1. An die Stelle des Umwandlungsplans, des Umwandlungsberichts und des Berichts des Umwandlungsprüfers treten der Verschmelzungsplan, der Verschmelzungsbericht und der Bericht des Verschmelzungsprüfers.
2. Die Verpflichtung des Vorstands, die Gesellschafter in der Gesellschafterversammlung vor der Beschlussfassung über jede wesentliche Veränderung der Vermögens- oder Ertragslage der Gesellschaft, die zwischen der Aufstellung des Umwandlungsplans und dem Zeitpunkt der Beschlussfassung eingetreten ist, zu unterrichten, besteht insbesondere auch dann, wenn die Veränderung ein anderes Umtauschverhältnis oder eine andere Aufteilung der Anteile rechtfertigen würde. Zu diesem Zweck hat der Vorstand der Gesellschaft, bei der es zu einer solchen Veränderung der Vermögens- oder Ertragslage gekommen ist, den Vorstand der anderen beteiligten Gesellschaft oder Gesellschaften darüber unverzüglich zu unterrichten.

Offenlegung

§ 33. Für die Offenlegung des Verschmelzungsplans und der Mitteilung an die Gesellschafter, die Gläubiger und die Arbeitnehmervertretung der sich verschmelzenden inländischen Gesellschaft gilt § 15 sinngemäß.

Verschmelzungsbeschluss und -vertrag

§ 34. (1) Die grenzüberschreitende Verschmelzung wird nur wirksam, wenn die Gesellschafter aller beteiligten Gesellschaften dem Verschmelzungsplan zustimmen (Verschmelzungsbeschluss).

(2) Für die Fassung des Verschmelzungsbeschlusses in der sich verschmelzenden inländischen Gesellschaft gilt § 16 Abs. 2 bis 4 mit folgender Maßgabe sinngemäß:
1. Die Gesellschafterversammlung kann die Verschmelzung davon abhängig machen, dass die Modalitäten für die Mitbestimmung der Arbeitnehmer in der aus der grenzüberschreitenden Verschmelzung hervorgehenden Gesellschaft ausdrücklich von ihr bestätigt werden.
2. Handelt es sich bei der an der Verschmelzung beteiligten inländischen Gesellschaft um die übernehmende Gesellschaft, so ist in dieser die Zustimmung der Gesellschafterversammlung nicht erforderlich, wenn die Voraussetzungen des § 231 AktG erfüllt sind. Der Hinweis auf das Recht der Gesellschafter nach § 231 Abs. 3 AktG, die Zustimmung der Gesellschafterversammlung zu verlangen, hat in der Mitteilung an die Gesellschafter nach § 33 in Verbindung mit § 15 Abs. 1 Z 2 zu erfolgen. Ist auch in der übertragenden ausländischen Gesellschaft eine Zustimmung der Gesellschafterversammlung nicht erforderlich, so beginnt die einmonatige Frist für das Verlangen nach einer Zustimmung in der übernehmenden inländischen Gesellschaft zu laufen, sobald die vom Wegzugsmitgliedstaat ausgestellte Vorabbescheinigung über das System der Registervernetzung zugänglich ist.
3. Handelt es sich bei einer Verschmelzung im Sinne des § 28 Abs. 3 bei einer beteiligten inländischen Gesellschaft um eine übertragende Gesellschaft, so ist in dieser die Zustimmung der Gesellschafterversammlung nicht erforderlich. Die Eintragung der beabsichtigten Verschmelzung gemäß § 42 darf erst erfolgen, wenn seit der Information der Gesellschafter und der Arbeitnehmervertretung gemäß § 32

sechs Wochen und seit der Offenlegung gemäß § 33 ein Monat vergangen sind.

(3) Bei einer Herein-Verschmelzung zur Neugründung einer Aktiengesellschaft bedarf die Bestellung des ersten Aufsichtsrats und des Abschlussprüfers für den ersten Jahresabschluss der neuen Gesellschaft der Zustimmung der Gesellschafterversammlungen der an der Verschmelzung beteiligten Gesellschaften.

(4) Die an der grenzüberschreitenden Verschmelzung beteiligten Gesellschaften haben auch einen Verschmelzungsvertrag abzuschließen; dieser bedarf der Form eines Notariatsaktes.

Ausschluss von Anfechtungs- oder Nichtigkeitsklagen

§ 35. Der Verschmelzungsbeschluss der sich verschmelzenden inländischen Gesellschaft kann nicht für nichtig erklärt werden und seine Nichtigkeit kann nicht festgestellt werden, weil das Umtauschverhältnis, die allfälligen baren Zuzahlungen oder das Angebot auf Barabfindung nicht angemessen festgelegt sind oder weil die von der Gesellschaft, ihren Organen oder den Verschmelzungsprüfern schriftlich oder mündlich gegebenen Erläuterungen des Umtauschverhältnisses, der allfälligen baren Zuzahlungen oder des Barabfindungsangebots den gesetzlichen Bestimmungen nicht entsprechen.

Überprüfung des Umtauschverhältnisses

§ 36. (1) Ist das Umtauschverhältnis oder sind die allfälligen baren Zuzahlungen nicht angemessen festgelegt, so hat jeder Gesellschafter der sich verschmelzenden inländischen Gesellschaft, der gegebenenfalls von seinem Recht nach § 40 Abs. 1 keinen Gebrauch gemacht hat, einen Anspruch gegen die aus der grenzüberschreitenden Verschmelzung hervorgehende Gesellschaft auf Ausgleich durch bare Zuzahlungen.

(2) Der Anspruch gemäß Abs. 1 ist vor österreichischen Gerichten geltend zu machen. Diese haben sich tunlichst mit Gerichten aus anderen Mitgliedstaaten, die ebenfalls über die Angemessenheit des Umtauschverhältnisses und allfälliger barer Zuzahlungen absprechen, zu koordinieren und deren Entscheidungen zu berücksichtigen, soweit sie vorliegen. Für die Überprüfung des Umtauschverhältnisses und der allfälligen baren Zuzahlungen sind die §§ 225c bis 225m AktG sinngemäß anzuwenden.

(3) Eine Entscheidung eines Gerichts in einem anderen Mitgliedstaat, mit der eine bare Zuzahlung, die Gewährung von Anteilen oder einer anderen Abfindung angeordnet wird, wirkt für und gegen die sich verschmelzende inländische Gesellschaft.

Gläubigerschutz und Schutz sonstiger schuldrechtlich Beteiligter

§ 37. (1) Gläubiger der sich verschmelzenden inländischen Gesellschaft können über die gemäß § 28 Abs. 1 Z 14 angebotenen Sicherheiten hinaus weitere Sicherheiten von dieser Gesellschaft verlangen. Wird diesem Verlangen nicht entsprochen, muss die Leistung der Sicherheit innerhalb von drei Monaten nach der Offenlegung des Verschmelzungsplans mit Klage gegen die Gesellschaft geltend gemacht werden. Der Gläubiger muss glaubhaft machen, dass seine Forderung entstanden ist, dass er keine Befriedigung verlangen kann und dass durch die Verschmelzung die Erfüllung seiner Forderung gefährdet wird. Wenn die Verschmelzung nicht wirksam wird, kann die sich verschmelzende inländische Gesellschaft die Rückübertragung oder Auflösung der gewährten Sicherheiten verlangen.

(2) Den Inhabern von Schuldverschreibungen und Genussrechten sind gleichwertige Rechte zu gewähren oder, wenn dies nicht möglich ist, die Änderung der Rechte oder das Recht selbst nach Wahl des Rechtsinhabers angemessen abzugelten.

(3) Bei einer Hinaus-Verschmelzung darf die Vorabbescheinigung erst ausgestellt werden, wenn allen Gläubigern, die nach Abs. 1 Sicherheitsleistung verlangt und gegebenenfalls eingeklagt haben, eine angemessene Sicherheit geleistet wurde, und sichergestellt ist, dass den Inhabern von Rechten nach Abs. 2 gleichwertige Rechte gewährt oder die Änderung der Rechte oder das Recht selbst angemessen abgegolten wurde.

Wirkungen der Eintragung der Verschmelzung

§ 38. Mit Eintragung der Verschmelzung bei der aus der grenzüberschreitenden Verschmelzung hervorgehenden Gesellschaft treten folgende Rechtswirkungen ein:

1. Das gesamte Aktiv- und Passivvermögen der übertragenden Gesellschaft oder Gesellschaften, einschließlich aller Verträge, Kredite, Rechte und Pflichten, geht auf die aus der grenzüberschreitenden Verschmelzung hervorgehende Gesellschaft über. Treffen bei einer Verschmelzung aus gegenseitigen Verträgen, die zur Zeit der Verschmelzung von keiner Seite vollständig erfüllt sind, Abnahme-, Lieferungs- oder ähnliche Verpflichtungen zusammen, die miteinander unvereinbar sind oder die beide zu erfüllen eine schwere Unbilligkeit für die aus der grenzüberschreitenden Verschmelzung hervorgehende Gesellschaft bedeuten würde, so bestimmt sich der Umfang der Verpflichtungen nach Billigkeit unter Würdigung der vertraglichen Rechte aller Beteiligten.

2. Die Gesellschafter der übertragenden Gesellschaft oder Gesellschaften werden bei der Verschmelzung zur Aufnahme oder Neugründung Gesellschafter der aus der grenzüberschreitenden Verschmelzung hervorgehenden Gesellschaft, es sei denn, sie haben ihre Anteile nach der § 40 entsprechenden Bestimmung des auf die übertragende Gesellschaft oder Gesellschaften anwendbaren Rechts veräußert oder aus § 44 Abs. 1 und 2 ergibt sich etwas anderes.

3. Die am Tag des Wirksamwerdens der grenzüberschreitenden Verschmelzung bestehenden Rechte und Pflichten der sich verschmelzenden Gesellschaften aus Arbeitsverträgen oder Beschäftigungsverhältnissen gehen auf die aus der grenzüberschreitenden Verschmelzung hervorgehende Gesellschaft über.
4. Die übertragende Gesellschaft oder die übertragenden Gesellschaften erlöschen.

2. Abschnitt
Hinaus-Verschmelzung

Anwendungsbereich

§ 39. Dieser Abschnitt gilt für Hinaus-Verschmelzungen (§ 27 Z 4).

Barabfindung

§ 40. (1) Jedem Gesellschafter der übertragenden Gesellschaft steht gegenüber dieser Gesellschaft oder einem Dritten, der eine Barabfindung angeboten hat (§ 28 Abs. 1 Z 13), das Recht auf angemessene Barabfindung gegen Hingabe seiner Anteile zu, wenn er gegen den Verschmelzungsbeschluss Widerspruch zur Niederschrift erklärt hat, vom Zeitpunkt der Beschlussfassung der Gesellschafterversammlung bis zur Geltendmachung des Rechts Gesellschafter war und das Recht nicht schriftlich oder in der Niederschrift zur Gesellschafterversammlung verzichtet hat. Wird die Barabfindung von einem Dritten angeboten, so haften Dritter und Gesellschaft als Gesamtschuldner. Die Gesellschaft hat auch eine elektronische Adresse für den Zugang von Annahmeerklärungen bekanntzugeben.

(2) Das Angebot kann gleichzeitig mit dem Widerspruch zur Niederschrift in der Gesellschafterversammlung angenommen werden; andernfalls muss die Annahmeerklärung der übertragenden Gesellschaft oder dem Dritten schriftlich oder in Textform (§ 13 Abs. 2 AktG) binnen eines Monats nach dem Verschmelzungsbeschluss zugehen. Der Anspruch auf Barabfindung ist mit Eintragung der Verschmelzung bedingt, wird mit dieser Eintragung fällig und verjährt in drei Jahren. Die Gesellschaft oder der Dritte hat die Kosten der Übertragung zu tragen. Für die Erfüllung der Barabfindung einschließlich der Übertragungskosten ist den Abfindungsberechtigten Sicherheit zu leisten.

(3) Die Vorabbescheinigung nach § 42 Abs. 3 in Verbindung mit § 21 Abs. 6 darf nur ausgestellt werden, wenn die Barabfindungsansprüche der Gesellschafter ausreichend sichergestellt sind oder nachgewiesen wird, dass alle Gesellschafter auf die Barabfindung verzichtet haben.

(4) Einer anderweitigen Veräußerung der Anteile durch einen dem Verschmelzungsbeschluss widersprechenden Gesellschafter stehen nach Fassung des Verschmelzungsbeschlusses bis zum Ablauf der Frist für die Geltendmachung der Barabfindung satzungsgemäße Verfügungsbeschränkungen nicht entgegen.

Überprüfung der Barabfindung

§ 41. Gesellschafter, die das Barabfindungsangebot angenommen haben, können binnen eines Monats nach dem Verschmelzungsbeschluss bei Gericht den Antrag stellen, dass die Barabfindung überprüft und eine höhere Barabfindung festgelegt wird. Das Gericht hat den Antrag gemäß § 18 AktG bekannt zu machen. Gesellschafter, welche die Voraussetzungen gemäß § 225c Abs. 3 Z 1 AktG erfüllen, können binnen eines weiteren Monats nach dieser Bekanntmachung eigene Anträge stellen. Nach Ablauf dieser Frist sind Anträge weiterer Gesellschafter unzulässig; darauf ist in der Bekanntmachung hinzuweisen. Im Übrigen gelten für das Verfahren auf gerichtliche Überprüfung die §§ 225d bis 225m, ausgenommen § 225e Abs. 2 und Abs. 3 und § 225j Abs. 2 AktG, sinngemäß.

Anmeldung und Eintragung der beabsichtigten Verschmelzung, Ausstellung der Vorabbescheinigung

§ 42. (1) Der Vorstand der übertragenden Gesellschaft hat die beabsichtigte Verschmelzung zur Eintragung beim Gericht, in dessen Sprengel diese Gesellschaft ihren Sitz hat, anzumelden.

(2) Der Anmeldung sind in Urschrift, Ausfertigung oder beglaubigter Abschrift beizufügen:
1. die Niederschrift des Verschmelzungsbeschlusses der übertragenden Gesellschaft samt dem Verschmelzungsplan;
2. der Verschmelzungsvertrag (§ 34 Abs. 4);
3. wenn die Verschmelzung einer behördlichen Genehmigung bedarf, die Genehmigungsurkunde;
4. der Verschmelzungsbericht für die übertragende Gesellschaft, gegebenenfalls die Stellungnahme nach § 32 in Verbindung mit § 14 Abs. 8;
5. der Bericht des Verschmelzungsprüfers für die übertragende Gesellschaft;
6. etwaige nach § 33 in Verbindung mit § 15 Abs. 1 Z 2 übermittelte Bemerkungen;
7. die Schlussbilanz der Gesellschaft;
8. der Nachweis der Offenlegung des Verschmelzungsplans für die übertragende Gesellschaft;
9. der Nachweis der Sicherstellung der Barabfindung widersprechender Gesellschafter (§ 40 Abs. 2);
10. der Nachweis der Sicherstellung der Gläubiger (§ 37) und die Erklärung, dass andere als die befriedigten oder sichergestellten Gläubiger innerhalb der Frist des § 37 Abs. 1 keine Klage auf Sicherheitsleistung erhoben haben.

(3) § 21 Abs. 3 bis 12 gilt sinngemäß.

3. Abschnitt
Herein-Verschmelzung

Anwendungsbereich

§ 43. Dieser Abschnitt gilt für Herein-Verschmelzungen (§ 27 Z 5).

Anwendung gesellschaftsrechtlicher Vorschriften

§ 44. (1) Auf eine übernehmende Gesellschaft sind die §§ 223 und 224 Abs. 1 bis 4 AktG bzw. § 101 GmbHG sinngemäß anzuwenden.

(2) Für die Gründung einer neuen Gesellschaft gelten die Gründungsvorschriften der §§ 17, 21 bis 23, 32 und 34 Abs. 1 AktG sinngemäß. Den Gründern stehen die übertragenden Gesellschaften gleich. Festsetzungen über Sondervorteile, Gründungsaufwand, Sacheinlagen und Sachübernahmen, die in den Satzungen der sich vereinigenden Gesellschaften enthalten waren, sind in die Satzung der neuen Gesellschaft zu übernehmen; § 145 Abs. 3 AktG über die Änderung dieser Festsetzungen bleibt unberührt. Bei der neuen Gesellschaft hat eine Prüfung durch einen oder mehrere Prüfer stattzufinden; § 25 Abs. 3 bis 5 sowie die §§ 26, 27, 42 und 44 AktG gelten sinngemäß. Der Prüfer kann gleichzeitig Verschmelzungsprüfer sein. Im Übrigen gelten für die neue Gesellschaft § 224 Abs. 1 Z 2, Abs. 2 und 4 AktG sinngemäß.

(3) Hat eine übertragende Gesellschaft ihren Sitz in Österreich, so gelten für sie § 41 und § 225 Abs. 3 Satz 2 AktG sinngemäß.

Anmeldung und Eintragung

§ 45. (1) Die Vorstände der sich verschmelzenden Gesellschaften haben die Verschmelzung zur Eintragung bei dem Gericht, in dessen Sprengel die aus der grenzüberschreitenden Verschmelzung hervorgehende Gesellschaft ihren Sitz hat, gemeinsam anzumelden.

(2) Der Anmeldung sind in Urschrift, Ausfertigung oder beglaubigter Abschrift beizufügen:
1. der Verschmelzungsplan;
2. die Niederschrift der Verschmelzungsbeschlüsse; sofern solche nach dem Recht einer oder mehrerer der beteiligten Gesellschaften nicht erforderlich sind, ein sonstiger Nachweis, dass jede der sich verschmelzenden Gesellschaften dem Verschmelzungsplan nach dem anwendbaren Recht zugestimmt hat;
3. der Verschmelzungsvertrag (§ 34 Abs. 4);
4. wenn die Verschmelzung einer behördlichen Genehmigung bedarf, die Genehmigungsurkunde;
5. die Verschmelzungsberichte, gegebenenfalls die Stellungnahme nach § 32 in Verbindung mit § 14 Abs. 8;
6. die Berichte der Verschmelzungsprüfer;
7. etwaige nach § 33 in Verbindung mit § 15 Abs. 1 Z 2 übermittelte Bemerkungen;
8. die Schlussbilanz jeder übertragenden Gesellschaft;
9. der Nachweis der Offenlegung des Verschmelzungsplans;
10. bei einer Verschmelzung zur Neugründung die für die Anmeldung bei der Gründung erforderlichen Unterlagen, soweit sich aus diesem Abschnitt nichts anderes ergibt.

(3) Weiters haben sämtliche Mitglieder des Vorstands der aus der grenzüberschreitenden Verschmelzung hervorgehenden Gesellschaft dem Gericht gegenüber zu erklären,
1. dass eine Klage auf Anfechtung oder Feststellung der Nichtigkeit des Verschmelzungsbeschlusses innerhalb eines Monats nach der Beschlussfassung nicht erhoben oder zurückgezogen worden ist oder dass alle Gesellschafter durch notariell beurkundete Erklärung auf eine solche Klage verzichtet haben;
2. dass kein Umstand gemäß § 3 vorliegt.

Verzichtet der Vorstand der übernehmenden Gesellschaft gemäß § 34 Abs. 2 Z 2 auf die Einholung der Zustimmung der Gesellschafterversammlung, so hat er überdies eine Erklärung abzugeben, dass die Aktionäre der übernehmenden Gesellschaft von ihrem Recht gemäß § 231 Abs. 3 AktG, die Einberufung einer Gesellschafterversammlung zu verlangen, nicht Gebrauch gemacht oder auf dieses Recht schriftlich verzichtet haben. Können diese Erklärungen nicht abgegeben werden, so hat das Gericht gemäß § 19 FBG vorzugehen.

(4) Der Anmeldung der Verschmelzung zur Eintragung im Firmenbuch sind die Nachweise beizuschließen, dass die allenfalls erforderlichen Verhandlungen mit den Arbeitnehmervertretern über die Beteiligung der Arbeitnehmer ordnungsgemäß geführt und abgeschlossen wurden, gegebenenfalls die Vereinbarung über die Beteiligung der Arbeitnehmer, oder dass der Vorstand die Arbeitnehmervertreter oder die Arbeitnehmer von seinem Beschluss informiert hat, ohne Verhandlungen mit den Arbeitnehmervertretern die Auffangregelungen zur Mitbestimmung anzuwenden (§ 261 ArbVG).

(5) Das Gericht hat zu prüfen, ob die verschmelzenden Gesellschaften einem gemeinsamen gleichlautenden Verschmelzungsplan zugestimmt haben, ob die Verschmelzung ordnungsgemäß durchgeführt wurde, insbesondere ob die anwendbaren Gründungs- bzw. Kapitalaufbringungsvorschriften eingehalten wurden und gegebenenfalls ob die erforderlichen Verhandlungen mit den Arbeitnehmervertretern über die Beteiligung der Arbeitnehmer in der Gesellschaft ordnungsgemäß geführt und abgeschlossen wurden. Ist dies der Fall, so hat das Gericht die Verschmelzung bzw. die neue Gesellschaft einzutragen. Die der Verschmelzung vorangehenden Rechtshandlungen und Formalitäten gelten als ordnungsgemäß durchgeführt, wenn eine gültige Vorabbescheinigung der zuständigen Stelle des Wegzugsmitgliedstaats vorliegt.

(6) In den Eintragungen bei der aus der grenzüberschreitenden Verschmelzung hervorgehenden Gesellschaft sind die Firmen aller übrigen beteiligten Gesellschaften unter Hinweis auf ihre Firmenbuchnummern anzugeben. Wird zur Durchführung der Verschmelzung durch Aufnahme das Nennkapital erhöht, so ist gleichzeitig mit der

Verschmelzung der Beschluss über die Erhöhung des Nennkapitals sowie die Durchführung der Erhöhung des Nennkapitals einzutragen. Bei der Verschmelzung zur Neugründung sind die bei der Gründung erforderlichen Eintragungen zu machen; darüber hinaus ist anzugeben, dass die Eintragung der Gesellschaft aufgrund einer grenzüberschreitenden Verschmelzung erfolgt. Für die Veröffentlichung der Eintragung gilt § 233 Abs. 6 AktG.

4. Hauptstück
Grenzüberschreitende Spaltung

1. Abschnitt
Gemeinsame Vorschriften

Anwendungsbereich

§ 46. Dieses Hauptstück gilt für grenzüberschreitende Spaltungen.

Begriffsbestimmungen

§ 47. Für dieses Hauptstück gelten folgende Begriffsbestimmungen:

1. Eine grenzüberschreitende Spaltung im Sinne dieses Hauptstücks ist eine Spaltung von Kapitalgesellschaften, die nach dem Recht eines Mitgliedstaats gegründet worden sind oder dessen Recht unterliegen und ihren satzungsmäßigen Sitz, ihre Hauptverwaltung oder ihre Hauptniederlassung in einem Mitgliedstaat haben, sofern mindestens zwei der an der Spaltung beteiligten Gesellschaften dem Recht verschiedener Mitgliedstaaten unterliegen.
2. Eine Spaltung im Sinne dieses Hauptstückes ist eine Aufspaltung zur Neugründung und eine Abspaltung zur Neugründung. Als Spaltung gilt auch eine Ausgliederung.
3. Eine Aufspaltung zur Neugründung ist ein Vorgang, durch den eine Gesellschaft, die eine Spaltung vornimmt (übertragende Gesellschaft), zum Zeitpunkt ihrer Auflösung ohne Abwicklung ihr gesamtes Aktiv- und Passivvermögen auf zwei oder mehr dadurch gegründete neue Gesellschaften (begünstigte Gesellschaften) überträgt, und zwar gegen Gewährung von Anteilen der begünstigten Gesellschaften an die Gesellschafter der übertragenden Gesellschaft und gegebenenfalls einer baren Zuzahlung.
4. Eine Abspaltung zur Neugründung ist ein Vorgang, durch den eine übertragende Gesellschaft einen Teil ihres Aktiv- und Passivvermögens auf eine oder mehrere dadurch gegründete neue Gesellschaften (begünstigte Gesellschaften) überträgt, und zwar gegen Gewährung von Anteilen der begünstigten Gesellschaften, der übertragenden Gesellschaft oder beider Arten von Gesellschaften an die Gesellschafter der übertragenden Gesellschaft und gegebenenfalls einer baren Zuzahlung.
5. Eine Ausgliederung ist ein Vorgang, durch den eine übertragende Gesellschaft einen Teil ihres Aktiv- und Passivvermögens auf eine oder mehrere dadurch gegründete neue Gesellschaften (begünstigte Gesellschaften) überträgt, und zwar gegen Gewährung von Anteilen der begünstigten Gesellschaften an die übertragende Gesellschaft.
6. Bei einer „Hinaus-Spaltung" im Sinne dieses Hauptstücks überträgt eine Kapitalgesellschaft, die österreichischem Recht unterliegt, einen Teil oder alle ihre Vermögensgegenstände auf eine oder mehrere Gesellschaften, die dem Gesellschaftsrecht eines anderen Mitgliedstaats unterliegen.
7. Bei einer „Herein-Spaltung" im Sinne dieses Hauptstücks überträgt eine Kapitalgesellschaft, die dem Recht eines anderen Mitgliedstaats als Österreich unterliegt, einen Teil oder alle ihre Vermögensgegenstände auf eine oder mehrere Gesellschaften, die österreichischem Gesellschaftsrecht unterliegen.

2. Abschnitt
Hinaus-Spaltung

Anwendungsbereich

§ 48. Dieser Abschnitt gilt für Hinaus-Spaltungen (§ 47 Z 6).

Spaltungsplan

§ 49. (1) Der Vorstand der übertragenden Gesellschaft hat einen Plan für die grenzüberschreitende Spaltung (Spaltungsplan) zu erstellen, der zumindest folgende Angaben enthält:

1. Rechtsform, Firma und Sitz der Gesellschaft, welche die Spaltung vornimmt, sowie Rechtsform, Firma und Sitz, die für die aus der grenzüberschreitenden Spaltung hervorgehende neue Gesellschaft oder hervorgehenden neuen Gesellschaften vorgesehen sind;
2. das Umtauschverhältnis der Anteile und gegebenenfalls die Höhe der baren Zuzahlungen, die 10% des Nennwerts oder – bei Fehlen eines solchen – des rechnerischen Werts der Anteile nicht überschreiten dürfen;
3. die Einzelheiten der Übertragung der Anteile der begünstigten Gesellschaften bzw. der Gesellschaft, welche die Spaltung vornimmt;
4. den vorgesehenen indikativen Zeitplan für die grenzüberschreitende Spaltung;
5. die voraussichtlichen Auswirkungen der grenzüberschreitenden Spaltung auf die Beschäftigung, insbesondere auf die in der Gesellschaft beschäftigten Arbeitnehmer, die Beschäftigungslage und die Beschäftigungsbedingungen;
6. den Zeitpunkt, von dem an Anteile deren Inhabern das Recht auf Beteiligung am Gewinn gewähren, sowie alle Besonderheiten, die eine Auswirkung auf dieses Recht haben;
7. den Zeitpunkt oder die Zeitpunkte, von dem bzw. denen an die Handlungen der Gesellschaft, welche die Spaltung vornimmt, unter dem Gesichtspunkt der Rechnungslegung als

für Rechnung der begünstigten Gesellschaften vorgenommen gelten (Spaltungsstichtag);
8. etwaige besondere Vorteile, die den Mitgliedern des Vorstands, des Aufsichtsrats oder eines Kontrollorgans der Gesellschaft, welche die Spaltung vornimmt, gewährt werden;
9. die Rechte, welche die begünstigten Gesellschaften den mit Sonderrechten ausgestatteten Gesellschaftern der Gesellschaft, welche die Spaltung vornimmt, und den Inhabern von anderen Wertpapieren als Anteilen der Gesellschaft, welche die Spaltung vornimmt, gewähren, oder die für diese Personen vorgeschlagenen Maßnahmen;
10. soweit einschlägig die Errichtungsakte der begünstigten Gesellschaft und, falls sie Gegenstand eines gesonderten Aktes sind, die Satzungen und, im Falle einer Abspaltung oder Ausgliederung, etwaige Änderungen am Errichtungsakt der Gesellschaft, welche die Spaltung vornimmt;
11. gegebenenfalls Angaben zu dem Verfahren, nach dem die Einzelheiten für die Beteiligung von Arbeitnehmern an der Festlegung ihrer Mitbestimmungsrechte in den begünstigten Gesellschaften geregelt werden;
12. eine genaue Beschreibung der Gegenstände des Aktiv- und Passivvermögens der Gesellschaft, welche die Spaltung vornimmt, und Erklärung, wie diese Gegenstände des Aktiv- und Passivvermögens den begünstigten Gesellschaften zugeteilt werden sollen bzw. ob sie, im Fall einer Abspaltung oder Ausgliederung, bei der Gesellschaft, welche die Spaltung vornimmt, verbleiben sollen, einschließlich Vorschriften über die Behandlung von Gegenständen des Aktiv- und Passivvermögens, die im Plan für die grenzüberschreitende Spaltung nicht ausdrücklich zugeteilt werden, wie etwa Gegenstände des Aktivbzw. Passivvermögens, die zum Zeitpunkt der Erstellung des Plans für die grenzüberschreitende Spaltung nicht bekannt sind;
13. Angaben zur Bewertung des Aktiv- und Passivvermögens, das den einzelnen an der grenzüberschreitenden Spaltung beteiligten Gesellschaften zugeteilt werden soll;
14. den Stichtag der Jahresabschlüsse der Gesellschaft, welche die Spaltung vornimmt, die zur Festlegung der Bedingungen der grenzüberschreitenden Spaltung verwendet werden;
15. gegebenenfalls die Zuteilung an die Gesellschafter der Gesellschaft, welche die Spaltung vornimmt, von Anteilen der begünstigten Gesellschaften oder der Gesellschaft, welche die Spaltung vornimmt, oder von beiden, sowie den Aufteilungsmaßstab;
16. die Einzelheiten zum Angebot einer Barabfindung für Gesellschafter nach § 57;
17. etwaige Sicherheiten, die den Gläubigern angeboten werden, wie Garantien oder Zusagen.

Bei der Ausgliederung entfallen die Angaben gemäß Z 2, 3, 6, 9, 15 und 16.

(2) Die Gesellschaft hat auf den Spaltungsstichtag eine Schlussbilanz aufzustellen. Für sie gelten die Vorschriften des UGB über den Jahresabschluss und dessen Prüfung sinngemäß; sie muss nicht veröffentlicht werden. Die Schlussbilanz muss auf einen höchstens neun Monate vor der Anmeldung der beabsichtigten Spaltung liegenden Stichtag aufgestellt werden.

Kapitalerhaltung

§ 50. (1) Bei der Abspaltung zur Neugründung und der Ausgliederung darf das Nennkapital der übertragenden Gesellschaft nur herabgesetzt werden, wenn die Vorschriften über die ordentliche Kapitalherabsetzung eingehalten werden. Gebundene Rücklagen dürfen auf die begünstigten Gesellschaften nicht übertragen werden.

(2) Der tatsächliche Wert des Nettoaktivvermögens der übertragenden Gesellschaft muss nach Durchführung der Spaltung wenigstens der Höhe ihres Nennkapitals zuzüglich gebundener Rücklagen entsprechen; dies ist einer Prüfung zu unterziehen. Die aktienrechtlichen Bestimmungen über die Gründungsprüfung sind sinngemäß anzuwenden. Der Prüfer kann gleichzeitig Spaltungsprüfer sein.

Spaltungsbericht

§ 51. (1) Bei der Aufspaltung und Abspaltung zur Neugründung hat der Vorstand der übertragenden Gesellschaft einen Bericht für Gesellschafter und Arbeitnehmer (Spaltungsbericht) zu erstellen, in dem die rechtlichen und wirtschaftlichen Aspekte der grenzüberschreitenden Spaltung erläutert und begründet sowie ihre Auswirkungen auf die Arbeitnehmer erläutert werden. Dabei sind insbesondere die Auswirkungen der grenzüberschreitenden Spaltung auf die künftige Geschäftstätigkeit der Gesellschaften zu erläutern.

(2) Für den Spaltungsbericht gilt § 11 Abs. 2 bis 7 mit folgender Maßgabe sinngemäß:
1. Im Abschnitt für die Gesellschafter (§ 11 Abs. 3) sind auch das Umtauschverhältnis der Anteile und gegebenenfalls die Methode oder die Methoden zu erläutern, die benutzt wurde bzw. wurden, um das Umtauschverhältnis zu ermitteln.
2. Die Erläuterung der Rechte und Rechtsbehelfe für Gesellschafter (§ 11 Abs. 3 Z 3) hat sich auf die §§ 57, 59 und 60 zu beziehen.

Spaltungsprüfung

§ 52. (1) Bei der Aufspaltung und Abspaltung zur Neugründung hat ein unabhängiger Sachverständiger (Spaltungsprüfer) den Plan für die grenzüberschreitende Spaltung zu prüfen und einen Bericht für die Gesellschafter zu erstellen (Spaltungsprüfung).

(2) Der Bericht nach Abs. 1 hat jedenfalls eine Stellungnahme des Spaltungsprüfers zur Frage zu enthalten, ob die Barabfindung und das Umtauschverhältnis der Anteile angemessen sind. Bei der

Bewertung der Barabfindung und des Umtauschverhältnisses hat der Spaltungsprüfer einen etwaigen Marktpreis, den die Anteile an der Gesellschaft vor Ankündigung der geplanten Spaltung hatten, oder den nach allgemein anerkannten Bewertungsmethoden bestimmten Wert der Gesellschaft ohne die Auswirkungen der geplanten Spaltung zu berücksichtigen. Im Bericht ist zumindest anzugeben,
1. nach welcher Methode oder welchen Methoden die vorgeschlagene Barabfindung festgesetzt worden ist,
2. nach welcher Methode oder welchen Methoden das vorgeschlagene Umtauschverhältnis der Anteile bestimmt worden ist und
3. ob die verwendete Methode oder die verwendeten Methoden für die Bewertung der Barabfindung und des Umtauschverhältnisses der Anteile angemessen ist bzw. sind, und welcher Wert sich bei diesen Methoden ergibt; zugleich ist dazu Stellung zu nehmen, welche relative Bedeutung diesen Methoden bei der Bestimmung des zugrunde gelegten Wertes beigemessen wurde.

Gegebenenfalls ist auch zu beschreiben, welche besonderen Bewertungsschwierigkeiten aufgetreten sind.

(3) Im Übrigen ist § 12 Abs. 3 und 4 sinngemäß auf die Spaltungsprüfung anwendbar.

Prüfung durch den Aufsichtsrat

§ 53. Hat die übertragende Gesellschaft einen Aufsichtsrat, so gilt § 13 sinngemäß.

Information der Gesellschafter und der Arbeitnehmervertretung

§ 54. (1) Für die Information der Gesellschafter und der Arbeitnehmervertretung gilt § 14 mit folgender Maßgabe sinngemäß:
1. An die Stelle des Umwandlungsplans, des Umwandlungsberichts und des Berichts des Umwandlungsprüfers treten der Spaltungsplan, der Spaltungsbericht und der Bericht des Spaltungsprüfers.
2. Die Verpflichtung des Vorstands, die Gesellschafter in der Gesellschafterversammlung vor der Beschlussfassung über jede wesentliche Veränderung der Vermögens- oder Ertragslage der Gesellschaft, die zwischen der Aufstellung des Umwandlungsplans und dem Zeitpunkt der Beschlussfassung eingetreten ist, zu unterrichten, besteht insbesondere auch dann, wenn die Veränderung ein anderes Umtauschverhältnis oder eine andere Aufteilung der Anteile rechtfertigen würde.

Offenlegung

§ 55. Für die Offenlegung des Spaltungsplans und der Mitteilung an die Gesellschafter, die Gläubiger und die Arbeitnehmervertretung gilt § 15 sinngemäß.

Spaltungsbeschluss

§ 56. (1) Die grenzüberschreitende Spaltung wird nur wirksam, wenn die Gesellschafter dem Spaltungsplan zustimmen (Spaltungsbeschluss).

(2) Für die Fassung des Spaltungsbeschlusses gilt § 16 Abs. 2 bis 4 mit der Maßgabe sinngemäß, dass im Fall einer nicht verhältniswahrenden Spaltung im Sinne des § 8 Abs. 3 SpaltG die dort genannten Voraussetzungen einzuhalten sind.

Barabfindung

§ 57. (1) Jedem Gesellschafter der übertragenden Gesellschaft, der infolge der grenzüberschreitenden Spaltung Anteile an einer oder mehrerer Gesellschaften erwerben würde, die dem Recht eines anderen Mitgliedstaats unterliegen, steht gegenüber der übertragenden Gesellschaft oder einem Dritten, der eine Barabfindung angeboten hat (§ 49 Abs. 1 Z 16), das Recht auf angemessene Barabfindung gegen Hingabe seiner Anteile zu, wenn er gegen den Spaltungsbeschluss Widerspruch zur Niederschrift erklärt hat, vom Zeitpunkt der Beschlussfassung der Gesellschafterversammlung bis zur Geltendmachung des Rechts Gesellschafter war und auf das Recht nicht schriftlich oder in der Niederschrift zur Gesellschafterversammlung verzichtet hat. Wird die Barabfindung von einem Dritten angeboten, so haften Dritter und Gesellschaft als Gesamtschuldner. Die Gesellschaft hat auch eine elektronische Adresse für den Zugang von Annahmeerklärungen bekanntzugeben.

(2) Werden die Anteile der neuen Gesellschaften den Gesellschaftern der übertragenden Gesellschaft nicht in dem Verhältnis zugeteilt, das ihrer Beteiligung an der übertragenden Gesellschaft entspricht (nicht verhältniswahrende Spaltung), so steht jedem Gesellschafter der übertragenden Gesellschaft, der nicht zugestimmt hat, gegenüber der übertragenden Gesellschaft oder einem Dritten, der eine Barabfindung angeboten hat (§ 49 Abs. 1 Z 16), das Recht auf angemessene Barabfindung gegen Hingabe seiner Anteile zu, wenn er vom Zeitpunkt der Beschlussfassung der Gesellschafterversammlung bis zur Geltendmachung des Rechts Gesellschafter war und auf das Recht nicht schriftlich oder in der Niederschrift zur Gesellschafterversammlung verzichtet hat. Wird die Barabfindung von einem Dritten angeboten, so haften Dritter und Gesellschaft als Gesamtschuldner.

(3) Das Angebot kann gleichzeitig mit dem Widerspruch zur Niederschrift in der Gesellschafterversammlung angenommen werden; andernfalls muss die Annahmeerklärung der übertragenden Gesellschaft oder dem Dritten schriftlich oder in Textform (§ 13 Abs. 2 AktG) binnen eines Monats nach dem Spaltungsbeschluss zugehen. Der Anspruch auf Barabfindung ist mit Eintragung der Spaltung bedingt, wird mit dieser Eintragung fällig und verjährt in drei Jahren. Die Verbindlichkeit geht auf die Gesellschaft über, der sie nach dem Spaltungsplan zugeteilt wurde; für die Haftung der anderen Gesellschaften gilt § 61 Abs. 2. Die Gesellschaft oder der Dritte hat die Kosten der Übertragung zu tragen. Für die Erfüllung der

Barabfindung einschließlich der Übertragungskosten ist den Abfindungsberechtigten Sicherheit zu leisten.

(4) Die Vorabbescheinigung nach § 62 Abs. 3 in Verbindung mit § 21 Abs. 6 darf erst ausgestellt werden, wenn die Barabfindungsansprüche der Gesellschafter ausreichend sichergestellt sind oder nachgewiesen wird, dass alle Gesellschafter auf die Barabfindung verzichtet haben.

(5) Einer anderweitigen Veräußerung der Anteile durch einen dem Spaltungsbeschluss widersprechenden Gesellschafter stehen nach Fassung des Spaltungsbeschlusses bis zum Ablauf der Frist für die Geltendmachung der Barabfindung satzungsgemäße Verfügungsbeschränkungen nicht entgegen.

Ausschluss von Anfechtungs- oder Nichtigkeitsklagen

§ 58. Der Spaltungsbeschluss kann nicht für nichtig erklärt werden und seine Nichtigkeit kann nicht festgestellt werden, weil die Anteilsaufteilung, die allfälligen baren Zuzahlungen oder das Angebot auf Barabfindung nicht angemessen festgelegt ist oder weil die von der Gesellschaft, ihren Organen oder den Spaltungsprüfern schriftlich oder mündlich gegebenen Erläuterungen der Anteilsaufteilung, der allfälligen baren Zuzahlungen oder des Barabfindungsangebots den gesetzlichen Bestimmungen nicht entsprechen.

Überprüfung der Barabfindung

§ 59. Gesellschafter, die das Barabfindungsangebot angenommen haben, können binnen eines Monats nach dem Spaltungsbeschluss bei Gericht den Antrag stellen, dass die Barabfindung überprüft und eine höhere Barabfindung festgelegt wird. Das Gericht hat den Antrag gemäß § 18 AktG bekannt zu machen. Gesellschafter, welche die Voraussetzungen gemäß § 225c Abs. 3 Z 1 AktG erfüllen, können binnen eines weiteren Monats nach dieser Bekanntmachung eigene Anträge stellen. Nach Ablauf dieser Frist sind Anträge weiterer Gesellschafter unzulässig; darauf ist in der Bekanntmachung hinzuweisen. Im Übrigen gelten für das Verfahren auf gerichtliche Überprüfung die §§ 225d bis 225m AktG, ausgenommen § 225e Abs. 2 und Abs. 3 und § 225j Abs. 2 AktG, sinngemäß.

Überprüfung der Anteilsaufteilung

§ 60. (1) Ist für einen Gesellschafter der übertragenden Gesellschaft die Anteilsaufteilung unter Berücksichtigung allfälliger barer Zuzahlungen nicht angemessen festgelegt, so hat dieser Gesellschafter einen Anspruch auf Ausgleich durch bare Zuzahlungen, wenn er vom Zeitpunkt der Beschlussfassung der Gesellschafterversammlung bis zur Geltendmachung des Rechts Gesellschafter war und auf das Recht nicht schriftlich oder in der Niederschrift zur Gesellschafterversammlung verzichtet hat.

(2) Der Anspruch gemäß Abs. 1 ist bei dem für die übertragende Gesellschaft zuständigen inländischen Gericht und gegen alle beteiligten Gesellschaften sowie gegebenenfalls auch gegen die übertragende Gesellschaft geltend zu machen. Das Gericht legt den oder die Abfindungsschuldner fest, wobei die Entscheidung für die übertragende und alle begünstigten Gesellschaften wirkt. Für die Überprüfung der Anteilsaufteilung sind im Übrigen die §§ 225c bis 225m AktG, ausgenommen § 225f, § 225i Abs. 1 und 2 AktG, sinngemäß anzuwenden.

Gläubigerschutz und Schutz sonstiger schuldrechtlich Beteiligter

§ 61. (1) Gläubiger der Gesellschaft können über die gemäß § 49 Abs. 1 Z 17 angebotenen Sicherheiten hinaus weitere Sicherheiten von der Gesellschaft verlangen. Wird diesem Verlangen nicht entsprochen, muss die Leistung der Sicherheit innerhalb von drei Monaten nach der Offenlegung des Spaltungsplans mit Klage gegen die Gesellschaft geltend gemacht werden. Der Gläubiger muss glaubhaft machen, dass seine Forderung entstanden ist, dass er keine Befriedigung verlangen kann und dass durch die Hinaus-Spaltung die Erfüllung seiner Forderung gefährdet wird. Wenn die Spaltung nicht wirksam wird, kann die Gesellschaft die Rückübertragung oder Auflösung der gewährten Sicherheiten verlangen.

(2) Für die bis zur Eintragung der Spaltung begründeten Verbindlichkeiten der übertragenden Gesellschaft, einschließlich Verbindlichkeiten aus späterer nicht gehöriger Erfüllung und aus späterer Rückabwicklung, haften neben der Gesellschaft, der die Verbindlichkeit nach dem Spaltungsplan zugeordnet wird, die übrigen an der Spaltung beteiligten Gesellschaften bis zur Höhe des ihnen jeweils am Tag des Wirksamwerdens der Spaltung zugeordneten Nettoaktivvermögens als Gesamtschuldner.

(3) Den Inhabern von Schuldverschreibungen und Genussrechten sind gleichwertige Rechte zu gewähren oder, wenn dies nicht möglich ist, die Änderung der Rechte oder das Recht selbst nach Wahl des Rechtsinhabers angemessen abzugelten.

(4) Die Vorabbescheinigung darf erst ausgestellt werden, wenn allen Gläubigern, die nach Abs. 1 Sicherheitsleistung verlangt und gegebenenfalls eingeklagt haben, eine angemessene Sicherheit geleistet wurde, und sichergestellt ist, dass den Inhabern von Rechten nach Abs. 3 gleichwertige Rechte gewährt oder die Änderung der Rechte oder das Recht selbst angemessen abgegolten wurde.

Anmeldung und Eintragung der beabsichtigten Spaltung, Ausstellung der Vorabbescheinigung

§ 62. (1) Der Vorstand der übertragenden Gesellschaft hat die beabsichtigte Spaltung zur Eintragung beim Gericht, in dessen Sprengel diese Gesellschaft ihren Sitz hat, anzumelden.

(2) Der Anmeldung sind in Urschrift, Ausfertigung oder beglaubigter Abschrift beizufügen:
1. die Niederschrift des Spaltungsbeschlusses samt dem Spaltungsplan;

2. wenn die Spaltung einer behördlichen Genehmigung bedarf, die Genehmigungsurkunde;
3. der Spaltungsbericht, gegebenenfalls die Stellungnahme nach § 54 in Verbindung mit § 14 Abs. 8;
4. der Bericht des Spaltungsprüfers;
5. etwaige nach § 55 in Verbindung mit § 15 Abs. 1 Z 2 übermittelte Bemerkungen;
6. die Schlussbilanz der Gesellschaft;
7. der Nachweis der Offenlegung des Spaltungsplans;
8. der Nachweis der Sicherstellung der Barabfindung widersprechender Gesellschafter (§ 57 Abs. 3);
9. der Prüfbericht gemäß § 50 Abs. 2;
10. der Nachweis der Sicherstellung der Gläubiger (§ 61) und die Erklärung, dass andere als die befriedigten oder sichergestellten Gläubiger innerhalb der Frist des § 61 Abs. 1 keine Klage auf Sicherheitsleistung erhoben haben.

(3) § 21 Abs. 3 bis 11 gilt sinngemäß.

(4) Sobald die Register der Mitgliedstaaten aller begünstigten Gesellschaften über das System der Registervernetzung mitteilen, dass die begünstigten Gesellschaften eingetragen wurden, hat das Gericht die Durchführung der Spaltung unverzüglich einzutragen. Bei der Abspaltung zur Neugründung sind die Eintragungsnummern, Firmen und Rechtsformen der begünstigten Gesellschaften anzugeben. Bei der Aufspaltung zur Neugründung hat das Gericht die übertragende Gesellschaft zu löschen, wobei neben den Angaben zu den begünstigten Gesellschaften auch der Tag der Löschung der Gesellschaft und die Tatsache, dass die Löschung infolge einer grenzüberschreitenden Spaltung erfolgte, anzugeben sind.

Wirkungen der Eintragung der Spaltung

§ 63. (1) Mit Eintragung der Durchführung der Spaltung bei der übertragenden Gesellschaft wird die Spaltung wirksam.

(2) Mit der Wirksamkeit treten bei der Aufspaltung zur Neugründung folgende Rechtswirkungen ein:
1. Das gesamte Aktiv- und Passivvermögen der übertragenden Gesellschaft, einschließlich aller Verträge, Kredite, Rechte und Pflichten, geht gemäß der im Spaltungsplan aufgeführten Zuteilung auf die begünstigten Gesellschaften über.
2. Die Gesellschafter der übertragenden Gesellschaft werden gemäß der im Spaltungsplan aufgeführten Zuteilung der Anteile Gesellschafter der begünstigten Gesellschaften, es sei denn, sie haben ihre Anteile nach § 57 Abs. 1 veräußert.
3. Die am Tag des Wirksamwerdens der grenzüberschreitenden Spaltung bestehenden Rechte und Pflichten der übertragenden Gesellschaft aus Arbeitsverträgen oder -verhältnissen gehen auf die begünstigten Gesellschaften über.
4. Die übertragende Gesellschaft erlischt.

(3) Mit der Wirksamkeit treten bei der Abspaltung zur Neugründung folgende Rechtswirkungen ein:
1. Ein Teil des Aktiv- und Passivvermögens der übertragenden Gesellschaft, einschließlich Verträge, Kredite, Rechte und Pflichten, geht gemäß der im Spaltungsplan aufgeführten Zuteilung auf die begünstigte Gesellschaft bzw. die begünstigten Gesellschaften über, und der restliche Teil verbleibt gemäß demselben Plan bei der übertragenden Gesellschaft.
2. Zumindest einige der Gesellschafter der übertragenden Gesellschaft werden gemäß der im Spaltungsplan aufgeführten Zuteilung der Anteile Gesellschafter der begünstigten Gesellschaft bzw. der begünstigten Gesellschaften, und zumindest einige der Gesellschafter bleiben Gesellschafter der übertragenden Gesellschaft oder sie werden Gesellschafter in beiden, es sei denn, diese Gesellschafter haben ihre Anteile nach § 57 Abs. 1 veräußert
3. Die am Tag des Wirksamwerdens der grenzüberschreitenden Spaltung bestehenden Rechte und Pflichten der übertragenden Gesellschaft aus Arbeitsverträgen oder -verhältnissen, die gemäß dem Spaltungsplan der begünstigten Gesellschaft bzw. den begünstigten Gesellschaften zugeteilt wurden, gehen auf die jeweilige begünstigte Gesellschaft bzw. die begünstigten Gesellschaften über.
4. Im Spaltungsplan vorgesehen Änderungen der Satzung der übertragenden Gesellschaft werden wirksam.

(4) Mit der Wirksamkeit treten bei der Ausgliederung folgende Rechtswirkungen ein:
1. Ein Teil des Aktiv- und Passivvermögens der übertragenden Gesellschaft einschließlich Verträge, Kredite, Rechte und Pflichten, geht gemäß der im Spaltungsplan aufgeführten Zuteilung auf die begünstigten Gesellschaften über, und der restliche Teil verbleibt gemäß demselben Plan bei der übertragenden Gesellschaft.
2. Die Anteile an der begünstigten Gesellschaft bzw. den begünstigten Gesellschaften werden der übertragenden Gesellschaft zugeteilt.
3. Die am Tag des Wirksamwerdens der grenzüberschreitenden Spaltung bestehenden Rechte und Pflichten der übertragenden Gesellschaft aus Arbeitsverträgen oder -verhältnissen, die gemäß dem Spaltungsplan der begünstigten Gesellschaft bzw. den begünstigten Gesellschaften zugeteilt wurden, gehen auf die jeweilige begünstigte Gesellschaft bzw. die jeweiligen begünstigten Gesellschaften über.

4. Im Spaltungsplan vorgesehene Änderungen der Satzung der übertragenden Gesellschaft werden wirksam.

(5) Ist ein Gegenstand des Aktiv- oder Passivvermögens der übertragenden Gesellschaft im Spaltungsplan nicht ausdrücklich zugeteilt und ermöglicht auch die Auslegung des Plans keine Entscheidung über die Zuteilung, so wird dieser Gegenstand oder sein Gegenwert auf alle begünstigten Gesellschaften – bzw. im Fall einer Abspaltung oder einer Ausgliederung auf alle begünstigten Gesellschaften und die übertragende Gesellschaft – anteilig im Verhältnis zu dem nach dem Spaltungsplan auf sie entfallenden Nettoaktivvermögen übertragen.

(6) Schreibt das Recht eines Mitgliedstaats im Fall einer grenzüberschreitenden Spaltung die Erfüllung besonderer Formalitäten vor, bevor die Übertragung bestimmter von der übertragenden Gesellschaft eingebrachter Vermögensgegenstände, Rechte und Verbindlichkeiten gegenüber Dritten wirksam wird, so sind diese Formalitäten von der übertragenden Gesellschaft bzw. von den begünstigten Gesellschaften zu erfüllen.

(7) Anteile einer begünstigten Gesellschaft können nicht gegen Anteile der übertragenden Gesellschaft getauscht werden, die entweder von dieser Gesellschaft selbst oder von einer zwar im eigenen Namen, jedoch für Rechnung dieser Gesellschaft handelnden Person gehalten werden.

(8) Nach der Eintragung der Spaltung in das Firmenbuch ist eine Klage auf Anfechtung des Spaltungsbeschlusses der übertragenden Gesellschaft oder auf Ersatz des Schadens, der dem Kläger aus der auf dem Beschluss beruhenden Eintragung der Spaltung im Firmenbuch entstanden ist, gegen die begünstigten Gesellschaften zu richten, bei der Abspaltung gegen alle beteiligten Gesellschaften.

(9) Für den Umtausch der Aktien der übertragenden Gesellschaft gilt § 67 AktG, bei Zusammenlegung von Aktien § 179 AktG über die Kraftloserklärung von Aktien sinngemäß; einer Genehmigung des Gerichts bedarf es nicht.

3. Abschnitt
Herein-Spaltung

Anwendungsbereich

§ 64. Dieser Abschnitt gilt für Herein-Spaltungen (§ 47 Z 7).

Anwendung des Gründungsrechts

§ 65. (1) Auf die begünstigten Gesellschaften sind die für deren jeweilige Rechtsform geltenden Gründungsvorschriften sinngemäß anzuwenden, soweit sich aus diesem Bundesgesetz nichts anderes ergibt. Als Gründer ist die übertragende Gesellschaft anzusehen.

(2) Der Hergang der Gründung der begünstigten Gesellschaften ist einer Prüfung zu unterziehen. Die aktienrechtlichen Bestimmungen über die Gründungsprüfung sind sinngemäß anzuwenden. Der Prüfer kann gleichzeitig Spaltungsprüfer sein. Der Gründungsbericht gemäß § 24 AktG entfällt.

Anmeldung und Eintragung der begünstigten Gesellschaft

§ 66. (1) Der Vorstand der übertragenden Gesellschaft hat die Spaltung und die Errichtung der jeweiligen begünstigten Gesellschaft bei dem Gericht, in dessen Sprengel die begünstigte Gesellschaft ihren Sitz haben soll, anzumelden.

(2) Der Anmeldung sind in Urschrift, Ausfertigung oder beglaubigter Abschrift beizufügen:
1. die Niederschrift des Spaltungsbeschlusses samt dem Spaltungsplan;
2. wenn die Spaltung einer behördlichen Genehmigung bedarf, die Genehmigungsurkunde;
3. der Spaltungsbericht, gegebenenfalls die Stellungnahme nach § 54 in Verbindung mit § 14 Abs. 8;
4. der Bericht des Spaltungsprüfers;
5. etwaige nach § 55 in Verbindung mit § 15 Abs. 1 Z 2 übermittelte Bemerkungen;
6. die Schlussbilanz der übertragenden Gesellschaft;
7. der Nachweis der Offenlegung des Spaltungsplans;
8. die nach den Gründungsvorschriften für die Eintragung der neuen Gesellschaft erforderlichen weiteren Urkunden.

(3) Weiters haben sämtliche Mitglieder des Vorstands der übertragenden Gesellschaft dem Gericht gegenüber zu erklären,
1. dass eine Klage auf Anfechtung oder Feststellung der Nichtigkeit des Spaltungsbeschlusses innerhalb eines Monats nach der Beschlussfassung nicht erhoben oder zurückgezogen worden ist oder dass alle Gesellschafter durch notariell beurkundete Erklärung auf eine solche Klage verzichtet haben;
2. dass kein Umstand gemäß § 3 vorliegt.

Können diese Erklärungen nicht vorgelegt werden, so hat das Gericht gemäß § 19 FBG vorzugehen.

(4) Der Anmeldung der Spaltung zur Eintragung im Firmenbuch sind die Nachweise beizuschließen, dass die allenfalls erforderlichen Verhandlungen mit den Arbeitnehmervertretern über die Beteiligung der Arbeitnehmer ordnungsgemäß geführt und abgeschlossen wurden, gegebenenfalls die Vereinbarung über die Beteiligung der Arbeitnehmer, oder, wenn keine Vereinbarung zustande gekommen ist oder das besondere Verwaltungsgremium beschließt, keine Verhandlungen zu eröffnen oder die bereits eröffneten Verhandlungen abbricht, dass die entsprechenden Auffangregelungen nach § 269 Abs. 2 oder 3 ArbVG angewendet wurden.

(5) Das Gericht hat zu prüfen, ob die Spaltung ordnungsgemäß durchgeführt wurde, insbesondere ob die anwendbaren Gründungsvorschriften eingehalten wurden und gegebenenfalls ob die erforderlichen Verhandlungen mit den Arbeitnehmer-

vertretern über die Beteiligung der Arbeitnehmer in der Gesellschaft ordnungsgemäß geführt und abgeschlossen wurden. Die der Spaltung vorangehenden Rechtshandlungen und Formalitäten gelten als ordnungsgemäß durchgeführt, wenn eine gültige Vorabbescheinigung der zuständigen Stelle des Wegzugsmitgliedstaats vorliegt.

(6) Wurde die Spaltung ordnungsgemäß durchgeführt, so hat das Gericht die begünstigte Gesellschaft einzutragen. Dabei sind die bei der Gründung erforderlichen Eintragungen zu machen. Darüber hinaus ist unter Nennung der Firmen aller übrigen beteiligten Gesellschaften unter Hinweis auf ihre Firmenbuchnummern anzugeben, dass die Eintragung der Gesellschaft aufgrund einer grenzüberschreitenden Spaltung erfolgt. In der Eintragung ist aufzunehmen, dass die begünstigte Gesellschaft erst entsteht, wenn die Spaltung nach dem auf die übertragende Gesellschaft anwendbaren Recht wirksam wird.

Wirkungen der Eintragung der Spaltung

§ 67. (1) Wann die Spaltung wirksam wird, richtet sich nach dem Recht des Mitgliedstaats der übertragenden Gesellschaft. Mit diesem Zeitpunkt entsteht die begünstigte Gesellschaft und es gilt § 63 Abs. 1 bis 8 mit Ausnahme der Vorschriften, die bloß die übertragende Gesellschaft betreffen.

(2) Sobald das Register des Mitgliedstaats der übertragenden Gesellschaft dem Gericht über das System der Registervernetzung mitteilt, dass die Spaltung wirksam geworden ist, ist unverzüglich einzutragen, dass die begünstigte Gesellschaft entstanden ist. Soweit möglich, ist das Datum des Wirksamwerdens der Spaltung in die Eintragung aufzunehmen.

5. Hauptstück
Schlussbestimmungen

Verweisungen

§ 68. Soweit in diesem Bundesgesetz auf Bestimmungen anderer Bundesgesetze verwiesen wird, sind diese in ihrer jeweils geltenden Fassung anzuwenden.

Sprachliche Gleichbehandlung

§ 69. Die in diesem Bundesgesetz auf natürliche Personen bezogenen Bezeichnungen beziehen sich auf alle Geschlechter.

In- und Außerkrafttreten

§ 70. (1) Dieses Bundesgesetz tritt mit 1. August 2023 in Kraft.

(2) Das Bundesgesetz über die grenzüberschreitende Verschmelzung von Kapitalgesellschaften in der Europäischen Union (EU-Verschmelzungsgesetz – EU-VerschG), BGBl. I Nr. 72/2007 in der Fassung des Bundesgesetzes BGBl. I Nr. 107/2017, tritt mit Ablauf des 31. Juli 2023 außer Kraft.

Vollziehung

§ 71. Mit der Vollziehung dieses Bundesgesetzes ist die Bundesministerin für Justiz betraut.

4. UStG

4. UMSATZSTEUER

Inhaltsverzeichnis

4/1. **Umsatzsteuergesetz 1994** .... Seite 509
4/2. **Sonstige Gesetze**
    4/2/1. **Begleitmaßnahmen zum UStG 1994**, BGBl 1995/21 (Art XIV) .... Seite 593
    4/2/2. **BGBl 1972/224** (Art XII Z 3) .... Seite 594
    4/2/3. **Bundesgesetz über die internationale Steuervergütung**, BGBl I 2003/71 (BudgetbegleitG 2003, Art 43) idF
        1 BGBl I 2004/180 (AbgÄG 2004)   **2** BGBl I 2021/3 (COVID-19-StMG)
        3 BGBl I 2021/54 .... Seite 594
    4/2/4. **Gesundheits- und Sozialbereich-Beihilfengesetz**, BGBl 1996/746 (Art I) idF
        1 BGBl I 1998/62   **2** BGBl I 1999/28
        3 BGBl I 1999/106 (StRefG 2000)   **4** BGBl I 2000/142 (BudgetbegleitG 2001)
        5 BGBl I 2003/71 (BudgetbegleitG 2003)   **6** BGBl I 2004/105 (SRÄG 2004)
        7 BGBl I 2004/180 (AbgÄG 2004)   **8** BGBl I 2008/140 (2. AbgÄG 2008)
        9 BGBl I 2010/34 (AbgÄG 2010)   **10** BGBl I 2011/56
        11 BGBl I 2012/22 (1. StabG 2012)   **12** BGBl I 2014/40 (BudBG)
        13 BGBl I 2015/17   **14** BGBl I 2016/116
        15 BGBl I 2017/17   **16** BGBl I 2018/62 (JStG 2018)
        17 BGBl I 2019/104 (FORG)   **18** BGBl I 2023/110 (AbgÄG 2023) .. Seite 597
    4/2/5. **Durchführungsverordnung (EU) Nr. 282/2011** des Rates vom 15. März 2011 zur Festlegung von Durchführungsvorschriften zur Richtlinie 2006/112/EG über das **gemeinsame Mehrwertsteuersystem**, ABl L 2011/77 idF
        1 VO (EU) 967/2012   **2** DVO (EU) 1042/2013
        3 DVO (EU) 2017/2459   **4** DVO (EU) 2018/1912
        5 DVO (EU) 2019/2026   **6** DVO (EU) 2020/1112
        7 DVO (EU) 2022/432 .... Seite 600
4/3. **Verordnungen**
    4/3/1. Verordnung betreffend die **Datenübermittlung zur Steuervergütung** an ausländische Vertretungsbehörden und ihre im diplomatischen und berufskonsularischen Rang stehenden Mitglieder, BGBl II 2003/613 idF
        1 BGBl II 2013/451   **2** BGBl II 2021/7 .... Seite 635
    4/3/2. Verordnung zu den Beihilfen- und Ausgleichsprozentsätzen, die im Rahmen des **Gesundheits- und Sozialbereich-Beihilfengesetzes (GSBG 1996)** anzuwenden sind, BGBl II 1997/56 idF
        1 BGBl II 1998/279   **2** BGBl II 2003/498
        3 BGBl II 2005/90   **4** BGBl II 2013/42
        5 BGBl II 2020/579 .... Seite 636
    4/3/3. **§ 3a Abs. 10:** Verordnung über die Verlagerung des Ortes der sonstigen Leistung bei **Telekommunikationsdiensten sowie Rundfunk- und Fernsehdienstleistungen**, BGBl II 2003/383 idF BGBl II 2009/221 .... Seite 637
    4/3/4. **§ 3a Abs. 13:** Verordnung über die Verlagerung des Ortes der sonstigen Leistung bei der **Vermietung von Beförderungsmitteln**, BGBl 1996/5 ... Seite 638
    4/3/5. **§ 3a Abs. 13:** Verordnung über die Verlagerung des Ortes der sonstigen Leistung bei der **Gestellung von Personal**, BGBl II 1998/218 .... Seite 638
    4/3/6. **§ 3a Abs. 16:** Verordnung über die Verlagerung des Ortes der sonstigen Leistung bei **bestimmten Umsätzen**, BGBl II 2010/173 .... Seite 639
    4/3/7. **§ 6 Abs. 1 Z 6:** Verordnung betreffend die nähere Regelung der Bescheinigung der Voraussetzungen für die Steuerfreiheit der Lieferung von Kraftfahrzeugen und der Vermietung von Grundstücken an **ausländische Vertretungsbehörden** und deren im diplomatischen oder berufskonsularischen Rang stehende Mitglieder, BGBl II 2003/581 .... Seite 639
    4/3/8. **§ 6 Abs. 1 Z 11 lit. a:** Verordnung über das Vorliegen einer vergleichbaren Zielsetzung bei Bildungsleistungen (**Umsatzsteuer-Bildungsleistungsverordnung, UStBLV**), BGBl II 2018/214 idF BGBl II 2020/614 .... Seite 640

4. UStG

4/3/9.	§ 11 Abs. 2: Verordnung, mit der die Anforderungen an eine elektronische Rechnung bestimmt werden (**E-Rechnung-UStV**), BGBl II 2003/583 idF 1 BGBl II 2010/175 2 BGBl II 2012/516 3 BGBl II 2016/382	Seite	641
4/3/10.	§ 11 Abs. 15: Verordnung betreffend den Entfall der Verpflichtung zur **Ausstellung von Rechnungen**, BGBl II 2004/279	Seite	641
4/3/11.	§ 12 Abs. 1: Verordnung betreffend die umsatzsteuerliche Behandlung der Lieferungen und des Vorsteuerabzuges (Einfuhrumsatzsteuer) **ausländischer Unternehmer**, BGBl II 2003/584	Seite	642
4/3/12.	§ 12 Abs. 2 Z 2 lit. b: Verordnung über die steuerliche Einstufung von Fahrzeugen als **Personenkraftwagen und Kleinbusse**, BGBl II 2002/193	Seite	643
4/3/13.	§ 14 Abs. 1: Durchschnittssätze für die Ermittlung der abziehbaren Vorsteuerbeträge bei **bestimmten Gruppen von Unternehmern**, BGBl 1983/627 idF 1 BGBl II 1997/6 2 BGBl II 2001/416	Seite	644
4/3/14.	§ 14 Abs. 1 Z 2: Verordnung über die Aufstellung eines Durchschnittssatzes für die Ermittlung der abziehbaren Vorsteuerbeträge bei Umsätzen aus dem Einstellen von fremden Pferden (**PferdePauschV**), BGBl II 2014/48 idF 1 BGBl II 2014/159 2 BGBl II 2020/247	Seite	651
4/3/15.	§ 18 Abs. 11 und § 27 Abs. 1: Verordnung, mit der Aufzeichnungs- und Sorgfaltspflichten im Bereich des E-Commerce und des Versandhandels bestimmt werden (Sorgfaltspflichten-Umsatzsteuerverordnung – **Sorgfaltspflichten-UStV**), BGBl II 2019/315 idF BGBl II 2021/6..........	Seite	652
4/3/16.	§ 18a Abs. 8 Z 5: Verordnung über die **elektronische Übermittlung von Aufzeichnungen** gemäß § 18a des Umsatzsteuergesetzes 1994, BGBl II 2023/265	Seite	654
4/3/17.	§ 19 Abs. 1d: Verordnung betreffend die Umsätze von **Abfallstoffen**, für die die Steuerschuld auf den Leistungsempfänger übergeht (Schrott-Umsatzsteuerverordnung – **Schrott-UStV**), BGBl II 2007/129 idF BGBl II 2012/320	Seite	655
4/3/18.	§ 19 Abs. 1d: Verordnung betreffend Umsätze, für welche die Steuerschuld zur Bekämpfung des Umsatzsteuerbetrugs auf den Leistungsempfänger übergeht (**Umsatzsteuerbetrugsbekämpfungsverordnung – UStBBKV**), BGBl II 2013/369 idF BGBl II 2014/120	Seite	657
4/3/19.	§ 21 Abs. 1: Verordnung betreffend die Abstandnahme von der **Verpflichtung zur Abgabe von Voranmeldungen**, BGBl II 1998/206 idF 1 BGBl II 2002/462 2 BGBl II 2010/171 3 BGBl II 2013/40 4 BGBl II 2019/313	Seite	658
4/3/20.	§ 21 Abs. 9: Verordnung, mit der ein eigenes Verfahren für die **Erstattung der abziehbaren Vorsteuern an ausländische Unternehmer** geschaffen wird, BGBl 1995/279 idF 1 BGBl II 2001/416 2 BGBl II 2003/384 3 BGBl II 2009/222 4 BGBl II 2010/174 5 BGBl II 2010/389 6 BGBl II 2014/158 7 BGBl II 2020/579 8 BGBl II 2021/16	Seite	658
4/3/21.	§ 21 Abs. 10: Schätzungsrichtlinien für die Ermittlung der Höhe des **Eigenverbrauchs bei bestimmten Unternehmern**, BGBl 1983/628 idF BGBl 1985/499	Seite	661
4/3/22.	§ 28: Umsatzsteuerentlastung bei **Hilfsgüterlieferungen ins Ausland**, BGBl 1992/787 idF 1 BGBl 1993/276 2 BGBl 1993/850	Seite	662
4/3/23.	Art. 7: Verordnung über den Nachweis der Beförderung oder Versendung und den **Buchnachweis bei innergemeinschaftlichen Lieferungen**, BGBl 1996/401 idF BGBl II 2010/172	Seite	663
4/3/24.	Art. 27 Abs. 2: Verordnung betreffend die Meldepflicht der **innergemeinschaftlichen Lieferung neuer Fahrzeuge**, BGBl II 2003/308	Seite	665

4. UStG

Hinweise:

Verordnung betreffend ein Verzeichnis jener **Goldmünzen**, die die Kriterien der Steuerbefreiung gemäß § 6 Abs 1 Z 8 lit j Umsatzsteuergesetz 1994 im Kalenderjahr 2024 jedenfalls erfüllen, BGBl II 2024/27, nicht abgedruckt.

Verordnungen, die auch **Durchschnittssätze für Vorsteuern** regeln, sind bei den Verordnungen zu § 17 EStG abgedruckt.

4/1. UStG

4/1. Umsatzsteuergesetz 1994

Umsatzsteuergesetz 1994, BGBl 1994/663 idF

1 BGBl 1994/819	2 BGBl 1995/21	3 BGBl 1995/831
4 BGBl 1996/201 (StrukturAnpG 1996)	5 BGBl 1996/756	6 BGBl I 1997/123
7 BGBl I 1998/9 (AbgÄG 1997)	8 BGBl I 1998/79	9 BGBl I 1998/126
10 BGBl I 1999/28 (AbgÄG 1998)	11 BGBl I 1999/106 (StRefG 2000)	12 BGBl I 2000/29
13 BGBl I 2000/142 (BudgetbegleitG 2001)	14 BGBl I 2001/47 (BudgetbegleitG 2002)	15 BGBl I 2001/59 (EuroStUG 2001)
16 BGBl I 2001/144 (AbgÄG 2001)	17 BGBl I 2002/56	18 BGBl I 2002/100
19 BGBl I 2002/132 (2. AbgÄG 2002)	20 BGBl I 2003/10	21 BGBl I 2003/71 (BudgetbegleitG 2003)
22 BGBl I 2003/134	23 BGBl I 2004/27	24 BGBl I 2004/180 (AbgÄG)
25 BGBl I 2005/103 (WuBG 2005)	26 BGBl I 2005/105 (ABÄG)	27 BGBl I 2006/101 (KMU-FG 2006)
28 BGBl I 2007/24 (BudBG 2007)	29 BGBl I 2007/45 (RK-Nov. 2007)	30 BGBl I 2007/99 (AbgSiG 2007)
31 BGBl I 2008/132	32 BGBl I 2008/140 (2. AbgÄG 2008)	33 BGBl I 2009/52 (BudBG 2009)
34 BGBl I 2009/135 (EPG)	35 BGBl I 2010/34 (AbgÄG 2010)	36 BGBl I 2010/54 (GSpG-Nov 2008)
37 BGBl I 2010/111 (BudBG 2011)	38 BGBl I 2011/76 (AbgÄG 2011)	39 BGBl I 2012/22 (1. StabG 2012)
40 BGBl I 2012/112 (AbgÄG 2012)	41 BGBl I 2013/63	42 BGBl I 2014/13 (AbgÄG 2014)
43 BGBl I 2014/40 (BudBG)	44 BGBl I 2015/118 (StRefG 2015/16)	45 BGBl I 2015/163 (AbgÄG 2015)
46 BGBl I 2016/117 (AbgÄG 2016)	47 BGBl I 2017/106 (MiFiGG 2017)	48 BGBl I 2018/12
49 BGBl I 2018/62 (JStG 2018)	50 BGBl I 2019/91 (AbgÄG 2020)	51 BGBl I 2019/103 (StRefG 2020)
52 BGBl I 2019/104 (FORG)	53 BGBl I 2020/44 (18. COVID-19-Gesetz)	54 BGBl I 2020/48 (19. COVID-19-Gesetz)
55 BGBl I 2020/60	56 BGBl I 2021/3 (COVID-19-StMG)	57 BGBl I 2021/52 (2. COVID-19-StMG)
58 BGBl I 2021/112	59 BGBl I 2021/227	60 BGBl I 2022/10 (ÖkoStRefG 2022)
61 BGBl I 2022/108 (AbgÄG 2022)	62 BGBl I 2022/163 (Teuerungs-EP II)	63 BGBl I 2022/194
64 BGBl I 2023/106 (CESOP-UG 2023)	65 BGBl I 2023/110 (AbgÄG 2023)	66 BGBl I 2023/152 (BudBG 2024)
67 BGBl I 2023/201		

GLIEDERUNG

- § 1. Steuerbare Umsätze
- § 2. Unternehmer, Unternehmen
- § 3. Lieferung
- § 3a. Sonstige Leistung
- § 4. Bemessungsgrundlage für die Lieferungen, sonstigen Leistungen und den Eigenverbrauch
- § 5. Bemessungsgrundlage für die Einfuhr
- § 6. Steuerbefreiungen
- § 7. Ausfuhrlieferung
- § 8. Lohnveredlung an Gegenständen der Ausfuhr
- § 9. Umsätze für die Seeschiffahrt und für die Luftfahrt
- § 10. Steuersätze
- § 11. Ausstellung von Rechnungen
- § 12. Vorsteuerabzug
- § 13. Vorsteuerabzug bei Reisekosten
- § 14. Vorsteuerabzug nach Durchschnittssätzen
- § 15. Erleichterungen bei der Aufteilung der Vorsteuerbeträge

4/1. UStG

§ 16.	Änderung der Bemessungsgrundlage
§ 17.	Besteuerung nach vereinnahmten Entgelten
§ 18.	Aufzeichnungspflichten und buchmäßiger Nachweis
§ 18a.	Aufzeichnungs-, Mitteilungs- und Aufbewahrungspflichten für Zahlungsdienstleister
§ 19.	Steuerschuldner, Entstehung der Steuerschuld
§ 20.	Veranlagungszeitraum und Einzelbesteuerung
§ 21.	Voranmeldung und Vorauszahlung, Veranlagung: Antrag auf Erstattung von Vorsteuerbeträgen in einem anderen Mitgliedstaat
§ 22.	Besteuerung der Umsätze bei land- und forstwirtschaftlichen Betrieben
§ 23.	Besteuerung von Reiseleistungen
§ 24.	Differenzbesteuerung
§ 24a.	Sonderregelung für Anlagegold
§ 24b.	Zoll- und Steuerlager
§ 25.	Besondere Besteuerungsformen
§ 25a.	Sonderregelung für Drittlandsunternehmer, die elektronische: Dienstleistungen an Nichtunternehmer erbringen
§ 25b.	Sonderregelung für Einfuhr-Versandhandel
§ 26.	Sondervorschriften für die Einfuhrumsatzsteuer
§ 26a.	Sonderregelungen für die Erklärung und Entrichtung der Steuer bei der Einfuhr
§ 27.	Besondere Aufsichtsmaßnahmen zur Sicherung des Steueranspruches
§ 28.	Allgemeine Übergangsvorschriften
§ 29.	Zeitlich begrenzte Fassungen einzelner Gesetzesvorschriften
§ 30.	Umstellung langfristiger Verträge
§ 31.	Vollziehung

Anlage
Anhang (Binnenmarkt)

Art. 1.	Innergemeinschaftlicher Erwerb
Art. 1a.	Konsignationslagerregelung
Art. 2.	Fahrzeuglieferer
Art. 3.	Lieferung
Art. 3a.	Sonstige Leistung
Art. 4.	Bemessungsgrundlage
Art. 6.	Steuerbefreiungen
Art. 7.	Innergemeinschaftliche Lieferung
Art. 11.	Ausstellung von Rechnungen in besonderen Fällen
Art. 12.	Vorsteuerabzug
Art. 18.	Aufzeichnungspflichten
Art. 19.	Steuerschuldner, Entstehung der Steuerschuld
Art. 20a.	Veranlagungszeitraum und Einzelbesteuerung
Art. 21.	Voranmeldung und Vorauszahlung, Veranlagung
Art. 24.	Innergemeinschaftlicher Warenverkehr mit Gebrauchtgegenständen, Kunstgegenständen, Sammlungsstücken und Antiquitäten
Art. 24a.	Sonderregelung für Anlagegold
Art. 24b.	Zoll- und Steuerlager
Art. 25.	Dreiecksgeschäft
Art. 27.	Besondere Aufsichtsmaßnahmen zur Sicherung des Steueranspruchs
Art. 28.	Umsatzsteuer-Identifikationsnummer

STICHWORTVERZEICHNIS

A

Abfuhrverpflichtung, ausländischer Unternehmer § 7 (4)
Abholung
 – Ausfuhrnachweis § 7 (6)
 – durch ausländische Abnehmer § 7 (4)
 – durch ausländischen Abnehmer, Lohnveredelung § 8 (3)
 – Vertrauensschutz Art 7 (4)
Abnehmer, ig Lieferung Art 7 (1)
 – Versandhandel Art 3 (4)
Abrechnungen § 11 (2)
Abwasserbeseitigung, ermäßigter Steuersatz § 10 (2) Z 7
abweichendes Wirtschaftsjahr § 20 (3)
AIF-Sondervermögen Verwaltung, Steuerbefreiungen § 6 (1) Z 8
Altersheime, Steuerbefreiung § 6 (1) Z 18
Änderung der Bemessungsgrundlage § 16
Änderung der Bemessungsgrundlage, Zusammenfassend Meldung Art 21 (8)

angeordneter Umsatz § 1 (1) Z 1
Anlagegold §§ 6 (1) Z 8, 24a
Anlagevermögen, Vorsteuerberichtigung § 12 (10 ff)
Antiquitäten
 – Bemessungsgrundlage § 4 (4)
 – Differenzbesteuerung § 24 (1 f)
 – ermäßigter Steuersatz § 10 (3) Z 1
 – ig Warenverkehr Art 24
Antrag, Umsatzsteuer-Identifikationsnummer Art 28 (1)
Anzahlungen § 28 (4)
Anzeigepflicht Art 28 (1)
Ärzte
 – Sondergebühren § 2 (6)
 – Steuerbefreiungen § 6 (1) Z 19
Aufbewahrungsfrist
 – Aufzeichnungen § 18 (10)
 – Rechnungen § 11 (2)
Aufsichtsräte, Befreiungen § 6 (1) Z 9
Aufzeichnungen

4/1. UStG

- Aufbewahrungsfrist § 18 (10)
- Durchschnittssatz § 18 (9)
- Eigenverbrauch § 18 (1)
- Einfuhr § 18 (1)
- elektronische Zurverfügungstellung § 18 (12)
- Entgelt und Steuerbetrag in einer Summe § 18 (4)
- Führen der Bücher § 18 (8)
- Plattformen § 18 (11)
- Reiseleistungen § 23 (9)
- Trennung der Entgelte nicht zumutbar § 18 (7)
- Trennung von Entgelten nach Steuersätzen § 18 (3)
- Zahlungsdienstleister § 18a

Aufzeichnungspflicht § 18, Art 18
- Differenzbesteuerung § 24 (11)

Ausfuhrbescheinigung § 7 (5)
Ausfuhrlieferung
- Ausfuhrbescheinigung § 7 (5)
- Ausfuhrnachweis § 7 (4)
- Beförderungsmittel § 7 (3)
- Buchnachweis § 7 (1)
- Sitz, Wohnsitz, gewöhnlicher Aufenthalt § 7 (1)
- Steuerbefreiungen § 6 (1) Z 1
- Versendungsnachweis § 7 (5)

Ausfuhrnachweis § 7 (4)
- Abholung § 7 (6)
- Beförderung in Drittlandsgebiet § 7 (6)
- Inhalt § 7 (7)
- Inhalt, Lohnveredelung § 8 (3)

Ausgleich, Mehr- oder Minderbelastung § 30 (1)
Ausland § 1 (2)
ausländischer Abnehmer § 7 (2)
ausländischer Auftraggeber, Lohnverdedelung § 8 (2)
ausländischer Unternehmer
- Abfuhrverpflichtung § 27 (4)
- Haftung des inländischen Unternehmers § 27 (4)

Ausrüstung
- Luftfahrzeuge § 9 (2)
- Seeschiffe § 9 (1)

Ausschluss, Vorsteuerabzug § 12 (3)
Außerkrafttreten, UStG 1972 § 28 (3)
Ausstellung von Rechnungen § 11

B

Bausparkassenvertreter, Steuerbefreiungen § 6 (1) Z 13
Be- oder Verarbeitung, Steuerbefreiungen Art 6 (1)
Bearbeitung § 3 (6)
Beförderung in Drittlandsgebiet
- Ausfuhrnachweis § 7 (6)
- Lohnveredelung, Ausfuhrnachweis § 8 (3)

Beförderung, innerhalb des Gemeinschaftsgebiets § 3 (12)
Beförderungsleistung
- Definition Art 3a (4)
- Leistungsort § 3a (7), Art 3a
- Steuerbefreiungen Art 6 (1)

Beförderungslieferung § 3 (8)

- aus dem Drittlandsgebiet § 3 (9)
- Versandhandel Art 3 (3)

Befreiungen, Aufsichtsräte § 6 (1) Z 9
Beherbergung, ermäßigter Steuersatz § 10 (2) Z 3
Bemessungsgrundlage
- Änderung § 16
- Antiquitäten § 4 (4)
- Differenzbesteuerung § 24 (4)
- Eigenverbrauch § 4 (8)
- Einfuhr § 5
- Einfuhrumsatzsteuer § 5 (6)
- fremde Währung § 5 (5)
- Geldspielgeräte mit Gewinnmöglichkeit § 4 (5)
- Geschäftsveräußerung § 4 (7)
- Glückspielautomaten § 4 (5)
- Hinzurechnungen § 5 (4)
- ig Erwerb Art 4
- Kunstgegenstände § 4 (4)
- Lieferungen § 4
- Normalwert § 4 (9)
- Pfandscheine § 4 (5)
- Reiseleistungen § 23 (7)
- Sammlungsstücke § 4 (4)
- sonstige Leistungen § 4
- Tausch § 4 (6)
- tauschähnliche Umsätze § 4 (6)
- Umsatzsteuer § 4 (10)
- Unternehmensveräußerung § 4 (7)
- Veredelungen § 5 (2)
- Zollwert § 5

Berichtigung der Rechnungen § 11 (13)
Berichtigung, Vorsteuerabzug § 12 (10 ff)
- Zusammenfassende Meldung Art 21 (8)

Bescheid, Umsatzsteuer-Identifikationsnummer Art 28 (1)
Bescheide, Weitergeltung § 28 (6)
Besichtigung, Gegenstände in Transportmitteln § 27 (5)
Besorgungsleistung § 3a (4)
Bestätigungsverfahren Art 28 (2)
Besteuerungsart, Wechsel § 17 (4)
Betriebe gewerblicher Art § 2 (3)
Bevollmächtigter §§ 27 (7 f), (9)
bewegliche körperliche Gegenstände, Differenzbesteuerung § 24 (1)
Bindungsfrist, Differenzbesteuerung § 24 (3)
- Durchschnittssätze § 25 (4)
- Option Art 1 (5)
- Vorsteuerabzug nach Durchschnittssätzen § 14 (4)

Blinde, Steuerbefreiungen § 6 (1) Z 10
buchmäßiger Nachweis § 18
Buchnachweis
- Lohnveredelung § 8 (1)
- Seeschiffahrt und Luftfahrt § 9 (3)

Bürgschaften, Steuerbefreiungen § 6 (1) Z 8

C

COVID-19, steuerfreie Lieferungen und sonstige Leistungen § 6 (1) Z 6

4/1. UStG

D

Datenübermittlung, Zusammenfassende Meldung Art 21 (10)
Dentist, Steuerbefreiungen § 6 (1) Z 19
Differenzbesteuerung
- Antiquitäten § 24 (1 f)
- Aufzeichnungspflicht § 24 (11)
- Bemessungsgrundlage § 24 (4)
- Bindungsfrist § 24 (3)
- Einfuhrumsatzsteuer § 24 (9 f)
- Einfuhr-Versandhandel § 24 (13)
- Erklärung § 24 (3)
- Gesamtdifferenz § 24 (5)
- ig Warenverkehr Art 24 (1 ff)
- Kunstgegenstände § 24 (1 f)
- Option § 24 (12)
- Rechnung § 24 (7)
- Rechtsnachfolger § 24 (2)
- Sammlungsstücke § 24 (1 f)
- Steuerbefreiungen § 24 (6)
- Steuersatz § 24 (6)
- Urheber § 24 (2)
- Verzicht § 24 (12)
- Vorsteuerabzug § 24 (8 ff)
- Widerruf § 24 (3)
- Wiederverkäufer § 24 (1)

diplomatische Mission Art 1 (10)
Dreiecksgeschäft Art 25 (1 ff)
- Erklärungspflicht Art 25 (6)
- Ort des ig Erwerbs Art 25 (2)
- Pflichten des Empfängers Art 25 (7)
- Rechnungen Art 25 (4)
- Steuerschuldner Art 25 (5)
- Zusammenfassende Meldung Art 25 (6)

Drittlandsgebiet §§ 1 (3), 25a
Drittlandsunternehmer § 25
Dulden einer Handlung § 3a (1)
durchlaufende Posten § 4 (3)
Durchschnittssätze
- Aufzeichnungen § 18 (9)
- Bindungsfrist § 25 (4)
- Erklärung § 25 (4)
- Ermittlung § 25 (2)
- Vorsteuerabzug § 14
- Widerruf § 25 (4)

Durchschriften, Voranmeldungen § 21 (1)

E

Eigenverbrauch §§ 1 (1) Z 2, 3 (2)
- Aufzeichnungen § 18 (9)
- Bemessungsgrundlage § 4 (8)
- durch sonstige Leistungen § 3a (1a)
- Entstehung der Steuerschuld § 19 (2)
- Höhe, Verordnungsermächtigung § 21 (8)
- Steuerweiterleitung § 12 (15)

Einfuhr
- Aufzeichnungen § 18 (1)
- Bemessungsgrundlage § 5
- Entstehung der Steuerschuld § 19 (5)
- Reisefreimengen § 6 (5 f)
- Steuerbefreiungen § 6 (4), Art 6 (3)

Einfuhr von Gegenständen § 1 (1) Z 3
Einfuhren, Übergangsvorschriften § 28 (9 f)
Einfuhrumsatzsteuer § 1 (1) Z 3

- Änderung der Bemessungsgrundlage § 16 (4)
- Differenzbesteuerung § 24 (9 f)
- Einzelbesteuerung § 20 (7)
- Erhebung § 26 (3)
- Erklärung und Entrichtung § 26a (5)
- Erlass § 26 (1)
- Erstattung § 26 (1)
- Fälligkeitstag § 26 (5)
- Sonderregelungen § 26a (5)
- Sondervorschriften § 26
- Veredelungsverkehr § 26 (1)
- Vorsteuerabzug § 12 (1)
- Zollanmeldung § 26 (2)

Einfuhr-Versandhandel § 25b
- Haftung § 27
- Plattformen § 3 (3a)

Eingliederung § 2 (2)
Einlagen, bei Kreditinstituten, Vorsteueraufteilung § 15 (2)
Einsichtnahme, Geschäftspapiere § 27 (5)
Eintrittsberechtigungen Sportveranstaltungen, ermäßigter Steuersatz § 10 (3) Z 12
Eisenbahninfrastruktur § 2 (4) Z 4
Elektrizität, Lieferort § 3 (13 f)
Elektronische Publikationen, ermäßigter Steuersatz § 10 (2) Z 9
Elektronische Rechnung § 11 (2)
Emissionszertifikate für Treibhauszertifikate § 19 (1e)
Entgelt § 4 (1)
- Uneinbringlichkeit § 16 (3)
- von dritter Seite § 4 (2)
- zusätzliches, freiwilliges § 4 (2)

Entgeltlichkeit, ig Erwerb Art 1 (1 ff)
Entgeltlichkeit, ig Erwerb
- Voraussetzungen Art 1 (2)

Entgeltsminderung, Entstehung der Steuerschuld § 19 (4)
Entstehung
- Steuerschuld § 19 (2 ff), Art 19

Erhebung, Einfuhrumsatzsteuer § 26 (3)
Erklärung, Differenzbesteuerung § 24 (3)
Erklärung, Durchschnittssätze § 25 (4)
- Vorsteuerabzug nach Durchschnittssätzen § 14 (4)

Erklärungspflicht, Dreiecksgeschäft Art 25 (6)
Erlaß, Einfuhrumsatzsteuer § 26 (1)
ermäßigter Steuersatz (10 %) § 10 (2)
ermäßigter Steuersatz (13 %) § 10 (3)
ermäßigter Steuersatz (19 %) § 10 (4)
Ermittlung, Durchschnittssätze § 25 (2)
Erstattung, Einfuhrumsatzsteuer § 26 (1)
Erwerber, ig Erwerb Art 1 (2)
Erwerbsschwelle Art 1 (4)
- Verzicht Art 1 (5)

Euro § 20 (6)

F

Fahrausweise
- Rechnungen § 11 (9), (10)
- Vorsteuerabzug § 12 (9)

Fahrzeuge Art 1 (8)
- neu Art 1 (7 ff)

Fahrzeugeinzelbesteuerung Art 20 (2)

- Steueranmeldung Art 21 (2)
Fahrzeuglieferer Art 2
- Rechnungen Art 11 (1)
Fälligkeitstag §§ 21 (1), 26 (5)
Fiktive Betriebe gewerblicher Art § 2 (3)
Filmvorführung, Steuerbefreiungen § 6 (1) Z 12
Filmvorführungen, ermäßigter Steuersatz § 10 (3) Z 7
Fiskalvertreter § 27 (7 f), (9), Art 27 (4)
Frachtbriefe § 11 (2)
Frauenmilch, Steuerbefreiungen § 6 (1) Z 21
fremde Währung § 20 (6)
- Bemessungsgrundlage § 5 (5)
Funktionäre § 2 (5) Z 1
Fürsorge § 2 (4) Z 1

G

Gas, Lieferort § 3 (13 f)
Gebrauchtgegenstände, ig Warenverkehr Art 24
Gegenrechnungen § 11 (2)
Gehaltslieferung § 3 (5)
Geld- und Kapitalverkehr, Steuerbefreiungen § 6 (1) Z 8
Geldforderungen, Vorsteueraufteilung § 15 (1)
Geldspielgeräte mit Gewinnmöglichkeit, Bemessungsgrundlage § 4 (5)
gemeinnützige Körperschaften
- ermäßigter Steuersatz § 10 (2) Z 4
- Steuerbefreiungen § 6 (1) Z 25
gemeinnützige Sportvereine, Steuerbefreiungen § 6 (1) Z 14
Gemeinschaft der Wohnungseigentümer, Steuerbefreiungen § 6 (1) Z 17
Gemeinschaftsgebiet § 1 (3)
Gesamtdifferenz, Differenzbesteuerung § 24 (5)
Geschäftsveräußerung, Bemessungsgrundlage § 4 (7)
gesonderte Erklärung, ig Lieferung Art 21 (11)
gewerbliche Tätigkeit § 2 (1)
Gewinnerzielungsabsicht § 2 (1)
Glückspielautomaten, Bemessungsgrundlage § 4 (5)
Glücksspiele, Steuerbefreiungen § 6 (1) Z 9
Gold an die Zentralbank, Steuerbefreiungen § 6 (1) Z 4
Gold, Steuerbefreiungen § 6 (1) Z 8
Goldmünzen, Steuerbefreiungen § 6 (1) Z 8
grenzüberschreitende Güterbeförderung, Steuerbefreiungen § 6 (1) Z 3
grenzüberschreitende Personenbeförderung, Steuerbefreiungen § 6 (1) Z 3
Grund- und Baukostenbeiträge § 28 (4)
Grundstücke
- Lieferung, Steuerbefreiungen § 6 (1) Z 9
- Option auf Steuerpflicht § 6 (2)
- Vermietung und Verpachtung, Steuerbefreiungen § 6 (1) Z 16
Grundstücksleistungen § 3a (9)
Gruppe von Unternehmen § 25
Gutschriften § 11 (7)
Gutschriften § 11 (8)

H

Haftung § 27
Haftung für ausländischen Unternehmer § 27 (4)

Hebamme, Steuerbefreiungen § 6 (1) Z 19
Hinzurechnungen, Bemessungsgrundlage § 5 (4)

I

ig Beförderung eines Gegenstandes Art 3a
ig Erwerb Art. 1
- Aufzeichnungspflicht Art 18 (1 ff)
- Ausnahmen Art 1 (4)
- Ausschluss vom Vorsteuerabzug Art 12 (2)
- Bemessungsgrundlage Art 4
- diplomatische Mission Art 1 (10)
- Dreiecksgeschäft Art 25 (1 ff), (2(
- Entgeltlichkeit Art 1 (1 ff)
- Entstehung der Steuerschuld Art 19 (2)
- Erwerber Art 1 (2)
- Fahrzeuglieferer, Vorsteuerabzug Art 12 (3)
- Konsignationslagerregelung Art 1a
- Lieferort Art 3 (8)
- neue Fahrzeuge Art 1 (4), (6), (7 ff), Art 20 (2)
- neue Fahrzeuge, Steuerschuld Art 19 (2)
- nichtunternehmerische Zwecke, Vorsteuerabzug Art 12 (4)
- Schwellenerwerber Art 1 (4)
- Schwellenerwerber, Verzicht Art 1 (5)
- Steuerbefreiungen Art 6 (2), 25 (3)
- Steuerschuld Art 19 (2)
- Steuerschuldner Art 19 (1)
- Streitkräfte Art 1 (10)
- verbrauchsteuerpflichtige Waren Art 1 (6)
- Verbringung Art 1 (3)
- Voraussetzungen Art 1 (2)
- Vorsteuerabzug Art 12 (1)
- vorübergehende Verwendung Art 1 (3)
- zwischenstaatliche Einrichtungen Art 1 (10)
ig Lieferung Art 3, 7 (1 ff)
- Buchnachweis Art 7 (3)
- Definition Art 3 (1), 7 (1)
- gesonderte Erklärung Art 21 (11)
- Konsignationslagerregelung Art 3 (2)
- Steuerbefreiungen Art 6 (1)
- Verbringen Art 7 (2)
- Vertrauensschutz Art 7 (4)
ig Warenbewegung, Zusammenfassende Meldung Art 21 (6)
ig Warenlieferung, Zusammenfassende Meldung Art 21 (4)
Inbetriebnahme, Fahrzeug Art 1 (9)
Inhalt der Belege für Ausfuhrnachweis § 7 (7)
Inhalt, Zusammenfassende Meldung Art 21 (6)
Inkrafttreten § 28 (1)
Inland § 1 (2)
Innenleistungen § 2 (2)
innergemeinschaftlicher Versandhandel (ig Versandhandel) Art 3 (3 ff)
Instandsetzungen
- Luftfahrzeuge § 9 (2)
- Seeschiffe § 9 (1)
Investmentfonds-Sondervermögen Verwaltung, Steuerbefreiungen § 6 (1) Z 8
Istbesteuerung § 17 (1)
Istbesteuerung
- Entstehung der Steuerschuld § 19 (2)
- Geschäftsveräußerung im Ganzen § 17 (7)

4/1. UStG

- Übergang zur Sollbesteuerung § 17 (4)
Istversteuerung, Vorsteuerabzug § 12 (1) Z 1

J
Jugendheime
- ermäßigter Steuersatz § 10 (3) Z 10
- Steuerbefreiungen § 6 (1) Z 23
juristische Person § 2 (2)

K
Katalogleistungen
- Nichtunternehmer im Drittland § 3a (14)
- Verlagerung des Leistungsortes § 3a (15)
Kläranlagen § 2 (3)
Kleinbetragsrechnungen § 11 (6)
- Vorsteuerabzug § 12 (9)
Kleinunternehmer
- neue Fahrzeuge Art 6 (5)
- Steuerbefreiungen § 6 (1) Z 27
- Steuererklärung § 21 (6)
- Verzicht auf die Steuerbefreiung § 6 (3)
Kommissionsgeschäft § 3 (3)
Konsignationslagerregelung Art 1a
Konzerte, Steuerbefreiungen § 6 (1) Z 24
Körperschaften des öffentlichen Rechts § 2 (3)
- land- und forstwirtschaftlicher Betrieb § 22 (7)
Körperschaften, gemeinnützige, ermäßigter Steuersatz § 10 (2) Z 4
Kraftfahrzeug, Leasing § 12 (2) Z 3
Kranken- und Pflegeanstalten
- ermäßigter Steuersatz § 10 (2) Z 8
- Steuerbefreiungen § 6 (1) Z 18
Krankenbeförderung, Steuerbefreiungen § 6 (1) Z 22
Krankenfürsorgeeinrichtungen § 2 (4) Z 1
Kreditkartenumsätze § 6 (2)
Kreditvermittlung, Steuerbefreiungen § 6 (1) Z 8
Kunstgegenstände
- Bemessungsgrundlage § 4 (4)
- Differenzbesteuerung § 24 (1 f)
- ermäßigter Steuersatz § 10 (3) Z 1
- ig Warenverkehr Art 24
Künstler, ermäßigter Steuersatz § 10 (3) Z 4
Kuranstalten, ermäßigter Steuersatz § 10 (2) Z 8
Kurse, Steuerbefreiungen § 6 (1) Z 12

L
Land- und forstwirtschaftliche Produkte, ermäßigter Steuersatz § 10 (3) Z 1
land- und forstwirtschaftlicher Betrieb
- andere Umsätze § 22 (5)
- Besteuerung der Umsätze § 22
- Betriebsübertragung § 22 (3)
- Definition § 22 (3)
- Körperschaften öffentlichen Rechts § 22 (7)
- Nebenbetrieb § 22 (4)
- Option für Regelbesteuerung § 22 (6)
- Steuersatz § 22 (1)
- Zusatzsteuer § 22 (2)
Landfahrzeuge Art 1 (8)
- Inbetriebnahme Art 1 (9)
- Meldepflicht Art 27 (1 f)
langfristige Verträge, Umstellung § 30
Leasing, Kfz § 12 (2) Z 3

Leistungen von Eisenbahnunternehmen für ausländische Eisenbahnen, Steuerbefreiungen § 6 (1) Z 6
Leistungen, Rückgängigmachung § 16 (3)
Leistungsempfänger als Steuerschuldner § 19 (1 ff)
Leistungsort § 3a (5 ff)
Leistungsort
- Arbeiten an beweglichen körperlichen Gegenständen § 3a (11)
- Beförderungsleistung § 3a (10), (11), Art 3a
- Beförderungsmittel § 3a (12)
- Beförderungsmittel, Vermietung § 3a (12)
- Eintrittsberechtigungen für Veranstaltungen § 3a (11a)
- elektronische Leistungen § 3a (13), Art 3a (5)
- Grundstück § 3a (9)
- Katalogleistungen § 3a (11)
- kulturelle Leistung § 3a (11)
- künstlerische Leistung § 3a (11)
- Leistung an Nichtunternehmer § 3a (7)
- Leistung an Unternehmer § 3a (6)
- Messen und Ausstellungen § 3a (11)
- Personenbeförderung § 3a (10)
- Reiseleistungen § 23
- Restaurant- und Verpflegungsleistungen § 3a (11)
- Rundfunk- und Fernsehdienstleistungen § 3a (13), Art 3a (5)
- sportliche Leistung § 3a (11)
- Telekommunikationsdienstleistungen § 3a (13), Art 3a (5)
- Umschlagsleistung § 3a (10), (11)
- unterhaltende Leistung § 3a (11)
- unterrichtende Leistung § 3a (11)
- Vermietung von Beförderungsmitteln § 3a (12)
- Vermittlungsleistung § 3a (8)
- Verpflegungsleistungen Art 3a (3)
- Versandhandel Art 3 (3)
- wissenschaftliche Leistung § 3a (11)
Liebhaberei § 2 (5) Z 2
Lieferer, Fahrzeug Art 2
Lieferort Gas, Elektrizität, Wärme § 3 (13 f)
Lieferort, ig Erwerb Art 3 (8)
Lieferschwelle
- Versandhandel Art 3 (5)
- Verzicht Art 3 (6)
Lieferung § 3
- an NATO-Streitkräfte
- gegen Entgelt Art 3 (1)
- Gegenstände an Bord von Schiffen, Lieferort § 3 (11)
- Gegenstände in einem Luftfahrzeug, Lieferort § 3 (11)
- Gegenständen in einer Eisenbahn, Lieferort § 3 (11)
- Luftfahrzeuge § 9 (2)
- Ort § 3 (7)
- Seeschiffe § 9 (1)
- Zeitpunkt § 3 (8)
Lieferungen § 1 (1) Z 1
- Bemessungsgrundlage § 4
- Vorsteuerabzug § 12 (2)

Lohnveredelung
- Abholung durch ausländischen Abnehmer § 8 (3)
- Aufzeichnungspflicht Art 18 (3)
- Ausfuhrnachweis § 8 (3)
- Beförderung in Drittlandsgebiet § 8 (3)
- Buchnachweis § 8 (1)
- Gegenstände der Ausfuhr § 8
- Inhalt des Ausfuhrnachweises § 8 (3)
- Versendung in Drittlandsgebiet § 8 (3)

Lohnveredelungen, Steuerbefreiungen § 6 (1) Z 1
Luftfahrt
- Steuerbefreiungen § 6 (1) Z 2
- Umsätze § 9

Luftfahrzeuge § 9 (2), Art 1 (8)
- Inbetriebnahme Art 1 (9)
- Meldepflicht Art 27 (1 f)

M

Margenbesteuerung, Reiseleistungen § 23
maßgebender Zeitraum, Zusammenfassende Meldung Art 21 (7)
Mehrbelastung, Ausgleich § 30 (1)
Meldepflicht, Land-, Luft- und Wasserfahrzeuge Art 27 (1 f)
Meldezeitraum, Zusammenfassende Meldung Art 21 (3)
menschliche Organe, Steuerbefreiungen § 6 (1) Z 21
menschliches Blut, Steuerbefreiungen § 6 (1) Z 21
Minderbelastung, Ausgleich § 30 (1)
Minderung, Entgelt, Entstehung der Steuerschuld § 19 (4)
Müllbeseitigung, ermäßigter Steuersatz § 10 (2) Z 7
Müllbeseitigungsanlagen § 2 (3)
Museen
- ermäßigter Steuersatz § 10 (3) Z 6
- Steuerbefreiungen § 6 (1) Z 24

Musikaufführungen, ermäßigter Steuersatz § 10 (3) Z 6

N

Nachforderung § 21 (5)
nachhaltige Tätigkeit § 2 (1)
Nächtigungsaufwendungen, Vorsteuerabzug § 13
Nachweis, Versendung in Drittlandsgebiet § 7 (5)
NATO-Lieferungen, Steuerbefreiungen § 6 (1) Z 6
Nebenbetrieb, Land- und Forstwirtschaft § 22 (4)
neue Fahrzeuge Art 1 (7 ff), 3 (7)
- Definition Art 1 (8), (9)
- Erwerbsschwelle Art 1 (4)
- ig Erwerb Art 1 (7 ff)
- ig Erwerb, Entstehung der Steuerschuld Art 19 (2)
- Kleinunternehmer Art 6 (5)
- Rechnungen Art 11 (3)

nichtselbständige Tätigkeit § 2 (2)
Nichtunternehmer
- Veranlagung Art 21 (1)
- Voranmeldung Art 21 (1)
- Vorauszahlung Art 21 (1)

Normalsteuersatz § 10 (1)

Normalwert § 4 (9)
Notar, Fiskalvertreter § 27 (8)

O

OGAW-Sondervermögen Verwaltung, Steuerbefreiungen § 6 (1) Z 8
Option
- Differenzbesteuerung § 24 (12)
- Erwerbsbesteuerung Art 1 (5)

Organschaft § 2 (2)
- Umsatzsteuer-Identifikationsnummer Art 28 (1)

Ort des ig Erwerbs, Dreiecksgeschäft Art 25 (2)

P

Pensionskassengeschäfte, Steuerbefreiungen § 6 (1) Z 9
Personenbeförderung Luftverkehr, ermäßigter Steuersatz § 10 (3) Z 9
Personenbeförderung, ermäßigter Steuersatz § 10 (2) Z 6
Personenbeförderung, grenzüberschreitender Gelegenheitsverkehr, Entstehung der Steuerschuld § 19 (2)
Pfandscheine, Bemessungsgrundlage § 4 (5)
Pflegeeltern, Steuerbefreiungen § 6 (1) Z 15
Pflichten des Empfängers, Dreiecksgeschäft Art 25 (7)
PKW, emissionslose, Vorsteuerabzug § 12 (2) Z 2a
Plattformen Art 25a
- Haftung § 27
- Steuerbefreiung Art 6 (4)

Postdienste § 27 (6)
Postdienstleistungen, Steuerbefreiungen § 6 (1) Z 10
private Schulen, Steuerbefreiungen § 6 (1) Z 11
Privatlehrer, Steuerbefreiungen, § 6 (1) Z 11
Psychotherapeut Steuerbefreiungen § 6 (1) Z 19

Q

Quittungen § 11 (2)

R

Rechnungen
- Aufbewahrungsfrist § 11 (2)
- Ausstellung § 11
- Berichtigung § 11 (13)
- Differenzbesteuerung § 24 (7)
- Dreiecksgeschäft Art 25 (4)
- elektronisch ausgestellt § 11 (2)
- Endrechnung § 11 (1)
- Fahrausweise § 11 (9), (10)
- Fakturierautomaten § 11 (5)
- Gutschriften § 11 (7), (8)
- ig Lieferung Art 11 (1 ff)
- Inhalt § 11 (1), (3), (4)
- Kleinbeträge § 11 (6)
- neue Fahrzeuge Art 11 (3)
- Reisegepäckverkehr § 11 (11)
- Reverse Charge § 11 (1a)
- Schlüsselzahlen § 11 (4)
- Symbole § 11 (4)
- Übergang der Steuerschuld § 11 (1a)

4/1. UStG

- Umsatzsteuer-Identifikationsnummer Art 11 (2)
- unberechtigter Steuerausweis § 11 (14)
- unrichtiger Steuerausweis § 11 (12)
- verschiedene Steuersätze § 11 (5)

Rechtsanwalt, Fiskalvertreter § 27 (8)
Rechtsnachfolger, Differenzbesteuerung § 24 (2)
Regelbesteuerung, Option, land- und forstwirtschaftlicher Betrieb § 22 (6)
Reihengeschäft § 3 (15), Art 25 (1 ff)
Reihengeschäft, Einfuhr-Versandhandel § 3 (3a)
Reisefreimengen § 6 (5 f)
Reisegepäck, Einfuhr § 6 (5 f)
Reisegepäckverkehr, Rechnungen § 11 (11)
- Vorsteuerabzug § 12 (9)

Reisekosten, Vorsteuerabzug § 13
Reisekostensätze, Steuerbefreiungen § 6 (1) Z 9
Reiseleistungen § 23
- Aufzeichnungen § 23 (9)
- Bemessungsgrundlage § 23 (7)
- Gesamtermittlung § 23 (7)
- Gruppenermittlung § 23 (7)
- Leistungsort § 23 (3)
- Margenbesteuerung § 23 (1)
- mehrere § 23 (2)
- Reisevorleistungen § 23 (4)
- Steuerbefreiungen § 23 (5 f)
- Vorsteuerabzug § 23 (8)

Reisevorleistungen § 23 (4)
Reparaturdienstleistungen, ermäßigter Steuersatz § 10 (2) Z 10
Reverse Charge § 19 (1 ff)
Rückgängigmachung, von Leistungen § 16 (3)
Rückvergütungen § 16 (5)
Rundfunk, ermäßigter Steuersatz § 10 (2) Z 5

S

Sammlungsstücke
- Bemessungsgrundlage § 4 (4)
- Differenzbesteuerung § 24 (1 f)
- ermäßigter Steuersatz § 10 (3) Z 1
- ig Warenverkehr Art 24

Schlachthöfe § 2 (3)
Schlüsselzahlen, Rechnungen § 11 (4)
Schwellenerwerber Art 1 (4)
- Verzicht Art 1 (5)

Schwimmbäder, ermäßigter Steuersatz § 10 (3) Z 5
Seeschiffahrt
- Steuerbefreiungen § 6 (1) Z 2
- Umsätze § 9

Seeschiffe § 9 (1)
selbständige Tätigkeit § 2 (1)
Selbstbemessung § 21 (1)
Selbstberechnung, unrichtig § 21 (3)
Sollbesteuerung § 17 (2), (3)
Sonderregelung für Anlagegold § 24a, Art 24a
Sonderregelung, Drittlandsgeiet § 25a
Sonderregelung, Einfuhr-Versandhandel § 25b
Sondervorschriften, Einfuhrumsatzsteuer § 26
sonstige Leistung § 3a, Art 3 (1)
- Arbeiten an beweglichen körperlichen Gegenständen § 3a (11)
- Beförderungsleistung § 3a (11)
- elektronische Leistungen § 3a (13), Art 3a (5)
- ig Lieferung Art 7 (2)
- Kataloglesitungen § 3a (11)
- kulturelle Leistung § 3a (11)
- künstlerische Leistung § 3a (11)
- Leistungsort § 3a (5 ff)
- Messen und Ausstellungen § 3a (11)
- Restaurant- und Verpflegungsleistungen § 3a (11)
- Rundfunk- und Fernsehdienstleistungen § 3a (13), Art 3a (5)
- sportliche Leistung § 3a (11)
- Telekommunikationsdienstleistungen § 3a (13), Art 3a (5)
- Telekommunikationsdienstleistungen
- Umschlagsleistung § 3a (11)
- unterhaltende Leistung § 3a (11)
- unterrichtende Leistung § 3a (11)
- wissenschaftliche Leistung § 3a (11)

sonstige Leistungen § 1 (1) Z 1, Art 3a
- Bemessungsgrundlage § 4
- Leistungsort Art 3a (1 ff)
- Luftfahrzeuge § 9 (2)
- Seeschiffe § 9 (1)
- Steuerbefreiungen Art 6 (1)
- Vorsteuerabzug § 12 (2)

Sozialhilfe § 2 (4) Z 1
Sozialversicherung § 2 (4) Z 1
Sozialversicherungsträger § 6 (1) Z 7
- Steuerbefreiungen § 6 (1) Z 7

Spediteur, Fiskalvertreter § 27 (8)
Stempelgebühren, Anfragen --- Umsatzsteuer-Identifikationsnummer Art 28 (3)
Steueranmeldung, Fahrzeugeinzelbesteuerung Art 21 (2)
steuerbare Umsätze § 1
Steuerbefreiung
- ig Erwerb Art 25 (3)

Steuerbefreiungen § 6, Art. 6
- Arzt, Dentist, Psychotherapeut und Hebamme § 6 (1) Z 19
- Ausfuhrlieferungen § 6 (1) Z 1
- Bausparkassenvertreter § 6 (1) Z 13
- Be- oder Verarbeitung Art 6 (1)
- Beförderungsleistung Art 6 (1)
- Blinde § 6 (1) Z 10
- Buchnachweis Art 6 (1)
- Bürgschaften § 6 (1) Z 8
- Differenzbesteuerung § 24 (6)
- Einfuhr § 6 (4), Art 6 (3)
- Einfuhr, Reisegepäck § 6 (5 f)
- Filmvorführung § 6 (1) Z 12
- Geld- und Kapitalverkehr § 6 (1) Z 8
- gemeinnützige Körperschaften § 6 (1) Z 25
- gemeinnützige Sportvereine § 6 (1) Z 14
- Gemeinschaft der Wohnungseigentümer § 6 (1) Z 17
- Glücksspiele § 6 (1) Z 9
- Gold § 6 (1) Z 8
- Gold an die Zentralbank § 6 (1) Z 4
- grenzüberschreitende Personen- und Güterbeförderung § 6 (1) Z 3
- Grundstückslieferung § 6 (1) Z 9
- Grundstücksvermietung § 6 (1) Z 16

4/1. UStG

- Heilbehandlungen § 6 (1) Z 19
- ig Erwerb Art 6 (2)
- ig Lieferung Art 6 (1)
- Investmentfonds, AIF, OGAW § 6 (1) Z 8
- Jugendheime § 6 (1) Z 23
- Kfz-Lieferung an Vergütungsberechtigte § 6 (1) Z 6
- Kleinunternehmer § 6 (1) Z 27
- Kranken- und Pflegeanstalten und Altersheime § 6 (1) Z 18
- Krankenbeförderung § 6 (1) Z 22
- Kreditvermittlung § 6 (1) Z 8
- Kurse § 6 (1) Z 12
- Leistungen von Eisenbahnunternehmen für ausländische Eisenbahnen § 6 (1) Z 6
- Lieferungen und Nutzungseigenverbrauch bei Ausschluss vom Vorsteuerabzug § 6 (1) Z 26
- Lieferungen und sonstige Leistungen iZm COVID-19 § 6 (1) Z 6
- Lohnveredelungen § 6 (1) Z 1
- menschliche Organe, Blut und Frauenmilch § 6 (1) Z 21
- NATO-Lieferungen § 6 (1) Z 6
- Option auf Steuerpflicht § 6 (2)
- Pensionskassengeschäfte § 6 (1) Z 9
- Pflegeeltern § 6 (1) Z 15
- Postdienstleistungen § 6 (1) Z 10
- private Schulen § 6 (1) Z 11
- Privatlehrer § 6 (1) Z 11
- Reisekostenersätze § 6 (1) Z 9
- Reiseleistungen § 23 (5 f)
- Seeschiffahrt und Luftfahrt § 6 (1) Z 2
- sonstige Leistungen Art 6 (1)
- Tagesmütter § 6 (1) Z 15
- Theater, Konzerte, Museen § 6 (1) Z 24
- Vermietung und Verpachtung von Grundstücken § 6 (1) Z 16
- Vermittlungsleistungen § 6 (1) Z 5
- Versicherungsverhältnisse § 6 (1) Z 9
- Versicherungsvertreter § 6 (1) Z 13
- Verwaltung von Sondervermögen § 6 (1) Z 8
- Verzicht § 6 (2), (3)
- Vorträge § 6 (1) Z 12
- vorübergehende Einfuhr § 6 (1) Z 6
- Zahntechniker § 6 (1) Z 20
- Zusammenschlüsse von Banken und Versicherungen § 6 (1) Z 28

Steuerberechnung § 20 (1), Art 20 (1)
Steuerberechnung
- Einfuhrumsatzsteuer § 20 (2)
- Vorsteuer § 20 (2)

Steuererklärung § 21 (4)
Steuererklärung
- Kleinunternehmer § 21 (6)

Steuerlager § 24b, Art 24b
Steuersatz § 10
- Differenzbesteuerung § 24 (6)
- ermäßigt (10 %) § 10 (2)
- ermäßigt (13 %) § 10 (3)
- ermäßigt (19 %) § 10 (4)
- normal § 10 (1)

Steuerschuld
- Entstehung § 19 (2)
- Entstehung Art 19

Steuerschuldner § 19 (1), Art 19
- Bauleistungen § 19 (1a)
- Dreiecksgeschäft Art 25 (5)
- Elektrizität § 19 (1c)
- Erdgas § 19 (1c)
- Sicherungseigentum § 19 (1b)
- UmsatzsteuerbetrugsbekämpfungsVO § 19 (1d)
- Vorbehaltseigentum § 19 (1b)
- Wärme oder Kälte § 19 (1c)
- Zwangsversteigerungsverfahren § 19 (1b)

Steuerschuldner Leistungsempfänger § 19 (1 ff)
Symbole, Rechnungen § 11 (4)

T

Tagesmütter, Steuerbefreiungen § 6 (1) Z 15
Tausch § 3 (10)
Tausch, Bemessungsgrundlage § 4 (6)
tauschähnliche Umsätze, Bemessungsgrundlage § 4 (6)
tauschähnlicher Umsatz § 3a (2)
Theater, Steuerbefreiungen § 6 (1) Z 24
Theateraufführungen, ermäßigter Steuersatz § 10 (3) Z 6
Tierzucht, Tierhaltung, ermäßigter Steuersatz § 10 (3) Z 2
Transportkontrollen § 27 (5)
Treibhausgasemissionszertifikate § 19 (1e)
Übergang der Steuerschuld
- Ausnahme § 27 (4)
- Rechnungen § 11 (1a)
- Vorsteuerabzug § 12 (1) Z 3

Übergangsvorschriften § 28
- Einfuhren § 28 (9 f)
- Vermietung, Verzicht auf Steuerbefreiung § 28 (38)

Umbauten
- Luftfahrzeuge § 9 (2)
- Seeschiffe § 9 (1)

Umsatzsteuer-Identifikationsnummer § 28 (1), Art 28 (1 ff)
- Rechnungen Art 11 (2)
- Stempelgebühren für Anfragen Art 28 (3)

Umstellung, langfristige Verträge § 30
unberechtigter Steuerausweis
- Entstehung der Steuerschuld § 19 (3)
- Rechnungen § 11 (14)

U

Uneinbringlichkeit, Entgelt § 16 (3)
unfreie Versendung Art 3a (2)
unrichtige Selbstberechnung § 21 (3)
unrichtiger Steuerausweis
- Entstehung der Steuerschuld § 19 (3)
- Rechnungen § 11 (12)

Unterlassen einer Handlung § 3a (1)
Unterlassung, Voranmeldung § 21 (3)
Unternehmen § 2
Unternehmensort § 3a (12)
Unternehmensveräußerung, Bemessungsgrundlage § 4 (7)
Unternehmer
- Fiskalvertreter § 27 (8)

Unternehmerbegriff § 2 (1)

4/1. UStG

unvollständige Voranmeldung § 21 (3)
Urheber, Differenzbesteuerung § 24 (2)

V

Veranlagung § 21, Art 21
– Kleinunternehmer § 21 (6)
– Nachforderung § 21 (5)
– Reverse Charge § 21 (10)
– Steuererklärung § 21 (4)
– Zeitraum § 21 (4)
Veranlagungszeitraum § 20 (1), Art 20
– abweichendes Wirtschaftsjahr § 20 (3)
Verarbeitung § 3 (6)
verbrauchsteuerpflichtige Waren Art 3 (7)
– Erwerbsschwelle Art 1 (4)
– ig Erwerb Art 1 (6)
Verbringung, Aufzeichnungspflicht Art 18 (2)
Verbringung, ig Lieferung Art 7 (2)
Vercharterung
– Luftfahrzeuge § 9 (2)
– Seeschiffe § 9 (1)
Veredelungen, Bemessungsgrundlage § 5 (2)
Veredelungsverkehr, Einfuhrumsatzsteuer § 26 (1)
Verfügungsmacht, Verschaffung § 3 (7)
Vergütungsberechtigte, steuerfreie Kfz-Lieferungen § 6 (1) Z 6
Vermeidung von Doppelbesteuerungen und Wettbewerbsverzerrungen § 3a (16)
Vermietung
– Luftfahrzeuge § 9 (2)
– Seeschiffe § 9 (1)
Vermietung für Campingzwecke, ermäßigter Steuersatz § 10 (2) Z 3
Vermietung für Wohnzwecke, ermäßigter Steuersatz § 10 (2) Z 3
Vermietung und Verpachtung von Grundstücken
– Körperschaften des öffentlichen Rechts § 2 (3)
– Steuerbefreiungen § 6 (1) Z 16
Vermietung von Beförderungsmitteln § 3a (12)
Vermittlungsleistung § 3a (8)
– Steuerbefreiungen § 6 (1) Z 5
Verordnungen, Weitergeltung § 28 (5)
Verordnungsermächtigung § 25 (1)
Verpflegungsmehraufwendungen, Vorsteuerabzug § 13
Versandhandel Art 3 (3 ff)
– Abnehmer Art 3 (4)
– Einfuhr-Versandhandel § 3 (8a)
– ig Versandhandel Art 3 (3 ff)
– Lieferschwelle Art 3 (5)
– Lieferschwelle, Verzicht Art 3 (6)
– neue Fahrzeuge Art 3 (7)
– Rechnung § 11 (1)
– verbrauchsteuerpflichtige Waren Art 3 (7)
Versendung § 3 (8)
– in Drittlandsgebiet § 7 (5)
– in Drittlandsgebiet, Lohnveredelung § 8 (3)
– in Drittlandsgebiet, Nachweis § 7 (5)
– unfrei Art 3a (2)
Versendungslieferung § 3 (8)
– aus dem Drittlandsgebiet § 3 (9)
– Versandhandel Art 3 (3)
Versendungsnachweis § 7 (5)

Versicherungsverhältnisse, Steuerbefreiungen § 6 (1) Z 9
Versicherungsvertreter, Steuerbefreiungen § 6 (1) Z 13
Versorgung
– Luftfahrzeuge § 9 (2)
– Seeschiffe § 9 (1)
Verspätungszuschlag, Zusammenfassende Meldung Art 21 (9)
Vertrauensschutz Art 7 (4)
– Entstehung der Steuerschuld Art 19 (2)
Verweis
– auf andere Bundesgesetze § 28 (7)
– auf UStG § 28 (8)
– auf die Steuerbefreiung § 6 (2)
– auf die Steuerbefreiung § 6 (3)
– auf Differenzbesteuerung § 24 (12)
– Erwerbsschwelle Art 1 (5)
– Lieferschwelle Art 3 (6)
Verzichtsleistungen § 10
vierteljährlicher Voranmeldungszeitraum § 21 (2)
Vollziehung § 31
Voranmeldung § 21, Art 21
– Unterlassung § 21 (3)
– unvollständig § 21 (3)
– Vorsteuerabzug nach Durchschnittssätzen § 14 (4)
– Wegfall § 21 (1)
– Zeitraum § 21 (2)
Voranmeldungszeitraum, vierteljährlicher § 21 (2)
Vorauszahlung § 21, Art 21
Vorsteuer, Erstattung, Verordnungsermächtigung § 21 (9)
Vorsteuerabzug § 12, Art 12
– Aufteilung §§ 12 (4 ff), 15
– Ausschluss § 12 (3)
– Ausschluss bei Finanzvergehen § 12 (14)
– Ausschluss der Aufteilung § 12 (6)
– Ausschluss, ig Erwerb Art 12 (2)
– bei Istversteuerung § 12 (1) Z 1
– Berichtigung § 12 (10 ff)
– Differenzbesteuerung § 24 (8 ff)
– Einfuhrumsatzsteuer § 12 (1)
– Elektro-PKW § 12 (2) Z 2a
– emissionslose PKW § 12 (2) Z 2a
– Entfall des Rechts § 12 (14)
– Fahrausweise § 12 (9)
– Fahrzeuglieferer, ig Erwerb Art 12 (3)
– Frachtführer § 12 (2) Z 4 § 12 (2) Z 3
– ig Erwerb Art 12 (1)
– Kleinbetragsrechnungen § 12 (9)
– Kraftfahrzeug, Leasing § 12 (2) Z 3
– Lieferungen § 12 (2)
– nach Durchschnittssätzen § 14
– nichtunternehmerische Zwecke § 12 (2) Z 2
– Reisegepäckverkehr § 12 (9)
– Reisekosten § 13
– Reiseleistungen § 23 (8)
– Reverse Charge § 12 (1) Z 3
– sonstige Leistungen § 12 (2)
– Übergang der Steuerschuld § 12 (1) Z 3
– unternehmerische Zwecke § 12 (2) Z 1
– Voraussetzungen § 12 (1)

- Vorsteuererstattung für ausländische Unternehmer § 21 (9)
Vorsteueraufteilung §§ 12 (4 ff), 15
Vorsteuererstattung für ausländische Unternehmer § 21 (9)
Vorsteuererstattung im übrigen Gemeinschaftsgebiet § 21 (11)
Vorsteuerweiterleitung § 12 (15)
Vorträge, Steuerbefreiungen § 6 (1) Z 12
vorübergehende Einfuhr, Steuerbefreiungen § 6 (1) Z 6
vorübergehende Verwendung Art 1 (3)

W
Wärme, Lieferort § 3 (13 f)
Wartung
- Luftfahrzeuge § 9 (2)
- Seeschiffe § 9 (1)
Wasserfahrzeuge Art 1 (8)
- Inbetriebnahme Art 1 (9)
- Meldepflicht Art 27 (1 f)
Wasserwerke § 2 (3)
Wechsel, Besteuerungsart § 17 (4)
Wein ab Hof, ermäßigter Steuersatz § 10 (3) Z 11
Weisungsunterworfenheit § 2 (2)
Weitergeltung
- Bescheide § 28 (6)
- UStG 1972 § 28 (2)
- Verordnungen § 28 (5)
Werkleistung §§ 3a (3), 11 (1)
Werklieferung §§ 3 (4), 11 (1)
Wertpapiere, Steuerbefreiungen § 6 (1) Z 8
Wertzeichen
- Steuerbefreiungen § 6 (1) Z 8
- Vorsteueraufteilung § 15 (2)
Widerruf
- Differenzbesteuerung § 24 (3)

- Durchschnittssätze § 25 (4)
- Vorsteuerabzug nach Durchschnittssätzen § 14 (5)
Wiederverkäufer, Differenzbesteuerung § 24 (1)
Wirtschaftstreuhänder, Fiskalvertreter § 27 (8)
Wohnungseigentümergemeinschaften, ermäßigter Steuersatz § 10 (2) Z 3

Z
Zahlungsdienstleister § 18a
Zahlungsmittel, Vorsteueraufteilung § 15 (2)
Zahntechniker, Steuerbefreiungen § 6 (1) Z 20
Zirkusvorführungen, ermäßigter Steuersatz § 10 (3) Z 8
Zoll- und Steuerlager § 24b, Art 24b
Zollanmeldung, Einfuhrumsatzsteuer § 26 (2)
Zollorgane, Einsichtnahme § 27 (5)
Zollwert § 5 (1)
Zulassungsverfahren, Fiskalvertreter § 27 (8)
Zusammenarbeit, Verwaltungsbehörden Art 27 (3)
Zusammenfassende Meldung Art 21 (3)
- Änderung der Bemessungsgrundlage Art 21 (8)
- Berichtigung Art 21 (8)
- Datenübermittlung Art 21 (10)
- Dreiecksgeschäft Art 25 (6)
- elektronische Meldung Art 21 (10)
- ig Warenbewegung Art 21 (6)
- ig Warenlieferung Art 21 (4)
- Inhalt Art 21 (6)
- maßgebender Zeitraum Art 21 (7)
- Verspätungszuschlag Art 21 (9)
Zusätzliches, freiwilliges Entgelt § 4 (2)
Zusatzsteuer, land- und forstwirtschaftlicher Betrieb § 22 (2)
zwischenstaatliche Einrichtungen Art 1 (10)

Bundesgesetz über die Besteuerung der Umsätze (Umsatzsteuergesetz 1994 – UStG 1994)

Steuerbare Umsätze

§ 1. (1) Der Umsatzsteuer unterliegen die folgenden Umsätze:
1. Die Lieferungen und sonstigen Leistungen, die ein Unternehmer im Inland gegen Entgelt im Rahmen seines Unternehmens ausführt. Die Steuerbarkeit wird nicht dadurch ausgeschlossen, daß der Umsatz auf Grund gesetzlicher oder behördlicher Anordnung bewirkt wird oder kraft gesetzlicher Vorschrift als bewirkt gilt;
2. der Eigenverbrauch im Inland. Eigenverbrauch liegt vor,
   a) soweit ein Unternehmer Ausgaben (Aufwendungen) tätigt, die Leistungen betreffen, die Zwecken des Unternehmens dienen, und nach § 20 Abs. 1 Z 1 bis 5 des Einkommensteuergesetzes 1988 oder nach § 12 Abs. 1 Z 1 bis 5 des Körperschaftsteuergesetzes 1988 nicht abzugsfähig sind. Dies gilt nicht für Ausgaben (Aufwendungen), die Lieferungen und sonstige Leistungen betreffen, welche auf Grund des § 12 Abs. 2 nicht als für das Unternehmen ausgeführt gelten, sowie für Geldzuwendungen. Eine Besteuerung erfolgt nur, wenn der Gegenstand oder seine Bestandteile zu einem vollen oder teilweisen Vorsteuerabzug berechtigt haben;
   b) (aufgehoben)
3. die Einfuhr von Gegenständen (Einfuhrumsatzsteuer). Eine Einfuhr liegt vor, wenn ein Gegenstand aus dem Drittlandsgebiet in das Inland, ausgenommen die Gebiete Jungholz und Mittelberg, gelangt.

(2) Inland ist das Bundesgebiet. Ausland ist das Gebiet, das hienach nicht Inland ist. Wird ein Umsatz im Inland ausgeführt, so kommt es für die Besteuerung nicht darauf an, ob der Unternehmer österreichischer Staatsbürger ist, seinen Wohnsitz oder seinen Sitz im Inland hat, im Inland eine Betriebsstätte unterhält, die Rechnung ausstellt oder die Zahlung empfängt.

(3) Das Gemeinschaftsgebiet im Sinne dieses Gesetzes umfaßt das Inland und die Gebiete der übrigen Mitgliedstaaten der Europäischen Union, die nach dem Gemeinschaftsrecht als Inland dieser Mitgliedstaaten gelten (übriges Gemeinschaftsgebiet). Das Fürstentum Monaco gilt als Gebiet der Französischen Republik. Drittlandsgebiet im Sinne dieses Gesetzes ist das Gebiet, das nicht Gemeinschaftsgebiet ist. Ein Mitgliedstaat im Sinne dieses Gesetzes ist ein solcher der Europäischen Union. In Bezug auf Waren gilt Nordirland als Gemeinschaftsgebiet und Mitgliedstaat.

(BGBl I 2021/3)

Unternehmer, Unternehmen

§ 2. (1) Unternehmer ist, wer eine gewerbliche oder berufliche Tätigkeit selbständig ausübt. Das Unternehmen umfaßt die gesamte gewerbliche oder berufliche Tätigkeit des Unternehmers. Gewerblich oder beruflich ist jede nachhaltige Tätigkeit zur Erzielung von Einnahmen, auch wenn die Absicht, Gewinn zu erzielen, fehlt oder eine Personenvereinigung nur gegenüber ihren Mitgliedern tätig wird.

(2) Die gewerbliche oder berufliche Tätigkeit wird nicht selbständig ausgeübt,
1. soweit natürliche Personen, einzeln oder zusammengeschlossen, einem Unternehmen derart eingegliedert sind, daß sie den Weisungen des Unternehmers zu folgen, verpflichtet sind;
2. wenn eine juristische Person dem Willen eines Unternehmers derart untergeordnet ist, daß sie keinen eigenen Willen hat. Eine juristische Person ist dem Willen eines Unternehmers dann derart untergeordnet, daß sie keinen eigenen Willen hat (Organschaft), wenn sie nach dem Gesamtbild der tatsächlichen Verhältnisse finanziell, wirtschaftlich und organisatorisch in sein Unternehmen eingegliedert ist.

Die Wirkungen der Organschaft sind auf Innenleistungen zwischen den im Inland gelegenen Unternehmensteilen beschränkt. Diese Unternehmensteile sind als ein Unternehmen zu behandeln. Hat der Organträger seine Geschäftsleitung im Ausland, gilt der wirtschaftlich bedeutendste Unternehmensteil im Inland als Unternehmer.

(3) Die Körperschaften des öffentlichen Rechts sind nur im Rahmen ihrer Betriebe gewerblicher Art (§ 2 des Körperschaftsteuergesetzes 1988), ausgenommen solche, die gemäß § 5 Z 12 des Körperschaftsteuergesetzes 1988 von der Körperschaftsteuer befreit sind, und ihrer land- und forstwirtschaftlichen Betriebe gewerblich oder beruflich tätig. Als Betriebe gewerblicher Art im Sinne dieses Bundesgesetzes gelten jedoch stets
– Wasserwerke,
– Schlachthöfe,
– Anstalten zur Müllbeseitigung und
– zur Abfuhr von Spülwasser und Abfällen sowie
– die Vermietung und Verpachtung von Grundstücken durch öffentlich-rechtliche Körperschaften.

(4) Als gewerbliche oder berufliche Tätigkeit gilt auch
1. die Tätigkeit der Träger der Sozialversicherung und ihrer Verbände, der Krankenfürsorgeeinrichtungen im Sinne des § 2 Abs. 1 Z 2 des Beamten-Kranken- und Unfallversicherungsgesetzes, BGBl. Nr. 200/1967, sowie der Träger des öffentlichen Fürsorgewesens, soweit diese im Rahmen der Mutterschafts-, Säuglings- und Jugendfürsorge, der allgemeinen Fürsorge (Sozialhilfe), der Kriegsopferversorgung, der Behindertengesetze oder der Blindenhilfegesetze tätig werden;
2. und 3. (aufgehoben)
4. die Tätigkeit des Bundes, soweit sie in der Duldung der Benützung oder der Übertragung der Eisenbahninfrastruktur besteht.

(5) Nicht als gewerbliche oder berufliche Tätigkeit gilt
1. die von Funktionären im Sinne des § 29 Z 4 des Einkommensteuergesetzes 1988 in Wahrnehmung ihrer Funktionen ausgeübte Tätigkeit;
2. eine Tätigkeit, die auf Dauer gesehen Gewinne oder Einnahmenüberschüsse nicht erwarten läßt (Liebhaberei).

(6) Als Unternehmer gilt auch ein in einem Dienstverhältnis zu einer Krankenanstalt stehender Arzt, soweit er in Ausübung seiner ärztlichen Tätigkeit Entgelte vereinnahmt, die gemäß § 22 Z 1 lit. b des Einkommensteuergesetzes 1988 zu den Einkünften aus selbständiger Arbeit zählen.

Lieferung

§ 3. (1) Lieferungen sind Leistungen, durch die ein Unternehmer den Abnehmer oder in dessen Auftrag einen Dritten befähigt, im eigenen Namen über einen Gegenstand zu verfügen. Die Verfügungsmacht über den Gegenstand kann von dem Unternehmer selbst oder in dessen Auftrag durch einen Dritten verschafft werden.

(2) Einer Lieferung gegen Entgelt gleichgestellt wird die Entnahme eines Gegenstandes durch einen Unternehmer aus seinem Unternehmen
– für Zwecke, die außerhalb des Unternehmens liegen,
– für den Bedarf seines Personals, sofern keine Aufmerksamkeiten vorliegen, oder
– für jede andere unentgeltliche Zuwendung, ausgenommen Geschenke von geringem Wert und Warenmuster für Zwecke des Unternehmens.

Eine Besteuerung erfolgt nur dann, wenn der Gegenstand oder seine Bestandteile zu einem vollen oder teilweisen Vorsteuerabzug berechtigt haben.

(3) Beim Kommissionsgeschäft liegt zwischen dem Kommittenten und dem Kommissionär eine Lieferung vor. Bei der Verkaufskommission gilt die

Lieferung des Kommittenten erst mit der Lieferung durch den Kommissionär als ausgeführt.

(3a)
1. Unternehmer, die Einfuhr-Versandhandelsumsätze (§ 3 Abs. 8a), bei denen der Einzelwert der Waren je Sendung 150 Euro nicht übersteigt, durch die Nutzung einer elektronischen Schnittstelle, beispielsweise eines Marktplatzes, einer Plattform, eines Portals oder Ähnlichem, unterstützen, werden behandelt, als ob sie diese Gegenstände selbst erhalten und geliefert hätten.
2. Unternehmer, die die Lieferung von Gegenständen innerhalb der Gemeinschaft durch einen Unternehmer, der im Gemeinschaftsgebiet weder sein Unternehmen betreibt noch eine Betriebsstätte hat, an einen Nichtunternehmer durch die Nutzung einer elektronischen Schnittstelle, beispielsweise eines Marktplatzes, einer Plattform, eines Portals oder Ähnlichem, unterstützen, werden behandelt, als ob sie diese Gegenstände selbst erhalten und geliefert hätten.

(BGBl I 2019/91)

(4) Hat der Unternehmer die Bearbeitung oder die Verarbeitung eines vom Auftraggeber beigestellten Gegenstandes übernommen und verwendet er hiebei Stoffe, die er selbst beschafft, so ist die Leistung als Lieferung anzusehen, wenn es sich bei den Stoffen nicht nur um Zutaten oder sonstige Nebensachen handelt (Werklieferung). Das gilt auch dann, wenn die Gegenstände mit dem Grund und Boden fest verbunden werden.

(5) Hat ein Abnehmer dem Lieferer die Nebenerzeugnisse oder Abfälle, die bei der Bearbeitung oder Verarbeitung des ihm übergebenen Gegenstandes entstehen, zurückzugeben, so beschränkt sich die Lieferung auf den Gehalt des Gegenstandes an den Bestandteilen, die dem Abnehmer verbleiben. Das gilt auch dann, wenn der Abnehmer an Stelle der bei der Bearbeitung oder Verarbeitung entstehenden Nebenerzeugnisse oder Abfälle Gegenstände gleicher Art zurückgibt, wie sie in seinem Unternehmen regelmäßig anfallen.

(6) Als Bearbeitung oder Verarbeitung gilt jede Behandlung des Gegenstandes, durch welche nach der Verkehrsauffassung ein neues Verkehrsgut (ein Gegenstand anderer Marktgängigkeit) entsteht.

(7) Eine Lieferung wird dort ausgeführt, wo sich der Gegenstand zur Zeit der Verschaffung der Verfügungsmacht befindet.

(8) Wird der Gegenstand der Lieferung durch den Lieferer oder den Abnehmer befördert oder versendet, so gilt die Lieferung dort als ausgeführt, wo die Beförderung oder Versendung an den Abnehmer oder in dessen Auftrag an einen Dritten beginnt. Versenden liegt vor, wenn der Gegenstand durch einen Frachtführer oder Verfrachter befördert oder eine solche Beförderung durch einen Spediteur besorgt wird. Die Versendung beginnt mit der Übergabe des Gegenstandes an den Spediteur, Frachtführer oder Verfrachter.

(8a) Beim Einfuhr-Versandhandel gilt die Lieferung als dort ausgeführt, wo die Beförderung oder Versendung endet, wenn
a) der Gegenstand in einem anderen Mitgliedstaat eingeführt wird, als jenem, in dem die Beförderung oder Versendung endet, oder
b) der Unternehmer die Sonderregelung gemäß § 25b in Anspruch nimmt.

Ein Einfuhr-Versandhandel liegt vor bei Lieferungen an einen Abnehmer gemäß Art. 3 Abs. 4, bei denen Gegenstände durch den Lieferer oder für dessen Rechnung vom Drittlandsgebiet in einen Mitgliedstaat versandt oder befördert werden, einschließlich jene, an deren Beförderung oder Versendung der Lieferer indirekt beteiligt ist. Dies gilt nicht für die Lieferung neuer Fahrzeuge. Bei verbrauchsteuerpflichtigen Waren gilt dies nur für Lieferungen an Nichtunternehmer, die keine juristischen Personen sind.

(BGBl I 2019/91)

(9) Gelangt der Gegenstand der Lieferung bei der Beförderung oder Versendung an den Abnehmer oder in dessen Auftrag an einen Dritten aus dem Drittlandsgebiet in das Gebiet eines Mitgliedstaates, so ist diese Lieferung als im Einfuhrland ausgeführt zu behandeln, wenn der Lieferer oder sein Beauftragter Schuldner der bei der Einfuhr zu entrichtenden Umsatzsteuer ist.

(10) Ein Tausch liegt vor, wenn das Entgelt für eine Lieferung in einer Lieferung besteht.

(11) Wird ein Gegenstand an Bord eines Schiffes, in einem Luftfahrzeug oder in einer Eisenbahn während einer Beförderung innerhalb der Gemeinschaft geliefert, so gilt der Abgangsort des jeweiligen Personenbeförderungsmittels im Gemeinschaftsgebiet als Ort der Lieferung.

(12) Als Beförderung innerhalb des Gemeinschaftsgebiets im Sinne des Abs. 11 gilt die Beförderung oder der Teil der Beförderung zwischen dem Abgangsort und dem Ankunftsort des Beförderungsmittels im Gemeinschaftsgebiet ohne Zwischenaufenthalt außerhalb des Gemeinschaftsgebiets. Abgangsort im Sinne des ersten Satzes ist der erste Ort innerhalb des Gemeinschaftsgebiets, an dem Reisende in das Beförderungsmittel einsteigen können. Ankunftsort im Sinne des ersten Satzes ist der letzte Ort innerhalb des Gemeinschaftsgebiets, an dem Reisende das Beförderungsmittel verlassen können. Hin- und Rückfahrt gelten als gesonderte Beförderungen.

(13) Die Lieferung von
– Gas über ein Erdgasnetz im Gebiet der Gemeinschaft oder jedes an ein solches Netz angeschlossene Netz,
– Elektrizität,
– Wärme oder Kälte über Wärme- oder Kältenetze

an einen Unternehmer, dessen Haupttätigkeit in Bezug auf den Erwerb dieser Gegenstände in deren Weiterlieferung besteht und dessen eigener Verbrauch dieser Gegenstände von untergeordneter Bedeutung ist, gilt dort ausgeführt, wo der

Abnehmer sein Unternehmen betreibt. Wird die Lieferung jedoch an die Betriebsstätte des Unternehmers ausgeführt, so ist stattdessen der Ort der Betriebsstätte maßgebend.

(14) Fällt die Lieferung von
- Gas über ein Erdgasnetz im Gebiet der Gemeinschaft oder jedes an ein solches Netz angeschlossene Netz,
- Elektrizität,
- Wärme oder Kälte über Wärme- oder Kältenetze

nicht unter Abs. 13, so gilt die Lieferung dort ausgeführt, wo der Abnehmer die Gegenstände tatsächlich nutzt und verbraucht. Soweit die Gegenstände von diesem Abnehmer nicht tatsächlich verbraucht werden, gelten sie an dem Ort genutzt oder verbraucht, wo der Abnehmer den Sitz seiner wirtschaftlichen Tätigkeit oder eine Betriebsstätte hat, an die die Gegenstände geliefert werden. In Ermangelung eines solchen Sitzes oder einer solchen Betriebsstätte gelten sie an seinem Wohnsitz oder seinem gewöhnlichen Aufenthalt genutzt oder verbraucht.

(15)
1. Bei Reihengeschäften wird die Beförderung oder Versendung folgender Lieferung zugeordnet:
   a) der Lieferung durch den ersten Lieferer in der Reihe, wenn er die Gegenstände befördert oder versendet;
   b) der Lieferung durch den Zwischenhändler, wenn er seinem Lieferer die Umsatzsteuer-Identifikationsnummer mitgeteilt hat, die ihm vom Mitgliedstaat, aus dem die Gegenstände befördert oder versandt werden, erteilt wurde;
   c) der Lieferung an den Zwischenhändler, wenn kein Fall der lit. b vorliegt;
   d) der Lieferung an den letzten Abnehmer (Empfänger), wenn er die Gegenstände befördert oder versendet.
2. Bei Anwendung von Abs. 3a wird die Beförderung oder Versendung abweichend von Z 1 der Lieferung durch den Unternehmer gemäß Abs. 3a Z 1 bzw. 2 zugeordnet.
3. Lieferungen in der Reihe vor der Lieferung, der die Beförderung oder Versendung zugeordnet wird, gelten dort als ausgeführt, wo die Beförderung oder Versendung beginnt.
4. Lieferungen in der Reihe nach der Lieferung, der die Beförderung oder Versendung zugeordnet wird, gelten dort als ausgeführt, wo die Beförderung oder Versendung endet.
5. Ein Reihengeschäft liegt vor, wenn dieselben Gegenstände nacheinander geliefert werden und diese Gegenstände unmittelbar vom ersten Lieferer bis zum letzten Abnehmer (Empfänger) in der Reihe befördert oder versandt werden.
6. Zwischenhändler ist ein Lieferer innerhalb der Reihe (mit Ausnahme des ersten Lieferers), der die Gegenstände befördert oder versendet.

(BGBl I 2019/103)

Sonstige Leistung

§ 3a. (1) Sonstige Leistungen sind Leistungen, die nicht in einer Lieferung bestehen. Eine sonstige Leistung kann auch in einem Unterlassen oder im Dulden einer Handlung oder eines Zustandes bestehen.

(1a) Einer sonstigen Leistung gegen Entgelt werden gleichgestellt:
1. Die Verwendung eines dem Unternehmen zugeordneten Gegenstandes, der zum vollen oder teilweisen Vorsteuerabzug berechtigt hat, durch den Unternehmer
   - für Zwecke, die außerhalb des Unternehmens liegen,
   - für den Bedarf seines Personals, sofern keine Aufmerksamkeiten vorliegen;
2. die unentgeltliche Erbringung von anderen sonstigen Leistungen durch den Unternehmer
   - für Zwecke, die außerhalb des Unternehmens liegen,
   - für den Bedarf seines Personals, sofern keine Aufmerksamkeiten vorliegen.

Z 1 gilt nicht für die Verwendung eines dem Unternehmen zugeordneten Grundstückes.

(2) Ein tauschähnlicher Umsatz liegt vor, wenn das Entgelt für eine sonstige Leistung in einer Lieferung oder in einer sonstigen Leistung besteht.

(3) Überläßt ein Unternehmer einem Auftraggeber, der ihm einen Stoff zur Herstellung eines Gegenstandes übergeben hat, an Stelle des herzustellenden Gegenstandes einen gleichartigen Gegenstand, wie er ihn in seinem Unternehmen aus solchem Stoff herzustellen pflegt, so gilt die Leistung des Unternehmers als sonstige Leistung (Werkleistung), wenn das Entgelt für die Leistung nach Art eines Werklohnes unabhängig vom Unterschied zwischen dem Marktpreis des empfangenen Stoffes und dem des überlassenen Gegenstandes berechnet wird.

(4) Besorgt ein Unternehmer eine sonstige Leistung, sind auf die für die besorgte Leistung geltenden Rechtsvorschriften auf die Besorgungsleistung entsprechend anzuwenden.

Ort der sonstigen Leistung

(5) Für Zwecke der Anwendung der Abs. 6 bis 16 und Art. 3a gilt
1. als Unternehmer ein Unternehmer gemäß § 2, wobei ein Unternehmer, der auch nicht steuerbare Umsätze bewirkt, in Bezug auf alle an ihn erbrachten sonstigen Leistungen als Unternehmer gilt;
2. eine nicht unternehmerisch tätige juristische Person mit Umsatzsteuer-Identifikationsnummer als Unternehmer;

3. eine Person oder Personengemeinschaft, die nicht in den Anwendungsbereich der Z 1 und 2 fällt, als Nichtunternehmer.

(6) Eine sonstige Leistung, die an einen Unternehmer im Sinne des Abs. 5 Z 1 und 2 ausgeführt wird, wird vorbehaltlich der Abs. 8 bis 16 und Art. 3a an dem Ort ausgeführt, von dem aus der Empfänger sein Unternehmen betreibt. Wird die sonstige Leistung an die Betriebsstätte eines Unternehmers ausgeführt, ist stattdessen der Ort der Betriebsstätte maßgebend.

(7) Eine sonstige Leistung, die an einen Nichtunternehmer im Sinne des Abs. 5 Z 3 ausgeführt wird, wird vorbehaltlich der Abs. 8 bis 16 und Art. 3a an dem Ort ausgeführt, von dem aus der Unternehmer sein Unternehmen betreibt. Wird die sonstige Leistung von einer Betriebsstätte ausgeführt, gilt die Betriebsstätte als der Ort der sonstigen Leistung.

(8) Eine Vermittlungsleistung an einen Nichtunternehmer im Sinne des Abs. 5 Z 3 wird an dem Ort erbracht, an dem der vermittelte Umsatz ausgeführt wird.

(9) Eine sonstige Leistung im Zusammenhang mit einem Grundstück wird dort ausgeführt, wo das Grundstück gelegen ist. Sonstige Leistungen im Zusammenhang mit einem Grundstück sind auch:
a) die sonstigen Leistungen der Grundstücksmakler und Grundstückssachverständigen;
b) die Beherbergung in der Hotelbranche oder in Branchen mit ähnlicher Funktion (zB in Ferienlagern oder auf Campingplätzen);
c) die Einräumung von Rechten zur Nutzung von Grundstücken;
d) die sonstigen Leistungen zur Vorbereitung oder zur Koordinierung von Bauleistungen (zB die Leistungen von Architekten und Bauaufsichtsbüros).

(10) Eine Personenbeförderungsleistung wird dort ausgeführt, wo die Beförderung bewirkt wird. Erstreckt sich eine Beförderungsleistung sowohl auf das Inland als auch auf das Ausland, so fällt der inländische Teil der Leistung unter dieses Bundesgesetz. Als inländischer Teil der Leistung gilt auch die Beförderung auf den von inländischen Eisenbahnverwaltungen betriebenen, auf ausländischem Gebiet gelegenen Anschlussstrecken, sowie die Beförderung auf ausländischen Durchgangsstrecken, soweit eine durchgehende Abfertigung nach Inlandstarifen erfolgt. Gleiches gilt für eine Güterbeförderungsleistung, wenn der Leistungsempfänger ein Nichtunternehmer im Sinne des Abs. 5 Z 3 ist.

(11) Die folgenden sonstigen Leistungen werden dort ausgeführt, wo der Unternehmer ausschließlich oder zum wesentlichen Teil tätig wird:
a) kulturelle, künstlerische, wissenschaftliche, unterrichtende, sportliche, unterhaltende oder ähnliche Leistungen, wie Leistungen im Zusammenhang mit Messen und Ausstellungen einschließlich der Leistungen der jeweiligen Veranstalter, soweit diese Leistungen an einen Nichtunternehmer im Sinne des Abs. 5 Z 3 erbracht werden;
b) Umschlag, Lagerung oder ähnliche Leistungen, die mit Beförderungsleistungen üblicherweise verbunden sind, soweit diese Leistungen an einen Nichtunternehmer im Sinne des Abs. 5 Z 3 erbracht werden;
c) Arbeiten an beweglichen körperlichen Gegenständen und die Begutachtung dieser Gegenstände, soweit diese Leistungen an einen Nichtunternehmer im Sinne des Abs. 5 Z 3 erbracht werden;
d) Restaurant- und Verpflegungsdienstleistungen.

(11a) Sonstige Leistungen betreffend die Eintrittsberechtigung sowie die damit zusammenhängenden sonstigen Leistungen für kulturelle, künstlerische, wissenschaftliche, unterrichtende, sportliche, unterhaltende oder ähnliche Veranstaltungen, wie Messen und Ausstellungen, werden dort ausgeführt, wo diese Veranstaltungen tatsächlich stattfinden, soweit diese Leistungen an einen Unternehmer im Sinne des Abs. 5 Z 1 und 2 erbracht werden.

(12)
1. Die kurzfristige Vermietung eines Beförderungsmittels wird an dem Ort ausgeführt, an dem dieses Beförderungsmittel dem Leistungsempfänger tatsächlich zur Verfügung gestellt wird. Als kurzfristig gilt eine Vermietung während eines ununterbrochenen Zeitraumes
   a) von nicht mehr als 90 Tagen bei Wasserfahrzeugen,
   b) von nicht mehr als 30 Tagen bei allen anderen Beförderungsmitteln.
2. Die Vermietung eines Beförderungsmittels, ausgenommen die kurzfristige Vermietung im Sinne der Z 1, wird an dem Ort ausgeführt, an dem der Leistungsempfänger seinen Wohnsitz, Sitz oder gewöhnlichen Aufenthalt hat, soweit diese Leistung an einen Nichtunternehmer im Sinne des Abs. 5 Z 3 erbracht wird. Die Vermietung eines Sportbootes wird bei Vorliegen der Voraussetzungen des ersten Satzes jedoch an dem Ort ausgeführt, an dem das Sportboot dem Leistungsempfänger tatsächlich zur Verfügung gestellt wird, wenn dieser Ort mit dem Ort, von dem aus der Unternehmer sein Unternehmen betreibt, oder mit dem Ort der Betriebsstätte, wenn die Leistung von der Betriebsstätte ausgeführt wird, übereinstimmt.

(13) Elektronisch erbrachte sonstige Leistungen sowie Telekommunikations-, Rundfunk- und Fernsehdienstleistungen werden an dem Ort ausgeführt, an dem der Leistungsempfänger seinen Wohnsitz, Sitz oder gewöhnlichen Aufenthalt hat, soweit diese Leistungen an einen Nichtunternehmer im Sinne des Abs. 5 Z 3 erbracht werden.

(14) Ist der Empfänger ein Nichtunternehmer im Sinne des Abs. 5 Z 3 und hat er keinen Wohnsitz,

Sitz oder gewöhnlichen Aufenthalt im Gemeinschaftsgebiet, werden die folgenden sonstigen Leistungen an seinem Wohnsitz, Sitz oder gewöhnlichen Aufenthalt im Drittlandsgebiet ausgeführt:

1. Die Einräumung, Übertragung und Wahrnehmung von Rechten, die sich aus urheberrechtlichen Vorschriften ergeben;
2. die Leistungen, die der Werbung oder der Öffentlichkeitsarbeit dienen;
3. die sonstigen Leistungen aus der Tätigkeit als Rechtsanwalt, Patentanwalt, Steuerberater, Wirtschaftsprüfer, Sachverständiger, Ingenieur, Aufsichtsratsmitglied, Dolmetscher und Übersetzer sowie ähnliche Leistungen anderer Unternehmer;
4. die rechtliche, technische und wirtschaftliche Beratung;
5. die Datenverarbeitung;
6. die Überlassung von Informationen einschließlich gewerblicher Verfahren und Erfahrungen;
7. die sonstigen Leistungen der in § 6 Abs. 1 Z 8 lit. a bis i und Z 9 lit. c bezeichneten Art;
8. die Gestellung von Personal;
9. der Verzicht, ein in diesem Absatz bezeichnetes Recht wahrzunehmen;
10. der Verzicht, ganz oder teilweise eine gewerbliche oder berufliche Tätigkeit auszuüben;
11. die Vermietung beweglicher körperlicher Gegenstände, ausgenommen Beförderungsmittel;
12. die Gewährung des Zugangs zu einem Erdgasnetz im Gebiet der Gemeinschaft oder zu einem an ein solches Netz angeschlossenen Netz, zum Elektrizitätsnetz oder zu Wärme- oder Kältenetzen sowie die Fernleitung, Übertragung oder Verteilung über diese Netze und die Erbringung anderer unmittelbar damit verbundener Dienstleistungen.

(15) Bei einer in Abs. 14 bezeichneten sonstigen Leistung an eine juristische Person des öffentlichen Rechts, die Nichtunternehmer im Sinne des Abs. 5 Z ist, verlagert sich der Ort der sonstigen Leistung vom Drittlandsgebiet ins Inland, wenn sie im Inland genutzt oder ausgewertet wird.

(BGBl I 2015/118)

(16) Der Bundesminister für Finanzen kann, um Doppelbesteuerungen, Nichtbesteuerungen oder Wettbewerbsverzerrungen zu vermeiden, durch Verordnung festlegen, dass sich bei sonstigen Leistungen, deren Leistungsort sich nach Abs. 6, 7, 12, 13 oder 14 bestimmt, der Ort der sonstigen Leistung danach richtet, wo die sonstige Leistung genutzt oder ausgewertet wird. Der Ort der sonstigen Leistung kann danach

1. statt im Inland als im Drittlandsgebiet gelegen und
2. statt im Drittlandsgebiet als im Inland gelegen

behandelt werden.

(BGBl I 2015/118)

Bemessungsgrundlage für die Lieferungen, sonstigen Leistungen und den Eigenverbrauch

§ 4. (1) Der Umsatz wird im Falle des § 1 Abs. 1 Z 1 nach dem Entgelt bemessen. Entgelt ist alles, was der Empfänger einer Lieferung oder sonstigen Leistung aufzuwenden hat, um die Lieferung oder sonstige Leistung zu erhalten (Solleinnahme); dazu gehören insbesondere auch Gebühren für Rechtsgeschäfte und andere mit der Errichtung von Verträgen über Lieferungen oder sonstige Leistungen verbundene Kosten, die der Empfänger einer Lieferung oder sonstigen Leistung dem Unternehmer zu ersetzen hat.

(2) Zum Entgelt gehört auch,
1. was der Empfänger einer Lieferung oder sonstigen Leistung freiwillig aufwendet, um die Lieferung oder sonstige Leistung zu erhalten,
2. was ein anderer als der Empfänger dem Unternehmer für die Lieferung oder sonstige Leistung gewährt.

(3) Nicht zum Entgelt gehören die Beträge, die der Unternehmer im Namen und für Rechnung eines anderen vereinnahmt und verausgabt (durchlaufende Posten).

(4) Bei der Ermittlung der Bemessungsgrundlage für Lieferungen von Kunstgegenständen, Sammlungsstücken, Antiquitäten oder bestimmten anderen beweglichen körperlichen Gegenständen ist § 24 (Differenzbesteuerung) zu beachten.

(5) Werden Rechte übertragen, die mit dem Besitz eines Pfandscheines verbunden sind, so gilt als Entgelt der Preis des Pfandscheines zuzüglich der Pfandsumme. Beim Spiel mit Gewinnmöglichkeit und bei der Wette ist Bemessungsgrundlage das Entgelt für den einzelnen Spielabschluß oder für die einzelne Wette, wobei ein ausbezahlter Gewinn das Entgelt nicht mindert.

Bemessungsgrundlage bei Umsätzen aus Glücksspielautomaten (§ 2 Abs. 3 GSpG) und aus Video Lotterie Terminals sind die Jahresbruttospieleinnahmen. Jahresbruttospieleinnahmen sind die Einsätze abzüglich der ausgezahlten Gewinne eines Kalenderjahres.

(6) Beim Tausch, bei tauschähnlichen Umsätzen und bei Hingabe an Zahlungs Statt gilt der Wert jedes Umsatzes als Entgelt für den anderen Umsatz.

(7) Wird ein Unternehmen oder ein in der Gliederung eines Unternehmens gesondert geführter Betrieb im ganzen veräußert (Geschäftsveräußerung), so ist Bemessungsgrundlage das Entgelt für die auf den Erwerber übertragenen Gegenstände und Rechte (Besitzposten). Die Befreiungsvorschriften bleiben unberührt. Die übernommenen Schulden können nicht abgezogen werden.

(8) Der Umsatz bemisst sich
a) im Falle des § 3 Abs. 2 nach dem Einkaufspreis zuzüglich der mit dem Einkauf verbundenen Nebenkosten für den Gegenstand oder für einen gleichartigen Gegenstand oder mangels eines Einkaufspreises nach den Selbstkosten, jeweils im Zeitpunkt des Umsatzes;

b) im Falle des § 3a Abs. 1a Z 1 und 2 nach den auf die Ausführung dieser Leistungen entfallenden Kosten;
c) im Falle des § 1 Abs. 1 Z 2 lit. a nach den nichtabzugsfähigen Ausgaben (Aufwendungen).

(9) Ungeachtet Abs. 1 ist der Normalwert die Bemessungsgrundlage für Lieferungen und sonstige Leistungen durch den Unternehmer für Zwecke, die außerhalb des Unternehmens liegen oder für den Bedarf seines Personals, sofern

a) das Entgelt niedriger als der Normalwert ist und der Empfänger der Lieferung oder sonstigen Leistung nicht oder nicht zum vollen Vorsteuerabzug berechtigt ist;
b) das Entgelt niedriger als der Normalwert ist, der Unternehmer nicht oder nicht zum vollen Vorsteuerabzug berechtigt ist und der Umsatz gemäß § 6 Abs. 1 Z 7 bis 26 oder Z 28 steuerfrei ist;
c) das Entgelt höher als der Normalwert ist und der Unternehmer nicht oder nicht zum vollen Vorsteuerabzug berechtigt ist.

„Normalwert" ist der gesamte Betrag, den ein Empfänger einer Lieferung oder sonstigen Leistung auf derselben Absatzstufe, auf der die Lieferung oder sonstige Leistung erfolgt, an einen unabhängigen Lieferer oder Leistungserbringer zahlen müsste, um die betreffenden Gegenstände oder sonstigen Leistungen zu diesem Zeitpunkt unter den Bedingungen des freien Wettbewerbs zu erhalten. Kann keine vergleichbare Lieferung oder sonstige Leistung ermittelt werden, ist der Normalwert unter sinngemäßer Anwendung von Abs. 8 lit. a und b zu bestimmen.
(BGBl I 2015/118)

(10) Die Umsatzsteuer gehört nicht zur Bemessungsgrundlage.

Bemessungsgrundlage für die Einfuhr

§ 5. (1) Der Umsatz wird bei der Einfuhr (§ 1 Abs. 1 Z 3) nach dem Zollwert des eingeführten Gegenstandes bemessen.

(2) Ist ein Gegenstand ausgeführt, in einem Drittlandsgebiet für den Ausführer veredelt und von dem Ausführer oder für ihn wieder eingeführt worden, so wird der Umsatz bei der Einfuhr nach dem für die Veredlung zu zahlenden Entgelt, falls aber ein solches Entgelt nicht gezahlt wird, nach der durch die Veredlung eingetretenen Wertsteigerung bemessen. Ist der eingeführte Gegenstand vor der Einfuhr geliefert worden und ist diese Lieferung nicht der Umsatzsteuer unterlegen, so gilt Abs. 1.

(3) (aufgehoben)

(4) Der sich aus den Abs. 1 bis 3 ergebenden Bemessungsgrundlage sind hinzuzurechnen, soweit sie darin nicht enthalten sind:
1. die nicht im Inland, ausgenommen die Gebiete Jungholz und Mittelberg, für den eingeführten Gegenstand geschuldeten Beträge an Einfuhrabgaben, Steuern und sonstigen Abgaben;
2. die im Zeitpunkt der Entstehung der Steuerschuld auf den Gegenstand entfallenden Beträge an Zoll einschließlich der Abschöpfung, Verbrauchsteuern und Monopolabgaben sowie an anderen Abgaben mit gleicher Wirkung wie Zölle, wenn, diese Abgaben anläßlich oder im Zusammenhang mit der Einfuhr von Gegenständen vom Zollamt Österreich zu erheben sind;
(BGBl I 2019/104)
3. die auf den eingeführten Gegenstand entfallenden Nebenkosten wie Beförderungs-, Versicherungs-, Verpackungskosten, Provisionen und Maklerlöhne bis zum ersten Bestimmungsort im Gebiet eines Mitgliedstaates der Europäischen Union. Das gilt auch, wenn sich diese Nebenkosten aus der Beförderung nach einem anderen in der Gemeinschaft gelegenen Bestimmungsort ergeben, der im Zeitpunkt des Entstehens der Einfuhrumsatzsteuer bekannt ist.
4. (aufgehoben)

(5) Für die Umrechnung von Werten in fremder Währung gelten die entsprechenden Vorschriften über den Zollwert der Waren.

(6) Die Umsatzsteuer (Einfuhrumsatzsteuer) gehört nicht zur Bemessungsgrundlage.

Steuerbefreiungen

§ 6. (1) Von den unter § 1 Abs. 1 Z 1 fallenden Umsätzen sind steuerfrei:
1. Die Ausfuhrlieferungen (§ 7) und die Lohnveredlungen an Gegenständen der Ausfuhr (§ 8);
2. die Umsätze für die Seeschiffahrt und für die Luftfahrt (§ 9);
3. a) die Beförderungen von Gegenständen im grenzüberschreitenden Beförderungsverkehr und im internationalen Eisenbahnfrachtverkehr und andere sonstige Leistungen, wenn sich die Leistungen
   aa) auf Gegenstände der Einfuhr in das Gebiet eines Mitgliedstaates der Europäischen Union beziehen und die Kosten für diese Leistungen in der Bemessungsgrundlage für die Einfuhr (§ 5) enthalten sind oder
   bb) unmittelbar auf Gegenstände der Ausfuhr beziehen oder auf eingeführte Gegenstände beziehen, die im externen Versandverfahren in das Drittlandsgebiet befördert werden;
b) die Beförderungen von Gegenständen nach und von den Inseln, die die autonomen Regionen Azoren und Madeira bilden;
c) sonstige Leistungen, die sich unmittelbar auf eingeführte Gegenstände beziehen, für die zollamtlich eine vorübergehende Verwendung im Inland, ausgenommen die Gebiete Jungholz und Mittelberg,

bewilligt worden ist, und der Leistungsempfänger ein ausländischer Auftraggeber (§ 8 Abs. 2) ist. Dies gilt nicht für sonstige Leistungen, die sich auf Beförderungsmittel, Paletten und Container beziehen;

d) die Beförderungen von Personen mit Eisenbahnen, Schiffen und Luftfahrzeugen im grenzüberschreitenden Beförderungsverkehr, ausgenommen die Personenbeförderung auf dem Bodensee.

(BGBl I 2022/108)

Lit. a bis c gelten nicht für die im § 6 Abs. 1 Z 8, 9 lit. c und 13 bezeichneten Umsätze und für die Bearbeitung oder Verarbeitung eines Gegenstandes einschließlich der Werkleistung im Sinne des § 3a Abs. 3. Die Voraussetzungen der Steuerbefreiung der lit. a bis c müssen vom Unternehmer buchmäßig nachgewiesen sein;

4. die Lieferung von Gold an Zentralbanken;
5. die Vermittlung
   a) der unter Z 1 bis 4 und Z 6 fallenden Umsätze,
   b) der Umsätze, die ausschließlich im Drittlandsgebiet bewirkt werden,
   c) der Lieferungen, die nach § 3 Abs. 9 als im Inland ausgeführt zu behandeln sind.

Die Voraussetzungen der Steuerbefreiung müssen vom Unternehmer buchmäßig nachgewiesen sein;

6. a) die Lieferungen von eingeführten Gegenständen an Abnehmer, die keinen Wohnsitz (Sitz) im Gemeinschaftsgebiet haben, soweit für die Gegenstände zollamtlich eine vorübergehende Verwendung im Inland, ausgenommen die Gebiete Jungholz und Mittelberg, bewilligt worden ist und diese Bewilligung auch nach der Lieferung gilt. Nicht befreit sind die Lieferungen von Beförderungsmitteln, Paletten und Containern;
   b) die Leistungen der Eisenbahnunternehmer für ausländische Eisenbahnen in den Gemeinschaftsbahnhöfen, Betriebswechselbahnhöfen und Grenzbetriebsstrecken;
   c) die Lieferungen, ausgenommen Lieferungen neuer Fahrzeuge im Sinne des Art. 1 Abs. 8 des Anhanges, und die sonstigen Leistungen an
      – die im Gebiet eines anderen Mitgliedstaates errichteten ständigen diplomatischen Missionen, berufskonsularischen Vertretungen und zwischenstaatlichen Einrichtungen sowie deren Mitglieder,
      – die im Gebiet eines anderen Mitgliedstaates stationierten Streitkräfte der Vertragsparteien des Nordatlantikvertrages, soweit sie nicht an die Streitkräfte dieses Mitgliedstaates ausgeführt werden, wenn diese Umsätze für den Gebrauch oder Verbrauch dieser Streitkräfte, ihres zivilen Begleitpersonals oder für die Versorgung ihrer Kasinos oder Kantinen bestimmt sind und wenn diese Streitkräfte der gemeinsamen Verteidigungsanstrengung dienen,
      – die Streitkräfte anderer Mitgliedstaaten, wenn diese Streitkräfte an einer Verteidigungsanstrengung teilnehmen, die zur Durchführung einer Tätigkeit der Union im Rahmen der Gemeinsamen Sicherheits- und Verteidigungspolitik unternommen wird und, wenn die Umsätze entweder für den Gebrauch oder Verbrauch durch die Streitkräfte anderer Mitgliedstaaten oder ihr ziviles Begleitpersonal oder für die Versorgung ihrer Kasinos oder Kantinen bestimmt sind, und
      – die im Gebiet eines anderen Mitgliedstaates stationierten Streitkräfte eines Mitgliedstaates, wenn diese Streitkräfte an einer Verteidigungsanstrengung teilnehmen, die zur Durchführung einer Tätigkeit der Union im Rahmen der Gemeinsamen Sicherheits- und Verteidigungspolitik unternommen wird und, wenn die Umsätze für den Gebrauch oder Verbrauch durch die Streitkräfte eines anderen Mitgliedstaates als des Bestimmungsmitgliedstaats selbst oder ihr ziviles Begleitpersonal oder für die Versorgung ihrer Kasinos oder Kantinen bestimmt sind.

Für die Steuerbefreiung sind die in dem anderen Mitgliedstaat geltenden Voraussetzungen maßgebend. Die Voraussetzungen der Steuerbefreiung müssen vom Unternehmer dadurch nachgewiesen werden, dass ihm der Abnehmer eine von der zuständigen Behörde des anderen Mitgliedstaates oder, wenn er hiezu ermächtigt ist, eine selbst ausgestellte Bescheinigung auf amtlichem Vordruck aushändigt. Der Bundesminister für Finanzen kann durch Verordnung bestimmen, wie der Unternehmer die übrigen Voraussetzungen nachzuweisen hat;

(BGBl I 2022/108)

d) – die Lieferung von Kraftfahrzeugen an Vergütungsberechtigte im Sinne des § 1 Abs. 1 Z 1 IStVG für ihren amtlichen Gebrauch,
   – die Lieferung eines Kraftfahrzeuges innerhalb eines Zeitraumes

von zwei Jahren an Vergütungsberechtigte im Sinne des § 1 Abs. 1 Z 2 IStVG für ihren persönlichen Gebrauch,
- die Vermietung von Grundstücken an Vergütungsberechtigte im Sinne des § 1 Abs. 1 Z 1 IStVG für ihren amtlichen Gebrauch und
- die Vermietung von Grundstücken für Wohnzwecke an Vergütungsberechtigte im Sinne des § 1 Abs. 1 Z 2 IStVG, so weit sie ihrem persönlichen Gebrauch dienen.

§ 1 Abs. 3 IStVG (Grundsatz der Gleichbehandlung) ist sinngemäß anzuwenden. Die Voraussetzungen für die Steuerbefreiung müssen vom Unternehmer durch eine vom Bundesminister für auswärtige Angelegenheiten nach amtlichem Vordruck ausgestellte, ihm vom Abnehmer auszuhändigende Bescheinigung nachgewiesen werden. Der Bundesminister für Finanzen trifft im Einvernehmen mit dem Bundesminister für auswärtige Angelegenheiten durch Verordnung die nähere Regelung hinsichtlich der Bescheinigung.

e) die Lieferungen und sonstigen Leistungen, die an die Kommission oder an Agenturen oder Einrichtungen, die nach Unionsrecht errichtet worden sind, ausgeführt bzw. erbracht werden. Voraussetzung ist, dass diese
- die Leistungen in Wahrnehmung der ihnen durch das Unionsrecht übertragenen Aufgaben zur Bekämpfung der COVID-19 Pandemie empfangen und
- die Leistungen nicht für Zwecke eines entgeltlichen Umsatzes verwenden, der unmittelbar oder zu einem späteren Zeitpunkt erfolgt.

Liegen die Voraussetzungen für die Steuerbefreiung nicht mehr vor, hat die Kommission, eine solche Agentur oder Einrichtung das Bundesministerium für Finanzen hievon zu informieren.

(BGBl I 2021/227)

7. die Umsätze der Träger der Sozialversicherung und ihrer Verbände, der Krankenfürsorgeeinrichtungen im Sinne des § 2 Abs. 1 Z 2 des Beamten-Kranken- und Unfallversicherungsgesetzes, BGBl. Nr. 200/1967, und der Träger des öffentlichen Fürsorgewesens untereinander und an die Versicherten, die mitversicherten Familienangehörigen, die Versorgungsberechtigten oder die Hilfeempfänger oder die zum Ersatz von Fürsorgekosten Verpflichteten;

8. a) die Gewährung und die Vermittlung von Krediten sowie die Verwaltung von Krediten und Kreditsicherheiten durch die Kreditgeber,

b) die Umsätze und die Vermittlung der Umsätze von gesetzlichen Zahlungsmitteln. Das gilt nicht, wenn die Zahlungsmittel wegen ihres Metallgehaltes oder ihres Sammlerwertes umgesetzt werden,

c) die Umsätze im Geschäft mit Geldforderungen und die Vermittlung dieser Umsätze, ausgenommen die Einziehung von Forderungen,

d) die Umsätze von im Inland gültigen amtlichen Wertzeichen zum aufgedruckten Wert,

e) die Umsätze und die Vermittlung der Umsätze im Einlagengeschäft und Kontokorrentverkehr einschließlich Zahlungs- und Überweisungsverkehr; das Inkasso von Handelspapieren,

f) die Umsätze im Geschäft mit Wertpapieren und die Vermittlung dieser Umsätze, ausgenommen die Verwahrung und Verwaltung von Wertpapieren,

g) die Umsätze und die Vermittlung von Anteilen an Gesellschaften und anderen Vereinigungen,

h) die Übernahme von Verbindlichkeiten, von Bürgschaften und anderen Sicherheiten sowie die Vermittlung dieser Umsätze,

i) die Verwaltung von

aa) Sondervermögen nach dem Investmentfondsgesetz 2011, BGBl. I Nr. 77/2011,

bb) Sondervermögen nach dem Immobilien-Investmentfondsgesetz, BGBl. I Nr. 80/2003,

cc) Sondervermögen durch einen konzessionierten oder registrierten AIFM gemäß § 4 Abs. 1 bzw. § 1 Abs. 5 des Alternative Investmentfonds Manager-Gesetz, BGBl. I Nr. 135/2013, durch einen in einem anderen Mitgliedstaat gemäß Art. 6 Abs. 1 der Richtlinie 2011/61/EU zugelassenen AIFM oder durch eine Verwaltungsgesellschaft gemäß Art. 6 der Richtlinie 2009/65/EG, die in einem anderen Mitgliedstaat konzessioniert ist,

dd) Sondervermögen, das keinen OGAW gemäß Art. 1 Abs. 2 der Richtlinie 2009/65/EG und keinen AIF gemäß Art. 4 Abs. 1 Buchst. a der Richtlinie 2011/61/EU darstellt, wenn es von einem anderen Mitgliedstaat als solches definiert ist und einer besonderen staatlichen Aufsicht unterliegt;

(BGBl I 2017/106)

j) die Lieferung von Anlagegold, einschließlich Anlagegold in Form von Zertifikaten über sammel- oder einzelverwahrtes Gold und über Goldkonten gehandeltes Gold, durch die ein Eigentumsrecht an Anlagegold oder ein schuldrechtlicher Anspruch auf Anlagegold begründet wird, sowie die Optionsgeschäfte mit Anlagegold und die Vermittlung der Lieferung von Anlagegold.
Anlagegold im Sinne dieses Bundesgesetzes sind:
- aa) Gold in Barren- oder Plättchenform mit einem von den Goldmärkten akzeptierten Gewicht und einem Feingehalt von mindestens 995 Tausendstel, unabhängig davon, ob es durch Wertpapiere verbrieft ist oder nicht;
- bb) Goldmünzen,
  - die einen Feingehalt von mindestens 900 Tausendstel aufweisen,
  - die nach dem Jahr 1800 geprägt wurden,
  - die in ihrem Ursprungsland gesetzliches Zahlungsmittel sind oder waren und
  - die üblicherweise zu einem Preis verkauft werden, der den Offenmarktwert ihres Goldgehaltes um nicht mehr als 80% übersteigt.

Der Bundesminister für Finanzen kann mit Verordnung ein Verzeichnis jener Münzen aufstellen, die diese Kriterien jedenfalls erfüllen. Die in dem Verzeichnis angeführten Münzen gelten als Münzen, die während des gesamten Zeitraumes, für den das Verzeichnis gilt, die genannten Kriterien erfüllen;

k) (aufgehoben)

9. a) die Lieferungen von Grundstücken;
   (BGBl I 2016/117)
   b) die Vergütungen jeder Art einschließlich der Reisekostensätze, die an Mitglieder des Aufsichtsrates, Verwaltungsrates oder andere mit der Überwachung der Geschäftsführung beauftragte Personen für diese Funktion gewährt werden;
   c) die Umsätze aus Versicherungsverhältnissen und aus Pensionskassengeschäften im Sinne des Pensionskassengesetzes, soweit für diese Umsätze ein Versicherungsentgelt im Sinne des § 3 des Versicherungssteuergesetzes 1953 gezahlt wird oder das Deckungserfordernis gemäß § 48 des Pensionskassengesetzes oder vergleichbare Deckungsbeträge überwiesen werden, sowie die Leistungen, die darin bestehen, daß anderen Personen Versicherungsschutz verschafft wird, weiters die Umsätze aus dem Mitarbeiter- und Selbständigenvorsorgekassengeschäft im Sinne des Betrieblichen Mitarbeiter- und Selbständigenvorsorgegesetzes – BMSVG, BGBl. I Nr. 100/2002;
   d) aa) die mit Wetten gemäß § 33 TP 17 Abs. 1 Z 1 GebG 1957 und mit Ausspielungen gemäß § 2 Abs. 1 GSpG, ausgenommen Ausspielungen mit Glücksspielautomaten (§ 2 Abs. 3 GSpG) und mit Video Lotterie Terminals, unmittelbar verbundenen Umsätze,
      bb) Umsätze aus der Mitwirkung im Rahmen von Ausspielungen, soweit hierfür vom Konzessionär (§ 14 GSpG) Vergütungen gewährt werden, ausgenommen Vergütungen aufgrund von Ausspielungen mittels Video Lotterie Terminals, und
      cc) die Zuwendungen im Sinne des § 27 Abs. 3 des Glücksspielgesetzes.

10. a) die Umsätze der Blinden, wenn sie nicht mehr als drei sehende Arbeitnehmer beschäftigen und die Voraussetzungen der Steuerfreiheit durch eine Bescheinigung über den Erhalt der Blindenbeihilfe oder durch eine Bestätigung der zuständigen Bezirksverwaltungsbehörde oder durch den Rentenbescheid oder eine Bestätigung des zuständigen Bundesamtes für Soziales und Behindertenwesen nachweisen. Nicht als Arbeitnehmer gelten der Ehegatte, der eingetragene Partner, die minderjährigen Abkömmlinge, die Eltern des Blinden und die Lehrlinge. Die Steuerfreiheit gilt nicht für die Umsätze von Gegenständen, die einer Verbrauchsteuer unterliegen, wenn der Blinde Schuldner der Verbrauchsteuer ist;
    b) Postdienstleistungen, die ein Universaldienstbetreiber im Sinne des § 12 des Postmarktgesetzes, BGBl. Nr. 123/2009, als solcher erbringt. Dies gilt nicht für Leistungen, deren Bedingungen individuell ausgehandelt worden sind;
    c) (aufgehoben)

11. a) die Umsätze von privaten Schulen und anderen allgemeinbildenden oder berufsbildenden Einrichtungen, soweit es sich um die Vermittlung von Kenntnissen allgemeinbildender oder berufsbildender Art oder der Berufsausübung dienenden Fertigkeiten handelt und nachgewiesen werden kann, daß eine den öffentlichen Schulen vergleichbare Zielsetzung verfolgt wird. Der Bundesminister für Finanzen kann unter

Berücksichtigung der Vermeidung von Wettbewerbsverzerrungen mit Verordnung festlegen, wann eine vergleichbare Zielsetzung vorliegt;

(BGBl I 2018/62)

b) die Umsätze von Privatlehrern an öffentlichen Schulen und Schulen im Sinne der lit. a;

12. die Umsätze aus den von öffentlich-rechtlichen Körperschaften oder Volksbildungsvereinen veranstalteten Vorträgen, Kursen und Filmvorführungen wissenschaftlicher oder unterrichtender oder belehrender Art, wenn die Einnahmen vorwiegend zur Deckung der Kosten verwendet werden;

13. die Umsätze aus der Tätigkeit als Bausparkassenvertreter und Versicherungsvertreter;

14. die Umsätze von gemeinnützigen Vereinigungen (§§ 34 bis 36 der Bundesabgabenordnung), deren satzungsgemäßer Zweck die Ausübung oder Förderung des Körpersportes ist; dies gilt nicht für Leistungen, die im Rahmen eines land- und forstwirtschaftlichen Betriebes, eines Gewerbebetriebes oder eines wirtschaftlichen Geschäftsbetriebes im Sinne des § 45 Abs. 3 der Bundesabgabenordnung ausgeführt werden;

15. die Umsätze der Pflege- und Tagesmütter oder Pflegeeltern, die regelmäßig mit der Betreuung, Erziehung, Beherbergung und Verköstigung von Pflegekindern verbunden sind, sowie die Umsätze, soweit sie in der Betreuung, Beherbergung und Verköstigung von pflegebedürftigen Personen, die im Rahmen der Sozialhilfe bei Pflegefamilien untergebracht sind, bestehen;

16. die Vermietung und Verpachtung von Grundstücken. Nicht befreit sind:
    – die Vermietung (Nutzungsüberlassung) von Grundstücken für Wohnzwecke;
    – die Vermietung und Verpachtung von Maschinen und sonstigen Vorrichtungen aller Art, die zu einer Betriebsanlage gehören, auch wenn sie wesentliche Bestandteile eines Grundstückes sind;
    – die Beherbergung in eingerichteten Wohn- und Schlafräumen;
    – die Vermietung (Nutzungsüberlassung) von Räumlichkeiten oder Plätzen für das Abstellen von Fahrzeugen aller Art;
    – die Vermietung (Nutzungsüberlassung) von Grundstücken für Campingzwecke;
    – die Vermietung von Grundstücken während eines ununterbrochenen Zeitraumes von nicht mehr als 14 Tagen (kurzfristige Vermietung), wenn der Unternehmer das Grundstück sonst nur zur Ausführung von Umsätzen, die den Vorsteuerabzug nicht ausschließen, für kurzfristige Vermietungen oder zur Befriedigung eines Wohnbedürfnisses verwendet;

(BGBl I 2016/117)

(BGBl I 2016/117)

17. die Leistungen von Personenvereinigungen zur Erhaltung, Verwaltung oder zum Betrieb der in ihrem gemeinsamen Eigentum stehenden Teile und Anlagen einer Liegenschaft, an der Wohnungseigentum besteht, und die nicht für Wohnzwecke oder das Abstellen von Fahrzeugen aller Art verwendet werden;

(BGBl I 2015/118)

18. die Umsätze der Kranken- und Pflegeanstalten, der Alters-, Blinden- und Siechenheime sowie jener Anstalten, die eine Bewilligung als Kuranstalt oder Kureinrichtung nach den jeweils geltenden Rechtsvorschriften über natürliche Heilvorkommen und Kurorte besitzen, soweit sie von Körperschaften des öffentlichen Rechts bewirkt werden und es sich um Leistungen handelt, die unmittelbar mit der Kranken- oder Kurbehandlung oder unmittelbar mit der Betreuung der Pfleglinge im Zusammenhang stehen;

19. die Umsätze aus Heilbehandlungen im Bereich der Humanmedizin, die im Rahmen der Tätigkeit als Arzt, Zahnarzt, Dentist, Psychotherapeut, Hebamme sowie freiberuflich Tätiger im Sinne des § 35 Abs. 1 Z 1 in Verbindung mit § 11 des Gesundheits- und Krankenpflegegesetzes, BGBl. I Nr. 108/1997, des § 7 Abs. 1 in Verbindung mit § 1 bis 7 des MTD-Gesetzes, BGBl. Nr. 460/1992 sowie § 45 Z 1 in Verbindung mit § 29 des Medizinischer Masseur- und Heilmasseurgesetzes, BGBl. I Nr. 169/2002, durchgeführt werden; steuerfrei sind auch die sonstigen Leistungen von Gemeinschaften, deren Mitglieder Angehörige der oben bezeichneten Berufe sind, gegenüber ihren Mitgliedern, soweit diese Leistungen unmittelbar zur Ausführung der nach dieser Bestimmung steuerfreien Umsätze verwendet werden und soweit die Gemeinschaften von ihren Mitgliedern lediglich die genaue Erstattung des jeweiligen Anteils an den gemeinsamen Kosten fordern;

20. die sonstigen Leistungen, die Zahntechniker im Rahmen ihrer Berufsausübung erbringen, sowie die Lieferungen von Zahnersatz durch Zahnärzte und Zahntechniker. Das gilt nicht für die Lieferungen von Zahnersatz, bei denen sich der Ort der Lieferung gemäß Art. 3 Abs. 3 aus dem Gebiet eines Mitgliedstaates nach Österreich verlagert, wenn für die an den Unternehmer erbrachten Leistungen im anderen Mitgliedstaat das Recht auf Vorsteuerabzug nicht ausgeschlossen ist.

21. die Lieferungen von menschlichen Organen, menschlichem Blut und Frauenmilch;

22. die Beförderungen von kranken und verletzten Personen mit Fahrzeugen, die hiefür besonders eingerichtet sind;

23. die Leistungen der Jugend-, Erziehungs-, Ausbildungs-, Fortbildungs- und Erholungsheime an Personen, die das 27. Lebensjahr nicht vollendet haben, soweit diese Leistungen in deren Betreuung, Beherbergung, Verköstigung und den hiebei üblichen Nebenleistungen bestehen und diese von Körperschaften öffentlichen Rechts bewirkt werden;
24. folgende Umsätze des Bundes, der Länder und Gemeinden:
    a) die Leistungen, die regelmäßig mit dem Betrieb eines Theaters verbunden sind,
    b) die Musik- und Gesangsaufführungen, insbesondere durch Orchester, Musikensembles und Chöre,
    c) die Leistungen, die regelmäßig mit dem Betrieb eines Museums, eines botanischen oder eines zoologischen Gartens sowie eines Naturparks verbunden sind;
25. die in den Ziffern 18, 23 und 24 genannten Leistungen, sofern sie von Körperschaften, Personenvereinigungen und Vermögensmassen, die gemeinnützigen, mildtätigen oder kirchlichen Zwecken dienen (§§ 34 bis 47 der Bundesabgabenordnung), bewirkt werden. Dies gilt nicht für Leistungen, die im Rahmen eines land- und forstwirtschaftlichen Betriebes, eines Gewerbebetriebes oder eines wirtschaftlichen Geschäftsbetriebes im Sinne des § 45 Abs. 3 der Bundesabgabenordnung ausgeführt werden;
26. die Lieferungen von Gegenständen, wenn der Unternehmer für diese Gegenstände keinen Vorsteuerabzug vornehmen konnte und die gelieferten Gegenstände ausschließlich für eine nach den Z 7 bis 25 steuerfreie Tätigkeit verwendet hat;
27. die Umsätze der Kleinunternehmer. Kleinunternehmer ist ein Unternehmer, der im Inland sein Unternehmen betreibt und dessen Umsätze nach § 1 Abs. 1 Z 1 und 2 im Veranlagungszeitraum 35 000 Euro nicht übersteigen. Bei dieser Umsatzgrenze bleiben Umsätze aus Hilfsgeschäften einschließlich der Geschäftsveräußerungen sowie Umsätze, die nach § 6 Abs. 1 Z 8 lit. d und j, Z 9 lit. b und d, Z 10 bis 15, Z 17 bis 26 und Z 28 steuerfrei sind, außer Ansatz. Das einmalige Überschreiten der Umsatzgrenze um nicht mehr als 15% innerhalb eines Zeitraumes von fünf Kalenderjahren ist unbeachtlich;
    (BGBl I 2019/103)
28. die sonstigen Leistungen von Zusammenschlüssen von Unternehmern, die überwiegend Bank-, Versicherungs- oder Pensionskassenumsätze tätigen, an ihre Mitglieder, soweit diese Leistungen unmittelbar zur Ausführung der genannten steuerfreien Umsätze verwendet werden und soweit diese Zusammenschlüsse von ihren Mitgliedern lediglich die genaue Erstattung des jeweiligen Anteils an den gemeinsamen Kosten fordern. Das gilt auch für sonstige Leistungen, die zwischen Unternehmern erbracht werden, die überwiegend Bank-, Versicherungs- oder Pensionskassenumsätze ausführen, soweit diese Leistungen unmittelbar zur Ausführung der genannten steuerfreien Umsätze verwendet werden, und für die Personalgestellung dieser Unternehmer an die im ersten Satz genannten Zusammenschlüsse.

(2) Der Unternehmer kann eine gemäß § 6 Abs. 1 Z 8 lit. a steuerfreie Kreditgewährung, bei der er dem Leistungsempfänger den Preis für eine Lieferung oder sonstige Leistung kreditiert, sowie einen Umsatz, der nach § 6 Abs. 1 Z 9 lit. a, Z 16 oder Z 17 steuerfrei ist, als steuerpflichtig behandeln. Weiters kann der Unternehmer einen Umsatz im Zusammenhang mit Kreditkarten, der nach § 6 Abs. 1 Z 8 lit. h steuerfrei ist, als steuerpflichtig behandeln. Behandelt der Unternehmer die Kreditgewährung als steuerpflichtig, unterliegt sie dem Steuersatz, der für die Leistung anzuwenden ist, deren Leistungspreis kreditiert wird. Behandelt der Unternehmer einen Umsatz, der nach § 6 Abs. 1 Z 8 lit. h, Z 9 lit. a, Z 16 oder Z 17 steuerfrei ist, als steuerpflichtig, unterliegt er dem Steuersatz nach § 10 Abs. 1 bzw. 4.

Behandelt ein Unternehmer einen nach § 6 Abs. 1 Z 9 lit. a steuerfreien Umsatz als steuerpflichtig, so kann eine bis dahin vom Vorsteuerabzug ausgeschlossene Steuer (§ 12 Abs. 3) oder eine zu berichtigende Vorsteuer (§ 12 Abs. 10 bis 12) frühestens für den Voranmeldungszeitraum abgezogen werden, in dem der Unternehmer den Umsatz als steuerpflichtig behandelt.

Der Verzicht auf die Steuerbefreiung gemäß § 6 Abs. 1 Z 9 lit. a ist bei der Lieferung von Grundstücken im Zwangsversteigerungsverfahren durch den Verpflichteten an den Ersteher (§ 19 Abs. 1b lit. c) nur zulässig, wenn er spätestens bis vierzehn Tage nach Bekanntgabe des Schätzwerts (§ 144 EO) dem Exekutionsgericht mitgeteilt wird.

Der Verzicht auf die Steuerbefreiung gemäß § 6 Abs. 1 Z 16 und Z 17 ist nur zulässig, soweit der Leistungsempfänger das Grundstück oder den baulich abgeschlossenen, selbständigen Teil des Grundstücks nahezu ausschließlich für Umsätze verwendet, die den Vorsteuerabzug nicht ausschließen. Der Unternehmer hat diese Voraussetzung nachzuweisen.

(BGBl I 2016/117)

(3) Der Unternehmer, dessen Umsätze nach § 6 Abs. 1 Z 27 befreit sind, kann bis zur Rechtskraft des Bescheides gegenüber dem Finanzamt schriftlich erklären, daß er auf die Anwendung des § 6 Abs. 1 Z 27 verzichtet. Die Erklärung bindet den Unternehmer mindestens für fünf Kalenderjahre. Sie kann nur mit Wirkung vom Beginn eines Kalenderjahres an widerrufen werden. Der Widerruf ist spätestens bis zum Ablauf des ersten Kalendermonates nach Beginn dieses Kalenderjahres zu erklären.

(4) Steuerfrei ist die Einfuhr
1. der in Abs. 1 Z 8 lit. f bis j, in Abs. 1 Z 20 und der in Abs. 1 Z 21 angeführten Gegenstände;

2. der in Abs. 1 Z 8 lit. b und d, in § 9 Abs. 1 Z 1, 2 und 3 sowie in § 9 Abs. 2 Z 1, 2 und 3 angeführten Gegenstände unter den in diesen Bestimmungen genannten Voraussetzungen;
3. von Gold durch Zentralbanken;
3a. von Gas über ein Erdgasnetz oder jedes an ein solches Netz angeschlossene Netz oder von Gas, das von einem Gastanker aus in ein Erdgasnetz oder ein vorgelagertes Gasleitungsnetz eingespeist wird, von Elektrizität oder von Wärme oder Kälte über Wärme- oder Kältenetze;
4. der Gegenstände, die nach Titel I, II und IV der Verordnung (EG) Nr. 1186/2009 über das gemeinschaftliche System der Zollbefreiungen, ABl. Nr. L 324 vom 10.12.2009 S. 23, zollfrei eingeführt werden können, nach Maßgabe der folgenden Bestimmungen:
   a) Nicht anzuwenden sind die Artikel 23, 24, 41, 44 bis 52, 57 und 58 der Verordnung.
   b) Die in Artikel 27 der Verordnung enthaltene Aufzählung von Waren, für die die Befreiung nach Artikel 25 Abs. 1 der Verordnung je Sendung auf bestimmte Höchstmengen beschränkt ist, wird wie folgt ergänzt:
      – 500 Gramm Kaffee oder 200 Gramm Kaffee-Extrakte und -Essenzen;
      – 100 Gramm Tee oder 40 Gramm Tee Extrakte und -Essenzen.
   c) Die in den Artikeln 28 bis 34 der Verordnung enthaltene Befreiung für Investitionsgüter und andere Ausrüstungsgegenstände, die anläßlich einer Betriebsverlegung eingeführt werden, ist für Gegenstände ausgeschlossen,
      – für die der Vorsteuerabzug gemäß § 12 Abs. 2 Z 2 oder Abs. 3 ganz oder teilweise ausgeschlossen ist,
      – die für einen nichtunternehmerischen Bereich des Unternehmers eingeführt werden,
      – für die der Vorsteuerabzug nach Durchschnittssätzen gemäß § 14 oder § 22 ermittelt wird oder
      – für die bei ihrem Erwerb in einem Mitgliedstaat eine Befreiung von der Umsatzsteuer deshalb gewährt wurde, weil die Gegenstände an Körperschaften geliefert wurden, die diese im Rahmen ihrer Tätigkeit auf humanitärem, karitativem oder erzieherischem Gebiet nach Orten außerhalb der Gemeinschaft ausgeführt haben.
   Die Befreiung ist weiters davon abhängig, daß die Betriebseröffnung dem zuständigen Finanzamt im Inland angezeigt wurde.
   d) Die nach Artikel 35 der Verordnung für bestimmte landwirtschaftliche Erzeugnisse vorgesehene Befreiung gilt auch für reinrassige Pferde, die nicht älter als sechs Monate und im Drittlandsgebiet von einem Tier geboren sind, das im Inland befruchtet und danach für die Niederkunft vorübergehend ausgeführt wurde.
   e) und f) (aufgehoben)
   g) Die in Artikeln 42 und 43 der Verordnung enthaltene Befreiung für Gegenstände erzieherischen, wissenschaftlichen oder kulturellen Charakters ist auf die Gegenstände der lit. B der Anhänge I und II der Verordnung beschränkt. Die Steuerfreiheit für Sammlungsstücke und Kunstgegenstände erzieherischen, wissenschaftlichen oder kulturellen Charakters (Artikel 43 der Verordnung) hängt weiters davon ab, daß
      – die Gegenstände unentgeltlich eingeführt werden oder
      – im Falle der entgeltlichen Einfuhr nicht von einem Unternehmer geliefert werden.
   (AbgÄG 2023, BGBl I 2023/110)
   h) Die in Artikel 53 Abs. 1 lit. a und Abs. 2 der Verordnung enthaltene Befreiung für Tiere für Laborzwecke hängt davon ab, daß die Tiere unentgeltlich eingeführt werden.
   i) Die in Artikel 61 Abs. 1 lit. a der Verordnung enthaltene Befreiung für lebenswichtige Waren zur unentgeltlichen Verteilung an Bedürftige hängt davon ab, daß die Waren unentgeltlich eingeführt werden.
   j) Die in den Artikeln 66 bis 68 und 70 bis 73 der Verordnung enthaltene Befreiung für Gegenstände für Behinderte hängt davon ab, daß die Gegenstände unentgeltlich eingeführt werden. Die Befreiung gilt nicht für Gegenstände, die von Behinderten selbst eingeführt werden.
   k) Die Steuerfreiheit für Werbedrucke (Artikel 87 der Verordnung) gilt überdies für Werbedrucke betreffend Dienstleistungen allgemein, wenn die Angebote von einer in einem anderen Mitgliedstaat ansässigen Person ausgehen. Für die Steuerfreiheit für Werbedrucke betreffend zum Verkauf oder zur Vermietung angebotene Waren (Artikel 87 lit. a der Verordnung) ist es ausreichend, wenn die Angebote von einer nicht im Inland ansässigen Person ausgehen.
   l) Die Bedingungen des Artikels 88 lit. b und c der Verordnung gelten nicht für Werbedrucke,

- wenn die Angebote von einer in einem anderen Mitgliedstaat ansässigen Person ausgehen und
- sie zur kostenlosen Verteilung eingeführt werden.

m) Die in Artikel 103 lit. a der Verordnung enthaltene Einschränkung, daß das Werbematerial keine private Geschäftsreklame zugunsten von Gemeinschaftsfirmen enthalten darf, gilt nicht.

n) Die in Artikel 105 der Verordnung enthaltene Befreiung für Verpackungsmittel hängt davon ab, daß ihr Wert in die Bemessungsgrundlage für die Einfuhr (§ 5) einbezogen wird. Unter derselben Voraussetzung gilt die Befreiung auch für Behältnisse und Verpackungen im Sinne des Anhanges Teil I Titel II lit. E der Verordnung (EWG) Nr. 2658/87 des Rates vom 23. Juli 1987 über die zolltarifliche und statistische Nomenklatur sowie den gemeinsamen Zolltarif (ABl. Nr. L 256/1).

o) Die Bestimmungen der §§ 94, 96 und 97 Abs. 1 des Zollrechts-Durchführungsgesetzes, BGBl. Nr. 659/1994, sind sinngemäß anzuwenden.

p) (aufgehoben)

5. der Gegenstände, die nach den §§ 89 bis 93 des Bundesgesetzes BGBl. Nr. 659/1994 zollfrei eingeführt werden können;

6. der amtlichen Veröffentlichungen, mit denen das Ausfuhrland und die dort niedergelassenen internationalen Organisationen, öffentlichen Körperschaften und öffentlich-rechtlichen Einrichtungen Maßnahmen öffentlicher Gewalt bekanntmachen, sowie die Einfuhr der Drucksache, die in den Mitgliedstaaten als solche offiziell anerkannten ausländischen politischen Organisationen anläßlich der Wahlen zum Europäischen Parlament oder anläßlich nationaler Wahlen, die vom Herkunftsland aus organisiert werden, verteilen;

7. der Gegenstände, die nach den Art. 250 bis 253 der Verordnung (EU) Nr. 952/2013 zur Festlegung des Zollkodex der Union (Zollkodex), ABl. Nr. L 269 vom 10.10.2013 S. 1, in der Fassung der Berichtigung ABl. Nr. L 287 vom 29.10.2013 S. 90, im Verfahren der vorübergehenden Verwendung frei von den Einfuhrabgaben eingeführt werden können, ausgenommen die Fälle der teilweisen Befreiung von den Einfuhrabgaben. Die Steuerfreiheit gilt für Formen, Matrizen, Klischees, Zeichnungen, Modelle, Geräte zum Messen, Überprüfen oder Überwachen und ähnliche Gegenstände mit der Maßgabe, dass die hergestellten Gegenstände zur Gänze aus dem Zollgebiet der Union auszuführen sind;

(BGBl I 2015/163)

8. der Gegenstände, die nach den Art. 203 bis 207 des Zollkodex als Rückwaren frei von Einfuhrabgaben eingeführt werden können. Die Ausnahme von der Befreiung nach Art. 204 des Zollkodex gilt nicht. Die Steuerfreiheit ist ausgeschlossen, wenn der eingeführte Gegenstand
  a) vor der Einfuhr geliefert worden ist,
  b) auf Grund einer Hilfsgüterlieferung ins Ausland von der Umsatzsteuer entlastet worden ist oder
  c) im Rahmen einer steuerfreien Lieferung aus dem Gemeinschaftsgebiet ausgeführt worden ist. Dieser Ausschluß gilt nicht, wenn derjenige, der die Lieferung bewirkt hat, den Gegenstand zurückerhält und hinsichtlich dieses Gegenstandes in vollem Umfang zum Vorsteuerabzug berechtigt ist;

(BGBl I 2015/163)

9. der Gegenstände, für die die Umsatzsteuer im Rahmen der Sonderregelung gemäß § 25b zu erklären ist und für die spätestens bei der Abgabe der Einfuhrzollanmeldung die, für die Anwendung dieser Sonderregelung zu erteilende, Identifikationsnummer des Lieferers der zuständigen Zollstelle vorgelegt wurde.

(BGBl I 2019/91)

10. von Gegenständen unter den in Abs. 1 Z 6 lit. e genannten Voraussetzungen. Liegen die Voraussetzungen für die Steuerbefreiung nicht mehr vor, hat die Kommission, eine Agentur oder eine Einrichtung, die nach Unionsrecht errichtet worden ist, das Bundesministerium für Finanzen hievon zu informieren;

(BGBl I 2021/227, BGBl I 2022/108)

11. der Gegenstände durch die Streitkräfte anderer Mitgliedstaaten für den eigenen Gebrauch oder Verbrauch oder für den ihres zivilen Begleitpersonals oder für die Versorgung ihrer Kasinos oder Kantinen, wenn diese Streitkräfte an einer Verteidigungsanstrengung teilnehmen, die zur Durchführung einer Tätigkeit der Union im Rahmen der Gemeinsamen Sicherheits- und Verteidigungspolitik unternommen wird.

(BGBl I 2022/108)

(5) Steuerfrei ist die Einfuhr folgender Waren, die im persönlichen Gepäck von Reisenden eingeführt werden, sofern es sich um nichtgewerbliche Einfuhren handelt:

a) Tabakwaren für jeden Reisenden – ausgenommen in den Fällen der lit. b – bis zu folgenden Höchstmengen:
   - 200 Zigaretten oder
   - 100 Zigarillos oder
   - 50 Zigarren oder
   - 250 Gramm Rauchtabak.

Die Befreiung kann bei einem Reisenden auf jede Kombination der genannten Tabakwaren angewandt werden, sofern die ausgeschöpften prozentuellen Anteile der einzelnen Tabakwaren insgesamt 100% nicht übersteigen;

4/1. UStG
§ 6

b) Tabakwaren, die von Reisenden direkt von der schweizerischen Enklave Samnauntal eingeführt werden, für jeden Reisenden nur bis zu folgenden Höchstmengen:
   - 40 Zigaretten oder
   - 20 Zigarillos oder
   - 10 Zigarren oder
   - 50 Gramm Rauchtabak.

   Die Befreiung kann bei einem Reisenden auf jede Kombination der genannten Tabakwaren angewandt werden, sofern die ausgeschöpften prozentuellen Anteile der einzelnen Tabakwaren insgesamt 100% nicht übersteigen;

c) Alkohol und alkoholische Getränke, ausgenommen nicht schäumender Wein und Bier, für jeden Reisenden bis zu folgenden Höchstmengen:
   - 1 Liter Alkohol und alkoholische Getränke mit einem Alkoholgehalt von mehr als 22% vol oder unvergällter Ethylalkohol mit einem Alkoholgehalt von 80% vol oder mehr oder
   - 2 Liter Alkohol und alkoholische Getränke mit einem Alkoholgehalt von höchstens 22% vol.

   Die Befreiung kann bei einem Reisenden auf jede Kombination der genannten Arten von Alkohol und alkoholischen Getränken angewandt werden, sofern die ausgeschöpften prozentuellen Anteile der einzelnen Arten insgesamt 100% nicht übersteigen;

d) 4 Liter nicht schäumender Wein für jeden Reisenden;

e) 16 Liter Bier für jeden Reisenden;

f) der im Hauptbehälter befindliche Kraftstoff und bis zu 10 Liter Kraftstoff in einem tragbaren Behälter für jedes Motorfahrzeug;

g) andere als die in lit. a bis f genannten Waren, deren Gesamtwert 300 Euro je Reisenden nicht übersteigt; für Flugreisende beträgt dieser Schwellenwert 430 Euro. Flugreisende sind Passagiere, die im Luftverkehr mit Ausnahme der privaten nichtgewerblichen Luftfahrt reisen. Für Reisende unter 15 Jahren verringert sich dieser Schwellenwert generell auf 150 Euro. Der Wert einer Ware darf bei Anwendung der Schwellenwerte nicht aufgeteilt werden. Der Wert der in lit. a bis f genannten Waren sowie der Wert des persönlichen Gepäcks eines Reisenden, das vorübergehend eingeführt wird oder nach seiner vorübergehenden Ausfuhr wieder eingeführt wird, und der Wert von Arzneimitteln, die dem persönlichen Bedarf eines Reisenden entsprechen, bleiben bei Anwendung dieser Befreiung außer Ansatz.

Die Befreiungen nach lit. a bis e gelten nicht für Reisende unter 17 Jahren.

Als persönliches Gepäck im Sinne dieser Bestimmung gelten sämtliche Gepäckstücke, die der Reisende der Zollstelle bei seiner Ankunft gestellen kann, sowie die Gepäckstücke, die er derselben Zollstelle später gestellt, wobei er nachweisen muss, dass sie bei seiner Abreise bei der Gesellschaft, die ihn befördert hat, als Reisegepäck aufgegeben wurden. Anderer Kraftstoff als der Kraftstoff im Sinne der lit. f gilt nicht als persönliches Gepäck.

Einfuhren gelten als nichtgewerblich im Sinne dieser Bestimmung, wenn sie
- gelegentlich erfolgen,
- sich ausschließlich aus Waren zusammensetzen, die zum persönlichen Ge- oder Verbrauch des Reisenden oder seiner Familienangehörigen oder als Geschenk bestimmt sind und
- Art und Menge der Waren nicht darauf schließen lassen, dass die Einfuhr aus gewerblichen Gründen erfolgt.

(6) Abweichend von Abs. 5 gelten für
- Personen mit gewöhnlichem Wohnsitz im Grenzgebiet (das ist ein Gebiet, das in einer Entfernung von bis zu 15 Kilometer Luftlinie vom Ort der Einreise liegt,)
- Grenzarbeitnehmer, die im Rahmen der Ausübung ihrer gewöhnlichen beruflichen Tätigkeit die Grenze überschreiten und
- Besatzungen von Verkehrsmitteln, die für die Reise aus einem Drittland eingesetzt werden

folgende Höchstmengen für jeden Reisenden:

a) Tabakwaren:
   - 25 Zigaretten oder
   - 10 Zigarillos oder
   - 5 Zigarren oder
   - 25 Gramm Rauchtabak;

b) Alkohol und alkoholische Getränke, ausgenommen nicht schäumender Wein und Bier:
   - 0,25 Liter Alkohol und alkoholische Getränke mit einem Alkoholgehalt von mehr als 22% vol oder unvergällter Ethylalkohol mit einem Alkoholgehalt von 80% vol oder mehr oder
   - 0,75 Liter Alkohol und alkoholische Getränke mit einem Alkoholgehalt von höchstens 22% vol;

c) 1 Liter nicht schäumender Wein;

d) 2 Liter Bier;

e) andere als die in lit. a bis d genannten Waren, deren Gesamtwert 40 Euro nicht übersteigt.

(BGBl I 2016/117)

Die Einschränkungen nach diesem Absatz gelten nicht, wenn ein von dieser Regelung betroffener Reisender nachweist, dass er aus dem Grenzgebiet des Mitgliedstaates ausreist oder dass er nicht aus dem Grenzgebiet des benachbarten Drittlandes (das ist ein Gebiet, das in einer Entfernung von bis zu 15 Kilometer Luftlinie vom Ort der Einreise liegt) zurückkommt. Die Einschränkungen nach diesem Absatz gelten jedoch, wenn Grenzarbeitnehmer oder die Besatzungen von im grenzüberschreitenden Verkehr eingesetzten Verkehrsmitteln bei einer

4/1. UStG
§§ 6, 7

im Rahmen ihrer Berufstätigkeit unternommenen Reise Waren einführen.

Die Befreiungen nach lit. a bis d gelten nicht für Reisende unter 17 Jahren.

Ausfuhrlieferung

§ 7. (1) Eine Ausfuhrlieferung (§ 6 Abs. 1 Z 1) liegt vor, wenn

1. der Unternehmer den Gegenstand der Lieferung in das Drittlandsgebiet befördert oder versendet (§ 3 Abs. 8) hat oder
2. der Unternehmer das Umsatzgeschäft, das seiner Lieferung zugrunde liegt, mit einem ausländischen Abnehmer abgeschlossen hat, und der Abnehmer den Gegenstand der Lieferung in das Drittland befördert oder versendet hat, ausgenommen die unter Z 3 genannten Fälle.
3. Wird in den Fällen der Z 2 der Gegenstand der Lieferung nicht für unternehmerische Zwecke erworben und durch den Abnehmer im persönlichen Reisegepäck ausgeführt, liegt eine Ausfuhrlieferung nur vor, wenn
   a) der Abnehmer keinen Wohnsitz (Sitz) oder gewöhnlichen Aufenthalt im Gemeinschaftsgebiet hat,
   b) der Gegenstand der Lieferung vor Ablauf des dritten Kalendermonates, der auf den Monat der Lieferung folgt, ausgeführt wird und
   c) der Gesamtbetrag der Rechnung für die von einem Unternehmer an den Abnehmer gelieferten Gegenstände 75 Euro übersteigt.

Als Wohnsitz oder gewöhnlicher Aufenthalt gilt der Ort, der im Reisepaß oder sonstigen Grenzübertrittsdokument eingetragen ist. Der Gegenstand der Lieferung kann durch Beauftragte vor der Ausfuhr bearbeitet oder verarbeitet worden sein.

Die vorstehenden Voraussetzungen müssen buchmäßig nachgewiesen sein.

(2) Ausländischer Abnehmer ist
a) ein Abnehmer, der keinen Wohnsitz (Sitz) im Inland hat,
b) eine Zweigniederlassung eines im Inland ansässigen Unternehmers, die ihren Sitz nicht im Inland hat, wenn sie das Umsatzgeschäft im eigenen Namen abgeschlossen hat. Eine im Inland befindliche Zweigniederlassung eines Unternehmers ist nicht ausländischer Abnehmer.

(3) Ist in den Fällen des Abs. 1 Z 2 und 3 der Gegenstand der Lieferung zur Ausrüstung oder Versorgung eines Beförderungsmittels bestimmt, so liegt eine Ausfuhrlieferung nur im Fall des Abs. 1 Z 2 vor, wenn
1. der Abnehmer ein ausländischer Unternehmer ist und
2. das Beförderungsmittel den Zwecken des Unternehmens des Abnehmers dient.

Im Falle des Abs. 1 Z 3 ist eine Ausfuhrlieferung ausgeschlossen.

(4) Über die erfolgte Ausfuhr muß ein Ausfuhrnachweis erbracht werden. Der Unternehmer ist berechtigt, die Steuerfreiheit schon vor Erbringung des Ausfuhrnachweises in Anspruch zu nehmen, wenn der Ausfuhrnachweis innerhalb von sechs Monaten nach Bewirkung der Lieferung erbracht wird.

Macht der Unternehmer in den Fällen des Abs. 1 Z 3 von dieser Berechtigung keinen Gebrauch und nimmt er die Steuerfreiheit stets erst nach Vorliegen des Ausfuhrnachweises in Anspruch, so kann die zunächst vorgenommene Versteuerung des Ausfuhrumsatzes in der Voranmeldung für jenen Voranmeldungszeitraum rückgängig gemacht werden, in welchem der Ausfuhrnachweis beim Unternehmer einlangt, vorausgesetzt, daß diese Vorgangsweise in allen Fällen des Abs. 1 Z 3 eingehalten wird. Dies gilt auch dann, wenn der Ausfuhrnachweis erst nach Ablauf jenes Veranlagungszeitraumes einlangt, in dem die Lieferung an den ausländischen Abnehmer ausgeführt worden ist. Der Unternehmer hat die Höhe der Ausfuhrumsätze, für welche die Versteuerung nach Maßgabe des Zeitpunktes des Einlangens des Ausfuhrnachweises rückgängig gemacht wird, nachzuweisen.

(5) Die Versendung des Gegenstandes in das Drittlandsgebiet ist durch Versendungsbelege, wie Frachtbriefe, Postaufgabebescheinigungen, Konnossemente und dergleichen, oder deren Doppelstücke nachzuweisen. Anstelle dieser Versendungsbelege darf der Unternehmer den Ausfuhrnachweis auch in folgender Weise führen:

1. Durch eine von einem im Gemeinschaftsgebiet ansässigen Spediteur auszustellende Ausfuhrbescheinigung oder
2. durch eine Bescheinigung des Ausgangs der Waren im Sinne des Artikel 334 Durchführungsverordnung (EU) Nr. 2015/2447 der Kommission vom 24. November 2015 mit Einzelheiten zur Umsetzung von Bestimmungen der Verordnung (EU) Nr. 952/2013 des Europäischen Parlaments und des Rates zur Festlegung des Zollkodex der Union oder durch die mit der zollamtlichen Ausgangsbestätigung versehene schriftliche Anmeldung in der Ausfuhr.

(BGBl I 2016/117)

(6) In den nachstehend angeführten Fällen hat der Unternehmer den Ausfuhrnachweis in folgender Weise zu führen:

1. Im Falle des Abholens durch eine vom liefernden Unternehmer ausgestellte und mit der zollamtlichen Ausgangsbestätigung versehene Ausfuhrbescheinigung, wenn der Gegenstand der Lieferung nicht für unternehmerische Zwecke erworben und im persönlichen Reisegepäck ausgeführt wird.
2. im Falle der Beförderung des Gegenstandes in das Drittland durch

a) eine Bescheinigung des Ausgangs der Waren im Sinne des Artikel 334 Durchführungsverordnung (EU) Nr. 2015/2447 der Kommission vom 24. November 2015 mit Einzelheiten zur Umsetzung von Bestimmungen der Verordnung (EU) Nr. 952/2013 des Europäischen Parlaments und des Rates zur Festlegung des Zollkodex der Union oder die mit der zollamtlichen Ausgangsbestätigung versehene schriftliche Anmeldung in der Ausfuhr,
(BGBl I 2016/117)
b) eine vom liefernden Unternehmer ausgestellte und mit der zollamtlichen Ausgangsbestätigung versehene Ausfuhrbescheinigung, wenn eine schriftliche oder elektronische Anmeldung nach den zollrechtlichen Vorschriften nicht erforderlich ist.

(7) Die in den Abs. 5 Z 1 und 2 und Abs. 6 angeführten Belege für den Ausfuhrnachweis sind nach einem vom Bundesminister für Finanzen durch Verordnung zu bestimmenden Muster auszustellen und haben alle für die Beurteilung der Ausfuhrlieferung erforderlichen Angaben, insbesondere auch Angaben zur Person des ausländischen Abnehmers und desjenigen, der den Gegenstand in das Drittland verbringt, zu enthalten. Der Unternehmer hat die Ausfuhrbelege sieben Jahre aufzubewahren.

Lohnveredlung an Gegenständen der Ausfuhr

§ 8. (1) Eine Lohnveredlung (§ 6 Abs. 1 Z 1) liegt vor, wenn der Unternehmer einen Gegenstand, den der Auftraggeber zu diesem Zweck in das Gemeinschaftsgebiet eingeführt oder zu diesem Zweck im Gemeinschaftsgebiet erworben hat, bearbeitet oder verarbeitet (§ 3 Abs. 6) oder eine sonstige Leistung im Sinne des § 3a Abs. 3 bewirkt und
1. der Unternehmer den bearbeiteten oder verarbeiteten Gegenstand vom Inland in das Drittlandsgebiet befördert oder versendet (§ 3 Abs. 8) hat oder
2. der Unternehmer das Umsatzgeschäft, das seiner Lohnveredlung zugrunde liegt, mit einem ausländischen Auftraggeber abgeschlossen hat, und der Auftraggeber den bearbeiteten oder verarbeiteten Gegenstand vom Inland in das Drittlandsgebiet befördert oder versendet hat.

Der bearbeitete oder verarbeitete Gegenstand kann durch weitere Beauftragte vor der Ausfuhr bearbeitet oder verarbeitet worden sein. Die vorstehenden Voraussetzungen müssen buchmäßig nachgewiesen sein.

(2) Ein ausländischer Auftraggeber ist ein solcher, der die für den ausländischen Abnehmer geforderten Voraussetzungen (§ 7 Abs. 2) erfüllt.

(3) Die Bestimmungen des § 7 Abs. 4 bis 7 gelten sinngemäß.

Umsätze für die Seeschiffahrt und für die Luftfahrt

§ 9. (1) Umsätze für die Seeschiffahrt (§ 6 Abs. 1 Z 2) sind:
1. die Lieferungen, Umbauten, Instandsetzungen, Wartungen, Vercharterungen und Vermietungen von Wasserfahrzeugen für die Seeschiffahrt, die dem Erwerb durch die Seeschiffahrt oder der Rettung Schiffbrüchiger zu dienen bestimmt sind;
2. die Lieferungen, Instandsetzungen, Wartungen und Vermietungen von Gegenständen, die zur Ausrüstung der in Z 1 bezeichneten Wasserfahrzeuge bestimmt sind;
3. die Lieferungen von Gegenständen, die zur Versorgung der in Z 1 bezeichneten Wasserfahrzeuge bestimmt sind. Nicht befreit sind die Lieferungen von Bordproviant zur Versorgung von Wasserfahrzeugen der Küstenfischerei;
4. andere als die in den Z 1 und 2 bezeichneten sonstigen Leistungen, die für den unmittelbaren Bedarf der in Z 1 bezeichneten Wasserfahrzeuge, einschließlich ihrer Ausrüstungsgegenstände und ihrer Ladungen, bestimmt sind.

(2) Umsätze für die Luftfahrt (§ 6 Abs. 1 Z 2) sind:
1. die Lieferungen, Umbauten, Instandsetzungen, Wartungen, Vercharterungen und Vermietungen von Luftfahrzeugen, die zur Verwendung durch Unternehmer bestimmt sind, die im entgeltlichen Luftverkehr überwiegend grenzüberschreitende Beförderungen oder Beförderungen auf ausschließlich im Ausland gelegenen Strecken durchführen;
2. die Lieferungen, Instandsetzungen, Wartungen und Vermietungen von Gegenständen, die zur Ausrüstung der in Z 1 bezeichneten Luftfahrzeuge bestimmt sind;
3. die Lieferungen von Gegenständen, die zur Versorgung der in Z 1 bezeichneten Luftfahrzeuge bestimmt sind;
4. andere als die in den Z 1 und 2 bezeichneten sonstigen Leistungen, die für den unmittelbaren Bedarf der in Z 1 bezeichneten Luftfahrzeuge, einschließlich ihrer Ausrüstungsgegenstände und ihrer Ladungen, bestimmt sind.

(3) Die in den Absätzen 1 und 2 bezeichneten Voraussetzungen müssen vom Unternehmer buchmäßig nachgewiesen sein.

Steuersätze

§ 10. (1) Die Steuer beträgt für jeden steuerpflichtigen Umsatz 20% der Bemessungsgrundlage (§§ 4 und 5).

(2) Die Steuer ermäßigt sich auf 10% für
1. a) die Lieferungen und die Einfuhr der in der Anlage 1 aufgezählten Gegenstände;

4/1. UStG
§ 10

b) die Abgabe von in der Anlage 1 genannten Speisen und Getränken im Rahmen einer sonstigen Leistung (Restaurationsumsätze);

c) (aufgehoben)

(BGBl I 2018/12)

2. die Vermietung von in der Anlage 1 Z 33 aufgezählten Gegenständen;

3. a) die Vermietung (Nutzungsüberlassung) von Grundstücken für Wohnzwecke, ausgenommen eine als Nebenleistung erbrachte Lieferung von Wärme;

b) die Leistungen von Personenvereinigungen zur Erhaltung, Verwaltung oder zum Betrieb der in ihrem gemeinsamen Eigentum stehenden Teile und Anlagen einer Liegenschaft, an der Wohnungseigentum besteht und die Wohnzwecken dienen, ausgenommen eine als Nebenleistung erbrachte Lieferung von Wärme;

c) die Beherbergung in eingerichteten Wohn- und Schlafräumen und die regelmäßig damit verbundenen Nebenleistungen (einschließlich Beheizung), wobei als Nebenleistung auch die Verabreichung eines ortsüblichen Frühstücks anzusehen ist, wenn der Preis hiefür im Beherbergungsentgelt enthalten ist;

(BGBl I 2018/12)

d) die Vermietung (Nutzungsüberlassung) von Grundstücken für Campingzwecke und die regelmäßig damit verbundenen Nebenleistungen, soweit hiefür ein einheitliches Benützungsentgelt entrichtet wird;

(BGBl I 2018/12)

4. die Leistungen der Körperschaften, Personenvereinigungen und Vermögensmassen, die gemeinnützigen, mildtätigen oder kirchlichen Zwecken dienen (§§ 34 bis 47 der Bundesabgabenordnung), soweit diese Leistungen nicht unter § 6 Abs. 1 fallen, sowie die von Bauvereinigungen, die nach dem Wohnungsgemeinnützigkeitsgesetz als gemeinnützig anerkannt sind, im Rahmen ihrer Tätigkeiten nach § 7 Abs. 1 bis 3 des Wohnungsgemeinnützigkeitsgesetzes erbrachten Leistungen. Dies gilt nicht für Leistungen, die im Rahmen eines land- und forstwirtschaftlichen Betriebes, eines Gewerbebetriebes oder eines wirtschaftlichen Geschäftsbetriebes im Sinne des § 45 Abs. 3 der Bundesabgabenordnung ausgeführt werden, für die steuerpflichtige Lieferung von Gebäuden oder Gebäudeteilen, für die Vermietung (Nutzungsüberlassung) von Räumlichkeiten oder Plätzen für das Abstellen von Fahrzeugen aller Art, für eine als Nebenleistung erbrachte Lieferung von Wärme sowie die steuerpflichtige Lieferung der nachfolgend aufgezählten Gegenstände:

a) Feste mineralische Brennstoffe, ausgenommen Retortenkohle (Positionen 2701 und 2702 sowie aus Unterpositionen 2703 00 00 und 2704 00 der Kombinierten Nomenklatur);

b) Leuchtöl (Unterposition 2710 19 25 der Kombinierten Nomenklatur), Heizöle (aus Unterpositionen 2710 19 und 2710 20 der Kombinierten Nomenklatur) und Gasöle (aus Unterposition 2710 19, außer Unterpositionen 2710 19 31 und 2710 19 35 und aus Unterposition 2710 20 der Kombinierten Nomenklatur);

c) Gase und elektrischer Strom (Unterposition 2705 00 00, Position 2711 und Unterposition 2716 00 00 der Kombinierten Nomenklatur);

d) Wärme;

5. die Leistungen der Rundfunkunternehmen, soweit hiefür Rundfunk- und Fernsehrundfunkentgelte entrichtet werden, sowie die sonstigen Leistungen von Kabelfernsehunternehmen, soweit sie in der zeitgleichen, vollständigen und unveränderten Verbreitung von in- und ausländischen Rundfunk- und Fernsehrundfunksendungen, die der Allgemeinheit mit Hilfe von Leitungen gegen ein fortlaufend zu entrichtendes Entgelt wahrnehmbar gemacht werden, bestehen;

6. die Beförderung von Personen mit Verkehrsmitteln aller Art, soweit nicht § 6 Abs. 1 Z 3 oder § 10 Abs. 3 Z 9 anzuwenden ist. Das Gleiche gilt sinngemäß für die Einräumung oder Übertragung des Rechtes auf Inanspruchnahme von Leistungen, die in einer Personenbeförderung bestehen;

7. die mit dem Betrieb von Unternehmen zur Müllbeseitigung und zur Abfuhr von Spülwasser und Abfällen regelmäßig verbundenen sonstigen Leistungen;

8. die Umsätze der Kranken- und Pflegeanstalten, der Alters-, Blinden- und Siechenheime sowie jener Anstalten, die eine Bewilligung als Kuranstalt oder Kureinrichtung nach den jeweils geltenden Rechtsvorschriften über natürliche Heilvorkommen und Kurorte besitzen, soweit es sich um Leistungen handelt, die unmittelbar mit der Kranken- oder Kurbehandlung oder unmittelbar mit der Betreuung der Pfleglinge im Zusammenhang stehen, und sofern die Umsätze nicht unter § 6 Abs. 1 Z 18 oder 25 fallen;

(BGBl I 2019/103)

9. elektronische Publikationen im Sinne der Anlage 1 Z 33 sowie Teile davon, die nicht vollständig oder im Wesentlichen aus Video- oder Musikinhalten bestehen bzw. Werbezwecken dienen. Z 2 gilt sinngemäß;

(BGBl I 2019/103, BGBl I 2021/3)

10. Reparaturdienstleistungen (einschließlich Ausbesserung und Änderung) betreffend

Fahrräder, Schuhe, Lederwaren, Kleidung oder Haushaltswäsche.
(BGBl I 2021/3)
(BGBl I 2015/118)

(3) Ist der Steuersatz nach Abs. 2 nicht anzuwenden, ermäßigt sich die Steuer auf 13% für

1. a) die Lieferungen und die Einfuhr der in der Anlage 2 Z 1 bis Z 9 genannten Gegenstände;
   b) die Einfuhr der in der Anlage 2 Z 10 bis 13 aufgezählten Gegenstände;
   c) die Lieferungen der in der Anlage 2 Z 10 aufgezählten Gegenstände, wenn diese Lieferungen
   – vom Urheber oder dessen Rechtsnachfolger bewirkt werden oder
   – von einem Unternehmer bewirkt werden, der kein Wiederverkäufer ist, wenn dieser den Gegenstand entweder selbst eingeführt hat, ihn vom Urheber oder dessen Rechtsnachfolger erworben hat oder er für den Erwerb zum vollen Vorsteuerabzug berechtigt war;
2. a) die Aufzucht, das Mästen und Halten von Tieren, die in der Anlage 2 Z 1 genannt sind, sowie die Anzucht von Pflanzen;
   b) die Leistungen, die unmittelbar der Vatertierhaltung, der Förderung der Tierzucht oder der künstlichen Tierbesamung von Tieren dienen, die in der Anlage 2 Z 1 genannt sind;
3. (aufgehoben)
   (BGBl I 2018/12)
4. die Umsätze aus der Tätigkeit als Künstler;
5. die unmittelbar mit dem Betrieb von Schwimmbädern verbundenen Umsätze und die Thermalbehandlung;
6. folgende Leistungen, sofern sie nicht unter § 6 Abs. 1 Z 24 oder 25 fallen:
   a) die Leistungen, die regelmäßig mit dem Betrieb eines Theaters verbunden sind. Das Gleiche gilt sinngemäß für Veranstaltungen von Theateraufführungen durch andere Unternehmer;
   b) die Musik- und Gesangsaufführungen durch Einzelpersonen oder durch Personenzusammenschlüsse, insbesondere durch Orchester, Musikensembles und Chöre. Das Gleiche gilt sinngemäß für Veranstaltungen derartiger Musik- und Gesangsaufführungen durch andere Unternehmer;
   c) die Leistungen, die regelmäßig mit dem Betrieb eines Museums, eines botanischen oder eines zoologischen Gartens sowie eines Naturparks verbunden sind;
7. die Filmvorführungen;
8. die Zirkusvorführungen sowie die Leistungen aus der Tätigkeit als Schausteller;
9. die Beförderung von Personen mit Luftverkehrsfahrzeugen, soweit nicht § 6 Abs. 1 Z 3 anzuwenden ist. Das Gleiche gilt sinngemäß für die Einräumung oder Übertragung des Rechtes auf Inanspruchnahme von Leistungen, die in einer Personenbeförderung bestehen;
10. folgende Leistungen, sofern sie nicht unter § 6 Abs. 1 Z 23 oder 25 fallen:
    die Leistungen der Jugend-, Erziehungs-, Ausbildungs-, Fortbildungs- und Erholungsheime an Personen, die das 27. Lebensjahr nicht vollendet haben, soweit diese Leistungen in deren Betreuung, Beherbergung, Verköstigung und den hiebei üblichen Nebenleistungen bestehen;
11. die Lieferungen von Wein aus frischen Weintrauben aus den Unterpositionen 2204 21, 2204 22 und 2204 29 der Kombinierten Nomenklatur und von anderen gegorenen Getränken aus der Position 2206 der Kombinierten Nomenklatur, die innerhalb eines landwirtschaftlichen Betriebes im Inland erzeugt wurden, soweit der Erzeuger die Getränke im Rahmen seines landwirtschaftlichen Betriebes liefert. Dies gilt nicht für die Lieferungen von Getränken, die aus erworbenen Stoffen (zB Trauben, Maische, Most, Sturm) erzeugt wurden oder innerhalb der Betriebsräume, einschließlich der Gastgärten, ausgeschenkt werden (Buschenschank). Im Falle der Übergabe eines landwirtschaftlichen Betriebes im Ganzen an den Ehegatten oder an den eingetragenen Partner, sowie an Abkömmlinge, Stiefkinder, Wahlkinder oder deren Ehegatten, eingetragenen Partner oder Abkömmlinge gilt auch der Betriebsübernehmer als Erzeuger der im Rahmen der Betriebsübertragung übernommenen Getränke, soweit die Steuerermäßigung auch auf die Lieferung dieser Getränke durch den Betriebsübergeber anwendbar gewesen wäre;
    (BGBl I 2016/117)
12. die Eintrittsberechtigungen für sportliche Veranstaltungen.
    (BGBl I 2015/118)

(4) Die Steuer ermäßigt sich auf 19% für die in den Gebieten Jungholz und Mittelberg bewirkten Umsätze im Sinne des § 1 Abs. 1 Z 1 und 2 durch Unternehmer, die einen Wohnsitz (Sitz), gewöhnlichen Aufenthalt oder eine Betriebsstätte in diesen Gebieten haben. Dies gilt nicht für die Lieferung und die Vermietung von Kraftfahrzeugen an Leistungsempfänger, die ihren Wohnsitz oder Sitz im Inland, ausgenommen in den Gebieten Jungholz und Mittelberg, haben, und für Umsätze an die Betriebsstätte eines Unternehmers im Inland, ausgenommen in den Gebieten Jungholz und Mittelberg. Die Regelung gilt nicht für Umsätze, auf welche die Bestimmungen des Abs. 2 und 3 anzuwenden sind.

4/1. UStG
§ 11

Ausstellung von Rechnungen

§ 11. (1)
1. Führt der Unternehmer Umsätze im Sinne des § 1 Abs. 1 Z 1 aus, ist er berechtigt, Rechnungen auszustellen. Führt er die Umsätze an einen anderen Unternehmer für dessen Unternehmen oder an eine juristische Person, soweit sie nicht Unternehmer ist, aus, ist er verpflichtet, Rechnungen auszustellen. Führt der Unternehmer eine steuerpflichtige Werklieferung oder Werkleistung im Zusammenhang mit einem Grundstück an einen Nichtunternehmer aus, ist er verpflichtet eine Rechnung auszustellen. Der Unternehmer hat seiner Verpflichtung zur Rechnungsausstellung innerhalb von sechs Monaten nach Ausführung des Umsatzes nachzukommen.
2. Die Verpflichtung zur Rechnungsausstellung besteht auch, wenn
   - der leistende Unternehmer sein Unternehmen vom Inland aus betreibt oder sich die Betriebsstätte, von der aus die Leistung erbracht wird, im Inland befindet,
   - der Leistungsempfänger ein Unternehmer ist, der die Lieferung oder sonstige Leistung für sein Unternehmen bezieht oder eine juristische Person ist, die nicht Unternehmer ist,
   - die Steuerschuld für die im anderen Mitgliedstaat ausgeführte Lieferung oder sonstige Leistung auf den Leistungsempfänger übergeht und
   - der leistende Unternehmer in diesem Mitgliedstaat weder sein Unternehmen betreibt noch eine an der Leistungserbringung beteiligte Betriebsstätte hat.

   Dies gilt nicht, wenn mittels Gutschrift abgerechnet wird.

   Der Unternehmer hat seiner Verpflichtung zur Rechnungsausstellung für im übrigen Gemeinschaftsgebiet ausgeführte sonstige Leistungen, für die der Leistungsempfänger entsprechend Art. 196 der Richtlinie 2006/112/EG über das gemeinsame Mehrwertsteuersystem, ABl. Nr. L 347 vom 11.12.2006 S. 1, die Steuer schuldet, spätestens am fünfzehnten Tag des Kalendermonates, der auf den Kalendermonat folgt, in dem die sonstige Leistung ausgeführt worden ist, nachzukommen.

   Die Verpflichtung zur Rechnungsausstellung besteht auch, wenn der leistende Unternehmer sein Unternehmen vom Inland aus betreibt oder sich die Betriebsstätte, von der aus die Leistung erbracht wird, im Inland befindet und die Lieferung oder sonstige Leistung im Drittlandsgebiet an einen anderen Unternehmer für dessen Unternehmen oder an eine juristische Person, soweit sie nicht Unternehmer ist, ausgeführt wird.

2a. Die Verpflichtung zur Rechnungsausstellung besteht auch bei Einfuhr-Versandhandelsumsätzen nach § 3 Abs. 8a, wenn
   a) der Unternehmer die Sonderregelung nach § 25b im Inland in Anspruch nimmt oder
   b) der Unternehmer in keinem Mitgliedstaat eine Sonderregelung gemäß Art. 369l bis 369x der Richtlinie 2006/112/EG in Anspruch nimmt und
      – die Lieferung im Inland als ausgeführt gilt oder
      – die Beförderung oder Versendung im Inland endet und der Unternehmer innerhalb der EU weder seinen Wohnsitz oder gewöhnlichen Aufenthalt, noch seinen Sitz der wirtschaftlichen Tätigkeit oder eine feste Niederlassung, von der aus die Lieferung ausgeführt wird, hat.

   In diesen Fällen kommt Abs. 6 nicht zur Anwendung.

   (BGBl I 2019/91, BGBl I 2021/227)

3. Rechnungen müssen – soweit in den nachfolgenden Absätzen nichts anderes bestimmt ist – die folgenden Angaben enthalten:
   a) den Namen und die Anschrift des liefernden oder leistenden Unternehmers;
   b) den Namen und die Anschrift des Abnehmers der Lieferung oder des Empfängers der sonstigen Leistung. Bei Rechnungen, deren Gesamtbetrag 10 000 Euro übersteigt, ist weiters die dem Leistungsempfänger vom Finanzamt erteilte Umsatzsteuer-Identifikationsnummer anzugeben, wenn der leistende Unternehmer im Inland einen Wohnsitz (Sitz), seinen gewöhnlichen Aufenthalt oder eine Betriebsstätte hat und der Umsatz an einen anderen Unternehmer für dessen Unternehmen ausgeführt wird;
   c) die Menge und die handelsübliche Bezeichnung der gelieferten Gegenstände oder die Art und den Umfang der sonstigen Leistung;
   d) den Tag der Lieferung oder der sonstigen Leistung oder den Zeitraum, über den sich die sonstige Leistung erstreckt. Bei Lieferungen oder sonstigen Leistungen, die abschnittsweise abgerechnet werden (beispielsweise Lebensmittellieferungen), genügt die Angabe des Abrechnungszeitraumes, soweit dieser einen Kalendermonat nicht übersteigt;
   e) das Entgelt für die Lieferung oder sonstige Leistung (§ 4) und den anzuwendenden Steuersatz, im Falle einer Steuerbefreiung einen Hinweis, dass für diese Lieferung oder sonstige Leistung eine Steuerbefreiung gilt;

f) den auf das Entgelt (lit. e) entfallenden Steuerbetrag. Wird die Rechnung in einer anderen Währung als Euro ausgestellt, ist der Steuerbetrag nach Anwendung einer dem § 20 Abs. 6 entsprechenden Umrechnungsmethode zusätzlich in Euro anzugeben. Steht der Betrag in Euro im Zeitpunkt der Rechnungsausstellung noch nicht fest, hat der Unternehmer nachvollziehbar anzugeben, welche Umrechnungsmethode gemäß § 20 Abs. 6 angewendet wird. Der Vorsteuerabzug (§ 12) bemisst sich nach dem in Euro angegebenen oder jenem Betrag in Euro, der sich nach der ausgewiesenen Umrechnungsmethode ergibt;
g) das Ausstellungsdatum;
h) eine fortlaufende Nummer mit einer oder mehreren Zahlenreihen, die zur Identifizierung der Rechnung einmalig vergeben wird;
i) soweit der Unternehmer im Inland Lieferungen oder sonstige Leistungen erbringt, für die das Recht auf Vorsteuerabzug besteht, die dem Unternehmer vom Finanzamt erteilte Umsatzsteuer-Identifikationsnummer.

4. Vereinnahmt der Unternehmer das Entgelt oder einen Teil des Entgeltes für eine noch nicht ausgeführte Lieferung oder sonstige Leistung, so gelten die Vorschriften dieses Bundesgesetzes über die Rechnungsausstellung sinngemäß.

Wird eine Endrechnung erteilt, so sind in ihr die vor Ausführung der Lieferung oder sonstigen Leistung vereinnahmten Teilentgelte und die auf sie entfallenden Steuerbeträge abzusetzen, wenn über die Teilentgelte Rechnungen im Sinne dieses Absatzes ausgestellt worden sind.

(1a) Führt der Unternehmer Lieferungen oder sonstige Leistungen aus, für die der Leistungsempfänger nach § 19 Abs. 1 zweiter Satz, Abs. 1a, Abs. 1b, Abs. 1c, Abs. 1d oder Abs. 1e die Steuer schuldet, hat er in den Rechnungen die Umsatzsteuer-Identifikationsnummer des Leistungsempfängers anzugeben und auf die Steuerschuldnerschaft des Leistungsempfängers hinzuweisen. Die Vorschrift über den gesonderten Steuerausweis in einer Rechnung ist nicht anzuwenden.

Dies gilt auch, wenn der Unternehmer Lieferungen oder sonstige Leistungen im übrigen Gemeinschaftsgebiet ausführt, für die eine Verpflichtung zur Rechnungsausstellung nach Abs. 1 besteht.

Führt der Unternehmer Lieferungen oder sonstige Leistungen im Sinne des § 19 Abs. 1 zweiter Satz oder des § 19 Abs. 1c aus, besteht keine Verpflichtung zur Rechnungsausstellung nach Abs. 1, wenn er sein Unternehmen vom übrigen Gemeinschaftsgebiet aus betreibt oder sich die Betriebsstätte, von der aus die Leistung erbracht wird, im übrigen Gemeinschaftsgebiet befindet. Dies gilt nicht, wenn der Leistungsempfänger mittels Gutschrift abrechnet. Eine solche Gutschrift hat auch die Umsatzsteuer-Identifikationsnummer des Leistungsempfängers sowie den Hinweis auf die Steuerschuldnerschaft des Leistungsempfängers zu enthalten. Die Vorschrift über den gesonderten Steuerausweis in einer Rechnung ist nicht anzuwenden. Richtet sich die Rechnungsausstellung für eine nach § 3a Abs. 6 im Inland steuerbare sonstige Leistung, für die der Leistungsempfänger die Steuer nach § 19 Abs. 1 zweiter Satz schuldet, nach den Vorschriften dieses Bundesgesetzes, hat diese spätestens am fünfzehnten Tag des Kalendermonates, der auf den Kalendermonat folgt, in dem die sonstige Leistung ausgeführt worden ist, zu erfolgen.

(2) Als Rechnung im Sinne des Abs. 1 und Abs. 1a gilt jede Urkunde, mit der ein Unternehmer über eine Lieferung oder sonstige Leistung abrechnet, gleichgültig, wie diese Urkunde im Geschäftsverkehr bezeichnet wird. Die nach Abs. 1 und Abs. 1a erforderlichen Angaben können auch in anderen Belegen enthalten sein, auf die in der Rechnung hingewiesen wird.

Als Rechnung gilt auch eine elektronische Rechnung, sofern der Empfänger dieser Art der Rechnungsausstellung zustimmt. Eine elektronische Rechnung ist eine Rechnung, die in einem elektronischen Format ausgestellt und empfangen wird. Sie gilt nur unter der Voraussetzung als Rechnung im Sinne des Abs. 1 und Abs. 1a, dass die Echtheit ihrer Herkunft, die Unversehrtheit ihres Inhalts und ihre Lesbarkeit gewährleistet sind. Echtheit der Herkunft bedeutet die Sicherheit der Identität des leistenden Unternehmers oder des Ausstellers der Rechnung. Unversehrtheit des Inhalts bedeutet, dass der nach diesem Bundesgesetz erforderliche Rechnungsinhalt nicht geändert wurde. Der Bundesminister für Finanzen bestimmt mit Verordnung die Anforderungen, bei deren Vorliegen diese Voraussetzungen jedenfalls erfüllt sind.

Stellt der Unternehmer Rechnungen gemäß Abs. 1 und Abs. 1a aus, so hat er eine Durchschrift oder Abschrift anzufertigen und sieben Jahre aufzubewahren; das gleiche gilt sinngemäß für Belege, auf die in einer Rechnung hingewiesen wird. Auf die Durchschriften oder Abschriften ist § 132 Abs. 2 der Bundesabgabenordnung anwendbar. Die Echtheit der Herkunft, die Unversehrtheit des Inhalts und die Lesbarkeit der elektronischen Rechnungen müssen für die Dauer von sieben Jahren gewährleistet sein.

(3) Für die unter Abs. 1 Z 3 lit. a und b geforderten Angaben ist jede Bezeichnung ausreichend, die eine eindeutige Feststellung des Namens und der Anschrift des Unternehmens sowie des Abnehmers der Lieferung oder des Empfängers der sonstigen Leistung ermöglicht.

(4) Die im Abs. 1 Z 3 lit. a bis c geforderten Angaben können auch durch Schlüsselzahlen oder Symbole ausgedrückt werden, wenn ihre eindeutige Bestimmung aus der Rechnung oder aus anderen Unterlagen gewährleistet ist. Diese Unterlagen müssen sowohl beim Aussteller als auch beim

4/1. UStG
§ 11

Empfänger der Rechnung vorhanden sein, es sei denn, daß vom Rechnungsaussteller öffentlich kundgemachte Tarife zur Verrechnung kommen.

(5) In einer Rechnung über Lieferungen und sonstige Leistungen, die verschiedenen Steuersätzen unterliegen, sind die Entgelte und Steuerbeträge nach Steuersätzen zu trennen. Wird der Steuerbetrag durch Maschinen (zB Fakturierautomaten) ermittelt und durch diese in der Rechnung angegeben, so ist der Ausweis des Steuerbetrages in einer Summe zulässig, wenn für die einzelnen Posten der Rechnung der Steuersatz angegeben ist.

(6) Bei Rechnungen, deren Gesamtbetrag 400 Euro nicht übersteigt, genügen neben dem Ausstellungsdatum folgende Angaben:
1. Der Name und die Anschrift des liefernden oder leistenden Unternehmers;
2. die Menge und die handelsübliche Bezeichnung der gelieferten Gegenstände oder die Art und der Umfang der sonstigen Leistung;
3. der Tag der Lieferung oder sonstigen Leistung oder der Zeitraum, über den sich die Leistung erstreckt;
4. das Entgelt und der Steuerbetrag für die Lieferung oder sonstige Leistung in einer Summe und
5. der Steuersatz.

Die Abs. 4 und 5 sind sinngemäß anzuwenden.

Besteht nach Abs. 1 eine Verpflichtung zur Rechnungsausstellung für im übrigen Gemeinschaftsgebiet ausgeführte Lieferungen und sonstige Leistungen, ist eine vereinfachte Rechnungsausstellung ausgeschlossen. Das gilt auch in den Fällen des § 19 Abs. 1 zweiter Satz und des § 19 Abs. 1c, wenn sich die Rechnungsausstellung nach den Vorschriften dieses Bundesgesetzes richtet.

(7) Gutschriften, die im Geschäftsverkehr an die Stelle von Rechnungen treten, gelten bei Vorliegen der im Abs. 8 genannten Voraussetzungen als Rechnungen des Unternehmers, der steuerpflichtige Lieferungen oder sonstige Leistungen an den Aussteller der Gutschrift ausführt. Gutschrift im Sinne dieser Bestimmung ist jede Urkunde, mit der ein Unternehmer über eine Lieferung oder sonstige Leistung abrechnet, die an ihn ausgeführt wird.

Die Gutschrift verliert die Wirkung einer Rechnung, soweit der Empfänger der Gutschrift dem in ihr enthaltenen Steuerbetrag widerspricht.

(8) Eine Gutschrift ist als Rechnung anzuerkennen, wenn folgende Voraussetzungen vorliegen:
1. Der Unternehmer, der die Lieferungen oder sonstigen Leistungen ausführt (Empfänger der Gutschrift), muß zum gesonderten Ausweis der Steuer in einer Rechnung nach Abs. 1 berechtigt sein;
2. zwischen dem Aussteller und dem Empfänger der Gutschrift muß Einverständnis darüber bestehen, daß mit einer Gutschrift über die Lieferung oder sonstige Leistung abgerechnet wird;
3. die Gutschrift muss die in Abs. 1 und Abs. 1a geforderten Angaben enthalten und als solche bezeichnet werden. Die Abs. 2 bis 6 sind sinngemäß anzuwenden;
4. die Gutschrift muß dem Unternehmer, der die Lieferung oder sonstige Leistung bewirkt, zugeleitet worden sein.

(9) Fahrausweise, die für die Beförderung im Personenverkehr ausgegeben werden, gelten als Rechnungen im Sinne des Abs. 1, wenn sie neben dem Ausstellungsdatum mindestens folgende Angaben enthalten:
1. Den Namen und die Anschrift des Unternehmers, der die Beförderung ausführt. Abs. 3 ist sinngemäß anzuwenden;
2. das Entgelt und den Steuerbetrag in einer Summe und
3. den Steuersatz.

(10) Fahrausweise für eine grenzüberschreitende Beförderung im Personenverkehr und im internationalen Eisenbahn-Personenverkehr gelten nur dann als Rechnung im Sinne des Abs. 1, wenn eine Bescheinigung des Beförderungsunternehmers oder seines Beauftragten darüber vorliegt, welcher Anteil des Beförderungspreises auf die inländische Strecke entfällt. In diesen Fällen ist der für den inländischen Teil der Beförderungsleistung maßgebende Steuersatz in der Bescheinigung anzugeben.

(11) Die Abs. 9 und 10 gelten für Belege im Reisegepäckverkehr sinngemäß.

(12) Hat der Unternehmer in einer Rechnung für eine Lieferung oder sonstige Leistung einen Steuerbetrag, den er nach diesem Bundesgesetz für den Umsatz nicht schuldet, gesondert ausgewiesen, so schuldet er diesen Betrag auf Grund der Rechnung ausgenommen
– er berichtigt die Rechnung gegenüber dem Abnehmer der Lieferung oder dem Empfänger der sonstigen Leistung entsprechend oder
– es liegt keine Gefährdung des Steueraufkommens vor, weil die Lieferung oder sonstige Leistung ausschließlich an Endverbraucher erbracht wurde, die nicht zum Vorsteuerabzug berechtigt sind.

Im Falle der Berichtigung gilt § 16 Abs. 1 sinngemäß.

(AbgÄG 2023, BGBl I 2023/110)

(13) Bei einer Minderung des Entgeltes ist eine Berichtigung der Rechnung im Sinne des Abs. 12 nur vorzunehmen, wenn sich das Entgelt wegen des Abzuges von Wechselvorzinsen vermindert hat.

(14) Wer in einer Rechnung einen Steuerbetrag gesondert ausweist, obwohl er eine Lieferung oder sonstige Leistung nicht ausführt oder nicht Unternehmer ist, schuldet diesen Betrag.

(15) Der Bundesminister für Finanzen kann aus Vereinfachungsgründen mit Verordnung bestimmen, dass eine Verpflichtung des Unternehmers zur Ausstellung von Rechnungen entfällt.

Vorsteuerabzug

§ 12. (1) Der Unternehmer kann die folgenden Vorsteuerbeträge abziehen:
1. a) Die von anderen Unternehmern in einer Rechnung (§ 11) an ihn gesondert ausgewiesene Steuer für Lieferungen oder sonstige Leistungen, die im Inland für sein Unternehmen ausgeführt worden sind.
Findet keine Überrechnung gemäß § 215 Abs. 4 BAO in Höhe der gesamten auf die Lieferung oder sonstige Leistung entfallenden Umsatzsteuer auf das Abgabenkonto des Leistungserbringers statt, ist bei einem Unternehmer, der seine Umsätze nach vereinnahmten Entgelten (§ 17) besteuert, zusätzliche Voraussetzung, dass die Zahlung geleistet worden ist. Dies gilt nicht bei Unternehmen im Sinne des § 17 Abs. 1 zweiter Satz oder wenn die Umsätze des Unternehmers nach § 1 Abs. 1 Z 1 und 2 im vorangegangenen Veranlagungszeitraum 2 000 000 Euro übersteigen. Bei der Berechnung dieser Grenze bleiben die Umsätze aus Hilfsgeschäften einschließlich der Geschäftsveräußerungen außer Ansatz.
(BGBl I 2016/117)
b) Soweit in den Fällen der lit. a der gesondert ausgewiesene Steuerbetrag auf eine Zahlung vor Ausführung der Umsätze entfällt, ist er bereits abziehbar, wenn die Rechnung vorliegt und die Zahlung geleistet worden ist.
(BGBl I 2015/118)
2. a) die entrichtete Einfuhrumsatzsteuer für Gegenstände, die für sein Unternehmen eingeführt worden sind,
b) in den Fällen des § 26 Abs. 3 Z 2 die geschuldete und auf dem Abgabenkonto verbuchte Einfuhrumsatzsteuer für Gegenstände, die für sein Unternehmen eingeführt worden sind;
3. die gemäß § 19 Abs. 1 zweiter Satz, Abs. 1a, Abs. 1b, Abs. 1c, Abs. 1d und Abs. 1e geschuldeten Beträge für Lieferungen und sonstige Leistungen, die im Inland für sein Unternehmen ausgeführt worden sind.

Der Bundesminister für Finanzen kann durch Verordnung für Unternehmer,
– die im Gemeinschaftsgebiet weder ihren Sitz noch eine Betriebsstätte haben und
– im Inland keine Umsätze,
– ausgenommen Beförderungsumsätze und damit verbundene Nebentätigkeiten, die gem. § 6 Abs. 1 Z 3 und 5 befreit sind, sowie
– Umsätze, bei denen die Steuer gem. § 27 Abs. 4 vom Leistungsempfänger einzubehalten und abzuführen ist,

ausführen, den Vorsteuerabzug einschränken oder versagen, soweit dies zur Erzielung einer den Grundsätzen der Gegenseitigkeit entsprechenden Behandlung erforderlich ist.

Der Bundesminister für Finanzen kann aus Vereinfachungsgründen durch Verordnung bestimmen, daß in den Fällen, in denen ein anderer als der Unternehmer, für dessen Unternehmen der Gegenstand eingeführt worden ist, die Einfuhrumsatzsteuer entrichtet, der andere den Vorsteuerabzug in Anspruch nehmen kann.

(2)
1. a) Lieferungen und sonstige Leistungen sowie die Einfuhr von Gegenständen gelten als für das Unternehmen ausgeführt, wenn sie für Zwecke des Unternehmens erfolgen und wenn sie zu mindestens 10% unternehmerischen Zwecken dienen.
b) Der Unternehmer kann Lieferungen oder sonstige Leistungen sowie Einfuhren nur insoweit als für das Unternehmen ausgeführt behandeln, als sie tatsächlich unternehmerischen Zwecken dienen, sofern sie mindestens 10% unternehmerischen Zwecken dienen.
Diese Zuordnung hat der Unternehmer bis zum Ablauf des Veranlagungszeitraumes dem Finanzamt schriftlich mitzuteilen.
2. Nicht als für das Unternehmen ausgeführt gelten Lieferungen, sonstige Leistungen oder Einfuhren,
a) deren Entgelte überwiegend keine abzugsfähigen Ausgaben (Aufwendungen) im Sinne des § 20 Abs. 1 Z 1 bis 5 des Einkommensteuergesetzes 1988 oder der §§ 8 Abs. 2 und 12 Abs. 1 Z 1 bis 5 des Körperschaftsteuergesetzes 1988 sind,
b) die im Zusammenhang mit der Anschaffung (Herstellung), Miete oder dem Betrieb von Personenkraftwagen, Kombinationskraftwagen oder Krafträdern stehen, ausgenommen Fahrschulkraftfahrzeuge, Vorführkraftfahrzeuge und Kraftfahrzeuge, die ausschließlich zur gewerblichen Weiterveräußerung bestimmt sind, sowie Kraftfahrzeuge, die zu mindestens 80% dem Zweck der gewerblichen Personenbeförderung oder der gewerblichen Vermietung dienen.
Der Bundesminister für Finanzen kann durch Verordnung die Begriffe Personenkraftwagen und Kombinationskraftwagen näher bestimmen. Die Verordnung kann mit Wirkung ab 15. Februar 1996 erlassen werden.
2a. Lieferungen, sonstige Leistungen oder Einfuhren, die im Zusammenhang mit der Anschaffung (Herstellung), Miete oder dem Betrieb von Personenkraftwagen, Kombi-

nationskraftwagen oder Krafträdern mit einem CO_2-Emissionswert von 0 Gramm pro Kilometer stehen und für die nicht nach § 12 Abs. 2 Z 2 lit. b ein Vorsteuerabzug vorgenommen werden kann, berechtigen nach den allgemeinen Vorschriften des § 12 zum Vorsteuerabzug. Z 2 lit. a bleibt unberührt.

(BGBl I 2019/103)

3. Läßt ein Absender einen Gegenstand durch einen Frachtführer oder Verfrachter unfrei zu einem Dritten befördern oder eine solche Beförderung durch einen Spediteur unfrei besorgen, so gilt für den Vorsteuerabzug die Beförderung oder deren Besorgung als für das Unternehmen des Empfängers der Sendung ausgeführt, wenn diesem die Rechnung über die Beförderung oder deren Besorgung erteilt wird.

4. Erteilt bei einem Bestandvertrag (Leasingvertrag) über Kraftfahrzeuge oder Krafträder im Falle der Beschädigung des Bestandobjektes durch Unfall oder höhere Gewalt der Bestandgeber (Leasinggeber) den Auftrag zur Wiederinstandsetzung des Kraftfahrzeuges, so gelten für den Vorsteuerabzug auf Grund dieses Auftrages erbrachte Reparaturleistungen nicht als für das Unternehmen des Bestandgebers (Leasinggebers) sondern als für das Unternehmen des Bestandnehmers (Leasingnehmers) ausgeführt. Die in einer Rechnung an den Auftraggeber über derartige Reparaturleistungen ausgewiesene Umsatzsteuer berechtigt bei Zutreffen der übrigen Voraussetzungen des § 12 den Bestandnehmer (Leasingnehmer) zum Vorsteuerabzug.

(3) Vom Vorsteuerabzug sind ausgeschlossen:
1. Die Steuer für die Lieferungen und die Einfuhr von Gegenständen, soweit der Unternehmer diese Gegenstände zur Ausführung steuerfreier Umsätze verwendet,
2. die Steuer für sonstige Leistungen, soweit der Unternehmer diese sonstigen Leistungen zur Ausführung steuerfreier Umsätze in Anspruch nimmt;
3. die Steuer für Lieferungen und sonstige Leistungen sowie für die Einfuhr von Gegenständen, soweit sie mit Umsätzen im Zusammenhang steht, die der Unternehmer im Ausland ausführt und die – wären sie steuerbar – steuerfrei sein würden;
4. die Steuer für Lieferungen und sonstige Leistungen sowie für die Einfuhr von Gegenständen, soweit sie im Zusammenhang mit der Verwendung eines dem Unternehmen zugeordneten Grundstückes für die in § 3a Abs. 1a Z 1 genannten Zwecke steht.

Der Ausschluß vom Vorsteuerabzug tritt nicht ein, wenn die Umsätze

a) nach § 6 Abs. 1 Z 1 bis 6 oder § 23 Abs. 5 steuerfrei sind oder steuerfrei wären oder
b) nach § 6 Abs. 1 Z 8 lit. a bis c und lit. e bis h und § 6 Abs. 1 Z 9 lit. c steuerfrei sind und sich unmittelbar auf Gegenstände beziehen, die in das Drittlandsgebiet ausgeführt werden oder
c) nach § 6 Abs. 1 Z 8 lit. a bis c und lit. e bis h und § 6 Abs. 1 Z 9 lit. c steuerfrei wären und der Leistungsempfänger keinen Wohnsitz (Sitz) im Gemeinschaftsgebiet hat.

(4) Bewirkt der Unternehmer neben Umsätzen, die zum Ausschluß vom Vorsteuerabzug führen, auch Umsätze, bei denen ein solcher Ausschluß nicht eintritt, so hat der Unternehmer die Vorsteuerbeträge nach Maßgabe der Abs. 1 und 3 in abziehbare und nicht abziehbare Vorsteuerbeträge aufzuteilen.

(5) An Stelle einer Aufteilung nach Abs. 4 kann der Unternehmer
1. die Vorsteuerbeträge nach dem Verhältnis der zum Ausschluß vom Vorsteuerabzug führenden Umsätze zu den übrigen Umsätzen in nicht abziehbare und abziehbare Vorsteuerbeträge aufteilen, oder
2. nur jene Vorsteuerbeträge nach dem Verhältnis der Umsätze aufteilen, die den zum Ausschluß vom Vorsteuerabzug nach Abs. 3 führenden Umsätzen oder den übrigen Umsätzen nicht ausschließlich zuzurechnen sind.

Einfuhren sind nicht Umsätze im Sinne dieser Vorschrift.

(6) Die Aufteilung der Vorsteuerbeträge nach Abs. 5 ist ausgeschlossen, wenn in einem Veranlagungszeitraum die auf Grund der Aufteilung der Vorsteuern nach den Umsätzen sich ergebende abziehbare Vorsteuer um mehr als 5%, mindestens aber um 75 Euro, oder um mehr als 750 Euro höher ist als die Vorsteuer, welche sich auf Grund der Aufteilung nach Abs. 4 ergibt.

(7) Bei Anwendung der Abs. 4 und 5 hat das Finanzamt auf Antrag zu gestatten, daß ein in der Gliederung des Unternehmens gesondert geführter Betrieb wie ein selbständiges Unternehmen behandelt wird.

(8) Die Bewilligung gemäß Abs. 7 kann zwecks Vermeidung eines ungerechtfertigten Steuervorteiles im Sinne des Abs. 6 mit Auflagen verbunden werden.

(9) Bei Rechnungen im Sinne des § 11 Abs. 6, 9, 10 und 11 kann der Unternehmer den Vorsteuerabzug in Anspruch nehmen, wenn er die Rechnungsbeträge in Entgelt und Steuerbetrag aufteilt.

(10) Ändern sich bei einem Gegenstand, den der Unternehmer in seinem Unternehmen als Anlagevermögen verwendet oder nutzt, in den auf das Jahr der erstmaligen Verwendung folgenden vier Kalenderjahren die Verhältnisse, die im Kalenderjahr der erstmaligen Verwendung für den Vorsteuerabzug maßgebend waren (Abs. 3), so ist für jedes Jahr der Änderung ein Ausgleich durch eine Berichtigung des Vorsteuerabzuges durchzuführen.

Dies gilt sinngemäß für Vorsteuerbeträge, die auf nachträgliche Anschaffungs- oder Herstellungskosten, aktivierungspflichtige Aufwendungen oder bei Gebäuden auch auf Kosten von Großreparaturen entfallen, wobei der Berichtigungszeitraum vom Beginn des Kalenderjahres an zu laufen beginnt, das dem Jahr folgt, in dem die diesen Kosten und Aufwendungen zugrunde liegenden Leistungen im Zusammenhang mit dem Anlagevermögen erstmals in Verwendung genommen worden sind.

Bei Grundstücken (einschließlich der aktivierungspflichtigen Aufwendungen und der Kosten von Großreparaturen) tritt an die Stelle des Zeitraumes von vier Kalenderjahren ein solcher von neunzehn Kalenderjahren, außer es erfolgt eine nachträgliche Eigentumsübertragung – ausgenommen von Geschäftsräumen – aufgrund eines Anspruches gemäß § 15c des Wohnungsgemeinnützigkeitsgesetzes – WGG, BGBl. Nr. 139/1979. Diesfalls beträgt der Zeitraum neun Kalenderjahre.

Bei der Berichtigung, die jeweils für das Jahr der Änderung zu erfolgen hat, ist für jedes Jahr der Änderung von einem Fünftel, bei nachträglicher Eigentumsübertragung – ausgenommen von Geschäftsräumen – aufgrund eines Anspruches gemäß § 15c WGG (einschließlich der aktivierungspflichtigen Aufwendungen und der Kosten von Großreparaturen) von einem Zehntel und bei sonstigen Grundstücken (einschließlich der aktivierungspflichtigen Aufwendungen und der Kosten von Großreparaturen) von einem Zwanzigstel der gesamten auf den Gegenstand, die Aufwendungen oder die Kosten entfallenden Vorsteuer auszugehen; im Falle der Lieferung ist die Berichtigung für den restlichen Berichtigungszeitraum spätestens in der letzten Voranmeldung des Veranlagungszeitraumes vorzunehmen, in dem die Lieferung erfolgte.

(BGBl I 2022/10)

(10a) (aufgehoben)

(11) Ändern sich bei einem Gegenstand, den der Unternehmer für sein Unternehmen hergestellt oder erworben hat oder bei sonstigen Leistungen, die für sein Unternehmen ausgeführt worden sind, die Voraussetzungen, die für den Vorsteuerabzug maßgebend waren (Abs. 3), so ist, sofern nicht Abs. 10 zur Anwendung gelangt, eine Berichtigung des Vorsteuerabzuges für den Veranlagungszeitraum vorzunehmen, in dem die Änderung eingetreten ist.

(12) Die Bestimmungen der Abs. 10 und 11 gelten sinngemäß auch für Gegenstände, die nicht zu einem Betriebsvermögen gehören. Eine Änderung der Verhältnisse, die für den Vorsteuerabzug maßgebend sind, liegt auch vor, wenn die Änderung darin besteht, dass ein Wechsel in der Anwendung der allgemeinen Vorschriften und der Vorschriften des § 22 für den Vorsteuerabzug vorliegt.

(13) Eine Berichtigung des Vorsteuerabzuges nach Abs. 10 ist nicht durchzuführen, wenn der Betrag, um den der Vorsteuerabzug für einen Gegenstand für das Kalenderjahr zu berichtigen ist, 60 Euro nicht übersteigt.

(BGBl I 2016/117)

(14) Das Recht auf Vorsteuerabzug entfällt, wenn der Unternehmer wusste oder wissen musste, dass der betreffende Umsatz im Zusammenhang mit Umsatzsteuerhinterziehungen oder sonstigen, die Umsatzsteuer betreffenden Finanzvergehen steht. Dies gilt insbesondere auch, wenn ein solches Finanzvergehen einen vor- oder nachgelagerten Umsatz betrifft.

(BGBl I 2015/118)

(15) Erbringt ein Unternehmer an einen anderen Unternehmer für dessen Unternehmen eine Lieferung gemäß § 3 Abs. 2 oder eine sonstige Leistung gemäß § 3a Abs. 1a, so ist er berechtigt, dem Empfänger der Lieferung oder sonstigen Leistung den dafür geschuldeten Steuerbetrag gesondert in Rechnung zu stellen. Dieser in der Rechnung gesondert ausgewiesene Betrag gilt für den Empfänger der Lieferung oder sonstigen Leistung als eine für eine entgeltliche steuerpflichtige Lieferung oder sonstige Leistung in Rechnung gestellte Steuer. Weist der Unternehmer in der Rechnung einen Betrag aus, den er für diesen Umsatz nicht schuldet, so ist dieser Betrag wie eine nach § 11 Abs. 12 auf Grund der Rechnung geschuldete Steuer zu behandeln. Ist aufgrund der Anwendung des § 4 Abs. 9 das Entgelt niedriger als die Bemessungsgrundlage, gelten die vorherigen Ausführungen sinngemäß.

(16) und (17) (aufgehoben)

Vorsteuerabzug bei Reisekosten

§ 13. (1) Für eine im Inland ausschließlich durch den Betrieb veranlaßte Reise kann der Unternehmer – unbeschadet der sonstigen Voraussetzungen für den Vorsteuerabzug nach § 12 die auf die Mehraufwendungen für Verpflegung entfallende abziehbare Vorsteuer nur aus den nach den einkommensteuerrechtlichen für die Gewinnermittlung festgesetzten Pauschbeträgen errechnen. Bei Aufwendungen für Nächtigung (einschließlich Frühstück) kann die abziehbare Vorsteuer entweder aus der für die Gewinnermittlung festgesetzten Pauschbeträgen errechnet oder in tatsächlicher Höhe durch eine Rechnung nachgewiesen werden. Aus den Pauschbeträgen ist die abziehbare Vorsteuer unter Anwendung des Steuersatzes nach § 10 Abs. 2 herauszurechnen.

(BGBl I 2018/62)

(2) Die Bestimmungen des Abs. 1 gelten sinngemäß, soweit ein Unternehmer einem Arbeitnehmer, dessen Einkünfte dem Steuerabzug vom Arbeitslohn im Inland unterliegen, aus Anlass einer Dienstreise im Inland die Mehraufwendungen für Verpflegung sowie die Aufwendungen für Nächtigung (einschließlich Frühstück) erstattet oder soweit der Unternehmer diese Aufwendungen unmittelbar selbst trägt. Sowohl im Falle der Erstattung der Mehraufwendungen für Verpflegung an den Arbeitnehmer als auch im Falle der unmittelbaren Verrechnung der Aufwendungen für die Verpflegung an den Unternehmer kann die abziehbare Vorsteuer nur aus den Tagesgeldern, die nach den einkommensteuerrechtlichen Vorschriften nicht zu den Einkünften aus nichtselbständiger Arbeit gehören oder gemäß § 3 Abs. 1 Z 16b des Einkommensteuergesetzes 1988 steuerfrei sind, ermittelt

werden. Bei den Aufwendungen für Nächtigung (einschließlich Frühstück) kann die abziehbare Vorsteuer entweder aus den Nächtigungsgeldern, die nach den einkommensteuerrechtlichen Vorschriften nicht zu den Einkünften aus nichtselbständiger Arbeit gehören, errechnet oder in tatsächlicher Höhe durch eine Rechnung nachgewiesen werden. Werden für Nächtigung (einschließlich Frühstück) die tatsächlichen Aufwendungen nachgewiesen, so können die Rechnungen auch auf den Namen der Person lauten, von der die Reise ausgeführt worden ist.

(3) Unternehmer, die nicht der inländischen Einkommensbesteuerung unterliegen oder deren Arbeitnehmer im Inland nicht unter den Steuerabzug vom Arbeitslohn fallen, können aus Anlaß einer Geschäfts- oder Dienstreise nur jene Vorsteuerbeträge abziehen, die in einer Rechnung (§ 11) an sie gesondert ausgewiesen werden. Im Falle der Mehraufwendungen für Verpflegung darf ein Vorsteuerabzug jedoch höchstens von den nach Abs. 1 und 2 als Tagesgeld festgesetzten Pauschbeträgen ermittelt werden.

(4) Die nach den vorstehenden Absätzen errechneten Vorsteuerbeträge können nur abgezogen werden, wenn über die Reise ein Beleg ausgestellt wird, welcher über Zeit, Ziel und Zweck der Reise, die Person, von der die Reise ausgeführt worden ist, und über den Betrag Aufschluß gibt, aus dem die Vorsteuer errechnet wird. Die Verpflichtung zur Ausstellung eines eigenen Beleges für Zwecke des Vorsteuerabzuges entfällt, wenn die erwähnten Angaben aus den für die Erhebung der Einkommensteuer (Lohnsteuer) erforderlichen Unterlagen hervorgehen.

Vorsteuerabzug nach Durchschnittssätzen

§ 14. (1) Unternehmer können die abziehbaren Vorsteuerbeträge wahlweise nach folgenden Durchschnittssätzen ermitteln:
1. Unternehmer, bei denen die Voraussetzungen gemäß § 17 Abs. 2 Z 1 und 2 des Einkommensteuergesetzes 1988 für die Ermittlung der Betriebsausgaben mit einem Durchschnittssatz vorliegen, können die abziehbaren Vorsteuerbeträge mit einem Durchschnittssatz von 1,8% des Gesamtumsatzes aus Tätigkeiten im Sinne des § 22 und § 23 des Einkommensteuergesetzes 1988 mit Ausnahme der Umsätze aus Hilfsgeschäften, höchstens jedoch mit einer abziehbaren Vorsteuer von 3 960 Euro, berechnen. Eine Ermittlung der abziehbaren Vorsteuer beträge mit dem Durchschnittssatz ist gesondert für jeden Betrieb möglich. Mit diesem Durchschnittssatz werden sämtliche Vorsteuern abgegolten, ausgenommen
   a) Vorsteuerbeträge für Lieferungen von Wirtschaftsgütern des Anlagevermögens, die der Abnutzung unterliegen und deren Anschaffungskosten 1 100 Euro übersteigen, sowie für die Lieferung von Grundstücken des Anlagevermögens. Diese Ausnahme gilt sinngemäß für die entrichtete Einfuhrumsatzsteuer für Einfuhren, die diesen Lieferungen entsprechen;
   b) Vorsteuerbeträge für sonstige Leistungen im Zusammenhang mit der Herstellung von abnutzbaren Wirtschaftsgütern des Anlagevermögens, deren Herstellungskosten 1 100 Euro übersteigen;
   c) Vorsteuerbeträge für Lieferungen von Waren, Rohstoffen, Halberzeugnissen, Hilfsstoffen und Zutaten, die nach ihrer Art und ihrem betrieblichen Zweck in ein Wareneingangsbuch (§ 128 der Bundesabgabenordnung) einzutragen sind oder einzutragen wären, sowie Vorsteuerbeträge für Fremdlöhne, soweit diese unmittelbar in Leistungen eingehen, die den Betriebsgegenstand bilden. Diese Ausnahme gilt sinngemäß für die entrichtete Einfuhrumsatzsteuer für Einfuhren, die diesen Lieferungen entsprechen.

Diese Vorsteuerbeträge sind bei Vorliegen der Voraussetzungen des § 12 zusätzlich abziehbar.

(BGBl I 2015/118)

2. Der Bundesminister für Finanzen kann weiters mit Verordnung für die Ermittlung der abziehbaren Vorsteuerbeträge Durchschnittssätze für Gruppen von Unternehmern aufstellen. Die Durchschnittssätze sind auf Grund von Erfahrungen über die wirtschaftlichen Verhältnisse bei der jeweiligen Gruppe von Unternehmern festzusetzen.

(2) In der Verordnung gemäß Abs. 1 Z 2 werden bestimmt:
1. Die Gruppe von Betrieben, für welche Durchschnittssätze anwendbar sind;
2. die für die Ermittlung der Durchschnittssätze jeweils maßgebenden Merkmale. Als solche kommen insbesondere Art und Höhe der an den Betrieb ausgeführten Umsätze in Betracht;
3. der Umfang, in dem Unternehmern, deren Vorsteuer nach diesen Durchschnittssätzen zu ermitteln ist, Erleichterungen in der Führung von Aufzeichnungen gewährt werden.

(3) Die Durchschnittssätze gemäß Abs. 1 Z 2 müssen zu einer Vorsteuer führen, die nicht wesentlich von dem Betrag abweicht, der sich bei Anwendung der Durchschnittssätze ergeben würde.

(4) Unternehmer, bei denen die Voraussetzungen für eine Ermittlung des Vorsteuerabzuges nach Durchschnittssätzen gegeben sind, können bis zur Rechtskraft des Bescheides gegenüber dem Finanzamt schriftlich erklären, daß sie ihre abziehbaren Vorsteuerbeträge nach Durchschnittssätzen ermitteln. Sowohl die Erklärung, die Vorsteuerbeträge nach Abs. 1 Z 1, als auch die Erklärung, die Vorsteuerbeträge nach Abs. 1 Z 2 zu ermitteln, bindet den Unternehmer mindestens für zwei Kalenderjahre.

(5) Die Erklärung gemäß Abs. 4 kann nur mit Wirkung vom Beginn eines Kalenderjahres an widerrufen werden. Der Widerruf ist bis zur Rechtskraft des dieses Kalenderjahr betreffenden Bescheides gegenüber dem Finanzamt schriftlich zu erklären. Mit dem Widerruf kann der Unternehmer erklären,
a) die Durchschnittssätze anstelle nach Abs. 1 Z 1 nach Abs. 1 Z 2 oder umgekehrt zu ermitteln. Diese Erklärung bindet den Unternehmer wieder für mindestens zwei Kalenderjahre;
b) die Vorsteuerbeträge nach den allgemeinen Vorschriften zu ermitteln. Eine erneute Ermittlung des Vorsteuerabzuges nach Durchschnittssätzen ist frühestens nach Ablauf von fünf Kalenderjahren zulässig.

Erleichterungen bei der Aufteilung der Vorsteuerbeträge

§ 15. (1) Bewirkt der Unternehmer Umsätze von Geldforderungen, die nach § 6 Abs. 1 Z 8 steuerfrei sind und bei denen mit der Vereinnahmung des Entgeltes zugleich das Entgelt für einen anderen, zum Vorsteuerabzug berechtigenden Umsatz des Unternehmers vereinnahmt wird, so müssen diese Umsätze bei der Aufteilung der Vorsteuerbeträge nach § 12 Abs. 5 in den Umsatzschlüssel nicht einbezogen werden. Bei der Aufteilung der Vorsteuerbeträge nach § 12 Abs. 5 Z 2 sind in diesen Fällen nur jene Vorsteuerbeträge nicht abziehbar, die diesen Umsätzen ausschließlich zuzurechnen sind.

(2) Die Erleichterungen nach Abs. 1 gilt ferner für die nach § 6 Abs. 1 Z 8 steuerfreien verzinslichen Einlagen bei Kreditinstituten sowie für Lieferungen von gesetzlichen Zahlungsmitteln und inländischen amtlichen Wertzeichen, wenn diese Umsätze nur als Hilfsgeschäfte getätigt werden.

(3) Bei der Aufteilung der Vorsteuerbeträge nach § 12 Abs. 5 Z 2 gilt die Erleichterung nach Abs. 1 auch für steuerfreie Umsätze nach § 6 Abs. 1 Z 9 lit. a, wenn sie vom Unternehmer nur als Hilfsgeschäfte bewirkt werden.

Änderung der Bemessungsgrundlage

§ 16. (1) Hat sich die Bemessungsgrundlage für einen steuerpflichtigen Umsatz im Sinne des § 1 Abs. 1 Z 1 und 2 geändert, so haben
1. der Unternehmer, der diesen Umsatz ausgeführt hat, den dafür geschuldeten Steuerbetrag, und
2. der Unternehmer, an den dieser Umsatz ausgeführt worden ist, den dafür in Anspruch genommenen Vorsteuerabzug entsprechend zu berichtigen. Die Berichtigungen sind für den Veranlagungszeitraum vorzunehmen, in dem die Änderung des Entgeltes eingetreten ist.

(2) Die Berichtigung des Vorsteuerabzuges kann unterbleiben, wenn ein dritter Unternehmer den auf die Minderung des Entgeltes entfallenden Steuerbetrag an das Finanzamt entrichtet; in diesem Fall ist der dritte Unternehmer Schuldner der Steuer. Die Steuer ist für den Veranlagungszeitraum zu entrichten, in dem die Änderung des Entgeltes eingetreten ist.

(3) Abs. 1 gilt sinngemäß, wenn
1. das Entgelt für eine steuerpflichtige Lieferung oder sonstige Leistung uneinbringlich geworden ist. Wird das Entgelt nachträglich vereinnahmt, so sind Steuerbetrag und Vorsteuerabzug erneut zu berichtigen;
2. für eine vereinbarte Lieferung oder sonstige Leistung ein Entgelt entrichtet, die Lieferung oder sonstige Leistung jedoch nicht ausgeführt worden ist;
3. eine steuerpflichtige Lieferung oder sonstige Leistung rückgängig gemacht worden ist.

(4) Ist eine Einfuhrumsatzsteuer, die als Vorsteuer abgezogen worden ist, herabgesetzt, erlassen oder erstattet worden, so hat der Unternehmer den Vorsteuerabzug entsprechend zu berichtigen. Der letzte Satz des Abs. 1 gilt sinngemäß.

(5) Werden die Entgelte für unterschiedlich besteuerte Lieferungen oder sonstige Leistungen eines bestimmten Zeitabschnittes gemeinsam geändert (zB Jahresboni, Jahresrückvergütungen), so hat der Unternehmer dem Abnehmer der Lieferungen oder dem Empfänger der sonstigen Leistungen einen Beleg zu erteilen, aus dem zu ersehen ist, wie sich die Änderung der Entgelte auf die unterschiedlich besteuerten Umsätze verteilt.

Besteuerung nach vereinnahmten Entgelten

§ 17. (1) Unternehmer, die der Art nach eine Tätigkeit im Sinne des § 22 Z 1 des Einkommensteuergesetzes 1988 ausüben, haben die Steuer für die mit diesen Tätigkeiten zusammenhängenden Umsätze nach den vereinnahmten Entgelten zu berechnen (Istbesteuerung). Das gleiche gilt bei Unternehmen, welche Gas-, Wasser-, Elektrizitäts- oder Heizwerke betreiben, und bei Anstalten zur Müllbeseitigung oder zur Abfuhr von Spülwasser und Abfällen, für alle Umsätze, die mit dem Betrieb von solchen Werken oder Anstalten regelmäßig verbunden sind, wobei mit der Rechnungslegung das Entgelt als vereinnahmt und die Lieferungen und sonstigen Leistungen als ausgeführt anzusehen sind; Teilzahlungsanforderungen für Gas-, Wasser-, Elektrizitäts- und Wärmelieferungen gelten auch dann als Rechnungen im Sinne des § 11, wenn sie die im § 11 Abs. 1 Z 3 lit. c und d geforderten Angaben nicht enthalten.

Das Finanzamt hat auf Antrag zu gestatten, daß ein Unternehmer im Sinne des § 17 Abs. 1 erster Satz die Steuer für die mit diesen Tätigkeiten zusammenhängenden Umsätze nach den vereinbarten Entgelten berechnet (Sollbesteuerung).

(BGBl I 2018/62)

(2) Unternehmer,
1. die hinsichtlich ihrer Umsätze aus Tätigkeiten im Sinne der §§ 21 und 23 des Einkommensteuergesetzes 1988 nicht buchführungspflichtig sind, oder
2. deren Gesamtumsatz aus Tätigkeiten, die nicht unter die §§ 21 und 23 des Einkommensteuer-

gesetzes 1988 fallen, in einem der beiden vorangegangenen Kalenderjahre nicht mehr als 110 000 Euro betragen hat, haben die Steuer nach den vereinnahmten Entgelten zu berechnen (Istbesteuerung). Ist der Unternehmer nur hinsichtlich einzelner Betriebe nicht buchführungspflichtig, so erstreckt sich die Verpflichtung zur Berechnung der Steuer nach vereinnahmten Entgelten gemäß Z 1 nur auf diese Betriebe.

Das Finanzamt hat auf Antrag zu gestatten, daß ein Unternehmer im Sinne der Z 1 und 2 die Steuer für die mit diesen Tätigkeiten zusammenhängenden Umsätze nach den vereinbarten Entgelten berechnet (Sollbesteuerung). Der Antrag kann auf einen von mehreren Betrieben desselben Unternehmers beschränkt werden.

(3) Die Steuer ist nach vereinbarten Entgelten zu berechnen:
– in den Fällen des Abs. 2 Z 1 mit Beginn des Kalenderjahres, für das die Buchführungspflicht eingetreten ist,
– in den Fällen des Abs. 2 Z 2, wenn der Gesamtumsatz in zwei aufeinanderfolgenden Kalenderjahren 110 000 Euro überstiegen hat, mit Ablauf dieses Zeitraumes.

(4) Bei einem Wechsel der Besteuerungsart dürfen Umsätze nicht doppelt erfaßt werden oder unversteuert bleiben. Bei dem Übergang von der Istbesteuerung zu der Sollbesteuerung hat der Unternehmer bereits früher bewirkte Umsätze, für die ein Entgelt noch nicht vereinnahmt wurde, als Umsatz für den ersten Voranmeldungszeitraum nach dem Übergang zu versteuern. Der Wechsel in der Besteuerungsart ist nur zum Beginn eines Veranlagungsjahres zuzulassen.

(5) Hängt die Anwendung einer Besteuerungsvorschrift vom Gesamtumsatz ab, so ist bei der Sollbesteuerung von den steuerbaren Lieferungen und sonstigen Leistungen, bei der Istbesteuerung von den vereinnahmten Entgelten und den Umsätzen gemäß § 3 Abs. 2 und § 3a Abs. 1a auszugehen. Außer Betracht bleiben die steuerfreien Umsätze mit Ausnahme der nach § 6 Abs. 1 Z 1 bis 6 befreiten Umsätze sowie die Geschäftsveräußerungen nach § 4 Abs. 7. Ist die Besteuerung von der Summe der Umsätze eines Kalenderjahres abhängig und ist der Veranlagungszeitraum kürzer als ein Kalenderjahr, so ist der tatsächliche Umsatz in einen Jahresumsatz umzurechnen.

(6) Bei der Istbesteuerung treten an die Stelle der Entgelte für die ausgeführten Lieferungen und sonstigen Leistungen die vereinnahmten Entgelte.

(7) Die Bestimmungen der Abs. 1 und 2 finden auf die Geschäftsveräußerung im ganzen (§ 4 Abs. 7) keine Anwendung.

Aufzeichnungspflichten und buchmäßiger Nachweis

§ 18. (1) Der Unternehmer ist verpflichtet, zur Feststellung der Steuer und der Grundlagen ihrer Berechnung Aufzeichnungen zu führen. Diese Verpflichtung gilt in den Fällen des § 11 Abs. 14 auch für Personen, die nicht Unternehmer sind.

(2) Der Aufzeichnungspflicht ist genügt, wenn

1. die vereinbarten, im Falle der Istbesteuerung die vereinnahmten Entgelte für die vom Unternehmer ausgeführten Lieferungen und sonstigen Leistungen fortlaufend, unter Angabe des Tages derart aufgezeichnet werden, dass zu ersehen ist, wie sich die Entgelte auf steuerpflichtige Umsätze, getrennt nach Steuersätzen, und auf steuerfreie Umsätze verteilen. Die Entgelte für Umsätze, bei denen die Steuer vom Empfänger der Leistung geschuldet wird, sind gesondert aufzuzeichnen;

2. die vereinnahmten Entgelte für noch nicht ausgeführte Lieferungen und sonstige Leistungen fortlaufend, unter Angabe des Tages derart aufgezeichnet werden, dass zu ersehen ist, wie sich die Entgelte auf steuerpflichtige Umsätze, getrennt nach Steuersätzen, und auf steuerfreie Umsätze verteilen. Die Entgelte für Umsätze, bei denen die Steuer vom Empfänger der Leistung geschuldet wird, sind gesondert aufzuzeichnen;

3. die Bemessungsgrundlagen für die Umsätze gemäß § 1 Abs. 1 Z 2, § 3 Abs. 2 und § 3a Abs. 1a aufgezeichnet werden. Z 1 gilt sinngemäß;

4. – die nach § 11 Abs. 12 und 14 sowie nach § 16 Abs. 2 geschuldeten Steuerbeträge und
 – die Bemessungsgrundlagen für die Lieferungen und sonstigen Leistungen, für die die Steuer gemäß § 19 Abs. 1 zweiter Satz, Abs. 1a, Abs. 1b, Abs. 1c, Abs. 1d und Abs. 1e geschuldet wird, getrennt nach Steuersätzen, sowie die hierauf entfallenden Steuerbeträge aufgezeichnet werden;

5. – die Entgelte für steuerpflichtige Lieferungen und sonstige Leistungen, die an den Unternehmer für sein Unternehmen ausgeführt worden sind,
 – die vor Ausführung dieser Umsätze gezahlten Entgelte, soweit für sie die Steuerschuld gemäß § 19 Abs. 2 Z 1 lit. a entsteht,
 – und die auf diese Entgelte entfallende Steuer fortlaufend aufgezeichnet werden;

6. die Bemessungsgrundlage (§ 5) von eingeführten Gegenständen und die für ihre Einfuhr entrichtete Einfuhrumsatzsteuer unter Angabe des Tages der Entrichtung fortlaufend aufgezeichnet werden;

7. die aufgezeichneten Entgelte (Z 1 und 2) und Steuerbeträge sowie die Bemessungsgrundlagen für die Umsätze gemäß § 1 Abs. 1 Z 2, § 3 Abs. 2 und § 3a Abs. 1a, mindestens zum Schluss jedes Voranmeldungszeitraumes, aufgerechnet werden.

(3) Der Unternehmer kann die im Abs. 2 Z 1 und 2 festgelegte Aufzeichnungspflicht auch in der Weise erfüllen, daß er Entgelt und Steuerbetrag in einer Summe aufzeichnet. Die Verpflichtung zur Trennung von Entgelten nach Steuersätzen und steuerfreien Umsätzen wird hiedurch nicht berührt.

Spätestens zum Schluß jedes Voranmeldungszeitraumes hat der Unternehmer die Summe der Entgelte zu errechnen und aufzuzeichnen.

(4) Der Unternehmer kann die im Abs. 2 Z 5 festgelegte Aufzeichnungspflicht auch in der Weise erfüllen, daß er Entgelt und Steuerbetrag in einer Summe, getrennt nach den in den Eingangsrechnungen angewandten Steuersätzen, aufzeichnet. Spätestens zum Schluß jedes Voranmeldungszeitraumes hat der Unternehmer die Summe der Entgelte und die Summe der Steuerbeträge zu errechnen und aufzuzeichnen. Die Verpflichtung zur Aufzeichnung nach Abs. 2 Z 5 und 6 entfällt, wenn der Unternehmer nur Umsätze bewirkt, für die der Vorsteuerabzug nach 12 Abs. 1 ausgeschlossen ist; die Verpflichtung entfällt nicht, insoweit der Unternehmer gemäß § 6 Abs. 1 Z 9 lit. a steuerfreie Umsätze tätigt.

(5) In den Fällen des § 12 Abs. 4 und 5 Z 2 müssen aus den Aufzeichnungen des Unternehmers jene Vorsteuerbeträge leicht nachprüfbar zu ersehen sein, welche den zum Vorsteuerabzug berechtigenden Umsätzen ganz oder teilweise zuzurechnen sind. Außerdem hat der Unternehmer in diesen Fällen die Entgelte für die Umsätze, die nach § 12 Abs. 3 den Vorsteuerabzug ausschließen, getrennt von den übrigen Entgelten aufzuzeichnen, wobei die Verpflichtung zur Trennung der Entgelte nach Abs. 2 Z 1 und 2 unberührt bleibt.

(6) Macht der Unternehmer von der Vorschrift des § 12 Abs. 7 Gebrauch, so hat er die Aufzeichnungspflichten der Abs. 1 bis 5 für jeden Betrieb gesondert zu erfüllen. In den Fällen des § 12 Abs. 10 bis 12 hat der Unternehmer die Berechnungsgrundlagen für den Ausgleich aufzuzeichnen, der von ihm in den in Betracht kommenden Kalenderjahren durchzuführen ist.

(7) Unternehmern, denen nach Art und Umfang ihres Unternehmens eine Trennung der Entgelte nach Steuersätzen im Sinne des Abs. 2 Z 1, 2 und Abs. 3 nicht zumutbar ist, kann das Finanzamt auf Antrag gestatten, daß sie die Entgelte nachträglich unter Berücksichtigung des Wareneinganges trennen. Das Finanzamt darf nur ein Verfahren zulassen, dessen steuerliches Ergebnis nicht wesentlich von dem Ergebnis einer Aufzeichnung der Entgelte, getrennt nach Steuersätzen, abweicht.

(8) Hängt die Besteuerung von einem buchmäßigen Nachweis ab, so sind die diesem Nachweis dienenden Bücher oder Aufzeichnungen zu führen und mit den dazugehörigen Unterlagen aufzubewahren; die nachzuweisenden Voraussetzungen müssen daraus leicht nachprüfbar zu ersehen sein.

(BGBl I 2015/118)

(9) Wird die abziehbare Vorsteuer nach einem Durchschnittssatz gemäß § 14 Abs. 1 Z 1 berechnet, so ist der Unternehmer insoweit von der Aufzeichnungspflicht gemäß § 18 Abs. 2 Z 5 und 6 befreit.

(10) Die Aufzeichnungen und Unterlagen, die Grundstücke im Sinne des § 6 Abs. 1 Z 9 lit. a betreffen, sind zweiundzwanzig Jahre aufzubewahren. Aufzeichnungen und Unterlagen, die nur Eigentumsübertragungen – ausgenommen von Geschäftsräumen – aufgrund eines Anspruches gemäß § 15c WGG betreffen, sind hingegen zwölf Jahre aufzubewahren.

(BGBl I 2022/10)

(11) Unterstützt ein Unternehmer, der nicht selbst Steuerschuldner ist, die Lieferung von Gegenständen, deren Beförderung oder Versendung im Inland endet, an einen Abnehmer gemäß Art. 3 Abs. 4 oder sonstige Leistungen im Inland an einen Nichtunternehmer durch die Nutzung einer elektronischen Schnittstelle, beispielsweise eines Marktplatzes, einer Plattform, eines Portals oder Ähnlichem, muss dieser Unternehmer Aufzeichnungen über diese Umsätze führen. Diese Aufzeichnungen müssen so ausführlich sein, dass die Abgabenbehörden feststellen können, ob die Steuer korrekt berücksichtigt worden ist. Der Bundesminister für Finanzen kann mit Verordnung bestimmen, welche Informationen die Aufzeichnungen enthalten müssen.

(BGBl I 2019/91)

(12) Die Aufzeichnungen nach Abs. 11 sind auf Verlangen elektronisch zur Verfügung zu stellen. Übersteigt der Gesamtwert der Umsätze, für die eine Aufzeichnungspflicht besteht, insgesamt 1.000.000 Euro pro Kalenderjahr, hat der Unternehmer diese Aufzeichnungen auch ohne Aufforderung bis zum 31. Jänner des Folgejahres elektronisch zu übermitteln. Die Aufzeichnungen sind vom Ende des Jahres an, in dem der Umsatz bewirkt wurde, zehn Jahre lang aufzubewahren.

(BGBl I 2019/91)

Aufzeichnungs-, Mitteilungs- und Aufbewahrungspflichten für Zahlungsdienstleister

§ 18a.

Allgemeines

(1) Zahlungsdienstleister sind verpflichtet in Bezug auf grenzüberschreitende Zahlungen hinreichend detaillierte Aufzeichnungen über Zahlungsempfänger und Zahlungen in Bezug auf die von ihnen in jedem Kalendervierteljahr erbrachten Zahlungsdienste zu führen, aufzubewahren und zu übermitteln.

Dies gilt für Zahlungsdienstleister, deren Herkunfts- oder Aufnahmemitgliedstaat Österreich ist.

Begriffsbestimmungen

(2) Für Zwecke dieser Bestimmung gilt als:
1. Zahlungsdienstleister ein Zahlungsdienstleister gemäß § 1 Abs. 3 Z 1 bis 4 des Zahlungsdienstegesetzes 2018 – ZaDiG 2018, BGBl. I Nr. 17/2018, oder eine natürliche oder

4/1. UStG
§ 18a

juristische Person, für die eine Ausnahme gemäß Art. 32 der Richtlinie (EU) 2015/2366 über Zahlungsdienste im Binnenmarkt gilt;
2. Zahlungsdienst, eine Tätigkeit gemäß § 1 Abs. 2 Z 3 bis 6 ZaDiG 2018;
3. Zahlung, vorbehaltlich der Ausnahmen in § 3 Abs. 3 ZaDiG 2018, ein Zahlungsvorgang gemäß § 4 Z 5 ZaDiG 2018 oder ein Finanztransfer gemäß § 1 Abs. 2 Z 6 ZaDiG 2018;
4. Zahler, ein Zahler gemäß der Definition in § 4 Z 8 ZaDiG 2018;
5. Zahlungsempfänger, ein Zahlungsempfänger gemäß der Definition in § 4 Z 9 ZaDiG 2018;
6. grenzüberschreitende Zahlung, eine Zahlung, wenn sich der Ort des Zahlers in einem Mitgliedstaat und der Ort des Zahlungsempfängers in einem anderen Mitgliedstaat oder einem Drittland befindet;
7. Herkunftsmitgliedstaat, der Herkunftsmitgliedstaat gemäß der Definition in § 4 Z 1 ZaDiG 2018;
8. Aufnahmemitgliedstaat, der Aufnahmemitgliedstaat gemäß der Definition in § 4 Z 2 ZaDiG 2018;
9. Zahlungskonto, ein Zahlungskonto gemäß der Definition in § 4 Z 12 ZaDiG 2018;
10. IBAN, eine IBAN gemäß der Definition in Art. 2 Nummer 15 der Verordnung (EU) 260/2012 zur Festlegung der technischen Vorschriften und der Geschäftsanforderungen für Überweisungen und Lastschriften in Euro und zur Änderung der Verordnung (EG) Nr. 924/2009, ABl. Nr. L 94 vom 30.03.2012 S 22;
11. BIC, ein BIC gemäß der Definition in Art. 2 Nummer 16 der Verordnung (EU) 260/2012.

Ort des Zahlers
(3) Als Ort des Zahlers gilt der Mitgliedstaat:
1. dem die IBAN des Zahlungskontos des Zahlers oder jedes andere Kennzeichen, das eindeutig den Zahler identifiziert und seinen Ort angibt, zugeordnet werden kann, oder, falls keine solchen Kennzeichen vorliegen,
2. dem der BIC oder ein anderes Geschäftskennzeichen, das eindeutig den Zahlungsdienstleister, der im Namen des Zahlers handelt, identifiziert und seinen Ort angibt, zugeordnet werden kann.

Ort des Zahlungsempfängers
(4) Als Ort des Zahlungsempfängers gilt der Mitgliedstaat oder das Drittland:
1. dem die IBAN des Zahlungskontos des Zahlungsempfängers oder jedes andere Kennzeichen, das eindeutig den Zahlungsempfänger identifiziert und seinen Ort angibt, zugeordnet werden kann, oder, falls keine solchen Kennzeichen vorliegen,
2. dem der BIC oder ein anderes Geschäftskennzeichen, das eindeutig den Zahlungsdienstleister, der im Namen des Zahlungsempfängers handelt, identifiziert und seinen Ort angibt, zugeordnet werden kann.

Ausnahmen
(5) Die Anforderung nach Abs. 1 an die Zahlungsdienstleister gilt lediglich, wenn ein Zahlungsdienstleister während eines Kalendervierteljahres im Rahmen seiner Zahlungsdienste mehr als 25 grenzüberschreitende Zahlungen an denselben Zahlungsempfänger tätigt.

Die Anzahl der grenzüberschreitenden Zahlungen ist unter Zugrundelegung der Zahlungsdienste zu berechnen, die der Zahlungsdienstleister pro Mitgliedstaat und pro Kennzeichen gemäß Abs. 4 erbringt. Wenn der Zahlungsdienstleister über die Information verfügt, dass der Zahlungsempfänger mehrere Kennzeichen hat, hat die Berechnung pro Zahlungsempfänger zu erfolgen.

(6) Die Anforderung nach Abs. 1 gilt nicht für Zahlungsdienste, die von den Zahlungsdienstleistern des Zahlers in Bezug auf jegliche Zahlung erbracht werden, bei der mindestens einer der Zahlungsdienstleister des Zahlungsempfängers gemäß seiner BIC oder eines anderen Geschäftskennzeichens, die bzw. das den Zahlungsdienstleister und dessen Ort eindeutig identifiziert, in einem Mitgliedstaat ansässig ist. Die Zahlungsdienstleister des Zahlers müssen diese Zahlungsdienste jedoch in die Berechnung nach Abs. 5 aufnehmen.

Aufzeichnungspflichten und Aufbewahrung
(7) Die Aufzeichnungen der Zahlungsdienstleister gemäß Abs. 1 haben folgende Informationen zu umfassen:
1. den BIC oder ein anderes Geschäftskennzeichen, das den Zahlungsdienstleister eindeutig identifiziert;
2. den Namen oder die Bezeichnung des Unternehmens des Zahlungsempfängers gemäß den Aufzeichnungen des Zahlungsdienstleisters;
3. falls vorhanden, jegliche Umsatzsteuer-Identifikationsnummer oder sonstige nationale Steuernummer des Zahlungsempfängers;
4. die IBAN oder, falls diese nicht vorhanden ist, jedes andere Kennzeichen, das eindeutig den Zahlungsempfänger identifiziert und seinen Ort angibt;
5. den BIC oder ein anderes Geschäftskennzeichen, das eindeutig den Zahlungsdienstleister, der im Namen des Zahlungsempfängers handelt, identifiziert und seinen Ort angibt, wenn der Zahlungsempfänger Geldmittel erhält, jedoch kein Zahlungskonto hat;
6. falls vorhanden, die Adresse des Zahlungsempfängers gemäß den Aufzeichnungen des Zahlungsdienstleisters;
7. genaue Angaben zu allen grenzüberschreitenden Zahlungen sowie genaue Angaben zu allen als mit diesen grenzüberschreitenden Zahlungen zusammenhängend ermittelten Zahlungserstattungen. Folgende Angaben sind davon umfasst:

a) Datum und Uhrzeit der Zahlung oder der Zahlungserstattung;
b) Betrag und Währung der Zahlung oder der Zahlungserstattung;
c) Mitgliedstaat, aus dem die vom Zahlungsempfänger oder in seinem Namen erhaltenen Zahlung stammt, sowie der Mitgliedstaat, in dem die Zahlungserstattung erfolgt, sowie die Informationen, die zur Ermittlung des Ursprungs oder des Bestimmungsortes der Zahlung oder der Zahlungserstattung gemäß Abs. 3 und 4 notwendig sind;
d) jede Bezugnahme, die die Zahlung eindeutig ausweist;
e) gegebenenfalls die Angabe, dass die Zahlung in den Räumlichkeiten des leistenden Unternehmers eingeleitet wird.

(8) Findet die Anforderung nach Abs. 1 auf die Zahlungsdienstleister Anwendung, so gilt für die Aufzeichnungen Folgendes:
1. Sie werden gemäß Art. 24b der Verordnung (EU) Nr. 904/2010 dem Herkunftsmitgliedstaat des Zahlungsdienstleisters oder den Aufnahmemitgliedstaaten, wenn der Zahlungsdienstleister Zahlungsdienste in anderen Mitgliedstaaten als dem Herkunftsmitgliedstaat erbringt, zur Verfügung gestellt.
2. Der Zahlungsdienstleister hat diese mittels eines elektronischen Standardformulars spätestens bis zum Ende des Kalendermonats, das auf das Kalendervierteljahr folgt, auf das sich die Informationen beziehen, an die Abgabenbehörden zu übermitteln.
3. Der Zahlungsdienstleister hat, sofern er im Nachhinein erkennt, dass die übermittelten Informationen unrichtig oder unvollständig sind, diese innerhalb eines Monats ab Erkennen, zu berichtigen oder zu vervollständigen.
4. Der Zahlungsdienstleister hat diese in elektronischer Form für einen Zeitraum von drei Kalenderjahren ab Ende des Kalenderjahres, in dem die Zahlung ausgeführt wurde, aufzubewahren.
5. Der Bundesminister für Finanzen kann mit Verordnung festlegen, unter welchen Voraussetzungen welche Arten der Datenübertragung an Abgabenbehörden zugelassen sind. Dies umfasst auch die technischen bzw. organisatorischen Maßnahmen hinsichtlich der Übermittlung. In der Verordnung kann vorgesehen werden, dass sich der Unternehmer einer Übermittlungsstelle bedienen kann.

(9) Die Bundesfinanzverwaltung ist berechtigt, die von den Zahlungsdienstleistern übermittelten Informationen und personenbezogenen Daten zu verarbeiten und zur Erhebung der Abgaben und für Zwecke der Finanzstrafrechtspflege zu verwenden. Die Bundesfinanzverwaltung speichert die personenbezogenen Daten und Informationen für höchstens zehn Jahre nach Ende des Jahres, in dem die Daten und Informationen dem System übermittelt wurden. Die Fristen nach § 57d FinStrG werden hievon nicht berührt.

(10) Die Kontrolle der Einhaltung der Vorschriften des § 18a obliegt dem zuständigen Finanzamt. Hiebei sind die für die Erhebung der Abgaben geltenden Bestimmungen, wie insbesondere die BAO, sinngemäß anzuwenden. Die Übermittlungen (Abs. 8 Z 2 und Z 3) gelten als Abgabenerklärungen.

(CESOP-UG 2023, BGBl I 2023/106)

Steuerschuldner, Entstehung der Steuerschuld

§ 19. (1) Steuerschuldner ist in den Fällen des § 1 Abs. 1 Z 1 und 2 der Unternehmer, in den Fällen des § 11 Abs. 14 der Aussteller der Rechnung.

Bei sonstigen Leistungen (ausgenommen die entgeltliche Duldung der Benützung von Bundesstraßen, die in § 3a Abs. 11a genannten Leistungen sowie die Vermietung von Grundstücken) und bei Werklieferungen wird die Steuer vom Empfänger der Leistung geschuldet, wenn
– der leistende Unternehmer im Inland weder sein Unternehmen betreibt noch an der Leistungserbringung beteiligte Betriebsstätte hat und
– der Leistungsempfänger Unternehmer im Sinne des § 3a Abs. 5 Z 1 und 2 ist oder eine juristische Person des öffentlichen Rechts ist, die Nichtunternehmer im Sinne des § 3a Abs. 5 Z 3 ist.

Der leistende Unternehmer haftet für diese Steuer.

(BGBl I 2022/108)

(1a) Bei Bauleistungen wird die Steuer vom Empfänger der Leistung geschuldet, wenn der Empfänger Unternehmer ist, der seinerseits mit der Erbringung der Bauleistungen beauftragt ist. Der Leistungsempfänger hat auf den Umstand, dass er mit der Erbringung der Bauleistungen beauftragt ist, hinzuweisen. Erfolgt dies zu Unrecht, so schuldet auch der Leistungsempfänger die auf den Umsatz entfallende Steuer.

Werden Bauleistungen an einen Unternehmer erbracht, der üblicherweise selbst Bauleistungen erbringt, so wird die Steuer für diese Bauleistungen stets vom Leistungsempfänger geschuldet. Bauleistungen sind alle Leistungen, die der Herstellung, Instandsetzung, Instandhaltung, Reinigung, Änderung oder Beseitigung von Bauwerken dienen. Das gilt auch für die Überlassung von Arbeitskräften, wenn die überlassenen Arbeitskräfte Bauleistungen erbringen.

(1b) Bei der Lieferung
a) sicherungsübereigneter Gegenstände durch den Sicherungsgeber an den Sicherungsnehmer,
b) des Vorbehaltskäufers an den Vorbehaltseigentümer im Falle der vorangegangenen Übertragung des vorbehaltenen Eigentums und

(BGBl I 2016/117)

c) von Grundstücken im Zwangsversteigerungsverfahren durch den Verpflichteten an den Ersteher

(BGBl I 2016/117)

wird die Steuer vom Empfänger der Leistung geschuldet, wenn dieser Unternehmer oder eine juristische Person des öffentlichen Rechts ist. Der leistende Unternehmer haftet für diese Steuer.

(1c) Bei der Lieferung von Gas über ein Erdgasnetz im Gebiet der Gemeinschaft oder jedes an ein solches Netz angeschlossene Netz, von Elektrizität oder von Wärme oder Kälte über Wärme- oder Kältenetze, wenn sich der Ort dieser Lieferung nach § 3 Abs. 13 oder 14 bestimmt und der liefernde Unternehmer im Inland weder sein Unternehmen betreibt noch eine an der Lieferung beteiligte Betriebsstätte hat, wird die Steuer vom Empfänger der Lieferung geschuldet, wenn er im Inland für Zwecke der Umsatzsteuer erfasst ist.

Der liefernde Unternehmer haftet für diese Steuer.

(1d) Der Bundesminister für Finanzen kann zur Vermeidung von Steuerhinterziehungen oder -umgehungen durch Verordnung festlegen, dass für bestimmte Umsätze die Steuer vom Leistungsempfänger geschuldet wird, wenn dieser Unternehmer ist und diese Möglichkeit den Mitgliedstaaten in Titel XI Kapitel 1 Abschnitt 1 der Richtlinie 2006/112/EG eingeräumt wird oder dafür eine Ermächtigung gemäß Art. 395 der Richtlinie 2006/112/EG vorliegt. Weiters kann in der Verordnung bestimmt werden, dass der leistende Unternehmer für diese Steuer haftet.

(1e) Die Steuer wird vom Empfänger der Leistung geschuldet, wenn dieser Unternehmer ist, bei

a) der Übertragung von Treibhausgasemissionszertifikaten im Sinne des Art. 3 der Richtlinie 2003/87/EG über ein System für den Handel mit Treibhausgasemissionszertifikaten in der Gemeinschaft und zur Änderung der Richtlinie 96/61/EG des Rates, ABl. Nr. L 275 vom 25.10.2003 S. 32, und bei der Übertragung von anderen Einheiten, die genutzt werden können, um den Auflagen dieser Richtlinie nachzukommen,

b) der Lieferung von Mobilfunkgeräten (Unterpositionen 8517 12 00 und 8517 18 00 der Kombinierten Nomenklatur) und integrierten Schaltkreisen (Unterpositionen 8542 31 90, 8473 30 20, 8473 30 80 und 8471 50 00 der Kombinierten Nomenklatur), wenn das in der Rechnung ausgewiesene Entgelt mindestens 5 000 Euro beträgt.

Der leistende Unternehmer haftet für diese Steuer.

(2) Die Steuerschuld entsteht

1. für Lieferungen und sonstige Leistungen

    a) mit Ablauf des Kalendermonates, in dem die Lieferungen oder sonstigen Leistungen ausgeführt worden sind (Sollbesteuerung); dieser Zeitpunkt verschiebt sich – ausgenommen in den Fällen des § 19 Abs. 1 zweiter Satz – um einen Kalendermonat, wenn die Rechnungsausstellung erst nach Ablauf des Kalendermonates erfolgt, in dem die Lieferung oder sonstige Leistung erbracht worden ist.

Wird das Entgelt oder ein Teil des Entgeltes vereinnahmt, bevor die Leistung ausgeführt worden ist, so entsteht insoweit die Steuerschuld mit Ablauf des Voranmeldungszeitraumes, in dem das Entgelt vereinnahmt worden ist;

    b) in den Fällen der Besteuerung nach vereinnahmten Entgelten (§ 17) mit Ablauf des Kalendermonates, in dem die Entgelte vereinnahmt worden sind (Istbesteuerung). Wird die Steuer vom Empfänger der Leistung geschuldet (Abs. 1 zweiter Satz, Abs. 1a, Abs. 1b, Abs. 1c, Abs. 1d und Abs. 1e), entsteht abweichend davon die Steuerschuld für vereinbarte, im Zeitpunkt der Leistungserbringung noch nicht vereinnahmte Entgelte, mit Ablauf des Kalendermonates, in dem die Lieferung oder sonstige Leistung ausgeführt worden ist. Dieser Zeitpunkt verschiebt sich – ausgenommen in den Fällen des § 19 Abs. 1 zweiter Satz – um einen Kalendermonat, wenn die Rechnungsausstellung erst nach Ablauf des Kalendermonates erfolgt, in dem die Lieferung oder sonstige Leistung erbracht worden ist;

    c) (aufgehoben)

1a. Abweichend von Z 1 entsteht die Steuerschuld in Fällen des § 3 Abs. 3a mit Ablauf des Kalendermonates, in dem die Zahlung angenommen wurde.

(BGBl I 2019/91)

2. für die Umsätze gemäß § 1 Abs. 1 Z 2, § 3 Abs. 2 und § 3a Abs. 1a mit Ablauf des Kalendermonates, in dem die Aufwendungen im Sinne des § 1 Abs. 1 Z 2 getätigt worden sind, in dem die Gegenstände für die im § 3 Abs. 2 bezeichneten Zwecke entnommen oder die Leistungen im Sinne des § 3a Abs. 1a ausgeführt worden sind.

(3) In den Fällen des § 11 Abs. 12 und 14 entsteht die Steuerschuld mit Ablauf des Kalendermonates, in dem die Rechnung ausgefolgt worden ist.

(4) In den Fällen des § 16 Abs. 2 entsteht die Steuerschuld mit Ablauf des Kalendermonates, in dem die Minderung des Entgeltes eingetreten ist.

(5) Für die Einfuhrumsatzsteuer gilt § 26 Abs. 1.

Veranlagungszeitraum und Einzelbesteuerung

§ 20. (1) Bei der Berechnung der Steuer ist in den Fällen des § 1 Abs. 1 Z 1 und 2 von der Summe der Umsätze auszugehen, für welche die Steuerschuld im Laufe eines Veranlagungszeitraumes entstanden ist. Dem ermittelten Betrag sind die nach

§ 11 Abs. 12 und 14, die nach § 16 Abs. 2 und die gemäß § 19 Abs. 1 zweiter Satz, Abs. 1a, Abs. 1b, Abs. 1c, Abs. 1d und Abs. 1e geschuldeten Beträge hinzuzurechnen. Ein Unternehmer, der für einen Betrieb den Gewinn gemäß § 2 Abs. 5 des Einkommensteuergesetzes 1988 oder gemäß § 7 Abs. 5 des Körperschaftsteuergesetzes 1988 nach einem vom Kalenderjahr abweichenden Wirtschaftsjahr ermittelt, kann dieses Wirtschaftsjahr durch eine gegenüber dem Finanzamt abgegebene schriftliche Erklärung als Veranlagungszeitraum wählen; dies gilt jedoch nicht für Unternehmer,

1. die ihre Umsätze gemäß § 17 Abs. 2 nach vereinnahmten Entgelten berechnen oder
2. bei denen Voranmeldungszeitraum das Kalendervierteljahr ist oder
3. bei denen das Wirtschaftsjahr nicht mit Ablauf eines Kalendermonates endet.

Die Erklärung ist innerhalb der Frist zur Abgabe der Voranmeldung für den ersten Voranmeldungszeitraum des vom Kalenderjahr abweichenden Wirtschaftsjahres abzugeben und bindet den Unternehmer an das für die Gewinnermittlung maßgebende Wirtschaftsjahr. Im Falle der Änderung des für die Gewinnermittlung maßgebenden Wirtschaftsjahres tritt auch eine entsprechende Änderung des Veranlagungszeitraumes für die Umsatzsteuer ein. Weicht der Veranlagungszeitraum vom Kalenderjahr ab, so finden die Bestimmungen des § 6 Abs. 1 Z 27 und § 21 Abs. 2 und Abs. 6 keine Anwendung.

(2)
1. Von dem nach Abs. 1 errechneten Betrag sind die in den Veranlagungszeitraum fallenden, nach § 12 abziehbaren Vorsteuerbeträge abzusetzen.
2. Die abziehbare Einfuhrumsatzsteuer fällt in jenen Kalendermonat, in dem sie entrichtet worden ist. In den Fällen des § 26 Abs. 3 Z 2 fällt die abziehbare Einfuhrumsatzsteuer in jenen Kalendermonat, der zwei Monate vor dem Monat liegt, in dem die Einfuhrumsatzsteuerschuld fällig ist; sie wird am Tag der Fälligkeit der Einfuhrumsatzsteuerschuld wirksam.

(3) Hat der Unternehmer seine gewerbliche oder berufliche Tätigkeit nur in einem Teil des Kalenderjahres ausgeübt, so tritt dieser Teil an die Stelle des Kalenderjahres. Wählt ein Unternehmer ein vom Kalenderjahr abweichendes Wirtschaftsjahr als Veranlagungszeitraum (Abs. 1), so sind alle Umsätze, die er in diesem Zeitraum im Rahmen seines Unternehmens ausführt, diesem Veranlagungszeitraum zuzuordnen; als Veranlagungszeitraum im Jahr des Überganges gilt der Zeitraum vom Beginn des Kalenderjahres bis zum Beginn des Wirtschaftsjahres. Fallen die Voraussetzungen für einen vom Kalenderjahr abweichenden Veranlagungszeitraum nachträglich weg, so ist nach Ablauf des Kalenderjahres, in dem das Wirtschaftsjahr endet, das Kalenderjahr Veranlagungszeitraum; in einem solchen Fall gilt der Zeitraum vom Ende des Wirtschaftsjahres bis zum Beginn des folgenden Kalenderjahres als eigener Veranlagungszeitraum. Ist das vom Kalenderjahr abweichende Wirtschaftsjahr Veranlagungszeitraum, so tritt in den einzelnen Bestimmungen dieses Bundesgesetzes an die Stelle des Kalenderjahres sinngemäß das vom Kalenderjahr abweichende Wirtschaftsjahr.

(4) und (5) (aufgehoben)

(6) Werte in einer anderen Währung als Euro sind auf Euro nach dem Kurs umzurechnen, den der Bundesminister für Finanzen als Durchschnittskurs für den Zeitraum festsetzt, in dem die Leistung ausgeführt, das Entgelt oder ein Teil des Entgeltes vor Ausführung der Leistung (§ 19 Abs. 2 Z 1 lit. a) vereinnahmt wird oder – bei der Besteuerung nach vereinnahmten Entgelten (§ 17) – das Entgelt vereinnahmt wird. Der Unternehmer kann stattdessen auch den letzten, von der Europäischen Zentralbank veröffentlichten, Umrechnungskurs anwenden.

Weiters ist der Unternehmer berechtigt, die Umrechnung nach dem Tageskurs vorzunehmen, wenn die einzelnen Beträge durch Bankmitteilungen oder Kurszettel belegt werden.

(7) Für die Einfuhrumsatzsteuer gelten § 5 Abs. 5, § 26 und § 26a.

(BGBl I 2019/91)

Voranmeldung und Vorauszahlung, Veranlagung

§ 21. (1) Der Unternehmer hat spätestens am 15. Tag (Fälligkeitstag) des auf einen Kalendermonat (Voranmeldungszeitraum) zweitfolgenden Kalendermonates eine Voranmeldung bei dem für die Einhebung der Umsatzsteuer zuständigen Finanzamt einzureichen, in der er die für den Voranmeldungszeitraum zu entrichtende Steuer (Vorauszahlung) oder den auf den Voranmeldungszeitraum entfallenden Überschuß unter entsprechender Anwendung des § 20 Abs. 1 und 2 und des § 16 selbst zu berechnen hat. Die Voranmeldung gilt als Steuererklärung. Als Voranmeldung gilt auch eine berichtigte Voranmeldung, sofern sie bis zu dem im ersten Satz angegebenen Tag eingereicht wird. Der Unternehmer hat eine sich ergebende Vorauszahlung spätestens am Fälligkeitstag zu entrichten. Die Vorauszahlung und der Überschuß sind Abgaben im Sinne der Bundesabgabenordnung. Ein vorangemeldeter Überschuß ist gutzuschreiben, sofern nicht Abs. 3 zur Anwendung gelangt. Die Gutschrift wirkt auf den Tag der Einreichung der Voranmeldung, frühestens jedoch auf den Tag nach Ablauf des Voranmeldungszeitraumes, zurück.

Der Bundesminister für Finanzen kann durch Verordnung vorsehen, daß in bestimmten Fällen die Verpflichtung zur Einreichung einer Voranmeldung entfällt, sofern der Unternehmer seinen abgabenrechtlichen Verpflichtungen nachkommt. Unternehmer, die danach für einen Voranmeldungszeitraum keine Voranmeldung einzureichen haben, sind verpflichtet, für diesen Voranmeldungszeitraum unter Verwendung des amtlichen Vordruckes für Voranmeldungen eine Aufstellung der Besteuerungsgrundlagen anzufertigen, es sei denn,

4/1. UStG
§ 21

es ergibt sich für diesen Voranmeldungszeitraum weder eine Vorauszahlung noch ein Überschuß.

Von den Voranmeldungen sind Durchschriften (Zweitschriften) anzufertigen. Die Durchschriften der Voranmeldungen sowie die Aufstellungen der Besteuerungsgrundlagen gehören zu den Aufzeichnungen im Sinne des § 18 Abs. 1.

Die Übermittlung der Voranmeldungen hat elektronisch zu erfolgen. Ist dem Unternehmer die elektronische Übermittlung der Voranmeldung mangels technischer Voraussetzungen unzumutbar, hat die Übermittlung der Voranmeldungen auf dem amtlichen Vordruck zu erfolgen. Der Bundesminister für Finanzen wird ermächtigt, den Inhalt und das Verfahren der elektronischen Übermittlung der Voranmeldung mit Verordnung festzulegen. In der Verordnung kann vorgesehen werden, dass sich der Unternehmer einer bestimmten geeigneten öffentlich-rechtlichen oder privatrechtlichen Übermittlungsstelle zu bedienen hat.

(1a) (aufgehoben)

(2) Für Unternehmer, deren Umsätze nach § 1 Abs. 1 Z 1 und 2 im vorangegangenen Kalenderjahr 100 000 Euro nicht überstiegen haben, ist das Kalendervierteljahr der Voranmeldungszeitraum; der Unternehmer kann jedoch durch fristgerechte Abgabe einer Voranmeldung für den ersten Kalendermonat eines Veranlagungszeitraumes mit Wirkung für den ganzen Veranlagungszeitraum den Kalendermonat als Voranmeldungszeitraum wählen.

(3) Wenn der Unternehmer die Einreichung der Voranmeldung pflichtwidrig unterläßt oder wenn sich die Voranmeldung als unvollständig oder die Selbstberechnung als nicht richtig erweist, so hat das Finanzamt die Steuer festzusetzen. Eine Festsetzung kann nur so lange erfolgen, als nicht ein den Voranmeldungszeitraum beinhaltender Veranlagungsbescheid erlassen wurde. Eine festgesetzte Vorauszahlung hat den im Abs. 1 genannten Fälligkeitstag. Die Gutschrift eines festgesetzten Überschusses wirkt bis zur Höhe des vorangemeldeten Überschußbetrages auf den Tag der Einreichung der Voranmeldung, frühestens jedoch auf den Tag nach Ablauf des Voranmeldungszeitraumes, zurück. Führt eine Festsetzung zur Verminderung eines Überschusses, so gilt als Fälligkeitstag der Nachforderung der Zeitpunkt, in dem die Gutschrift des Überschusses wirksam war.

(4) Der Unternehmer wird nach Ablauf des Kalenderjahres zur Steuer veranlagt. Enden mehrere Veranlagungszeiträume in einem Kalenderjahr (§ 20 Abs. 1 und 3), so sind diese zusammenzufassen. Der Unternehmer hat für das abgelaufene Kalenderjahr eine Steuererklärung abzugeben, die alle in diesem Kalenderjahr endenden Veranlagungszeiträume zu umfassen hat.

Die Übermittlung der Steuererklärung hat elektronisch zu erfolgen. Ist dem Unternehmer die elektronische Übermittlung der Steuererklärung mangels technischer Voraussetzungen unzumutbar, hat die Übermittlung der Steuererklärung auf dem amtlichen Vordruck zu erfolgen.

Der Bundesminister für Finanzen wird ermächtigt, den Inhalt und das Verfahren der elektronischen Übermittlung der Steuererklärung mit Verordnung festzulegen. In der Verordnung kann vorgesehen werden, dass sich der Unternehmer einer bestimmten geeigneten öffentlichrechtlichen oder privatrechtlichen Übermittlungsstelle zu bedienen hat.

Unternehmer im Sinne des § 19 Abs. 1 erster Gedankenstrich, die im Inland keine Umsätze ausgeführt haben oder nur Umsätze, für die der Leistungsempfänger die Steuer schuldet, und die ausschließlich eine Steuer gemäß § 19 Abs. 1 zweiter Satz oder Abs. 1a schulden, hinsichtlich der sie zum vollen Vorsteuerabzug berechtigt sind, werden nur dann zur Steuer veranlagt, wenn sie dies ausdrücklich schriftlich beantragen.

(BGBl I 2015/118)

(5) Durch eine Nachforderung auf Grund der Veranlagung wird keine von Abs. 1 und 3 abweichende Fälligkeit begründet.

(6) Ein Kleinunternehmer (§ 6 Abs. 1 Z 27), dessen Umsätze nach § 1 Abs. 1 Z 1 und 2 im Veranlagungszeitraum 35 000 Euro nicht übersteigen und der für den Veranlagungszeitraum keine Steuer zu entrichten hat, ist von der Verpflichtung zur Abgabe einer Steuererklärung befreit. Die Durchführung einer Veranlagung ist nicht erforderlich. Bei der Umsatzgrenze bleiben die Umsätze aus Hilfsgeschäften einschließlich der Geschäftsveräußerungen außer Ansatz.

(BGBl I 2019/103)

(7) (aufgehoben)

(8) Der Bundesminister für Finanzen kann aus Vereinfachungsgründen mit Verordnung für Gruppen von Unternehmern für die Ermittlung der Höhe der Umsätze gemäß § 3 Abs. 2 und § 3a Abs. 1a Schätzungsrichtlinien erlassen und bestimmen, dass die auf diese Umsätze entfallende Steuer zu anderen als den im Abs. 1 und 2 angeführten Fälligkeitszeitpunkten zu entrichten ist. Bei Erstellung der Richtlinien ist auf die durchschnittliche Höhe dieser Umsätze innerhalb der Gruppe von Unternehmern, für welche die Durchschnittssätze gelten sollen, Bedacht zu nehmen. Die Richtlinien sind nicht anzuwenden, soweit der Unternehmer die Höhe dieser Umsätze nicht durch ordnungsgemäß geführte Aufzeichnungen nachweist.

(9) Der Bundesminister für Finanzen kann bei nicht im Inland ansässigen Unternehmern, das sind solche, die im Inland weder ihren Sitz noch eine Betriebsstätte haben, durch Verordnung die Erstattung der Vorsteuern abweichend von den Abs. 1 bis 5 sowie den §§ 12 und 20 regeln. Bei nicht im Gemeinschaftsgebiet ansässigen Unternehmern kann weiters bestimmt werden, dass bestimmte Vorsteuerbeträge von der Erstattung ausgeschlossen sind. In der Verordnung kann festgelegt werden:

– ein besonderes Verfahren für die Vorsteuererstattung,
– ein Mindestbetrag, ab dem eine Vorsteuererstattung erfolgt,

- innerhalb welcher Frist der Erstattungsantrag zu stellen ist,
- dass der Bescheid über die Erstattung der Vorsteuerbeträge elektronisch zugestellt wird,
- wie und in welchem Umfang der zu erstattende Betrag zu verzinsen oder zu vergebühren ist.

Vorsteuern im Zusammenhang mit Umsätzen eines im übrigen Gemeinschaftsgebiet ansässigen Unternehmers sind nur erstattungsfähig, wenn die Umsätze in dem Mitgliedstaat, in dem der Unternehmer ansässig ist, ein Recht auf Vorsteuerabzug begründen. Einem Unternehmer, der im Gemeinschaftsgebiet ansässig ist und Umsätze ausführt, die zum Teil den Vorsteuerabzug ausschließen, wird die Vorsteuer höchstens in der Höhe erstattet, in der er in dem Mitgliedstaat, in dem er ansässig ist, zum Vorsteuerabzug berechtigt wäre.

(10) Die Bestimmungen der Abs. 1 bis 5 gelten auch für juristische Personen, die ausschließlich eine Steuer gemäß § 19 Abs. 1 zweiter Satz, Abs. 1a und Abs. 1b schulden.

(10a) Die Bestimmungen der Abs. 1 bis 5 gelten auch für Personen, die keine Unternehmer sind, wenn diese Steuerbeträge nach § 11 Abs. 14 schulden.

(BGBl I 2019/91)

Antrag auf Erstattung von Vorsteuerbeträgen in einem anderen Mitgliedstaat

(11) Ein im Inland ansässiger Unternehmer, der einen Antrag auf Erstattung von Vorsteuerbeträgen – entsprechend der Richtlinie 2008/9/EG zur Regelung der Erstattung der Mehrwertsteuer gemäß der Richtlinie 2006/112/EG an nicht im Mitgliedstaat der Erstattung, sondern in einem anderen Mitgliedstaat ansässige Steuerpflichtige, ABl. Nr. L 44 vom 20.02.2008 S. 23 – in einem anderen Mitgliedstaat stellt, hat diesen Antrag elektronisch zu übermitteln. Der Bundesminister für Finanzen wird ermächtigt, den Inhalt und das Verfahren der elektronischen Übermittlung des Erstattungsantrages mit Verordnung festzulegen. Im Antrag ist die Steuer für den Erstattungszeitraum selbst zu berechnen. Enthält der Antrag nicht die in den Art. 8, 9 und 11 der im ersten Satz genannten Richtlinie festgelegten Angaben, so ist er ungeachtet einer allfälligen tatsächlichen Übermittlung unbeachtlich. Der Antrag wird nicht an den Mitgliedstaat der Erstattung weitergeleitet, wenn die in Art. 18 der im ersten Satz genannten Richtlinie festgelegten Voraussetzungen nicht erfüllt sind. Zustellungen im Zusammenhang mit der Erstattung von Vorsteuerbeträgen in einem anderen Mitgliedstaat haben unabhängig vom Vorliegen einer Zustimmung im Sinne des § 97 Abs. 3 BAO elektronisch zu erfolgen.

Besteuerung der Umsätze bei land- und forstwirtschaftlichen Betrieben

§ 22. (1) Bei nichtbuchführungspflichtigen Unternehmern, deren im Rahmen eines land- und forstwirtschaftlichen Betriebes ausgeführte Umsätze 600 000 Euro nicht übersteigen, wird die Steuer für diese Umsätze mit 10% der Bemessungsgrundlage festgesetzt. Soweit diese Umsätze an einen Unternehmer für dessen Unternehmen erbracht werden oder der ermäßigte Steuersatz nach § 10 Abs. 3 anzuwenden ist, wird die Steuer für diese Umsätze mit 13% der Bemessungsgrundlage festgesetzt. Die diesen Umsätzen zuzurechnenden Vorsteuerbeträge werden jeweils in gleicher Höhe festgesetzt.

Die Bestimmungen des § 6 Abs. 1 Z 8 bis 26, des § 11 und des § 12 Abs. 10 bis 12 sind anzuwenden. Weiters sind Berichtigungen nach § 16 vorzunehmen, die Zeiträume betreffen, in denen die allgemeinen Vorschriften dieses Bundesgesetzes Anwendung gefunden haben.

(Teuerungs-EP II, BGBl I 2022/163)

(1a) Für die Ermittlung der Umsatzgrenze von 600 000 Euro nach Abs. 1 und den Zeitpunkt des Eintritts der aus Über- oder Unterschreiten der Umsatzgrenze resultierenden umsatzsteuerlichen Folgen ist § 125 BAO sinngemäß anzuwenden.

(Teuerungs-EP II, BGBl I 2022/163)

(2) Unternehmer im Sinne des Abs. 1 haben für die Lieferungen von Getränken und alkoholischen Flüssigkeiten, die weder in § 10 Abs. 3 Z 11, § 28 Abs. 51 Z 1, § 28 Abs. 52 Z 1 lit. a noch in den Anlagen angeführt sind, eine zusätzliche Steuer von 10% der Bemessungsgrundlage, soweit diese Umsätze an einen Unternehmer für dessen Unternehmen erbracht werden, eine zusätzliche Steuer von 7% der Bemessungsgrundlage zu entrichten. Für diese zusätzliche Steuer sowie für Steuerbeträge, die nach § 11 Abs. 12 und 14 oder § 12 Abs. 10 bis 12 geschuldet werden oder die sich nach § 16 ergeben, gelten die allgemeinen Vorschriften dieses Bundesgesetzes mit der Einschränkung sinngemäß, dass ein weiterer Vorsteuerabzug entfällt.

(BGBl I 2020/48, BGBl I 2020/60)

(3) Als land- und forstwirtschaftlicher Betrieb ist ein Betrieb anzusehen, dessen Hauptzweck auf die Land- und Forstwirtschaft gerichtet ist. Als Landwirtschaft gelten insbesondere der Acker-, Garten-, Gemüse-, Obst- und Weinbau, die Wiesen- und Weidewirtschaft einschließlich der Wanderschäferei, die Fischzucht einschließlich der Teichwirtschaft und die Binnenfischerei, die Imkerei sowie Tierzucht- und Tierhaltungsbetriebe im Sinne des § 30 des Bewertungsgesetzes 1955. Die Übertragung eines land- und forstwirtschaftlichen Betriebes oder Teilbetriebes gilt nicht als steuerbarer Umsatz.

(BGBl I 2019/103)

(4) Zum land- und forstwirtschaftlichen Betrieb gehören auch die Nebenbetriebe, die dem land- und forstwirtschaftlichen Hauptbetrieb zu dienen bestimmt sind.

(5) Führt der Unternehmer neben den im Abs. 1 angeführten Umsätzen auch andere Umsätze aus, so ist der land- und forstwirtschaftliche Betrieb als gesondert geführter Betrieb im Sinne des § 12 Abs. 7 zu behandeln.

(6) Der Unternehmer kann bis zum Ablauf des Veranlagungszeitraumes gegenüber dem Finanzamt schriftlich erklären, dass seine Umsätze vom Beginn dieses Kalenderjahres oder des vorangegangenen Kalenderjahres an nicht nach den Abs. 1 bis 5, sondern nach den allgemeinen Vorschriften dieses Bundesgesetzes besteuert werden sollen. Wird die Erklärung für Umsätze von Beginn des vorangegangenen Kalenderjahres an ausgeübt, hat der Unternehmer in diesem Zeitpunkt eine Steuererklärung für das vorangegangene Kalenderjahr einzureichen. Diese Erklärung bindet den Unternehmer für mindestens fünf Kalenderjahre. Sie kann nur mit Wirkung vom Beginn eines Kalenderjahres an widerrufen werden. Der Widerruf ist spätestens bis zum Ablauf des ersten Kalendermonates nach Beginn dieses Kalenderjahres zu erklären.

(BGBl I 2019/103)

(7) Die Bestimmungen der Abs. 1 bis 6 sind auch auf land- und forstwirtschaftliche Betriebe einer Körperschaft des öffentlichen Rechts anzuwenden, wenn die Umsätze der land- und forstwirtschaftlichen Betriebe gemäß § 1 Abs. 1 Z 1 in einem der dem Veranlagungsjahr vorangegangenen drei Kalenderjahre 600 000 Euro nicht überstiegen haben. Wird diese Umsatzgrenze nicht überschritten, so gelten die Abs. 1 bis 6 nur für jene land- und forstwirtschaftlichen Betriebe, hinsichtlich welcher der nach den Grundsätzen des ersten Abschnittes des zweiten Teiles des Bewertungsgesetzes 1955 unter Berücksichtigung von Zupachtungen und Verpachtungen zum 1. Jänner eines jeden Jahres ermittelte Wert der bei Unterhalten eines zum land- und forstwirtschaftlichen Vermögen gehörenden Betriebes selbstbewirtschafteten Fläche 150 000 Euro nicht übersteigt.

(Teuerungs-EP II, BGBl I 2022/163)

(8) (aufgehoben)

(BGBl I 2015/118)

Besteuerung von Reiseleistungen

§ 23. (1) Die nachfolgenden Vorschriften gelten für Reiseleistungen eines Unternehmers,
– soweit der Unternehmer dabei gegenüber dem Leistungsempfänger im eigenen Namen auftritt und
– Reisevorleistungen in Anspruch nimmt.

(BGBl I 2015/163)

(2) Die Leistung des Unternehmers ist als sonstige Leistung anzusehen. Erbringt der Unternehmer an einen Leistungsempfänger im Rahmen einer Reise mehrere Leistungen dieser Art, so gelten sie als eine einheitliche sonstige Leistung.

(3) Die sonstige Leistung wird an dem Ort ausgeführt, von dem aus der Unternehmer sein Unternehmen betreibt. Wird die sonstige Leistung von einer Betriebsstätte ausgeführt, gilt die Betriebsstätte als der Ort der sonstigen Leistung.

(BGBl I 2015/163)

(4) Reisevorleistungen sind Lieferungen und sonstige Leistungen Dritter, die den Kunden unmittelbar zugutekommen.

(BGBl I 2021/112)

(5) Die sonstige Leistung ist steuerfrei, wenn die Reisevorleistungen im Drittlandsgebiet bewirkt werden.

(6) Sind die Reisevorleistungen nur zum Teil Reisevorleistungen im Sinne des Abs. 5, so ist nur der Teil der sonstigen Leistung steuerfrei, dem die im Abs. 5 bezeichneten Reisevorleistungen zuzurechnen sind. Die Voraussetzungen der Steuerbefreiung müssen vom Unternehmer buchmäßig nachgewiesen sein. Der Bundesminister für Finanzen kann aus Vereinfachungsgründen bei Schiffs- und Flugreisen durch Verordnung bestimmen, wie der auf das Drittlandsgebiet entfallende Teil der Reisevorleistung zu ermitteln ist.

(7) Die sonstige Leistung bemißt sich nach dem Unterschied zwischen dem Betrag, den der Leistungsempfänger aufwendet, um die Leistung zu erhalten und dem Betrag, den der Unternehmer für die Reisevorleistungen aufwendet. Die Umsatzsteuer gehört nicht zur Bemessungsgrundlage.

(BGBl I 2018/62)

(8) Der Unternehmer hat in der Rechnung darauf hinzuweisen, dass die Sonderregelung für Reisebüros angewendet wurde, beispielsweise durch die Angabe „Reiseleistungen/Sonderregelung" oder „Margenbesteuerung". Abweichend von § 12 Abs. 1 ist der Unternehmer nicht berechtigt, die ihm für die Reisevorleistungen gesondert in Rechnung gestellten sowie die nach § 19 Abs. 1 zweiter Satz geschuldeten Steuerbeträge als Vorsteuer abzuziehen. Im übrigen bleibt § 12 unberührt.

(BGBl I 2015/163)

(9) Für die sonstigen Leistungen gilt § 18 mit der Maßgabe, daß aus den Aufzeichnungen des Unternehmers zu ersehen sein müssen:
1. der Betrag, den der Leistungsempfänger für die Leistung aufwendet,
2. die Beträge, die der Unternehmer für die Reisevorleistungen aufwendet,
3. die Bemessungsgrundlage nach Abs. 7 und
4. wie sich die in 1 und 2 bezeichneten Beträge und die Bemessungsgrundlage nach Abs. 7 auf steuerpflichtige und steuerfreie Leistungen verteilen.

Differenzbesteuerung

Differenzbesteuerung

§ 24. (1) Für die Lieferungen im Sinne des § 1 Abs. 1 Z 1 von Kunstgegenständen, Sammlungsstücken oder Antiquitäten (Z 10 bis 13 der Anlage 2) oder anderen beweglichen körperlichen Gegenständen, ausgenommen Edelsteine (aus Positionen 7102 und 7103 der Kombinierten Nomenklatur) oder Edelmetalle (aus Positionen 7106, 7108, 7110 und 7112 der Kombinierten Nomenklatur), gilt eine Besteuerung nach Maßgabe der nachfolgen-

den Vorschriften (Differenzbesteuerung), wenn folgende Voraussetzungen erfüllt sind:
1. Der Unternehmer ist ein Händler, der gewerbsmäßig mit diesen Gegenständen handelt oder solche Gegenstände im eigenen Namen öffentlich versteigert (Wiederverkäufer).
2. Die Lieferung der Gegenstände an den Unternehmer wurde im Gemeinschaftsgebiet ausgeführt. Für diese Lieferung wurde
   a) Umsatzsteuer nicht geschuldet oder
   b) die Differenzbesteuerung vorgenommen.

(BGBl I 2015/118)

Differenzbesteuerung in besonderen Fällen

(2) Der Wiederverkäufer (Abs. 1 Z 1) kann erklären, daß er die Differenzbesteuerung auch bei der Lieferung folgender Gegenstände anwendet:
a) von ihm selbst eingeführte Kunstgegenstände, Sammlungsstücke oder Antiquitäten;
b) vom Urheber oder von dessen Rechtsnachfolgern gelieferte Kunstgegenstände;
c) Kunstgegenstände, die nicht von einem Wiederverkäufer an ihn geliefert werden, wenn auf diese Lieferung der ermäßigte Steuersatz nach § 10 Abs. 3 Z 1 lit. c anzuwenden ist.

(BGBl I 2015/118)

(3) Die Erklärung gemäß Abs. 2 hat der Unternehmer innerhalb der Frist zur Abgabe der Voranmeldung für den Voranmeldungszeitraum eines Kalenderjahres, in dem erstmals eine Lieferung gemäß Abs. 2 getätigt worden ist, gegenüber dem Finanzamt schriftlich abzugeben. Diese Erklärung bindet den Unternehmer, unbeschadet der Bestimmung des Abs. 12, für mindestens zwei Kalenderjahre. Die Erklärung kann nur mit Wirkung vom Beginn eines Kalenderjahres an widerrufen werden. Der Widerruf ist innerhalb der Frist zur Abgabe der Voranmeldung für den Voranmeldungszeitraum des Kalenderjahres, in dem erstmals eine Lieferung im Sinne des Abs. 2 getätigt worden ist, gegenüber dem Finanzamt schriftlich zu erklären.

Bemessungsgrundlage

(4) Der Umsatz wird bemessen:
1. bei Lieferungen nach dem Betrag, um den der Verkaufspreis den Einkaufspreis für den Gegenstand übersteigt;
2. bei den Umsätzen gemäß § 3 Abs. 2 nach dem Betrag, um den der Wert nach § 4 Abs. 8 lit. a den Einkaufspreis für den Gegenstand übersteigt;
3. bei der Lieferung von Kunstgegenständen, Sammlungsstücken oder Antiquitäten, die der steuerpflichtige Wiederverkäufer selbst eingeführt hat (Abs. 2), entspricht der für die Berechnung der Differenz zugrunde zu legende Einkaufspreis dem gemäß § 5 ermittelten Bemessungsgrundlage bei der Einfuhr zuzüglich der dafür geschuldeten oder entrichteten Einfuhrumsatzsteuer.

Die Umsatzsteuer gehört nicht zur Bemessungsgrundlage.

(5) Der Unternehmer kann die gesamten innerhalb eines Veranlagungszeitraumes (Voranmeldungszeitraumes) ausgeführten Umsätze nach dem Gesamtbetrag bemessen, um den die Summe der Verkaufspreise und der Werte nach § 4 Abs. 8 lit. a die Summe der Einkaufspreise dieses Zeitraums übersteigt (Gesamtdifferenz). Die Besteuerung nach der Gesamtdifferenz ist nur bei solchen Gegenständen zulässig, deren Einkaufspreis 220 Euro nicht übersteigt. Im übrigen gilt Abs. 4 entsprechend.

Steuerbefreiung und Steuersatz

(6) Die Lieferungen unterliegen dem Steuersatz nach § 10 Abs. 1 bzw. 4. Die Steuerbefreiung gemäß § 7 ist anzuwenden.

Rechnung

(7) Der Unternehmer hat in der Rechnung darauf hinzuweisen, dass die Differenzbesteuerung angewendet wurde, beispielsweise durch die Angabe
– „Kunstgegenstände/Sonderregelung",
– „Sammlungsstücke und Antiquitäten/Sonderregelung", oder
– „Gebrauchtgegenstände/Sonderregelung" bei anderen beweglichen körperlichen Gegenständen im Sinne des Abs. 1.

Die Vorschrift über den gesonderten Steuerausweis in einer Rechnung (§ 11 Abs. 1) findet keine Anwendung. § 11 Abs. 12 ist sinngemäß anzuwenden.

Vorsteuerabzug

(8) Ein Unternehmer ist nicht berechtigt, die ihm für Gegenstände, die von einem Wiederverkäufer geliefert werden, gesondert in Rechnung gestellte Umsatzsteuer als Vorsteuer abzuziehen, wenn diese Lieferung der Differenzbesteuerung unterliegt.

(9) Sofern die Gegenstände für Lieferungen verwendet werden, die der Differenzbesteuerung gemäß Abs. 2 unterliegen, ist der Wiederverkäufer nicht berechtigt, die entrichtete Einfuhrumsatzsteuer oder die gesondert ausgewiesene Steuer für die an ihn ausgeführte Lieferung als Vorsteuer abzuziehen.

(10) Optiert der Wiederverkäufer gemäß Abs. 12 zur Besteuerung nach den allgemeinen Vorschriften, kann die für den an den Unternehmer gelieferten Gegenstand in Rechnung gestellte oder die für den eingeführten Gegenstand entrichtete Einfuhrumsatzsteuer erst in jenem Voranmeldungszeitraum geltend gemacht werden, in dem dieser Gegenstand, für den der Wiederverkäufer die Anwendung der allgemeinen Vorschriften gewählt hat, geliefert oder entnommen wird.

Aufzeichnungspflichten

(11) § 18 gilt mit der Maßgabe, daß aus den Aufzeichnungen des Unternehmers zu ersehen sein müssen

4/1. UStG
§§ 24 – 24b

1. die Verkaufspreise oder die Werte nach § 4 Abs. 8 lit. a,
2. die Einkaufspreise und
3. die Bemessungsgrundlagen nach Abs. 4 oder 5.

Wendet der Unternehmer neben der Differenzbesteuerung die Besteuerung nach den allgemeinen Vorschriften an, hat er getrennte Aufzeichnungen zu führen.

Option

(12) Der Unternehmer kann bei jeder Lieferung auf die Differenzbesteuerung verzichten, soweit er die Vereinfachungsregelung nach Abs. 5 nicht anwendet.

(13) Die Anwendung des § 3 Abs. 8a ist bei der Differenzbesteuerung ausgeschlossen.

(BGBl I 2019/91)

Sonderregelung für Anlagegold

Vorsteuerabzug

§ 24a. (1) Der Unternehmer ist abweichend von § 12 Abs. 3 berechtigt, für gemäß § 6 Abs. 1 Z 8 lit. j steuerfreie Lieferungen folgende Vorsteuerbeträge abzuziehen:

a) Die Steuer für die Lieferung von Anlagegold, das von einem Unternehmer geliefert wird, der gemäß Abs. 5 oder 6 seinen Umsatz steuerpflichtig behandelt;
b) die Steuer für die Lieferung oder die Einfuhr von Gold, das kein Anlagegold ist und anschließend von ihm oder für ihn in Anlagegold umgewandelt wird;
c) die Steuer für sonstige Leistungen, die in der Veränderung der Form, des Gewichtes oder des Feingehaltes von Gold bestehen.

(2) Der Unternehmer, der Anlagegold herstellt oder Gold in Anlagegold umwandelt, ist berechtigt, folgende Vorsteuerbeträge abzuziehen, so als wäre die gemäß § 6 Abs. 1 Z 8 lit. j steuerfreie Lieferung steuerpflichtig:

a) Die Steuer für die Lieferung oder die Einfuhr von Gegenständen, die mit der Herstellung oder Umwandlung von Anlagegold im Zusammenhang stehen;
b) die Steuer für eine mit der Herstellung oder Umwandlung dieses Goldes direkt im Zusammenhang stehende sonstige Leistung.

Aufzeichnungspflichten

(3) Der Unternehmer hat bei Umsätzen von Anlagegold, deren Bemessungsgrundlage 15 000 Euro überschreitet, eine Rechnung gemäß § 11 zu legen und die Identität des Abnehmers festzuhalten. Unterlagen, die einer Identifizierung dienen, sind sieben Jahre aufzubewahren. Im übrigen ist § 132 der Bundesabgabenordnung anzuwenden.

(4) (aufgehoben)

Option

(5) Unternehmer, die Anlagegold herstellen oder Gold in Anlagegold umwandeln, können eine gemäß § 6 Abs. 1 Z 8 lit. j steuerfreie Lieferung von Anlagegold an einen anderen Unternehmer als steuerpflichtig behandeln.

(6) Unternehmer, die im Rahmen ihrer Tätigkeit üblicherweise Gold zu gewerblichen Zwecken liefern, können eine gemäß § 6 Abs. 1 Z 8 lit. j steuerfreie Lieferung von Anlagegold im Sinne des § 6 Abs. 1 Z 8 lit. j sublit. aa an einen anderen Unternehmer als steuerpflichtig behandeln.

(7) Hat der Lieferer gemäß Abs. 5 oder 6 einen Umsatz steuerpflichtig behandelt, so kann auch der Unternehmer, der diesen Umsatz vermittelt hat, seinen Vermittlungsumsatz steuerpflichtig behandeln.

Zoll- und Steuerlager

§ 24b. (1) Der Bundesminister für Finanzen kann durch Verordnung bestimmen, daß unter den Voraussetzungen des Abs. 2 bis 5 folgende oder einige der folgenden Umsätze steuerfrei sind:

1. Die Einfuhr von Gegenständen, die einer anderen Lagerregelung als der Zollagerregelung unterliegen sollen.
2. Die Lieferung von Gegenständen,
   a) die zollamtlich erfaßt und gegebenenfalls vorläufig verwahrt bleiben sollen,
   b) die einer Freilagerregelung unterliegen sollen,
   c) die einer Zollagerregelung oder einer Regelung für den aktiven Veredelungsverkehr unterliegen sollen,
   d) die im Inland einer anderen Lagerregelung als der Zollagerregelung unterliegen sollen.
3. Die Lieferung von Gegenständen, die sich in den unter Z 2 genannten Regelungen befinden.
4. Die Lieferung von Gegenständen, die sich im Zollverfahren der vorübergehenden Verwendung bei vollständiger Befreiung der Eingangsabgaben, im externen Versandverfahren oder im internen gemeinschaftlichen Versandverfahren befinden.
5. Die sonstigen Leistungen, die mit den unter Z 2 bis 4 genannten Lieferungen zusammenhängen.

(2)
1. Bei den Gegenständen der Lieferung oder Einfuhr darf es sich nicht um solche handeln, die für eine endgültige Verwendung oder einen Endverbrauch bestimmt sind. Bei einer anderen Regelung als einer Zollagerregelung dürfen die Gegenstände überdies nicht zur Lieferung auf der Einzelhandelsstufe bestimmt sein.
2. Bei Verlassen der unter Abs. 1 genannten Regelungen muß die zu entrichtende Steuer jenem Betrag entsprechen, der bei der Steuer-

pflicht der befreiten Umsätze zu entrichten gewesen wäre.

(3) Die nach Abs. 2 Z 2 zu entrichtende Steuer wird von der Person geschuldet, die veranlaßt, daß die Gegenstände die im Abs. 1 angeführten Regelungen verlassen.

(4) Der Bundesminister für Finanzen kann für die Umsätze gemäß Abs. 1 und für die bei Verlassen der unter Abs. 1 genannten Verfahren geschuldete Steuer von den §§ 4, 12, 18 bis 21 abweichende Regelungen treffen. In der Verordnung wird das im Steuerlager einzuhaltende Verfahren geregelt.

(5) Die Eröffnung eines Steuerlagers bedarf einer Bewilligung. In der Verordnung werden festgelegt:
- welche Voraussetzungen für die Bewilligung als Steuerlager erforderlich sind;
- welche Aufzeichnungen der Unternehmer, dem ein Steuerlager bewilligt wurde, zu führen hat und welche Unterlagen er aufzubewahren hat;
- welche Haftungen den Unternehmer, dem ein Steuerlager bewilligt wurde, hinsichtlich der Vorgänge im Steuerlager treffen.

Besondere Besteuerungsformen

§ 25. (1) Der Bundesminister für Finanzen kann zur Vereinfachung des Besteuerungsverfahrens für Gruppen von Unternehmern, bei denen hinsichtlich der Besteuerungsgrundlagen annähernd gleiche Verhältnisse vorliegen und die nicht buchführungspflichtig sind, Durchschnittssätze für die zu entrichtende Steuer oder die Grundlagen ihrer Berechnung festsetzen.

(2) In der Verordnung werden bestimmt:
1. Die Gruppe von Betrieben, für welche Durchschnittssätze anwendbar sind,
2. die für die Ermittlung der Durchschnittssätze jeweils maßgebenden Merkmale. Als solche kommen insbesondere der Wareneingang oder Wareneinsatz, die örtliche Lage oder die Ausstattung des Betriebs und die Zahl der Arbeitskräfte in Betracht;
3. der Umfang, in dem Unternehmen, welche die zu entrichtende Steuer oder die Grundlagen ihrer Berechnung nach Durchschnittssätzen ermitteln, Erleichterungen in der Führung von Aufzeichnungen gewährt werden.

(3) Die Durchschnittssätze müssen zu einer Steuer führen, die nicht wesentlich von dem Betrag abweicht, der sich ohne Anwendung der Durchschnittssätze ergeben würde.

(4) Der Unternehmer, bei dem die Voraussetzungen für eine Besteuerung nach Durchschnittssätzen im Sinne des Abs. 1 gegeben sind, kann innerhalb der Frist zur Abgabe der Voranmeldung für den ersten Voranmeldungszeitraum eines Kalenderjahres gegenüber dem Finanzamt schriftlich erklären, daß er von dieser Besteuerungsform Gebrauch macht. Die Erklärung bindet den Unternehmer mindestens für zwei Kalenderjahres. Sie kann nur mit Wirkung vom Beginn eines Kalenderjahres an widerrufen werden. Der Widerruf ist innerhalb der Frist zur Abgabe der Voranmeldung für den ersten Voranmeldungszeitraum dieses Kalenderjahres beim Finanzamt schriftlich zu erklären. Eine erneute Besteuerung nach Durchschnittssätzen ist frühestens nach Ablauf von fünf Kalenderjahren zulässig.

Sonderregelung für Drittlandsunternehmer, die sonstige Leistungen an Nichtunternehmer im Gemeinschaftsgebiet erbringen
(BGBl I 2019/91)

§ 25a.

Voraussetzungen für die Inanspruchnahme der Sonderregelung

(1) Ein Unternehmer, der im Gemeinschaftsgebiet weder sein Unternehmen betreibt noch eine Betriebsstätte hat, kann auf Antrag für sonstige Leistungen an Nichtunternehmer gemäß § 3a Abs. 5 Z 3, die im Gemeinschaftsgebiet ausgeführt werden, abweichend von den allgemeinen Vorschriften, die nachstehende Sonderregelung in Anspruch nehmen, wenn dies nicht nach Abs. 10, § 25b Abs. 8 Z 1, Art. 25a Abs. 8 oder einer vergleichbaren Sperrfrist in einem anderen Mitgliedstaat ausgeschlossen ist und er in keinem anderen Mitgliedstaat der Sonderregelung gemäß Art. 358 bis 369 der Richtlinie 2006/112/EG unterliegt. Der Antrag auf Inanspruchnahme der Sonderregelung ist über das für diese Zwecke beim Bundesministerium für Finanzen eingerichtete Portal einzubringen.

Unterliegt ein Unternehmer in einem anderen Mitgliedstaat der Sonderregelung gemäß Art. 358 bis 369 der Richtlinie 2006/112/EG, gelten die folgenden Absätze sinngemäß.
(BGBl I 2019/91)

Beginn der Inanspruchnahme

(2) Die Sonderregelung ist ab dem ersten Tag des auf den Antrag nach Abs. 1 folgenden Kalendervierteljahres anzuwenden. Abweichend davon ist sie ab dem Tag der Erbringung der ersten sonstigen Leistung im Sinne des Abs. 1 anzuwenden, wenn der Unternehmer die Aufnahme der Tätigkeit spätestens am zehnten Tag des auf die erste Leistungserbringung folgenden Monates meldet. Letzteres gilt sinngemäß auch bei einem Wechsel von der Sonderregelung gemäß Art. 25a zur Sonderregelung gemäß § 25a.

Steuererklärung, Erklärungszeitraum

(3) Der Unternehmer hat spätestens am letzten Tag des auf einen Erklärungszeitraum folgenden Monates eine Steuererklärung über alle in diesem Erklärungszeitraum ausgeführten steuerpflichtigen Umsätze, die unter die Sonderregelung fallen, über das für diese Zwecke beim Bundesministerium für Finanzen eingerichtete Portal abzugeben. Eine Steuererklärung ist auch dann abzugeben, wenn im Erklärungszeitraum keine Umsätze ausgeführt worden sind. Die für den Erklärungszeitraum zu entrichtende Steuer ist selbst zu berechnen und bei Abgabe der Erklärung, jedoch spätestens am letzten Tag des auf den Erklärungszeitraum folgenden Monates zu entrichten. Die Zahlung erfolgt unter

Hinweis auf die zugrundeliegende Steuererklärung. Für Berichtigungen gilt Abs. 12 sinngemäß.

Der Erklärungszeitraum ist das Kalendervierteljahr.

(BGBl I 2019/91)

(4) In der Steuererklärung sind die unter die Sonderregelung fallenden Umsätze, die darauf anzuwendenden Steuersätze und die zu entrichtende Steuer hinsichtlich jedes Mitgliedstaates sowie die gesamte zu entrichtende Steuer anzugeben. Weiters ist die eigens für diese Sonderregelung vom Finanzamt zu erteilende Identifikationsnummer anzugeben.

Werte in fremder Währung

(5) Die Beträge in der Steuererklärung sind in Euro anzugeben. Der Unternehmer hat zur Berechnung der Steuer Werte in fremder Währung nach den Kursen umzurechnen, die für den letzten Tag des Erklärungszeitraumes von der Europäischen Zentralbank festgestellt worden sind. Sind für diesen Tag keine Umrechnungskurse festgestellt worden, hat der Unternehmer die Steuer nach den für den nächsten Tag nach Ablauf des Erklärungszeitraumes von der Europäischen Zentralbank festgestellten Umrechnungskursen umzurechnen.

Änderung der Bemessungsgrundlage

(6) Änderungen der Bemessungsgrundlage der Umsätze gemäß Abs. 1 durch den Unternehmer sind innerhalb von drei Jahren ab dem Tag, an dem die ursprüngliche Erklärung abzugeben war, durch Aufnahme in eine spätere Erklärung vorzunehmen. Aus der späteren Erklärung muss der Besteuerungszeitraum und der Steuerbetrag, für den die Änderungen erforderlich sind, hervorgehen.

(BGBl I 2019/91)

Entrichtung der Steuer

(7) Die Steuer ist spätestens am letzten Tag (Fälligkeitstag) des auf den Erklärungszeitraum, in dem die sonstige Leistung im Sinne des Abs. 1 ausgeführt worden ist, folgenden Monates zu entrichten. Die Zahlung erfolgt unter Hinweis auf die zugrundeliegende Steuererklärung.

(BGBl I 2019/91)

Beendigung oder Ausschluss von der Sonderregelung

(8) Ein Unternehmer kann die Inanspruchnahme dieser Sonderregelung beenden, unabhängig davon, ob er weiterhin sonstige Leistungen erbringt, die unter diese Sonderregelung fallen können. Die Beendigung der Sonderregelung kann nur mit Wirkung von Beginn eines Kalendervierteljahres an erfolgen. Sie ist spätestens fünfzehn Tage vor Ablauf des diesem vorangehenden Kalendervierteljahres über das für diese Zwecke beim Bundesministerium für Finanzen eingerichtete Portal zu erklären.

(9) In folgenden Fällen ist ein Unternehmer von der Inanspruchnahme der Sonderregelung auszuschließen:

1. der Unternehmer teilt mit, dass er keine unter die Sonderregelung fallenden sonstigen Leistungen mehr erbringt;

(BGBl I 2019/91)

2. es werden während eines Zeitraums von acht aufeinanderfolgenden Kalendervierteljahren keine sonstigen Leistungen im Sinne des Abs. 1 erbracht;

(BGBl I 2019/91)

3. der Unternehmer erfüllt die Voraussetzungen für die Inanspruchnahme dieser Sonderregelung nicht mehr;

4. der Unternehmer verstößt wiederholt gegen die Vorschriften dieser Sonderregelung.

Die Ausschlussentscheidung ist elektronisch zu übermitteln und wirkt ab dem ersten Tag des Kalendervierteljahres, das auf die Übermittlung der Ausschlussentscheidung folgt. Ist der Ausschluss jedoch auf eine Verlegung des Ortes, von dem aus der Unternehmer sein Unternehmen betreibt, ins Gemeinschaftsgebiet oder auf eine Begründung einer Betriebsstätte im Gemeinschaftsgebiet zurückzuführen, so ist der Ausschluss ab dem Tag dieser Änderung wirksam.

Sperrfristen

(10) Erfolgt ein Ausschluss gemäß Abs. 9 Z 4, kann der Unternehmer diese Sonderregelung zwei Jahre ab Wirksamkeit des Ausschlusses nicht in Anspruch nehmen. Der Ausschluss gilt auch für die Sonderregelungen gemäß § 25b und Art. 25a.

(BGBl I 2019/91)

Berichtspflichten

(11) Der Unternehmer hat die Beendigung seiner dieser Sonderregelung unterliegenden Tätigkeit, Änderungen, durch die er die Voraussetzungen für die Inanspruchnahme dieser Sonderregelung nicht mehr erfüllt, sowie Änderungen der im Rahmen der Sonderregelung mitgeteilten Angaben bis zum zehnten Tag des folgenden Monates über das für diese Zwecke beim Bundesministerium für Finanzen eingerichtete Portal zu melden.

Aufzeichnungspflichten

(12) Die Aufzeichnungen über die nach dieser Sonderregelung getätigten Umsätze haben getrennt nach den Mitgliedstaaten zu erfolgen, in die Umsätze ausgeführt worden sind. Die Aufzeichnungen sind zehn Jahre aufzubewahren und über Aufforderung der zuständigen Behörde elektronisch zur Verfügung zu stellen.

Festsetzung und Entstehung der Steuerschuld inländischer Umsätze

(13) Unterlässt der Unternehmer die Einreichung der Steuererklärung pflichtwidrig oder erweist sich die Steuererklärung als unvollständig oder die Selbstberechnung als unrichtig, so hat das Finanz-

amt die Steuer festzusetzen, soweit es sich um im Inland ausgeführte Umsätze im Sinne des Abs. 1 handelt. Die festgesetzte Steuer hat den im Abs. 7 genannten Fälligkeitstag.

(14) Die Steuerschuld für im Inland ausgeführte Umsätze gemäß Abs. 1 entsteht in dem Zeitpunkt, in dem die sonstigen Leistungen ausgeführt werden.

(15) Für im Inland ausgeführte Umsätze gemäß Abs. 1 sind § 19 Abs. 1 zweiter Satz, § 21 Abs. 1 bis 6 und § 27 Abs. 7 zweiter Satz nicht anzuwenden.

(BGBl I 2016/117)

Sonderregelung für Einfuhr-Versandhandel § 25b.

(BGBl I 2022/108)

Voraussetzungen für die Inanspruchnahme der Sonderregelung

(1) Unternehmer gemäß Z 1 können für Einfuhr-Versandhandel gemäß § 3 Abs. 8a, bei dem der Einzelwert der Waren je Sendung 150 Euro nicht übersteigt, auf Antrag, abweichend von den allgemeinen Vorschriften, die nachstehende Sonderregelung in Anspruch nehmen, wenn dies nicht nach Abs. 8, § 25a Abs. 10, Art. 25a Abs. 10 oder einer vergleichbaren Sperrfrist in einem anderen Mitgliedstaat ausgeschlossen ist. Diese Bestimmung gilt nicht für verbrauchsteuerpflichtige Waren.

Der Antrag ist über das für diese Zwecke beim Bundesministerium für Finanzen eingerichtete Portal einzureichen.
1. Folgende Unternehmer können die Sonderregelung in Anspruch nehmen:
   a) Unternehmer im Sinne des Art. 25a Abs. 1 Z 1 lit. a bis c;
   b) andere Unternehmer, die ihr Unternehmen in einem Drittland betreiben, mit dem die Europäische Union ein Abkommen über gegenseitige Amtshilfe geschlossen hat, dessen Anwendungsbereich der Richtlinie 2010/24/EU und der Verordnung (EU) Nr. 904/2010 ähnelt, wenn die Gegenstände aus diesem Land ins Inland gelangen;
   c) Unternehmer, die von einem Vertreter gemäß Z 2 vertreten werden.
2. Ein Vertreter im Sinne der Z 1 lit. c ist ein Unternehmer im Sinne des Art. 25a Abs. 1 Z 1 lit. a bis c, der von einem anderen Unternehmer für Einfuhr-Versandhandel als Steuerschuldner und zur Erfüllung der Verpflichtungen gemäß dieser Sonderregelung im Namen und für Rechnung des anderen Unternehmers benannt wird, wenn dies nicht nach Abs. 8 Z 2 oder einer vergleichbaren Sperrfrist in einem anderen Mitgliedstaat ausgeschlossen ist. Zudem muss der Vertreter die Voraussetzungen im Sinne des § 27 Abs. 8 erfüllen, wobei hinsichtlich § 27 Abs. 8 zweiter Satz eine Betriebsstätte im Inland ausreichend ist.

(BGBl I 2021/112)

Beginn der Inanspruchnahme

(2) Liegen die Voraussetzungen nach Abs. 1 vor, ist dem Unternehmer eine Identifikationsnummer für die Ausübung dieser Sonderregelung zu erteilen. Die Sonderregelung ist ab dem Tag der Erteilung dieser Nummer anwendbar.

Steuererklärung, Erklärungszeitraum

(3) Der Unternehmer oder sein Vertreter hat spätestens am letzten Tag des auf einen Erklärungszeitraum folgenden Monates eine Steuererklärung über alle Umsätze, die unter die Sonderregelung fallen und für die im Erklärungszeitraum die Zahlung angenommen wurde, über das für diese Zwecke beim Bundesministerium für Finanzen eingerichtete Portal abzugeben. Eine Steuererklärung ist auch dann abzugeben, wenn im Erklärungszeitraum keine Umsätze ausgeführt worden sind. Der Erklärungszeitraum ist der Kalendermonat.

(4) In der Steuererklärung sind anzugeben:
1. Die nach Abs. 2 erteilte Identifikationsnummer für die Ausübung dieser Sonderregelung;
2. für jeden Mitgliedstaat die Summe der steuerpflichtigen Umsätze, die unter die Sonderregelung fallen und für die im Erklärungszeitraum die Zahlung angenommen wurde, und die darauf entfallende Steuer, aufgegliedert nach Steuersätzen;

Werte in fremder Währung

(5) Die Beträge in der Steuererklärung sind in Euro anzugeben. Der Unternehmer hat zur Berechnung der Steuer Werte in fremder Währung nach den Kursen umzurechnen, die für den letzten Tag des Erklärungszeitraumes von der Europäischen Zentralbank festgestellt worden sind. Sind für diesen Tag keine Umrechnungskurse festgestellt worden, hat der Unternehmer die Steuer nach den für den nächsten Tag nach Ablauf des Erklärungszeitraumes von der Europäischen Zentralbank festgestellten Umrechnungskursen umzurechnen.

Beendigung oder Ausschluss von der Sonderregelung

(6) Ein Unternehmer kann die Inanspruchnahme dieser Sonderregelung beenden, unabhängig davon, ob er weiterhin Umsätze ausführen kann, die unter diese Sonderregelung fallen können. Die Beendigung der Sonderregelung kann nur mit Wirkung von Beginn eines Kalendermonates an erfolgen. Sie ist spätestens fünfzehn Tage vor Ablauf des diesem vorangehenden Kalendermonates über das für diese Zwecke beim Bundesministerium für Finanzen eingerichtete Portal zu erklären.

Die nach Abs. 2 erteilte Identifikationsnummer für die Ausübung dieser Sonderregelung bleibt bis zu zwei Monate nach Wirksamkeit der Beendigung gültig, wenn dies für die Einfuhr von Gegenständen notwendig ist, die vor Wirksamkeit der Beendigung geliefert wurden.

§ 25b

(7)
1. In folgenden Fällen ist ein Unternehmer von der Inanspruchnahme der Sonderregelung auszuschließen:
    a) der Unternehmer teilt mit, dass er keine unter die Sonderregelung fallenden Umsätze mehr ausführt;
    b) es werden während eines Zeitraums von 24 aufeinanderfolgenden Kalendermonaten keine Umsätze im Sinne des Abs. 1 erbracht;
    c) der Unternehmer erfüllt die Voraussetzungen für die Inanspruchnahme dieser Sonderregelung nicht mehr;
    d) der Unternehmer verstößt wiederholt gegen die Vorschriften dieser Sonderregelung.

    Die Ausschlussentscheidung ist elektronisch zu übermitteln und wirkt ab dem ersten Tag des Kalendermonates, das auf die Übermittlung der Ausschlussentscheidung folgt. Ist der Ausschluss jedoch auf eine Änderung des Ortes, von dem aus der Unternehmer sein Unternehmen betreibt oder auf eine Änderung des Ortes der Betriebsstätte zurückzuführen, ist der Ausschluss ab dem Tag dieser Änderung wirksam. Ein Ausschluss gemäß lit. d wirkt ab dem Tag, der auf den Tag folgt, an dem die Entscheidung über den Ausschluss dem Steuerpflichtigen elektronisch übermittelt wurde.
    Abs. 6 letzter Satz gilt sinngemäß, wenn kein Ausschluss gemäß lit. d vorliegt.

2. In folgenden Fällen ist dem Vertreter gemäß Abs. 1 Z 2 das Recht zu entziehen, andere Unternehmer im Rahmen dieser Sonderregelung zu vertreten:
    a) der Vertreter war während eines Zeitraums von sechs aufeinanderfolgenden Kalendermonaten nicht als Vertreter im Auftrag eines diese Sonderregelung in Anspruch nehmenden Steuerpflichtigen tätig;
    b) der Vertreter erfüllt die Voraussetzungen für ein Tätigwerden als Vertreter nicht mehr;
    c) der Vertreter verstößt wiederholt gegen die Vorschriften dieser Sonderregelung.

    Die Entscheidung über den Entzug des Rechts, andere Unternehmer im Rahmen dieser Sonderregelung zu vertreten, ist dem Vertreter und den Personen, die er vertritt elektronisch zu übermitteln und wirkt ab dem ersten Tag des Kalendermonates, das auf die Übermittlung der Entzugsentscheidung folgt. Ist der Entzug des Vertretungsrechts jedoch auf eine Änderung des Ortes, von dem aus der Unternehmer sein Unternehmen betreibt oder auf eine Änderung des Ortes der Betriebsstätte zurückzuführen, ist der Ausschluss ab dem Tag dieser Änderung wirksam. Ein Entzug des Vertretungsrechts gemäß lit. c wirkt ab dem Tag, der auf den Tag folgt, an dem die Entscheidung elektronisch übermittelt wurde.

Sperrfristen

(8)
1. Erfolgt ein Ausschluss gemäß Abs. 7 Z 1 lit. d, kann der Unternehmer diese Sonderregelung zwei Jahre ab Wirksamkeit des Ausschlusses nicht in Anspruch nehmen. Der Ausschluss gilt auch für die Sonderregelungen gemäß § 25a und Art. 25a.
2. Erfolgt ein Entzug des Vertretungsrechts gemäß Abs. 7 Z 2 lit. c, kann der Unternehmer für zwei Jahre nach dem Monat, in dem der Entzug wirksam wurde, nicht mehr als Vertreter im Sinne von Abs. 1 tätig werden.

Berichtspflichten

(9) Der Unternehmer oder sein Vertreter hat die Beendigung seiner dieser Sonderregelung unterliegenden Tätigkeit, Änderungen, durch die er die Voraussetzungen für die Inanspruchnahme dieser Sonderregelung nicht mehr erfüllt, sowie Änderungen der im Rahmen der Sonderregelung mitgeteilten Angaben bis zum zehnten Tag des folgenden Monates über das für diese Zwecke beim Bundesministerium für Finanzen eingerichtete Portal zu melden.

Aufzeichnungspflichten

(10) Die Aufzeichnungen über die nach dieser Sonderregelung getätigten Umsätze haben getrennt nach den Mitgliedstaaten zu erfolgen, in denen die Umsätze ausgeführt worden sind. Die Aufzeichnungen sind zehn Jahre aufzubewahren und über Aufforderung der zuständigen Behörde vom Unternehmer oder seinem Vertreter elektronisch zur Verfügung zu stellen.

Umsätze im Inland

(11) Die Abs. 2 bis 10 sind für die im Inland ausgeführten, der Sonderregelung unterliegenden steuerpflichtigen Umsätze sinngemäß anzuwenden, wenn der Unternehmer in einem anderen Mitgliedstaat der Sonderregelung gemäß Art. 369l bis 369x der Richtlinie 2006/112/EG unterliegt.

Änderung der Bemessungsgrundlage

(12) Änderungen der Bemessungsgrundlage von Umsätzen gemäß Abs. 11 durch den Unternehmer oder seinen Vertreter sind innerhalb von drei Jahren ab dem Tag, an dem die ursprüngliche Erklärung abzugeben war, in eine spätere Erklärung aufzunehmen. Dabei ist auf den Steuerzeitraum und den Steuerbetrag, für den Änderungen erforderlich sind, zu verweisen.

Entstehung der Steuerschuld, Fälligkeit, Entrichtung

(13) Die Steuerschuld für Umsätze gemäß Abs. 11 entsteht im Zeitpunkt, in dem die Zahlung angenommen wird. Die Steuer ist spätestens am letzten Tag (Fälligkeitstag) des folgenden Monates zu entrichten. Für diese Umsätze ist § 21 Abs. 1 bis 6 nicht anzuwenden.

Festsetzung der Steuer

(14) Unterlässt der Unternehmer oder sein Vertreter die Einreichung der Steuererklärung pflichtwidrig oder erweist sich die Steuererklärung als unvollständig oder die Selbstberechnung als unrichtig, hat das Finanzamt die Steuer für Umsätze im Sinne des Abs. 11 festzusetzen. Die festgesetzte Steuer hat den im Abs. 13 genannten Fälligkeitstag.

Vorsteuerabzug

(15) Ein Unternehmer, der Umsätze erbringt, die einer Sonderregelung gemäß Art. 369l bis 369x der Richtlinie 2006/112/EG im Inland oder in einem anderen Mitgliedstaat unterliegen, und der nicht verpflichtet ist, gemäß § 21 Abs. 4 eine Steuererklärung abzugeben, hat den mit diesen Umsätzen in Zusammenhang stehenden Vorsteuerabzug unter Anwendung des § 21 Abs. 9 vorzunehmen, unabhängig davon, ob es sich um einen im Inland ansässigen Unternehmer handelt.

(BGBl I 2019/91)

Sondervorschriften für die Einfuhrumsatzsteuer

§ 26. (1) Soweit in diesem Bundesgesetz nichts anderes bestimmt ist, gelten für die Einfuhrumsatzsteuer die Rechtsvorschriften für Zölle sinngemäß; ausgenommen sind die Vorschriften über den passiven Veredlungsverkehr und Art. 124 Abs. 1 lit. e des Zollkodex. Eine Erstattung oder ein Erlaß der Einfuhrumsatzsteuer findet in den Fällen der Art. 116 bis 123 des Zollkodex statt, ausgenommen der Antragsteller ist in vollem Umfang zum Vorsteuerabzug berechtigt; diese Einschränkung gilt in den Fällen des Art. 116 Abs. 1 lit. a des Zollkodex nicht, wenn ein ausdrücklicher Antrag auf Erstattung oder Erlaß der Einfuhrumsatzsteuer gestellt wird.

(AbgÄG 2023, BGBl I 2023/110)

(2) In der Zollanmeldung von einfuhrumsatzsteuerbaren Waren sind auch alle für die Festsetzung der Einfuhrumsatzsteuer maßgeblichen Angaben zu machen und die erforderlichen Unterlagen beizufügen.

(3)
1. Für die Erhebung der Einfuhrumsatzsteuer ist das Zollamt Österreich zuständig.
(BGBl I 2019/104)
2. Abweichend davon sind für die Einhebung und zwangsweise Einbringung der Einfuhrumsatzsteuer unter folgenden Voraussetzungen die Finanzämter zuständig:
   – Die Einfuhrumsatzsteuerschuld ist nach Art. 77 des Zollkodex entstanden und es handelt sich um keine nachträgliche Berichtigung,
   (BGBl I 2015/163)
   – der Schuldner der Einfuhrumsatzsteuer ist Unternehmer (§ 2), im Inland zur Umsatzsteuer erfasst und die Gegenstände werden für sein Unternehmen eingeführt und
   – der Schuldner der Einfuhrumsatzsteuer erklärt in der Zollanmeldung, dass er von dieser Regelung Gebrauch macht.

(4) Die Abs. 1 bis 3 gelten entsprechend für Gegenstände, die nicht Waren im Sinne des Zollrechts sind und für die keine Zollvorschriften bestehen.

(5) In den Fällen des Abs. 3 Z 2 gilt weiters Folgendes:
a) Die Einfuhrumsatzsteuer wird am 15. des Kalendermonates, der dem Tage der Verbuchung auf dem Abgabenkonto folgt, frühestens am 15. Tag des auf den Voranmeldungszeitraum, in dem die Einfuhrumsatzsteuerschuld entsteht, zweitfolgenden Kalendermonates fällig.
b) Die Gebarung der Einfuhrumsatzsteuer ist mit jener der Umsatzsteuer in laufender Rechnung zusammengefasst zu verbuchen.
c) Einfuhrumsatzsteuerschulden, die in einem Kalendermonat entstanden sind, gelten für die Einhebung und zwangsweise Einbringung als eine Abgabe.
d) Wurde eine unrichtige Zollanmeldung eingereicht, so gilt ein sich daraus ergebender Fehlbetrag an Einfuhrumsatzsteuer als nicht entrichtete Abgabe im Sinne des Finanzstrafgesetzes.
e) Im Falle der indirekten Vertretung ist der Anmelder nicht Schuldner der Einfuhrumsatzsteuer, wenn dem Anmelder ein schriftlicher Auftrag des Vertretenen zur Anwendung der Regelung des Abs. 3 Z 2 vorliegt. Dies gilt nicht, wenn der Zollanmeldung unrichtige Angaben zugrunde liegen und der Anmelder wusste oder vernünftigerweise hätte wissen müssen, dass die Angaben unrichtig sind.

Sonderregelungen für die Erklärung und Entrichtung der Steuer bei der Einfuhr

§ 26a. (1) Für die Einfuhr von Waren, deren Einzelwert je Sendung 150 Euro nicht übersteigt, kann die Person, für die die Gegenstände im Namen der Person, für die die Gegenstände bestimmt sind, im Inland dem Zoll gestellt, die nachstehende Sonderregelung in Anspruch nehmen. Dies gilt nicht bei verbrauchsteuerpflichtigen Waren oder wenn die Sonderregelung gemäß § 25b in Anspruch genommen wird.

(2) Für die Zwecke dieser Sonderregelung ist
a) Steuerschuldner: die Person, für die die Gegenstände bestimmt sind;
b) Abfuhrverpflichteter: die Person, die die Gegenstände dem Zoll gestellt.

(3) Der Abfuhrverpflichtete hat geeignete Maßnahmen zu ergreifen, um sicherzustellen, dass der richtige Steuerbetrag entrichtet wird.

(4) § 10 Abs. 2 bis 4 findet für Einfuhren von Gegenständen im Rahmen dieser Sonderregelung keine Anwendung.

(5) Der Abfuhrverpflichtete hat die Steuer monatlich auf elektronischem Weg zu erklären. Aus der Erklärung muss der Gesamtbetrag der während des betreffenden Monats unter Anwendung dieser Sonderregelung erhobenen Mehrwertsteuer hervorgehen. Die Summe der einzelnen Zollanmeldungen des betreffenden Monats für die unter diese Sonderregelung fallenden Einfuhren gilt als monatliche Erklärung im Sinne dieser Bestimmung. Die Steuer ist spätestens am 15. des Folgemonates zu entrichten.

(6) Der Abfuhrverpflichtete führt Aufzeichnungen über die Geschäftsvorgänge im Rahmen dieser Sonderregelung. Diese Aufzeichnungen müssen so ausführlich sein, dass festgestellt werden kann, ob die erklärte Steuer korrekt ist. Sie sind sieben Jahre lang aufzubewahren und über Aufforderung der zuständigen Behörde elektronisch zur Verfügung zu stellen.

(BGBl I 2019/91)

Besondere Aufsichtsmaßnahmen zur Sicherung des Steueranspruches

§ 27. (1) Folgende Personen haften für die Steuer, wenn sie nicht mit ausreichender Sorgfalt davon ausgehen können, dass der Steuerpflichtige seinen abgabenrechtlichen Pflichten nachkommt:
1. Unternehmer, die eine Aufzeichnungspflicht gemäß § 18 Abs. 11 haben, für die Steuer auf die von dieser Bestimmung erfassten Umsätze;
2. Unternehmer, die an einem innergemeinschaftlichen Versandhandel oder einem Einfuhr-Versandhandel beteiligt sind, für die im Rahmen des Versandhandels anfallende Steuer;

   (BGBl I 2019/91)
3. Unternehmer, die an einer sonstigen Leistung an einen Nichtunternehmer, die durch die Nutzung einer elektronischen Schnittstelle, beispielsweise eines Marktplatzes, einer Plattform, eines Portals oder Ähnlichem unterstützt oder angebahnt wird, beteiligt sind, für die im Rahmen dieser sonstigen Leistung anfallende Steuer.

   (BGBl I 2019/91)

Der Bundesminister für Finanzen legt mit Verordnung fest, wann keine ausreichende Sorgfalt im Sinne dieser Bestimmung vorliegt und welche Unternehmer als an einer Leistung im Sinne der Z 2 und 3 beteiligt gelten.

(BGBl I 2018/62)

(2) und (3) (aufgehoben)

(BGBl I 2018/62)

(4) Erbringt ein Unternehmer, der im Inland weder einen Wohnsitz (Sitz) noch seinen gewöhnlichen Aufenthalt oder eine Betriebsstätte hat, im Inland eine steuerpflichtige Leistung (ausgenommen die entgeltliche Duldung der Benützung von Bundesstraßen, die in § 3a Abs. 11a genannten Leistungen, die Vermietung von Grundstücken sowie Versandhandelslieferungen an einen Abnehmer gemäß Art. 3 Abs. 4 und Lieferungen von elektronischen Schnittstellen gemäß § 3 Abs. 3a Z 2, wenn eine Sonderregelung gemäß § 25b oder Art. 25a oder eine Sonderregelung gemäß Art. 369l bis 369x der Richtlinie 2006/112/EG oder gemäß Art. 369a bis 369k der Richtlinie 2006/112/EG in einem anderen Mitgliedstaat in Anspruch genommen wird), hat der Leistungsempfänger, wenn er eine juristische Person des öffentlichen Rechts ist oder ein Unternehmer, für dessen Unternehmen die Leistung ausgeführt wird, die auf diese Leistung entfallende Umsatzsteuer einzubehalten und im Namen und für Rechnung des leistenden Unternehmers an das für diesen zuständige Finanzamt abzuführen. Kommt der Leistungsempfänger dieser Verpflichtung nicht nach, so haftet er für den hiedurch entstehenden Steuerausfall.

(BGBl I 2021/227, BGBl I 2022/108)

(5) Auf Verlangen eines Organs des Zollamtes Österreich, soweit es sich um Vorgänge im Zusammenhang mit dem grenzüberschreitenden Warenverkehr handelt, oder des Finanzamtes ist die Besichtigung von in Transportmitteln oder Transportbehältnissen beförderten, abgeholten oder verbrachten Gegenständen sowie die Einsichtnahme in die diese Gegenstände begleitenden Geschäftspapiere wie Frachtbriefe, Lieferscheine, Rechnungen und dergleichen zu gestatten. Die mit der Ausübung der Aufsicht beauftragten Organe haben sich zu Beginn der Amtshandlung unaufgefordert über ihre Person und darüber auszuweisen, dass sie zur Ausübung der Aufsicht berechtigt sind.

(BGBl I 2019/104)

(6) Unternehmer, die Postdienste im Sinne des Postgesetzes 1997, BGBl. I Nr. 18/1998, oder des Postmarktgesetzes, BGBl. I Nr. 123/2009, erbringen, haben über Verlangen der Abgabenbehörde Auskunft über im grenzüberschreitenden Warenverkehr erfolgte Lieferungen von nicht im Inland ansässigen Unternehmern an einen Abnehmer im Inland zu erteilen. Die Abgabenbehörde ist berechtigt, Auskunft über alle für die Erhebung von Abgaben erforderlichen Tatsachen zu verlangen, insbesondere über die Namen und Adressen der liefernden Unternehmer und der Empfänger der Lieferungen, sowie die Anzahl der Lieferungen.

(BGBl I 2015/118)

(7) Ein Unternehmer, der im Inland weder Wohnsitz noch Sitz oder Betriebsstätte hat und der steuerpflichtige Umsätze im Inland tätigt, kann einen nach Abs. 8 zugelassenen Bevollmächtigten (Fiskalvertreter), der auch Zustellungsbevollmächtigter sein muss, beauftragen und dem Finanzamt bekannt geben. Ein Unternehmer, der im Gemeinschaftsgebiet weder Wohnsitz noch Sitz oder Betriebsstätte hat und der steuerpflichtige Umsätze im Inland tätigt, ausgenommen solche, für die der Leistungsempfänger gemäß § 27 Abs. 4 haftet, hat einen nach Abs. 8 zugelassenen Bevollmächtigten (Fiskalvertreter), der auch Zustellungsbevollmächtigter sein muss, zu beauftragen und dem Finanzamt bekannt zu geben. Das gilt nicht, wenn mit dem Staat, in dem dieser Unternehmer seinen Wohnsitz

oder Sitz hat, eine Rechtsvereinbarung über die gegenseitige Amtshilfe, deren Anwendungsbereich mit dem der Richtlinien 2010/24/EU über die Amtshilfe bei der Beitreibung von Forderungen in Bezug auf bestimmte Steuern, Abgaben und sonstige Maßnahmen, ABl. Nr. L 84 vom 31.03.2010 S. 1 und 2011/16/EU über die Zusammenarbeit der Verwaltungsbehörden im Bereich der Besteuerung und zur Aufhebung der Richtlinie 77/799/EWG, ABl. Nr. L 64 vom 11.03.2011 S. 1 sowie der Verordnung (EU) Nr. 904/2010 über die Zusammenarbeit der Verwaltungsbehörden und die Betrugsbekämpfung auf dem Gebiet der Mehrwertsteuer, ABl. Nr. L 268 vom 12.10.2010 S. 1, vergleichbar ist, besteht. Der Bundesminister für Finanzen stellt mit Verordnung fest, wenn eine solche Rechtsvereinbarung besteht.

(8) Zugelassene Fiskalvertreter sind Wirtschaftstreuhänder, Rechtsanwälte und Notare mit Wohnsitz oder Sitz im Inland sowie Spediteure, die Mitglieder des Fachverbandes der Wirtschaftskammer Österreich sind. Weiters ist jeder Unternehmer mit Wohnsitz oder Sitz im Inland über seinen Antrag vom Finanzamt als Fiskalvertreter unter dem Vorbehalt des jederzeitigen Widerrufes zuzulassen, wenn er in der Lage ist, den abgabenrechtlichen Pflichten nachzukommen.

(BGBl I 2019/104)

(9) Nimmt ein Unternehmer die Sonderregelung gemäß Art. 25a in Anspruch, gelten Abs. 7 und 8 unabhängig vom Lieferort für alle Lieferungen gemäß Art. 25a Abs. 1 Z 2. Für Lieferungen im Sinne des Art. 25a Abs. 1 Z 2, die im Inland ausgeführt werden und die die Sonderregelung gemäß Art. 369a bis 369k der Richtlinie 2006/112/EG in einem anderen Mitgliedstaat in Anspruch genommen wird, ist es abweichend von Abs. 8 ausreichend, wenn der Steuervertreter im Sinne des Art. 204 der Richtlinie 2006/112/EG die entsprechenden Vorschriften dieses Mitgliedstaates erfüllt.

(BGBl I 2022/108)

Allgemeine Übergangsvorschriften

§ 28. (1) Dieses Bundesgesetz tritt mit Wirksamkeit des Beitritts Österreichs zur Europäischen Union in Kraft. Verordnungen auf Grund der Bestimmungen dieses Bundesgesetzes können von dem der Kundmachung dieses Bundesgesetzes folgenden Tag an erlassen werden; sie treten frühestens mit den betreffenden Bestimmungen in Kraft. Bescheide gemäß Art. 28 Abs. 1 des Anhangs können von dem der Kundmachung dieses Bundesgesetzes folgenden Tag an erlassen werden; anläßlich des Beitritts Österreichs zur Europäischen Union kann die Vergabe der Umsatzsteuer-Identifikationsnummer von Amts wegen erfolgen.

(2) Auf Umsätze und sonstige Sachverhalte aus der Zeit vor der Wirksamkeit des Beitritts Österreichs zur Europäischen Union ist das im Zeitpunkt des maßgebenden Ereignisses für sie geltende Umsatzsteuerrecht weiterhin anzuwenden.

(3) Mit dem Inkrafttreten dieses Gesetzes tritt das Umsatzsteuergesetz 1972, BGBl. Nr. 223/1972, vorbehaltlich des Abs. 2 und des § 29, außer Kraft. Andere Rechtsvorschriften, die von diesem Bundesgesetz abweichende Regelungen zum Inhalt haben, sind nach den oben bezeichneten Zeitpunkten nicht mehr anzuwenden. Das gilt nicht für folgende Rechtsvorschriften:

1. Auf völkerrechtlichen Verträgen beruhende sowie internationalen Organisationen eingeräumte umsatzsteuerrechtliche Begünstigungen;
2. Umgründungssteuergesetz, BGBl. Nr. 699/1991;
3. Art. VIII § 10 des Steuerreformgesetzes 1993, BGBl. Nr. 818/1993;
4. Bundesgesetz vom 19. Mai 1976 über die Umsatzsteuervergütung an ausländische Vertretungsbehörden und ihre im diplomatischen und berufskonsularischen Rang stehenden Mitglieder, BGBl. Nr. 257/1976;
5. Verordnung des Bundesministers für Finanzen über eine Umsatzsteuerentlastung bei Hilfsgüterlieferungen ins Ausland, BGBl. Nr. 787/1992.

(4) § 19 Abs. 2 Z 1 lit. a letzter Satz ist nicht anzuwenden, wenn die Zahlung des Entgelts auf einem Vertrag beruht, der vor Inkrafttreten dieses Gesetzes abgeschlossen worden ist. Dies gilt nicht, wenn der Unternehmer eine Rechnung mit gesondertem Ausweis der Steuer (§ 11 Abs. 1) erteilt hat.

(5) Folgende Verordnungen gelten als auf Grund dieses Bundesgesetzes ergangen:

1. Verordnung des Bundesministers für Finanzen über die umsatzsteuerliche Behandlung von Leistungen ausländischer Unternehmer, BGBl. Nr. 800/1974.
2. Verordnung des Bundesministers für Finanzen über die Aufstellung von Schätzungsrichtlinien für die Ermittlung der Höhe des Eigenverbrauches bei bestimmten Unternehmern und über die Fälligkeit der auf den Eigenverbrauch entfallenden Umsatzsteuer, BGBl. Nr. 628/1983, in der Fassung BGBl. Nr. 499/1985.
3. Verordnung des Bundesministers für Finanzen über die Aufstellung von Durchschnittssätzen für die Ermittlung der abziehbaren Vorsteuerbeträge bei bestimmten Gruppen von Unternehmern, BGBl. Nr. 627/1983.
4. Verordnung des Bundesministers für Finanzen über das Vorliegen von Einkünften, über die Annahme einer gewerblichen und beruflichen Tätigkeit und über die Erlassung vorläufiger Bescheide (Liebhabereiverordnung), BGBl. Nr. 33/1993.
5. Verordnung des Bundesministers für Finanzen über die steuerliche Einstufung von Fahrzeugen als Kleinlastkraftwagen, BGBl. Nr. 134/1993. Diese Verordnung tritt mit 14. Februar 1996 außer Kraft.
6. Verordnung des Bundesministers für Finanzen, mit der ein eigenes Verfahren für die Erstattung der abziehbaren Vorsteuern an

ausländische Unternehmer geschaffen wird, BGBl. Nr. 882/1993.

(6) Auf Grund des Umsatzsteuergesetzes 1972, BGBl. Nr. 223/1972, ergangene Bescheide, die auch Zeiträume nach dem 31. Dezember 1994 betreffen, gelten weiter.

(7) Soweit in diesem Bundesgesetz auf Bestimmungen anderer Bundesgesetze verwiesen wird, sind diese Bestimmungen in ihrer jeweils geltenden Fassung anzuwenden. Ausgenommen hiervon sind die Verweise auf das EStG 1988 und das KStG 1988 in § 1 Abs. 1 Z 2 und § 12 Abs. 2 Z 2 lit. a. In diesen Bestimmungen beziehen sich die Verweise auf das EStG 1988 in der Fassung BGBl. Nr. 681/1994 und das KStG 1988 in der Fassung BGBl. Nr. 922/1994.

(BGBl I 2016/117)

(8) Beziehen sich bundesgesetzliche Vorschriften auf Bestimmungen des Umsatzsteuergesetzes 1972, BGBl. Nr. 223/1972, so treten an die Stelle dieser Bestimmungen die entsprechenden Bestimmungen dieses Bundesgesetzes.

(9) In den Fällen des § 127 Abs. 4 und des § 132 Abs. 1 des Zollrechts-Durchführungsgesetzes, BGBl. Nr. 659/1994, ist das Verlassen, einschließlich des unrechtmäßigen Verlassens, des vorangegangenen Zollverfahrens oder einer Zollfreizone oder eines Zollagers einer Einfuhr im Sinne des § 1 Abs. 1 Z 3 gleichgestellt, ausgenommen

– der Gegenstand wird in ein Gebiet außerhalb der Gemeinschaft versendet oder befördert oder

– im Falle des Verfahrens der vorübergehenden Verwendung wird der Gegenstand – mit Ausnahme von Fahrzeugen im Sinne des Art. 1 Abs. 8 des Anhangs – in den Mitgliedstaat, aus dem er ausgeführt wurde und an denjenigen, der ihn ausgeführt hat, zurückversendet oder zurückbefördert oder

– im Falle des Verfahrens der vorübergehenden Verwendung betreffend ein Fahrzeug im Sinne des Art. 1 Abs. 8 des Anhangs, wenn das Fahrzeug unter den für den Binnenmarkt eines der neuen Mitgliedstaaten oder eines der Mitgliedstaaten der Europäischen Union geltenden allgemeinen Steuerbedingungen vor dem Beitritt erworben oder eingeführt wurde und/oder für das Fahrzeug bei der Ausfuhr keine Befreiung oder Vergütung der Umsatzsteuer gewährt wurde. Diese Bedingung gilt als erfüllt, wenn das Fahrzeug vor dem 1. Jänner 1987 in Betrieb genommen wurde oder wenn der Betrag der bei der Einfuhr für das Fahrzeug fälligen Steuer 200 S nicht überschreitet.

(10) Einer Einfuhr im Sinne des § 1 Abs. 1 Z 3 gleichgestellt wird weiters die ab der Wirksamkeit des Beitritts Österreichs zur Europäischen Union erfolgende Verwendung von Gegenständen im Inland, sofern folgende Voraussetzungen vorliegen:

– Die Gegenstände wurden vor der Wirksamkeit des Beitritts Österreichs zur Europäischen Union in der Gemeinschaft in der damaligen Zusammensetzung oder in einem anderen neuen Mitgliedstaat geliefert,

– die Lieferung dieser Gegenstände war nach einer dem Artikel 15 Z 1 und 2 der 6. EG-Richtlinie entsprechenden Bestimmung steuerfrei oder befreiungsfähig,

– die Gegenstände wurden ab der Wirksamkeit des Beitritts Österreichs zur Europäischen Union in das Inland verbracht.

Steuerschuldner ist derjenige, der die Gegenstände im Inland verwendet.

(10a) Im Zusammenhang mit der Erweiterung der Europäischen Union mit 1. Mai 2004 gilt folgende Übergangsregelung:

1. Für Gegenstände, die

 – vor dem 1. Mai 2004 in das Gemeinschaftsgebiet oder in einen der am 1. Mai 2004 der Europäischen Union beigetretenen Mitgliedstaaten (neue Mitgliedstaaten) verbracht wurden und

 – beim Verbringen in die Gemeinschaft oder in einen der neuen Mitgliedstaaten unter ein Verfahren der vorübergehenden Verwendung bei vollständiger Befreiung von Eingangsabgaben oder eine der in Artikel 16 Absatz 1 Teil B lit. a bis d der 6. EG-Richtlinie genannten Regelungen oder eine diesen Regelungen entsprechenden Regelung in einem der neuen Mitgliedstaaten gestellt wurden und

 – dieses Verfahren oder diese Regelung nicht vor dem 1. Mai 2004 verlassen haben, finden die Vorschriften, die bei der Unterstellung der Gegenstände unter das Verfahren oder die Regelung galten, nach dem 30. April 2004 bis zum Verlassen dieses Verfahrens oder dieser Regelung weiterhin Anwendung.

2. Für Gegenstände, die

 – vor dem 1. Mai 2004 unter das gemeinsame Versandverfahren oder ein anderes zollrechtliches Versandverfahren gestellt wurden und

 – dieses Verfahren nicht vor dem 1. Mai 2004 verlassen haben,

 finden die Vorschriften, die bei der Unterstellung der Gegenstände unter das Verfahren galten, nach dem 30. April 2004 bis zum Verlassen dieses Verfahrens weiterhin Anwendung.

3. Die folgenden Vorgänge werden der Einfuhr eines Gegenstandes im Sinne des § 1 Abs. 1 Z 3 gleichgestellt, sofern sich der Gegenstand in einem der neuen Mitgliedstaaten oder in der Gemeinschaft im freien Verkehr befand:

 a) das Verlassen, einschließlich des unrechtmäßigen Verlassens, eines Verfahrens der vorübergehenden Verwendung, unter die der betreffende Gegenstand

vor dem 1. Mai 2004 gemäß Z 1 gestellt worden ist;
b) das Verlassen, einschließlich des unrechtmäßigen Verlassens, einer der in Artikel 16 Absatz 1 Teil B lit. a bis d der 6. EG-Richtlinie genannten Regelungen oder einer diesen Regelungen entsprechenden Regelung, unter die der betreffende Gegenstand vor dem 1. Mai 2004 gemäß Z 1 gestellt worden ist;
c) die Beendigung eines der in Z 2 genannten Verfahren, das vor dem 1. Mai 2004 in einem der neuen Mitgliedstaaten für die Zwecke einer vor dem 1. Mai 2004 in diesem Mitgliedstaat gegen Entgelt bewirkten Lieferung von Gegenständen durch einen Unternehmer begonnen wurde;
d) jede Unregelmäßigkeit oder jeder Verstoß anlässlich oder im Verlauf eines der in der Z 2 genannten Verfahren, das gemäß lit. c begonnen wurde.

Voraussetzung für die Gleichstellung mit der Einfuhr im Sinne des § 1 Abs. 1 Z 3 ist, dass das Verlassen, einschließlich des unrechtmäßigen Verlassens, oder die Beendigung des Verfahrens oder der Regelung oder die Unregelmäßigkeit oder der Verstoß im Inland, ausgenommen die Gebiete Jungholz und Mittelberg, erfolgt.

4. Einer Einfuhr im Sinne des § 1 Abs. 1 Z 3 ebenfalls gleichgestellt wird im Inland, ausgenommen die Gebiete Jungholz und Mittelberg, durch einen Unternehmer oder Nichtunternehmer nach dem 30. April 2004 erfolgende Verwendung von Gegenständen, die ihm vor dem 1. Mai 2004 in einem der neuen Mitgliedstaaten geliefert wurden, sofern folgende Voraussetzungen gegeben sind:
– Die Lieferung dieser Gegenstände war nach einer dem Artikel 15 Z 1 und 2 der 6. EG-Richtlinie entsprechenden Bestimmung steuerfrei oder befreiungsfähig und
– die Gegenstände wurden nicht vor dem 1. Mai 2004 in das Inland, ausgenommen die Gebiete Jungholz und Mittelberg, verbracht.

Steuerschuldner ist derjenige, der die Gegenstände im Inland, ausgenommen die Gebiete Jungholz und Mittelberg, verwendet.

5. Die Einfuhr von Gegenständen im Sinne der Z 3 und 4 wird nicht besteuert, wenn
a) der eingeführte Gegenstand in ein Gebiet außerhalb des Gemeinschaftsgebietes, wie es nach dem Beitritt der neuen Mitgliedstaaten besteht, versendet oder befördert wird oder
b) der im Sinne der Z 3 lit. a eingeführte Gegenstand – mit Ausnahme von Fahrzeugen – in den Mitgliedstaat, aus dem er ausgeführt wurde, und an denjenigen, der ihn ausgeführt hat, zurückversendet oder zurückbefördert wird oder
c) der im Sinne der Z 3 lit. a eingeführte Gegenstand ein Fahrzeug ist, welches unter den für den Binnenmarkt eines der neuen Mitgliedstaaten oder eines der Mitgliedstaaten der Gemeinschaft geltenden allgemeinen Steuerbedingungen vor dem 1. Mai 2004 erworben oder eingeführt wurde und/oder für welches bei der Ausfuhr keine Befreiung oder Vergütung der Umsatzsteuer gewährt worden ist.

Diese Bedingung gilt als erfüllt, wenn das Fahrzeug vor dem 1. Mai 1996 in Betrieb genommen wurde oder wenn der Betrag der bei der Einfuhr fälligen Umsatzsteuer 20 Euro nicht überschreitet.

(10b) Anlässlich des Beitritts neuer Mitgliedstaaten zur Europäischen Union gilt folgende Übergangsregelung:
1. Für einen Gegenstand, der
   a) vor dem Beitrittsdatum in das Gemeinschaftsgebiet oder in einen der neu beitretenden Mitgliedstaaten (neue Mitgliedstaaten) verbracht wurde und
   b) seit der Verbringung in das Gemeinschaftsgebiet oder in einen der neuen Mitgliedstaaten dem Verfahren der vorübergehenden Verwendung mit vollständiger Befreiung von den Einfuhrabgaben oder einem Verfahren oder einer sonstigen Regelung nach Art. 156 der Richtlinie 2006/112/EG oder ähnlichen Verfahren oder Regelungen des neuen Mitgliedstaates unterstellt war und
   c) dieses Verfahren oder diese Regelung nicht vor dem Beitrittsdatum verlassen hat,
finden die Vorschriften, die bei der Unterstellung des Gegenstands unter das Verfahren oder die Regelung galten, nach dem Beitrittsdatum bis zum Verlassen dieses Verfahrens oder dieser Regelung weiterhin Anwendung.
2. Für einen Gegenstand, der
   a) vor dem Beitrittsdatum unter ein zollrechtliches Versandverfahren gestellt wurde und
   b) dieses Verfahren nicht vor dem Beitrittsdatum verlassen hat, finden die Vorschriften, die bei der Unterstellung des Gegenstands unter das Verfahren galten, nach dem Beitrittsdatum bis zum Verlassen dieses Verfahrens weiterhin Anwendung.
3. Die folgenden Vorgänge werden der Einfuhr eines Gegenstandes im Sinne des § 1 Abs. 1 Z 3 gleichgestellt, sofern sich der Gegenstand in einem der neuen Mitgliedstaaten oder im Gemeinschaftsgebiet im freien Verkehr befand:

§ 28

a) das Verlassen, einschließlich des unrechtmäßigen Verlassens, eines Verfahrens der vorübergehenden Verwendung, unter das der betreffende Gegenstand vor dem Beitrittsdatum gemäß Z 1 gestellt worden ist;

b) das Verlassen, einschließlich des unrechtmäßigen Verlassens, eines Verfahrens oder einer sonstigen Regelung nach Art. 156 der Richtlinie 2006/112/EG oder ähnlicher Verfahren oder Regelungen, unter die der betreffende Gegenstand vor dem Beitrittsdatum gemäß Z 1 gestellt worden ist;

c) die Beendigung eines der in Z 2 genannten Verfahren, das vor dem Beitrittsdatum im Gebiet eines der neuen Mitgliedstaaten für die Zwecke einer vor dem Beitrittsdatum im Gebiet dieses Mitgliedstaates gegen Entgelt bewirkten Lieferung von Gegenständen durch einen Unternehmer begonnen wurde;

d) jede Unregelmäßigkeit oder jeder Verstoß anlässlich oder im Verlauf eines zollrechtlichen Versandverfahrens, das gemäß lit. c begonnen wurde.

Voraussetzung für die Gleichstellung mit der Einfuhr im Sinne des § 1 Abs. 1 Z 3 ist, dass das Verlassen, einschließlich des unrechtmäßigen Verlassens, oder die Beendigung des Verfahrens oder der Regelung oder die Unregelmäßigkeit oder der Verstoß im Inland, ausgenommen die Gebiete Jungholz und Mittelberg, erfolgt.

4. Einer Einfuhr im Sinne des § 1 Abs. 1 Z 3 ebenfalls gleichgestellt wird die im Inland, ausgenommen die Gebiete Jungholz und Mittelberg, durch einen Unternehmer oder Nichtunternehmer nach dem Beitrittsdatum erfolgende Verwendung von Gegenständen, die ihm vor dem Beitrittsdatum im Gebiet der Gemeinschaft oder eines der neuen Mitgliedstaaten geliefert wurden, sofern folgende Voraussetzungen gegeben sind:

   a) Die Lieferung dieser Gegenstände war nach Art. 146 Abs. 1 Buchst. a und b der Richtlinie 2006/112/EG des Rates oder nach einer entsprechenden Bestimmung in den neuen Mitgliedstaaten steuerfrei oder befreiungsfähig und

   b) die Gegenstände wurden nicht vor dem Beitrittsdatum in einen der neuen Mitgliedstaaten oder in die Gemeinschaft verbracht.

Steuerschuldner ist derjenige, der die Gegenstände nach dem Inland, ausgenommen die Gebiete Jungholz und Mittelberg, verwendet.

5. Die Einfuhr eines Gegenstandes im Sinne der Z 3 und 4 wird nicht besteuert, wenn

   a) der eingeführte Gegenstand in ein Gebiet außerhalb des Gemeinschaftsgebietes, wie es nach dem Beitritt neuer Mitgliedstaaten besteht, versendet oder befördert wird oder

   b) der im Sinne der Z 3 lit. a eingeführte Gegenstand – mit Ausnahme von Fahrzeugen – in den Mitgliedstaat, aus dem er ausgeführt wurde, und an denjenigen, der ihn ausgeführt hat, zurückversendet oder zurückbefördert wird oder

   c) der im Sinne der Z 3 lit. a eingeführte Gegenstand ein Fahrzeug ist, welches unter den für den Binnenmarkt eines der neuen Mitgliedstaaten oder eines der Mitgliedstaaten der Gemeinschaft geltenden allgemeinen Steuerbedingungen vor dem Beitrittsdatum erworben oder eingeführt wurde oder für welches bei der Ausfuhr keine Befreiung oder Vergütung der Umsatzsteuer gewährt worden ist.

Diese Bedingung gilt als erfüllt, wenn der Zeitraum zwischen der ersten Inbetriebnahme des Fahrzeugs und dem Beitritt zur Europäischen Union mehr als 8 Jahre beträgt oder wenn der Betrag der bei der Einfuhr fälligen Umsatzsteuer 20 Euro nicht überschreitet.

(11) § 21 Abs. 1 zweiter Unterabsatz in der Fassung vor dem BGBl. Nr. 201/1996 ist letztmalig bei der Sondervorauszahlung 1995 anzuwenden. § 21 Abs. 1a ist ab der Sondervorauszahlung 1996 anzuwenden. Der Entfall des § 2 Abs. 4 Z 2 und 3, der Entfall des Abs. 5 Z 3, die Neubezeichnung der Z 10 lit. a sowie die Anfügung der lit. b in § 6 Abs. 1 sowie der Entfall von § 29 Abs. 1 und Abs. 2 Z 1 in der Fassung des Bundesgesetzes BGBl. Nr. 201/1996 treten mit 1. Mai 1996 in Kraft.

(12) Die Änderungen des Bundesgesetzes BGBl. Nr. 756/1996 treten in Kraft:

a) Folgende Änderungen sind auf Umsätze und sonstige Sachverhalte anzuwenden, die nach dem 31. Dezember 1994 ausgeführt wurden bzw. sich ereignet haben:
§ 6 Abs. 1 Z 26 lit. a, § 6 Abs. 2 erster Satz, § 10 Abs. 2 Z 1 lit. d, § 14 Abs. 4 erster Satz, § 14 Abs. 5 zweiter Satz, § 19 Abs. 5, § 21 Abs. 7, § 27 Abs. 7, § 27 Abs. 8, § 28 Abs. 4, Z 30 lit. a der Anlage, Z 45 lit. b der Anlage, Art. 1 Abs. 5, Art. 3 Abs. 6.

b) Folgende Änderungen sind auf Umsätze und sonstige Sachverhalte anzuwenden, die nach dem 31. Dezember 1995 ausgeführt wurden bzw. sich ereignet haben:
§ 1 Abs. 1 Z 2 lit. c, § 6 Abs. 1 Z 27, § 20 Abs. 5.

c) § 6 Abs. 4 Z 4 lit. o tritt zum selben Zeitpunkt wie § 97a des Zollrechts-Durchführungsgesetzes in Kraft.

d) Der Entfall des § 2 Abs. 4 Z 2 und 3 tritt mit 1. Mai 1996 in Kraft.

e) Folgende Änderungen sind auf Umsätze und sonstige Sachverhalte anzuwenden, die nach Ablauf des Tages, an dem das Gesetz im

Bundesgesetzblatt kundgemacht wurde, ausgeführt werden bzw. sich ereignen:

§ 3 Abs. 11, § 3a Abs. 9 lit. c, § 5 Abs. 4 Z 2, § 6 Abs. 1 Z 6 lit. d, § 6 Abs. 4 Z 8 lit. c erster Satz, § 7 Abs. 6 Z 1, § 14 Abs. 1 Z 1 lit. c, § 19 Abs. 2 Z 2, § 26 Abs. 1 letzter Teilsatz, Art. 3a Abs. 4, Art. 6 Abs. 3.

f) Folgende Änderungen sind auf Umsätze und sonstige Sachverhalte anzuwenden, die nach dem 31. Dezember 1996 ausgeführt werden bzw. sich ereignen:

§ 3 Abs. 2, § 3 Abs. 9, § 3a Abs. 11 erster Satz, § 3a Abs. 13 letzter Satz, § 5 Abs. 3, § 5 Abs. 4 Z 3, § 5 Abs. 4 Z 4, § 6 Abs. 1 Z 3, § 6 Abs. 1 Z 5 lit. a, § 6 Abs. 1 Z 6 lit. a, § 7 Abs. 1 und Abs. 3, § 7 Abs. 4 zweiter Unterabsatz, § 7 Abs. 5 Z 1 bis 3, § 7 Abs. 6 Z 2, § 7 Abs. 7, § 8 Abs. 1 Z 1, § 8 Abs. 1 Z 2 erster Satz, § 10 Abs. 2 Z 14 und 15, § 10 Abs. 4, § 12 Abs. 1 Z 2, § 17 Abs. 2 und 3, § 19 Abs. 1 zweiter Satz, § 21 Abs. 9, § 24 Abs. 11 Z 2, § 38a der Anlage, Art. 1 Abs. 3 Z 1 lit. d, Art. 1 Abs. 3 Z 1 lit. e, Art. 1 Abs. 3 Z 2, Art. 3 Abs. 1 Z 1 lit. d, Art. 3 Abs. 1 Z 1 lit. e, Art. 3 Abs. 1 Z 2, Art. 3 Abs. 2, Art. 3a Abs. 2, Art. 3a Abs. 6, Art. 6 Abs. 1, Art. 6 Abs. 4, Art. 7 Abs. 1 erster Satz, Art. 7 Abs. 2 Z 2, Art. 11 Abs. 1 zweiter Satz, Art. 11 Abs. 2 erster Satz, Art. 18 Abs. 1 zweiter Unterabsatz, Art. 18 Abs. 2, Art. 18 Abs. 3, Art. 19 Abs. 1 Z 3 erster Halbsatz, Art. 21 Abs. 1, Art. 21 Abs. 3, Art. 21 Abs. 4 Z 3, Art. 21 Abs. 5, Art. 21 Abs. 6 Z 1, Art. 21 Abs. 6 Z 3, Art. 21 Abs. 7 letzter Satz, Art. 21 Abs. 11 erster Satz.

g) Die Änderungen des § 3a Abs. 10 Z 12 und 13 sind auf Umsätze nach dem 31. März 1997 anzuwenden.

(13) Die Änderungen des Bundesgesetzes BGBl. I Nr. 9/1998 treten in Kraft:

a) Folgende Änderungen sind auf Umsätze und sonstige Sachverhalte anzuwenden, die nach dem 31. Dezember 1994 ausgeführt wurden bzw. sich ereignet haben:

§ 6 Abs. 2 zweiter Satz, § 6 Abs. 2 vierter Satz hinsichtlich § 6 Abs. 1 Z 8 lit. h.

b) Folgende Änderungen sind auf Umsätze und sonstige Sachverhalte anzuwenden, die nach dem 31. Dezember 1997 ausgeführt werden bzw. sich ereignen:

§ 6 Abs. 1 Z 16, § 6 Abs. 1 Z 20, § 6 Abs. 2 erster Satz hinsichtlich des Eigenverbrauches, § 10 Abs. 2 Z 4 lit. e, § 12 Abs. 2 Z 1, Art. 27.

(14)

a) § 21 Abs. 1 in der Fassung BGBl. I Nr. 79/1998 ist erstmals auf Voranmeldungszeiträume anzuwenden, die nach dem 30. Juni 1998 beginnen. Verordnungen auf Grund der Bestimmungen dieses Bundesgesetzes können von dem der Kundmachung des Bundesgesetzes BGBl. I Nr. 79/1998 folgenden Tag an erlassen werden; sie treten frühestens mit den betreffenden Bestimmungen in Kraft.

b) § 6 Abs. 2, § 12 Abs. 14 und § 12 Abs. 15 in der Fassung des Bundesgesetzes BGBl. I Nr. 79/1998 ist erstmals auf Umsätze und Sachverhalte anzuwenden, die nach Ablauf des Tages, an dem das Gesetz im Bundesgesetzblatt kundgemacht wurde, ausgeführt werden bzw. sich ereignen.

(15) § 20 Abs. 6 in der Fassung des Bundesgesetzes BGBl. I Nr. 126/1998 ist auf Umsätze und sonstige Sachverhalte anzuwenden, die nach dem 31. Dezember 1998 ausgeführt werden bzw. sich ereignen.

(16)

a) § 6 Abs. 1 Z 8 lit. j und k ist auf Umsätze anzuwenden, die nach dem 31. Dezember 1998 ausgeführt werden.

b) § 6 Abs. 2 letzter Unterabsatz ist erstmals auf Veranlagungszeiträume anzuwenden, die im Kalenderjahr 1998 enden.

(17) Die Änderungen des Bundesgesetzes BGBl. I Nr. 106/1999 treten in Kraft:

a) Folgende Änderungen sind auf Umsätze und sonstige Sachverhalte anzuwenden, die nach dem 31. Dezember 1999 ausgeführt werden bzw. sich ereignen:

§ 3 Abs. 8, § 6 Abs. 1 Z 8 lit. j und k, § 6 Abs. 4 Z 1, § 7 Abs. 6 Z 1, § 12 Abs. 2 Z 1 und der erste Halbsatz der Z 2, § 22 Abs. 1 erster Unterabsatz, § 22 Abs. 2 erster Satz, § 22 Abs. 8 erster Satz, § 24 Abs. 3, § 24a ausgenommen Abs. 1 lit. b, § 24b, Art. 1 Abs. 4 Z 2 erster Satz, Art. 3 Abs. 5 erster und zweiter Satz, Art. 6 Abs. 2 Z 1, Art. 24a hinsichtlich § 24a Abs. 2 lit. a, Art. 24a, Art. 25 Abs. 1, Art. 25 Abs. 3 lit. d.

b) § 21 Abs. 1a letzter Unterabsatz ist ab der Sondervorauszahlung 1999 anzuwenden.

c) Folgende Änderungen sind auf Umsätze und sonstige Sachverhalte anzuwenden, die nach Ablauf des Tages, an dem das Gesetz im Bundesgesetzblatt kundgemacht wurde, ausgeführt werden bzw. sich ereignen:

§ 3a Abs. 8 lit. c, § 24 Abs. 7.

d) Folgende Änderungen sind auf Umsätze und sonstige Sachverhalte anzuwenden, die nach dem 31. Dezember 1998 ausgeführt wurden bzw. sich ereignet haben:

§ 21 Abs. 9 erster Satz, § 24a Abs. 1 lit. b, Z 42 lit. b der Anlage, Art. 24a hinsichtlich § 24a Abs. 1 lit. b.

e) § 14 Abs. 1 Z 1 lit. a erster Satz ist auf Umsätze und sonstige Sachverhalte anzuwenden, die nach dem 18. Juni 1998 ausgeführt wurden bzw. sich ereigneten.

f) Folgende Änderungen sind auf Umsätze und sonstige Sachverhalte anzuwenden, die nach dem 31. Dezember 1997 ausgeführt wurden bzw. sich ereignet haben:

Z 22 lit. d der Anlage.

g) Folgende Änderungen sind auf Umsätze und sonstige Sachverhalte anzuwenden, die nach

4/1. UStG
§ 28

dem 31. Dezember 1996 ausgeführt wurden bzw. sich ereignet haben:

Z 20 lit. d der Anlage, Z 20 lit. e der Anlage, Z 40a der Anlage.

h) Verordnungen auf Grund der Bestimmungen dieses Bundesgesetzes können von dem der Kundmachung des Bundesgesetzes BGBl. I Nr. 106/1999 folgenden Tag an erlassen werden; sie treten frühestens mit den betreffenden Bestimmungen in Kraft.

(18) Die Änderungen des Bundesgesetzes BGBl. I Nr. 29/2000 treten in Kraft:

a) Folgende Änderung ist auf Umsätze und sonstige Sachverhalte anzuwenden, die nach Ablauf des Tages, an dem das Gesetz im Bundesgesetzblatt kundgemacht wurde, ausgeführt werden bzw. sich ereignen:

§ 6 Abs. 1 Z 6 lit. c.

b) Folgende Änderungen sind auf Umsätze und sonstige Sachverhalte anzuwenden, die nach dem 31. Mai 2000 ausgeführt werden bzw. sich ereignen:

§ 10 Abs. 2 Z 1 lit. a, § 10 Abs. 2 Z 1 lit. d, § 10 Abs. 2 Z 4 lit. b, § 10 Abs. 3, § 13 Abs. 1 letzter Satz, § 22 Abs. 2, § 22 Abs. 8, Z 14 und Z 28 der Anlage.

c) § 12 Abs. 2 Z 4 ist auf Bestandverträge (Leasingverträge) anzuwenden, die nach dem 30. Juni 2000 abgeschlossen werden.

d) Folgende Änderung ist auf Umsätze und sonstige Sachverhalte anzuwenden, die nach dem 31. Dezember 2000 ausgeführt werden bzw. sich ereignen:

Z 30 der Anlage.

(19) Die Änderungen des Bundesgesetzes BGBl. I Nr. 142/2000 sind auf Umsätze und sonstige Sachverhalte anzuwenden, die nach dem 31. Dezember 2000 ausgeführt werden bzw. sich ereignen.

(20) Die Änderungen des Bundesgesetzes BGBl. I Nr. 144/2001 treten in Kraft:

a) § 6 Abs. 1 Z 10 lit. b, § 6 Abs. 4 Z 1, Art. 6 Abs. 2 Z 1 sind auf Umsätze und sonstige Sachverhalte anzuwenden, die nach Ablauf des Tages, an dem das Gesetz im Bundesgesetzblatt kundgemacht wurde, ausgeführt werden bzw. sich ereignen.

b) § 19 Abs. 1 zweiter Gedankenstrich, § 24a Abs. 4, § 27 Abs. 7 und Art. 19 Abs. 1 Z 3 zweiter Gedankenstrich sind auf Umsätze und sonstige Sachverhalte anzuwenden, die nach dem 31. Dezember 2001 ausgeführt werden bzw. sich ereignen.

(21) Die Änderungen des Bundesgesetzes BGBl. I Nr. 132/2002 sind auf Umsätze und sonstige Sachverhalte anzuwenden, die nach dem 30. September 2002 ausgeführt werden bzw. sich ereignen:

§ 11 Abs. 1a, § 12 Abs. 1 Z 3 erster Satz, § 18 Abs. 2 Z 1 und 2, § 18 Abs. 2 Z 4, § 19 Abs. 1a, § 19 Abs. 2 lit. b.

Die Änderungen des Bundesgesetzes BGBl. I Nr. 132/2002 sind auf Umsätze und sonstige Sachverhalte anzuwenden, die nach dem 31. Dezember 2002 ausgeführt werden bzw. sich ereignen:

§ 11 Abs. 1, § 11 Abs. 2, § 24 Abs. 7, § 27 Abs. 9, Art. 11 Abs. 4, Art. 28 Abs. 1.

(22) Die durch das Budgetbegleitgesetz 2003, BGBl. I Nr. 71, erfolgten Änderungen dieses Bundesgesetzes treten wie folgt in Kraft:

1. Folgende Änderung ist auf Umsätze und sonstige Sachverhalte anzuwenden, die nach dem 30. September 2002 ausgeführt werden bzw. sich ereignen:

   § 20 Abs. 1 zweiter Satz.

2. Folgende Änderungen sind auf Umsätze und sonstige Sachverhalte anzuwenden, die nach dem 31. Dezember 2002 ausgeführt werden bzw. sich ereignen:

   § 11 Abs. 1, Art. 28 Abs. 1.

3. Folgende Änderungen sind auf Umsätze und sonstige Sachverhalte anzuwenden, die nach dem 30. Juni 2003 ausgeführt werden bzw. sich ereignen:

   § 3a Abs. 9 lit. c, § 3a Abs. 10 Z 14 und Z 15, § 3a Abs. 11, § 3a Abs. 13, § 25a.

4. § 12 Abs. 1 Z 2, § 20 Abs. 2, § 26 Abs. 3 und Abs. 5 gelten auf Einfuhren anzuwenden, für die die Einfuhrumsatzsteuerschuld nach dem 30. September 2003 entsteht.

5. Folgende Änderungen sind auf Umsätze und sonstige Sachverhalte anzuwenden, die nach dem 31. Dezember 2003 ausgeführt werden bzw. sich ereignen:

   § 6 Abs. 1 Z 6 lit. d, § 19 Abs. 1, § 27 Abs. 4, Art. 19 Abs. 1 Z 3.

6. Folgende Änderungen sind auf Umsätze und sonstige Sachverhalte anzuwenden, die nach Ablauf des Tages, an dem das Gesetz im Bundesgesetzblatt kundgemacht wurde, ausgeführt werden bzw. sich ereignen:

   § 19 Abs. 2 Z 1 lit. b, § 20 Abs. 6 erster Unterabsatz, § 27 Abs. 6.

7. Der Entfall des § 21 Abs. 1a ist ab der Sondervorauszahlung 2003 anzuwenden.

8. § 21 Abs. 4 ist erstmals auf die Steuererklärung für das Kalenderjahr 2003 anzuwenden.

9. Art. 21 Abs. 3 und Abs. 10 ist auf Meldezeiträume anzuwenden, die nach dem 31. Dezember 2003 beginnen.

10. § 14 Abs. 1 Z 1 ist auf Veranlagungszeiträume anzuwenden, die nach dem 31. Dezember 2003 beginnen.

11. Folgende Änderungen sind auf Umsätze und sonstige Sachverhalte anzuwenden, die nach dem 31. Dezember 2006 ausgeführt werden bzw. sich ereignen:

    § 6 Abs. 1 Z 10 lit. c, § 6 Abs. 4 Z 2, Art. 6 Abs. 2 Z 2. Verordnungen auf Grund dieses Bundesgesetzes in der Fassung des Budgetbegleitgesetzes 2003 können von der

Kundmachung des genannten Bundesgesetzes folgenden Tag an erlassen werden; sie treten frühestens zugleich mit den durchzuführenden Gesetzesbestimmungen in Kraft.

(23) Die Änderungen des Bundesgesetzes BGBl. I Nr. 134/2003 treten in Kraft:
1. Folgende Änderungen sind auf Umsätze und sonstige Sachverhalte anzuwenden, die nach dem 31. Dezember 2003 ausgeführt werden bzw. sich ereignen:
§ 1 Abs. 1 Z 2, § 3 Abs. 2, § 3a Abs. 1a, § 4 Abs. 4, § 4 Abs. 8, § 6 Abs. 1 erster Satz, § 6 Abs. 1 Z 6 lit. d, § 6 Abs. 1 Z 8 lit. i, § 6 Abs. 1 Z 16, § 6 Abs. 1 Z 26, § 6 Abs. 2 erster Unterabsatz, § 10 Abs. 2 Z 1 lit. a und c, § 10 Abs. 2 Z 4 lit. e, § 10 Abs. 3, § 11 Abs. 1 erster Unterabsatz, § 11 Abs. 6 erster Satz, § 11 Abs. 9, § 12 Abs. 10 vierter Unterabsatz, § 12 Abs. 15, § 14 Abs. 1 Z 1 lit. a, § 17 Abs. 5, § 18 Abs. 2 Z 3 und 7, § 19 Abs. 2 Z 2, § 21 Abs. 8, § 22 Abs. 2 und Abs. 7 erster Satz, § 24 Abs. 1 erster Satz, § 24 Abs. 4 Z 2, Art. 11 Abs. 5, Art. 24 Abs. 1 lit. a.
2. Folgende Änderung ist auf Umsätze und sonstige Sachverhalte anzuwenden, die nach Ablauf des Tages, an dem das Gesetz im Bundesgesetzblatt kundgemacht wurde, ausgeführt werden bzw. sich ereignen:
§ 6 Abs. 4 Z 7.
3. § 20 Abs. 2 Z 2 und § 26 Abs. 5 lit. a und e sind auf Einfuhren anzuwenden, für die die Einfuhrumsatzsteuerschuld nach dem 30. September 2003 entstanden ist.
4. § 11 Abs. 1a, § 12 Abs. 1 Z 3 erster Satz, § 18 Abs. 2 Z 4, § 19 Abs. 1b, § 19 Abs. 2 Z 1 lit. b, § 20 Abs. 1 zweiter Satz sind auf Umsätze und sonstige Sachverhalte anzuwenden, die nach Ablauf des der Veröffentlichung der Ermächtigung zu dieser Regelung gemäß Art. 27 der Sechsten Richtlinie 77/388/EWG im Amtsblatt der Europäischen Gemeinschaften folgenden Kalendermonates ausgeführt werden bzw. sich ereignen.

Verordnungen auf Grund dieses Bundesgesetzes in der Fassung des Wachstums- und Standortgesetzes 2003 können von dem der Kundmachung des genannten Bundesgesetzes folgenden Tag an erlassen werden; sie treten frühestens zugleich mit den durchzuführenden Gesetzesbestimmungen in Kraft.

(24) Die Änderungen des Bundesgesetzes BGBl. I Nr. 27/2004 treten in Kraft:
1. Folgende Änderung ist auf Umsätze und sonstige Sachverhalte anzuwenden, die nach Ablauf des Tages, an dem das Gesetz im Bundesgesetzblatt kundgemacht wurde, ausgeführt werden bzw. sich ereignen:
§ 11 Abs. 15.
2. Folgende Änderungen sind auf Umsätze und sonstige Sachverhalte anzuwenden, die nach Ablauf des Monates, in dem das Gesetz im Bundesgesetzblatt kundgemacht wurde, ausgeführt werden bzw. sich ereignen.
§ 3a Abs. 1a letzter Satz, § 12 Abs. 3 Z 4, § 18 Abs. 10 zweiter Satz.
3. § 12 Abs. 10a ist auf Berichtigungen von Vorsteuerbeträgen anzuwenden, die Gegenstände betreffen, die der Unternehmer nach Ablauf des Monates, in dem das Gesetz im Bundesgesetzblatt kundgemacht wurde, erstmals in seinem Unternehmen als Anlagevermögen verwendet oder nutzt.

(25) Die Änderungen des Bundesgesetzes BGBl. I Nr. 180/2004 treten in Kraft:
1. Folgende Änderungen sind auf Umsätze und sonstige Sachverhalte anzuwenden, die nach Ablauf des Tages, an dem das Gesetz im Bundesgesetzblatt kundgemacht wurde, ausgeführt werden bzw. sich ereignen:
Z 2 der Anlage, Art. 11 Abs. 4, Art. 12 Abs. 1 Z 3, Art. 18 Abs. 1 erster Satz, Art. 20 Abs. 1 zweiter Satz.
2. § 21 Abs. 4 ist erstmals auf Veranlagungszeiträume anzuwenden, die im Kalenderjahr 2004 enden.
3. Folgende Änderungen sind auf Umsätze und sonstige Sachverhalte anzuwenden, die nach dem 31. Dezember 2004 ausgeführt werden bzw. sich ereignen:
§ 3 Abs. 13 und 14, § 3a Abs. 10 Z 16, § 6 Abs. 2, § 6 Abs. 4 Z 3a, § 19 Abs. 1 zweiter Unterabsatz, § 19 Abs. 1c, § 21 Abs. 10, § 27 Abs. 4, Art. 1 Abs. 3 Z 1 lit. h, Art. 3 Abs. 1 Z 1 lit. h.
4. § 12 Abs. 2 Z 1 ist auf Umsätze und sonstige Sachverhalte anzuwenden, die nach Ablauf des der Veröffentlichung der Ermächtigung zu dieser Regelung gemäß Art. 27 der Sechsten Richtlinie 77/388/EWG im Amtsblatt der Europäischen Gemeinschaften folgenden Kalendermonates ausgeführt werden bzw. sich ereignen.
5. § 19 Abs. 1b lit. c ist auf Umsätze und sonstige Sachverhalte anzuwenden, die nach Ablauf des der Veröffentlichung der Ermächtigung zu dieser Regelung gemäß Art. 27 der Sechsten Richtlinie 77/388/EWG im Amtsblatt der Europäischen Gemeinschaften folgenden Kalendermonates ausgeführt werden bzw. sich ereignen.

(26) § 11 Abs.1 Z 2 in der Fassung des Bundesgesetzes BGBl. I Nr. 103/2005 ist auf Umsätze und sonstige Sachverhalte anzuwenden, die nach dem 30. Juni 2006 ausgeführt werden bzw. sich ereignen. Art. 28 Abs. 3 in der Fassung des Bundesgesetzes BGBl. I Nr. 103/2005 ist auf Umsätze und sonstige Sachverhalte anzuwenden, die nach dem 31. Dezember 2005 ausgeführt werden bzw. sich ereignen.

(27) § 6 Abs. 1 Z 9 lit. d sublit. dd in der Fassung des Bundesgesetzes BGBl. I Nr. 105/2005 ist auf Umsätze und sonstige Sachverhalte anzuwenden,

4/1. UStG
§ 28

die nach dem 31. Dezember 1998 ausgeführt wurden bzw. sich ereignet haben.

(28) Die Änderung des Bundesgesetzes BGBl. I Nr. 101/2006 tritt in Kraft:
1. § 6 Abs. 1 Z 27 ist auf Umsätze und sonstige Sachverhalte anzuwenden, die nach dem 31. Dezember 2006 ausgeführt werden bzw. sich ereignen.

(29) Die Änderungen des Bundesgesetzes BGBl. I Nr. 24/2007 treten wie folgt in Kraft:
1. § 28 Abs. 10b ist auf Umsätze und sonstige Sachverhalte im Zusammenhang mit nach dem 31. Dezember 2006 erfolgenden Beitritten neuer Mitgliedstaaten zur Europäischen Union anzuwenden.
2. Z 20 und Z 30 der Anlage sind auf Umsätze und sonstige Sachverhalte anzuwenden, die nach dem 31. Dezember 2006 ausgeführt werden bzw. sich ereignen.
3. § 7 Abs. 5 und § 7 Abs. 6 sind auf Umsätze und sonstige Sachverhalte anzuwenden, die nach dem 30. Juni 2007 ausgeführt werden bzw. sich ereignen.
4. § 10 Abs. 4 ist auf Umsätze anzuwenden, die nach dem 30. Juni 2007 ausgeführt werden.
5. § 10 Abs. 2 Z 13 und Art. 1 Abs. 6 sind auf Umsätze und sonstige Sachverhalte anzuwenden, die nach dem 31. Dezember 2007 ausgeführt werden bzw. sich ereignen.
6. § 3a Abs. 10 Z 7, § 6 Abs. 1 Z 8 lit. i, § 11 Abs. 1a, § 12 Abs. 1 Z 3, § 18 Abs. 2 Z 4 und § 19 Abs. 1d treten nach Ablauf des Tages, an dem das Gesetz im Bundesgesetzblatt kundgemacht wurde, in Kraft.

(30) Die Änderungen des Bundesgesetzes BGBl. I Nr. 99/2007 treten in Kraft:
1. § 11 Abs. 1 und § 12 Abs. 1 Z 1 sind auf Umsätze, die nach dem 31. Dezember 2007 ausgeführt werden, anzuwenden.
2. § 12 Abs. 16 und 17 sowie § 27 Abs. 9 sind auf Umsätze, die nach dem 31. Dezember 2007 ausgeführt werden, nicht mehr anzuwenden.
3. Art. 28 Abs. 1 tritt mit 1. Jänner 2008 in Kraft.

(30) Die Änderungen des Bundesgesetzes BGBl. I Nr. 99/2007 treten in Kraft:
1. § 11 Abs. 1 und § 12 Abs. 1 Z 1 sind auf Umsätze, die nach dem 31. Dezember 2007 ausgeführt werden, anzuwenden.
2. § 12 Abs. 16 und 17 sowie § 27 Abs. 9 sind auf Umsätze, die nach dem 31. Dezember 2007 ausgeführt werden, nicht mehr anzuwenden.
3. Art. 28 Abs. 1 tritt mit 1. Jänner 2008 in Kraft.

(31) § 10 Abs. 2 Z 1 lit. a erster Teilstrich in der Fassung des Bundesgesetzes BGBl. I Nr. 140/2008 ist auf Lieferungen und sonstige Leistungen, die nach dem 31. Dezember 2008 ausgeführt werden, anzuwenden sowie auf Einfuhren, für die die Einfuhrumsatzsteuerschuld nach dem 31. Dezember 2008 entsteht.

(32) Die Änderungen des Bundesgesetzes BGBl. I Nr. 140/2008 treten in Kraft:
1. § 6 Abs. 4 Z 4 lit. a, § 6 Abs. 4 Z 9, § 6 Abs. 5 und § 6 Abs. 6 sind auf Einfuhren anzuwenden, für die die Einfuhrumsatzsteuerschuld nach dem 30. November 2008 entsteht.
2. § 6 Abs. 4 Z 4 lit. e, f und p ist auf Einfuhren nicht mehr anzuwenden, für die die Einfuhrumsatzsteuerschuld nach dem 30. November 2008 entsteht.

(33) Die Änderungen des Bundesgesetzes BGBl. I Nr. 52/2009 treten in Kraft:
1. § 3a Abs. 4 bis 15, § 19 Abs. 1, § 19 Abs. 2 Z 1 lit. a und lit. b letzter Satz, § 23 Abs. 1, § 25a Abs. 1 bis 3, Art. 3a, Art. 11 Abs. 1 und 2, Art. 18 Abs. 3, Art. 21 Abs. 3, Abs. 6 Z 3, Abs. 7, 9 zweiter Satz, Art. 28 Abs. 1 zweiter und dritter Satz sind auf Umsätze und sonstige Sachverhalte anzuwenden, die nach dem 31. Dezember 2009 ausgeführt werden bzw. sich ereignen.
2. § 21 Abs. 2 ist erstmals auf Voranmeldungszeiträume anzuwenden, die nach dem 31. Dezember 2009 beginnen.
3. Die letzten beiden Sätze des § 21 Abs. 9 sind auf Vorsteuererstattungsanträge anzuwenden, die nach dem 31. Dezember 2009 gestellt werden.
4. Die in § 3a Abs. 16, § 21 Abs. 9 und 11 festgelegten Verordnungsermächtigungen treten mit 1. Jänner 2010 in Kraft. Verordnungen auf Grund dieser Bestimmungen dürfen bereits nach Ablauf des Tages, an dem dieses Bundesgesetz im Bundesgesetzblatt kundgemacht wurde, erlassen werden; sie dürfen jedoch nicht vor den durchzuführenden Gesetzesbestimmungen in Kraft treten.

(34)
1. § 11 Abs. 1a, § 12 Abs. 1 Z 3, § 18 Abs. 2 Z 4, § 19 Abs. 1e, § 19 Abs. 2 Z 1 lit. b und § 20 Abs. 1 sind auf Umsätze anzuwenden, die nach dem 30. Juni 2010 ausgeführt werden.
2. § 3 Abs. 13 und 14, § 3a Abs. 11 lit. a, § 3a Abs. 11a, § 3a Abs. 14 Z 15, § 6 Abs. 1 Z 10 lit. b, § 6 Abs. 4 Z 3a, § 19 Abs. 1c, Art. 1 Abs. 3 Z 1 lit. h, Art. 1 Abs. 6, Art. 3 Abs. 1 Z 1 lit. h und Art. 3 Abs. 5 Z 1 sind auf Umsätze und sonstige Sachverhalte anzuwenden, die nach dem 31. Dezember 2010 ausgeführt werden bzw. sich ereignen.
3. Art. 6 Abs. 3 ist auf Einfuhren, die nach dem 31. Dezember 2010 erfolgen, anzuwenden.
4. Art. 28 Abs. 2 tritt mit 1. Juli 2011 in Kraft.
5. § 21 Abs. 2 ist erstmals auf Voranmeldungszeiträume anzuwenden, die nach dem 31. Dezember 2010 beginnen.
6. § 21 Abs. 1 ist erstmals bei der Veranlagung für das Kalenderjahr 2011 anzuwenden.

(35) § 4 Abs. 5 und § 6 Abs. 1 Z 9 lit. d sublit. aa, bb und cc jeweils in der Fassung des Bundesgesetzes BGBl. I Nr. 54/2010, sind erstmals auf Umsätze und sonstige Sachverhalte anzuwenden, die nach dem 1. Jänner 2011 ausgeführt werden bzw. sich

ereignen. § 6 Abs. 1 Z 9 lit. d sublit. dd ist auf Umsätze, die nach dem 31. Dezember 2010 ausgeführt werden, nicht mehr anzuwenden.

(36)
1. § 6 Abs. 1 Z 10 lit. c tritt mit Ablauf des 31. Dezember 2010 außer Kraft und ist auf Umsätze, die nach dem 31. Dezember 2010 ausgeführt werden, nicht mehr anzuwenden.
2. § 6 Abs. 4 Z 2 und Art. 6 Abs. 2 Z 2 in der Fassung des Budgetbegleitgesetzes 2011, BGBl. I Nr. 111/2010, treten mit 1. Jänner 2011 in Kraft und sind auf Einfuhren und innergemeinschaftliche Erwerbe anzuwenden, die nach dem 31. Dezember 2010 erfolgen.
3. § 19 Abs. 1a letzter Unterabsatz ist auf Umsätze anzuwenden, die nach dem 31. Dezember 2010 ausgeführt werden.

(37) § 19 Abs. 1 zweiter Satz, § 19 Abs. 1e, § 27 Abs. 4 erster Satz und Z 1 der Anlage, jeweils in der Fassung des Bundesgesetzes BGBl. I Nr. 76/2011, sind auf Umsätze und sonstige Sachverhalte anzuwenden, die nach dem 31. Dezember 2011 ausgeführt werden bzw. sich ereignen.

(38)
1. § 6 Abs. 2 letzter Unterabsatz in der Fassung des 1. Stabilitätsgesetzes 2012, BGBl. I Nr. 22/2012, ist hinsichtlich § 6 Abs. 1 Z 16 auf Miet- und Pachtverhältnisse anzuwenden, die nach dem 31. August 2012 beginnen, sofern mit der Errichtung des Gebäudes durch den Unternehmer nicht bereits vor dem 1. September 2012 begonnen wurde, sowie hinsichtlich § 6 Abs. 1 Z 17 auf Wohnungseigentum, das nach dem 31. August 2012 erworben wird. Als Beginn der Errichtung ist der Zeitpunkt zu verstehen, in dem bei vorliegender Baubewilligung mit der Bauausführung tatsächlich begonnen wird, also tatsächliche handwerkliche Baumaßnahmen erfolgen. § 6 Abs. 2 letzter Unterabsatz in der Fassung des 1. Stabilitätsgesetzes 2012 ist nicht anzuwenden, wenn der Leistungsempfänger das Grundstück für Umsätze verwendet, die ihn zum Bezug einer Beihilfe nach § 1, § 2 oder § 3 Abs. 2 des Gesundheits- und Sozialbereich-Beihilfengesetzes, BGBl. Nr. 746/1996, berechtigen.
2. § 12 Abs. 10 dritter und vierter Unterabsatz in der Fassung des 1. Stabilitätsgesetzes 2012, BGBl. I Nr. 22/2012, und der Entfall von § 12 Abs. 10a sind auf Berichtigungen von Vorsteuerbeträgen anzuwenden, die Grundstücke (einschließlich der aktivierungspflichtigen Aufwendungen und der Kosten von Großreparaturen) betreffen, die der Unternehmer nach dem 31. März 2012 erstmals in seinem Unternehmen als Anlagevermögen (wobei § 12 Abs. 12 zu beachten ist) verwendet oder nutzt und wenn bei der Vermietung (Nutzungsüberlassung) von Grundstücken für Wohnzwecke der Vertragsabschluss über die Vermietung (Nutzungsüberlassung) nach dem 31. März 2012 erfolgt. § 12 Abs. 10 dritter und vierter Unterabsatz und § 12 Abs. 10a, jeweils in der Fassung vor dem 1. Stabilitätsgesetz 2012, BGBl. I Nr. 22/2012, sind auf Berichtigungen von Vorsteuerbeträgen weiterhin anzuwenden, die Grundstücke (einschließlich der aktivierungspflichtigen Aufwendungen und der Kosten von Großreparaturen) betreffen, die der Unternehmer vor dem 1. April 2012 erstmals in seinem Unternehmen als Anlagevermögen (wobei § 12 Abs. 12 zu beachten ist) verwendet oder nutzt, oder wenn bei der Vermietung (Nutzungsüberlassung) von Grundstücken für Wohnzwecke der Vertragsabschluss über die Vermietung (Nutzungsüberlassung) vor dem 1. April 2012 erfolgt.
3. § 18 Abs. 10 in der Fassung des 1. Stabilitätsgesetzes 2012, BGBl. I Nr. 22/2012, ist auf Grundstücke im Sinne des § 6 Abs. 1 Z 9 lit. a anzuwenden, die der Unternehmer nach dem 31. März 2012 erstmals in seinem Unternehmen als Anlagevermögen (wobei § 12 Abs. 12 zu beachten ist) verwendet oder nutzt und wenn bei der Vermietung (Nutzungsüberlassung) von Grundstücken für Wohnzwecke der Vertragsabschluss über die Vermietung (Nutzungsüberlassung) nach dem 31. März 2012 erfolgt.

(39)
1. § 3a Abs. 12 Z 1 und Z 2, § 4 Abs. 9, § 11 Abs. 1, Abs. 1a, Abs. 2, Abs. 3, Abs. 4, Abs. 6, Abs. 8 Z 3, § 12 Abs. 15, § 17 Abs. 1, § 20 Abs. 6, § 24 Abs. 7, § 27 Abs. 7, Art. 1 Abs. 3 Z 1 lit. e, Art. 3 Abs. 1 Z 1 lit. e, Art. 4 Abs. 3, Art. 11 Abs. 1 erster Satz, Art. 11 Abs. 4, Art. 11 Abs. 5 und Art. 25 Abs. 4, jeweils in der Fassung des Bundesgesetzes BGBl. I Nr. 112/2012, treten mit 1. Jänner 2013 in Kraft und sind erstmals auf Umsätze und sonstige Sachverhalte anzuwenden, die nach dem 31. Dezember 2012 ausgeführt werden bzw. sich ereignen.
2. § 12 Abs. 1 Z 1 in der Fassung des Bundesgesetzes BGBl. I Nr. 112/2012 tritt mit 1. Jänner 2013 in Kraft und ist erstmals auf Umsätze an den Unternehmer anzuwenden, die nach dem 31. Dezember 2012 ausgeführt werden.
3. Z 6, Z 22 lit. g, Z 33, Z 41, Z 42 lit. b und Z 42 lit. c der Anlage treten mit Ablauf des 31. Dezember 2012 außer Kraft; sie sind jedoch auf Lieferungen und innergemeinschaftliche Erwerbe, die vor dem 1. Jänner 2013 ausgeführt werden, sowie auf Einfuhren, für die die Einfuhrumsatzsteuerschuld vor dem 1. Jänner 2013 entsteht, weiterhin anzuwenden.
4. Die Änderungen in § 12 Abs. 12 sowie in § 22 Abs. 1 und Abs. 2 sind ab dem Veranlagungsjahr 2014 anzuwenden. Zusätzliche Voraussetzung ist, dass die erstmalige Verwendung oder Nutzung durch den Unternehmer in seinem Unternehmen als Anlagevermögen nach dem 31. Dezember 2013 erfolgt.

4/1. UStG
§ 28

(40) § 11 Abs. 6 in der Fassung des Bundesgesetzes BGBl. I Nr. 13/2014 tritt mit 1. März 2014 in Kraft und ist auf Umsätze und sonstige Sachverhalte anzuwenden, die nach dem 28. Februar 2014 ausgeführt werden bzw. sich ereignen.

(41) § 3a Abs. 13 bis 16, § 22 Abs. 1 und 1a, § 25a samt Überschrift, Art. 25a samt Überschrift und Art. 28, jeweils in der Fassung des Budgetbegleitgesetzes 2014, BGBl. I Nr. 40/2014, treten mit 1. Jänner 2015 in Kraft und sind erstmals auf Umsätze und sonstige Sachverhalte anzuwenden, die nach dem 31. Dezember 2014 ausgeführt werden. Werden Umsätze gemäß § 3a Abs. 13 in der Fassung des genannten Bundesgesetzes nach dem 31. Dezember 2014 ausgeführt, gilt dies nur für den Teil des Entgelts, der nicht vor dem 1. Jänner 2015 vereinnahmt wurde. Der Antrag auf Inanspruchnahme der Sonderregelung nach Art. 25a Abs. 1 ist ab 1. Oktober 2014 möglich.

(42)
1. § 3a Abs. 15, § 4 Abs. 9, § 6 Abs. 1 Z 17, § 10 Abs. 2 und Abs. 3 Z 1, Z 2, Z 4, Z 5 und Z 7 bis Z 12 sowie Anlage 1 und Anlage 2, § 12 Abs. 2 Z 2a, § 13 Abs. 1, § 14 Abs. 1 Z 1, § 22 Abs. 1 und Abs. 2, § 24 Abs. 1 und Abs. 2 sowie Art. 11 Abs. 1 und Abs. 5, jeweils in der Fassung des Bundesgesetzes BGBl. I Nr. 118/2015 treten mit 1. Jänner 2016 in Kraft und sind erstmals auf Umsätze und sonstige Sachverhalte anzuwenden, die nach dem 31. Dezember 2015 ausgeführt werden bzw. sich ereignen. Auf Umsätze und sonstige Sachverhalte, die nach dem 31. Dezember 2015 und vor dem 1. Mai 2016 ausgeführt werden bzw. sich ereignen, ist § 10 Abs. 2 Z 4 lit. b und lit. c sowie Z 8 in der Fassung vor dem Bundesgesetz BGBl. I Nr. 118/2015 weiterhin anzuwenden.
2. § 10 Abs. 3 Z 3 in der Fassung des Bundesgesetzes BGBl. I Nr. 118/2015 tritt mit 1. Mai 2016 in Kraft und ist erstmals auf Umsätze und sonstige Sachverhalte anzuwenden, die nach dem 30. April 2016 ausgeführt werden bzw. sich ereignen. Auf Umsätze und sonstige Sachverhalte, die zwischen dem 1. Mai 2016 und dem 31. Dezember 2017 ausgeführt werden bzw. sich ereignen und für die eine Buchung und An- oder Vorauszahlung vor dem 1. September 2015 vorgenommen wurde, ist § 10 Abs. 2 Z 4 lit. b und lit. c in der Fassung vor dem Bundesgesetz BGBl. I Nr. 118/2015 weiterhin anzuwenden.
3. § 10 Abs. 3 Z 6 in der Fassung des Bundesgesetzes BGBl. I Nr. 118/2015 tritt mit 1. Mai 2016 in Kraft und ist erstmals auf Umsätze und sonstige Sachverhalte anzuwenden, die nach dem 30. April 2016 ausgeführt werden bzw. sich ereignen. Auf Umsätze und sonstige Sachverhalte, die zwischen dem 1. Mai 2016 und dem 31. Dezember 2017 ausgeführt werden bzw. sich ereignen und für die eine An- oder Vorauszahlung vor dem 1. September 2015 vorgenommen wurde, ist § 10 Abs. 2 Z 8 in der Fassung vor dem Bundesgesetz BGBl. I Nr. 118/2015 weiterhin anzuwenden.
4. § 22 Abs. 8 tritt mit Ablauf des 31. Dezember 2015 außer Kraft und ist auf Umsätze und sonstige Sachverhalte, die nach dem 31. Dezember 2015 ausgeführt werden bzw. sich ereignen, nicht mehr anzuwenden.

(BGBl I 2015/118)

(43)
1. § 6 Abs. 4 Z 7 und Z 8 sowie § 26 Abs. 1 und Abs. 3 Z 2, jeweils in der Fassung des Bundesgesetzes BGBl. I Nr. 163/2015, treten mit 1. Mai 2016 in Kraft.
2. § 23 Abs. 1, 3 und 8, jeweils in der Fassung des Bundesgesetzes BGBl. I Nr. 163/2015, treten mit 1. Jänner 2022 in Kraft und sind erstmals auf Umsätze und sonstige Sachverhalte anzuwenden, die nach dem 31. Dezember 2021 ausgeführt werden bzw. sich ereignen. § 23 Abs. 4 in der Fassung des Bundesgesetzes BGBl. I Nr. 163/2015 tritt nicht in Kraft.

(BGBl I 2019/91, BGBl I 2021/112)

(BGBl I 2015/163)

(44)
1. § 6 Abs. 1 Z 9 lit. a, Z 16, Z 27, Abs. 2 und Abs. 6 lit. e, § 10 Abs. 3 Z 11, § 12 Abs. 10 und Abs. 13, § 19 Abs. 1b lit. b und c, § 25a Abs. 15, Anlage 1 Z 23 und Z 32 sowie Art. 25a Abs. 13, jeweils in der Fassung des Bundesgesetzes BGBl. I Nr. 117/2016, treten mit 1. Jänner 2017 in Kraft und sind erstmals auf Umsätze und sonstige Sachverhalte anzuwenden, die nach dem 31. Dezember 2016 ausgeführt werden.
2. § 7 Abs. 5 Z 2 und Abs. 6 Z 2 lit. a jeweils in der Fassung des Bundesgesetzes BGBl. I Nr. 117/2016, treten mit 1. Mai 2016 in Kraft und sind erstmals auf Umsätze und sonstige Sachverhalte anzuwenden, die nach dem 30. April 2016 ausgeführt werden.

(BGBl I 2016/117)

(45) § 10 Abs. 2 Z 1 lit. c, Z 3 lit. c und lit. d und Abs. 3 Z 3 in der Fassung des Bundesgesetzes BGBl. I Nr. 12/2018 tritt mit 1. November 2018 in Kraft und ist erstmals auf Umsätze und sonstige Sachverhalte anzuwenden, die nach dem 31. Oktober 2018 ausgeführt werden bzw. sich ereignen.

(BGBl I 2018/12)

(46)
1. § 6 Abs. 1 Z 11 lit. a, § 17 Abs. 1 erster Satz § 25a Abs. 1, § 27 Abs. 5, Anlage 1 Z 32 und Art. 3a Abs. 5 jeweils in der Fassung des Bundesgesetzes BGBl. I Nr. 62/2018, treten mit 1. Jänner 2019 in Kraft und sind erstmals auf Umsätze und sonstige Sachverhalte anzuwenden, die nach dem 31. Dezember 2018 ausgeführt werden bzw. sich ereignen.
2. § 13 Abs. 1 in der Fassung des Bundesgesetzes BGBl. I Nr. 62/2018, tritt mit 1. November 2018 in Kraft und ist auf Umsätze und sonstige Sachverhalte anzuwenden, die

nach dem 31. Oktober 2018 ausgeführt werden bzw. sich ereignen.

3. § 23 Abs. 7 in der Fassung des Bundesgesetzes BGBl. I Nr. 62/2018, tritt mit 1. Jänner 2022 in Kraft und ist erstmals auf Umsätze und sonstige Sachverhalte anzuwenden, die nach dem 31. Dezember 2021 ausgeführt werden bzw. sich ereignen.

(BGBl I 2019/91)

4. § 27 Abs. 1 bis Abs. 3 treten mit 1. Jänner 2019 außer Kraft und sind auf Umsätze und sonstige Sachverhalte, die nach dem 31. Dezember 2018 ausgeführt werden bzw. sich ereignen, nicht mehr anzuwenden.

(BGBl I 2018/62)

(47)
1. § 18 Abs. 11 und 12 und § 27 Abs. 1 Z 1, jeweils in der Fassung des Bundesgesetzes BGBl. I Nr. 91/2019, treten mit 1. Jänner 2020 in Kraft und sind erstmals auf Umsätze und sonstige Sachverhalte anzuwenden, die nach dem 31. Dezember 2019 ausgeführt werden bzw. sich ereignen.

2. § 3 Abs. 8a (ausgenommen lit. b), § 24 Abs. 13, § 25a, § 27 Abs. 1 Z 2 (ausgenommen Einfuhr-Versandhandel) und Z 3, Art. 3 Abs. 3, Abs. 5 und Abs. 6, Art. 3a Abs. 5 Z 1 lit. c, Art. 11 Abs. 1 Z 4 und Abs. 5, Art. 25a und Art. 28 Abs. 1, jeweils in der Fassung des Bundesgesetzes BGBl. I Nr. 91/2019, treten mit 1. Juli 2021 in Kraft und sind erstmals auf Umsätze und sonstige Sachverhalte anzuwenden, die nach dem 30. Juni 2021 ausgeführt werden bzw. sich ereignen.

(BGBl I 2021/3)

3. § 6 Abs. 4 Z 9, § 20 Abs. 7 und § 26a, jeweils in der Fassung des Bundesgesetzes BGBl. I Nr. 91/2019, treten mit 1. Juli 2021 in Kraft und sind erstmals auf die Einfuhr von Gegenständen nach dem 30. Juni 2021 anzuwenden. Liegen die technischen und organisatorischen Voraussetzungen für die Festsetzung, Abfuhr und Einhebung der Einfuhrumsatzsteuer für Gegenstände, deren Gesamtwert 22 Euro nicht übersteigt, vor dem 1. Juli 2021 vor, findet § 6 Abs. 4 Z 9 in der Fassung des Bundesgesetz BGBl. I Nr. 91/2019 ab diesem Zeitpunkt keine Anwendung. Dieser Zeitpunkt ist vom Bundesminister für Finanzen im Bundesgesetzblatt kundzumachen.

(BGBl I 2021/3)

4. § 3 Abs. 3a, § 3 Abs. 8a lit. b, § 11 Abs. 1 Z 2a, § 19 Abs. 2 Z 1a, § 25b, § 27 Abs. 1 Z 2 (für Einfuhr-Versandhandel), Art. 6 Abs. 4 und Art. 12 Abs. 2, jeweils in der Fassung des Bundesgesetzes BGBl. I Nr. 91/2019, treten mit 1. Juli 2021 in Kraft und sind erstmals auf Lieferungen anzuwenden, für die die Zahlung nach dem 30. Juni 2021 angenommen wird. Der Antrag auf Inanspruchnahme der Sonderregelung nach § 25b ist ab 1. April 2021 möglich.

(BGBl I 2021/3)

(BGBl I 2019/91)

(48) § 5 Abs. 4 Z 2, § 26 Abs. 3 Z 1 und § 27 Abs. 5 und 8 sowie Art. 6 Abs. 3, jeweils in der Fassung des Bundesgesetzes BGBl. I Nr. 104/2019, treten mit 1. Juli 2020 in Kraft und sind erstmals auf Umsätze und sonstige Sachverhalte anzuwenden, die nach dem 30. Juni 2020 ausgeführt werden bzw. sich ereignen.

(BGBl I 2019/104)

(49)
1. § 3 Abs. 15, § 6 Abs. 1 Z 27, § 10 Abs. 2 Z 8 und Z 9, § 12 Abs. 2 Z 2a, § 21 Abs. 6, Art. 1a, Art. 3 Abs. 1 und 2, Art. 7 Abs. 1 Z 1 und Z 3 bis 5 sowie Abs. 2, Art. 21 Abs. 3, Abs. 4 Z 2, Abs. 6 und 7 und Art. 24 Abs. 1 lit. a, jeweils in der Fassung des Bundesgesetzes BGBl. I Nr. 103/2019, treten mit 1. Jänner 2020 in Kraft und sind erstmals auf Umsätze und sonstige Sachverhalte anzuwenden, die nach dem 31. Dezember 2019 ausgeführt werden bzw. sich ereignen.

2. § 22 Abs. 6 in der Fassung des Bundesgesetzes BGBl. I Nr. 103/2019 tritt mit 1. Jänner 2020 in Kraft und ist erstmals auf Veranlagungszeiträume anzuwenden, die nach dem 31. Dezember 2019 beginnen.

(BGBl I 2019/103)

(50) Abweichend von § 10 ermäßigt sich die Steuer auf 0% für die Lieferungen und die innergemeinschaftlichen Erwerbe von Schutzmasken, die nach dem 13. April 2020 und vor dem 1. August 2020 ausgeführt werden bzw. sich ereignen.

(BGBl I 2020/44)

(51)
1. Die Steuer ermäßigt sich auf 10% für die Lieferungen und Restaurationsumsätze von nicht in der Anlage 1 genannten offenen nichtalkoholischen Getränken, die nach dem 30. Juni 2020 und vor dem 1. Jänner 2021 ausgeführt werden bzw. sich ereignen.

2. § 22 Abs. 2 in der Fassung des Bundesgesetzes BGBl. I Nr. 48/2020 ist auf Umsätze und sonstige Sachverhalte anzuwenden, die nach dem 30. Juni 2020 und vor dem 1. Jänner 2021 ausgeführt werden bzw. sich ereignen.

(BGBl I 2020/48)

(52)
1. Abweichend von § 10 in der Fassung des Bundesgesetzes BGBl. I Nr. 60/2020, ermäßigt sich die Steuer auf 5% für
   a) die Verabreichung von Speisen und den Ausschank von Getränken im Sinne des § 111 Abs. 1 GewO 1994;
   b) die Lieferung von § 10 Abs. 2 Z 1 lit. a iVm Anlage 1 Z 33, Z 3 lit. c und d, Z 9, Abs. 3 Z 1 lit. b (ausgenommen der in Anlage 2 Z 11 bis 13 aufgezählten Gegenstände)

4/1. UStG
§ 28

und lit. c, Z 4 und Z 6 bis 8 erfassten Lieferungen, sonstigen Leistungen, Einfuhren oder innergemeinschaftlichen Erwerbe;

c) die Einfuhr von vom Künstler aufgenommenen Fotografien, die von ihm oder unter seiner Überwachung abgezogen wurden und signiert sowie nummeriert sind, sofern die Gesamtzahl der Abzüge (alle Formate und Trägermaterialien zusammengenommen) 30 nicht überschreitet, sowie Lieferungen solcher Fotografien, wenn sie

– vom Urheber oder dessen Rechtsnachfolger bewirkt werden oder

– von einem Unternehmer bewirkt werden, der kein Wiederverkäufer ist, wenn dieser den Gegenstand entweder selbst eingeführt hat, ihn vom Urheber oder dessen Rechtsnachfolger erworben hat oder er für den Erwerb zum vollen Vorsteuerabzug berechtigt war;

die nach dem 30. Juni 2020 und vor dem 1. Jänner 2022 bzw. bei den von § 10 Abs. 2 Z 1 lit. a iVm Anlage 1 Z 33 lit. b und Z 9 iVm Anlage 1 Z 33 lit. b erfassten Lieferungen, sonstigen Leistungen, Einfuhren oder innergemeinschaftlichen Erwerben vor dem 1. Jänner 2021 ausgeführt werden bzw. sich ereignen. § 7 Preisgesetz findet auf diese Regelung keine Anwendung.

(BGBl I 2021/3)

2. § 22 Abs. 2 in der Fassung des Bundesgesetzes BGBl. I Nr. 60/2020 ist auf Umsätze und sonstige Sachverhalte anzuwenden, die nach dem 30. Juni 2020 und vor dem 1. Jänner 2022 ausgeführt werden bzw. sich ereignen.

(BGBl I 2021/3)

(BGBl I 2020/60)

(53)

1. § 1 Abs. 3, § 10 Abs. 2 Z 9 und 10 sowie Anlage 1 Z 35, jeweils in der Fassung des Bundesgesetzes BGBl. I Nr. 3/2021, treten mit 1. Jänner 2021 in Kraft und sind erstmals auf Umsätze und sonstige Sachverhalte anzuwenden, die nach dem 31. Dezember 2020 ausgeführt werden bzw. sich ereignen.

2. Das Vereinigte Königreich gilt als Gemeinschaftsgebiet und Mitgliedstaat hinsichtlich:

a) der Waren, die aus dem Gebiet des Vereinigten Königreichs in das Gebiet eines Mitgliedstaats oder umgekehrt befördert oder versandt werden, sofern die Beförderung oder Versendung vor dem 1. Jänner 2021 beginnt und nach dem 31. Dezember 2020 endet;

b) der Rechte und Pflichten von steuerpflichtigen Personen in Bezug auf die vor dem 1. Jänner 2021 ausgeführten Umsätze mit einem grenzüberschreitenden Element zwischen dem Gebiet des Vereinigten Königreichs und einem Mitgliedstaat sowie in Bezug auf die unter lit. a fallenden Waren. Dies gilt bis 31. Dezember 2025 und mit folgenden Einschränkungen:

aa) Erstattungsanträge eines im Gebiet des Vereinigten Königreichs ansässigen Unternehmers sind spätestens am 31. März 2021 zu stellen.

bb) Berichtigungen von Erklärungen gemäß § 25a Abs. 6 oder Art. 25a Abs. 12 sind vor dem 1. Jänner 2022 abzugeben.

3. Unabhängig von § 6 und Art. 6 sind die Lieferung, der innergemeinschaftliche Erwerb und die Einfuhr von COVID-19-In-vitro-Diagnostika und COVID-19-Impfstoffen, sowie eng mit diesen Diagnostika oder Impfstoffen zusammenhängende sonstige Leistungen steuerfrei. Bei diesen Umsätzen tritt abweichend von § 12 Abs. 3 der Ausschluss vom Vorsteuerabzug nicht ein.

4. Der Unternehmer kann auf die Anwendung der Z 3 verzichten.

5. Z 3 und 4 in der Fassung des Bundesgesetzes BGBl. I Nr. 3/2021 treten mit 1. Jänner 2021 in Kraft und sind auf Umsätze und sonstige Sachverhalte anzuwenden, die nach dem 31. Dezember 2020 und vor dem 1. Juli 2023 ausgeführt werden bzw. sich ereignen.

(BGBl I 2021/3, BGBl I 2022/194)

(54) Abweichend von § 10 ermäßigt sich die Steuer auf 0% für die Lieferungen und die innergemeinschaftlichen Erwerbe von Schutzmasken, die nach dem 22. Jänner 2021 und vor dem 1. Juli 2023 ausgeführt werden bzw. sich ereignen.

(BGBl I 2021/52, BGBl I 2021/112, BGBl I 2021/227, BGBl I 2022/108)

(55)

1. § 23 Abs. 4 in der Fassung des Bundesgesetzes BGBl. I Nr. 112/2021, tritt mit 1. Jänner 2022 in Kraft und ist erstmals auf Umsätze und sonstige Sachverhalte anzuwenden, die nach dem 31. Dezember 2021 ausgeführt werden bzw. sich ereignen.

2. § 25b Abs. 1 in der Fassung des Bundesgesetzes BGBl. I Nr. 112/2021, tritt mit 1. Juli 2021 in Kraft und ist erstmals auf Lieferungen anzuwenden, für die die Zahlung nach dem 30. Juni 2021 angenommen wird.

(BGBl I 2021/112)

(56)

1. § 6 Abs. 1 Z 6 lit. e und Abs. 4 Z 10 jeweils in der Fassung des Bundesgesetzes BGBl. I Nr. 227/2021 treten mit 1. Jänner 2021 in Kraft und sind erstmals auf Umsätze und sonstige Sachverhalte anzuwenden, die nach dem 31. Dezember 2020 ausgeführt werden bzw. sich ereignen.

2. § 27 Abs. 4 und Art. 25a Abs. 6 und 7 jeweils in der Fassung des Bundesgesetzes BGBl. I

Nr. 227/2021 treten mit 1. Juli 2021 in Kraft und sind erstmals auf Umsätze und sonstige Sachverhalte anzuwenden, die nach dem 30. Juni 2021 ausgeführt werden bzw. sich ereignen.

3. § 11 Abs. 1 Z 2a, Art. 11 Abs. 1 Z 4 und Art. 28 Abs. 1 jeweils in der Fassung des Bundesgesetzes BGBl. I Nr. 227/2021 treten mit 1. Jänner 2022 in Kraft und sind erstmals auf Umsätze und sonstige Sachverhalte anzuwenden, die nach dem 31. Dezember 2021 ausgeführt werden bzw. sich ereignen.

(BGBl I 2021/227)

(57) § 12 Abs. 10 und § 18 Abs. 10, jeweils in der Fassung des Bundesgesetzes BGBl. I Nr. 10/2022, treten mit 1. April 2022 in Kraft und sind bei nachträglichen Übertragungen in das Wohnungseigentum aufgrund eines Anspruches gemäß § 15c WGG anzuwenden, die nach dem 31. März 2022 ausgeführt werden.

(BGBl I 2022/10)

(58)
1. § 6 Abs. 1 Z 6 lit. c und Abs. 4 Z 10 und 11, Art. 1 Abs. 3 Z 2 und Abs. 10 sowie Art. 4 Abs. 2 jeweils in der Fassung des Bundesgesetzes BGBl. I Nr. 108/2022, treten mit 1. Juli 2022 in Kraft und sind erstmals auf Umsätze und sonstige Sachverhalte anzuwenden, die nach dem 30. Juni 2022 ausgeführt werden bzw. sich ereignen.
2. § 6 Abs. 1 Z 3 lit. d, § 27 Abs. 9 und Art. 25 jeweils in der Fassung des Bundesgesetzes BGBl. I Nr. 108/2022, treten mit 1. Jänner 2023 in Kraft und sind erstmals auf Umsätze und sonstige Sachverhalte anzuwenden, die nach dem 31. Dezember 2022 ausgeführt werden bzw. sich ereignen.

(BGBl I 2022/108)

(59) § 22 Abs. 1, Abs. 1a und Abs. 7 in der Fassung des Bundesgesetzes BGBl. I Nr. 163/2022 tritt mit 1. Jänner 2023 in Kraft und ist erstmals auf Veranlagungszeiträume anzuwenden, die nach dem 31. Dezember 2022 beginnen.

(Teuerungs-EP II, BGBl I 2022/163)

(60) § 26 Abs. 1 erster Satz in der Fassung des Bundesgesetzes BGBl. I Nr. 110/2023 tritt mit 1. Jänner 2024 in Kraft und ist erstmals auf Einfuhren anzuwenden, für die die Einfuhrumsatzsteuerschuld nach dem 31. Dezember 2023 entsteht.

(AbgÄG 2023, BGBl I 2023/110)

(61) § 18a in der Fassung des Bundesgesetzes BGBl. I Nr. 106/2023, tritt mit 1. Jänner 2024 in Kraft.

(CESOP-UG 2023, BGBl I 2023/106)

„(62) Abweichend von § 10 ermäßigt sich die Steuer auf 0% für die Lieferungen, innergemeinschaftlichen Erwerbe, Einfuhren sowie Installationen von Photovoltaikmodulen, die nach dem 31. Dezember 2023 und vor dem 1. Jänner 2026 ausgeführt werden bzw. sich ereignen. Dies gilt nur, wenn die Lieferungen oder Installationen an oder die innergemeinschaftlichen Erwerbe bzw. Einfuhren durch den Betreiber erfolgen. Weitere Voraussetzung ist, dass die Engpassleistung der Photovoltaikanlage nicht mehr als 35 Kilowatt (peak) beträgt oder betragen wird und dass die Photovoltaikanlage auf oder in der Nähe von folgenden Gebäuden betrieben wird oder betrieben werden soll:

– **Gebäude, die Wohnzwecken dienen,**
– **Gebäude, die von Körperschaften öffentlichen Rechts genutzt werden oder**
– **Gebäude, die von Körperschaften, Personenvereinigungen und Vermögensmassen, die gemeinnützigen, mildtätigen oder kirchlichen Zwecken dienen (§§ 34 bis 47 der Bundesabgabenordnung), genutzt werden.**

Eine Photovoltaikanlage gilt nur dann als in der Nähe eines Gebäudes im Sinne des dritten Satzes betrieben, wenn sie sich auf einem bestehenden Gebäude oder Bauwerk desselben Grundstückes befindet. Weiters darf für die betreffende Photovoltaikanlage bis zum 31. Dezember 2023 kein Antrag auf Investitionszuschuss nach dem Erneuerbaren-Ausbau-Gesetz, BGBl. I Nr. 150/2021, eingebracht worden sein."

(BudBG 2024, BGBl I 2023/152 ab 23.12.2023)

„(63) Abweichend von § 28 Abs. 62 letzter Satz darf ein Antrag auf Investitionszuschuss nach dem Erneuerbaren-Ausbau-Gesetz (EAG), BGBl. I Nr. 150/2021, eingebracht worden sein, wenn die betreffende Photovoltaikanlage erstmals vor dem 1. Jänner 2024 in Betrieb genommen wird bzw. wurde. Die übrigen Voraussetzungen des § 28 Abs. 62 bleiben hievon unberührt."

(BGBl I 2023/201 ab 1.1.2024)

Zeitlich begrenzte Fassungen einzelner Gesetzesvorschriften

§ 29. (1) (aufgehoben)

(2) Hinsichtlich der Bestimmungen des Umsatzsteuergesetzes 1972, BGBl. Nr. 223/1972, gilt folgendes:
1. (aufgehoben)
2. § 10 Abs. 2 Z 9 des Umsatzsteuergesetzes 1972 ist auf Umsätze anzuwenden, die vor dem 1. Jänner 1997 ausgeführt werden.
3. § 12 Abs. 8 des Umsatzsteuergesetzes 1972 ist bis einschließlich dem Veranlagungsjahr 1996 anzuwenden.

(3) Der Ausschluß vom Vorsteuerabzug gemäß § 12 Abs. 3 tritt nicht ein, wenn Umsätze gem. § 6 Abs. 1 Z 7 vor dem 1. Jänner 1997 ausgeführt werden.

(4) Für Umsätze, die vor dem 1. Jänner 1997 ausgeführt werden, lautet § 6 Abs. 1 Z 26:

„26. a) die Lieferungen von Gegenständen, wenn der Unternehmer für diese Gegenstände keinen Vorsteuerabzug vornehmen

4/1. UStG
§§ 29 – 31, Anlage 1

konnte und die gelieferten oder entnommenen Gegenstände
- ausschließlich für eine nach den Z 8 bis 25 steuerfreie oder
- nach lit. b steuerfreie Tätigkeit verwendet hat;

b) die vorübergehende Verwendung von Gegenständen für Zwecke, die außerhalb des Unternehmens liegen (§ 1 Abs. 1 Z 2 lit. a), wenn diese Gegenstände im Unternehmen stets ausschließlich für eine nach den Z 8 bis 25 steuerfreie Tätigkeit verwendet wurden;"

(5) § 6 Abs. 1 Z 18 bis 22 ist erst auf Umsätze anzuwenden, die nach dem 31. Dezember 1996 ausgeführt werden. Dasselbe gilt für § 6 Abs. 1 Z 25, soweit es sich um in § 6 Abs. 1 Z 18 genannte Leistungen handelt.

(6) § 10 Abs. 3 Z 2 ist anzuwenden auf steuerbare Umsätze, die vor dem 1. Jänner 1997 ausgeführt werden.

(7) § 4 Abs. 9, § 20 Abs. 4 und § 21 Abs. 7 sind auf Umsätze anzuwenden, die vor dem 1. Jänner 2001, nach dem 8. Mai 2001 und vor dem 1. April 2002 liegen.

(8) Bis auf weiteres gelten als Übergangsregelung für die Besteuerung des Handels zwischen den Mitgliedstaaten die Bestimmungen dieses Bundesgesetzes – soweit sie nicht unmittelbar anwendbar sind (zB für die Besteuerung des Erwerbes) gelten sie sinngemäß – ergänzt um die entsprechenden Artikel im Anhang (Binnenmarkt).

(9) Für die Anwendung der Bestimmungen des § 12 Abs. 10 und 11 gilt die Tätigkeit des Bundes im Rahmen des Fernmeldewesens ab 1. Jänner 1987 als gewerblich oder beruflich und gelten die Umsätze gemäß § 1 Abs. 1 Z 1 und 2 des Umsatzsteuergesetzes 1972 aus der Tätigkeit des Bundes im Rahmen des Fernmeldewesens, die nach dem 31. Dezember 1986 und vor dem 1. Mai 1996 ausgeführt wurden, ausgenommen die Lieferung von Fernsprechnebenstellenanlagen durch die Post, als befreit.

Umstellung langfristiger Verträge

§ 30. (1) Beruht eine Leistung, die nach dem im § 28 Abs. 1 erster Satz genannten Zeitpunkt erbracht wird, auf einem Vertrag, der vor dem im § 28 Abs. 1 erster Satz genannten Zeitpunkt geschlossen worden ist, so kann, falls nach diesem Gesetz ein anderer Steuersatz anzuwenden ist, der Umsatz steuerpflichtig, steuerfrei oder nicht steuerbar wird, der eine Vertragsteil von dem anderen einen angemessenen Ausgleich der umsatzsteuerlichen Mehr- oder Minderbelastung verlangen. Das gilt nicht, wenn die Parteien ausdrücklich oder schlüssig etwas anderes vereinbart haben oder auch bei Kenntnis der Änderungen kein anderes Entgelt vereinbart hätten.

(2) Abs. 1 gilt sinngemäß bei einer Änderung dieses Gesetzes.

Vollziehung

§ 31. (1) Mit der Vollziehung dieses Bundesgesetzes ist der Bundesminister für Finanzen betraut.

(2) Mit der Vollziehung der §§ 11 und 30 sowie Art. 11 des Anhanges ist auch – sofern es sich um zivilrechtliche Bestimmungen handelt – der Bundesminister für Justiz betraut.

Anlage 1
(zu § 10 Abs. 2 UStG)

Verzeichnis der dem Steuersatz von 10% unterliegenden Gegenstände

1. Bienen (Unterposition 0106 41 00 der Kombinierten Nomenklatur) und Assistenzhunde gemäß § 39a Bundesbehindertengesetz, BGBl. Nr. 283/1990, die ausschließlich für den persönlichen Gebrauch von Behinderten bestimmt sind.

   (BGBl I 2019/103)

2. Fleisch und genießbare Schlachtnebenerzeugnisse (Kapitel 2 der Kombinierten Nomenklatur).

3. Fische, ausgenommen Zierfische; Krebstiere, Weichtiere und andere wirbellose Wassertiere (Kapitel 3 der Kombinierten Nomenklatur, ausgenommen Unterpositionen 0301 11 00 und 0301 19 00).

4. Milch und Milcherzeugnisse; Vogeleier; natürlicher Honig; genießbare Waren tierischen Ursprungs, anderweit weder genannt noch inbegriffen (Kapitel 4 der Kombinierten Nomenklatur).

5. Gemüse und trockene, ausgelöste Hülsenfrüchte, auch geschält oder zerkleinert (Positionen 0701 bis 0714 der Kombinierten Nomenklatur).

6. Genießbare Früchte und Nüsse (Positionen 0801 bis 0813 der Kombinierten Nomenklatur).

7. Gewürze (Positionen 0904 bis 0910 der Kombinierten Nomenklatur).

8. Getreide (Kapitel 10 der Kombinierten Nomenklatur).

9. Müllereierzeugnisse (Positionen 1101 bis 1104 der Kombinierten Nomenklatur).

10. Mehl, Grieß, Flocken, Granulat und Pellets von Kartoffeln (Position 1105 der Kombinierten Nomenklatur).

11. Mehl und Grieß von trockenen Hülsenfrüchten der Position 0713; Mehl, Grieß und Pulver von Erzeugnissen des Kapitels 8 (Unterpositionen 1106 10 00 und 1106 30 der Kombinierten Nomenklatur).

12. Stärke von Weizen, Mais und Kartoffeln (Unterpositionen 1108 11 00, 1108 12 00 und 1108 13 00 der Kombinierten Nomenklatur).

13. Waren des Kapitels 12 der Kombinierten Nomenklatur, und zwar

a) Ölsamen und ölhaltige Früchte sowie Mehl daraus (Positionen 1201 bis 1208 der Kombinierten Nomenklatur),

b) Hopfen (Blütenzapfen), frisch oder getrocknet, auch gemahlen, sonst zerkleinert oder in Form von Pellets; Lupulin (Position 1210 der Kombinierten Nomenklatur),

c) Minze, Lindenblüten und –blätter, Salbei, Kamillenblüten, Holunderblüten und anderer Haustee (aus Unterposition 1211 90 86 der Kombinierten Nomenklatur),

d) Rosmarin, Beifuß, Basilikum und Dost in Aufmachungen für den Einzelverkauf als Gewürz (aus Unterposition 1211 90 86 der Kombinierten Nomenklatur),

e) Johannisbrot, Zuckerrüben, frisch, gekühlt, gefroren oder getrocknet, auch gemahlen; Steine und Kerne von Früchten sowie andere pflanzliche Waren (einschließlich nichtgerösteter Zichorienwurzeln der Varietät Cichorium intybus sativum) der hauptsächlich zur menschlichen Ernährung verwendeten Art, anderweit weder genannt noch inbegriffen (Unterpositionen 1212 91 20, 1212 91 80, 1212 92 00, 1212 94 00, 1212 99 und 1212 99 41 der Kombinierten Nomenklatur),

f) Stroh und Spreu von Getreide, roh, auch gehäckselt, gemahlen, gepresst oder in Form von Pellets (Position 1213 00 00 der Kombinierten Nomenklatur),

14. Pektinstoffe, Pektinate und Pektate (Unterposition 1302 20 der Kombinierten Nomenklatur),

15. Waren des Kapitels 15 der Kombinierten Nomenklatur, und zwar

a) Schweineschmalz und Geflügelfett (Unterposition 1501 10 90 und aus Unterposition 1501 90 00 der Kombinierten Nomenklatur),

b) Premierjus und Speisetalg (aus Unterposition 1502 10 90 der Kombinierten Nomenklatur),

c) Oleomargarin (aus Unterposition 1503 00 90 der Kombinierten Nomenklatur),

d) genießbare pflanzliche Öle sowie deren Fraktionen, auch raffiniert, jedoch nicht chemisch modifiziert (Unterpositionen 1507 10 90, 1507 90 90, 1508 10 90, 1508 90 90, Positionen 1509 und 1510 00, Unterpositionen 1511 10 90, 1511 90 11, 1511 90 19, 1511 90 99, 1512 11 91, 1512 11 99, 1512 19 90, 1512 21 90, 1512 29 90, 1513 11 91, 1513 11 99, 1513 19 11, 1513 19 19, 1513 19 91, 1513 19 99, 1513 21 30, 1513 21 90, 1513 29 11, 1513 29 19, 1513 29 50, 1513 29 90, 1514 11 90, 1514 19 90, 1514 91 90, 1514 99 90, 1515 11 00, 1515 19 90, 1515 21 90, 1515 29 90, 1515 30 90, 1515 50 19, 1515 50 99, 1515 90 11, 1515 90 29, 1515 90 39, 1515 90 51, 1515 90 59, 1515 90 91 und 1515 90 99 der Kombinierten Nomenklatur),

e) genießbare tierische oder pflanzliche Fette und Öle sowie deren Fraktionen, ganz oder teilweise hydriert, umgeestert, wiederverestert oder elaidiniert, auch raffiniert, jedoch nicht weiterverarbeitet (aus Unterpositionen 1516 10 und 1516 20 der Kombinierten Nomenklatur),

f) Margarine; genießbare Mischungen oder Zubereitungen von tierischen oder pflanzlichen Fetten und Ölen sowie von Fraktionen verschiedener Fette und Öle dieses Kapitels, ausgenommen genießbare Fette und Öle sowie deren Fraktionen der Position 1516 (Unterpositionen 1517 10, 1517 90 10, 1517 90 91 und 1517 90 99 der Kombinierten Nomenklatur),

16. Zubereitungen von Fleisch, Fischen oder von Krebstieren, Weichtieren und anderen wirbellosen Wassertieren (Kapitel 16 der Kombinierten Nomenklatur),

17. Zucker und Zuckerwaren, ausgenommen chemisch reine Fructose und chemisch reine Maltose (Kapitel 17 der Kombinierten Nomenklatur, ausgenommen Unterpositionen 1702 50 00 und 1702 90 10),

18. Kakaopulver ohne Zusatz von Zucker oder anderen Süßmitteln; Schokolade und andere kakaohaltige Lebensmittelzubereitungen (Positionen 1805 00 00 und 1806 der Kombinierten Nomenklatur),

19. Zubereitungen aus Getreide, Mehl, Stärke oder Milch; Backwaren (Kapitel 19 der Kombinierten Nomenklatur),

20. Zubereitungen von Gemüse, Früchten, Nüssen oder anderen Pflanzenteilen, ausgenommen Frucht- und Gemüsesäfte (Positionen 2001 bis 2008 der Kombinierten Nomenklatur),

21. Verschiedene Lebensmittelzubereitungen (Unterposition 2101 30 und Positionen 2102 bis 2106 der Kombinierten Nomenklatur, ausgenommen Sirupe der Unterpositionen 2106 90 in Gebinden, die ausschließlich für den Ausschank durch eine Schankanlage vorgesehen sind).

22. Wasser (aus Unterposition 2201 90 00 der Kombinierten Nomenklatur).

23. Milch und Milcherzeugnisse der Positionen 0401, 0402, 0403 und 0404, mit Zusätzen, ausgenommen Zusätze von Kaffee, Tee oder Mate und von Auszügen, Essenzen und Konzentraten aus Kaffee, Tee oder Mate und von Zubereitungen auf der Grundlage dieser Waren (aus Unterpositionen 2202 99 91, 2202 99

4/1. UStG
Anlagen 1, 2

95 und 2202 99 99 der Kombinierten Nomenklatur).
(BGBl I 2016/117)

24. Speiseessig (Position 2209 der Kombinierten Nomenklatur).
25. Speisesalz (Unterposition 2501 00 91 der Kombinierten Nomenklatur).
26. Handelsübliches Ammoniumcarbonat und andere Ammoniumcarbonate sowie Dinatriumcarbonat (Unterpositionen 2836 99 17 und 2836 20 00 der Kombinierten Nomenklatur).
27. Essigsäure (Unterposition 2915 21 00 der Kombinierten Nomenklatur).
28. Saccharin und seine Salze (Unterposition 2925 11 00 der Kombinierten Nomenklatur).
29. Mischungen von Riechstoffen und Mischungen (einschließlich alkoholischer Lösungen) auf der Grundlage eines oder mehrerer dieser Stoffe, von der in der Lebensmittelindustrie verwendeten Art in Aufmachungen für den Einzelverkauf (aus Unterposition 3302 10 der Kombinierten Nomenklatur).
30. Gelatine (aus Unterposition 3503 00 10 der Kombinierten Nomenklatur).
31. Zubereitete Enzyme, die Nährstoffe enthalten (aus Unterposition 3507 90 der Kombinierten Nomenklatur).
32. Süßungsmittel (aus Unterpositionen 3824 99 92 und 3824 99 93 der Kombinierten Nomenklatur)

(BGBl I 2018/62)

33. Waren des Kapitels 49 der Kombinierten Nomenklatur, und zwar
    a) Bücher, Broschüren und ähnliche Drucke, auch in losen Bogen oder Blättern (Position 4901 und aus Positionen 9705 00 00 und 9706 00 00 der Kombinierten Nomenklatur),
    b) Zeitungen und andere periodische Druckschriften, auch mit Bildern oder Werbung enthaltend (Position 4902 der Kombinierten Nomenklatur),
    c) Bilderalben, Bilderbücher und Zeichen- oder Malbücher, für Kinder (Position 4903 00 00 der Kombinierten Nomenklatur),
    d) Noten, handgeschrieben oder gedruckt, auch mit Bildern, auch gebunden (Position 4904 00 00 der Kombinierten Nomenklatur),
    e) kartographische Erzeugnisse aller Art, einschließlich Wandkarten, topographische Pläne und Globen, gedruckt (Position 4905 der Kombinierten Nomenklatur).
34. Arzneimittel.
35. Waren der monatlichen Damenhygiene aller Art (aus Unterpositionen 3924 90, 4014 90,

0511 99 39 und 9619 00 der Kombinierten Nomenklatur).
(BGBl I 2021/3)
(BGBl I 2015/118)

Anlage 2
(zu § 10 Abs. 3 und § 24 UStG)

Verzeichnis der dem Steuersatz von 13% unterliegenden Gegenstände

1. Lebende Tiere der Unterpositionen 0101 30 00, 0101 29 10, 0101 90 00 und der Positionen 0102 bis 0105 der Kombinierten Nomenklatur.
2. Bulben, Zwiebeln, Knollen, Wurzelknollen und Wurzelstöcke, ruhend, im Wachstum oder in Blüte; Zichorienpflanzen und -wurzeln (ausgenommen Zichorienwurzeln der Position 1212) (Position 0601 der Kombinierten Nomenklatur).
3. Andere lebende Pflanzen (einschließlich ihrer Wurzeln), Stecklinge und Pfropfreiser; Pilzmycel (Position 0602 der Kombinierten Nomenklatur).
4. Blumen und Blüten sowie deren Knospen, geschnitten, zu Binde- oder Zierzwecken, frisch (aus Position 0603 der Kombinierten Nomenklatur).
5. Blattwerk, Blätter, Zweige und andere Pflanzenteile, ohne Blüten und Blütenknospen, sowie Gräser, Moose und Flechten, zu Binde- oder Zierzwecken, frisch (Unterposition 0604 20 der Kombinierten Nomenklatur).
6. Waren des Kapitels 12 der Kombinierten Nomenklatur, und zwar
    a) Samen, Früchte und Sporen, zur Aussaat (Position 1209 der Kombinierten Nomenklatur),
    b) Steckrüben, Futterrüben, Wurzeln zu Futterzwecken, Heu, Luzerne, Klee, Esparsette, Futterkohl, Lupinen, Wicken und ähnliches Futter, auch in Form von Pellets (Position 1214 der Kombinierten Nomenklatur).
7. Rückstände und Abfälle der Lebensmittelindustrie; zubereitetes Futter (Kapitel 23 der Kombinierten Nomenklatur).
8. Tierische und pflanzliche Düngemittel (ausgenommen Guano), auch untereinander gemischt, nicht chemisch behandelt (aus Position 3101 00 00 der Kombinierten Nomenklatur).
9. Brennholz, in Form von Rundlingen, Scheiten, Zweigen, Reisigbündeln oder ähnlichen Formen; Holz in Form von Plättchen oder Schnitzeln; Sägespäne, Holzabfälle und Holzausschuss, auch zu Pellets, Briketts, Scheiten oder ähnlichen Formen zusammengepresst (Position 4401 der Kombinierten Nomenklatur).
10. Kunstgegenstände, und zwar
    a) Gemälde (zB Ölgemälde, Aquarelle, Pastelle) und Zeichnungen, vollständig mit der Hand geschaffen, ausgenommen

Zeichnungen der Position 4906 00 00 und handbemalte oder handverzierte gewerbliche Erzeugnisse; Collagen und ähnliche dekorative Bildwerke (Position 9701 der Kombinierten Nomenklatur),
b) Originalstiche, –schnitte und –steindrucke (Position 9702 00 00 der Kombinierten Nomenklatur),
c) Originalerzeugnisse der Bildhauerkunst, aus Stoffen aller Art (Position 9703 00 00 der Kombinierten Nomenklatur),
d) Tapisserien, handgewebt, nach Originalentwürfen von Künstlern, jedoch höchstens acht Kopien je Werk (aus Position 5805 00 00 der Kombinierten Nomenklatur),
e) Textilwaren für Wandbekleidung nach Originalentwürfen von Künstlern, jedoch höchstens acht Kopien je Werk (aus Position 6304 der Kombinierten Nomenklatur).
11. Briefmarken, Stempelmarken, Steuerzeichen, Ersttagsbriefe, Ganzsachen und dergleichen, entwertet oder nicht entwertet, jedoch im Bestimmungsland weder gültig noch zum Umlauf vorgesehen (Position 9704 00 00 der Kombinierten Nomenklatur),
12. Zoologische, botanische, mineralogische oder anatomische Sammlungsstücke und Sammlungen; Sammlungsstücke von geschichtlichem, archäologischem, paläontologischem, völkerkundlichem oder münzkundlichem Wert (Position 9705 00 00 der Kombinierten Nomenklatur).
13. Antiquitäten, mehr als 100 Jahre alt (Position 9706 00 00 der Kombinierten Nomenklatur).

(BGBl I 2015/118)

**Anhang
(Zu § 29 Abs. 8)
Binnenmarktregelung**

Innergemeinschaftlicher Erwerb

Art. 1. (1) Der Umsatzsteuer unterliegt auch der innergemeinschaftliche Erwerb im Inland gegen Entgelt.

(2) Ein innergemeinschaftlicher Erwerb gegen Entgelt liegt vor, wenn die folgenden Voraussetzungen erfüllt sind:
1. Ein Gegenstand gelangt bei einer Lieferung an den Abnehmer (Erwerber) aus dem Gebiet eines Mitgliedstaates in das Gebiet eines anderen Mitgliedstaates, auch wenn der Lieferer den Gegenstand in das Gemeinschaftsgebiet eingeführt hat;
2. der Erwerber ist
   a) ein Unternehmer, der den Gegenstand für sein Unternehmen erwirbt, oder
   b) eine juristische Person, die nicht Unternehmer ist oder die den Gegenstand nicht für ihr Unternehmen erwirbt, und
3. die Lieferung an den Erwerber
   a) wird durch einen Unternehmer gegen Entgelt im Rahmen seines Unternehmens ausgeführt und
   b) ist nach dem Recht des Mitgliedstaates, der für die Besteuerung des Lieferers zuständig ist, nicht auf Grund der Sonderregelung für Kleinunternehmer steuerfrei.

(3) Als innergemeinschaftlicher Erwerb gegen Entgelt gilt:
1. das Verbringen eines Gegenstandes des Unternehmens aus dem übrigen Gemeinschaftsgebiet in das Inland durch einen Unternehmer zu seiner Verfügung, ausgenommen zu einer nur vorübergehenden Verwendung, auch wenn der Unternehmer den Gegenstand in das Gemeinschaftsgebiet eingeführt hat. Der Unternehmer gilt als Erwerber.
Eine vorübergehende Verwendung liegt vor, wenn der Unternehmer den Gegenstand verwendet:
   a) zur Ausführung einer Werklieferung oder einer Lieferung, bei der sich der Lieferort nach Art. 3 Abs. 3 oder § 3 Abs. 8a bestimmt;
   (BGBl I 2022/108)
   b) zur Ausführung einer Lieferung, deren Lieferort sich nach § 3 Abs. 11 bestimmt;
   c) zur Ausführung einer gemäß § 7 oder gemäß Art. 7 steuerfreien Lieferung;
   d) (aufgehoben)
   e) für Arbeiten an dem Gegenstand oder die Begutachtung dieses Gegenstandes durch einen anderen Unternehmer, sofern der Gegenstand nach Erbringung der sonstigen Leistung wieder zur Verfügung des Auftraggebers in den Mitgliedstaat gelangt, von dem aus der Gegenstand versendet oder befördert worden ist;
   f) vorübergehend zur Ausführung einer sonstigen Leistung und der Unternehmer in dem Mitgliedstaat, von dem aus der Gegenstand verbracht wurde, einen Wohnsitz oder Sitz hat;
   g) während höchstens 24 Monaten, wenn für die Einfuhr des gleichen Gegenstands aus einem Drittland im Hinblick auf eine vorübergehende Verwendung die Regelung über die vollständige Befreiung von Eingangsabgaben bei der vorübergehenden Einfuhr gelten würde;
   h) zur Ausführung einer Lieferung von Gas über ein Erdgasnetz im Gebiet der Gemeinschaft oder ein an ein solches Netz angeschlossenes Netz, von Elektrizität oder von Wärme oder Kälte über

Wärme- oder Kältenetze, wenn sich der Ort dieser Lieferungen nach § 3 Abs. 13 oder 14 bestimmt.

Bei Wegfall der unter lit. a bis g genannten Bedingungen gilt die Verbringung in diesem Zeitpunkt als erfolgt;

2. das Verbringen eines Gegenstandes in das Inland, der nicht gemäß den allgemeinen Besteuerungsbedingungen des Binnenmarkts eines Mitgliedstaats gekauft wurde, durch die inländischen Streitkräfte, die an einer Verteidigungsanstrengung teilnehmen, die zur Durchführung einer Tätigkeit der Union im Rahmen der Gemeinsamen Sicherheits- und Verteidigungspolitik unternommen wird, zum Gebrauch oder Verbrauch dieser Streitkräfte oder ihres zivilen Begleitpersonals.

(BGBl I 2022/108)

(4) Ein innergemeinschaftlicher Erwerb im Sinne der Abs. 2 und 3 liegt nicht vor, wenn die folgenden Voraussetzungen erfüllt sind:

1. Der Erwerber ist
   a) ein Unternehmer, der nur steuerfreie Umsätze ausführt, die zum Ausschluß vom Vorsteuerabzug führen,
   b) ein Unternehmer, der den Gegenstand zur Ausführung von Umsätzen verwendet, für die die Steuer nach den Durchschnittssätzen des § 22 festgesetzt ist, oder
   c) eine juristische Person, die nicht Unternehmer ist oder die den Gegenstand nicht für ihr Unternehmen erwirbt, und
2. der Gesamtbetrag der Entgelte für Erwerbe im Sinne des Abs. 2 Z 1 und des Abs. 3 hat den Betrag von 11 000 Euro im vorangegangenen Kalenderjahr nicht und im laufenden Kalenderjahr noch nicht überstiegen (Erwerbsschwelle); ab dem Entgelt für den Erwerb, mit dem im laufenden Jahr die Erwerbsschwelle überstiegen wird, unterliegt der Erwerb der Besteuerung. In die Erwerbsschwelle sind die Entgelte für den Erwerb neuer Fahrzeuge und verbrauchsteuerpflichtiger Waren nicht einzubeziehen.

(5) Der Erwerber kann auf die Anwendung des Abs. 4 verzichten. Der Verzicht ist gegenüber dem Finanzamt innerhalb der Frist zur Abgabe der Voranmeldung für den Voranmeldungszeitraum eines Kalenderjahres, in dem erstmals ein Erwerb getätigt worden ist, schriftlich zu erklären. Als Verzicht gilt auch die Verwendung einer aufgrund eines Antrags gemäß Art. 28 Abs. 1 dritter Satz erteilten Umsatzsteuer-Identifikationsnummer gegenüber dem Lieferer beim Erwerb von Gegenständen aus dem übrigen Unionsgebiet. Ein Verzicht bindet den Erwerber mindestens für zwei Kalenderjahre und kann nur mit Wirkung vom Beginn eines Kalenderjahres an widerrufen werden. Der Widerruf ist innerhalb der Frist zur Abgabe der Voranmeldung für den Voranmeldungszeitraum dieses Kalenderjahres, in dem erstmals ein Erwerb getätigt worden ist, gegenüber dem Finanzamt schriftlich zu erklären.

(AbgÄG 2023, BGBl I 2023/110)

(6) Abs. 4 gilt nicht für den Erwerb neuer Fahrzeuge und verbrauchsteuerpflichtiger Waren. Verbrauchsteuerpflichtige Waren im Sinne dieses Gesetzes sind Alkohol und alkoholische Getränke, Tabakwaren sowie Energieerzeugnisse, jeweils im Sinne der geltenden Gemeinschaftsvorschriften, nicht jedoch Gas, das über ein Erdgasnetz im Gebiet der Gemeinschaft oder jedes an ein solches Netz angeschlossenes Netz geliefert wird.

(7) Der Erwerb eines neuen Fahrzeugs durch einen Erwerber, der nicht zu den in Abs. 2 Z 2 genannten Personen gehört, ist unter den Voraussetzungen des Abs. 2 Z 1 innergemeinschaftlicher Erwerb.

(8) Fahrzeuge im Sinne des Abs. 7 sind

1. motorbetriebene Landfahrzeuge mit einem Hubraum von mehr als 48 Kubikzentimetern oder einer Leistung von mehr als 7,2 Kilowatt,
2. Wasserfahrzeuge mit einer Länge von mehr als 7,5 Metern,
3. Luftfahrzeuge, deren Starthöchstmasse mehr als 1 550 Kilogramm beträgt,

soweit diese Fahrzeuge zur Personen- oder Güterbeförderung bestimmt sind.

(9) Ein Fahrzeug gilt als neu, wenn die erste Inbetriebnahme im Zeitpunkt des Erwerbs nicht mehr als drei Monate zurückliegt. Für motorbetriebene Landfahrzeuge nach Abs. 8 Z 1 beträgt der Zeitraum sechs Monate. Dasselbe gilt, wenn das

1. Landfahrzeug nicht mehr als 6 000 Kilometer zurückgelegt hat,
2. Wasserfahrzeug nicht mehr als 100 Betriebsstunden auf dem Wasser zurückgelegt hat,
3. Luftfahrzeug nicht länger als 40 Betriebsstunden genutzt worden ist.

Erwerb durch diplomatische Missionen, zwischenstaatliche Einrichtungen und Streitkräfte im Rahmen der Gemeinsamen Sicherheits- und Verteidigungspolitik

(10) Ein innergemeinschaftlicher Erwerb im Sinne des Abs. 1 liegt nicht vor, wenn ein Gegenstand bei Lieferung aus dem Gebiet eines anderen Mitgliedstaates in das Inland gelangt und die Erwerber folgende Einrichtungen sind, soweit sie nicht Unternehmer sind oder den Gegenstand nicht für ihr Unternehmen erwerben:

1. im Inland ansässige ständige diplomatische Missionen und berufskonsularische Vertretungen oder
2. im Inland ansässige zwischenstaatliche Einrichtungen oder
3. Streitkräfte anderer Mitgliedstaaten, die im Inland an einer Verteidigungsanstrengung teilnehmen, die zur Durchführung einer Tätigkeit der Union im Rahmen der Gemeinsamen Sicherheits- und Verteidigungspolitik unternommen wird.

Diese Einrichtungen gelten nicht als Erwerber im Sinne des Abs. 2 Z 2. Die Abs. 7 bis 9 bleiben unberührt.
(BGBl I 2022/108)

Konsignationslagerregelung

Art. 1a. (1) Das Verbringen eines Gegenstandes gemäß Art. 1 Abs. 3 gilt nicht als innergemeinschaftlicher Erwerb gegen Entgelt (Konsignationslagerregelung), wenn

a) die Gegenstände vom Unternehmer oder auf seine Rechnung von einem Dritten in das Inland im Hinblick darauf befördert oder versandt werden, um zu einem späteren Zeitpunkt an einen anderen Unternehmer geliefert zu werden, der gemäß einer bestehenden Vereinbarung zwischen den beiden Unternehmern zum Erwerb des Eigentums an diesen Gegenständen berechtigt ist (geplanter Erwerber);

b) der Unternehmer im Inland weder sein Unternehmen betreibt noch eine Betriebstätte hat;

c) dem Unternehmer die Identität und die inländische Umsatzsteuer-Identifikationsnummer des geplanten Erwerbers zum Zeitpunkt des Beginns der Beförderung oder Versendung bekannt sind und der Unternehmer diese Informationen in die Zusammenfassende Meldung gemäß Art. 21 Abs. 3 aufnimmt; und

d) der Unternehmer die Verbringung der Gegenstände in das Register gemäß Abs. 6 einträgt.

(2) Wurde ein Gegenstand gemäß Abs. 1 verbracht und wird der Gegenstand, wie geplant, innerhalb der in Abs. 3 genannten Frist an den Erwerber geliefert, gelten die Voraussetzungen des Art. 1 Abs. 2 Z 1 in diesem Zeitpunkt als erfüllt.

(3) Werden die Gegenstände nicht innerhalb von 12 Monaten nach ihrer Ankunft im Inland an den geplanten Erwerber geliefert und ist keiner der in Abs. 4 Z 1 oder Abs. 5 genannten Umstände eingetreten, liegt ein innergemeinschaftlicher Erwerb gegen Entgelt gemäß Art. 1 Abs. 3 am Tag nach Ablauf dieses Zeitraums vor.

(4) Kein Verbringen eines Gegenstandes gemäß Art. 1 Abs. 3 liegt vor, wenn vor der Lieferung an den geplanten Erwerber und innerhalb des in Abs. 3 genannten Zeitraums:

1. der Gegenstand in den Mitgliedstaat zurückgesandt wird, von dem aus er befördert oder versandt wurde und der Unternehmer den Rückversand in das Register gemäß Abs. 6 einträgt; oder

2. der geplante Erwerber durch einen anderen Erwerber ersetzt wird, die Voraussetzungen gemäß Abs. 1 sinngemäß erfüllt sind und der Unternehmer die Ersetzung in das Register gemäß Abs. 6 einträgt.

(5) Ist eine der Voraussetzungen gemäß Abs. 1 und Abs. 4 Z 2 innerhalb des in Abs. 3 genannten Zeitraums nicht mehr erfüllt, liegt ein innergemeinschaftlicher Erwerb gegen Entgelt gemäß Art. 1 Abs. 3 vor:

1. unmittelbar vor der Lieferung, wenn die Gegenstände an eine andere Person als den geplanten Erwerber geliefert werden;

2. unmittelbar vor dem Beginn dieser Beförderung oder Versendung, wenn die Gegenstände in ein anderes Land als den Mitgliedstaat, aus dem sie ursprünglich verbracht wurden, befördert oder versandt werden;

3. an dem Tag, an dem die Gegenstände tatsächlich abhandenkamen oder zerstört wurden, oder – falls ein solcher Tag nicht bestimmt werden kann – an dem Tag, an dem die Zerstörung oder das Fehlen der Gegenstände festgestellt wurde, bei Zerstörung, Verlust oder Diebstahl der Gegenstände;

4. zum Zeitpunkt, zu dem die betreffende Voraussetzung nicht mehr erfüllt ist, in allen anderen Fällen.

(6) Unternehmer, die Gegenstände im Rahmen dieser Konsignationslagerregelung verbringen, sowie geplante Erwerber gemäß Abs. 1 lit. a müssen ein Register führen, das es den Steuerbehörden ermöglicht, die korrekte Anwendung des genannten Artikels zu überprüfen.
(BGBl I 2019/103)

Fahrzeuglieferer

Art. 2. Wer im Inland ein neues Fahrzeug liefert, das bei der Lieferung in das übrige Gemeinschaftsgebiet gelangt, wird, wenn er nicht Unternehmer im Sinne des § 2 ist, für diese Lieferung wie ein Unternehmer behandelt. Dasselbe gilt, wenn der Lieferer eines neuen Fahrzeugs Unternehmer im Sinne des § 2 ist und die Lieferung nicht im Rahmen des Unternehmens ausführt.

Lieferung

Art. 3. (1) Als Lieferung gegen Entgelt gilt:

Das Verbringen eines Gegenstandes des Unternehmens aus dem Inland in das übrige Gemeinschaftsgebiet durch einen Unternehmer zu seiner Verfügung, ausgenommen einer nur vorübergehenden Verwendung, auch wenn der Unternehmer den Gegenstand in das Inland eingeführt hat. Der Unternehmer gilt als Lieferer. Eine vorübergehende Verwendung liegt vor, wenn der Unternehmer den Gegenstand verwendet:

a) zur Ausführung einer Werklieferung oder einer Lieferung, bei der sich der Lieferort nach Art. 3 Abs. 3 oder § 3 Abs. 8a bestimmt;
(AbgÄG 2023, BGBl I 2023/110)

b) zur Ausführung einer Lieferung, deren Lieferort sich nach § 3 Abs. 11 bestimmt;

c) zur Ausführung einer steuerfreien Lieferung im Sinne des § 7 oder Art. 7;

d) (aufgehoben)

e) für Arbeiten an dem Gegenstand oder die Begutachtung dieses Gegenstandes durch einen anderen Unternehmer, sofern der Gegenstand nach Erbringung der sonstigen Leistung wieder zur Verfügung des Auftraggebers in den Mitgliedstaat gelangt, von dem aus der Gegenstand versendet oder befördert worden ist;

f) vorübergehend zur Ausführung einer sonstigen Leistung und der Unternehmer im Inland einen Wohnsitz oder Sitz hat;

g) während höchstens 24 Monaten in dem Gebiet eines anderen Mitgliedstaats, in dem für die Einfuhr des gleichen Gegenstands aus einem Drittland im Hinblick auf eine vorübergehende Verwendung die Regelung über die vollständige Befreiung von Eingangsabgaben bei der vorübergehenden Einfuhr gelten würde.

h) zur Ausführung einer Lieferung von Gas über ein Erdgasnetz im Gebiet der Gemeinschaft oder ein an ein solches Netz angeschlossenes Netz, von Elektrizität oder von Wärme oder Kälte über Wärme- oder Kältenetze, wenn sich der Ort dieser Lieferungen nach § 3 Abs. 13 oder 14 bestimmt.

Bei Wegfall der unter lit. a bis g genannten Bedingungen gilt die Verbringung in diesem Zeitpunkt als erfolgt;

(BGBl I 2019/103)

Konsignationslagerregelung

(2) Das Verbringen eines Gegenstandes gemäß Abs. 1 im Rahmen einer Konsignationslagerregelung gilt nicht als Lieferung gegen Entgelt. Art. 1a ist sinngemäß anzuwenden.

(BGBl I 2019/103)

Innergemeinschaftlicher Versandhandel[a]

(3) Beim innergemeinschaftlichen Versandhandel gilt die Lieferung als dort ausgeführt, wo die Beförderung oder Versendung an den Abnehmer endet. Ein inngemeinschaftlicher Versandhandel liegt vor bei Lieferungen von Gegenständen, die durch den Lieferer oder für dessen Rechnung von einem anderen Mitgliedstaat als jenem, in dem die Beförderung oder Versendung (an den Abnehmer) endet, versandt oder befördert werden, einschließlich jene, an deren Beförderung oder Versendung der Lieferer indirekt beteiligt ist.

(BGBl I 2019/91)

(4) Abs. 3 ist anzuwenden, wenn der Abnehmer
1. nicht zu den in Art. 1 Abs. 2 Z 2 genannten Personen gehört oder
2. a) ein Unternehmer ist, der nur steuerfreie Umsätze ausführt, die zum Ausschluß vom Vorsteuerabzug führen, oder
   b) ein Kleinunternehmer ist, der nach dem Recht des für die Besteuerung zuständigen Mitgliedstaates von der Steuer befreit ist oder auf andere Weise von der Besteuerung ausgenommen ist, oder
   c) ein Unternehmer ist, der nach dem Recht des für die Besteuerung zuständigen Mitgliedstaates die Pauschalregelung für landwirtschaftliche Erzeuger anwendet, oder
d) eine juristische Person ist, die nicht Unternehmer ist oder die den Gegenstand nicht für ihr Unternehmen erwirbt,

und als einer der in den lit. a bis d genannten Abnehmer weder die maßgebende Erwerbsschwelle (Art. 1 Abs. 4 Z 2) überschreitet noch auf ihre Anwendung verzichtet. Im Fall der Beendigung der Beförderung oder Versendung im Gebiet eines anderen Mitgliedstaates ist die von diesem Mitgliedstaat festgesetzte Erwerbsschwelle maßgebend.

(5) Abs. 3 ist nicht anzuwenden, wenn
a) der Unternehmer sein Unternehmen in einem Mitgliedstaat betreibt und außerhalb dieses Mitgliedstaates keine Betriebsstätte hat,
b) die Gegenstände in einen anderen Mitgliedstaat geliefert werden, und
c) der Gesamtbetrag der Entgelte für diese Lieferungen und die sonstigen Leistungen gemäß Art. 3a Abs. 5 Z 1 den Betrag von 10 000 Euro im vorangegangen Kalenderjahr nicht und im laufenden Kalenderjahr noch nicht überstiegen hat.

(BGBl I 2019/91)

(6) Der Unternehmer kann auf die Anwendung des Abs. 5 verzichten. Der Verzicht ist gegenüber dem Finanzamt innerhalb der Frist zur Abgabe der Voranmeldung für den Voranmeldungszeitraum eines Kalenderjahres, in dem erstmals eine Lieferung im Sinne des Abs. 3 getätigt worden ist, schriftlich zu erklären. Er bindet den Lieferer mindestens für zwei Kalenderjahre. Die Erklärung kann nur mit Wirkung vom Beginn eines Kalenderjahres an widerrufen werden. Der Widerruf ist innerhalb der Frist zur Abgabe der Voranmeldung für den Voranmeldungszeitraum dieses Kalenderjahres, in dem erstmals eine Lieferung im Sinne des Abs. 3 getätigt worden ist, gegenüber dem Finanzamt schriftlich zu erklären.

(BGBl I 2019/91)

(7) Die Abs. 3 bis 6 gelten nicht für die Lieferung neuer Fahrzeuge. Abs. 4 Z 2 und Abs. 5 gelten nicht für die Lieferung verbrauchsteuerpflichtiger Waren.

Ort des innergemeinschaftlichen Erwerbs

(8) Der innergemeinschaftliche Erwerb wird in dem Gebiet des Mitgliedstaates bewirkt, in dem sich der Gegenstand am Ende der Beförderung oder Versendung befindet. Verwendet der Erwerber gegenüber dem Lieferer eine ihm von einem anderen Mitgliedstaat erteilte Umsatzsteuer-Identifikationsnummer, so gilt der Erwerb solange in dem Gebiet dieses Mitgliedstaates als bewirkt, bis der Erwerber nachweist, daß der Erwerb durch den im ersten Satz bezeichneten Mitgliedstaat besteuert worden ist. Im Falle des Nachweises gilt § 16 sinngemäß.

Sonstige Leistung

Art. 3a. (1) Die Beförderung eines Gegenstandes, die in dem Gebiet eines Mitgliedstaates beginnt und in dem Gebiete eines anderen Mitgliedstaates endet (innergemeinschaftliche Beförderung eines Gegenstandes), für einen Nichtunternehmer im Sinne des § 3a Abs. 5 Z 3, wird an dem Ort ausgeführt, an dem die Beförderung des Gegenstandes beginnt.

(2) Im Falle einer unfreien Versendung (§ 12 Abs. 2 Z 3) gilt die Beförderung als für das Unternehmen des Empfängers der Sendung ausgeführt, wenn diesem die Rechnung über die Beförderung erteilt wird.

(3) Werden Restaurant- und Verpflegungsdienstleistungen an Bord eines Schiffes, in einem Luftfahrzeug oder in einer Eisenbahn während einer Beförderung innerhalb der Gemeinschaft erbracht, so gilt der Abgangsort des jeweiligen Personenbeförderungsmittels im Gemeinschaftsgebiet als Ort der sonstigen Leistung.

(4) Als Beförderung innerhalb des Gemeinschaftsgebiets im Sinne des Abs. 3 gilt die Beförderung oder der Teil der Beförderung zwischen dem Abgangsort und dem Ankunftsort des Beförderungsmittels im Gemeinschaftsgebiet ohne Zwischenaufenthalt außerhalb des Gemeinschaftsgebiets. Abgangsort im Sinne des ersten Satzes ist der erste Ort innerhalb des Gemeinschaftsgebiets, an dem Reisende in das Beförderungsmittel einsteigen können. Ankunftsort im Sinne des ersten Satzes ist der letzte Ort innerhalb des Gemeinschaftsgebiets, an dem Reisende das Beförderungsmittel verlassen können. Hin- und Rückfahrt gelten als gesonderte Beförderungen.

(5)
1. § 3a Abs. 13 ist nicht anzuwenden, wenn
   a) der Unternehmer sein Unternehmen in einem Mitgliedstaat betreibt und außerhalb dieses Mitgliedstaates keine Betriebstätte hat,
   b) die Leistung an einen Nichtunternehmer im Sinne des § 3a Abs. 5 Z 3 erbracht wird, der in einem anderen Mitgliedstaat seinen Wohnsitz, Sitz oder gewöhnlichen Aufenthalt hat, und
   c) der Gesamtbetrag der Entgelte für diese Leistungen und die Lieferungen gemäß Art. 3 Abs. 5 den Betrag von 10 000 Euro im vorangegangen Kalenderjahr nicht und im laufenden Kalenderjahr noch nicht überstiegen hat.
   (BGBl I 2019/91)
2. Der Unternehmer kann auf die Anwendung von Z 1 verzichten. Der Verzicht bindet ihn für mindestens zwei Kalenderjahre. Art. 3 Abs. 6 ist sinngemäß anzuwenden.

(BGBl I 2018/62)

Bemessungsgrundlage

Art. 4. (1) Bei dem innergemeinschaftlichen Erwerb sind Verbrauchsteuern, die vom Erwerber geschuldet oder entrichtet werden, in die Bemessungsgrundlage (Entgelt) einzubeziehen.

(2) Der Umsatz wird bei Verbringen eines Gegenstandes im Sinne des Art. 1 Abs. 3 und Art. 3 Abs. 1 Z 1 gemäß § 4 Abs. 8 lit. a bemessen.

(BGBl I 2022/108)

(3) § 4 Abs. 9 gilt auch für den innergemeinschaftlichen Erwerb.

Steuerbefreiungen

Art. 6. (1) Steuerfrei sind die innergemeinschaftlichen Lieferungen (Art. 7). Dies gilt nicht, wenn der Unternehmer wusste oder wissen musste, dass die betreffende Lieferung im Zusammenhang mit Umsatzsteuerhinterziehungen oder sonstigen, die Umsatzsteuer betreffenden Finanzvergehen steht.

(BGBl I 2015/118)

(2) Steuerfrei ist der innergemeinschaftliche Erwerb
1. der in § 6 Abs. 1 Z 8 lit. f bis j, in Abs. 1 Z 20 und der in Abs. 1 Z 21 angeführten Gegenstände;
2. der in § 6 Abs. 1 Z 4, Z 8 lit. b und d, in § 9 Abs. 1 Z 1, 2 und sowie in § 9 Abs. 2 Z 1, 2 und 3 angeführten Gegenstände unter den in diesen Bestimmungen genannten Voraussetzungen;
3. der Gegenstände, deren Einfuhr (§ 1 Abs. 1 Z 3) nach den für die Einfuhrumsatzsteuer geltenden Vorschriften steuerfrei wäre,
4. der Gegenstände, die zur Ausführung von steuerfreien Umsätzen verwendet werden, für die der Ausschluß vom Vorsteuerabzug nach § 12 Abs. 3 nicht eintritt.

(3) Steuerfrei ist die Einfuhr der Gegenstände, die vom Anmelder im Anschluß an die Einfuhr unmittelbar zur Ausführung von innergemeinschaftlichen Lieferungen (Art. 7) verwendet werden; der Anmelder hat das Vorliegen der Voraussetzungen des Art. 7 buchmäßig nachzuweisen. Die Befreiung ist nur anzuwenden, wenn derjenige, für dessen Unternehmen der Gegenstand eingeführt worden ist, die anschließende innergemeinschaftliche Lieferung tätigt.

Weiters ist Voraussetzung für die Anwendung der Steuerbefreiung, dass der Schuldner der Einfuhrumsatzsteuer zum Zeitpunkt der Einfuhr dem Zollamt Österreich die unter lit. a und b genannten Angaben zukommen lässt und den unter lit. c genannten Nachweis erbringt:
a) seine im Inland erteilte Umsatzsteuer-Identifikationsnummer oder die Umsatzsteuer-Identifikationsnummer seines Steuervertreters;
b) die in einem anderen Mitgliedstaat erteilte Umsatzsteuer-Identifikationsnummer des Abnehmers im Falle der innergemeinschaftlichen Lieferung nach Art. 7 Abs. 1 oder seine eigene Umsatzsteuer-Identifikationsnummer im Falle des der Lieferung gleichgestellten Verbringens nach Art. 7 Abs. 2;

c) den Nachweis, aus dem hervorgeht, dass die eingeführten Gegenstände dazu bestimmt sind, vom Inland in einen anderen Mitgliedstaat befördert oder versendet zu werden.

(4) Steuerfrei ist die Lieferung an den Unternehmer, der gemäß § 3 Abs. 3a Z 2 behandelt wird, als ob er die Gegenstände selbst erhalten und geliefert hätte.

(BGBl I 2019/91)

(5) § 6 Abs. 1 Z 27 gilt nicht für die innergemeinschaftliche Lieferung neuer Fahrzeuge.

Innergemeinschaftliche Lieferung

Art. 7. (1) Eine innergemeinschaftliche Lieferung (Art. 6 Abs. 1) liegt vor, wenn bei einer Lieferung die folgenden Voraussetzungen vorliegen:

1. Der Unternehmer oder der Abnehmer hat den Gegenstand der Lieferung in das übrige Gemeinschaftsgebiet befördert oder versendet. Wurde ein Gegenstand gemäß Art. 3 Abs. 2 im Rahmen einer Konsignationslagerregelung verbracht und wird der Gegenstand, innerhalb der in Art. 1a Abs. 3 genannten Frist an den geplanten Erwerber geliefert, gilt die Voraussetzung des ersten Satzes in diesem Zeitpunkt als erfüllt;

   (BGBl I 2019/103)

2. der Abnehmer ist
   a) ein Unternehmer, der den Gegenstand der Lieferung für sein Unternehmen erworben hat,
   b) eine juristische Person, die nicht Unternehmer ist oder die den Gegenstand der Lieferung nicht für ihr Unternehmen erworben hat, oder
   c) bei der Lieferung eines neuen Fahrzeuges auch jeder andere Erwerber und

3. der Erwerb des Gegenstandes der Lieferung ist beim Abnehmer in einem anderen Mitgliedstaat steuerbar;

   (BGBl I 2019/103)

4. der Abnehmer im Sinne der Z 2 lit. a und lit. b hat dem Unternehmer, die in einem anderen Mitgliedstaat erteilte Umsatzsteuer-Identifikationsnummer mitgeteilt;

   (BGBl I 2019/103)

5. der Unternehmer ist der Verpflichtung zur Abgabe einer Zusammenfassenden Meldung nach Art. 21 Abs. 3 nachgekommen oder hat sein Versäumnis zur Zufriedenheit der zuständigen Behörden ordnungsgemäß begründet.

   (BGBl I 2019/103)

Der Gegenstand der Lieferung kann durch Beauftragte vor der Beförderung oder Versendung in das übrige Gemeinschaftsgebiet bearbeitet oder verarbeitet worden sein.

(2) Als innergemeinschaftliche Lieferung gilt auch das einer Lieferung gleichgestellte Verbringen eines Gegenstandes (Art. 3 Abs. 1).

(BGBl I 2019/103)

(3) Die Voraussetzungen der Abs. 1 und 2 müssen vom Unternehmer buchmäßig nachgewiesen sein. Der Bundesminister für Finanzen kann durch Verordnung bestimmen, wie der Unternehmer den Nachweis zu führen hat, daß der Gegenstand in das übrige Gemeinschaftsgebiet befördert oder versendet worden ist.

(4) Hat der Unternehmer eine Lieferung als steuerfrei behandelt, obwohl die Voraussetzungen nach Abs. 1 nicht vorliegen, so ist die Lieferung dennoch als steuerfrei anzusehen, wenn die Inanspruchnahme der Steuerbefreiung auf unrichtigen Angaben des Abnehmers beruht und der Unternehmer die Unrichtigkeit dieser Angaben auch bei Beachtung der Sorgfalt eines ordentlichen Kaufmanns nicht erkennen konnte. In diesem Fall schuldet der Abnehmer die entgangene Steuer. In Abholfällen hat der Unternehmer die Identität des Abholenden festzuhalten.

Ausstellung von Rechnungen in besonderen Fällen

Art. 11. (1) Der Unternehmer ist zur Ausstellung von Rechnungen verpflichtet für:
1. steuerfreie Lieferungen im Sinne des Art. 6 Abs. 1;
2. Lieferungen im Sinne des Art. 2;
3. sonstige Leistungen, die gemäß Art. 3a Abs. 1 im Inland ausgeführt werden;
4. den innergemeinschaftlichen Versandhandel, der gemäß Art. 3 Abs. 3 im Inland ausgeführt wird, wenn der Unternehmer weder die Sonderregelung nach Art. 25a im Inland, noch die Sonderregelung gemäß Art. 369a bis 369k der Richtlinie 2006/112/EG in einem Mitgliedstaat in Anspruch nimmt.

   (BGBl I 2019/91, BGBl I 2021/227)

In Fällen der Z 1 und 2 ist die Rechnung bis spätestens am fünfzehnten Tag des Kalendermonates, der auf den Kalendermonat folgt, in dem die Lieferung ausgeführt worden ist, unter Hinweis auf die Steuerfreiheit auszustellen. Besteht eine Verpflichtung gemäß Z 3 muss die Steuer gesondert auf der Rechnung ausgewiesen werden.

(BGBl I 2015/118)

(2) Wird in Rechnungen über steuerfreie Lieferungen im Sinne des Art. 7 abgerechnet, so sind die Umsatzsteuer-Identifikationsnummer des Unternehmers und die des Leistungsempfängers anzugeben. Das gilt nicht in den Fällen des Art. 1 Abs. 7 und des Art. 2.

(3) Rechnungen über die innergemeinschaftlichen Lieferungen von neuen Fahrzeugen an die nicht in Art. 1 Abs. 2 Z 2 genannten Erwerber müssen die in Art. 1 Abs. 8 und 9 bezeichneten Merkmale enthalten. Das gilt auch in den Fällen des Art. 2.

(4) Vereinnahmt der Unternehmer das Entgelt oder einen Teil des Entgeltes für eine noch nicht ausgeführte steuerfreie innergemeinschaftliche Lieferung, besteht hiefür keine Verpflichtung zur Rechnungsausstellung.

(5) § 11 Abs. 6 gilt nicht für Rechnungen über innergemeinschaftliche Lieferungen, Rechnungen gemäß Abs. 1 Z 4 und für Rechnungen gemäß Art. 25 Abs. 4.
(BGBl I 2019/91)

Vorsteuerabzug

Art. 12. (1) Der Unternehmer kann neben den in § 12 Abs. 1 Z 1 und 2 genannten Vorsteuerbeträgen folgende Beträge abziehen:

1. Die Steuer für den innergemeinschaftlichen Erwerb von Gegenständen für sein Unternehmen. Das gilt nicht für die sich auf Grund des Abs. 4 ergebende Steuer für den innergemeinschaftlichen Erwerb;
2. die gemäß Art. 25 Abs. 5 geschuldeten Beträge für Lieferungen, die im Inland für sein Unternehmen ausgeführt worden sind;
3. (aufgehoben)

(2) Der Ausschluss vom Vorsteuerabzug (§ 12 Abs. 3) tritt nicht ein, wenn die Umsätze nach Art. 6 Abs. 1 und 4 steuerfrei sind oder steuerfrei wären.
(BGBl I 2019/91)

(3) Für Fahrzeuglieferer (Art. 2) gelten folgende Einschränkungen des Vorsteuerabzugs:

1. Abziehbar ist nur die auf die Lieferung, die Einfuhr oder den innergemeinschaftlichen Erwerb des neuen Fahrzeugs entfallende Steuer.
2. Die Steuer kann nur bis zu dem Betrag abgezogen werden, der für die Lieferung des neuen Fahrzeugs geschuldet würde, wenn die Lieferung nicht steuerfrei wäre.
3. Die Steuer kann erst in dem Zeitpunkt abgezogen werden, in dem der Fahrzeuglieferer die innergemeinschaftliche Lieferung des neuen Fahrzeugs ausführt.

(4) § 12 Abs. 2 Z 2 gilt nicht für den innergemeinschaftlichen Erwerb.

Aufzeichnungspflichten

Art. 18. (1) Aus den Aufzeichnungen müssen die Bemessungsgrundlagen

– für den innergemeinschaftlichen Erwerb von Gegenständen und
– für die Lieferungen, für die die Steuer gemäß Art. 25 Abs. 5 geschuldet wird,

jeweils getrennt nach Steuersätzen, sowie die hierauf entfallenden Steuerbeträge zu ersehen sein.

Aus den Aufzeichnungen des Erwerbers, der eine inländische Umsatzsteuer-Identifikationsnummer verwendet, müssen die Entgelte für die Lieferungen im Sinne des Art. 25 Abs. 5 sowie die Umsatzsteuer-Identifikationsnummern der Empfänger dieser Lieferungen zu ersehen sein.

(2) Gegenstände, die der Unternehmer zu seiner Verfügung von Inland in das übrige Gemeinschaftsgebiet verbringt, müssen aufgezeichnet werden, wenn es sich um eine vorübergehende Verwendung im Sinne des Art. 3 Abs. 1 Z 1 lit. e bis g handelt.

(3) Gegenstände, die der Unternehmer von einem im übrigen Gemeinschaftsgebiet ansässigen Unternehmer im Sinne des § 3a Abs. 5 Z 1 und 2 zur Ausführung von Arbeiten an diesen beweglichen körperlichen Gegenständen oder zur Begutachtung erhält, müssen aufgezeichnet werden.

Steuerschuldner, Entstehung der Steuerschuld

Art. 19. (1) Steuerschuldner ist in den Fällen
1. des Art. 1 der Erwerber und
2. des Art. 7 Abs. 4 der Abnehmer;
3. (aufgehoben)

Der leistende Unternehmer haftet für diese Steuer.

(2) Die Steuerschuld entsteht
1. für den innergemeinschaftlichen Erwerb im Sinne des Art. 1 Abs. 1 bis 6 mit Ausstellung der Rechnung, spätestens jedoch am 15. Tag des dem Erwerb folgenden Kalendermonates;
2. für den innergemeinschaftlichen Erwerb von neuen Fahrzeugen im Sinne des Art. 1 Abs. 7 am Tag des Erwerbs;
3. im Fall des Art. 7 Abs. 4 zweiter Satz in dem Zeitpunkt, in dem die Lieferung ausgeführt wird.

Veranlagungszeitraum und Einzelbesteuerung

Art. 20. (1) Bei der Berechnung der Steuer ist die Summe der Umsätze gem. Art. 1 Abs. 1, für welche die Steuerschuld im Laufe eines Veranlagungszeitraumes entstanden ist, zu berücksichtigen. Dem ermittelten Betrag sind die nach Art. 7 Abs. 4 zweiter Satz geschuldeten Beträge hinzuzurechnen.

(2) Beim innergemeinschaftlichen Erwerb neuer Fahrzeuge durch andere Erwerber als die in Art. 1 Abs. 2 Z 2 genannten Personen ist die Steuer für jeden einzelnen steuerpflichtigen Erwerb zu berechnen (Fahrzeugeinzelbesteuerung).

Voranmeldung und Vorauszahlung, Veranlagung

Nichtunternehmer

Art. 21. (1) Die Bestimmung des § 21 gilt sinngemäß auch für juristische Personen, die ausschließlich eine Steuer für Umsätze nach Art. 1 oder Art. 25 Abs. 5 zu entrichten haben, sowie für Personen, die keine Unternehmer sind und Steuerbeträge nach Art. 7 Abs. 4 zweiter Satz schulden.

Fahrzeugeinzelbesteuerung

(2) In den Fällen der Fahrzeugeinzelbesteuerung (Art. 20 Abs. 2) hat der Erwerber spätestens bis zum Ablauf eines Monates, nach dem die Steuerschuld entstanden ist (Fälligkeitstag), eine Steuererklärung auf amtlichem Vordruck abzugeben, in der er die zu entrichtende Steuer selbst zu berechnen hat (Steueranmeldung). Gibt der Erwerber die Steueranmeldung nicht ab oder erweist sich die Selbstberechnung als nicht richtig, so kann das Finanzamt die Steuer festsetzen. Die Steuer ist spätestens am Fälligkeitstag zu entrichten.

4/1. UStG
Art. 21

Zusammenfassende Meldung

(3) Der Unternehmer im Sinne des § 2 hat bis zum Ablauf des auf jeden Kalendermonat (Meldezeitraum) folgenden Kalendermonates, in dem er innergemeinschaftliche Warenlieferungen ausgeführt oder Gegenstände im Rahmen einer Konsignationslagerregelung gemäß Art. 3 Abs. 2 verbracht hat, beim Finanzamt eine Meldung abzugeben (Zusammenfassende Meldung), in der er die Angaben nach Abs. 6 zu machen hat. Das gilt auch, wenn er im übrigen Gemeinschaftsgebiet steuerpflichtige sonstige Leistungen ausgeführt hat, für die der Leistungsempfänger entsprechend Art. 196 der Richtlinie 2006/112/EG in der Fassung der Richtlinie 2008/8/EG die Steuer schuldet. Unternehmer, für die das Kalendervierteljahr der Voranmeldungszeitraum ist (§ 21 Abs. 2), haben diese Meldung bis zum Ablauf des auf jedes Kalendervierteljahr (Meldezeitraum) folgenden Kalendermonates abzugeben. Für die Anwendung dieser Vorschrift gelten auch nichtselbständige juristische Personen im Sinne des § 2 Abs. 2 Z 2 als Unternehmer, sofern sie eine eigene Umsatzsteuer-Identifikationsnummer haben. Die Zuständigkeit in Angelegenheiten der Zusammenfassenden Meldung richtet sich nach der Zuständigkeit für die Festsetzung der Umsatzsteuer des Unternehmers.

(BGBl I 2019/103)

(4) Eine innergemeinschaftliche Warenlieferung im Sinne dieser Vorschrift ist
1. eine innergemeinschaftliche Lieferung im Sinne des Art. 7 Abs. 1 mit Ausnahme der Lieferungen neuer Fahrzeuge an Abnehmer ohne Umsatzsteuer-Identifikationsnummer;
2. eine innergemeinschaftliche Lieferung im Sinne des Art. 7 Abs. 2.

(BGBl I 2019/103)

3. (aufgehoben)

(5) (aufgehoben)

(6) Die Zusammenfassende Meldung muss folgende Angaben enthalten:
1. für innergemeinschaftliche Warenlieferungen im Sinne des Abs. 4 Z 1
    a) die Umsatzsteuer-Identifikationsnummer jedes Erwerbers, die ihm in einem anderen Mitgliedstaat erteilt worden ist und unter der die innergemeinschaftlichen Warenlieferungen an ihn ausgeführt worden sind, und
    b) für jeden Erwerber die Summe der Bemessungsgrundlagen der an ihn ausgeführten innergemeinschaftlichen Warenlieferungen;
2. für innergemeinschaftliche Warenlieferungen im Sinne des Abs. 4 Z 2
    a) die Umsatzsteuer-Identifikationsnummern des Unternehmers in den Mitgliedstaaten, in die er Gegenstände verbracht hat und
    b) die darauf entfallende Summe der Bemessungsgrundlagen.

2a. für das Verbringen von Gegenständen im Rahmen einer Konsignationslagerregelung gemäß Art. 3 Abs. 2 die Umsatzsteuer-Identifikationsnummern der geplanten Erwerber im Sinne des Art. 1a Abs. 1 lit. a sowie jede Änderung der gemeldeten Angaben;

(BGBl I 2019/103)

3. für im übrigen Gemeinschaftsgebiet ausgeführte steuerpflichtige sonstige Leistungen, für die der Leistungsempfänger entsprechend Art. 196 der Richtlinie 2006/112/EG in der Fassung der Richtlinie 2008/8/EG die Steuer schuldet
    a) die Umsatzsteuer-Identifikationsnummer jedes Leistungsempfängers, die ihm in einem anderen Mitgliedstaat erteilt worden ist und unter der die steuerpflichtigen sonstigen Leistungen an ihn erbracht worden sind, und
    b) für jeden Leistungsempfänger die Summe der Bemessungsgrundlagen der an ihn erbrachten steuerpflichtigen sonstigen Leistungen.

(BGBl I 2019/103)

(7) Die Angaben nach Abs. 6 Z 1 und 2 sind für den Meldezeitraum zu machen, in dem die Rechnung für die innergemeinschaftliche Warenlieferung ausgestellt wird, spätestens jedoch für den Meldezeitraum, in dem der auf die Ausführung der innergemeinschaftlichen Warenlieferung folgende Monat endet. Die Angaben nach Abs. 6 Z 2a sind für den Meldezeitraum zu machen, in dem der auf die Verbringung der Gegenstände gemäß Art. 3 Abs. 2 bzw. die Änderung folgende Monat endet.

Die Angaben nach Abs. 6 Z 3 sind für den Meldezeitraum zu machen, in dem die steuerpflichtige sonstige Leistung ausgeführt wird.

(BGBl I 2019/103)

(8) Erkennt der Unternehmer nachträglich, daß eine von ihm abgegebene Zusammenfassende Meldung unrichtig oder unvollständig ist, so ist er verpflichtet, die ursprüngliche Zusammenfassende Meldung innerhalb eines Monates zu berichtigen.

(9) Die Zusammenfassende Meldung gilt als Steuererklärung. § 135 der Bundesabgabenordnung ist sinngemäß mit der Maßgabe anzuwenden, dass der Verspätungszuschlag 1% der Summe aller nach Abs. 6 Z 1 lit. b, Z 2 lit. b und Z 3 lit. b zu meldenden Bemessungsgrundlagen für innergemeinschaftliche Warenlieferungen im Sinne des Abs. 4 und im übrigen Gemeinschaftsgebiet ausgeführte steuerpflichtige sonstige Leistungen, für die der Leistungsempfänger entsprechend Art. 196 der Richtlinie 2006/112/EG in der Fassung der Richtlinie 2008/8/EG die Steuer schuldet, nicht übersteigen und höchstens 2 200 Euro betragen darf.

(10) Die Übermittlung der Zusammenfassenden Meldung hat elektronisch zu erfolgen. Ist dem Unternehmer die elektronische Übermittlung der Steuererklärung mangels technischer Voraussetzungen unzumutbar, hat die Übermittlung der

Zusammenfassenden Meldung auf dem amtlichen Vordruck zu erfolgen.

Der Bundesminister für Finanzen wird ermächtigt, den Inhalt und das Verfahren der elektronischen Übermittlung der Zusammenfassenden Meldung mit Verordnung festzulegen. In der Verordnung kann vorgesehen werden, dass sich der Unternehmer einer bestimmten geeigneten öffentlich-rechtlichen oder privatrechtlichen Übermittlungsstelle zu bedienen hat; weiters kann ein vom Abs. 3 abweichender Abgabetermin bestimmt werden.

Gesonderte Erklärung innergemeinschaftlicher Lieferungen im Besteuerungsverfahren

(11) Der Unternehmer im Sinne des § 2 hat für jeden Voranmeldungszeitraum in der Voranmeldung (§ 21 Abs. 1 und 2) die Bemessungsgrundlagen seiner innergemeinschaftlichen Lieferungen und seiner Lieferungen im Sinne des Art. 25 Abs. 5 gesondert zu erklären. Die Angaben sind in dem Voranmeldungszeitraum zu machen, in dem die Rechnung für die innergemeinschaftliche Lieferung ausgestellt wird, spätestens jedoch im Voranmeldungszeitraum, in dem der auf die Ausführung der innergemeinschaftlichen Lieferung folgende Monat endet. Der zweite Satz gilt für die Steuererklärung (§ 21 Abs. 4) entsprechend.

Innergemeinschaftlicher Warenverkehr mit Gebrauchtgegenständen, Kunstgegenständen, Sammlungsstücken und Antiquitäten

Art. 24. (1) Die Differenzbesteuerung gemäß § 24 findet keine Anwendung,

a) auf die Lieferung eines Gegenstandes, den der Wiederverkäufer innergemeinschaftlich erworben hat, wenn auf die Lieferung des Gegenstandes an den Wiederverkäufer die Steuerbefreiung für innergemeinschaftliche Lieferungen im übrigen Gemeinschaftsgebiet angewendet worden ist. Dies gilt nicht für Kunstgegenstände, die vom Urheber oder dessen Rechtsnachfolgern geliefert wurden;
(BGBl I 2019/103)

b) auf die innergemeinschaftliche Lieferung neuer Fahrzeuge im Sinne des Art. 1 Abs. 8 und 9.

(2) Der innergemeinschaftliche Erwerb unterliegt nicht der Umsatzsteuer, wenn auf die Lieferung des Gegenstandes an den Erwerber im Sinne des Art. 1 Abs. 2 im übrigen Gemeinschaftsgebiet die Differenzbesteuerung (§ 24) angewendet worden ist.

(3) Die Anwendung des Art. 3 Abs. 3 und die Steuerbefreiung für innergemeinschaftliche Lieferungen (Art. 7 Abs. 1) sind bei der Differenzbesteuerung (§ 24) ausgeschlossen.

Sonderregelung für Anlagegold

Art. 24a. Die Bestimmungen des § 24a Abs. 1 lit. b und § 24a Abs. 2 lit. a gelten auch für den innergemeinschaftlichen Erwerb.

Zoll- und Steuerlager

Art. 24b. Die Verordnungsermächtigung des § 24b gilt sinngemäß für Erwerbe von Gegenständen, die in eine im § 24b Abs. 1 Z 2 genannte Regelung überführt werden sollen.

Dreiecksgeschäft

Begriff

Art. 25. (1) Ein Dreiecksgeschäft liegt vor, wenn bei einem Reihengeschäft (§ 3 Abs. 15) die in Abs. 3 genannten Voraussetzungen erfüllt werden.

Ort des innergemeinschaftlichen Erwerbs beim Dreiecksgeschäft

(2) Der innergemeinschaftliche Erwerb im Sinne des Art. 3 Abs. 8 zweiter Satz gilt als besteuert, wenn der Unternehmer, den den innergemeinschaftlichen Erwerb bewirkt (Erwerber), nachweist, dass ein Dreiecksgeschäft vorliegt und dass er seiner Erklärungspflicht gemäß Abs. 6 nachgekommen ist. Kommt der Unternehmer seiner Erklärungspflicht nicht nach, fällt die Steuerfreiheit rückwirkend weg.

Steuerbefreiung beim innergemeinschaftlichen Erwerb von Gegenständen

(3) Der innergemeinschaftliche Erwerb ist unter folgenden Voraussetzungen von der Umsatzsteuer befreit:

a) Der Erwerber betreibt im Inland weder sein Unternehmen noch hat er dort eine Betriebsstätte;

b) der Erwerber verwendet für den Erwerb eine Umsatzsteuer-Identifikationsnummer, die weder eine inländische noch eine des Mitgliedstaates ist, aus dem die Gegenstände stammen;

c) der Erwerb erfolgt für Zwecke einer anschließenden Lieferung des Erwerbers im Inland an einen Unternehmer oder eine juristische Person, der bzw. die für Zwecke der Umsatzsteuer im Inland erfasst ist (Abnehmer);

d) die Steuer für die anschließende Lieferung wird gemäß Abs. 5 vom Abnehmer geschuldet.

Rechnungsausstellung durch den Erwerber

(4) Die Rechnungsausstellung richtet sich nach den Vorschriften des Mitgliedstaates, von dem aus der Erwerber sein Unternehmen betreibt. Wird die Lieferung von der Betriebsstätte des Erwerbers ausgeführt, ist das Recht des Mitgliedstaates maßgebend, in dem sich die Betriebsstätte befindet. Rechnet der Leistungsempfänger, auf den die Steuerschuld übergeht, mittels Gutschrift ab, richtet sich die Rechnungsausstellung nach den Vorschriften des Mitgliedstaates, in dem die Lieferung ausgeführt wird. Sind für die Rechnungsausstellung die Vorschriften dieses Bundesgesetzes maßgebend, muss die Rechnung zusätzlich folgende Angaben enthalten:

- einen ausdrücklichen Hinweis auf das Vorliegen eines innergemeinschaftlichen Dreiecksgeschäftes und die Steuerschuldnerschaft des Abnehmers,
- die Umsatzsteuer-Identifikationsnummer, unter der der Erwerber den innergemeinschaftlichen Erwerb und die nachfolgende Lieferung der Gegenstände bewirkt hat, und
- die Umsatzsteuer-Identifikationsnummer des Abnehmers.

Steuerschuldner

(5) Bei einem Dreiecksgeschäft wird die Steuer vom Abnehmer der steuerpflichtigen Lieferung geschuldet, wenn die vom Erwerber ausgestellte Rechnung dem Abs. 4 entspricht.

Pflichten des Erwerbers

(6) Zur Erfüllung seiner Erklärungspflicht im Sinne des Abs. 2 hat der Erwerber in der Zusammenfassenden Meldung folgende Angaben zu machen:
- die Umsatzsteuer-Identifikationsnummer im Inland, unter der er den innergemeinschaftlichen Erwerb und die nachfolgende Lieferung der Gegenstände bewirkt hat;
- die Umsatzsteuer-Identifikationsnummer des Abnehmers der vom Erwerber bewirkten nachfolgenden Lieferung, die diesem im Bestimmungsmitgliedstaat der versandten oder beförderten Gegenstände erteilt worden ist;
- für jeden einzelnen dieser Abnehmer die Summe der Entgelte der auf diese Weise vom Erwerber im Bestimmungsmitgliedstaat der versandten oder beförderten Gegenstände bewirkten Lieferungen. Diese Beträge sind für den Meldezeitraum gemäß Art. 21 Abs. 3 anzugeben, in dem die Steuerschuld entstanden ist.

Pflichten des Abnehmers

(7) Bei der Berechnung der Steuer gemäß § 20 ist dem ermittelten Betrag der nach Abs. 5 geschuldete Betrag hinzuzurechnen.
(BGBl I 2022/108)

Sonderregelung für im Gemeinschaftsgebiet ansässige Unternehmer, die sonstige Leistungen an Nichtunternehmer im Gemeinschaftsgebiet erbringen, für innergemeinschaftlichen Versandhandel und für Lieferungen durch elektronische Schnittstellen innerhalb eines Mitgliedstaates
(BGBl I 2019/91)

Art. 25a.

Im Inland ansässige Unternehmer

Voraussetzungen für die Inanspruchnahme der Sonderregelung

(1) Unternehmer können auf Antrag über das für diese Zwecke beim Bundesministerium für Finanzen eingerichtete Portal, abweichend von den allgemeinen Vorschriften, die nachstehende Sonderregelung in Anspruch nehmen, wenn dies nicht nach Abs. 8, § 25a Abs. 10, § 25b Abs. 8 Z 1 oder einer vergleichbaren Sperrfrist in einem anderen Mitgliedstaat ausgeschlossen ist, für folgende Umsätze:

1. sonstige Leistungen an Nichtunternehmer gemäß § 3a Abs. 5 Z 3, die in anderen Mitgliedstaaten ausgeführt werden, in denen sie weder ihr Unternehmen betreiben noch eine Betriebsstätte haben, wenn es sich um einen Unternehmer handelt, der
   a) sein Unternehmen im Inland betreibt,
   b) sein Unternehmen im Drittlandsgebiet betreibt und innerhalb des Gemeinschaftsgebiets nur im Inland eine Betriebsstätte hat, oder
   c) sein Unternehmen im Drittlandsgebiet betreibt, im Inland eine Betriebsstätte hat, im übrigen Gemeinschaftsgebiet zumindest eine weitere Betriebsstätte hat und sich für die Inanspruchnahme der Sonderregelung nach diesem Bundesgesetz entscheidet.

   In den Fällen der lit. c kann sich der Unternehmer nur für die Inanspruchnahme der Sonderregelung nach diesem Bundesgesetz entscheiden, wenn er innerhalb der zwei vorangegangenen Kalenderjahre nicht in einem anderen Mitgliedstaat, in dem er zum Zeitpunkt der Antragstellung eine Betriebstätte hat, eine Sonderregelung gemäß Art. 369a bis 369k der Richtlinie 2006/112/EG unter den der lit. c entsprechenden Voraussetzungen in Anspruch genommen hat.

2. Lieferungen
   a) gemäß Art. 3 Abs. 3 oder
   b) durch elektronische Schnittstellen gemäß § 3 Abs. 3a Z 2 bei denen die Beförderung oder Versendung im selben Mitgliedstaat beginnt und endet.

   Für diese Lieferungen können folgende Unternehmer die Sonderregelung in Anspruch nehmen:
   aa) Unternehmer gemäß Z 1 lit. a bis c, oder
   bb) andere Unternehmer, wenn sie im Gemeinschaftsgebiet weder ihr Unternehmen betreiben noch eine Betriebsstätte haben und:
      – die Beförderung oder Versendung aller unter die Sonderregelung fallenden Lieferungen im Inland beginnt; oder
      – die Beförderung oder Versendung eines Teils der unter die Sonderregelung fallenden Lieferungen im Inland beginnt, der Unternehmer sich für die Inanspruchnahme der Sonderregelung nach diesem Bundesgesetz

entscheidet und er in keinem anderen Mitgliedstaat, in dem die Beförderung oder Versendung eines anderen Teils dieser Lieferungen beginnt, innerhalb der zwei vorangegangenen Kalenderjahre eine Sonderregelung gemäß Art. 369a bis 369k der Richtlinie 2006/112/EG unter vergleichbaren Umständen in Anspruch genommen hat.

(BGBl I 2019/91)

Beginn der Inanspruchnahme

(2) Die Sonderregelung ist ab dem ersten Tag des auf den Antrag nach Abs. 1 folgenden Kalendervierteljahres anzuwenden. Abweichend davon ist sie
1. ab dem Tag der Erbringung der ersten Lieferung oder sonstigen Leistung im Sinne des Abs. 1 anzuwenden, wenn der Unternehmer die Aufnahme der Tätigkeit spätestens am zehnten Tag des auf die erste Leistungserbringung folgenden Monates meldet;
2. ab dem Tag der Änderung anzuwenden, wenn der Unternehmer eine Sonderregelung gemäß Art. 369a bis 369k der Richtlinie 2006/112/EG in einem anderen Mitgliedstaat in Anspruch genommen hat und
   a) den Ort, von dem aus der Unternehmer sein Unternehmen betreibt, ins Inland oder ins Drittlandsgebiet verlegt oder seine Betriebsstätte in dem anderen Mitgliedstaat auflässt; oder
   b) es sich um einen Unternehmer gemäß Abs. 1 Z 2 lit. bb handelt, der keine unter die Sonderregelung fallenden Lieferungen mehr ausführt, deren Beförderung oder Versendung in dem anderen Mitgliedstaat beginnt;
und der Unternehmer die Änderung spätestens am zehnten Tag des auf die Änderung folgenden Monates beiden Mitgliedstaaten elektronisch meldet.

Wechselt der Unternehmer von einer Sonderregelung im Sinne des § 25a zu dieser Sonderregelung, gilt lit. a sinngemäß.

(BGBl I 2019/91)

Steuererklärung, Erklärungszeitraum, Entrichtung

(3) Der Unternehmer hat spätestens am letzten Tag des auf einen Erklärungszeitraum folgenden Monates eine Steuererklärung über alle in diesem Erklärungszeitraum ausgeführten steuerpflichtigen Umsätze, die unter die Sonderregelung fallen, über das für diese Zwecke beim Bundesministerium für Finanzen eingerichtete Portal abzugeben. Eine Steuererklärung ist auch dann abzugeben, wenn im Erklärungszeitraum keine Umsätze ausgeführt worden sind. Die für den Erklärungszeitraum zu entrichtende Steuer ist selbst zu berechnen und bei Abgabe der Erklärung, jedoch spätestens am zwanzigsten Tag des auf den Erklärungszeitraum folgenden Monates zu entrichten. Die Zahlung erfolgt unter Hinweis auf die zugrundeliegende Steuererklärung. Für Berichtigungen gilt Abs. 12 sinngemäß.

Der Erklärungszeitraum ist das Kalendervierteljahr.

(BGBl I 2019/91)

(4) In der Steuererklärung sind anzugeben:
1. die dem Unternehmer vom Finanzamt gemäß Art. 28 erteilte Umsatzsteuer-Identifikationsnummer;
2. für jeden Mitgliedstaat die Summe der in diesem Erklärungszeitraum ausgeführten, unter die Sonderregelung fallenden steuerpflichtigen Umsätze und die darauf entfallende Steuer aufgegliedert nach Steuersätzen;
3. die Gesamtsteuerschuld.

Erbringt der Unternehmer von Betriebsstätten in anderen Mitgliedstaaten Umsätze, die unter diese Sonderregelung fallen, so sind die in Z 1 bis 3 genannten Angaben auch für jeden dieser Mitgliedstaaten in der Steuererklärung anzuführen. Mangels Umsatzsteuer-Identifikationsnummer ist die Steuerregisternummer der jeweiligen Betriebsstätte anzugeben. Werden Gegenstände aus anderen Mitgliedstaaten versandt oder befördert sind die in Z 1 bis 3 genannten Angaben auch für jeden dieser Mitgliedstaaten anzuführen. Mangels Umsatzsteuer-Identifikationsnummer ist die Steuerregisternummer für jeden dieser Mitgliedstaaten anzugeben. Im Fall des Abs. 1 Z 2 lit. b gilt dies nur, wenn eine dieser Nummern vorhanden ist.

(BGBl I 2019/91)

Werte in fremder Währung

(5) Die Beträge in der Steuererklärung sind in Euro anzugeben.

Der Unternehmer hat zur Berechnung der Steuer Werte in fremder Währung nach den Kursen umzurechnen, die für den letzten Tag des Erklärungszeitraumes von der Europäischen Zentralbank festgestellt worden sind. Sind für diesen Tag keine Umrechnungskurse festgestellt, hat der Unternehmer die Steuer nach den für den nächsten Tag nach Ablauf des Erklärungszeitraumes von der Europäischen Zentralbank festgestellten Umrechnungskursen umzurechnen.

Beendigung oder Ausschluss von der Sonderregelung

(6) Ein Unternehmer kann die Inanspruchnahme dieser Sonderregelung beenden, unabhängig davon, ob er weiterhin Lieferungen oder sonstige Leistungen erbringt, die unter diese Sonderregelung fallen können. Die Beendigung der Sonderregelung kann nur mit Wirkung vom Beginn eines Kalendervierteljahres erfolgen. Sie ist spätestens fünfzehn Tage vor Ablauf des diesem vorangehenden Kalendervierteljahres über das für diese Zwecke beim

Bundesministerium für Finanzen eingerichtete Portal zu erklären.

(BGBl I 2021/227)

(7) In folgenden Fällen ist ein Unternehmer von der Inanspruchnahme der Sonderregelung auszuschließen:
1. der Unternehmer teilt mit, dass er keine unter die Sonderregelung fallenden Umsätze mehr ausführt;

(BGBl I 2019/91)

2. es werden über einen Zeitraum von acht aufeinanderfolgenden Kalendervierteljahren keine Lieferungen oder sonstigen Leistungen im Sinne des Abs. 1 erbracht;

(BGBl I 2021/227)

3. der Unternehmer erfüllt die Voraussetzungen für die Inanspruchnahme dieser Sonderregelung nicht mehr;
4. der Unternehmer verstößt wiederholt gegen die Vorschriften dieser Sonderregelung.

Die Ausschlussentscheidung ist elektronisch zu übermitteln und wirkt ab dem ersten Tag des Kalendervierteljahres, das auf die Übermittlung der Ausschlussentscheidung folgt. Ist der Ausschluss jedoch auf eine Änderung des Ortes, von dem aus der Unternehmer sein Unternehmen betreibt, auf eine Änderung des Ortes der Betriebsstätte oder auf eine Änderung des Ortes zurückzuführen, an dem die Beförderung oder Versendung beginnt, ist der Ausschluss ab dem Tag dieser Änderung wirksam. Ein Ausschluss gemäß Z 4 wirkt ab dem Tag, der auf den Tag folgt, an dem die Entscheidung über den Ausschluss dem Steuerpflichtigen elektronisch übermittelt wurde.

Ist eine elektronische Übermittlung über FinanzOnline nicht möglich, so hat sie an die vom Unternehmer bekannt gegebene E-Mail-Adresse zu erfolgen. Die Übermittlung des E-Mails gilt mit dessen Absendung als bewirkt, ausgenommen der Unternehmer weist nach, dass ihm das E-Mail nicht übermittelt worden ist.

(BGBl I 2019/91)

Sperrfristen

(8) Erfolgt ein Ausschluss gemäß Abs. 7 Z 4, kann der Unternehmer diese Sonderregelung zwei Jahre ab Wirksamkeit des Ausschlusses nicht in Anspruch nehmen. Der Ausschluss gilt auch für die Sonderregelungen gemäß § 25a und § 25b.

(BGBl I 2019/91)

Berichtspflichten

(9) Der Unternehmer hat die Beendigung seiner dieser Sonderregelung unterliegenden Tätigkeit, Änderungen, durch die er die Voraussetzungen für die Inanspruchnahme dieser Sonderregelung nicht mehr erfüllt, sowie Änderungen der im Rahmen der Sonderregelung mitgeteilten Angaben bis zum zehnten Tag des folgenden Monats über das für diese Zwecke beim Bundesministerium für Finanzen eingerichtete Portal zu melden.

Aufzeichnungspflichten

(10) Die Aufzeichnungen über die nach dieser Sonderregelung getätigten Umsätze haben getrennt nach den Mitgliedstaaten zu erfolgen, in denen die Umsätze ausgeführt worden sind. Die Aufzeichnungen sind zehn Jahre aufzubewahren und über Aufforderung der zuständigen Behörde elektronisch zur Verfügung zu stellen.

Umsätze im Inland

(11) Die Abs. 2 bis 10 sind für die im Inland ausgeführten, der Sonderregelungen unterliegenden steuerpflichtigen Umsätze sinngemäß anzuwenden, wenn der Unternehmer in einem anderen Mitgliedstaat der Sonderregelung gemäß Art. 369a bis 369k der Richtlinie 2006/112/EG unterliegt. Für sonstige Leistungen gilt dies nur, wenn er keine Betriebsstätte im Inland hat.

(BGBl I 2019/91)

Änderung der Bemessungsgrundlage

(12) Änderungen der Bemessungsgrundlage von Umsätzen gemäß Abs. 11 durch den Unternehmer sind innerhalb von drei Jahren ab dem Tag, an dem die ursprüngliche Erklärung abgegeben war, in eine spätere Erklärung aufzunehmen. Dabei ist auf den Steuerzeitraum und den Steuerbetrag, für den Änderungen erforderlich sind, zu verweisen.

(BGBl I 2019/91)

Entstehung der Steuerschuld, Fälligkeit, Entrichtung

(13) Die Steuerschuld für Umsätze gemäß Abs. 11 entsteht außer in den Fällen gemäß § 19 Abs. 2 Z 1a im Zeitpunkt, in dem die Umsätze ausgeführt werden. Die Steuer ist spätestens am letzten Tag (Fälligkeitstag) des auf den Erklärungszeitraum, in dem der Umsatz ausgeführt worden ist, folgenden Monats zu entrichten. Für diese Umsätze sind § 19 Abs. 1 zweiter Satz und § 21 Abs. 1 bis 6 nicht anzuwenden.

(BGBl I 2019/91)

Festsetzung der Steuer

(14) Unterlässt der Unternehmer die Einreichung der Steuererklärung pflichtwidrig oder erweist sich die Steuererklärung als unvollständig oder die Selbstberechnung als unrichtig, so hat das Finanzamt die Steuer für Umsätze im Sinne des Abs. 11 festzusetzen. Die festgesetzte Steuer hat den im Abs. 13 genannten Fälligkeitstag.

Vorsteuerabzug

(15) Ein Unternehmer, der Lieferungen oder sonstige Leistungen, die einer Sonderregelung gemäß Art. 369a bis 369k der Richtlinie 2006/112/EG im Inland oder in einem anderen Mitgliedstaat unterliegen, und der nicht verpflichtet ist, gemäß § 21 Abs. 4 eine Steuererklärung abzugeben, hat den mit diesen Umsätzen in Zusammenhang stehenden Vorsteuerabzug unter Anwendung des § 21 Abs. 9 vorzunehmen, unabhängig davon,

ob es sich um einen im Inland ansässigen Unternehmer handelt.
(BGBl I 2019/91, BGBl I 2022/108)

Besondere Aufsichtsmaßnahmen zur Sicherung des Steueranspruches

Bescheinigung zum Zwecke der Vorlage bei der Zulassungsbehörde

Art. 27. (1) Zur Sicherung des Steueranspruchs in Fällen des innergemeinschaftlichen Erwerbs neuer motorbetriebener Landfahrzeuge, neuer Luftfahrzeuge und neuer Wasserfahrzeuge (Art. 1 Abs. 8) gilt folgendes:

1. Im Falle der Anschaffung von Fahrzeugen im Sinne des Art. 1 Abs. 8 aus dem übrigen Gemeinschaftsgebiet hat das Finanzamt zu bescheinigen, daß gegen die Zulassung des Fahrzeuges aus steuerlichen Gründen keine Bedenken bestehen. Diese Bescheinigung ist nur zu erteilen, wenn die in Z 2, 3 beziehungsweise 4 vorgeschriebenen Angaben gemacht werden. Bei Erwerben im Sinne des Art. 1 Abs. 7 ist die Bescheinigung überdies nur dann zu erteilen, wenn der Nachweis über die Entrichtung der gemäß Art. 19 Abs. 2 Z 2 geschuldeten Steuer erbracht wird.

2. Für Zwecke der Bescheinigung betreffend motorbetriebene Landfahrzeuge im Sinne des Art. 1 Abs. 8 Z 1 sind folgende Angaben zu machen:
   a) der Name und die Anschrift des Lieferers,
   b) der Tag der Lieferung,
   c) das Entgelt (Kaufpreis),
   d) der Tag der ersten Inbetriebnahme,
   e) der Kilometerstand am Tag der Lieferung,
   f) die Fahrzeugart, der Fahrzeughersteller und der Fahrzeugtyp,
   g) der Verwendungszweck.

   Liegen die Voraussetzungen für die Erteilung einer solchen Bescheinigung vor, ist eine bestehende Zulassungssperre in der Genehmigungsdatenbank (§ 30a Abs. 9a Kraftfahrgesetz 1967, BGBl. Nr. 267/1967) aufzuheben. In diesem Fall entfällt die Ausstellung der Bescheinigung.

3. Für Zwecke der Bescheinigung betreffend Wasserfahrzeuge im Sinne des Art. 1 Abs. 8 Z 2 sind folgende Angaben zu machen:
   a) der Name und die Anschrift des Lieferers,
   b) der Tag der Lieferung,
   c) das Entgelt (Kaufpreis),
   d) der Tag der ersten Inbetriebnahme,
   e) die Fahrzeuglänge,
   f) die Zahl der bisherigen Betriebsstunden am Tag der Lieferung,
   g) der Wasserfahrzeughersteller und der Wasserfahrzeugtyp,
   h) der Verwendungszweck.

4. Für Zwecke der Bescheinigung betreffend Luftfahrzeuge im Sinne des Art. 1 Abs. 8 Z 3 sind folgende Angaben zu machen:
   a) der Name und die Anschrift des Lieferers,
   b) der Tag der Lieferung,
   c) das Entgelt (Kaufpreis),
   d) der Tag der ersten Inbetriebnahme,
   e) die Starthöchstmasse,
   f) die Zahl der bisherigen Betriebsstunden am Tag der Lieferung,
   g) der Flugzeughersteller und der Flugzeugtyp,
   h) der Verwendungszweck.

Die Angaben nach den Ziffern 2 bis 4 sind auch dann zu machen, wenn Zweifel daran bestehen, ob die Eigenschaften als neues Fahrzeug im Sinne des Art. 1 Abs. 8 vorliegen.

Meldepflicht bei der Lieferung neuer Fahrzeuge

(2) Zur Sicherung des Steueraufkommens durch einen regelmäßigen Austausch von Auskünften mit anderen Mitgliedstaaten auf der Grundlage der Gegenseitigkeit kann der Bundesminister für Finanzen durch Verordnung bestimmen, daß Unternehmer (§ 2) und Fahrzeuglieferer (Art. 2) der Abgabenbehörde ihre innergemeinschaftlichen Lieferungen neuer Fahrzeuge an Abnehmer ohne Umsatzsteuer-Identifikationsnummer melden müssen. Dabei können insbesondere geregelt werden:
1. die Art und Weise der Meldung;
2. der Inhalt der Meldung;
3. die Zuständigkeit der Abgabenbehörden;
4. der Abgabezeitpunkt der Meldung;
5. die Ahndung der Zuwiderhandlung gegen die Meldepflicht.

Vorlage von Urkunden

(3) Für Erhebungen zur Erfüllung der Auskunftsverpflichtung nach der Verordnung (EU) Nr. 904/2010 gilt die Bundesabgabenordnung sinngemäß.

Fiskalvertreter

(4) § 27 Abs. 7 gilt auch für Unternehmer, die innergemeinschaftliche Lieferungen und innergemeinschaftliche Erwerbe ausführen.

(5) (aufgehoben)

Umsatzsteuer-Identifikationsnummer

Art. 28. (1) Das Finanzamt hat Unternehmern im Sinne des § 2, die im Inland Lieferungen oder sonstige Leistungen erbringen, für die das Recht auf Vorsteuerabzug besteht, oder innergemeinschaftliche Erwerbe bewirken oder zur Inanspruchnahme der Sonderregelung gemäß § 25b oder Art. 25a eine Umsatzsteuer-Identifikationsnummer zu erteilen.

Eine Umsatzsteuer-Identifikationsnummer ist nicht zu erteilen, wenn der Unternehmer nur Lieferungen oder sonstige Leistungen im Inland erbringt, die über eine Sonderregelung gemäß Art. 358 bis 369 der Richtlinie 2006/112/EG, gemäß Art. 369a bis 369k der Richtlinie 2006/112/EG oder gemäß Art. 369l bis 369x der Richtlinie 2006/112/EG in einem anderen Mitgliedstaat erklärt werden. Das Finanzamt hat Unternehmern, die ihre Umsätze ausschließlich gemäß § 22 versteuern oder die nur Umsätze ausführen, die zum Ausschluss vom Vorsteuerabzug führen, auf Antrag eine Umsatzsteuer-Identifikationsnummer zu erteilen, wenn sie diese benötigen für

– innergemeinschaftliche Lieferungen,
– innergemeinschaftliche Erwerbe,
– im Inland ausgeführte steuerpflichtige sonstige Leistungen, für die sie als Leistungsempfänger der Steuer entsprechend Art. 196 der Richtlinie 2006/112/EG in der Fassung der Richtlinie 2008/8/EG schulden, oder für
– im übrigen Gemeinschaftsgebiet ausgeführte steuerpflichtige sonstige Leistungen, für die gemäß Artikel 196 der Richtlinie 2006/112/EG in der Fassung der Richtlinie 2008/8/EG der Leistungsempfänger die Steuer schuldet.

Der dritte Satz gilt – soweit er sich auf innergemeinschaftliche Erwerbe bezieht – für juristische Personen, die nicht Unternehmer sind, entsprechend. Im Falle der Organschaft wird auf Antrag für jede juristische Person eine eigene Umsatzsteuer-Identifikationsnummer erteilt. Der Antrag auf Erteilung einer Umsatzsteuer-Identifikationsnummer ist schriftlich zu stellen. In dem Antrag sind Name, Anschrift und Steuernummer, unter der der Antragsteller umsatzsteuerlich geführt wird, anzugeben. Der Bescheid über die Erteilung der Umsatzsteuer-Identifikationsnummer ist zurückzunehmen, wenn sich die tatsächlichen oder rechtlichen Verhältnisse geändert haben, die für die Erteilung der Umsatzsteuer-Identifikationsnummer maßgebend gewesen sind oder wenn das Vorhandensein dieser Verhältnisse zu Unrecht angenommen worden ist. Der Unternehmer ist verpflichtet, jede Änderung der tatsächlichen oder rechtlichen Verhältnisse, die für die Erteilung der Umsatzsteuer-Identifikationsnummer maßgebend gewesen sind, insbesondere die Aufgabe seiner unternehmerischen Tätigkeit, dem Finanzamt binnen eines Kalendermonats anzuzeigen.

(BGBl I 2019/91, BGBl I 2021/227; AbgÄG 2023, BGBl I 2023/110)

Bestätigungsverfahren

(2) Das Bundesministerium für Finanzen bestätigt dem Unternehmer im Sinne des § 2 auf Anfrage die Gültigkeit einer Umsatzsteuer-Identifikationsnummer sowie den Namen und die Anschrift der Person, der die Umsatzsteuer-Identifikationsnummer von einem anderen Mitgliedstaat erteilt wurde. Die Übermittlung der Anfrage hat, soweit dies nicht mangels technischer Voraussetzungen unzumutbar ist, elektronisch zu erfolgen. Der Bundesminister für Finanzen kann mit Verordnung das Bestätigungsverfahren regeln.

(3) Anfragen und Bestätigungen über die Gültigkeit einer Umsatzsteuer-Identifikationsnummer sind von den Stempelgebühren befreit.

4/2. SONSTIGE GESETZE

4/2/1. UStG 1994 Begleitmaßnahmen
BGBl 1995/21 idF BGBl 1996/756

Bundesgesetz, mit dem das Einkommensteuergesetz 1988, das Umgründungssteuergesetz, das Umsatzsteuergesetz 1994, das Bewertungsgesetz 1955, das Straßenbenützungsabgabegesetz und das Kapitalverkehrsteuergesetz geändert werden, mit dem eine Sonderregelung zum Abkommen zwischen der Republik Österreich und dem Königreich Spanien zur Vermeidung der Doppelbesteuerung auf dem Gebiete der Steuern vom Einkommen und vom Vermögen getroffen wird, weiters das Handelskammergesetz, das Körperschaftsteuergesetz 1988, das Normverbrauchsabgabegesetz, das Bundesgesetz, mit dem eine Sonderabgabe von Erdöl erhoben wird, das Kraftfahrzeugsteuergesetz 1992, das Versicherungssteuergesetz 1953 geändert werden, mit dem Begleitmaßnahmen zum Umsatzsteuergesetz 1994 vorgesehen werden, und mit dem das Finanzausgleichsgesetz 1993 geändert wird

Der Nationalrat hat beschlossen:

Artikel XIV
Begleitmaßnahmen zum Umsatzsteuergesetz 1994

1. Die Umsatzsteuerbefreiung gemäß § 6 Abs. 1 Z 18, soweit sie sich auf Pflegeanstalten, Alters-, Blinden- und Siechenheime bezieht, sowie gemäß Z 23 und 24, weiters die Umsatzsteuerbefreiung des § 6 Abs. 1 Z 25 Umsatzsteuergesetz 1994, soweit die Befreiung sich auf die in Z 18 genannten Umsätze der Pflegeanstalten, Alters-, Blinden- und Siechenheime sowie auf Z 23 und 24 bezieht, sind nicht anzuwenden, wenn
   a) die Körperschaft, Personenvereinigung oder Vermögensmasse bei dem für die Erhebung der Umsatzsteuer zuständigen Finanzamt eine schriftliche Erklärung abgibt, daß sie ihre Betätigung
      – in erheblichem Umfang privatwirtschaftlich organisiert und ausgerichtet hat und
      – die Steuerbefreiung zu größeren Wettbewerbsverzerrungen führen könnte, oder
   b) das Bundesministerium für Finanzen mit Bescheid feststellt, daß Umstände im Sinne des lit. a vorliegen.

   Die schriftliche Erklärung sowie der Bescheid des Bundesministeriums für Finanzen können nur abgeändert oder aufgehoben werden, wenn nachgewiesen wird, daß sich die hiefür maßgeblichen Verhältnisse gegenüber jenen im Zeitpunkt der Abgabe der Erklärung oder der Erlassung des Bescheides verändert haben. § 28 Abs. 3 des Umsatzsteuergesetzes 1994 ist nicht anzuwenden.

2. Steuerschulden, die aus der Berichtigung des Vorsteuerabzugs gemäß § 12 Abs. 10 und 11 des Umsatzsteuergesetzes 1994 in künftigen Geschäftsjahren (Wirtschaftsjahren) entstehen können, sind nicht ungewisse Verbindlichkeiten im Sinne des § 198 Abs. 8 Z 3 des Handelsgesetzbuches. Es dürfen dafür weder im handelsrechtlichen Jahresabschluß noch bei der steuerlichen Gewinnermittlung Rückstellungen gebildet werden. Dies gilt insbesondere für jene Fälle der Berichtigung des Vorsteuerabzugs, die durch die Einführung unechter Umsatzsteuerbefreiungen durch das Umsatzsteuergesetz 1994 veranlaßt werden.

3. Die Berichtigung des Vorsteuerabzuges gemäß § 12 Abs. 10 und 11 Umsatzsteuergesetz 1994, die wegen der nach dem 31. Dezember 1996 erfolgenden erstmaligen Anwendung der Bestimmungen des § 6 Abs. 1 Z 7, Z 18, ausgenommen soweit sie sich auf Pflegeanstalten, Alters-, Blinden- und Siechenheime bezieht, und Z 19 bis 22 des Umsatzsteuergesetzes 1994 durchzuführen wäre, entfällt. Dasselbe gilt für § 6 Abs. 1 Z 25, soweit es sich um in § 6 Abs. 1 Z 18 des Umsatzsteuergesetzes 1994 genannten Leistungen handelt, jedoch nicht, soweit sich die Z 18 auf Pflegeanstalten, Alters-, Blinden- und Siechenheime bezieht.

4. Die Änderung der Z 1 ist auf Umsätze anzuwenden, die nach dem 31. Dezember 1996 ausgeführt werden.

4/2/2. Umsatzsteuereinführungsgesetz 1972 (Auszug)

BGBl 1972/224

Bundesgesetz vom 15. Juni 1972 über die Einführung des Umsatzsteuergesetzes 1972

Art. XII
Änderungen auf dem Gebiete des Zivilrechtes

3. Ersatzrechtliche Sondervorschriften

Der Umstand, daß jemand, der Anspruch auf Ersatz für eine Sache oder Leistung hat, als Unternehmer zum Abzug von Vorsteuern (§ 12 des Umsatzsteuergesetzes 1972) berechtigt ist, berührt an sich die Bemessung des Ersatzes nicht. Schließt der Ersatzbetrag auch Umsatzsteuer ein, so erwächst jedoch dem Ersatzpflichtigen gegen den Ersatzberechtigten ein Rückersatzanspruch in der Höhe des Umsatzsteuerbetrages, sobald und soweit ihn der Ersatzberechtigte als Vorsteuer abziehen könnte. Dient der Ersatzbetrag dazu, die Wiederbeschaffung oder Wiederherstellung einer Sache oder Leistung zu ermöglichen, so ist als Zeitpunkt, in dem der Ersatzberechtigte den Vorsteuerabzug geltend machen könnte, der Zeitpunkt anzusehen, in dem er dies unter Annahme einer unverzüglichen Wiederbeschaffung oder Wiederherstellung tun könnte. Der Ersatzberechtigte ist verpflichtet, dem Ersatzpflichtigen Auskunft über den Vorsteuerabzug zu geben und ihm in die darauf bezüglichen Belege Einsicht zu gewähren.

4/2/3. Bundesgesetz über die internationale Steuervergütung

BGBl I 2003/71 idF BGBl I 2021/54

Bundesgesetz über die internationale Steuervergütung (IStVG)
(BGBl I 2021/3, BGBl I 2021/54)

Umsatzsteuer

§ 1. (1) Anspruch auf Vergütung von der österreichischen Umsatzsteuer nach diesem Bundesgesetz haben die folgenden Vergütungsberechtigten:
1. In Österreich errichtete ausländische Vertretungsbehörden hinsichtlich der ausschließlich für ihren amtlichen Gebrauch empfangenen Lieferungen und sonstigen Leistungen.
2. Im diplomatischen oder berufskonsularischen Rang stehende Mitglieder der ausländischen Vertretungsbehörden hinsichtlich Lieferungen und sonstige Leistungen, die für ihren persönlichen Gebrauch bestimmt sind.

(1a) Ist aufgrund völkerrechtlicher Verpflichtungen oder der Einräumung von Vorrechten und Befreiungen durch Bundesgesetz oder Verordnung eine Steuervergütung erforderlich, kommt dieses Bundesgesetz sinngemäß zur Anwendung, insoweit das Verfahren dazu nicht geregelt ist. Internationale Einrichtungen im Sinne des Amtssitzgesetzes, BGBl. I Nr. 54/2021, werden dabei ausländischen Vertretungsbehörden gleichgestellt.
(BGBl I 2021/3, BGBl I 2021/54)

(2) Ausländische Vertretungsbehörden im Sinn dieses Bundesgesetzes sind diplomatische Missionen, berufskonsularische Vertretungen sowie ständige Vertretungen bei internationalen Organisationen, die ihren Amtssitz in Österreich haben.

(3) Die Umsatzsteuervergütung wird den Vergütungsberechtigten aller Staaten unter der Voraussetzung gewährt, dass österreichischen Vertretungsbehörden und ihren im diplomatischen oder berufskonsularischen Rang stehenden Mitgliedern in diesen Staaten eine mit dem Grundsatz der Gleichbehandlung vereinbare abgabenrechtliche Stellung zukommt. Liegt diese mit dem Grundsatz der Gleichbehandlung vereinbare abgabenrechtliche Stellung insgesamt nicht vor, so besteht kein Anspruch auf Umsatzsteuervergütung; eine reziprozitätsbedingt bloß eingeschränkte Umsatzsteuervergütung erfolgt nicht.

Vergütbare Umsatzsteuer und Nachweispflichten
(BGBl I 2021/3)

§ 2. (1) Vergütbar sind jene Umsatzsteuerbeträge, die in einer an den Vergütungsberechtigten ausgestellten Rechnung eines Unternehmers gesondert ausgewiesen sind und vom Vergütungsberechtigten getragen werden. Zu diesem Zweck sind die Vergütungsberechtigten berechtigt, vom leistenden Unternehmer die Ausstellung einer Rechnung mit gesondertem Steuerausweis zu verlangen. § 11 UStG 1994 gilt sinngemäß.

(2) Ein Anspruch auf Umsatzsteuervergütung besteht nur hinsichtlich jener Lieferungen und sonstigen Leistungen, deren Entgelt zuzüglich der Umsatzsteuer mindestens 73 Euro beträgt. Werden von einem Unternehmer mehrere Leistungen gemeinsam erbracht und wird hierüber nach den üblichen Regeln des Geschäftsverkehrs eine einheitliche Rechnung im Sinn des § 11 UStG 1994 ausgestellt, so ist das Gesamtentgelt der Rechnung zuzüglich Umsatzsteuer maßgebend. In den Fällen des § 6 Abs. 1 Z 6 lit. d UStG 1994 besteht kein Anspruch auf Umsatzsteuervergütung.

(3) Der Vergütungsberechtigte ist verpflichtet, jene Rechnungen, hinsichtlich derer er Umsatzsteuervergütung geltend macht, samt Zahlungsbeleg sieben Jahre ab dem Ablauf des Kalenderjahres, in dem die Umsatzsteuervergütung geltend gemacht wurde, aufzubewahren und der zuständigen Behörde über deren Ersuchen zur Einsichtnahme in geordneter Form vorzulegen.

(4) Hinsichtlich der Vergütungsberechtigten im Sinne des § 1 Abs. 1 Z 2 gilt weiters, dass die Vergütung für den einzelnen Vergütungsberechtigten den Gesamtbetrag von 2 900 Euro pro Kalenderjahr nicht übersteigen darf.

Pauschalierung und Ortskräftevorbehalt
(BGBl I 2021/3)

§ 3. (1) Anstelle einer Steuervergütung auf Basis der einzelnen Lieferungen und sonstigen Leistungen gemäß der §§ 2, 10 und 11 können Vergütungsberechtigte im Sinne des § 1 Abs. 1 Z 2 eine einheitliche pauschale Vergütung in Höhe von 110 Euro je angefangenem oder vollem Kalendermonat, in dem die Voraussetzungen für die Vergütung der Umsatzsteuer erfüllt sind, in Anspruch nehmen. Die Vergütungsberechtigten haben in diesem Fall die Inanspruchnahme der Pauschalvergütung jeweils in ihrem ersten für ein Kalenderjahr eingereichten Vergütungsantrag zu erklären und sind daran für dieses Kalenderjahr gebunden. Eine gesonderte Inanspruchnahme der pauschalen Vergütung für Umsatzsteuer, Elektrizitätsabgabe oder Erdgasabgabe ist nicht zulässig.

(2) Personen, die im Sinn des Artikels 38 des Wiener Übereinkommens über diplomatische Beziehungen, BGBl. Nr. 66/1966, Angehörige der Republik Österreich oder in ihr ständig ansässig sind, haben keinen Vergütungsanspruch.

Umsatzsteuervergütungsverfahren
(BGBl I 2021/3)

§ 4. (1) Vergütungszeitraum ist das Kalendervierteljahr. Für jeden Vergütungszeitraum ist ein gesonderter Antrag zu stellen, der mit dem auf den Ablauf des Vergütungszeitraums beginnenden Tag eingereicht werden kann. Der Antrag darf nur Vergütungsbeträge von Rechnungen, deren Ausstellungsdatum innerhalb dieses Vergütungszeitraums liegt, enthalten. Wurde für ein Kalenderjahr gemäß § 3 Z 2 die Pauschalierung in Anspruch genommen, so ist für jeden Vergütungszeitraum ein eigener Antrag zwecks Auszahlung des jeweiligen pauschalen Vergütungsbetrages einzureichen.

(2) Der Antrag auf Umsatzsteuervergütung ist nach dem amtlichen Vordruck unmittelbar bei der zuständigen Behörde einzureichen. Die Einreichung hat durch die ausländischen Vertretungsbehörden zu erfolgen.

(BGBl I 2021/54)

(3) Die zuständige Behörde ist berechtigt, die geltend gemachten Ansprüche auf Umsatzsteuervergütung unter Mitwirkung der Vergütungsberechtigten auf ihre Richtigkeit zu prüfen und zu diesem Zweck die Vergütungsberechtigten um Vorlage der Rechnungen (§ 2 Abs. 3) zu ersuchen. Wird dieser Mitwirkung nicht entsprochen, so ist für den Vergütungszeitraum, auf den sich das Ersuchen um Rechnungsvorlage bezieht, keine Umsatzsteuer zu vergüten. Ergibt sich auf Grund der vorgelegten Rechnungen ein geringerer Umsatzsteuerbetrag als nach diesem Bundesgesetz vergütbar ist, so ist, vorbehaltlich des § 3 Z 1, nur der geringere Betrag an Umsatzsteuer zu vergüten.

(4) Der von Vergütungsberechtigten im Sinne des § 1 Abs. 1 Z 1 in einem formell mängelfreien Antrag (Abs. 2) geltend gemachte Umsatzsteuerbetrag ist ohne unnötigen Aufschub zur Auszahlung zu bringen. Auf Grund von Überprüfungen der Rechnungen (Abs. 3) festgestellte Überzahlungen sind auf geltend gemachte Umsatzsteuerbeträge späterer Vergütungszeiträume anzurechnen.

(5) Soweit dem Vergütungsantrag entsprochen wird, unterbleibt eine schriftliche Erledigung.

(6) Wenn schriftliche Erledigungen zu ergehen haben, ist § 11 Abs. 2 Zustellgesetz nicht anzuwenden.

Sperrfrist und Rückzahlung zu Unrecht vergüteter Umsatzsteuer
(BGBl I 2021/3)

§ 5. (1) Werden Gegenstände, hinsichtlich derer Umsatzsteuer vergütet wurde, innerhalb von zwei Jahren ab der Anschaffung entgeltlich oder unentgeltlich abgegeben, ist die vergütete Umsatzsteuer zurückzuzahlen oder auf den Vergütungsbetrag des Vergütungszeitraumes, in dem die entgeltliche oder unentgeltliche Abgabe erfolgt, anzurechnen. Ein allenfalls verbleibender Restbetrag ist auf geltend gemachte Umsatzsteuerbeträge späterer Vergütungszeiträume anzurechnen.

(2) Für Kraftfahrzeuge, die gemäß § 6 Abs. 1 Z 6 lit. d UStG 1994 steuerfrei geliefert wurden, gilt die jeweilige Sperrfrist nach § 93 Abs. 1 ZollR-DG. Würden bei sinngemäßer Anwendung des § 93 Abs. 1 ZollR-DG die Einfuhrabgaben nicht erhoben, so erfolgt auch keine Nacherhebung der Umsatzsteuer. Andernfalls ist die Umsatzsteuer beim Vergütungsberechtigten, dem steuerfrei geliefert wurde, nachzuerheben. Zu diesem Zweck gilt der Umsatzsteuer mit dem Steuerbetrag, der sich bei steuerpflichtiger Lieferung ergeben hätte, als vergütet. Die Nacherhebung hat nach Abs. 1 zu erfolgen.

(3) Für neue Kraftfahrzeuge, die von Vergütungsberechtigten im Sinn des § 1 Abs. 1 gemäß Art. 6 Abs. 2 Z 3 iVm § 93 Abs. 1 ZollR-DG steuerfrei erworben wurden, gilt Abs. 2 sinngemäß.

(4) Ändert sich der Steuerbetrag für eine erbrachte Leistung nach erfolgter Antragstellung oder kommt hervor, dass auf andere Weise Umsatzsteuer zu Unrecht vergütet wurde, so ist der zu Unrecht vergütete Betrag zurückzuzahlen oder auf den Umsatzsteuerbetrag des Vergütungszeitraums anzurechnen, in dem die zuständige Behörde davon Kenntnis erhalten hat. Ein allenfalls verbleibender Restbetrag ist auf geltend gemachte Umsatzsteuerbeträge späterer Vergütungszeiträume anzurechnen. Die Rückzahlung oder Anrechnung hat zu unterbleiben, wenn seit Ablauf des Kalenderjahres, in dem die Umsatzsteuer zu Unrecht vergütet wurde, ein Zeitraum von mehr als zehn Jahren verstrichen ist.

Elektrizitäts- und Erdgasabgabe

§ 6. (1) Vergütungsberechtigte im Sinne des § 1 Abs. 1 Z 1 haben in sinngemäßer Anwendung der für die Vergütung der Umsatzsteuer nach diesem Bundesgesetz maßgebenden Bestimmungen Anspruch auf Vergütung der Elektrizitätsabgabe und der Erdgasabgabe.

(2) Vergütungsberechtigte im Sinne des § 1 Abs. 1 Z 2 haben in sinngemäßer Anwendung der für die Vergütung der Umsatzsteuer nach diesem Bundesgesetz maßgebenden Bestimmungen und nach Maßgabe der folgenden Bestimmungen Anspruch auf Vergütung der Elektrizitätsabgabe und der Erdgasabgabe:
1. Die Vergütung darf für den einzelnen Vergütungsberechtigten den Gesamtbetrag von 360 Euro pro Kalenderjahr nicht übersteigen.
2. Voraussetzung ist weiters, dass die ausländische Vertretungsbehörde, durch welche gemäß § 4 Abs. 2 die Einreichung des Vergütungsantrages zu erfolgen hat, auf dem Vergütungsantrag bestätigt, dass sie selbst für das betreffende Kalenderjahr keine Vergütung der diesbezüglichen Elektrizitätsabgabe oder der Erdgasabgabe beantragt.

(BGBl I 2021/54)

(BGBl I 2021/3)

Zuständige Behörde

§ 7. Zuständige Behörde im Sinne dieses Bundesgesetzes ist das Finanzamt für Großbetriebe. Die zuständige Behörde ist berechtigt, mit den Vergütungsberechtigten unmittelbar zu verkehren.

(BGBl I 2021/3, BGBl I 2021/54)

Verarbeitung und Austausch von Daten und Informationen

§ 8. (1) Im Zusammenhang mit diesem Bundesgesetz sind der Bundesminister für europäische und internationale Angelegenheiten und die zuständige Behörde ermächtigt, Informationen und personenbezogene Daten im dafür erforderlichen Ausmaß zu verarbeiten und untereinander auszutauschen.

(2) Der Bundesminister für europäische und internationale Angelegenheiten ist verpflichtet, der zuständigen Behörde die für die Vollziehung dieses Bundesgesetzes erforderlichen Daten zu übermitteln.

(BGBl I 2021/3)

Verordnungsermächtigung

§ 9. Der Bundesminister für Finanzen im Einvernehmen mit dem Bundesminister für europäische und internationale Angelegenheiten wird ermächtigt, die Übermittlung der Daten sowie Durchführungsbestimmungen mit Verordnung näher zu regeln.

(BGBl I 2021/3)

Anwendungsbereich der Bundesabgabenordnung

§ 10. Die Vergütung nach diesem Bundesgesetz ist eine Vergütung im Sinne des § 2 BAO.

(BGBl I 2021/3)

Verweisungen

§ 11. (1) Verweisungen auf das Bundesgesetz vom 19. Mai 1976 über die Umsatzsteuervergütung an ausländische Vertretungsbehörden und ihre im diplomatischen und berufskonsularischen Rang stehenden Mitglieder (BGBl. Nr. 257/1976, zuletzt geändert durch BGBl. I Nr. 59/2001) beziehen sich für Zeiträume ab dem 1. Jänner 2004 auf dieses Bundesgesetz.

(2) Soweit in diesem Bundesgesetz auf Bestimmungen anderer Bundesgesetze verwiesen wird, sind diese Bestimmungen in ihrer jeweils geltenden Fassung anzuwenden.

(BGBl I 2021/3)

Geschlechtsneutrale Formulierung

(BGBl I 2021/3)

§ 12. Die verwendeten personenbezogenen Bezeichnungen gelten für Frauen und Männer in gleicher Weise. Bei der Anwendung auf bestimmte Personen ist die jeweils geschlechtsspezifische Form zu verwenden.

Schluss- und Übergangsbestimmungen

(BGBl I 2021/3)

§ 13. (1) Dieses Bundesgesetz ist auf Vergütungszeiträume ab dem 1. Jänner 2004 anzuwenden.

(2) Umsatzsteuervergütungen nach dem Bundesgesetz vom 19. Mai 1976 über die Umsatzsteuervergütung an ausländische Vertretungsbehörden und ihre im diplomatischen und berufskonsularischen Rang stehenden Mitglieder (BGBl. Nr. 257/1976, zuletzt geändert durch BGBl. I Nr. 59/2001), Vergütungen von Elektrizitätsabgabe nach § 6 Abs. 4 Elektrizitätsabgabegesetz und Vergütungen von Erdgasabgabe nach § 7 Abs. 4 Erdgasabgabegesetz haben letztmalig für den Abrechnungszeitraum

zweites Halbjahr 2003 zu erfolgen. Käme es auf Grund des Übergangs von der Anwendung der genannten Gesetze zu diesem Bundesgesetz zu einer doppelten Vergütung oder zu keiner Vergütung, so steht der Anspruch auf Vergütung insgesamt ein Mal zu.

(3) § 7 tritt mit 1. Juli 2002 in Kraft. Mit diesem Tag kann auch die Verordnung des Bundesministers für Finanzen im Einvernehmen mit dem Bundesminister für europäische und internationale Angelegenheiten zur näheren Regelung der Übermittlung der Daten in Kraft gesetzt werden.

(BGBl I 2021/3)

(4) § 2 Abs. 4, § 3, § 10 Abs. 2 und § 11 Abs. 2, jeweils in der Fassung des Bundesgesetzes BGBl. I Nr. 180/2004, sind erstmalig auf Vergütungszeiträume ab dem 1. Jänner 2005 anzuwenden.

(5) §§ 6, 7, 8, 9, 10, 11 und 14 Abs. 2, jeweils in der Fassung des Bundesgesetzes BGBl. I Nr. 3/2021, treten mit 1. Jänner 2021 in Kraft.

(BGBl I 2021/3)

(6) Die §§ 1 Abs. 1a, 4 Abs. 2, 6 Abs. 2 Z 2 und 7 in der Fassung des Bundesgesetzes BGBl. I Nr. 54/2021 treten mit 1. Mai 2021 in Kraft.

(BGBl I 2021/54)

Vollziehung

(BGBl I 2021/3)

§ 14. (1) Mit der Vollziehung dieses Bundesgesetzes ist der Bundesminister für Finanzen betraut.

(2) Mit der Vollziehung des § 1 Abs. 3, des § 8 und des § 9 ist auch der Bundesminister für europäische und internationale Angelegenheiten, und mit der Vollziehung des § 2 Abs. 1 ist auch – soweit es sich um zivilrechtliche Bestimmungen handelt – der Bundesminister für Justiz betraut.

(BGBl I 2021/3)

4/2/4. Gesundheits- und Sozialbereich-Beihilfengesetz

BGBl 1996/746 idF BGBl I 2023/110
(AbgÄG 2023)

Bundesgesetz, mit dem Beihilfen im Gesundheits- und Sozialbereich geregelt werden (Gesundheits- und Sozialbereich-Beihilfengesetz – GSBG)

§ 1. (1) Unternehmer, die nach § 6 Abs. 1 Z 7 UStG 1994 befreite Umsätze bewirken, haben einen Anspruch auf eine Beihilfe.

(2) Diese Beihilfe für die Träger der Sozialversicherung und ihre Verbände, die Krankenfürsorgeeinrichtungen im Sinne des § 2 Abs. 1 des Beamten-Kranken- und Unfallversicherungsgesetzes, BGBl. Nr. 200/1967, und die Träger des öffentlichen Fürsorgewesens ergibt sich aus den unmittelbar in Zusammenhang mit den gemäß § 6 Abs. 1 Z 7 UStG 1994 befreiten Umsätzen stehenden, nach § 12 Abs. 3 UStG 1994 nicht abziehbaren Vorsteuern.

(3) Die Beihilfe für die Träger des öffentlichen Fürsorgewesens ergibt sich weiters aus einem Ausgleich für die Kürzung der Beihilfe bei Kranken- oder Kuranstalten auf Grund von Leistungen an den Träger des öffentlichen Fürsorgewesens, sofern der Kürzungsbetrag dem Träger des öffentlichen Fürsorgewesens in der über diese Leistung gelegten Rechnung bekanntgegeben wird.

§ 1a. Zusätzlich zur Beihilfe nach § 1 ist eine pauschalierte Beihilfe

1. der Österreichischen Gesundheitskasse in der Höhe von 100 Millionen Euro pro Jahr;
2. der Sozialversicherungsanstalt der Selbständigen in der Höhe von 30 Millionen Euro pro Jahr, zuzurechnen dem Rechenkreis der bäuerlichen Sozialversicherung,

zu gewähren. Der Betrag ist monatlich bis zum 25. des Folgemonates vom Finanzamt für Großbetriebe an die in den Z 1 und 2 genannten Versicherungsträger zu überweisen.

(AbgÄG 2023, BGBl I 2023/110)

§ 2. (1) Unternehmer, die nach § 6 Abs. 1 Z 18 und 25 UStG 1994 befreite Umsätze mit ihren Kranken- und Kuranstalten bewirken, haben einen Anspruch auf eine Beihilfe in Höhe der im Zusammenhang mit diesen befreiten Umsätzen stehenden, nach § 12 Abs. 3 UStG 1994 nicht abziehbaren Vorsteuern, abzüglich 10% der Entgelte für nach § 6 Abs. 1 Z 18 und 25 UStG 1994 befreite Umsätze, soweit sie nicht aus öffentlichen Mitteln stammen (beispielsweise Klassegelder, Entgelte für Privatpatienten). Eine Kürzung der Beihilfe im Ausmaß von 10% der nicht aus öffentlichen Mitteln stammenden Entgelte ist auch bei anderen befreiten Umsätzen vorzunehmen, für die zuvor nicht abzugsfähige Vorsteuern als Beihilfe in Anspruch genommen worden sind. Das Ausmaß der Kürzung wird bei steuerfreien Grundstücksumsätzen durch die Höhe der in den

4/2/4. UStG GSBG

vorangegangenen 20 Jahren anteilig in Anspruch genommenen Beihilfen begrenzt. Die Beihilfe gilt in Fällen, in denen die Sachleistungskosten mit einem Landesfonds oder mit einem inländischen Sozialversicherungsträger verrechnet werden, als Teil der Mittel des jeweiligen Landesfonds oder inländischen Sozialversicherungsträgers.
(AbgÄG 2023, BGBl I 2023/110)

(2) Die Regelung des Abs. 1 gilt auch für Unternehmer, die Lieferungen von menschlichem Blut (§ 6 Abs. 1 Z 21 UStG 1994) oder Umsätze gemäß § 6 Abs. 1 Z 22 UStG 1994 bewirken, wobei Umsätze an Unternehmer, die nach § 6 Abs. 1 Z 18 und 25 UStG befreite Umsätze bewirken, nicht unter die Kürzungsbestimmungen des Abs. 1 fallen. Für die Höhe der Beihilfe können auch mit den befreiten Umsätzen in direktem Zusammenhang stehende Vorsteuern geltend gemacht werden, die in einem anderen Mitgliedstaat der Europäischen Union angefallen sind, dort weder geltend gemacht werden dürfen noch anderweitig ersetzt werden können, und die für die Beihilfe angerechnet würden, wenn die Vorsteuern in Österreich bewirkt worden wären. Der Bundesminister für Finanzen kann durch Verordnung festlegen, wie der Nachweis des Beihilfenanspruchs in diesen Fällen erbracht werden muss.
(BGBl I 2018/62)

(3) Wird eine nach § 6 Abs. 1 Z 18, 22 oder 25 UStG 1994 befreite Leistung durch einen inländischen Sozialversicherungsträger regressiert, unterliegt auch das für den durchschnittlichen Vorsteuerkostenanteil verrechnete Beihilfenäquivalent in Höhe von 11,11% den Legalzessionsbestimmungen gemäß § 332 ASVG bzw. den vergleichbaren Legalzessionsbestimmungen in § 190 GSVG, § 178 BSVG, § 125 B-KUVG und § 64a NVG.

(4) Besteht für eine Einrichtung, die Beihilfen nach Abs. 1 in Anspruch genommen hat, dieser Anspruch nicht mehr und kann eine Vorsteuerberichtigung gemäß § 12 Abs. 10 UStG 1994 geltend gemacht werden, so ist der gemeine Wert der Anlagegüter der Einrichtung als fiktiver Verkaufserlös für eine Kürzung nach Abs. 1 anzusetzen. Die Kürzung ist durch die in Anspruch genommene Vorsteuerberichtigung begrenzt.

(5) Wird ein Gegenstand des Anlagevermögens eines Unternehmers, welcher nach § 1 oder § 2 eine Beihilfe bezieht, durch eine Änderung der Verwendung einer Vorsteuerberichtigung unterworfen, so ist die dafür in Anspruch genommene Beihilfe für die gleichen Zeiträume und in gleicher Höhe wie die Vorsteuerberichtigung zu kürzen. Wechselt die Verfügungsmacht über einen solchen im Zuge eines gemäß UStG 1994 nicht steuerbaren Umsatzes, so erfolgt eine Kürzung in der Höhe, die bei Steuerbarkeit eine zum Zeitpunkt der Verwirklichung des Sachverhalts erfolgte Vorsteuerberichtigung bzw. eine Beihilfenkürzung nach Abs. 1 unter Anwendung eines fiktiven Entgelts in Höhe des gemeinen Werts ausgelöst hätte.

§ 3. (1) Ärzte, Dentisten und sonstige Vertragspartner haben Anspruch auf einen Ausgleich, der sich nach den von den Sozialversicherungsträgern, den Krankenfürsorgeeinrichtungen und den von den Trägern des öffentlichen Fürsorgewesens gezahlten Entgelten für Leistungen im Sinne des § 6 Abs. 1 Z 19 UStG 1994 richtet.

(2) Alten-, Behinderten- und Pflegeheime, die nach § 6 Abs. 1 Z 18 und 25 UStG 1994 befreite Umsätze bewirken, haben Anspruch auf einen Ausgleich, der sich nach den Entgelten von seiten der Träger des öffentlichen Fürsorgewesens richtet.

(3) Der Bundesminister für Finanzen hat im Einvernehmen mit dem Bundesminister für Soziales, Gesundheit, Pflege und Konsumentenschutz mit Verordnung die Ausgleichssätze auf Grund von Erfahrungen über die wirtschaftlichen Verhältnisse bei der jeweiligen Gruppe von Unternehmern festzusetzen.
(AbgÄG 2023, BGBl I 2023/110)

§ 4. (1) Auf die Beihilfe nach diesem Bundesgesetz sind die Bestimmungen der Bundesabgabenordnung, BGBl. Nr. 194/1961, anzuwenden.

(2) Abweichend davon gelten für die Ausgleichszahlungen des § 3 Abs. 1 bezüglich der Beziehungen zwischen anspruchsberechtigten Vertragspartnern (Ärzte, Dentisten und sonstige Vertragspartner) einerseits und Sozialversicherungsträgern, Krankenfürsorgeeinrichtungen und Trägern des öffentlichen Fürsorgewesens andererseits sinngemäß die Verfahrensbestimmungen der §§ 352 ff ASVG.

(3) Die Beihilfen und Ausgleichszahlungen gemäß §§ 1 bis 3 und die Beiträge gemäß § 9 sind selbst zu berechnende Abgaben.
(BGBl I 2019/104, AbgÄG 2023, BGBl I 2023/110)

§ 5. (1) Ändert sich nachträglich die Bemessungsgrundlage im Sinne des § 1, § 2 oder § 11 für die Beihilfe, ist die Beihilfe entsprechend zu berichtigen. Auf die Berichtigung sind § 16 Abs. 1, Abs. 3 und Abs. 4 UStG 1994 sinngemäß anzuwenden.

(2) Erweist sich die Erklärung der Beihilfe als unvollständig oder nicht richtig, hat eine Berichtigung der Erklärung der Beihilfe zu erfolgen. Das zuständige Finanzamt hat die Beihilfe festzusetzen, solange nicht ein das Kalendermonat beinhaltender Festsetzungsbescheid aufgrund einer Jahreserklärung erlassen wurde.
(AbgÄG 2023, BGBl I 2023/110)

§ 6. (1) Die Geltendmachung der Beihilfe nach §§ 1 und 2 hat von den in §§ 1 und 2 genannten Unternehmern für jeden Kalendermonat mit einer elektronischen Erklärung im Wege von FinanzOnline zu erfolgen.
(AbgÄG 2023, BGBl I 2023/110)

(2) Bis zum 30. Juni jeden Kalenderjahres ist eine elektronische Jahreserklärung für das vorangegangene Kalenderjahr im Wege von FinanzOnline zu übermitteln. Das zuständige Finanzamt hat die Beihilfe nach Ablauf des Kalenderjahres mit Bescheid festzusetzen.
(AbgÄG 2023, BGBl I 2023/110)

(3) Wird die Beihilfe nachträglich für ein Jahr erklärt, für das keine Monatserklärungen eingebracht wurden, so kann die Erklärung im Wege der zusammenfassenden Jahreserklärung eingebracht werden.
(BGBl I 2018/62)
(4) Der Anspruch auf Geltendmachung der Beihilfe verjährt fünf Jahre nach Ablauf des Jahres, in dem der Beihilfenanspruch entstanden ist.
(BGBl I 2018/62)

§ 7. Die Beihilfe nach § 1a wird in zwölf Teilbeträgen, jeweils am Ersten eines Kalendermonats, an den Dachverband der Sozialversicherungsträger ausbezahlt. Der Dachverband der Sozialversicherungsträger hat die erhaltenen Beträge entsprechend weiter zu verteilen.
(AbgÄG 2023, BGBl I 2023/110)

§ 8. (1) Für die Erhebung der Beihilfe mit Ausnahme des § 1a ist jenes Finanzamt zuständig, das für die Erhebung der Umsatzsteuer zuständig ist.

(2) Beihilfen, die nicht aufgrund einer Festsetzung auszuzahlen sind, sind in voller Höhe spätestens am 25. Tag des auf die Einreichung der Monatserklärung folgenden Kalendermonats auf das vom Unternehmer bekanntgegebene Bankkonto zu überweisen. Eine Rückforderung, die sich nicht aufgrund einer Festsetzung ergibt, ist am 25. Tag des auf die Einreichung der Monatserklärung folgenden Kalendermonats fällig.
(AbgÄG 2023, BGBl I 2023/110)

§ 9. (1) Soweit 10% der Entgelte aus Leistungen gegenüber Privatpatienten (einschließlich Klassegelder) die nicht abziehbaren Vorsteuern übersteigen (§ 2), ist dieser Betrag bis spätestens zum 25. Tag des zweitfolgenden Kalendermonates selbst zu berechnen, in die Erklärung (§ 6) aufzunehmen und zugleich unmittelbar an den Bund zu entrichten.

(2) Die Verpflichtung nach Abs. 1 erlischt nach zehn Jahren, gerechnet vom letzten Kalendermonat, für den eine Beihilfe geltend gemacht worden ist.

§ 10. Die Auszahlung des Ausgleichs nach § 3 Abs. 1 durch die Sozialversicherungsträger, die Krankenfürsorgeeinrichtungen oder die Träger des öffentlichen Fürsorgewesens und die Auszahlung des Ausgleichs nach § 3 Abs. 2 durch die Träger des öffentlichen Fürsorgewesens hat zugleich mit der Auszahlung des Entgelts zu erfolgen. Die zu Unrecht ausgezahlten Ausgleichsbeträge können von diesen Institutionen im Wege der Erklärung gemäß § 6 geltend gemacht werden.
(AbgÄG 2023, BGBl I 2023/110)

§ 11. (1) Leistet ein Unternehmer, der nach § 1 beihilfenberechtigt ist, einem Versicherten, mitversicherten Familienangehörigen, Versorgungsberechtigten oder Hilfeempfänger oder einem zum Ersatz von Fürsorgekosten Verpflichteten Kostenersatz für Leistungen, die auf Grund gesetzlicher oder satzungsmäßiger Vorschriften als Sachleistung gewährt werden könnten, so gilt die auf den Kostenersatz entfallende, in einer Rechnung ausgewiesene Umsatzsteuer als Vorsteuer nach § 1 Abs. 2, soweit sie bei direkter Verrechnung der Leistung mit dem Unternehmer ebenfalls beihilfefähig gewesen wäre.

(2) Erhält ein Unternehmer, der nach § 1 beihilfenberechtigt ist, für eine ihm verrechnete Leistung einen privaten Kostenbeitrag von einem Versicherten, mitversicherten Familienangehörigen, Versorgungsberechtigten oder Hilfeempfänger oder einem zum Ersatz von Fürsorgekosten Verpflichteten oder von Dritten, wird die Höhe der nach § 1 Abs. 2 ermittelten beihilfenfähigen Vorsteuer bzw. der Ausgleichsbeträge nach § 1 Abs. 3 entsprechend des Anteils des Kostenbeitrags am Preis einschließlich Umsatzsteuer gekürzt.
(BGBl I 2018/62)

(3) Wird ein privater Kostenbeitrag für die Leistung eines eigenen Alten-, Behinderten- oder Pflegeheims eines Unternehmers, der nach § 1 beihilfenberechtigt ist, eingehoben, ist die Regelung des § 2 Abs. 1 sinngemäß mit einem Satz von 4% anzuwenden.
(BGBl I 2018/62)

§ 12. Für die in § 3 genannten Unternehmer gilt die Ausgleichszahlung als Ausgleich der umsatzsteuerlichen Mehrbelastung gemäß § 30 UStG 1994.

§ 13. Dem Bundesminister für Finanzen und von diesem beauftragten Organen ist auf Verlangen von den Beihilfenempfängern jederzeit Zugang und Einsicht in die für die Berechnung der Beihilfe relevanten Unterlagen zu gewähren.

§ 14. Für die Mitwirkung anderer Gebietskörperschaften und Einrichtungen bei der technischen Durchführung ist der Bundesminister für Finanzen hinsichtlich der entstehenden Verwaltungskosten nicht ersatzpflichtig.

§ 15. (1) Mit der Vollziehung dieses Bundesgesetzes ist der Bundesminister für Finanzen, soweit die Sozialversicherungsträger oder der Dachverband der Sozialversicherungsträger betroffen sind, im Einvernehmen mit dem Bundesminister für Soziales, Gesundheit, Pflege und Konsumentenschutz betraut.

(2) Soweit in diesem Bundesgesetz auf Bestimmungen anderer Bundesgesetze verwiesen wird, gelten diese in ihrer jeweils geltenden Fassung anzuwenden.
(AbgÄG 2023, BGBl I 2023/110)

§ 16. (1) § 2 Abs. 1 und § 8 in der Fassung des Bundesgesetzes BGBl. I Nr. 62/1998 treten mit 1. Jänner 1998 in Kraft und sind auf Sachverhalte anzuwenden, die nach dem 31. Dezember 1997 verwirklicht wurden.

(2) § 1 Abs. 2 in der Fassung des Bundesgesetzes BGBl. I Nr. 105/2004 ist auf Zeiträume anzuwenden, die nach dem 31. Dezember 2003 liegen.

(3) § 1 Abs. 2 und Abs. 3, § 6, § 8 und § 11, jeweils in der Fassung der 1. Stabilitätsgesetzes 2012, BGBl. I Nr. 22/2012, sind auf Vorsteuerbeträge anzuwenden, die sich auf beihilfenfähige Umsätze beziehen und nach dem 31. Dezember 2013 anfallen. Die Berechnung der Bemessungsgrundlage der Beihilfe nach § 1 Abs. 2 in der Fassung vor dem

1. Stabilitätsgesetz 2012, BGBl. I Nr. 22/2012, ist für Tatbestände, die nach dem 31. Dezember 2010, aber vor dem 1. Jänner 2014 verwirklicht wurden, vom Bundesminister für Finanzen im Einvernehmen mit dem Bundesminister für Gesundheit unter Bedachtnahme auf die Erfolgsrechnung der Sozialversicherungsträger durch Verordnung festzusetzen.

(4) § 1a und § 7, jeweils in der Fassung des 1. Stabilitätsgesetzes 2012, BGBl. I Nr. 22/2012, treten mit 1. März 2014 in Kraft. Für die Zeit bis einschließlich 28. Februar 2014 werden weiterhin Akontozahlungen gemäß § 7 in der Fassung vor dem 1. Stabilitätsgesetz 2012, BGBl. I Nr. 22/2012, durchgeführt. Eine Jahresabrechnung gemäß § 7 in der Fassung vor dem 1. Stabilitätsgesetz 2012, BGBl. I Nr. 22/2012, ist vom Hauptverband bis 31. Dezember 2014 abzugeben. Der sich aus den Jahresabrechnungen ergebende Unterschiedsbetrag zu den Akontozahlungen wird mit der nächsten Beihilfenzahlung ausgeglichen. Zum 1. März 2014 wird eine einmalige Akontozahlung in sinngemäßer Anwendung des § 7 in der Fassung vor dem 1. Stabilitätsgesetz 2012, BGBl. I Nr. 22/2012, mit dem Pauschalsatz von 4,3% durchgeführt, die mit den folgenden Beihilfenzahlungen bis Jahresende 2014 gleichmäßig gegenzurechnen ist.

(5) § 1a in der Fassung des Bundesgesetzes BGBl. I Nr. 17/2017 tritt mit 1. Jänner 2017 in Kraft.

(BGBl I 2017/17)

(6) § 1a in der Fassung des Bundesgesetzes BGBl. I Nr. 100/2018 tritt mit 1. Jänner 2020 in Kraft.

(BGBl I 2018/100)

(7) § 4 in der Fassung des Bundesgesetzes BGBl. I Nr. 104/2019 tritt mit 1. Juli 2020 in Kraft.

(BGBl I 2019/104)

(8) § 1a, § 2 Abs. 1, § 3 Abs. 3, § 4, § 5, § 6 Abs. 1 und 2, § 7, § 8, § 10 und § 15, jeweils in der Fassung des Bundesgesetzes BGBl. I Nr. 110/2023, treten mit 1. Jänner 2024 in Kraft. § 6 Abs. 1 und § 10, jeweils in der Fassung des Bundesgesetzes BGBl. I Nr. 110/2023, sind erstmals auf Erklärungen anzuwenden, die den Jänner 2024 betreffen; auf Erklärungen die ein Kalendermonat vor dem Jänner 2024 betreffen, ist dieses Bundesgesetz in der Fassung BGBl. I Nr. 104/2019 anzuwenden. § 6 Abs. 2 und § 10, jeweils in der Fassung des Bundesgesetzes BGBl. I Nr. 110/2023, sind erstmals auf Erklärungen anzuwenden, die das Kalenderjahr 2024 betreffen; auf Erklärungen die ein Kalenderjahr vor dem Jahr 2024 betreffen, ist dieses Bundesgesetz in der Fassung BGBl. I Nr. 104/2019 anzuwenden.

(AbgÄG 2023, BGBl I 2023/110)

4/2/5. DVO (EU) 282/2011 Gemeinsames EU-Mehrwertsteuersystem

ABl L 2011/77 idF ABl L 2022/88

GLIEDERUNG

KAPITEL I: GEGENSTAND
Art. 1

KAPITEL II: ANWENDUNGSBEREICH
Art. 2–4

KAPITEL III: STEUERPFLICHTIGER
Art. 5

KAPITEL IV: STEUERBARER UMSATZ
Art. 6–9a

KAPITEL V: ORT DES STEUERBAREN UMSATZES

ABSCHNITT 1: Begriffe
Art. 10–13b

ABSCHNITT 2: Ort der Lieferung von Gegenständen
Art. 14–15

ABSCHNITT 3: Ort des innergemeinschaftlichen Erwerbs von Gegenständen
Art. 16

ABSCHNITT 4: Ort der Dienstleistung

Unterabschnitt 1: Status des Dienstleistungsempfängers
Art. 17, 18

Unterabschnitt 2: Eigenschaft des Dienstleistungsempfängers
Art. 19

Unterabschnitt 3: Ort des Dienstleistungsempfängers
Art. 20–24

Unterabschnitt 3a: Vermutungen bezüglich des Ortes des Dienstleistungsempfängers
Art. 24a–24c

Unterabschnitt 3b: Widerlegung von Vermutungen
Art. 24d

Unterabschnitt 3c: Beweismittel für die Bestimmung des Ortes des Dienstleistungsempfängers und Widerlegung von Vermutungen
Art. 24e, 24f

Unterabschnitt 4: Allgemeine Bestimmungen zur Ermittlung des Status, der Eigenschaft und des Ortes des Dienstleistungsempfängers
Art. 25

Unterabschnitt 5: Dienstleistungen, die unter die Allgemeinen Bestimmungen fallen
Art. 26–29

Unterabschnitt 6: Dienstleistungen von Vermittlern
Art. 30, 31

Unterabschnitt 6a: Dienstleistungen im Zusammenhang mit Grundstücken
Art. 31a–31c

Unterabschnitt 7: Dienstleistungen auf dem Gebiet der Kultur, der Künste, des Sports, der Wissenschaft, des Unterrichts, der Unterhaltung und ähnliche Veranstaltungen
Art. 32–33a

Unterabschnitt 8: Nebentätigkeiten zur Beförderung, Begutachtung von beweglichen Gegenständen und Arbeiten an solchen Gegenständen
Art. 34a

Unterabschnitt 9: Restaurant- und Verpflegungsdienstleistungen an Bord eines Beförderungsmittels
Art. 35–37

Unterabschnitt 10: Vermietung von Beförderungsmitteln
Art. 38–40

Unterabschnitt 11: Dienstleistungen an Nichtsteuerpflichtige außerhalb der Gemeinschaft
Art. 41

KAPITEL VI: BESTEUERUNGSGRUNDLAGE
Art. 42

KAPITEL VII: STEUERSÄTZE
Art. 43

KAPITEL VIII: STEUERBEFREIUNGEN

ABSCHNITT 1: Steuerbefreiungen für bestimmte, dem Gemeinwohl dienende Tätigkeiten
Art. 44

ABSCHNITT 2: Steuerbefreiungen für andere Tätigkeiten
Art. 45

ABSCHNITT 3: Steuerbefreiungen bei der Einfuhr
Art. 46

ABSCHNITT 4: Steuerbefreiungen bei der Ausfuhr
Art. 47, 48

ABSCHNITT 5: Steuerbefreiungen bei bestimmten, Ausfuhren gleichgestellten Umsätzen
Art. 49–51

KAPITEL IX: VORSTEUERABZUG
Art. 52

KAPITEL X: PFLICHTEN DER STEUERPFLICHTIGEN UND BESTIMMTER NICHTSTEUERPFLICHTIGER PERSONEN

ABSCHNITT 1: Steuerschuldner gegenüber dem Fiskus
Art. 53, 54

ABSCHNITT 2: Ergänzende Bestimmungen
Art. 55

KAPITEL XI: SONDERREGELUNGEN

ABSCHNITT 1: Sonderregelung für Anlagegold
Art. 56, 57

ABSCHNITT 2: Sonderregelungen für nicht ansässige Steuerpflichtige, die Telekommunikationsdienstleistungen, Rundfunk- und Fernsehdienstleistungen oder elektronische Dienstleistungen an Nichtsteuerpflichtige erbringen

Unterabschnitt 1: Begriffsbestimmungen
Art. 57a

Unterabschnitt 2: Anwendung der EU-Regelung
Art. 57b

Unterabschnitt 3: Geltungsbereich der EU-Regelung
Art. 57c

Unterabschnitt 4: Identifizierung
Art. 57d–57g

Unterabschnitt 5: Berichtspflichten
Art. 57h

Unterabschnitt 6: Ausschluss
Art. 58–58c

Unterabschnitt 7: Mehrwertsteuererklärung
Art. 59–61a

Unterabschnitt 8: Währung
Art. 61b

Unterabschnitt 9: Zahlungen
Art. 62–63b

Unterabschnitt 10: Aufzeichnungen
Art. 63c

KAPITEL XII: SCHLUSSBESTIMMUNGEN
Art. 64, 65

4/2/5. DVO (EU) 282/2011

Präambel

Durchführungsverordnung (EU) Nr. 282/2011 des Rates vom 15. März 2011 zur Festlegung von Durchführungsvorschriften zur Richtlinie 2006/112/EG über das gemeinsame Mehrwertsteuersystem

DER RAT DER EUROPÄISCHEN UNION –

gestützt auf den Vertrag über die Arbeitsweise der Europäischen Union,

gestützt auf die Richtlinie 2006/112/EG des Rates vom 28. November 2006 über das gemeinsame Mehrwertsteuersystem, insbesondere Artikel 397,

auf Vorschlag der Europäischen Kommission,

in Erwägung nachstehender Gründe:

(1) Die Verordnung (EG) Nr. 1777/2005 des Rates vom 17. Oktober 2005 zur Festlegung von Durchführungsvorschriften zur Richtlinie 77/388/EWG über das gemeinsame Mehrwertsteuersystem muss in einigen wesentlichen Punkten geändert werden. Aus Gründen der Klarheit und der Vereinfachung sollte die Verordnung neu gefasst werden.

(2) Die Richtlinie 2006/112/EG legt Vorschriften im Bereich der Mehrwertsteuer fest, die in bestimmten Fällen für die Auslegung durch die Mitgliedstaaten offen sind. Der Erlass von gemeinsamen Vorschriften zur Durchführung der Richtlinie 2006/112/EG sollte gewährleisten, dass in Fällen, in denen es zu Divergenzen bei der Anwendung kommt oder kommen könnte, die nicht mit dem reibungslosen Funktionieren des Binnenmarkts zu vereinbaren sind, die Anwendung des Mehrwertsteuersystems stärker auf das Ziel eines solchen Binnenmarkts ausgerichtet wird. Diese Durchführungsvorschriften sind erst vom Zeitpunkt des Inkrafttretens dieser Verordnung an rechtsverbindlich; sie berühren nicht die Gültigkeit der von den Mitgliedstaaten in der Vergangenheit angenommenen Rechtsvorschriften und Auslegungen.

(3) Die Änderungen, die sich aus dem Erlass der Richtlinie 2008/8/EG des Rates vom 12. Februar 2008 zur Änderung der Richtlinie 2006/112/EG bezüglich des Ortes der Dienstleistung ergeben, sollten in dieser Verordnung berücksichtigt werden.

(4) Das Ziel dieser Verordnung ist, die einheitliche Anwendung des Mehrwertsteuersystems in seiner derzeitigen Form dadurch sicherzustellen, dass Vorschriften zur Durchführung der Richtlinie 2006/112/EG erlassen werden, und zwar insbesondere in Bezug auf den Steuerpflichtigen, die Lieferung von Gegenständen und die Erbringung von Dienstleistungen sowie den Ort der steuerbaren Umsätze. Im Einklang mit dem Grundsatz der Verhältnismäßigkeit gemäß Artikel 5 Absatz 4 des Vertrags über die Europäische Union geht diese Verordnung nicht über das für die Erreichung dieses Ziels erforderliche Maß hinaus. Da sie in allen Mitgliedstaaten verbindlich ist und unmittelbar gilt, wird die Einheitlichkeit der Anwendung am besten durch eine Verordnung gewährleistet.

(5) Diese Durchführungsvorschriften enthalten spezifische Regelungen zu einzelnen Anwendungsfragen und sind ausschließlich im Hinblick auf eine unionsweit einheitliche steuerliche Behandlung dieser Einzelfälle konzipiert. Sie sind daher nicht auf andere Fälle übertragbar und auf der Grundlage ihres Wortlauts restriktiv anzuwenden.

(6) Ändert ein Nichtsteuerpflichtiger seinen Wohnort und überführt er bei dieser Gelegenheit ein neues Fahrzeug oder wird ein neues Fahrzeug in den Mitgliedstaat zurückgeführt, aus dem es ursprünglich mehrwertsteuerfrei an den Nichtsteuerpflichtigen, der es zurücküberführt, geliefert worden war, so sollte klargestellt werden, dass es sich dabei nicht um den innergemeinschaftlichen Erwerb eines neuen Fahrzeugs handelt.

(7) Für bestimmte Dienstleistungen ist es ausreichend, dass der Dienstleistungserbringer nachweist, dass der steuerpflichtige oder nichtsteuerpflichtige Empfänger dieser Dienstleistungen außerhalb der Gemeinschaft ansässig ist, damit die Erbringung dieser Dienstleistungen nicht der Mehrwertsteuer unterliegt.

(8) Die Zuteilung einer Mehrwertsteuer-Identifikationsnummer an einen Steuerpflichtigen, der eine Dienstleistung für einen Empfänger in einem anderen Mitgliedstaat erbringt oder der aus einem anderen Mitgliedstaat eine Dienstleistung erhält, für die die Mehrwertsteuer ausschließlich vom Dienstleistungsempfänger zu entrichten ist, sollte nicht das Recht dieses Steuerpflichtigen auf Nichtbesteuerung seiner innergemeinschaftlichen Erwerbe von Gegenständen beeinträchtigen. Teilt jedoch ein Steuerpflichtiger im Zusammenhang mit einem innergemeinschaftlichen Erwerb von Gegenständen dem Lieferer seine Mehrwertsteuer-Identifikationsnummer mit, so wird der Steuerpflichtige in jedem Fall so behandelt, als habe er von der Möglichkeit Gebrauch gemacht, diese Umsätze der Steuer zu unterwerfen.

(9) Die weitere Integration des Binnenmarkts erfordert eine stärkere grenzüberschreitende Zusammenarbeit von in verschiedenen Mitgliedstaaten ansässigen Wirtschaftsbeteiligten und hat zu einer steigenden Anzahl von Europäischen wirtschaftlichen Interessenvereinigungen (EWIV) im Sinne der Verordnung (EWG) Nr. 2137/85 des Rates vom 25. Juli 1985 über die Schaffung einer Europäischen wirtschaftlichen Interessenvereinigung (EWIV) geführt. Daher sollte klargestellt werden, dass EWIV steuerpflichtig sind, wenn sie gegen Entgelt Gegenstände liefern oder Dienstleistungen erbringen.

(10) Es ist erforderlich, Restaurant- und Verpflegungsdienstleistungen, die Abgrenzung zwischen diesen beiden Dienstleistungen sowie ihre angemessene Behandlung klar zu definieren.

(11) Im Interesse der Klarheit sollten Umsätze, die als elektronisch erbrachte Dienstleistungen eingestuft werden, in Verzeichnissen aufgelistet werden, wobei diese Verzeichnisse weder endgültig noch erschöpfend sind.

(12) Es ist erforderlich, einerseits festzulegen, dass es sich bei einer Leistung, die nur aus der Montage verschiedener vom Dienstleistungsempfänger zur Verfügung gestellter Teile einer Maschine be-

steht, um eine Dienstleistung handelt, und andererseits, wo der Ort dieser Dienstleistung liegt, wenn sie an einen Nichtsteuerpflichtigen erbracht wird.

(13) Der Verkauf einer Option als Finanzinstrument sollte als Dienstleistung behandelt werden, die von den Umsätzen, auf die sich die Option bezieht, getrennt ist.

(14) Um die einheitliche Anwendung der Regeln für die Bestimmung des Ortes der steuerbaren Umsätze sicherzustellen, sollten der Begriff des Ortes, an dem ein Steuerpflichtiger den Sitz seiner wirtschaftlichen Tätigkeit hat, und der Begriff der festen Niederlassung, des Wohnsitzes und des gewöhnlichen Aufenthaltsortes klargestellt werden. Die Zugrundelegung möglichst klarer und objektiver Kriterien sollte die praktische Anwendung dieser Begriffe erleichtern, wobei der Rechtsprechung des Gerichtshofs Rechnung getragen werden sollte.

(15) Es sollten Vorschriften erlassen werden, die eine einheitliche Behandlung von Lieferungen von Gegenständen gewährleisten, wenn ein Lieferer den Schwellenwert für Fernverkäufe in einen anderen Mitgliedstaat überschritten hat.

(16) Es sollte klargestellt werden, dass zur Bestimmung des innerhalb der Gemeinschaft stattfindenden Teils der Personenbeförderung die Reisestrecke des Beförderungsmittels und nicht die von den Fahrgästen zurückgelegte Reisestrecke ausschlaggebend ist.

(17) Das Recht des Erwerbsmitgliedstaats zur Besteuerung eines innergemeinschaftlichen Erwerbs sollte nicht durch die mehrwertsteuerliche Behandlung der Umsätze im Abgangsmitgliedstaat beeinträchtigt werden.

(18) Für die richtige Anwendung der Regeln über den Ort der Dienstleistung kommt es hauptsächlich auf den Status des Dienstleistungsempfängers als Steuerpflichtiger oder Nichtsteuerpflichtiger und die Eigenschaft, in der er handelt, an. Um den steuerlichen Status des Dienstleistungsempfängers zu bestimmen, sollte festgelegt werden, welche Nachweise sich der Dienstleistungserbringer vom Dienstleistungsempfänger vorlegen lassen muss.

(19) Es sollte klargestellt werden, dass dann, wenn für einen Steuerpflichtigen erbrachte Dienstleistungen für den privaten Bedarf, einschließlich für den Bedarf des Personals des Dienstleistungsempfängers, bestimmt sind, dieser Steuerpflichtige nicht als in seiner Eigenschaft als Steuerpflichtiger handelnd eingestuft werden kann. Zur Entscheidung, ob der Dienstleistungsempfänger als Steuerpflichtiger handelt oder nicht, ist die Mitteilung seiner Mehrwertsteuer-Identifikationsnummer an den Dienstleistungserbringer ausreichend, um ihm die Eigenschaft als Steuerpflichtiger zuzuerkennen, es sei denn, dem Dienstleistungserbringer liegen gegenteilige Informationen vor. Es sollte außerdem sichergestellt werden, dass eine Dienstleistung, die sowohl für Unternehmenszwecke erworben wird als auch privat genutzt wird, nur an einem einzigen Ort besteuert wird.

(20) Zur genauen Bestimmung des Ortes der Niederlassung des Dienstleistungsempfängers ist der Dienstleistungserbringer verpflichtet, die vom Dienstleistungsempfänger übermittelten Angaben zu überprüfen.

(21) Unbeschadet der allgemeinen Bestimmung über den Ort einer Dienstleistung an einen Steuerpflichtigen sollten Regeln festgelegt werden, um dem Dienstleistungserbringer für den Fall, dass Dienstleistungen an einen Steuerpflichtigen erbracht werden, der an mehr als einem Ort ansässig ist, zu helfen, den Ort der festen Niederlassung des Steuerpflichtigen, an die die Dienstleistung erbracht wird, unter Berücksichtigung der jeweiligen Umstände zu bestimmen. Wenn es dem Dienstleistungserbringer nicht möglich ist, diesen Ort zu bestimmen, sollten Bestimmungen zur Präzisierung der Pflichten des Dienstleistungserbringers festgelegt werden. Diese Bestimmungen sollten die Pflichten des Steuerpflichtigen weder berühren noch ändern.

(22) Es sollte auch festgelegt werden, zu welchem Zeitpunkt der Dienstleistungserbringer den Status des Dienstleistungsempfängers als Steuerpflichtiger oder Nichtsteuerpflichtiger, seine Eigenschaft und seinen Ort bestimmen muss.

(23) Der Grundsatz in Bezug auf missbräuchliche Praktiken von Wirtschaftsbeteiligten gilt generell für die vorliegende Verordnung, doch ist es angezeigt, speziell im Zusammenhang mit einigen Bestimmungen dieser Verordnung auf seine Gültigkeit hinzuweisen.

(24) Bestimmte Dienstleistungen wie die Erteilung des Rechts zur Fernsehübertragung von Fußballspielen, Textübersetzungen, Dienstleistungen im Zusammenhang mit der Mehrwertsteuererstattung und Dienstleistungen von Vermittlern, die an einen Nichtsteuerpflichtigen erbracht werden, sind mit grenzübergreifenden Sachverhalten verbunden oder beziehen sogar außerhalb der Gemeinschaft ansässige Wirtschaftsbeteiligte ein. Zur Verbesserung der Rechtssicherheit sollte der Ort dieser Dienstleistungen eindeutig bestimmt werden.

(25) Es sollte festgelegt werden, dass für Dienstleistungen von Vermittlern, die im Namen und für Rechnung Dritter handeln, einschließlich der Beherbergungsdienstleistungen in der Hotelbranche vermitteln, nicht die spezifische Regel für Dienstleistungen im Zusammenhang mit einem Grundstück gilt.

(26) Werden mehrere Dienstleistungen im Rahmen von Bestattungen als Bestandteil einer einheitlichen Dienstleistung erbracht, sollte festgelegt werden, nach welcher Vorschrift der Ort der Dienstleistung zu bestimmen ist.

(27) Um die einheitliche Behandlung von Dienstleistungen auf dem Gebiet der Kultur, der Künste, des Sports, der Wissenschaften, des Unterrichts sowie der Unterhaltung und ähnlichen Ereignissen sicherzustellen, sollten die Eintrittsberechtigung zu solchen Ereignissen und die mit der Eintrittsberechtigung zusammenhängenden Dienstleistungen definiert werden.

(28) Es sollte klargestellt werden, wie Restaurant- und Verpflegungsdienstleistungen zu behandeln sind, die an Bord eines Beförderungsmittels

4/2/5. DVO (EU) 282/2011

Präambel

erbracht werden, sofern die Personenbeförderung auf dem Gebiet mehrerer Länder erfolgt.

(29) Da bestimmte Regeln für die Vermietung von Beförderungsmitteln auf die Dauer des Besitzes oder der Verwendung abstellen, muss nicht nur festgelegt werden, welche Fahrzeuge als Beförderungsmittel anzusehen ist, sondern es ist auch klarzustellen, wie solche Dienstleistungen zu behandeln sind, wenn mehrere aufeinanderfolgende Verträge abgeschlossen werden. Es ist auch der Ort festzulegen, an dem das Beförderungsmittel dem Dienstleistungsempfänger tatsächlich zur Verfügung gestellt wird.

(30) Unter bestimmten Umständen sollte eine bei der Bezahlung eines Umsatzes mittels Kredit- oder Geldkarte anfallende Bearbeitungsgebühr nicht zu einer Minderung der Besteuerungsgrundlage für diesen Umsatz führen.

(31) Es muss klargestellt werden, dass auf die Vermietung von Zelten, Wohnanhängern und Wohnmobilen, die auf Campingplätzen aufgestellt sind und als Unterkünfte dienen, ein ermäßigter Steuersatz angewandt werden kann.

(32) Als Ausbildung, Fortbildung oder berufliche Umschulung sollten sowohl Schulungsmaßnahmen mit direktem Bezug zu einem Gewerbe oder einem Beruf als auch jegliche Schulungsmaßnahme im Hinblick auf den Erwerb oder die Erhaltung beruflicher Kenntnisse gelten, und zwar unabhängig von ihrer Dauer.

(33) „Platinum Nobles" sollten in allen Fällen von der Steuerbefreiung für Umsätze mit Devisen, Banknoten und Münzen ausgeschlossen sein.

(34) Es sollte festgelegt werden, dass die Steuerbefreiung für Dienstleistungen im Zusammenhang mit der Einfuhr von Gegenständen, deren Wert in der Steuerbemessungsgrundlage für diese Gegenstände enthalten ist, auch für im Rahmen eines Wohnortwechsels erbrachte Beförderungsdienstleistungen gilt.

(35) Die vom Abnehmer nach Orten außerhalb der Gemeinschaft beförderten und für die Ausrüstung oder die Versorgung von Beförderungsmitteln – die von Personen, die keine natürlichen Personen sind, wie etwa Einrichtungen des öffentlichen Rechts oder Vereine, für nichtgeschäftliche Zwecke genutzt werden – bestimmten Gegenstände sollten von der Steuerbefreiung bei Ausfuhrumsätzen ausgeschlossen sein.

(36) Um eine einheitliche Verwaltungspraxis bei der Berechnung des Mindestwerts für die Steuerbefreiung der Ausfuhr von Gegenständen zur Mitführung im persönlichen Gepäck von Reisenden sicherzustellen, sollten die Bestimmungen für diese Berechnung harmonisiert werden.

(37) Es sollte festgelegt werden, dass die Steuerbefreiung für bestimmte Umsätze, die Ausfuhren gleichgestellt sind, auch für Dienstleistungen gilt, die unter die besondere Regelung für elektronisch erbrachte Dienstleistungen fallen.

(38) Eine entsprechend dem Rechtsrahmen für ein Konsortium für eine europäische Forschungsinfrastruktur (ERIC) zu schaffende Einrichtung sollte zum Zweck der Mehrwertsteuerbefreiung nur unter bestimmten Voraussetzungen als internationale Einrichtung gelten. Die für die Inanspruchnahme der Befreiung erforderlichen Voraussetzungen sollten daher festgelegt werden.

(39) Lieferungen von Gegenständen und Dienstleistungen, die im Rahmen diplomatischer und konsularischer Beziehungen bewirkt oder anerkannten internationalen Einrichtungen oder bestimmten Streitkräften erbracht werden, sind vorbehaltlich bestimmter Beschränkungen und Bedingungen von der Mehrwertsteuer befreit. Damit ein Steuerpflichtiger, der eine solche Lieferung oder Dienstleistung von einem anderen Mitgliedstaat aus bewirkt, nachweisen kann, dass die Voraussetzungen für diese Befreiung vorliegen, sollte eine Freistellungsbescheinigung eingeführt werden.

(40) Für die Ausübung des Rechts auf Vorsteuerabzug sollten auch elektronische Einfuhrdokumente zugelassen werden, wenn sie dieselben Anforderungen erfüllen wie Papierdokumente.

(41) Hat ein Lieferer von Gegenständen oder ein Erbringer von Dienstleistungen eine feste Niederlassung in dem Gebiet des Mitgliedstaats, in dem die Steuer geschuldet wird, so sollte festgelegt werden, unter welchen Umständen die Steuer von dieser Niederlassung zu entrichten ist.

(42) Es sollte klargestellt werden, dass ein Steuerpflichtiger, dessen Sitz der wirtschaftlichen Tätigkeit sich in dem Gebiet des Mitgliedstaats befindet, in dem die Mehrwertsteuer geschuldet wird, im Hinblick auf diese Steuerschuld selbst dann als ein in diesem Mitgliedstaat ansässiger Steuerschuldner anzusehen ist, wenn dieser Sitz nicht bei der Lieferung von Gegenständen oder der Erbringung von Dienstleistungen mitwirkt.

(43) Es sollte klargestellt werden, dass jeder Steuerpflichtige verpflichtet ist, für bestimmte steuerbare Umsätze seine Mehrwertsteuer-Identifikationsnummer mitzuteilen, sobald er diese erhalten hat, damit eine gerechtere Steuererhebung gewährleistet ist.

(44) Um die Gleichbehandlung der Wirtschaftsbeteiligten zu gewährleisten, sollte festgelegt werden, welche Anlagegold-Gewichte auf den Goldmärkten definitiv akzeptiert werden und an welchem Datum der Wert der Goldmünzen festzustellen ist.

(45) Die Sonderregelung für die Erbringung elektronisch erbrachter Dienstleistungen durch nicht in der Gemeinschaft ansässige Steuerpflichtige an in der Gemeinschaft ansässige oder wohnhafte Nichtsteuerpflichtige ist an bestimmte Voraussetzungen geknüpft. Es sollte insbesondere genau angegeben werden, welche Folgen es hat, wenn diese Voraussetzungen nicht mehr erfüllt werden.

(46) Bestimmte Änderungen resultieren aus der Richtlinie 2008/8/EG. Da diese Änderungen zum einen die Besteuerung der Vermietung von Beförderungsmitteln über einen längeren Zeitraum ab dem 1. Januar 2013 und zum anderen die Besteuerung elektronisch erbrachter Dienstleistungen

ab dem 1. Januar 2015 betreffen, sollte festgelegt werden, dass die entsprechenden Bestimmungen dieser Verordnung erst ab diesen Daten anwendbar sind –

HAT FOLGENDE VERORDNUNG ERLASSEN:

KAPITEL I
GEGENSTAND

Art. 1 Diese Verordnung regelt die Durchführung einiger Bestimmungen der Titel I bis V und VII bis XII der Richtlinie 2006/112/EG.

KAPITEL II
ANWENDUNGSBEREICH

(TITEL I DER RICHTLINIE 2006/112/EG)

Art. 2 Folgendes führt nicht zu einem innergemeinschaftlichen Erwerb im Sinne von Artikel 2 Absatz 1 Buchstabe b der Richtlinie 2006/112/EG:
a) die Verbringung eines neuen Fahrzeugs durch einen Nichtsteuerpflichtigen aufgrund eines Wohnortwechsels, vorausgesetzt, die Befreiung nach Artikel 138 Absatz 2 Buchstabe a der Richtlinie 2006/112/EG war zum Zeitpunkt der Lieferung nicht anwendbar;
b) die Rückführung eines neuen Fahrzeugs durch einen Nichtsteuerpflichtigen in denjenigen Mitgliedstaat, aus dem es ihm ursprünglich unter Inanspruchnahme der Steuerbefreiung nach Artikel 138 Absatz 2 Buchstabe a der Richtlinie 2006/112/EG geliefert wurde.

Art. 3 Unbeschadet des Artikels 59a Absatz 1 Buchstabe b der Richtlinie 2006/112/EG unterliegt die Erbringung der nachstehend aufgeführten Dienstleistungen nicht der Mehrwertsteuer, wenn der Dienstleistungserbringer nachweist, dass der nach Kapitel V Abschnitt 4 Unterabschnitte 3 und 4 der vorliegenden Verordnung ermittelte Ort der Dienstleistung außerhalb der Gemeinschaft liegt:
a) ab 1. Januar 2013 die in Artikel 56 Absatz 2 Unterabsatz 1 der Richtlinie 2006/112/EG genannten Dienstleistungen;
b) ab 1. Januar 2015 die in Artikel 58 der Richtlinie 2006/112/EG aufgeführten Dienstleistungen;
c) die in Artikel 59 der Richtlinie 2006/112/EG aufgeführten Dienstleistungen.

Art. 4 Einem Steuerpflichtigen, dessen innergemeinschaftliche Erwerbe von Gegenständen gemäß Artikel 3 der Richtlinie 2006/112/EG nicht der Mehrwertsteuer unterliegen, steht dieses Recht auf Nichtbesteuerung auch dann weiterhin zu, wenn ihm nach Artikel 214 Absatz 1 Buchstabe d und e jener Richtlinie für empfangene Dienstleistungen, für die er Mehrwertsteuer zu entrichten hat, oder für von ihm im Gebiet eines anderen Mitgliedstaats erbrachte Dienstleistungen, für die die Mehrwertsteuer ausschließlich vom Empfänger zu entrichten ist, eine Mehrwertsteuer-Identifikationsnummer zugeteilt wurde.

Teilt dieser Steuerpflichtige jedoch im Zusammenhang mit dem innergemeinschaftlichen Erwerb von Gegenständen seine Mehrwertsteuer-Identifikationsnummer einem Lieferer mit, so gilt damit die Wahlmöglichkeit nach Artikel 3 Absatz 3 der genannten Richtlinie als in Anspruch genommen.

KAPITEL III
STEUERPFLICHTIGER

(TITEL III DER RICHTLINIE 2006/112/EG)

Art. 5 Eine gemäß der Verordnung (EWG) Nr. 2137/85 gegründete Europäische wirtschaftliche Interessenvereinigung (EWIV), die gegen Entgelt Lieferungen von Gegenständen oder Dienstleistungen an ihre Mitglieder oder an Dritte bewirkt, ist ein Steuerpflichtiger im Sinne von Artikel 9 Absatz 1 der Richtlinie 2006/112/EG.

KAPITEL IV
STEUERBARER UMSATZ

(TITEL IV DER RICHTLINIE 2006/112/EG)

ABSCHNITT 1
Lieferung von Gegenständen

(Artikel 14 bis 19 der Richtlinie 2006/112/EG)
(ABl L 2019/313)

Art. 5a Für die Anwendung von Artikel 14 Absatz 4 der Richtlinie 2006/112/EG gelten Gegenstände als durch den Lieferer oder für dessen Rechnung versandt oder befördert – einschließlich der mittelbaren Beteiligung des Lieferers an der Versendung oder Beförderung –, insbesondere wenn
a) die Versendung oder Beförderung der Gegenstände vom Lieferer als Unterauftrag an einen Dritten vergeben wird, der die Gegenstände an den Erwerber liefert;
b) die Versendung oder Beförderung der Gegenstände durch einen Dritten erfolgt, der Lieferer jedoch entweder die gesamte oder die teilweise Verantwortung für die Lieferung der Gegenstände an den Erwerber trägt;
c) der Lieferer dem Erwerber die Transportkosten in Rechnung stellt und diese einzieht und sie dann an einen Dritten weiterleitet, der die Versendung oder Beförderung der Waren übernimmt;
d) der Lieferer in jeglicher Weise gegenüber dem Erwerber die Zustelldienste eines Dritten bewirbt, den Kontakt zwischen dem Erwerber und einem Dritten herstellt oder einem Dritten auf andere Weise die Informationen, die dieser für die Zustellung der Gegenstände an den Erwerber benötigt, übermittelt.

Die Gegenstände gelten jedoch dann nicht als vom Lieferer oder für dessen Rechnung versandt oder befördert, wenn der Erwerber die Gegenstände selbst befördert oder wenn der Erwerber die Lieferung der Gegenstände selbst mit einem Dritten vereinbart und der Lieferer nicht mittelbar oder unmittelbar die Organisation der Versendung oder Beförderung dieser Gegenstände übernimmt oder dabei hilft.

(ABl L 2019/313)

Art. 5b Für die Anwendung von Artikel 14a der Richtlinie 2006/112/EG bezeichnet der Begriff 'unterstützen' die Nutzung einer elektronischen Schnittstelle, um es einem Erwerber und einem Lieferer, der über eine elektronische Schnittstelle Gegenstände zum Verkauf anbietet, zu ermöglichen, in Kontakt zu treten, woraus eine Lieferung von Gegenständen über die elektronische Schnittstelle an diesen Erwerber resultiert.

Ein Steuerpflichtiger unterstützt die Lieferung von Gegenständen jedoch dann nicht, wenn alle folgenden Voraussetzungen erfüllt sind:
a) Der Steuerpflichtige legt weder unmittelbar noch mittelbar irgendeine der Bedingungen für die Lieferung der Gegenstände fest;
b) der Steuerpflichtige ist weder unmittelbar noch mittelbar an der Autorisierung der Abrechnung mit dem Erwerber bezüglich der getätigten Zahlung beteiligt;
c) der Steuerpflichtige ist weder unmittelbar noch mittelbar an der Bestellung oder Lieferung der Gegenstände beteiligt.

Artikel 14a der Richtlinie 2006/112/EG findet auch keine Anwendung auf Steuerpflichtige, die lediglich eine der folgenden Leistungen anbieten:
a) die Verarbeitung von Zahlungen im Zusammenhang mit der Lieferung von Gegenständen;
b) die Auflistung von Gegenständen oder die Werbung für diese;
c) die Weiterleitung oder Vermittlung von Erwerbern an andere elektronische Schnittstellen, über die Gegenstände zum Verkauf angeboten werden, ohne dass eine weitere Einbindung in die Lieferung besteht.
(ABl L 2019/313)

Art. 5c Für die Anwendung von Artikel 14a der Richtlinie 2006/112/EG schuldet ein Steuerpflichtiger, der behandelt wird, als ob er die Gegenstände selbst erhalten und selbst geliefert hätte, nicht die Mehrwertsteuerbeträge, die die Mehrwertsteuer übersteigen, die er für diese Lieferungen erklärt und entrichtet hat, wenn alle folgenden Voraussetzungen erfüllt sind:
a) Der Steuerpflichtige ist auf die Angaben angewiesen, die von Lieferern, die Gegenstände über eine elektronische Schnittstelle verkaufen, oder von Dritten erteilt werden, um die Mehrwertsteuer für diese Lieferungen korrekt erklären und entrichten zu können;
b) die in Buchstabe a genannten Angaben sind falsch;
c) der Steuerpflichtige kann nachweisen, dass er nicht wusste und nach vernünftigem Ermessen nicht wissen konnte, dass diese Angaben nicht zutreffend waren.
(ABl L 2019/313)

Art. 5d Sofern ihm keine gegenteiligen Angaben vorliegen, betrachtet der Steuerpflichtige, der gemäß Artikel 14a der Richtlinie 2006/112/EG so behandelt wird, als ob er die Gegenstände selbst erhalten und selbst geliefert hätte:
a) die Person, die die Gegenstände über eine elektronische Schnittstelle verkauft, als steuerpflichtig;
b) die Person, die diese Gegenstände kauft, als nicht steuerpflichtig.
(ABl L 2019/313)

ABSCHNITT 2
Erbringung von Dienstleistungen

(Artikel 24 bis 29 der Richtlinie 2006/112/EG)
(ABl L 2019/313)

Art. 6 (1) Als Restaurant- und Verpflegungsdienstleistungen gelten die Abgabe zubereiteter oder nicht zubereiteter Speisen und/oder Getränke, zusammen mit ausreichenden unterstützenden Dienstleistungen, die deren sofortigen Verzehr ermöglichen. Die Abgabe von Speisen und/oder Getränken ist nur eine Komponente der gesamten Leistung, bei der der Dienstleistungsanteil überwiegt. Restaurantdienstleistungen sind die Erbringung solcher Dienstleistungen in den Räumlichkeiten des Dienstleistungserbringers und Verpflegungsdienstleistungen sind die Erbringung solcher Dienstleistungen an einem anderen Ort als den Räumlichkeiten des Dienstleistungserbringers.

(2) Die Abgabe von zubereiteten oder nicht zubereiteten Speisen und/oder Getränken mit oder ohne Beförderung, jedoch ohne andere unterstützende Dienstleistungen, gilt nicht als Restaurant- oder Verpflegungsdienstleistung im Sinne des Absatzes 1.

Art. 6a (1) Telekommunikationsdienstleistungen im Sinne von Artikel 24 Absatz 2 der Richtlinie 2006/112/EG umfassen insbesondere
a) Festnetz- und Mobiltelefondienste zur wechselseitigen Ton-, Daten- und Videoübertragung einschließlich Telefondienstleistungen mit bildgebender Komponente (Videofonie);
b) über das Internet erbrachte Telefondienste einschließlich VoIP-Diensten (Voice over Internet Protocol);
c) Sprachspeicherung (Voicemail), Anklopfen, Rufumleitung, Anrufkennung, Dreiweganruf und andere Anrufverwaltungsdienste;
d) Personenrufdienste (Paging-Dienste);
e) Audiotextdienste;
f) Fax, Telegrafie und Fernschreiben;
g) den Zugang zum Internet einschließlich des World Wide Web;
h) private Netzanschlüsse für Telekommunikationsverbindungen zur ausschließlichen Nutzung durch den Dienstleistungsempfänger.

(2) Telekommunikationsdienstleistungen im Sinne von Artikel 24 Absatz 2 der Richtlinie 2006/112/EG umfassen nicht
a) elektronisch erbrachte Dienstleistungen;

b) Rundfunk- und Fernsehdienstleistungen (im Folgenden ‚Rundfunkdienstleistungen.').

Art. 6b (1) Rundfunkdienstleistungen umfassen Dienstleistungen in Form von Audio- und audiovisuellen Inhalten wie Rundfunk- oder Fernsehsendungen, die auf der Grundlage eines Sendeplans über Kommunikationsnetze durch einen Mediendiensteanbieter unter dessen redaktioneller Verantwortung der Öffentlichkeit zum zeitgleichen Anhören oder Ansehen zur Verfügung gestellt werden.

(2) Unter Absatz 01 fällt insbesondere Folgendes:
a) Rundfunk- oder Fernsehsendungen, die über einen Rundfunk- oder Fernsehsender verbreitet oder weiterverbreitet werden;
b) Rundfunk -oder Fernsehsendungen, die über das Internet oder ein ähnliches elektronisches Netzwerk (IP-Streaming) verbreitet werden, wenn sie zeitgleich zu ihrer Verbreitung oder Weiterverbreitung durch einen Rundfunkoder Fernsehsender übertragen werden.

(3) Absatz 1 findet keine Anwendung auf
a) Telekommunikationsdienstleistungen;
b) elektronisch erbrachte Dienstleistungen;
c) die Bereitstellung von Informationen über bestimmte auf Abruf erhältliche Programme;
d) die Übertragung von Sende- oder Verbreitungsrechten;
e) das Leasing von Geräten und technischer Ausrüstung zum Empfang von Rundfunkdienstleistungen;
f) Rundfunk- oder Fernsehsendungen, die über das Internet oder ein ähnliches elektronisches Netz (IP-Streaming) verbreitet werden, es sei denn, sie werden zeitgleich zu ihrer Verbreitung oder Weiterverbreitung durch herkömmliche Rundfunk- oder Fernsehsender übertragen.

Art. 7 (1) „Elektronisch erbrachte Dienstleistungen" im Sinne der Richtlinie 2006/112/EG umfassen Dienstleistungen, die über das Internet oder ein ähnliches elektronisches Netz erbracht werden, deren Erbringung aufgrund ihrer Art im Wesentlichen automatisiert und nur mit minimaler menschlicher Beteiligung erfolgt und ohne Informationstechnologie nicht möglich wäre.

(2) Unter Absatz 1 fällt insbesondere das Folgende:
a) Überlassung digitaler Produkte allgemein, z. B. Software und zugehörige Änderungen oder Upgrades;
b) Dienste, die in elektronischen Netzen eine Präsenz zu geschäftlichen oder persönlichen Zwecken, z. B. eine Website oder eine Webpage, vermitteln oder unterstützen;
c) von einem Computer automatisch generierte Dienstleistungen über das Internet oder ein ähnliches elektronisches Netz auf der Grundlage spezifischer Dateninputs des Dienstleistungsempfängers;
d) Einräumung des Rechts, gegen Entgelt eine Leistung auf einer Website, die als Online-Marktplatz fungiert, zum Kauf anzubieten, wobei die potenziellen Käufer ihr Gebot im Wege eines automatisierten Verfahrens abgeben und die Beteiligten durch eine automatische, computergenerierte E-Mail über das Zustandekommen eines Verkaufs unterrichtet werden;
e) Internet-Service-Pakete, in denen die Telekommunikations-Komponente ein ergänzender oder untergeordneter Bestandteil ist (d. h. Pakete, die mehr ermöglichen als nur die Gewährung des Zugangs zum Internet und die weitere Elemente wie etwa Nachrichten, Wetterbericht, Reiseinformationen, Spielforen, Webhosting, Zugang zu Chatlines usw. umfassen);
f) die in Anhang I genannten Dienstleistungen.

(3) Absatz 1 findet keine Anwendung auf:
a) Rundfunkdienstleistungen;
b) Telekommunikationsdienstleistungen;
c) Gegenstände bei elektronischer Bestellung und Auftragsbearbeitung;
d) CD-ROMs, Disketten und ähnliche körperliche Datenträger;
e) Druckerzeugnisse wie Bücher, Newsletter, Zeitungen und Zeitschriften;
f) CDs und Audiokassetten;
g) Videokassetten und DVDs;
h) Spiele auf CD-ROM;
i) Beratungsleistungen durch Rechtsanwälte, Finanzberater usw. per E-Mail;
j) Unterrichtsleistungen, wobei ein Lehrer den Unterricht über das Internet oder ein elektronisches Netz, d. h. über einen Remote Link, erteilt;
k) physische Offline-Reparatur von EDV-Ausrüstung;
l) Offline-Data-Warehousing;
m) Zeitungs-, Plakat- und Fernsehwerbung;
n) Telefon-Helpdesks;
o) Fernunterricht im herkömmlichen Sinne, z. B. per Post;
p) Versteigerungen herkömmlicher Art, bei denen Menschen direkt tätig werden, unabhängig davon, wie die Gebote abgegeben werden;
q)–s) (aufgehoben)
t) online gebuchte Eintrittskarten für Veranstaltungen auf dem Gebiet der Kultur, der Künste, des Sports, der Wissenschaft, des Unterrichts, der Unterhaltung und ähnliche Veranstaltungen;
u) online gebuchte Beherbergungsleistungen, Mietwagen, Restaurantdienstleistungen, Personenbeförderungsdienste oder ähnliche Dienstleistungen.

Art. 8 Baut ein Steuerpflichtiger lediglich die verschiedenen Teile einer Maschine zusammen, die ihm alle vom Empfänger seiner Dienstleistung zur Verfügung gestellt wurden, so ist dieser Umsatz eine Dienstleistung im Sinne von Artikel 24 Absatz 1 der Richtlinie 2006/112/EG.

Art. 9 Der Verkauf einer Option, der in den Anwendungsbereich von Artikel 135 Absatz 1 Buchstabe f der Richtlinie 2006/112/EG fällt, ist eine Dienstleistung im Sinne von Artikel 24 Absatz 1 der genannten Richtlinie. Diese Dienstleistung ist von den der Option zugrunde liegenden Umsätzen zu unterscheiden.

Art. 9a (1) Für die Anwendung von Artikel 28 der Richtlinie 2006/112/EG gilt, dass wenn elektronisch erbrachte Dienstleistungen über ein Telekommunikationsnetz, eine Schnittstelle oder ein Portal wie einen Appstore erbracht werden, davon auszugehen ist, dass ein an dieser Erbringung beteiligter Steuerpflichtiger im eigenen Namen, aber für Rechnung des Anbieters dieser Dienstleistungen tätig ist, es sei denn, dass dieser Anbieter von dem Steuerpflichtigen ausdrücklich als Leistungserbringer genannt wird und dies in den vertraglichen Vereinbarungen zwischen den Parteien zum Ausdruck kommt.

Damit der Anbieter der elektronisch erbrachten Dienstleistungen als vom Steuerpflichtigen ausdrücklich genannter Erbringer der elektronisch erbrachten Dienstleistungen angesehen werden kann, müssen die folgenden Bedingungen erfüllt sein:
a) Auf der von jedem an der Erbringung der elektronisch erbrachten Dienstleistungen beteiligten Steuerpflichtigen ausgestellten oder verfügbar gemachten Rechnung müssen die elektronisch erbrachten Dienstleistungen und der Erbringer dieser elektronisch erbrachten Dienstleistungen angegeben sein;
b) auf der dem Dienstleistungsempfänger ausgestellten oder verfügbar gemachten Rechnung oder Quittung müssen die elektronisch erbrachten Dienstleistungen und ihr Erbringer angegeben sein.

Für die Zwecke dieses Absatzes ist es einem Steuerpflichtigen nicht gestattet, eine andere Person ausdrücklich als Erbringer von elektronischen Dienstleistungen anzugeben, wenn er hinsichtlich der Erbringung dieser Dienstleistungen die Abrechnung mit dem Dienstleistungsempfänger autorisiert oder die Erbringung der Dienstleistungen genehmigt oder die allgemeinen Bedingungen der Erbringung festlegt.

(2) Absatz 1 findet auch Abwendung, wenn über das Internet erbrachte Telefondienste einschließlich VoIP-Diensten (Voice over Internet Protocol) über ein Telekommunikationsnetz, eine Schnittstelle oder ein Portal wie einen Appstore erbracht werden und diese Erbringung unter den in Absatz 1 genannten Bedingungen erfolgt.

(3) Dieser Artikel gilt nicht für einen Steuerpflichtigen, der lediglich Zahlungen in Bezug auf elektronisch erbrachte Dienstleistungen oder über das Internet erbrachte Telefondienste einschließlich VoIP-Diensten (Voice over Internet Protocol) abwickelt und nicht an der Erbringung dieser elektronisch erbrachten Dienstleistungen oder Telefondienste beteiligt ist.

KAPITEL V
ORT DES STEUERBAREN UMSATZES

ABSCHNITT 1
Begriffe

Art. 10 (1) Für die Anwendung der Artikel 44 und 45 der Richtlinie 2006/112/EG gilt als Ort, an dem der Steuerpflichtige den Sitz seiner wirtschaftlichen Tätigkeit hat, der Ort, an dem die Handlungen zur zentralen Verwaltung des Unternehmens vorgenommen werden.

(2) Zur Bestimmung des Ortes nach Absatz 1 werden der Ort, an dem die wesentlichen Entscheidungen zur allgemeinen Leitung des Unternehmens getroffen werden, der Ort seines satzungsmäßigen Sitzes und der Ort, an dem die Unternehmensleitung zusammenkommt, herangezogen.

Kann anhand dieser Kriterien der Ort des Sitzes der wirtschaftlichen Tätigkeit eines Unternehmens nicht mit Sicherheit bestimmt werden, so wird der Ort, an dem die wesentlichen Entscheidungen zur allgemeinen Leitung des Unternehmens getroffen werden, zum vorrangigen Kriterium.

(3) Allein aus dem Vorliegen einer Postanschrift kann nicht geschlossen werden, dass sich dort der Sitz der wirtschaftlichen Tätigkeit eines Unternehmens befindet.

Art. 11 (1) Für die Anwendung des Artikels 44 der Richtlinie 2006/112/EG gilt als „feste Niederlassung" jede Niederlassung mit Ausnahme des Sitzes der wirtschaftlichen Tätigkeit nach Artikel 10 dieser Verordnung, die einen hinreichenden Grad an Beständigkeit sowie eine Struktur aufweist, die es ihr von der personellen und technischen Ausstattung her erlaubt, Dienstleistungen, die für den eigenen Bedarf dieser Niederlassung erbracht werden, zu empfangen und dort zu verwenden.

(2) Für die Anwendung der folgenden Artikel gilt als „feste Niederlassung" jede Niederlassung mit Ausnahme des Sitzes der wirtschaftlichen Tätigkeit nach Artikel 10 dieser Verordnung, die einen hinreichenden Grad an Beständigkeit sowie eine Struktur aufweist, die es von der personellen und technischen Ausstattung her erlaubt, Dienstleistungen zu erbringen:
a) Artikel 45 der Richtlinie 2006/112/EG;
b) ab 1. Januar 2013 Artikel 56 Absatz 2 Unterabsatz 2 der Richtlinie 2006/112/EG;
c) bis 31. Dezember 2014 Artikel 58 der Richtlinie 2006/112/EG;
d) Artikel 192a der Richtlinie 2006/112/EG.

(3) Allein aus der Tatsache, dass eine Mehrwertsteuer-Identifikationsnummer zugeteilt wurde, kann nicht darauf geschlossen werden, dass ein Steuerpflichtiger eine „feste Niederlassung" hat.

Art. 12 Für die Anwendung der Richtlinie 2006/112/EG gilt als „Wohnsitz" einer natürlichen Person, unabhängig davon, ob diese Person steuerpflichtig ist oder nicht, der im Melderegister oder in einem ähnlichen Register eingetragene Wohnsitz oder der Wohnsitz, den die betreffende Person bei der zuständigen Steuerbehörde angegeben hat, es sei denn, es liegen Anhaltspunkte dafür vor, dass dieser Wohnsitz nicht die tatsächlichen Gegebenheiten widerspiegelt.

Art. 13 Im Sinne der Richtlinie 2006/112/EG gilt als „gewöhnlicher Aufenthaltsort" einer natürlichen Person, unabhängig davon, ob diese Person steuerpflichtig ist oder nicht, der Ort, an dem diese natürliche Person aufgrund persönlicher und beruflicher Bindungen gewöhnlich lebt.

Liegen die beruflichen Bindungen einer natürlichen Person in einem anderen Land als dem ihrer persönlichen Bindungen oder gibt es keine beruflichen Bindungen, so bestimmt sich der gewöhnliche Aufenthaltsort nach den persönlichen Bindungen, die enge Beziehungen zwischen der natürlichen Person und einem Wohnort erkennen lassen.

Art. 13a Als Ort, an dem eine nichtsteuerpflichtige juristische Person im Sinne von Artikel 56 Absatz 2 Unterabsatz 1, Artikel 58 und Artikel 59 der Richtlinie 2006/112/EG ansässig ist, gilt
a) der Ort, an dem Handlungen zu ihrer zentralen Verwaltung ausgeführt werden, oder
b) der Ort jeder anderen Niederlassung, die einen hinreichenden Grad an Beständigkeit sowie eine Struktur aufweist, die es ihr von der personellen und technischen Ausstattung her erlaubt, Dienstleistungen, die für den eigenen Bedarf dieser Niederlassung erbracht werden, zu empfangen und dort zu verwenden.

Art. 13b Für die Zwecke der Anwendung der Richtlinie 2006/112/EG gilt als ‚Grundstück'
a) ein bestimmter über- oder unterirdischer Teil der Erdoberfläche, an dem Eigentum und Besitz begründet werden kann;
b) jedes mit oder in dem Boden über oder unter dem Meeresspiegel befestigte Gebäude oder jedes derartige Bauwerk, das nicht leicht abgebaut oder bewegt werden kann;
c) jede Sache, die einen wesentlichen Bestandteil eines Gebäudes oder eines Bauwerks bildet, ohne die das Gebäude oder das Bauwerk unvollständig ist, wie zum Beispiel Türen, Fenster, Dächer, Treppenhäuser und Aufzüge;
d) Sachen, Ausstattungsgegenstände oder Maschinen, die auf Dauer in einem Gebäude oder einem Bauwerk installiert sind, und die nicht bewegt werden können, ohne das Gebäude oder das Bauwerk zu zerstören oder zu verändern.

ABSCHNITT 2
Ort der Lieferung von Gegenständen

(Artikel 31 bis 39 der Richtlinie 2006/112/EG)

Art. 14 (aufgehoben)
(ABl L 2019/313)

Art. 15 Zur Bestimmung des innerhalb der Gemeinschaft stattfindenden Teils der Personenbeförderung im Sinne des Artikels 37 der Richtlinie 2006/112/EG ist die Reisestrecke des Beförderungsmittels, nicht die der beförderten Personen, ausschlaggebend.

ABSCHNITT 3
Ort des innergemeinschaftlichen Erwerbs von Gegenständen

(Artikel 40, 41 und 42 der Richtlinie 2006/112/EG)

Art. 16 Der Mitgliedstaat der Beendigung des Versands oder der Beförderung der Gegenstände, in dem ein innergemeinschaftlicher Erwerb von Gegenständen im Sinne von Artikel 20 der Richtlinie 2006/112/EG erfolgt, nimmt seine Besteuerungskompetenz unabhängig von der mehrwertsteuerlichen Behandlung des Umsatzes im Mitgliedstaat des Beginns des Versands oder der Beförderung der Gegenstände wahr.

Ein etwaiger vom Lieferer der Gegenstände gestellter Antrag auf Berichtigung der in Rechnung gestellten und gegenüber dem Mitgliedstaat des Beginns des Versands oder der Beförderung der Gegenstände erklärten Mehrwertsteuer wird von diesem Mitgliedstaat nach seinen nationalen Vorschriften bearbeitet.

ABSCHNITT 4
Ort der Dienstleistung

(Artikel 43 bis 59 der Richtlinie 2006/112/EG)

Unterabschnitt 1
Status des Dienstleistungsempfängers

Art. 17 (1) Hängt die Bestimmung des Ortes der Dienstleistung davon ab, ob es sich bei dem Dienstleistungsempfänger um einen Steuerpflichtigen oder um einen Nichtsteuerpflichtigen handelt, so wird der Status des Dienstleistungsempfängers nach den Artikeln 9 bis 13 und 43 der Richtlinie 2006/112/EG bestimmt.

(2) Eine nicht steuerpflichtige juristische Person, der gemäß Artikel 214 Absatz 1 Buchstabe b der Richtlinie 2006/112/EG eine Mehrwertsteuer-Identifikationsnummer zugeteilt wurde oder die verpflichtet ist, sich für Mehrwertsteuerzwecke erfassen zu lassen, weil ihre innergemeinschaftlichen Erwerbe von Gegenständen der Mehrwertsteuer unterliegen oder weil sie die Wahlmöglichkeit in Anspruch genommen hat, diese Umsätze der Mehrwertsteuerpflicht zu unterwerfen, gilt als Steuerpflichtiger im Sinne des Artikels 43 jener Richtlinie.

Art. 18 (1) Sofern dem Dienstleistungserbringer keine gegenteiligen Informationen vorliegen, kann er davon ausgehen, dass ein in der Gemeinschaft ansässiger Dienstleistungsempfänger den Status eines Steuerpflichtigen hat,
a) wenn der Dienstleistungsempfänger ihm seine individuelle Mehrwertsteuer-Identifikationsnummer mitgeteilt hat und er die Bestätigung der Gültigkeit dieser Nummer sowie die des zugehörigen Namens und der zugehörigen Anschrift gemäß Artikel 31 der Verordnung

(EG) Nr. 904/2010 des Rates vom 7. Oktober 2010 über die Zusammenarbeit der Verwaltungsbehörden und die Betrugsbekämpfung auf dem Gebiet der Mehrwertsteuer erlangt hat;

b) wenn er, sofern der Dienstleistungsempfänger noch keine individuelle Mehrwertsteuer-Identifikationsnummer erhalten hat, jedoch mitteilt, dass er die Zuteilung einer solchen Nummer beantragt hat, anhand eines anderen Nachweises feststellt, dass es sich bei dem Dienstleistungsempfänger um einen Steuerpflichtigen oder eine nicht steuerpflichtige juristische Person handelt, die verpflichtet ist, sich für Mehrwertsteuerzwecke erfassen zu lassen, und mittels handelsüblicher Sicherheitsmaßnahmen (wie beispielsweise der Kontrolle der Angaben zur Person oder von Zahlungen) in zumutbarem Umfang die Richtigkeit der vom Dienstleistungsempfänger gemachten Angaben überprüft.

(2) Sofern dem Dienstleistungserbringer keine gegenteiligen Informationen vorliegen, kann er davon ausgehen, dass ein in der Gemeinschaft ansässiger Dienstleistungsempfänger den Status eines Nichtsteuerpflichtigen hat, wenn er nachweist, dass Letzterer ihm seine individuelle Mehrwertsteuer-Identifikationsnummer nicht mitgeteilt hat.

Ungeachtet gegenteiliger Informationen kann jedoch der Erbringer von Telekommunikations-, Rundfunk- oder elektronisch erbrachten Dienstleistungen davon ausgehen, dass ein innerhalb der Gemeinschaft ansässiger Dienstleistungsempfänger den Status eines Nichtsteuerpflichtigen hat, solange der Dienstleistungsempfänger ihm seine individuelle Mehrwertsteuer-Identifikationsnummer nicht mitgeteilt hat.

(3) Sofern dem Dienstleistungserbringer keine gegenteiligen Informationen vorliegen, kann er davon ausgehen, dass ein außerhalb der Gemeinschaft ansässiger Dienstleistungsempfänger den Status eines Steuerpflichtigen hat,

a) wenn er vom Dienstleistungsempfänger die von den für den Dienstleistungsempfänger zuständigen Steuerbehörden ausgestellte Bescheinigung erlangt, wonach der Dienstleistungsempfänger eine wirtschaftliche Tätigkeit ausübt, die es ihm ermöglicht, eine Erstattung der Mehrwertsteuer gemäß der Richtlinie 86/560/EWG des Rates vom 17. November 1986 zur Harmonisierung der Rechtsvorschriften der Mitgliedstaaten über die Umsatzsteuern – Verfahren der Erstattung der Mehrwertsteuer an nicht im Gebiet der Gemeinschaft ansässige Steuerpflichtige zu erhalten;

b) wenn ihm, sofern der Dienstleistungsempfänger diese Bescheinigung nicht besitzt, eine Mehrwertsteuernummer oder eine ähnliche dem Dienstleistungsempfänger von seinem Ansässigkeitsstaat zugeteilte und zur Identifizierung von Unternehmen verwendete Nummer vorliegt oder er anhand eines anderen Nachweises feststellt, dass es sich bei dem Dienstleistungsempfänger um einen Steuerpflichtigen handelt, und er mittels handelsüblicher Sicherheitsmaßnahmen (wie beispielsweise derjenigen in Bezug auf die Kontrolle der Angaben zur Person oder von Zahlungen) in zumutbarem Umfang die Richtigkeit der vom Dienstleistungsempfänger gemachten Angaben überprüft.

**Unterabschnitt 2
Eigenschaft des Dienstleistungsempfängers**

Art. 19 Für die Zwecke der Anwendung der Bestimmungen über den Ort der Dienstleistung nach Artikel 44 und 45 der Richtlinie 2006/112/EG gilt ein Steuerpflichtiger oder eine als Steuerpflichtiger geltende nichtsteuerpflichtige juristische Person, der/die Dienstleistungen ausschließlich zum privaten Gebrauch, einschließlich zum Gebrauch durch sein/ihr Personal empfängt, als nicht steuerpflichtig.

Sofern dem Dienstleistungserbringer keine gegenteiligen Informationen – wie etwa die Art der erbrachten Dienstleistungen – vorliegen, kann er davon ausgehen, dass es sich um Dienstleistungen für die unternehmerischen Zwecke des Dienstleistungsempfängers handelt, wenn Letzterer ihm für diesen Umsatz seine individuelle Mehrwertsteuer-Identifikationsnummer mitgeteilt hat.

Ist ein und dieselbe Dienstleistung sowohl zum privaten Gebrauch, einschließlich zum Gebrauch durch das Personal, als auch für die unternehmerischen Zwecke des Dienstleistungsempfängers bestimmt, so fällt diese Dienstleistung ausschließlich unter Artikel 44 der Richtlinie 2006/112/EG, sofern keine missbräuchlichen Praktiken vorliegen.

**Unterabschnitt 3
Ort des Dienstleistungsempfängers**

Art. 20 Fällt eine Dienstleistung an einen Steuerpflichtigen oder an eine nicht steuerpflichtige juristische Person, die als Steuerpflichtiger gilt, in den Anwendungsbereich des Artikels 44 der Richtlinie 2006/112/EG und ist dieser Steuerpflichtige in einem einzigen Land ansässig oder befindet sich, in Ermangelung eines Sitzes der wirtschaftlichen Tätigkeit oder einer festen Niederlassung, sein Wohnsitz und sein gewöhnlicher Aufenthaltsort in einem einzigen Land, so ist diese Dienstleistung in diesem Land zu besteuern.

Der Dienstleistungserbringer stellt diesen Ort auf der Grundlage der vom Dienstleistungsempfänger erhaltenen Informationen fest und überprüft diese Informationen mittels handelsüblicher Sicherheitsmaßnahmen, wie beispielsweise der Kontrolle der Angaben zur Person oder von Zahlungen.

Die Information kann auch von dem Mitgliedstaat, in dem der Dienstleistungsempfänger ansässig ist, zugeteilten Mehrwertsteuer-Identifikationsnummer beinhalten.

Art. 21 Fällt eine Dienstleistung an einen Steuerpflichtigen oder an eine nicht steuerpflichtige juristische Person, die als Steuerpflichtiger gilt, in den Anwendungsbereich des Artikels 44 der Richtlinie 2006/112/EG und ist der Steuerpflichtige in mehr als einem Land ansässig, so ist diese Dienstleistung in dem Land zu besteuern, in dem der Dienstleistungsempfänger den Sitz seiner wirtschaftlichen Tätigkeit hat.

Wird die Dienstleistung jedoch an eine feste Niederlassung des Steuerpflichtigen an einem anderen Ort erbracht als dem Ort, an dem sich der Sitz der wirtschaftlichen Tätigkeit des Dienstleistungsempfängers befindet, so ist diese Dienstleistung am Ort der festen Niederlassung zu besteuern, die Empfänger der Dienstleistung ist und sie für den eigenen Bedarf verwendet.

Verfügt der Steuerpflichtige weder über einen Sitz der wirtschaftlichen Tätigkeit noch über eine feste Niederlassung, so ist die Dienstleistung am Wohnsitz des Steuerpflichtigen oder am Ort seines gewöhnlichen Aufenthalts zu besteuern.

Art. 22 (1) Der Dienstleistungserbringer prüft die Art und die Verwendung der erbrachten Dienstleistung, um die feste Niederlassung des Dienstleistungsempfängers zu ermitteln, an die die Dienstleistung erbracht wird.

Kann der Dienstleistungserbringer weder anhand der Art der erbrachten Dienstleistung noch ihrer Verwendung die feste Niederlassung ermitteln, an die die Dienstleistung erbracht wird, so prüft er bei der Ermittlung dieser festen Niederlassung insbesondere, ob der Vertrag, der Bestellschein und die vom Mitgliedstaat des Dienstleistungsempfängers vergebene und ihm vom Dienstleistungsempfänger mitgeteilte Mehrwertsteuer-Identifikationsnummer die feste Niederlassung als Dienstleistungsempfänger ausweisen und ob die feste Niederlassung die Dienstleistung bezahlt.

Kann die feste Niederlassung des Dienstleistungsempfängers, an die die Dienstleistung erbracht wird, gemäß den Unterabsätzen 1 und 2 des vorliegenden Absatzes nicht bestimmt werden oder werden einem Steuerpflichtigen unter Artikel 44 der Richtlinie 2006/112/EG fallende Dienstleistungen innerhalb eines Vertrags erbracht, der eine oder mehrere Dienstleistungen umfasst, die auf nicht feststellbare oder nicht quantifizierbare Weise genutzt werden, so kann der Dienstleistungserbringer berechtigterweise davon ausgehen, dass diese Dienstleistungen an dem Ort erbracht werden, an dem der Dienstleistungsempfänger den Sitz seiner wirtschaftlichen Tätigkeit hat.

(2) Die Pflichten des Dienstleistungsempfängers bleiben von der Anwendung dieses Artikels unberührt.

Art. 23 (1) Ist eine Dienstleistung ab 1. Januar 2013 entsprechend Artikel 56 Absatz 2 Unterabsatz 1 der Richtlinie 2006/112/EG an dem Ort zu versteuern, an dem der Dienstleistungsempfänger ansässig ist, oder in Ermangelung eines solchen Sitzes an seinem Wohnsitz oder an seinem gewöhnlichen Aufenthaltsort, so stellt der Dienstleistungserbringer diesen Ort auf der Grundlage der vom Dienstleistungsempfänger erhaltenen Sachinformationen fest und überprüft diese Informationen mittels handelsüblicher Sicherheitsmaßnahmen, wie beispielsweise der Kontrolle von Angaben zur Person oder von Zahlungen.

(2) Ist eine Dienstleistung entsprechend den Artikeln 58 und 59 der Richtlinie 2006/112/EG an dem Ort zu versteuern, an dem der Dienstleistungsempfänger ansässig ist, oder in Ermangelung eines solchen Sitzes an seinem Wohnsitz oder an seinem gewöhnlichen Aufenthaltsort, so stellt der Dienstleistungserbringer diesen auf der Grundlage der vom Dienstleistungsempfänger erhaltenen Sachinformationen fest und überprüft diese Informationen mittels der handelsüblichen Sicherheitsmaßnahmen, wie beispielsweise der Kontrolle von Angaben zur Person oder von Zahlungen.

Art. 24 Wird eine Dienstleistung, die unter Artikel 56 Absatz 2 Unterabsatz 1 oder unter die Artikel 58 und 59 der Richtlinie 2006/112/EG fällt, an einen Nichtsteuerpflichtigen erbracht, der in verschiedenen Ländern ansässig ist oder seinen Wohnsitz in einem Land und seinen gewöhnlichen Aufenthaltsort in einem anderen Land hat, so ist folgender Ort vorrangig:

a) im Fall einer nichtsteuerpflichtigen juristischen Person der in Artikel 13a Buchstabe a dieser Verordnung genannte Ort, es sei denn, es liegen Anhaltspunkte dafür vor, dass die Dienstleistung tatsächlich an dem in Artikel 13a Buchstabe b genannten Ort ihrer Niederlassung in Anspruch genommen wird;

b) im Fall einer natürlichen Person der gewöhnliche Aufenthaltsort, es sei denn, es liegen Anhaltspunkte dafür vor, dass die Dienstleistung am Wohnsitz der betreffenden Person in Anspruch genommen wird.

Unterabschnitt 3a
Vermutungen bezüglich des Ortes des Dienstleistungsempfängers

Art. 24a (1) Für die Zwecke der Anwendung der Artikel 44, 58 und 59a der Richtlinie 2006/112/EG wird vermutet, dass wenn ein Dienstleistungserbringer Telekommunikations-, Rundfunk- oder elektronisch erbrachte Dienstleistungen an Orten wie Telefonzellen, Kiosk-Telefonen, WLAN-Hot-Spots, Internetcafés, Restaurants oder Hotellobbys erbringt, und der Dienstleistungsempfänger an diesem Ort physisch anwesend sein muss, damit ihm die Dienstleistung durch diesen Dienstleistungserbringer erbracht werden kann, der Dienstleistungsempfänger an dem betreffenden Ort ansässig ist oder seinen Wohnsitz oder seinen gewöhnlichen Aufenthaltsort hat und dass die Dienstleistung an diesem Ort tatsächlich genutzt und ausgewertet wird.

(2) Befindet sich der Ort im Sinne von Absatz 1 des vorliegenden Artikels an Bord eines Schiffes, eines Flugzeugs oder in einer Eisenbahn während einer Personenbeförderung, die innerhalb der Gemeinschaft gemäß den Artikeln 37 und 57 der Richtlinie 2006/112/EG stattfindet, so ist das Land, in dem sich der Ort befindet, das Abgangsland der Personenbeförderung.

Art. 24b Für die Zwecke der Anwendung von Artikel 58 der Richtlinie 2006/112/EG gilt, dass wenn einem Nichtsteuerpflichtigen Telekommunikations-, Rundfunk- oder elektronisch erbrachte Dienstleistungen:
a) über seinen Festnetzanschluss erbracht werden, die Vermutung gilt, dass der Dienstleistungsempfänger an dem Ort, an dem sich der Festnetzanschluss befindet, ansässig ist oder seinen Wohnsitz oder seinen gewöhnlichen Aufenthaltsort hat;
b) über mobile Netze erbracht werden, die Vermutung gilt, dass der Dienstleistungsempfänger in dem Land, das durch den Ländercode der bei Inanspruchnahme der Dienstleistungen verwendeten SIM-Karte bezeichnet wird, ansässig ist oder seinen Wohnsitz oder seinen gewöhnlichen Aufenthaltsort hat;
c) erbracht werden, für die ein Decoder oder ein ähnliches Gerät oder eine Programm- oder Satellitenkarte verwendet werden muss und wird kein Festnetzanschluss verwendet, die Vermutung gilt, dass der Dienstleistungsempfänger an dem Ort, an dem sich der Decoder oder das ähnliche Gerät befindet, oder, wenn dieser Ort unbekannt ist, an dem Ort, an den die Programm- oder Satellitenkarte zur Verwendung gesendet wird, ansässig ist oder seinen Wohnsitz oder seinen gewöhnlichen Aufenthaltsort hat;
d) unter anderen als den in den Artikeln 24a und in den Buchstaben a, b und c des vorliegenden Artikels genannten Bedingungen erbracht werden, die Vermutung gilt, dass der Dienstleistungsempfänger an dem Ort ansässig ist oder seinen Wohnsitz oder seinen gewöhnlichen Aufenthaltsort hat, der vom Leistungserbringer unter Verwendung von zwei einander nicht widersprechenden Beweismitteln gemäß Artikel 24f der vorliegenden Verordnung als solcher bestimmt wird.

Art. 24c Werden einem Nichtsteuerpflichtigen Beförderungsmittel vermietet, ausgenommen die Vermietung über einen kürzeren Zeitraum, so ist für die Zwecke der Anwendung von Artikel 56 Absatz 2 der Richtlinie 2006/112/EG von der Vermutung auszugehen, dass der Dienstleistungsempfänger an dem Ort ansässig ist oder seinen Wohnsitz oder seinen gewöhnlichen Aufenthaltsort hat, der vom Leistungserbringer unter Verwendung von zwei einander nicht widersprechenden Beweismitteln gemäß Artikel 24e der vorliegenden Verordnung als solcher bestimmt wird.

Unterabschnitt 3b
Widerlegung von Vermutungen

Art. 24d (1) Erbringt ein Leistungserbringer eine in Artikel 58 der Richtlinie 2006/112/EG des Rates aufgeführte Dienstleistung, so kann er eine Vermutung nach Artikel 24a oder 24b Buchstaben a, b oder c der vorliegenden Verordnung durch drei einander nicht widersprechende Beweismittel widerlegen, aus denen hervorgeht, dass der Dienstleistungsempfänger an einem anderen Ort ansässig ist oder seinen Wohnsitz oder seinen gewöhnlichen Aufenthaltsort hat.

(2) Der Fiskus kann Vermutungen nach Artikel 24a, 24b, 24c widerlegen, wenn es Hinweise auf falsche Anwendung oder Missbrauch durch den Leistungserbringer gibt.

Unterabschnitt 3c
Beweismittel für die Bestimmung des Ortes des Dienstleistungsempfängers und Widerlegung von Vermutungen

Art. 24e Für die Zwecke der Anwendung von Artikel 56 Absatz 2 der Richtlinie 2006/112/EG und der Erfüllung der Anforderungen gemäß Artikel 24c der vorliegenden Verordnung gilt als Beweismittel insbesondere Folgendes:
a) die Rechnungsanschrift des Dienstleistungsempfängers;
b) Bankangaben wie der Ort, an dem das für die Zahlung verwendete Bankkonto geführt wird, oder die der Bank vorliegende Rechnungsanschrift des Dienstleistungsempfängers;
c) die Zulassungsdaten des von dem Dienstleistungsempfänger gemieteten Beförderungsmittels, wenn dieses an dem Ort, an dem es genutzt wird, zugelassen sein muss, oder ähnliche Informationen;
d) sonstige wirtschaftlich relevante Informationen.

Art. 24f Für die Zwecke der Anwendung von Artikel 58 der Richtlinie 2006/112/EG und der Erfüllung der Anforderungen gemäß Artikel 24b Buchstabe d oder Artikel 24d Absatz 1 der vorliegenden Verordnung gilt als Beweismittel insbesondere Folgendes:
a) die Rechnungsanschrift des Dienstleistungsempfängers;
b) die Internet-Protokoll-Adresse (IP-Adresse) des von dem Dienstleistungsempfänger verwendeten Geräts oder jedes Verfahren der Geolokalisierung;
c) Bankangaben wie der Ort, an dem das für die Zahlung verwendete Bankkonto geführt wird oder die der Bank vorliegende Rechnungsanschrift des Dienstleistungsempfängers;
d) der Mobilfunk-Ländercode (Mobile Country Code – MCC) der Internationalen Mobilfunk-Teilnehmerkennung (International Mobile Subscriber Identity – IMSI), der auf der von dem Dienstleistungsempfänger verwendeten SIM-Karte (Teilnehmer-Identifikationsmodul – Subscriber Identity Module) gespeichert ist;
e) der Ort des Festnetzanschlusses des Dienstleistungsempfängers, über den ihm die Dienstleistung erbracht wird;
f) sonstige wirtschaftlich relevante Informationen.

Unterabschnitt 4
Allgemeine Bestimmungen zur Ermittlung des Status, der Eigenschaft und des Ortes des Dienstleistungsempfängers

Art. 25 Zur Anwendung der Vorschriften hinsichtlich des Ortes der Dienstleistung sind lediglich die Umstände zu dem Zeitpunkt zu berücksichtigen, zu dem der Steuertatbestand eintritt. Jede spätere Änderung des Verwendungszwecks der betreffenden Dienstleistung wirkt sich nicht auf die Bestimmung des Orts der Dienstleistung aus, sofern keine missbräuchlichen Praktiken vorliegen.

Unterabschnitt 5
Dienstleistungen, die unter die Allgemeinen Bestimmungen fallen

Art. 26 Die Erteilung des Rechts zur Fernsehübertragung von Fußballspielen durch Organisationen an Steuerpflichtige fällt unter Artikel 44 der Richtlinie 2006/112/EG.

Art. 27 Dienstleistungen, die in der Beantragung oder Vereinnahmung von Erstattungen der Mehrwertsteuer gemäß der Richtlinie 2008/9/EG des Rates vom 12. Februar 2008 zur Regelung der Erstattung der Mehrwertsteuer gemäß der Richtlinie 2006/112/EG an nicht im Mitgliedstaat der Erstattung, sondern in einem anderen Mitgliedstaat ansässige Steuerpflichtige bestehen, fallen unter Artikel 44 der Richtlinie 2006/112/EG.

Art. 28 Insoweit sie eine einheitliche Dienstleistung darstellen, fallen Dienstleistungen, die im Rahmen einer Bestattung erbracht werden, unter Artikel 44 und 45 der Richtlinie 2006/112/EG.

Art. 29 Unbeschadet des Artikels 41 der vorliegenden Verordnung fallen Dienstleistungen der Textübersetzung unter die Artikel 44 und 45 der Richtlinie 2006/112/EG.

Unterabschnitt 6
Dienstleistungen von Vermittlern

Art. 30 Unter den Begriff der Dienstleistung von Vermittlern in Artikel 46 der Richtlinie 2006/112/EG fallen sowohl Dienstleistungen von Vermittlern, die im Namen und für Rechnung des Empfängers der vermittelten Dienstleistung handeln, als auch Dienstleistungen von Vermittlern, die im Namen und für Rechnung des Erbringers der vermittelten Dienstleistungen handeln.

Art. 31 Dienstleistungen von Vermittlern, die im Namen und für Rechnung Dritter handeln, und die in der Vermittlung einer Beherbergungsdienstleistung in der Hotelbranche oder in Branchen mit ähnlicher Funktion bestehen, fallen in den Anwendungsbereich:
a) des Artikels 44 der Richtlinie 2006/112/EG, wenn sie an einen Steuerpflichtigen, der als solcher handelt, oder an eine nichtsteuerpflichtige juristische Person, die als Steuerpflichtiger gilt, erbracht werden;
b) des Artikels 46 der genannten Richtlinie, wenn sie an einen Nichtsteuerpflichtigen erbracht werden.

Unterabschnitt 6a
Dienstleistungen im Zusammenhang mit Grundstücken

Art. 31a (1) Dienstleistungen im Zusammenhang mit einem Grundstück im Sinne von Artikel 47 der Richtlinie 2006/112/EG umfassen nur Dienstleistungen, die in einen hinreichend direkten Zusammenhang mit dem Grundstück stehen. In folgenden Fällen sind Dienstleistungen als in einem hinreichend direkten Zusammenhang mit einem Grundstück stehend anzusehen:
a) wenn sie von einem Grundstück abgeleitet sind und das Grundstück einen wesentlichen Bestandteil der Dienstleistung darstellt und zentral und wesentlich für die erbrachte Dienstleistung ist;
b) wenn sie für das Grundstück selbst erbracht werden oder auf das Grundstück selbst gerichtet sind, und deren Zweck in rechtlichen oder physischen Veränderungen an dem Grundstück besteht.

(2) Unter Absatz 1 fällt insbesondere Folgendes:
a) Erstellung von Bauplänen für Gebäude oder Gebäudeteile für ein bestimmtes Grundstück ungeachtet der Tatsache, ob dieses Gebäude tatsächlich errichtet wird oder nicht;
b) Bauaufsichtsmaßnahmen oder grundstücksbezogene Sicherheitsdienste, die vor Ort erbracht werden;
c) Errichtung eines Gebäudes an Land sowie Bauleistungen und Abrissarbeiten an einem Gebäude oder Gebäudeteil;
d) Errichtung anderer auf Dauer angelegter Konstruktionen an Land sowie Bauleistungen und Abrissarbeiten an anderen auf Dauer angelegten Konstruktionen wie Leitungen für Gas, Wasser, Abwasser und dergleichen;
e) Landbearbeitung einschließlich landwirtschaftlicher Dienstleistungen wie Landbestellung, Säen, Bewässerung und Düngung;
f) Vermessung und Begutachtung von Gefahr und Zustand von Grundstücken;
g) Bewertung von Grundstücken, auch zu Versicherungszwecken, zur Ermittlung des Grundstückswerts als Sicherheit für ein Darlehen oder für die Bewertung von Gefahren und Schäden in Streitfällen;
h) Vermietung und Verpachtung von Grundstücken mit der Ausnahme der unter Absatz 3 Buchstabe c genannten Dienstleistungen, einschließlich der Lagerung von Gegenständen, wenn hierfür ein bestimmter Teil des Grundstücks zur ausschließlichen Nutzung durch den Dienstleistungsempfänger gewidmet ist;
i) Zurverfügungstellen von Unterkünften in der Hotelbranche oder in Branchen mit ähnlicher Funktion, wie zum Beispiel in Ferienlagern oder auf einem als Campingplatz hergerichteten Gelände einschließlich Umwandlung von Teilzeitnutzungsrechten (Timesharing) und dergleichen für Aufenthalte an einem bestimmten Ort;

4/2/5. DVO (EU) 282/2011
Art. 31a

j) Gewährung und Übertragung sonstiger nicht unter den Buchstaben h und i aufgeführter Nutzungsrechte an Grundstücken und Teilen davon einschließlich der Erlaubnis, einen Teil des Grundstücks zu nutzen, wie zum Beispiel die Gewährung von Fischereirechten und Jagdrechten oder die Zugangsberechtigung zu Warteräumen in Flughäfen, oder die Nutzung von Infrastruktur, für die Maut gefordert wird, wie Brücken oder Tunnel;

k) Wartungs-, Renovierungs- und Reparaturarbeiten an einem Gebäude oder an Gebäudeteilen einschließlich Reinigung, Verlegen von Fliesen und Parkett sowie Tapezieren;

l) Wartungs-, Renovierungs- und Reparaturarbeiten an anderen auf Dauer angelegten Strukturen wie Leitungen für Gas, Wasser oder Abwasser und dergleichen;

m) Installation oder Montage von Maschinen oder Ausstattungsgegenständen, die damit als Grundstück gelten;

n) Wartung und Reparatur sowie Kontrolle und Überwachung von Maschinen oder Ausstattungsgegenständen, die als Grundstück gelten;

o) Eigentumsverwaltung, mit Ausnahme von Portfolioverwaltung in Zusammenhang mit Eigentumsanteilen an Grundstücken unter Absatz 3 Buchstabe g, die sich auf den Betrieb von Geschäfts-, Industrie- oder Wohnimmobilien durch oder für den Eigentümer des Grundstücks bezieht;

p) Vermittlungsleistungen beim Verkauf oder bei der Vermietung oder Verpachtung von Grundstücken sowie bei der Begründung oder Übertragung von bestimmten Rechten an Grundstücken oder dinglichen Rechten an Grundstücken (unabhängig davon, ob diese Rechte einem körperlichen Gegenstand gleichgestellt sind), ausgenommen Vermittlungsleistungen gemäß Absatz 3 Buchstabe d;

q) juristische Dienstleistungen im Zusammenhang mit Grundstücksübertragungen sowie mit der Begründung oder Übertragung von bestimmten Rechten an Grundstücken oder dinglichen Rechten an Grundstücken (unabhängig davon ob diese Rechte einem körperlichen Gegenstand gleichgestellt sind), wie zum Beispiel die Tätigkeiten von Notaren, oder das Aufsetzen eines Vertrags über den Verkauf oder den Kauf eines Grundstücks, selbst wenn die zugrunde liegende Transaktion, die zur rechtlichen Veränderung an dem Grundstück führt, letztendlich nicht stattfindet.

(3) Absatz 1 findet keine Anwendung auf

a) Erstellung von Bauplänen für Gebäude oder Gebäudeteile, die keinem bestimmten Grundstück zugeordnet sind;

b) Lagerung von Gegenständen auf einem Grundstück, wenn dem Kunden kein bestimmter Teil des Grundstücks zur ausschließlichen Nutzung zur Verfügung steht;

c) Bereitstellung von Werbung, selbst wenn dies die Nutzung eines Grundstücks einschließt;

d) Vermittlung der Beherbergung in einem Hotel oder Beherbergung in Branchen mit ähnlicher Funktion, wie zum Beispiel in Ferienlagern oder auf einem als Campingplatz hergerichteten Gelände, wenn der Vermittler im Namen und für die Rechnung eines Dritten handelt;

e) Bereitstellung eines Standplatzes auf einem Messe- oder Ausstellungsgelände zusammen mit anderen ähnlichen Dienstleistungen, die dem Aussteller die Darbietung seines Angebots ermöglichen, wie die Aufmachung und Gestaltung des Standes, die Beförderung und Lagerung der Ausstellungsstücke, die Bereitstellung von Maschinen, die Verlegung von Kabeln, Versicherungen und Werbung;

f) Installation oder Montage, Wartung und Reparatur sowie Kontrolle und Überwachung von Maschinen oder Ausstattungsgegenständen, die kein fester Bestandteil des Grundstücks sind oder sein werden;

g) Portfolioverwaltung im Zusammenhang mit Eigentumsanteilen an Grundstücken;

h) juristische Dienstleistungen, mit Ausnahme der unter Absatz 2 Buchstabe q genannten Dienstleistungen, einschließlich Beratungsdienstleistungen betreffend die Vertragsbedingungen eines Grundstücksübertragungsvertrags, die Durchsetzung eines solchen Vertrags oder den Nachweis, dass ein solcher Vertrag besteht, sofern diese Dienstleistungen nicht speziell mit der Übertragung von Rechten an Grundstücken zusammenhängen.

Art. 31b Wird einem Dienstleistungsempfänger Ausrüstung zur Durchführung von Arbeiten an einem Grundstück zur Verfügung gestellt, so ist diese Leistung nur dann eine Dienstleistung im Zusammenhang mit einem Grundstück, wenn der Dienstleistungserbringer für die Durchführung der Arbeiten verantwortlich ist.

Stellt ein Dienstleistungserbringer dem Dienstleistungsempfänger neben der Ausrüstung ausreichendes Bedienpersonal zur Durchführung von Arbeiten zur Verfügung, so ist von der Vermutung auszugehen, dass er für die Durchführung der Arbeiten verantwortlich ist. Die Vermutung, dass der Dienstleistungserbringer für die Durchführung der Arbeiten verantwortlich ist, kann durch jegliche sachdienliche, auf Fakten oder Gesetz gestützte Mittel widerlegt werden.

Art. 31c Erbringt ein im eigenen Namen handelnder Steuerpflichtiger neben der Beherbergung in der Hotelbranche oder in Branchen mit ähnlicher Funktion, wie zum Beispiel in Ferienlagern oder auf einem als Campingplatz hergerichteten Gelände, Telekommunikations-, Rundfunk- oder elektronisch erbrachte Dienstleistungen, so gelten diese für die Zwecke der Bestimmung des Ortes dieser Dienstleistung als an diesen Orten erbracht.

Unterabschnitt 7
Dienstleistungen auf dem Gebiet der Kultur, der Künste, des Sports, der Wissenschaft, des Unterrichts, der Unterhaltung und ähnliche Veranstaltungen

Art. 32 (1) Zu den Dienstleistungen betreffend die Eintrittsberechtigung zu Veranstaltungen auf dem Gebiet der Kultur, der Künste, des Sports, der Wissenschaft, des Unterrichts, der Unterhaltung oder ähnlichen Veranstaltungen im Sinne des Artikels 53 der Richtlinie 2006/112/EG, gehören Dienstleistungen, deren wesentliche Merkmale darin bestehen, gegen eine Eintrittskarte oder eine Vergütung, auch in Form eines Abonnements, einer Zeitkarte oder einer regelmäßigen Gebühr, das Recht auf Eintritt zu einer Veranstaltung zu gewähren.

(2) Absatz 1 gilt insbesondere für:

a) das Recht auf Eintritt zu Darbietungen, Theateraufführungen, Zirkusvorstellungen, Freizeitparks, Konzerten, Ausstellungen sowie anderen ähnlichen kulturellen Veranstaltungen;

b) das Recht auf Eintritt zu Sportveranstaltungen wie Spielen oder Wettkämpfen;

c) das Recht auf Eintritt zu Veranstaltungen auf dem Gebiet des Unterrichts und der Wissenschaft, wie beispielsweise Konferenzen und Seminare.

(3) Die Nutzung von Räumlichkeiten, wie beispielsweise Turnhallen oder anderen, gegen Zahlung einer Gebühr fällt nicht unter Absatz 1.

Art. 33 Zu den mit der Eintrittsberechtigung zu Veranstaltungen auf dem Gebiet der Kultur, der Künste, des Sports, der Wissenschaft, des Unterrichts, der Unterhaltung oder ähnlichen Veranstaltungen zusammenhängenden Dienstleistungen nach Artikel 53 der Richtlinie 2006/112/EG gehören die Dienstleistungen, die direkt mit der Eintrittsberechtigung zu diesen Veranstaltungen in Verbindung stehen und an die Person, die einer Veranstaltung beiwohnt, gegen eine Gegenleistung gesondert erbracht werden.

Zu diesen zusammenhängenden Dienstleistungen gehören insbesondere die Nutzung von Garderoben oder sanitären Einrichtungen, nicht aber bloße Vermittlungsleistungen im Zusammenhang mit dem Verkauf von Eintrittskarten.

Art. 33a Vertreibt ein Vermittler, der im eigenen Namen, aber für Rechnung des Veranstalters handelt, oder ein anderer Steuerpflichtiger als der Veranstalter, der auf eigene Rechnung handelt, Eintrittskarten für Veranstaltungen auf dem Gebiet der Kultur, der Künste, des Sports, des Unterrichts, der Unterhaltung oder für ähnliche Veranstaltungen, so fällt diese Dienstleistung unter Artikel 53 und Artikel 54 Absatz 1 der Richtlinie 2006/112/EG.

Unterabschnitt 8
Nebentätigkeiten zur Beförderung, Begutachtung von beweglichen Gegenständen und Arbeiten an solchen Gegenständen

Art. 34 Außer in den Fällen, in denen die zusammengebauten Gegenstände Bestandteil eines Grundstücks werden, bestimmt sich der Ort der Dienstleistungen an einen Nichtsteuerpflichtigen, die lediglich in der Montage verschiedener Teile einer Maschine durch einen Steuerpflichtigen bestehen, wobei der Dienstleistungsempfänger ihm alle Teile beigestellt hat, nach Artikel 54 der Richtlinie 2006/112/EG.

Unterabschnitt 9
Restaurant- und Verpflegungsdienstleistungen an Bord eines Beförderungsmittels

Art. 35 Zur Bestimmung des innerhalb der Gemeinschaft stattfindenden Teils der Personenbeförderung im Sinne des Artikels 57 der Richtlinie 2006/112/EG ist die Reisestrecke des Beförderungsmittels, nicht die der beförderten Personen, ausschlaggebend.

Art. 36 Werden die Restaurant- und Verpflegungsdienstleistungen während des innerhalb der Gemeinschaft stattfindenden Teils der Personenbeförderung erbracht, so fallen diese Dienstleistungen unter Artikel 57 der Richtlinie 2006/112/EG.

Werden die Restaurant- und Verpflegungsdienstleistungen außerhalb dieses Teils der Personenbeförderung, aber im Gebiet eines Mitgliedstaats oder eines Drittlandes oder eines Drittgebiets erbracht, so fallen diese Dienstleistungen unter Artikel 55 der genannten Richtlinie.

Art. 37 Der Ort der Dienstleistung einer Restaurant- oder Verpflegungsdienstleistung innerhalb der Gemeinschaft, die teilweise während, teilweise außerhalb des innerhalb der Gemeinschaft stattfindenden Teils der Personenbeförderung, aber auf dem Gebiet eines Mitgliedstaats erbracht wird, bestimmt sich für die gesamte Dienstleistung nach den Regeln für die Bestimmung des Ortes der Dienstleistung, die zu Beginn der Erbringung der Restaurant- oder Verpflegungsdienstleistung gelten.

Unterabschnitt 10
Vermietung von Beförderungsmitteln

Art. 38 (1) Als „Beförderungsmittel" im Sinne von Artikel 56 und Artikel 59 Unterabsatz 1 Buchstabe g der Richtlinie 2006/112/EG gelten motorbetriebene Fahrzeuge oder Fahrzeuge ohne Motor und sonstige Ausrüstungen und Vorrichtungen, die zur Beförderung von Gegenständen oder Personen von einem Ort an einen anderen konzipiert wurden und von Fahrzeugen gezogen oder geschoben werden können und die normalerweise zur Beförderung von Gegenständen oder Personen konzipiert und tatsächlich geeignet sind.

(2) Als Beförderungsmittel nach Absatz 1 gelten insbesondere folgende Fahrzeuge:

a) Landfahrzeuge wie Personenkraftwagen, Motorräder, Fahrräder, Dreiräder sowie Wohnanhänger;
b) Anhänger und Sattelanhänger;
c) Eisenbahnwagen;
d) Wasserfahrzeuge;
e) Luftfahrzeuge;
f) Fahrzeuge, die speziell für den Transport von Kranken oder Verletzten konzipiert sind;
g) landwirtschaftliche Zugmaschinen und andere landwirtschaftliche Fahrzeuge;
h) Rollstühle und ähnliche Fahrzeuge für Kranke und Körperbehinderte, mit mechanischen oder elektronischen Vorrichtungen zur Fortbewegung.

(3) Als Beförderungsmittel nach Absatz 1 gelten nicht Fahrzeuge, die dauerhaft stillgelegt sind, sowie Container.

Art. 39 (1) Für die Anwendung des Artikels 56 der Richtlinie 2006/112/EG wird die Dauer des Besitzes oder der Verwendung eines Beförderungsmittels während eines ununterbrochenen Zeitraums, das Gegenstand einer Vermietung ist, auf der Grundlage der vertraglichen Vereinbarung zwischen den beteiligten Parteien bestimmt.

Der Vertrag begründet eine Vermutung, die durch jegliche auf Fakten oder Gesetz gestützte Mittel widerlegt werden kann, um die tatsächliche Dauer des Besitzes oder der Verwendung während eines ununterbrochenen Zeitraums festzustellen.

Wird die vertraglich festgelegte Dauer einer Vermietung über einen kürzeren Zeitraum im Sinne des Artikels 56 der Richtlinie 2006/112/EG aufgrund höherer Gewalt überschritten, so ist dies für die Feststellung der Dauer des Besitzes oder der Verwendung des Beförderungsmittels während eines ununterbrochenen Zeitraums unerheblich.

(2) Werden für ein und dasselbe Beförderungsmittel mehrere aufeinanderfolgende Mietverträge zwischen denselben Parteien geschlossen, so ist als Dauer des Besitzes oder der Verwendung dieses Beförderungsmittels während eines ununterbrochenen Zeitraums die Gesamtlaufzeit aller Verträge zugrunde zu legen.

Für die Zwecke von Unterabsatz 1 sind ein Vertrag und die zugehörigen Verlängerungsverträge aufeinanderfolgende Verträge.

Die Laufzeit des Mietvertrags oder der Mietverträge über einen kürzeren Zeitraum, die einem als langfristig geltenden Mietvertrag vorausgehen, wird jedoch nicht in Frage gestellt, sofern keine missbräuchlichen Praktiken vorliegen.

(3) Sofern keine missbräuchlichen Praktiken vorliegen, gelten aufeinanderfolgende Mietverträge, die zwischen denselben Parteien geschlossen werden, jedoch unterschiedliche Beförderungsmittel zum Gegenstand haben, nicht als aufeinanderfolgende Verträge nach Absatz 2.

Art. 40 Der Ort, an dem das Beförderungsmittel dem Dienstleistungsempfänger gemäß Artikel 56 Absatz 1 der Richtlinie 2006/112/EG tatsächlich zur Verfügung gestellt wird, ist der Ort, an dem der Dienstleistungsempfänger oder eine von ihm beauftragte Person es unmittelbar physisch in Besitz nimmt.

Unterabschnitt 11
Dienstleistungen an Nichtsteuerpflichtige außerhalb der Gemeinschaft

Art. 41 Dienstleistungen der Textübersetzung, die an einen außerhalb der Gemeinschaft ansässigen Nichtsteuerpflichtigen erbracht werden, fallen unter Artikel 59 Unterabsatz 1 Buchstabe c der Richtlinie 2006/112/EG.

KAPITEL Va
STEUERTATBESTAND UND STEUERANSPRUCH

(TITEL VI DER RICHTLINIE 2006/112/EG)
(ABl L 2019/313)

Art. 41a Für die Anwendung von Artikel 66a der Richtlinie 2006/112/EG bezeichnet der Zeitpunkt, zu dem die Zahlung angenommen wurde, den Zeitpunkt, zu dem die Zahlung bestätigt wurde oder die Zahlungsgenehmigungsmeldung oder eine Zahlungszusage des Erwerbers beim Lieferer, der die Gegenstände über eine elektronische Schnittstelle verkauft, oder für dessen Rechnung eingeht, und zwar unabhängig davon, wann die tatsächliche Zahlung erfolgt, je nachdem, welcher Zeitpunkt der frühere ist.

(ABl L 2019/313)

KAPITEL VI
BESTEUERUNGSGRUNDLAGE

(TITEL VII DER RICHTLINIE 2006/112/EG)

Art. 42 Verlangt ein Lieferer von Gegenständen oder ein Erbringer von Dienstleistungen als Bedingung für die Annahme einer Bezahlung mit Kredit- oder Geldkarte, dass der Dienstleistungsempfänger ihm oder einem anderen Unternehmen hierfür einen Betrag entrichtet und der von diesem Empfänger zu zahlende Gesamtpreis durch die Zahlungsweise nicht beeinflusst wird, so ist dieser Betrag Bestandteil der Besteuerungsgrundlage der Lieferung von Gegenständen oder der Dienstleistung gemäß Artikel 73 bis 80 der Richtlinie 2006/112/EG.

KAPITEL VII
STEUERSÄTZE

Art. 43 „Beherbergung in Ferienunterkünften" gemäß Anhang III Nummer 12 der Richtlinie 2006/112/EG umfasst auch die Vermietung von Zelten, Wohnanhängern oder Wohnmobilen, die auf Campingplätzen aufgestellt sind und als Unterkünfte dienen.

KAPITEL VIII
STEUERBEFREIUNGEN
ABSCHNITT 1
Steuerbefreiungen für bestimmte, dem Gemeinwohl dienende Tätigkeiten

(Artikel 132, 133 und 134 der Richtlinie 2006/112/EG)

Art. 44 Die Dienstleistungen der Ausbildung, Fortbildung oder beruflichen Umschulung, die unter den Voraussetzungen des Artikels 132 Absatz 1 Buchstabe i der Richtlinie 2006/112/EG erbracht werden, umfassen Schulungsmaßnahmen mit direktem Bezug zu einem Gewerbe oder einem Beruf sowie jegliche Schulungsmaßnahme, die dem Erwerb oder der Erhaltung beruflicher Kenntnisse dient. Die Dauer der Ausbildung, Fortbildung oder beruflichen Umschulung ist hierfür unerheblich.

ABSCHNITT 2
Steuerbefreiungen für andere Tätigkeiten

(Artikel 135, 136 und 137 der Richtlinie 2006/112/EG)

Art. 45 Die Steuerbefreiung in Artikel 135 Absatz 1 Buchstabe e der Richtlinie 2006/112/EG findet keine Anwendung auf Platinum Nobles.

Abschnitt 2a
Steuerbefreiungen bei innergemeinschaftlichen Umsätzen

(Artikel 138 bis 142 der Richtlinie 2006/112/EG)

Art. 45a (1) Für die Zwecke der Anwendung der Befreiungen gemäß Artikel 138 der Richtlinie 2006/112/EG wird vermutet, dass Gegenstände von einem Mitgliedstaat an einen Bestimmungsort außerhalb seines Gebiets, jedoch innerhalb der Gemeinschaft versandt oder befördert wurden, wenn einer der folgenden Fälle eintritt:

a) Der Verkäufer gibt an, dass die Gegenstände von ihm oder auf seine Rechnung von einem Dritten versandt oder befördert wurden, und entweder ist der Verkäufer im Besitz von mindestens zwei einander nicht widersprechenden Nachweisen nach Absatz 3 Buchstabe a, die von zwei verschiedenen Parteien ausgestellt wurden, die voneinander, vom Verkäufer und vom Erwerber unabhängig sind, oder der Verkäufer ist im Besitz eines Schriftstücks nach Absatz 3 Buchstabe a und einem nicht widersprechenden Nachweis nach Absatz 3 Buchstabe b, mit dem der Versand oder die Beförderung bestätigt wird, welche von zwei verschiedenen Parteien ausgestellt wurden, die voneinander, vom Verkäufer und vom Erwerber unabhängig sind.

b) Der Verkäufer ist im Besitz folgender Unterlagen:

    i) einer schriftlichen Erklärung des Erwerbers, aus der hervorgeht, dass die Gegenstände vom Erwerber oder auf Rechnung des Erwerbers von einem Dritten versandt oder befördert wurden, und in der der Bestimmungsmitgliedstaat der Gegenstände angegeben ist; in dieser schriftlichen Erklärung muss Folgendes angegeben sein: das Ausstellungsdatum; Name und Anschrift des Erwerbers; Menge und Art der Gegenstände; Ankunftsdatum und -ort der Gegenstände; bei Lieferung von Fahrzeugen die Identifikationsnummer des Fahrzeugs; die Identifikation der Person, die die Gegenstände auf Rechnung des Erwerbers entgegennimmt; und

    ii) mindestens zwei einander nicht widersprechenden Nachweise nach Absatz 3 Buchstabe a, die von zwei voneinander unabhängigen Parteien – vom Verkäufer und vom Erwerber – ausgestellt wurden, oder eines Schriftstücks nach Absatz 3 Buchstabe a zusammen mit einem nicht widersprechenden Nachweis nach Absatz 3 Buchstabe b, mit dem der Versand oder die Beförderung bestätigt wird, welche von zwei verschiedenen Parteien ausgestellt wurden, die voneinander, vom Verkäufer und vom Erwerber unabhängig sind.

Der Erwerber legt dem Verkäufer die schriftliche Erklärung gemäß Buchstabe b Ziffer i spätestens am zehnten Tag des auf die Lieferung folgenden Monats vor.

(2) Eine Steuerbehörde kann Vermutungen gemäß Absatz 1 widerlegen.

(3) Für die Zwecke von Absatz 1 wird Folgendes als Nachweis des Versands oder der Beförderung akzeptiert:

a) Unterlagen zum Versand oder zur Beförderung der Gegenstände wie beispielsweise ein unterzeichneter CMR-Frachtbrief, ein Konnossement, eine Luftfracht-Rechnung oder eine Rechnung des Beförderers der Gegenstände;

b) die folgenden Dokumente:

    i) eine Versicherungspolice für den Versand oder die Beförderung der Gegenstände oder Bankunterlagen, die die Bezahlung des Versands oder der Beförderung der Gegenstände belegen;

    ii) von einer öffentlichen Stelle wie z. B. einem Notar ausgestellte offizielle Unterlagen, die die Ankunft der Gegenstände im Bestimmungsmitgliedstaat bestätigen;

    iii) eine Quittung, ausgestellt von einem Lagerinhaber im Bestimmungsmitgliedstaat, durch die die Lagerung der Gegenstände in diesem Mitgliedstaat bestätigt wird.

ABSCHNITT 3
Steuerbefreiungen bei der Einfuhr

(Artikel 143, 144 und 145 der Richtlinie 2006/112/EG)

Art. 46 Die Steuerbefreiung in Artikel 144 der Richtlinie 2006/112/EG gilt auch für Beförderungsleistungen, die mit einer Einfuhr beweglicher körperlicher Gegenstände anlässlich eines Wohnortwechsels verbunden sind.

ABSCHNITT 4
Steuerbefreiungen bei der Ausfuhr

(Artikel 146 und 147 der Richtlinie 2006/112/EG)

Art. 47 „Privaten Zwecken dienende Beförderungsmittel" im Sinne des Artikels 146 Absatz 1 Buchstabe b der Richtlinie 2006/112/EG umfassen auch Beförderungsmittel, die von Personen, die keine natürlichen Personen sind, wie etwa Einrichtungen des öffentlichen Rechts im Sinne von Artikel 13 der genannten Richtlinie oder Vereine, für nichtgeschäftliche Zwecke verwendet werden.

Art. 48 Für die Feststellung, ob der von einem Mitgliedstaat gemäß Artikel 147 Absatz 1 Unterabsatz 1 Buchstabe c der Richtlinie 2006/112/EG festgelegte Schwellenwert überschritten wurde, was eine Bedingung für die Steuerbefreiung von Lieferungen zur Mitführung im persönlichen Gepäck von Reisenden ist, wird der Rechnungsbetrag zugrunde gelegt. Der Gesamtwert mehrerer Gegenstände darf nur dann zugrunde gelegt werden, wenn alle diese Gegenstände in ein und derselben Rechnung aufgeführt sind und diese Rechnung von ein und demselben Steuerpflichtigen, der diese Gegenstände liefert, an ein und denselben Abnehmer ausgestellt wurde.

ABSCHNITT 5
Steuerbefreiungen bei bestimmten, Ausfuhren gleichgestellten Umsätzen

(Artikel 151 und 152 der Richtlinie 2006/112/EG)

Art. 49 Die in Artikel 151 der Richtlinie 2006/112/EG vorgesehene Steuerbefreiung ist auch auf elektronische Dienstleistungen anwendbar, wenn diese von einem Steuerpflichtigen erbracht werden, auf den die in den Artikeln 357 bis 369 jener Richtlinie vorgesehene Sonderregelung für elektronisch erbrachte Dienstleistungen anwendbar ist.

Art. 50 (1) Um als internationale Einrichtung für die Anwendung des Artikels 143 Absatz 1 Buchstabe g und des Artikels 151 Absatz 1 Unterabsatz 1 Buchstabe b der Richtlinie 2006/112/EG anerkannt werden zu können, muss eine Einrichtung, die als Konsortium für eine europäische Forschungsinfrastruktur (ERIC) im Sinne der Verordnung (EG) Nr. 723/2009 des Rates vom 25. Juni 2009 über den gemeinschaftlichen Rechtsrahmen für ein Konsortium für eine europäische Forschungsinfrastruktur (ERIC) gegründet werden soll, alle nachfolgenden Voraussetzungen erfüllen:

a) sie besitzt eine eigene Rechtspersönlichkeit und ist voll rechtsfähig;

b) sie wurde auf der Grundlage des Rechts der Europäischen Union errichtet und unterliegt diesem;

c) sie hat Mitgliedstaaten als Mitglieder und darf Drittländer und zwischenstaatliche Organisationen als Mitglieder einschließen, jedoch keine privaten Einrichtungen;

d) sie hat besondere und legitime Ziele, die gemeinsam verfolgt werden und im Wesentlichen nicht wirtschaftlicher Natur sind.

(2) Die in Artikel 143 Absatz 1 Buchstabe g und Artikel 151 Absatz 1 Unterabsatz 1 Buchstabe b der Richtlinie 2006/112/EG vorgesehene Steuerbefreiung ist auf eine ERIC im Sinne des Absatzes 1 anwendbar, wenn diese vom Aufnahmemitgliedstaat als internationale Einrichtung anerkannt wird.

Die Grenzen und Voraussetzungen dieser Steuerbefreiung werden in einem Abkommen zwischen den Mitgliedern der ERIC gemäß Artikel 5 Absatz 1 Buchstabe d der Verordnung (EG) Nr. 723/2009 festgelegt. Bei Gegenständen, die nicht aus dem Mitgliedstaat versandt oder befördert werden, in dem ihre Lieferung bewirkt wird, und bei Dienstleistungen kann die Steuerbefreiung entsprechend Artikel 151 Absatz 2 der Richtlinie 2006/112/EG im Wege der Mehrwertsteuererstattung erfolgen.

Art. 51 (1) Ist der Empfänger eines Gegenstands oder einer Dienstleistung innerhalb der Gemeinschaft, aber nicht in dem Mitgliedstaat der Lieferung oder Dienstleistung ansässig, so dient die Bescheinigung über die Befreiung von der Mehrwertsteuer und/oder der Verbrauchsteuer nach dem Muster in Anhang II dieser Verordnung entsprechend den Erläuterungen im Anhang zu dieser Bescheinigung als Bestätigung dafür, dass der Umsatz nach Artikel 151 der Richtlinie 2006/112/EG von der Steuer befreit werden kann.

Bei Verwendung der Bescheinigung kann der Mitgliedstaat, in dem der Empfänger eines Gegenstands oder einer Dienstleistung ansässig ist, entscheiden, ob er eine gemeinsame Bescheinigung für Mehrwertsteuer und Verbrauchsteuer oder zwei getrennte Bescheinigungen verwendet.

(2) Die in Absatz 1 genannte Bescheinigung wird von den zuständigen Behörden des Aufnahmemitgliedstaats mit einem Dienststempelabdruck versehen. Sind die Gegenstände oder Dienstleistungen jedoch für amtliche Zwecke bestimmt, so können die Mitgliedstaaten bei Vorliegen von ihnen festzulegender Voraussetzungen auf die Anbringung des Dienststempelabdrucks verzichten. Diese Freistellung kann im Falle von Missbrauch widerrufen werden.

Die Mitgliedstaaten teilen der Kommission mit, welche Kontaktstelle zur Angabe der für das Abstempeln der Bescheinigung zuständigen Dienststellen benannt wurde und in welchem Umfang sie auf das Abstempeln der Bescheinigung verzichten. Die Kommission gibt diese Information an die anderen Mitgliedstaaten weiter.

(3) Wendet der Mitgliedstaat der Lieferung oder Dienstleistung die direkte Befreiung an, so erhält der Lieferer oder Dienstleistungserbringer die in Absatz 1 genannte Bescheinigung vom Empfänger der Lieferung oder Dienstleistung und nimmt sie in seine Buchführung auf. Wird die Befreiung nach Artikel 151 Absatz 2 der Richtlinie 2006/112/EG im Wege der Mehrwertsteuererstattung gewährt, so ist die Bescheinigung dem in dem betreffenden Mitgliedstaat gestellten Erstattungsantrag beizufügen.

KAPITEL IX
VORSTEUERABZUG

(TITEL X DER RICHTLINIE 2006/112/EG)

Art. 52 Verfügt der Einfuhrmitgliedstaat über ein elektronisches System zur Erfüllung der Zollformalitäten, so fallen unter den Begriff „die Einfuhr bescheinigendes Dokument" in Artikel 178 Buchstabe e der Richtlinie 2006/112/EG auch die elektronischen Fassungen derartiger Dokumente, sofern sie eine Überprüfung des Vorsteuerabzugs erlauben.

KAPITEL X
PFLICHTEN DER STEUERPFLICHTIGEN UND BESTIMMTER NICHTSTEUERPFLICHTIGER PERSONEN

(TITEL XI DER RICHTLINIE 2006/112/EG)

ABSCHNITT 1
Steuerschuldner gegenüber dem Fiskus

(Artikel 192a bis 205 der Richtlinie 2006/112/EG)

Art. 53 (1) Für die Durchführung des Artikels 192a der Richtlinie 2006/112/EG wird eine feste Niederlassung eines Steuerpflichtigen nur dann berücksichtigt, wenn diese feste Niederlassung einen hinreichenden Grad an Beständigkeit sowie eine Struktur aufweist, die es ihr von der personellen und technischen Ausstattung her erlaubt, die Lieferung von Gegenständen oder die Erbringung von Dienstleistungen, an der sie beteiligt ist, auszuführen.

(2) Verfügt ein Steuerpflichtiger über eine feste Niederlassung in dem Gebiet des Mitgliedstaats, in dem die Mehrwertsteuer geschuldet wird, gilt diese feste Niederlassung als nicht an der Lieferung von Gegenständen oder der Erbringung von Dienstleistungen im Sinne des Artikels 192a Buchstabe b der Richtlinie 2006/112/EG beteiligt, es sei denn, der Steuerpflichtige nutzt die technische und personelle Ausstattung dieser Niederlassung für Umsätze, die mit der Ausführung der steuerbaren Lieferung dieser Gegenstände oder der steuerbaren Erbringung dieser Dienstleistungen vor oder während der Ausführung in diesem Mitgliedstaat notwendig verbunden sind.

Wird die Ausstattung der festen Niederlassung nur für unterstützende verwaltungstechnische Aufgaben wie z. B. Buchhaltung, Rechnungsstellung und Einziehung von Forderungen genutzt, so gilt dies nicht als Nutzung bei der Ausführung der Lieferung oder der Dienstleistung.

Wird eine Rechnung jedoch unter der durch den Mitgliedstaat der festen Niederlassung vergebenen Mehrwertsteuer-Identifikationsnummer ausgestellt, so gilt diese feste Niederlassung bis zum Beweis des Gegenteils als an der Lieferung oder Dienstleistung beteiligt.

Art. 54 Hat ein Steuerpflichtiger den Sitz seiner wirtschaftlichen Tätigkeit in dem Mitgliedstaat, in dem die Mehrwertsteuer geschuldet wird, so findet Artikel 192a der Richtlinie 2006/112/EG keine Anwendung, unabhängig davon, ob dieser Sitz der wirtschaftlichen Tätigkeit an der von ihm getätigten Lieferung oder Dienstleistung innerhalb dieses Mitgliedstaats beteiligt ist.

Abschnitt 1a
Allgemeine Pflichten

(Artikel 242 bis 243 der Richtlinie 2006/112/EG)

Art. 54a (1) In dem Register gemäß Artikel 243 Absatz 3 der Richtlinie 2006/112/EG, das jeder Steuerpflichtige führen muss, der Gegenstände im Rahmen einer Konsignationslagerregelung verbringt, sind die folgenden Informationen zu verzeichnen:

a) der Mitgliedstaat, aus dem die Gegenstände versandt oder befördert wurden, und das Datum des Versands oder der Beförderung der Gegenstände;

b) die von dem Mitgliedstaat, in den die Gegenstände versandt oder befördert werden, ausgestellte Mehrwertsteuer-Identifikationsnummer des Steuerpflichtigen, für den die Gegenstände bestimmt sind;

c) der Mitgliedstaat, in den die Gegenstände versandt oder befördert werden, die Mehrwertsteuer-Identifikationsnummer des Lagerinhabers, die Anschrift des Lagers, in dem die Gegenstände nach der Ankunft gelagert werden, und das Ankunftsdatum der Gegenstände im Lager;

d) Wert, Beschreibung und Menge der im Lager angekommenen Gegenstände;

e) die Mehrwertsteuer-Identifikationsnummer des Steuerpflichtigen, der die in Buchstabe b dieses Absatzes genannte Person unter den Voraussetzungen des Artikels 17a Absatz 6 der Richtlinie 2006/112/EG ersetzt;

f) Steuerbemessungsgrundlage, Beschreibung und Menge der gelieferten Gegenstände, das Datum, an dem die Lieferung von Gegenständen gemäß Artikel 17a Absatz 3 Buchstabe a der Richtlinie 2006/112/EG erfolgt, und die Mehrwertsteuer-Identifikationsnummer des Erwerbers;

g) Steuerbemessungsgrundlage, Beschreibung und Menge der Gegenstände sowie das Datum, an dem eine der Voraussetzungen und der entsprechende Grund gemäß Artikel 17a Absatz 7 der Richtlinie 2006/112/EG gegeben sind;

h) Wert, Beschreibung und Menge der zurückgesandten Gegenstände und Rücksendedatum der Gegenstände gemäß Artikel 17a Absatz 5 der Richtlinie 2006/112/EG.

(2) In dem Register gemäß Artikel 243 Absatz 3 der Richtlinie 2006/112/EG, das jeder Steuerpflichtige führen muss, an den Gegenstände im Rahmen einer Konsignationslagerregelung geliefert werden, sind die folgenden Informationen zu verzeichnen:

a) die Mehrwertsteuer-Identifikationsnummer des Steuerpflichtigen, der die Gegenstände im Rahmen einer Konsignationslagerregelung verbringt;

b) Beschreibung und Menge der für ihn bestimmten Gegenstände;

c) das Datum, an dem die für ihn bestimmten Gegenstände im Lager ankommen;

d) Steuerbemessungsgrundlage, Beschreibung und Menge der an ihn gelieferten Gegenstände und das Datum, an dem der innergemeinschaftliche Erwerb von Gegenständen gemäß Artikel 17a Absatz 3 Buchstabe b der Richtlinie 2006/112/EG erfolgt;

e) Beschreibung und Menge der Gegenstände und das Datum, an dem die Gegenstände auf Anordnung der in Buchstabe a genannten steuerpflichtigen Person aus dem Lager entnommen wurden;

f) Beschreibung und Menge der zerstörten oder fehlenden Gegenstände und das Datum der Zerstörung, des Verlusts oder des Diebstahls der zuvor im Lager angekommenen Gegenstände oder das Datum, an dem die Zerstörung oder das Fehlen der Gegenstände festgestellt wurde.

Wenn die Gegenstände im Rahmen einer Konsignationslagerregelung an einen Lagerinhaber versandt oder befördert werden, der mit dem Steuerpflichtigen, für den die Lieferung der Gegenstände bestimmt ist, nicht identisch ist, müssen die Informationen gemäß Unterabsatz 1 Buchstaben c, e und f im Register dieses Steuerpflichtigen nicht verzeichnet sein.

ABSCHNITT 1B
Aufzeichnungen

(ABl L 2019/313)

(Artikel 241 bis 249 der Richtlinie 2006/112/EG)

Art. 54b (1) Für die Anwendung von Artikel 242a der Richtlinie 2006/112/EG bezeichnet der Begriff 'unterstützen' die Nutzung einer elektronischen Schnittstelle, um es einem Erwerber und einem Lieferer, der über eine elektronische Schnittstelle Dienstleistungen oder Gegenstände zum Verkauf anbietet, zu ermöglichen, in Kontakt zu treten, woraus eine Erbringung von Dienstleistungen oder eine Lieferung von Gegenständen über die elektronische Schnittstelle resultiert.

Die Lieferung von Gegenständen oder die Erbringung von Dienstleistungen fallen jedoch dann nicht unter den Begriff 'unterstützen', wenn alle folgenden Voraussetzungen erfüllt sind:

a) Der Steuerpflichtige legt weder unmittelbar noch mittelbar irgendeine der Bedingungen für die Lieferung der Gegenstände bzw. die Erbringung der Dienstleistungen fest;

b) der Steuerpflichtige ist weder unmittelbar noch mittelbar an der Autorisierung der Abrechnung mit dem Erwerber bezüglich der getätigten Zahlung beteiligt;

c) der Steuerpflichtige ist weder unmittelbar noch mittelbar an der Bestellung oder Lieferung der Gegenstände oder der Bestellung oder Erbringung der Dienstleistungen beteiligt.

(2) Für die Anwendung von Artikel 242a der Richtlinie 2006/112/EG fallen Situationen, in denen der Steuerpflichtige lediglich eine der folgenden Leistungen erbringt, nicht unter den Begriff 'unterstützen':

a) die Verarbeitung von Zahlungen im Zusammenhang mit der Lieferung von Gegenständen und der Erbringung von Dienstleistungen;

b) die Auflistung der Gegenstände oder Dienstleistungen oder die Werbung für diese;

c) die Weiterleitung oder Vermittlung von Erwerbern an andere elektronische Schnittstellen, über die Gegenstände oder Dienstleistungen angeboten werden, ohne dass eine weitere Einbindung in der Lieferung bzw. Dienstleistungserbringung besteht.

(ABl L 2019/313)

Art. 54c (1) Ein Steuerpflichtiger gemäß Artikel 242a der Richtlinie 2006/112/EG muss die folgenden Aufzeichnungen über Leistungen führen, bezüglich derer er gemäß Artikel 14a der Richtlinie 2006/112/EG behandelt wird, als ob er die Gegenstände selbst erhalten und geliefert hätte, oder wenn er an der Erbringung elektronisch erbrachter Dienstleistungen beteiligt ist, bezüglich derer er gemäß Artikel 9a dieser Verordnung als im eigenen Namen handelnd angesehen wird:

a) Die Aufzeichnungen gemäß Artikel 63c dieser Verordnung, wenn sich der Steuerpflichtige entschieden hat, eine der Sonderregelungen nach Titel XII Kapitel 6 der Richtlinie 2006/112/EG in Anspruch zu nehmen;

b) die Aufzeichnungen gemäß Artikel 242 der Richtlinie 2006/112/EG, wenn sich der Steuerpflichtige nicht dafür entschieden hat, eine der Sonderregelungen nach Titel XII Kapitel 6 der Richtlinie 2006/112/EG in Anspruch zu nehmen.

(2) Ein Steuerpflichtiger gemäß Artikel 242a der Richtlinie 2006/112/EG muss die folgenden Angaben über Leistungen, die nicht unter Absatz 1 fallen, aufbewahren:

a) Name, Postanschrift und elektronische Adresse oder Website des Lieferers oder Dienstleistungserbringers, dessen Lieferungen oder Dienstleistungen durch die Nutzung der elektronischen Schnittstelle unterstützt werden, und – falls erhältlich –

i) die Mehrwertsteuer-Identifikationsnummer oder nationale Steuernummer des Lieferers oder Dienstleistungserbringers;
ii) die Bankverbindung oder Nummer des virtuellen Kontos des Lieferers oder Dienstleistungserbringers;

b) eine Beschreibung der Gegenstände, ihres Wertes und des Ortes, an dem die Versendung oder die Beförderung der Gegenstände endet, zusammen mit dem Zeitpunkt der Lieferung, und falls erhältlich die Bestellnummer oder die eindeutige Transaktionsnummer;

c) eine Beschreibung der Dienstleistungen, ihres Wertes und Angaben, mittels derer Ort und Zeit der Erbringung der Dienstleistungen bestimmt werden können, und falls erhältlich die Bestellnummer oder die eindeutige Transaktionsnummer.

(ABl L 2019/313)

ABSCHNITT 2
Ergänzende Bestimmungen

(Artikel 272 und 273 der Richtlinie 2006/112/EG)

Art. 55 Für Umsätze nach Artikel 262 der Richtlinie 2006/112/EG müssen Steuerpflichtige, denen nach Artikel 214 jener Richtlinie eine individuelle Mehrwertsteuer-Identifikationsnummer zuzuteilen ist, und nichtsteuerpflichtige juristische Personen, die für Mehrwertsteuerzwecke erfasst sind, wenn sie als solche handeln, ihren Lieferern oder Dienstleistungserbringern ihre Mehrwertsteuer-Identifikationsnummer mitteilen, sowie diese ihnen bekannt ist.

Steuerpflichtige im Sinne des Artikels 3 Absatz 1 Buchstabe b der Richtlinie 2006/112/EG, deren innergemeinschaftliche Erwerbe von Gegenständen nach Artikel 4 Absatz 1 der vorliegenden Verordnung nicht der Mehrwertsteuer unterliegen, müssen ihren Lieferern ihre individuelle Mehrwertsteuer-Identifikationsnummer nicht mitteilen, wenn sie gemäß Artikel 214 Absatz 1 Buchstabe d oder e jener Richtlinie für Mehrwertsteuerzwecke erfasst sind.

KAPITEL XI
SONDERREGELUNGEN

ABSCHNITT 1
Sonderregelung für Anlagegold

(Artikel 344 bis 356 der Richtlinie 2006/112/EG)

Art. 56 Der Begriff „mit einem von den Goldmärkten akzeptierten Gewicht" in Artikel 344 Absatz 1 Nummer 1 der Richtlinie 2006/112/EG umfasst mindestens die in Anhang III dieser Verordnung aufgeführten Einheiten und Gewichte.

Art. 57 Für die Zwecke der Erstellung des in Artikel 345 der Richtlinie 2006/112/EG genannten Verzeichnisses von Goldmünzen beziehen sich die in Artikel 344 Absatz 1 Nummer 2 jener Richtlinie genannten Begriffe „Preis" und „Offenmarktwert" auf den Preis bzw. den Offenmarktwert am 1. April eines jeden Jahres. Fällt der 1. April nicht auf einen Tag, an dem derartige Preise bzw. Offenmarktwerte festgesetzt werden, so sind diejenigen des nächsten Tages, an dem eine Festsetzung erfolgt, zugrunde zu legen.

ABSCHNITT 2
Sonderregelungen für Steuerpflichtige, die Dienstleistungen an Nichtsteuerpflichtige erbringen oder Fernverkäufe von Gegenständen oder bestimmte Lieferungen von Gegenständen innerhalb der Union tätigen

(Artikel 358 bis 369x der Richtlinie 2006/112/EG)
(ABl L 2019/313)

Unterabschnitt 1
Begriffsbestimmungen

Art. 57a Für die Zwecke dieses Abschnitts bezeichnet der Begriff

1. 'Nicht-EU-Regelung' die Sonderregelung für von nicht in der Gemeinschaft ansässigen Steuerpflichtigen erbrachte Dienstleistungen gemäß Titel XII Kapitel 6 Abschnitt 2 der Richtlinie 2006/112/EG;

2. 'EU-Regelung' die Sonderregelung für innergemeinschaftliche Fernverkäufe von Gegenständen, für Lieferungen von Gegenständen innerhalb eines Mitgliedstaats, die über eine elektronische Schnittstelle zur Unterstützung dieser Lieferungen erfolgen, und für von in der Gemeinschaft, nicht aber im Mitgliedstaat des Verbrauchs ansässigen Steuerpflichtigen erbrachte Dienstleistungen gemäß Titel XII Kapitel 6 Abschnitt 3 der Richtlinie 2006/112/EG;

3. 'Einfuhrregelung' die Sonderregelung für Fernverkäufe von aus Drittgebieten oder Drittländern eingeführten Gegenständen gemäß Titel XII Kapitel 6 Abschnitt 4 der Richtlinie 2006/112/EG;

4. 'Sonderregelung' je nach Zusammenhang die 'Nicht-EU-Regelung', die 'EU-Regelung' oder die 'Einfuhrregelung';

5. 'Steuerpflichtiger' einen Steuerpflichtigen im Sinne des Artikels 359 der Richtlinie 2006/112/EG, der die Nicht-EU-Regelung in Anspruch nehmen darf, einen Steuerpflichtigen im Sinne des Artikels 369b der genannten Richtlinie, der die EU-Regelung in Anspruch nehmen darf, oder einen Steuerpflichtigen im Sinne des Artikels 369m der genannten Richtlinie, der die Einfuhrregelung in Anspruch nehmen darf;

6. 'Vermittler' eine Person im Sinne von Artikel 369l Absatz 2 Nummer 2 der Richtlinie 2006/112/EG.

(ABl L 2019/313)

Unterabschnitt 2
Anwendung der EU-Regelung
Art. 57b (aufgehoben)
(ABl L 2019/313)

Unterabschnitt 3
Geltungsbereich der EU-Regelung
Art. 57c Die EU-Regelung gilt nicht für Dienstleistungen, die in einem Mitgliedstaat erbracht werden, in dem der Steuerpflichtige den Sitz seiner wirtschaftlichen Tätigkeit oder eine feste Niederlassung hat. Die Erbringung dieser Dienstleistungen wird den zuständigen Steuerbehörden dieses Mitgliedstaats in der Mehrwertsteuererklärung gemäß Artikel 250 der Richtlinie 2006/112/EG gemeldet.
(ABl L 2019/313)

Unterabschnitt 4
Identifizierung
Art. 57d (1) Erklärt ein Steuerpflichtiger dem Mitgliedstaat der Identifizierung, dass er beabsichtigt, die Nicht-EU-Regelung oder die EU-Regelung in Anspruch zu nehmen, so gilt die betreffende Sonderregelung ab dem ersten Tag des folgenden Kalenderquartals.

Erfolgt die erste Lieferung von Gegenständen oder Erbringung von Dienstleistungen, die unter die Nicht-EU-Regelung oder die EU-Regelung fallen, jedoch vor diesem Datum, so gilt die Sonderregelung ab dem Tag der ersten Lieferung oder Dienstleistungserbringung, vorausgesetzt der Steuerpflichtige unterrichtet den Mitgliedstaat der Identifizierung spätestens am zehnten Tag des Monats, der auf diese erste Lieferung oder Dienstleistungserbringung folgt, über die Aufnahme der unter die Regelung fallenden Tätigkeiten.

(2) Teilt ein Steuerpflichtiger oder ein für seine Rechnung handelnder Vermittler dem Mitgliedstaat der Identifizierung seine Absicht mit, die Einfuhrregelung in Anspruch zu nehmen, so gilt diese Sonderregelung ab dem Tag, an dem dem Steuerpflichtigen oder dem Vermittler die individuelle Mehrwertsteuer-Identifikationsnummer für die Einfuhrregelung gemäß Artikel 369q Absätze 1 und 3 der Richtlinie 2006/112/EG zugeteilt wurde.
(ABl L 2019/313)

Art. 57e Der Mitgliedstaat der Identifizierung identifiziert einen Steuerpflichtigen, der die EU-Regelung in Anspruch nimmt, anhand seiner Mehrwertsteuer-Identifikationsnummer gemäß den Artikeln 214 und 215 der Richtlinie 2006/112/EG.

Die einem Vermittler gemäß Artikel 369q Absatz 2 der Richtlinie 2006/112/EG zugeteilte individuelle Identifikationsnummer ermöglicht es ihm, als Vermittler für Rechnung von Steuerpflichtigen zu handeln, die die Einfuhrregelung in Anspruch nehmen. Diese Nummer kann vom Vermittler jedoch nicht verwendet werden, um Mehrwertsteuer auf steuerbare Umsätze zu erklären.
(ABl L 2019/313)

Art. 57f (1) Erfüllt ein Steuerpflichtiger, der die EU-Regelung in Anspruch nimmt, nicht mehr die Voraussetzungen gemäß der Begriffsbestimmung in Artikel 369a Nummer 2 der Richtlinie 2006/112/EG, so ist der Mitgliedstaat, der ihm die Mehrwertsteuer-Identifikationsnummer zugeteilt hat, nicht mehr der Mitgliedstaat der Identifizierung.

Erfüllt ein Steuerpflichtiger jedoch weiter die Voraussetzungen für die Inanspruchnahme dieser Sonderregelung, so nennt er, um diese Regelung weiterhin in Anspruch zu nehmen, als neuen Mitgliedstaat der Identifizierung den Mitgliedstaat, in dem er den Sitz seiner wirtschaftlichen Tätigkeit hat, oder, wenn er den Sitz seiner wirtschaftlichen Tätigkeit nicht in der Gemeinschaft hat, einen Mitgliedstaat, in dem er eine feste Niederlassung hat. Ist der Steuerpflichtige, der die EU-Regelung für die Lieferung von Gegenständen in Anspruch nimmt, nicht in der Gemeinschaft ansässig, so nennt er als neuen Mitgliedstaat der Identifizierung einen Mitgliedstaat, von dem aus er Gegenstände versendet oder befördert.

Ändert sich der Mitgliedstaat der Identifizierung gemäß Unterabsatz 2, so gilt diese Änderung ab dem Tag, an dem der Steuerpflichtige nicht mehr den Sitz seiner wirtschaftlichen Tätigkeit oder keine feste Niederlassung mehr in dem zuvor als Mitgliedstaat der Identifizierung angegebenen Mitgliedstaat hat, oder ab dem Tag, an dem der Steuerpflichtige der Versendung oder Beförderung von Gegenständen aus diesem Mitgliedstaat einstellt.

(2) Erfüllt ein Steuerpflichtiger, der die Einfuhrregelung in Anspruch nimmt, oder ein für seine Rechnung handelnder Vermittler nicht mehr die Voraussetzungen gemäß Artikel 369l Unterabsatz 2 Nummer 3 Buchstaben b bis e der Richtlinie 2006/112/EG, so ist der Mitgliedstaat, in dem der Steuerpflichtige oder sein Vermittler identifiziert wurde, nicht mehr der Mitgliedstaat der Identifizierung.

Erfüllt ein Steuerpflichtiger oder sein Vermittler jedoch weiter die Voraussetzungen für die Inanspruchnahme dieser Sonderregelung, so nennt er, um diese Regelung weiterhin in Anspruch nehmen zu können, als neuen Mitgliedstaat der Identifizierung den Mitgliedstaat, in dem er den Sitz seiner wirtschaftlichen Tätigkeit hat, oder, wenn er den Sitz seiner wirtschaftlichen Tätigkeit nicht in der Gemeinschaft hat, einen Mitgliedstaat, in dem er eine feste Niederlassung hat.

Ändert sich gemäß Unterabsatz 2 der Mitgliedstaat der Identifizierung, so gilt diese Änderung ab dem Tag, an dem der Steuerpflichtige oder sein Vermittler nicht mehr den Sitz seiner wirtschaftlichen Tätigkeit oder keine feste Niederlassung mehr in dem zuvor als Mitgliedstaat der Identifizierung angegebenen Mitgliedstaat hat.
(ABl L 2019/313)

Art. 57g (1) Ein Steuerpflichtiger, der die Nicht-EU-Regelung oder die EU-Regelung in Anspruch nimmt, kann die Inanspruchnahme dieser Sonderregelung beenden, und zwar unabhängig davon, ob er weiterhin Gegenstände liefert oder Dienstleistungen erbringt, die unter diese Sonderregelung fallen können. Der Steuerpflichtige unterrichtet den Mitgliedstaat der Identifizierung mindestens 15 Tage vor Ablauf des Kalenderquartals vor demjenigen, in dem er die Inanspruchnahme der Regelung beenden will. Eine Beendigung ist ab dem ersten Tag des nächsten Kalenderquartals wirksam.

Mehrwertsteuerpflichten im Zusammenhang mit der Lieferung von Gegenständen oder der Erbringung von Dienstleistungen, die nach dem Zeitpunkt entstehen, zu dem die Beendigung der Inanspruchnahme wirksam wurde, wird direkt bei den Steuerbehörden des betreffenden Mitgliedstaats des Verbrauchs nachgekommen.

(2) Ein Steuerpflichtiger, der die Einfuhrregelung in Anspruch nimmt, kann die Inanspruchnahme dieser Regelung beenden, und zwar unabhängig davon, ob er weiterhin Fernverkäufe von Gegenständen tätigt, die aus Drittgebieten oder Drittländern eingeführt werden. Der Steuerpflichtige oder der für seine Rechnung handelnde Vermittler unterrichtet den Mitgliedstaat der Identifizierung mindestens 15 Tage vor Ende des Monats, vor dem er die Inanspruchnahme der Regelung beenden will. Beendigungen sind ab dem ersten Tag des nächsten Monats wirksam, und der Steuerpflichtige darf die Regelung für ab diesem Tag erbrachte Lieferungen nicht mehr nutzen.

(ABl L 2019/313)

Unterabschnitt 5
Berichterstattungspflichten

Art. 57h (1) Ein Steuerpflichtiger oder ein für seine Rechnung handelnder Vermittler unterrichtet den Mitgliedstaat der Identifizierung spätestens am zehnten Tag des folgenden Monats auf elektronischem Wege von

a) der Beendigung seiner unter eine Sonderregelung fallenden Tätigkeiten;

b) sämtlichen Änderungen seiner unter eine Sonderregelung fallenden Tätigkeiten, durch die er die Voraussetzungen für die Inanspruchnahme dieser Sonderregelung nicht mehr erfüllt;

c) sämtlichen Änderungen der zuvor dem Mitgliedstaat der Identifizierung erteilten Angaben.

(2) Ändert sich der Mitgliedstaat der Identifizierung gemäß Artikel 57f, so unterrichtet der Steuerpflichtige oder der für seine Rechnung handelnde Vermittler die beiden betroffenen Mitgliedstaaten spätestens am zehnten Tag des Monats, der auf die Änderung folgt, über diese Änderung. Er teilt dem neuen Mitgliedstaat der Identifizierung die Registrierungsdaten mit, die erforderlich sind, wenn ein Steuerpflichtiger eine Sonderregelung erstmals in Anspruch nimmt.

(ABl L 2019/313)

Unterabschnitt 6
Ausschluss

Art. 58 (1) Findet zumindest eines der Ausschlusskriterien gemäß Artikel 369e oder der Kriterien für die Streichung aus dem Identifikationsregister gemäß Artikel 363 oder Artikel 369r Absätze 1 und 3 der Richtlinie 2006/112/EG auf einen Steuerpflichtigen Anwendung, der eine der Sonderregelungen in Anspruch nimmt, so schließt der Mitgliedstaat der Identifizierung diesen Steuerpflichtigen von der betreffenden Regelung aus.

Nur der Mitgliedstaat der Identifizierung kann einen Steuerpflichtigen von einer der Sonderregelungen ausschließen.

Der Mitgliedstaat der Identifizierung stützt seine Entscheidung über den Ausschluss oder die Streichung auf alle verfügbaren Informationen, einschließlich Informationen eines anderen Mitgliedstaats.

(2) Der Ausschluss eines Steuerpflichtigen von der Nicht-EU-Regelung oder der EU-Regelung ist ab dem ersten Tag des Kalenderquartals wirksam, das auf den Tag folgt, an dem die Entscheidung über den Ausschluss dem Steuerpflichtigen elektronisch übermittelt worden ist. Ist der Ausschluss jedoch auf eine Änderung des Sitzes der wirtschaftlichen Tätigkeit oder der festen Niederlassung oder des Ortes zurückzuführen, von dem aus die Versendung oder Beförderung von Gegenständen ausgeht, so ist der Ausschluss ab dem Tag dieser Änderung wirksam.

(3) Der Ausschluss eines Steuerpflichtigen von der Einfuhrregelung ist ab dem ersten Tag des Monats wirksam, der auf den Tag folgt, an dem die Entscheidung über den Ausschluss dem Steuerpflichtigen elektronisch übermittelt worden ist; dies gilt nicht in den folgenden Fällen:

a) Ist der Ausschluss auf eine Änderung des Sitzes der wirtschaftlichen Tätigkeit oder der festen Niederlassung zurückzuführen, so ist der Ausschluss ab dem Tag dieser Änderung wirksam;

b) wird der Ausschluss wegen eines wiederholten Verstoßes gegen die Vorschriften der Einfuhrregelung vorgenommen, so ist der Ausschluss ab dem Tag wirksam, der auf den Tag folgt, an dem die Entscheidung über den Ausschluss dem Steuerpflichtigen elektronisch übermittelt worden ist.

(4) Mit Ausnahme der unter Absatz 3 Buchstabe b erfassten Fälle bleibt die individuelle Mehrwertsteuer-Identifikationsnummer, die für die Inanspruchnahme der Einfuhrregelung zugeteilt wurde, für den Zeitraum gültig, der für die Einfuhr der Gegenstände notwendig ist, die vor dem Ausschlussdatum geliefert wurden; dieser Zeitraum darf jedoch zwei Monate ab diesem Datum nicht überschreiten.

(5) Findet eines der Streichungskriterien gemäß Artikel 369r Absatz 2 der Richtlinie 2006/112/EG auf einen Vermittler Anwendung, so streicht der Mitgliedstaat der Identifizierung diesen Vermittler aus dem Identifikationsregister und schließt die durch diesen Vermittler vertretenen Steuerpflichtigen von der Einfuhrregelung aus.

Nur der Mitgliedstaat der Identifizierung kann einen Vermittler aus dem Identifikationsregister streichen.

Der Mitgliedstaat der Identifizierung stützt seine Entscheidung über die Streichung auf alle verfügbaren Informationen, einschließlich Informationen eines anderen Mitgliedstaats.

Die Streichung eines Vermittlers aus dem Identifikationsregister ist ab dem ersten Tag des Monats wirksam, der auf den Tag folgt, an dem die Entscheidung über die Streichung dem Vermittler und den durch ihn vertretenen Steuerpflichtigen elektronisch übermittelt worden ist; dies gilt nicht in den folgenden Fällen:

a) Ist die Streichung auf eine Änderung des Sitzes der wirtschaftlichen Tätigkeit oder der festen Niederlassung zurückzuführen, so ist die Streichung ab dem Tag dieser Änderung wirksam;

b) wird die Streichung des Vermittlers wegen eines wiederholten Verstoßes gegen die Vorschriften der Einfuhrregelung vorgenommen, so ist die Streichung ab dem Tag wirksam, der auf den Tag folgt, an dem die Entscheidung über die Streichung dem Vermittler und den durch ihn vertretenen Steuerpflichtigen elektronisch übermittelt worden ist.

(ABl L 2019/313)

Art. 58a Hinsichtlich eines Steuerpflichtigen, der eine Sonderregelung in Anspruch nimmt und der über einen Zeitraum von zwei Jahren in keinem Mitgliedstaat des Verbrauchs der betreffenden Regelung unterliegende Gegenstände geliefert oder Dienstleistungen erbracht hat, wird davon ausgegangen, dass er seine steuerbaren Tätigkeiten im Sinne des Artikels 363 Buchstabe b, des Artikels 369e Buchstabe b, des Artikels 369r Absatz 1 Buchstabe b bzw. des Artikels 369r Absatz 3 Buchstabe b der Richtlinie 2006/112/EG eingestellt hat. Diese Einstellung der Tätigkeit hindert ihn nicht daran, bei Wiederaufnahme seiner unter eine Sonderregelung fallenden Tätigkeiten eine Sonderregelung in Anspruch zu nehmen.

(ABl L 2019/313)

Art. 58b (1) Der Ausschluss eines Steuerpflichtigen von einer der Sonderregelungen wegen wiederholten Verstoßes gegen die einschlägigen Vorschriften gilt in jedem Mitgliedstaat und für alle Sonderregelungen während des Zeitraums von zwei Jahren, der auf den Erklärungszeitraum folgt, in dem der Steuerpflichtige ausgeschlossen wurde.

Unterabsatz 1 gilt jedoch nicht für die Einfuhrregelung, wenn der Ausschluss durch einen wiederholten Verstoß gegen die Vorschriften durch den Vermittler bedingt war, der für Rechnung des Steuerpflichtigen gehandelt hat.

Wird ein Vermittler aufgrund eines wiederholten Verstoßes gegen die Vorschriften der Einfuhrregelung aus dem Identifikationsregister gestrichen, ist es ihm untersagt, während der zwei Jahre, die auf den Monat folgen, in dem er aus dem Register gestrichen wurde, als Vermittler tätig zu werden.

(2) Als wiederholter Verstoß gegen die Vorschriften einer der Sonderregelungen im Sinne des Artikels 363 Buchstabe d, des Artikels 369e Buchstabe d, des Artikels 369r Absatz 1 Buchstabe d, des Artikels 369r Absatz 2 Buchstabe c oder des Artikels 369r Absatz 3 Buchstabe d der Richtlinie 2006/112/EG durch einen Steuerpflichtigen oder einen Vermittler gelten mindestens die folgenden Fälle:

a) Dem Steuerpflichtigen oder dem für seine Rechnung handelnden Vermittler wurden vom Mitgliedstaat der Identifizierung für drei unmittelbar vorangegangene Erklärungszeiträume Erinnerungen gemäß Artikel 60a erteilt, und die Mehrwertsteuererklärung wurde für jeden dieser Erklärungszeiträume nicht binnen zehn Tagen, nachdem die Erinnerung erteilt wurde, abgegeben;

b) dem Steuerpflichtigen oder dem für seine Rechnung handelnden Vermittler wurden vom Mitgliedstaat der Identifizierung für drei unmittelbar vorangegangene Erklärungszeiträume Erinnerungen gemäß Artikel 63a erteilt, und der Gesamtbetrag der erklärten Mehrwertsteuer wurde vom Steuerpflichtigen oder von dem für seine Rechnung handelnden Vermittler nicht binnen zehn Tagen, nachdem die Erinnerung erteilt wurde, für jeden dieser Erklärungszeiträume gezahlt, außer wenn der ausstehende Betrag weniger als 100 EUR für jeden dieser Erklärungszeiträume beträgt;

c) der Steuerpflichtige oder der für seine Rechnung handelnde Vermittler hat nach einer Aufforderung des Mitgliedstaats der Identifizierung und einen Monat nach nachfolgender Erinnerung des Mitgliedstaats der Identifizierung die in den Artikeln 369, 369k und 369x der Richtlinie 2006/112/EG genannten Aufzeichnungen nicht elektronisch zur Verfügung gestellt.

(ABl L 2019/313)

Art. 58c Ein Steuerpflichtiger, der von der Nicht-EU-Regelung oder der EU-Regelung ausgeschlossen worden ist, kommt allen seinen Mehrwertsteuerpflichten im Zusammenhang mit der Lieferung von Gegenständen und der Erbringung von Dienstleistungen, die nach dem Zeitpunkt entstehen, zu dem der Ausschluss wirksam wurde, direkt bei den Steuerbehörden des betreffenden Mitgliedstaats des Verbrauchs nach.

Unterabschnitt 7
Mehrwertsteuererklärung

Art. 59 (1) Jeder Erklärungszeitraum im Sinne der Artikel 364, 369f oder 369s der Richtlinie 2006/112/EG ist ein eigenständiger Erklärungszeitraum.

(2) Gilt die Nicht-EU-Regelung oder die EU-Regelung gemäß Artikel 57d Absatz 1 Unterabsatz 2 ab dem ersten Tag der Lieferung bzw. Dienstleistungserbringung, so gibt der Steuerpflichtige eine gesonderte Mehrwertsteuererklärung für das Kalenderquartal ab, in dem die erste Dienstleistungserbringung erfolgt ist.

(3) Wurde ein Steuerpflichtiger während eines Erklärungszeitraums im Rahmen der Nicht-EU-

Regelung und der EU-Regelung registriert, so richtet er im Rahmen jeder Regelung Mehrwertsteuererklärungen und entsprechende Zahlungen hinsichtlich der Lieferung von Gegenständen bzw. Erbringung von Dienstleistungen und der von dieser Regelung erfassten Zeiträume an den Mitgliedstaat der Identifizierung.

(4) Ändert sich gemäß Artikel 57f der Mitgliedstaat der Identifizierung nach dem ersten Tag des betreffenden Erklärungszeitraums, so richtet der Steuerpflichtige oder der für seine Rechnung handelnde Vermittler Mehrwertsteuererklärungen und entsprechende Mehrwertsteuerzahlungen an den ehemaligen und an den neuen Mitgliedstaat der Identifizierung, die sich auf die Lieferung von Gegenständen bzw. Erbringung von Dienstleistungen während der Zeiträume beziehen, in denen die Mitgliedstaaten jeweils der Mitgliedstaat der Identifizierung waren.
(ABl L 2019/313)

Art. 59a Hat ein Steuerpflichtiger, der eine Sonderregelung in Anspruch nimmt, während eines Erklärungszeitraums keine Gegenstände oder Dienstleistungen in irgendeinem Mitgliedstaat des Verbrauchs im Rahmen dieser Sonderregelung geliefert bzw. erbracht und hat er keine Berichtigungen an früheren Erklärungen vorzunehmen, so reicht er oder der für seine Rechnung handelnde Vermittler eine Mehrwertsteuererklärung ein, aus der hervorgeht, dass in dem Zeitraum keine Lieferungen getätigt bzw. Dienstleistungen erbracht wurden (MwSt.-Nullmeldung).
(ABl L 2019/313)

Art. 60 Die Beträge in den Mehrwertsteuererklärungen im Rahmen der Sonderregelungen werden nicht auf die nächste volle Einheit auf- oder abgerundet. Es wird jeweils der genaue Mehrwertsteuerbetrag angegeben und abgeführt.
(ABl L 2019/313)

Art. 60a Der Mitgliedstaat der Identifizierung erinnert Steuerpflichtige oder auf ihre Rechnung handelnde Vermittler, die keine Mehrwertsteuererklärung gemäß den Artikeln 364, 369f oder 369s der Richtlinie 2006/112/EG abgegeben haben, auf elektronischem Wege an ihre Verpflichtung zur Abgabe dieser Erklärung. Der Mitgliedstaat der Identifizierung erteilt die Erinnerung am zehnten Tag, der auf den Tag folgt, an dem die Erklärung hätte vorliegen sollen, und unterrichtet die übrigen Mitgliedstaaten auf elektronischem Wege über die Erteilung einer Erinnerung.

Für alle nachfolgenden Erinnerungen und sonstigen Schritte zur Festsetzung und Erhebung der Mehrwertsteuer ist der betreffende Mitgliedstaat des Verbrauchs zuständig.

Der Steuerpflichtige oder der für seine Rechnung handelnde Vermittler gibt die Mehrwertsteuererklärung ungeachtet jeglicher durch den Mitgliedstaat des Verbrauchs erteilter Erinnerungen und getroffener Maßnahmen im Mitgliedstaat der Identifizierung ab.
(ABl L 2019/313)

Art. 61 (1) Änderungen der Zahlen, die in einer Mehrwertsteuererklärung enthalten sind, die sich auf Zeiträume bis einschließlich zum zweiten Erklärungszeitraum im Jahr 2021 beziehen, werden nach der Abgabe dieser Mehrwertsteuererklärung ausschließlich im Wege von Änderungen dieser Erklärung und nicht durch Berichtigungen in einer nachfolgenden Erklärung vorgenommen.

Änderungen der Zahlen, die in einer Mehrwertsteuererklärung enthalten sind, die sich auf Zeiträume ab dem dritten Erklärungszeitraum 2021 beziehen, werden nach der Abgabe dieser Mehrwertsteuererklärung ausschließlich durch Berichtigungen in einer nachfolgenden Erklärung vorgenommen.

(2) Die Änderungen gemäß Absatz 1 werden dem Mitgliedstaat der Identifizierung innerhalb von drei Jahren ab dem Tag, an dem die ursprüngliche Erklärung abzugeben war, auf elektronischem Wege übermittelt.

Die Vorschriften des Mitgliedstaats des Verbrauchs in Bezug auf Steuerfestsetzungen und Änderungen bleiben jedoch unberührt.
(ABl L 2019/313, ABl L 2020/244)

Art. 61a (1) Der Steuerpflichtige oder der für seine Rechnung handelnde Vermittler richtet seine abschließende Mehrwertsteuererklärung sowie jegliche verspätete Abgabe vorangegangener Mehrwertsteuererklärungen und die entsprechenden Zahlungen an den Mitgliedstaat, der vor der Beendigung, dem Ausschluss oder der Änderung der Mitgliedstaat der Identifizierung war, wenn er
a) die Inanspruchnahme einer der Sonderregelungen beendet,
b) von den Sonderregelungen ausgeschlossen wird oder
c) den Mitgliedstaat der Identifizierung gemäß Artikel 57f ändert.

Berichtigungen der abschließenden Erklärung und früherer Erklärungen, die sich nach der Abgabe der abschließenden Erklärung ergeben, wird direkt bei den Steuerbehörden des betreffenden Mitgliedstaats des Verbrauchs nachgekommen.

(2) Für alle Steuerpflichtigen, für deren Rechnung er handelt, richtet ein Vermittler die abschließenden Mehrwertsteuererklärungen sowie jegliche verspätete Abgabe vorangegangener Mehrwertsteuererklärungen und die entsprechenden Zahlungen an den Mitgliedstaat, der vor der Streichung oder der Änderung der Mitgliedstaat der Identifizierung war, wenn er
a) aus dem Identifikationsregister gestrichen wird oder
b) den Mitgliedstaat der Identifizierung gemäß Artikel 57f Absatz 2 ändert.

Berichtigungen der abschließenden Erklärung und früherer Erklärungen, die sich nach der Abgabe der abschließenden Erklärung ergeben, wird direkt bei den Steuerbehörden des betreffenden Mitgliedstaats des Verbrauchs nachgekommen.
(ABl L 2019/313)

Unterabschnitt 7a
Einfuhrregelung – Steuertatbestand

Art. 61b Für die Anwendung von Artikel 369n der Richtlinie 2006/112/EG bezeichnet der Zeitpunkt, zu dem die Zahlung angenommen wurde, den Zeitpunkt, zu dem die Zahlung bestätigt wurde oder die Zahlungsgenehmigungsmeldung oder eine Zahlungszusage des Erwerbers beim Steuerpflichtigen, der die Einfuhrregelung in Anspruch nimmt, oder für dessen Rechnung eingegangen ist, und zwar unabhängig davon, wann die tatsächliche Zahlung erfolgt, je nachdem, welcher Zeitpunkt der frühere ist.

(ABl L 2019/313)

Unterabschnitt 8
Währung

Art. 61c Bestimmt ein Mitgliedstaat der Identifizierung, dessen Währung nicht der Euro ist, dass Mehrwertsteuererklärungen in seiner Landeswährung zu erstellen sind, so gilt diese Bestimmung für die Mehrwertsteuererklärungen von allen Steuerpflichtigen, die Sonderregelungen in Anspruch nehmen.

(ABl L 2019/313)

Unterabschnitt 9
Zahlungen

Art. 62 Unbeschadet des Artikels 63a Unterabsatz 3 und des Artikels 63b richtet ein Steuerpflichtiger oder ein für seine Rechnung handelnder Vermittler alle Zahlungen an den Mitgliedstaat der Identifizierung.

Mehrwertsteuerzahlungen des Steuerpflichtigen oder des für seine Rechnung handelnden Vermittlers gemäß den Artikeln 367, 369i oder 369v der Richtlinie 2006/112/EG beziehen sich nur auf die gemäß den Artikeln 364, 369f oder 369s dieser Richtlinie abgegebene Mehrwertsteuererklärung. Jede spätere Berichtigung der gezahlten Beträge durch den Steuerpflichtigen oder den für seine Rechnung handelnden Vermittler wird ausschließlich unter Bezugnahme auf diese Erklärung vorgenommen und darf weder einer anderen Erklärung zugeordnet noch bei einer späteren Erklärung berichtigt werden. Bei jeder Zahlung ist die Referenznummer der betreffenden Steuererklärung anzugeben.

(ABl L 2019/313)

Art. 63 Hat ein Mitgliedstaat der Identifizierung einen Betrag vereinnahmt, der höher ist, als es der Mehrwertsteuererklärung gemäß den Artikeln 364, 369f oder 369s der Richtlinie 2006/112/EG entspricht, so erstattet er dem betreffenden Steuerpflichtigen oder dem für seine Rechnung handelnden Vermittler den zu viel gezahlten Betrag direkt.

Hat ein Mitgliedstaat der Identifizierung einen Betrag aufgrund einer Mehrwertsteuererklärung erhalten, die sich später als unrichtig herausstellt, und hat er diesen Betrag bereits an die Mitgliedstaaten des Verbrauchs weitergeleitet, so erstatten diese Mitgliedstaaten des Verbrauchs dem Steuerpflichtigen oder dem für seine Rechnung handelnden Vermittler direkt ihren jeweiligen Anteil an dem zu viel gezahlten Betrag.

Beziehen sich die zu viel gezahlten Beträge jedoch auf Zeiträume bis einschließlich zum letzten Erklärungszeitraum im Jahr 2018, erstattet der Mitgliedstaat der Identifizierung den betreffenden Anteil des entsprechenden Teils des gemäß Artikel 46 Absatz 3 der Verordnung (EU) Nr. 904/2010 einbehaltenen Betrages, und der Mitgliedstaat des Verbrauchs erstattet den zu viel gezahlten Betrag abzüglich des vom Mitgliedstaat der Identifizierung erstatteten Betrags.

Die Mitgliedstaaten des Verbrauchs unterrichten den Mitgliedstaat der Identifizierung auf elektronischem Wege über den Betrag dieser Erstattungen.

(ABl L 2019/313)

Art. 63a Gibt ein Steuerpflichtiger oder ein für seine Rechnung handelnder Vermittler zwar eine Mehrwertsteuererklärung gemäß den Artikeln 364, 369f oder 369s der Richtlinie 2006/112/EG ab, aber es wird keine Zahlung oder eine geringere Zahlung als die sich aus der Erklärung ergebende Zahlung geleistet, so schickt der Mitgliedstaat der Identifizierung dem Steuerpflichtigen oder dem für seine Rechnung handelnden Vermittler am zehnten Tag nach dem Tag, an dem die Zahlung gemäß den Artikeln 367, 369i oder 369v der Richtlinie 2006/112/EG spätestens zu leisten war, wegen der überfälligen Mehrwertsteuer eine Erinnerung auf elektronischem Wege.

Der Mitgliedstaat der Identifizierung unterrichtet die Mitgliedstaaten des Verbrauchs auf elektronischem Wege über die Versendung der Erinnerung.

Für alle nachfolgenden Erinnerungen und sonstigen Schritte zur Erhebung der Mehrwertsteuer ist der betreffende Mitgliedstaat des Verbrauchs zuständig. Sind vom Mitgliedstaat des Verbrauchs nachfolgende Erinnerungen erteilt worden, erfolgt die entsprechende Mehrwertsteuerzahlung an diesen Mitgliedstaat.

Der Mitgliedstaat des Verbrauchs unterrichtet den Mitgliedstaat der Identifizierung auf elektronischem Wege über die Erteilung der Erinnerung.

(ABl L 2019/313)

Art. 63b Ist keine Mehrwertsteuererklärung abgegeben worden, oder ist die Mehrwertsteuererklärung zu spät abgegeben worden, oder ist sie unvollständig oder unrichtig, oder wird die Mehrwertsteuer zu spät gezahlt, so werden etwaige Zinsen, Geldbußen oder sonstige Abgaben von dem Mitgliedstaat des Verbrauchs berechnet und festgesetzt. Der Steuerpflichtige oder für seine Rechnung handelnde Vermittler zahlt diese Zinsen, Geldbußen oder sonstige Abgaben direkt an den Mitgliedstaat des Verbrauchs.

(ABl L 2019/313)

Unterabschnitt 10
Aufzeichnungen

Art. 63c (1) Um als hinreichend ausführlich im Sinne der Artikel 369 und 369k der Richtlinie

2006/112/EG zu gelten, enthalten die vom Steuerpflichtigen zu führenden Aufzeichnungen die folgenden Informationen:
a) den Mitgliedstaat des Verbrauchs, in den die Gegenstände geliefert oder in dem die Dienstleistungen erbracht werden;
b) die Art der erbrachten Dienstleistung oder die Beschreibung und die Menge der gelieferten Gegenstände;
c) das Datum der Lieferung der Gegenstände oder der Erbringung der Dienstleistungen;
d) die Steuerbemessungsgrundlage unter Angabe der verwendeten Währung;
e) jede anschließende Erhöhung oder Senkung der Steuerbemessungsgrundlage;
f) den anzuwendenden Mehrwertsteuersatz;
g) den Betrag der zu zahlenden Mehrwertsteuer unter Angabe der verwendeten Währung;
h) das Datum und den Betrag der erhaltenen Zahlungen;
i) alle vor Lieferung der Gegenstände oder Erbringung der Dienstleistung erhaltenen Vorauszahlungen;
j) falls eine Rechnung ausgestellt wurde, die darin enthaltenen Informationen;
k) in Bezug auf Dienstleistungen die Informationen, die zur Bestimmung des Ortes verwendet werden, an dem der Erwerber ansässig ist oder seinen Wohnsitz oder gewöhnlichen Aufenthaltsort hat, und in Bezug auf Gegenstände die Informationen, die zur Bestimmung des Ortes verwendet werden, an dem die Versendung oder Beförderung der Gegenstände zum Erwerber beginnt und endet;
l) jegliche Nachweise über etwaige Rücksendungen von Gegenständen, einschließlich der Steuerbemessungsgrundlage und des anzuwendenden Mehrwertsteuersatzes.

(2) Um als hinreichend ausführlich im Sinne des Artikels 369x der Richtlinie 2006/112/EG zu gelten, enthalten die vom Steuerpflichtigen oder für seine Rechnung handelnden Vermittler zu führenden Aufzeichnungen die folgenden Informationen:
a) den Mitgliedstaat des Verbrauchs, in den die Gegenstände geliefert werden;
b) die Beschreibung und die Menge der gelieferten Gegenstände;
c) das Datum der Lieferung der Gegenstände;
d) die Steuerbemessungsgrundlage unter Angabe der verwendeten Währung;
e) jede anschließende Erhöhung oder Senkung der Steuerbemessungsgrundlage;
f) den anzuwendenden Mehrwertsteuersatz;
g) den Betrag der zu zahlenden Mehrwertsteuer unter Angabe der verwendeten Währung;
h) das Datum und den Betrag der erhaltenen Zahlungen;
i) falls eine Rechnung ausgestellt wurde, die darin enthaltenen Informationen;
j) die zur Bestimmung des Ortes, an dem die Versendung oder Beförderung der Gegenstände zum Erwerber beginnt und endet, verwendeten Informationen;
k) Nachweise über etwaige Rücksendungen von Gegenständen, einschließlich der Steuerbemessungsgrundlage und des anzuwendenden Mehrwertsteuersatzes;
l) die Bestellnummer oder die eindeutige Transaktionsnummer;
m) die eindeutige Sendungsnummer, falls der Steuerpflichtige unmittelbar an der Lieferung beteiligt ist.

(3) Der Steuerpflichtige oder der für seine Rechnung handelnde Vermittler erfasst die Informationen gemäß den Absätzen 1 und 2 so, dass sie unverzüglich und für jeden einzelnen gelieferten Gegenstand oder jede einzelne erbrachte Dienstleistung auf elektronischem Wege zur Verfügung gestellt werden können.

Wurde der Steuerpflichtige oder der für seine Rechnung handelnde Vermittler aufgefordert, die Aufzeichnungen gemäß den Artikeln 369, 369k und 369x der Richtlinie 2006/112/EG elektronisch zu übermitteln, und ist er dieser Aufforderung nicht innerhalb von 20 Tagen nach dem Datum der Aufforderung nachgekommen, so erinnert der Mitgliedstaat der Identifizierung den Steuerpflichtigen oder den für seine Rechnung handelnden Vermittler an die Übermittlung der genannten Aufzeichnungen. Der Mitgliedstaat der Identifizierung unterrichtet die Mitgliedstaaten des Verbrauchs auf elektronischem Wege über die Versendung der Erinnerung.

(ABl L 2019/313)

ABSCHNITT 3
Sonderregelungen für die Erklärung und Entrichtung der Mehrwertsteuer bei der Einfuhr

(Artikel 369y bis 369zb der Richtlinie 2006/112/EG)

Art. 63d Die Anwendung der monatlichen Zahlung der Mehrwertsteuer bei der Einfuhr gemäß den in Titel XII Kapitel 7 der Richtlinie 2006/112/EG vorgesehenen Sonderregelungen für die Erklärung und Entrichtung der Mehrwertsteuer bei der Einfuhr kann an die Bedingungen für einen Zahlungsaufschub gemäß der Verordnung (EU) Nr. 952/2013 des Europäischen Parlaments und des Rates geknüpft sein.

Für die Zwecke der Anwendung der Sonderregelungen können die Mitgliedstaaten die Bedingung, dass die Gegenstände beim Zoll im Namen der Person, für die die Gegenstände bestimmt sind, vorzuführen sind, als erfüllt ansehen, wenn die Person, die die Gegenstände beim Zoll vorführt, ihre Absicht erklärt, von den Sonderregelungen Gebrauch zu machen und die Mehrwertsteuer von der Person, für die die Gegenstände bestimmt sind, einzutreiben.

(ABl L 2019/313)

4/2/5. DVO (EU) 282/2011
Art. 64, Anhang I

KAPITEL XII
SCHLUSSBESTIMMUNGEN

Art. 64 Die Verordnung (EG) Nr. 1777/2005 wird aufgehoben.

Bezugnahmen auf die aufgehobene Verordnung gelten als Bezugnahmen auf die vorliegende Verordnung und sind nach Maßgabe der Entsprechungstabelle in Anhang IV zu lesen.

Art. 65 Diese Verordnung tritt am zwanzigsten Tag nach ihrer Veröffentlichung im *Amtsblatt der Europäischen Union* in Kraft.

Sie gilt ab 1. Juli 2011.

Jedoch
- gelten Artikel 3 Buchstabe a, Artikel 11 Absatz 2 Buchstabe b, Artikel 23 Absatz 1 und Artikel 24 Absatz 1 ab dem 1. Januar 2013;
- gilt Artikel 3 Buchstabe b ab dem 1. Januar 2015;
- gilt Artikel 11 Absatz 2 Buchstabe c bis zum 31. Dezember 2014.

Diese Verordnung ist in allen ihren Teilen verbindlich und gilt unmittelbar in jedem Mitgliedstaat.

ANHANG I
Artikel 7 der vorliegenden Verordnung

1. Anhang II Nummer 1 der Richtlinie 2006/112/EG:
   a) Webhosting (Websites und Webpages);
   b) automatisierte Online-Fernwartung von Programmen;
   c) Fernverwaltung von Systemen;
   d) Online-Data-Warehousing (Datenspeicherung und -abruf auf elektronischem Wege);
   e) Online-Bereitstellung von Speicherplatz nach Bedarf.

2. Anhang II Nummer 2 der Richtlinie 2006/112/EG:
   a) Gewährung des Zugangs zu oder Herunterladen von Software (z. B. Beschaffungs- oder Buchführungsprogramme, Software zur Virusbekämpfung) und Updates;
   b) Bannerblocker (Software zur Unterdrückung der Anzeige von Werbebannern);
   c) Herunterladen von Treibern (z. B. Software für Schnittstellen zwischen Computern und Peripheriegeräten wie z. B. Printer);
   d) automatisierte Online-Installation von Filtern auf Websites;
   e) automatisierte Online-Installation von Firewalls.

3. Anhang II Nummer 3 der Richtlinie 2006/112/EG:
   a) Gewährung des Zugangs zu oder Herunterladen von Desktop-Gestaltungen;
   b) Gewährung des Zugangs zu oder Herunterladen von Fotos, Bildern und Screensavern;
   c) digitalisierter Inhalt von E-Books und anderen elektronischen Publikationen;
   d) Abonnement von Online-Zeitungen und -Zeitschriften;
   e) Web-Protokolle und Website-Statistiken;
   f) Online-Nachrichten, -Verkehrsinformationen und -Wetterbericht;
   g) Online-Informationen, die automatisch anhand spezifischer, vom Dienstleistungsempfänger eingegebener Daten etwa aus dem Rechts- oder Finanzbereich generiert werden (z. B. Börsendaten in Echtzeit);
   h) Bereitstellung von Werbeplätzen (z. B. Bannerwerbung auf Websites und Webpages);
   i) Benutzung von Suchmaschinen und Internetverzeichnissen.

4. Anhang II Nummer 4 der Richtlinie 2006/112/EG:
   a) Gewährung des Zugangs zu oder Herunterladen von Musik auf Computer und Mobiltelefon;
   b) Gewährung des Zugangs zu oder Herunterladen von Jingles, Ausschnitten, Klingeltönen und anderen Tönen;
   c) Gewährung des Zugangs zu oder Herunterladen von Filmen;
   d) Herunterladen von Spielen auf Computer und Mobiltelefon;
   e) Gewährung des Zugangs zu automatisierten Online-Spielen, die nur über das Internet oder ähnliche elektronische Netze laufen und bei denen die Spieler räumlich voneinander getrennt sind.
   f) Empfang von Rundfunk- oder Fernsehsendungen, die über ein Rundfunk- oder Fernsehnetz, das Internet oder ein ähnliches elektronisches Netz verbreitet werden und die der Nutzer auf individuellen Abruf zum Anhören oder Anschauen zu einem von ihm bestimmten Zeitpunkt aus einem von dem Mediendiensteanbieter bereitgestellten Programmverzeichnis auswählt, wie Fernsehen auf Abruf oder Video-on-Demand;
   g) Empfang von Rundfunk- oder Fernsehsendungen, die über das Internet oder ein ähnliches elektronisches Netz (IP-Streaming) übertragen werden, es sei denn, sie werden zeitgleich zu ihrer Verbreitung oder Weiterverbreitung durch herkömmliche Rundfunk- und Fernsehnetze übertragen;
   h) die Erbringung von Audio- und audiovisuellen Inhalten über Kommunikationsnetze, die weder durch einen Me-

diendiensteanbieter noch unter dessen redaktioneller Verantwortung erfolgt;

i) die Weiterleitung der Audio- und audiovisuellen Erzeugnisse eines Mediendiensteanbieters über Kommunikationsnetze durch eine andere Person als den Mediendiensteanbieter.

5. Anhang II Nummer 5 der Richtlinie 2006/112/EG:

   a) Automatisierter Fernunterricht, dessen Funktionieren auf das Internet oder ein ähnliches elektronisches Netz angewiesen ist und dessen Erbringung wenig oder gar keine menschliche Beteiligung erfordert, einschließlich sogenannter virtueller Klassenzimmer, es sei denn, das Internet oder das elektronische Netz dient nur als Kommunikationsmittel zwischen Lehrer und Schüler;

   b) Arbeitsunterlagen, die vom Schüler online bearbeitet und anschließend ohne menschliches Eingreifen automatisch korrigiert werden.

Anhang II

ANHANG II
Artikel 51 dieser Verordnung

EUROPÄISCHE UNION

BESCHEINIGUNG ÜBER DIE BEFREIUNG VON DER MEHRWERTSTEUER UND/ODER DER VERBRAUCHSTEUER (*)
(Richtlinie 2006/112/EG — Artikel 151 — und Richtlinie 2008/118/EG — Artikel 13)

Laufende Nummer (nicht zwingend):

1. ANTRAGSTELLENDE EINRICHTUNG BZW. PRIVATPERSON

Bezeichnung/Name

Straße, Hausnummer

Postleitzahl, Ort

(Aufnahme-)Mitgliedstaat

2. FÜR DAS ANBRINGEN DES DIENSTSTEMPELS ZUSTÄNDIGE BEHÖRDE (Bezeichnung, Anschrift und Rufnummer)

3. ERKLÄRUNG DER ANTRAGSTELLENDEN EINRICHTUNG ODER PRIVATPERSON
Der Antragsteller (Einrichtung/Privatperson) (¹) erklärt hiermit,
a) dass die in Feld 5 genannten Gegenstände und/oder Dienstleistungen bestimmt sind (²)

☐ für amtliche Zwecke ☐ zur privaten Verwendung durch

☐ einer ausländischen diplomatischen Vertretung
☐ einen Angehörigen einer ausländischen diplomatischen Vertretung

☐ einer ausländischen berufskonsularischen Vertretung
☐ einen Angehörigen einer ausländischen berufskonsularischen Vertretung

☐ einer europäischen Einrichtung, auf die das Protokoll über die Vorrechte und Befreiungen der Europäischen Union Anwendung findet

☐ einer internationalen Organisation
☐ einen Bediensteten einer internationalen Organisation

☐ der Streitkräfte eines der NATO angehörenden Staates

☐ der Streitkräfte eines Mitgliedstaats, die an Maßnahmen der Union im Rahmen der Gemeinsamen Sicherheits- und Verteidigungspolitik (GSVP) Union beteiligt sind

☐ der auf Zypern stationierten Streitkräfte des Vereinigten Königreichs

☐ für die Verwendung durch die Europäische Kommission oder eine andere nach Unionsrecht geschaffene Einrichtung oder sonstige Stelle, wenn die Kommission oder diese Einrichtung oder sonstige Stelle ihre Aufgaben im Rahmen der Reaktion auf die COVID-19-Pandemie wahrnimmt

– 4/2/5. DVO (EU) 282/2011

Anhang II

(Bezeichnung der Einrichtung) (siehe Feld 4)

b) dass die in Feld 5 genannten Gegenstände und/oder Dienstleistungen mit den Bedingungen und Beschränkungen vereinbar sind, die in dem in Feld 1 genannten Aufnahmemitgliedstaat für die Freistellung gelten, und
c) dass die obigen Angaben richtig und vollständig sind.

Der Antragsteller (Einrichtung/Privatperson) verpflichtet sich hiermit, an den Mitgliedstaat, aus dem die Gegenstände versandt wurden oder von dem aus die Gegenstände geliefert oder die Dienstleistungen erbracht wurden, die Mehrwertsteuer und/oder Verbrauchsteuer zu entrichten, die fällig wird, falls die Gegenstände und/oder Dienstleistungen die Bedingungen für die Befreiung nicht erfüllen oder nicht für die beabsichtigten Zwecke verwendet werden bzw. nicht den beabsichtigten Zwecken dienen.

Ort, Datum   Name und Stellung des Unterzeichnenden

            Unterschrift

4. DIENSTSTEMPEL DER EINRICHTUNG (bei Freistellung zur privaten Verwendung)

Ort, Datum	Stempel	Name und Stellung des Unterzeichnenden
		Unterschrift

5. BEZEICHNUNG DER GEGENSTÄNDE UND/ODER DIENSTLEISTUNGEN, FÜR DIE DIE BEFREIUNG VON DER MEHRWERTSTEUER UND/ODER VERBRAUCHSTEUER BEANTRAGT WIRD

A. Angaben zu dem Unternehmer/zugelassenen Lagerinhaber:

1) Bezeichnung und Anschrift

2) Mitgliedstaat

3) Mehrwertsteuer-Identifikationsnummer oder Steuerregisternummer/Verbrauchsteuernummer

B. Angaben zu den Gegenständen und/oder Dienstleistungen:

Nr.	Ausführliche Beschreibung der Gegenstände und/oder Dienstleistungen (³) (oder Verweis auf beigefügten Bestellschein)	Menge oder Anzahl	Preis ohne Mehrwertsteuer und Verbrauchsteuer		Währung
			Preis pro Einheit	Gesamtwert	
		Gesamtbetrag			

6. BESCHEINIGUNG DER ZUSTÄNDIGEN BEHÖRDE(N) DES AUFNAHMEMITGLIEDSTAATES

Die Versendung/Lieferung bzw. Erbringung der in Feld 5 genannten Gegenstände und/oder Dienstleistungen entspricht

☐ in vollem Umfang   ☐ in folgendem Umfang   (Menge bzw. Anzahl) (⁴)

den Bedingungen für die Befreiung von der Mehrwertsteuer und/oder Verbrauchsteuer.

Name und Stellung des Unterzeichnenden

Ort, Datum	Stempel	Unterschrift

4/2/5. DVO (EU) 282/2011
Anhang II

7. **VERZICHT AUF ANBRINGUNG DES DIENSTSTEMPELABDRUCKS IN FELD 6 (nur bei Freistellung für amtliche Zwecke)**

Mit Schreiben Nr.

vom

wird für
(Bezeichnung der antragstellenden Einrichtung)

auf die Anbringung des Dienststempelabdrucks in Feld 6 durch
(Bezeichnung der zuständigen Behörde des Aufnahmemitgliedstaates) verzichtet.

		Name und Stellung des Unterzeichnenden
Ort, Datum	Stempel	Unterschrift

(*) Nichtzutreffendes streichen.
(¹) Nichtzutreffendes streichen.
(²) Zutreffendes ankreuzen.
(³) Nicht benutzte Felder durchstreichen. Dies gilt auch, wenn ein Bestellschein beigefügt ist.
(⁴) Gegenstände und/oder Dienstleistungen, für die keine Befreiung gewährt werden kann, sind in Feld 5 oder auf dem Bestellschein durchzustreichen.

Erläuterungen

1. Dem Unternehmer und/oder zugelassenen Lagerinhaber dient diese Bescheinigung als Beleg für die Steuerbefreiung von Gegenständen oder Dienstleistungen, die an Einrichtungen bzw. Privatpersonen im Sinne von Artikel 151 der Richtlinie 2006/112/EG und Artikel 13 der Richtlinie 2008/118/EG versendet und/oder geliefert werden. Dementsprechend ist für jeden Lieferer/Lagerinhaber eine Bescheinigung auszufertigen. Der Lieferer/Lagerinhaber hat die Bescheinigung gemäß den in seinem Mitgliedstaat geltenden Rechtsvorschriften in seine Buchführung aufzunehmen.

2. a) Die allgemeinen Hinweise zum zu verwendenden Papier und zu den Abmessungen der Felder sind dem *Amtsblatt der Europäischen Gemeinschaften* (C 164 vom 1.7.1989, S. 3) zu entnehmen.

    Für alle Exemplare ist weißes Papier im Format 210 × 297 mm zu verwenden, wobei in der Länge Abweichungen von -5 bis + 8 mm zulässig sind.

    Bei einer Befreiung von der Verbrauchsteuer ist die Befreiungsbescheinigung in zwei Exemplaren auszufertigen:
    – eine Ausfertigung für den Versender;
    – eine Ausfertigung, die die Bewegungen der der Verbrauchsteuer unterliegenden Produkte begleitet.

    b) Nicht genutzter Raum in Feld 5 Buchstabe B ist so durchzustreichen, dass keine zusätzlichen Eintragungen vorgenommen werden können.

    c) Das Dokument ist leserlich und in dauerhafter Schrift auszufüllen. Löschungen oder Überschreibungen sind nicht zulässig. Die Bescheinigung ist in einer vom Aufnahmemitgliedstaat anerkannten Sprache auszufüllen.

    d) Wird bei der Beschreibung der Gegenstände und/oder Dienstleistungen (Feld 5 Buchstabe B der Bescheinigung) auf einen Bestellschein Bezug genommen, der nicht in einer vom Aufnahmemitgliedstaat anerkannten Sprache abgefasst ist, so hat der Antragsteller (Einrichtung/Privatperson) eine Übersetzung beizufügen.

    e) Ist die Bescheinigung in einer vom Mitgliedstaat des Lieferers/Lagerinhabers nicht anerkannten Sprache verfasst, so hat der Antragsteller (Einrichtung/Privatperson) eine Übersetzung der Angaben über die in Feld 5 Buchstabe B aufgeführten Gegenstände und Dienstleistungen beizufügen.

    f) Unter einer anerkannten Sprache ist eine der Sprachen zu verstehen, die in dem betroffenen Mitgliedstaat amtlich in Gebrauch ist, oder eine andere Amtssprache der Union, die der Mitgliedstaat als zu diesem Zwecke verwendbar erklärt.

3. In Feld 3 der Bescheinigung macht der Antragsteller (Einrichtung/Privatperson) die für die Entscheidung über den Freistellungsantrag im Aufnahmemitgliedstaat erforderlichen Angaben.

4. In Feld 4 der Bescheinigung bestätigt die Einrichtung die Angaben in den Feldern 1 und 3 Buchstabe a des Dokuments und bescheinigt, dass der Antragsteller – wenn es sich um eine Privatperson handelt – Bediensteter der Einrichtung ist.

5. a) Wird (in Feld 5 Buchstabe B der Bescheinigung) auf einen Bestellschein

DVO (EU) 282/2011
Anhänge II – IV

verwiesen, so sind mindestens Bestelldatum und Bestellnummer anzugeben. Der Bestellschein hat alle Angaben zu enthalten, die in Feld 5 der Bescheinigung genannt werden. Muss die Bescheinigung von der zuständigen Behörde des Aufnahmemitgliedstaates abgestempelt werden, so ist auch der Bestellschein abzustempeln.

b) Die Angabe der in Artikel 2 Nummer 12 der Verordnung (EU) Nr. 389/2012 des Rates vom 2. Mai 2012 über die Zusammenarbeit der Verwaltungsbehörden auf dem Gebiet der Verbrauchsteuern und zur Aufhebung von Verordnung (EG) Nr. 2073/2004 definierten Verbrauchsteuernummer ist nicht zwingend; die Mehrwertsteuer-Identifikationsnummer oder die Steuerregisternummer ist anzugeben.

c) Währungen sind mit den aus drei Buchstaben bestehenden Codes der internationalen ISO DIS-4217-Norm zu bezeichnen, die von der Internationalen Normenorganisation festgelegt wurde([1]).

([1]) Die Codes einiger häufig benutzter Währungen lauten: EUR (Euro), BGN (Leva), CZK (Tschechische Kronen), DKK (Dänische Kronen), GBP (Pfund Sterling), HUF (Forint), LTL (Litai), PLN (Zloty), RON (Rumänische Lei), SEK (Schwedische Kronen), USD (US-Dollar).

6. Die genannte Erklärung einer antragstellenden Einrichtung/Privatperson ist in Feld 6 durch die Dienststempel der zuständigen Behörde(n) des Aufnahmemitgliedstaates zu beglaubigen. Diese Behörde(n) kann/können die Beglaubigung davon abhängig machen, dass eine andere Behörde des Mitgliedstaats zustimmt. Es obliegt der zuständigen Steuerbehörde, eine derartige Zustimmung zu erlangen.

7. Zur Vereinfachung des Verfahrens kann die zuständige Behörde darauf verzichten, von einer Einrichtung, die eine Befreiung für amtliche Zwecke beantragt, die Erlangung des Dienststempels zu fordern. Die antragstellende Einrichtung hat diese Verzichterklärung in Feld 7 der Bescheinigung anzugeben.

(ABl L 2022/88)

ANHANG III
Artikel 56 der vorliegenden Verordnung

Einheit	Gehandelte Gewichte
Kilogramm	12,5/1
Gramm	500/250/100/50/20/10/5/2,5/2
Unze (1 oz = 31,1035 g)	100/10/5/1/1/2/1/4
Tael (1 tael = 1,193 oz)([1])	10/5/1
Tola (10 tola = 3,75 oz)([2])	10

([1]) Tael = traditionelle chinesische Gewichtseinheit. In Hongkong haben Taelbarren einen nominalen Feingehalt von 990 Tausendstel, aber in Taiwan können Barren von 5 und 10 Tael einen Feingehalt von 999,9 Tausendstel haben.

([2]) Tola = traditionelle indische Gewichtseinheit für Gold. Am weitesten verbreitet sind Barren von 10 Tola mit einem Feingehalt von 999 Tausendstel.

ANHANG IV
Entsprechungstabelle

Verordnung (EG) Nr. 1777/2005	Vorliegende Verordnung
Kapitel I	Kapitel I
Artikel 1	Artikel 1
Kapitel II	Kapitel III und IV
Kapitel II Abschnitt 1	Kapitel III
Artikel 2	Artikel 5
Kapitel II Abschnitt 2	Kapitel IV
Artikel 3 Absatz 1	Artikel 9
Artikel 3 Absatz 2	Artikel 8
Kapitel III	Kapitel V
Kapitel III Abschnitt 1	Kapitel V Abschnitt 4
Artikel 4	Artikel 28
Kapitel III Abschnitt 2	Kapitel V Abschnitt 4
Artikel 5	Artikel 34

4/2/5. DVO (EU) 282/2011
Anhang IV

Artikel 6	Artikel 29 und 41
Artikel 7	Artikel 26
Artikel 8	Artikel 27
Artikel 9	Artikel 30
Artikel 10	Artikel 38 Absatz 2 Buchstaben b und c
Artikel 11 Absätze 1 und 2	Artikel 7 Absätze 1 und 2
Artikel 12	Artikel 7 Absatz 3
Kapitel IV	Kapitel VI
Artikel 13	Artikel 42
Kapitel V	Kapitel VIII
Kapitel V Abschnitt 1	Kapitel VIII Abschnitt 1
Artikel 14	Artikel 44
Artikel 15	Artikel 45
Kapitel V Abschnitt 2	Kapitel VIII Abschnitt 4
Artikel 16	Artikel 47
Artikel 17	Artikel 48
Kapitel VI	Kapitel IX
Artikel 18	Artikel 52
Kapitel VII	Kapitel XI
Artikel 19 Absatz 1	Artikel 56
Artikel 19 Absatz 2	Artikel 57
Artikel 20 Absatz 1	Artikel 58
Artikel 20 Absatz 2	Artikel 62
Artikel 20 Absatz 3 Unterabsatz 1	Artikel 59
Artikel 20 Absatz 3 Unterabsatz 2	Artikel 60
Artikel 20 Absatz 3 Unterabsatz 3	Artikel 63
Artikel 20 Absatz 4	Artikel 61
Kapitel VIII	Kapitel V Abschnitt 3
Artikel 21	Artikel 16
Artikel 22	Artikel 14
Kapitel IX	Kapitel XII
Artikel 23	Artikel 65
Anhang I	Anhang I
Anhang II	Anhang III

4/3. VERORDNUNGEN

4/3/1. VO zu §§ 7 und 13 Abs. 3 IStVG:
Steuervergütung an ausländische Vertretungsbehörden

BGBl II 2003/613 idF BGBl II 2021/7

Verordnung des Bundesministers für Finanzen betreffend die Datenübermittlung zur Internationalen Steuervergütung (Internationale Steuervergütung-Datenübermittlungsverordnung – IStVDÜV)

(BGBl II 2021/7)

Auf Grund der §§ 7 und 13 Abs. 3 Internationales Steuervergütungsgesetz (IStVG) wird im Einvernehmen mit dem Bundesminister für auswärtige Angelegenheiten verordnet:

§ 1. Die gemäß § 8 Abs. 2 IStVG, BGBl. I Nr. 613/2003, in der Fassung BGBl. I Nr. 3/2021 angeordnete Übermittlung der für die Vollziehung des IStVG erforderlichen Daten vom Bundesministerium für europäische und internationale Angelegenheiten an das Finanzamt für Großbetriebe erfolgt bis zum 15. Tag nach Ablauf jedes Kalendervierteljahres. Die zu übermittelnden Daten haben den Stand zum Ende des Kalendermonats zu entsprechen.

(BGBl II 2021/7)

§ 2. Die nach § 1 zu übertragenden Daten sind:
1. Hinsichtlich der Vergütungsberechtigten im Sinn des § 1 Z 1 IStVG
   – Laufende Nummer
   – Organisationsnummer
   – Bezeichnung der Einrichtung
   – Kurzbezeichnung der Einrichtung
   – Unterabteilung
   – Staatszugehörigkeit
   – Art
   – PLZ
   – Ort
   – Straße
   – Land
   – Telefon
   – FAX
   – Email
   – Gültig bis
2. Hinsichtlich der Vergütungsberechtigten im Sinn des § 1 Z 2 IStVG
   – Laufende Nummer
   – Legitimationskartennummer
   – Nachname
   – Vorname
   – Geschlecht
   – Geburtsdatum
   – In Österreich
   – In Österreich seit
   – Adresse geheim
   – PLZ
   – Ort
   – Land
   – Telefon
   – FAX
   – Email
   – Gültig ab
   – Gültig bis
   – Abmeldedatum

§ 3. Für Kraftfahrzeuge, auf die § 5 Abs. 2 und 3 IStVG angewendet werden, sind folgende Daten zu übermitteln:
– Zulassungsbesitzerin oder Zulassungsbesitzer samt Akkreditierung
– Marke und Type
– Fahrgestellnummer (Fahrzeugidentitätsnummer)
– Sperrfrist
– Erwerbsart

§ 4. (1) Die Verordnung tritt mit 1. Juli 2002 in Kraft.

(2) § 3 in der Fassung der Verordnung BGBl. II Nr. 451/2013 tritt mit 1. Jänner 2014 in Kraft.

(BGBl II 2021/7)

(3) § 1 in der Fassung der Verordnung BGBl. II Nr. 7/2021 tritt mit 1. Jänner 2021 in Kraft.

(BGBl II 2021/7)

Beihilfen

4/3/2. VO zu 1 Abs. 2 und 3 Gesundheits- und Sozialbereich-Beihilfengesetzes:

Beihilfen

BGBl II 1997/56 idF BGBl II 2020/579

Verordnung des Bundesministers für Finanzen zu den Beihilfen- und Ausgleichsprozentsätzen, die im Rahmen des Gesundheits- und Sozialbereich-Beihilfengesetzes anzuwenden sind

Auf Grund des § 3 Abs. 3 des Gesundheits- und Sozialbereich-Beihilfengesetzes, BGBl. Nr. 746/1996, zuletzt geändert durch das Bundesgesetz BGBl. I Nr. 104/2019, wird im Einvernehmen mit dem Bundesminister für Soziales, Gesundheit Pflege und Konsumentenschutz verordnet:

(BGBl II 2020/579)
§ 1. (aufgehoben)
(BGBl II 2020/579)

§ 2. (1) Die Ausgleichssätze für die in § 3 Abs. 1 Gesundheits- und Sozialbereich-Beihilfengesetz genannten Gruppen betragen für die folgenden Fachärzte:

Augenheilkunde und Optometrie	3,9%
Chirurgie	4,5%
Frauenheilkunde und Geburtshilfe	3,1%
Hals-Nasen-Ohrenkrankheiten	3,3%
Haut- und Geschlechtskrankheiten	3,4%
Innere Medizin	4,4%
Kinder- und Jugendheilkunde	3,3%
Lungenkrankheiten	4,5%
Neurologie/Psychiatrie	3,0%
Orthopädie und orthopädische Chirurgie	3,1%
Physikalische Medizin	3,3%
Radiologie, med. Radiologie-Diagnostik, Strahlentherapie-Radioonkologie	5,8%
Unfallchirurgie	4,3%
Urologie	3,3%
Zahn-, Mund- und Kieferheilkunde	4,8%
Medizinische und chemische Labordiagnostik	6,7%.

(2) Für Dentisten gilt der für Zahnärzte angeführte Ausgleichssatz.

(3) Für Ärzte für Allgemeinmedizin, in Abs. 1 nicht eigens angeführte Fachärzte, Gutachterärzte sowie die sonstigen Vertragspartner, die Leistungen im Sinne des § 6 Abs. 1 Z 19 UStG 1994 bewirken, gilt ein Ausgleichssatz von 3,4%.

(4) Als Entgelt gilt der in den Tarifverträgen und ähnlichen Verträgen festgelegte Betrag an den Arzt, Dentisten oder sonstigen Vertragspartner, soweit die Leistung im Rahmen eines Vertrages (Einzelvertrag) mit einem Sozialversicherungsträger, einer Krankenfürsorgeeinrichtung oder einem Träger des öffentlichen Fürsorgewesens erbracht wird. Die Auszahlung erfolgt im Zuge der Endabrechnung mit der Sozialversicherung.

(5) Ist gesetzlich oder vertraglich eine (teilweise) Bezahlung seitens des Patienten vorgesehen, bezieht sich der erstattungsfähige Ausgleich auf das gesamte Entgelt. Voraussetzung ist jedoch, daß es sich um eine Leistung im Rahmen eines Einzelvertrags handelt und der vom Patienten zu zahlende Betrag im Tarifvertrag festgelegt ist.

(6) Für Leistungen für Versicherte gemäß § 80 in Verbindung mit § 85 BSVG wird die Ausgleichszahlung im Ausmaß des jeweiligen nach Abs. 1 bis 3 festgelegten Ausgleichssatzes gewährt. Als Berechnungsgrundlage werden jene Leistungen herangezogen, die vom Versicherungsträger verrechnet werden oder für die dem Versicherten eine Kostenerstattung gebührt. In Fällen einer Kostenerstattung erfolgt die Anweisung an den Vertragspartner durch den Versicherungsträger.

§ 3. Der Ausgleichssatz für die Alten-, Behinderten- und Pflegeheime gem. § 3 Abs. 2 Gesundheits- und Sozialbereich-Beihilfengesetz beträgt 4% des Entgelts ohne Ausgleich.

§ 4. (1) Unter Entgelte aus öffentlichen Mitteln im Sinne des § 2 Gesundheits- und Sozialbereich-Beihilfengesetz fallen auch Entgelte für nach § 6 Abs. 1 Z 18 und 25 UStG 1994 befreite Leistungen, die an andere Kranken- und Kuranstalten, die nach diesen Umsatzsteuerbestimmungen befreite Leistungen bewirken, erbracht werden.

(2) Falls eine steuerfreie Leistung einer Kranken- oder Kuranstalt im Zusammenhang mit der Inanspruchnahme der Sonderklasse einem Patienten ganz oder teilweise weiterverrechnet wird, zählt dieser Betrag nicht zu den Entgelten aus öffentlichen Mitteln und fällt unter die Kürzungsbestimmung des § 2 Abs. 1 Gesundheits- und Sozialbereich-Beihilfengesetz. Er ist daher der leistungserbringenden Kranken- oder Kuranstalt mitzuteilen.

(3) Entgelte für im Ausland versicherte Patienten – soweit sie nicht über einen Landesfonds oder einen inländischen Sozialversicherungsträger abgerechnet werden – sind solchen für Privatpatienten gleichzusetzen und fallen daher unter die Kürzungsbestimmung des § 2 Abs. 1 Gesundheits- und Sozialbereich-Beihilfengesetz. Falls seitens der Kranken- oder Kuranstalt keine Verrechnung mit dem Patienten oder dessen Versicherung erfolgt, ist für die Ermittlung des Kürzungsbetrages vereinfachend der jeweilige anstaltsbezogene Pflegegebührensatz (inklusive Vorsteuerkostenzuschlag) heranzuziehen.

(4) Für die Landesfonds oder inländischen Sozialversicherungsträger gilt im Einzelfall als Beihilfenäquivalent 11,1% des Entgelts. Sofern durch einen Dritten an den Landesfonds oder den Sozialversicherungsträger eine Kostenerstattung erfolgt, die ein Beihilfenäquivalent beinhaltet, ist dieses an das Finanzamt für Großbetriebe bis zum

20. des auf den Zahlungseingang folgenden Monats schriftlich zu erklären und abzuführen.
(BGBl II 2020/579)

§ 5. (aufgehoben)
(BGBl II 2020/579)

§ 6. (1) § 4 Abs. 3 und 4 treten mit 1. Jänner 1998 in Kraft und sind auf Sachverhalte anzuwenden, die nach dem 31. Dezember 1997 verwirklicht wurden.

(2) § 2 Abs. 6 entfällt für Leistungen, die nach dem 30. Juni 1998 erbracht werden.

(3) § 5 tritt mit 1. November 2003 in Kraft. Beihilfen- und Ausgleichzahlungserklärungen, die nach dem 31. Oktober 2003 von den Einreichstellen weitergeleitet werden, sind dem Finanzamt für Gebühren und Verkehrsteuern in Wien zu übermitteln.

(4) § 1 Abs. 1 in der Fassung der Verordnung BGBl. II Nr. 90/2005 ist auf Zeiträume anzuwenden, die nach dem 31. Dezember 2003 liegen.

(5) § 1 Abs. 1 tritt mit 1. März 2014 in Kraft. § 1 Abs. 1 in der Fassung BGBl. II Nr. 90/2005 ist weiterhin auf Sachverhalte anzuwenden, die nach § 1 Abs. 2 des Gesundheits- und Sozialbereich-Beihilfengesetzes, BGBl. Nr. 746/1996 in der Fassung von BGBl. I Nr. 105/2004 zu behandeln sind. § 1 Abs. 2 tritt mit 1. Jänner 2014 außer Kraft. § 1 Abs. 3 ist rückwirkend auf Sachverhalte anzuwenden, die nach dem 1. Jänner 2011 verwirklicht wurden und bis Kundmachung dieser Verordnung noch nicht mit rechtskräftigem Bescheid erledigt worden sind.

(6) § 4 Abs. 4 in der Fassung der Verordnung BGBl. II Nr. 579/2020, tritt mit 1. Jänner 2021 in Kraft. § 1 und § 5 treten mit Ablauf des 31. Dezember 2020 außer Kraft.
(BGBl II 2020/579)

4/3/3. VO zu § 3a Abs. 10:
Telekommunikationsdienste

BGBl II 2003/383 idF BGBl II 2009/221

Verordnung des Bundesministers für Finanzen über die Verlagerung des Ortes der sonstigen Leistung bei Telekommunikationsdiensten sowie Rundfunk- und Fernsehdienstleistungen

Auf Grund des § 3a Abs. 10 Z 13 und 14 sowie Abs. 13 des Umsatzsteuergesetzes 1994, BGBl. Nr. 663/1994, in der Fassung des Bundesgesetzes BGBl. I Nr. 71/2003 wird verordnet:

§ 1. Liegt bei einer in § 3a Abs. 14 Z 12 und 13 des Umsatzsteuergesetzes 1994, BGBl. Nr. 663, in der Fassung des Bundesgesetzes BGBl. I Nr. 52/2009, bezeichneten Leistung der Ort der Leistung gemäß § 3a des Umsatzsteuergesetzes 1994 außerhalb des Gemeinschaftsgebietes, so wird die Leistung im Inland ausgeführt, wenn sie dort genutzt oder ausgewertet wird.

§ 2. Als Telekommunikationsdienste gelten solche Dienstleistungen, mit denen Übertragung, Ausstrahlung oder Empfang von Signalen, Schrift, Bild und Ton oder Informationen jeglicher Art über Draht, Funk, optische oder sonstige elektromagnetische Medien gewährleistet werden; dazu gehören auch die Abtretung und Einräumung von Nutzungsrechten an Einrichtungen zur Übertragung, Ausstrahlung oder zum Empfang.

§ 3. (1) Die Verordnung ist auf Umsätze anzuwenden, die nach Ablauf des Tages, an dem die Verordnung im Bundesgesetzblatt kundgemacht wurde, ausgeführt werden.

(2) Die Verordnung des Bundesministers für Finanzen über die Verlagerung des Ortes der sonstigen Leistung bei Telekommunikationsdiensten, BGBl. II Nr. 102/1997, ist nicht mehr auf Umsätze anzuwenden, die nach Ablauf des Tages, an dem die Verordnung im Bundesgesetzblatt kundgemacht wurde, ausgeführt werden.

(3) § 1 in der Fassung der Verordnung BGBl. II Nr. 221/2009 ist auf Umsätze anzuwenden, die nach dem 31. Dezember 2009 ausgeführt werden.

4/3/4., 5. UStG
Beförderungsmittel, Personalgestellung

4/3/4. § 3a Abs. 13:
Beförderungsmittel
BGBl 1996/5

Verordnung des Bundesministers für Finanzen über die Verlagerung des Ortes der sonstigen Leistung bei der Vermietung von Beförderungsmitteln

Auf Grund des § 3 a Abs. 13 UStG 1994, BGBl. Nr. 663/1994, in der Fassung des Bundesgesetzes BGBl. Nr. 21/1995 wird verordnet:

§ 1. Der Ort der sonstigen Leistung bei der Vermietung von Beförderungsmitteln bestimmt sich unter folgenden Voraussetzungen danach, wo das Beförderungsmittel genutzt wird:

1. Die Nutzung muß im Drittlandsgebiet erfolgen.
2. Bei Kraftfahrzeugen und Anhängern muß die kraftfahrrechtliche Zulassung im Drittlandsgebiet erfolgen. Kraftfahrzeuge müssen daher ein Kennzeichen eines Staates aus dem Drittlandsgebiet aufweisen.
3. Handelt es sich bei dem Beförderungsmittel zunächst um eine Gemeinschaftsware, muß eine mit der zollrechtlichen Ausgangsbescheinigung versehene Ausfuhranmeldung vorliegen.

§ 2. Bei der Vermietung von Eisenbahngüterwagen (einschließlich Eisenbahnkesselwagen) an Unternehmer in Staaten außerhalb der Europäischen Union bestimmt sich der Ort der Leistung danach, wo die Eisenbahngüterwagen zum wesentlichen Teil genutzt werden, wenn diese Nutzung außerhalb des Gebiets der Europäischen Union erfolgt.

§ 3. Die Verordnung ist auf Umsätze anzuwenden, die nach dem 31. Dezember 1994 ausgeführt werden.

4/3/5. VO zu § 3a Abs. 13:
Personalgestellung
BGBl II 1998/218

Verordnung des Bundesministers für Finanzen über die Verlagerung des Ortes der sonstigen Leistung bei der Gestellung von Personal

Auf Grund des § 3a Abs. 13 UStG 1994, BGBl. Nr. 663/1994, wird verordnet:

Der Ort der sonstigen Leistung bei der Gestellung von Personal wird vom Inland in das Drittlandsgebiet verlagert, wenn das gestellte Personal im Drittland eingesetzt wird.

Bestimmte Umsätze, Bescheinigung Diplomaten

4/3/6. VO zu § 3a Abs. 16:

Bestimmte Umsätze

BGBl II 2010/173

Verordnung des Bundesministers für Finanzen über die Verlagerung des Ortes der sonstigen Leistung bei bestimmten Umsätzen

Auf Grund des § 3a Abs. 16 des Umsatzsteuergesetzes 1994, BGBl. Nr. 663/1994, zuletzt geändert durch das Bundesgesetz BGBl. I Nr. 34/2010 wird verordnet:

§ 1. Bei der Vermietung von beweglichen körperlichen Gegenständen, ausgenommen Beförderungsmitteln, verlagert sich der Leistungsort vom Drittland ins Inland, wenn diese Gegenstände tatsächlich im Inland genutzt werden.

§ 2. (1) Bei Sportwetten und Ausspielungen gemäß § 2 GSpG verlagert sich der Leistungsort vom Drittland ins Inland, wenn die tatsächliche Nutzung oder Auswertung dieser Leistung im Inland erfolgt. Das gilt nicht für Leistungen im Sinne des § 3a Abs. 14 Z 14 UStG 1994, wenn der Leistungsempfänger ein Nichtunternehmer im Sinne des § 3a Abs. 5 Z 3 UStG 1994 ist, der keinen Wohnsitz, Sitz oder gewöhnlichen Aufenthalt im Gemeinschaftsgebiet hat.

(2) Bei der Vermittlung von Sportwetten und Ausspielungen gemäß § 2 GSpG an im Drittland ansässige Unternehmer im Sinne des § 3a Abs. 5 Z 1 und 2 UStG 1994 verlagert sich der Leistungsort vom Drittland ins Inland, wenn die tatsächliche Nutzung oder Auswertung dieser Leistung im Inland erfolgt.

§ 3. Die Verordnung ist auf Umsätze anzuwenden, die nach dem 30. Juni 2010 ausgeführt werden.

4/3/7. VO zu § 6 Abs. 1 Z 6:

Bescheinigung Diplomaten

BGBl II 2003/581

Verordnung des Bundesministers für Finanzen betreffend die nähere Regelung der Bescheinigung der Voraussetzungen für die Steuerfreiheit der Lieferung von Kraftfahrzeugen und der Vermietung von Grundstücken an ausländische Vertretungsbehörden und deren im diplomatischen oder berufskonsularischen Rang stehende Mitglieder

Auf Grund des § 6 Abs. 1 Z 6 lit. d Umsatzsteuergesetz 1994 (UStG 1994), BGBl. Nr. 663/1994 und des § 3 Z 4 lit. d Normverbrauchsabgabegesetz 1991 (NoVAG 1991), BGBl. Nr. 695/1991, jeweils in der Fassung BGBl. I Nr. 71/2003, wird im Einvernehmen mit dem Bundesminister für auswärtige Angelegenheiten verordnet:

§ 1. (1) Das Bundesministerium für auswärtige Angelegenheiten hat über Antrag der im § 6 Abs. 1 Z 6 lit. d UStG 1994 genannten Personen und Einrichtungen zu bescheinigen, dass die Voraussetzungen für die Steuerbefreiung gemäß § 6 Abs. 1 Z 6 lit. d UStG 1994 oder im Sinne des § 3 Z 4 lit. d NoVAG 1991 vorliegen würden. Der Antragsteller hat den amtlichen beziehungsweise persönlichen Gebrauch des Kraftfahrzeuges oder Grundstückes glaubhaft zu machen.

(2) Liegen die Voraussetzungen für die Ausstellung einer Bescheinigung nicht vor, hat ein Bescheid nur über Verlangen des Antragstellers zu ergehen.

§ 2. (1) Eine Bescheinigung betreffend die Lieferung beziehungsweise die Vermietung von Kraftfahrzeugen ist nur für jeweils ein Kraftfahrzeug auszustellen. Bei Vergütungsberechtigten im Sinne des § 1 Abs. 1 Z 2 Internationales Steuervergütungsgesetz (IStVG) darf eine weitere Bescheinigung erst nach Ablauf von zwei Jahren ausgestellt werden.

(2) Eine Bescheinigung betreffend die Vermietung von Grundstücken ist nur für jeweils ein Mietverhältnis (Räumlichkeiten der Mission, der Residenz, Wohnräumlichkeiten usw.) auszustellen. Die Bescheinigung darf nicht für einen Zeitraum von mehr als fünf Jahren ausgestellt werden, bei Vergütungsberechtigten im Sinne des § 1 Abs. 1 Z 2 IStVG längstens für einen Zeitraum, der die auf dem Lichtbildausweis im Sinne der Verordnung des Bundesministers für auswärtige Angelegenheiten über die Ausstellung von Lichtbildausweisen an Angehörige jener Personengruppen, die in Österreich Privilegien und Immunitäten genießen, BGBl. II Nr. 189/2003, vermerkte Gültigkeitsdauer nicht übersteigt. Bei Vergütungsberechtigten im Sinne des § 1 Abs. 1 Z 2 IStVG ist eine solche Bescheinigung nur hinsichtlich des Hauptwohnsitzes auszustellen.

4/3/8. UStG
Bildungsleistungen

4/3/8. VO zu § 6 Abs. 1 Z 11 lit. a:

UStBLV

BGBl II 2018/214 idF BGBl II 2020/614

Verordnung des Bundesministers für Finanzen über das Vorliegen einer vergleichbaren Zielsetzung bei Bildungsleistungen (Umsatzsteuer-Bildungsleistungsverordnung, UStBLV)

Aufgrund des § 6 Abs. 1 Z 11 lit. a des Umsatzsteuergesetzes 1994, BGBl. Nr. 663/1994, zuletzt geändert durch das Bundesgesetz BGBl. I Nr. 62/2018, wird verordnet:

§ 1. Eine vergleichbare Zielsetzung liegt vor, bei:

1. Privatschulen im Sinne des Privatschulgesetzes, BGBl. Nr. 244/1962, oder des land- und forstwirtschaftlichen Privatschulgesetzes, BGBl. Nr. 318/1975;
2. Privathochschulen und Privatuniversitäten nach dem Privathochschulgesetz (PrivHG), BGBl. I Nr. 77/2020, sowie Privatuniversitäten, die unter den Voraussetzungen des Privatuniversitätengesetzes (PUG), BGBl. I Nr. 74/2011 oder des § 2 des Universitäts-Akkreditierungsgesetzes (UniAkkG), BGBl. I Nr. 168/1999, akkreditiert wurden;
(BGBl II 2020/614)
3. Fachhochschulen nach dem Fachhochschulgesetz (FHG), BGBl. Nr. 340/1993;
(BGBl II 2020/614)
4. privaten Pädagogischen Hochschulen im Sinne des § 4 Hochschulgesetzes 2005, BGBl. I Nr. 30/2006 sowie öffentlichen Pädagogischen Hochschulen im Rahmen der eigenen Rechtspersönlichkeit gemäß § 3 Hochschulgesetz 2005, BGBl. I Nr. 30/2006;
5. anderen berufsbezogenen Ausbildungseinrichtungen privaten Rechts, die aufgrund einer speziellen gesetzlichen Ermächtigung als solche anerkannt sind;
6. post-sekundären Bildungseinrichtungen, die im Rahmen einer Kooperation mit einer Universität oder Fachhochschule berufsbezogene post-graduale Aus- und Weiterbildungen durchführen;
7. einer aufrechten Zertifizierung als Erwachsenenbildungseinrichtung im Sinne der Vereinbarung gemäß Art. 15a B-VG zwischen dem Bund und den Ländern über die Anerkennung des Qualitätsrahmens für die Erwachsenenbildung Ö-Cert, BGBl. II Nr. 269/2012;
8. Einrichtungen im Sinne des Bundesgesetzes über die Förderung der Erwachsenenbildung und des Volksbüchereiwesens, BGBl. Nr. 171/1973 in Verbindung mit der Kundmachung der Bundesministerin für Bildung, Wissenschaft und Kultur gemäß § 7 Abs. 1 des Bundesgesetzes über die Förderung der Erwachsenenbildung und des Volksbüchereiwesens aus Bundesmitteln, BGBl. II Nr. 228/2001;
9. jeder anderen vergleichbaren behördlichen Zertifizierung.

§ 2. Eine vergleichbare Zielsetzung liegt nicht vor, wenn der Unternehmer nachweist, dass die Anwendung des § 1 Z 5 bis 9 zu Wettbewerbsverzerrungen führen würde. Voraussetzung dafür ist jedenfalls, dass die Bildungsleistungen überwiegend an Unternehmer erbracht werden.

§ 3.
1. Diese Verordnung tritt mit 1. Jänner 2019 in Kraft und ist erstmals auf Umsätze und sonstige Sachverhalte anzuwenden, die nach dem 31. Dezember 2018 ausgeführt werden bzw. sich ereignen.
(BGBl II 2020/614)
2. § 1 Z 2 und 3 idF BGBl. II Nr. 614/2020 treten mit 1. Jänner 2021 in Kraft und sind erstmals auf Umsätze und sonstige Sachverhalte anzuwenden, die nach dem 31. Dezember 2020 ausgeführt werden bzw. sich ereignen.
(BGBl II 2020/614)

4/3/9. VO zu § 11 Abs. 2:
Elektronische Rechnung

BGBl II 2003/583 idF BGBl II 2016/382

Verordnung der Bundesministerin für Finanzen, mit der die Anforderungen an eine elektronische Rechnung bestimmt werden (E-Rechnung-UStV)

Auf Grund des § 11 Abs. 2 UStG 1994, BGBl. Nr. 663/1994, in der Fassung BGBl. I Nr. 71/2003 wird verordnet:

§ 1. Die Echtheit der Herkunft und die Unversehrtheit des Inhalts einer elektronischen Rechnung sind jedenfalls gewährleistet,

1. wenn der Unternehmer ein innerbetriebliches Steuerungsverfahren anwendet, durch das ein verlässlicher Prüfpfad zwischen der Rechnung und der Lieferung oder sonstigen Leistung geschaffen wird,
2. wenn eine elektronische Rechnung über das Unternehmensserviceportal oder über PEP-POL (Pan-European Public Procurement On-Line) übermittelt wird,
3. wenn die Rechnung mit einer qualifizierten elektronischen Signatur im Sinne des Art. 3 Nr. 12 oder mit einem qualifizierten elektronischen Siegel im Sinne des Art. 3 Nr. 27 der Verordnung (EU) Nr. 910/2014 über elektronische Identifizierung und Vertrauensdienste für elektronische Transaktionen im Binnenmarkt und zur Aufhebung der Richtlinie 1999/93/EG, ABl. Nr. L 257 vom 28.08.2014, S. 73 in der Fassung der Berichtigung ABl. Nr. L 155 vom 14.06.2016, S. 44, versehen ist, oder

(BGBl II 2016/382)

4. wenn die Rechnung durch elektronischen Datenaustausch (EDI) gemäß Artikel 2 des Anhangs 1 der Empfehlung 94/820/EG der Kommission über die rechtlichen Aspekte des elektronischen Datenaustausches, ABl. Nr. L 338 vom 28.12.1994 S. 98, übermittelt wird, wenn in der Vereinbarung über diesen Datenaustausch der Einsatz von Verfahren vorgesehen ist, die die Echtheit der Herkunft und die Unversehrtheit der Daten gewährleisten.

§ 2. (aufgehoben)

§ 3. (1) § 2 Z 2 tritt mit 1. Jänner 2011 in Kraft.

(2) § 1 in der Fassung der Verordnung BGBl. II Nr. 516/2012 tritt mit 1. Jänner 2013 in Kraft und ist erstmals auf Umsätze anzuwenden, die nach dem 31. Dezember 2012 ausgeführt werden. § 2 tritt mit Ablauf des 31. Dezember 2012 außer Kraft; er ist jedoch auf Umsätze, die vor dem 1. Jänner 2013 ausgeführt werden, weiterhin anzuwenden.

4/3/10. VO zu § 11 Abs. 15:
Ausstellung von Rechnungen

BGBl II 2004/279

Verordnung des Bundesministers für Finanzen betreffend den Entfall der Verpflichtung zur Ausstellung von Rechnungen

Auf Grund des § 11 Abs. 15 des Umsatzsteuergesetzes 1994, BGBl. Nr. 663/1994, in der Fassung des Bundesgesetzes BGBl. I Nr. 27/2004, wird verordnet:

1. Unternehmer, die überwiegend Umsätze gemäß § 6 Abs. 1 Z 8 und Z 9 lit. c UStG 1994 ausführen, sind nicht verpflichtet, für diese Umsätze gemäß § 11 Abs. 1 UStG 1994 Rechnungen auszustellen.
2. Die Verordnung ist auf Umsätze und sonstige Sachverhalte anzuwenden, die nach dem 31. Dezember 2003 ausgeführt werden bzw. sich ereignen.

4/3/11. UStG
Einfuhrumsatzsteuer ausl. Unternehmer

4/3/11. VO zu § 12 Abs. 1:

Einfuhrumsatzsteuer ausländischer Unternehmer

BGBl II 2003/584

Verordnung des Bundesministers für Finanzen betreffend die umsatzsteuerliche Behandlung der Lieferungen und des Vorsteuerabzuges (Einfuhrumsatzsteuer) ausländischer Unternehmer

Auf Grund des § 12 Abs. 1 letzter Unterabsatz und des § 28 Abs. 5 Z 1 des Umsatzsteuergesetzes 1994, BGBl. Nr. 663, in der Fassung BGBl. I Nr. 71/2003 wird verordnet:

§ 1. (1) Gelangt der Gegenstand der Lieferung im Rahmen eines Reihengeschäftes aus dem Drittlandsgebiet in das Inland und ist der letzte Abnehmer in der Reihe Schuldner der Einfuhrumsatzsteuer, so ist dieser und nicht der Unternehmer, für dessen Unternehmen der Gegenstand eingeführt worden ist, berechtigt, die entrichtete Einfuhrumsatzsteuer als Vorsteuer abzuziehen. Dies unter der Voraussetzung, dass die Lieferung an den letzten Abnehmer nach Abs. 2 steuerfrei ist.

(2) Im Rahmen eines Reihengeschäfts gemäß Abs. 1 ist die Lieferung an den letzten Abnehmer in der Reihe unter folgenden Voraussetzungen steuerfrei:

1. Der erste Abnehmer in der Reihe hat im Inland weder einen Wohnsitz (Sitz) noch seinen gewöhnlichen Aufenthalt oder eine Betriebsstätte und ist im Inland nicht zur Umsatzsteuer erfasst.
2. Der letzte Abnehmer in der Reihe wäre hinsichtlich einer für diese Lieferung in Rechnung gestellten Umsatzsteuer gemäß § 12 UStG 1994 zum vollen Vorsteuerabzug berechtigt.
3. Über diese Lieferung wird keine Rechnung ausgestellt, in der die Umsatzsteuer gesondert ausgewiesen ist.

(3) Für Lieferungen, die gemäß Abs. 2 befreit sind, gilt weiters:

1. Der Vorsteuerabzug ist gemäß § 12 Abs. 3 UStG 1994 ausgeschlossen.
2. Es besteht keine Aufzeichnungspflicht nach § 18 UStG 1994.
3. Soweit von einem Unternehmer in einem Kalenderjahr nur steuerfreie Umsätze gemäß Abs. 2 bewirkt werden, ist er zur Abgabe einer Voranmeldung und einer Umsatzsteuererklärung nicht verpflichtet.

(4) Ändert sich nachträglich eine der unter Abs. 2 geforderten Voraussetzungen, so entfällt die Steuerfreiheit. Die Steuerpflicht tritt für jenen Veranlagungszeitraum ein, in dem die Voraussetzung für die Steuerfreiheit weggefallen ist. Der Vorsteuerabzug (Abs. 1) ist in diesem Veranlagungszeitraum zu berichtigen.

(5) Als Reihengeschäft gelten Umsatzgeschäfte, die von drei Unternehmern über denselben Gegenstand abgeschlossen werden und bei denen der erste Unternehmer oder der erste Abnehmer dem letzten Abnehmer in der Reihe unmittelbar die Verfügungsmacht an dem Gegenstand verschafft.

§ 2. Erbringt ein Unternehmer, der im Inland weder einen Wohnsitz (Sitz) noch seinen gewöhnlichen Aufenthalt oder eine Betriebsstätte hat, im Inland eine Werklieferung (§ 3 Abs. 4 UStG 1994) und wurden Bestandteile des herzustellenden Werkes aus dem Drittlandsgebiet in das Inland eingeführt, so gelten diese Bestandteile als für das Unternehmen des Leistungsempfängers eingeführt, wenn vom Werklieferer über diese Bestandteile eine gesonderte Rechnung gelegt und die Einfuhrumsatzsteuer vom Leistungsempfänger oder für dessen Rechnung entrichtet wurde. Hinsichtlich des auf die eingeführten Bestandteile entfallenden Entgeltes kommt es zu keinem Übergang der Steuerschuld gemäß § 19 UStG 1994.

§ 3. Diese Verordnung ist auf steuerbare Umsätze und sonstige Vorgänge anzuwenden, die nach dem 31. Dezember 2003 ausgeführt werden bzw. sich ereignen.

§ 4. (1) § 1 und § 3 der Verordnung des Bundesministers für Finanzen vom 11. Dezember 1974 über die umsatzsteuerliche Behandlung von Leistungen ausländischer Unternehmer, BGBl. Nr. 800/1974, ist nicht mehr auf Umsätze anzuwenden, die nach dem 31. Dezember 2003 ausgeführt werden.

(2) § 2 der Verordnung des Bundesministers für Finanzen vom 11. Dezember 1974 über die umsatzsteuerliche Behandlung von Leistungen ausländischer Unternehmer, BGBl. Nr. 800/1974, ist nicht mehr auf Umsätze und sonstige Sachverhalte anzuwenden, die nach dem 31. Dezember 2003 ausgeführt werden bzw. sich ereignen.

§ 5. Die Verordnung des Bundesministers für Finanzen, mit der bestimmt wird, dass im Falle von Reihengeschäften nicht der Unternehmer, für dessen Unternehmen der Gegenstand eingeführt worden ist, sondern der Unternehmer, der die Einfuhrumsatzsteuer entrichtet hat, den Abzug der Einfuhrumsatzsteuer vornehmen kann, BGBl. II Nr. 33/1998, ist nicht mehr auf Umsätze und sonstige Sachverhalte anzuwen den, die nach dem 31. Dezember 2003 ausgeführt werden bzw. sich ereignen.

4/3/12. VO zu § 12 Abs. 2 Z 2 lit. b:

PKW

BGBl II 2002/193

Verordnung des Bundesministers für Finanzen über die steuerliche Einstufung von Fahrzeugen als Kleinlastkraftwagen und Kleinbusse

Zu § 12 Abs. 2 Z 2 lit. b UStG 1994, BGBl. Nr. 663/1994, in der Fassung BGBl. I Nr. 56/2002 und zu § 8 Abs. 6 Z 1 und § 20 Abs. 1 Z 2 lit. b EStG 1988, BGBl. Nr. 400/1988, in der Fassung BGBl. I Nr. 68/2002 wird verordnet:

§ 1. Kleinlastkraftwagen und Kleinbusse fallen nicht unter die Begriffe „Personenkraftwagen" und „Kombinationskraftwagen".

§ 2. Als Kleinlastkraftwagen können nur solche Fahrzeuge angesehen werden, die sich sowohl nach dem äußeren Erscheinungsbild als auch von der Ausstattung her erheblich von einem der Personenbeförderung dienenden Fahrzeug unterscheiden. Das Fahrzeug muss so gebaut sein, dass ein Umbau in einen Personen- oder Kombinationskraftwagen mit äußerst großem technischen und finanziellen Aufwand verbunden und somit wirtschaftlich sinnlos wäre.

§ 3. (1) Fahrzeuge, die vom Aufbau der Karosserie her auch als Personen- oder Kombinationskraftwagen gefertigt sind, können nur bei Vorliegen folgender Mindesterfordernisse als Kleinlastkraftwagen eingestuft werden:

1. Das Fahrzeug muss eine Heckklappe oder Hecktüre(n) aufweisen.
2. Das Fahrzeug darf mit nur einer Sitzreihe für Fahrer und Beifahrer ausgestattet sein.
3. Hinter der Sitzreihe muss ein Trenngitter oder eine Trennwand oder eine Kombination beider Vorrichtungen angebracht sein. Das Trenngitter (die Trennwand) muss mit der Bodenplatte (Originalbodenplatte oder Bodenplattenverlängerung, siehe Punkt 6) und mit der Karosserie fest und nicht leicht trennbar verbunden werden. Diese Verbindung wird insbesondere durch Verschweißen oder Vernieten oder einer Kombination beider Maßnahmen herzustellen sein.
4. Der Laderaum muss seitlich verblecht sein; er darf somit keine seitlichen Fenster aufweisen. Die Verblechung muss mit der Karosserie so fest verbunden sein, dass deren Entfernung nur unter Beschädigung der Karosserie möglich wäre. Diese Verbindung ist insbesondere durch Verschweißen oder Verkleben mit einem Kleber, dessen Wirkung einer Verschweißung gleichkommt (zB Kleber auf Polyurethanbasis), herzustellen. Die Verblechung muss in Wagenfarbe lackiert sein. Ein bloßes Einsetzen von Blechtafeln in die für die Fenster vorgesehenen Führungen unter Belassung der Fensterdichtungen ist nicht ausreichend.
5. Halterungen für hintere Sitze und Sitzgurte müssen entfernt und entsprechende Ausnehmungen unbenützbar (zB durch Verschweißen oder Ausbohren der Gewinde) gemacht worden sein.
6. Der Laderaumboden muss aus einer durchgehenden, ebenen Stahlverblechung bestehen. Es muss daher eine allfällige Fußmulde durch eine selbsttragende, mit der Originalbodenplatte fest verbundenen und bis zum Trenngitter (Trennwand) vorgezogenen Stahlblechplatte überdeckt werden. Die Verbindung mit der Originalbodenplatte muss so erfolgen, dass eine Trennung nur unter Beschädigung der Originalbodenplatte möglich ist. Zur Herstellung dieser Verbindung eignet sich insbesondere ein Verschweißen. Sind größere Auflageflächen vorhanden, ist auch ein durchgehendes Verkleben der Auflageflächen mit einem Kleber, dessen Wirkung einer Verschweißung gleichkommt (zB Kleber auf Polyurethanbasis), in Verbindung mit einem Vernieten (Durchnieten durch die Originalbodenplatte) möglich. Die Fußmulde muss auch durch seitliche Verblechungen abgeschlossen werden.
7. Seitliche Laderaumtüren darf das Fahrzeug nur dann aufweisen, wenn es eine untere Laderaumlänge von grundsätzlich mindestens 1.500 mm aufweist. Diese Mindestladeraumlänge darf durch eine schräge Heckklappe nicht sehr erheblich eingeschränkt werden. Bei den seitlichen Laderaumtüren muss die Fensterhebemechanik unbenützbar gemacht worden sein.
8. Das Fahrzeug muss kraftfahrrechtlich und zolltarifarisch als Lastkraftwagen (Kraftfahrzeug für die Warenbeförderung) einzustufen sein.
9. Für Geländefahrzeuge, die keine Fußmulde aufweisen, gilt ergänzend Folgendes: Die Trennvorrichtung hinter der Sitzreihe (vergleiche Punkt 1) muss im unteren Bereich in einer Trennwand bestehen, die sich nach hinten waagrecht etwa 20 cm fortsetzen muss. Diese Trennwandfortsetzung muss mit der Originalbodenplatte so fest verbunden werden, dass eine Trennung nur unter Beschädigung der Originalbodenplatte möglich wäre. Bezüglich geeigneter Maßnahmen zur Herstellung dieser Verbindung siehe Punkt 6.

(2) Der Kleinlastkraftwagen muss die angeführten Merkmale bereits werkseitig aufweisen. „Werkseitig" bedeutet, dass allenfalls für die Einstufung als Kleinlastkraftwagen noch erforderliche Umbaumaßnahmen bereits vom Erzeuger oder in dessen Auftrag oder von einem gemäß § 29 Abs. 2 Kraftfahrgesetz 1967 Bevollmächtigten oder in dessen Auftrag durchgeführt werden müssen.

§ 4. Nicht als Personen- oder Kombinationskraftwagen sind unter den im § 2 angeführten allgemeinen Voraussetzungen weiters folgende

4/3/13. UStG Durchschnittssätze

Fahrzeuge anzusehen (Kleinlastkraftwagen im weiteren Sinn):
- Kastenwagen; das sind Fahrzeuge, die bereits werkseitig (§ 3 Abs. 2) so konstruiert sind, dass sie einen vom Führerhaus abgesetzten kastenförmigen Laderaum aufweisen. Die Fahrzeuge sind mit hinteren Flügeltüren ausgestattet und dürfen außer einem kleinen rechtsseitigen Sichtfenster (Höchstausmaß 38 cm × 38 cm), das mit einem Innenschutzgitter versehen sein muss, keine seitlichen Laderaumfenster aufweisen. Diese Fahrzeuge müssen kraftfahrrechtlich und zolltarifarisch als Lastkraftwagen (Kraftfahrzeuge für die Warenbeförderung) einzustufen sein.
- Pritschenwagen (Pick-Up-Fahrzeuge); das sind Fahrzeuge, die bereits werkseitig (§ 3 Abs. 2) so konstruiert sind, dass sie ein geschlossenes Führerhaus (mit einer Sitzreihe oder mit zwei Sitzreihen) und eine sich daran anschließende, grundsätzlich offene Ladefläche aufweisen. Die Ladefläche kann auch mit einem Hardtop, einer Plane oder einer ähnlichen zum Schutz der Transportgüter bestimmten Zusatzausstattung versehen werden. Die Fahrzeuge müssen kraftfahrrechtlich und zolltarifarisch als Lastkraftwagen (Kraftfahrzeuge für die Warenbeförderung) einzustufen sein.
- Leichenwagen; das sind Fahrzeuge, die sich sowohl von der Bauweise (geschlossenes Führerhaus, durchgehende seitliche Verglasung des Laderaumes) als auch von der Ausstattung (spezielle Vorrichtungen für den Sargtransport) her wesentlich von den üblichen Typen von Personen- und Kombinationskraftwagen unterscheiden.

§ 5. Unter einem Kleinbus ist ein Fahrzeug zu verstehen, das ein kastenwagenförmiges Äußeres sowie Beförderungsmöglichkeiten für mehr als sechs Personen (einschließlich des Fahrzeuglenkers) aufweist. Bei der Beurteilung der Personenbeförderungskapazität ist nicht auf die tatsächlich vorhandene Anzahl der Sitzplätze, sondern auf die auf Grund der Bauart und Größe des Fahrzeuges maximal zulässige Personenbeförderungsmöglichkeit abzustellen. Es ist auch unmaßgebend, ob ein nach diesen Kriterien als Kleinbus anerkanntes Fahrzeug Zwecken des Personentransportes oder des Lastentransportes dient oder kombiniert eingesetzt wird.

§ 6. (1) Die Verordnung ist in Bezug auf die Umsatzsteuer in allen nicht rechtskräftigen Fällen anzuwenden.

(2) Die Verordnung ist in Bezug auf die Einkommensteuer auf Fahrzeuge anzuwenden, die ab 8. Jänner 2002 angeschafft (hergestellt) werden bzw. bei denen der Beginn der entgeltlichen Überlassung ab 8. Jänner 2002 erfolgt.

(3) Entsprechend dem In-Kraft-Treten dieser Verordnung tritt die Verordnung BGBl. Nr. 273/1996 außer Kraft.

4/3/13. VO zu § 14 Abs. 1:

Durchschnittssätze

BGBl 1983/627 idF BGBl II 2001/416

Verordnung des Bundesministers für Finanzen vom 14. Dezember 1983 über die Aufstellung von Durchschnittssätzen für die Ermittlung der abziehbaren Vorsteuerbeträge bei bestimmten Gruppen von Unternehmern[a]

[a] Gilt gem § 28 Abs. 5 Z 3 UStG 1994 als auf Grund des UStG 1994 ergangen.

Auf Grund des § 14 Abs. 1 des Umsatzsteuergesetzes 1972, BGBl. Nr. 223, wird verordnet:

1. Abschnitt
Freiberuflich tätige Unternehmer

§ 1. (1) Unternehmer der im § 3 angeführten Berufsgruppen können die nach § 12 des Umsatzsteuergesetzes 1972 abziehbaren Vorsteuerbeträge nach Durchschnittssätzen berechnen. Die anzuwendenden Durchschnittssätze sind jeweils in einem Vomhundertsatz des Umsatzes angegeben.

(2) Umsatz im Sinne dieses Abschnittes ist der im Inland erzielte Umsatz aus der freiberuflichen Tätigkeit der im § 3 bezeichneten Berufsgruppen (einschließlich Eigenverbrauch) mit Ausnahme der Einfuhr, der Umsätze nach § 6 Z 8 und 9 lit. a und b des Umsatzsteuergesetzes 1972 sowie der Umsätze aus Hilfsgeschäften einschließlich der Geschäftsveräußerung.

§ 2. Die Durchschnittssätze gelten für Unternehmer, deren Umsatz nach § 1 Abs. 1 Z 1 und 2 des Umsatzsteuergesetzes 1972 im vorangegangenen Kalenderjahr nicht mehr als 255.000 Euro betragen hat.

§ 3. Die Durchschnittssätze betragen für

v.H. des Umsatzes

1.–5. (aufgehoben)
6. Tierärzte 4,9
7. Rechtsanwälte, Patentanwälte und Notare 1,7
8. Wirtschaftstreuhänder 1,7
9. staatlich befugte und beeidete Zivilltechniker 2,8

§ 4. (1) Soweit im Abs. 2 nicht anderes bestimmt ist, werden mit dem Durchschnittssatz sämtliche Vorsteuern abgegolten, die mit der freiberuflichen Tätigkeit der im § 3 bezeichneten Berufsgruppen zusammenhängen.

(2) Neben dem nach einem Durchschnittssatz berechneten Vorsteuerbetrag kann bei Vorliegen der Voraussetzungen des § 12 des Umsatzsteuergesetzes 1972 abgezogen werden:

a) die von anderen Unternehmern gesondert in Rechnung gestellte Steuer für Lieferungen von Wirtschaftsgütern des Anlagevermögens, die der Abnutzung unterliegen und deren Anschaffungskosten nach den Vorschriften des Einkommensteuerrechtes im Kalenderjahr

4/3/13. UStG
Durchschnittssätze

der Anschaffung nicht in voller Höhe als Betriebsausgaben abgesetzt werden können;
b) die entrichtete Einfuhrumsatzsteuer für Einfuhren, die den unter lit. a bezeichneten Lieferungen entsprechen;
c) die den im § 3 unter Z 8 genannten Unternehmern von Rechenzentren für sonstige Leistungen im Zusammenhang mit Datenverarbeitungsaufträgen in Rechnung gestellte Steuer.

2. Abschnitt
Nichtbuchführungspflichtige Handels- und Gewerbetreibende

§ 5. (1) Nichtbuchführungspflichtige Unternehmer der im § 6 dieser Verordnung angeführten Berufsgruppen können die nach § 12 des Umsatzsteuergesetzes 1972 abziehbaren Vorsteuerbeträge nach Durchschnittssätzen berechnen. Die anzuwendenden Durchschnittssätze sind jeweils in einem Vomhundertsatz des Umsatzes angegeben.

(2) Umsatz im Sinne dieses Abschnittes ist der im Inland erzielte Umsatz aus der jeweils im § 6 Abs. 1 dieser Verordnung angeführten Betriebsart (einschließlich Eigenverbrauch) mit Ausnahme der Einfuhr, der Umsätze nach § 6 Z 8 und 9 des Umsatzsteuergesetzes 1972 sowie der Umsätze aus Hilfsgeschäften einschließlich der Geschäftsveräußerungen.

§ 6. (1) Der Durchschnittssatz beträgt:

Sektion Gewerbe	v.H. des Umsatzes
1. Für folgende der Bundesinnung der Steinmetzmeister zugehörigen Berufsgruppen (Z 2):	
Steinmetzmeister, Grabsteinerzeuger, Steinbildhauer, Marmorwarenerzeuger, Schleifsteinhauer und Werksteinbruchunternehmer	1,8
2. für folgende der Bundesinnung der Dachdecker und Pflasterer zugehörigen Berufsgruppen (Z 3):	
a) Dachdecker	1,4
b) Pflasterer	1,6
3. für folgende der Bundesinnung der Hafner zugehörigen Berufsgruppen (Z 4):	
a) Hafner (Ofensetzer), Töpfer und Keramiker	1,5
b) Platten- und Fliesenleger	1,4
4. für folgende der Bundesinnung der Glaser zugehörigen Berufsgruppen (Z 5):	
Glaser (Bauglaser), Glasschleifer, Glasätzer, Glasbläser, Glasinstrumentenerzeuger, Glasbeleger und Erzeuger von Waren nach Gablonzer Art	1,5
5. für folgende der Bundesinnung der Maler, Anstreicher und Lackierer zugehörigen Berufsgruppen (Z 6):	
Anstreicher, Lackierer, Schilder-, Schriften- und Zimmermaler	1,6
6. für folgende der Bundesinnung der Zimmermeister zugehörige Berufsgruppe (Z 8):	
Zimmermeister	1,8
7. für folgende der Bundesinnung der Tischler zugehörigen Berufsgruppen (Z 9):	
Tischler (Bau- und Möbeltischler), Modelltischler, Kistentischler, Boot- und Schiffbauer	1,6
8. für folgende der Bundesinnung der Karosseriebauer und Wagner zugehörigen Berufsgruppen (Z 10):	
Wagner, Karosseriebauer, Ski- und Rodelerzeuger, Leitererzeuger, Werkzeugstiel-, Gabel- und Rechenmacher	1,6
9. für folgende der Bundesinnung der Binder, Korb- und Möbelflechter zugehörigen Berufsgruppen (Z 11):	
Binder, Bastwarenerzeuger, Korb- und Möbelflechter	1,8
10. für folgende der Bundesinnung der Bürsten- und Pinselmacher, Drechsler, Holzbildhauer und Spielzeughersteller zugehörigen Berufsgruppen (Z 12):	
Bürstenmacher, Pinselmacher, Besenerzeuger, Bürstenholzerzeuger, Kammmacher, Haarschmuckerzeuger, Drechsler, Holzbildhauer (gewerbliche Holzschnitzer), Erzeuger von Probierbüsten und -puppen, Wachsbüsten und -puppen sowie von Hornknöpfen, Knopfformen, Wickelrahmen, Muschelgalanteriewaren, Domino- und Schachspielen, Rauchrequisiten, Holzrundstäben, Schuhleisten- und Stiefelbrettschneider, Holzsohlen- und Holzstöckelerzeuger, Holzdrahterzeuger, Erzeuger von Perlmutterwaren, Zelluloid- und Kunsthornwaren, Puppenerzeuger, Erzeuger aller Art von Spielzeug, Christbaumschmuckerzeuger, Erzeuger magischer Geräte	1,9
11. für folgende der Bundesinnung der Schlosser, Landmaschinenmechaniker und Schmiede zugehörigen Berufsgruppen (Z 14):	

4/3/13. UStG
Durchschnittssätze

- a) Schlosser (einschließlich Maschinenschlosser), Metallmöbelschlosser, Schweißer, Kassenerzeuger und Metalldreher ... 1,8
- b) Landmaschinenerzeuger und Landmaschinenreparaturwerkstätten ... 1,7
- c) Hufschmiede, Nagelschmiede, Wagenschmiede, Feilenhauer, Zeug- und Messerschmiede ... 1,8

12. für folgende der Bundesinnung der Spengler und Kupferschmiede zugehörigen Berufsgruppen (Z 15):
    Spengler und Kupferschmiede ... 1,5

13. für folgende der Bundesinnung der Sanitär- und Heizungsinstallateure zugehörigen Berufsgruppen (Z 16):
    Gas- und Wasserleitungsinstallateure ... 1,3

14. für folgende der Bundesinnung der Elektro-, Radio- und Fernsehtechniker zugehörigen Berufsgruppen (Z 17):
    Elektroinstallateure, Radio- und Fernsehtechniker, Erzeuger elektrischer Batterien, Errichtung von Blitzschutzanlagen und Laden von Akkumulatoren ... 1,3

15. für folgende der Bundesinnung der Kunststoffverarbeiter zugehörigen Berufsgruppen (Z 18):
    Kunststoffpresser, Kunststoffspritzer und Kunststoffhalbzeughersteller ... 1,6

16. für folgende der Bundesinnung der Metallgießer, Gürtler, Graveure, Metalldrücker, Metallschleifer und Galvaniseure zugehörigen Berufsgruppen (Z 19):
    Metallgießer, Gürtler, Graveure, Metalldrücker, Metallschleifer und Galvaniseure ... 2,1

17. für folgende der Bundesinnung der Mechaniker zugehörigen Berufsgruppen (Z 20):
    - a) Mechaniker einschließlich Feinmechaniker, Werkzeugmechaniker und Erzeuger chirurgischer und medizinischer Instrumente und Apparate (Chirurgiemechaniker) ... 2,1
    - b) Elektromechaniker ... 1,9
    - c) Büromaschinenmechaniker ... 2,2
    - d) Fahrrad- und Nähmaschinenmechaniker ... 1,2
    - e) Kühlmaschinenmechaniker ... 1,6

18. für folgende der Bundesinnung der Kraftfahrzeugmechaniker zugehörigen Berufsgruppen (Z 21):
    - a) Kraftfahrzeugmechaniker und Kraftfahrzeugelektriker ... 1,4
    - b) Vulkaniseure einschließlich Handel mit Reifen ... 1,1

19. für folgende der Bundesinnung der Gold- und Silberschmiede, Juweliere und Uhrmacher zugehörigen Berufsgruppen (Z 23):
    - a) Gold- und Silberschmiede und Juweliere ... 1,2
    - b) Uhrmacher ... 1,3

20. für folgende der Bundesinnung der Musikinstrumentenerzeuger zugehörigen Berufsgruppen (Z 24):
    Klaviermacher, Erzeuger von Orgeln, Harmonien und ähnlichen Musikinstrumenten, sowie von Blas-, Streich-, Saiten- und Schlaginstrumenten, Harmonikamacher, Erzeuger von sonstigen Musikinstrumenten und Musikspielwerken aller Art und Saitenerzeuger ... 1,9

21. für folgende der Bundesinnung der Kürschner, Handschuhmacher und Gerber zugehörigen Berufsgruppen (Z 25):
    - a) Kürschner und Kappenmacher sowie Handschuhmacher und Säckler ... 2,0
    - b) Gerber ... 1,6

22. für folgende der Bundesinnung der Lederwarenerzeuger, Taschner, Sattler und Riemer zugehörigen Berufsgruppen (Z 26):
    Taschner, Riemer, Sattler, Lederwarenerzeuger, Erzeuger von Fußbällen, Hundesportartikeln und Fechtartikeln, Kunstlederwaren- und Ledergalanteriewarenerzeuger ... 1,4

23. für folgende der Bundesinnung der Schuhmacher zugehörigen Berufsgruppen (Z 27):
    Maßschuhmacher, Erzeuger serienmäßig hergestellter Schuhwaren, Erzeuger orthopädischer Schuhe sowie von Patschen und Filzschuhen, Holzschuhmacher und Reparaturschuhmacher ... 1,6

24. für folgende der Bundesinnung der Buchbinder, Kartonagewaren- und Etuierzeuger zugehörigen Berufsgruppen (Z 28):
Buchbinder, Kartonagewarenerzeuger, Papierwarenerzeuger sowie Etui- und Kassettenerzeuger ... 1,7

25. für folgende der Bundesinnung der Tapezierer zugehörigen Berufsgruppen (Z 29):
Tapezierer, Dekorateure, Bettwarenerzeuger und Bettwarenreiniger ... 1,3

26. für folgende der Bundesinnung der Hutmacher, Modisten und Schirmmacher zugehörigen Berufsgruppen (Z 30):
Hutmacher, Modisten, Damenfilzhutmacher, Strohhuterzeuger, Kunstblumenerzeuger, Sonnenschirm- und Regenschirmmacher ... 1,6

27. für folgende der Bundesinnung der Kleidermacher zugehörigen Berufsgruppen (Z 31):
   a) Herrenkleidermacher ... 1,6
   b) Damenkleidermacher ... 1,6

28. für folgende der Bundesinnung der Mieder- und Wäschewarenerzeuger zugehörigen Berufsgruppen (Z 32):
Miedererzeuger, Wäschewarenerzeuger, Wäscheschneider und Krawattenerzeuger ... 1,4

29. für folgende der Bundesinnung der Sticker, Stricker, Wirker, Weber, Posamentierer und Seiler zugehörigen Berufsgruppen (Z 33):
   a) Handsticker, Gold-, Silber- und Perlensticker sowie Maschinsticker ... 1,2
   b) Handstricker, Maschinstricker und Wirker ... 1,8
   c) Weber (Tuchmacher) und Banderzeuger, Posamentierer und Seiler ... 1,4

30. für folgende der Bundesinnung der Müller zugehörigen Berufsgruppen (Z 34):
Getreidemüller, Futterschrotmüller, Futtermittelhersteller und Saatgutreiniger ... 1,9

31. für folgende der Bundesinnung der Bäcker zugehörige Berufsgruppe (Z 35):
Bäcker ... 1,9

32. für folgende der Bundesinnung der Konditoren (Zuckerbäcker) zugehörigen Berufsgruppen (Z 36):
Konditoren (Zuckerbäcker) einschließlich Kaffee-Konditoreien, Kuchenbäcker, Kanditen-, Gefrorenes- und Schokoladewarenerzeuger, Lebzelter und Wachszieher (Wachswarenerzeuger) ... 2,1

33. für folgende der Bundesinnung der Fleischer zugehörigen Berufsgruppen (Z 37):
Fleischhauer und Fleischselcher, Pferdefleischhauer und Pferdefleischselcher sowie Wildbret- und Geflügelausschroter (Wildbret- und Geflügeleinzelhändler) ... 1,1

34. für folgende der Bundesinnung der Molkereien und Käsereien zugehörigen Berufsgruppen (Z 38):
Molkereien, Buttereien, Käsereien, Milchkäuferbetriebe, Butter- und Käseschmelzwerke, Erzeuger von Kondensmilch, Milchpulver, Milchzucker, Milchprodukten, Streichkäse und Quargel sowie Eierkennzeichnungsstellen ... 0,7

35. für folgende der Bundesinnung der Nahrungs- und Genußmittelgewerbe zugehörigen Berufsgruppen (Z 39):
   a) Gemüsekonservenerzeuger ... 2,3
   b) Sodawasser- und Limonadenerzeuger sowie Likör- und Spirituosenerzeuger ... 2,0

36. für folgende der Bundesinnung der Gärtner und Blumenbinder zugehörigen Berufsgruppen (Z 40):
Friedhofs- und Ziergärtner sowie andere gewerbliche Gärtner, Blumenbinder ... 1,8

37. für folgende der Bundesinnung Druck zugehörigen Berufsgruppen (Z 41):
Drucker, auch solche nach einfachen Verfahren, Schriftgießer und Druckletternerzeuger, Erzeuger von Druckstöcken und Druckträgern sowie Schreibbüros ... 2,0

38. für folgende der Bundesinnung der Fotografen zugehörigen Berufsgruppen (Z 42):
   a) Fotografen, Pressefotografen, Fotokopierer und Erzeuger von Laufbildern ... 2,3
   b) Lichtpauser ... 2,3

4/3/13. UStG
Durchschnittssätze

39. für folgende der Bundesinnung der chemischen Gewerbe zugehörigen Berufsgruppen (Z 43):
Erzeuger von Farben und Lacken, Kunststoffen und Klebstoffen, Erzeuger von Schädlingsbekämpfungsmitteln, Seifensieder, Erzeuger von Lederkonservierungsmitteln, Schuhcreme, Fußbodenpflegemitteln, technischen Schmiermitteln, Metallputzmitteln und anderen chemisch-technischen Waren, Parfümeriewaren, kosmetische Waren, Feuerwerksmaterial, Feuerwerkskörpern und Sprengpräparaten; Verarbeiter von Erdöl und Erdölprodukten, Waschmittel- und Textilhilfsmittelerzeuger sowie Erzeuger waschaktiver Substanzen, Erzeuger pharmazeutischer Waren, chemische Laboratorien, Schädlingsbekämpfer, Zimmer- und Gebäudereiniger sowie Unternehmer der Schwelchemie (Trockendestillation des Holzes) ... 1,8

40. für folgende der Bundesinnung der Friseure zugehörigen Berufsgruppen (Z 44):
Friseure, Raseure, Perückenmacher und Haarverarbeiter ... 4,0

41. für folgende der Bundesinnung der Chemischreiniger, Wäscher und Färber zugehörigen Berufsgruppen (Z 45):
   a) Chemischreiniger und Färber ... 6,2
   b) Wäscher, Wäschebügler, Heißmangler, Wäscheroller, Bleicher und Vorhangappreteure ... 5,8
   c) Münzreiniger ... 7,0

42. für folgende der Bundesinnung der Rauchfangkehrer zugehörige Berufsgruppe (Z 46):
Rauchfangkehrer ... 2,0

43. für folgende der Bundesinnung der Optiker, Bandagisten und Orthopädietechniker zugehörigen Berufsgruppen (Z 49):
   a) Optiker und Glasaugenerzeuger ... 1,4
   b) Bandagisten und Orthopädietechniker ... 1,2

44. für folgende der Bundesinnung der Zahntechniker zugehörige Berufsgruppe (Z 50):
Zahntechniker ... 1,6

45. für folgende der Bundesinnung der Fußpfleger, Kosmetiker und Masseure zugehörigen Berufsgruppen (Z 51):
Hand- und Fußpfleger, Kosmetiker und Masseure ... 3,0

Sektion Handel
v.H. des Umsatzes

46. für folgende dem Bundesgremium des Lebensmittelhandels zugehörigen Berufsgruppen (Z 2):
Einzelhandel mit Lebens- und Genußmitteln, Obst und Grünwaren, Süßwaren, Molkereiprodukten, Eiern und Fett sowie Fischen ... 0,7

47. für folgende dem Bundesgremium des Textilhandels zugehörigen Berufsgruppen (Z 8):
Einzelhandel mit Bekleidung und Textilien sowie mit Borsten, Haaren und Federn ... 0,9

48. für folgende dem Bundesgremium des Schuhhandels zugehörige Berufsgruppe (Z 9):
Einzelhandel mit Schuhen ... 0,8

49. für folgende dem Bundesgremium des Handels mit Leder, Häuten, Rauhwaren und Tapeziererbedarf zugehörigen Berufsgruppen (Z 10):
Einzelhandel mit Häuten und Fellen, Leder und Schuhzubehör sowie mit Tapezierer- und Sattlerbedarf ... 1,3

50. für folgende dem Bundesgremium des Papierhandels zugehörigen Berufsgruppen (Z 12):
Einzelhandel mit Papier, Papier- und Schreibwaren sowie Büroartikeln und Zeichenbedarf ... 0,9

51. für folgende dem Bundesgremium des Handels mit Büchern, Kunstblättern, Musikalien, Zeitungen und Zeitschriften zugehörigen Berufsgruppen (Z 13):
Einzelhandel mit Büchern, Musikalien und Kunstblättern (Reproduktionen) ... 0,9

52. für folgende dem Bundesgremium des Handels mit Juwelen, Gold und Silberwaren, Uhren, Gemälden, Antiquitäten, Kunstgegenständen und Briefmarken zugehörigen Berufsgruppen (Z 15):
Einzelhandel mit Uhren, Edelmetallen, Edelmetallwaren, echten, rekonstituierten, synthetischen und unechten Edel- und Halbedelsteinen, Korallen, Perlen und

anderen Schnitzstoffen, wie Bernstein, Perlmutter u. dgl., sowie Edelmetallplattierungen und Waren daraus, Antiquitäten, Gemälden, Kunstgegenständen, Werken der Graphik und der Plastik, sowie mit Briefmarken, philatelistischen Bedarfsgegenständen, Medaillen, Münzen numismatischen Gegenständen und einschlägigen Bedarfsgegenständen 1,8

53. für folgende dem Bundesgremium des Eisenhandels (umfassend den Handel mit Stahl, Metallen, Eisen-, Stahl- und Metallwaren, Sanitärartikeln, Werkzeugen, Waffen, Haus- und Küchengeräten, Glas-, Porzellan- und Keramikwaren) zugehörigen Berufsgruppen (Z 16):

Einzelhandel mit Eisen, Stahl und Metallen, Röhren und Sanitärartikeln sowie mit zentralheizungstechnischem Zubehör; Einzelhandel mit Eisen-, Stahl- und Metallwaren, Waffen und Werkzeugen, Haus- und Küchengeräten sowie mit Glas-, Porzellan- und Keramikwaren 0,8

54. für folgende dem Bundesgremium des Fahrzeughandels zugehörigen Berufsgruppen (Z 18):

Einzelhandel mit Automobilen, Motorrädern, Fahrrädern, motorbetriebenen Wasserfahrzeugen sowie deren Bereifung, Bestandteilen und Zubehör; Einzelhandel mit Automobil-, Motorradteilen und Zubehör 1,3

55. für folgende dem Bundesgremium des Handels mit fotografischem, optischem und ärztlichem Bedarf zugehörigen Berufsgruppen (Z 19):

Einzelhandel mit Artikeln der Fotobranche und Kinobedarf, Einzelhandel mit optischen und feinmechanischen Geräten sowie mit ärztlichen Apparaten, Instrumenten und Einrichtungsgegenständen; Einzelhandel mit Sanitätswaren und medizinischen Gummiwaren 1,2

56. für folgende dem Bundesgremium des Radio- und Elektrohandels zugehörigen Berufsgruppen (Z 20):

Einzelhandel mit Elektrowaren, Elektroinstallationsmaterial, Radioapparaten, Musikinstrumenten, Tonaufnahme- und -wiedergabegeräten und Zubehör, Schallplatten und Schallträgern sowie mit Fernsehgeräten und Zubehör 1,0

57. für folgende dem Bundesgremium des Handels mit Möbeln, Waren der Raumausstattung und Tapeten zugehörigen Berufsgruppen (Z 23):

a) Einzelhandel mit Möbeln, Linoleum, Teppichen und sonstigem Fußbodenbelag sowie mit einschlägigen Waren der Raumausstattung 1,6

b) Einzelhandel mit Tapeten 1,6

58. für folgende dem Bundesgremium des Altstoffhandels zugehörige Berufsgruppe (Z 24):

Einzelhandel mit Alt- und Abfallstoffen 2,1

59. für folgende dem Bundesgremium des Handels mit Drogen, Pharmazeutika, Farben, Lacken und Chemikalien zugehörigen Berufsgruppen (Z 25):

Einzelhandel mit Drogen und Chemikalien; Einzelhandel mit Farben, Lacken und Anstreicherbedarf; Einzelhandel mit pflanzlichen und tierischen Ölen sowie Fettstoffen für technische Zwecke 0,8

60. für folgende dem Bundesgremium des Parfümeriewarenhandels zugehörige Berufsgruppe (Z 26):

Einzelhandel mit Parfümerie-, Wasch- und Haushaltsartikeln 0,7

61. für folgende dem Bundesgremium der Tabakverschleißer zugehörige Berufsgruppe (Z 28):

Tabaktrafikanten 0,3

62. für folgende dem Bundesgremium der Handelsvertreter, Kommissionäre und Vermittler zugehörige Berufsgruppe (Z 29):

Handelsvertreter 4,3

63. für folgende dem Bundesgremium des Markt-, Straßen- und Wanderhandels zugehörigen Berufsgruppen (Z 30):

Marktfahrer, Markthändler, die andere Waren als Lebensmittel führen, Marktviktualienhändler, Straßenhändler und Wanderhändler 1,4

64. für folgende dem Allgemeinen Bundesgremium zugehörigen Berufsgruppen (Z 31):

Einzelhandel mit zoologischen Artikeln sowie mit Altwaren (Trödler, Tandler) 1,9

Durchschnittssätze

Sektion Tourismus und Freizeitwirtschaft	v.H. des Umsatzes
65. für folgende dem Fachverband der Vergnügungsbetriebe zugehörige Berufsgruppe (Z 6):	
Schausteller	3,1
66. für folgende dem Allgemeinen Fachverband des Fremdenverkehrs zugehörigen Berufsgruppen (Z 9):	
a) Theaterkartenbüroinhaber	0,6
b) Fremdenführer	2,0

Sektion Industrie	v.H. des Umsatzes
67. für die dem Fachverband der Sägeindustrie zugehörigen Sägewerksunternehmungen (Z 9):	
a) für Umsätze im Lohnschnitt	4,0
b) für alle übrigen Umsätze	2,0

(2) Die Einreihung der im Abs. 1 angeführten Berufsgruppen erfolgt unter Bedachtnahme auf den Fachgruppenkatalog (Anhang zur Fachgruppenordnung, BGBl. Nr. 223/1947, zuletzt geändert durch die Verordnung BGBl. Nr. 454/1979). Die in Klammern angeführten Ziffern der Fachverbände (Bundesinnungen, Bundesgremien) ergeben sich aus den Bestimmungen des Fachgruppenkataloges.

§ 7. (1) Soweit im Abs. 2 nicht anderes bestimmt ist, werden mit den Durchschnittssatz sämtliche Vorsteuern abgegolten, die mit der gewerblichen oder beruflichen Tätigkeit der im § 6 angeführten Berufsgruppen zusammenhängen.

(2) Neben dem nach einem Durchschnittssatz berechneten Vorsteuerbetrag kann bei Vorliegen der Voraussetzungen des § 12 des Umsatzsteuergesetzes 1972 abgezogen werden:
1. Von den im § 6 angeführten Berufsgruppen mit Ausnahme jener der Z 40, 41 und 62:
   a) die von anderen Unternehmern gesondert in Rechnung gestellte Steuer für Fremd- und Lohnarbeiten, soweit diese unmittelbar in die gewerbliche Leistung eingehen, sowie für Lieferungen von Gegenständen einschließlich der Rohstoffe, Halberzeugnisse, Hilfsstoffe und Zutaten, die der Unternehmer zur gewerblichen Weiterveräußerung – sei es in derselben Beschaffenheit, sei es nach vorheriger Bearbeitung oder Verarbeitung – erwirbt;
   b) die entrichtete Einfuhrumsatzsteuer für Einfuhren, die den unter lit. a bezeichneten Lieferungen entsprechen;
2. Von allen im § 6 angeführten Berufsgruppen:
   a) die von anderen Unternehmern gesondert in Rechnung gestellte Steuer für Lieferungen von Wirtschaftsgütern des Anlagevermögens, der die Abnutzung unterliegen und deren Anschaffungskosten nach den Vorschriften des Einkommensteuerrechtes im Kalenderjahr der Anschaffung nicht in voller Höhe als Betriebsausgaben abgesetzt werden können. Das gleiche gilt sinngemäß für jene Steuern, die von anderen Unternehmern für sonstige Leistungen im Zusammenhang mit der Herstellung eines abnutzbaren Wirtschaftsgutes des Anlagevermögens, dessen Herstellungskosten nach den Vorschriften des Einkommensteuerrechtes im Kalenderjahr der Herstellung nicht in voller Höhe als Betriebsausgabe abgesetzt werden können, gesondert in Rechnung gestellt wird;
   b) die entrichtete Einfuhrumsatzsteuer für Einfuhren, die den unter lit. a bezeichneten Lieferungen entsprechen.

§ 8. (1) Bei Mischbetrieben (z.B. Tischlerei und Möbelhandel, Bäcker und Zuckerbäcker) ist der Durchschnittssatz für jene Berufsgruppe heranzuziehen, deren Anteil am Umsatz im Sinne des § 5 Abs. 2 überwiegt. Der Unternehmer ist jedoch berechtigt, bei entsprechender Trennung der Umsätze den für die einzelne Berufsgruppe vorgesehenen Durchschnittssatz in Anspruch zu nehmen; die Trennung der Umsätze kann auch unter sinngemäßer Anwendung des § 18 Abs. 7 des Umsatzsteuergesetzes 1972 erfolgen.

(2) Werden bei Mischbetrieben Umsätze überwiegend in einer nicht im § 6 angeführten Berufsgruppe bewirkt, so ist die Ermittlung der abziehbaren Vorsteuer nach einem Durchschnittssatz grundsätzlich ausgeschlossen. Überwiegen hingegen die Umsätze in einer im § 6 angeführten Berufsgruppe, so ist die Anwendung eines Durchschnittssatzes insoweit möglich, als die Umsätze auf diese im § 6 angeführte Berufsgruppe entfallen. Die Trennung der Umsätze nach den einzelnen Berufsgruppen kann auch unter sinngemäßer Anwendung des § 18 Abs. 7 des Umsatzsteuergesetzes 1972 vorgenommen werden.

(3) Bei einem Handelsbetrieb, der nach § 6 zu einer der Sektion Handel zugehörigen Berufsgruppe zählt, ist die Ermittlung der abziehbaren Vorsteuer nach einem Durchschnittssatz nur dann ausgeschlossen, wenn die Umsätze im Großhandel sowie allfällige Handelsumsätze vom im § 6 nicht angeführten Handelszweigen überwiegen.

3. Abschnitt
Gemeinnützige Einrichtungen

§ 9. (1) Körperschaften, Personenvereinigungen und Vermögensmassen, die gemeinnützigen, mildtätigen oder kirchlichen Zwecken dienen (§§ 34 bis 38 der Bundesabgabenordnung), können für Ferienaktionen für Kinder und Jugendliche, Tagesmütteraktionen die nach § 12 des Umsatzsteuergesetzes 1972 abziehbaren Vorsteuerbeträge mit einem Durchschnittssatz von 10 v.H. des aus der Tätigkeit der genannten Betriebe erzielten Umsatzes (§ 1 Abs. 1 Z 1 und 2 des Umsatzsteuergesetzes 1972) berechnen, wenn sie für keine der in den genannten Betrieben erbrachten Leistungen eine

Rechnung im Sinne des § 11 des Umsatzsteuergesetzes 1972 ausstellen.

(2) Der Durchschnittssatz gilt nicht für Vorsteuern im Zusammenhang mit Leistungen, die im Rahmen eines land- und forstwirtschaftlichen Betriebes, eines Gewerbebetriebes oder eines wirtschaftlichen Geschäftsbetriebes im Sinne des § 45 Abs. 3 der Bundesabgabenordnung ausgeführt werden.

(3) Betriebe, für welche die Vorsteuern nach dem im Abs. 1 genannten Durchschnittssatz ermittelt werden, gelten als gesondert geführte Betriebe im Sinne des § 12 Abs. 7 des Umsatzsteuergesetzes 1972.

(4) Mit dem Durchschnittssatz werden sämtliche Vorsteuern abgegolten, die mit den im Abs. 1 bezeichneten Leistungen (einschließlich der Vorsteuern für Bauleistungen) zusammenhängen.

4. Abschnitt
Aufzeichnungspflichten und Geltungsbereich

§ 10. Wird die abziehbare Vorsteuer nach einem Durchschnittssatz berechnet, so ist der Unternehmer insoweit von der Aufzeichnungspflicht gemäß § 18 Abs. 2 Z 4 und 5 des Umsatzsteuergesetzes 1972 befreit.

§ 11. (1) Diese Verordnung tritt mit 1. Jänner 1984 in Kraft und ist erstmals auf Vorsteuerbeträge anzuwenden, die gemäß § 20 Abs. 2 des Umsatzsteuergesetzes 1972 in das Kalenderjahr 1984 fallen. Die Verordnung vom 3. Dezember 1980, BGBl. Nr. 576, in der Fassung der Verordnung vom 4. Dezember 1981, BGBl. Nr. 547, ist auf Vorsteuerbeträge, die nach dem 31. Dezember 1983 anfallen, nicht mehr anzuwenden.

(2) § 2 in der Fassung der Verordnung BGBl. II Nr. 416/2001 ist erstmals bei der Veranlagung für das Kalenderjahr 2002 anzuwenden.

4/3/14. VO zu § 14 Abs. 1 Z 2:
PferdePauschV

BGBl II 2014/48 idF BGBl II 2020/247

Verordnung des Bundesministers für Finanzen über die Aufstellung eines Durchschnittssatzes für die Ermittlung der abziehbaren Vorsteuerbeträge bei Umsätzen aus dem Einstellen von fremden Pferden (PferdePauschV)

Aufgrund des § 14 Abs. 1 Z 2 iVm § 14 Abs. 2 des Umsatzsteuergesetzes 1994, BGBl. Nr. 663/1994, zuletzt geändert durch das Bundesgesetz BGBl. I Nr. 13/2014, wird verordnet:

§ 1. Unternehmer, die weder buchführungspflichtig sind noch freiwillig Bücher führen, können die mit Umsätzen im Sinne des § 2 Abs. 1 zusammenhängenden Vorsteuerbeträge, die gemäß § 12 und Art. 12 des Umsatzsteuergesetzes 1994 abziehbar sind, ausgenommen solcher des § 2 Abs. 2, nach dem Durchschnittssatz gemäß § 3 berechnen.

§ 1a. Bei Unternehmern, deren Umsätze gemäß § 2 Abs. 1 ertragsteuerlich zu Einkünften gemäß § 21 des Einkommensteuergesetzes 1988, BGBl. Nr. 400/1988 in der Fassung des Bundesgesetzes BGBl. I Nr. 13/2014, führen, ist die Verordnung nur anwendbar, wenn eine Umsatzgrenze von 400.000 Euro nicht überschritten wird. Für die Ermittlung dieser Umsatzgrenze und für den Zeitpunkt des Eintritts der aus Über- oder Unterschreiten der Umsatzgrenze resultierenden umsatzsteuerlichen Folgen ist § 125 der Bundesabgabenordnung, BGBl. Nr. 194/1961 in der Fassung des Bundesgesetzes BGBl. I Nr. 40/2014, sinngemäß anzuwenden.

§ 2. (1) Ungeachtet der ertragsteuerlichen Beurteilung, sind Umsätze im Sinne des § 1 solche aus dem Einstellen fremder Pferde (Pensionshaltung von Pferden), die von ihren Eigentümern zur Ausübung von Freizeitsport, selbständigen oder gewerblichen, nicht land- und forstwirtschaftlichen Zwecken genutzt werden. Die Pensionshaltung von Pferden muss zumindest die Grundversorgung der Pferde (Unterbringung, Zurverfügungstellung von Futter und Mistentsorgung oder -verbringung) abdecken und umfasst neben der Grundversorgung sämtliche im Rahmen der Pensionshaltung von Pferden erbrachten Lieferungen und sonstige Leistungen (z. B. Pflege).

(2) Vorsteuerbeträge aus der Lieferung von ertragsteuerlich als Anschaffungs- oder Herstellungskosten zu qualifizierendem unbeweglichen Anlagevermögen, insoweit dieses der Pensionshaltung von Pferden dient, sind bei Vorliegen der Voraussetzungen des § 12 Umsatzsteuergesetz 1994 gesondert abziehbar.

§ 3. Der Durchschnittssatz pro eingestelltem Pferd und Monat beträgt 27 Euro. Ist das Pferd nicht den ganzen Monat eingestellt, ist der Durchschnittssatz aliquot zu kürzen.

(BGBl II 2020/247)

§ 4. Soweit die abziehbaren Vorsteuerbeträge nach dem Durchschnittssatz berechnet werden,

4/3/15. UStG
Sorgfaltspflichten-UStV

ist der Unternehmer von der Aufzeichnungspflicht gemäß § 18 Abs. 2 Z 5 und 6 Umsatzsteuergesetz 1994 befreit.

§ 5. (1) Diese Verordnung ist erstmals bei der Veranlagung für das Kalenderjahr 2014 anzuwenden.

(2) § 1a in der Fassung der Verordnung BGBl. II Nr. 159/2014 ist erstmals bei der Veranlagung für das Kalenderjahr 2015 anzuwenden.

(3) § 3 in der Fassung der Verordnung BGBl. II Nr. 247/2020 ist erstmals auf Voranmeldungszeiträume anzuwenden, die nach dem 31. März 2020 beginnen.

(BGBl II 2020/247)

4/3/15. VO zu § 18 Abs. 11 und § 27 Abs. 1:
Sorgfaltspflichten-UStV

BGBl II 2019/315 idF BGBl II 2021/6

Verordnung des Bundesministers für Finanzen, mit der Aufzeichnungs- und Sorgfaltspflichten im Bereich des E-Commerce und des Versandhandels bestimmt werden (Sorgfaltspflichten-Umsatzsteuerverordnung – Sorgfaltspflichten-UStV)

Aufgrund des § 18 Abs. 11 und des § 27 Abs. 1 des Umsatzsteuergesetzes 1994, BGBl. I Nr. 663/1994, zuletzt geändert durch das Bundesgesetz BGBl. I Nr. 104/2019, wird verordnet:

Beteiligte Unternehmer

§ 1. Als Unternehmer, die gemäß § 27 Abs. 1 Z 2 Umsatzsteuergesetz 1994 (UStG 1994) an einem innergemeinschaftlichen Versandhandel oder einem Einfuhr-Versandhandel beteiligt sind, gelten:

1. Unternehmer, die über eine elektronische Schnittstelle potentielle Kunden in den Webshop oder auf die Website des Lieferanten leiten, wenn die Höhe des Entgelts, das sie dafür vom Lieferanten erhalten zumindest teilweise vom Zustandekommen und der Höhe des Umsatzes des Lieferanten abhängt und diese Umsätze der Lieferanten insgesamt 1.000.000 Euro im Kalenderjahr übersteigen.

§ 2. Als Unternehmer, die gemäß § 27 Abs. 1 Z 3 UStG 1994 an einer sonstigen Leistung an einen Nichtunternehmer, die durch die Nutzung einer elektronischen Schnittstelle, beispielsweise eines Marktplatzes, einer Plattform, eines Portals oder Ähnlichem unterstützt oder angebahnt wird, beteiligt sind, gelten:

1. Unternehmer, die über eine elektronische Schnittstelle potentielle Kunden in den Webshop oder auf die Website des Leistungserbringers leiten, wenn die Höhe des Entgelts, das sie dafür vom Leistungserbringer erhalten zumindest teilweise vom Zustandekommen und der Höhe des Umsatzes des Leistungserbringers abhängt und diese Umsätze der Leistungserbringer insgesamt 1.000.000 Euro im Kalenderjahr übersteigen.

Ausreichende Sorgfalt

§ 3. Folgende Unternehmer können nicht mit ausreichender Sorgfalt gemäß § 27 Abs. 1 UStG 1994 davon ausgehen, dass der Steuerpflichtige seinen abgabenrechtlichen Pflichten nachkommt:

1. Unternehmer gemäß § 27 Abs. 1 Z 1 UStG 1994, bei denen der Gesamtwert der Umsätze, für die eine Aufzeichnungspflicht besteht und der Umsätze nach § 3 Abs. 3a UStG 1994 insgesamt 1.000.000 Euro im Kalenderjahr übersteigt:

    a) wenn der Unternehmer seinen Aufzeichnungsverpflichtungen nach § 18 Abs. 11 UStG 1994 nicht nachkommt oder die

Aufzeichnungen nicht rechtzeitig gemäß § 18 Abs. 12 UStG 1994 dem zuständigen Finanzamt zur Verfügung stellt;

b) wenn eine Person sonstige Leistungen im Inland erbringt, für die der Unternehmer eine Aufzeichnungspflicht gemäß § 18 Abs. 11 UStG 1994 hat, der Gesamtbetrag der Entgelte für diese sonstigen Leistungen 35.000 Euro im Kalenderjahr übersteigt und diese Person dem Unternehmer
  – weder eine inländische Umsatzsteuer-Identifikationsnummer mitgeteilt hat,
  – noch Informationen über den Mitgliedstaat, in dem die Sonderregelung gemäß Art. 369a bis 369k der Richtlinie 2006/112/EG in Anspruch genommen wird samt UmsatzsteuerIdentifikationsnummer aus diesem Mitgliedstaat, mitgeteilt hat,
  – noch andere Nachweise erbringt, dass er seinen steuerlichen Verpflichtungen nachkommt.

c) wenn eine Person Lieferungen von Gegenständen ausführt, für die der Unternehmer eine Aufzeichnungspflicht gemäß § 18 Abs. 11 UStG 1994 hat, der Gesamtbetrag der Entgelte für diese Lieferungen 10.000 Euro im Kalenderjahr übersteigt und diese Person dem Unternehmer
  – weder eine inländische Umsatzsteuer-Identifikationsnummer mitgeteilt hat,
  – noch Informationen über den Mitgliedstaat, in dem die Sonderregelung gemäß Art. 369a bis 369k oder Art. 369l bis 369x der Richtlinie 2006/112/EG in Anspruch genommen wird samt Umsatzsteuer-Identifikationsnummer oder Identifikationsnummer gemäß Art. 369q der Richtlinie 2006/112/EG aus diesem Mitgliedstaat, mitgeteilt hat,
  – noch andere Nachweise erbringt, dass er seinen steuerlichen Verpflichtungen nachkommt.

2. Unternehmer gemäß § 1 Z 1 und § 2 Z 1, wenn der Gesamtbetrag der Entgelte für Lieferungen eines Lieferanten an Personen, die eine österreichische Internet-Protokoll-Adresse (IP-Adresse) haben und in den Webshop oder auf die Website des Lieferanten geleitet werden, 10.000 Euro im Kalenderjahr übersteigt und der Lieferant dem Unternehmer
  – weder eine inländische Umsatzsteuer-Identifikationsnummer mitgeteilt hat,
  – noch Informationen über den Mitgliedstaat, in dem die Sonderregelung gemäß Art. 369a bis 369k oder Art. 369l

bis 369x der Richtlinie 2006/112/EG in Anspruch genommen wird samt Umsatzsteuer-Identifikationsnummer oder Identifikationsnummer gemäß Art. 369q der Richtlinie 2006/112/EG aus diesem Mitgliedstaat, mitgeteilt hat,
  – noch andere Nachweise erbringt, dass er seinen steuerlichen Verpflichtungen nachkommt.

Dies gilt sinngemäß für sonstige Leistungen, wobei der maßgebliche Gesamtbetrag 35.000 Euro im Kalenderjahr ist.

Aufzeichnungspflichten

§ 4. Die Aufzeichnungen nach § 18 Abs. 11 UStG 1994 müssen jedenfalls folgende Informationen enthalten:
1. Name, Postadresse und E-Mail-, Website- oder andere elektronische Adresse des Lieferanten oder Erbringers der sonstigen Leistung;
2. Mehrwertsteuer-Identifikationsnummer oder nationale Steuernummer des Lieferanten oder Erbringers der sonstigen Leistung, falls erhältlich;
3. Bankverbindung oder Nummer des virtuellen Kontos des Lieferanten oder Erbringers der sonstigen Leistung, falls erhältlich;
4. im Fall einer Lieferung
  a) eine Beschreibung der Gegenstände,
  b) das dafür bezahlte Entgelt bzw. den Wert der Gegenstände,
  c) der Ort an dem die Beförderung oder Versendung endet,
  d) der Zeitpunkt, an dem die Lieferung ausgeführt wird oder, falls nicht vorhanden, der Zeitpunkt der Bestellung und
  e) falls erhältlich, eine einmalig vergebene Transaktionsnummer;
5. im Fall einer sonstigen Leistung
  a) eine Beschreibung der sonstigen Leistung,
  b) das dafür bezahlte Entgelt bzw. deren Wert,
  c) die Informationen zur Feststellung des Ortes der sonstigen Leistung,
  d) der Zeitpunkt, an dem die sonstige Leistung ausgeführt wird oder, falls nicht vorhanden, der Zeitpunkt der Bestellung und
  e) falls erhältlich, eine einmalig vergebene Transaktionsnummer.

§ 5. Unterstützt ein Unternehmer die Vermietung von Grundstücken für Wohn- oder Campingzwecke oder die Beherbergung in eingerichteten Wohn- und Schlafräumen gilt folgendes:
1. die Beschreibung der sonstigen Leistung gemäß § 4 Z 5 lit. a hat jedenfalls die Aufenthalts- bzw. Mietdauer und die Anzahl der Personen, die übernachten oder, falls nicht

4/3/16. UStG
Datenübermittlung

erhältlich, die Anzahl und Art der gebuchten Betten zu enthalten;

2. die Informationen zur Feststellung des Ortes der sonstigen Leistung gemäß § 4 Z 5 lit. c haben jedenfalls die Postadresse des Grundstückes zu enthalten.

Übergangsvorschriften
§ 6.
1. Die Verordnung ist auf Umsätze anzuwenden, die nach dem 31. Dezember 2019 ausgeführt werden.
2. Abweichend von Z 1 sind § 1, § 2 und § 3 Z 1 lit. c und Z 2 auf Umsätze anzuwenden, die nach dem 30. Juni 2021 ausgeführt werden.

(BGBl II 2021/6)

4/3/16. VO zu § 18a Abs. 8 Z 5:
VO elektronische Übermittlung von Aufzeichnungen

BGBl II 2023/265

Verordnung des Bundesministers für Finanzen über die elektronische Übermittlung von Aufzeichnungen gemäß § 18a des Umsatzsteuergesetzes 1994

Auf Grund des § 18a Abs. 8 Z 5 des Umsatzsteuergesetzes 1994 – UStG 1994, BGBl. Nr. 663/1994, zuletzt geändert durch das Bundesgesetz BGBl. I Nr. 110/2023, und der §§ 86a sowie 97 Abs. 3 der Bundesabgabenordnung – BAO, BGBl. Nr. 194/1961, zuletzt geändert durch das Bundesgesetz BGBl. I Nr. 110/2023, wird verordnet:

§ 1. Gemäß § 18a Umsatzsteuergesetz 1994 – UStG 1994, BGBl. Nr. 663/1994, zur Führung, Übermittlung und Aufbewahrung von Aufzeichnungen verpflichtete Zahlungsdienstleister bzw. deren Parteienvertreter (§ 2 Abs. 2 FinanzOnline-Verordnung 2006 – FOnV 2006, BGBl. II Nr. 97/2006) haben die elektronische Übermittlung bzw. Zurverfügungstellung von Aufzeichnungen gemäß § 18a Abs. 7 UStG 1994 nach der FOnV 2006 im CESOP-Portal in Finanz-Online (https://finanzonline.bmf.gv.at/fon/) im Weg eines Webservices bzw. mittels manuellen Hochladens durchzuführen.

§ 2. Die Übermittlung bzw. Zurverfügungstellung von Aufzeichnungen gemäß § 18a Abs. 7 UStG 1994 im Wege des Onlineverfahrens kann unter Verwendung einer Übermittlungsstelle erfolgen. Bedient sich ein Zahlungsdienstleister einer Übermittlungsstelle, hat diese die elektronische Übermittlung im CESOP-Portal in Finanz-Online im Weg eines Webservices bzw. mittels manuellen Hochladens durchzuführen.

§ 3. Soweit in dieser Verordnung auf andere Rechtsvorschriften verwiesen wird, sind diese in ihrer jeweils geltenden Fassung anzuwenden.

§ 4. Die Verordnung tritt am 1. Jänner 2024 in Kraft.

4/3/17. VO zu § 19 Abs. 1d:

Schrott-UStV

BGBl II 2007/129 idF BGBl II 2012/320

Verordnung des Bundesministers für Finanzen betreffend die Umsätze von Abfallstoffen, für die die Steuerschuld auf den Leistungsempfänger übergeht (Schrott-Umsatzsteuerverordnung – Schrott-UStV)

Auf Grund des § 19 Abs. 1d des Umsatzsteuergesetzes 1994, BGBl. Nr. 663/1994, zuletzt geändert durch das Bundesgesetz BGBl. I Nr. 24/2007, wird verordnet:

§ 1. Bei den im § 2 angeführten Umsätzen wird die Steuer vom Leistungsempfänger geschuldet, wenn dieser Unternehmer ist. Der leistende Unternehmer haftet für diese Steuer.

§ 2. Es handelt sich um folgende Umsätze:
1. Die Lieferung der in der Anlage aufgezählten Gegenstände.
2. Die sonstigen Leistungen in Form des Sortierens, Zerschneidens, Zerteilens (einschließlich der Demontage) und des Pressens der in der Z 3 sowie in der Anlage zu Z 1 genannten Gegenstände.
3. Die Lieferung von Bruchgold, das offensichtlich nicht mehr dem ursprünglichen Zweck entsprechend wieder verwendet werden soll, sowie die Lieferung von aus solchem Bruchgold hergestellten Barren oder Granulaten. Dies gilt sinngemäß auch für andere Edelmetalle.

Unter Bruchgold ist jeglicher Goldschmuck sowie sonstige Objekte aus Gold, die zerbrochen, zerstört oder beschädigt sind und somit nicht mehr für ihren ursprünglichen Zweck verwendet werden können, zu verstehen, wie beispielsweise alte Ketten, Ringe und andere nicht mehr getragene Schmuckgegenstände, Besteck, Münzen, goldene Federspitzen, defekte Goldbarren, aber auch Zahngoldabfälle (Dentallegierungen) oder sonstige Edelmetallreste in jeder Form.

§ 3. Unter § 2 Z 1 fällt auch die Lieferung von Zusammensetzungen (Mischungen) aus den in der Anlage zu § 2 Z 1 genannten Gegenständen oder in Verbindung mit anderen Gegenständen (zB Verbundstoffe), wenn das Entgelt überwiegend für die in der Anlage zu § 2 Z 1 genannten Gegenstände geleistet wird. Dasselbe gilt für die Lieferung der genannten Gegenstände, nachdem sie gereinigt, sortiert, geschnitten, fragmentiert oder gepresst wurden.

§ 4. (1) Die Verordnung ist auf Umsätze anzuwenden, die nach dem 30. Juni 2007 ausgeführt werden.

(2) § 2 Z 2 und 3 in der Fassung der Verordnung BGBl. II Nr. 320/2012 ist auf Umsätze anzuwenden, die nach dem 30. September 2012 ausgeführt werden.

Anlage (zu § 2 Z 1)

Nr.	Bezeichnung der Gegenstände	Position der Kombinierten Nomenklatur
1.	Granulierte Schlacke (Schlackensand) aus der Eisen- und Stahlherstellung	2618 00 00
2.	Schlacken (ausgenommen granulierte Schlacke), Zunder und andere Abfälle der Eisen- und Stahlherstellung	2619 00
3.	Schlacken, Aschen und Rückstände (ausgenommen solche der Eisen- und Stahlherstellung), die Metalle, Arsen oder deren Verbindungen enthalten	2620
4.	Abfälle, Schnitzel und Bruch von Kunststoffen	3915
5.	Abfälle, Bruch und Schnitzel von Weichkautschuk, auch zu Pulver oder Granulat zerkleinert	4004 00 00
6.	Papier oder Pappe (Abfälle und Ausschuss) zur Wiedergewinnung	4707
7.	Lumpen, aus Spinnstoffen; Bindfäden, Seile, Taue und Waren daraus, aus Spinnstoffen, in Form von Abfällen oder unbrauchbar gewordenen Waren	6310
8.	Bruchglas und andere Abfälle und Scherben von Glas	7001 00 10
9.	Abfälle und Schrott von Edelmetallen oder Edelmetallplattierungen; andere Abfälle und Schrott, Edelmetalle oder Edelmetallverbindungen enthaltend, von der hauptsächlich zur Wiedergewinnung von Edelmetallen verwendeten Art	7112
10.	Abfälle und Schrott aus Eisen oder Stahl; Abfallblöcke aus Eisen oder Stahl	7204
11.	Abfälle und Schrott aus Kupfer	7404 00
12.	Abfälle und Schrott aus Nickel	7503 00
13.	Abfälle und Schrott aus Aluminium	7602 00
14.	Abfälle und Schrott aus Blei	7802 00 00
15.	Abfälle und Schrott aus Zink	7902 00 00

4/3/17. UStG
Schrott-UStV

16.	Abfälle und Schrott aus Zinn	8002 00 00
17.	Abfälle und Schrott aus Wolfram	8101 97 00
18.	Abfälle und Schrott aus Molybdän	8102 97 00
19.	Abfälle und Schrott aus Tantal	8103 30 00
20.	Abfälle und Schrott aus Magnesium	8104 20 00
21.	Abfälle und Schrott aus Cobalt	8105 30 00
22.	Abfälle und Schrott aus Bismut	ex 8106 00 10
23.	Abfälle und Schrott aus Cadmium	8107 30 00
24.	Abfälle und Schrott aus Titan	8108 30 00
25.	Abfälle und Schrott aus Zirconium	8109 30 00
26.	Abfälle und Schrott aus Antimon	8110 20 00
27.	Abfälle und Schrott aus Mangan	8111 00 19
28.	Abfälle und Schrott aus Beryllium	8112 13 00
29.	Abfälle und Schrott aus Chrom	8112 22 00
30.	Abfälle und Schrott aus Thallium	8112 52 00
31.	Abfälle und Schrott aus Niob (Columbium), Rhenium, Gallium, Indium, Vanadium und Germanium	8112 92 21
32.	Abfälle und Schrott aus Cermets	8113 00 40
33.	Abfälle und Schrott von elektrischen Primärelementen, Primärbatterien und Akkumulatoren; ausgebrauchte elektrische Primärelemente, Primärbatterien und Akkumulatoren	8548 10

4/3/18. VO zu § 19 Abs. 1d:

UStBBKV

BGBl II 2013/369 idF BGBl II 2014/120

Verordnung der Bundesministerin für Finanzen betreffend Umsätze, für welche die Steuerschuld zur Bekämpfung des Umsatzsteuerbetrugs auf den Leistungsempfänger übergeht (Umsatzsteuerbetrugsbekämpfungsverordnung – UStBBKV)

Aufgrund des § 19 Abs. 1d des Umsatzsteuergesetzes 1994, BGBl. Nr. 663/1994, zuletzt geändert durch das Bundesgesetz BGBl. I Nr. 63/2013, wird verordnet:

§ 1. Bei den in § 2 angeführten Umsätzen wird die Umsatzsteuer vom Leistungsempfänger geschuldet, wenn dieser Unternehmer ist. Der leistende Unternehmer haftet für diese Steuer.

§ 2. Dies gilt für folgende Umsätze:
1. Lieferungen von Videospielkonsolen (aus Position 9504 der Kombinierten Nomenklatur), Laptops und Tablet-Computern (aus Unterposition 8471 30 00 der Kombinierten Nomenklatur), wenn das in der Rechnung ausgewiesene Entgelt mindestens 5 000 Euro beträgt.
2. Lieferungen von Gas und Elektrizität an einen Unternehmer, dessen Haupttätigkeit in Bezug auf den Erwerb dieser Gegenstände in deren Weiterlieferung besteht und dessen eigener Verbrauch dieser Gegenstände von untergeordneter Bedeutung ist.
3. Übertragungen von Gas- und Elektrizitätszertifikaten.
4. a) Lieferungen von Metallen aus Kapitel 71 und aus Abschnitt XV der Kombinierten Nomenklatur. Ausgenommen hiervon sind:
    – Die Lieferungen von Metallen aus den Positionen 7113 bis 7118, Kapitel 73, Positionen 7411 bis 7419, 7507, 7508, 7608, Unterposition 7609 00 00 bis Position 7616, Unterpositionen 7806 00, 7907 00 00, 8007 00 80, 8101 99 90, 8102 99 00, 8103 90 90, 8104 90 00, 8105 90 00, 8106 00 90, 8107 90 00, 8108 90 60, 8108 90 90, 8109 90 00, 8110 90 00, 8111 00 90, 8112 19 00, 8112 29 00, 8112 59 00, 8112 99, Unterposition 8113 00 90, Kapitel 82 und 83 der Kombinierten Nomenklatur.
    – Die Lieferungen von Metallen, die unter die Schrott-Umsatzsteuerverordnung, BGBl. II Nr. 129/2007 fallen.
    – Die Lieferungen von Metallen, für die die Differenzbesteuerung nach § 24 UStG 1994 angewendet wird.
   b) Beträgt das in der Rechnung ausgewiesene Entgelt weniger als 5 000 Euro, kann der liefernde Unternehmer auf die Anwendung des § 1 in Verbindung mit § 2 Z 4 lit. a verzichten. Steuerschuldner ist in diesen Fällen der liefernde Unternehmer.
5. Steuerpflichtige Lieferungen von Anlagegold im Sinne des § 24a Abs. 5 und Abs. 6 UStG 1994.

§ 3. (1) Die Verordnung ist auf Umsätze anzuwenden, die nach dem 31. Dezember 2013 ausgeführt werden.

(2) § 2 Z 4 in der Fassung der Verordnung BGBl. II Nr. 120/2014 ist auf Umsätze anzuwenden, die nach dem 31. Dezember 2013 ausgeführt werden.

4/3/19., 20. UStG
Voranmeldung, Vorsteuern

4/3/19. VO zu § 21 Abs. 1:

Voranmeldung

BGBl II 1998/206 idF BGBl II 2019/313

Verordnung des Bundesministers für Finanzen betreffend die Abstandnahme von der Verpflichtung zur Abgabe von Voranmeldungen

Auf Grund des § 21 Abs. 1 zweiter Unterabsatz des Umsatzsteuergesetzes 1994, BGBl. Nr. 663, in der Fassung des Bundesgesetzes BGBl. I Nr. 79/1998 wird verordnet:

§ 1. Wird die nach Maßgabe der gesetzlichen Bestimmungen (§ 21 Abs. 1 UStG 1994) errechnete Vorauszahlung zur Gänze spätestens am Fälligkeitstag entrichtet oder ergibt sich für einen Voranmeldungszeitraum keine Vorauszahlung, so entfällt für Unternehmer, deren Umsätze gemäß § 1 Abs. 1 Z 1 und 2 UStG 1994 im vorangegangenen Kalenderjahr 35 000 Euro nicht überstiegen haben, die Verpflichtung zur Einreichung der Voranmeldung. Bei dieser Umsatzgrenze bleiben Umsätze, die nach § 6 Abs. 1 Z 7 bis 28 UStG 1994 steuerfrei sind, außer Ansatz.

(BGBl II 2019/313)

§ 2. Unternehmer, die Vorauszahlungen nicht vorschriftsmäßig entrichtet, Überschüsse nicht vorschriftsmäßig vorangemeldet oder die Aufzeichnungspflichten nicht erfüllt haben, können abweichend von § 1 vom Finanzamt zur Einreichung von Voranmeldungen aufgefordert werden.

§ 3. Die Verordnung ist erstmals auf Voranmeldungszeiträume anzuwenden, die nach dem 30. Juni 1998 beginnen.

§ 4. (1) § 1 in der Fassung der Verordnung BGBl. II Nr. 462/2002 ist erstmals auf Voranmeldungszeiträume anzuwenden, die nach dem 31. Dezember 2002 beginnen.

(2) § 1 in der Fassung der Verordnung BGBl. II Nr. 171/2010 ist erstmals auf Voranmeldungszeiträume anzuwenden, die nach dem 31. Dezember 2010 beginnen.

(3) § 1 in der Fassung der Verordnung BGBl. II Nr. 313/2019 ist erstmals auf Voranmeldungszeiträume anzuwenden, die nach dem 31. Dezember 2019 beginnen.

(BGBl II 2019/313)

4/3/20. VO zu § 21 Abs. 9:

Vorsteuern

BGBl 1995/279 idF BGBl II 2021/16

Verordnung des Bundesministers für Finanzen, mit der ein eigenes Verfahren für die Erstattung der abziehbaren Vorsteuern an ausländische Unternehmer geschaffen wird

Auf Grund des § 21 Abs. 9 UStG 1994, BGBl. Nr. 663/1994, in der Fassung BGBl. Nr. 21/1995 wird verordnet:

Artikel I
Erstattung der Vorsteuerbeträge in einem besonderen Verfahren

Berechtigte Unternehmer

§ 1. (1) Die Erstattung der abziehbaren Vorsteuerbeträge an nicht im Inland ansässige Unternehmer, das sind solche, die im Inland weder ihren Sitz noch eine Betriebsstätte haben, ist abweichend von den §§ 20 und 21 Abs. 1 bis 5 UStG 1994 nach Maßgabe der §§ 2, 3 und 3a durchzuführen, wenn der Unternehmer im Erstattungszeitraum

1. keine Umsätze im Sinne des § 1 Abs. 1 Z 1 und 2 und Art. 1 UStG 1994 oder
2. nur steuerfreie Umsätze im Sinne des § 6 Abs. 1 Z 3 UStG 1994 oder
3. nur Umsätze, bei denen die Steuerschuld auf den Leistungsempfänger übergeht (§ 19 Abs. 1 zweiter Unterabsatz UStG 1994) oder
4. im Inland Umsätze, die unter eine Sonderregelung gemäß § 25a, Art. 25a, § 25b UStG 1994 oder eine Regelung gemäß Art. 358 bis 369k der Richtlinie 2006/112/EG in einem anderen Mitgliedstaat fallen,

(BGBl II 2020/579)

ausgeführt hat.

(2) Abs. 1 gilt nicht für Vorsteuerbeträge, die anderen als den in Abs. 1 bezeichneten Umsätzen im Inland zuzurechnen sind.

Erstattungszeitraum

§ 2. Erstattungszeitraum ist nach der Wahl des Unternehmers ein Zeitraum von mindestens drei Monaten bis zu höchstens einem Kalenderjahr. Der Erstattungszeitraum kann weniger als drei Monate umfassen, wenn es sich um den restlichen Zeitraum des Kalenderjahres handelt. In dem Antrag für diesen Zeitraum können auch abziehbare Vorsteuerbeträge aufgenommen werden, die in vorangegangene Erstattungszeiträume des betreffenden Kalenderjahres fallen.

Erstattungsverfahren für im übrigen Gemeinschaftsgebiet ansässige Unternehmer

§ 3. (1) Der im übrigen Gemeinschaftsgebiet ansässige Unternehmer hat den Erstattungsantrag auf elektronischem Weg über das in dem Mitgliedstaat, in dem er ansässig ist, eingerichtete elektronische

Portal zu übermitteln. Der Antrag ist vorbehaltlich des § 28 Abs. 53 Z 1 und 2 UStG 1994 binnen neun Monaten nach Ablauf des Kalenderjahres zu stellen, in dem der Erstattungsanspruch entstanden ist. In dem Antrag hat der Unternehmer den zu erstattenden Betrag selbst zu berechnen. Der Erstattungsantrag gilt nur dann als vorgelegt, wenn er alle in den Art. 8, 9 und 11 der Richtlinie 2008/9/EG des Rates vom 12. Februar 2008 zur Regelung der Erstattung der Mehrwertsteuer gemäß der Richtlinie 2006/112/EG[a)] an nicht im Mitgliedstaat der Erstattung, sondern in einem anderen Mitgliedstaat ansässige Steuerpflichtige (ABl. Nr. L 44 S. 23) festgelegten Angaben enthält. Die Abgabenbehörde kann zusätzliche Informationen anfordern, welche auch die Einreichung des Originals oder einer Durchschrift der Rechnung oder des Einfuhrdokumentes umfassen können. Diese Anforderung kann auch mit E-Mail erfolgen. Die Zustellung des E-Mails gilt mit dessen Absendung als bewirkt, ausgenommen der Antragsteller weist nach, dass ihm das E-Mail nicht zugestellt worden ist.

(BGBl II 2021/16)

[a)] Art. 8 bis 11 der RL 2008/9 siehe unmittelbar im Anschluss.

(1a) (aufgehoben)

(BGBl II 2020/579)

(2) Der zu erstattende Betrag muss mindestens 400 Euro betragen. Das gilt nicht, wenn der Erstattungszeitraum das Kalenderjahr oder der letzte Zeitraum eines Kalenderjahres ist. Für diese Erstattungszeiträume muss der zu erstattende Betrag mindestens 50 Euro betragen.

(3) Bescheide im Erstattungsverfahren können elektronisch, über das in dem Mitgliedstaat, in dem der Unternehmer ansässig ist, eingerichtete elektronische Portal, zugestellt werden. Die Zustellung gilt mit dem Einlangen im elektronischen Portal des Mitgliedstaates, in dem der Unternehmer ansässig ist, als bewirkt. Die Zustellung kann auch mit E-Mail erfolgen. Abs. 1 letzter Satz gilt entsprechend.

(BGBl II 2021/16)

(4) Für den zu erstattenden Betrag ist bei Fristversäumnis nach Maßgabe der Abs. 5 bis 11 eine Säumnisabgeltung festzusetzen.

(5) Die Säumnisabgeltung ist festzusetzen, wenn nach Ablauf von vier Monaten und zehn Werktagen nach Eingang des Erstattungsantrages bei der Abgabenbehörde des Erstattungsstaates keine Zahlung des zu erstattenden Betrages erfolgt.

(6) Fordert die Abgabenbehörde zusätzliche Informationen gemäß Abs. 1 an, so besteht der Anspruch auf die Säumnisabgeltung erst mit Ablauf von zehn Werktagen nach Ablauf einer Frist von zwei Monaten ab Entsprechung der Aufforderung. Die Säumnisabgeltung ist diesfalls jedoch frühestens mit Ablauf von zehn Werktagen nach Ablauf einer Frist von sechs Monaten ab Eingang des Erstattungsantrages festzusetzen. Werden weitere zusätzliche Informationen angefordert, so besteht der Anspruch auf Säumnisabgeltung mit Ablauf von zehn Werktagen nach Ablauf einer Frist von acht Monaten ab Eingang des Erstattungsantrages.

(7) Die Zahlung gilt als erfolgt mit Ablauf von zehn Werktagen nach dem Tag der Bekanntgabe des Erstattungsbescheides, es sei denn, der Unternehmer weist nach, dass er den zu erstattenden Betrag später erhalten hat.

(8) Als Zahlung gilt auch die Pfändung des Erstattungsbetrages oder dessen Verwendung zur Tilgung einer fälligen Schuld des Antragstellers gegenüber dem Bund.

(9) Die Höhe der Säumnisabgeltung beträgt für den nicht zeitgerecht erstatteten Abgabenbetrag 2%. Eine zweite Säumnisabgeltung ist festzusetzen, soweit der Abgabenbetrag nicht spätestens drei Monate nach dem Ende der Fristen in Abs. 5 und Abs. 6 erstattet wird. Eine dritte Säumnisabgeltung ist festzusetzen, soweit der Abgabenbetrag nicht spätestens drei Monate nach dem Eintritt der Verpflichtung zur zweiten Säumnisabgeltung erstattet wird. Die zweite und die dritte Säumnisabgeltung betragen jeweils 1% des zum maßgebenden Stichtag nicht erstatteten Abgabenbetrages.

(10) Ein Anspruch auf Säumnisabgeltung besteht nicht, wenn der Unternehmer seiner Mitwirkungspflicht nicht innerhalb einer Frist von einem Monat nach Zugang einer entsprechenden Aufforderung der Abgabenbehörde nachkommt.

(11) Eine Säumnisabgeltung, die den Betrag von 50 Euro nicht erreicht, ist nicht festzusetzen.

Erstattungsverfahren für nicht im Gemeinschaftsgebiet ansässige Unternehmer

§ 3a. (1) Der nicht im Gemeinschaftsgebiet ansässige Unternehmer hat die Erstattung mittels amtlich vorgeschriebenem Vordruck beim Finanzamt Österreich zu beantragen. Der Antrag ist binnen sechs Monaten nach Ablauf des Kalenderjahres zu stellen, in dem der Erstattungsanspruch entstanden ist. In dem Antrag hat der Unternehmer den zu erstattenden Betrag selbst zu berechnen. Dem Erstattungsantrag sind die Rechnungen und die Belege über die entrichtete Einfuhrumsatzsteuer im Original beizufügen.

(BGBl II 2020/579)

(2) Der zu erstattende Betrag muss mindestens 400 Euro betragen. Das gilt nicht, wenn der Erstattungszeitraum das Kalenderjahr oder der letzte Zeitraum eines Kalenderjahres ist. Für diese Erstattungszeiträume muss der zu erstattende Betrag mindestens 50 Euro betragen. Von der Erstattung ausgeschlossen sind die Vorsteuerbeträge, die auf den Bezug von Kraftstoffen entfallen.

(BGBl II 2021/16)

(3) Der Unternehmer muss dem Finanzamt Österreich in den Fällen des § 1 Abs. 1 Z 1 durch behördliche Bescheinigung des Staates, in dem er ansässig ist, nachweisen, dass er als Unternehmer unter einer Steuernummer eingetragen ist.

(BGBl II 2020/579)

4/3/20. UStG
Vorsteuern

Berücksichtigung von Vorsteuerbeträgen, Belegnachweis

§ 4. (1) Ist bei den in § 1 Abs. 1 genannten Unternehmern die Besteuerung nach den §§ 20 und 21 Abs. 1 bis 5 UStG 1994 durchzuführen, so sind hiebei die Vorsteuerbeträge nicht zu berücksichtigen, die nach § 1 Abs. 1 erstattet worden sind.

(2) Die abziehbaren Vorsteuerbeträge sind in den Fällen des Abs. 1 durch Vorlage der Rechnungen und zollamtlichen Belege (Einfuhrumsatzsteuer) im Original nachzuweisen.

Artikel II

(1) Diese Verordnung tritt mit 1. Jänner 1995 in Kraft und ist erstmals auf Vorsteuerbeträge anzuwenden, die in das Kalenderjahr 1995 fallen.

(2) Die Verordnung BGBl. Nr. 882/1993 tritt mit 31. Dezember 1994 außer Kraft.

(3) Art. 1 § 3 Abs. 2 in der Fassung der Verordnung BGBl. II Nr. 416/2001 ist erstmals auf Vorsteuerbeträge anzuwenden, die in das Kalenderjahr 2002 fallen.

(4) Art. I § 1 Abs. 1 Z 5 ist erstmals auf Vorsteuerbeträge anzuwenden, die in Zeiträume nach dem 30. Juni 2003 fallen.

(5) Art. I § 1 Abs. 1, § 3 und § 3a, jeweils in der Fassung der Verordnung BGBl. II Nr. 222/2009, sind erstmals auf Vorsteuererstattungsanträge anzuwenden, die nach dem 31. Dezember 2009 gestellt werden.

(6) Art. I § 1 Abs. 1 in der Fassung der Verordnung BGBl. II Nr. 158/2014 ist erstmals auf Vorsteuerbeträge anzuwenden, die in das Kalenderjahr 2015 fallen.

(7) Art. I § 1 Abs. 1 Z 4 in der Fassung der Verordnung BGBl. II Nr. 579/2020 ist erstmals auf Vorsteuerbeträge anzuwenden, die in das Kalenderjahr 2021 fallen. Art. I § 3a Abs. 1 und 3, jeweils in der Fassung der Verordnung BGBl. II Nr. 579/2020, treten mit 1. Jänner 2021 in Kraft.

(BGBl II 2020/579)

(8) Art. I § 3 Abs. 1 und 3 in der Fassung der Verordnung BGBl. II Nr. 16/2021 ist erstmals auf Vorsteuerbeträge anzuwenden, die in das Kalenderjahr 2021 fallen.

(BGBl II 2021/16)

(9) § 3a Abs. 2 in der Fassung der Verordnung BGBl. II Nr. 16/2021 ist erstmals auf Vorsteuerbeträge anzuwenden, die auf den Bezug von Kraftstoffen nach dem 14. Jänner 2021 entfallen.

(BGBl II 2021/16)

Richtlinie 2008/9/EG zur Regelung der Erstattung der Mehrwertsteuer gemäß der Richtlinie 2006/112/EG (Auszug)

Art. 8 (1) Der Erstattungsantrag muss die folgenden Angaben enthalten:

a) Name und vollständige Anschrift des Antragstellers;
b) eine Adresse für die elektronische Kommunikation;
c) eine Beschreibung der Geschäftstätigkeit des Antragstellers, für die die Gegenstände und Dienstleistungen erworben werden;
d) der Erstattungszeitraum, auf den sich der Antrag bezieht;
e) eine Erklärung des Antragstellers, dass er während des Erstattungszeitraums keine Lieferungen von Gegenständen bewirkt und Dienstleistungen erbracht hat, die als im Mitgliedstaat der Erstattung bewirkt gelten, mit Ausnahme der Umsätze gemäß Artikel 3 Buchstabe b Ziffern i und ii;
f) die Mehrwertsteuer-Identifikationsnummer oder Steuerregisternummer des Antragstellers;
g) seine Bankverbindung (inklusive IBAN und BIC).

(2) Neben den in Absatz 1 genannten Angaben sind in dem Erstattungsantrag für jeden Mitgliedstaat der Erstattung und für jede Rechnung oder jedes Einfuhrdokument folgende Angaben zu machen:

a) Name und vollständige Anschrift des Lieferers oder Dienstleistungserbringers;
b) außer im Falle der Einfuhr die Mehrwertsteuer-Identifikationsnummer des Lieferers oder Dienstleistungserbringers oder die ihm vom Mitgliedstaat der Erstattung zugeteilte Steuerregisternummer im Sinne der Artikel 239 und 240 der Richtlinie 2006/112/EG;
c) außer im Falle der Einfuhr das Präfix des Mitgliedstaats der Erstattung im Sinne des Artikels 215 der Richtlinie 2006/112/EG;
d) Datum und Nummer der Rechnung oder des Einfuhrdokuments;
e) Steuerbemessungsgrundlage und Mehrwertsteuerbetrag in der Währung des Mitgliedstaats der Erstattung;
f) gemäß Artikel 5 und Artikel 6 Absatz 2 berechneter Betrag der abziehbaren Mehrwertsteuer in der Währung des Mitgliedstaats der Erstattung;
g) gegebenenfalls der nach Artikel 6 berechnete und als Prozentsatz ausgedrückte Pro-rata-Satz des Vorsteuerabzugs;
h) Art der erworbenen Gegenstände und Dienstleistungen aufschlüsselt nach den Kennziffern gemäß Artikel 9.

Art. 9 (1) In dem Erstattungsantrag muss die Art der erworbenen Gegenstände und Dienstleistungen nach folgenden Kennziffern aufgeschlüsselt werden:

1	= Kraftstoff;
2	= Vermietung von Beförderungsmitteln;
3	= Ausgaben für Transportmittel (andere als unter Kennziffer 1 oder 2 beschriebene Gegenstände und Dienstleistungen);
4	= Maut und Straßenbenutzungsgebühren;

4/3/21. UStG
Eigenverbrauch

5 = Fahrtkosten wie Taxikosten, Kosten für die Benutzung öffentlicher Verkehrsmittel;
6 = Beherbergung;
7 = Speisen, Getränke und Restaurantdienstleistungen;
8 = Eintrittsgelder für Messen und Ausstellungen;
9 = Luxusausgaben, Ausgaben für Vergnügungen und Repräsentationsaufwendungen;
10 = Sonstiges.

Wird die Kennziffer 10 verwendet, ist die Art der gelieferten Gegenstände und erbrachten Dienstleistungen anzugeben.

(2) Der Mitgliedstaat der Erstattung kann vom Antragsteller verlangen, dass er zusätzliche elektronisch verschlüsselte Angaben zu jeder Kennziffer gemäß Absatz 1 vorlegt, sofern dies aufgrund von Einschränkungen des Rechts auf Vorsteuerabzug gemäß der Richtlinie 2006/112/EG, wie diese im Mitgliedstaat der Erstattung angewendet wird, oder im Hinblick auf die Anwendung einer vom Mitgliedstaat der Erstattung gemäß den Artikeln 395 oder 396 jener Richtlinie gewährten relevanten Ausnahmeregelung erforderlich ist.

Art. 10 Unbeschadet der Informationsersuchen gemäß Artikel 20 kann der Mitgliedstaat der Erstattung verlangen, dass der Antragsteller zusammen mit dem Erstattungsantrag auf elektronischem Wege eine Kopie der Rechnung oder des Einfuhrdokuments einreicht, falls sich die Steuerbemessungsgrundlage auf einer Rechnung oder einem Einfuhrdokument auf mindestens 1000 EUR oder den Gegenwert in der jeweiligen Landeswährung beläuft. Betrifft die Rechnung Kraftstoff, so ist dieser Schwellenwert 250 EUR oder der Gegenwert in der jeweiligen Landeswährung.

Art. 11 Der Mitgliedstaat der Erstattung kann vom Antragsteller verlangen, eine Beschreibung seiner Geschäftstätigkeit anhand der harmonisierten Codes vorzulegen, die gemäß Artikel 34a Absatz 3 Unterabsatz 2 der Verordnung (EG) Nr. 1798/2003 des Rates bestimmt werden.

4/3/21. VO zu § 21 Abs. 10:

Eigenverbrauch

BGBl 1983/628 idF BGBl 1985/499

Verordnung des Bundesministers für Finanzen vom 14. Dezember 1983 über die Aufstellung von Schätzungsrichtlinien für die Ermittlung der Höhe des Eigenverbrauches bei bestimmten Unternehmern und über die Fälligkeit der auf den Eigenverbrauch entfallenden Umsatzsteuer[a)]

[a)] Gilt gem § 28 Abs 5 Z 2 UStG 1994 als auf Grund des UStG 1994 ergangen.

Auf Grund des § 21 Abs. 10 des Umsatzsteuergesetzes 1972, BGBl. Nr. 223, wird verordnet:

§ 1. Soweit die Höhe des Eigenverbrauches eines Unternehmers nicht durch ordnungsgemäß geführte Aufzeichnungen im Sinne des § 18 des Umsatzsteuergesetzes 1972 nachgewiesen wird und auch nicht außergewöhnliche Umstände vorliegen, die eine solchen Umständen entsprechende Ermittlung der Bemessungsgrundlage erforderlich machen, ist bei der Berechnung der Umsatzsteuer für den Eigenverbrauch die Bemessungsgrundlage wie folgt zu ermitteln:

1. a) Für den Eigenverbrauch von Speisen und Getränken im Gast-, Schank- und Beherbergungsgewerbe ist bei voller Verpflegung von jenen Werten auszugehen, welche nach den einkommensteuerrechtlichen Vorschriften für Zwecke des Steuerabzuges vom Arbeitslohn (§ 15 Abs. 2 des Einkommensteuergesetzes 1972) als Sachbezug für Speisen und Getränke (Kost) anzusetzen sind. Werden auch Familienangehörige des Unternehmers voll verpflegt, so erhöht sich der anzusetzende Wert

für den Ehegatten um	80 v.H.
für jedes Kind bis zum 6. Lebensjahr um	30 v.H.
für jedes Kind zwischen dem 6. und 16. Lebensjahr um	40 v.H. und
für jedes Kind ab dem 16. Lebensjahr und für sonstige Personen um	80 v.H.

Bei nur teilweiser Verpflegung können die entsprechenden Anteile der so ermittelten Sachbezugswerte angesetzt werden;

b) von den nach lit. a ermittelten Werten, welche die Umsatzsteuer einschließen, entfallen 85 v.H. auf Speisen und Getränke, die dem ermäßigten Steuersatz gemäß § 10 Abs. 2 des Umsatzsteuergesetzes 1972 und 15 v.H. auf Getränke, die dem Normalsteuersatz gemäß § 10 Abs. 1 des Umsatzsteuergesetzes 1972 unterliegen. Eine Aufteilung dieser Art kann unterbleiben, wenn außer einem ortsüblichen Frühstücksgetränk kein

4/3/22. UStG
Hilfsgüterlieferungen

dem Normalsteuersatz unterliegendes Getränk entnommen wird;

2. soweit ein Unternehmer im Inland einen seinem Unternehmen dienenden Gegenstand für Zwecke verwendet oder verwenden läßt, die außerhalb des Unternehmens liegen, ist als Bemessungsgrundlage für den Eigenverbrauch jener Wert heranzuziehen, der bei der steuerlichen Gewinnermittlung nach den einkommensteuerrechtlichen Vorschriften als Privatentnahme zu berücksichtigen ist.

§ 2. (1) Ist die Bemessungsgrundlage für den Eigenverbrauch nach den Bestimmungen dieser Verordnung zu ermitteln, so entfällt insoweit die Aufzeichnungsverpflichtung gemäß § 18 Abs. 2 Z 2 des Umsatzsteuergesetzes 1972. Die Steuer für den Eigenverbrauch im Sinne des § 1 Z 2 ist erst in der für den letzten Voranmeldungszeitraum eines Veranlagungszeitraumes abzugebenden Voranmeldung zu berechnen; das gleiche gilt für Eigenverbrauchstatbestände gemäß § 1 Abs. 1 Z 2 lit. b des Umsatzsteuergesetzes 1972.

(2) Die Fälligkeit der auf den Eigenverbrauch im Sinne des § 1 Z 2 dieser Verordnung sowie des § 1 Abs. 1 Z 2 lit. b des Umsatzsteuergesetzes 1972 entfallenden Umsatzsteuer wird abweichend von der gesetzlichen Regelung des § 21 Abs. 1 und 2 des Umsatzsteuergesetzes 1972 mit dem 10. Tag des zweiten Monates nach Ablauf des Veranlagungszeitraumes (§ 20 Abs. 1 und 3 des Umsatzsteuergesetzes 1972) bestimmt.

§ 3. (1) Diese Verordnung ist erstmals auf den Veranlagungszeitraum 1984 anzuwenden. Die Verordnung vom 15. Feber 1973, BGBl. Nr. 86, ist letztmals auf den Veranlagungszeitraum 1983 anzuwenden.

4/3/22. VO zu § 28:
Hilfsgüterlieferungen

BGBl 1992/787 idF BGBl 1993/850

Verordnung des Bundesministers für Finanzen für eine Umsatzsteuerentlastung bei Hilfsgüterlieferungen ins Ausland[a]

[a] Nach § 28 Abs 3 Z 5 UStG 1994 nicht außer Kraft getreten.

Auf Grund des § 48 der Bundesabgabenordnung, BGBl. Nr. 194/1961, zuletzt geändert durch das Bundesgesetz BGBl. Nr. 449/1992, wird verordnet:

§ 1. Zur Erzielung einer den Grundsätzen der Gegenseitigkeit entsprechenden Behandlung wird angeordnet, daß nach Maßgabe der in § 3 genannten Erklärung entgeltliche und unentgeltliche Hilfsgüterlieferungen (Eigenverbrauch) im Rahmen von nationalen oder internationalen Hilfsprogrammen in Notstandsfällen mit Bestimmungsort in Staaten, die in § 5 genannt sind, aus der Umsatzsteuerpflicht ausgeschieden werden (nicht steuerbare Umsätze). Diese Sonderregelung gilt für Hilfsgüterlieferungen nur insoweit, als deren widmungsgemäße Verbringung in den begünstigten Staat der Abgabenbehörde nachgewiesen werden kann (Nachweisvorsorgepflicht). Die entgeltliche Lieferung muß an eine Körperschaft des öffentlichen Rechts oder an eine Körperschaft, Personenvereinigung oder Vermögensmasse, die gemeinnützige, mildtätige oder kirchliche Zwecke verfolgt (§§ 34 bis 47 BAO), erbracht werden.

§ 2. Die Ausscheidung aus der Umsatzsteuerpflicht kommt bei entgeltlichen Lieferungen nicht zur Anwendung, wenn der Abnehmer zum Vorsteuerabzug berechtigt ist und eine Umsatzsteuerentlastung des Vorganges im Wege des Vorsteuerabzuges herbeigeführt werden kann.

§ 3. Die Ausscheidung aus der Umsatzsteuerpflicht kann nur in Anspruch genommen werden, wenn dem für die Erhebung der Umsatzsteuer zuständigen Finanzamt vor der Erbringung der Lieferung eine schriftliche Erklärung abgegeben wird, daß dem Abnehmer der Lieferung keine Umsatzsteuer angelastet wird; in der Erklärung sind weiters Art und Menge der nach dieser Verordnung steuerentlastet zu liefernden Hilfsgüter sowie die genaue Bezeichnung und Anschrift des Abnehmers der entgeltlichen Lieferung (§ 1 letzter Satz) anzugeben.

§ 4. Die Umsätze sind auf Grund dieser Verordnung nicht aus der Umsatzsteuerpflicht auszuscheiden, wenn der Steuervorteil nicht den Zwecken der Hilfsaktion zugute kommt.

§ 5. Gegenseitigkeit im Sinn des § 1 besteht im Verhältnis zu folgenden Staaten:

– Albanien
– Armenien
– Aserbaidschan
– Bosnien-Herzegowina
– Estland

- Georgien
- Kasachstan
- Kirgistan
- Kroatien
- Lettland
- Moldawa
- Rumänien
- Russische Föderation
- Slowakei
- Slowenien
- Tadschikistan
- Tschechien
- Türkei
- Turkmenistan
- Ukraine
- Usbekistan und
- Weißrußland.

4/3/23. VO zu Art. 7:

Innergemeinschaftliche Lieferung

BGBl 1996/401 idF BGBl II 2010/172

Verordnung des Bundesministers für Finanzen über den Nachweis der Beförderung oder Versendung und den Buchnachweis bei innergemeinschaftlichen Lieferungen

Auf Grund des Artikels 7 des Umsatzsteuergesetzes 1994, BGBl. Nr. 663/1994, zuletzt geändert durch das Bundesgesetz BGBl. Nr. 201/1996, wird verordnet.

Nachweis der Beförderung oder Versendung bei innergemeinschaftlichen Lieferungen

§ 1. Bei innergemeinschaftlichen Lieferungen (Art. 7 UStG 1994) muß der Unternehmer eindeutig und leicht nachprüfbar nachweisen, daß er oder der Abnehmer den Gegenstand der Lieferung in das übrige Gemeinschaftsgebiet befördert oder versendet hat.

§ 2. In den Fällen, in denen der Unternehmer oder der Abnehmer den Gegenstand der Lieferung in das übrige Gemeinschaftsgebiet befördert, hat der Unternehmer den Nachweis wie folgt zu führen:

1. durch die Durchschrift oder Abschrift der Rechnung (§ 11, Art. 11 UStG 1994),
2. durch einen handelsüblichen Beleg, aus dem sich der Bestimmungsort ergibt, insbesondere Lieferschein, und
3. durch eine Empfangsbestätigung des Abnehmers oder seines Beauftragten oder in den Fällen der Beförderung des Gegenstandes durch den Abnehmer durch eine Erklärung des Abnehmers oder seines Beauftragten, daß er den Gegenstand in das übrige Gemeinschaftsgebiet befördern wird.

§ 3. (1) In den Fällen, in denen der Unternehmer oder der Abnehmer den Gegenstand der Lieferung in das übrige Gemeinschaftsgebiet versendet, hat der Unternehmer den Nachweis wie folgt zu führen:

1. durch die Durchschrift oder Abschrift der Rechnung (§ 11 Art. 11 UStG 1994) und
2. durch einen Versendungsbeleg im Sinne des § 7 Abs. 5 UStG 1994, insbesondere durch Frachtbriefe, Postaufgabebescheinigungen, Konnossemente und dergleichen oder deren Doppelstücke.

(2) Ist es dem Unternehmer nicht möglich oder nicht zumutbar, den Versendungsnachweis nach Absatz 1 zu führen, kann er den Nachweis auch nach § 2 führen.

§ 4. (1) Ist der Gegenstand der Lieferung vor der Beförderung oder Versendung in das übrige Gemeinschaftsgebiet durch einen Beauftragten bearbeitet oder verarbeitet worden (Art. 7 Abs. 1 letzter Unterabsatz UStG 1994), so hat der Unternehmer die Versendung oder Beförderung nachzuweisen (§ 2). Zusätzlich dazu hat der Unternehmer auf einem Beleg festzuhalten:

4/3/23. UStG
Innergemeinschaftliche Lieferung

1. den Namen und die Anschrift des Beauftragten,
2. die handelsübliche Bezeichnung und die Menge des an den Beauftragten übergebenen oder versendeten Gegenstandes,
3. den Ort und den Tag der Entgegennahme des Gegenstandes durch den Beauftragten und
4. die Bezeichnung des Auftrages und der vom Beauftragten vorgenommenen Bearbeitung oder Verarbeitung.

(2) Ist der Gegenstand der Lieferung durch mehrere Beauftragte bearbeitet oder verarbeitet worden, so haben sich die in Absatz 1 bezeichneten Angaben auf die Bearbeitungen oder Verarbeitungen eines jeden Beauftragten zu erstrecken.

Buchnachweis bei innergemeinschaftlichen Lieferungen

§ 5. Bei innergemeinschaftlichen Lieferungen muß der Unternehmer die Voraussetzungen der Steuerbefreiung einschließlich Umsatzsteuer-Identifikationsnummer des Abnehmers buchmäßig nachweisen. Die Voraussetzungen müssen leicht nachprüfbar aus der Buchführung zu ersehen sein.

§ 6. Der Unternehmer hat folgendes aufzuzeichnen:
1. den Namen, die Anschrift und die Umsatzsteuer-Identifikationsnummer des Abnehmers,
2. den Namen und die Anschrift des Beauftragten des Abnehmers in Abholfällen,
3. die handelsübliche Bezeichnung und die Menge des Gegenstandes der Lieferung,
4. den Tag der Lieferung,
5. das vereinbarte Entgelt oder bei der Besteuerung nach vereinnahmten Entgelten das vereinnahmte Entgelt und den Tag der Vereinnahmung,
6. die Art und den Umfang einer Bearbeitung oder Verarbeitung vor der Beförderung oder Versendung in das übrige Gemeinschaftsgebiet (Art. 7 Abs. 1 letzter Unterabsatz UStG 1994),
7. die Beförderung oder Versendung in das übrige Gemeinschaftsgebiet und
8. den Bestimmungsort im übrigen Gemeinschaftsgebiet.

§ 7. In den einer Lieferung gleichgestellten Verbringungsfällen (Art. 3 Abs. 1 UStG 1994) hat der Unternehmer folgendes aufzuzeichnen:
1. die handelsübliche Bezeichnung und die Menge des verbrachten Gegenstandes,
2. die Anschrift und die Umsatzsteuer-Identifikationsnummer des im anderen Mitgliedstaates gelegenen Unternehmensteils,
3. den Tag des Verbringens und
4. die Bemessungsgrundlage nach Art. 4 Abs. 2 UStG 1994.

§ 8. In den Fällen, in denen neue Fahrzeuge an Abnehmer ohne Umsatzsteuer-Identifikationsnummer in das übrige Gemeinschaftsgebiet geliefert werden, hat der Unternehmer folgendes aufzuzeichnen:
1. den Namen und die Anschrift des Erwerbers,
2. die handelsübliche Bezeichnung des gelieferten Fahrzeuges,
3. den Tag der Lieferung,
4. das vereinbarte Entgelt oder bei der Besteuerung nach vereinnahmten Entgelten das vereinnahmte Entgelt und den Tag der Vereinnahmung,
5. die in Art. 1 Abs. 8 und 9 UStG 1994 bezeichneten Merkmale,
6. die Beförderung oder Versendung in das übrige Gemeinschaftsgebiet und
7. den Bestimmungsort im übrigen Gemeinschaftsgebiet.

Sperre in der Genehmigungsdatenbank

§ 9. Als weiterer Nachweis, dass der Gegenstand der Lieferung in das übrige Gemeinschaftsgebiet befördert oder versendet wird, ist bei der Lieferung von Fahrzeugen im Sinne des § 2 des Normverbrauchsabgabegesetzes, BGBl. Nr. 695/1991, die Sperre des Fahrzeuges in der Genehmigungsdatenbank nach § 30a KFG 1967 erforderlich.

4/3/24. VO zu Art. 27 Abs. 2:

PKW

BGBl II 2003/308

Verordnung des Bundesministers für Finanzen betreffend die Meldepflicht der innergemeinschaftlichen Lieferung neuer Fahrzeuge

Auf Grund des Artikels 27 Abs. 2 des Umsatzsteuergesetzes 1994, BGBl. Nr. 663, in der Fassung des Bundesgesetzes BGBl. I Nr. 10/2003 wird verordnet:

§ 1. (1) Unternehmer (§ 2 UStG 1994) haben ihre innergemeinschaftlichen Lieferungen neuer Fahrzeuge im Sinne des Art. 1 UStG 1994 an Abnehmer ohne Umsatzsteuer-Identifikationsnummer nach amtlichem Vordruck zu melden.

(2) Fahrzeuglieferer (Art. 2 UStG 1994) haben ihre innergemeinschaftlichen Lieferungen neuer Fahrzeuge im Sinne des Art. 1 UStG 1994 nach amtlichem Vordruck zu melden.

§ 2. Die Meldung hat folgende Angaben zu enthalten:
– Rechnungsdatum,
– Name und Anschrift des Verkäufers; sofern der Verkäufer Unternehmer ist, auch dessen Umsatzsteuer-Identifikationsnummer,
– Bestimmungsmitgliedstaat (falls dies nicht möglich, den Mitgliedstaat, in dem der Käufer Wohnsitz, Sitz oder gewöhnlichen Aufenthalt hat),
– Name und Anschrift des Käufers,
– Entgelt für das gelieferte Fahrzeug samt Zubehör,
– Art des Fahrzeuges (Land-, Wasser- oder Luftfahrzeug),
– Beschreibung des Fahrzeuges (Marke und Modell),
– Datum der ersten Inbetriebnahme, sofern diese vor der Rechnungslegung liegt,
– Kilometerstand (Landfahrzeuge), Anzahl der Betriebsstunden (Wasserfahrzeuge, Luftfahrzeuge),
– Fahrgestellnummer oder Kraftfahrzeug-Kennzeichen (Landfahrzeuge) bzw. Zellennummer (Luftfahrzeuge).

§ 3. Die Meldung ist
1. von Unternehmern (§ 2 UStG 1994) bis zum Ablauf des auf jedes Kalendervierteljahr folgenden Kalendermonates, in dem die innergemeinschaftlichen Lieferungen von Kraftfahrzeugen ausgeführt wurden,
2. von Fahrzeuglieferern (Art. 2 UStG 1994) im Zeitpunkt der Geltendmachung des Vorsteuerabzuges (Art. 12 Abs. 3 UStG 1994), spätestens bis zum Ablauf des dem Kalendermonat folgenden Monates, in dem die innergemeinschaftliche Lieferung des Kraftfahrzeuges ausgeführt wurde,

abzugeben.

§ 4. Die Meldung gemäß § 3 ist bei dem für die Erhebung der Umsatzsteuer zuständigen Finanzamt einzureichen.

§ 5. Die Verordnung ist auf die Meldung von Lieferungen anzuwenden, die in Kalendervierteljahre fallen, die nach der Kundmachung der Verordnung beginnen.

5. BEWERTUNG

Inhaltsverzeichnis

5/1.	**Bewertungsgesetz 1955** .... Seite	669
5/2.	**Bodenschätzungsgesetz 1970** .... Seite	708
5/3.	**Verordnungen**	

    5/3/1. Verordnung zur verbindlichen Festsetzung von **Erlebenswahrscheinlichkeiten zum Zwecke der Bewertung von Renten** und dauernden Lasten **(ErlWS-VO 2009)**, BGBl II 2009/20 .... Seite 714

    5/3/2. **Mitwirkungs-V** Stadtgemeinden Bludenz, Dornbirn, Feldkirch, Marktgemeinden Lustenau, Rankweil und Gemeinde Zwischenwasser, BGBl II 2007/248 idF

        1 BGBl II 2008/500   **2** BGBl II 2010/453
        3 BGBl II 2012/520   **4** BGBl II 2014/277
        5 BGBl II 2015/364   **6** BGBl II 2018/40
        7 BGBl II 2018/320   **8** BGBl II 2020/373 .... Seite 716

5/1. Bewertungsgesetz 1955

Bewertungsgesetz 1955, BGBl 1955/148 idF

1 BGBl 1955/231	2 BGBl 1963/145	3 BGBl 1965/181
4 BGBl 1971/172	5 BGBl 1971/276	6 BGBl 1972/447
7 BGBl 1975/17	8 BGBl 1976/143	9 BGBl 1976/318
10 BGBl 1977/320	11 BGBl 1977/645	12 BGBl 1978/273
13 BGBl 1978/597	14 BGBl 1979/318	15 BGBl 1980/289
16 BGBl 1981/620	17 BGBl 1982/111	18 BGBl 1982/546
19 BGBl 1982/570	20 BGBl 1983/587	21 BGBl 1984/210
22 BGBl 1986/325	23 BGBl 1986/327	24 BGBl 1987/312
25 BGBl 1987/649	26 BGBl 1988/402	27 BGBl 1989/660
28 BGBl 1991/699	29 BGBl 1992/450	30 BGBl 1993/12
31 BGBl 1993/253	32 BGBl 1993/532	33 BGBl 1993/818
34 BGBl 1994/371	35 BGBl 1994/680	36 BGBl 1994/681
37 BGBl 1995/21	38 BGBl 1996/201 (StruktAnpG 1996)	39 BGBl I 1999/28 (AbgÄG 1998)
40 BGBl I 2000/142 (BudgetBG 2001)	41 BGBl I 2001/59 (EuroStUG 2001)	42 BGBl I 2002/19
43 BGBl I 2002/165 (VfGH)	44 BGBl I 2003/71 (BudgetBG 2003)	45 BGBl I 2003/124 (AbgÄG 2003)
46 BGBl I 2004/72	47 BGBl I 2004/180 (AbgÄG 2004)	48 BGBl I 2006/100 (StruktAnpG 2006)
49 BGBl I 2009/80 (BewG-Nov 2009)	50 BGBl I 2009/135 (EPG)	51 BGBl I 2010/111 (BudBG 2011)
52 BGBl I 2012/22 (1. StabG 2012)	53 BGBl I 2012/112 (AbgÄG 2012)	54 BGBl I 2013/63
55 BGBl I 2015/34 (VAG 2016)	56 BGBl I 2016/77 (EU-AbgÄG 2016)	57 BGBl I 2019/104 (FORG)
58 BGBl I 2022/45		

GLIEDERUNG

- § 1. Anwendungsbereich des Gesetzes

Erster Teil: Allgemeine Bewertungsvorschriften
- § 2. Wirtschaftliche Einheit
- § 3. Wertermittlung bei mehreren Beteiligten
- § 4. Aufschiebend bedingter Erwerb
- § 5. Auflösend bedingter Erwerb
- § 6. Aufschiebend bedingte Lasten
- § 7. Auflösend bedingte Lasten
- § 8. Befristung auf einen unbestimmten Zeitpunkt
- § 9. Verfügungsbeschränkungen
- § 10. Bewertungsgrundsatz, gemeiner Wert
- § 11. Mit Grundbesitz verbundene Rechte, Bestandteile und Zubehör
- § 12. Begriff des Teilwertes
- § 13. Wertpapiere und Anteile
- § 14. Kapitalforderungen und Schulden
- § 15. Kapitalwert von wiederkehrenden Nutzungen und Leistungen
- § 16. Kapitalwert von lebenslänglichen Nutzungen und Leistungen
- § 17. Jahreswert von Nutzungen und Leistungen

Zweiter Teil: Besondere Bewertungsvorschriften
- § 18. Vermögensarten

Erster Abschnitt: Einheitsbewertung
- § 19. Einheitswerte
- §§ 20–20e. Hauptfeststellung
- § 21. Fortschreibung
- § 22. Nachfeststellung
- § 23. Wertverhältnisse bei Fortschreibungen und bei Nachfeststellungen
- § 24. Umfang der wirtschaftlichen Einheit in Sonderfällen
- § 25. Abrundung der Einheitswerte und Nichtfeststellung geringfügiger Einheitswerte
- § 26. Bewertung von ausländischem Vermögen
- § 27. Bewertung von inländischem Vermögen
- § 28. Grundbesitz, dessen Erhaltung im öffentlichen Interesse liegt

5/1. BewG

I. Land- und forstwirtschaftliches Vermögen
§ 29. Unterarten des land- und forstwirtschaftlichen Vermögens

a) Landwirtschaftliches Vermögen
§ 30. Begriff des landwirtschaftlichen Vermögens
§ 31. Abgrenzung des landwirtschaftlichen Betriebes
§ 31a. (aufgehoben)
§ 32. Bewertungsgrundsatz, Ertragswert
§ 33. Wohnungswert
§ 34. Hauptvergleichsbetrieb, Vergleichsbetriebe, Betriebszahl
§ 35. Berücksichtigung von öffentlichen Geldern
§ 36. Ermittlung der Betriebszahlen
§ 37. Gang der Bewertung
§ 38. Ermittlung des Hektarsatzes
§ 39. Ermittlung der Vergleichswerte und Einheitswerte
§ 40. Abschläge und Zuschläge
§ 41. Bewertungsbeirat
§ 42. Geschäftsführung des Bewertungsbeirates
§ 43. Aufgaben des Bewertungsbeirates
§ 44. Bekanntgabe und Wirkung der Entscheidung
§ 45. (aufgehoben)

b) Forstwirtschaftliches Vermögen
§ 46. Begriff und Bewertung des forstwirtschaftlichen Vermögens
§ 47. Forstwirtschaftliche Abteilung des Bewertungsbeirates

c) Weinbauvermögen
§ 48. Begriff und Bewertung des Weinbauvermögens

d) Gärtnerisches Vermögen
§ 49. Begriff und Bewertung des gärtnerischen Vermögens

e) Übriges land- und forstwirtschaftliches Vermögen
§ 50. Begriff und Bewertung des übrigen land- und forstwirtschaftlichen Vermögens

II. Grundvermögen
§ 51. Begriff des Grundvermögens
§ 52. Abgrenzung des Grundvermögens von anderen Vermögensarten
§ 53. Bewertung von bebauten Grundstücken
§ 53a. Durchschnittspreise
§ 54. Grundstückshauptgruppen
§ 55. Bewertung von unbebauten Grundstücken
§ 56. Bewertung des Baurechtes und der sonstigen grundstücksgleichen Rechte

III. Betriebsvermögen
§ 57. Begriff des Betriebsvermögens
§ 58. Freie Berufe
§ 59. Betriebsvermögen von Körperschaften, Personenvereinigungen und Vermögensmassen
§ 60. Betriebsgrundstücke
§ 61. Gewerbeberechtigungen
§ 62. Nicht zum Betriebsvermögen gehörige Wirtschaftsgüter
§ 63. Begünstigung für Beteiligungen
§ 64. Betriebsschulden und Rücklagen
§ 65. Bewertungsstichtag
§ 66. Ausgleich von Vermögensänderungen nach dem Abschlußzeitpunkt
§ 67. Steuersicherung durch Zurechnung ausgeschiedener Wirtschaftsgüter
§ 68. Bewertung

Zweiter Abschnitt: Sonstiges Vermögen, Gesamtvermögen und Inlandsvermögen

A. Sonstiges Vermögen
§ 69. Begriff und Umfang des sonstigen Vermögens
§ 70. Nicht zum sonstigen Vermögen gehörige Wirtschaftsgüter
§§ 71–75. (aufgehoben)

B. Gesamtvermögen
§ 76. Ermittlung des Gesamtvermögens
§ 77. Schulden und sonstige Abzüge
§ 78. (aufgehoben)

C. Inlandsvermögen
§ 79.

Dritter Teil:

A. Sonstige Vorschriften
§ 80. Erklärungs- und Anzeigepflicht
§ 80a. Zuständigkeit

B. Übergangs- und Schlußbestimmungen
§§ 81, 82. Erste Hauptfeststellung
§ 83. Sonderbestimmungen über die Zurechnung von Rückstellungs- und Rückgabevermögen
§ 84. Sonderbestimmungen für die Hauptveranlagung der Vermögensteuer zum 1. Jänner 1955
§ 85. Bestimmungen betreffend die Beiträge gemäß § 7 Wohnhaus-Wiederaufbaugesetz
§ 86. Inkrafttreten; Aufhebung bisheriger Rechtsvorschriften
§ 87. Vollziehung

STICHWORTVERZEICHNIS

A
Abgaben, bundesrechtlich geregelt 1 (1)
Abgrenzung
- Grundvermögen 52
- landwirtschaftlicher Betrieb zu gewerblicher Betrieb 30 (5)

Abrundung, Einheitswert 25
Abschlag
- Bemessung 40
- Forstwirtschaft 46 (5)
- gärtnerisches Vermögen 49 (3)
- Gebäudewert 53 (6)
- landwirtschaftliches Vermögen 37

Abschluß der Bebauung 53 (9)
Abzüge 77
Aktie, sonstiges Vermögen 69 (1) Z 1
Aktien, ohne Kurswert im Inland 13 (2)
Aktiengesellschaft, gewerblicher Betrieb 59 (1)
Alpen
- Betriebszahl 36 (2)
- gesonderte Bewertung 39 (2)
- landwirtschaftliches Vermögen 30 (6)

Alter, Gebäude 53 (6)
Altersklassenverhältnis 46 (3)
anderes Wirtschaftsgut, Vermögensänderung 66
Änderung, in Bewertungsgrundlagen 80 (2)
Anhänger, sonstiges Vermögen 69 (1) Z 8
Anteile
- Bewertung, 68 (3)
- Bewertungsstichtag 65 (5)

Anteilsschein, sonstiges Vermögen 69 (1) Z 1
Anwendungsbereich 1
Anzeigepflicht 80 (1 ff)
Apothekengerechtigkeit 61 (1)
Artfortschreibung 21 (1)
Arzt 58
auflösend bedingte Lasten 7 (1 f)
auflösend bedingter Erwerb 5
aufschiebend bedingte Lasten 6 (1 f)
aufschiebend bedingter Erwerb 4
Aufteilung, Baurecht 56 (3)
ausgeschiedenes Wirtschaftsgut, Steuersicherung 67 (1)
ausländischer Grundbesitz 11 (4)
ausländisches Vermögen 26
Ausstattung Gebäude 53 (6)
Auwaldbetrieb 46 (3)

B
Balkone 53 (5)
Bankguthaben, sonstiges Vermögen 69 (1) Z 1
Bannwälder 46 (3)
Bauland 52 (2)
Baurecht 56 (1 ff)
- Grundvermögen 51 (2)

Bauweise, Gebäude 53 (3)
Bauzins 56 (5)
Bauzinsrecht, sonstiges Vermögen 69 (1) Z 3
Bauzinsverpflichtung 77 (1)
bebaute Grundstücke 53 (1 ff)
- Kürzung 53 (7)

Bedingung
- auflösende 5 (1)
- aufschiebende 4

Befristung, unbestimmter Zeitpunkt 8
Begünstigung, für Beteiligungen 63
Beiträge
- bundesrechtlich geregelt 1 (1)
- nach Wohnhaus-Wiederaufbaugesetz 1 (2)

benützungsfertiges Gebäude 53 (6)
Berechtigung, nach Berggesetz 61 (1)
Bergbau 57 (2)
Bergmähder, landwirtschaftliches Vermögen 30 (6)
Beschaffenheit, Wirtschaftsgut 10 (2)
Bestandteile
- Gewerbeberechtigung 61 (3)
- Grundbesitz 11 (3 f)
- Grundvermögen 51 (1)

Beteiligung
- an Personengesellschaften, Bewertungsstichtag 65 (5)
- Begünstigung 63

Betrieb
- Bewertungsstichtag 65 (2 ff)
- forstwirtschaftlicher s. forstwirtschaftlicher Betrieb
- gärtnerischer s. gärtnerischer Betrieb
- gewerblicher s. gewerblicher Betrieb
- landwirtschaftlicher s. landwirtschaftlicher Betrieb

Betriebseinschränkung, Steuersicherung 67 (2)
Betriebsgröße
- Forstwirtschaft 46 (4)
- landwirtschaftliches Vermögen 32 (3)

Betriebsgrundstück 60
- Bewertung 68 (2)
- Bewertungsstichtag 65 (5)
- geringfügiger Einheitswert 25
- Vermögensänderung 66

Betriebsgrundstücke 18 (2)
- Fortschreibung 21 (1)
- Hauptfeststellung 20 (1)

Betriebsmittel
- anderer Eigentümer 31 (2)
- Forstwirtschaft 46 (2 ff)
- landwirtschaftliches Vermögen 30 (1), 30 (2), 32 (4)
- Weinbauvermögen 48 (3)

Betriebsmittelbestand, landwirtschaftliches Vermögen, Betriebszahl 36 (2)
Betriebsmittelüberbestand, sonstiges Vermögen 69 (1) Z 6
Betriebsschulden 64 (1 ff)
Betriebsvermögen 18 (1 f), 57 (1)
- ausländisches 26
- Ausnahmen 62 (1 f)
- Bewertung 68 (1 ff)
- inländisches 27, 79 (1)

Betriebszahl
- landwirtschaftliches Vermögen 34 (3)
- landwirtschaftliches Vermögen, Ermittlung 36 (1 ff)

5/1. BewG

– Weinbauvermögen 48 (4)
Bewertung, Gang 37
Bewertungsbeirat
– Forstwirtschaft 47
– gärtnerisches Vermögen 49 (6)
– landwirtschaftliches Vermögen 41 ff
– Weinbauvermögen 48 (6)
Bewertungsgrundsatz 10
Bewertungsstichtag 65 (1 ff)
Bewertungsstützpunkt, gärtnerischer Betrieb 49 (3)
Bienenzucht 50 (1)
Bodenbeschaffenheit, landwirtschaftliches Vermögen 32 (3)
Bodenwert, Grundvermögen 53 (2)
Boote, sonstiges Vermögen 69 (1) Z 8
bundesrechtlich geregelte Abgaben und Beiträge 1 (1)
Burgen, Kürzung 53 (7)

D
Dachbodenräume 53 (5)
Denkmalschutz, Bewertung von Gebäuden 28
Dentist 58
Durchschnittspreise
– Gebäude 53 (3 ff)
– Gebäudewert 53a, Anl

E
Edelmetalle, sonstiges Vermögen 69 (1) Z 9
Edelsteine, sonstiges Vermögen 69 (1) Z 9
Einbauschränke 53 (5)
Einbringung, Bewertungsstichtag 65 (5)
Einfamilienhaus 54 (1)
Einfamilienhäuser, Kürzung 53 (7)
eingeschlagenes Holz 46 (2)
eingeschränkte Wälder 46 (3)
einheitliches Eigentum 2 (2)
Einheitswert 19
– Abrundung 25
– geringfügiger 25
– mindestens s. Mindesteinheitswert Wirksamkeit 20 (3)
Einheitswertfeststellung
– gesonderte 39 (2)
– landwirtschaftliches Vermögen 37
Eintritt, Steuerbefreiung 21 (3)
Einzelertragswert, gärtnerischer Betrieb 49 (3)
Entstehung, Last 8
Erbschafts- und Schenkungssteuer 1 (2)
Erdgewinnung 57 (2)
Erholungsflächen 49 (1)
Erklärungspflicht 80 (1 ff)
Erlöschen, Baurecht 56 (4)
Ertragsbedingungen, landwirtschaftliches Vermögen, Betriebszahl 36 (1)
Ertragsfähigkeit, Verbesserung durch Zukauf 30 (12)
ertragsschwache landwirtschaftliche Grundstücke 39 (2)
Ertragswert
– forstwirtschaftlicher Betrieb 46 (2)
– landwirtschaftliches Vermögen 32 (2)
Erwerb
– auflösend bedingt 5
– aufschiebend bedingt 4
– Wirtschaftsgut 8
Erwerbsgenossenschaft, gewerblicher Betrieb 59 (1)
erzieherische Tätigkeit 58

F
Fiktion der Hauptfeststellung 20b
Fischereirecht 50 (1)
Fischzucht 50 (1)
Flächen, verpachtet s. verpachtete Fläche
Flächen, zugepachtet s. zugepachtete Fläche
Flugdächer 53 (4)
Forderung, aus Ausfuhrumsätzen, Bewertung 68 (4)
Forderungen 13 (1)
– uneinbringlich 14 (2)
– unverzinslich 14 (3)
Form des Grundstücks, Grundvermögen 53 (2)
forstwirtschaftlich genutzte Grundstücke, landwirtschaftliches Vermögen 39 (2)
forstwirtschaftlicher Betrieb 46 (1 ff)
forstwirtschaftliches Vermögen 46 (1 ff)
Fortschreibung 21
– Abgabenbefreiung 21 (2)
– Wohnungswert 33 (3)
Fortschreibungszeitpunkt 21 (4)
– Grundbesitz 23
freie Berufe 58
fremder Grund und Boden, Grundvermögen 51 (3)

G
Gang der Bewertung 37
Gänge 53 (5)
Garagen 53 (5)
gärtnerisches Vermögen 49
gärtnerisch genutzte Grundstücke, landwirtschaftliches Vermögen 39 (2)
gärtnerischer Betrieb 49
Gebäude
– Forstwirtschaft 46 (4)
– Gewerbeberechtigung 61 (3)
– Grundvermögen 51 (1 ff)
– in Bau befindlich 53 (9)
– landwirtschaftliches Vermögen 30 (1), 30 (2), 32 (4)
Gebäudegestaltung, landwirtschaftliches Vermögen 32 (3)
Gebäudewert 53 (3 ff)
Geflügel, Vieheinheiten 30 (7)
Geflügelvermehrungszuchtbetriebe 30 (4)
Geldforderungen
– Grundbesitz 11 (4)
– landwirtschaftliches Vermögen 30 (2)
Geldschulden
– Grundbesitz 11 (4)
– landwirtschaftliches Vermögen 30 (2)
Geldsumme, Jahreswert 17 (1)
gemeiner Wert 10 (1 f)
– Wertpapiere 13 (2)
gemischtgenutztes Grundstück 53 (5), 54 (1), 60 (2)
Genossenschaftsanteil, Begünstigung 63
Genußrecht, Begünstigung 63

Genußschein
- Bewertung 68 (3)
- Bewertungsstichtag 65 (5)
Genußschein, sonstiges Vermögen 69 (1) Z 1
Genußscheine ohne Kurswert im Inland 13 (2)
geringfügiger Einheitswert 25
Gesamtvermögen 76 f
Gesamtwert, gewerblicher Betrieb 68 (5)
Geschäftsanteil, sonstiges Vermögen 69 (1) Z 1
Geschäftsgrundstück 54 (1)
Geschäftsguthaben, bei Genossenschaften, sonstiges Vermögen 69 (1) Z 1
Gesellschaften mit beschränkter Haftung, gewerblicher Betrieb 59 (1)
Gesellschaftsanteil, Begünstigung 63
Gesellschaftseinlage, sonstiges Vermögen 69 (1) Z 1
gesetzlich beschränkter Mietzins, Kürzung 53 (7)
Gewerbe 57 (2 f)
Gewerbeberechtigung 61 (1 ff)
- Hauptfeststellung 20 (1)
- Einheitswert 19
Gewerbesteuer 1 (2)
gewerbliche Erfahrungen 15 (4)
gewerblicher Betrieb 57 (1)
- Einheitswert 19
- kraft Rechtsform 59
Gewinnausschüttung, Steuersicherung 67 (2)
gewöhnlicher Geschäftsverkehr 10 (2)
GmbH-Anteile, ohne Kurswert im Inland 13 (2)
Gräben, landwirtschaftliches Vermögen 39 (1)
Grenzraine, landwirtschaftliches Vermögen 39 (1)
große bebaute Grundstücke 53 (8)
Grund und Boden 51 (1)
- fremder s. fremder Grund und Boden Gewerbeberechtigung 61 (3)
- landwirtschaftliches Vermögen 30 (1)
Grundbesitz 11 (1 ff), 18 (2)
- Fortschreibungs- und Nachfeststellungszeitpunkt 23
Grundbesitz, im öffentlichen Interesse 28
Grunderwerbsteuer 1 (2)
Grundsteuer 1 (2)
- in Bau befindliche Gebäude 53 (9)
Grundstück
- gemischtgenutztes s. gemischtgenutztes Grundstück
- in Bebauung befindlich 53 (9)
- mehrere Eigentümer 60 (3)
Grundstücke
- bebaute s. bebaute Grundstücke
- Einheitswert 19
grundstücksgleiche Gewerbeberechtigung 61 (2)
grundstücksgleiche Rechte 11 (1)
- Grundvermögen 51 (2)
grundstücksgleiches Recht 56 (1)
Grundstückshauptgruppen 54 (1 f)
Grundvermögen 18 (1 f)
Grundvermögen 51
- Abgrenzung 52
- ausländisches 26
- Fortschreibung 21 (1)
- geringfügiger Einheitswert 25

- Hauptfeststellung 20 (1)
- inländisches 27, 79 (1)

H
Haftrücklage 64 (5)
Haltung von Tieren 30 (3)
Hauptfeststellung 20
- Fiktion 20b
- Verschiebung 20a
Hauptfeststellungszeitpunkt 20 (2)
- Gebäudewert 53 (6)
Hauptvergleichsbetrieb 34 (1)
Hecken, landwirtschaftliches Vermögen 39 (1)
Hektarsatz, Forstwirtschaft 46 (3)
Hektarsatzermittlung, landwirtschaftliches Vermögen 38 (1 ff)
Höchstbestand, Viehzucht oder -haltung 30 (5)
Holz, eingeschlagenes 46 (2)
Holzungs- und Holzbezugsrecht 11 (2)
- landwirtschaftliches Vermögen 30 (2)
Hutweiden, landwirtschaftliches Vermögen 30 (6)
Hypotheken, inländische 79 (1)

I
Imkerei 50 (1)
Industrieland 52 (2)
inländischer Grundbesitz 11 (3)
inländisches Vermögen 27
Inlandsvermögen 79 (1 f)

J
Jahreswert, Nutzungen und Leistungen 17

K
Kaninchen, Vieheinheiten 30 (7)
Kapitalforderung, sonstiges Vermögen 69 (1) Z 1
Kapitalforderungen 14 (1)
Kapitalgesellschaft, gewerblicher Betrieb 59 (1)
Kapitalversicherung 14 (4)
Kellerräume 53 (7)
klimatische Verhältnisse, landwirtschaftliches Vermögen 32 (3)
Klöster, Kürzung 53 (7)
Kommanditgesellschaft 59 (1)
Kommunalschuldverschreibung, sonstiges Vermögen 69 (2)
Körperschaft, ohne Sitz im Inland 59 (2)
Kost, Jahreswert 17 (2)
Kraftfahrzeuge, sonstiges Vermögen 69 (1) Z 8
Kreditanstalt 59 (1)
Kreditinstitut, pauschale Forderungsbewertung 68 (4)
Kunstgegenstände, sonstiges Vermögen 69 (1) Z 11
künstlerische Tätigkeit 58
Kurswert 13 (1)
Kürzungen 53 (7 f)

L
Lage, Grundvermögen 53 (2)
Land für Verkehrszwecke 52 (2)
land- und forstwirtschaftlicher Betrieb, Einheitswert 19

5/1. BewG

land- und forstwirtschaftliches Vermögen 18 (1 f), 29
– ausländisches 26
– Betriebsmittelüberbestand 69 (1) Z 6
– Fortschreibung 21 (1)
– geringfügiger Einheitswert 25
– Hauptfeststellung 20 (1)
– inländisches 27, 79 (1)
– übriges s. übriges land- und forstwirtschaftliches
landwirtschaftlich genutzte Flächen, Forstwirtschaft 46 (6)
– gärtnerisches Vermögen 49 (5)
– Weinbauvermögen 48 (5)
landwirtschaftliche Nutzfläche, reduzierte 30 (5 f)
landwirtschaftlicher Betrieb 30 (1)
– Abgrenzung 31
– Anteil an anderen Flächen 31 (3)
– Bewertung 32 (1)
landwirtschaftlicher Nebenbetrieb 30 (8)
landwirtschaftliches Vermögen 30
– Ausnahmen 30 (2)
– Bewertungsgrundsatz 32
Lasten
– auflösend bedingt 7 (1 f)
– aufschiebend bedingt 6 (1 f)
– Inlandsvermögen 79 (2)
Lebensversicherung 14 (4)
Lebenszeit
– einer Person 16
– mehrerer Personen 16 (4)
Leistungen, s. Nutzungen und Leistungen
letztwillige Anordnung 10 (3)
Luftfahrzeuge, sonstiges Vermögen 69 (1) Z 8

M

Maschine, Gewerbeberechtigung 61 (3)
Maschinen
– Grundbesitz 11 (3)
– Grundvermögen 51 (1)
mehrere Beteiligte, Wertermittlung 3
mehrere Wirtschaftsgüter 2 (2)
– wirtschaftliche Einheit 24
Mietwohngrundstück 53 (5), 54 (1)
Mindesteinheitswert 53 (11)
Mitteilungspflicht 80 (2)
Mittelpreis, des Verbraucherortes 17 (2)
Mittelwaldbetrieb 46 (3)
Mitunternehmerschaft 59 (1)

N

Nachfeststellung 22
– Wohnungswert 33 (3)
Nachfeststellungszeitpunkt 22 (2)
– Grundbesitz 23
nachhaltige Ertragsfähigkeit, landwirtschaftlicher Betrieb 32 (3)
Nachhaltsbetrieb, Forstwirtschaft 46 (3)
natürliche Ertragsbedingungen
– Forstwirtschaft 46 (4)
– landwirtschaftliches Vermögen 32 (4)
Nebenbetrieb
– Forstwirtschaft 46 (4)
– landwirtschaftlicher 30 (8)

– landwirtschaftliches Vermögen 30 (1), 32 (4)
– landwirtschaftliches Vermögen, Betriebszahl 36 (2)
Nebenräume 53 (5)
Nennwert 14 (1)
Neuherstellungswert 53 (3 ff)
Nichtfeststellung, geringfügiger Einheitswert 25
Niederwaldbetrieb 46 (3)
Nießbrauchsrecht, sonstiges Vermögen 69 (1) Z 2
Nießbrauchsverpflichtung 77 (1)
Notar 58
nutzbare Fläche 53 (5)
Nutzungen mit Grundbesitz verbunden 11 (1)
Nutzungen und Leistungen 15
– immerwährende 15 (2)
– Jahreswert 17
– lebenslängliche 16
– schwankende 17 (3)
– ungewisse 17 (3)
– wiederkehrende 15
– wiederkehrende, sonstiges Vermögen 69 (1) Z 2
– zeitlich beschränkte 15 (1)
– zeitlich unbestimmte 15 (2)
Nutzungen, Forstwirtschaft 46 (4)
– Betriebszahl 36 (2)
– landwirtschaftliches Vermögen 32 (4)

O

Obstbaukulturen, Betriebszahl 36 (2)
offene Hallen 53 (4)
offene Handelsgesellschaft 59 (1)
örtliche Gewohnheit 2 (1)

P

Paketzuschlag 13 (3)
Partizipationskapital, Begünstigung 63
Partizipationsschein, Bewertung 68 (3)
Partizipationsscheine 13 (2)
Patente 15 (4)
Perlen, sonstiges Vermögen 69 (1) Z 9
Personenvereinigung, ohne Sitz im Inland 59 (2)
persönliche Verhältnisse 10 (2)
Pfandbrief, sonstiges Vermögen 69 (2)
Pferde, Vieheinheiten 30 (7)
Platzbefestigungen, Grundvermögen 51 (1)
Postscheckguthaben, sonstiges Vermögen 69 (1) Z 1
Preis 10 (2)

R

Räume, niedrige 53 (5)
Rechte mit Grundbesitz verbunden 11 (1)
Rechte
– Forstwirtschaft 46 (4)
– landwirtschaftliches Vermögen 32 (4)
– landwirtschaftliches Vermögen, Betriebszahl 36 (2)
Rechtsanwalt 58
Rechtsgebühren 1 (2)
reduzierte landwirtschaftliche Nutzfläche 30 (5 f)
Rente, Wegfall, Steuerberichtigung 16 (3)
Renten auf Lebenszeit beschränkt 16

Rentenrecht, sonstiges Vermögen 69 (1) Z 2
Rentenversicherung 14 (4)
Rindvieh, Vieheinheiten 30 (7)
Rohvermögen 76 (1 f)
Rückkaufswert 14 (4)
Rücklagen 64 (4 f)

S
Sachwerte, Jahreswert 17 (2)
Sammlungen, sonstiges Vermögen 69 (1) Z 11
Schafe, Vieheinheiten 30 (7)
Schlösser, Kürzung 53 (7)
Schmuckgegenstände, sonstiges Vermögen 69 (1) Z 10
schriftstellerische Tätigkeit 58
Schulden 14 (1), 64 (1 ff), 77
Schulden
– Inlandsvermögen 79 (2)
– unverzinslich 14 (3)
Schutzrecht, sonstiges Vermögen 69 (1) Z 4
Schutzwälder 46 (3)
Schweine, Vieheinheiten 30 (7)
Sonderkulturen
– Forstwirtschaft 46 (4)
– landwirtschaftliches Vermögen 30 (1), 32 (4)
– landwirtschaftliches Vermögen, Betriebszahl 36 (2)
sonstige juristische Person, gewerblicher Betrieb 59 (1)
sonstige Vorrichtungen, Grundbesitz 11 (3)
sonstiges bebautes Grundstück 54 (1)
sonstiges Vermögen 18 (1), 69 (1 f)
– Ausnahmen 70
Spareinlage, sonstiges Vermögen 69 (1) Z 1
Sparkasse 59 (1)
Steingewinnung 57 (2)
Stempelgebühren 1 (2)
Steuerbefreiung
– Eintritt 21 (3)
– Wegfall 22 (1 f)
Steuerberichtigung, Bedingungseintritt 5 (2), 7 (2)
– Wegfall einer Rente 16 (3)
Steuerschulden 64 (2 f)
Steuersicherung 67 (1 f)
Stiegenhäuser 53 (5)
stiller Gesellschafter, inländischer 79 (1)
Streuwiesen, landwirtschaftliches Vermögen 30 (6)

T
tatsächliche Übung 2 (1)
Teichwirtschaft 50 (1)
Teilschuldverschreibung, sonstiges Vermögen 69 (1)
Teilwert 12
Terrassen 53 (5)
Tierzucht oder -haltung 30 (3)
Torfgewinnung 57 (2)
Treppen 53 (5)

U
Überdachungen 53 (4)

übriges land- und forstwirtschaftliches Vermögen 50
umbauter Raum 53 (3)
Umwandlung, Bewertungsstichtag 65 (5)
Umzäunungen, Grundvermögen 51 (1)
unbebautes Grundstück 55 (1 f)
ungewisser Zeitpunkt 8
ungewöhnliche Verhältnisse 10 (2 f)
unproduktives Land, landwirtschaftliches Vermögen 39 (3)
unterrichtende Tätigkeit 58
Untervergleichsbetrieb 35
Urheberrecht
– inländisches 79 (1)
– sonstiges Vermögen 69 (1) Z 44
Urheberrechte 15 (4)

V
Verbesserung der Ertragsfähigkeit durch Zukauf 30 (12)
Vereinigung, von Betrieben, Bewertungsstichtag 65 (5)
Verfügungsbeschränkung 9
Vergleichsbetrieb 34 (2)
Vergleichslagen 48 (4)
Vergleichswert, Abschläge und Zuschläge 40
Vergleichswertermittlung, landwirtschaftliches Vermögen 39 (1)
Verkehrslage
– Forstwirtschaft 46 (4)
– landwirtschaftliches Vermögen 32 (3)
– Weinbauvermögen 48 (4)
vermietete Gebäude, landwirtschaftliches Vermögen 30 (2)
vermietetes Wirtschaftsgut, inländisches 79 (1)
Vermögen
– forstwirtschaftliches 46 f
– gärtnerisches 49
– landwirtschaftliches 30 ff
– Weinbau 48
Vermögensänderung, nach Abschlußzeitpunkt 66
Vermögensarten 18
Vermögensmasse, ohne Sitz im Inland 59 (2)
verpachtete Fläche, landwirtschaftliches Vermögen 30 (5)
verpachtetes Wirtschaftsgut, inländisches 79 (1)
Versicherungsanspruch, sonstiges Vermögen 69 (1) Z 5, 69 (2)
Versicherungsschein, Rückkauf 14 (4)
Versicherungsvereine, gewerblicher Betrieb 59 (1)
Vieheinheiten 30 (7)
– zulässige 30 (5)
Vollzug 87
Vorerbe 9
Vorvermächtnisnehmer 9

W
Wandnischen 53 (5)
Waren, Jahreswert 17 (2)
Wasserverhältnisse, landwirtschaftliches Vermögen 32 (3)
Wegbefestigungen, Grundvermögen 51 (1)
Wege, landwirtschaftliches Vermögen 39 (1)

5/1. BewG
§ 1

Wegfall
- Last 8
- Steuerbefreiung 22 (1 f)

Weinbaubetrieb 48
- Zukauf 30 (9 ff)

weinbaumäßig genutzte Grundstücke, landwirtschaftliches Vermögen 39 (2)

Weinbauvermögen 48

Weinvorräte 48 (3)

Weitergeltung BewG 1934 86 (3)

Wertermittlung, mehrere Beteiligte 3

Wertfortschreibung 21 (1)

Wertpapier
- Bewertung 68 (3)
- Bewertungsstichtag 65 (5)

Wertpapiere
- Grundbesitz 11 (4)
- landwirtschaftliches Vermögen 30 (2)
- mit Kurswert im Inland 13 (1)
- ohne Kurswert im Inland 13 (2)

Wirksamkeit, Einheitswert 20 (3)

wirtschaftlich Ertragsbedingungen, landwirtschaftliches Vermögen 32 (3)

wirtschaftliche Einheit 2 (1)
- Betriebsvermögen 57 (1)
- Einheitswert 19
- Fortschreibung 21 (1)
- Grundvermögen 51 (1)
- mehrere Wirtschaftsgüter 24
- Nachfeststellung 22 (1)
- Wegfall 21 (3)

wirtschaftliche Untereinheit
- Einheitswert 19
- Fortschreibung 21 (1)
- Nachfeststellung 22 (1)
- Wegfall 21 (3)

wirtschaftliche Zusammengehörigkeit 2 (1)

Wirtschaftsgenossenschaften, gewerblicher Betrieb 59 (1)

Wirtschaftsgut, Beschaffenheit 10 (2)

Wirtschaftsgüter
- mehrere 2 (2)
- nicht dem Betriebseigentümer dienende 69 (1) Z 7

Wirtschaftsjahr abweichendes, Bewertungsstichtag 65 (3 f)

Wirtschaftstreuhänder 58

wissenschaftliche Tätigkeit 58

Wohngebäude
- Forstwirtschaft 46 (5)
- gärtnerisches Vermögen 49 (4)
- übriges land- und forstwirtschaftliches Vermögen 50 (2)

Wohnung 54 (1)
- Jahreswert 17 (2)

Wohnungswert
- landwirtschaftliches Vermögen 30 (2), 33

Y
Yachten, sonstiges Vermögen 69 (1) Z 8

Z
Zahlungsmittel
- Grundbesitz 11 (4)
- landwirtschaftliches Vermögen 30 (2)
- sonstiges Vermögen 69 (1) Z 1

Zeitablauf, Baurecht 56 (4)

Zeitpunkt, Wohnungswert 33 (3)

Ziegen, Vieheinheiten 30 (7)

Ziviltechniker 58

Zubehör
- Gewerbeberechtigung 61 (3)
- Grundbesitz 11 (3 f)
- Grundvermögen 51 (1)

Zucht von Tieren 30 (3)

zugekaufte Erzeugnisse 30 (9 ff)

zugepachtete Fläche
- landwirtschaftliches Vermögen 30 (5)
- landwirtschaftliches Vermögen, Betriebszahl 36 (2)

zulässige Vieheinheiten 30 (5)

Zurechnung an Berechtigten, Baurecht 56 (2 ff)

Zurechnungsfortschreibung 21 (4)

Zuschlag
- Bemessung 40
- Forstwirtschaft 46 (5)
- gärtnerisches Vermögen 49 (3)
- landwirtschaftliches Vermögen 37

Zweckbestimmung 2 (1)

Bundesgesetz vom 13. Juli 1955 über die Bewertung von Vermögenschaften (Bewertungsgesetz 1955 – BewG. 1955)

Anwendungsbereich des Gesetzes

§ 1. (1) Die Bestimmungen des ersten Teiles dieses Bundesgesetzes (§§ 2 bis 17) gelten, soweit sich nicht aus den abgabenrechtlichen Vorschriften oder aus dem zweiten Teil dieses Gesetzes etwas anderes ergibt, für die bundesrechtlich geregelten Abgaben sowie für die bundesrechtlich geregelten Beiträge an sonstige Körperschaften des öffentlichen Rechtes und an Fonds.

(2) Die Bestimmungen des zweiten Teiles dieses Bundesgesetzes (§§ 18 bis 79) gelten für die Vermögensteuer und für die Stempel- und Rechtsgebühren; der erste Abschnitt des zweiten Teiles (§§ 19 bis 68) gilt nach näherer Regelung durch die in Betracht kommenden Gesetze auch für die Grundsteuer, die Gewerbesteuer, die Erbschafts- und Schenkungssteuer, die Grunderwerbsteuer und für die Beiträge nach dem Wohnhaus-Wiederaufbaugesetz.

(3) Soweit sich nicht aus den §§ 19 bis 79 etwas anderes ergibt, finden neben diesen auch die Vorschriften des ersten Teiles dieses Gesetzes (§§ 2 bis 17) Anwendung.

Erster Teil
Allgemeine Bewertungsvorschriften

Wirtschaftliche Einheit

§ 2. (1) Jede wirtschaftliche Einheit ist für sich zu bewerten. Ihr Wert ist im ganzen festzustellen. Was als wirtschaftliche Einheit zu gelten hat, ist nach den Anschauungen des Verkehrs zu entscheiden. Die örtliche Gewohnheit, die tatsächliche Übung, die Zweckbestimmung und die wirtschaftliche Zusammengehörigkeit der einzelnen Wirtschaftsgüter sind zu berücksichtigen.

(2) Mehrere Wirtschaftsgüter kommen als wirtschaftliche Einheit nur insoweit in Betracht, als sie demselben Eigentümer gehören.

(3) Die Vorschriften der Abs. 1 und 2 gelten nicht, soweit eine Bewertung der einzelnen Wirtschaftsgüter vorgeschrieben ist.

Wertermittlung bei mehreren Beteiligten

§ 3. Steht ein Wirtschaftsgut mehreren Personen zu, so ist sein Wert im ganzen zu ermitteln. Der Wert ist auf die Beteiligten nach dem Verhältnis ihrer Anteile zu verteilen, soweit nicht nach dem maßgebenden Steuergesetz die Gemeinschaft selbständig steuerpflichtig ist.

Aufschiebend bedingter Erwerb

§ 4. Wirtschaftsgüter, deren Erwerb vom Eintritt einer aufschiebenden Bedingung abhängt, werden erst berücksichtigt, wenn die Bedingung eingetreten ist.

Auflösend bedingter Erwerb

§ 5. (1) Wirtschaftsgüter, die unter einer auflösenden Bedingung erworben sind, werden wie unbedingt erworbene behandelt. Die Vorschriften über die Berechnung des Kapitalwertes der Nutzungen von unbestimmter Dauer (§ 15 Abs. 2 und 3, § 16, § 17 Abs. 3) bleiben unberührt.

(2) Tritt die Bedingung ein, so ist die Festsetzung der nicht laufend veranlagten Steuern auf Antrag nach dem tatsächlichen Wert des Erwerbes zu berichtigen. Der Antrag ist bis zum Ablauf des Jahres zu stellen, das auf den Eintritt der Bedingung folgt. Die Antragsfrist ist eine Ausschlußfrist.

Aufschiebend bedingte Lasten

§ 6. (1) Lasten, deren Entstehung vom Eintritt einer aufschiebenden Bedingung abhängt, werden nicht berücksichtigt.

(2) Für den Fall des Eintrittes der Bedingung gilt § 5 Abs. 2 entsprechend.

Auflösend bedingte Lasten

§ 7. (1) Lasten, deren Fortdauer auflösend bedingt ist, werden, soweit nicht ihr Kapitalwert nach § 15 Abs. 2 und 3, § 16, § 17 Abs. 3 zu berechnen ist, wie unbedingte abgezogen.

(2) Tritt die Bedingung ein, so ist die Festsetzung der nicht laufend veranlagten Steuern entsprechend zu berichtigen.

Befristung auf einen unbestimmten Zeitpunkt

§ 8. Die §§ 4 bis 7 gelten auch, wenn der Erwerb des Wirtschaftsgutes oder die Entstehung oder der Wegfall der Last von einem Ereignis abhängt, bei dem nur der Zeitpunkt ungewiß ist.

Verfügungsbeschränkungen

§ 9. Bei der Bewertung werden Beschränkungen, denen ein Steuerpflichtiger in seiner Eigenschaft als Vorerbe und nach Aushändigung des Vermächtnisses als Vorvermächtnisnehmer oder in seiner Eigenschaft als Inhaber eines gebundenen Vermögens unterliegt, nicht berücksichtigt.

Bewertungsgrundsatz, gemeiner Wert

§ 10. (1) Bei Bewertungen ist, soweit nichts anderes vorgeschrieben ist, der gemeine Wert zugrundezulegen.

(2) Der gemeine Wert wird durch den Preis bestimmt, der im gewöhnlichen Geschäftsverkehr nach der Beschaffenheit des Wirtschaftsgutes bei einer Veräußerung zu erzielen wäre. Dabei sind alle Umstände, die den Preis beeinflussen, zu berücksichtigen. Ungewöhnliche oder persönliche Verhältnisse sind nicht zu berücksichtigen.

(3) Als persönliche Verhältnisse sind auch Verfügungsbeschränkungen anzusehen, die in der Person des Steuerpflichtigen oder eines Rechtsvorgängers begründet sind. Das gilt insbesondere für Verfügungsbeschränkungen, die auf letztwilligen Anordnungen beruhen.

Mit Grundbesitz verbundene Rechte, Bestandteile und Zubehör

§ 11. (1) Bei Grundbesitz erstreckt sich die Bewertung auf die Rechte und Nutzungen, die mit dem Grundbesitz als solchem verbunden sind. Rechte, die den Vorschriften des bürgerlichen Rechtes über Grundstücke unterliegen (grundstücksgleiche Rechte), werden selbständig wie Grundbesitz behandelt.

(2) Wird bei Bewertung von inländischem Grundbesitz als solchem der gemeine Wert (§ 10) zugrunde gelegt, so sind die Bestandteile einzubeziehen. Das Zubehör ist außer Betracht zu lassen. Maschinen und sonstige Vorrichtungen aller Art, die zu einer Betriebsanlage gehören, sind nicht zu berücksichtigen, auch wenn sie wesentliche Bestandteile des Grundbesitzes sind.

(3) Bei der Bewertung von ausländischem Grundbesitz als solchem ist neben den Bestandteilen auch das Zubehör zu berücksichtigen. Zahlungsmittel, Geldforderungen, Wertpapiere und Geldschulden sind nicht einzubeziehen.

(4) Abweichend von den Vorschriften des Abs. 1 sind Holzungs- und Bezugsrechte von Holz im Sinne des § 1 Abs. 1 Z 1 der Anlage 3 zur Kundmachung der Bundesregierung vom 13. Februar 1951, BGBl. Nr. 103, bei der Bewertung des Grundbesitzes nicht zu berücksichtigen.

5/1. BewG
§§ 12 – 17

Begriff des Teilwertes

§ 12. (1) Wirtschaftsgüter, die einem Betrieb dienen, sind in der Regel mit dem Teilwert anzusetzen. Teilwert ist der Betrag, den ein Erwerber des ganzen Betriebes im Rahmen des Gesamtkaufpreises für das einzelne Wirtschaftsgut ansetzen würde. Dabei ist davon auszugehen, daß der Erwerber den Betrieb fortführt.

Wertpapiere und Anteile

§ 13. (1) Wertpapiere, die im Inland einen Kurswert haben, sind mit dem Kurswert, Forderungen, die in das Schuldbuch einer öffentlich-rechtlichen Körperschaft eingetragen sind, mit dem Kurswert der entsprechenden Schuldverschreibungen der öffentlich-rechtlichen Körperschaft anzusetzen.

(2) Für Aktien, für Anteile an Gesellschaften mit beschränkter Haftung und für Genußscheine ist, soweit sie im Inland keinen Kurswert haben, der gemeine Wert (§ 10) maßgebend. Läßt sich der gemeine Wert aus Verkäufen nicht ableiten, so ist er unter Berücksichtigung des Gesamtvermögens und der Ertragsaussichten der Gesellschaft zu schätzen. Dies gilt sinngemäß für Partizipationsscheine im Sinne des Bankwesengesetzes, BGBl. Nr. 63/1979, in der jeweils geltenden Fassung, oder des Versicherungsaufsichtsgesetzes 2016 (VAG 2016), BGBl. I Nr. 34/2015, in der jeweils geltenden Fassung. Der gemeine Wert von Genußscheinen gemäß § 6 des Beteiligungsfondsgesetzes ist, sofern er sich nicht aus Verkäufen ableiten läßt, mit 80 v.H. des Ausgabepreises anzunehmen.

(BGBl I 2015/34)

(3) Ist der gemeine Wert einer Anzahl von Anteilen an einer Gesellschaft, die einer Person gehören, infolge besonderer Umstände (zum Beispiel weil die Höhe der Beteiligung die Beherrschung der Gesellschaft ermöglicht) höher als der Wert, der sich auf Grund der Kurswerte (Abs. 1) oder der gemeinen Werte (Abs. 2) für die einzelnen Anteile insgesamt ergibt, so ist der gemeine Wert der Beteiligung maßgebend.

Kapitalforderungen und Schulden

§ 14. (1) Kapitalforderungen, die nicht im § 13 bezeichnet sind, und Schulden sind mit dem Nennwert anzusetzen, wenn nicht besondere Umstände einen höheren oder geringeren Wert begründen.

(2) Forderungen, die uneinbringlich sind, bleiben außer Ansatz.

(3) Der Wert unverzinslicher befristeter Forderungen oder Schulden ist der Betrag, der nach Abzug von Jahreszinsen unter Berücksichtigung von Zinseszinsen in Höhe von 5,5 v.H. des Nennwertes bis zur Fälligkeit verbleibt.

(4) Noch nicht fällige Ansprüche aus Lebens-, Kapital- oder Rentenversicherungen werden mit zwei Dritteln der eingezahlten Prämien oder Kapitalbeiträge bewertet. Weist der Steuerpflichtige den Rückkaufswert nach, so ist dieser maßgebend. Rückkaufswert ist der Betrag, zu dem das Versicherungsunternehmen nach seiner Satzung oder nach den Versicherungsbedingungen den Versicherungsschein zurückkaufen würde.

Kapitalwert von wiederkehrenden Nutzungen und Leistungen

§ 15. (1) Der Gesamtwert von Nutzungen oder Leistungen, die auf bestimmte Zeit beschränkt sind, ist die Summe der einzelnen Jahreswerte abzüglich der Zwischenzinsen unter Berücksichtigung von Zinseszinsen. Dabei ist von einem Zinssatz in Höhe von 5,5 v.H. auszugehen. Der Gesamtwert darf das Achtzehnfache des Jahreswertes nicht übersteigen.

(2) Immerwährende Nutzungen oder Leistungen sind mit dem Achtzehnfachen des Jahreswertes, Nutzungen oder Leistungen von unbestimmter Dauer vorbehaltlich des § 16 mit dem Neunfachen des Jahreswertes zu bewerten.

(3) Beruhen die wiederkehrenden Nutzungen oder Leistungen auf der Überlassung von Rechten im Sinne des § 69 Abs. 1 Z 4 oder auf der Überlassung von gewerblichen Erfahrungen und von Berechtigungen oder auf der Gestattung der Verwertung solcher Rechte, so gilt als gemeiner Wert der gesamten Nutzungen und Leistungen das Dreifache des Jahreswertes.

Kapitalwert von lebenslänglichen Nutzungen und Leistungen

§ 16. (1) Der Wert von Renten, wiederkehrenden Nutzungen oder Leistungen sowie dauernden Lasten, die vom Ableben einer oder mehrerer Personen abhängen, ergibt sich aus der Summe der von der Erlebenswahrscheinlichkeit abgeleiteten Werte sämtlicher Rentenzahlungen, der einzelnen wiederkehrenden Nutzungen oder Leistungen, sowie dauernden Lasten abzüglich der Zwischenzinsen unter Berücksichtigung von Zinseszinsen (versicherungsmathematische Berechnung). Dabei ist der Zinssatz gemäß § 15 Abs. 1 anzuwenden.

(2) Der Bundesminister für Finanzen ist ermächtigt, an Hand anerkannter Methoden durch Verordnung festzusetzen, von welchen Erlebenswahrscheinlichkeiten auszugehen ist.

(3) Hat eine Rente, wiederkehrende Nutzung oder Leistung sowie dauernde Last tatsächlich weniger als die Hälfte des nach Abs. 1 und 2 ermittelten Wertes betragen und beruht der Wegfall auf dem Tod des Berechtigten oder Verpflichteten, so ist die Festsetzung von nicht laufend veranlagten Steuern auf Antrag nach der wirklichen Höhe der Rente Nutzung, Leistung oder Last zu berichtigen. § 5 Abs. 2 zweiter und dritter Satz gelten entsprechend. Ist eine Last weggefallen, so bedarf die Berichtigung keines Antrages.

Jahreswert von Nutzungen und Leistungen

§ 17. (1) Der einjährige Betrag der Nutzung einer Geldsumme ist, wenn kein anderer Wert feststeht, mit 5,5 v.H. anzunehmen.

(2) Nutzungen oder Leistungen, die nicht in Geld bestehen (Wohnung, Kost, Waren und sonstige

Sachbezüge), sind mit den üblichen Mittelpreisen des Verbrauchsortes anzusetzen.

(3) Bei Nutzungen oder Leistungen, die in ihrem Betrag ungewiß sind oder schwanken, ist als Jahreswert der Betrag zugrundezulegen, der in Zukunft im Durchschnitt der Jahre voraussichtlich erzielt werden wird.

Zweiter Teil
Besondere Bewertungsvorschriften

Vermögensarten

§ 18. (1) Das Vermögen, das nach den Vorschriften des zweiten Teiles dieses Bundesgesetzes zu bewerten ist, umfaßt die folgenden Vermögensarten:
1. Land- und forstwirtschaftliches Vermögen;
2. Grundvermögen;
3. Betriebsvermögen;
4. sonstiges Vermögen.

(2) Das land- und forstwirtschaftliche Vermögen, das Grundvermögen und die zum Betriebsvermögen gehörigen Grundstücke (Betriebsgrundstücke) gelten als Grundbesitz im Sinne dieses Bundesgesetzes.

Erster Abschnitt
Einheitsbewertung

Einheitswerte

§ 19. Die Werte, die nach den Vorschriften dieses Abschnittes für wirtschaftliche Einheiten (land- und forstwirtschaftliche Betriebe, gewerbliche Betriebe sowie Grundstücke und Gewerbeberechtigungen, die nicht zu einem gewerblichen Betrieb gehören) oder Untereinheiten (Grundstücke und Gewerbeberechtigungen, die zu einem gewerblichen Betrieb gehören) gesondert festgestellt werden, gelten als Einheitswerte.

Hauptfeststellung

§ 20. (1) Die Einheitswerte werden allgemein festgestellt (Hauptfeststellung) in Zeitabständen von je neun Jahren für die wirtschaftlichen Einheiten des land- und forstwirtschaftlichen Vermögens und des Grundvermögens, für die Betriebsgrundstücke und die Gewerbeberechtigungen.

(2) Der Hauptfeststellung werden die Verhältnisse zu Beginn des Kalenderjahres (Hauptfeststellungszeitpunkt) zugrunde gelegt. Die Vorschriften im § 65 über die Zugrundelegung eines anderen Zeitpunktes bleiben unberührt.

(3) Die gemäß Abs. 1 festzustellenden Einheitswerte werden erst mit Beginn des jeweiligen Folgejahres wirksam. Bis zu diesem Zeitpunkt gelten die zur vorangegangenen Hauptfeststellung festgestellten Einheitswerte, soweit nicht die Voraussetzungen für die Durchführung von Fortschreibungen oder Nachfeststellungen gemäß §§ 21 und 22 gegeben sind; beim Vorliegen der erwähnten Voraussetzungen sind Fortschreibungen und Nachfeststellungen auch zu den Hauptfeststellungszeitpunkten gemäß Abs. 1 Z 1 durchzuführen.

§ 20a. Die gemäß § 20 zum 1. Jänner 1997 vorgesehene Hauptfeststellung der Einheitswerte für wirtschaftliche Einheiten des land- und forstwirtschaftlichen Vermögens und der Betriebsgrundstücke gemäß § 60 Abs. 1 Z 2 ist zum 1. Jänner 2001 durchzuführen, wobei § 20 Abs. 3 sinngemäß Anwendung findet.

§ 20b. Die in § 20 a zum 1. Jänner 2001 vorgesehene Hauptfeststellung der Einheitswerte für wirtschaftliche Einheiten des land- und forstwirtschaftlichen Vermögens und der Betriebsgrundstücke gemäß § 60 Abs. 1 Z 2 gilt zum 1. Jänner 2001 als durchgeführt. Dabei sind die Wertverhältnisse vom 1. Jänner 1988 sowie die gemäß Abschnitt II Artikel I des BGBl Nr. 649/1987 festgesetzten Hektarsätze für die Betriebszahl 100 maßgebend. Die im Zusammenhang mit der Hauptfeststellung zum 1. Jänner 1988 ergangenen Kundmachungen sind weiterhin rechtsverbindlich. Die zur Hauptfeststellung zum 1. Jänner 1988 festgestellten Einheitswerte gelten, soweit nicht die Voraussetzungen für die Durchführung von Fortschreibungen oder Nachfeststellungen gemäß §§ 21 und 22 gegeben sind, weiter. Dies gilt sinngemäß auch für die Wohnungswerte gemäß § 33.

§ 20c. Die gemäß § 20 in Verbindung mit § 20a und § 20b zum 1. Jänner 2010 vorgesehene Hauptfeststellung der Einheitswerte für wirtschaftliche Einheiten des land- und forstwirtschaftlichen Vermögens und der Betriebsgrundstücke gemäß § 60 Abs. 1 Z 2 ist zum 1. Jänner 2014 durchzuführen, wobei § 20 Abs. 3 sinngemäße Anwendung findet.

§ 20d. Die zum 1. Jänner 2023 vorgesehene Hauptfeststellung der Einheitswerte für wirtschaftliche Einheiten des land- und forstwirtschaftlichen Vermögens ist in der Form durchzuführen, dass ausschließlich klimatische Kriterien auf Basis eines Temperatur- und Niederschlagsindex sowie eine Neubewertung der Betriebsgröße neu berücksichtigt werden. Die im Zusammenhang mit der Hauptfeststellung zum 1. Jänner 2014 ergangenen Kundmachungen gelten weiter und sind nur insoweit zu berichtigen, als sie davon betroffen sind. Die Hauptfeststellungsbescheide haben bis zum 30. September 2023 zu ergehen. § 20 Abs. 3 ist nicht anzuwenden.

(BGBl I 2022/45)

§ 20e. Für Stichtage ab dem 1. Jänner 2032 ist für wirtschaftliche Einheiten des land- und forstwirtschaftlichen Vermögens § 20 nicht mehr anzuwenden. Stattdessen ist ein neuer Einheitswert festzustellen, soweit sich auf Grund offizieller land- und forstwirtschaftlicher Statistiken oder einer Neufeststellung der Bodenschätzung ergibt, dass sich die Wertverhältnisse der natürlichen und wirtschaftlichen Ertragsbedingungen zumindest im Durchschnitt der letzten fünf Jahre nachhaltig und wesentlich verändert haben. Eine sich daraus ergebende Änderung der Bewertungsgrundlagen ist vom Bundesminister für Finanzen nach Anhörung des Bewertungsbeirates nach den Vorschriften des § 44 rechtsverbindlich festzulegen. Abgeänderte

5/1. BewG
§§ 20e – 25

Einheitswertbescheide haben jeweils zum darauffolgenden 1. Jänner zu ergehen.
(BGBl I 2022/45)

Fortschreibung

§ 21. (1) Der Einheitswert wird neu festgestellt,
1. wenn der gemäß § 25 abgerundete Wert, der sich für den Beginn eines Kalenderjahres ergibt,
   a) bei wirtschaftlichen Einheiten des land- und forstwirtschaftlichen Vermögens entweder um mehr als ein Zwanzigstel, mindestens aber um 300 Euro, oder um mehr als 1 000 Euro,
   b) bei den übrigen wirtschaftlichen Einheiten und Untereinheiten des Grundbesitzes entweder um mehr als ein Zehntel, mindestens aber um 400 Euro oder um mehr als 7.300 Euro, von dem zum letzten Feststellungszeitpunkt festgestellten Einheitswert abweicht (Wertfortschreibung) oder
2. wenn die Art des Bewertungsgegenstandes von der zuletzt im Einheitswertbescheid festgestellten Art abweicht (Artfortschreibung). Der Wechsel von einer Unterart in eine andere Unterart des land- und forstwirtschaftlichen Vermögens führt nur dann zu einer Fortschreibung, wenn die Wertgrenzen der Z 1 lit. a überschritten werden.

(2) Die im Abs. 1 Z 1 festgesetzten Wertgrenzen sind nicht zu beachten, wenn für einen Teil des Bewertungsgegenstandes ein Grund für eine Abgabenbefreiung eintritt oder wegfällt, sowie, wenn der Mindestwert gemäß § 25 über- oder unterschritten wird.

(3) Fällt eine wirtschaftliche Einheit oder Untereinheit, für die ein Einheitswert bereits festgestellt ist, weg oder ist gemäß § 25 ein Einheitswert nicht mehr festzustellen oder tritt für den ganzen Steuergegenstand eine Steuerbefreiung ein, so ist der Einheitswert auf den Wert Null fortzuschreiben.

(4) Allen Fortschreibungen einschließlich der Fortschreibungen auf Grund einer Änderung der steuerlichen Zurechnung des Bewertungsgegenstandes (Zurechnungsfortschreibung) sind die Verhältnisse bei Beginn des Kalenderjahres zugrundezulegen, das auf die Änderung folgt (Fortschreibungszeitpunkt). Die Vorschriften im § 65 über die Zugrundelegung eines anderen Zeitpunktes bleiben unberührt.

Nachfeststellung

§ 22. (1) Für wirtschaftliche Einheiten (Untereinheiten), für die ein Einheitswert festzustellen ist, wird der Einheitswert nachträglich festgestellt (Nachfeststellung), wenn nach dem Hauptfeststellungszeitpunkt
1. die wirtschaftliche Einheit (Untereinheit) neu gegründet wird;
2. für eine bereits bestehende wirtschaftliche Einheit (Untereinheit) der Grund für die Befreiung von einer Steuer wegfällt.

(2) Der Nachfeststellung werden die Verhältnisse zugrundegelegt, die auf den Beginn des Kalenderjahres ermittelt worden sind, das dem maßgebenden Ereignis folgt (Nachfeststellungszeitpunkt). Endet in den Fällen des Abs. 1 Z 2 die Steuerbefreiung aus dem Grund, weil die Befreiung für eine bestimmte Frist galt und diese Frist abgelaufen ist, so ist abweichend von Satz 1 Nachfeststellungszeitpunkt der Beginn des Kalenderjahres, in dem die Steuerpflicht eintritt. Die Vorschriften im § 65 über die Zugrundelegung eines anderen Zeitpunktes bleiben unberührt.

(3) Ist in den Fällen des Abs. 1 Z 1 der Nachfeststellungszeitpunkt (Abs. 2 erster Satz) nicht mehr feststellbar, so gilt der Beginn des Kalenderjahres als Nachfeststellungszeitpunkt, das der erstmaligen Kenntnisnahme des maßgebenden Ereignisses durch das Finanzamt folgt.

(4) Eine Nachfeststellung ist weiters in jenen Fällen zulässig, in denen der Bescheid über die Hauptfeststellung oder über die Nachfeststellung nicht oder nicht rechtswirksam ergangen ist. Als Nachfeststellungszeitpunkt gilt in diesen Fällen frühestens der Beginn des Kalenderjahres, in dem das Recht auf Festsetzung der vom Einheitswert abgeleiteten Abgaben und Beiträge noch nicht verjährt ist.

(5) Eine Nachfeststellung ist auch vorzunehmen, wenn sich die Vermögensart bei einer wirtschaftlichen Einheit von land- und forstwirtschaftlichem Vermögen auf Grundvermögen oder von Grundvermögen auf land- und forstwirtschaftliches Vermögen ändert.

Wertverhältnisse bei Fortschreibungen und bei Nachfeststellungen

§ 23. Bei Fortschreibungen und bei Nachfeststellungen der Einheitswerte für Grundbesitz sind der tatsächliche Zustand des Grundbesitzes vom Fortschreibungszeitpunkt oder vom Nachfeststellungszeitpunkt und die Wertverhältnisse vom Hauptfeststellungszeitpunkt zugrundezulegen.

Umfang der wirtschaftlichen Einheit in Sonderfällen

§ 24. Die Zurechnung mehrerer Wirtschaftsgüter zu einer wirtschaftlichen Einheit wird nicht dadurch ausgeschlossen, daß die Wirtschaftsgüter zum Teil dem einen, zum Teil dem anderen Ehegatten oder eingetragenen Partner gehören, wenn die Ehegatten oder eingetragenen Partner in dauernder Haushaltsgemeinschaft leben.

Abrundung der Einheitswerte und Nichtfeststellung geringfügiger Einheitswerte

§ 25. Die Einheitswerte sind auf volle 100 Euro nach unten abzurunden. Abweichend hievon sind Einheitswerte beim land- und forstwirtschaftlichen Vermögen sowie bei den Betriebsgrundstücken gemäß § 60 Abs. 1 Z 2 zwischen 150 Euro und

weniger als 200 Euro mit 150 Euro festzusetzen. Einheitswerte, deren Höhe
1. beim land- und forstwirtschaftlichen Vermögen sowie bei den Betriebsgrundstücken gemäß § 60 Abs. 1 Z 2 geringer ist als 150 Euro und
2. beim Grundvermögen sowie bei den Betriebsgrundstücken gemäß § 60 Abs. 1 Z 1 geringer ist als 400 Euro,

sind nicht festzustellen.

Bewertung von ausländischem Vermögen

§ 26. Für die Bewertung des ausländischen land- und forstwirtschaftlichen Vermögens, Grundvermögens und Betriebsvermögens gelten die Vorschriften des ersten Teiles dieses Bundesgesetzes, insbesondere § 10 (gemeiner Wert) und § 11 Abs. 3. Nach diesen Vorschriften sind auch die ausländischen Teile einer wirtschaftlichen Einheit zu bewerten, die sich sowohl auf das Inland als auch auf das Ausland erstreckt.[a)]

[a)] Berichtigt gem Kundmachung BGBl Nr 231/1955.

Bewertung von inländischem Vermögen

§ 27. Für die Bewertung des inländischen land- und forstwirtschaftlichen Vermögens, Grundvermögens und Betriebsvermögens gelten die Vorschriften der §§ 29 bis 68. Nach diesen Vorschriften sind auch die inländischen Teile einer wirtschaftlichen Einheit zu bewerten, die sich sowohl auf das Inland als auch auf das Ausland erstreckt.

Grundbesitz, dessen Erhaltung im öffentlichen Interesse liegt

§ 28. Einheitswerte für Grundbesitz, dessen Erhaltung wegen seiner Bedeutung für Kunst, Geschichte oder Wissenschaft im öffentlichen Interesse liegt, insbesondere unter Denkmalschutz stehende Gebäude, sind mit 30 v.H. des an sich maßgebenden Wertes festzustellen, wenn die durchschnittlichen Erhaltungskosten die erzielten Einnahmen und sonstigen Vorteile übersteigen.

I. Land- und forstwirtschaftliches Vermögen

Unterarten des land- und forstwirtschaftlichen Vermögens

§ 29. Zum land- und forstwirtschaftlichen Vermögen gehören
1. das landwirtschaftliche Vermögen,
2. das forstwirtschaftliche Vermögen,
3. das Weinbauvermögen,
4. das gärtnerische Vermögen,
5. das übrige land- und forstwirtschaftliche Vermögen.

a) Landwirtschaftliches Vermögen

Begriff des landwirtschaftlichen Vermögens

§ 30. (1)
1. Zum landwirtschaftlichen Vermögen gehören alle Teile (insbesondere Grund und Boden, Gebäude, stehende und umlaufende Betriebsmittel, Nebenbetriebe und Sonder- und Obstkulturen) einer wirtschaftlichen Einheit, die dauernd einem landwirtschaftlichen Hauptzweck dient (landwirtschaftlicher Betrieb).
2. Z 1 gilt auch für landwirtschaftliche Flächen, deren Bewirtschaftung auf Grund naturschutzbehördlicher Auflagen eingeschränkt ist.

(2) Als Teile des landwirtschaftlichen Betriebes gelten nicht
1. Zahlungsmittel, Wertpapiere und Geldforderungen mit Ausnahme der in Zusammenhang mit der Bewirtschaftung zur Auszahlung gelangten öffentlichen Gelder,
2. Geldschulden,
3. Gebäude oder Räume des Gebäudes, die zu eigenen gewerblichen Zwecken des Betriebsinhabers verwendet werden, zu gewerblichen oder Wohnzwecken vermietet sind oder sonstigen betriebsfremden Zwecken dienen,
4. der den Vergleichswert übersteigende Teil des Wohnungswertes gemäß § 33 Abs. 2,
5. ein über den normalen Bestand hinausgehender Bestand (Überbestand) an umlaufenden Betriebsmitteln. Als normaler Bestand an umlaufenden Betriebsmitteln gilt ein solcher, der zur Fortführung des Betriebes bis zum Beginn der nächsten Ernte erforderlich ist. Bei seiner Ermittlung sind die in dieser Zeit eingehenden Einnahmen und aufzuwendenden Barlöhne nicht zu berücksichtigen. Als Beginn der Ernte gilt der Zeitpunkt, in dem der Betriebsinhaber bei ordnungsgemäßer Wirtschaftsführung frühestens die Möglichkeit hat, Erzeugnisse der Ernte in nennenswertem Umfang zu veräußern,
6. Beteiligungen, Anteile an Agrargemeinschaften sowie Ansprüche auf Entgelte aus nichtlandwirtschaftlichen Nutzungsüberlassungen von Grund und Boden.

(3) Die Zucht oder das Halten von Tieren gilt als landwirtschaftlicher Betrieb, wenn zur Tierzucht oder Tierhaltung überwiegend Erzeugnisse verwendet werden, die im eigenen landwirtschaftlichen Betrieb gewonnen worden sind.

(4) Geflügelvermehrungszuchtbetriebe gelten als landwirtschaftliche Betriebe, wenn sie von einer Landwirtschaftskammer anerkannt sind. Geflügelvermehrungszuchtbetriebe sind mit dem Einzelertragswert zu bewerten. Der Bundesminister für Finanzen kann im Bedarfsfall nach Beratung im Bewertungsbeirat mit Verordnung Bewertungsansätze festlegen (§ 44).

(5) Die Zucht oder das Halten der in Abs. 7 genannten Tiere gilt als landwirtschaftlicher Betrieb, wenn, bezogen auf die reduzierte landwirtschaftliche Nutzfläche dieses Betriebes (Abs. 6),
für die ersten.................. 10 ha nicht mehr als 8,
für die nächsten.............. 10 ha nicht mehr als 6,
für die nächsten.............. 10 ha nicht mehr als 4,

für die nächsten .... 10 ha nicht mehr als 3, für die nächsten .... 10 ha nicht mehr als 2 Vieheinheiten (Abs. 7) und für die restliche reduzierte landwirtschaftliche Nutzfläche nicht mehr als 1,5 Vieheinheiten je Hektar im Wirtschaftsjahr durchschnittlich erzeugt oder gehalten werden. Wird jedoch dieser Höchstbestand nachhaltig überschritten, so ist hinsichtlich des gesamten Tierbestandes das Vorliegen eines gewerblichen Betriebes anzunehmen. Für die Anzahl der zulässigen Vieheinheiten und für die Ermittlung der reduzierten landwirtschaftlichen Nutzfläche ist das Gesamtausmaß der vom Betrieb aus bewirtschafteten Flächen maßgebend; zugepachtete Flächen sind miteinzubeziehen, verpachtete auszuschließen.

(6) Gehören zur bewirtschafteten Fläche eines landwirtschaftlichen Betriebes Hutweiden, Streuwiesen, Alpen oder Bergmähder, so sind bei Anwendung des Abs. 5 die Flächenausmaße der Hutweiden und der Streuwiesen auf ein Drittel, jene der Alpen und Bergmähder auf ein Fünftel zu reduzieren. Die so ermittelte Fläche ist die reduzierte landwirtschaftliche Nutzfläche des landwirtschaftlichen Betriebes.

(7) Die Vieheinheiten werden nach dem zur Erreichung des Produktionszieles erforderlichen Futterbedarf bestimmt. Für die Umrechnung der Tierbestände in Vieheinheiten (VE) gilt folgender Schlüssel:

Pferde:	
Fohlen, Jungpferde bis ein Jahr	0,35 VE
Jungpferde bis drei Jahre, Kleinpferde	0,6 VE
andere Pferde über drei Jahre	0,8 VE
Rinder:	
Rinder bis sechs Monate	0,3 VE
Rinder sechs Monate bis ein Jahr	0,55 VE
Rinder ein bis eineinhalb Jahren	0,65 VE
Rinder eineinhalb bis zwei Jahre	0,8 VE
Rinder über zwei Jahre	1,0 VE
(aufgehoben)	
Schafe:	
Lämmer bis sechs Monate	0,02 VE
Schafe sechs Monate bis ein Jahr	0,1 VE
Schafe über ein Jahr	0,15 VE
Ziegen:	
Ziegen sechs Monate bis ein Jahr	0,05 VE
Ziegen über ein Jahr	0,12 VE
Schweine:	
Ferkel (10 bis 30 kg)	0,01 VE
Mastschweine aus zugekauften Ferkeln	0,06 VE
Mastschweine aus eigenen Ferkeln	0,07 VE
Jungsauen, Jungeber	0,1 VE
Zuchtsauen, Zuchteber	0,35 VE
Hühner:	
Junghennen	0,002 VE
Legehennen aus zugekauften Junghennen	0,013 VE
Jungmasthühner	0,001 VE
Übriges Geflügel:	
Mastenten	0,003 VE
Mastgänse	0,006 VE
Mastputen	0,009 VE
Kaninchen:	
Zucht- und Angorakaninchen	0,034 VE
Mastkaninchen	0,002 VE
Damtiere:	
Damtiere	0,09 VE

(8) Als landwirtschaftlicher Nebenbetrieb gilt ein Betrieb, der dem landwirtschaftlichen Hauptbetrieb zu dienen bestimmt ist.

(9) Werden im Rahmen eines landwirtschaftlichen Hauptbetriebes auch Umsätze aus zugekauften Erzeugnissen erzielt, so ist ein einheitlicher landwirtschaftlicher Betrieb auch dann anzunehmen, wenn der Einkaufswert des Zukaufes fremder Erzeugnisse nicht mehr als 25 v.H. des Umsatzes dieses Betriebes beträgt. Abweichend davon ist bei Weinbaubetrieben ein einheitlicher Weinbaubetrieb auch dann anzunehmen, wenn die Einkaufsmenge des Zukaufes nicht mehr als 2.000 kg frische Weintrauben der Unternummer 0806 10 der Kombinierten Nomenklatur oder insgesamt 1.500 l Wein aus frischen Weintrauben aus den Unterpositionen 2204 21 und 2204 29 der Kombinierten Nomenklatur sowie Traubenmost der Unterposition 2204 30 der Kombinierten Nomenklatur, jeweils pro Hektar bewirtschafteter Betriebsfläche, beträgt. Gehören zu einem landwirtschaftlichen Betrieb auch Betriebsteile, die gemäß § 39 Abs. 2 Z 2 bis 5 gesondert zu bewerten sind, so sind der erste und zweite Satz auf jeden Betriebsteil gesondert anzuwenden.

(10) Übersteigt der Zukauf fremder Erzeugnisse die im Abs. 9 genannten Werte oder Mengen, so ist hinsichtlich des Betriebes (Betriebsteiles) ein einheitlicher Gewerbebetrieb anzunehmen.

(11) Für die Beurteilung der in Abs. 9 und 10 genannten Ausmaße sind die Umsätze oder Mengen des Feststellungszeitpunkt vorangehenden Kalenderjahres maßgebend, sofern aus der Art der Betriebsführung eine Nachhaltigkeit zu erwarten ist.

(12) Die Verbesserung der Ertragsfähigkeit eines landwirtschaftlichen Betriebes durch überdurchschnittliche Tierhaltung sowie durch Umsätze aus zugekauften fremden Erzeugnissen ist gemäß § 40 zu berücksichtigen.

Abgrenzung des landwirtschaftlichen Betriebes

§ 31. (1) In den landwirtschaftlichen Betrieb sind auch solche Grundstücksflächen einzubeziehen, die anderen als landwirtschaftlichen Zwecken dienen, wenn die Zugehörigkeit dieser Flächen zu dem landwirtschaftlichen Betrieb den landwirtschaftlichen Hauptzweck des Betriebes nicht wesentlich beeinflußt. Dies gilt nicht für solche Flächen, die als selbständige Betriebe oder als Teile davon anzusehen sind.

(2) In den landwirtschaftlichen Betrieb sind Betriebsmittel, die der Bewirtschaftung des Betriebes dienen, auch dann einzubeziehen, wenn sie nicht dem Eigentümer des Grund und Bodens gehören.

(3) In den landwirtschaftlichen Betrieb kann ein Anteil des Eigentümers an anderen Flächen einbezogen werden, soweit er mit dem Betrieb zusammen bewirtschaftet wird.

(4) In einen landwirtschaftlichen Betrieb sind auch Wirtschaftsgebäude oder Wirtschaftsgebäudeteile einzubeziehen, die auf dem einem landwirtschaftlichen Betrieb dienenden Grund und Boden errichtet sind, aber dem Eigentümer des Grund und Bodens nicht oder nicht alleine gehören.

(5) Verfügt der Bewirtschafter über keine Eigenflächen, so sind die in Zusammenhang mit der Bewirtschaftung fremder Flächen an ihn ausbezahlten Gelder im Sinne des § 35 eine eigene wirtschaftliche Einheit. Sitz dieses landwirtschaftlichen Betriebes ist in jener Gemeinde, von der aus die Bewirtschaftung erfolgt.

(6) Nicht genutzte landwirtschaftliche Wirtschaftsgebäude gehören unbeschadet der Bestimmungen des § 52 Abs. 2 zum land- und forstwirtschaftlichen Vermögen, solange sie keinem anderen Zweck zugeführt werden.

§ 31a. (aufgehoben)

Bewertungsgrundsatz, Ertragswert

§ 32. (1) Für landwirtschaftliche Betriebe gelten die Grundsätze über die Bewertung nach Ertragswerten.

(2) Ertragswert ist das Achtzehnfache des Reinertrages, den der Betrieb seiner wirtschaftlichen Bestimmung gemäß im Durchschnitt der Jahre nachhaltig erbringen kann. Dabei ist davon auszugehen, daß der Betrieb unter gewöhnlichen Verhältnissen, ordnungsmäßig, gemeinüblich und mit entlohnten fremden Arbeitskräften bewirtschaftet wird. Außerdem ist zu unterstellen, daß der Betrieb schuldenfrei ist und mit einem für die ordnungsgemäße, gemeinübliche Bewirtschaftung des Betriebes notwendigen Bestand an Wirtschaftsgebäuden ausgestattet ist.

(3) Bei der Beurteilung der nachhaltigen Ertragsfähigkeit sind die wesentlichen Umstände zu berücksichtigen, die den Wirtschaftserfolg beeinflussen oder von denen die Verwertung der gewonnenen Erzeugnisse abhängig ist. Demgemäß sind insbesondere zu berücksichtigen:

1. Die natürlichen Ertragsbedingungen im Sinne des § 1 Abs. 2 Z 2 des Bodenschätzungsgesetzes 1970 (Bodenbeschaffenheit, Geländegestaltung, klimatische Verhältnisse, Wasserverhältnisse);
2. die folgenden wirtschaftlichen Ertragsbedingungen:
   a) regionalwirtschaftliche Verhältnisse des Standortes,
   b) Entfernung der Betriebsflächen zum Hof,
   c) Größe und Hangneigung der Betriebsflächen und
   d) Betriebsgröße.

(4) Die Gebäude, Betriebsmittel, Nebenbetriebe, Sonder- und Obstkulturen sowie Rechte und Nutzungen (§ 11), die zu dem Betrieb gehören, werden unbeschadet der §§ 33 und 40 nicht besonders bewertet, sondern bei der Ermittlung des Ertragswertes berücksichtigt. Dabei sind Zuschläge gemäß § 40 für Sonder- und Obstkulturen, die keine Dauerkulturen sind, der wirtschaftlichen Einheit des Bewirtschafters zuzurechnen, während Zuschläge für Dauerkulturen beim Ertragswert des Eigentümers der wirtschaftlichen Einheit, auf der sie sich befinden, zu erfassen sind. Sofern der Bewirtschafter keinen land- und forstwirtschaftlichen Grundbesitz im Eigentum hat, bildet der Zuschlag einen landwirtschaftlichen Betrieb in jener Gemeinde, in der die Hofstelle des Pächters gelegen ist, oder bei Fehlen einer Hofstelle in jener Gemeinde, in der sich der wertmäßig überwiegende Anteil der Sonder- und Obstkulturen befindet.

Wohnungswert

§ 33. (1) Wohnungswert ist der Wert der Gebäude oder Gebäudeteile, die dem Betriebsinhaber, seinen Familienangehörigen, den Ausnehmern und den überwiegend im Haushalt des Betriebsinhabers beschäftigten Personen als Wohnung dienen. Der Wohnungswert ist bei den unter § 29 Z 1 und 3 genannten Unterarten des land- und forstwirtschaftlichen Vermögens bis zu einem, nach den Vorschriften über die Bewertung von bebauten Grundstücken ermittelten Wohnungswert von 2.180,185 Euro Bestandteil des Vergleichswertes (§ 39).

(2) Übersteigt jedoch der nach den Vorschriften über die Bewertung von bebauten Grundstücken ermittelte Wohnungswert den in Abs. 1 genannten Betrag, so ist der den Betrag von 2.180,185 Euro übersteigende Teil des Wohnungswertes als sonstiges bebautes Grundstück (§ 54 Abs. 1 Z 5) dem Grundvermögen zuzurechnen.

(3) Bei der Ermittlung des Wohnungswertes sind, wenn der Hauptfeststellungszeitpunkt für das Grundvermögen von dem Hauptfeststellungszeitpunkt für das land- und forstwirtschaftliche Vermögen abweicht, die Wertverhältnisse vom vorhergehenden Hauptfeststellungszeitpunkt für das Grundvermögen zugrunde zu legen; der zu diesem Zeitpunkt ermittelte Wohnungswert gilt, soweit nicht Fortschreibungen oder Nachfeststel-

lungen vorzunehmen sind, bis zum nächstfolgenden Hauptfeststellungszeitpunkt der Einheitswerte des land- und forstwirtschaftlichen Vermögens.

(4) Für nach dem 31. Dezember 2013 liegende Stichtage hat eine Hauptfeststellung für Gebäude oder Gebäudeteile im Sinne des Abs. 1 zum Hauptfeststellungszeitpunkt des Grundvermögens zu erfolgen. Die festgestellten Wohnungswerte gelten weiter, sofern nicht die Voraussetzungen für eine Wertfortschreibung oder eine Nachfeststellung gemäß §§ 21 und 22 gegeben sind.

Hauptvergleichsbetrieb, Vergleichsbetriebe, Betriebszahl

§ 34. (1) Für die Bewertung aller landwirtschaftlichen Betriebe innerhalb des Bundesgebietes wird von einem Hauptvergleichsbetrieb ausgegangen, der die besten natürlichen Ertragsbedingungen im Sinne des § 32 Abs. 3 Z 1 aufweist und bei dem sich die wirtschaftlichen Ertragsbedingungen in ihrer Gesamtheit weder ertragsmindernd noch ertragserhöhend auswirken. Die Merkmale der natürlichen und wirtschaftlichen Ertragsbedingungen dieses Hauptvergleichsbetriebes sind vom Bundesministerium für Finanzen nach Beratung im Bewertungsbeirat durch Verordnung rechtsverbindlich festzustellen und im „Amtsblatt zur Wiener Zeitung" kundzumachen (§ 44). Die Bodenklimazahl (§ 16 Abs. 2 Bodenschätzungsgesetz 1970, BGBl. Nr. 233) dieses Hauptvergleichsbetriebes ist mit der Wertzahl 100 anzunehmen.

(2) Um für die Bewertung aller in der Natur tatsächlich vorkommenden landwirtschaftlichen Betriebe innerhalb des Bundesgebietes die Gleichmäßigkeit zu sichern und Grundlagen durch feststehende Ausgangspunkte zu schaffen, stellt das Bundesministerium für Finanzen für bestimmte Betriebe (Vergleichsbetriebe) nach Beratung im Bewertungsbeirat mit rechtsverbindlicher Kraft das Verhältnis fest, in dem die Vergleichsbetriebe nach ihrer Ertragsfähigkeit auf die Flächeneinheit (Hektar) bezogen zum Hauptvergleichsbetriebe stehen. Diese Feststellungen sind im „Amtsblatt zur Wiener Zeitung" kundzumachen. Die Vergleichsbetriebe sind in allen Teilen des Bundesgebietes (Bundesländer) so auszuwählen, daß die Vergleichsbetriebe für die jeweilige Gegend kennzeichnend sind. In ihrer Gesamtheit haben diese einen Querschnitt über die Ertragsverhältnisse der landwirtschaftlichen Betriebe des Bundesgebietes zu ergeben.

(3) Das Verhältnis zum Hauptvergleichsbetrieb im Sinne des Abs. 2 wird jeweils in einem Hundertsatz ausgedrückt (Betriebszahl). Die Betriebszahl des Hauptvergleichsbetriebes ist 100.

Berücksichtigung von öffentlichen Geldern

§ 35. Bei der Bewertung sind nur solche wiederkehrenden Direktzahlungen gesondert zu berücksichtigen, welche zur Einkommensunterstützung gewährt werden, soweit sie nicht für die Abgeltung ertragswirksamen Mehraufwandes oder Minderertrages auf Grund von Verpflichtungen, die über die allgemeinen Mindestanforderungen hinausgehen oder aufgrund von Mehraufwendungen für besonders zu berücksichtigende Bewirtschaftungsverhältnisse resultieren, vorgesehen sind. Diese öffentlichen Gelder sind in Höhe von 33 vH der dem jeweiligen Betriebsinhaber für das Antragsjahr gewährten Erstauszahlung unter Berücksichtigung allfälliger Vorschusszahlungen anzusetzen.

(BGBl I 2022/45)

Ermittlung der Betriebszahlen

§ 36. (1) Bei der Feststellung der Betriebszahlen sind die tatsächlichen Verhältnisse hinsichtlich der im § 32 Abs. 3 bezeichneten Ertragsbedingungen zugrunde zu legen; hiebei sind hinsichtlich der natürlichen Ertragsbedingungen die rechtskräftigen Ergebnisse der Bodenschätzung maßgebend (§ 16 Bodenschätzungsgesetz 1970, BGBl. Nr. 233).

(2) Hinsichtlich der übrigen Umstände, die die Ertragsfähigkeit beeinflussen können, sind ohne Rücksicht auf die tatsächlichen Verhältnisse solche zu unterstellen, die in der betreffenden Gegend für die Bewirtschaftung als regelmäßig anzusehen sind. Dies gilt insbesondere hinsichtlich des Bestandes an Betriebsmitteln. Als regelmäßig im Sinne des Satzes 1 ist nicht anzunehmen, daß Nebenbetriebe, Obstbau- und andere Sonderkulturen, Alpen sowie Rechte und Nutzungen (§ 11) zu den Betrieben gehören.

(3) Zugepachtete Flächen, die zusammen mit einem Vergleichsbetrieb bewirtschaftet werden, können bei der Feststellung der Betriebszahl mitberücksichtigt werden; in diesem Fall ist der Hektarsatz des Betriebes nicht durch Anwendung der für ihn festgestellten Betriebszahl zu ermitteln. Für seine Ermittlung sind vielmehr die für alle übrigen Betriebe geltenden Vorschriften anzuwenden. Dabei sind die zugepachteten Flächen außer Betracht zu lassen.

Gang der Bewertung

§ 37. Zur Feststellung des Einheitswertes wird für alle landwirtschaftlichen Betriebe der Vergleichswert nach den §§ 38 und 39 ermittelt. Bei Vorliegen der Voraussetzungen des § 40 ist der Vergleichswert durch einen Abschlag zu vermindern oder durch einen Zuschlag zu erhöhen. Unterbleibt ein Abschlag oder ein Zuschlag, so ist Einheitswert der Vergleichswert, soweit nicht noch Grundstücksflächen nach § 31 Abs. 1 und 3 und öffentliche Gelder gemäß § 35 einzubeziehen sind.

Ermittlung des Hektarsatzes

§ 38. (1) Für die Betriebszahl 100, das heißt für den Hauptvergleichsbetrieb (§ 34), beträgt der Ertragswert je Hektar (Hektarsatz) 2 400 Euro.

(2) Der Bundesminister für Finanzen bestimmt mit Verordnung, mit welchen Ertragswerten pro Hektar (Hektarsätzen) die im § 39 Abs. 2 Z 1 lit. a und b genannten Grundstücksflächen anzusetzen sind.

(3) Für die übrigen Vergleichsbetriebe ergibt sich der Hektarsatz aus der Anwendung der für

sie festgestellten Betriebszahl auf den Hektarsatz des Hauptvergleichsbetriebes.

(4) Für alle übrigen Betriebe wird der Hektarsatz nach dem Verhältnis ihrer Ertragsfähigkeit zu derjenigen der Vergleichsbetriebe ermittelt. Hiebei sind für die wirtschaftlichen Ertragsbedingungen im Sinne des § 32 Abs. 3 Z 2 lit. a, b und c ortsübliche Verhältnisse zugrunde zu legen.

Ermittlung der Vergleichswerte und Einheitswerte

§ 39. (1) Der Vergleichswert ergibt sich unbeschadet der Bestimmungen der Abs. 2 bis 4 für alle Betriebe aus der Vervielfachung des Hektarsatzes mit der in Hektar ausgedrückten Fläche des Betriebes. Wege, Gräben, Hecken, Grenzraine und dergleichen, die Teile eines landwirtschaftlichen Betriebes sind, sind der Grundstücksfläche, zu der sie gehören, zuzurechnen und, unbeschadet des § 40, gemeinschaftlich mit dieser zu bewerten.

(2) Bei der Feststellung des Einheitswertes eines landwirtschaftlichen Betriebes sind die folgenden Teile des Betriebes gesondert zu bewerten:
1. durch Ermittlung des Hektarsatzes nach dem Verhältnis ihrer Ertragsfähigkeit zu derjenigen der Vergleichsbetriebe
   a) Alpen, das sind Vegetationsflächen oberhalb und außerhalb der höhenbezogenen Dauersiedlungsgrenze, die vorwiegend durch Beweidung während der Sommermonate genutzt werden, sowie die in regelmäßigen Abständen gemähten Dauergrasflächen im Almbereich;
   b) Vegetationsflächen, deren Ertragsfähigkeit so gering ist, daß sie in ihrem derzeitigen Zustand land- und forstwirtschaftlich nicht bestellt werden können;
2. nach den Vorschriften des § 46 forstwirtschaftlich genutzte Grundstücksflächen;
3. nach den Vorschriften des § 48 Abs. 2 und 4 weinbaumäßig genutzte Grundstücksflächen;
4. nach den Bestimmungen des § 49 gärtnerisch genutzte Grundstücksflächen mit Ausnahme der Hausgärten;
5. mit ihrem Einzelertragswert Teile des landwirtschaftlichen Betriebes, soweit sie, losgelöst von ihrer Zugehörigkeit zu diesem Betrieb, zum übrigen land- und forstwirtschaftlichen Vermögen gehören würden;
6. öffentliche Gelder nach den Vorschriften des § 35.

(3) Teile des landwirtschaftlichen Betriebes, die unproduktives Land sind, scheiden für die Bewertung aus; als unproduktives Land gilt alles Land, das durch keinerlei Nutzung einen Ertrag abwirft und das auch bei geordneter, verständiger Wirtschaftsweise nicht in Kultur genommen werden kann. Unbeschadet der Bestimmungen des 1. Satzes sind jene Flächen, die zwar nicht in Kultur genommen werden können, aber anderwärtig genutzt werden, gemäß Abs. 2 Z 1 lit. b gesondert zu bewerten.

(4) Weicht der Wert, der sich für den landwirtschaftlichen Betrieb bei Anwendungen der Abs. 2 und 3 ergeben würde, nur unerheblich von dem Wert ab, der sich bei Anwendung des maßgebenden Hektarsatzes auf den ganzen Betrieb ergibt, so kann von der Anwendung dieser Bestimmungen abgesehen und der maßgebende Hektarsatz auf den ganzen Betrieb angewendet werden.

Abschläge und Zuschläge

§ 40. Für die Abschläge und Zuschläge am Vergleichswert gelten die folgenden Vorschriften:
1. Abschläge oder Zuschläge sind nur zu machen, wenn
   a) die tatsächlichen Verhältnisse der im § 36 Abs. 2 bezeichneten Ertragsbedingungen von den regelmäßigen Verhältnissen, die bei der Feststellung der Betriebszahl oder bei der Ermittlung des Hektarsatzes unterstellt worden sind, wesentlich abweichen und außerdem
   b) die Abweichung zu einer wesentlichen Minderung oder Steigerung der Ertragsfähigkeit führt und
   c) die Abweichung nicht durch Be- und/oder Verarbeitung im Sinne des § 2 Abs. 4 Z 1 der Gewerbeordnung 1994 oder durch Buschenschank (§§ 2 Abs. 1 Z 5 und 111 Abs. 2 Z 5 Gewerbeordnung 1994) begründet ist.
2. für die Bemessung der Abschläge und Zuschläge ist von dem Unterschiedsbetrag auszugehen zwischen dem Ertrag, der beim Vorliegen der regelmäßigen Verhältnisse zu erzielen wäre und dem Ertrag, den der landwirtschaftliche Betrieb in seinem tatsächlichen Zustand nachhaltig erzielen kann. Der Unterschiedsbetrag ist mit 18 zu vervielfachen.

Bewertungsbeirat

§ 41. (1) Der Bundesminister für Finanzen hat zur Sicherung einer wirksamen Durchführung der Vorschriften der §§ 34 und 36 einen Bewertungsbeirat zu bilden.

(2) Dem Bewertungsbeirat gehören an:
1. ein vom Bundesminister für Finanzen beauftragter rechtskundiger Bundesbeamter als Vorsitzender und ein Beamter des höheren Bodenschätzungsdienstes für die technischen Belange des Bewertungsbeirates;
2. zwei Landesbeamte als Vertreter der Bundesländer; der Bundesminister für Finanzen bestimmt die Bundesländer, welche die Vertreter entsenden;
3. sechs unter Bedachtnahme auf den Vorschlag der Präsidentenkonferenz der Landwirtschaftskammern Österreichs im Einvernehmen mit dem Bundesminister für Land- und Forstwirtschaft berufene Mitglieder, die über eingehende Sachkenntnis auf dem Gebiete der Landwirtschaft verfügen. Hievon müssen

jedoch mindestens zwei Mitglieder ausübende Landwirte sein. Nach Bedarf können vorübergehend mehr als sechs Mitglieder in gleicher Weise berufen werden. Der Bundesminister für Finanzen kann die Berufung jederzeit zurücknehmen.

(3) Die im Abs. 2 unter Z 3 berufenen Mitglieder üben ihre Funktion ehrenamtlich aus. Alle im Abs. 2 angeführten Personen sind verpflichtet, über alle ihnen in Ausübung ihrer Tätigkeit bekannt gewordenen Amts-, Geschäfts- und Betriebsgeheimnisse Verschwiegenheit zu bewahren. Auf Verletzung der Geheimhaltungspflicht finden die Bestimmungen der §§ 251 und 252 des Finanzstrafgesetzes, BGBl. Nr. 129/1958, Anwendung.

Geschäftsführung des Bewertungsbeirates

§ 42. (1) Das Bundesministerium für Finanzen führt die Geschäfte des Bewertungsbeirates.

(2) Der Vorsitzende des Bewertungsbeirates leitet die Verhandlungen. Eine Abstimmung findet nicht statt.

(3) Der Bewertungsbeirat ist berechtigt, Grundstücke zu betreten, Betriebe zu besichtigen und die für seine Arbeiten notwendigen Auskünfte zu verlangen.

(4) Das Bundesministerium für Finanzen bestimmt die Geschäftsordnung des Bewertungsbeirates und die Entschädigung der nichtbeamteten Mitglieder.

Aufgaben des Bewertungsbeirates

§ 43. Der Bewertungsbeirat berät das Bundesministerium für Finanzen
1. bei der Beschreibung der Merkmale des Hauptvergleichsbetriebes (§ 34 Abs. 1),
2. bei der Bestimmung der Vergleichsbetriebe,
3. bei der Feststellung der Betriebszahlen für die Vergleichsbetriebe,
4. bei der Festsetzung der Hektarsätze gemäß § 38 Abs. 2,
5. bei weiteren Maßnahmen, die zur Sicherung der Gleichmäßigkeit der Bewertung innerhalb des Bundesgebietes zu treffen sind.

Bekanntgabe und Wirkung der Entscheidung

§ 44. Nach Beratung im Bewertungsbeirat trifft das Bundesministerium für Finanzen über den Gegenstand der Beratung die Entscheidung. Durch die Kundmachung der Entscheidung im „Amtsblatt zur Wiener Zeitung" erhalten diese für die Hauptfeststellung der Einheitswerte und für alle Fortschreibungen und Nachfeststellungen bis zur nächsten Hauptfeststellung rechtsverbindliche Kraft. War der Einheitswert eines Vergleichsbetriebes bereits vor der Bekanntgabe seiner Betriebszahl festgestellt, so gilt die Feststellung des Einheitswertes als nicht erfolgt.

§ 45. (aufgehoben)

b) Forstwirtschaftliches Vermögen

Begriff und Bewertung des forstwirtschaftlichen Vermögens

§ 46. (1) Zum forstwirtschaftlichen Vermögen gehören alle Teile einer wirtschaftlichen Einheit, die dauernd einem forstwirtschaftlichen Hauptzweck dienen (forstwirtschaftlicher Betrieb). Einem forstwirtschaftlichen Hauptzweck dienen insbesondere Flächen, die Wald im Sinne des Forstgesetzes 1975 sind.

(2) Für die Bewertung des forstwirtschaftlichen Vermögens sind die §§ 30 bis 32 Abs. 2 und 4, §§ 35, 39 Abs. 1 zweiter Satz, § 39 Abs. 2 Z 1 lit. b, §§ 40, 41, 42 und 44 entsprechend anzuwenden, soweit sich nicht aus den folgenden Absätzen etwas anderes ergibt. Eingeschlagenes Holz rechnet nur insoweit zum Überbestand an umlaufenden Betriebsmitteln, als es den betriebsplanmäßigen jährlichen Einschlag übersteigt.

(3) Der forstwirtschaftliche Ertragswert ist ausgehend vom Hektarsatz eines nicht aussetzenden Betriebes mit regelmäßigen Altersklassen (Normalwaldbetrieb) und günstigen forstwirtschaftlichen Bewirtschaftungsbedingungen abzuleiten. Die Hektarsätze für das forstwirtschaftliche Vermögen ergeben sich nach dem Verhältnis zum Normalwaldbetrieb und sind nach den verschiedenen in Betracht kommenden Baumarten, Ertragsklassen und erzielbaren Holzpreisen sowie vom Umstand, ob auf Grund der forstwirtschaftlichen Betriebsgröße eine überwiegend regelmäßige Nutzung möglich ist, zu differenzieren. Weichen die tatsächlichen Verhältnisse davon ab, erfolgt eine Berücksichtigung durch Zu- und Abschläge. Zu diesem Zweck kann der Bundesminister für Finanzen nach Beratung in der forstwirtschaftlichen Abteilung des Bewertungsbeirates mit rechtsverbindlicher Kraft feststellen
1. von welchem Wert für die Flächeneinheit (Hektar) eines Betriebes mit überwiegend regelmäßiger forstwirtschaftlicher Nutzung und regelmäßigen Altersklassenverhältnis auszugehen ist (Hektarsatz);
2. mit welchem Hundertsatz des nach Z 1 festgestellten Hektarsatzes die einzelnen Altersklassen anzusetzen sind;
3. mit welchem Hektarsatz Mittelwald-, Niederwald- und Auwaldbetriebe, Schutz- oder Bannwälder und sonstige in der Bewirtschaftung eingeschränkte Wälder oder derartige Flächen innerhalb anderer Betriebe anzusetzen sind;
4. die forstwirtschaftliche Betriebsgröße, ab der überwiegend regelmäßige forstwirtschaftliche Nutzungen möglich sind.

(4) Bei der Feststellung der Hektarsätze nach Abs. 3 sind die tatsächlichen Verhältnisse hinsichtlich der natürlichen Ertragsbedingungen wie insbesondere Betriebsklassen, Holzarten, Standorte und Schäden sowie weiters hinsichtlich der Vermarktungsmöglichkeiten und des Holzbestandes zugrunde zu legen. Hinsichtlich der übrigen

Umstände und der Bewirtschaftungsbedingungen sind regelmäßige Verhältnisse zu unterstellen. Dies gilt insbesondere hinsichtlich des Bestandes an Betriebsmitteln und der Betriebsgröße. Als regelmäßig im Sinne des zweiten Satzes ist anzusehen, dass Nebenbetriebe, ausgenommen solche gemäß § 40 Z 1 lit. c, Sonderkulturen, Rechte und Nutzungen (§ 11) sowie Gebäude nicht vorhanden sind und Nebennutzungen nicht erzielt werden.

(5) Der ermittelte Ertragswert ist durch einen Abschlag zu vermindern oder durch einen Zuschlag zu erhöhen, wenn die tatsächlichen Verhältnisse der im Abs. 4 zweiter bis vierter Satz bezeichneten Ertragsbedingungen von den regelmäßigen Verhältnissen, die bei der Feststellung der Hektarsätze unterstellt worden sind, wesentlich abweichen und diese Abweichung zu einer wesentlichen Minderung oder Steigerung der Ertragsfähigkeit führt. § 40 Z 2 gilt entsprechend. Das Wohngebäude des Betriebsinhabers oder der seiner Wohnung dienende Gebäudeteil gehört abweichend von § 32 Abs. 4 nicht zum forstwirtschaftlichen Vermögen. Gehört das Wohngebäude zu Grundstücksflächen, die gemäß Abs. 6 zu bewerten sind, findet § 33 entsprechend Anwendung.

(6) Bei der Feststellung des Einheitswertes eines forstwirtschaftlichen Betriebes sind landwirtschaftlich genutzte Grundstücksflächen unbeschadet der Bestimmungen des § 39 Abs. 2 Z 1 durch Ermittlung des Hektarsatzes nach dem Verhältnis ihrer Ertragsfähigkeit zu derjenigen der landwirtschaftlichen Vergleichsbetriebe zu bewerten. Die Bestimmungen des § 39 Abs. 2 Z 3, 4 und 5 sowie § 39 Abs. 3 und 4 gelten entsprechend.

Forstwirtschaftliche Abteilung des Bewertungsbeirates

§ 47. (1) Für die forstwirtschaftliche Abteilung des Bewertungsbeirates treten an Stelle der im § 41 Abs. 2 Z 3 Satz 1 bezeichneten sechs Mitglieder vier Mitglieder, die über eingehende Sachkenntnis auf dem Gebiete der Forstwirtschaft verfügen. Hievon müssen jedoch mindestens zwei Mitglieder ausübende Forstwirte sein.

(2) Der Bewertungsbeirat berät das Bundesministerium für Finanzen hinsichtlich der forstwirtschaftlichen Betriebe
1. bei den im § 46 Abs. 3 bezeichneten Feststellungen;
2. bei weiteren Maßnahmen, die zur Sicherung der Gleichmäßigkeit der Bewertung innerhalb des Bundesgebietes zu treffen sind.

c) Weinbauvermögen

Begriff und Bewertung des Weinbauvermögens

§ 48. (1) Zum Weinbauvermögen gehören alle Teile einer wirtschaftlichen Einheit, die dauernd dem Weinbau als Hauptzweck dient (Weinbaubetrieb).

(2) Auf die Weinbaubetriebe finden die §§ 30 bis 32 Abs. 2 und 32 Abs. 4 bis 44 entsprechende Anwendung, soweit sich nicht aus den Abs. 3 bis 6 etwas anderes ergibt.

(3) Zum normalen Bestand an umlaufenden Betriebsmitteln gehören auch die Weinvorräte, die aus der Ernte der letzten zwei Jahre stammen oder die sich bei gemeinüblicher Bewirtschaftung noch im Ausbau befinden. Hiezu gehören jedoch nicht Vorräte an Weinen solcher Jahrgänge, die ihrer besonderen Eigenart wegen über die regelmäßige Ausbauzeit hinaus einer Kellerbehandlung unterzogen werden.

(4) Der Hektarsatz für die Betriebszahl 100 (Weinbauhauptvergleichsbetrieb) ist nach Beratung in der Weinbauabteilung des Bewertungsbeirates (Abs. 6) vom Bundesminister für Finanzen mit Verordnung (§ 44) im Verhältnis der Ertragsfähigkeit zum Hektarsatz gemäß § 38 Abs. 1 festzulegen. Bei der Beurteilung der nachhaltigen Ertragsfähigkeit von Weinbaubetrieben sind die wesentlichen Umstände zu berücksichtigen, die den Wirtschaftserfolg beeinflussen oder von denen die Verwertung der gewonnenen Erzeugnisse abhängig ist. Demgemäß sind insbesondere zu berücksichtigen:
1. Die natürlichen Ertragsbedingungen im Sinne des § 1 Abs. 2 Z 2 des Bodenschätzungsgesetzes 1970 sowie die regionalen weinbauklimatischen Verhältnisse;
2. die folgenden wirtschaftlichen Ertragsbedingungen:
    a) Lage des Hofes in Hinblick auf Vermarktungsmöglichkeiten der Erzeugnisse,
    b) tatsächliche Vermarktungsverhältnisse des Betriebes,
    c) Größe und Hangneigung der Betriebsflächen und
    d) Betriebsgröße.
3. Ertragssteigerungen aus Buschenschank sind unbeschadet des § 40 Z 1 lit. c gesondert durch Zuschlag zu berücksichtigen.

(5) Bei der Feststellung des Einheitswertes eines Weinbaubetriebes sind landwirtschaftlich genutzte Grundstücksflächen unbeschadet der Bestimmungen des § 39 Abs. 2 Z 1 durch Ermittlung des Hektarsatzes nach dem Verhältnis ihrer Ertragsfähigkeit zu derjenigen der landwirtschaftlichen Vergleichsbetriebe (Untervergleichsbetriebe) zu bewerten.

(6) Für die Weinbauabteilung des Bewertungsbeirates treten an die Stelle der im § 41 Abs. 2 Z 3 Satz 1 bezeichneten sechs Mitglieder vier Mitglieder, die über eingehende Sachkenntnis auf dem Gebiete des Weinbaues verfügen. Hievon muß jedoch mindestens ein Mitglied ausübender Weinbautreibender sein.

d) Gärtnerisches Vermögen

Begriff und Bewertung des gärtnerischen Vermögens

§ 49. (1) Zum gärtnerischen Vermögen gehören alle Teile einer wirtschaftlichen Einheit, die dauernd einem gärtnerischen Hauptzweck dient (gärtnerischer Betrieb). Ein gärtnerischer Betrieb liegt auch dann vor, wenn die gärtnerischen Erzeugnisse unter Glas oder anderen Einrichtungen zur Beeinflussung der natürlichen Ertragsbedingungen gewonnen werden. Nicht zum gärtnerischen Vermögen, sondern zum Grundvermögen gehören solche Flächen, die vorwiegend der Erholung dienen bzw. bei deren Bewirtschaftung ein Reinertrag nicht zu erwarten ist.

(2) Auf die gärtnerischen Betriebe finden die §§ 30 bis 32 Abs. 2, § 32 Abs. 4, § 35, § 41, § 42 und § 44 entsprechende Anwendung, soweit sich nicht aus den Abs. 3 bis 6 etwas anderes ergibt.

(3) Gärtnerische Betriebe sind grundsätzlich mit dem Einzelertragswert zu bewerten. Der Bundesminister für Finanzen kann nach Beratung im Bewertungsbeirat mit rechtsverbindlicher Kraft Bewertungsansätze für bestimmte Kategorien der gärtnerischen Nutzung sowie die Art und den Umfang der Berücksichtigung von Umständen im Sinne des § 32 festlegen (§ 44).

(4) Das Wohngebäude des Betriebsinhabers oder der seiner Wohnung dienende Gebäudeteil gehört abweichend von § 32 Abs. 4 nicht zum gärtnerischen Vermögen.

(5) Bei der Feststellung des Einheitswertes eines gärtnerischen Betriebes sind landwirtschaftlich genutzte Grundstücksflächen unbeschadet der Bestimmung des § 39 Abs. 2 Z 1 durch Ermittlung des Hektarsatzes nach dem Verhältnis ihrer Ertragsfähigkeit zu derjenigen der landwirtschaftlichen Vergleichsbetriebe zu bewerten. Die Bestimmungen des § 39 Abs. 2 Z 2, 3 und 5 sowie Abs. 3 gelten entsprechend.

(6) Für die gärtnerische Abteilung des Bewertungsbeirates treten an Stelle der im § 41 Abs. 2 Z 3 Satz 1 bezeichneten sechs Mitglieder drei Mitglieder, die über eingehende Sachkenntnis auf dem Gebiete des Gartenbaues verfügen. Hievon muß jedoch mindestens ein Mitglied ausübender Erwerbsgärtner sein. Der Bewertungsbeirat berät das Bundesministerium für Finanzen bei den im Abs. 3 bezeichneten Feststellungen und bei weiteren Maßnahmen, die zur Sicherung der Gleichmäßigkeit der Bewertung innerhalb des Bundesgebietes zu treffen sind.

e) Übriges land- und forstwirtschaftliches Vermögen

Begriff und Bewertung des übrigen land- und forstwirtschaftlichen Vermögens

§ 50. (1) Zum übrigen land- und forstwirtschaftlichen Vermögen gehören insbesondere:
1. Das der Fischzucht und der Teichwirtschaft gewidmete Vermögen;
2. das Fischereirecht und das übrige der Fischerei gewidmete Vermögen;
3. das der Bienenzucht gewidmete Vermögen (Imkereien).

(2) Auf das übrige land- und forstwirtschaftliche Vermögen sind § 30 Abs. 2, 8 bis 12 und § 32 Abs. 1, 2 und 4 entsprechend anzuwenden. Das Wohngebäude des Betriebsinhabers oder der seiner Wohnung dienende Gebäudeteil gehört abweichend vom § 32 Abs. 4 nicht zum übrigen land- und forstwirtschaftlichen Vermögen. Der Bundesminister für Finanzen kann im Bedarfsfall nach Beratung im Bewertungsbeirat mit Verordnung Bewertungsansätze für bestimmte Teile des übrigen land- und forstwirtschaftlichen Vermögens festlegen (§ 44).

(3) Abs. 1 gilt auch für Flächen (z.B. auch Gewässer), deren Bewirtschaftung auf Grund naturschutzbehördlicher Auflagen eingeschränkt ist.

II. Grundvermögen

Begriff des Grundvermögens

§ 51. (1) Zum Grundvermögen gehört der Grund und Boden einschließlich der Bestandteile (insbesondere Gebäude) und des Zubehörs. In das Grundvermögen sind nicht einzubeziehen die Maschinen und sonstigen Vorrichtungen aller Art, die zu einer Betriebsanlage gehören, auch wenn sie wesentliche Bestandteile sind. Umzäunungen sowie Weg- und Platzbefestigungen sind bei gewerblich genutzten Grundstücken stets als Vorrichtungen anzusehen, die zu einer Betriebsanlage gehören. Jede wirtschaftliche Einheit des Grundvermögens bildet ein selbständiges Grundstück im Sinne dieses Bundesgesetzes.

(2) Als Grundstücke gelten auch das Baurecht und sonstige grundstücksgleiche Rechte.

(3) Als Grundstück gilt auch ein Gebäude, das auf fremdem Grund und Boden errichtet ist, selbst wenn es wesentlicher Bestandteil des Grund und Bodens geworden ist.

Abgrenzung des Grundvermögens von anderen Vermögensarten

§ 52. (1) Zum Grundvermögen gehört nicht Grundbesitz, der zum land- und forstwirtschaftlichen Vermögen gehört.

(2) Land- und forstwirtschaftlich genutzte Grundstücksflächen sind dem Grundvermögen zuzurechnen, wenn nach ihrer Lage und den sonstigen Verhältnissen, insbesondere mit Rücksicht auf die bestehenden Verwertungsmöglichkeiten, anzunehmen ist, daß sie in absehbarer Zeit anderen als land- und forstwirtschaftlichen Zwecken dienen werden, z.B. wenn sie hienach als Bauland, Industrieland oder als Land für Verkehrszwecke anzusehen sind.

(3) Zum Grundvermögen gehören nicht die Betriebsgrundstücke (§ 60) und die Gewerbeberechtigungen (§ 61).

Bewertung von bebauten Grundstücken

§ 53. (1) Bei der Bewertung von bebauten Grundstücken (Grundstücke, deren Bebauung abgeschlossen ist, und Grundstücke, die sich zum Feststellungszeitpunkt im Zustand der Bebauung befinden), ist vom Bodenwert (Abs. 2) und vom Gebäudewert (Abs. 3 bis 6) auszugehen.

(2) Als Bodenwert ist der Wert maßgebend, mit dem der Grund und Boden allein als unbebautes Grundstück gemäß § 55 zu bewerten wäre. Da-

bei sind insbesondere die Lage und die Form des Grundstückes sowie alle anderen den gemeinen Wert von unbebauten Grundstücken beeinflussende Umstände zu berücksichtigen. Der Wert jener Fläche, die das Zehnfache der bebauten Fläche nicht übersteigt, ist um 25 v.H. zu kürzen.

(3) Der Gebäudewert ist vorbehaltlich der Bestimmungen der Abs. 4 und 5 aus dem Neuherstellungswert abzuleiten, der sich je nach der Bauweise und Ausstattung der Gebäude oder der Gebäudeteile bei Unterstellung von Durchschnittspreisen je Kubikmeter des umbauten Raumes der Gebäude oder der Gebäudeteile ergibt. Umbauter Raum ist der auf mindestens drei Seiten von Wänden umschlossene innere nutzbare Raum zuzüglich des Raumes, den die Umwandung einnimmt.

(4) Bei offenen Hallen (Überdachungen, Flugdächer), das sind von höchstens zwei Seiten durch Wände umschlossene Räume, ist der Gebäudewert aus dem Neuherstellungswert abzuleiten, der sich je nach der Bauweise und Höhe bei Unterstellung von Durchschnittspreisen je Quadratmeter der überdachten Fläche ergibt.

(5) Bei Mietwohngrundstücken und bei gemischtgenutzten Grundstücken ist der Gebäudewert aus dem Neuherstellungswert abzuleiten, der sich je nach der Bauweise und Ausstattung der Gebäude oder der Gebäudeteile bei Unterstellung von Durchschnittspreisen je Quadratmeter der nutzbaren Fläche der Gebäude oder der Gebäudeteile ergibt. Nutzbare Fläche ist die Gesamtfläche der insbesondere für Wohnzwecke, für gewerbliche Zwecke oder für öffentliche Zwecke nutzbar ausgestatteten Räume einschließlich der Nebenräume und Wandnischen (Einbauschränke) sowie einschließlich der für die erwähnten Zwecke nutzbar ausgestatteten Keller- und Dachbodenräume; Garagen sind in die nutzbare Fläche einzubeziehen. Die Wandstärke ist bei der Berechnung der nutzbaren Fläche außer Betracht zu lassen. Räume oder Teile von Räumen, die weniger als 150 cm hoch sind, sowie Treppen, Stiegenhäuser, Gänge, offene Balkone und Terrassen sind bei der Berechnung der nutzbaren Fläche nicht einzubeziehen.

(6) Bei der Ermittlung des Gebäudewertes ist der Neuherstellungswert (Abs. 3 bis 5) entsprechend dem Alter der Gebäude oder der Gebäudeteile im Hauptfeststellungszeitpunkt durch einen Abschlag für technische Abnützung zu ermäßigen. Als Alter des Gebäudes oder des Gebäudeteiles gilt der Zeitraum vom Beginn des Kalenderjahres, in dem das Gebäude oder der Gebäudeteil benützungsfertig wurde, bis zum Hauptfeststellungszeitpunkt. Benützungsfertig ist ein Gebäude oder Gebäudeteil mit jenem Tag, mit dem die Behörde die Benützung für zulässig erklärt hat. Als benützungsfertig im Sinne dieses Gesetzes gilt ein Gebäude oder Gebäudeteil auch mit der ersten tatsächlichen Benützung oder Vermietung. Der Abschlag beträgt jährlich

a) allgemein 1,3 v.H.,
b) bei Gebäuden, die der gewerblichen Beherbergung dienen 2,0 v.H.,
c) bei Lagerhäusern und Kühlhäusern 2,0 v.H.,
d) bei Fabriksgebäuden, Werkstättengebäuden, Garagen, Lagerhäusern und Kühlhäusern, die Teile der wirtschaftlichen Einheit eines Fabriksgrundstückes sind, weiters bei offenen Hallen, soweit sie nicht unter lit. e oder f fallen 2,5 v.H.,
e) bei leichter oder behelfsmäßiger Bauweise 3,0 v.H.,
f) bei einfachen Holzgebäuden oder offenen Hallen in Holzkonstruktion 5,0 v.H.

des Neuherstellungswertes. Bei noch benützbaren Gebäuden oder Gebäudeteilen darf der Abschlag in den Fällen gemäß lit. a und b nicht mehr als 70 v.H. in den Fällen gemäß lit. c bis f nicht mehr als 80 v.H. betragen.

(7) Zur Berücksichtigung der unterschiedlichen Ertragsfähigkeit bebauter Grundstücke ist die gemäß Abs. 1 bis 6 ermittelte Summe aus dem Bodenwert und aus dem Gebäudewert um die in lit. a bis d festgesetzten Hundertsätze zu kürzen. Die Kürzung darf sich jedoch hinsichtlich des Bodenwertes nur auf eine Fläche bis zum Zehnfachen der bebauten Fläche erstrecken; dies gilt nicht für Geschäftsgrundstücke, auf denen sich ein Fabriksbetrieb befindet. Das Ausmaß der Kürzung beträgt

a) bei bebauten Grundstücken, soweit ein durch gesetzliche Vorschriften beschränkter Mietzins entrichtet wird, entsprechend dem Anteil der von der Mietzinsbeschränkung betroffenen nutzbaren Flächen an der gesamten nutzbaren Fläche (Abs. 5), bei einem Anteil von

100 v. H. bis 80 v. H. an der gesamten nutzbaren Fläche

60. v. H, weniger als 80 v. H. bis 60 v. H. an der gesamten nutzbaren Fläche 55 v. H.,

weniger als 60 v. H. bis 50 v. H. an der gesamten nutzbaren Fläche 50 v. H.,

weniger als 50 v. H. bis 40 v. H. an der gesamten nutzbaren Fläche 45 v. H.,

weniger als 40 v. H. bis 30 v. H. an der gesamten nutzbaren Fläche 40 v. H.,

weniger als 30 v. H. bis 20 v. H. an der gesamten nutzbaren Fläche 35 v. H.,

weniger als 20 v. H. bis 10 v. H. an der gesamten nutzbaren Fläche 30 v. H.,

weniger als 10 v. H. an der gesamten nutzbaren Fläche 25 v. H.;

bei der Ermittlung des Anteiles der von der Mietzinsbeschränkung betroffenen nutzbaren Fläche sind die Wohnräume mit ihrer tatsächlichen nutzbaren Fläche, die gewerblichen oder öffentlichen Zwecken dienenden Räume jedoch nur mit ihrer halben nutzbaren Fläche anzusetzen;

b) bei Einfamilienhäusern und sonstigen bebauten Grundstücken gemäß § 33 Abs. 2 30 v.H.,

c) bei Schlössern, Burgen und Klöstern 50 v.H.,
d) bei allen übrigen bebauten Grundstücken 25 v.H.

(8) Übersteigt die gesamte bebaute Fläche einer wirtschaftlichen Einheit das Ausmaß von 2.000 m, so ist der gemäß Abs. 1 bis 7 ermittelte Wert bei einer bebauten Fläche von
mehr als 2.000 m² bis 5.000 m² um 4 v.H.,
mehr als 5.000 m² bis 10.000 m² um 7 v.H.,
mehr als 10.000 m² bis 20.000 m² um 10 v.H.,
mehr als 20.000 m² bis 30.000 m² um 14 v.H.
mehr als 30.000 m² um 20 v.H.
zu kürzen.

(9) Bei der Feststellung der Einheitswerte von Grundstücken, die sich zum Feststellungszeitpunkt im Zustand der Bebauung befinden, sind zu dem Wert des Grund und Bodens und der benützungsfertigen Gebäude und Gebäudeteile die Kosten hinzuzurechnen, die für die in Bau befindlichen Gebäude und Gebäudeteile bis zum Feststellungszeitpunkt entstanden sind. Der so festgestellte Einheitswert darf jedoch nicht höher sein als der Einheitswert, der sich ergeben wird, wenn das Gebäude oder der Gebäudeteil benützungsfertig (Abs. 6 dritter Satz) sind. Für Zwecke der Grundsteuer ist ein besonderer Einheitswert festzustellen; dabei ist nur der Wert des Grund und Bodens und der benützungsfertigen Gebäude und Gebäudeteile zu erfassen. Grundstücke im Zustand der Bebauung sind in diejenige Grundstückshauptgruppe (§ 54) einzureihen, der sie auf Grund der zum Bewertungsstichtag vorliegenden Pläne nach Beendigung der Bebauung angehören werden. Wird die Bebauung abgeschlossen, liegt eine Änderung der Art des Bewertungsgegenstandes im Sinne des § 21 Abs. 1 Z 2 vor.

(10) Bei bebauten Grundstücken, deren gemeiner Wert geringer ist als der auf Grund der Bestimmungen der Abs. 1 bis 9 ermittelte Wert, ist auf Antrag der gemeine Wert zugrunde zu legen.

(11) Mindestens sind als Einheitswert eines bebauten Grundstückes, wenn sich gemäß Abs. 1 bis 10 ein geringerer Wert ergibt, sieben Zehntel des Wertes anzusetzen, mit dem der Grund und Boden gemäß Abs. 2 zu bewerten ist.

Durchschnittspreise

§ 53a. Die bei der Ermittlung des Gebäudewertes gemäß § 53 Abs. 3 bis 5 zu unterstellenden Durchschnittspreise sind in der Anlage festgesetzt; die Anlage ist ein Bestandteil dieses Bundesgesetzes.

Grundstückshauptgruppen

§ 54. (1) Die bebauten Grundstücke werden eingeteilt in:
1. Mietwohngrundstücke. Als Mietwohngrundstücke gelten solche Grundstücke, die zu mehr als 80 vom Hundert Wohnzwecken dienen, mit Ausnahme der Einfamilienhäuser (Z 4).
2. Geschäftsgrundstücke. Als Geschäftsgrundstücke gelten solche Grundstücke, die zu mehr als 80 vom Hundert unmittelbar eigenen oder fremden gewerblichen oder öffentlichen Zwecken dienen.
3. Gemischtgenutzte Grundstücke. Als gemischtgenutzte Grundstücke gelten solche Grundstücke, die teils Wohnzwecken, teils unmittelbar eigenen oder fremden gewerblichen oder öffentlichen Zwecken dienen und weder nach Z 1 als Mietwohngrundstücke, noch nach Z 2 als Geschäftsgrundstücke, noch nach Z 4 als Einfamilienhäuser anzusehen sind.
4. Einfamilienhäuser. Als Einfamilienhäuser gelten solche Wohngrundstücke, die nach ihrer baulichen Gestaltung nicht mehr als eine Wohnung enthalten. Dabei sind Wohnungen, die für Hauspersonal bestimmt sind, nicht mitzurechnen. Die Eigenschaft als Einfamilienhaus wird auch dadurch nicht beeinträchtigt, daß durch Abtrennung von Räumen weitere Wohnungen geschaffen werden, wenn mit ihrem dauernden Bestand nicht gerechnet werden kann. Ein Grundstück gilt auch dann als Einfamilienhaus, wenn es teilweise unmittelbar eigenen oder fremden gewerblichen oder öffentlichen Zwecken dient und dadurch die Eigenart als Einfamilienhaus nach der Verkehrsauffassung nicht wesentlich beeinträchtigt wird.
5. Sonstige bebaute Grundstücke. Die nicht unter Z 1 bis 4 fallenden bebauten Grundstücke gelten als sonstige bebaute Grundstücke.

(2) Die Frage, ob die im Abs. 1 Z 1 bis 3 bezeichneten Grenzen erreicht sind, ist nach dem Verhältnis der nutzbaren Fläche zu beurteilen.

Bewertung von unbebauten Grundstücken

§ 55. (1) Unbebaute Grundstücke sind mit dem gemeinen Werte zu bewerten.

(2) Als unbebaute Grundstücke gelten auch Grundstücke, auf denen sich Gebäude befinden, deren Wert und Zweckbestimmung gegenüber dem Wert und der Zweckbestimmung des Grund und Bodens von untergeordneter Bedeutung sind.

Bewertung des Baurechtes und der sonstigen grundstücksgleichen Rechte

§ 56. (1) Grundstücke. die mit Baurechten oder sonstigen grundstücksgleichen Rechten belastet sind, werden wie bebaute oder unbebaute Grundstücke bewertet.

(2) Beträgt die Dauer des Baurechtes in dem für die Bewertung maßgebenden Zeitpunkt noch 50 Jahre oder mehr, so ist der Gesamtwert gemäß Abs. 1 in vollem Umfang dem Berechtigten zuzurechnen.

(3) Beträgt die Dauer des Baurechtes in dem für die Bewertung maßgebenden Zeitpunkt weniger als 50 Jahre, so ist der Gesamtwert gemäß Abs. 1 auf den Grund und Boden und auf die Gebäude nach dem Verhältnis der gemeinen Werte zu verteilen. Dabei sind zuzurechnen:

1. Dem Berechtigten der Wert der Gebäude und außerdem der Anteil des Baurechtes am Wert des Grund und Bodens. Dieser Anteil ist nach der restlichen Dauer des Baurechtes zu bemessen. Er beträgt bei einer Dauer des Baurechtes

unter	50	bis	zu	45	Jahren	90	v.H.,
"	45	"	"	40	"	80	",
"	40	"	"	35	"	70	",
"	35	"	"	30	"	60	",
"	30	"	"	25	"	50	",
"	25	"	"	20	"	40	",
"	20	"	"	15	"	30	",
"	15	"	"	10	"	20	",
"	10	"	"	5	"	10	",
"	5				"	0	"

des Wertes des Grund und Bodens;
2. dem Eigentümer des Grund und Bodens der Wert des Grund und Bodens, der nach Abzug des in Z 1 genannten Anteiles verbleibt.

(4) Abweichend von Abs. 3 kann auch dem Eigentümer des Grund und Bodens ein Anteil am Wert des Gebäudes zugerechnet werden, wenn besondere Vereinbarungen es rechtfertigen. Dies gilt insbesondere, wenn bei Erlöschen des Baurechtes durch Zeitablauf der Eigentümer des Grund und Bodens keine dem Wert des Gebäudes entsprechende Entschädigung zu leisten hat.

(5) Das Recht auf den Bauzins ist nicht als Bestandteil des Grundstückes zu berücksichtigen, sondern erst bei der Ermittlung des sonstigen Vermögens oder Betriebsvermögens des Eigentümers des Grund und Bodens anzusetzen. Dementsprechend ist die Verpflichtung zur Zahlung des Bauzinses nicht bei der Bewertung des Baurechtes zu berücksichtigen, sondern erst bei der Ermittlung des Gesamtvermögens (Inlandsvermögens) oder Betriebsvermögens des Berechtigten abzuziehen.

III. Betriebsvermögen

Begriff des Betriebsvermögens

§ 57. (1) Zum Betriebsvermögen gehören alle Teile einer wirtschaftlichen Einheit, die dem Betrieb eines Gewerbes als Hauptzweck dient, soweit die Wirtschaftsgüter dem Betriebsinhaber gehören (gewerblicher Betrieb).

(2) Als Gewerbe im Sinne dieses Bundesgesetzes gilt auch die gewerbliche Bodenbewirtschaftung, zum Beispiel der Bergbau und die Gewinnung von Torf, Steinen und Erden.

(3) Als Gewerbe gilt unbeschadet des § 59 nicht die Land- und Forstwirtschaft, wenn sie den Hauptzweck des Unternehmens bildet.

Freie Berufe

§ 58. Dem Betrieb eines Gewerbes im Sinne dieses Bundesgesetzes steht die Ausübung eines freien Berufes gleich. Zu den freien Berufen gehören insbesondere die wissenschaftliche, künstlerische, schriftstellerische, unterrichtende oder erzieherische Tätigkeit, die Berufstätigkeit der Ärzte, Dentisten, Rechtsanwälte und Notare, der staatlich befugten und beeideten Ziviltechniker, der Wirtschaftstreuhänder und ähnlicher Berufe. Als freier Beruf im Sinne dieses Bundesgesetzes gilt auch die Verwaltung fremden Vermögens, sofern sie nicht unter § 57 fällt.

Betriebsvermögen von Körperschaften, Personenvereinigungen und Vermögensmassen

§ 59. (1) Einen gewerblichen Betrieb bilden insbesondere alle Wirtschaftsgüter, die den folgenden Körperschaften, Personenvereinigungen und Vermögensmassen gehören, wenn diese ihre Geschäftsleitung oder ihren Sitz im Inland haben:
1. Kapitalgesellschaften (Aktiengesellschaften, Gesellschaften mit beschränkter Haftung);
2. Erwerbs- und Wirtschaftsgenossenschaften;
3. Versicherungsvereinen auf Gegenseitigkeit;
4. sonstigen juristischen Personen des privaten Rechtes, soweit diese Wirtschaftsgüter einem wirtschaftlichen Geschäftsbetrieb dienen;
5. Kreditanstalten des öffentlichen Rechtes, Sparkassen;
6. offenen Handelsgesellschaften und Kommanditgesellschaften; weiters ähnlichen Gesellschaften, bei denen die Gesellschafter als Unternehmer (Mitunternehmer) anzusehen sind.

(2) Bei allen Körperschaften, Personenvereinigungen und Vermögensmassen, die weder ihre Geschäftsleitung noch ihren Sitz im Inland haben, bilden nur die Wirtschaftsgüter einen gewerblichen Betrieb, die zum inländischen Betriebsvermögen gehören (§ 79 Abs. 2 Z 3).

Betriebsgrundstücke

§ 60. (1) Betriebsgrundstück im Sinne dieses Bundesgesetzes ist der zu einem gewerblichen Betrieb gehörige Grundbesitz, soweit er, losgelöst von seiner Zugehörigkeit zu dem gewerblichen Betriebe,
1. zum Grundvermögen gehören würde oder
2. einen land- und forstwirtschaftlichen Betrieb bilden würde.

(2) Dient das Grundstück, das, losgelöst von dem gewerblichen Betrieb, zum Grundvermögen gehören würde, zu mehr als der Hälfte seines Wertes dem gewerblichen Betrieb, so gilt das ganze Grundstück als Teil des gewerblichen Betriebes und als Betriebsgrundstück. Dient das Grundstück nur zur Hälfte seines Wertes oder zu einem geringeren Teil dem gewerblichen Betrieb, so gehört das ganze Grundstück zum Grundvermögen. Abweichend von den Sätzen 1 und 2 gehört der Grundbesitz der im § 59 Abs. 1 bezeichneten inländischen Körperschaften, Personenvereinigungen und Vermögensmassen stets zu den Betriebsgrundstücken.

(3) Gehört ein Grundstück, das, losgelöst von dem gewerblichen Betrieb, zum Grundvermögen

gehören würde, mehreren Personen, so rechnet das ganze Grundstück stets zum Grundvermögen ohne Rücksicht darauf, in welchem Umfang es einem gewerblichen Betrieb der Beteiligten dient. Sind an dem Grundstück inländische Körperschaften, Personenvereinigungen und Vermögensmassen der im § 59 Abs. 1 bezeichneten Art beteiligt, so gilt ihr Anteil stets als Betriebsgrundstück.

(4) Betriebsgrundstücke im Sinne des Abs. 1 Z 1 sind wie Grundvermögen, Betriebsgrundstücke im Sinne des Abs. 1 Z 2 wie land- und forstwirtschaftliches Vermögen zu bewerten.

Gewerbeberechtigungen

§ 61. (1) Als Gewerbeberechtigungen im Sinne dieses Bundesgesetzes gelten die Berechtigungen, deren Ausübung allein schon ein Gewerbe begründen würde, z.B. Berechtigungen nach dem Berggesetz 1954, BGBl. Nr. 73/1954, Apothekengerechtigkeiten.

(2) Gewerbeberechtigungen, die grundstücksgleich sind, gelten nicht als Betriebsgrundstücke. Gewerbeberechtigungen, die mit dem Eigentum an einem Grundstück verbunden sind, gelten nicht als Bestandteile eines Betriebsgrundstückes.

(3) Zu den Gewerbeberechtigungen sind deren Bestandteile und Zubehör zu rechnen mit Ausnahme des Grund und Bodens und der Gebäude und mit Ausnahme der Maschinen und sonstigen Vorrichtungen aller Art, die zu einer Betriebsanlage gehören.

(4) Gewerbeberechtigungen sind mit dem gemeinen Wert zu bewerten. Als gemeiner Wert gilt der zum maßgebenden Stichtag in einer Vermögensübersicht (Bilanz) anzusetzende Wert.

Nicht zum Betriebsvermögen gehörige Wirtschaftsgüter

§ 62. (1) Zum Betriebsvermögen gehören nicht
1. die Wirtschaftsgüter, die nach den Vorschriften des Vermögensteuergesetzes oder anderer Gesetze von der Vermögensteuer befreit sind;
2. Wirtschaftsgüter, die nach § 69 Abs. 1 Z 4 nicht zum sonstigen Vermögen gehören;
3. Wirtschaftsgüter und Rechte an Wirtschaftsgütern, soweit sie dazu dienen, Umweltbelastungen zu verhindern, zu beseitigen oder zu verringern, die durch den eigenen Betrieb verursacht werden oder diesen beeinträchtigen, und deren Anschaffung oder Herstellung gesetzlich vorgeschrieben oder im öffentlichen Interesse erforderlich war;
4. Pflichtnotstandsreserven nach dem Erdöl-Bevorratungs- und Meldegesetz 1982, BGBl. Nr. 546;
5. Wirtschaftsgüter, soweit sie nicht unter Z 4 fallen und für die Haltung von Pflichtnotstandsreserven nach dem Erdöl-Bevorratungs- und Meldegesetz 1982 zu dienen bestimmt sind;
6. Wirtschaftsgüter, die ausschließlich und unmittelbar der Entwicklung oder Verbesserung volkswirtschaftlich wertvoller Erfindungen dienen, wenn der volkswirtschaftliche Wert der betreffenden Erfindung durch eine Bescheinigung des Bundesministers für wirtschaftliche Angelegenheiten nachgewiesen wird. Die Bescheinigung ist nicht erforderlich, wenn die Erfindung bereits patentrechtlich geschützt ist.

(2) Abs. 1 Z 3 bis 6 ist nicht auf Wirtschaftsgüter anzuwenden, die Grundbesitz darstellen.

(3) Abs. 1 Z 4 und 5 ist nur anzuwenden, wenn der Bundesminister für wirtschaftliche Angelegenheiten bescheinigt, daß es sich um Pflichtnotstandsreserven im Sinne des Erdöl-Bevorratungs- und Meldegesetzes 1982 handelt.

Begünstigung für Beteiligungen

§ 63. Beteiligungen von Vermögensteuerpflichtigen im Sinne der §§ 1 Abs. 1 Z 2 und 2 Abs. 1 Z 2 des Vermögensteuergesetzes 1954 gehören nach Maßgabe der folgenden Bestimmungen nicht zum gewerblichen Betrieb:
1. Beteiligungen an inländischen Körperschaften müssen in Form von Gesellschaftsanteilen, Genossenschaftsanteilen, Genußrechten oder Partizipationskapital im Sinne des Bankwesengesetzes oder des VAG 2016 bestehen;

(BGBl I 2015/34)

2. Beteiligungen an ausländischen Gesellschaften, die einer inländischen Kapitalgesellschaft vergleichbar sind, müssen nachweislich seit Beginn des Wirtschaftsjahres, das dem Feststellungszeitpunkt vorangeht, mindestens aber seit zwölf Monaten, ununterbrochen und unmittelbar an dem Grund- oder Stammkapital der ausländischen Gesellschaft in Form von Gesellschaftsanteilen mindestens zu einem Viertel bestehen. Die Frist gilt nicht für Anteile, die auf Grund einer Kapitalerhöhung erworben worden sind, soweit sich das Beteiligungsverhältnis dadurch nicht erhöht hat. Der Unternehmensgegenstand der ausländischen Gesellschaft darf zu nicht mehr als 25% im Verwalten von eigenen Forderungswertpapieren (Teilschuldverschreibungen, Pfandbriefe, Kommunalschuldverschreibungen und ähnliche Wertpapiere) und Beteiligungen an anderen Unternehmen mit einem derartigen Unternehmensgegenstand liegen, es sei denn, die Gesellschaft unterhält einen Bankbetrieb.

Betriebsschulden und Rücklagen

§ 64. (1) Zur Ermittlung des Einheitswertes des gewerblichen Betriebes sind vom Rohvermögen diejenigen Schulden abzuziehen, die mit der Gesamtheit oder mit einzelnen Teilen des gewerblichen Betriebes im wirtschaftlichen Zusammenhang stehen.

(2) Der Abzug von Schulden aus laufend veranlagten Steuern hängt davon ab, daß die Steuern entweder
1. spätestens im Feststellungszeitpunkt fällig geworden sind oder

2. – bei späterer Fälligkeit – für einen Zeitraum erhoben werden, der spätestens im Feststellungszeitpunkt geendet hat.

(3) Für Betriebe, deren Einheitswert nach § 65 Abs. 3 auf den Abschlußzeitpunkt ermittelt wird, ist statt des Feststellungszeitpunktes der Abschlußzeitpunkt maßgebend.

(4) Vom Rohvermögen sind bei Versicherungsunternehmen versicherungstechnische Rücklagen abzuziehen, soweit sie für Leistungen aus den laufenden Versicherungsverträgen erforderlich sind.

(5) Vom Rohvermögen ist bei Kreditinstituten die Haftrücklage (§ 23 Abs. 6 des Bankwesengesetzes, BGBl. Nr. 532/1993, in der jeweils geltenden Fassung) einschließlich einer Sonderhaftrücklage (§ 103 Z 6 lit. c des Bankwesengesetzes) bis zu einem Betrag von 36.336.400 Euro zur Gänze sowie hinsichtlich des übersteigenden Betrages zu einem Drittel abzuziehen.

Bewertungsstichtag

§ 65. (1) Für den Bestand und die Bewertung sind die Verhältnisse im Feststellungszeitpunkt maßgebend. Für die Bewertung von Wertpapieren, Anteilen und Genußscheinen an Kapitalgesellschaften gilt der Stichtag, der sich nach § 71 ergibt.

(2) Für Betriebe, die regelmäßig jährliche Abschlüsse auf den Schluß des Kalenderjahres machen, ist dieser Abschlußtag zugrundezulegen.

(3) Für Betriebe, die regelmäßig jährliche Abschlüsse auf einen anderen Tag machen, kann auf Antrag zugelassen werden, daß der Schluß des Wirtschaftsjahres zugrundegelegt wird, das dem Feststellungszeitpunkt vorangeht. An den Antrag bleibt der Betrieb auch für künftige Feststellungen der Einheitswerte insofern gebunden, als stets der Schluß des letzten regelmäßigen Wirtschaftsjahres zugrundezulegen ist.

(4) Der auf den Abschlußzeitpunkt (Abs. 2 und 3) ermittelte Einheitswert gilt als Einheitswert vom Feststellungszeitpunkt.

(5) Die Abs. 2 und 3 sind nicht anzuwenden
1. auf Betriebsgrundstücke. Für ihren Bestand und ihre Bewertung bleiben die Verhältnisse im Feststellungszeitpunkt maßgebend;
2. auf die Bewertung von Wertpapieren, Anteilen und Genußscheinen an Kapitalgesellschaften. Für die Bewertung bleiben die Verhältnisse des Stichtages maßgebend, der sich nach § 71 ergibt. Für den Bestand ist der Abschlußzeitpunkt (Abs. 2 und 3) maßgebend;
3. auf die Beteiligung an Personengesellschaften. Für die Zurechnung und die Bewertung verbleibt es in diesen Fällen bei den Feststellungen, die bei der einheitlichen und gesonderten Feststellung des Einheitswertes der Personengesellschaft getroffen werden;
4. auf Wirtschaftsgüter, die von der Vereinigung von Betrieben, vom Übergang von Betrieben infolge einer Umwandlung sowie von der Einbringung von Betrieben, Teilbetrieben oder Beteiligungen in einen Betrieb betroffen sind, wenn diese Vorgänge mit steuerlicher Wirkung zwischen dem Abschlußtag des übernehmenden Betriebes und dem Feststellungszeitpunkt oder zum Feststellungszeitpunkterfolgen. Für den Bestand und die Bewertung aller nicht unter Z 1 und 3 fallenden, von den vorgenannten Vorgängen betroffenen Wirtschaftsgüter, Schulden und Lasten ist beim aufnehmenden Unternehmen der auf die Vorgänge folgende Feststellungszeitpunkt maßgebend. Sind Wertpapiere, Anteile und Genußscheine an Kapitalgesellschaften von den angeführten Vorgängen betroffen, so ist Z 2 nur hinsichtlich der Bewertung dieser Wirtschaftsgüter anzuwenden. Dies gilt sinngemäß auch für jene Betriebe, bei denen Teilbetriebe oder Beteiligungen ausscheiden.

Ausgleich von Vermögensänderungen nach dem Abschlußzeitpunkt

§ 66. Zum Ausgleich von Verschiebungen, die in der Zeit zwischen dem Abschlußzeitpunkt und dem Feststellungszeitpunkt eingetreten sind, gelten die folgenden Vorschriften:
1. Für Betriebsgrundstücke:
   a) Ist ein Betriebsgrundstück aus dem gewerblichen Betrieb ausgeschieden und der Gegenwert dem Betrieb zugeführt worden, so wird der Gegenwert dem Betriebsvermögen zugerechnet;
   b) ist Grundbesitz als Betriebsgrundstück dem gewerblichen Betrieb zugeführt und der Gegenwert dem gewerblichen Betrieb entnommen worden, so wird der Gegenwert vom Betriebsvermögen abgezogen. Entsprechend werden Aufwendungen abgezogen, die aus Mitteln des gewerblichen Betriebes auf Betriebsgrundstücke gemacht worden sind.
2. Für andere Wirtschaftsgüter als Betriebsgrundstücke:
   a) Ist ein derartiges Wirtschaftsgut aus einem gewerblichen Betrieb ausgeschieden und dem übrigen Vermögen des Betriebsinhabers zugeführt worden, so wird das Wirtschaftsgut so behandelt, als wenn es im Feststellungszeitpunkt noch zum gewerblichen Betrieb gehörte;
   b) ist ein derartiges Wirtschaftsgut aus dem übrigen Vermögen des Betriebsinhabers ausgeschieden und dem gewerblichen Betrieb zugeführt worden, so wird das Wirtschaftsgut so behandelt, als wenn es im Feststellungszeitpunkt noch zum übrigen Vermögen gehörte;
   c) die Vorschriften zu a und b gelten jedoch nicht, wenn mit dem ausgeschiedenen Wirtschaftsgut Grundbesitz erworben worden ist, Aufwendungen auf Grundbesitz gemacht worden sind, oder Wirtschaftsgüter betroffen sind, deren Erträge der Steuerabgeltung gemäß § 97 des Einkommensteuergesetzes 1988

unterliegen können. In diesen Fällen ist das Wirtschaftsgut von dem Vermögen, aus dem es ausgeschieden worden ist, abzuziehen;
d) ist eine Beteiligung an einer Personengesellschaft aus dem gewerblichen Betrieb ausgeschieden und der Gegenwert dem Betrieb zugeführt worden, so wird der Gegenwert dem Betriebsvermögen zugerechnet. Ist eine Beteiligung an einer Personengesellschaft dem gewerblichen Betrieb zugeführt und der Gegenwert dem gewerblichen Betrieb entnommen worden, so wird der Gegenwert vom Betriebsvermögen abgezogen;
e) bei Vorgängen im Sinne des § 65 Abs. 5 Z 4 sind die dem gewerblichen Betrieb entnommenen oder zugeführten Gegenwerte für die betroffenen Wirtschaftsgüter vom Betriebsvermögen abzuziehen oder diesem hinzuzurechnen.

Steuersicherung durch Zurechnung ausgeschiedener Wirtschaftsgüter

§ 67. (1) Sind innerhalb der letzten drei Monate vor dem Feststellungszeitpunkt oder dem Abschlußzeitpunkt Wirtschaftsgüter aus dem inländischen Teil eines gewerblichen Betriebes ausgeschieden worden, ohne daß diesem ein entsprechender Gegenwert zugeführt worden ist, so sind die ausgeschiedenen Wirtschaftsgüter dem gewerblichen Betrieb zuzurechnen, wenn sie durch die Ausscheidung der inländischen Vermögensbesteuerung entgehen würden und der Wert des noch vorhandenen, der inländischen Vermögensbesteuerung unterliegenden Teiles des Betriebes in einem offenbaren Mißverhältnis zu dem Wert der ausgeschiedenen Wirtschaftsgüter steht.

(2) Abs. 1 gilt nicht
1. für Gewinnausschüttungen,
2. für Fälle, in denen der Betriebsinhaber nachweist, daß die Wirtschaftsgüter in der Absicht einer entsprechenden Einschränkung des Betriebes ausgeschieden worden sind.

Bewertung

§ 68. (1) Die zu einem gewerblichen Betrieb gehörigen Wirtschaftsgüter sind vorbehaltlich der Abs. 2 bis 4 in der Regel mit dem Teilwert anzusetzen.

(2) Für die Bewertung der Betriebsgrundstücke gilt § 60 Abs. 4. Für die Bewertung der Gewerbeberechtigungen gilt § 61 Abs. 4.

(3) Für die Bewertung von Wertpapieren, Anteilen und Genußscheinen an Kapitalgesellschaften sowie von Partizipationsscheinen im Sinne des Bankwesengesetzes, in der jeweils geltenden Fassung, oder des VAG 2016, in der jeweils geltenden Fassung, gilt § 72.

(BGBl I 2015/34)

(4)
1. Forderungen aus Ausfuhrumsätzen sind mit 85 v.H. des Nennwertes anzusetzen, sofern nicht besondere Umstände gemäß § 14 einen geringeren Wert begründen. Als Ausfuhrumsätze gelten Leistungen an einen ausländische Abnehmer (§ 7 Abs. 2 des Umsatzsteuergesetzes 1994), wenn es sich überdies um Umsätze im Sinne des § 6 Abs. 1 Z 1, § 6 Abs. 1 Z 3 lit. b, § 6 Abs. 1 Z 5 des Umsatzsteuergesetzes 1994, diesen Umsätzen entsprechende innergemeinschaftliche Lieferungen und sonstige Leistungen im Sinne des Artikels 7 des Umsatzsteuergesetzes 1994 oder Leistungen im Ausland handelt.
2. Bei Kreditinstituten ist eine pauschale Wertberichtigung für Forderungen nur insoweit zulässig, als sie den nach § 64 Abs. 5 abziehbaren Betrag übersteigt.

(5) Der Gesamtwert des gewerblichen Betriebes ist die Summe der Werte, die sich nach den Abs. 1 bis 4 für die einzelnen Wirtschaftsgüter ergeben, vermindert um die Schulden und Rücklagen (§ 64) des Betriebes. Bei der Ermittlung des Gesamtwertes sind die Betriebsgrundstücke (§ 60) und die Gewerbeberechtigungen (§ 61) mit den für sie festgestellten Einheitswerten anzusetzen.

Zweiter Abschnitt
Sonstiges Vermögen, Gesamtvermögen und Inlandsvermögen

A. Sonstiges Vermögen

Begriff und Umfang des sonstigen Vermögens

§ 69. (1) Als sonstiges Vermögen kommen, soweit die einzelnen Wirtschaftsgüter nicht zum land- und forstwirtschaftlichen Vermögen, zum Grundvermögen oder zum Betriebsvermögen gehören, alle Wirtschaftsgüter in Betracht, insbesondere:
1. a) Verzinsliche und unverzinsliche Kapitalforderungen jeder Art, soweit sie nicht unter lit. b und c fallen;
   b) Spareinlagen, Bankguthaben, Postscheckguthaben und sonstige laufende Guthaben, inländische und ausländische Zahlungsmittel;
   c) Aktien oder Anteilscheine, Geschäftsanteile, andere Gesellschaftseinlagen, Geschäftsguthaben bei Genossenschaften und Genußscheine; Genußscheine im Sinne des § 6 des Beteiligungsfondsgesetzes und junge Aktien im Sinne des § 18 Abs. 3 Z 4 des Einkommensteuergesetzes 1988 gehören, solange sie bei einem inländischen Kreditinstitut hinterlegt sind, nur insoweit zum sonstigen Vermögen, als ihr Wert insgesamt 14.500 Euro [200.000 S] übersteigt.
   d) Wirtschaftsgüter im Sinne der lit. a bis c gehören nicht zum sonstigen Vermögen, soweit deren Erträge der Steuerabgel-

tung gemäß § 97 des Einkommensteuergesetzes 1988 unterliegen;
2. der Kapitalwert von Nießbrauchrechten und von Rechten auf Renten und andere wiederkehrende Nutzungen und Leistungen;
3. der Kapitalwert des Rechtes auf den Bauzins;
4. Urheberrechte und verwandte Schutzrechte im Sinne des Urheberrechtsgesetzes vom 9. April 1936, BGBl. Nr. 111, Erfindungen im Sinne des Patentgesetzes 1970, BGBl. Nr. 259, sowie sonstige gewerbliche Schutzrechte. Die angeführten Wirtschaftsgüter gehören nicht zum sonstigen Vermögen, wenn sie bei unbeschränkter Vermögensteuerpflicht dem Urheber (Erfinder) und im Falle des Todes des Urhebers (Erfinders) seinen Kindern oder seinem Ehegatten oder eingetragenem Partner zustehen;
5. noch nicht fällige Ansprüche aus Lebens-, Kapital- und Rentenversicherungen. Nicht zum sonstigen Vermögen gehören jedoch
   a) Rentenversicherungen, die mit Rücksicht auf ein Arbeits- oder Dienstverhältnis abgeschlossen worden sind;
   b) Rentenversicherungen, bei denen die Ansprüche erst fällig werden, wenn der Berechtigte das 60. Lebensjahr vollendet hat oder erwerbsunfähig geworden ist.

Versicherungen bei solchen Versicherungsunternehmen, die weder ihre Geschäftsleitung noch ihren Sitz im Inland haben, gehören nur dann nicht zum sonstigen Vermögen, wenn den Versicherungsunternehmen die Erlaubnis zum Geschäftsbetrieb im Inland erteilt ist;
6. der Überbestand an umlaufenden Betriebsmitteln eines land- und forstwirtschaftlichen Betriebes;
7. Wirtschaftsgüter, die einem land- und forstwirtschaftlichen Betrieb oder einem gewerblichen Betrieb zu dienen bestimmt sind, tatsächlich an dem für die Veranlagung zur Vermögensteuer maßgebenden Zeitpunkt aber einem derartigen Betrieb des Eigentümers nicht dienen;
8. Kraftfahrzeuge und Anhänger, Luftfahrzeuge, Motor- und Segelboote, Motor- und Segeljachten;
9. Edelmetalle, Edelsteine und Perlen;
10. Gegenstände aus edlem Metall, Schmuckgegenstände und solche Luxusgegenstände, die nicht zur Ausstattung der Wohnung des Steuerpflichtigen gehören, wenn ihr gemeiner Wert insgesamt 10.900 Euro [150.000 S] übersteigt.
11. Kunstgegenstände und Sammlungen. Nicht zum sonstigen Vermögen gehören, auch soweit sie unter Z 10 fallen,
    a) Kunstgegenstände ohne Rücksicht auf den Wert, wenn sie von österreichischen Künstlern geschaffen sind, die noch leben oder seit nicht mehr als 15 Jahren verstorben sind,
    b) die übrigen Kunstgegenstände und Sammlungen, insoweit ihr gemeiner Wert 21.800 Euro nicht übersteigt.

(2) Auf Inhaber lautende Teilschuldverschreibungen, Pfandbriefe und Kommunalschuldverschreibungen inländischer Schuldner, natürlichen Personen gehörende auf Euro lautende Wirtschaftsgüter im Sinne des Abs. 1 Z 1 lit. b und die im Abs. 1 Z 5 erster Satz angeführten Versicherungsansprüche gehören nur insoweit zum sonstigen Vermögen, als ihr Wert insgesamt 21.800 Euro übersteigt.

Nicht zum sonstigen Vermögen gehörige Wirtschaftsgüter

§ 70. Zum sonstigen Vermögen gehören nicht:
1. Ansprüche an Witwen-, Waisen- und Pensionskassen, die auf ein früheres Arbeits- oder Dienstverhältnis zurückzuführen sind;
2. Leistungsansprüche jeder Art aus der innerstaatlichen oder einer fremdstaatlichen Sozialversicherung sowie Ansprüche aus einer auf Vertrag beruhenden Kranken- oder Unfallversicherung;
3. Ansprüche auf Renten und ähnliche Bezüge, die mit Rücksicht auf ein früheres Arbeits- oder Dienstverhältnis gewährt werden;
4. Ansprüche auf Renten aus Rentenversicherungen, wenn der Versicherungsnehmer das 60. Lebensjahr vollendet hat oder voraussichtlich für mindestens drei Jahre erwerbsunfähig ist;
5. Ansprüche auf gesetzliche Versorgungsbezüge, ohne Rücksicht darauf, ob diese laufend oder in Form von Kapitalabfindungen gewährt werden;
6. Ansprüche auf wiederkehrende Leistungen aus den Versorgungs- und Unterstützungseinrichtungen der Kammern der freien Berufe;
7. Ansprüche auf Renten,
   a) die auf gesetzlicher Unterhaltspflicht beruhen,
   b) die dem Steuerpflichtigen als Entschädigung für den durch Körperverletzung oder Krankheit herbeigeführten gänzlichen oder teilweisen Verlust der Erwerbsfähigkeit zustehen. Das gleiche gilt für Ansprüche auf Renten, die den Angehörigen einer in dieser Weise geschädigten Person auf Grund der Schädigung zustehen;
8. Ansprüche auf eine Kapitalabfindung, die dem Berechtigten an Stelle einer in Z 3, 4, 6 und 7 bezeichneten Rente zusteht;
9. Hausrat und andere bewegliche körperliche Gegenstände, soweit sie nicht im § 69 besonders als zum sonstigen Vermögen gehörig bezeichnet sind.

10. Wirtschaftsgüter, die gemäß § 62 Abs. 1 Z 3 bis 6 als nicht zum Betriebsvermögen gehörend bezeichnet sind.
11. Ansprüche auf Leistungen aus land- und forstwirtschaftlichen Ausgedingsverträgen sowie Ansprüche auf diesbezügliche Kapitalabfindungen.

§§ 71. bis 75. (aufgehoben)

B. Gesamtvermögen

Ermittlung des Gesamtvermögens

§ 76. (1) Das Gesamtvermögen wird aus dem Rohvermögen abzüglich der Schulden und sonstigen Abzüge gemäß § 77 ermittelt. Das Rohvermögen ist der Gesamtbetrag der Werte aller Wirtschaftsgüter der einzelnen Vermögensarten (§ 18).

(2) Bei der Ermittlung des Rohvermögens sind Wirtschaftsgüter, für die ein Einheitswert festzustellen ist, mit dem Einheitswert, andere Wirtschaftsgüter mit dem nach den Vorschriften dieses Bundesgesetzes zu ermittelnden Wert anzusetzen.

Schulden und sonstige Abzüge

§ 77. (1) Zur Ermittlung des Wertes des Gesamtvermögens sind vom Rohvermögen abzuziehen:
1. Schulden; die Bestimmungen des § 64 Abs. 2 gelten sinngemäß;
2. der Wert von Leistungen der im § 69 Abs. 1 Z 2 bezeichneten Art, die dem Steuerpflichtigen obliegen oder die auf einem gebundenen Vermögen ruhen;
3. der Wert der Verpflichtung zur Zahlung des Bauzinses bei dem Bauberechtigten.

(2) Nicht abzugsfähig sind Schulden und Lasten, soweit sie mit einem gewerblichen Betrieb in wirtschaftlichem Zusammenhang stehen oder in wirtschaftlichem Zusammenhang mit Wirtschaftsgütern stehen, die nicht zum Vermögen im Sinne dieses Gesetzes gehören. Es sind auch Schulden und Lasten nicht abzugsfähig, die in wirtschaftlichem Zusammenhang mit Wirtschaftsgütern stehen, die gemäß § 69 Abs. 1 lit. d nicht zum sonstigen Vermögen gehören.

(3) Nicht abzugsfähig sind Schulden und Lasten, die den in § 70 Z 11 angeführten Ansprüchen entsprechen.

(4) In den Fällen, in denen § 5 Abs. 3 des Vermögensteuergesetzes in geltender Fassung Anwendung findet, sind nur jene Schulden und Lasten abzugsfähig, die im unmittelbaren wirtschaftlichen Zusammenhang mit Wirtschaftsgütern stehen, die der inländischen Besteuerung unterliegen.

§ 78. (aufgehoben)

C. Inlandsvermögen

§ 79. (1) Zum Inlandsvermögen gehören:
1. Das inländische land- und forstwirtschaftliche Vermögen;
2. das inländische Grundvermögen;
3. das inländische Betriebsvermögen. Als solches gilt das Vermögen, das einem im Inland betriebenen Gewerbe dient, wenn hiefür im Inland eine Betriebsstätte unterhalten wird oder ein ständiger Vertreter bestellt ist;
4. nicht unter Z 3 fallende gewerblich genutzte Urheberrechte, die in ein inländisches Buch oder Register eingetragen sind, mit Ausnahme von Urheberrechten an Werken der bildenden Kunst, des Schrifttums und der Tonkunst;
5. Wirtschaftsgüter, die nicht unter die Z 1, 2 und 4 fallen, und einem inländischen gewerblichen Betrieb überlassen, insbesondere an diesen vermietet oder verpachtet sind;
6. Hypotheken und andere Forderungen oder Rechte, wenn sie durch inländischen Grundbesitz, durch inländische grundstücksgleiche Rechte oder durch Schiffe, die in ein inländisches Schiffsregister eingetragen sind, unmittelbar oder mittelbar gesichert sind. Ausgenommen sind Anleihen und Forderungen, über die Teilschuldverschreibungen ausgegeben sind, sowie Pfandbriefe;
7. Forderungen aus der Beteiligung an einem Handelsgewerbe als stiller Gesellschafter, wenn der Schuldner Wohnsitz, Geschäftsleitung oder Sitz im Inland hat.

(2) Die Vorschriften im § 76 Abs. 2 sind entsprechend anzuwenden. Dies gilt auch von den Vorschriften im § 77, jedoch mit der Einschränkung, daß nur die Schulden und Lasten abzuziehen sind, die in wirtschaftlichem Zusammenhang mit dem Inlandsvermögen stehen.

Dritter Teil

A. Sonstige Vorschriften

Erklärungs- und Anzeigepflicht

§ 80. (1) Die zur Feststellung der Einheitswerte erforderlichen Erklärungen sind von den Steuerpflichtigen bis zu den vom Bundesministerium für Finanzen jeweils zu bestimmenden Zeitpunkten unter Verwendung der amtlich aufgelegten Formblätter abzugeben. Unabhängig hievon hat jeder eine derartige Erklärung abzugeben, der vom Finanzamt Österreich hiezu besonders aufgefordert wird. Ebenso hat derjenige, dem eine wirtschaftliche Einheit zuzurechnen ist, eine Erklärung abzugeben, wenn Umstände vorliegen, die zu einer Fortschreibung (§ 21) oder Nachfeststellung (§ 22) führen und diese Umstände nicht gemäß Abs. 4 bis 6 dem Finanzamt Österreich mitgeteilt werden. § 133 Abs. 2 BAO gilt entsprechend.

(BGBl I 2019/104)

(2) Für die Hauptfeststellung der Einheitswerte kann das Finanzamt Österreich und die sonstigen mit der Vorbereitung der Einheitsbewertung befaßten Behörden schon vor dem Hauptfeststellungszeitpunkt von den Eigentümern von Grundbesitz Angaben und Erklärungen über die Bewertungsgrundlagen für ihren Grundbesitz abverlangen. Änderungen in den Bewertungsgrundlagen, die bis zum Hauptfeststellungszeitpunkt eintreten,

sind dem Finanzamt Österreich unverzüglich mitzuteilen.

(BGBl I 2019/104)

(3) Die Erklärungen nach Abs. 1 und 2 gelten als Steuererklärungen im Sinne der Abgabenverfahrensgesetze.

(4) Die Behörden des Bundes, der Länder und der Gemeinden haben dem Finanzamt Österreich nach Maßgabe einer Verordnung des Bundesministers für Finanzen jene tatsächlichen und rechtlichen Umstände mitzuteilen, die ihnen im Rahmen ihrer Aufgabenerfüllung bekannt geworden sind und die auf die Feststellung von Einheitswerten des Grundbesitzes Einfluss haben (insbesondere Fertigstellung von Bauvorhaben, Pläne über Bauwerke, Flächenwidmungspläne, Bebauungspläne). In der Verordnung sind die zur Übermittlung verpflichteten Behörden zu bezeichnen sowie Art und Umfang der zu übermittelnden Sachverhalte und Daten zu bestimmen, wobei eine Übermittlung im Wege der automationsunterstützten Datenübertragung vorgesehen werden kann. In der Verordnung kann vorgesehen werden, dass sich die Behörden einer bestimmten geeigneten privatrechtlichen oder öffentlich-rechtlichen Übermittlungsstelle zu bedienen haben.

(BGBl I 2019/104)

(5) Unbeschadet der Bestimmung des § 158 BAO haben die Grundbuchsgerichte und das Bundesamt für Eich- und Vermessungswesen insbesondere nachstehende bewertungsrechtlich relevanten Daten den Abgabenbehörden des Bundes zu übermitteln:
1. Die Grundbuchsgerichte haben nach grundbücherlicher Durchführung folgende für die Feststellung der Einheitswerte und der davon abgeleiteten Abgaben und Beiträge erforderlichen Daten jedes Grundbuchsbeschlusses, mit dem Zu- und Abschreibungen von Grundstücken oder Teilen von Grundstücken, die Eintragung des Eigentumsrechtes, die Eintragung oder Löschung des Baurechtes oder die Hinterlegung einer Urkunde über den Eigentumserwerb bewilligt oder angeordnet werden, zu übermitteln:
   – Grundbuchnummer und Einlagezahl,
   – Katastralgemeinde- und Grundstücksnummer,
   – Tagebuchzahl,
   – Bezeichnung und Datum des Erwerbstitels,
   – laufende Nummern,
   – Name und Geburtsdatum der neuen Eigentümer,
   – Sitz oder Anschrift der natürlichen oder juristischen Person oder Personengesellschaft,
   – Firmenbuch- oder Vereinsregisternummer oder sonstige Registernummer einer juristischen Person oder Personengesellschaft und
   – Daten der bewilligten Grundbuchseintragungen.
2. Das Bundesamt für Eich- und Vermessungswesen hat unbeschadet der §§ 46 und 57 Abs. 8 des Vermessungsgesetzes nach der Durchführung von Änderungen im Grenz- oder Grundsteuerkataster folgende Daten zu übermitteln:
   – Katastralgemeinde- und Grundstücksnummer,
   – Einlagezahl und Grundbuchsnummer,
   – Tagebuchzahl,
   – Fläche gegliedert nach Benützungsart bzw. Benützungsart und Nutzungsart bzw. Nutzungsabschnitt,
   – rechtliche Zusatzinformation zu den Benützungsarten,
   – Ertragsmesszahl und
   – Datum der katastertechnischen Durchführung.

Bei einer Übermittlung der oben angeführten Daten sind auch die Grundstücksadressen zu übermitteln. Den Abgabenbehörden des Bundes ist die unmittelbare Einsichtnahme in die digitale Katastralmappe zu gewähren.

Die in Z 1 bis 2 genannten Daten sind automationsunterstützt in strukturierter Form so zu übermitteln, dass sie elektronisch weiterverarbeitet werden können. Der Bundesminister für Finanzen wird ermächtigt, gegebenenfalls die technischen Erfordernisse der elektronischen Datenübermittlung für die zur Feststellung von Einheitswerten bedeutsamen Daten mittels Verordnung festzulegen. Sofern die Verordnung eine Datenübermittlung gemäß Z 1 betrifft, ist sie im Einvernehmen mit dem Bundesminister für Justiz zu erlassen; sofern die Verordnung eine Datenübermittlung gemäß Z 2 betrifft, ist sie im Einvernehmen mit dem Bundesminister für Wirtschaft, Familie und Jugend zu erlassen.

(6) Unbeschadet der Bestimmung des § 158 BAO haben das für Land- und Forstwirtschaft zuständige Bundesministerium und die Agrarmarkt Austria sowie die Sozialversicherungsanstalt der Bauern nachstehende bewertungsrechtlich relevante Daten den Abgabenbehörden des Bundes zu übermitteln:
1. Das für Land- und Forstwirtschaft zuständige Bundesministerium und die Agrarmarkt Austria haben bis zum 15. März jeden Jahres folgende im Zuge der Abwicklung als Marktordnungs- und Zahlstelle verfügbaren Daten
   – zur Identifizierung des Bewirtschafters, erweitert um die Sozialversicherungsnummer, Firmenbuchnummer oder Vereinsregisterzahl und Betriebsanschrift,
   – über den Bestand, die Jahresproduktion und die Betriebsformen im Tiersektor des abgelaufenen Jahres,
   – über die Nutzung land- und forstwirtschaftlicher Flächen im abgelaufenen Jahr, insbesondere Flächenausmaße von Obst- und Sonderkulturen sowie gärt-

- nerisch und baumschulmäßig genutzte Flächen,
- die Erhebungsmerkmale der inneren und äußeren Verkehrslage des Berghöfekatasters und
- im Falle einer nach der Antragstellung und vor dem 1. Jänner des der Antragstellung folgenden Jahres erfolgten Übertragung von Zahlungsansprüchen gemäß § 35 zusätzlich Daten des übergebenden und übernehmenden Bewirtschafters gemäß dem ersten Teilstrich sowie die damit verknüpfte Anzahl und Höhe der jeweils übertragenen Ansprüche

zu übermitteln. Die Daten über die Direktzahlungen gemäß § 35 sind bis zum 15. März des dem Antragsjahr folgenden Jahres zu übermitteln. Ist bis zu diesem Zeitpunkt noch keine Berechnung erfolgt, sind diese Betriebe zunächst bekannt zu geben. Sofern eine Abrechnung vorliegt oder eine Übertragung gemäß dem fünften Teilstrich bekannt wird, sind die Daten zum darauffolgenden 30. Juni bzw. 15. Oktober zu übermitteln.

(BGBl I 2016/77)

2. Die Sozialversicherungsanstalt der Bauern hat jährlich bis zum 31. Jänner die Daten zur Identifizierung des Bewirtschafters einschließlich Sozialversicherungsnummer, Einheitswertaktenzeichen des Betriebes sowie Flächenausmaße von Zu- und Verpachtungen (einschließlich der betroffenen Einheitswertaktenzeichen) jeweils nach Nutzungen getrennt zu übermitteln.

Die in Z 1 bis 2 genannten Daten sind automationsunterstützt in strukturierter Form so zu übermitteln, dass sie elektronisch weiterverarbeitet werden können. Der Bundesminister für Finanzen wird ermächtigt, gegebenenfalls die technischen Erfordernisse der elektronischen Datenübermittlung für die zur Feststellung von Einheitswerten bedeutsamen Daten mittels Verordnung festzulegen. Verordnungen hinsichtlich Z 1 erlässt der Bundesminister für Finanzen im Einvernehmen mit dem für Land- und Forstwirtschaft zuständigen Bundesminister.

Zuständigkeit

§ 80a. (1) Für die Feststellung der Einheitswerte für wirtschaftliche Einheiten oder Untereinheiten ist das Finanzamt Österreich zuständig.

(BGBl I 2019/104)

(2) Unbeschadet der Zuständigkeit des Finanzamtes Österreich zur Feststellung der Einheitswerte des Grundvermögens einschließlich der Betriebsgrundstücke gemäß § 60 Abs. 1 Z 1 sowie der davon abgeleiteten Grundsteuermessbetragsbescheide kann der Bundesminister für Finanzen, soweit es im Interesse einer zweckmäßigen, sparsamen und wirtschaftlichen Vollziehung liegt, mit Zustimmung der jeweiligen Gemeinde durch Verordnung festlegen, dass und inwieweit im Rahmen der Feststellung der Einheitswerte des Grundvermögens einschließlich der Betriebsgrundstücke gemäß § 60 Abs. 1 Z 1 sowie der davon abgeleiteten Grundsteuermessbetragsbescheide Bedienstete dieser Gemeinde für das „Finanzamt Österreich" tätig werden. Sie haben dabei die für die Erhebung der Einheitswerte des Grundvermögens einschließlich der Betriebsgrundstücke gemäß § 60 Abs. 1 Z 1 sowie für die davon abgeleiteten Grundsteuermessbetragsbescheide maßgebenden Bestimmungen insbesondere dieses Bundesgesetzes, des Grundsteuergesetzes 1955 und der Bundesabgabenordnung anzuwenden.

(BGBl I 2019/104)

B. Übergangs- und Schlußbestimmungen

Erste Hauptfeststellung

§ 81. Die erste Hauptfeststellung der Einheitswerte nach den Vorschriften dieses Bundesgesetzes ist zum 1. Jänner 1956 durchzuführen.

§ 82. Sonderbestimmungen für die Hauptfeststellung der Einheitswerte zum 1. Jänner 1956.

(1) Bei der Hauptfeststellung der Einheitswerte des Betriebsvermögens zum 1. Jänner 1956 sowie bei Fortschreibungen und Nachfeststellungen bis zum nächsten Hauptfeststellungszeitpunkt kann für die zu einem gewerblichen Betrieb gehörenden beweglichen abnutzbaren Anlagegüter, die nach dem 31. Dezember 1952 angeschafft oder hergestellt wurden, als Teilwert gemäß § 68 Abs. 1 der Wert angesetzt werden, der sich auf Grund der Anschaffungs- oder Herstellungskosten vermindert um Absetzung für Abnutzung gemäß § 7 Einkommensteuergesetz 1953 ergibt, wobei der Wert des Wirtschaftsgutes mit mindestens 20 vom Hundert des Ausgangswertes angesetzt werden muß. Das gleiche gilt für bewegliche abnutzbare Anlagegüter, die vor dem 1. Jänner 1953 angeschafft oder hergestellt und auf Grund des Schillingseröffnungsbilanzengesetzes aufgewertet wurden.

(2) Bei der Hauptfeststellung der Einheitswerte von Gewerbeberechtigungen zum 1. Jänner 1956 sowie bei Fortschreibungen und Nachfeststellungen bis zum nächsten Hauptfeststellungszeitpunkt gilt der zum maßgebenden Stichtag für die Gewerbeberechtigung in einer Vermögensübersicht (Bilanz) anzusetzende Wert als gemeiner Wert gemäß § 61 Abs. 4.

(3) Der Hektarsatz für die Betriebszahl 100 gemäß § 38 Z 1 in Verbindung mit § 48 Abs. 2 beträgt für den Hauptfeststellungszeitpunkt zum 1. Jänner 1956 für das landwirtschaftliche Vermögen 19.000 S und für das Weinbauvermögen 125.000 S.

Sonderbestimmungen über die Zurechnung von Rückstellungs- und Rückgabevermögen

§ 83. (1) Werden Vermögen, die während der deutschen Besetzung Österreichs den Eigentümern (Berechtigten) im Zusammenhang mit der nationalsozialistischen Machtübernahme entzogen worden sind, nach dem 31. Dezember 1954 im Sinne der Rückstellungsgesetze rückgestellt, so sind sie ab 1. Jänner 1955 demjenigen zuzurechnen, dem sie rückgestellt wurden. Das gleiche gilt für Vermögen, auf die die Bestimmungen der Rückgabegesetze Anwendung finden.

(2) In der Zeit zwischen dem 1. Jänner 1955 und der Rückstellung (Rückgabe) rechtskräftig gewordene Feststellungs- und Veranlagungsbescheide sind entsprechend zu berichtigen.

Sonderbestimmungen für die Hauptveranlagung der Vermögensteuer zum 1. Jänner 1955

§ 84. (1) Aktien, Kuxe, sonstige Anteile, Wandelschuldverschreibungen und Genußscheine an inländischen Kapitalgesellschaften sind bei der Hauptveranlagung der Vermögensteuer zum 1. Jänner 1955 und vorbehaltlich der Bestimmungen des zweiten Satzes auch bei Neu- und Nachveranlagungen bis zum nächsten Hauptveranlagungszeitpunkt nur mit der Hälfte des Wertes anzusetzen, der sich nach den Vorschriften des Bewertungsgesetzes vom 16. Oktober 1934 oder dieses Bundesgesetzes ergibt. Notiert ein Wertpapier im Dezember 1955 oder im Dezember 1956 an der Wiener Börse mit einem höheren Kurs als im Dezember 1954, so ist der einer Neu- oder Nachveranlagung der Vermögensteuer zum 1. Jänner 1956 oder zum 1. Jänner 1957 gemäß erstem Satz zugrunde zu legende halbe Wert in dem Verhältnis zu erhöhen, das sich aus dem Vergleich der Börsenkurse ergibt. In diesem Fall finden die Bestimmungen des § 71 Abs. 2 erster Satz dieses Bundesgesetzes keine Anwendung. Die Regelung der ersten bis dritten Satzes gilt zu den gleichen Stichtagen auch bei der Einheitswertermittlung des Betriebsvermögens sinngemäß.

(2) Holzungs- und Bezugsrechte von Holz im Sinne des § 1 Abs. 1 Z 1 der Anlage 3 zur Kundmachung der Bundesregierung vom 13. Februar 1951, BGBl. Nr. 103, sind bei der Hauptveranlagung der Vermögensteuer zum 1. Jänner 1955 beim Berechtigten als sonstiges Vermögen zu erfassen und beim Verpflichteten nur bei der Ermittlung des Gesamtvermögens (Inlandsvermögens) zu berücksichtigen.

Bestimmungen betreffend die Beiträge gemäß § 7 Wohnhaus-Wiederaufbaugesetz

§ 85. Abweichend von den Bestimmungen des § 7 Abs. 1 Z 2 lit. b des Wohnhaus-Wiederaufbaugesetzes vom 16. Juni 1948, BGBl. Nr. 130, in der derzeit geltenden Fassung wird der Jahresbetrag für die Kalenderjahre 1956 und 1957 in der gleichen Höhe wie für das Kalenderjahr 1955 erhoben. Änderungen in der steuerlichen Zurechnung des Beitragsgegenstandes sind lediglich durch eine entsprechende Aufteilung des Beitrages zu berücksichtigen. Andere Änderungen sind nicht zu beachten. Zur Beurteilung, ob die im § 7 Abs. 1 Z 2 lit. a des im Satz 1 zitierten Bundesgesetzes vorgesehene Wertgrenze von 10.000 S überschritten wird, ist bei der Beitragserhebung für die Kalenderjahre 1956 und 1957 von dem zum 1. Jänner 1955 maßgebenden Einheitswert auszugehen.

Inkrafttreten; Aufhebung bisheriger Rechtsvorschriften

§ 86. (1) Die §§ 1 bis 82 sind auf Bewertungszeitpunkte ab 1. Jänner 1956 anzuwenden; die §§ 83 und 84 treten rückwirkend mit 1. Jänner 1955 in Kraft.

(2) Die Vorschriften des Bewertungsgesetzes vom 16. Oktober 1934, Deutsches RGBl. I S. 1035, in der Fassung des 2. Steueränderungsgesetzes 1951 vom 17. Dezember 1951, BGBl. Nr. 8/1952, und sämtlicher hiezu ergangenen Verordnungen, insbesondere der Durchführungsverordnung zum Bewertungsgesetz vom 2. Februar 1935, Deutsches RGBl. I S. 81, sind für Bewertungszeitpunkte ab 1. Jänner 1956 nicht mehr anzuwenden.

(3) Wo in Rechtsvorschriften auf Bestimmungen des Bewertungsgesetzes vom 16. Oktober 1934 oder der hiezu ergangenen Verordnungen verwiesen wird, treten die entsprechenden Bestimmungen dieses Bundesgesetzes an ihre Stelle.

(4) § 21 Abs. 1 Z 1 lit. a und b, § 25, § 33 Abs. 1 und 2 sowie die Anlage zu § 53a, in der Fassung des Bundesgesetzes BGBl. I Nr. 59/2001, sind erstmals bei Fortschreibungen und Nachfeststellungen der Einheitswerte anzuwenden, die Stichtage ab dem 1. Jänner 2002 betreffen, wobei Wertänderungen, die sich ausschließlich auf Grund der Artikel V und VII des Euro-Steuerumstellungsgesetzes, BGBl. I Nr. 59/2001, ergeben, zu keiner Fortschreibung führen.

(5) § 64 Abs. 5, § 69 Abs. 1 Z 1 lit. c, Z 10 und Z 11 lit. b sowie § 69 Abs. 2, jeweils in der Fassung des Bundesgesetzes BGBl. I Nr. 59/2001, sind erstmals ab dem 1. Jänner 2002 anzuwenden.

(6) Schillingbeträge in gemäß § 44 ergangenen Kundmachungen, welche für Stichtage ab dem 1. Jänner 2002 rechtsverbindliche Kraft haben, auf Euro umzurechnen und auf vier Dezimalstellen auf- und abzurunden. Bei einem Ergebnis genau in der Mitte wird der Betrag aufgerundet.

(7) § 40 in der Fassung des Bundesgesetzes BGBl. I Nr. 19/2002 ist für Stichtage ab dem 1. Jänner 2002 anzuwenden.

(8) § 15 Abs. 1 und § 16 Abs. 1 und 2 in der Fassung des Bundesgesetzes BGBl. I Nr. 71/2003 ist erstmals für Abgabentatbestände anzuwenden, auf Grund derer die jeweilige Abgabenschuld nach dem 31. Dezember 2003 entsteht.

(9) § 16 Abs. 3 in der Fassung des Bundesgesetzes BGBl. I Nr. 71/2003 ist auf Berichtigungen von Renten, wiederkehrenden Nutzungen oder Leistungen sowie dauernden Lasten anzuwenden, die nach den Vorschriften des § 16 Abs. 1 und 2 in der Fassung des Bundesgesetzes BGBl. I Nr. 71/2003 bewertet wurden. In allen anderen Fällen ist § 16 Abs. 3 in der Fassung vor der Kundmachung BGBl. I Nr. 165/2002 maßgebend.

(10) Die Änderungen in § 34 Abs. 2, § 35 und § 45 in der Fassung des Bundesgesetzes BGBl. I Nr. 124/2003 treten mit 1. Mai 2004 in Kraft. Personen, die im Zeitpunkt des In-Kraft-Tretens des Bundesgesetzes BGBl. I Nr. 124/2003 Mitglieder

eines Gutachterausschusses sind, bleiben bis zu ihrer Abberufung weiterhin im Amt.

(11) § 35, § 45 Abs. 2 Z 1 und § 45 Abs. 3 in der Fassung des Bundesgesetzes BGBl. I Nr. 72/2004 treten mit 1. Mai 2004 in Kraft. Personen, die im Zeitpunkt des In-Kraft-Tretens des Bundesgesetzes BGBl. I Nr. 72/2004 Mitglieder eines Gutachterausschusses sind, bleiben bis zu ihrer Abberufung weiterhin im Amt.

(12) Schriftstücke, die Form und Inhalt von Feststellungsbescheiden über Einheitswerte für wirtschaftliche Einheiten oder Untereinheiten des Grundbesitzes sowie davon abgeleiteten Bescheiden haben, gelten auch dann als an alle Beteiligten rechtswirksam ergangene Bescheide, wenn sie vor dem 1. Jänner 2005 nicht der nach § 81 BAO vertretungsbefugten Person, sondern einem der am Gegenstand der Feststellung Beteiligten zugestellt wurden.

(13) Soweit nach sozialversicherungsrechtlichen Vorschriften Einheitswerte land- und forstwirtschaftlicher Betriebe heranzuziehen sind, sind Änderungen dieser Einheitswerte anlässlich der Hauptfeststellung zum 1. Jänner 2014 für die Zeit vor dem 1. Jänner 2017 nicht zu berücksichtigen.

(14) § 21, § 30, § 32, § 34, § 35, § 36, § 37, § 38, § 39, § 46, § 48 Abs. 2 und 4, § 49 Abs. 2, 3 und 5 sowie § 50 Abs. 2, jeweils in der Fassung des Bundesgesetzes BGBl. I Nr. 112/2012, sowie § 30 Abs. 7 in der Fassung des Bundesgesetzes BGBl. I Nr. 63/2013, sind erstmals für die Hauptfeststellung des land- und forstwirtschaftlichen Vermögens zum 1. Jänner 2014 und nachfolgende Fortschreibungen und Nachfeststellungen anzuwenden. § 45 in der Fassung vor dem BGBl. I Nr. 112/2012 ist letztmalig für Stichtage vor der Hauptfeststellung der Einheitswerte des land- und forstwirtschaftlichen Vermögens zum 1. Jänner 2014 anzuwenden.

(15) § 13 Abs. 2, § 63 Z 1 und § 68 Abs. 3 in der Fassung des Bundesgesetzes BGBl. I Nr. 34/2015 treten mit 1. Jänner 2016 in Kraft.

(BGBl I 2015/34)

(16) § 35 in der Fassung des Bundesgesetzes BGBl. I Nr. 77/2016 ist für alle Stichtage anzuwenden, die nach dem 31. Dezember 2014 liegen. Bei der Berechnung der 33 vH zum 1. Jänner 2015 ist von den für das Antragsjahr 2014 zugegangenen Beträgen gemäß Artikel 2 lit. d der Verordnung (EG) Nr. 73/2009 in der Fassung der Verordnung (EG) Nr. 1250/2009 vom 30. November 2009 auszugehen.

(17) Die für die Antragsjahre 2014 und 2015 gemäß § 80 Abs. 6 Z 1 in der Fassung vor dem Bundesgesetz BGBl. I Nr. 77/2016 übermittelten Daten sind von der AMA bis zum 31. Oktober 2016 entsprechend Abs. 16 und § 80 Abs. 6 Z 1 in der Fassung des Bundesgesetzes BGBl. I Nr. 77/2016 zu ergänzen.

(BGBl I 2016/77)

(18) § 80 Abs. 1, Abs. 2 und Abs. 4, § 80a, jeweils in der Fassung des Bundesgesetzes BGBl. I Nr. 104/2019, treten mit 1. Juli 2020 in Kraft.

(BGBl I 2019/104)

(19) Für die im § 80 Abs. 6 angeführten durch die AMA bis zum 15. Oktober zu übermittelnden Daten hat im Jahr 2023 die Übermittlung bis zum 15. September zu erfolgen.

(BGBl I 2022/45)

Vollziehung

§ 87. Mit der Vollziehung dieses Bundesgesetzes ist das Bundesministerium für Finanzen betraut.

5/1. BewG Anlage

Anlage
(zu § 53a)

Bauklasseneinteilung und Durchschnittspreise je Kubikmeter umbauten Raumes oder je Quadratmeter nutzbarer Fläche

Euro/m³

1. Bürogebäude, Wohngebäude, Laboratorien und andere Gebäude, die nicht unmittelbar der Fabrikation oder Lagerzwecken dienen, die jedoch Teile der wirtschaftlichen Einheit eines Fabriksgrundstückes sind
   - 1.1 Holzgebäude und Fachwerkgebäude
     - 1.11 sehr einfache Ausführung 10,9009
     - 1.12 einfache Ausführung 12,3544
     - 1.13 mittlere Ausführung 14,5346
     - 1.14 gute Ausführung 18,1682
     - 1.15 sehr gute Ausführung 21,8019
   - 1.2 Massivgebäude, Stahl- oder Stahlbetonskelettgebäude
     - 1.21 sehr einfache Ausführung 14,5346
     - 1.22 einfache Ausführung 18,1682
     - 1.23 mittlere Ausführung 21,8019
     - 1.24 gute Ausführung 29,0691
     - 1.25 sehr gute Ausführung 36,3364

2. Fabriksgebäude, Werkstättengebäude, Garagen, Lagergebäude und Kühlhäuser, die Teile der wirtschaftlichen Einheit eines Fabriksgrundstückes sind (bei den Wertansätzen ist eine einfache Ausstattung unterstellt)

	Euro/m³ bei Geschoßhöhen[1]) bis zu		
	4 m	5 m	6 m
2.1 Schuppen (einseitig offene Gebäude)			
2.11 Holz, Fachwerk oder Wellblech	8,7207	7,9940	7,2673
2.12 Massiv	11,6277	10,9009	10,1742
2.2 Shedbauten			
2.21 mit Holzbindern	9,4475	8,7207	7,9940
2.22 mit Stahlbindern	10,9009	10,1742	9,4475
2.23 in Stahl- oder Stahlbetonkonstruktion	13,0811	12,3544	11,6277
2.3 Stahlbetonfachwerk- oder Stahlfachwerkbauten mit Plattenverkleidungen	11,6277	10,1742	9,4475
2.4 Holz- und Holzfachwerkgebäude	12,3544	11,6277	10,9009

2.5 Massivgebäude, Stahl- oder Stahlbetonskelettgebäude; diese Durchschnittspreise erhöhen sich bei vorhandenem Personenaufzug um 5 v.H. bei besonderer innerer Ausstattung – soweit es sich nicht um eine Betriebsvorrichtung handelt – um 5 bis 20 v.H.; diese Durchschnittspreise ermäßigen sich unbeschadet der Zuschläge nach 18., bei fehlendem Fußboden um 10 v.H.

2.51 ohne Decke, ohne Raumaufteilung	13,0811	12,3544	11,6277
2.52 mit Decke, ohne Raumaufteilung	15,9880	15,2613	14,5346
2.53 mit Decke, mit Raumaufteilung	18,1682	17,4415	16,7148

	Euro/m³ bei Geschoßhöhen bis zu		
	8 m	10 m	12 m
2.6 Hallengebäude (Gebäude mit Geschoßhöhen über 6 m)			
2.61 Holzkonstruktion	5,0871	4,3604	3,6336

5/1. BewG Anlage

			bei Geschoßhöhen bis zu	8 m	10 m	12 m
	2.62		Massivgebäude, Stahl- oder Stahlbetonskelettgebäude; diese Durchschnittspreise ermäßigen sich, unbeschadet der Zuschläge nach 18., bei Rundhallen um 20 v.H., bei fehlendem Fußboden um 10 v.H.	8,7207	8,3574	7,9940
				14 m	16 m	18 m
			und bei fehlender Decke um 10 v.H.	7,6306	7,2673	6,9093
						20 m und darüber 6,5406
3.			Hotels, Gasthöfe, Pensionsbetriebe, Erholungs- und Kurheime, Restaurants und ähnliche			
	3.1		Holzgebäude und Fachwerkgebäude			
		3.11	sehr einfache Ausführung			10,9009
		3.12	einfache Ausführung			13,0811
		3.13	mittlere Ausführung			16,7148
		3.14	gute Ausführung			20,3484
		3.15	sehr gute Ausführung			25,4355
	3.2		Massivgebäude Stahl- oder Stahlbetonskelettgebäude			
		3.21	sehr einfache Ausführung			14,5346
		3.22	einfache Ausführung			20,3484
		3.23	mittlere Ausführung			26,8889
		3.24	gute Ausführung			34,8830
		3.25	sehr gute Ausführung			43,6037
	3.3		Nebengebäude (Garagen, Waschküchen, Wirtschaftsgebäude u. ähnl.),			
		3.31	sehr einfache Ausführung			10,9009
		3.32	einfache Ausführung			14,5346
		3.33	mittlere Ausführung			18,1682
		3.34	gute Ausführung			21,8019
4.			Bank-, Versicherungs-, Geschäfts-, Büro- und Verwaltungsgebäude			
	4.1		sehr einfache Ausführung			18,1682
	4.2		einfache Ausführung			25,4355
	4.3		mittlere Ausführung			32,7028
	4.4		gute Ausführung			39,9701
	4.5		sehr gute Ausführung			47,2373
5.			Lagerhäuser und Kühlhäuser			
	5.1		Holzgebäude und Fachwerkgebäude			10,9009
	5.2		Massivgebäude, Stahl- oder Stahlbetonskelettgebäude			
		5.21	ebenerdig			14,5346
		5.22	Tragfähigkeit der Decken bis 1.000 kg/m^2			18,1682
		5.23	Tragfähigkeit der Decken über 1.000 kg/m^2			25,4355
6.			Theater und Lichtspielhäuser			
	6.1		Saaltheater (ohne besonderes Bühnenhaus)			
		6.11	sehr einfache Ausführung			14,5346
		6.12	einfache Ausführung			18,1682
		6.13	mittlere Ausführung			23,2553
		6.14	gute Ausführung			29,0691
		6.15	sehr gute Ausführung			36,3364
	6.2		Volltheater (mit besonderem Bühnenhaus)			

	6.21	sehr einfache Ausführung	14,5346
	6.22	einfache Ausführung	17,4415
	6.23	mittlere Ausführung	21,8019
	6.24	gute Ausführung	26,8889
	6.25	sehr gute Ausführung	32,7028

Euro/m³

7. Warenhäuser, Kaufhäuser, Markt-, Messe- und Sporthallen, Kioske u. ähnl.
   7.1 Holzgebäude und Fachwerkgebäude
      7.11 sehr einfache Ausführung   10,9009
      7.12 einfache Ausführung   13,0811
      7.13 mittlere Ausführung   16,7148
      7.14 gute Ausführung   20,3484
      7.15 sehr gute Ausführung   25,4355
   7.2 Massivgebäude, Stahl- oder Stahlbetonskelettgebäude
      7.21 sehr einfache Ausführung   14,5346
      7.22 einfache Ausführung   19,6217
      7.23 mittlere Ausführung   25,4355
      7.24 gute Ausführung   31,9760
      7.25 sehr gute Ausführung   39,9701
   7.3 Hallenbauten (Gebäude mit Geschoßhöhen über 6 m und wenig innerer Ausstattung)
      7.31 Holzgebäude und Fachwerkgebäude ohne feste Tribüneneinbauten   6,5406
      7.32 wie 7.31 jedoch mit Tribüneneinbauten   7,9940
      7.33 Massivgebäude, Stahl- oder Stahlbetonskelettgebäude ohne feste Tribünen oder Rangeinbauten   10,9009
      7.34 wie 7.33 jedoch mit Tribünen oder Rangeinbauten   14,5346

8. Krankenhäuser und Sanatorien
   8.1 sehr einfache Ausführung   14,5346
   8.2 einfache Ausführung   19,6217
   8.3 mittlere Ausführung   25,4355
   8.4 gute Ausführung   30,5226
   8.5 sehr gute Ausführung   36,3364
   8.6 Nebengebäude (Garagen, Küchen und Wirtschaftsgebäude)   wie Bauklasse 3.3

9. Tankstellengebäude
   9.1 sehr einfache Ausführung   12,3544
   9.2 einfache Ausführung   14,5346
   9.3 mittlere Ausführung   18,1682
   9.4 gute Ausführung   21,8019
   9.5 sehr gute Ausführung   29,0691

10. Hallenbäder
   10.1 sehr einfache Ausführung   18,1682
   10.2 einfache Ausführung   21,8019
   10.3 mittlere Ausführung   25,4355
   10.4 gute Ausführung   29,0691
   10.5 sehr gute Ausführung   36,3364

11. Einfamilienhäuser und einfamilienhausartige Gebäude
   11.1 Holzgebäude und Fachwerkgebäude
      11.11 sehr einfache Ausführung   10,9009

5/1. BewG
Anlage

	11.12 einfache Ausführung	14,5346
	11.13 mittlere Ausführung	18,1682
	11.14 gute Ausführung	21,8019
	11.15 sehr gute Ausführung	29,0691
11.2	Massivgebäude, Stahl- oder Stahlbetonskelettgebäude	
	11.21 sehr einfache Ausführung	14,5346
	11.22 einfache Ausführung	19,6217
	11.23 mittlere Ausführung	27,6157
	11.24 gute Ausführung	36,3364
	11.25 sehr gute Ausführung	47,2373
11.3	Nebengebäude (z.B. Garagen, Werkstätten)	wie Bauklasse 3.3
12.	Klöster und Burgen; Gebäude, die vor dem Jahre 1800 errichtet wurden und eine Mauerstärke von 1 m oder mehr haben; Kotziegelbauten	
	12.1 sehr einfache Ausführung	7,2673
	12.2 einfache Ausführung	10,9009
	12.3 mittlere Ausführung	14,5346
	12.4 gute Ausführung	19,6217
	12.5 sehr gute Ausführung	29,0691
13.	Keller und Kellergeschosse	
	13.1 sehr einfache Ausführung	10,9009
	13.2 einfache Ausführung	13,8078
	13.3 mittlere Ausführung	18,1682
	13.4 gute Ausführung	25,4355
	13.5 sehr gute Ausführung	36,3364
14.	Überdachungen Flugdächer; die Durchschnittspreise sind bei Vorhandensein von Fußböden um 3,6336 Euro bis 7,2673 Euro je m² zu erhöhen; Umwandungen sind mit 3,6336 Euro bis 7,2673 Euro je m² der Umwandung anzusetzen	

Euro/m²

	Preis je m² überdachter Fläche bis	
	3 m	über 3 m auskragend
14.1 Überdachungen ohne eigene Stützen		
14.11 in Holzkonstruktion oder Kunststoff	7,2673	10,9009
14.12 in Stahl- oder Stahlbetonkonstruktion	14,5346	21,8019

	bei einer Höhe bis zu		
	3 m	4 m	5 m und darüber
14.2 Überdachungen mit eigenen Stützen			
14.21 in Holzkonstruktion oder Kunststoff	10,9009	14,5346	18,1682
14.22 in Stahl- oder Stahlbetonkonstruktion	14,5346	21,8019	25,4355

Euro/m²

15.	Mietwohngrundstücke und gemischtgenutzte Grundstücke	
	15.1 Holzgebäude und Fachwerkgebäude	Euro/m²
	15.11 sehr einfache Ausführung	29,0691

	15.12 einfache Ausführung	39,9701
	15.13 mittlere Ausführung	54,5046
	15.14 gute Ausführung	69,0392
	15.15 sehr gute Ausführung	94,4747
15.2	Massivgebäude, Stahl- oder Stahlbetonskelettgebäude	
	15.21 sehr einfache Ausführung	36,3364
	15.22 einfache Ausführung	58,1383
	15.23 mittlere Ausführung	87,2074
	15.24 gute Ausführung	130,8111
	15.25 sehr gute Ausführung	181,6821
15.3	Nebengebäude (z.B. Garagen, Werkstätten)	
	15.31 sehr einfache Ausführung	32,7028
	15.32 einfache Ausführung	39,9701
	15.33 mittlere Ausführung	54,5046
	15.34 gute Ausführung	72,6728

16. Ist innerhalb der Bauklassen 1, 3, 4, 6 bis 13 und 15 eine eindeutige Einstufung nicht möglich, so ist ein entsprechender Zwischenwert anzusetzen.

17. In obigen Bauklassen nicht enthaltene Gebäude und Gebäudeteile sind nach jener Bauklasse zu bewerten, die ihrer Bauweise und Ausstattung entspricht.

18. Die Durchschnittspreise sind zu erhöhen:

    18.1 bei aufwendiger Ausführung[2]),

    dies gilt nicht für die in 2. bezeichneten Bauklassen, um   5 bis 25 v.H.;

    18.2 bei Hochhäusern, d.s. Gebäude oder Gebäudeteile, bei denen der Fußboden   0,5 v.H.;
    mindestens eines Geschosses über 25 m über der Erdoberfläche liegt, für
    jeden weiteren vollen Meter um je maßgebend ist der Unterschied zwischen
    25 m und der Oberkante der Decke des obersten Vollgeschosses; der Zuschlag
    ist auf die Durchschnittspreise aller Geschosse (auch Kellergeschosse) anzu-
    wenden;

    18.3 bei als Teil des Grundstückes zu betrachtenden Zentralheizungen um   3 bis 6 v.H.

    18.4 Klimaanlagen   8 bis 10 v.H.

---

[1]) Bei der Ermittlung der Geschoßhöhen sind die Bestimmungen der ÖNORM, B 4000, 6. Teil, maßgebend.
[2]) Überdurchschnittliche Verwendung hochwertiger Materialien wie Naturstein, Klinker, Marmor, Metalle, Edelhölzer, Schmiedeeisen, Glas u. ähnl. bzw. aufwendige Ausstattung wie Schwimmbecken, Sauna, offene Kamine u. ähnl.

5/1. BewG Anlage

Merkmale für die Beurteilung der baulichen Ausführung eines Gebäudes oder Gebäudeteiles

Die Tabelle enthält die bei allen Gebäudearten möglichen Merkmale. Sind bei Gebäuden (Gebäudeteilen) einzelne Merkmale üblicherweise nicht vorhanden, sind sie nicht zu beachten. Maßgeblich für die Einstufung ist die im Durchschnitt zutreffende Güte der Ausführung.

Bau- und Gebäudeteil Ausführung	sehr einfache	einfache	mittlere	gute	sehr gute
1. Dach:	Stroh, Schindel, Pappe	einfache Ziegeleindeckung	doppelte Ziegel-, Welleternit- oder Preßkieseindeckung	Eternit- oder Blecheindeckung	Naturschiefereindeckung; Dächer mit besonderer Wärmeisolierung
2. Fassade:	einfacher Putz oder Rohbau	einfacher Putz	einfacher Putz	Edelputz	Edelputz; Verkleidungen mit Natur- oder Verblendstein
3. Decken:	Holzbalken	Gewölbe, Holzbalken	Massiv- oder Fertigteildecken		
4. Fenster	teilweise Einfachfenster	überwiegend Doppelfenster	Doppelfenster; Holzverbundfenster		Metall-, Kunststoff-, Edelholzfenster, Isolierverglasung
5. Türen:	Brettertüren	Füllungstüren	Füllungstüren oder Paneeltüren	Paneeltüren furniert oder lackiert	wie gute Ausführung, teilweise Türen aus Edelhölzern oder Metall
6. Fußböden:	Weichholz; Beton	Weichholz, Linoleum und Kunststoff	Weichholz, Linoleum und Kunststoff, in mehreren Räumen Hartholz	in Wohn- und Büroräumen Hartholz, Parkett oder Spannteppiche	in einigen Räumen Parkett aus besten Hölzern
7. Boden- und Wandfliesen in den in Betracht kommenden Räumen (z. B. Küchen, Bädern, Toiletten, Verkaufs- und Lagerräumen sowie Erzeugungsstätten):	keine	geringfügig	in beschränktem Ausmaß	im erforderlichen Ausmaß	wie gute Ausführung unter teilweiser Verwendung von Mosaikböden- und Mosaikfliesen u. ähnl.
8. Wasser und Toiletten:	außerhalb der Wohnungen	teilweise in den Wohnungen	in den Wohnungen	in den Wohnungen; Gästezimmer mit Fließwasser	wie gute Ausführung und zusätzliche Toiletten

5/1. BewG Anlage

9.	Badezimmer:	keine	in einigen Wohnungen	in der überwiegenden Anzahl der Wohnungen	in den Wohnungen; Gästezimmer mit Fließwasser	in einer Anzahl, die über die Wohnungseinheiten hinausgeht
				Beherbergungsbetriebe:		
				Etagenbäder in ausreichender Anzahl	wie mittlere Ausführung, teilweise Zimmer mit Bad	überwiegend Zimmer mit Bad
10.	Anteil besonderer Räume (Direktionszimmer, Gesellschaftsräume, Salons u. ähnl.):	keine	keine	geringer Anteil	kleinere und größere Räume in beachtlichem Anteil	besonders großer Anteil
11.	Lift:	keiner				bei mehr als 4 Vollgeschossen

5/2. Bodenschätzungsgesetz 1970

Bodenschätzungsgesetz 1970, BGBl 1970/233 idF

1 BGBl I 2003/124 (AbgÄG 2003)	2 BGBl I 2004/72	3 BGBl I 2005/161 (AbgÄG 2005)
4 BGBl I 2006/143 (UFSG-Nov. 2006)	5 BGBl I 2012/112 (AbgÄG 2012)	6 BGBl I 2019/104 (FORG)
7 BGBl I 2020/99 (2. FORG)	8 BGBl I 2022/45	

Bundesgesetz vom 9. Juli 1970 über die Schätzung des landwirtschaftlichen Kulturbodens (Bodenschätzungsgesetz 1970 – BoSchätzG 1970)

§ 1. (1) Die landwirtschaftlich nutzbaren Bodenflächen des Bundesgebietes sind zur Schaffung von Bewertungsgrundlagen insbesondere für steuerliche Zwecke einer Bodenschätzung zu unterziehen.

(2) Die Bodenschätzung umfaßt:

1. die Untersuchung des Bodens auf seine Beschaffenheit und die kartenmäßige Darstellung des Untersuchungsergebnisses (Bestandsaufnahme),
2. die Feststellung der Ertragsfähigkeit auf Grund der natürlichen Ertragsbedingungen, das sind Bodenbeschaffenheit, Geländegestaltung, klimatische Verhältnisse (§ 32 Abs. 3 Z 1 des Bewertungsgesetzes 1955, BGBl. Nr. 148) und Wasserverhältnisse.

(3) Die Feststellungen der Bodenschätzung (Abs. 2) sind in den Schätzungsbüchern (Feldschätzungsbuch, Schätzungsreinbuch) und in den Schätzungskarten (Feldschätzungskarte und Schätzungsreinkarte) festzuhalten. Die Erfassung und Verwaltung der Bodenschätzungsergebnisse hat nach Maßgabe der technischen und personellen Möglichkeiten automationsunterstützt zu erfolgen.

(4) Für die Durchführung der Bodenschätzung ist das Finanzamt Österreich zuständig.

(BGBl I 2020/99)

§ 2. (1) Die Musterstücke der Bodenschätzung (§ 5) sind in Zeitabschnitten von dreißig Jahren zu überprüfen. Die Überprüfung hat sich darauf zu erstrecken, ob und in welchem Umfang sich das Ertragsverhältnis der Bodenflächen innerhalb des Bundesgebietes zueinander verschoben hat.

(2) Im Zusammenhang mit der Überprüfung nach Abs. 1 sind auch die Ergebnisse der Bodenschätzung zu überprüfen. Hiebei ist auch zu erheben, inwieweit die den Bodenschätzungsergebnissen zugrunde gelegten Gegebenheiten noch mit der Natur übereinstimmen.

(3) Ergibt die Überprüfung nach Abs. 2, daß eine wesentliche und nachhaltige Änderung der Ertragsfähigkeit eingetreten ist, so sind die Bodenschätzungsergebnisse dementsprechend abzuändern. Die Ergebnisse der Abänderung sind in den Schätzungsbüchern und den Schätzungskarten (§ 1 Abs. 3) zu erfassen.

(4) Die Abänderung wirkt vom Beginn des der Überprüfung nachfolgenden Kalenderjahres.

(5) Abweichend von Abs. 1 hat die nächste Überprüfung der Musterstücke der Bodenschätzung nur hinsichtlich der klimatischen Verhältnisse (§ 1 Abs. 2 Z 2) zu erfolgen. Die Musterstücke sind bis spätestens 31. Dezember 2027 neu kundzumachen. Anschließend sind sämtliche nicht als Musterstücke ausgewählte landwirtschaftlich genutzte Bodenflächen unter Zugrundelegung dieser Kundmachung zu ändern und die Ergebnisse der Bodenschätzung nach den Vorschriften des § 11 unter Außerachtlassung des § 11 Abs. 3 so aufzulegen, dass die Auflagefrist spätestens mit 31. Dezember 2028 endet.

(BGBl I 2022/45)

§ 3. (1) Wenn sich die natürlichen Ertragsbedingungen (§ 1 Abs. 2 Z 2), die den Bodenschätzungsergebnissen einzelner Bodenflächen zugrunde liegen, durch natürliche Ereignisse (zum Beispiel Vermurungen, Bergrutsche) oder durch künstliche Maßnahmen (zum Beispiel Ent- und Bewässerungen, Kraftwerks- und Straßenbauten) wesentlich und nachhaltig verändert haben oder die Benützungsart (§ 10 des Vermessungsgesetzes, BGBl. Nr. 306/1968) nachhaltig geändert wurde, ist eine Nachschätzung durchzuführen.

(2) Im Rahmen der Nachschätzung sind Flächen, die nicht mehr zum landwirtschaftlichen Kulturboden gehören, auszuscheiden, sowie Flächen, die bisher nicht einer Bodenschätzung unterzogen waren, nunmehr aber als landwirtschaftlicher Kulturboden anzusehen sind, zu erfassen.

(3) Die Nachschätzung umfaßt:

1. die Feststellung der geänderten Ertragsfähigkeit und
2. deren Erfassung in den Schätzungsbüchern und den Schätzungskarten.

(4) Die Nachschätzung wirkt vom Beginn jenes Kalenderjahres, das dem Kalenderjahr nachfolgt, in welchem erstmalig die Voraussetzungen für eine Nachschätzung im Sinne des Abs. 1 gegeben sind. Spätestens wirkt die Nachschätzung vom Beginn jenes Kalenderjahres, das dem Kalenderjahr nachfolgt, in welchem das zuständige Finanzamt von der Änderung der Ertragsfähigkeit Kenntnis erlangt hat.

§ 4. (1) Der Bundesminister für Finanzen hat zu seiner Unterstützung und Beratung bei der Bodenschätzung einen Bundesschätzungsbeirat zu bilden. Dem Bundesschätzungsbeirat gehören an:

1. ein vom Bundesminister für Finanzen beauftragter rechtskundiger Bundesbeamter als Vorsitzender des Bundesschätzungsbeirates,
2. der technische Leiter der Bodenschätzung im Bundesministerium für Finanzen,
3. zwölf unter Bedachtnahme auf den Vorschlag der Präsidentenkonferenz der Landwirtschaftskammern Österreichs im Einvernehmen mit dem Bundesminister für Land- und Forstwirtschaft berufene Mitglieder, die Landwirte sind oder, ohne die Landwirtschaft auszuüben, über eingehende Sachkenntnis auf dem Gebiet der Landwirtschaft oder der Bodenkunde verfügen.

(2) Das Bundesministerium für Finanzen hat zur Unterstützung und Beratung bei der Bodenschätzung für den Bereich jedes Bundeslandes einen Landesschätzungsbeirat zu bilden. Diesem gehören an:
1. ein vom Bundesminister für Finanzen allgemein oder im einzelnen Fall beauftragter rechtskundiger Bundesbediensteter als Vorsitzender des jeweiligen Landesschätzungsbeirates,
2. der technische Leiter der Bodenschätzung für das jeweilige Bundesland,
3. drei unter Bedachtnahme auf den Vorschlag der zuständigen Landeslandwirtschaftskammer berufene Mitglieder, die die im Abs. 1 Z 3 vorgesehenen Voraussetzungen erfüllen. Eine gleichzeitige Mitgliedschaft im Bundesschätzungsbeirat und in Landesschätzungsbeiräten ist möglich.

(3) Das Finanzamt Österreich hat im Einvernehmen mit dem Bundesministerium für Finanzen zur Durchführung der Bodenschätzung für bestimmte abgegrenzte örtliche Bereiche Schätzungsausschüsse nach Erfordernis zu bilden.

Diesen gehören an:
1. der Vorstand oder die Vorständin des zuständigen Finanzamtes (§ 1 Abs. 4) oder von ihm beauftragte rechtskundige Bedienstete des Finanzamtes als Leiter bzw. Leiterin des Schätzungsausschusses,
(BGBl I 2020/99)
2. ein Bediensteter des Bodenschätzungsdienstes als Stellvertreter des Leiters des Schätzungsausschusses für die technische Durchführung der Bodenschätzung,
3. zwei unter Bedachtnahme auf den Vorschlag der zuständigen Landeslandwirtschaftskammer berufene Mitglieder, die die im Abs. 1 Z 3 vorgesehenen Voraussetzungen erfüllen; soweit von der Landeslandwirtschaftskammer keine Personen namhaft gemacht werden, ist von der Beiziehung solcher Mitglieder abzusehen,
4. ein Bediensteter der Vermessungsbehörde für die vermessungstechnischen Belange; es sei denn, dass vermessungstechnische Arbeiten für den Schätzungsausschuss nicht erforderlich sind.
(BGBl I 2019/104)

(4) Die in den Abs. 1 bis 3 jeweils unter Z 3 berufenen Mitglieder üben ihre Funktionen ehrenamtlich aus. Alle in den Abs. 1 bis 3 angeführten Personen sind verpflichtet, über alle ihnen in Ausübung ihrer Tätigkeit bekannt gewordenen Amts-, Geschäfts- und Betriebsgeheimnisse Verschwiegenheit zu bewahren. Auf Verletzungen der Geheimhaltungspflicht finden die Bestimmungen der §§ 251 und 252 des Finanzstrafgesetzes, BGBl. Nr. 129/1958, Anwendung. Die für die Bodenschätzung maßgebenden objektiven Verhältnisse, das sind die natürlichen Ertragsbedingungen, unterliegen der Geheimhaltungspflicht nicht.

(5) Der Vorsitzende des Bundesschätzungsbeirates sowie die Vorsitzenden der Landesschätzungsbeiräte leiten die Verhandlungen jener Beiräte, für die sie bestellt wurden. Abstimmungen finden nicht statt. Ein Beirat ist funktionsfähig, wenn die in Abs. 1 und 2 jeweils unter Z 1 und 2 angeführten Mitglieder vollzählig, die in den gleichen Absätzen unter Z 3 angeführten Mitglieder zumindest zur Hälfte bei ordnungsgemäßer Ladung aller Mitglieder anwesend sind. Die Ladung ist ordnungsgemäß, wenn sie mindestens zwei Wochen vor dem Beratungstermin abgesendet wurde.

(6) Der Bundesminister für Finanzen hat entsprechend den im Abs. 5 dargelegten Grundsätzen im Verordnungswege eine Geschäftsordnung für Bundesschätzungsbeirat, Landesschätzungsbeiräte und Schätzungsausschüsse zu erlassen und hiebei die Höhe der Entschädigung für den Aufwand, der dem in den Abs. 1 bis 3 jeweils unter Z 3 umschriebenen Personenkreis in Ausübung der Funktion notwendigerweise erwächst, festzusetzen.

§ 5. (1) Als Vergleichsflächen der Bodenschätzung dienen die Musterstücke. Diese sind Bodenflächen, die zur Sicherung der Gleichmäßigkeit der Bodenschätzung und zur Schaffung feststehender Hauptstützpunkte vom Bundesministerium für Finanzen nach Beratung im Bundesschätzungsbeirat auszuwählen und zu schätzen sind (Bundesmusterstücke).

(2) Die Musterstücke sind in allen Teilen des Bundesgebietes so auszuwählen, daß das einzelne Musterstück für seine Umgebung kennzeichnend ist, so daß die Gesamtheit der Musterstücke einen Querschnitt über die im Bundesgebiet hauptsächlich vorhandenen Bodenflächen hinsichtlich ihrer natürlichen Ertragsfähigkeit darstellt.

(3) Die Musterstücke sind nach ihrer durch die natürlichen Ertragsbedingungen bewirkten Ertragsfähigkeit zueinander ins Verhältnis zu setzen. Dieses Verhältnis ist in einem Hundertsatz (Wertzahl) auszudrücken. Die ertragsfähigste Bodenfläche erhält die Wertzahl 100.

(4) Das Bundesministerium für Finanzen oder das vom Bundesministerium für Finanzen beauftragte Finanzamt Österreich hat im Bedarfsfall unter Beachtung der für die Bundesmusterstücke geltenden Grundsätze weitere Musterstücke (Lan-

desmusterstücke) nach Beratung im Landesschätzungsbeirat des jeweiligen Bundeslandes, in dem das Musterstück gelegen ist, auszuwählen und zu schätzen. Weiters hat das Finanzamt Österreich auch den Bundesschätzungsbeirat (Abs. 1) bei der Aufgabenerfüllung zu unterstützen.

(BGBl I 2020/99)

(5) Die Ergebnisse der Schätzung der Bundesmusterstücke und der Landesmusterstücke sind vom Bundesminister für Finanzen im „Amtsblatt zur Wiener Zeitung" kundzumachen. Die gemäß § 8 Abs. 1 für die Musterstücke zu ermittelnden Wertzahlen erhalten durch die Kundmachung rechtsverbindliche Kraft. Hiebei sind für jedes Musterstück die die Ertragsfähigkeit dieses Musterstückes beeinflussenden Umstände anzuführen.

(6) Sofern Musterstücke nicht mehr als Vergleichsflächen geeignet sind, ist dies im Sinne des Abs. 5 ebenfalls kundzumachen.

§ 6. Die nicht als Musterstücke ausgewählten landwirtschaftlich genutzten Bodenflächen sind unter Zugrundelegung der rechtsverbindlichen Ergebnisse der Schätzung der Musterstücke (§ 5 Abs. 5) zu schätzen.

§ 7. (1) Alle landwirtschaftlich genutzten Bodenflächen einschließlich der Musterstücke sind nach ihren natürlichen Ertragsbedingungen
1. dem Ackerland mit den Kulturarten
    Ackerland und
    Acker-Grünland,
2. dem Grünland mit den Kulturarten
    Grünland,
    Grünland-Acker,
    Grünland-Wiese,
    Grünland-Bergmahd,
    Grünland-Streu und
    Grünland-Hutweide

zuzuordnen, dabei sind Nutzungen, die den natürlichen Ertragsbedingungen nicht entsprechen, zum Beispiel Ackerwiesen und Ackerweiden, unberücksichtigt zu lassen. Bei einem regelmäßigen Wechsel verschiedener Kulturarten auf derselben Fläche (Wechselland) ist die gemäß den natürlichen Ertragsbedingungen vorherrschende Kulturart anzunehmen.

(2) Die wesentlichen Merkmale für die einzelnen Kulturarten sind in der Anlage enthalten, die einen Bestandteil dieses Bundesgesetzes bildet.

(3) Wege, Gräben, Hecken, Grenzraine, Wasserlöcher, Gebüsch u. dgl. sind der Grundstücksfläche, zu der sie gehören, zuzurechnen, soweit sie nicht in dem von den Vermessungsbehörden geführten Kataster gesondert ausgeschieden sind. Landwirtschaftliche Kulturarten bis zu einer Größe von 300 m² sind bei der Bodenschätzung der angrenzenden Kulturart zuzurechnen.

§ 8. (1) Bei der Ermittlung der Wertzahlen für die Musterstücke gemäß § 5 Abs. 3 und für die danach zu schätzenden übrigen landwirtschaftlich nutzbaren Bodenflächen sind alle die Ertragsfähigkeit beeinflussenden Umstände, das sind beim Ackerland besonders die Bodenart, die Zustandsstufe und die Entstehungsart und beim Grünland besonders die Bodenart, die Zustandsstufe, die Klimastufe und die Wasserverhältnisse, zu berücksichtigen.

(2) Für das Ackerland sind zwei Wertzahlen (Bodenzahl und Ackerzahl) festzustellen. Die Bodenzahl hat die durch die Verschiedenheit der Bodenbeschaffenheit im Zusammenhang mit den Grundwasserverhältnissen bedingten Ertragsunterschiede zum Ausdruck zu bringen, wobei für das ganze Bundesgebiet Einheitlichkeit der Geländegestaltung, der klimatischen Verhältnisse und der wirtschaftlichen Ertragsbedingungen zu unterstellen ist. Abweichungen von den Unterstellungen bezüglich der Geländegestaltung und der klimatischen Verhältnisse sowie die Beurteilung anderer von der Natur gegebenen Besonderheiten sind in der Ackerzahl zu berücksichtigen.

(3) Für das Grünland sind ebenfalls zwei Wertzahlen (Grünlandgrundzahl und Grünlandzahl) festzustellen. Die Grünlandgrundzahl hat die auf Grund der Beurteilung von Boden-, Klima- und Wasserverhältnissen sich ergebenden Ertragsunterschiede zum Ausdruck zu bringen, wobei für das ganze Bundesgebiet Einheitlichkeit der Geländegestaltung und der wirtschaftlichen Ertragsbedingungen zu unterstellen ist. Abweichungen von der Unterstellung bezüglich der Geländegestaltung sowie die Beurteilung anderer von der Natur gegebenen Besonderheiten sind in der Grünlandzahl zu berücksichtigen.

§ 9. (1) Die gemäß § 6 zu schätzenden Bodenflächen sind durch den Schätzungsausschuß an Ort und Stelle auf ihre nachhaltige Ertragsfähigkeit zu untersuchen, ohne auf die bestehenden Eigentumsverhältnisse Rücksicht zu nehmen. Hiebei ist einheitlich der in der Gegend übliche Kulturzustand zu unterstellen. Verhältnisse, die die Ertragsfähigkeit einer Bodenfläche nur vorübergehend berühren, sind unberücksichtigt zu lassen. Zusammenhängende Bodenflächen gleicher Ertragsfähigkeit sind in Klassen (Klassenflächen) zusammenzufassen.

(2) In einer Kopie der Katastralmappe sind insbesondere die Abgrenzungen der Klassenflächen, die Bezeichnungen der Klassen, die für die Klassen bestimmten Wertzahlen und die Geländeneigungen darzustellen.

§ 10. (1) Die Gemeinden haben die für die amtlichen Arbeiten nötigen Kanzleiräume zur Verfügung zu stellen, in gehörigem Zustand zu halten und für die zur Unterstützung der Amtshandlungen nötigen Hilfeleistungen gegen Ersatz der Kosten Sorge zu tragen.

(2) Eigentümer und Nutzungsberechtigte der zu schätzenden Bodenflächen sind verpflichtet, den mit den Arbeiten zur Durchführung dieses Bundesgesetzes Beauftragten jederzeit das Betreten dieser Flächen im notwendigen Ausmaß zu gestatten und die hiebei erforderlichen Maßnahmen, zum Beispiel Aufgrabungen, zuzulassen. Ein Anspruch auf Entschädigung besteht nicht.

(3) Die Vermessungsbehörden sind verpflichtet, die bei der Durchführung dieses Bundesgesetzes anfallenden Vermessungsarbeiten durchzuführen und die für die Bodenschätzung erforderlichen Kopien der Katastralmappe beizustellen.

(4) Die Österreichische Agentur für Gesundheit und Ernährungssicherheit GmbH hat die für die Auswahl und Schätzung von Musterstücken (§ 5) erforderlichen bodenchemischen und -physikalischen Untersuchungen auf Anforderung durchzuführen.

(5) Das Bundesforschungs- und Ausbildungszentrum für Wald, Naturgefahren und Landschaft hat zur Unterstützung der Bodenschätzung die digitalen Daten der Bodenkartierung auf Anforderung an den Bundesminister für Finanzen zu übermitteln.

§ 11. (1) Die Ergebnisse der Bodenschätzung einschließlich der gemäß § 2 Abs. 2 und 3 durchgeführten Überprüfungen und der gemäß § 3 durchgeführten Nachschätzungen sind zur allgemeinen Einsichtnahme aufzulegen.

(2) Ergebnisse im Sinne des Abs. 1 sind die Feststellungen, die zur Beschreibung und Kennzeichnung der Bodenflächen nach
1. der Beschaffenheit,
2. der Ertragsfähigkeit,
3. der Abgrenzung

getroffen und in den Schätzungsbüchern und den Schätzungskarten (§ 1 Abs. 3) niedergelegt sind.

(3) Nach Beendigung der Schätzungsarbeiten sind vor Beginn der Bekanntgabe im Wege des Auflageverfahrens die Ergebnisse der Schätzung den Grundeigentümern öffentlich zu präsentieren und ist diesen Gelegenheit zur Stellungnahme zu geben. Das Finanzamt hat den Ort, die Zeit und den Beginn dieser Präsentation allgemein bekannt zu geben. Überdies sind die betroffene Gemeinde und die örtlich zuständige gesetzliche berufliche Vertretung der Land- und Forstwirte zu verständigen. Die von der Schätzung betroffene Gemeinde ist verpflichtet, dafür geeignete Räumlichkeiten zur Verfügung zu stellen sowie das Finanzamt hinsichtlich der Bekanntgabe von Ort, Zeit und Beginn zu unterstützen.

(BGBl I 2022/45)

(4) Die Auflage hat einen Monat zu dauern und hat in elektronischer Form zu erfolgen. Dazu sind Schätzungsreinbuch und Schätzungsreinkarten in elektronischer Form ersichtlich zu machen sowie zur Abfrage bereit zu halten. Die dauerhafte Nachvollziehbarkeit der Kundmachungsdaten in inhaltlicher und zeitlicher Hinsicht ist sicherzustellen. Für jeden Tag, an dem die Erreichbarkeit nicht mindestens 23 Stunden gegeben ist, verlängert sich die Auflagefrist jeweils um einen Tag.

(BGBl I 2022/45)

(5) Der Beginn der Auflagefrist sowie die Webadresse sind vom Finanzamt öffentlich bekannt zu geben.

(BGBl I 2022/45)

(6) Die zur Einsicht aufgelegten Schätzungsergebnisse sind ein gesonderter Feststellungsbescheid im Sinne des § 185 der Bundesabgabenordnung (BGBl. Nr. 194/1961). Die Bekanntgabe dieser Feststellung gilt mit Ablauf des letzten Tages der Frist als erfolgt.

§ 12. (1) Im Rechtsmittelverfahren gegen die gemäß § 11 zur Einsichtnahme aufgelegten Schätzungsergebnisse gelten die für Rechtsmittel vorgesehenen Bestimmungen der Bundesabgabenordnung.

(2) Vor der Entscheidung der Abgabenbehörde zweiter Instanz ist der Landesschätzungsbeirat zu hören. Dies kann insoweit unterbleiben, wenn die Berufung zurückzuweisen ist (§ 273 BAO) oder als zurückgenommen zu erklären ist (§ 85 Abs. 2, § 86a Abs. 1, § 275 BAO) oder als gegenstandslos zu erklären ist (§ 256 Abs. 3, § 274 BAO).

§ 13. (1) Die Abgabenbehörden des Bundes haben die rechtskräftig festgestellten Ergebnisse der Bodenschätzung den Vermessungsbehörden zu übermitteln.

(2) Die Vermessungsbehörden haben daraus für jedes Grundstück die Ertragsmesszahl gemäß § 14 zu ermitteln. Außerdem haben sie die Bodenklimazahlen gemäß § 16 für die gemäß § 46 des Vermessungsgesetzes zu erstellenden Auszüge aus dem Grundstücksverzeichnis des Grenz- oder Grundsteuerkatasters sowie durchschnittliche Bodenklimazahlen für Katastralgemeinden zu berechnen. Bei Änderung im Ausmaß der landwirtschaftlich nutzbaren Fläche eines Grundstückes sind die Ertragsmesszahl und die Bodenklimazahlen neu zu berechnen.

§ 14. (1) Die Ertragsmeßzahl ist das Produkt der Fläche des Grundstückes in Ar mit der Acker- oder Grünlandzahl (Wertzahlen).

(2) Bestehen innerhalb eines Grundstückes mehrere Teilflächen mit verschiedenen Acker- oder Grünlandzahlen, so bildet die Summe der Produkte der Ausmaße der einzelnen Teilflächen in Ar mit der jeweiligen Wertzahl die Ertragsmeßzahl des Grundstückes.

(3) (aufgehoben)

§ 15. (1) Die gemäß § 14 ermittelten Ertragsmesszahlen sind im Grundstücksverzeichnis des Grenz- oder Grundsteuerkatasters ersichtlich zu machen.

(2) Die in den Schätzungsreinkarten und Schätzungsreinbüchern festgestellten Ergebnisse der Bodenschätzung gemäß § 11 Abs. 2 sind mit den Angaben des Grenz- oder Grundsteuerkatasters wiederzugeben.

(3) Die gemäß § 5 Abs. 5 kundgemachten Ergebnisse der Schätzung der Musterstücke der Bodenschätzung (Bundes- und Landesmusterstücke) sind einschließlich der bodenkundlichen, klimatologischen und lagemäßigen Beschreibung mit den Angaben des Grenz- oder Grundsteuerkatasters wiederzugeben.

(4) Die Daten gemäß Abs. 1 bis 3 sind den Abgabenbehörden des Bundes, soweit dies zur Erfüllung

ihrer Aufgaben erforderlich ist, mit der Katastralmappe und mit dem Grundstücksverzeichnis des Grenz- oder Grundsteuerkatasters nach Maßgabe der technischen Möglichkeiten im Wege der automationsunterstützten Datenverarbeitung zur Verfügung zu stellen.

§ 16. (1) Die Ertragsmeßzahl eines Grundstückes geteilt durch dessen Flächeninhalt oder die Summe der Ertragsmeßzahlen von mehreren Grundstücken geteilt durch deren Gesamtflächeninhalt bildet die Bodenklimazahl.

(2) Die Bodenklimazahl gibt das Verhältnis der natürlichen Ertragsfähigkeit der in Betracht gezogenen Flächen zu der ertragsfähigsten Bodenfläche des Bundesgebietes mit der Wertzahl 100 an.

§ 16a. (1) Das Finanzamt Österreich ist berechtigt, außerhalb eines Abgabenverfahrens Auszüge und Abschriften (Kopien) der Schätzungsbücher und Musterstücksbeschreibungen sowie auszugsweise Abschriften (Kopien) der Schätzungskarten und die zugrunde gelegten Daten hinsichtlich der natürlichen Ertragsbedingungen (§ 1 Abs. 2 Z 2), auch in automationsunterstützter Form, abzugeben, soweit eine Abgabe nicht nach Abs. 2 beantragt werden kann. Hinsichtlich der Abgabe von Auszügen und Abschriften (Kopien) sowie von Daten ist § 1 Abs. 2 des Auskunftspflichtgesetzes anzuwenden.

(BGBl I 2019/104, BGBl I 2020/99)

(2) Die Vermessungsbehörden haben auf Antrag Auszüge und Abschriften (Kopien) von Daten gemäß § 15 Abs. 1 bis 3 auch in Verbindung mit Bestandteilen des Grenz- oder Grundsteuerkatasters nach den Vorschriften des Vermessungsgesetzes abzugeben. Sie haben weiters den Abgabenbehörden des Bundes die erforderliche Unterstützung bei der Vollziehung der in Abs. 1 geregelten Tätigkeiten zu gewähren.

(BGBl I 2019/104, BGBl I 2020/99)

(3) Die Abgabe von Auszügen, Abschriften (Kopien) und Daten gemäß Abs. 1 und 2 und des Zugriffs darauf sowie die Gestattung der Weiterverwendung hat gegen angemessene Vergütung zu erfolgen. Die Festlegung der Vergütung und die Regelung der Bedingungen für eine Weiterverwendung obliegt dem Bundesministerium für Finanzen im Einvernehmen mit dem Bundesministerium für Wirtschaft, Familie und Jugend. Soweit die Daten ausschließlich aus dem Bereich der Abgabenbehörden des Bundes stammen, ist das Einvernehmen nicht erforderlich.

(4) Unbeglaubigte amtliche Abschriften und Auszüge gemäß Abs. 1 und 2 sind von den Stempelgebühren befreit.

§ 17. (1) Die Vorschriften des Bodenschätzungsgesetzes vom 16. Oktober 1934, Deutsches RGBl. I S. 1050, sowie die hiezu ergangenen Durchführungsvorschriften, insbesondere die Durchführungsbestimmungen zum Bodenschätzungsgesetz vom 12. Februar 1935, Deutsches RGBl. I S. 198, samt Berichtigung hiezu vom 22. Februar 1935, Deutsches RGBl. I S. 276, und die Verordnung über die Offenlegung der Ergebnisse der Bodenschätzung vom 31. Jänner 1936, Deutsches RGBl. I S. 120, werden unbeschadet der Bestimmungen der Absätze 2 bis 4 aufgehoben.

(2) Die Bestimmungen der §§ 13 bis 16 dieses Bundesgesetzes finden auch für die nach den im Abs. 1 angeführten Rechtsvorschriften ermittelten Bodenschätzungsergebnisse Anwendung.

(3) Die bereits nach den im Abs. 1 angeführten Bestimmungen durchgeführten Bodenschätzungen sind einer Bodenschätzung im Sinne des § 1 gleichzuhalten. In Katastralgemeinden, in denen bisher noch keine Bodenschätzung nach den im Abs. 1 angeführten Bestimmungen abgeschlossen werden konnte, sind hinsichtlich der Ermittlung der Bodenschätzungsergebnisse vorbehaltlich der Bestimmungen des dritten Satzes die im Abs. 1 angeführten bisherigen Rechtsvorschriften zur Durchführung dieser Bodenschätzung – längstens jedoch bis 31. Dezember 1973 – anzuwenden. Hinsichtlich der Einsichtnahme (§ 11), des Rechtsmittelverfahrens (§ 12) und der im Abs. 2 angeführten Bestimmungen haben bereits die Bestimmungen dieses Bundesgesetzes sinngemäß Anwendung zu finden.

(4) Bis zur Kundmachung der Musterstücke nach § 5 – längstens jedoch bis 31. Dezember 1973 – sind erforderliche Nachschätzungen nach den im Abs. 1 angeführten Rechtsvorschriften unter Beachtung der Bestimmungen des Abs. 3 dritter Satz durchzuführen.

(5) Die Bestimmungen des § 2 Abs. 3 wirken erstmalig auf den Beginn jenes Kalenderjahres, das den Kundmachungen der Musterstücke gemäß § 5 folgt.

(6) Die Änderungen in § 4 Abs. 2 und 3 und § 5 Abs. 4 in der Fassung des Bundesgesetzes BGBl. I Nr. 124/2003 treten mit 1. Mai 2004 in Kraft. Personen, die im Zeitpunkt des In-Kraft-Tretens des Bundesgesetzes BGBl. I Nr. 124/2003 Mitglieder eines Landesschätzungsbeirates sind, bleiben bis zu ihrer Abberufung weiterhin im Amt.

(7) § 4 Abs. 2 Z 1, § 4 Abs. 3 sowie § 5 Abs. 4 in der Fassung des Bundesgesetzes BGBl. I Nr. 72/2004 treten mit 1. Mai 2004 in Kraft. Personen, die im Zeitpunkt des In-Kraft-Tretens des Bundesgesetzes BGBl. I Nr. 72/2004 Mitglieder eines Landesschätzungsbeirates sind, bleiben bis zu ihrer Abberufung weiterhin im Amt.

(8) § 15 tritt in der Fassung des Bundesgesetzes BGBl. I Nr. 161/2005 wie folgt in Kraft:

1. Die Wiedergabe der in den Schätzungsreinkarten festgestellten Ergebnisse der Bodenschätzung (§ 15 Abs. 2) und der Ergebnisse der Schätzung der Musterstücke (§ 15 Abs. 3) hat bis längstens 31. Dezember 2010 zu erfolgen.

2. Die in den Schätzungsreinbüchern festgestellten Ergebnisse der Bodenschätzung (§ 15 Abs. 2) sind zumindest durch elektronisches Festhalten des Schriftbildes (Scannen) der Schätzungsreinbücher bis längstens 31. Dezember 2012 im Grenz- oder Grundsteuerkataster wiederzugeben. Dies gilt auch für

Schätzungsbücher für Ackerland und Schätzungsbücher für Grünland (§ 1 Abs. 3 in der Fassung vor dem Bundesgesetz BGBl. I Nr. 161/2005) rechtskräftiger Bodenschätzungsergebnisse.
3. Die Wiedergabe der Daten der Bodenschätzung gemäß § 15 Abs. 1 bis 3 ist nach Maßgabe der technischen und personellen Möglichkeiten auf automationsunterstützte Datenverarbeitung umzustellen.
4. Die gemäß § 15 Abs. 3 vorgesehene Wiedergabe der Ergebnisse der Schätzung von Musterstücken ist erstmals für Musterstücke anzuwenden, die nach dem 31. Dezember 1996 im Amtsblatt zur Wiener Zeitung kundgemacht wurden.

(9) § 1 Abs. 4, § 4 Abs. 3, § 5 Abs. 4 und § 16a Abs. 1 und 2, jeweils in der Fassung des Bundesgesetzes BGBl. I Nr. 104/2019 treten am 1. Jänner 2021 in Kraft.

(BGBl I 2019/104, BGBl I 2020/99)

(10) § 1 Abs. 4, § 4 Abs. 3 Z 1 und § 5 Abs. 4, jeweils in der Fassung des Bundesgesetzes BGBl. I Nr. 104/2019, treten nicht in Kraft.

(BGBl I 2020/99)

(11) § 1 Abs. 4, § 4 Abs. 3 Z 1 und § 5 Abs. 4, jeweils in der Fassung des Bundesgesetzes BGBl. I Nr. 99/2020, treten mit 1. Jänner 2021 in Kraft.

(BGBl I 2020/99)

(12) § 11 in der Fassung des Bundesgesetzes BGBl. I Nr. 45/2022 ist erstmals für Auflegungen anzuwenden, die nach dem 31. Dezember 2023 erfolgen.

(BGBl I 2022/45)

§ 18. Mit der Vollziehung dieses Bundesgesetzes ist hinsichtlich des § 4 Abs. 3 Z 4, § 10 Abs. 3, § 13 Abs. 2, § 14, § 15, § 16 Abs. 1 sowie § 16a Abs. 2 der Bundesminister für Wirtschaft, Familie und Jugend im Einvernehmen mit dem Bundesminister für Finanzen, hinsichtlich des § 16a Abs. 3 der Bundesminister für Finanzen im Einvernehmen mit dem Bundesminister für Wirtschaft, Familie und Jugend, hinsichtlich des § 4 Abs. 1 Z 3 der Bundesminister für Finanzen im Einvernehmen mit dem Bundesminister für Land- und Forstwirtschaft, Umwelt und Wasserwirtschaft, hinsichtlich des § 10 Abs. 4 und 5 der Bundesminister für Land- und Forstwirtschaft, Umwelt und Wasserwirtschaft und hinsichtlich der übrigen Bestimmungen der Bundesminister für Finanzen betraut.

Anlage

Die Kulturarten der Bodenschätzung (§ 7 Abs. 1) werden durch folgende Merkmale bestimmt:

1. Ackerland (A). Das Ackerland umfaßt die Bodenflächen zum feldmäßigen Anbau von Getreide, Hülsenfrüchten, Hackfrüchten, Handelsgewächsen, Futterpflanzen und die dem feldmäßigen Anbau von Gartengewächsen dienenden Flächen.
2. Acker-Grünland (AGr). Die Bezeichnung Acker-Grünland wird angewendet für
    a) das eigentliche Wechselland, bei dem auf der gleichen Fläche Acker- und Grünlandnutzung zeitlich wechseln, wobei die Ackernutzung überwiegt;
    b) Flächen, die bei gleichen natürlichen Ertragsbedingungen Acker- und Grünlandnutzung in größerem Umfang räumlich nebeneinander aufweisen, wobei die Ackernutzung jedoch überwiegt.
3. Grünland (Gr). Als Grünland werden Dauergrasflächen bezeichnet, die in der Regel zur Futtergewinnung gemäht werden und mit Großvieh beweidet werden können.
4. Grünland-Acker (GrA). Hiefür gilt dasselbe wie für Acker-Grünland, doch überwiegt die Grünlandnutzung.
5. Grünland-Wiese (GrW). Als Grünland-Wiese werden Dauergrasflächen bezeichnet, die zwar noch zur Futtergewinnung gemäht werden, zufolge ihrer feuchten Lage durch Großvieh nicht beweidet werden können.
6. Grünland-Bergmahd (GrBgm). Als Grünland-Bergmahd werden Dauergrünlandflächen im Hochgebirge bezeichnet, die für die Beweidung zu steil sind und ausschließlich der Heugewinnung dienen.
7. Grünland-Streu (GrStr). Als Grünland-Streu werden nasse Dauergrünlandflächen bezeichnet, die vorwiegend der Streunutzung dienen.
8. Grünland-Hutweide (GrHu). Als Grünland-Hutweide werden Dauergrünlandflächen bezeichnet, die nur geringe Ertragsfähigkeit haben, landwirtschaftlich nicht bestellt werden können und nur eine gelegentliche Weidenutzung zulassen.

5/3. VERORDNUNGEN

5/3.

ErlWS-VO 2009

BGBl II 2009/20

Verordnung des Bundesministers für Finanzen zur verbindlichen Festsetzung von Erlebenswahrscheinlichkeiten zum Zwecke der Bewertung von Renten und dauernden Lasten (ErlWS-VO 2009)

Gemäß § 16 Abs. 2 des Bewertungsgesetzes 1955 wird verordnet:

§ 1. Soweit die jeweiligen Abgabenvorschriften keine abweichenden Regelungen treffen, ist bei allen bundesrechtlich geregelten Abgaben für Zwecke der Bewertung von Renten und dauernden Lasten von einer Erlebenswahrscheinlichkeit auszugehen, die sich aus den in der Anlage ausgewiesenen Sterbewahrscheinlichkeiten ergibt.

§ 2. Die Sterbewahrscheinlichkeiten gemäß § 1 verschieben sich wie folgt:

1. Für Männer
   a) des Jahrganges 1937 und älter ist die Sterbewahrscheinlichkeit des jeweils um vier Jahre Älteren maßgeblich.
   b) des Jahrganges 1938 bis einschließlich des Jahrganges 1946 ist die Sterbewahrscheinlichkeit des jeweils um drei Jahre Älteren maßgeblich.
   c) des Jahrganges 1947 bis einschließlich des Jahrganges 1953 ist die Sterbewahrscheinlichkeit des jeweils um zwei Jahre Älteren maßgeblich.
   d) des Jahrganges 1954 bis einschließlich des Jahrganges 1961 ist die Sterbewahrscheinlichkeit des jeweils um ein Jahr Älteren maßgeblich.
   e) des Jahrganges 1970 bis einschließlich des Jahrganges 1978 ist die Sterbewahrscheinlichkeit des jeweils um ein Jahr Jüngeren maßgeblich.
   f) des Jahrganges 1979 bis einschließlich des Jahrganges 1989 ist die Sterbewahrscheinlichkeit des jeweils um zwei Jahre Jüngeren maßgeblich.
   g) des Jahrganges 1990 bis einschließlich des Jahrganges 2002 ist die Sterbewahrscheinlichkeit des jeweils um drei Jahre Jüngeren maßgeblich.
   h) des Jahrganges 2003 und jünger ist die Sterbewahrscheinlichkeit des jeweils um vier Jahre Jüngeren maßgeblich.

2. Für Frauen
   a) des Jahrganges 1921 und älter ist die Sterbewahrscheinlichkeit der jeweils um fünf Jahre Älteren maßgeblich.
   b) des Jahrganges 1922 und bis einschließlich des Jahrganges 1935 ist die Sterbewahrscheinlichkeit der jeweils um vier Jahre Älteren maßgeblich.
   c) des Jahrganges 1936 und bis einschließlich des Jahrganges 1945 ist die Sterbewahrscheinlichkeit der jeweils um drei Jahre Älteren maßgeblich.
   d) des Jahrganges 1946 und bis einschließlich des Jahrganges 1952 ist die Sterbewahrscheinlichkeit der jeweils um zwei Jahre Älteren maßgeblich.
   e) des Jahrganges 1953 und bis einschließlich des Jahrganges 1960 ist die Sterbewahrscheinlichkeit der jeweils um ein Jahr Älteren maßgeblich.
   f) des Jahrganges 1970 und bis einschließlich des Jahrganges 1980 ist die Sterbewahrscheinlichkeit der jeweils um ein Jahr Jüngeren maßgeblich.
   g) des Jahrganges 1981 und bis einschließlich des Jahrganges 1993 ist die Sterbewahrscheinlichkeit der jeweils um zwei Jahre Jüngeren maßgeblich.
   h) des Jahrganges 1994 und bis einschließlich des Jahrganges 2010 ist die Sterbewahrscheinlichkeit der jeweils um drei Jahre Jüngeren maßgeblich.
   i) des Jahrganges 2011 und jünger ist die Sterbewahrscheinlichkeit der jeweils um vier Jahre Jüngeren maßgeblich.

§ 3. (1) Diese Verordnung ist auf alle Vereinbarungen über Renten und dauernde Lasten anzuwenden, die nach dem 31. Dezember 2008 abgeschlossen werden.

(2) Für Vereinbarungen, die vor dem 1. Jänner 2009 abgeschlossen wurden, ist diese Verordnung nur anzuwenden, für

1. die Ermittlung jenes Betrages, ab dessen Überschreitung die Leistungen aus einer Gegenleistungsrente zu den Einkünften aus wiederkehrenden Bezügen gehören,
2. die Ermittlung jenes Betrages, ab dessen Überschreitung die Zahlungen für Gegenleistungsrenten als Sonderausgaben oder Werbungskosten abzugsfähig sind,
3. die Ermittlung des Rentenbarwertes zum Zwecke der Ermittlung von Anschaffungskosten für ein Wirtschaftsgut, mit dem außerbetriebliche Einkünfte erzielt werden, und überdies vom Wahlrecht gemäß § 124b Z 80 lit b Einkommensteuergesetz 1988 kein Gebrauch gemacht wird oder kein Antrag gemäß § 124b Z 82 Einkommensteuergesetz 1988 gestellt wurde.

5/3/1. BewG
ErlWS-VO 2009

Anlage

Alter x / y	Männer Sterbewahrscheinlichkeit (q x)	Frauen Sterbewahrscheinlichkeit (q y)
0	0,000 230	0,000 150
1	0,000 230	0,000 150
2	0,000 230	0,000 150
3	0,000 230	0,000 150
4	0,000 230	0,000 150
5	0,000 230	0,000 150
6	0,000 230	0,000 150
7	0,000 230	0,000 150
8	0,000 230	0,000 150
9	0,000 230	0,000 150
10	0,000 230	0,000 150
11	0,000 230	0,000 150
12	0,000 230	0,000 150
13	0,000 290	0,000 150
14	0,000 290	0,000 150
15	0,000 529	0,000 227
16	0,000 726	0,000 227
17	0,000 726	0,000 227
18	0,000 726	0,000 227
19	0,000 726	0,000 227
20	0,000 726	0,000 227
21	0,000 726	0,000 227
22	0,000 726	0,000 227
23	0,000 726	0,000 227
24	0,000 726	0,000 227
25	0,000 726	0,000 227
26	0,000 726	0,000 278
27	0,000 726	0,000 278
28	0,000 726	0,000 298
29	0,000 726	0,000 298
30	0,000 726	0,000 298
31	0,000 726	0,000 298
32	0,000 726	0,000 298
33	0,000 741	0,000 298
34	0,000 741	0,000 377
35	0,000 818	0,000 377
36	0,000 958	0,000 468
37	0,001 022	0,000 507
38	0,001 109	0,000 559
39	0,001 207	0,000 615
40	0,001 310	0,000 675
41	0,001 384	0,000 722
42	0,001 449	0,000 765
43	0,001 512	0,000 806
44	0,001 579	0,000 845
45	0,001 655	0,000 886
46	0,001 740	0,000 936
47	0,001 831	0,000 992
48	0,001 931	0,001 048
49	0,002 041	0,001 101
50	0,002 160	0,001 155
51	0,002 280	0,001 206
52	0,002 394	0,001 252
53	0,002 494	0,001 290
54	0,002 578	0,001 321
55	0,002 649	0,001 346
56	0,002 709	0,001 368
57	0,002 761	0,001 386
58	0,002 809	0,001 401
59	0,002 858	0,001 418
60	0,002 916	0,001 445
61	0,003 079	0,001 516
62	0,003 277	0,001 605
63	0,003 514	0,001 713
64	0,003 791	0,001 839
65	0,004 102	0,001 982
66	0,004 444	0,002 154
67	0,004 818	0,002 352
68	0,005 227	0,002 570
69	0,005 672	0,002 800
70	0,006 157	0,003 056
71	0,006 687	0,003 339
72	0,007 271	0,003 670
73	0,007 919	0,004 055
74	0,008 639	0,004 515
75	0,009 438	0,005 058
76	0,010 340	0,005 681
77	0,011 361	0,006 391
78	0,012 526	0,007 199
79	0,014 000	0,008 141
80	0,015 811	0,009 267
81	0,018 016	0,010 627
82	0,020 714	0,012 237
83	0,023 780	0,014 199
84	0,027 252	0,016 633
85	0,031 358	0,019 620
86	0,036 280	0,023 337
87	0,042 142	0,027 830
88	0,049 121	0,033 308
89	0,057 379	0,040 084
90	0,066 996	0,048 305
91	0,078 333	0,058 167

BewG

5/3/2. BewG
Mitwirkungs-V

92	0,091 274	0,069 910
93	0,106 417	0,083 612
94	0,124 227	0,099 220
95	0,145 858	0,116 560
96	0,171 913	0,136 682
97	0,202 689	0,160 088
98	0,235 659	0,186 745
99	0,270 953	0,216 829
100	0,309 692	0,250 257
101	0,342 308	0,279 901
102	0,375 319	0,310 493
103	0,408 553	0,341 867
104	0,441 870	0,373 882
105	0,475 160	0,406 413
106	0,508 332	0,439 339
107	0,541 315	0,472 556
108	0,574 054	0,505 968
109	0,606 510	0,539 492
110	0,638 654	0,573 056
111	0,670 471	0,606 598
112	0,701 950	0,640 066
113	0,735 219	0,678 694
114	0,763 144	0,710 115
115	0,789 494	0,740 060
116	0,814 170	0,768 354
117	0,837 095	0,794 849
118	0,858 218	0,819 435
119	0,877 513	0,842 034
120	0,894 982	0,862 610

5/3/2.
Mitwirkungs-V

BGBl II 2007/248 idF BGBl II 2020/373

Verordnung des Bundesministers für Finanzen über die Mitwirkung von Bediensteten der Stadtgemeinden Bludenz, Dornbirn und Feldkirch, der Marktgemeinden Lustenau und Rankweil sowie der Gemeinde Zwischenwasser für das Finanzamt Österreich bei der Einheitsbewertung (Mitwirkungs-V Stadtgemeinden Bludenz, Dornbirn, Feldkirch, Marktgemeinden Lustenau, Rankweil und Gemeinde Zwischenwasser)

(BGBl II 2020/373)

Mit Zustimmung der Stadtgemeinden Bludenz, Dornbirn und Feldkirch, der Marktgemeinden Lustenau und Rankweil sowie der Gemeinde Zwischenwasser wird gemäß § 80a des Bewertungsgesetzes 1955, BGBl. Nr. 148/1955, in der Fassung BGBl. I Nr. 100/2006, verordnet:

§ 1. Bei der Ermittlung und Feststellung von Einheitswerten (einschließlich der Bewertungsgrundlagen) des Grundvermögens und der Betriebsgrundstücke gemäß § 60 Abs. 1 Z 1 des Bewertungsgesetzes 1955 sowie der davon abgeleiteten Grundsteuermessbetragsbescheide werden Bedienstete der Stadtgemeinden Bludenz, Dornbirn und Feldkirch, der Marktgemeinden Lustenau und Rankweil sowie der Gemeinde Zwischenwasser als Organe des Finanzamtes Österreich tätig.

(BGBl II 2020/373)

§ 2. (1) Die Mitwirkung ist eingeschränkt auf wirtschaftliche Einheiten gemäß § 2 des Bewertungsgesetzes 1955 oder Betriebsgrundstücke, die jeweils zur Gänze auf dem Gebiet der zuständigen Gemeinde liegen.

(2) Ausgenommen von der Anwendung dieser Verordnung sind übersteigende Wohnungswerte im Sinne des § 33 des Bewertungsgesetzes 1955 und Grundbesitz, der bisher als land- und forstwirtschaftliches Vermögen oder als Betriebsgrundstück gemäß § 60 Abs. 1 Z 2 des Bewertungsgesetzes 1955 bewertet ist.

§ 3. (1) Die Fassung der Verordnung BGBl. II Nr. 373/2020 tritt mit 1. Jänner 2021 in Kraft.

(2) Diese Verordnung tritt mit Ablauf des 31. Dezember 2025 außer Kraft.

(BGBl II 2020/373)

6. GRUNDSTEUER

Inhaltsverzeichnis

6/1.	**Grundsteuergesetz 1955**..	Seite	719
6/2.	**BG Abgabe von land- und forstwirtschaftlichen Betrieben**................	Seite	731
6/3.	**Bodenwertabgabegesetz**...	Seite	733

6/1. GrStG

6/1. Grundsteuergesetz 1955

Grundsteuergesetz 1955, BGBl 1955/149 idF

1 BGBl 1961/281	2 BGBl 1963/146	3 BGBl 1963/327
4 BGBl 1965/182	5 BGBl 1974/406	6 BGBl 1977/320
7 BGBl 1979/556	8 BGBl 1982/570	9 BGBl 1987/649
10 BGBl 1996/201 (StruktAnpG 1996)	11 BGBl I 1999/28 (AbgÄG 1998)	12 BGBl I 2000/142 (BudgetbegleitG 2001)
13 BGBl I 2001/59 (EuroStUG 2001)	14 BGBl I 2004/151 (SPG-Novelle 2005)	15 BGBl I 2008/122 (AbgÄG 2008)
16 BGBl I 2009/20 (AbgVRefG)	17 BGBl I 2010/34 (AbgÄG 2010)	18 BGBl I 2019/104 (FORG)
19 BGBl I 2022/45		

GrStG AbglufBG BWA

GLIEDERUNG

Abschnitt I: Steuerpflicht
§ 1. Steuergegenstand
§ 2. Befreiungen
§ 2a. Befreiung bei Miteigentum
§ 3. Steuerpflicht bei Benutzung zu Wohnzwecken
§ 4. Unmittelbare Benutzung des Steuergegenstandes als Voraussetzung für die Steuerbefreiung
§ 5. Dauer der Voraussetzungen für die Steuerbefreiung
§ 6. Öffentlicher Dienst oder Gebrauch
§ 7. Für sportliche Zwecke benutzter Grundbesitz
§ 8. Steuerpflicht des land- und forstwirtschaftlich genutzten Grundbesitzes
§ 9. Steuerschuldner
§ 10. Persönliche Haftung
§ 11. Dingliche Haftung

Abschnitt II: Berechnung der Grundsteuer

Unterabschnitt 1: Besteuerungsgrundlage
§ 12. Maßgebender Wert
§ 13. Zerlegung der Einheitswerte
§ 14. Zerlegungsmaßstab für land- und forstwirtschaftliche Betriebe
§ 15. Zerlegungsmaßstab für Grundstücke
§ 16. Zerlegungsmaßstab für besondere Fälle
§ 17. Zerlegungsverfahren

Unterabschnitt 2: Festsetzung der Steuermeßbeträge
§ 18. Steuermeßbetrag
§ 19. Steuermeßzahl
§§ 20, 20a. Hauptveranlagung
§ 21. Fortschreibungsveranlagung
§ 22. Nachveranlagung
§ 23. Steuerentrichtung bei Wegfall der Steuerpflicht

Unterabschnitt 3: Zerlegung der Steuermeßbeträge
§ 24. Voraussetzung der Zerlegung
§ 25. Zerlegungsstichtag
§ 26. Zerlegungsmaßstab

Unterabschnitt 4: Berechnung und Festsetzung des Jahresbetrages
§ 27. Hebesatz
§ 28. Festsetzung des Jahresbetrages
§ 28a. Entstehung des Abgabenanspruches
§ 28b. Verjährung
§ 28c. Grundsteuerbescheid

Abschnitt III: Entrichtung der Grundsteuer
§ 29. Fälligkeit
§ 30. Vorauszahlungen
§ 30a. Zuständigkeit
§ 31. Inkrafttreten, Aufhebung und Weitergeltung bisheriger Rechtsvorschriften
§ 32. Vollziehung

STICHWORTVERZEICHNIS

A
Abgabenanspruch, Entstehung 28a (1 f)
absolute Verjährung 28b (6)
Allgemeingebrauch 6 (2)
Altenheim, Befreiungen 2 Z 5
Altwasser, Befreiungen 2 Z 9

Änderung der Grundlagen, Zerlegungsstichtag 25 (2 f)
Änderung der Voraussetzungen, Jahresbetrag 28
Änderung des Hebesatzes, Vorauszahlung 30 (3)
Änderung des Jahresbetrages, Fälligkeit 29 (2)
Arbeitshaus, Werkstätte 4 (4)

6/1. GrStG

Aufbewahrungsraum, Sportgeräte 7 (2)
Aufenthaltsraum 3 (2)
Ausnahmen, öffentlicher Dienst oder Gebrauch 6 (3 f)

B
Bach, Befreiungen 2 Z 9
Baderaum 7 (2)
Baurecht, Steuermeßbetrag 18 (2)
– Steuerschuldner 9 (1)
Befreiungen 2, 2a (1 f)
Beginn, Verjährung 28b (3)
Behindertenheim, Werkstätte 4 (4)
Berechtigter, Steuerschuldner 9 (1)
Bereitschaftsraum 3 (1)
Bergsteigerverein 7 (2)
Berufssport, Befreiungen 2 Z 4
Bestattungsplatz, Befreiungen 2 Z 9
Besteuerungsgrundlage 12
Betriebsgrundstück 1 (1)
Betriebsvermögen 1 (1)
Blindenheim, Werkstätte 4 (4)
Botschaft, Befreiungen 2 Z 10
Brücke, Befreiungen 2 Z 9
Bund, Befreiungen 2 Z 1, 2 Z 3

D
Dauer der Voraussetzungen für Steuerbefreiung 5
dingliche Haftung 11
Duschraum 7 (2)

E
Eigentümer, Steuerschuldner 9 (1)
Einfamilienhaus, Steuermeßzahl 19 Z 2
Einheitswertzerlegung 13
Einschränkung der Steuerpflicht, land- und forstwirtschaftlicher Grundbesitz 8 (2)
Eintritt, Befreiungsgrund, Steuerentrichtung 23 (1)
Eintritt, Grund für Befreiung 21 (2)
Elektrizitätsversorgung 6 (4)
Entstehung, Abgabenanspruch 28a (1 f)
Erbpachtrecht, Steuermeßbetrag 18 (3)
Erhöhung des Jahresbetrages, Fälligkeit 29 (2)
Erholungsraum 7 (3)
erzieherischer Zweck, Befreiungen 2 Z 7
Erziehungsanstalt, Befreiungen 2 Z 7
– Werkstätte 4 (4)

F
Fälligkeit 28a (2), 29 (1 f)
fehlerhafte Veranlagung 21 (2)
Festsetzung 28a (2)
Fiktion der Hauptveranlagung 20a
fließendes Gewässer, Befreiungen 2 Z 9
Flughafen, Befreiungen 2 Z 9
Fluß, Befreiungen 2 Z 9
Fortschreibungsveranlagung 20 (3), 21
Fortschreibungszeitpunkt 21 (1)
Freiwillige Feuerwehr, Befreiungen 2 Z 2
Fruchtnießer, Haftung 10

G
Gasversorgung 6 (4)
Geltung, Fortschreibungsveranlagung 21 (3)
– Nachveranlagung 22 (2), 22 (4)
Gemeinde, Befreiungen 2 Z 1, 2 Z 3
gemeinnütziger Zweck, Befreiungen 2 Z 3
gemischte Nutzung 4 (2 f)
gemischtgenutztes Grundstück, Steuermeßzahl 19 Z 2
geringer Einheitswert
– Grundstück 15 (2)
– land- und forstwirtschaftlicher Betrieb 14 (3)
Gesandtschaft, Befreiungen 2 Z 10
Geselligkeitsraum 7 (3)
Grundbesitz 1 (1)
– Befreiungen 2 Z 1
Grundstück
– Hebesatz 27 (2)
– Steuermeßzahl 19 Z 2
– Zerlegungsmaßstab 15 (1)
Grundvermögen 1 (1)

H
Hafen, Befreiungen 2 Z 9
Haftung 10 f
Hauptveranlagung 20, 20a
– Fiktion 20a
Hauptveranlagungszeitpunkt 20 (1)
Hausgarten 3 (1)
Hebesatz 27 (1 f)
Hebesatzänderung, Vorauszahlung 30 (3)
Hemmung, Verjährung 28b (5)
Herabsetzung des Jahresbetrages, Fälligkeit 29 (2)
hilfsbedürftige Personen, Wohnraum 3 (1)
Hinterziehung, Verjährung 28b (2)
Hofraum 3 (1)
Hort, Befreiungen 2 Z 7

I
Inkrafttreten 31 (1)
Internat, Befreiungen 2 Z 7

J
Jahresbetrag 28
– Fälligkeit 29 (1 ff)
Justizwache 3 (1)

K
Kaserne 3 (1)
Kasernenwohnung 3 (1)
Kind 3 (1)
Kindergarten, Befreiungen 2 Z 7
Kinderheim, Befreiungen 2 Z 7
Kindertagesstätte, Befreiungen 2 Z 7
Kirche, Befreiungen 2 Z 5
Konsulat, Befreiungen 2 Z 10
Körperschaft, Befreiungen 2 Z 3, 2 Z 6
Krankenanstalt, Befreiungen 2 Z 8

L
Land, Befreiungen 2 Z 1, 2 Z 3
land- und forstwirtschaftlicher Betrieb 1 (2)
– Hebesatz 27 (2)

- Steuermeßzahl 19 Z 1
- Zerlegungsmaßstab 14 (1 ff)
land- und forstwirtschaftlicher Grundbesitz
- Einschränkung der Steuerpflicht 8 (2)
- Steuerpflicht 8 (1 f)
land- und forstwirtschaftliches Vermögen 1 (1)
Landesfeuerwehrverband, Befreiungen 2 Z 2
Lehrling 3 (1)
Lehrlingsheim, Befreiungen 2 Z 7
Lehrzweck, land- und forstwirtschaftlicher Grundbesitz 8 (2)

M
mehrere Eigentümer, Steuerschuldner 9 (2)
mehrere Gemeinden, Einheitswertzerlegung 13
Mietwohngrundstück, Steuermeßzahl 19 Z 2
mildtätiger Zweck, Befreiungen 2 Z 3
Miteigentum, Befreiungen 2a (1 f)

N
Nachveranlagung 20 (3), 22
Nachzahlung, Fälligkeit 29 (3)

O
öffentlicher Dienst 6
öffentlicher Gebrauch 6
öffentlicher Hafenbetrieb 6 (4)
öffentlicher Verkehr 6 (4)
- Befreiungen 2 Z 9
öffentliches Interesse 6 (2)
Österreichische Bundesbahnen
- Befreiungen 2 Z 1
- Steuermeßbetrag 18 (4)

P
Personenvereinigung, Befreiungen 2 Z 3, 2 Z 6
persönliche Haftung 10
Platz, Befreiungen 2 Z 9
Polizei 3 (1)

R
Religionsgemeinschaft, Befreiungen 2 Z 5
Rotes Kreuz
- Befreiungen 2 Z 2
- Wohnraum 3 (1)
Rundung, Steuermeßbetrag 18 (1)

S
Steuerschuldner 9 (1)
Schienenweg, Befreiungen 2 Z 9
Schiverein 7 (2)
Schule, Befreiungen 2 Z 7
Schüler 3 (1)
Schülerheim, Befreiungen 2 Z 7
Schulungsraum 7 (2)
Schutzhütte 7 (2)
See, Befreiungen 2 Z 9
Sitzgemeinde 14 (1)
Speiseraum 3 (1)
Sportanlage 7 (1 ff)
sportlicher Zweck 7 (1 ff)
Sportverein, Befreiungen 2 Z 4
Steuerbefreiung
- Dauer der Voraussetzungen 5
- Voraussetzungen 4 (1 ff)

Steuerentrichtung 23 (1 f)
Steuergegenstand 1 (1 f)
- Haftung 11
Steuermeßbetrag 18 (1 ff)
- Wirksamkeit 20 (3)
- Zerlegung 24
Steuermeßzahl 19
Steuerpflicht 3
- land- und forstwirtschaftlicher Grundbesitz 8 (1 f)
Steuerschuldner 9 (1 ff)
Strafvollzugsanstalt, Werkstätte 4 (4)
Straße, Befreiungen 2 Z 9
Strom, Befreiungen 2 Z 9

T
Tagesschulheimstätte, Befreiungen 2 Z 7
Teich, Befreiungen 2 Z 9

U
Übernachtungsraum, Trainingsmannschaft 7 (2)
Umkleideraum 7 (2)
unmittelbare Benutzung 4 (1)
- Zeitpunkt 4 (5)
Unterbrechung, Verjährung 28b (4)
Untergang, Steuergegenstand, Steuerentrichtung 23 (1 f)
unterrichtender Zweck, Befreiungen 2 Z 7
Unterrichtsraum 7 (2)

V
Verjährung 28b
Vermögensmasse, Befreiungen 2 Z 3, 2 Z 6
verpachteter Betrieb, Haftung 10
verpachtetes Grundstück, Steuerschuldner 9 (1), 9 (3)
Versuchszweck, land- und forstwirtschaftlicher Grundbesitz 8 (2)
Vollzug 32
Vorauszahlung 30 (1 ff)

W
Wanderverein 7 (2)
Wärmeversorgung 6 (4)
Waschraum 7 (2)
Wasserlauf, Befreiungen 2 Z 9
Wasserversorgung 6 (4)
Weg, Befreiungen 2 Z 9
Wegfall
- Grund für Befreiung 21 (2)
- Steuerbefreiungsgrund, Nachveranlagung 22 (3)
- Steuerpflicht, Steuerentrichtung 23 (1 f)
Weitergeltung bisherige Rechtsvorschriften 31 (4)
Werkstätte 4 (4)
Werkstätte, sportlicher Zweck 7 (4)
Wirksamkeit, Steuermeßbetrag 20 (3)
wissenschaftlicher Zweck, Befreiungen 2 Z 7
Wohn- und Wirtschaftsgebäude, land- und forstwirtschaftlicher Betrieb 14
Wohnungseigentum, nach Wohnungseigentumsgesetz 2a (2)
Wohnzweck, Steuerpflicht 3

Z
Zerlegung
- Einheitswert 13
- Steuermeßbetrag 24

Zerlegungsbescheid 17 (2)
Zerlegungsmaßstab 26
- besondere Fälle 16
- Grundstück 15 (1)
- land- und forstwirtschaftlicher Betrieb 14 (1 ff)

Zerlegungsstichtag 25
Zerlegungsverfahren 17 (1)
Zögling 3 (1)
Zollwache 3 (1)

Bundesgesetz vom 13. Juli 1955 über die Grundsteuer (Grundsteuergesetz 1955 – GrStG 1955)

Abschnitt I
Steuerpflicht

Steuergegenstand

§ 1. (1) Der Grundsteuer unterliegt der inländische Grundbesitz. Grundbesitz ist:
1. Das land- und forstwirtschaftliche Vermögen (§§ 29 bis 50 des Bewertungsgesetzes 1955);
2. das Grundvermögen (§§ 51 bis 56 des Bewertungsgesetzes 1955);
3. das Betriebsvermögen, soweit es in Betriebsgrundstücken besteht (§ 60 des Bewertungsgesetzes 1955).

(2) Steuergegenstände sind, soweit sie sich auf das Inland erstrecken:
1. Die land- und forstwirtschaftlichen Betriebe (§§ 30, 46 und 48 bis 50 des Bewertungsgesetzes 1955). Den land- und forstwirtschaftlichen Betrieben stehen die im § 60 Abs. 1 Z 2 des Bewertungsgesetzes 1955 bezeichneten Betriebsgrundstücke gleich;
2. die Grundstücke (§ 51 des Bewertungsgesetzes 1955). Den Grundstücken stehen die im § 60 Abs. 1 Z 1 des Bewertungsgesetzes 1955 bezeichneten Betriebsgrundstücke gleich.

Befreiungen

§ 2. Keine Grundsteuer ist zu entrichten für:
1. Grundbesitz
   a) des Bundes, eines Landes, einer Gemeinde oder eines Gemeindeverbandes, wenn der Grundbesitz vom Eigentümer für einen öffentlichen Dienst oder Gebrauch benutzt wird (§ 6),
   b) der Österreichischen Bundesbahnen, der für ihre Betriebs- oder Verwaltungszwecke benutzt wird. Die Befreiung beschränkt sich bei dem Grundbesitz, der für Betriebszwecke benutzt wird, auf die Hälfte der an sich zu entrichtenden Steuer;
2. Grundbesitz
   a) der Österreichischen Gesellschaft vom Roten Kreuz und der ihr angeschlossenen Verbände, wenn der Grundbesitz vom Eigentümer für seine Aufgaben benutzt wird,
   b) eines Landes-Feuerwehrverbandes und der ihm angeschlossenen Freiwilligen Feuerwehren, wenn der Grundbesitz vom Eigentümer für Aufgaben der Feuerwehr benutzt wird;
3. Grundbesitz
   a) des Bundes, eines Landes, einer Gemeinde oder eines Gemeindeverbandes,
   b) einer inländischen Körperschaft, Personenvereinigung oder Vermögensmasse, die nach der Satzung, Stiftung oder sonstigen Verfassung und nach ihrer tatsächlichen Geschäftsführung ausschließlich und unmittelbar mildtätigen oder mildtätigen und gemeinnützigen Zwecken dient,

   wenn der Grundbesitz vom Eigentümer für mildtätige Zwecke benutzt wird;
4. Grundbesitz eines Sportvereines, der von ihm für sportliche Zwecke benutzt wird (§ 7). Nicht begünstigt sind jedoch
   a) Sportvereine, deren Aufwendungen erheblich über das zur Durchführung ihrer sportlichen Zwecke erforderliche Maß hinausgehen,
   b) Vereine, die den Sport gewerbsmäßig betreiben (Berufssport);
5. a) Grundbesitz, der dem Gottesdienst einer gesetzlich anerkannten Kirche oder Religionsgesellschaft gewidmet ist,
   b) Grundbesitz einer gesetzlich anerkannten Kirche oder Religionsgesellschaft oder einer anderen Körperschaft des öffentlichen Rechtes, der von der gesetzlich anerkannten Kirche oder Religionsgesellschaft für Zwecke der Seelsorge oder der religiösen Unterweisung benutzt wird,
   c) Grundbesitz einer gesetzlich anerkannten Kirche oder Religionsgesellschaft oder einer anderen Körperschaft des öffentlichen Rechtes, der von der gesetzlich anerkannten Kirche oder Religionsgesellschaft für ihre Verwaltungszwecke benutzt wird;
   d) Grundbesitz einer gesetzlich anerkannten Kirche oder Religionsgesellschaft oder einer anderen Körperschaft des öffentlichen Rechtes, der von der gesetzlich anerkannten Kirche oder Religionsgesellschaft als Altenheim benutzt

wird, wenn der bestimmungsgemäße Gebrauch der Allgemeinheit freisteht und das Entgelt nicht in der Absicht, Gewinn zu erzielen, gefordert wird;

6. Grundbesitz einer der unter den Z 1 bis 5 lit. a genannten Körperschaften, Personenvereinigungen, Vermögensmassen oder Verbände, der von einer anderen derartigen Körperschaft, Personenvereinigung, Vermögensmasse oder einem anderen derartigen Verband für ihre nach den Z 1 bis 5 begünstigten Zwecke benutzt wird;

7. a) Grundbesitz, der von einer Gebietskörperschaft oder einer anderen Körperschaft des öffentlichen Rechtes für Zwecke der Wissenschaft, des Unterrichtes oder der Erziehung, insbesondere für Zwecke von Schulen, Erziehungsanstalten, Schülerheimen, Halbinternaten, Tagesschulheimstätten, Lehrlingsheimen, Kindergärten, Kinderheimen, Horten oder Kindertagesstätten benutzt wird und nicht bereits nach den vorstehenden Vorschriften befreit ist. Wird der Grundbesitz nicht vom Eigentümer für die bezeichneten Zwecke benutzt, so tritt Befreiung nur ein, wenn der Eigentümer eine Körperschaft des öffentlichen Rechtes ist,
   b) Grundbesitz, der nicht von den unter lit. a genannten Körperschaften für die in lit. a bezeichneten Zwecke benutzt wird, wenn der Bundesminister für Finanzen im Einvernehmen mit dem für das Fachgebiet zuständigen Bundesminister anerkannt hat, daß der Benutzungszweck im öffentlichen Interesse liegt. Lit. a zweiter Satz gilt entsprechend.

   Bei Vorliegen sämtlicher Befreiungsvoraussetzungen (einschließlich der Anerkennung) ist der Grundbesitz von der Entrichtung der Grundsteuer ab dem Beginn jenes Kalenderjahres befreit, das dem Kalenderjahr folgt, in dem dem Bundesminister für Finanzen bekanntgegeben wird, daß der Grundbesitz für die bezeichneten Zwecke benutzt wird;

8. Grundbesitz, der für Zwecke einer Krankenanstalt gemäß §§ 1 und 2 des Krankenanstaltengesetzes, BGBl. Nr. 1/1957, benutzt wird, wenn die Krankenanstalt gemäß §§ 34 bis 36 der Bundesabgabenordnung, BGBl. Nr. 194/1961, als gemeinnützig anzusehen ist. Z 7 lit. a zweiter Satz gilt entsprechend;

9. a) die dem öffentlichen Verkehr dienenden Straßen, Wege, Plätze, Brücken, künstlichen Wasserläufe, Häfen und Schienenwege, einschließlich der Seitengräben, Böschungen, Schutzstreifen, Schneedämme und der zwischen den Gleisen oder Fahrbahnen liegenden Geländestreifen,

   b) den dem Betrieb eines Flughafens des allgemeinen Verkehrs dienenden sowie den für den Flugsicherungsdienst benutzten Grundbesitz,
   c) die fließenden Gewässer (Ströme und Flüsse einschließlich der Altwasser sowie Bäche), die deren Abfluß regelnden Sammelbecken und die im Eigentum des Bundes, eines Landes, einer Gemeinde oder eines Gemeindeverbandes stehenden Seen und Teiche,
   d) die im Interesse der Ordnung und Verbesserung der Wasser- und Bodenverhältnisse unterhaltenen Einrichtungen der Gebietskörperschaften, der Wassergenossenschaften und der Wasserverbände sowie sonstige der wasserrechtlichen Bewilligung unterliegende Schutz- und Regulierungswasserbauten (§§ 41 bis 44 und 73 bis 97 des Wasserrechtsgesetzes 1959, BGBl. Nr. 215),
   e) die Bestattungsplätze;

10. Grundbesitz eines fremden Staates, der für Zwecke von Botschaften, Gesandtschaften oder Konsulaten dieses Staates benutzt wird, unter der Voraussetzung der Gegenseitigkeit.

11. Grundbesitz, der von einer internationalen Organisation mit Sitz in Österreich oder von einer Einrichtung einer internationalen Organisation mit Sitz im Ausland als ihr ständiger Amtssitz benutzt wird, wenn die internationale Organisation oder ihre Einrichtung in Österreich persönlich steuerbefreit ist. Internationale Organisationen im Sinne dieser Bestimmung sind
    a) Organisationen, die ausschließlich aus Staaten oder Staatenverbindungen gebildet werden,
    b) Organisationen, die entweder zur Gänze aus juristischen Personen des öffentlichen Rechts mehrerer Staaten oder aus dieser Rechtsform nach gleichartigen Einrichtungen bestehen oder teilweise aus diesen und teilweise aus Staaten oder Staatenverbindungen gebildet werden.

Befreiung bei Miteigentum

§ 2a. (1) Steht der Steuergegenstand im Miteigentum von Körperschaften, Personen, Personenvereinigungen oder Vermögensmassen, die nicht alle als begünstigte Eigentümer im Sinne dieses Bundesgesetzes anzusehen sind, ist der Grundbesitz von der Entrichtung der Grundsteuer nicht zu befreien. Dies gilt auch sinngemäß, wenn andere als die Eigentümer des Grundbesitzes Schuldner der Grundsteuer (§ 9) sind.

(2) Die Vorschriften des Abs. 1 finden keine Anwendung,

1. wenn das Vorliegen eines begünstigten Eigentümers für die Befreiung von der Grundsteuer nicht Voraussetzung ist, oder

2. bei Vorliegen von Wohnungseigentum nach dem Wohnungseigentumsgesetz, BGBl. Nr. 417/1975 i.g.F., hinsichtlich jenes Teiles des Steuergegenstandes, für den das Recht auf ausschließliche Nutzung und alleinige Verfügung eingeräumt wurde und sämtliche Befreiungsvoraussetzungen erfüllt sind.

Steuerpflicht bei Benutzung zu Wohnzwecken

§ 3. (1) Grundbesitz, der Wohnzwecken dient, ist nicht als für einen der nach § 2 begünstigten Zwecke benutzt anzusehen; dies gilt auch für die zugehörigen Hofräume und Hausgärten. Den begünstigten Zwecken dient jedoch der unter Z 1 bis 6 nachstehend bezeichnete Grundbesitz. Demnach ist unter den weiteren Voraussetzungen des § 2 keine Grundsteuer zu entrichten für:

1. Die Kasernen und Lagerunterkünfte des Bundesheeres, der Bundespolizei und der Justizwache einschließlich der Wohnungen, die den kasernenbenutzungspflichtigen Personen zugewiesen sind (Kasernenwohnungen);
2. die Wohnräume in den Heimen der Österreichischen Gesellschaft vom Roten Kreuz und der ihr angeschlossenen Verbände, die für die Aufnahme erholungsbedürftiger oder hilfsbedürftiger Personen bestimmt sind;
3. a) die Wohnräume der hilfsbedürftigen Personen in den Gebäuden, für die wegen Benutzung für mildtätige Zwecke keine Grundsteuer zu entrichten ist,
   b) die Wohnräume jenes Grundbesitzes, der gemäß § 2 Z 5 lit. d benutzt wird;
4. a) die Wohnräume für Schüler, Zöglinge, Lehrlinge oder Kinder bei Grundbesitz, der gemäß § 2 Z 7 lit. a benutzt wird;
   b) die Wohnräume für Schüler, Zöglinge, Lehrlinge oder Kinder bei Grundbesitz, der gemäß § 2 Z 7 lit. b für die in § 2 Z 7 lit. a genannten Zwecke benutzt wird, wenn der Bundesminister für Finanzen im Einvernehmen mit dem für das Fachgebiet zuständigen Bundesminister anerkannt hat, daß die Unterbringung der Schüler, Zöglinge, Lehrlinge oder Kinder in den Wohnräumen zur Erfüllung der im § 2 Z 7 bezeichneten Zwecke notwendig ist. Der besonderen Anerkennung bedarf es ohne Rücksicht darauf, ob hinsichtlich des Grundbesitzes, zu dem die Wohnräume gehören, eine Anerkennung im Sinne des § 2 Z 7 lit. b ausgesprochen wurde oder nicht; § 2 Z 7 lit. b letzter Satz gilt sinngemäß;
5. Räume, in denen sich Personen für die Erfüllung der begünstigten Zwecke ständig bereithalten müssen (Bereitschaftsräume), wenn sie nicht zugleich die Wohnung des Inhabers darstellen;
6. Grundbesitz eines fremden Staates, der den Wohnzwecken der Beamten und Angestellten der fremden Vertretung dient.

(2) Gemeinschaftliche Speiseräume und sonstige gemeinschaftliche Aufenthaltsräume sowie Empfangsräume sind den im Abs. 1 bezeichneten Räumen gleichzustellen.

Unmittelbare Benutzung des Steuergegenstandes als Voraussetzung für die Steuerbefreiung

§ 4. (1) Die Befreiung tritt nur ein, wenn der Steuergegenstand für die in den §§ 2 und 3 bezeichneten Zwecke unmittelbar benutzt wird.

(2) Dient der Steuergegenstand auch anderen Zwecken und wird für die steuerbegünstigten Zwecke ein räumlich abgegrenzter Teil des Steuergegenstandes benutzt, so ist nur dieser Teil befreit.

(3) Dient der Steuergegenstand oder ein Teil des Steuergegenstandes sowohl steuerbegünstigten als auch anderen Zwecken, ohne daß eine räumliche Abgrenzung für die verschiedenen Zwecke möglich ist, so ist der Steuergegenstand oder der Teil nur befreit, wenn die steuerbegünstigten Zwecke überwiegen.

(4) Bei Werkstätten und ähnlichen Einrichtungen in Strafvollzugsanstalten, Arbeitshäusern, Erziehungsanstalten, Blinden- und Behindertenheimen und anderen derartigen Anstalten, die unter § 2 fallen, ist eine unmittelbare Benutzung für steuerbegünstigte Zwecke anzunehmen, wenn die Beschäftigung der Anstaltsinsassen in den Werkstätten usw. zur Erfüllung des Anstaltszweckes (zum Beispiel aus Gründen der Besserung, der Erziehung oder der Gesundung) unerläßlich ist.

(5) Ein Steuergegenstand wird für steuerbegünstigte Zwecke erst von dem Zeitpunkt ab unmittelbar benutzt, in dem er dem Benutzungszweck tatsächlich zugeführt worden ist. Unmittelbare Benutzung liegt vor, sobald der Steuergegenstand für den steuerbegünstigten Zweck hergerichtet wird.

Dauer der Voraussetzungen für die Steuerbefreiung

§ 5. Die Voraussetzungen für die Steuerbefreiung sind nur dann als erfüllt anzusehen, wenn anzunehmen ist, daß die im Gesetz bestimmten Voraussetzungen wenigstens auf die Dauer von zwölf Monaten vorliegen werden. Dabei ist der Zeitraum, für den die Voraussetzungen unmittelbar vor dem Stichtag, auf den die Steuer festgesetzt wird, vorgelegen haben, mitzuberücksichtigen. Die Vorschrift des ersten Satzes gilt auch für die Fälle, in denen die Voraussetzungen der Steuerbefreiung für den ganzen Steuergegenstand eintreten (§ 23 Abs. 1).

Öffentlicher Dienst oder Gebrauch

§ 6. (1) Öffentlicher Dienst oder Gebrauch im Sinne des § 2 Z 1 lit. a ist die Ausübung der öffentlichen Gewalt oder der Gebrauch durch die Allgemeinheit.

(2) Eine im öffentlichen Interesse getroffene Regelung des Allgemeingebrauches oder die Forderung eines Entgeltes schließt die Annahme eines öffentlichen Dienstes oder Gebrauches nicht aus. Notwendig ist jedoch, daß der bestimmungsgemäße

Gebrauch der Allgemeinheit tatsächlich freisteht und daß das Entgelt nicht in der Absicht, Gewinn zu erzielen, gefordert wird.

(3) Als öffentlicher Dienst oder Gebrauch ist nicht anzusehen die Herstellung oder Gewinnung von Gegenständen, die für einen öffentlichen Dienst oder Gebrauch verwendet werden sollen. Dagegen fällt die Lagerung derartiger Gegenstände nach ihrer Übernahme aus dem Betrieb, in dem sie hergestellt oder gewonnen sind, unter den Begriff des öffentlichen Dienstes oder Gebrauches, wenn die Lagerung dem Zweck dient, die Gegenstände für eine Verwendung im öffentlichen Dienst oder Gebrauch bereitzustellen.

(4) Öffentlicher Dienst oder Gebrauch ist nicht anzunehmen bei Betrieben, die der Versorgung der Bevölkerung mit Wasser, Gas, Elektrizität oder Wärme, dem öffentlichen Verkehr oder dem öffentlichen Hafenbetrieb dienen.

Für sportliche Zwecke benutzter Grundbesitz

§ 7. (1) Als für sportliche Zwecke benutzter Grundbesitz sind solche Anlagen (Plätze und Räume) anzusehen, die für die körperliche Ertüchtigung durch Leibesübungen (Turnen, Spiel, Sport) benutzt werden und für diese Zwecke besonders hergerichtet sind (sportliche Anlagen).

(2) Zu den sportlichen Anlagen (Abs. 1) rechnen auch Unterrichts- und Schulungsräume, Übernachtungsräume für Trainingsmannschaften, Umkleide-, Bade-, Dusch- und Waschräume sowie Räume zur Aufbewahrung des Sportgeräts, auch wenn sie für diesen Zweck an Vereinsmitglieder ganz oder teilweise vermietet sind. Zu den sportlichen Anlagen gehören ferner Unterkunfts- und Schutzhütten von Bergsteiger-, Schi- und Wandervereinen.

(3) Zu den sportlichen Anlagen rechnen nicht solche Räume, die der Erholung oder der Geselligkeit dienen.

(4) Werkstatträume gehören nur dann zu den sportlichen Anlagen, wenn in ihnen lediglich Arbeiten an den Sportgeräten des Vereines oder seiner Mitglieder vorgenommen werden und sich die Arbeiten auf die laufende Instandhaltung beschränken.

Steuerpflicht des land- und forstwirtschaftlich genutzten Grundbesitzes

§ 8. (1) Land- und forstwirtschaftlich genutzter Grundbesitz ist auch dann steuerpflichtig, wenn er einem der in § 2 bezeichneten Zwecke unmittelbar dient.

(2) Die Einschränkung der Steuerbefreiung nach Abs. 1 gilt nicht:
1. Für land- und forstwirtschaftlich genutzten Grundbesitz, der Lehr- oder Versuchszwecken dient und dessen Fläche 10 Hektar nicht übersteigt. Auch wenn diese Grenze überschritten wird, gilt die Einschränkung des Abs. 1 nicht für Gebäude und Betriebsmittel, die über den zur Bewirtschaftung erforderlichen Bestand hinaus vorhanden sind und unmittelbar für die Lehr- und Versuchszwecke benutzt werden;
2. für Grundbesitz, der unter § 2 Z 9 fällt.

Steuerschuldner

§ 9. (1) Schuldner der Grundsteuer ist:
1. Der Eigentümer oder, wenn der Steuergegenstand ein grundstücksgleiches Recht ist, der Berechtigte. Dies gilt nicht hinsichtlich jenes Miteigentümers, dessen Anteil am Steuergegenstand gemäß § 2 a Abs. 2 Z 2 von der Entrichtung der Grundsteuer befreit ist;
2. wenn die Betriebsmittel oder Gebäude eines land- und forstwirtschaftlichen Betriebes (§ 1 Abs. 2 Z 1) einem anderen als dem Eigentümer des Grund und Bodens gehören, der Eigentümer des Grund und Bodens für den gesamten Betrieb;
3. im Falle des Baurechtes oder des Erbpachtrechtes der Berechtigte für den Grund und Boden und, wenn dieser bebaut ist, auch für die darauf stehenden Gebäude.

(2) Gehört der Steuergegenstand mehreren, so sind sie Gesamtschuldner.

(3) Ist der Steuergegenstand bei der Feststellung des Einheitswertes (§ 12) einem anderen als dem Eigentümer (bei grundstücksgleichen Rechten einem anderen als dem Berechtigten) zugerechnet worden, so ist der andere an Stelle des Eigentümers (Berechtigten) Steuerschuldner im Sinne der Abs. 1 und 2.

Persönliche Haftung

§ 10. Neben dem Steuerschuldner haften als Gesamtschuldner:
1. Der Fruchtnießer;
2. wenn die Betriebsmittel oder Gebäude eines land- und forstwirtschaftlichen Betriebes einem anderen als dem Eigentümer des Grund und Bodens gehören, der Eigentümer der Betriebsmittel oder Gebäude für den auf diese entfallenden Steuerbetrag.

Dingliche Haftung

§ 11. Für die Grundsteuer samt Nebengebühren haftet auf dem Steuergegenstand ein gesetzliches Pfandrecht.

Abschnitt II
Berechnung der Grundsteuer

Unterabschnitt 1
Besteuerungsgrundlage

Maßgebender Wert

§ 12. Besteuerungsgrundlage ist der für den Veranlagungszeitpunkt maßgebende Einheitswert des Steuergegenstandes.

Zerlegung der Einheitswerte

§ 13. (1) Erstreckt sich der Steuergegenstand über mehrere Gemeinden, so ist der auf die einzelne Gemeinde entfallende Teilbetrag des Einheitswertes durch Zerlegung zu ermitteln (Zerlegungsanteil). In den Fällen, in denen der Steuergegenstand in der Gemeinde der Steuer nur mit einem Teil unterliegt, gilt als Zerlegungsanteil dieser Gemeinde nur der Teilbetrag des Einheitswertes, der sich für den in der Gemeinde gelegenen nicht befreiten Teil des Steuergegenstandes ergibt.

(2) Für die Zerlegung sind die Verhältnisse in dem Feststellungszeitpunkt maßgebend, auf den der Einheitswert festgestellt ist.

Zerlegungsmaßstab für land- und forstwirtschaftliche Betriebe

§ 14. (1) Bei einem land- und forstwirtschaftlichen Betrieb ist der fünfte Teil des Einheitswertes der Gemeinde zuzuweisen, in der sich die Wohn- und Wirtschaftsgebäude befinden (Sitzgemeinde). Liegen die Gebäude in mehreren Gemeinden, so ist der fünfte Teil der Gemeinde zuzuweisen, in der sich der wertvollste Teil des Gebäudebestandes befindet. Ist die Zuweisung des fünften Teiles offenbar unbillig, so ist nach billigem Ermessen ein geringerer oder höherer Betrag für die Gebäude zuzuweisen.

(2) Der Teil des Einheitswertes, der nach Abzug des für die Wohn- und Wirtschaftsgebäude zugewiesenen Betrages verbleibt, ist auf die Gemeinden nach dem Verhältnis der in den einzelnen Gemeinden gelegenen Flächen zu zerlegen. Dabei sind die bereits nach Abs. 1 berücksichtigten Gebäude einschließlich ihrer Grundfläche und die zugehörigen Hofräume und Hausgärten nicht zu berücksichtigen.

(3) Übersteigt der Einheitswert nicht den Betrag von 2.900 Euro, so ist er ganz der Gemeinde zuzuweisen, in der sich der wertvollste Teil des Betriebes befindet. Übersteigt der Einheitswert zwar den Betrag von 2.900 Euro, würde aber nach den Abs. 1 und 2 einer Gemeinde ein Teilbetrag zuzuweisen sein, der nicht mehr als 1.450 Euro beträgt, so ist dieser Teilbetrag der Gemeinde zuzuweisen, in der sich die Wohn- und Wirtschaftsgebäude befinden oder, wenn diese in mehreren Gemeinden gelegen sind, jener Gemeinde, in der sich der wertvollste Teil des Gebäudebestandes befindet.

Zerlegungsmaßstab für Grundstücke

§ 15. (1) Bei einem Grundstück ist der Einheitswert auf die beteiligten Gemeinden nach dem Verhältnis zu zerlegen, in dem die Werte der in den einzelnen Gemeinden gelegenen Teile des Grundstückes zueinander stehen.

(2) Übersteigt der Einheitswert nicht den Betrag von 2.900 Euro, so ist er ganz der Gemeinde zuzuweisen, in der sich der wertvollste Teil des Grundstückes befindet. Übersteigt der Einheitswert zwar den Betrag von 2.900 Euro, würde aber nach Abs. 1 einer Gemeinde ein Teilbetrag zuzuweisen sein, der nicht mehr als 1.450 Euro beträgt, so ist dieser Teilbetrag der im Satz 1 bezeichneten Gemeinde zuzuweisen.

Zerlegungsmaßstab für besondere Fälle

§ 16. (1) Haben sich im einzelnen Fall die Gemeinden mit dem Steuerschuldner über die Zerlegung geeinigt, so ist die Zerlegung nach Maßgabe der Einigung vorzunehmen, sofern die Grenzen im § 14 und (oder) im § 15 erreicht werden.

(2) Ergibt sich aus den Besonderheiten des einzelnen Falles ein Zerlegungsmaßstab, der nach Lage der Verhältnisse leichter anwendbar ist als der in den §§ 14 Abs. 1 und 2 und 15 Abs. 1 vorgesehene Zerlegungsmaßstab und der den tatsächlichen Beteiligungsverhältnissen hinreichend Rechnung trägt, so kann die Zerlegung nach diesem Zerlegungsmaßstab vorgenommen werden.

(3) Führt die Zerlegung nach dem in den §§ 14 Abs. 1 und 2 und 15 Abs. 1 vorgesehenen Zerlegungsmaßstab im einzelnen Fall zu einem offenbar unbilligen Ergebnis, so kann die Zerlegung nach einem Maßstab vorgenommen werden, der dem tatsächlichen Beteiligungsverhältnis Rechnung trägt.

Zerlegungsverfahren

§ 17. (1) Für das Zerlegungsverfahren gelten die Vorschriften der Bundesabgabenordnung.

(2) Den beteiligten Gemeinden ist der Inhalt der Zerlegungsbescheide schriftlich bekanntzugeben. Die Bekanntgabe bedarf nicht der für die Zerlegungsbescheide vorgesehenen Form; sie kann auch listenmäßig erfolgen.

Unterabschnitt 2
Festsetzung der Steuermeßbeträge

Steuermeßbetrag

§ 18. (1) Bei der Berechnung der Grundsteuer ist von einem Steuermeßbetrag auszugehen. Dieser ist durch Anwendung der Steuermesszahl (§ 19) auf den Einheitswert zu ermitteln und auf volle Cent abzurunden oder aufzurunden. Hiebei sind Beträge bis einschließlich 0,5 Cent abzurunden, Beträge über 0,5 Cent aufzurunden. Steuermessbeträge unter 15 Cent sind nicht festzustellen.

(2) Im Falle der Belastung des Grundbesitzes mit einem Baurecht ist für die Festsetzung des Steuermeßbetrages ohne Rücksicht auf die Dauer des Baurechtes der Gesamtwert maßgebend, der nach den Bestimmungen des Bewertungsgesetzes 1955 für den Grund und Boden einschließlich der Gebäude ermittelt worden ist.

(3) Im Falle der Belastung des Grundbesitzes mit einem Erbpachtrecht ist, wenn gegenüber dem Eigentümer des Grund und Bodens und gegenüber dem Berechtigten je ein besonderer Einheitswert festgestellt worden ist, für die Festsetzung des Steuermeßbetrages die Summe der beiden Einheitswerte maßgebend.

(4) Für Grundbesitz, der für Betriebszwecke der Österreichischen Bundesbahnen benutzt wird und nach § 2 Z 1 lit. b von der Hälfte der an sich zu entrichtenden Grundsteuer befreit ist, ist die Steuerbefreiung in der Weise durchzuführen, daß der Steuermeßbetrag nur zur Hälfte festgesetzt wird.

Steuermeßzahl

§ 19. Die Steuermeßzahl beträgt:
1. Bei land- und forstwirtschaftlichen Betrieben (§ 1 Abs. 2 Z 1) für die ersten angefangenen oder vollen 3.650 Euro des Einheitswertes 1,6 vom Tausend, für den Rest des Einheitswertes 2 vom Tausend;
2. bei Grundstücken (§ 1 Abs. 2 Z 2) allgemein 2 vom Tausend; diese Steuermeßzahl ermäßigt sich
   a) bei Einfamilienhäusern für die ersten angefangenen oder vollen 3.650 Euro des Einheitswertes auf 0,5 vom Tausend, für die folgenden angefangenen oder vollen 7.300 Euro des Einheitswertes auf 1 vom Tausend,
   b) bei Mietwohngrundstücken und bei gemischtgenutzten Grundstücken für die ersten angefangenen oder vollen 3.650 Euro des Einheitswertes auf 1 vom Tausend, für die folgenden angefangenen oder vollen 3.650 Euro des Einheitswertes auf 1,5 vom Tausend,
   c) bei den übrigen Grundstücken für die ersten angefangenen oder vollen 3.650 Euro des Einheitswertes auf 1 vom Tausend.

Hauptveranlagung

§ 20. (1) Die Steuermeßbeträge sind im Anschluß an die Hauptfeststellung der Einheitswerte (§ 20 des Bewertungsgesetzes 1955) allgemein festzusetzen (Hauptveranlagung).

(2) Der Hauptveranlagung ist der Einheitswert zugrunde zu legen, der auf den Hauptfeststellungszeitpunkt (§ 20 Abs. 2 des Bewertungsgesetzes 1955) festgestellt worden ist. Entsprechendes gilt für die anderen im Einheitswertbescheid getroffenen Feststellungen.

(3) Die im Anschluß an die Hauptfeststellung der Einheitswerte festzusetzenden Grundsteuermeßbeträge werden erst mit den im § 20 Abs. 3 erster Satz des Bewertungsgesetzes 1955 genannten Zeitpunkten wirksam. Bis zu diesen Zeitpunkten gilt die bisherige Veranlagung, soweit nicht die Voraussetzungen für die Durchführung von Fortschreibungsveranlagungen oder Nachveranlagungen gemäß §§ 21 und 22 des Grundsteuergesetzes 1955 gegeben sind; beim Vorliegen der erwähnten Voraussetzungen sind Fortschreibungsveranlagungen und Nachveranlagungen der Grundsteuermeßbeträge auch zu den Hauptfeststellungszeitpunkten gemäß Abs. 1 Z 1 durchzuführen.

(4) Bei der im Anschluss an die Hauptfeststellung gemäß § 20d des Bewertungsgesetzes 1955 durchzuführenden Hauptveranlagung werden die Grundsteuermessbeträge zum Hauptfeststellungszeitpunkt wirksam.

(BGBl I 2022/45)

§ 20a. Die Hauptveranlagung der Steuermessbeträge im Anschluss an die Hauptfeststellung gemäß § 20 b Bewertungsgesetz 1955 unterbleibt. Die zur Hauptveranlagung zum 1. Jänner 1988 festgestellten Steuermessbeträge gelten, soweit nicht die Voraussetzungen für die Durchführung von Fortschreibungsveranlagungen oder Nachveranlagungen gemäß §§ 21 und 22 gegeben sind, weiter.

Fortschreibungsveranlagung

§ 21. (1) Im Falle einer Fortschreibung des Feststellungsbescheides über einen Einheitswert ist der neuen Veranlagung des Steuermeßbetrages (Fortschreibungsveranlagung) der Einheitswert zugrunde zu legen, der auf den Fortschreibungszeitpunkt (§ 21 Abs. 4 des Bewertungsgesetzes 1955) festgestellt worden ist. Entsprechendes gilt für die anderen im Fortschreibungsbescheid getroffenen Feststellungen.

(2) Der Steuermeßbetrag ist auch dann neu zu veranlagen (Fortschreibungsveranlagung), wenn der Grund für eine Befreiung von der Grundsteuer für den ganzen Steuergegenstand eintritt oder für einen Teil des Steuergegenstandes eintritt oder wegfällt, eine Fortschreibung des Einheitswertes aber nicht zu erfolgen hat. Dies gilt auch, wenn dem Finanzamt bekannt wird, daß die letzte Veranlagung fehlerhaft ist.

(3) Die Fortschreibungsveranlagung gilt
a) in den Fällen des Abs. 1 von dem Kalenderjahr an, das mit dem Fortschreibungszeitpunkt beginnt,
b) in den Fällen des Abs. 2 erster Satz von dem Kalenderjahr an, das dem Eintritt oder Wegfall des Steuerbefreiungsgrundes folgt,
c) in den Fällen des Abs. 2 zweiter Satz von dem Kalenderjahr an, in dem der Fehler dem Finanzamt bekannt wird.

Die bisherige Veranlagung gilt bis zu diesem Zeitpunkt.

Nachveranlagung

§ 22. (1) Im Falle einer Nachfeststellung des Einheitswertes (§ 22 des Bewertungsgesetzes 1955) ist der nachträglichen Veranlagung des Steuermeßbetrages (Nachveranlagung) der Einheitswert zugrunde zu legen, der auf den Nachfeststellungszeitpunkt festgestellt worden ist. Entsprechendes gilt für die anderen im Nachfeststellungsbescheid getroffenen Feststellungen.

(2) Die Nachveranlagung gilt von dem Kalenderjahr an, das mit dem Nachfeststellungszeitpunkt beginnt.

(3) Der Steuermeßbetrag ist auch dann nachträglich zu veranlagen, wenn der Grund für die Befreiung des Steuergegenstandes von der Grundsteuer wegfällt, eine Nachfeststellung des Einheitswertes aber deswegen nicht in Betracht kommt, weil ein Einheitswert auf den letzten Hauptfeststellungszeitpunkt oder einen späteren Feststellungszeitpunkt bereits festzustellen war.

(4) Die Nachveranlagung gilt in den Fällen des Abs. 3 vom Beginn des auf den Wegfall des Befreiungsgrundes folgenden Kalenderjahres.

6/1. GrStG
§§ 23 – 28b

Steuerentrichtung bei Wegfall der Steuerpflicht

§ 23. (1) Die Steuerpflicht für den ganzen Steuergegenstand fällt weg, wenn dieser untergeht oder für ihn ein Befreiungsgrund eintritt. Bei Wegfall der Steuerpflicht für den ganzen Steuergegenstand ist die Steuer bis zum Schluß des laufenden Kalenderjahres zu entrichten.

(2) Für einen Steuergegenstand, der mit einem anderen Steuergegenstand verbunden wird und dadurch die Eigenschaft als wirtschaftliche Einheit oder Untereinheit verliert, hat der bisherige Steuerpflichtige die Steuer bis zum Ende des Kalenderjahres zu entrichten.

Unterabschnitt 3
Zerlegung der Steuermeßbeträge

Voraussetzung der Zerlegung

§ 24. Erstreckt sich der Steuergegenstand über mehrere Gemeinden, so ist der Steuermeßbetrag zu zerlegen und auf die einzelnen Gemeinden zu verteilen. Die Zerlegungsanteile sind auf volle Cent abzurunden oder aufzurunden. Hiebei sind einschließlich Beträge bis einschließlich 0,5 Cent abzurunden, Beträge über 0,5 Cent aufzurunden.

Zerlegungsstichtag

§ 25. (1) Der Zerlegung des Steuermeßbetrages sind die Verhältnisse im Feststellungszeitpunkt zugrunde zu legen, auf den der für die Veranlagung des Steuermeßbetrages maßgebende Einheitswert festgestellt ist.

(2) Ändern sich die Grundlagen für die Zerlegung, ohne daß der Einheitswert fortgeschrieben oder nachträglich festgestellt wird, so sind die Zerlegungsanteile nach dem Stand vom 1. Jänner des folgenden Jahres neu zu ermitteln.

(3) Die Zerlegungsanteile eines Grundsteuermeßbetrages sind in den Fällen des Abs. 2 nur dann neu zu ermitteln, wenn wenigstens bei einer Gemeinde der neue Anteil um mehr als ein Zehntel, mindestens aber um 10 Euro [100 S] von ihrem bisherigen Anteil abweicht.

(4) Fällt der Anteil einer Gemeinde am Grundbesitz in Fällen des Abs. 2 gänzlich weg, so ist dieser Gemeinde unbeachtlich des Abs. 3 kein Anteil am Steuermessbetrag mehr zuzuteilen.

Zerlegungsmaßstab

§ 26. Der Steuermeßbetrag ist nach dem Verhältnis zu zerlegen, in dem die Teile des maßgebenden Einheitswertes, die auf die einzelnen Gemeinden entfallen (§§ 13 bis 17), zueinander stehen.

Unterabschnitt 4
Berechnung und Festsetzung des Jahresbetrages

Hebesatz

§ 27. (1) Der Jahresbetrag der Steuer ist nach einem Hundertsatz (Hebesatz) des Steuermeßbetrages oder des auf die Gemeinde entfallenden Teiles des Steuermeßbetrages zu berechnen. Der Hebesatz wird nach Maßgabe der Bestimmungen des Finanzausgleichsgesetzes in der jeweils geltenden Fassung von der Gemeinde festgesetzt.

(2) Der Hebesatz muß für alle in der Gemeinde gelegenen land- und forstwirtschaftlichen Betriebe (§ 1 Abs. 2 Z 1) einheitlich sein. Das gleiche gilt von dem Hebesatz für die in der Gemeinde gelegenen Grundstücke (§ 1 Abs. 2 Z 2). Der Hebesatz für die land- und forstwirtschaftlichen Betriebe kann jedoch von dem Hebesatz für die Grundstücke abweichen.

Festsetzung des Jahresbetrages

§ 28. Der Jahresbetrag der Steuer ist mit Steuerbescheid festzusetzen. Diese Festsetzung gilt innerhalb des Hauptveranlagungszeitraumes der Grundsteuermeßbeträge auch für die folgenden Jahre, soweit nicht infolge einer Änderung der Voraussetzungen für die Festsetzung des Jahresbetrages ein neuer Steuerbescheid zu erlassen ist.

Entstehung des Abgabenanspruches

§ 28a. (1) Der Abgabenanspruch entsteht mit dem Beginn des Kalenderjahres, für das die Grundsteuer auf Grund eines von der Gemeinde festgesetzten Hebesatzes erhoben werden soll.

(2) Der Zeitpunkt der Festsetzung und der Fälligkeit der Grundsteuer ist ohne Einfluß auf die Entstehung des Abgabenanspruches.

Verjährung

§ 28b. (1) Das Recht, die Grundsteuer festzusetzen, unterliegt nach Maßgabe der nachstehenden Bestimmungen der Verjährung.

(2) Die Verjährungsfrist beträgt fünf Jahre, im Falle der Hinterziehung zehn Jahre.

(3) Die Verjährung beginnt mit Ablauf des Jahres, in dem der Abgabenanspruch entstanden ist.

(4) Die Verjährung wird durch jede zur Geltendmachung des Abgabenanspruches oder zur Feststellung des Abgabepflichtigen von der Abgabenbehörde oder dem für die Festsetzung des Meßbetrages zuständigen Finanzamt unternommene, nach außen erkennbare Amtshandlung unterbrochen. Mit Ablauf des Jahres, in welchem die Unterbrechung eingetreten ist, beginnt die Verjährungsfrist neu zu laufen.

(5) Die Verjährung ist gehemmt,

a) solange die Geltendmachung des Anspruches innerhalb der letzten sechs Monate der Verjährungsfrist wegen höherer Gewalt nicht möglich ist;

b) solange die Entscheidung über eine Berufung gegen den Einheitswert- bzw. Grundsteuermeßbescheid oder Grundsteuerbescheid ausgesetzt ist.

(6) Das Recht auf Festsetzung der Grundsteuer verjährt spätestens dann, wenn seit der Entstehung des Abgabenanspruches (§ 28 a) fünfzehn Jahre verstrichen sind.

Grundsteuerbescheid

§ 28c. Ein Grundsteuerbescheid wirkt auch gegen den Rechtsnachfolger, auf den der Steuergegenstand nach dem Feststellungszeitpunkt übergegangen ist oder übergeht. Das gleiche gilt bei Nachfolge im Besitz. In diesen Fällen gilt mit der Zustellung an den Rechtsvorgänger (Vorgänger) auch die Bekanntgabe des Bescheides an den Rechtsnachfolger (Nachfolger) als vollzogen.

Abschnitt III
Entrichtung der Grundsteuer

Fälligkeit

§ 29. (1) Die Grundsteuer wird am 15. Feber, 15. Mai, 15. August und 15. November zu je einem Viertel ihres Jahresbetrages fällig. Abweichend hievon wird die Grundsteuer am 15. Mai mit ihrem Jahresbetrag fällig, wenn dieser 75 Euro nicht übersteigt.

(2) Wird der Jahresbetrag im Laufe eines Kalenderjahres durch einen neuen Steuerbescheid geändert, so bleiben bereits fällig gewordene Beträge (Abs. 1) unverändert. Ferner dürfen der innerhalb eines Monates ab Bekanntgabe des neuen Steuerbescheides fällig werdende Betrag sowie der am 15. August fällig werdende Vierteljahresbetrag, sofern die Bekanntgabe des neuen Steuerbescheides nicht spätestens am 8. Juli erfolgt, nicht erhöht werden. Der Unterschiedsbetrag ist anläßlich der Änderung nächstfolgenden Vierteljahresfälligkeit (Abs. 1), in den Fällen des zweiten Satzes anläßlich der zweiten der Änderung zweitfolgenden Vierteljahresfälligkeit auszugleichen. Die Termine der Vierteljahresfälligkeiten gelten auch für den Ausgleich bei Jahresbeträgen, die 75 Euro nicht übersteigen. Unterschiedsbetrag ist die Differenz zwischen der Summe der von der Änderung berührten Beträge und der Summe jener Beträge, die sich gemäß Abs. 1 unter Zugrundelegung des neu festgesetzten Jahresbetrages zu den gleichen Terminen ergeben. Bei einer Erhöhung des Jahresbetrages nach dem 15. Oktober des laufenden Jahres ist der Unterschiedsbetrag innerhalb eines Monates ab Bekanntgabe des diesbezüglichen Bescheides zu entrichten. Bei einer Herabsetzung des Jahresbetrages nach dem 15. November des laufenden Jahres ist der Unterschiedsbetrag gutzuschreiben.

(3) Wird durch einen Bescheid auch der Jahresbetrag für abgelaufene Kalenderjahre geändert oder erstmalig festgesetzt, so ist eine sich daraus ergebende Nachzahlung innerhalb eines Monates ab Bekanntgabe des Steuerbescheides zu entrichten.

Vorauszahlungen

§ 30. (1) Der Steuerschuldner hat nach Ablauf des Wirksamkeitszeitraumes einer Hauptveranlagung der Grundsteuermeßbeträge (§ 20 Abs. 3) bis zur Bekanntgabe eines neuen Steuerbescheides zu den Fälligkeitszeitpunkten gemäß § 29 Vorauszahlungen unter Zugrundelegung des zuletzt festgesetzten Jahresbetrages zu entrichten.

(2) Auf Unterschiedsbeträge für das laufende Jahr und Nachzahlungen für abgelaufene Jahre, die sich nach Bekanntgabe des Steuerbescheides durch Anrechnung der bis dahin zu entrichtenden Vorauszahlungen (Abs. 1) ergeben, ist § 29 Abs. 2 und 3 sinngemäß anzuwenden.

(3) Wird der Hebesatz (§ 27) in jenem Kalenderjahr, in dem die im Anschluß an die Hauptfeststellung der Einheitswerte festzusetzenden Grundsteuermeßbeträge gemäß § 20 Abs. 3 wirksam werden, um mehr als 10 v.H. des zuletzt festgesetzten Hebesatzes geändert, so kann der Vorauszahlungsbetrag unter Zugrundelegung des zuletzt gültigen Grundsteuermeßbetrages und des geänderten Hebesatzes festgesetzt werden. Der festgesetzte Vorauszahlungsbetrag gilt auch für die folgenden Kalenderjahre bis zur Bekanntgabe des neuen Steuerbescheides.

Zuständigkeit

§ 30a. Für die Zerlegung der Einheitswerte und für die Festsetzung und Zerlegung der Steuermeßbeträge ist das Finanzamt Österreich zuständig.

(BGBl I 2019/104)

Inkrafttreten, Aufhebung und Weitergeltung bisheriger Rechtsvorschriften

§ 31. (1) Dieses Bundesgesetz tritt am 1. Jänner 1956 in Kraft. Abweichend vom § 20 Abs. 3 gelten die zum 1. Jänner 1956 festgesetzten Grundsteuermeßbeträge erst vom Beginn des Kalenderjahres 1958. Soweit der Grundsteuermeßbetrag durch Fortschreibungsveranlagung geändert wird, ist der Jahresbetrag der Grundsteuer für das Kalenderjahr 1958 auf Grund des zum 1. Jänner 1958 maßgebenden Grundsteuermeßbetrages festzusetzen. Bei der Berechnung der Grundsteuer für die Kalenderjahre 1956 und 1957 ist weiterhin von der für das Kalenderjahr 1955 geltenden Bemessungsgrundlage (Grundsteuermeßbetrag oder Erstarrungsbetrag) auszugehen; Änderungen in der Zurechnung des Steuergegenstandes oder von Teilen eines bisherigen Steuergegenstandes sind lediglich durch eine entsprechende Aufteilung der Bemessungsgrundlage auf die Steuerschuldner zu berücksichtigen. Andere Veränderungen des Steuergegenstandes sind nicht zu beachten. Die Verpflichtung zur Entrichtung von Vorauszahlungen gemäß § 29 Abs. 3 gilt erstmals für das Kalenderjahr 1958.

(2) Soweit die Grundsteuer im Zeitpunkt des Inkrafttretens dieses Bundesgesetzes der Gänze von den Finanzämtern verwaltet wird, obliegt für die Kalenderjahre 1956 und 1957 die Verwaltung der Grundsteuer im bisherigen Umfang weiterhin den Finanzämtern.

(3) Die in diesem Bundesgesetz nicht enthaltenen Vorschriften auf dem Gebiete der Grundsteuer sind unbeschadet der Bestimmungen des Abs. 4 letztmalig für das Kalenderjahr 1955 anzuwenden.

(4) Die im Wohnhaus-Wiederaufbaugesetz vom 16. Juni 1948, BGBl. Nr. 130, und im Bundesgesetz vom 11. Juli 1951, BGBl. Nr. 157, enthaltenen Vor-

schriften betreffend Grundsteuer sowie die auf dem Gebiete der Grundsteuer bestehenden Vorschriften über die Förderung von Arbeiterwohnstätten sind weiterhin anzuwenden.

(5) § 29 Abs. 1 zweiter Satz in der Fassung des Bundesgesetzes BGBl. Nr. 201/1996 ist auf Zeiträume nach dem 31. Dezember 1996 anzuwenden.

(6) § 14 Abs. 3, § 15 Abs. 2, § 18 Abs. 1 zweiter bis vierter Satz, § 19, § 24 zweiter und dritter Satz und § 25 Abs. 3, jeweils in der Fassung des Bundesgesetzes BGBl. I Nr. 59/2001, sind erstmals bei Fortschreibungsveranlagungen und Nachveranlagungen der Steuermessbeträge anzuwenden, die Stichtage ab dem 1. Jänner 2002 betreffen.

(7) § 29 Abs. 1 und 2 in der Fassung des Bundesgesetzes BGBl. I Nr. 59/2001 sind erstmals auf Zeiträume nach dem 31. Dezember 2001 anzuwenden.

(8) § 28c in der Fassung des Bundesgesetzes BGBl. I Nr. 20/2009 tritt mit 1. Jänner 2010 in Kraft.

(9) § 4 Abs. 5, § 14 Abs. 2 und § 25 Abs. 4 in der Fassung des Bundesgesetzes BGBl. I Nr. 34/2010 sind für Stichtage ab dem 1. Jänner 2011 anzuwenden.

(10) § 30a in der Fassung des Bundesgesetzes BGBl. I Nr. 104/2019 tritt mit 1. Juli 2020 in Kraft.

(BGBl I 2019/104)

Vollziehung

§ 32. Mit der Vollziehung dieses Bundesgesetzes ist das Bundesministerium für Finanzen betraut.

6/2. AbglufBG

6/2. BG Abgabe von land- und forstwirtschaftlichen Betrieben

Abgabe von land- und forstwirtschaftlichen Betrieben, BGBl 1960/166 idF
1 BGBl 1962/5
2 BGBl 1964/295
3 BGBl 1967/52
4 BGBl 1968/159
5 BGBl 1984/486
6 BGBl I 2012/22
(1. StabG 2012)

GrStG
AbglufBG
BWA

GLIEDERUNG

Artikel I
§ 1. Gegenstand der Abgabe
§ 2. Bemessungsgrundlage
§ 3. Festsetzung des Jahresbetrages
§ 4. Abgabeschuldner
§ 5. Haftung
§ 6. Zuständigkeit
§ 7. Entrichtung
§ 8. Berechtigte Gebietskörperschaft
§ 9. Inkrafttreten

Artikel II
§ 10. Vollziehung

STICHWORTVERZEICHNIS

A
Abgabeschuldner 4

B
Bemessungsgrundlage 2

E
Entrichtung 7

F
Festsetzung, Jahresbetrag 3

G
Gegenstand der Abgabe 1
Grundbesitz, Abgabeschuldner 4
Grundstück 1
– Bemessungsgrundlage 2

H
Haftung 5

I
Inkrafttreten 9

J
Jahresbetrag, Festsetzung 3

L
land- und forstwirtschaftlicher Betrieb 1
– Bemessungsgrundlage 2

V
Vollzug 10

Z
Zuständigkeit 6

Bundesgesetz vom 14. Juli 1960 über eine Abgabe von land- und forstwirtschaftlichen Betrieben (AbglufBG)

Artikel I

Gegenstand der Abgabe

§ 1. Gegenstand der Abgabe sind
1. die land- und forstwirtschaftlichen Betriebe im Sinne des § 1 Abs. 2 Z 1 des Grundsteuergesetzes 1955, BGBl. Nr. 149, und
2. die Grundstücke im Sinne des § 1 Abs. 2 Z 2 des Grundsteuergesetzes 1955, soweit es sich um unbebaute Grundstücke handelt, die nachhaltig land- und forstwirtschaftlich genutzt werden.

Bemessungsgrundlage

§ 2. Bemessungsgrundlage für die Abgabe ist
a) hinsichtlich der im § 1 Z 1 angeführten Betriebe der für Zwecke der Grundsteuer festgesetzte Meßbetrag und
b) hinsichtlich der im § 1 Z 2 angeführten Grundstücke ein besonderer Meßbetrag, der sich nach den Vorschriften des Grundsteuergesetzes 1955 ergeben würde, wenn das Grundstück als land- und forstwirtschaftliches Vermögen im Sinne des Bewertungsgesetzes 1955, BGBl. Nr. 148, bewertet worden wäre.

Festsetzung des Jahresbetrages

§ 3. Die Abgabe beträgt .... 150 v.H.,
ab 1. Jänner 1962 .... 175 v.H.,

6/2. AbglufBG
§§ 3 – 10

ab 1. Jänner 1963 .... 200 v.H.,
ab 1. Jänner 1965 .... 225 v.H.,
ab 1. Jänner 1967 .... 245 v.H.,
ab 1. Jänner 1968 .... 345 v.H.,
ab 1. Jänner 1985 .... 400 v.H.
und ab 1. Jänner 2013 .... 600 vH
der Bemessungsgrundlage nach § 2.

Der Jahresbetrag der Abgabe ist mit Bescheid festzusetzen. Diese Festsetzung gilt innerhalb des Hauptveranlagungszeitraumes der Grundsteuermeßbeträge auch für die folgenden Jahre, soweit nicht infolge einer Änderung der Voraussetzungen für die Festsetzung des Jahresbetrages ein neuer Bescheid zu erlassen ist.

Abgabeschuldner

§ 4. Abgabeschuldner ist derjenige, der für den im § 1 bezeichneten Abgabegegenstand gemäß § 9 des Grundsteuergesetzes 1955 Schuldner der Grundsteuer ist. Für Grundbesitz, den der Abgabeschuldner nicht selbst bewirtschaftet, kann der Abgabeschuldner von demjenigen, der den Grundbesitz bewirtschaftet, die Rückerstattung der Abgabe verlangen.

Haftung

§ 5. Hinsichtlich der Haftung gelten entsprechend die Bestimmungen der §§ 10 und 11 des Grundsteuergesetzes 1955.

Zuständigkeit

§ 6. Die Berechnung und Festsetzung des Jahresbetrages der Abgabe sowie die Einhebung und zwangsweise Einbringung obliegt jenem Finanzamt, das für die Zwecke der Grundsteuer den Meßbetrag festzusetzen hat.

Entrichtung

§ 7. Hinsichtlich der Entrichtung der Abgabe gelten sinngemäß die Bestimmungen der §§ 29 und 30 des Grundsteuergesetzes 1955.

Berechtigte Gebietskörperschaft

§ 8. (überholt)

Artikel II
Inkrafttreten

§ 9. Dieses Bundesgesetz tritt rückwirkend mit Beginn des Kalenderjahres 1960 in Kraft.

Vollziehung

§ 10. Mit der Vollziehung dieses Bundesgesetzes ist das Bundesministerium für Finanzen betraut.

6/3. Bodenwertabgabegesetz

Bodenwertabgabegesetz, BGBl 1960/285 idF
1 BGBl 1962/4   **2** BGBl 1965/183   **3** BGBl 1973/383
4 BGBl I 2000/142   **5** BGBl I 2010/34 (AbgÄG
 (BudgetbegleitG 2001)   2010)

GLIEDERUNG

Artikel I
§ 1. Gegenstand der Bodenwertabgabe
§ 2. Bemessungsgrundlage
§ 3. Befreiungen
§ 4. Festsetzung des Jahresbetrages
§ 5. Abgabeschuldner
§ 6. Haftung
§ 7. Zuständigkeit
§ 8. Entrichtung
§ 9. Wegfall der Abgabepflicht bei Errichtung eines Einfamilienhauses

Art. III, IV

STICHWORTVERZEICHNIS

A
Abgabepflicht, Wegfall 9
Abgabeschuldner 5
Änderung der Voraussetzungen, Jahresbetrag 4 (3)
Anzeigepflicht für Befreiung 3 (3)
Artfortschreibung, Wegfall der Abgabepflicht 9

B
Bausperre, Befreiung 3 (2) Z 2
Bauverbot, Befreiung 3 (2) Z 2
Befreiungen 3
Bemessungsgrundlage 2
Betriebsgrundstück 1

E
Einfamilienhaus, Wegfall der Abgabepflicht 9
Einheitswert 2
Entrichtung 8

F
Festsetzung, Jahresbetrag 4 (1 ff)

G
Gegenstand der Abgabe 1
grundsteuerbefreites Grundstück 3 (1)
Gültigkeit, Jahresbetrag 4 (3)

H
Haftung 6

I
Inkrafttreten Art III (1 f)

J
Jahresbetrag 4 (1 ff)

K
Kleingarten, Abgabeschuldner 5 (2)

L
land- und forstwirtschaftlich genutztes Grundstück, Befreiung 3 (2) Z 2

S
Superädifikat, Befreiung 3 (2) Z 2

U
unbebautes Grundstück 1
 – zur Schaffung von Wohnungseigentum, Befreiung 3 (2) Z 2
 – gemeinnützige Vereinigungen, Befreiung 3 (2) Z 2
 – geringer Wert, Befreiung 3 (2) Z 1
 – verpachtet, Abgabeschuldner 5 (2)
 – von Gebietskörperschaften, Befreiung 3 (2) Z 1

V
verpachtetes unbebautes Grundstück, Abgabeschuldner 5 (2)
Vollzug Art IV

W
Wegfall, Abgabepflicht 9

Z
Zuständigkeit 7

6/3. BWAG
§§ 1 – 9

Bundesgesetz vom 15. Dezember 1960 über eine Abgabe vom Bodenwert bei unbebauten Grundstücken und über eine Änderung des Einkommensteuergesetzes 1953 zur stärkeren Erfassung des Wertzuwachses bei Grundstücksveräußerungen (Bodenwertabgabegesetz – BWAG)

Artikel I
Gegenstand der Bodenwertabgabe

§ 1. Gegenstand der Bodenwertabgabe sind die unbebauten Grundstücke gemäß § 55 des Bewertungsgesetzes 1955, BGBl. Nr. 148, einschließlich der Betriebsgrundstücke.

Bemessungsgrundlage

§ 2. Bemessungsgrundlage für die Bodenwertabgabe ist der für den Beginn des jeweiligen Kalenderjahres maßgebende Einheitswert des einzelnen Abgabegegenstandes.

Befreiungen

§ 3. (1) Soweit für unbebaute Grundstücke keine Grundsteuer zu entrichten ist, entfällt auch die Entrichtung der Bodenwertabgabe.

(2) Die Entrichtung der Bodenwertabgabe entfällt außerdem
1. für unbebaute Grundstücke mit einem Einheitswert bis einschließlich 14.600 Euro.
2. für unbebaute Grundstücke,
   a) die im Eigentum von Gebietskörperschaften stehen und nicht Betriebsgrundstücke sind oder
   b) die im Eigentum von gemeinnützigen Bau-, Wohnungs- und Siedlungsvereinigungen stehen, sowie für unbebaute Grundstücke oder für Anteile an solchen Grundstücken, die durch physische oder juristische Personen von diesen Vereinigungen zum Zwecke der Bebauung oder zum Zwecke der Begründung von Wohnungseigentum erworben wurden, oder
   c) die im Eigentum von Vereinigungen stehen, deren statutenmäßige Aufgabe überwiegend die Schaffung von Wohnungseigentum ist, sowie für unbebaute Grundstücke oder für Anteile an solchen Grundstücken, die durch physische oder juristische Personen von diesen Vereinigungen zum Zwecke der Bebauung oder zum Zwecke der Begründung von Wohnungseigentum erworben wurden, oder
   d) die nachhaltig land- und forstwirtschaftlich genutzt werden und für die aus diesem Grunde die für land- und forstwirtschaftliche Betriebe vorgesehene Abgabe im Sinne des Bundesgesetzes vom 14. Juli 1960, BGBl. Nr. 166, zu entrichten ist oder
   e) auf denen sich Superädifikate befinden oder
   f) für die ein den flächenmäßig überwiegenden Teil des Grundstückes betreffendes Bauverbot oder eine Bausperre besteht.

(3) Tritt ein Befreiungsgrund erstmalig ein oder fällt ein Befreiungsgrund weg, so hat der Abgabepflichtige dies dem Finanzamt innerhalb eines Monates anzuzeigen.

Festsetzung des Jahresbetrages

§ 4. (1) Für das Kalenderjahr 1961 beträgt die Bodenwertabgabe 2 vom Hundert des maßgebenden Einheitswertes; bei unbebauten Grundstücken mit einem Einheitswert von mehr als 10.000 S bis einschließlich 20.000 S ermäßigt sich die Bodenwertabgabe auf 1 v.H. des maßgebenden Einheitswertes.

(2) Für das Kalenderjahr 1962 und die folgenden Kalenderjahre beträgt die Bodenwertabgabe 1 v.H. des maßgebenden Einheitswertes, soweit dieser 14.600 Euro übersteigt.

(3) Der Jahresbetrag der Abgabe ist mit Bescheid festzusetzen. Diese Festsetzung gilt innerhalb des Hauptveranlagungszeitraumes der Grundsteuermeßbeträge auch für die folgenden Jahre, soweit nicht infolge einer Änderung der Voraussetzungen für die Festsetzung des Jahresbetrages ein neuer Bescheid zu erlassen ist.

Abgabeschuldner

§ 5. (1) Abgabeschuldner ist derjenige, der für den im § 1 bezeichneten Abgabegegenstand gemäß § 9 des Grundsteuergesetzes 1955, BGBl. Nr. 149, Schuldner der Grundsteuer ist.

(2) Bei unbebauten Grundstücken, die als Kleingärten im Sinne des § 1 des Kleingartengesetzes, BGBl. Nr. 6/1959, gelten und verpachtet sind, darf die Bodenwertabgabe auf den Pächter nicht überwälzt werden.

Haftung

§ 6. Hinsichtlich der Haftung gelten die Bestimmungen der §§ 10 und 11 des Grundsteuergesetzes 1955.

Zuständigkeit

§ 7. Die Berechnung und Festsetzung des Jahresbetrages der Bodenwertabgabe sowie die Einhebung und zwangsweise Einbringung obliegen jenem Finanzamt, das für die Feststellung des Einheitswertes zuständig ist.

Entrichtung

§ 8. Hinsichtlich der Entrichtung der Bodenwertabgabe gelten sinngemäß die Bestimmungen der §§ 29 und 30 des Grundsteuergesetzes 1955.

Wegfall der Abgabepflicht bei Errichtung eines Einfamilienhauses

§ 9. Wird auf einem der Bodenwertabgabe unterliegenden unbebauten Grundstück ein Einfamilienhaus errichtet und erfolgt aus diesem Grunde eine Artfortschreibung, so ist, wenn das Einfamilienhaus vom Abgabeschuldner (§ 5) selbst errichtet wurde, die für die letzten fünf Jahre vor dem Fortschreibungszeitpunkt erfolgte Festsetzung der Bodenwertabgabe von Amts wegen aufzuheben.

§ 10. (aufgehoben)

Artikel III

(1) Artikel I tritt mit Beginn des Kalenderjahres 1961 in Kraft.

(2) Artikel II ist erstmalig bei der Veranlagung für das Kalenderjahr 1961 anzuwenden. Für Wirtschaftsgüter der in § 23 Abs. 1 Z 1 lit. a genannten Art, die nach dem 31. Dezember 1954 angeschafft wurden, verlängert sich jedoch die fünfjährige Frist derart, daß sie nicht vor Ablauf des Kalenderjahres 1965 endet.

Artikel IV

Mit der Vollziehung dieses Bundesgesetzes ist das Bundesministerium für Finanzen betraut.

7. GEBÜHREN

Inhaltsverzeichnis

- **7/1.** Gebührengesetz 1957 .... Seite 739
- **7/2.** Sonstige Gesetze
  - 7/2/1. § 17a VerfassungsgerichtshofG 1953 .... Seite 771
  - 7/2/2. § 24a VerwaltungsgerichtshofG 1985 .... Seite 772
- **7/3.** Verordnungen
  - 7/3/1. Verordnung betreffend **Ausnahmen** von der Verpflichtung des Bestandgebers zur **Selbstberechnung der Bestandvertragsgebühr**, BGBl II 1999/241 .... Seite 773
  - 7/3/2. Verordnung betreffend **Feststellung von Durchschnittssätzen** für Gruppen von Bestandobjekten für die **Selbstberechnung der Bestandvertragsgebühr**, BGBl II 1999/242 idF BGBl II 2001/469 .... Seite 774
  - 7/3/3. Verordnung betreffend die Gebühr für Eingaben bei den Verwaltungsgerichten **(VwG-Eingabengebührverordnung – VwG-EGebV)**, BGBl II 2014/387 idF
    - **1** BGBl II 2017/118   **2** BGBl II 2020/579
    - **3** BGBl II 2023/273 .... Seite 775

Hinweis: Artikel 34 Budgetbegleitgesetz 2001 (Steuerliche Sonderregelungen für die Ausgliederung von Aufgaben der Körperschaften öffentlichen Rechts) ist unter 2/2/2. abgedruckt.

7/1. GebG

7/1. Gebührengesetz 1957

Gebührengesetz 1957, BGBl 1957/267 idF

1 BGBl 1958/129	2 BGBl 1958/137	3 BGBl 1960/111
4 BGBl 1962/106	5 BGBl 1962/198	6 BGBl 1963/45
7 BGBl 1963/115	8 BGBl 1965/87	9 BGBl 1966/63
10 BGBl 1968/44	11 BGBl 1968/306	12 BGBl 1968/314
13 BGBl 1972/224	14 BGBl 1974/401	15 BGBl 1976/668
16 BGBl 1980/266	17 BGBl 1980/563	18 BGBl 1981/48
19 BGBl 1982/207	20 BGBl 1982/570	21 BGBl 1983/170
22 BGBl 1983/587	23 BGBl 1984/127	24 BGBl 1984/531
25 BGBl 1985/315	26 BGBl 1985/491	27 BGBl 1985/557
28 BGBl 1986/290	29 BGBl 1986/292	30 BGBl 1986/325
31 BGBl 1987/80	32 BGBl 1987/312	33 BGBl 1987/606
34 BGBl 1987/663	35 BGBl 1988/407	36 BGBl 1989/660
37 BGBl 1989/661	38 BGBl 1990/281	39 BGBl 1991/10
40 BGBl 1992/469	41 BGBl 1992/780	42 BGBl 1993/109
43 BGBl 1993/532	44 BGBl 1993/818	45 BGBl 1993/965
46 BGBl 1994/212	47 BGBl 1994/629	48 BGBl 1995/172
49 BGBl 1996/797 (AbgÄG 1996)	50 BGBl I 1997/69	51 BGBl I 1997/88
52 BGBl I 1997/103	53 BGBl I 1997/130 (2. Budgetbegleitg 1997)	54 BGBl I 1999/28 (AbgÄG 1998)
55 BGBl I 1999/92	56 BGBl I 1999/106 (StRefG 2000)	57 BGBl I 2000/26 (BudgetbegleitG 2000)
58 BGBl I 2000/29	59 BGBl I 2000/142 (BudgetbegleitG 2001)	60 BGBl I 2001/44 (Passgesetz-Nov 2001)
61 BGBl I 2001/144 (AbgÄG 2001)	62 BGBl I 2002/84 (AbgÄG 2002)	63 BGBl I 2004/10
64 BGBl I 2004/72	65 BGBl I 2004/180 (AbgÄG 2004)	66 BGBl I 2005/100 (Fremdenrechtspaket 2005)
67 BGBl I 2005/105 (ABÄG)	68 BGBl I 2005/112 (HWG 2005)	69 BGBl I 2006/37 (StbG-Nov 2005)
70 BGBl I 2006/44	71 BGBl I 2006/121 (VfGH)	72 BGBl I 2007/24 (BudBG 2007)
73 BGBl I 2007/105	74 BGBl II 2007/128	75 BGBl I 2009/6
76 BGBl I 2009/34 (VfGH)	77 BGBl I 2009/52 (BudBG 2009)	78 BGBl I 2009/75 (FamRÄG 2009)
79 BGBl I 2009/79	80 BGBl I 2009/122 (FrÄG 2009)	81 BGBl I 2009/135 (EPG)
82 BGBl I 2010/9	83 BGBl I 2010/34 (AbgÄG 2010)	84 BGBl I 2010/54 (GSpG-Nov 2008)
85 BGBl I 2010/111 (BudBG 2011)	86 BGBl II 2011/191	87 BGBl I 2011/76 (AbgÄG 2011)
88 BGBl I 2012/17	89 BGBl I 2012/112 (AbgÄG 2012)	90 BGBl I 2013/28 (VfGH)
91 BGBl I 2013/70 (VwG-AnpG)	92 BGBl I 2014/13 (AbgÄG 2014)	93 BGBl I 2014/105 (2. AbgÄG 2014)
94 BGBl I 2015/17	95 BGBl I 2015/105	96 BGBl I 2015/163 (AbgÄG 2015)
97 BGBl I 2017/147	98 BGBl II 2018/140	99 BGBl I 2018/62 (JStG 2018)
100 BGBl I 2019/103 (StRefG 2020)	101 BGBl I 2019/104 (FORG)	102 BGBl I 2020/16 (2. COVID-19-Gesetz)
103 BGBl I 2020/23 (3. COVID-19-Gesetz)	104 BGBl I 2020/99 (2. FORG)	105 BGBl I 2021/3 (COVID-19-StMG)
106 BGBl I 2021/52 (2. COVID-19-StMG)	107 BGBl I 2021/123 (PassG-Nov 2021)	108 BGBl I 2021/227
109 BGBl I 2022/108 (AbgÄG 2022)	110 BGBl I 2023/110 (AbgÄG 2023)	111 BGBl I 2023/188 (GemRefG 2023)

7/1. GebG

GLIEDERUNG

I. Abschnitt
§§ 1–9. Allgemeine Bestimmungen

II. Abschnitt
§§ 10–13. Feste Stempelgebühren für Schriften und Amtshandlungen
§ 14. Tarife
    TP 1 Abschriften
    TP 2 Amtliche Ausfertigungen
    TP 4 Auszüge
    TP 5 Beilagen
    TP 6 Eingaben
    TP 7 Protokolle (Niederschriften)
    TP 8 Einreise- und Aufenthaltstitel
    TP 9 Reisedokumente
    TP 11 Waffendokumente
    TP 12 Ausländerbeschäftigungsverfahren
    TP 13 Unterschriftsbeglaubigungen
    TP 14 Zeugnisse
    TP 15 Zulassungsscheine und Überstellungsfahrtscheine
    TP 16 Führerscheine
    TP 17 Eheschließung
    TP 18 Eingetragene Partnerschaft
    TP 19 Grenzüberschreitende Abfallverbringung
    TP 20 Zivilluftfahrtwesen
    TP 21 Ausweise für Personenbeförderungsgewerbe mit Pkw (Taxi)
    TP 22 Fahrerqualifizierungsnachweise
    TP 23 Ausnahmebewilligung zum zeitlich unbeschränkten Parken in Kurzparkzonen
    TP 24 Verfahren nach dem Sprengmittelgesetz 2010
    TP 25 Verfahren zur Erteilung von Genehmigungen oder Bescheinigungen im Zusammenhang mit Exemplaren wildlebender Tier- und Pflanzenarten

III. Abschnitt
§§ 15–32. Gebühren für Rechtsgeschäfte
§ 33. Tarife
    TP 1 Annahmeverträge
    TP 4 Anweisungen
    TP 5 Bestandverträge
    TP 7 Bürgschaftserklärungen
    TP 9 Dienstbarkeiten
    TP 11 Ehepakte
    TP 17 Glücksverträge
    TP 18 Hypothekarverschreibungen
    TP 20 Vergleiche (außergerichtliche)
    TP 21 Zessionen
    TP 22 Wechsel

IV. Abschnitt
§§ 34–38. Schlußbestimmungen

STICHWORTVERZEICHNIS

A
Abschriften 14 TP 1
amtlicher Gebrauch 8 (1 f)
Annahmeverträge 33 TP 1
Ansuchen, mehrere 12 (1)
Anweisungen 33 TP 4
Anzeige, nicht ordnungsgemäß 9
Anzeigepflicht 31
Ausfertigungen 14 TP 2
Auszüge 14 TP 4
automationsunterstützte Eingaben 13 (4)

B
Bankomatkarte 3 (2)
Barzahlung, feste Gebühren 3 (2)
Befreiungen
  – persönliche 2
  – Rechtsgeschäftsgebühr 20
Beilagen 14 TP 5
Beilagen, automationsunterstützt 13 (4)
Bestandverträge 33 TP 5
Bewertung 26
Bewilligungen, mehrere 12 (2)

Bogen 5 (2 f)
– weiterer 6 (1 f)
Bogengebühren 5 f
Bürgschaftserklärungen 33 TP 7

D
Dienstbarkeiten 33 TP 9
Duplikate 25 (2 ff)

E
Ehepakte 33 TP 11
Eheschließung 14 TP 17
Eingabegebühr, Ausnahmen 14 TP 6 (5)
Eingaben 14 TP 6
Eingaben, automationsunterstützt 13 (4)
Eingetragene Partnerschaft 14 TP 18
Entrichtung
  – Freistempel 3 (5)
  – nicht ordnungsgemäß 9
  – Selbstbemessung 3 (4)
Erfüllungsgeschäft, s. Sicherungsgeschäft
Erklärung 18 (4)
Erlagschein 3 (2)
Ersatzbeurkundung 18
Euroumstellung 20 Z 7

F

feste Gebühren 3 (2)
– weiterer Bogen 6
Freistempel 3 (5)
Führerschein 14 TP 16

G

Gebühren
– Arten 3 (1)
– Erhöhung 9
– feste 3 (2)
– für Rechtsgeschäfte, s. Rechtsgeschäftsgebühren
Gebührenfestsetzung, bescheidmäßig 32
Gebührenpflicht 1
Gebührenschuld
– Entstehung 11
– Entstehung, Rechtsgeschäftsgebühren 16 f
Gebührenschuldner
– Rechtsgeschäfte 28
– Stempelgebühren 13
Gebührenvorschriften, Verletzung 34 (1)
Gedenkprotokoll 18 (2)
Gegenstände, mehrere 19 (3)
Geschäftsführung ohne Auftrag 29
Gleichschriften 25 (2 ff)
Glücksverträge 33 TP 17

H

Haftung 14 TP 15, 30
Hundertsatzgebühren 3 (3)
– Rundung 27
– s. a. Rechtsgeschäftsgebühren
– Selbstbemessung 3 (4) ff
– weiterer Bogen 6 (2)
Hypothekarverschreibungen 33 TP 18

K

Kreditkarte 3 (2)
Kreditkarte, Entrichtung fester Gebühren 3 (2)

L

Leistungen
– mehrere 19 (1)
– unbestimmte Angabe 22
– unschätzbar 23

M

Markenangelegenheiten 14 TP 10
mechanische Unterschrift 18 (1)
mehrere Personen 7
Musterangelegenheiten 14 TP 10

N

Nachschau 34 (2)
Nachtrag, zur Urkunde 21
Nebenleistung 19 (1)
Neuerungsvertrag 24
Niederschriften 14 TP 7
Notare 3 (4a), 3 (5)
Notariatsakten 25 (4)
Novation 24

P

Papier 5 (1)

Parteienvertreter
– Bestandverträge 33 TP 5 (5)
– Rechtsgeschäftsgebühr 3 (4a) ff
Partnerschaft, eingetragene 14 TP 18
Patentangelegenheiten 14 TP 10
Protokolle 14 TP 7
Punktation 18 (5)

R

Rechtsanwälte 3 (4a)
Rechtsgemeinschaft 7
Rechtsgeschäfte
– Gebührenpflicht 15 (1)
– mehrere 19 (2)
Rechtsgeschäftsgebühren 15 ff
– Befreiungen 20
– Entstehung der Gebührenschuld 16 f
– Haftung 30
– Steuerschuldner 28
– Tarif 33
Reisedokumente 14 TP 9

S

Schlußbestimmungen 34 ff
Schriften 10
Selbstbemessung
– Gleichschriften 25 (5)
– Hundertsatzgebühren 3 (4)
Sicherungsgeschäft 19 (2)
Stempelgebühren 10 ff, 14
– Gebührenschuldner 13
Steuerschuldner, Rechtsgeschäftsgebühren 28

T

Triplikate 25 (2 ff)

U

Überstellungsfahrtschein 14 TP 15
Unterschriftsbeglaubigungen 14 TP 13
Urkunden 15
Urkundeninhalt, Bedeutung für Gebührenschuld 17
Urkundspersonen 3 (5)

V

Vergleiche 33 TP 20
Verhandlungsniederschrift 18 (2)
Verschlußanerkenntnisse 14 TP 14 (2)
Visum 14 TP 8
Vollmachten 14 TP 13
Vollziehung 38

W

Waffendokumente 14 TP 11
Wechsel 33 TP 22
Wirtschaftstreuhänder 3 (4a)

Z

Zessionen 33 TP 21
Zeugnisse 14 TP 14
Zulassungsscheine 14 TP 15
Zulassungsstelle 14 TP 6, 14 TP 13, 14 TP 14, 14 TP 15
Zusatz zur Urkunde 21

Gebührengesetz 1957 (GebG)

I. Abschnitt
Allgemeine Bestimmungen.

§ 1. Den Gebühren im Sinne dieses Bundesgesetzes unterliegen Schriften und Amtshandlungen nach Maßgabe der Bestimmungen im II. Abschnitte sowie Rechtsgeschäfte nach Maßgabe der Bestimmungen im III. Abschnitte.

§ 2. Von der Entrichtung von Gebühren sind befreit:
1. Der Bund, die von ihm betriebenen Unternehmungen sowie öffentlich-rechtliche Fonds, deren Abgänge er zu decken verpflichtet ist;
2. die übrigen Gebietskörperschaften im Rahmen ihres öffentlich-rechtlichen Wirkungskreises;
3. öffentlich-rechtliche Körperschaften, weiters alle Vereinigungen, die ausschließlich wissenschaftliche, Humanitäts- oder Wohltätigkeitszwecke verfolgen, hinsichtlich ihres Schriftverkehres mit den öffentlichen Behörden und Ämtern;
4. die als Gesandte fremder Mächte bestellten Angehörigen auswärtiger Staaten rücksichtlich der von ihnen selbst oder ihren Bevollmächtigten oder Vertretern statt ihrer ausgestellten Schriften, sofern diese sich nicht auf Rechtsgeschäfte über unbewegliche, im Inlande gelegene Sachen oder auf den letzteren haftende Forderungen beziehen. (BGBl. Nr. 116/1957, Z 1 lit. a.)

§ 3. (1) Die Gebühren sind entweder feste Gebühren oder Hundertsatzgebühren.

(2)
1. Die festen Gebühren sind durch Barzahlung, durch Einzahlung mit Erlagschein, mittels Bankomat- oder Kreditkarte oder durch andere bargeldlose elektronische Zahlungsformen zu entrichten. Die über die Barzahlung und Einzahlung mit Erlagschein hinausgehenden zulässigen Entrichtungsarten sind bei der Behörde, bei der die gebührenpflichtigen Schriften oder Amtshandlungen anfallen, nach Maßgabe der technisch-organisatorischen Voraussetzungen zu bestimmen und entsprechend bekannt zu machen. Die Behörde hat die Höhe der entrichteten oder zu entrichtenden Gebühr im bezughabenden Verwaltungsakt in nachprüfbarer Weise festzuhalten. Im Übrigen gelten § 203 BAO und § 241 Abs. 2 und 3 BAO sinngemäß.
2. Der Rechtsträger der Behörde hat die in einem Kalendervierteljahr gemäß Z 1 entrichteten Gebühren bis zum 15. Tag des auf ein Kalendervierteljahr folgenden Monats an das Finanzamt Österreich abzüglich der im § 14 Tarifpost 6 Abs. 3 lit. a, c und d, Tarifpost 8 Abs. 6, Tarifpost 9 Abs. 5, Tarifpost 16 Abs. 5, Tarifpost 20 Abs. 6, Tarifpost 21 Abs. 9, Tarifpost 22 Abs. 7 und Tarifpost 24 Abs. 6 angeführten Pauschalbeträge abzuführen. Auf dem Zahlungs- oder Überweisungsbeleg sind der Gesamtbetrag der entrichteten Gebühren, der Gesamtbetrag der Pauschalbeträge sowie der abzuführende Nettobetrag anzuführen.

(BGBl I 2019/103, BGBl I 2019/104, BGBl I 2020/99, BGBl I 2021/3, BGBl I 2022/108; AbgÄG 2023, BGBl I 2023/110)

(3) Die Hundertsatzgebühren sind, sofern in diesem Bundesgesetz nichts anderes bestimmt ist, mit Bescheid festzusetzen.

(4) Sofern in diesem Bundesgesetz nichts anderes bestimmt ist, hat das Finanzamt Österreich einem Gebührenschuldner, der in seinem Betrieb laufend eine Vielzahl gleichartiger Rechtsgeschäfte abschließt und die Gewähr für die ordnungsgemäße Einhaltung der Gebührenvorschriften bietet, auf Antrag zu bewilligen, dass er die auf diese Rechtsgeschäfte entfallenden Hundertsatzgebühren anstelle der sonst in diesem Bundesgesetz angeordneten Entrichtungsformen selbst berechnet und bis zum 15. Tag (Fälligkeitstag) des dem Entstehen der Gebührenschuld zweitfolgenden Monats an das Finanzamt Österreich entrichtet. Personen, die auf Grund der erteilten Bewilligung verpflichtet sind, die Hundertsatzgebühren auf diese Art zu entrichten, haben über diese gebührenpflichtigen Rechtsgeschäfte fortlaufende Aufschreibungen zu führen, welche die für die Gebührenbemessung erforderlichen Angaben enthalten. Innerhalb der Zahlungsfrist ist dem Finanzamt Österreich für den jeweiligen Berechnungs- und Zahlungszeitraum eine Abschrift dieser Aufschreibungen zu übersenden. Die Übersendung der Abschrift gilt als Gebührenanzeige gemäß § 31. Auf den Urkunden ist ein Vermerk anzubringen, der die Bezeichnung des Bewilligungsbescheides und die fortlaufende Nummer der Aufschreibungen enthält. Abweichend davon muss bei elektronischen Urkunden die Bezeichnung des Bewilligungsbescheides und die fortlaufende Nummer der Aufschreibungen in einer Beilage zur elektronischen Urkunde dokumentiert sein. Das Finanzamt Österreich hat jeweils für den Zeitraum eines Kalenderjahres die Hundertsatzgebühren für jedes gebührenpflichtige Rechtsgeschäft, das in den Aufschreibungen abgerechnet wurde, mit Bescheid festzusetzen.

(BGBl I 2019/104, BGBl I 2020/99; AbgÄG 2023, BGBl I 2023/110)

(4a) Sofern in diesem Bundesgesetz nichts anderes bestimmt ist, sind Rechtsanwälte, Notare und Wirtschaftstreuhänder (Parteienvertreter) befugt, innerhalb der Anzeigefrist des § 31 Abs. 1 die Hundertsatzgebühr für Rechtsgeschäfte als Bevollmächtigte eines Gebührenschuldners oder eines für die Gebühr Haftenden selbst zu berechnen und bis zum 15. Tag (Fälligkeitstag) des auf den Kalendermonat, in dem die Selbstberechnung erfolgt, zweitfolgenden Monats an das Finanzamt Österreich zu entrichten. Parteienvertreter, die von der Befugnis zur Selbstberechnung Gebrauch machen wollen, haben beim Finanzamt die Zuteilung einer Steuernummer zu beantragen. Sie haben über die gebührenpflichtigen Rechtsgeschäfte Aufschreibungen zu führen. Diese haben die für die Gebührenberechnung erforderlichen Angaben zu enthalten. Insbesondere sind Angaben zur Art des Rechtsgeschäftes, zu den Gebührenschuldnern oder zu den für die Gebühr Haftenden, zum Zeitpunkt des Entstehens der Gebührenschuld, zur Bemessungsgrundlage und zur Höhe der selbst berechneten Gebühr aufzunehmen. Eine Abschrift dieser Aufschreibungen für die in einem Kalendermonat selbst berechneten Rechtsgeschäfte ist dem Finanzamt Österreich bis zum Fälligkeitstag zu übermitteln; dies gilt als Gebührenanzeige gemäß § 31. Auf den Urkunden ist ein Vermerk über die erfolgte Selbstberechnung anzubringen, der die Steuernummer des Parteienvertreters, die Nummer der Aufschreibungen und die Höhe des berechneten Gebührenbetrages enthält. Abweichend davon muss bei elektronischen Urkunden die erfolgte Selbstberechnung, die Steuernummer des Parteienvertreters, die Nummer der Aufschreibungen und die Höhe des berechneten Gebührenbetrages in einer Beilage zur elektronischen Urkunde dokumentiert sein. Der Parteienvertreter hat die Aufschreibungen und je eine Abschrift (Durchschrift, Gleichschrift) der über die Rechtsgeschäfte ausgefertigten Urkunden sieben Jahre aufzubewahren. Im übrigen ist § 132 BAO anzuwenden. Die selbst berechnete Gebühr ist spätestens am Fälligkeitstag zu entrichten. Im Zweifel ist bei den betreffenden Gebührenschuldnern oder Haftenden eine verhältnismäßige Entrichtung anzunehmen. Ein gemäß § 201 BAO festgesetzter Gebührenbetrag hat den im ersten Satz genannten Fälligkeitstag. Die Parteienvertreter haften für die Entrichtung der selbst berechneten Gebühr. Die Abgabenbehörden sind befugt, Prüfungen hinsichtlich sämtlicher in die Aufschreibungen aufzunehmenden Angaben durchzuführen.

(BGBl I 2019/104, BGBl I 2020/99; AbgÄG 2023, BGBl I 2023/110)

(4b) Der Bundesminister für Finanzen wird ermächtigt, ein Verfahren der automationsunterstützten Übermittlung der Daten der Aufschreibungen gemäß Abs. 4 und 4a durch Verordnung festzulegen. In der Verordnung ist der Inhalt der Aufschreibungen sowie der Beginn der Datenübermittlung nach Maßgabe der technisch-organisatorischen Gegebenheiten festzulegen. Weiters kann vorgesehen werden, daß sich die Abgabenbehörde einer bestimmten öffentlich-rechtlichen oder privatrechtlichen Übermittlungsstelle bedienen darf.

(4c) Das Finanzamt Österreich kann die Befugnis zur Selbstberechnung der Gebühren gemäß Abs. 4a und § 33 Tarifpost 5 Abs. 5 Z 4 mit Bescheid aberkennen, wenn der zur Selbstberechnung Befugte vorsätzlich oder wiederholt grob fahrlässig die Bestimmungen des Abs. 4a oder des § 33 Tarifpost 5 Abs. 5 Z 4 verletzt. Die Aberkennung kann für mindestens drei Jahre oder unbefristet erfolgen. Bei unbefristeter Aberkennung kann frühestens fünf Jahre nach Aberkennung auf Antrag des zur Selbstberechnung Befugten der Aberkennungsbescheid aufgehoben werden, wenn glaubhaft ist, daß er in Hinkunft seinen abgabenrechtlichen Pflichten nachkommen wird.

(BGBl I 2019/104, BGBl I 2020/99)

(5) Notare oder andere zur Beurkundung befugte Personen (Urkundspersonen) haben die in einem Kalendermonat entrichteten Gebühren des § 14 Tarifpost 7 Abs. 1 Z 4 bis 6 und Tarifpost 13 bis zum 15. Tag (Fälligkeitstag) des auf den Kalendermonat, in dem die Gebührenschuld entsteht, zweitfolgenden Monats an das Finanzamt Österreich abzuführen. Die Urkundspersonen haben Aufschreibungen zu führen, die Angaben über die Art der Schrift, die Gebührenschuldner und den Zeitpunkt des Entstehens der Gebührenschuld enthalten müssen. Dieser Verpflichtung wird durch die Führung der in den berufsrechtlichen Vorschriften vorgesehenen Register und Aufzeichnungen entsprochen. Das Finanzamt ist befugt, Prüfungen hinsichtlich der in die Aufschreibungen aufzunehmenden Angaben durchzuführen.

(BGBl I 2019/104, BGBl I 2020/99)

§ 4. (aufgehoben)

§ 5. (1) Unter Papier ist jeder zur Ausfertigung stempelpflichtiger Schriften bestimmte oder verwendete Stoff zu verstehen.

(2) Unter Bogen ist Papier zu verstehen, dessen Seitengröße das Ausmaß von zweimal 210 mm X 297 mm nach einer oder nach beiden Richtungen nicht überschreitet. Für dieses Ausmaß überschreitende Papierblätter sind die festen Stempelgebühren im zweifachen Betrag zu entrichten. Bei inhaltlich fortlaufendem Text bleiben unbeschriebene Seiten bei der Berechnung der Anzahl der Bogen außer Ansatz.

(3) Die in den Tarifbestimmungen „für jeden Bogen" festgesetzte Gebühr ist im vollen Betrage zu entrichten, auch wenn zu der bezüglichen Schrift weniger als ein Bogen verwendet wird.

§ 6. Bei Schriften mit einer vom ersten Bogen festen Gebühr (§ 14 Tarifpost 2 und Tarifpost 7 Abs. 1 Z 4 und Z 5) unterliegen der zweite und jeder weitere Bogen einer Gebühr von 13 Euro.

§ 7. Besteht zwischen zwei oder mehreren Personen eine solche Rechtsgemeinschaft, daß sie in bezug auf den Gegenstand der Gebühr als eine Person anzusehen sind oder leiten sie ihren Anspruch oder ihre Verpflichtung aus einem gemeinschaftlichen Rechtsgrund ab, so ist die Gebühr nur im einfachen Betrage zu entrichten.

§ 8. (1) Unter dem Ausdruck „Amtlicher Gebrauch" wird die Verwendung einer Schrift bei einer öffentlichen Behörde, einem Gericht, einem Amt oder einer öffentlichen Kasse zu dem Zwecke, ob sie in Urschrift oder in Abschrift beigebracht wird.

(2) Die Veranlassung einer amtlichen einfachen oder vidimierten Abschrift oder die Vidimierung einer von der Partei selbst verfaßten Abschrift oder die Überreichung einer amtlichen Schrift zur amtlichen Aufbewahrung ist kein amtlicher Gebrauch im Sinne des Abs. 1.

§ 9. (1) Wird eine feste Gebühr, die nicht vorschriftsmäßig entrichtet wurde, mit Bescheid festgesetzt, so ist eine Gebührenerhöhung im Ausmaß von 50 vH der verkürzten Gebühr zu erheben.

(2) Das Finanzamt Österreich kann zur Sicherung der Einhaltung der Gebührenvorschriften bei nicht ordnungsgemäßer Entrichtung oder nicht ordnungsgemäßer Gebührenanzeige bei den im Abs. 1 genannten Gebühren zusätzlich eine Erhöhung bis zu 50 vH, bei den anderen Gebühren, mit Ausnahme der Wettgebühren nach § 33 TP 17 Abs. 1 Z 1, eine Erhöhung bis zum Ausmaß der verkürzten (gesetzmäßigen) Gebühr erheben. Bei Festsetzung dieser Gebührenerhöhung ist insbesondere zu berücksichtigen, inwieweit dem Gebührenschuldner bei Beachtung dieses Bundesgesetzes das Erkennen der Gebührenpflicht einer Schrift oder eines Rechtsgeschäftes zugemutet werden konnte, ob eine Gebührenanzeige geringfügig oder beträchtlich verspätet erstattet wurde sowie, ob eine Verletzung der Gebührenbestimmungen erstmalig oder wiederholt erfolgt ist.

(BGBl I 2019/104, BGBl I 2020/99)

II. Abschnitt
Feste Stempelgebühren für Schriften und Amtshandlungen

§ 10. Unter Schriften im Sinne des § 1 sind die in den Tarifbestimmungen (§ 14) angeführten Eingaben und Beilagen, amtlichen Ausfertigungen, Protokolle, Rechnungen und Zeugnisse zu verstehen.

§ 11. (1) Die Gebührenschuld entsteht
1. bei Ansuchen um Erteilung oder Neuausstellung eines Aufenthaltstitels sowie bei den im § 14 Tarifpost 10 Abs. 1 Z 1 bis 9 angeführten Schriften in Patent-, Gebrauchsmuster-, Marken- und Musterangelegenheiten mit Überreichung, bei den übrigen Eingaben sowie bei Beilagen und Protokollen gemäß § 14 Tarifpost 7 Abs. 1 Z 1 und 2 in dem Zeitpunkt, in dem das Verfahren in einer Instanz schriftlich ergehende abschließende Erledigung über die in der Eingabe enthaltenen Anbringen zugestellt wird;
(BGBl I 2019/103, BGBl I 2021/3)
2. bei amtlichen Ausfertigungen mit deren Hinausgabe (Aushändigung, Übersendung);
3. bei Amtshandlungen mit deren Beginn;
4. bei Protokollen gemäß § 14 Tarifpost 7 Abs. 1 Z 4 bis 6 im Zeitpunkt der Unterzeichnung;
5. bei Zeugnissen im Zeitpunkt der Unterzeichnung oder der Hinausgabe; bei den im Ausland ausgestellten Zeugnissen, sobald von ihnen im Inland ein amtlicher Gebrauch gemacht wird;
6. bei Unterschriftsbeglaubigungen im Zeitpunkt der Unterzeichnung durch die Urkundsperson; bei Unterschriftsbeglaubigungen durch vergleichbare ausländische Urkundspersonen, sobald von der Beglaubigung im Inland ein amtlicher Gebrauch gemacht wird.

(2) Automationsunterstützt oder in jeder anderen technisch möglichen Weise eingebrachte Eingaben und Beilagen sowie auf die Weise ergehende Erledigungen, amtliche Ausfertigungen, Protokolle und Zeugnisse stehen schriftlichen Eingaben und Beilagen, Erledigungen, amtlichen Ausfertigungen, Protokollen und Zeugnissen gleich.

(3) Für Eingaben und Beilagen, die auf elektronischem Weg unter Inanspruchnahme der Funktion Elektronischer Identitätsnachweis (E-ID) gemäß den §§ 4 ff E-Government-Gesetz (E-GovG), BGBl. I Nr. 10/2004, eingebracht werden, ermäßigen sich die in den Tarifposten 5 Abs. 1 und Abs. 1a sowie 6 Abs. 1 und Abs. 2 des § 14 angeführten Beträge
– von 3,90 Euro .... auf 2,30 Euro,
– von 14,30 Euro .... auf 8,60 Euro,
– von 47,30 Euro .... auf 28,40 Euro.
(AbgÄG 2023, BGBl I 2023/110)

§ 12. (1) Werden in einer Eingabe mehrere Ansuchen gestellt, so ist für jedes Ansuchen die Eingabengebühr zu entrichten.

(2) Werden in einer amtlichen Ausfertigung mehrere Bewilligungen (Berechtigungen, Bescheinigungen) erteilt, so ist für jede die Stempelgebühr zu entrichten.

§ 13. (1) Zur Entrichtung der Stempelgebühren sind verpflichtet:
1. Bei Eingaben, deren Beilagen und den die Eingaben vertretenden Protokollen sowie sonstigen gebührenpflichtigen Protokollen derjenige, in dessen Interesse die Eingabe eingebracht oder das Protokoll verfaßt wird;
2. bei amtlichen Ausfertigungen und Zeugnissen derjenige, für den oder in dessen Interesse diese ausgestellt werden;
3. bei Amtshandlungen derjenige, in dessen Interesse die Amtshandlung erfolgt;

(2) Trifft die Verpflichtung zur Entrichtung der Stempelgebühr zwei oder mehrere Personen, so sind sie zur ungeteilten Hand verpflichtet.

(3) Mit den im Abs. 1 genannten Personen ist zur Entrichtung der Stempelgebühren zur ungeteilten Hand verpflichtet, wer im Namen eines anderen eine Eingabe oder Beilage überreicht oder eine gebührenpflichtige amtliche Ausfertigung oder ein Protokoll oder eine Amtshandlung veranlaßt.

(4) Der Gebührenschuldner hat die Gebühren des § 14 Tarifpost 7 Abs. 1 Z 4 bis 6 und Tarifpost 13 an die Urkundsperson (§ 3 Abs. 5), bei den übrigen Schriften und Amtshandlungen an die Behörde, bei der die gebührenpflichtige Schrift anfällt oder von der die gebührenpflichtige Amtshandlung vorgenommen wird, zu entrichten. Die Urkundsperson oder die Behörde haben auf der gebührenpflichtigen Schrift einen Vermerk über die Höhe der entrichteten oder zu entrichtenden Gebühr anzubringen. Ist die Anbringung des Vermerkes auf der Schrift selbst nicht möglich, muss die Gebührenentrichtung aus dem Verwaltungsakt nachvollziehbar sein. Verbleibt die gebührenpflichtige Schrift nicht im Verwaltungsakt, hat der Vermerk außerdem die Bezeichnung der Behörde oder der Urkundsperson sowie das Datum, an dem

diese den Vermerk angebracht hat, zu enthalten. Für die Urkundsperson sind hinsichtlich der Gebühren des § 14 Tarifpost 7 Abs. 1 Z 4 bis 6 und Tarifpost 13 die Vorschriften des § 34 Abs. 1 sinngemäß anzuwenden.
(BGBl I 2022/108)

§ 14. Tarife der festen Stempelgebühren für Schriften und Amtshandlungen.

Tarifpost

1 Abschriften

(1)
1. Amtliche Abschriften, wenn sie von anderen Behörden als Gerichten ausgestellt und beglaubigt werden, von jedem Bogen feste Gebühr .... 14,30 Euro,
2. nichtamtliche Abschriften, von den Parteien selbst verfasste, wenn sie von anderen Behörden als Gerichten beglaubigt werden, von jedem Bogen feste Gebühr .... 7,20 Euro.

(2) Werden auf einem Bogen die Abschriften mehrerer Urkunden (Schriften) und deren Beilagen vereint und beglaubigt, so ist die Gebühr für jede Abschrift gesondert zu entrichten.

(3) und (4) (aufgehoben)

2 Amtliche Ausfertigungen

(1)
         vom ersten Bogen feste Gebühr

1. Erteilung einer Befugnis oder Anerkennung einer Befähigung oder sonstigen gesetzlichen Voraussetzung zur Ausübung einer Erwerbstätigkeit, sofern nicht unten besonders angeführt .... 83,60 Euro,
2. Ernennung zum Notare, Handelsmakler, Zulassung als Steuerberater oder Wirtschaftsprüfer, Eintragung als Rechtsanwalt oder Patentanwalt .... 285,90 Euro,
3. Verleihung der österreichischen Staatsbürgerschaft
   a) in den Fällen des § 10 StbG, soweit es sich nicht um solche des § 10 Abs. 4 StbG handelt, ... 1 115,30 Euro,
   b) in den Fällen der §§ 10 Abs. 4, 11a Abs. 2, 11b oder 12 Abs. 2 StbG ..... 247,90 Euro,
   c) in den Fällen der §§ 12 Abs. 1 Z 3, 17 und 25 StbG .... 247,90 Euro,
   d) in anderen als lit. a bis c genannten Fällen .... 867,40 Euro,
4. Bergführerbücher .... 16,50 Euro,
5. Trägerlegitimationen .... 14,30 Euro,
6. Ausstellung eines Leichenpasses .... 83,60 Euro,
7. Bewilligung zur Enterdigung einer Leiche .... 83,60 Euro,
8. Erteilung einer bergrechtlichen Suchbewilligung oder Verlängerung von deren Geltungsdauer, Erteilung einer bergrechtlichen Bewilligung zum Suchen und Erforschen nichtkohlenwasserstoffführender geologischer Strukturen .... 382,60 Euro,
9. a) Verleihung einer Bergwerksberechtigung für ein Grubenmaß oder eine Überschar, Genehmigung der Übertragung einer Bergwerksberechtigung durch Rechtsgeschäft unter Lebenden .... 95,60 Euro,
   b) Anerkennung eines bergrechtlichen Gewinnungsfeldes, Erteilung einer bergrechtlichen Speicherbewilligung oder Genehmigung der Übertragung einer Speicherbewilligung durch Rechtsgeschäft unter Lebenden .... 797 Euro,
10. Bewilligung zur Änderung des Familiennamens oder des Vornamens .... 382,60 Euro.

(2) Wird die unter Z 10 genannte Bewilligung mittels eines Bescheides gleichzeitig einer Mehrheit von Personen erteilt, für die sie nicht schon kraft gesetzlicher Bestimmung gilt, so ist die Gebühr so oftmals zu entrichten, als die Anzahl dieser Personen beträgt. Die Gebührenentrichtung obliegt allen Personen zur ungeteilten Hand, denen die Bewilligung erteilt wurde oder für die sie kraft gesetzlicher Bestimmung wirkt.

3 (aufgehoben)

4 Auszüge

(1)
1. Auszüge aus Amtsschriften und amtlich verwahrten Privatschriften im allgemeinen wie amtliche Abschriften;
2. Auszüge, Abschriften aus Personenstandsbüchern, aus dem Partnerschaftsbuch, aus Registern, Matriken sowie Bescheinigungen über Geburten, Aufgebote, Trauungen, Eintragungen einer Partnerschaft und Sterbefälle von jedem Bogen feste Gebühr .... 7,20 Euro.

(2) Werden zwei oder mehrere Geburts-, Trauungs- oder Sterbefälle oder Fälle der Eintragung einer Partnerschaft in einer Ausfertigung bestätigt, so ist die Gebühr von 7,20 Euro so oft zu entrichten, als Fälle bestätigt werden.

(3) Auszüge, Abschriften und Bescheinigungen gemäß Abs. 1 Z 2, die von gesetzlich anerkannten Kirchen oder Religionsgesellschaften ausgestellt werden, sind gebührenfrei.

(4) Auszüge, Abschriften und Bescheinigungen gemäß Abs. 1 Z 2, die für Zwecke der Verleihung oder der Erstreckung der Verleihung der österreichischen Staatsbürgerschaft ausgestellt werden, sind gebührenfrei; dies gilt auch für jene ausländischen Schriften, die in diesem Zusammenhang zum amtlichen Gebrauch vorgelegt werden.

(5) Auszüge aus dem Register der wirtschaftlichen Eigentümer, für die ein Nutzungsentgelt gemäß § 17 Wirtschaftliche Eigentümer Registergesetz (WiEReG), BGBl. I Nr. 136/2017, in der geltenden Fassung, zu entrichten ist, sind gebührenfrei.

(BGBl I 2018/62)

5 Beilagen

(1) Beilagen, das sind Schriften und Druckwerke aller Art, wenn sie einer gebührenpflichtigen Eingabe (einem Protokoll) beigelegt werden, von jedem Bogen feste Gebühr .... 3,90 Euro,

jedoch nicht mehr als 21,80 Euro je Beilage.

(BGBl I 2022/108)

(1a) Beilagen, die auf elektronischem Wege einer gebührenpflichtigen Eingabe (einem Protokoll) beigelegt werden, je Beilage .... 3,90 Euro

(BGBl I 2022/108)

(2) Die Beilagengebühr entfällt, wenn eine Schrift bei einer früheren Verwendung als Beilage bereits vorschriftsmäßig gestempelt wurde oder für sie nach einer anderen Bestimmung dieses Bundesgesetzes entrichtet wurde oder festzusetzen ist oder mit einem Vermerk gemäß § 13 Abs. 4 versehen ist.

(3) Von der Beilagengebühr sind befreit
1. Armutszeugnisse;
2. die in- und ausländischen öffentlichen Kreditpapiere, deren Kupons und Talons und die geldvertretenden Papiere;
3. Schriften und Druckwerke, die einem Ansuchen um Verleihung oder Erstreckung der Verleihung der österreichischen Staatsbürgerschaft oder einem Ansuchen um Erteilung oder Neuausstellung eines Aufenthaltstitels beigelegt werden;

(BGBl I 2019/103; AbgÄG 2023, BGBl I 2023/110)

4. Schriften und Druckwerke, die einem Ansuchen um rückwirkende Anerkennung früherer Zeiträume als Teil des Umstellungszeitraumes gemäß der Verordnung (EU) 2018/848 über die ökologische/biologische Produktion und die Kennzeichnung von ökologischen/biologischen Erzeugnissen sowie zur Aufhebung der Verordnung (EG) 834/2007, ABl. Nr. L 150 vom 14.06.2018 S. 1, zuletzt geändert durch die Delegierte Verordnung (EU) 2022/474, ABl. Nr. L 98 S. 1, beigelegt werden.

(AbgÄG 2023, BGBl I 2023/110)

6 Eingaben

(1) Eingaben von Privatpersonen (natürlichen und juristischen Personen) an Organe der Gebietskörperschaften in Angelegenheiten ihres öffentlich-rechtlichen Wirkungskreises, die die Privatinteressen der Einschreiter betreffen, feste Gebühr .... 14,30 Euro.

(2) Der erhöhten Eingabengebühr von 47,30 Euro unterliegen

1. Ansuchen um Erteilung einer Befugnis oder die Anerkennung einer Befähigung oder sonstigen gesetzlichen Voraussetzung zur Ausübung einer Erwerbstätigkeit;
2. Ansuchen um Ernennung zum Notar, Handelsmakler, um Zulassung als Steuerberater oder Wirtschaftsprüfer, um Eintragung als Patentanwalt;
3. (aufgehoben)
4. Ansuchen um Bewilligung, ausländische Orden anzunehmen und zu tragen, um Verleihung von Titeln und Auszeichnungen einschließlich jener für gewerbliche Unternehmungen;
5. Anmeldungen einer Sorte nach dem Sortenschutzgesetz, BGBl. Nr. 108/1993, in der jeweils geltenden Fassung.

(3) Der erhöhten Eingabengebühr

a) von 120 Euro, bei Kindern unter 6 Jahren von 75 Euro, unterliegen Ansuchen um Erteilung oder Neuausstellung eines Aufenthaltstitels. Der im Inland tätig werdenden Gebietskörperschaft steht je Ansuchen ein Pauschalbetrag von 15 Euro zu;

(BGBl I 2019/103)

b) von 125,60 Euro unterliegen Ansuchen um Verleihung oder Erstreckung der Verleihung der österreichischen Staatsbürgerschaft; bei Minderjährigen beträgt die Gebühr 68,50 Euro;

(BGBl I 2021/3)

c) von 61,50 Euro, bei Personen, die bei der Antragstellung das 16. Lebensjahr noch nicht vollendet haben, von 26,30 Euro, unterliegen Ansuchen um Erteilung oder Neuausstellung eines Aufenthaltstitels „Artikel 50 EUV". Erfolgt das Ansuchen um Erteilung oder Neuausstellung bei einer Behörde eines Landes oder einer Gemeinde, steht dieser Gebietskörperschaft je Ansuchen ein Pauschalbetrag in Höhe von 15 Euro zu. Die Erteilung oder Neuausstellung ist von den Verwaltungsabgaben des Bundes befreit.

(BGBl I 2021/3, BGBl I 2022/108)

d) von 30 Euro je Feldstück unterliegen Ansuchen um rückwirkende Anerkennung früherer Zeiträume als Teil des Umstellungszeitraumes gemäß der Verordnung (EU) 2018/848. Die in dem Verfahren ausgestellten Schriften und vorgenommenen Amtshandlungen sind von den Verwaltungsabgaben des Bundes befreit. Erfolgt die rückwirkende Anerkennung durch

eine Behörde eines Landes, steht dieser Gebietskörperschaft je bewilligtes Feldstück ein Pauschalbetrag in Höhe von 6,50 Euro zu.
(AbgÄG 2023, BGBl I 2023/110)

(4) Werden Eingaben in mehrfacher Ausfertigung überreicht, so unterliegen die zweite und jede weitere Gleichschrift nur der einfachen Eingabengebühr.

(5) Der Eingabengebühr unterliegen nicht
1. Eingaben an die Gerichte nach Maßgabe der folgenden Bestimmungen:
   a) Eingaben in Justizverwaltungsangelegenheiten sind nur dann von der Eingabengebühr befreit, wenn hiefür eine Justizverwaltungsgebühr vorgesehen ist;
   b) von der Befreiung ausgenommen sind Eingaben an die Verwaltungsgerichte der Länder, das Bundesverwaltungsgericht und das Bundesfinanzgericht im Sinne des Art. 129 B-VG; der Bundesminister für Finanzen wird ermächtigt, für Eingaben einschließlich Beilagen an das Bundesverwaltungsgericht und das Bundesfinanzgericht sowie an die Verwaltungsgerichte der Länder durch Verordnung Pauschalgebühren festzulegen, sowie den Zeitpunkt des Entstehens der Gebührenschuld und die Art der Entrichtung der Pauschalgebühren zu regeln;
   (AbgÄG 2023, BGBl I 2023/110)
2. Gesuche um Erteilung von Unterstützungen und sonstige Eingaben im öffentlichen Fürsorgewesen;
3. Gesuche um die Verleihung eines Stipendiums sowie Eingaben in Unterrichtsangelegenheiten (einschließlich Begründung und Beendigung des Schulverhältnisses) und in Prüfungsangelegenheiten öffentlicher oder mit dem Öffentlichkeitsrecht ausgestatteter Schulen, der Schulen im Sinne des Gesundheits- und Krankenpflegegesetzes, des Bundesgesetzes über die Regelung der medizinisch-technischen Fachdienste und der Sanitätshilfsdienste, sowie der Akademien im Sinne des Bundesgesetzes über die Regelung der gehobenen medizinisch-technischen Dienste und der Hebammenakademien im Sinne des Hebammengesetzes, mit Ausnahme von Eingaben im Verfahren betreffend Eignungserklärung von Unterrichtsmitteln, Externistenprüfungen, Nostrifikation ausländischer Zeugnisse und Ersatzbestätigungen für verlorene Zeugnisse;
4. Eingaben an Verwaltungsbehörden, außer an das Zollamt Österreich in den Fällen der Z 4a, und an die Verwaltungsgerichte der Länder, das Bundesverwaltungsgericht und das Bundesfinanzgericht in Abgabensachen;
   (BGBl I 2020/99)
4a. Eingaben an das Zollamt Österreich und an das Bundesfinanzgericht in Angelegenheiten des Zollrechts oder der sonstigen Eingangs- oder Ausgangsabgaben;
   (BGBl I 2020/99)
5. Eingaben in konsularischen Angelegenheiten an österreichische Vertretungsbehörden im Ausland;
6. Eingaben (Ansuchen, Anträge) in Bewirtschaftungsangelegenheiten (zum Beispiel Ansuchen um Bezugscheine, Dringlichkeitsbescheinigungen, Kontingentscheine usw.);
7. Eingaben im Verwaltungsstrafverfahren;
   (BGBl I 2021/3)
8. (aufgehoben)
9. Eingaben um Befreiung von der Rundfunk-, Fernsehrundfunk- und Fernsprechgebühr sowie Eingaben, mit denen die Übertragung der Rundfunk- oder Fernsehrundfunkbewilligung auf eine andere Person am angegebenen Standort beantragt wird, die Übernahme der Bewilligung nach dem Tod des Bewilligungsinhabers oder die Verlegung des Standortes durch den Bewilligungsinhaber angezeigt oder der Verzicht auf die Bewilligung erklärt wird;
10. Ansuchen um Aufnahme in das öffentlich-rechtliche Dienstverhältnis und Eingaben öffentlich-rechtlich Bediensteter und ihrer Hinterbliebenen in Dienstrechtsangelegenheiten;
11. Eingaben im Studien- und Prüfungswesen der hochschulischen postsekundären Bildungseinrichtungen im Sinne des § 1 Abs. 1 des Hochschul-Qualitätssicherungsgesetzes, BGBl. I Nr. 74/2011, und der kirchlichen theologischen Lehranstalten (Art. V § 1 des Konkordates zwischen dem Heiligen Stuhle und der Republik Österreich, BGBl. II Nr. 2/1934), einschließlich der Eingaben an diese Einrichtungen im Bereich der Studienberechtigung;
   (BGBl I 2022/108)
12. Eingaben von Personen, die nicht durch berufsmäßige Parteienvertreter vertreten sind, um Anleitung zur Vornahme von Verfahrenshandlungen während eines Verfahrens;
13. Eingaben von Zeugen und Auskunftspersonen zur Erlangung der gesetzlich vorgesehenen Zeugengebühren;
14. Verlustanzeigen;
15. Anfragen um Bekanntgabe, welches Organ einer Gebietskörperschaft für eine bestimmte Angelegenheit zuständig ist;
16. Anfragen über Ausbildungsmöglichkeiten;
17. Eingaben, mit welchen in einem anhängigen Verfahren zu einer vorangegangenen Eingabe eine ergänzende Begründung erstattet, eine Erledigung urgiert oder eine Eingabe zurückgezogen wird;
18. Eingaben nach den landesgesetzlichen Vorschriften zur Förderung des Wohnbaues und der Wohnhaussanierung;

7/1. GebG
§ 14, TP 6, 7

19. Eingaben in Angelegenheiten des Außenhandelsgesetzes und auf Grund einer auf Artikel 113 des Vertrages zur Gründung der Europäischen Gemeinschaft gestützten Verordnung im Bereich der handelspolitischen Maßnahmen;
20. Einwendungen und Stellungnahmen zur Wahrung der rechtlichen Interessen zu Vorhaben der Errichtung oder Inbetriebnahme von Bauwerken und Anlagen aller Art sowie im Verfahren zur Genehmigung solcher Vorhaben; dies gilt nicht für Eingaben des Bewilligungswerbers;
21. Eingaben an die parlamentarischen Organe und Einrichtungen (die Präsidenten des Nationalrates, die Präsidenten des Bundesrates, die parlamentarischen Ausschüsse, die Ausschußobmänner sowie die Parlamentsdirektion);
22. Eingaben an gemäß § 40a KFG 1967, BGBl. Nr. 267, in der jeweils geltenden Fassung, eingerichtete Zulassungsstellen;
23. Anträge auf Bekanntgabe von Umweltdaten nach dem Umweltinformationsgesetz, BGBl. Nr. 495/1993, in der jeweils geltenden Fassung, und nach gleichartigen landesgesetzlichen Vorschriften;
24. Ansuchen um Ausstellung und Vornahme der in § 14 Tarifpost 8 Abs. 1, 1a, 4a, 4b und 4c, Tarifpost 9 und Tarifpost 16 angeführten Schriften und Amtshandlungen;

(BGBl I 2019/103, BGBl I 2021/3; AbgÄG 2023, BGBl I 2023/110)

25. Anfragen über das Bestehen von Rechtsvorschriften oder deren Anwendung;
26. Eingaben um Ausstellung von Genehmigungen oder Bescheinigungen in Angelegenheiten der Verordnung (EG) Nr. 338/97 über den Schutz von Exemplaren wildlebender Tier- und Pflanzenarten durch Überwachung des Handels, ABl. Nr. L 61 vom 03.03.1997 S. 1, zuletzt geändert durch die Verordnung (EU) 2021/2280, ABl. Nr. L 473 S. 1;

(AbgÄG 2023, BGBl I 2023/110)

27. Eingaben um Ausstellung von Strafregisterbescheinigungen für ehrenamtliche Sanitäter gemäß § 14 Abs. 1 Z 1 Sanitätergesetz;
„28. Eingaben um Ausstellung von Strafregisterbescheinigungen für freiwilliges Engagement im Rahmen von
    a) **Freiwilligenorganisationen gemäß § 3 Abs. 1 des Freiwilligengesetzes (FreiwG), BGBl. I Nr. 17/2012,**
    b) **spendenbegünstigten Einrichtungen gemäß § 4a des Einkommensteuergesetzes 1988 (EStG 1988), BGBl. Nr. 400/1988,**
    c) **gesetzlich anerkannten Kirchen und Religionsgesellschaften sowie nach innerkirchlichem Recht mit Wirksamkeit für den staatlichen Bereich errichteten und mit Rechtspersönlichkeit ausgestatteten Einrichtungen;"**

(BGBl I 2021/3; GemRefG 2023, BGBl I 2023/188 ab 1.1.2024)

29. Anträge, die im Zusammenhang mit dem Register der wirtschaftlichen Eigentümer gestellt werden, und diesbezügliche Rechtsmittelverfahren, wenn der Rechtszug an das Bundesfinanzgericht geht;

(BGBl I 2021/3)

30. Ansuchen um Austausch einer bis zum Ablauf des Übergangszeitraumes ausgestellten Bescheinigung des Daueraufenthaltes (§ 53a NAG), einer Daueraufenthaltskarte (§ 54a NAG) oder eines Aufenthaltstitels „Daueraufenthalt – EU" (§ 45 NAG) gegen den Aufenthaltstitel „Artikel 50 EUV". Der Bundesminister für Finanzen wird davon abweichend ermächtigt, mittels Verordnung Pauschalgebühren für das Ansuchen um Austausch eines gültigen Daueraufenthaltsdokumentes oder inländischen Einwanderungsdokumentes gegen ein neues Aufenthaltsdokument festzusetzen.

(BGBl I 2021/3)

7 Protokolle (Niederschriften)

(1)
1. Protokolle, die an Stelle einer Eingabe errichtet werden, unterliegen der für die Eingabe, die sie vertreten, in der Tarifpost 6 festgesetzten Gebühr. Dies gilt nicht für Protokolle, die Eingaben an die Gerichte vertreten; in Justizverwaltungsangelegenheiten jedoch nur, wenn hiefür eine Justizverwaltungsgebühr vorgesehen ist
2. Befunde und Vernehmungen anläßlich der Erteilung eines amtlichen Zeugnisses oder einer amtlichen Bewilligung auf Einschreiten von Privatpersonen von jedem Bogen feste Gebühr.................................. 14,30 Euro;
3. (aufgehoben)
4. Protokolle (Niederschriften) über
    a) eine Hauptversammlung einer Aktiengesellschaft vom ersten Bogen feste Gebühr........................... 285,90 Euro,
    b) eine Versammlung der Gesellschafter einer Gesellschaft mit beschränkter Haftung vom ersten Bogen feste Gebühr ....142,90 Euro.
5. Protokolle (Niederschriften) über Verlosungen oder Auslosungen von Wertpapieren vom ersten Bogen feste Gebühr ....107,80 Euro;
6. Protokolle über die Aufnahme eines Wechsel(Scheck)protestes, wenn sie vom Notar aufgenommen werden.................14,30 Euro.

(2) Protokolle (Niederschriften) nach Abs. 1 Z 4 lit. a und b, die ausschließlich die Anpassung der Satzungen oder der Gesellschaftsverträge an die Bestimmungen des 1. Euro-Justiz-Begleitgesetzes, BGBl. I Nr. 125/1998, zum Gegenstand haben, sind gebührenfrei.

(3) Protokolle und Niederschriften, die für Zwecke der Verleihung oder Erstreckung der Verleihung der österreichischen Staatsbürgerschaft errichtet werden, sind gebührenfrei.

8 Einreise- und Aufenthaltstitel
(1) Einbringung eines Antrages auf Erteilung eines Einreisetitels als Aufenthaltsvisum (Visum für den längerfristigen Aufenthalt, Visum D) für Personen über 6 Jahren .... 150 Euro

(1a) Einbringung eines Antrages auf Erteilung eines Einreisetitels als Aufenthaltsvisum (Visum für den längerfristigen Aufenthalt, Visum D) für Kinder unter 6 Jahren .... 75 Euro

(2)
1. Gebührenfrei ist die Einbringung eines Antrages auf Erteilung eines Visums für:
   a) Forscher aus Drittstaaten, die sich im Sinne der Empfehlung 2005/761/EG, ABl. Nr. L 289 vom 03.11.2005 S. 23, zu Forschungszwecken innerhalb der Gemeinschaft bewegen,
   b) begünstigte Drittstaatsangehörige im Sinne des § 2 Abs. 4 Z 11 des Fremdenpolizeigesetzes 2005 (FPG);
2. die Einbringung eines Antrages auf Erteilung eines Einreisetitels gemäß Abs. 1 und 1a, wenn diese der Wahrung kultureller, außenpolitischer, entwicklungspolitischer, humanitärer oder sonstiger erheblicher öffentlicher Interessen dienen oder dafür eine völkerrechtliche Verpflichtung besteht, sowie Diplomatenvisa und Dienstvisa, sofern Gegenseitigkeit besteht, sind von den Gebühren befreit.

(3) Die Gebührenschuld für den Antrag auf Erteilung eines Einreisetitels gemäß Abs. 1 und 1a entsteht mit der Überreichung des Antrages. Gebührenschuldner ist derjenige, für den oder in dessen Interesse der Antrag gestellt wird.

(4) Erteilung, Ausfolgung und Neuausstellung eines Aufenthaltstitels durch eine Behörde mit dem Sitz im Inland
1. auf Antrag
   a) befristeter Aufenthaltstitel (§ 8 Abs. 1 Z 1 bis 6, 8 bis 12 NAG) .... 20 Euro, bei Kindern unter 6 Jahren .... 50 Euro,
   b) unbefristeter Aufenthaltstitel (§ 8 Abs. 1 Z 7 NAG) .... 70 Euro, bei Kindern unter 6 Jahren .. 100 Euro,
2. von Amts wegen..........................140 Euro.

(4a) Ausstellung
1. einer Anmeldebescheinigung (§ 9 Abs. 1 Z 1 NAG) oder einer Bescheinigung des Daueraufenthalts (§ 9 Abs. 2 Z 1 NAG) ... 15 Euro,
2. einer Daueraufenthaltskarte (§ 9 Abs. 2 Z 2 NAG) oder einer Aufenthaltskarte für Angehörige eines EWR-Bürgers (§ 9 Abs. 1 Z 2 NAG) .... 56 Euro.

(4b) Abnahme der erforderlichen erkennungsdienstlichen Daten bei Antragstellung oder Erteilung von Amts wegen ausgenommen in Verfahren zur Erteilung oder Neuausstellung eines Aufenthaltstitels „Artikel 50 EUV".................. 20 Euro.

Erfolgt die Abnahme dieser Daten durch eine Behörde eines Landes oder einer Gemeinde, steht dieser Gebietskörperschaft der Betrag zur Gänze zu.

(BGBl I 2021/3)

(4c) Ausstellung
1. einer Karte für Geduldete (§ 46a FPG).................... 26,30 Euro,
2. einer Identitätskarte für Fremde (§ 94a FPG)............................ 56 Euro,
3. eines Lichtbildausweises für EWR-Bürger (§ 9 Abs. 3 NAG)....................... 56 Euro.

(5) Die Erteilung und Neuausstellung von Aufenthaltstiteln gemäß Abs. 4, die Dokumentationen des unionsrechtlichen Aufenthaltsrechts gemäß Abs. 4a und Schriften gemäß Abs. 4c sind von den Verwaltungsabgaben des Bundes befreit.

(6) Hinsichtlich des Entstehens der Gebührenschuld und des Gebührenschuldners bei Aufenthaltstiteln gemäß Abs. 4, bei Dokumentationen des unionsrechtlichen Aufenthaltsrechts gemäß Abs. 4a sowie bei Schriften gemäß Abs. 4c gilt der Abs. 3 sinngemäß. Erfolgt die Ausfolgung eines Aufenthaltstitels gemäß Abs. 4, einer Dokumentation des unionsrechtlichen Aufenthaltsrechts gemäß Abs. 4a oder einer Schrift gemäß Abs. 4c durch eine Behörde eines Landes oder einer Gemeinde, steht dieser Gebietskörperschaft je erteiltem Dokument ein Pauschalbetrag zu. Der Pauschalbetrag beträgt im Falle des Abs. 4 Z 1 lit. a 20 Euro, im Falle des Abs. 4 Z 1 lit. b und Z 2 35 Euro je erteiltem Aufenthaltstitel, im Falle des Abs. 4a Z 1 3 Euro und im Falle des Abs. 4a Z 2 35 Euro je ausgestellter Dokumentation des unionsrechtlichen Aufenthaltsrechts. Im Falle des Abs. 4c Z 1 steht der Gebietskörperschaft der gesamte Betrag zu, im Falle des Abs. 4c Z 2 und 3 der Betrag von 35 Euro zu. Bei Abnahme der Daten nach Abs. 4b sind für das Entstehen der Gebührenschuld § 11 Abs. 1 Z 3 und für die Person des Gebührenschuldners § 13 Abs. 1 Z 3 anzuwenden. Die Behörde darf auf Antrag erteilte Aufenthaltstitel (Abs. 4 Z 1), Dokumentationen des unionsrechtlichen Aufenthaltsrechts (Abs. 4a), ausgenommen in jenen Fällen, in denen die Dokumentationen von Amts wegen ausgestellt werden, sowie Schriften gemäß Abs. 4c nur nach erfolgter Entrichtung der Gebühr aushändigen.

(BGBl I 2022/108; AbgÄG 2023, BGBl I 2023/110)

9 Reisedokumente
(1) Reisepässe
1. gewöhnlicher Reisepass, Fremdenpass, Konventionsreisepass ...75,90 Euro
2. Reisepass gemäß § 17 Abs. 2 erster Satz Passgesetz .... 100 Euro
2a. Reisepass gemäß § 17 Abs. 2 zweiter Satz Passgesetz .... 220 Euro
3. Reisepass gemäß § 8 Abs. 5 Passgesetz .... 30 Euro

7/1. GebG
§ 14, TP 9, 10

4. Reisepass gemäß § 8 Abs. 5 in Verbindung mit § 17 Abs. 2 erster Satz Passgesetz .... 45 Euro
4a. Reisepass gemäß § 8 Abs. 5 in Verbindung mit § 17 Abs. 2 zweiter Satz Passgesetz .... 165 Euro
5. Erweiterung des Geltungsbereiches .... 66 Euro
6. (aufgehoben)
7. sonstige über Antrag erfolgte Änderungen oder Ergänzungen, ohne Rücksicht auf deren Anzahl .... 28,50 Euro
8. Ausstellung eines Identitätsausweises .... 61,50 Euro

(2) Passersätze
1. Personalausweis .... 61,50 Euro,
1a. Personalausweis für eine Person, die bei der Antragstellung das 16. Lebensjahr noch nicht vollendet hat .... 26,30 Euro
2. sonstiger Passersatz (zB Grenzkarte, Ausflugsschein)
   a) Bewilligung zum einmaligen Grenzübertritt .... 1,10 Euro,
   b) Bewilligung zum mehrmaligen Grenzübertritt
      – bei einer Gültigkeitsdauer bis zu einem halben Jahr .... 2,30 Euro,
      – bei einer Gültigkeitsdauer von mehr als einem halben Jahr .... 3,50 Euro,
   c) Bewilligung zum mehrmaligen Grenzübertritt im Ausflugsverkehr für mehrere Personen (Sammelausflugschein) je Person .... 2 Euro.

(3) Die Ausstellung der in den Abs. 1 und 2 angeführten Schriften und die Vornahme der darin angeführten Amtshandlungen sind von den Verwaltungsabgaben des Bundes befreit.

(4) Die Gebührenschuld entsteht mit der Hinausgabe (Aushändigung) des Reisedokumentes durch die Behörde. Gebührenschuldner ist derjenige, für den oder in dessen Interesse das Reisedokument ausgestellt wird. Der Gebührenschuldner hat bei Überreichung des Antrages auf Ausstellung des Reisedokumentes eine Vorauszahlung in Höhe der voraussichtlichen Gebühr zu entrichten. Die Vorauszahlung ist auf Antrag zu erstatten, wenn keine Gebührenschuld entsteht. § 241 Abs. 2 und 3 BAO gelten sinngemäß. Die Behörde darf das Reisedokument nur nach erfolgter Entrichtung der Gebühr aushändigen.

(5) Erfolgt die Ausstellung des Reisedokumentes durch eine Behörde eines Landes oder einer Gemeinde, steht dieser Gebietskörperschaft je Reisedokument ein Pauschalbetrag zu.

1. Der Pauschalbetrag beträgt, wenn der Antrag vor dem 2. August 2021 gestellt wird, in den Fällen
   – des Abs. 1 Z 1 .... 53,03 Euro
   – des Abs. 1 Z 2 .... 79 Euro
   – des Abs. 1 Z 2a .... 199 Euro
   – des Abs. 1 Z 5 .... 34,50 Euro
   – des Abs. 1 Z 8 .... 30,50 Euro
   – des Abs. 2 Z 1 .... 35 Euro
2. Abweichend von Z 1 beträgt der Pauschalbetrag, wenn der Antrag nach dem 1. August 2021 gestellt wird, in den Fällen
   – des Abs. 1 Z 1 .... 53,03 Euro,
   – des Abs. 1 Z 2 .... 79 Euro,
   – des Abs. 1 Z 2a .... 199 Euro,
   – des Abs. 1 Z 5 .... 34,50 Euro,
   – des Abs. 1 Z 8 .... 30,50 Euro,
   – des Abs. 2 Z 1 .... 40,13 Euro.
   In den Fällen des Abs. 1 Z 1, 2 und 2a erhöht sich der Pauschalbetrag um 0,84 Euro, wenn der Reisepass mit einem zusätzlichen Sekundärlichtbild in der Personaldatenseite ausgestattet ist.
3. Abweichend von Z 1 und Z 2 beträgt der Pauschalbetrag, wenn der Antrag ab dem 1. Juli 2023 gestellt wird, in den Fällen
   – des Abs. 1 Z 1 .... 59,10 Euro,
   – des Abs. 1 Z 2 .... 85,07 Euro,
   – des Abs. 1 Z 2a .... 205,07 Euro,
   – des Abs. 1 Z 5 .... 34,50 Euro,
   – des Abs. 1 Z 8 .... 30,50 Euro,
   – des Abs. 2 Z 1 .... 40,13 Euro.
   Wird das Datum des 1. Juli 2023 gemäß § 25 Abs. 21 erster Satz Passgesetz 1992, in der Fassung BGBl. I Nr. 123/2021, durch eine Verordnung des Bundesministers für Inneres gemäß § 25 Abs. 21 zweiter Satz Passgesetz 1992, in der Fassung BGBl. I Nr. 123/2021, verschoben, sind die Pauschalbeträge für Anträge, die ab dem durch die Verordnung festgesetzten Zeitpunkt gestellt werden, anzuwenden.
4. In den Fällen des Abs. 1 Z 3, 4 und 4a sowie des Abs. 2 Z 1a und 2 steht der Gebietskörperschaft der gesamte Betrag zu.

(BGBl I 2021/123)

10 Schriften in Patent-, Gebrauchsmuster-, Marken- und Musterangelegenheiten

(1)
1. Anmeldungen von Patenten, Gebrauchsmustern, Schutzzertifikaten oder Halbleiterschutzrechten, Schutzzertifikatsverlängerungen, Anträge auf Recherchen und Gutachten, Einsprüche oder Widersprüche, je Antrag .... 50 Euro
2. Anmeldungen oder Warenerweiterungen von Marken, je Antrag ..... 30 Euro

§ 14, TP 10 – 12

3. Anmeldungen von Mustern, je Antrag .... 20 Euro
4. (aufgehoben)
5. Anträge zur Einleitung von Verfahren vor der Nichtigkeitsabteilung, je Antrag .... 230 Euro
6. (aufgehoben)
7. Anträge auf Änderung des Namens oder der Firma des Anmelders oder Rechtsinhabers, Anträge auf Änderung des Anmelders oder Rechtsinhabers, auf Eintragung oder Löschung einer Lizenz oder Lizenzübertragung, eines Pfandrechtes oder eines sonstigen, insbesondere dinglichen Rechtes, sowie Anträge auf Wiedereinsetzung in den vorigen Stand, je Antrag .... 40 Euro
8. Anträge auf Eintragung einer Streitanmerkung, je Antrag .... 15 Euro
9. Anträge auf Veröffentlichung oder Berichtigung von Übersetzungen europäischer Patentschriften, je Antrag....................... 30 Euro
10. Registerauszüge, je Auszug............ 23 Euro
11. Prioritätsbelege, je Beleg..................75 Euro.

(2) Wird vom Patentamt zur Geltendmachung von Prioritätsrechten in anderen Ländern gleichzeitig die Herstellung mehrerer Abschriften (Prioritätsbelege) von Patentanmeldungen oder Gebrauchsmusteranmeldungen begehrt, so ist die Gebühr nur für eine Abschrift (Prioritätsbeleg) zu entrichten; auf der zweiten und jeder weiteren Abschrift ist vom Patentamt ein Vermerk über die Gebührenfreiheit nach dieser Bestimmung anzubringen.

(3) Eingaben gemäß Abs. 1 Z 1 bis 9 und Eingaben um Ausstellung der in Abs. 1 Z 10 und 11 angeführten Schriften sind von der Gebührenpflicht des § 14 Tarifpost 6 Abs. 1 befreit. Beilagen, die einer gemäß Abs. 1 gebührenpflichtigen Eingabe oder Niederschrift beigelegt oder zu dieser nachgereicht werden, sind von der Gebührenpflicht des § 14 Tarifpost 5 befreit. Registerauszüge gemäß Abs. 1 Z 10 sind von der Gebührenpflicht des § 14 Tarifpost 4 Abs. 1 Z 2 und Abschriften von der Gebührenpflicht des § 14 Tarifpost 1 befreit.

11 Waffendokumente

(1) Waffenbesitzkarte
1. Ausstellung einer Waffenbesitzkarte.. 74,40 Euro
    a) sofern der Besitz von mehr als zwei Schusswaffen erlaubt wird, zusätzlich .... 43 Euro
    b) sofern dadurch eine Ausnahme vom Verbot des § 17 Abs. 1 oder 2 bewilligt wird, zusätzlich .... 43 Euro

(2) Waffenpass
1. Ausstellung eines Waffenpasses ....118,40 Euro
    a) sofern der Besitz von mehr als zwei Schusswaffen erlaubt wird, zusätzlich .... 87 Euro
    b) sofern dadurch eine Ausnahme vom Verbot des § 17 Abs. 1 oder 2 WaffG bewilligt wird, zusätzlich................ 87 Euro
2. Ausstellung eines Waffenpasses für Schusswaffen der Kategorie C oder D ....118,40 Euro

(3) Der Antrag auf Ausstellung eines Waffendokumentes ist von der Gebührenpflicht des § 14 Tarifpost 6 befreit. Die Ausstellung der in Abs. 1 und 2 genannten Waffendokumente und die Vornahme der darin angeführten Amtshandlungen sind von den Verwaltungsabgaben des Bundes befreit.

(4) Die Gebührenschuld entsteht mit der Hinausgabe (Aushändigung) des Waffendokuments durch die Behörde. Gebührenschuldner ist derjenige, für den das Waffendokument ausgestellt wird. Der Gebührenschuldner hat bei Stellung des Antrags auf Ausstellung eines Waffendokuments eine Vorauszahlung in Höhe der voraussichtlichen Gebühr zu entrichten. Die Vorauszahlung ist auf Antrag zu erstatten, wenn keine Gebührenschuld entsteht. § 241 Abs. 2 und 3 BAO gelten sinngemäß. Die Behörde darf das Waffendokument nur nach erfolgter Entrichtung der Gebühr aushändigen.

(5) Erfolgt die Ausstellung eines Waffendokuments durch eine Behörde eines Landes oder einer Gemeinde, steht dieser Gebietskörperschaft je Waffendokument ein Pauschalbetrag zu. Dieser beträgt in den Fällen
– des Abs. 1 Z 1.............................. 56,20 Euro
– des Abs. 1 Z 1 lit. a und b .... 99,20 Euro
– des Abs. 2 Z 1 und 2 .... 100,20 Euro
– des Abs. 2 Z 1 lit. a und b ....187,20 Euro
(AbgÄG 2023, BGBl I 2023/110)
(BGBl I 2022/108)

12 Ausländerbeschäftigungsverfahren

(1) Antragsgebühr
1. Ansuchen um Ausstellung der in Abs. 2 Z 1 angeführten Schrift........ 26 Euro
2. Ansuchen um Ausstellung der in Abs. 2 Z 2 bis Z 9 angeführten Schriften... 20 Euro
3. Ansuchen um Registrierung als Stammsaisonier gemäß § 5 Abs. 6a des Ausländerbeschäftigungsgesetzes (AuslBG), BGBl. Nr. 218/1975... 20 Euro

(2) Erledigungsgebühr
1. Ausstellung einer Entsendebestätigung gemäß § 18 Abs. 12 AuslBG .. 8 Euro
2. Ausstellung einer Sicherungsbescheinigung gemäß § 11 AuslBG .14 Euro

3. Ausstellung einer Entsendebewilligung gemäß § 18 Abs. 1 AuslBG .. 12 Euro
4. Ausstellung einer Beschäftigungsbewilligung gemäß §§ 4 und 5 AuslBG .... 12 Euro
5. Ausstellung einer Bestätigung gemäß § 3 Abs. 8 AuslBG .... 20 Euro
6. Schriftliche Feststellung gemäß § 2 Abs. 4 AuslBG, dass ein wesentlicher Einfluss auf die Geschäftsführung der Gesellschaft durch den Gesellschafter tatsächlich persönlich ausgeübt wird .... 6 Euro
7. Ausstellung einer Anzeigebestätigung für Au-Pair-Kräfte gemäß § 1 Z 10 der Ausländerbeschäftigungsverordnung, BGBl. Nr. 609/1990, in der Fassung der Verordnung BGBl. II Nr. 263/2019 .... 12 Euro
8. Ausstellung einer Anzeigebestätigung gemäß § 3 Abs. 5 AuslBG für Ausländer, die als Volontäre, Ferial- oder Berufspraktikanten oder Praktikanten beschäftigt werden .... 12 Euro
9. Ausstellung einer Anzeigebestätigung gemäß § 18 Abs. 3 AuslBG für Ausländer, die eine Schulungs- bzw. Aus- und Weiterbildungsmaßnahme absolvieren . 12 Euro
10. Ausstellung einer Bestätigung über die Registrierung als Stammsaisonier gemäß § 5 Abs. 6a AuslBG .... 15 Euro
11. Von Amts wegen ausgestellte Beschäftigungsbewilligung gemäß § 4c Abs. 1 AuslBG .... 7 Euro
12. Von Amts wegen ausgestellter Befreiungsschein gemäß § 4c Abs. 2 AuslBG .... 90 Euro
13. Von Amts wegen ausgestellte Beschäftigungsbewilligung gemäß § 19 Abs. 7 AuslBG .... 7 Euro

(3) Die Gebührenschuld für Anträge gemäß Abs. 1 entsteht mit Zustellung der das Verfahren in einer Instanz abschließenden schriftlichen Erledigung. Die Gebührenschuld für die Ausstellung der Schriften gemäß Abs. 2 entsteht mit deren Hinausgabe.

(4) Gebührenschuldner ist in den Fällen des Abs. 1 derjenige, in dessen Interesse der Antrag gestellt wird. Gebührenschuldner ist in den Fällen des Abs. 2 derjenige, für den oder in dessen Interesse die Erledigung ausgestellt wird.

(5) Anträge gemäß Abs. 1 sind von der Gebührenpflicht des § 14 Tarifpost 6 befreit. Schriften gemäß Abs. 2 sind von der Gebührenpflicht des § 14 Tarifpost 2 und 14 befreit.

(6) Die Ausstellung der in Abs. 2 angeführten Schriften und die in diesen Verfahren vorgenommenen Amtshandlungen sowie die Vornahme der in Abs. 2 angeführten Amtshandlungen sind von den Verwaltungsabgaben des Bundes befreit.

(BGBl I 2022/108)

13 Unterschriftsbeglaubigungen

Beurkundung der Echtheit von Unterschriften oder von Handzeichen durch Notare oder andere zur Beurkundung befugte Personen (Urkundspersonen) sowie durch vergleichbare ausländische Urkundspersonen, sofern die die Beglaubigung enthaltende Schrift geeignet ist, die Echtheit der Unterschriften oder Handzeichen nicht nur gegenüber einer bestimmten Behörde oder einem bestimmten Gericht zu bekunden, von jedem Bogen feste Gebühr .... 14,30 Euro.

14 Zeugnisse

(1) Amtliche Zeugnisse, das sind Schriften, die von Organen der Gebietskörperschaften oder von ausländischen Behörden oder Gerichten ausgestellt werden und durch die persönliche Eigenschaften oder Fähigkeiten oder tatsächliche Umstände bekundet werden, von jedem Bogen feste Gebühr .... 14,30 Euro.

(2) Der Gebühr unterliegen nicht
1. Armutszeugnisse, auch als Beilagen stempelpflichtiger Eingaben und Protokolle;
2. Zeugnisse, die im öffentlichen Fürsorgewesen beizubringen sind;
3. Impfzeugnisse;
4. Zeugnisse in Unterrichtsangelegenheiten von öffentlichen oder mit dem Öffentlichkeitsrecht ausgestatteten Schulen, von Schulen im Sinne des Gesundheits- und Krankenpflegegesetzes, des Bundesgesetzes über die Regelung des medizinisch-technischen Fachdienstes und der Sanitätshilfsdienste, sowie der Akademien im Sinne des Bundesgesetzes über die Regelung der gehobenen medizinisch-technischen Dienste und der Hebammenakademien im Sinne des Hebammengesetzes, mit Ausnahme der Zeugnisse über Externistenprüfungen;
5. Zeugnisse zur Rechtfertigung des Fernbleibens der Schüler vom Unterricht in diesen Schulen;
6. Zeugnisse in Studienangelegenheiten im Bereich der hochschulischen postsekundären Bildungseinrichtungen im Sinne des § 1 Abs. 1 des Hochschul-Qualitätssicherungsgesetzes, BGBl. I Nr. 74/2011, und der kirchlichen theologischen Lehranstalten (Art. V § 1 des Konkordates zwischen dem Heiligen Stuhle und der Republik Österreich, BGBl. II Nr. 2/1934), einschließlich der Zeugnisse dieser Einrichtungen im Rahmen der Studienberechtigung;

(BGBl I 2022/108)

7. Zeugnisse über die Anmeldung des Übertrittes von einem Glaubensbekenntnisse zu einem anderen;
8. Zeugnisse, die aus Sanitätsrücksichten von einer öffentlichen Behörde oder einem Amte gefordert werden;

9. Zeugnisse zum Nachweise der Voraussetzungen für den Bezug eines Unterhaltsbeitrages von einer Gebietskörperschaft, einer öffentlichen Anstalt, einem Privatpensionsinstitut, einer Versorgungsanstalt;
10. Zeugnisse über die erfüllte Verbindlichkeit zur Lesung von Messen, behufs der Erfolglassung des darüber gewidmeten Betrages oder der dafür gestifteten Rente;
11. Zeugnisse, durch die eine in öffentlichen Angelegenheiten zu legende Rechnung belegt werden muß;
12. Klauseln, die auf Grund besonderer Rechtsvorschriften einzelnen Urkunden der Kontrolle wegen oder zur Beglaubigung amtlich beigefügt werden müssen;
13. Zeugnisse über vertragsmäßige Leistungen an Gebietskörperschaften oder öffentliche Anstalten über die Qualität dieser Leistungen oder die Einhaltung der Vertragsbedingungen, damit die Unternehmer zur Befriedigung ihrer Forderung gelangen können;
14. Waagzettel, solange davon kein amtlicher Gebrauch durch Verwendung als Beilage gemacht wird;
15. Auszüge aus Tauf-, Geburts-, Trauungs- und Sterberegistern und aus dem Partnerschaftsbuch, dann Zeugnisse über Geburts-, Trauungs-, Todesfälle und Fälle der Eintragung einer Partnerschaft um die im diplomatischen Wege von auswärtigen Behörden entweder durch die österreichischen Gesandtschaften im Ausland oder durch die fremden, hierlands anwesenden Gesandten angesucht wird, bei reziprokem Verfahren, solange sie im Ausland verwendet werden;
16. Abstammungspapiere, die im Interesse der Landestierzucht für Zuchttiere zu erbringen sind;
17. Zeugnisse der Reisenden in Bergführerbüchern und in Trägerlegitimationen;
18. Ursprungszeugnisse sowie auf Handelsrechnungen angebrachte Vidierungsvermerke, die von in- oder ausländischen Einfuhrbehörden bei der Eingangsabfertigung von Waren verlangt werden;
19. Bestätigungen zum Nachweis, daß im Zollverfahren eine Gesamtsicherheit oder eine Befreiung von der Sicherheitsleistung bewilligt worden ist;
20. An- und Abmeldevermerke, die von den Meldebehörden anläßlich der An- oder Abmeldung auf den Meldezetteln angebracht werden;
21. Kursbesuchsbestätigungen, die von juristischen Personen im Sinne des § 4 des Bundesgesetzes über die Förderung der Erwachsenenbildung und des Volksbüchereiwesens aus Bundesmitteln, BGBl. Nr. 171/1973, ausgestellt werden;
22. Zeugnisse, die von gemäß § 40a KFG 1967, BGBl. Nr. 267, in der jeweils geltenden Fassung, eingerichteten Zulassungsstellen in Erfüllung der ihnen übertragenen Aufgaben ausgestellt werden;
23. Verschlußanerkenntnisse, die auf Grund zollrechtlicher Vorschriften vom Zollamt Österreich ausgestellt oder anerkannt werden;
(BGBl I 2019/104, BGBl I 2020/99)
24. Bescheinigungen in Angelegenheiten der Verordnung (EG) Nr. 338/97 über den Schutz von Exemplaren wildlebender Tier- und Pflanzenarten durch Überwachung des Handels, ABl. Nr. L 61 vom 03.03.1997 S. 1, zuletzt geändert durch die Verordnung (EU) 2021/2280, ABl. Nr. L 473 S. 1;
(AbgÄG 2023, BGBl I 2023/110)
25. Zeugnisse über Dienstleistungen;
26. von inländischen Gerichten ausgestellte Zeugnisse; in Justizverwaltungsangelegenheiten jedoch nur, wenn hiefür eine Justizverwaltungsgebühr vorgesehen ist;
27. Strafregisterbescheinigungen, die als Nachweis der persönlichen Eignung zur Verwendung als ehrenamtliche Sanitäter gemäß § 14 Abs. 1 Z 1 Sanitätergesetz dienen;
28. Zeugnisse, die für Zwecke der Verleihung oder Erstreckung der Verleihung der österreichischen Staatsbürgerschaft ausgestellt werden;
29. Diebstahls- und Verlustanzeigebestätigungen, die auch als Berechtigung verwendet werden können;
(BGBl I 2021/3)
30. Bestätigungen über die Antragstellung gemäß Artikel 18 Abs. 1 lit. b des Abkommens über den Austritt des Vereinigten Königreichs Großbritannien und Nordirland aus der Europäischen Union und der Europäischen Atomgemeinschaft (Austrittsabkommen).
(BGBl I 2021/3; AbgÄG 2023, BGBl I 2023/110)

„(3) **Von den Verwaltungsabgaben des Bundes befreit sind**
1. **Bestätigungen über die Antragstellung gemäß Artikel 18 Abs. 1 lit. b des Abkommens über den Austritt des Vereinigten Königreichs Großbritannien und Nordirland aus der Europäischen Union und der Europäischen Atomgemeinschaft (Austrittsabkommen);**
2. **Strafregisterbescheinigungen, die aufgrund einer gebührenbefreiten Eingabe gemäß § 14 Tarifpost 6 Abs. 5 Z 28 ausgestellt werden."**

(BGBl I 2021/3; AbgÄG 2023, BGBl I 2023/110; BGBl I 2021/3; GemRefG 2023, BGBl I 2023/188 ab 1.1.2024)

15 Zulassungsscheine und Überstellungsfahrtscheine (§§ 41 und 46 KFG, BGBl. Nr. 267, in der jeweils geltenden Fassung)

(1) Bescheinigungen, die von einer gemäß § 40a KFG 1967, BGBl. Nr. 267, in der jeweils geltenden Fassung, eingerichteten Zulassungsstelle

a) aus Anlaß der Zulassung zum Verkehr über die erfolgte Zulassung ausgestellt werden (Zulassungsschein), feste Gebühr .. 119,80 Euro,

b) über die erteilte Bewilligung von Überstellungsfahrten ausgestellt werden (Überstellungsfahrtschein), feste Gebühr 83,50 Euro.

(2) Die Gebührenschuld entsteht mit der Ausfertigung des Zulassungsscheines (Überstellungsfahrtscheines) durch die Zulassungsstelle. Gebührenschuldner ist derjenige, für den oder in dessen Interesse der Zulassungsschein (Überstellungsfahrtschein) ausgestellt wird. Die Gebühr ist bei der Zulassungsstelle einzuzahlen. § 241 Abs. 2 und Abs. 3 BAO gilt sinngemäß. Die Zulassungsstelle darf den Zulassungsschein (Überstellungsfahrtschein) nur nach erfolgter Zahlung der Gebühr aushändigen.

(3) Der Rechtsträger der Zulassungsstelle haftet für die Gebühr. Er hat gesondert für jede von ihm eingerichtete Zulassungsstelle die Gebühr für die in einem Kalendermonat erteilten Zulassungen und bewilligten Überstellungsfahrten bis zum 15. des nächstfolgenden Monats (Fälligkeitstag) an das Finanzamt Österreich zu entrichten.

(BGBl I 2019/104, BGBl I 2020/99)

(4) Die Gebührenpflicht gemäß TP 14 für Zulassungsscheine (Überstellungsfahrtscheine), die von Behörden des Bundes oder der Länder ausgestellt sind, bleibt unberührt.

16 Führerscheine

(1) Führerscheine, ausgestellt

1. auf Grund der Erteilung der Lenkberechtigung .... 60,50 Euro, ausgenommen solche gemäß § 22 Abs. 1 FSG, BGBl. I Nr. 120/1997, in der jeweils geltenden Fassung,

2. als Duplikat .... 49,50 Euro,

3. auf Grund der Umschreibung einer ausländischen Lenkberechtigung .... 60,50 Euro,

4. auf Grund der Verlängerung einer befristeten Lenkberechtigung ....49,50 Euro, ausgenommen solche gemäß § 17a Abs. 2 FSG, BGBl. I Nr. 120/1997,

(BGBl I 2022/108)

5. auf Grund der Ausdehnung der Lenkberechtigung auf weitere Klassen oder Unterklassen ....49,50 Euro,

6. auf Grund von sonstigen Änderungen oder Ergänzungen, ohne Rücksicht auf ihre Anzahl..........49,50 Euro.

(2)

1. (aufgehoben)

(BGBl I 2022/108)

2. Wiederausfolgung des Führerscheines nach Ablauf der Entziehungsdauer .....39,60 Euro.

(3) (aufgehoben)

(4) Die in den Abs. 1 und 2 angeführten Amtshandlungen sind von den Verwaltungsabgaben des Bundes befreit.

(BGBl I 2022/108)

(5) Hinsichtlich des Entstehens der Gebührenschuld, des Gebührenschuldners sowie des Pauschalbetrages gilt § 14 Tarifpost 9 Abs. 4 und 5 sinngemäß mit der Maßgabe, dass der Pauschalbetrag in den Fällen des Abs. 1 Z 1 und 3 je Schrift 21,80 Euro, in allen anderen Fällen 19,60 Euro je Schrift oder Amtshandlung beträgt. Die Behörde darf den Führerschein nur nach erfolgter Entrichtung der Gebühr aushändigen.

(BGBl I 2022/108)

17 Eheschließung

(1) Verfahren zur Ermittlung der Ehefähigkeit .... 50 Euro

(2) Eingaben, Protokolle, und Zeugnisse, die sich im Verfahren gemäß Abs. 1 ergeben, sind von der Gebührenpflicht gemäß § 14 Tarifpost 6, 7 und 14 befreit. Heiratsurkunden, die unmittelbar im Zuge der Eheschließung ausgestellt werden, sind von der Gebührenpflicht gemäß § 14 Tarifpost 4 befreit.

(3) Ausländische Schriften, die im Verfahren zur Ermittlung der Ehefähigkeit vorgelegt werden (einschließlich darauf angebrachter Beglaubigungsvermerke).. 80 Euro

(4) Die gemäß Abs. 3 vergebührten Schriften sind von der Gebührenpflicht gemäß § 14 Tarifpost 4, 13 und 14 befreit.

(5) Die Gebührenschuld entsteht mit der Einbringung des Antrages auf Ermittlung der Ehefähigkeit. Gebührenschuldner sind die Antragsteller zur ungeteilten Hand.

18 Eingetragene Partnerschaft

(1) Ermittlungen der Fähigkeit eine eingetragene Partnerschaft zu begründen .... 50 Euro.

(2) Eingaben, Protokolle, und Zeugnisse, die sich im Verfahren gemäß Abs. 1 ergeben, sind von der Gebührenpflicht gemäß § 14 Tarifpost 6, 7 und 14 befreit. Partnerschaftsurkunden, die unmittelbar im Zuge der Begründung der eingetragenen Partnerschaft ausgestellt werden, sind von der Gebührenpflicht gemäß § 14 Tarifpost 4 befreit.

(3) Ausländische Schriften, die im Verfahren zur Ermittlung der Fähigkeit, eine eingetragene Partnerschaft begründen zu können, vorgelegt werden (einschließlich darauf angebrachter Beglaubigungsvermerke).................................. 80 Euro

(4) Die gemäß Abs. 3 vergebührten Schriften sind von der Gebührenpflicht gemäß § 14 Tarifpost 4, 13 und 14 befreit.

(5) Die Gebührenschuld entsteht mit der Einbringung des Antrages auf Ermittlung der Fähig-

keit, eine eingetragene Partnerschaft begründen zu können. Gebührenschuldner sind die Antragsteller zur ungeteilten Hand.

19 Grenzüberschreitende Abfallverbringung
(1) Erledigungsgebühr
1. Genehmigung einer Ein- und/ oder Ausfuhr gemäß § 69 Abs. 1 des Abfallwirtschaftsgesetzes 2002 (AWG 2002), BGBl. I Nr. 102/2002, mit Bescheid .... 400 Euro
2. Genehmigung einer Durchfuhr gemäß § 69 Abs. 1 AWG 2002, mit Bescheid .... 100 Euro
3. Vorabzustimmung gemäß § 71a AWG 2002, mit Bescheid .... 850 Euro
4. Änderung einer Genehmigung gemäß § 69 Abs. 1 oder § 71a AWG 2002, mit Bescheid .... 100 Euro

(2) Die Gebührenschuld für Erledigungen gemäß Abs. 1 entsteht mit deren Hinausgabe.

(3) Gebührenschuldner ist derjenige, für den oder in dessen Interesse die Erledigung ausgestellt wird.

(4) Die Ansuchen umw Ausstellung der in Abs. 1 angeführten Schriften sind von der Gebührenpflicht des § 14 Tarifpost 6 befreit.

(5) Die Ausstellung der in Abs. 1 angeführten Schriften und die Vornahme der darin angeführten Amtshandlungen sind von den Verwaltungsabgaben des Bundes befreit.

(BGBl I 2022/108)

20 Zivilluftfahrtwesen
(1) Erledigungsgebühr
1. Bewilligung einer Außenlandung und eines Außenabfluges gemäß § 9 Abs. 2 des Luftfahrtgesetzes (LFG), BGBl. Nr. 253/1957, je Bewilligung für einen Ort und einen Zeitraum .... 23 Euro jedoch nicht mehr als 115 Euro
1a. Allgemeine Bewilligung gemäß § 9 Abs. 2a LFG .... 115 Euro
(AbgÄG 2023, BGBl I 2023/110)
2. Bewilligung des Abwerfens von Sachen gemäß § 133 Abs. 2 LFG, je Bewilligung für einen Ort und einen Zeitraum .... 43,90 Euro jedoch nicht mehr als 131,70 Euro

(2) Die Gebührenschuld für Erledigungen gemäß Abs. 1 entsteht mit deren Hinausgabe.

(3) Gebührenschuldner ist derjenige, für den oder in dessen Interesse die Erledigung ausgestellt wird.

(4) Die Ansuchen um Ausstellung der in Abs. 1 angeführten Schriften sind von der Gebührenpflicht des § 14 Tarifpost 6 befreit.

(5) Die Ausstellung der in Abs. 1 angeführten Schriften und die Vornahme der darin angeführten Amtshandlungen sind von den Verwaltungsabgaben des Bundes befreit.

(6) Erfolgt die Bewilligung gemäß Abs. 1 Z 1, Z 1a und Z 2 durch eine Behörde eines Landes, steht dieser Gebietskörperschaft je Bewilligung ein Pauschalbetrag zu. Dieser beträgt in den Fällen
1. des Abs. 1 Z 1 .... 6,50 Euro jedoch nicht mehr als 32,50 Euro
1a. des Abs. 1 Z 1a .... 32,50 Euro
(AbgÄG 2023, BGBl I 2023/110)
2. des Abs. 1 Z 2 .... 21,80 Euro jedoch nicht mehr als 65,40 Euro
(AbgÄG 2023, BGBl I 2023/110)
(BGBl I 2022/108)

21 Ausweise für Personenbeförderungsgewerbe mit Pkw (Taxi)
(1) Ansuchen um Ausstellung eines Ausweises für Personenbeförderungsgewerbe mit Pkw (Taxi) gemäß §§ 4 und 5 der Betriebsordnung für den nichtlinienmäßigen Personenverkehr (BO 1994), BGBl. Nr. 951/1993, in der Fassung der Verordnung BGBl. II Nr. 408/2020 .... 40 Euro

(2) Ausstellung eines Ausweises für Personenbeförderungsgewerbe mit Pkw (Taxi) gemäß §§ 4 und 5 der Betriebsordnung für den nichtlinienmäßigen Personenverkehr (BO 1994), BGBl. Nr. 951/1993, in der Fassung der Verordnung BGBl. II Nr. 408/2020 .... 30 Euro

(3) Wiederausfolgung des Ausweises für Personenbeförderungsgewerbe mit Pkw (Taxi) .... 40 Euro

(4) Die Gebührenschuld für das Ansuchen um Ausstellung eines Ausweises für Personenbeförderungsgewerbe mit Pkw (Taxi) entsteht mit der Einbringung des Antrages. Die Gebührenschuld für die Ausstellung des Ausweises für Personenbeförderungsgewerbe mit Pkw (Taxi) entsteht mit dessen Hinausgabe.

(5) Gebührenschuldner ist im Falle des Abs. 1 der Antragsteller und im Falle des Abs. 2 derjenige, für den oder in dessen Interesse der Ausweis ausgestellt wird.

(6) Ist eine positive Erledigung des Ansuchens um Ausstellung eines Ausweises für Personenbeförderungsgewerbe mit Pkw (Taxi) aufgrund der Aktenlage im Zeitpunkt der Antragstellung wahrscheinlich, hat die Behörde vom Gebührenschuldner bei Überreichung des Ansuchens eine Vorauszahlung der Gebühr gemäß Abs. 2 zu verlangen. Die Vorauszahlung ist auf Antrag zu erstatten, wenn keine Gebührenschuld entsteht. § 241 Abs. 2 und 3 BAO gelten sinngemäß. Die Behörde darf den Ausweis für Personenbeförderungsgewerbe mit Pkw (Taxi) nur nach erfolgter Entrichtung der Gebühr aushändigen.

(7) Die Ansuchen um Ausstellung und Wiederausfolgung eines Ausweises für Personenbeförderungsgewerbe mit Pkw (Taxi) sind von der Gebührenpflicht des § 14 Tarifpost 6 befreit. Der Ausweis für Personenbeförderungsgewerbe mit

Pkw (Taxi) ist von der Gebührenpflicht des § 14 Tarifpost 14 befreit.

(8) Die Ausstellung eines Ausweises für Personenbeförderungsgewerbe mit Pkw (Taxi) und die in diesem Verfahren vorgenommenen Amtshandlungen sowie die Wiederausfolgung des Ausweises für Personenbeförderungsgewerbe mit Pkw (Taxi) sind von den Verwaltungsabgaben des Bundes befreit.

(9) Erfolgt die Ausstellung eines Ausweises für Personenbeförderungsgewerbe mit Pkw (Taxi) durch eine Behörde eines Landes, steht dieser Gebietskörperschaft je Ausweis ein Pauschalbetrag von 30 Euro zu.

(BGBl I 2022/108)

22 Fahrerqualifizierungsnachweise

(1) Ansuchen um Ausstellung eines Fahrerqualifizierungsnachweises gemäß § 14 Abs. 3 der Grundqualifikations- und Weiterbildungsverordnung – Berufskraftfahrer (GWB), BGBl. II Nr. 139/2008, in der Fassung der Verordnung BGBl. II Nr. 531/2021 .... 50 Euro

(2) Die Gebührenschuld entsteht mit der Einbringung des Antrages.

(3) Gebührenschuldner ist der Antragsteller.

(4) Der Antrag auf Ausstellung eines Fahrerqualifizierungsnachweises ist von der Gebührenpflicht des § 14 Tarifpost 6 befreit. Der Fahrerqualifizierungsnachweis ist von der Gebührenpflicht des § 14 Tarifpost 14 befreit.

(5) Die Ausstellung eines Fahrerqualifizierungsnachweises und die in diesem Verfahren vorgenommenen Amtshandlungen sind von den Verwaltungsabgaben des Bundes befreit.

(6) Die Behörde darf den Fahrerqualifizierungsnachweis nur nach erfolgter Entrichtung der Gebühr aushändigen.

(7) Erfolgt die Ausstellung eines Fahrerqualifizierungsnachweises durch eine Behörde eines Landes, steht dieser Gebietskörperschaft je Nachweis ein Pauschalbetrag von 20 Euro zu.

(BGBl I 2022/108)

23 Ausnahmebewilligung zum zeitlich unbeschränkten Parken in Kurzparkzonen

(1) Antrag auf Erteilung einer Ausnahmebewilligung zum zeitlich unbeschränkten Parken in Kurzparkzonen gemäß § 45 Abs. 2 oder 4 der Straßenverkehrsordnung 1960 (StVO. 1960), BGBl. Nr. 159/1960, 14,30 Euro.

(2) Die Gebührenschuld für Anträge gemäß Abs. 1 entsteht mit der Einbringung des Antrages.

(3) Gebührenschuldner ist derjenige, in dessen Interesse der Antrag gestellt wird.

(4) Anträge gemäß Abs. 1 sind von der Gebührenpflicht des § 14 Tarifpost 6 befreit.

(5) Wird der Antrag auf elektronischem Weg unter Inanspruchnahme der Funktion Elektronischer Identitätsnachweis (E-ID) gemäß den §§ 4 ff E-Government-Gesetz (E-GovG), BGBl. I Nr. 10/2004, gestellt, ermäßigt sich die Antragsgebühr gemäß Abs. 1 auf 8,60 Euro.

(6) Liegt dem Verfahren kein schriftlicher Antrag zu Grunde, ist das Entrichten der für die Erteilung einer Ausnahmebewilligung anfallenden Gemeindeabgaben an die Behörde als Antrag zu werten.

(7) Von der Gebührenpflicht befreit sind Anträge auf Erteilung einer Ausnahmebewilligung zum zeitlich unbeschränkten Parken in Kurzparkzonen
1. gemäß § 45 Abs. 2 StVO. 1960, die binnen 3 Monaten ab Einbringung zurückgezogen werden, und
2. gemäß § 45 Abs. 4 StVO. 1960, die binnen 4 Wochen ab Einbringung zurückgezogen werden.

(AbgÄG 2023, BGBl I 2023/110)

24 Verfahren nach dem Sprengmittelgesetz 2010

(1) Erledigungsgebühr
1. Allgemeine Herstellungsbefugnis gemäß den §§ 13 bis 15 des Sprengmittelgesetzes 2010 (SprG), BGBl. I Nr. 121/2009 .... 245 Euro
2. Bewilligung der Bestellung des Verantwortlichen für die Herstellung sowie des Stellvertreters gemäß § 16 Abs. 2 SprG .... 35 Euro
3. Erzeugungsgenehmigung gemäß § 13 Abs. 3 in Verbindung mit § 17 SprG .... 45 Euro
4. Handelsbefugnis gemäß den §§ 19 und 20 SprG .... 140 Euro
5. Bewilligung der Bestellung des Verantwortlichen für den Handel gemäß § 21 Abs. 2 SprG .... 35 Euro
6. Sprengmittelschein gemäß § 22 in Verbindung mit § 24 oder § 25 SprG .... 40 Euro
7. Schießmittelschein gemäß § 23 in Verbindung mit § 24 oder § 25 SprG .... 40 Euro
8. Bewilligung der Bestellung des Beauftragten für Schieß- und Sprengmittel gemäß § 26 Abs. 4 SprG .... 40 Euro
9. Bewilligung der Verbringung, Ein- und Durchfuhr von Schieß- und Sprengmitteln gemäß den §§ 29 bis 32 SprG .... 35 Euro
10. Genehmigung eines Lagers sowie Änderung eines bestehenden Lagers gemäß § 34 in Verbindung mit § 35 SprG .... 110 Euro
11. Bewilligung der Herstellung von Sprengstoffen in Mischladegeräten gemäß § 36 SprG .... 260 Euro

(2) Die Gebührenschuld für Erledigungen gemäß Abs. 1 entsteht mit deren Hinausgabe.

(3) Gebührenschuldner ist derjenige, für den oder in dessen Interesse die Erledigung ausgestellt wird.

(4) Die Anträge auf Ausstellung der in Abs. 1 aufgezählten Schriften sind von der Gebührenpflicht des § 14 Tarifpost 6 befreit. Schriften gemäß Abs. 1 sind von der Gebührenpflicht des § 14 Tarifposten 2 und 14 befreit. Protokolle (Niederschriften), die in den Verfahren zur Ausstellung der Schriften gemäß Abs. 1 errichtet werden, sind von der Gebührenpflicht des § 14 Tarifpost 7 befreit.

(5) Die Ausstellung der in Abs. 1 angeführten Schriften und die in diesen Verfahren vorgenommenen Amtshandlungen sind von den Verwaltungsabgaben des Bundes befreit.

(6) Erfolgt die Ausstellung einer Schrift gemäß Abs. 1 durch eine Behörde eines Landes oder einer Gemeinde, steht dieser Gebietskörperschaft ein Pauschalbetrag zu. Dieser beträgt in den Fällen
1. des Abs. 1 Z 7 je Sprengmittelschein... 20 Euro,
2. des Abs. 1 Z 8 je Schießmittelschein... 20 Euro,
3. des Abs. 1 Z 9 je Bewilligung .... 20 Euro.

(AbgÄG 2023, BGBl I 2023/110)

25 Verfahren zur Erteilung von Genehmigungen oder Bescheinigungen im Zusammenhang mit Exemplaren wildlebender Tier- und Pflanzenarten

(1) Antragsgebühr
1. Antrag auf Erteilung von Genehmigungen oder Bescheinigungen nach der Verordnung (EG) Nr. 338/97, für
   a) lebende Tiere des Anhangs A (Säugetiere und Vögel)......... 45 Euro
   b) sonstige lebende Tiere und lebende Pflanzen des Anhangs A.................................. 15 Euro
   c) lebende Tiere und lebende Pflanzen des Anhangs B oder C....................................... 15 Euro
   d) tote Tiere und tote Pflanzen des Anhangs A, ihre Teile oder aus ihnen gewonnene Erzeugnisse, inklusive Jagdtrophäen und Antiquitäten 45 Euro
   e) Exemplare des Anhangs B für Jagdtrophäen und Antiquitäten .... 45 Euro
   f) tote Tiere und tote Pflanzen des Anhangs B oder C, ihre Teile oder aus ihnen gewonnene Erzeugnisse................... 10 Euro
2. Antrag auf Erteilung von Wanderausstellungsbescheinigungen, Reisebescheinigungen, Musterkollektionsbescheinigungen oder Musikinstrumentenbescheinigungen für Tiere und Pflanzen des Anhangs A, B oder C, ihre Teile oder aus ihnen gewonnene Erzeugnisse nach der Verordnung (EG) Nr. 338/97...................... 45 Euro

(2) Wurde bereits eine Genehmigung oder Bescheinigung erteilt und wird wegen eines Verlustes oder Diebstahls deren erneute Ausstellung beantragt, erhöht sich die in der entsprechenden Ziffer des Abs. 1 festgelegte Gebühr um 10 vH.

(3) Die Antragsgebühr für beantragte Genehmigungen oder Bescheinigungen nach Abs. 1 ist je beantragter Art zu entrichten.

(4) Die im Bundesministerium für Klimaschutz, Umwelt, Energie, Mobilität, Innovation und Technologie registrierten wissenschaftlichen Einrichtungen sind von der Verpflichtung zur Gebührenentrichtung befreit.

(5) Die Gebührenschuld für Anträge gemäß Abs. 1 entsteht mit der Einbringung des Antrages.

(6) Gebührenschuldner ist derjenige, in dessen Interesse die Eingabe eingebracht wird.

(7) Die Ausstellung der in Abs. 1 beantragten Schriften und die in diesen Verfahren vorgenommenen Amtshandlungen sind von den Verwaltungsabgaben des Bundes befreit.

(AbgÄG 2023, BGBl I 2023/110)

§ 14a. Der Bundesminister für Finanzen wird ermächtigt, zur Abgeltung der Inflation die festen Gebührensätze des § 11 Abs. 3 und § 14 einmal jährlich im Verordnungsweg zu erhöhen. Der Vergleichsstichtag für die erste Inflationsanpassung ist der 31. Dezember 2005. Die Verordnung ist bis spätestens 30. Juni eines jeden Kalenderjahres im Bundesgesetzblatt kundzumachen und gilt für die jeweiligen Gebühren ab 1. Juli des Jahres der Kundmachung.

(BGBl I 2015/163)

III. Abschnitt
Gebühren für Rechtsgeschäfte

§ 15. (1) Rechtsgeschäfte sind nur dann gebührenpflichtig, wenn über sie eine Urkunde errichtet wird, es sei denn, daß in diesem Bundesgesetz etwas Abweichendes bestimmt ist.

(2) Als Urkunden gelten auch bei schriftlicher Annahme eines Vertragsanbotes das Annahmeschreiben. Wird die mündliche Annahme eines Vertragsanbotes beurkundet, so gilt diese Schrift als Annahmeschreiben.

(3) Rechtsgeschäfte, die unter das Erbschafts- und Schenkungssteuergesetz, Grunderwerbsteuergesetz, Kapitalverkehrsteuergesetz (I. Teil Gesellschaftsteuer und II. Teil Wertpapiersteuer) oder Versicherungssteuergesetz fallen, sind von der Gebührenpflicht ausgenommen; dies gilt auch für Rechtsgeschäfte, sofern und insoweit diese unter das Stiftungseingangssteuergesetz fallen.

§ 16. (1) Die Gebührenschuld entsteht, wenn die Urkunde über das Rechtsgeschäft im Inland errichtet wird,
1. bei zweiseitig verbindlichen Rechtsgeschäften,
   a) wenn die Urkunde von den Vertragsteilen unterzeichnet wird, im Zeitpunkte der Unterzeichnung;

7/1. GebG
§§ 16 – 18

    b) wenn die Urkunde von einem Vertragsteil unterzeichnet wird, im Zeitpunkte der Aushändigung (Übersendung) der Urkunde an den anderen Vertragsteil oder an dessen Vertreter oder an einen Dritten;

2. bei einseitig verbindlichen Rechtsgeschäften,
   a) wenn die Urkunde nur von dem unterzeichnet wird, der sich verbindet, im Zeitpunkte der Aushändigung (Übersendung) der Urkunde an den Berechtigten oder dessen Vertreter;
   b) wenn die Urkunde auch von dem Berechtigten unterzeichnet wird, im Zeitpunkte der Unterzeichnung.

(2) Wird über ein Rechtsgeschäft eine Urkunde im Ausland errichtet, so entsteht die Gebührenschuld,

1. wenn die Parteien des Rechtsgeschäftes im Inland einen Wohnsitz (gewöhnlichen Aufenthalt), ihre Geschäftsleitung oder ihren Sitz haben oder eine inländische Betriebsstätte unterhalten und
   a) das Rechtsgeschäft eine im Inland befindliche Sache betrifft oder
   b) eine Partei im Inland zu einer Leistung auf Grund des Rechtsgeschäftes berechtigt oder verpflichtet ist, in dem für im Inland errichtete Urkunden maßgeblichen Zeitpunkt; wenn jedoch die in lit. a oder lit. b bezeichneten Erfordernisse erst im Zeitpunkt der Errichtung eines Zusatzes oder Nachtrages erfüllt sind, in diesem Zeitpunkt, im übrigen

2. wenn die Urkunde (beglaubigte Abschrift) in das Inland gebracht wird und entweder
   a) das Rechtsgeschäft ein in Z 1 lit. a oder lit. b bezeichnetes Erfordernis erfüllt, im Zeitpunkt der Einbringung der Urkunde in das Inland, oder
   b) auf Grund des Rechtsgeschäftes im Inland eine rechtserhebliche Handlung vorgenommen wird oder von der Urkunde (Abschrift) ein amtlicher Gebrauch gemacht wird, mit der Vornahme dieser Handlungen.

(3) Die Gebührenschuld entsteht bei einem Wechsel in dem Zeitpunkt, in welchem der Wechsel im Inland entweder dem Wechselnehmer oder einem Indossatar übergeben oder mit einem Indossament oder mit einem Akzept versehen wird oder zum amtlichen Gebrauch gelangt. Handelt es sich hiebei um einen unvollständigen Wechsel, so entsteht die Gebührenschuld im Zeitpunkt der Vervollständigung.

(4) Gilt ein Annahmeschreiben oder ein Anbotschreiben als Urkunde über den Vertrag, so entsteht die Gebührenschuld mit dem Zustandekommen des Vertrages, im Falle des § 15 Abs. 2 letzter Satz mit Errichtung der Schrift. Befindet sich die Urkunde zu diesem Zeitpunkt im Ausland, so ist Abs. 2 sinngemäß anzuwenden.

(5) Die Gebührenschuld entsteht bei Wetten im Sinne des § 33 TP 17 Abs. 1 Z 1 mit der Bezahlung des Wetteinsatzes.

(6) Bedarf ein Rechtsgeschäft der Genehmigung oder Bestätigung einer Behörde oder eines Dritten, so entsteht die Gebührenschuld für das beurkundete Rechtsgeschäft erst im Zeitpunkte der Genehmigung oder Bestätigung.

§ 17. (1) Für die Festsetzung der Gebühren ist der Inhalt der über das Rechtsgeschäft errichteten Schrift (Urkunde) maßgebend. Zum Urkundeninhalt zählt auch der Inhalt von Schriften, der durch Bezugnahme zum rechtsgeschäftlichen Inhalt gemacht wird.

(2) Wenn aus der Urkunde die Art oder Beschaffenheit eines Rechtsgeschäftes oder andere für die Festsetzung der Gebühren bedeutsame Umstände nicht deutlich zu entnehmen sind, so wird bis zum Gegenbeweise der Tatbestand vermutet, der die Gebührenschuld begründet oder die höhere Gebühr zur Folge hat.

(3) Der Umstand, daß die Urkunde nicht in der zu ihrer Beweiskraft erforderlichen Förmlichkeit errichtet wurde, ist für die Gebührenpflicht ohne Belang.

(4) Auf die Entstehung der Gebührenschuld ist es ohne Einfluß, ob die Wirksamkeit eines Rechtsgeschäftes von einer Bedingung oder von der Genehmigung eines der Beteiligten abhängt.

(5) Die Vernichtung der Urkunde, die Aufhebung des Rechtsgeschäftes oder das Unterbleiben seiner Ausführung heben die entstandene Gebührenschuld nicht auf.

§ 18. (1) Der handschriftlichen Unterzeichnung durch den Aussteller steht die Unterschrift gleich, die von ihm oder in seinem Auftrag, oder mit seinem Einverständnis mechanisch oder in jeder anderen technisch möglichen Weise hergestellt oder mit Namenszeichnung vollzogen wird.

(2) Der Unterzeichnung steht auch eine Verhandlungsniederschrift gleich

1. über einen Vertrag, wenn die Niederschrift nur von einem Vertragsteil unterzeichnet wird,
2. über eine einseitige Erklärung, wenn die Niederschrift nur vom Erklärungsempfänger unterzeichnet wird.

(3) Gedenkprotokolle, das sind Niederschriften, in denen von einer oder mehreren Personen durch Beisetzung ihrer Unterschrift bekundet wird, daß andere Personen in ihrer Gegenwart ein Rechtsgeschäft geschlossen oder ihnen über den erfolgten Abschluß eines Rechtsgeschäftes Mitteilung gemacht haben, unterliegen der Gebühr für das Rechtsgeschäft, auf das sich das Gedenkprotokoll bezieht.

(4) Erklärungen (Eingaben, Protokolle), womit vor Gericht oder anderen Behörden ein Rechtsgeschäft beurkundet wird, sind, sofern über das Rechtsgeschäft noch keine andere Urkunde in einer für das Entstehen der Gebührenschuld maßgeblichen Weise errichtet worden ist, als Rechts-

urkunden anzusehen und unterliegen der für das Rechtsgeschäft vorgesehenen Gebühr.

(5) Punktationen im Sinne des § 885 ABGB. sind nach ihrem Inhalte wie Urkunden über Rechtsgeschäfte gebührenpflichtig; dasselbe gilt von Entwürfen oder Aufsätzen von zweiseitig verbindlichen Rechtsgeschäften, wenn sie von beiden vertragschließenden Teilen unterzeichnet sind oder wenn sie bloß von einem Teil unterzeichnet sind und sich in den Händen des anderen Teiles befinden.

§ 19. (1) Hat eine der Gebühr nach der Größe des Geldwertes unterliegende Schrift (Urkunde) mehrere einzelne Leistungen zum Inhalt oder werden in einem und demselben Rechtsgeschäfte verschiedene Leistungen oder eine Hauptleistung und Nebenleistungen bedungen, so ist die Gebühr in dem Betrage zu entrichten, der sich aus der Summe der Gebühren für alle einzelnen Leistungen ergibt. Als Nebenleistungen sind jene zusätzlichen Leistungen anzusehen, zu deren Gewährung ohne ausdrückliche Vereinbarung nach den allgemeinen Rechtsvorschriften keine Verpflichtung besteht.

(2) Werden in einer Urkunde mehrere Rechtsgeschäfte derselben oder verschiedener Art, die nicht zusammenhängende Bestandteile des Hauptgeschäftes sind, abgeschlossen, so ist die Gebühr für jedes einzelne Rechtsgeschäft zu entrichten. Die in der Urkunde über das Hauptgeschäft zwischen denselben Vertragsteilen zur Sicherung oder Erfüllung des Hauptgeschäftes abgeschlossenen Nebengeschäfte sind gebührenbefreit, wenn das Hauptgeschäft nach diesem Gesetz oder einem Verkehrsteuergesetz einer Gebühr oder Verkehrsteuer unterliegt; für Sicherungs- und Erfüllungsgeschäfte zu Darlehens-, Kredit-, Haftungs- und Garantiekreditverträgen sowie zu den im Rahmen des Factoringgeschäftes (§ 1 Abs. 1 Z 16 BWG) getroffenen Vereinbarungen über die Gewährung eines Rahmens für die Inanspruchnahme von Anzahlungen gilt § 20 Z 5.

(3) (aufgehoben)

§ 20. Der Gebührenpflicht unterliegen nicht
1. die am Schluß einer Urkunde über ein durch einen Bevollmächtigten eingegangenes Geschäft beigesetzte Genehmigung (Ratifikation) des Machtgebers;
2. die den Vollmachten beigefügten Erklärungen betreffend Stellvertretung und deren Annahme;
3. die Bestätigung des Handzeichens eines Schreibunfähigen durch den Namensfertiger und durch den (die) Zeugen;
4. die von dem abgetretenen Schuldner an Kreditunternehmen abgegebene Bestätigung, daß ihm die Abtretung der Forderung und der neue Gläubiger mitgeteilt wurden, sowie die Anerkennung der Richtigkeit (Liquidität) von seiten des Schuldners gegenüber einem Kreditinstitut;
5. Sicherungs- und Erfüllungsgeschäfte – ausgenommen Wechsel – zu Darlehens-, Kredit-, Haftungs- und Garantiekreditverträgen sowie zu den im Rahmen des Factoringgeschäftes (§ 1 Abs. 1 Z 16 BWG) getroffenen Vereinbarungen über die Gewährung eines Rahmens für die Inanspruchnahme von Anzahlungen;
6. Rechtsgeschäfte, über die eine Urkunde im Ausland errichtet wurde, solange keine andere Voraussetzung für das Entstehen der Gebührenschuld gegeben ist als die Verwendung der Urkunde (beglaubigten Abschrift) bei einem Gericht (Schiedsgericht), das nur auf Grund einer Vereinbarung eines inländischen Gerichtsstandes zuständig ist;
7. durch die Währungsumstellung auf den Euro veranlaßte neuerliche Beurkundungen eines Rechtsgeschäftes, über das schon eine die Gebührenpflicht begründende Urkunde errichtet worden ist, Zusätze und Nachträge sowie schriftliche Mitteilungen zu einer bereits ausgefertigten Urkunde, sofern die in Geld vereinbarten Leistungen durch auf Euro lautende Beträge nach dem vom Rat der Europäischen Union gemäß Artikel 109 l Abs. 4 erster Satz des EG-Vertrages unwiderruflich festgelegten Umrechnungskurs ersetzt werden oder der umgerechnete Betrag auf den nächsten vollen Eurobetrag gerundet wird. Sonstige Änderungen des Rechtsgeschäftes unterliegen nach Maßgabe des § 21 der Gebühr.

§ 21. Werden durch einen Zusatz oder Nachtrag zu einer bereits ausgefertigten Urkunde die darin beurkundeten Rechte oder Verbindlichkeiten ihrer Art nach ihrem Umfang geändert oder wird die vereinbarte Geltungsdauer des Rechtsgeschäftes verlängert, so ist dieser Zusatz oder Nachtrag im Umfang der vereinbarten Änderung oder Verlängerung als selbständiges Rechtsgeschäft gebührenpflichtig.

§ 22. Ist zwischen zwei oder mehreren Rechten oder Verbindlichkeiten eine Wahl bedungen, so ist die Gebühr nach dem größeren Geldwerte der zur Wahl gestellten Leistungen zu entrichten.

§ 23. Sind in einer Urkunde über ein Rechtsgeschäft schätzbare und unschätzbare Leistungen bedungen, so bleiben für die Gebührenermittlung die unschätzbaren Leistungen außer Anschlag.

§ 24. Im Fall eines Neuerungsvertrages (Novation) kommt die Gebühr für das Rechtsgeschäft in Anwendung, in welches das frühere Rechtsgeschäft umgeändert wurde.

§ 25. (aufgehoben)

§ 26. Für die Bewertung der gebührenpflichtigen Gegenstände gelten, insoweit nicht in den Tarifbestimmungen abweichende Bestimmungen getroffen sind, die Vorschriften des Bewertungsgesetzes 1955, BGBl. Nr. 148, mit der Maßgabe, daß bedingte Leistungen und Lasten als unbedingte, betagte Leistungen und Lasten als sofort fällige zu behandeln sind und daß bei wiederkehrenden Leistungen die Anwendung der Bestimmungen des § 15 Abs. 1 über den Abzug der Zwischenzinsen unter Berücksichtigung von Zinseszinsen und des § 16 Abs. 3 des vorerwähnten Gesetzes ausgeschlossen ist. (BGBl. Nr. 7/1951, Art. I Z 7; BGBl. Nr. 116/1957, Z 2; BGBl. Nr. 148/1955, § 86 Abs. 2 und 3.)

§ 27. (aufgehoben)

§ 28. (1) Zur Entrichtung der Gebühren sind verpflichtet:
1. Bei zweiseitig verbindlichen Rechtsgeschäften,
   a) wenn die Urkunde von beiden Vertragsteilen unterfertigt ist, die Unterzeichner der Urkunde;
   b) wenn die Urkunde nur von einem Vertragsteil unterfertigt ist und dem anderen Vertragsteil oder einem Dritten ausgehändigt wird, beide Vertragsteile und der Dritte;
2. bei einseitig verbindlichen Rechtsgeschäften derjenige, in dessen Interesse die Urkunde ausgestellt ist;
3. bei Gedenkprotokollen jene Personen, von denen in dem Protokolle bekundet wird, daß sie das Rechtsgeschäft abgeschlossen oder von dem Abschlusse des Rechtsgeschäftes Mitteilung gemacht haben.

(2) Zur Entrichtung der Gebühr bei Wechseln sind der Aussteller, der Akzeptant und jeder Inhaber eines Wechsels zur ungeteilten Hand verpflichtet.

(3) Zur Entrichtung der Gebühr bei Wetten im Sinne des § 33 TP 17 Abs. 1 Z 1 sind die Personen, die gewerbsmäßig Wetten abschließen oder vermitteln, zur ungeteilten Hand verpflichtet. Die Gebühr ist von diesen Personen unmittelbar zu entrichten. Als Vermittlung im Sinne dieser Bestimmung gilt jedenfalls die Annahme und die Weiterleitung von Wetteinsätzen sowie die Mitwirkung am Zustandekommen der Wette auf andere Art und Weise.

(4) Personen, die gewerbsmäßig Wetten abschließen oder vermitteln, haben besondere Aufzeichnungen zu führen, aus denen die für die Berechnung der Gebühr erforderlichen Grundlagen zu entnehmen sind.

(5) Bei Geschäften, die von zwei Teilen geschlossen werden, von denen der eine Teil von der Gebührenentrichtung befreit ist, dem anderen Teil aber diese Befreiung nicht zukommt, sind die Gebühren von dem nicht befreiten Teile zur Gänze zu entrichten.

(6) Trifft die Verpflichtung zur Gebührenentrichtung zwei oder mehrere Personen, so sind sie zur ungeteilten Hand verpflichtet.

§ 29. Hat jemand im Namen eines anderen, ohne von diesem ausdrücklich oder stillschweigend bevollmächtigt zu sein,
1. eine Urkunde über ein Rechtsgeschäft im Inland ausgestellt oder angenommen oder
2. von einer im Ausland ausgestellten Urkunde über ein Rechtsgeschäft einen die Gebührenpflicht begründenden Gebrauch gemacht,

so ist derjenige, für den diese Handlungen vorgenommen worden sind, zur Entrichtung der durch sie begründeten Gebühr verpflichtet, wenn er
a) die ohne seinen Auftrag stattgefundene Geschäftsführung ausdrücklich oder stillschweigend genehmigt oder
b) durch sie einen Vorteil erlangt hat.

Ist hingegen keine dieser Bedingungen (lit. a und b) gegeben, so ist der Geschäftsführer zur Entrichtung der Gebühr verpflichtet.

§ 30. Für die Gebühr haften neben den Gebührenschuldnern die übrigen am Rechtsgeschäft beteiligten Personen sowie bei nicht ordnungsgemäßer Gebührenanzeige alle sonst gemäß § 31 Abs. 2 zur Gebührenanzeige verpflichteten Personen.

§ 31. (1) Rechtsgeschäfte, für die eine Hundertsatzgebühr mit Bescheid festzusetzen ist, sind, soweit in diesem Bundesgesetz nichts anderes bestimmt ist, bis zum 15. Tag des auf den Kalendermonat, in dem die Gebührenschuld entstanden ist, zweitfolgenden Monats mit einer Abschrift oder mit einer Gleichschrift der die Gebührenpflicht begründenden Urkunde, bei nicht in der Amtssprache abgefaßten Urkunden mit einer Übersetzung durch einen allgemein beeideten und gerichtlich zertifizierten Dolmetscher, beim Finanzamt Österreich anzuzeigen. Ist diese Urkunde ein Annahmeschreiben, so ist ein bezügliches Anbotschreiben anzuschließen. Das Finanzamt Österreich hat auf der die Gebührenpflicht begründenden Urkunde die erfolgte Anzeige zu bestätigen.

(BGBl I 2019/104, BGBl I 2020/99; AbgÄG 2023, BGBl I 2023/110)

(2) Zur Gebührenanzeige sind die am Rechtsgeschäft beteiligten Personen verpflichtet sowie der Urkundenverfasser und jeder, der eine Urkunde als Bevollmächtigter oder ein Gedenkprotokoll als Zeuge unterzeichnet oder eine im Ausland errichtete Urkunde (deren beglaubigte Abschrift) im Zeitpunkt des Entstehens der Gebührenschuld in Händen hat. Sind zur Gebührenanzeige mehrere Personen verpflichtet und hat eine dieser Personen die Verpflichtung zur Selbstberechnung (§ 33 Tarifpost 5 Abs. 5) oder die Bewilligung zur Selbstberechnung (§ 3 Abs. 4) oder wird von der Befugnis zur Selbstberechnung (§ 3 Abs. 4a) Gebrauch gemacht, so entfällt für die übrigen die Anzeigepflicht.

(3) (aufgehoben)

§ 32. Sind die Gebühren bescheidmäßig festzusetzen, so kann das Finanzamt Österreich nach der bei ihm erfolgten Gebührenanzeige auf Grund eines Antrages und nach Rechtsmittelverzicht des Gebührenschuldners den Bescheid mündlich erlassen; die Gebühr wird mit der Bekanntgabe des Bescheides fällig.

(BGBl I 2019/104, BGBl I 2020/99)

§ 33. Tarif der Gebühren für Rechtsgeschäfte.
Tarifpost
1 Annahmeverträge

(1) Annahmeverträge, das sind Verträge über die Annahme an Kindes statt, wenn der Wert des Vermögens des Annehmenden 22 000 Euro übersteigt, vom Wert des Vermögens 1 vH.

(2) Gebührenfrei sind Annahmeverträge über die Annahme von Minderjährigen, von Stiefkindern und von eigenen unehelichen Kindern an Kindes statt.

(3) Die Gebühr ermäßigt sich auf je 1/3 vH des Wertes des Vermögens bei Annahme einer zweiten und jeder weiteren Person an Kindes statt.

2 (aufgehoben)

3 (aufgehoben)

4 Anweisungen

(1) Anweisungen, wodurch von dem Anweisenden einem Dritten eine Leistung an eine andere Person aufgetragen wird, vom Werte der Leistung 2 v.H.

(2) Der Gebühr unterliegen nicht
1. amtliche Anweisungen;
2. Anweisungen von Unternehmern oder auf Unternehmer, unbeschadet der Bestimmungen der TP 22.

5 Bestandverträge

(1) Bestandverträge (§§ 1090 ff. ABGB) und sonstige Verträge, wodurch jemand den Gebrauch einer unverbrauchbaren Sache auf eine gewisse Zeit und gegen einen bestimmten Preis erhält, nach dem Wert
1. im allgemeinen....................1 v.H.;
2. beim Jagdpachtvertrag...........2 v.H.

(2) Einmalige oder wiederkehrende Leistungen, die für die Überlassung des Gebrauches vereinbart werden, zählen auch dann zum Wert, wenn sie unter vertraglich bestimmten Voraussetzungen auf andere Leistungen angerechnet werden können.

(3) Bei unbestimmter Vertragsdauer sind die wiederkehrenden Leistungen mit dem Dreifachen des Jahreswertes zu bewerten, bei bestimmter Vertragsdauer mit dem dieser Vertragsdauer entsprechend vervielfachten Jahreswert, höchstens jedoch dem Achtzehnfachen des Jahreswertes. Ist die Vertragsdauer bestimmt, aber der Vorbehalt des Rechtes einer früheren Aufkündigung gemacht, so bleibt dieser Vorbehalt für die Gebührenermittlung außer Betracht.

(BGBl I 2017/147)

(4) Gebührenfrei sind
1. Verträge über die Miete von Wohnräumen;
(BGBl I 2017/147)
2. Urheberrechtliche und leistungsschutzrechtliche Nutzungsverträge sowie Patent-, Marken- und Musterlizenzverträge;
3. Bestandverträge, bei denen der für die Gebührenbemessung maßgebliche Wert 150 Euro nicht übersteigt;
4. Aufforderungsschreiben, mit denen die Entrichtung eines Erhaltungsbeitrages gemäß § 45 MRG begehrt wird.

(5)
1. Die Hundertsatzgebühr ist vom Bestandgeber, der im Inland einen Wohnsitz, den gewöhnlichen Aufenthalt, seine Geschäftsleitung oder seinen Sitz hat oder eine inländische Betriebsstätte unterhält, selbst zu berechnen und bis zum 15. Tag (Fälligkeitstag) des dem Entstehen der Gebührenschuld zweitfolgenden Monats an das Finanzamt Österreich zu entrichten.
(BGBl I 2019/104, BGBl I 2020/99)
2. Der Bundesminister für Finanzen kann mit Verordnung Ausnahmen von der Verpflichtung zur Selbstberechnung der Gebühr nach Z 1 für atypische oder gemischte Rechtsgeschäfte, für Rechtsgeschäfte, bei denen Leistungen von einem erst in Zukunft ermittelbaren Betrag abhängen, sowie für Bestandgeber, denen eine persönliche Befreiung von den Gebühren zukommt, bestimmen. Für Fälle, in denen die vom Bestandnehmer zu erbringenden Nebenleistungen in der über das Rechtsgeschäft errichteten Urkunde der Höhe nach nicht festgehalten sind, können weiters mit Verordnung des Bundesministers für Finanzen für Gruppen von Bestandobjekten Durchschnittssätze aufgestellt werden; diese sind auf Grund von Erfahrungen über die Höhe der bei der jeweiligen Gruppe von Bestandobjekten üblicherweise anfallenden Kosten festzusetzen.
3. Der Bestandgeber hat dem Finanzamt Österreich über die in einem Kalendermonat abgeschlossenen Bestandverträge eine Anmeldung unter Verwendung eines amtlichen Vordruckes bis zum Fälligkeitstag zu übermitteln, welche die für die Gebührenberechnung erforderlichen Angaben zu enthalten hat; dies gilt als Gebührenanzeige gemäß § 31. Auf den Urkunden ist ein Vermerk über die erfolgte Selbstberechnung anzubringen, der den berechneten Gebührenbetrag, das Datum des Tages der Selbstberechnung und die Unterschrift des Bestandgebers enthält. Abweichend davon muss bei elektronischen Urkunden die erfolgte Selbstberechnung, der berechnete Gebührenbetrag und das Datum des Tages der Selbstberechnung in einer vom Bestandgeber unterschriebenen Beilage zur elektronischen Urkunde dokumentiert sein. Eine Anmeldung kann unterbleiben, wenn die Gebührenschuld mit Verrechnungsweisung (§ 214 Abs. 4 BAO) im Wege von FinanzOnline bis zum Fälligkeitstag entrichtet wird.
(BGBl I 2019/104, BGBl I 2020/99; AbgÄG 2023, BGBl I 2023/110)
4. Rechtsanwälte, Notare, Wirtschaftstreuhänder sowie Immobilienmakler und Immobilienverwalter im Sinne der Bestimmungen der Gewerbeordnung 1994, BGBl. Nr. 194, in

der jeweils geltenden Fassung, (Parteienvertreter) und gemeinnützige Bauvereinigungen im Sinne der Bestimmungen des Wohnungsgemeinnützigkeitsgesetzes 1979, BGBl. Nr. 139, in der jeweils geltenden Fassung, sind befugt, innerhalb der in der Z 1 angeführten Frist die Gebühr für Rechtsgeschäfte gemäß § 33 Tarifpost 5 als Bevollmächtigte des Bestandgebers selbst zu berechnen und bis zum 15. Tag (Fälligkeitstag) des auf den Kalendermonat, in dem die Selbstberechnung erfolgt, zweitfolgenden Monats an das Finanzamt Österreich zu entrichten. Im Übrigen ist § 3 Abs. 4a, 4b und 4c sinngemäß anzuwenden.

(BGBl I 2019/104, BGBl I 2020/99)

5. Für Bestandgeber, zu deren Geschäftstätigkeit laufend der Abschluss von Rechtsgeschäften im Sinne dieser Tarifpost gehört, sind die Bestimmungen des § 3 Abs. 4a über die Führung von Aufschreibungen und die Entrichtung der Hundertsatzgebühr sowie die Bestimmungen des Abs. 4b sinngemäß anzuwenden.

6. Das Finanzamt Österreich hat Bestandnehmern, zu deren Geschäftstätigkeit laufend der Abschluss von Rechtsgeschäften im Sinne dieser Tarifpost gehört und die Gewähr für die ordnungsgemäße Einhaltung der Gebührenvorschriften bieten, auf Antrag zu bewilligen, dass die auf die Bestandverträge entfallenden Hundertsatzgebühren selbst berechnet und bis zum 15. Tag (Fälligkeitstag) des dem Entstehen der Gebührenschuld zweitfolgenden Monats an das Finanzamt Österreich entrichtet werden. Bestandnehmer, die von der Befugnis zur Selbstberechnung Gebrauch machen wollen, haben beim Finanzamt Österreich die Zuteilung einer Steuernummer zu beantragen. Es sind die Bestimmungen des § 3 Abs. 4a über die Führung von Aufschreibungen sowie die Bestimmungen des § 3 Abs. 4b und 4c sinngemäß anzuwenden. Macht der Bestandnehmer von seiner Befugnis zur Selbstberechnung Gebrauch, erlischt die Verpflichtung zur Selbstberechnung des Bestandgebers gemäß Z 1.

(BGBl I 2022/108)

6 (aufgehoben)

7 Bürgschaftserklärungen

(1) Bürgschaftserklärungen; der Bürgschaftserklärung steht die Erklärung gleich, durch die jemand einer Verbindlichkeit als Mitschuldner beitritt (§ 1347 ABGB), nach dem Werte der verbürgten Verbindlichkeit .... 1 vH.

(2) Der Gebühr unterliegen nicht
1. Bürgschaftserklärungen, die im Strafverfahren und überhaupt zur Sicherung allgemeiner Interessen außer dem öffentlichen Dienst oder einem Vertragsverhältnisse gegeben werden müssen.
2. Bürgschaftserklärungen von Kreditinstituten an Körperschaften des öffentlichen Rechtes sowie an Eisenbahnunternehmungen, die dem öffentlichen Verkehre dienen.
3. Bürgschaftserklärungen zu gemäß § 33 Tarifpost 5 Abs. 4 Z 1 befreiten Mietverträgen.

(BGBl I 2018/62)

8 (aufgehoben)

9 Dienstbarkeiten

Dienstbarkeiten, wenn jemandem der Titel zur Erwerbung einer Dienstbarkeit entgeltlich eingeräumt oder die entgeltliche Erwerbung von dem Verpflichteten bestätigt wird, von dem Werte des bedungenen Entgeltes...................2 v.H.

10 (aufgehoben)

11 Ehepakte

(1) Ehepakte, das sind Verträge, die in Absicht auf die eheliche Verbindung geschlossen werden und diesen gleichzuhaltende Verträge eingetragener Partner, nach dem Wert........................1 v.H.

(2) Als Wert ist das der Gütergemeinschaft bei Lebzeiten (§ 1233 ABGB.) unterzogene Vermögen anzunehmen. Wird durch einen solchen Vertrag das Eigentum (Miteigentum) einer unbeweglichen Sache übertragen, so finden die Bestimmungen des Grunderwerbsteuergesetzes Anwendung.

12–16 (aufgehoben)

17 Glücksverträge

(1) Glücksverträge, wodurch die Hoffnung eines noch ungewissen Vorteiles versprochen und angenommen wird:
1. Im Inland abgeschlossene Wetten, die nicht dem GSpG unterliegen, wenn zumindest eine der am Rechtsgeschäft mitwirkenden Personen Unternehmer im Sinne des § 2 Abs. 2 GSpG ist, vom Wetteinsatz und, wenn die Wetteinsätze verschieden sind, vom höheren Wetteinsatz .... 2 vH;
2. Hoffnungskäufe beweglicher Sachen, vom Kaufpreise .... 2 vH;
3. Leibrentenverträge, die nicht von Versicherungsanstalten abgeschlossen werden, wenn gegen die Leibrente bewegliche Sachen überlassen werden, vom Werte der Leibrente, mindestens aber vom Werte der Sachen .... 2 vH;

(2) Eine Wette gilt auch dann als im Inland abgeschlossen, wenn sie vom Inland in das Ausland vermittelt (§ 28 Abs. 3) wird oder wenn die Teilnahme an dem Rechtsgeschäft Wette vom Inland aus erfolgt.

(3) Die Wettgebühr nach Abs. 1 Z 1 ist, auch wenn eine Urkunde nicht errichtet wird, ohne amtliche Bemessung unmittelbar zu entrichten. Die Gebühr ist am 20. des dem Entstehen der Gebührenschuld folgenden Kalendermonats fällig. Bis zu diesem Zeitpunkt hat der gemäß § 28 Abs. 3 zur Gebührenentrichtung Verpflichtete eine Abrechnung unter Verwendung des amtlichen Vordrucks beim Finanzamt Österreich vorzulegen;

dies gilt als Gebührenanzeige. Die Abrechnung ist elektronisch zu übermitteln, sofern dies dem Verpflichteten auf Grund der technischen Voraussetzungen zumutbar ist. Der Bundesminister für Finanzen wird ermächtigt, die elektronische Übermittlung der Abrechnung und das Verfahren mit Verordnung näher zu regeln.
(BGBl I 2019/104, BGBl I 2020/99)

(4) Nicht gebührenpflichtig nach Abs. 1 sind
1. Treffer der von inländischen Gebietskörperschaften begebenen Anleihen, die mit einer Verlosung verbunden sind,
2. Differenzgeschäfte.

18 Hypothekarverschreibungen

(1) Hypothekarverschreibungen, wodurch zur Sicherstellung einer Verbindlichkeit eine Hypothek bestellt wird, nach dem Werte der Verbindlichkeit, für welche die Hypothek eingeräumt wird .. 1 v.H.

(2) Ist die Verbindlichkeit, für welche die Hypothek eingeräumt wird, unbestimmt und kann deren Betrag auch nicht annähernd festgesetzt werden, so hat sich die Gebühr nach dem Werte der Hypothek, soweit dieser nicht durch vorhergehende Hypothekarsicherstellungen erschöpft ist, zu richten.

19 (aufgehoben)

20 Vergleiche (außergerichtliche)

(1) Vergleiche (außergerichtliche),
a) wenn der Vergleich über anhängige Rechtsstreitigkeiten getroffen wird .... 1 vH,
b) sonst.. 2 vH
vom Gesamtwert der von jeder Partei übernommenen Leistungen.

(2) Gebührenfrei sind
1. Vergleiche über Unterhaltsansprüche Minderjähriger;
2. Vergleiche mit Versicherungsunternehmungen über Ansprüche aus Kranken- oder Schadensversicherungsverträgen;
3. Vergleiche, die mit einem Sozialhilfeträger über Ersatzansprüche abgeschlossen werden;
4. Vergleiche mit dem Bundesminister für Finanzen namens des Bundes über Ansprüche aus Haftungen nach dem Ausfuhrförderungsgesetz 1981.
5. Vergleiche über Verbraucherstreitigkeiten, die vor einer AS-Stelle gemäß § 4 des Alternative-Streitbeilegung-Gesetzes, BGBl. Nr. 105/2015 (Anm.: richtig: BGBl. I Nr. 105/2015) geschlossen werden.
(BGBl I 2015/105)

21 Zessionen

(1) Zessionen oder Abtretungen von Schuldforderungen oder anderen Rechten vom Entgelt..0,8 v.H.

(2) Der Gebühr unterliegen nicht:
1. Zessionen an Gebietskörperschaften zur Sicherung rückständiger öffentlicher Abgaben;
2. Zessionen von Forderungen zwischen Kreditinstituten, der Oesterreichischen Nationalbank und den Bausparkassen sowie Zessionen von Forderungen gegen Gebietskörperschaften zwischen den genannten Instituten einerseits und Versicherungsunternehmen oder Pensionskassen im Sinne des Pensionskassengesetzes andererseits; den Kreditinstituten stehen ausländische Kreditinstitute und Finanzinstitute gleich, die zur Erbringung von Bankgeschäften im Sinne des § 1 Abs. 1 BWG berechtigt sind.
3. Zessionen von Forderungen zur Erfüllung eines Factoringvertrages;
4. Zessionen der Exporteure von Forderungen aus Ausfuhrgeschäften, soweit dafür der Bundesminister für Finanzen namens des Bundes eine Haftung nach dem Ausfuhrförderungsgesetz 1981 übernommen hat;
5. Zessionen von Forderungen, für die der Bundesminister für Finanzen namens des Bundes eine Haftung nach dem Ausfuhrförderungsgesetz 1981 übernommen hat, an den Bund nach Eintritt eines Haftungsfalles;
6. Abtretungen von Anteilen an einer Gesellschaft mit beschränkter Haftung, Übertragungen von Aktien, Übertragungen von Geschäftsanteilen an einer Erwerbs- und Wirtschaftsgenossenschaft und Übertragungen der mit der Stellung eines Gesellschafters einer Personengesellschaft verbundenen Rechte und Pflichten.
7. Zessionen an Verbriefungsspezialgesellschaften.

22 Wechsel

(1) Im Inland oder Ausland ausgestellte, gezogene und eigene Wechsel, sowohl mit bestimmter Zahlungsfrist als auch auf Sicht oder auf eine bestimmte Zeit nach Sicht unterliegen der Gebühr von 1/8 v. H. der Wechselsumme.

(2) Alle Vervielfältigungen eines Wechsels (Secunda, Tertia usw.) sowie alle girierten Wechselkopien unterliegen derselben Gebühr wie das erste Exemplar. Ebenso unterliegt jede schriftliche Prolongation eines Wechsels der gleichen Gebühr wie der Wechsel.

(3) Die einem Wechsel beigesetzte Hypothekarverschreibung unterliegt der in der Tarifpost 18 festgesetzten Gebühr. Alle sonstigen wechselrechtlichen Zusätze sind gebührenfrei.

(4) Für im Ausland ausgestellte und ausschließlich im Auslande zahlbare Wechsel ermäßigt sich die unter Abs. 1 festgesetzte Gebühr auf die Hälfte. Wird ein solcher Wechsel nachträglich im Inlande zahlbar gemacht oder gelangt er im Inlande zu einem amtlichen Gebrauche, so ist beim Eintritt dieses Umstandes die Gebühr auf das unter Abs. 1 festgesetzte Ausmaß zu ergänzen.

(5) Dem Wechsel stehen Anweisungen auf einen Unternehmer und Verpflichtungsscheine eines Unternehmers gleich, wenn sie an Order lauten und über eine Geldleistung ausgestellt sind.

(6) Die Gebühr ist
a) bei Inlandswechseln vom Aussteller oder Inhaber oder Akzeptanten,
b) bei Auslandswechseln vom ersten inländischen Inhaber oder Akzeptanten

selbst zu berechnen und bis zum 15. Tag (Fälligkeitstag) des dem Entstehen der Gebührenschuld zweitfolgenden Monats an das Finanzamt Österreich zu entrichten. Auf dem Wechsel ist ein Vermerk über die erfolgte Selbstberechnung anzubringen, der den berechneten Gebührenbetrag, das Datum des Tages der Selbstberechnung und die Unterschrift des Gebührenschuldners, der die Selbstberechnung durchgeführt hat, enthält. Der Gebührenschuldner, der die Selbstberechnung durchgeführt hat, hat dem Finanzamt eine Anmeldung über das Rechtsgeschäft unter Verwendung eines amtlichen Vordruckes bis zum Fälligkeitstag zu übermitteln, welche die für die Gebührenberechnung erforderlichen Angaben zu enthalten hat; dies gilt als Gebührenanzeige gemäß § 31.

(BGBl I 2019/104, BGBl I 2020/99)

(7) Gebührenfrei sind
1. Finanzwechsel und deren Prolongationen, die für einen ERP-Kredit beigebracht werden müssen, sofern sie mit einem von der Oesterreichischen Nationalbank oder von einem von der Geschäftsführung des ERP-Fonds ermächtigten Kreditinstitut zu fertigenden Vermerk über das Vorliegen der Voraussetzungen für die Gebührenfreiheit nach dieser Bestimmung versehen sind;
2. Finanzwechsel und deren Prolongationen, die für einen Kredit, für den eine Refinanzierungszusage der Exportfonds-Gesellschaft mit beschränkter Haftung besteht, beigebracht werden müssen, sofern sie mit einem von der Exportfonds-Gesellschaft mit beschränkter Haftung oder von einem von dieser ermächtigten Kreditinstitut zu fertigenden Vermerk über das Vorliegen der Voraussetzungen für die Gebührenfreiheit nach dieser Bestimmung versehen sind;
3. Finanzwechsel und deren Prolongationen, die für Kredite, für die der Bundesminister für Finanzen namens des Bundes eine Haftung nach dem Ausfuhrfinanzierungsförderungsgesetz 1981 übernommen hat, sofern sie von einem Bevollmächtigten des Bundes im Sinne des § 5 Abs. 1 Ausfuhrförderungsgesetz 1981 mit einem Vermerk über das Vorliegen der Voraussetzungen für die Gebührenfreiheit nach dieser Bestimmung versehen sind;
4. Finanzwechsel und deren Prolongationen über Forderungen aus Ausfuhrgeschäften und Kreditverträgen, für die der Bundesminister für Finanzen namens des Bundes eine Haftung nach dem Ausfuhrförderungsgesetz 1981 übernommen hat, sofern sie von einem Bevollmächtigten des Bundes im Sinne des § 5 Abs. 1 Ausfuhrförderungsgesetz 1981 mit einem Vermerk über das Vorliegen der Voraussetzungen für die Gebührenfreiheit nach dieser Bestimmung versehen sind.

IV. Abschnitt
Schlußbestimmungen

§ 34. (1) Die Organe der Gebietskörperschaften haben den Gebührenschuldner über die Rechtsgrundlage und die Höhe der zu entrichtenden Gebühren zu informieren sowie die bei ihnen anfallenden Schriften und Amtshandlungen auf die Einhaltung der Vorschriften dieses Bundesgesetzes zu überprüfen. Stellen sie hiebei eine Verletzung der Gebührenvorschriften fest, so haben sie hierüber einen Befund aufzunehmen und diesen dem Finanzamt Österreich zu übermitteln. Die näheren Bestimmungen über die Informationspflicht, die Befundaufnahme sowie über die Übermittlung des Befundes werden durch Verordnung getroffen.

(BGBl I 2019/104, BGBl I 2020/99, BGBl I 2022/108)

(2) Das Finanzamt Österreich ist berechtigt, bei Behörden, Ämtern und öffentlich-rechtlichen Körperschaften die Einhaltung der Vorschriften dieses Bundesgesetzes von Zeit zu Zeit durch eine Nachschau zu überprüfen.

(BGBl I 2019/104, BGBl I 2020/99)

§ 35. (1) Stempel- und Rechtsgebührenbefreiungen, die in österreichischen Gesetzen vorgesehen waren, die vor dem 13. März 1938 erlassen wurden, finden, sofern diese Gesetze in Kraft stehen oder wieder in Kraft gesetzt werden, sinngemäß Anwendung.

(2) Bis zur Neuregelung der Arbeitsvermittlung sind alle Rechtsgeschäfte, Schriften und Amtshandlungen, die mittelbar oder unmittelbar zur Begründung und Abwicklung der Rechtsverhältnisse zwischen den Behörden der Arbeitsvermittlung einerseits und den Arbeit(Dienst)gebern und Versicherten andererseits erforderlich sind, von den Stempel- und Rechtsgebühren befreit.

(3)
a) Die durch die Europawahlordnung, das Europa-Wählerevidenzgesetz, das Wählerevidenzgesetz 1973, das Volksabstimmungsgesetz 1972, das Volksbefragungsgesetz 1989, die Nationalrats-Wahlordnung 1992, das Bundespräsidentenwahlgesetz 1971 und das Volksbegehrengesetz 1973 unmittelbar veranlassten Schriften sind von den Stempelgebühren befreit; dies gilt auch für jene Schriften, die durch gleichartige landesgesetzliche Vorschriften veranlasst sind.
b) Die im Volksanwaltschaftsgesetz 1982 enthaltene Gebührenbefreiung ist auch auf jene Schriften anzuwenden, die durch gleichartige landesgesetzliche Vorschriften veranlasst sind.

(4) Bescheide, mit denen die Bewilligung zur Selbstberechnung der Hundertsatzgebühren gemäß § 3 Abs. 4 erteilt worden sind und die dem § 33 Tarifpost 5 in der Fassung des Bundesgesetzes BGBl.

I Nr. 28/1999 entgegenstehen, verlieren insoweit mit dessen Inkrafttreten ihre Wirkung.

(5)
1. Die durch die Folgen eines durch Katastrophenschäden (insbesondere Hochwasser-, Erdrutsch-, Vermurungs- und Lawinenschäden) ausgelösten Notstandes veranlassten Schriften, die der Ersatzausstellung von gebührenpflichtigen Schriften oder der Schadensfeststellung, Schadensabwicklung oder der Schadensbereinigung dienen, sind von den Gebühren befreit.
2. Die im Zusammenhang mit einer Katastrophe im Sinne der Z 1 zur Finanzierung der Beseitigung des eingetretenen Schadens durch den Geschädigten selbst oder seinen den Schaden wirtschaftlich tragenden Rechtsnachfolger abgeschlossenen Darlehens- und Kreditverträge (einschließlich Prolongationen, Aufstockungen und Vertragsübernahmen) sowie die damit verbundenen Sicherungs- und Erfüllungsgeschäfte sind gebührenbefreit. Dies gilt auch für Bestandverträge, mit denen eine Ersatzbeschaffung vorgenommen wird.
3. Die Gebührenbefreiungen der Z 1 und 2 stehen nur zu, wenn
   a) im Falle der Z 1 der Antrag auf Ausstellung der Schrift innerhalb eines Jahres ab Schadenseintritt bei der die Schrift ausstellenden Stelle einlangt und dieser ein entsprechender Nachweis des Schadens vorgelegt wird,
   b) im Falle der Z 2 die Rechtsgeschäfte innerhalb von zwei Jahren ab Schadenseintritt abgeschlossen werden und der Eintritt sowie die Höhe des Schadens bei Selbstberechnung dem gemäß § 3 Abs. 4 und 4a zur Selbstberechnung Befugten, bei Selbstberechnung gemäß § 33 TP 5 Abs. 5 Z 1 und 5 dem zur Selbstberechnung Verpflichteten und im Übrigen dem Finanzamt Österreich nachgewiesen wird.

(BGBl I 2019/104, BGBl I 2020/99)

4. Auf den Schriften und Urkunden über Rechtsgeschäfte, die nach Z 1 bis 3 befreit sind, ist der Vermerk „Gebührenfrei gemäß § 35 Abs. 5 GebG 1957" anzubringen. Ist die Anbringung des Vermerkes nicht möglich, hat die Schrift ausstellende Stelle die Gebührenfreiheit im bezughabenden Verwaltungsakt festzuhalten.

(6) Schriften, die unmittelbar durch die Geburt eines Kindes veranlasst sind (insbesondere Geburtsurkunde, Staatsbürgerschaftsnachweis, Reisedokument), sofern sie innerhalb von zwei Jahren ab der Geburt ausgestellt werden, sind von den Stempelgebühren und den Verwaltungsabgaben des Bundes befreit; dies gilt auch für jene ausländischen Schriften, die in diesem Zusammenhang zum amtlichen Gebrauch vorgelegt werden. Die Befreiung ist auf Schriften gemäß § 14 Tarifpost 2 Abs. 1 Z 3 sowie auf Reisedokumente gemäß § 14 Tarifpost 9 Abs. 1 Z 4 und 4a nicht anzuwenden. Den Städten mit eigenem Statut (einschließlich Wien) sowie den Gemeinden Leoben und Schwechat steht für die Ausstellung von gebührenfreien Reisedokumenten und Aufenthaltstiteln ein Pauschalbetrag zu, der für die Städte mit eigenem Statut 0,12 Euro jährlich je Einwohner und für die Gemeinden Leoben und Schwechat 0,20 Euro jährlich je Einwohner (§ 9 Abs. 9 des Finanzausgleichsgesetzes 2008, BGBl. I Nr. 103/2007, in der jeweils geltenden Fassung) beträgt.

(BGBl I 2015/17)

(7) Rechtsgeschäfte, die die Grundlage für die Erzielung von Einkünften in Zusammenhang mit einem Infrastrukturbetreiber eingeräumten Recht, Grund und Boden zur Errichtung und zum Betrieb von ober- oder unterirdischen Leitungen im öffentlichen Interesse zu nutzen, darstellen (§ 107 des Einkommensteuergesetzes 1988 bzw. § 24 Abs. 7 des Körperschaftsteuergesetzes 1988), sind von den Gebühren gemäß § 33 TP 5 und 9 befreit.

(BGBl I 2018/62)

(8) (aufgehoben)

(BGBl I 2020/16, BGBl I 2020/23, BGBl I 2021/227)

(9) (aufgehoben)

(BGBl I 2021/3, BGBl I 2021/52, BGBl I 2021/227)

§ 36. (aufgehoben)

§ 37. (1) § 14 TP 6 Abs. 5 Z 1 in der Fassung des Bundesgesetzes BGBl. I Nr. 88/1997 tritt am 1. September 1997 in Kraft.

(2) Die festen Gebührensätze, § 2 Z 3, § 4, § 5 Abs. 2, § 14 Tarifpost 1 Abs. 1 Z 1 und Abs. 3, Tarifpost 6 Abs. 3, Tarifpost 6 Abs. 5 Z 3, Z 4, Z 4a, Z 8, Z 14, Z 17, Z 19, Tarifpost 11 und Tarifpost 14 Abs. 2 Z 4, jeweils in der Fassung des Bundesgesetzes BGBl. I Nr. 130/1997, treten mit 1. Dezember 1997 in Kraft und sind auf alle Sachverhalte anzuwenden, die nach dem 30. November 1997 verwirklicht werden. § 14 Tarifpost 1 Abs. 4 in der Fassung vor dem Bundesgesetz BGBl. I Nr. 130/1997 ist auf Sachverhalte anzuwenden, die vor dem 1. Dezember 1997 verwirklicht wurden. Abweichend vom ersten Satz treten die Gebührensätze des § 14 Tarifpost 15 (Anm.: idF BGBl. I Nr. 103/1997) mit 1. März 1998 in Kraft und sind auf alle Sachverhalte anzuwenden, die nach dem 28. Februar 1998 verwirklicht werden. § 14 Tarifpost 6 Abs. 5 Z 22 tritt mit 1. März 1998 in Kraft und ersetzt Art. IV Z 1 des Bundesgesetzes, mit dem das Kraftfahrgesetz 1967 (19. KFG-Novelle), die 4. Kraftfahrgesetz-Novelle und das Gebührengesetz 1957 geändert werden, BGBl. I Nr. 103/1997.

(3) Die §§ 3 Abs. 3, 4, 4a, 4b und 4c; 6 Abs. 2; 25 Abs. 2, 3 und 6; 31 Abs. 1 und 2; 33 Tarifpost 5 Abs. 3 und 5; 35 Abs. 4, jeweils in der Fassung des Bundesgesetzes BGBl. I Nr. 28/1999, treten mit 1. Juli 1999 in Kraft und sind auf alle Sachverhalte anzuwenden, für welche die Gebührenschuld nach dem 30. Juni 1999 entsteht. § 14 Tarifpost 6 Abs. 3 und Abs. 5 Z 8, jeweils in der Fassung vor dem Bundesgesetz BGBl. I Nr. 28/1999, sind letzt-

malig auf Sachverhalte anzuwenden, für welche die Gebührenschuld vor dem 1. Jänner 1999 entsteht.

(4) §§ 3 Abs. 2 Z 1, 3 und 4; 9 Abs. 1; 14 Tarifpost 6 Abs. 5 Z 24, Tarifpost 8, 9 und 16, jeweils in der Fassung des Bundesgesetzes BGBl. I Nr. 92/1999, treten mit 1. Juli 1999 in Kraft und sind auf alle Sachverhalte anzuwenden, bei denen die Eingabe um Ausstellung der betreffenden Schrift oder um Vornahme der betreffenden Amtshandlung nach dem 30. Juni 1999 eingebracht wird. § 3 Abs. 2 Z 2 tritt mit 1. Jänner 2000 in Kraft. § 14 Tarifpost 9 Abs. 2 in der Fassung vor dem Bundesgesetz BGBl. I Nr. 92/1999 ist auf alle Sachverhalte anzuwenden, bei denen die Eingabe um Ausstellung der betreffenden Schrift oder um Vornahme der betreffenden Amtshandlung vor dem 1. Juli 1999 eingebracht wird.

(5) § 16 Abs. 2 Z 1 sowie § 33 Tarifpost 21 Abs. 2 Z 4 in der Fassung des Bundesgesetzes BGBl. I Nr. 106/1999 treten mit 1. Jänner 2000 in Kraft und sind auf alle Sachverhalte anzuwenden, die nach dem 31. Dezember 1999 verwirklicht werden.

(6) § 14 Tarifpost 9 Abs. 1, 2 und 5 sowie Tarifpost 16 Abs. 1 bis 3 und 5, jeweils in der Fassung des Bundesgesetzes BGBl. I Nr. 26/2000, treten mit 1. Juni 2000 in Kraft und sind auf alle Sachverhalte anzuwenden, bei denen die Eingabe um Ausstellung der betreffenden Schrift oder um Vornahme der betreffenden Amtshandlung nach dem 31. Mai 2000 eingebracht wird. § 14 Tarifpost 9 Abs. 1, 2 und 5 sowie Tarifpost 16 Abs. 1 bis 3 und 5, jeweils in der Fassung vor dem Bundesgesetz BGBl. I Nr. 26/2000, sind letztmalig auf Sachverhalte anzuwenden, bei denen die Eingabe um Ausstellung der betreffenden Schrift oder um Vornahme der betreffenden Amtshandlung vor dem 1. Juni 2000 eingebracht wird.

(7) § 14 Tarifpost 6 Abs. 5 Z 26 und Tarifpost 14 Abs. 2 Z 24 treten mit 1. Juli 2000 in Kraft und sind auf alle Sachverhalte anzuwenden, in denen die Gebührenschuld nach dem 30. Juni 2000 entsteht.

(8) § 14 Tarifpost 6 Abs. 5 Z 11 und Tarifpost 14 Abs. 2 Z 6 in der Fassung des Bundesgesetzes BGBl. I Nr. 142/2000 ist auf alle Sachverhalte anzuwenden, in denen die Gebührenschuld nach dem 31. Dezember 2000 entsteht. § 14 Tarifpost 6 Abs. 5 Z 11 und Tarifpost 14 Abs. 2 Z 6 in der Fassung vor dem Bundesgesetz BGBl. I Nr. 142/2000 ist auf alle Sachverhalte anzuwenden, in denen die Gebührenschuld vor dem 1. Jänner 2001 entsteht.

(9) § 14 Tarifpost 9 Abs. 5 in der Fassung des Bundesgesetzes BGBl. I Nr. 44/2001 tritt mit 1. Mai 2001 in Kraft.

(10) Die festen Gebührensätze, die Pauschalbeträge des § 14 Tarifpost 8 Abs. 4, Tarifpost 9 Abs. 5 und Tarifpost 16 Abs. 5, §§ 3 Abs. 2, 3, 4 erster Satz, 4a erster Satz und 5; 6; 9 Abs. 1; 11; 13 Abs. 4; 14 Tarifpost 1 Abs. 1 Z 2 und 2. Abs. 2; Tarifpost 6 Abs. 2 Z 6; Abs. 5 Z 1, 4, 4a und 7; Tarifpost 9 Abs. 4; Tarifpost 13; Tarifpost 14 Abs. 1 und 2 Z 25; 16 Abs. 6; 18 Abs. 1 und 4; 23; 25; 30; 33 Tarifpost 1; Tarifpost 5 Abs. 4 Z 3 und Abs. 5; Tarifpost 7 Abs. 1; Tarifpost 8 Abs. 4 erster Satz; Tarifpost 17 Abs. 1 Z 6; Tarifpost 18 Abs. 2; Tarifpost 20 Abs. 1; Tarifpost 22 Abs. 3 und 6, jeweils in der Fassung des BGBl. I Nr. 144/2001, treten mit 1. Jänner 2002 in Kraft und sind auf alle Sachverhalte anzuwenden, für welche die Gebührenschuld nach dem 31. Dezember 2001 entsteht. §§ 3 Abs. 2, 3, 4 erster Satz, 4a erster Satz und 5; 4; 6; 9 Abs. 1; 11; 13 Abs. 4; 14 Tarifpost 1 Abs. 1 Z 2 lit. c; Tarifpost 3; Tarifpost 4 Abs. 1 Z 2 und 3 und Abs. 2; Tarifpost 5 Abs. 2; Tarifpost 6 Abs. 2 Z 6; Abs. 5 Z 1, 4, 4a und 7; Tarifpost 7 Abs. 1 Z 3; Tarifpost 9 Abs. 4; Tarifpost 10; Tarifpost 11; Tarifpost 13; Tarifpost 14 Abs. 1 und 2 Z 25; Tarifpost 15 Abs. 5; 16 Abs. 6; 18 Abs. 1 und 4; 19 Abs. 3; 23; 25; 27; 30; 33 Tarifpost 1; Tarifpost 5 Abs. 4 Z 3 und Abs. 5; Tarifpost 7 Abs. 1; Tarifpost 8 Abs. 4 erster Satz; Tarifpost 12; Tarifpost 14; Tarifpost 17 Abs. 1 Z 5 und 6; Tarifpost 18 Abs. 2; Tarifpost 20 Abs. 1; Tarifpost 22 Abs. 3 und 6, jeweils in der Fassung des BGBl. I Nr. 144/2001, sind letztmalig auf Sachverhalte anzuwenden, für welche die Gebührenschuld vor dem 1. Jänner 2002 entsteht.

(11) § 10 in der Fassung des Bundesgesetzes BGBl. I Nr. 10/2004 tritt mit 1. März 2004 in Kraft und mit 31. Dezember 2006 außer Kraft.

(12) § 14 Tarifpost 6 Abs. 5 Z 24, Tarifpost 8 Abs. 1, 5, 6 und 7 und Tarifpost 9 Abs. 5, jeweils in der Fassung des Bundesgesetzes BGBl. I Nr. 72/2004 treten mit 1. August 2004 in Kraft und sind auf alle Sachverhalte anzuwenden, bei denen die Eingabe um Ausstellung der betreffenden Schrift oder um Vornahme der betreffenden Amtshandlung nach dem 31. Juli 2004 eingebracht wird. § 14 Tarifpost 6 Abs. 5 Z 24, Tarifpost 8 Abs. 1 und 5 sowie Tarifpost 9 Abs. 5, jeweils in der Fassung vor dem Bundesgesetz BGBl. I Nr. 72/2004, sind letztmalig auf Sachverhalte anzuwenden, bei denen die Eingabe um Ausstellung der betreffenden Schrift oder um Vornahme der betreffenden Amtshandlung vor dem 1. August 2004 eingebracht wird.

(13) § 14 Tarifpost 8 Abs. 5 in der Fassung des Bundesgesetzes BGBl. I Nr. 180/2004 tritt mit 1. März 2005 in Kraft und ist auf alle Sachverhalte anzuwenden, für welche die Gebührenschuld nach dem 28. Februar 2005 entsteht. § 14 Tarifpost 8 Abs. 5 in der Fassung vor dem Bundesgesetz BGBl. I Nr. 180/2004, ist letztmalig auf Sachverhalte anzuwenden, für welche die Gebührenschuld vor dem 1. März 2005 entsteht.

(14) § 14 Tarifpost 8 Abs. 5, 5a, 5b, 6 und 7 in der Fassung des Bundesgesetzes BGBl. I Nr. 100/2005 treten mit 1. Jänner 2006 in Kraft und sind auf alle Sachverhalte anzuwenden, für welche die Gebührenschuld nach dem 31. Dezember 2005 entsteht. § 14 Tarifpost 8 Abs. 5, 6 und 7 in der Fassung vor dem Bundesgesetz BGBl. I Nr. 100/2005 sind letztmalig auf Sachverhalte anzuwenden, für welche die Gebührenschuld vor dem 1. Jänner 2006 entsteht.

(15) § 28 Abs. 3 und § 33 TP 17 Abs. 1 Z 6 in der Fassung des Bundesgesetzes BGBl. I Nr. 105/2005 treten mit 1. Oktober 2005 in Kraft und sind auf alle Sachverhalte anzuwenden, für welche die Gebührenschuld nach dem 30. September 2005 entsteht.

§ 33 TP 17 Abs. 3 in der Fassung vor dem BGBl. I Nr. 105/2005 ist letztmalig auf Sachverhalte anzuwenden, für welche die Gebührenschuld vor dem 1. Oktober 2005 entsteht.

(16) § 35 Abs. 5 tritt mit 1. Juli 2005 in Kraft und ist auf alle Sachverhalte anzuwenden, die nach dem 30. Juni 2005 verwirklicht werden.

(17) § 14 Tarifpost 2 Abs. 1 Z 3 in der Fassung des Bundesgesetzes BGBl. I Nr. 37/2006 tritt gleichzeitig mit dem Bundesgesetz, mit dem das Staatsbürgerschaftsgesetz geändert wird, BGBl. I. Nr. 37/2006, in Kraft und ist auf Sachverhalte anzuwenden, für die die Gebührenschuld ab diesem Zeitpunkt entsteht. § 14 Tarifpost 2 Abs. 1 Z 3 in der Fassung vor dem Bundesgesetz BGBl. I Nr. 37/2006 ist letztmalig auf Sachverhalte anzuwenden, für die die Gebührenschuld vor dem In-Kraft-Treten des Bundesgesetzes, mit dem das Staatsbürgerschaftsgesetz geändert wird, BGBl. I Nr. 37/2006, entsteht.

(18) § 14 Tarifpost 9 Abs. 1, Abs. 2 Z 2 und Abs. 5, jeweils in der Fassung des Bundesgesetzes BGBl. I Nr. 44/2006, treten gleichzeitig mit dem Bundesgesetz, mit dem das Passgesetz geändert wird, BGBl. I Nr. 44/2006, in Kraft und sind auf Sachverhalte anzuwenden, für welche die Gebührenschuld nach dem In-Kraft-Treten des Bundesgesetzes, mit dem das Passgesetz geändert wird, BGBl. I Nr. 44/2006, entsteht. § 14 Tarifpost 9 Abs. 1, Abs. 2 Z 2 und Abs. 5 in der Fassung vor dem Bundesgesetz BGBl. I Nr. 44/2006 sind letztmalig auf Sachverhalte anzuwenden, für welche die Gebührenschuld vor dem In-Kraft-Treten des Bundesgesetzes, mit dem das Passgesetz geändert wird, BGBl. I Nr. 44/2006, entsteht.

(19) § 14 Tarifpost 8 Abs. 1 Z 1 bis 3, Abs. 1a und 1b sowie Abs. 2 Z 2 in der Fassung des Budgetbegleitgesetzes 2007, BGBl. I Nr. 24, tritt mit 1. Juni 2007 in Kraft und ist auf alle Sachverhalte anzuwenden, für welche die Gebührenschuld nach dem 31. Mai 2007 entsteht. § 33 Tarifpost 5 Abs. 4 Z 2 in der Fassung des Budgetbegleitgesetzes 2007 ist auf alle Sachverhalte anzuwenden, für die die Gebührenschuld nach dem 31. Dezember 2001 entstanden ist. § 14 Tarifpost 8 Abs. 1 Z 1 bis 3 in der Fassung vor dem Budgetbegleitgesetz 2007 ist letztmalig auf Sachverhalte anzuwenden, für welche die Gebührenschuld vor dem 1. Juni 2007 entsteht.

(20) § 35 Abs. 6 in der Fassung des Bundesgesetzes BGBl. I Nr. 105/2007 tritt mit 1. Jänner 2008 in Kraft und ist auf alle Sachverhalte anzuwenden, die nach dem 31. Dezember 2007 verwirklicht werden.

(21) § 14 Tarifpost 9 Abs. 2 Z 1a und Abs. 5, in der Fassung des Bundesgesetzes BGBl. I Nr. 6/2009, tritt gleichzeitig mit dem Bundesgesetz, mit dem das Passgesetz 1992 geändert wird, BGBl. I Nr. 6/2009, in Kraft.

(22) § 14 Tarifpost 4 Abs. 4, Tarifpost 5 Abs. 3 Z 3 bezüglich Schriften und Druckwerke, die einem Ansuchen um Verleihung der österreichischen Staatsbürgerschaft beigelegt werden, Tarifpost 6 Abs. 3 lit. b, Tarifpost 7 Abs. 3 und Tarifpost 14 Abs. 2 Z 28, jeweils in der Fassung des Bundesgesetzes BGBl. I Nr. 52/2009, treten mit 1. September 2009 in Kraft und sind auf alle Sachverhalte anzuwenden, für die die Gebührenschuld nach dem 31. August 2009 entsteht.

§ 11 Abs. 1 Z 1, § 14 Tarifpost 5 Abs. 3 Z 3 bezüglich Schriften und Druckwerke, die einem Ansuchen um Erteilung eines Aufenthaltstitels beigelegt werden, Tarifpost 6 Abs. 3 lit. a sowie Abs. 5 Z 24, Tarifpost 8 Abs. 5 und 7, jeweils in der Fassung des Bundesgesetzes BGBl. I Nr. 52/2009, treten mit 1. Juli 2009 in Kraft und sind auf alle Sachverhalte anzuwenden, für die das Ansuchen um Erteilung eines Aufenthaltstitels nach dem 30. Juni 2009 gestellt wird.

§ 14 Tarifpost 6 Abs. 5 Z 24 sowie Tarifpost 8 Abs. 5 und 7, jeweils in der Fassung vor dem Bundesgesetz BGBl. I Nr. 52/2009, sind letztmalig auf Sachverhalte anzuwenden, für die das Ansuchen um Erteilung eines Aufenthaltstitels vor dem 1. Juli 2009 gestellt wird.

§ 14 Tarifpost 6 Abs. 2 Z 3 in der Fassung vor dem Bundesgesetz BGBl. I Nr. 52/2009 ist letztmalig auf Sachverhalte anzuwenden, für welche die Gebührenschuld vor dem 1. September 2009 entsteht.

§ 15 Abs. 1 in der Fassung des Bundesgesetzes BGBl. I Nr. 52/2009 tritt mit 1. August 2008 in Kraft und ist auf alle Sachverhalte anzuwenden, die nach dem 31. Juli 2008 verwirklicht werden.

(23) § 14 Tarifpost 9 Abs. 1 Z 2, 2a, 3, 4, 4a, Abs. 2 1a und Abs. 5 sowie § 35 Abs. 6, jeweils in der Fassung des Bundesgesetzes BGBl. I Nr. 79/2009, treten mit 19. August 2009 in Kraft und sind auf alle Sachverhalte anzuwenden, für welche die Gebührenschuld nach dem 18. August 2009 entsteht oder entstanden ist. § 35 Abs. 6 in der Fassung vor dem Bundesgesetz BGBl. I Nr. 79/2009 ist letztmalig auf Sachverhalte anzuwenden, die vor dem 19. August 2009 verwirklicht werden. § 14 Tarifpost 9 Abs. 1 Z 6 tritt mit 15. Juli 2009 außer Kraft.

(24) § 33 Tarifpost 11 Abs. 2 in der Fassung vor dem Bundesgesetz BGBl. I Nr. 75/2009 ist letztmalig auf Sachverhalte anzuwenden, für die die Gebührenschuld vor dem 1. Jänner 2010 entsteht.

(24) § 14 Tarifpost 15 Abs. 3 in der Fassung des Bundesgesetzes BGBl. I Nr. 9/2010 tritt mit 1. Juli 2010 in Kraft.

(25) § 14 Tarifpost 8 Abs. 5, Abs. 5a, Abs. 5b erster Satz, Abs. 5c, Abs. 6 und 7, jeweils in der Fassung des Bundesgesetzes BGBl. I Nr. 122/2009, treten mit 1. Jänner 2010 in Kraft und sind auf alle Sachverhalte anzuwenden, für welche die Gebührenschuld nach dem 31. Dezember 2009 entsteht. § 14 Tarifpost 4 Abs. 4, Tarifpost 5 Abs. 3 Z 3 bezüglich Schriften und Druckwerke, die einem Ansuchen um Erstreckung der Verleihung der österreichischen Staatsbürgerschaft beigelegt werden, Tarifpost 6 Abs. 3 lit. b, Tarifpost 7 Abs. 3 und Tarifpost 14 Abs. 2 Z 28, jeweils in der Fassung des Bundesgesetzes BGBl. I Nr. 122/2009, treten mit 1. Jänner 2010 in Kraft und sind auf alle Sachverhalte anzuwenden, für die die Gebührenschuld nach dem 31. Dezember 2009 entsteht.

7/1. GebG
§ 37

(26) § 11 Abs. 1 Z 1, § 14 Tarifpost 6 Abs. 2 Z 5 und Tarifpost 10, jeweils in der Fassung des Bundesgesetzes BGBl. I Nr. 34/2010, treten mit 1. Juli 2010 in Kraft und sind auf alle Sachverhalte anzuwenden, für die die Gebührenschuld nach dem 30. Juni 2010 entsteht. § 11 Abs. 1 Z 1, § 14 Tarifpost 1 Abs. 3 und Tarifpost 6 Abs. 2 Z 5 und 6, jeweils in der Fassung vor dem Bundesgesetz BGBl. I Nr. 34/2010, treten mit 1. Juli 2010 außer Kraft und sind letztmalig auf alle Sachverhalte anzuwenden, für die die Gebührenschuld vor dem 1. Juli 2010 entsteht. Für die in § 14 Tarifpost 10 Abs. 1 angeführten Eingaben und Niederschriften, für die im Zeitpunkt des Inkrafttretens dieses Bundesgesetzes noch keine Gebührenschuld gemäß § 11 Abs. 1 entstanden ist, entsteht die Gebührenschuld nach § 14 Tarifpost 10 mit dem 1. Juli 2010.

(27) §§ 9 Abs. 2 erster Satz, 16 Abs. 5, 28 Abs. 3, 31 Abs. 3 und 33 Tarifpost 17, jeweils in der Fassung des Bundesgesetzes BGBl. I Nr. 54/2010, treten mit 1. Jänner 2011 in Kraft und sind auf alle Sachverhalte anzuwenden, für die die Gebührenschuld nach dem 31. Dezember 2010 entsteht. §§ 9 Abs. 2 erster Satz, 16 Abs. 5, 28 Abs. 3, 31 Abs. 3 und 33 Tarifpost 17, jeweils in der Fassung vor dem Bundesgesetz BGBl. I Nr. 54/2010, treten mit 1. Jänner 2011 außer Kraft und sind letztmalig auf alle Sachverhalte anzuwenden, für die die Gebührenschuld vor dem 1. Jänner 2011 entsteht.

(28) § 3 Abs. 2 Z 2 erster Satz, § 3 Abs. 4 erster und letzter Satz, § 3 Abs. 4a erster Satz, § 3 Abs. 4c erster Satz, § 3 Abs. 5 erster Satz, § 3 Abs. 5 letzter Satz, § 14 Tarifpost 15 Abs. 3 zweiter Satz, Tarifpost 5 Abs. 5 Z 1, § 33 Tarifpost 5 Abs. 5 Z 4 erster Satz, § 33 Tarifpost 17 Abs. 3, § 33 Tarifpost 22 Abs. 6 erster Satz, § 34 Abs. 1 zweiter Satz, § 34 Abs. 2, § 35 Abs. 5 Z 3 lit. b, jeweils in der Fassung des Budgetbegleitgesetzes 2011, BGBl. I Nr. 111/2010, treten mit 1. Jänner 2011 in Kraft. § 3 Abs. 4 vorletzter Satz, § 3 Abs. 4c dritter Satz, § 31 Abs. 1 letzter Satz und Abs. 3 treten mit Ablauf des 31. Dezember 2010 außer Kraft. § 16 Abs. 6 in der Fassung vor dem Budgetbegleitgesetz 2011, BGBl. I Nr. 111/2010, ist letztmalig auf Sachverhalte anzuwenden, für die die Gebührenschuld vor dem 1. Jänner 2011 entsteht. § 19 Abs. 2 zweiter Satz, § 20 Z 5 und § 33 Tarifpost 21 Abs. 2 Z 3, jeweils in der Fassung des Budgetbegleitgesetzes 2011, BGBl. I Nr. 111/2010, treten mit 1. Jänner 2011 in Kraft und sind auf Sachverhalte anzuwenden, die nach dem 31. Dezember 2010 verwirklicht werden. § 19 Abs. 2 zweiter Satz, § 20 Z 5 und § 33 Tarifpost 21 Abs. 2 Z 3, jeweils in der Fassung vor dem Budgetbegleitgesetz 2011, BGBl. I Nr. 111/2010, sind letztmalig auf Sachverhalte anzuwenden, die vor dem 1. Jänner 2011 verwirklicht werden. § 33 Tarifpost 8 und 19 treten mit Ablauf des 31. Dezember 2010 außer Kraft und sind letztmalig auf Sachverhalte anzuwenden, für die die Gebührenschuld vor dem 1. Jänner 2011 entsteht.

(29)
1. § 14 Tarifpost 8 Abs. 5b in der Fassung des Bundesgesetzes BGBl. I Nr. 76/2011 tritt mit 1. September 2011 in Kraft und ist erstmalig auf Sachverhalte anzuwenden, für die die Gebührenschuld nach dem 31. August 2011 entsteht. § 14 Tarifpost 8 Abs. 5b in der Fassung vor dem Bundesgesetz BGBl. I Nr. 76/2011 ist letztmalig auf alle Sachverhalte anzuwenden, für die die Gebührenschuld vor dem 1. September 2011 entsteht. § 35 Abs. 6 letzter Satz in der Fassung des Bundesgesetzes BGBl. I Nr. 76/2011 tritt mit 1. Jänner 2011 in Kraft.
2. § 35 Abs. 3 in der Fassung des Bundesgesetzes BGBl. I Nr. 76/2011 ist nach dem 31. Dezember 2007 verwirklichte Sachverhalte anzuwenden.

(30) § 14 Tarifpost 6 Abs. 5 Ziffer 28 in der Fassung des Bundesgesetzes BGBl. I Nr. 17/2012 tritt mit 1. Juni 2012 in Kraft und ist auf alle Sachverhalte anzuwenden, bei denen die Gebührenschuld nach dem 31. Mai 2012 entstünde.

(31) § 14 Tarifpost 11 in der Fassung des Bundesgesetzes BGBl. I Nr. 112/2012 tritt mit 1. Jänner 2013 in Kraft und ist auf Waffendokumente anzuwenden, für die der Antrag auf Ausstellung nach dem 31. Dezember 2012 gestellt wird. § 14 Tarifposten 17 und 18 in der Fassung des Bundesgesetzes BGBl. I Nr. 112/2012 treten mit 1. April 2013 in Kraft und sind auf Anträge anzuwenden, die nach dem 31. März 2013 gestellt werden.

§ 33 Tarifpost 5 Abs. 5 Z 3 in der Fassung des Bundesgesetzes BGBl. I Nr. 112/2012 tritt mit 1. Jänner 2013 in Kraft und ist auf alle Bestandverträge anzuwenden, die nach dem 31. Dezember 2012 abgeschlossen werden.

(32) § 14 Tarifpost 6 Abs. 5 Z 1, 4 und 4a, jeweils in der Fassung des Bundesgesetzes BGBl. I Nr. 70/2013, tritt mit 1. Jänner 2014 in Kraft. § 14 Tarifpost 10 Abs. 1 Z 4 und Z 6 in der Fassung vor dem Bundesgesetz BGBl. I Nr. 70/2013 tritt mit 1. Jänner 2014 außer Kraft und ist letztmalig auf alle Sachverhalte anzuwenden, für die die Gebührenschuld vor dem 1. Jänner 2014 entsteht.

(33) § 14 Tarifpost 2 Abs. 1 Z 3 lit. b und c in der Fassung des Bundesgesetzes BGBl. I Nr. 13/2013 tritt mit 1. August 2013 in Kraft und ist auf alle Sachverhalte anzuwenden, für die die Gebührenschuld nach dem 31. Juli 2013 entstanden ist.

(34) § 14 Tarifpost 8 in der Fassung des Bundesgesetzes BGBl. I Nr. 105/2014 tritt mit 1. Jänner 2015 in Kraft und ist auf alle Anträge anzuwenden, die nach dem 31. Dezember 2014 eingebracht werden. § 14 Tarifpost 8 in der Fassung vor dem Bundesgesetz BGBl. I Nr. 105/2014 ist auf die Erteilung jener Einreisetitel anzuwenden, für die ein Ansuchen auf Erteilung vor dem 1. Jänner 2015 eingebracht wird.

(35) § 35 Abs. 6 letzter Satz in der Fassung des Bundesgesetzes BGBl. I Nr. 17/2015 tritt mit 1. Jänner 2014 in Kraft.

(BGBl I 2015/17)

(36) § 33 Tarifpost 20 Abs. 2 Z 5 in der Fassung des Bundesgesetzes BGBl. I Nr. 105/2015 tritt mit 9. Jänner 2016 in Kraft.
(BGBl I 2015/105)
(37) § 11 Abs. 3 tritt mit 1. Jänner 2016 in Kraft.
(BGBl I 2015/163)
(38) § 14 Tarifpost 4 Abs. 5 und Tarifpost 6 Abs. 5 Z 29 in der Fassung des Bundesgesetzes BGBl. I Nr. 62/2018 treten mit 2. Mai 2018 in Kraft. § 14 Tarifpost 6 Abs. 3 lit. a und § 14 Tarifpost 8, jeweils in der Fassung des Bundesgesetzes BGBl. I Nr. 62/2018 treten mit 1. August 2018 in Kraft und sind auf alle Sachverhalte anzuwenden, bei denen die Eingabe um Ausstellung der betreffenden Schrift oder um Vornahme der betreffenden Amtshandlung nach dem 31. Juli 2018 eingebracht wird. § 33 Tarifpost 7 Abs. 2 Z 3 in der Fassung des Bundesgesetzes BGBl. I Nr. 62/2018 tritt mit 11. November 2017 in Kraft. § 35 Abs. 7 in der Fassung des Bundesgesetzes BGBl. I Nr. 62/2018 tritt mit 1. Jänner 2019 in Kraft und ist auf alle nach dem 31. Dezember 2018 verwirklichten Sachverhalte anzuwenden.
(BGBl I 2018/62)
(39) § 3 Abs. 2 Z 2, Abs. 4, Abs. 4a, Abs. 4c und Abs. 5, § 9 Abs. 2, § 14 Tarifpost 14 Abs. 2 Z 23, Tarifpost 15 Abs. 3, § 31 Abs. 1, § 32, § 33 Tarifpost 5 Abs. 5 Z 1, Z 3 und Z 4, Tarifpost 17 Abs. 3, Tarifpost 22 Abs. 6 lit. b, § 34 Abs. 1 und Abs. 2 und § 35 Abs. 3 lit. b, jeweils in der Fassung des Bundesgesetzes BGBl. I Nr. 104/ 2019, treten mit 1. Jänner 2021 in Kraft.
(BGBl I 2019/104, BGBl I 2020/99)
(40) In der Fassung des Bundesgesetzes BGBl. I Nr. 103/2019 treten in Kraft,
1. § 3 Abs. 2 Z 2 erster Satz, § 11 Abs. 1 Z 1 sowie § 14 Tarifpost 6 Abs. 5 Z 24 mit 1. August 2018,
2. § 14 Tarifpost 5 Abs. 3 Z 3 und Tarifpost 6 Abs. 3 lit. a mit 1. Jänner 2020 und sind auf Ansuchen und Beilagen anzuwenden, die nach dem 31. Dezember 2019 eingebracht werden.
(BGBl I 2019/103)
(41) § 35 Abs. 8 in der Fassung des Bundesgesetzes BGBl. I Nr. 23/2020, tritt mit 1. März 2020 in Kraft und mit 30. Juni 2021 außer Kraft.
(BGBl I 2020/16, BGBl I 2020/23, BGBl I 2021/3, BGBl I 2021/52)
(42) § 14 Tarifpost 6 Abs. 5 Z 4 und Z 4a, jeweils in der Fassung des Bundesgesetzes BGBl. I Nr. 99/2020, treten mit 1. Jänner 2021 in Kraft.
(BGBl I 2020/99)
(43) § 3 Abs. 2 Z 2, § 11 Abs. 1 Z 1, § 14 Tarifpost 6 Abs. 3 lit. b und lit. c, § 14 Tarifpost 6 Abs. 5 Z 7, Z 28, Z 29 und Z 30, § 14 Tarifpost 8 Abs. 4b, § 14 Tarifpost 14 Abs. 2 Z 29 und Z 30, § 14 Tarifpost 14 Abs. 3 sowie § 35 Abs. 9, jeweils in der Fassung des Bundesgesetzes BGBl. I Nr. 3/2021, treten mit 1. Jänner 2021 in Kraft.
(BGBl I 2021/3)

(44) § 14 Tarifpost 9 Abs. 5 in der Fassung des Bundesgesetzes BGBl. I Nr. 123/2021 tritt mit 15. Juli 2021 in Kraft.
(BGBl I 2021/123)
(45) § 35 Abs. 8 und 9, jeweils in der Fassung des Bundesgesetzes BGBl. I Nr. 227/2021, treten mit 1. Juli 2021 in Kraft und mit 31. Dezember 2022 außer Kraft. § 35 Abs. 8 ist letztmalig auf Eingaben anzuwenden, die vor dem 1. Jänner 2023 eingebracht werden sowie auf Erledigungen anzuwenden, deren Ansuchen vor dem 1. Jänner 2023 gestellt wurden.
(BGBl I 2021/227, BGBl I 2022/108)
(46)
1. § 14 Tarifpost 6 Abs. 3 lit. c, in der Fassung des Bundesgesetzes BGBl. I Nr. 108/2022, tritt mit 1. Jänner 2021 in Kraft.
2. § 14 Tarifpost 19, in der Fassung des Bundesgesetzes BGBl. I Nr. 108/2022, tritt mit 1. August 2022 in Kraft und ist auf Ansuchen anzuwenden, die nach dem 31. Juli 2022 gestellt werden sowie auf Erledigungen anzuwenden, deren Ansuchen nach dem 31. Juli 2022 gestellt werden.
3. § 3 Abs. 2 Z 2 und § 34 Abs. 1, jeweils in der Fassung des Bundesgesetzes BGBl. I Nr. 108/2022, treten mit 1. Oktober 2022 in Kraft.
4. § 14 Tarifpost 5 Abs. 1, in der Fassung des Bundesgesetzes BGBl. I Nr. 108/2022, tritt mit 1. Oktober 2022 in Kraft und ist auf Beilagen anzuwenden, die nach dem 30. September 2022 eingebracht werden.
5. § 14 Tarifpost 12, Tarifpost 20, Tarifpost 21 und Tarifpost 22, in der Fassung des Bundesgesetzes BGBl. I Nr. 108/2022, tritt mit 1. Oktober 2022 in Kraft und ist auf Ansuchen anzuwenden, die nach dem 30. September 2022 gestellt werden sowie auf Erledigungen anzuwenden, deren Ansuchen nach dem 30. September 2022 gestellt werden.
(BGBl I 2022/108)
(47)
1. § 3 Abs. 2 Z 2, § 14 Tarifpost 5 Abs. 3 Z 3 und 4, § 14 Tarifpost 6 Abs. 3 lit. d, § 14 Tarifposten 23, 24 und 25 sowie § 31 Abs. 1, jeweils in der Fassung des Bundesgesetzes BGBl. I Nr. 110/2023, treten mit 1. Oktober 2023 in Kraft und sind auf Ansuchen anzuwenden, die nach dem 30. September 2023 gestellt werden sowie auf Erledigungen anzuwenden, deren Ansuchen nach dem 30. September2023 gestellt werden.
2. § 3 Abs. 4 und 4a, § 11 Abs. 3, § 14 Tarifpost 6 Abs. 5 Z 1 lit. b und Abs. 5 Z 24, § 14 Tarifpost 8 Abs. 6, § 14 Tarifpost 11 Abs. 5, § 14 Tarifpost 14 Abs. 3, § 14 Tarifpost 20 Abs. 1 Z 1a und Abs. 6 sowie § 33 Tarifpost 5 Abs. 5 Z 3, jeweils in der Fassung des Bundesgesetzes BGBl. I Nr. 110/2023, treten mit dem der Kundmachung im Bundesgesetzblatt folgenden Tag in Kraft.

3. § 11 Abs. 3 sowie § 14 Tarifpost 23 Abs. 5 sind bis zum vom Bundesminister für Inneres gemäß § 24 Abs. 6 letzter Satz E-GovG kundgemachten Zeitpunkt mit der Maßgabe anzuwenden, dass die Funktion Elektronischer Identitätsnachweis (E-ID) als Funktion Bürgerkarte gilt.

(AbgÄG 2023, BGBl I 2023/110)

„(48) § 14 Tarifpost 6 Abs. 5 Z 28 und Tarifpost 14 Abs. 3, jeweils in der Fassung des Bundesgesetzes BGBl. I Nr. 188/2023, tritt mit 1. Jänner 2024 in Kraft und ist auf Ansuchen anzuwenden, die nach dem 31. Dezember 2023 gestellt werden sowie auf Erledigungen anzuwenden, deren Ansuchen nach dem 31. Dezember 2023 gestellt werden."

(GemRefG 2023, BGBl I 2023/188)

§ 38. (1) Mit der Vollziehung dieses Bundesgesetzes ist der Bundesminister für Finanzen betraut.

(BGBl I 2022/108)

(2) Soweit in diesem Bundesgesetz auf Bestimmungen anderer Bundesgesetze verwiesen wird, sind diese in ihrer jeweils geltenden Fassung anzuwenden.

(BGBl I 2022/108)

7/2. SONSTIGE GESETZE

7/2/1.
§ 17a VerfassungsgerichtshofG 1953

BGBl 1953/85 idF BGBl I 2022/125

§ 17a. Für Anträge gemäß § 15 Abs. 1 einschließlich der Beilagen ist nach Maßgabe der folgenden Bestimmungen eine Eingabengebühr zu entrichten:

1. Die Gebühr beträgt 240 Euro. Der Bundeskanzler und der Bundesminister für Finanzen sind ermächtigt, die Eingabengebühr durch Verordnung neu festzusetzen, sobald und soweit sich der von der Bundesanstalt „Statistik Österreich" verlautbarte Verbraucherpreisindex 2010 oder ein an dessen Stelle tretender Index gegenüber der für Jänner 2013 verlautbarten und in der Folge gegenüber der der letzten Festsetzung zugrunde gelegten Indexzahl um mehr als 10% geändert hat. Der neue Betrag ist aus dem im ersten Satz genannten Betrag im Verhältnis der Veränderung der für Jänner 2013 verlautbarten Indexzahl zu der für die Neufestsetzung maßgebenden Indexzahl zu berechnen, jedoch auf ganze zehn Euro kaufmännisch auf- oder abzurunden.
2. Gebietskörperschaften und Mitglieder des Nationalrates in den Angelegenheiten des Art. 138b Abs. 1 Z 1 bis 6 B-VG sind von der Entrichtung der Gebühr befreit.
3. Die Gebührenschuld entsteht im Zeitpunkt der Überreichung der Eingabe; die Gebühr wird mit diesem Zeitpunkt fällig. Bei elektronisch eingebrachten Schriftsätzen ist in den Fällen des § 14a Abs. 1 jener Zeitpunkt maßgeblich, der sich aus den für die jeweilige Form der Einbringung maßgeblichen Bestimmungen des GOG bzw. des ZustG ergibt; soweit eine andere Form der Einbringung für zulässig erklärt ist (§ 14a Abs. 2), ist der Zeitpunkt des Einlangens in den elektronischen Verfügungsbereich des Verfassungsgerichtshofes maßgeblich.
4. Die Gebühr ist unter Angabe des Verwendungszwecks durch Überweisung auf ein entsprechendes Konto des Finanzamtes Österreich zu entrichten. Die Entrichtung der Gebühr ist durch einen von einer Post-Geschäftsstelle oder einem Kreditinstitut bestätigten Zahlungsbeleg in Urschrift nachzuweisen. Dieser Beleg ist der Eingabe anzuschließen. Die Einlaufstelle hat den Beleg dem Beschwerdeführer (Antragsteller) auf Verlangen zurückzustellen, zuvor darauf einen deutlichen Sichtvermerk anzubringen und auf der im Akt verbleibenden Ausfertigung der Eingabe zu bestätigen, dass die Gebührenentrichtung durch Vorlage des Zahlungsbeleges nachgewiesen wurde. Für jede Eingabe ist die Vorlage eines gesonderten Beleges erforderlich. Rechtsanwälte können die Entrichtung der Gebühr auch durch einen schriftlichen Beleg des spätestens zugleich mit der Eingabe weiterzuleitenden Überweisungsauftrages nachweisen, wenn sie darauf mit Datum und Unterschrift bestätigen, dass der Überweisungsauftrag unter einem unwiderruflich erteilt wird.

(BGBl I 2019/104)

5. Wird der Antrag im Weg des elektronischen Rechtsverkehrs (§ 14a Abs. 1 Z 1) eingebracht, so hat der Gebührenentrichter das Konto, von dem die Eingabengebühr einzuziehen ist, oder einen Anschriftcode, unter dem ein Konto zur Einziehung der Eingabengebühr gespeichert ist, anzugeben. Gibt der Gebührenentrichter sowohl einen Anschriftcode, unter dem ein Konto zur Einziehung der Eingabengebühr gespeichert ist, als auch ein Konto zur Einziehung der Eingabengebühr an, so ist die Eingabengebühr von diesem Konto einzuziehen. Die Abbuchung und die Einziehung der Eingabengebühr sind im Weg der automationsunterstützten Datenverarbeitung durchzuführen.
6. Für die Erhebung der Gebühr (Z 4 und 5) ist das Finanzamt Österreich zuständig.

(BGBl I 2019/104)

7. Im Übrigen sind auf die Gebühr die Bestimmungen des Gebührengesetzes 1957, BGBl. Nr. 267/1957, über Eingaben mit Ausnahme der §§ 11 Z 1 und 14 anzuwenden.

§ 24a VerwaltungsgerichtshofG 1985

BGBl 1985/10 idF BGBl I 2021/109

§ 24a. Für Revisionen, Fristsetzungsanträge und Anträge auf Wiederaufnahme des Verfahrens und auf Wiedereinsetzung in den vorigen Stand einschließlich der Beilagen ist nach Maßgabe der folgenden Bestimmungen eine Eingabengebühr zu entrichten:

1. Die Gebühr beträgt 240 Euro. Der Bundeskanzler und der Bundesminister für Finanzen sind ermächtigt, die Eingabengebühr durch Verordnung neu festzusetzen, sobald und soweit sich der von der Bundesanstalt „Statistik Österreich" verlautbarte Verbraucherpreisindex 2010 oder ein an dessen Stelle tretender Index gegenüber der für Jänner 2013 verlautbarten und in der Folge gegenüber der der letzten Festsetzung zugrunde gelegten Indexzahl um mehr als 10% geändert hat. Der neue Betrag ist aus dem im ersten Satz genannten Betrag im Verhältnis der Veränderung der für Jänner 2013 verlautbarten Indexzahl zu der für die Neufestsetzung maßgebenden Indexzahl zu berechnen, jedoch auf ganze zehn Euro kaufmännisch auf- oder abzurunden.

2. Gebietskörperschaften und, in Angelegenheiten des Art. 130 Abs. 1a B-VG, Untersuchungsausschüsse des Nationalrates bzw. deren Vorsitzende sind von der Entrichtung der Gebühr befreit.

(BGBl I 2021/72)

3. Die Gebührenschuld entsteht im Zeitpunkt der Überreichung der Eingabe oder, wenn diese im Weg des elektronischen Rechtsverkehrs eingebracht wird, mit dem Zeitpunkt der Einbringung beim Verwaltungsgerichtshof gemäß § 75 Abs. 1. Die Gebühr wird mit diesem Zeitpunkt fällig.

4. Die Gebühr ist unter Angabe des Verwendungszwecks durch Überweisung auf ein entsprechendes Konto des Finanzamtes Österreich zu entrichten. Die Entrichtung der Gebühr ist durch einen von einer Post-Geschäftsstelle oder einem Kreditinstitut bestätigten Zahlungsbeleg in Urschrift nachzuweisen. Dieser Beleg ist der Eingabe anzuschließen. Die Einlaufstelle des Verwaltungsgerichtes oder des Verwaltungsgerichtshofes hat den Beleg dem Revisionswerber (Antragsteller) auf Verlangen zurückzustellen, zuvor darauf einen deutlichen Sichtvermerk anzubringen und auf der im Akt verbleibenden Ausfertigung der Eingabe zu bestätigen, dass die Gebührenentrichtung durch Vorlage des Zahlungsbeleges nachgewiesen wurde. Für jede Eingabe ist die Vorlage eines gesonderten Beleges erforderlich. Rechtsanwälte (Steuerberater oder Wirtschaftsprüfer) können die Entrichtung der Gebühr auch durch einen schriftlichen Beleg des spätestens zugleich mit der Eingabe weiterzuleitenden Überweisungsauftrages nachweisen, wenn sie darauf mit Datum und Unterschrift bestätigen, dass der Überweisungsauftrag unter einem unwiderruflich erteilt wird.

(BGBl I 2019/104)

5. Wird eine Eingabe im Weg des elektronischen Rechtsverkehrs eingebracht, so ist die Gebühr durch Abbuchung und Einziehung zu entrichten. In der Eingabe ist das Konto, von dem die Gebühr einzuziehen ist, oder der Anschriftcode (§ 73), unter dem ein Konto gespeichert ist, von dem die Gebühr eingezogen werden soll, anzugeben. Der Präsident hat nach Anhörung der Vollversammlung durch Verordnung unter Bedachtnahme auf die Grundsätze einer einfachen und sparsamen Verwaltung und eine Sicherung vor Missbrauch das Verfahren bei der Abbuchung und Einziehung der Gebühr im Weg automationsunterstützter Datenverarbeitung und nach Maßgabe der technischen und organisatorischen Voraussetzungen den Zeitpunkt zu bestimmen, ab dem die Gebühr durch Abbuchung und Einziehung entrichtet werden kann.

6. Für die Erhebung der Gebühr (Z 4 und 5) ist das Finanzamt Österreich zuständig.

(BGBl I 2019/104)

7. Im Übrigen sind auf die Gebühr die Bestimmungen des Gebührengesetzes 1957, BGBl. Nr. 267/1957, über Eingaben mit Ausnahme der §§ 11 Z 1 und 14 anzuwenden.

7/3. VERORDNUNGEN

7/3/1.

Bestandvertragsgebühr

BGBl II 1999/241

Verordnung des Bundesministers für Finanzen betreffend Ausnahmen von der Verpflichtung des Bestandgebers zur Selbstberechnung der Bestandvertragsgebühr

Auf Grund des § 33 Tarifpost 5 Abs. 5 Z 2 des Gebührengesetzes 1957, BGBl. Nr. 267/1957, in der Fassung des Bundesgesetzes BGBl. I Nr. 28/1999, wird verordnet:

§ 1. Eine nach § 33 Tarifpost 5 Abs. 5 Z 1 GebG bestehende Verpflichtung des Bestandgebers zur Selbstberechnung der Gebühr entfällt für:
1. atypische und gemischte Rechtsgeschäfte, deren Beurteilung als Bestandvertrag im Sinne des § 33 Tarifpost 5 Abs. 1 GebG nicht zumutbar ist;
2. Rechtsgeschäfte, bei denen Leistungen von einem erst in Zukunft ermittelbaren Betrag abhängen;
3. Rechtsgeschäfte, bei denen dem Bestandgeber eine persönliche Befreiung von den Gebühren zukommt.

§ 2. (1) Atypische und gemischte Rechtsgeschäfte sind solche, die für Bestandverträge atypische Vertragselemente oder Vertragselemente, die einem anderen Vertragstyp entnommen sind, enthalten.

(2) Atypische Vertragselemente sind Nebenabreden der Vertragsparteien, die nicht typischerweise mit der Erfüllung eines Bestandvertrages verbunden sind. Solche sind insbesondere Nebenleistungen wie Organisations- und Werbeleistungen, Vereinbarungen über Wettbewerbsbeschränkungen oder die Überlassung von Lizenzen oder Know-how.

(3) Gemischte Rechtsgeschäfte sind Verträge, die sowohl Elemente eines Bestandvertrages als auch solche eines anderen Vertrages enthalten. Dies können beispielsweise Elemente eines Verwahrungsvertrages (z.B. Aufstellungsvertrag über Automaten, Garagierungsvertrag), eines Dienstvertrages, eines Kaufvertrages (z.B. Hard- und Softwareleasingvertrag, Finanzierungsleasingvertrag, Abbauvertrag), oder eines Werkvertrages (z.B. Wäscheservicevertrag) sein.

§ 3. Wenn ein Bestandgeber am 30. Juni 1999 die Bewilligung zur Selbstberechnung der Gebühr nach § 3 Abs. 4 GebG gehabt hat, ist diesem zumutbar, die Gebühr für die weiterhin in seinem Betrieb abgeschlossenen gleichartigen Rechtsgeschäfte selbst zu berechnen.

§ 4. Rechtsgeschäfte, bei denen Leistungen von einem erst in Zukunft ermittelbaren Betrag abhängen, sind beispielsweise solche, bei denen ein umsatz- oder gewinnabhängiger Bestandzins vereinbart wird oder in denen sich der Bestandnehmer zur Übernahme von Kosten (z.B. Baukosten oder Renovierungskosten) verpflichtet, deren Höhe bei Vertragsabschluß unter Beachtung der sich aus § 22 und § 26 GebG ergebenden Grundsätze noch nicht abschätzbar ist.

§ 5. Rechtsgeschäfte, bei denen dem Bestandgeber eine persönliche Befreiung von den Gebühren zukommt, sind solche, für die der Bestandgeber auf Grund der Bestimmung des § 2 GebG oder einer sonstigen gesetzlichen Bestimmung außerhalb des Gebührengesetzes von der Entrichtung der Gebühr befreit ist.

§ 6. In allen Fällen, in denen keine Verpflichtung zur Selbstberechnung der Gebühr durch den Bestandgeber besteht, bleibt es dem Bestandgeber unbenommen, dennoch die Selbstberechnung und Entrichtung der Gebühr nach den Grundsätzen des § 33 Tarifpost 5 Abs. 5 Z 1 GebG durchzuführen. Wird von diesem Recht kein Gebrauch gemacht, bleiben die Anzeigeverpflichtungen nach § 31 GebG aufrecht.

7/3/2.

Bestandvertragsgebühr
BGBl II 1999/242 idF BGBl II 2001/469

Verordnung des Bundesministers für Finanzen betreffend Feststellung von Durchschnittssätzen für Gruppen von Bestandobjekten für die Selbstberechnung der Bestandvertragsgebühr

Auf Grund des § 33 Tarifpost 5 Abs. 5 Z 2 des Gebührengesetzes 1957, BGBl. Nr. 267/1957, in der Fassung des Bundesgesetzes BGBl. I Nr. 28/1999, wird verordnet:

§ 1. Gemäß § 17 Abs. 1 GebG ist für die Festsetzung der Gebühren der Inhalt der über das Rechtsgeschäft errichteten Vertragsurkunde maßgebend. Zum Urkundeninhalt zählt auch der Inhalt von Schriften, der durch Bezugnahme zum rechtsgeschäftlichen Inhalt gemacht wird. Dies hat zur Folge, daß Leistungen, zu deren Erbringung sich der Bestandnehmer vertraglich verpflichtet hat, für die Ermittlung der Bemessungsgrundlage der Gebühr mit den in der Vertragskunde angeführten Werten anzusetzen sind.

§ 2. Hat der Bestandnehmer sich vertraglich zwar zur Erbringung von Leistungen verpflichtet, die in der Urkunde aber nicht ziffernmäßig angeführt werden, so sind diese Leistungen mit den Beträgen, die im Zeitpunkt des Entstehens der Gebührenschuld (§ 16 GebG) tatsächlich anfallen, anzusetzen.

§ 3. Ist die Höhe der Leistungen im Zeitpunkt des Entstehens der Gebührenschuld ziffernmäßig unbekannt, so sind folgende Werte exklusive Umsatzsteuer je Monat und je Quadratmeter Nutzfläche anzusetzen:
a) für Betriebskosten (ohne Heizung und ohne Warmwasser).................. 1,30 Euro
b) für die Heizkosten......................... 0,58 Euro
c) für die Warmwasserkosten........... 0,29 Euro

§ 4. Wird der Bestandnehmer in einem Kraftfahrzeugleasingvertrag zum Abschluß einer Versicherung verpflichtet, so ist diese mit folgenden Werten anzusetzen:
a) bei Verpflichtung zum Abschluß einer Haftpflichtversicherung mit 6% der jährlichen Gebührenbemessungsgrundlage pro Versicherungsjahr;
b) bei Verpflichtung zum Abschluß einer Kaskoversicherung mit 10% der jährlichen Gebührenbemessungsgrundlage pro Versicherungsjahr.

§ 5. § 3 in der Fassung der Verordnung BGBl. II Nr. 469/2001 ist ab 1. Jänner 2002 anzuwenden.

7/3/3.
VwG-Eingabengebührverordnung

BGBl II 2014/387 idF BGBl II 2023/273

„Verordnung des Bundesministers für Finanzen betreffend die Gebühr für Eingaben bei den Verwaltungsgerichten (VwG-Eingabengebührverordnung – VwG-EGebV)"
(BGBl II 2023/273 ab 1.1.2024)

Auf Grund des § 14 Tarifpost 6 Abs. 5 Z 1 lit. b des Gebührengesetzes 1957, BGBl. Nr. 276/1957, in der Fassung des Bundesgesetzes BGBl. I Nr. 105/2014, wird verordnet:

§ 1. (1) Eingaben und Beilagen an „**die Verwaltungsgerichte**" ~~(Beschwerden, Anträge auf Wiedereinsetzung, auf Wiederaufnahme oder gesonderte Anträge auf Ausschluss oder Zuerkennung der aufschiebenden Wirkung, Vorlageanträge)~~ sind gebührenpflichtig, soweit nicht gesetzlich Gebührenfreiheit vorgesehen ist.
(BGBl II 2023/273 ab 1.1.2024)

(2) Die Gebührenschuld für die Eingaben und Beilagen entsteht im Zeitpunkt der Einbringung der Eingabe; erfolgt die Einbringung jedoch im Wege des elektronischen Rechtsverkehrs, entsteht die Gebührenschuld, wenn ihre Daten zur Gänze bei der Bundesrechenzentrum GmbH eingelangt sind. Mit dem Entstehen der Gebührenschuld wird die Gebühr fällig.

(3) Die Gebühr ist unter Angabe des Verwendungszwecks auf ein Konto des Finanzamtes Österreich zu entrichten. Die Entrichtung der Gebühr ist durch einen Zahlungsbeleg oder einen Ausdruck über die erfolgte Erteilung einer Zahlungsanweisung nachzuweisen; dieser Beleg ist der Eingabe anzuschließen. Die Einlaufstelle der Behörde oder des Gerichtes, bei der (bei dem) die Eingabe (samt Beilagen) eingebracht wird, hat den Beleg dem Beschwerdeführer (Antragsteller) auf Verlangen zurückzustellen, zuvor darauf einen deutlichen Sichtvermerk anzubringen und auf der im Akt verbleibenden Ausfertigung der Eingabe zu bestätigen, dass die Gebührenentrichtung durch Vorlage des Beleges nachgewiesen wurde. Für jede Eingabe ist die Vorlage eines gesonderten Beleges erforderlich. Notare, Rechtsanwälte, Steuerberater oder Wirtschaftsprüfer können die Entrichtung der Gebühr auch durch einen schriftlichen Beleg des spätestens zugleich mit der Eingabe weiterzuleitenden Überweisungsauftrages nachweisen, wenn sie darauf mit Datum und Unterschrift bestätigen, dass der Überweisungsauftrag unter einem unwiderruflich erteilt wird.
(BGBl II 2020/579)

(4) Wird eine Eingabe im Weg des elektronischen Rechtsverkehrs eingebracht, ist die Gebühr durch Abbuchung und Einziehung zu entrichten. In der Eingabe ist das Konto, von dem die Gebühr einzuziehen ist, oder der Anschriftcode (§ 21 Abs. 3 des Bundesverwaltungsgerichtsgesetzes, BGBl. I Nr. 10/2013 in der geltenden Fassung), unter dem ein Konto gespeichert ist, von dem die Gebühr eingezogen werden soll, anzugeben.

(5) Die Stelle, bei der eine Eingabe eingebracht wird, die nicht oder nicht ausreichend vergebührt wurde, hat gemäß § 34 Abs. 1 des Gebührengesetzes 1957 das Finanzamt Österreich darüber in Kenntnis zu setzen.
(BGBl II 2020/579)

§ 2. (1) Die Höhe der Pauschalgebühr für Beschwerden, Wiedereinsetzungsanträge „**, Wiederaufnahmeanträge und sonstige Eingaben**" (samt Beilagen) beträgt 30 Euro, für Vorlageanträge „**und Anträge auf Bewilligung der Verfahrenshilfe**" 15 Euro.
(BGBl II 2023/273 ab 1.1.2024)

(2) Die für einen von einer Beschwerde gesondert eingebrachten Antrag (samt Beilagen) auf Ausschluss oder Zuerkennung der aufschiebenden Wirkung einer Beschwerde zu entrichtende Pauschalgebühr beträgt 15 Euro.

§ 3. Soweit in dieser Verordnung auf natürliche Personen bezogene Bezeichnungen nur in männlicher Form angeführt sind, beziehen sie sich auf Frauen und Männer in gleicher Weise. Bei der Anwendung der Bezeichnung auf bestimmte natürliche Personen ist die jeweils geschlechtsspezifische Form zu verwenden.

§ 4. (1) Diese Verordnung tritt mit 1. Februar 2015 in Kraft und ist auf jene Eingaben anzuwenden, die sich auf Bescheide beziehen, die ein Bescheiddatum nach dem 31. Jänner 2015 aufweisen; im Übrigen auf Eingaben, die nach dem 31. Jänner 2015 eingebracht werden.

(2) Mit Inkrafttreten dieser Verordnung tritt die BVwG-Eingabengebührverordnung, BGBl. II Nr. 490/2013, außer Kraft.

(3) § 1 Abs. 3 und 5, jeweils in der Fassung der Verordnung BGBl. II Nr. 579/2020, treten mit 1. Jänner 2021 in Kraft.
(BGBl II 2020/579)

„**Der Titel, § 1 Abs. 1 und § 2 Abs. 1, jeweils in der Fassung der Verordnung BGBl. II Nr. 273/2023, treten mit 1. Jänner 2024 in Kraft und sind auf Eingaben (samt Beilagen) anzuwenden, die nach dem 31. Dezember 2023 eingebracht werden."**
(BGBl II 2023/273)

8/1. ErbStG

8/1. Erbschafts- und SchenkungssteuerG 1955

Erbschafts- und Schenkungssteuergesetz 1955, BGBl 1955/141 idF

1 BGBl 1968/15	**2** BGBl 1980/151	**3** BGBl 1985/557
4 BGBl 1987/74	**5** BGBl 1987/312	**6** BGBl 1989/656
7 BGBl 1993/12	**8** BGBl 1993/694	**9** BGBl 1994/680
10 BGBl 1996/201 (StruktAnpG 1996)	**11** BGBl 1996/797 (AbgÄG 1996)	**12** BGBl I 1999/106 (StRefG 2000)
13 BGBl I 2000/42	**14** BGBl I 2000/142 (BudgetbegleitG 2001)	**15** BGBl I 2001/2 (KMOG)
16 BGBl I 2001/59 (EuroStUG 2001)	**17** BGBl I 2001/144 (AbgÄG 2001)	**18** BGBl I 2002/100
19 BGBl I 2002/133	**20** BGBl I 2003/10	**21** BGBl I 2003/71 (BudgetbegleitG 2003)
22 BGBl I 2004/180	**23** BGBl I 2005/8	**24** BGBl I 2005/26 (VfGH)
25 BGBl I 2005/112 (HWG 2005)	**26** BGBl I 2005/161 (AbgÄG 2005)	**27** BGBl I 2007/9 (VfGH)
28 BGBl I 2007/39 (VfGH)	**29** BGBl I 2008/85 (SchenkMG 2008)	**30** BGBl I 2009/52 (BudBG 2009)

GLIEDERUNG

I. Teil
Steuerpflicht
§§ 1–5.   1. Gegenstand der Steuer
§§ 6–7.   2. Persönliche Steuerpflicht
§§ 8–11. 3. Berechnung der Steuer
§§ 12–13. 4. Steuerschuld und Steuerschuldner
§§ 14–17. 5. Befreiungen und Ermäßigungen

II. Teil
§§ 18–21. Wertermittlung

III. Teil
Veranlagung und Einhebung
§§ 22–23. 1. Steuererklärung
§ 23a.   1a. Selbstberechnung der Schenkungssteuer durch Parteienvertreter
§§ 24–26. 2. Pflichten Dritter
§§ 27–32. 3. Steuerfestsetzung
§ 33.   4. Erstattung

IV. Teil
§ 34.   Übergangs- und Schlußbestimmungen

STICHWORTVERZEICHNIS

A
Abfindung 2 (2)
 – für Erbverzicht 3 (1)
Abkömmlinge
 – der Kinder, Steuerklasse 7 (1)
 – von Geschwistern, Steuerklasse 7 (1)
Abzüge 20 (4)
Aktien, Mitwirkungspflicht 25 (2)
an Kindes statt angenommene Personen, Steuerklasse 7 (1)
Änderung der Verhältnisse 19 (3)
Angemessenheit 15 (2)
Anmeldung 22 (1)
Anstalten 6 (2)
 – Steuerbefreiung 15 (1) Z 12
Anwartschaft, Nacherbe 2 (2), 20 (3)
Aufhebung, Stiftung 3 (1)
Auflage
 – Abzug 20 (8)
 – Entrichtung durch anderen 10
 – Entstehung der Steuerschuld 12 (1)
 – Erwerb von Todes wegen 2 (2)
 – Schenkung 3 (1)
 – zugunsten eines Zweckes 4
aufschiebende Bedingung
 – Entstehung der Steuerschuld 12 (1)
 – Sicherheitsleistung 12 (3)
Ausländer, Wohnsitz im Inland 6 (2)
ausländische Erbschaftssteuer 6 (3)
ausländisches Recht, Steuerpflicht 6 (2)
ausländisches Vermögen, Anmeldung 25 (1)
Ausschlagung
 – Abfindung 2 (2)
 – Entstehung der Steuerschuld 12 (1)
Aussetzung, der Besteuerung, Entstehung
 – der Steuerschuld 12 (2)
Ausstattung 3 (5)

B
Bedingung 2 (2)
 – Entstehung der Steuerschuld 12 (1)
 – Schenkung 3 (1)
Befreiungen 14 f
Befristung
 – Entstehung der Steuerschuld 12 (1)
 – Sicherheitsleistung 12 (3)

8/1. ErbStG

Bereicherung des Bedachten 3 (1)
Beschwerter, Steuerschuldner 13 (1)
Bestattungskosten 20 (4)
Betriebsgrundstücke, Bewertung 19 (2)
Betriebsübertragung, Freibetrag 15a
Betriebsvermögen
– Erbanfall 6 (1)
– Steuerfreibetrag 14 (2)
Bevollmächtigter, Haftung 13 (4)
bewegliche körperliche Gegenstände, Steuerbefreiung 15 (1) Z 1
Bewertung 19 (1 ff)
Bund, Steuerbefreiung 15 (1) Z 12

E

Edelmetalle, Steuerbefreiung 15 (1) Z 1
Edelsteine, Steuerbefreiung 15 (1) Z 1
Ehegatte, Steuerklasse 7 (1)
Ehegatten, Steuerfreibetrag 14 (3)
Einheitswert 19 (2)
Eltern, Steuerklasse 7 (1)
endbesteuertes Kapitalvermögen, Steuerbefreiung 15 (1) Z 17
Entrichtung, durch anderen 10
Entstehung, Steuerschuld 12 (1)
Erbanfall 6 (1)
Erbe, Haftung 13 (2)
Erbschaft, Herausgabe, Steuererstattung 33
Erbschaftssteuer
– Abzug 20 (7)
– ausländische s. ausländische Erbschaftssteuer
Erbschaftssteuerversicherung 16 (1 ff)
Erbverzicht, Abfindung 3 (1)
Erlöschen, Leibrenten 2 (3)
erloschenes Rechtsverhältnis 20 (2)
Erstattung s. Steuererstattung
Erwerb 20 (1)
– durch Erbanfall 2 (1)
– durch Vermächtnis 2 (1)
– Steuersatz 8 (1)
– unter Lebenden, Anmeldung 22 (2)
– von Todes wegen 1 (1 f), 2 (1)
– von Todes wegen, Entstehung der Steuerschuld 12 (1)
Erwerber, Steuerschuldner 13 (1)
Erwerbsunfähigkeit, Steuerbefreiung 15 (1) Z 5

F

Fälligkeit 27
Familienerbstücke, Steuerbefreiung 15 (1) Z 2
Fonds, Steuerbefreiung 15 (1) Z 12
Forderung, gegen ausländischen Schuldner, Steuerpflicht 6 (3)
forstwirtschaftliches Vermögen, Steuerentrichtung 29 (2)
Freibetrag, Betriebsübertragung 15a
freigebige Zuwendung 3 (1)
Frist
– Anmeldung 22 (1)
– Steuererklärung 23 (1)
Fruchtgenuß, Steueraussetzung 30 (1)

G

Gebietskörperschaften, Steuerbefreiung 15 (1) Z 12
Gegenleistungen, nicht in Geld veranschlagt 3 (3)
Gelegenheitsgeschenk, Steuerbefreiung 15 (1) Z 11
gemeinnütziger Zweck
– Steuerbefreiung 15 (1) Z 14
– Steuersatz 8 (3)
Gericht, Mitwirkungspflicht 24
Geschenk, Herausgabe, Steuererstattung 33
Geschenkgeber 7 (2)
– Steuerschuldner 13 (1)
Geschwister, Steuerklasse 7 (1)
gesetzlicher Vertreter, Haftung 13 (4)
Grabdenkmal 20 (4)
Großeltern, Steuerklasse 7 (1)
Grunderwerbsteuer-Äquivalent 8 (4 f)
Grundstück
– ausländisches, Steuerpflicht 6 (3)
– Zuwendung 8 (4)
Grundvermögen
– Bewertung 19 (2)
– Erbanfall 6 (1)
– Steuerfreibetrag 14 (2)

H

Haftung 13 (2 f)
Hausrat, Steuerbefreiung 15 (1) Z 1
Heiratsgut 3 (5)
Herausgabe
– Erbschaft, Steuererstattung 33
– Geschenk, Steuererstattung 33
Honorarkonsuln 6 (2)

I

Inhalt, Steuererklärung 23 (2)
Inkrafttreten 34 (1)
Inländer 6 (2)

J

jährliche Erbschaftssteuerzahlung 29 (1)
juristische Person 6 (2)

K

Kapitalvermögen, Steuerbefreiung 15 (1) Z 17
Kinder, Steuerklasse 7 (1)
Kirche
– Steuerbefreiung 15 (1) Z 14
– Steuersatz 8 (3)
kirchlicher Zweck
– Steuerbefreiung 15 (1) Z 14
– Steuersatz 8 (3)
Kosten
– Nachlaßregelung 20 (4)
– Kosten, Rechtsstreit 20 (4)

L

land- und forstwirtschaftliches Vermögen
– Bewertung 19 (2)
– Erbanfall 6 (1)
– Steuerermäßigung 8 (6)
– Steuerfreibetrag 14 (2)
Lasten 20 (5)
Lasten, vom Leben einer Person abhängig 2 (3)

Leibrenten
- an ausländische Berechtigte, Haftung 13 (5)
- Erlöschen 2 (3)

Leichenfeierlichkeiten 20 (4)

Leistung
- an andere Personen 2 (2), 3 (1)
- an andere Personen, Entstehung der Steuerschuld 12 (1)
- zugunsten eines Zweckes 4

Lohn, nachträglicher, für Dienste des Erwerbers 21

M
mehrere Erben, Erbschaftssteuerversicherung 16 (2)
mehrere Erwerbe 11 (1 f)
mehrfacher Übergang desselben Vermögens 17
mildtätiger Zweck
- Steuerbefreiung 15 (1) Z 14
- Steuersatz 8 (3)

Mitwirkungspflicht 24 ff

N
Nacherbe, Entstehung der Steuerschuld 12 (1)
Nacherbfolge 5 (2 f)
- aufschiebend bedingter Anfall 5 (3)

Nachlaß, Haftung 13 (2)
Nachlaßpfleger, Haftung 13 (4)
Nachlaßregelung, Kosten 20 (4)
Nachlaßverwalter, Haftung 13 (4)
nachträglicher Lohn für Dienste des Erwerbers 21
Nachvermächtnis 5 (4)
Nichtberücksichtigung, Verbindlichkeiten 32
nichtige Verfügung von Todes wegen 9
Notare 23a
- Mitwirkungspflicht 24

Nutzungsrecht
- Erbanfall 6 (1)
- Steuerfreibetrag 14 (2)
- von Dritten, Steueraussetzung 30 (1)

O
öffentlich Bediensteter 6 (2)
österreichischer Staatsbürger 6 (2)

P
Parteienvertreter, Selbstberechnung 23a
Pauschalierung 31
Perlen, Steuerbefreiung 15 (1) Z 1
Personenvereinigung 6 (2)
Pflege des Andenkens, Steuerbefreiung 15 (1) Z 13
Pflichtteilsanspruch 2 (1)
- Entstehung der Steuerschuld 12 (1)
- Verzicht, Steuerbefreiung 15 (1) Z 8

Pflichtteilsrecht, Verbindlichkeiten 20 (6)
politische Partei, Steuerbefreiung 15 (1) Z 14
Privatstiftung, Steuersatz 8 (3)
Progressionsvorbehalt 6 (4)

R
Recht, ausländisches s. ausländisches Recht
Rechtsanwälte 23a
- Mitwirkungspflicht 24

Rechtsstreit, Kosten 20 (4)
Religionsgemeinschaft
- Steuersatz 8 (3)
- Steuerbefreiung 15 (1) Z 14

Renten, Steuerentrichtung 29 (1)
Rückfall, Steuerbefreiung 15 (1) Z 7
Ruhegehalt, Steuerbefreiung 15 (1) Z 10
Rundung 28

S
Sachen, ausländische, Steuerpflicht 6 (3)
Schenkung 3 (1)
- auf den Todesfall 2 (1)
- lästiger Vertrag 3 (4)
- unter Auflage 3 (4)
- unter Lebenden 1 (1 f)
- unter Lebenden, Entstehung der Steuerschuld 12 (1)
- unter Lebenden, Steuerfreibetrag 14 (3)
- zur Belohnung 3 (4)

Schenkungssteuer
- Selbstberechnung 23a
- Sparbuchbefreiung 15 (1) 19

Schulden 20 (5)
Schulderlaß, Steuerbefreiung 15 (1) Z 3 f
Schuldverschreibungen, Mitwirkungspflicht 25 (2)
Schwiegereltern, Steuerklasse 7 (1)
Schwiegerkinder, Steuerklasse 7 (1)
Seelenheil des Zuwendenden, Steuerbefreiung 15 (1) Z 13
Selbstberechnung durch Parteienvertreter 23a
Selbstberechnung Grundstücksschenkungen 23a (1)
Selbstberechnungsbescheinigung 23a
Sicherheitsleistung 12 (3)
Sparbuch, Schenkungssteuerbefreiung 15 (1) 19
Steueraussetzung
- Fruchtgenuß 30 (1)
- Nutzungsrecht von Dritten 30 (1)

Steuerbefreiungen s. Befreiungen
Steuerberechnung 8 (2)
Steuerentrichtung 29 (1 f)
Steuererklärung 22 f, 23 (1 f)
Steuerermäßigung
- Erbschaftssteuerversicherung 16 (3)
- land- und forstwirtschaftliches Vermögen 8 (6)
- mehrfacher Übergang 17

Steuererstattung 33
Steuerfestsetzung 27 ff
Steuerfreibetrag 14 (1 ff)
Steuergegenstand 1
Steuerklassen 7 (1)
Steuerpflicht 6 (1)
Steuersatz 8 (1 ff)
Steuerschuld, Entstehung 12 (1)
Steuerschuldner 13 (1)
Stiefeltern, Steuerklasse 7 (1)
Stiefkinder, Steuerklasse 7 (1)
Stiftung
- Aufhebung 3 (1)
- Entstehung der Steuerschuld 12 (1)
- Erwerb von Todes wegen 2 (2)
- im Interesse einer Familien 7 (2)

8/1. ErbStG
§§ 1, 2

Stiftungen 6 (2)
Stiftungsgeschäft 3 (1)
Stufenausgleich 8 (2)

T
Testamentsvollstrecker, Haftung 13 (4)

U
Übertragung einer Anwartschaft, Entstehung der Steuerschuld 12 (1)
übrige Erwerber, Steuerklasse 7 (1)
Unterhalt, angemessener, Steuerbefreiung 15 (1) Z 9

V
Verbindlichkeiten
 – Nichtberücksichtigung 32
 – Pflichtteilsrecht 20 (6)
Vereinigung
 – Recht und Belastung 20 (2)
 – Recht und Verbindlichkeit 20 (2)
 – Verfügung, von Todes wegen, nichtig 9
 – Vermögen an ausländische Berechtigte, Haftung 13 (5)
 – mehrfacher Übergang 17
Vermögensübergang, vor Erlöschen des Nutzungsrechtes 30 (2)
Vermögensverwalter, Mitwirkungspflicht 25 (1)
Versicherung, Mitwirkungspflicht 26
Versicherungsunternehmen, Haftung 13 (5)
Vertrag, vom Erblasser geschlossen 2 (1)
Verwandtschaftsverhältnis 7 (2)
Verzicht auf Pflichtteilsanspruch
 – Abfindung 2 (2)
 – Entstehung der Steuerschuld 12 (1)
 – Steuerbefreiung 15 (1) Z 8
Vollzug 34 (3)

Voreltern, Steuerklasse 7 (1)
Vorerbe
 – Entrichtung 13 (3)
 – Herausgabe an Nacherben 3 (1 f)
Vorerbfolge, auflösend bedingter Anfall 5 (3)

W
Waisenpension, Steuerbefreiung 15 (1) Z 16
Weitergeltung ErbStG 1952 34 (2)
Wertermittlung, Zeitpunkt 18
Widerruf, Schenkung, Steuererstattung 33
Witwenpension, Steuerbefreiung 15 (1) Z 16
Wohnsitz, im Inland 6 (2)
Wohnstätte, Steuerbefreiung 15 (1) Z 1

Z
Zahlungsmittel, Steuerbefreiung 15 (1) Z 1
Zeitpunkt, Wertermittlung 18
Zusammenrechnung 11 (1 f)
Zuwendung
 – freigebige 3 (1)
 – Grundstück 8 (4)
 – Privatstiftung an Begünstigte, Steuerbefreiung 15 (1) Z 18
 – Steuersatz 8 (3)
 – von öffentlich-rechtlichen Körperschaften, Steuerbefreiung 15 (1) Z 15
Zuwendungen
 – an gemeinnützige Institutionen, Steuerbefreiung 15 (1) Z 14
 – für begünstigte Zwecke 15 (1) Z 14a
 – in das Ausland 15 (1) Z 14a
 – zur Ausbildung, Steuerbefreiung 15 (1) Z 9
Zweckvermögen 6 (2)
Zweckzuwendungen 1 (1 f), 20 (1), 4
 – Entstehung der Steuerschuld 12 (1)
 – Steuerklasse 7 (1)

Bundesgesetz vom 30. Juni 1955, betreffend die Erhebung einer Erbschafts- und Schenkungssteuer (Erbschafts- und Schenkungssteuergesetz 1955)

I. Teil
Steuerpflicht

1. Gegenstand der Steuer

§ 1. (1) Der Steuer nach diesem Bundesgesetz unterliegen

1. und 2. (aufgehoben)
3. Zweckzuwendungen.

(2) Soweit nichts Besonderes bestimmt ist, gelten die Vorschriften dieses Gesetzes über den Erwerb von Todes wegen auch für Schenkungen und Zweckzuwendungen, die Vorschriften über Schenkungen auch für Zweckzuwendungen unter Lebenden.

[Erwerb von Todes wegen]

§ 2. (1) Als Erwerb von Todes wegen gilt

1. der Erwerb durch Erbanfall, durch Vermächtnis oder auf Grund eines geltend gemachten Pflichtteilsanspruches;
2. der Erwerb durch Schenkung auf den Todesfall sowie jeder andere Erwerb, auf den die für Vermächtnisse geltenden Vorschriften des bürgerlichen Rechtes Anwendung finden;
3. der Erwerb von Vermögensvorteilen, der auf Grund eines vom Erblasser geschlossenen Vertrages unter Lebenden von einem Dritten mit dem Tode des Erblassers unmittelbar gemacht wird.

(2) Als vom Erblasser zugewendet gilt auch

1. der Übergang von Vermögen auf eine vom Erblasser angeordnete Stiftung;
2. was jemand infolge Vollziehung einer vom Erblasser angeordneten Auflage oder infolge Erfüllung einer vom Erblasser gesetzten Bedingung erwirbt, es sei denn, daß eine einheitliche Zweckzuwendung vorliegt;
3. was jemand dadurch erlangt, daß bei Genehmigung einer Zuwendung des Erblassers Leistungen an andere Personen angeordnet

oder zur Erlangung der Genehmigung freiwillig übernommen werden;
4. was als Abfindung für einen Verzicht auf den entstandenen Pflichtteilsanspruch oder für die Ausschlagung einer Erbschaft oder eines Vermächtnisses von dritter Seite gewährt wird;
5. was als Entgelt für die Übertragung der Anwartschaft eines Nacherben gewährt wird.

(3) Das Erlöschen von Leibrenten und anderen von dem Leben einer Person abhängigen Lasten gilt nicht als Erwerb von Todes wegen.

[Schenkung unter Lebenden]
§ 3. (1) Als Schenkung im Sinne des Gesetzes gilt
1. jede Schenkung im Sinne des bürgerlichen Rechtes;
2. jede andere freigebige Zuwendung unter Lebenden, soweit der Bedachte durch sie auf Kosten des Zuwendenden bereichert wird;
3. was infolge Vollziehung einer von dem Geschenkgeber angeordneten Auflage oder infolge Erfüllung einer einem Rechtsgeschäft unter Lebenden beigefügten Bedingung ohne entsprechende Gegenleistung erlangt wird, es sei denn, daß eine einheitliche Zweckzuwendung vorliegt;
4. was jemand dadurch erlangt, daß bei Genehmigung einer Schenkung Leistungen an andere Personen angeordnet oder zur Erlangung der Genehmigung freiwillig übernommen werden;
5. was als Abfindung für einen Erbverzicht (§ 551 des Allgemeinen Bürgerlichen Gesetzbuches) gewährt wird;
6. was ein Vorerbe dem Nacherben mit Rücksicht auf die angeordnete Nacherbschaft vor ihrem Eintritt herausgibt;
7. der Übergang von Vermögen auf Grund eines Stiftungsgeschäftes unter Lebenden;
8. was bei Aufhebung einer Stiftung erworben wird.

(2) Im Falle des Abs. 1 Z 6 ist der Besteuerung auf Antrag das Verhältnis des Nacherben zum Erblasser zugrunde zu legen.

(3) Gegenleistungen, die nicht in Geld veranschlagt werden können, werden bei der Feststellung, ob eine Bereicherung vorliegt, nicht berücksichtigt.

(4) Die Steuerpflicht einer Schenkung wird nicht dadurch ausgeschlossen, daß sie zur Belohnung oder unter einer Auflage gemacht oder in die Form eines lästigen Vertrages gekleidet wird.

(5) Eine Ausstattung oder ein Heiratsgut, das Abkömmlingen zur Einrichtung eines den Vermögensverhältnissen und der Lebensstellung der Beteiligten angemessenen Haushaltes gewährt wird, gilt nicht als Schenkung, sofern zur Zeit der Zuwendung ein Anlaß für eine Ausstattung oder ein Heiratsgut gegeben ist und der Zweck der Zuwendung innerhalb zweier Jahre erfüllt wird. Eine Ausstattung oder ein Heiratsgut, das über das angegebene Maß hinausgeht, ist insoweit steuerpflichtig.

[Zweckzuwendungen]
§ 4. Als Zweckzuwendung gilt
1. bei einer Zuwendung von Todes wegen
   a) eine der Zuwendung beigefügte Auflage zugunsten eines Zweckes,
   b) eine Leistung zugunsten eines Zweckes, von der die Zuwendung abhängig gemacht ist,

   soweit die Bereicherung des Erwerbers durch die Anordnung gemindert wird;
2. bei einer freigebigen Zuwendung unter Lebenden
   a) eine der Zuwendung beigefügte Auflage zugunsten eines Zweckes oder eine Leistung zugunsten eines Zweckes, von der die Zuwendung oder ein gegenseitiger Vertrag abhängig gemacht ist,
   b) eine in einem entgeltlichen Vertrage vereinbarte Leistung zugunsten eines Zweckes, sofern das Entgelt nicht der Umsatzsteuer unterliegt.

[Vor- und Nacherbschaft]
§ 5. (1) Der Vorerbe gilt als Erbe.

(2) Beim Eintritt des Falles der Nacherbfolge haben diejenigen, auf die das Vermögen übergeht, den Erwerb als vom Vorerben stammend zu versteuern. Auf Antrag ist der Besteuerung das Verhältnis des Nacherben zum Erblasser zugrunde zu legen.

(3) Tritt der Fall der Nacherbfolge nicht durch den Tod des Vorerben ein, so gilt die Vorerbfolge als auflösend bedingter, die Nacherbfolge als aufschiebend bedingter Anfall. In diesem Falle ist dem Nacherben die vom Vorerben entrichtete Steuer abzüglich desjenigen Steuerbetrages anzurechnen, welche der tatsächlichen Bereicherung des Vorerben entspricht.

(4) Nachvermächtnisse und beim Tode des Beschwerten fällige Vermächtnisse stehen den Nacherbschaften gleich.

2. Persönliche Steuerpflicht

§ 6. (1) Die Steuerpflicht ist gegeben
1. für den gesamten Erbanfall, wenn der Erblasser zur Zeit seines Todes oder der Erwerber zur Zeit des Eintrittes der Steuerpflicht ein Inländer ist;
2. für den Erbanfall, soweit er in inländischem landwirtschaftlichem und forstwirtschaftlichem Vermögen, inländischem Betriebsvermögen oder inländischem Grundvermögen, in einem Nutzungsrecht an einem solchen Vermögen oder in solchen Rechten besteht, deren Übertragung an eine Eintragung in inländische Bücher geknüpft ist, in allen anderen Fällen.

8/1. ErbStG
§§ 6 – 8

(2) Als Inländer im Sinne dieses Bundesgesetzes gelten
1. österreichische Staatsbürger, die im Inland einen Wohnsitz oder ihren gewöhnlichen Aufenthalt haben;
2. Ausländer, die im Inland einen Wohnsitz oder in Ermangelung eines solchen einen gewöhnlichen Aufenthalt haben;
3. juristische Personen und Personenvereinigungen sowie Anstalten, Stiftungen und andere Zweckvermögen, die ihren Sitz oder ihre Geschäftsleitung im Inland haben.

(3) Soweit die Steuerpflicht im Ausland befindliche Grundstücke, Sachen, Forderungen gegen ausländische Schuldner oder Rechte, deren Übertragung an eine Eintragung in ausländische Bücher geknüpft ist, betrifft, ist auf Antrag die von dem ausländischen Staate aus Anlaß des Erbfalles erhobene Steuer bei Berechnung der Erbschaftssteuer als Nachlaßverbindlichkeit abzuziehen. Inwieweit statt dessen bei Gewährung der Gegenseitigkeit eine Anrechnung der ausländischen Steuer auf die inländische Steuer erfolgt, bestimmt das Bundesministerium für Finanzen.

(4) Ist im Falle des Abs. 1 Z 1 ein Teil des Vermögens der inländischen Besteuerung auf Grund von Staatsverträgen entzogen, so ist die Steuer nach dem Steuersatze zu erheben, der dem ganzen Erwerb entspricht.

[Steuerklassen]

§ 7. (1) Nach dem persönlichen Verhältnis des Erwerbers zum Erblasser werden die folgenden fünf Steuerklassen unterschieden:

I. Steuerklasse I.
1. Der Ehegatte,
2. die Kinder; als solche gelten auch
   a) die an Kindes Statt angenommenen Personen,
   b) die Stiefkinder.

II. Steuerklasse II.
Die Abkömmlinge der in der Steuerklasse I Z 2 Genannten, die Abkömmlinge der an Kindes Statt angenommenen Personen jedoch nur dann, wenn sich die Wirkungen der Annahme an Kindes Statt auch auf die Abkömmlinge erstrecken.

III. Steuerklasse III.
1. Die Eltern, Großeltern und weiteren Voreltern,
2. die Stiefeltern,
3. die voll- und halbbürtigen Geschwister.

IV. Steuerklasse IV.
1. Die Schwiegerkinder,
2. die Schwiegereltern,
3. die Abkömmlinge ersten Grades von Geschwistern.

V. Steuerklasse V.
Alle übrigen Erwerber und die Zweckzuwendungen.

(2) Im Falle des § 3 Abs. 1 Z 8 gilt als Geschenkgeber der zuletzt Berechtigte; in den Fällen des § 2 Abs. 2 Z 1 und § 3 Abs. 1 Z 7 ist der Besteuerung das Verwandtschaftsverhältnis des nach der Stiftungsurkunde entferntest Berechtigten zu dem Erblasser oder Geschenkgeber zugrunde zu legen, sofern die Stiftung wesentlich im Interesse einer Familie oder bestimmter Familien gemacht ist.

3. Berechnung der Steuer

§ 8. (1) Die Steuer beträgt bei Erwerben

bis einschließlich Euro	in der Steuerklasse				
	I	II	III	IV	V
7.300	2	4	6	8	14
14.600	2,5	5	7,5	10	16
29.200	3	6	9	12	18
43.800	3,5	7	10,5	14	20
58.400	4	8	12	16	22
73.000	5	10	15	20	26
109.500	6	12	18	24	30
146.000	7	14	21	28	34
219.000	8	16	24	32	38
365.000	9	18	27	36	42
730.000	10	20	30	40	46
1,095.000	11	21	32	42	48
1,460.000	12	22	34	44	51
2,920.000	13	23	36	46	54
4,380.000	14	24	38	48	57
und darüber	15	25	40	50	60

v.H. des Erwerbes.

(2) Die Steuer nach Abs. 1 ist in der Weise zu berechnen, daß von dem Wertbetrag des Erwerbes nach Abzug der Steuer nicht weniger erübrigt wird, als von dem höchsten Wertbetrage der nächstniedrigeren Stufe des Tarifes nach Abzug der nach dieser entfallenden Steuer.

(3) Die Steuer beträgt ohne Rücksicht auf die Höhe der Zuwendungen:
a) von Zuwendungen an solche inländische juristische Personen, die gemeinnützige, mildtätige oder kirchliche Zwecke verfolgen, sowie an inländische Institutionen gesetzlich anerkannter Kirchen und Religionsgesellschaften 2,5 v.H. und
b) von Zuwendungen an nicht unter lit. a fallende Privatstiftungen durch den Stifter selbst 5 v.H., ist der Stifter eine Privatstiftung 2,5 v.H. Werden zugewendetes Vermögen oder an dessen Stelle getretene Vermögenswerte innerhalb von zehn Jahren, ausgenommen zurück an den Stifter oder zur satzungsgemäßen Erfüllung von angemessenen Unter-

haltsleistungen, unentgeltlich veräußert, so ist die Differenz auf die Steuer nach Abs. 1 nachzuerheben; Umstände, die zur Nacherhebung der Steuer führen, sind innerhalb eines Monats nach ihrem Eintritt dem Finanzamt anzuzeigen;

c) abweichend von lit. b kann für Zuwendungen des Stifters an eine Familienstiftung (§ 7 Abs. 2) nach Wahl eines Steuerschuldners die Steuer stattdessen nach dem maßgeblichen Steuersatz des § 8 Abs. 1 berechnet werden.

(4) Die sich nach den Abs. 1 und 2 oder nach dem Abs. 3 ergebende Steuer erhöht sich bei Zuwendungen

a) an den Ehegatten, einen Elternteil, ein Kind, ein Enkelkind, ein Stiefkind, ein Wahlkind oder ein Schwiegerkind des Zuwendenden um .... 2 v.H.

b) an andere Personen um .... 3,5 v.H.

des Wertes der durch die Zuwendung erworbenen Grundstücke.

(5) Die sich nach den Abs. 1, 2 und 4 oder nach den Abs. 3 und 4 ergebende Steuer darf im Falle des Abs. 4 lit. a nicht weniger als 2 v.H., im Falle des Abs. 4 lit. b nicht weniger als 3,5 v.H. des Wertes der erworbenen Grundstücke betragen.

(6) Wird durch die Zuwendung auch land- und forstwirtschaftliches Vermögen erworben, so ermäßigt sich die nach den Abs. 1, 2 und 4 errechnete Steuer, soweit sie auf land- und forstwirtschaftliches Vermögen entfällt, um 110 Euro.

[Ungültige Verfügungen]
§ 9. Erfüllt der Erbe eine wegen Formmangels nichtige Verfügung von Todes wegen, so ist die Steuer zu erheben, die bei Gültigkeit der Verfügung des Erblassers zu entrichten gewesen wäre.

[Steuervermächtnis]
§ 10. Hat der Erblasser die Entrichtung der von dem Erwerber geschuldeten Steuer einem anderen auferlegt, so ist die Steuer so zu berechnen, wie wenn die Auflage nicht erfolgt wäre. Dies gilt nicht für Schenkungen, bei denen der Geschenkgeber die Zahlung der Steuer übernimmt.

[Frühere Erwerbe]
§ 11. (1) Mehrere innerhalb zehn Jahren von derselben Person anfallende Vermögensvorteile werden in der Weise zusammengerechnet, daß dem letzten Erwerbe die früheren Erwerbe nach ihrem früheren Werte zugerechnet werden und von der Steuer für den Gesamtbetrag die Steuer abgezogen wird, welche für die früheren Erwerbe zur Zeit des letzten zu erheben gewesen wäre. Erwerbe, für die sich nach den steuerlichen Bewertungsvorschriften kein positiver Wert ergeben hat, bleiben unberücksichtigt.

(2) Die durch jeden weiteren Erwerb veranlaßte Steuer darf nicht mehr betragen als 60 v.H. dieses Erwerbes.

4. Steuerschuld und Steuerschuldner

[Entstehen der Steuerschuld]
§ 12. (1) Die Steuerschuld entsteht
1. bei Erwerben von Todes wegen mit dem Tode des Erblassers, jedoch
   a) für den Erwerb des unter einer aufschiebenden Bedingung oder unter einer Befristung Bedachten mit dem Zeitpunkt des Eintrittes der Bedingung oder des Ereignisses;
   b) für den Erwerb eines geltend gemachten Pflichtteilsanspruches mit dem Zeitpunkt der Geltendmachung;
   c) im Falle des § 2 Abs. 2 Z 1 mit dem Zeitpunkt der Genehmigung der Stiftung;
   d) in den Fällen des § 2 Abs. 2 Z 2 mit dem Zeitpunkt der Vollziehung der Auflage oder der Erfüllung der Bedingung;
   e) in den Fällen des § 2 Abs. 2 Z 3 mit dem Zeitpunkt der Genehmigung;
   f) in den Fällen des § 2 Abs. 2 Z 4 mit dem Zeitpunkt des Verzichtes oder der Ausschlagung;
   g) im Falle des § 2 Abs. 2 Z 5 mit dem Zeitpunkt der Übertragung der Anwartschaft;
   h) für den Erwerb des Nacherben mit dem Zeitpunkt des Eintrittes der Nacherbfolge;
2. bei Schenkungen unter Lebenden mit dem Zeitpunkt der Ausführung der Zuwendung;
3. bei Zweckzuwendungen mit dem Zeitpunkt des Eintrittes der Verpflichtung des Beschwerten.

(2) Im Falle der Aussetzung der Besteuerung nach § 30 gilt die Steuerschuld für den Erwerb des mit dem Nutzungsrecht belasteten Vermögens als mit dem Zeitpunkt des Erlöschens des Nutzungsrechtes entstanden.

(3) In den Fällen des Abs. 1 Z lit. a kann das Finanzamt vor Entstehung der Steuerschuld Sicherheitsleistung aus dem Nachlaß verlangen.

[Steuerschuldner, Haftungen]
§ 13. (1) Steuerschuldner ist der Erwerber, bei einer Schenkung auch der Geschenkgeber und bei einer Zweckzuwendung der mit der Ausführung der Zuwendung Beschwerte.

(2) Neben den im Abs. 1 Genannten haftet der Nachlaß sowie jeder Erbe in Höhe des Wertes des aus der Erbschaft Empfangenen für die Steuer der am Erbfall Beteiligten als Gesamtschuldner.

(3) Der Vorerbe hat die durch die Vorerbschaft veranlaßte Steuer aus den Mitteln der Vorerbschaft zu entrichten.

(4) Haben Erben, gesetzliche Vertreter oder Bevollmächtigte der Erben, Testamentsvollstrecker, Nachlaßpfleger oder Nachlaßverwalter den

Nachlaß oder Teile desselben vor der Berichtigung oder Sicherstellung der Steuer anderen Personen ausgehändigt, so haften diese Personen in Höhe des aus der Erbschaft Empfangenen persönlich für die Steuer, es sei denn, daß sie zur Zeit der Empfangnahme in gutem Glauben sind. Sie sind nicht in gutem Glauben, wenn ihnen bekannt oder infolge grober Fahrlässigkeit unbekannt ist, daß die Steuer weder entrichtet noch sichergestellt ist.

(5) Versicherungsunternehmen, die vor Berichtigung oder Sicherstellung der Steuer die von ihnen zu leistende Versicherungssumme oder Leibrente in das Ausland zahlen oder ausländischen Berechtigten zur Verfügung stellen, haften in Höhe des herausgegebenen Betrages für die Steuer, soweit dieser 220 Euro übersteigt. Das gleiche gilt für Personen, in deren Gewahrsam sich Vermögen des Erblassers befindet, soweit sie das Vermögen vorsätzlich oder fahrlässig vor Berichtigung oder Sicherstellung der Steuer in das Ausland bringen oder ausländischen Berechtigten zur Verfügung stellen.

5. Befreiungen und Ermäßigungen

[Freibeträge]

§ 14. (1) Bei der Berechnung der Steuer nach § 8 Abs. 1 oder § 8 Abs. 3 bleibt bei jedem Erwerb steuerfrei:

1. für Personen der Steuerklasse I oder II ein Betrag von 2.200 Euro
2. für Personen der Steuerklasse III oder IV ein Betrag von 440 Euro
3. für Personen der Steuerklasse V ein Betrag von 110 Euro.

(2) In den Fällen, in denen sich die Besteuerung gemäß § 6 Abs. 1 Z 2 auf das dort angeführte Vermögen beschränkt, beträgt der Steuerfreibetrag 110 Euro.

(3) Bei Schenkungen unter Lebenden zwischen Ehegatten bleiben neben dem Freibetrag nach Abs. 1 Z 1 7.300 Euro steuerfrei.

[Befreiungen]

§ 15. (1) Steuerfrei bleiben außerdem

1. a) Hausrat (einschließlich Wäsche und Kleidungsstücke) beim Erwerb durch Personen der Steuerklasse I oder II ohne Rücksicht auf den Wert, der Steuerklasse III oder IV, soweit der Wert 1.460 Euro nicht übersteigt,
   b) andere bewegliche körperliche Gegenstände, die nicht nach Z 2 befreit sind, beim Erwerb durch Personen der Steuerklasse I oder II, soweit der Wert 1.460 Euro nicht übersteigt, der Steuerklasse III oder IV, soweit der Wert 600 Euro nicht übersteigt. Die Befreiung gilt nicht für Gegenstände, die zum land- und forstwirtschaftlichen Vermögen, Grundvermögen oder Betriebsvermögen gehören, für Zahlungsmittel, für Edelmetalle, Edelsteine und Perlen,
   c) Schenkungen unter Lebenden zwischen Ehegatten unmittelbar zum Zwecke der gleichteiligen Anschaffung oder Errichtung einer Wohnstätte mit höchstens 150 m² Wohnnutzfläche zur Befriedigung des dringenden Wohnbedürfnisses der Ehegatten. Die Steuerbefreiung tritt außer Kraft, wenn diese Wohnstätte nicht unter Aufgabe der Rechte an der bisherigen Ehewohnung innerhalb von drei Monaten ab Übergabe zur Befriedigung des dringenden Wohnbedürfnisses bezogen und ohne Änderung der Eigentumsverhältnisse weitere fünf Jahre benützt wird; wird die Wohnstätte erst errichtet, muß die Benützung zur Befriedigung des dringenden Wohnbedürfnisses innerhalb von drei Monaten ab Fertigstellung, längstens jedoch innerhalb von acht Jahren nach vertraglicher Begründung des Miteigentums – bei schon bestehenden, nach dieser Bestimmung steuerfrei erworbenem Miteigentum ab Einreichung des Ansuchens um Erteilung der Baubewilligung – erfolgen; Umstände, die zur Nacherhebung der Steuer führen, sind innerhalb eines Monats nach ihrem Eintritt dem Finanzamt anzuzeigen;

2. nicht zur Veräußerung bestimmte bewegliche körperliche Gegenstände, die geschichtlichen oder kunstgeschichtlichen oder wissenschaftlichen Wert haben und sich seit mindestens 20 Jahren im Besitze der Familie des Erblassers befinden, sofern die Personen der Steuerklasse I, II, III anfallen und nach näherer behördlicher Anweisung den Zwecken der Forschung oder Volksbildung nutzbar gemacht werden. Werden solche Gegenstände innerhalb zehn Jahren nach dem Erbfall veräußert, so tritt die Steuerbefreiung außer Kraft;

3. die Befreiung eines Steuerpflichtigen der Steuerklassen I, II von einer Schuld gegenüber dem Erblasser, soweit durch den Anfall lediglich die Beseitigung einer Überschuldung erreicht wird;

4. die Befreiung von einer Schuld gegenüber dem Erblasser, sofern die Schuld durch Gewährung von Mitteln zum Zwecke des angemessenen Unterhaltes oder zur Ausbildung des Bedachten begründet worden ist oder der Erblasser die Befreiung mit Rücksicht auf die Notlage des Schuldners angeordnet hat und diese auch durch die Zuwendung nicht beseitigt wird. Die Steuerbefreiung entfällt, soweit die Steuer aus der Hälfte einer neben der erlassenen Schuld dem Bedachten anfallenden Zuwendung gedeckt werden kann;

5. ein Erwerb, der Eltern, Stiefeltern oder Großeltern des Erblassers anfällt, sofern der Erwerb zusammen mit dem sonstigen Vermögen des Erwerbers 2.920 Euro [40.000 S] nicht übersteigt und der Erwerber infolge körperlicher oder geistiger Gebrechen und unter

Berücksichtigung seiner bisherigen Lebensstellung als erwerbsunfähig anzusehen ist oder durch die Führung eines gemeinsamen Hausstandes mit erwerbsunfähigen oder in der Ausbildung zu einem Lebensberufe begriffenen Abkömmlingen an der Ausübung einer Erwerbstätigkeit gehindert ist. Übersteigt der Wert des Erwerbes zusammen mit dem sonstigen Vermögen des Erwerbers den Betrag von 2.920 Euro [40.000 S], so wird die Steuer nur insoweit erhoben, als sie aus der Hälfte des die Wertgrenze übersteigenden Betrages gedeckt werden kann;

6. Gewinne aus unentgeltlichen Ausspielungen (wie Preisausschreiben und andere Gewinnspiele), die an die Öffentlichkeit gerichtet sind;

7. Vermögen, soweit es von Eltern, Großeltern oder weiteren Voreltern ihren Abkömmlingen unentgeltlich zugewendet wurde und an diese Personen zurückfällt;

8. der Verzicht auf den Pflichtteilsanspruch;

9. Zuwendungen unter Lebenden zum Zwecke des angemessenen Unterhaltes oder zur Ausbildung des Bedachten;

10. Ruhegehälter und ähnliche Zuwendungen, die ohne rechtliche Verpflichtung früheren oder jetzigen Angestellten oder Bediensteten gewährt werden, Zuwendungen an Pensions- oder Unterstützungskassen des eigenen Betriebes, Zuwendungen an ausländische Einrichtungen im Sinne des § 5 Z 4 des Pensionskassengesetzes sowie Zuwendungen an sonstige Versicherungsunternehmen, soweit die Zuwendungen einer betrieblichen Kollektivversicherung im Sinne des § 18f des Versicherungsaufsichtsgesetzes zuzurechnen sind;

11. die üblichen Gelegenheitsgeschenke;

12. Anfälle an den Bund und an Anstalten und Fonds, deren Abgänge der Bund zu decken verpflichtet ist, ferner Anfälle an die übrigen Gebietskörperschaften sowie Anfälle, die ausschließlich Zwecken des Bundes oder einer sonstigen Gebietskörperschaft dienen;

13. Zuwendungen, die der Pflege des Andenkens oder dem Seelenheile des Zuwendenden oder seiner Angehörigen dienen;

14. Zuwendungen unter Lebenden von körperlichen beweglichen Sachen und Geldforderungen an
  a) inländische juristische Personen, die gemeinnützige, mildtätige oder kirchliche Zwecke verfolgen,
  b) inländische Institutionen gesetzlich anerkannter Kirchen und Religionsgesellschaften,
  c) politische Parteien im Sinne des § 1 Parteiengesetz, BGBl. Nr. 404/1975 in der jeweils geltenden Fassung,
  d) ausländische Vereinigungen und Institutionen der in lit. a und b genannten Art, soweit Gegenseitigkeit besteht;

14a. Zuwendungen unter Lebenden von körperlichen beweglichen Sachen und Geldforderungen, die ausschließlich gemeinnützigen, mildtätigen oder kirchlichen Zwecken gewidmet sind, sofern die Verwendung zu dem begünstigten Zweck gesichert ist; dies gilt auch für solche Zuwendungen in das Ausland, soweit Gegenseitigkeit besteht.

15. Zuwendungen öffentlich-rechtlicher Körperschaften;

16. Ruhegehälter, Pensionen und ähnliche Zuwendungen, die Ehegatten, Kinder oder Personen, mit denen der Erblasser in einer eheähnlichen Gemeinschaft gelebt hat,
  – auf Grund eines vom Erblasser mit seinem Dienstgeber geschlossenen Pensionsvertrages oder
  – auf Grund eines für die Pensionsansprüche geltenden Kollektivvertrages oder
  – auf Grund einer Pensionszusage des Dienstgebers oder von einer Pensionskasse des Betriebes des Dienstgebers oder
  – auf Grund einer betrieblichen Kollektivversicherung im Sinne des § 18f des Versicherungsaufsichtsgesetzes oder
  – von ausländischen Einrichtungen im Sinne des § 5 Z 4 des Pensionskassengesetzes oder
  – auf Grund einer vom Erblasser abgeschlossenen Pensionszusatzversicherung (§ 108b des Einkommensteuergesetzes 1988) einschließlich von Pensionszusatzversicherungen in Verbindung mit § 17 des Betrieblichen Mitarbeitervorsorgegesetzes – BMVG, BGBl. I Nr. 100/2002, oder gleichartigen österreichischen Rechtsvorschriften,

  beziehen;

17. Erwerbe von Todes wegen
  – von Kapitalvermögen, soweit dessen Erträge im Zeitpunkt des Todes des Erblassers der Steuerabgeltung gemäß § 97 Abs. 1 erster Satz oder § 97 Abs. 2 erster bis dritter Satz des Einkommensteuergesetzes 1988 in der Fassung des Bundesgesetzes, BGBl. Nr. 12/1993, unterliegen, sowie von vergleichbaren Kapitalvermögen, soweit dessen Erträge im Zeitpunkt des Todes des Erblassers der besonderen Einkommensteuer gemäß § 37 Abs. 8 des Einkommensteuergesetzes 1988 unterliegen, dies gilt für Forderungswertpapiere nur dann, wenn sie bei der Begebung sowohl in rechtlicher als auch in tatsächlicher Hinsicht einem unbestimmten Personenkreis angeboten werden;

8/1. ErbStG
§§ 15, 15a

- von Ansprüchen gegenüber Einrichtungen im Sinne des § 108h des Einkommensteuergesetzes 1988;
- von Anteilen an in- und ausländischen Kapitalgesellschaften, wenn der Steuerpflichtige nachweist, dass der Erblasser im Zeitpunkt des Entstehens der Steuerschuld unter 1 vH am gesamten Nennkapital der Gesellschaft beteiligt ist.

18. was die Herausgabe von Vermögen einer Privatstiftung oder deren Aufhebung erworben wird;

19. Schenkungen unter Lebenden und Zweckzuwendungen (§ 4 Z 2) – ausgenommen Zuwendungen an Stiftungen – von Geldeinlagen bei inländischen Kreditinstituten (§ 1 des Bankwesengesetzes)
   a) beim Erwerb durch Personen der Steuerklassen I bis IV, wenn die Steuerschuld vor dem 1. Jänner 2004 entsteht, ohne Rücksicht auf die Höhe der Zuwendungen,
   b) beim Erwerb durch Personen der Steuerklasse V,
      - wenn die Steuerschuld vor dem In-Kraft-Treten des Bundesgesetzes BGBl. I Nr. 10/2003 entsteht, ohne Rücksicht auf die Höhe der Zuwendungen,
      - wenn die Steuerschuld nach dem In-Kraft-Treten des Bundesgesetzes BGBl. I Nr. 10/2003 und vor dem 1. Jänner 2004 entsteht, bis zu einer Höhe von 100 000 Euro (Freibetrag).

   Die Befreiung (lit. a und lit. b erster Teilstrich) gilt auch für Vorgänge, für die die Steuerschuld vor dem 8. Juli 2000 entstanden ist, es sei denn, der Steuerpflichtige hatte zu diesem Zeitpunkt davon Kenntnis, dass der Vorgang Gegenstand abgabenrechtlicher oder finanzstrafrechtlicher Ermittlungen war oder der Abgabenbehörde bekannt war. Die Befreiung (lit. a und lit. b) ist auch im Falle der Zusammenrechnung nach § 11 mit Zuwendungen, die nach dem 31. Dezember 2003 erfolgen, zu berücksichtigen.

20. Zuwendungen, die dazu dienen, den durch Katastrophenschäden (insbesondere Hochwasser-, Erdrutsch-, Vermurungs- und Lawinenschäden) entstandenen Schaden zu beseitigen, der nicht durch Ersatzleistungen (zB Versicherungsleistungen) oder durch nach anderen Bestimmungen des § 15 steuerbefreite Zuwendungen abgedeckt ist. Darüber hinausgehende Zuwendungen sind steuerpflichtig;

21. die Übertragung von Gutschriften bei Kindererziehung nach § 14 des Allgemeinen Pensionsgesetzes, BGBl. I Nr. 142/2004.

(2) Angemessen im Sinne des Abs. 1 Z 9 ist eine den Vermögensverhältnissen und der Lebensstellung des Bedachten entsprechende Zuwendung. Eine dieses Maß übersteigende Zuwendung ist in vollem Umfang steuerpflichtig.

(3) Jede Befreiungsbestimmung ist für sich anzuwenden.

[Unternehmensübertragung]

§ 15a. (1) Erwerbe von Todes wegen und Schenkungen unter Lebenden von Vermögen gemäß Abs. 2, sofern der Erwerber eine natürliche Person ist und der Geschenkgeber das 55. Lebensjahr vollendet hat oder wegen körperlicher oder geistiger Gebrechen in einem Ausmaß erwerbsunfähig ist, daß er nicht in der Lage ist, seinen Betrieb fortzuführen oder die mit seiner Stellung als Gesellschafter verbundenen Aufgaben oder Verpflichtungen zu erfüllen, bleiben nach Maßgabe der Abs. 3 und 4 bis zu einem Wert von 365.000 Euro (Freibetrag) steuerfrei. Das Vorliegen der Erwerbsunfähigkeit wegen körperlicher oder geistiger Gebrechen ist auf Grundlage eines vom Steuerpflichtigen beizubringenden medizinischen Gutachtens eines allgemein beeideten und gerichtlich zertifizierten Sachverständigen zu beurteilen, es sei denn, es liegt eine medizinische Beurteilung durch den für den Steuerpflichtigen zuständigen Sozialversicherungsträger vor.

(2) Zum Vermögen zählen nur
1. inländische Betriebe und inländische Teilbetriebe, die der Einkunftserzielung gemäß § 2 Abs. 3 Z 1 bis 3 des Einkommensteuergesetzes 1988, in der jeweils geltenden Fassung, dienen;
2. Mitunternehmeranteile, das sind Anteile an inländischen Gesellschaften, bei denen die Gesellschafter als Mitunternehmer anzusehen sind, wenn der Erblasser oder Geschenkgeber im Zeitpunkt des Entstehens der Steuerschuld mindestens zu einem Viertel unmittelbar am Vermögen der Gesellschaft beteiligt ist;
3. Kapitalanteile, das sind Anteile an inländischen Kapitalgesellschaften, wenn der Erblasser oder Geschenkgeber im Zeitpunkt des Entstehens der Steuerschuld mindestens zu einem Viertel des gesamten Nennkapitals unmittelbar beteiligt ist.

(3) Der Freibetrag (Freibetragsteil gemäß Abs. 4) steht bei jedem Erwerb von Vermögen gemäß Abs. 2 zu, wenn Gegenstand der Zuwendung des Erblassers (Geschenkgebers) ist
1. ein Anteil von mindestens einem Viertel des Betriebes,
2. ein gesamter Teilbetrieb oder ein Anteil des Teilbetriebes, vorausgesetzt der Wert des Teilbetriebes oder der Anteil desselben beträgt mindestens ein Viertel des gesamten Betriebes,
3. ein Mitunternehmeranteil oder ein Kapitalanteil in dem im Abs. 2 Z 2 und 3 angeführten Ausmaß.

(4) Der Freibetrag steht beim Erwerb

1. eines Anteiles eines Betriebes nur entsprechend dem Anteil des erworbenen Vermögens zu;
2. eines Teilbetriebes oder eines Anteiles daran nur in dem Verhältnis zu, in dem der Wert des Teilbetriebes (Anteil des Teilbetriebes) zum Wert des gesamten Betriebes steht;
3. eines Mitunternehmeranteiles (Teil eines Mitunternehmeranteiles) oder Kapitalanteiles (Teil eines Kapitalanteiles) nur in dem Ausmaß zu, der dem übertragenen Anteil am Vermögen der Gesellschaft oder am Nennkapital der Gesellschaft entspricht.

Bei einem Erwerb durch mehrere Erwerber steht jedem Erwerber unter Berücksichtigung der Z 1 bis 3 der seinem Anteil am erworbenen Vermögen entsprechende Teil des Freibetrages zu.

(5) Die Steuer ist nachzuerheben, wenn der Erwerber innerhalb von fünf Jahren nach dem Erwerb das zugewendete Vermögen oder wesentliche Grundlagen davon entgeltlich oder unentgeltlich überträgt, betriebsfremden Zwecken zuführt oder wenn der Betrieb oder Teilbetrieb aufgegeben wird.

(6) Abs. 5 gilt nicht, wenn die Vermögensübertragung einen nach Abs. 1 bis 3 steuerbegünstigten Erwerb darstellt oder das zugewendete Vermögen Gegenstand einer Umgründung nach dem Umgründungssteuergesetz, BGBl. Nr. 699/1991, in der jeweils geltenden Fassung, ist, sofern für das an seine Stelle getretene Vermögen kein im Abs. 5 angeführter Grund für eine Nacherhebung der Steuer eintritt.

(7) Der Erwerber des begünstigten Vermögens hat Umstände, die zur Nacherhebung der Steuer führen, innerhalb eines Monats nach ihrem Eintritt dem Finanzamt anzuzeigen.

[Erbschaftssteuerversicherung]
§ 16. (1) Wird in einem Lebensversicherungsvertrag vereinbart, daß die Versicherungssumme innerhalb von zwei Monaten nach dem Eintritt des Versicherungsfalles an das jeweils zur Entgegennahme der Einzahlung der Erbschaftssteuer zuständige Finanzamt von der Versicherungsanstalt zur Deckung der Erbschaftssteuer zu überweisen ist, so liegt eine Erbschaftssteuerversicherung vor.

(2) Das zuständige Finanzamt hat den überwiesenen Betrag in Verwahrung zu nehmen, darf ihn aber nur insoweit als Erbschaftssteuer eines oder mehrerer Erben (Vermächtnisnehmer) verrechnen, als dieser oder diese dem Finanzamt eine Anweisung erteilen. Fällt der Nachlaß mehreren Personen zu, so ist in der Anweisung zu bestimmen, welcher Teil der Versicherungssumme als Erbschaftssteuer jeder einzelnen Person zu verrechnen ist. Wird eine Anweisung bis zur endgültigen Festsetzung der Erbschaftssteuer nicht erteilt, so ist die Versicherungssumme an die Versicherungsanstalt rückzuüberweisen.

(3) Die Erbschaftssteuer ermäßigt sich um den Betrag, der sich aus der Anwendung des für die Berechnung der Steuer maßgebenden Prozentsatzes auf die als Erbschaftssteuer verrechnete Erbschaftssteuerversicherungssumme jedes Erben (Vermächtnisnehmers) ergibt.

(4) (aufgehoben)

[Mehrfacher Erwerb desselben Vermögens]
§ 17. Wenn Personen der Steuerklassen I oder II Vermögen anfällt, das in den letzten fünf Jahren vor dem Anfall von Personen der gleichen Steuerklassen erworben worden ist und der Besteuerung nach diesem Bundesgesetz unterlegen hat, wird die auf dieses Vermögen entfallende Steuer um die Hälfte und, wenn der frühere Steuerfall mehr als fünf Jahre, aber nicht mehr als zehn Jahre hinter dem späteren zurückliegt, um ein Viertel ermäßigt.

II. Teil
Wertermittlung

[Bewertungsstichtag]
§ 18. Für die Wertermittlung ist, soweit in diesem Gesetze nichts anderes bestimmt ist, der Zeitpunkt des Entstehens der Steuerschuld maßgebend.

[Bewertung]
§ 19. (1) Die Bewertung richtet sich, soweit nicht im Abs. 2 etwas Besonderes vorgeschrieben ist, nach den Vorschriften des Ersten Teiles des Bewertungsgesetzes (Allgemeine Bewertungsvorschriften).

(2) Für inländisches land- und forstwirtschaftliches Vermögen, für inländisches Grundvermögen und für inländische Betriebsgrundstücke ist das Dreifache des Einheitswertes maßgebend, der nach den Vorschriften des Zweiten Teiles des Bewertungsgesetzes (Besondere Bewertungsvorschriften) auf den dem Entstehen der Steuerschuld unmittelbar vorausgegangenen Feststellungszeitpunkt festgestellt ist oder festgestellt wird. Wird von einem Steuerschuldner nachgewiesen, dass der gemeine Wert dieser Vermögenswerte im Zeitpunkt des Entstehens der Steuerschuld geringer ist als das Dreifache des Einheitswertes, ist der nachgewiesene gemeine Wert maßgebend.

(3) Haben sich in den Fällen des Abs. 2 die Verhältnisse zwischen dem unmittelbar vorausgegangenen Feststellungszeitpunkt und dem Zeitpunkt des Entstehens der Steuerschuld dergestalt geändert, daß nach den Vorschriften des Bewertungsgesetzes die Voraussetzungen für eine Wertfortschreibung oder eine Artfortschreibung gegeben sind, so ist auf den Zeitpunkt des Entstehens der Steuerschuld ein besonderer Einheitswert zu ermitteln. In diesem Fall ist das Dreifache des besonderen Einheitswertes maßgebend.

[Steuerpflichtige Erwerbe]
§ 20. (1) Als Erwerb gilt, soweit nichts anderes vorgeschrieben ist, der gesamte Vermögensanfall an den Erwerber. Bei der Zweckzuwendung tritt an die Stelle des Anfalles die Verpflichtung des Beschwerten.

(2) Die infolge des Anfalles durch Vereinigung von Recht und Verbindlichkeit oder von Recht und

Belastung erloschenen Rechtsverhältnisse gelten als nicht erloschen.

(3) Die Anwartschaft eines Nacherben gehört nicht zu seinem Nachlaß.

(4) Von dem Erwerbe sind insbesondere abzuziehen
1. die Kosten der Bestattung des Erblassers einschließlich der Kosten der landesüblichen kirchlichen und bürgerlichen Leichenfeierlichkeiten und der Kosten eines angemessenen Grabdenkmales;
2. die im Falle der Todeserklärung des Erblassers dem Nachlaß zur Last fallenden Kosten des Verfahrens;
3. die Kosten der Eröffnung einer letztwilligen Verfügung des Erblassers, die gerichtlichen und außergerichtlichen Kosten der Regelung des Nachlasses, die Kosten der gerichtlichen Sicherung des Nachlasses, einer Nachlaßpflegschaft, des Aufgebotes der Nachlaßgläubiger und der Inventarerrichtung;
4. die Kosten eines für den Nachlaß oder wegen des Erwerbes geführten Rechtsstreites.

(5) Schulden und Lasten, die in wirtschaftlicher Beziehung zu nicht steuerbaren Teilen des Erwerbes stehen, sind nicht abzuziehen. Beschränkt sich die Besteuerung auf einzelne Vermögensgegenstände (§ 6 Abs. 1 Z 2 und Abs. 4), so sind nur die in einer wirtschaftlichen Beziehung zu diesem Teile des Erwerbes stehenden Schulden und Lasten abzugsfähig.

(6) Verbindlichkeiten aus Pflichtteilsrechten können nur insoweit abgezogen werden, als der Anspruch auf den Pflichtteil geltend gemacht wird.

(7) Die Steuer nach diesem Bundesgesetz wird nicht abgezogen.

(8) Ist eine Zuwendung unter einer Auflage gemacht, die in Geld veranschlagt werden kann, so ist die Zuwendung nur insoweit steuerpflichtig, als sie den Wert der Leistung des Beschwerten übersteigt, es sei denn, daß die Leistung dem Zwecke der Zuwendung dient.

[Abzug wegen unentgeltlich geleisteter Dienste]

§ 21. Hat der Erwerber nach Vollendung des 15. Lebensjahres im Haushalt oder im Betriebe des Erblassers ohne Barlohn Dienste geleistet und dadurch eine fremde Arbeitskraft erspart, so wird auf Antrag ein der Arbeit und der Dienstzeit angemessener Betrag von dem Anfall abgezogen. Dienste, die früher als drei Jahre vor dem Tode des Erblassers geleistet wurden, werden nicht berücksichtigt.

III. Teil
Veranlagung und Einhebung

1. Steuererklärung

[Anmeldung des Erwerbs]

§ 22. (1) Jeder der Steuer nach diesem Bundesgesetz unterliegende Erwerb ist vom Erwerber, bei einer Zweckzuwendung vom Beschwerten binnen einer Frist von drei Monaten nach erlangter Kenntnis von dem Anfall oder von dem Eintritt der Verpflichtung dem Finanzamt anzumelden. Diese Verpflichtung entfällt bei Rechtsvorgängen, für die gemäß § 23 a eine Selbstberechnung der Steuer erfolgt.

(2) Erfolgt der steuerpflichtige Erwerb durch ein Rechtsgeschäft unter Lebenden, so ist zur Anmeldung auch derjenige verpflichtet, aus dessen Vermögen der Erwerb stammt.

[Steuererklärung]

§ 23. (1) In den Fällen des § 22 kann das Finanzamt von den zur Anmeldung Verpflichteten innerhalb einer von ihm zu bestimmenden Frist die Abgabe einer Erklärung verlangen. Die Frist muß mindestens einen Monat betragen.

(2) Die Erklärung hat ein Verzeichnis der zum Nachlaß gehörenden Gegenstände und die sonstigen für die Feststellung der Gegenstände und des Wertes des Erwerbes erforderlichen Angaben nach näherer Bestimmung des Bundesministeriums für Finanzen zu enthalten.

1a. Selbstberechnung der Schenkungssteuer durch Parteienvertreter

§ 23a. (1) Rechtsanwälte und Notare (Parteienvertreter) sind nach Maßgabe der Abs. 1 bis 5 befugt, die Steuer für die in § 3 und § 4 Z 2 bezeichneten Rechtsvorgänge, mit Ausnahme der Rechtsvorgänge im Sinne des § 3 Abs. 5 und § 15 Abs. 1 Z 9, als Bevollmächtigte eines Steuerschuldners selbst zu berechnen, wenn die Selbstberechnung innerhalb der Anmeldungsfrist (§ 22 Abs. 1) erfolgt. Die Anwendung der §§ 29 bis 31 ist im Falle einer Selbstberechnung der Schenkungssteuer ausgeschlossen. Für Grundstücksschenkungen unter einer Auflage sowie für Grundstücksschenkungen, die teils entgeltlich und teils unentgeltlich sind, ist eine Selbstberechnung nur dann zulässig, wenn auch die Grunderwerbsteuer vom Parteienvertreter selbst berechnet wird (§§ 11 bis 13 und 15 des Grunderwerbsteuergesetzes 1987).

(2) Parteienvertreter haben für Rechtsvorgänge, für die sie eine Selbstberechnung vornehmen, spätestens am 15. Tag (Fälligkeitstag) des auf den Kalendermonat (Anmeldungszeitraum), in dem die Selbstberechnung erfolgt, zweitfolgenden Kalendermonats eine Anmeldung über die selbst berechneten Rechtsvorgänge beim Finanzamt (§ 63 Abs. 2, § 64 Abs. 2 der Bundesabgabenordnung) vorzulegen. Die Selbstberechnung und Anmeldung hat elektronisch zu erfolgen. Ist über einen der in der elektronischen Anmeldung enthaltenen Rechtsvorgänge eine Urkunde errichtet worden, die in ein durch Bundesgesetz vorgesehenes Urkundenarchiv aufgenommen wurde, so ist der Abgabenbehörde der Zugriffscode zu dieser Urkunde bekannt zu geben. Die Abgabenbehörden sind berechtigt, auf diese Urkunde lesend zuzugreifen. Aus der Anmeldung muss sich ergeben, für welchen Steuerschuldner in welchem Ausmaß die Steuer und die Eintragungsgebühren nach dem Gerichtsgebührengesetz selbst berechnet und entrichtet wurden.

Die Anmeldung gilt als Abgabenerklärung. Die Abgabenbehörden sind befugt, Prüfungen hinsichtlich sämtlicher in die Anmeldung aufzunehmenden Angaben durchzuführen.

(3) Ist über den Rechtsvorgang eine Schrift errichtet worden, so ist der Umstand der Selbstberechnung und der im automationsunterstützten Verfahren vergebene Ordnungsbegriff (Erfassungsnummer) zu vermerken. Der Parteienvertreter hat die Abschriften (Durchschriften) der Erklärungen (Abs. 6) und die Abschriften (Durchschriften, Gleichschriften) der über den Erwerbsvorgang ausgefertigten Schriften sieben Jahre aufzubewahren. Im Übrigen ist § 132 BAO anzuwenden.

(4) Der Bundesminister für Finanzen wird ermächtigt, die elektronische Selbstberechnung und Anmeldung durch Verordnung näher zu regeln, soweit sich die Regelungen auf die gerichtlichen Eintragungsgebühren beziehen, im Einvernehmen mit dem Bundesminister für Justiz.

(5) Die selbst berechnete Steuer ist spätestens am Fälligkeitstag zu entrichten. Im Zweifel ist bei den betreffenden Steuerschuldnern eine verhältnismäßige Entrichtung anzunehmen. Eine gemäß § 201 der Bundesabgabenordnung festgesetzte Steuer hat den in Abs. 2 genannten Fälligkeitstag.

(6) Der Parteienvertreter ist befugt, unter Verwendung des amtlichen Vordrucks gegenüber dem Grundbuchgericht je Rechtsvorgang zu erklären, daß eine Selbstberechnung der Schenkungssteuer vorgenommen worden ist und die Schenkungssteuer sowie die Eintragungsgebühr nach dem Gerichtsgebührengesetz gemäß Abs. 5 abgeführt werden. Auf der Selbstberechnungserklärung sind überdies anzugeben
1. der Wert, der der Selbstberechnung der Eintragungsgebühr nach dem Gerichtsgebührengesetz zugrunde gelegt worden ist (Bemessungsgrundlage),
2. der Betrag der selbst berechneten Eintragungsgebühr,
3. die Erklärung, daß die Eintragungsgebühr nicht zurückgezahlt und kein Antrag auf Zurückzahlung der Eintragungsgebühr gestellt worden ist. Diese Erklärung ist vom Parteienvertreter nach seinem Wissensstand zum Zeitpunkt der Ausstellung der Erklärung abzugeben.

Die Selbstberechnungserklärung muß diese Angaben auch dann enthalten, wenn keine Schenkungssteuer bzw. Eintragungsgebühr anfällt.

(7) Der Parteienvertreter haftet für die Entrichtung des selbstberechneten Steuer.

(8) Das für die Erhebung der Steuer sachlich zuständige Finanzamt, von dessen Bereich aus der Parteienvertreter seine Berufstätigkeit vorwiegend ausübt, kann die Befugnisse gemäß Abs. 1 mit Bescheid aberkennen, wenn der Parteienvertreter vorsätzlich oder wiederholt grob fahrlässig die Bestimmungen der Abs. 1 bis 6 verletzt. Die Aberkennung kann für mindestens drei Jahre oder unbefristet erfolgen. Sie ist hinsichtlich des Amtsbereiches aller sachlich zuständigen Finanzämter wirksam. Von der Aberkennung sowie von deren Aufhebung sind die vier Präsidenten der Oberlandesgerichte zu verständigen. Bei unbefristeter Aberkennung kann frühestens fünf Jahre nach Aberkennung auf Antrag des Parteienvertreters der Aberkennungsbescheid aufgehoben werden, wenn glaubhaft ist, daß der Parteienvertreter in Hinkunft seinen abgabenrechtlichen Pflichten nachkommen wird.

(9) Stellt sich die Unrichtigkeit der Bemessungsgrundlage für die Selbstberechnung bei der Schenkungssteuer, von der eine gerichtliche Eintragungsgebühr abhängig ist, oder eine unrichtige Entrichtung der selbstberechneten Eintragungsgebühr nach dem Gerichtsgebührengesetz (Fehlbetrag nach § 4 Abs. 5 des Gerichtsgebührengesetzes) heraus, so hat das Finanzamt ohne unnötigen Aufschub dem Grundbuchgericht die richtige Bemessungsgrundlage oder den zu entrichtenden Betrag an selbstberechneter Eintragungsgebühr mitzuteilen. Dies gilt sinngemäß, wenn eine Selbstberechnungserklärung ausgestellt worden ist, aber eine Selbstberechnung der Eintragungsgebühr unterblieben ist.

2. Pflichten Dritter

[Gerichte und Notare]

§ 24. (1) Die Gerichte haben, sofern eine Abhandlung stattfindet, dem Finanzamt die Todesfälle, die eröffneten letztwilligen Anordnungen und die Vornahme von Erbteilungen bekannt zu geben.

(2) Notare und Rechtsanwälte haben dem Finanzamt Abschriften der Niederschriften über die von ihnen beurkundeten Schenkungen und Zweckzuwendungen zu übermitteln. Ist es dem Notar oder Rechtsanwalt auf Grund seiner technischen Voraussetzungen zumutbar, so hat er die Anmeldung elektronisch zu übermitteln. Ist über den in der elektronischen Anmeldung enthaltenen Rechtsvorgang eine Urkunde errichtet worden, die in ein durch Bundesgesetz vorgesehenes Urkundenarchiv aufgenommen wurde, so ist der Abgabenbehörde der Zugriffscode zu dieser Urkunde bekannt zu geben. Die Abgabenbehörden sind berechtigt, auf diese Urkunde lesend zuzugreifen. Die über den Rechtsvorgang errichtete Urkunde ist nur über Verlangen der Abgabenbehörde vorzulegen; auf der Urkunde ist der im automationsunterstützten Verfahren vergebene Ordnungsbegriff (Erfassungsnummer) anzugeben. Der Bundesminister für Finanzen wird ermächtigt, die Übermittlung der elektronischen Anmeldung mit Verordnung näher zu regeln.

[Namenspapiere]

§ 25. Dem Finanzamt ist seitens derjenigen, die auf den Namen lautende Aktien oder Schuldverschreibungen ausgegeben haben, bevor sie die auf den Namen des Erblassers lautenden Wertpapiere nach Eintritt des ihnen bekanntgewordenen Erbfalles in ihren Büchern auf den Namen einer anderen Person umschreiben, von der beantragten

Umschreibung schriftlich oder zu Protokoll Mitteilung zu machen.

[Versicherungsunternehmen]

§ 26. Versicherungsunternehmungen sind verpflichtet, bevor sie Versicherungssummen oder Leibrenten an einen anderen als den Versicherungsnehmer auszahlen, dem Finanzamt den wesentlichen Inhalt des Versicherungsvertrages und die Person des Empfangsberechtigten mitzuteilen.

3. Steuerfestsetzung

[Vorläufige Festsetzung]

§ 27. Auf Grund der Steuererklärung ist der ihr entsprechende Betrag der Steuer vom Finanzamt vorläufig festzusetzen. Der festgesetzte Betrag wird binnen einem Monat nach der Zustellung des Steuerbescheides fällig.

[Abrundung]

§ 28. Für die Berechnung der Steuer nach § 8 und bei der Anwendung des § 14 und des § 15 Abs. 1 Z 5 wird der Erwerb auf volle 1 Euro abgerundet.

[Rentenbesteuerung]

§ 29. (1) Ist die Steuer vom Kapitalwert von Renten oder anderen wiederkehrenden Nutzungen oder Leistungen zu entrichten, so kann sie nach Wahl des Steuerpflichtigen statt vom Kapitalwert jährlich im voraus vom Jahreswert entrichtet werden. Die Steuer wird in diesem Falle nach dem Hundertsatz erhoben, der sich nach § 8 für den gesamten Kapitalbetrag ergibt.

(2) Ist die Steuer von einem land- und forstwirtschaftlichen Vermögen zu bemessen, so ist die auf das land- und forstwirtschaftliche Vermögen entfallende Steuer über Antrag statt in einem Betrag in zehn Jahresbeträgen festzusetzen, wenn der Steuerpflichtige für die Steuer Sicherheit leistet und glaubhaft macht, daß er bei ordnungsgemäßer Wirtschaftsführung im Falle der Zahlung der Steuer in einem Betrag gezwungen wäre, das land- und forstwirtschaftliche Vermögen ganz oder teilweise zu veräußern. Der einzelne Jahresbetrag ist in der Weise zu ermitteln, daß der um 20 v.H. erhöhte Gesamtbetrag in zehn gleiche Teile aufgeteilt wird. Die Jahresbeträge für den Zeitraum zwischen dem Entstehen der Steuerschuld und dem Ende des Kalenderjahres, in dem der Steuerbescheid zugestellt wird, werden mit Ablauf eines Monats nach dessen Zustellung fällig. Die Fälligkeit der Jahresbeträge für die auf die Zustellung des Steuerbescheides folgenden Kalenderjahre tritt jeweils am 31. März jedes folgenden Kalenderjahres ein.

[Aussetzen der Besteuerung]

§ 30. (1) Beim Erwerb von Vermögen, dessen Nutzung einem anderen als dem Steuerpflichtigen zusteht, kann der Steuerpflichtige verlangen, daß die Besteuerung bis zum Erlöschen des Nutzungsrechtes ausgesetzt bleibt. Auf Verlangen des Finanzamtes hat der Steuerpflichtige für die Steuer Sicherheit zu leisten.

(2) Geht in dem Falle des Abs. 1 das mit dem Nutzungsrechte belastete Vermögen vor dem Erlöschen des Nutzungsrechtes durch Erbfolge auf einen anderen über, so wird die Steuer für diesen Übergang nicht erhoben, vielmehr tritt die gleiche Behandlung ein, wie wenn derjenige, dem das Vermögen zur Zeit des Erlöschens gehört, das Vermögen unmittelbar von dem ursprünglichen Erblasser erworben hätte.

[Pauschbetrag]

§ 31. Das Finanzamt kann im Einvernehmen mit dem Steuerpflichtigen von der genauen Ermittlung des Steuerbetrages absehen und die Steuer in einem Pauschbetrag festsetzen.

[Berichtigung der Veranlagung]

§ 32. Sind bei der Erteilung des Steuerbescheides abzugsfähige Verbindlichkeiten nicht berücksichtigt worden, weil sie dem Steuerpflichtigen unbekannt waren, so kann er bis zum Ablauf von fünf Jahren seit der Veranlagung die Berichtigung des Steuerbescheides beantragen.

4. Erstattung

§ 33. Die Steuer ist zu erstatten,

a) wenn und insoweit das Geschenk herausgegeben werden mußte;

b) wenn und insoweit ein Erwerb von Todes wegen herausgegeben werden mußte, eine Änderung der Steuer nicht mehr möglich ist und das herausgegebene Vermögen beim Empfänger einen Erwerb von Todes wegen darstellt.

IV. Teil
Übergangs- und Schlußbestimmungen

§ 34. (1)

1. Die Bestimmungen dieses Bundesgesetzes sind auf alle Vorgänge anzuwenden, für die die Steuerschuld nach dem Inkrafttreten dieses Bundesgesetzes eintritt. Auf diese Vorgänge sind mit Ausnahme der Bestimmungen im Artikel II des Bundesgesetzes vom 6. Juli 1954, BGBl. Nr. 181, auch alle im Zeitpunkt des Inkrafttretens dieses Bundesgesetzes in Geltung stehenden gesetzlichen Bestimmungen anzuwenden, die auf die Erbschaftssteuer oder auf das Erbschaftssteuergesetz hinweisen und nicht im Widerspruch zu den Bestimmungen dieses Bundesgesetzes stehen.

2. § 8 Abs. 4 und Abs. 5 sowie § 29 Abs. 2, jeweils in der Fassung des Bundesgesetzes BGBl. Nr. 201/1996, sind auf alle Vorgänge anzuwenden, für die die Steuerschuld nach dem 31. Mai 1996 entsteht.

3. § 15 Abs. 1 Z 17 in der Fassung des Bundesgesetzes BGBl. Nr. 201/1996 ist auf alle Erwerbe von Todes wegen nach Personen anzuwenden, die nach dem 31. Mai 1996 verstorben sind.

4. §§ 15 Abs. 1 Z 17, 15 a, 22 Abs. 1 und 23 a, jeweils in der Fassung des Bundesgesetzes BGBl. I Nr. 106/1999, sind auf Rechtsvorgänge anzuwenden, für die die Steuerschuld nach dem 31. Dezember 1999 entsteht.
5. §§ 8 Abs. 3, Abs. 4 lit. b, Abs. 5, 19 Abs. 2 und Abs. 3, jeweils in der Fassung des Bundesgesetzes BGBl. I Nr. 142/2000, sind auf Rechtsvorgänge anzuwenden, für die die Steuerschuld nach dem 31. Dezember 2000 entsteht.
6. § 15 Abs. 1 Z 17 in der Fassung des Bundesgesetzes BGBl. I Nr. 2/2001 ist auf Rechtsvorgänge anzuwenden, für die die Steuerschuld nach dem 31. Dezember 2000 entsteht.
7. § 8 Abs. 1, § 8 Abs. 6, § 13 Abs. 5, § 14 Abs. 1 Z 1, § 14 Abs. 1 Z 2, § 14 Abs. 1 Z 3, § 14 Abs. 2, § 14 Abs. 3, § 15 Abs. 1 Z 1 lit. a, § 15 Abs. 1 Z 1 lit. b, § 15 Abs. 1 Z 5, § 15a Abs. 1 und § 28, jeweils in der Fassung des Bundesgesetzes BGBl. I Nr. 59/2001, ist auf Rechtsvorgänge anzuwenden, für die die Steuerschuld nach dem 31. Dezember 2001 entsteht.
8. §§ 8 Abs. 3 lit. b, 15 Abs. 1 Z 1 lit. c, 23a Abs. 1 bis 4 und 24 Abs. 1 und 2, jeweils in der Fassung des Bundesgesetzes BGBl. I Nr. 144/2001, sind auf Vorgänge anzuwenden, für die die Steuerschuld nach dem 31. Dezember 2001 entsteht. §§ 8 Abs. 3 lit. b, 15 Abs. 1 Z 1 lit. c, 23a Abs. 1 bis 4 und 24, jeweils in der Fassung vor dem Bundesgesetz BGBl. I Nr. 144/2001, sind auf Vorgänge anzuwenden, für die die Steuerschuld vor dem 1. Jänner 2002 entsteht.
9. § 15 Abs. 1 Z 19 in der Fassung des BGBl. I Nr. 133/2002 tritt mit 1. Juli 2002 in Kraft.
10. § 15 Abs. 1 Z 6 in der Fassung des Bundesgesetzes BGBl. I Nr. 180/2004 ist auf alle Vorgänge anzuwenden, für die die Steuerschuld nach dem 31.Dezember 2002 entsteht.
11. § 15 Abs. 1 Z 10 und Z 16, jeweils in der Fassung des Bundesgesetzes BGBl. I Nr. 8/2005, sind auf Vorgänge anzuwenden, für die die Steuerschuld nach dem 22. September 2005 entsteht.
12. § 15 Abs. 1 Z 20 tritt mit 1. Juli 2005 in Kraft und ist auf alle Sachverhalte anzuwenden, für die die Steuerschuld nach dem 30. Juni 2005 entsteht.
13. Abgaben nach diesem Bundesgesetz werden für Vorgänge gemäß § 1 Abs. 1 Z 3, für die die Steuerschuld nach dem 31. Juli 2008 entsteht, nicht mehr erhoben. § 22 und § 24 Abs. 2 sind letztmalig auf Erwerbe anzuwenden, für die die Steuerschuld vor dem 1. August 2008 entsteht. § 33 ist auf Vorgänge, die sich nach Ablauf des Tages, an dem das Bundesgesetz BGBl. I Nr. 85/2008 im Bundesgesetzblatt kundgemacht wurde, ereignen, nicht mehr anzuwenden.
14. § 24 Abs. 1, § 25 und § 26 sind letztmalig auf Vorgänge anzuwenden, für die die Steuerschuld vor dem 1. August 2008 entstanden ist.

(2) Artikel I des Bundesgesetzes vom 27. Mai 1952, BGBl. Nr. 108, bleibt unberührt.

(3) Mit der Vollziehung dieses Bundesgesetzes ist das Bundesministerium für Finanzen betraut.

9. GRUNDERWERBSTEUER

Inhaltsverzeichnis

9/1.	Grunderwerbsteuergesetz 1987	Seite	795
9/2.	§§ 26, 26a Gerichtsgebührengesetz	Seite	807
9/3.	Verordnungen		
	9/3/1. Verordnung betreffend die Grunderwerbsteuer-Selbstberechnungserklärung und die Übermittlung von Daten an die Justiz **(Grunderwerbsteuer-Selbstberechnungsverordnung – GrESt-SBV)**, BGBl II 2015/156 idF **1** BGBl II 2018/287 **2** BGBl II 2020/579	Seite	809
	9/3/2. Verordnung betreffend Festlegung der Ermittlung des Grundstückswertes **(Grundstückswertverordnung – GrWV)**, BGBl II 2015/442 idF BGBl II 2019/291	Seite	810
	9/3/3. Verordnung über die zur Ermittlung des Werts des einzutragenden Rechts sowie die für die Inanspruchnahme einer begünstigten Bemessungsgrundlage erforderlichen Angaben und Bescheinigungen **(Grundbuchgebührenverordnung – GGV)**, BGBl II 2013/511 idF **1** BGBl II 2015/157 **2** BGBl II 2016/251 **3** BGBl II 2021/595	Seite	836

9/1. Grunderwerbsteuergesetz 1987

Grunderwerbsteuergesetz 1987, BGBl 1987/309 idF

1 BGBl I 1999/28 (AbgÄG 1998)
2 BGBl I 1999/106 (StRefG 2000)
3 BGBl I 2000/142 (BudgetbegleitG 2001)
4 BGBl I 2001/59 (EuroStUG 2001)
5 BGBl I 2001/144 (AbgÄG 2001)
6 BGBl I 2008/85 (SchenkMG 2008)
7 BGBl I 2009/52 (BudBG 2009)
8 BGBl I 2009/135 (EPG)
9 BGBl I 2010/111 (BudBG 2011)
10 BGBl I 2011/112 (BudBG 2012)
11 BGBl I 2012/22 (1. StabG 2012)
12 BGBl I 2012/112 (AbgÄG 2012)
13 BGBl I 2012/116 (VfGH)
14 BGBl I 2013/1 (GGN)
15 BGBl I 2014/36
16 BGBl I 2015/118 (StRefG 2015/16)
17 BGBl I 2015/160 (GG 2015)
18 BGBl I 2015/163 (AbgÄG 2015)
19 BGBl I 2018/62 (JStG 2018)
20 BGBl I 2019/103 (StRefG 2020)
21 BGBl I 2019/104 (FORG)
22 BGBl I 2023/110 (AbgÄG 2023)

GLIEDERUNG

§ 1. Erwerbsvorgänge
§ 2. Grundstücke
§ 3. Ausnahmen von der Besteuerung
§ 4. Art der Berechnung
§ 5. Gegenleistung
§ 6. Einheitswert
§ 7. Tarif
§ 8. Steuerschuld
§ 9. Steuerschuldner
§ 10. Abgabenerklärung
§ 11. Befugnis zur Selbstberechnung
§ 12. Selbstberechnungserklärung
§ 13. Erhebung der Steuer bei Selbstberechnung
§ 14. (aufgehoben)
§ 15. Aufbewahrung, Überprüfung
§ 16. Mitteilungspflicht
§ 17. Nichtfestsetzung oder Abänderung der Steuer
§ 18. Übergangsbestimmungen und Aufhebung bisheriger Rechtsvorschriften

STICHWORTVERZEICHNIS

A
Abänderung 17 (3 f)
Aberkennung, Selbstberechnungsbefugnis 11 (2)
Abgabenerklärung 10
 – Aufbewahrung 15 (1)
 – erklärungspflichtige Personen 10 (2)
 – Frist 10 (1)
Abtretung 1 (1)
 – des Übereignungsanspruchs, Gegenleistung 5 (1)
Anbot 1 (1)
Änderung der Verhältnisse 6 (3)
Anmeldung, Aufbewahrung 15 (1)
Anmeldung, Selbstberechnung 13 (1)
Anteilsvereinigung 1 (3)
 – Steuerberechnung 4 (2)
 – Steuerschuldner 9
Antrag
 – Nichtfestsetzung 17 (5)
 – Steuerherabsetzung 17 (5)
Apothekengerechtigkeiten 2 (1)
Art der Berechnung 4
Aufbewahrung 15 (1)
Aufbewahrungspflicht des Parteienvertreters 15
aufschiebende Bedingung, Entstehung der Steuerschuld 8 (2)
ausländische Vertretungsbehörden 3 (1)
Ausnahmen von der Besteuerung 3

B
Baurechte 2 (2)
Befreiungen 3
 – Betriebsvermögen 3 (1) Z 2
behördliche Maßnahmen 3 (1)
Belastungen 5 (2)
Bemessungsgrundlage 4–6
 – Unrichtigkeit 16
Berechnung der Steuer 4

D
Datum, Eintragung ins Erfassungsbuch 14 (3)

E
Eigentumserwerb 1 (1)
Einheitswert 4 (2) Z 2, 6
 – Zerlegung 6 (2)
elektronische Übermittlung 10 (2)
Enteignung
 – Gegenleistung 5 (1)

9/1. GrEStG

- Steuerschuldner 9
Entgeltlichkeit 7 (1) Z 1
Entschädigung, Gegenleistung 5 (1)
Entstehung, Steuerschuld 8 (1 f)
Erklärung, Aufbewahrung 15 (1)
Erklärungspflicht 10
Erwerb
- aller Anteile 1 (3)
- Steuerschuldner 9
- von Todes wegen 3 (1)
Erwerbsvorgänge 1

F
Flurbereinigungsverfahren 3 (1)
Fortschreibung 6 (3)

G
Gebäude, auf fremdem Boden 2 (2)
Gegenleistung 5
- Herabsetzung 17 (3 f)
- Hinzurechnungen 5 (3)
- Wert 4 (1)
geringfügiger Wert 3 (1)
Gewinnungsbewilligungen 2 (1)
Grundstück 2
- inländisches 1 (3)
- land- und forstwirtschaftliches 4 (2)
- Lasten 5 (2)
- mehrere 2 (3)
- Schenkung 3 (1)
- Wert 4 (2), 6 (1 ff)

H
Haftung, Selbstberechnung 13 (4)
Herabsetzung, Gegenleistung 17 (3 f)

I
Inkrafttreten 18

K
Kauf, Gegenleistung 5 (1)
Kaufvertrag 1 (1)

L
land- und forstwirtschaftliches Grundstück 4 (2)
Leistung an Erfüllungs statt, Gegenleistung 5 (1)
Leistungen
- an Dritte 5 (3)
- von Dritten 5 (3)

M
Maschinen 2 (1)
mehrere Erwerbsvorgänge 1 (4)
mehrere Grundstücke 2 (3)
Meistbot 5 (1)
Miteigentümer 3 (2)
Mitteilungspflicht 16

N
Nachlass 3 (1)
Nichtfestsetzung 17 (1 ff)
- Antrag 17 (5)
Notare, Erklärungspflicht 10 (2)
Notare, Selbstberechnung 11 (1)

P
Parteienvertreter, Selbstberechnung 11 (1)
Personenkreis, begünstigter 4 (2) Z 1, 7 (1) Z 1f
Prüfung 15 (2)

R
Realteilung 3 (2)
Rechtsanwälte, Erklärungspflicht 10 (2)
Rechtsanwälte, Selbstberechnung 11 (1)
Rückgängigmachung, Nichtfestsetzung 17 (1 ff)

S
Selbstberechnung 11 (1 ff)
- Aberkennung der Befugnis 11 (2 f)
- Anmeldung 13 (1)
- Ausnahmen 11 (1)
- Berechnung der Steuer 13 (3)
- durch Parteienvertreter 11 ff
- Erhebung der Steuer 13
- Haftung 13 (4)
- unrichtige Steuerentrichtung 16
Selbstberechnungserklärung 12
Steuerberechnung 4
Steuerfreibetrag 3 (1) Z 2
Steuerherabsetzung 17 (3 f)
- Antrag 17 (5)
Steuersatz 7 (1) Z 2 f
Steuerschuld 8 (1 f)
- Entstehung 8 (1 f)
Steuerschuldner 9
Stiftungseingangssteueräquivalent 7 (2)

T
Tarif 7
Tausch, Gegenleistung 5 (1)
Tauschvertrag, Steuerberechnung 4 (3)

U
Überbot 5 (1)
Übereignungsanspruch, Gegenleistung 5 (1)
Übergangsbestimmungen 18
Übermittlung, elektronische 10 (2)
Übernahmeanerbieten, Gegenleistung 5 (1)
Unentgeltlichkeit 7 (1) Z 1
Unrichtigkeit, Bemessungsgrundlage 16
Urkundenarchiv 10 (2)

V
Vereinigung aller Anteile 1 (3)
Verwertungsbefugnis 1 (2)

W
Wert
- der Gegenleistung 4 (1)
- des Grundstücks 4 (2)
- Grundstück 6 (1 ff)
wirtschaftliche Einheit 2 (3)

Z
Zerlegung, Einheitswert 6 (2)
Zubehör 2 (1)
Zusammenlegungsverfahren 3 (1)
zusätzliche Leistungen 5 (2)
Zwangsversteigerung, Gegenleistung 5 (1)
- Steuerschuldner 9

Bundesgesetz vom 2. Juli 1987 betreffend die Erhebung einer Grunderwerbsteuer (Grunderwerbsteuergesetz 1987 – GrEStG 1987)

Erwerbsvorgänge[a]

[a] Siehe auch § 6 Abs 5, § 11 Abs 5, § 22 Abs 4, § 26 Abs 3, § 31 Abs 3 UmgrStG (BGBl 1991/699) sowie dessen Z 1d im 3. Teil (abgedruckt 3/1.)

§ 1. (1) Der Grunderwerbsteuer unterliegen die folgenden Rechtsvorgänge, soweit sie sich auf inländische Grundstücke beziehen:
1. ein Kaufvertrag oder ein anderes Rechtsgeschäft, das den Anspruch auf Übereignung begründet,
2. der Erwerb des Eigentums, wenn kein den Anspruch auf Übereignung begründendes Rechtsgeschäft vorausgegangen ist,
3. ein Rechtsgeschäft, das den Anspruch auf Abtretung eines Übereignungsanspruches begründet,
4. ein Rechtsgeschäft, das den Anspruch auf Abtretung der Rechte aus einem Kaufanbot begründet. Dem Kaufanbot steht ein Anbot zum Abschluß eines anderen Vertrages gleich, kraft dessen die Übereignung verlangt werden kann,
5. der Erwerb eines der in den Z 3 und 4 bezeichneten Rechte, wenn kein Rechtsgeschäft vorausgegangen ist, das den Anspruch auf Erwerb der Rechte begründet.

(2) Der Grunderwerbsteuer unterliegen auch Rechtsvorgänge, die es ohne Begründung eines Anspruches auf Übereignung einem anderen rechtlich oder wirtschaftlich ermöglichen, ein inländisches Grundstück auf eigene Rechnung zu verwerten.

(2a) Gehört zum Vermögen einer Personengesellschaft ein inländisches Grundstück, unterliegt der Steuer eine Änderung des Gesellschafterbestandes dergestalt, dass innerhalb von fünf Jahren mindestens 95% der Anteile am Gesellschaftsvermögen auf neue Gesellschafter übergehen. Treuhändig gehaltene Gesellschaftsanteile sind dem Treugeber zuzurechnen. Ein inländisches Grundstück gehört zum Vermögen einer Personengesellschaft, wenn sie das Grundstück durch einen Rechtsvorgang gemäß Abs. 1 oder Abs. 2 erworben hat.

(BGBl I 2018/62)

(3) Gehört zum Vermögen einer Gesellschaft ein inländisches Grundstück, so unterliegen der Steuer, soweit eine Besteuerung nach Abs. 2a nicht in Betracht kommt, außerdem:
1. ein Rechtsgeschäft, das den Anspruch auf Übertragung eines oder mehrerer Anteile am Gesellschaftsvermögen oder der Gesellschaft begründet, wenn durch die Übertragung mindestens 95% aller Anteile am Gesellschaftsvermögen oder der Gesellschaft in der Hand des Erwerbers allein oder in der Hand einer Unternehmensgruppe gemäß § 9 des Körperschaftsteuergesetzes 1988 vereinigt werden würden;
2. die Vereinigung von mindestens 95% aller Anteile am Gesellschaftsvermögen oder der Gesellschaft, wenn kein schuldrechtliches Geschäft im Sinne der Z 1 vorausgegangen ist;
3. ein Rechtsgeschäft, das den Anspruch auf Übertragung von mindestens 95% aller Anteile am Gesellschaftsvermögen oder der Gesellschaft begründet;
4. der Erwerb von mindestens 95% aller Anteile am Gesellschaftsvermögen oder der Gesellschaft, wenn kein schuldrechtliches Geschäft im Sinne der Z 3 vorausgegangen ist.

Treuhändig gehaltene Gesellschaftsanteile sind dem Treugeber zuzurechnen. Ein inländisches Grundstück gehört zum Vermögen einer Gesellschaft, wenn sie das Grundstück durch einen Rechtsvorgang gemäß Abs. 1 oder Abs. 2 erworben hat.

(BGBl I 2018/62)

(4) Ein im Abs. 1 bezeichneter Rechtsvorgang unterliegt der Steuer auch dann, wenn ihm einer der in den Abs. 2 und 3 bezeichneten Rechtsvorgänge vorausgegangen ist. Ein im Abs. 2 bezeichneter Rechtsvorgang unterliegt der Steuer auch dann, wenn ihm einer der im Abs. 1 bezeichneten Rechtsvorgänge vorausgegangen ist. Die Steuer wird jedoch nur insoweit erhoben, als die Bemessungsgrundlage für den späteren Rechtsvorgang den Betrag übersteigt, von dem beim vorausgegangenen Rechtsvorgang die Steuer berechnet worden ist.

(BGBl I 2015/118)

(5) Ein im Abs. 2a bezeichneter Rechtsvorgang unterliegt der Steuer auch dann, wenn ein in Abs. 2a oder Abs. 3 bezeichneter Rechtsvorgang vorausgegangen ist. Ein im Abs. 3 bezeichneter Rechtsvorgang unterliegt der Steuer auch dann, wenn ein in Abs. 2a oder Abs. 3 bezeichneter Rechtsvorgang vorausgegangen ist. Sofern die Rechtsvorgänge nach Abs. 2a oder Abs. 3 in der gleichen Unternehmensgruppe verwirklicht werden, wird die Steuer nur insoweit erhoben, als die Bemessungsgrundlage für den späteren Rechtsvorgang den Betrag übersteigt, von dem beim vorausgegangenen Rechtsvorgang die Steuer berechnet worden ist.

(BGBl I 2018/62)

Grundstücke

§ 2. (1) Unter Grundstücken im Sinne dieses Gesetzes sind Grundstücke im Sinne des bürgerlichen Rechtes zu verstehen. Was als Zugehör des Grundstückes zu gelten hat, bestimmt sich nach den Vorschriften des bürgerlichen Rechtes. Zum Grundstück werden jedoch nicht gerechnet:
1. Maschinen und sonstige Vorrichtungen aller Art, die zu einer Betriebsanlage gehören,
2. Gewinnungsbewilligungen nach dem Berggesetz 1975, BGBl. Nr. 259, in der jeweils geltenden Fassung sowie Apothekengerechtigkeiten.

(2) Den Grundstücken stehen gleich:

1. Baurechte,
2. Gebäude auf fremdem Boden.

(3) Bezieht sich ein Rechtsvorgang auf mehrere Grundstücke, die zu einer wirtschaftlichen Einheit gehören, so werden diese Grundstücke als ein Grundstück behandelt. Bezieht sich ein Rechtsvorgang auf eine oder mehrere Teile eines Grundstückes, so werden diese Teile als ein Grundstück behandelt.

Ausnahmen von der Besteuerung[a]

---
[a] Siehe auch § 6 Abs 5, § 11 Abs 5, § 22 Abs 4, § 26 Abs 3, § 31 Abs 3 UmgrStG (BGBl 1993/699) sowie dessen Z 1d im 3. Teil (abgedruckt 3/1).

§ 3. (1) Von der Besteuerung sind ausgenommen:
1. a) der Erwerb eines Grundstückes, wenn der für die Berechnung der Steuer maßgebende Wert 1 100 Euro nicht übersteigt oder
   b) der Erwerb eines Grundstückes gemäß § 13 des Liegenschaftsteilungsgesetzes, BGBl. Nr. 3/1930 in der geltenden Fassung, wenn der für die Berechnung der Steuer maßgebende Wert 2 000 Euro nicht übersteigt,
2. Unentgeltliche oder teilentgeltliche Erwerbe (§ 7 Abs. 1 Z 1) eines Grundstückes durch natürliche Personen nach Maßgabe der folgenden Bestimmungen:
   a) Umfasst sind nur Grundstücke,
      – soweit sie zum Betriebsvermögen eines erworbenen Betriebes oder Teilbetriebes gehören, der der Einkunftserzielung gemäß § 2 Abs. 3 Z 2 oder 3 des Einkommensteuergesetzes 1988 dient, oder
      – die der Mitunternehmerschaft von einem Mitunternehmer zur Nutzung überlassen sind (Sonderbetriebsvermögen), wenn diese gemeinsam mit Mitunternehmeranteilen zugewendet werden und der Übergeber im Zeitpunkt des Entstehens der Steuerschuld mindestens zu einem Viertel unmittelbar am Vermögen der Gesellschaft beteiligt ist.
   b) Der Übergeber hat im Falle einer Zuwendung unter Lebenden
      – das 55. Lebensjahr vollendet oder
      – ist wegen körperlicher, psychischer, sinnesbedingter oder kognitiver Funktionseinschränkungen in einem Ausmaß erwerbsunfähig, dass er nicht in der Lage ist, seinen Betrieb fortzuführen oder die mit seiner Stellung als Gesellschafter verbundenen Aufgaben oder Verpflichtungen zu erfüllen. Das Vorliegen der Erwerbsunfähigkeit ist auf Grundlage eines vom Steuerpflichtigen beizubringenden medizinischen Gutachtens eines allgemein beeideten und gerichtlich zertifizierten Sachverständigen zu beurteilen, es sei denn, es liegt eine medizinische Beurteilung durch den für den Steuerpflichtigen zuständigen Sozialversicherungsträger vor.
   c) Die Befreiung steht nur bis zu einem Wert von 900 000 Euro (Freibetrag) zu. Liegt ein teilentgeltlicher Erwerb vor, vermindert sich der Freibetrag aliquot in jenem Ausmaß, der dem entgeltlichen Teil entspricht; der verminderte Freibetrag ist vom Wert des unentgeltlichen Teils abzuziehen.
   d) Der Freibetrag (Freibetragsteil gemäß lit. e) steht bei jedem Erwerb von Vermögen gemäß lit. a zu, wenn Gegenstand der Zuwendung ist
      – ein Anteil von mindestens einem Viertel des Betriebes,
      – ein gesamter Teilbetrieb oder ein Anteil des Teilbetriebes, vorausgesetzt der Wert des Teilbetriebes oder der Anteil desselben beträgt mindestens ein Viertel des gesamten Betriebes,
      – ein Mitunternehmeranteil in dem in lit. a zweiter Teilstrich angeführten Ausmaß.
   e) Der Freibetrag steht beim Erwerb
      – eines Anteiles eines Betriebes nur entsprechend dem Anteil des erworbenen Vermögens zu,
      – eines Teilbetriebes oder eines Anteiles daran nur in dem Verhältnis zu, in dem der Wert des Teilbetriebes (Anteil des Teilbetriebes) zum Wert des gesamten Betriebes steht,
      – eines Mitunternehmeranteiles nur in dem Ausmaß zu, dem der übertragenen Anteil am Vermögen der Gesellschaft entspricht.

   Bei einem Erwerb durch mehrere Erwerber steht jedem Erwerber unter Berücksichtigung der Teilstriche 1 bis 3 der seinem Anteil am erworbenen Vermögen entsprechende Teil des Freibetrages zu.
   f) Die Steuer ist nachzuerheben, wenn der Erwerber innerhalb von fünf Jahren nach dem Erwerb das Vermögen gemäß lit. a oder wesentliche Grundlagen davon entgeltlich oder unentgeltlich überträgt, betriebsfremden Zwecken zuführt oder wenn der Betrieb oder Teilbetrieb aufgegeben wird. Der Erwerber hat Umstände, die zur Nacherhebung der Steuer führen, innerhalb eines Monats nach ihrem Eintritt dem Finanzamt Österreich anzuzeigen.

(BGBl I 2019/104)

g) Lit. f gilt nicht, wenn die Vermögensübertragung einen nach dieser Bestimmung steuerbegünstigten Erwerb darstellt oder das erworbene Vermögen Gegenstand einer Umgründung nach dem Umgründungssteuergesetz, BGBl. Nr. 699/1991, in der jeweils geltenden Fassung, ist, sofern für das an seine Stelle getretene Vermögen kein in lit. f angeführter Grund für eine Nacherhebung der Steuer eintritt.
(BGBl I 2015/118)

2a. Erwerbe von land- und forstwirtschaftlichen Grundstücken durch den in § 26a Abs. 1 Z 1 des Gerichtsgebührengesetzes, BGBl. Nr. 501/1984 in der geltenden Fassung, genannten Personenkreis, sofern eine Gegenleistung nicht vorhanden, nicht ermittelbar oder geringer als der Einheitswert des Grundstückes ist, nach Maßgabe der folgenden Bestimmungen:
   a) Umfasst sind nur Grundstücke,
      – soweit sie zum Betriebsvermögen eines erworbenen Betriebes oder Teilbetriebes gehören, der der Einkunftserzielung gemäß § 2 Abs. 3 Z 1 des Einkommensteuergesetzes 1988 dient, oder
      – die der Mitunternehmerschaft von einem Mitunternehmer zur Nutzung überlassen sind (Sonderbetriebsvermögen), wenn diese gemeinsam mit Mitunternehmeranteilen zugewendet werden und der Übergeber im Zeitpunkt des Entstehens der Steuerschuld mindestens zu einem Viertel unmittelbar am Vermögen der Gesellschaft beteiligt ist.
   b) Die Befreiung steht nur bis zu einem Wert von 365 000 Euro (Freibetrag) zu.
   c) Z 2 lit. b und d bis g sind anzuwenden.
(BGBl I 2015/118)

3. der unentgeltliche Erwerb eines Grundstückes durch Körperschaften, Körperschaften öffentlichen Rechtes, Personenvereinigungen oder Vermögensmassen, die der Förderung gemeinnütziger, mildtätiger oder kirchlicher Zwecke nach Maßgabe der §§ 34 bis 47 BAO in der jeweils geltenden Fassung dienen.
(AbgÄG 2023, BGBl I 2023/110)

4. Der Erwerb eines land- und forstwirtschaftlichen Grundstückes im Rahmen eines Zusammenlegungs- oder Flurbereinigungsverfahrens im Sinne der jeweiligen Landesgesetze, soweit den Vorschriften des Flurverfassungs-Grundsatzgesetzes 1951, BGBl. Nr. 103/1951 in der Fassung des Bundesgesetzes BGBl. I Nr. 189/2013 entsprechen.
(BGBl I 2019/103)

5. bei behördlichen Maßnahmen zur besseren Gestaltung von Bauland der Erwerb eines Grundstückes nach den für die bessere Gestaltung von Bauland geltenden Vorschriften,

6. der Erwerb eines Grundstückes durch einen fremden Staat für Zwecke seiner ausländischen Vertretungsbehörden, soweit Gegenseitigkeit gewährleistet ist.

7. Erwerbe eines Grundstückes unter Lebenden durch den Ehegatten oder eingetragenen Partner unmittelbar zum Zwecke der gleichteiligen Anschaffung oder Errichtung einer Wohnstätte zur Befriedigung des dringenden Wohnbedürfnisses der Ehegatten oder eingetragenen Partner, soweit die Wohnnutzfläche 150 m² nicht übersteigt. Die Steuerbefreiung tritt außer Kraft, wenn diese Wohnstätte nicht unter Aufgabe der Rechte an der bisherigen Ehewohnung oder der gemeinsamen Wohnung der eingetragenen Partner innerhalb von drei Monaten ab Übergabe zur Befriedigung des dringenden Wohnbedürfnisses bezogen und ohne Änderung der Eigentumsverhältnisse weitere fünf Jahre benützt wird; wird die Wohnstätte erst errichtet, muss die Benutzung zur Befriedigung des dringenden Wohnbedürfnisses innerhalb von drei Monaten ab Fertigstellung, längstens jedoch innerhalb von acht Jahren nach vertraglicher Begründung des Miteigentums – bei schon bestehendem, nicht nach dieser Bestimmung steuerfrei erworbenem Miteigentum ab Einreichung des Ansuchens um Erteilung der Baubewilligung – erfolgen; Umstände, die zur Nacherhebung der Steuer führen, sind innerhalb eines Monats nach ihrem Eintritt dem Finanzamt Österreich anzuzeigen,
(BGBl I 2019/104)

7a. der Erwerb einer Wohnstätte oder eines Anteiles an dieser
   – durch Erbanfall,
   – durch Vermächtnis,
   – durch Erfüllung eines Pflichtteilsanspruchs, wenn die Leistung an Erfüllung Statt vor Beendigung des Verlassenschaftsverfahrens vereinbart wird,
   – durch Schenkung auf den Todesfall oder
   – gemäß § 14 Abs. 1 Z 1 WEG
   durch den Ehegatten oder eingetragenen Partner, wenn das Grundstück dem Erwerber im Zeitpunkt des Todes als Hauptwohnsitz gedient hat und soweit die Wohnnutzfläche 150 m² nicht übersteigt.
(BGBl I 2018/62)

8. der Erwerb eines Grundstückes infolge eines behördlichen Eingriffs und aufgrund eines Rechtsgeschäftes zur Vermeidung eines solchen nachweisbar unmittelbar drohenden Eingriffs,

9. Zuwendungen öffentlich-rechtlicher Körperschaften.

(2) Wird ein Grundstück, das mehreren Miteigentümern gehört, von diesen der Fläche nach

geteilt, so wird die Steuer nicht erhoben, soweit der Wert des Teilgrundstückes, das der einzelne Erwerber erhält, dem Bruchteil entspricht, mit dem er am gesamten zu verteilenden Grundstück beteiligt ist.

Art der Berechnung

§ 4. (1) Die Steuer ist zu berechnen vom Wert der Gegenleistung (§ 5), mindestens vom Grundstückswert. Bei Vorgängen gemäß § 1 Abs. 2a und 3, bei Vorgängen nach dem Umgründungssteuergesetz sowie bei Erwerben gemäß § 7 Abs. 1 Z 1 lit. b und c ist die Steuer immer vom Grundstückswert zu berechnen. Der Grundstückswert ist entweder

- als Summe des hochgerechneten (anteiligen) dreifachen Bodenwertes gemäß § 53 Abs. 2 des Bewertungsgesetzes 1955 – BewG. 1955, BGBl. Nr. 148/1955 in der jeweils geltenden Fassung, und des (anteiligen) Wertes des Gebäudes oder
- in Höhe eines von einem geeigneten Immobilienpreisspiegel abgeleiteten Wertes

zu berechnen.

Der Bundesminister für Finanzen hat im Einvernehmen mit dem Bundeskanzler unter Berücksichtigung der Grundsätze einer einfachen und sparsamen Verwaltung durch Verordnung sowohl die näheren Umstände und Modalitäten für die Hochrechnung des Bodenwertes und die Ermittlung des Gebäudewertes als auch den anzuwendenden Immobilienpreisspiegel samt Höhe eines Abschlages festzulegen.

Weist ein Steuerschuldner nach, dass der gemeine Wert des Grundstückes im Zeitpunkt des Entstehens der Steuerschuld geringer ist als der nach der Verordnung ermittelte Grundstückswert, gilt der geringere gemeine Wert als Grundstückswert. Erfolgt dieser Nachweis durch Vorlage eines Schätzungsgutachtens, das von einem allgemein beeideten und gerichtlich zertifizierten Immobiliensachverständigen erstellt wurde, hat der von diesem festgestellte Wert die Vermutung der Richtigkeit für sich.

(BGBl I 2015/163)

(2) Abweichend von Abs. 1 ist bei den nachstehend angeführten Erwerbsvorgängen betreffend land- und forstwirtschaftliche Grundstücke die Steuer vom Einheitswert (§ 6) zu berechnen:

1. bei Übertragung eines Grundstückes an den in § 26a Abs. 1 Z 1 des Gerichtsgebührengesetzes, BGBl. Nr. 501/1984 in der geltenden Fassung, angeführten Personenkreis;
2. bei Erwerb eines Grundstückes durch Erbanfall, durch Vermächtnis oder in Erfüllung eines Pflichtteilsanspruches, wenn die Leistung an Erfüllungs Statt vor Beendigung des Verlassenschaftsverfahrens vereinbart wird, durch den in § 26a Abs. 1 Z 1 des Gerichtsgebührengesetzes, BGBl. Nr. 501/1984 in der geltenden Fassung, angeführten Personenkreis;
3. bei Vorgängen gemäß § 1 Abs. 2a und 3;
4. bei Erwerb eines Grundstückes auf Grund einer Umgründung im Sinne des Umgründungssteuergesetzes.

(3) Bei einem Tauschvertrag, der für jeden Vertragsteil den Anspruch auf Übereignung eines Grundstückes begründet, ist die Steuer sowohl vom Wert der Leistung des einen als auch vom Wert der Leistung des anderen Vertragsteils zu berechnen.

(BGBl I 2015/118)

Gegenleistung

§ 5. (1) Gegenleistung ist
1. bei einem Kauf

   der Kaufpreis einschließlich der vom Käufer übernommenen sonstigen Leistungen und der dem Verkäufer vorbehaltenen Nutzungen,
2. bei einem Tausch

   die Tauschleistung des anderen Vertragsteiles einschließlich einer vereinbarten zusätzlichen Leistung,
3. bei einer Leistung an Erfüllungs Statt

   der Wert, zu dem die Leistung an Erfüllungs Statt angenommen wird,
4. beim Zuschlag im Zwangsversteigerungsverfahren

   das Meistbot einschließlich der Rechte, die nach den Zwangsversteigerungsbedingungen bestehen bleiben, und der Beträge, um die der Ersteher bei einem Überbot sein Meistbot erhöht. An die Stelle des Meistbotes tritt das Überbot, wenn der Zuschlag dem Überbieter erteilt wird,
5. bei der Übernahme auf Grund eines Übernahmsanerbietens

   der Übernahmspreis einschließlich der Rechte, die der Übernehmer ohne Anrechnung auf den Preis übernimmt, und der Kosten des Versteigerungsverfahrens,
6. bei der Abtretung des Übereignungsanspruches

   die Übernahme der Verpflichtung aus dem Rechtsgeschäft, das den Übereignungsanspruch begründet hat, einschließlich der besonderen Leistungen, zu denen sich der Übernehmer dem Abtretenden gegenüber verpflichtet (Leistungen, die der Abtretende dem Übernehmer gegenüber übernimmt, sind abzusetzen),
7. bei der Enteignung

   die Entschädigung. Wird ein Grundstück enteignet, das zusammen mit anderen Grundstücken eine wirtschaftliche Einheit bildet, so gehört die besondere Entschädigung für eine Wertminderung der nicht enteigneten Grundstücke nicht zur Gegenleistung; dies gilt auch dann, wenn ein Grundstück zur Vermeidung der Enteignung freiwillig veräußert wird.

(2) Zur Gegenleistung gehören
1. Leistungen, die der Erwerber des Grundstückes dem Veräußerer neben der beim Er-

werbsvorgang vereinbarten Gegenleistung zusätzlich gewährt,
2. Belastungen, die auf dem Grundstück ruhen, soweit sie auf den Erwerber kraft Gesetzes übergehen, ausgenommen dauernde Lasten.

(3) Der Gegenleistung sind hinzuzurechnen
1. Leistungen, die der Erwerber des Grundstückes anderen Personen als dem Veräußerer als Gegenleistung dafür gewährt, daß sie auf den Erwerb des Grundstückes verzichten,
2. Leistungen, die ein anderer als der Erwerber des Grundstückes dem Veräußerer als Gegenleistung dafür gewährt, daß der Veräußerer dem Erwerber das Grundstück überläßt.

(4) Die Grunderwerbsteuer, die für den zu besteuernden Erwerbsvorgang zu entrichten ist, wird der Gegenleistung weder hinzugerechnet noch von ihr abgezogen.

Einheitswert

§ 6. (1) Maßgebend ist der Einheitswert, der auf dem Erwerbsvorgang unmittelbar vorausgegangenen Feststellungszeitpunkt festgestellt ist.

(2) Bildet das Grundstück, das Gegenstand des Erwerbsvorganges ist, einen Teil einer wirtschaftlichen Einheit (Untereinheit), für die ein Einheitswert festgestellt ist, so ist als Wert der entsprechende Teilbetrag des Einheitswertes anzusetzen. Der Teilbetrag ist unter sinngemäßer Anwendung der Grundsätze, die für die Zerlegung der Einheitswerte gelten, zu ermitteln.

(3) Haben sich die Verhältnisse zwischen dem unmittelbar vorausgegangenen Feststellungszeitpunkt und dem Zeitpunkt des Erwerbsvorganges (Stichtag) dergestalt geändert, dass nach den Vorschriften des Bewertungsgesetzes die Voraussetzungen für eine Wertfortschreibung oder eine Artfortschreibung oder spätestens durch den Erwerbsvorgang die Voraussetzungen für eine Nachfeststellung gegeben sind, so ist auf den Zeitpunkt des Erwerbsvorganges (Stichtag) ein besonderer Einheitswert unter sinngemäßer Anwendung der Grundsätze für Fortschreibungen oder Nachfeststellungen zu ermitteln; in den Fällen des Abs. 2 aber nur dann, wenn sich die Wertabweichung auch auf den Teil der wirtschaftlichen Einheit erstreckt.

Tarif

§ 7. (1)
1. a) Ein Erwerb gilt als
    - unentgeltlich, wenn die Gegenleistung nicht mehr als 30%,
    - teilentgeltlich, wenn die Gegenleistung mehr als 30%, aber nicht mehr als 70%,
    - entgeltlich, wenn die Gegenleistung mehr als 70%

    des Grundstückswertes beträgt.
   b) Ein Erwerb gilt als unentgeltlich, wenn er durch Erbanfall, durch Vermächtnis, durch Erfüllung eines Pflichtteilsanspruchs, wenn die Leistung an Erfüllung Statt vor Beendigung des Verlassenschaftsverfahrens vereinbart wird, oder gemäß § 14 Abs. 1 Z 1 WEG erfolgt.
   c) Ein Erwerb unter Lebenden durch den in § 26a Abs. 1 Z 1 des Gerichtsgebührengesetzes[a)], BGBl. Nr. 501/1984 in der geltenden Fassung, angeführten Personenkreis gilt als unentgeltlich.

[a)] abgedruckt unter 9/2.

   d) Liegt eine Gegenleistung vor und ist ihre Höhe nicht zu ermitteln, gilt der Erwerbsvorgang als teilentgeltlich, wobei die Gegenleistung in Höhe von 50% des Grundstückswertes angenommen wird.
2. a) Die Steuer beträgt beim unentgeltlichen Erwerb von Grundstücken
    - für die ersten 250 000 Euro 0,5%,
    - für die nächsten 150 000 Euro 2%,
    - darüber hinaus 3,5%

    des Grundstückswertes.

    Dies gilt auch bei teilentgeltlichen Erwerben, insoweit keine Gegenleistung zu erbringen ist; insoweit eine Gegenleistung zu erbringen ist, gilt Z 3.

    Folgende Erwerbsvorgänge eines Erwerbers innerhalb der letzten fünf Jahre sind durch Zusammenrechnung als Vorerwerbe für die Ermittlung des Steuersatzes zu berücksichtigen. Erwerbe von derselben Person an den Erwerber (vertikale Zusammenrechnung) sowie Erwerbe einer wirtschaftlichen Einheit oder Teile einer wirtschaftlichen Einheit – durch zwei oder mehrere Erwerbsvorgänge – durch den Erwerber (horizontale Zusammenrechnung), jeweils soweit die Steuer nach dieser Litera berechnet wurde. Dabei sind frühere Erwerbe mit ihrem früheren Wert anzusetzen. Für die Berechnung der Fünfjahresfrist ist jeweils auf den Zeitpunkt des Entstehens der Steuerschuld abzustellen. Werden Erwerbsvorgänge gleichzeitig verwirklicht, hat der Steuerschuldner die Reihenfolge für die Erfassung als Vorerwerb im Rahmen der Abgabenerklärung oder Selbstberechnung bekannt zu geben.

    (AbgÄG 2023, BGBl I 2023/110)
   b) Bei Erwerben, die unter § 3 Abs. 1 Z 2 fallen, ist die Steuer nach lit. a zu berechnen, beträgt aber höchstens 0,5% vom Grundstückswert. Dies gilt auch bei teilentgeltlichen Erwerben, insoweit keine Gegenleistung zu erbringen ist; insoweit eine Gegenleistung zu erbringen ist, gilt Z 3. Im Fall einer Nacherhebung gemäß § 3 Abs. 1 Z 2 lit. f ist die Steuer ohne Begrenzung zu berechnen.

9/1. GrEStG
§§ 7 – 10

c) Die Steuer beträgt bei Vorgängen gemäß § 1 Abs. 2a und 3 oder bei Vorgängen nach dem Umgründungssteuergesetz, wenn die Steuer nicht vom Einheitswert zu berechnen ist,............................ 0,5%.
d) Die Steuer beträgt bei Erwerben, bei denen die Steuer gemäß § 4 Abs. 2 Z 1 und 2 vom Einheitswert zu berechnen ist,... 2%.
3. In allen übrigen Fällen beträgt die Steuer...3,5%.

(2) Fällt bei unentgeltlichen oder teilentgeltlichen Erwerben durch eine privatrechtliche Stiftung oder durch eine damit vergleichbare Vermögensmasse eine Steuer gemäß Abs. 1 an, erhöht sich diese Steuer um 2,5% des Unterschiedsbetrages zwischen dem Grundstückswert und einer allfälligen Gegenleistung (Stiftungseingangssteueräquivalent).

(BGBl I 2018/62)

(3) Die Steuer ist über Antrag statt in einem Betrag in höchstens fünf Jahresbeträgen festzusetzen, soweit sie nach Abs. 1 Z 2 lit. a, lit. b erster Satz oder lit. c berechnet und der Erwerbsvorgang mit einer Abgabenerklärung (§ 10) angezeigt wird. Der einzelne Jahresbetrag ist in der Weise zu ermitteln, dass bei einer Verteilung auf zwei, drei, vier oder fünf Jahre der Gesamtbetrag um vier, sechs, acht oder zehn Prozent zu erhöhen und in zwei, drei, vier oder fünf gleiche Teile aufzuteilen ist. Der erste Teil wird mit Ablauf eines Monats nach Zustellung des Steuerbescheides fällig. Die Fälligkeit der Jahresbeträge für die auf die Zustellung des Steuerbescheides folgenden Kalenderjahre tritt jeweils am 31. März jedes folgenden Kalenderjahres ein.

(BGBl I 2015/118)

Steuerschuld

§ 8. (1) Die Steuerschuld entsteht, sobald ein nach diesem Bundesgesetz steuerpflichtiger Erwerbsvorgang verwirklicht ist.

(2) Ist die Wirksamkeit des Erwerbsvorganges vom Eintritt einer Bedingung oder von der Genehmigung einer Behörde abhängig, so entsteht die Steuerschuld mit dem Eintritt der Bedingung oder mit der Genehmigung.

(3) Für Erwerbe aufgrund einer Schenkung auf den Todesfall entsteht die Steuerschuld mit dem Tod des Geschenkgebers.

(4) Bei Erwerben durch Erbanfall entsteht die Steuerschuld mit der Rechtskraft des Beschlusses über die Einantwortung und bei Erwerben durch Vermächtnis mit Bestätigung des Verlassenschaftsgerichts gemäß § 182 Abs. 3 Außerstreitgesetz, BGBl. I Nr. 111/2003, in der jeweils geltenden Fassung.

Steuerschuldner

§ 9. Steuerschuldner sind
1. beim Erwerb kraft Gesetzes der bisherige Eigentümer und Erwerber, bei Erwerben von Todes wegen und bei Schenkungen auf den Todesfall der Erwerber,
2. beim Enteignungsverfahren und beim Zuschlag im Zwangsversteigerungsverfahren der Erwerber,
2a. bei Erwerben gemäß § 1 Abs. 1 Z 4 jene Person, die das Kaufanbot annimmt und jene Person, die das Kaufanbot unmittelbar an diese Person übertragen hat,
   (AbgÄG 2023, BGBl I 2023/110)
3. a) bei der Änderung des Gesellschafterbestandes einer Personengesellschaft die Personengesellschaft,
   b) bei der Vereinigung von mindestens 95% der Anteile am Gesellschaftsvermögen oder einer Gesellschaft in der Hand des Erwerbers, derjenige in dessen Hand die Anteile vereinigt werden,
   c) bei der Vereinigung von mindestens 95% der Anteile am Gesellschaftsvermögen oder einer Gesellschaft in der Hand einer Unternehmensgruppe, die am Erwerbsvorgang Beteiligten.
   (BGBl I 2015/118)
4. bei allen übrigen Erwerbsvorgängen die am Erwerbsvorgang beteiligten Personen.

Abgabenerklärung

§ 10. (1) Erwerbsvorgänge, die diesem Bundesgesetz unterliegen, sind bis zum 15. Tag des auf den Kalendermonat, in dem die Steuerschuld entstanden ist, zweitfolgenden Monats beim Finanzamt Österreich mit einer Abgabenerklärung anzuzeigen; die Abgabenerklärung hat die Sozialversicherungsnummer oder Steuernummer der am Erwerbsvorgang Beteiligten zu enthalten. Hierzu sind die in § 9 genannten Personen sowie die Notare, Rechtsanwälte und sonstigen Bevollmächtigten, die beim Erwerb des Grundstückes oder bei Errichtung der Vertragsurkunde über den Erwerb mitgewirkt haben, zur ungeteilten Hand verpflichtet. Sind Erwerbsvorgänge von der Besteuerung ausgenommen, ist die Abgabenerklärung bis zum 15. Tag des auf den Kalendermonat, in dem die Steuerschuld entstanden wäre, zweitfolgenden Monats vorzulegen; in den Fällen des § 3 Abs. 1 Z 1 lit. b ist keine Abgabenerklärung vorzulegen. Ist über den Erwerbsvorgang eine Schrift (Urkunde, Beschluss, usw.) ausgefertigt worden, so ist sie unter Angabe des im automationsunterstützten Verfahren vergebenen Ordnungsbegriffes (Erfassungsnummer) dem Finanzamt Österreich in Abschrift zu übermitteln. Diese Verpflichtungen entfallen insgesamt bei Erwerbsvorgängen, für die gemäß § 11 eine Selbstberechnung der Steuer erfolgt.

(BGBl I 2019/104)

(1a) Abweichend von Abs. 1 sind Erwerbsvorgänge, welche nicht nach einem inländischen Verlassenschaftsverfahren und unter Vorlage eines gültigen Europäischen Nachlasszeugnisses gemäß Verordnung (EU) Nr. 650/2012 über die Zuständigkeit, das anzuwendende Recht, die Anerkennung und Vollstreckung von Entscheidungen und die Annahme und Vollstreckung öffentlicher Urkunden in Erbsachen sowie zur Einführung eines Europäischen Nachlasszeugnisses, ABl. Nr. L 201 vom 27.07.2012 S. 107, in der Fassung der Berichtigung ABl. Nr. L 363 vom 18.12.2014 S. 186, nachgewiesen werden, bis zum 15. Tag des auf den Kalendermonat, in dem das Europäische Nachlasszeugnis ausgestellt wurde, zweitfolgenden Monats beim Finanzamt Österreich mit einer Abgabenerklärung anzuzeigen.

(AbgÄG 2023, BGBl I 2023/110)

(2) Die Abgabenerklärung ist durch einen Parteienvertreter im Sinne des § 11 vorzulegen und elektronisch zu übermitteln. In den Fällen des § 3 Abs. 1 Z 4 und 5 kann die Abgabenerklärung auch durch die in § 9 genannten Personen vorgelegt und elektronisch übermittelt werden. Ist über den in der elektronischen Abgabenerklärung enthaltenen Erwerbsvorgang eine Urkunde errichtet worden, die in ein durch Bundesgesetz vorgesehenes Urkundenarchiv aufgenommen wurde, so ist der Abgabenbehörde der Zugriffscode zu dieser Urkunde bekannt zu geben. Die Abgabenbehörden sind berechtigt, auf diese Urkunden lesend zuzugreifen. Abweichend von Abs. 1 ist die Schrift nur über Verlangen der Abgabenbehörde vorzulegen; auf der Schrift ist der im automationsunterstützten Verfahren vergebene Ordnungsbegriff (Erfassungsnummer) anzugeben. Der Bundesminister für Finanzen wird ermächtigt, die Übermittlung der elektronischen Abgabenerklärung mit Verordnung näher zu regeln.

(3) Eine Abgabenerklärung (Abs. 1) ist bis zum 15. Tag des auf den Kalendermonat, in dem die Leistung gewährt wird, zweitfolgenden Monats jedenfalls dann vorzulegen, wenn
1. die Gegenleistung des Erwerbers durch Gewährung von zusätzlichen Leistungen neben der beim Erwerbsvorgang vereinbarten Gegenleistung erhöht wird,
2. der Erwerber des Grundstückes anderen Personen als dem Veräußerer nachträglich eine Leistung als Gegenleistung dafür gewährt, daß sie auf den Erwerb des Grundstückes verzichten,
3. ein anderer als der Erwerber des Grundstückes dem Veräußerer nachträglich eine Leistung als Gegenleistung dafür gewährt, daß der Veräußerer dem Erwerber das Grundstück überläßt.

Befugnis zur Selbstberechnung
§ 11. (1) Rechtsanwälte und Notare (Parteienvertreter) sind nach Maßgabe der §§ 12, 13 und 15 befugt, die Steuer für Erwerbsvorgänge, die diesem Bundesgesetz unterliegen, als Bevollmächtigte eines Steuerschuldners selbst zu berechnen, wenn die Selbstberechnung innerhalb der Frist für die Vorlage der Abgabenerklärung (§ 10) erfolgt. Diese Frist ist nicht erstreckbar. Die Anwendung des § 17 ist von der Selbstberechnung ausgenommen.

(AbgÄG 2023, BGBl I 2023/110)

(2) Das Finanzamt Österreich kann die Befugnisse gemäß Abs. 1 mit Bescheid aberkennen, wenn der Parteienvertreter vorsätzlich oder wiederholt grob fahrlässig die Bestimmungen der §§ 11, 13 und 15 verletzt. Die Aberkennung kann für mindestens drei Jahre oder unbefristet erfolgen. Von der Aberkennung sowie von deren Aufhebung sind die vier Präsidenten der Oberlandesgerichte sowie die jeweils zuständige Rechtsanwaltskammer oder Notariatskammer zu verständigen. Bei unbefristeter Aberkennung kann frühestens fünf Jahre nach Aberkennung auf Antrag des Parteienvertreters der Aberkennungsbescheid aufgehoben werden, wenn glaubhaft ist, daß der Parteienvertreter in Hinkunft seinen abgabenrechtlichen Pflichten nachkommen wird.

(BGBl I 2019/103, BGBl I 2019/104; AbgÄG 2023, BGBl I 2023/110)

(3) Der Steuerschuldner hat dem selbstberechnenden Parteienvertreter die Grundlagen für die Selbstberechnung anzugeben und deren Richtigkeit und Vollständigkeit schriftlich zu bestätigen. Entsprechen die der Selbstberechnung zugrundeliegenden Angaben nicht den tatsächlichen Gegebenheiten, haben die in § 9 genannten Personen die Verpflichtungen des § 10 zu erfüllen; § 10 Abs. 1 letzter Satz ist nicht anzuwenden.

(BGBl I 2015/118)

Selbstberechnungserklärung
§ 12. Der Parteienvertreter ist befugt, gegenüber dem Grundbuchsgericht je Erwerbsvorgang elektronisch zu erklären, dass eine Selbstberechnung gemäß § 11 vorgenommen worden ist und die Grunderwerbsteuer sowie die Eintragungsgebühr nach dem Gerichtsgebührengesetz – GGG, BGBl. Nr. 501/1984 in der jeweils geltenden Fassung, soweit das GGG die gemeinsame Entrichtung mit der Grunderwerbsteuer vorsieht, gemäß § 13 abgeführt werden. Die nähere Regelung betreffend die Form, den Inhalt und den elektronischen Übermittlungsweg der Selbstberechnungserklärung wird einer Verordnung des Bundesministers für Finanzen im Einvernehmen mit dem Bundesminister für Justiz vorbehalten.

Erhebung der Steuer bei Selbstberechnung
§ 13. (1) Parteienvertreter haben für Erwerbsvorgänge, für die sie eine Selbstberechnung vornehmen, spätestens am 15. Tag (Fälligkeitstag) des auf den Kalendermonat (Anmeldungszeitraum), in dem die Selbstberechnung erfolgt, zweitfolgenden Kalendermonats eine Anmeldung über die selbst berechneten Erwerbsvorgänge beim Finanzamt Österreich vorzulegen; die Anmeldung hat die Sozialversicherungsnummer oder Steuernummer der am Erwerbsvorgang Beteiligten zu enthalten. Die Selbstberechnung und Anmeldung hat elektronisch zu erfolgen. Ist über einen der in der elektronischen Anmeldung enthaltenen Erwerbsvorgänge eine Urkunde errichtet worden, die in ein durch Bundesgesetz vorgesehenes Urkundenarchiv aufgenommen wurde, so ist der Abgabenbehörde der Zugriffscode zu dieser Urkunde bekannt zu geben. Die Abgabenbehörden sind berechtigt, auf diese Urkunde lesend zuzugreifen. Der Bundesminister für Finanzen wird ermächtigt, die elektronische Selbstberech-

nung und Anmeldung durch Verordnung näher zu regeln, soweit sich die Regelungen auf die gerichtlichen Eintragungsgebühren und die elektronische Übermittlung der Daten an die Justiz beziehen, im Einvernehmen mit dem Bundesminister für Justiz. Aus der Anmeldung muss sich ergeben, für welchen Steuerschuldner in welchem Ausmaß die Steuer und – nach Maßgabe der Bestimmungen im GGG – die Eintragungsgebühren nach dem GGG selbst berechnet und entrichtet wurden. Im Zweifel ist bei den betreffenden Steuerschuldnern eine verhältnismäßige Entrichtung anzunehmen. Die Anmeldung gilt als Abgabenerklärung.

(BGBl I 2019/104)

(2) Ist über den Erwerbsvorgang eine Schrift errichtet worden, so ist darauf der Umstand der Selbstberechnung und der im automationsunterstützten Verfahren vergebene Ordnungsbegriff (Erfassungsnummer) zu vermerken. Ist die Anbringung des Vermerkes auf einer elektronischen Urkunde selbst nicht möglich, muss abweichend davon die erfolgte Selbstberechnung, die Steuernummer des Parteienvertreters, der im automationsunterstützten Verfahren vergebene Ordnungsbegriff (Erfassungsnummer) und die Höhe der selbst berechneten Steuer in einer Beilage zur elektronischen Urkunde dokumentiert sein.

(AbgÄG 2023, BGBl I 2023/110)

(3) Ein gemäß § 201 BAO festgesetzter Steuerbetrag hat den im Abs. 1 genannten Fälligkeitstag. Die selbstzuberechnende Steuer ist spätestens am Fälligkeitstag zu entrichten.

(4) Die Parteienvertreter haften für die Entrichtung der selbstberechneten Steuer.

§ 14. (aufgehoben)

Aufbewahrung, Überprüfung

§ 15. (1) Der Parteienvertreter hat die Bestätigung gemäß § 11 Abs. 3 (Kopien), Abschriften (Kopien) der Erklärungen (§ 12) und die Abschriften (Kopien, Gleichschriften) der über den Erwerbsvorgang ausgefertigten Schriften sieben Jahre aufzubewahren. Die Verpflichtung zur Aufbewahrung dieser Unterlagen beim Parteienvertreter entfällt, wenn sie in den Urkundensammlungen des Grundbuchs und des Firmenbuchs (§ 91b GOG) oder Urkundenarchiven von Körperschaften des öffentlichen Rechts (§ 91c GOG) abrufbar sind. § 132 BAO ist anzuwenden.

(BGBl I 2015/118)

(2) Das Finanzamt Österreich ist befugt, Prüfungen hinsichtlich sämtlicher in der Anmeldung enthaltenen Angaben durchzuführen.

(BGBl I 2019/104)

Mitteilungspflicht

§ 16. Stellt sich die Unrichtigkeit der Bemessungsgrundlage für die Selbstberechnung bei der Grunderwerbsteuer heraus, hat das Finanzamt Österreich ohne unnötigen Aufschub dem Grundbuchsgericht in elektronischer Form die richtige Bemessungsgrundlage mitzuteilen. Die nähere Regelung betreffend die Form, den Inhalt und den elektronischen Übermittlungsweg der Selbstberechnungserklärung wird einer Verordnung des Bundesministers für Finanzen im Einvernehmen mit dem Bundesminister für Justiz vorbehalten.

(BGBl I 2019/104)

Nichtfestsetzung oder Abänderung der Steuer

§ 17. (1) Die Steuer wird auf Antrag nicht festgesetzt,

1. wenn der Erwerbsvorgang innerhalb von drei Jahren seit der Entstehung der Steuerschuld durch Vereinbarung, durch Ausübung eines vorbehaltenen Rücktrittsrechtes oder eines Wiederkaufsrechtes rückgängig gemacht wird,
2. wenn der Erwerbsvorgang auf Grund eines Rechtsanspruches rückgängig gemacht wird, weil die Vertragsbestimmungen nicht erfüllt werden,
3. wenn das Rechtsgeschäft, das den Anspruch auf Übereignung begründen sollte, ungültig ist und das wirtschaftliche Ergebnis des ungültigen Rechtsgeschäftes beseitigt wird,
4. wenn das geschenkte Grundstück aufgrund eines Rechtsanspruches herausgegeben werden musste oder ein von Todes wegen erworbenes Grundstück herausgegeben werden musste und dieses beim Empfänger einen Erwerb von Todes wegen darstellt.

(2) Ist zur Durchführung einer Rückgängigmachung zwischen dem seinerzeitigen Veräußerer und dem seinerzeitigen Erwerber ein Rechtsvorgang erforderlich, der selbst einen Erwerbsvorgang nach § 1 darstellt, so gelten die Bestimmungen des Abs. 1 Z 1, 2 und 4. sinngemäß.

(3) Wird die Gegenleistung für das Grundstück herabgesetzt, so wird die Steuer auf Antrag der Herabsetzung entsprechend festgesetzt,

1. wenn die Herabsetzung innerhalb von drei Jahren seit der Entstehung der Steuerschuld stattfindet,
2. wenn die Herabsetzung (Minderung) auf Grund der §§ 932 und 933 des Allgemeinen Bürgerlichen Gesetzbuches vollzogen wird.

(4) Ist in den Fällen der Abs. 1 bis 3 die Steuer bereits festgesetzt, so ist auf Antrag die Festsetzung entsprechend abzuändern. Bei Selbstberechnung ist in den Fällen der Abs. 1 bis 3 die Steuer entsprechend festzusetzen oder ein Bescheid zu erlassen, wonach die Steuer nicht festgesetzt wird.

(5) Anträge nach Abs. 1 bis 4 sind bis zum Ablauf des fünften Kalenderjahres zu stellen, das auf das Jahr folgt, in dem das den Anspruch auf Nichtfestsetzung oder Abänderung der Steuer begründende Ereignis eingetreten ist. Die Frist endet keinesfalls jedoch vor Ablauf eines Jahres nach Wirksamwerden der Festsetzung.

Übergangsbestimmungen und Aufhebung bisheriger Rechtsvorschriften

§ 18. (1) Die Bestimmungen dieses Bundesgesetzes sind auf alle Erwerbsvorgänge anzuwenden, die nach dem 30. Juni 1987 verwirklicht werden. Andere Rechtsvorschriften, die eine Grunderwerbsteuerbefreiung vorsehen, sind für Erwerbsvorgänge, die nach dem 30. Juni 1987 verwirklicht werden, nicht mehr anzuwenden. Die auf völkerrechtlichen Verträgen beruhenden sowie internationalen Organisationen eingeräumten grunderwerbsteuerlichen Begünstigungen bleiben unberührt. Die in den §§ 2 und 10 des Strukturverbesserungsgesetzes, BGBl. Nr. 69/1969, in der jeweils geltenden Fassung, enthaltenen Grunderwerbsteuerbefreiungen finden auf Erwerbsvorgänge Anwendung, bei welchen der der Verschmelzung oder Einbringung zugrunde zu legende Bilanz der übertragenden Gesellschaft oder des Einbringenden auf einen Zeitpunkt aufgestellt ist, der vor dem 1. Juli 1987 liegt.

(2) Auf vor dem 1. Juli 1987 verwirklichte Erwerbsvorgänge sind die bis zum Inkrafttreten dieses Gesetzes in Geltung stehenden gesetzlichen Vorschriften anzuwenden. Dies gilt insbesondere, wenn für einen vor dem 1. Juli 1987 verwirklichten, steuerbefreiten Erwerbsvorgang die Steuerschuld oder ein Erhebungsgrund für die Steuer nach dem 30. Juni 1987 entsteht oder wenn der Erwerb von Ersatzgrundstücken für vor dem 1. Juli 1987 bewirkte Enteignungen oder eingetretene Schadensfälle im Sinne des § 3 Z 6 und Z 7 Grunderwerbsteuergesetz 1955, BGBl. Nr. 140, zuletzt geändert durch die Kundmachung BGBl. Nr. 175/1987, nach dem 30. Juni 1987 erfolgt.

(2a) Die §§ 11 Abs. 1, 13 Abs. 1 und 14 Abs. 3, jeweils in der Fassung des Bundesgesetzes BGBl I Nr. 28/1999, sind auf Erwerbsvorgänge anzuwenden, für die die Selbstberechnung nach dem 30. Juni 1999 erfolgt.

(2b) § 11 Abs. 1 in der Fassung des Bundesgesetzes BGBl. I Nr. 106/1999 ist auf Erwerbsvorgänge anzuwenden, die nach dem 31. Dezember 1999 verwirklicht werden.

(2c) § 6 Abs. 1, Abs. 2 erster Satz und Abs. 3 letzter Satz in der Fassung des Bundesgesetzes BGBl. I Nr. 142/2000 ist auf Erwerbsvorgänge anzuwenden, die nach dem 31. Dezember 2000 verwirklicht werden.

(2d) § 3 Abs. 1 Z 1 in der Fassung des Bundesgesetzes BGBl. I Nr. 59/2001 ist auf Erwerbsvorgänge anzuwenden, die nach dem 31. Dezember 2001 verwirklicht werden.

(2e) Die §§ 10 Abs. 2, 11 Abs. 1 und 2, 13 Abs. 1 und 2, 14 Abs. 1 und 2, jeweils in der Fassung des Bundesgesetzes BGBl. I Nr. 144/2001, sind auf Erwerbsvorgänge anzuwenden, für die die Steuerschuld nach dem 31. Dezember 2001 entsteht. Erwerbsvorgänge, für die die Steuerschuld im Jänner 2002 entsteht und für die von der Möglichkeit der Selbstberechnung Gebrauch wird, sind spätestens in die am 15. April 2002 vorzulegende Anmeldung aufzunehmen; wird von der Möglichkeit der Selbstberechnung nicht Gebrauch gemacht, so ist die Abgabenerklärung für diese Erwerbsvorgänge spätestens am 15. April 2002 elektronisch zu übermitteln. Die §§ 10 Abs. 2, 11 Abs. 1 und 2, 13 Abs. 1 und 2, 14, 15 Abs. 1 und 2, jeweils in der Fassung vor dem Bundesgesetz BGBl. I Nr. 144/ 2001, sind auf Erwerbsvorgänge anzuwenden, für die die Steuerschuld vor dem 1. Jänner 2002 entsteht.

(2f) § 3 Abs. 1 Z 2, Z 7, 8, 9, , § 7, § 8 Abs. 3, jeweils in der Fassung des Bundesgesetzes BGBl. I Nr. 85/2008, sind erstmals auf Erwerbsvorgänge anzuwenden, für die die Steuerschuld nach dem 31. Juli 2008 entsteht oder entstehen würde.

§ 3 Abs. 1 Z 2 in der Fassung des Bundesgesetzes BGBl. I Nr. 144/2001 tritt mit Ablauf des 31. Juli 2008 außer Kraft und ist letztmalig auf Erwerbe von Todes und Schenkungen unter Lebenden anzuwenden, für die die Steuerschuld nach dem Erbschafts- und Schenkungssteuergesetz 1955 in der Fassung vor dem Bundesgesetz BGBl. I Nr. 85/2008 entsteht oder entstehen würde.

§ 4 Abs. 2 Z 4 ist auf Erwerbe anzuwenden, bei denen der Todestag des Erblassers nach dem 31. Juli 2008 liegt.

Bei Schenkungen, bei denen der Anspruch auf Übereignung vor dem 1. August 2008 begründet wird, die Übergabe aber nach dem 31. Juli 2008 erfolgt, entsteht die Steuerschuld im Zeitpunkt der Übergabe. Bei Rechtsgeschäften unter Lebenden, die teils entgeltlich und teils unentgeltlich sind und bei denen der Anspruch auf Übereignung vor dem 1. August 2008 begründet wird, die Übergabe aber nach dem 31. Juli 2008 erfolgt, entsteht die Steuerschuld für den unentgeltlichen Teil im Zeitpunkt der Übergabe.

Bei Schenkungsverträgen auf den Todesfall, die teils entgeltlich und teils unentgeltlich sind und bei denen die Steuerschuld für den entgeltlichen Teil vor dem 1. August 2008 entstanden ist, entsteht die Steuerschuld für den unentgeltlichen Teil im Zeitpunkt des Todes des Geschenkgebers.

(2g) § 3 Abs. 1 Z 3 tritt mit Ablauf des 31. Juli 2008 außer Kraft und ist letztmalig auf Erwerbsvorgänge eines zum Nachlass gehörigen Grundstückes durch Miterben zur Teilung des Nachlasses anzuwenden, wenn der Erblasser vor dem 1. August 2008 verstorben ist.

(2h) § 11 Abs. 2 erster Satz und § 15 Abs. 2, jeweils in der Fassung des Budgetbegleitgesetzes 2011, BGBl. I Nr. 111/2010, treten mit 1. Jänner 2011 in Kraft. § 11 Abs. 2 dritter Satz tritt mit Ablauf des 31. Dezember 2010 außer Kraft.

(2i) § 3 Abs. 1 Z 8 tritt mit Ablauf des 31. Dezember 2011 außer Kraft und ist letztmalig auf Erwerbsvorgänge anzuwenden, für die die Steuerschuld vor dem 1. Jänner 2012 entsteht oder entstehen würde. § 7 Abs. 2 in der Fassung des Bundesgesetzes BGBl. I Nr. 112/2011 ist erstmals auf Erwerbsvorgänge anzuwenden, für die die Steuerschuld nach dem 31. Dezember 2011 entsteht.

(2j) § 10 Abs. 1 und 2 in der Fassung des 1. Stabilitätsgesetzes 2012, BGBl. I Nr. 22/2012, tritt mit 1. Jänner 2013 in Kraft und ist erstmals auf

9/1. GrEStG
§ 18

Erwerbsvorgänge anzuwenden, für die die Steuerschuld nach dem 31. Dezember 2012 entsteht oder entstehen würde.

(2k) § 3 Abs. 1 Z 1, § 6 Abs. 3 und § 10 Abs. 1 und 2, jeweils in der Fassung des Bundesgesetzes BGBl. I Nr. 112/2012 treten mit 1. Jänner 2013 in Kraft und sind erstmals auf Erwerbsvorgänge anzuwenden, für die die Steuerschuld nach dem 31. Dezember 2012 entsteht oder entstehen würde.

(2l) §§ 12 und 13 in der Fassung der Grundbuchsgebührennovelle, BGBl. I Nr. 1/2013, treten mit 1. Jänner 2013 in Kraft und sind auf alle Erwerbsvorgänge anzuwenden, für die die Selbstberechnung gemäß § 11 nach dem 31. Dezember 2012 vorgenommen wird. § 16 tritt mit Ablauf des 31. Dezember 2012 außer Kraft, ist aber weiterhin auf Erwerbsvorgänge anzuwenden, für die eine Selbstberechnung gemäß § 11 vor dem 1. Jänner 2013 vorgenommen worden ist.

(2m) § 3 Abs. 1 Z 2, 7, 8 und 9, § 4 Abs. 1 und Abs. 2 Z 1, 3 und 4, §§ 6 und 7 und § 8 Abs. 4 jeweils in der Fassung des Bundesgesetzes BGBl. I Nr. 36/2014 sind auf alle Erwerbsvorgänge anzuwenden, die nach dem 31. Mai 2014 verwirklicht werden oder für die die Steuerschuld oder ein Erhebungsgrund für die Steuer nach dem 31. Mai 2014 entsteht. Wurde der Erwerbsvorgang vor dem 1. Juni 2014 verwirklicht oder ist der Erblasser vor dem 1. Juni 2014 verstorben, kann der Steuerschuldner gegenüber dem die Steuer selbstberechnenden Parteienvertreter oder gegenüber dem Finanzamt Österreich schriftlich erklären, dass die Besteuerung nach § 4 Abs. 2 und §§ 6 und 7, jeweils in der Fassung vor dem Bundesgesetz BGBl. I Nr. 36/2014, erfolgen soll.

(BGBl I 2019/104)

(2n) § 4 Abs. 2 Z 2 in der Fassung des Bundesgesetzes BGBl. I Nr. 36/2014 ist auf alle Erwerbsvorgänge betreffend land- und forstwirtschaftliche Grundstücke anzuwenden, die nach dem 31. Dezember 2014 verwirklicht werden oder für die die Steuerschuld oder ein Erhebungsgrund für die Steuer nach dem 31. Dezember 2014 entsteht. Wurde der Erwerbsvorgang nach dem 31. Mai 2014 und vor dem 1. Jänner 2015 verwirklicht oder ist der Erblasser nach dem 31. Mai 2014 und vor dem 1. Jänner 2015 verstorben, kann der Steuerschuldner gegenüber dem die Steuer selbstberechnenden Parteienvertreter oder gegenüber dem Finanzamt schriftlich erklären, dass die Besteuerung nach § 4 Abs. 2 Z 1 in der Fassung des Bundesgesetzes BGBl. I Nr. 36/2014 erfolgen soll. Wurde der Erwerbsvorgang vor dem 1. Juni 2014 verwirklicht oder ist der Erblasser vor dem 1. Juni 2014 verstorben, kann der Steuerschuldner gegenüber dem die Steuer selbstberechnenden Parteienvertreter oder gegenüber dem Finanzamt Österreich schriftlich erklären, dass die Besteuerung nach § 4 Abs. 2 und §§ 6 und 7 jeweils in der Fassung vor dem Bundesgesetz BGBl. I Nr. 36/2014 erfolgen soll.

(BGBl I 2019/104)

(2o) Die §§ 12, 13 und 16 in der Fassung des Bundesgesetzes BGBl. I Nr. 36/2014 sind auf alle Erwerbsvorgänge anzuwenden, für die die Selbstberechnung gemäß § 11 nach dem 31. Dezember 2014 vorgenommen wird.

(2p) § 1 Abs. 2a, 3, 4 und 5, § 3 Abs. 1 Z 2, 2a und 7, § 4, § 7, § 9 Z 3, § 10 Abs. 1, § 11 Abs. 3 und § 13 Abs. 1 jeweils in der Fassung des Bundesgesetzes BGBl. I Nr. 118/2015 treten mit 1. Jänner 2016 in Kraft und sind auf Erwerbsvorgänge anzuwenden, die nach dem 31. Dezember 2015 verwirklicht werden oder wenn der Erblasser nach dem 31. Dezember 2015 verstorben ist. § 3 Abs. 1 Z 7a in der Fassung des Bundesgesetzes BGBl. I Nr. 118/2015 tritt mit 1. Jänner 2016 in Kraft und ist auf Erwerbsvorgänge anzuwenden, wenn der Erblasser nach dem 31. Dezember 2015 verstorben ist. Entsteht die Steuerschuld nach dem 31. Dezember 2015, wurde jedoch entweder der Erwerbsvorgang vor dem 1. Jänner 2016 verwirklicht oder ist der Erblasser vor dem 1. Jänner 2016 verstorben, kann der Steuerschuldner gegenüber dem die Steuer selbstberechnenden Parteienvertreter oder gegenüber dem Finanzamt Österreich schriftlich erklären, dass die Besteuerung nach den Bestimmungen dieses Gesetzes in der Fassung des Bundesgesetz BGBl. I Nr. 118/2015 erfolgen soll. Durch das Inkrafttreten des Bundesgesetzes BGBl. I Nr. 118/2015 wird kein Erwerbsvorgang verwirklicht.

Änderungen des Gesellschafterbestandes, die vor dem 1. Jänner 2016 erfolgen, sind für die Verwirklichung des Tatbestandes des § 1 Abs. 2a nicht zu berücksichtigen. Werden Anteile am Gesellschaftsvermögen oder an der Gesellschaft, die am 31. Dezember 2015 treuhändig gehalten wurden, nach diesem Tag an den Treugeber übertragen, sind § 1 Abs. 2a vorletzter Satz und Abs. 3 vorletzter Satz nicht anzuwenden. Werden am 31. Dezember 2015 mindestens 95% der Anteile am Gesellschaftsvermögen oder an der Gesellschaft in der Hand einer Person oder einer Unternehmensgruppe gemäß § 9 des Körperschaftsteuergesetzes 1988 gehalten, ist § 1 Abs. 3 in der Fassung des Bundesgesetzes BGBl. I Nr. 118/2015 auch auf Rechtsvorgänge anzuwenden, sofern dadurch der Prozentsatz verändert wird, aber nicht unter 95% sinkt und bezogen auf diese Anteile nicht bereits ein Tatbestand des § 1 Abs. 3 in der Fassung des Bundesgesetzes BGBl. I Nr. 118/2015 erfüllt wurde.

(BGBl I 2019/103, BGBl I 2019/104)

(2q) § 3 Abs. 1 Z 3 in der Fassung des Gemeinnützigkeitsgesetzes 2015, BGBl. I Nr. 160/2015 tritt mit 1. Jänner 2016 in Kraft und ist erstmals auf Erwerbsvorgänge anzuwenden, für die die Steuerschuld nach dem 31. Dezember 2015 entsteht oder entstehen würde.

(BGBl I 2015/160)

(2r) § 1 Abs. 2a, 3 und 5, § 3 Abs. 1 Z 7a und § 7 Abs. 2 treten mit Ablauf des Tages der Freigabe zur Abfrage im Bundesgesetzblatt in Kraft.

(BGBl I 2018/62)

(2s) § 3 Abs. 1 Z 2 lit. f und Z 7, § 10 Abs. 1 erster und vorletzter Satz, § 11 Abs. 2 erster Satz,

§ 13 Abs. 1 erster Satz, § 15 Abs. 2, § 16 sowie § 18 Abs. 2m, 2n und 2p dritter Satz, jeweils in der Fassung des Bundesgesetzes BGBl. I Nr. 104/2019, treten mit 1. Juli 2020 in Kraft.

(BGBl I 2019/104)

(2t) In der Fassung des Bundesgesetzes BGBl. I Nr. 103/2019 treten in Kraft,
1. § 18 Abs. 2p vorletzter Satz mit 15. August 2018,
2. § 3 Abs. 1 Z 4 mit 1. Jänner 2020.

(BGBl I 2019/103)

(2u) § 9 Z 2a, § 10 Abs. 1a sowie § 11 Abs. 2 jeweils in der Fassung des Bundesgesetzes BGBl. I Nr. 110/2023, treten mit 1. Jänner 2024 in Kraft und sind erstmals auf Erwerbsvorgänge anzuwenden, für die die Steuerschuld nach dem 31. Dezember 2023 entsteht oder entstehen würde. § 3 Abs. 1 Z 3, § 7 Abs. 1 Z 2 lit. a, § 11 Abs. 1 und § 13 Abs. 2, jeweils in der Fassung des Bundesgesetzes BGBl. I Nr. 110/2023 treten mit dem der Kundmachung im Bundesgesetzblatt folgenden Tag in Kraft.

(AbgÄG 2023, BGBl I 2023/110)

(3) Wird in anderen bundesgesetzlichen Vorschriften auf Bestimmungen des Grunderwerbsteuergesetzes 1955, BGBl. Nr. 140, zuletzt geändert durch die Kundmachung BGBl. Nr. 175/1987, verwiesen, bezieht sich diese Verweisung bei Erwerbsvorgängen, die nach dem 30. Juni 1987 verwirklicht werden, auf die entsprechenden Bestimmungen dieses Bundesgesetzes.

(4) Mit der Vollziehung dieses Bundesgesetzes ist der Bundesminister für Finanzen betraut.

9/2.
Gerichtsgebührengesetz
(Auszug)

BGBl 1984/501 idF BGBl I 2023/78

Wertberechnung für die Eintragungsgebühr

§ 26. (1) Die Eintragungsgebühr ist bei der Eintragung des Eigentumsrechts und des Baurechts – ausgenommen in den Fällen der Vormerkung – sowie bei der Anmerkung der Rechtfertigung der Vormerkung zum Erwerb des Eigentums und des Baurechts vom Wert des jeweils einzutragenden Rechts zu berechnen. Der Wert wird durch den Preis bestimmt, der im gewöhnlichen Geschäftsverkehr bei einer Veräußerung üblicherweise zu erzielen wäre. Dabei sind alle Umstände, die den Preis beeinflussen, zu berücksichtigen. Ungewöhnliche oder persönliche Verhältnisse sind nicht zu berücksichtigen. Maschinen und sonstige Vorrichtungen aller Art, die zu einer Betriebsanlage gehören, sind nicht in die Bemessungsgrundlage einzubeziehen.

(2) Die Partei hat den Wert des einzutragenden Rechts (Abs. 1) eingangs der Eingabe zu beziffern, die zur Ermittlung des Werts notwendigen Angaben zu machen und diese durch Vorlage geeigneter Unterlagen zur Prüfung der Plausibilität zu bescheinigen. Ist die Entrichtung der Gerichtsgebühren im Fall der Selbstberechnung (§ 11 Grunderwerbsteuergesetz 1987) beim zuständigen Finanzamt (§ 4 Abs. 7) zum Zeitpunkt der Fälligkeit der Grunderwerbsteuer (§ 2 Z 4 zweiter Halbsatz) vorgesehen, kann mit Verordnung nach § 26a Abs. 3 geregelt werden, wie weit von diesen Angaben abgesehen werden kann.

(3) Soweit keine außergewöhnlichen Verhältnisse vorliegen, die offensichtlich Einfluss auf die Gegenleistung gehabt haben, ist bei den nachstehend angeführten Erwerbsvorgängen der Wert der Gegenleistung als Bemessungsgrundlage heranzuziehen,
1. bei einem Kauf der Kaufpreis zuzüglich der vom Käufer übernommenen sonstigen Leistungen und der dem Verkäufer vorbehaltenen Nutzungen,
2. bei einem Erwerb gegen wiederkehrende Geldleistungen, wenn der Gesamtbetrag der Zahlungen nicht von vornherein feststeht, der Kapitalwert,
3. bei einer Leistung an Zahlungs Statt der Wert, zu dem die Leistung an Zahlungs Statt angenommen wird,
4. bei der Enteignung die Entschädigung.

Der Gegenleistung sind Belastungen hinzuzurechnen, die auf dem Grundstück ruhen, soweit sie auf den Erwerber kraft Gesetzes übergehen, ausgenommen dauernde Lasten.

(4) Wenn die Angaben zur Prüfung der Plausibilität nicht für hinreichend bescheinigt erachtet werden, kann die Partei zur Vorlage weiterer

Bescheinigungsmittel aufgefordert werden. Das Gleiche gilt für eine Prüfung aus Anlass einer Gebührenrevision. Kommt die Partei einem solchen Auftrag ohne hinreichenden Grund nicht nach oder entspricht die von ihr nach Vorhalt vorgenommene Bezifferung offenkundig nicht den Abs. 1 bis 3, so ist der Wert des einzutragenden Rechts unter Berücksichtigung der vorliegenden Bescheinigungsmittel nach freier Überzeugung zu schätzen. In diesem Fall ist eine Ordnungsstrafe bis zu 50% der so ermittelten Eintragungsgebühr zu entrichten; die Ordnungsstrafe darf jedoch 470 Euro nicht übersteigen.

(BGBl II 2021/160)

(4a) Ist die Entrichtung der Gerichtsgebühren im Fall der Selbstberechnung (§ 11 Grunderwerbsteuergesetz 1987) beim zuständigen Finanzamt (§ 4 Abs. 7) zum Zeitpunkt der Fälligkeit der Grunderwerbsteuer (§ 2 Z 4 zweiter Halbsatz) vorgesehen und stellt sich die Unrichtigkeit der Angaben in der Selbstberechnungserklärung nach § 12 des Grunderwerbsteuergesetzes 1987 nachträglich – etwa aus Anlass einer Gebührenrevision, auf Grund einer Mitteilung des Finanzamts (§ 16 Grunderwerbsteuergesetz 1987) oder eines die selbstberechnete Steuer betreffenden abgabenbehördlichen Verfahrens – heraus, so ist die Eintragungsgebühr von Amts wegen neu zu bemessen; dies gilt auch dann, wenn sich die Unrichtigkeit der Angaben erst nach Eintritt der Rechtskraft der Gebührenvorschreibung herausstellt. Der Fehlbetrag kann in den Fällen des § 303 Abs. 1 BAO auch nach Ablauf der Verjährungsfrist (§ 8 GEG) nachgefordert werden. Stellt die Vorschreibungsbehörde fest, dass die in der Selbstberechnungserklärung nach § 12 des Grunderwerbsteuergesetzes 1987 angegebene Bemessungsgrundlage offenbar unrichtig ist, so hat sie das zuständige Finanzamt ohne unnötigen Aufschub zu verständigen.

(5) Bei der Eintragung zum Erwerb eines Pfandrechtes und bei der Anmerkung der Rangordnung für eine beabsichtigte Verpfändung bestimmt sich der Wert nach dem Nennbetrag (Höchstbetrag, § 14 Abs. 2 GBG 1955) der Forderung einschließlich der Nebengebührensicherstellung. Bei Afterpfandrechten kann dieser Wert nie größer sein als der der belasteten Forderung.

(6) Wird die Eintragung von mehreren Berechtigten in einer Eingabe verlangt, so ist die Eintragungsgebühr für jeden Berechtigten nach dem Wert seiner Rechte zu berechnen.

(7) Wird eine Eintragung zum Erwerb eines Rechtes gemeinschaftlich von einer oder mehreren gebührenpflichtigen und gebührenbefreiten Personen begehrt, so ist die Gebühr nur nach dem Anteil des Gebührenpflichtigen zu berechnen.

Begünstigte Erwerbsvorgänge

§ 26a. (1) Abweichend von § 26 ist für die Bemessung der Eintragungsgebühr bei den nachstehend angeführten begünstigten Erwerbsvorgängen der dreifache Einheitswert, maximal jedoch 30% des Werts des einzutragenden Rechts (§ 26 Abs. 1), heranzuziehen:

1. bei Übertragung einer Liegenschaft an den Ehegatten oder eingetragenen Partner während aufrechter Ehe (Partnerschaft) oder im Zusammenhang mit der Auflösung der Ehe (Partnerschaft), an den Lebensgefährten, sofern die Lebensgefährten einen gemeinsamen Hauptwohnsitz haben oder hatten, an einen Verwandten oder Verschwägerten in gerader Linie, an den Stief-, Wahl- oder Pflegekind oder deren Kinder, Ehegatten oder eingetragenen Partner, oder an Geschwister, Nichten oder Neffen des Übertragers;

2. bei Übertragung einer Liegenschaft aufgrund eines Vorgangs nach dem Umgründungssteuergesetz, BGBl. Nr. 699/1991, aufgrund eines Erwerbsvorgangs zwischen einer Gesellschaft und ihrem Gesellschafter oder aufgrund der Vereinigung aller Anteile einer Personengesellschaft;

dies gilt jeweils auch für die Übertragung ideeller Anteile an diesen Grundstücken beziehungsweise Liegenschaften. Für die Frage, ob eine begünstigte Übertragung vorliegt, ist auf das Verhältnis zwischen dem eingetragenen Vorberechtigten und jener Person abzustellen, zu deren Gunsten das Recht eingetragen werden soll. Eine begünstigte Übertragung liegt im Fall der Z 1 auch dann vor, wenn jeder Erwerb in der Erwerbskette, die zur Eintragung in das Grundbuch führt, zwischen Personen stattfindet, bei denen die Voraussetzungen für eine begünstigte Übertragung vorlägen.

(2) Eine Ermäßigung der Bemessungsgrundlage tritt nur ein, wenn sie eingangs der Eingabe, spätestens aber anlässlich der Vorstellung gegen einen Zahlungsauftrag unter Hinweis auf die gesetzliche Grundlage in Anspruch genommen wird. Die Voraussetzungen für die Ermäßigung der Bemessungsgrundlage sind durch Vorlage geeigneter Urkunden, bei Lebensgefährten insbesondere durch Bestätigungen über den Hauptwohnsitz zu bescheinigen.

(BGBl I 2022/61)

(3) Die Bundesministerin für Justiz hat unter Berücksichtigung der Grundsätze einer einfachen und sparsamen Verwaltung durch Verordnung die näheren Umstände und Modalitäten für die zur Ermittlung des Werts erforderlichen Angaben nach § 26 Abs. 2, für die Inanspruchnahme der Begünstigungen nach § 26a Abs. 1 sowie für die Bescheinigungen nach § 26a Abs. 2 nach Maßgabe der technischen Möglichkeiten zu bestimmen.

9/3. VERORDNUNGEN

9/3/1.
Grunderwerbsteuer-Selbstberechnungsverordnung

BGBl II 2015/156 idF BGBl II 2020/579

Verordnung des Bundesministers für Finanzen betreffend die Grunderwerbsteuer-Selbstberechnungserklärung und die Übermittlung von Daten an die Justiz (Grunderwerbsteuer-Selbstberechnungsverordnung – GrESt-SBV)

Auf Grund der §§ 12, 13 und 16 des Grunderwerbsteuergesetzes 1987, BGBl. Nr. 309/1987, zuletzt geändert durch das Bundesgesetz BGBl. I Nr. 36/2014, wird im Einvernehmen mit dem Bundesminister für Justiz verordnet:

§ 1. (1) Das Finanzamt Österreich hat die für die Erhebung der Gerichtsgebühr erforderlichen und vom Parteienvertreter im Zug einer Selbstberechnung nach § 11 Abs. 1 GrEStG 1987 über FinanzOnline erfassten Daten elektronisch der Justiz zu übermitteln.

(BGBl II 2020/579)

(2) Bei jedem im Zug einer Selbstberechnung über FinanzOnline erfassten Erwerbsvorgang ist pro Erwerber als Schlüssel für die betreffenden Daten nach Abs. 1 eine Vorgangsnummer zu generieren. Diese Vorgangsnummer ist dem Parteienvertreter ersichtlich zu machen.

§ 2. (1) Die nach § 1 Abs. 1 zu übermittelnden Daten sind:
1. Titel des Rechtsvorganges samt Datum;
2. Angabe, ob das Grundstück (Katastralgemeinde, Einlagezahl, Grundstücksnummer) ganz oder teilweise übertragen wurde;
3. Angabe einer Katastralgemeinde, die vom Erwerbsvorgang betroffen ist, und die Anführung, ob weitere Katastralgemeinden betroffen sind;
4. Angabe einer Einlagezahl, die vom Erwerbsvorgang betroffen ist, und die Anführung, ob weitere Einlagezahlen betroffen sind;
5. Angabe von bis zu drei Grundstücksnummern, die vom Erwerbsvorgang betroffen sind, und die Anführung, ob mehr als drei Grundstücke betroffen sind;
6. Art des Grundstücks
7. die in der Selbstberechnung erfasste Angabe zur Fläche des Grundstücks
8. Angaben zum Erwerber: Name und Adresse sowie bei natürlichen Personen zusätzlich das Geburtsdatum oder Versicherungsnummer;
9. selbst berechnete Bemessungsgrundlage für die Grunderwerbsteuer in Summe pro Erwerber;
10. Höhe der selbst berechneten Eintragungsgebühr in Summe pro Erwerber;
11. Tatbestand einer Befreiung von der Eintragungsgebühr und Höhe der selbst berechneten Eintragungsgebühr in Summe pro Erwerber;
12. Angaben zum Parteienvertreter (Steuernummer, Name und Adresse).

(BGBl II 2020/579)

(2) Werden vom Parteienvertreter Daten eines Rechtsvorganges, der auf Anmeldung wartet, nachträglich verändert, hat eine vollständige Übermittlung der Daten nach Abs. 1 unter Berücksichtigung der Änderungen zu erfolgen.

§ 3. Das Finanzamt Österreich hat für jeden Anmeldungszeitraum (§ 13 Abs. 1 GrEStG 1987) die Daten gemäß § 2 sowie alle für diesen Anmeldungszeitraum gemäß § 1 Abs. 2 generierten Vorgangsnummern pro Erwerber zu übermitteln.

(BGBl II 2020/579)

§ 4. Die Datenübermittlungen nach §§ 2 und 3 erfolgen täglich.

§ 5. Hat das Finanzamt Österreich die Grunderwerbsteuer mittels Bescheid nach § 201 BAO festgesetzt (§ 16 GrEStG 1987), so hat sie diese Tatsache der Justiz ohne unnötigen Aufschub elektronisch mitzuteilen.

(BGBl II 2020/579)

§ 6. Die Selbstberechnungserklärung nach § 12 GrEStG 1987 erfolgt im elektronischen Rechtsverkehr durch Bekanntgabe einer Vorgangsnummer (§ 1 Abs. 2) durch den Parteienvertreter. Wenn die Vorgangsnummer nicht durch den Parteienvertreter, der die Selbstberechnung vorgenommen hat, sondern durch einen anderen Parteienvertreter oder die Partei selbst dem Grundbuchgericht bekannt gegeben wird, gilt auch das als wirksame Selbstberechnungserklärung.

(BGBl II 2018/287)

§ 7. (1) Diese Verordnung tritt mit 1. Juli 2015 in Kraft und ist auf alle Erwerbsvorgänge anzuwenden, für die die Selbstberechnung nach dem 30. Juni 2015 vorgenommen wird.

(2) Mit dem Inkrafttreten dieser Verordnung tritt die Verordnung des Bundesministers für Finanzen betreffend die automatisationsunterstützte Übermittlung von Daten und das Erfassungsbuch gemäß §§ 13 und 14 Grunderwerbsteuergesetz 1987 in der Fassung BGBl. Nr. 682/1994, BGBl. Nr. 188/1995, außer Kraft.

(3) § 1 Abs. 1, § 3 und § 5, jeweils in der Fassung der Verordnung BGBl. II Nr. 579/2020, treten mit 1. Jänner 2021 in Kraft.

(BGBl II 2020/579)

9/3/2.

Grundstückswertverordnung

BGBl II 2015/442 idF BGBl II 2019/291

Verordnung des Bundesministers für Finanzen betreffend Festlegung der Ermittlung des Grundstückswertes (Grundstückswertverordnung – GrWV)

Auf Grund des § 4 Abs. 1 des Grunderwerbsteuergesetzes 1987 – GrEStG 1987, BGBl. Nr. 309/1987, zuletzt geändert durch das Bundesgesetz BGBl. I Nr. 118/2015, wird im Einvernehmen mit dem Bundeskanzler verordnet:

Methoden der Grundstückswertermittlung

§ 1. Wird der Grundstückswert als Summe des hochgerechneten (anteiligen) dreifachen Bodenwertes gemäß § 53 Abs. 2 erster und zweiter Satz des Bewertungsgesetzes 1955 – BewG. 1955, BGBl. Nr. 148/1955, in der Fassung des Bundesgesetzes, BGBl. I Nr. 34/2015 (Grundwert) und des (anteiligen) Wertes des Gebäudes (Gebäudewert) ermittelt, ist nach § 2 vorzugehen. Wird der Grundstückswert in Höhe eines von einem geeigneten Immobilienpreisspiegel abgeleiteten Wertes ermittelt, ist nach § 3 vorzugehen. Für jede wirtschaftliche Einheit gemäß § 2 BewG. 1955 kann die Ermittlungsmethode frei gewählt werden.

Pauschalwertmodell

§ 2. (1) Je nach Beschaffenheit der wirtschaftlichen Einheit, für die der Grundstückswert zu ermitteln ist, ist entweder nur der Grundwert (Abs. 2), nur der Gebäudewert (Abs. 3) oder beides zu berechnen.

(2) Berechnung des Grundwertes:
1. Für den (anteiligen) dreifachen Bodenwert ist die Grundfläche mit dem dreifachen Bodenwert pro Quadratmeter zu multiplizieren. Für den Bodenwert pro Quadratmeter ist jener Wert maßgebend, der auf den dem Erwerbsvorgang unmittelbar vorausgegangenen Feststellungszeitpunkt festgestellt wurde; § 6 Abs. 3 GrEStG 1987 ist anzuwenden. Anfragen an das Finanzamt um Bekanntgabe des Bodenwertes müssen elektronisch im Wege von Finanz-Online erfolgen. Dies gilt nicht, wenn die elektronische Anfrage mangels technischer Voraussetzungen unzumutbar ist.
2. Der (anteilige) dreifache Bodenwert ist mit den Faktoren hochzurechnen, die in der Anlage je Gemeinde, in Gemeinden über 100 000 Einwohnern (Stichtag 1. Jänner 2015) für einen oder mehrere Bezirke bzw. Stadtteile festgelegt werden.
3. Erstreckt sich eine wirtschaftliche Einheit über zwei oder mehr Gemeinden, sind für die auf die einzelne Gemeinde entfallenden Grundflächenanteile die jeweiligen Hochrechnungsfaktoren heranzuziehen.

(3) Berechnung des Gebäudewertes:
1. Für den (anteiligen) Wert des Gebäudes ist zunächst die (anteilige) Nutzfläche (lit. a), wenn diese nicht bekannt ist, die um 30% gekürzte (anteilige) Bruttogrundrissfläche (lit. b), mit einem Baukostenfaktor (Z 2), der im Ausmaß der Z 3 anzusetzen ist, zu multiplizieren.

   a) Als Nutzfläche gilt die gesamte Bodenfläche des Gebäudes abzüglich der Wandstärken sowie der im Verlauf der Wände befindlichen Durchbrechungen und Ausnehmungen. Treppen, offene Balkone, Terrassen und unausgebauter Dachraum sind bei der Berechnung der Nutzfläche nicht zu berücksichtigen. Die Fläche des Kellers ist im Ausmaß von 35% anzusetzen, es sei denn, es liegt nachweislich ein geringeres Ausmaß der Eignung für Wohn- und Geschäftszwecke vor. Ein Keller ist eine bauliche Anlage, die ganz oder überwiegend unter dem angrenzenden Geländeniveau liegt. Die Fläche einer Garage oder eines Kraftfahrzeugabstellplatzes ist ebenfalls im Ausmaß von 35% anzusetzen.

   b) Die Bruttogrundrissfläche ist jene Fläche, welche sich aus der Summe aller Grundrissflächen aller Grundrissebenen eines Gebäudes errechnet. Die Grundrissfläche ist die Fläche innerhalb der äußeren Begrenzungslinien der Außenwände eines Geschoßes. Ein unausgebauter Dachboden stellt keine Grundrissebene dar.

   Die Grundrissfläche eines Kellergeschoßes ist bei der Ermittlung der Bruttogrundrissfläche mit der Hälfte anzusetzen. Ein Keller ist eine bauliche Anlage, die ganz oder überwiegend unter dem angrenzenden Geländeniveau liegt. Soweit die Bodenfläche einer Garage Teil einer Grundrissebene ist, ist sie bei der Ermittlung der Bruttogrundrissfläche mit der Hälfte anzusetzen. Soweit die Bodenfläche einer Garage nicht Teil einer Grundrissebene ist, ist sie zur Hälfte der Bruttogrundrissfläche hinzuzurechnen.

   c) Bei Gebäuden, bei denen gemäß § 33 Abs. 2 BewG. 1955 in der Fassung des Bundesgesetzes, BGBl. I Nr. 34/2015, der übersteigende Teil des Wohnungswertes als sonstiges bebautes Grundstück (§ 54 Abs. 1 Z 5 BewG. 1955 in der Fassung des Bundesgesetzes, BGBl. I Nr. 34/2015) dem Grundvermögen zugerechnet wird, ist der ermittelte Gebäudewert um 2 180,19 Euro zu kürzen.

2. Die Baukostenfaktoren werden wie folgt festgelegt:

Bundesland	Baukostenfaktor je Quadratmeter
Wien	1 470 Euro
Niederösterreich	1 310 Euro
Burgenland	1 270 Euro
Oberösterreich	1 370 Euro
Salzburg	1 550 Euro
Tirol	1 370 Euro
Vorarlberg	1 670 Euro
Steiermark	1 310 Euro
Kärnten	1 300 Euro

3. Der Baukostenfaktor gemäß Z 2 ist in folgendem Ausmaß anzusetzen:
   a) bei Wohnzwecken dienenden Gebäuden, soweit für diese kein Richtwert- oder Kategoriemietzins gemäß § 16 des Mietrechtsgesetzes, BGBl. Nr. 520/1981 in der Fassung des Bundesgesetzes BGBl. I Nr. 100/2014 gilt, 100%
   b) bei Fabriksgebäuden, Werkstättengebäuden und Lagerhäusern, die Teile der wirtschaftlichen Einheit eines Fabriksgrundstückes sind 60%
   c) bei einfachsten Gebäuden (z. B. Glashäuser, Kalthallen, Gerätehäuser oder nicht ganzjährig bewohnbare Schrebergartenhäuser) sowie bei behelfsmäßiger Bauweise 25%
   d) bei allen anderen Gebäuden 71,25%
4. Der nach Z 1 bis 3 errechnete Betrag ist in folgendem Umfang im Grundstückswert zu berücksichtigen:

	100%	80%	65%	30%
Gebäude (Z 3 lit. a, b und d)	Fertigstellung oder umfassende Sanierung (Z 5) innerhalb der letzten zwanzig Jahre vor dem Erwerbszeitpunkt	Teilsanierung (Z 5) innerhalb der letzten zwanzig Jahre vor dem Erwerbszeitpunkt, wenn Fertigstellung vor mehr als zwanzig Jahren vor dem Erwerbszeitpunkt	Fertigstellung innerhalb der letzten vierzig bis zwanzig Jahre vor dem Erwerbszeitpunkt	Fertigstellung vor mehr als vierzig Jahren vor dem Erwerbszeitpunkt
einfachste Gebäude (Z 3 lit. c)	Fertigstellung innerhalb der letzten zehn Jahre vor dem Erwerbszeitpunkt		Fertigstellung innerhalb der letzten zwanzig bis zehn Jahre vor dem Erwerbszeitpunkt	Fertigstellung vor mehr als zwanzig Jahren vor dem Erwerbszeitpunkt

5. Wurden innerhalb der letzten zwanzig Jahre vor dem Erwerbszeitpunkt vier der folgenden Maßnahmen umgesetzt, liegt eine umfassende Sanierung gemäß Z 4, wurden mindestens zwei Maßnahmen umgesetzt, liegt eine Teilsanierung gemäß Z 4 vor:
   a) Erneuerung des Außenverputzes mit Erhöhung des Wärmeschutzes
   b) Erstmaliger Einbau oder Austausch von Heizungsanlagen
   c) Erstmaliger Einbau oder Austausch von Elektro-, Gas-, Wasser- oder Heizungsinstallationen
   d) Erstmaliger Einbau oder Austausch von Badezimmern
   e) Austausch von mindestens 75% der Fenster

Wird nur ein Teil eines Gebäudes saniert und können die Sanierungsmaßnahmen diesem Gebäudeteil zugeordnet werden (z. B. Anbau, Dachbodenausbau oder Sanierung einer Eigentumswohnung), ist Z 4 nach der Beschaffenheit des jeweiligen Gebäudeteiles anzuwenden. Kann keine Zuordnung vorgenommen werden, liegt eine Teilsanierung vor, wenn mindestens zwei Maßnahmen bei mehr als der Hälfte des Gebäudes umgesetzt wurden.

(4) Ermittlung des Grundstückswertes eines Baurechtes und des mit einem Baurecht belasteten Grundstückes:
1. Grundwert
   a) Beträgt die Dauer des Baurechtes im Zeitpunkt des Entstehens der Steuerschuld noch 50 Jahre oder mehr, ist der Grundwert des Baurechtes in Höhe des Grundwertes des unbebauten Grundstückes (Abs. 2) und der Grundwert des belasteten Grundstückes mit Null anzusetzen.
   b) Beträgt die Dauer des Baurechtes im Zeitpunkt des Entstehens der Steuerschuld weniger als 50 Jahre, ist der Grundwert des Baurechts mit 2% des Grundwertes des unbebauten Grundstückes (Abs. 2) für jedes volle Jahr der restlichen Dauer des Baurechtes anzusetzen. Der Grundwert des belasteten Grundstückes ist die Differenz zwischen dem Grundwert des unbelasteten Grundstückes und dem Grundwert für das Baurecht.

9/3/2. GrEStG
GrWV

2. Gebäudewert

Wird das Baurecht an einem bebauten Grundstück eingeräumt, ist der Gebäudewert nach Abs. 3 zu berechnen.

(BGBl II 2019/291)

Ermittlung anhand eines geeigneten Immobilienpreisspiegels

§ 3. (1) Für Erwerbsvorgänge, für die die Steuerschuld vor dem 1. Jänner 2017 entsteht, ist ausschließlich der im Zeitpunkt des Entstehens der Steuerschuld zuletzt veröffentlichte Immobilienpreisspiegel der Wirtschaftskammer Österreich, Fachverband der Immobilien- und Vermögenstreuhänder, heranzuziehen. Dieser Immobilienpreisspiegel darf nur angewendet werden, wenn das Grundstück die dem Immobilienpreisspiegel für die Bewertung eines gleichartigen Grundstückes zugrunde liegenden Annahmen erfüllt. Der Grundstückswert beträgt 71,25% des ermittelten Wertes.

(2) Für Erwerbsvorgänge, für die die Steuerschuld nach dem 31. Dezember 2016 entsteht, sind ausschließlich die im Zeitpunkt des Entstehens der Steuerschuld zuletzt veröffentlichten Immobiliendurchschnittspreise der Bundesanstalt Statistik Österreich heranzuziehen. Diese Immobiliendurchschnittspreise dürfen nur angewendet werden, wenn das Grundstück mit den für die Bewertung eines gleichartigen Grundstückes zugrunde liegenden Kategorien der Tabellen der Immobiliendurchschnittspreise übereinstimmt. Der Grundstückswert beträgt 71,25% des ermittelten Wertes. Für die Ermittlung des Grundstückswertes eines Baurechtes und des mit einem Baurecht belasteten Grundstückes dürfen die Immobiliendurchschnittspreise nur dann herangezogen werden, wenn das Baurecht an einem unbebauten Grundstück besteht. Dabei ist § 2 Abs. 4 Z 1 lit. a und b sinngemäß anzuwenden. Der Bundesanstalt Statistik Österreich ist für die Erstellung der jährlich zu veröffentlichenden Tabellen der Immobiliendurchschnittspreise vom Bundesminister für Finanzen ein Kostenersatz gemäß § 32 Abs. 4 Z 1 des Bundesstatistikgesetzes 2000 zu leisten.

(BGBl II 2019/291)

(3) Der Bundesminister für Finanzen hat die Sachgerechtigkeit der Ermittlung des Grundstückswertes gemäß Abs. 2 bis 30. September 2019 zu evaluieren.

Inkrafttreten

§ 4. (1) Die Verordnung tritt mit 1. Jänner 2016 in Kraft.

(BGBl II 2019/291)

(2) § 2 Abs. 4 und § 3 Abs. 2, jeweils in der Fassung der Verordnung BGBl. II Nr. 291/2019, treten mit dem auf ihre Veröffentlichung im Bundesgesetzblatt folgenden Tag in Kraft und sind auf Erwerbsvorgänge anzuwenden, für die die Steuerschuld nach diesem Tag entsteht. § 2 Abs. 4 und § 3 Abs. 2, jeweils in der Fassung der Verordnung BGBl. II Nr. 291/2019, können auf Erwerbsvorgänge angewendet werden, für die die Steuerschuld am Tag des Inkrafttretens bereits entstanden ist, wenn

– eine Abgabenerklärung nach diesem Tag vorgelegt wird (§ 10) oder
– eine Selbstberechnung nach diesem Tag erfolgt (§ 11) oder
– der Steuerschuldner dies bis zur Rechtskraft des Bescheides gegenüber dem Finanzamt schriftlich erklärt.

(BGBl II 2019/291)

Anlage
zu § 2 Abs. 2 Z 2 dieser Verordnung

1. Gemeinden mit mehr als 100.000 Einwohnern

Kennzahl	Bezirk/statistische Stadtteile	HF
WIEN		
101	1. Bezirk	3
102	2. Bezirk	4,5
103	3. Bezirk	4,5
104	4. Bezirk	3,5
105	5. Bezirk	2,5
106	6. Bezirk	5
107	7. Bezirk	2
108	8. Bezirk	3
109	9. Bezirk	7,5
110	10. Bezirk	3
111	11. Bezirk	4
112	12. Bezirk	3
113	13. Bezirk	4,5
114	14. Bezirk	5
115	15. Bezirk	1,5
116	16. Bezirk	4
117	17. Bezirk	5,5
118	18. Bezirk	6
119	19. Bezirk	7
120	20. Bezirk	2,5
121	21. Bezirk	7
122	22. Bezirk	6,5
123	23. Bezirk	5,5
GRAZ		
801	Bezirke 1 – 6	1,5
802	Bezirke 7 – 17	3,5
LINZ		
401	Innere Stadt, Urfahr, Kaplanhof, Franckviertel, Froschberg, Bindermichl-Keferfeld, Industriegebiet-Hafen	1,5

402	Bulgariplatz, Spallerhof, Neue Heimat, Kleinmünchen-Auwiesen	2,5	
403	Pöstlingberg, St. Magdalena, Dornach-Auhof, Ebelsberg, Pichling	4,5	

SALZBURG

501	Altstadt, Neustadt, Mülln, Riedenburg, Nonntal, Lehen, Elisabeth-Vorstadt, Langwied, Kasern, Itzling, Itzling Nord, Maxglan, Gnigl, Schallmoos, Schallmoos West und Ost	5
502	Liefering, Gaisberg, Taxham, Aigen, Parsch, Heuberg	9
503	Morzg, Gneis, Salzburg Süd, Gneis Süd, Hellbrunn, Maxglan-West, Leopoldskroner Moos	12,5

INNSBRUCK

601	Innenstadt, Saggen, Mariahilf-St. Nikolaus, Dreiheiligen-Schlachthof, Wilten, Sieglanger-Mentlberg, Pradl, Reichenau, Mühlau, Gewerbegebiet Mühlau/Arzl, Olympisches Dorf	3
602	Hötting, Hötting West, Höttinger Au, Hungerburg, Amras, Gewerbegebiet Roßau, Arzl, Vill, Igls	5,5

2. Gemeinden mit weniger als 100.000 Einwohner

Kz.	Gemeinde	HF
70701	Abfaltersbach	2,5
70301	Absam	4,5
32101	Absdorf	1,5
50201	Abtenau	3
31701	Achau	5,5
70901	Achenkirch	5
30801	Aderklaa	5
41501	Adlwang	2,5
61253	Admont	2
50202	Adnet	5,5
41301	Afiesl	2
62138	Aflenz	2
20701	Afritz am See	1,5
31301	Aggsbach	1,5
41302	Ahorn	1,5
61254	Aich	2,5
41801	Aichkirchen	3
61203	Aigen im Ennstal	3
41343	Aigen-Schlägl	1,5
70702	Ainet	2

Kz.	Gemeinde	HF
40801	Aistersheim	2
21001	Albeck	2,5
31001	Alberndorf im Pulkautal	1,5
41601	Alberndorf in der Riedmark	4
80201	Alberschwende	4
61701	Albersdorf-Prebuch	3
31302	Albrechtsberg a.d. Großen Krems	1
70302	Aldrans	6,5
40501	Alkoven	2,5
30601	Alland	3
32501	Allentsteig	1
61001	Allerheiligen bei Wildon	3
41101	Allerheiligen im Mühlkreis	4
41001	Allhaming	3
30501	Allhartsberg	3
70501	Alpbach	3
80401	Altach	7,5
61204	Altaussee	5,5
41602	Altenberg bei Linz	6
31101	Altenburg	1
31801	Altendorf	3
41304	Altenfelden	3
30602	Altenmarkt an der Triesting	4,5
61205	Altenmarkt bei St. Gallen	1,5
50401	Altenmarkt im Pongau	7,5
40401	Altheim	1,5
20501	Althofen	0,5
31901	Altlengbach	3,5
31601	Altlichtenwarth	1
32519	Altmelon	2
40701	Altmünster	2,5
41401	Altschwendt	2
30902	Amaliendorf-Aalfang	1
70703	Amlach	3,5
70303	Ampass	5,5
41701	Ampflwang im Hausruckwald	1,5
30502	Amstetten	2
10701	Andau	2,5
80202	Andelsbuch	3
30802	Andlersdorf	4,5
41402	Andorf	2
41201	Andrichsfurt	2
70502	Angath	5
61756	Anger	1,5
70528	Angerberg	5
30803	Angern an der March	2,5
50301	Anif	6

9/3/2. GrEStG
GrWV

31401	Annaberg	2
50203	Annaberg-Lungötz	9
70704	Anras	2
41002	Ansfelden	3,5
10616	Antau	3,5
50302	Anthering	5,5
41202	Antiesenhofen	1,5
10702	Apetlon	2,5
32502	Arbesbach	1,5
41102	Arbing	2
30503	Ardagger	2,5
61206	Ardning	2,5
61002	Arnfels	2
20702	Arnoldstein	1,5
41305	Arnreit	2,5
20703	Arriach	1,5
31502	Artstetten-Pöbring	2
70201	Arzl im Pitztal	3,5
40502	Aschach an der Donau	2,5
41502	Aschach an der Steyr	3,5
70902	Aschau im Zillertal	3,5
30504	Aschbach-Markt	2
40402	Aspach	2
31803	Aspangberg-St. Peter	3
31802	Aspang-Markt	2
31603	Asparn an der Zaya	2
31902	Asperhofen	3,5
70705	Assling	2,5
41003	Asten	3,5
41702	Attersee am Attersee	2
41703	Attnang-Puchheim	1,5
41704	Atzbach	3
32104	Atzenbrugg	2
41306	Atzesberg	2
80203	Au	4
30701	Au am Leithaberge	4
41307	Auberg	3
40403	Auerbach	5
30804	Auersthal	4
41705	Aurach am Hongar	2,5
70401	Aurach bei Kitzbühel	11,5
41203	Aurolzmünster	3
70706	Außervillgraten	3,5
70304	Axams	5
70801	Bach	2,5
41802	Bachmanning	2,5
61207	Bad Aussee	3
20705	Bad Bleiberg	1,5
62202	Bad Blumau	3
30702	Bad Deutsch-Altenburg	3,5
32306	Bad Erlach	4
32301	Bad Fischau-Brunn	3,5
50403	Bad Gastein	3
62375	Bad Gleichenberg	1,5
40702	Bad Goisern am Hallstättersee	2,5
30910	Bad Großpertholz	3,5
41503	Bad Hall	2
70503	Bad Häring	4
50402	Bad Hofgastein	3,5
40703	Bad Ischl	2,5
20601	Bad Kleinkirchheim	3
41108	Bad Kreuzen	1,5
41603	Bad Leonfelden	2,5
61255	Bad Mitterndorf	1,5
30805	Bad Pirawarth	4,5
62376	Bad Radkersburg	3
10611	Bad Sauerbrunn	2,5
40802	Bad Schallerbach	1
32302	Bad Schönau	1
20901	Bad St. Leonhard im Lavanttal	1,5
10901	Bad Tatzmannsdorf	2
32528	Bad Traunstein	1,5
50213	Bad Vigaun	5,5
30603	Bad Vöslau	5
62264	Bad Waltersdorf	2,5
41803	Bad Wimsbach-Neydharting	3
40627	Bad Zell	3,5
30604	Baden	6
10931	Badersdorf	0,5
20602	Baldramsdorf	2,5
61626	Bärnbach	1,5
32503	Bärnkopf	2,5
80101	Bartholomäberg	3,5
10617	Baumgarten	2,5
41103	Baumgartenberg	2
70305	Baumkirchen	6,5
30506	Behamberg	2,5
30703	Berg	10,5
41706	Berg im Attergau	2,5
20603	Berg im Drautal	2
31303	Bergern im Dunkelsteinerwald	2,5
50303	Bergheim	5
31503	Bergland	2,5
30605	Berndorf	5,5

50304	Berndorf bei Salzburg	5,5		62139	Bruck an der Mur	2,5
31604	Bernhardsthal	1		20502	Brückl	1
10902	Bernstein	2,5		10703	Bruckneudorf	3,5
70802	Berwang	2		40803	Bruck-Waasen	2
80204	Bezau	2,5		31704	Brunn am Gebirge	5,5
30507	Biberbach	2,5		31102	Brunn an der Wild	0,5
70803	Biberwier	4		41403	Brunnenthal	2,5
70804	Bichlbach	3		80208	Buch	4
31702	Biedermannsdorf	5		70905	Buch in Tirol	4
10426	Bildein	1,5		31806	Buchbach	1,5
80205	Bildstein	6		41804	Buchkirchen	3
70306	Birgitz	4,5		62205	Buch-St. Magdalena	2,5
61757	Birkfeld	1,5		62206	Burgau	1
31201	Bisamberg	7,5		10402	Burgauberg-Neudauberg	3
50404	Bischofshofen	4,5		40405	Burgkirchen	2
31504	Bischofstetten	2		31103	Burgschleinitz-Kühnring	1
80206	Bizau	2,5		31842	Bürg-Vöstenhof	3,5
20801	Bleiburg	2		50305	Bürmoos	6,5
31505	Blindenmarkt	2		80106	Bürs	4,5
80102	Blons	6		80107	Bürserberg	4
80103	Bludenz	4,5		80108	Dalaas	3,5
80104	Bludesch	7		80209	Damüls	3
30646	Blumau-Neurißhof	4,5		62265	Dechantskirchen	1,5
31605	Bockfließ	1,5		20302	Dellach	1
10401	Bocksdorf	1		20604	Dellach im Drautal	2
31903	Böheimkirchen	2		41707	Desselbrunn	2
50601	Bramberg am Wildkogel	4,5		62377	Deutsch Goritz	2
80105	Brand	1,5		10704	Deutsch Jahrndorf	4,5
70903	Brandberg	4		10501	Deutsch Kaltenbrunn	2,5
70504	Brandenberg	3		10903	Deutsch Schützen-Eisenberg	2,5
31904	Brand-Laaben	3,5		60659	Deutschfeistritz	1,5
30903	Brand-Nagelberg	2		20503	Deutsch-Griffen	1
40404	Braunau am Inn	1,5		10801	Deutschkreutz	1
80207	Bregenz	4		60344	Deutschlandsberg	2,5
31804	Breitenau	3		30808	Deutsch-Wagram	3
62105	Breitenau am Hochlantsch	2,5		50603	Dienten am Hochkönig	4
70505	Breitenbach am Inn	6		41404	Diersbach	2,5
10301	Breitenbrunn am Neusiedler See	5		41504	Dietach	3
31703	Breitenfurt bei Wien	5		32202	Dietmanns	1
31805	Breitenstein	2		20802	Diex	2
70805	Breitenwang	2,5		41104	Dimbach	1
70402	Brixen im Thale	6		32203	Dobersberg	1
70506	Brixlegg	3		60660	Dobl-Zwaring	2,5
32325	Bromberg	2		70707	Dölsach	2,5
70904	Bruck am Ziller	4,5		10302	Donnerskirchen	5
50602	Bruck an der Großglocknerstraße	5		80210	Doren	2
30704	Bruck an der Leitha	4		41405	Dorf an der Pram	1,5

9/3/2. GrEStG
GrWV

50306	Dorfbeuern	7,5		60661	Eggersdorf bei Graz	2,5
50405	Dorfgastein	5,5		70806	Ehenbichl	3,5
31506	Dorfstetten	1		61049	Ehrenhausen an der Weinstraße	2,5
80301	Dornbirn	5		70807	Ehrwald	1,5
31606	Drasenhofen	1		60345	Eibiswald	2
10601	Draßburg	3		80212	Eichenberg	4,5
10802	Draßmarkt	2		31905	Eichgraben	4
31104	Drosendorf-Zissersdorf	0,5		62314	Eichkögl	2
30810	Drösing	1		41604	Eidenberg	3
31356	Droß	6		61101	Eisenerz	1
31507	Dunkelsteinerwald	2		20804	Eisenkappel-Vellach	2
80402	Düns	9,5		10101	Eisenstadt	3,5
80403	Dünserberg	11,5		30906	Eisgarn	1
30811	Dürnkrut	2		41205	Eitzing	2
31304	Dürnstein	8,5		70808	Elbigenalp	3
70508	Ebbs	4		50308	Elixhausen	6,5
70907	Eben am Achensee	5		70307	Ellbögen	8
50406	Eben im Pongau	6		70509	Ellmau	6
50307	Ebenau	7		70809	Elmen	2,5
32304	Ebenfurth	3,5		50309	Elsbethen	7
40704	Ebensee	1,5		10502	Eltendorf	3,5
30812	Ebenthal	1		31553	Emmersdorf an der Donau	3,5
20402	Ebenthal in Kärnten	2,5		61007	Empersdorf	3
10403	Eberau	1		30814	Engelhartstetten	2
32401	Ebergassing	4		41407	Engelhartszell	2
20803	Eberndorf	1,5		41605	Engerwitzdorf	4
41204	Eberschwang	1,5		41005	Enns	2,5
62209	Ebersdorf	2,5		30508	Ennsdorf	3,5
41805	Eberstalzell	3,5		41408	Enzenkirchen	1
20504	Eberstein	1,5		31808	Enzenreith	2
30607	Ebreichsdorf	3		30706	Enzersdorf an der Fischa	4,5
32504	Echsenbach	1,5		31202	Enzersfeld im Weinviertel	4,5
30813	Eckartsau	2		30608	Enzesfeld-Lindabrunn	8
62311	Edelsbach bei Feldbach	1,5		70510	Erl	3,5
61627	Edelschrott	2		31508	Erlauf	2
10727	Edelstal	6,5		31203	Ernstbrunn	1,5
40901	Edlbach	3		30509	Ernsthofen	2,5
31807	Edlitz	1		30510	Ertl	3
41806	Edt bei Lambach	2,5		31402	Eschenau	2
40503	Eferding	1,5		40804	Eschenau im Hausruckkreis	1
80211	Egg	4,5		41409	Esternberg	1,5
40406	Eggelsberg	3,5		50310	Eugendorf	7
31105	Eggenburg	1		30511	Euratsfeld	1,5
32305	Eggendorf	2		70601	Faggen	6,5
41004	Eggendorf im Traunkreis	5		50311	Faistenau	5,5
41406	Eggerding	1,5		31608	Falkenstein	1,5
30904	Eggern	1,5		31609	Fallbach	1

9/3/2. GrEStG GrWV

62378	Fehring	1		20905	Frantschach-St. Gertraud	1,5
31809	Feistritz am Wechsel	2		80405	Frastanz	4,5
20707	Feistritz an der Gail	1		10705	Frauenkirchen	1,5
20403	Feistritz im Rosental	1,5		20534	Frauenstein	1,5
20805	Feistritz ob Bleiburg	2		60305	Frauental an der Laßnitz	2,5
62266	Feistritztal	2		80406	Fraxern	8,5
20708	Feld am See	1,5		41410	Freinberg	3
62379	Feldbach	2		40601	Freistadt	2,5
80404	Feldkirch	6		20712	Fresach	1
41606	Feldkirchen an der Donau	3,5		62211	Friedberg	1,5
60608	Feldkirchen bei Graz	2		20505	Friesach	1,5
40407	Feldkirchen bei Mattighofen	5,5		70309	Fritzens	4,5
21002	Feldkirchen in Kärnten	4		60663	Frohnleiten	2,5
32307	Felixdorf	3,5		70909	Fügen	5
32106	Fels am Wagram	2		70910	Fügenberg	5,5
70602	Fendels	6		70310	Fulpmes	4
20405	Ferlach	2		62267	Fürstenfeld	2
20710	Ferndorf	1,5		30609	Furth an der Triesting	2,5
60662	Fernitz-Mellach	3		31309	Furth bei Göttweig	2,5
30512	Ferschnitz	2		50604	Fusch an der Großglocknerstraße	2,5
70403	Fieberbrunn	2,5		50312	Fuschl am See	4
50407	Filzmoos	4		80213	Fußach	5,5
70908	Finkenberg	5		31706	Gaaden	5,5
20711	Finkenstein am Faaker See	3		62008	Gaal	1
32402	Fischamend	5,5		61008	Gabersdorf	2,5
61708	Fischbach	1		32403	Gablitz	5
41807	Fischlham	4		41505	Gaflenz	2
70603	Fiss	3,5		70708	Gaimberg	5
50408	Flachau	8		61256	Gaishorn am See	2
61758	Fladnitz an der Teichalm	1		80214	Gaißau	4
20607	Flattach	1,5		20806	Gallizien	2
70308	Flaurling	4,5		41607	Gallneukirchen	4
70604	Fließ	3,5		40805	Gallspach	1
70605	Flirsch	4,5		70911	Gallzein	6
61710	Floing	2,5		70606	Galtür	1
62007	Fohnsdorf	1,5		32001	Gaming	1,5
80109	Fontanella	3		61050	Gamlitz	2
70810	Forchach	3,5		41711	Gampern	3
10602	Forchtenstein	3,5		30817	Gänserndorf	2,5
41708	Fornach	2		31106	Gars am Kamp	1,5
50409	Forstau	4		41506	Garsten	3
40504	Fraham	2,5		80110	Gaschurn	3
10803	Frankenau-Unterpullendorf	2		61711	Gasen	2
41709	Frankenburg am Hausruck	1,5		40806	Gaspoltshofen	1
31906	Frankenfels	2		32206	Gastern	1,5
41710	Frankenmarkt	2		10706	Gattendorf	5
40408	Franking	3,5		31611	Gaubitsch	0,5

9/3/2. GrEStG
GrWV

31612	Gaweinstal	2	30709	Götzendorf an der Leitha	4,5
40807	Geboltskirchen	1,5	70312	Götzens	5
31310	Gedersdorf	2,5	80408	Götzis	5
41206	Geiersberg	3	31009	Grabern	1,5
41207	Geinberg	2,5	31811	Grafenbach-St. Valentin	2
61628	Geistthal-Södingberg	2,5	62268	Grafendorf bei Hartberg	1,5
31107	Geras	1	31308	Grafenegg	2,5
32404	Gerasdorf bei Wien	5	10904	Grafenschachen	3
31907	Gerersdorf	2,5	32506	Grafenschlag	2
10404	Gerersdorf-Sulz	3	20409	Grafenstein	3
40409	Geretsberg	2,5	32107	Grafenwörth	1,5
70912	Gerlos	4	61012	Gralla	2,5
70913	Gerlosberg	3,5	70812	Gramais	9
61759	Gersdorf an der Feistritz	1,5	41609	Gramastetten	4
31311	Gföhl	2,5	32405	Gramatneusiedl	5
31707	Gießhübl	5,5	70811	Grän	4,5
40410	Gilgenberg am Weilhart	2	60613	Gratkorn	3
20320	Gitschtal	1	60664	Gratwein-Straßengel	2,5
21003	Glanegg	1,5	20609	Greifenburg	1,5
61051	Gleinstätten	2	41105	Grein	2
61760	Gleisdorf	2,5	62214	Greinbach	1,5
30819	Glinzendorf	8,5	32003	Gresten	2
20807	Globasnitz	1	32004	Gresten-Land	2,5
20506	Glödnitz	1	70313	Gries am Brenner	4,5
31810	Gloggnitz	2	70314	Gries im Sellrain	4
30908	Gmünd	1,5	40808	Grieskirchen	2
20608	Gmünd in Kärnten	3	20808	Griffen	2
40705	Gmunden	5,5	31812	Grimmenstein	1,5
31613	Gnadendorf	1	70607	Grins	5,5
70311	Gnadenwald	6	70315	Grinzens	5
62380	Gnas	1	61213	Gröbming	1,5
21004	Gnesau	2,5	50314	Grödig	3,5
80407	Göfis	10	32508	Groß Gerungs	1
70404	Going am Wilden Kaiser	7,5	60346	Groß Sankt Florian	2
50410	Goldegg	6	50411	Großarl	11,5
41608	Goldwörth	5	30909	Großdietmanns	2,5
31008	Göllersdorf	3	31614	Großebersdorf	2
31509	Golling an der Erlauf	2	31615	Großengersdorf	2,5
50204	Golling an der Salzach	3,5	30821	Groß-Enzersdorf	5
10707	Gols	2,5	50315	Großgmain	4
50313	Göming	10,5	32509	Großgöttfritz	2
32505	Göpfritz an der Wild	1	31616	Großharras	1
50501	Göriach	4,5	30822	Großhofen	4
40706	Gosau	2,5	10303	Großhöflein	5
60611	Gössendorf	3	20605	Großkirchheim	1,5
32002	Göstling an der Ybbs	1	61013	Großklein	3,5
30708	Göttlesbrunn-Arbesthal	6	31617	Großkrut	0,5

9/3/2. GrEStG
GrWV

62039	Großlobming	1,5		70202	Haiming	2,5
31204	Großmugl	3		30710	Hainburg a.d. Donau	3,5
10420	Großmürbisch	1		31403	Hainfeld	2
10905	Großpetersdorf	2		70914	Hainzenberg	3
41507	Großraming	2		62326	Halbenrain	1,5
32109	Großriedenthal	1,5		10708	Halbturn	2,5
31205	Großrußbach	3,5		70354	Hall in Tirol	4
30912	Großschönau	5,5		50205	Hallein	6,5
30824	Groß-Schweinbarth	2,5		40709	Hallstatt	2
32207	Groß-Siegharts	1		50316	Hallwang	12,5
62216	Großsteinbach	2,5		40412	Handenberg	2
10804	Großwarasdorf	2,5		10906	Hannersdorf	1
32110	Großweikersdorf	3		80215	Hard	4
62269	Großwilfersdorf	2,5		31016	Hardegg	1
40707	Grünau im Almtal	1,5		41006	Hargelsberg	5,5
40602	Grünbach	3		30825	Haringsee	2,5
31813	Grünbach am Schneeberg	1		31207	Harmannsdorf	6
40902	Grünburg	2,5		60617	Hart bei Graz	5,5
61215	Grundlsee	3		70915	Hart im Zillertal	8
70317	Gschnitz	2		62219	Hartberg	2,5
40708	Gschwandt	3		62220	Hartberg Umgebung	1,5
31709	Gumpoldskirchen	10		40506	Hartkirchen	3,5
30612	Günselsdorf	6,5		62270	Hartl	3
41808	Gunskirchen	3		70813	Häselgehr	2
31014	Guntersdorf	1,5		60618	Haselsdorf-Tobelbad	3,5
31710	Guntramsdorf	4,5		41309	Haslach an der Mühl	1
20508	Gurk	1		30711	Haslau-Maria Ellend	3,5
41208	Gurten	1,5		70318	Hatting	5
10405	Güssing	2		30915	Haugschlag	3
40603	Gutau	2,5		31018	Haugsdorf	1
61761	Gutenberg-Stenzengreith	2,5		31911	Haunoldstein	2
32511	Gutenbrunn	2		61217	Haus	4,5
32308	Gutenstein	1		31620	Hausbrunn	1
20509	Guttaring	1,5		30826	Hauskirchen	1
10406	Güttenbach	1,5		31208	Hausleiten	4
30514	Haag	2,5		60619	Hausmannstätten	3
40809	Haag am Hausruck	1,5		30916	Heidenreichstein	1
10418	Hackerberg	1,5		40810	Heiligenberg	2
31315	Hadersdorf-Kammern	3		20610	Heiligenblut am Großglockner	2,5
31015	Hadres	1		10407	Heiligenbrunn	2,5
31910	Hafnerbach	2		30613	Heiligenkreuz	6,5
40604	Hagenberg im Mühlkreis	5,5		61052	Heiligenkreuz am Waasen	2,5
31206	Hagenbrunn	6		10503	Heiligenkreuz im Lafnitztal	1,5
41610	Haibach im Mühlkreis	5		61016	Heimschuh	2
40505	Haibach ob der Donau	1,5		70735	Heinfels	3
30515	Haidershofen	3		70814	Heiterwang	3
40411	Haigermoos	3,5		31019	Heldenberg	1,5

GrEStG

9/3/2. GrEStG
GrWV

41310	Helfenberg	2		30920	Hoheneich	1,5
41611	Hellmonsödt	3		80302	Hohenems	7
40413	Helpfau-Uttendorf	2,5		30828	Hohenruppersdorf	2
61017	Hengsberg	4		62010	Hohentauern	2
50317	Henndorf am Wallersee	3		20713	Hohenthurn	1,5
31711	Hennersdorf	3,5		31021	Hohenwarth-Mühlbach a.M.	1,5
20305	Hermagor-Pressegger See	2		80219	Hohenweiler	6
30614	Hernstein	6,5		41209	Hohenzell	3
31621	Herrnbaumgarten	1		40415	Höhnhart	2,5
31912	Herzogenburg	2		31022	Hollabrunn	3
41612	Herzogsdorf	2,5		30516	Hollenstein an der Ybbs	2
10424	Heugraben	1		32312	Hollenthon	1,5
32406	Himberg	5,5		50605	Hollersbach im Pinzgau	5
21005	Himmelberg	2		70817	Holzgau	4,5
31712	Hinterbrühl	4		41809	Holzhausen	5
70815	Hinterhornbach	5,5		70406	Hopfgarten im Brixental	3,5
50318	Hintersee	7		70709	Hopfgarten in Defereggen	2
40903	Hinterstoder	1,5		41311	Hörbich	2
40507	Hinzenbach	3,5		80218	Hörbranz	5
70916	Hippach	6		10805	Horitschon	2
10603	Hirm	2,5		31109	Horn	1,5
30917	Hirschbach	3		10304	Hornstein	4
40605	Hirschbach im Mühlkreis	2,5		41007	Hörsching	3
61629	Hirschegg-Pack	1,5		30715	Hundsheim	4,5
30615	Hirtenberg	5,5		31513	Hürm	1,5
80216	Hittisau	2		50412	Hüttau	3,5
60665	Hitzendorf	2,5		20511	Hüttenberg	1,5
40414	Hochburg-Ach	7		50413	Hüttschlag	12,5
70405	Hochfilzen	3,5		10709	Illmitz	4
31622	Hochleithen	3		62271	Ilz	2
32309	Hochneukirchen-Gschaidt	2		61762	Ilztal	2
80217	Höchst	6		70203	Imst	2
32310	Hochwolkersdorf	2		70204	Imsterberg	5,5
30713	Hof am Leithaberge	3,5		80111	Innerbraz	4,5
50319	Hof bei Salzburg	6,5		41712	Innerschwand	4,5
31511	Hofamt Priel	2,5		70710	Innervillgraten	1,5
70816	Höfen	3		10421	Inzenhof	1
40811	Hofkirchen an der Trattnach	2		40904	Inzersdorf im Kremstal	2,5
41312	Hofkirchen im Mühlkreis	2		31913	Inzersdorf-Getzersdorf	4
41008	Hofkirchen im Traunkreis	4		70319	Inzing	4,5
30712	Höflein	4		61257	Irdning-Donnersbachtal	2
31849	Höflein an der Hohen Wand	2,5		31110	Irnfritz-Messern	1
61719	Hofstätten an der Raab	2		20611	Irschen	2,5
31909	Hofstetten-Grünau	2,5		70608	Ischgl	5,5
32311	Hohe Wand	3,5		70711	Iselsberg-Stronach	2,5
30827	Hohenau an der March	1		70407	Itter	5
31404	Hohenberg	2,5		10930	Jabing	2

9/3/2. GrEStG
GrWV

62330	Jagerberg	1,5		40813	Kematen am Innbach	2,5
31319	Jaidhof	5,5		41009	Kematen an der Krems	4
31111	Japons	0,5		30517	Kematen an der Ybbs	1,5
30829	Jedenspeigen	1,5		70320	Kematen in Tirol	4,5
40416	Jeging	3,5		10907	Kemeten	1
70917	Jenbach	3		80220	Kennelbach	4,5
10504	Jennersdorf	2,5		20412	Keutschach am See	2,5
70205	Jerzens	2,5		31514	Kilb	1,5
70408	Jochberg	9,5		62141	Kindberg	2
10710	Jois	3		20306	Kirchbach	1,5
32112	Judenau-Baumgarten	3,5		62381	Kirchbach in der Steiermark	1,5
62040	Judenburg	1		32114	Kirchberg am Wagram	2
41313	Julbach	1		30921	Kirchberg am Walde	2
70818	Jungholz	1,5		31814	Kirchberg am Wechsel	2
61630	Kainach bei Voitsberg	2,5		31918	Kirchberg an der Pielach	1,5
60623	Kainbach bei Graz	4,5		62382	Kirchberg an der Raab	1,5
62272	Kaindorf	1,5		40417	Kirchberg bei Mattighofen	4
70819	Kaisers	4,5		70409	Kirchberg in Tirol	6
10806	Kaisersdorf	1,5		41314	Kirchberg ob der Donau	1,5
40812	Kallham	1		41010	Kirchberg-Thening	7
70712	Kals am Großglockner	2,5		70511	Kirchbichl	3
60624	Kalsdorf bei Graz	1,5		41210	Kirchdorf am Inn	2
70918	Kaltenbach	5,5		40905	Kirchdorf an der Krems	1,5
40606	Kaltenberg	4,5		70410	Kirchdorf in Tirol	5
31713	Kaltenleutgeben	4		40710	Kirchham	2,5
61105	Kalwang	1,5		41211	Kirchheim im Innkreis	2
61106	Kammern im Liesingtal	1		32514	Kirchschlag	2,5
31915	Kapelln	3,5		41613	Kirchschlag bei Linz	3,5
62140	Kapfenberg	2		32314	Kirchschlag i.d. Buckligen Welt	3
62332	Kapfenstein	1,5		31919	Kirchstetten	3,5
20512	Kappel am Krappfeld	1,5		31515	Kirnberg an der Mank	1
70609	Kappl	7,5		10711	Kittsee	8
50606	Kaprun	4,5		70411	Kitzbühel	8
32209	Karlstein an der Thaya	1,5		61019	Kitzeck im Sausal	5
31916	Karlstetten	2		41315	Klaffer am Hochficht	1,5
70206	Karres	4,5		20101	Klagenfurt am Wörthersee	2,5
70207	Karrösten	4		41107	Klam	3,5
70713	Kartitsch	2		80409	Klaus	5,5
31917	Kasten bei Böheimkirchen	3		40906	Klaus an der Pyhrnbahn	3
41106	Katsdorf	3		30616	Klausen-Leopoldsdorf	5,5
32313	Katzelsdorf	4,5		20613	Kleblach-Lind	2,5
31405	Kaumberg	2,5		20513	Klein St. Paul	1
70610	Kaunerberg	10,5		50414	Kleinarl	6,5
70611	Kaunertal	3		10422	Kleinmürbisch	0,5
70612	Kauns	4		32407	Klein-Neusiedl	4,5
32210	Kautzen	1		31516	Klein-Pöchlarn	2
40607	Kefermarkt	4,5		31406	Kleinzell	2

9/3/2. GrEStG
GrWV

41316	Kleinzell im Mühlkreis	2
10305	Klingenbach	3,5
62335	Klöch	2
80112	Klösterle	2,5
32408	Klosterneuburg	6,5
62041	Knittelfeld	1
62014	Kobenz	2
10807	Kobersdorf	2
80410	Koblach	6
61631	Köflach	1,5
10908	Kohfidisch	1,5
41317	Kollerschlag	1
70322	Kolsass	5,5
70323	Kolsassberg	7
32115	Königsbrunn am Wagram	3
10511	Königsdorf	2,5
32116	Königstetten	5
40608	Königswiesen	1,5
41411	Kopfing im Innkreis	2
50321	Koppl	7
31213	Korneuburg	5
70412	Kössen	3
50320	Köstendorf	6
20307	Kötschach-Mauthen	1,5
32515	Kottes-Purk	3,5
30618	Kottingbrunn	5,5
20414	Köttmannsdorf	2
61437	Krakau	1,5
70512	Kramsach	3,5
61107	Kraubath an der Mur	1
30101	Krems an der Donau	4
20642	Krems in Kärnten	2,5
40907	Kremsmünster	2,5
41810	Krenglbach	3
10619	Krensdorf	3,5
31627	Kreuttal	3
31628	Kreuzstetten	2,5
62115	Krieglach	2
50607	Krimml	3,5
50206	Krispl	6
41011	Kronstorf	2,5
61611	Krottendorf-Gaisfeld	4
31321	Krumau am Kamp	2
32315	Krumbach	2
80221	Krumbach	5
31517	Krummnußbaum	1,5
20415	Krumpendorf am Wörthersee	5,5
50207	Kuchl	3,5
70513	Kufstein	3,5
10408	Kukmirn	4
60626	Kumberg	3
70514	Kundl	3
31629	Laa an der Thaya	1
31714	Laab im Walde	4,5
40711	Laakirchen	2,5
10808	Lackenbach	1,5
10824	Lackendorf	1
31630	Ladendorf	1,5
70613	Ladis	2,5
62226	Lafnitz	2
41811	Lambach	1,5
41212	Lambrechten	1,5
50322	Lamprechtshausen	6
70614	Landeck	1,5
61258	Landl	1
61020	Lang	4,5
31113	Langau	0,5
80222	Langen bei Bregenz	3,5
80223	Langenegg	3
70208	Längenfeld	3,5
31322	Langenlois	2,5
32119	Langenrohr	3,5
41109	Langenstein	3
62116	Langenwang	2
31214	Langenzersdorf	6,5
70515	Langkampfen	3,5
32516	Langschlag	2
60318	Lannach	3,5
70325	Lans	6
32409	Lanzendorf	6,5
32316	Lanzenkirchen	4,5
40609	Lasberg	5
30830	Lassee	2
61222	Lassing	3
60628	Laßnitzhöhe	3,5
80411	Laterns	4
41508	Laussa	2
80224	Lauterach	4,5
20909	Lavamünd	1
70714	Lavant	2,5
31715	Laxenburg	5,5
61021	Lebring-St. Margarethen	2
80113	Lech	7,5
70820	Lechaschau	3

31519	Leiben	1,5		10910	Loipersdorf-Kitzladen	3
61053	Leibnitz	3		31520	Loosdorf	1,5
70715	Leisach	3,5		10320	Loretto	3,5
10306	Leithaprodersdorf	5,5		80114	Lorüns	5,5
31215	Leitzersdorf	6,5		41509	Losenstein	2
41318	Lembach im Mühlkreis	1,5		61727	Ludersdorf-Wilfersdorf	3
50608	Lend	3,5		80115	Ludesch	6
20616	Lendorf	2,5		20416	Ludmannsdorf	2,5
40418	Lengau	3,5		32212	Ludweis-Aigen	0,5
31323	Lengenfeld	2		41110	Luftenberg an der Donau	3,5
41713	Lenzing	2		32005	Lunz am See	1
61108	Leoben	1		20643	Lurnfeld	1,5
31216	Leobendorf	8		80303	Lustenau	5,5
30620	Leobersdorf	5,5		10810	Lutzmannsburg	2,5
50609	Leogang	6,5		80412	Mäder	7
41012	Leonding	2,5		20442	Magdalensberg	2
40610	Leopoldschlag	1,5		31025	Mailberg	1
32410	Leopoldsdorf	4,5		50611	Maishofen	4
30831	Leopoldsdorf im Marchfelde	3,5		31026	Maissau	1,5
70821	Lermoos	1,5		20618	Mallnitz	1
20321	Lesachtal	1,5		20619	Malta	3,5
50502	Lessach	2,5		31521	Mank	1,5
70326	Leutasch	3,5		30716	Mannersdorf am Leithagebirge	4
61054	Leutschach an der Weinstraße	1,5		10811	Mannersdorf an der Rabnitz	1,5
41319	Lichtenau im Mühlkreis	1,5		41714	Manning	3
31324	Lichtenau im Waldviertel	2		30834	Mannsdorf an der Donau	4
41614	Lichtenberg	3,5		31522	Marbach an der Donau	2
32317	Lichtenegg	1		30835	Marchegg	2
32318	Lichtenwörth	2,5		41812	Marchtrenk	3
40611	Liebenau	1,5		50612	Maria Alm am Steinernen Meer	4
20515	Liebenfels	2		31716	Maria Enzersdorf	7
60629	Lieboch	2,5		31326	Maria Laach am Jauerling	3
70716	Lienz	2,5		61632	Maria Lankowitz	2,5
61259	Liezen	2		41510	Maria Neustift	3
61612	Ligist	4		20417	Maria Rain	3
31407	Lilienfeld	1,5		20418	Maria Saal	2,5
80225	Lingenau	2		40420	Maria Schmolln	2,5
30925	Litschau	2		31523	Maria Taferl	1
10909	Litzelsdorf	2		20419	Maria Wörth	1,5
80226	Lochau	3,5		31921	Maria-Anzbach	4
40419	Lochen	4,5		32411	Maria-Lanzendorf	4
10809	Lockenhaus	2,5		50503	Mariapfarr	3
50610	Lofer	3		10911	Mariasdorf	1,5
41213	Lohnsburg am Kobernaußerwald	2		70516	Mariastein	6,5
				62142	Mariazell	1,5
31920	Loich	3		31922	Markersdorf-Haindorf	3
10604	Loipersbach im Burgenland	3		30836	Markgrafneusiedl	3,5
62273	Loipersdorf bei Fürstenfeld	3				

9/3/2. GrEStG
GrWV

10912	Markt Allhau	2		31633	Mistelbach	2
61716	Markt Hartmannsdorf	1,5		80228	Mittelberg	2,5
10913	Markt Neuhodis	1,5		31408	Mitterbach am Erlaufsee	1,5
32319	Markt Piesting	4		61261	Mitterberg-Sankt Martin	2
10812	Markt St. Martin	1,5		61729	Mitterdorf an der Raab	3
32517	Martinsberg	1,5		41112	Mitterkirchen im Machland	3
10605	Marz	2,5		30621	Mitterndorf an der Fischa	3
70327	Matrei am Brenner	4		50613	Mittersill	4
70717	Matrei in Osttirol	2,5		31717	Mödling	3,5
10606	Mattersburg	3,5		10506	Mogersdorf	5
40421	Mattighofen	3		80229	Möggers	6,5
50323	Mattsee	5		20520	Mölbling	1
32320	Matzendorf-Hölles	2		40909	Molln	1,5
30838	Matzen-Raggendorf	6,5		10712	Mönchhof	3,5
32412	Mauerbach	6		41715	Mondsee	1,5
40422	Mauerkirchen	1,5		31815	Mönichkirchen	1
31327	Mautern an der Donau	4		30913	Moorbad Harbach	5
61109	Mautern in Steiermark	1,5		40424	Moosbach	2,5
50504	Mauterndorf	2		32413	Moosbrunn	5,5
41111	Mauthausen	2,5		20421	Moosburg	2,5
41412	Mayrhof	1,5		40425	Moosdorf	5
70920	Mayrhofen	4		61615	Mooskirchen	6,5
40814	Meggenhofen	2,5		10307	Mörbisch am See	3
41214	Mehrnbach	2,5		41216	Mörschwang	2,5
80413	Meiningen	10,5		61730	Mortantsch	2,5
31114	Meiseldorf	1		20622	Mörtschach	2,5
31524	Melk	3,5		10428	Moschendorf	1
80227	Mellau	3,5		70211	Mötz	3
20518	Metnitz	0,5		32143	Muckendorf-Wipfing	5
62343	Mettersdorf am Saßbach	1,5		32322	Muggendorf	2,5
41215	Mettmach	1,5		50415	Mühlbach am Hochkönig	4,5
61260	Michaelerberg-Pruggern	2		70330	Mühlbachl	4
40815	Michaelnbach	1,5		20624	Mühldorf	1,5
31923	Michelbach	1,5		31330	Mühldorf	3,5
20519	Micheldorf	1,5		61410	Mühlen	1,5
40908	Micheldorf in Oberösterreich	2		10512	Mühlgraben	3,5
32120	Michelhausen	5		41217	Mühlheim am Inn	2,5
70328	Mieders	6		50505	Muhr	3,5
70209	Mieming	4,5		10308	Müllendorf	5
32321	Miesenbach	2		31718	Münchendorf	3
61728	Miesenbach bei Birkfeld	1,5		40426	Munderfing	2,5
20620	Millstatt am See	2		31525	Münichreith-Laimbach	2
70329	Mils	5,5		70517	Münster	8,5
70210	Mils bei Imst	4,5		41113	Münzbach	1,5
10505	Minihof-Liebau	1,5		41413	Münzkirchen	1,5
40423	Mining	3,5		61438	Murau	1,5
10914	Mischendorf	2		62383	Mureck	1

9/3/2. GrEStG GrWV

62347	Murfeld	1,5
62143	Mürzzuschlag	1
70822	Musau	3,5
70331	Mutters	4
41114	Naarn im Machlande	2
61731	Naas	2
70823	Namlos	6
31028	Nappersdorf-Kammersdorf	1
70212	Nassereith	6,5
31817	Natschbach-Loipersbach	3,5
40816	Natternbach	1
70332	Natters	4
70615	Nauders	1
70333	Navis	5
41320	Nebelberg	1,5
10813	Neckenmarkt	1,5
31925	Neidling	2
80116	Nenzing	6,5
70824	Nesselwängle	3
60666	Nestelbach bei Graz	3,5
62144	Neuberg an der Mürz	1,5
10409	Neuberg im Burgenland	2,5
62274	Neudau	1,5
10725	Neudorf	3
31634	Neudorf bei Staatz	0,5
10607	Neudörfl	3
10309	Neufeld an der Leitha	4,5
41321	Neufelden	1,5
20810	Neuhaus	1,5
10507	Neuhaus am Klausenbach	1,5
41014	Neuhofen an der Krems	4
30520	Neuhofen an der Ybbs	2
41218	Neuhofen im Innkreis	2
50614	Neukirchen am Großvenediger	4
40817	Neukirchen am Walde	1
40427	Neukirchen an der Enknach	2
41716	Neukirchen an der Vöckla	2
41813	Neukirchen bei Lambach	2
31926	Neulengbach	4,5
50324	Neumarkt am Wallersee	3
31527	Neumarkt an der Ybbs	1,5
40818	Neumarkt im Hausruckkreis	1
40612	Neumarkt im Mühlkreis	5
61439	Neumarkt in der Steiermark	1,5
31818	Neunkirchen	3,5
10713	Neusiedl am See	7,5
30841	Neusiedl an der Zaya	1

30521	Neustadtl an der Donau	2
10929	Neustift an der Lafnitz	3
10410	Neustift bei Güssing	1
41329	Neustift im Mühlkreis	2,5
70334	Neustift im Stubaital	6,5
31927	Neustift-Innermanzing	3
10814	Neutal	3
10714	Nickelsdorf	2,5
31234	Niederhollabrunn	4,5
41322	Niederkappel	1,5
31636	Niederleis	2
70518	Niederndorf	6
70519	Niederndorferberg	4
41015	Niederneukirchen	6
50615	Niedernsill	5
41717	Niederthalheim	1,5
41323	Niederwaldkirchen	2,5
61413	Niederwölz	1,5
10815	Nikitsch	3
61110	Niklasdorf	1,5
70718	Nikolsdorf	2
31528	Nöchling	1,5
20719	Nötsch im Gailtal	2
40910	Nußbach	2,5
41718	Nußdorf am Attersee	1,5
50325	Nußdorf am Haunsberg	7,5
31928	Nußdorf ob der Traisen	2,5
70719	Nußdorf-Debant	2
80117	Nüziders	6,5
62042	Obdach	1
50208	Oberalm	6,5
10915	Oberdorf im Burgenland	3
20625	Oberdrauburg	2,5
31929	Ober-Grafendorf	1,5
61024	Oberhaag	2
41719	Oberhofen am Irrsee	2,5
70335	Oberhofen im Inntal	4
41324	Oberkappel	1,5
70720	Oberlienz	2
10828	Oberloisdorf	1
70336	Obernberg am Brenner	4
41219	Obernberg am Inn	1,5
32006	Oberndorf an der Melk	1
50326	Oberndorf bei Salzburg	4,5
41720	Oberndorf bei Schwanenstadt	2,5
70413	Oberndorf in Tirol	6
41615	Oberneukirchen	2,5

9/3/2. GrEStG
GrWV

70337	Oberperfuss	5,5		61763	Passail	1,5
10816	Oberpullendorf	2		20720	Paternion	1,5
40911	Oberschlierbach	4		70338	Patsch	5,5
10916	Oberschützen	1		41221	Pattigham	2
30842	Obersiebenbrunn	3		31333	Paudorf	3,5
70721	Obertilliach	2		31821	Payerbach	1,5
40712	Obertraun	2,5		60632	Peggau	2
50327	Obertrum am See	6		41326	Peilstein im Mühlviertel	1,5
20627	Obervellach	1,5		41815	Pennewang	5
30623	Oberwaltersdorf	3		31719	Perchtoldsdorf	4,5
41721	Oberwang	2		41116	Perg	2
10917	Oberwart	2,5		31117	Pernegg	1
61440	Oberwölz	1		62125	Pernegg an der Mur	2
61262	Öblarn	2,5		31033	Pernersdorf	1,5
31930	Obritzberg-Rust	3		32323	Pernitz	2,5
70213	Obsteig	3,5		31530	Persenbeug-Gottsdorf	1,5
30522	Oed-Oehling	2		40430	Perwang am Grabensee	8,5
41325	Oepping	2		41222	Peterskirchen	1,5
70214	Oetz	2		30718	Petronell-Carnuntum	3,5
41814	Offenhausen	2,5		40912	Pettenbach	2
41016	Oftering	4		70339	Pettnau	4
10310	Oggau am Neusiedler See	2,5		70616	Pettneu am Arlberg	4
40713	Ohlsdorf	3		31531	Petzenkirchen	2
10411	Olbendorf	1		40819	Peuerbach	1
10412	Ollersdorf im Burgenland	1,5		70340	Pfaffenhofen	3
30524	Opponitz	3		32214	Pfaffenschlag b. Waidhofen/Thaya	1
41220	Ort im Innkreis	1,5		41723	Pfaffing	2
30844	Orth an der Donau	3		70825	Pfafflar	10,5
10311	Oslip	3,5		40431	Pfaffstätt	4
21006	Ossiach	2		30625	Pfaffstätten	7,5
40428	Ostermiething	2,5		41511	Pfarrkirchen bei Bad Hall	2,5
62232	Ottendorf an der Rittschein	1,5		41327	Pfarrkirchen im Mühlkreis	1,5
32518	Ottenschlag	1,5		50416	Pfarrwerfen	4,5
41616	Ottenschlag im Mühlkreis	3		70826	Pflach	3,5
41617	Ottensheim	4		70341	Pfons	4
31658	Ottenthal	1		70617	Pfunds	2
31820	Otterthal	2		70618	Pians	3
41722	Ottnang am Hausruck	1,5		41018	Piberbach	5,5
41115	Pabneukirchen	1,5		41816	Pichl bei Wels	3,5
62384	Paldau	2		40613	Pierbach	3,5
30845	Palterndorf-Dobermannsdorf	1		50616	Piesendorf	7
40429	Palting	8,5		10817	Pilgersdorf	1,5
10715	Pama	8		70921	Pill	6,5
10716	Pamhagen	2,5		31642	Pillichsdorf	4
30846	Parbasdorf	8		41724	Pilsbach	1,5
10717	Parndorf	5		62233	Pinggau	1,5
41017	Pasching	2,5		10918	Pinkafeld	2,5

40714	Pinsdorf	3		31826	Puchberg am Schneeberg	1,5
70827	Pinswang	3,5		41618	Puchenau	5
62385	Pirching am Traubenberg	2,5		32007	Puchenstuben	1
10818	Piringsdorf	1,5		41727	Puchkirchen am Trattberg	1,5
40432	Pischelsdorf am Engelbach	2,5		41019	Pucking	4,5
61764	Pischelsdorf am Kulm	2		41728	Pühret	2
31823	Pitten	2		31035	Pulkau	1
41725	Pitzenberg	2		40509	Pupping	3
50328	Plainfeld	8,5		10312	Purbach am Neusiedler See	3
31533	Pöchlarn	2,5		32008	Purgstall an der Erlauf	2
10718	Podersdorf am See	3		32416	Purkersdorf	5,5
20425	Poggersdorf	2		62021	Pusterwald	1
31534	Pöggstall	1,5		41328	Putzleinsdorf	1,5
60323	Pölfing-Brunn	2		31934	Pyhra	2
32520	Pölla	1,5		41414	Raab	1
62275	Pöllau	1,5		60667	Raaba-Grambach	2,5
62235	Pöllauberg	1		32216	Raabs an der Thaya	1
40821	Pollham	3		31827	Raach am Hochgebirge	2
40433	Polling im Innkreis	1,5		30849	Raasdorf	3
70342	Polling in Tirol	4,5		31645	Rabensburg	1
62043	Pöls-Oberkurzheim	1,5		31935	Rabenstein an der Pielach	2
62044	Pölstal	1		20630	Radenthein	2,5
41726	Pöndorf	2		70520	Radfeld	4
20424	Pörtschach am Wörther See	1,5		61112	Radmer	1
10608	Pöttelsdorf	4		50417	Radstadt	6
30626	Pottendorf	3,5		80118	Raggal	3,5
30627	Pottenstein	3		61027	Ragnitz	1,5
40820	Pötting	1,5		10819	Raiding	1
10609	Pöttsching	2		41415	Rainbach im Innkreis	2,5
10726	Potzneusiedl	4,5		40615	Rainbach im Mühlkreis	3,5
31644	Poysdorf	0,5		50506	Ramingstein	1,5
70723	Prägraten am Großvenediger	2,5		31409	Ramsau	3
40822	Pram	1		61236	Ramsau am Dachstein	2
40508	Prambachkirchen	2		70922	Ramsau im Zillertal	4,5
41223	Pramet	2		32009	Randegg	2
60324	Preding	2,5		20631	Rangersdorf	2
40614	Pregarten	4		70343	Ranggen	8
20911	Preitenegg	1		80414	Rankweil	5,5
30719	Prellenkirchen	6,5		61441	Ranten	1
32415	Pressbaum	4		32521	Rappottenstein	2,5
31825	Prigglitz	2,5		31336	Rastenfeld	2
31932	Prinzersdorf	2,5		61741	Ratten	1,5
61111	Proleb	1,5		70521	Rattenberg	6
30848	Prottes	5		32417	Rauchenwarth	3,5
70619	Prutz	3,5		10427	Rauchwart	3
50209	Puch bei Hallein	6,5		50617	Rauris	5,5
61740	Puch bei Weiz	2		31036	Ravelsbach	1,5

9/3/2. GrEStG
GrWV

31535	Raxendorf	1,5
41117	Rechberg	2,5
10919	Rechnitz	1
41729	Redleiten	2
41730	Redlham	2,5
41731	Regau	2,5
21007	Reichenau	2,5
31829	Reichenau an der Rax	1,5
41619	Reichenau im Mühlkreis	3,5
20912	Reichenfels	1,5
41620	Reichenthal	2
41224	Reichersberg	2
41512	Reichraming	2
30929	Reingers	2
32010	Reinsberg	1
30629	Reisenberg	1,5
20644	Reißeck	1,5
70414	Reith bei Kitzbühel	7,5
70344	Reith bei Seefeld	4
70522	Reith im Alpbachtal	3,5
20632	Rennweg am Katschberg	3,5
61743	Rettenegg	1,5
70523	Rettenschöss	4
31037	Retz	3
31038	Retzbach	1
80230	Reuthe	2
70828	Reutte	1
41225	Ried im Innkreis	1
70620	Ried im Oberinntal	2,5
40913	Ried im Traunkreis	2,5
70923	Ried im Zillertal	5,5
41118	Ried in der Riedmark	3
41416	Riedau	1,5
10920	Riedlingsdorf	3
80231	Riefensberg	2
62386	Riegersburg	2
70215	Rietz	2,5
30850	Ringelsdorf-Niederabsdorf	1
70345	Rinn	5
10820	Ritzing	2,5
62276	Rohr bei Hartberg	2
10425	Rohr im Burgenland	1
32324	Rohr im Gebirge	1
41513	Rohr im Kremstal	2,5
30721	Rohrau	5
31410	Rohrbach an der Gölsen	1,5
62277	Rohrbach an der Lafnitz	1,5

10610	Rohrbach bei Mattersburg	2,5
41344	Rohrbach-Berg	2
70924	Rohrberg	4
31119	Röhrenbach	0,5
31337	Rohrendorf bei Krems	3
40715	Roitham	3
80415	Röns	8
70216	Roppen	4
31120	Röschitz	1
20721	Rosegg	3
40914	Rosenau am Hengstpaß	2
31121	Rosenburg-Mold	1,5
61618	Rosental an der Kainach	2,5
31338	Rossatz-Arnsdorf	2
40434	Roßbach	3
40915	Roßleithen	2,5
10921	Rotenturm an der Pinka	1,5
80416	Röthis	7,5
40823	Rottenbach	1,5
61263	Rottenmann	1,5
20812	Ruden	1,5
10508	Rudersdorf	3
70346	Rum	4
31537	Ruprechtshofen	1,5
31224	Rußbach	4
50210	Rußbach am Paß Gschütt	5
10201	Rust	3
41732	Rüstorf	1,5
41733	Rutzenham	3,5
50618	Saalbach-Hinterglemm	5,5
50619	Saalfelden am Steinernen Meer	5
20633	Sachsenburg	1,5
32522	Sallingberg	1,5
40616	Sandl	2
62387	Sankt Anna am Aigen	1,5
62145	Sankt Barbara im Mürztal	1,5
61264	Sankt Gallen	1,5
61442	Sankt Georgen am Kreischberg	2
61055	Sankt Georgen an der Stiefing	3
61443	Sankt Lambrecht	1,5
60668	Sankt Marein bei Graz	2
62146	Sankt Marein im Mürztal	2
62045	Sankt Marein-Feistritz	1,5
62046	Sankt Margarethen bei Knittelfeld	1,5
60347	Sankt Martin im Sulmtal	3
62388	Sankt Peter am Ottersbach	1,5
61765	Sankt Ruprecht an der Raab	2,5

9/3/2. GrEStG GrWV

Code	Name	Wert
62389	Sankt Stefan im Rosental	1,5
60348	Sankt Stefan ob Stainz	3
61056	Sankt Veit in der Südsteiermark	2
41338	Sarleinsbach	2
80417	Satteins	8
41817	Sattledt	2
70218	Sautens	3
41123	Saxen	2,5
10922	Schachendorf	2
62247	Schäffern	2
40441	Schalchen	3,5
10932	Schandorf	1,5
41423	Schardenberg	3
41422	Schärding	1,5
30722	Scharndorf	6
70348	Scharnitz	3
40719	Scharnstein	2,5
40511	Scharten	2,5
10612	Schattendorf	2
70829	Schattwald	4
50212	Scheffau am Tennengebirge	7
70524	Scheffau am Wilden Kaiser	4
32013	Scheibbs	2,5
31832	Scheiblingkirchen-Thernberg	2
61444	Scheifling	1,5
41622	Schenkenfelden	3,5
41515	Schiedlberg	2,5
20432	Schiefling am Wörthersee	2
41229	Schildorn	2
61265	Schladming	4
70727	Schlaiten	2,5
41736	Schlatt	2,5
50331	Schleedorf	6
41818	Schleißheim	4,5
40917	Schlierbach	3
80418	Schlins	6,5
70925	Schlitters	4
40827	Schlüßlberg	1,5
70349	Schmirn	2
80232	Schnepfau	1,5
80419	Schnifis	8
61428	Schöder	1
31543	Schollach	1,5
30631	Schönau an der Triesting	5,5
40619	Schönau im Mühlkreis	4
32523	Schönbach	1,5
31355	Schönberg am Kamp	2
70350	Schönberg im Stubaital	5
31542	Schönbühel-Aggsbach	2
41340	Schönegg	2
30852	Schönkirchen-Reyersdorf	5
70622	Schönwies	5
80233	Schoppernau	4
41737	Schörfling am Attersee	2,5
31833	Schottwien	1,5
31834	Schrattenbach	2
31646	Schrattenberg	1
31041	Schrattenthal	1
30935	Schrems	1,5
80234	Schröcken	2
80122	Schruns	3
10314	Schützen am Gebirge	2,5
32418	Schwadorf	2,5
60349	Schwanberg	3
40442	Schwand im Innkreis	3
41738	Schwanenstadt	1
80235	Schwarzach	8
50421	Schwarzach im Pongau	2,5
31835	Schwarzau am Steinfelde	2
31836	Schwarzau im Gebirge	1
61057	Schwarzautal	2
32524	Schwarzenau	1
32326	Schwarzenbach	1,5
31939	Schwarzenbach an der Pielach	2,5
80236	Schwarzenberg	2
41341	Schwarzenberg am Böhmerwald	1,5
70926	Schwaz	3
32419	Schwechat	4
32525	Schweiggers	3
70927	Schwendau	6,5
70418	Schwendt	3,5
41124	Schwertberg	2,5
70525	Schwoich	5,5
62034	Seckau	2
70623	See	7
31837	Seebenstein	2,5
20634	Seeboden	2,5
70351	Seefeld in Tirol	3,5
31042	Seefeld-Kadolz	0,5
50332	Seeham	4
50339	Seekirchen am Wallersee	5
41739	Seewalchen am Attersee	2,5
30633	Seibersdorf	5,5
60669	Seiersberg-Pirka	3,5

GrEStG

9/3/2. GrEStG
GrWV

30532	Seitenstetten	2		40824	St. Agatha	2
70352	Sellrain	5		20913	St. Andrä	1,5
61243	Selzthal	2		10719	St. Andrä am Zicksee	2,5
31838	Semmering	3		50507	St. Andrä im Lungau	3
60645	Semriach	1,5		61030	St. Andrä-Höch	2,5
41230	Senftenbach	2,5		32142	St. Andrä-Wördern	4,5
31343	Senftenberg	4		70621	St. Anton am Arlberg	6
70624	Serfaus	2		32011	St. Anton an der Jeßnitz	2
80237	Sibratsgfäll	3		80119	St. Anton im Montafon	5
10315	Siegendorf	2		60639	St. Bartholomä	2,5
10613	Sieggraben	2		31123	St. Bernhard-Frauenhofen	2
32131	Sieghartskirchen	4		31830	St. Corona am Wechsel	1,5
31226	Sierndorf	6		31831	St. Egyden am Steinfeld	2,5
41516	Sierning	2		41013	St. Florian	7,5
41424	Sigharting	1,5		41418	St. Florian am Inn	1,5
10614	Sigleß	4		80120	St. Gallenkirch	5
31124	Sigmundsherberg	1		40435	St. Georgen am Fillmannsbach	3,5
80123	Silbertal	7		20523	St. Georgen am Längsee	1,5
70728	Sillian	3		30526	St. Georgen am Reith	2,5
70219	Silz	3		41119	St. Georgen am Walde	1
61748	Sinabelkirchen	2,5		30527	St. Georgen am Ybbsfelde	2,5
41819	Sipbachzell	3,5		41120	St. Georgen an der Gusen	2,5
70353	Sistrans	4		32012	St. Georgen an der Leys	1
20815	Sittersdorf	2		40825	St. Georgen bei Grieskirchen	2,5
32132	Sitzenberg-Reidling	2		41226	St. Georgen bei Obernberg am Inn	2
31043	Sitzendorf an der Schmida	1		50329	St. Georgen bei Salzburg	5
62252	Söchau	2		41734	St. Georgen im Attergau	2
61633	Söding-Sankt Johann	4,5		20914	St. Georgen im Lavanttal	1,5
70220	Sölden	3,5		62026	St. Georgen ob Judenburg	1
61266	Sölk	1		80121	St. Gerold	6
70526	Söll	4,5		50330	St. Gilgen	4
32327	Sollenau	2		41621	St. Gotthard im Mühlkreis	2,5
30724	Sommerein	3,5		20722	St. Jakob im Rosental	1,5
41623	Sonnberg im Mühlkreis	5		62242	St. Jakob im Walde	1,5
80124	Sonntag	4		70724	St. Jakob in Defereggen	2
30533	Sonntagberg	2		70415	St. Jakob in Haus	3,5
30635	Sooß	9		40436	St. Johann am Walde	2,5
30854	Spannberg	2		41331	St. Johann am Wimberg	2,5
62047	Spielberg	1,5		50418	St. Johann im Pongau	6
31227	Spillern	6,5		61032	St. Johann im Saggautal	2
70625	Spiss	7,5		70725	St. Johann im Walde	2
40918	Spital am Pyhrn	1,5		62244	St. Johann in der Haide	2,5
62131	Spital am Semmering	1		70416	St. Johann in Tirol	5
20635	Spittal an der Drau	2		60326	St. Josef (Weststeiermark)	3
31344	Spitz	2		20813	St. Kanzian am Klopeiner See	2
41417	St. Aegidi	1,5		61744	St. Kathrein am Hauenstein	3
31411	St. Aegyd am Neuwalde	2		61745	St. Kathrein am Offenegg	1

9/3/2. GrEStG
GrWV

50211	St. Koloman	5		40439	St. Radegund	3,5
40716	St. Konrad	2,5		60642	St. Radegund bei Graz	1,5
31539	St. Leonhard am Forst	1,5		41420	St. Roman	2
31340	St. Leonhard am Hornerwald	2,5		70347	St. Sigmund im Sellrain	7
40617	St. Leonhard bei Freistadt	2		41335	St. Stefan am Walde	1,5
70217	St. Leonhard im Pitztal	3		20316	St. Stefan im Gailtal	2,5
41735	St. Lorenz	4		61115	St. Stefan ob Leoben	1
62245	St. Lorenzen am Wechsel	2,5		40826	St. Thomas	2,5
62128	St. Lorenzen im Mürztal	2,5		41122	St. Thomas am Blasenstein	2
20428	St. Margareten im Rosental	2		70417	St. Ulrich am Pillersee	4
61746	St. Margarethen an der Raab	2,5		41514	St. Ulrich bei Steyr	2
31938	St. Margarethen an der Sierning	1,5		41336	St. Ulrich im Mühlkreis	2,5
10313	St. Margarethen im Burgenland	5		21008	St. Urban	2
50508	St. Margarethen im Lungau	2,5		30531	St. Valentin	3,5
41020	St. Marien	6		20527	St. Veit an der Glan	2
41227	St. Marienkirchen am Hausruck	3		31412	St. Veit an der Gölsen	3,5
40510	St. Marienkirchen an der Polsenz	3		40440	St. Veit im Innkreis	3
				41337	St. Veit im Mühlkreis	2
41419	St. Marienkirchen bei Schärding	2		50420	St. Veit im Pongau	5,5
30932	St. Martin	2		70726	St. Veit in Defereggen	2,5
50419	St. Martin am Tennengebirge	4		41421	St. Willibald	1
61621	St. Martin am Wöllmißberg	3		40717	St. Wolfgang im Salzkammergut	2,5
10509	St. Martin an der Raab	2		31649	Staatz	1
50620	St. Martin bei Lofer	2,5		41820	Stadl-Paura	2,5
41228	St. Martin im Innkreis	1,5		61445	Stadl-Predlitz	1
41332	St. Martin im Mühlkreis	3		10923	Stadtschlaining	4,5
31540	St. Martin-Karlsbach	1,5		61267	Stainach-Pürgg	2
10413	St. Michael im Burgenland	1		60350	Stainz	3
50509	St. Michael im Lungau	2,5		20636	Stall	1,5
61113	St. Michael in Obersteiermark	1,5		80125	Stallehr	7,5
41121	St. Nikola an der Donau	1,5		61624	Stallhofen	4
61033	St. Nikolai im Sausal	1,5		70221	Stams	2,5
31541	St. Oswald	1,5		70928	Stans	5
40618	St. Oswald bei Freistadt	3,5		70626	Stanz bei Landeck	7
41333	St. Oswald bei Haslach	1,5		62132	Stanz im Mürztal	2
60641	St. Oswald bei Plankenwarth	2		70830	Stanzach	2,5
40916	St. Pankraz	1,5		60646	Stattegg	5,5
40437	St. Pantaleon	3,5		31940	Statzendorf	3,5
30529	St. Pantaleon-Erla	4		70831	Steeg	6
20918	St. Paul im Lavanttal	1,5		40828	Steegen	1,5
40438	St. Peter am Hart	3		10414	Stegersbach	2
61425	St. Peter am Kammersberg	1,5		70355	Steinach am Brenner	4
41334	St. Peter am Wimberg	2		32014	Steinakirchen am Forst	2
60329	St. Peter im Sulmtal	2		41740	Steinbach am Attersee	2
30530	St. Peter in der Au	2,5		40919	Steinbach am Ziehberg	2
62032	St. Peter ob Judenburg	1,5		40920	Steinbach an der Steyr	1,5
61114	St. Peter-Freienstein	1		70929	Steinberg am Rofan	2,5
30201	St. Pölten	1,5				

GrEStG

Kodex Steuergesetze 1.2.2024

9/3/2. GrEStG
GrWV

10821	Steinberg-Dörfl	1,5	70832	Tannheim	3
10316	Steinbrunn	6,5	70222	Tarrenz	4
21009	Steindorf am Ossiacher See	1,5	40443	Tarsdorf	3,5
41821	Steinerkirchen an der Traun	3	30636	Tattendorf	8,5
20637	Steinfeld	1,5	41426	Taufkirchen an der Pram	1,5
41822	Steinhaus	4	40829	Taufkirchen an der Trattnach	1,5
31228	Stetteldorf am Wagram	3	50622	Taxenbach	4,5
31229	Stetten	5	20435	Techelsberg am Wörther See	2
21010	Steuerberg	2	30637	Teesdorf	7
40201	Steyr	1,5	70356	Telfes im Stubai	5
41624	Steyregg	4	70357	Telfs	5
10415	Stinatz	2	70933	Terfens	5
60647	Stiwoll	2	41517	Ternberg	2
20723	Stockenboi	2,5	31839	Ternitz	1,5
31230	Stockerau	4,5	61446	Teufenbach-Katsch	1,5
10822	Stoob	2	31551	Texingtal	1,5
31941	Stössing	2,5	60648	Thal	4
10321	Stotzing	4	50337	Thalgau	5
62390	Straden	3	41823	Thalheim bei Wels	3
61750	Strallegg	1	61751	Thannhausen	2,5
31130	Straning-Grafenberg	1	70358	Thaur	4,5
41741	Straß im Attergau	2,5	32217	Thaya	1,5
31346	Straß im Straßertale	3	32330	Theresienfeld	3,5
70930	Strass im Zillertal	3,5	70527	Thiersee	3
20530	Straßburg	1	31840	Thomasberg	1
70729	Strassen	2,5	50511	Thomatal	2,5
30856	Strasshof an der Nordbahn	2,5	62147	Thörl	1,5
61058	Straß-Spielfeld	2	80126	Thüringen	9
50335	Straßwalchen	4	80127	Thüringerberg	6
31347	Stratzing	4,5	70731	Thurn	2,5
10416	Strem	3	41742	Tiefgraben	3,5
30534	Strengberg	2,5	62368	Tieschen	2,5
70627	Strengen	6,5	61043	Tillmitsch	2,5
50336	Strobl	3	41743	Timelkam	2,5
40512	Stroheim	3	70628	Tobadill	5,5
31650	Stronsdorf	0,5	10417	Tobaj	4
62256	Stubenberg	2	40830	Tollet	2,5
50621	Stuhlfelden	6	70629	Tösens	4
70931	Stumm	3,5	61116	Traboch	1
70932	Stummerberg	4	62148	Tragöß-Sankt Katharein	1,5
41425	Suben	1,5	40620	Tragwein	4
80420	Sulz	6,5	31413	Traisen	2
30857	Sulz im Weinviertel	1,5	30639	Traiskirchen	5
80238	Sulzberg	3,5	31943	Traismauer	3
10720	Tadten	2	31841	Trattenbach	2
41231	Taiskirchen im Innkreis	1,5	41021	Traun	2
50510	Tamsweg	2,5	40718	Traunkirchen	2,5

10317	Trausdorf an der Wulka	3		50624	Uttendorf	5
30726	Trautmannsdorf an der Leitha	5		41233	Utzenaich	1,5
20638	Trebesing	1,5		70362	Vals	3,5
20724	Treffen	1,5		80129	Vandans	6
40444	Treubach	3		60653	Vasoldsberg	3,5
61247	Trieben	2		20725	Velden am Wörther See	3
70359	Trins	6,5		30859	Velm-Götzendorf	1,5
70732	Tristach	3		41427	Vichtenstein	1
61120	Trofaiach	1		30536	Viehdorf	1,5
30641	Trumau	4,5		50625	Viehhofen	8
80128	Tschagguns	3		80422	Viktorsberg	7,5
10423	Tschanigraben	1		20201	Villach	2
32134	Tulbing	4,5		70833	Vils	3
70360	Tulfes	7		70734	Virgen	2,5
32135	Tulln an der Donau	4		32219	Vitis	1
32421	Tullnerbach	5,5		41746	Vöcklabruck	1,5
41232	Tumeltsham	2,5		41747	Vöcklamarkt	1,5
62135	Turnau	1,5		61625	Voitsberg	3,5
31414	Türnitz	1,5		70365	Volders	6
70934	Tux	5,5		20817	Völkermarkt	2,5
50512	Tweng	5		70364	Völs	5
60651	Übelbach	2		70936	Vomp	5,5
40445	Überackern	4		62278	Vorau	1
80421	Übersaxen	5,5		40720	Vorchdorf	3,5
70935	Uderns	3,5		70834	Vorderhornbach	1,5
41342	Ulrichsberg	1,5		61118	Vordernberg	2
31651	Ulrichskirchen-Schleinbach	3,5		40921	Vorderstoder	1,5
70223	Umhausen	2,5		41625	Vorderweißenbach	2,5
41744	Ungenach	2		31723	Vösendorf	5
50623	Unken	4		61045	Wagna	2,5
30939	Unserfrau-Altweitra	4		50423	Wagrain	5
41745	Unterach am Attersee	2		32220	Waidhofen an der Thaya	1,5
10825	Unterfrauenhaid	1		32221	Waidhofen an der Thaya-Land	2
10924	Unterkohlstätten	1		30301	Waidhofen an der Ybbs	4,5
62372	Unterlamm	1,5		32331	Waidmannsfeld	2,5
50513	Unternberg	3		70419	Waidring	2,5
70361	Unterperfuss	7,5		40831	Waizenkirchen	1,5
60670	Unterpremstätten-Zettling	3		70529	Walchsee	3,5
10826	Unterrabnitz-Schwendgraben	2		61119	Wald am Schoberpaß	1,5
30858	Untersiebenbrunn	3,5		50626	Wald im Pinzgau	6
31652	Unterstinkenbrunn	1		62279	Waldbach-Mönichwald	1,5
50422	Untertauern	2		40623	Waldburg	5
70733	Untertilliach	4		32332	Waldegg	3
10925	Unterwart	3,5		30940	Waldenstein	4,5
40621	Unterweißenbach	2		32529	Waldhausen	2
40622	Unterweitersdorf	5,5		41125	Waldhausen im Strudengau	2
62036	Unzmarkt-Frauenburg	1		41626	Walding	3,5

9/3/2. GrEStG
GrWV

41428	Waldkirchen am Wesen	2		31129	Weitersfeld	1
32222	Waldkirchen an der Thaya	1,5		40625	Weitersfelden	3,5
41518	Waldneukirchen	3		30942	Weitra	2
41234	Waldzell	1,5		61766	Weiz	2
40832	Wallern an der Trattnach	2,5		40301	Wels	1,5
10721	Wallern im Burgenland	2		40834	Wendling	2
30538	Wallsee-Sindelburg	2		40446	Weng im Innkreis	3
32333	Walpersbach	3,5		62262	Wenigzell	1
50338	Wals-Siezenheim	4,5		70224	Wenns	2,5
32015	Wang	2		10823	Weppersdorf	1,5
70835	Wängle	3		50424	Werfen	4
40922	Wartberg an der Krems	2		50425	Werfenweng	7
40624	Wartberg ob der Aist	5		20727	Wernberg	2,5
31843	Warth	2,5		60655	Werndorf	3
80239	Warth	1,5		41429	Wernstein am Inn	2
31844	Wartmannstetten	2,5		70420	Westendorf	6
70366	Wattenberg	7		60341	Wettmannstätten	2,5
70367	Wattens	6,5		41522	Weyer	1,5
70937	Weer	5		41749	Weyregg am Attersee	1,5
70938	Weerberg	5,5		31725	Wiener Neudorf	5
40833	Weibern	1,5		30401	Wiener Neustadt	3,5
10510	Weichselbaum	2,5		31726	Wienerwald	4
10722	Weiden am See	4		60351	Wies	3,5
30865	Weiden an der March	2		32016	Wieselburg	2
10926	Weiden bei Rechnitz	1,5		32017	Wieselburg-Land	1,5
30860	Weikendorf	4		10615	Wiesen	2,5
32334	Weikersdorf am Steinfelde	4,5		10927	Wiesfleck	3
41235	Weilbach	2		70939	Wiesing	4,5
80423	Weiler	6,5		32335	Wiesmath	1
31945	Weinburg	1,5		61251	Wildalpen	3
10827	Weingraben	1,5		31653	Wildendürnbach	1
60654	Weinitzen	5		70368	Wildermieming	6
31350	Weinzierl am Walde	2,5		61059	Wildon	2,5
50627	Weißbach bei Lofer	3		70530	Wildschönau	2,5
70836	Weißenbach am Lech	3		31654	Wilfersdorf	1,5
30645	Weissenbach an der Triesting	3		31947	Wilhelmsburg	2
31946	Weißenkirchen an der Perschling	2,5		41022	Wilhering	5,5
				31845	Willendorf	2,5
41748	Weißenkirchen im Attergau	2,5		10318	Wimpassing an der Leitha	4
31351	Weißenkirchen in der Wachau	6		31846	Wimpassing im Schwarzatale	1,5
20639	Weißensee	2		10723	Winden am See	3
20726	Weißenstein	1,5		40626	Windhaag bei Freistadt	2,5
41824	Weißkirchen an der Traun	4		41126	Windhaag bei Perg	3
62048	Weißkirchen in Steiermark	1,5		32223	Windigsteig	1
50514	Weißpriach	2,5		40923	Windischgarsten	1,5
30539	Weistrach	2,5		30541	Winklarn	3,5
31546	Weiten	1,5		20640	Winklern	1,5
20531	Weitensfeld im Gurktal	1				

32336	Winzendorf-Muthmannsdorf	4,5		50515	Zederhaus	2
41236	Wippenham	2,5		30544	Zeillern	3,5
31948	Wölbling	3		32140	Zeiselmauer-Wolfpassing	3,5
10928	Wolfau	1,5		31550	Zelking-Matzleinsdorf	1,5
41521	Wolfern	2,5		20441	Zell	3
32018	Wolfpassing	2		41751	Zell am Moos	3,5
30542	Wolfsbach	2		41752	Zell am Pettenfirst	2,5
20923	Wolfsberg	2		50628	Zell am See	8
41750	Wolfsegg am Hausruck	2,5		70940	Zell am Ziller	2,5
32423	Wolfsgraben	4		41430	Zell an der Pram	1,5
30728	Wolfsthal	8,5		70941	Zellberg	3,5
80240	Wolfurt	3,5		31052	Zellerndorf	0,5
31655	Wolkersdorf im Weinviertel	3		62038	Zeltweg	1,5
32337	Wöllersdorf-Steinabrückl	3		10618	Zemendorf-Stöttera	4
70531	Wörgl	4,5		31053	Ziersdorf	2
61252	Wörschach	2		32338	Zillingdorf	4,5
10419	Wörterberg	2		10322	Zillingtal	5
10319	Wulkaprodersdorf	4,5		70369	Zirl	4,5
31051	Wullersdorf	1,5		30863	Zistersdorf	1
60656	Wundschuh	2,5		31848	Zöbern	2,5
31847	Würflach	2,5		70837	Zöblen	3,5
32139	Würmla	2		10724	Zurndorf	4
31549	Ybbs an der Donau	3		32141	Zwentendorf an der Donau	2,5
30543	Ybbsitz	1,5		41627	Zwettl an der Rodl	3
31552	Yspertal	1,5		32530	Zwettl-Niederösterreich	4,5
10323	Zagersdorf	2,5		80424	Zwischenwasser	7,5
70630	Zams	2		32424	Zwölfaxing	6,5

9/3/3.

Grundbuchsgebührenverordnung

BGBl II 2013/511 idF BGBl II 2021/595

Grundbuchsgebührenverordnung

Gemäß § 2 Z 4, § 4 Abs. 7, § 26 Abs. 2 und § 26a Abs. 3 des Gerichtsgebührengesetzes (GGG), BGBl. Nr. 501/1984, zuletzt geändert durch die Gerichtsgebühren-Novelle 2014, BGBl. I Nr. 19/2015, wird verordnet:

Bezifferung

§ 1. Der Wert des einzutragenden Rechts nach § 26 Abs. 1 GGG ist mit Ausnahme der in § 8 Abs. 1 und § 10 angeführten Fälle eingangs der Eingabe, bei Einbringung im ERV in der Eingabe an leicht auffindbarer Stelle, für Zwecke der Gebührenermittlung zu beziffern (nach Grundbuch, Katastralgemeinde, Einlagezahl/en).

Bescheinigung

§ 2. (1) Zur Bescheinigung des Werts des einzutragenden Rechts kann sich die Partei insbesondere auf jene Urkunden berufen, auf Grund derer die Eintragung erfolgen soll (§ 87 GBG), sofern sich daraus der Wert des einzutragenden Rechts (§ 26 Abs. 1 und 3 GGG) ermitteln lässt.

(2) Die Partei kann zur Vorlage weiterer Bescheinigungsmittel (Abs. 3) aufgefordert werden, wenn
1. gegründete Zweifel an der Plausibilität des angegebenen Werts bestehen,
2. dieser unvollständig ist oder
3. dem einzutragenden Recht nicht zugeordnet werden kann,

etwa weil außergewöhnliche Verhältnisse vorliegen oder nicht alle Leistungen und Nutzungen im Wert enthalten sind.

(3) Lässt sich der Wert des einzutragenden Rechts nicht mit Urkunden nach Abs. 1 bescheinigen, so können zum Nachweis der Plausibilität der Bezifferung insbesondere vorgelegt werden:
1. Auszüge aus einem Immobilien- oder Mietpreisspiegel in Ansehung vergleichbarer Objekte,
2. Inserate über Anbote vergleichbarer Liegenschaften, Leistungen oder Nutzungen,
3. Verträge oder Schätzgutachten über vergleichbare Liegenschaften, Leistungen oder Nutzungen oder
4. Fotos der Liegenschaft samt Einheitswertbescheid oder Auskunft über den Einheitswert laut FinanzOnline und sonstige erklärende Urkunden zur Vornahme der Bezifferung (etwa Berufung auf Erfahrungswerte des berufsmäßigen Parteienvertreters oder fachkundige Äußerungen), sofern keine aussagekräftigeren Bescheinigungsmittel vorhanden sind oder im Hinblick auf die Höhe der Gebühr nur mit unverhältnismäßigem Aufwand beschafft werden könnten.

Informationen zur Plausibilitätsprüfung

§ 3. (1) In den Fällen des § 26 Abs. 3 GGG können die zur Ermittlung des Werts notwendigen Angaben (Beschreibung des Vertragsobjekts) auch im Vertrag gemacht werden, soweit eingangs der Eingabe (bei den für die Gebührenermittlung bestimmten Angaben), bei Einbringung im ERV in der Eingabe an leicht auffindbarer Stelle, darauf verwiesen wird.

(2) In den übrigen Fällen, in denen eine Bezifferung nach § 1 erforderlich ist, hat die Partei zur Prüfung der Plausibilität ihrer Angaben neben dem Wert des einzutragenden Rechts (§ 1) die nachfolgenden Informationen objektbezogen bei den für die Gebührenermittlung bestimmten Angaben anzuführen:
1. Fläche je Katastralgemeinde;
2. Wert je Quadratmeter;
3. Nutzungsart (§ 4);
4. Lagequalität bezogen auf die jeweilige Katastralgemeinde (§ 5);
5. Zustand des Bauwerks beziehungsweise des Wohnungseigentumsobjekts (§ 6).

(3) Die Informationen nach Abs. 2 sind für jedes Objekt gesondert anzugeben, auch wenn die Übertragung mehrerer Objekte in einem einheitlichen Vorgang erfolgt. Mehrere Grundstücke können als ein Objekt zusammengefasst werden, wenn sie in derselben Katastralgemeinde liegen und die gleiche Nutzungsart (§ 4) aufweisen.

Nutzungsart

§ 4. (1) In den Fällen des § 3 Abs. 2 ist jedem Objekt eine der nachstehend angeführten Nutzungsarten unter Verwendung der angeführten Abkürzungen zuzuordnen:
1. Land- und forstwirtschaftliche Nutzung: „LF"
2. Bauland unbebaut: „BLu"
3. Wohnungseigentumsobjekt: „WE"
4. Wohnhaus mit bis zu vier Wohneinheiten: „WHk"
5. Wohnhaus mit mehr als vier Wohneinheiten: „WHg"
6. Gewerbliche Nutzung: „gN"
7. Sonstige Nutzung: „sN"

(2) Bei gewerblicher (Abs. 1 Z 6) und sonstiger Nutzung (Abs. 1 Z 7) ist neben der angeführten Abkürzung die spezifische Nutzung (Art des Betriebs oder der konkreten Nutzung) anzugeben.

Lagequalität

§ 5. (1) In den Fällen des § 3 Abs. 2 ist die Qualität der Lage bezogen auf die Katastralgemeinde, in der das Objekt liegt, unter Verwendung der angeführten Abkürzung anzugeben. Innerhalb einer Katastralgemeinde wird zwischen überdurchschnittlicher „A", durchschnittlicher „B" und unterdurchschnittlicher „C" Lage unterschieden.

(2) Eine überdurchschnittliche Lage ist anzunehmen, wenn das Objekt bezogen auf die mögliche Nutzungsart in einem bevorzugten Gebiet liegt und über eine sehr gute Anbindung verfügt.

(3) Eine unterdurchschnittliche Lage ist anzunehmen, wenn das Objekt bezogen auf die mögliche Nutzungsart in einem benachteiligten Gebiet liegt und über eine schlechte Anbindung verfügt.

Bauzustand

§ 6. (1) In den Fällen des § 3 Abs. 2 ist bei Bauwerken und Wohnungseigentumsobjekten der Bauzustand mit der Kategorie überdurchschnittlich „1", durchschnittlich „2" oder unterdurchschnittlich „3" unter Verwendung der angeführten Zahl anzugeben.

(2) Überdurchschnittlicher Bauzustand ist bei einem neu gebauten oder generalsanierten Bauwerk oder Wohnungseigentumsobjekt anzunehmen.

(3) Unterdurchschnittlicher Bauzustand ist anzunehmen, wenn eine gewöhnliche Nutzung des Bauwerks oder Wohnungseigentumsobjekts Sanierungsmaßnahmen im Bereich der Bausubstanz erfordert.

Begünstigte Erwerbsvorgänge

§ 7. Die Begünstigung nach § 26a Abs. 1 GGG ist eingangs der Eingabe, bei Einbringung im ERV in der Eingabe an leicht auffindbarer Stelle, unter Hinweis entweder auf § 26a Abs. 1 Z 1 GGG oder auf § 26a Abs. 1 Z 2 GGG und unter Bezifferung der ermäßigten Bemessungsgrundlage in Anspruch zu nehmen. Soweit sich die Partei nicht auf 30% des Werts des einzutragenden Rechts als Bemessungsgrundlage beruft, bezieht sich die angegebene Bemessungsgrundlage auf den dreifachen Einheitswert.

§ 8. (1) Beruft sich die Partei auf den dreifachen Einheitswert als Bemessungsgrundlage, so hat sie den Einheitswertbescheid oder sonst geeignete Bescheinigungsmittel über den Einheitswert der übertragenen Liegenschaft auf Verlangen des Gerichts vorzulegen.

(2) Beruft sich die Partei auf 30% des Werts des einzutragenden Rechts als Bemessungsgrundlage, so sind die §§ 1 bis 6 anzuwenden.

§ 9. (1) Die Voraussetzungen für die Ermäßigung der Bemessungsgrundlage sind durch geeignete Urkunden im Original oder in Kopie nachzuweisen.

(2) Geeignete Urkunden sind in den Fällen des § 26a Abs. 1 Z 1 GGG insbesondere Personenstandsurkunden, gerichtliche oder verwaltungsbehördliche Entscheidungen oder Bestätigungen und notarielle Urkunden. Im Fall der Lebensgemeinschaft ist das Vorliegen der Voraussetzungen durch Bestätigungen über einen Hauptwohnsitz, den die Lebensgefährten gemeinsam haben oder hatten, nachzuweisen.

(3) In den Fällen des § 26a Abs. 1 Z 2 GGG sind die Voraussetzungen durch die entsprechenden Vertragsurkunden sowie durch Verweis auf das Firmenbuch oder Firmenbuchsauszüge nachzuweisen.

Gebührenbefreiung

§ 10. Wird eine gänzliche Befreiung von den Eintragungsgebühren in Anspruch genommen, so sind die Angaben zum Wert des einzutragenden Rechts einschließlich der dafür erforderlichen Informationen und Bescheinigungen (§§ 1 bis 6) nur im Auftrag des Gerichts zu machen, wenn es Zweifel am Vorliegen der Befreiungsvoraussetzungen hat.

Selbstberechnung der Grunderwerbsteuer und der Eintragungsgebühr

§ 10a. (1) Ab dem In-Kraft-Treten dieser Verordnung[1] ist die Eintragungsgebühr nach Tarifpost 9 lit. b Z 1 im Fall der Selbstberechnung der Grunderwerbsteuer (§ 11 Grunderwerbsteuergesetz 1987 im Verein mit der GrESt-SBV) bei dem für die Erhebung der Grunderwerbsteuer zuständigen Finanzamt zum Zeitpunkt der Fälligkeit der Grunderwerbsteuer zu entrichten. Es ist technisch sicherzustellen, dass jede Vorgangsnummer dem entsprechenden Überweisungsvorgang auf ein Justizkonto zugeordnet werden kann.

---
[1] 1.7.2015 (§ 11 Abs. 2 GGV).

(2) Wird die Eintragungsgebühr nach Abs. 1 entrichtet, sind nur jene Angaben nach § 1, § 2 Abs. 1 und 3 sowie § 3 bis § 9 dieser Verordnung gegenüber der Justiz zu machen, die nicht von der Abgabenbehörde nach der GrESt-SBV an die Justiz elektronisch zu übermitteln sind. Sollte die in der Selbstberechnungserklärung nach § 12 GrEStG 1987 durch den Parteienvertreter gemäß § 6 GrESt-SBV bekanntgegebene Vorgangsnummer keinen Zugriff auf die Daten ermöglichen, so ist die Selbstberechnungserklärung (Berufung auf die Vorgangsnummer) unwirksam. Der Mangel ist nach § 82a Allgemeines Grundbuchsgesetz sowie im Vorschreibungsverfahren einer Verbesserung zugänglich. Soweit die nach §§ 2 bis 4 GrESt-SBV zu übermittelnden Daten nicht übermittelt werden, hat sie die Partei der Vorschreibungsbehörde bekannt zu geben. Über Aufforderung der Vorschreibungsbehörde ist eine Aufschlüsselung der Bemessungsgrundlage nach Katastralgemeinde, Einlagezahl und Grundstücksnummer vorzunehmen. Das Recht der Vorschreibungsbehörde, bei Zweifel an der Plausibilität der angegebenen Daten weitere Angaben oder die Vorlage von Bescheinigungsmittel zu verlangen, bleibt unberührt.

(3) Wird die Eintragungsgebühr im Fall ihrer Selbstberechnung bis zum letzten Tag des Fälligkeitstags (§ 13 Abs. 1 GrEStG 1987) drittfolgenden Monats nicht oder in zu geringer Höhe auf das Abgabenkonto des zuständigen Finanzamts entrichtet, kann der Fehlbetrag von der Partei noch auf ein Justizkonto (im Zweifel an das Bundesministerium für Justiz, IBAN: AT100100000005490000 BIC: BUNDATWW) unter Angabe der entsprechenden Vorgangsnummer entrichtet werden. Wird die Vorschreibungsbehörde von der Abgabenbehörde nach

§ 10c Abs. 1 verständigt, dass die Entrichtung der Gerichtsgebühr zum Fälligkeitstag (§ 13 Abs. 1 GrEStG 1987) nicht oder in zu geringer Höhe erfolgt ist, und lässt sich ein bestimmter Fehlbetrag nicht eindeutig einem Gebührenschuldner zu einer bestimmten Eintragung zuordnen, ist der Parteienvertreter nach Aufforderung der Vorschreibungsbehörde zur Aufschlüsselung verpflichtet.

Vorschreibung nach dem GEG im Fall der Selbstberechnung

§ 10b. (1) In folgenden Fällen ist davon auszugehen, dass eine der Selbstberechnung nach der GrESt-SBV entsprechende Anmeldung und Entrichtung der Eintragungsgebühren nicht erfolgt ist, weshalb die Eintragungsgebühr nach dem GEG vorzuschreiben ist:

1. wenn ein Datenabgleich nach erfolglosem Verbesserungsverfahren ergibt, dass zu der im elektronischen Rechtsverkehr übersendeten Vorgangsnummer des Gebührenschuldners keine entsprechende Anmeldung erfolgt ist;
2. wenn ein Datenabgleich ergibt, dass an Stelle einer Anmeldung des selbst berechneten Erwerbsvorgangs zu der im elektronischen Rechtsverkehr übersendeten Vorgangsnummer des Gebührenschuldners letztlich eine Abgabenerklärung erfolgt ist;
3. wenn ein Datenabgleich ergibt, dass sich die Anmeldung des selbst berechneten Erwerbsvorgangs auf andere Liegenschaften und/oder Grundstücke bezieht, als der im elektronischen Rechtsverkehr übersendeten Vorgangsnummer des Gebührenschuldners zugrunde lagen.

(2) Sobald sich herausstellt, dass die Eintragungsgebühr bei der Selbstberechnung nicht in richtiger Höhe ermittelt wurde (§ 26 Abs. 4a GGG) oder nicht vollständig entrichtet ist, ist der Fehlbetrag von der Vorschreibungsbehörde nach den Bestimmungen des GEG vorzuschreiben und einzubringen.

Verständigung über die Entrichtung, Überweisung der Beträge

§ 10c. (1) Ab dem Vorliegen der technischen und organisatorischen Voraussetzungen hat die Abgabenbehörde die Justiz elektronisch zu verständigen, wenn die Eintragungsgebühr nicht oder in zu geringer Höhe entrichtet wurde. Die Verständigung hat jeweils am ersten Arbeitstag des auf den Fälligkeitstag (§ 13 Abs. 1 GrEStG 1987) viertfolgenden Monats zu erfolgen und zu enthalten:

1. Angaben zum Parteienvertreter (Steuernummer, Name und Adresse);

(BGBl II 2021/595)

2. die Abgabenart je Bundesland;
3. den Anmeldungszeitraum;
4. den nicht entrichteten Betrag.

Gleichzeitig mit der Verständigung hat die Abgabenbehörde den betroffenen Betrag abzuschreiben.

(2) Die Abgabenbehörde hat die in einem Monat entrichteten Eintragungsgebühren pro Bundesland in einem Gesamtbetrag an das Oberlandesgericht Wien (IBAN: AT110100000005460009, BIC: BUNDATWW) für die Bundesländer Wien, Niederösterreich und Burgenland, an das Oberlandesgericht Linz (IBAN: AT550100000005450002, BIC: BUNDATWW) für die Bundesländer Oberösterreich und Salzburg, an das Oberlandesgericht Graz (IBAN: AT430100000005470006, BIC: BUNDATWW) für die Bundesländer Steiermark und Kärnten, sowie an das Oberlandesgericht Innsbruck (IBAN: AT750100000005480003, BIC: BUNDATWW) für die Bundesländer Tirol und Vorarlberg weiterzuleiten.

Inkrafttreten

§ 11. (1) Diese Verordnung tritt mit 1. Februar 2014 in Kraft. Sie ist auf alle Grundbuchseingaben anzuwenden, in denen sich die Eintragungsgebühr nach §§ 26, 26a GGG in der Fassung der Grundbuchsgebührennovelle, BGBl. I Nr. 1/2013, bestimmt.

(2) Die §§ 10a bis 10c treten am 1. Juli 2015 in Kraft.

11. VERSICHERUNGSSTEUER

Inhaltsverzeichnis

11/1. **Versicherungssteuergesetz**.. Seite 841
11/2. **Feuerschutzsteuergesetz 1952**.. Seite 858
      11/2/1. Verordnung zur Durchführung des Feuerschutzsteuergesetzes, BGBl 1948/78 idF
            1 BGBl 1973/191   **2** BGBl 1973/494 .... Seite 861

11/1. Versicherungssteuergesetz 1953

Versicherungssteuergesetz 1953, BGBl 1953/133 idF

1 BGBl 1954/180	**2** BGBl 1954/181	**3** BGBl 1966/159
4 BGBl 1968/44	**5** BGBl 1983/587	**6** BGBl 1988/408
7 BGBl 1990/281	**8** BGBl 1992/449	**9** BGBl 1993/13
10 BGBl 1993/254	**11** BGBl 1993/818	**12** BGBl 1995/21
13 BGBl 1996/20 (StruktAnpG 1996)	**14** BGBl 1996/201	**15** BGBl 1996/797 (AbgÄG 1996)
16 BGBl I 1997/130 (2. BudgetbegleitG 1997)	**17** BGBl I 1999/106	**18** BGBl I 2000/26 (BudgetbegleitG 2000)
19 BGBl I 2001/59 (EuroStUG 2001)	**20** BGBl I 2002/100	**21** BGBl I 2002/158
22 BGBl I 2003/33	**23** BGBl I 2005/8	**24** BGBl I 2009/52 (BudBG 2009)
25 BGBl I 2010/9	**26** BGBl I 2010/111 (BudBG 2011)	**27** BGBl I 2011/76 (AbgÄG 2011)
28 BGBl I 2012/112 (AbgÄG 2012)	**29** BGBl I 2014/13 (AbgÄG 2014)	**30** BGBl I 2014/105 (2. AbgÄG 2014)
31 BGBl I 2015/34 (VAG 2016)	**32** BGBl I 2016/117 (AbgÄG 2016)	**33** BGBl I 2018/62 (JStG 2018)
34 BGBl I 2019/103 (StRefG 2020)	**35** BGBl I 2019/104 (FORG)	**36** BGBl I 2022/108 (AbgÄG 2022)
37 BGBl I 2022/194	**38** BGBl I 2023/110 (AbgÄG 2023)	

GLIEDERUNG

§ 1. Gegenstand der Steuer
§ 2. Versicherungsverträge
§ 3. Versicherungsentgelt
§ 4. Ausnahmen von der Besteuerung
§ 5. Steuerberechnung
§ 6. Steuersatz
§ 7. Steuerschuldner
§ 8. Steuererhebung
§ 9. Erstattung der Steuer
§ 10. Steueraufsicht
§ 11. (aufgehoben)
§ 12. Vollziehung und Aufhebung bisher geltender Rechtsvorschriften

STICHWORTVERZEICHNIS

A
Altersversicherung, Steuerbefreiung 4 (1)
Altersversorgung, Steuersatz 6 (1)
andere Risken, Versicherung 1 (2)
andere Versicherung, Steuersatz 6 (1)
Anlage, Versicherung 1 (2)
Anmeldungszeitraum 8 (1)
Aufzeichnungspflicht 8 (6)
Ausfertigungskosten, Versicherungsschein 3 (1)
ausländischer Versicherer, Aufzeichnungen 8 (6)
– Steuerbefreiung 4 (2)
Ausstellungskosten, Ersatzurkunde 3 (1)

B
Bauwerk, Versicherung 1 (2)
Beiträge 3 (1)
Bemessungsgrundlage 5 (1)
Berichtigung 6 (3)
Bevollmächtigter, Aufzeichnungen 8 (6)
– Haftung 7 (1 ff)
Bonus 3 (2)

Bürgschaft 2 (2)

D
diplomatische Vertretung, Steuerbefreiung 4 (2)

E
Eintrittsgelder 3 (1)
Elektrofahrzeug, Steuerbefreiung 4 (3)
Erstattung der Prämienreserve 9 (2)
Erstattung der Steuer s. Steuererstattung

F
Fahrzeug, Versicherung 1 (2)
Fälligkeitstag 8 (1)
Feuerschutzsteuer 3 (1)
Feuerversicherung, Steuerbefreiung 4 (1)
Feuerwehr, Steuerbefreiung 4 (3)
fremde Währung, Steuerberechnung 5 (6)

G
Gärtnereiversicherung

- Bemessungsgrundlage 5 (1)
- Fälligkeitstag 8 (5)
- Steuerberechnung 5 (3)
- Steuersatz 6 (2)

Gebietskörperschaft, Steuerbefreiung 4 (1)
- Kraftfahrzeug 4 (3)

Gebührenpflicht 11
Gewinnanteil 3 (2)

H
Haftung 7 (1 ff)
Hagelversicherung
- Bemessungsgrundlage 5 (1)
- Fälligkeitstag 8 (5)
- Steuerberechnung 5 (3)
- Steuersatz 6 (2)

halbjährliche Entrichtung, Steuerermäßigung 6 (3)
Hinterbliebenenversicherung, Steuerbefreiung 4 (1)
Hinterbliebenenversorgung, Steuersatz 6 (1)
Hinterlegung von Kennzeichentafeln, Steuerbefreiung 4 (3)

I
Inkrafttreten 12 (2 f)
Invalidenkraftfahrzeug, Steuerbefreiung 4 (3)
Invaliditätsversicherung
- Steuerbefreiung 4 (1)
- Steuersatz 6 (1)

J
Jahressteuererklärung 8 (2)
jährliche Entrichtung, Steuerermäßigung 6 (3)

K
Kammer, der gewerblichen Wirtschaft, Steuerbefreiung 4 (1)
Kammer, der selbständig Erwerbstätigen, Steuerbefreiung 4 (1)
Kapitalversicherung
- Steuerbefreiung 4 (1)
- Steuersatz 6 (1)

Kombinationskraftwagen
- Bemessungsgrundlage 5 (1)
- Steuersatz 6 (3)

konsularische Vertretung, Steuerbefreiung 4 (2)
Körperbehinderung, Nachweis 4 (3)
Kraftfahrzeug, für Körperbehinderte
- Steuerbefreiung 4 (3)
- Wechselkennzeichen 4 (3)

Kraftfahrzeug, Steuerbefreiung 4 (3)
Kraftfahrzeug-Haftpflichtversicherung, Steuersatz 6 (3)
Kraftfahrzeugversicherung, Steuerberechnung 5 (5)
Krafträder
- Bemessungsgrundlage 5 (1)
- Steuerbefreiung 4 (3)
- Steuersatz 6 (3)

Krankenversicherung
- Steuerbefreiung 4 (1)
- Steuersatz 6 (1)

Krankenwagen, Steuerbefreiung 4 (3)

L
Landwirtschaftsversicherung
- Bemessungsgrundlage 5 (1)
- Fälligkeitstag 8 (5)
- Steuerberechnung 5 (3)
- Steuersatz 6 (2)

Lebensversicherung
- Steuerbefreiung 4 (1)
- Steuersatz 6 (1)
- weitere Steuer 6 (1a)

M
Mahnkosten 3 (1)
mehrere Versicherung, Steuerberechnung 5 (2)
Mietwagen, Steuerbefreiung 4 (3)
motorbezogene Versicherungssteuer 6 (3)
- Haftung 7 (4)

N
Nachforderung 6 (3)
Nachschüsse 3 (1)
Nachweis, Körperbehinderung 4 (3)
natürliche Person 1 (2)
Nebenkosten 3 (1)

O
öffentlicher Sicherheitsdienst, Steuerbefreiung, Kraftfahrzeug 4 (3)
öffentlich-rechtliche Körperschaft, Steuerbefreiung 4 (1)

P
Pauschalierung 5 (4)
Pauschverfahren 5 (4)
Pensionskassenbeiträge 3 (1)
Pensionszusatzversicherung 6 (1)
Person
- keine natürliche 1 (2)
- natürliche 1 (2)

Personenkraftwagen, Bemessungsgrundlage 5 (1)
Personenkraftwagen, Steuersatz 6 (3)
Prämien 3 (1)
Prämienrückgewähr 9 (2)
Prämienrückvergütung 3 (2)
Probefahrtkennzeichen, Steuerbefreiung 4 (3)

R
Reise- oder Ferienreisen, Versicherung 1 (2)
Rentenversicherung
- Steuerbefreiung 4 (1)
- Steuererstattung 9 (3)
- Steuersatz 6 (1)

Rettungsdienst, Steuerbefreiung 4 (3)
Rückvergütung, Prämie 3 (2)
Rückzahlung, Steuerbefreiung 4 (1)
Rückzahlung 6 (3)
- Versicherungsentgelt 9 (1)

Rundung 5 (7)

S
Säumniszuschlag, bei Differenz 8 (1)
Selbstberechnung 8 (1)
- Fälligkeitstag 8 (4)

sonstige Sicherheit 2 (2)

11/1. VersStG

§ 1

Steueraufsicht 10
Steuerbefreiung, Wegfall der Voraussetzungen 4 (4)
Steuerbefreiungen 4
Steuerberechnung 5 (1 ff)
– unrichtige 6 (3)
Steuerentrichtung 7 (1 ff), 8 (1)
Steuererhebung 8
Steuererklärung 8 (3)
Steuerermäßigung 6 (3)
Steuererstattung 9 (1)
Steuergegenstand 1 (1)
Steuersatz 6
Steuerschuldner 7 (1)

T
Taxi, Steuerbefreiung 4 (3)

U
Überstellungskennzeichen, Steuerbefreiung 4 (3)
Umlagen 3 (1)
unbewegliche Sache, Versicherung 1 (2)
Unfallversicherung, Steuerbefreiung 4 (1)
unrichtige Berechnung 6 (3)

V
Vereinbarung 2 (1)
Versicherer, Aufzeichnungen 8 (6)
Versicherer
– außerhalb des Europäischen Wirtschaftsraums, Haftung 7 (2)
– außerhalb des Europäischen Wirtschaftsraums, Steuersatz 6 (4)
– Sitz außerhalb des Europäischen Wirtschaftsraums 1 (3)
– Sitz im Europäischen Wirtschaftsraum 1 (2)
– Steueraufsicht 10 (1 f)
versicherter Gegenstand, im Inland 1 (3)
Versicherung
– andere Risken 1 (2)
– Fahrzeug 1 (2)
– für Abfertigungsansprüche, Steuerbefreiung 4 (1)

– für ordnungsgemäße Erfüllung von Rechtsgeschäft, Steuerbefreiung 4 (1)
– nach sozialversicherungsrechtlichen Vorschriften, Steuerbefreiung 4 (1)
– Reise- oder Ferienreisen 1 (2)
– unbewegliche Sache 1 (2)
Versicherungsende, Steuererstattung 9 (1)
Versicherungsentgelt 1 (1), 3 (1)
Versicherungsentgelt, Bemessungsgrundlage 5 (1)
Versicherungsnehmer
– erwerbsunfähig 9 (3)
– Haftung 7 (1)
– Informationspflicht 6 (3)
– Sitz im Inland 1 (3)
– Steuerentrichtung 7 (3)
– Steuerschuldner 7 (1)
– über 60 Jahre 9 (3)
Versicherungsschein
– Gebührenpflicht 11
– Steuerausweis 6 (3)
Versicherungssumme
– Erhöhung 6 (1a)
– Herabsetzung 9 (1)
Versicherungsurkunde, Gebührenpflicht 11
Versicherungsvertrag 2 (1 f)
Viehversicherung, Steuerbefreiung 4 (1)
vierteljährliche Entrichtung, Steuerermäßigung 6 (3)
Vollzug 12 (1)
Vorbeiträge 3 (1)
Vorschüsse 3 (1)

W
Wechselkennzeichen, Kraftfahrzeug für Körperbehinderte 4 (3)
Wechselkennzeichen, Steuersatz 6 (4)
Wegfall, Voraussetzungen für Steuerbefreiung 4 (4)

Z
Zusammenrechnung, mehrere Versicherungsentgelte 5 (2)

VersSt
FSchSt

Bundesgesetz vom 8. Juli 1953, betreffend die Erhebung einer Versicherungssteuer (Versicherungssteuergesetz 1953)

Gegenstand der Steuer

§ 1. (1) Der Steuer unterliegt die Zahlung des Versicherungsentgeltes auf Grund eines durch Vertrag oder auf sonstige Weise entstandenen Versicherungsverhältnisses.

(2) Die Zahlung des Versicherungsentgeltes unterliegt der Steuer nur

1. bei der Versicherung von Risken betreffend unbewegliche Sachen, insbesondere Bauwerke und Anlagen, und den darin befindlichen Sachen mit Ausnahme von gewerblichem Durchfuhrgut, wenn sich diese Gegenstände im Inland befinden,

2. bei der Versicherung von Risken betreffend Fahrzeuge aller Art, wenn das Fahrzeug im Inland einem Zulassungsverfahren zuzuführen oder in ein behördliches Register einzutragen ist,

3. bei der Versicherung von Reise- oder Ferienrisken auf Grund eines Versicherungsverhältnisses mit einer Laufzeit von nicht mehr als vier Monaten, wenn der Versicherungsvertrag im Inland zustande gekommen ist,

4. bei der Versicherung von anderen als den in Z 1 bis 3 genannten Risken, wenn der Versicherungsnehmer
   a) eine natürliche Person ist, sofern diese bei der jeweiligen Zahlung des Versicherungsentgeltes ihren Wohnsitz oder gewöhnlichen Aufenthalt im Inland hat, oder

b) keine natürliche Person ist, jedoch das Unternehmen, die Betriebsstätte oder die entsprechende Einrichtung, auf die sich das Versicherungsverhältnis bezieht, bei der jeweiligen Zahlung des Versicherungsentgeltes im Inland gelegen ist.

(3) (aufgehoben)
(BGBl I 2009/52)

Versicherungsverträge

§ 2. (1) Als Versicherungsvertrag im Sinne dieses Gesetzes gilt auch eine Vereinbarung zwischen mehreren Personen oder Personenvereinigungen, solche Verluste oder Schäden gemeinsam zu tragen, die den Gegenstand einer Versicherung bilden können.

(2) Als Versicherungsvertrag gilt nicht ein Vertrag, durch den der Versicherer sich verpflichtet, für den Versicherungsnehmer Bürgschaft oder sonstige Sicherheit zu leisten.

Versicherungsentgelt

§ 3. (1) Versicherungsentgelt im Sinne dieses Gesetzes ist jede Leistung, die für die Begründung und zur Durchführung des Versicherungsverhältnisses an den Versicherer zu bewirken ist (Beispiele: Prämien, Beiträge, Vorbeiträge, Vorschüsse, Nachschüsse, Umlagen, außerdem Eintrittsgelder, Kosten für die Ausfertigung des Versicherungsscheines und sonstige Nebenkosten). Als Versicherungsentgelt gelten weiters Pensionskassenbeiträge an Pensionskassen im Sinne des Pensionskassengesetzes sowie Beiträge zu ausländischen Einrichtungen im Sinne des § 5 Z 4 des Pensionskassengesetzes. Zum Versicherungsentgelt gehört nicht die Feuerschutzsteuer, die der Versicherer dem Versicherungsnehmer gesondert in Rechnung stellt, ferner nicht dasjenige, was zur Abgeltung einer Sonderleistung des Versicherers oder aus einem sonstigen in der Person des einzelnen Versicherungsnehmers liegenden Grund gezahlt wird (Beispiele: Kosten für die Ausstellung einer Ersatzurkunde, Mahnkosten).

(2) Wird auf die Prämie ein Gewinnanteil verrechnet und nur der Unterschied zwischen Prämie und Gewinnanteil an den Versicherer gezahlt, so ist dieser Unterschiedsbetrag Versicherungsentgelt. Als Gewinnanteil gilt auch die Rückvergütung eines Teiles der Prämie für schadenfreien Verlauf (Bonus).

Ausnahmen von der Besteuerung

§ 4. (1) Von der Besteuerung ausgenommen ist die Zahlung des Versicherungsentgeltes

1. (aufgehoben)
2. a) für Versicherungen, die nach den sozialversicherungsrechtlichen Vorschriften zu behandeln sind;
   b) für Alters-, Invaliditäts-, Hinterbliebenen-, Unfall- und Krankenversicherungen, die bei Versorgungseinrichtungen der Kammern selbständig Erwerbstätiger sowie bei der Pharmazeutischen Gehaltskasse für Österreich eingegangen werden;
   c) für Alters-, Invaliditäts-, Hinterbliebenen-, Unfall- und Krankenversicherungen, die bei von Gebietskörperschaften für ihre Bediensteten geschaffenen Versorgungseinrichtungen eingegangen werden, soweit auf Grund öffentlich-rechtlicher Vorschriften eine Verpflichtung zum Eingehen einer solchen Versicherung besteht;
3. für eine Versicherung, die bei Vereinigungen öffentlich-rechtlicher Körperschaften eingegangen wird, um Aufwendungen dieser Körperschaften für Ruhe- und Versorgungsgenüsse auszugleichen;
4. für eine Versicherung von Vieh aus kleinen Viehhaltungen, wenn die Versicherungssumme 3.650 Euro nicht übersteigt;
5. für eine Versicherung von Vieh bei einem kleinen Viehversicherungsverein;
6. für Feuerversicherungen durch bäuerliche Brandschadenunterstützungsvereine, die vorwiegend die Gewährung von Sachleistungen zum Gegenstand haben;
7. für eine Rückversicherung;
8. für Versicherungen, die die Kammern der gewerblichen Wirtschaft und sonstige Kammern der selbständig Erwerbstätigen für die gesetzlich oder kollektivvertraglich geregelten Abfertigungsansprüche der Dienstnehmer ihrer Mitglieder eingehen, soweit die Kammern hinsichtlich dieser Abfertigungsansprüche gegenüber ihren Mitgliedern selbst Versicherer sind;
9. für eine Versicherung, die das Risiko der ordnungsgemäßen Erfüllung von Rechtsgeschäften durch ausländische Vertragspartner betreffend Verträge über die Lieferung oder die Herstellung von Gütern oder die Erbringung von Leistungen durch Exportunternehmen an ausländische Vertragspartner deckt;
10. für eine Versicherung beförderter Güter gegen Verlust oder Beschädigung als Transportgüterversicherung einschließlich Valoren-, Kriegsrisiko- und Streikrisikoversicherung, wenn sich die Versicherung auf Güter bezieht, die ausschließlich im Ausland oder im grenzüberschreitenden Verkehr einschließlich der Durchfuhr befördert werden; dies gilt nicht bei der Beförderung von Gütern zwischen inländischen Orten, bei der die Güter nur zur Durchfuhr in das Ausland gelangen. Die Besteuerung der Zahlung des Versicherungsentgeltes für eine Haftpflichtversicherung sowie eine Speditionsversicherung bleibt unberührt.
11. für eine Versicherung, die die Voraussetzungen des § 108b des Einkommensteuergesetzes 1988 – EStG 1988, BGBl. Nr. 400/1988, in

der jeweils geltenden Fassung, in Verbindung mit § 17 des Betrieblichen Mitarbeiter- und Selbständigenvorsorgegesetzes – BMSVG, BGBl. I Nr. 100/2002 in der jeweils geltenden Fassung, oder gleichartigen österreichischen Rechtsvorschriften erfüllt, für eine Pensionskassenvorsorge im Sinne des § 17 Abs. 1 Z 4 lit. b BMSVG oder gleichartiger österreichischer Rechtsvorschriften, weiters für Versicherungen im Rahmen der Zukunftsvorsorge gemäß § 108g bis § 108i EStG 1988 einschließlich der Verfügungen nach § 108i Abs. 1 Z 2 und Z 3 lit. a, c, d und e EStG 1988.

(BGBl I 2016/117)

(2) Von der Besteuerung ausgenommen ist ferner die Zahlung des Versicherungsentgeltes unmittelbar an einen ausländischen Versicherer durch eine in Österreich beglaubigte diplomatische oder konsularische Vertretung oder durch die Mitglieder oder das sonstige Personal dieser Vertretung, sofern diese Personen Angehörige des Entsendestaates sind und entweder der inländischen Gerichtsbarkeit nicht unterliegen oder als Berufsbeamte außerhalb ihres Amtes in Österreich keine Erwerbstätigkeit ausüben. Die Steuer wird jedoch erhoben, wenn das Versicherungsentgelt an einen inländischen Bevollmächtigten des ausländischen Versicherers gezahlt wird.

(3) Von der Steuer gemäß § 6 Abs. 3 sind ausgenommen:

1. Kraftfahrzeuge, die für eine Gebietskörperschaft zugelassen und zur Verwendung im Bereich des öffentlichen Sicherheitsdienstes, oder der Justizwache bestimmt sind, sowie Heeresfahrzeuge;
2. Kraftfahrzeuge, die ausschließlich oder vorwiegend für die Feuerwehr, für den Rettungsdienst oder als Krankenwagen bestimmt sind;
3. Kraftfahrzeuge, die mit Probefahrtkennzeichen oder mit Überstellungskennzeichen benützt werden;
4. Kraftfahrzeuge der Klassen M2 und M3 (Omnibusse) sowie Kraftfahrzeuge, die ausschließlich oder vorwiegend im Mietwagen- oder Taxigewerbe verwendet werden;
(BGBl I 2019/103)
5. Invalidenkraftfahrzeuge;
6. Kraftfahrzeuge, die auf Grund ihres Antriebes (insbesondere Elektro oder Wasserstoff) einen CO_2-Emissionswert von 0 g/km aufweisen;
(BGBl I 2022/108)
7. Kraftfahrzeuge der Klassen L1e, L2e, L3e, L4e und L5e (Krafträder), deren Hubraum 100 Kubikzentimeter nicht übersteigt;
(BGBl I 2019/103)
8. Kraftfahrzeuge, für die die Zulassungsbescheinigung und die Kennzeichentafeln bei der zuständigen Behörde für einen Zeitraum von mindestens 45 Tagen hinterlegt werden; der Tag, an dem die Hinterlegung erfolgt, und der Tag der Wiederausfolgung werden nicht in die Frist einbezogen;
9. Kraftfahrzeuge, die von Menschen mit Behinderungen zur persönlichen Fortbewegung verwendet werden müssen, ab Stellung eines Befreiungsansuchens gemäß lit. f in einer für die Zulassung des Kraftfahrzeuges örtlich zuständigen Zulassungsstelle. Folgende Voraussetzungen müssen erfüllt sein:

a) Das Kraftfahrzeug ist ausschließlich auf den Menschen mit Behinderung zugelassen. In einer Verordnung des Bundesministers für Finanzen gemeinsam mit dem Bundesminister für Verkehr, Innovation und Technologie sowie der Bundesministerin für Arbeit, Soziales, Gesundheit und Konsumentenschutz kann jener Personenkreis, auf den ein Kraftfahrzeug zusätzlich zu dem Menschen mit Behinderung zugelassen sein darf, durch Verordnung erweitert werden. Eine Erweiterung ist zulässig, wenn die Rechtmäßigkeit der Inanspruchnahme der Befreiung durch geeignete administrative und technische Maßnahmen sichergestellt werden kann.

(BGBl I 2019/103)

b) Die Behinderung ist durch die Eintragung der Unzumutbarkeit der Benützung öffentlicher Verkehrsmittel oder der Blindheit im Behindertenpass gemäß §§ 40 ff Bundesbehindertengesetz, BGBl. Nr. 283/1990, in der geltenden Fassung, nachzuweisen. Dieser Nachweis erfolgt ausschließlich im Wege der Prüfung der entsprechenden Eintragung in der Zulassungsevidenz gemäß lit. f durch die Zulassungsstelle. Zu diesem Zweck hat das Bundesamt für Soziales und Behindertenwesen (Sozialministeriumservice) mit ausdrücklicher Einwilligung des Menschen mit Behinderung jene in der Kontaktdatenbank enthaltenen Daten, die für den Vollzug der Befreiung gemäß Z 9 und der Bestimmungen des § 13 Abs. 3 bis 9 des Bundesstraßen-Mautgesetzes 2002, BGBl. I Nr. 109/2002, in der Fassung des Bundesgesetzes BGBl. I Nr. 62/2018, notwendig sind, der Gemeinschaftseinrichtung der zum Betrieb der Kraftfahrzeug-Haftpflichtversicherung berechtigten Versicherer in geeigneter Form zur Verfügung zu stellen. Die Form, der Inhalt und das Verfahren der elektronischen Zurverfügungstellung der Daten sind in einer Verordnung gemäß lit. h festzulegen. Diese Daten dürfen ausschließlich für den Zweck des Vollzuges der Befreiung gemäß Z 9 und der Bestimmungen des § 13 Abs. 3 bis 9 des Bundesstraßen-Mautgesetzes 2002, BGBl. I Nr. 109/2002, in der Fassung des Bundesgesetzes BGBl. I Nr. 62/2018, verwendet werden. Wird eine Einwilligung nicht erteilt oder widerrufen, kann die Befreiung nicht in Anspruch genommen werden.

Wurde im Zeitpunkt der Stellung eines Befreiungsansuchens gemäß lit. f bereits ein Nachweisdokument beantragt, jedoch noch nicht durch das Bundesamt für Soziales und Behindertenwesen (Sozialministeriumservice) zur Verfügung gestellt, kann der Nachweis längstens innerhalb von zwei Jahren ab Ansuchenstellung gemäß lit. f erfolgen und die Befreiung rückwirkend gewährt werden.

c) Wurde die Behinderung gemäß § 4 Abs. 3 Z 9 lit. b erster Teilstrich in der Fassung vor dem Bundesgesetz BGBl. I Nr. 62/2018 durch einen vom 1. Jänner 2001 bis 31. Dezember 2013 ausgestellten Ausweis gemäß § 29b Straßenverkehrsordnung 1960, BGBl. Nr. 159/1960, in der geltenden Fassung, nachgewiesen und war im Zeitpunkt des Inkrafttretens des Bundesgesetzes BGBl. I Nr. 62/2018 ein Kraftfahrzeug bei einem Versicherer erfasst und befreit, ist der Nachweis der Behinderung durch diesen Ausweis bis zu einem festgelegten Zeitpunkt weiterhin möglich. Der Bundesminister für Finanzen kann den Zeitpunkt zu diesem Zweck im Einvernehmen mit dem Bundesministerin für Arbeit, Soziales, Gesundheit und Konsumentenschutz durch Verordnung festlegen, wobei angemessene Übergangsfristen und -bestimmungen zur Wahrung der Interessen der Menschen mit Behinderungen vorzusehen sind.

Der Nachweis erfolgt ausschließlich im Wege der Prüfung der entsprechenden Eintragung in der Zulassungsevidenz gemäß lit. f durch die Zulassungsstelle.

d) Das Kraftfahrzeug wird vorwiegend zur persönlichen Fortbewegung des Menschen mit Behinderung und für Fahrten, die Zwecken des Menschen mit Behinderung und seiner Haushaltsführung dienen, verwendet.

e) Die Steuerbefreiung steht nur für ein Kraftfahrzeug zu. Unter einem Wechselkennzeichen zum Verkehr zugelassene Kraftfahrzeuge werden von der Steuerbefreiung miterfasst. Ist ein Kraftfahrzeug auch auf Grund einer anderen Ziffer dieses Absatzes befreit, geht die Befreiung gemäß Z 9 vor.

f) Das Ansuchen um Befreiung ist in einer für die Zulassung des Kraftfahrzeuges örtlich zuständigen Zulassungsstelle gemäß § 40a des Kraftfahrgesetzes 1967, BGBl. Nr. 267/1967, in der geltenden Fassung, zu stellen. In diesem Ansuchen muss erklärt werden, dass die Voraussetzung der lit. d erfüllt wird. Die Zulassungsstelle hat

— das Ansuchen um Befreiung entgegenzunehmen,

— dieses in der Zulassungsevidenz gemäß § 47 Abs. 4a des Kraftfahrgesetzes 1967, BGBl. Nr. 267/1967, in der geltenden Fassung, zu erfassen und beim beantragten Kraftfahrzeug zu vermerken,

— das Vorliegen der Voraussetzungen gemäß lit. a bis c und lit. e zu prüfen sowie

— das Ansuchen aufzubewahren.

Die Form, der Inhalt und das Verfahren betreffend das Befreiungsansuchen und der in der Zulassungsevidenz zu erfassenden Daten sind in einer Verordnung gemäß lit. h festzulegen.

Stellt die Zulassungsstelle fest, dass mindestens eine der Voraussetzungen gemäß lit. a bis c und lit. e nicht erfüllt ist, hat sie den Vermerk in der Zulassungsevidenz nicht vorzunehmen oder zu löschen und darüber eine Bescheinigung auszustellen. Unter Vorlage der Bescheinigung kann ein Antrag auf Feststellung des Vorliegens der Befreiungsvoraussetzungen an das Finanzamt Österreich gestellt werden. Das Finanzamt Österreich hat mittels Bescheid über den Antrag abzusprechen und bei Erfüllung der Befreiungsvoraussetzungen die bescheinigende Zulassungsstelle in Kenntnis zu setzen; diese hat den Vermerk entsprechend vorzunehmen.

(BGBl I 2019/103, BGBl I 2019/104)

g) Die Gemeinschaftseinrichtung der zum Betrieb der Kraftfahrzeug-Haftpflichtversicherung berechtigten Versicherer hat mit ausdrücklicher Einwilligung des Menschen mit Behinderung

— dem Versicherer, der für die Erhebung der Versicherungssteuer für das zu befreiende Kraftfahrzeug zuständig ist, sowie

— der Autobahnen- und Schnellstraßen-Finanzierungs-Aktiengesellschaft

jene Daten, die für den Vollzug der Befreiung gemäß Z 9 und der Bestimmungen des § 13 Abs. 3 bis 9 Bundesstraßen-Mautgesetzes 2002, BGBl. I Nr. 109/2002, in der Fassung des Bundesgesetzes BGBl. I Nr. 62/2018, notwendig sind, in geeigneter Form zur Verfügung zu stellen. Die Form, der Inhalt und das Verfahren der elektronischen Zurverfügungstellung der Daten sind in einer Verordnung gemäß lit. h festzulegen. Diese Daten dürfen ausschließlich für den Zweck des Vollzuges der Befreiung gemäß Z 9 und der Bestimmungen des § 13 Abs. 3 bis 9 des Bundesstraßen-Mautgesetzes 2002, BGBl. I Nr. 109/2002, in der Fassung des Bundesgesetzes BGBl. I Nr. 62/2018, verarbeitet werden. Wird eine Einwilligung nicht erteilt oder widerrufen, kann die Befreiung nicht in Anspruch genommen werden.

h) Der Bundesminister für Finanzen hat gemeinsam mit dem Bundesminister für Verkehr, Innovation und Technologie sowie der Bundesministerin für Arbeit, Soziales, Gesundheit und Konsumentenschutz in einer Verordnung Folgendes festzulegen:
– die Form, den Inhalt und das Verfahren der elektronischen Zurverfügungstellung der Daten gemäß lit. b,
– die Form, den Inhalt und das Verfahren betreffend das Befreiungsansuchen und der in der Zulassungsevidenz zu erfassenden Daten gemäß lit. f und
– die Form, den Inhalt und das Verfahren der elektronischen Zurverfügungstellung der Daten gemäß lit. g.

(BGBl I 2018/62)

10. kraftfahrrechtlich als selbstfahrende Arbeitsmaschine genehmigte Kraftfahrzeuge.

(4) Bei Wegfall der Voraussetzungen für die Ausnahme von der Besteuerung gemäß Abs. 3 tritt Steuerpflicht ein; hievon hat der Versicherungsnehmer den Versicherer unverzüglich in Kenntnis zu setzen.

Steuerberechnung

§ 5. (1) Die Steuer wird für jede einzelne Versicherung berechnet. Die Bemessungsgrundlage ist
1. regelmäßig das Versicherungsentgelt;
2. bei Pflanzenversicherungen gegen Elementarschäden (Hagel, Frost und andere ungünstige Witterungsverhältnisse) in der Land- und Forstwirtschaft, einschließlich der Einrichtungen, die dem Schutz dieser Kulturen dienen, und bei Versicherungen von landwirtschaftlichen Nutztieren gegen Krankheiten, Seuchen und Unfälle für jedes Versicherungsjahr die Versicherungssumme;

(BGBl I 2018/62)

3. bei Versicherungsverträgen, die gemäß § 59 des Kraftfahrgesetzes 1967, BGBl. Nr. 267/1967, in der jeweils geltenden Fassung abgeschlossen werden, neben dem Versicherungsentgelt
   a) bei Kraftfahrzeugen der Klassen L1e, L2e, L3e, L4e und L5e,
      aa) die vor dem 1. Oktober 2020 erstmalig zugelassen wurden, der Hubraum in Kubikzentimetern
      bb) die nach dem 30. September 2020 erstmalig zugelassen werden, der Hubraum in Kubikzentimetern und die kombinierten CO_2-Emissionen in Gramm pro Kilometer, die nach dem World Motorcycle Test Cycle (WMTC) gemäß der Verordnung (EU) Nr. 168/2013 über die Genehmigung und Marktüberwachung von zwei- oder dreirädrigen und vierrädrigen Fahrzeugen, ABl. Nr. L 60 vom 2. März 2013, Seite 52 zuletzt geändert durch Verordnung (EU) Nr. 129/2019 zur Änderung der Verordnung (EU) Nr. 168/2013 hinsichtlich der Anwendung der Stufe Euro 5 auf die Typgenehmigung von zwei- oder dreirädrigen und vierrädrigen Fahrzeugen, ABl. Nr. L 30 vom 16. Januar 2019, Seite 106, ermittelt wurden;
   b) bei Kraftfahrzeugen der Klasse M1 mit einem höchsten zulässigen Gesamtgewicht bis 3,5 Tonnen, ausgenommen Wohnmobile der Aufbauart „SA", bei denen das Basisfahrzeug ein Kraftfahrzeug der Klasse N ist,

(BGBl I 2022/108)

      aa) die vor dem 1. Oktober 2020 erstmalig zugelassen wurden, die Leistung des Verbrennungsmotors in Kilowatt,
      bb) die nach dem 30. September 2020 erstmalig zugelassen werden und für welche die CO_2-Emissionen gemäß der Verordnung (EU) 2017/1151 zur Ergänzung der Verordnung (EG) Nr. 715/2007 über die Typgenehmigung von Kraftfahrzeugen hinsichtlich der Emissionen von leichten Personenkraftwagen und Nutzfahrzeugen (Euro 5 und Euro 6) und über den Zugang zu Fahrzeugreparatur- und -wartungsinformationen, zur Änderung der Richtlinie 2007/46/EG, der Verordnung (EG) Nr. 692/2008 sowie der Verordnung (EU) Nr. 1230/2012 und zur Aufhebung der Verordnung (EG) Nr. 692/2008 (im Folgenden: Verordnung (EU) 2017/1151), ABl. Nr. L 175 vom 7. Juli 2017, Seite 1, nach dem weltweit harmonisierten Prüfverfahren für leichte Nutzfahrzeuge (WLTP) ermittelt wurden, die Leistung des Verbrennungsmotors in Kilowatt und der kombinierte WLTP-Wert der CO_2-Emissionen in Gramm pro Kilometer, bei extern aufladbaren Hybridelektrofahrzeugen

jedoch der gewichtet kombinierte WLTP-Wert der CO_2-Emissionen in Gramm pro Kilometer,

cc) die nach dem 30. September 2020 erstmalig zugelassen werden und für welche die CO_2-Emissionen nicht gemäß der Verordnung (EU) 2017/1151 ermittelt wurden, die Leistung des Verbrennungsmotors in Kilowatt;

c) bei allen übrigen Kraftfahrzeugen mit einem höchsten zulässigen Gesamtgewicht bis 3,5 Tonnen, ausgenommen bei Zugmaschinen und Motorkarren, die Leistung des Verbrennungsmotors in Kilowatt.

(BGBl I 2019/103)

(2) Bei Versicherungen, für die die Steuer vom Versicherungsentgelt und nach dem gleichen Steuersatz zu berechnen ist, darf der Versicherer die Steuer vom Gesamtbetrag der an ihn gezahlten Versicherungsentgelte berechnen, wenn er die Steuer in das Versicherungsentgelt eingerechnet hat. Hat der Versicherer die Steuer in das Versicherungsentgelt nicht eingerechnet, aber in den Geschäftsbüchern das Versicherungsentgelt und die Steuer in einer Summe gebucht, so darf er die Steuer von dem Gesamtbetrag dieser Summen berechnen.

(3) Für Pflanzenversicherungen gegen Elementarschäden (Hagel, Frost und andere ungünstige Witterungsverhältnisse) in der Land- und Forstwirtschaft, einschließlich der Einrichtungen, die dem Schutz dieser Kulturen dienen, und für Versicherungen von landwirtschaftlichen Nutztieren gegen Krankheiten, Seuchen und Unfälle darf das Finanzamt dem Versicherer gestatten, die Steuer von der Gesamtversicherungssumme aller von ihm übernommenen Versicherungen zu berechnen.

(BGBl I 2018/62)

(4) In Fällen, in denen die Feststellung der Unterlagen für die Steuerfestsetzung unverhältnismäßig schwierig sein würde, kann die Berechnung und Entrichtung der Steuer im Pauschverfahren zugelassen werden.

(5) Für die Steuerberechnung gemäß Abs. 1 Z 3 sind die in der Zulassungsbescheinigung eingetragenen Werte maßgebend. Ist die Leistung des Verbrennungsmotors nicht in Kilowatt angegeben, hat die Umrechnung gemäß § 64 des Maß- und Eichgesetzes 1950, BGBl. Nr. 152, in der Fassung des Bundesgesetzes BGBl. Nr. 174/1973, zu erfolgen. Bruchteile von Kilowatt oder Gramm pro Kilometer sind auf volle Kilowatt oder Gramm pro Kilometer aufzurunden. Fehlt eine entsprechende Eintragung, ist bei Kraftfahrzeugen

– gemäß § 5 Abs. 1 Z 3 lit. a sublit. aa ein Hubraum von 350 Kubikzentimeter,

– gemäß § 5 Abs. 1 Z 3 lit. a sublit. bb ein Hubraum von 350 Kubikzentimeter oder ein CO_2-Ausstoß von 85 Gramm pro Kilometer,

– gemäß § 5 Abs. 1 Z 3 lit. b sublit. aa und cc sowie lit. c eine Leistung des Verbrennungsmotors von 50 Kilowatt,

– gemäß § 5 Abs. 1 Z 3 lit. b sublit. bb eine Leistung des Verbrennungsmotors von 85 Kilowatt oder ein CO_2-Ausstoß von 125 Gramm pro Kilometer anzusetzen.

(BGBl I 2019/103)

(6) Werte in fremder Währung sind zur Berechnung der Steuer nach den für die Umsatzsteuer geltenden Vorschriften umzurechnen.

(7) (aufgehoben)

Steuersatz

§ 6. (1) Die Steuer beträgt:

1. bei der Lebens- und Invaliditätsversicherung (Kapital- und Rentenversicherungen aller Art) und bei ähnlichen Versicherungen:

a) 11 v. H. des Versicherungsentgeltes für Kapitalversicherungen einschließlich fondsgebundener Lebensversicherungen auf den Er- oder den Er- und Ablebensfall, mit einer Höchstlaufzeit

– von weniger als zehn Jahren ab Vertragsabschluss, wenn der Versicherungsnehmer und die versicherten Personen im Zeitpunkt des Abschlusses des Versicherungsvertrages jeweils das 50. Lebensjahr vollendet haben, beziehungsweise

– von weniger als fünfzehn Jahren ab Vertragsabschluss in allen anderen Fällen,

wenn keine laufende, im Wesentlichen gleichbleibende Prämienzahlung vereinbart ist. Ist der Versicherungsnehmer keine natürliche Person, gilt das Erfordernis der Vollendung des 50. Lebensjahres nur für die versicherten Personen.

b) 4 v. H. des Versicherungsentgeltes in allen übrigen Fällen,

2. bei der Alters-, Hinterbliebenen- und Invaliditätsversorgung im Sinne des Pensionskassengesetzes und bei ausländischen Einrichtungen im Sinne des § 5 Z 4 des Pensionskassengesetzes, bei der betrieblichen Kollektivversicherung im Sinne des § 93 des Versicherungsaufsichtsgesetzes 2016 (VAG 2016), BGBl. I Nr. 34/2015, sowie bei der Pensionszusatzversicherung im Sinne des § 108b des Einkommensteuergesetzes 1988 2,5 vH der Beiträge,

(BGBl I 2015/34)

3. bei der Krankenversicherung 1 v. H. des Versicherungsentgeltes,

4. bei den anderen Versicherungen mit Ausnahme der im Abs. 2 bezeichneten Versicherungen 11 v. H. des Versicherungsentgeltes,

5. bei der Überweisung des Deckungserfordernisses gemäß § 48 des Pensionskassengesetzes oder oder bei Leistung von Übertragungs-

beträgen an ausländische Einrichtungen im Sinne des § 5 Z 4 des Pensionskassengesetzes
- 2,5 vH des Deckungserfordernisses oder Übertragungsbetrages, wenn die Leistungszusage (§ 1 BPG) allen oder bestimmten Gruppen von bei diesen Unternehmen Beschäftigten gewährt wurde. Die Mitglieder von Vertretungsorganen juristischer Personen stellen allein jedenfalls keine bestimmte Gruppe von Beschäftigten dar.
- 4 vH des Deckungserfordernisses oder Übertragungsbetrages, wenn die Leistungszusage (§ 1 BPG) nicht allen oder bestimmten Gruppen von Beschäftigten eines Unternehmens gewährt wurde.

(BGBl I 2015/34)

(1a) Bei Lebensversicherungen unterliegt das gezahlte Versicherungsentgelt nachträglich einer weiteren Steuer von 7 v.H., wenn

1. das Versicherungsverhältnis in welcher Weise immer in eine in Abs. 1 Z 1 lit. a bezeichnete Versicherung verändert wird; im Fall einer Prämienfreistellung gilt dies nur dann, wenn sie innerhalb von drei Jahren ab Vertragsabschluss auf einen Zeitraum von mehr als einem Jahr erfolgt;
2. bei einem Versicherungsverhältnis, bei dem bei Vertragsabschluss keine laufende, im Wesentlichen gleichbleibende Prämienzahlung vereinbart war oder bei dem innerhalb von drei Jahren ab Vertragsabschluss eine Prämienfreistellung auf einen Zeitraum von mehr als einem Jahr erfolgt,
   a) im Fall einer Kapitalversicherung einschließlich fondsgebundener Lebensversicherung oder einer Rentenversicherung vor Ablauf
      - von zehn Jahren ab Vertragsabschluss, wenn der Versicherungsnehmer und die versicherten Personen im Zeitpunkt des Abschlusses des Versicherungsvertrages jeweils das 50. Lebensjahr vollendet haben, beziehungsweise
      - von fünfzehn Jahren ab Vertragsabschluss in allen anderen Fällen
      ein Rückkauf erfolgt und die Versicherung dem Steuersatz des Abs. 1 Z 1 lit. b unterlegen hat. Ist der Versicherungsnehmer keine natürliche Person, gilt das Erfordernis der Vollendung des 50. Lebensjahres nur für die versicherten Personen.
   b) im Falle einer Rentenversicherung, bei der der Beginn der Rentenzahlungen vor Ablauf
      - von zehn Jahren ab Vertragsabschluss, wenn der Versicherungsnehmer oder eine der versicherten Personen im Zeitpunkt des Abschlusses des Vertrages jeweils das 50. Lebensjahr vollendet haben, beziehungsweise
      - von fünfzehn Jahren ab Vertragsabschluss in allen anderen Fällen vereinbart ist, diese mit einer Kapitalzahlung abgefunden wird. Ist der Versicherungsnehmer keine natürliche Person, gilt das Erfordernis der Vollendung des 50. Lebensjahres nur für die versicherten Personen.

Als Prämienfreistellung gilt für die Frage der Versicherungssteuerpflicht gemäß Z 1 und 2 jede Nichtbezahlung der Prämie, es sei denn, die Nichtbezahlung betrifft ein Versicherungsverhältnis, bei dem der Arbeitgeber Prämien im Rahmen der betrieblichen Altersvorsorge für seine Arbeitnehmer auf der Grundlage eines Kollektivvertrages, einer Betriebsvereinbarung oder einer zwischen ihm und einem Arbeitnehmer abgeschlossenen Vereinbarung leistet.

Prämienherabsetzungen sind wie Prämienfreistellungen zu beurteilen, wenn sie mehr als 50% des vereinbarten laufenden Versicherungsentgeltes umfassen.

Im Übrigen gilt jede Erhöhung einer Versicherungssumme im Rahmen eines bestehenden Versicherungsvertrages, der dem Steuersatz des Abs. 1 Z 1 lit. b unterliegt, auf insgesamt mehr als das Zweifache der ursprünglichen Versicherungssumme gegen eine nicht laufende, im Wesentlichen gleichbleibende Prämienzahlung für die Frage der Versicherungssteuerpflicht gemäß Abs. 1 Z 1 lit. a als selbständiger Abschluss eines neuen Versicherungsvertrages. Wird das Zweifache der Versicherungssumme erst nach mehrmaligen Aufstockungen überschritten, so unterliegt das gezahlte Versicherungsentgelt für die vorangegangenen Aufstockungen nachträglich einer weiteren Versicherungssteuer von 7 v.H.

(BGBl I 2018/62)

(2) Bei Pflanzenversicherungen gegen Elementarschäden (Hagel, Frost und andere ungünstige Witterungsverhältnisse) in der Land- und Forstwirtschaft, einschließlich der Einrichtungen, die dem Schutz dieser Kulturen dienen, und bei Versicherungen von landwirtschaftlichen Nutztieren gegen Krankheiten, Seuchen und Unfälle beträgt die Steuer für jedes Versicherungsjahr 0,2 ‰ der Versicherungssumme.

(BGBl I 2018/62)

(3)
1. Bei der Kraftfahrzeug-Haftpflichtversicherung für im Inland zum Verkehr zugelassene Kraftfahrzeuge erhöht sich die nach § 5 Abs. 1 Z 1 ergebende Steuer für jeden Monat des Bestehens eines Versicherungsvertrages über die Kraftfahrzeug-Haftpflichtversicherung gemäß § 59 des Kraftfahrgesetzes 1967, BGBl. Nr. 267, in der jeweils geltenden Fassung (motorbezogene Versicherungssteuer), wenn das Versicherungsentgelt jährlich zu entrichten ist, bei

11/1. VersStG
§ 6

a) Kraftfahrzeugen der Klassen L1e, L2e, L3e, L4e und L5e
   aa) gemäß § 5 Abs. 1 Z 3 lit. a sublit. aa um 0,025 Euro je Kubikzentimeter Hubraum
   bb) gemäß § 5 Abs. 1 Z 3 lit. a sublit. bb um 0,014 Euro je Kubikzentimeter des um 52 Kubikzentimeter verringerten Hubraums sowie 0,20 Euro je Gramm des um 52 verringerten Wertes der CO_2-Emissionen in Gramm pro Kilometer, mindestens aber 10 Gramm pro Kilometer;
b) Kraftfahrzeugen der Klasse M1 mit einem höchsten zulässigen Gesamtgewicht bis 3,5 Tonnen, ausgenommen Wohnmobile der Aufbauart „SA", bei denen das Basisfahrzeug ein Kraftfahrzeug der Klasse N ist,
   (BGBl I 2022/108)
   aa) gemäß § 5 Abs. 1 Z 3 lit. b sublit. aa je Kilowatt der um 24 Kilowatt verringerten Leistung des Verbrennungsmotors
   – für die ersten 66 Kilowatt um 0,62 Euro,
   – für die weiteren 20 Kilowatt um 0,66 Euro
   – und für die darüber hinausgehenden Kilowatt um 0,75 Euro,
   mindestens um 6,20 Euro. Für mit einem Fremdzündungsmotor ausgestattete Kraftfahrzeuge, die vor dem 1. Jänner 1987 erstmals im Inland zum Verkehr zugelassen wurden, erhöht sich die motorbezogene Versicherungssteuer um 20%, sofern nicht nachgewiesen wird, dass das Kraftfahrzeug die gemäß § 1d Abs. 1 Z 3 Kategorie A oder B der KDV 1967, BGBl. Nr. 399/1967, in der Fassung der 34. Novelle, BGBl. Nr. 579/1991, vorgeschriebenen Schadstoffgrenzwerte einhält;
   bb) gemäß § 5 Abs. 1 Z 3 lit. b sublit. bb, um 0,72 Euro je Kilowatt der um 65 Kilowatt verringerten Leistung des Verbrennungsmotors sowie 0,72 Euro je Gramm des um 115 Gramm pro Kilometer verringerten Wertes der CO_2-Emissionen in Gramm pro Kilometer; es sind aber mindestens 5 Kilowatt und mindestens 5 Gramm pro Kilometer anzusetzen;
   cc) gemäß § 5 Abs. 1 Z 3 lit. b sublit. cc, je Kilowatt der um 24 Kilowatt verringerten Leistung des Verbrennungsmotors
   – für die ersten 66 Kilowatt um 0,65 Euro,
   – für die weiteren 20 Kilowatt um 0,70 Euro,
   – und für die darüber hinausgehenden Kilowatt um 0,79 Euro,
   mindestens um 6,50 Euro;
c) allen übrigen Kraftfahrzeugen gemäß § 5 Abs. 1 Z 3 lit. c je Kilowatt der um 24 Kilowatt verringerten Leistung des Verbrennungsmotors
   aa) die vor dem 1. Oktober 2020 erstmalig zugelassen wurden,
   – für die ersten 66 Kilowatt um 0,62 Euro,
   – für die weiteren 20 Kilowatt um 0,66 Euro,
   – und für die darüber hinausgehenden Kilowatt um 0,75 Euro,
   mindestens um 6,20 Euro, höchstens aber um 72 Euro;
   bb) die nach dem 30. September 2020 erstmalig zugelassen werden,
   – für die ersten 66 Kilowatt um 0,65 Euro,
   – für die weiteren 20 Kilowatt um 0,70 Euro,
   – und für die darüber hinausgehenden Kilowatt um 0,79 Euro,
   mindestens um 6,50 Euro, höchstens aber um 76 Euro.
   (BGBl I 2019/103)
2. Die motorbezogene Versicherungssteuer für Kraftfahrzeuge gemäß Z 1 lit. a sublit. aa, lit. b sublit. aa und lit. c sublit. aa erhöht sich, wenn das Versicherungsentgelt
   – halbjährlich zu entrichten ist, um 6%;
   – vierteljährlich zu entrichten ist, um 8%;
   – monatlich zu entrichten ist, um 10%.
   (BGBl I 2019/103)
2a. (aufgehoben)
3. Für Zeiträume, die kürzer sind als ein Monat, ist die motorbezogene Versicherungssteuer für den von einem vollen Monat abweichenden Zeitraum anteilig zu entrichten. Hiebei ist der Monat mit 30 Tagen anzusetzen.
4. Wird zwei oder drei Kraftfahrzeugen ein Wechselkennzeichen gemäß § 48 Abs. 2 des Kraftfahrgesetzes 1967 zugewiesen, so ist die Steuer gemäß Z 1 bis 3 nur für das Kraftfahrzeug zu entrichten, das der höchsten Steuer unterliegt; dabei bleiben Kraftfahrzeuge, die gemäß § 4 Abs. 3 steuerbefreit sind oder gemäß Z 1 der motorbezogenen Versicherungssteuer nicht unterliegen, unberücksichtigt.
   (BGBl I 2019/103)

11/1. VersStG §§ 6, 7

5. Im Versicherungsschein sind die Bemessungsgrundlage und die Steuer gesondert auszuweisen.
6. Der Versicherungsnehmer hat dem Versicherer alle für den Bestand und Umfang der Abgabepflicht bedeutsamen Umstände vollständig und wahrheitsgemäß darzulegen.
7. Der Versicherer hat unrichtige Berechnungen der motorbezogenen Versicherungssteuer zu berichtigen. Berichtigungen können nur für das laufende und die zwei vorangegangenen Kalenderjahre erfolgen. Nachforderungen auf Grund von Berichtigungen sind vom Versicherungsnehmer ab Aufforderung zu entrichten. Die §§ 38 und 39 Versicherungsvertragsgesetz, BGBl. Nr. 2/1959, in der jeweils geltenden Fassung, gelten entsprechend. Lehnt der Versicherer eine vom Versicherungsnehmer verlangte Berichtigung ab, hat er dem Versicherungsnehmer eine Bescheinigung über die von ihm entrichtete motorbezogene Versicherungssteuer auszustellen. Der Versicherungsnehmer kann vom Finanzamt Österreich die Rückzahlung einer zu Unrecht entrichteten motorbezogenen Versicherungssteuer beantragen. Anträge können bis zum Ablauf des zweiten Jahres gestellt werden, in welchem das Verlangen auf Richtigstellung schriftlich gestellt wurde.
(BGBl I 2019/104)
8. Für die motorbezogene Versicherungssteuer gelten, sofern sich nichts anderes ergibt, die Bestimmungen über die vom Versicherungsentgelt zu berechnende Steuer. Die Einteilung der Kraftfahrzeuge in Klassen richtet sich nach § 3 des Kraftfahrgesetzes 1967, BGBl. Nr. 267/1967, in der jeweils geltenden Fassung.
(BGBl I 2019/103)
9. a) Beginnend mit 1. Jänner 2021 werden jährlich der Wert 115 Gramm pro Kilometer in Z 1 lit. b sublit. bb um den Wert 3 und der Wert 65 Kilowatt in Z 1 lit. b sublit. bb um den Wert 1 abgesenkt.
   b) Abweichend von lit. a wird der Bundesminister für Finanzen ermächtigt, einmal jährlich zum 1. Jänner des Folgejahres durch Verordnung die Steuersätze und die Abzugsbeträge gemäß Z 1 anzupassen, um die Änderung der durchschnittlichen CO_2-Emissionen auf Grund der technischen Entwicklung und der regulatorischen Vorgaben zu berücksichtigen; dabei ist auf ökologische und soziale Zielsetzungen Bedacht zu nehmen.
   c) Die gemäß lit. a oder b angepassten Werte sind für jene Kraftfahrzeuge anzuwenden, die ab dem Wirksamwerden der Änderungen bis zum Wirksamwerden der Änderungen des Folgejahres erstmalig zugelassen werden.
(BGBl I 2019/103)

(4) und (5) (aufgehoben)

Steuerschuldner

§ 7. (1) Steuerschuldner ist der Versicherungsnehmer. Für die Steuer haftet der Versicherer. Er hat die Steuer für Rechnung des Versicherungsnehmers zu entrichten. Ist die Steuerentrichtung einem zur Entgegennahme des Versicherungsentgeltes Bevollmächtigten übertragen, so haftet auch der Bevollmächtigte für die Steuer. Hat der Versicherer im Inland keinen Wohnsitz (Sitz), kann der Versicherungsnehmer unmittelbar in Anspruch genommen werden, wenn die Steuer vom Versicherer nicht dem Gesetz entsprechend entrichtet wurde.

(1a) Versicherer mit Sitz in einem Mitgliedstaat der Europäischen Union oder einem Vertragsstaat des Abkommens über den Europäischen Wirtschaftsraum außerhalb Österreichs, die im Dienstleistungsverkehr (§ 5 Z 13 VAG 2016, in der jeweils geltenden Fassung) Versicherungsverträge abschließen, für die die Zahlung des Versicherungsentgeltes der Steuer gemäß § 1 Abs. 2 unterliegt, können einen Bevollmächtigten (Fiskalvertreter), der auch Zustellungsbevollmächtigter sein muss, beauftragen und haben diesen dem Finanzamt Österreich bekanntzugeben. Der Fiskalvertreter hat die abgabenrechtlichen Pflichten zu erfüllen, die dem von ihm Vertretenen obliegen. Er ist befugt, die dem Versicherer zustehenden Rechte wahrzunehmen. Als Fiskalvertreter können nur Wirtschaftstreuhänder, Rechtsanwälte und Notare mit Wohnsitz oder Sitz im Inland sowie Versicherungsunternehmen gemäß § 1 Abs. 1 Z 1 VAG 2016, in der jeweils geltenden Fassung, bestellt werden. Der Versicherer ist verpflichtet, dem Fiskalvertreter den Abschluß von Versicherungsverträgen gemäß dem ersten Satz unter Angabe aller für die Erhebung der Versicherungssteuer bedeutsamen Umstände unverzüglich bekanntzugeben.
(BGBl I 2019/104)

(2) Hat der Versicherer in einem Mitgliedstaat der Europäischen Union oder einem Vertragsstaat des Abkommens über den Europäischen Wirtschaftsraum keinen Wohnsitz (Sitz), ist aber ein Bevollmächtigter zur Entgegennahme des Versicherungsentgeltes bestellt, so haftet auch dieser für die Steuer. In diesem Fall hat der Bevollmächtigte die Steuer für Rechnung des Versicherungsnehmers zu entrichten.

(3) Hat der Versicherer in einem Mitgliedstaat der Europäischen Union oder einem Vertragsstaat des Abkommens über den Europäischen Wirtschaftsraum weder seinen Wohnsitz (Sitz) noch einen Bevollmächtigten zur Entgegennahme des Versicherungsentgeltes, so hat der Versicherungsnehmer die Steuer zu entrichten. Der Versicherer kann die Steuer selbst berechnen und für Rechnung des Versicherungsnehmers entrichten, dies gilt auch für jene Fälle, in denen der Versicherer über eine Zweigniederlassung im Inland verfügt. Macht der Versicherer von dieser Befugnis keinen Gebrauch, hat dieser den Versicherungsnehmer unverzüglich und das Finanzamt Österreich bis zum 31. März

des Folgejahres über die Pflicht des Versicherungsnehmers zur Selbstberechnung und Entrichtung der Steuer zu informieren. Der Bundesminister für Finanzen wird ermächtigt, den Inhalt der Informationen und deren Übermittlung durch Verordnung näher zu regeln. Wenn der Versicherer diesen Informationspflichten nicht nachkommt, so haftet auch dieser für die Steuer.

(AbgÄG 2023, BGBl I 2023/110)

(4) Im Verhältnis zwischen dem Versicherer und dem Versicherungsnehmer gilt die Steuer als Teil des Versicherungsentgeltes, insbesondere soweit es sich um dessen Einziehung und Geltendmachung im Rechtsweg handelt. Zahlungen des Versicherungsnehmers auf das Versicherungsentgelt gelten als verhältnismäßig auf die Steuer und die dem Versicherer sonst zustehenden Forderungen (§ 3 Abs. 1) geleistet. Der Versicherungsnehmer hat die motorbezogene Versicherungssteuer entsprechend der für das Versicherungsentgelt vereinbarten Zahlungsweise an den Versicherer zu zahlen. Für vom Versicherungsnehmer nicht vollständig gezahlte motorbezogene Versicherungssteuer besteht keine Haftung des Versicherers (§ 7 Abs. 1) oder des Bevollmächtigten (§ 7 Abs. 1 und 2), wenn dieser die ihm zumutbaren Schritte zur Geltendmachung seines Anspruches unternommen hat.

Steuererhebung

§ 8. (1) Der Versicherer (§ 7 Abs. 1) oder der Bevollmächtigte (§ 7 Abs. 1 und 2) hat spätestens am 15. Tag (Fälligkeitstag) des auf einen Kalendermonat (Anmeldungszeitraum) zweitfolgenden Kalendermonates die Steuer für den Anmeldungszeitraum nach den Prämieneinnahmen selbst zu berechnen. Stehen die Prämieneinnahmen der Höhe nach noch nicht fest, so ist die Steuer nach dem wahrscheinlichen Prämienverlauf zu berechnen. Weicht die zeitgerecht entrichtete Abgabe von der auf die tatsächlichen Einnahmen entfallenden Abgabe um nicht mehr als ein Prozent ab, so bleibt diese Differenz für die Verpflichtung zur Entrichtung eines Säumniszuschlages außer Betracht. Die Steuer ist spätestens am Fälligkeitstag zu entrichten.

(1a) Der Versicherer (§ 7 Abs. 1) oder der Bevollmächtigte (§ 7 Abs. 1 und 2) hat spätestens am 15. Dezember (Fälligkeitstag) eines jeden Kalenderjahres eine Sondervorauszahlung in Höhe von einem Zwölftel der selbstberechneten und der Abgabenbehörde bekanntgegebenen zuzüglich der mit Haftungsbescheid geltend gemachten Steuerbeträge der letzten zwölf, dem Anmeldungszeitraum November unmittelbar vorangegangenen Anmeldungszeiträume selbst zu berechnen und zu entrichten. Die Sondervorauszahlung ist auf die Steuerschuld für den Anmeldungszeitraum November des laufenden Kalenderjahres (Fälligkeitstag 15. Jänner des folgenden Kalenderjahres) anzurechnen. Die Verpflichtung zur Entrichtung der Sondervorauszahlung entfällt, wenn die Steuer für den Anmeldungszeitraum November spätestens am darauf folgenden 15. Dezember selbst berechnet und bis zu diesem Tag in der selbstberechneten Höhe entrichtet wird.

(2) Der Versicherer (§ 7 Abs. 1) oder der Bevollmächtigte (§ 7 Abs. 1 und 2) hat bis zum 30. April eine Jahressteuererklärung für das abgelaufene Kalenderjahr beim Finanzamt Österreich einzureichen.

(BGBl I 2019/104)

(3) Ist der Versicherungsnehmer zur Entrichtung der Steuer verpflichtet (§ 7 Abs. 3), so hat er spätestens am fünfzehnten Tag (Fälligkeitstag) des auf einen Kalendermonat folgenden Kalendermonates, in dem das Versicherungsentgelt entrichtet worden ist, eine Steuererklärung beim Finanzamt Österreich einzureichen, in welcher er die Steuer selbst zu berechnen hat; die Steuer ist spätestens am Fälligkeitstag zu entrichten.

(BGBl I 2019/104)

(4) Eine nach § 201 BAO festgesetzte oder gemäß § 202 BAO geltend gemachte Steuer hat den in Abs. 1 oder 3 genannten Fälligkeitstag.

(5) Ist die Steuer nach der Versicherungssumme zu berechnen (§ 5 Abs. 1 Z 2), so hat der Versicherer die volle Steuer nach Empfang der Prämie oder eines Prämienteilbetrages zu entrichten.

(6) Der Versicherer (§ 7 Abs. 1) oder der Bevollmächtigte (§ 7 Abs. 1 und 2) ist verpflichtet, zur Feststellung der Steuer und der Grundlage ihrer Berechnung im Inland Aufzeichnungen darüber zu führen. Diese müssen alle Angaben enthalten, die für die Berechnung der Steuer von Bedeutung sind. Ausländische Versicherer, die im Inland gelegene Risken versichern (§ 1 Abs. 2 und 3), haben auf Anforderung dem Finanzamt Österreich ein vollständiges Verzeichnis dieser Versicherungsverhältnisse mit allen Angaben, die für die Berechnung der Steuer von Bedeutung sind, zu übermitteln. Diese Verpflichtung besteht auch dann, wenn der Versicherer die Voraussetzungen für die Steuerpflicht oder für die Steuerentrichtung nicht für gegeben hält.

(BGBl I 2019/104)

Erstattung der Steuer

§ 9. (1) Wird das Versicherungsentgelt ganz oder zum Teil zurückgezahlt, weil die Versicherung vorzeitig aufhört oder das Versicherungsentgelt oder die Versicherungssumme herabgesetzt worden ist, so wird die Steuer auf Antrag insoweit erstattet, als sie bei Berücksichtigung dieser Umstände nicht zu erheben gewesen wäre. Versicherer (§ 7 Abs. 1) und Bevollmächtigte (§ 7 Abs. 1 und 2), die zur Entrichtung der Steuer verpflichtet sind, können den Erstattungsbetrag selbst berechnen und vom Gesamtsteuerbetrag absetzen.

(2) Die Steuer wird nicht erstattet:

1. bei Erstattung der Prämienreserve im Falle des § 176 des Gesetzes über den Versicherungsvertrag;
2. in sonstigen Fällen der Erstattung von Prämienreserve;

3. wenn die Prämienrückgewähr ausdrücklich versichert war.

(3) Ist bei der Zahlung eines Versicherungsentgeltes für eine Rentenversicherung der Versicherungsnehmer über 60 Jahre alt oder erwerbsunfähig oder nicht nur vorübergehend verhindert, seinen Lebensunterhalt durch eigenen Erwerb zu bestreiten, so wird die Steuer für dieses Versicherungsentgelt auf Antrag erstattet, wenn die versicherte Jahresrente den Betrag von 350 Euro nicht übersteigt. Die Erstattung ist ausgeschlossen, wenn der Versicherungsnehmer bei demselben Versicherer mehrere Rentenversicherungen abgeschlossen hat und der Gesamtbetrag der versicherten Jahresrenten 350 Euro übersteigt.

Steueraufsicht

§ 10. (1) Die Versicherer und solche Personen, die gewerbsmäßig Versicherungen vermitteln oder ermächtigt sind, für den Versicherer Zahlungen entgegenzunehmen, unterliegen der Steueraufsicht.

(2) Der Steueraufsicht unterliegen auch diejenigen Personen und Personenvereinigungen, die Versicherungsverträge im Sinne des § 2 Abs. 1 geschlossen haben.

§ 11. (aufgehoben)

Vollziehung und Aufhebung bisher geltender Rechtsvorschriften

§ 12. (1) Mit der Vollziehung dieses Bundesgesetzes sind hinsichtlich des § 4 Abs. 3 Z 9 lit. a, b, f, g und h in der Fassung des Bundesgesetzes BGBl. I Nr. 62/2018 und des § 12 Abs. 3 Z 27 der Bundesminister für Finanzen, der Bundesminister für Verkehr, Innovation und Technologie sowie die Bundesministerin für Arbeit, Soziales, Gesundheit und Konsumentenschutz betraut; hinsichtlich der übrigen Bestimmungen ist der Bundesminister für Finanzen betraut.

(BGBl I 2019/103)

(2) Mit dem Inkrafttreten dieses Bundesgesetzes tritt das Versicherungsteuergesetz vom 9. Juli 1937, Deutsches RGBl. I S. 793, in der Fassung der Verordnung zur Änderung des Versicherungsteuergesetzes vom 31. August 1944, Deutsches RGBl. I S. 208, der Verkehrsteuernovelle 1948, BGBl. Nr. 57/1948, und der Versicherungsteuernovelle 1952, BGBl. Nr. 109/1952, außer Kraft.

(3)
1. Der § 8 in der Fassung des Bundesgesetzes BGBl. Nr. 449/1992 ist ab dem 1. Jänner 1993 anzuwenden.
2. Die §§ 4 Abs. 3; 5 Abs. 1, 5 und 6; 6 Abs. 3 bis 5; 7 Abs. 4, jeweils in der Fassung des Bundesgesetzes BGBl. Nr. 449/1992, unter Berücksichtigung der durch das Bundesgesetz BGBl. Nr. 254/1993 getroffenen Änderung (§ 6 Abs. 3 Z 1 lit. b), sowie § 6 Abs. 3 Z 8 in der Fassung des Bundesgesetzes BGBl. Nr. 254/1993, sind hinsichtlich der motorbezogenen Versicherungsteuer auf alle Zahlungen von Versicherungsentgelten anzuwenden, die nach dem 30. April 1993 fällig werden.
3. § 4 Abs. 1 Z 9 in der Fassung des Bundesgesetzes BGBl. Nr. 13/1993 ist auf alle Zahlungen des Versicherungsentgeltes anzuwenden, die nach dem 31. Dezember 1992 fällig werden.
4. § 4 Abs. 3 Z 9 in der Fassung des Bundesgesetzes BGBl. Nr. 254/1993 ist auf alle Zahlungen von Versicherungsentgelten anzuwenden, die Versicherungszeiträume betreffen, die nach dem 30. April 1993 liegen. Eine gemäß § 2 Abs. 2 Kraftfahrzeugsteuergesetz 1952 zuerkannte Steuerbefreiung gilt hinsichtlich des in der darüber ausgestellten Bescheinigung angeführten Kraftfahrzeuges mit Wirksamkeit ab 1. Mai 1993 auch als Befreiung gemäß § 4 Abs. 3 Z 9, wenn die Bescheinigung dem Versicherer überreicht wird.
5. Die §§ 4 Abs. 4 und 5 Abs. 7, jeweils in der Fassung des Bundesgesetzes BGBl. Nr. 254/1993 treten mit 1. Mai 1993 in Kraft.
6. § 6 Abs. 1 Z 1 und 4 in der Fassung des Bundesgesetzes BGBl. Nr. 818/1993 ist auf alle Zahlungen von Versicherungsentgelten anzuwenden, die nach dem 31. Dezember 1993 fällig werden.
7. § 6 Abs. 4 in der Fassung vor dem Bundesgesetz BGBl. Nr. 13/1993 ist unter Berücksichtigung der durch das Bundesgesetz BGBl. Nr. 818/1993 getroffenen Änderung auf alle Zahlungen von Versicherungsentgelten anzuwenden, die nach dem 31. Dezember 1993 fällig werden.
8. § 4 Abs. 3 Z 8 in der Fassung des Bundesgesetzes BGBl. Nr. 21/1995 ist auf die motorbezogene Versicherungssteuer für Kraftfahrzeuge anzuwenden, deren Zulassungsschein und Kennzeichentafeln am 1. Jänner 1995 hinterlegt sind oder nach dem 1. Jänner 1995 hinterlegt werden.
9. Die §§ 4 Abs. 1 Z 10 und 6 Abs. 1 Z 1, jeweils in der Fassung des Bundesgesetzes BGBl. Nr. 201/1996, sind auf alle Zahlungen von Versicherungsentgelten anzuwenden, die nach dem 31. März 1996 fällig werden. Die §§ 4 Abs. 3 Z 1, Z 4, Z 10; 5 Abs. 1 Z 3; 5 Abs. 5; 6 Abs. 3 Z 1 Abs. 3 Z 2 lit. b, Abs. 3 Z 4, jeweils in der Fassung des Bundesgesetzes BGBl. Nr. 201/1996, sind auf alle Zahlungen von Versicherungsentgelten anzuwenden, die nach dem 31. Dezember 1996 fällig werden. Die §§ 7 Abs. 1 a und 8 Abs. 1, jeweils in der Fassung des Bundesgesetzes BGBl. Nr. 201/1996, treten am 1. Jänner 1997 in Kraft.
10. Auf die Zahlung von Versicherungsentgelten für
    a) andere haftpflichtversicherte Kraftfahrzeuge mit einem höchsten zulässigen Gesamtgewicht bis 3,5 Tonnen als Krafträder, Personenkraftwagen und Kombinationskraftwagen,

11/1. VersStG
§ 12

b) Personenkraftwagen und Kombinationskraftwagen, für die ein Wechselkennzeichen zugewiesen ist, und wenigstens eines davon ein anderes Kraftfahrzeug als ein Personenkraftwagen oder Kombinationskraftwagen ist,

c) haftpflichtversicherte Kraftfahrzeuge mit einem höchsten zulässigen Gesamtgewicht bis 3,5 Tonnen der in § 59 Abs. 2 des Kraftfahrgesetzes 1967, BGBl. Nr. 267, in der jeweils geltenden Fassung angeführten Fahrzeugbesitzer,

die vor dem 1. Jänner 1997 fällig geworden sind, sind die Bestimmungen über die motorbezogene Versicherungssteuer in der am 1. Jänner 1997 geltenden Fassung auch dann und soweit anzuwenden, als die Zahlung des Versicherungsentgeltes Versicherungszeiträume betrifft, die nach dem 31. Dezember 1996 liegen. Der Versicherungsnehmer hat die auf diese Versicherungszeiträume entfallende motorbezogene Versicherungssteuer bei Aufforderung an den Versicherer zu bezahlen. Die §§ 38 und 39 Versicherungsvertragsgesetz, BGBl. Nr. 2/1959, in der jeweils geltenden Fassung gelten entsprechend. Die Aufforderung hat so rechtzeitig zu ergehen, daß die Versicherungssteuer vom Versicherungsnehmer bis 25. März 1997 entrichtet werden kann. Der Versicherer haftet für die auf diese Versicherungszeiträume entfallende motorbezogene Versicherungssteuer; die Haftung entfällt, wenn der Versicherer gemäß § 38 Versicherungsvertragsgesetz, BGBl. Nr. 2/1959, in der jeweils geltenden Fassung vom Versicherungsvertrag zurückgetreten ist oder dem Versicherungsnehmer eine Zahlungsfrist im Sinne des § 39 Abs. 1 Versicherungsvertragsgesetz bestimmt hat.

11. § 4 Abs. 1 Z 1 in der Fassung vor dem Bundesgesetz BGBl. Nr. 797/1996 ist auf die Zahlung von Versicherungsentgelten für Versicherungsverträge anzuwenden, die vor dem 1. Jänner 1997 abgeschlossen wurden. § 6 Abs. 1 Z 1 lit. a in der Fassung des Bundesgesetzes BGBl. Nr. 797 1996 ist auf die Zahlung von Versicherungsentgelten anzuwenden, die nach dem 31. Mai 1996 fällig wurden. § 6 Abs. 1 a erster Satz ist auf Versicherungsverträge anzuwenden, die nach dem 31. Oktober 1996 abgeschlossen worden sind; § 6 Abs. 1 a zweiter und dritter Satz ist auf die Zahlung von Versicherungsentgelten anzuwenden, die nach dem 31. Oktober 1996 erfolgen.

12. § 8 Abs. 1 erster Satz in der Fassung vor dem Bundesgesetz BGBl. I Nr. 130/1997 ist letztmalig auf Versicherungsentgelte anzuwenden, die vor dem 1. Jänner 1998 vereinnahmt werden. § 8 Abs. 1 a ist erstmalig auf Anmeldungszeiträume anzuwenden, die nach dem 31. Oktober 1999 beginnen.

13. § 6 Abs. 1 Z 2 in der Fassung des Bundesgesetzes BGBl. I Nr. 106/1999 ist hinsichtlich der Pensionszusatzversicherung im Sinne des § 108 b des Einkommensteuergesetzes 1988 auf Versicherungsentgelte anzuwenden, die für Zeiträume nach dem 31. Dezember 1999 geleistet werden.

14. § 4 Abs. 3 Z 8 in der Fassung des Bundesgesetzes BGBl. I Nr. 26/2000 ist auf die motorbezogene Versicherungssteuer für Kraftfahrzeuge anzuwenden, deren Zulassungsschein und Kennzeichentafeln nach dem 31. Mai 2000 hinterlegt werden.

15. § 6 Abs. 3 Z 1 und 2 in der Fassung des Bundesgesetzes BGBl. I Nr. 26/2000 ist auf die Zahlung von Versicherungsentgelten anzuwenden, die

a) nach dem 31. Mai 2000 fällig werden und Versicherungszeiträume betreffen, die nach dem 31. Mai 2000 liegen;

b) vor dem 1. Juni 2000 fällig geworden sind, dann und unter Anrechnung der motorbezogenen Versicherungssteuer in der Fassung vor diesem Bundesgesetz insoweit, als die Zahlung des Versicherungsentgeltes Versicherungszeiträume betrifft, die nach dem 31. Mai 2000 liegen.

Der Versicherungsnehmer hat die motorbezogene Versicherungssteuer, die auf

c) Versicherungsentgelte gemäß lit. a entfällt, die vor dem 1. Juli 2000 fällig werden und auf die § 6 Abs. 3 Z 1 und 2 in der Fassung des Bundesgesetzes BGBl. I Nr. 26/2000 nicht angewendet wurde, im Ausmaß des Unterschiedsbetrages zwischen der Steuer in der Fassung des Bundesgesetzes BGBl. I Nr. 26/2000 und der Steuer in der Fassung vor diesem Bundesgesetz,

d) Versicherungsentgelte gemäß lit. b entfällt,

bei Aufforderung an den Versicherer zu entrichten. Die §§ 38 und 39 Versicherungsvertragsgesetzes 1958, BGBl. Nr. 2/1959, in der jeweils geltenden Fassung gelten entsprechend. Abweichend von § 8 Abs. 1 hat der Versicherer die motorbezogene Versicherungssteuer gemäß lit. c spätestens am 15. September 2000 (Fälligkeitstag) und die motorbezogene Versicherungssteuer gemäß lit. d spätestens am 15. November 2000 (Fälligkeitstag) zu entrichten. Der Versicherer haftet für die auf diese Versicherungszeiträume entfallende motorbezogene Versicherungssteuer; die Haftung entfällt, wenn der Versicherer gemäß § 38 Versicherungsvertragsgesetzes 1958, BGBl. Nr. 2/1959, in der jeweils geltenden Fassung vom Versicherungsvertrag zurückgetreten ist oder dem Versicherungsnehmer eine Zahlungsfrist im Sinne des § 39 Abs. 1 des Versicherungsvertragsgesetzes 1958 bestimmt hat. Bescheide über die Bewilligung auf Pauschalbesteuerung (§ 5 Abs 4) der motorbezogenen Versicherungssteuer gelten mit der Maßgabe weiter, dass auf die Zahlung des Versicherungsentgeltes für Kraftfahrzeuge, die in das Pauschalverfahren einbezogen sind, lit. a und b entsprechend anzuwenden ist.

16. § 5 Abs. 7 und § 6 Abs. 3 Z 2a, jeweils in der Fassung vor dem Bundesgesetz BGBl. I Nr. 59/2001, sind auf alle Zahlungen von Versicherungsentgelten anzuwenden, die vor dem 1. Jänner 2002 fällig werden.

17. § 3 Abs. 1 und § 6 Abs. 1 Z 2, jeweils in der Fassung des Bundesgesetzes BGBl. Nr. 8/2005 sind auf alle Zahlungen von Versicherungsentgelten anzuwenden, die nach dem 22. September 2005 fällig werden.

18. § 8 Abs. 6 in der Fassung des Bundesgesetzes BGBl. I. Nr. 9/2010 tritt mit 1. Juli 2010 in Kraft.

19. § 3 Abs. 1 zweiter Satz und § 6 Abs. 1 Z 4 und 5, jeweils in der Fassung des Budgetbegleitgesetzes 2011, BGBl. I Nr. 111/2010, sind auf Beträge anzuwenden, die nach dem 31. Dezember 2010 für die Überweisung des Deckungserfordernisses gemäß § 48 des Pensionskassengesetzes oder § 96 des VAG 2016 oder für die Übertragung von Leistungszusagen an ausländische Einrichtungen im Sinne des § 5 Z 4 des Pensionskassengesetzes entrichtet werden, wenn die Übertragung der Leistungszusage nach dem 31. Dezember 2010 erfolgte. Bei der Übertragung einer Leistungszusage vor dem 1. Jänner 2011 sind § 3 Abs. 1 zweiter Satz und § 6 Abs. 1 Z 4, jeweils in der Fassung vor dem Budgetbegleitgesetz 2011, BGBl. I Nr. 111/2010, weiter anzuwenden.
    (BGBl I 2015/34)

20. § 6 Abs. 1 Z 1 lit. a und Abs. 1a Z 2 lit. a und b, jeweils in der Fassung des Budgetbegleitgesetzes 2011, BGBl. I Nr. 111/2010, sind erstmals auf nach dem 31. Dezember 2010 abgeschlossene Versicherungsverträge anzuwenden. Auf vor dem 1. Jänner 2011 abgeschlossene Versicherungsverträge sind § 6 Abs. 1 Z 1 lit. a und Abs. 1a Z 2 lit. a und b, jeweils in der Fassung vor dem Budgetbegleitgesetz 2011, BGBl. I Nr. 111/2010, weiter anzuwenden.

21. § 6 Abs. 3 Z 7 vorletzter Satz und § 8 Abs. 6 dritter Satz, jeweils in der Fassung des Budgetbegleitgesetzes 2011, BGBl. I Nr. 111/2010, treten mit 1. Jänner 2011 in Kraft.

22. §§ 4 Abs. 3 Z 8, 5 Abs. 1 Z 3 lit. b und Abs. 5 sowie 6 Abs. 3 Z 1 lit. b und Z 4, jeweils in der Fassung des Bundesgesetzes BGBl. I Nr. 112/2012 treten mit 1. Jänner 2013 in Kraft.

23. § 6 Abs. 1 Z 1 lit. a in der Fassung des Bundesgesetzes BGBl. I Nr. 13/2014 ist erstmalig auf nach dem 28. Februar 2014 abgeschlossene Versicherungsverträge anzuwenden. § 6 Abs. 1a in der Fassung des Bundesgesetzes BGBl. I Nr. 13/2014 ist erstmalig auf Nachversteuerungstatbestände anzuwenden, die nach dem 28. Februar 2014 verwirklicht werden.

24. § 6 Abs. 3 Z 1 lit. a und b in der Fassung des Bundesgesetzes BGBl. I Nr. 13/2014 ist auf die Zahlung von Versicherungsentgelten anzuwenden, die

    a) nach dem 28. Februar 2014 fällig werden und Versicherungszeiträume betreffen, die nach dem 28. Februar 2014 liegen;

    b) vor dem 1. März 2014 fällig geworden sind, dann und unter Anrechnung der motorbezogenen Versicherungssteuer in der Fassung vor diesem Bundesgesetz insoweit, als die Zahlung des Versicherungsentgeltes Versicherungszeiträume betrifft, die nach dem 28. Februar 2014 liegen.

    c) Der Versicherungsnehmer hat die motorbezogene Versicherungssteuer, die auf
    – Versicherungsentgelte gemäß lit. a entfällt, die vor dem 1. Juli 2014 fällig werden und auf die § 6 Abs. 3 Z 1 lit. a und b in der Fassung des Bundesgesetzes BGBl. I Nr. 13/2014 nicht angewendet wurde, im Ausmaß des Unterschiedsbetrages zwischen der Steuer in der Fassung des Bundesgesetzes BGBl. I Nr. 13/2014 und der Steuer in der Fassung vor diesem Bundesgesetz,
    – Versicherungsentgelte gemäß lit. b entfällt,
    bei Aufforderung an den Versicherer zu entrichten.

    Die §§ 38 und 39 des Versicherungsvertragsgesetzes 1958, BGBl. Nr. 2/1959, in der jeweils geltenden Fassung gelten entsprechend. Abweichend von § 8 Abs. 1 hat der Versicherer die motorbezogene Versicherungssteuer gemäß lit. c erster und zweiter Teilstrich spätestens am 15. August 2014 (Fälligkeitstag) zu entrichten. Der Versicherer haftet für die auf diese Versicherungszeiträume entfallende motorbezogene Versicherungssteuer; die Haftung entfällt, wenn der Versicherer gemäß § 38 des Versicherungsvertragsgesetzes 1958, BGBl. Nr. 2/1959, in der jeweils geltenden Fassung vom Versicherungsvertrag zurückgetreten ist oder dem Versicherungsnehmer eine Zahlungsfrist im Sinne des § 39 Abs. 1 des Versicherungsvertragsgesetzes 1958 bestimmt hat. Bescheide über die Bewilligung auf Pauschalbesteuerung (§ 5 Abs. 4) der motorbezogenen Versicherungssteuer gelten mit der Maßgabe weiter, dass auf die Zahlung des Versicherungsentgeltes für Kraftfahrzeuge, die in das Pauschalverfahren einbezogen sind, lit. a und b entsprechend anzuwenden sind.

25. § 6 Abs. 1 Z 2 und 5, § 7 Abs. 1a und § 12 Abs. 3 Z 19 in der Fassung des Bundesgesetzes BGBl. I Nr. 34/2015 treten mit 1. Jänner 2016 in Kraft.
    (BGBl I 2015/34)

26. § 4 Abs. 1 Z 11 in der Fassung des Bundesgesetzes BGBl. I Nr. 117/2016 tritt mit 1. Jänner 2017 in Kraft.
(BGBl I 2016/117)

27. Für Kraftfahrzeuge, die gemäß § 4 Abs. 3 Z 9 in der Fassung vor dem Bundesgesetz BGBl. I Nr. 62/2018 befreit waren, haben
– das Bundesamt für Soziales und Behindertenwesen (Sozialministeriumservice) sowie
– der Versicherer, der für die Erhebung der Versicherungssteuer für das befreiungsgegenständliche Kraftfahrzeug zuständig ist,

jene Daten, die für den Vollzug der Befreiung gemäß Z 9 in der Fassung des Bundesgesetzes BGBl. I Nr. 62/2018 und der Bestimmungen des § 13 Abs. 3 bis 9 des Bundesstraßen-Mautgesetzes 2002, BGBl. I Nr. 109/2002, in der Fassung des Bundesgesetzes BGBl. I Nr. 62/2018, notwendig sind, der Gemeinschaftseinrichtung der zum Betrieb der KraftfahrzeugHaftpflichtversicherung berechtigten Versicherer in geeigneter Form zur Verfügung zu stellen. Die Daten sind abzugleichen und in die Zulassungsevidenz gemäß § 47 Abs. 4a Kraftfahrgesetz 1967, BGBl. Nr. 267/1967, in der geltenden Fassung, zu überführen (Initialbefüllung).

Die Gemeinschaftseinrichtung der zum Betrieb der Kraftfahrzeug-Haftpflichtversicherung berechtigten Versicherer hat die in die Zulassungsevidenz überführten Daten
– dem Versicherer, der für die Erhebung der Versicherungssteuer für das befreiungsgegenständliche Kraftfahrzeug zuständig ist sowie
– der Autobahnen- und Schnellstraßen-Finanzierungs-Aktiengesellschaft,

in geeigneter Form zur Verfügung zu stellen. Die Daten dürfen ausschließlich für den Zweck des Vollzuges der Befreiung gemäß Z 9 und der Bestimmungen des § 13 Abs. 3 bis 9 des Bundesstraßen-Mautgesetzes 2002, BGBl. I Nr. 109/2002, in der Fassung des Bundesgesetzes BGBl. I Nr. 62/2018, verarbeitet werden.

Der Bundesminister für Finanzen hat gemeinsam mit dem Bundesminister für Verkehr, Innovation und Technologie sowie der Bundesministerin für Arbeit, Soziales, Gesundheit und Konsumentenschutz in einer Verordnung sowohl die notwendigen Daten und deren Überführung in die Zulassungsevidenz als auch die Form, den Inhalt und das Verfahren der elektronischen Zurverfügungstellung der Daten durch die Gemeinschaftseinrichtung festzulegen.

28. § 4 Abs. 3 Z 9 in der Fassung des Bundesgesetzes BGBl. I Nr. 62/2018 tritt mit 1. Dezember 2019 in Kraft. Der Bundesminister für Finanzen wird ermächtigt, im Einvernehmen mit dem Bundesminister für Verkehr, Innovation und Technologie und der Bundesministerin für Arbeit, Soziales, Gesundheit und Konsumentenschutz durch Verordnung das Inkrafttreten des § 4 Abs. 3 Z 9 in der Fassung des Bundesgesetzes BGBl. I Nr. 62/2018 bis zum 1. Dezember 2020 zu verschieben, wenn die notwendigen organisatorischen und technischen Voraussetzungen für die Vollziehung dieser Bestimmungen noch nicht gegeben sind.

29. § 6 Abs. 1a in der Fassung des Bundesgesetzes BGBl. I Nr. 62/2018 ist auf Nachversteuerungstatbestände anzuwenden, die nach dem 11. September 2017 verwirklicht werden.

30. § 5 Abs. 1 Z 2 und Abs. 3 sowie § 6 Abs. 2 in der Fassung des Bundesgesetzes BGBl. I Nr. 62/2018 treten mit 1. Jänner 2019 in Kraft und sind anzuwenden, wenn der Versicherer die Prämie oder einen Prämienteilbetrag nach dem 31. Dezember 2018 empfängt.
(BGBl I 2018/62)

31. § 4 Abs. 3 Z 9 lit. f, § 6 Abs. 3 Z 7, § 7 Abs. 1a, § 8 Abs. 2, Abs. 3 und Abs. 6, jeweils in der Fassung des Bundesgesetzes BGBl. I Nr. 104/2019, treten mit 1. Juli 2020 in Kraft.
(BGBl I 2019/104)

32. In der Fassung des Bundesgesetzes BGBl. I Nr. 103/2019 treten in Kraft,
1. § 4 Abs. 3 Z 9 lit. a und f mit 1. Dezember 2019,
2. § 4 Abs. 3 Z 4 und 7, § 5 Abs. 1 Z 3 und Abs. 5 sowie § 6 Abs. 3 Z 1, 2, 8 und 9 mit 1. Oktober 2020.
(BGBl I 2019/103)

33. § 4 Abs. 3 Z 6, § 5 Abs. 1 Z 3 lit. b und § 6 Abs. 3 Z 1 lit. b, jeweils in der Fassung des Bundesgesetzes BGBl. I Nr. 108/2022, treten mit 1. Juni 2023 in Kraft und sind auf Zahlungen des Versicherungsentgeltes anzuwenden, die
a) nach dem 31. Mai 2023 fällig werden und Versicherungszeiträume betreffen, die nach dem 31. Mai 2023 liegen;
b) vor dem 1. Juni 2023 fällig geworden sind und soweit diese Versicherungszeiträume betreffen, die nach dem 31. Mai 2023 liegen.
c) Der Versicherer und der Bevollmächtigte hat die bereits fällig gewesene motorbezogene Versicherungssteuer gemäß lit. b zu korrigieren und beim Versicherungsnehmer nachzuerheben oder diesem rückzuerstatten. Im Falle einer Nacherhebung ist die motorbezogene Versicherungssteuer spätestens am 15. August 2023 (Fälligkeitstag) zu entrichten. Im Falle einer Rückerstattung kann der selbst berechnete Rückerstat-

tungsbetrag vom Gesamtsteuerbetrag abgesetzt werden.

(BGBl I 2022/108)

Auf Wohnmobile der Aufbauart „SA", bei denen das Basisfahrzeug ein Kraftfahrzeug der Klasse N ist und die vor dem 1. Oktober 2020 erstmalig zugelassen wurden, sind § 5 Abs. 1 Z 3 lit. b und § 6 Abs. 3 Z 1 lit. b, jeweils in der Fassung BGBl. I Nr. 104/2019, weiterhin anzuwenden.

(BGBl I 2022/194)

34. § 7 Abs. 3 in der Fassung des Bundesgesetzes BGBl. I Nr. 110/2023, tritt mit 1. Jänner 2024 in Kraft und ist auf bestehende Versicherungsverhältnisse, soweit Zahlungen von Versicherungsentgelten nach dem 31. Dezember 2023 fällig werden, sowie auf neu begründete Versicherungsverhältnisse anzuwenden. Davon abweichend gilt die Informationsverpflichtung an das Finanzamt Österreich für jene Versicherungsverhältnisse, die ab dem 1. Jänner 2024 begründet werden.

(AbgÄG 2023, BGBl I 2023/110)

(4) Die §§ 1, 6 Abs. 4 und 5, 7 Abs. 1 bis 3, 8 Abs. 6 und 12 Abs. 1 in der Fassung des Bundesgesetzes BGBl. Nr. 13/1993 treten unter Berücksichtigung der im § 6 Abs. 4 durch das Bundesgesetz BGBl. Nr. 818/1993 getroffenen Änderung gleichzeitig mit dem Inkrafttreten des Abkommens über den Europäischen Wirtschaftsraum[a)] in Kraft.

[a)] Somit mit 1.1.1994 (BGBl 1993/917)

11/2. FSchStG

11/2. Feuerschutzsteuergesetz 1952

Feuerschutzsteuergesetz 1952, BGBl 1952/198 idF

1 BGBl 1993/13	2 BGBl 1993/254	3 BGBl 1996/797 (AbgÄG 1996)
4 BGBl I 1997/130 (2. BudgetbegleitG 1997)	5 BGBl I 1999/106 (StRefG 2000)	6 BGBl I 2001/59 (EuroStUG 2001)
7 BGBl I 2010/9	8 BGBl I 2010/111 (BudBG 2011)	9 BGBl I 2019/104 (FORG)

GLIEDERUNG

§ 1. Gegenstand der Steuer
§ 2. Versicherungsentgelt
§ 3. Steuerberechnung
§ 4. Steuersatz
§ 5. Steuerschuldner
§ 6. Steuererhebung
§ 7. Erstattung der Steuer
§ 8. Vollzug
§ 9. Inkrafttreten

STICHWORTVERZEICHNIS

A
Anmeldungszeitraum 6 (1)
Aufzeichnungspflicht 6 (4)
Ausfertigungskosten, Versicherungsschein 2 (1)
ausländischer Versicherer, Aufzeichnungen 6 (4)
Ausstellungskosten, Ersatzurkunde 2 (1)

B
bäuerliche Brandschadenversicherungsverein 1 (3)
Beiträge 2 (1)
Bevollmächtigter
 – Aufzeichnungen 6 (4)
 – Steuerschuldner 5 (2)
Bonus 2 (2)

E
Eintrittsgelder 2 (1)
Erstattung, der Steuer s. Steuererstattung

F
Fälligkeitstag 6 (1)
Feuerversicherung 1 (1)
fremde Währung, Steuerberechnung 3 (3)

G
Gewinnanteil 2 (2)

H
Handdienst 1 (3)
Herabsetzung des Versicherungsentgelts, Steuererstattung 7

I
Inkrafttreten 9

M
Mahnkosten 2 (1)

N
Nachschüsse 2 (1)
Nebenkosten 2 (1)

P
Prämien 2 (1)
Prämienrückvergütung s. Rückvergütung

R
Rückerstattung, Versicherungsentgelt 7
Rückvergütung 2 (2)
Rückversicherung 3 (2)

S
Säumniszuschlag, bei Differenz 6 (1)
Selbstberechnung 6 (1)
 – Fälligkeitstag 6 (3)
Sonderleistungen 2 (1)
Spanndienst 1 (3)
Steuerberechnung 3 (1)
Steuerentrichtung 6 (1)
Steuererhebung 6 (1)
Steuererstattung 7
Steuergegenstand 1
Steuerjahreserklärung 6 (2)
Steuersatz 4
Steuerschuldner 5
Steuerweiterrechnung, an Versicherungsnehmer 5 (3)

U
Umlagen 2 (1)

V
Vereinbarung, mehrere Personen 1 (2)
Versicherer
 – Aufzeichnungen 6 (4)
 – außerhalb des Europäischen Wirtschaftsraums, Steuerschuldner 5 (2)
 – Steuerschuldner 5 (1)

11/2. FSchStG
§§ 1 – 6

Versicherungsende, Steuererstattung 7
Versicherungsentgelt 2 (1)
Vollzug 8
Vorbeiträge 2 (1)
Vorschüsse 2 (1)

Feuerschutzsteuergesetz 1952

Gegenstand der Steuer

§ 1. (1) Der Steuer unterliegt die Entgegennahme von Versicherungsentgelten aus Feuerversicherungen, wenn die versicherten Gegenstände bei der Entgegennahme des Versicherungsentgeltes im Inland sind. Als Feuerversicherungen gelten auch Versicherungen, wenn das Versicherungsentgelt teilweise auf Gefahren entfällt, die Gegenstand einer Feuerversicherung sein können, unabhängig davon, ob das Versicherungsentgelt dem Versicherungsnehmer in einem Gesamtbetrag oder in Teilbeträgen in Rechnung gestellt wird.

(2) Eine Feuerversicherung wird auch begründet, wenn zwischen mehreren Personen oder Personenvereinigungen vereinbart wird, solche Schäden gemeinsam zu tragen, die den Gegenstand einer Feuerversicherung bilden können.

(3) Der Steuer unterliegt nicht die Entgegennahme von Versicherungsentgelten aus Feuerversicherungen bei bäuerlichen Brandschadenversicherungsvereinen, die vorwiegend die Gewährung von Sachleistungen (Hand- und Spanndienste) zum Gegenstand haben.

(4) Für die Steuerpflicht gelten die Vorschriften des § 1 Abs. 2 Versicherungssteuergesetz 1953 in der jeweils geltenden Fassung.

Versicherungsentgelt

§ 2. (1) Versicherungsentgelt im Sinne dieses Gesetzes ist jede Leistung, die für die Begründung und zur Durchführung des Versicherungsverhältnisses an den Versicherer zu bewirken ist, mit Ausnahme der vom Versicherungsnehmer gesondert angeforderten Feuerschutzsteuer selbst (Beispiele: Prämien, Beiträge, Vorbeiträge, Vorschüsse, Nachschüsse, Umlagen, außerdem Eintrittsgelder, Kosten für die Ausfertigung des Versicherungsscheines und sonstige Nebenkosten). Zum Versicherungsentgelt gehört nicht, was zur Abgeltung einer Sonderleistung des Versicherers oder aus einem sonstigen in der Person des einzelnen Versicherungsnehmers liegenden Grund gezahlt wird (Beispiele: Kosten für die Ausstellung einer Ersatzurkunde, Mahnkosten). Wird das Versicherungsentgelt für eine Versicherung, die außer einer Feuerversicherung noch andere Risken umfaßt, nur in einem Gesamtbetrag angegeben, ist Versicherungsentgelt der auf die Feuerversicherung entfallende Teil des Gesamtbetrages.

(2) Wird auf die Prämie ein Gewinnanteil verrechnet und nur der Unterschied zwischen Prämie und Gewinnanteil an den Versicherer gezahlt, so ist dieser Unterschiedsbetrag Versicherungsentgelt.

Als Gewinnanteil gilt auch die Rückvergütung eines Teiles der Prämie für schadenfreien Verlauf (Bonus).

Steuerberechnung

§ 3. (1) Die Steuer wird vom Gesamtbetrag der in jedem Kalendermonat vereinnahmten Versicherungsentgelte berechnet.

(2) Der Gesamtbetrag darf um die für Rückversicherungen gezahlten Versicherungsentgelte nicht gekürzt werden.

(3) Werte in fremder Währung sind zur Berechnung der Steuer nach den für die Umsatzsteuer geltenden Vorschriften umzurechnen.

Steuersatz

§ 4. Die Steuer beträgt 8 v.H. des Gesamtbetrages des Versicherungsentgeltes.

Steuerschuldner

§ 5. (1) Steuerschuldner ist der Versicherer.

(2) Hat der Versicherer keinen Wohnsitz (Sitz) in einem Vertragsstaat des Abkommens über den Europäischen Wirtschaftsraum, ist aber ein Bevollmächtigter zur Entgegennahme des Versicherungsentgeltes bestellt, so haftet dieser für die Steuer.

(3) Der Steuerschuldner ist berechtigt, die Steuer bis zur Höhe von 4 v.H. des Versicherungsentgeltes neben dem Versicherungsentgelt vom Versicherungsnehmer gesondert anzufordern. Nimmt er Rückversicherung, ist er berechtigt, das an den Rückversicherer zu entrichtende Entgelt um jenen entsprechenden Hundertsatz der Steuer zu kürzen, den er vom Versicherungsnehmer nicht gesondert angefordert hat. Dies gilt auch für den Rückversicherer, der seinerseits Rückversicherung nimmt.

(4) (aufgehoben)

Steuererhebung

§ 6. (1) Der Versicherer (§ 5 Abs. 1) oder der Bevollmächtigte (§ 5 Abs. 2) hat spätestens am 15. Tag (Fälligkeitstag) des auf einen Kalendermonat (Anmeldungszeitraum) zweitfolgenden Kalendermonates die Steuer für den Anmeldungszeitraum nach den Prämieneinnahmen selbst zu berechnen. Stehen die Prämieneinnahmen der Höhe nach noch nicht fest, so ist die Steuer nach dem wahrscheinlichen Prämienverlauf zu berechnen. Weicht die zeitgerecht entrichtete Abgabe von der auf die tatsächlichen Einnahmen entfallenden Abgabe um nicht mehr als ein Prozent ab, so bleibt diese Differenz für die Verpflichtung zur Entrichtung eines Säumniszuschlages außer Betracht. Die Steuer ist spätestens am Fälligkeitstag zu entrichten.

(2) Der Versicherer (§ 5 Abs. 1) oder der Bevollmächtigte (§ 5 Abs. 2) hat bis zum 30. April eine Jahressteuererklärung für das abgelaufene Kalenderjahr beim Finanzamt Österreich einzureichen.

(BGBl I 2019/104)

(3) Eine nach § 201 BAO festgesetzte oder gemäß § 202 BAO geltend gemachte Steuer hat den in Abs. 1 genannten Fälligkeitstag.

(4) Der Versicherer (§ 5 Abs. 1) oder der Bevollmächtigte (§ 5 Abs. 2) ist verpflichtet, zur Feststellung der Steuer und der Grundlage ihrer Berechnung im Inland Aufzeichnungen zu führen. Diese müssen alle Angaben enthalten, die für die Berechnung der Steuer von Bedeutung sind. Ausländische Versicherer, die im Inland gelegene Risken versichern (§ 1 Abs. 1 und 4), haben auf Anforderung dem Finanzamt Österreich ein vollständiges Verzeichnis dieser Versicherungsverhältnisse mit allen Angaben, die für die Berechnung der Steuer von Bedeutung sind, zu übermitteln. Diese Verpflichtung besteht auch dann, wenn der Versicherer die Voraussetzungen für die Steuerpflicht oder für die Steuerentrichtung nicht für gegeben hält.

(BGBl I 2019/104)

Erstattung der Steuer

§ 7. Wird das Versicherungsentgelt ganz oder zum Teil zurückgewährt, weil die Versicherung vorzeitig aufhört oder das Versicherungsentgelt herabgesetzt worden ist, so wird die Steuer auf Antrag insoweit erstattet, als sie bei Berücksichtigung dieser Umstände nicht zu erheben gewesen wäre. Versicherer (§ 5 Abs. 1) und Bevollmächtigte (§ 5 Abs. 2) können den Erstattungsbetrag selbst berechnen und vom Gesamtsteuerbetrag absetzen.

Vollzug

§ 8. Mit der Vollziehung dieses Gesetzes ist das Bundesministerium für Finanzen betraut. (BGBl. Nr. 57/1948, Art. II lit. f.)

Inkrafttreten

§ 9. Abs. 1 Das Gesetz ist in seiner ursprünglichen Fassung am 1. April 1942 in Kraft getreten. Die durch die Verkehrsteuernovelle 1948, BGBl. Nr. 57/1948, bewirkten Änderungen sind am 1. April 1948 wirksam geworden. (Verordnung vom 8. Jänner 1942, Deutsches RGBl. I S. 26, § 1 Abs. 1, BGBl. Nr. 57/1948, Art. VI Abs. 1.)

(2) § 6 in der Fassung des Bundesgesetzes BGBl. Nr. 13/1993 ist ab dem 1. Jänner 1993 anzuwenden.

(3) Die §§ 1 Abs. 4 und 5 Abs. 2 in der Fassung des Bundesgesetzes BGBl. Nr. 13/1993 treten gleichzeitig mit dem Inkrafttreten des Abkommens über den Europäischen Wirtschaftsraum[a)] in Kraft.

[a)] Inkrafttreten mit 1.1.1994 (BGBl 1993/917)

(4) § 5 Abs. 4 in der Fassung des Bundesgesetzes BGBl. Nr. 254/1993 tritt mit 1. Mai 1993 in Kraft.

(5) § 6 Abs. 1 in der Fassung des Bundesgesetzes BGBl. Nr. 797/1996 tritt am 1. Jänner 1997 in Kraft.

(6) § 3 Abs. 1 und § 6 Abs. 1 erster Satz in der Fassung vor dem Bundesgesetz BGBl. I Nr. 130/1997 ist letztmalig auf Versicherungsentgelte anzuwenden, die vor dem 1. Jänner 1998 vereinnahmt werden.

(7) § 5 Abs. 4 in der Fassung vor dem Bundesgesetz BGBl. I Nr. 59/2001 ist bis 31. Dezember 2001 anzuwenden.

(8) § 6 Abs. 4 in der Fassung des Bundesgesetzes BGBl. I Nr. 9/2010 tritt mit 1. Juli 2010 in Kraft.

(9) § 6 Abs. 4 dritter Satz in der Fassung des Budgetbegleitgesetzes 2011, BGBl. I Nr. 111/2010, tritt mit 1. Jänner 2011 in Kraft.

(10) § 6 Abs. 2 und Abs. 4 dritter Satz, jeweils in der Fassung des Bundesgesetzes, BGBl. I Nr. 104/2019 treten mit 1. Juli 2020 in Kraft.

(BGBl I 2019/104)

11/2/1.
Verordnung zur Durchführung des Feuerschutzsteuergesetzes

BGBl 1948/78 idF BGBl 1973/494

Verordnung des Bundesministeriums für Finanzen vom 2. April 1948 zur Durchführung des Feuerschutzsteuergesetzes

Auf Grund des Artikels II, lit. f, des Bundesgesetzes vom 18. Februar 1948, B.G.Bl. Nr. 57, betreffend die Änderung einiger Verkehrsteuergesetze (Verkehrsteuernovelle 1948), wird verordnet:

Zuständigkeit

§ 1. Die Steuer wird von den Finanzämtern verwaltet, die für die Besteuerung nach dem Versicherungsteuergesetz in der Fassung der Verkehrsteuernovelle 1948 zuständig sind.

Anmeldungspflicht

§ 2. (1) Der inländische Feuerversicherer hat die Eröffnung seines Geschäftsbetriebes binnen zwei Wochen dem Finanzamt anzuzeigen. Das gleiche gilt für eine Person oder Personenvereinigung, die an einem Versicherungsvertrag im Sinne des § 1, Abs. (2), des Feuerschutzsteuergesetzes in der Fassung der Verkehrsteuernovelle 1948 beteiligt ist.

(2) § 9, Abs. (2) bis (4), der Durchführungsverordnung zum Versicherungsteuergesetz, B.G.Bl. Nr. 77/1948, gelten entsprechend.

Bäuerliche Brandschadenversicherungen.

§ 3. Als bäuerliche Brandschadenversicherungsvereine im Sinne des § 1, Abs. (3), des Gesetzes sind Brandhilfevereine (Brandunterstützungsvereine) anzusehen, die auf Grund des Vereinsgesetzes vom 15. November 1867, R.G.Bl. Nr. 134, gebildet sind.

Steuerberechnung bei Einrechnung der Versicherungsteuer und der Feuerschutzsteuer in das Versicherungsentgelt.

§ 4. (1) Hat der Versicherer die Versicherungsteuer in das Versicherungsentgelt eingerechnet [§ 5, Abs. (2), des Versicherungsteuergesetzes], so sind vom Gesamtbetrag des Versicherungsentgeltes 800/105, das sind 7,619 v. H., als Steuer zu erheben.

(2) Werden sowohl die Versicherungsteuer als auch der überwälzbare Betrag der Feuerschutzsteuer [§ 5, Abs. (3), des Gesetzes] in das Versicherungsentgelt eingerechnet, so sind vom Gesamtbetrag des Versicherungsentgeltes 800/109, das sind 7,339 v. H., als Steuer zu erheben.

(3) Wird in das Versicherungsentgelt lediglich der überwälzbare Betrag der Feuerschutzsteuer, nicht aber die Versicherungsteuer eingerechnet, so sind vom Gesamtbetrag des Versicherungsentgeltes 800/104, das sind 7,692 v. H., als Steuer zu erheben.

Abrundung.

§ 5. Steuerbeträge bis zu 5 Groschen sind zu vernachlässigen, Beträge von mehr als 5 Groschen sind auf 10 Groschen aufzurunden.

Steuerberechnung bei Zusammenfassung mehrerer Versicherungen

§ 6. Wird das Versicherungsentgelt für eine Versicherung, die außer der Feuerversicherung noch andere Versicherungen umfaßt, nur in einem Gesamtbetrag angegeben, so ist die Steuer nur von dem auf die Feuerversicherung entfallenden Teil des Gesamtbetrages zu berechnen.

Hiebei ist die Steuer bei der
1. Atomreaktorenversicherung von..46,3 v. H.,
2. Versicherung von Elektro-Anlagen und -Geräten von... 5 v. H.,
3. Haushaltsversicherung von............. 25 v. H.,
4. Kraftfahrzeug-Kaskoverversicherung von ....0,25 v. H.,
5. Kühlgutversicherung von................. 5 v. H.,
6. Transport-Lagerversicherung, wenn die einzelne Lagerung länger als zwei Monate währt, von... 40 v. H.

des Gesamtbetrages zu berechnen.

Umrechnung ausländischer Werte.

§ 7. Ausländische Werte, sind nach den für die Umsatzsteuer vorgeschriebenen Umrechnungssätzen in Schilling umzurechnen.

Entrichtung der Steuer.

§ 8. (1) Die Steuer wird vom Ist-Betrag der Versicherungsentgelte berechnet. Das Finanzamt kann auf Antrag zulassen, daß der Versicherer die Steuer im Abrechnungsverfahren nach dem Soll-Betrag der Versicherungsentgelte entrichtet.

(2) Die Vorschriften der §§ 11 bis 21 und 23 bis 27 der Durchführungsverordnung zum Versicherungsteuergesetz, B.G.Bl. Nr. 77/1948, sind entsprechend anzuwenden.

(3) Wird die Versicherungsteuer gemäß § 12 der Durchführungsverordnung zum Versicherungsteuergesetz entrichtet, kann die für die Versicherungsteuer bestimmte Aufstellung gleichzeitig für die Feuerschutzsteuer Verwendung finden. Wird die Versicherungsteuer, nicht aber die Feuerschutzsteuer erhoben, so sind die Versicherungsentgelte, deren Entgegennahme der Feuerschutzsteuer nicht unterliegt, in einer besonderen Spalte abzusetzen. Wird die Feuerschutzsteuer, nicht aber die Versicherungsteuer erhoben, so sind auch diese Fälle in der Aufstellung in einer besonderen Spalte einzutragen.

(4) Für die Aufstellungen und Nachweisungen sind die Muster 1 bis 3 maßgebend.

Erstattung der Steuer bei vorzeitigem Aufhören der Versicherung.

§ 9. Der Versicherer hat die Steuerbeträge, deren Erstattung er gemäß § 7 des Gesetzes beansprucht, in der Nachweisung [§ 8 Abs. (4)] vom Steuerbetrag abzusetzen. Die Absetzung ist bei der früheren Eintragung in der Aufstellung oder in den Geschäftsbüchern zu vermerken. Bei der Absetzung ist auf die frühere Eintragung hinzuweisen.

Inkrafttreten.

§ 10. Diese Verordnung tritt mit 1. April 1948 in Kraft. Gleichzeitig treten alle ihren Bestimmungen widersprechenden Verwaltungsanordnungen außer Kraft.

12. Kraftfahrzeugsteuergesetz 1992

Kraftfahrzeugsteuergesetz, BGBl 1992/449 idF

1 BGBl 1993/254	**2** BGBl 1993/818	**3** BGBl 1994/629
4 BGBl 1995/21	**5** BGBl 1995/503	**6** BGBl 1996/201 (StruktAnpG 1996)
7 BGBl 1996/798 (EU-AbgÄG)	**8** BGBl I 2000/26 (BudgetbegleitG 2000)	**9** BGBl I 2000/142 (BudgetbegleitG 2001)
10 BGBl I 2003/71 (BudgetbegleitG 2003)	**11** BGBl I 2005/161 (AbgÄG 2005)	**12** BGBl I 2007/64 (KfzStG-Nov. 2007)
13 BGBl I 2010/9	**14** BGBl I 2010/111 (BudBG 2011)	**15** BGBl I 2012/112 (AbgÄG 2012)
16 BGBl I 2014/13 (AbgÄG 2014)	**17** BGBl I 2014/105 (2. AbgÄG 2014)	**18** BGBl I 2018/62 (JStG 2018)
19 BGBl I 2019/103 (StRefG 2020)	**20** BGBl I 2020/99 (2. FORG)	**21** BGBl I 2022/108 (AbgÄG 2022)
22 BGBl I 2023/201		

GLIEDERUNG

§ 1. Gegenstand der Steuer
§ 2. Steuerbefreiungen
§ 3. Steuerschuldner
§ 4. Dauer der Steuerpflicht
§ 5. Steuersatz
§ 6. Anzeige-, Aufzeichnungs- und Erklärungspflicht, Entrichtung der Steuer
§ 7. (aufgehoben)
§ 8. Aufhebung der Zulassung
§ 9. Verweisungen
§ 10. (aufgehoben)
§ 11. Inkrafttreten und Vollziehung

STICHWORTVERZEICHNIS

A
Änderung der Verhältnisse 4 (3)
Anhänger 1 (2)
– zur Schienenfahrzeugbeförderung, Steuerbefreiung 2 (1) Z 13
Anzeigepflicht 6 (1)
Arbeitsmaschine, Steuerbefreiung 2 (1) Z 8
Aufhebung
– der Zulassung 8
Aufzeichnungspflicht 6 (2)
ausländische Kraftfahrzeuge
– Steuersatz 5 (4)
– Verordnungsermächtigung 5 (5)
ausländisches Kraftfahrzeug 1 (1)
– Anzeigepflicht 6 (5)
– Dauer der Steuerpflicht 4 (1)
– Steuererhebung 6 (5)
– Steuersatz 5 (4)
– Steuerschuldner 3

B
Behindertenfahrzeug, Steuerbefreiung 2 (1) Z 12
Bund, Steuerbefreiung 2 (1) Z 1

D
Dauer, Steuerpflicht 4

E
Elektrofahrzeug, Steuerbefreiung 2 (1) Z 9
Erklärungspflicht 6 (4)

F
Fälligkeitstag 6 (3)
Feuerwehr, Steuerbefreiung 2 (1) Z 2

G
Gebietskörperschaft, Steuerbefreiung 2 (1) Z 1
Gegenseitigkeitserklärung, Steuerbefreiung 2 (1) Z 11

H
Heeresfahrzeug, Steuerbefreiung 2 (1) Z 2
Hinterlegung von Kennzeichen, Steuerbefreiung 2 (1) Z 10
Huckepackverkehr, Steuerbefreiung 2 (3)

I
Inkrafttreten 11 (1)
inländisches Kraftfahrzeug 1 (1)
– Dauer der Steuerpflicht 4 (1)
– Steuerschuldner 3
Invalidenkraftfahrzeug, Steuerbefreiung 2 (1) Z 5

J
Justizwache, Steuerbefreiung 2 (1) Z 1

K
Kombinationskraftwagen 1 (1)
– ausländisch, Steuersatz 5 (4)
– Steuersatz 5 (1)

12. KfzStG

§ 1

Körperbehinderung, Steuerbefreiung 2 (1) Z 12
Kraftfahrzeug
– ausländisches s. ausländisches Kraftfahrzeug
– inländisches s. inländisches Kraftfahrzeug
– ohne Zulassung 1 (1)
– Steuersatz 5 (1)
– unter 3,5 t, Steuerbefreiung 2 (1) Z 14
Kraftrad 1 (1)
– ausländisch, Steuersatz 5 (4)
– Steuerbefreiung 2 (1) Z 6
– Steuersatz 5 (1)
Krankenwagen, Steuerbefreiung 2 (1) Z 2

L
land- und forstwirtschaftlicher Betrieb, Steuerbefreiung 2 (1) Z 7

M
mehrere Kraftfahrzeug, ein Zulassungsschein, Steuerbefreiung 2 (2)
Mietwagen, Steuerbefreiung 2 (1) Z 4
Motorkarren, Steuerbefreiung 2 (1) Z 7

N
Nichtentrichtung 8

O
öffentlicher Sicherheitsdienst, Steuerbefreiung 2 (1) Z 1
Omnibus, Steuerbefreiung 2 (1) Z 4

P
Personenkraftwagen 1 (1)
– ausländisch, Steuersatz 5 (4)
– Steuersatz 5 (1)
Probefahrtkennzeichen, Steuerbefreiung 2 (1) Z 3

R
Rettungsdienst, Steuerbefreiung 2 (1) Z 2

S
Selbstberechnung 6 (3)
Staatsverträge, Steuerbefreiung 2 (1) Z 11
steuerbefreites Kraftfahrzeug, Beginn der Steuerpflicht 4 (2)
Steuerbefreiungen 2 (1 ff)
Steuerberechnung 5 (2 f)
Steuerentrichtung 6 (3)
Steuergegenstand 1
Steuerpflicht, Dauer 4
Steuersatz 5
Steuerschuldner 3
– Anzeigepflicht 6 (1)
– Aufzeichnungspflicht 6 (2)
– Erklärungspflicht 6 (4)
– Selbstberechnung 6 (3)

T
Tagessteuersatz, ausländisches
– Kraftfahrzeug 5 (4)
Taxi, Steuerbefreiung 2 (1) Z 4

U
Überstellungskennzeichen, Steuerbefreiung 2 (1) Z 3

V
Verweisungen auf andere Gesetze 9
Vollzug 11 (2)
Vor- oder Nachlaufverkehr, Steuerbefreiung 2 (1) Z 14

W
Wechselkennzeichen 1 (1)
widerrechtliche Verwendung 1 (1)
– Steuerpflicht 4 (1)

Z
Zollwache, Steuerbefreiung 2 (1) Z 1
Zugmaschine, Steuerbefreiung 2 (1) Z 7
Zulassungsaufhebung 8
zwischenstaatliches Steuerrecht, Steuerbefreiung 2 (1) Z 11

Bundesgesetz über die Erhebung einer Kraftfahrzeugsteuer (Kraftfahrzeugsteuergesetz 1992 – KfzStG 1992)

Gegenstand der Steuer

§ 1. (1) Der Kraftfahrzeugsteuer unterliegen
1. in einem inländischen Zulassungsverfahren zum Verkehr zugelassene Kraftfahrzeuge
   a) deren höchstes zulässiges Gesamtgewicht mehr als 3,5 Tonnen beträgt;
   b) die kraftfahrrechtlich als Zugmaschine oder Motorkarren genehmigt sind;
   c) wenn und solange für diese eine Kraftfahrzeug-Haftpflichtversicherung, auf die § 6 Abs. 3 Versicherungssteuergesetz 1953 anzuwenden ist, nicht besteht;
2. in einem ausländischen Zulassungsverfahren zum Verkehr zugelassene Kraftfahrzeuge, die auf Straßen mit öffentlichem Verkehr im Inland verwendet werden;
3. Kraftfahrzeuge, die auf Straßen mit öffentlichem Verkehr im Inland ohne die kraftfahrrechtlich erforderliche Zulassung verwendet werden (widerrechtliche Verwendung).

(2)
1. Anhänger mit einem höchsten zulässigen Gesamtgewicht von mehr als 3,5 Tonnen gelten als Kraftfahrzeuge im Sinne dieses Gesetzes.
2. Übersteigt die Anzahl der Anhänger die Anzahl der ziehenden steuerpflichtigen Kraftfahrzeuge mit einem höchsten zulässigen Gesamtgewicht von mehr als 3,5 Tonnen desselben Steuerschuldners (überzählige Anhänger), sind jene Anhänger steuerfrei, die die

niedrigere Bemessungsgrundlage aufweisen. Die Feststellung, ob überzählige Anhänger vorhanden sind, hat jeweils auf den 1. Tag eines Kalendermonats zu erfolgen.

Anhänger, die von einem Kraftfahrzeug eines anderen Steuerschuldners gezogen werden, sind bei der Feststellung, ob überzählige Anhänger vorhanden sind, nicht zu berücksichtigen; für sie ist die Steuer für den Kalendermonat, in dem die Verwendung erfolgt, zu erheben.

Steuerbefreiungen

§ 2. (1) Von der Steuer sind befreit:

1. Kraftfahrzeuge, die für den Bund oder eine andere Gebietskörperschaft zugelassen und zur Verwendung im Bereich des öffentlichen Sicherheitsdienstes oder der Justizwache bestimmt sind, sowie Heeresfahrzeuge;
2. Kraftfahrzeuge, die ausschließlich oder vorwiegend für die Feuerwehr, für den Rettungsdienst oder als Krankenwagen bestimmt sind;
3. Kraftfahrzeuge, die mit Probefahrtkennzeichen oder mit Überstellungskennzeichen benützt werden;
4. Kraftfahrzeuge der Klassen M2 und M3 (Omnibusse) sowie Kraftfahrzeuge, die ausschließlich oder vorwiegend im Mietwagen- oder Taxigewerbe verwendet werden.
(BGBl I 2019/103)
5. Invalidenkraftfahrzeuge;
6. Kraftfahrzeuge der Klassen L1e, L2e, L3e, L4e und L5e (Krafträder), deren Hubraum 100 Kubikzentimeter nicht übersteigt;
(BGBl I 2019/103)
7. Zugmaschinen und Motorkarren, die ausschließlich oder vorwiegend in land- und forstwirtschaftlichen Betrieben verwendet werden und ausschließlich von jenen gezogene Anhänger;
8. kraftfahrrechtlich als selbstfahrende Arbeitsmaschine und als Anhänger-Arbeitsmaschine genehmigte Fahrzeuge;
9. Kraftfahrzeuge, die auf Grund ihres Antriebes (insbesondere Elektro oder Wasserstoff) einen CO_2-Emissionswert von 0 g/km aufweisen;
(BGBl I 2022/108)
10. Kraftfahrzeuge, für die die Bescheinigung der Zulassung und die Kennzeichentafeln bei der zuständigen Behörde hinterlegt werden,
    – bei Fahrzeugen, deren höchstes zulässiges Gesamtgewicht mehr als 3,5 Tonnen beträgt, für einen Zeitraum von mindestens zehn Tagen,
    – bei anderen Fahrzeugen für einen Zeitraum von mindestens 45 Tagen;
    der Tag, an dem die Hinterlegung erfolgt, und der Tag der Wiederausfolgung werden nicht in die Frist einbezogen;
11. Kraftfahrzeuge von Personen, denen eine Steuerbefreiung auf Grund von Staatsverträgen, Gegenseitigkeitserklärungen oder sonst nach den Grundsätzen des zwischenstaatlichen Steuerrechtes zukommt oder auf Grund tatsächlich gewährter Gegenseitigkeit zuerkannt wird;
12. Kraftfahrzeuge, die ausschließlich für Menschen mit Behinderung zugelassen sind und von diesen zur persönlichen Fortbewegung verwendet werden müssen, unter folgenden Voraussetzungen:
    a) Überreichung einer Abgabenerklärung an das Finanzamt. Bei Erfüllung aller Voraussetzungen entsteht der Anspruch auf Steuerfreiheit mit der Überreichung der Abgabenerklärung; dies gilt auch, wenn der Nachweis über die Behinderung erst nachträglich beigebracht wird;
    b) Nachweis der Behinderung durch
        – einen Ausweis gemäß § 29b der Straßenverkehrsordnung 1960 oder
        – einen Eintrag der Unzumutbarkeit der Benützung öffentlicher Verkehrsmittel oder der Blindheit im Behindertenpass gemäß § 40 ff. Bundesbehindertengesetz, BGBl. Nr. 283/1990 in der geltenden Fassung;
    c) vorwiegende Verwendung des Kraftfahrzeuges zur persönlichen Fortbewegung des Menschen mit Behinderung und für Fahrten, die Zwecken des Menschen mit Behinderung und seiner Haushaltsführung dienen;
    d) die Steuerbefreiung steht nur für ein Kraftfahrzeug zu. Unter einem Wechselkennzeichen zum Verkehr zugelassene Kraftfahrzeuge werden von der Steuerbefreiung miterfasst;
(BGBl I 2019/103)
13. Anhänger, die für die Beförderung von Schienenfahrzeugen auf der Straße eingerichtet sind und ausschließlich dafür verwendet werden;
14. in einem inländischen Zulassungsverfahren zugelassene Kraftfahrzeuge mit einem höchsten zulässigen Gesamtgewicht von mehr als 3,5 Tonnen in dem Kalendermonat, in welchem diese ausschließlich im Vor- und Nachlaufverkehr zum kombinierten Verkehr Straße/Schiene für die Zustellung und Abholung von Containern mit mindestens 20 Fuß Länge, von auswechselbaren Aufbauten oder von bahnbeförderten Anhängern verwendet werden. Ein Vor- oder Nachlaufverkehr liegt nur dann vor, wenn von der Be- oder Entladestelle der nächstgelegene technisch geeignete inländische Ver- oder Entladebahnhof benützt wird.

(2) Wird zwei oder drei Kraftfahrzeugen ein Wechselkennzeichen gemäß § 48 Abs. 2 des Kraftfahrgesetzes 1967 zugewiesen, so ist die Steuer nur für das Kraftfahrzeug zu entrichten, das der

höchsten Steuer unterliegt. In die Berechnung sind auch Kraftfahrzeuge, die der motorbezogenen Versicherungssteuer (§ 6 Abs. 3 VersStG 1953) unterliegen, einzubeziehen. Kraftfahrzeuge, die gemäß Abs. 1 von der Steuer befreit sind, sind nicht zu berücksichtigen. Wird für eines der unter Wechselkennzeichen zugelassenen Kraftfahrzeuge motorbezogene Versicherungssteuer entrichtet, so ist diese, soweit sie auf den Steuerberechnungszeitraum (§ 6 Abs. 3) entfällt, auf die Kraftfahrzeugsteuer anzurechnen.

(BGBl I 2019/103)

(3)
1. Wird ein in einem inländischen Zulassungsverfahren zugelassenes Kraftfahrzeug mit einem höchsten zulässigen Gesamtgewicht von mehr als 3,5 Tonnen leer oder beladen im Huckepackverkehr im Inland mit der Eisenbahn befördert, so ermäßigt sich die Steuer für dieses Fahrzeug auf Antrag für jede Bahnbeförderung um 15% der monatlich für dieses Fahrzeug zu entrichtenden Steuer, höchstens jedoch um den Betrag, der für das Fahrzeug im Kalenderjahr an Steuer zu entrichten ist. Kann für das mit der Bahn beförderte Kraftfahrzeug die Ermäßigung nicht in Anspruch genommen werden, weil dieses Fahrzeug gemäß Abs. 1 Z 14 steuerbefreit ist, ermäßigt sich die Steuer auf Antrag für jede Bahnbeförderung dieses Fahrzeuges um 15% der monatlich für ein anderes Kraftfahrzeug desselben Steuerschuldners zu entrichtenden Steuer, soweit dessen höchstes zulässiges Gesamtgewicht jenes des mit der Bahn beförderten Fahrzeuges nicht übersteigt, höchstens jedoch um den Betrag, der für das mit der Bahn beförderte Fahrzeug im Kalenderjahr an Steuer zu entrichten ist.
2. Der Nachweis, daß die Voraussetzungen für die Ermäßigung der Steuer erfüllt sind, ist für jedes Fahrzeug durch fortlaufend geführte Aufzeichnungen über die Bahnbeförderung und die vom Eisenbahnunternehmen darüber ausgestellte Rechnung zu erbringen.

Steuerschuldner
§ 3. Steuerschuldner ist
1. bei einem in einem inländischen Zulassungsverfahren zugelassenen Kraftfahrzeug die Person, für die das Kraftfahrzeug zugelassen ist;
2. in allen anderen Fällen die Person, die das Kraftfahrzeug auf Straßen mit öffentlichem Verkehr im Inland verwendet.

Dauer der Steuerpflicht
§ 4. (1) Die Steuerpflicht dauert:
1. Für ein in einem inländischen Zulassungsverfahren zugelassenes Kraftfahrzeug vom Tag der Zulassung bis zum Tag, an dem die Zulassung endet;
2. für ein in einem ausländischen Zulassungsverfahren zugelassenes Kraftfahrzeug vom Tag des Grenzeintrittes bis zum Tag des Grenzaustrittes;
3. bei widerrechtlicher Verwendung (§ 1 Z 3) eines Kraftfahrzeuges vom Beginn des Kalendermonates, in dem die Verwendung einsetzt, bis zum Ablauf des Kalendermonates, in dem die Verwendung endet.

(2) Wird ein steuerbefreites Kraftfahrzeug steuerpflichtig, so beginnt die Steuerpflicht mit dem Tag, an dem der Befreiungsgrund wegfällt.

(3) Kommt es zu einer Änderung der für die Steuerbemessung maßgeblichen Verhältnisse, so ist dies ab dem Tag der Änderung zu berücksichtigen.

Steuersatz
§ 5. (1) Die Steuer beträgt je Monat bei
1. Kraftfahrzeugen der Klassen L1e, L2e, L3e, L4e und L5e
   a) die vor dem 1. Oktober 2020 erstmalig zugelassen wurden, je Kubikzentimeter Hubraum 0,0275 Euro,
   b) die nach dem 30. September 2020 erstmalig zugelassen werden, 0,014 Euro je Kubikzentimeter des um 52 Kubikzentimeter verringerten Hubraums sowie 0,20 Euro je Gramm des um 52 verringerten Wertes der CO_2-Emissionen in Gramm pro Kilometer, die nach dem World Motorcycle Test Cycle (WMTC) gemäß der Verordnung (EU) Nr. 168/2013 über die Genehmigung und Marktüberwachung von zwei- oder dreirädrigen und vierrädrigen Fahrzeugen, ABl. Nr. L 60 vom 2. März 2013, Seite 52 zuletzt geändert durch Verordnung (EU) Nr. 129/2019 zur Änderung der Verordnung (EU) Nr. 168/2013 hinsichtlich der Anwendung der Stufe Euro 5 auf die Typgenehmigung von zwei- oder dreirädrigen und vierrädrigen Fahrzeugen, ABl. Nr. L 30 vom 16. Januar 2019, Seite 106, ermittelt wurden, mindestens aber 10 Gramm pro Kilometer.
2. Kraftfahrzeugen mit einem höchsten zulässigen Gesamtgewicht bis 3,5 Tonnen
   a) der Klasse M1, ausgenommen Wohnmobile der Aufbauart „SA", bei denen das Basisfahrzeug ein Kraftfahrzeug der Klasse N ist,

(BGBl I 2022/108)

   aa) die vor dem 1. Oktober 2020 erstmalig zugelassen wurden, je Kilowatt der um 24 Kilowatt verringerten Leistung des Verbrennungsmotors
   – für die ersten 66 Kilowatt 0,682 Euro
   – für die weiteren 20 Kilowatt 0,726 Euro

- und für die darüber hinausgehenden Kilowatt 0,825 Euro, mindestens 6,82 Euro. Für mit einem Fremdzündungsmotor ausgestattete Kraftfahrzeuge, die vor dem 1. Jänner 1987 erstmals im Inland zum Verkehr zugelassen wurden, erhöht sich die Kraftfahrzeugsteuer um 20%, sofern nicht nachgewiesen wird, dass das Kraftfahrzeug die gemäß § 1d Abs. 1 Z 3 Kategorie A oder B der KDV 1967, BGBl. Nr. 399/1967, in der Fassung der 34. Novelle, BGBl. Nr. 579/1991, vorgeschriebenen Schadstoffgrenzwerte einhält;

bb) die nach dem 30. September 2020 erstmalig zugelassen werden und für welche die CO_2-Emissionen gemäß der Verordnung (EU) 2017/1151 zur Ergänzung der Verordnung (EG) Nr. 715/2007 über die Typengenehmigung von Kraftfahrzeugen hinsichtlich der Emissionen von leichten Personenkraftwagen und Nutzfahrzeugen (Euro 5 und Euro 6) und über den Zugang zu Fahrzeugreparatur- und -wartungsinformationen, zur Änderung der Richtlinie 2007/46/EG, der Verordnung (EG) Nr. 692/2008 sowie der Verordnung (EU) Nr. 1230/2012 und zur Aufhebung der Verordnung (EG) Nr. 692/2008 (im Folgenden: Verordnung (EU) 2017/1151), ABl. Nr. L 175 vom 7. Juli 2017, Seite 1, gemäß dem weltweit harmonisierten Prüfverfahrens für leichte Nutzfahrzeuge (WLTP) ermittelt wurden, 0,72 Euro je Kilowatt der um 65 Kilowatt verringerten Leistung des Verbrennungsmotors sowie 0,72 Euro je Gramm des um 115 Gramm pro Kilometer verringerten Wertes der CO_2-Emissionen in Gramm pro Kilometer, mindestens 5 Kilowatt und mindestens 5 Gramm pro Kilometer anzusetzen. Es gilt der kombinierte WLTP-Wert der CO_2-Emissionen in Gramm pro Kilometer, bei extern aufladbaren Hybridelektrofahrzeugen jedoch der gewichtet kombinierte WLTP-Wert der CO_2-Emissionen in Gramm pro Kilometer;

cc) die nach dem 30. September 2020 erstmalig zugelassen werden und für welche die CO_2-Emissionen nicht gemäß der Verordnung (EU) 2017/1151 ermittelt wurden, je Kilowatt der um 24 Kilowatt verrin-

gerten Leistung des Verbrennungsmotors
  - für die ersten 66 Kilowatt 0,682 Euro,
  - für die weiteren 20 Kilowatt 0,726 Euro,
  - und für die darüber hinausgehenden Kilowatt 0,825 Euro,

mindestens 6,82 Euro;

b) allen übrigen Kraftfahrzeugen je Kilowatt der um 24 Kilowatt verringerten Leistung des Verbrennungsmotors
  - für die ersten 66 Kilowatt 0,682 Euro,
  - für die weiteren 20 Kilowatt 0,726 Euro
  - und für die darüber hinausgehenden Kilowatt 0,825 Euro,

mindestens 6,82 Euro höchstens aber 80 Euro;

3. Kraftfahrzeugen mit einem höchsten zulässigen Gesamtgewicht von mehr als 3,5 Tonnen für jede angefangene Tonne höchstes zulässiges Gesamtgewicht
  - bei Fahrzeugen mit einem höchsten zulässigen Gesamtgewicht bis zu 12 Tonnen 1,55 Euro, mindestens 15 Euro;
  - bei Fahrzeugen mit einem höchsten zulässigen Gesamtgewicht von mehr als 12 Tonnen bis zu 18 Tonnen 1,70 Euro;
  - bei Fahrzeugen mit einem höchsten zulässigen Gesamtgewicht von mehr als 18 Tonnen 1,90 Euro, höchstens 80 Euro, bei Anhängern höchstens 66 Euro.

Bei Sattelanhängern ist das kraftfahrrechtlich höchste zulässige Gesamtgewicht um die Sattellast zu verringern.

(BGBl I 2019/103)

(2) Für die Steuerberechnung gemäß Abs. 1 sind die in der Zulassungsbescheinigung eingetragenen Werte maßgebend. Ist die Leistung des Verbrennungsmotors nicht in Kilowatt angegeben, hat die Umrechnung gemäß § 64 des Maß- und Eichgesetzes 1950, BGBl. Nr. 152, in der Fassung des Bundesgesetzes BGBl. Nr. 174/1973, zu erfolgen. Bruchteile von Kilowatt oder Gramm pro Kilometer sind auf volle Kilowatt oder Gramm pro Kilometer aufzurunden. Fehlt eine entsprechende Eintragung, ist bei Kraftfahrzeugen
  - gemäß Abs. 1 Z 1 lit. a ein Hubraum von 350 Kubikzentimeter,
  - gemäß Abs. 1 Z 1 lit. b ein Hubraum von 350 Kubikzentimeter oder ein CO_2-Ausstoß von 85 Gramm pro Kilometer,
  - gemäß Abs. 1 Z 2 lit. a sublit. aa und cc sowie lit. b eine Leistung des Verbrennungsmotors von 50 Kilowatt,
  - gemäß Abs. 1 Z 2 lit. b sublit. bb eine Leistung des Verbrennungsmotors von 85 Kilowatt

- oder ein CO_2-Ausstoß von 125 Gramm pro Kilometer,
- gemäß Abs. 1 Z 2 lit. a sublit. bb eine Leistung des Verbrennungsmotors von 85 Kilowatt oder ein CO_2-Ausstoß von 125 Gramm pro Kilometer,
- gemäß Abs. 1 Z 3 ein höchstes zulässiges Gesamtgewicht von 8 Tonnen anzusetzen.

(BGBl I 2019/103, BGBl I 2022/108)

(3) Zur Berechnung der Steuer ist der Monat mit 30 Tagen anzusetzen. Angefangene Tage zählen als volle Tage.

(4) Für ein in einem ausländischen Zulassungsverfahren zugelassenes Kraftfahrzeug, das vorübergehend im Inland benützt wird, beträgt der Tagessteuersatz für:
1. Krafträder .... 1,10 Euro;
2. Personenkraftwagen und Kombinationskraftwagen .... 2,20 Euro;
3. alle übrigen Kraftfahrzeuge .... 13 Euro.

(5) Der Bundesminister für Finanzen ist ermächtigt, für bestimmte Gruppen von Kraftfahrzeugen mit ausländischem Kennzeichen die gemäß Abs. 4 anzuwendenden Steuersätze mit Verordnung zu erhöhen, um diese Kraftfahrzeuge einer Steuerbelastung zu unterwerfen, die der Belastung entspricht, welcher Kraftfahrzeuge mit inländischem Kennzeichen im Heimatstaat der Kraftfahrzeuge mit ausländischem Kennzeichen unterliegen. Hiebei ist auf alle Abgaben Bedacht zu nehmen, die in dem betreffenden Staat für die Benützung oder das Halten von Kraftfahrzeugen erhoben werden.

(6)
1. Beginnend mit 1. Jänner 2021 werden jährlich der Wert 115 Gramm pro Kilometer in Abs. 1 Z 2 lit. a sublit. bb um den Wert 3 und der Wert 65 Kilowatt in Abs. 1 Z 2 lit. a sublit. bb um den Wert 1 abgesenkt
2. Abweichend von lit. a wird der Bundesminister für Finanzen ermächtigt, einmal jährlich zum 1. Jänner des Folgejahres, durch Verordnung die Steuersätze und die Abzugsbeträge gemäß Abs. 1 anzupassen, um die Änderung der durchschnittlichen CO_2-Emissionen auf Grund der technischen Entwicklung und der regulatorischen Vorgaben zu berücksichtigen; dabei ist auf ökologische und soziale Zielsetzungen Bedacht zu nehmen.
3. Die gemäß Z 1 oder 2 angepassten Werte sind für jene Kraftfahrzeuge anzuwenden, die ab dem Wirksamwerden der Änderungen bis zum Wirksamwerden der Änderungen des Folgejahres erstmalig zugelassen werden.

(BGBl I 2019/103)

Anzeige-, Aufzeichnungs- und Erklärungspflicht, Entrichtung der Steuer

§ 6. (1) Der Steuerschuldner hat dem Finanzamt die Umstände anzuzeigen, die die Abgabepflicht nach diesem Bundesgesetz begründen; diese Anzeige ist binnen einem Monat, gerechnet vom Eintritt des anzeigepflichtigen Ereignisses, zu erstatten.

(BGBl I 2020/99)

(2) Aus im Inland vom Steuerschuldner fortlaufend zu führenden Aufzeichnungen muß sich für nach diesem Bundesgesetz steuerpflichtige Kraftfahrzeuge deren Art und Kennzeichen, die Dauer der Steuerpflicht und die Steuerbemessungsgrundlage ergeben.

(3)
1. Bei widerrechtlicher Verwendung (§ 1 Abs. 1 Z 3) hat der Steuerschuldner jeweils für einen Kalendermonat die Steuer selbst zu berechnen und bis zum 15. Tag (Fälligkeitstag) des auf den Kalendermonat zweitfolgenden Kalendermonats an das Finanzamt zu entrichten. Wenn die Selbstberechnung unterlassen wird oder wenn sich die Selbstberechnung als nicht richtig erweist, hat das Finanzamt die Steuer festzusetzen. Der festgesetzte Abgabenbetrag hat den im ersten Satz genannten Fälligkeitstag. Eine Festsetzung kann nur so lange erfolgen, als nicht ein den Selbstberechnungszeitraum beinhaltender Jahresbescheid erlassen wurde.
2. In Fällen des § 1 Abs. 1 Z 1 hat der Steuerschuldner jeweils für ein Kalendervierteljahr die Steuer selbst zu berechnen und bis zum 15. Tag (Fälligkeitstag) des auf das Kalendervierteljahr zweitfolgenden Kalendermonats an das Finanzamt zu entrichten. Ein gemäß § 201 BAO festgesetzter Abgabenbetrag hat den im ersten Satz genannten Fälligkeitstag.

(BGBl I 2020/99)

(BGBl I 2018/62)

(4) Der Steuerschuldner hat für jedes abgelaufene Kalenderjahr bis zum **„30. Juni"** des darauffolgenden Kalenderjahres dem Finanzamt eine Steuererklärung über die steuerpflichtigen Kraftfahrzeuge abzugeben.

(BGBl I 2023/201 ab 1.1.2014)

(5) Für ein in einem ausländischen Zulassungsverfahren zugelassenes Kraftfahrzeug hat der Steuerschuldner den Beginn der Steuerpflicht beim Grenzübertritt dem Zollamt Österreich bekanntzugeben. Das Zollamt Österreich hat die Steuer nach den für den Zoll geltenden Rechtsvorschriften zu erheben. Der Steuerschuldner hat den Bescheid über die Festsetzung der Steuer im Inland mitzuführen und den Organen einer Abgabenbehörde auf Verlangen auszuhändigen. Beim Verlassen des Staatsgebietes hat das Zollamt Österreich, soweit erforderlich, die Steuer unter Anrechnung der beim Eintritt in das Staatsgebiet festgesetzten Steuer neu zu berechnen.

(BGBl I 2020/99)

§ 7. (aufgehoben)

(BGBl I 2020/99)

Aufhebung der Zulassung

§ 8. Die Nicht- oder nicht vollständige Entrichtung der Kraftfahrzeugsteuer ist ein Grund zur Aufhebung der Zulassung, den das Finanzamt bei der Behörde, die das Kraftfahrzeug zum Verkehr zugelassen hat, durch Anzeige geltend machen kann.

Verweisungen

§ 9. (1) Soweit in diesem Bundesgesetz auf Bestimmungen anderer Bundesgesetze hingewiesen wird, sind diese Bestimmungen, wenn nichts anderes bestimmt ist, in ihrer jeweils geltenden Fassung anzuwenden.

(2) Die in diesem Bundesgesetz verwendeten Begriffe des Kraftfahrrechtes richten sich nach den jeweils geltenden kraftfahrrechtlichen Vorschriften. Die Einteilung der Kraftfahrzeuge in Klassen richtet sich nach § 3 des Kraftfahrgesetzes 1967, BGBl. Nr. 267/1967, in der jeweils geltenden Fassung.

(BGBl I 2019/103)

(3) Wird in anderen Bundesgesetzen auf Bestimmungen des Kraftfahrzeugsteuergesetzes 1952, BGBl. Nr. 110, verwiesen, bezieht sich diese Verweisung auf die entsprechenden Bestimmungen dieses Bundesgesetzes.

§ 10. (aufgehoben)

Inkrafttreten und Vollziehung

§ 11. (1)
1. Die §§ 1 bis 9 sind unter Berücksichtigung der durch das Bundesgesetz BGBl. Nr. 254/1993 getroffenen Änderungen (§ 2 Abs. 1 Z 12 und § 5 Abs. 1 Z 2) für die Besteuerung von Kraftfahrzeugen für Zeiträume nach dem 30. April 1993 anzuwenden.
2. Die §§ 1 Abs. 2; 2 Abs. 1 Z 7, 8 und 13; 2 Abs. 3; 5 Abs. 1 Z 3; 5 Abs. 2; 6 Abs. 5 und 7 Abs. 3 in der Fassung des Bundesgesetzes BGBl. Nr. 629/1994 sind für die Besteuerung von Kraftfahrzeugen für Zeiträume nach dem 31. Dezember 1994 anzuwenden.
3. § 2 Abs. 1 Z 10 in der Fassung des Bundesgesetzes BGBl. Nr. 21/1995 ist auf die Besteuerung von Kraftfahrzeugen anzuwenden, für die der Zulassungsschein und die Kennzeichentafeln am 1. Jänner 1995 hinterlegt sind oder nach dem 1. Jänner 1995 hinterlegt werden.
4. Die §§ 1 Abs. 1 Z 1; 1 Abs. 1 Z 3; 2 Abs. 2 und 5 Abs. 1 Z 2, jeweils in der Fassung des Bundesgesetzes BGBl. Nr. 201/1996, sind für die Besteuerung von Kraftfahrzeugen für Zeiträume nach dem 31. Dezember 1996 anzuwenden.
5. § 2 Abs. 1 Z 10 in der Fassung des Bundesgesetzes BGBl. I Nr. 26/2000 ist auf die Besteuerung von Kraftfahrzeugen anzuwenden, für die der Zulassungsschein und die Kennzeichentafeln nach dem 31. Mai 2000 hinterlegt werden.
6. § 2 Abs. 3 Z 1 in der Fassung des Bundesgesetzes BGBl. I Nr. 161/2005 ist auf die Besteuerung von Kraftfahrzeugen für Zeiträume nach dem 31. Dezember 2005 anzuwenden.
7. §§ 2 Abs. 1 Z 10 und Abs. 2, 5 Abs. 2 sowie 7 Abs. 2, jeweils in der Fassung des Bundesgesetzes BGBl. I Nr. 112/2012, treten mit 1. Jänner 2013 in Kraft.
8. § 5 Abs. 1 und 4 in der Fassung des Bundesgesetzes BGBl. I Nr. 13/2014 sind für die Besteuerung von Kraftfahrzeugen für Zeiträume nach dem 28. Februar 2014 anzuwenden.
9. § 6 Abs. 3 in der Fassung des Bundesgesetzes BGBl. I Nr. 62/2018 tritt mit 1. Jänner 2019 in Kraft und ist auf die Besteuerung von Kraftfahrzeugen für Zeiträume nach dem 31. Dezember 2018 anzuwenden.

(BGBl I 2018/62)

10. In der Fassung des Bundesgesetzes BGBl. I Nr. 103/2019 treten in Kraft,
    1. § 2 Abs. 1 Z 12 mit 1. Dezember 2019,
    2. § 2 Abs. 1 Z 4 und 6, § 5 Abs. 1, 2 und 6 sowie § 9 Abs. 2 mit 1. Oktober 2020.

(BGBl I 2019/103)

11. § 6 Abs. 1, Abs. 3 Z 2 und Abs. 5 in der Fassung des Bundesgesetzes BGBl. I Nr. 99/2020 tritt mit 1. Jänner 2021 in Kraft. § 7 samt Überschrift in der Fassung des Bundesgesetzes BGBl. I Nr. 13/2014 tritt mit Ablauf des 31. Dezember 2020 außer Kraft.

(BGBl I 2020/99)

12. § 2 Abs. 1 Z 9, § 5 Abs. 1 Z 2 lit. a und § 5 Abs. 2 Teilstrich 4, jeweils in der Fassung des Bundesgesetzes BGBl. I Nr. 108/2022, treten mit 1. Jänner 2023 in Kraft.

(BGBl I 2022/108)

„13. § 6 Abs. 4 in der Fassung des Bundesgesetzes BGBl. I Nr. 201/2023 tritt mit 1. Jänner 2024 in Kraft und ist erstmalig auf Steuererklärungen für das Kalenderjahr 2023 anzuwenden."

(BGBl I 2023/201)

(2) Mit der Vollziehung dieses Bundesgesetzes ist der Bundesminister für Finanzen, hinsichtlich des § 8 der Bundesminister für öffentliche Wirtschaft und Verkehr im Einvernehmen mit dem Bundesminister für Finanzen, betraut.

13. ENERGIEABGABEN

Inhaltsverzeichnis

13/1.	Elektrizitätsabgabegesetz	Seite	873
13/2.	Erdgasabgabegesetz	Seite	877
13/3.	Energieabgabenvergütungsgesetz	Seite	881
13/4.	Kohleabgabegesetz	Seite	884
13/5.	Flugabgabegesetz	Seite	886
13/6.	Energiekrisenbeiträge		
13/6/1.	Bundesgesetz über den Energiekrisenbeitrag-Strom	Seite	892
13/6/2.	Verordnung zur Umsetzung des Bundesgesetzes über den Energiekrisenbeitrag-Strom	Seite	895
13/6/3.	Bundesgesetz über den Energiekrisenbeitrag-fossile Energieträger	Seite	896
13/6/4.	Verordnung über den Absetzbetrag für begünstigte Investitionen im Rahmen der Energiekrisenbeiträge	Seite	898

13/1. Elektrizitätsabgabegesetz

Elektrizitätsabgabegesetz, BGBl 1996/201 idF

1 BGBl 1996/797 (AbgÄG 1996)	2 BGBl I 1998/9	3 BGBl I 1999/106 (StReformG 2000)
4 BGBl I 2000/26 (BudgetbegleitG 2000)	5 BGBl I 2003/71 (BudgetbegleitG 2003)	6 BGBl I 2005/161 (AbgÄG 2005)
7 BGBl I 2014/64	8 BGBl I 2019/103 (StRefG 2020)	9 BGBl I 2021/18
10 BGBl I 2022/10 (ÖkoStRefG 2022)	11 BGBl I 2022/63	12 BGBl I 2022/108 (AbgÄG 2022)
13 BGBl I 2023/64	14 BGBl I 2023/201	

GLIEDERUNG

- § 1. Steuerbare Vorgänge, Steuergebiet
- § 2. Steuerbefreiungen
- § 3. Abgabenschuldner
- § 4. Bemessungsgrundlage und Höhe der Abgabe
- § 5. Erhebung der Abgabe
- §§ 6, 6a. Aufzeichnungspflichten und Rechnungslegungspflichten
- § 7. Inkrafttreten
- § 8. Vollziehung

Bundesgesetz, mit dem eine Abgabe auf die Lieferung und den Verbrauch elektrischer Energie eingeführt wird (Elektrizitätsabgabegesetz)

Steuerbare Vorgänge, Steuergebiet

§ 1. (1) Der Elektrizitätsabgabe unterliegen

1. die Lieferung von elektrischer Energie im Steuergebiet, ausgenommen an Elektrizitätsunternehmen im Sinne des § 7 Abs. 1 Z 11 des Elektrizitätswirtschafts- und-organisationsgesetzes 2010 – ElWOG 2010, BGBl. I Nr. 110/2010, und an sonstige Wiederverkäufer, soweit die elektrische Energie zur Weiterlieferung bestimmt ist,
2. der Verbrauch von elektrischer Energie durch Elektrizitätsunternehmen sowie der Verbrauch von selbst hergestellter oder in das Steuergebiet verbrachter elektrischer Energie im Steuergebiet.

(2) Die Lieferung im Sinne des Abs. 1 Z 1 erfolgt an dem Ort, an dem der Empfänger über die elektrische Energie verfügen kann.

(3) Steuergebiet im Sinne dieses Bundesgesetzes ist das Bundesgebiet, ausgenommen das Gebiet der Ortsgemeinden Jungholz (Tirol) und Mittelberg (Vorarlberg).

Steuerbefreiungen

§ 2. (1) Von der Abgabe sind befreit:

1. elektrische Energie, soweit sie für die Erzeugung und Fortleitung von elektrischer Energie, Erdgas oder Mineralöl verwendet wird;
2. elektrische Energie, soweit sie für nichtenergetische Zwecke verwendet wird;
3. von Elektrizitätserzeugern selbst erzeugte elektrische Energie, wenn deren Menge, die nicht in das Netz eingespeist, sondern von diesen Elektrizitätserzeugern selbst verbraucht wird, nicht größer als 5 000 kWh pro Jahr ist;
4. aus erneuerbaren Energieträgern von Elektrizitätserzeugern, einschließlich gemeinschaftlicher Erzeugungsanlagen nach § 7 Abs. 1 Z 23a und § 16a ElWOG 2010 sowie Erneuerbare-Energie-Gemeinschaften nach § 79 des Erneuerbaren-Ausbau-Gesetzes, BGBl. I Nr. 150/2021, und § 7 Abs. 1 Z 15a und § 16c ElWOG 2010, selbst erzeugte elektrische Energie, soweit sie nicht in das Netz eingespeist, sondern von diesen Elektrizitätserzeugern, ihren teilnehmenden Berechtigten, Mitgliedern oder Gesellschaftern selbst verbraucht wird, für die jährlich bilanziell nachweisbar selbst verbrauchte elektrische Energie;
5. aus erneuerbaren Energieträgern von Eisenbahnunternehmen selbst erzeugter Bahnstrom, soweit dieser nachweislich von ihnen selbst oder von anderen Eisenbahnunternehmen zum Antrieb und Betrieb von Schienenfahrzeugen verwendet wird. Eisenbahnunternehmen im Sinne dieses Bundesgesetzes sind Betreiber von öffentlichen Eisenbahnen nach § 1 Z 1 des Eisenbahngesetzes 1957, BGBl. Nr. 60/1957, einschließlich Eisenbahnunternehmen, die Eisenbahnverkehrsdienste auf solchen Bahnen erbringen. Bahnstrom ist elektrische Energie, soweit diese von Eisenbahnunternehmen zum Antrieb und Betrieb von Schienenfahrzeugen verwendet wird. Als selbst erzeugt gelten auch jene Mengen von Bahnstrom, die innerhalb eines Unternehmens im Sinne des § 3 Abs. 4 des Kommunal-

steuergesetzes 1993, BGBl. Nr. 819/1993, oder eines vergleichbaren Unternehmens erzeugt und an andere Konzerngesellschaften geliefert werden.
(BGBl I 2022/108)

(2) Die Befreiung nach Abs. 1 Z 2 erfolgt im Wege einer Vergütung an denjenigen, der die elektrische Energie verwendet. Die Befreiung nach Abs. 1 Z 1 kann auf Antrag im Wege einer Vergütung an denjenigen, der die elektrische Energie verwendet, gewährt werden.
(BGBl I 2022/108)

(3) Der Bundesminister für Finanzen wird ermächtigt, durch Verordnung im Einvernehmen mit der Bundesministerin für Klimaschutz, Umwelt, Energie, Mobilität, Innovation und Technologie das Verfahren für die Inanspruchnahme der Steuerbefreiung nach Abs. 1 Z 4 näher zu regeln.
(BGBl I 2022/10)

Abgabenschuldner

§ 3. (1) Abgabenschuldner ist
1. im Falle des § 1 Abs. 1 Z 1 der Lieferer der elektrischen Energie,
2. im Falle des § 1 Abs. 1 Z 2 derjenige, der die elektrische Energie verbraucht.

(2) Wird bei der Lieferung von elektrischer Energie im Steuergebiet (§ 1 Abs. 1 Z 1) beim Verbrauch von selbst hergestellter elektrischer Energie oder bei der Verbringung der elektrischen Energie in das Steuergebiet (§ 1 Abs. 1 Z 2) das Leitungsnetz eines oder mehrerer Netzbetreiber im Sinne des § 7 Abs. 1 Z 51 ElWOG 2010 gegen Entgelt verwendet, so hat jener Netzbetreiber, aus dessen Leitungsnetz die elektrische Energie vom Empfänger der Lieferung oder vom Verbraucher entnommen wird, die auf diese Lieferung bzw. den Verbrauch entfallende Elektrizitätsabgabe als Haftender für Rechnung des Abgabenschuldners zu entrichten.

Bemessungsgrundlage und Höhe der Abgabe

§ 4. (1) Bemessungsgrundlage der Elektrizitätsabgabe ist
1. im Falle des § 1 Abs. 1 Z 1 die gelieferte elektrische Energie,
2. im Falle des § 1 Abs. 1 Z 2 die verbrauchte elektrische Energie in kWh.

(2) Die Abgabe beträgt 0,015 Euro je kWh.

(3) Die Abgabe auf Bahnstrom aus anderen als erneuerbaren Energieträgern und auf Bahnstrom, der nicht von Eisenbahnunternehmen selbst erzeugt wurde, beträgt 0,0018 Euro je kWh. Auf Antrag des Eisenbahnunternehmens, das nicht selbst erzeugten nachweislich zum Steuersatz nach Abs. 2 versteuerten Bahnstrom zum Antrieb und Betrieb von Schienenfahrzeugen verwendet hat, kommt eine Vergütung in Höhe von 0,0132 Euro je kWh zur Anwendung.
(BGBl I 2021/18, BGBl I 2022/10, BGBl I 2022/108)

(4) (aufgehoben)
(BGBl I 2021/18, BGBl I 2022/10, BGBl I 2022/108)

Erhebung der Abgabe

§ 5. (1) Der Abgabenschuldner gemäß § 3 Abs. 1 sowie der Netzbetreiber gemäß § 3 Abs. 2 hat bis zum 15. des auf den Kalendermonat zweitfolgenden Monates (Fälligkeitstag) die Abgabe für die im Kalendermonat gelieferte oder verbrauchte bzw. weitergeleitete Menge elektrischer Energie selbst zu berechnen und zu entrichten. Soweit die tatsächlich gelieferte oder verbrauchte bzw. weitergeleitete Menge elektrischer Energie nicht bis zum Fälligkeitstag festgestellt wird, ist der Abgabenschuldner bzw. der Netzbetreiber (§ 3 Abs. 2) verpflichtet, die Abgabe für ein Zwölftel der voraussichtlich in diesem Jahr gelieferten oder verbrauchten bzw. weitergeleiteten Menge elektrischer Energie bis zum Fälligkeitstag selbst zu berechnen und zu entrichten.

(2) Zum letzten Fälligkeitstag für jedes Kalenderjahr sind Abweichungen von der tatsächlichen Jahresabgabenschuld auszugleichen. Abgabenschuldner sowie Netzbetreiber, die den Gewinn gemäß § 2 Abs. 5 des Einkommensteuergesetzes 1988 oder gemäß § 7 Abs. 5 des Körperschaftsteuergesetzes 1988 nach einem vom Kalenderjahr abweichenden Wirtschaftsjahr ermitteln, können den Ausgleich am ersten auf den Bilanzstichtag folgenden Fälligkeitstag vornehmen. Der Netzbetreiber kann jene Elektrizitätsabgabe, die er als Haftender abgeführt hat und die ihm trotz Geltendmachung der ihm zumutbaren Schritte nicht ersetzt wurde, bei Ermittlung der Jahresabgabenschuld abziehen.

(3) Wird die Abgabe nicht oder in offensichtlich unrichtiger Höhe entrichtet, dann hat das Finanzamt die Abgabe festzusetzen. Die festgesetzte Abgabe hat die im Abs. 1 genannte Fälligkeit.

(4) Der Abgabenschuldner sowie der Netzbetreiber werden nach Ablauf des Kalenderjahres (Wirtschaftsjahres) zur Abgabe veranlagt. Bis zum „30. Juni" eines jeden Jahres hat der Abgabenschuldner bzw. der Netzbetreiber dem Finanzamt die Jahresabgabenerklärung für das vorangegangene Jahr zu übermitteln. In diese sind die Gesamtmenge der im vergangenen Jahr gelieferten oder verbrauchten bzw. weitergeleiteten Menge elektrischer Energie aufzunehmen.
(BGBl I 2023/201 ab 1.1.2024)

(5) Die Erhebung der Abgabe obliegt dem für die Erhebung der Umsatzsteuer des Abgabenschuldners zuständigen Finanzamt. Abweichend davon obliegt sie
1. in jenen Fällen, in denen der Netzbetreiber die Abgabe entrichtet, dem für die Erhebung der Umsatzsteuer des Netzbetreibers zuständigen Finanzamt;
2. in den Fällen des § 2 Abs. 1 Z 1 und 2 dem für die Erhebung der Umsatzsteuer des Verwenders der elektrischen Energie zuständigen Finanzamt;

3. in den Fällen des § 4 Abs. 3 zweiter Satz dem für die Erhebung der Umsatzsteuer des Eisenbahnunternehmens zuständigen Finanzamt.

(BGBl I 2022/108)

(6) Beträgt die monatliche Steuerschuld nicht mehr als 50 Euro, so ist sie jahresweise nur einmal für das gesamte Jahr zu entrichten.

(7) Ist die gesamte Steuerschuld eines Jahres nicht höher als 50 Euro, so wird die Abgabe nicht erhoben.

(8) Anträge auf Vergütung nach § 2 Abs. 1 Z 1 und 2 sowie § 4 Abs. 3 sind nur für volle Kalendermonate zulässig und bei sonstigem Verlust des Anspruchs bis zum Ablauf des auf die Verwendung folgenden Kalenderjahrs bei dem nach Abs. 5 zuständigen Finanzamt zu stellen.

(BGBl I 2022/108)

(9) Der Bundesminister für Finanzen wird ermächtigt, durch Verordnung das Verfahren für die Inanspruchnahme der Steuerbegünstigungen nach § 2 Abs. 1 Z 1, Z 2, Z 3 und Z 5 sowie nach § 4 Abs. 3 insbesondere betreffend Antragstellung und Nachweise näher zu regeln **„und zur Vermeidung von entbehrlichem Verwaltungsaufwand Vereinfachungen zuzulassen oder Ausnahmen von Erklärungspflichten oder von Aufzeichnungspflichten nach § 6 zu ermöglichen, soweit Steuerbelange dadurch nicht beeinträchtigt werden"**.

(BGBl I 2022/108, BGBl I 2023/201 ab 1.1.2024)

Aufzeichnungspflichten und Rechnungslegungspflichten

§ 6. (1) Der Abgabenschuldner gemäß § 3 Abs. 1 sowie der Netzbetreiber gemäß § 3 Abs. 2 sind verpflichtet, Aufzeichnungen zu führen, aus denen sich die gelieferte oder verbrauchte bzw. weitergeleitete Menge elektrischer Energie ergibt.

(2) Der Abgabenschuldner sowie der Netzbetreiber sind verpflichtet, im Falle der Lieferung bzw. Weiterleitung elektrischer Energie dem Empfänger spätestens in der Jahresabrechnung die Elektrizitätsabgabe offen auszuweisen.

(3) Der Empfänger der Lieferung der elektrischen Energie hat dem Abgabenschuldner sowie dem Netzbetreiber die weiterverrechnete Elektrizitätsabgabe zu ersetzen. Zahlt der Empfänger der elektrischen Energie an den Netzbetreiber das Netznutzungsentgelt und die Elektrizitätsabgabe, so gelten die Zahlungen als im entsprechenden Verhältnis geleistet. Für nicht vollständig gezahlte Elektrizitätsabgabe besteht keine Haftung des Netzbetreibers, wenn dieser die ihm zumutbaren Schritte zur Geltendmachung seines Anspruches unternommen hat.

(4) (aufgehoben)

§ 6a. Soweit in diesem Bundesgesetz auf Bestimmungen anderer Bundesgesetze verwiesen und nicht anderes bestimmt wird, sind diese Bestimmungen in ihrer jeweils geltenden Fassung anzuwenden.

(BGBl I 2022/10)

Inkrafttreten

§ 7. (1) Dieses Bundesgesetz ist auf Vorgänge nach dem 31. Mai 1996 anzuwenden.

(2) § 5 Abs. 1 in der Fassung des Bundesgesetzes BGBl. Nr. 797/1996 ist auf Fälligkeiten nach dem 31. Dezember 1996 anzuwenden.

(3) § 2 in der Fassung des Bundesgesetzes BGBl. I Nr. 106/1999 ist erstmalig bei der Veranlagung für das Kalenderjahr 1999 anzuwenden; § 3, § 5 und § 6, jeweils in der Fassung des Bundesgesetzes BGBl. I Nr. 106/1999, sind auf Vorgänge nach dem 31. Juli 1999 anzuwenden.

(4) § 4 Abs. 2 in der Fassung des Bundesgesetzes BGBl. I Nr. 26/2000 ist auf Vorgänge nach dem 31. Mai 2000 anzuwenden.

(5) § 6 in der Fassung des Bundesgesetzes BGBl I Nr. 71/2003 tritt mit Ablauf des 31. Dezember 2003 in Kraft.

(6) § 2 Z 1 lit. a in der Fassung des Bundesgesetzes BGBl. I Nr. 64/2014 ist auf Vorgänge nach dem 30. Juni 2014 anzuwenden. § 2 Z 1 lit. b in der Fassung des Bundesgesetzes BGBl. I Nr. 64/2014 ist erstmalig bei der Veranlagung für das Kalenderjahr 2014 anzuwenden.

(7) § 5 Abs. 6 in der Fassung des Bundesgesetzes BGBl. I Nr. 64/2014 ist auf Vorgänge nach dem 30. Juni 2014 anzuwenden. § 5 Abs. 7 in der Fassung des Bundesgesetzes BGBl. I Nr. 64/2014 ist erstmalig bei der Veranlagung für das Kalenderjahr 2014 anzuwenden.

(8) § 2 Z 3 und 4 in der Fassung des Bundesgesetzes BGBl. I Nr. 103/2019 ist vorbehaltlich der zeitgerechten Erfüllung allfälliger EU-rechtlicher, insbesondere beihilfenrechtlicher Verpflichtungen auf Vorgänge nach dem 31. Dezember 2019 anzuwenden.

Der Bundesminister für Finanzen hat eine Verschiebung dieses Zeitpunktes im Bundesgesetzblatt kund zu machen. In diesem Fall ist die genannte Bestimmung am ersten Tag des zweitfolgenden Monats nach der Erfüllung EU-rechtlicher Verpflichtungen anzuwenden und auch dieser Zeitpunkt durch den Bundesminister für Finanzen im Bundesgesetzblatt kund zu machen.

(BGBl I 2019/103)

(9) § 2 Z 4 und 5 und § 4 Abs. 3 und 4, jeweils in der Fassung des Bundesgesetzes BGBl. I Nr. 18/2021, sind vorbehaltlich der zeitgerechten Erfüllung allfälliger EU-rechtlicher, insbesondere beihilfenrechtlicher Verpflichtungen auf Vorgänge nach dem 30. Juni 2021 anzuwenden. Abs. 8 zweiter und dritter Satz gilt sinngemäß.

(BGBl I 2021/18)

(10) § 2 in der Fassung des Bundesgesetzes BGBl. I Nr. 10/2022 ist auf Vorgänge nach dem 30. Juni 2022 anzuwenden. Für die Bestimmungen des § 2 Abs. 1 Z 4 in der Fassung des Bundesgesetzes BGBl. I Nr. 10/2022 gilt dies vorbehaltlich der zeitgerechten Erfüllung allfälliger EU-rechtlicher, insbesondere beihilfenrechtlicher Verpflichtungen. Abs. 8 zweiter und dritter Satz gilt sinngemäß. § 2 Z 1 lit. b in der Fassung des Bundesgesetzes BGBl.

I Nr. 18/2021 ist weiterhin auf Vorgänge vor dem 1. Juli 2022 anzuwenden. Der Bundesminister für Finanzen wird ermächtigt, Verordnungen auf Grund von § 2 Abs. 3 und § 4 Abs. 4 auch rückwirkend in Kraft zu setzen.

(BGBl I 2022/10)

(11) Abweichend von § 4 Abs. 2 und Abs. 3 erster Satz, jeweils in der Fassung des Bundesgesetzes BGBl. I Nr. 10/2022, beträgt die Abgabe 0,001 Euro je kWh für Vorgänge nach dem 30. April 2022 und vor dem „1. Jänner 2025".

(BGBl I 2022/63, BGBl I 2023/64, BGBl I 2023/201 ab 1.1.2024)

(12) Für Vorgänge nach dem 30. April 2022 und vor dem „1. Jänner 2025" besteht kein Vergütungsanspruch nach § 4 Abs. 3 zweiter Satz. Für Vorgänge vor diesem Zeitraum bleibt der Vergütungsanspruch nach § 4 Abs. 3 zweiter Satz für zum Steuersatz nach § 4 Abs. 2 in der Fassung des Bundesgesetzes BGBl. I Nr. 10/2022 versteuerten Bahnstrom aufrecht.

(BGBl I 2022/63, BGBl I 2023/64, BGBl I 2023/201 ab 1.1.2024)

(13) § 2 Abs. 1 Z 5 und § 4 Abs. 3 in der Fassung des Bundesgesetzes BGBl. I Nr. 108/2022 sind vorbehaltlich der zeitgerechten Erfüllung allfälliger EU-rechtlicher, insbesondere beihilfenrechtlicher Verpflichtungen und unter Berücksichtigung der Regelungen nach Abs. 11 und 12 auf Vorgänge nach dem 30. Juni 2022 anzuwenden. Abs. 8 zweiter und dritter Satz gilt sinngemäß.

(BGBl I 2022/108)

(14) Vorbehaltlich der zeitgerechten Erfüllung allfälliger EU-rechtlicher, insbesondere beihilfenrechtlicher Verpflichtungen und unter Berücksichtigung der Regelungen nach Abs. 11 und 12 kann die Steuerbefreiung nach § 2 Abs. 1 Z 5 in der Fassung des Bundesgesetzes BGBl. I Nr. 108/2022 sowie eine Steuerbegünstigung nach § 4 Abs. 3 bereits für Zeiträume nach dem 31. Dezember 2021 in Anspruch genommen werden

1. von Eisenbahnunternehmen, auf die nach § 2 Abs. 1 Z 5 in der Fassung des Bundesgesetzes BGBl. I Nr. xx/2022, nicht jedoch nach § 2 Abs. 1 Z 5 in der Fassung des Bundesgesetzes BGBl. I Nr. 18/2021, eine Befreiung von der Elektrizitätsabgabe oder der ermäßigte Steuersatz nach § 4 Abs. 3 in der Fassung des Bundesgesetzes BGBl. I Nr. 18/2021 (auch in Vergütungsfällen) Anwendung findet, sowie
2. für Mengen an Bahnstrom nach § 2 Abs. 1 Z 5 3. Satz in der Fassung des Bundesgesetzes BGBl. I Nr. 108/2022, die nach § 2 Abs. 1 Z 5 erster Halbsatz in der Fassung des Bundesgesetzes BGBl. I Nr. 18/2021 nicht erfasst werden.

Soweit für nach § 2 Abs. 1 Z 5 in der Fassung des Bundesgesetzes BGBl. I Nr. 108/2022 befreiten Bahnstrom die Abgabe bereits entrichtet wurde, erfolgt die Befreiung im Wege einer Vergütung an das Eisenbahnunternehmen unter Anwendung der für sonstige Vergütungsfälle vorgesehenen Verfahren. Abs. 8 zweiter und dritter Satz gilt sinngemäß.

(BGBl I 2022/108)

„(15) § 5 Abs. 4 und § 7 Abs. 11 und 12, jeweils in der Fassung des Bundesgesetzes BGBl. I Nr. 201/2023 treten mit 1. Jänner 2024 in Kraft. § 5 Abs. 4 in der Fassung des Bundesgesetzes BGBl. I Nr. 201/2023 ist erstmalig auf Abgabenerklärungen anzuwenden, die einen Veranlagungszeitraum betreffen, der nach dem 31. Dezember 2022 endet."

(BGBl I 2023/201)

Vollziehung

§ 8. Mit der Vollziehung dieses Bundesgesetzes ist der Bundesminister für Finanzen, hinsichtlich des § 6 Abs. 2 und 3 der Bundesminister für Finanzen im Einvernehmen mit dem Bundesminister für Justiz betraut.

13/2. Erdgasabgabegesetz

Erdgasabgabegesetz, BGBl 1996/201 idF

1 BGBl 1996/797 (AbgÄG 1996)	**2** BGBl I 1998/9	**3** BGBl I 2001/47 (BudgetbegleitG 2002)
4 BGBl I 2001/59 (EuroStUG 2001)	**5** BGBl I 2003/71 (BudgetbegleitG 2003)	**6** BGBl I 2019/103 (StRefG 2020)
7 BGBl I 2022/63	**8** BGBl I 2023/64	**9** BGBl I 2023/110 (AbgÄG 2023)
10 BGBl I 2023/201		

GLIEDERUNG

§ 1. Steuerbare Vorgänge, Steuergebiet
§ 2. Steuergegenstand
§ 3. Steuerbefreiungen
§ 4. Abgabenschuldner
§ 5. Bemessungsgrundlage und Höhe der Abgabe
§ 6. Erhebung der Abgabe
§ 7. Aufzeichnungspflichten und Rechnungslegungspflichten
§ 8. Inkrafttreten
§ 9. Schlussbestimmungen

Bundesgesetz, mit dem eine Abgabe auf die Lieferung und den Verbrauch von Erdgas eingeführt wird (Erdgasabgabegesetz)

Steuerbare Vorgänge, Steuergebiet

§ 1. (1) Der Erdgasabgabe unterliegen

1. Die Lieferung von Erdgas im Steuergebiet, ausgenommen an Erdgasunternehmen im Sinne des § 7 Abs. 1 Z 16 des Gaswirtschaftsgesetzes 2011, BGBl. I Nr. 107/2011 (GWG 2011), und an sonstige Wiederverkäufer, soweit das Erdgas zur Weiterlieferung bestimmt ist.
(AbgÄG 2023, BGBl I 2023/110)
2. Der Verbrauch von Erdgas durch Erdgasunternehmen sowie der Verbrauch von selbst hergestelltem oder in das Steuergebiet verbrachtem Erdgas im Steuergebiet.

(2) Die Lieferung im Sinne des Abs. 1 Z 1 erfolgt an dem Ort, an dem der Empfänger über das Erdgas verfügen kann.

(3) Steuergebiet im Sinne dieses Bundesgesetzes ist das Bundesgebiet, ausgenommen das Gebiet der Ortsgemeinden Jungholz (Tirol) und Mittelberg (Vorarlberg).

Steuergegenstand

§ 2. (1) Erdgas im Sinne dieses Bundesgesetzes sind

1. Waren der Unterposition 2711 21 00 der Kombinierten Nomenklatur,
2. Biogas (ausgenommen Waren der Unterposition 2711 19 00 der Kombinierten Nomenklatur),

2.a) „erneuerbares Gas" nach § 7 Abs. 1 Z 16b GWG 2011,
(AbgÄG 2023, BGBl I 2023/110)
a) Zum Inkrafttreten siehe § 8 Abs. 8.
3. Wasserstoff.
3.a) „gasförmige erneuerbare Kraftstoffe nicht biogenen Ursprungs" nach § 2 Z 17 der Kraftstoffverordnung 2012, BGBl. II Nr. 398/2012 in der Fassung der Verordnung BGBl. II Nr. 452/2022 (Kraftstoffverordnung 2012),
(AbgÄG 2023, BGBl I 2023/110)
a) Zum Inkrafttreten siehe § 8 Abs. 8.
4.a) Wasserstoff, soweit nicht in Z 2 und 3 erfasst.
(AbgÄG 2023, BGBl I 2023/110)
a) Zum Inkrafttreten siehe § 8 Abs. 8.

(BGBl I 2019/103)

(2) Kombinierte Nomenklatur im Sinne dieses Bundesgesetzes ist die Warennomenklatur nach Art. 1 der Verordnung (EWG) Nr. 2658/87 über die zolltarifliche und statistische Nomenklatur sowie den Gemeinsamen Zolltarif, ABl. Nr. L 256 vom 07.09.1987 S. 1, in der Fassung des Anhangs der Durchführungsverordnung (EU) 2017/1925 zur Änderung von Anhang I der Verordnung (EWG) Nr. 2658/87, ABl. Nr. L 282 vom 31.10.2017 S. 1 und die dazu erlassenen Rechtsvorschriften.

(AbgÄG 2023, BGBl I 2023/110)

(3) Werden den Steuergegenstand bestimmende Untergliederungen der Kombinierten Nomenklatur geändert, ohne dass dies Auswirkungen auf den Steuergegenstand hat, beispielsweise durch Einführung zusätzlicher Untergliederungen, oder im Falle einer Entscheidung über Aktualisierungen von Positionen der Kombinierten Nomenklatur nach Artikel 2 Abs. 5 der Richtlinie 2003/96/EG zur Restrukturierung der gemeinschaftlichen Rah-

menvorschriften zur Besteuerung von Energieerzeugnissen und elektrischem Strom (ABl. Nr. L 283 vom 31.10.2003 S. 51), so hat der Bundesminister für Finanzen die dadurch bewirkten Änderungen der Bezeichnung des Steuergegenstandes durch Aufnahme in den Gebrauchszolltarif (§ 51 Abs. 1 des Zollrechts-Durchführungsgesetzes, BGBl. Nr. 659/1994) in Wirksamkeit zu setzen. Der Gebrauchszolltarif ist insoweit verbindlich.

(AbgÄG 2023, BGBl I 2023/110)

Steuerbefreiungen

§ 3. (1) Von der Erdgasabgabe ist befreit
1. Erdgas, das zur Herstellung, für den Transport oder für die Speicherung von Erdgas verwendet wird,
2. Erdgas, das für den Transport und für die Verarbeitung von Mineralöl verbraucht wird.

(2) Eine Steuerbefreiung im Wege einer Vergütung kann in Anspruch nehmen, wer
1. nachweislich versteuertes Erdgas zu anderen Zwecken als zur Verwendung als Treibstoff oder zur Herstellung von Treibstoffen oder zum Verheizen oder zur Herstellung einer Ware zum Verheizen verwendet,
2. nachweislich versteuertes Erdgas zur Erzeugung von elektrischer Energie verwendet,
3. nachweislich versteuerten Wasserstoff zu anderen Zwecken als zur Verwendung als Treibstoff oder zur Herstellung von Treibstoffen verwendet.

(BGBl I 2019/103; AbgÄG 2023, BGBl I 2023/110)

(3)[a] Eine Steuerbefreiung im Wege einer Erstattung oder Vergütung kann weiters in Anspruch genommen werden für die Lieferung nach § 1 Abs. 1 Z 1 oder in den Fällen des § 1 Abs. 1 Z 2 den Verbrauch von
1. erneuerbarem Gas nach § 2 Abs. 1 Z 2, einschließlich erneuerbarem Wasserstoff nach § 7 Abs. 1 Z 16a GWG,
2. gasförmigen erneuerbaren Kraftstoffen nicht biogenen Ursprungs nach § 2 Abs. 1 Z 3

unvermischt oder soweit diese Erdgas nach § 2 Abs. 1 beigemischt werden, vorausgesetzt diese erfüllen nachweislich Nachhaltigkeits- oder Treibhausgaseinsparungskriterien wie nach § 6 des Erneuerbaren-Ausbau-Gesetzes (EAG), BGBl. I Nr. 150/2021, nach § 12 der Kraftstoffverordnung 2012 oder den Bestimmungen für erneuerbare Kraftstoffe nicht biogenen Ursprungs nach § 8 Abs. 8 der Kraftstoffverordnung 2012. Erstattungs- oder vergütungsberechtigt ist der Abgabenschuldner.

(AbgÄG 2023, BGBl I 2023/110)

[a] Zum Inkrafttreten siehe § 8 Abs. 8.

Abgabenschuldner

§ 4. (1) Abgabenschuldner ist
1. im Falle des § 1 Abs. 1 Z 1 der Lieferer des Erdgases,
2. im Falle des § 1 Abs. 1 Z 2 derjenige, der das Erdgas verbraucht.

(2) Wird bei der Lieferung von Erdgas im Steuergebiet (§ 1 Abs. 1 Z 1) oder der Verbringung von Erdgas in das Steuergebiet (§ 1 Abs. 1 Z 2) das Leitungsnetz eines oder mehrerer Netzbetreiber im Sinne des § 7 Abs. 1 Z 43 GWG 2011 gegen Entgelt verwendet, so hat jener Netzbetreiber, aus dessen Leitungsnetz das Erdgas vom Empfänger der Lieferung oder vom Verbraucher entnommen wird, die auf diese Lieferung bzw. den Verbrauch entfallende Erdgasabgabe als Haftender für Rechnung des Abgabenschuldners zu entrichten.

(AbgÄG 2023, BGBl I 2023/110)

Bemessungsgrundlage und Höhe der Abgabe

§ 5. (1) Bemessungsgrundlage der Erdgasabgabe ist
1. im Falle des § 1 Abs. 1 Z 1 die gelieferte Menge Erdgas in m³,
2. im Falle des § 1 Abs. 1 Z 2 die verbrauchte Menge Erdgas in m³.

(2) Die Abgabe beträgt 0,066 Euro je m³.

(3) Kubikmeter (m³) im Sinne dieses Bundesgesetzes ist der Kubikmeter (m³) bei einer Temperatur von 0°C und einem Druck von 1,01325 bar.

(4) Für Wasserstoff beträgt die Abgabe 0,021 Euro je m³.

(BGBl I 2019/103)

Erhebung der Abgabe

§ 6. (1) Die Abgabenschuldner gemäß § 4 Abs. 1 sowie der Netzbetreiber gemäß § 4 Abs. 2 hat bis zum 15. des auf den Kalendermonat zweitfolgenden Monates (Fälligkeitstag) die Abgabe für die im Kalendermonat gelieferte oder verbrauchte bzw. weitergeleitete Menge Erdgas selbst zu berechnen und zu entrichten. Soweit die tatsächlich gelieferte oder verbrauchte bzw. weitergeleitete Menge Erdgas nicht bis zum Fälligkeitstag festgestellt wird, ist der Abgabenschuldner bzw. der Netzbetreiber (§ 4 Abs. 2) verpflichtet, die Abgabe für ein Zwölftel der voraussichtlich in diesem Jahr gelieferten oder verbrauchten bzw. weitergeleiteten Menge Erdgas bis zum Fälligkeitstag selbst zu berechnen und zu entrichten.

(2) Zum letzten Fälligkeitstag für jedes Kalenderjahr sind Abweichungen von der tatsächlichen Jahresabgabenschuld auszugleichen. Abgabenschuldner sowie Netzbetreiber, die den Gewinn gemäß § 2 Abs. 5 des Einkommensteuergesetzes 1988 oder gemäß § 7 Abs. 5 des Körperschaftsteuergesetzes 1988 nach einem vom Kalenderjahr abweichenden Wirtschaftsjahr ermitteln, können den Ausgleich am ersten auf den Bilanzstichtag folgenden Fälligkeitstag vornehmen. Der Netzbetreiber kann jene Erdgasabgabe, die er als Haftender abgeführt hat und die ihm trotz Geltendmachung der ihm zumutbaren Schritte nicht ersetzt wurde, bei Ermittlung der Jahresabgabenschuld abziehen.

(3) Wird die Abgabe nicht oder in offensichtlich unrichtiger Höhe entrichtet, dann hat das Finanz-

amt die Abgabe festzusetzen. Die festgesetzte Abgabe hat die im Abs. 1 genannte Fälligkeit.

(4) Der Abgabenschuldner sowie der Netzbetreiber werden nach Ablauf des Kalenderjahres (Wirtschaftsjahres) zur Abgabe veranlagt. Bis zum „**30. Juni**" eines jeden Jahres hat der Abgabenschuldner bzw. der Netzbetreiber dem Finanzamt eine Jahresabgabenerklärung für das vorangegangene Jahr zu übermitteln. In diese sind die Gesamtmenge der im vergangenen Jahr gelieferten oder verbrauchten bzw. weitergeleiteten Menge Erdgas aufzunehmen.
(BGBl I 2023/201 ab 1.1.2024)

(5) Die Erhebung der Abgabe obliegt dem für die Erhebung der Umsatzsteuer des Abgabenschuldners zuständigen Finanzamt. Abweichend davon obliegt sie
1. in jenen Fällen, in denen der Netzbetreiber die Abgabe entrichtet, dem für die Erhebung der Umsatzsteuer des Netzbetreibers zuständigen Finanzamt;
2. in den Fällen des § 3 Abs. 2 dem für die Erhebung der Umsatzsteuer des Verwenders des Erdgases zuständigen Finanzamt.

(AbgÄG 2023, BGBl I 2023/110)

(6) Anträge auf Vergütung oder Erstattung nach § 3 Abs. 2 sind nur für volle Kalendermonate zulässig und bei sonstigem Verlust des Anspruchs bis zum Ablauf des auf die Verwendung folgenden Kalenderjahrs bei dem nach Abs. 5 zuständigen Finanzamt zu stellen.

(AbgÄG 2023, BGBl I 2023/110)

(7) Der Bundesminister für Finanzen wird ermächtigt, durch Verordnung das Verfahren für die Inanspruchnahme der Steuerbegünstigungen nach § 3 Abs. 1 und 2 insbesondere betreffend Antragstellung und Nachweise näher zu regeln.

(AbgÄG 2023, BGBl I 2023/110)

(8)a) Der Bundesminister für Finanzen wird ermächtigt, durch Verordnung im Einvernehmen mit der Bundesministerin für Klimaschutz, Umwelt, Energie, Mobilität, Innovation und Technologie
1. das Verfahren für die Inanspruchnahme der Steuerbegünstigungen nach § 3 insbesondere betreffend Antragstellung und Nachweis des Vorliegens der Begünstigungsvoraussetzungen näher zu regeln;
2. in Fällen, in denen das Vorliegen der Begünstigungsvoraussetzungen gemäß § 3 Abs. 3 leicht nachvollziehbar ist und derartige Verfahrenserleichterungen eine Beeinträchtigung von Abgabeninteressen nicht erwarten lassen, zuzulassen, dass die Steuerbegünstigung im Wege einer Steuerbefreiung gewährt wird.

(AbgÄG 2023, BGBl I 2023/110)

a) Zum Inkrafttreten siehe § 8 Abs. 8.

Aufzeichnungspflichten und Rechnungslegungspflichten

§ 7. (1) Der Abgabenschuldner gemäß § 4 Abs. 1 sowie der Netzbetreiber gemäß § 4 Abs. 2 sind verpflichtet, Aufzeichnungen zu führen, aus denen sich die gelieferte oder verbrauchte bzw. weitergeleitete Menge Erdgas ergibt.

(2) Der Abgabenschuldner sowie der Netzbetreiber sind verpflichtet, im Falle der Lieferung bzw. Weiterleitung von Erdgas dem Empfänger spätestens in der Jahresabrechnung die Erdgasabgabe offen auszuweisen.

(3) Der Empfänger der Lieferung des Erdgases hat dem Abgabenschuldner sowie dem Netzbetreiber die weiterverrechnete Erdgasabgabe zu ersetzen. Zahlt der Empfänger des Erdgases an den Netzbetreiber das Netznutzungsentgelt und die Erdgasabgabe, so gelten die Zahlungen als im entsprechenden Verhältnis geleistet. Für nicht vollständig gezahlte Erdgasabgabe besteht keine Haftung des Netzbetreibers, wenn dieser die ihm zumutbaren Schritte zur Geltendmachung seines Anspruches unternommen hat. Der Empfänger einer Wärmelieferung, die durch Erdgas bewirkt wird, hat dem Lieferer die durch die Erdgasabgabe bewirkte Kostenerhöhung zu ersetzen.

(4) (aufgehoben)

Inkrafttreten

§ 8. (1) Dieses Bundesgesetz ist auf Vorgänge nach dem 31. Mai 1996 anzuwenden.

(2) § 6 Abs. 1 in der Fassung des Bundesgesetzes BGBl. Nr. 797/1996 ist auf Fälligkeiten nach dem 31. Dezember 1996 anzuwenden.

(3) § 5 Abs. 2 in der Fassung des Bundesgesetzes BGBl. I Nr. 59/2001 ist auf Vorgänge nach dem 31. Dezember 2001 anzuwenden.

(4) § 5 Abs. 2 in der Fassung des Bundesgesetzes BGBl I Nr. 71/2003 ist auf Vorgänge nach dem 31. Dezember 2003 anzuwenden. § 7 in der Fassung des Bundesgesetzes BGBl. I Nr. 71/2003 tritt mit Ablauf des 31. Dezember 2003 in Kraft.

(5) § 2 Abs. 1, § 3 Abs. 2 Z 2 bis 4 und letzter Satz sowie § 5 Abs. 4 jeweils in der Fassung des Bundesgesetzes BGBl. I Nr. 103/2019 sind vorbehaltlich der zeitgerechten Erfüllung allfälliger beihilferechtlicher Verpflichtungen auf Vorgänge nach dem 31. Dezember 2019 anzuwenden. Der Bundesminister für Finanzen hat die Verschiebung dieses Zeitpunktes im Bundesgesetzblatt kund zu machen. In diesem Fall sind die genannten Bestimmungen am ersten Tag des zweitfolgenden Monats nach der Erfüllung EU-rechtlicher Verpflichtungen anzuwenden und auch dieser Zeitpunkt durch den Bundesminister für Finanzen im Bundesgesetzblatt kund zu machen.

(BGBl I 2019/103)

(6) Abweichend von § 5 Abs. 2 und 4, jeweils in der Fassung des Bundesgesetzes BGBl. I Nr. 103/2019, beträgt für Vorgänge nach dem 30. April 2022 und vor dem „**1. Jänner 2025**" die Abgabe nach § 5 Abs. 2 0,01196 Euro anstelle von 0,066 Euro je m³ und nach § 5 Abs. 4 0,0038 Euro anstelle von 0,021 Euro je m³.

(BGBl I 2022/63; BGBl I 2023/64; BGBl I 2023/201 ab 1.1.2024)

(7) § 1 Abs. 1 Z 1, § 2 Abs. 2 und 3, § 3 Abs. 2, § 4 Abs. 2, § 6 Abs. 5 bis 7 sowie § 9 samt der Überschrift, jeweils in der Fassung des Bundesgesetzes BGBl. I Nr. 110/2023, treten mit dem der Kundmachung im Bundesgesetzblatt folgenden Tag in Kraft.
(AbgÄG 2023, BGBl I 2023/110)

(8) § 2 Abs. 1 Z 2 bis 4, § 3 Abs. 3 und § 6 Abs. 8, jeweils in der Fassung des Bundesgesetzes BGBl. I Nr. 110/2023, treten am ersten Tag des zweitfolgenden Monats nach der Erfüllung EU-rechtlicher, insbesondere beihilfenrechtlicher Verpflichtungen in Kraft. Der Zeitpunkt des Inkrafttretens ist durch den Bundesminister für Finanzen im Bundesgesetzblatt kundzumachen.
(AbgÄG 2023, BGBl I 2023/110)

„**(9) § 6 Abs. 4 und § 8 Abs. 6, jeweils in der Fassung des Bundesgesetzes BGBl. I Nr. 201/2023, treten mit 1. Jänner 2024 in Kraft. § 6 Abs. 4 in der Fassung des Bundesgesetzes BGBl. I Nr. 201/2023 ist erstmalig auf Abgabenerklärungen anzuwenden, die einen Veranlagungszeitraum betreffen, der nach dem 31. Dezember 2022 endet."**
(BGBl I 2023/201)

Schlussbestimmungen

§ 9. (1) Soweit in diesem Bundesgesetz auf Bestimmungen anderer Bundesgesetze verwiesen und nicht anderes bestimmt wird, sind diese Bestimmungen in ihrer jeweils geltenden Fassung anzuwenden.

(2) Verordnungen auf Grund dieses Bundesgesetzes dürfen auch rückwirkend in Kraft gesetzt werden.

(3) Mit der Vollziehung dieses Bundesgesetzes ist der Bundesminister für Finanzen, hinsichtlich des § 7 Abs. 2 und 3 der Bundesminister für Finanzen im Einvernehmen mit der Bundesministerin für Justiz betraut.
(AbgÄG 2023, BGBl I 2023/110)

13/3. Energieabgabenvergütungsgesetz

Energieabgabenvergütungsgesetz, BGBl 1996/201 idF

1 BGBl 1996/797 (AbgÄG 1996)
2 BGBl I 1998/10
3 BGBl I 2001/59 (EuroStUG 2001)
4 BGBl I 2002/158
5 BGBl I 2003/71 (BudgetbegleitG 2003)
6 BGBl I 2003/124
7 BGBl I 2004/92
8 BGBl I 2010/111 (BudBG 2011)
9 BGBl I 2017/136 (WiEReG)
10 BGBl I 2019/103 (StRefG 2020)
11 BGBl I 2022/46

Bundesgesetz über die Vergütung von Energieabgaben (Energieabgabenvergütungsgesetz)

§ 1. (1) Die entrichteten Energieabgaben auf die in Abs. 3 genannten Energieträger sind für ein Kalenderjahr (Wirtschaftsjahr) auf Antrag insoweit zu vergüten, als sie (insgesamt) 0,5 % des Unterschiedsbetrages zwischen

1. Umsätzen im Sinne des § 1 Abs. 1 Z 1 und 2 des Umsatzsteuergesetzes 1994 und
2. Umsätzen im Sinne des § 1 Abs. 1 Z 1 und 2 des Umsatzsteuergesetzes 1994, die an das Unternehmen erbracht werden,

übersteigen (Nettoproduktionswert).

(2)
1. Als Umsätze im Sinne von Abs. 1 Z 2 gelten auch Umsätze, die, wären sie im Inland erbracht worden, Umsätze im Sinne des § 1 Abs. 1 Z 1 und 2 des Umsatzsteuergesetzes 1994 wären und im Zusammenhang mit steuerbaren Umsätzen stehen.
2. Nicht als Umsätze im Sinne von Abs. 1 Z 2 gelten Umsätze aus der Gestellung von Arbeitskräften.

(3) In die Energieabgabenvergütung sind folgende Energieträger einzubeziehen:
1. elektrische Energie im Sinne des Elektrizitätsabgabegesetzes (Position 2716 der Kombinierten Nomenklatur);
2. Erdgas im § 2 Abs. 1 Z 1 des Erdgasabgabegesetzes (Unterposition 2711 21 00 der Kombinierten Nomenklatur);
3. Kohle im Sinne des Kohleabgabegesetzes (Positionen 2701, 2702, 2704, 2713 und 2714 der Kombinierten Nomenklatur);
4. Mineralöle im Sinne des Mineralölsteuergesetzes 1995
   a) Heizöl Extraleicht (gekennzeichnetes Gasöl Unterpositionen 2710 19 43 bis 2710 19 48 und 2710 20 11 bis 2710 20 19 der Kombinierten Nomenklatur)
   b) Heizöl leicht, mittel, schwer (Unterpositionen 2710 19 62 bis 2710 19 68 und 2710 20 31 bis 2710 20 39 der Kombinierten Nomenklatur)
   c) Flüssiggas (Unterpositionen 2711 12, 2711 13, 2711 14, 2711 19 der Kombinierten Nomenklatur).

(BGBl I 2019/103)

(4) Kombinierte Nomenklatur im Sinne dieses Bundesgesetzes ist die Warennomenklatur nach Art. 1 der Verordnung (EWG) Nr. 2658/87 des Rates vom 23. Juli 1987 (ABl. EG Nr. L 256 S. 1) in der jeweils geltenden Fassung.

§ 2. (1) Ein Anspruch auf Vergütung besteht nur für Betriebe, deren Schwerpunkt nachweislich in der Herstellung körperlicher Wirtschaftsgüter besteht und soweit sie nicht die in § 1 Abs. 3 genannten Energieträger oder Wärme (Dampf oder Warmwasser), die aus den in § 1 Abs. 3 genannten Energieträgern erzeugt wurde, liefern.

(2)
1. Über Antrag des Vergütungsberechtigten wird je Kalenderjahr (Wirtschftsjahr) der Betrag vergütet, der den in § 1 genannten Anteil am Nettoproduktionswert übersteigt. Der Antrag hat die im Betrieb verbrauchte Menge an den in § 1 Abs. 3 genannten Energieträgern und die in § 1 genannten Beträge zu enthalten. Er ist spätestens bis zum Ablauf von fünf Jahren ab Vorliegen der Voraussetzungen für die Vergütung zu stellen. Der Antrag gilt als Steuererklärung. Der Antrag ist mit Bescheid zu erledigen und hat den Vergütungsbetrag in einer Summe auszuweisen.
2. Bei der Berechnung des Vergütungsbetrages gilt entweder die Grenze von 0,5 % des Nettoproduktionswertes oder die folgenden Selbstbehalte, wobei der niedrigere Betrag gutgeschrieben wird:
   a) für elektrische Energie nach § 1 Abs. 3 Z 1 0,0005 €/kWh;
   b) für Erdgas nach § 1 Abs. 3 Z 2 0,00598 €/Normkubikmeter;
   c) für Kohle nach § 1 Abs. 3 Z 3 0,15 €/Gigajoule;
   d) für Heizöl Extraleicht nach § 1 Abs. 3 Z 4 lit. a (21 €/1000 Liter;
   e) für Heizöl leicht, mittel, schwer nach § 1 Abs. 3 Z 4 lit. b 15 €/1000 kg;
   f) für Flüssiggas nach § 1 Abs. 3 Z 4 lit. c 7,5 €/1000 kg.

Der Vergütungsbetrag wird abzüglich eines allgemeinen Selbstbehaltes von 400 € gutgeschrieben.

(BGBl I 2019/103)

3. Betriebe, die für das vorangegangene Kalenderjahr (Wirtschaftsjahr) Anspruch auf Energieabgabenvergütung haben, können für das auf dieses folgende Kalenderjahr (Wirtschaftsjahr) einen Antrag auf Vorausvergütung in der Höhe von 5 % der Vergütungssumme des vorangegangenen Kalenderjahres (Wirtschaftsjahres) stellen. Für jedes Kalenderjahr (Wirtschaftsjahr) darf nur ein Antrag auf Vorausvergütung eingebracht werden. Der Antrag auf Vorausvergütung darf frühestens gemeinsam mit dem Antrag auf Energieabgabenvergütung für das vorangegangene Kalenderjahr (Wirtschaftsjahr) eingebracht werden und ist mit Bescheid zu erledigen. Die Entscheidung über den Antrag auf Vorausvergütung setzt das Vorliegen eines Bescheids nach Z 1 für das vorangegangene Kalenderjahr (Wirtschaftsjahr) voraus. Der Betrag der Vorausvergütung wird bei der Vergütung für das gesamte Kalenderjahr (Wirtschaftsjahr) abgezogen.

(BGBl I 2022/46)

(3) Ein Anspruch auf Vergütung besteht auch insoweit, als für einen Produktionsprozess Wärme (bzw. Dampf oder Warmwasser) bezogen wird und die Erzeugung dieser Wärme (bzw. des Dampfes oder des Warmwassers) aus den in § 1 Abs. 3 genannten Energieträgern erfolgt und die verwendete Menge an den in § 1 Abs. 3 genannten Energieträgern vom Lieferer der Wärme (bzw. des Dampfes oder des Warmwassers) dem Empfänger mitgeteilt wird.

(4) Die Vergütung obliegt dem für die Erhebung der Umsatzsteuer des Vergütungsberechtigten zuständigen Finanzamt.

(BGBl I 2022/46)

§ 3. Kein Anspruch auf Vergütung besteht:
1. insoweit die in § 1 Abs. 3 genannten Energieträger für die Erzeugung von Wärme, Dampf oder Warmwasser verwendet werden, ausgenommen unmittelbar für einen Produktionsprozess;

(BGBl I 2017/136)

2. insoweit Anspruch auf Vergütung der Erdgasabgabe gemäß § 3 Abs. 2 des Erdgasabgabegesetzes, auf Vergütung der Kohleabgabe gemäß § 3 Abs. 2 des Kohleabgabegesetzes oder auf Vergütung der Mineralölsteuer nach dem Mineralölsteuergesetz 1995 besteht oder der Energieträger als Treibstoff verwendet wird.

§ 4. (1) Dieses Bundesgesetz tritt mit dem Inkrafttreten des Erdgasabgabegesetzes und des Elektrizitätsabgabegesetzes in Kraft. § 2 Abs. 2 in der Fassung des Bundesgesetzes BGBl. I Nr. 59/2001 tritt mit 1. Jänner 2002 in Kraft. § 2 Abs. 1 und § 3 Z 1 in der Fassung des BGBl I Nr. 158/2002 ist auf Sachverhalte anzuwenden, die nach dem 31. Dezember 2001 und vor dem 1. Jänner 2003 stattfinden.

(2) Mit der Vollziehung ist der Bundesminister für Finanzen betraut.

(3) Das Energieabgabenvergütungsgesetz in der Fassung vor dem BGBl I Nr. 71/2003 ist auf Sachverhalte anzuwenden die vor dem 1. Jänner 2004 stattfinden.

(4) Das Energieabgabenvergütungsgesetz in der Fassung des BGBl. I Nr. 92/2004 ist mit Ausnahme von § 4 Abs. 5 und 6 und § 2 Abs. 2 Z 3 auf Sachverhalte anzuwenden, die nach dem 31. Dezember 2003 stattfinden. § 2 Abs. 2 Z 3 tritt mit Ablauf des 31. Dezember 2004 in Kraft. Der Vergütungsbetrag setzt sich im selben Verhältnis zusammen wie die eingesetzten Energieträger.

(5) Für Betriebe, deren Schwerpunkt nicht in der Herstellung körperlicher Wirtschaftsgüter besteht, gilt für das Jahr 2003 folgende Regelung:

Neben dem Selbstbehalt gemäß § 2 Abs. 2 wird ein Anteil von 0,00872 €/m³ verbrauchtes Erdgas bzw. von 0,003 €/kWh verbrauchte elektrische Energie nicht vergütet.

(6) Für Betriebe, deren Schwerpunkt in der Herstellung körperlicher Wirtschaftsgüter besteht, gilt für die Jahre 2002 und 2003 folgende Regelung:

Neben dem Selbstbehalt gemäß § 2 Abs. 2 wird ein Anteil von 0,00717 €/m³ verbrauchtes Erdgas bzw. von 0,0006 €/kWh verbrauchte elektrische Energie nicht vergütet.

(7) Die §§ 2 und 3, jeweils in der Fassung des Budgetbegleitgesetzes 2011, BGBl. I Nr. 111/2010, sind vorbehaltlich der Genehmigung durch die Europäische Kommission auf Vergütungsanträge anzuwenden, die sich auf einen Zeitraum nach dem 31. Dezember 2010 beziehen.

(8) § 1 Abs. 3 Z 2 und § 2 Abs. 2 Z 2 lit. b, jeweils in der Fassung des Bundesgesetzes BGBl. I Nr. 103/2019, finden ab dem Zeitpunkt Anwendung, zu dem § 2 Abs. 1 Z 1 Erdgasabgabegesetz in der Fassung des Bundesgesetzes BGBl. I Nr. 103/2019 anwendbar ist. Der Bundesminister für Finanzen hat eine Verschiebung dieses Zeitpunktes im Bundesgesetzblatt kund zu machen. In diesem Fall sind die genannten Bestimmungen am ersten Tag des zweitfolgenden Monats nach der Erfüllung EU-rechtlicher Verpflichtungen anzuwenden und auch dieser Zeitpunkt durch den Bundesminister für Finanzen im Bundesgesetzblatt kund zu machen.

(BGBl I 2019/103)

(9) § 2 Abs. 2 Z 3 und § 2 Abs. 4, jeweils in der Fassung des Bundesgesetzes BGBl. I Nr. 46/2022, treten mit der Kundmachung im Bundesgesetzblatt folgenden Tag in Kraft. § 2 Abs. 2 Z 3 in der Fassung des Bundesgesetzes BGBl. I Nr. 46/2022 ist frühestens auf Anträge auf Vorausvergütung für das Kalenderjahr 2022 und abweichende Wirtschaftsjahre, die im Jahr 2022 beginnen oder enden, anwendbar, wobei für Anträge auf Vorausvergütung für die Kalenderjahre 2022 bis 2023 und abweichende Wirtschaftsjahre, die in

diesen Kalenderjahren beginnen oder enden, eine Vorausvergütung in der Höhe von bis zu 25 % der Vergütungssumme des vorangegangenen Kalenderjahres (Wirtschaftsjahres) beantragt werden kann. Auf Anträge auf Vorausvergütung, die sich auf vor diesen Zeiträumen gelegene Sachverhalte beziehen, findet § 2 Abs. 2 Z 3 in der Fassung des Bundesgesetzes BGBl. I Nr. 103/2019 weiterhin Anwendung.

(BGBl I 2022/46)

13/4. Kohleabgabegesetz

Kohleabgabegesetz, BGBl I 2003/71 idF
1 BGBl I 2004/91   2 BGBl I 2023/201

GLIEDERUNG

§ 1.	Steuerbare Vorgänge, Steuergebiet	§ 6.	Erhebung der Abgabe
§ 2.	Steuergegenstand	§ 7.	Aufzeichnungspflichten und Rechnungslegungspflichten
§ 3.	Steuerbefreiungen		
§ 4.	Abgabenschuldner	§ 8.	In-Kraft-Treten
§ 5.	Bemessungsgrundlage und Höhe der Abgabe	§ 9.	Vollziehung

Kohleabgabegesetz

Steuerbare Vorgänge, Steuergebiet

§ 1. (1) Der Kohleabgabe unterliegen
1. Die Lieferung von Kohle im Steuergebiet, ausgenommen die Lieferung an Kohlehändler zum Weiterlieferung.
2. Der Verbrauch von Kohle durch Kohlehändler oder Kohleerzeuger und der Verbrauch von selbst in das Steuergebiet verbrachter Kohle im Steuergebiet.

(2) Die Lieferung im Sinne des Abs. 1 Z 1 erfolgt an dem Ort, an dem der Empfänger über die Kohle verfügen kann.

(3) Steuergebiet im Sinne dieses Bundesgesetzes ist das Bundesgebiet mit Ausnahme der Ortsgemeinden Jungholz (Tirol) und Mittelberg (Vorarlberg).

Steuergegenstand

§ 2. (1) Kohle im Sinne dieses Bundesgesetzes sind Waren der Positionen
– 2701 (Steinkohle; Steinkohlenbriketts und ähnliche aus Steinkohle gewonnene feste Brennstoffe),
– 2702 (Braunkohle, auch agglomeriert, ausgenommen Gagat),
– 2704 (Koks und Schwelkoks, aus Steinkohle, Braunkohle oder Torf, auch agglomeriert; Retortenkohle),
– 2713 (Petrolkoks, Bitumen aus Erdöl und andere Rückstände aus Erdöl oder Öl aus bituminösen Mineralien) und
– 2714 (Naturbitumen und Naturasphalt; bituminöse oder ölhaltige Schiefer und Sande; Asphaltite und Asphaltgestein) der Kombinierten Nomenklatur.

(2) Kombinierte Nomenklatur im Sinne dieses Bundesgesetzes ist die Warennomenklatur nach Art. 1 der Verordnung (EWG) Nr. 2658/87 des Rates vom 23. Juli 1987 (ABl. EG Nr. L 256 S. 1) in der jeweils geltenden Fassung.

Steuerbefreiungen

§ 3. (1) Von der Kohleabgabe befreit ist
1. Kohle, soweit sie zur Erzeugung von Koks verwendet wird.
2. Kohle, soweit sie zur Erzeugung elektrischer Energie verwendet wird.
3. Kohle, die nicht zum Verheizen oder zur Herstellung einer Ware zum Verheizen oder als Treibstoff oder zur Herstellung von Treibstoffen verwendet wird.

(2) Die Befreiungen gemäß Abs 1 Z 2 und 3 erfolgen im Wege einer Vergütung an denjenigen, der die Kohle verwendet. Für das Vergütungsverfahren sind die Regelungen des Energieabgabenvergütungsgesetzes sinngemäß anzuwenden, wobei die Vergütung auch monatlich erfolgen kann.

Abgabenschuldner

§ 4. (1) Abgabenschuldner ist
1. im Falle des § 1 Abs. 1 Z 1 der Lieferer der Kohle.
2. im Falle des § 1 Abs. 1 Z 2 derjenige, der die Kohle verbraucht.

(2) Wird die Kohle von einem ausländischen Lieferer direkt an einen inländischen Empfänger geliefert, dann haftet der inländische Empfänger für die Entrichtung der Kohleabgabe.

Bemessungsgrundlage und Höhe der Abgabe

§ 5. (1) Bemessungsgrundlage der Kohleabgabe ist
1. im Falle des § 1 Abs. 1 Z 1 die gelieferte Menge an Kohle in kg.
2. im Falle des § 1 Abs. 1 Z 2 die verbrauchte Menge an Kohle in kg.

(2) Die Abgabe beträgt 0,05 Euro je kg.

Erhebung der Abgabe

§ 6. (1) Der Abgabenschuldner gemäß § 4 hat bis zum 15. des auf den Kalendermonat zweitfolgenden Monats (Fälligkeitstag) die Abgabe für die im Kalendermonat gelieferte oder verbrauchte Menge an Kohle selbst zu berechnen und zu entrichten. Beträge unter 50 Euro sind nicht zu entrichten.

(2) Zum letzten Fälligkeitstag für jedes Kalenderjahr sind Abweichungen der selbst berechneten bzw. entrichteten Beträge von der tatsächlichen Jahresabgabenschuld auszugleichen. Abgabenschuldner, die den Gewinn gemäß § 2 Abs. 5 des Einkommensteuergesetzes 1988 oder gemäß § 7 Abs. 5 des Körperschaftsteuergesetzes 1988 nach einem vom Kalenderjahr abweichenden Wirtschaftsjahr ermitteln, können den Ausgleich am ersten auf den Bilanzstichtag folgenden Fälligkeitstag vornehmen.

(3) Wird die Abgabe nicht oder in offensichtlich unrichtiger Höhe entrichtet, dann hat das Finanzamt die Abgabe festzusetzen. Die festgesetzte Abgabe hat die in Abs. 1 genannte Fälligkeit.

(4) Der Abgabenschuldner wird nach Ablauf des Kalenderjahres (Wirtschaftsjahres) zur Abgabe veranlagt. Bis zum „30. Juni" eines jeden Jahres hat der Abgabenschuldner dem Finanzamt eine Jahresabgabenerklärung für das vorangegangene Jahr zu übermitteln. In diese sind die Gesamtmenge der im vergangenen Jahr gelieferten bzw. verbrauchten Menge an Kohle aufzunehmen.

(BGBl I 2023/201 ab 1.1.2024)

(5) Die Erhebung der Abgabe obliegt dem für die Erhebung der Umsatzsteuer des Abgabenschuldners zuständigen Finanzamt.

Aufzeichnungspflichten und Rechnungslegungspflichten

§ 7. Der Abgabenschuldner gemäß § 4 ist verpflichtet, Aufzeichnungen zu führen, aus denen sich die gelieferte bzw. verbrauchte Menge an Kohle ergibt.

In-Kraft-Treten

§ 8. „(1)" Dieses Bundesgesetz ist auf Vorgänge nach dem 31. Dezember 2003 anzuwenden.

(BGBl I 2023/201)

„(2) § 6 Abs. 4 in der Fassung des Bundesgesetzes BGBl. I Nr. 201/2023 tritt mit 1. Jänner 2024 in Kraft und ist erstmalig auf Abgabenerklärungen anzuwenden, die einen Veranlagungszeitraum betreffen, der nach dem 31. Dezember 2022 endet."

(BGBl I 2023/201)

Vollziehung

§ 9. Mit der Vollziehung dieses Bundesgesetzes ist der Bundesminister für Finanzen betraut.

13/5. Flugabgabegesetz

Flugabgabegesetz, BGBl I 2010/111 idF

1 BGBl I 2011/76 (AbgÄG 2011) **2** BGBl I 2012/112 (AbgÄG 2012) **3** BGBl I 2014/13 (AbgÄG 2014)
4 BGBl I 2017/44 **5** BGBl I 2019/104 (FORG) **6** BGBl I 2020/96 (KonStG 2020)

GLIEDERUNG

- § 1. Gegenstand der Abgabe
- § 2. Begriffsbestimmungen
- § 3. Befreiung von der Abgabenpflicht
- § 4. Berechnung der Flugabgabe
- § 5. Tarif
- § 6. Abgabenschuldner
- § 7. Abgabenschuld und Abgabenerhebung
- § 8. Fiskalvertreter
- § 9. Registrierung der Luftfahrzeughalter
- § 10. Pflichten der Luftfahrzeughalter
- § 11. Pflichten der Flugplatzhalter
- § 12. Verordnungsermächtigung
- § 13. Verweise auf andere Rechtsvorschriften
- § 14. Personenbezogene Bezeichnungen
- § 15. Vollziehung
- § 16. Inkrafttreten

Anlage 1: Zielflugplätze innerhalb der Kurzstrecke

Anlage 2: Zielflugplätze innerhalb der Mittelstrecke

Bundesgesetz, mit dem eine Flugabgabe eingeführt wird (Flugabgabegesetz – Flug-AbgG)

Der Nationalrat hat beschlossen:

Gegenstand der Abgabe

§ 1. Der Flugabgabe unterliegt der Abflug eines Passagiers von einem inländischen Flughafen mit einem motorisierten Luftfahrzeug.

Begriffsbestimmungen

§ 2. (1) Motorisierte Luftfahrzeuge im Sinne dieses Bundesgesetzes sind Flugzeuge und Drehflügler, für die Mineralöl als Betriebsstoff eingesetzt wird.

(2) Ein Flughafen ist ein öffentlicher Flugplatz, der für den internationalen Luftverkehr bestimmt ist und über die hiefür erforderlichen Einrichtungen verfügt (§ 64 des Luftfahrtgesetzes (LFG), BGBl. Nr. 253/1957).

(3) Luftfahrzeughalter ist, wer das Luftfahrzeug auf eigene Rechnung betreibt und jene Verfügungsmacht darüber besitzt, die ein solcher Betrieb voraussetzt (§ 13 LFG).

(4) Abflug ist das Abheben eines motorisierten Luftfahrzeuges von einem inländischen Flughafen.

(5) Zielflugplatz ist der in- oder ausländische Ort, auf dem die Flugreise des Passagiers planmäßig enden soll. Der Flugplatz, auf dem eine Zwischenlandung erfolgt gilt nicht als Zielflugplatz. Eine Zwischenlandung ist die Unterbrechung der Flugreise des Passagiers für weniger als 24 Stunden, wenn an die Unterbrechung ein Abflug an einen anderen Flugplatz als den Flugplätzen der vorangegangenen Abflüge anschließt. Der Zielflugplatz muss sich vom Flughafen des Abfluges nicht unterscheiden (Rundflug).

(6) Zur Flugbesatzung gehören alle Personen, die mit einem Luftfahrzeug abfliegen und
1. mit dem Führen des Luftfahrzeuges oder
2. mit der technischen Überwachung, Wartung oder Reparatur des Luftfahrzeuges oder
3. mit der Sicherheit der Passagiere oder
4. mit der Versorgung der Passagiere
befasst sind.

Befreiung von der Abgabenpflicht

§ 3. Von der Flugabgabe ist befreit:
1. Der Abflug von Passagieren, die das zweite Lebensjahr noch nicht vollendet haben und über keinen eigenen Sitzplatz verfügen.
2. Der Abflug von Personen, die zur Flugbesatzung gehören oder die als Flugbesatzungsmitglieder eines anderen Fluges an ihren Einsatzort oder von ihrem Einsatzort geflogen werden.
3. Der Abflug zu Ausbildungszwecken oder zum Zweck des Absprunges mit einem Fallschirm.
4. Der Abflug ausschließlich zu militärischen, medizinischen oder humanitären Zwecken.
5. Der Abflug von Transit- und Transferpassagieren nach einer Zwischenlandung auf einem inländischen Flughafen, die zu einer planmäßigen Unterbrechung der Flugreise des Passagiers von weniger als 24 Stunden geführt hat.
6. Der Abflug nach einer nicht planmäßigen Landung.

7. Der Abflug von Luftfahrzeugen mit einem höchstzulässigen Abfluggewicht bis einschließlich 2 000 Kilogramm.
8. Der Abflug von staatlichen Luftfahrzeugen im Sinne des Art. 3 des Abkommens über die internationale Zivilluftfahrt, BGBl. Nr. 97/1949.

Berechnung der Flugabgabe

§ 4. Die Flugabgabe bemisst sich nach der Lage des Zielflugplatzes und der Anzahl der beförderten Passagiere.

Tarif

§ 5. (1) Die Flugabgabe beträgt 12 Euro je Passagier.

(BGBl I 2020/96)

(2) Abweichend von Abs. 1 beträgt die Flugabgabe 30 Euro je Passagier, wenn die Entfernung zwischen dem inländischen Flughafen, von dem aus der Abflug erfolgt, und dem Zielflugplatz weniger als 350 km beträgt. Die genannte Entfernung wird nach der Methode der Großkreisentfernung ermittelt.

(BGBl I 2020/96)

(3) Die Abgabe für Kurzstreckenflüge versteht sich einschließlich einer allenfalls anfallenden Umsatzsteuer.

Abgabenschuldner

§ 6. Abgabenschuldner ist der Luftfahrzeughalter, der den Abflug durchführt. Der Flugplatzhalter des inländischen Flughafens, von dem aus der Abflug erfolgt, haftet für die Abgabe.

Abgabenschuld und Abgabenerhebung

§ 7. (1) Die Abgabenschuld entsteht mit Ablauf des Kalendermonats, in dem der Abflug erfolgt ist.

(2) Der Abgabenschuldner hat die Abgabe selbst zu berechnen und spätestens am 15. Tag (Fälligkeitstag) des auf den Kalendermonat, in dem die Abgabenschuld entstanden ist (Anmeldungszeitraum), zweitfolgenden Kalendermonats eine Anmeldung beim Finanzamt Österreich einzureichen. Die Einreichung der Anmeldung hat elektronisch zu erfolgen.

(BGBl I 2019/104)

(3) Der Abgabenschuldner hat die Flugabgabe spätestens am Fälligkeitstag (Abs. 2) zu entrichten.

(4) Der Abgabenschuldner hat bis zum 31. März jeden Kalenderjahres eine Abgabenerklärung für das vorangegangene Kalenderjahr dem Finanzamt Österreich elektronisch zu übermitteln.

(BGBl I 2019/104)

(5) Eine gemäß § 201 der Bundesabgabenordnung (BAO), BGBl. Nr. 194/1961, festgesetzte Abgabe hat den in Abs. 2 genannten Fälligkeitstag.

Fiskalvertreter

§ 8. (1)
1. Ein Luftfahrzeughalter, der in einem Mitgliedstaat der Europäischen Union außerhalb Österreichs Wohnsitz, Sitz oder Betriebsstätte hat, darf einen nach Abs. 3 zugelassenen Fiskalvertreter beauftragen.
2. Ein Luftfahrzeughalter, der weder im Inland noch in einem Mitgliedstaat der Europäischen Union Wohnsitz, Sitz oder Betriebsstätte hat, ist verpflichtet, vor der Durchführung des ersten Abfluges von einem inländischen Flughafen, durch den eine Abgabenschuld entsteht, einen nach Abs. 3 zugelassenen Fiskalvertreter zu beauftragen.

(2) Der Fiskalvertreter hat die abgabenrechtlichen Pflichten des von ihm Vertretenen zu erfüllen. Er ist befugt, die dem Vertretenen zustehenden Rechte wahrzunehmen. Er haftet für die Abgabe. Der Fiskalvertreter muss auch Zustellungsbevollmächtigter sein.

(3) Als Fiskalvertreter können nur
1. Wirtschaftstreuhänder, Rechtsanwälte, Notare oder Unternehmer im Sinne des § 2 Abs. 1 des Umsatzsteuergesetzes 1994 (UStG 1994), BGBl. 663/1994, jeweils mit Sitz oder Wohnsitz im Inland oder
2. internationale Verbände von Flugunternehmen, die mit einer inländischen Zweigniederlassung im Firmenbuch eingetragen sind,

bestellt werden, wenn sie in der Lage sind, den abgabenrechtlichen Pflichten nachzukommen.

(4) Der Luftfahrzeughalter hat dem Finanzamt Österreich mitzuteilen:
1. den von ihm beauftragten Fiskalvertreter,
2. den Sitz oder Wohnsitz des Fiskalvertreters,
3. die Steuernummer und die Umsatzsteuer-Identifikationsnummer gemäß Art. 28 UStG 1994 des Fiskalvertreters.

Luftfahrzeughalter gemäß Abs. 1 Z 2 müssen dieser Mitteilungsverpflichtung vor der Durchführung des ersten Abfluges von einem inländischen Flughafen, durch den eine Abgabenschuld entsteht, nachkommen.

(BGBl I 2019/104)

Registrierung der Luftfahrzeughalter

§ 9. (1) Der Luftfahrzeughalter hat spätestens bis zur Durchführung des ersten Abfluges von einem inländischen Flughafen, durch den eine Abgabenschuld entsteht, beim Finanzamt Österreich einen Antrag auf Registrierung zu stellen. Im Antrag auf Registrierung ist anzugeben:
1. die Bezeichnung des Luftfahrzeughalters,
2. der Sitz oder Wohnsitz des Luftfahrzeughalters,
3. ein Verzeichnis der inländischen Flughäfen, von denen ein Abflug beabsichtigt ist.

(BGBl I 2019/104)

(2) Hat ein Luftfahrzeughalter im Inland weder Wohnsitz noch Sitz oder Betriebsstätte, ist im Antrag auf Registrierung zusätzlich die Bezeichnung und der Sitz oder Wohnsitz des Fiskalvertreters (§ 8) anzugeben.

(3) Der Luftfahrzeughalter hat dem Finanzamt Österreich unverzüglich mitzuteilen:
1. Änderungen von Angaben im Sinne der Abs. 1 oder 2,
2. die Einstellung der Durchführung von Abflügen von einem bestimmten inländischen Flughafen,
3. die beabsichtigte Durchführung von Abflügen von noch nicht im Verzeichnis erfassten inländischen Flughäfen,
4. die Zahlungseinstellung, die drohende oder eingetretene Zahlungsunfähigkeit oder Überschuldung oder die Stellung eines Antrags auf Eröffnung eines Insolvenzverfahrens.

(BGBl I 2019/104)

(4) Das Finanzamt Österreich hat dem registrierten Luftfahrzeughalter eine Steuernummer zu erteilen und bekannt zu geben.

(BGBl I 2019/104)

(5) Das Registrierungsverfahren ist vom Finanzamt Österreich durchzuführen.

(BGBl I 2019/104)

Pflichten der Luftfahrzeughalter

§ 10. (1) Der Luftfahrzeughalter ist verpflichtet, elektronische Aufzeichnungen in deutscher oder englischer Sprache zu führen, aus denen sich taggenau ergibt:
1. die Anzahl der von einem inländischen Flughafen abgeflogenen Passagiere,
2. die Flugnummer, falls für den durchgeführten Abflug eine Flugnummer vergeben worden ist,
3. der Zielflugplatz im Sinne des § 2 Abs. 5 der von einem inländischen Flughafen abgeflogenen Passagiere,
4. das Datum und der Zeitpunkt des Abfluges,
5. die Bezeichnung des inländischen Flughafens, von dem der Abflug erfolgt ist.

(2) Die Aufzeichnungspflicht umfasst auch Daten von Personen, deren Abflug gemäß § 3 Z 1 bis 5 befreit ist. Diese sind gesondert auszuweisen. Abweichend von Abs. 1 entfällt die Aufzeichnungspflicht, wenn durch einen Abflug (§ 2 Abs. 4) keine Abgabenschuld entsteht.

(3) Der Luftfahrzeughalter ist verpflichtet, spätestens am 15. Tag des auf den Kalendermonat, in dem die Abgabenschuld entstanden ist, zweitfolgenden Kalendermonats unter Angabe seiner Steuernummer (§ 9 Abs. 4) dem Finanzamt Österreich folgende Daten für ein Kalendermonat zusammengefasst nach inländischen Flughäfen zu übermitteln:
1. ICAO-Code und Steuernummer des Luftfahrzeughalters,
2. in Ermangelung des ICAO-Codes die Bezeichnung des Luftfahrzeughalters,
3. Bezeichnung des inländischen Flughafens, von dem der Abflug erfolgt ist,
4. Monat und Jahr, für das die Meldung übermittelt wird,
5. Anzahl der abgeflogenen Passagiere ohne Mitglieder der Flugbesatzung (§ 2 Abs. 6) und ohne Passagiere, die das zweite Lebensjahr noch nicht vollendet haben und über keinen eigenen Sitzplatz verfügen (§ 3 Z 1), jeweils unter zahlenmäßiger Zuordnung zu den einzelnen Abflügen unter Berücksichtigung des § 5 Abs. 3
   a) mit einem Zielflugplatz innerhalb der Kurzstrecke gemäß Anlage 1, wobei Passagiere nach § 5 Abs. 2 gesondert anzugeben sind,
   b) mit einem Zielflugplatz innerhalb der Mittelstrecke gemäß Anlage 2,
   c) mit einem Zielflugplatz, der in einem Staatsgebiet oder Gebiet liegt, das weder in der Anlage 1 noch in der Anlage 2 angeführt ist, samt einer Angabe des Zielflugplatzes,

(BGBl I 2020/96)

6. Abgabenbetrag,
7. Anzahl der
   a) Passagiere, die das zweite Lebensjahr noch nicht vollendet haben und über keinen eigenen Sitzplatz verfügen,
   b) Personen, die als Flugbesatzungsmitglieder eines anderen Fluges an ihren Einsatzort oder von ihrem Einsatzort geflogen werden,
   c) steuerfrei abgeflogene Personen gemäß § 3 Z 3 und 4,
   d) Transferpassagiere.

Die Übermittlung der Daten hat elektronisch zu erfolgen.

(BGBl I 2019/104)

(4) Der Luftfahrzeughalter ist verpflichtet, spätestens am 15. Tag des auf den Kalendermonat, in dem die Abgabenschuld entstanden ist, folgenden Kalendermonats dem Halter des inländischen Flugplatzes, von dem aus er im betreffenden Zeitraum abgabepflichtige Abflüge durchgeführt hat, für ein Kalendermonat zusammengefasst die in Abs. 3 Z 1 bis 7 angeführten Daten zu übermitteln.

Pflichten der Flugplatzhalter

§ 11. (1) Der Halter des inländischen Flughafens, von dem der Abflug erfolgt, ist verpflichtet, elektronische Aufzeichnungen zu führen, aus denen sich taggenau ergibt:
1. die Bezeichnung der Luftfahrzeughalter, die Abflüge durchgeführt haben,
2. die Flugnummern, falls für durchgeführte Abflüge Flugnummern vergeben worden sind,
3. die Flugplätze, auf denen die Abflüge planmäßig geendet haben,
4. die Anzahl der abgeflogenen Passagiere,
5. das Datum und der Zeitpunkt der Abflüge.

(2) Die Aufzeichnungspflicht umfasst auch Daten von Personen, deren Abflug gemäß § 3 Z 1 bis 5 befreit ist. Diese sind gesondert auszuweisen. Abweichend von Abs. 1 entfällt die Aufzeichnungspflicht, wenn für einen Abflug (§ 2 Abs. 4) keine Abgabenschuld entsteht.

(3) Der Flugplatzhalter ist verpflichtet, die ihm von den Luftfahrzeughaltern übermittelten Daten (§ 10 Abs. 4) zu überprüfen und mit den eigenen Daten abzugleichen.

(4) Der Flugplatzhalter ist verpflichtet, eine Zusammenstellung der abgeglichenen Daten spätestens am 15. Tag des auf den Kalendermonat, in dem der Abflug erfolgt ist, zweitfolgenden Kalendermonats dem Finanzamt Österreich zu übermitteln. Die Übermittlung der Aufzeichnungen hat elektronisch zu erfolgen.
(BGBl I 2019/104)

(5) Die Übermittlung gemäß Abs. 4 hat – zusammengefasst nach Luftfahrzeughaltern – folgende Daten zu enthalten:
1. ICAO-Code des Luftfahrzeughalters,
2. in Ermangelung des ICAO-Codes die Bezeichnung, Adresse, sowie Postleitzahl und Land des Luftfahrzeughalters,
3. Monat und Jahr, für das die Meldung übermittelt wird,
4. Anzahl der abgeflogenen Passagiere ohne Mitglieder der Flugbesatzung (§ 2 Abs. 6) und ohne Passagiere, die das zweite Lebensjahr noch nicht vollendet haben und über keinen eigenen Sitzplatz verfügen (§ 3 Z 1),
5. Anzahl der
   a) Passagiere, die das zweite Lebensjahr noch nicht vollendet haben und über keinen eigenen Sitzplatz verfügen,
   b) Personen, die als Flugbesatzungsmitglieder eines anderen Fluges an ihren Einsatzort oder von ihrem Einsatzort geflogen werden,
   c) Transferpassagiere.

(6) Abweichend von Abs. 5 hat der Flugplatzhalter hinsichtlich jener Luftfahrzeughalter, die Abflüge, durch die eine Abgabenschuld entsteht oder entstanden ist, durchgeführt haben und ihm keine Daten im Sinne des § 10 Abs. 4 übermittelt haben, folgende Aufzeichnungen zu übermitteln:
1. ICAO-Code des Luftfahrzeughalters,
2. in Ermangelung des ICAO-Codes die Bezeichnung, Adresse, sowie Postleitzahl und Land des Luftfahrzeughalters,
3. Monat und Jahr, für das die Meldung übermittelt wird,
4. Flugnummer oder Registrierungsnummer des Luftfahrzeuges,
5. Datum und Zeitpunkt des planmäßigen Abfluges,
6. Streckenziel mittels IATA-Code oder ICAO-Code des Flugplatzes,
7. Anzahl der abgeflogenen Passagiere ohne Mitglieder der Flugbesatzung (§ 2 Abs. 6) und ohne Passagiere, die das zweite Lebensjahr noch nicht vollendet haben und über keinen eigenen Sitzplatz verfügen (§ 3 Z 1),
8. Anzahl der
   a) Passagiere, die das zweite Lebensjahr noch nicht vollendet haben und über keinen eigenen Sitzplatz verfügen,
   b) Personen, die als Flugbesatzungsmitglieder eines anderen Fluges an ihren Einsatzort oder von ihrem Einsatzort geflogen werden,
   c) Transferpassagiere,
9. Anzahl der Passagiere je Destination (nächstes Ziel nach Streckenziel) mittels IATA-Code oder mittels ICAO-Codes des Flugplatzes.

(7) Übermittelt der Flugplatzhalter die abgeglichenen Daten korrekt, vollständig und rechtzeitig, dann entfällt die Haftung des Flugplatzhalters gemäß § 6 für die Abgabe, die auf jenen Zeitraum entfällt, für den die Daten übermittelt worden sind.

Verordnungsermächtigung

§ 12. Der Bundesminister für Finanzen wird ermächtigt, den Inhalt und das Verfahren der elektronischen Übermittlung
1. der Anmeldung gemäß § 7 Abs. 2,
2. der Abgabenerklärung gemäß § 7 Abs. 5,
3. der Aufzeichnungen des Luftfahrzeughalters gemäß § 10 Abs. 3 und
4. der Aufzeichnungen des Flugplatzhalters gemäß § 11 Abs. 4

mit Verordnung festzulegen. In der Verordnung kann vorgesehen werden, dass sich der Abgabenschuldner und der Flugplatzhalter einer bestimmten öffentlich-rechtlichen oder privatrechtlichen Übermittlungsstelle zu bedienen haben.

Verweise auf andere Rechtsvorschriften

§ 13. Soweit in diesem Bundesgesetz auf Bestimmungen anderer Bundesgesetze verwiesen wird, sind diese in ihrer jeweils geltenden Fassung anzuwenden.

Personenbezogene Bezeichnungen

§ 14. Bei den in diesem Bundesgesetz verwendeten personenbezogenen Bezeichnungen gilt die gewählte Form für beide Geschlechter.

Vollziehung

§ 15. Mit der Vollziehung dieses Bundesgesetzes ist der Bundesminister für Finanzen betraut. Der Bundesminister für Finanzen hat gemeinsam mit dem Bundesminister für Verkehr, Innovation und Technologie die Auswirkungen der Einführung des Flugabgabegesetzes auf den Luftverkehrssektor und die Entwicklung der Einnahmen aus der Flugabgabe bis 30. September 2012 zu evaluieren. Eine weitere Evaluierung hat bis 30. September 2014 zu erfolgen.

13/5. FlugAbgG
§ 16, Anlage 1

Inkrafttreten

§ 16. (1) Dieses Bundesgesetz tritt mit 1. Jänner 2011 in Kraft.

(2) Liegt dem Abflug kein Rechtsgeschäft zugrunde, dann entsteht die Abgabenschuld erstmals für Abflüge nach dem 31. März 2011. Liegt dem Abflug ein Rechtsgeschäft zu Grunde, dann entsteht die Abgabenschuld erstmals, wenn das Rechtsgeschäft nach dem 31. Dezember 2010 abgeschlossen worden ist und der Abflug nach dem 31. März 2011 erfolgt.

(3) § 3 Z 7, § 8 Abs. 1 und Abs. 4, § 9 Abs. 1, § 10, § 11 und § 12, jeweils in der Fassung des Bundesgesetzes BGBl. I Nr. 76/2011, treten mit 1. Jänner 2011 in Kraft.

(4) § 5 Abs. 1 und 3 in der Fassung des Bundesgesetzes BGBl. I Nr. 112/2012 tritt mit 1. Jänner 2013 in Kraft.

(5) § 5 Abs. 1 und 3 in der Fassung des Bundesgesetzes BGBl. I Nr. 44/2017 tritt mit 1. Jänner 2018 in Kraft.

(BGBl I 2017/44)

(6) § 7 Abs. 2 und Abs. 4, § 8 Abs. 4, § 9 Abs. 1, Abs. 3, Abs. 4 und Abs. 5, § 10 Abs. 3, § 11 Abs. 4, jeweils in der Fassung des Bundesgesetzes BGBl. I Nr. 104/2019, treten mit 1. Juli 2020 in Kraft.

(BGBl I 2019/104)

(7) § 5 Abs. 1 und 2 und § 10 Abs. 3 Z 5, jeweils in der Fassung des Bundesgesetzes BGBl. I Nr. 96/2020, treten mit 1. September 2020 in Kraft. Sie sind auf Abflüge von Passagieren von einem inländischen Flughafen nach dem 31. August 2020 anzuwenden. Auf Abflüge bis zu diesem Zeitpunkt sind § 5 und § 10 Abs. 3 Z 5 Flugabgabegesetz, jeweils in der Fassung des Bundesgesetzes BGBl. I Nr. 104/2019, weiter anzuwenden. Letzteres gilt zudem in Fällen, in denen einem Abflug nach dem 31. August 2020 ein Rechtsgeschäft zu Grunde liegt, das vor dem 1. September 2020 abgeschlossen worden ist.

(BGBl I 2020/96)

Anlage 1

Zielflugplätze innerhalb der Kurzstrecke

Zielflugplätze innerhalb der Kurzstrecke sind Flugplätze in folgenden Staaten und Gebieten:

Arabische Republik Ägypten
Republik Armenien
Republik Albanien
Demokratische Volksrepublik Algerien
Fürstentum Andorra
Königreich Belgien
Bosnien und Herzegowina
Republik Bulgarien
Königreich Dänemark
Bundesrepublik Deutschland
Republik Estland
Republik Finnland
Französische Republik
Georgien
Hellenische Republik (Griechenland)
Irland
Isle of Man
Staat Israel
Italienische Republik
Haschemitisches Königreich Jordanien
Kanalinseln (Alderney, Guernsey, Herm, Jersey, Sark)
Republik Kosovo
Republik Kroatien
Republik Lettland
Fürstentum Liechtenstein
Republik Litauen
Großherzogtum Luxemburg
Libanesische Republik (Libanon)
Libyen
Republik Malta
Republik Nordmazedonien
Republik Moldau
Montenegro
Fürstentum Monaco
Königreich der Niederlande
Königreich Norwegen
Republik Österreich
Palästinensische Autonomiegebiete
Republik Polen
Portugiesische Republik
Rumänien
Russische Föderation
Republik San Marino
Königreich Schweden
Schweizerische Eidgenossenschaft (Schweiz)
Republik Serbien
Slowakische Republik
Republik Slowenien
Spanien
Arabische Republik Syrien
Tschechische Republik
Republik Tunesien
Türkische Republik
Ukraine
Republik Ungarn
Staat der Vatikanstadt
Vereinigtes Königreich von Großbritannien und Nordirland
Republik Belarus (Weißrussland)
Republik Zypern

(BGBl I 2020/96)

Anlage 2

Zielflugplätze innerhalb der Mittelstrecke

Zielflugplätze innerhalb der Mittelstrecke sind Flugplätze in folgenden Staaten und Gebieten:

Islamische Republik Afghanistan
Republik Äquatorialguinea
Republik Aserbaidschan
Demokratische Bundesrepublik Äthiopien
Königreich Bahrain
Republik Benin
Burkina Faso
Republik Burundi
Republik Elfenbeinküste
Republik Dschibuti
Staat Eritrea
Gabunische Republik
Republik Gambia
Republik Ghana
Republik Guinea
Republik Guinea-Bissau
Republik Indien
Republik Irak
Islamische Republik Iran
Island
Republik Jemen
Republik Kamerun
Republik Kap Verde
Republik Kasachstan
Staat Katar
Republik Kenia
Kirgisische Republik (Kirgistan)
Demokratische Republik Kongo
Republik Kongo
Staat Kuwait
Republik Liberia
Republik Mali
Königreich Marokko
Islamische Republik Mauretanien
Republik Niger
Bundesrepublik Nigeria
Sultanat Oman
Islamische Republik Pakistan
Republik Ruanda
Demokratische Republik Sao Tomé und Príncipe
Königreich Saudi Arabien
Republik Senegal
Republik Sierra Leone
Republik Somalia
Republik Sudan
Republik Südsudan
Republik Tadschikistan
Republik Togo
Republik Tschad
Turkmenistan
Republik Uganda
Republik Usbekistan
Vereinigte Arabische Emirate
Zentralafrikanische Republik

13/6. Energiekrisenbeiträge

13/6/1. BG Energiekrisenbeitrag-Strom

Bundesgesetz über den Energiekrisenbeitrag-Strom (EKBSG), BGBl I 2022/220 idF BGBl I 2023/64

Bundesgesetz über den Energiekrisenbeitrag-Strom (EKBSG)

Allgemeine Bestimmungen

§ 1. (1) Durch dieses Bundesgesetz wird der Energiekrisenbeitrag-Strom (im Folgenden EKB-S) näher geregelt und die Verordnung (EU) 2022/1854 über Notfallmaßnahmen als Reaktion auf die hohen Energiepreise, ABl. Nr. L 261 vom 07.10.2022, S. 1, umgesetzt.

(2) Der EKB-S ist eine ausschließliche Bundesabgabe.

(3) Dem EKB-S unterliegt die Veräußerung von im Inland erzeugtem Strom aus Windenergie, Solarenergie (Solarthermie und Fotovoltaik), Erdwärme, Wasserkraft, Abfall, Braunkohle, Steinkohle, Erdölerzeugnissen, Torf und Biomasse-Brennstoffen ausgenommen Biomethan, durch den Stromerzeuger einschließlich der Realisierung von Veräußerungsrechten auf Strom.

Befreiungen

§ 2. Vom EKB-S sind befreit
1. die Veräußerung von Strom aus Demonstrationsprojekten gemäß § 7 Abs. 1 Z 7a des Elektrizitätswirtschafts- und -organisationsgesetzes 2010 – ElWOG 2010, BGBl. I Nr. 110/2010;
2. die Veräußerung von Strom durch einen Erzeuger, dessen Erlöse pro MWh erzeugten Strom bereits aufgrund von nicht gemäß Art. 8 der VO (EU) 2022/1854 erlassenen staatlichen oder öffentlichen Maßnahmen begrenzt sind; dazu zählt jedenfalls die Veräußerung von Strom aus Anlagen, die eine Marktprämie nach dem Erneuerbaren-Ausbau-Gesetz – EAG, BGBl. I Nr. 150/2021, erhalten, in Ausmaß, in dem die Erlöse bereits einer Rückzahlungsverpflichtung gemäß § 11 Abs. 6 EAG unterliegen, sowie aus Anlagen, die einen Einspeise- oder Nachfolgetarif nach dem Ökostromgesetz, BGBl. I Nr. 149/2002, oder nach dem Ökostromgesetz 2012, BGBl. I Nr. 75/2011, erhalten;
3. die Veräußerung von Strom, der als Regelarbeit im Sinne von Art. 2 Z 4 der VO (EU) 2017/2195 zur Festlegung einer Leitlinie über den Systemausgleich im Elektrizitätsversorgungssystem, ABl. Nr. L 312 vom 28.11.2017 S. 6, eingesetzt wird;
4. die Veräußerung von Strom, der für Zwecke des Engpassmanagements gemäß § 7 Abs. 1 Z 13a ElWOG 2010 eingesetzt wird;
5. die Veräußerung von Strom, der in inländischen Pumpspeicherkraftwerken erzeugt wird.

Höhe des Beitrags

§ 3. (1) Bemessungsgrundlage für den EKB-S ist die Summe der monatlichen Überschusserlöse aus der Veräußerung von Strom gemäß § 1 Abs. 3, die zwischen dem 1. Dezember 2022 und dem 31. Dezember 2023 erzielt wurde. Die Bemessungsgrundlage beinhaltet auch das Ergebnis von derivativen Kontrakten, die in einem engen wirtschaftlichen Zusammenhang mit den Marktlösen stehen. Aufwendungen können nicht berücksichtigt werden.

(2) Im Sinne dieses Bundesgesetzes bedeuten
1. Überschusserlöse: eine positive Differenz zwischen den Marktlösen des Beitragsschuldners je MWh Strom und der jeweiligen Obergrenze für Marktlöse gemäß Z 3.

(BGBl I 2023/64)

2. Marktlöse: die realisierten Erträge, die ein Beitragsschuldner für den Verkauf und die Lieferung von Strom in der Union erhält, unabhängig von der Vertragsform, in dieser Austausch stattfindet, einschließlich Strombezugsverträgen und anderer Absicherungen gegen Schwankungen auf dem Stromgroßhandelsmarkt und unter Ausschluss jeglicher von Mitgliedstaaten gewährter Unterstützung.
3. Obergrenze für Marktlöse:
   a) für Überschusserlöse, die von 1. Dezember 2022 bis 31. Mai 2023 erzielt wurden, beträgt die Obergrenze 140 Euro je MWh Strom;
   b) für Überschusserlöse, die nach dem 31. Mai 2023 erzielt wurden, beträgt die Obergrenze 120 Euro je MWh Strom.

(BGBl I 2023/64)

(3) Liegen die notwendigen direkten Investitions- und Betriebskosten der Energieerzeugung über der Obergrenze für Marktlöse, können diese Kosten zuzüglich eines Aufschlags von 20 % der notwendigen, direkten Investitions- und Betriebskosten als Obergrenze für Marktlöse angesetzt werden, sofern der Beitragspflichtige die Voraussetzungen nachweist.

(4) Veräußert der Beitragsschuldner Strom im Sinne des § 1 Abs. 3 an verbundene Unternehmen,

sind als Markterlöse für den Verkauf und die Lieferung von Strom jene Beträge anzusetzen, die marktüblichen Konditionen mit fremden Dritten auf derselben Stufe der Lieferkette entsprechen.

(5) Der EKB-S beträgt 90 % der Überschusserlöse.

(6) Der EKB-S stellt eine abzugsfähige Betriebsausgabe dar (§ 4 Abs. 4 Einkommensteuergesetz 1988 – EStG 1988, BGBl. Nr. 400/1988).

Absetzbetrag für begünstigte Investitionen

§ 4. (1) Vom gemäß § 3 ermittelten EKB-S kann ein Absetzbetrag für begünstigte Investitionen in erneuerbare Energien und Energieeffizienz abgezogen werden. Voraussetzung dafür ist, dass Anschaffungs- oder Herstellungskosten von begünstigten Investitionsgütern nach dem 31. Dezember 2021 und vor dem 1. Jänner 2024 anfallen. Erstreckt sich die Anschaffung oder Herstellung von begünstigten Investitionsgütern über diesen Zeitraum hinaus, kann der Absetzbetrag auch für nach dem 31. Dezember 2021 und vor dem 1. Jänner 2024 anfallende Teilbeträge der Anschaffungs- oder Herstellungskosten geltend gemacht werden.

Begünstigte Investitionen eines verbundenen Unternehmens, das selbst nicht Beitragsschuldner (§ 5 Abs. 1) ist, können dem Beitragsschuldner zugerechnet werden. Sofern eine Zurechnung zu mehreren Beitragsschuldnern in Betracht kommt, ist eine sachgerechte Aufteilung der begünstigten Investitionen unter den Beitragsschuldnern vorzunehmen. Dabei ist nach einem einheitlichen Aufteilungsschlüssel vorzugehen und sicherzustellen, dass es nicht zu einer mehrfachen Berücksichtigung derselben begünstigten Investitionen kommt. Jedenfalls ausgeschlossen von der Zurechnung zum Beitragsschuldner sind von der Regulierungsbehörde anerkannte Investitionen oder Energieeffizienzmaßnahmen eines verbundenen Netzbetreibers.

(2) Begünstigte Investitionen sind im Ausmaß von 50 % der tatsächlichen Anschaffungs- und Herstellungskosten als Absetzbetrag zu berücksichtigen. Der Absetzbetrag für begünstigte Investitionen beträgt höchstens 36 Euro je MWh Strom bezogen auf die den Markterlösen gemäß § 3 Abs. 2 Z 2 zugrundeliegende gelieferte Menge. In Fällen des § 3 Abs. 3 kann der Absetzbetrag ebenfalls berücksichtigt werden, wobei für
– den Zeitraum von 1. Dezember 2022 bis 31. Mai 2023 bei Erzeugungskosten zwischen 140 Euro und 180 Euro je MWh Strom und
– den Zeitraum nach dem 31. Mai 2023 bei Erzeugungskosten zwischen 120 Euro und 180 Euro je MWh Strom

die Obergrenze von 180 Euro nicht überschritten werden darf.

(BGBl I 2023/64)

(3) Der Absetzbetrag kann im Rahmen der Selbstberechnung vom fälligen Betrag (§ 5 Abs. 2) abgezogen werden.

Beitragsschuldner, Fälligkeit des Beitrags

§ 5. (1) Beitragsschuldner ist
1. der Betreiber einer Anlage (§ 7 Abs. 1 Z 20 ElWOG 2010) zur Erzeugung von Strom gemäß § 1 Abs. 3 mit einer installierten Kapazität von mehr als 1 MW;
2. der Begünstigte eines Strombezugsrechtes aus Erzeugungsanlagen gemäß Z 1. Strombezugsrechte sind langfristige Stromlieferungen, die entweder über Istwertaufschaltung direkt oder über Fahrpläne abgewickelt werden und deren Abgeltung nicht auf einem Marktpreis beruht. In diesen Fällen gilt der Betreiber gemäß Z 1 insoweit nicht als Beitragsschuldner für die auf das Strombezugsrecht entfallenden Strommengen.

(2) Der EKB-S wird zu folgenden Zeitpunkten fällig:
1. am 30. September 2023 für den Zeitraum 1. Dezember 2022 bis 30. Juni 2023;
2. am 31. März 2024 für den Zeitraum 1. Juli 2023 bis 31. Dezember 2023.

(3) Die Fälligkeit eines gemäß § 201 der Bundesabgabenordnung – BAO, BGBl. Nr. 194/1961, festgesetzten EKB-S richtet sich nach Abs. 2.

Erhebung des Beitrags

§ 6. (1) Die Erhebung des Beitrags obliegt dem für die Erhebung der Umsatzsteuer zuständigen Finanzamt.

(2) Der Beitragsschuldner hat den Beitrag selbst zu berechnen und am Fälligkeitstag (§ 5 Abs. 2) an das zuständige Finanzamt zu entrichten.

Plausibilitätsprüfung

§ 7. Die Energie-Control Austria für die Regulierung der Elektrizitäts- und Erdgaswirtschaft (E-Control) hat auf Ersuchen des zuständigen Finanzamtes oder des Bundesfinanzgerichts im Anlassfall eine Plausibilitätsprüfung hinsichtlich einer allfälligen Beitragsschuldnerschaft sowie hinsichtlich der korrekten Höhe des durch den Beitragsschuldner selbst berechneten Beitrags vorzunehmen. Die E-Control ist dazu befugt, in alle Daten und Unterlagen des Beitragsschuldners Einsicht zu nehmen und Auskünfte darüber vom Beitragsschuldner anzufordern. Vom Beitragsschuldner sind der E-Control innerhalb von sechs Wochen alle Auskünfte zu beantworten sowie alle angefragten Unterlagen vorzulegen.

Aufzeichnungs- und Übermittlungspflichten

§ 8. (1) Der Beitragsschuldner ist verpflichtet, Aufzeichnungen zu führen, aus denen sich die Veräußerung von Strom, der Einkauf von Strom, das Eingehen und die Realisierung von Strombezugs- und -veräußerungsrechten, die nach § 3 relevanten Veräußerungserlöse sowie die Voraussetzungen für die Inanspruchnahme des Absetzbetrages nach § 4 für den Zeitraum von 1. Dezember 2022 bis 31. Dezember 2023 ergeben.

(2) Der Beitragsschuldner hat dem zuständigen Finanzamt am Fälligkeitstag (§ 5 Abs. 2) eine Aufstellung zu übermitteln, aus der sich die Berechnung des abgeführten Beitrags nachvollziehbar und überprüfbar ergibt.

(3) Der Beitragsschuldner hat der Bundesministerin für Klimaschutz, Umwelt, Energie, Mobilität, Innovation und Technologie oder einem von ihr beauftragten Dienstleister folgende Daten und Unterlagen zum Zweck der Berichterstattung an die Europäische Kommission zu übermitteln:
1. bis zum 20. Jänner 2023 die von 1. Dezember bis 31. Dezember 2022 erzielten Überschusserlöse und
2. bis zum 20. April 2023 die von 1. Jänner bis 31. März 2023 erzielten Überschusserlöse.

Verordnungsermächtigungen

§ 9. (1) Der Bundesminister für Finanzen wird gemeinsam mit der Bundesministerin für Klimaschutz, Umwelt, Energie, Mobilität, Innovation und Technologie ermächtigt
1. die Ableitung der Markterlöse für erzeugte Strommengen im Sinne des § 3 Abs. 2 Z 2 sowie die Voraussetzungen samt Inlandsbezug für den Absetzbetrag für begünstigte Investitionen gemäß § 4,
2. die Plausibilitätsprüfung gemäß § 7 und
3. die Aufzeichnungs- und Übermittlungspflichten gemäß § 8

mit Verordnung näher zu konkretisieren.

(2) Der Bundesminister für Finanzen wird gemeinsam mit der Bundesministerin für Klimaschutz, Umwelt, Energie, Mobilität, Innovation und Technologie ermächtigt auch andere, als die in § 4 Abs. 1 genannten Investitionen, als begünstigte Investitionen anzuerkennen. Voraussetzung dafür ist, dass solche Investitionen im Interesse der Energiewende und der Transformation zur Klimaneutralität gelegen sind. Dabei kann auch vorgesehen werden, dass auch solche Investitionen begünstigt sind, die vor dem 1. Jänner 2024 nachweislich begonnen haben und noch nicht abgeschlossen sind.

(3) Verordnungen aufgrund dieses Bundesgesetzes dürfen auch rückwirkend in Kraft gesetzt werden.

Schlussbestimmung und Vollziehung

§ 10. (1) Mit der Vollziehung dieses Bundesgesetzes ist
1. hinsichtlich § 3, § 4, und §§ 7 bis 9 der Bundesminister für Finanzen gemeinsam mit dem Bundesministerin für Klimaschutz, Umwelt, Energie, Mobilität, Innovation und Technologie,
2. im Übrigen der Bundesminister für Finanzen

betraut.

(2) Der E-Control sind die aufgrund dieses Gesetzes anfallenden Kosten vom Bundesminister für Finanzen aus den mit dem EKB-S erzielten Einnahmen zu erstatten.

(3) Soweit in diesem Bundesgesetz auf andere Gesetze verwiesen wird, sind diese in ihrer jeweils geltenden Fassung anzuwenden.

Inkrafttreten

§ 11. (1) Dieses Bundesgesetz tritt mit 1. Dezember 2022 in Kraft.

(BGBl I 2023/64)

(2) § 3 Abs. 2 und § 4 Abs. 2, jeweils in der Fassung des Bundesgesetzes BGBl. I Nr. 64/2023, treten mit 1. Juni 2023 in Kraft.

(BGBl I 2023/64)

13/6/2. EKB-S-UmsetzungsV

EKB-S-UmsetzungsV, BGBl II 2023/195

Verordnung des Bundesministers für Finanzen und der Bundesministerin für Klimaschutz, Umwelt, Energie, Mobilität, Innovation und Technologie zur Umsetzung des Bundesgesetzes über den Energiekrisenbeitrag-Strom (EKB-S-UmsetzungsV)

Aufgrund des § 9 Abs. 1 Z 1 und 3 sowie Abs. 3 des Bundesgesetzes über den Energiekrisenbeitrag-Strom (EKBSG), BGBl. I Nr. 220/2022, wird verordnet:

Allgemeines

§ 1. Gegenstand dieser Verordnung ist die nähere Regelung von Bestimmungen des Bundesgesetzes über den Energiekrisenbeitrag-Strom (EKBSG), BGBl. I Nr. 220/2022 in der jeweils geltenden Fassung, insbesondere in den Bereichen Markterlöse sowie Aufzeichnungs- und Übermittlungspflichten.

Ableitung der Markterlöse für erzeugte Strommengen

§ 2. (1) Bei der Ermittlung der Markterlöse sind Aufwendungen aus der Rückdeckung für die Erzeugung zu berücksichtigen, wenn diese vom Beitragsschuldner nachgewiesen werden.

(2) Aufwendungen aus der Bereitstellung von Ausgleichsenergie (§ 7 Abs. 1 Z 3 des Elektrizitätswirtschafts- und -organisationsgesetzes 2010 – ElWOG 2010, BGBl. I Nr. 110/2010, in der Fassung BGBl I Nr. 5/2023) sind im energiewirtschaftlich erforderlichen Umfang bei der Ermittlung der Markterlöse zu berücksichtigen, sofern diese, etwa durch zeitnahe Handelstätigkeiten basierend auf aktualisierten Erzeugungsprognosen, möglichst geringgehalten werden.

Ein Geringhalten kann angenommen werden, wenn die Abweichungen der Erzeugungsmengen pro Monat aus Windkraft und Photovoltaik weniger als 5 % und aus sämtlichen anderen Technologien weniger als 1 % betragen.

(3) Das Ergebnis von derivativen Kontrakten gemäß § 3 Abs. 1 EKBSG umfasst auch das Ergebnis von Hedging-Vereinbarungen mit Endverbrauchern (virtuelle Strombezugsverträge). In diesem Fall berechnen sich die Markterlöse aus dem mit dem Endverbraucher vereinbarten und realisierten Gesamtpreis pro MWh Strom.

Übermittlung zum Zweck der Berichterstattung an die Europäische Kommission

§ 3. Die Beitragsschuldner haben zum Zweck der Berichterstattung an die Europäische Kommission gemäß § 8 Abs. 3 EKBSG in einem durch die Bundesministerin für Klimaschutz, Umwelt, Energie, Mobilität, Innovation und Technologie im Voraus bekanntzugebenden Format je Anlage gemäß § 5 Abs. 1 Z 1 EKBSG folgende Daten zu übermitteln:

1. Bezeichnung der Erzeugungsanlage;
2. Zählpunktnummer;
3. installierte Kapazität der Anlage;
4. Anschlussnetzbetreiber;
5. eingesetzte Erzeugungstechnologie gemäß § 1 Abs. 3 EKBSG;
6. mögliche Befreiung gemäß § 2 EKBSG;
7. allfällige nachgewiesene Investitions- und Betriebskosten zuzüglich Aufschlag gemäß § 3 Abs. 3 EKBSG in Euro;
8. wirtschaftlicher Eigentümer gemäß § 5 Abs. 1 EKBSG;
9. Erzeugung aufgeschlüsselt nach Kalendermonaten;
10. Erlösübersicht je Kalendermonat aufgeschlüsselt nach der Veräußerung in Euro/MWh und dem Durchschnittspreis in Euro/MWh sowie allfällige in Abzug zu bringende Beträge;
11. EKB-S gemäß § 3 EKBSG je Kalendermonat in Euro.

Übermittlung zum Zweck der Beitragserhebung an das Finanzamt

§ 4. Die Übermittlung der Aufstellung gemäß § 8 Abs. 2 EKBSG hat elektronisch nach der Finanz-Online-Verordnung 2006 – FonV 2006, BGBl. II Nr. 97/2006, in der Fassung BGBl. II Nr. 190/2022, im Verfahren FinanzOnline in strukturierter Form zu erfolgen.

Beitragsschuldner

§ 5. Betreibt ein Erzeuger von Strom gemäß § 1 Abs. 3 EKBSG mehrere Anlagen gemäß § 7 Abs. 1 Z 20 ElWOG 2010, ist zur Ermittlung des Höchstbetrags nach § 5 Abs. 1 Z 1 EKBSG auf die installierte Kapazität der jeweiligen Anlage abzustellen.

Inkrafttreten und Schlussbestimmung

§ 6. Diese Verordnung tritt mit 1. Dezember 2022 in Kraft und ist auf Sachverhalte im Anwendungsbereich des EKBSG anzuwenden.

13/6/3. BG Energiekrisenbeitrag-fossile Energieträger

Bundesgesetz über den Energiekrisenbeitrag-fossile Energieträger (EKBFG), BGBl I 2022/220 idF BGBl I 2023/123

Bundesgesetz über den Energiekrisenbeitrag-fossile Energieträger (EKBFG)

Allgemeine Bestimmungen

§ 1. (1) Durch dieses Bundesgesetz wird der Energiekrisenbeitrag-fossile Energieträger (im Folgenden EKB-F) näher geregelt und die Verordnung (EU) 2022/1854 des Rates über Notfallmaßnahmen als Reaktion auf die hohen Energiepreise, ABl. Nr. L 261 vom 07.10.2022, S. 1, (im Folgenden EU-NotfallmaßnV) umgesetzt.

(2) Der EKB-F ist eine ausschließliche Bundesabgabe.

(3) Im Sinne dieses Bundesgesetzes sind
1. Erhebungszeiträume: das zweite Kalenderhalbjahr 2022 und das Kalenderjahr 2023;
2. Vergleichszeitraum: die Kalenderjahre 2018 bis 2021.

Bemessungsgrundlage

§ 2. (1) Zur Ermittlung der Bemessungsgrundlage für den EKB-F ist der steuerpflichtige Gewinn des jeweiligen Erhebungszeitraumes dem Durchschnitt der steuerpflichtigen Gewinne des Vergleichszeitraums gegenüberzustellen. Dabei bleiben ausländische Betriebsstätten außer Betracht. „Bemessungsgrundlage für den EKB-F ist jener unter Berücksichtigung von Abs. 2 und 3 ermittelte Betrag, um den der steuerpflichtige Gewinn
– des Erhebungszeitraums zweites Kalenderhalbjahr 2022 um mehr als 20 %,
– des Erhebungszeitraums Kalenderjahr 2023 um mehr als 10 %
über dem Durchschnittsbetrag liegt." Ist der Durchschnitt der steuerpflichtigen Gewinne im Vergleichszeitraum negativ, beträgt der durchschnittliche steuerpflichtige Gewinn bei der Berechnung des EKB-F null. Ist ein Unternehmen nur aufgrund § 5 Abs. 2 letzter Satz Beitragsschuldner, bleiben die Gewinne aus dem Tankstellengeschäft bei der Ermittlung der Bemessungsgrundlage außer Betracht.

(BGBl I 2023/123 ab 13.10.2023)

(2) Bezogen auf das Kalenderjahr 2022 ist für Zwecke des Abs. 1 der gesamte steuerpflichtige Gewinn des Kalenderjahres 2022 anzusetzen; der EKB-F ist lediglich für das zweite Kalenderhalbjahr zu erheben, indem auf die Hälfte des ermittelten Betrages abzustellen ist.

(3) Bei einer Gründung des Beitragsschuldners im Vergleichszeitraum sind die Kalenderjahre vor dem Gründungsjahr nicht und das Kalenderjahr der Gründung anteilig nach Maßgabe der angefangenen Kalendermonate zu berücksichtigen.

(4) Der Bundesminister für Finanzen wird ermächtigt, die Ermittlung der Bemessungsgrundlage bei Beitragsschuldnern mit abweichenden Wirtschaftsjahren sowie die Vorgangsweise bei Vorliegen von Rumpfwirtschaftsjahren und Umgründungen im Vergleichs- oder Erhebungszeitraum näher festzulegen.

(5) Eine Änderung der Bemessungsgrundlage nach der Entrichtung des EKB-F gilt als rückwirkendes Ereignis im Sinne des § 295a der Bundesabgabenordnung – BAO, BGBl. Nr. 194/1961.

Höhe des Beitrags

§ 3. (1) Der EKB-F beträgt 40 % der Bemessungsgrundlage.

(2) Der EKB-F stellt eine nicht abzugsfähige Betriebsausgabe dar (§ 12 Abs. 1 Z 6 Körperschaftsteuergesetz 1988).

Absetzbetrag für begünstigte Investitionen

§ 4. (1) Vom gemäß § 3 ermittelten EKB-F kann ein Absetzbetrag für begünstigte Investitionen in erneuerbare Energien und Energieeffizienz abgezogen werden. Voraussetzung dafür ist, dass Anschaffungs- oder Herstellungskosten von begünstigten Investitionsgütern nach dem 31. Dezember 2021 und vor dem 1. Jänner 2024 anfallen. Erstreckt sich die Anschaffung oder Herstellung von begünstigten Investitionsgütern über diesen Zeitraum hinaus, kann der Absetzbetrag auch für nach dem 31. Dezember 2021 und vor dem 1. Jänner 2024 anfallende Teilbeträge der Anschaffungs- oder Herstellungskosten geltend gemacht werden.

Begünstigte Investitionen eines verbundenen Unternehmens, das selbst nicht Beitragsschuldner (§ 5) ist, können dem Beitragsschuldner zugerechnet werden. Sofern eine Zurechnung zu mehreren Beitragsschuldnern in Betracht kommt, ist eine sachgerechte Aufteilung der begünstigten Investitionen unter den Beitragsschuldnern vorzunehmen. Dabei ist nach einem einheitlichen Aufteilungsschlüssel vorzugehen und sicherzustellen, dass es nicht zu einer mehrfachen Berücksichtigung derselben begünstigten Investitionen kommt.

Der Bundesminister für Finanzen wird ermächtigt, die Voraussetzungen samt Inlandsbezug für begünstigte Investitionen im Einvernehmen mit der Bundesministerin für Klimaschutz, Umwelt, Energie, Mobilität, Innovation und Technologie näher festzulegen.

(2) Der Bundesminister für Finanzen wird gemeinsam mit der Bundesministerin für Klimaschutz, Umwelt, Energie, Mobilität, Innovation

und Technologie ermächtigt, auch andere als die in Abs. 1 genannten Investitionen als begünstigte Investitionen anzuerkennen. Voraussetzung dafür ist, dass solche Investitionen im Interesse der Energiewende und der Transformation zur Klimaneutralität gelegen sind. Dabei kann auch vorgesehen werden, dass auch solche Investitionen begünstigt sind, die vor dem 1. Jänner 2024 nachweislich begonnen haben und noch nicht abgeschlossen sind.

(3) Begünstigte Investitionen sind im Ausmaß von 50 % der tatsächlichen Anschaffungs- und Herstellungskosten als Absetzbetrag zu berücksichtigen. Der Absetzbetrag für begünstigte Investitionen beträgt höchstens 17,5 % des gemäß § 3 ermittelten Betrages.

Beitragsschuldner und Entstehung des Beitragsanspruchs

§ 5. (1) Als Beitragsschuldner kommen in Betracht:
1. im Inland ansässige Unternehmen, die im Inland Wirtschaftstätigkeiten im Sinne des Art. 2 Z 17 EU-NotfallmaßnV im Erdöl-, Erdgas-, Kohle- und Raffineriebereich ausüben, sowie
2. in einem anderen Mitgliedstaat ansässige Unternehmen, die Wirtschaftstätigkeiten im Sinne des Art. 2 Z 17 EU-NotfallmaßnV im Erdöl-, Erdgas-, Kohle- und Raffineriebereich durch eine inländische Betriebsstätte ausüben.

(2) Beitragsschuldner sind jene Unternehmen, die im jeweiligen Erhebungszeitraum (§ 1 Abs. 3 Z 1) mindestens 75 % ihres Umsatzes aus den in Art. 2 Z 17 EU-NotfallmaßnV genannten Wirtschaftstätigkeiten erzielen. Dabei bleiben Umsätze aus dem Tankstellengeschäft außer Betracht.

(3) Der Beitragsschuldner ist verpflichtet, Aufzeichnungen, aus denen sich die Anwendbarkeit des Abs. 2 ergibt, zu führen und diese 10 Jahre lang aufzubewahren.

(4) Die Entstehung des Beitragsanspruchs richtet sich betreffend die Vorauszahlung nach § 4 Abs. 2 lit. a Z 1 BAO, im Übrigen nach § 4 Abs. 2 lit. a Z 2 BAO.

Erhebung des Beitrags

§ 6. (1) Der Beitragsschuldner hat bis zum Ablauf des 30. Juni des Folgejahres für den jeweiligen Erhebungszeitraum eine Vorauszahlung unter Erteilung einer Verrechnungsweisung im Sinne des § 214 Abs. 4 BAO zu leisten, deren Höhe vom Beitragsschuldner anhand der vorhandenen Daten zu schätzen ist.

(2) Der Beitragsschuldner hat für den jeweiligen Erhebungszeitraum dem in Abs. 4 genannten Finanzamt eine Erklärung zu übermitteln. Die Erklärung hat innerhalb von zwei Monaten ab der Bekanntgabe des Körperschaftsteuerbescheides für
1. das Jahr 2022 in Hinblick auf den Erhebungszeitraum zweites Kalenderhalbjahr 2022 und
2. das Jahr 2023 in Hinblick auf den Erhebungszeitraum Kalenderjahr 2023

zu erfolgen.

(3) In der Veranlagung ist die für den jeweiligen Erhebungszeitraum geleistete Vorauszahlung auf die Beitragsschuld anzurechnen. Ist die Beitragsschuld kleiner als der anzurechnende Betrag, ist der Unterschiedsbetrag gutzuschreiben.

(4) Die Erhebung des EKB-F obliegt dem Finanzamt für Großbetriebe.

Schlussbestimmungen

§ 7. (1) Soweit in diesem Bundesgesetz auf Bestimmungen anderer Bundesgesetze verwiesen und nicht anderes bestimmt wird, sind diese Bestimmungen in ihrer jeweils geltenden Fassung anzuwenden.

(2) Verordnungen aufgrund dieses Bundesgesetzes dürfen auch rückwirkend in Kraft gesetzt werden.

(3) Mit der Vollziehung dieses Bundesgesetzes ist der Bundesminister für Finanzen betraut.

Inkrafttreten

§ 8. Dieses Bundesgesetz tritt mit 31. Dezember 2022 in Kraft.

13/6/4. EKB-InvestitionsV

EKB-InvestitionsV, BGBl II 2023/194

Verordnung des Bundesministers für Finanzen und der Bundesministerin für Klimaschutz, Umwelt, Energie, Mobilität, Innovation und Technologie über den Absetzbetrag für begünstigte Investitionen im Rahmen der Energiekrisenbeiträge (EKB-InvestitionsV)

Aufgrund des § 9 Abs. 1 Z 1, Abs. 2 und 3 des Bundesgesetzes über den Energiekrisenbeitrag-Strom (EKBSG), BGBl. I Nr. 220/2022, und des § 4 Abs. 1 und 2 sowie des § 7 Abs. 2 des Bundesgesetzes über den Energiekrisenbeitrag-fossile Energieträger (EKBFG), BGBl. I Nr. 220/2022, wird verordnet:

Allgemeines

§ 1. Voraussetzung für den Abzug eines Absetzbetrages für begünstigte Investitionen in erneuerbare Energien und Energieeffizienz vom Energiekrisenbeitrag-Strom (EKB-S) und vom Energiekrisenbeitrag fossile Energieträger (EKB-F) bis zu den Höchstbeträgen gemäß § 4 Abs. 2 EKBSG und § 4 Abs. 3 EKBFG ist, dass die Investitionen
1. dem Zeitraum gemäß § 2 zeitlich zugeordnet werden,
2. die inhaltlichen Voraussetzungen gemäß § 3 erfüllen,
3. dem jeweiligen Beitragsschuldner gemäß § 4 zurechenbar sind und
4. in einem Verzeichnis gemäß § 5 ausgewiesen werden.

Zeitliche Zuordnung von Investitionen

§ 2. (1) § 4 Abs. 1 EKBSG sowie § 4 Abs. 1 EKBFG sehen als zeitliche Voraussetzung für die Geltendmachung eines Absetzbetrages vor, dass die (Teil-)Anschaffungs- oder (Teil-)Herstellungskosten der jeweiligen Investitionen nach dem 31. Dezember 2021 und vor dem 1. Jänner 2024 anfallen. Für die Beurteilung dieser Voraussetzung ist auf ertragsteuerliche Grundsätze abzustellen, das bedeutet insbesondere:
1. Begünstigungsfähig sind grundsätzlich Investitionen, die Wirtschaftsgüter im ertragsteuerlichen Sinn darstellen.
2. Anschaffungszeitpunkt ist der Zeitpunkt der Erlangung des wirtschaftlichen Eigentums gemäß § 24 der Bundesabgabenordnung – BAO, BGBl. Nr. 194/1961, in der Fassung BGBl. I Nr. 108/2022, Herstellungszeitpunkt der Zeitpunkt der Fertigstellung.
3. Für die Höhe des Absetzbetrages sind die ertragsteuerlichen Anschaffungs- oder Herstellungskosten (§ 6 Z 1 des Einkommensteuergesetzes 1988 – EStG 1988, BGBl. Nr. 400/1988, in der Fassung BGBl. I Nr. 31/2023) maßgeblich. Diese vermindern sich um Beiträge von dritter Seite gemäß § 3 Abs. 1 Z 2 lit. b.
4. Für Investitionen, deren Anschaffung oder Herstellung sich über den im ersten Satz genannten Zeitraum hinaus erstreckt, kann der Absetzbetrag auch bereits für nach Maßgabe des Baufortschrittes aktivierte Teilbeträge der Anschaffungs- oder Herstellungskosten geltend gemacht werden.

(2) Gemäß § 9 Abs. 2 EKBSG und § 4 Abs. 2 EKBFG kann vorgesehen werden, dass Investitionen begünstigt sind, die vor dem 1. Jänner 2024 nachweislich begonnen haben und noch nicht abgeschlossen sind (Investitionsvorhaben). Die Geltendmachung eines Absetzbetrages für Investitionsvorhaben ist unter folgenden Voraussetzungen möglich:
1. Vor dem 1. Jänner 2024 wurden bereits erste Maßnahmen für das konkrete Investitionsvorhaben gesetzt, die nach Maßgabe der unternehmensinternen Voraussetzungen und Vorgaben beschlossen wurden sowie nach außen hin zum Ausdruck kommen. Als solche Maßnahmen kommen entsprechend dokumentierte Beschlüsse der Organe der Gesellschaft über das Investitionsvorhaben sowie Bestellungen, Kaufverträge, (teilweise) Lieferungen, der Beginn von Leistungen, Anzahlungen, Zahlungen, Rechnungen oder der Baubeginn in Frage.
2. Soweit bereits Teilbeträge der Anschaffungs- oder Herstellungskosten bis zum 31. Dezember 2023 angefallen sind, kann für diese Teilbeträge ein Absetzbetrag ausschließlich nach Maßgabe des Abs. 1 Z 4 geltend gemacht werden.
3. Für die in den Jahren 2024 bis 2026 zu erwartenden (Teil-)Anschaffungs- oder (Teil-)Herstellungskosten des Investitionsvorhabens kann ein Absetzbetrag in Höhe von 50 % der zu erwartenden (Teil-)Anschaffungs- oder (Teil-)Herstellungskosten geltend gemacht werden. Die zu erwartenden Kosten sind nach den Grundsätzen des § 201 Abs. 2 Z 7 des Unternehmensgesetzbuchs, dRGBl. S 219/1897, in der Fassung BGBl. I Nr. 186/2022, bestmöglich zu schätzen.
4. Weichen die tatsächlichen (Teil-)Anschaffungs- oder (Teil-)Herstellungskosten des Investitionsvorhabens von den geschätzten und dem Absetzbetrag gemäß Z 3 zu Grunde gelegten Kosten um mehr als 10 % ab oder fallen die Voraussetzungen für die Zurechnung zu einem verbundenen Unternehmen gemäß § 4 Abs. 2 weg, gilt dies als rückwirkendes Ereignis gemäß § 295a BAO und der EKB-S bzw. der EKB-F ist entsprechend anzupassen.

Inhaltliche Voraussetzungen für die Begünstigung

§ 3. (1) Begünstigte Investitionen gemäß § 1 liegen unter folgenden Voraussetzungen vor:
1. Es handelt sich um Investitionen
   a) in Anlagen gemäß § 5 Abs. 1 Z 3 und 13 des Erneuerbaren-Ausbau-Gesetzes – EAG, BGBl. I Nr. 150/2021, in der Fassung BGBl. I Nr. 233/2022;
   b) in Stromnetze oder sonstige Netze, die ausschließlich dem Transport von erneuerbarer Energie gemäß § 5 Abs. 1 Z 13 EAG oder erneuerbarem Wasserstoff dienen, wobei jedenfalls von der Regulierungsbehörde anerkannte Investitionen oder Energieeffizienzmaßnahmen eines verbundenen Netzbetreibers von der Zurechnung zum Beitragsschuldner ausgeschlossen sind;
   c) in Ladepunkte gemäß § 2 Z 3 des Bundesgesetzes zur Festlegung einheitlicher Standards beim Infrastrukturaufbau für alternative Kraftstoffe, BGBl. I Nr. 38/2018, in der Fassung BGBl. I Nr. 150/2021;
   d) in Maßnahmen zur Einsparung oder zum effizienten Einsatz von Energie („Energieeffizienz"), vorausgesetzt diese Maßnahmen führen zu einer Energieeinsparung von mindestens 10 % bezogen auf den Energieverbrauch vor Setzung der Maßnahme und ein Gutachten gemäß Abs. 4 liegt vor;
2. Zudem wird in
   a) abnutzbare körperliche Wirtschaftsgüter des Anlagevermögens mit einer betriebsgewöhnlichen Nutzungsdauer von mindestens vier Jahren, deren Anschaffungs- oder Herstellungskosten im Wege einer Absetzung für Abnutzung (§§ 7 und 8 EStG 1988)) abgesetzt werden, oder
   b) die Herstellung oder Ertüchtigung des Netzanschlusses (Netzzutrittsentgelt) gemäß § 54 ElWOG 2010, BGBl I Nr. 110/2010, in der Fassung BGBl. I Nr. 5/2023, oder in Strombezugsrechte an nach dem 31. Dezember 2021 errichtete Anlagen gemäß § 5 Abs. 1 Z 2 EKBSG

investiert, die inländischen Betrieben oder inländischen Betriebsstätten zuzurechnen sind, wenn der Betrieb oder die Betriebsstätte der Erzielung von Einkünften gemäß § 2 Abs. 3 Z 1 bis 3 EStG 1988 dient. Dabei gelten Wirtschaftsgüter, die auf Grund einer entgeltlichen Überlassung überwiegend außerhalb eines Mitgliedstaates der Europäischen Union oder eines Staates des Europäischen Wirtschaftsraumes eingesetzt werden, nicht als einem inländischen Betrieb oder einer inländischen Betriebsstätte zugerechnet.

(2) Nicht begünstigungsfähig sind Investitionen in Anlagen, die der Förderung, dem Transport oder der Speicherung fossiler Energieträger dienen oder in Anlagen, die fossile Energieträger direkt nutzen, gemäß der Verordnung des Bundesministers für Finanzen über die vom Investitionsfreibetrag ausgenommenen Anlagen im Zusammenhang mit fossilen Energieträgern (Fossile Energieträger-Anlagen-VO), BGBl. II Nr. 156/2023.

(3) Bestehen Zweifel an der Beurteilung als Investition gemäß Abs. 1 Z 1, hat der Beitragsschuldner anhand eines Gutachtens das Vorliegen der Voraussetzungen glaubhaft zu machen. Dieses muss nach dem Stand der Technik und dem Stand der Wissenschaften erstellt werden und für die Beurteilung des Vorliegens der Voraussetzungen geeignet sein; diese Beurteilung muss dabei verständlich dokumentiert und zusammengefasst werden. Das Gutachten ist von
1. einem unabhängigen, staatlich anerkannten Wissenschaftler (z. B. Universitätsprofessor),
2. einem Ziviltechniker oder einem technischen Büro aus einem einschlägigen Fachgebiet,
3. einem allgemein beeideten und gerichtlich zertifizierten Sachverständigen,
4. der Umweltbundesamt GmbH oder
5. einem externen Energieauditor

zu erstellen.

(4) Die Geltendmachung von Investitionen gemäß Abs. 1 Z 1 lit. d setzt jedenfalls ein Gutachten gemäß Abs. 3 voraus. Dieses hat jedenfalls zu enthalten:
1. eine technische Beschreibung der gesetzten Investition,
2. eine nachvollziehbare und detaillierte Beschreibung der herangezogenen Daten und deren Herleitungen, der Datenquellen und der Mess- und Berechnungsmethoden sowie
3. eine Bestätigung über das Ausmaß der Energieeinsparung und darüber, dass durch die betreffende Energieeffizienzmaßnahme der Schwellenwert in Abs. 1 Z 1 lit. d zumindest erreicht wird.

Zurechenbarkeit zum Beitragsschuldner

§ 4. (1) Voraussetzung für die Geltendmachung des Absetzbetrages ist grundsätzlich die Erlangung des wirtschaftlichen Eigentums an den Wirtschaftsgütern gemäß § 24 BAO, die dem Absetzbetrag zu Grunde gelegt werden. Auf Mieterinvestitionen sind die Regelungen sinngemäß anzuwenden.

(2) § 4 Abs. 1 EKBSG sowie § 4 Abs. 1 EKBFG sehen vor, dass Investitionen eines verbundenen Unternehmens, das selbst nicht Beitragsschuldner ist, einem oder mehreren mit dem Unternehmen verbundenen Beitragsschuldner(n) zugerechnet werden können, wobei eine sachgerechte Aufteilung vorzunehmen ist. Dabei gilt:
1. Für Zwecke dieser Bestimmung ist die Definition verbundener Unternehmen gemäß § 14 Abs. 4 in Verbindung mit § 10a Abs. 4 Z 2

des Körperschaftsteuergesetzes 1988 – KStG 1988, BGBl. Nr. 401/1988, in der Fassung BGBl. I Nr. 108/2022, maßgeblich, wobei
   a) die Verbundenheit aufgrund einer Beteiligung in Höhe von 25 % am Kapital bestehen muss;
   b) die Verbundenheit durchgehend im jeweiligen Wirtschaftsjahr des investierenden Unternehmens bestehen muss, in dem die (Teil-)Anschaffungs- oder (Teil-)Herstellungskosten begünstigter Investitionen anfallen, wobei für Investitionsvorhaben gemäß § 2 Abs. 2 die Verbundenheit im Zeitpunkt der Selbstberechnung gemäß § 6 Abs. 2 EKBSG oder der Vorauszahlung gemäß § 6 Abs. 1 EKBFG sowie durchgehend im jeweiligen Wirtschaftsjahr oder in den jeweiligen Wirtschaftsjahren, in dem oder in denen (Teil-)Anschaffungs- oder (Teil-)Herstellungskosten begünstigter Investitionen anfallen, bestehen muss; und
   c) nur im Inland ansässige Unternehmen oder in einem anderen Staat ansässige Unternehmen hinsichtlich ihrer Betriebsstätte im Inland für Zwecke dieser Bestimmung als verbundene Unternehmen gelten.
2. Bei der Zurechnung zu mehreren Beitragsschuldnern, die im Verhältnis zueinander wiederum verbundene Unternehmen im Sinne der Z 1 sind (Gruppe von Beitragsschuldnern), sind die Investitionen im Verhältnis der individuellen Beitragsschulden der jeweiligen Beitragsschuldner aufzuteilen.
3. Bei der Zurechnung zu mehreren Beitragsschuldnern, die im Verhältnis zueinander keine verbundenen Unternehmen im Sinne der Z 1 sind (z. B. Partnerunternehmen eines Joint Venture), sind die Investitionen im Verhältnis der Anteile der Beitragsschuldner bzw. Gruppen von Beitragsschuldnern am Stamm- oder Nennkapital des investierenden Unternehmens aufzuteilen. Die einer Gruppe von Beitragsschuldnern zugerechneten Investitionen sind innerhalb der Gruppe nach Z 2 aufzuteilen.

(3) In Fällen, in denen eine Personengesellschaft Beitragsschuldner ist, können Investitionen im Sonderbetriebsvermögen der Gesellschafter wie Investitionen der Personengesellschaft berücksichtigt werden.

§ 5. Bei Wirtschaftsgütern, für die der Absetzbetrag geltend gemacht wird, ist dieser im Anlageverzeichnis bzw. in der Anlagekartei auszuweisen. Die Verzeichnisse sind der Abgabenbehörde auf Verlangen vorzulegen.

Inkrafttreten und Schlussbestimmung

§ 6. Diese Verordnung ist anzuwenden auf
1. Investitionen, für die (Teil-)Anschaffungs- oder (Teil-)Herstellungskosten nach dem 31. Dezember 2021 anfallen;
2. Investitionsvorhaben, die nach dem 31. Dezember 2021 begonnen werden.

14. SONSTIGE GESETZE UND VERORDNUNGEN

Inhaltsverzeichnis

- **14/1.** Abgabe von Zuwendungen (EStG-Novelle 1975), BGBl 1975/391 idF BGBl 1988/739 .... Seite 903
- **14/2.** Investmentfonds
  - **14/2/1.** **Investmentfondsgesetz 2011** (Auszug), BGBl I 2011/77 idF BGBl I 2023/111 .... Seite 903
  - **14/2/2.** **Immobilien-Investmentfondsgesetz** (Auszug), BGBl I 2003/80 idF BGBl I 2022/112 .... Seite 909
  - **14/2/3.** Verordnung über die Meldung der steuerrelevanten Daten für Investmentfonds, Immobilienfonds und AIF **(Fonds-Melde-Verordnung 2015 – FMV 2015)**, BGBl II 2015/167 idF
    1 BGBl II 2015/440   2 BGBl II 2016/305
    3 BGBl II 2018/298   4 BGBl II 2023/158 .... Seite 915
- **14/3.** **Wirtschaftskammergesetz 1998** (Auszug), BGBl I 1998/103 idF BGBl I 2022/113 .... Seite 919
- **14/4.** **Normverbrauchsabgabegesetz – NoVAG 1991** .... Seite 922
- **14/5.** **Kraftfahrgesetz 1967** (Auszug), BGBl 1967/267 idF BGBl I 2022/62 .... Seite 929
- **14/6.** **KonsulargebührenG 1992** .... Seite 930
  - **14/6/1.** Verordnung über die **pauschalierte Höhe des Ersatzes** der in Tarifpost 6 Abs. 7 in der Anlage zu § 1 des Konsulargebührengesetzes 1992 genannten Auslagen, BGBl II 2011/103 idF BGBl II 2021/315 .... Seite 938
- **14/7.** **Kommunalsteuergesetz 1993** .... Seite 939
  - **14/7/1.** Verordnung betreffend die **Datenübermittlung** im Zusammenhang mit der gemeinsamen Prüfung lohnabhängiger Abgaben, BGBl II 2002/257 idF
    1 BGBl II 2019/438   2 BGBl II 2020/579 .... Seite 944
  - **14/7/2.** Verordnung über die **elektronische Übermittlung von Kommunalsteuererklärungen**, BGBl II 2005/257 idF BGBl II 2020/579 .... Seite 945
- **14/8.** **Neugründungs-Förderungsgesetz – NeuFöG** .... Seite 947
  - **14/8/1.** Verordnung zum Neugründungs-Förderungsgesetz betreffend Neugründungen **(Neugründungs-Förderungsverordnung)**, BGBl II 1999/278 idF
    1 BGBl II 2008/288   2 BGBl II 2015/390 .... Seite 950
  - **14/8/2.** Verordnung zum Neugründungs-Förderungsgesetz betreffend die Übertragung von Klein- und Mittelbetrieben **(KMU-Übertragungs-Förderungsverordnung)**, BGBl II 2002/483 idF
    1 BGBl II 2003/593   2 BGBl II 2008/287
    3 BGBl II 2015/389 .... Seite 952
  - **14/8/3.** Verordnung betreffend die **elektronische Übermittlung** von Erklärungen gemäß § 4 NeuFöG, mit denen eine Neugründung oder eine Übertragung von Betrieben erklärt wird, BGBl II 2005/216 idF BGBl II 2012/507 .... Seite 953
- **14/9.** **Werbeabgabegesetz 2000** .... Seite 955
  - **14/9/1.** Verordnung über die **Befreiung der internationalen Organisationen** mit Sitz in Österreich von der Werbeabgabe, BGBl II 2001/179 .... Seite 956
- **14/10.** **Stiftungseingangssteuergesetz** .... Seite 957
- **14/11.** **Wirtschaftliche Eigentümer Registergesetz – WiEReG** .... Seite 959
  - **14/11/1.** Verordnung zur Festlegung der Nutzungsentgelte für die Nutzung des Registers der wirtschaftlichen Eigentümer **(WiEReG-Nutzungsentgelte V)**, BGBl II 2018/77 idF
    1 BGBl II 2019/108   2 BGBl II 2019/437
    3 BGBl II 2023/260 .... Seite 988
  - **14/11/2.** Verordnung über zusätzliche technische Möglichkeiten für die Einsicht in das Register **(WiEReG-EinsichtsV)**, BGBl II 2019/390 idF BGBl II 2020/571 .... Seite 989
- **14/12.** **Digitalsteuergesetz 2020 (DiStG 2020)** .... Seite 991

14/1. Abgabe von Zuwendungen

BGBl 1975/391 idF BGBl 1988/739

Bundesgesetz vom 2. Juli 1975, mit dem das Einkommensteuergesetz 1972 geändert und eine Abgabe von Zuwendungen eingeführt wird (Einkommensteuergesetznovelle 1975)

Der Nationalrat hat beschlossen:

Art. II (1) Zuwendungen von Berufs- und Wirtschaftsverbänden und anderen Interessenvertretungen mit freiwilliger Mitgliedschaft im Sinne des Art. I an politische Parteien sowie an Organisationen, die einer politischen Partei nahestehen oder die nicht selbst als Berufs- und Wirtschaftsverband (Interessenvertretung) anzusehen sind, unterliegen einer Abgabe in Höhe von 15 v. H. der zugewendeten Beträge. Das gleiche gilt für Zuwendungen dieser Berufs- und Wirtschaftsverbände (Interessenvertretungen) an Personen oder Personengemeinschaften, wenn die Zuwendungen unter das Abzugsverbot des § 20 Abs. 1 Z. 3 Einkommensteuergesetzes 1972 bzw. des § 16 Z. 4 des Körperschaftsteuergesetzes 1966 fallen. Die Abgabe ist vom Zuwendenden spätestens am 10. Tage nach Ablauf des Kalendermonates,[a)] in dem die Zuwendung erfolgte, an sein Betriebsfinanzamt (§ 59 der Bundesabgabenordnung) abzuführen.

(BGBl 1988/739)

[a)] Siehe auch BGBl 1993/818 (Art XXVIII, Sonderregelung betr die Fälligkeit von Abgabenschuldigkeiten, abgedruckt 17/1 f.)

(2) Die Abgabe im Sinne des Abs. 1 stellt eine ausschließliche Bundesabgabe dar.

Art. III Die Bestimmungen des Art. II treten am 1. Juli 1975 in Kraft.

Art. IV Mit der Vollziehung dieses Bundesgesetzes ist der Bundesminister für Finanzen betraut.

14/2. INVESTMENTSFONDS

14/2/1. Investmentfondsgesetz 2011 (Auszug)

BGBl I 2011/77 idF BGBl I 2023/111

Gewinnverwendung und Ausschüttungen

§ 58. (1) Die Fondsbestimmungen haben Regelungen über die Art der Ausschüttungen des OGAW an die Anteilinhaber zu enthalten. Das Fondsvermögen darf jedoch durch Ausschüttungen in keinem Fall 1 150 000 Euro unterschreiten.

(2) Innerhalb von sieben Monaten nach Ende des Geschäftsjahres ist, sofern keine Ausschüttung erfolgt, jedenfalls ein Betrag in der Höhe der auf die ausschüttungsgleichen Erträge gemäß § 186 Abs. 2 Z 1 erster Satz entfallenden Kapitalertragsteuer zuzüglich des gemäß § 124b Z 186 des Einkommensteuergesetzes 1988 freiwillig geleisteten Betrages auszuzahlen. Zu den Einkünften gehören auch Beträge, die neu hinzukommende Anteilinhaber für den zum Ausgabetag ausgewiesenen Ertrag aus Zinsen, Dividenden und Substanz leisten (Ertragsausgleich auf Zins-, Dividenden- und Substanzerträge). Die Auszahlung kann für OGAW oder bestimmte Gattungen von Anteilscheinen eines Sondervermögens unterbleiben, wenn durch die den OGAW verwaltende Verwaltungsgesellschaft in eindeutiger Form nachgewiesen wird, dass die ausgeschütteten und ausschüttungsgleichen Erträge sämtlicher Inhaber der ausgegebenen Anteilscheine entweder nicht der inländischen Einkommen- oder Körperschaftsteuer unterliegen oder die Voraussetzungen für eine Befreiung gemäß § 94 des Einkommensteuergesetzes 1988 vorliegen. Als solcher Nachweis gilt das kumulierte Vorliegen von Erklärungen sowohl der Depotbank als auch der Verwaltungsgesellschaft, dass ihnen kein Verkauf an andere Personen bekannt ist, sowie von Fondsbestimmungen, die den ausschließlichen Vertrieb bestimmter Gattungen im Ausland vorsehen. Eine Auszahlung der Kapitalertragsteuer kann zudem unterbleiben, wenn bei gemäß § 98 Abs. 1 Z 5 lit. b des Einkommensteuergesetzes 1988 beschränkt steuerpflichtigen Anteilinhabern der Kapitalertragsteuerabzug durch Belastung des Verrechnungskontos des Anteilinhabers möglich ist.

(BGBl I 2018/67)

Für Verwaltungsgesellschaften gemäß Art. 6 der Richtlinie 2009/65/EG, welche in einem anderen Mitgliedstaat konzessioniert sind und über eine Zweigstelle, im Wege der Dienstleistungsfreiheit oder kollektiven Portfolioverwaltung in Österreich tätig werden, gilt diese Bestimmung samt den in ihr verwiesenen Normen rückwirkend ab 1. Juli 2011 (vgl. § 200 Abs. 3).

Steuern vom Einkommen, vom Ertrag und vom Vermögen

§ 186. (1) Die ausgeschütteten Erträge aus Einkünften im Sinne des § 27 des Einkommensteuer-

gesetzes 1988 abzüglich der damit in Zusammenhang stehenden Aufwendungen eines
1. Kapitalanlagefonds, einschließlich eines Gebildes, das eine Bewilligung gemäß § 50 benötigt,
   (BGBl I 2023/111)
2. AIF im Sinne des AIFMG, dessen Herkunftsmitgliedstaat Österreich ist, ausgenommen AIF in Immobilien im Sinne des AIFMG, oder
   (BGBl I 2023/111)
3. WKF im Sinne des WKFG,
   (BGBl I 2023/111)

sind beim Anteilinhaber steuerpflichtige Einnahmen. Ergibt sich aus den Einkünften im Sinne des § 27 des Einkommensteuergesetzes 1988 nach Abzug der damit in Zusammenhang stehenden Aufwendungen ein Verlust, ist dieser mit Einkünften im Sinne des § 27 des Einkommensteuergesetzes 1988 in den Folgejahren zu verrechnen, wobei die Verrechnung vorrangig mit Einkünften des Fonds im Sinne des § 27 Abs. 3 und 4 sowie § 27b Abs. 3 des Einkommensteuergesetzes 1988 zu erfolgen hat. Werden anteilige Einkünfte aus der Überlassung von Kapital gemäß § 27 Abs. 2 Z 2 sowie laufende Einkünfte aus Kryptowährungen gemäß § 27b Abs. 2 des Einkommensteuergesetzes 1988 in der Rechnungslegung des Fonds abgegrenzt, gelten diese bereits als Einkünfte im Sinne des § 27 Abs. 2 sowie des § 27b Abs. 2 des Einkommensteuergesetzes 1988.
(BGBl I 2022/10)

(2)
1. a) Erfolgt keine tatsächliche Ausschüttung im Sinne des Abs. 1 oder werden nicht sämtliche Erträge im Sinne des Abs. 1 ausgeschüttet, gelten die nicht ausgeschütteten Erträge aus der Überlassung von Kapital im Sinne des § 27 Abs. 2 sowie laufende Einkünfte aus Kryptowährungen gemäß § 27b Abs. 2 des Einkommensteuergesetzes 1988 sowie 60 vH des positiven Saldos aus Einkünften im Sinne des § 27 Abs. 3 und 4 sowie des § 27b Abs. 3 Einkommensteuergesetz 1988 abzüglich der damit in Zusammenhang stehenden Aufwendungen eines Kapitalanlagefonds an die Anteilinhaber in dem aus dem Anteilrecht sich ergebenden Ausmaß nach Maßgabe der lit. b als ausgeschüttet (ausschüttungsgleiche Erträge). Bei in einem Betriebsvermögen gehaltenen Anteilscheinen gilt der gesamte positive Saldo aus Einkünften im Sinne des § 27 Abs. 3 und 4 sowie des § 27b Abs. 3 des Einkommensteuergesetzes 1988 abzüglich der damit im Zusammenhang stehenden Aufwendungen als ausgeschüttet. Werden die als ausgeschüttet geltenden Erträge später tatsächlich ausgeschüttet, sind sie steuerfrei.
   (BGBl I 2022/10)
   b) Die ausschüttungsgleichen Erträge gelten beim Anteilinhaber unabhängig von der Art der Einkünfteermittlung zu folgenden Zeitpunkten als steuerpflichtige Einnahmen:
   aa) bei Auszahlung der Kapitalertragsteuer (§ 58 Abs. 2) am Auszahlungstag;
   bb) ansonsten zum Zeitpunkt der Veröffentlichung der für die ertragsteuerliche Behandlung relevanten Daten durch die Meldestelle auf Grund einer fristgerechten Meldung;
   cc) in allen anderen Fällen zu dem in Z 3 genannten Zeitpunkt.
   (BGBl I 2015/115)

2. a) Die aufgegliederte Zusammensetzung der Ausschüttung im Sinne des Abs. 1 und der ausschüttungsgleichen Erträge im Sinne der Z 1 und die zur Ermittlung der Höhe der Kapitalertragsteuer sowie der Anpassungen der Anschaffungskosten gemäß Abs. 3 erforderlichen steuerrelevanten Daten sind an die Meldestelle gemäß § 23 KMG 2019 durch einen steuerlichen Vertreter zu übermitteln. Die Meldestelle hat anhand dieser Daten entsprechend den gesetzlichen Bestimmungen die steuerliche Behandlung zu ermitteln und die so ermittelten steuerlichen Werte in geeigneter Form zu veröffentlichen. § 23 Abs. 1 letzter Satz KMG 2019 ist auf diese Tätigkeit der Meldestelle analog anzuwenden.
   (BGBl I 2019/62)
   b) Als steuerlicher Vertreter kann nur ein inländischer Wirtschaftstreuhänder oder eine Person bestellt werden, die vergleichbare fachliche Qualifikationen nachweist. Lehnt die Meldestelle einen steuerlichen Vertreter wegen Zweifel an der Vergleichbarkeit der Qualifikation ab, entscheidet der Bundesminister für Finanzen.
   c) Der Bundesminister für Finanzen wird ermächtigt,
   aa) die Frist für die Übermittlung an die Meldestelle, unter Berücksichtigung der für Jahresberichte maßgeblichen Fristen,
   bb) die Voraussetzungen für die Übermittlung an die Meldestelle,
   cc) den Inhalt und die Struktur der übermittelten Daten,
   dd) die Ermittlung der steuerlichen Werte auf Grundlage der übermittelten Daten durch die Meldestelle

entsprechend den gesetzlichen Bestimmungen,
- ee) allfällige Korrekturen der übermittelten Daten sowie
- ff) die Art und Weise der Veröffentlichung der ermittelten steuerlichen Werte durch die Meldestelle

durch Verordnung näher zu regeln.

d) Für die von der Meldestelle oder von anderen Personen im Auftrag der Meldestelle in Wahrnehmung ihrer Tätigkeiten gemäß § 186 Abs. 2 Z 2 lit. a und b wem immer schuldhaft zugefügten Schäden haftet der Bund nach den Bestimmungen des Amtshaftungsgesetzes, BGBl. Nr. 20/1949. Die Meldestelle sowie deren Organe und Bedienstete haften dem Geschädigten nicht. Hat der Bund dem Geschädigten den Schaden ersetzt, kann er von der Meldestelle Rückersatz begehren, wenn dieser Schaden vorsätzlich oder grob fahrlässig herbeigeführt wurde.

(BGBl I 2015/115)

3. Erfolgt keine Meldung gemäß Z 2 betreffend der Ausschüttung, ist die Ausschüttung zur Gänze steuerpflichtig. Erfolgt keine Meldung gemäß Z 2 betreffend der ausschüttungsgleichen Erträge im Sinne der Z 1, sind diese in Höhe von 90 vH des Unterschiedsbetrages zwischen dem ersten und letzten im Kalenderjahr festgesetzten Rücknahmepreis, mindestens jedoch in Höhe von 10 vH des am Ende des Kalenderjahres festgesetzten Rücknahmepreises zu schätzen. Die auf diese Weise ermittelten ausschüttungsgleichen Erträge gelten jeweils als zum 31. Dezember eines jeden Jahres zugeflossen. Der Anteilinhaber kann die Höhe der ausschüttungsgleichen Erträge oder die Steuerfreiheit der tatsächlichen Ausschüttung unter Beilage der dafür notwendigen Unterlagen nachweisen.

4. Wurde Kapitalertragsteuer abgezogen, ist der Nachweis gemäß Z 3 gegenüber dem Abzugsverpflichteten zu erbringen. Dieser hat, wenn noch keine Realisierung im Sinne des Abs. 3 erfolgt ist, die Kapitalertragsteuer zu erstatten oder nachzubelasten und die Anschaffungskosten gemäß Abs. 3 zu korrigieren. Wurde bereits eine Bescheinigung gemäß § 96 Abs. 4 Z 2 des Einkommensteuergesetzes 1988 ausgestellt, darf eine Erstattung der Kapitalertragsteuer und entsprechende Korrektur der Anschaffungskosten nur erfolgen, wenn der Anteilinhaber den Abzugsverpflichteten beauftragt, dem zuständigen Finanzamt eine berichtigte Bescheinigung zu übermitteln.

(3) Die realisierte Wertsteigerung bei Veräußerung des Anteilscheines oder des Anteils an einem AIF oder einem WKF unterliegt unabhängig von der Art der laufend erzielten Einkünfte der Besteuerung gemäß § 27 Abs. 3 des Einkommensteuergesetzes 1988. Ausschüttungsgleiche Erträge erhöhen, steuerfreie Ausschüttungen (insbesondere jene gemäß Abs. 2 Z 1 lit. a letzter Satz) und Ausschüttungen, die keine Einkünfte im Sinne des Einkommensteuergesetzes 1988 sind, vermindern beim Anteilinhaber die Anschaffungskosten (§ 27a Abs. 3 Z 2 des Einkommensteuergesetzes 1988) des Anteilscheines oder des Anteils an einem AIF oder einem WKF. Bei einer Abspaltung im Sinne des § 65 sind die steuerlich maßgebenden Anschaffungskosten der Anteile am abspaltenden Kapitalanlagefonds in dem Ausmaß zu vermindern und im gleichen Ausmaß als Anschaffungskosten der Anteile des abgespaltenen Kapitalanlagefonds anzusetzen, in dem sich die Werte, die in einer Anteilswertberechnung im Sinne des § 57 Abs. 1 eingehen, durch die Abspaltung verschieben. Die Gewährung neuer Anteile aufgrund einer Abspaltung gilt nicht als Tausch. Die Auszahlung des Anteilscheines gemäß § 55 Abs. 2 und die Abwicklung gemäß § 63 gelten als Veräußerung.

(BGBl I 2023/111)

(4) Bei Verschmelzungen gemäß §§ 114 bis 127 gilt:
1. Die Anschaffungskosten sämtlicher Vermögenswerte des übertragenden Fonds sind vom übernehmenden Fonds fortzuführen, wenn es zu keiner endgültigen Verschiebung stiller Reserven kommt. Ansonsten gelten sämtliche Vermögenswerte des übertragenden Fonds am Verschmelzungsstichtag als zum gemeinen Wert veräußert (Liquidationsfiktion).
2. Die bis zum Verschmelzungsstichtag auf Grund der Z 1 entstandenen sowie sämtliche anderen ausschüttungsgleichen Erträge (Abs. 2) des übertragenden Fonds gelten am Verschmelzungsstichtag als zugeflossen und Verlustvorträge im Sinne des Abs. 1 des übertragenden Fonds gehen unter. Die Anschaffungskosten sind gemäß Abs. 3 zweiter Satz zu erhöhen und es ist ein Betrag gemäß § 58 Abs. 2 erster Satz auszuzahlen.
3. Der Umtausch von Anteilen auf Grund einer Verschmelzung gilt nicht als Realisierung im Sinne des Abs. 3 und die gemäß Z 2 erhöhten Anschaffungskosten der Anteile des übertragenden Fonds sind als Anschaffungskosten der Anteile des übernehmenden Fonds fortzuführen.
4. Barauszahlungen (§ 126 Abs. 1 Z 2 und § 126 Abs. 2 Z 2) gelten beim Anteilsinhaber als realisierte Wertsteigerungen gemäß Abs. 3 erster Satz.

(5) Für Erträge, die keine Einkünfte gemäß § 27 des Einkommensteuergesetzes 1988 sind, gilt Folgendes:
1. Auf Erträge, die Bewirtschaftungs- und Aufwertungsgewinnen im Sinne des § 14 Abs. 2 Z 1 und 2 des Immobilieninvestmentfondsgesetzes entsprechen, ist § 40 des Immobilieninvestmentfondsgesetzes sinngemäß anzuwenden.
2. a) Die ausgeschütteten Erträge aus anderen Einkünften im Sinne des Einkommen-

steuergesetzes 1988 sind beim Anteilinhaber unabhängig von der Art der Einkünfteermittlung im Zeitpunkt des Zuflusses steuerpflichtige Einkünfte. Erfolgt keine tatsächliche Ausschüttung oder werden nicht sämtliche Erträge ausgeschüttet, gelten die nicht ausgeschütteten Erträge als in jenem Zeitpunkt ausgeschüttet, der auch für die ausschüttungsgleichen Erträge gemäß Abs. 2 Z 1 lit. b maßgeblich ist.

b) Die Ermittlung der anderen Einkünfte erfolgt nach den jeweiligen Bestimmungen des Einkommensteuergesetzes 1988, mit der Maßgabe, dass mit den Erträgen im Zusammenhang stehende Aufwendungen in Abzug gebracht werden können. Bei nicht in einem Betriebsvermögen gehaltenen Anteilscheinen gelten Erträge aus der Veräußerung von Wirtschaftsgütern, ausgenommen Wirtschaftsgüter im Sinne der §§ 27 und 30 des Einkommensteuergesetzes 1988, in einem Ausmaß von 30% als Einkünfte aus Spekulationsgeschäften gemäß § 31 des Einkommensteuergesetzes 1988. Dies gilt nicht, wenn die Anteilscheine oder Anteile von nicht mehr als 50 Anteilinhabern gehalten werden; diesfalls ist das Vorliegen von Spekulationsgeschäften gemäß § 31 des Einkommensteuergesetzes 1988 auf Ebene des einzelnen Anteilinhabers zu ermitteln.

c) Sind die gemäß lit. b ermittelten Erträge positiv und betragen diese in Summe höchstens 20% der Einkünfte, die Einkünfte im Sinne des § 27 des Einkommensteuergesetzes 1988 darstellen, gelten die gemäß lit. b ermittelten Erträge als Einkünfte gemäß § 27 Abs. 2 des Einkommensteuergesetzes 1988 (Bagatellregelung).

(BGBl I 2023/111)

d) Die Bagatellregelung gemäß lit. c erfasst auch Einkünfte gemäß § 27 des Einkommensteuergesetzes 1988, die keinem besonderen Steuersatz gemäß § 27a Abs. 1 des Einkommensteuergesetzes 1988 unterliegen.

(BGBl I 2023/111)

(BGBl I 2015/115)

3. Erträge, die keine Einkünfte gemäß § 27 des Einkommensteuergesetzes 1988 darstellen, sind in der Meldung gemäß Abs. 2 Z 2 aufzunehmen.

(BGBl I 2015/115)

(6) Erfolgt eine Ausschüttung, gelten für steuerliche Zwecke als ausgeschüttet:

1. zunächst die laufenden und die in den Vorjahren erzielten Einkünfte im Sinne des § 27 des Einkommensteuergesetzes 1988,

2. danach die laufenden und die in den Vorjahren erzielten anderen Einkünfte im Sinne des Einkommensteuergesetzes 1988 und

3. zuletzt Beträge, die keine Einkünfte im Sinne des Einkommensteuergesetzes 1988 darstellen.

(7) AIF im Sinne des AIFMG und WK-AG im Sinne des WKFG, auf die die Abs. 1 bis 6 Anwendung finden, gelten für Zwecke der Körperschaftsteuer nicht als Körperschaften im Sinne des § 1 des Körperschaftsteuergesetzes 1988.

(BGBl I 2023/111)

Pensionsinvestmentfonds

§ 187. Für Anteile an Pensionsinvestmentfonds im Sinne des 3. Teiles 1. Hauptstück 3. Abschnitt, welche die Voraussetzungen des § 108h Abs. 1 Z 2 bis 5 des Einkommensteuergesetzes 1988 erfüllen, gilt Folgendes:

1. Ausschüttungsgleiche Erträge sind von der Einkommensteuer und Kapitalertragsteuer befreit.

2. Nachweislich einbehaltene inländische Kapitalertragsteuer von Gewinnausschüttungen (Dividenden), die dem Pensionsinvestmentfonds zugehen, können auf Antrag der Verwaltungsgesellschaft erstattet werden. Die Fondsbestimmungen haben zu regeln, bis wann ein entsprechender Antrag zu stellen ist.

3. Der Umtausch von Anteilen in andere Anteile an Pensionsinvestmentfonds im Sinne des 3. Teiles 1. Hauptstück 3. Abschnitt, welche die Voraussetzungen des § 108h Abs. 1 Z 2 bis 5 des Einkommensteuergesetzes 1988 erfüllen, oder zur Erfüllung des Auszahlungsplanes ist in Bezug auf die Realisierung gemäß § 27 Abs. 3 des Einkommensteuergesetzes 1988 wie eine unentgeltliche Übertragung zu behandeln.

Anwendung auf ausländische Kapitalanlagefonds

§ 188. (1) Die Bestimmungen des § 186 sind auch auf ausländische Kapitalanlagefonds anzuwenden. Als solche gelten:

1. OGAW, deren Herkunftsmitgliedstaat nicht Österreich ist, einschließlich Gebilde, die eine Bewilligung gemäß Art. 5 OGAW-RL benötigen;

(BGBl I 2018/67)

2. AIF im Sinne des AIFMG, deren Herkunftsstaat nicht Österreich ist, ausgenommen AIF in Immobilien im Sinne des AIFMG;

3. jeder einem ausländischen Recht unterstehende Organismus, unabhängig von seiner Rechtsform, dessen Vermögen nach dem Gesetz, der Satzung oder tatsächlichen Übung nach den Grundsätzen der Risikostreuung angelegt ist, wenn er nicht unter Z 1 oder 2 fällt und eine der folgenden Voraussetzungen erfüllt:

a) Der Organismus unterliegt im Ausland tatsächlich direkt oder indirekt keiner der österreichischen Körperschaftsteuer vergleichbaren Steuer.
b) Die Gewinne des Organismus unterliegen im Ausland einer der österreichischen Körperschaftsteuer vergleichbaren Steuer, deren anzuwendender Steuersatz um mehr als 10 Prozentpunkte niedriger als die österreichische Körperschaftsteuer gemäß § 22 Abs. 1 KStG 1988 ist.
c) Der Organismus ist im Ausland Gegenstand einer umfassenden persönlichen oder sachlichen Befreiung.

(2) Abs. 1 gilt nicht für Veranlagungsgemeinschaften in Immobilien im Sinne des § 42 des Immobilien-Investmentfondsgesetzes.

Außer-Kraft-Treten

§ 198. (1) Das Investmentfondsgesetz – InvFG 1993 (BGBl. Nr. 532/1993) in der Fassung des Bundesgesetzes BGBl. I Nr. 111/2010 wird mit Ablauf des 31. August 2011 aufgehoben; die §§ 6 Abs. 1, 20a Abs. 7, 21a Abs. 1, 2 und 3, 23f und 35 sowie Anlage E Schema E jeweils betreffend den vereinfachten Prospekt sind auf OGAW und AIF, die vor dem 1. September 2011 bewilligt wurden und solange für diese der FMA noch kein KID übermittelt wurde, bis zum Ablauf des 30. Juni 2012 anzuwenden. Die §§ 3 Abs. 2 und 14 Abs. 4 sind auf Zusammenlegungen von Kapitalanlagefonds anzuwenden, hinsichtlich derer bis zum Ablauf des 31. August 2011 bei der FMA ein vollständiger Antrag auf Bewilligung eingereicht wurde. § 44 InvFG 1993 ist auf Taten, die vor dem 1. September 2011 gesetzt wurden, uneingeschränkt weiter anzuwenden.

(2) Folgende Bestimmungen des Investmentfondsgesetzes 1993 in der Fassung des Bundesgesetz BGBl. I Nr. 111/2010 bleiben in Geltung:
1. Die 13 4. Satz, § 40 Abs. 1 und 2 sowie § 42 Abs. 1 und 3 sind unbeschadet den Bestimmungen des § 200 Abs. 2 erster Satz für Geschäftsjahre des Fonds, die im Kalenderjahr 2012 beginnen, weiter anzuwenden. Nicht verbrauchte Verlustvorträge können in späteren Geschäftsjahren mit Einkünften des Kapitalanlagefonds gemäß § 27 Abs. 3 und 4 des Einkommensteuergesetzes 1988 verrechnet werden, wobei bei nicht im Betriebsvermögen gehaltenen Anteilscheinen 25 vH der Verlustvorträge verrechnet werden können. Für Zwecke der Kapitalertragsteuer ist einheitlich von diesem Prozentsatz auszugehen; die Aufgliederung der Zusammensetzung der ausschüttungsgleichen Erträge gemäß § 186 Abs. 2 Z 2 für Geschäftsjahre, die im Kalenderjahr 2013 beginnen, hat den Gesamtbetrag der nicht verbrauchten Verlustvorträge auszuweisen. § 42 Abs. 2 und 4 sind bis zum 31. März 2012 anzuwenden.
2. Das in § 40 Abs. 1 zweiter Satz genannte Ausmaß von einem Fünftel erhöht sich für
   a) Geschäftsjahre des Fonds, die nach dem 30. Juni 2011 beginnen, auf einen Prozentsatz von 30 vH;
   b) Geschäftsjahre des Fonds, die im Kalenderjahr 2012 beginnen, auf einen Prozentsatz von 40 vH;
3. Die in § 40 Abs. 2 Z 2 vorgesehene Verpflichtung zur Meldung der Kapitalertragsteuer auf täglicher Basis entfällt ab dem 1. April 2012. Ab diesem Zeitpunkt gilt stattdessen, ungeachtet der Z 1, bereits § 186. Abs. 2 Z 2 bis 4 in der Fassung des Investmentfondsgesetzes 2011, BGBl. I Nr. 77/2011.
4. Abweichend von § 40 Abs. 2 Z 2 kann der Nachweis der ausschüttungsgleichen Erträge ab dem 1. Jänner 2012 ausschließlich durch einen steuerlichen Vertreter erbracht werden. Als steuerlicher Vertreter kann nur ein inländischer Wirtschaftstreuhänder oder eine Person bestellt werden, die vergleichbare fachliche Qualifikationen nachweist.

Inkrafttreten

§ 200. (1) Dieses Bundesgesetz tritt mit 1. September 2011 in Kraft.

(2) Die §§ 186 und 188 treten mit 1. April 2012 in Kraft. Davon abweichend gilt:
1. § 186 Abs. 3 gilt erstmals für Veräußerungen nach dem 31. März 2012, von nach dem 31. Dezember 2010 angeschafften Anteilscheinen. Für solche Anteilscheine ist eine Berichtigung der Anschaffungskosten gemäß § 186 Abs. 3, für Ausschüttungen und ausschüttungsgleiche Erträge vorzunehmen, die nach dem 31. Dezember 2010 zufließen bzw. als zugeflossen gelten. § 40 Abs. 3 des Investmentfondsgesetzes 1993 in der Fassung vor dem Bundesgesetz BGBl. I Nr. 111/2010 ist bis 31. März 2012 anzuwenden.
2. Abweichend von § 186 Abs. 2 Z 1 tritt bei nicht in einem Betriebsvermögen gehaltenen Anteilen an Stelle des Prozentsatzes von 60 vH für Geschäftsjahre des Fonds, die im Kalenderjahr 2013 beginnen, ein Prozentsatz von 50 vH.

(3) Die §§ 157 bis 161 gelten rückwirkend ab 1. Juli 2011. Für Verwaltungsgesellschaften gemäß Art. 6 der Richtlinie 2009/65/EG, welche in einem anderen Mitgliedstaat konzessioniert sind und über eine Zweigstelle, im Wege der Dienstleistungsfreiheit oder kollektiven Portfolioverwaltung in Österreich tätig werden, gelten rückwirkend ab 1. Juli 2011 die im Folgenden genannten Bestimmungen samt den in ihnen verwiesenen Normen: §§ 10 bis 36; § 38; §§ 46 bis 142; § 143 Abs. 1 Z 2, 3, 4 und 5; § 145; § 147; § 151; § 152; § 153 Abs. 2; § 162 Abs. 1 und 2; § 195 Abs. 2.

(4) § 190 Abs. 1 bis 6 in der Fassung des 2. Stabilitätsgesetzes 2012, BGBl. I Nr. 35/2012, tritt mit 1. Mai 2012 in Kraft.

14/2/1.
InvFG

(5) § 53 Abs. 4 und § 61 Abs. 2 in der Fassung des Bundesgesetzes BGBl. I Nr. 83/2012 treten mit 1. Juli 2012 in Kraft.

(6) § 193 Abs. 2 in der Fassung des Bundesgesetzes BGBl. I Nr. 70/2013 tritt mit 1. Jänner 2014 in Kraft.

(7) § 1, § 2 Abs. 3, § 3Abs. 2 Z 19, 30 und Z 31, § 5 Abs. 2 Z 2, § 5 Abs. 5, § 6 Abs. 3, § 130, § 134 Abs. 1, § 162a, und § 195 Abs. 6 und 7 in der Fassung des Bundesgesetzes BGBl. I Nr. 135/2013 treten mit 22. Juli 2013 in Kraft. § 27, § 30 Abs. 5, § 46 Abs. 3, § 60 Abs. 1, § 64, § 71 Abs. 1, § 166 Abs. 1 Z 4, § 167 Abs. 1 und 6 bis 9, § 168, § 173 samt Überschrift, § 190 Abs. 1 Z 2 und 6, Abs. 2 Z 11 bis 13, Abs. 3 Z 2, Abs. 4 Z 2 in der Fassung des Bundesgesetzes BGBl. I Nr. 135/2013 treten mit dem der Kundmachung folgenden Tag in Kraft. § 144 samt Überschrift in der Fassung des Bundesgesetzes BGBl. I Nr. 135/2013 tritt mit 1. Jänner 2014 in Kraft. § 175 bis § 185 samt Überschriften und § 189 Abs. 1 Z 1 und 2 treten mit Ablauf des 21. Juli 2013 außer Kraft.

(8) §§ 186 und 188 in der Fassung BGBl. I Nr. 135/2013 gelten erstmals für Geschäftsjahre von Kapitalanlagefonds, die nach dem 21. Juli 2013 beginnen. § 186 Abs. 1 zweiter und dritter Satz in der Fassung BGBl. I Nr. 135/2013 dürfen bereits in Geschäftsjahren angewendet werden, die nach dem 31. Dezember 2012 beginnen.AIF die geschlossenen Typs, die nach dem 22. Juli 2013 keine zusätzlichen Anlagen tätigen (§ 67 Abs. 5 AIFMG) und keine neuen Anteile begeben, stellen für Zwecke der §§ 186 Abs. 1 Z 2 und 1 Z 2 keine AIF dar. Dies gilt nur, wenn nicht bereits im letzten Geschäftsjahr, das vor dem 22. Juli 2013 beginnt, § 186 oder § 188 in der Fassung vor dem BGBl. I Nr. 135/2013 auf den Organismus anzuwenden war. § 124b Z 185 lit. c des Einkommensteuergesetzes 1988 und § 6b des Körperschaftsteuergesetzes 1988 gehen der Anwendung der §§ 186 und 188 vor.

(9) § 3 Abs. 1, § 6 Abs. 2 Z 5, § 8 Abs. 2, § 10 Abs. 6, § 74 Abs. 1, § 145 Abs. 4, § 148 Abs. 5, § 150 Abs. 1, § 151 Z 3a und 11, § 190 Abs. 7, § 191 samt Überschrift und § 196 Abs. 2 Z 2 und 17 in der Fassung des Bundesgesetzes BGBl. I Nr. 184/2013 treten mit 1. Jänner 2014 in Kraft. § 151 Z 11a in der Fassung des Bundesgesetzes BGBl. I Nr. 184/2013 tritt mit 1. Jänner 2015 in Kraft. § 151 Z 11 in der Fassung des Bundesgesetzes BGBl. I Nr. 184/2013 tritt mit Ablauf des 31. Dezember 2014 außer Kraft.

(10) § 85 Abs. 1 und 3 und § 196 Abs. 2 Z 1 in der Fassung des Bundesgesetzes BGBl. I Nr. 70/2014 treten mit 21. Dezember 2014 in Kraft.

(11) § 186 Abs. 2 Z 4 in der Fassung des Bundesgesetzes BGBl. I Nr. 70/2014 tritt mit 1. Jänner 2015 in Kraft.

(12) § 171 Z 2 in der Fassung des Bundesgesetzes BGBl. I Nr. 34/2015 tritt mit 1. Jänner 2016 in Kraft.

(13) § 10 Abs. 6, § 70 Abs. 4 Z 4, § 74 Abs. 7, § 154 Abs. 3 und § 196 Abs. 2 Z 14 in der Fassung des Bundesgesetzes BGBl. I Nr. 68/2015treten mit 20. Juli 2015 in Kraft. Bei Unterlagen der Rechnungslegung für Geschäftsjahre, die vor dem 1. Jänner 2016 begonnen haben, ist § 10 Abs. 6 in der Fassung des Bundesgesetzes BGBl. I Nr. 68/2015 mit der Maßgabe anzuwenden, dass die Bestimmungen des BWG gemäß den Vorgaben des § 107 Abs. 87 BWG anzuwenden sind.

(14) § 186. Abs. 5 Z 2 und 3 in der Fassung des Bundesgesetzes BGBl. I Nr. 115/2015 gilt erstmals für Geschäftsjahre von den §§ 186 oder 188 unterliegenden Gebilden, die nach dem 21. Juli 2013 beginnen.

(15) § 58 Abs. 2 in der Fassung des Bundesgesetzes BGBl. I Nr. 115/2015 tritt mit 1. Jänner 2015 in Kraft.

(BGBl I 2015/115)

(16) § 14 Abs. 3, § 46 Abs. 1, § 60 Abs. 2, § 70 Abs. 4 Z 4, § 93 Abs. 2 Z 1, § 125 Abs. 3, § 136 Abs. 4 Z 2, § 140 Abs. 3, § 141 Abs. 3, § 151 Z 3a, § 195 Abs. 9 und § 196 Abs. 2 Z 10 und 17 bis 19 in der Fassung des Bundesgesetzes BGBl. I Nr. 115/2015 treten mit 1. September 2015 in Kraft. § 167 Abs. 5 tritt mit Ablauf des 31. August 2015 außer Kraft.

(17) § 186. Abs. 2 Z 1 und 2 in der Fassung des Bundesgesetzes BGBl. I Nr. 115/2015 gilt für Geschäftsjahre von den §§ 186 oder 188 unterliegenden Gebilden, die nach dem 30. September 2015 enden.

(BGBl I 2015/115)

(18) Das Inhaltsverzeichnis hinsichtlich der §§ 17a bis 17c, 42, 42a, 44a und 190a bis 190e samt Überschriften, § 3 Abs. 2 Z 33 und 34, § 10 Abs. 6, § 11 Abs. 5, § 17 Abs. 3 Z 6, §§ 17a bis 17c samt Überschriften, § 29 Abs. 3 und 5, § 33 Abs. 2, § 36 Abs. 6 Z 1, § 37 Abs. 5 Z 2, § 40 Abs. 1 und 1a, §§ 42 und 42a samt Überschriften, § 43, § 44 Abs. 2 und 3, § 44a samt Überschrift, § 57 Abs. 1 und 3, § 131 Abs. 4 Z 11 und 12, § 135 Abs. 2 Z 1 und Abs. 3a, § 150, § 164 Abs. 4, § 190, §§ 190a bis 190e samt Überschriften, § 191, § 193 Abs. 3a und 3b, § 196 Abs. 2 Z 1, Anlage I Schema A I. Investmentfonds Z 2, Anlage I Schema A II. Verwaltungsgesellschaft Z 2, Anlage I Schema A III. Investmentgesellschaft Z 2 und Anlage I Schema B Z 9 in der Fassung des Bundesgesetzes BGBl. I Nr. 115/2015 treten mit 18. März 2016 in Kraft. § 5 Abs. 5, § 12 Abs. 3, § 13 Abs. 3, § 20 Abs. 3, § 21 Abs. 6, § 31 Abs. 5, § 41 Abs. 4 und § 189 Abs. 5 treten mit Ablauf des 17. März 2016 außer Kraft.

(19) § 6 Abs. 2 Z 8, § 40 Abs. 1a, § 41 Abs. 3, § 42a Abs. 2 Z 1, § 143 Abs. 1 Z 2, § 190 Abs. 2 Z 3, § 190 Abs. 5 Z 1 und § 196 Abs. 2 Z 19 und 20 in der Fassung des Bundesgesetzes BGBl. I Nr. 73/2016 treten mit 13. Oktober 2016 in Kraft. § 6 Abs. 2 Z 9 tritt mit Ablauf des 12. Oktober 2016 außer Kraft.

(20) § 190 Abs. 2 Z 13 und 14 in der Fassung des Bundesgesetzes BGBl. I Nr. 73/2016 tritt mit 13. Jänner 2017 in Kraft. § 190 Abs. 2 Z 15 in der Fassung des Bundesgesetzes BGBl. I Nr. 73/2016 tritt mit 13. Juli 2017 in Kraft.

(21) § 10 Abs. 6, § 16 Abs. 4 Z 2, § 17c Abs. 1, § 36 Abs. 4, § 41 Abs. 3, § 157 Abs. 2 Z 3 und § 191

in der Fassung des Bundesgesetzes BGBl. I Nr. 118/2016 treten mit 1. Jänner 2017 in Kraft. § 11 Abs. 6 in der Fassung des Bundesgesetzes BGGl. I Nr. 118/2016 tritt mit 31. Dezember 2016 in Kraft. § 149 Abs. 2, § 196 Abs. 2 Z 12 und 15 treten mit Ablauf des 31. Dezember 2016 außer Kraft. § 71 Abs. 1 in der Fassung des Bundesgesetzes BGBl. I Nr. 118/2016 ist auf Erwerbsvorgänge nach dem 31. Dezember 2016 anzuwenden.

(22) § 164 Abs. 7a in der Fassung des Bundesgesetzes BGBl. I Nr. 107/2017 tritt mit 1. Jänner 2018 in Kraft. § 3 Abs. 2 Z 18, § 3 Abs. 2 Z 34, § 5 Abs. 2 Z 3, § 6 Abs. 2 Z 12 lit. a bis c, § 8 Abs. 2, § 10 Abs. 5, § 18 Abs. 1 Z 1, § 18 Abs. 1 Z 1 lit. c, § 18 Abs. 1 Z 2 und 3, § 18 Abs. 1 Z 3 lit. a, § 18 Abs. 2 Z 1 bis 3, § 18 Abs. 3, § 19 Abs. 3, § 42 Abs. 1 Z 2 und Z 3, § 42 Abs. 2 lit. b, § 46 Abs. 1, § 67 Abs. 2 Z 1, § 134 Abs. 4, § 145 Abs. 1 Z 9 und 10, § 145 Abs. 2 Z 3 lit. d, § 145 Abs. 4, § 147 Abs. 2, § 190 Abs. 2 Z 11, Abs. 3 Z 6 und Abs. 4 Z 6 und § 195 Abs. 3 in der Fassung des Bundesgesetzes BGBl. I Nr. 107/2017 treten mit 3. Jänner 2018 in Kraft. § 190a Abs. 5 und § 193 Abs. 2 treten mit Ablauf des 2. Jänner 2018 außer Kraft.

(23) § 10 Abs. 6 in der Fassung des Bundesgesetzes BGBl. I Nr. 150/2017 tritt mit 1. September 2018 in Kraft.

(24) § 193 Abs. 4 in der Fassung des Bundesgesetzes BGBl. I Nr. 17/2018 tritt mit 1. Juni 2018 in Kraft.

(25) § 10 Abs. 6 in der Fassung des Bundesgesetzes BGBl. I Nr. 36/2018 tritt mit 1. September 2018 in Kraft.

(26) Das Inhaltsverzeichnis zu § 84a, § 84a samt Überschrift, § 166 Abs. 2 und § 196 Abs. 2 Z 21 und 22 in der Fassung des Bundesgesetzes BGBl. I Nr. 76/2018 treten mit 1. Jänner 2019 in Kraft.

(27) § 53 Abs. 1 und 4 in der Fassung des Bundesgesetzes BGBl. I Nr. 46/2019 tritt mit 1. Juli 2019 in Kraft.

(28) § 3 Abs. 1, § 63 Abs. 1, § 65 Abs. 1, § 95 Abs. 4, § 115 Abs. 2, § 129 Abs. 2, § 131 Abs. 7, § 137 Abs. 1 und 2, § 142 Abs. 1 Z 3, § 145 Abs. 1 Z 9, Abs. 2 Z 3 lit. d und Abs. 4 und § 186 Abs. 2 Z 2 lit. a in der Fassung des Bundesgesetzes BGBl. I Nr. 62/2019 treten mit 21. Juli 2019 in Kraft.

(BGBl I 2019/62)

(31) § 186 Abs. 1 und Abs. 2 Z 1 lit. a in der Fassung des Bundesgesetzes BGBl. I Nr. 10/2022 tritt mit 1. März 2022 in Kraft.

(BGBl I 2022/10)

(37) § 164 Abs. 3 Z 8, § 166 Abs. 3 sowie § 186 Abs. 1, 3 und 7 in der Fassung des Bundesgesetzes BGBl. I Nr. 111/2023 treten mit dem auf die Kundmachung folgenden Tag in Kraft. § 186 Abs. 5 Z 2 lit. c und d in der Fassung des Bundesgesetzes BGBl. I Nr. 111/2023 treten mit 1. Jänner 2024 in Kraft und sind erstmalig auf Geschäftsjahre anzuwenden, die nach dem 31. Dezember 2023 beginnen.

(BGBl I 2023/111)

14/2/2. Immobilien-Investmentfondsgesetz (Auszug)

BGBl I 2003/80 idF BGBl I 2022/112

Immobilienfonds

§ 1. (1) Ein Immobilienfonds ist ein überwiegend aus Vermögenswerten im Sinne des § 21 bestehendes Sondervermögen, das in gleiche, in Wertpapieren verkörperte Anteile zerfällt.

(1a) Die §§ 2 bis 39 gelten für Sondervermögen gemäß Abs. 1, deren Anteile für den Vertrieb an Privatkunden gemäß § 2 Abs. 1 Z 36 Alternative Investmentfonds Manager-Gesetz – AIFMG, BGBl. I Nr. 135/2013, bestimmt sind.

(1b) Die §§ 40 bis 42 gelten für Sondervermögen gemäß Abs. 1, für AIF in Immobilien im Sinne des AIFMG sowie für jede einem ausländischen Recht unterstehende Veranlagungsgemeinschaft in Immobilien, die nach Gesetz, Satzung oder tatsächlicher Übung nach den Grundsätzen der Risikostreuung errichtet ist.

(2) Das Fondsvermögen eines Immobilienfonds steht im Eigentum der Kapitalanlagegesellschaft für Immobilien, die dieses treuhändig für die Anteilinhaber hält und verwaltet.

(3) Ein Immobilienspezialfonds ist ein Sondervermögen gemäß Abs. 1, dessen Anteilscheine auf Grund der Fondsbestimmungen jeweils von nicht mehr als zwanzig Anteilinhabern, die der Kapitalanlagegesellschaft für Immobilien bekannt sein müssen und die keine natürliche Personen sind, gehalten werden. Als ein solcher Anteilinhaber gilt auch eine Gruppe von solchen Anteilinhabern, sofern sämtliche Rechte dieser Anteilinhaber im Verhältnis zur Kapitalanlagegesellschaft für Immobilien einheitlich durch einen gemeinsamen Vertreter ausgeübt werden. Die Fondsbestimmungen haben eine Regelung darüber zu enthalten, dass eine Übertragung der Anteilscheine von den Anteilinhabern nur mit Zustimmung der Kapitalanlagegesellschaft für Immobilien erfolgen darf. Das Erfordernis der zumindest zweimaligen Wertermittlung im Monat (§ 8 Abs. 4) kann in den Fondsbestimmungen des Immobilienspezialfonds abweichend von den Bestimmungen dieses Bundesgesetzes festgelegt werden. Bei Immobilienspezialfonds können die Kapitalanlagegesellschaften für Immobilien den Veröffentlichungspflichten nach diesem Bundesgesetz dadurch genügen, dass sie alle Anteilinhaber jeweils nachweislich schriftlich oder auf eine andere mit den jeweiligen Anteilinhabern vereinbarte Art informieren. Bei Immobilienspezialfonds ist eine Mitteilung der Kapitalanlagegesellschaft für Immobilien, die Rücknahme der Anteilscheine auszusetzen, nur den Anteilinhabern in geeigneter Weise mitzuteilen; diese sind auch über die Wiederaufnahme der Rücknahme zu unterrichten. Eine diesbezügliche Anzeige an die Finanzmarktaufsichtsbehörde kann bei Immobilienspezialfonds unterbleiben. Die Fondsbestimmungen können eine von § 11 Abs. 1 abweichende Regelung zur Rückgabefrist vor-

sehen, wenn diese mit dem Liquiditätsprofil des Immobilienspezialfonds vereinbar ist.

(BGBl I 2021/198)

Rechnungslegung und Veröffentlichung

§ 13. (1) Die Kapitalanlagegesellschaft für Immobilien hat für jedes Rechnungsjahr über jeden Immobilienfonds einen Rechenschaftsbericht sowie für die ersten sechs Monate eines jeden Rechnungsjahres einen Halbjahresbericht zu erstellen.

(2) Der Rechenschaftsbericht hat eine Ertragsrechnung, eine Vermögensaufstellung sowie die Fondsbestimmungen zu enthalten, über die Veränderungen des Vermögensbestandes zu berichten und die Zahl der Anteile zu Beginn des Berichtszeitraumes und an dessen Ende anzugeben. Weiters hat der Rechenschaftsbericht einen Bericht über die Tätigkeiten des abgelaufenen Rechnungsjahres und alle sonstigen in der Anlage B vorgesehenen Angaben sowie alle wesentlichen Informationen, die es den Anlegern ermöglichen, sich in voller Sachkenntnis ein Urteil über die Entwicklung der Tätigkeiten und der Ergebnisse des Immobilienfonds zu bilden, zu enthalten. Der Halbjahresbericht hat mindestens die in den Ziffern 1 bis 3 und 5 bis 7 der Anlage B vorgesehenen Angaben zu enthalten; die Zahlenangaben haben, wenn der Immobilienfonds Zwischenausschüttungen vorgenommen hat oder dies vorgeschlagen wurde, das Ergebnis nach Steuern für das betreffende Halbjahr sowie die erfolgte oder vorgesehene Zwischenausschüttung auszuweisen. Die Halbjahresdaten sind mit Vorschaudaten bis Ende des Rechnungsjahres zu ergänzen. Die Vermögenswerte des Immobilienfonds sind mit den Werten gemäß § 29 anzusetzen. Der Rechenschaftsbericht ist innerhalb von vier Monaten, der Halbjahresbericht ist innerhalb von zwei Monaten nach dem Ende des Berichtszeitraumes zu veröffentlichen.

(2a) Betreibt eine Kapitalanlagegesellschaft für Immobilien für Rechnung eines Immobilienfonds Pensionsgeschäfte (§ 4 Abs. 3a) oder Wertpapierleihegeschäfte (§ 4 Abs. 3b), so sind diese im Halbjahres- und Rechenschaftsbericht jeweils gesondert auszuweisen und zu erläutern.

(3) Der Rechenschaftsbericht ist vom Bankprüfer der Kapitalanlagegesellschaft für Immobilien zu prüfen; für diese Prüfung gelten die §§ 268 bis 276 UGB sinngemäß. Die Prüfung hat sich auch auf die Beachtung dieses Bundesgesetzes und der Fondsbestimmungen zu erstrecken. Der geprüfte Rechenschaftsbericht ist von der Kapitalanlagegesellschaft längstens innerhalb von vier Monaten nach Abschluss des Rechnungsjahres der Finanzmarktaufsichtsbehörde vorzulegen. Der Halbjahresbericht ist der Finanzmarktaufsichtsbehörde innerhalb von zwei Monaten nach Ende des Berichtszeitraumes vorzulegen.

(4) Der geprüfte Rechenschaftsbericht und der Halbjahresbericht sind dem Aufsichtsrat der Kapitalanlagegesellschaft für Immobilien unverzüglich vorzulegen.

(5) Der geprüfte Rechenschaftsbericht und der Halbjahresbericht sind in der Kapitalanlagegesellschaft für Immobilien und in der Depotbank zur Einsicht aufzulegen und den Anteilinhabern auf Verlangen kostenlos zur Verfügung zu stellen.

(6) Mit dem Jahresabschluss der Kapitalanlagegesellschaft für Immobilien sind auch die von der Kapitalanlagegesellschaft für Immobilien für die Anteilinhaber verwalteten Immobilienfonds und die Höhe ihres Fondsvermögens zu veröffentlichen.

(7) Bei Immobilienspezialfonds können im Rechenschaftsbericht die Fondsbestimmungen entfallen. Bei Immobilienspezialfonds kann die Auflage des Rechenschaftsberichts und Halbjahresberichts in der Depotbank entfallen, der Prüfbericht über den Rechenschaftsbericht ist den Inhabern von Immobilienspezialfonds jedenfalls zu übermitteln. Halbjahresberichte von Immobilienspezialfonds und der Prüfbericht über den Rechenschaftsbericht sind der Finanzmarktaufsichtsbehörde nur auf Anforderung einzureichen.

Gewinn und Gewinnverwendung

§ 14. (1) Der Jahresgewinn eines Immobilienfonds ist an die Anteilinhaber in dem Ausmaß auszuschütten, in dem es die Fondsbestimmungen vorsehen. Insoweit keine Ausschüttung erfolgt, ist vom nicht ausgeschütteten Jahresgewinn ein Betrag in Höhe der gemäß § 40 darauf entfallenden Kapitalertragsteuer einschließlich des gemäß § 124b Z 186 des Einkommensteuergesetzes 1988 freiwillig geleisteten Betrages auszuzahlen. Zum Ertrag gehören auch Beträge, die neu hinzukommende Anteilinhaber für den zum Ausgabetag ausgewiesenen Ertrag gemäß Abs. 2 Z 1 und 3 leisten (Ertragsausgleich). Die Auszahlung kann für Immobilienfonds oder bestimmte Gattungen von Anteilscheinen eines Immobilienfonds unterbleiben, wenn durch die den Fonds verwaltende Kapitalanlagegesellschaft für Immobilien in eindeutiger Form nachgewiesen wird, dass die ausgeschütteten und ausschüttungsgleichen Erträge sämtlicher Inhaber der ausgegebenen Anteilscheine entweder nicht der inländischen Einkommen- oder Körperschaftsteuer unterliegen oder die Voraussetzungen für eine Befreiung gemäß § 94 des Einkommensteuergesetzes 1988 vorliegen. Als solcher Nachweis gilt das kumulierte Vorliegen von Erklärungen sowohl der Depotbank als auch der Kapitalanlagegesellschaft für Immobilien, dass ihnen kein Verkauf an solche Personen bekannt ist, sowie von Fondsbestimmungen, die den ausschließlichen Vertrieb bestimmter Gattungen im Ausland vorsehen.

(2) Der Jahresgewinn eines Immobilienfonds setzt sich aus den
1. Bewirtschaftungsgewinnen
2. Aufwertungsgewinnen und
3. Wertpapier- und Liquiditätsgewinnen

zusammen. Als Gewinn gelten auch Ausschüttungen von inländischen Grundstücks-Gesellschaften (§§ 23 ff), soweit diese nicht auf Veräußerungsgewinne von Immobilienveräußerungen zurückzuführen sind. Gewinne von ausländischen Grundstücks-Gesellschaften (§§ 23 ff) sind unmittelbar dem Immobilienfonds zuzurechnen. Ein Ausgleich von Verlusten ist zunächst vorrangig innerhalb der einzelnen Gewinnarten durchzuführen. Danach ist ein Ausgleich zwischen den einzelnen Gewinnen gemäß Z 1 bis 3 vorzunehmen. Ein Vortrag von Verlusten ist in jedem Falle unzulässig.

(3) Die Bewirtschaftungsgewinne errechnen sich aus den erhaltenen Erträgen für die entgeltliche Überlassung der jeweiligen Immobilien (Vermögen gemäß § 21) zuzüglich sonstiger Erträge aus der laufenden Bewirtschaftung, soweit diese nicht den Gewinnen gemäß Abs. 2 Z 2 und 3 zuzurechnen sind, abzüglich damit im Zusammenhang stehender Aufwendungen. Die Geltendmachung einer Abschreibung gemäß § 204 UGB für Wertminderung von Gebäuden ist unzulässig. Für Kosten, die durch Hintanhaltung oder Beseitigung von baulichen Schäden aus Abnutzung, Alterung und Witterungseinflüssen entstehen, ist eine Rücklage in Höhe von einem Zehntel bis zu einem Fünftel der Nettomieteinnahmen als Aufwand abzuziehen (Instandhaltungsrücklage). Eine Durchführung derartiger Maßnahmen ist kein gewinnmindernder Aufwand.

(4) Aufwertungsgewinne sind 80% der Bewertungsdifferenzen auf der Grundlage korrekter Bewertungen gemäß § 29 abzüglich damit im Zusammenhang stehender Aufwendungen. Aufwendungen sind um 20% zu kürzen und dürfen nur insoweit abgezogen werden als keine Berücksichtigung bei Bewirtschaftungsgewinnen oder bei Wertpapier- und Liquiditätsgewinnen zu erfolgen hat. Dies gilt auch für Beteiligungen an Grundstücks-Gesellschaften (§§ 23 ff), deren Gewinne gemäß Abs. 2 nicht direkt dem Immobilienfonds zuzurechnen sind, soweit die Wertschwankungen auf Bewertungsdifferenzen im Sinne der vorangehenden Sätze zurückzuführen sind.

(5) Wertpapier- und Liquiditätsgewinne sind Gewinne aus Zinsen von Vermögen gemäß den §§ 32 und 33.

Bewertung der Vermögenswerte

§ 29. (1) Die Kapitalanlagegesellschaft für Immobilien hat in den Fondsbestimmungen die Bewertung der Vermögenswerte gemäß § 21 zu regeln. Für die Bewertung sind von der Kapitalanlagegesellschaft für Immobilien mindestens zwei von ihr und der Depotbank unabhängige, fachlich geeignete Sachverständige für das Fachgebiet der Immobilienschätzung und -bewertung beizuziehen. Die Bestellung der Sachverständigen erfolgt durch die Geschäftsleitung der Kapitalanlagegesellschaft für Immobilien im Einvernehmen mit der Depotbank und mit Zustimmung des Aufsichtsrates der Kapitalanlagegesellschaft für Immobilien. Für die unabhängigen Sachverständigen gelten die Ausschließungsgründe des § 62 BWG, mit Ausnahme von § 62 Z 6a BWG, sinngemäß. Für Fehlverhalten der Sachverständigen haften neben den Sachverständigen auch die Kapitalanlagegesellschaft für Immobilien und die Depotbank zur ungeteilten Hand und zwar wie für einen Erfüllungsgehilfen gemäß § 1313a ABGB.

(2) Die Bewertung der Vermögenswerte gemäß § 21 hat nach den allgemein anerkannten Bewertungsgrundsätzen und mindestens einmal jährlich zu erfolgen, jedenfalls aber bei Erwerb, Veräußerung oder Belastung derartiger Vermögenswerte, bei Anordnung einer Bewertung durch die Depotbank aus besonderem Anlass sowie in sonstigen, in den Fondsbestimmungen vorgesehenen Fällen. Den jeweiligen Berechnungen für die Wertermittlung des Immobilienfonds und seiner Anteile ist der arithmetische Mittelwert der zum gleichen Stichtag erfolgten Bewertungen der zwei oder mehreren Sachverständigen gemäß Abs. 1 zu Grunde zu legen.

(3) Bei einer Beteiligung nach § 23 hat die Kapitalanlagegesellschaft für Immobilien in den Vermögensaufstellungen (Rechenschaftsberichten/Halbjahresberichten) die Angaben für die einzelnen Grundstücke und sonstigen Vermögensgegenstände der Grundstücks-Gesellschaft aufzuführen, als ob es sich um eine Direktveranlagung des Fonds handeln würde, und besonders zu kennzeichnen. Zusätzlich sind anzugeben:
1. Firma, Rechtsform und Sitz der Grundstücks-Gesellschaft,
2. das Gesellschaftskapital,
3. die Höhe der Beteiligung und der Zeitpunkt ihres Erwerbs durch die Kapitalanlagegesellschaft für Immobilien und
4. Zahl und Beträge der durch die Kapitalanlagegesellschaft für Immobilien oder Dritte nach § 24 gewährten Darlehen.

(4) Der Bankprüfer der Kapitalanlagegesellschaft für Immobilien hat bei der Gründung und in der Folge jeweils bei der Prüfung des Rechenschaftsberichtes Stellung zu nehmen, ob die Sachverständigen seines Erachtens gemäß Abs. 1 ordnungsgemäß bestellt worden sind und die übrigen Voraussetzungen der Abs. 1 bis 3 vorliegen. Wenn nach der Wahrnehmung des Bankprüfers diese Voraussetzungen fehlen oder wegfallen, so hat er hierüber der Depotbank und der Finanzmarktaufsichtsbehörde unverzüglich zu berichten. Die Finanzmarktaufsichtsbehörde trifft keine Haftung für die Auswahl und die Eignung der Sachverständigen.

Steuern

§ 40. (1)
1. Nach Maßgabe der Z 2 gelten
   a) Gewinne gemäß § 14 Abs. 2 Z 1 bis 2 und
      (BGBl I 2018/76)
   b) entsprechend dem § 14 Abs. 2 Z 1 bis 2 ermittelte Gewinne von AIF in Immobilien im Sinne des AIFMG, einschließlich Immobilienspezialfonds im Sinne des § 1 Abs. 3, deren Herkunftsmitgliedstaat Österreich ist, und die nicht unter § 7

Abs. 3 des Körperschaftsteuergesetzes 1988 fallen,
(BGBl I 2018/76)
an die Anteilinhaber in dem aus dem Anteilrecht sich ergebenden Ausmaß als ausgeschüttet (ausschüttungsgleiche Erträge). Die ausschüttungsgleichen Erträge sind steuerpflichtige Einnahmen und gelten bei nicht in einem Betriebsvermögen gehaltenen Anteilen als Einkünfte aus Kapitalvermögen. Nicht zu den steuerpflichtigen Einnahmen gehören Gewinne ausländischer Immobilien, wenn auf Grund eines Doppelbesteuerungsabkommens oder einer Maßnahme gemäß § 48 der Bundesabgabenordnung die Einkünfte dieser Immobilien von der Besteuerung ausgenommen sind. Ansonsten hat sowohl beim Ausgleich von Verlusten innerhalb als auch zwischen den einzelnen Gewinnarten gemäß § 14 Abs. 2 Z 1 und 2 zunächst vorrangig der Gewinn mit Verlusten aus Immobilien desselben Staates und danach ein Ausgleich mit Immobilien eines anderen Staates zu erfolgen, sofern es sich nicht um Verluste aus Immobilien handelt, die in einem Staat gelegen sind, von denen die Einkünfte dieser Immobilie auf Grund eines Doppelbesteuerungsabkommens oder einer Maßnahme gemäß § 48 der Bundesabgabenordnung ausgenommen sind. Ein Ausgleich von Verlusten ausländischer Immobilien mit Gewinnen aus inländischen Immobilien ist jedenfalls unzulässig. Tatsächliche Ausschüttungen und die Auszahlung der Kapitalertragsteuer (§ 14 zweiter Satz) führen nicht zu Einkünften. Ein Ausgleich zwischen den Einkünften gemäß lit. a und b und anderen Einkünften ist unzulässig.
(BGBl I 2018/76)

2. Die ausschüttungsgleichen Erträge gelten beim Anteilinhaber unabhängig von der Art der Einkünfteermittlung zu folgenden Zeitpunkten als steuerpflichtige Einnahmen:
   a) bei Auszahlung der Kapitalertragsteuer (§ 14 zweiter Satz) am Auszahlungstag;
   b) ansonsten zum Zeitpunkt der Veröffentlichung der für die ertragsteuerliche Behandlung relevanten Daten durch die Meldestelle auf Grund einer fristgerechten Meldung;
   c) in allen anderen Fällen zu dem in Abs. 2 Z 2 genannten Zeitpunkt.

(BGBl I 2015/115)

(2)
1. a) Die aufgegliederte Zusammensetzung der ausschüttungsgleichen Erträge im Sinne des Abs. 1 und die zur Ermittlung der Höhe der Kapitalertragsteuer sowie der Anpassungen der Anschaffungskosten gemäß Abs. 3 erforderlichen steuerrelevanten Daten sind an die Meldestelle gemäß § 23 KMG 2019 durch einen steuerlichen Vertreter zu übermitteln. Die Meldestelle hat anhand dieser Daten entsprechend den gesetzlichen Bestimmungen die steuerliche Behandlung zu ermitteln und die so ermittelten steuerlichen Werte in geeigneter Form zu veröffentlichen. § 23 Abs. 1 letzter Satz KMG 2019 ist auf diese Tätigkeit der Meldestelle analog anzuwenden.
(BGBl I 2019/62)
   b) Als steuerlicher Vertreter kann nur ein inländischer Wirtschaftstreuhänder oder eine Person bestellt werden, die vergleichbare fachliche Qualifikationen nachweist. Lehnt die Meldestelle einen steuerlichen Vertreter wegen Zweifel an der Vergleichbarkeit der Qualifikation ab, entscheidet der Bundesminister für Finanzen.
   c) Der Bundesminister für Finanzen wird ermächtigt,
      aa) die Frist für die Übermittlung an die Meldestelle, unter Berücksichtigung der für Jahresberichte maßgeblichen Fristen,
      bb) die Voraussetzungen für die Übermittlung an die Meldestelle,
      cc) den Inhalt und die Struktur der übermittelten Daten,
      dd) die Ermittlung der steuerlichen Werte auf Grundlage der übermittelten Daten durch die Meldestelle entsprechend den gesetzlichen Bestimmungen,
      ee) allfällige Korrekturen der übermittelten Daten sowie
      ff) die Art und Weise der Veröffentlichung der ermittelten steuerlichen Werte durch die Meldestelle
   durch Verordnung näher zu regeln.
   d) Für die von der Meldestelle oder von anderen Personen im Auftrag der Meldestelle in Wahrnehmung ihrer Tätigkeiten gemäß § 40 Abs. 2 Z 1 wem immer schuldhaft zugefügten Schäden haftet der Bund nach den Bestimmungen des Amtshaftungsgesetzes, BGBl. Nr. 20/1949. Die Meldestelle sowie deren Organe und Bedienstete haften dem Geschädigten nicht. Hat der Bund dem Geschädigten den Schaden ersetzt, kann er von der Meldestelle Rückersatz begehren, wenn dieser Schaden vorsätzlich oder grob fahrlässig herbeigeführt wurde.

(BGBl I 2015/115)

2. Erfolgen keine Meldungen gemäß Z 1 ist die Ausschüttung zur Gänze steuerpflichtig. Die ausschüttungsgleichen Erträge im Sinne des Abs. 1 sind in Höhe von 90% des Unterschiedsbetrages zwischen dem ersten und letzten im vorangegangenen Kalenderjahr festgesetzten Rücknahmepreis, mindestens

jedoch in Höhe von 10% des am Ende des vorangegangenen Kalenderjahres festgesetzten Rücknahmepreises zu schätzen. Der Anteilinhaber kann die Höhe der ausschüttungsgleichen Erträge oder die Steuerfreiheit der tatsächlichen Ausschüttung unter Beilage der dafür notwendigen Unterlagen nachweisen.

3. Wurde Kapitalertragsteuer abgezogen, ist der Nachweis gemäß Z 2 gegenüber dem Abzugsverpflichteten zu erbringen. Dieser hat, wenn noch keine Realisierung im Sinne des Abs. 3 erfolgt ist, die Kapitalertragsteuer zu erstatten oder nachzubelasten und die Anschaffungskosten gemäß Abs. 3 zu korrigieren. Wurde bereits eine Bescheinigung gemäß § 96 Abs. 4 Z 2 des Einkommensteuergesetzes 1988 ausgestellt, darf eine Erstattung der Kapitalertragsteuer und entsprechende Korrektur der Anschaffungskosten nur erfolgen, wenn der Anteilsinhaber den Abzugsverpflichteten beauftragt, dem zuständigen Finanzamt eine berichtigte Bescheinigung zu übermitteln.

(BGBl I 2018/67)

(3) Die realisierte Wertsteigerung bei Veräußerung des Anteilscheines oder des Anteils an einem AIF in Immobilien unterliegt der Besteuerung gemäß § 27 Abs. 3 des Einkommensteuergesetzes 1988. Ausschüttungsgleiche Erträge erhöhen, steuerfreie Ausschüttungen, Ausschüttungen, die keine Einkünfte im Sinne des Einkommensteuergesetzes 1988 sind, und die Auszahlung der Kapitalertragsteuer (§ 14 zweiter Satz) vermindern beim Anteilinhaber die Anschaffungskosten des Anteilscheines oder des Anteils an einem AIF in Immobilien im Sinne des Abs. 27a Abs. 3 Z 2 des Einkommensteuergesetzes 1988. Als Veräußerung gilt auch die Auszahlung von Anteilscheinen gemäß § 11 Abs. 1. Der Umtausch von Anteilen an einem Immobilienfonds auf Grund der Zusammenlegung von Fondsvermögen gemäß § 3 Abs. 2 oder eines Anteilserwerbs gemäß § 15 Abs. 4 gilt nicht als Realisierung und die bisherigen Anschaffungskosten sind fortzuführen.

(BGBl I 2018/67)

(4) Werden Anteilscheine oder Anteile an einem AIF in Immobilien nicht in tatsächlicher und rechtlicher Hinsicht an einen unbestimmten Personenkreis angeboten, und erfolgt eine Veranlagung sind die Ausschüttungen oder als ausgeschüttet geltende Gewinne gemäß 14 Abs. 4 um ein Viertel zu erhöhen.

(5) Bei der erstmaligen Anwendung der Abs. 1 bis 4 auf bereits bestehende Organismen sind der Ermittlung der dem § 14 Abs. 4 entsprechenden Aufwertungsgewinne die steuerlichen Anschaffungskosten der Immobilien zu Grunde zu legen, wobei § 30 Abs. 3 zweiter und dritter Satz des Einkommensteuergesetzes 1988 sinngemäß anzuwenden sind. Die bei erstmaliger Anwendung der Abs. 1 bis 4 entstandenen Aufwertungsgewinne können gleichmäßig auf das Jahr der erstmaligen Anwendung und die vier nächsten Geschäftsjahre verteilt werden.

(6) Für Erträge, die nicht unter Abs. 1 Z 1 lit. a oder b fallen, gilt Folgendes:
1. Für Einkünfte im Sinne des § 27 des Einkommensteuergesetzes 1988 sind § 186 Abs. 1 bis 4 und Abs. 6 und § 58 Abs. 2 zweiter Satz des Investmentfondsgesetzes 2011 sinngemäß anzuwenden.
(BGBl I 2018/76)
2. Für andere Einkünfte ist § 186 Abs. 5 Z 2 bis 3 und Abs. 6 des Investmentfondsgesetzes 2011 sinngemäß anzuwenden.
(BGBl I 2018/76)

(BGBl I 2018/67)

§ 41. (1) Für die Bewertung von Anteilscheinen oder Anteilen an einem AIF in Immobilien finden die Bestimmungen der §§ 15 bis 85 des Bewertungsgesetzes 1955 keine Anwendung.

(2) Durch Ausgabe, Rücknahme oder Übertragung von Anteilen an einem Immobilienfonds oder an einem AIF in Immobilien, sofern diese keine Rechtspersönlichkeit haben, verwirklichte Erwerbsvorgänge nach § 1 des Grunderwerbsteuergesetzes 1987 sind von der Grunderwerbsteuer befreit.

(BGBl I 2015/115)

(3) Werden durch Übertragung oder Zusammenlegung nach § 3 Abs. 2 oder § 15 Abs. 4 Erwerbsvorgänge nach § 1 des Grunderwerbsteuergesetzes 1987 verwirklicht, so ist die Grunderwerbsteuer gemäß § 4 Abs. 1 zweiter Satz in Verbindung mit § 7 Abs. 1 Z 2 lit. c des Grunderwerbsteuergesetzes 1987 zu berechnen.

(BGBl I 2015/115)

(4) Werden durch die Einbringung von Vermögensgegenständen im Sinne des § 21 von mit eigenem Rechnungskreis eingerichtetem Sondervermögen von Aktiengesellschaften, für welche Genussrechte im Sinne des § 174 Aktiengesetz begeben sind, sowie von Aktiengesellschaften, deren nahezu ausschließlicher Zweck die Verwaltung von Immobilienvermögen ist, gegen Erwerb von Anteilscheinen in einen Immobilienfonds, Erwerbsvorgänge nach § 1 des Grunderwerbsteuergesetze 1987 verwirklicht, so ist die Grunderwerbsteuer gemäß § 4 Abs. 1 zweiter Satz in Verbindung mit § 7 Abs. 1 Z 2 lit. c des Grunderwerbsteuergesetzes 1987 zu berechnen. Dies gilt nur dann, wenn das Sondervermögen und die Aktiengesellschaft zum 1. September 2003 bestanden hat, und die Anteilscheine an den Immobilienfonds im Zuge einer unmittelbar daran anschließenden Liquidation des Sondervermögens oder der Aktiengesellschaft an die Genussrechts- oder Aktieninhaber durchgereicht werden.

(BGBl I 2015/115)

§ 42. Die Bestimmungen des § 40 sind auch auf ausländische Immobilienfonds anzuwenden. Als solche gelten:
1. AIF in Immobilien im Sinne des AIFMG, deren Herkunftsstaat nicht Österreich ist, ausgenommen Körperschaften, die mit einer

14/2/2.
ImmoInvFG

inländischen unter § 7 Abs. 3 des Körperschaftsteuergesetzes fallenden Körperschaft vergleichbar sind.

2. Jede einem ausländischen Recht unterstehende Veranlagungsgemeinschaft in Immobilien, unabhängig von ihrer Rechtsform, deren Vermögen nach dem Gesetz, der Satzung oder tatsächlichen Übung nach den Grundsätzen der Risikostreuung angelegt ist, wenn sie nicht unter Z 1 fällt und eine der folgenden Voraussetzungen erfüllt:
   a) Die Veranlagungsgemeinschaft unterliegt im Ausland tatsächlich direkt oder indirekt keiner der österreichischen Körperschaftsteuer vergleichbaren Steuer.
   b) Die Gewinne der Veranlagungsgemeinschaft unterliegen im Ausland einer der österreichischen Körperschaftsteuer vergleichbaren Steuer, deren anzuwendender Steuersatz um mehr als 10 Prozentpunkte niedriger als die österreichische Körperschaftsteuer gemäß § 22 Abs. 1 KStG 1988 ist.
   c) Die Veranlagungsgemeinschaft ist im Ausland Gegenstand einer umfassenden persönlichen oder sachlichen Befreiung.

Bei AIF in Immobilien im Sinne des AIFMG gilt das Vermögen stets als nach den Grundsätzen der Risikostreuung angelegt.

Inkrafttreten

§ 44. (1) Dieses Bundesgesetz tritt mit 1. September 2003 in Kraft.

(2) § 1 Abs. 3, § 13 Abs. 3 und § 29 Abs. 4 in der Fassung des Bundesgesetzes BGBl. I Nr. 37/2005 treten mit 1. Juli 2005 in Kraft.

(3) § 15 Abs. 2 in der Fassung des Bundesgesetzes BGBl. I Nr. 134/2006 tritt mit 1. Juli 2007 in Kraft. Die Anlage C in der Fassung des Bundesgesetzes BGBl. I Nr. 134/2006 tritt mit 1. Jänner 2007 in Kraft.

(4) § 7 Abs. 1, § 13 Abs. 3, § 14 Abs. 3, § 15 Abs. 2, § 19, § 22 Abs. 4, § 23 Abs. 3 (Anm.: richtig: § 23 Abs. 2), § 36 Abs. 1, § 38 Abs. 1 in der Fassung des Bundesgesetzes BGBl. I Nr. 69/2008 treten mit dem der Kundmachung folgenden Tag in Kraft.

(5) § 34 Abs. 5 in der Fassung des Bundesgesetzes BGBl. I Nr. 152/2009 tritt mit 1. Jänner 2010 in Kraft. Die Anzeigen gemäß § 34 Abs. 5 in der Fassung des Bundesgesetzes BGBl. I Nr. 152/2009 können bis zum 30. Juni 2010 auch gemäß Immobilien-Investmentfondsgesetz in der Fassung des Bundesgesetzes BGBl. I Nr. 69/2008 rechtsgültig erfüllt werden.

(6) § 40 und § 42 in der Fassung des Budgetbegleitgesetzes 2011, BGBl. I Nr. 111/2010, treten mit 1. April 2012 in Kraft. Davon abweichend gilt § 40 Abs. 3 in der Fassung des Budgetbegleitgesetzes 2011, BGBl. I Nr. 111/2010, erstmals für nach dem 31. Dezember 2010 angeschaffte Anteilscheine; für bis zum 31. Dezember 2010 angeschaffte Anteilscheine gilt weiterhin § 40 Abs. 3 in der Fassung vor dem Budgetbegleitgesetz 2011, BGBl. I Nr. 111/2010. § 42 Abs. 2 in der Fassung vor dem Budgetbegleitgesetz 2011, BGBl. I Nr. 111/2010, ist letztmalig bei der Veranlagung 2012 insoweit anzuwenden, als Ausschüttungen oder ausschüttungsgleiche Erträge vor dem 1. April 2012 zufließen oder als zugeflossen gelten. Abweichend von § 40 Abs. 2 Z 2 in der Fassung vor dem Budgetbegleitgesetz 2011, BGBl. I Nr. 111/2010, kann der Nachweis der ausschüttungsgleichen Erträge ab dem 1. Jänner 2012 ausschließlich durch einen steuerlichen Vertreter erbracht werden. Als steuerlicher Vertreter kann nur ein inländischer Wirtschaftstreuhänder oder eine Person bestellt werden, die vergleichbare fachliche Qualifikationen nachweist.

(7) § 3 Abs. 2 und 3 Z 1, § 6 Abs. 6, § 11 Abs. 4, § 32 Abs. 1 Z 3 und Abs. 2, § 33 Abs. 3 Z 1, § 34 Abs. 2 Z 8 und Abs. 5 und § 38 Abs. 1 und 3 in der Fassung des Bundesgesetzes BGBl. I Nr. 77/2010 treten mit 1. September 2011 in Kraft.

(8) § 38 Abs. 1 und 2 in der Fassung des 2. Stabilitätsgesetzes 2012, BGBl. I Nr. 35/2012, tritt mit 1. Mai 2012 in Kraft.

(9) § 35 Abs. 1a in der Fassung des Bundesgesetzes BGBl. I Nr. 83/2012 tritt mit 1. Juli 2012 in Kraft.

(10) § 38 Abs. 3 in der Fassung des Bundesgesetzes BGBl. I Nr. 70/2013 tritt mit 1. Jänner 2014 in Kraft.

(11) § 1 Abs. 1, 1a und 1b, § 2 Abs. 1 und 2 und § 43a mit Überschrift in der Fassung des Bundesgesetzes BGBl. I Nr. 135/2013 treten mit 22. Juli 2013 in Kraft. § 2 Abs. 12 und 13 in der Fassung des Bundesgesetzes BGBl. I Nr. 135/2013 tritt mit 1. Jänner 2014 in Kraft.

(12) § 40 bis § 42 jeweils in der Fassung des Bundesgesetzes BGBl. I Nr. 135/2013 gelten erstmals für Geschäftsjahre von Immobilienfonds und AIF in Immobilien im Sinne des AIFMG, die nach dem 21. Juli 2013 beginnen. AIF des geschlossenen Typs, die nach dem 22. Juli 2013 keine zusätzlichen Anlagen tätigen (§ 67 Abs. 5 AIFMG) oder keine neuen Anteile begeben, stellen für Zwecke der §§ 40 Abs. 1 Z 2 und 42 Z 1 keine AIF in Immobilien dar. Dies gilt nur, wenn nicht bereits im letzten Geschäftsjahr, das vor dem 22. Juli 2013 beginnt, § 40 Abs. 1 oder § 42 in der Fassung vor dem BGBl. I Nr. 135/2013 auf den Organismus anzuwenden war.

§ 124b Z 185 lit. c des Einkommensteuergesetzes 1988 und § 6b des Körperschaftsteuergesetzes 1988 gehen der Anwendung der §§ 40 und 42 vor.

(13) § 33 Abs. 1 und § 35 Abs. 1 in der Fassung des Bundesgesetzes BGBl. I Nr. 184/2013 treten mit 1. Jänner 2014 in Kraft.

(14) § 40 Abs. 1 in der Fassung des Bundesgesetzes BGBl. I Nr. 115/2015 gilt für Geschäftsjahre von den §§ 186 oder 188 InvFG 2011 unterliegenden Gebilden, die nach dem 30. September 2015 enden. Abweichend davon gilt § 40 Abs. 1 zweiter Satz in der Fassung des Bundesgesetzes BGBl. I Nr. 115/2015 erstmals für Geschäftsjahre von Immobilienfonds, die nach dem 21. Juli 2013 beginnen.

(15) § 41 in der Fassung des Bundesgesetzes BGBl. I Nr. 115/2015 ist erstmals auf Erwerbsvorgänge nach dem 31. Dezember 2015 anzuwenden.
(BGBl I 2015/115)

(16) § 7 Abs. 4a in der Fassung des Bundesgesetzes BGBl. I Nr. 107/2017 tritt mit 1. Jänner 2018 in Kraft. § 2 Abs. 12 und § 38 Abs. 1 und 2 in der Fassung des Bundesgesetzes BGBl. I Nr. 107/2017 treten mit 3. Jänner 2018 in Kraft. § 38 Abs. 3 tritt mit Ablauf des 2. Jänner 2018 außer Kraft.

(17) § 40 Abs. 6 in der Fassung des Bundesgesetzes BGBl. I Nr. 67/2018 gilt für Geschäftsjahre von den §§ 40 oder 42 ImmoInvFG unterliegenden Gebilden, die nach dem 31. Dezember 2018 beginnen. Sind in den Einkünften nach § 40 Abs. 6 Wertsteigerungen enthalten, sind diese nur insoweit zu erfassen, als sie in Geschäftsjahren entstanden sind, die nach dem 31. Dezember 2018 beginnen.
(BGBl I 2018/67)

(18) § 40 Abs. 1 und Abs. 6 in der Fassung des Bundesgesetzes BGBl. I Nr. 76/2018 gilt für Geschäftsjahre von den §§ 40 oder 42 ImmoInvFG unterliegenden Gebilden, die nach dem 31. Dezember 2018 beginnen.
(BGBl I 2018/76)

(19) § 34 Abs. 1 und 3 in der Fassung des Bundesgesetzes BGBl. I Nr. 46/2019 tritt mit 1. Juli 2019 in Kraft.
(BGBl I 2019/46)

(20) § 7 Abs. 1 und Abs. 3, § 19 Abs. 1, § 36 Abs. 1 und § 40 Abs. 2 Z 1 lit. a in der Fassung des Bundesgesetzes BGBl. I Nr. 62/2019 treten mit 21. Juli 2019 in Kraft.
(BGBl I 2019/62)

(21) § 16 samt Überschrift, § 17 Abs. 1, 3 und 4, § 36 Abs. 3, § 38 Abs. 1 und 3 und § 43a in der Fassung des Bundesgesetzes BGBl. I Nr. 198/2021 treten mit dem auf die Kundmachung folgenden Tag in Kraft. § 11 Abs. 1 in der Fassung des Bundesgesetzes BGBl. I Nr. 198/2021 tritt mit 1. Jänner 2022 in Kraft. § 1 Abs. 3 und § 6 Abs. 6 in der Fassung des Bundesgesetzes BGBl. I Nr. 198/2021 treten mit 1. Jänner 2023 in Kraft.
(BGBl I 2021/198)

14/2/3. Fonds-Melde-Verordnung 2015

BGBl II 2015/167 idF BGBl II 2023/158

Verordnung des Bundesministers für Finanzen über die Meldung der steuerrelevanten Daten für Investmentfonds, Immobilienfonds und AIF (Fonds-Melde-Verordnung 2015 – FMV 2015)

Auf Grund
1. des § 186 Abs. 2 Z 2 des Investmentfondsgesetzes 2011 – InvFG 2011, BGBl. I Nr. 77/2011, und
2. des § 40 Abs. 2 Z 1 des Immobilien-Investmentfondsgesetzes – ImmoInvFG, BGBl. I Nr. 80/2003,

in der jeweils geltenden Fassung wird verordnet:

Allgemeine Bestimmungen und Begriffsbestimmungen

§ 1. (1) Diese Verordnung regelt
1. die Übermittlung der steuerrelevanten Daten der Ausschüttung und der ausschüttungsgleichen Erträge eines Fonds gemäß § 186 Abs. 2 Z 2 lit. a Investmentfondsgesetzes 2011 – InvFG 2011, BGBl. I Nr. 77/2011, und § 40 Abs. 2 Z 1 lit. a Immobilien-Investmentfondsgesetzes – ImmoInvFG, BGBl. I Nr. 80/2003, und allfällige Korrekturen der bereits gemeldeten Daten an die Meldestelle gemäß § 12 Abs. 1 des Kapitalmarktgesetzes – KMG, BGBl. Nr. 625/1991 in der Fassung des Bundesgesetzes BGBl. I Nr. 184/2013,
2. die Art und Weise der Ermittlung der von den Anteilinhabern erzielten Einkünfte, die Höhe der anfallenden Kapitalertragsteuer (KESt) und die erforderlichen Korrekturen der steuerlichen Anschaffungskosten, sowie
3. die Veröffentlichungen durch die Meldestelle.

(2) Der Bundesminister für Finanzen gibt der Meldestelle bekannt, wie auf Basis der gesetzlichen Bestimmungen und der gemeldeten steuerrelevanten Daten die ertragsteuerliche Behandlung zu erfolgen hat (Ermittlungsvorgaben). Die Meldestelle ist über Änderungen der Ermittlungsvorgaben rechtzeitig zu informieren und es sind ihr alle zur Durchführung der Ermittlung erforderlichen Aufklärungen zu erteilen.

(3) Im Sinne dieser Verordnung sind:
1. Fonds: Gebilde im Sinne der §§ 186 oder 188 InvFG 2011 oder der §§ 40 oder 42 ImmoInvFG.
2. Meldefonds: Fonds, die eine fristgerechte Jahresmeldung gemäß dieser Verordnung oder eine Absichtserklärung gemäß § 5 Abs. 3 abgegeben haben.
3. Nichtmeldefonds: Fonds, die keine Meldefonds im Sinne der Z 2 sind.
4. Verwaltungsgesellschaften: Kapitalanlagegesellschaften, AIFM im Sinne des Alternative Investmentfonds Manager-Gesetzes

AbgZuw
InvFG
ImmoInvFG
WKG
NoVAG
KGG
KommSt
NeuFöG
WerbeAbg
StiftEG
Handwerker
WiEReG
DiStG

– AIFMG, BGBl. I Nr. 135/2013, und sonstige Rechtsträger, die Vermögen im Sinne von § 188 InvFG 2011 oder § 42 ImmoInvFG unmittelbar verwalten.
5. Ausschüttungsmeldung: Meldung der steuerrelevanten Daten im Zusammenhang mit einer Ausschüttung.
6. Jahresmeldung: Meldung der steuerrelevanten Daten im Zusammenhang mit ausschüttungsgleichen Erträgen.

Registrierung und Stammdaten

§ 2. (1) Eine aufrechte Registrierung ist Voraussetzung für jede Art von Übermittlung nach dieser Verordnung. Daher haben sich Verwaltungsgesellschaften vor der erstmaligen Übermittlung bei der Meldestelle unter Angabe der in Anlage 1 angeführten Stammdaten und unter Einhaltung einer zweiwöchigen Frist vor der ersten Übermittlung zu registrieren. Nach erfolgter Registrierung haben sie die in der Anlage 2 angeführten Stammdaten der von ihnen verwalteten Meldefonds zu melden. Die in den Anlagen 1 und 2 angeführten Stammdaten sind laufend aktuell zu halten und allfällige Änderungen unverzüglich der Meldestelle bekannt zu geben.

(BGBl II 2023/158)

(2) Verwaltungsgesellschaften können im Zuge der Registrierung gemäß Abs. 1 gegenüber der Meldestelle erklären, ob Erträge von Fonds der KESt auf Zinsen gemäß § 98 Abs. 1 Z 5 lit. b des Einkommensteuergesetzes 1988 – EStG 1988, BGBl. Nr. 400/1988, unterliegen.

(BGBl II 2016/305)

(3) Für die in Abs. 1 und 2 genannten, gegenüber der Meldestelle abzugebenden Rechtshandlungen und Erklärungen haben sich die Verwaltungsgesellschaften ihres schriftlich registrierten steuerlichen Vertreters zu bedienen, sofern sie ihre Registrierung nicht bereits im Rahmen der ISIN-Vergabe der Oesterreichischen Kontrollbank samt nachfolgender Stammdatenwartung vornehmen. Dabei hat der steuerliche Vertreter seine Bevollmächtigung durch die Verwaltungsgesellschaft durch Vorlage einer schriftlichen Vollmacht nachzuweisen. Davon kann abgesehen werden, wenn für die Meldestelle keine Zweifel an der Vollmachtserteilung bestehen. Keine Zweifel können jedenfalls angenommen werden, wenn es sich beim steuerlichen Vertreter um eine Wirtschaftreuhänder oder eine Wirtschaftsprüfergesellschaft, einen Rechtsanwalt oder eine Gesellschaft zur Ausübung der Rechtsanwaltschaft oder ein Kreditinstitut handelt, das besonderen gesetzlichen Sorgfaltsvorschriften unterliegt.

(BGBl II 2023/158)

(4) Die Registrierung erlischt
1. durch Erklärung der Verwaltungsgesellschaft oder deren steuerlichen Vertreter,
2. durch Auflösung oder Untergang der Verwaltungsgesellschaft, wovon die Meldestelle zuvor in Kenntnis zu setzen ist,
3. bei wiederholtem Verstoß gegen die Nutzungsregeln trotz Hinweis durch die Meldestelle,
4. bei Nichtbegleichung der Nutzungsgebühren trotz zweimaliger Mahnung unter jeweils mindestens 14-tägiger Zahlungsfrist an die in den Stammdaten hinterlegte Adresse des Rechnungsempfängers, sofern der offene Betrag mehr als 500 Euro beträgt; in diesem Falle hat die Meldestelle bei der zweiten Mahnung auf die Möglichkeit einer Deregistrierung ausdrücklich hinzuweisen.

(BGBl II 2023/158)

Reguläre Meldungen

§ 3. (1) Die Übermittlung der steuerrelevanten Daten gemäß § 1 Abs. 1 hat ausschließlich im automationsunterstützten Wege und in strukturierter Form zu erfolgen. Die Art der Übermittlung und die Spezifikationen (Form, Struktur und Inhalt) der übermittelten Daten haben der in der Anlagen 3, 3a und 3b jeweils enthaltenen Beschreibung unter Einhaltung der darin vorgesehenen Plausibilitätskriterien zu entsprechen. Auf anderem Wege, unter Verwendung eines anderen Übertragungssystems, unvollständig vorgenommene Übermittlungen oder Meldungen unter Nichteinhaltung des in Anlage 3 beschriebenen Ablaufs stellen keine Meldungen im Sinne des § 186 Abs. 2 Z 1 lit. a InvFG 2011 oder § 40 Abs. 2 Z 1 lit. a ImmoInvFG dar und sind von der Meldestelle nicht entgegenzunehmen.

(BGBl II 2016/305)

(2) Für reguläre Meldungen gelten folgende Fristen:
1. Die Ausschüttungsmeldung ist spätestens am letzten Tag vor dem Ausschüttungstag vorzunehmen.

(BGBl II 2018/298)

2. Die Jahresmeldung ist spätestens sieben Monate nach Ende des Geschäftsjahres des Fonds vorzunehmen. Bei Auszahlungen gemäß § 58 Abs. 2 InvFG 2011 ist die Jahresmeldung spätestens am letzten Tag vor dem Auszahlungstag vorzunehmen.

(BGBl II 2018/298)

Werden die Meldungen nicht innerhalb dieser Fristen vorgenommen, treten die in § 186 Abs. 2 Z 3 InvFG 2011 und § 40 Abs. 2 Z 2 ImmoInvFG angeordneten Rechtsfolgen ein.

Verspätete Meldungen und Korrekturen

§ 4. (1) Ursprünglich rechtzeitig erfolgte reguläre Meldungen (§ 3 Abs. 2) können nur bis zum 15. Dezember des Kalenderjahres, in dem diese Meldungen vorgenommen wurden, korrigiert werden. Die Meldestelle hat diese korrigierten Meldungen entgegenzunehmen und als korrigiert gekennzeichnet unter Angabe des Datums der ursprünglichen Veröffentlichung zu veröffentlichen. Der Abzugsverpflichtete (auszahlende Stelle gemäß § 95 Abs. 2 Z 1 lit. b EStG 1988) hat eine Berichtigung des Kapitalertragsteuerabzuges und der sonstigen darauf basierenden und in Folge davon betroffenen steuerlichen Werte vorzunehmen, sofern noch eine aufrechte Geschäftsbeziehung zum Anteilinhaber besteht.

(2) Die Korrektur der Ausschüttungsmeldung kann in der Jahresmeldung vorgenommen werden. Ergibt die Korrektur bei der Saldierung der Ausschüttung und des ausschüttungsgleichen Ertrages einen negativen Wert, ist eine darauf entfallende Kapitalertragsteuer nicht auszuzahlen.

(3) Die Meldestelle hat bis spätestens zum Ablauf der Frist für die nächstfolgende Jahresmeldung
1. erstmalige Meldungen nach Ablauf der Frist gemäß § 3 Abs. 2 oder
2. Korrekturen von erstmaligen fristgerechten Meldungen nach dem 15. Dezember (Abs. 1)
entgegenzunehmen und gesondert zu veröffentlichen (Liste der Selbstnachweise).

(4) Der Abzugsverpflichtete hat die gemäß Abs. 3 gesondert zu veröffentlichenden Jahresmeldungen auf Verlangen des Anteilinhabers als Selbstnachweis im Sinne des § 186 Abs. 2 Z 4 InvFG 2011 oder § 40 Abs. 2 Z 3 ImmoInv-FG zu behandeln.

Veröffentlichung

§ 5. (1) Die Meldestelle hat die Meldefonds mit den für ihre ertragsteuerliche Behandlung relevanten Daten samt der nach den Ermittlungsvorgaben des Bundesministeriums für Finanzen ermittelten ertragsteuerlichen Behandlung sowie das Meldedatum im Internet zu veröffentlichen (Liste der Meldefonds).

(2) Ein Fonds ist von der Liste der Meldefonds zu entfernen, wenn eine Jahresmeldung nicht fristgerecht vorgenommen wird. Dieser Fonds ist für die Dauer eines Jahres ab dem Verstreichen der in § 3 Abs. 2 Z 2 für die Vornahme der Jahresmeldung vorgesehen Frist in einer gesonderten Liste im Internet zu veröffentlichen (Liste ehemaliger Meldefonds).

(3) Registrierte Verwaltungsgesellschaften (§ 2 Abs. 1) können für Fonds, die erstmalig in Österreich zum Vertrieb zugelassen werden oder deren Vertrieb in Österreich erstmalig beginnt, im Rahmen der ISIN-Vergabe der Oesterreichischen Kontrollbank oder sonst durch ihren steuerlichen Vertreter mit dem in der **Anlage 2** angefügten Formular unter vollständiger Bekanntgabe der darin angeführten Stammdaten gegenüber der Meldestelle erklären, dass die Vornahme einer Jahresmeldung beabsichtigt ist (Absichtserklärung). Dabei ist in der Absichtserklärung jedenfalls das Ende des laufenden Geschäftsjahres anzugeben. Mit der Abgabe der Absichtserklärung gelten diese Fonds bis zum Ende der Frist gemäß § 3 Abs. 2 Z 2 als Meldefonds und sind mit einer entsprechenden Zusatzbezeichnung in die Liste der Meldefonds aufzunehmen. Die Absichtserklärung ist für Fonds, die bis zum 15. November zum Vertrieb zugelassen werden oder deren Vertrieb bis zum 15. November tatsächlich beginnt, bis zum 15. November desselben Jahres, für alle anderen Fonds bis spätestens 23. Dezember um 12 Uhr desselben Jahres abzugeben. Verspätete Absichtserklärungen gelten am 2. Jänner des Folgejahres als eingebracht.

(BGBl II 2023/158)

Zinsen gemäß § 98 EStG

§ 6. (1) Die Meldestelle hat jene Fonds, für die von registrierten Verwaltungsgesellschaften (§ 2 Abs. 1) erklärt wurde, ob deren Erträge der KESt auf (Stück)Zinsen gemäß § 98 Abs. 1 Z 5 lit. b EStG 1988 unterliegen, in einer gesonderten Liste auszuweisen und im Internet zu veröffentlichen (Fonds, die der KESt auf Zinsen gemäß § 98 EStG 1988 unterliegen).

(2) Meldefonds, die der KESt auf Zinsen gemäß § 98 Abs. 1 Z 5 lit. b EStG 1988 unterliegen, sind in einer gesonderten Liste (Meldefonds KESt auf Zinsen gemäß § 98 EStG 1988) auszuweisen und zu veröffentlichen. Werden keine Jahresmeldungen mehr abgegeben, sind diese Fonds in einer gesonderten Liste (Ehemalige Meldefonds KESt auf Zinsen gemäß § 98 EStG 1988) für den Zeitraum eines Jahres auszuweisen und zu veröffentlichen.

(3) Die Bestimmungen des § 4 über verspätete Meldungen und Korrekturen ursprünglich rechtzeitig erfolgter Meldungen sind für (Stück)Zinsen gemäß § 98 Abs. 1 Z 5 lit. b EStG 1988 mit der Maßgabe anzuwenden, dass der Abzugsverpflichtete eine Korrektur der einbehaltenen KESt nicht vornehmen darf.

(BGBl II 2016/305)

Fristen

§ 7. Die Fristberechnung richtet sich nach § 108 der Bundesabgabenordnung – BAO, BGBl. Nr. 194/1961, wobei abweichend von § 108 Abs. 2 BAO die Frist nicht mit Ablauf des Tages, sondern um 16 Uhr endet. Fällt das Ende der Frist auf einen Samstag, Sonntag, gesetzlichen Feiertag, Karfreitag, 24. oder 31. Dezember ist abweichend von § 108 Abs. 3 BAO der letzte davorliegende Tag, der nicht einer der vorgenannten Tage ist, als letzter Tag der Frist anzusehen. Für die Bestimmung der Handelstage ist der jährlich veröffentlichte Kalender der Handelstage für den österreichischen Kassa- und Terminmarkt der Wiener Börse AG maßgeblich.

(BGBl II 2018/298)

Inkrafttreten und Übergangsvorschriften

§ 8. (1) Diese Verordnung tritt mit 6. Juni 2016 in Kraft. Für Meldungen, die vor dem 6. Juni 2016 vorgenommen werden, sind die Bestimmungen der Fonds-Melde-VO, BGBl. II Nr. 96/2012 in der Fassung des BGBl. II Nr. 224/2014, weiter anzuwenden.

(BGBl II 2015/440)

(2) Die Fonds-Melde-VO, BGBl. II Nr. 96/2012 in der Fassung der Verordnung BGBl. II Nr. 224/2014 tritt mit Ablauf des 5. Juni 2016 außer Kraft, wobei die letzte Meldung am 3. Juni 2016 bis 16 Uhr abgegeben werden kann. Die aufgrund der Fonds-

Melde-VO erstellten Listen sind weiterzuführen und gemäß den Bestimmungen dieser Verordnung zu adaptieren.

(BGBl II 2015/440)

(3) Verwaltungsgesellschaften haben entsprechend den Vorgaben der Meldestelle zwischen dem 15. April und 13. Mai 2016 die auf Grund des Punktes 3.1 der Anlage 1 der Fonds-MeldeVO enthaltenen Stammdaten um jene Angaben zu vervollständigen, welche auf Grund Anlage 2 zusätzlich erforderlich sind.

(BGBl II 2015/440)

(4) Sofern Meldungen im Jahr 2016 abgegeben werden, sind die Stammdaten gemäß Anlage 2 um die Angabe zu ergänzen, ob die Erträge des Fonds der EU-Quellensteuer unterliegen.

(5) § 2 Abs. 2 und § 6 in der Fassung der Verordnung des Bundesministers für Finanzen BGBl. II Nr. 305/2016 treten mit 1. Jänner 2017 in Kraft. Die Meldung der in Zeile 19 und 20 der in Anlage 3 enthaltenen Tabelle „Beschreibung Datensatz Start" geforderten Angaben sind erstmals in Meldungen mit Status „New" anzugeben, die nach dem 30. März 2017 an die Meldestelle übermittelt werden. Verwaltungsgesellschaften haben
- für bereits registrierte Fonds bis 18. November 2016,
- im Zuge der Registrierung von Fonds ab dem 19. November 2016

gegenüber der Meldestelle zu erklären, ob die Erträge der Fonds der KESt auf (Stück)Zinsen gemäß § 98 Abs. 1 Z 5 lit. b EStG 1988 in der Fassung des Bundesgesetzes BGBl. I Nr. 77/2016 unterliegen. Für bereits registrierte Fonds, die mehr als 20% des Fondsvermögens in Anteile an anderen Fonds veranlagt haben, verlängert sich diese Frist um zwei Wochen.

(BGBl II 2016/305)

(6) §§ 3, 5 und 7 sowie die Anlage 2 in der Fassung der Verordnung des Bundesministers für Finanzen BGBl. II Nr. 298/2018 tritt mit 1. Dezember 2018 in Kraft. Die Anlage 3 und die Anlage 3a in der Fassung der Verordnung des Bundesministers für Finanzen BGBl. II Nr. 298/2018 tritt am 1. Juli 2019 in Kraft und ist erstmals für die Meldung von Erträgen aus Geschäftsjahren anzuwenden, die nach dem 31. Dezember 2018 beginnen. Verwaltungsgesellschaften können
- für bereits registrierte Fonds bis 7. Dezember 2018,
- im Zuge der Registrierung von Fonds ab dem 10. Dezember 2018

gegenüber der Meldestelle erklären, ob die Erträge der Fonds der KESt auf (Stück)Zinsen gemäß § 98 Abs. 1 Z 5 lit. b EStG 1988 in der Fassung des Bundesgesetzes BGBl. I Nr. 62/2018 unterliegen.

(BGBl II 2018/298)

(7) §§ 2, 5 sowie die Anlagen 1 und 2, jeweils in der Fassung der Verordnung BGBl. II Nr. 158/2023, treten am 1. Juni 2023 in Kraft. Die Anlagen 3, 3a und 3b, jeweils in der Fassung der Verordnung BGBl. II Nr. 158/2023, treten mit 1. April 2023 in Kraft.

(BGBl II 2023/158)

Anlagen nicht abgedruckt

14/3. Wirtschaftskammergesetz 1998 (Auszug)

BGBl I 1998/103 idF BGBl I 2022/113

Kammerumlagen

§ 122. (1) Zur Deckung der in den genehmigten Jahresvoranschlägen vorgesehenen und durch sonstige Erträge nicht gedeckten Aufwendungen der Landeskammern und der Bundeskammer kann von den Kammermitgliedern eine Umlage nach dem Grundsatz der Verhältnismäßigkeit der Inanspruchnahme eingehoben werden; die Verhältnismäßigkeit ist auch an dem Verhältnis zwischen den Umlagebeträgen und der Differenz zwischen Einkaufs- und Verkaufspreisen zu messen. Ist an einer Gesellschaft bürgerlichen Rechts ein Kammermitglied, dem für die im Rahmen der Gesellschaft ausgeübten Tätigkeiten keine Unternehmereigenschaft im Sinne der Umsatzsteuer zukommt, gemeinsam mit einer oder mehreren physischen oder juristischen Personen beteiligt, so gelten die Bemessungsgrundlagen der Gesellschaft bürgerlichen Rechts als Bemessungsgrundlage für die Umlage; diesfalls kann die Erhebung der Umlage bei der Gesellschaft bürgerlichen Rechts erfolgen. Die Umlage ist in einem Tausendsatz zu berechnen von jenen Beträgen, die

1. auf Grund der an das Kammermitglied für dessen inländische Unternehmensteile von anderen Unternehmern erbrachten Lieferungen oder sonstigen Leistungen vom anderen Unternehmer, ausgenommen auf Grund von Geschäftsveräußerungen, als Umsatzsteuer geschuldet werden,
2. als Umsatzsteuerschuld auf Grund der an das Kammermitglied für dessen Unternehmen von anderen Unternehmern erbrachten Lieferungen oder sonstigen Leistungen auf das Kammermitglied übergegangen ist,
3. auf Grund der Einfuhr von Gegenständen für das Unternehmen des Kammermitglieds oder auf Grund des innergemeinschaftlichen Erwerbs für das Unternehmen des Kammermitglieds vom Kammermitglied als Umsatzsteuer geschuldet werden.

Der Tausendsatz beträgt für die Bundeskammer 1,3 vT und für alle Landeskammern einheitlich 1,9 vT der Bemessungsgrundlagen gemäß Z 1 bis 3. Das Erweiterte Präsidium der Bundeskammer kann jeweils geringere Tausendsätze beschließen.

(2) Von der Bemessungsgrundlage nach Abs. 1 ist die Umsatzsteuer auf Investitionen in das ertragssteuerliche Anlagevermögen in Abzug zu bringen.

(BGBl I 2017/73)

(3) Abweichend von Abs. 1 wird die Bemessungsgrundlage für einzelne Gruppen von Kammermitgliedern wie folgt bestimmt:

1. Bei Kreditinstituten im Sinne des Art. 1 (Bankwesengesetz) § 1 Abs. 1 Finanzmarktanpassungsgesetz 1993, BGBl. Nr. 532/1993, ist die Summe der Bruttoprovisionen und die Summe der mit einem für alle Umlagepflichtigen geltenden Faktor vervielfachten Nettozinserträge heranzuziehen, jeweils unter entsprechender Ausscheidung des Auslandsgeschäftes. Das Erweiterte Präsidium der Bundeskammer hat sowohl den Faktor unter Bedachtnahme auf das allgemeine durchschnittliche Verhältnis zwischen Brutto- und Nettozinserträgen als auch Art und Umfang der Ausscheidung des Auslandsgeschäftes festzulegen.
2. Bei Versicherungsunternehmen ist das Prämienvolumen des direkten inländischen Geschäftes, abzüglich eines Abschlages von 80 vH des Prämienvolumens aus Versicherungsgeschäften im Sinne von § 6 Abs. 1 Z 1 Versicherungssteuergesetz 1953, BGBl. Nr. 133/1953, heranzuziehen.

Um die Verhältnismäßigkeit der Inanspruchnahme dieser Kammermitglieder im Vergleich zu anderen Kammermitgliedern zu gewährleisten, darf der für diese Bemessungsgrundlage vom Erweiterten Präsidium der Bundeskammer festzulegende Hundertsatz höchstens 0,041 vH betragen. Das Umlagenaufkommen auf Grund dieser Bemessungsgrundlage wird im Verhältnis der für das jeweilige Einhebungsjahr geltenden Hebesätze gemäß Abs. 1 zwischen der Bundeskammer und den Landeskammern aufgeteilt. Außerdem hat das Erweiterte Präsidium der Bundeskammer zwei unterschiedlich hohe Schwellenwerte festzusetzen, wobei der niedrigere EUR 16 Millionen nicht unterschreiten darf. Für jene Teile der Bemessungsgrundlage, die den niedrigeren Schwellenwert übersteigen und den höheren nicht überschreiten, kommt der um 5 vH verminderte Teil des Hundertsatzes und für jene, die den höheren Schwellenwert übersteigen, der um 12 vH verminderte Teil des Hundertsatzes zur Anwendung.

(BGBl I 2017/73)

(4) Das Erweiterte Präsidium der Bundeskammer kann beschließen, dass Teile der Bemessungsgrundlagen außer Betracht bleiben, soweit deren Berücksichtigung in einzelnen Berufszweigen zu einer unverhältnismäßigen Inanspruchnahme der Kammermitglieder führen würde. Dies gilt auch für die Zuordnung von einzelnen Gruppen von Kammermitgliedern zu einer Bemessungsgrundlagenermittlung im Sinne des Abs. 3, die an steuerbarem Umsatz anknüpft.

(BGBl I 2017/73)

(5) Ist die genaue Ermittlung der Bemessungsgrundlagen in einzelnen Berufszweigen für die Kammermitglieder mit unverhältnismäßigen Schwierigkeiten verbunden, so kann das Erweiterte Präsidium der Bundeskammer für die Kammermitglieder in diesen Berufszweigen die Möglichkeit einer pauschalierten Ermittlung der Bemessungsgrundlagen nach den jeweiligen Erfahrungen des Wirtschaftslebens beschließen.

(BGBl I 2017/73)

(6) Die Umlage gemäß Abs. 1, 2 und 3 ist von den Abgabenbehörden des Bundes nach Maßgabe der folgenden Bestimmungen zu erheben:

1. Die für die Umsatzsteuer geltenden Abgabenvorschriften sind mit Ausnahme des § 20 Abs. 1 vierter Satz und des § 21 UStG 1994 sinngemäß anzuwenden.
2. Der zu entrichtende Umlagebetrag ist kalendervierteljährlich selbst zu berechnen und spätestens am fünfzehnten Tag des nach Ende des Kalendervierteljahres zweitfolgenden Kalendermonats zu entrichten. Bei der Berechnung der Umlage für das jeweils letzte Kalendervierteljahr sind Unterschiedsbeträge, die sich zwischen den berechneten Vierteljahresbeträgen und dem Jahresbetrag der Umlage ergeben, auszugleichen. Ein gemäß § 201 BAO, BGBl. Nr. 194/1961, in der jeweils geltenden Fassung, festgesetzter Umlagenbetrag hat den vorgenannten Fälligkeitstag.
3. Ist auf dem amtlichen Formular für die Umsatzsteuererklärung die Angabe des Jahresbetrages der Umlage vorgesehen, so ist dieser Jahresbetrag in der Umsatzsteuererklärung bekannt zu geben.
4. Von Kammermitgliedern, deren Umsätze gemäß § 1 Abs. 1 Z 1 UStG 1994, BGBl. Nr. 663/1994, jährlich 150.000 Euro nicht übersteigen, wird die Umlage nicht erhoben.
5. (aufgehoben)

(BGBl I 2017/73)

(7) Die Umlage gemäß Abs. 1, 2 und 3 ist von den Abgabenbehörden des Bundes an die Bundeskammer zu überweisen. Die auf die Landeskammern entfallenden Anteile sind nach Maßgabe der Eingänge zu verrechnen und von der Bundeskammer an die Landeskammern zu überweisen. Die Aufteilung des Landeskammeranteiles auf die einzelnen Landeskammern erfolgt nach dem Verhältnis der Zahl der Kammermitglieder der Landeskammern; das Erweiterte Präsidium der Bundeskammer kann Sockelbeträge vorsehen.

(BGBl I 2017/73)

(8) Die Landeskammern können zur Bedeckung ihrer Aufwendungen festlegen, dass die Kammermitglieder eine weitere Umlage zu entrichten haben. Diese ist beim einzelnen Kammermitglied von der Summe der in seiner Unternehmung (seinen Unternehmungen) nach § 2 anfallenden Arbeitslöhne zu berechnen, wobei als Bemessungsgrundlage die Beitragsgrundlage nach § 41 Familienlastenausgleichsgesetz 1967, BGBl. Nr. 376/1967, gilt (Zuschlag zum Dienstgeberbeitrag). Personen, die einem Kammermitglied durch ein Gesetz zur Dienstleistung gegen Kostenersatz zugewiesen sind, gelten als Dienstnehmer des kostenersatzleistenden Kammermitglieds. Für sie ist Bemessungsgrundlage der Ersatz der Aktivbezüge mit der Maßgabe, dass die Umlagenschuld mit Ablauf des Kalendermonats entsteht, in dem die Aktivbezüge ersetzt worden sind. Die Umlage ist in einem Hundertsatz dieser Bemessungsgrundlagen zu berechnen. Der Hundertsatz ist vom Wirtschaftsparlament der Landeskammer festzusetzen; er darf 0,29 vH der Beitragsgrundlage nicht übersteigen. Hat ein Kammermitglied gemeinsam mit einem oder mit mehr als einem anderen Kammermitglied eine Arbeitsgemeinschaft gebildet, so wird die weitere Umlage hinsichtlich der Arbeitslöhne, die bei der Arbeitsgemeinschaft anfallen, durch diese entrichtet. Bei einer Personengesellschaft des Handelsrechts, bei der ein Komplementär eine juristische Person oder eine Personengesellschaft des Handelsrechts ist, gehören die diesbezüglichen, bei der Komplementärgesellschaft anfallenden Arbeitslöhne auch dann zur Beitragsgrundlage, wenn die Komplementärgesellschaft keine Berechtigung nach § 2 besitzt. Die Bestimmungen der §§ 42a und 43 Familienlastenausgleichsgesetz 1967, BGBl. Nr. 376/1967, finden auf die Umlage sinngemäß Anwendung. Ein im Verhältnis zur Summe der Arbeitslöhne der Arbeitnehmer der Mitglieder der einzelnen Landeskammern ungleichgewichtiges Aufkommen aus der weiteren Umlage ist zwischen den Landeskammern auszugleichen (Finanzausgleich).

(BGBl I 2017/73)

(9) Die Bundeskammer kann zur Bedeckung ihrer Aufwendungen eine Umlage nach Abs. 8 festlegen. Abs. 8 ist mit der Maßgabe anzuwenden, dass die Umlage 0,15 vH der dort angeführten Beitragsgrundlage nicht übersteigen darf.

(BGBl I 2017/73)

(10) Das Erweiterte Präsidium der Bundeskammer kann beschließen, dass Teile der Bemessungsgrundlagen außer Betracht bleiben, soweit deren Berücksichtigung zu einer unverhältnismäßigen Inanspruchnahme von Mitgliedern führen würde, die als Betreiber eines Alten- oder Pflegeheims tätig sind. Solche Beschlüsse können auch rückwirkend in Kraft gesetzt werden.

(11) Wird ein Rechtsmittel erhoben, mit dem die Umlagepflicht dem Grunde nach bestritten wird, so ist das Verfahren zu unterbrechen und die Frage dem Präsidenten der zuständigen Landeskammer zur Entscheidung vorzulegen. Auf dieses Verfahren ist § 128 Abs. 3 und 5 sinngemäß anzuwenden.

(BGBl I 2017/73)

Vorschreibung und Einhebung der Kammerumlagen

§ 126. (1) Die Höhe der Kammerumlagen ist unverzüglich nach ihrer Festsetzung vom Generalsekretariat der Bundeskammer dem Bundesministerium für Finanzen bekanntzugeben. Die Höhe der Vergütung für die Einhebung dieser Umlagen ist von der Bundeskammer mit dem Bundesministerium für Finanzen zu vereinbaren; sie darf vier Prozent der eingehobenen Beträge nicht übersteigen. Die eingegangenen Kammerumlagen sind bei der Umlage gemäß § 122 Abs. 1 der Bundeskammer und bei den Umlagen gemäß § 122 Abs. 8 und 9 den zuschlagsberechtigten Kammern zu überweisen.

(2) Kammerumlagen stellen Abgaben im Sinne der Bundesabgabenordnung dar, weshalb die

entsprechenden Verfahrensvorschriften insoweit anzuwenden sind, als das Wirtschaftskammergesetz keine abweichenden Bestimmungen enthält. In Verfahren, in denen die Rückzahlung entrichteter Kammerumlagen begehrt wird, haben die Bundeskammer und die jeweils betroffene(n) Landeskammer(n) Parteistellung. Wird ein Rechtsmittel erhoben, mit dem die Umlagepflicht dem Grunde nach bestritten wird, so ist das Verfahren zu unterbrechen und die Frage dem Präsidenten der zuständigen Landeskammer zur Entscheidung vorzulegen. § 128 Abs. 3 und 5 ist sinngemäß anzuwenden.

(BGBl I 2021/27)

Feststellung der Umlagenpflicht bei Grundumlagen und bei Gebühren für Sonderleistungen

§ 128. (1) Der Präsident der Landeskammer hat über Art und Ausmaß der Grundumlagepflicht einen Bescheid zu erlassen, wenn dies vom Zahlungspflichtigen spätestens einen Monat nach Vorschreibung verlangt wird.

(2) Die Verpflichtung gemäß Abs. 1 trifft bei Gebühren für Sonderleistungen den Obmann oder Präsidenten jener Körperschaft, die die Sonderleistung erbracht hat.

(3) Gegen den Bescheid des Präsidenten der Landeskammer nach Abs. 1 und 2, den Bescheid des Präsidenten der Bundeskammer nach Abs. 2 sowie gegen den Bescheid des Obmannes des Fachverbands nach Abs. 2 kann binnen vier Wochen ab Zustellung Beschwerde an das Verwaltungsgericht erhoben werden.

(4) Gegen den Bescheid des Obmannes der Fachgruppe gemäß Abs. 2 kann binnen vier Wochen ab Zustellung Beschwerde an das Verwaltungsgericht erhoben werden.

(5) Auf das Verfahren nach Abs. 1 und 2 sind die Vorschriften des Allgemeinen Verwaltungsverfahrensgesetzes 1991, BGBl. Nr. 51/1991, sinngemäß anzuwenden.

14/4. Normverbrauchsabgabegesetz

Normverbrauchsabgabegesetz, BGBl 1991/695 idF

1 BGBl 1992/449	2 BGBl 1993/818	3 BGBl 1994/681
4 BGBl 1995/21	5 BGBl 1996/201 (StruktAnpG 1996, Art 45)	6 BGBl I 1998/9
7 BGBl I 1999/122	8 BGBl I 2000/142 (BudgetbegleitG 2001)	9 BGBl I 2001/144 (AbgÄG 2001)
10 BGBl I 2002/132 (2. AbgÄG 2002)	11 BGBl I 2003/71 (BudgetbegleitG 2003)	12 BGBl I 2003/124 (AbgÄG 2003)
13 BGBl I 2004/180 (AbgÄG 2004)	14 BGBl I 2006/16 (VfGH)	15 BGBl I 2006/99 (BetrbG 2006)
16 BGBl I 2006/143 (UFSG-Nov. 2006)	17 BGBl I 2007/24 (BudBG 2007)	18 BGBl I 2007/65
19 BGBl I 2008/46 (ÖkoG 2007)	20 BGBl I 2009/52 (BudBG 2009)	21 BGBl I 2010/34 (AbgÄG 2010)
22 BGBl I 2010/111 (BudBG 2011)	23 BGBl I 2012/112 (AbgÄG 2012)	24 BGBl I 2014/13 (AbgÄG 2014)
25 BGBl I 2015/24 (VfGH)	26 BGBl I 2015/118 (StRefG 2015/16)	27 BGBl I 2017/89
28 BGBl I 2019/103 (StRefG 2020)	29 BGBl I 2019/104 (FORG)	30 BGBl I 2020/99 (2. FORG)
31 BGBl I 2021/18	32 BGBl I 2021/208	33 BGBl I 2022/108 (AbgÄG 2022)

GLIEDERUNG

§ 1. Steuerbare Vorgänge
§ 2. Kraftfahrzeuge
§ 3. Steuerbefreiungen
§ 4. Abgabenschuldner
§ 5. Bemessungsgrundlage
§ 6. Tarif
§ 6a. (aufgehoben)
§ 7. Entstehen der Steuerschuld
§ 8. Änderung der Bemessungsgrundlage oder des Durchschnittsverbrauchs
§ 9. Aufzeichnungspflicht
§ 10. Bescheinigungspflicht
§ 11. Abgabenerhebung
§§ 12, 12a. Vergütung
§ 13. Mitwirkung anderer Behörden
§ 14. Verweisungen
§ 15. Inkrafttreten, Übergangsregelungen
§ 16. Vollziehung

Bundesgesetz, mit dem eine Abgabe für den Normverbrauch von Kraftfahrzeugen eingeführt wird (Normverbrauchsabgabegesetz – NoVAG 1991)

Steuerbare Vorgänge

§ 1. Der Normverbrauchsabgabe unterliegen die folgenden Vorgänge:

1. Die Lieferung von bisher im Inland nicht zum Verkehr zugelassenen Kraftfahrzeugen, die ein Unternehmer (§ 2 UStG 1994) im Inland gegen Entgelt im Rahmen seines Unternehmens ausführt, ausgenommen die Lieferung an einen anderen Unternehmer zur gewerblichen Weiterveräußerung.
2. Der innergemeinschaftliche Erwerb (Art. 1 UStG 1994) von Kraftfahrzeugen, ausgenommen der Erwerb durch befugte Fahrzeughändler zur Weiterlieferung.
3.
   a) Die erstmalige Zulassung von Kraftfahrzeugen zum Verkehr im Inland, sofern die Steuerpflicht nicht bereits nach Z 1 oder Z 2 eingetreten ist oder nach Eintreten der Steuerpflicht eine Vergütung nach § 12 oder § 12a erfolgt ist.
   b) Als erstmalige Zulassung gilt auch die Zulassung eines Fahrzeuges, das bereits im Inland zugelassen war, aber nicht der Normverbrauchsabgabe unterlag oder befreit war, sowie die Verwendung eines Fahrzeuges im Inland, wenn es nach dem Kraftfahrgesetz zuzulassen wäre, ausgenommen es wird ein Nachweis der Entrichtung der Normverbrauchsabgabe in jener Höhe erbracht, die im Zeitpunkt der erstmaligen Verwendung im Inland zu entrichten gewesen wäre.

(BGBl I 2015/118)

4. Die Lieferung, der Eigenverbrauch durch Entnahme (§ 3 Abs. 2 UStG 1994) und die Änderung der begünstigten Nutzung von nach § 3 Abs. 1 Z 2 und Abs. 3 befreiten Kraftfahrzeugen, weiters der Wegfall der Voraussetzungen für die Steuerbefreiung nach § 3 Abs. 4.

(BGBl I 2021/18)

Inland ist das Bundesgebiet, ausgenommen das Gebiet der Gemeinden Mittelberg und Jungholz.

Kraftfahrzeuge

§ 2. (1) Als Kraftfahrzeuge gelten:
1. Krafträder und Kraftfahrzeuge mit zwei oder drei Rädern (Klassen L3e, L4e und L5e), jeweils mit einem Hubraum von mehr als 125 Kubikzentimetern;
2. Schwere vierrädrige Kraftfahrzeuge (Klasse L7e) mit einem Hubraum von mehr als 125 Kubikzentimetern;

(BGBl I 2022/108)

3. Personen- und Kombinationskraftwagen (Klasse M1) sowie
4. Kraftfahrzeuge zur Güterbeförderung mit mindestens vier Rädern und einer zulässigen Gesamtmasse von nicht mehr als 3.500 kg (Klasse N1).

Ausgenommen sind jeweils historische Fahrzeuge gemäß § 2 Abs. 1 Z 43 Kraftfahrgesetz 1967.

(2) Die Einteilung der Kraftfahrzeuge in Klassen richtet sich nach § 3 Kraftfahrgesetz 1967, BGBl. Nr. 267/1967, in der jeweils geltenden Fassung. Für die Einordnung eines Kraftfahrzeuges in diese Klassen ist der Typenschein, der Einzelgenehmigungsbescheid oder der EG- bzw. EU-Übereinstimmungsbescheinigung, jeweils gemäß Abschnitt III des Kraftfahrgesetzes 1967, maßgeblich. Wurde für ein Kraftfahrzeug keine oder eine falsche Einordnung in einem entsprechenden Fahrzeugdokument vorgenommen, sind für die Einordnung die kraftfahrrechtlichen Vorschriften (§ 3 Kraftfahrgesetz 1967) sinngemäß anzuwenden.

(BGBl I 2021/18)

Steuerbefreiungen

§ 3. (1) Von der Normverbrauchsabgabe sind befreit
1. Vorgänge in Bezug auf Kraftfahrzeuge, die auf Grund ihres Antriebes (insbesondere Elektro oder Wasserstoff) einen CO_2-Emissionswert von 0 g/km aufweisen.
2. Vorführkraftfahrzeuge von Fahrzeughändlern sowie Kraftfahrzeuge, die auf den Fahrzeughändler zugelassen und nicht auf öffentlichen Straßen verwendet werden (sogenannte „Tageszulassung"), wenn die Zulassung nicht länger als drei Monate dauert. Wird dieser Zeitraum überschritten, entsteht die Steuerpflicht gemäß § 1 Z 3 mit dem Tag der Überschreitung. Für diese Kraftfahrzeuge ist § 6 Abs. 8 nicht anwendbar.

(BGBl I 2022/108)

(2) Von der Normverbrauchsabgabe sind unter der Voraussetzung der Bekanntgabe der Fahrzeugidentifizierungsnummer und der Sperre des Fahrzeuges in der Genehmigungsdatenbank nach § 30a Kraftfahrgesetz 1967 befreit:
1. Ausfuhrlieferungen. § 6 Abs. 1 Z 1 und § 7 Umsatzsteuergesetz 1994 sind mit der Maßgabe anzuwenden, dass als Ausfuhrlieferungen auch Lieferungen in das übrige Unionsgebiet (§ 1 Abs. 1 Umsatzsteuergesetz 1994) gelten.
2. Vorgänge in Bezug auf Kraftfahrzeuge, die von Menschen mit Behinderung zur persönlichen Fortbewegung verwendet werden, sofern bescheinigt wird, dass der Mensch mit Behinderung für das Kraftfahrzeug die Steuerbefreiung gemäß § 4 Abs. 3 Z 9 Versicherungssteuergesetz 1953, BGBl. Nr. 133/1953, in der jeweils geltenden Fassung, in Anspruch nimmt.
   a) In jenen Fällen, in denen der Steuerschuldner ein Unternehmer ist, muss die Bescheinigung dem Unternehmer innerhalb von zwei Wochen ab Lieferung vorgelegt werden. Wird die Bescheinigung nicht innerhalb dieser Frist vorgelegt, geht die Steuerschuld auf den Empfänger der Leistung über. In diesem Fall hat der Unternehmer die Sperre des Kraftfahrzeuges in der Genehmigungsdatenbank nach § 30a Kraftfahrgesetz 1967 zu veranlassen und das zuständige Finanzamt über den Übergang der Steuerschuld in Kenntnis zu setzen. Das Finanzamt hat bei unberechtigter Inanspruchnahme der Befreiung den Steuerschuldner aufzufordern, eine Anmeldung über die zu entrichtende Normverbrauchsabgabe einzureichen. Wird das zuständige Finanzamt über den Übergang der Steuerschuld nicht in Kenntnis gesetzt, bleibt neben dem Empfänger der Leistung der Unternehmer Abgabenschuldner (Gesamtschuldner gemäß § 6 Abs. 1 BAO).

(BGBl I 2022/108)

   b) In allen übrigen Fällen muss die Bescheinigung innerhalb von zwei Wochen ab Zulassung dem zuständigen Finanzamt vorgelegt werden. Nachdem die Bescheinigung vorgelegt wurde, hat das Finanzamt die Sperre des Kraftfahrzeuges in der Genehmigungsdatenbank nach § 30a Kraftfahrgesetz 1967 zu veranlassen. Wird die Bescheinigung nicht vorgelegt, hat das Finanzamt der Person, die die Befreiung unberechtigt in Anspruch genommen hat, die Normverbrauchsabgabe vorzuschreiben. Die Steuerschuld entsteht mit Ablauf der Frist.

Die Befreiung steht auch dann zu, wenn das Kraftfahrzeug nicht an den Menschen mit Behinderung, sondern zu Zwecken der Finanzierung an einen anderen Unternehmer geliefert wird. Der Bundesminister für Finanzen wird ermächtigt, das Verfahren zur Gewährung der Befreiung durch Verordnung näher zu regeln oder ein abweichendes Verfahren vorzusehen, wenn dadurch der Verwaltungsaufwand für Menschen mit Behinderung verringert wird.

3. Vorgänge in Bezug auf Kraftfahrzeuge, die als Einsatzfahrzeuge durch eine Gebietskörperschaft im Bereich des öffentlichen Sicherheitsdienstes oder der Justizwache sowie durch das Bundesheer zur Erfüllung seiner Aufgaben bestimmt sind.

(3) Folgende Vorgänge in Bezug auf Kraftfahrzeuge sind von der Normverbrauchsabgabe im Wege der Vergütung (§ 12) befreit, wenn die vorwiegende Verwendung (mehr als 80%) für den begünstigten Zweck nachgewiesen wird:
1. Begleitfahrzeuge für Sondertransporte
2. Fahrschulkraftfahrzeuge
3. Miet-, Taxi- und Gästewagen
4. Kraftfahrzeuge, die zur kurzfristigen Vermietung verwendet werden
5. Kraftfahrzeuge, die für den Rettungsdienst oder als Krankenwagen verwendet werden
6. Leichenwagen
7. Einsatzfahrzeuge der Feuerwehren
8. Kraftfahrzeuge, die ausschließlich zu Erprobungs- und Entwicklungszwecken durch unternehmerisch tätige Fahrzeughersteller oder Fahrzeugentwickler verwendet werden

(BGBl I 2022/108)

(4) Von der Normverbrauchsabgabe sind befreit
1. Vorgänge in den Fällen des § 1 Z 1 und 2 nach Maßgabe der folgenden Voraussetzungen im Wege der Vergütung: Personen und Einrichtungen, die nach dem Bundesgesetz, BGBl. Nr. 257/1976, über die Umsatzsteuervergütung an ausländische Vertretungsbehörden und ihre im diplomatischen oder berufskonsularischen Rang stehenden Mitglieder, oder nach anderen vergleichbaren gesetzlichen Vorschriften zur Entlastung von der Umsatzsteuer berechtigt sind, haben auch Anspruch auf eine Entlastung von der Normverbrauchsabgabe. Hinsichtlich des Verfahrens und der Bedingungen für die Entlastung gelten die Bestimmungen des Bundesgesetzes, BGBl. Nr. 257/1976.
2. Vorgänge in den Fällen des § 1 Z 3 nach Maßgabe der folgenden Voraussetzungen: Die Entlastung steht im Bereich völkerrechtlicher Privilegien Personen und Einrichtungen zu, soweit und solange eine Steuerbefreiung von der Einfuhrumsatzsteuer besteht.
3. Unterliegt die Lieferung eines Kraftfahrzeuges nach § 6 Abs. 1 Z 6 lit. d Umsatzsteuergesetz 1994 oder nach anderen vergleichbaren gesetzlichen Vorschriften nicht der Umsatzsteuer, so unterliegt die Lieferung (§ 1 Z 1) auch nicht der Normverbrauchsabgabe. § 6 Abs. 1 Z 6 lit. d Umsatzsteuergesetz 1994 ist sinngemäß anzuwenden. Voraussetzung für die Befreiung ist die Bekanntgabe der Fahrgestellnummer (der Fahrzeugidentifizierungsnummer) und die Sperre des Fahrzeuges in der Genehmigungsdatenbank nach § 30a Kraftfahrgesetz 1967. Eine Nacherhebung der Normverbrauchsabgabe hat in sinngemäßer Anwendung des § 5 Internationales Steuervergütungsgesetz zu erfolgen.

(BGBl I 2021/18)

Abgabenschuldner

§ 4. Abgabenschuldner ist
1. in den Fällen der Lieferung (§ 1 Z 1 und 4), des Eigenverbrauchs und der Nutzungsänderung (§ 1 Z 4) der Unternehmer, der die Lieferung ausführt oder einen der sonstigen Tatbestände des § 1 Z 4 setzt,
1a. im Falle des innergemeinschaftlichen Erwerbes der Erwerber,
2. im Falle der erstmaligen Zulassung (§ 1 Z 3) derjenige, für den das Kraftfahrzeug zugelassen wird. Wird das Kraftfahrzeug für mehrere Personen zugelassen, so sind diese Gesamtschuldner (§ 6 Abs. 1 BAO).
3. im Falle der Verwendung eines Fahrzeuges im Inland, wenn es nach dem Kraftfahrgesetz zuzulassen wäre (§ 1 Z 3), der Zulassungsbesitzer und derjenige, der das Fahrzeug verwendet, als Gesamtschuldner (§ 6 Abs. 1 BAO).

Bemessungsgrundlage

§ 5. (1) Die Abgabe ist in den Fällen der Lieferung (§ 1 Z 1 und 4) und in den Fällen des innergemeinschaftlichen Erwerbes (§ 1 Z 2) nach dem Entgelt im Sinne des § 4 UStG 1994 zu bemessen.

(2) Die Abgabe ist in allen anderen Fällen (§ 1 Z 3 und Z 4) nach dem ohne Umsatzsteuerkomponente ermittelten gemeinen Wert des Kraftfahrzeuges zu bemessen. Wird das Fahrzeug im übrigen Unionsgebiet bei einem befugten Fahrzeughändler erworben, dann gilt der Anschaffungspreis als gemeiner Wert.

(BGBl I 2019/103)

(3) Die Normverbrauchsabgabe gehört nicht zur Bemessungsgrundlage.

Tarif

§ 6. (1) Für Kraftfahrzeuge gemäß § 2 Abs. 1 Z 1 und Z 2 bestimmt sich der Steuersatz in Prozent nach der folgenden Formel: (CO_2-Emissionswert in g/km minus 55 (CO_2-Abzugsbetrag) g/km) dividiert durch vier. Die errechneten Steuersätze sind auf volle Prozentsätze auf- bzw. abzurunden. Der Höchststeuersatz beträgt 30%. Hat ein Fahrzeug einen höheren CO_2-Ausstoß als 150 g/km, erhöht sich die Steuer für den die Grenze von 150 g/km übersteigenden CO_2-Ausstoß um 20 Euro je g/km.

(2) Für Kraftfahrzeuge gemäß § 2 Abs. 1 Z 3 bestimmt sich der Steuersatz in Prozent nach der

folgenden Formel: (CO_2-Emissionswert in g/km minus 112 (CO_2-Abzugsbetrag) g/km) dividiert durch fünf. Die errechneten Steuersätze sind auf volle Prozentsätze auf- bzw. abzurunden. Der Höchststeuersatz beträgt 50%. Hat ein Fahrzeug einen höheren CO_2-Ausstoß als 200 g/km (Malusgrenzwert), erhöht sich die Steuer für den, den Malusgrenzwert übersteigenden CO_2-Ausstoß um 50 Euro (Malusbetrag) je g/km. Die so errechnete Steuer ist um einen Abzugsposten in Höhe von 350 Euro (Abzugsbetrag) zu vermindern. Die Berechnung kann zu keiner Steuergutschrift führen.

(3) Für Kraftfahrzeuge gemäß § 2 Abs. 1 Z 4 bestimmt sich der Steuersatz in Prozent nach der folgenden Formel: (CO_2-Emissionswert in g/km minus 165 (CO_2-Abzugsbetrag) g/km) dividiert durch fünf. Die errechneten Steuersätze sind auf volle Prozentsätze auf- bzw. abzurunden. Der Höchststeuersatz beträgt 50%. Hat ein Fahrzeug einen höheren CO_2-Ausstoß als 253 g/km (Malusgrenzwert), erhöht sich die Steuer für den, den Malusgrenzwert übersteigenden CO_2-Ausstoß um 50 Euro (Malusbetrag) je g/km. Die so errechnete Steuer ist um einen Abzugsposten in Höhe von 350 Euro (Abzugsbetrag) zu vermindern. Die Berechnung kann zu keiner Steuergutschrift führen.

(4) Der maßgebliche CO_2-Emissionswert ist der kombinierte WLTP-Wert der CO_2-Emissionen in g/km, bei extern aufladbaren Elektro-Hybridfahrzeugen jedoch der gewichtete kombinierte WLTP-Wert der CO_2-Emissionen in g/km. Für Krafträder ist der WMTC-Wert der CO_2-Emissionen in g/km, heranzuziehen. Es ist jeweils der Wert laut Typenschein, Einzelgenehmigungsbescheid oder der EG- bzw. EU-Übereinstimmungsbescheinigung, jeweils gemäß Abschnitt III des Kraftfahrgesetzes 1967, maßgeblich.

(5) Werden für ein Kraftfahrzeug gemäß § 2 Abs. 1 Z 4 die CO_2-Emissionen nicht nach dem WLTP-Messzyklus, sondern ausschließlich nach dem NEFZ-Messzyklus ermittelt (auslaufende Serien), sind die nach dem NEFZ-Messzyklus ermittelten kombinierten CO_2-Emissionen maßgeblich. Für diese Kraftfahrzeuge sind für die Ermittlung der Steuer gemäß Abs. 3 als CO_2-Abzugsbetrag ein Wert von 140 g/km und als Malusgrenzwert ein Wert von 238 g/km anzunehmen.

(6) Liegt für ein Kraftfahrzeug kein CO_2-Emissionswert vor, gilt Folgendes:
1. Für Kraftfahrzeuge gemäß § 2 Abs. 1 Z 1 und 2 bestimmt sich der Steuersatz in Prozent aus dem um 100 Kubikzentimeter verminderten Hubraum in Kubikzentimeter multipliziert mit 0,02. Die errechneten Steuersätze sind auf volle Prozentsätze auf- bzw. abzurunden. Der Höchststeuersatz beträgt 30%.
2. Für Kraftfahrzeuge gemäß § 2 Abs. 1 Z 3 und Z 4 bestimmt sich der CO_2-Emissionswert mit dem Zweifachen der Nennleistung des Verbrennungsmotors in Kilowatt.
3. Wird vom Antragsteller der entsprechende CO_2-Emissionswert gemäß Absatz 4 nachgewiesen, ist dieser heranzuziehen.
4. Für Wohnmobile der Aufbauart „SA" laut Typenschein, Einzelgenehmigungsbescheid oder EG- bzw. EU-Übereinstimmungsbescheinigung, jeweils gemäß Abschnitt III des Kraftfahrgesetzes 1967, kann der CO_2-Emissionswert, der der Berechnung des Steuersatzes nach Abs. 2 zugrunde liegt, wahlweise mit dem Zweifachen der Nennleistung des Verbrennungsmotors in Kilowatt angenommen werden. Der Mindeststeuersatz beträgt in diesem Fall und bei Anwendung der Z 2 für Wohnmobile der Aufbauart „SA" 16%.

(7) Beginnend mit 1. Jänner 2024 wird der CO_2-Abzugsbetrag nach Abs. 1 alle zwei Jahre jeweils um den Wert 2 abgesenkt. Beginnend mit 1. Jänner 2022 und letztmalig mit 1. Jänner 2024 werden in Abs. 2 und 3 jährlich jeweils:
– der CO_2-Abzugsbetrag um den Wert 5 und der Malusgrenzwert um den Wert 15 abgesenkt sowie
– der Malusbetrag um den Wert 10 und
– der Höchststeuersatz um 10 Prozentpunkte erhöht.

Die jährliche Absenkung des CO_2-Abzugsbetrages gemäß Abs. 2 und 3 wird ab 1. Jänner 2025 mit dem Wert 3 fortgesetzt. Zur Sicherstellung der Umsetzung wirksamer Maßnahmen zum Klimaschutz und der Wettbewerbsfähigkeit des Wirtschaftsstandortes hat der Bundesminister für Finanzen im Einvernehmen mit der Bundesministerin für Klimaschutz, Umwelt, Energie, Mobilität, Innovation und Technologie bis zum 31. März 2024 die Entwicklung der CO_2-Emissionen im Sektor Verkehr im Hinblick auf die Ausgestaltung des CO_2-Abzugsbetrages ab 1. Jänner 2025 zu evaluieren. Auf Grundlage des Ergebnisses der Evaluierung hat die Bundesregierung einen Vorschlag zur Anpassung des CO_2-Abzugsbetrages bis zum 31. Mai 2024, mit Wirksamkeit ab 1. Jänner 2025, dem Nationalrat vorzulegen.

Auf Fahrzeuge, für die ein unwiderruflicher schriftlicher Kaufvertrag vor dem 1. Dezember eines Jahres abgeschlossen wurde und deren Lieferung gemäß § 1 Z 1 oder deren innergemeinschaftlicher Erwerb gemäß § 1 Z 2 vor dem 1. April des Folgejahres erfolgt, können die bis zum 31. Dezember eines Jahres geltenden Werte weiter angewendet werden.

(8) Bei Gebrauchtfahrzeugen, die unmittelbar aus dem übrigen Unionsgebiet in das Inland gebracht werden und im übrigen Unionsgebiet zugelassen waren, ist die Steuer nach jener Rechtslage zu bemessen, die im Zeitpunkt der erstmaligen Zulassung des Fahrzeuges im übrigen Unionsgebiet im Inland anzuwenden gewesen wäre. Dabei ist für die Bonus-Malus-Berechnung und den Abzugsbetrag die Wertentwicklung des Fahrzeuges zu berücksichtigen. Dies gilt sinngemäß für Vorgänge gemäß § 1 Z 3 lit. b und Z 4 betreffend Kraftfahrzeuge, die bereits im Geltungszeitraum einer älteren Rechtslage im Inland zugelassen waren, aber gemäß § 3 befreit waren und Kraftfahrzeuge gemäß § 2 Abs. 1 Z 4, die bereits im Geltungszeitraum einer älte-

ren Rechtslage im Inland zugelassen waren, aber nicht der Normverbrauchsabgabe unterlegen sind.

(9) Wird für ein Fahrzeug nach der Lieferung durch den Fahrzeughändler oder der erstmaligen Zulassung beim unmittelbar folgenden umsatzsteuerpflichtigen Rechtsgeschäft über das Kraftfahrzeug die Normverbrauchsabgabe für die Berechnung des Entgelts einbezogen, dann ist dem Erwerber des Fahrzeuges ein Betrag von 16,67% der Normverbrauchsabgabe zu vergüten.
(BGBl I 2021/18)

§ 6a. (aufgehoben)

Entstehen der Steuerschuld

§ 7. (1) Die Steuerschuld entsteht

1. im Falle der Lieferung (§ 1 Z 1 und 4), des Eigenverbrauches und der Nutzungsänderung (§ 1 Z 4) mit Ablauf des Kalendermonats, in dem die Lieferung ausgeführt worden ist oder der Eigenverbrauch oder die Nutzungsänderung stattgefunden hat,

1a. im Falle des innergemeinschaftlichen Erwerbes mit dem Tag des Erwerbes,

2. im Falle der Zulassung nach § 1 Z 3 mit dem Tag der Zulassung oder bei der Verwendung eines Fahrzeuges im Inland, wenn es nach dem Kraftfahrgesetz zuzulassen wäre, mit dem Zeitpunkt der Einbringung in das Inland.

(2) Abweichend von Abs. 1 Z 1 haben Unternehmer, die ihre Umsatzsteuer auf Grund der Bestimmungen des Umsatzsteuergesetzes 1994 nach den vereinnahmten Entgelten berechnen (Istbesteuerung), diese Besteuerungsart für Lieferungen auch auf die Normverbrauchsabgabe anzuwenden. § 17 UStG 1994 ist anzuwenden.

(3) Im Fall der Änderung der Bemessungsgrundlage einer Lieferung oder des Durchschnittsverbrauchs entsteht die Steuerschuld mit Ablauf des Kalendermonats, in dem die Änderung eingetreten ist.

Änderung der Bemessungsgrundlage oder des Durchschnittsverbrauchs

§ 8. (1) Hat sich die Bemessungsgrundlage für eine steuerpflichtige Lieferung oder der CO_2-Emissionswert geändert, so ist eine Berichtigung für den Anmeldungszeitraum vorzunehmen, in dem die Änderung eingetreten ist.

(2) Ist das Entgelt für eine steuerpflichtige Lieferung uneinbringlich geworden, so ist eine Berichtigung für den Anmeldungszeitraum vorzunehmen, in dem die Uneinbringlichkeit feststeht. Wird das Entgelt nachträglich vereinnahmt, so ist der Steuerbetrag erneut zu berichtigen.

(3) Wurde die steuerpflichtige Lieferung des Kraftfahrzeuges vor der erstmaligen Zulassung zum Verkehr rückgängig gemacht, so ist der Steuerbetrag für den Anmeldungszeitraum der Rücklieferung zu berichtigen.

(4) (aufgehoben)

Aufzeichnungspflicht

§ 9. (1) Der Unternehmer ist verpflichtet, zur Feststellung der Abgabe und der Grundlagen ihrer Berechnung im Inland Aufzeichnungen zu führen.

(2) Die Aufzeichnungspflicht ist erfüllt, wenn

1. sämtliche vom Unternehmer ausgeführten steuerbaren Vorgänge fortlaufend unter Angabe des Tages derart aufgezeichnet werden, daß zu ersehen ist, welche Bemessungsgrundlage und welcher Steuersatz auf den jeweiligen Vorgang entfällt,

2. der Unternehmer den Nachweis über den begünstigten Verwendungszweck fortlaufend geordnet aufbewahrt.

Bescheinigungspflicht

§ 10. Der Unternehmer hat bei der Lieferung eines Kraftfahrzeuges eine Bescheinigung über die ordnungsgemäße Berechnung und Abfuhr der Normverbrauchsabgabe auszustellen.

Abgabenerhebung

§ 11. (1) Die Erhebung der Normverbrauchsabgabe obliegt

1. in jenen Fällen, in denen der Abgabenschuldner ein Unternehmer im Sinne des § 2 UStG 1994 ist, dem für die Erhebung der Umsatzsteuer des Abgabenschuldners zuständigen Finanzamt,

2. in allen anderen Fällen dem Finanzamt Österreich.

Abweichend von Z 1 und 2 ist in jenen Fällen, in denen ein Fahrzeug im Inland ohne die kraftfahrrechtlich erforderliche Zulassung verwendet wird, jedenfalls das Finanzamt Österreich zuständig.
(BGBl I 2020/99)

(2) In den Fällen des § 7 Abs. 1 Z 1, in den Fällen des innergemeinschaftlichen Erwerbs (§ 7 Abs. 1 Z 1a) durch Unternehmer und der Änderung der Bemessungsgrundlage nach § 8 hat der Abgabenschuldner spätestens am 15. Tag (Fälligkeitstag) des auf den Kalendermonat, in dem die Steuerschuld entstanden ist (Anmeldungszeitraum), zweitfolgenden Monats eine Anmeldung einzureichen, in der er den für den Anmeldungszeitraum zu entrichtenden Betrag selbst zu berechnen hat.

(3) In den Fällen des § 7 Abs. 1 Z 1a (soweit nicht in Abs. 2 erfasst) und Z 2 hat der Abgabenschuldner spätestens einen Monat nach der Zulassung (Fälligkeitstag) eine Anmeldung einzureichen, in der er den zu entrichtenden Betrag selbst zu berechnen hat.

(4) Die Anmeldung gilt als Abgabenerklärung. Der Abgabenschuldner hat die Abgabe spätestens am Fälligkeitstag zu entrichten. Ein gemäß § 201 BAO festgesetzter Abgabenbetrag hat den in den Abs. 2 oder 3 genannten Fälligkeitstag.
(BGBl I 2019/104, BGBl I 2020/99)

14/4. NoVAG §§ 12 – 15

Vergütung

§ 12. (1) Eine von einem Unternehmer zu entrichtende Abgabe ist dem Empfänger der Leistung auf Antrag zu vergüten, wenn
1. feststeht, daß eine Zulassung zum Verkehr im Inland aus rechtlichen oder tatsächlichen Gründen nicht oder nicht mehr in Betracht kommt oder
2. innerhalb von fünf Jahren ab der Lieferung tatsächlich keine Zulassung erfolgt ist oder
3. eine Steuerbefreiung gemäß § 3 Abs. 3 vorliegt.

(BGBl I 2021/18)

(2) Voraussetzung für die Befreiung ist die Bekanntgabe der Fahrgestellnummer (der Fahrzeugidentifizierungsnummer) und die Sperre des Fahrzeuges in der Genehmigungsdatenbank nach § 30a KFG 1967.

(BGBl I 2019/104, BGBl I 2020/99)

(3) Der Antrag kann binnen fünf Jahren ab der Verwirklichung des Vergütungstatbestandes in jenen Fällen, in denen der Antragsteller ein Unternehmer im Sinne des § 2 UStG 1994 ist, bei dem für die Erhebung der Umsatzsteuer des Antragstellers zuständigen Finanzamt gestellt werden, in allen anderen Fällen beim Finanzamt Österreich.

(BGBl I 2019/104, BGBl I 2020/99)

§ 12a. (1) Wird ein Fahrzeug
- durch den Zulassungsbesitzer selbst nachweislich ins Ausland verbracht oder geliefert
- durch einen befugten Fahrzeughändler nachweislich ins Ausland verbracht oder geliefert
- nach Beendigung der gewerblichen Vermietung im Inland durch den Vermieter nachweislich ins Ausland verbracht oder geliefert,

dann wird auf Antrag die Abgabe vom nachweisbaren gemeinen Wert zum Zeitpunkt der Beendigung der Zulassung zum Verkehr im Inland vergütet, wenn die Fahrgestellnummer (die Fahrzeugidentifizierungsnummer) bekanntgegeben wird und wenn das Fahrzeug im Zeitpunkt des Antrages in der Genehmigungsdatenbank gemäß § 30a KFG 1967 gesperrt und nicht im Inland zum Verkehr zugelassen ist. Die Höhe der Vergütung ist mit dem Betrag der tatsächlich für das Fahrzeug entrichteten Normverbrauchsabgabe begrenzt.

(BGBl I 2015/118)

(2) Der Antrag kann binnen fünf Jahren ab der Verwirklichung des Vergütungstatbestandes in jenen Fällen, in denen der Antragsteller ein Unternehmer im Sinne des § 2 UStG 1994 ist, bei dem für die Erhebung der Umsatzsteuer des Antragstellers zuständigen Finanzamt gestellt werden, in allen anderen Fällen beim Finanzamt Österreich.

(BGBl I 2019/104, BGBl I 2020/99)

(3) (aufgehoben)

(BGBl I 2019/104, BGBl I 2020/99)

Mitwirkung anderer Behörden

§ 13. (1) Bei der Zulassung zum Verkehr im Inland hat die Zulassungsstelle zu überprüfen, ob gegen die Zulassung steuerliche Bedenken bestehen. Liegen derartige steuerliche Bedenken vor, so hat der Zulassungswerber gegenüber dem Finanzamt nachzuweisen, dass die Normverbrauchsabgabe entrichtet worden ist und keine Vergütung gemäß § 12 oder § 12a stattgefunden hat.

(BGBl I 2019/104)

(2) Kann der Zulassungswerber die steuerlichen Bedenken nicht ausräumen, so hat er den Betrag in Höhe der voraussichtlichen Normverbrauchsabgabe zu entrichten. Wird das Fahrzeug nicht im Inland zum Verkehr zugelassen, so ist die entrichtete Normverbrauchsabgabe vom Finanzamt zu erstatten.

Ist der Vorgang gemäß § 3 Abs. 4 Z 3 befreit, darf eine Zulassung nur dann vorgenommen werden, wenn eine Bescheinigung des Bundesministeriums für europäische und internationale Angelegenheiten vorliegt, dass das Kraftfahrzeug von der Normverbrauchsabgabe befreit ist.

(BGBl I 2019/104, BGBl I 2022/108)

(3) Das Finanzamt Österreich ist berechtigt zu überprüfen, ob für im Inland nicht zugelassene Kraftfahrzeuge die Steuerpflicht gemäß § 1 Z 3 entstanden ist. Soweit Organe des Zollamts Österreich oder des Amts für Betrugsbekämpfung Maßnahmen im Sinne dieses Absatzes setzen, ist ihr Handeln dem Finanzamt Österreich zuzurechnen.

(BGBl I 2019/104)

Verweisungen

§ 14. Soweit in diesem Bundesgesetz auf andere Bundesgesetze verwiesen wird, sind diese in ihrer jeweils geltenden Fassung anzuwenden.

Inkrafttreten, Übergangsregelungen

§ 15. (1) Dieses Bundesgesetz ist auf Vorgänge nach dem 31. Dezember 1991 anzuwenden.

(2) Für Kraftfahrzeuge, die auf Grund einer Lieferung oder einer Einfuhr einem Umsatzsteuersatz von 32% unterzogen worden sind, ohne daß der Empfänger der Lieferung oder der Importeur einen Vorsteuerabzug in Anspruch nehmen konnte, ist die erstmalige Zulassung zum Verkehr im Inland nicht abgabepflichtig. Für Kraftfahrzeuge, bei denen die gewerbliche Vermietung einem Umsatzsteuersatz von 32% unterliegt, ist die erstmalige Zulassung zum Verkehr im Inland nicht abgabepflichtig.

(3) Abweichend von § 11 Abs. 1 ist der Fälligkeitstag für den Monat Jänner 1992 der 10. April 1992.

(4) § 6 Abs. 1 zweiter Satz, § 6 Abs. 2, § 6 Abs. 3 zweiter Satz, § 6 Abs. 4 zweiter Satz und § 6 Abs. 5 erster Satz, jeweils in der Fassung des Bundesgesetzes BGBl. Nr. 201/1996, sind auf Vorgänge nach dem 31. Mai 1996 anzuwenden.

(5) § 1 Z 3 letzter Satz und § 13 Abs. 2, jeweils in der Fassung des Bundesgesetzes BGBl. I Nr.

9/1998, ist auf Vorgänge nach dem 31. Dezember 1997 anzuwenden.

(6) § 3 Z 4 lit. c und d sind auf Vorgänge nach dem 31. Dezember 2003 anzuwenden. In diesen Fällen ist § 3 Z 4 lit. a nicht mehr anzuwenden.

(7) § 13 Abs. 1 und 3 jeweils in der Fassung des Bundesgesetzes BGBl. I Nr. 99/2006 treten mit 1. Jänner 2007 in Kraft.

(8) § 12a in der Fassung des Bundesgesetzes BGBl. I Nr. 143/2006 ist auf Vorgänge nach dem 31. Dezember 2006 anzuwenden.

(9) Die §§ 1, 3, 4, 7 und 13 in der Fassung des Budgetbegleitgesetzes 2007, BGBl. I Nr. 24, sind auf Vorgänge nach dem 30. Juni 2007 anzuwenden.

(10) § 6a in der Fassung des BGBl. I Nr. 46/2008 ist auf Vorgänge nach dem 30. Juni 2008 anzuwenden.

(11) § 14a ist auf Vorgänge nach dem 30. Juni 2008 nicht mehr anzuwenden.

(12) § 1 Z 2 und 3, § 4 Z 1a, § 5 Abs. 1, § 7 Abs. 1 Z 1a, § 11 Abs. 1 und 2 in der Fassung des Bundesgesetzes BGBl. I Nr. 34/2010 sind auf Vorgänge nach dem 30. Juni 2010 anzuwenden.

(13) § 6a Abs. 1 Z 2a und 2b in der Fassung des Budgetbegleitgesetzes 2011, BGBl. I Nr. 111/2010, ist auf Vorgänge nach dem 28. Februar 2011 anzuwenden.

(14) § 6a Abs. 1 Z 4 in der Fassung des Bundesgesetzes BGBl. I Nr. 112/2012, tritt mit 1. September 2012 in Kraft.

(15) § 6 und § 8 Abs. 1, jeweils in der Fassung des Bundesgesetzes BGBl. I Nr. 13/2014 sind auf Vorgänge nach dem 28. Februar 2014 anzuwenden. § 6a und § 8 Abs. 4 treten mit Ablauf des 28. Februar 2014 außer Kraft. Bei Fahrzeugen, für die ein unwiderruflicher schriftlicher Kaufvertrag vor dem 16. Februar 2014 abgeschlossen wurde und deren Lieferung gemäß § 1 Z 1 oder 2 vor dem 1. Oktober 2014 erfolgt, kann die bis zum 28. Februar 2014 geltende Rechtslage angewendet werden.

(16) § 12a Abs. 1 und 2, jeweils in der Fassung des Bundesgesetzes BGBl. I Nr. 118/2015, ist auf Vorgänge nach dem 31. Dezember 2015 anzuwenden.

(BGBl I 2015/118)

(17) § 3 Z 2 in der Fassung des Bundesgesetzes BGBl. I Nr. 89/2017, tritt im Zeitpunkt des Inkrafttretens der betreffenden Vorschriften der Europäischen Union über die Einreihung der dort beschriebenen Fahrzeuge in die Kombinierte Nomenklatur in Kraft.

(BGBl I 2017/89)

(18) § 11, § 12 Abs. 2 und Abs. 3, § 12a Abs. 2 samt Entfall des Abs. 3 und § 13 Abs. 1 bis Abs. 3, jeweils in der Fassung des Bundesgesetzes BGBl. I Nr. 104/2019, sind auf Vorgänge nach dem 31. Dezember 2020 anzuwenden.

(BGBl I 2019/104, BGBl I 2020/99)

(19) § 6 Abs. 1 bis 5 und § 16 erster Satz, jeweils in der Fassung des Bundesgesetzes BGBl. I Nr. 103/2019, sind auf Vorgänge nach dem 31. Dezember 2019 anzuwenden.

(BGBl I 2019/103)

(20) § 6 in der Fassung des Bundesgesetzes BGBl. I Nr. 89/2017 ist auch nach dem 31. Dezember 2019 weiterhin auf Kraftfahrzeuge anzuwenden, die im übrigen Unionsgebiet vor dem 1. Jänner 2020 zugelassen waren. Dies gilt weiters für Vorgänge gemäß § 1 Z 4 betreffend Kraftfahrzeuge, die bereits vor dem 1. Jänner 2020 im Inland zugelassen waren, aber nicht der Normverbrauchsabgabe unterlagen oder befreit waren.

(BGBl I 2019/103)

(21) Auf Kraftfahrzeuge, für die ein unwiderruflicher schriftlicher Kaufvertrag vor dem 1. Dezember 2019 abgeschlossen wurde und deren Lieferung gemäß § 1 Z 1 oder deren innergemeinschaftlicher Erwerb gemäß § 1 Z 2 vor dem 1. Juni 2020 erfolgt, kann die bis zum 31. Dezember 2019 geltende Rechtslage angewendet werden.

(BGBl I 2019/103)

(22) Auf Kraftfahrzeuge, deren CO_2-Emissionen auch nach dem 31. Dezember 2019 ausschließlich nach dem Neuen Europäischen Fahrzyklus („NEFZ") gemäß der Verordnung (EG) Nr. 692/2008 zur Durchführung und Änderung der Verordnung (EG) Nr. 715/2007 über die Typengenehmigung von Kraftfahrzeugen hinsichtlich der Emissionen von leichten Personenkraftwagen und Nutzfahrzeugen (Euro 5 und Euro 6) und über den Zugang zu Reparatur- und Wartungsinformationen für Fahrzeuge, ABl. Nr. L 199 vom 28.07.2008, S. 1 ermittelt wurden und für die eine Ausnahmegenehmigung für Fahrzeuge einer auslaufenden Serie im Sinne des Art. 27 der Richtlinie 2007/46/EG erteilt wurde, findet § 6 Abs. 2 und 3 in der Fassung des Bundesgesetzes BGBl. I Nr. 89/2017 weiterhin Anwendung.

(BGBl I 2019/103)

(23) § 11 Abs. 1, § 12 Abs. 3 und § 12a Abs. 2, jeweils in der Fassung des Bundesgesetzes BGBl. I Nr. 104/2019, treten nicht in Kraft.

(BGBl I 2020/99)

(24) § 11 Abs. 1, § 12 Abs. 3 und § 12a Abs. 2, jeweils in der Fassung des Bundesgesetzes BGBl. I Nr. 99/2020, treten mit 1. Jänner 2021 in Kraft.

(BGBl I 2020/99)

(25) § 1 Z 4, § 2, § 3, § 6 und § 12 Abs. 1 Z 3, jeweils in der Fassung des Bundesgesetzes BGBl. I Nr. 18/2021, treten mit 1. Juli 2021 in Kraft. Auf Fahrzeuge, für die ein unwiderruflicher schriftlicher Kaufvertrag vor dem 1. Juni 2021 abgeschlossen wurde und deren Lieferung gemäß § 1 Z 1 oder deren innergemeinschaftlicher Erwerb gemäß § 1 Z 2 vor dem 1. Mai 2022 erfolgt, kann die bis zum 30. Juni 2021 geltende Rechtslage angewendet werden.

(BGBl I 2021/18, BGBl I 2021/208)

(26) § 2 Abs. 1 Z 2, § 3 Abs. 1 Z 2, § 3 Abs. 2 Z 2 lit. a, § 3 Abs. 3 Z 8 und § 13 Abs. 2, jeweils

in der Fassung des Bundesgesetzes BGBl. I Nr. 108/2022, treten mit 1. September 2022 in Kraft.
(BGBl I 2022/108)

Vollziehung

§ 16. Mit der Vollziehung dieses Bundesgesetzes ist der Bundesminister für Finanzen, hinsichtlich des § 6 Abs. 5 erster und zweiter Satz sowie des ersten Halbsatzes des vierten Satzes der Bundesminister für Verkehr, Innovation und Technologie, hinsichtlich des § 13 der Bundesminister für Finanzen im Einvernehmen mit dem Bundesminister für Verkehr, Innovation und Technologie, und hinsichtlich des § 3 Z 4 lit. c der Bundesminister für Finanzen im Einvernehmen mit dem Bundesminister für auswärtige Angelegenheiten betraut.
(BGBl I 2019/103)

14/5. Kraftfahrgesetz 1967 (Auszug)

BGBl 1967/267 idF BGBl I 2023/90

Genehmigungsdatenbank

§ 30a. (9a) Zum Zwecke der steuerlichen Erfassung der Fahrzeuge und Sicherstellung der Einhebung der allenfalls durch die Zulassung anfallenden Steuern und Abgaben können der Bundesminister für Finanzen und die Finanzbehörden verfügen, dass die Genehmigungsdaten oder Typendaten bestimmter Fahrzeuge oder Fahrzeugkategorien in der Genehmigungsdatenbank mit einer diesbezüglichen Zulassungssperre zu versehen sind. Diese Zulassungssperren können für einzelne Fahrzeuge oder bestimmte Fahrzeugkategorien vom Bundesminister für Finanzen oder den Finanzbehörden wieder aufgehoben werden.

Verwendung von Kraftfahrzeugen und Anhängern mit ausländischem Kennzeichen

§ 82. (8) Fahrzeuge mit ausländischem Kennzeichen, die von Personen mit dem Hauptwohnsitz oder Sitz im Inland in das Bundesgebiet eingebracht oder in diesem verwendet werden, sind bis zum Gegenbeweis als Fahrzeug mit dem dauernden Standort im Inland anzusehen. Die Verwendung solcher Fahrzeuge ohne Zulassung gemäß § 37 ist nur während eines Monats ab der erstmaligen Einbringung in das Bundesgebiet zulässig. Eine vorübergehende Verbringung aus dem Bundesgebiet unterbricht diese Frist nicht. Nach Ablauf eines Monats ab der erstmaligen Einbringung in das Bundesgebiet sind der Zulassungsschein und die Kennzeichentafeln der Behörde, in deren örtlichem Wirkungsbereich sich das Fahrzeug befindet, abzuliefern. Wenn glaubhaft gemacht wird, dass innerhalb dieses Monats die inländische Zulassung nicht vorgenommen werden konnte, darf das Fahrzeug ein weiteres Monat verwendet werden. Danach sind der Zulassungsschein und die Kennzeichentafeln der Behörde, in deren örtlichem Wirkungsbereich sich das Fahrzeug befindet, abzuliefern. Die Ablieferung begründet keinen Anspruch auf Entschädigung.

(9) Wird von den Organen des öffentlichen Sicherheitsdienstes oder der Straßenaufsicht eine Übertretung des Abs. 8 festgestellt, so haben sie hievon das Daten-, Informations- und Aufbereitungscenter des Amtes für Betrugsbekämpfung zur abgabenrechtlichen Überprüfung zu verständigen. In der Verständigung sind der Name und die Adresse des Lenkers und des Zulassungsbesitzers, das Kennzeichen des Fahrzeuges sowie Zeit und Ort der Tatbegehung anzugeben.
(BGBl I 2019/104)

14/6. Konsulargebührengesetz 1992

Konsulargebührengesetz 1992, BGBl 1992/100 idF

1 BGBl I 1997/29	**2** BGBl I 1998/40	**3** BGBl I 1999/52
4 BGBl I 2001/43	**5** BGBl I 2003/64	**6** BGBl I 2004/17
7 BGBl I 2004/180 (AbgÄG 2004)	**8** BGBl I 2006/128	**9** BGBl I 2007/11
10 BGBl I 2008/62	**11** BGBl I 2009/6	**12** BGBl I 2009/48
13 BGBl I 2009/129	**14** BGBl I 2010/111 (BudBG 2011)	**15** BGBl I 2012/35
16 BGBl I 2013/64	**17** BGBl I 2018/30 (BudBG 2018–2019)	

GLIEDERUNG

§ 1. Gegenstand
§ 2. Befreiungen
§ 3. Entstehung des Abgabenanspruchs
§ 4. Abgabenschuldner
§ 5. Haftung
§ 6. Sicherheitsleistung
§ 7. Bemessung der Konsulargebühren
§ 8. Zwischenstaatliche Regelungen
§ 9. Abstandnahme von der Erhebung
§ 10. Festsetzung
§ 11. Fälligkeit
§ 12. Entrichtung
§ 13. Vermerk über die Entrichtung
§ 14. Ausfolgung von Schriften
§§ 15, 15a. Verfahren
§ 16. Verweisung auf andere Bundesgesetze
§ 17. Inkrafttreten
§ 18. Vollziehung
Anlage

Bundesgesetz über die Erhebung von Gebühren und den Ersatz von Auslagen für Amtshandlungen österreichischer Vertretungsbehörden in konsularischen Angelegenheiten (Konsulargebührengesetz 1992 – KGG 1992)

Gegenstand

§ 1. (1) Für Amtshandlungen österreichischer Vertretungsbehörden in konsularischen Angelegenheiten sind Konsulargebühren gemäß diesem Bundesgesetz und dem einen Bestandteil dieses Bundesgesetzes bildenden Konsulargebührentarif (Anlage) zu entrichten.

(2) Auslagen, die den Vertretungsbehörden im Zusammenhang mit Amtshandlungen in konsularischen Angelegenheiten erwachsen, sind zu ersetzen, sofern sie über den allgemeinen Verwaltungsaufwand hinausgehen und nicht auf Grund besonderer gesetzlicher Vorschriften von Amts wegen zu tragen sind. Dies gilt auch für Auslagen, die den Vertretungsbehörden im Zusammenhang mit beantragten Amtshandlungen erwachsen, die aus der antragstellenden Person zuzurechnenden Gründen nicht zustande kommen.

(3) Darüber hinaus sind Auslagen bis zu einer Höhe von 10 000 Euro pro Person zu ersetzen, die den Vertretungsbehörden oder sonstigen Dienststellen des Bundes im Zusammenhang mit Maßnahmen zum Schutz österreichischer Staatsbürger im Ausland erwachsen, die sich zu anderen als humanitären oder sonstigen im öffentlichen Interesse liegenden Zwecken schuldhaft in eine Situation begeben haben, die diese Maßnahmen nach Einschätzung des Bundesministers für europäische und internationale Angelegenheiten erforderlich gemacht hat. Auslagenersatz von mehr als 10 000 Euro bis maximal 50 000 Euro pro Person ist nur zu leisten, wenn sich die betroffene Person grob schuldhaft in die genannte Situation begeben hat. Als grob schuldhaft gilt in diesem Zusammenhang insbesondere die unzureichende Berücksichtigung allgemein zugänglicher Informationen über Gefahrensituationen.

(4) Soweit nachstehend nicht anderes bestimmt ist, sind die für die Konsulargebühren geltenden Vorschriften auch auf die Auslagenersätze anzuwenden. Diese Vorschriften sind auch von den sonstigen Dienststellen des Bundes, die einen Auslagenersatz gemäß Abs. 3 geltend machen, sinngemäß anzuwenden.

(5) Der Bundesminister für europäische und internationale Angelegenheiten wird ermächtigt, unter Berücksichtigung der durchschnittlichen tatsächlichen Höhe der anfallenden Kosten durch Verordnung die pauschalierte Höhe des Ersatzes der in Tarifpost 6 Abs. 7 in der Anlage zu § 1 genannten Auslagen von Vertretungsbehörden festzulegen.

Befreiungen

§ 2. (1) Von den Konsulargebühren sind befreit:

1. Amtshandlungen, bei denen im Einzelfall die Erhebung einer Gebühr dem österreichischen öffentlichen Interesse erheblich zuwider liefe;
2. Amtshandlungen, die den Schutz österreichischer Staatsbürger oder die Wahrung ihrer Interessen bei völkerrechtswidrigem Verhalten ausländischer Behörden betreffen; dasselbe gilt bei einem allgemeinen Ausnahme- oder Notzustand in dem Gebiet, in dem sich der Betroffene aufhält; diese Befreiung gilt nicht, wenn § 1 Abs. 3 zur Anwendung kommt.
3. Amtshandlungen im Zusammenhang mit den im Krieg 1939 bis 1945 vermissten österreichischen Staatsbürgern oder Opfern der politischen oder rassischen Verfolgung bis 1945.
4. Amtshandlungen nach dem Asylgesetz 2005, mit Ausnahme der Amtshandlungen gemäß TP 7 Abs. 1 Z 3 und 4 der Anlage.
   (BGBl I 2018/30)
5. Amtshandlungen, die unmittelbar durch die Geburt eines Kindes veranlasst sind (insbesondere die Ausstellung von Staatsbürgerschaftsnachweisen und Reisedokumenten), sofern sie innerhalb von zwei Jahren ab der Geburt vorgenommen werden.
6. Amtshandlungen im Zusammenhang mit dem Erwerb der Staatsbürgerschaft durch Anzeige.
7. Amtshandlungen im Zusammenhang mit der Wahl des Bundespräsidenten, Wahlen zum Nationalrat, zu den Landtagen und zum Europäischen Parlament sowie mit Volksabstimmungen und Volksbefragungen.
8. Amtshandlungen, die für die in § 2 Z 1 und 2 Gebührengesetz 1957 genannten Gebietskörperschaften vorgenommen werden.

(2) Personen, denen ein Gericht oder eine Verwaltungsbehörde im In- oder Ausland für eine bestimmte Rechtssache Verfahrenshilfe bewilligt hat, sind von den damit zusammenhängenden Konsulargebühren befreit.

Entstehung des Abgabenanspruchs

§ 3. Der Abgabenanspruch entsteht mit dem Beginn der Amtshandlung. Eine Amtshandlung ist als begonnen anzusehen, sobald die Tätigkeit der Vertretungsbehörde tatsächlich einsetzt.

Abgabenschuldner

§ 4. (1) Zur Entrichtung der Konsulargebühren sind verpflichtet:
1. Personen, die eine Amtshandlung beantragen;
2. Personen, in deren Interesse eine Amtshandlung vorgenommen wird.

(2) Sind zur Entrichtung der Konsulargebühren mehrere Personen verpflichtet, so sind sie Gesamtschuldner.

Haftung

§ 5. Gegenstände, auf die sich eine Amtshandlung bezieht, haften ohne Rücksicht auf die Rechte Dritter für die Konsulargebühren.

Sicherheitsleistung

§ 6. (1) Wenn die Einhebung der Konsulargebühren gefährdet oder wesentlich erschwert erscheint, hat die Vertretungsbehörde die Durchführung der Amtshandlung von der Leistung einer entsprechenden Sicherheit abhängig zu machen, außer wenn dies einen nicht wiedergutzumachenden Schaden für den Abgabenschuldner zur Folge hätte.

(2) Österreichische Gerichte und Verwaltungsbehörden, die eine Vertretungsbehörde um die Vornahme einer abgabepflichtigen Amtshandlung ersuchen, haben vom Abgabenschuldner die Leistung einer entsprechenden Sicherheit für die zu entrichtenden Konsulargebühren und voraussichtlichen Auslagenersätze zu verlangen. Die Art und die Höhe der geleisteten Sicherheit sind im Ersuchschreiben anzugeben.

Bemessung der Konsulargebühren

§ 7. (1) Unter einem Bogen ist ein Papier zu verstehen, dessen Seitengröße das Ausmaß von zweimal 210 x 297 mm oder das im Empfangsstaat für einen Bogen übliche Ausmaß nicht überschreitet. Als ein Bogen gelten auch zwei Halbbogen (Blätter), wenn sie ihrem Inhalt nach als zusammengehörig anzusehen sind. Für Blätter, die das Ausmaß eines Bogens überschreiten, sind die Konsulargebühren im zweifachen Betrage zu entrichten.

(2) Besteht zwischen zwei oder mehreren Personen eine solche Rechtsgemeinschaft, daß sie in bezug auf den Gegenstand der abgabepflichtigen Amtshandlung als eine Person anzusehen sind, so sind die Konsulargebühren nur im einfachen Betrag zu entrichten.

Zwischenstaatliche Regelungen

§ 8. (1) Erheben die Vertretungsbehörden eines fremden Staates von österreichischen Staatsbürgern Konsulargebühren, die höher oder niedriger sind als die durch dieses Bundesgesetz für die entsprechenden Amtshandlungen festgesetzten Konsulargebühren, so kann der Bundesminister für auswärtige Angelegenheiten im Einvernehmen mit dem Bundesminister für Finanzen durch Verordnung bestimmen, daß die Konsulargebührensätze für derartige Amtshandlungen, die im Interesse eines fremden Staates oder seiner Angehörigen vorgenommen werden, den Konsulargebührensätzen des fremden Staates angeglichen werden.

(2) Der Bundesminister für auswärtige Angelegenheiten kann im Einvernehmen mit dem Bundesminister für Finanzen im Verhältnis zu einzelnen Staaten aus wichtigen handels- oder wirtschaftspolitischen Gründen durch Verordnung bestimmen, daß bestimmte Konsulargebühren in ermäßigtem Ausmaß oder überhaupt nicht erhoben werden.

(3) Abs. 1 und 2 gelten nicht für Auslagenersätze.

Abstandnahme von der Erhebung

§ 9. (1) Die Vertretungsbehörden sind ermächtigt, im Einzelfall von der Erhebung der Konsulargebühren gegenüber einem Abgabenschuldner ganz oder teilweise Abstand zu nehmen, wenn die volle Entrichtung in Anbetracht der wirtschaftlichen Verhältnisse des Abgabenschuldners für diesen eine erhebliche Härte bedeuten würde. Die Abstandnahme wirkt nicht gegenüber anderen Gesamtschuldnern.

(2) Im Fall des § 1 Abs. 3 besteht diese Ermächtigung auch dann, wenn der Auslagenersatz nach der Lage des Falles unbillig wäre.

Festsetzung

§ 10. (1) Die Konsulargebühren sind durch Abgabenbescheid festzusetzen. Der Abgabenbescheid kann mündlich erlassen werden, wenn der Abgabenschuldner damit einverstanden ist und einen Rechtsmittelverzicht abgegeben hat.

(2) Abweichend von Abs. 1 sind die Konsulargebühren gemäß Tarifpost 1 bis 8 der Anlage ohne abgabenbehördliche Festsetzung zu entrichten. Diesfalls ist ein Abgabenbescheid nur zu erlassen, wenn die Konsulargebühren nicht dem Gesetz entsprechend entrichtet worden sind.

Fälligkeit

§ 11. Die Konsulargebühren werden mit Bekanntgabe des Abgabenbescheides fällig. Davon abweichend tritt in den Fällen des § 10 Abs. 2 die Fälligkeit mit der Entstehung des Abgabenanspruchs ein. § 210 Abs. 3 der Bundesabgabenordnung ist nicht anzuwenden.

Entrichtung

§ 12. (1) Die Konsulargebühren sind durch Barzahlung, Überweisung oder zahlungshalber mittels Schecks zu entrichten. Die Entrichtungsart kann von der Vertretungsbehörde nach den örtlichen Verhältnissen bestimmt werden.

(2) Die Vertretungsbehörde hat die Abgabenschuld nach diesem Bundesgesetz zu bestimmen und sie, sofern nicht Absatz 3 Anwendung zu finden hat, nach dem am Tag ihres Entstehens geltenden Kassenwert in die dort geltende Währung umzurechnen.

(3) Abweichend von Abs. 1 und 2 sind in Staaten mit einer Währung, die nicht frei konvertibel oder deren Verwertbarkeit für die Vertretungsbehörde beträchtlich eingeschränkt ist, die Konsulargebühren in konvertibler Währung zu entrichten. Dies gilt nicht, wenn die Entrichtung in konvertibler Währung einen unverhältnismäßig hohen Verwaltungsaufwand verursachen würde oder dem Abgabenschuldner wegen entgegenstehender Rechtsvorschriften des Empfangsstaates nicht möglich ist.

(4) Die Euro-Gegenwerte (Kassenwerte) sind, sofern der Umrechnungskurs nicht bereits durch unmittelbar anwendbares Gemeinschaftsrecht festgelegt ist, vom Bundesminister für Finanzen im Einvernehmen mit dem Bundesminister für auswärtige Angelegenheiten festzusetzen. Die jeweils anzuwendenden Euro-Gegenwerte (Kassenwerte) sind an den Amtstafeln der Vertretungsbehörden und des Bundesministeriums für auswärtige Angelegenheiten sowie im Amtsblatt zur Wiener Zeitung zu verlautbaren.

Vermerk über die Entrichtung

§ 13. (1) Die erfolgte Entrichtung der Konsulargebühren ist von der Vertretungsbehörde auf dem schriftlichen Anbringen, durch das die abgabepflichtige Amtshandlung veranlaßt wurde, oder, falls ein schriftliches Anbringen nicht vorliegt, in einem über die Amtshandlung aufzunehmenden Aktenvermerk oder im Beglaubigungsregister zu vermerken.

(2) Wird aus Anlaß einer abgabepflichtigen Amtshandlung eine Schrift ausgestellt oder durch eine Eintragung verändert, so ist auf dieser Schrift von der Vertretungsbehörde die Entrichtung der Konsulargebühren zu bestätigen.

Ausfolgung von Schriften

§ 14. Die Vertretungsbehörde kann die Ausfolgung der aus Anlaß einer abgabepflichtigen Amtshandlung ausgestellten oder durch eine Eintragung veränderten Schrift von dem Nachweis der Konsulargebührenentrichtung abhängig machen.

Verfahren

§ 15. (1) Bei der Erhebung der Konsulargebühren haben die Vertretungsbehörden die Befugnisse einer Abgabenbehörde im Sinne der Abgabenverfahrensgesetze. Über Beschwerden gegen Bescheide der Vertretungsbehörden entscheidet das Bundesverwaltungsgericht.

(2) Werden in einer abgabepflichtigen Angelegenheit mehrere Vertretungsbehörden in Anspruch genommen, so sind die Konsulargebühren durch jene Vertretungsbehörde zu erheben, die die letzte Amtshandlung vornimmt.

(3) In Angelegenheiten der Staatsbürgerschaft (§ 41 Abs. 2 des Staatsbürgerschaftsgesetzes 1985, BGBl. Nr. 311) sind für Auslagen die Bestimmungen des AVG anzuwenden.

(4) Für Verfahren vor einem Verwaltungsgericht in konsularischen Angelegenheiten österreichischer Vertretungsbehörden im Ausland fallen keine Gebühren nach dem Gebührengesetz 1957 an.

(BGBl I 2018/30)

(5) Die Bearbeitung einer Beschwerde, die nach § 12 Verwaltungsgerichtsverfahrensgesetz – VwGVG, BGBl. I Nr. 33/2013, bei einer österreichischen Vertretungsbehörde im Ausland als belangter Behörde einzubringen ist, und deren Weiterleitung an ein Verwaltungsgericht haben die Bezahlung der nach diesem Gesetz vorgesehenen Gebühren zur Voraussetzung.

(BGBl I 2018/30)

§ 15a. (1) Externe Dienstleistungserbringer, die im Rahmen eines Ausschreibungsverfahrens nach dem Bundesvergabegesetz 2006, BGBl I Nr. 17/2006 in der jeweils geltenden Fassung, mit einer externen Dienstleistung im Sinne der in Art. 43 Abs. 6 Visakodex, ABl. Nr. L 243/1 vom

15.9.2009 S. 1, angeführten Aufgaben beauftragt wurden, und im Zuge eines Verfahrens gemäß § 11 Fremdenpolizeigesetz 2005, BGBl. I Nr. 100/2005 in der jeweils geltenden Fassung, Dienstleistungen erbringen, können eine zusätzliche Dienstleistungsgebühr einheben.

(2) Die Dienstleistungsgebühr wird im Rahmen der Ausschreibung gemäß Abs. 1 festgelegt.

(3) Die Dienstleistungsgebühr beträgt höchstens die Hälfte der Visumgebühr gemäß TP 7 Abs. 1, ungeachtet eventueller Ermäßigungen oder Befreiungen von der Visumgebühr nach TP 7 Abs. 2 und Abs. 3.

(BGBl I 2018/30)

Verweisung auf andere Bundesgesetze

§ 16. Soweit in diesem Bundesgesetz auf Bestimmungen anderer Bundesgesetze verwiesen wird, sind diese Bestimmungen in ihrer jeweils geltenden Fassung anzuwenden.

Inkrafttreten

§ 17. (1) Dieses Bundesgesetz tritt am 1. März 1992 in Kraft.

(2) Die Bestimmungen dieses Bundesgesetzes sind auf alle Vorgänge anzuwenden, für die der Abgabenanspruch nach dem 29. Februar 1992 entsteht.

(3) Das Konsulargebührengesetz 1967, BGBl. Nr. 380, in der geltenden Fassung ist noch auf alle Vorgänge anzuwenden, für die der Abgabenanspruch vor dem 1. März 1992 entstanden ist.

(4) Die zur Durchführung dieses Bundesgesetzes erforderlichen Verordnungen können von dem der Kundmachung dieses Bundesgesetzes folgenden Tag an erlassen werden. Sie treten jedoch frühestens gleichzeitig mit diesem Bundesgesetz in Kraft.

(5) Die Änderungen der Tarifposten 6, 7 und 13 in der Anlage zu § 1 in der Fassung BGBl. I Nr. 64/2003 treten am 1. September 2003 in Kraft. Dieses Bundesgesetz ist in dieser Fassung auf alle Vorgänge anzuwenden, für die der Abgabenanspruch vor dem 1. September 2003 entstanden ist.

(6) § 12 Abs. 3 und die Tarifpost 7 Abs. 1 und 3 in der Anlage zu § 1 sind in ihrer Fassung gemäß BGBl. I Nr. 64/2003, noch auf alle Vorgänge anzuwenden, für die der Abgabenanspruch vor dem Inkrafttreten der BGBl. I Nr. 17/2004 enthaltenen Änderungen dieser Bestimmungen entstanden ist.

(7) Tarifpost 7 Abs. 4 und 5 in der Anlage zu § 1 in der Fassung des Bundesgesetzes BGBl. I Nr. 180/2004 treten mit 1. März 2005 in Kraft. Tarifpost 7 Abs. 4 in der Anlage zu § 1 in der Fassung vor dem Bundesgesetz BGBl. I Nr. 180/2004 ist noch auf alle Vorgänge anzuwenden, für die der Abgabenanspruch vor dem 1. März 2005 entstanden ist.

(8) Die §§ 1, 2 und 9 in der Fassung des Bundesgesetzes BGBl. I Nr. 180/2004 sind für den Ersatz von Auslagen im Zusammenhang mit Gefahrensituationen, in die sich eine Person vor In-Kraft-Treten des Bundesgesetzes BGBl. I Nr.128/2006 begeben hat, weiter anzuwenden.

(9) Tarifpost 6 und 7 in der Anlage zu § 1 in der Fassung des Bundesgesetzes BGBl. I Nr. 11/2007, treten mit dem 1. Jänner 2007 in Kraft. Dieses Bundesgesetz ist in der Fassung BGBl. I Nr. 128/2006 noch auf alle Vorgänge anzuwenden, für die der Abgabenanspruch vor dem 1. Jänner 2007 entstanden ist.

(10) § 2 Abs. 1 Z 5 in der Fassung des Bundesgesetzes BGBl. I Nr. 62/2008 tritt mit 1. Jänner 2008 in Kraft und ist auf alle Sachverhalte anzuwenden, die nach dem 31. Dezember 2007 verwirklicht werden.

(11) Tarifpost 6 in der Anlage zu § 1, in der Fassung des Bundesgesetzes BGBl. I Nr. 6/2009, tritt gleichzeitig mit dem Bundesgesetz, mit dem das Passgesetz 1992 geändert wird, BGBl. I Nr. 6/2009, in Kraft.

(12) Tarifpost 6 Abs. 2 in der Anlage zu § 1, in der Fassung des Bundesgesetzes BGBl. I Nr. 48/2009, tritt mit 15. Juni 2009 in Kraft.

(13) Tarifpost 2 Abs. 3, Tarifpost 3 Abs. 3, Tarifpost 5 Abs. 3 und Tarifpost 6 Abs. 6 in der Anlage zu § 1, in der Fassung des Bundesgesetzes BGBl. I Nr. 129/2009, treten rückwirkend mit 1. September 2009 in Kraft.

(14) § 1 Abs. 3, § 2 Abs. 1 Z 2 und 3 sowie Tarifpost 1a und Tarifpost 15 in der Anlage zu § 1, in der Fassung des Bundesgesetzes BGBl. I Nr. 129/2009, treten mit Ablauf des Tages ihrer Kundmachung, frühestens jedoch mit 1. Jänner 2010, in Kraft.

(15) § 1 Abs. 2 und 5 sowie Tarifpost 1 Abs. 1, Tarifpost 1a Abs. 5, Tarifpost 4 Abs. 1 und 2, Tarifpost 6 Abs. 7 bis 11 und Tarifpost 7 in der Anlage zu § 1 in der Fassung des Budgetbegleitgesetzes 2011, BGBl. I Nr. 111/2010, treten mit 1. Jänner 2011 in Kraft und sind auf alle Vorgänge anzuwenden, für die der Abgaben- bzw. Ersatzanspruch nach diesem Zeitpunkt entstanden ist.

(16) Tarifpost 1a Abs. 4, Tarifpost 4 Abs. 3, Tarifpost 6 Abs. 1, 3, 4 und 5 in der Anlage zu § 1, in der Fassung des Stabilitätsgesetzes 2012, BGBl. I Nr. 35/2012, treten mit 1. Mai 2012 in Kraft und sind auf alle Vorgänge anzuwenden, für die ein Abgabe- bzw. Ersatzanspruch nach diesem Zeitpunkt entstanden ist.

(17) § 15 Abs. 1 und Abs. 4 und Tarifpost 7 Abs. 4 in der Anlage zu § 1 in der Fassung des Bundesgesetzes BGBl. I Nr. 64/2013 treten mit 1. Jänner 2014 in Kraft. Tarifpost 7 Abs. 4 in der Anlage zu § 1, in der Fassung des Bundesgesetzes BGBl. I Nr. 64/2013, ist auf alle Vorgänge anzuwenden, für die ein Abgabe- bzw. Ersatzanspruch nach diesem Zeitpunkt entstanden ist.

(18) § 2 Abs. 1 Z 4, Z 6, Z 7 und Z 8, § 15 Abs. 4 und 5, § 15a und § 18 Z 1 sowie Tarifpost 1 Abs. 5 und 6, Tarifpost 1a Abs. 5, Tarifpost 4 samt Überschrift, die Überschrift von Tarifpost 5, Tarifpost 5 Abs. 1 Z 2 und Abs. 2 bis Abs. 6, Tarifpost 7 samt Überschrift und Tarifpost 8 in der Anlage zu § 1 in der Fassung des Budgetbegleit-

gesetzes 2018/2019 BGBl. I Nr. 30/2018 treten mit Ablauf des Tages der Kundmachung des Budgetbegleitgesetzes 2018/2019 in Kraft[a)] und sind auf alle Vorgänge anzuwenden, für die ein Abgabe- bzw. Ersatzanspruch nach diesem Zeitpunkt entstanden ist. § 15 Abs. 5 ist auf Beschwerden anzuwenden, die nach dem Inkrafttreten des Budgetbegleitgesetzes 2018/2019 erhoben werden.
(BGBl I 2018/30)

[a)] D. h. am 17.5.2018.

Vollziehung

§ 18. Mit der Vollziehung
1. des § 1 Abs. 3 und 4, § 6 Abs. 2 sowie des § 15 Abs. 4 und 5 ist der nach dem Bundesministeriengesetz 1986 jeweils zuständige Bundesminister,
(BGBl I 2018/30)
2. des § 12 Abs. 4 erster Satz der Bundesminister für Finanzen im Einvernehmen mit dem Bundesminister für auswärtige Angelegenheiten,
3. des § 12 Abs. 4 zweiter Satz der Bundesminister für auswärtige Angelegenheiten und der Bundesminister für Finanzen,
4. der übrigen Bestimmungen dieses Bundesgesetzes der Bundesminister für auswärtige Angelegenheiten im Einvernehmen mit dem Bundesminister für Finanzen betraut.

Anlage

KONSULARGEBÜHRENTARIF UND BESTIMMTE AUSLAGENERSÄTZE

Bezeichnung der gebührenpflichtigen Amtshandlungen und damit verbundener bestimmter Auslagenersätze

Tarifpost		Höhe der Gebühr
1	**Anbringen, Zustellungen, Weiterleitungen**	
(1)	Anbringen betreffend Dokumentenbeschaffungen, Einholung von Beglaubigungsvermerken, Nachlassangelegenheiten oder Ausforschung	24 Euro
(2)	Zustellung oder Weiterleitung einer Schrift an eine Privatperson...................	18 Euro
(3)	Für jede Beilage (Abs. 1 und 2)	6 Euro
(4)	Werden mit einem Anbringen mehrere Ansuchen gestellt, so ist für jedes Ansuchen die Gebühr zu entrichten.	
(5)	Gebührenfrei ist die Entgegennahme von Abschriften oder sonstigen Vervielfältigungen einer Eingabe oder Beilage sowie die Zustellung oder Weiterleitung für Zwecke der Verleihung der österreichischen Staatsbürgerschaft.	
(6)	Einbringung einer Beschwerde an ein Verwaltungsgericht in konsularischen Angelegenheiten österreichischer Vertretungsbehörden im Ausland ..	200 Euro
1a	**Aufenthaltstitel**	
(1)	Anbringen zur Erlangung eines Aufenthaltstitels...........	120 Euro
(2)	Anbringen zur Erlangung eines Aufenthaltstitels für Kinder unter sechs Jahren....	75 Euro
(3)	Wird der Antrag auf Erlangung eines Aufenthaltstitels an die zuständige Inlandsbehörde weitergeleitet, gilt die gemäß Abs. 1 und 2 entrichtete Gebühr als Gebühr gemäß § 14 Tarifpost 6 Abs. 3 lit. a Gebührengesetz 1957, BGBl. Nr. 267, in der Fassung des Bundesgesetzes BGBl. I Nr. 79/2009	
(4)	Abnahme der gesamten erkennungsdienstlichen Daten bei Antragstellung, die zur Herstellung eines Aufenthaltstitels erforderlich sind (§ 19 Abs. 4 Niederlassungs- und Aufenthaltsgesetz 2005, BGBl. I Nr. 100, in der Fassung des Bundesgesetzes BGBl. I Nr. 38/2009)	20 Euro
(5)	Sind weitere erkennungsdienstliche (ua. Beauftragung von DNA-Analysen) oder sonstige Maßnahmen (ua. Beauftragung von Dokumentenüberprüfungen) zur Identitätsfeststellung erforderlich, so sind die Auslagen gemäß § 1 Abs. 2 vom Antragsteller zu ersetzen.	
2	**Protokolle (Niederschriften)**	
(1)	Aufnahme eines Protokolls (einer Niederschrift), wenn für die dadurch veranlaßte Amtshandlung keine besondere Konsulargebühr festgesetzt ist,	
1.	für den ersten Bogen	42 Euro
2.	für jeden weiteren Bogen	24 Euro
(2)	Gebührenfrei sind Quittungen und Verpflichtungserklärungen betreffend Unterstützungs- bzw. Heimsendungsdarlehen.	
(3)	Gebührenfrei sind Protokolle und Niederschriften, die für Zwecke der Verleihung der österreichischen Staatsbürgerschaft ausgestellt werden.	
3	**Abschriften, Vervielfältigungen**	
(1)	Anfertigung einer Abschrift, für jeden Bogen	36 Euro
(2)	Anfertigung einer Vervielfältigung, für jeden Bogen..	12 Euro

(3) Gebührenfrei sind Abschriften und Vervielfältigungen, die für Zwecke der Verleihung der österreichischen Staatsbürgerschaft angefertigt werden.

4 Amtshandlungen nach dem Konsularbeglaubigungsgesetz und dem Bundesgesetz über die Ausstellung der Apostille nach dem Übereinkommen zur Befreiung ausländischer öffentlicher Urkunden von der Beglaubigung

(1) Beglaubigung oder Überbeglaubigung einer behördlichen Unterschrift, des Amtssiegels oder beides gemeinsam, oder der Unterschrift einer Privatperson	80 Euro
(2) Bestätigung der Richtigkeit einer Abschrift oder einer sonstigen Vervielfältigung (Vidimierung) für jeden Bogen	40 Euro
(3) Bestätigung, dass es sich bei einem auf einer Urkunde angegebenen Übersetzer um einen im Amtsbereich der Vertretungsbehörde staatlich anerkannten Übersetzer handelt	80 Euro
(4) Sind für Beglaubigungen weitere Maßnahmen zur Prüfung der Echtheit und inhaltlichen Richtigkeit von Dokumenten erforderlich, so sind die Auslagen hiefür gemäß § 1 Abs. 2 vom Antragsteller zu ersetzen.	
(5) Ausstellung einer Apostille	40 Euro

(BGBl I 2018/30)

5 Ausstellung von Bestätigungen und Bescheinigungen

(1) In Staatsbürgerschaftsangelegenheiten	
1. Staatsbürgerschaftsnachweis	48 Euro
2. sonstige Bestätigungen	42 Euro
(2) Personenstandsurkunden und Registerauszüge	42 Euro
(3) Ehefähigkeitszeugnis und Bestätigung der Fähigkeit eine Partnerschaft zu begründen	172 Euro
(4) In anderen Angelegenheiten	42 Euro
(5) Gebührenfrei sind Lebensbestätigungen zum Bezug von Ruhe- oder Versorgungsgenüssen, Erziehungsbeiträgen, Pensionen oder Renten sowie Bescheinigungen, die für Zwecke der Verleihung der österreichischen Staatsbürgerschaft ausgestellt werden.	

(6) Mit der gemäß Abs. 3 zu entrichtenden Gebühr gelten die Gebühren gemäß § 14 Tarifpost 17 und 18 Gebührengesetz 1957 und die Verwaltungsabgaben gemäß Tarifpost 26 Bundesverwaltungsabgabenverordnung 1983 ebenfalls als entrichtet.

(BGBl I 2018/30)

6 Reisedokumente

(1) Ausstellung eines Reisepasses, Fremdenpasses, Konventionsreisepasses mit Datenträger oder Reisepasses ohne Datenträger gemäß § 4a Passgesetz 1992 (Notpass)	76 Euro
(2) Ausstellung eines Reisepasses gemäß § 8 Abs. 5 Passgesetz 1992 oder eines Reisepasses gemäß § 4a Passgesetz 1992 (Notpass) für Kinder unter 12 Jahren	30 Euro
(3) Auf Antrag erfolgte Änderungen in einem Reisepass, Fremdenpass, Konventionsreisepass ohne Rücksicht auf die Anzahl der Änderungen	29 Euro
(4) Ausstellung eines Rückkehrausweises für Staatsangehörige eines Mitgliedstaates der Europäischen Union	29 Euro
(5) Ausstellung eines Personalausweises gemäß § 19 Abs. 2 Passgesetz 1992	62 Euro
(6) Personalausweis für eine Person, die bei Antragstellung das 16. Lebensjahr noch nicht vollendet hat	27 Euro
(7) Zusätzlich zu der in Abs. 1 genannten Konsulargebühr sind vom Antragsteller gemäß § 1 Abs. 2 und 5 folgende Auslagen zu ersetzen:	
1. Auslagen, die im Zusammenhang mit der Ausstellung von Reisepässen durch die Befassung von zur Abnahme biometrischer Merkmale ermächtigten Honorarkonsulaten oder ausländischen Behörden erwachsen, und	
2. Auslagen, die im Zusammenhang mit der Ausstellung von Personalausweisen, die im Wege von hiezu ermächtigten Honorarkonsulaten beantragt werden, durch die Einschaltung dieser Honorarkonsulate erwachsen.	
(8) Ausstellung eines Expresspasses	100 Euro
(9) Ausstellung eines Expresspasses bis zur Vollendung des zwölften Lebensjahres	45 Euro
(10) Ausstellung eines Ein-Tages-Expresspasses	220 Euro

14/6. KGG Anlage

(11) Ausstellung eines Ein-Tages-Expresspasses bis zur Vollendung des zwölften Lebensjahres .... 165 Euro

7 Visa und besondere Bewilligungen

(1) Einbringung eines Antrages auf Erteilung eines Einreisetitels

1. als Aufenthaltsvisum (Visum für den längerfristigen Aufenthalt, Visum D) für Personen über sechs Jahren mit Ausnahme von Anträgen gemäß Z 3 .... 150 Euro
2. als Aufenthaltsvisum (Visum für den längerfristigen Aufenthalt, Visum D) für Kinder unter sechs Jahren mit Ausnahme von Anträgen gemäß Z 4 .... 75 Euro
3. für Familienangehörige gemäß § 35 Abs. 5 Asylgesetz 2005 über sechs Jahren eines Fremden, dem der Status des Asylberechtigten oder des subsidiär Schutzberechtigten zuerkannt wurde, und die zwecks Stellung eines Antrages auf internationalen Schutz gemäß § 34 Abs. 1 iVm § 2 Abs. 1 Z 13 Asylgesetz 2005 einen Einreisetitel beantragen .... 200 Euro
4. für Kinder unter sechs Jahren eines Fremden, dem der Status des Asylberechtigten oder des subsidiär Schutzberechtigten zuerkannt wurde, und die zwecks Stellung eines Antrags auf internationalen Schutz gemäß § 34 Abs. 1 in Verbindung mit § 2 Abs. 1 Z 13 Asylgesetz 2005 einen Einreisetitel beantragen .... 100 Euro

(2) Gebührenfrei ist der Antrag auf und die Erteilung eines Visum D für:

1. Forscher aus Drittstaaten im Sinne der Empfehlung 2005/761/EG des Europäischen Parlaments und des Rates vom 28. September 2005, ABl. Nr. L 289 vom 03.11.2005 S. 23, zur Erleichterung der Ausstellung einheitlicher Visa durch die Mitgliedstaaten für den kurzfristigen Aufenthalt an Forscher aus Drittstaaten, die sich zu Forschungszwecken innerhalb der Gemeinschaft bewegen,
2. Vertreter gemeinnütziger Organisationen bis zum Alter von 18 Jahren, die an Seminaren, Konferenzen, Sport-, Kultur- oder Lehrveranstaltungen teilnehmen, die von gemeinnützigen Organisationen organisiert werden,
3. begünstigte Drittstaatsangehörige und Familienangehörige im Sinne des § 2 Abs. 4 Z 11 und 12 des Fremdenpolizeigesetzes 2005 – FPG, BGBl. I Nr. 100/2005.

(3) Von der Gebühr für Antrag auf und Erteilung eines Visum D kann im Einzelfall Abstand genommen werden bei Beantragung eines Visums:

1. für Dienstreisen in Diplomatenpässe oder eines Diplomatenvisums in gewöhnliche Reisepässe,
2. für Dienstreisen in Dienstpässe oder eines Dienstvisums in gewöhnliche Reisepässe,
3. für Schüler, Studenten, postgraduierte Studenten, Teilnehmer an Aufbaustudiengängen und Stipendiaten an österreichischen Schulen, Universitäten und Hochschulen sowie an der Diplomatischen Akademie, wenn Gegenseitigkeit vorliegt,
4. für Ausländer hinsichtlich ihrer wissenschaftlichen Tätigkeit in der Lehre, in der Entwicklung und der Erschließung der Künste sowie in der Lehre der Kunst an österreichischen Universitäten und Hochschulen sowie an der Diplomatischen Akademie,
5. für Teilnehmer an in Österreich stattfindenden religiösen, wissenschaftlichen, künstlerischen, kulturellen, politischen und sportlichen Veranstaltungen, wenn Gegenseitigkeit gewährleistet ist,
6. für Personen bis zum Alter von 18 Jahren, die an Seminaren, Konferenzen, Sport-, Kultur- oder Lehrveranstaltungen teilnehmen, die von gemeinnützigen Organisationen organisiert werden,
7. für Teilnehmer an Austauschaktionen für Kinder,
8. für Teilnehmer an Veranstaltungen zur Förderung der wirtschaftlichen Beziehungen mit dem Ausland und für Besucher solcher Veranstaltungen, wenn Gegenseitigkeit gewährleistet ist, und
9. für Angehörige von in Österreich beerdigten Kriegsopfern oder Opfern der politischen oder rassischen Verfolgung.

(4) Einbringung eines Antrages auf Erteilung einer besonderen Bewilligung zur Wiedereinreise während der Gültigkeitsdauer eines Einreiseverbotes oder Aufenthaltsverbots gemäß § 27a Fremdenpolizeigesetz 2005 (Wiedereinreisebewilligung) .... 160 Euro

(BGBl I 2018/30)

8 (entfallen)
(BGBl I 2018/30)

9 Leichenpässe

(1) Ausfertigung eines Leichenpasses .... 96 Euro

(2) Gebührenfrei ist die Ausfertigung eines Leichenpasses für die Überführung der sterblichen Überreste von Kriegsopfern, Opfern des Kampfes um ein freies, demokratisches Österreich oder von Opfern der politischen oder rassischen Verfolgung oder von in Ausübung des Dienstes oder einer öffentlichen Funktion im Ausland verstorbenen Österreichern.

10 Vernehmungen im Rechts- und Amtshilfeverfahren
für jede begonnene Stunde der Amtshandlung .... 72 Euro

11 Verwahrnisse
(1) Übernahme eines Verwahrstückes und Ausstellung einer Empfangsbestätigung .... 48 Euro
(2) Verwahrung und Ausfolgung
1. wenn die Verwahrung nicht länger als sechs Monate gedauert hat ..... 36 Euro
2. wenn die Verwahrung länger als sechs, aber nicht länger als zwölf Monate gedauert hat .... 84 Euro
3. für jedes weitere angefangene Jahr 120 Euro
(3) Mehrere zu einem Paket verpackte Gegenstände gelten als ein Verwahrstück.

12 Amtshandlungen, die außerhalb des Amtes vorgenommen werden
(1)
1. für jede begonnene Stunde der Amtshandlung einschließlich des Hin- und Rückweges .... 72 Euro
2. wenn die Abwesenheit vom Amt länger als sechs Stunden dauert, für jede weitere begonnene Stunde 48 Euro
(2) Die Gebühren nach Abs. 1 sind auch dann zu entrichten, wenn die Amtshandlung nach einer anderen Tarifbestimmung einer Gebühr unterliegt.

13 Auszahlung von Geldbeträgen auf Grund von Depoterrichtungen (ausgenommen Haftunterstützung)
je Depoterrichtung bis 120 Euro.. 6 Euro
je Depoterrichtung von mehr als 120 Euro und bis 600 Euro............ 12 Euro
je Depoterrichtung über 600 Euro 24 Euro

14 Weiterleitung von Rechtshilfeersuchen in bürgerlichen Rechtssachen
Weiterleitung eines Rechtshilfeersuchens in bürgerlichen Rechtssachen, sofern nicht Tarifpost 1 Absatz 2 oder Tarifpost 10 zur Anwendung zu kommen hat .... 72 Euro

15 Amtshandlungen, deren Vornahme außerhalb der regulären Dienstzeiten einer Vertretungsbehörde erforderlich wird
Zuschlag von 50% auf die jeweils zur Anwendung kommende Tarifpost.

14/6/1. KGG
Pauschalhöhe-VO

14/6/1. Pauschalhöhe-VO

BGBl II 2011/103 idF BGBl II 2021/315

Verordnung des Bundesministers für europäische und internationale Angelegenheiten über die pauschalierte Höhe des Ersatzes der in Tarifpost 6 Abs. 7 in der Anlage zu § 1 des Konsulargebührengesetzes 1992 genannten Auslagen

Auf Grund des § 1 Abs. 5 des Konsulargebührengesetzes 1992 (BGBl. Nr. 100/1992, zuletzt geändert durch das Bundesgesetz BGBl. I Nr. 111/2010) wird verordnet:

§ 1. Die Höhe des Ersatzes der in Tarifpost 6 Abs. 7 Z 1 zu § 1 des Konsulargebührengesetzes 1992 genannten Auslagen wird mit € 30 pro Reisepass festgesetzt.

§ 2. Die Höhe des Ersatzes der in Tarifpost 6 Abs. 7 Z 2 zu § 1 des Konsulargebührengesetzes 1992 genannten Auslagen wird mit € 30 pro Personalausweis festgesetzt.
(BGBl II 2021/315)

§ 3. Der Auslagenersatz gemäß Tarifpost 6 Abs. 7 Z 1 und Z 2 ist nicht einzuheben, wenn der Reisepass oder Personalausweis gebührenfrei ausgestellt wird.

§ 4. (1) Diese Verordnung tritt mit 1. April 2011 in Kraft.
(BGBl II 2021/315)

(2) § 2 in der Fassung der Verordnung BGBl. II Nr. 315/2021 tritt mit 2. August 2021 in Kraft.
(BGBl II 2021/315)

14/7. Kommunalsteuergesetz 1993

Kommunalsteuergesetz 1993, BGBl 1993/819 idF

1 BGBl 1994/680	2 BGBl I 1997/52	3 BGBl I 1998/10
4 BGBl I 2000/142 (BudgetbegleitG 2001)	5 BGBl I 2001/59 (EuroStUG 2001)	6 BGBl I 2001/144 (AbgÄG 2001)
7 BGBl I 2002/132 (2. AbgÄG 2002)	8 BGBl I 2002/147 (VfGH)	9 BGBl I 2002/161 (VfGH)
10 BGBl I 2003/124 (AbgÄG 2003)	11 BGBl I 2004/180 (AbgÄG 2004)	12 BGBl I 2007/99 (AbgSiG 2007)
13 BGBl I 2009/20 (AbgVRefG)	14 BGBl I 2009/52 (BudBG 2009)	15 BGBl I 2010/111 (BudBG 2011)
16 BGBl I 2011/76 (AbgÄG 2011)	17 BGBl I 2015/163 (AbgÄG 2015)	18 BGBl I 2016/117 (AbgÄG 2016)
19 BGBl I 2018/98	20 BGBl I 2019/104 (FORG)	21 BGBl I 2020/54
22 BGBl I 2020/99 (2. FORG)	23 BGBl I 2020/103	24 BGBl I 2021/3 (COVID-19-StMG)
25 BGBl I 2022/93 (Teuerungs-EP)	26 BGBl I 2023/200 (Start-Up-FG)	

GLIEDERUNG

§ 1. Steuergegenstand
§ 2. Dienstnehmer
§ 3. Unternehmen, Unternehmer
§ 4. Betriebsstätte
§ 5. Bemessungsgrundlage
§ 6. Steuerschuldner
§ 6a. Haftung
§ 7. Erhebungsberechtigte Gemeinde
§ 8. Steuerbefreiungen
§ 9. Steuersatz
§ 10. Zerlegung und Zuteilung der Bemessungsgrundlage
§ 11. Entstehung der Steuerschuld, Selbstberechnung, Fälligkeit und Steuererklärung
§ 12. Eigener Wirkungsbereich der Gemeinde
§ 13. Zuständigkeit des Finanzamtes
§ 14. Kommunalsteuerprüfung
§ 15. Strafbestimmungen
§ 15a. Beschwerde und Revision
§ 16. Inkrafttreten
§ 17. Vollziehung

Bundesgesetz, mit dem eine Kommunalsteuer erhoben wird (Kommunalsteuergesetz 1993 – KommStG 1993)

Der Nationalrat hat beschlossen:

Steuergegenstand
§ 1. Der Kommunalsteuer unterliegen die Arbeitslöhne, die jeweils in einem Kalendermonat an die Dienstnehmer einer im Inland (Bundesgebiet) gelegenen Betriebsstätte des Unternehmens gewährt worden sind.

Dienstnehmer
§ 2. Dienstnehmer sind:
a) Personen, die in einem Dienstverhältnis im Sinne des § 47 Abs. 2 des Einkommensteuergesetzes 1988 stehen, freie Dienstnehmer im Sinne des § 4 Abs. 4 ASVG, sowie an Kapitalgesellschaften beteiligte Personen im Sinne des § 22 Z 2 des Einkommensteuergesetzes 1988.
b) Personen, die nicht von einer inländischen Betriebsstätte (§ 4) eines Unternehmens zur Arbeitsleistung im Inland überlassen werden, insoweit beim Unternehmer, dem sie überlassen werden.
c) Personen, die seitens einer Körperschaft des öffentlichen Rechts zur Dienstleistung zugewiesen werden.

Unternehmen, Unternehmer
§ 3. (1) Das Unternehmen umfaßt die gesamte gewerbliche oder berufliche Tätigkeit des Unternehmers. Gewerblich oder beruflich ist jede nachhaltige Tätigkeit zur Erzielung von Einnahmen, auch wenn die Absicht, Gewinn (Überschuß) zu erzielen, fehlt oder eine Personenvereinigung nur gegenüber ihren Mitgliedern tätig wird. Als Unternehmer und Unternehmen gelten stets und in vollem Umfang Körperschaften im Sinne des § 7 Abs. 3 des Körperschaftsteuergesetzes 1988, Stiftungen sowie Mitunternehmerschaften im Sinne

des Einkommensteuergesetzes 1988 und sonstige Personengesellschaften.

(2) Unternehmer ist, wer eine gewerbliche oder berufliche Tätigkeit selbständig ausübt. Die gewerbliche oder berufliche Tätigkeit wird nicht selbständig ausgeübt, soweit natürliche Personen, einzeln oder zusammengeschlossen, einem Unternehmen derart eingegliedert sind, daß sie den Weisungen des Unternehmers zu folgen verpflichtet sind.

(3) Die Körperschaften des öffentlichen Rechts sind nur im Rahmen ihrer Betriebe gewerblicher Art (§ 2 des Körperschaftsteuergesetzes 1988) und ihrer land- oder forstwirtschaftlichen Betriebe gewerblich oder beruflich tätig. Als Betriebe gewerblicher Art im Sinne dieses Bundesgesetzes gelten jedoch stets Wasserwerke, Schlachthöfe, Anstalten zur Müllbeseitigung, zur Tierkörpervernichtung und zur Abfuhr von Spülwasser und Abfällen sowie die Vermietung und Verpachtung von Grundstücken durch öffentlich-rechtliche Körperschaften.

(4) Die ÖBB-Holding AG und ihre im Bundesbahngesetz, BGBl. Nr. 825/1992 in der Fassung des Bundesgesetzes BGBl. I Nr. 142/2004, namentlich angeführten Tochter- und Enkelgesellschaften gelten als ein Unternehmen (ÖBB-Gesellschaften).

Betriebsstätte

§ 4. (1) Als Betriebsstätte gilt jede feste örtliche Anlage oder Einrichtung, die mittelbar oder unmittelbar der Ausübung der unternehmerischen Tätigkeit dient. § 29 Abs. 2 und § 30 der Bundesabgabenordnung sind sinngemäß mit der Maßgabe anzuwenden, daß bei Eisenbahn- und Bergbauunternehmen auch Mietwohnhäuser, Arbeiterwohnstätten, Erholungsheime und dergleichen als Betriebsstätten gelten.

(2) Bei einem Schiffahrtsunternehmen gilt als im Inland gelegene Betriebsstätte auch der inländische Heimathafen oder der inländische Ort, an dem ein Schiff in einem Schiffsregister eingetragen ist. Gleiches gilt für auf solchen Schiffen befindliche Einrichtungen zur Ausübung einer unternehmerischen Tätigkeit.

(3) Bei Arbeitskräfteüberlassungen wird erst nach Ablauf von sechs Kalendermonaten in der Betriebsstätte des Beschäftigers eine Betriebsstätte des Arbeitskräfte überlassenden Unternehmens begründet.

(BGBl I 2016/117)

Bemessungsgrundlage

§ 5. (1) Bemessungsgrundlage ist die Summe der Arbeitslöhne, die an die Dienstnehmer der in der Gemeinde gelegenen Betriebsstätte gewährt worden sind, gleichgültig, ob die Arbeitslöhne beim Empfänger der Einkommensteuer (Lohnsteuer) unterliegen. Arbeitslöhne sind

a) im Falle des § 2 lit. a Bezüge gemäß § 25 Abs. 1 Z 1 lit. a und b des Einkommensteuergesetzes 1988 sowie Gehälter und sonstige Vergütungen jeder Art im Sinne des § 22 Z 2 des Einkommensteuergesetzes 1988 und an freie Dienstnehmer im Sinne des § 4 Abs. 4 ASVG,
b) im Falle des § 2 lit. b 70% des Gestellungsentgeltes,
c) im Falle des § 2 lit. c der Ersatz der Aktivbezüge.

(2) Zur Bemessungsgrundlage gehören nicht:
a) Ruhe- und Versorgungsbezüge;
b) die im § 67 Abs. 3 und 6 des Einkommensteuergesetzes 1988 genannten Bezüge;
c) die in § 3 Abs. 1 Z 11 und Z 13 bis 21 des Einkommensteuergesetzes 1988 genannten Bezüge sowie 60% der in § 3 Abs. 1 Z 10 des Einkommensteuergesetzes 1988 genannten laufenden Bezüge;
d) Gehälter und sonstige Vergütungen jeder Art, die für eine ehemalige Tätigkeit im Sinne des § 22 Z 2 des Einkommensteuergesetzes 1988 gewährt werden;
e) Arbeitslöhne an Dienstnehmer, die als begünstigte Personen gemäß den Vorschriften des Behinderteneinstellungsgesetzes beschäftigt werden „;"
„f) der gemäß § 67a Abs. 4 Z 2 des Einkommensteuergesetzes 1988 (Start-Up-Mitarbeiterbeteiligung) mit einem festen Satz zu versteuernde geldwerte Vorteil."

(Start-Up-FG, BGBl I 2023/200 ab 1.1.2024)

(3) Die Arbeitslöhne sind nur insoweit steuerpflichtig, als sie mit der unternehmerischen Tätigkeit zusammenhängen. Ist die Feststellung der mit der unternehmerischen Tätigkeit zusammenhängenden Arbeitslöhne mit einem unverhältnismäßigen Aufwand verbunden, können die erhebungsberechtigten Gemeinden mit dem Steuerschuldner eine Vereinbarung über die Höhe der Bemessungsgrundlage treffen.

Steuerschuldner

§ 6. Steuerschuldner ist der Unternehmer, in dessen Unternehmen die Dienstnehmer beschäftigt werden. Werden Personen von einer inländischen Betriebsstätte eines Unternehmens zur Arbeitsleistung überlassen, ist der überlassende Unternehmer Steuerschuldner. Wird das Unternehmen für Rechnung mehrerer Personen betrieben, sind diese Personen und der Unternehmer Gesamtschuldner; dies gilt auch für Mitunternehmer im Sinne des Einkommensteuergesetzes 1988. Als Steuerschuldner des Unternehmens ÖBB-Gesellschaften (§ 3 Abs. 4) gilt die ÖBB-Holding AG.

Haftung

§ 6a. (1) Die in den §§ 80 ff der Bundesabgabenordnung bezeichneten Vertreter haften neben den durch sie vertretenen Abgabepflichtigen für die diese treffende Kommunalsteuer insoweit, als diese Abgabe infolge schuldhafter Verletzung der ihnen auferlegten abgabenrechtlichen oder sonstigen Pflichten nicht ohne Schwierigkeiten eingebracht werden kann, insbesondere im Fall der Eröffnung des Insolvenzverfahrens. § 9 Abs. 2 Bundesabgabenordnung gilt sinngemäß.

(2) Soweit Personen auf die Erfüllung der Pflichten der Abgabepflichtigen und der in §§ 80 ff Bundesabgabenordnung bezeichneten Vertreter tatsächlich Einfluss nehmen, haben sie diesen Einfluss dahingehend auszuüben, dass diese Pflichten erfüllt werden.

(3) Die in Abs. 2 bezeichneten Personen haften für die Kommunalsteuer insoweit, als diese Abgabe infolge ihrer Einflussnahme nicht ohne Schwierigkeiten eingebracht werden kann, insbesondere im Falle der Eröffnung des Insolvenzverfahrens.

Erhebungsberechtigte Gemeinde

§ 7. (1) Das Unternehmen unterliegt der Kommunalsteuer in der Gemeinde, in der eine Betriebsstätte unterhalten wird. Werden Personen von einer inländischen Betriebsstätte eines Unternehmens einem Beschäftiger länger als sechs Kalendermonate zur Arbeitsleistung überlassen, bleibt die Gemeinde, in der sich die Betriebsstätte des Überlassers befindet, für sechs Kalendermonate erhebungsberechtigt. Für Zeiträume nach Ablauf des sechsten Kalendermonates ist die Gemeinde, in der sich die Unternehmensleitung des inländischen Beschäftigers befindet, erhebungsberechtigt. Im Falle einer Arbeitsunterbrechung, die länger als einen Kalendermonat dauert, beginnt die Frist nach Ablauf des Kalendermonates der Beendigung der Arbeitsunterbrechung neu zu laufen. Wird eine neue Sechsmonatsfrist in Gang gesetzt, bleibt die bisherige Gemeinde
- bei Beschäftigerwechsel für den Kalendermonat des Beschäftigerwechsels,
- bei mehr als einmonatiger Arbeitsunterbrechung für die Kalendermonate, in denen die Arbeit unterbrochen ist,

noch erhebungsberechtigt.

(BGBl I 2016/117)

(2) Erstreckt sich eine Betriebsstätte über mehrere Gemeinden (mehrgemeindliche Betriebsstätte), wird die Kommunalsteuer von jeder Gemeinde nach Maßgabe des § 10 erhoben. Beim Unternehmen ÖBB-Gesellschaften (§ 3 Abs. 4) und bei den Österreichischen Bundesbahnen begründen Verbindungen durch Gleisanlagen für sich allein keine mehrgemeindliche Betriebsstätte.

(3) Wanderunternehmen unterliegen der Kommunalsteuer in den Gemeinden, in denen das Unternehmen ausgeübt wird. Unter Wanderunternehmen wird eine ohne örtlich feste Betriebsstätte im Inland im Umherziehen ausgeübte unternehmerische Tätigkeit verstanden.

(4) Schifffahrtsunternehmen, die im Inland eine feste örtliche Anlage oder Einrichtung zur Ausübung des Unternehmens nicht unterhalten, unterliegen der Kommunalsteuer in der Gemeinde, in der die inländischen Heimathäfen der Schiffe gelegen sind, oder, wenn kein inländischer Heimathafen vorhanden ist, in der Gemeinde, in der die Schiffe in einem inländischen Schiffsregister eingetragen sind; gleiches gilt für auf solchen Schiffen unterhaltene Betriebsstätten. Dies gilt nicht für Schiffe, die im regelmäßigen Liniendienst ausschließlich zwischen ausländischen Häfen verkehren.

Steuerbefreiungen

§ 8. Von der Kommunalsteuer sind befreit:
1. Das Unternehmen ÖBB-Gesellschaften (§ 3 Abs. 4) und die Österreichischen Bundesbahnen mit 66% der Bemessungsgrundlage;
2. Körperschaften, Personenvereinigungen oder Vermögensmassen, soweit sie mildtätigen Zwecken und/oder gemeinnützigen Zwecken auf dem Gebiet der Gesundheitspflege, Kinder-, Jugend-, Familien-, Kranken-, Behinderten-, Blinden- und Altenfürsorge dienen (§§ 34 bis 37, §§ 39 bis 47 der Bundesabgabenordnung). § 5 Abs. 3 letzter Satz ist sinngemäß anzuwenden.

Steuersatz

§ 9. Die Steuer beträgt 3% der Bemessungsgrundlage. Übersteigt bei einem Unternehmen die Bemessungsgrundlage im Kalendermonat nicht 1.460 Euro, wird von ihr 1.095 Euro abgezogen.

Zerlegung und Zuteilung der Bemessungsgrundlage

§ 10. (1) Erstreckt sich eine Betriebsstätte über mehrere Gemeinden (mehrgemeindliche Betriebsstätte), ist die Bemessungsgrundlage vom Unternehmer auf die beteiligten Gemeinden zu zerlegen. Dabei sind die örtlichen Verhältnisse und die durch das Vorhandensein der Betriebsstätte erwachsenden Gemeindelasten zu berücksichtigen.

(2) Bei Wanderunternehmen ist die Bemessungsgrundlage vom Unternehmer im Verhältnis der Betriebsdauer auf die Gemeinden zu zerlegen.

(3) Einigen sich die Gemeinden mit dem Steuerschuldner über die Zerlegung, ist die Kommunalsteuer nach Maßgabe der Einigung zu erheben.

(4) Auf Antrag einer beteiligten Gemeinde hat das Finanzamt die Zerlegung mit Zerlegungsbescheid durchzuführen, wenn ein berechtigtes Interesse an der Zerlegung dargetan wird. § 196 Abs. 2 bis Abs. 4 und § 297 Abs. 2 erster Satz der Bundesabgabenordnung sind sinngemäß anzuwenden. In der Zerlegung der Bemessungsgrundlage liegt auch die Feststellung der sachlichen und persönlichen Abgabepflicht. Der Antrag kann nur bis zum Ablauf von zehn Jahren ab Entstehung der Steuerschuld (§ 11 Abs. 1) gestellt werden.

(5) Auf Antrag des Steuerschuldners oder einer beteiligten Gemeinde hat das Finanzamt die Bemessungsgrundlage zuzuteilen, wenn zwei oder mehrere Gemeinden die auf einen Dienstnehmer entfallende Bemessungsgrundlage ganz oder teilweise für sich in Anspruch nehmen und ein berechtigtes Interesse an der Zuteilung dargetan wird. Der Antrag kann nur bis zum Ablauf von zehn Jahren ab Entstehung der Steuerschuld (§ 11 Abs. 1) gestellt werden. Der Zuteilungsbescheid hat an den Steuerschuldner und die beteiligten Gemeinden

zu ergehen. Auf die Zuteilung finden die für die Festsetzung der Abgaben geltenden Vorschriften sinngemäß Anwendung.

(6) Ist ein Kommunalsteuerbescheid von einem Zerlegungs- oder Zuteilungsbescheid abzuleiten, ist er ohne Rücksicht darauf, ob die Rechtskraft eingetreten ist, im Falle der nachträglichen Abänderung, Aufhebung oder Erlassung des Zerlegungs- oder Zuteilungsbescheides von Amts wegen von der Gemeinde durch einen neuen Kommunalsteuerbescheid zu ersetzen, oder, wenn die Voraussetzungen für die Erlassung eines abgeleiteten Kommunalsteuerbescheides nicht mehr vorliegen, aufzuheben.

Entstehung der Steuerschuld, Selbstberechnung, Fälligkeit und Steuererklärung

§ 11. (1) Die Steuerschuld entsteht mit Ablauf des Kalendermonates, in dem Lohnzahlungen gewährt, Gestellungsentgelte gezahlt (§ 2 lit. b) oder Aktivbezüge ersetzt (§ 2 lit. c) worden sind. Lohnzahlungen, die regelmäßig wiederkehrend bis zum 15. Tag eines Kalendermonats für den vorangegangenen Kalendermonat gewährt werden, sind dem vorangegangenen Kalendermonat zuzurechnen.

(2) Die Kommunalsteuer ist vom Unternehmer für jeden Kalendermonat selbst zu berechnen und bis zum 15. des darauffolgenden Monates (Fälligkeitstag) an die Gemeinde zu entrichten. Werden laufende Bezüge für das Vorjahr nach dem 15. Jänner bis zum 15. Februar ausgezahlt, ist die Kommunalsteuer bis zum 15. Februar abzuführen.

(3) Ein im Rahmen der Selbstberechnung vom Steuerschuldner selbst berechneter und der Abgabenbehörde bekannt gegebener Kommunalsteuerbetrag ist vollstreckbar. Wird kein selbstberechneter Betrag der Abgabenbehörde bekannt gegeben oder erweist sich die Selbstberechnung als nicht richtig, hat die Festsetzung der Abgabe mit Abgabenbescheid zu erfolgen. Von der Erlassung eines solchen Abgabenbescheides kann abgesehen werden, wenn der Steuerschuldner nachträglich die Selbstberechnung binnen drei Monaten ab Einreichung der Abgabenerklärung berichtigt; erweist sich die Berichtigung als nicht richtig, hat die Gemeinde einen Kommunalsteuerbescheid zu erlassen.

(BGBl I 2015/163)

(4) Für jedes abgelaufene Kalenderjahr hat der Unternehmer bis Ende März des folgenden Kalenderjahres der Gemeinde eine Steuererklärung abzugeben. Die Steuererklärung hat die gesamte auf das Unternehmen entfallende Bemessungsgrundlage aufgeteilt auf die beteiligten Gemeinden zu enthalten. Im Falle der Schließung der einzigen Betriebsstätte in der Gemeinde ist zusätzlich binnen einem Monat ab Schließung an diese Gemeinde eine Steuererklärung mit der Bemessungsgrundlage dieser Gemeinde abzugeben. Die Übermittlung der Steuererklärung hat elektronisch im Wege von FinanzOnline zu erfolgen. Der Bundesminister für Finanzen wird ermächtigt, den Inhalt und das Verfahren der elektronischen Übermittlung mit Verordnung festzulegen. Ist dem Unternehmer die elektronische Übermittlung mangels technischer Voraussetzungen unzumutbar, ist der Gemeinde die Steuererklärung unter Verwendung eines amtlichen Vordruckes zu übermitteln. Die Gemeinden haben die Daten der Steuererklärung hinsichtlich der jeweils auf sie entfallenden Bemessungsgrundlagen der Finanzverwaltung des Bundes im Wege des FinanzOnline zu übermitteln.

Die Abgabenbehörden des Bundes sind berechtigt, die Daten der Steuererklärung nach Maßgabe des § 14 Abs. 2 zu verwenden.

(5) Der Unternehmer hat jene Aufzeichnungen zu führen, die zur Erfassung der abgabepflichtigen Tatbestände dienen.

Eigener Wirkungsbereich der Gemeinde

§ 12. Die in den §§ 5, 10, 11 und 14 geregelten Aufgaben der Gemeinde sind solche des eigenen Wirkungsbereiches.

Zuständigkeit des Finanzamtes

§ 13. Die Zerlegung und Zuteilung der Bemessungsgrundlage ist von dem für die Erhebung der Lohnsteuer zuständigen Finanzamt durchzuführen.

(BGBl I 2019/104, BGBl I 2020/99)

Kommunalsteuerprüfung

§ 14. (1) Die Prüfung der für Zwecke der Kommunalsteuer zu führenden Aufzeichnungen (Kommunalsteuerprüfung) ist nach Maßgabe des § 86 EStG 1988 bzw. des § 41a ASVG durchzuführen. Die Gemeinden sind berechtigt, in begründeten Einzelfällen eine Kommunalsteuerprüfung anzufordern. Wird der Anforderung weder von einem Finanzamt noch von der Österreichischen Gesundheitskasse innerhalb von drei Monaten Folge geleistet, hat die Gemeinde das Recht, eine Kommunalsteuerprüfung nach den Vorschriften der Bundesabgabenordnung über Außenprüfungen durchzuführen. In diesem Fall sind das für die Erhebung der Lohnsteuer zuständige Finanzamt und die Österreichische Gesundheitskasse von der Prüfung zu verständigen.

(BGBl I 2019/104, BGBl I 2020/54)

(2) Die Gemeinden haben den Finanzämtern (§ 81 EStG 1988), der Österreichischen Gesundheitskasse und der Versicherungsanstalt öffentlich Bediensteter, Eisenbahnen und Bergbau alle für die Erhebung der Kommunalsteuer bedeutsamen Daten zur Verfügung zu stellen. Diese Daten dürfen nur in der Art und dem Umfang verwendet werden, als dies zur Wahrnehmung der gesetzlich übertragenen Aufgaben eine wesentliche Voraussetzung ist. Die Verwendung nicht notwendiger Daten (Ballastwissen, Überschusswissen) ist unzulässig. Daten, die mit an Sicherheit grenzender Wahrscheinlichkeit nicht mehr benötigt werden, sind möglichst rasch zu löschen.

(BGBl I 2019/104, BGBl I 2020/54, BGBl I 2020/99)

(3) Der Aufwand für die Kommunalsteuerprüfung ist bei Prüfungen durch das Finanzamt vom Bund, bei Prüfungen durch die Österreichische Gesundheitskasse von dieser und bei Prüfungen durch die Gemeinde von dieser zu tragen.
(BGBl I 2019/104, BGBl I 2020/54)
(BGBl I 2002/132)

Strafbestimmungen

§ 15. (1) Wer unter Verletzung einer abgabenrechtlichen Anzeige-, Offenlegungs- oder Wahrheitspflicht die Kommunalsteuer verkürzt, begeht eine Verwaltungsübertretung. Die Tat wird mit Geldstrafe geahndet, deren Höchstmaß bei vorsätzlicher Begehung bis zum Zweifachen des verkürzten Betrages, höchstens aber 50.000 Euro, bei fahrlässiger Begehung bis zum Einfachen des verkürzten Betrages, höchstens aber 25.000 Euro, beträgt. Für den Fall der Uneinbringlichkeit der Geldstrafe ist bei vorsätzlicher Tatbegehung eine Ersatzfreiheitsstrafe bis zu sechs Wochen, bei fahrlässiger Begehung bis zu drei Wochen festzusetzen.

(2) Wer, ohne hiedurch den Tatbestand des Abs. 1 zu verwirklichen, vorsätzlich die Kommunalsteuer nicht spätestens am fünften Tag nach Fälligkeit entrichtet oder abführt, es sei denn, dass der zuständigen Abgabenbehörde bis zu diesem Zeitpunkt die Höhe des geschuldeten Betrages bekanntgegeben wird, begeht eine Verwaltungsübertretung und ist mit einer Geldstrafe bis zu 5.000 Euro zu bestrafen; für den Fall der Uneinbringlichkeit der Geldstrafe ist eine Ersatzfreiheitsstrafe bis zu zwei Wochen festzusetzen.

(3) Wer, ohne hiedurch den Tatbestand des Abs. 1 zu verwirklichen, vorsätzlich die Kommunalsteuererklärung nicht termingemäß einreicht oder eine abgabenrechtliche Pflicht zur Führung oder Aufbewahrung von Büchern oder sonstigen Aufzeichnungen verletzt, begeht eine Verwaltungsübertretung und ist mit einer Geldstrafe bis zu 500 Euro zu bestrafen; für den Fall der Uneinbringlichkeit der Geldstrafe ist eine Ersatzfreiheitsstrafe bis zu einer Woche festzusetzen.

(4) Die Ahndung der Verwaltungsübertretungen richtet sich nach dem Verwaltungsstrafgesetz 1991.

Beschwerde und Revision

§ 15a. (1) Fällt ein Verwaltungsgericht des Landes ein Erkenntnis im Zusammenhang mit einer Bestimmung dieses Bundesgesetzes, hat es dem Bundesminister für Finanzen unverzüglich eine schriftliche Ausfertigung des Erkenntnisses zuzustellen. Das gilt auch für Beschlüsse, ausgenommen für verfahrensleitende Beschlüsse.

(2) Der Bundesminister für Finanzen kann in den Angelegenheiten dieses Bundesgesetzes gegen Erkenntnisse und Beschlüsse der Verwaltungsgerichte der Länder wegen Rechtswidrigkeit Revision an den Verwaltungsgerichtshof erheben.
(BGBl I 2016/117)

Inkrafttreten

§ 16. (1) Die Bestimmungen dieses Bundesgesetzes sind erstmals für den Monat Jänner 1994 anzuwenden.

(2) In anderen Bundesgesetzen vorgesehene Befreiungen von bundesgesetzlich geregelten Abgaben gelten nicht für die Kommunalsteuer mit der Maßgabe, daß die auf völkerrechtlichen Verträgen beruhenden sowie internationalen Organisationen eingeräumten Begünstigungen unberührt bleiben. Soweit in diesem Bundesgesetz auf andere Bundesgesetze verwiesen wird, sind diese in ihrer jeweils geltenden Fassung anzuwenden.

(3) § 7 Abs. 2 und § 8 Z 1, jeweils in der Fassung BGBl. I Nr. 10/1998, sind erstmals für den Monat Jänner 1998 anzuwenden.

(4) § 2, § 5 Abs. 1 letzter Satz, § 6 erster Satz und § 11 Abs. 1 erster Satz, jeweils in der Fassung des Bundesgesetzes BGBl. I Nr. 142/2000, sind erstmals für den Monat Jänner 2001 anzuwenden.

(5) § 9 sowie § 15 Abs. 1 und 2, jeweils in der Fassung des Bundesgesetzes BGBl. I Nr. 59/2001, sind erstmals für den Monat Jänner 2002 anzuwenden.

(6) § 2 lit. b, § 5 Abs. 1, § 6, § 7 Abs. 1, § 9, § 15 Abs. 1 und 2, jeweils in der Fassung des Bundesgesetzes BGBl. I Nr. 144/2001 sind erstmals für den Monat Jänner 2002 anzuwenden.

(7) § 11 Abs. 5 und § 12, jeweils in der Fassung des Bundesgesetzes BGBl. I Nr. 132/2002, sind erstmals für den Monat Jänner 2003 anzuwenden. § 14 in der Fassung des Bundesgesetzes BGBl. I Nr. 132/2002 ist erstmals auf Kommunalsteuerprüfungen anzuwenden, die nach dem 31. Dezember 2002 begonnen werden. § 14 in der Fassung vor dem Bundesgesetz BGBl. I Nr. 132/2002 ist letztmals für Dienstgeberbeiträge anzuwenden, für die der Anspruch vor dem 1. Jänner 2003 entsteht.

(8) § 3 Abs. 4, § 6, § 7 Abs. 2 und § 8 Z 1 in der Fassung des Bundesgesetzes BGBl. I Nr. 180/2004 sind erstmals für den Monat Oktober 2004 anzuwenden. § 11 Abs. 4 in der Fassung des Bundesgesetzes BGBl. I Nr. 180/2004 ist erstmals auf Steuererklärungen für das Kalenderjahr 2005 anzuwenden.

(9) § 10 Abs. 4 und 5 in der Fassung des Bundesgesetzes BGBl. I Nr. 20/2009 tritt mit 1. Jänner 2010 in Kraft.

(10) § 2 lit. a und § 5 Abs. 1 lit. a jeweils in der Fassung des Bundesgesetzes BGBl. I Nr. 52/2009 treten mit 1. Jänner 2010 in Kraft.

(11) § 5 Abs. 2 lit. c in der Fassung des Bundesgesetzes BGBl. I Nr. 76/2011 tritt mit 1. Jänner 2012 in Kraft. § 5 Abs. 2 lit. c in der Fassung vor dem Bundesgesetz BGBl. I Nr. 76/2011 ist weiterhin anzuwenden, wenn die Bestimmung des § 124b Z 195 des Einkommensteuergesetzes 1988 für Bezüge nach § 3 Abs. 1 Z 10 des Einkommensteuergesetzes 1988 zur Anwendung kommt.

14/7. KommStG
§§ 16, 17

(12) § 4 Abs. 3 und § 7 Abs. 1, jeweils in der Fassung des Bundesgesetzes BGBl. I Nr. 117/2016 treten mit 1. Jänner 2017 in Kraft.
(BGBl I 2016/117)
(13) § 14 in der Fassung des Bundesgesetzes BGBl. I Nr. 98/2018, tritt mit 1. Jänner 2020 in Kraft.
(BGBl I 2018/98)
(14) Steuerfreie Zulagen und Bonuszahlungen gemäß § 124b Z 350 lit. a EStG 1988 sind von der Kommunalsteuer befreit.
(BGBl I 2020/103)
(15) Steuerfreie Zulagen und Bonuszahlungen gemäß § 124b Z 408 lit. a EStG 1988 (Teuerungsprämie) sind von der Kommunalsteuer befreit.
(BGBl I 2022/93)
(16) § 13 in der Fassung des Bundesgesetzes BGBl. I Nr. 104/2019, tritt mit 1. Jänner 2021 in Kraft.
(BGBl I 2019/104, BGBl I 2020/99)
(17) § 14 in der Fassung des Bundesgesetzes BGBl. I Nr. 104/2019 tritt nicht in Kraft.
(BGBl I 2020/54)
(18) § 14 in der Fassung des Bundesgesetzes BGBl. I Nr. 54/2020 tritt mit 1. Juli 2020 in Kraft.
(BGBl I 2020/54)
(19) § 14 Abs. 2 in der Fassung des Bundesgesetzes BGBl. I Nr. 99/2020, tritt nicht in Kraft.
(BGBl I 2020/99, BGBl I 2021/3)
„(20) **Steuerfreie Zulagen und Bonuszahlungen gemäß § 124b Z 447 EStG 1988 (Mitarbeiterprämie) sind von der Kommunalsteuer befreit.**"
(Start-Up-FG, BGBl I 2023/200 ab 1.1.2024)

Vollziehung
§ 17. Mit der Vollziehung dieses Bundesgesetzes ist der Bundesminister für Finanzen betraut.

14/7/1. KommStG
VO Datenübermittlung

14/7/1. VO Datenübermittlung
BGBl II 2002/453 idF BGBl II 2020/579

Verordnung des Bundesministers für Finanzen betreffend die Datenübermittlung im Zusammenhang mit der Prüfung lohnabhängiger Abgaben und Beiträge
(BGBl II 2019/438)

Auf Grund § 14 Abs. 2 Kommunalsteuergesetz 1993 wird verordnet:

§ 1. (1) Die Übermittlung jener Daten, die eine wesentliche Voraussetzung zur Wahrnehmung der Aufgaben im Zusammenhang mit der Kommunalsteuerprüfung darstellen, welche gemäß § 14 Abs. 2 Kommunalsteuergesetz von den für die Lohnsteuerprüfung zuständigen Finanzämtern (§ 81 EStG 1988) und von den für die Sozialversicherungsprüfung zuständigen Krankenversicherungsträgern (§ 41a Abs. 1 und 2 ASVG) durchzuführen ist, erfolgt im Weg des Verfahrens FinanzOnline (FinanzOnline-Verordnung – FOnV 2006, BGBl. II Nr. 97/2006 in der geltenden Fassung).
(BGBl II 2019/438)

(2) Teilnehmer im Sinne des § 2 FOnV 2006 sind alle im Bundesgebiet gelegenen Gemeinden.
(BGBl II 2019/438)

(3) Die Anmeldung zur automationsunterstützten Datenübermittlung hat nach § 3 FOnV 2006, jedoch ausschließlich persönlich, zu erfolgen.
(BGBl II 2019/438)

§ 2. (1) Die Teilnehmer gemäß § 1 Abs. 2 haben folgende Daten zu übermitteln:
– die Steuernummern (§ 57 Abs. 1 BAO in Verbindung mit § 81 EStG 1988) der Unternehmer, für die die jeweilige Gemeinde gemäß § 7 Kommunalsteuergesetz 1993 erhebungsberechtigt ist,
– die jährliche Bemessungsgrundlage gemäß § 5 Kommunalsteuergesetz 1993 in Euro,
– die Angabe, ob eine Nachschau im Sinne der landesrechtlichen Regelungen durchgeführt wurde,
– die Angabe, ob Vereinbarungen bzw. Kontrollmaterial vorliegen,
– außerordentliche Wahrnehmungen.
(BGBl II 2020/579)

(2) Die Teilnehmer gemäß § 1 Abs. 2 sind berechtigt, den Prüfungsstatus jener Unternehmer abzufragen, hinsichtlich derer sie zur automationsunterstützten Datenübermittlung nach Abs. 1 verpflichtet sind.

(3) Die Abgabenbehörden sind verpflichtet, folgende Ergebnisse der Kommunalsteuerprüfungen den jeweils hebeberechtigten Gemeinden zu übermitteln:
– die jährliche Bemessungsgrundlage gemäß § 5 Kommunalsteuergesetz 1993 und
– die Prüfungsfeststellungen.

14/7/2. KommStG
VO Datenübermittlung

§ 3. (1) Die Verordnung tritt mit 20. Jänner 2003 in Kraft.
(BGBl II 2019/438)
(2) § 1 Abs. 1 in der Fassung der Verordnung BGBl. II Nr. 438/2019 tritt mit 1. Jänner 2020 in Kraft.
(BGBl II 2019/438)
(3) § 2 Abs. 1 in der Fassung der Verordnung BGBl. II Nr. 579/2020 tritt mit 1. Jänner 2021 in Kraft.
(BGBl II 2020/579)

14/7/2. VO über die elektronische Übermittlung von Kommunalsteuererklärungen

BGBl II 2005/257 idF BGBl II 2020/579

Verordnung des Bundesministers für Finanzen über die elektronische Übermittlung von Kommunalsteuererklärungen

Auf Grund des § 11 Abs. 4 Kommunalsteuergesetz 1993, BGBl. Nr. 819/1993, zuletzt geändert durch das AbgÄG 2004, BGBl. I Nr. 180/2004, wird verordnet:

§ 1. (1) Die elektronische Übermittlung der Kommunalsteuererklärungen an die Gemeinden hat nach der FinanzOnline Verordnung 2006, BGBl. II Nr. 97/2006, im Verfahren FinanzOnline (https://finanzonline.bmf.gv.at) zu erfolgen. Der Bund (Bundesministerium für Finanzen) ist dabei Auftragsverarbeiter (Art. 4 Z 8 Datenschutz-Grundverordnung, ABl. Nr. L 119 vom 4. 5. 2016 S. 1) der Gemeinden.
(BGBl II 2020/579)

(2) Zur Durchführung der elektronischen Übermittlung der Kommunalsteuererklärungen an die Gemeinden sind in FinanzOnline (https://finanzonline.bmf.gv.at) die entsprechenden Funktionen zur Verfügung zu stellen und es sind die für eine Datenstromübermittlung erforderlichen organisatorischen und technischen Spezifikationen (zB XML-Struktur) im Internet unter der Adresse www.bmf.gv.at zur Abfrage bereit zu halten. Datenstromübermittlungen gelten als erst dann eingebracht, wenn sie in zur vollständigen Weiterbearbeitung geeigneter Form beim Bund einlangen. Kommunalsteuererklärungen, die technisch erfolgreich übermittelt wurden, hat der Bund in geeigneter Weise zu bestätigen; insbesondere sind die im Sinn des vorhergehenden Satzes als nicht eingebracht geltenden Kommunalsteuererklärungen kenntlich zu machen.

(3) Der Bund hat die bei ihm als eingebracht geltenden Kommunalsteuererklärungen unter Anschluss der erforderlichen Daten unverzüglich elektronisch an die Gemeinden weiter zu leiten. Der Bund darf im Rahmen seiner Dienstleistung (§ 1) keine Prüfung der Daten hinsichtlich des Inhalts, der Steuerpflichtigeneigenschaft und einer allfälligen Vertretungsbefugnis durchführen.

§ 2. Dem Steuerpflichtigen ist die elektronische Übermittlung der Steuererklärung unzumutbar, wenn er nicht über die dazu erforderlichen technischen Voraussetzungen verfügt. Der Steuerpflichtige muss daher die Steuererklärung, die er selbst einreicht, nur dann elektronisch übermitteln, wenn er über einen Internet-Anschluss verfügt und er wegen Überschreitens der Umsatzgrenze zur Abgabe von Umsatzsteuervoranmeldungen verpflichtet ist. Reicht ein inländischer berufsmäßiger Parteienvertreter die Erklärung ein, so besteht die Verpflichtung zur elektronischen Übermittlung nur dann, wenn der Parteienvertreter über einen Internet-Anschluss verfügt und wegen Überschreitens

4/7/2. KommStG
VO Datenübermittlung

der Umsatzgrenze zur Abgabe von Umsatzsteuervoranmeldungen verpflichtet ist.

§ 3. Der amtliche Vordruck der Kommunalsteuererklärung ist im Internet unter der Adresse www.bmf.gv.at zur Abfrage bereit zu halten. Die Gemeinden haben dem Steuerpflichtigen auf seinen Antrag einen Ausdruck des amtlichen Vordrucks zur Verfügung zu stellen.

§ 4. Kommunalsteuererklärungen für das Kalenderjahr sind elektronisch erstmals für das Kalenderjahr 2005 zu übermitteln. Kommunalsteuererklärungen im Fall der Schließung der einzigen Betriebsstätte in der Gemeinde sind elektronisch für Schließungen ab dem 1. Jänner 2006 zu übermitteln.

14/8. Neugründungs-Förderungsgesetz

Neugründungs-Förderungsgesetz, BGBl I 1999/106 idF

1 BGBl I 2002/68	2 BGBl I 2002/111	3 BGBl I 2002/132 (2. AbgÄG 2002)
4 BGBl I 2004/180 (AbgÄG 2004)	5 BGBl I 2011/76 (AbgÄG 2011)	6 BGBl I 2012/112 (AbgÄG 2012)
7 BGBl I 2017/40 (DeregG 2017)	8 BGBl I 2018/100 (SV-OG)	

GLIEDERUNG

- § 1. Förderung der Neugründung
- § 2. Begriff der Neugründung
- § 3. Zeitpunkt der Neugründung
- § 4. Erklärung der Neugründung
- § 5. Meldeverpflichtung
- § 5a. Betriebsübertragung
- § 6. Zeitlicher Anwendungsbereich
- § 7. Amtshilfe
- § 7a. Verwendung personenbezogener Bezeichnungen
- § 8. Vollziehung

Bundesgesetz, mit dem die Neugründung von Betrieben und die Übertragung von Klein- und Mittelbetrieben gefördert wird (Neugründungs-Förderungsgesetz – NeuFöG)

Förderung der Neugründung

§ 1. Zur Förderung der Neugründung von Betrieben werden nach Maßgabe der §§ 2 bis 6 nicht erhoben:

1. Stempelgebühren und Bundesverwaltungsabgaben für die durch eine Neugründung unmittelbar veranlaßten Schriften und Amtshandlungen;
2. Grunderwerbsteuer für die Einbringung von Grundstücken auf gesellschaftsvertraglicher Grundlage unmittelbar im Zusammenhang mit der Neugründung der Gesellschaft, soweit Gesellschaftsrechte oder Anteile am Vermögen der Gesellschaft als Gegenleistung gewährt werden;
3. Gerichtsgebühren für die Eintragungen in das Firmenbuch (Tarifpost 10 Z I des Gerichtsgebührengesetzes) unmittelbar im Zusammenhang mit der Neugründung des Betriebes;
4. Gerichtsgebühren für die Eintragungen in das Grundbuch zum Erwerb des Eigentums (Tarifpost 9 lit. a und lit. b des Gerichtsgebührengesetzes) für die Einbringung von Grundstücken auf gesellschaftsvertraglicher Grundlage unmittelbar im Zusammenhang mit der Neugründung der Gesellschaft, soweit Gesellschaftsrechte oder Anteile am Vermögen der Gesellschaft als Gegenleistung gewährt werden;
5. Gesellschaftsteuer für den Erwerb von Gesellschaftsrechten unmittelbar im Zusammenhang mit der Neugründung der Gesellschaft durch den ersten Erwerber;
6. Börsenumsatzsteuer für die Einbringung von Wertpapieren auf gesellschaftsvertraglicher Grundlage unmittelbar im Zusammenhang mit der Neugründung der Gesellschaft, soweit Gesellschaftsrechte oder Anteile am Vermögen der Gesellschaft als Gegenleistung gewährt werden;
7. die für beschäftigte Arbeitnehmer (Dienstnehmer) anfallenden Dienstgeberbeiträge zum Familienlastenausgleichsfonds (§§ 41 ff des Familienlastenausgleichsgesetzes 1967, Wohnbauförderungsbeiträge des Dienstgebers oder Auftraggebers (§ 3 Abs. 2 des Bundesgesetzes über die Einhebung eines Wohnbauförderungsbeitrages), Beiträge zur gesetzlichen Unfallversicherung (§ 51 Abs. 1 Z 2, § 52 und § 53a des Allgemeinen Sozialversicherungsgesetzes) unbeschadet des Bestandes der Pflichtversicherung in der gesetzlichen Unfallversicherung sowie die in diesem Zeitraum für beschäftigte Arbeitnehmer anfallende Kammerumlage nach § 122 Abs. 7 und 8 des Wirtschaftskammergesetzes 1998 nach Maßgabe folgender Bestimmungen:
   - Die Begünstigung kann im Kalendermonat der Neugründung sowie in den folgenden 35 Kalendermonaten für beschäftigte Arbeitnehmer (Dienstnehmer) in Anspruch genommen werden.
   - Die Begünstigung besteht für den Kalendermonat, in dem erstmals ein Arbeitnehmer (Dienstnehmer) beschäftigt wird und die folgenden elf Kalendermonate. Erfolgt die erstmalige Beschäftigung vor der Neugründung, beginnt der Begünstigungszeitraum mit dem Kalendermonat der Neugründung.

- Ab dem zwölften Kalendermonat, das dem Kalendermonat der Neugründung folgt, ist die Begünstigung nur noch für die ersten drei beschäftigten Arbeitnehmer (Dienstnehmer) anzuwenden.

Begriff der Neugründung

§ 2. Die Neugründung eines Betriebes liegt unter folgenden Voraussetzungen vor:
1. Es wird durch Schaffung einer bisher nicht vorhandenen betrieblichen Struktur ein Betrieb neu eröffnet, der der Erzielung von Einkünften im Sinne des § 2 Abs. 3 Z 1 bis 3 des Einkommensteuergesetzes 1988 dient.
2. Die die Betriebsführung innerhalb von zwei Jahren nach der Neugründung beherrschende Person (Betriebsinhaber) hat sich bisher nicht in vergleichbarer Art beherrschend betrieblich betätigt.
3. Es liegt keine bloße Änderung der Rechtsform in Bezug auf einen bereits vorhandenen Betrieb vor.
4. Es liegt kein bloßer Wechsel in der Person des Betriebsinhabers in Bezug auf einen bereits vorhandenen Betrieb durch eine entgeltliche oder unentgeltliche Übertragung des Betriebes vor.
5. Es wird im Kalendermonat der Neugründung und in den folgenden elf Kalendermonaten die geschaffene betriebliche Struktur nicht durch Erweiterung um bereits bestehende andere Betriebe oder Teilbetriebe verändert.

Zeitpunkt der Neugründung

§ 3. Als Kalendermonat der Neugründung gilt jener, in dem der Betriebsinhaber erstmals werbend nach außen in Erscheinung tritt.

Erklärung der Neugründung

§ 4. Die Wirkungen nach § 1 treten unter den Voraussetzungen des Abs. 1 bis 4 ein.

(1) Die Wirkungen nach § 1 Z 1 bis 6 treten nur dann ein, wenn der Betriebsinhaber bei den in Betracht kommenden Behörden einen amtlichen Vordruck vorlegt, in dem die Neugründung erklärt wird. Auf amtlichen Vordruck sind zu erklären:
1. das Vorliegen der Voraussetzungen nach § 2,
2. der Kalendermonat nach § 3,

(2) Die Wirkungen nach § 1 Z 7 treten nur dann ein, wenn der Betriebsinhaber ein amtliches Formular im Sinne des Abs. 1 erstellt.

(3) Auf dem amtlichen Vordruck muß in den Fällen des Abs. 1 und 2 bestätigt sein, daß die Erklärung der Neugründung unter Inanspruchnahme der Beratung jener gesetzlichen Berufsvertretung, der der Betriebsinhaber zuzurechnen ist, erstellt worden ist. Betrifft die Neugründung ein freies Gewerbe, so hat die entsprechend dem vorhergehenden Satz zuständige gesetzliche Berufsvertretung auch zu bestätigen, dass der Betriebsinhaber über grundlegende unternehmerische Kenntnisse verfügt. Kann der Betriebsinhaber keiner gesetzlichen Berufsvertretung zugerechnet werden, ist eine Beratung durch die Sozialversicherungsanstalt der Selbständigen oder durch die Wirtschaftskammer in Anspruch zu nehmen. Der Bundesminister für Finanzen ist ermächtigt, das Verfahren der Bestätigung sowie die Voraussetzungen, unter denen in Bagatellfällen ein solches Verfahren unterbleiben kann, mit Verordnung festzulegen.

(BGBl I 2018/100)

(4) Unbeschadet der Abs. 1 bis 3 kann der Betriebsinhaber die Erkärung über die Neugründung über das Unternehmensserviceportal alternativ auch elektronisch vornehmen, soweit die technischen Voraussetzungen gegeben sind. Die Beratung durch die Sozialversicherungsanstalt oder durch die Berufsvertretung gemäß Abs. 3 kann in diesen Fällen auch auf fernmündlichen Kommunikationswegen oder unter Verwendung technischer Einrichtungen zur Wort- und Bildübertragung erfolgen und ist durch den Betriebsinhaber zu bestätigen. Die Erklärung hat jedenfalls folgende Inhalte zu umfassen:
1. das Vorliegen der Voraussetzungen nach § 2,
2. den Kalendermonat nach § 3.

Die Wirkungen nach § 1 treten ein, wenn die in Betracht kommenden Behörden elektronischen Zugriff auf die elektronische Erklärung haben. Ein Ausdruck der Erklärung über das Unternehmensserviceportal ist elektronisch zu signieren und gilt als amtlicher Vordruck im Sinne des Abs. 1 und 2. Der Bundesminister für Finanzen ist ermächtigt, das elektronische Verfahren der Erklärung über das Unternehmensserviceportal sowie einer automatisierten Prüfung der Voraussetzungen mit Verordnung festzulegen.

(BGBl I 2017/40)

(5) Ist zwischen der gesetzlichen Berufsvertretung, der der Betriebsinhaber zuzurechnen ist, und den in Betracht kommenden Behörden ein ständiger Datenverkehr eingerichtet, können die Erklärungen gemäß § 4 Abs. 1 von der gesetzlichen Berufsvertretung an die in Betracht kommenden Behörden elektronisch übermittelt werden. In diesen Fällen entfällt die Verpflichtung zur Vorlage eines amtlichen Vordruckes. Der Bundesminister für Finanzen wird ermächtigt, den Inhalt und das Verfahren der elektronischen Erklärungsübermittlung im Einvernehmen mit dem Bundesminister für Justiz, dem Bundesminister für soziale Sicherheit, Generationen und Konsumentenschutz, dem Bundesminister für Wirtschaft und Arbeit und dem für die gesetzliche Berufsvertretung jeweils zuständigen Bundesminister festzulegen.

Meldeverpflichtung

§ 5. Wird die Betriebsinhabervoraussetzung im Sinne des § 2 Z 2 nicht erfüllt oder wird der neugegründete Betrieb im Sinne des § 2 Z 5 erweitert, so entfällt nachträglich (rückwirkend) der Eintritt der Wirkungen des § 1. Der Betriebsinhaber ist verpflichtet, diesen Umstand allen vom Wegfall der Wirkungen betroffenen Behörden unverzüglich mitzuteilen.

Betriebsübertragung

§ 5a. (1) Eine Betriebsübertragung liegt vor, wenn
1. bloß ein Wechsel in der Person des die Betriebsführung beherrschenden Betriebsinhabers in Bezug auf einen bereits vorhandenen Betrieb (Teilbetrieb) durch eine entgeltliche oder unentgeltliche Übertragung des Betriebes (Teilbetrieb) erfolgt (§ 2 Z 4) und
2. die die Betriebsführung innerhalb von zwei Jahren nach der Übertragung beherrschende Person (Betriebsinhaber) sich bisher nicht in vergleichbarer Art beherrschend betrieblich betätigt hat.

(2) Für Betriebsübertragungen gilt Folgendes:
1. Die Bestimmungen des § 1 Z 1, 3 und 5 sowie der §§ 3, 4 und 7 sind sinngemäß anzuwenden.
2. Die Grunderwerbsteuer von steuerbaren Vorgängen, die mit einer Betriebsübertragung im Sinne des Abs. 1 in unmittelbarem Zusammenhang stehen, wird nicht erhoben, soweit der für die Steuerberechnung maßgebende Wert 75.000 Euro nicht übersteigt.
3. Der Eintritt der Wirkungen der Z 2 sowie des § 1 Z 1, 3 und 5 entfällt nachträglich (rückwirkend), wenn die Betriebsinhabervoraussetzung im Sinne des § 5a Abs. 1 Z 2 nicht erfüllt wird oder der Betriebsinhaber innerhalb von fünf Jahren nach der Übergabe den übernommenen Betrieb oder wesentliche Grundlagen davon entgeltlich oder unentgeltlich überträgt, betriebsfremden Zwecken zuführt oder wenn der Betrieb aufgegeben wird. Der Betriebsinhaber ist verpflichtet, diesen Umstand allen vom Wegfall der Wirkungen betroffenen Behörden unverzüglich mitzuteilen.

Zeitlicher Anwendungsbereich

§ 6. (1) Dieses Bundesgesetz ist anzuwenden auf
1. Neugründungen, die nach dem 1. Mai 1999 erfolgen;
2. Betriebsübertragungen, die nach dem 31. Dezember 2001 erfolgen.

(2) § 5a Abs. 2 in der Fassung des Bundesgesetzes BGBl. I Nr. 132/2002 ist auf Betriebsübertragungen nach dem 31. Dezember 2001 anzuwenden.

(3) § 4 Abs. 5 und § 7 Abs. 1 in der Fassung des Bundesgesetzes BGBl. I Nr. 180/2004 treten mit 1. Jänner 2005 in Kraft.

(4) § 5a Abs. 2 in der Fassung vor seiner Änderung durch das Bundesgesetz BGBl. I Nr. 180/2004 ist hinsichtlich der Gerichtsgebühren für die Eintragungen in das Grundbuch noch auf Betriebsübertragungen anzuwenden, bei denen die Grundbuchseintragung vor dem 1. November 2004 vorgenommen wird.

(5) § 1 Z 7 in der Fassung des Bundesgesetzes BGBl. I Nr. 76/2011 ist für Neugründungen anzuwenden, die nach dem 31. Dezember 2011 erfolgen.

(6) § 4 Abs. 1 in der Fassung des Bundesgesetzes BGBl. I Nr. 112/2012 tritt mit 1. Jänner 2013 in Kraft.

(BGBl I 2017/40)

(7) § 4 Abs. 3 und 4 in der Fassung des Deregulierungsgesetzes 2017, BGBl. I Nr. 40/2017, tritt mit 31. Juli 2017 in Kraft.

(BGBl I 2017/40)

Amtshilfe

§ 7. (1) Die gesetzlichen Berufsvertretungen und die Sozialversicherungsanstalt der Selbständigen sind verpflichtet, Abschriften der amtlichen Vordrucke, auf denen Bestätigungen im Sinne des § 4 angebracht worden sind, herzustellen und sieben Jahre ab Ende des Jahres, in dem die Bestätigung angebracht worden ist, aufzubewahren. Im Falle einer elektronischen Erklärungsübermittlung gemäß § 4 Abs. 5 sind die Daten bis zum Ablauf von sieben Jahren ab Ende des Jahres, in dem die Daten elektronisch übermittelt wurden, aufzubewahren. Die Aufbewahrung kann entweder in Form dauerhafter Wiedergabe der übermittelten Daten oder durch Speicherung der übermittelten Daten auf einem Datenträger erfolgen; eine Aufbewahrung auf Datenträgern ist nur zulässig, wenn die vollständige, geordnete und inhaltsgleiche Wiedergabe bis zum Ablauf der im zweiten Satz genannten Aufbewahrungsfrist jederzeit gewährleistet ist.

(BGBl I 2018/100)

(2) Die gesetzlichen Berufsvertretungen und die Sozialversicherungsanstalt der Selbständigen sind verpflichtet, den für die Erhebung der in § 1 genannten Abgaben, Gebühren und Beiträge zuständigen Institutionen auf Verlangen Auskünfte zu erteilen, die zur Vollziehung dieses Gesetzes erforderlich sind.

(BGBl I 2018/100)

(3) Die für die Erhebung der in § 1 genannten Abgaben, Gebühren und Beiträge zuständigen Institutionen sind berechtigt, den jeweils zuständigen Institutionen Umstände mitzuteilen, die dafür sprechen, daß die Voraussetzungen für eine geltend gemachte Befreiung nicht oder nicht mehr vorliegen.

Verwendung personenbezogener Bezeichnungen

§ 7a. Bei allen in diesem Gesetz verwendeten personenbezogenen Bezeichnungen gilt die gewählte Form für beide Geschlechter.

Vollziehung

§ 8. Mit der Vollziehung dieses Bundesgesetzes sind betraut
a) der Bundesminister für Finanzen, soweit die Gebühren nach dem Gebührengesetz, die Bundesverwaltungsabgaben, die Grunderwerbsteuer, die Gesellschaftsteuer und die Börsenumsatzsteuer betroffen sind,

b) der Bundesminister für Justiz im Einvernehmen mit dem Bundesminister für Finanzen, soweit die Gerichtsgebühren betroffen sind,
c) der Bundesminister für Umwelt, Jugend und Familie, soweit die Dienstgeberbeiträge zum Familienlastenausgleichsfonds betroffen sind,
d) der Bundesminister für Arbeit und Soziales, soweit die Wohnbauförderungsbeiträge des Dienstgebers oder Auftraggebers, die Beiträge zur gesetzlichen Unfallversicherung sowie die Mitwirkung im Sinne des § 4 betroffen sind,
e) der Bundesminister für wirtschaftliche Angelegenheiten, soweit die Kammerumlage sowie die Mitwirkung im Sinne des § 4 betroffen ist,
f) der für die gesetzliche Berufsvertretung jeweils zuständige Bundesminister, soweit die Mitwirkung im Sinne des § 4 betroffen ist, wenn sich keine Zuständigkeit aus lit. d oder e ergibt,
g) der Bundesminister für Finanzen in den übrigen Bereichen.

14/8/1. Neugründungs-Förderungsverordnung

BGBl II 1999/278 idF BGBl II 2015/390

Verordnung des Bundesministers für Finanzen, des Bundesministers für Justiz, der Bundesministerin für Familien und Jugend, des Bundesministers für Arbeit, Soziales und Konsumentenschutz und des Bundesministers für Wissenschaft, Forschung und Wirtschaft zum Neugründungs-Förderungsgesetz betreffend Neugründungen (Neugründungs-Förderungsverordnung)
(BGBl II 2015/390)

Förderung der Neugründung

§ 1. (1) Schriften und Amtshandlungen sind im Sinne des § 1 Z 1 NeuFöG unmittelbar durch eine Neugründung veranlaßt, wenn sie in einem konkreten Zusammenhang mit der Neugründung eines Betriebes (§ 2 NeuFöG) stehen. Fallen Schriften und Amtshandlungen im Zusammenhang mit allgemeinen persönlichen Qualifikationserfordernissen oder allgemeinen sachlichen Erfordernissen an, sind sie nicht unmittelbar durch die Neugründung veranlaßt, und zwar auch dann nicht, wenn sie im Vorfeld einer Neugründung erforderlich sind.
(BGBl II 2015/390)

(2) Gesellschaften im Sinne des § 1 Z 2 und 4 NeuFöG sind Kapitalgesellschaften, eingetragene Personengesellschaften sowie vergleichbare ausländische Gesellschaften und Europäische wirtschaftliche Interessenvereinigungen (EWIV), nicht aber Gesellschaften bürgerlichen Rechts.
(BGBl II 2015/390)

(3) Arbeitnehmer (Dienstnehmer) im Sinne des § 1 Z 7 NeuFöG sind
– Arbeitnehmer im Sinne des § 47 Abs. 1 EStG 1988,
– Personen, die in § 4 Abs. 1 ASVG in der ab 1. Jänner 2000 geltenden Fassung genannt sind sowie
– Personen, die an Kapitalgesellschaften im Sinne des § 22 Z 2 EStG 1988 beteiligt sind.
(BGBl II 2015/390)

Begriff der Neugründung

§ 2. (1) Unter einem Betrieb im Sinne des § 2 Z 1 NeuFöG ist die Zusammenfassung menschlicher Arbeitskraft und sachlicher Betriebsmittel in einer organisatorischen Einheit zu verstehen. Ein Betrieb wird neu eröffnet, wenn die für den konkreten Betrieb wesentlichen Betriebsgrundlagen neu geschaffen werden. Der Betrieb muß der Erzielung von Einkünften aus Land- und Forstwirtschaft, Einkünften aus selbständiger Arbeit (einschließlich Einkünften aus sonstiger selbständiger Arbeit) oder von Einkünften aus Gewerbebetrieb dienen. Keine Neugründung eines Betriebes liegt bei Auf-

nahme einer Betätigung im Sinne des § 1 Abs. 2 der Liebhabereiverordnung, BGBl. Nr. 33/1993, vor.
(BGBl II 2015/390)

(2) Betriebsinhaber ist die die Betriebsführung beherrschende natürliche oder juristische Person. Betriebsinhaber im Sinne des § 2 Z 2 NeuFöG sind ungeachtet allfälliger gesellschaftsvertraglicher Sonderbestimmungen:
- Einzelunternehmer,
- persönlich haftende Gesellschafter von Personengesellschaften,
- nicht persönlich haftende Gesellschafter von Personengesellschaften, wenn sie entweder zu mindestens 50% am Vermögen der Gesellschaft beteiligt sind oder wenn sie zu mehr als 25% am Vermögen der Gesellschaft beteiligt und zusätzlich zur Geschäftsführung befugt sind,
- Gesellschafter von Kapitalgesellschaften, wenn sie entweder zu mindestens 50% am Vermögen der Gesellschaft beteiligt sind oder wenn sie zu mehr als 25% am Vermögen der Gesellschaft beteiligt und zusätzlich zur Geschäftsführung befugt sind.

(BGBl II 2015/390)

(3) Keine Neugründung liegt vor, wenn sich der Betriebsinhaber (Abs. 2) innerhalb der letzten 5 Jahre vor dem Zeitpunkt der Neugründung als Betriebsinhaber (Abs. 2) eines Betriebes vergleichbarer Art betätigt hat. Vergleichbare Betriebe sind solche der selben Klasse im Sinne der Systematik der Wirtschaftstätigkeiten, ÖNACE in der geltenden Fassung (herausgegeben von der Bundesanstalt Statistik Österreich).

(BGBl II 2015/390)

Zeitpunkt der Neugründung

§ 3. Der Betriebsinhaber tritt erstmals nach außen werbend in Erscheinung (Zeitpunkt der Neugründung), wenn die für den Betrieb typischen Leistungen am Markt angeboten werden.

Erklärung der Neugründung

§ 4. (1) Die Wirkungen des § 1 Z 1 bis 6 NeuFöG treten nur dann ein, wenn der Betriebsinhaber bei den in Betracht kommenden Behörden den amtlichen Vordruck, in dem die Neugründung erklärt wird, vorlegt.

(BGBl II 2015/390)

(2) Auf dem amtlichen Vordruck muß bestätigt sein, daß die Erklärung der Neugründung unter Inanspruchnahme der Beratung jener gesetzlichen Berufsvertretung, der der Betriebsinhaber zuzurechnen ist, erstellt worden ist. Kann der Betriebsinhaber keiner gesetzlichen Berufsvertretung zugerechnet werden, ist eine Beratung durch die Sozialversicherungsanstalt der gewerblichen Wirtschaft in Anspruch zu nehmen.

(3) Die Bestätigung über die Beratung durch die Sozialversicherungsanstalt der gewerblichen Wirtschaft kann entfallen, wenn ausschließlich die Wirkungen des § 1 Z 1 NeuFöG eintreten.

(BGBl II 2015/390)

Inkrafttreten

§ 5. § 2 Abs. 3 in der Fassung des BGBl. II Nr. 390/2015, tritt mit 1. Jänner 2016 in Kraft.

(BGBl II 2015/390)

14/8/2. NeuFöG
KMU-VO

14/8/2. KMU-Übertragungs-Förderungsverordnung

BGBl II 2002/483 idF BGBl II 2015/389

Verordnung des Bundesministers für Finanzen und des Bundesministers für Justiz zum Neugründungs-Förderungsgesetz betreffend die Übertragung von Klein- und Mittelbetrieben (KMU-Übertragungs-Förderungsverordnung)

Förderung der Übertragung

§ 1. (1) Schriften und Amtshandlungen sind im Sinne des § 1 Z 1 NeuFöG unmittelbar durch eine Übertragung veranlasst, wenn sie in einem konkreten Zusammenhang mit der Übertragung eines Betriebes (§ 5a NeuFöG) stehen. Fallen Schriften und Amtshandlungen im Zusammenhang mit allgemeinen persönlichen Qualifikationserfordernissen oder allgemeinen sachlichen Erfordernissen an, sind sie nicht unmittelbar durch die Übertragung veranlasst, und zwar auch dann nicht, wenn sie im Vorfeld einer Übertragung erforderlich sind.

(BGBl II 2015/389)

(2) Gesellschaften im Sinne des § 1 Z 4 NeuFöG sind Kapitalgesellschaften, Personengesellschaften des Handelsrechts, eingetragene Erwerbsgesellschaften sowie vergleichbare ausländische Gesellschaften und Europäische wirtschaftliche Interessenvereinigungen (EWIV), nicht aber Gesellschaften bürgerlichen Rechts.

(BGBl II 2015/389)

Begriff der Übertragung

§ 2. (1) Unter einem Betrieb im Sinne des § 5a NeuFöG ist die Zusammenfassung menschlicher Arbeitskraft und sachlicher Betriebsmittel in einer organisatorischen Einheit zu verstehen. Ein Teilbetrieb im Sinne des § 5a NeuFöG ist ein organisch geschlossener Betriebsteil eines Gesamtbetriebes, der mit einer gewissen Selbständigkeit gegenüber dem Gesamtbetrieb ausgestattet und eigenständig lebensfähig ist. Der (Teil-)Betrieb muss der Erzielung von Einkünften aus Land- und Forstwirtschaft, Einkünften aus selbständiger Arbeit (einschließlich Einkünften aus sonstiger selbständiger Arbeit) oder von Einkünften aus Gewerbebetrieb dienen.

(BGBl II 2015/389)

(2) Betriebsinhaber ist die die Betriebsführung beherrschende natürliche oder juristische Person. Betriebsinhaber im Sinne des § 5a NeuFöG sind ungeachtet allfälliger gesellschaftsvertraglicher Sonderbestimmungen:

– Einzelunternehmer,
– persönlich haftende Gesellschafter von Personengesellschaften,
– nicht persönlich haftende Gesellschafter von Personengesellschaften, wenn sie entweder zu mindestens 50% am Vermögen der Gesellschaft beteiligt sind oder wenn sie zu mehr als 25% am Vermögen der Gesellschaft beteiligt und zusätzlich zur Geschäftsführung befugt sind,
– Gesellschafter von Kapitalgesellschaften, wenn sie entweder zu mindestens 50% am Vermögen der Gesellschaft beteiligt sind oder wenn sie zu mehr als 25% am Vermögen der Gesellschaft beteiligt und zusätzlich zur Geschäftsführung befugt sind.

(BGBl II 2015/389)

(3) Eine entgeltliche oder unentgeltliche (Teil-)Betriebsübertragung liegt vor, wenn ein bereits bestehender (Teil-)Betrieb als funktionsfähige Sachgesamtheit übernommen wird.

(4) Keine Betriebsübertragung im Sinne des § 5a Abs. 1 NeuFöG liegt vor, wenn der neue Betriebsinhaber sich innerhalb der letzten 5 Jahre vor dem Zeitpunkt der Übertragung als Betriebsinhaber eines Betriebes vergleichbarer Art betätigt hat. Vergleichbare Betriebe sind solche der selben Klasse im Sinne der Systematik der Wirtschaftstätigkeiten, ÖNACE in der geltenden Fassung (herausgegeben von der Bundesanstalt Statistik Österreich).

(BGBl II 2015/389)

Zeitpunkt der Übertragung

§ 3. Der neue Betriebsinhaber tritt erstmals nach außen werbend in Erscheinung, wenn die Betriebsführungsgewalt auf ihn übergegangen ist.

Erklärung der Übertragung

§ 4. (1) Ab 1. Jänner 2004 treten die Wirkungen des § 1 Z 1 und Z 3 bis 5 sowie des § 5a Abs. 2 Z 2 NeuFöG von vornherein ein, sofern der neue Betriebsinhaber bei den in Betracht kommenden Behörden den amtlichen Vordruck über die Erklärung der Übertragung (NeuFö 3) vorlegt.

(BGBl II 2015/389)

(2) Vor dem 1. September 2002 treten die Wirkungen des § 1 Z 1 und Z 3 bis 5 sowie des § 5a Abs. 2 Z 2 NeuFöG nachträglich (rückwirkend) ein. Die Abgaben und Gebühren sind in diesen Fällen bei nachträglicher Vorlage des amtlichen Vordrucks (NeuFöG) zu erstatten (zurückzuzahlen).

(BGBl II 2015/389)

(3) Von 1. September 2002 bis 31. Dezember 2003 treten die Wirkungen des § 1 Z 1 und Z 3 bis 5 sowie des § 5a Abs. 2 Z 2 NeuFöG wahlweise von vornherein (Abs. 1) oder nachträglich (Abs. 2) ein.

(BGBl II 2015/389)

(4) Auf dem amtlichen Vordruck muss bestätigt sein, dass die Erklärung der Übertragung unter Inanspruchnahme der Beratung jener gesetzlichen Berufsvertretung, der der neue Betriebsinhaber zuzurechnen ist, erstellt worden ist. Betrifft die Übertragung ein freies Gewerbe, so hat die zuständige gesetzliche Berufsvertretung auch zu bestätigen, dass der neue Betriebsinhaber über grundlegende unternehmerische Kenntnisse verfügt. Kann der neue Betriebsinhaber keiner gesetzlichen Berufsvertretung zugerechnet werden, ist eine Beratung durch die Sozialversicherungsanstalt der gewerblichen Wirtschaft in Anspruch zu nehmen.

(5) Die Bestätigung über die Beratung durch die Sozialversicherungsanstalt der gewerblichen Wirtschaft kann entfallen, wenn ausschließlich die Wirkungen des § 1 Z 1 NeuFöG eintreten.
(BGBl II 2015/389)

Inkrafttreten

§ 5. § 2 Abs. 4 in der Fassung des BGBl. II Nr. 389/2015, tritt mit 1. Jänner 2016 in Kraft.
(BGBl II 2015/389)

14/8/3. VO Datenübermittlung

BGBl II 2005/216 idF BGBl II 2012/507

Verordnung des Bundesministers für Finanzen betreffend die elektronische Übermittlung von Erklärungen gemäß § 4 NeuFöG, mit denen eine Neugründung oder eine Übertragung von Betrieben erklärt wird

Auf Grund § 4 Abs. 5 des Neugründungs-Förderungsgesetzes, BGBl. I Nr. 106/1999, in der Fassung des Bundesgesetzes BGBl. I Nr. 180/2004, wird im Einvernehmen mit dem Bundesminister für Justiz, dem Bundesminister für soziale Sicherheit, Generationen und Konsumentenschutz und dem Bundesminister für Wirtschaft und Arbeit verordnet:

§ 1. (1) Die elektronische Übermittlung von Erklärungen gemäß § 4 Abs. 1 NeuFöG, mit denen eine Neugründung oder eine Übertragung von Betrieben erklärt wird, ist nur dann zulässig, wenn zwischen der gesetzlichen Berufsvertretung, der der Betriebsinhaber zuzurechnen ist, und der in Betracht kommenden Behörde ein ständiger Datenverkehr eingerichtet ist.

(2) Die elektronische Übermittlung von Erklärungen gemäß § 4 Abs. 1 NeuFöG an Abgabenbehörden des Bundes ist nicht zulässig.

(3) Für die elektronische Übermittlung von Erklärungen gemäß § 4 Abs. 1 NeuFöG an Gerichte ist die Verordnung des Bundesministers für Justiz über den Elektronischen Rechtsverkehr (ERV 1995), BGBl. Nr. 559/1995, anzuwenden.

§ 2. (1) Die elektronische Übermittlung muss folgende Daten beinhalten:
1. Name bzw. Firmenbezeichnung und Anschrift des antragstellenden Betriebsinhabers,
2. bei natürlichen Personen Versicherungsnummer oder Geburtsdatum,
3. Bezeichnung und Anschrift der gesetzlichen Berufsvertretung, der der Betriebsinhaber zuzurechnen ist,
4. Erklärung, dass bei einer Neugründung des Betriebes die Voraussetzungen nach § 2 NeuFöG und bei einer Übertragung des Betriebes die Voraussetzungen nach § 5a Abs. 1 NeuFöG vorliegen,
5. voraussichtlicher Zeitpunkt der Neugründung oder Übertragung des Betriebes,
6. Bezeichnung und Anschrift der für die Nichterhebung einer Abgabe, Gebühr oder eines Beitrages nach § 1 Z 1 bis 6 NeuFöG in Betracht kommenden Behörde und
7. (aufgehoben)
(BGBl II 2012/507)

(2) Über die in Abs. 1 genannten Daten hinaus dürfen auf Grundlage dieser Verordnung keine weiteren personenbezogenen Daten übermittelt werden.

(3) Die elektronische Übermittlung der in Abs. 1 genannten Daten kann auch durch Übermittlung eines elektronischen Abbildes der vollständig aus-

14/8/3. NeuFöG
VO Datenübermittlung

gefüllten und unterschriebenen Erklärungen gemäß § 4 Abs. 1 NeuFöG erfolgen.

§ 3. Die Bestätigung gemäß § 4 Abs. 3 NeuFöG, dass die Erklärung der Neugründung oder (Teil) Betriebsübertragung unter Inanspruchnahme der Beratung jener gesetzlichen Berufsvertretung, der der Betriebsinhaber zuzurechnen ist, erstellt wurde, ist von dieser gesetzlichen Berufsvertretung in geeigneter Form festzuhalten. Die gesetzliche Berufsvertretung darf eine elektronische Übermittlung erst nach Inanspruchnahme der Beratung vornehmen.

§ 4. (1) Die Übermittlung der Daten kann in einer Sendung oder in mehreren Sendungen erfolgen.

(2) Werden Daten mehrfach übermittelt, sind die jeweils zuletzt übermittelten Daten maßgeblich.

§ 5. (1) Über jede erfolgreiche Sendung hat der Empfänger der gesetzlichen Berufsvertretung eine Empfangsbestätigung mit folgenden Angaben zu übermitteln:

1. Bezeichnung und Anschrift des Empfängers,
2. Name bzw. Firmenbezeichnung und Anschrift des antragstellenden Betriebsinhabers,
3. bei natürlichen Personen Versicherungsnummer oder Geburtsdatum,
4. Bezeichnung und Anschrift der gesetzlichen Berufsvertretung, der der Betriebsinhaber zuzurechnen ist,
5. (aufgehoben)
   (BGBl II 2012/507)
6. Datum und Uhrzeit der Übermittlung und
7. Anzahl der richtigen und fehlerhaften Meldungen.

(2) Die Empfangsbestätigung (Abs. 1) kann auch elektronisch übermittelt werden.

(3) Im Falle einer Übermittlung eines elektronischen Abbildes der vollständig ausgefüllten und unterschriebenen Erklärungen gemäß § 4 Abs. 1 NeuFöG (§ 2 Abs. 3) entfällt das Erfordernis der Übermittlung einer Empfangsbestätigung gemäß Abs. 1.

§ 6. Wird bei den übermittelten Daten ein Fehler festgestellt, so ist dies der gesetzlichen Berufsvertretung mitzuteilen.

§ 7. Diese Verordnung tritt am 1. Juli 2005 in Kraft.

14/9. Werbeabgabegesetz 2000

Werbeabgabegesetz 2000, BGBl I 2000/29 idF
1 BGBl I 2000/142 (BudgetbegleitG 2001)
2 BGBl I 2019/91 (AbgÄG 2020)

GLIEDERUNG

§ 1. Steuergegenstand
§ 2. Bemessungsgrundlage und Höhe der Abgabe
§ 3. Abgabenschuldner, Entstehung des Abgabenanspruches, Haftung
§ 4. Erhebung der Abgabe
§ 5. Aufzeichnungspflichten
§ 6. Inkrafttreten
§ 7. Zuständigkeit

Bundesgesetz, mit dem eine Abgabe auf Werbeleistungen eingeführt wird (Werbeabgabegesetz 2000)

Steuergegenstand

§ 1. (1) Der Werbeabgabe unterliegen Werbeleistungen, soweit sie im Inland gegen Entgelt erbracht werden. Wird eine zum Empfang in Österreich bestimmte Werbeleistung in Hörfunk und Fernsehen vom Ausland aus verbreitet, dann gilt sie als im Inland erbracht.

(2) Als Werbeleistung gilt:
1. Die Veröffentlichung von Werbeeinschaltungen in Druckwerken im Sinne des Mediengesetzes.
2. Die Veröffentlichung von Werbeeinschaltungen in Hörfunk und Fernsehen.
3. Die Duldung der Benützung von Flächen und Räumen zur Verbreitung von Werbebotschaften.

(3) Nicht als Werbeleistung gilt die mediale Unterstützung gemäß § 17 Abs. 7 des Glücksspielgesetzes.

Bemessungsgrundlage und Höhe der Abgabe

§ 2. (1) Bemessungsgrundlage der Werbeabgabe ist das Entgelt im Sinne des § 4 UStG 1994, das der Übernehmer des Auftrages dem Auftraggeber in Rechnung stellt, wobei die Werbeabgabe nicht Teil der Bemessungsgrundlage ist.

(2) Die Abgabe beträgt 5% der Bemessungsgrundlage.

Abgabenschuldner, Entstehung des Abgabenanspruches, Haftung

§ 3. (1) Abgabenschuldner ist derjenige, der Anspruch auf ein Entgelt für die Durchführung einer Werbeleistung im Sinne des § 1 hat. Ist der Auftragnehmer ein Unternehmer, der weder Sitz, Geschäftsleitung noch eine Betriebsstätte im Inland hat, so haftet der inländische Auftraggeber für die Abfuhr der Abgabe. Ist auch kein inländischer Auftraggeber vorhanden, so haftet derjenige, in dessen Interesse der Auftrag durchgeführt wird, für die Abfuhr der Abgabe.

(2) Der Abgabenanspruch entsteht mit Ablauf des Monats, in dem die abgabenpflichtige Leistung erbracht wird.

(3) Ändert sich nachträglich das Entgelt für die Durchführung eines Auftrages, so ist in dem Besteuerungszeitraum, in dem die Änderung eintritt, eine Berichtigung durchzuführen.

(4) Abgabenschuldnern, die ihre Umsätze gemäß § 17 UStG 1994 nach vereinnahmten Entgelten versteuern, hat das Finanzamt auf Antrag zu gestatten, dass die Abgabe nach vereinnahmten Entgelten berechnet und abgeführt wird.

Erhebung der Abgabe

§ 4. (1) Der Abgabenschuldner hat die Abgabe selbst zu berechnen und bis zum 15. des zweitfolgenden Monats nach Entstehen des Abgabenanspruches zu entrichten, sobald die Summe der abgabepflichtigen Entgelte im Veranlagungszeitraum 10 000 Euro erreicht.

(BGBl I 2019/91)

(2) Eine gemäß § 201 der Bundesabgabenordnung festgesetzte Abgabe hat die im Abs. 1 genannte Fälligkeit.

(BGBl I 2019/91)

(3) Der Abgabenschuldner wird nach Ablauf des Kalenderjahres (Wirtschaftsjahres) zur Werbeabgabe veranlagt. Drei Monate nach Ablauf des Wirtschaftsjahres hat der Abgabenschuldner auf elektronischem Wege eine Jahresabgabenerklärung für das vorangegangene Jahr zu übermitteln. In diese sind die Arten der Werbeleistungen und die darauf entfallenden Entgelte aufzunehmen.

(BGBl I 2019/91)

(4) Solange in einem Veranlagungszeitraum die Summe der abgabepflichtigen Entgelte für Werbeleistungen 10 000 Euro nicht erreicht, sind diese Werbeleistungen von der Werbeabgabe befreit. Wenn die Summe der abgabepflichtigen Entgelte in einem Veranlagungszeitraum 10 000 Euro nicht

14/9. WerbeAbgG
§§ 4 – 7

erreicht, entfällt die Verpflichtung zur Einreichung einer Jahresabgabenerklärung.

(BGBl I 2019/91)

(5) Die Erhebung der Abgabe obliegt dem für die Erhebung der Umsatzsteuer des Abgabenschuldners zuständigen Finanzamt.

Aufzeichnungspflichten

§ 5. Der Abgabenschuldner ist verpflichtet, Aufzeichnungen über die übernommenen Werbeleistungen, die Auftraggeber und die Grundlagen zur Berechnung der Werbeabgabe zu führen.

Inkrafttreten

§ 6. (1) Dieses Bundesgesetz ist auf Werbeleistungen anzuwenden, die nach dem 31. Mai 2000 erbracht werden.

(2) § 1 Abs. 3 in der Fassung des Bundesgesetzes, BGBl. I Nr. 142/2000, ist auf Werbeleistungen anzuwenden, die nach dem 31. Dezember 2000 erbracht werden.

(3) § 4 Abs. 1 bis 4 in der Fassung des Bundesgesetzes BGBl. I Nr. 91/2019 ist erstmals auf den Veranlagungszeitraum 2020 anzuwenden.

(BGBl I 2019/91)

Zuständigkeit

§ 7. Mit der Vollziehung dieses Bundesgesetzes ist der Bundesminister für Finanzen betraut.

14/9/1. WerbeAbgG
Befreiungs-VO

14/9/1. Befreiungs-VO

BGBl II 2001/179

Verordnung der Bundesregierung über die Befreiung der internationalen Organisationen mit Sitz in Österreich von der Werbeabgabe

Auf Grund des § 1 Abs. 1 und 2 des Bundesgesetzes über die Einräumung von Privilegien und Immunitäten an internationale Organisationen, BGBl. Nr. 677/1977 in der jeweils geltenden Fassung, wird im Einvernehmen mit dem Hauptausschuss des Nationalrats verordnet:

§ 1. Werbeleistungen, die an eine in § 1 Abs. 7 des Bundesgesetzes über die Einräumung von Privilegien und Immunitäten an internationale Organisationen genannte Organisation mit Sitz in Österreich erbracht werden, unterliegen bei Vorliegen einer Bescheinigung des Bundesministers für auswärtige Angelegenheiten (§ 2) nicht der Werbeabgabe im Sinne des Werbeabgabegesetzes, BGBl. I Nr. 29/2000 in der jeweils geltenden Fassung.

§ 2. Auf Antrag einer in Betracht kommenden internationalen Organisation hat der Bundesminister für auswärtige Angelegenheiten zu bescheinigen, dass diese eine dem § 1 Abs. 7 und 8 des Bundesgesetzes über die Einräumung von Privilegien und Immunitäten an internationale Organisationen entsprechende Organisation mit Sitz in Österreich ist.

§ 3. Der Abgabenschuldner hat die ihm von der internationalen Organisation übergebene Bescheinigung des Bundesministers für auswärtige Angelegenheiten (§ 2) zu seinen Aufzeichnungen im Sinn des § 5 Werbeabgabegesetz 2000 zu nehmen.

14/10. Stiftungseingangssteuergesetz

Stiftungseingangssteuergesetz, BGBl I 2008/85 idF

1 BGBl I 2009/52 (BudBG 2009)	2 BGBl I 2011/112 (BudBG 2012)	3 BGBl I 2012/112 (AbgÄG 2012)
4 BGBl I 2013/62	5 BGBl I 2017/105 (MitarbeiterBetStG 2017)	6 BGBl I 2019/100
7 BGBl I 2019/104 (FORG)	8 BGBl I 2022/108 (AbgÄG 2022)	

Bundesgesetz über ein Stiftungseingangssteuergesetz (StiftEG)

Der Nationalrat hat beschlossen:

§ 1. (1) Der Stiftungseingangssteuer nach diesem Bundesgesetz unterliegen unentgeltliche Zuwendungen an eine privatrechtliche Stiftung oder an damit vergleichbare Vermögensmassen.

(BGBl I 2017/105)

(2) Die Steuerpflicht ist gegeben, wenn
1. der Zuwendende oder
2. die Stiftung oder die damit vergleichbare Vermögensmasse (der Erwerber)

im Zeitpunkt der Zuwendung einen Wohnsitz, den gewöhnlichen Aufenthalt, den Sitz oder den Ort der Geschäftsleitung im Inland haben.

(3) Steuerschuldner ist der Erwerber. Bei Zuwendungen unter Lebenden ist Steuerschuldner der Zuwendende, wenn der Erwerber weder den Sitz noch den Ort der Geschäftsleitung im Inland hat. Für die Steuer haftet der jeweils andere sowie bei Erwerben von Todes wegen der Nachlass.

(4) Die Steuerschuld entsteht im Zeitpunkt der Zuwendung. Bei Zuwendungen, die bereits vor der Entstehung der privatrechtlichen Stiftung oder der damit vergleichbaren Vermögensmasse geleistet werden, entsteht die Steuerschuld erst mit der Entstehung der Körperschaft.

(BGBl I 2017/105)

(5) Die Steuer ist vom zugewendeten Vermögen nach Abzug von Schulden und Lasten, die in wirtschaftlicher Beziehung zum zugewendeten Vermögen stehen, zu berechnen. Für die Wertermittlung ist der Zeitpunkt der Entstehens der Steuerschuld maßgeblich. Die Bewertung richtet sich nach den Vorschriften des Ersten Teiles des Bewertungsgesetzes (Allgemeine Bewertungsvorschriften).

(BGBl I 2017/105)

(6) Steuerfrei bleiben
1. Zuwendungen an
   – inländische juristische Personen, die gemeinnützige, mildtätige oder kirchliche Zwecke verfolgen,
   – inländische Institutionen gesetzlich anerkannter Kirchen und Religionsgesellschaften, wenn diese Stiftung oder vergleichbare Vermögensmasse sind,
   – vergleichbare ausländische juristische Personen aus dem EU/EWR-Raum, die die Verfolgung gemeinnütziger, mildtätiger oder kirchlicher Zwecke durch Vorlage eines jährlichen Tätigkeitsberichts und eines Jahresabschlusses nachweisen;

   (BGBl I 2017/105)

2. Zuwendungen öffentlich-rechtlicher Körperschaften;
3. Zuwendungen von Todes wegen von Kapitalvermögen im Sinne des § 27 Abs. 3 und 4 des Einkommensteuergesetzes 1988, ausgenommen Anteile an in- und ausländischen Kapitalgesellschaften, wenn auf die daraus bezogenen Einkünfte ein besonderer Steuersatz gemäß § 27a Abs. 1 des Einkommensteuergesetzes 1988 anwendbar ist.

   (BGBl I 2017/105)

4. Zuwendungen an betriebliche Privatstiftungen im Sinne des § 4d Z 1 Einkommensteuergesetz 1988.

   (BGBl I 2017/105)

5. Zuwendungen von Grundstücken im Sinne des § 2 des Grunderwerbsteuergesetzes 1987.

   (BGBl I 2017/105)

§ 2. (1) Die Steuer beträgt 2,5 vH der Zuwendungen. Davon abweichend beträgt die Steuer 25 vH bei Zuwendungen, wenn
a) die Stiftung oder vergleichbare Vermögensmasse nicht mit einer Privatstiftung nach dem Privatstiftungsgesetz oder mit einer unter § 5 Z 6 des Körperschaftsteuergesetzes 1988 fallenden Stiftung vergleichbar ist oder
b) sämtliche Dokumente in der jeweils geltenden Fassung, die die innere Organisation der Stiftung oder vergleichbaren Vermögensmasse, die Vermögensverwaltung oder die Vermögensverwendung betreffen (wie insbesondere Stiftungsurkunde, Stiftungszusatzurkunden und damit vergleichbare Unterlagen), nicht spätestens im Zeitpunkt der Fälligkeit der Stiftungseingangssteuer dem Finanzamt für Großbetriebe offen gelegt worden sind oder

   (BGBl I 2019/104)

c) die Stiftung oder vergleichbare Vermögensmasse nicht einer dem § 5 des Privatstiftungsgesetzes entsprechenden gesetzlichen

Verpflichtung unterliegt, die Begünstigten mitzuteilen oder

d) die Stiftung oder vergleichbare Vermögensmasse nicht unter Vorlage der Stiftungsurkunde (Statut) in das Firmenbuch oder ein vergleichbares ausländisches öffentliches Register eingetragen ist oder

e) mit dem Ansässigkeitsstaat der Stiftung oder vergleichbaren Vermögensmasse keine umfassende Amts- und Vollstreckungshilfe besteht.

(2) (aufgehoben)

§ 3. (1) Der Steuerschuldner hat die Steuer selbst zu berechnen und bis zum 15. Tag (Fälligkeitstag) des zweitfolgenden Monats nach Entstehen der Steuerschuld zu entrichten.

(2) Der Steuerschuldner hat bis zum Fälligkeitstag eine Steuererklärung elektronisch einzureichen. Ist die elektronische Übermittlung nicht zumutbar, hat die Übermittlung unter Verwendung eines amtlichen Vordruckes zu erfolgen.

(3) Der Bundesminister für Finanzen kann durch Verordnung das Verfahren und den Inhalt der elektronischen Übermittlung näher regeln.

§ 4. Für die Erhebung der Steuer ist das Finanzamt für Großbetriebe zuständig.

(BGBl I 2019/104)

§ 5. Dieses Bundesgesetz ist anzuwenden:

1. bei Zuwendungen von Todes wegen, wenn der Todestag nach dem 31. Juli 2008 liegt und
2. bei Zuwendungen unter Lebenden, wenn die Steuerschuld nach dem 31. Juli 2008 entsteht.
3. § 1 Abs. 6 Z 1 in der Fassung BGBl. I Nr. 52/2009 ist auf Zuwendungen unter Lebenden anzuwenden, wenn die Steuerschuld nach dem 31. Juli 2008 entstehen würde.

(BGBl I 2017/105)

4. § 1 Abs. 5 und Abs. 6 Z 5 in der Fassung des BGBl. I Nr. 112/2011 tritt mit 1. Jänner 2012 in Kraft und ist auf Zuwendungen anzuwenden, für die die Steuerschuld nach dem 31. Dezember 2011 entsteht oder entstehen würde. § 2 Abs. 2 und § 3 Abs. 4 und 5 treten mit Ablauf des 31. Dezember 2011 außer Kraft.

(BGBl I 2017/105)

5. § 2 Abs. 1 tritt mit 1.1.2014 in Kraft und ist ab diesem Zeitpunkt auf Zuwendungen anzuwenden, wenn die Steuerschuld nach dem 31.12.2013 entsteht.

6. § 1 Abs. 6 Z 1 in der Fassung des Gemeinnützigkeitsgesetzes 2015, BGBl. I Nr. 160/2015 tritt mit 1. Jänner 2016 in Kraft und ist auf Zuwendungen anzuwenden, für die die Steuerschuld nach dem 31. Dezember 2015 entsteht oder entstehen würde.

(BGBl I 2017/105)

7. § 1 Abs. 6 Z 4 in der Fassung des Bundesgesetzes BGBl. I Nr. 105/2017 tritt mit 1. Jänner 2018 in Kraft und ist ab diesem Zeitpunkt auf Zuwendungen anzuwenden, wenn die Steuerschuld nach dem 31. Dezember 2017 entsteht oder entstehen würde.

(BGBl I 2017/105)

8. Zuwendungen von Vermögen der in § 718 Abs. 8 ASVG genannten Betriebskrankenkassen an eine gemäß § 718 Abs. 9 ASVG errichtete Privatstiftung unterliegen nicht der Stiftungseingangssteuer, wenn die Steuerschuld vor dem 1. Jänner 2021 entstehen würde.

(BGBl I 2019/100)

9. § 2 Abs. 1 lit. b und § 4 in der Fassung des Bundesgesetzes BGBl. I Nr. 104/2019 tritt mit 1. Juli 2020 in Kraft.

(BGBl I 2019/104, BGBl I 2022/108)

§ 6. Mit der Vollziehung dieses Bundesgesetzes ist der Bundesminister für Finanzen betraut.

14/11. WiReG

14/11. Wirtschaftliche Eigentümer Registergesetz

Wirtschaftliche Eigentümer Registergesetz, BGBl I 2017/136 idF
1 BGBl I 2017/150
2 BGBl I 2018/37 (2. Mat-DS-AnpG 2018)
3 BGBl I 2018/62 (JStG 2018)
4 BGBl I 2019/62 (EU-FinAnpG 2019)
5 BGBl I 2019/104 (FORG)
6 BGBl I 2020/23 (3. COVID-19-Gesetz)
7 BGBl I 2021/25
8 BGBl I 2021/148
9 BGBl I 2023/97
10 BGBl I 2023/164 (VfGH)
11 BGBl I 2023/179 (GesRÄG 2023)

GLIEDERUNG

§ 1. Anwendungsbereich
§ 2. Definition des wirtschaftlichen Eigentümers
§ 3. Sorgfaltspflichten der Rechtsträger in Bezug auf ihre wirtschaftlichen Eigentümer
§ 4. Pflichten der rechtlichen und wirtschaftlichen Eigentümer
§ 5. Meldung der Daten durch die Rechtsträger
§ 5a. Übermittlung der Dokumentation über die Anwendung der Sorgfaltspflichten zur Feststellung und Überprüfung der Identität von wirtschaftlichen Eigentümern (Compliance-Package)
§ 6. Befreiung von der Meldepflicht
§ 7. Führung des Registers der wirtschaftlichen Eigentümer
§ 8. Beauftragung der Bundesrechenzentrum GmbH und der Bundesanstalt Statistik Österreich
§ 9. Einsicht der Verpflichteten in das Register
§ 10. Einsicht bei Vorliegen eines berechtigten Interesses
§ 10a. Einschränkung der Einsicht bei Vorliegen von außergewöhnlichen Umständen
§ 11. Sorgfaltspflichten der Verpflichteten gegenüber Kunden
§ 12. Behördliche Einsicht in das Register
§ 13. Behördliche Meldung des wirtschaftlichen Eigentümers und behördlicher Vermerk
§ 14. Behördliche Aufsicht
§ 14a. Zusammenarbeit zwischen der Registerbehörde und anderen Behörden im Rahmen der Bekämpfung der Geldwäscherei und Terrorismusfinanzierung sowie zur Durchführung von Sanktionsmaßnahmen
§ 15. Strafbestimmungen
§ 16. Zwangsstrafen
§ 17. Nutzungsentgelte
§ 18. Übergangsvorschriften
§ 19. Inkrafttreten
§ 20. Verweisungen
§ 21. Sprachliche Gleichbehandlung
§ 22. Vollzugsklausel

Bundesgesetz über die Einrichtung eines Registers der wirtschaftlichen Eigentümer von Gesellschaften, anderen juristischen Personen und Trusts (Wirtschaftliche Eigentümer Registergesetz – WiEReG)

Anwendungsbereich

§ 1. (1) Dieses Bundesgesetz ist auf die in Abs. 2 genannten Rechtsträger anzuwenden.

(2) Rechtsträger im Sinne dieses Bundesgesetzes sind die folgenden Gesellschaften und sonstigen juristischen Personen mit Sitz im Inland, Trusts und trustähnliche Vereinbarungen nach Maßgabe von Z 17 und 18 sowie meldepflichtige ausländische Rechtsträger nach Maßgabe von Z 19:
1. offene Gesellschaften;
2. Kommanditgesellschaften;
3. Aktiengesellschaften;
4. Gesellschaften mit beschränkter Haftung;

„4a.[a)] Flexible Kapitalgesellschaften;"
(GesRÄG 2023, BGBl I 2023/179 ab 1.4.2024)
[a)] Tritt mit 1. April 2024 in Kraft.
5. Erwerbs- und Wirtschaftsgenossenschaften;
6. Versicherungsvereine auf Gegenseitigkeit;
7. kleine Versicherungsvereine;
8. Sparkassen;
9. Europäische wirtschaftliche Interessensvereinigungen (EWIV);
(BGBl I 2023/97)
10. Europäische Gesellschaften (SE);
11. Europäische Genossenschaften (SCE);
12. Privatstiftungen gemäß § 1 PSG;
13. sonstige Rechtsträger, deren Eintragung im Firmenbuch gemäß § 2 Z 13 FBG vorgesehen ist;
14. Vereine gemäß § 1 VerG;

15. Stiftungen und Fonds gemäß § 1 BStFG 2015;
16. aufgrund eines Landesgesetzes eingerichtete Stiftungen und Fonds, sofern die Anwendung dieses Bundesgesetzes landesgesetzlich vorgesehen ist;
17. Trusts gemäß Abs. 3, wenn sie vom Inland aus verwaltet werden, oder falls sich die Verwaltung nicht im Inland oder in einem anderen Mitgliedstaat befindet, wenn der Trustee im Namen des Trusts im Inland eine Geschäftsbeziehung aufnimmt oder sich verpflichten, Eigentum an einem im Inland gelegenen Grundstück zu erwerben. Eine Verwaltung im Inland liegt insbesondere dann vor, wenn der Trustee seinen Wohnsitz bzw. Sitz im Inland hat;

(BGBl I 2019/62)

18. trustähnliche Vereinbarungen; das sind andere Vereinbarungen, wie beispielsweise fiducie, bestimmte Arten von Treuhand oder fideicomisio, sofern diese in Funktion oder Struktur mit einem Trust vergleichbar sind und vom Inland aus verwaltet werden, oder falls sich die Verwaltung nicht im Inland oder in einem anderen Mitgliedstaat befindet, wenn der mit einem Trustee vergleichbare Person im Namen der trustähnlichen Vereinbarung im Inland eine Geschäftsbeziehung aufnimmt oder sich verpflichten, Eigentum an einem im Inland gelegenen Grundstück zu erwerben. Eine Verwaltung im Inland liegt insbesondere dann vor, wenn der mit einem Trustee vergleichbare Gewalthaber (Treuhänder) seinen Wohnsitz bzw. Sitz im Inland hat;

(BGBl I 2019/62)

19. Meldepflichtige ausländische Rechtsträger; das sind Gesellschaften, Stiftungen und vergleichbare juristische Personen, deren Sitz sich nicht im Inland oder einem anderen Mitgliedstaat befindet, sofern sie sich verpflichten, Eigentum an einem im Inland gelegenen Grundstück zu erwerben.

Ein Mitgliedstaat im Sinne dieses Bundesgesetzes ist ein Mitgliedstaat der Europäischen Union oder ein anderer Vertragsstaat des Abkommens über den Europäischen Wirtschaftsraum, BGBl. Nr. 909/1993 in der Fassung des Anpassungsprotokolls BGBl. Nr. 910/1993 (EWR). Ein Erwerb des Eigentums an einem im Inland gelegenen Grundstück im Sinne dieses Bundesgesetzes ist ein Erwerbsvorgang gemäß § 1 Abs. 1 und 2 GrEStG 1987. Nach dem Erwerb des Eigentums an einem im Inland gelegenen Grundstück unterliegen meldepflichtige ausländische Rechtsträger sowie Trusts und trustähnliche Vereinbarungen, deren Verwaltung sich nicht im Inland oder in einem anderen Mitgliedstaat befindet, diesem Bundesgesetz, solange sich dieses Grundstück in deren Vermögen befindet oder sie dieses Grundstück auf eigene Rechnung verwerten können.

(BGBl I 2021/25)

(3) Ein Trust im Sinne dieses Bundesgesetzes ist die von einer Person (dem Settlor/Trustor) durch Rechtsgeschäft unter Lebenden oder durch letztwillige Verfügung geschaffene Rechtsbeziehung, bei der Vermögen zugunsten eines Begünstigten oder für einen bestimmten Zweck der Aufsicht eines Trustees unterstellt wird, wobei der Trust selbst auch rechtsfähig sein kann. Ein Trust hat folgende Eigenschaften:

1. Das Vermögen des Trusts stellt ein getrenntes Sondervermögen dar und ist nicht Bestandteil des persönlichen Vermögens des Trustees;
2. die Rechte in Bezug auf das Vermögen des Trusts lauten bei nicht rechtsfähigen Trusts auf den Namen des Trustees oder auf den einer anderen Person in Vertretung des Trustees;

(BGBl I 2023/97)

3. der Trustee hat die Befugnis und die Verpflichtung, über die er Rechenschaft abzulegen hat, das Vermögen in Übereinstimmung mit den Trustbestimmungen und den ihm durch das Recht auferlegten besonderen Verpflichtungen zu verwalten, zu verwenden oder darüber zu verfügen.

Die Tatsache, dass sich der Settlor/Trustor bestimmte Rechte und Befugnisse vorbehält oder dass der Trustee selbst Rechte als Begünstigter hat, steht dem Bestehen eines Trusts nicht notwendigerweise entgegen.

(4) Der Bundesminister für Finanzen hat mit Verordnung die Merkmale von trustähnlichen Vereinbarungen, soweit diese nach inländischem Recht eingerichtet werden können, zu beschreiben, damit festgestellt werden kann, welche Rechtsvereinbarungen in ihrer Struktur oder Funktion mit Trusts vergleichbar sind. Der Bundesminister für Finanzen hat die Kategorien, eine Beschreibung der Merkmale, die Namen und allenfalls die Rechtsgrundlage der in § 1 Abs. 2 Z 17 und 18 genannten Trusts und trustähnlichen Vereinbarungen, sofern diese nach inländischem Recht eingerichtet werden können, jährlich an die Europäische Kommission zu übermitteln.

(BGBl I 2019/62, BGBl I 2023/97)

Definition des wirtschaftlichen Eigentümers

§ 2. Wirtschaftlicher Eigentümer sind alle natürlichen Personen, in deren Eigentum oder unter deren Kontrolle ein Rechtsträger letztlich steht, hierzu gehört zumindest folgender Personenkreis:

1. bei Gesellschaften, insbesondere bei Rechtsträgern gemäß § 1 Abs. 2 Z 1 bis 11, 13 und 14:
   a) alle natürlichen Personen, die direkt oder indirekt einen ausreichenden Anteil von Aktien oder Stimmrechten (einschließlich in Form von Inhaberaktien) halten, ausreichend an der Gesellschaft beteiligt sind (einschließlich in Form eines Geschäfts- oder Kapitalanteils) oder die Kontrolle auf die Gesellschaft ausüben:
      aa) Direkter wirtschaftlicher Eigentümer: wenn eine natürliche Per-

son einen Anteil von Aktien oder Stimmrechten von mehr als 25 vH oder eine Beteiligung von mehr als 25 vH an der Gesellschaft hält oder eine natürliche Person oder mehrere natürliche Personen gemeinsam direkt Kontrolle auf die Gesellschaft ausüben, so ist diese natürliche Person oder sind diese natürliche Personen direkte wirtschaftliche Eigentümer.

(BGBl I 2018/37)

bb) Indirekter wirtschaftlicher Eigentümer: wenn ein Rechtsträger einen Anteil von Aktien oder Stimmrechten von mehr als 25 vH oder eine Beteiligung von mehr als 25 vH an der Gesellschaft hält und eine natürliche Person oder mehrere natürliche Personen gemeinsam direkt oder indirekt Kontrolle auf diesen Rechtsträger ausübt, so ist diese natürliche Person oder sind diese natürlichen Personen indirekte wirtschaftliche Eigentümer der Gesellschaft.

Wenn mehrere Rechtsträger, die von derselben natürlichen Person oder denselben natürlichen Personen direkt oder indirekt kontrolliert werden, insgesamt einen Anteil von Aktien oder Stimmrechten von mehr als 25 vH oder eine Beteiligung von mehr als 25 vH an der Gesellschaft halten, so ist diese natürliche Person oder sind diese natürlichen Personen wirtschaftliche Eigentümer.

Ein von der oder den vorgenannten natürlichen Personen direkt gehaltener Anteil an Aktien oder Stimmrechten oder eine direkt gehaltene Beteiligung ist jeweils hinzuzurechnen.

Oberste Rechtsträger sind jene Rechtsträger in einer Beteiligungskette, die von indirekten wirtschaftlichen Eigentümern direkt kontrolliert werden sowie jene Rechtsträger an denen indirekte wirtschaftliche Eigentümer direkt Aktien, Stimmrechte oder eine Beteiligung halten, wenn diese zusammen mit dem oder den vorgenannten Rechtsträger(n) das wirtschaftliche Eigentum begründen. Wenn der wirtschaftliche Eigentümer eine Funktion gemäß Z 2 oder Z 3 ausübt, dann ist der betreffende Rechtsträger stets oberster Rechtsträger.

Der Begriff Rechtsträger im Sinne dieser Ziffer umfasst auch vergleichbare Rechtsträger im Sinne des § 1 mit Sitz in einem anderen Mitgliedstaat oder in einem Drittland.

Kontrolle liegt bei einem Aktienanteil von 50 vH zuzüglich einer Aktie oder einer Beteiligung von mehr als 50 vH, direkt oder indirekt gehalten, vor. Weiters ist Kontrolle auch bei Vorliegen der Kriterien gemäß § 244 Abs. 2 UGB oder bei Ausübung einer Funktion gemäß Z 2 oder Z 3 bei einem obersten Rechtsträger gegeben oder wenn die Gesellschaft auf andere Weise letztlich kontrolliert wird. Im Übrigen begründet ein Treugeber oder eine vergleichbare Person Kontrolle durch ein Treuhandschaftsverhältnis oder ein vergleichbares Rechtsverhältnis.

(BGBl I 2018/37)

b) die natürlichen Personen, die der obersten Führungsebene der Gesellschaft angehören, wenn nach Ausschöpfung aller Möglichkeiten und sofern keine Verdachtsmomente vorliegen, keine Person nach lit. a ermittelt werden kann. Für die nachfolgend genannten Gesellschaften gilt:

aa) bei offenen Gesellschaften und Kommanditgesellschaften mit ausschließlich natürlichen Personen als Gesellschaftern gelten die geschäftsführenden Gesellschafter als wirtschaftliche Eigentümer, sofern keine Anhaltspunkte vorliegen, dass die Gesellschaft direkt oder indirekt unter der Kontrolle einer oder mehrerer anderer natürlichen Personen steht.

bb) bei Erwerbs- und Wirtschaftsgenossenschaften gelten die Mitglieder der obersten Führungsebene (Vorstand) als wirtschaftlicher Eigentümer oder, sofern auch Geschäftsleiter eingetragen sind, nur die Geschäftsleiter als wirtschaftliche Eigentümer.

(BGBl I 2018/37)

cc) bei eigentümerlosen Gesellschaften gelten die natürlichen Personen, die der obersten Führungsebene angehören als wirtschaftliche Eigentümer, sofern keine Anhaltspunkte vorliegen, dass die Gesellschaft direkt oder indirekt unter der Kontrolle einer oder mehrerer anderer natürlichen Personen steht.

dd)[a] bei Gesellschaften, über die ein Insolvenzverfahren eröffnet wurde und das Gericht einen Masseverwalter bestellt hat, gilt der Masseverwalter als wirtschaftlicher Eigentümer, sofern keine oberste Führungsebene vorhanden ist.

(BGBl I 2023/97)

[a] Tritt mit 10. Dezember 2024 in Kraft.

2. bei Trusts, insbesondere bei Rechtsträgern gemäß § 1 Abs. 2 Z 17:

a) der/die Settlor/Trustor(en);
   (BGBl I 2019/62)
b) der/die Trustee(s);
c) der/die Protektor(en), sofern vorhanden;
   (BGBl I 2019/62)
d) die Begünstigten oder – sofern die Einzelpersonen, die Begünstigte des Trusts sind, noch bestimmt werden müssen – die Gruppe von Personen, in deren Interesse der Trust errichtet oder betrieben wird (Begünstigtenkreis); erhalten Personen aus dieser Gruppe Zuwendungen von dem Trust, deren Wert 2 000 Euro in einem Kalenderjahr übersteigt, dann gelten sie in dem betreffenden Kalenderjahr als Einmalbegünstigte;
   (BGBl I 2023/97)
e) jede sonstige natürliche Person, die den Trust auf andere Weise letztlich kontrolliert.

3. bei Stiftungen, vergleichbaren juristischen Personen und trustähnlichen Rechtsvereinbarungen gemäß § 1 Abs. 2 Z 18, die natürlichen Personen, die gleichwertige oder ähnliche wie die unter Z 2 genannten Funktionen bekleiden; dies betrifft bei

a) Privatstiftungen (§ 1 Abs. 2 Z 12):
   aa) die Stifter;
   bb) die Begünstigten, die Gruppe von Personen, aus der aufgrund einer gesonderten Feststellung (§ 5 PSG) die Begünstigten ausgewählt werden (Begünstigtenkreis) – erhalten Personen aus dieser Gruppe Zuwendungen der Privatstiftung, deren Wert 2 000 Euro in einem Kalenderjahr übersteigt, dann gelten sie in dem betreffenden Kalenderjahr als Einmalbegünstigte – oder bei Privatstiftungen gemäß § 66 VAG 2016, Sparkassenstiftungen gemäß § 27a SpG, Unternehmenszweckförderungsstiftungen gemäß § 4d Abs. 1 EStG 1988, Arbeitnehmerförderungsstiftungen gemäß § 4d Abs. 2 EStG 1988 und Belegschafts- und Mitarbeiterbeteiligungsstiftungen gemäß § 4d Abs. 3 und 4 EStG 1988 stets der Begünstigtenkreis;
   (BGBl I 2023/97)
   cc) die Mitglieder des Stiftungsvorstands;
   dd) sowie jede sonstige natürliche Person, die die Privatstiftung auf andere Weise letztlich kontrolliert.

b) bei Stiftungen und Fonds (§ 1 Abs. 2 Z 15 und 16):
   aa) die Gründer;
   bb) die Mitglieder des Stiftungs- oder Fondsvorstands;
   cc) den Begünstigtenkreis;
   dd) sowie jede sonstige natürliche Person, die die Stiftung oder den Fonds auf andere Weise letztlich kontrolliert.

Sorgfaltspflichten der Rechtsträger in Bezug auf ihre wirtschaftlichen Eigentümer

§ 3. (1) Die Rechtsträger haben die Identität ihres wirtschaftlichen Eigentümers festzustellen und angemessene Maßnahmen zur Überprüfung seiner Identität zu ergreifen, so dass sie davon überzeugt sind zu wissen, wer ihr wirtschaftlicher Eigentümer ist; dies schließt die Ergreifung angemessener Maßnahmen mit ein, um die Eigentums- und Kontrollstruktur zu verstehen. Zudem haben sie den Verpflichteten (§ 9 Abs. 1), wenn diese Sorgfaltspflichten gegenüber Kunden anwenden, zusätzlich zu den Informationen über ihren rechtlichen Eigentümer auch beweiskräftige Unterlagen zu ihren wirtschaftlichen Eigentümern vorzulegen.

(2) Die Rechtsträger haben Kopien der Dokumente und Informationen, die für die Erfüllung der Sorgfaltspflichten gemäß Abs. 1 erforderlich sind, bis mindestens fünf Jahre nach dem Ende des wirtschaftlichen Eigentums der natürlichen Person aufzubewahren. Durch die Übermittlung eines vollständigen Compliance-Packages für einen Rechtsträger gilt diese Verpflichtung als erfüllt.

(BGBl I 2019/62)

(3) Die Rechtsträger haben die Sorgfaltspflichten gemäß Abs. 1 zumindest jährlich durchzuführen und dabei angemessene, präzise und aktuelle Informationen über die wirtschaftlichen Eigentümer, einschließlich genauer Angaben zum wirtschaftlichen Interesse, einzuholen und zu prüfen, ob die an das Register gemeldeten wirtschaftlichen Eigentümer noch aktuell sind.

(BGBl I 2019/62)

(4) Bei Trusts und trustähnlichen Vereinbarungen treffen die Rechte und Pflichten gemäß diesem Bundesgesetz den Trustee (§ 2 Z 2 lit. b) oder eine mit dem Trustee vergleichbare Person. Dieser oder diese haben gegenüber Verpflichteten, wenn diese Sorgfaltspflichten gegenüber ihren Kunden anwenden, ihren Status offenzulegen und die Angaben über die wirtschaftlichen Eigentümer des Trust oder der trustähnlichen Vereinbarung zeitnah bei Aufnahme einer Geschäftsbeziehung oder bei Durchführung einer gelegentlichen Transaktion oberhalb der Schwellenwerte zu übermitteln. Sie haben weiters dafür zu sorgen, dass der Trust oder die trustähnliche Vereinbarung in das Ergänzungsregister für sonstige Betroffene eingetragen ist und gegebenenfalls einen Antrag auf Eintragung in das Ergänzungsregister für sonstige Betroffene zu stellen, sofern noch keine Stammzahl gemäß § 6 Abs. 3 E-GovG vergeben wurde. Für diesen Antrag gilt folgendes:

1. Als rechtsgültige Bezeichnung des Trusts bzw. der trustähnlichen Vereinbarung gilt die von den Parteien vertraglich festgelegte Bezeichnung. In Ermangelung einer solchen ist

der Name des Settlors unter Nachstellung der Bezeichnung „Trust" zu verwenden. Bei trustähnlichen Vereinbarungen ist der Vor- und Nachname der mit dem Settlor vergleichbaren Person (Treugeber) unter Nachstellung der Bezeichnung „trustähnliche Vereinbarung" zu verwenden;

(BGBl I 2023/97)

2. Die Angabe über die Rechts- oder Organisationsform lautet entweder „Trust" oder „trustähnliche Vereinbarung";
3. Als Anschrift und Sitz ist der Ort von dem aus die Trust oder die trustähnliche Vereinbarung verwaltet wird anzugeben;
4. Als Angabe über den Bestandszeitraum, ist der Zeitpunkt anzugeben ab dem der Trust oder die trustähnliche Vereinbarung rechtswirksam geworden ist.

(BGBl I 2019/62, BGBl I 2023/97)

(5) Die Verpflichtung zur Eintragung im Ergänzungsregister und zur Meldung der wirtschaftlichen Eigentümer gemäß § 5 entfällt, wenn ein Trust oder eine trustähnliche Vereinbarung, der auch von einem anderen Mitgliedstaat aus verwaltet wird, in einem Register gemäß Art. 31 der Richtlinie (EU) 2015/849 eines anderen Mitgliedstaates eingetragen ist. Dies gilt ebenso bei Trusts oder trustähnlichen Vereinbarungen, bei denen sich die Verwaltung nicht im Inland oder in einem anderen Mitgliedstaat befindet, wenn dieser oder diese in einem Register gemäß Art. 31 der Richtlinie (EU) 2015/849 eines anderen Mitgliedstaates eingetragen ist und für diesen oder diese im Inland keine Liegenschaften erworben wurden. Nach Nachweis der Registrierung kann die Eintragung des Trusts oder der trustähnlichen Vereinbarung im Ergänzungsregister beendet werden.

(BGBl I 2019/62)

(6) Die meldepflichtigen ausländischen Rechtsträger haben gegenüber Verpflichteten, wenn diese Sorgfaltspflichten gegenüber ihren Kunden anwenden, ihren Status offenzulegen und die Angaben über die wirtschaftlichen Eigentümer zeitnah bei Aufnahme einer Geschäftsbeziehung oder bei Durchführung einer gelegentlichen Transaktion oberhalb der Schwellenwerte zu übermitteln. Die meldepflichtigen ausländischen Rechtsträger haben einen Antrag auf Eintragung des meldepflichtigen ausländischen Rechtsträgers in das Ergänzungsregister für sonstige Betroffene zu stellen, sofern noch keine Stammzahl gemäß § 6 Abs. 3 E-GovG vergeben wurde. Für diesen Antrag gilt Folgendes:

1. Die Angabe über die Rechts- oder Organisationsform lautet „meldepflichtiger ausländischer Rechtsträger";
2. als Sitz ist der Sitz des meldepflichtigen ausländischen Rechtsträgers einzutragen und als Zustelladresse ist die inländische Zustelladresse des berufsmäßigen Parteienvertreters anzugeben, der mit der Wahrnehmung der Sorgfaltspflichten beauftragt wurde;
3. als Angabe über den Bestandszeitraum ist der Zeitpunkt der Antragstellung anzugeben.

(BGBl I 2021/25, BGBl I 2023/97)

(7) Meldepflichtige ausländische Rechtsträger sowie Trusts und trustähnliche Vereinbarungen, deren Verwaltung sich nicht im Inland oder in einem anderen Mitgliedstaat befindet, haben einen berufsmäßigen Parteienvertreter mit Sitz im Inland, der auch Zustellungsbevollmächtigter sein muss, mit der Wahrnehmung der Sorgfaltspflichten gemäß diesem Bundesgesetz zu beauftragen.

(BGBl I 2021/25)

(8) Vor der Beurkundung oder Aufnahme einer Notariatsurkunde zum Zwecke des Erwerbs eines im Inland gelegenen Grundstücks haben meldepflichtige ausländische Rechtsträger sowie Trusts und trustähnliche Vereinbarungen, deren Verwaltung sich nicht im Inland oder in einem anderen Mitgliedstaat befindet, dem Notar vor der Beurkundung beweiskräftige Unterlagen zu ihren wirtschaftlichen Eigentümern vorzulegen und die Meldung der wirtschaftlichen Eigentümer gemäß § 5 nachzuweisen. Der Nachweis der Meldung kann auch dadurch erfolgen, dass der beurkundende Notar selbst einen Auszug gemäß § 9 einholt.

(BGBl I 2021/25)

Pflichten der rechtlichen und wirtschaftlichen Eigentümer

§ 4. Eigentümer und wirtschaftliche Eigentümer von Rechtsträgern (einschließlich wirtschaftliche Eigentümer aufgrund von Anteilen an Aktien und Inhaberaktien, Stimmrechten, Beteiligungen oder anderen Formen von Kontrolle) haben diesen alle für die Erfüllung der Sorgfaltspflichten (§ 3) erforderlichen Dokumente und Informationen zur Verfügung zu stellen.

(BGBl I 2019/62)

Meldung der Daten durch die Rechtsträger

§ 5. (1) Die Rechtsträger haben die folgenden Daten über ihre wirtschaftlichen Eigentümer an die Bundesanstalt Statistik Österreich als Auftragsverarbeiterin der Registerbehörde zu melden:

1. bei direkten wirtschaftlichen Eigentümern:
   a) Name;

   (BGBl I 2023/97)

   b) sofern diese über keinen Wohnsitz im Inland verfügen, die Nummer und die Art des amtlichen Lichtbildausweises;
   c) Geburtsdatum und Geburtsort;
   d) Staatsangehörigkeit;
   e) Wohnsitz;

   Wenn ein wirtschaftlicher Eigentümer verstorben ist, ist dies anzugeben; Diesfalls entfallen die Angaben gemäß lit. b bis e.

2. bei indirekten wirtschaftlichen Eigentümern:
   a) die Informationen gemäß Z 1 über den indirekten wirtschaftlichen Eigentümer;

b) sofern es sich bei einem obersten Rechtsträger um einen Rechtsträger gemäß § 1 handelt, die Stammzahl sowie den Anteil an Aktien, Stimmrechten oder die Beteiligung des wirtschaftlichen Eigentümers am obersten Rechtsträger;

c) sofern es sich bei einem obersten Rechtsträger um einen mit § 1 vergleichbaren Rechtsträger mit Sitz in einem anderen Mitgliedstaat oder einem Drittland handelt, den Namen und den Sitz des Rechtsträgers, die Rechtsform, die der Stammzahl und dem Stammregister entsprechenden Identifikatoren sowie den Anteil an Aktien, Stimmrechten oder die Beteiligung des wirtschaftlichen Eigentümers am obersten Rechtsträger.

Indirekte wirtschaftliche Eigentümer sind nicht zu melden, wenn deren wirtschaftliches Eigentum durch einen obersten Rechtsträger gemäß § 2 Z 2 und 3 begründet wird, der selbst als Rechtsträger im Register eingetragen ist.

Indirekte wirtschaftliche Eigentümer sind nicht zu melden, wenn deren wirtschaftliches Eigentum durch einen obersten Rechtsträger gemäß § 2 Z 2 oder 3 begründet wird, der selbst als Rechtsträger im Register eingetragen ist, es sei denn, es wird ausdrücklich auf die automatisationsunterstützte Übernahme der wirtschaftlichen Eigentümer aus der Meldung dieses obersten Rechtsträgers verzichtet.[a)]

(BGBl I 2023/97)

[a)] Der letzte Satz tritt mit 1. Juli 2024 in Kraft.

3. die Art und den Umfang des wirtschaftlichen Interesses für jeden wirtschaftlichen Eigentümer durch die Angabe

a) im Fall des § 2 Z 1 lit. a ob der Rechtsträger im Eigentum des wirtschaftlichen Eigentümers steht (unter Angabe des Anteils an Aktien oder der Beteiligung) oder der wirtschaftliche Eigentümer Stimmrechte hält (unter Angabe des Anteils) oder auf andere Weise unter der Kontrolle des wirtschaftlichen Eigentümers steht (unter Angabe des Anteils auf den Kontrolle ausgeübt wird, sofern sich dieser ermitteln lässt, und unter Angabe, ob ein relevantes Treuhandschaftsverhältnis vorliegt und ob der wirtschaftliche Eigentümer Treuhänder oder Treugeber ist);

(BGBl I 2019/62)

b) im Fall des § 2 Z 1 lit. b ob der wirtschaftliche Eigentümer der Führungsebene des Rechtsträgers angehört und ob kein wirtschaftlicher Eigentümer vorhanden ist oder ob nach Ausschöpfung aller Möglichkeiten die wirtschaftlichen Eigentümer nicht festgestellt und überprüft werden konnten;

(BGBl I 2019/62)

c) im Fall des § 2 Z 2 welche der unter § 2 Z 2 lit. a bis d spezifizierte Funktion der wirtschaftliche Eigentümer ausübt oder ob der wirtschaftliche Eigentümer eine andere Form der Kontrolle gemäß § 2 Z 2 lit. e ausübt.

c)[a)] im Fall des § 2 Z 2 welche der unter § 2 Z 2 lit. a bis d spezifizierte Funktion der wirtschaftliche Eigentümer ausübt oder ob der wirtschaftliche Eigentümer eine andere Form der Kontrolle gemäß § 2 Z 2 lit. e ausübt und unter Angabe, ob der wirtschaftliche Eigentümer Treuhänder oder Treugeber ist. Bei Trustors/Settlors die Angabe des jeweiligen Anteils an den Vermögenswerten, die zugewendet wurden unter Berücksichtigung von mit Zu- und Nachstiftungen vergleichbaren Vorgängen;

(BGBl I 2023/97)

[a)] Tritt mit 1. Juli 2024 in Kraft.

d) im Fall des § 2 Z 3 welche der unter § 2 Z 3 lit. a sublit. b sublit. aa bis cc spezifizierte Funktion der wirtschaftliche Eigentümer bei Privatstiftungen oder Stiftungen und Fonds gemäß § 1 Abs. 2 Z 15 und 16 ausübt oder ob der wirtschaftliche Eigentümer eine andere Form der Kontrolle gemäß § 2 Z 3 lit. a sublit. dd oder lit. b sublit. dd ausübt.

d)[a)] im Fall des § 2 Z 3 welche der unter § 2 Z 3 lit. a sublit. aa bis cc oder lit. b sublit. aa bis cc spezifizierte Funktion der wirtschaftliche Eigentümer bei Privatstiftungen oder Stiftungen und Fonds gemäß § 1 Abs. 2 Z 15 und 16 ausübt oder ob der wirtschaftliche Eigentümer eine andere Form der Kontrolle gemäß § 2 Z 3 lit. a sublit. dd ausübt oder lit. b sublit. dd ausübt und unter Angabe, ob der wirtschaftliche Eigentümer Treuhänder oder Treugeber ist. Bei Stiftern, Gründern und Personen, die bei trustähnlichen Vereinbarungen eine vergleichbare Funktion bekleiden, die Angabe des jeweiligen Anteils an den Vermögenswerten, die zugewendet wurden unter Berücksichtigung von Zu- und Nachstiftungen und vergleichbaren Vorgängen;

(BGBl I 2023/97)

[a)] Tritt mit 1. Juli 2024 in Kraft.

e) in allen übrigen Fällen, dass das wirtschaftliche Eigentum auf sonstige Weise hergestellt wird.

Bei Rechtsträgern gemäß § 2 Z 2 und 3 ist ein allfälliger Begünstigtenkreis anzugeben.a)

(BGBl I 2023/97)

a) Tritt mit 1. Juli 2024 in Kraft.

3a.a) die Angabe, ob ein für die Ermittlung des wirtschaftlichen Eigentums relevantes Treuhandschaftsverhältnis vorliegt.

(BGBl I 2023/97)

a) Tritt mit 1. Juli 2024 in Kraft.

4. bei Meldungen durch einen berufsmäßigen Parteienvertreter (§ 9 Abs. 1 Z 6 bis 10) die Angabe,
   a) ob die wirtschaftlichen Eigentümer durch den berufsmäßigen Parteienvertreter gemäß den Anforderungen dieses Bundesgesetzes festgestellt und überprüft wurden,
   b) ob ein Compliance-Package (§ 5a) übermittelt wird und bejahendenfalls, ob dessen Inhalt von allen Verpflichteten oder nur auf Anfrage eingesehen werden kann (eingeschränktes Compliance-Package). Im Falle eines eingeschränkten Compliance-Packages, gegebenenfalls ob bestimmten Verpflichteten Einsicht gewährt werden soll. Bei eingeschränkten Compliance-Packages ist anzugeben, ob der berechtigte Parteienvertreter oder der Rechtsträger oder beide Freigaben erteilen können;
   c) die Angabe einer E-Mailadresse des berufsmäßigen Parteienvertreters und allenfalls des Rechtsträgers, sofern ein Compliance-Package übermittelt wird; Die Angabe einer E-Mailadresse des Rechtsträgers ist im Falle eines eingeschränkten Compliance-Packages verpflichtend, wenn der Rechtsträger selbst Freigaben erteilen soll; und
   d) die Angabe ob an die angegebene E-Mailadresse des berufsmäßigen Parteienvertreters oder des Rechtsträgers Rückfragen im Zusammenhang mit einer Meldung oder einem Compliance-Package im elektronischen Wege übermittelt werden dürfen.

(BGBl I 2019/62)

Die Rechtsträger haben die Daten binnen vier Wochen nach der erstmaligen Eintragung in das jeweilige Stammregister oder der Beendigung oder der Kenntnis vom Wegfall einer Meldebefreiung gemäß § 6 zu übermitteln. Trusts, trustähnliche Vereinbarungen und meldepflichtige ausländische Rechtsträger haben die Daten binnen vier Wochen nach der Erfüllung eines Tatbestandes gemäß § 1 Abs. 2 Z 17 bis 19 zu übermitteln. Änderungen der Angaben sind binnen vier Wochen nach Kenntnis der Änderung zu übermitteln. Bei Daten des Rechtsträgers selbst, die im jeweiligen Stammregister eingetragen sind, ist jedenfalls Kenntnis ab deren Eintragung im jeweiligen Stammregister anzunehmen. Entfalten Umstände bereits vor Eintragung in das Stammregister eine Wirkung auf die wirtschaftlichen Eigentümer eines Rechtsträgers, so ist für den Beginn der Meldefrist auf den Beginn der Wirksamkeit abzustellen. Bei Vorliegen einer Meldebefreiung gemäß § 6 entfällt die Verpflichtung zur Meldung der Änderungen, wenn die Eintragung im jeweiligen Stammregister binnen vier Wochen beantragt wird. Rechtsträger, die nicht gemäß § 6 von der Meldepflicht befreit sind, haben binnen vier Wochen nach der Fälligkeit der jährlichen Überprüfung gemäß § 3 Abs. 3, die bei der Überprüfung festgestellten Änderungen zu melden oder die gemeldeten Daten zu bestätigen.

(BGBl I 2019/62, BGBl I 2023/97)

(2) Die Meldung der in Abs. 1 genannten Daten hat von den Rechtsträgern im elektronischen Wege über das Unternehmensserviceportal (§ 1 USPG) an die Bundesanstalt Statistik Österreich als Auftragsverarbeiter der Registerbehörde zu erfolgen. Eine Übermittlung der Daten durch berufsmäßige Parteienvertreter gemäß § 5 Abs. 1 Z 2 USPG ist zulässig. Es dürfen nur Geräte zum Einsatz kommen, die über ein nach Maßgabe des jeweiligen Standes der Technik anerkanntes Protokoll kommunizieren. Bei natürlichen Personen ohne Wohnsitz im Inland hat der Rechtsträger eine Kopie des unter Abs. 1 Z 1 lit. b angegebenen amtlichen Lichtbildausweises im elektronischen Wege über das Unternehmensserviceportal an die Registerbehörde zu übermitteln.

(BGBl I 2018/37)

(3) Zum Zwecke der eindeutigen Identifikation von wirtschaftlichen Eigentümern, von jenen natürlichen Personen, die für die Zwecke der automationsunterstützt erstellten Darstellung gemäß § 9 Abs. 5 Z 1 benötigt werden, und von vertretungsbefugten natürlichen Personen der Rechtsträger hat die Bundesanstalt Statistik Österreich über das Stammzahlenregister automationsunterstützt das bereichsspezifische Personenkennzeichen des Bereiches „Steuern und Abgaben – SA" zu ermitteln. Die Registerbehörde und die Bundesanstalt Statistik Österreich haben die im Zentralen Melderegister verarbeiteten Daten abzufragen, um die Daten über die wirtschaftlichen Eigentümer zu übernehmen, zu ergänzen und aktuell zu halten und dürfen zu diesem Zweck auch das Ergänzungsregister für natürliche Personen abfragen. Der Bundesminister für Inneres ist ermächtigt, der Bundesanstalt Statistik Österreich auf deren Verlangen zum Zweck der Ergänzung und der Überprüfung der Daten der wirtschaftlichen Eigentümer eine Abfrage gemäß § 16a Abs. 4 MeldeG auf das Zentrale Melderegister zu eröffnen. Danach ist der Änderungsdienst gemäß § 16c MeldeG zu verwenden. Zum Zwecke der eindeutigen Identifikation von obersten Rechtsträgern mit Sitz im Inland hat die Bundesanstalt Statistik Österreich deren Daten mit dem Stammzahlenregister automationsunterstützt abzugleichen. Wenn kein automationsunterstützter Abgleich im Hinblick auf die vorgenannten Rechtsträger möglich ist, dann dürfen diese nicht gemeldet werden. Insoweit einzelne, der in Abs. 1

genannten Daten durch die Bundesanstalt Statistik Österreich automatisationsunterstützt ergänzt werden, ist keine Meldung der betreffenden Daten durch den Rechtsträger erforderlich.

(BGBl I 2018/37)

(3)ᵃ⁾ Zum Zwecke der eindeutigen Identifikation von wirtschaftlichen Eigentümern, von jenen natürlichen Personen, die für die Zwecke der automatisationsunterstützt erstellten Darstellung gemäß § 9 Abs. 5 Z 1 benötigt werden, die vertretungsbefugte Personen oder Eigentümer von Rechtsträgern sind, hat die Bundesanstalt Statistik Österreich über das Stammzahlenregister automatisationsunterstützt das bereichsspezifische Personenkennzeichen des Bereichs „Steuern und Abgaben – SA" zu ermitteln. Die Registerbehörde und die Bundesanstalt Statistik Österreich haben die im Zentralen Melderegister verarbeiteten Daten abzufragen, um die Daten über die wirtschaftlichen Eigentümer zu übernehmen, zu ergänzen und aktuell zu halten und können zu diesem Zweck auch das Ergänzungsregister für natürliche Personen abfragen. Der Bundesminister für Inneres ist ermächtigt, der Bundesanstalt Statistik Österreich auf deren Verlangen zum Zweck der Ergänzung und der Überprüfung der Daten der wirtschaftlichen Eigentümer eine Abfrage gemäß § 16a Abs. 4 MeldeG auf das Zentrale Melderegister zu eröffnen. Danach ist der Änderungsdienst gemäß § 16c MeldeG zu verwenden. Zum Zwecke der eindeutigen Identifikation von obersten Rechtsträgern mit Sitz im Inland hat die Bundesanstalt Statistik Österreich deren Daten mit dem Stammzahlenregister automatisationsunterstützt abzugleichen. Wenn kein automatisationsunterstützter Abgleich im Hinblick auf die vorgenannten Rechtsträger möglich ist, dann dürfen diese nicht gemeldet werden. Insoweit einzelne, der in Abs. 1 genannte Daten durch die Bundesanstalt Statistik Österreich automatisationsunterstützt ergänzt werden, ist keine Meldung der betreffenden Daten durch den Rechtsträger erforderlich.

(BGBl I 2023/97)

ᵃ⁾ Tritt mit 17. September 2024 in Kraft.

(4) Jeder Rechtsträger ist berechtigt über das Unternehmensserviceportal Einsicht in die über ihn im Register erfassten Daten zu nehmen. Die Einsicht ist im Wege einer Information über den Registerstand zu gewähren, die alle Elemente des Auszuges gemäß § 9 Abs. 1 enthält.

(5) Wenn bei Rechtsträgern gemäß § 1 Abs. 2 Z 1, 2, 3, 4, 9, 10, 11 und 13 die wirtschaftlichen Eigentümer gemäß § 2 Z 1 lit. b festgestellt wurden, ist nur zu melden, dass die natürlichen Personen, die der obersten Führungsebene des Rechtsträgers angehören, als wirtschaftliche Eigentümer festgestellt wurden. Die Bundesanstalt Statistik Österreich hat diese aus dem Firmenbuch zu übernehmen und laufend aktuell zu halten. Wenn die natürlichen Personen, die der obersten Führungsebene angehören nicht mehr im Firmenbuch eingetragen sind, so hat die Bundesanstalt Statistik Österreich die Meldung gemäß § 5 Abs. 5 WiEReG zu beenden.

(BGBl I 2019/62)

(5)ᵃ⁾ **„Wenn bei Rechtsträgern gemäß § 1 Abs. 2 Z 1 bis 4a, 9, 10, 11 und 13"** die wirtschaftlichen Eigentümer gemäß § 2 Z 1 lit. b festgestellt wurden, ist nur zu melden, dass die natürlichen Personen, die der obersten Führungsebene des Rechtsträgers angehören, als wirtschaftliche Eigentümer festgestellt wurden. Die Bundesanstalt Statistik Österreich hat diese aus dem Firmenbuch zu übernehmen und laufend aktuell zu halten. Wenn die natürlichen Personen, die der obersten Führungsebene angehören nicht mehr im Firmenbuch eingetragen sind, so hat die Bundesanstalt Statistik Österreich die Meldung gemäß § 5 Abs. 5 WiEReG zu beenden.

(BGBl I 2019/62; GesRÄG 2023, BGBl I 2023/179 ab 1.4.2024)

ᵃ⁾ Tritt mit 1. April 2024 in Kraft.

(6) Wenn für einen Rechtsträger noch keine Meldung von einem berufsmäßigen Parteienvertreter abgegeben wurde, so kann jeder berufsmäßige Parteienvertreter unter Berufung auf die ihm erteilte Vollmacht eine Meldung gemäß diesem Paragraphen abgeben. Nach Abgabe einer Meldung von einem berufsmäßigen Parteienvertreter für einen Rechtsträger, kann ein anderer berufsmäßiger Parteienvertreter für diesen Rechtsträger nur dann eine Meldung abgeben, wenn dieser im elektronischen Wege der Registerbehörde unter Berufung auf die erteile Vollmacht den Wechsel der Berechtigung zur Abgabe einer Meldung anzeigt. Die Registerbehörde hat den Rechtsträger über den Wechsel der Berechtigung zu informieren und darauf hinzuweisen, dass der Wechsel binnen zwei Wochen ab deren Beantragung im Register eingetragen wird, sofern kein Widerspruch des Rechtsträgers innerhalb dieser Frist bei der Registerbörde eingeht. Nach Ablauf der Frist endet die Möglichkeit zur Meldung für den ursprünglich vertretungsbefugten Parteienvertreter und Meldungen können nur von dem berufsmäßigen Parteienvertreter eingebracht werden, der zuletzt den Wechsel der Berechtigung angezeigt hat. Die Registerbehörde kann auf Antrag des Rechtsträgers den Wechsel der Berechtigung schon vor Ablauf der zweiwöchigen Frist eintragen, wenn dies zur Wahrung der Meldefrist erforderlich ist.

(BGBl I 2019/62)

(7) Gegen berufsmäßige Parteienvertreter oder deren Beschäftigte, die wirtschaftliche Eigentümer gemäß § 9 Abs. 4 Z 7a festgestellt, überprüft und gemeldet oder ein Compliance-Package gemäß § 9 Abs. 5a übermittelt haben, können Dritte daraus Schadenersatzansprüche nur dann erheben, wenn die berufsmäßigen Parteienvertreter oder deren Beschäftigte vorsätzlich oder krass grob fahrlässig gegen ihre Sorgfaltspflichten nach diesem Bundesgesetz verstoßen haben.

(BGBl I 2019/62)

Übermittlung der Dokumentation über die Anwendung der Sorgfaltspflichten zur Feststellung und Überprüfung der Identität von wirtschaftlichen Eigentümern (Compliance-Package)

§ 5a. (1) Ein berufsmäßiger Parteienvertreter kann, wenn er die wirtschaftlichen Eigentümer eines Rechtsträgers gemäß den Anforderungen dieses Bundesgesetzes festgestellt und überprüft hat, alle für die Feststellung und Überprüfung der Identität der wirtschaftlichen Eigentümer erforderlichen Informationen, Daten und Dokumente im elektronischen Wege über das Unternehmensserviceportal an die Registerbehörde übermitteln (Compliance-Package). Hiebei sind jedenfalls die folgenden Informationen, Daten und Dokumente im elektronischen Wege über das Unternehmensserviceportal an die Registerbehörde zu übermitteln:

1. ein Organigramm, aus dem sich die relevante Eigentums- und Kontrollstruktur ergibt, bei Rechtsträgern gemäß § 1 Abs. 2 Z 1 bis 4, 9 und 10;

1.^{a)} ein Organigramm, aus dem sich die relevante Eigentums- und Kontrollstruktur ergibt, **„bei Rechtsträgern gemäß § 1 Abs. 2 Z 1 bis 4a, 9 und 10";**

(GesRÄG 2023, BGBl I 2023/179 ab 1.4.2024)

^{a)} Tritt mit 1. April 2024 in Kraft.

2. für den meldenden Rechtsträger selbst,
    a) bei offenen Gesellschaften, Kommanditgesellschaften und Europäischen wirtschaftlichen Interessensvereinigungen der Gesellschaftsvertrag bzw. das Gründungsdokument oder ein anderer Nachweis über die Beteiligungsverhältnisse;
    b) bei Aktiengesellschaften und Europäischen Gesellschaften (SE) ein Nachweis über für das wirtschaftliche Eigentum relevante Anteilsrechte und Aktien sowie die Satzung, soweit sich aus dieser abweichende Stimmrechte oder Kontrollverhältnisse ergeben;
    c) bei Gesellschaften mit beschränkter Haftung der Gesellschaftsvertrag, soweit sich aus diesem von den Beteiligungsverhältnissen abweichende Stimmrechte oder Kontrollverhältnisse ergeben;
    „d)^{a)} **bei Flexiblen Kapitalgesellschaften der Gesellschaftsvertrag, soweit sich aus diesem von § 39 Abs. 2 erster Satz GmbHG abweichende Stimmrechte oder Kontrollverhältnisse ergeben, und das Anteilsbuch über die Unternehmenswert-Anteile oder ein anderer Nachweis über die Anteile der Unternehmenswert-Beteiligten;"**

(GesRÄG 2023, BGBl I 2023/179 ab 1.4.2024)

^{a)} Tritt mit 1. April 2024 in Kraft.

„e)^{a)} bei Privatstiftungen gemäß § 1 PSG die Stiftungsurkunde sowie die Stiftungszusatzurkunde und alle weiteren Nachweise, die für die Feststellung und Überprüfung aller Begünstigten der Privatstiftung gemäß diesem Bundesgesetz notwendig sind;

(GesRÄG 2023, BGBl I 2023/179 ab 1.4.2024)

^{a)} Tritt mit 1. April 2024 in Kraft.

„f)^{a)} bei Stiftungen und Fonds gemäß § 1 BStFG 2015 und bei aufgrund eines Landesgesetzes eingerichteten Stiftungen und Fonds die Stiftungsurkunde, Gründungserklärung oder ein vergleichbarer Nachweis;

(GesRÄG 2023, BGBl I 2023/179 ab 1.4.2024)

^{a)} Tritt mit 1. April 2024 in Kraft.

„g)^{a)} bei Trusts und trustähnlichen Vereinbarungen die Trusturkunde, sonstige Dokumente, aus denen sich Begünstigte des Trusts ergeben, und alle weiteren Nachweise, die für die Feststellung und Überprüfung aller Begünstigten des Trusts oder der trustähnlichen Vereinbarung gemäß diesem Bundesgesetz notwendig sind;

(GesRÄG 2023, BGBl I 2023/179 ab 1.4.2024)

^{a)} Tritt mit 1. April 2024 in Kraft.

„h)^{a)} Nachweise und Erklärungen, aufgrund derer sich allfällige, für die Stellung als wirtschaftlicher Eigentümer gemäß diesem Bundesgesetz relevante Treuhandschaften ergeben;

(GesRÄG 2023, BGBl I 2023/179 ab 1.4.2024)

^{a)} Tritt mit 1. April 2024 in Kraft.

„i)^{a)} sonstige Nachweise und Dokumente, die für die Feststellung und Überprüfung der wirtschaftlichen Eigentümer des Rechtsträgers erforderlich sind; solche sind insbesondere dann erforderlich, wenn relevante Stimmrechte vorliegen, die von der jeweiligen Beteiligung oder dem Anteil von Aktien abweichen oder wenn andere Kontrollverhältnisse vorliegen, die für die Feststellung und Überprüfung der wirtschaftlichen Eigentümer relevant sind und diese nicht bereits von lit. a bis g erfasst sind.

(GesRÄG 2023, BGBl I 2023/179 ab 1.4.2024)

^{a)} Tritt mit 1. April 2024 in Kraft.

3. für relevante inländische übergeordnete Rechtsträger sind die in Z 2 lit. a bis h genannten Dokumente zu übermitteln. Sofern Dokumente zu übermitteln sind, ist die Stammzahl des übergeordneten inländischen Rechtsträgers anzugeben. Wenn für einen übergeordneten Rechtsträger mit Sitz im Inland ein

gültiges Compliance-Package im Register im Zeitpunkt der Meldung gespeichert ist, entfällt die Verpflichtung zur Übermittlung der Dokumente für diesen übergeordneten Rechtsträger gemäß dieser Ziffer, wenn die Stammzahl dieses übergeordneten Rechtsträgers und der Umstand gemeldet wird, dass auf dieses Compliance-Package verwiesen wird. In diesem Fall ist nur der Umstand, dass auf dieses Compliance-Package verwiesen wird, Bestandteil der Meldung.

(BGBl I 2021/25)

4. für ausländische übergeordnete Rechtsträger, die für das wirtschaftliche Eigentum am Rechtsträger relevant sind, die Angabe des Namens, der Stammzahl, der Rechtsform und des Sitzlandes sowie jene am Sitz des übergeordneten Rechtsträgers gemäß dem landesüblichen Rechtsstandard verfügbaren

   a) Nachweise, die für die Überprüfung der Existenz einer juristischen Person im Sitzland vorgesehen sind;

   b) Nachweise, die zum Zwecke der Überprüfung der Eigentumsverhältnisse im Sitzland vorgesehen sind;

   c) Gesellschaftsverträge, Statuten und dergleichen, soweit sich von lit. b abweichende Stimmrechte oder Kontrollverhältnisse ergeben;

   d) Nachweise und Erklärungen, aufgrund derer sich allfällige, für die Stellung als wirtschaftlicher Eigentümer gemäß diesem Bundesgesetz relevante Treuhandschaften ergeben und die für die Feststellung und Überprüfung dieser wirtschaftlichen Eigentümer notwendig sind; dies unabhängig von den aufgrund der landesüblichen Rechtsstandards verfügbaren Nachweisen;

   e) sonstige Nachweise und Dokumente, die für die Feststellung und Überprüfung der wirtschaftlichen Eigentümer des Rechtsträgers erforderlich sind; solche Nachweise sind insbesondere dann erforderlich, wenn relevante Stimmrechte vorliegen, die von der jeweiligen Beteiligung oder dem Anteil an Aktien abweichen oder wenn andere Kontrollverhältnisse vorliegen, die für die Feststellung und Überprüfung der wirtschaftlichen Eigentümer relevant sind und nicht bereits gemäß lit. a bis d übermittelt werden.

Wenn für einen Rechtsträger mit Sitz im Inland, der sich auf der letzten inländischen Ebene einer Eigentums- oder Kontrollkette befindet, ein gültiges Compliance-Package gespeichert wurde, entfällt die Verpflichtung zur Übermittlung der Dokumente gemäß dieser Ziffer für jene relevanten Rechtsträger mit Sitz im Ausland, deren Dokumente in diesem Compliance-Package enthalten sind, wenn die Stammzahl dieses Rechtsträgers und der Umstand gemeldet wird, dass auf dieses Compliance-Package verwiesen wird. In diesem Fall ist nur der Umstand, dass auf dieses Compliance-Package verwiesen wird, Bestandteil der Meldung.

(2) Soweit es sich bei den Dokumenten um Urkunden handelt, muss es sich um beweiskräftige Urkunden handeln, die gemäß dem am Sitz der juristischen Personen landesüblichen Rechtsstandard verfügbar sind. Befindet sich der Sitz eines relevanten übergeordneten ausländischen Rechtsträgers im Zeitpunkt der Übermittlung des Compliance-Packages in einem Drittland mit hohem Risiko (§ 2 Z 16 FM-GwG) oder bestehen Zweifel an der Echtheit einer Urkunde, dann müssen die betreffenden Urkunden dem berufsmäßigen Parteienvertreter im Original oder in einer beglaubigten Kopie vorliegen. Nach erfolgter Prüfung sind Kopien der vorgelegten Originaldokumente anzufertigen, mit dem Vermerk „Original vorgelegt am:" unter Angabe des Datums und einem Hinweis auf einen nachvollziehbar erkennbaren Vermerkersteller zu erstellen und an das Register zu übermitteln. Originaldokumente können an den Rechtsträger retourniert werden. Sofern Dokumente nicht in deutscher oder englischer Sprache abgefasst sind, so sind zusätzlich zum Originaldokument beglaubigte Übersetzungen des Dokuments oder jedenfalls der relevanten Teile in deutscher oder englischer Sprache zu übermitteln.

(3) Bestehen berechtigte Gründe gegen eine Übermittlung einer Urkunde an das Register, so kann anstelle der Übermittlung der Urkunde, ein vollständiger Aktenvermerk an das Register übermittelt werden, wenn der berufsmäßige Parteienvertreter, der die wirtschaftlichen Eigentümer des Rechtsträgers festgestellt und überprüft hat oder ein Dritter gemäß Art. 2 Abs. 1 Z 1 lit. a und b der Richtlinie (EU) 2015/849 mit Sitz im Inland oder einem Mitgliedstaat oder nach Maßgabe des § 13 Abs. 4 FM-GwG mit Sitz in einem Drittland, Einsicht in die Urkunde genommen und diesen Aktenvermerk angefertigt hat. Ein vollständiger Aktenvermerk hat Folgendes zu enthalten:

1. Datum und Ort der Einsichtnahme,
2. Name, Geburtsdatum und Unterschrift der die Einsicht vornehmenden Person,

(BGBl I 2023/97)

3. genaue Bezeichnung des eingesehenen Dokumentes und von wem das Dokument in welcher Funktion errichtet oder ausgestellt und unterzeichnet wurde,
4. eine Beschreibung des Inhalts des Dokumentes und eine Zusammenfassung aller für das wirtschaftliche Eigentum am Rechtsträger relevanten Teile des Dokumentes.

Die Übermittlung von Aktenvermerken anstelle von Dokumenten ist nicht zulässig, wenn sich der Sitz des Ausstellers des Dokumentes, der Sitz einer der Vertragsparteien, die das Dokument errichtet haben, oder der Sitz des Rechtsträges, den das Dokument betrifft, in einem Drittland mit hohem Risiko (§ 2 Z 16 FM-GwG) befindet.

(4) Die Dokumente müssen im Zeitpunkt der Übermittlung an das Register aktuell sein. Auszüge aus ausländischen Handels-, Gesellschafts- oder Trustregistern und die Bestätigung der Geschäftsführung des Rechtsträgers gemäß Abs. 5 dürfen bei Meldungen und Änderungsmeldungen nicht älter als 6 Wochen sein. Ältere Dokumente dürfen nur in begründeten Ausnahmefällen gemeinsam mit den Gründen dafür übermittelt werden.

(BGBl I 2023/97)

(5) Vor der Übermittlung, Änderung oder Ergänzung eines Compliance-Packages hat der berufsmäßige Parteienvertreter eine firmenmäßig gezeichnete Bestätigung der Geschäftsführung des Rechtsträgers einzuholen, in der diese bestätigt, dass alle zur Feststellung und Überprüfung der wirtschaftlichen Eigentümer erforderlichen Dokumente dem berufsmäßigen Parteienvertreter vorliegen, aktuell sind und in dem zu übermittelnden Compliance-Package enthalten sind und keine von der Meldung abweichenden Stimmrechte, Kontroll- oder Treuhandschaftsbeziehungen bestehen. Der berufsmäßige Parteienvertreter hat in der Meldung den Erhalt dieser Bestätigung zu bestätigen. Keine Bestätigung der Geschäftsführung des Rechtsträgers ist erforderlich, wenn bei einer Ergänzung eines Compliance-Package keine Änderung der relevanten inländischen oder ausländischen übergeordneten Rechtsträger und keine Änderung bei den zu übermittelnden Dokumenten vorgenommen wird.

(BGBl I 2021/25)

(6) Die übermittelten Informationen, Daten und Dokumente sind für die Zwecke der Verhinderung der Geldwäscherei und der Terrorismusfinanzierung zu speichern und sind fünf Jahre nach dem Zeitpunkt, bei dem diese mit einem Compliance-Package übermittelt wurde, zu löschen. Das Compliance-Package ist für die Dauer von zwölf Monaten nach der letzten Meldung, bei der ein Compliance-Package gemäß Abs. 1 oder Abs. 7 übermittelt wurde, gültig.

(7) Der gemäß § 5 Abs. 6 berechtigte berufsmäßige Parteienvertreter kann eine Änderungsmeldung zu einem bestehenden Compliance-Package übermitteln, durch die Gültigkeit des Compliance-Packages um weitere zwölf Monate verlängert wird. Bei dieser Meldung hat der berufsmäßige Parteienvertreter die Vollständigkeit des Compliance-Packages gemäß Abs. 1 und die Aktualität aller Dokumente gemäß Abs. 4 zu überprüfen und zu bestätigen.

(BGBl I 2023/97)

(8) Der gemäß § 5 Abs. 6 berechtigte berufsmäßige Parteienvertreter kann eine Ergänzung zu einem bestehenden gültigen Compliance-Package übermitteln, bei der relevante inländische und ausländische übergeordnete Rechtsträger hinzufügt, entfernt oder deren Daten geändert werden können, übermittelte Dokumente gelöscht, neue Dokumente hinzugefügt oder die über Dokumente gespeicherten Daten geändert werden können, das Compliance-Package eingeschränkt oder die Einschränkung aufgehoben werden kann, die E-Mail-adresse des berufsmäßigen Parteienvertreters und des Rechtsträgers geändert werden können, festgelegt werden kann, ob der berufsmäßige Parteienvertreter und/oder der Rechtsträger Freigaben erteilen oder Rückfragen beantworten können und festgelegt werden kann, welchen Verpflichteten in ein eingeschränktes Compliance-Package Einsicht gewährt werden soll, ohne dass jedoch Änderungen bei den gemeldeten wirtschaftlichen Eigentümern vorgenommen werden können. Bei jeder Ergänzung hat der berufsmäßige Parteienvertreter die Aktualität der zusätzlich übermittelten Dokumente zu prüfen und zu bestätigen. Die Dauer der Gültigkeit des Compliance-Package gemäß Abs. 6 ändert sich durch die Übermittlung einer Ergänzung nicht.

(BGBl I 2021/25)

(9) Der berufsmäßige Parteienvertreter hat bei der Übermittlung der Dokumente im Rahmen des Compliance-Packages an das Register zu erklären, dass der Rechtsträger gegenüber ihm bestätigt hat, dass die erforderlichen Einwilligungserklärungen, die den Anforderungen des Art. 7 der Verordnung (EU) 2016/679 entsprechen, und die Freigabe zur Übermittlung des Compliance-Packages vorliegen.

(BGBl I 2019/62)

Befreiung von der Meldepflicht

§ 6. (1) Offene Gesellschaften gemäß § 1 Abs. 2 Z 1 und Kommanditgesellschaften gemäß § 1 Abs. 2 Z 2 sind von der Meldung gemäß § 5 befreit, wenn alle Gesellschafter natürliche Personen sind. Sind weniger als vier Gesellschafter im Firmenbuch eingetragen, dann sind diese als wirtschaftliche Eigentümer von der Bundesanstalt Statistik Österreich zu übernehmen. Wenn vier oder mehr Gesellschafter im Firmenbuch eingetragen sind, dann sind die im Firmenbuch eingetragenen geschäftsführenden Gesellschafter von der Bundesanstalt Statistik Österreich als wirtschaftliche Eigentümer zu übernehmen. Wenn eine andere natürliche Person wirtschaftlicher Eigentümer gemäß § 2 der offenen Gesellschaft oder der Kommanditgesellschaft ist, dann hat die offene Gesellschaft oder die Kommanditgesellschaft eine Meldung gemäß § 5 Abs. 1 vorzunehmen.

(2) Gesellschaften mit beschränkter Haftung gemäß § 1 Abs. 2 Z 4 sind von der Meldung gemäß § 5 befreit, wenn alle Gesellschafter natürliche Personen sind. Diesfalls sind die im Firmenbuch eingetragenen Gesellschafter von der Bundesanstalt Statistik Österreich als wirtschaftliche Eigentümer zu übernehmen, wenn diese eine Beteiligung von mehr als 25 vH halten. Hält kein Gesellschafter eine Beteiligung von mehr als 25 vH, so sind die im Firmenbuch eingetragenen Geschäftsführer von der Bundesanstalt Statistik Österreich als wirtschaftliche Eigentümer zu übernehmen. Wenn eine andere natürliche Person wirtschaftlicher Eigentümer gemäß § 2 der Gesellschaft mit beschränkter Haftung ist, dann hat die Gesellschaft mit beschränkter Haftung eine Meldung gemäß § 5 Abs. 1 vorzunehmen.

„(2a)ª) Flexible Kapitalgesellschaften gemäß § 1 Abs. 2 Z 4a sind von der Meldung gemäß § 5 befreit, wenn alle im Firmenbuch eingetragenen Gesellschafter natürliche Personen sind. Diesfalls sind die im Firmenbuch eingetragenen Gesellschafter von der Bundesanstalt Statistik Österreich als wirtschaftliche Eigentümer zu übernehmen, wenn diese über Stimmrechte von mehr als 25 vH verfügen. Für die Zwecke dieser Bestimmung sind die Stimmrechte gemäß § 39 Abs. 2 erster Satz GmbHG zu berechnen. Verfügt kein im Firmenbuch eingetragener Gesellschafter über Stimmrechte von mehr als 25 vH, so sind die im Firmenbuch eingetragenen Geschäftsführer von der Bundesanstalt Statistik Österreich als wirtschaftliche Eigentümer zu übernehmen. Wenn eine andere natürliche Person wirtschaftlicher Eigentümer gemäß § 2 der Flexiblen Kapitalgesellschaft ist, dann hat die Flexible Kapitalgesellschaft eine Meldung gemäß § 5 Abs. 1 vorzunehmen."

(GesRÄG 2023, BGBl I 2023/179 ab 1.4.2024)

ª) Tritt mit 1. April 2024 in Kraft.

(3) Erwerbs- und Wirtschaftsgenossenschaften gemäß § 1 Abs. 2 Z 5 sind von der Meldung gemäß § 5 befreit. Diesfalls sind die im Firmenbuch eingetragenen Mitglieder des Vorstands oder, sofern auch Geschäftsleiter eingetragen sind, nur die Geschäftsleiter von der Bundesanstalt Statistik Österreich als wirtschaftliche Eigentümer zu übernehmen. Wenn eine andere natürliche Person wirtschaftlicher Eigentümer gemäß § 2 der Erwerbs- und Wirtschaftsgenossenschaft ist, dann hat die Erwerbs- und Wirtschaftsgenossenschaft eine Meldung gemäß § 5 Abs. 1 vorzunehmen.

(BGBl I 2018/37)

(4) Versicherungsvereine auf Gegenseitigkeit gemäß § 1 Abs. 2 Z 6, kleine Versicherungsvereine gemäß § 1 Abs. 2 Z 7 und Sparkassen gemäß § 1 Abs. 2 Z 8 sind von der Meldung gemäß § 5 befreit. Diesfalls sind die im Stammregister eingetragenen Mitglieder des Vorstands von der Bundesanstalt Statistik Österreich als wirtschaftliche Eigentümer zu übernehmen. Wenn eine andere natürliche Person direkt oder indirekt Kontrolle auf die vorgenannten Gesellschaften ausübt, dann hat diese Gesellschaft eine Meldung gemäß § 5 Abs. 1 vorzunehmen.

(BGBl I 2023/97)

(5) Vereine gemäß § 1 Abs. 2 Z 14 sind von der Meldung gemäß § 5 befreit. Diesfalls sind die im Vereinsregister eingetragenen organschaftlichen Vertreter des Vereins von der Bundesanstalt Statistik Österreich als wirtschaftliche Eigentümer zu übernehmen. Wenn eine andere natürliche Person direkt oder indirekt Kontrolle auf den Verein ausübt, dann hat der Verein eine Meldung gemäß § 5 Abs. 1 vorzunehmen.

(BGBl I 2018/37)

(6) Wenn ein Rechtsträger eine Meldung gemäß § 5 vorgenommen hat, dann hat keine Übernahme der Daten durch die Bundesanstalt Statistik Österreich für diesen Rechtsträger zu erfolgen. Liegen die Voraussetzungen für eine Meldebefreiung vor, kann der Rechtsträger die Meldebefreiung in Anspruch nehmen, wenn er dies im elektronischen Weg über das Unternehmensserviceportal an die Bundesanstalt Statistik Österreich als Auftragsverarbeiterin der Registerbehörde meldet.

(BGBl I 2023/97)

(6a)ª) Wenn bei gemäß Abs. 1 bis 4 meldebefreiten Rechtsträgern ein Masseverwalter gemäß § 2 Z 1 lit. b sublit. dd wirtschaftlicher Eigentümer ist, so ist dieser als wirtschaftlicher Eigentümer aus dem Firmenbuch zu übernehmen.

(BGBl I 2023/97)

ª) Tritt mit 10. Dezember 2024 in Kraft.

(7) Die Bundesanstalt Statistik Österreich hat die gemäß diesem Paragraph übernommenen Daten laufend aktuell zu halten.

Führung des Registers der wirtschaftlichen Eigentümer

§ 7. (1) Die Registerbehörde hat zum Zweck der Verhinderung der Nutzung des Finanzsystems für Zwecke der Geldwäscherei und der Terrorismusfinanzierung ein Register der wirtschaftlichen Eigentümer (Register) als regelmäßig ergänzte, zeitlich geschichtete Datensammlung zu führen und sich hiefür der in Abs. 5 genannten gesetzlichen Auftragsverarbeiterinnen sowie allfälliger Sub-Auftragsverarbeiter zu bedienen. Dieses Register hat die in § 5 und dieser Bestimmung genannten Daten unter Verwendung des bereichsspezifischen Personenkennzeichens des Bereichs „Steuern und Abgaben – SA" sowie die Daten betreffend der Rechtsträger gemäß § 25 Abs. 1 Z 1 bis 5 und 7 des Bundesstatistikgesetzes 2000 zu enthalten.

(BGBl I 2018/37)

(1)ª) Die Registerbehörde hat zu den Zwecken der Verhinderung der Nutzung des Finanzsystems für Zwecke der Geldwäscherei und der Terrorismusfinanzierung, zur Durchführung von unmittelbar anwendbarer Sanktionsmaßnahmen der Europäischen Union und Sanktionsmaßnahmen nach dem SanktG sowie zur Gewährleistung der Transparenz von wirtschaftlichen Eigentümern bei der Vergabe von öffentlichen Förderungen, öffentlichen Aufträgen und Konzessionen ein Register der wirtschaftlichen Eigentümer (Register) als regelmäßig ergänzte, zeitlich geschichtete Datensammlung zu führen und sich hiefür der in Abs. 5 genannten gesetzlichen Auftragsverarbeiter zu bedienen. Dieses Register hat die in § 5, § 5a und dieser Bestimmung genannten Daten sowie die Daten der vertretungsbefugten Personen, der Eigentümer der Rechtsträger, soweit möglich unter Verwendung des bereichsspezifischen Personenkennzeichens des Bereichs „Steuern und Abgaben – SA" sowie die Daten betreffend der Rechtsträger gemäß § 25 Abs. 1 Z 1 bis 5, 7 und 9 des Bundesstatistikgesetzes 2000 zu enthalten. Soweit es sich bei den vertretungsbefugten Personen oder Eigentümern um natürliche Personen handelt, sind Name, Geburtsdatum und soweit vorhanden Geburtsort,

Staatsangehörigkeit, Wohnsitz, Nummer und Art des amtlichen Lichtbildausweises, soweit es sich um juristische Personen handelt sind Name, Sitz, Rechtsform, Stammzahl und Stammregister zu speichern.

(BGBl I 2023/97)

---
a) Der zweite und dritte Satz treten mit 17. September 2024 in Kraft.

(2) Der Bundesanstalt Statistik Österreich als Auftragsverarbeiterin der Registerbehörde sind zur Aufnahme in das Register die Daten gemäß § 25 Abs. 1 Z 1 bis 5 des Bundesstatistikgesetzes 2000 sowie die Daten zur Kapitalbeteiligung an Rechtsträgern und deren Änderungen (Berichtigungen, Löschungen) betreffend

1. die im Firmenbuch eingetragenen Rechtsträger gemäß § 1 Abs. 2 Z 1 bis 13,
2. die im Vereinsregister eingetragenen Rechtsträger gemäß § 1 Abs. 2 Z 14,
3. die im Stiftungs- und Fondsregistern eingetragenen Rechtsträger gemäß § 1 Abs. 2 Z 15 und
4. die in aufgrund eines Landesgesetzes eingerichteten Registern eingetragenen Rechtsträger gemäß § 1 Abs. 2 Z 16

von den jeweils zuständigen Behörden in den Fällen gemäß Z 1 bis 3 unverzüglich auf elektronischem Wege nach Kenntnisnahme über eine von der Bundesanstalt definierte Schnittstelle unentgeltlich zu übermitteln. Im Falle der Z 4 gilt dies unter der Maßgabe, dass eine unentgeltliche Übermittlung auf elektronischem Wege über eine von der Bundesanstalt definierte Schnittstelle landesgesetzlich vorgesehen wird. Die organschaftlichen Vertreter der Vereine (§ 16 Abs. 1 Z 7 und 8 VerG) sind mit dem verschlüsselten bereichsspezifischen Personenkennzeichen des Bereichs „Steuern und Abgaben – SA" zu übermitteln. Die zur Führung des jeweiligen Registers zuständigen Behörden haben die Stammzahlenregisterbehörde im elektronischen Wege zu ersuchen, die in das Register gemäß Z 3 und 4 einzutragenden Rechtsträger in das Ergänzungsregister für sonstige Betroffene einzutragen, sofern noch keine Stammzahl gemäß § 6 Abs. 3 E-GovG vergeben wurde. Die Bundesanstalt Statistik Österreich hat zu jedem Rechtsträger die gemäß § 25 Abs. 1 Z 1, 2, 4 und 5 des Bundesstatistikgesetzes 2000 im Unternehmensregister gespeicherten Daten in das Register zu übernehmen. Darunter fallen auch die der Rechtsform „Trust", „trustähnliche Vereinbarung" und „meldepflichtiger ausländischer Rechtsträger" im Ergänzungsregister für sonstige Betroffene gespeicherten Rechtsträger. Insoweit eine Übernahme der Daten möglich ist, entfällt die Verpflichtung zur gesonderten Übermittlung der Daten durch die jeweils zuständigen Behörden. § 25 Abs. 3 bis 5 des Bundesstatistikgesetzes 2000 ist sinngemäß anzuwenden.

(BGBl I 2021/25, BGBl I 2023/97)

(2a)a) Die Bundesanstalt Statistik Österreich hat alle im Register gespeicherten Personen ohne Wohnsitz im Inland, bei denen Name, Geburtsdatum und Geburtsort ident sind und bei denen kein bereichsspezifisches Personenkennzeichen gespeichert ist, für die Zwecke der Verbesserung der Personensuche zusammenzuführen. Alle übrigen Daten zu diesen Personen sind bei dem Datensatz des jeweiligen Rechtsträgers zu speichern und können auch unterschiedlich sein.

(BGBl I 2023/97)

---
a) Tritt mit 17. September 2024 in Kraft.

(3) Die Bundesanstalt Statistik Österreich hat geeignete Maßnahmen zu treffen, dass die Daten über einen wirtschaftlichen Eigentümer einer Gesellschaft nach Ablauf von zehn Jahren ab dem Ende seines wirtschaftlichen Eigentums an dieser Gesellschaft und die Daten eines Rechtsträgers nach Ablauf von zehn Jahren nach der Beendigung des Rechtsträgers im Register der wirtschaftlichen Eigentümer nicht mehr zugänglich sind.

(BGBl I 2019/62)

(4) Die Daten über die wirtschaftlichen Eigentümer sind an die Bundesanstalt Statistik Österreich zu übermitteln, die diese Daten für statistische Zwecke verarbeiten darf.

(5) Die Registerbehörde ist datenschutzrechtlicher Verantwortlicher für das Register. Die Bundesanstalt Statistik Österreich und die Bundesrechenzentrum Gesellschaft mit beschränkter Haftung (Bundesrechenzentrum GmbH) sind für das Register gesetzliche Auftragsverarbeiterinnen, sofern nicht ausdrücklich etwas anderes bestimmt ist.

(BGBl I 2018/37)

Beauftragung der Bundesrechenzentrum GmbH und der Bundesanstalt Statistik Österreich

§ 8. Der Bundesminister für Finanzen hat die Bundesanstalt Statistik Österreich und die Bundesrechenzentrum GmbH mit der Errichtung, inklusive der Herstellung der erforderlichen Anbindungen, dem Betrieb und der Weiterentwicklung des Registers zu beauftragen. Die Kooperation zwischen Bundesanstalt Statistik Österreich und der Bundesrechenzentrum GmbH hat in Abstimmung mit dem Bundesminister für Finanzen zu erfolgen. Die Leistungen der Bundesanstalt Statistik Österreich sind gemäß § 32 des Bundesstatistikgesetzes 2000 und die Leistungen der Bundesrechenzentrum GmbH sind gemäß § 5 BRZ GmbH zu erbringen.

Einsicht der Verpflichteten in das Register

§ 9. (1) Die nachfolgend Genannten gelten als Verpflichtete im Sinne dieses Bundesgesetzes und sind nach Maßgabe des Abs. 2 zur Einsicht in das Register berechtigt:

1. Kreditinstitute gemäß § 2 Z 1 FM-GwG, Abbaugesellschaften gemäß § 162 BaSAG, Abbaueinheiten die gemäß § 2 GSA gegründet wurden, Abbaueinheiten gemäß § 83 BaSAG und Versicherungsunternehmen gemäß § 2 Z 2 lit. b FM-GwG;

(BGBl I 2018/37)

2. Kredit- und Finanzinstitute gemäß § 2 Z 1 und Z 2 FM-GwG, die der Aufsicht der FMA gemäß § 25 Abs. 1 FM-GwG unterliegen, soweit diese nicht unter Z 1 erfasst sind;
3. Finanzinstitute gemäß § 2 Z 2 FM-GwG, die nicht der Aufsicht der FMA gemäß § 25 Abs. 1 FMGwG unterliegen;
4. Bundeskonzessionäre gemäß § 14 und § 21 GSpG;
5. Bewilligte für Glücksspielautomaten und Wettunternehmer, die aufgrund einer landesgesetzlichen Bewilligung eingerichtet sind, nach Maßgabe landesrechtlicher Vorschriften;
6. Rechtsanwälte;
7. Notare;
8. Wirtschaftsprüfer gemäß § 1 Abs. 1 Z 1 WTBG 2017;
9. Steuerberater gemäß § 1 Abs. 1 Z 2 WTBG 2017;
10. Bilanzbuchhalter, Buchhalter und Personalverrechner gemäß § 1 BiBuG 2014;
11. Handelsgewerbetreibende gemäß § 365m1 Abs. 2 Z 1 lit. a und b GewO 1994 und Gewerbetreibende gemäß § 365m1 Abs. 2 Z 1 lit. c GewO 1994;

(BGBl I 2021/25)

12. Immobilienmakler gemäß § 365m1 Abs. 2 Z 2 GewO 1994;
13. Unternehmensberater gemäß § 365m1 Abs. 2 Z 3 GewO 1994;
14. Versicherungsvermittler gemäß § 365m1 Abs. 2 Z 4 GewO 1994;
15. die Österreichische Bundesfinanzierungsagentur;

(BGBl I 2019/62)

16. Dienstleister in Bezug auf virtuelle Währungen gemäß § 2 Z 22 FM-GwG.

(BGBl I 2019/62)

(2) Verpflichtete dürfen nur im Rahmen der Anwendung der Sorgfaltspflichten zur Verhinderung der Geldwäscherei und Terrorismusfinanzierung gegenüber ihren Kunden Einsicht in das Register nehmen. Darüber hinaus dürfen Verpflichtete gemäß Abs. 1 Z 6 bis 10 Einsicht für die Zwecke der Beratung ihrer Mandanten und genossenschaftliche Revisionsverbände für die Zwecke der Beratung ihrer Mitglieder jeweils im Hinblick auf die Feststellung, Überprüfung und Meldung der wirtschaftlichen Eigentümer ihrer Mandanten nehmen und für die Zwecke der Beratung von wirtschaftlichen Eigentümern im Hinblick auf die Stellung von Anträgen gemäß § 10a und § 14 Abs. 7.

(BGBl I 2019/62, BGBl I 2021/25)

(2a) Bei Vorliegen eines berechtigten Interesses gemäß § 10 Abs. 2, in Fällen in denen der Antragsteller mit einem Rechtsträger eine Geschäftsbeziehung eingehen möchte, die für diesen, aufgrund von wirtschaftlichen oder persönlichen Elementen geeignet ist, ein hinreichendes Interesse an der Person des wirtschaftlichen Eigentümers des Rechtsträgers zu begründen, dürfen Verpflichtete gemäß Abs. 1 Z 6 bis 9 namens und im Auftrag eines Mandanten Auszüge gemäß § 10 abfragen, wobei diesfalls das Vorliegen des berechtigten Interesses dem berufsmäßigen Parteienvertreter nachzuweisen ist. Ein berechtigtes Interesse besteht darüber hinaus bei Insolvenzverwaltern für die Zwecke des Insolvenzverfahrens und bei Notaren in der Funktion als Gerichtskommissär für die Zwecke des Verlassenschaftsverfahrens.

(BGBl I 2023/97)

(2b) Öffentliche Einrichtungen, die im Rahmen ihrer Tätigkeiten öffentliche Mittel als Förderungen vergeben bzw. die öffentliche Aufträge und Konzessionen vergeben, können auf Antrag bei der Registerbehörde die Einsicht als Verpflichtete für die Zwecke der Gewährleistung der Transparenz von wirtschaftlichen Eigentümern bei der Vergabe von öffentlichen Förderungen, öffentlichen Aufträgen oder Konzessionen nutzen. Diesfalls dürfen diese im Rahmen der Überprüfung von Rechtsträgern, die Förderwerber bzw. -empfänger sind, sowie von Bewerbern und Bietern bei Verfahren zur Vergabe von öffentlichen Aufträgen oder Konzessionen, Einsicht in das Register nehmen. Die Bestimmungen dieses Bundesgesetzes sind mit Ausnahme des § 11 Abs. 1 bis 2a und Abs. 6 anzuwenden. § 11 Abs. 3 ist mit der Maßgabe anzuwenden, dass die Verpflichtung zur Setzung eines Vermerkes dann besteht, wenn es für die öffentliche Einrichtung offenkundig ist, dass die im Register eingetragenen Daten über die wirtschaftlichen Eigentümer unrichtig oder unvollständig sind. Über Beschwerden gegen Entscheidungen der Registerbehörde erkennt das Bundesverwaltungsgericht.

(BGBl I 2023/97)

(3) Die Einsicht in das Register hat über das Unternehmensserviceportal zu erfolgen und ist durch einen mit einer Amtssignatur der Registerbehörde versehenen Auszug gemäß Abs. 4 oder einen erweiterten Auszug gemäß Abs. 5 zu gewährleisten. Suchbegriffe dürfen nur konkrete Rechtsträger oder konkrete natürliche Personen sein. Eine Suche nach einer natürlichen Person ist nur für Verpflichtete gemäß § 9 Abs. 1 Z 1, 4 und 6 bis 10 zulässig. Zudem ist es erforderlich, dass die natürliche Person neben ihrem Namen durch die Eingabe eines oder mehrerer zusätzlicher Identifikatoren eindeutig bestimmt werden kann. Sämtliche Zugangsdaten sind geheim zu halten. Seitens der Verpflichteten ist sicherzustellen, dass unbefugte Dritte keinen Zugriff auf die Zugangsdaten und etwaige erforderliche Hilfsmittel haben. Die Einsicht in die gemäß § 5 Abs. 2 übermittelten Dokumente und das zu einem Rechtsträger gespeicherte gültige Compliance-Packagea) ist über das Unternehmensserviceportal zu gewährleisten. Sofern dies beantragt wird, sind in einem einfachen oder erweiterten Auszug auch historische Daten gemäß Abs. 4 Z 1 bis 4, 5 lit. a bis d, f und g, 6 lit. a bis d, f bis h, 7 und 8 sowie Abs. 5 Z 2 aufzunehmen. Für die Zwecke dieses Absatzes kann auch ein Webservice des Unternehmensserviceportals verwendet werden.

(BGBl I 2019/62)

(4) Die Verpflichteten können über das Unternehmensserviceportal einen mit einer Amtssignatur der Registerbehörde versehenen Auszug aus dem Register anfordern, der ihnen im Wege einer automatisationsunterstützen Datenübertragung über das Unternehmensserviceportal zur Verfügung gestellt wird. Dieser Auszug enthält die folgenden Angaben:

1. Name des Rechtsträgers und Adressmerkmale;
2. Stammzahl und Stammregister des Rechtsträgers;
3. Rechtsform und eine Information über den Bestandszeitraum des Rechtsträgers;
4. ÖNACE-Code für Haupttätigkeiten des Rechtsträgers, soweit dieser gemäß § 21 des Bundesstatistikgesetzes 2000 festgestellt wurde;
5. die folgenden Informationen über direkte wirtschaftliche Eigentümer:
   a) Name;
   (BGBl I 2023/97)
   b) Geburtsdatum;
   c) Staatsangehörigkeit;
   d) Geburtsort;
   e) Wohnsitz;
   f) Art und Umfang des wirtschaftlichen Interesses;
   g) soweit verfügbar, die Angabe, dass ein wirtschaftlicher Eigentümer verstorben ist;
6. die folgenden Informationen über alle indirekten wirtschaftlichen Eigentümer:
   a) Name;
   (BGBl I 2023/97)
   b) Geburtsdatum;
   c) Staatsangehörigkeit;
   d) Geburtsort;
   e) Wohnsitz;
   f) die Angaben gemäß Z 1 bis 4 über die jeweiligen obersten Rechtsträger, soweit verfügbar;
   g) Art und Umfang des wirtschaftlichen Interesses;
   h) soweit verfügbar, die Angabe, dass ein wirtschaftlicher Eigentümer verstorben ist;
7. den Zeitpunkt der letzten Meldung und die Angabe, ob eine Befreiung von der Meldepflicht gemäß § 6 zur Anwendung gelangt;
7a. die Angabe, ob die wirtschaftlichen Eigentümer durch einen berufsmäßigen Parteienvertreter festgestellt und überprüft wurden;
   (BGBl I 2019/62)
7b. die Angabe, ob ein gültiges Compliance-Package für den Rechtsträger eingesehen werden kann;
   (BGBl I 2019/62)
7c. wenn die wirtschaftlichen Eigentümer gemäß § 2 Z 1 lit. b festgestellt wurden, die Angabe, ob nach Ausschöpfung aller Möglichkeiten die wirtschaftlichen Eigentümer nicht festgestellt und überprüft werden konnten;
   (BGBl I 2019/62)
7d.a) Verfahrensart von Unternehmensinsolvenzen;
   (BGBl I 2023/97)

a) Tritt mit 10. Dezember 2024 in Kraft.

7e.a) die Angabe, ob relevante Treuhandschaften gemäß § 5 Abs. 1 Z 3a vorliegen;
   (BGBl I 2023/97)

a) Tritt mit 1. Juli 2024 in Kraft.

7f.a) die Angabe, ob ein Rechtsträger rechtskräftig als Scheinunternehmen gemäß SBBG festgestellt wurde;
   (BGBl I 2023/97)

a) Tritt mit 10. Dezember 2024 in Kraft.

7g.a) die Angabe, ob bei einem Rechtsträger eine Maßnahme nach dem SanktG eingetragen wurde;
   (BGBl I 2023/97)

a) Tritt mit 10. Dezember 2024 in Kraft.

8. den Umstand, dass ein aufrechter Vermerk gemäß § 11 Abs. 4 und § 13 Abs. 3 vorliegt;
9. die Angabe, ob und aus welcher Quelle die Daten von der Bundesanstalt Statistik Österreich übernommen wurden und bei den gemeldeten Daten den Hinweis, dass es sich um Daten handelt, die vom Rechtsträger gemeldet wurden;
10. den Hinweis, dass keine Gewähr für die Richtigkeit und Vollständigkeit der Daten übernommen werden kann.

Bei Vorliegen einer Auskunftssperre gemäß VerG enthält der Auszug anstelle der Angaben gemäß Z 1, 2, 5 und 6 nur den Namen des Vereins, die Stammzahl und die Angabe, dass sich der Sitz des Vereins im Inland befindet, sowie den Hinweis, dass eine Auskunftssperre vorliegt. Dies gilt nicht für Verpflichtete gemäß Abs. 1 Z 1, 2 und 7. Bei diesen hat der Auszug anstelle der Wohnsitze der direkten und indirekten wirtschaftlichen Eigentümer gemäß Z 5 lit. e und Z 6 lit. e nur das Wohnsitzland sowie den Hinweis, dass eine Auskunftssperre vorliegt, zu enthalten. Wenn nach natürlichen Personen gesucht wird, die wirtschaftliche Eigentümer eines Vereins sind, für den eine Auskunftssperre besteht, darf dieser Verein nicht in der Trefferliste angezeigt werden. Bei Vorliegen einer Auskunftssperre gemäß MeldeG enthält der Auszug anstelle der Angaben gemäß Z 5 lit. e und Z 6 lit. e nur die Angabe, dass sich der Wohnsitz im Inland befindet, sowie den Hinweis, dass eine Auskunftssperre vorliegt. Bei Begünstigten von Rechtsträgern gemäß § 1 Abs. 2 Z 12, 17 und 18 und vergleichbaren Rechtsträgern mit Sitz in einem anderen Mitgliedstaat oder in einem Drittland, die oberste Rechtsträger sind, hat der Auszug, außer bei Verpflichteten gemäß Abs. 1 Z 1, 2 und 7, anstelle der Wohnsitze der direkten und indirekten wirtschaftlichen Eigentümer gemäß Z 5 lit. e und Z 6 lit. e nur das Wohnsitzland zu enthalten.

(BGBl I 2018/37)

(5) Die Verpflichteten können über das Unternehmensserviceportal einen mit einer Amtssignatur der Registerbehörde versehenen erweiterten Auszug aus dem Register anfordern, der ihnen im Wege einer automatisationsunterstützen Datenübertragung über das Unternehmensserviceportal zur Verfügung gestellt wird. Dieser Auszug enthält über die in Abs. 4 genannten Angaben hinaus die folgenden Angaben:

1. eine auf Basis der Eintragungen im Register automatisationsunterstützt generierte Darstellung aller bekannten Beteiligungsebenen, sofern diese für die Ermittlung des wirtschaftlichen Eigentümers relevant sind und über die jeweiligen Rechtsträger Daten im Register verfügbar sind; sofern keine ausreichenden Daten zu einzelnen Ebenen vorhanden sind, ist darauf hinzuweisen, dass keine Daten verfügbar sind; die Darstellung ist auf 20 Ebenen zu beschränken;
2. die Angabe der Daten gemäß Abs. 4 Z 5 lit. a bis d und g zu den vertretungsbefugten Personen des Rechtsträgers, soweit diese im Register gespeichert sind und zu den errechneten wirtschaftlichen Eigentümern und die Angabe der Daten gemäß Abs. 4 Z 6 lit. f zu den errechneten obersten Rechtsträgern;

(BGBl I 2019/62)

3. die Angabe, ob und aus welcher Quelle die Daten von der Bundesanstalt Statistik Österreich übernommen wurden und den Hinweis, dass es sich um eine automatisationsunterstütze Darstellung handelt;
4. die Angabe, ob es sich um einen vollständigen erweiterten Auszug handelt; dies ist dann der Fall, wenn alle Daten vollständig vorhanden sind, die gemeldeten Daten mit den automationsunterstützt generierten Daten übereinstimmen und kein aufrechter Vermerk vorliegt;
5. den Hinweis, dass keine Gewähr für die Richtigkeit der Daten übernommen werden kann.

(5a) Wird ein erweiterter Auszug aus dem Register angefordert, kann der Verpflichtete in ein hochgeladenes Compliance-Package Einsicht nehmen und die darin gespeicherten Dokumente herunterladen. Wenn in dem Compliance-Package auf ein anderes Compliance-Package verwiesen wird, dann kann auch für den Rechtsträger auf den verwiesen wird, ein erweiterter Auszug angefordert werden und in dessen Compliance-Package Einsicht genommen werden. Wenn das Compliance-Package oder ein verwiesenes Compliance-Package nur auf Anfrage zur Verfügung gestellt wurde, und dem Verpflichteten dieses nicht bereits bei der Meldung freigegeben wurde, kann der Verpflichtete die Freigabe des betreffenden Compliance-Packages über das Unternehmensserviceportal unter Angabe von Gründen und einer E-Mailadresse anfragen. Diesfalls ist der Rechtsträger und/oder der berechtigte berufsmäßige Parteienvertreter über das Unternehmensserviceportal im elektronischen Weg über die Anfrage unter Angabe des Namens und der Stammzahl des anfragenden Verpflichteten sowie der Gründe für die Anfrage zu informieren. Der Rechtsträger selbst und/oder der berufsmäßige Parteienvertreter können sodann das Compliance-Package binnen zwei Wochen für den anfragenden Verpflichteten für die Dauer von vier Wochen freigeben. Erfolgt keine Freigabe binnen zwei Wochen, wird die Anfrage automatisch abgelehnt. Der anfragende Verpflichtete ist im elektronischen Weg über eine Freigabe oder eine Ablehnung seiner Anfrage zu informieren. Die im Compliance-Package enthaltenen Dokumente darf der Verpflichtete im Rahmen der Anwendung der Sorgfaltspflichten zur Verhinderung der Geldwäscherei und Terrorismusfinanzierung verwenden. Der Rechtsträger selbst und/oder der berufsmäßige Parteienvertreter können die erteilte Freigabe für ein Compliance-Package innerhalb der vierwöchigen Frist widerrufen. Diesfalls ist der anfragende Verpflichtete im elektronischen Weg zu informieren.

(BGBl I 2019/62)

(5b) Wenn in der Meldung von einem berufsmäßigen Parteienvertreter gemäß § 5 Abs. 1 Z 4 angegeben wurde, dass Rückfragen im Zusammenhang mit einer Meldung oder einem CompliancePackage an den berufsmäßigen Parteienvertreter und/oder den Rechtsträger übermittelt werden dürfen, dann ist dem Verpflichteten bei der Einsicht in das Register über das Unternehmensserviceportal die Möglichkeit einer Kontaktaufnahme im elektronischen Weg einzuräumen.

(BGBl I 2019/62)

(6) Sofern Daten zur genauen Feststellung der Einstufung der Verpflichteten gemäß Abs. 1 Z 1 bis 10 und 12 bis 14 nicht aus dem Unternehmensregister übermittelt werden können oder bereits dem Unternehmensserviceportal zur Verfügung stehen, haben die Aufsichtsbehörden, die für die in Abs. 1 Z 1 bis 4 und 6 bis 14 genannten Verpflichteten zuständig sind, den Namen und die Stammzahl der ihrer Aufsicht unterliegenden Verpflichteten auf elektronischem Wege, soweit möglich über eine Schnittstelle oder über eine Online-Applikation, unentgeltlich an die Registerbehörde zu übermitteln. Änderungen bei den für die Teilnahme erforderlichen Daten sind tunlichst innerhalb einer Woche ab der Änderung zu übermitteln. Ein Verpflichteter gemäß Abs. 1 Z 1 bis 10 und 12 bis 14 kann bei der für ihn zuständigen Aufsichtsbehörde eine Einsichtsberechtigung beantragen, sofern diese nicht bereits automatisationsunterstützt eingeräumt wurde. Die Aufsichtsbehörde hat bei Gewährung der Einsichtsberechtigung den Namen und die Stammzahl des betreffenden Verpflichteten auf elektronischem Wege, soweit möglich über eine Schnittstelle oder über eine Online-Applikation, der Registerbehörde zu übermitteln. Dieser Absatz ist nach Maßgabe landesrechtlicher Vorschriften auch auf die Aufsichtsbehörden anzuwenden, die

für die in Abs. 1 Z 5 genannten Verpflichteten zuständig sind.

(7) Handelsgewerbetreibende können gegenüber der zuständigen Gewerbebehörde erklären, dass sie den Vorschriften der GewO zur Verhinderung der Geldwäscherei und Terrorismusfinanzierung unterliegen und eine Einsichtsberechtigung in das Register beantragen. Finanzinstitute gemäß § 2 Z 2 lit. a FM-GwG, die gemäß § 25 Abs. 1 FM-GwG nicht der Aufsicht der FMA unterliegen, können bei der zuständigen Gewerbebehörde eine Einsichtsberechtigung in das Register beantragen. Die Gewerbebehörde hat bei Gewährung der Einsichtsberechtigung den Namen und die Stammzahl der betreffenden Verpflichteten auf elektronischem Wege, soweit möglich über eine Schnittstelle oder über eine Online-Applikation, der Registerbehörde zu übermitteln.

(7a) Für die Zwecke der eindeutigen Identifikation gemäß § 4 E-GovG am System zur Vernetzung der Register der wirtschaftlichen Eigentümer der Europäischen Union gemäß Art. 30 Abs. 10 sowie Art. 31 Abs. 9 der Richtlinie (EU) 2015/849 hat der Bundesminister für Finanzen zu speichern und der Stammzahlenregisterbehörde zugänglich zu machen, ob eine natürliche Person berechtigt ist in Vertretung eines in § 9 Abs. 1 Z 3 bis 6 und 8 bis 16 oder in § 9 Abs. 1 Z 1, 2 und 7 genannten Verpflichteten Daten über das System zur Vernetzung der Register der wirtschaftlichen Eigentümer der Europäischen Union abzufragen. Als berechtigt gelten die natürlichen Personen, die berechtigt sind das Register der wirtschaftlichen Eigentümer für einen der vorgenannten Verpflichteten abzufragen. Der Bundesminister für Finanzen hat die Daten unverzüglich nach Wegfall der Berechtigung zu löschen.

(BGBl I 2023/97)

(8) Die Bundesanstalt Statistik Österreich hat in geeigneter Weise Daten über Verwendungsvorgänge, wie insbesondere Abfragen, Vermerke und Änderungen aufzuzeichnen, sodass die Einhaltung der Bestimmungen dieses Bundesgesetzes sowie der datenschutzrechtlichen Vorschriften überprüft werden kann.

(9) Die Bundesanstalt Statistik Österreich hat täglich über eine Schnittstelle die Stammzahlen jener Rechtsträger zum Abruf bereitzustellen, bei denen Folgendes zutrifft (Änderungsdienst):

1. eine Meldung gemäß § 5 Abs. 1, Abs. 5 oder § 6 wurde eingetragen,
2. eine Meldung gemäß § 5 Abs. 1, Abs. 5 oder § 6 wurde eingetragen, die zu einer Veränderung der in Abs. 4 Z 5 lit. a, f oder g sowie in Z 6 lit. a, f, g oder h gespeicherten Daten führt,

(BGBl I 2021/25)

3. eine Meldung gemäß § 5 Abs. 1 oder Abs. 5 oder eine Ergänzung eines Compliance-Packages gemäß § 5a Abs. 8 wurde eingetragen, die zu einer Änderung der Daten gemäß § 5a Abs. 1 Z 1 bis 4 führt,

(BGBl I 2021/25)

4. bei einem Rechtsträger, der eine Meldung gemäß § 5 abgegeben hat, ist diese Meldung in vier Wochen länger als ein Jahr aufrecht (Eintritt der jährlichen Meldepflicht) oder eine Meldung wurde gemäß § 5 Abs. 5 letzter Satz beendet oder ein Rechtsträger, der von der Meldepflicht gemäß § 6 befreit ist, fällt nicht mehr unter den Anwendungsbereich von § 6,a)

(BGBl I 2021/25, BGBl I 2023/97)

a) Tritt mit 10. Dezember 2024 in Kraft.

5.a) der Bestandszeitraum eines Rechtsträgers wurde im Register der wirtschaftlichen Eigentümer beendet,

(BGBl I 2023/97)

a) Tritt mit 10. Dezember 2024 in Kraft.

6.a) für den Rechtsträger wurde im Register die Angabe eingetragen, dass eine Insolvenz eingetreten ist,

(BGBl I 2023/97)

a) Tritt mit 10. Dezember 2024 in Kraft.

7.a) für den Rechtsträger wurde im Register die Angabe eingetragen, dass er rechtskräftig als Scheinunternehmen gemäß SBBG festgestellt wurde, oder

(BGBl I 2023/97)

a) Tritt mit 10. Dezember 2024 in Kraft.

8.a) für den Rechtsträger wurde im Register die Angabe eingetragen, dass eine Sanktion gemäß SanktG eingetragen wurde.

(BGBl I 2023/97)

a) Tritt mit 10. Dezember 2024 in Kraft.

(BGBl I 2019/62)

Einsicht bei Vorliegen eines berechtigten Interesses

§ 10. (1) Natürliche Personen und Organisationen, die gemäß Abs. 2 oder 3 ein berechtigtes Interesse nachweisen können, können im elektronischen Wege Einsicht in das Register nehmen. Die Einsicht in das Register ist durch einen mit einer Amtssignatur der Registerbehörde versehenen Auszug zu gewähren, der folgende Angaben enthält:

1. die Angaben gemäß § 9 Abs. 4 Z 1 bis 3 über den Rechtsträger und gemäß § 9 Abs. 4 Z 5 lit. a bis c über direkte wirtschaftliche Eigentümer und die Angaben gemäß § 9 Abs. 4 Z 6 lit. a bis c über indirekte wirtschaftliche Eigentümer sowie jeweils das Wohnsitzland und
2. im Hinblick auf Art und Umfang des wirtschaftlichen Interesses die Angabe, ob dieses durch
   a) eine Kapitalbeteiligung begründet wird, wenn ein Fall des § 2 Z 1 lit. a aufgrund

des Vorliegens von Eigentum gegeben ist,
b) die Zugehörigkeit zur Führungsebene begründet wird, wenn ein Fall des § 2 Z 1 lit. b vorliegt,
c) die Ausübung einer Funktion vermittelt wird, wenn ein Fall des § 2 Z 2 lit. a bis d, des § 2 Z 3 lit. a sublit. aa bis cc oder des § 2 Z 3 lit. b sublit. aa bis cc vorliegt oder
d) Kontrolle vermittelt wird, wenn ein Fall des § 2 Z 1 lit. a aufgrund des Vorliegens von Kontrolle gegeben ist, ein Fall des § 2 Z 2 lit. e, des § 2 Z 3 lit. a sublit. dd oder des § 2 Z 3 lit. b sublit. dd vorliegt.

(2) Natürliche Personen und Organisationen können bei der Registerbehörde im elektronischen Wege einen Antrag auf Abfrage eines oder mehrerer konkreter Rechtsträger stellen, wobei das Vorliegen eines berechtigten Interesses nachzuweisen ist. Ein berechtigtes Interesse im Zusammenhang mit der Verhinderung der Geldwäscherei oder Terrorismusfinanzierung oder der Durchführung von unmittelbar anwendbarer Sanktionsmaßnahmen der Europäischen Union und Sanktionsmaßnahmen nach dem SanktG ist bei Angehörigen von journalistischen Berufen, Angehörigen der Wissenschaft, als auch von zivilgesellschaftlichen Organisationen anzunehmen, die einen Bezug zur Verhinderung der Geldwäsche, der Terrorismusfinanzierung oder der Umgehung von vorgenannten Sanktionsmaßnahmen aufweisen. Als Nachweis für das Vorliegen eines berechtigten Interesses gilt jedenfalls ein diesbezüglicher journalistischer oder wissenschaftlicher Beitrag oder eine Verpflichtung des Antragstellers im Statut oder im Mission-Statement zu diesbezüglichen Tätigkeiten oder konkrete erfolgreiche diesbezügliche Aktivitäten. Ein berechtigtes Interesse liegt zudem vor, wenn der Antragsteller selbst Verpflichteter gemäß der Richtlinie (EU) 2015/849 in der Fassung der Richtlinie (EU) 2018/843 ist und nicht bereits gemäß § 9 oder dem System zur Vernetzung der Register der wirtschaftlichen Eigentümer der Europäischen Union gemäß Art. 30 sowie Art. 31 Abs. 9 der Richtlinie (EU) 2015/849 zur Einsicht berechtigt ist oder ein diesem entsprechender Verpflichteter mit Sitz in einem Drittland ist. Des Weiteren besteht ein berechtigtes Interesse, wenn der Antragsteller mit einem Rechtsträger eine Geschäftsbeziehung eingehen möchte, die für ihn aufgrund von wirtschaftlichen oder persönlichen Elementen geeignet ist, ein hinreichendes Interesse an der Person des wirtschaftlichen Eigentümers des Rechtsträgers zu begründen. Nach Genehmigung des Antrages ist dem Antragsteller per E-Mail ein Link zur Entrichtung des Nutzungsentgeltes und zum nachfolgenden Abruf des Auszuges zu übermitteln, der für die Dauer von vier Wochen gültig ist. Eine Ablehnung des Antrages durch die Registerbehörde hat mit Bescheid zu erfolgen. Über Beschwerden gegen Entscheidungen der Registerbehörde erkennt das Bundesverwaltungsgericht.

(3) Bei der Antragstellung gemäß Abs. 2, bei Abruf von Auszügen gemäß Abs. 2 sowie bei jeder Verwendung des Benutzerkontos muss der Antragsteller seine Identität mittels elektronischem Identitätsnachweis (E-ID), gemäß E-Government-Gesetz – E-GovG, nachweisen. Abweichend davon können Staatsbürger von Staaten, welche diesen Nachweis nicht umgesetzt haben und Verpflichtete, die keinen Zugang zum Register über das System zur Vernetzung der Register der wirtschaftlichen Eigentümer der Europäischen Union gemäß Art. 30 Abs. 10 sowie Art. 31 Abs. 9 der Richtlinie (EU) 2015/849 haben, einen schriftlichen Antrag an die Registerbehörde stellen, wobei die Identität in geeigneter Form nachzuweisen ist.

(4) Im Falle der Antragstellung für oder durch eine Organisation hat die den Antrag stellende natürliche Person ihre Zugehörigkeit zu oder ihre Bevollmächtigung durch die Organisation nachzuweisen. Sollte die Zugehörigkeit zu einer Organisation oder die Bevollmächtigung durch die Organisation für diese natürliche Person enden, so hat die Organisation oder die den Antrag stellende natürliche Person dies der Registerbehörde unverzüglich mitzuteilen.

(5) Jeder Rechtsträger kann über das Unternehmensserviceportal einen Auszug gemäß dieser Bestimmung über seine eigenen Daten abrufen.
(BGBl I 2019/62, BGBl I 2023/97, BGBl I 2023/164)

Einschränkung der Einsicht bei Vorliegen von außergewöhnlichen Umständen

§ 10a. (1) Auf schriftlichen Antrag eines wirtschaftlichen Eigentümers hat die Registerbehörde zu entscheiden, dass Daten über diesen wirtschaftlichen Eigentümer in Auszügen aus dem Register für Verpflichtete gemäß § 9 Abs. 1 Z 3 bis 6 und 8 bis 16 und in Auszügen gemäß § 10 nicht angezeigt werden, wenn dieser nachweist, dass der Einsichtnahme unter Berücksichtigung aller Umstände des Einzelfalls überwiegende, schutzwürdige Interessen des wirtschaftlichen Eigentümers entgegenstehen (Einschränkung der Einsicht). Im Antrag sind die Rechtsträger zu bezeichnen, bei denen die Einsicht eingeschränkt werden soll. Die Einschränkung der Einsicht bewirkt, dass in Auszügen aus dem Register für die beantragten Rechtsträger die Daten über den wirtschaftlichen Eigentümer nicht angezeigt werden und stattdessen auf die Einschränkung der Einsicht gemäß diesem Paragrafen hingewiesen wird.

(BGBl I 2023/97)

(2) Überwiegende, schutzwürdige Interessen des wirtschaftlichen Eigentümers liegen vor, wenn Tatsachen die Annahme rechtfertigen, dass die Einsichtnahme den wirtschaftlichen Eigentümer dem unverhältnismäßigen Risiko aussetzen würde, Opfer einer der folgenden Straftaten zu werden:
1. eines Betrugs gemäß § 146 bis 148 StGB,
2. einer erpresserischen Entführung gemäß § 102 StGB oder einer Erpressung gemäß § 144 und § 145 StGB,

3. einer strafbaren Handlung gegen Leib oder Leben gemäß § 75, § 76 und § 83 bis § 87 StGB oder
4. einer Nötigung gemäß § 105 und § 106 StGB, einer gefährlichen Drohung gemäß § 107 StGB oder einer beharrlichen Verfolgung gemäß § 107a StGB.

Überwiegende schutzwürdige Interessen des wirtschaftlichen Eigentümers liegen jedenfalls dann vor, wenn der wirtschaftliche Eigentümer minderjährig oder geschäftsunfähig ist. Ein Risiko ist als unverhältnismäßig anzusehen, wenn die Eintrittswahrscheinlichkeit einer Straftat gegen den wirtschaftlichen Eigentümer aufgrund von Tatsachen deutlich höher erscheint, als bei durchschnittlichen wirtschaftlichen Eigentümern in vergleichbarer Position, insbesondere weil in der Vergangenheit bereits Straftaten gegen den wirtschaftlichen Eigentümer oder nahe Angehörige verübt oder angedroht wurden, oder weil aus sonstigen Umständen eine besondere Gefährdungslage hervorgeht. Der bloße Umstand, dass das wirtschaftliche Eigentum bekannt wird, stellt im Allgemeinen keine unverhältnismäßige Gefahr dar. Schutzwürdige Interessen des wirtschaftlichen Eigentümers liegen nicht vor, wenn sich die Daten bereits aus anderen öffentlichen Registern ergeben.

(3) Die Registerbehörde hat binnen 14 Tagen ab Einlangen des Antrages zu verfügen, dass Daten über diesen wirtschaftlichen Eigentümer in Auszügen aus dem Register für die genannten Rechtsträger nicht angezeigt werden, es sei denn der Antrag ist offenkundig unbegründet. Binnen zwölf Monaten ab Einlangen des Antrages hat die Registerbehörde diesen bescheidmäßig unter eingehender Berücksichtigung aller Umstände des Einzelfalls zu erledigen. Dem Antrag auf Einschränkung der Einsicht kann ganz oder teilweise, insbesondere im Hinblick auf die Rechtsträger, für welche die Einsicht auf die Daten eines wirtschaftlichen Eigentümers eingeschränkt wird, entsprochen werden. Über Beschwerden gegen Entscheidungen der Registerbehörde erkennt das Bundesverwaltungsgericht.

(3)a) Wenn der Antrag des wirtschaftlichen Eigentümers auf Einschränkung der Einsicht vor Abgabe einer Meldung eingebracht wird, so kann beantragt werden, dass für die betreffenden Rechtsträger Auszüge aus dem Register der wirtschaftlichen Eigentümer nur durch Verpflichtete gemäß § 9 Abs. 1 Z 1, 2 und 7 WiEReG und Behörden abgerufen werden können (Hemmung der Einsicht). Die Hemmung der Einsicht hat die Registerbehörde bis zum Ablauf des übernächsten Werktages vorzunehmen und für die Dauer von höchstens 14 Tagen aufrechtzuerhalten. Die Registerbehörde hat binnen 14 Tagen ab Einlangen des Antrages zu verfügen, dass Daten über diesen wirtschaftlichen Eigentümer in Auszügen aus dem Register für die genannten Rechtsträger nicht angezeigt werden, es sei denn der Antrag ist offenkundig unbegründet (Verfügung der Einschränkung der Einsicht). Wenn die entsprechende Meldung erst nach dem Antrag übermittelt wird, so beginnt die Frist für die Verfügung der Einschränkung der Einsicht erst mit der Eintragung der Meldung in das Register zu laufen. Die Frist für die Hemmung der Einsicht verlängert sich diesfalls entsprechend.

(BGBl I 2023/97)

---
a) Tritt mit 10. Dezember 2024 in Kraft.

(3a)a) Die Registerbehörde hat binnen zwölf Monaten ab Einlangen des Antrages auf Einschränkung der Einsicht bescheidmäßig unter eingehender Berücksichtigung aller Umstände des Einzelfalls zu entscheiden. Dem Antrag auf Einschränkung der Einsicht kann ganz oder teilweise im Hinblick auf die Rechtsträger, für welche die Einsicht in die Daten eines wirtschaftlichen Eigentümers eingeschränkt wird, entsprochen werden. Wenn den überwiegenden schutzwürdigen Interessen des wirtschaftlichen Eigentümers dadurch entsprochen werden kann, dass nur die Einsicht in die Daten des Wohnsitzes eingeschränkt wird, so hat nur eine Einschränkung dieser Daten zu erfolgen. Über Beschwerden gegen Entscheidungen der Registerbehörde erkennt das Bundesverwaltungsgericht.

(BGBl I 2023/97)

---
a) Tritt mit 10. Dezember 2024 in Kraft.

(4) Die Einschränkung der Einsicht wird für die Dauer von fünf Jahren gewährt. Bei minderjährigen wirtschaftlichen Eigentümern wird sie bis zur Erreichung der Volljährigkeit gewährt. Wenn die Voraussetzungen der Einschränkung der Einsicht vor Ablauf dieser Frist wegfallen, so hat der wirtschaftliche Eigentümer dies der Registerbehörde schriftlich anzuzeigen. Eine Verlängerung der Einschränkung der Einsicht ist zulässig, wenn der wirtschaftliche Eigentümer der Registerbehörde nachweist, dass weiterhin außergewöhnliche überwiegend schutzwürdige Interessen des wirtschaftlichen Eigentümers einer Einsicht entgegenstehen.

(5) Wenn ein Verpflichteter nach einem wirtschaftlichen Eigentümer sucht, für den die Einsicht bei einem oder mehreren Rechtsträgern eingeschränkt wurde, so ist anstelle der Daten des Rechtsträgers der Hinweis anzuzeigen, dass die Einsicht gemäß dieser Bestimmung eingeschränkt wurde. Dies gilt nicht für Verpflichtete gemäß § 9 Abs. 1 Z 1, 2 und 7.

(6) Wenn eine neue Meldung zu einer Änderung eines Datensatzes über einen wirtschaftlichen Eigentümer führt, für den die Einsicht eingeschränkt wurde, dann gilt auch für den geänderten Datensatz die Einschränkung der Einsicht, sofern der betreffende wirtschaftliche Eigentümer durch ein bereichsspezifisches Personenkennzeichen des Bereichs „Steuern und Abgaben – SA" eindeutig identifiziert ist.

(7) Die Registerbehörde hat auf der Homepage des Bundesministeriums für Finanzen jährlich statistische Daten über die Anzahl der gewährten Ausnahmen und in genereller Form deren Begründungen zu veröffentlichen und diese der Europäischen Kommission vorzulegen.

(BGBl I 2018/62)

Sorgfaltspflichten der Verpflichteten gegenüber Kunden

§ 11. (1) Verpflichtete dürfen sich bei der Anwendung ihrer Sorgfaltspflichten gegenüber Kunden nicht ausschließlich auf die im Register enthaltenen Angaben über die wirtschaftlichen Eigentümer eines Rechtsträgers verlassen, sondern haben bei der Erfüllung ihrer Sorgfaltspflichten nach einem risikobasierten Ansatz vorzugehen. Der Auszug aus dem Register gemäß § 9 Abs. 4 und gemäß § 10 kann zur Feststellung der wirtschaftlichen Eigentümer, nicht aber zur Überprüfung der wirtschaftlichen Eigentümer herangezogen werden. Vor Begründung einer Geschäftsbeziehung mit einem Trust oder einer trustähnlichen Vereinbarung und im Zuge der Anwendung der Sorgfaltspflichten gegenüber bestehenden Kunden auf risikoorientierter Grundlage haben sich die Verpflichteten nachweislich zu vergewissern, dass der Trust bzw. die trustähnliche Vereinbarung im Register eingetragen ist. Vor der Beurkundung oder Aufnahme einer Notariatsurkunde zum Zwecke eines Erwerbs eines im Inland gelegenen Grundstücks durch meldepflichtige ausländische Rechtsträger sowie Trusts und trustähnliche Vereinbarungen, deren Verwaltung sich nicht im Inland oder in einem anderen Mitgliedstaat befindet, hat sich der Notar zu vergewissern, dass diese ihre wirtschaftlichen Eigentümer gemäß § 5 gemeldet haben.

(BGBl I 2019/62, BGBl I 2021/25)

(2) Die Überprüfung der Identität des wirtschaftlichen Eigentümers kann auf Basis eines vollständigen erweiterten Auszuges aus dem Register gemäß § 9 Abs. 5 erfolgen, sofern keine Faktoren für ein erhöhtes Risiko vorliegen und sich der Verpflichtete durch Rückfrage bei seinem Kunden vergewissert hat, dass keine von dem erweiterten Auszug abweichenden Kontrollverhältnisse oder Treuhandbeziehungen bestehen und er daher überzeugt ist zu wissen, wer der wirtschaftliche Eigentümer ist. In allen übrigen Fällen ist auf risikobasierter Grundlage zu beurteilen, welche zusätzlichen Maßnahmen zur Überprüfung der Identität des wirtschaftlichen Eigentümers zu setzen sind.

(2a) Ein Verpflichteter kann die wirtschaftlichen Eigentümer eines Kunden auf Basis eines erweiterten Auszuges feststellen und im Rahmen der Überprüfung der Identität des wirtschaftlichen Eigentümers auf die in einem vollständigen und gültigen Compliance-Package enthaltenen Dokumente und Nachweise zurückgreifen, sofern ihm aufgrund der risikoorientierten Anwendung der Sorgfaltspflichten keine Anhaltspunkte vorliegen, die ihn an der Richtigkeit der Meldung oder der Echtheit, Aktualität, Richtigkeit und Vollständigkeit der im Compliance-Package enthaltenen Dokumente und Nachweise zweifeln lassen.

(BGBl I 2019/62)

(3) Stellt ein Verpflichteter bei Anwendung seiner Sorgfaltspflichten gegenüber Kunden fest, dass für einen Kunden, der ein Rechtsträger im Sinne dieses Bundesgesetzes ist, die im Register eingetragenen wirtschaftlichen Eigentümer nicht jenen entsprechen, die er im Rahmen seiner Sorgfaltspflichten gegenüber Kunden festgestellt hat und ist er überzeugt zu wissen, dass die im Register eingetragenen Daten über die wirtschaftlichen Eigentümer unrichtig oder unvollständig sind, dann hat er im elektronischen Weg über das Unternehmensserviceportal einen Vermerk zu setzen und die Gründe für die Setzung des Vermerkes in standardisierter Form zu übermitteln. Die Verpflichtung zur Setzung eines Vermerkes entfällt, wenn der Verpflichtete seinen Kunden auf die unrichtige oder unvollständige Eintragung hinweist und dieser binnen angemessener Frist eine Berichtigung vornimmt. Wenn ein Sachverhalt vorliegt, der mittels Verdachtsmeldung an die Geldwäschemeldestelle zu melden ist, dann dürfen die Verpflichteten keinen Vermerk setzen und haben stattdessen die Geldwäschemeldestelle darauf hinzuweisen, dass die Setzung eines Vermerkes aufgrund der Verdachtsmeldung unterblieben ist.

(BGBl I 2019/62)

(4) Wenn ein Verpflichteter gemäß Abs. 3 gemeldet hat, dass der eingetragene wirtschaftliche Eigentümer nicht verifiziert werden konnte, dann hat die Bundesanstalt Statistik Österreich unter Angabe des Datums im Register zu vermerken, dass die Eintragung nicht verifiziert werden konnte. Verpflichtete haben bei Vorliegen eines Vermerkes bei der Feststellung und Überprüfung der Identität des wirtschaftlichen Eigentümers zusätzliche angemessene Maßnahmen zu setzen, sodass sie überzeugt sind zu wissen, wer der wirtschaftliche Eigentümer ist. Eine Einstufung des Kunden in eine höhere Risikokategorie ist alleine aufgrund dieses Vermerkes nicht erforderlich.

(5) Die Bundesanstalt Statistik Österreich als Auftragsverarbeiterin der Registerbehörde hat das Unternehmensserviceportal im elektronischen Weg von dem Umstand, dass ein Vermerk gesetzt wurde, und den in standardisierter Form gemeldeten Gründen zu verständigen. Der Rechtsträger ist von der Registerbehörde über das Unternehmensserviceportal über den Umstand, dass ein Vermerk gesetzt wurde, unter Angabe der Gründe zu informieren. Wenn der Rechtsträger eine neuerliche Meldung gemäß § 5 vornimmt, ist der Vermerk von der Bundesanstalt Statistik Österreich zu beenden. Der Verpflichtete, der den Vermerk gesetzt hat, ist auf elektronischem Wege über das Unternehmensserviceportal von der Meldung des Rechtsträgers zu verständigen. Wenn die Setzung eines Vermerkes rechtswidrig war, dann ist dieser auf Antrag von der Registerbehörde zu löschen.

(BGBl I 2019/62)

(6) Die Verpflichteten haben Aufzeichnungen über die getroffenen Maßnahmen zur Ermittlung des wirtschaftlichen Eigentümers zu führen.

(7) Schadenersatzansprüche können aus dem Umstand, dass Verpflichtete bzw. deren Beschäftigte in fahrlässiger Unkenntnis, dass der Verdacht im Hinblick auf die Unrichtigkeit oder Unvollständigkeit einer Eintragung im Register falsch

war, einen Vermerk gesetzt haben, nicht erhoben werden.

(8) Abs. 1 bis 7 sind nicht auf Bewilligte für Glücksspielautomaten und Wettunternehmer, die aufgrund einer landesgesetzlichen Bewilligung eingerichtet sind, anzuwenden.
(BGBl I 2019/62)

Behördliche Einsicht in das Register

§ 12. (1) Die folgenden Behörden sind zu einer Einsicht in das Register berechtigt:
1. die Registerbehörde im Rahmen der ihr nach diesem Bundesgesetz zustehenden Befugnisse;
2. die Geldwäschemeldestelle (§ 4 Abs. 2 BKA-G) im Rahmen der ihr nach dem BKA-G zustehenden Befugnisse;
3. die folgenden Aufsichtsbehörden im Rahmen ihrer Aufgaben zur Verhinderung der Nutzung des Finanzsystems zum Zwecke der Geldwäscherei und Terrorismusfinanzierung:
   a) die FMA im Rahmen der Aufsicht über Kredit- und Finanzinstitute gemäß § 25 FM-GwG;
   b) der Bundesminister für Finanzen im Rahmen der Aufsicht über Bundeskonzessionäre gemäß § 14 und § 21 GSpG;
   c) die zuständigen Landesbehörden im Rahmen der Aufsicht über Landesbewilligte für Glücksspielautomaten und Wettunternehmer gemäß § 9 Abs. 1 Z 5 nach Maßgabe landesrechtlicher Vorschriften;
   d) die Rechtsanwaltskammer im Rahmen der Aufsicht über Rechtsanwälte;
   e) die Notariatskammer im Rahmen der Aufsicht über Notare;
   f) die Kammer der Wirtschaftstreuhänder im Rahmen der Aufsicht über Wirtschaftsprüfer und Steuerberater;
   g) der Präsident der Wirtschaftskammer Österreich im Rahmen der Aufsicht über Bilanzbuchhalter, Buchhalter und Personalverrechner gemäß § 1 BiBuG 2014;
   h) die Bezirksverwaltungsbehörden im Rahmen der Aufsicht über Finanzinstitute gemäß § 9 Abs. 1 Z 3, Handelsgewerbetreibende einschließlich Versteigerer, soweit sie Zahlungen von mindestens 10 000 Euro in bar annehmen gemäß § 365m1 Abs. 2 Z 1 GewO, Immobilienmakler gemäß § 365m1 Abs. 2 Z 2 GewO, Unternehmensberater gemäß § 365m1 Abs. 2 Z 3 GewO, Versicherungsvermittler gemäß § 365m1 Abs. 2 Z 4 GewO;
4. die Bezirksverwaltungsbehörden für die Zwecke der Einleitung und Führung von Verwaltungsstrafverfahren;
5. die Strafverfolgungsbehörden, die Staatsanwaltschaften und Gerichte für strafrechtliche Zwecke;
6. die in § 49 BAO genannten Behörden der Bundesfinanzverwaltung im Rahmen der ihnen gesetzlich zugewiesenen Aufgaben;
(BGBl I 2023/97)
7. das Bundesfinanzgericht im Rahmen der gesetzlich zugewiesenen Aufgaben;
(BGBl I 2023/97)
8. die Oesterreichische Nationalbank für die Zwecke der Wahrnehmung ihrer Aufgaben gemäß § 8 SanktG und § 5 des Devisengesetzes 2004;
9. der Bundesminister für Inneres für die Zwecke der Wahrnehmung seiner Aufgaben gemäß § 8 SanktG;
10. die Sicherheitsbehörden für Zwecke der Sicherheitspolizei;
(BGBl I 2023/97)
11. die Direktion Staatsschutz und Nachrichtendienst sowie die in den Bundesländern für Staatsschutz zuständigen Organisationseinheiten der Landespolizeidirektionen für Zwecke des § 1 Abs. 2 und § 2a SNG;
(BGBl I 2023/97)
12. die Träger der Krankenversicherung für Zwecke der Bekämpfung von Sozialbetrug.
(BGBl I 2023/97)

(2) Die Einsicht gemäß Abs. 1 hat im elektronischen Wege zu erfolgen. § 9 Abs. 2, 4, 5 und 8 sind sinngemäß anzuwenden. Eine Einsicht gemäß Abs. 1 ist für jeden Stichtag möglich, zu dem Daten im Register erfasst sind. Sofern dies beantragt wird, sind in einen einfachen oder erweiterten Auszug auch historische Daten gemäß § 9 Abs. 4 Z 1 bis 4, 5 lit. a bis d, 6 lit. a bis d, f bis h, 7 und 8 sowie Abs. 5 Z 2 aufzunehmen. Zudem kann auch beantragt werden, dass auch alle Rechtsträger angezeigt werden, bei dem ein bestimmter Rechtsträger als oberster Rechtsträger gemeldet wurde. § 9 Abs. 4 Schlussteil ist nur auf Behörden gemäß Abs. 1 Z 3 lit. d bis g sinngemäß anzuwenden.
(BGBl I 2023/97)

(3) Die Registerbehörde, die Geldwäschemeldestelle, die Direktion Staatsschutz und Nachrichtendienst sowie die für Staatsschutz zuständigen Organisationseinheiten der Landespolizeidirektionen, die in § 49 BAO genannten Behörden der Bundesfinanzverwaltung, das Bundesfinanzgericht, die Kriminalpolizei, die Träger der Krankenversicherung, die Staatsanwaltschaften und die Gerichte können für die in Abs. 1 genannten Zwecke Einsicht in die gemäß § 7 Abs. 1 genannten Daten von vertretungsbefugten Personen und Eigentümern nehmen und durch Eingabe eines oder mehrerer Identifikatoren einer natürlichen Person alle Rechtsträger suchen, bei denen diese Person als wirtschaftlicher Eigentümer gemeldet wurde, vertretungsbefugt ist oder Eigentümer ist und einen Auszug anfordern, der sämtliche in dem Register über einen bestimmten

wirtschaftlichen Eigentümer gespeicherten Daten enthält. Dieser Auszug ist mit einer Amtssignatur der Registerbehörde zu versehen.

(BGBl I 2019/62, BGBl I 2023/97)

(4) Die in Abs. 3 genannten Behörden dürfen zu einem gemeldeten obersten Rechtsträger alle Rechtsträger suchen, bei denen dieser oberste Rechtsträger gemeldet wurde.

(BGBl I 2019/62, BGBl I 2023/97)

(5) Die in Abs. 1 genannten Behörden haben im Wege der Amtshilfe Auszüge gemäß § 10 an die zuständigen Behörden und zentralen Meldestellen der anderen Mitgliedstaaten zu übermitteln.

(BGBl I 2019/62)

(6) Die Registerbehörde darf in gemäß § 5a übermittelte Compliance-Packages Einsicht nehmen. Andere Behörden gemäß Abs. 1 dürfen nur dann in Compliance-Packages Einsicht nehmen, wenn diese nicht eingeschränkt sind.

(BGBl I 2019/62)

(7) Den in Abs. 3 genannten Behörden sind bei Einsicht in die Daten eines Rechtsträgers die Risikopunkte, die Risikostufe und die Gründe hiefür sowie auch die gespeicherten Daten der vertretungsbefugten Personen und der Eigentümer für die Zwecke der Risikobeurteilung anzuzeigen. Zudem können die in Abs. 3 genannten Behörden für die in Abs. 1 genannten Zwecke durch die Eingabe eines oder mehrerer Identifikatoren Rechtsträger suchen.

(BGBl I 2019/62, BGBl I 2021/148, BGBl I 2023/97)

(8)a) Den Abgabenbehörden sind für die Zwecke des § 114 BAO und für die Zwecke der Durchführung von Analysen für die Registerbehörde die Daten gemäß § 9 Abs. 4 Z 1 bis und Z 5 bis Z 8 und Abs. 5 Z 2 sowie zusätzlich die Standardbegründung für die Setzung des Vermerks, die Stammzahl des Melders und die Ergebnisse der automatisationsunterstützten Analyse der Meldungen gemäß § 14 Abs. 3 Z 1 und die Ergebnisse der Meldungsanalyse gemäß § 14 Abs. 3 Z 2 und 3, über einen Webservice zu übermitteln, der eine laufende Aktualisierung ermöglicht. Soweit vorhanden, soll bei natürlichen Personen das bereichsspezifische Personenkennzeichen des Bereichs „Steuern und Abgaben – SA" mitübermittelt werden. Die Abgabenbehörden haben monatlich an die Bundesanstalt Statistik Österreich als Auftragsverarbeiterin der Registerbehörde über einen Webservice die Stammzahlen von Rechtsträgern zu übermitteln, bei denen aufgrund der Durchführung einer Analyse der übermittelten Daten des Registers der wirtschaftlichen Eigentümer und der Daten der Abgabenbehörden davon auszugehen ist, dass die im Register gespeicherten Daten nicht angemessen, präzise und aktuell sind und den Grund hiefür. Dies ist von der Registerbehörde in die automatisationsunterstützte Analyse der Meldungen gemäß § 14 Abs. 3 Z 1 einzubeziehen.

(BGBl I 2023/97)

a) Tritt mit 16. April 2024 in Kraft.

(9) Die Registerbehörde und die Direktion Staatsschutz und Nachrichtendienst können bei der Suche gemäß Abs. 3 auch nach natürlichen Personen suchen, bei denen der Verdacht besteht, dass diese gemäß unmittelbar anwendbarer Sanktionsmaßnahmen der Europäischen Union sowie § 2 SanktG sanktioniert sind. Die Bundesanstalt Statistik Österreich hat zu diesem Zweck zumindest wöchentlich automatisationsunterstützt zu prüfen, ob bei Rechtsträgern und bei natürlichen und juristischen Personen, die wirtschaftliche Eigentümer, rechtliche Eigentümer oder vertretungsbefugte Personen eines im Register eingetragenen Rechtsträgers sind oder waren, der Verdacht besteht, dass diese sanktioniert sind. Zu diesem Zweck hat sie in einem gängigen elektronischen Datenformat verfügbaren Sanktionslisten mit dem Register abzugleichen, im Register den Verdacht bei den betroffenen Rechtsträgern und Personen mit Bezug auf die jeweiligen Einträge in den Sanktionslisten zu vermerken und die Verdachtsfälle den vorgenannten Behörden in einem gängigen elektronischen Datenformat zum Download bereitzustellen. Diese Einträge sind drei Jahre nachdem der Grund für den Verdacht weggefallen ist zu löschen. Die Direktion Staatsschutz und Nachrichtendienst kann bei natürlichen Personen zusätzliche Verdachtsfälle im Register vermerken und bei Verdachtsfällen einen Status mit Anmerkungen speichern und jederzeit ändern. Im Hinblick auf die zusätzlich vermerkten Verdachtsfälle und den Status mit Anmerkungen ist die Direktion Staatsschutz und Nachrichtendienst datenschutzrechtlicher Verantwortlicher. Die in Abs. 3 genannten Behörden können für alle im Register gespeicherten Rechtsträgern, natürlichen und juristischen Personen einsehen, ob bei diesen der Verdacht besteht, dass diese sanktioniert sind.

(BGBl I 2023/97)

(10) Jene Behörden und Gerichte, die in Abs. 1 nicht genannt werden, sowie der Rechnungshof und die Landesrechnungshöfe sind berechtigt, soweit dies im Rahmen der ihnen gesetzlich zugewiesenen Aufgaben unbedingt erforderlich ist und diese Aufgabe im Zusammenhang mit einem in § 7 Abs. 1 genannten Zweck steht, Auszüge gemäß § 10 Abs. 1 abzurufen.

(BGBl I 2023/97)

(11) Die in Abs. 1 genannten Behörden haben Namen, Geburtsdatum und soweit zur eindeutigen Identifikation erforderlich Geburtsort und Postleitzahl des Wohnortes jener natürlichen Personen an den Bundesminister für Finanzen zu übermitteln, die eine Berechtigung erhalten sollen in Vertretung einer der vorgenannten Behörden Daten über das System zur Vernetzung der Register der wirtschaftlichen Eigentümer Union gemäß Art. 30 Abs. 10 sowie Art. 31 Abs. 9 der Richtlinie (EU) 2015/849 abzurufen. Der Bundesminister für Finanzen hat über das Stammzahlenregister automatisationsunterstützt das bereichsspezifische Personenkennzeichen des Bereichs „WT-UR" zu ermitteln. Für die Zwecke der eindeutigen Identifikation gemäß § 4 E-GovG am System zur Vernetzung der Register der wirtschaftlichen Eigentümer

der Europäischen Union gemäß Art. 30 Abs. 10 sowie Art. 31 Abs. 9 der Richtlinie (EU) 2015/849 hat der Bundesminister für Finanzen zu speichern und der Stammzahlenregisterbehörde zugänglich zu machen, ob eine natürliche Person berechtigt ist in Vertretung einer der vorgenannten Behörden über das System zur Vernetzung der Register der wirtschaftlichen Eigentümer der Europäischen Union abzufragen. Sollte eine Person nicht mehr berechtigt sein in Vertretung für eine in Abs. 1 genannte Behörde abzufragen, so hat die betreffende Behörde dies unverzüglich mitzuteilen. Der Bundesminister für Finanzen hat die Daten unverzüglich nach Wegfall der Berechtigung zu löschen.

(BGBl I 2023/97)

Behördliche Meldung des wirtschaftlichen Eigentümers und behördlicher Vermerk

§ 13. (1) Wenn die Registerbehörde zu der Überzeugung gelangt, dass die Daten über die wirtschaftlichen Eigentümer eines Rechtsträgers unrichtig sind und ist die Registerbehörde überzeugt zu wissen, wer der oder die wirtschaftlichen Eigentümer eines Rechtsträgers sind, oder welche Daten einer Meldung zu berichtigen sind, dann kann sie im elektronischen Wege eine Meldung unter sinngemäßer Anwendung des § 5 Abs. 1 bis 5 vornehmen. Die Bundesanstalt Statistik Österreich hat die behördlich gemeldeten Daten über den wirtschaftlichen Eigentümer mit dem Vermerk zu übernehmen, dass es sich um eine behördliche Meldung des wirtschaftlichen Eigentümers gemäß § 13 Abs. 1 handelt.

(BGBl I 2019/62, BGBl I 2023/97)

(2) Der Rechtsträger ist von der Registerbehörde von der behördlichen Meldung zu verständigen. Diese Verständigung hat den Hinweis zu enthalten, dass es sich um keine rechtswirksame Feststellung handelt und der Rechtsträger jederzeit eine Meldung gemäß § 5 Abs. 1 vornehmen kann.

(BGBl I 2019/62, BGBl I 2023/97)

(3) Wenn eine der in § 12 Abs. 1 genannten Behörden im Zuge ihrer Tätigkeit zu der Überzeugung gelangt, dass die Daten über die wirtschaftlichen Eigentümer eines Rechtsträgers unrichtig sind, dann kann sie im elektronischen Weg einen Vermerk setzen und hat die Gründe für die Setzung des Vermerkes in standardisierter Form zu übermitteln. Die Registerbehörde kann die Gründe für die Setzung eines Vermerkes auch in der Schriftform anführen. Die Bundesanstalt Statistik Österreich hat unter Angabe des Datums im Register anzumerken, dass die Eintragung nicht verifiziert werden konnte. Verpflichtete haben bei Vorliegen eines Vermerkes bei der Feststellung und Überprüfung der Identität des wirtschaftlichen Eigentümers zusätzlich geeignete Maßnahmen zu setzen, sodass sie überzeugt sind zu wissen, wer der wirtschaftliche Eigentümer ist. Eine Einstufung des Kunden in eine höhere Risikokategorie ist alleine aufgrund dieses Vermerkes nicht erforderlich.

(BGBl I 2019/62)

(4) Die Bundesanstalt Statistik Österreich als Auftragsverarbeiterin der Registerbehörde hat das Unternehmensserviceportal im elektronischen Wege von dem Umstand, dass ein Vermerk gesetzt wurde und über die standardisierten Gründe sowie bei Vermerken der Registerbehörde auch über die Gründe in Schriftform zu verständigen. Der Rechtsträger ist von der Registerbehörde über das Unternehmensserviceportal über den Umstand, dass ein Vermerk gesetzt wurde unter Angabe der standardisierten Gründe und der Gründe in Schriftform zu informieren. Wenn der Rechtsträger eine neuerliche Meldung gemäß § 5 vornimmt, dann ist der Vermerk von der Bundesanstalt Statistik Österreich zu beenden. Wenn die Setzung eines Vermerkes rechtswidrig war, dann ist dieser auf Antrag von der Registerbehörde zu löschen.

(BGBl I 2019/62)

Behördliche Aufsicht

§ 14. (1) Die Registerbehörde ist der Bundesminister für Finanzen.

(2) Die Registerbehörde ist berechtigt im Rahmen der Führung des Registers Daten zu verarbeiten und Analysen zur Gewährleistung der Richtigkeit und Vollständigkeit der Daten sowie zur Einhaltung der Bestimmungen dieses Bundesgesetzes und der Verhinderung der Geldwäscherei und Terrorismusfinanzierung vorzunehmen und darf zu diesen Zwecken auch die im Register gespeicherten Daten mit anderen öffentlich verfügbaren Datenquellen abgleichen. Zu diesen Zwecken hat die Bundesanstalt Statistik Österreich nach Maßgabe der technischen Möglichkeiten der Registerbehörde Analysen und Auswertungen zu allen im Register gespeicherten Merkmalen zur Verfügung zu stellen.

(BGBl I 2019/62)

(3) Die Registerbehörde hat für die Zwecke der Gewährleistung, dass die im Register gespeicherten Daten angemessen, präzise und aktuell sind, die folgenden Maßnahmen zu treffen:

1. automatisationsunterstützte Analyse der Meldungen mit dem Zweck diese in Risikokategorien einzustufen und potentiell unrichtige Meldungen zu identifizieren,
2. stichprobenartige Überprüfung von eingehenden Meldungen auf Basis der Risikoanalyse gemäß Z 1 und ergänzend nach einer zufälligen Auswahl,
3. laufendes Monitoring der eingehenden Vermerke und stichprobenartige Überprüfung von jenen Rechtsträgern, die einen Vermerk nicht binnen sechs Wochen durch eine neue Meldung beenden,
4. anlassfallbezogene Überprüfung von Meldungen und Durchführung von Analysen gemäß Abs. 2.

(BGBl I 2023/97)

(4) Die Registerbehörde kann von Rechtsträgern, und deren rechtlichen und wirtschaftlichen Eigentümern jederzeit Auskünfte über die für die

Beurteilung des wirtschaftlichen Eigentums an dem betreffenden Rechtsträger und für die Einhaltung der Aufbewahrungsfrist gemäß § 3 Abs. 2 erforderlichen Sachverhalte und die Vorlage entsprechender Urkunden und anderer schriftlicher Unterlagen verlangen.

(BGBl I 2023/97)

(5) Für die Vollstreckung eines Bescheides der Registerbehörde tritt an die Stelle des in § 5 Abs. 3 VVG angeführten Betrages bei juristischen Personen der Betrag von 30 000 Euro und bei natürlichen Personen der Betrag von 15 000 Euro.

(BGBl I 2019/62)

(6) Die Verhängung von Zwangsstrafen gemäß § 16 sowie deren Einhebung, Sicherung und Einbringung obliegt dem Finanzamt Österreich.

(BGBl I 2019/62, BGBl I 2019/104)

(7) Wenn eine betroffene Person gemäß Art. 16 oder 17 Verordnung (EU) 2016/679 eine Berichtigung oder Löschung von personenbezogenen Daten verlangt, dann hat die Registerbehörde die personenbezogenen Daten bei Vorliegen der Voraussetzungen des Art. 16 zu berichtigen und bei Vorliegen der Voraussetzungen des Art. 17 zu löschen. Es ist ein Hinweis aufzunehmen, wenn Daten gemäß Art. 16 Verordnung (EU) 2016/679 berichtigt oder gemäß Art. 17 Verordnung (EU) 2016/679 gelöscht wurden. Wenn eine betroffene Person zusätzlich eine Einschränkung der Verarbeitung gemäß Art. 18 Verordnung (EU) 2016/679 verlangt, dann hat die Registerbehörde die Einschränkung der Verarbeitung im Register anzumerken, wenn die Voraussetzungen des Art. 18 Abs. 1 Verordnung (EU) 2016/679 vorliegen. Die Einschränkung der Verarbeitung bewirkt, dass in Auszügen aus dem Register die betroffenen personenbezogenen Daten nicht angezeigt werden und auf die Einschränkung der Verarbeitung gemäß Art. 18 Verordnung (EU) 2016/679 hingewiesen wird. Die Registerbehörde hat den betroffenen Rechtsträger über eine Berichtigung, Löschung und Einschränkung der Verarbeitung zu informieren.

(BGBl I 2019/62, BGBl I 2023/97)

(8) Die Registerbehörde hat Meldungen, Vermerke und Logdateien, die Zugriffe auf das Register aufzeichnen für zehn Jahre in elektronischer Form aufzubewahren. Logdateien, die aus technischen Gründen geführt werden, sind für die Dauer von einem Jahr aufzubewahren.

(BGBl I 2019/62)

(9) Die Registerbehörde kann mit Bescheid feststellen, dass keine Berechtigung zur Einsicht gemäß § 9 besteht oder sie kann einen Verpflichteten mit Bescheid von der Einsicht gemäß § 9 auf bestimmte oder unbestimmte Dauer ausschließen, wenn dieser das Register unrechtmäßig oder missbräuchlich nützt oder benützt hat. Einem Rechtsmittel gegen solche Bescheide kommt keine aufschiebende Wirkung zu. Zwölf Monate nach Rechtskraft eines Bescheides, mit dem ein Verpflichteter von der Einsicht gemäß § 9 ausgeschlossen wurde, hat die Registerbehörde dem Verpflichteten auf Antrag wieder Einsicht in das Register zu gewähren, wenn zu erwarten ist, dass das unrechtmäßige oder missbräuchliche Verhalten nicht wiederholt werden wird. Über Beschwerden gegen Entscheidungen der Registerbehörde gemäß dieser Bestimmung erkennt das Bundesverwaltungsgericht.

(BGBl I 2019/62)

(10) Die Registerbehörde hat Statistiken über die Nutzung des Registers, die Effektivität des Registers und über die angedrohten und festgesetzten Zwangsstrafen gemäß § 16 und die verhängten Strafen wegen Finanzvergehen gemäß § 15 zu führen.

(BGBl I 2019/62)

Zusammenarbeit zwischen der Registerbehörde und anderen Behörden im Rahmen der Bekämpfung der Geldwäscherei und Terrorismusfinanzierung sowie zur Durchführung von Sanktionsmaßnahmen

§ 14a. (1) Die Registerbehörde und die in § 12 Abs. 1 genannten Behörden können zum Zwecke der Gewährleistung, dass die im Register gespeicherten Daten angemessen, präzise und aktuell sind, zur Verhinderung der Nutzung des Finanzsystems für Zwecke von Geldwäscherei und Terrorismusfinanzierung und zur Durchführung von unmittelbar anwendbarer Sanktionsmaßnahmen der Europäischen Union und Sanktionsmaßnahmen gemäß § 1 SanktG, zusammenarbeiten und Informationen, Daten und Dokumente austauschen und verarbeiten, die für die Beurteilung des wirtschaftlichen Eigentums von Rechtsträgern relevant sind, die Finanzvergehen oder Finanzordnungswidrigkeiten gemäß § 15 oder Zwangsstrafen gemäß § 16 betreffen oder die die in § 12 Abs. 1 Z 3 genannten Behörden für ihre Aufsicht über die Verpflichteten benötigen. Eingeschränkte Compliance-Packages sind nicht Gegenstand einer Datenübermittlung gemäß dieser Bestimmung.

(2) Die Registerbehörde kann für die in Abs. 1 genannten Zwecke mit Behörden in anderen Mitgliedstaaten, die vergleichbare Aufgaben wahrnehmen, zusammenarbeiten und Daten im Sinne des Abs. 1 austauschen und verarbeiten. Eine solche Zusammenarbeit darf auch die Durchführung von anlassfallbezogenen Überprüfungen durch die Registerbehörde und die anschließende Übermittlung der im Rahmen solcher Untersuchungen gewonnenen Informationen, Daten und Dokumente einschließen. Dies ist ebenfalls im Hinblick auf Behörden in Drittstaaten zulässig, die vergleichbare Aufgaben wahrnehmen, wenn gewährleistet ist, dass diese Behörden Anforderungen an eine berufliche Geheimhaltungspflicht im Sinne des § 33 Abs. 1 FM-GwG unterliegen.

(3) Für die in Abs. 1 genannten Zwecke, insbesondere für die Erstellung der Risikoanalysen über das Risiko von juristischen Personen und Trusts, kann die Registerbehörde von der Bundesanstalt Statistik Österreich, dem Bundesministerium für Justiz. der Austro Control GmbH und dem Bundesministerium für Klimaschutz, Umwelt, Energie,

Mobilität, Innovation und Technologie die jeweils verfügbaren Daten zu ausländischen Unternehmen:
1. die eine Zweigniederlassung im Inland haben,
2. die im Inland für steuerliche Zwecke registriert sind,
3. auf die im Inland Luftfahrzeuge und Wasserfahrzeuge registriert sind,
4. die im Inland Liegenschaften erworben haben,
5. die im Inland eine signifikante Geschäftstätigkeit ausüben oder
6. die eine signifikante Geschäftsbeziehung zu Kredit- und Finanzinstituten oder anderen Verpflichteten unterhalten

anfordern und verarbeiten. Die Daten sind nur dann zu übermitteln, sofern diese mit vertretbarem Aufwand ausgewertet werden können.

(BGBl I 2023/97)

Strafbestimmungen

§ 15. (1) Eines Finanzvergehens macht sich schuldig, wer
1. eine unrichtige oder unvollständige Meldung (§ 5) abgibt und dadurch wirtschaftliche Eigentümer nicht offenlegt,
2. seiner Meldepflicht (§ 5) trotz zweimaliger Aufforderung nicht nachkommt,
3. bei Wegfall einer Meldebefreiung nach § 6 oder in den Fällen des § 3 Abs. 8 vor der Beurkundung oder Aufnahme einer Notariatsurkunde zum Zwecke des Erwerbs eines im Inland gelegenen Grundstücks keine, eine unrichtige oder eine unvollständige Meldung abgibt und dadurch wirtschaftliche Eigentümer nicht offenlegt,

(BGBl I 2021/25)

4. Änderungen der Angaben über die wirtschaftlichen Eigentümer nicht binnen vier Wochen nach Kenntnis der Änderung übermittelt (§ 5 Abs. 1) und dadurch wirtschaftliche Eigentümer nicht offenlegt,

(BGBl I 2023/97)

5. seinen Status als Trustee nicht gemäß § 3 Abs. 4 offenlegt und die Angaben über die wirtschaftlichen Eigentümer des Trusts oder der trustähnlichen Vereinbarung nicht gemäß § 3 Abs. 4 übermittelt, oder
6. seinen Status als meldepflichtiger ausländischer Rechtsträger nicht gemäß § 3 Abs. 6 offenlegt und die Angaben über die wirtschaftlichen Eigentümer des meldepflichtigen ausländischen Rechtsträgers nicht gemäß § 3 Abs. 6 übermittelt

(BGBl I 2021/25)

und ist bei vorsätzlicher Begehung mit einer Geldstrafe bis zu 200 000 Euro zu bestrafen. Wer die Tat grob fahrlässig begeht, ist mit einer Geldstrafe bis zu 100 000 Euro zu bestrafen.

(BGBl I 2019/62)

(2) Wer unter Verletzung von § 3 Abs. 2 die für die Erfüllung der Sorgfaltspflichten gemäß § 3 Abs. 1 erforderlichen Kopien der Dokumente und Informationen nicht bis mindestens fünf Jahre nach dem Ende des wirtschaftlichen Eigentums der natürlichen Person aufbewahrt, macht sich eines Finanzvergehens schuldig, und ist bei vorsätzlicher Begehung mit einer Geldstrafe bis zu 75 000 Euro zu bestrafen. Wer die Tat grob fahrlässig begeht, ist mit einer Geldstrafe bis zu 25 000 Euro zu bestrafen.

(BGBl I 2019/62)

(3) Wer, ohne den Tatbestand des Abs. 1 zu erfüllen, im Zuge der Übermittlung eines Compliance-Packages vorsätzlich falsche oder verfälschte Dokumente an das Register übermittelt, macht sich eines Finanzvergehens schuldig, und ist mit einer Geldstrafe bis zu 75 000 Euro zu bestrafen.

(BGBl I 2019/62)

(4) Einer Finanzordnungswidrigkeit macht sich schuldig, wer vorsätzlich, ohne den Tatbestand der Abs. 1 oder 3 zu erfüllen, eine unrichtige oder unvollständige Meldung abgibt oder Änderungen der Angaben über die wirtschaftlichen Eigentümer nicht binnen vier Wochen nach Kenntnis der Änderung übermittelt, und ist mit einer Geldstrafe von bis zu 25 000 Euro zu bestrafen.

(BGBl I 2019/62, BGBl I 2023/97)

(5) Einer Finanzordnungswidrigkeit macht sich schuldig, wer vorsätzlich, ohne den Tatbestand der Abs. 1 oder 3 zu erfüllen, bei der Übermittlung eines Compliance-Packages erforderliche Dokumente (§ 5a Abs. 1) nicht übermittelt oder sonstige Pflichten nach § 5a nicht erfüllt, und ist mit einer Geldstrafe bis zu 10 000 Euro zu bestrafen.

(BGBl I 2019/62)

(6) Eines Finanzvergehens macht sich schuldig, wer vorsätzlich Datensätze, die mit einer Auskunftssperre oder einer Einschränkung der Einsicht (§ 10a) gekennzeichnet sind, oder wer vorsätzlich Auszüge, in denen solche Datensätze enthalten sind, an Dritte weitergibt, und ist mit einer Geldstrafe bis zu 50 000 Euro zu bestrafen.

(BGBl I 2019/62)

(6a) Einer Finanzordnungswidrigkeit macht sich schuldig, wer vorsätzlich einen Auszug gemäß § 10 Abs. 1 in Verbindung mit § 9 Abs. 2a abruft, obwohl kein berechtigtes Interesse gemäß diesen Bestimmungen vorliegt, und ist mit einer Geldstrafe bis zu 25 000 Euro zu bestrafen.

(BGBl I 2023/97)

(7) Die Finanzvergehen nach Abs. 1 bis 6 hat das Gericht niemals zu ahnden.

(BGBl I 2019/62)

(8) Ergibt sich innerhalb des dienstlichen Wirkungsbereiches der Registerbehörde der begründete Verdacht auf das Vorliegen eines Finanzvergehens oder einer Finanzordnungswidrigkeit nach Abs. 1 bis 6, hat die Registerbehörde die gemäß § 58 FinStrG zuständige Finanzstrafbehörde hiervon zu verständigen.

(BGBl I 2019/62)

Zwangsstrafen

§ 16. (1) Wird die Meldung gemäß § 5 nicht erstattet, kann das Finanzamt Österreich deren Vornahme durch Verhängung einer Zwangsstrafe gemäß § 111 BAO erzwingen. Die Androhung der Zwangsstrafe ist mit Setzung einer Frist von sechs Wochen vorzunehmen.

(BGBl I 2019/62, BGBl I 2019/104)

(2) Zwangsstrafen gemäß Abs. 1 gelten als Abgaben im Sinne des § 213 Abs. 2 BAO.

(3) Die Androhung und Verhängung einer Zwangsstrafe ist an einen, dem Finanzamt Österreich oder dem Finanzamt für Großbetriebe in einem Verfahren betreffend Abgaben gemäß § 213 Abs. 1 BAO bekannt gegebenen Zustellungsbevollmächtigten zuzustellen. Dieser gilt solange als zur Empfangnahme der Androhung und Verhängung einer Zwangsstrafe ermächtigt, als nicht ein anderer Zustellungsbevollmächtigter für Angelegenheiten dieser Bestimmung namhaft gemacht wird. Ist kein Zustellungsbevollmächtigter im Sinne dieses Absatzes vorhanden, so sind die Androhung und Verhängung einer Zwangsstrafe an den Rechtsträger zuzustellen.

(BGBl I 2023/97)

Nutzungsentgelte

§ 17. (1) Der Bundesminister für Finanzen hat für die Nutzung des Registers mit Verordnung ein Nutzungsentgelt für die folgenden Nutzungsarten des Registers vorzusehen:

1. Einsicht gemäß § 10;
   (BGBl I 2019/62)
2. Einsicht der Verpflichteten mittels einfacher Auszüge gemäß § 9 Abs. 4;
3. Einsicht der Verpflichteten mittels erweiterter Auszüge gemäß § 9 Abs. 5;
3a. Einsicht der Verpflichteten mittels erweiterter Auszüge gemäß § 9 Abs. 5 unter gleichzeitiger Einsicht in ein Compliance-Package gemäß § 9 Abs. 5a;
   (BGBl I 2019/62)
3b. Einsicht der Verpflichteten mittels Auszügen gemäß § 10;
   (BGBl I 2023/97)
4. Einsicht der Verpflichteten unter Verrechnung eines jährlichen pauschalen Nutzungsentgeltes. Das jährliche pauschale Nutzungsentgelt berechtigt zu einfachen Auszügen gemäß § 9 Abs. 4, erweiterten Auszügen gemäß § 9 Abs. 5, erweiterten Auszügen gemäß § 9 Abs. 5 unter gleichzeitiger Einsicht in ein Compliance-Package gemäß § 9 Abs. 5a und zu Auszügen gemäß § 10 sowie zur Vornahme von Meldungen als Parteienvertreter für Rechtsträger. Ein bereits entrichtetes jährliches Nutzungsentgelt kann nicht rückerstattet werden. Das pauschale Nutzungsentgelt kann entsprechend der erwarteten Nutzung des Registers festgelegt werden.
   (BGBl I 2019/62, BGBl I 2023/97)

(2) Die Registerbehörde hat das Nutzungsentgelt vor der Nutzung des Registers im Wege eines elektronischen Zahlungsverfahrens zu verrechnen. Wenn Verpflichtete bereits die Einsicht gemäß Abs. 1 Z 4 nutzen, so hat die Registerbehörde im elektronischen Wege über das Unternehmensserviceportal diese vier Wochen vor Beginn des neuen Nutzungszeitraumes zur Zahlung des Nutzungsentgeltes für den folgenden Nutzungszeitraum aufzufordern. Sollte der Verpflichtete bis zum Beginn des neuen Nutzungszeitraums keine Zahlung durchführen, so endet die Nutzung gemäß Abs. 1 Z 4 mit dem Ende des Nutzungszeitraums.

(2a) Ein Verpflichteter kann sich für die Einsicht auch eines Service Providers als Auftragsverarbeiter bedienen, der aufgrund eines Vertrages mit der Republik Österreich vertreten durch den Bundesminister für Finanzen in dessen Auftrag Auszüge gemäß Abs. 1 Z 2, 3 und 3b über den Webservice des Unternehmensserviceportals gemäß § 9 Abs. 3 abrufen kann. Der Service Provider hat diesfalls die Stammzahl des betreffenden Verpflichteten zu übermitteln und sicherzustellen, dass die betreffenden Auszüge nur an den Verpflichteten übermittelt werden, in dessen Vertretung abgefragt wurde. Die Nutzungsentgelte hat der Service Provider laufend im Namen und für Rechnung des Bundes zu vereinnahmen und laufend auf einem für diesen Zweck eingerichteten Konto gutzuschreiben. Hierbei ist der Service Provider lediglich eine Zahlstelle. Die im Namen und für Rechnung des Bundes vereinnahmten Nutzungsentgelte sind quartalsweise bis zum 15. des erstfolgenden Kalendermonats in voller Höhe an den Bundesminister für Finanzen abzuführen.

(BGBl I 2023/97)

(3) Das Nutzungsentgelt ist von der Bundesrechenzentrum GmbH für die Registerbehörde zu vereinnahmen und laufend auf einem für diesen Zweck eingerichteten Konto gutzuschreiben. Hierbei ist die Bundesrechenzentrum GmbH lediglich eine Zahlstelle. Die vereinnahmten Nutzungsentgelte sind monatlich bis zum 15. des folgenden Kalendermonats in voller Höhe an den Bundesminister für Finanzen abzuführen. Gleichzeitig sind der Bundesrechenzentrum GmbH die Betriebs- und die Weiterentwicklungskosten des Registers gemäß § 8 zu ersetzen.

(4) Die Nutzungsentgelte gemäß Abs. 1 dürfen nicht über die dadurch verursachten Verwaltungskosten hinausgehen. Verwaltungskosten sind:

1. sämtliche Aufwendungen für die Errichtung des Registers,
2. sämtliche Aufwendungen für den Betrieb des Registers,
3. der durchschnittliche Personalaufwand des betreffenden Kalenderjahres gemäß der WFA-FinAV für die Aufgabe der Registerbehörde und
   (BGBl I 2023/97)
4. Aufwendungen für zukünftige Weiterentwicklungen des Registers, wenn diese schon

hinreichend feststehen und innerhalb der nächsten drei Jahre eintreten.

Der Bundesminister für Finanzen hat jährlich zu prüfen, ob die Summe der vereinnahmten Nutzungsentgelte geringer als die Summe der Verwaltungskosten ist. Maßgeblich hiefür sind jeweils die letzten zehn Kalenderjahre, beginnend mit dem Kalenderjahr 2016. Wenn die Summe der vereinnahmten Nutzungsentgelte die Summe der Verwaltungskosten übersteigt, dann hat der Bundesminister für Finanzen die Nutzungsentgelte im nächsten Kalenderjahr entsprechend herabzusetzen. Der Bundesminister für Finanzen kann die Nutzungsentgelte erhöhen, wenn nicht zu erwarten ist, dass die Summe der vereinnahmten Nutzungsentgelte die Verwaltungskosten im nächsten Kalenderjahr übersteigt.

(5) Der Bundesminister für Finanzen kann mit Verordnung die technischen Vorkehrungen für die gemäß der Richtlinie (EU) 2015/849 vorgesehene Vernetzung der Register auf europäischer Ebene treffen und zusätzliche technische Möglichkeiten für die Einsicht in das Register vorsehen und hiefür ein gesondertes Nutzungsentgelt festlegen.

Übergangsvorschriften

§ 18. (1) Die Rechtsträger haben die Meldungen gemäß § 5 Abs. 1 erstmalig bis zum 1. Juni 2018 zu erstatten.

(2) Die Möglichkeiten zur Einsicht gemäß § 9, § 10 und § 12 sind ab dem 2. Mai 2018 bereitzustellen.

(3) Die Fristen zur Meldung der Daten gemäß § 5 Abs. 1 sowie die Frist zur Androhung und Verhängung einer Zwangsstrafe gemäß § 16 Abs. 1 werden jeweils unterbrochen, wenn die Fristen mit Ablauf des 16. März 2020 noch nicht abgelaufen waren oder der Beginn des Fristenlaufs in die Zeit von 16. März 2020 bis zum Ablauf des 30. April 2020 fällt. Die genannten Fristen beginnen mit 1. Mai 2020 neu zu laufen.

(BGBl I 2020/23)

(4) Der Bundesminister für Finanzen wird ermächtigt, durch Verordnung bis längstens 31. Dezember 2020

1. die in Abs. 3 angeordnete allgemeine Unterbrechung von Fristen zu verlängern oder weitere allgemeine Ausnahmen von der Unterbrechung vorzusehen, soweit dies zur Verhütung und Bekämpfung der Verbreitung von COVID-19 erforderlich ist;
2. weitere Bestimmungen vorzusehen, die den Einfluss der Maßnahmen, die zur Verhinderung der Verbreitung von COVID-19 getroffen werden, auf den Lauf von Fristen und die Einhaltung von Terminen für anhängige oder noch anhängig zu machende ordentliche Rechtsmittelverfahren regeln. Er kann betreffend die ordentlichen Rechtsmittelverfahren insbesondere die Unterbrechung, die Hemmung, die Verlängerung oder die Verkürzung von Fristen anordnen, Säumnisfolgen bei Nichteinhaltung von Terminen ausschließen

sowie bestimmen, ob und auf welche Weise verfahrensrechtliche Rechtsnachteile, die durch die Versäumung von Fristen oder Terminen eintreten können, hintangehalten und bereits eingetretene wieder beseitigt werden. Dabei sind die Interessen an der Fortsetzung dieser Verfahren, insbesondere die Abwehr eines erheblichen und unwiederbringlichen Schadens von den Verfahrensparteien, einerseits und das Interesse der Allgemeinheit an der Verhütung und Bekämpfung der Verbreitung von COVID-19 sowie am Schutz der Aufrechterhaltung eines geordneten Verwaltungsbetriebes andererseits gegeneinander abzuwägen.

(BGBl I 2020/23)

Inkrafttreten

§ 19. (1) Dieses Bundesgesetz tritt mit Ausnahme der § 1 und § 2 am 15. Jänner 2018 in Kraft. § 1 und § 2 treten mit dem Kundmachung folgenden Tag in Kraft.

(2) § 5 Abs. 3 und § 7 in der Fassung des Bundesgesetzes BGBl. I Nr. 150/2017 treten mit dem der Kundmachung folgenden Tag in Kraft. § 9 Abs. 3 und § 10 Abs. 2 in der Fassung des Bundesgesetzes BGBl. I Nr. 150/2017 treten mit 15. Jänner 2018 in Kraft.

(3) § 2 Z 1, § 5 Abs. 3, § 6 Abs. 1 bis 6, § 9 Abs. 1 Z 1, § 12 Abs. 3, § 14 Abs. 3, § 15 Abs. 3 bis 5, § 16 Abs. 1 und § 20 Abs. 1 in der Fassung des Bundesgesetzes BGBl. I Nr. 37/2018 treten mit 1. August 2018 in Kraft. § 5 Abs. 5 tritt mit 1. Oktober 2018 in Kraft. Für alle von § 5 Abs. 5 erfassten Rechtsträger, die wirtschaftliche Eigentümer gemäß § 2 Z 1 lit. b vor diesem Stichtag gemeldet haben, sind mit diesem Stichtag die natürlichen Personen, die der obersten Führungsebene des Rechtsträgers angehören, von der Bundesanstalt Statistik Österreich aus dem Firmenbuch zu übernehmen und laufend aktuell zu halten.

(BGBl I 2018/37)

(4) Die §§ 9 Abs. 2, 10a, 15 Abs. 4 und 20 Abs. 1 sowie die Änderung des Inhaltsverzeichnisses in der Fassung des Bundesgesetzes BGBl. I Nr. 62/2018 treten mit 1. Oktober 2018 in Kraft.

(BGBl I 2018/62)

(5) § 1 Abs. 2 Z 17 und 18 und Abs. 4, § 2 Z 2 lit. a und c, § 3 Abs. 3 bis 5, § 4, § 5 Abs. 1 Z 3 lit. a und b sowie Abs. 1 Schlussteil, § 5 Abs. 5, § 7 Abs. 3, § 9 Abs. 1 Z 15 und 16, Abs. 2, 3, 5 Z 2 und Abs. 9, § 10, § 11 Abs. 1, 3, 5 und 8, § 12 Abs. 3 bis 5 und 7, § 13 Abs. 1 bis 4, § 14, § 15 Abs. 1, 2, 4, 6 bis 8, § 16 Abs. 1, § 17 Abs. 1 und § 20 Abs. 2 Z 2 sowie die Änderungen des Inhaltsverzeichnis zu § 10 treten in der Fassung des BGBl. Nr. 62/2019 mit 10. Jänner 2020 in Kraft. § 3 Abs. 2, § 5 Abs. 1 Z 4 und Abs. 7, § 5a samt Überschrift, § 9 Abs. 4 Z 7a bis 7c, § 9 Abs. 5a und 5b, § 11 Abs. 2a, § 12 Abs. 6, § 15 Abs. 3 und 5, § 17 Abs. 1 Z 3a und 4 sowie die Änderung des Inhaltsverzeichnis zu § 5a in der Fassung des BGBl. I Nr. 62/2019 treten mit 10. November 2020 in Kraft. § 5 Abs. 6 tritt mit 10.

14/11. WiEReG
§§ 19, 20

März 2021 in Kraft. Die Änderungen in § 5 Abs. 1 Z 3 lit. a und b sind auf Meldungen anzuwenden, die nach dem 10. Jänner 2020 übermittelt werden.

(BGBl I 2019/62)

(6) § 14 Abs. 6 und § 16 Abs. 1, jeweils in der Fassung des Bundesgesetzes BGBl. I Nr. 104/2019, treten mit 1. Juli 2020 in Kraft.

(BGBl I 2019/104)

(7) § 18 Abs. 3 und 4 in der Fassung des Bundesgesetzes BGBl. I Nr. 23/2020 treten mit Ablauf des Tages der Kundmachung des genannten Bundesgesetzes in Kraft und mit Ablauf des 31. Dezember 2020 außer Kraft.

(BGBl I 2020/23, BGBl I 2021/25)

(8) § 1 Abs. 2 Einleitungssatz, § 1 Abs. 2 Z 17 bis 19, § 1 Abs. 2 Schlussteil, § 3 Abs. 6 bis 8, § 5a Abs. 1 Z 3, § 5a Abs. 5 und 8, § 7 Abs. 2, § 9 Abs. 1 Z 1, § 9 Abs. 2, § 9 Abs. 9, § 11 Abs. 1, § 15 Abs. 1 Z 3 und 6 und § 20 Abs. 1 Z 25 in der Fassung des Bundesgesetzes BGBl. I Nr. 25/2021 treten am 1. April 2021 in Kraft. Dieses Bundesgesetz in der Fassung des Bundesgesetzes BGBl. I Nr. 25/2021 ist auf meldepflichtige ausländische Rechtsträger sowie Trusts und trustähnliche Vereinbarungen anzuwenden, deren Verwaltung sich nicht im Inland oder in einem anderen Mitgliedstaat befindet, die nach dem 1. April 2021 verpflichtet haben, Eigentum an einem im Inland gelegenen Grundstück zu erwerben.

(BGBl I 2021/25)

(9) In der Fassung des Bundesgesetzes BGBl. I Nr. 97/2023 treten in Kraft:
1. § 1 Abs. 2 Z 9, Abs. 3 Z 2 und Abs. 4, § 2 Z 2 lit. d und Z 3 lit. a sublit. bb, § 3 Abs. 4 Z 1, § 3 Abs. 4 3. Satz, § 5 Abs. 1 Z 1 lit. a, § 5 Abs. 1 Schlussteil, § 5a Abs. 3 Z 2, § 5a Abs. 4 und 7, § 6 Abs. 4, § 6 Abs. 6, § 7 Abs. 1 erster Satz, § 7 Abs. 2, § 9 Abs. 2b, § 9 Abs. 4 Z 5 lit. a und Z 6 lit. a, § 9 Abs. 7a, § 10a Abs. 1, § 12 Abs. 1 Z 6, 7, 11 und 12 sowie Abs. 2 und 11, § 13 Abs. 1 und 2, § 14 Abs. 3 Z 4, Abs. 4 und 7, § 14a, § 15 Abs. 1 Z 4, Abs. 4 und 6a, § 16 Abs. 3 und § 20 Abs. 1 Z 25 bis 28 und Abs. 1a sowie die Inhaltsverzeichnis zu Eintrag § 14a mit 1. August 2023,
2. § 9 Abs. 2a, § 10, § 17 Abs. 1 Z 3b, Z 4 und Abs. 4 Z 3 sowie das Inhaltsverzeichnis zu Eintrag § 10 mit 1. September 2023,
3. § 12 Abs. 3, 4, 7, 9 und 10 mit 12. Dezember 2023,
4. § 17 Abs. 2a mit 1. Jänner 2024,
5. § 12 Abs. 8 mit 16. April 2024,
6. § 5 Abs. 1 Z 2 letzter Satz, Z 3 lit. c und d, Z 3 Schlussteil und Z 3a und § 9 Abs. 4 Z 7e mit 1. Juli 2024 und sind auf Meldungen anzuwenden, die nach dem 30. Juni 2024 an das Register übermittelt werden,
7. § 5 Abs. 3, § 7 Abs. 1 zweiter und dritter Satz, Abs. 2a mit 17. September 2024 und

8. § 2 Z 1 lit. b sublit. dd, § 6 Abs. 6a, § 9 Abs. 4 Z 7d, 7f und 7g, Abs. 9 Z 4 bis 8, § 10a Abs. 3 und 3a mit 10. Dezember 2024.

Die Änderungen in § 5 Abs. 1 Z 2, Z 3 lit. c und d und Z 3a sind auf Meldungen anzuwenden, die nach dem 30. Juni 2024 übermittelt werden.

(BGBl I 2023/97)

„(10) Die §§ 1 Abs. 2 Z 4a, 5 Abs. 5, 5a Abs. 1 Z 1 und 2 sowie 6 Abs. 2a in der Fassung des Gesellschaftsrechts-Änderungsgesetzes 2023, BGBl. I Nr. 179/2023, treten mit 1. April 2024 in Kraft."

(GesRÄG 2023, BGBl I 2023/179)

Verweisungen

§ 20. (1) Soweit in diesem Bundesgesetz auf folgende Gesetze verwiesen wird, sind diese, wenn nicht Anderes angeordnet ist, in ihrer jeweils geltenden Fassung anzuwenden.
1. Unternehmensgesetzbuch, dRGBl. S 219/1897;
2. Bundesabgabenordnung (BAO), BGBl. Nr. 194/1961;
3. Sparkassengesetz (SpG), BGBl. Nr. 64/1979;
4. Einkommensteuergesetz 1988 (EStG 1988), BGBl. Nr. 400/1988;
5. Glücksspielgesetz (GSpG), BGBl. Nr. 620/1989;
6. Firmenbuchgesetz (FBG), BGBl. Nr. 10/1991;
7. Meldegesetz 1991 (MeldeG), BGBl. Nr. 9/1992;
8. Gewerbeordnung 1994 (GewO), BGBl. Nr. 194/1994;
9. Bundesgesetz über die Bundesrechenzentrum GmbH (BRZ GmbH), BGBl. Nr. 757/1996;
10. Wirtschaftstreuhandberufsgesetz 2017 (WTBG 2017), BGBl. I Nr. 137/2017;
11. Bundesgesetz über die Bundesstatistik (Bundesstatistikgesetz 2000), BGBl I Nr. 163/1999;
12. Bundeskriminalamt-Gesetz (BKA-G), BGBl. I Nr. 22/2002;
13. Vereinsgesetz 2002 (VerG), BGBl. I Nr. 66/2002;
14. Devisengesetz 2004, BGBl. I Nr. 123/2003;
15. Unternehmensserviceportalgesetz (USPG), BGBl. I Nr. 52/2009;
16. Sanktionengesetz 2010 (SanktG), BGBl. I Nr. 36/2010;
17. Bilanzbuchhaltungsgesetz 2014 (BiBuG 2014), BGBl. I Nr. 191/2013;
18. Versicherungsaufsichtsgesetz 2016 (VAG 2016), BGBl. I Nr. 34/2015;
19. Gemeinsamer Meldestandard-Gesetz (GMSG), BGBl. I Nr. 116/2015;
20. Bundes-Stiftungs- und Fondsgesetz 2015 (BStFG 2015), BGBl. I Nr. 160/2015;
21. Finanzmarkt-Geldwäschegesetz (FM-GwG), BGBl. I Nr. 118/2016;

(BGBl I 2018/37)

22. Bundesgesetz zur Schaffung einer Abbaueinheit (GSA), BGBl. I Nr. 51/2014;
    (BGBl I 2018/37)
23. Bundesgesetz über die Sanierung und Abwicklung von Banken (Sanierungs- und Abwicklungsgesetz – BaSAG), BGBl. I Nr. 98/2014;
    (BGBl I 2018/62)
24. Strafgesetzbuch (StGB), BGBl. Nr. 60/1974;
    (BGBl I 2018/62)
25. Grunderwerbsteuergesetz 1987 (GrEStG 1987), BGBl. Nr. 309/1987,
    (BGBl I 2021/25, BGBl I 2023/97)
26. Bundesgesetz über die Organisation, Aufgaben und Befugnisse des Verfassungsschutzes (Staatsschutz- und Nachrichtendienst-Gesetz – SNG), BGBl. I Nr. 5/2016;
    (BGBl I 2023/97)
27. Bundesgesetz zur Verbesserung der Sozialbetrugsbekämpfung (Sozialbetrugsbekämpfungsgesetz – SBBG), BGBl. I Nr. 113/2015;
    (BGBl I 2023/97)
28. Bundesgesetz über Regelungen zur Erleichterung des elektronischen Verkehrs mit öffentlichen Stellen (E-Government-Gesetz – E-GovG), BGBl. I Nr. 10/2004 „ ‚"
    (BGBl I 2023/97; GesRÄG 2023, BGBl I 2023/179 ab 31.12.2023)
„29. Gesetz vom 6. März 1906 über Gesellschaften mit beschränkter Haftung (GmbH-Gesetz – GmbHG), RGBl. Nr. 58/1906;
    (GesRÄG 2023, BGBl I 2023/179 ab 31.12.2023)
30. Bundesgesetz über die Flexible Kapitalgesellschaft (Flexible-Kapitalgesellschafts-Gesetz – FlexKapGG), BGBl. I Nr. 179/2023."
    (GesRÄG 2023, BGBl I 2023/179 ab 31.12.2023)

(1a) Soweit in diesem Bundesgesetz auf folgende Verordnungen verwiesen wird, sind diese, wenn nicht Anderes angeordnet ist, in ihrer jeweils geltenden Fassung anzuwenden:
1. WFA-Finanzielle-Auswirkungen-Verordnung (WFA-FinAV), BGBl. II Nr. 490/2012.
   (BGBl I 2023/97)

(2) Soweit in diesem Bundesgesetz auf Richtlinien der Europäischen Union verwiesen wird, sind diese, wenn nicht Anderes angeordnet ist, in der nachfolgend genannten Fassung anzuwenden:
1. Richtlinie 2013/34/EU über den Jahresabschluss, den konsolidierten Abschluss und damit verbundene Berichte von Unternehmen bestimmter Rechtsformen und zur Änderung der Richtlinie 2006/43/EG und zur Aufhebung der Richtlinien 78/660/EWG und 83/349/EWG, ABl. Nr. L 182 vom 29.06.2013 S. 19, zuletzt geändert durch die Richtlinie 2014/102/EU, ABl. Nr. L 334 vom 21.11.2014 S. 86;
2. Richtlinie (EU) 2015/849 zur Verhinderung der Nutzung des Finanzsystems zum Zwecke der Geldwäsche und der Terrorismusfinanzierung, zur Änderung der Verordnung (EU) Nr. 648/2012 des Europäischen Parlaments und des Rates und zur Aufhebung der Richtlinie 2005/60/EG des Europäischen Parlaments und des Rates und der Richtlinie 2006/70/EG der Kommission, ABl. Nr. L 141 vom 05.06.2015 S. 73, zuletzt geändert durch die Richtlinie (EU) 2018/843 vom 30. Mai 2018.
   (BGBl I 2019/62)

(3) Soweit in diesem Bundesgesetz auf Verordnungen der Europäischen Union Bezug genommen wird, sind diese, wenn nicht Anderes angeordnet ist, in der nachfolgend genannten Fassung maßgeblich:
1. Verordnung (EU) 2016/679 zum Schutz natürlicher Personen bei der Verarbeitung personenbezogener Daten, zum freien Datenverkehr und zur Aufhebung der Richtlinie 95/46/EG (Datenschutz-Grundverordnung), ABl. Nr. L 119 vom 04.05.2016 S. 1.
   (BGBl I 2018/37)

Sprachliche Gleichbehandlung

§ 21. Soweit in diesem Bundesgesetz personenbezogene Bezeichnungen nur in männlicher Form angeführt sind, beziehen sie sich auf Frauen und Männer in gleicher Weise. Bei der Anwendung auf bestimmte Personen ist die jeweils geschlechtsspezifische Form zu verwenden.

Vollzugsklausel

§ 22. Mit der Vollziehung dieses Bundesgesetzes ist der Bundesminister für Finanzen betraut.

14/11/1. WiEReG
WiEReG-NutzungsentgelteV

14/11/1. WiEReG-NutzungsentgelteV

BGBl II 2018/77 idF BGBl II 2023/260

Verordnung des Bundesministers für Finanzen zur Festlegung der Nutzungsentgelte für die Nutzung des Registers der wirtschaftlichen Eigentümer (WiEReG-NutzungsentgelteV)

Auf Grund des § 17 des Wirtschaftliche Eigentümer Registergesetzes (WiEReG), BGBl. I Nr. 136/2017, zuletzt geändert durch das Bundesgesetz BGBl. I Nr. 150/2017, wird verordnet:

Einzelverrechnung des Nutzungsentgeltes

§ 1. (1) Das Nutzungsentgelt für die Einsicht in das Register der wirtschaftlichen Eigentümer beträgt für jeden Auszug bei der Einsicht

„1. der Verpflichteten mittels einfacher Auszüge gemäß § 9 Abs. 4 WiEReG .... 4,00 Euro;
(BGBl II 2023/260 ab 1.9.2023)
2. der Verpflichteten mittels erweiterter Auszüge gemäß § 9 Abs. 5 WiEReG .... 5,00 Euro;
(BGBl II 2023/260 ab 1.9.2023)
3. der Verpflichteten mittels erweiterter Auszüge gemäß § 9 Abs. 5 WiEReG unter gleichzeitiger Einsicht in ein Compliance-Package gemäß § 9 Abs. 5a .... 10,00 Euro;
(BGBl II 2019/437, BGBl II 2023/260 ab 1.9.2023)
4. bei Auszügen gemäß § 10 WiEReG .... 4,00 Euro;
(BGBl II 2023/260 ab 1.9.2023)
5. bei Auszügen, die von Verpflichteten über das System zur Vernetzung der Register wirtschaftlicher Eigentümer (BORIS) abgerufen werden .... 5,00 Euro."
(BGBl II 2019/437, BGBl II 2023/260 ab 1.9.2023)

(2) Das Nutzungsentgelt ist im Wege des elektronischen Zahlungsverkehrs im Voraus zu entrichten.

Pauschales Nutzungsentgelt

§ 2. (1) Auf Antrag eines Verpflichteten ist die Einsicht in das Register unter Verrechnung eines im Voraus zu entrichtenden, jährlichen pauschalen Nutzungsentgeltes zu gewähren. Das jährliche pauschale Nutzungsentgelt berechtigt zu einfachen Auszügen gemäß § 9 Abs. 4 WiEReG, zu erweiterten Auszügen gemäß § 9 Abs. 5 WiEReG und zu erweiterten Auszügen unter gleichzeitiger Einsicht in ein Compliance-Package gemäß § 9 Abs. 5a WiEReG sowie zur Vornahme von Meldungen als Parteienvertreter für Rechtsträger.
(BGBl II 2019/437)

(2) Es beträgt für ein Kontingent von

„1. 15 Abfragen .... 75 Euro;
(BGBl II 2019/437, BGBl II 2023/260 ab 1.9.2023)
2. 50 Abfragen .... 220 Euro;
(BGBl II 2019/437, BGBl II 2023/260 ab 1.9.2023)
3. 250 Abfragen .... 1050 Euro;
(BGBl II 2019/437, BGBl II 2023/260 ab 1.9.2023)
4. 750 Abfragen .... 3 000 Euro;
(BGBl II 2019/437, BGBl II 2023/260 ab 1.9.2023)
5. 2 500 Abfragen .... 9 500 Euro;
(BGBl II 2023/260 ab 1.9.2023)
6. 7 500 Abfragen .... 27 000 Euro."
(BGBl II 2023/260 ab 1.9.2023)

Eine Abfrage berechtigt zum Abruf eines einfachen oder erweiterten Auszuges. Für den Abruf eines erweiterten Auszuges unter gleichzeitiger Einsicht in ein Compliance-Package sind zwei Abfragen erforderlich.
(BGBl II 2019/437)

(3) Nach dem Ende des jährlichen Nutzungszeitraums kann ein nicht ausgenütztes Kontingent nicht mehr verwendet werden. Bei Beantragung eines beliebigen neuen Kontingentes gemäß Abs. 2 wird ein nicht ausgenütztes Kontingent auf dieses übertragen und kann weiter verwendet werden. Ein bereits entrichtetes jährliches pauschales Nutzungsentgelt kann nicht rückerstattet werden.
(BGBl II 2019/108)

(4) Wenn vor dem Ablauf des aktuellen Nutzungszeitraums ein neues Kontingent beantragt wird, dann beginnt der neue Nutzungszeitraum zu dem Zeitpunkt, in dem der aktuelle Nutzungszeitraum durch Zeitablauf endet. Ist das aktuelle Kontingent zu einem früheren Zeitpunkt vollständig verbraucht, beginnt der neue Nutzungszeitraum zu diesem Zeitpunkt.

(5) Auf Antrag eines Verpflichteten kann das jährliche pauschale Nutzungsentgelt auch als Abonnement gewährt werden, wenn dieser einer dauerhaften Zahlungsmethode zugestimmt hat. In diesem Fall kann der Verpflichtete wählen, welches Kontingent gemäß Abs. 2 nach dem Ende des jährlichen Nutzungszeitraumes aktiviert werden soll. Einen Monat vor Ablauf des aktuellen Nutzungszeitraumes oder sobald 75vH eines Kontingents verbraucht wurden, ist der Verpflichtete zu informieren, dass nach Ende des aktuellen Nutzungszeitraumes bzw. nach Verbrauch des Kontingents gemäß dem Abonnements das gewählte Kontingent aktiviert wird und das Nutzungsentgelt zu entrichten ist. Bis zum Beginn eines neuen jährlichen Nutzungszeitraums kann der Verpflichtete das Abonnement jederzeit deaktivieren oder den Umfang des beantragten Kontingents ändern. Kann das Nutzungsentgelt nicht über die vereinbarte dauerhafte Zahlungsmethode entrichtet werden, dann ist Abs. 6 sinngemäß anzuwenden.

(6) Sollte eine bereits erfolgte Zahlung eines Nutzungsentgeltes auf welche Art auch immer widerrufen werden, so kann ein zu diesem Zeitpunkt noch nicht ausgenütztes Kontingent nicht mehr

weiter verwendet werden. Erst nach vollständiger Entrichtung des Nutzungsentgeltes kann ein noch nicht ausgenütztes Kontingent bis zum Ende des ursprünglichen Nutzungszeitraumes weiter verwendet werden. Sollte eine bereits erfolgte Zahlung eines Nutzungsentgeltes in Missbrauchsabsicht widerrufen werden, so kann der Bundesminister für Finanzen vom Verpflichteten für die bereits erfolgte Ausnutzung des Kontingents eine angemessene Entschädigung verlangen.
(BGBl II 2019/108)

Inkrafttreten

§ 3. (1) Diese Verordnung tritt mit 1. Mai 2018 in Kraft.
(BGBl II 2019/108)

(2) § 2 Abs. 3 in der Fassung der Verordnung, BGBl. II Nr. 108/2019, tritt mit 1. Mai 2019 in Kraft und § 2 Abs. 5 und 6 in der Fassung der Verordnung, BGBl. II Nr. 108/2019, tritt mit 1. Oktober 2019 in Kraft.
(BGBl II 2019/108)

(3) § 1 Abs. 1 und § 2 Abs. 1 und 2 in der Fassung der Verordnung, BGBl. II Nr. 437/2019 treten mit 10. Jänner 2020 in Kraft. § 2 Abs. 1 und 2 sind mit der Maßgabe anzuwenden, dass Nutzungsentgelte für Abrufe von erweiterten Auszügen unter gleichzeitiger Einsicht in ein Compliance-Package gemäß § 9 Abs. 5a WiEReG erst ab 10. November 2020 vorgeschrieben werden dürfen. § 2 Abs. 2 ist auf zum 10. Jänner 2020 bestehende Kontingente mit der Maßgabe anzuwenden, dass diese ab dem 10. Jänner 2020 zu Abfragen in der Höhe der noch vorhandenen einfachen oder erweiterten Auszügen berechtigen.
(BGBl II 2019/437)

„(4) § 1 Abs. 1 und § 2 Abs. 2 in der Fassung der Verordnung BGBl. II Nr. 260/2023 treten mit 1. September 2023 in Kraft."
(BGBl II 2023/260)

14/11/2. WiEReG-EinsichtsV

BGBl II 2019/390 idF BGBl I 2020/571

Verordnung des Bundesministers für Finanzen über zusätzliche technische Möglichkeiten für die Einsicht in das Register (WiEReG-EinsichtsV)

Auf Grund des § 9 und des § 17 Abs. 5 des Wirtschaftliche Eigentümer Registergesetzes (WiEReG), BGBl. I Nr. 136/2017, zuletzt geändert durch das Bundesgesetz BGBl. I Nr. 104/2019, wird verordnet:

Inhalt von XML-Dateien

§ 1. (1) Bei Abruf eines erweiterten Auszuges durch einen Verpflichteten aus dem Register der wirtschaftlichen Eigentümer mit dem Webservice des Unternehmensserviceportals gemäß § 9 Abs. 3 WiEReG ist zusätzlich eine Datei im Extensible Markup Language Format (XML-Datei) zur Verfügung zu stellen.

(2) Die XML-Datei hat Folgendes zu enthalten:
1. Allgemeine Daten:
   a) die Angabe, ob ein vollständiger erweiterter Auszug vorliegt;
   b) die Angabe, ob ein aufrechter Vermerk gemäß § 11 Abs. 4 oder § 13 Abs. 3 WiEReG vorliegt;
   c) den Zeitpunkt der letzten Meldung und die Angabe, ob eine Befreiung von der Meldepflicht gemäß § 6 WiEReG zur Anwendung gelangt und ob auf diese verzichtet wurde;
   d) die Angabe, ob die wirtschaftlichen Eigentümer durch einen berufsmäßigen Parteienvertreter festgestellt und überprüft wurden;
   (BGBl II 2020/571)
   e) die Angabe, ob ein gültiges Compliance-Package für den Rechtsträger eingesehen werden kann;
   (BGBl II 2020/571)
   f) wenn die wirtschaftlichen Eigentümer gemäß § 2 Z 1 lit. b WiEReG festgestellt wurden, die Angabe, ob nach Ausschöpfung aller Möglichkeiten die wirtschaftlichen Eigentümer nicht festgestellt und überprüft werden konnten;
   (BGBl II 2020/571)
2. Angaben zum Rechtsträger:
   a) Name des Rechtsträgers und Adressmerkmale;
   b) Rechtsform und eine Information über den Bestandszeitraum des Rechtsträgers;
   c) Stammzahl und Stammregister des Rechtsträgers;

d) ÖNACE-Code für Haupttätigkeiten des Rechtsträgers, soweit dieser im Register gespeichert ist;
3. Angaben zu den Wirtschaftlichen Eigentümern:
   a) die Daten über alle direkten wirtschaftlichen Eigentümer gemäß § 9 Abs. 4 Z 5 WiEReG;
   b) die Daten über alle indirekten wirtschaftlichen Eigentümer gemäß § 9 Abs. 4 Z 6 lit. a bis e, g und h WiEReG und die Daten gemäß § 9 Abs. 4 Z 6 lit. f WiEReG über die jeweiligen obersten Rechtsträger, soweit diese verfügbar sind;
4. die auf Basis der Eintragungen im Register automationsunterstützt generierte Darstellung aller bekannten Beteiligungsebenen gemäß § 9 Abs. 5 Z 1 WiEReG mit den Daten gemäß § 9 Abs. 4 Z 1 bis 4 WiEReG zu den errechneten Rechtsträgern und den Daten gemäß § 9 Abs. 4 Z 5 lit. a bis d und g WiEReG zu den errechneten natürlichen Personen, jeweils soweit diese verfügbar sind;
5. Daten gemäß § 9 Abs. 4 Z 5 lit. a bis d und g WiEReG zu den vertretungsbefugten Personen des Rechtsträgers;
   (BGBl II 2020/571)
6. zum Compliance-Package die Informationen, Daten und Dokumente, die gemäß § 5a Abs. 1 Z 1 bis 4 und Abs. 3 WiEReG übermittelt wurden;
   (BGBl II 2020/571)
7. sonstige Informationen:
   a) die Angabe, ob bei einem wirtschaftlichen Eigentümer oder bei einer vertretungsbefugten Person die Daten mit dem Zentralen Melderegister abgeglichen und laufend aktuell gehalten werden;
   b) die Angabe, ob bei einem Rechtsträger oder obersten Rechtsträger die Daten mit dem jeweiligen Stammregister abgeglichen und laufend aktuell gehalten werden;
   c) die Angabe, ob Datensätze mit einer Auskunftssperre (§ 9 Abs. 4 WiEReG), einer Einschränkung der Einsicht (§ 10a WiEReG) oder einer Einschränkung der Verarbeitung (§ 14 Abs. 7 WiEReG) gekennzeichnet sind oder gelöscht wurden (§ 14 Abs. 7 WiEReG);
   d) eine eindeutige Identifizierung von natürlichen und juristischen Personen innerhalb der XMLDatei, die bei Erstellung der XML-Datei neu vergeben wird;
   e) die anteiligen Kosten des Auszuges basierend auf dem aktuellen jährlichen pauschalen Nutzungsentgelt;
   f) den Hinweis, dass keine Gewähr für die Richtigkeit und Vollständigkeit der Daten übernommen werden kann.
(BGBl II 2020/571)

§ 2. § 1 Abs. 2 ist sinngemäß für die Übermittlung von Auszugsdaten in einer XML-Datei über das Webservice zur Einbindung der Geldwäschemeldestelle und des Bundesamtes für Verfassungsschutz und Terrorismusbekämpfung (§ 1 Abs. 3 Polizeiliches Staatsschutzgesetz (PStSG), BGBl. I Nr. 5/2016 in der Fassung des Bundesgesetzes BGBl. I Nr. 32/2018) anzuwenden.

Inkrafttreten

§ 3. (1) Diese Verordnung tritt mit 11. März 2020 in Kraft.
(BGBl II 2020/571)

(2) § 1 Abs. 2 Z 1 und 5 bis 7 in der Fassung der Verordnung BGBl. II Nr. 571/2020 tritt mit 18. Dezember 2020 in Kraft.
(BGBl II 2020/571)

14/12. Digitalsteuergesetz 2020

Digitalsteuergesetz 2020, BGBl I 2019/91 idF
1 BGBl I 2020/99 (2. FORG)   2 BGBl I 2022/51

GLIEDERUNG

§ 1. Steuergegenstand
§ 2. Begriffsbestimmungen
§ 3. Bemessungsgrundlage und Höhe der Steuer
§ 4. Steuerschuldner, Entstehung des Steueranspruches
§ 5. Erhebung der Steuer
§ 6. Aufzeichnungs- und Übermittlungspflichten
§ 7. Inkrafttreten und Übergangsbestimmungen
§ 8. Schlussbestimmungen

Digitalsteuergesetz 2020 (DiStG 2020)

Steuergegenstand

§ 1. (1) Der Digitalsteuer unterliegen Onlinewerbeleistungen, soweit sie von Onlinewerbeleistern im Inland gegen Entgelt erbracht werden. Eine Onlinewerbeleistung gilt als im Inland erbracht, wenn sie auf dem Gerät eines Nutzers mit inländischer IP-Adresse empfangen wird und sich ihrem Inhalt und ihrer Gestaltung nach (auch) an inländische Nutzer richtet.

(2) Als Onlinewerbeleistung gelten Werbeeinschaltungen auf einer digitalen Schnittstelle, insbesondere in Form von Bannerwerbung, Suchmaschinenwerbung und vergleichbaren Werbeleistungen. Nicht als Onlinewerbeleistung gelten Werbeleistungen, die der Werbeabgabe nach dem Werbeabgabegesetz 2000, BGBl. I Nr. 29, unterliegen.

(3) Der Bundesminister für Finanzen wird ermächtigt, durch Verordnung vergleichbare Onlinewerbeleistungen festzulegen, insbesondere um so die Gleichbehandlung vergleichbarer Leistungen sicher zu stellen bzw. um technischen Entwicklungen Rechnung zu tragen.

Begriffsbestimmungen

§ 2. (1) „Onlinewerbeleister" sind Unternehmen,
1. die Onlinewerbeleistungen gegen Entgelt erbringen oder dazu beitragen und
2. innerhalb eines Wirtschaftsjahres
   a) einen weltweiten Umsatz von zumindest 750 Mio. Euro und
   b) im Inland einen Umsatz von zumindest 25 Mio. Euro aus der Durchführung von Onlinewerbeleistungen
erzielen. Ausgaben für Vorleistungen nach § 3 Abs. 1 zweiter Satz sind in Umsätze nach lit. b nicht einzurechnen. Sind Unternehmen Teil einer multinationalen Unternehmensgruppe im Sinne des § 2 Verrechnungspreisdokumentationsgesetz, BGBl. I Nr. 77/2016, ist auf den Umsatz der Gruppe abzustellen. Maßgeblich ist der letzte veröffentlichte Jahresabschluss bzw. Konzernabschluss. Umsätze aufgrund gesetzlicher Verpflichtungen zählen dabei nicht zu diesen Umsätzen.

(2) „Nutzer" bezeichnet eine natürliche oder juristische Person, die mit einem Gerät auf eine digitale Schnittstelle zugreift.

(3) „Digitale Schnittstelle" bezeichnet jede Art von Software (einschließlich Websites oder Teile davon sowie mobile Anwendungen), auf die Nutzer zugreifen können.

(4) „IP-Adresse" (Internet-Protokoll-Adresse) bezeichnet eine Folge von alphanumerischen Zeichen, die einem Netzwerkgerät zugeordnet ist, um dessen Kommunikation über das Internet zu ermöglichen.
Der Ermittlung des Orts der Erbringung einer Onlinewerbeleistung anhand der IP-Adresse ist eine Ermittlung mittels anderer Technologien zur Geolokalisierung von Geräten gleichgestellt.

Bemessungsgrundlage und Höhe der Steuer

§ 3. (1) Bemessungsgrundlage der Digitalsteuer ist das Entgelt, das der Onlinewerbeleister von einem Auftraggeber erhält. Diese vermindert sich um Ausgaben für Vorleistungen anderer Onlinewerbeleister, die nicht Teil seiner multinationalen Unternehmensgruppe sind.

(2) Die Steuer beträgt 5% der Bemessungsgrundlage.

Steuerschuldner, Entstehung des Steueranspruches

§ 4. (1) Steuerschuldner ist der Onlinewerbeleister, der Anspruch auf ein Entgelt für die Durchführung einer Onlinewerbeleistung im Sinne des § 1 hat. Dies gilt auch, wenn der Onlinewerbeleister nicht Eigentümer der digitalen Schnittstelle ist.

(2) Der Steueranspruch entsteht mit Ablauf des Monats, in dem die steuerpflichtige Leistung erbracht wird.

(3) Ändert sich nachträglich das Entgelt für die Durchführung eines Auftrages, so ist in dem Besteuerungszeitraum, in dem die Änderung eintritt, eine Berichtigung durchzuführen.

Erhebung der Steuer

§ 5. (1) Der Steuerschuldner hat die Steuer selbst zu berechnen und bis zum 15. des zweitfolgenden Monats nach Entstehen des Steueranspruches zu entrichten.

(2) Eine gemäß § 201 der Bundesabgabenordnung, BGBl. Nr. 194/1961, festgesetzte Steuer hat die in Abs. 1 genannte Fälligkeit.

(3) Drei Monate nach Ablauf des Wirtschaftsjahres hat der Steuerschuldner eine Jahressteuererklärung für das vorangegangene Jahr zu übermitteln. In diese sind die Arten der Onlinewerbeleistungen und die darauf entfallenden Entgelte aufzunehmen, darüber hinaus die weltweit erzielten Umsätze nach § 2 Abs. 1 Z 2 lit. a.

(4) Die Erhebung der Digitalsteuer obliegt dem Finanzamt für Großbetriebe.

(BGBl I 2020/99)

(5) Der Bundesminister für Finanzen wird ermächtigt, durch Verordnung zur Verfahrensvereinfachung oder Berücksichtigung von Erfordernissen der Besonderheiten von Onlinewerbeleistungen nähere Regelungen zu treffen. Dies gilt insbesondere für jene Fälle, in denen Steuerschuldner Unternehmen sind, die weder Sitz, Geschäftsleitung noch eine Betriebsstätte im Inland haben.

Aufzeichnungs- und Übermittlungspflichten

§ 6. (1) Der Steuerschuldner ist verpflichtet, Aufzeichnungen über die übernommenen Onlinewerbeleistungen, allfällige in diesem Zusammenhang von ihm beauftragte weitere Unternehmen, die Auftraggeber und die Grundlagen zur Berechnung der Digitalsteuer zu führen.

(2) Aufzeichnungen von IP-Adressen oder anderen Informationen zur Geolokalisierung von Geräten sind für Zwecke dieses Bundesgesetzes in einer Form zu führen, die sich darauf beschränkt, Rückschlüsse darauf zuzulassen, ob eine Onlinewerbung im Inland erbracht worden ist. Auf Anforderung der Abgabenbehörde sind diese Daten zu übermitteln. Andere Aufzeichnungen und zu den Büchern und Aufzeichnungen gehörige Belege und sonstige Unterlagen, wie insbesondere Verträge über die Erbringung von Onlinewerbeleistungen, sind nach Maßgabe der Bundesabgabenordnung aufzubewahren und auf Anfrage der Abgabenbehörde zu übermitteln.

Inkrafttreten und Übergangsbestimmungen

§ 7. (1) Dieses Bundesgesetz ist auf Onlinewerbeleistungen anzuwenden, die nach dem 31. Dezember 2019 erbracht werden. Abweichend von § 5 Abs. 3 ist für Wirtschaftsjahre, die vor dem 1. Juli 2020 enden, die Jahressteuererklärung bis 30. September 2020 zu übermitteln.

(2) Verordnungen auf Grund dieses Bundesgesetzes können bereits ab dem seiner Kundmachung folgenden Tag erlassen werden. Sie dürfen jedoch frühestens zum 1. Jänner 2020 anzuwenden sein.

(3) § 5 Abs. 4 in der Fassung des Bundesgesetzes BGBl. I Nr. 99/2020 tritt mit 1. Jänner 2021 in Kraft.

(BGBl I 2020/99)

Schlussbestimmungen

§ 8. (1) Mit der Vollziehung dieses Bundesgesetzes ist der Bundesminister für Finanzen betraut.

(2) Der Bundesminister für Finanzen hat in regelmäßigen Abständen, erstmals zum 31. Dezember 2021, die Besteuerung von Onlinewerbeleistungen im Sinne dieses Bundesgesetzes im Hinblick auf ihre Anwendung, die Gleichmäßigkeit der Besteuerung und Vollziehung sowie ihre Auswirkungen auf Unternehmen im Lichte von allfälligen umfassenderen Maßnahmen für die Besteuerung der digitalen Wirtschaft auf EU-Ebene oder OECD-Ebene zu evaluieren.

(3) Soweit in diesem Bundesgesetz auf Bestimmungen anderer Bundesgesetze verwiesen und nicht anderes bestimmt wird, sind diese in ihrer jeweils geltenden Fassung anzuwenden.

(4) (aufgehoben)

(BGBl I 2022/51)

15. FAMILIENLASTENAUSGLEICH

Inhaltsverzeichnis

15/1.	Familienlastenausgleichsgesetz 1967	Seite 995
15/2.	**Verordnungen**	
	15/2/1. Verordnung betreffend die Durchführung des **automationsunterstützten Datenverkehrs mit dem Hauptverband der Sozialversicherungsträger**, BGBl 1995/124	Seite 1034
	15/2/2. Verordnung betreffend die **Datenübermittlung an den Hauptverband der Sozialversicherungsträger**, BGBl 1995/525	Seite 1034
	15/2/3. Verordnung über die Höchstbeträge pro Schüler/in und Schulform für die unentgeltliche Abgabe von Schulbüchern im Schuljahr 2023/24 **(Limit-Verordnung 2023/24)**, BGBl II 2023/76	Seite 1035
	15/2/4. Verordnung über die **Verlängerung der Anspruchsdauer für den Bezug von Familienbeihilfe** für Studierendenvertreterinnen und Studierendenvertreter, BGBl II 2015/263	Seite 1037
	15/2/5. Verordnung über die Valorisierung der Familienbeihilfe, des Mehrkindzuschlages, des Kinderbetreuungsgeldes und des Kinderabsetzbetrages für das Kalenderjahr 2023 **(Familienleistungs-Valorisierungsverordnung 2023 – FamValVO 2023)**, BGBl II 2022/413	Seite 1038
	15/2/6. Verordnung über die Valorisierung der Familienbeihilfe, des Mehrkindzuschlages, des Kinderbetreuungsgeldes, des Familienzeitbonus und des Kinderabsetzbetrages für das Kalenderjahr 2024 **(Familienleistungs-Valorisierungsverordnung 2024 – FamValVO 2024)**, BGBl II 2023/328	Seite 1039

15/1. Familienlastenausgleichsgesetz 1967

Familienlastenausgleichsgesetz 1967, BGBl 1967/376 idF

1. BGBl 1968/302
2. BGBl 1969/195
3. BGBl 1970/10
4. BGBl 1970/415
5. BGBl 1971/116
6. BGBl 1971/229
7. BGBl 1972/284
8. BGBl 1973/23
9. BGBl 1973/385
10. BGBl 1974/29
11. BGBl 1974/418
12. BGBl 1976/290
13. BGBl 1976/711
14. BGBl 1977/320
15. BGBl 1977/424
16. BGBl 1977/646
17. BGBl 1978/573
18. BGBl 1979/502
19. BGBl 1979/550
20. BGBl 1980/232
21. BGBl 1980/269
22. BGBl 1980/563
23. BGBl 1981/296
24. BGBl 1981/620
25. BGBl 1982/359
26. BGBl 1983/588
27. BGBl 1983/617
28. BGBl 1984/553
29. BGBl 1985/479
30. BGBl 1986/556
31. BGBl 1987/132
32. BGBl 1987/604
33. BGBl 1988/733
34. BGBl 1989/652
35. BGBl 1990/408
36. BGBl 1990/409
37. BGBl 1991/367
38. BGBl 1991/628
39. BGBl 1991/696
40. BGBl 1992/311
41. BGBl 1993/246
42. BGBl 1993/531
43. BGBl 1993/818
44. BGBl 1994/314
45. BGBl 1994/511
46. BGBl 1994/902
47. BGBl 1995/297 (StruktAnpG)
48. BGBl 1996/201 (StruktAnpG 1996)
49. BGBl 1996/433
50. BGBl I 1997/14
51. BGBl I 1998/8
52. BGBl I 1998/30
53. BGBl I 1998/79
54. BGBl I 1999/23
55. BGBl I 1999/136
56. BGBl I 2000/26 (BudBG 2000)
57. BGBl I 2000/83
58. BGBl I 2000/106 (DFB)
59. BGBl I 2000/142 (BudBG 2001)
60. BGBl I 2001/68
61. BGBl I 2001/103
62. BGBl I 2002/20
63. BGBl I 2002/105
64. BGBl I 2002/106
65. BGBl I 2002/152 (VfGH)
66. BGBl I 2002/158
67. BGBl I 2003/26 (VfGH)
68. BGBl I 2003/71 (BudBG 2003)
69. BGBl I 2003/128
70. BGBl I 2004/110
71. BGBl I 2004/136 (BudBG 2005)
72. BGBl I 2004/142 (PensionsharmG)
73. BGBl I 2004/157
74. BGBl I 2005/100 (Fremdenrechtspaket 2005)
75. BGBl I 2006/3
76. BGBl I 2006/168
77. BGBl I 2007/24 (BudBG 2007)
78. BGBl I 2007/90
79. BGBl I 2007/99 (AbgSiG 2007)
80. BGBl I 2007/101 (Art. 15a B-VG)
81. BGBl I 2007/102
82. BGBl I 2007/103 (FAG 2008)
83. BGBl I 2008/131
84. BGBl I 2009/33 (SRÄG 2009)
85. BGBl I 2009/52
86. BGBl I 2010/9
87. BGBl I 2010/81
88. BGBl I 2010/111 (BudBG 2011)
89. BGBl I 2011/76 (AbgÄG 2011)
90. BGBl I 2012/17
91. BGBl I 2013/19
92. BGBl I 2013/60
93. BGBl I 2013/81 (GesRefG 2013)
94. BGBl I 2013/138 (ARÄG 2013)
95. BGBl I 2013/163 (ZDG-Nov 2013)
96. BGBl I 2014/32 (EU-PMG)
97. BGBl I 2014/35
98. BGBl I 2014/40 (BudBG 2014)
99. BGBl I 2014/53
100. BGBl I 2015/50
101. BGBl I 2015/144 (BudBG 2016)
102. BGBl I 2016/53
103. BGBl I 2016/109 (BudBG 2017)
104. BGBl I 2017/40 (DeregG 2017)
105. BGBl I 2017/156
106. BGBl I 2018/32 (Mat-DS-AnpG 2018)
107. BGBl I 2018/77
108. BGBl I 2018/83
109. BGBl I 2018/100
110. BGBl I 2019/24
111. BGBl I 2019/104 (FORG)
112. BGBl I 2020/23 (3. COVID-19-Gesetz)
113. BGBl I 2020/28 (6. COVID-19-Gesetz)
114. BGBl I 2020/71
115. BGBl I 2020/98 (BudBG 2020)
116. BGBl I 2020/103
117. BGBl I 2020/109
118. BGBl I 2020/135 (BudBG 2021)
119. BGBl I 2021/58 (COVID-19-G-Armut)
120. BGBl I 2021/71

15/1. FLAG

121 BGBl I 2021/220
122 BGBl I 2022/43
123 BGBl I 2022/93 (Teuerungs-EP)
124 BGBl I 2022/135
125 BGBl I 2022/163 (Teuerungs-EP II)
126 BGBl I 2022/174 (Teuerungs-EP III)
127 BGBl I 2022/226
128 BGBl I 2023/82 (EKPG)
129 BGBl I 2023/184
130 BGBl I 2023/200 (Start-Up-FG)

GLIEDERUNG

§ 1

Abschnitt I: Familienbeihilfe: §§ 2–30

Abschnitt Ia: Schulfahrtbeihilfe und Schülerfreifahrten: §§ 30a–30i

Abschnitt Ib: Freifahrten und Fahrtenbeihilfe für Lehrlinge: §§ 30j–30q

Abschnitt Ic: Unentgeltliche Schulbücher: §§ 31–31h

Abschnitt II: (aufgehoben) §§ 32–38. (aufgehoben)

Abschnitt IIa: Familienhärteausgleich: §§ 38a–38c

Abschnitt IIb: (aufgehoben) §§ 38d–38i. (aufgehoben)

Abschnitt IIc: Familienhospizkarenz – Härteausgleich: § 38j

Abschnitt III: Aufbringung der Mittel: §§ 39–46

Abschnitt IIIa: IT-Verfahren §§ 46a, 46b

Abschnitt IV: Übergangs- und Schlußbestimmungen: §§ 47–55

STICHWORTVERZEICHNIS

A
ADV-Verfahren 46a f
Anspruch, haushaltsführender Elternteil 2a (1)
– Verzicht 2a (2 f)
Aufbringung der Mittel 39 ff
Ausgedinge 2 (7)
Ausgleichsfonds für Familienbeihilfen 39 (1 ff)
– Abgänge 40 (2), 40 (5)
– gesetzliche Unfallversicherung für Schüler und Studenten 39a (1 f)
– Karenzgeld 39 (3)
– Mutter-Kind-Paß 39e
– Pensionsbeiträge 39a (5 f)
– Schülerfreifahrten 39c
– Überschüsse 40 (1), 40 (4)
– Vorschuß auf gesetzlichen Unterhalt 39 (8)
– Wiedereinstellungsbeihilfe 39a (7)
– Wochengeld 39a (3 f)
– Zweckbindung der Mittel 39 (7)
automationsunterstützte Datenverarbeitung 46a f

D
Dienstgeber, Ersatzanspruch 22 (1 ff)
Dienstgeberbeitrag 39 (4), 41 (1)
– Befreiungen 42 (1 f), 42a
– Fälligkeit 43 (1)
– Höhe 41 (3 ff)
– land- und forstwirtschaftliche Betriebe 44 (1 ff)
– örtliche Zuständigkeit 43 (1)
– sachliche Zuständigkeit 43 (1)
Dienstnehmer 41 (2)

E
Elternbegleitung 39c
Ersatzanspruch, Verjährung 22 (2)

F
Fahrtenbeihilfe für Lehrlinge
– Anspruchsberechtigte 30m (1 ff)
– Antrag 30p (1)
– Einmalgewährung 30o (1)
– Höhe 30n
– Lehrberechtigtenbestätigung 30p (2)
– Lehrberechtigtenbestätigung, Pfändbarkeit 30q (1)
– Stempelgebühren 30q (2)
– Zeitpunkt der Gewährung 30p (4)
– Zeitraum 30o (2)
– zuständiges Finanzamt 30p (3)
Familien 38a (2)
Familienbeihilfe 2 ff
Familienbeihilfe, Anspruch
– Beginn und Ende 10 (2)
– Pfändbarkeit 27 (2)
Familienbeihilfe
– Anspruchsberechtigte 2 (1 f)
– Antrag 10 (1)
– Aufwandstragung 46 (1 ff)
– Beeinflussung des Unterhaltsanspruchs 12a
– Behinderung 8 (4 ff)
– Familienbeihilfe, Begehren beider Elternteile 11 (1)
– Einkommensteuer 27 (1)
– Einmalgewährung 10 (4), 7
– Gebühren 28
– Höhe 8 (1 ff)
– kein Anspruch 5 (1 ff)
– Meldung von Änderungen 25
– nicht angemessene Pflege 12 (1 ff)
– Rückwirkung 10 (3)
– Verzicht 11 (2)
– zu Unrecht bezogene 26 (1 ff)
– zu Unrecht bezogene, Ersatz 22 (3)

15/1. FLAG

- zuständiges Finanzamt 13 (1)
Familienberatungsstelle 39b
Familienhärteausgleich 30a f
  - Arten von Zuwendungen 38b
  - Berechtigte 38a (1 ff)
Familienzuschlag 9 ff
Freifahrten, für Lehrlinge 30j ff
  - Arbeitgeberbestätigung 30k (1 f)
  - Eigenanteil 30j (1)
  - Fahrausweis 30j (1)
  - Fahrpreisersatz 30j (2)
  - kein Anspruch 30m (5 f)
  - Verträge mit Verkehrsunternehmen 30j (1 f)
  - zu Unrecht bezogene 30l

G
Geburtenbeihilfe, Aufwandstragung 46 (1 ff)

H
haushaltsführender Elternteil 2a (1)
höhere Schulen, Schulbücher 31 (2)

K
Kind 2 (3)
  - Aufenthalt im Ausland, Familienbeihilfe, Höhe 8 (8)
  - behindertes, Familienbeihilfe, Höhe 8 (4 ff)
  - Einkünfteerzielung 2 (6)
  - in Heimerziehung 6 (5)
  - zum Haushalt gehörig 2 (5)
Kinderbegleitung 39c
Kleinkindbeihilfe 32 ff
  - Anspruch 33 (1 f)
  - Antrag 36 (1)
  - Antrag, Gebühren 37 (2)
  - Höhe 32 (2 ff)
  - kein Anspruch 34
  - Meldung von Änderungen 36 (2)
  - monatliches Familieneinkommen 35 (1 ff)
  - Pfändbarkeit 37 (3)
  - zu Unrecht bezogene 37 (1), 38 (1 f)

L
Länderbeitrag 45 (1 ff)

M
Mediation 39c
Mehrkindzuschlag 9 ff
mittlere Schulen, Schulbücher 31 (2)
Mutter-Kind-Paß 39e

P
Personen, Anspruch auf gleichartige
  - ausländische Beihilfe 4
Personen
  - ohne österreichische Staatsbürgerschaft 3
  - Wohnsitz im In- und Ausland 2 (8)
Pflichtschulen, Schulbücher 31 (2)
Privatschulen, Schulbücher 31 (3 f)

R
Reservefonds für Familienbeihilfen 40 (2 f), 40 (6 ff)

S
Schlußbestimmungen 50a f
Schulbuchbelege, mißbräuchliche
  - Verwendung 31h
Schulbücher unentgeltliche 31 ff
  - Anforderung des Schulerhalters 31c (2 f)
  - Anschaffung durch Schulerhalter 31c (4)
  - Anspruchsberechtigte 31 (1)
  - Aufzeichnungen 31c (5)
  - Eigentumsübergang 31d (1)
  - einfachste Ausstattung 31a (2)
  - Erlagscheine, Kosten 31g
  - für Behinderte 31a (6)
  - für mehrere Schulstufen 31a (3)
  - für Sehgeschädigte 31a (5)
  - für Unterricht notwendige 31a (1)
  - Gutscheine 31b (1 f)
  - Gutscheine, Ausgabe 31c (1)
  - Gutscheine, Kosten 31g
  - Haftung 31e
  - Selbstbehalt 31 (1)
  - Selbstbehalt, Erlagscheine 31c (1)
  - Stempelgebühren 31 f
  - strittige Ansprüche 31c (6)
  - unbrauchbar gewordene 31a (4)
  - verlorene 31a (4)
  - zu Unrecht erhaltene 31d (2)
Schule, Schulfahrtbeihilfe, Schülerfreifahrt, 30a (3 f)
Schulen, Schulbücher 31 (2 ff)
Schüler
  - Schulbücher 31 (5)
  - Schulfahrtbeihilfe, Schülerfreifahrt 30a (4)
Schülerfreifahrt
  - s.a. Schulfahrtbeihilfe
  - Schulbestätigung 30g (1 f)
Schulfahrtbeihilfe 30a ff
  - Anspruchsberechtigte 30a (1 ff)
  - Antrag 30e (1)
  - Eigenanteil 30 f (1)
  - Einmalgewährung 30d (1)
  - Fahrausweis 30 f (1)
  - Fahrpreisersatz 30 f (2)
  - Höhe 30c (1 ff)
  - kein Anspruch 30b (1 f)
  - Pfändbarkeit 30i (1)
  - Schulbestätigung 30e (3)
  - Schulbestätigung, Gebühren 30i (2)
  - Verträge mit Verkehrsunternehmen 30 (1 ff)
  - Zeitpunkt der Gewährung 30e (4)
  - Zeitraum 30d (2)
  - zu Unrecht bezogene 30h (1 ff)
  - zulässige Strecken 30f (4)
  - zuständiges Finanzamt 30e (2)
Studenten 39a (1 f)

T
therapeutische Unterrichtsmittel 31a (5)

U
Übergangsbestimmungen 50a f
Unterhaltskosten 2 (4)

15/1. FLAG
§§ 1, 2

V
Verwaltungsübertretung 29
Vollwaise 6 (1 ff)
Vollwaise, Familienbeihilfe, Höhe 8 (3

Bundesgesetz vom 24. Oktober 1967 betreffend den Familienlastenausgleich durch Beihilfen (Familienlastenausgleichsgesetz 1967)

§ 1. Zur Herbeiführung eines Lastenausgleiches im Interesse der Familie werden die nach diesem Bundesgesetz vorgesehenen Leistungen gewährt.

Abschnitt I
Familienbeihilfe

§ 2. (1) Anspruch auf Familienbeihilfe haben Personen, die im Bundesgebiet einen Wohnsitz oder ihren gewöhnlichen Aufenthalt haben,

a) für minderjährige Kinder,

b) für volljährige Kinder, die das 24. Lebensjahr noch nicht vollendet haben und die für einen Beruf ausgebildet oder in einem erlernten Beruf in einer Fachschule fortgebildet werden, wenn ihnen durch den Schulbesuch die Ausübung ihres Berufes nicht möglich ist. Bei volljährigen Kindern, die eine in § 3 des Studienförderungsgesetzes 1992, BGBl. Nr. 305, genannte Einrichtung besuchen, ist eine Berufsausbildung nur dann anzunehmen, wenn sie die vorgesehene Studienzeit pro Studienabschnitt um nicht mehr als ein Semester oder die vorgesehene Ausbildungszeit um nicht mehr als ein Ausbildungsjahr überschreiten. Wird ein Studienabschnitt in der vorgesehenen Studienzeit absolviert, kann einem weiteren Studienabschnitt ein Semester zugerechnet werden. Die Studienzeit wird durch ein unvorhergesehenes oder unabwendbares Ereignis (zB Krankheit) oder nachgewiesenes Auslandsstudium verlängert. Dabei bewirkt eine Studienbehinderung von jeweils drei Monaten eine Verlängerung der Studienzeit um ein Semester. Zeiten als Studentenvertreterin oder Studentenvertreter nach dem Hochschülerschaftsgesetz 1998, BGBl. I Nr. 22/1999, sind unter Berücksichtigung der Funktion und der zeitlichen Inanspruchnahme bis zum Höchstausmaß von vier Semestern nicht in die zur Erlangung der Familienbeihilfe vorgesehene höchstzulässige Studienzeit einzurechnen. Gleiches gilt für die Vorsitzenden und die Sprecher der Heimvertretungen nach dem Studentenheimgesetz, BGBl. Nr. 291/1986. Der Bundesminister für Umwelt, Jugend und Familie hat durch Verordnung die näheren Voraussetzungen für diese Nichteinrechnung festzulegen. Zeiten des Mutterschutzes sowie die Pflege und Erziehung eines eigenen Kindes bis zur Vollendung des zweiten Lebensjahres hemmen den Ablauf der Studienzeit. Bei einem Studienwechsel gelten die in § 17 Studienförderungsgesetz 1992, BGBl. Nr. 305, angeführten Regelungen auch für den Anspruch auf Familienbeihilfe. Die Aufnahme als ordentlicher Hörer gilt als Anspruchsvoraussetzung für das erste Studienjahr. Anspruch ab dem zweiten Studienjahr besteht nur dann, wenn für ein vorhergehendes Studienjahr die Ablegung einer Teilprüfung der ersten Diplomprüfung oder des ersten Rigorosums oder von Prüfungen aus Pflicht- und Wahlfächern des betriebenen Studiums im Gesamtumfang von acht Semesterwochenstunden oder im Ausmaß von 16 ECTS-Punkten nachgewiesen wird; Gleiches gilt, wenn alle Lehrveranstaltungen und Prüfungen der Studieneingangs- und Orientierungsphase nach § 66 des Universitätsgesetzes 2002, BGBl. I Nr. 120/2002, erfolgreich absolviert wurden, sofern diese mit mindestens 14 ECTS-Punkten bewertet werden. Der Nachweis ist unabhängig von einem Wechsel der Einrichtung oder des Studiums durch Bestätigungen der in § 3 Studienförderungsgesetzes 1992 genannten Einrichtungen zu erbringen. Für eine Verlängerung des Nachweiszeitraumes gelten die für die Verlängerung der Studienzeit genannten Gründe sinngemäß,

c) für volljährige Kinder, die wegen einer vor Vollendung des 21. Lebensjahres oder während einer späteren Berufsausbildung, jedoch spätestens vor Vollendung des 25. Lebensjahres, eingetretenen körperlichen oder geistigen Behinderung voraussichtlich dauernd außerstande sind, sich selbst den Unterhalt zu verschaffen,

d) für volljährige Kinder, die das 24. Lebensjahr noch nicht vollendet haben, und volljährige Kinder, die erheblich behindert sind (§ 8 Abs. 5) und die das 25. Lebensjahr noch nicht vollendet haben, für vier Monate nach Abschluss der Schulausbildung; im Anschluss daran für volljährige Kinder, die das 24. Lebensjahr noch nicht vollendet haben, und volljährige Kinder, die erheblich behindert sind (§ 8 Abs. 5) und die das 25. Lebensjahr noch nicht vollendet haben, bis zum Beginn einer weiteren Berufsausbildung, wenn die weitere Berufsausbildung zum frühestmöglichen Zeitpunkt nach Abschluss der Schulausbildung begonnen wird,

(BGBl I 2021/220)

e) für volljährige Kinder, die das 24. Lebensjahr noch nicht vollendet haben, für die Zeit zwischen der Beendigung des Präsenz- oder Ausbildungs- oder Zivildienstes oder eines Freiwilligen Dienstes nach § 2 Abs. 1 lit. 1 sublit. aa bis dd und dem Beginn oder der Fortsetzung der Berufsausbildung, wenn

die Berufsausbildung zum frühestmöglichen Zeitpunkt nach dem Ende des Präsenz- oder Ausbildungs- oder Zivildienstes oder Freiwilligen Dienstes nach § 2 Abs. 1 lit. l sublit. aa bis dd begonnen oder fortgesetzt wird,
(BGBl I 2017/156)

f) (aufgehoben)

g) für volljährige Kinder, die in dem Monat, in dem sie das 24. Lebensjahr vollenden, den Präsenz- oder Ausbildungsdienst oder Zivildienst leisten oder davor geleistet haben, bis längstens zur Vollendung des 25. Lebensjahres, sofern sie nach Ableistung des Präsenz- oder Ausbildungsdienstes oder Zivildienstes für einen Beruf ausgebildet oder in einem erlernten Beruf in einer Fachschule fortgebildet werden, wenn ihnen durch den Schulbesuch die Ausübung ihres Berufes nicht möglich ist; für Kinder, die eine in § 3 des Studienförderungsgesetzes 1992 genannte Einrichtung besuchen, jedoch nur im Rahmen der in § 2 Abs. 1 lit. b vorgesehenen Studiendauer. Diese Regelung findet in Bezug auf jene Kinder keine Anwendung, für die vor Vollendung des 24. Lebensjahres Familienbeihilfe nach lit. l gewährt wurde und die nach § 12c des Zivildienstgesetzes nicht zum Antritt des ordentlichen Zivildienstes herangezogen werden,
(BGBl I 2015/144)

h) für volljährige Kinder, die erheblich behindert sind (§ 8 Abs. 5), das 25 Lebensjahr noch nicht vollendet haben und für einen Beruf ausgebildet oder in einem erlernten Beruf in einer Fachschule fortgebildet werden, wenn ihnen durch den Schulbesuch die Ausübung ihres Berufes nicht möglich ist; § 2 Abs. 1 lit. b zweiter bis letzter Satz sind nicht anzuwenden,

i) für volljährige Kinder, die sich in dem Monat, in dem sie das 24. Lebensjahr vollenden, in Berufsausbildung befinden und die vor Vollendung des 24. Lebensjahres ein Kind geboren haben oder an dem Tag, an dem sie das 24. Lebensjahr vollenden, schwanger sind, bis längstens zur Vollendung des 25. Lebensjahres; für Kinder, die eine in § 3 des Studienförderungsgesetzes 1992 genannte Einrichtung besuchen, jedoch nur im Rahmen der in § 2 Abs. 1 lit. b vorgesehenen Studiendauer,

j) für volljährige Kinder, die das 24. Lebensjahr vollendet haben bis zur Vollendung des 25. Lebensjahres, bis längstens zum erstmöglichen Abschluss eines Studiums, wenn sie
   aa) bis zu dem Kalenderjahr, in dem sie das 19. Lebensjahr vollendet haben, dieses Studium begonnen haben, und
   bb) die gesetzliche Studiendauer dieses Studiums bis zum erstmöglichen Studienabschluss zehn oder mehr Semester beträgt, und
   cc) die gesetzliche Studiendauer dieses Studiums nicht überschritten wird,

k) für volljährige Kinder, die das 24. Lebensjahr vollendet haben bis zur Vollendung des 25. Lebensjahres, und die sich in Berufsausbildung befinden, wenn sie vor Vollendung des 24. Lebensjahres einmalig in der Dauer von acht bis zwölf Monaten eine freiwillige praktische Hilfstätigkeit bei einer von einem gemeinnützigen Träger der freien Wohlfahrtspflege zugewiesenen Einsatzstelle im Inland ausgeübt haben; für Kinder, die eine in § 3 des Studienförderungsgesetzes 1992 genannte Einrichtung besuchen, jedoch nur im Rahmen der in § 2 Abs. 1 lit. b vorgesehenen Studiendauer,

l) für volljährige Kinder, die das 24. Lebensjahr noch nicht vollendet haben und die teilnehmen am
   aa) Freiwilligen Sozialjahr nach Abschnitt 2 des Freiwilligengesetzes, BGBl. I Nr. 17/2012,
   bb) Freiwilligen Umweltschutzjahr nach Abschnitt 3 des Freiwilligengesetzes, BGBl. I Nr. 17/2012,
   cc) Gedenkdienst, Friedens- und Sozialdienst im Ausland nach Abschnitt 4 des Freiwilligengesetzes, BGBl. I Nr. 17/2012,
   dd) Europäischen Solidaritätskorps nach der Verordnung (EU) 2021/888 des Europäischen Parlaments und des Rates vom 20. Mai 2021 zur Aufstellung des Programms für das Europäische Solidaritätskorps und zur Aufhebung der Verordnungen (EU) 2018/1475 und (EU) Nr. 375/2014.
(BGBl I 2021/220)

(2) Anspruch auf Familienbeihilfe für ein im Abs. 1 genanntes Kind hat die Person, zu deren Haushalt das Kind gehört. Eine Person, zu deren Haushalt das Kind nicht gehört, die jedoch die Unterhaltskosten für das Kind überwiegend trägt, hat dann Anspruch auf Familienbeihilfe, wenn keine andere Person nach dem ersten Satz anspruchsberechtigt ist.

(3) Im Sinne dieses Abschnittes sind Kinder einer Person

a) deren Nachkommen,
b) deren Wahlkinder und deren Nachkommen,
c) deren Stiefkinder,
d) deren Pflegekinder (§§ 186 und 186a des allgemeinen bürgerlichen Gesetzbuches).

(3a) Kinder im Sinne dieses Abschnittes sind auch Kinder, die aufgrund einer akut gefährdenden Lebenssituation kurzfristig von Krisenpflegepersonen betreut werden (Krisenpflegekinder). Krisenpflegepersonen im Sinne dieses Bundesgesetzes sind Personen, die im Auftrag des zuständigen Kinder- und Jugendhilfeträgers ausgebildet und von diesem mit der vorübergehenden Pflege und

Erziehung eines Kindes für die Dauer der Gefährdungsabklärung betraut wurden.

(BGBl I 2019/24)

(4) Die Kosten des Unterhalts umfassen bei minderjährigen Kindern auch die Kosten der Erziehung und bei volljährigen Kindern, die für einen Beruf ausgebildet oder in ihrem Beruf fortgebildet werden, auch die Kosten der Berufsausbildung oder der Berufsfortbildung.

(5) Zum Haushalt einer Person gehört ein Kind dann, wenn es bei einheitlicher Wirtschaftsführung eine Wohnung mit dieser Person teilt. Die Haushaltszugehörigkeit gilt nicht als aufgehoben, wenn
a) sich das Kind nur vorübergehend außerhalb der gemeinsamen Wohnung aufhält,
b) das Kind für Zwecke der Berufsausübung notwendigerweise am Ort oder in der Nähe des Ortes der Berufsausübung eine Zweitunterkunft bewohnt,
c) sich das Kind wegen eines Leidens oder Gebrechens nicht nur vorübergehend in Anstaltspflege befindet, wenn die Person zu den Kosten des Unterhalts mindestens in Höhe der Familienbeihilfe für ein Kind beiträgt; handelt es sich um ein erheblich behindertes Kind, erhöht sich dieser Betrag um den Erhöhungsbetrag für ein erheblich behindertes Kind (§ 8 Abs. 4).

Ein Kind gilt bei beiden Elternteilen als haushaltszugehörig, wenn diese einen gemeinsamen Haushalt führen, dem das Kind angehört.

(6) Bezieht ein Kind Einkünfte, die durch Gesetz als einkommensteuerfrei erklärt sind, ist bei Beurteilung der Frage, ob ein Kind auf Kosten einer Person unterhalten wird, von dem um jene Einkünfte geminderten Betrag der Kosten des Unterhalts auszugehen; in diesen Fällen trägt eine Person die Kosten des Unterhalts jedoch nur dann überwiegend, wenn sie hiezu monatlich mindestens in einem Ausmaß beiträgt, das betragsmäßig der Familienbeihilfe für ein Kind (§ 8 Abs. 2) oder, wenn es sich um ein erheblich behindertes Kind handelt, der Familienbeihilfe für ein erheblich behindertes Kind (§ 8 Abs. 2 und 4) entspricht.

(7) Unterhaltsleistungen auf Grund eines Ausgedinges gelten als auf Kosten des Unterhaltsleistenden erbracht, wenn der Unterhaltsleistende mit dem Empfänger der Unterhaltsleistung verwandt oder verschwägert ist; solche Unterhaltsleistungen zählen für den Anspruch auf Familienbeihilfe auch nicht als eigene Einkünfte des Kindes.

(8) Personen haben nur dann Anspruch auf Familienbeihilfe, wenn sie den Mittelpunkt ihrer Lebensinteressen im Bundesgebiet haben. Eine Person hat den Mittelpunkt ihrer Lebensinteressen in dem Staat, zu dem sie die engeren persönlichen und wirtschaftlichen Beziehungen hat.

(9) Die Anspruchsdauer nach Abs. 1 lit. b und lit. d bis j verlängert sich im Zusammenhang mit der COVID-19-Krise, unabhängig von der Dauer der Beeinträchtigung durch diese Krise, nach Maßgabe folgender Bestimmungen:

a) für volljährige Kinder, die eine Berufsausbildung absolvieren, über die Altersgrenze hinaus um längstens sechs Monate, bei einer vor Erreichung der Altersgrenze begonnenen Berufsausbildung infolge der COVID-19-Krise,
b) für volljährige Kinder, die eine in § 3 des Studienförderungsgesetzes genannte Einrichtung besuchen, abweichend von lit. a über die Altersgrenze und die Studiendauer, für die nach Abs. 1 Anspruch auf Familienbeihilfe besteht, hinaus um ein weiteres Semester oder um ein weiteres Ausbildungsjahr, bei einem vor Erreichung der Altersgrenze begonnenem Studium infolge der COVID-19-Krise,
c) für volljährige Kinder, die eine Berufsausbildung beginnen oder fortsetzen möchten (Abs. 1 lit. d bis g), über die Altersgrenze hinaus um längstens sechs Monate, wenn zum Zeitpunkt der Erreichung der Altersgrenze der Beginn oder die Fortsetzung der Berufsausbildung infolge der COVID-19-Krise nicht möglich ist,
d) für volljährige Kinder, die eine in § 3 des Studienförderungsgesetzes genannte Einrichtung besuchen möchten (Abs. 1 lit. d bis g), abweichend von lit. a über die Altersgrenze und die Studiendauer, für die nach Abs. 1 Anspruch auf Familienbeihilfe besteht, hinaus um ein Semester oder um ein Ausbildungsjahr, wenn zum Zeitpunkt der Erreichung der Altersgrenze der Beginn oder die Fortsetzung des Studiums infolge der COVID-19-Krise nicht möglich ist.

(BGBl I 2020/28)

§ 2a. (1) Gehört ein Kind zum gemeinsamen Haushalt der Eltern, so geht der Anspruch des Elternteiles, der den Haushalt überwiegend führt, dem Anspruch des anderen Elternteiles vor. Bis zum Nachweis des Gegenteils wird vermutet, daß die Mutter den Haushalt überwiegend führt.

(2) In den Fällen des Abs. 1 kann der Elternteil, der einen vorrangigen Anspruch hat, zugunsten des anderen Elternteiles verzichten. Der Verzicht kann auch rückwirkend abgegeben werden, allerdings nur für Zeiträume, für die die Familienbeihilfe noch nicht bezogen wurde. Der Verzicht kann widerrufen werden.

§ 3. (1) Personen, die nicht österreichische Staatsbürger sind, haben nur dann Anspruch auf Familienbeihilfe, wenn sie sich nach §§ 8 und 9 des Niederlassungs- und Aufenthaltsgesetzes (NAG), BGBl. I Nr. 100/2005, oder nach § 54 des Asylgesetzes 2005 (AsylG 2005), BGBl. I Nr. 100/2005 idF BGBl. I Nr. 87/2012, rechtmäßig in Österreich aufhalten.

(2) Anspruch auf Familienbeihilfe besteht für Kinder, die nicht österreichische Staatsbürger sind, sofern sie sich nach §§ 8 und 9 NAG oder nach § 54 AsylG 2005 rechtmäßig in Österreich aufhalten.

(3) Abweichend von Abs. 1 haben Personen, denen Asyl nach dem Asylgesetz 2005 (AsylG 2005), BGBl. I Nr. 100, gewährt wurde, Anspruch

auf Familienbeihilfe. Anspruch besteht auch für Kinder, denen nach dem Asylgesetz 2005 Asyl gewährt wurde.

(4) Abweichend von Abs. 1 haben Personen, denen der Status des subsidiär Schutzberechtigten nach dem Asylgesetz 2005 zuerkannt wurde, Anspruch auf Familienbeihilfe, sofern sie keine Leistungen aus der Grundversorgung erhalten und unselbständig oder selbständig erwerbstätig sind. Anspruch besteht auch für Kinder, denen der Status des subsidiär Schutzberechtigten nach dem Asylgesetz 2005 zuerkannt wurde.

(5) In den Fällen des Abs. 2, Abs. 3 letzter Satz und Abs. 4 letzter Satz wird für nachgeborene Kinder die Familienbeihilfe rückwirkend gewährt. Gleiches gilt für Adoptiv- und Pflegekinder, rückwirkend bis zur Begründung des Mittelpunktes der Lebensinteressen im Bundesgebiet (§ 2 Abs. 8) durch den Elternteil und das Kind. Als nachgeborene Kinder gelten jene Kinder, die nach dem Zeitpunkt der Erteilung des Aufenthaltstitels oder der Zuerkennung des Status des Asylberechtigten oder subsidiär Schutzberechtigten an den zusammenführenden Fremden geboren werden.

(6) Personen, denen aufgrund der Verordnung der Bundesregierung ein vorübergehendes Aufenthaltsrecht für aus der Ukraine Vertriebene (Vertriebenen-VO), BGBl. II Nr. 92/2022, gemäß § 62 Abs. 1 Asylgesetz 2005 ein vorübergehendes Aufenthaltsrecht zukommt, haben Anspruch auf Familienbeihilfe. Anspruch besteht auch für Kinder, denen ein solches vorübergehendes Aufenthaltsrecht zukommt.

(BGBl I 2022/135)

(7) Personen, denen aufgrund der Vertriebenen-VO gemäß § 62 Abs. 1 Asylgesetz 2005 ein vorübergehendes Aufenthaltsrecht zukommt, haben zumindest für die Zeit des bewaffneten Konflikts in der Ukraine den Mittelpunkt ihrer Lebensinteressen nach § 2 Abs. 8 im Bundesgebiet.

(BGBl I 2022/135)

§ 4. (1) Personen, die Anspruch auf eine gleichartige ausländische Beihilfe haben, haben keinen Anspruch auf Familienbeihilfe.

(2) Österreichische Staatsbürger, die gemäß Abs. 1 oder gemäß § 5 Abs. 3 vom Anspruch auf die Familienbeihilfe ausgeschlossen sind, erhalten eine Ausgleichszahlung, wenn die Höhe der gleichartigen ausländischen Beihilfe, die sie oder eine andere Person (§ 5 Abs. 5) Anspruch haben, geringer ist als die Familienbeihilfe, die ihnen nach diesem Bundesgesetz ansonsten zu gewähren wäre.

(BGBl I 2022/226)

(3) Die Ausgleichszahlung wird in Höhe des Unterschiedsbetrages zwischen der gleichartigen ausländischen Beihilfe und der Familienbeihilfe, die nach diesem Bundesgesetz zu gewähren wäre, geleistet.

(4) Die Ausgleichszahlung ist jährlich nach Ablauf des Kalenderjahres, wenn aber der Anspruch auf die gleichartige ausländische Beihilfe früher erlischt, nach Erlöschen dieses Anspruches über Antrag zu gewähren.

(5) Die in ausländischer Währung gezahlten gleichartigen ausländischen Beihilfen sind nach den vom Bundesministerium für Finanzen auf Grund des § 4 Abs. 8 des Umsatzsteuergesetzes 1972, BGBl. Nr. 223/1972, in der „Wiener Zeitung" kundgemachten jeweiligen Durchschnittskursen in inländische Währung umzurechnen.

(6) Die Ausgleichszahlung gilt als Familienbeihilfe im Sinne dieses Bundesgesetzes; die Bestimmungen über die Höhe der Familienbeihilfe finden jedoch auf die Ausgleichszahlung keine Anwendung.

(7) Der Anspruch auf die Ausgleichszahlung geht auf die Kinder, für die sie zu gewähren ist, über, wenn der Anspruchsberechtigte vor rechtzeitiger Geltendmachung des Anspruches gestorben ist. Sind mehrere anspruchsberechtigte Kinder vorhanden, ist die Ausgleichszahlung durch die Anzahl der anspruchsberechtigten Kinder zu teilen.

§ 5. (1) Ein zu versteuerndes Einkommen (§ 33 Abs. 1 EStG 1988) eines Kindes führt bis zu einem Betrag von 15.000 € in einem Kalenderjahr nicht zum Wegfall der Familienbeihilfe. Übersteigt das zu versteuernde Einkommen (§ 33 Abs. 1 EStG 1988) eines Kindes in einem Kalenderjahr, das nach dem Kalenderjahr liegt, in dem das Kind das 19. Lebensjahr vollendet hat, den Betrag von 15.000 €, so verringert sich die Familienbeihilfe, die für dieses Kind nach § 8 Abs. 2 einschließlich § 8 Abs. 4 gewährt wird, für dieses Kalenderjahr um den 15.000 € übersteigenden Betrag. § 10 Abs. 2 ist nicht anzuwenden. Bei der Ermittlung des zu versteuernden Einkommens (§ 33 Abs. 1 EStG 1988) des Kindes bleiben außer Betracht:

a) das zu versteuernde Einkommen, das vor oder nach Zeiträumen erzielt wird, für die Anspruch auf Familienbeihilfe besteht,

b) Entschädigungen aus einem anerkannten Lehrverhältnis,

c) Waisenpensionen und Waisenversorgungsgenüsse,

d) Ausgleichszulagen und Ergänzungszulagen, die aufgrund sozialversicherungs- oder pensionsrechtlicher Vorschriften gewährt werden

(BGBl I 2020/98)

e) Pauschalentschädigungen gemäß § 36 Abs. 1 des Heeresgebührengesetzes 2001, die für den außerordentlichen Zivildienst gemäß § 34b in Verbindung mit § 21 Abs. 1 des Zivildienstgesetzes 1986 oder den Einsatzpräsenzdienst gemäß § 19 Abs. 1 Z 5 des Wehrgesetzes 2001 gewährt werden.

(BGBl I 2020/23, BGBl I 2020/109)

(2) Kein Anspruch auf Familienbeihilfe besteht für Kinder, denen Unterhalt von ihrem Ehegatten oder ihrem früheren Ehegatten zu leisten ist.

(3) Kein Anspruch auf Familienbeihilfe besteht für Kinder, die sich ständig im Ausland aufhalten.

(4) Kein Anspruch auf Familienbeihilfe besteht für Kinder, für die Anspruch auf eine gleichartige ausländische Beihilfe besteht. Die Gewährung einer Ausgleichszahlung (§ 4 Abs. 2) wird dadurch nicht ausgeschlossen.

§ 6. (1) Anspruch auf Familienbeihilfe haben auch minderjährige Vollwaisen, wenn
a) sie im Inland einen Wohnsitz oder ihren gewöhnlichen Aufenthalt haben,
b) ihnen nicht Unterhalt von ihrem Ehegatten oder ihrem früheren Ehegatten zu leisten ist und
c) für sie keiner anderen Person Familienbeihilfe zu gewähren ist.

(2) Volljährige Vollwaisen haben Anspruch auf Familienbeihilfe, wenn auf sie die Voraussetzungen des Abs. 1 lit. a bis c zutreffen und wenn sie
a) das 24. Lebensjahr noch nicht vollendet haben und für einen Beruf ausgebildet werden oder in einem erlernten Beruf in einer Fachschule fortgebildet werden, wenn ihnen durch den Schulbesuch die Ausübung ihres Berufes nicht möglich ist. § 2 Abs. 1 lit. b zweiter bis letzter Satz sind anzuwenden; oder
b) das 24. Lebensjahr noch nicht vollendet haben, oder erheblich behindert sind (§ 8 Abs. 5) und das 25. Lebensjahr noch nicht vollendet haben, für vier Monate nach Abschluss der Schulausbildung, im Anschluss daran, wenn sie das 24. Lebensjahr noch nicht vollendet haben, oder erheblich behindert sind (§ 8 Abs. 5) und das 25. Lebensjahr noch nicht vollendet haben, bis zum Beginn einer weiteren Berufsausbildung, wenn die weitere Berufsausbildung zum frühestmöglichen Zeitpunkt nach Abschluss der Schulausbildung begonnen wird, oder

(BGBl I 2021/220)

c) das 24. Lebensjahr noch nicht vollendet haben, für die Zeit zwischen der Beendigung des Präsenz- oder Ausbildungs- oder Zivildienstes oder eines Freiwilligen Dienstes nach § 6 Abs. 2 lit. k sublit. aa bis dd und dem Beginn oder der Fortsetzung der Berufsausbildung, wenn die Berufsausbildung zum frühestmöglichen Zeitpunkt nach dem Ende des Präsenz- oder Ausbildungs- oder Zivildienstes oder Freiwilligen Dienstes nach § 6 Abs. 2 lit. k sublit. aa bis dd begonnen oder fortgesetzt wird, oder

(BGBl I 2017/156)

d) wegen einer vor Vollendung des 21. Lebensjahres oder während einer späteren Berufsausbildung, jedoch spätestens vor Vollendung des 25. Lebensjahres, eingetretenen körperlichen oder geistigen Behinderung voraussichtlich dauernd außerstande sind, sich selbst den Unterhalt zu verschaffen, und deren Unterhalt nicht zur Gänze aus Mitteln der Kinder- und Jugendhilfe oder nicht zur Gänze aus öffentlichen Mitteln zur Sicherung des Lebensunterhaltes und des Wohnbedarfes getragen wird, sofern die Vollwaise nicht einen eigenständigen Haushalt führt; dies gilt nicht für Vollwaisen, die Personen im Sinne des § 1 Z 3 und Z 4 des Strafvollzugsgesetzes, BGBl. Nr. 144/1969, sind, sofern die Bestimmungen des Strafvollzugsgesetzes, BGBl. Nr. 144/1969, auf sie Anwendung finden, oder

(BGBl I 2018/77)

e) (aufgehoben)
f) In dem Monat, in dem sie das 24. Lebensjahr vollenden, den Präsenz- oder Ausbildungsdienst oder Zivildienst leisten oder davor geleistet haben, bis längstens zur Vollendung des 25. Lebensjahres, sofern sie nach Ableistung des Präsenz- oder Ausbildungsdienstes oder Zivildienstes für einen Beruf ausgebildet oder in einem erlernten Beruf in einer Fachschule fortgebildet werden, wenn ihnen durch den Schulbesuch die Ausübung ihres Berufes nicht möglich ist; Vollwaisen die eine in § 3 des Studienförderungsgesetzes 1992 genannte Einrichtung besuchen, jedoch nur im Rahmen der in § 2 Abs. 1 lit. b vorgesehenen Studiendauer. Diese Regelung findet in Bezug auf jene Vollwaisen keine Anwendung, für die vor Vollendung des 24. Lebensjahres Familienbeihilfe nach lit. k gewährt wurde und die nach § 12c des Zivildienstgesetzes nicht zum Antritt des ordentlichen Zivildienstes herangezogen werden,

(BGBl I 2015/144)

g) erheblich behindert sind (§ 8 Abs. 5), das 25. Lebensjahr noch nicht vollendet haben und für einen Beruf ausgebildet oder in einem erlernten Beruf in einer Fachschule fortgebildet werden, wenn ihnen durch den Schulbesuch die Ausübung ihres Berufes nicht möglich ist; § 2 Abs. 1 lit. b zweiter bis letzter Satz sind nicht anzuwenden,
h) sich in dem Monat, in dem sie das 24. Lebensjahr vollenden, in Berufsausbildung befinden und die vor Vollendung des 24. Lebensjahres ein Kind geboren haben oder an dem Tag, an dem sie das 24. Lebensjahr vollenden, schwanger sind, bis längstens zur Vollendung des 25. Lebensjahres; Kinder, die eine in § 3 des Studienförderungsgesetzes 1992 genannte Einrichtung besuchen, jedoch nur im Rahmen der in § 2 Abs. 1 lit. b vorgesehenen Studiendauer,
i) das 24. Lebensjahr vollendet haben bis zur Vollendung des 25. Lebensjahres, bis längstens zum erstmöglichen Abschluss eines Studiums, wenn sie
aa) bis zu dem Kalenderjahr, in dem sie das 19. Lebensjahr vollendet haben, dieses Studium begonnen haben, und
bb) die gesetzliche Studiendauer dieses Studiums bis zum erstmöglichen Studienabschluss zehn oder mehr Semester beträgt, und

cc) die gesetzliche Studiendauer dieses Studiums nicht überschritten wird,
j) das 24. Lebensjahr vollendet haben bis zur Vollendung des 25. Lebensjahres, und sich in Berufsausbildung befinden, wenn sie vor Vollendung des 24. Lebensjahres einmalig in der Dauer von acht bis zwölf Monaten eine freiwillige praktische Hilfstätigkeit bei einer von einem gemeinnützigen Träger der freien Wohlfahrtspflege zugewiesenen Einsatzstelle im Inland ausgeübt haben; Vollwaisen, die eine in § 3 des Studienförderungsgesetzes 1992 genannte Einrichtung besuchen, jedoch nur im Rahmen der in § 2 Abs. 1 lit. b vorgesehenen Studiendauer,
k) das 24. Lebensjahr noch nicht vollendet haben und teilnehmen am
   aa) Freiwilligen Sozialjahr nach Abschnitt 2 des Freiwilligengesetzes, BGBl. I Nr. 17/2012,
   bb) Freiwilligen Umweltschutzjahr nach Abschnitt 3 des Freiwilligengesetzes, BGBl. I Nr. 17/2012,
   cc) Gedenkdienst, Friedens- und Sozialdienst im Ausland nach Abschnitt 4 des Freiwilligengesetzes, BGBl. I Nr. 17/2012,
   dd) Europäischen Solidaritätskorps nach der Verordnung (EU) 2021/888 des Europäischen Parlaments und des Rates vom 20. Mai 2021 zur Aufstellung des Programms für das Europäische Solidaritätskorps und zur Aufhebung der Verordnungen (EU) 2018/1475 und (EU) Nr. 375/2014.

(BGBl I 2021/220)

(3) Ein zu versteuerndes Einkommen (§ 33 Abs. 1 EStG 1988) einer Vollwaise führt bis zu einem Betrag von 15.000 € in einem Kalenderjahr nicht zum Wegfall der Familienbeihilfe. Übersteigt das zu versteuernde Einkommen (§ 33 Abs. 1 EStG 1988) der Vollwaise in einem Kalenderjahr, das nach dem Kalenderjahr liegt, in dem die Vollwaise das 19. Lebensjahr vollendet hat, den Betrag von 15.000 €, so verringert sich die Familienbeihilfe, die der Vollwaise nach § 8 Abs. 2 einschließlich § 8 Abs. 4 gewährt wird, für dieses Kalenderjahr um den 15.000 € übersteigenden Betrag. § 10 Abs. 2 ist nicht anzuwenden. Bei der Ermittlung des zu versteuernden Einkommens (§ 33 Abs. 1 EStG 1988) der Vollwaise bleiben außer Betracht:
a) das zu versteuernde Einkommen, das vor oder nach Zeiträumen erzielt wird, für die Anspruch auf Familienbeihilfe besteht,
b) Entschädigungen aus einem anerkannten Lehrverhältnis,
c) Waisenpensionen und Waisenversorgungsgenüsse,
d) Ausgleichszulagen und Ergänzungszulagen, die aufgrund sozialversicherungs- oder pensionsrechtlicher Vorschriften gewährt werden

(BGBl I 2020/98)

e) Pauschalentschädigungen gemäß § 36 Abs. 1 des Heeresgebührengesetzes 2001, die für den außerordentlichen Zivildienst gemäß § 34b in Verbindung mit § 21 Abs. 1 des Zivildienstgesetzes 1986 oder den Einsatzpräsenzdienst gemäß § 19 Abs. 1 Z 5 des Wehrgesetzes 2001 gewährt werden.

(BGBl I 2020/23, BGBl I 2020/109)

(4) Als Vollwaisen gelten Personen, deren Vater verstorben, verschollen oder nicht festgestellt und deren Mutter verstorben, verschollen oder unbekannt ist.

(5) Kinder, deren Eltern ihnen nicht überwiegend Unterhalt leisten und deren Unterhalt nicht zur Gänze aus Mitteln der Kinder- und Jugendhilfe oder nicht zur Gänze aus öffentlichen Mitteln zur Sicherung des Lebensunterhaltes und des Wohnbedarfes getragen wird, haben unter denselben Voraussetzungen Anspruch auf Familienbeihilfe, unter denen eine Vollwaise Anspruch auf Familienbeihilfe hat (Abs. 1 bis 3). Erheblich behinderte Kinder im Sinne des § 2 Abs. 1 lit. c, deren Eltern ihnen nicht überwiegend den Unterhalt leisten und die einen eigenständigen Haushalt führen, haben unter denselben Voraussetzungen Anspruch auf Familienbeihilfe, unter denen eine Vollwaise Anspruch auf Familienbeihilfe hat (Abs. 1 und 3).

(BGBl I 2018/77)

(6) § 6 Abs. 5 gilt nicht für Personen im Sinne des § 1 Z 3 und Z 4 des Strafvollzugsgesetzes, BGBl. Nr. 144/1969, sofern die Bestimmungen des Strafvollzugsgesetzes, BGBl. Nr. 144/1969, auf sie Anwendung finden.

(BGBl I 2018/77)

(7) Die Anspruchsdauer nach Abs. 2 lit. a bis c und lit. f bis i verlängert sich im Zusammenhang mit der COVID-19-Krise, unabhängig von der Dauer der Beeinträchtigung durch diese Krise, nach Maßgabe folgender Bestimmungen:
a) für volljährige Vollwaisen, die eine Berufsausbildung absolvieren, über die Altersgrenze hinaus um längstens sechs Monate, bei einer vor Erreichung der Altersgrenze begonnenen Berufsausbildung infolge der COVID-19-Krise,
b) für volljährige Vollwaisen, die eine in § 3 des Studienförderungsgesetzes genannte Einrichtung besuchen, abweichend von lit. a über die Altersgrenze und die Studiendauer, für die nach Abs. 1 Anspruch auf Familienbeihilfe besteht, hinaus um ein weiteres Semester oder um ein weiteres Ausbildungsjahr, bei einem vor Erreichung der Altersgrenze begonnenem Studium infolge der COVID-19-Krise,
c) für volljährige Vollwaisen, die eine Berufsausbildung beginnen oder fortsetzen möchten (Abs. 1 lit. c bis f), über die Altersgrenze hinaus um längstens sechs Monate, wenn zum Zeitpunkt der Erreichung der Altersgrenze der Beginn oder die Fortsetzung der Berufsausbildung infolge der COVID-19-Krise nicht möglich ist,

d) für volljährige Vollwaisen, die eine in § 3 des Studienförderungsgesetzes genannte Einrichtung besuchen möchten (Abs. 1 lit. c bis f), abweichend von lit. a über die Altersgrenze und die Studiendauer, für die nach Abs. 1 Anspruch auf Familienbeihilfe besteht, hinaus um ein Semester oder um ein Ausbildungsjahr, wenn zum Zeitpunkt der Erreichung der Altersgrenze der Beginn oder die Fortsetzung des Studiums infolge der COVID-19-Krise nicht möglich ist.

(BGBl I 2020/28)

§ 7. Für ein Kind wird Familienbeihilfe nur einer Person gewährt.

§ 8. (1) Der einer Person zustehende Betrag an Familienbeihilfe bestimmt sich nach der Anzahl und dem Alter der Kinder, für die ihr Familienbeihilfe gewährt wird.

(2) Die Familienbeihilfe beträgt monatlich

1. und 2. (aufgehoben)

3.a) ab 1. Jänner 2018
- a) 114 € für jedes Kind ab Beginn des Kalendermonats der Geburt,
- b) 121,9 € für jedes Kind ab Beginn des Kalendermonats, in dem es das 3. Lebensjahr vollendet,
- c) 141,5 € für jedes Kind ab Beginn des Kalendermonats, in dem es das 10. Lebensjahr vollendet,
- d) 165,1 € für jedes Kind ab Beginn des Kalendermonats, in dem es das 19. Lebensjahr vollendet.

a) Aktuelle Beträge siehe VO unter 15/3/6.

(3) Die Familienbeihilfe erhöht sich monatlich für jedes Kind

1. und 2. (aufgehoben)

3.a) ab 1. Jänner 2018, wenn sie
- a) für zwei Kinder gewährt wird, um 7,1 €,
- b) für drei Kinder gewährt wird, um 17,4 €,
- c) für vier Kinder gewährt wird, um 26,5 €,
- d) für fünf Kinder gewährt wird, um 32 €,
- e) für sechs Kinder gewährt wird, um 35,7 €,
- f) für sieben und mehr Kinder gewährt wird, um 52 €.

a) Aktuelle Beträge siehe VO unter 15/3/6.

(4) Die Familienbeihilfe erhöht sich monatlich für jedes Kind, das erheblich behindert ist,

1. und 2. (aufgehoben)

3.a) ab 1. Jänner 2018 um 155,9 €.

a) Aktueller Betrag siehe VO unter 15/3/6.

(5) Als erheblich behindert gilt ein Kind, bei dem eine nicht nur vorübergehende Funktionsbeeinträchtigung im körperlichen, geistigen oder psychischen Bereich oder in der Sinneswahrnehmung besteht. Als nicht nur vorübergehend gilt ein Zeitraum von voraussichtlich mehr als sechs Monaten. Der Grad der Behinderung muß mindestens 50 vH betragen, soweit es sich nicht um ein Kind handelt, das voraussichtlich dauernd außerstande ist, sich selbst den Unterhalt zu verschaffen. Für die Einschätzung des Grades der Behinderung sind § 14 Abs. 3 des Behinderteneinstellungsgesetzes, BGBl. Nr. 22/1970, in der jeweils geltenden Fassung, und die Verordnung des Bundesministers für Arbeit, Soziales und Konsumentenschutz betreffend nähere Bestimmungen über die Feststellung des Grades der Behinderung (Einschätzungsverordnung) vom 18. August 2010, BGBl. II Nr. 261/2010, in der jeweils geltenden Fassung anzuwenden. Die erhebliche Behinderung ist spätestens alle fünf Jahre neu festzustellen, wenn nach Art und Umfang eine mögliche Änderung zu erwarten ist.

(BGBl I 2022/226)

(6) Der Grad der Behinderung oder die voraussichtlich dauernde Unfähigkeit, sich selbst den Unterhalt zu verschaffen, ist vom Bundesamt für Soziales und Behindertenwesen (Sozialministeriumservice) dem Finanzamt Österreich durch eine Bescheinigung auf Grund eines ärztlichen Sachverständigengutachtens nachzuweisen. Die Kosten für dieses ärztliche Sachverständigengutachten sind aus Mitteln des Ausgleichsfonds für Familienbeihilfen zu ersetzen. Das ärztliche Sachverständigengutachten ist vom Bundesamt für Soziales und Behindertenwesen (Sozialministeriumservice) gegen Ersatz der Kosten aus Mitteln des Ausgleichsfonds für Familienbeihilfen an die antragstellende Person zu übermitteln, eine Übermittlung des gesamten ärztlichen Sachverständigengutachtens an das Finanzamt Österreich hat nicht zu erfolgen. Der Nachweis des Grades der Behinderung in Form der Bescheinigung entfällt, sofern der Grad der Behinderung durch Übermittlung der anspruchsrelevanten Daten durch das Bundesamt für Soziales und Behindertenwesen (Sozialministeriumservice) aufgrund des Verfahrens nach § 40 des Bundesbehindertengesetzes (BBG), BGBl. Nr. 283/1990, zur Ausstellung eines Behindertenpasses, nachgewiesen wird.

(BGBl I 2022/226)

(6a) Für eine Person, bei der eine dauernde Erwerbsunfähigkeit nach § 2 Abs. 1 lit. c festgestellt wurde, besteht kein Anspruch auf die erhöhte Familienbeihilfe, wenn sie in einem Kalenderjahr ein Einkommen bezieht, das die in § 5 Abs. 1 festgelegte Grenze übersteigt. Wenn das Einkommen in einem nachfolgenden Kalenderjahr unter der in § 5 Abs. 1 festgelegten Grenze liegt, lebt der Anspruch auf die erhöhte Familienbeihilfe wieder auf. Wenn die Erwerbsunfähigkeit nach § 2 Abs. 1 lit. c als Dauerzustand festgestellt wurde, ist kein weiteres Sachverständigengutachten erforderlich.

(7) Die Abs. 4 bis 6 gelten sinngemäß für Vollwaisen, die gemäß § 6 Anspruch auf Familienbeihilfe haben.

(8) Für jedes Kind, das in einem Kalenderjahr das 6. Lebensjahr bereits vollendet hat oder vollendet und das 16. Lebensjahr noch nicht vollendet

hat, erhöht sich die Familienbeihilfe für den August dieses Kalenderjahres um 100 €ᵃ⁾.
(Teuerungs-EP III, BGBl I 2022/174)

ᵃ⁾ Aktueller Betrag siehe VO unter 15/3/6.

(9) Die Familienbeihilfe erhöht sich für den September 2020 um eine Einmalzahlung von 360 € für jedes Kind. Der Aufwand für die Auszahlung dieser Einmalzahlung im September 2020 ist aus Mitteln des COVID-19-Krisenbewältigungsfonds zu tragen.
(BGBl I 2020/71)

(10) Die Familienbeihilfe erhöht sich für den August 2022 um eine Einmalzahlung von 180 Euro für jedes Kind.
(BGBl I 2022/93)

§ 8a. (aufgehoben)
(BGBl I 2022/135)

§ 9. Zusätzlich zur Familienbeihilfe haben Personen unter folgenden Voraussetzungen (§§ 9a bis 9d) Anspruch auf einen Mehrkindzuschlag. Der Mehrkindzuschlag steht für jedes ständig im Bundesgebiet lebende dritte und weitere Kind zu, für das Familienbeihilfe gewährt wird. Ab 1. Jänner 2011 beträgt der Mehrkindzuschlag 20 €ᵃ⁾ monatlich für das dritte und jedes weitere Kind.

ᵃ⁾ Aktueller Betrag siehe VO unter 15/3/6.

§ 9a. (1) Der Anspruch auf Mehrkindzuschlag ist abhängig vom Anspruch auf Familienbeihilfe und vom Einkommen des Kalenderjahres, das vor dem Kalenderjahr liegt, für das der Antrag auf Gewährung des Mehrkindzuschlages gestellt wird. Der Mehrkindzuschlag steht nur zu, wenn das zu versteuernde Einkommen (§ 33 Abs. 1 EStG 1988) des anspruchsberechtigten Elternteils und seines im gemeinsamen Haushalt lebenden Ehegatten oder Lebensgefährten 55 000 € nicht übersteigt. Das Einkommen des Ehegatten oder Lebensgefährten ist nur dann zu berücksichtigen, wenn dieser im Kalenderjahr, das vor dem Kalenderjahr liegt, für das der Mehrkindzuschlag beantragt wird, mehr als sechs Monate im gemeinsamen Haushalt gelebt hat.

(2) Ein Verlustausgleich zwischen den Einkünften der im gemeinsamen Haushalt lebenden Ehegatten oder Lebensgefährten ist nicht zulässig.

§ 9b. Der Mehrkindzuschlag ist für jedes Kalenderjahr gesondert bei dem für die Erhebung der Abgaben vom Einkommen zuständigen Finanzamt zu beantragen; er wird höchstens für fünf Jahre rückwirkend vom Beginn des Monats der Antragstellung gewährt. Die Auszahlung erfolgt im Wege der Veranlagung. Unterbleibt eine Veranlagung, ist in bezug auf die Auszahlung des Mehrkindzuschlages § 40 des Einkommensteuergesetzes 1988 sinngemäß anzuwenden. In diesem Fall kann zugunsten des im gemeinsamen Haushalt lebenden Elternteils oder Lebensgefährten, der veranlagt wird, auf den Anspruch auf den Mehrkindzuschlag verzichtet werden.

§ 9c. Auf den Mehrkindzuschlag sind die Bestimmungen betreffend die Familienbeihilfe sinngemäß anzuwenden, soweit in den §§ 9 bis 9b nichts anderes bestimmt ist.

§ 10. (1) Die Familienbeihilfe wird, abgesehen von den Fällen des § 10a, nur auf Antrag gewährt; die Erhöhung der Familienbeihilfe für ein erheblich behindertes Kind (§ 8 Abs. 4) ist besonders zu beantragen.
(BGBl I 2015/50)

(2) Die Familienbeihilfe wird vom Beginn des Monats gewährt, in dem die Voraussetzungen für den Anspruch erfüllt werden. Der Anspruch auf Familienbeihilfe erlischt mit Ablauf des Monats, in dem eine Anspruchsvoraussetzung wegfällt oder ein Ausschließungsgrund hinzukommt.

(3) Die Familienbeihilfe und die erhöhte Familienbeihilfe für ein erheblich behindertes Kind (§ 8 Abs. 4) werden höchstens für fünf Jahre rückwirkend vom Beginn des Monats der Antragstellung gewährt. In bezug auf geltend gemachte Ansprüche ist § 209 Abs. 3 der Bundesabgabenordnung, BGBl. Nr. 194/1961, anzuwenden.

(4) Für einen Monat gebührt Familienbeihilfe nur einmal.

(5) Minderjährige, die das 16. Lebensjahr vollendet haben, bedürfen zur Geltendmachung des Anspruches auf die Familienbeihilfe und zur Empfangnahme der Familienbeihilfe nicht der Einwilligung des gesetzlichen Vertreters.

§ 10a. (1) Anlässlich der Geburt eines Kindes kann das Finanzamt Österreich die Familienbeihilfe automationsunterstützt ohne Antrag gewähren, wenn die Anspruchsvoraussetzungen für die Gewährung der Familienbeihilfe sowie die maßgeblichen Personenstandsdaten gemäß § 48 Abs. 2 des Personenstandsgesetzes 2013 (PStG 2013), BGBl. I Nr. 16/2013, vorliegen.
(BGBl I 2019/104)

(2) Zur Feststellung des Vorliegens der Anspruchsvoraussetzungen wird der nach § 46a vorgesehene automationsunterstützte Datenverkehr unter Berücksichtigung der Bestimmungen der Bundesabgabenordnung herangezogen.
(BGBl I 2015/50)

§ 11. (1) Die Familienbeihilfe wird, abgesehen von den Fällen des § 4, monatlich durch das Finanzamt Österreich automationsunterstützt ausgezahlt.
(BGBl I 2019/104)

(2) Die Auszahlung erfolgt durch Überweisung auf ein Girokonto bei einer inländischen oder ausländischen Kreditunternehmung. Bei berücksichtigungswürdigen Umständen erfolgt die Auszahlung mit Baranweisung.

(3) Die Gebühren für die Auszahlung der Familienbeihilfe im Inland sind aus allgemeinen Haushaltsmitteln zu tragen.

§ 12. (1) Das Finanzamt Österreich hat bei Entstehen oder Wegfall eines Anspruches auf Familienbeihilfe eine Mitteilung auszustellen. Eine Mitteilung über den Bezug der Familienbeihilfe ist auch über begründetes Ersuchen der die Familienbeihilfe beziehenden Person auszustellen.

(BGBl I 2019/104)

(2) Wird die Auszahlung der Familienbeihilfe eingestellt, ist die Person, die bislang die Familienbeihilfe bezogen hat, zu verständigen.

§ 12a. Die Familienbeihilfe gilt nicht als eigenes Einkommen des Kindes.

§ 13. Über Anträge auf Gewährung der Familienbeihilfe hat das Finanzamt Österreich zu entscheiden. Insoweit einem Antrag nicht oder nicht vollinhaltlich stattzugeben ist, ist ein Bescheid zu erlassen.

(BGBl I 2019/104)

§ 14. (1) Ein volljähriges Kind, für das Anspruch auf die Familienbeihilfe besteht, kann beim Finanzamt Österreich beantragen, dass die Überweisung der Familienbeihilfe auf sein Girokonto erfolgt. Der Antrag kann sich nur auf Zeiträume beziehen, für die noch keine Familienbeihilfe ausgezahlt wurde.

(BGBl I 2019/104)

(2) Eine Überweisung nach Abs. 1 bedarf der Zustimmung der Person, die Anspruch auf die Familienbeihilfe hat. Diese Zustimmung kann jederzeit widerrufen werden, allerdings nur für Zeiträume, für die noch keine Familienbeihilfe ausgezahlt wurde.

(3) Es kann auch die Person, die Anspruch auf die Familienbeihilfe für ein Kind hat, beantragen, dass die Überweisung der Familienbeihilfe auf ein Girokonto dieses Kindes erfolgt. Der Antrag kann sich nur auf Zeiträume beziehen, für die noch keine Familienbeihilfe ausgezahlt wurde. Dieser Antrag kann jederzeit widerrufen werden, allerdings nur für Zeiträume, für die noch keine Familienbeihilfe ausgezahlt wurde.

(4) Der Betrag an Familienbeihilfe für ein Kind, der nach Abs. 1 oder 3 zur Überweisung gelangt, richtet sich nach § 8.

(BGBl I 2020/71, BGBl I 2022/135)

§ 15. (1) Für Personen, die im Zeitraum von einschließlich März 2020 bis einschließlich Februar 2021 für zumindest einen Monat Anspruch auf Familienbeihilfe für ein Kind haben, finden die während dieses Zeitraumes vorliegenden Anspruchsvoraussetzungen im unmittelbaren Anschluss an den Anspruchszeitraum bis März 2021 in Bezug auf dieses Kind weiter Anwendung, solange während dieses Zeitraumes keine andere Person anspruchsberechtigt wird.

(2) Für die Maßnahme nach Abs. 1 ist ein Betrag von höchstens 102 Mio. Euro aus Mitteln des COVID-19-Krisenbewältigungsfonds bereitzustellen.

(BGBl I 2021/58)

§ 16. (1) Mit Wirksamkeit ab 1. Jänner eines jeden Jahres, erstmals mit 1. Jänner 2023, sind die Beträge an Familienbeihilfe gemäß § 8 und Mehrkindzuschlag gemäß § 9 mit dem Anpassungsfaktor des § 108f des Allgemeinen Sozialversicherungsgesetzes (ASVG), BGBl. Nr. 189/1955, zu vervielfachen. Der Vervielfachung sind die Beträge zugrunde zu legen, die am 31. Dezember des vorangegangenen Jahres in Geltung stehen. Die vervielfachten Beträge sind kaufmännisch auf eine Dezimalstelle zu runden.

(2) Die Bundesministerin für Frauen, Familie, Integration und Medien hat für das folgende Kalenderjahr die vervielfachten Beträge des Abs. 1 bis spätestens 15. November eines jeden Jahres zu ermitteln und mit Verordnung kundzumachen.

(Teuerungs-EP III, BGBl I 2022/174)

§§ 17. bis 24. (aufgehoben)

§ 25. Personen, denen Familienbeihilfe gewährt oder an Stelle der anspruchsberechtigten Person ausgezahlt (§ 12) wird, sind verpflichtet, Tatsachen, die bewirken, daß der Anspruch auf Familienbeihilfe erlischt, sowie Änderungen des Namens oder der Anschrift ihrer Person oder der Kinder, für die ihnen Familienbeihilfe gewährt wird, zu melden. Die Meldung hat innerhalb eines Monats, gerechnet vom Tag des Bekanntwerdens der zu meldenden Tatsache, beim Finanzamt Österreich zu erfolgen.

(BGBl I 2019/104)

§ 26. (1) Wer Familienbeihilfe zu Unrecht bezogen hat, hat die entsprechenden Beträge zurückzuzahlen.

(2) Zurückzuzahlende Beträge nach Abs. 1 können auf fällige oder fällig werdende Familienbeihilfen angerechnet werden.

(3) Für die Rückzahlung eines zu Unrecht bezogenen Betrages an Familienbeihilfe haftet auch derjenige Elternteil des Kindes, der mit dem Rückzahlungspflichtigen in der Zeit, in der die Familienbeihilfe für das Kind zu Unrecht bezogen worden ist, im gemeinsamen Haushalt gelebt hat.

(4) Die Oberbehörde ist ermächtigt, in Ausübung des Aufsichtsrechtes das zuständige Finanzamt anzuweisen, von der Rückforderung des unrechtmäßigen Bezuges abzusehen, wenn die Rückforderung unbillig wäre.

(BGBl I 2019/104)

§ 27. (1) Die Familienbeihilfen sind von der Einkommensteuer befreit und gehören auch nicht zur Bemessungsgrundlage für sonstige Abgaben und öffentlich-rechtliche Beiträge.

(2) Der Anspruch auf Familienbeihilfe ist gemäß § 290 Abs. 1 Z 9 der Exekutionsordnung nicht pfändbar.

§ 28. Die zur Durchführung von Verfahren nach den Bestimmungen dieses Abschnittes erforderlichen Eingaben und Amtshandlungen sowie die Entscheidungen in diesen Verfahren sind von den Stempelgebühren sowie von den Gerichts- und Justizverwaltungsgebühren befreit.

§ 29. (1) Eine Verwaltungsübertretung begeht und wird mit einer Geldstrafe bis zu 360 Euro oder mit Arrest bis zu zwei Wochen bestraft:

a) wer vorsätzlich oder grob fahrlässig die gemäß § 25 vorgesehene Meldung nicht rechtzeitig erstattet und dadurch einen unrechtmäßigen Bezug von Familienbeihilfe bewirkt,

b) wer Familienbeihilfe vorsätzlich oder grob fahrlässig zu Unrecht bezieht,

c)–e) (aufgehoben)

sofern die Tat nicht nach anderen Vorschriften strenger zu ahnden ist. Bei besonders erschwerenden Umständen können beide Strafen nebeneinander verhängt werden.

(2) Die Verjährungsfrist (§ 31 Verwaltungsstrafgesetz 1950) beträgt bei den im Abs. 1 angeführten Verwaltungsübertretungen drei Jahre.

§ 30. (aufgehoben)

Abschnitt Ia
Schulfahrtbeihilfe und Schülerfreifahrten

§ 30a. (1) Anspruch auf Schulfahrtbeihilfe haben Personen für Kinder, für die ihnen Familienbeihilfe gewährt wird oder für die sie nur deswegen keinen Anspruch auf Familienbeihilfe haben, weil sie Anspruch auf eine gleichartige ausländische Beihilfe haben (§ 4 Abs. 1), wenn das Kind

a) eine öffentliche oder mit dem Öffentlichkeitsrecht ausgestattete Schule im Inland als ordentlicher Schüler besucht oder

b) eine gleichartige Schule im grenznahen Gebiet im Ausland als ordentlicher Schüler besucht, die für das Kind günstiger zu erreichen ist als eine inländische Schule, wenn bei Pflichtschulen hiefür die schulbehördliche Bewilligung vorliegt, oder

c) eine Ausbildung im gehobenen Dienst für Gesundheits- und Krankenpflege an einer Schule für Gesundheits- und Krankenpflege gemäß Gesundheits- und Krankenpflegegesetz, BGBl. I Nr. 108/1997, oder eine Ausbildung in der medizinischen Fachassistenz an einer Schule für medizinische Assistenzberufe gemäß Medizinische Assistenzberufe-Gesetz, BGBl. I Nr. 89/2012, besucht, oder

d) ein nach den Lehrplänen der in lit. a und b bezeichneten Schulen verpflichtendes Praktikum im Inland oder im grenznahen Gebiet im Ausland besucht, das außerhalb der schulischen Unterrichtszeiten stattfindet und der Schule durch Vorlage eines Praktikantenvertrages nachzuweisen ist, oder

e) eine nach den Ausbildungsverordnungen der in lit. c bezeichneten Schulen für die praktische Ausbildung vorgesehene Krankenanstalt oder sonstige Einrichtung im Inland oder im grenznahen Gebiet im Ausland besucht

und der kürzeste Weg zwischen der Wohnung im Inland und der Schule (Schule/Praktikum gemäß lit. d und e) in einer Richtung (Schulweg) bzw. der kürzeste Weg zwischen der Wohnung im Inland und dem Zweitwohnsitz am Ort oder in der Nähe des Ortes der Schule (Schule/Praktikum gemäß lit. d und e) in einer Richtung mindestens 2 km lang ist. Für behinderte Schülerinnen und Schüler besteht Anspruch auf Schulfahrtbeihilfe auch dann, wenn dieser Weg weniger als 2 km lang und die Zurücklegung dieses Weges ohne Benutzung eines Verkehrsmittels nicht zumutbar ist.

(2) Anspruch auf Schulfahrtbeihilfe haben auch Vollwaisen, denen Familienbeihilfe gewährt wird (§ 6) oder die nur deswegen keinen Anspruch auf Familienbeihilfe haben, weil sie Anspruch auf eine gleichartige ausländische Beihilfe haben (§ 4 Abs. 1), unter denselben Voraussetzungen, unter denen nach Abs. 1 Anspruch auf Schulfahrtbeihilfe für Kinder besteht.

(3) Als eine Schule im Sinne des Abs. 1 lit. a gilt auch eine Schule, die gemäß § 12 des Schulpflichtgesetzes, BGBl. Nr. 76/1985, als zur Erfüllung der Schulpflicht geeignet anerkannt wurde, sowie eine Privatschule, der die Führung einer gesetzlich geregelten Schulartbezeichnung gemäß § 11 des Privatschulgesetzes, BGBl. Nr. 244/1962, bewilligt wurde.

(4) Als ordentliche Schüler im Sinne dieses Abschnittes gelten auch Schüler, die wegen mangelnder Kenntnis der Unterrichtssprache oder wegen der Zulassung zur Ablegung einer Einstufungsprüfung (§ 3 Abs. 6 des Schulunterrichtsgesetzes 1986, BGBl. Nr. 472) oder wegen der Zulassung zur Ablegung einer Aufnahmsprüfung (§ 29 Abs. 5 des Schulunterrichtsgesetzes) als außerordentliche Schüler geführt werden.

(5) Als ordentliche Schüler im Sinne dieses Abschnittes gelten auch Berufsschüler, die eine fachliche Berufsschule des der Ausbildung entsprechenden anerkannten Lehrberufes besuchen und mangels der Berufsschulpflicht als außerordentliche Schüler geführt werden.

§ 30b. (1) Kein Anspruch auf Schulfahrtbeihilfe besteht für den Teil des Schulweges, auf dem der Schüler/die Schülerin eine unentgeltliche Beförderung oder die SchülerInnenfreifahrt in Anspruch nehmen kann. Es besteht auch kein Anspruch auf Schulfahrtbeihilfe für den Teil des Weges zwischen der Wohnung im Hauptwohnort und der Zweitunterkunft (§ 30c Abs. 4), auf dem der Schüler/die Schülerin eine unentgeltliche Beförderung in Anspruch nehmen kann. Für den verbleibenden Teil des Weges besteht Anspruch auf Schulfahrtbeihilfe jeweils dann, wenn dieser Teil des Weges mindestens 2 km lang ist; in diesen Fällen richtet sich die Höhe der Schulfahrtbeihilfe (§ 30c Abs. 1, 2 und 4) nach der Länge dieses Teiles des Weges.

(2) Kein Anspruch auf Schulfahrtbeihilfe besteht für den Besuch von Lehrveranstaltungen, die nur fallweise stattfinden.

§ 30c. (1) Die Schulfahrtbeihilfe beträgt, wenn der Schulweg nicht länger als 10 km ist und

a) an einem Schultag oder an zwei Schultagen in der Woche zurückgelegt wird, monatlich .... 4,4 Euro,

b) an drei oder vier Schultagen in der Woche zurückgelegt wird, monatlich .... 8,8 Euro,

c) an mehr als vier Schultagen in der Woche zurückgelegt wird, monatlich .... 13,1 Euro.

(2) Die Schulfahrtbeihilfe beträgt, wenn der Schulweg länger als 10 km ist und

a) an einem Schultag oder an zwei Schultagen in der Woche zurückgelegt wird, monatlich .... 6,6 Euro,
b) an drei oder vier Schultagen in der Woche zurückgelegt wird, monatlich .... 13,1 Euro,
c) an mehr als vier Schultagen in der Woche zurückgelegt wird, monatlich .... 19,7 Euro.

(3) Werden für die Benutzung eines öffentlichen Verkehrsmittels durch den Schüler höhere Kosten als die in den Abs. 1 und 2 vorgesehenen Pauschalbeträge nachgewiesen, so richtet sich die monatliche Schulfahrtbeihilfe nach der Höhe der in einem Kalendermonat tarifmäßig, aber höchstens im Ausmaß des für den maßgeblichen Schulweg geltenden Verrechnungstarifes (§ 29 ÖPNRV-G 1999 in der Fassung BGBl. I Nr. 204/1999) notwendig aufgelaufenen Kosten, abzüglich eines Selbstbehaltes von 19,6 Euro für jedes Schuljahr. Geleistete Eigenteile des Schülers für das jeweilige Schuljahr sind auf diesen Selbstbehalt anzurechnen. Steht ein geeignetes öffentliches Verkehrsmittel nicht zur Verfügung, erhöhen sich die in den Abs. 1 und 2 vorgesehenen Pauschbeträge um 100 vH.

(4) Die Schulfahrtbeihilfe beträgt, wenn der Schüler/die Schülerin für Zwecke des Schulbesuches notwendigerweise eine Zweitunterkunft außerhalb seines/ihres inländischen Hauptwohnortes am Schulort oder in der Nähe des Schulortes bewohnt, bei einer Entfernung zwischen der Wohnung im Hauptwohnort und der Zweitunterkunft
a) bis einschließlich 50 km monatlich ...... 19 €,
b) über 50 km bis einschließlich 100 km monatlich .... 32 €,
c) über 100 km bis einschließlich 300 km monatlich .... 42 €,
d) über 300 km bis einschließlich 600 km monatlich .... 50 €,
e) über 600 km monatlich .... 58 €.

§ 30d. (1) Die Schulfahrtbeihilfe wird für ein Kind nur einmal gewährt.

(2) Die Schulfahrtbeihilfe wird für jeden Monat gewährt, in dem der Schüler die Schule besucht, in einem Schuljahr jedoch höchstens für zehn Monate und in Verbindung mit einem Praktikum (§ 30a Abs. 1 lit. d und e) höchstens elf Monate. Liegen in einem Monat die Voraussetzungen für die Gewährung verschieden hoher Pauschbeträge für die Fahrt zu und von der Schule (§ 30c Abs. 1 und 2) vor, so ist diese Schulfahrtbeihilfe in Höhe des höheren Pauschbetrages zu gewähren. Liegen in einem Monat die Voraussetzungen für die Gewährung verschieden hoher Pauschbeträge für die Fahrt zwischen der Wohnung im Hauptwohnort und der Zweitunterkunft (§ 30c Abs. 4) vor, so ist diese Schulfahrtbeihilfe in Höhe des höheren Pauschbetrages zu gewähren.

(3) Für Fahrten im Linienverkehr, die mit einem Verbund-Schülerfahrausweis zu einem bestimmten Pauschalpreis pro Schuljahr möglich sind, steht eine Schulfahrtbeihilfe nach § 30c höchstens bis zu jenem, um den pauschalen Eigenanteil von 19,60 Euro reduzierten Betrag zu, welcher für diesen Schülerfahrausweis notwendigerweise zu entrichten ist. Erstreckt sich der Anspruch auf eine derartige Schulfahrtbeihilfe nicht über das gesamte Schuljahr, steht die Schulfahrtbeihilfe pro Anspruchsmonat in Höhe von 1/12 des um 19,60 Euro verminderten Pauschalpreises für diesen Schülerfahrausweis zu. Wird eine bereits geleistete Zahlung des pauschalen Eigenanteiles des Schülers/der Schülerin für das jeweilige Schuljahr im Zuge der Antragstellung nachgewiesen, erfolgt kein weiterer Abzug von der auszuzahlenden Schulfahrtbeihilfe.

(4) Die mögliche Inanspruchnahme einer Beförderung im Linienverkehr zum Pauschalpreis schließt den Anspruch auf eine Schulfahrtbeihilfe nach § 30c auf dieser Strecke aus. Für einen allfälligen Restschulweg über 2 km pro Richtung wird die nach Abs. 3 ermittelte Schulfahrtbeihilfe um die zustehende monatliche Pauschalabgeltung nach § 30c Abs. 1 bis 3 aufgestockt. Für Familienheimfahrten auf Reststrecken über 2 km pro Richtung wird die nach Abs. 3 ermittelte Schulfahrtbeihilfe bis zu einer Weglänge von 10 km um monatlich 5 Euro aufgestockt. Übersteigt die Reststrecke 10 km, wird der Auszahlungsbetrag nach Abs. 3 um die zustehende monatliche Pauschalabgeltung nach § 30c Abs. 4 aufgestockt.

§ 30e. (1) Die Schulfahrtbeihilfe ist nur auf Antrag zu gewähren. Der Antrag ist beim Finanzamt Österreich bis 30. Juni des Kalenderjahres einzubringen, das dem Kalenderjahr folgt, in dem das Schuljahr endet, für welches die Schulfahrtbeihilfe begehrt wird. Auf gesonderten Antrag kann die Schulfahrtbeihilfe nach § 30c Abs. 3 erster Satz monatlich, frühestens beginnend mit Beginn des Schuljahres, für das die Schulfahrtbeihilfe begehrt wird, ausgezahlt werden. § 10 Abs. 5 ist sinngemäß anzuwenden.

(BGBl I 2019/104)

(2) Zur Entscheidung über einen Antrag auf Gewährung der Schulfahrtbeihilfe ist das Finanzamt Österreich zuständig. Insoweit einem Antrag nicht vollinhaltlich stattzugeben ist, ist ein Bescheid zu erlassen.

(BGBl I 2019/104)

(3) Die Schulfahrtbeihilfe ist nur zu gewähren, wenn der Antragsteller eine Bestätigung der Schule vorlegt, aus der die Staatsbürgerschaft des Schülers, der Schulbesuch und der Wohnort des Schülers, von dem aus die Schule besucht wird, hervorgehen.

(4) Die Schulfahrtbeihilfe wird für ein Schuljahr nur einmal, nach Ablauf des Unterrichtsjahres, gewährt.

§ 30f. (1) Der Bundesminister für Jugend und Familie ist ermächtigt, mit Verkehrsunternehmen des öffentlichen Verkehrs Verträge abzuschließen, wonach der Bund den Verkehrsunternehmen die im Tarif jeweils vorgesehenen Fahrpreise für die Beförderung der Schüler zur und von der Schule ersetzt, wenn sich die Verkehrsunternehmen verpflichten, einen Fahrausweis zur freien Beförderung der Schüler gegen Nachweis eines geleisteten Eigenanteiles des Schülers am Fahrpreis in Höhe von 19,6 Euro für jedes Schuljahr an den Schüler auszugeben, wobei der nach Abs. 3 vom Schüler geleistete Eigenanteil für dieses Schuljahr anzurechnen ist. Der vom Bund zu ersetzende Fahrpreis ist nach den weitestgehenden Ermäßigungen zu ermitteln; eine Pauschalierung des Fahrpreisersatzes ist zulässig. Soweit der Fahrpreisersatz nicht der Umsatzsteuer nach dem Umsatzsteuergesetz unterliegt, vermindert er sich um den entsprechenden Betrag.

(2) Der Fahrpreisersatz darf nur für Fahrten zwischen der Wohnung im Inland und der Schule sowie nur für Schüler/innen geleistet werden, für die eine Schulbestätigung im Sinne des § 30e Abs. 3 beigebracht wird, und für die, sofern sie volljährig sind, weiterhin Familienbeihilfe bezogen wird. Die Leistung des Fahrpreisersatzes ist bei Schüler/innen, die weder die österreichische Staatsbürgerschaft noch die Staatsbürgerschaft einer EWR-Vertragspartei oder der Schweiz besitzen, überdies davon abhängig zu machen, dass eine Bestätigung des Finanzamtes Österreich beigebracht wird, wonach für den Schüler/die Schülerin Familienbeihilfe bezogen wird. Für die Erlangung der Schülerfreifahrt ist überdies ein Antrag des Erziehungsberechtigten erforderlich, wenn der Schüler/die Schülerin minderjährig ist.

(BGBl I 2019/104)

(3) Der Bundesminister für Jugend und Familie ist weiters ermächtigt,

a) mit Verkehrsunternehmen, die Schüler im Gelegenheitsverkehr zur und von der Schule befördern, Verträge abzuschließen, wonach der Bund die Kosten für die Schülerbeförderung unter Beachtung des Umsatzsteuergesetzes übernimmt, wenn für die Schülerbeförderung kein geeignetes öffentliches Verkehrsmittel zur Verfügung steht und sich der Erziehungsberechtigte der zu befördernden Schülers dazu verpflichtet, für diese Beförderung einen Pauschalbetrag von 19,6 Euro als Eigenanteil für jedes Schuljahr an das jeweilige Verkehrsunternehmen zu leisten, wodurch sich die vom Bund zu leistende Gesamtvergütung entsprechend verringert,

b) den Gemeinden oder Schulerhaltern die Kosten, die ihnen für die Schülerbeförderung entstehen, zu ersetzen. Der Kostenersatz darf nicht die Höhe der Kosten übersteigen, die bei Abschluß eines Vertrages gemäß lit. a nach Abzug des vom Erziehungsberechtigten an das Verkehrsunternehmen zu leistenden Eigenanteiles für den Bund entstehen würden.

(4) Eine Teilnahme des Schülers/der Schülerin an einer Schülerfreifahrt nach Abs. 1 und Abs. 3 ist nur auf jenen Strecken zulässig, auf denen der Schüler/die Schülerin keine andere Beförderung unentgeltlich in Anspruch nehmen kann. In Verträgen nach den Abs. 1 und 3 lit. a dürfen Schüler/innen nur für den Schulweg zu Schulen im Sinne des § 30a Abs. 1 lit. a bis c begünstigt werden; desgleichen darf ein Kostenersatz nach Abs. 3 lit. b nur für den Schulweg zu Schulen im Sinne des § 30a Abs. 1 lit. a bis c geleistet werden. Eine Kostenübernahme nach Abs. 3 ist nur für Fahrten der Schüler/innen zwischen der Wohnung im Inland und der Schule zulässig; für Schüler/innen, die weder die österreichische Staatsbürgerschaft noch die Staatsbürgerschaft einer EWR-Vertragspartei oder der Schweiz besitzen, ist eine Kostenübernahme nach Abs. 3 überdies davon abhängig zu machen, dass eine Bestätigung des Finanzamtes Österreich beigebracht wird, wonach für den Schüler/die Schülerin Familienbeihilfe bezogen wird.

(BGBl I 2019/104)

(5) In Verträgen nach den Abs. 1 und 3 hat sich der Bundesminister für Wirtschaft, Familie und Jugend auszubedingen, dass sich die Verkehrsunternehmen zur Rechnungslegung und Auskunftserteilung verpflichten und den Organen des Bundes die Überprüfung der Unterlagen gestatten, auf die sich der Fahrpreis oder Fahrpreisersatz gründet. Der Vertrag nach Abs. 3 kann als Rechnung im Sinne des Umsatzsteuergesetzes 1994 angesehen werden, sofern dieser die erforderlichen Rechnungsmerkmale gemäß § 11 Abs. 1 des Umsatzsteuergesetzes 1994 aufweist. Der Abschluss eines Vertrages nach Abs. 3 lit. a kann überdies davon abhängig gemacht werden, dass der Schulerhalter die Notwendigkeit der Schülerbeförderung bestätigt und die Namen, die Staatsbürgerschaft und die Anschriften der zu befördernden Schüler/innen sowie die in Frage kommende Verkehrsunternehmen bekannt gibt.

(6) Der Bundesminister für Wirtschaft, Familie und Jugend ist ermächtigt, mit Verkehrsverbundorganisationsgesellschaften Verträge abzuschließen, wonach der Bund für die Beförderung fahrberechtigter Schüler/innen gemäß § 30f Abs. 1 und 2 in Verbindung mit § 30a im öffentlichen Verkehr an die jeweilige Verkehrsverbundorganisationsgesellschaft für jedes Schuljahr eine Pauschalabgeltung abzüglich der darauf entfallenden Eigenanteile leistet. Die um die Eigenanteile reduzierte Pauschalabgeltung ist im Einvernehmen zwischen dem Bundesminister für Wirtschaft, Familie und Jugend und der jeweiligen Verkehrsverbundorganisationsgesellschaft festzulegen. Die Basis für die Pauschalabgeltung errechnet sich erstmalig nach der Anzahl fahrberechtigter Schüler/innen und den dafür geleisteten Fahrpreisersätzen in einem zwischen dem Bundesminister für Wirtschaft, Familie und Jugend und der jeweiligen Verkehrsverbundorganisationsgesellschaft einvernehmlich zu bestimmenden Beobachtungszeitraum. In Abweichung von § 30f Abs. 2 ist für die Erlangung der Schülerfreifahrt in Gebieten, in denen ein Pauschalvertrag gem. § 30f Abs. 6 abgeschlossen wurde, ein Antrag für fahrtberechtigte SchülerInnen nicht erforderlich. Die Bestimmung der weitestgehenden Ermäßigung (§ 30f Abs. 1) ist nicht auf die Pauschalabgeltung anzuwenden.

(7) Der Bundesminister für Wirtschaft, Familie und Jugend kann mit der Besorgung der ihm nach den vorstehenden Absätzen obliegenden Geschäften das Finanzamt Österreich beauftragen.

(BGBl I 2019/104)

15/1. FLAG
§§ 30g – 30j

§ 30g. (1) Die im § 30a Abs. 1 lit. a und c genannten Schulen haben die Bestätigungen gemäß § 30e Abs. 3 auszustellen. Sofern diese Bestätigungen zur Erlangung einer Schülerfreifahrt (§ 30f) erforderlich sind, sind hiefür amtlich aufgelegte oder amtlich genehmigte Vordrucke zu verwenden. Diese Bestätigungen dürfen nur für ordentliche Schüler, die zu Beginn des Schuljahres das 24. Lebensjahr noch nicht vollendet haben, und für einen Schüler nur in der für die Erlangung der notwendigen Freifahrausweise erforderlichen Anzahl ausgestellt werden.

(2) Die amtlich aufgelegten Vordrucke für die Bestätigungen (Abs. 1) sind zu Lasten des Ausgleichsfonds für Familienbeihilfen vom Bundesministerium für Jugend und Familie aufzulegen und den Schulen zur Verfügung zu stellen.

(3) Insoweit dem Bund für die Anschaffung der Erlagscheine für die Selbstbehalt, für Vordrucke, Richtlinien, eine EDV-unterstützte Vollziehung der Fahrpreisersätze und Geldverkehrspesen Kosten entstehen, sind diese aus Mitteln des Ausgleichsfonds für Familienbeihilfen zu tragen.

§ 30h. (1) Zu Unrecht bezogene Schulfahrtbeihilfe ist zurückzuzahlen.

(2) Der Schüler hat den von der Republik Österreich für eine Schülerfreifahrt geleisteten Fahrpreis (§ 30f Abs. 1 und 2) zu ersetzen, wenn er die Schülerfreifahrt durch unwahre Angaben erlangt hat oder weiter in Anspruch genommen hat, obwohl die Voraussetzungen weggefallen sind. Für diese Ersatzpflicht des Schülers haftet der Erziehungsberechtigte, wenn der Schüler noch minderjährig ist. Über die Verpflichtung zum Ersatz entscheidet das Finanzamt Österreich, wobei von der Festsetzung eines Ersatzes ganz oder teilweise Abstand genommen werden kann, wenn der Ersatz im Einzelfall den Betrag von 100 Euro nicht übersteigt. Gegen die Entscheidung des Finanzamtes Österreichs ist die Beschwerde an das Verwaltungsgericht des Bundes für Finanzen zulässig. Die Bestimmungen der Bundesabgabenordnung sind sinngemäß anzuwenden.

(BGBl I 2019/104)

(3) Die Oberbehörde ist ermächtigt, in Ausübung des Aufsichtsrechtes das Finanzamt Österreich anzuweisen, von der Rückforderung der zu Unrecht bezogenen Schulfahrtbeihilfe (Abs. 1) sowie vom Ersatz des für eine Schülerfreifahrt geleisteten Fahrpreises (Abs. 2) abzusehen, wenn die Rückforderung bzw. die Geltendmachung des Ersatzanspruches unbillig wäre.

(BGBl I 2019/104)

(4) Wer vorsätzlich oder grob fahrlässig Schulfahrtbeihilfe zu Unrecht bezieht oder durch unwahre Angaben einen Schülerfreifahrausweis zu Unrecht erlangt hat oder weiter in Anspruch genommen hat, obwohl die Voraussetzungen weggefallen sind, begeht, sofern die Tat nicht nach anderen Rechtsvorschriften strenger zu ahnden ist, eine Verwaltungsübertretung und ist hiefür mit einer Geldstrafe bis zu 360 Euro zu bestrafen. Der Versuch ist strafbar. Die Verjährungsfrist (§ 31 des Verwaltungsstrafgesetzes 1950) beträgt zwei Jahre.

§ 30i. (1) Der Anspruch auf die Schulfahrtbeihilfe ist gemäß § 290 Abs. 1 Z 9 der Exekutionsordnung nicht pfändbar.

(2) Die zur Durchführung von Verfahren nach den Bestimmungen dieses Abschnittes erforderlichen Schriften sowie die Schulbestätigungen gemäß § 30e Abs. 3 sind von den Stempelgebühren befreit.

Abschnitt Ib
Freifahrten und Fahrtenbeihilfe für Lehrlinge

§ 30j. (1) Der Bundesminister für Jugend und Familie ist ermächtigt, mit Verkehrsunternehmen des öffentlichen Verkehrs Verträge abzuschließen, wonach der Bund den Verkehrsunternehmen die im Tarif jeweils vorgesehenen Fahrpreise für die Beförderung der Lehrlinge zwischen der Wohnung und der betrieblichen Ausbildungsstätte ersetzt, wenn sich die Verkehrsunternehmen zur freien Beförderung der Lehrlinge unter der Voraussetzung verpflichten, daß

a) die am 1. Mai 1992 geltenden Lehrlingstarife prozentuell nur in dem Verhältnis geändert werden, wie der Preis für den Einzelfahrschein geändert wird, höchstens jedoch im Ausmaß der prozentuellen Fahrpreisänderung für die Schülerzeitkarte, und

b) ein Fahrausweis zur freien Beförderung des Lehrlings gegen Nachweis eines geleisteten Eigenanteiles des Lehrlings am Fahrpreis in Höhe von 19,6 Euro für jedes Lehrjahr an den Lehrling ausgegeben wird.

Der vom Bund zu ersetzende Fahrpreis ist nach den weitestgehenden Ermäßigungen zu ermitteln; eine Pauschalierung des Fahrpreisersatzes ist zulässig. Soweit der Fahrpreisersatz nicht der Umsatzsteuer nach dem Umsatzsteuergesetz unterliegt, vermindert er sich um den entsprechenden Betrag.

(2) Der Fahrpreisersatz darf nur für Lehrlinge in einem anerkannten Lehrverhältnis geleistet werden, die eine betriebliche Ausbildungsstätte im Bundesgebiet oder im grenznahen Gebiet im Ausland besuchen und für die Familienbeihilfe bezogen wird. Die Leistung des Fahrpreisersatzes ist bei Lehrlingen, die weder die österreichische Staatsbürgerschaft noch die Staatsbürgerschaft einer EWR-Vertragspartei oder der Schweiz besitzen, überdies davon abhängig zu machen, dass eine Bestätigung des Finanzamtes Österreich beigebracht wird, wonach für den Lehrling Familienbeihilfe bezogen wird.

(BGBl I 2019/104)

(3) Der Bundesminister für Wirtschaft, Familie und Jugend ist ermächtigt, mit Verkehrsverbundorganisationsgesellschaften Verträge abzuschließen, wonach der Bund für die Beförderung fahrberechtigter Lehrlinge gemäß § 30j Abs. 1 und 2 im öffentlichen Verkehr an die jeweilige Verkehrsverbundorganisationsgesellschaft für jedes Schuljahr eine Pauschalabgeltung abzüglich der

darauf entfallenden Eigenanteile leistet. Die um die Eigenanteile reduzierte Pauschalabgeltung ist im Einvernehmen zwischen dem Bundesminister für Wirtschaft, Familie und Jugend und der jeweiligen Verkehrsverbundorganisationsgesellschaft festzulegen. Die Basis für die Pauschalabgeltung errechnet sich erstmalig nach der Anzahl fahrberechtigter Lehrlinge und den dafür geleisteten Fahrpreissätzen in einem zwischen dem Bundesminister für Wirtschaft, Familie und Jugend und der jeweiligen Verkehrsverbundorganisationsgesellschaft einvernehmlich zu bestimmenden Beobachtungszeitraum. Die Bestimmung bezüglich der weitestgehenden Ermäßigung (§ 30j Abs. 1) ist nicht auf die Pauschalabgeltung anzuwenden.

§ 30k. (1) Zur Erlangung der Freifahrt des Lehrlings zwischen der Wohnung und der betrieblichen Ausbildungsstätte ist der hiefür aufgelegte amtliche Vordruck zu verwenden. Darin ist das Lehrverhältnis, der Besuch der Ausbildungsstätte und die Zeitdauer vom Arbeitgeber zu bestätigen. Diese Bestätigung darf nur in der für die Erlangung der notwendigen Fahrausweise erforderlichen Anzahl ausgestellt werden. Die Inanspruchnahme der Lehrlingsfreifahrt ist nur für den Weg zwischen der Wohnung im Inland und der betrieblichen Ausbildungsstätte und darüber hinaus nur für jene Zeiträume zulässig, in denen für den Lehrling ein Anspruch auf Familienbeihilfe besteht, längstens jedoch bis zum Ablauf des Monats, in dem der Lehrling das 24. Lebensjahr vollendet hat.

(2) Die Vordrucke für die Bestätigungen (Abs. 1) sind zu Lasten des Ausgleichsfonds für Familienbeihilfen vom Bundesministerium für Umwelt, Jugend und Familie aufzulegen und den Arbeitgebern nach Bedarf zur Verfügung zu stellen.

(3) Insoweit dem Bund für die Anschaffung der Erlagscheine für den Selbstbehalt, für Vordrucke, Richtlinien, eine EDV-unterstützte Vollziehung der Fahrpreisersätze und Geldverkehrsspesen Kosten entstehen, sind diese aus Mitteln des Ausgleichsfonds für Familienbeihilfen zu tragen.

§ 30l. § 30h ist sinngemäß anzuwenden.

§ 30m. (1) Anspruch auf Fahrtenbeihilfe für Lehrlinge haben Personen für Kinder, für die ihnen Familienbeihilfe gewährt wird oder die nur deswegen keinen Anspruch auf Familienbeihilfe haben, weil sie Anspruch auf eine gleichartige ausländische Beihilfe haben (§ 4 Abs. 1), wenn das Kind als Lehrling in einem anerkannten Lehrverhältnis eine betriebliche Ausbildungsstätte im Bundesgebiet oder im grenznahen Gebiet im Ausland besucht.

(2) Anspruch auf Fahrtenbeihilfe für Lehrlinge haben auch Vollwaisen in einem anerkannten Lehrverhältnis, denen Familienbeihilfe gewährt wird (§ 6) oder die nur deswegen keinen Anspruch auf Familienbeihilfe haben, weil sie Anspruch auf eine gleichartige ausländische Beihilfe haben (§ 4 Abs. 1), wenn die Vollwaise eine betriebliche Ausbildungsstätte im Bundesgebiet oder im grenznahen Gebiet im Ausland besucht.

(3) Die Fahrtenbeihilfe wird gewährt, wenn der kürzeste Weg zwischen der Wohnung im Inland und der betrieblichen Ausbildungsstätte bzw. der kürzeste Weg zwischen der Wohnung im Inland und dem Zweitwohnsitz am Ort oder in der Nähe des Ortes der betrieblichen Ausbildungsstätte in einer Richtung mindestens 2 km lang ist; für behinderte Lehrlinge wird Fahrtenbeihilfe auch dann gewährt, wenn dieser Weg weniger als 2 km lang und die Zurücklegung dieses Weges ohne Benutzung eines Verkehrsmittels nicht zumutbar ist.

(4) Wird der Lehrling im Rahmen seiner Ausbildung in verschiedenen Ausbildungsstätten desselben Unternehmens abwechselnd eingesetzt, gilt als maßgeblicher Weg zwischen der Wohnung und der betrieblichen Ausbildungsstätte der Weg zwischen der Wohnung und der im Lehrvertrag ausgewiesenen betrieblichen Ausbildungsstätte. Sind im Lehrvertrag mehrere betriebliche Ausbildungsstätten ausgewiesen, ist jene Betriebsstätte maßgebend, in welcher die Ausbildung des Lehrlings überwiegend erfolgt ist.

(5) Kein Anspruch auf Fahrtenbeihilfe besteht für Lehrlinge, welche eine unentgeltliche Beförderung oder die Lehrlingsfreifahrt auf dem Weg zwischen der Wohnung und der betrieblichen Ausbildungsstätte oder auf einem Teil dieses Weges in Anspruch nehmen können. Es besteht auch kein Anspruch auf Fahrtenbeihilfe für Lehrlinge, welche eine unentgeltliche Beförderung auf dem Weg zwischen der Wohnung und der Zweitunterkunft (§ 30n Abs. 2) oder auf einem Teil dieses Weges in Anspruch nehmen können.

(6) Kein Anspruch auf Fahrtenbeihilfe besteht für den fallweisen Besuch von betrieblichen Ausbildungsstätten.

§ 30n. (1) Die Fahrtenbeihilfe für Lehrlinge beträgt, wenn der Weg zwischen der Wohnung und der betrieblichen Ausbildungsstätte in jeder Richtung wenigstens dreimal pro Woche zurückgelegt wird, bei einer Wegstrecke in einer Richtung

a) bis 10 km oder wenn der Weg innerhalb eines Ortsgebietes zurückgelegt wird .... monatlich 5,1 Euro,
b) über 10 km .... monatlich 7,3 Euro.

(2) Die Fahrtenbeihilfe für Lehrlinge beträgt, wenn der Lehrling für Zwecke seiner Lehre notwendigerweise eine Zweitunterkunft außerhalb seines inländischen Hauptwohnortes am Ort der betrieblichen Ausbildungsstätte oder in der Nähe des Ortes der betrieblichen Ausbildungsstätte bewohnt, bei einer Entfernung zwischen der Wohnung im Hauptwohnort und der Zweitunterkunft

a) bis einschließlich 50 km monatlich ...... 19 €,
b) über 50 km bis einschließlich 100 km monatlich .... 32 €,
c) über 100 km bis einschließlich 300 km monatlich .... 42 €,
d) über 300 km bis einschließlich 600 km monatlich .... 50 €,
e) über 600 km monatlich .... 58 €.

Die Entfernung ist nach der Wegstrecke des zwischen der Wohnung im Hauptwohnort und der Zweitunterkunft verkehrenden öffentlichen Verkehrsmittels zu messen. Sofern ein öffentliches Verkehrsmittel auf der Strecke nicht verkehrt, ist die Entfernung nach der kürzesten Straßenverbindung zu messen.

§ 30o. (1) Die Fahrtenbeihilfe wird für einen Lehrling nur einmal gewährt.

(2) Die Fahrtenbeihilfe für Lehrlinge wird für jeden Monat gewährt, in dem der Lehrling auf Grund eines gültigen Lehrverhältnisses in Ausbildung steht, in einem Kalenderjahr jedoch höchstens für neun Monate. Liegen in einem Monat die Voraussetzungen für die Gewährung verschieden hoher Pauschbeträge gemäß § 30n Abs. 1 vor, so ist diese Fahrtenbeihilfe in Höhe des höheren Pauschbetrages zu gewähren. Liegen in einem Monat die Voraussetzungen für die Gewährung verschieden hoher Pauschbeträge für die Fahrt zwischen der Wohnung im Hauptwohnort und der Zweitunterkunft (§ 30n Abs. 2) vor, so ist diese Fahrtenbeihilfe in Höhe des höheren Pauschbetrages zu gewähren.

(3) Liegen in einem Monat die Voraussetzungen für die Gewährung der Schulfahrtbeihilfe gemäß § 30c Abs. 4 und der Fahrtenbeihilfe für Lehrlinge gemäß § 30n Abs. 2 vor, so ist die Fahrtenbeihilfe in Höhe des höheren Pauschbetrages zu gewähren.

(4) Für Fahrten im Linienverkehr, die mit einem Verbund-Lehrlingsfahrausweis zu einem bestimmten Pauschalpreis pro Kalenderjahr möglich sind, steht eine Fahrtenbeihilfe nach § 30n für insgesamt höchstens 11 Monate pro Kalenderjahr und höchstens bis zu jenem, um den pauschalen Eigenanteil von 19,60 Euro reduzierten Betrag zu, welcher für diesen Lehrlingsfahrausweis notwendigerweise zu entrichten ist. Erstreckt sich der Anspruch auf eine derartige Fahrtenbeihilfe nicht über das gesamte Kalenderjahr, steht die Fahrtenbeihilfe pro Anspruchsmonat in Höhe von 1/12 des um 19,60 Euro verminderten Pauschalpreises für diesen Lehrlingsfahrausweis zu. Wird eine bereits geleistete Zahlung des pauschalen Eigenanteiles des Lehrlings für das jeweilige Kalenderjahr im Zuge der Antragstellung nachgewiesen, erfolgt kein weiterer Abzug von der auszuzahlenden Fahrtenbeihilfe.

(5) Die mögliche Inanspruchnahme einer Beförderung im Linienverkehr zum Pauschalpreis schließt den Anspruch auf eine Fahrtenbeihilfe nach § 30n auf dieser Strecke aus. Für einen allfälligen Restweg zwischen der Wohnung und der betrieblichen Ausbildungsstätte über 2 km pro Richtung wird die nach Abs. 4 ermittelte Fahrtenbeihilfe um die zustehende monatliche Pauschalabgeltung nach § 30n Abs. 1 aufgestockt. Für Familienheimfahrten auf Reststrecken über 2 km pro Richtung wird die nach Abs. 4 ermittelte Fahrtenbeihilfe bis zu einer Weglänge von 10 km um monatlich 5 Euro aufgestockt. Übersteigt die Reststrecke 10 km, wird der Auszahlungsbetrag nach Abs. 4 um die zustehende monatliche Pauschalabgeltung nach § 30n Abs. 2 aufgestockt.

§ 30p. (1) Die Fahrtenbeihilfe für Lehrlinge ist nur auf Antrag zu gewähren. § 10 Abs. 5 ist sinngemäß anzuwenden. Der Antrag ist beim Finanzamt Österreich für jedes Kalenderjahr nach Ablauf dieses Kalenderjahres, längstens bis zum Ablauf des nachfolgenden Kalenderjahres einzubringen.

(BGBl I 2019/104)

(2) Die Fahrtenbeihilfe für Lehrlinge ist nur zu gewähren, wenn der Antragsteller eine Bestätigung des Lehrberechtigten des Lehrlings vorlegt, aus der hervorgeht, an welcher Ausbildungsstätte und über welchen Zeitraum der Lehrling ausgebildet wurde.

(3) Zur Entscheidung über einen Antrag auf Gewährung der Fahrtenbeihilfe für Lehrlinge ist das Finanzamt Österreich zuständig. Insoweit einem Antrag nicht vollinhaltlich stattzugeben ist, ist ein Bescheid zu erlassen.

(BGBl I 2019/104)

(4) Die Fahrtenbeihilfe wird für ein Kalenderjahr nur einmal, nach Ablauf des Kalenderjahres, gewährt. § 30h ist sinngemäß anzuwenden.

§ 30q. (1) Der Anspruch auf die Fahrtenbeihilfe für Lehrlinge ist nicht pfändbar.

(2) Die zur Durchführung von Verfahren nach den Bestimmungen dieses Abschnittes erforderlichen Schriften sowie Bestätigungen der Lehrberechtigten gemäß § 30p Abs. 2 sind von den Stempelgebühren befreit.

Abschnitt Ic
Unentgeltliche Schulbücher

§ 31. (1) Zur Erleichterung der Lasten, die den Eltern durch die Erziehung und Ausbildung der Kinder erwachsen, sind Schülern, die eine öffentliche oder mit dem Öffentlichkeitsrecht ausgestattete Pflichtschule, mittlere oder höhere Schule im Inland als ordentliche Schüler besuchen oder die allgemeine Schulpflicht durch Teilnahme an einem Unterricht im Inland gemäß § 11 des Schulpflichtgesetzes 1985 erfüllen, die für den Unterricht notwendigen Schulbücher im Ausmaß eines Höchstbetrages nach Maßgabe der folgenden Bestimmungen unentgeltlich zur Verfügung zu stellen.

(2) Als Pflichtschulen, mittlere Schulen und höhere Schulen im Sinne des Abs. 1 gelten die entsprechenden Schulen einer im Schulorganisationsgesetz, BGBl. Nr. 242/1962, oder im Land- und forstwirtschaftlichen Bundesschulgesetz, BGBl. Nr. 175/1966, geregelten Schulart einschließlich der Sonderformen der höheren Schulen sowie die Forstfachschulen im Sinne des Forstgesetzes 1975, BGBl. Nr. 440, und die land- und forstwirtschaftlichen Berufsschulen. Ferner gelten als Schulen im Sinne des Abs. 1 die Sonderformen der mittleren Schulen im Sinne des Schulorganisationsgesetzes, die land- und forstwirtschaftlichen Fachschulen, die Schulen im Sinne des Bundesgesetzes über Schulen zur Ausbildung von Leibeserziehern und Sportlehrern, BGBl. Nr. 140/1974, sowie die den Pflichtschulen, mittleren und höheren Schulen vergleichbaren Schulen mit eigenem Organisationsstatut (§ 14 Abs. 2 des Privatschulgesetzes, BGBl. Nr. 244/1962), jeweils unter der Voraussetzung, daß

sie entweder in einem Unterrichtsjahr mindestens acht Monate mit mindestens 30 Wochenstunden oder in mehreren Unterrichtsjahren insgesamt mindestens 1 200 Unterrichtsstunden, hievon in jedem vollen Unterrichtsjahr jedoch mindestens 500 Unterrichtsstunden in den Pflichtgegenständen, umfassen. Zu den Schulen im Sinne des Abs. 1 zählen auch die Vorbereitungslehrgänge der Akademien für Sozialarbeit.

(3) Bei der Anwendung des Abs. 1 sind Privatschulen, für die

a) erstmals um das Öffentlichkeitsrecht angesucht wurde oder

b) im vorangegangenen Schuljahr das Öffentlichkeitsrecht verliehen und nicht gemäß § 16 Abs. 1 des Privatschulgesetzes entzogen worden ist sowie für das laufende Schuljahr um die Verleihung des Öffentlichkeitsrechtes angesucht wurde, so zu behandeln, als ob das Öffentlichkeitsrecht bereits verliehen wäre.

(4) Als Schulen im Sinne des Abs. 1 gelten auch Schulen, die gemäß § 12 des Schulpflichtgesetzes als zur Erfüllung der Schulpflicht geeignet anerkannt wurden, sowie Privatschulen, denen die Führung einer gesetzlich geregelten Schulartbezeichnung bewilligt wurde (§ 11 des Privatschulgesetzes).

(5) Als ordentliche Schüler im Sinne dieses Abschnittes gelten auch Schüler, die wegen mangelnder Kenntnis der Unterrichtssprache oder wegen der Zulassung zur Ablegung einer Einstufungsprüfung (§ 3 Abs. 6 des Schulunterrichtsgesetzes) oder wegen der Zulassung zur Ablegung einer Aufnahmsprüfung (§ 29 Abs. 5 des Schulunterrichtsgesetzes) als außerordentliche Schüler geführt werden.

(6) Als ordentliche Schüler im Sinne dieses Abschnittes gelten auch Berufsschüler, die eine fachliche Berufsschule des der Ausbildung entsprechenden anerkannten Lehrberufes besuchen und mangels der Berufsschulpflicht als außerordentliche Schüler geführt werden.

§ 31a. (1) Als für den Unterricht notwendige Schulbücher gelten:

1. Schulbücher, die

    a) als Schulbuch, elektronische Schulbuchergänzung oder therapeutisches Unterrichtsmittel vom Bundesminister für Unterricht, Kunst und Kultur für die jeweilige Schulart und Schulstufe oder von der für die Eignungserklärung von Unterrichtsmitteln zuständigen Schulbehörde für geeignet erklärt worden sind,

    b) lehrplanmäßig für den Religionsunterricht erforderlich sind,

    c) gemäß lit. a geeignete Schulbücher sind und nach gewissenhafter Prüfung durch die Lehrer nach Inhalt und Form auch dem Lehrplan einer anderen Schulform oder Schulstufe entsprechen.

2. Unterrichtsmittel eigener Wahl (gedruckte, audiovisuelle, automationsunterstützte Datenträger, Lernspiele, therapeutische) bis zum Ausmaß von 15 vH des Höchstbetrages pro Schüler/Schülerin und Schulform (Schulbuchlimit),

wenn diese von der Schule als für den Unterricht erforderlich bestimmt wurden.

(2) Ein Schulbuch, das für mehrere Schulstufen bestimmt ist, ist dem Schüler nur einmal zur Verfügung zu stellen.

(3) Der Schüler hat keinen Anspruch auf den Ersatz eines verlorenen oder unbrauchbar gewordenen Schulbuches.

(4) Für die unentgeltliche Abgabe der Schulbücher sind unter Berücksichtigung der Voraussetzungen des § 31a Abs. 1 jährlich Höchstbeträge pro Schüler und Schulform (Limits) durch Verordnung des Bundesministers für Umwelt, Jugend und Familie im Einvernehmen mit dem Bundesminister für Unterricht und kulturelle Angelegenheiten festzusetzen.

§ 31b. (1) Der mit der Vollziehung dieses Bundesgesetzes betraute Bundesminister ist ermächtigt, zur Erfüllung der in § 31 Abs. 1 genannten Aufgaben mit Verlags- und Vertriebsunternehmen Verträge über die Herstellung und Ausgabe der von den Schulen bestellten Schulbücher abzuschließen.

(2) Die Bestellung der für den Unterricht notwendigen Schulbücher (§ 31a) durch die Schulen und die Weitergabe der Bestelldaten erfolgt durch eine auf Internet basierende EDV-Anwendung. Die Verrechnung der Schulbuch-Bestellungen mit den von den Schulen ausgewählten Unternehmen gemäß Abs. 1 erfolgt durch einen in diesem Programm implementierten elektronischen Zahlungsverkehr. Die zu diesen Zwecken zwischen Schulen und Schulbuchhandel erforderliche Vorgehensweise wird in den jährlich zu erlassenden Durchführungsrichtlinien näher geregelt.

§ 31c. (1) Die Schulbücher sind den Schulerhaltern der im § 31 genannten Schulen über Anforderung durch die von den Schulen gewählten Unternehmen (§ 31b Abs. 1) zur Verfügung zu stellen. Zur Ausgabe der Schulbücher an die Schüler/innen sind die Schulerhalter verpflichtet.

(2) Insoweit die für den Unterricht erforderlichen Schulbücher nicht bzw. nicht mehr über das Programm bestellt werden können, sind diese Schulbücher über das Finanzamt Österreich zu verrechnen.

(BGBl I 2019/104)

(3) Die Schulen haben Aufzeichnungen zu führen, aus denen die Empfänger der Schulbücher hervorgehen. Die Schulen sind dem FLAG vollziehenden Bundesministerium und dem Finanzamt Österreich gegenüber zur Auskunftserteilung verpflichtet und haben diesen Einsicht in die Aufzeichnungen zu geben.

(BGBl I 2019/104)

(4) Über strittige Ansprüche eines Schülers/einer Schülerin auf ein Schulbuch sowie über die Ver-

pflichtung eines Schulerhalters zur Ausgabe eines Schulbuches entscheidet das Finanzamt Österreich nach Anhörung der Schulbehörde erster Instanz. Die Bestimmungen der Bundesabgabenordnung, BGBl. Nr. 194/1961, sind sinngemäß anzuwenden.

(BGBl I 2019/104)

§ 31d. (1) Die den Schülern zur Verfügung gestellten Schulbücher gehen in das Eigentum der Schüler über.

(2) Die Schüler (die Erziehungsberechtigten) können der Schule freiwillig Schulbücher für die Wiederverwendung zur Verfügung stellen. Dies erfolgt nach Richtlinien, die vom Schulforum bzw. vom Schulgemeinschaftsausschuß gemäß dem Schulunterrichtsgesetz festzulegen sind. Die Schüler haben bis spätestens zum Ende des Kalenderjahres der Schule mitzuteilen, welche Schulbücher sie der Wiederverwendung zur Verfügung stellen werden.

(3) Die für die Wiederverwendung zur Verfügung gestellten Schulbücher stehen ab der Überlassung nicht mehr im Eigentum der Schüler. Die Richtlinien des Schulforums bzw. des Schulgemeinschaftsausschusses sind Aufzeichnungen im Sinne des § 31c Abs. 3 FLAG.

(4) Zu Unrecht erhaltene Schulbücher hat der Schüler zurückzugeben. Für die Rückgabe haftet der Erziehungsberechtigte. Über die Verpflichtung zur Rückgabe eines Schulbuches oder über die Verpflichtung zum Ersatz des Anschaffungswertes entscheidet das Finanzamt Österreich. Gegen dessen Entscheidung ist eine Beschwerde an das Verwaltungsgericht des Bundes für Finanzen zulässig. Über die Verpflichtung zur Rückgabe eines Schulbuches oder über die Verpflichtung zum Ersatz des Anschaffungswertes entscheidet das für die Schule, die der Schüler besucht oder besucht hat, zuständige Finanzamt, gegen dessen Entscheidung die Beschwerde an das Verwaltungsgericht des Bundes für Finanzen zulässig ist. Die Bestimmungen der Bundesabgabenordnung, BGBl. Nr. 194/1961, sind sinngemäß anzuwenden.

(BGBl I 2019/104)

§ 31e. Die Schulerhalter haften dem Bund für eine korrekte Bekanntgabe der an der Schulbuchaktion teilnehmenden Schüleranzahl und die richtige Ausgabe der Schulbücher an die Schüler/innen. Sie sind zum Ersatz von angeschafften Schulbüchern, die weder an Schüler/innen ausgefolgt noch den Unternehmen gem. § 31b Abs. 1 zurückgegeben wurden, und für zu Unrecht ausgegebene Schulbücher verpflichtet. Über die Ersatzansprüche entscheidet das Finanzamt Österreich. Von der Festsetzung eines Ersatzes kann ganz oder teilweise Abstand genommen werden, wenn der Ersatz pro Schule und Schuljahr 3 % des maßgeblichen Schulbuchbudgets, höchstens aber 100 Euro, nicht übersteigt. Gegen diese Entscheidung ist das Rechtsmittel der Beschwerde zulässig, über welches das Verwaltungsgericht des Bundes für Finanzen entscheidet. Die Bestimmungen der Bundesabgabenordnung, BGBl. Nr. 194/1961, sind sinngemäß anzuwenden.

(BGBl I 2019/104)

§ 31f. Die zur Durchführung der Bestimmungen dieses Abschnittes erforderlichen Eingaben und Amtshandlungen sind von den Stempelgebühren befreit.

§ 31g. Insoweit dem Bund für Vordrucke und Richtlinien zur Abgabe der Schulbücher, für eine automationsunterstützte Schulbuchdatei und für Geldverkehrspesen Kosten entstehen, sind diese aus Mitteln des Ausgleichsfonds für Familienbeihilfen zu tragen.

§ 31h. Wer Schulbuchbelege gemäß § 31b vorsätzlich oder grob fahrlässig mißbräuchlich verwendet, verfälscht oder nachmacht, begeht, sofern die Tat nicht nach anderen Rechtsvorschriften strenger zu ahnden ist, eine Verwaltungsübertretung und ist hiefür von der Bezirksverwaltungsbehörde mit einer Geldstrafe bis zu 360 Euro zu bestrafen. Der Versuch ist strafbar. Die Verjährungsfrist (§ 31 des Verwaltungsstrafgesetzes 1950) beträgt zwei Jahre.

Abschnitt II
(aufgehoben)

(BGBl I 2022/135)

§§ 32. bis 38. (aufgehoben)

(BGBl I 2022/135)

Abschnitt IIa
Familienhärteausgleich

§ 38a. (1) Der Bundesminister für Umwelt, Jugend und Familie kann Familien sowie werdenden Müttern, die durch ein besonderes Ereignis unverschuldet in Not geraten sind, finanzielle Zuwendungen zur Milderung oder Beseitigung der Notsituation gewähren.

(2) Als Familien sind Eltern (Großeltern, Adoptiveltern, Pflegeeltern) oder Elternteile mit Kindern zu verstehen, für die ihnen Familienbeihilfe gewährt wird. Leben beide Elternteile mit den Kindern im gemeinsamen Haushalt, kann die Zuwendung ihnen gemeinsam gewährt werden. Zuwendungen können auch Kindern gewährt werden, die für sich selbst Anspruch auf Familienbeihilfe haben.

(3) Empfänger von Zuwendungen können nur österreichische Staatsbürger, Personen mit Staatsangehörigkeit zu einem EU-Mitgliedsland, Staatenlose mit ausschließlichem Wohnsitz im Bundesgebiet, Flüchtlinge gemäß Asylgesetz 2005 in der geltenden Fassung, die voraussichtlich dauerhaft im Bundesgebiet bleiben werden, sowie Drittstaatsangehörige sein.

(BGBl I 2020/23)

(4) Auf die Gewährung von Zuwendungen besteht kein Rechtsanspruch.

(5) Dem Familienhärteausgleich werden aus dem Familienlastenausgleichsfonds einmalig 100 Mio. Euro bereitgestellt. Dem Familienhärteausgleich werden zusätzlich einmalig 50 Mio. Euro aus dem COVID-19-Krisenbewältigungsfonds bereitgestellt. Dem Familienhärteausgleich werden weitere 50 Mio. Euro aus dem COVID-19-Kri-

senbewältigungsfonds bereitgestellt. Mit diesen Mitteln sollen Familien mit Kindern rasch und unbürokratisch eine finanzielle Unterstützung zur Bewältigung von Mehraufwendungen aufgrund der Pandemiefolgen erhalten können.

(BGBl I 2020/23, BGBl I 2020/71, BGBl I 2020/109, BGBl I 2020/135, BGBl I 2021/58)

(6) Die Bundesministerin für Arbeit, Jugend und Familie hat im Einvernehmen mit dem Bundesminister für Soziales, Gesundheit, Pflege und Konsumentenschutz per Richtlinie näher zu bestimmen, unter welchen Voraussetzungen diese Bundesmittel eingesetzt werden können. Die Richtlinie hat insbesondere folgende Punkte zu enthalten:
1. Rechtsgrundlagen, Ziele,
2. den Gegenstand der finanziellen Zuwendung,
3. die persönlichen und sachlichen Voraussetzungen für das Erlangen einer finanziellen Zuwendung,
4. das Ausmaß und die Art der Sach- oder Geldleistung,
5. das Verfahren,
6. die Geltungsdauer (wonach eine Antragstellung bis spätestens 30. Juni 2021 zu erfolgen hat).

(BGBl I 2020/135, BGBl I 2021/58)
(BGBl I 2020/23)

(7) Abweichend von Abs. 3 sollen aufgrund des außerordentlichen COVID-19 Krisengeschehens auch Subsidiär Schutzberechtigte gemäß § 8 Asylgesetz 2005 in der geltenden Fassung eine finanzielle Zuwendung auf Basis der zu erlassenden Richtlinie erhalten können.

(BGBl I 2020/23)

(8) Zur effektiven Umsetzung der Ziele dieser finanziellen Zuwendungen können auch die Länder unter entsprechender Abgeltung ihrer administrativen Aufwendungen betraut werden. Dabei sind insbesondere auch datenschutzrechtliche Regelungen beachtlich.

(BGBl I 2020/23)

(9) Dem Familienhärteausgleich werden zusätzlich zu den Mitteln gem. Abs. 5 einmalig aus dem COVID-19-Krisenbewältigungsfonds 30 Mio. Euro bereitgestellt. Mit diesen Mitteln sollen Eltern, die mit Stichtag 28. Februar arbeitslos gemäß § 12 AlVG waren und Arbeitslosengeld oder Notstandshilfe bezogen haben, für ihre Kinder eine finanzielle Unterstützung zur Bewältigung von Mehraufwendungen aufgrund der Pandemiefolgen erhalten können. Anspruchsberechtigt sind Eltern mit Hauptwohnsitz in Österreich, wenn zumindest für ein Kind im Haushalt Familienbeihilfe bezogen wird. Ausgenommen sind Eltern, die Sozialhilfe oder Mindestsicherung beziehen. Als Zuwendung werden gewährt: 50 Euro pro Kind und Monat für maximal drei Monate. Die Zuwendung wird einmalig ausbezahlt und ist nicht rückzahlbar.

(BGBl I 2020/28)

(10) Die Bundesministerin für Arbeit, Familie und Jugend hat im Einvernehmen mit dem Bundesminister für Soziales, Gesundheit, Pflege und Konsumentenschutz per Richtlinie näher zu bestimmen, unter welchen Voraussetzungen diese Bundesmittel eingesetzt werden können. Die Richtlinie hat insbesondere folgende Punkte zu enthalten:
1. Rechtsgrundlagen, Ziele,
2. den Gegenstand der finanziellen Zuwendung,
3. die persönlichen und sachlichen Voraussetzungen für das Erlangen einer finanziellen Zuwendung,
4. das Ausmaß und die Art der Sach- oder Geldleistung,
5. das Verfahren,
6. die Geltungsdauer.

(BGBl I 2020/28)

(11) Verbleibende Mittel aus dem Familienhärteausgleich gemäß Abs. 9 werden dem Bundesminister für Soziales, Gesundheit, Pflege und Konsumentenschutz zur Verfügung gestellt. Aus diesen Mitteln sollen Eltern, die Bezieherinnen oder Bezieher von Leistungen der Sozialhilfe oder Mindestsicherung sind, für ihre Kinder eine Unterstützung zur Bewältigung von Mehraufwendungen aufgrund der Pandemiefolgen erhalten können.

(BGBl I 2020/28)

(12) Der Bundesminister für Soziales, Gesundheit, Pflege und Konsumentenschutz hat im Einvernehmen mit der Bundesministerin für Arbeit, Familie und Jugend per Richtlinie näher zu bestimmen, unter welchen Voraussetzungen diese Bundesmittel eingesetzt werden können. Die Richtlinie hat insbesondere folgende Punkte zu enthalten:
1. Rechtsgrundlagen, Ziele,
2. den Gegenstand der finanziellen Zuwendung,
3. die persönlichen und sachlichen Voraussetzungen für das Erlangen einer finanziellen Zuwendung,
4. das Ausmaß und die Art der Sach- oder Geldleistung,
5. das Verfahren,
6. die Geltungsdauer.

(BGBl I 2020/28)

(13) Mit der Umsetzung der Ziele dieser finanziellen Zuwendungen gem. Abs. 11 können auch die Länder betraut werden. Dabei sind insbesondere auch datenschutzrechtliche Regelungen beachtlich und ist sicherzustellen, dass auf Grund der Abs. 11 bzw. 12 ausbezahlte Mittel nicht auf andere Leistungen der Sozialhilfe oder Mindestsicherung angerechnet werden.

(BGBl I 2020/28)

(14) Zuwendungen gemäß Abs. 9 und 11 können nicht an Personen gewährt werden, die eine Zuwendung aus dem Fonds gemäß Abs. 5 erhalten haben.

(BGBl I 2020/28)

§ 38b. An Zuwendungen können gewährt werden:
a) zins- oder amortisationsbegünstigte Gelddarlehen; hiebei soll die Laufzeit zehn Jahre und die tilgungsfreie Zeit drei Jahre nicht über-

schreiten. Die Höhe der Zinsen soll höchstens 4 vH betragen, die Zinsenberechnung hat kontokorrentmäßig zu erfolgen;
b) Annuitäten-, Zinsen- und Kreditkostenzuschüsse; hiebei soll der Zinsen- und Annuitätenzuschuß 50 vH des Bruttozinssatzes bzw. der Annuitäten nicht übersteigen, eine zeitliche Begrenzung der Gewährung der Zuschüsse ist zulässig;
c) sonstige Geldzuwendungen.

§ 38c. Der Bundesminister für Umwelt, Jugend und Familie hat Richtlinien zu erlassen, in denen das Nähere bestimmt wird. Die Richtlinien sind im Amtsblatt zur Wiener Zeitung zu veröffentlichen.

Abschnitt IIb
(aufgehoben)
(BGBl I 2022/135)

§§ 38d. bis 38i. (aufgehoben)
(BGBl I 2022/135)

Abschnitt IIc
Familienhospizkarenz – Härteausgleich

§ 38j. (1) Der Bundesminister für soziale Sicherheit und Generationen kann Personen, die zum Zwecke der Sterbebegleitung eines nahen Angehörigen oder der Begleitung von im gemeinsamen Haushalt lebenden, schwerst erkrankten Kindern (Wahl- oder Pflegekindern) eine Familienhospizkarenz
1. gemäß §§ 14a oder 14b des Arbeitsvertragsrechts-Anpassungsgesetzes (AVRAG), BGBl. Nr. 459/1993, gegen gänzlichen Entfall des Arbeitsentgelts oder
2. gemäß § 32 des Arbeitslosenversicherungsgesetzes 1977, BGBl. Nr. 609, oder
3. nach gleichartigen bundes- oder landesgesetzlichen Regelungen gegen gänzlichen Entfall der Bezüge

in Anspruch nehmen, in besonderen Härtefällen eine Geldzuwendung gewähren.

(2) Auf die Gewährung von Geldzuwendungen nach Abs. 1 besteht kein Rechtsanspruch.

(3) Der Bundesminister für soziale Sicherheit und Generationen hat Richtlinien zu erlassen, in denen das Nähere bestimmt wird. Die Richtlinien sind im Amtsblatt zur Wiener Zeitung zu veröffentlichen.

Abschnitt III
Aufbringung der Mittel

§ 39. (1) Der Aufwand für die nach diesem Bundesgesetz vorgesehenen Beihilfen und sonstigen Maßnahmen ist vom Ausgleichsfonds für Familienbeihilfen zu tragen, der von der Bundesministerin für Gesundheit, Familie und Jugend verwaltet wird. Dieser Fonds besitzt keine Rechtspersönlichkeit.

(2) Die Mittel des Ausgleichsfonds für Familienbeihilfen werden wie folgt aufgebracht:
a) Durch Beiträge der Dienstgeber (Dienstgeberbeitrag);
b) vom Aufkommen an Einkommensteuer sind jährlich 690 392 000 € vor Abzug aller im jeweiligen Finanzausgleichsgesetz vorgesehenen Ertragsanteile dem Ausgleichsfonds für Familienbeihilfen zuzuweisen, wobei die Zuweisung zu 25 vH zu Lasten des Aufkommens an veranlagter Einkommensteuer und zu 75 vH zu Lasten des Aufkommens an Lohnsteuer zu erfolgen hat. Die Zuweisung aus dem Aufkommen an veranlagter Einkommensteuer hat in Teilbeträgen von je 43 149 500 € in den Monaten Februar, Mai, August und November zu erfolgen. Die Zuweisung aus dem Aufkommen an Lohnsteuer hat monatlich in Teilbeträgen von je 43 149 500 € zu erfolgen. Die länderweise Aufteilung hat verhältnismäßig dem in den einzelnen Ländern im vorhergehenden Kalenderjahr erzielten Aufkommen an veranlagter Einkommensteuer bzw. an Lohnsteuer zu entsprechen;
c) durch Anteile am Aufkommen an Körperschaftsteuer und an Einkommensteuer nach Maßgabe des jeweiligen Finanzausgleichsgesetzes;
d) durch Beiträge von land- und forstwirtschaftlichen Betrieben;
e) (aufgehoben)
f) der/die Bundesminister/in für Arbeit, Soziales und Konsumentenschutz hat bis 31. Dezember 2013 einen Pauschalbetrag von 600 000 Euro für den Aufwand an Familienbeihilfen gemäß §§ 2 Abs. 1 lit. l und 6 Abs. 2 lit. k an den Ausgleichsfonds für Familienbeihilfen zu überweisen;
g) die Bundesministerin für Inneres hat bis zum 31. März eines jeden Jahres einen Pauschalbetrag von 200 000 Euro für den Mehraufwand an Familienbeihilfen zu überweisen, der dadurch entsteht, dass Zivildienstpflichtige, die gemäß § 12c des Zivildienstgesetzes 1986 – ZDG, BGBl. Nr. 679/1986, auf Grund der Teilnahme an einem durchgehend 12 Monate dauernden Freiwilligen Sozialjahr, Freiwilligen Umweltschutzjahr oder Gedenkdienst, Friedens- und Sozialdienst im Ausland nach dem Freiwilligengesetz – FreiwG, BGBl. I Nr. 17/2012, nicht zum Antritt des ordentlichen Zivildienstes herangezogen wurden. Die Höhe dieses Pauschalbetrages ist im Jahr 2017 zu evaluieren;
(BGBl I 2015/144)
h) der/die Bundesminister/in für Arbeit, Soziales und Konsumentenschutz hat bis zum 31. Dezember 2015 einen Pauschalbetrag von 30 000 Euro für den Aufwand an Familienbeihilfen gemäß §§ 2 Abs. 1 lit. l und 6 Abs. 2 lit. k an den Ausgleichsfonds für Familienbeihilfen zu überweisen.
(BGBl I 2015/144)

(3) Die im Abs. 2 lit. a und lit. d angeführten Beiträge sind ausschließliche Bundesabgaben im

Sinne des § 6 Abs. 1 Z 1 des Finanz-Verfassungsgesetzes 1948.

(4) Die Mittel des Ausgleichsfonds für Familienbeihilfen sind zweckgebunden für den Aufwand an den nach diesem Bundesgesetz vorgesehenen Leistungen.

(5) Aus Mitteln des Ausgleichsfonds für Familienbeihilfen sind die nach dem Unterhaltsvorschussgesetz 1985, BGBl. Nr. 451/1985, zu leistenden Vorschüsse auf den gesetzlichen Unterhalt zu zahlen. Die Rückzahlungen für die Vorschüsse fließen dem Ausgleichsfonds für Familienbeihilfen zu.

§ 39a. (1) Aus Mitteln des Ausgleichsfonds für Familienbeihilfen ist an die Allgemeine Unfallversicherungsanstalt für die gesetzliche Unfallversicherung der Schüler und Studenten (§ 8 Abs. 1 Z 3 lit. h und i des Allgemeinen Sozialversicherungsgesetzes) ab dem Jahr 1991 ein jährlicher Beitrag von 4 360 000 Euro zu zahlen.

(2) Der Beitrag ist in dem Jahr zu zahlen, für welches er bestimmt ist.

(3) Aus Mitteln des Ausgleichsfonds für Familienbeihilfen sind den Trägern der gesetzlichen Krankenversicherung 70 vH der Aufwendungen für das Wochengeld (§ 162 in Verbindung mit § 168 des Allgemeinen Sozialversicherungsgesetzes, § 41 des Arbeitslosenversicherungsgesetzes 1977 und § 36 Abs. 2 des Arbeitsmarktservicegesetzes, BGBl. Nr. 313/1994) zu ersetzen.

(4) Aus Mitteln des Ausgleichsfonds für Familienbeihilfen sind den Sozialversicherungsanstalt der Selbständigen und der Sozialversicherungsanstalt der Selbständigen der Aufwand für die Teilzeitbeihilfen zur Gänze sowie 70 vH der Aufwendungen für die übrigen Leistungen nach dem Bundesgesetz über die Gewährung der Leistung der Betriebshilfe (des Wochengeldes) an Mütter, die in der gewerblichen Wirtschaft oder in der Land- und Forstwirtschaft selbständig erwerbstätig sind, zu ersetzen.

(BGBl I 2018/100)

(5) Aus Mitteln des Ausgleichsfonds für Familienbeihilfen sind die Pensionsbeiträge für die nach § 18a des Allgemeinen Sozialversicherungsgesetzes Selbstversicherten den Trägern der gesetzlichen Pensionsversicherung zu zahlen.

(6) (aufgehoben)

(7) Aus Mitteln des Ausgleichsfonds für Familienbeihilfen ist der Aufwand für die Wiedereinstellungsbeihilfe nach Art. XXI des Karenzurlaubserweiterungsgesetzes, BGBl. Nr. 408/1990, zu leisten.

§ 39b. Der Aufwand für die Förderung der Familienberatungsstellen nach dem Familienberatungsförderungsgesetz, BGBl. Nr. 80/1974, ist aus Mitteln des Ausgleichsfonds für Familienbeihilfen zu tragen.

§ 39c. (1) Der Bundesminister für Umwelt, Jugend und Familie kann gemeinnützige Einrichtungen, die das Angebot
1. qualitativer Elternbildung,
2. von Mediation oder Eltern- und Kinderbegleitung in Scheidungs- und Trennungssituationen

gewährleisten, auf Ansuchen fördern.

(2) Elternbildung, Mediation sowie Eltern- und Kinderbegleitung in Scheidungs- und Trennungssituationen sind unter Beachtung allgemein anerkannter wissenschaftlicher Erkenntnisse durch geeignetes Fachpersonal durchzuführen. Erforderlichenfalls kann der Bund zur entsprechenden Aus- und Weiterbildung des Fachpersonals beitragen. Zur Sicherung der kontinuierlichen Inanspruchnahme von Elternbildungsangeboten kann der Bund notwendige Maßnahmen zur Bewusstseinsbildung durchführen.

(3) Bei allen Projekten zur Förderung der Elternbildung sowie der Kinderbegleitung ist eine Mitfinanzierung durch die Länder anzustreben.

(4) Auf die Gewährung von Förderungen besteht kein Rechtsanspruch. Förderungen und Aufwendungen nach Abs. 1 bis Abs. 3 sind aus Mitteln des Ausgleichsfonds für Familienbeihilfen zu tragen.

(5) Der Bundesminister für Umwelt, Jugend und Familie hat Richtlinien zur Förderung der Elternbildung, von Mediation sowie der Eltern- und Kinderbegleitung in Scheidungs- und Trennungssituationen zu erlassen, in denen das Nähere bestimmt wird. Die Richtlinien sind im Amtsblatt zur Wiener Zeitung zu veröffentlichen.

§ 39d. Aus Mitteln des Ausgleichsfonds für Familienbeihilfen sind für die In-vitro-Fertilisation die Kosten nach Maßgabe des IVF-Fonds-Gesetzes, BGBl. I Nr. 180/1999, zu tragen.

§ 39e. (aufgehoben)
(EKPG, BGBl I 2023/82)

§ 39f. (1) Der Bundesminister für Umwelt, Jugend und Familie ist ermächtigt, im Einvernehmen mit dem Bundesminister für Wissenschaft, Verkehr und Kunst zur Durchführung von Schülerfreifahrten und Lehrlingsfreifahrten in Verkehrsverbünden oder Tarifverbünden Grund- und Finanzierungsverträge zu schließen.

(2) Die erstmalig anfallenden notwendigen Kosten der Hard- und Software für die Einbindung der Schüler- und Lehrlingsfreifahrten in die Verkehrsverbünde sind je zur Hälfte aus Mitteln des Ausgleichsfonds für Familienbeihilfen und aus Mitteln des Bundesministeriums für Verkehr, Innovation und Technologie zu ersetzen. Der Ersatz hat gegen Rechnungslegung innerhalb eines halben Jahres im Nachhinein zu erfolgen.

§ 39g. (1) Aus Mitteln des Ausgleichsfonds für Familienbeihilfen ist dem Bund (Bundesminister für Finanzen) in den Jahren 2009 und 2010 jeweils bis zum 1. Juli ein Pauschalbetrag von 20 Millionen € sowie ab dem Jahr 2011 jeweils bis zum 1. Juli ein Pauschalbetrag von 10 Millionen € jährlich zu zahlen, der für den Verwaltungsaufwand bei Vollziehung dieses Bundesgesetzes durch die Finanzverwaltung zu verwenden ist.

(2) Aus Mitteln des Ausgleichsfonds für Familienbeihilfen ist dem Bund (Bundesministerium

15/1. FLAG
§§ 39g – 39j

für Finanzen) bis zum 1. September 2013 einmalig ein Pauschalbetrag von 300 000 € für die technische Umsetzung der Direktauszahlung nach § 14 zu zahlen.

(3) Aus Mitteln des Ausgleichsfonds für Familienbeihilfen ist dem Bund (Bundesministerium für Finanzen) bis zum 1. Dezember 2014 ein Pauschalbetrag von 250 000 € und ab dem Jahr 2015 jeweils bis zum 1. Juli ein Pauschalbetrag von einer Million € für die zusätzlichen Kosten, die durch die monatliche Auszahlung der Familienbeihilfe gemäß § 11 Abs. 1 entstehen, zu zahlen.

(4) Die Kosten für die technische Umsetzung der automationsunterstützten Auszahlung der Familienbeihilfe nach § 10a werden aus Mitteln des Ausgleichsfonds für Familienbeihilfen als einmaliger Pauschalbetrag in Höhe von 784.540 € getragen. Die Auszahlung dieses Pauschalbetrages hat direkt an den vom Bundesministerium für Finanzen beauftragten IT-Dienstleister, nach Prüfung der Rechnung des IT-Dienstleisters durch das Bundesministerium für Finanzen, zu erfolgen.

(BGBl I 2015/50)

(5) Für die technische Umsetzung des neuen automationsunterstützten Familienbeihilfenverfahrens FABIAN werden die tatsächlichen Kosten bis maximal 13 Millionen € aus Mitteln des Ausgleichsfonds für Familienbeihilfen getragen. Die Auszahlung hat direkt an den vom Bundesministerium für Finanzen beauftragten IT-Dienstleister, nach Prüfung der Rechnungen des IT-Dienstleisters durch das Bundesministerium für Finanzen, zu erfolgen.

(BGBl I 2016/53)

(6) Für die technische Umsetzung der Anpassung der Beträge an Familienbeihilfe nach § 8a Abs. 1 bis 3 ist dem Bund (Bundesminister für Finanzen) einmalig ein Pauschalbetrag von 125 000 Euro aus Mitteln des Ausgleichsfonds für Familienbeihilfen zu zahlen.

(BGBl I 2018/83)

§ 39h. (aufgehoben)

§ 39i. Die Kosten für Forschungsförderungen und Forschungsaufträge, sowie sonstige wissenschaftliche Untersuchungen und Arbeiten im Interesse der Familien und Generationenbeziehungen insbesondere an das österreichische Institut für Familienforschung oder dessen Rechtsnachfolger sind aus Mitteln des Ausgleichsfonds für Familienbeihilfen zu tragen.

§ 39j. (1) Der Aufwand für die Leistungen nach dem KBGG sowie die Kosten für den diesbezüglichen Verwaltungsaufwand nach dem Kinderbetreuungsgeldgesetz (KBGG), BGBl. Nr. 103/2001, und dem Familienzeitbonusgesetz (FamZeitbG), BGBl. I Nr. 53/2016, sind aus Mitteln des Ausgleichsfonds für Familienbeihilfen zu tragen.

(BGBl I 2016/53)

(2) Der Aufwand für Zeiten der Kindererziehung in der Pensionsversicherung nach Maßgabe der §§ 52 Abs. 4 Z 3 ASVG, 27e Z 2 GSVG und 24e Z 2 BSVG in Verbindung mit den §§ 617 Abs. 5 ASVG, 306 Abs. 4 GSVG und 295 Abs. 5 BSVG sowie der Aufwand für diesbezügliche Informationsmaßnahmen ist aus Mitteln des Ausgleichsfonds für Familienbeihilfen zu tragen.

(3) Für die Jahre 2002, 2003 und 2004 ist als Beitrag zur Krankenversicherung der Kinderbetreuungsgeldbezieher sowie Karenz (urlaubs)geldbezieher, Teilzeitbeihilfenbezieher sowie Bezieher gleichartiger Leistungen nach den entsprechenden Bundes- und Landesgesetzen aus Mitteln des Ausgleichsfonds für Familienbeihilfen jeweils ein Betrag in Höhe von 72,673 Millionen Euro bereitzustellen. Der Ausgleichsfonds für Familienbeihilfen hat den Jahresbetrag jeweils in vier gleichen Teilbeträgen der Österreichischen Gesundheitskasse zur Aufteilung zu überweisen und zwar jeweils am 20. des ersten Monats eines jeden Quartals, erstmals am 20. Jänner 2002.

(BGBl I 2018/100)

(4) Die Österreichische Gesundheitskasse hat die vorschussweise einlangenden Beiträge gemäß Abs. 3 spätestens bis zum 30. des ersten Monats des Quartals vorläufig nach einem Schlüssel aufzuteilen und an die zuständigen Träger der Krankenversicherung zu überweisen. Für das Jahr 2002 gilt als vorläufiger Schlüssel die Schätzung des Dachverbandes der Sozialversicherungsträger.

(BGBl I 2018/100)

(5) Die Österreichische Gesundheitskasse hat die endgültige Aufteilung der Mittel gemäß Abs. 3 an die Träger der Krankenversicherung, an die im § 2 Abs. 1 Z 2 Beamten-Kranken- und Unfallversicherungsgesetz (B-KUVG), BGBl. Nr. 200/1967, angeführten Krankenfürsorgeanstalten sowie an die die Krankenversicherungsbeiträge nach bundes- und landesgesetzlichen Bestimmungen tragenden Dienstgeber für jedes Kalenderjahr bis zum 31. Juli des Folgejahres vorzunehmen. Hiezu haben die im ersten Satz genannten Krankenversicherungsträger, Krankenfürsorgeanstalten und Dienstgeber die Abrechnungen bis zum 30. April des Folgejahres zu übermitteln. Die Ermittlung des Verteilungsschlüssels sowie die Auszahlung hat auf Basis der anteiligen endgültigen krankenversicherungspflichtigen Bargeldleistungen zu erfolgen.

(BGBl I 2018/100)

(6) Ein Beitrag zur Krankenversicherung ist in den Jahren 2005 bis 2007 in der Höhe von 6,9 %, ab dem Jahr 2008 in der Höhe von 7,05 % und ab dem nach § 675 Abs. 3 ASVG durch Verordnung des Bundesministers für Gesundheit festgestellten Zeitpunkt in der Höhe von 6,95 % des Aufwandes des Kinderbetreuungsgeldes nach KBGG, des Karenzgeldes (KGG), BGBl. I Nr. 47/1997 in der Fassung BGBl. I Nr. 103/2001, des Karenzurlaubsgeldes nach dem Karenzurlaubsgeldgesetz, BGBl. Nr. 395/1974 in der Fassung BGBl. I Nr. 103/2001 sowie gleichartiger Leistungen nach Bundes- und Landesgesetzen aus Mitteln des Ausgleichsfonds für Familienbeihilfen zu tragen. Dieser Beitrag kann im Wege der Österreichischen Gesundheitskasse bevorschusst werden. Die Endabrechnung

ist jährlich im Nachhinein vorzunehmen und im Wege der Österreichischen Gesundheitskasse abzurechnen.

(BGBl I 2018/100)

(6a) Den Krankenversicherungsträgern ist ein Beitrag zur Krankenversicherung in der Höhe von 7,05 % des Aufwandes des Familienzeitbonus nach FamZeitbG aus Mitteln des Ausgleichsfonds für Familienbeihilfen zu zahlen. Dieser Beitrag kann im Wege der Österreichischen Gesundheitskasse bevorschusst werden. Die Endabrechnung ist jährlich im Nachhinein vorzunehmen und im Wege der Österreichischen Gesundheitskasse abzurechnen. Die Ermittlung des Verteilungsschlüssels hat auf Basis der anteiligen, endgültigen versicherungspflichtigen Fälle zu erfolgen.

(BGBl I 2018/100)

(7) Der Aufwand nach § 49 des Karenzgeldgesetzes, BGBl. I Nr. 47/1997 in der Fassung BGBl. I Nr. 103/2001 ist aus Mitteln des Ausgleichsfonds für Familienbeihilfen zu tragen.

(8) Der Aufwand nach §§ 50 und 51 des Karenzgeldgesetzes, BGBl. I Nr. 47/1997 in der Fassung BGBl. I Nr. 103/2001 ist aus Mitteln des Ausgleichsfonds für Familienbeihilfen zu tragen.

(9) Der Aufwand für das ab 1. Jänner 2002 vom Bund finanzierte Karenzurlaubsgeld nach dem Karenzurlaubsgeldgesetz, BGBl. Nr. 395/1974 in der Fassung BGBl. I Nr. 103/2001, sowie für gleichartige Leistungen nach den entsprechenden Bundes- und Landesgesetzen für Kinder, die vor dem 1. Jänner 2002 geboren wurden, ist aus Mitteln des Ausgleichsfonds für Familienbeihilfen im Nachhinein zu refundieren. Höchstens hat eine Refundierung im Umfang der Leistungen und Voraussetzungen nach dem Karenzgeldgesetz BGBl. I Nr. 47/1997 in der Fassung BGBl. I Nr. 103/2001, zu erfolgen. In begründeten Ausnahmefällen können darauf auch Vorschüsse geleistet werden. Das Bundesministerium für soziale Sicherheit und Generationen bedient sich bei der Abwicklung dieser Leistungen der Österreichischen Gesundheitskasse. Die nach diesem Absatz ausgezahlten Beträge sind bis zum 30. April des Folgejahres bei sonstigem Anspruchverlust unter Angabe von Datenmaterial der Österreichischen Gesundheitskasse in Rechnung zu stellen. Erforderliche Daten im Sinne dieses Absatzes sind Name, Sozialversicherungsnummer und Anspruchszeitraum der Leistungsbezieher sowie Höhe der Auszahlungsbeträge und Anzahl der Fälle.

(BGBl I 2018/100)

§ 39k. (1) Der Aufwand für die Eltern-(Mutter-)Kind-Pass-Untersuchungen sowie die Auflage des Eltern-(Mutter-)Kind-Passes ist nach Maßgabe des Kinderbetreuungsgeldgesetzes, BGBl. I Nr. 103/2001, aus Mitteln des Ausgleichsfonds für Familienbeihilfen zu tragen. Der Aufwand für die Eltern-Kind-Pass-Untersuchungen ist nach Maßgabe des eEltern-Kind-Pass-Gesetzes, BGBl. I Nr. 82/2023, aus Mitteln des Ausgleichsfonds für Familienbeihilfen zu tragen.

(EKPG, BGBl I 2023/82)

(2) Der Aufwand für Informationsmaßnahmen betreffend Leistungen nach diesem Bundesgesetz und betreffend das Kinderbetreuungsgeld nach dem Kinderbetreuungsgeldgesetz, BGBl. I Nr. 103/2001, sowie Informationsmaßnahmen zur Sicherung der Inanspruchnahme von Eltern-(Mutter-)Kind-Pass-Untersuchungen sind aus Mitteln des Ausgleichsfonds für Familienbeihilfen zu tragen.

(EKPG, BGBl I 2023/82)

§ 39l. Aus Mitteln des Ausgleichsfonds für Familienbeihilfen sind den Trägern der Krankenversicherung die Abfertigungsbeiträge für Arbeitnehmer oder ehemalige Arbeitnehmer, wenn der Zeitraum zwischen dem Beginn des Kinderbetreuungsgeldbezuges und dem Ende des letzten diesem Bundesgesetz unterliegenden Arbeitsverhältnis nicht mehr als drei Jahre beträgt, für Zeiten des Kinderbetreuungsgeldbezuges im Sinne des § 7 Abs. 5 des Betrieblichen Mitarbeiter- und Selbständigenvorsorgegesetzes, BGBl. I Nr. 100/2002, gleichartiger österreichischer bundesgesetzlicher Rechtsvorschriften oder gleichartiger Rechtsvorschriften in Ausführungsgesetzen zum Landarbeitsgesetz (LAG) 1984, BGBl. Nr. 287/1984, zu ersetzen. Gleiches gilt für Arbeitnehmer für die Dauer einer Freistellung gegen Entfall des Entgelts oder einer Herabsetzung der Normalarbeitszeit nach den §§ 14a oder 14b des Arbeitsvertragsrechts-Anpassungsgesetzes (AVRAG), BGBl. Nr. 459/1993, oder gleichartigen österreichischen bundesgesetzlichen Rechtsvorschriften oder gleichartigen Rechtsvorschriften in Ausführungsgesetzen zum LAG. Für Arbeitnehmer, die dem Bauarbeiter- Urlaubs- und Abfertigungsgesetz, BGBl. Nr. 414/1972 unterliegen, sind die Abfertigungsbeiträge der Urlaubs- und Abfertigungskasse zu ersetzen.

(BGBl I 2021/71)

§ 39m. (1) Der Bundesminister für soziale Sicherheit, Generationen und Konsumentenschutz kann Maßnahmen im Bereich Vereinbarkeit von Familie und Beruf auf Ansuchen fördern.

(2) Förderungen können nur auf Grund von Richtlinien erfolgen, die im Einvernehmen mit dem Bundesminister für Finanzen zu erlassen und im Amtsblatt zur Wiener Zeitung zu veröffentlichen sind.

(3) Zur Steigerung der Akzeptanz sowie zur Sicherstellung der kontinuierlichen Ausweitung können bewusstseinsbildende Maßnahmen gesetzt werden.

(4) Maßnahmen zur Vereinbarkeit von Familie und Beruf im Sinne von Abs. 1 sind unter Beachtung allgemein anerkannter wissenschaftlicher Erkenntnisse durch geeignetes Fachpersonal durchzuführen. Erforderlichenfalls kann der Bund zur entsprechenden Aus- und Weiterbildung des Fachpersonals beitragen.

(5) Auf die Gewährung von Förderungen besteht kein Rechtsanspruch. Förderungen und Aufwendungen nach Abs. 1, Abs. 3 und Abs. 4 sind aus Mitteln des Ausgleichsfonds für Familienbeihilfen zu tragen.

(6) Maßnahmen im Sinne der Abs. 1 bis 5 sowie im Sinne des § 39i werden ab 1. Jänner 2006 durch die gemäß Bundesgesetz BGBl. I Nr. 3/2006 errichtete Familie & Beruf Management GmbH im Rahmen ihres Aufgabenbereichs wahrgenommen, die das Management dieser Maßnahmen zur Vereinbarkeit von Familie und Beruf übernimmt sowie Forschungsförderungen für das Österreichische Institut für Familienforschung koordiniert und abwickelt.

(7) An die Familie & Beruf Management GmbH werden ab dem Kalenderjahr 2006 jährliche Zuwendungen zur Durchführung von operationellen Maßnahmen in Erfüllung des Arbeitsprogramms in dem in § 7 des Bundesgesetzes BGBl. I Nr. 3/2006 für diese Zwecke vorgesehenen Ausmaß nach Maßgabe des jeweiligen Bundesfinanzgesetzes in monatlichen Raten gezahlt, welche die Gesellschaft unter Beachtung der einschlägigen Bestimmungen des Haushaltsrechts im Rahmen der ihr gesetzlich eingeräumten Möglichkeiten einsetzt.

§ 39n. (1) Aus Mitteln des Ausgleichsfonds für Familienbeihilfen sind dem Bund bis jeweils 31. März eines jeden Jahres 800.000 € zu den Aufwendungen für das Pflegekarenzgeld nach dem Bundespflegegeldgesetz, BGBl. Nr. 110/1993, zu überweisen.

(2) Die Höhe der Mittelzuwendung nach Abs. 1 ist im Jahr 2016 zu evaluieren. Dabei ist insbesondere zu prüfen, inwieweit der in Abs. 1 genannte Überweisungsbetrag angepasst werden muss und ob die für den Familienhospizkarenz-Härteausgleich budgetierten Mittel eine weitere Überweisung rechtfertigen.

§ 39o. Aus Mitteln des Ausgleichsfonds für Familienbeihilfen sind die Beiträge für die nach §§ 8 Abs. 1 Z 2 lit. k ASVG, 3 Abs. 3 Z 5 GSVG, § 4a Abs. 1 Z 5 BSVG versicherten Personen nach Maßgabe der §§ 52 Abs. 4 Z 3 ASVG, 27e Z 2 GSVG und 24e Z 2 BSVG den Trägern der gesetzlichen Pensionsversicherung zu zahlen.

(BGBl I 2016/53)

§ 40. (1) Überschüsse aus der gesamten Gebarung des Ausgleichsfonds für Familienbeihilfen sind dem Reservefonds für Familienbeihilfen zuzuführen, der vom Bundesministerium für Umwelt, Jugend und Familie verwaltet wird. Dieser Fonds besitzt Rechtspersönlichkeit und hat seinen Sitz in Wien; er wird nach außen vom Bundesminister für Umwelt, Jugend und Familie vertreten.

(2) Die Mittel des Reservefonds für Familienbeihilfen sind zur Deckung allfälliger Abgänge aus der Gebarung des Ausgleichsfonds für Familienbeihilfen bestimmt. Die Mittel des Reservefonds sollen betragsmäßig einem Drittel des Gesamtaufwandes des Ausgleichsfonds für Familienbeihilfen im letztabgelaufenen Jahr entsprechen.

(3) Der Reservefonds erwirbt

a) mit Inkrafttreten dieses Bundesgesetzes eine unverzinsliche Forderung gegen den Bund in der Höhe des sich aus der Gebarung des Ausgleichsfonds für Kinderbeihilfe in den Jahren 1952 bis einschließlich 1954 ergebenden Überschusses und des sich aus der Gebarung des nach § 30 des Familienlastenausgleichsgesetzes, BGBl. Nr. 18/1955, errichteten Ausgleichsfonds für Familienbeihilfen bis zum Inkrafttreten dieses Bundesgesetzes ergebenden Überschusses sowie

b) eine gleiche Forderung mit Ende des Jahres 1968 in der Höhe des allfälligen Überschusses des Jahres 1968, mit Ende des Jahres 1969 in der Höhe des allfälligen Überschusses des Jahres 1969 und mit Ende des Jahres 1970 in der Höhe des allfälligen Überschusses des Jahres 1970 des nach § 39 dieses Bundesgesetzes errichteten Ausgleichsfonds für Familienbeihilfen.

Diese Forderungen sind ausschließlich zur Aufrechnung gegen Abgänge des Ausgleichsfonds für Familienbeihilfen (§ 39) zu verwenden.

(4) Ergibt sich in einem Kalenderjahr aus der Gebarung des Ausgleichsfonds für Familienbeihilfen ein Überschuß, ist dieser an den Reservefonds für Familienbeihilfen zu überweisen. Die Abrechnung des Überschusses hat bis spätestens Ende April des nachfolgenden Kalenderjahres auf Grund des Teilrechnungsabschlusses für den Ausgleichsfonds für Familienbeihilfen zu erfolgen. Nach Maßgabe der laufenden Gebarung und des voraussichtlichen Überschusses können hierauf Vorschüsse geleistet werden.

(5) Ergibt sich in einem Kalenderjahr aus der Gebarung des Ausgleichsfonds für Familienbeihilfen ein Abgang, ist dieser vom Reservefonds für Familienbeihilfen dem Bund zu ersetzen. Die Abrechnung des Abganges hat bis spätestens Ende April des nachfolgenden Kalenderjahres auf Grund des Teilrechnungsabschlusses für den Ausgleichsfonds für Familienbeihilfen zu erfolgen. Nach Maßgabe der laufenden Gebarung und des voraussichtlichen Abganges können hierauf Vorschüsse geleistet werden.

(6) Sind die flüssigen Mittel des Reservefonds für Familienbeihilfen erschöpft, hat der Bund einen Abgang aus der Gebarung des Ausgleichsfonds für Familienbeihilfen in Anrechnung auf seine Verbindlichkeiten gegenüber dem Reservefonds für Familienbeihilfen zu tragen.

(7) Sind alle Mittel des Reservefonds erschöpft, hat der Bund die Abgänge aus der Gebarung des Ausgleichsfonds für Familienbeihilfen vorläufig aus allgemeinen Bundesmitteln zu decken; die von ihm getragenen Abgänge des Ausgleichsfonds für Familienbeihilfen hat der Bund mit den Überschüssen des Ausgleichsfonds für Familienbeihilfen in den nachfolgenden Jahren aufzurechnen.

(8) Die Gebarung des Reservefonds für Familienbeihilfen ist alljährlich abzuschließen. Der Gebarungsüberschuß ist auf neue Rechnung vorzutragen. Die Forderungen an den Bund gemäß Abs. 3 sind getrennt von den angesammelten Überschüssen nach Abs. 4 auszuweisen.

(9) Die flüssigen Mittel des Reservefonds für Familienbeihilfen sind von der Österreichischen Bundesfinanzierungsagentur nach dem Bundes-

gesetz vom 4. Dezember 1992, BGBl. Nr. 763/1992, auf ein Sonderkonto des Bundes unter der Bezeichnung „Reservefonds für Familienbeihilfen" im Einvernehmen mit dem Bundesminister für Umwelt, Jugend und Familie bestmöglich so anzulegen, dass darüber bei Bedarf verfügt werden kann.

(10) Der Reservefonds für Familienbeihilfen ist von allen Abgaben befreit.

§ 40a. (aufgehoben)

§ 40b. Abweichend von § 40 werden 33 430 000 Euro zu Lasten der Gebarung des Ausgleichsfonds für Familienbeihilfen des Jahres 2002 bis 31. Oktober 2002 dem beim Hauptverband[a)] eingerichteten Ausgleichsfonds der Träger der Pensionsversicherung als Beitrag zur Finanzierung der Ersatzzeiten der Kindererziehung (§ 447g Abs. 3 Z 1 lit. b des Allgemeinen Sozialversicherungsgesetzes) zugeführt.

[a)] „Hauptverband der österreichischen Sozialversicherungsträger" wird gem § 720 ASVG ab 1. Jänner 2020 durch „Dachverband der Sozialversicherungsträger" ersetzt.

§ 41. (1) Den Dienstgeberbeitrag haben alle Dienstgeber zu leisten, die im Bundesgebiet Dienstnehmer beschäftigen; als im Bundesgebiet beschäftigt gilt ein Dienstnehmer auch dann, wenn er zur Dienstleistung ins Ausland entsendet ist.

(2) Dienstnehmer sind Personen, die in einem Dienstverhältnis im Sinne des § 47 Abs. 2 des Einkommensteuergesetzes 1988 stehen, ferner Dienstnehmer im Sinne des § 4 Abs. 4 ASVG, sowie an Kapitalgesellschaften beteiligte Personen im Sinne des § 22 Z 2 des Einkommensteuergesetzes 1988.

(3) Der Beitrag des Dienstgebers ist von der Summe der Arbeitslöhne zu berechnen, die jeweils in einem Kalendermonat an die im Abs. 1 genannten Dienstnehmer gewährt worden sind, gleichgültig, ob die Arbeitslöhne beim Empfänger der Einkommensteuer unterliegen oder nicht (Beitragsgrundlage). Arbeitslöhne sind Bezüge gemäß § 25 Abs. 1 Z 1 lit. a und b des Einkommensteuergesetzes 1988 sowie Gehälter und sonstige Vergütungen jeder Art im Sinne des § 22 Z 2 des Einkommensteuergesetzes 1988 und an freie Dienstnehmer im Sinne des § 4 Abs. 4 ASVG.

(4) Zur Beitragsgrundlage gehören nicht:
a) Ruhe- und Versorgungsbezüge,
b) die im § 67 Abs. 3 und 6 des Einkommensteuergesetzes 1988 genannten Bezüge,
c) die in § 3 Abs. 1 Z 11 und Z 13 bis 21 des Einkommensteuergesetzes 1988 genannten Bezüge sowie 60% der in § 3 Abs. 1 Z 10 des Einkommensteuergesetzes 1988 genannten laufenden Bezüge;
d) Gehälter und sonstige Vergütungen jeder Art, die für eine ehemalige Tätigkeit im Sinne des § 22 Z 2 des Einkommensteuergesetzes 1988 gewährt werden.
e) Arbeitslöhne, die an Dienstnehmer gewährt werden, die als begünstigte Personen gemäß den Vorschriften des Behinderteneinstellungsgesetzes beschäftigt werden,
f) Arbeitslöhne von Personen, die ab dem Kalendermonat gewährt werden, der dem Monat folgt, in dem sie das 60. Lebensjahr vollendet haben,

(BGBl I 2020/103)

g) die in § 124b Z 350 lit. a des Einkommensteuergesetzes 1988 genannten Zulagen und Bonuszahlungen, die aufgrund der COVID-19-Krise zusätzlich geleistet werden,

(BGBl I 2020/103, BGBl I 2022/93)

h) die in § 124b Z 408 lit. a des Einkommensteuergesetzes 1988 genannten Zulagen und Bonuszahlungen, die aufgrund der Teuerung zusätzlich gewährt werden (Teuerungsprämie) „,"

(BGBl I 2022/93)

„i) **der gemäß § 67a Abs. 4 Z 2 des Einkommensteuergesetzes 1988 (Start-Up-Mitarbeiterbeteiligung) mit einem festen Satz zu versteuernde geldwerte Vorteil**

(Start-Up-FG, BGBl I 2023/200 ab 1.1.2024)

j) **die in § 124b Z 447 lit. a des Einkommensteuergesetzes 1988 genannten Zulagen und Bonuszahlungen (Mitarbeiterprämie)."**

(Start-Up-FG, BGBl I 2023/200 ab 1.1.2024)

Übersteigt die Beitragsgrundlage in einem Kalendermonat nicht den Betrag von 1 460 Euro, so verringert sie sich um 1 095 Euro.

(5) Der Beitrag beträgt 4,5 v.H. der Beitragsgrundlage. Im Kalenderjahr 2017 beträgt der Beitrag 4,1 v.H. und ab dem Kalenderjahr 2018 3,9 v.H. der Beitragsgrundlage. Ab dem Kalenderjahr 2025 beträgt der Beitrag 3,7 v.H. der Beitragsgrundlage.

(Teuerungs-EP II, BGBl I 2022/163)

(5a)[a)] In den Kalenderjahren 2023 und 2024 beträgt der Beitrag 3,7 v.H., soweit dies

1. in einer anderen bundesgesetzlichen Vorschriften,
2. in einer Dienstordnung der Gebietskörperschaften,
3. in einer aufsichtsbehördlich genehmigten Dienst(Besoldungs)ordnung der Körperschaften des öffentlichen Rechts,
4. in der vom Österreichischen Gewerkschaftsbund für seine Bediensteten festgelegten Arbeitsordnung,
5. in einem Kollektivvertrag oder einer Betriebsvereinbarung, die auf Grund besonderer kollektivvertraglicher Ermächtigungen abgeschlossen worden ist,
6. in einer Betriebsvereinbarung, die wegen Fehlens eines kollektivvertragsfähigen Vertragsteiles (§ 4 des Arbeitsverfassungsgesetzes, BGBl. Nr. 22/1974) auf der Arbeitgeberseite zwischen einem einzelnen Arbeitgeber und dem kollektivvertragsfähigen Vertragsteil auf der Arbeitnehmerseite abgeschlossen wurde, oder

7. innerbetrieblich für alle Dienstnehmer oder bestimmte Gruppen von Dienstnehmern festgelegt ist.

(EKPG, BGBl I 2023/82)
(Teuerungs-EP II, BGBl I 2022/163)

a) Tritt mit Ablauf des 31. Dezember 2024 außer Kraft.

(6) Der Dienstgeberbeitrag wird nach Maßgabe des Bundesgesetzes, mit dem die Neugründung von Betrieben gefördert wird, BGBl. I Nr. 106/1999, nicht erhoben.

(7) Die Steuerbefreiung nach § 50 Abs. 2 des Bundesbahngesetzes, BGBl. Nr. 825/1992, ist in Bezug auf den Dienstgeberbeitrag nicht anzuwenden.

(BGBl I 2016/109)

§ 42. (aufgehoben)

§ 42a. (1) Das Bundesministerium für Umwelt, Jugend und Familie kann die Arbeitslöhne bestimmter Dienstnehmer von der Beitragsgrundlage für den Dienstgeberbeitrag zum Ausgleichsfonds für Familienbeihilfen ausnehmen, wenn die Dienstnehmer von einem Dienstgeber im Ausland zur Dienstleistung in das Inland entsendet wurden oder die Dienstnehmer von einem Dienstgeber im Inland zur Dienstleistung in das Ausland entsendet wurden und die Dienstnehmer vom Anspruch auf die Familienbeihilfe gemäß § 4 ausgeschlossen sind.

(2) Über Beschwerden gegen Bescheide nach Abs. 1 entscheidet das Verwaltungsgericht des Bundes für Finanzen.

§ 43. (1) Der Dienstgeberbeitrag ist für jeden Monat bis spätestens zum 15. Tag des nachfolgenden Monats an das für die Erhebung der Lohnsteuer zuständige Finanzamt zu entrichten. Arbeitslöhne, die regelmäßig wiederkehrend bis zum 15. Tag eines Kalendermonats für das vorangegangene Kalendermonat gewährt werden, sind dem vorangegangenen Kalendermonat zuzurechnen. Werden Arbeitslöhne für das Vorjahr nach dem 15. Jänner bis zum 15. Februar ausgezahlt, ist der Dienstgeberbeitrag bis zum 15. Februar abzuführen.

(BGBl I 2019/104)

(2) Die Bestimmungen über den Steuerabzug vom Arbeitslohn (Lohnsteuer) finden sinngemäß Anwendung.

§ 44. (1) Der Beitrag von land- und forstwirtschaftlichen Betrieben ist

a) von allen land- und forstwirtschaftlichen Betrieben im Sinne des § 1 Abs. 2 Z 1 des Grundsteuergesetzes 1955, BGBl. Nr. 149,

b) von Grundstücken im Sinne des § 1 Abs. 2 Z 2 des Grundsteuergesetzes 1955, soweit es sich um unbebaute Grundstücke handelt, die nachhaltig land- und forstwirtschaftlich genutzt werden,

im Ausmaß von 125 vH der Beitragsgrundlage zu entrichten. Die Beitragsgrundlage hinsichtlich der in lit. a angeführten Betriebe ist der für Zwecke der Grundsteuer ermittelte Meßbetrag. Hinsichtlich der in lit. b angeführten Grundstücke bildet die Beitragsgrundlage ein besonderer Meßbetrag, der sich nach den Vorschriften des Grundsteuergesetzes 1955 ergeben wurde, wenn das Grundstück als land- und forstwirtschaftliches Vermögen im Sinne des Bewertungsgesetzes bewertet worden wäre.

(2) Für die Erhebung des Beitrages gemäß Abs. 1 ist das Finanzamt Österreich zuständig; die Bestimmungen des Grundsteuergesetzes 1955 finden sinngemäß Anwendung. Die Beiträge sind von dem Grundstückseigentümer zu entrichten.

(BGBl I 2019/104)

§§ 45. und 46. (aufgehoben)

Abschnitt IIIa
IT-Verfahren

(BGBl I 2018/32)

§ 46a. (1) Im Verfahren zur Gewährung von Beihilfen nach diesem Bundesgesetz ist das Finanzamt Österreich berechtigt, die hiefür notwendigen personenbezogenen Daten der antragstellenden Personen (des Zahlungsempfängers), der im gemeinsamen Haushalt lebenden Ehegatten oder Lebensgefährten und der Kinder automatisiert zu verarbeiten; das sind folgende personenbezogene Daten:

1. Namen, Titel, Anschrift und Telefonnummer,
2. Geburtsdatum und Versicherungsnummer gemäß § 31 des Allgemeinen Sozialversicherungsgesetzes,
3. Staatsbürgerschaft,
4. Familienstand und Geschlecht,
5. Beruf bzw. Tätigkeit,
6. Firmenbuchnummer, Namen und Anschrift des(r) Dienstgeber(s),
7. bezugnehmende Ordnungsbegriffe,
8. Art und Ausmaß der Beihilfe,
9. Anspruchs- und Berechnungsgrundlagen,
10. Art, Umfang und Stand der Verfahren,
11. Bescheide,
12. Fälligkeitsangaben,
13. Salden samt Aufgliederungen und Veränderungen,
14. Banken,
15. Kontonummern,
16. Zahlungsbeträge,
17. Vertreter, Zahlungsempfänger sowie die Art und Dauer der Vollmacht,

(BGBl I 2018/32)

18. vom Bundesamt für Soziales und Behindertenwesen (Sozialministeriumservice) übermittelte Nachweise nach § 8 Abs. 6.

(BGBl I 2022/226)
(BGBl I 2019/104)

(2) Zur Überprüfung der Anspruchsvoraussetzungen ist

1. mit dem Dachverband der Sozialversicherungsträger eine automatisierte Datenübermittlung einzurichten, in deren Rahmen dem Dachverband der Sozialversicherungsträger

die Versicherungsnummer und die Namen der anspruchsberechtigten Personen, der im gemeinsamen Haushalt lebenden Ehegatten oder Lebensgefährten und der Kinder zu übermitteln sind; der Dachverband der Sozialversicherungsträger hat zu diesen Angaben zu übermitteln, ob

a) die Versicherungsnummer und der Name mit den Angaben im Dachverband der Sozialversicherungsträger übereinstimmt und wenn nicht, die Angabe des zu der Versicherungsnummer verarbeiteten Namens,

(BGBl I 2018/100)

b) und seit wann eine Meldung zur Sozialversicherung verzeichnet ist,

c) in späterer Folge eine Meldung zur oder eine Abmeldung von der Sozialversicherung erfolgt,

d) und seit wann Krankengeld und Wochengeld bezogen werden, die für die Gewährung von Beihilfen Voraussetzung sind;

(BGBl I 2018/100)

2. eine Verknüpfung der in Abs. 1 genannten personenbezogenen Daten mit den Einkommensteuer- und Lohnsteuerdaten (Art, Umfang und Stand der Verfahren, Berechnungs- und Bemessungsgrundlagen sowie sonstige Bescheiddaten) der anspruchsberechtigten Person, des im gemeinsamen Haushalt lebenden Ehegatten oder Lebensgefährten und der Kinder zulässig;

(BGBl I 2018/32)

3. auf Anfragen des Finanzamtes Österreich durch die Arbeitsmarktverwaltung mitzuteilen, ob die anspruchsberechtigte Person, der im gemeinsamen Haushalt lebende Ehegatte oder Lebensgefährte oder die Kinder Leistungen aus der Arbeitslosenversicherung beziehen oder bezogen haben, und in späterer Folge, ob eine Leistung zuerkannt wird; die Anfrage hat mit der Angabe der Versicherungsnummer und des Namens zu erfolgen;

(BGBl I 2019/104)

4. mit den Bildungseinrichtungen gemäß § 10 Abs. 1 des Bildungsdokumentationsgesetzes 2020 – BilDokG 2020 über den Datenverbund der Universitäten und Hochschulen gemäß § 10 BilDokG 2020 eine automatisierte Datenübermittlung mit dem Finanzamt Österreich als Datenempfänger einzurichten. In dessen Rahmen sind dem Datenverbund der Universitäten und Hochschulen vom Finanzamt Österreich die verschlüsselten bereichsspezifischen Personenkennzeichen des Tätigkeitsbereichs „Bildung und Forschung" (vbPK-BF gemäß § 9 des E-Government-Gesetzes – E-GovG) der Kinder, für die die Familienbeihilfe beantragt wurde oder gewährt wurde bzw. wird, zu übermitteln. Zu den übermittelten vbPK-BF sind über den Datenverbund der Universitäten und Hochschulen folgende Daten automatisiert zu verarbeiten:

a) die vbPK-BF der Kinder, für die die Familienbeihilfe beantragt wurde oder gewährt wurde bzw. wird,

b) Kennzeichnung, Beginndatum, Beendigungsdatum, Meldungen der Fortsetzung und Zulassungsstatus des Studiums bzw. der Studien,

c) Art und Datum von Prüfungen, die ein Studium oder einen Studienabschnitt eines Diplomstudiums abschließen,

d) Semesterstunden bzw. erlangte ECTS-Anrechnungspunkte abgelegter Prüfungen eines Semesters oder Studienjahres.

Der positive Abschluss des Verfahrens zur Gewährung von Familienbeihilfe ist vom Finanzamt Österreich mittels automatisierter Datenübermittlung des vbPK-BF an den Datenverbund der Universitäten und Hochschulen zu übermitteln und im Datenverbund der Universitäten und Hochschulen zu vermerken. Ändern sich Daten gemäß lit. b) bis d) einer oder eines Studierenden, bei welcher oder welchem die Gewährung der Familienbeihilfe vermerkt ist und die eine Auswirkung auf den Bezug der Familienbeihilfe haben, ist diese Änderung gemeinsam mit dem vbPK-BF mittels automatisierter Datenübermittlung an das Finanzamt Österreich zu übermitteln. Ändert sich der Status hinsichtlich der Gewährung der Familienbeihilfe, hat das Finanzamt Österreich dem Datenverbund der Universitäten und Hochschulen diese Änderung mittels automatisierter Datenübermittlung zu übermitteln und der Vermerk ist im Datenverbund der Universitäten und Hochschulen dahingehend anzupassen bzw. zu löschen;

(BGBl I 2019/104, BGBl I 2021/220, BGBl I 2022/43)

5. eine automatisierte Datenübermittlung aus den lokalen Evidenzen gemäß § 5 des Bildungsdokumentationsgesetzes 2020 (BilDokG 2020), BGBl. I Nr. 20/2021, betreffend die in § 2 Z 1 BilDokG 2020 genannten Bildungseinrichtungen an das Finanzamt Österreich im Wege der vom Bundesministerium für Bildung, Wissenschaft und Forschung betriebenen Schnittstelle zum Register- und Systemverbund nach § 1 Abs. 3 Z 2 des Unternehmensserviceportalgesetzes (USPG), BGBl. I Nr. 52/2009, einzurichten. In diesem Rahmen sind vom Finanzamt Österreich die verschlüsselten bereichsspezifischen Personenkennzeichen des Tätigkeitsbereichs „Bildung und Forschung" (vbPK-BF gemäß § 9 des E-Government-Gesetzes (E-GovG), BGBl. I Nr. 10/2004) oder übergangsweise (§ 55 Abs. 53) bis zur Ausstattung mit bereichsspezifischen Personenkennzeichen jedoch die Sozialversicherungsnummern der Kinder, für die die Familienbeihilfe beantragt wurde oder gewährt wurde bzw. wird, an die vom

Bundesministerium für Bildung, Wissenschaft und Forschung betriebene Schnittstelle zum Register- und Systemverbund zu übermitteln. Zu den vbPK-BF oder übermittelten Sozialversicherungsnummern sind im Wege der Schnittstelle aus den lokalen Evidenzen folgende Daten an das Finanzamt Österreich automatisiert zu übermitteln:

a) vbPK-BF der Kinder, für die die Familienbeihilfe beantragt wurde oder gewährt wurde bzw. wird; übergangsweise (§ 55 Abs. 53) bis zur Ausstattung mit bereichsspezifischen Personenkennzeichen jedoch die Sozialversicherungsnummern,

b) übergangsweise (§ 55 Abs. 53) bis zur Ausstattung mit bereichsspezifischen Personenkennzeichen: Vornamen, Familiennamen und Geburtsdaten der Kinder, für die die Familienbeihilfe beantragt wurde oder gewährt wurde bzw. wird,

c) Beginndatum der Ausbildung im laufenden Schuljahr am jeweiligen Schulstandort,

d) Schulkennzahl, Schulformkennzahl dieser Ausbildung, Bezeichnung und Anschrift der Schule,

e) die im laufenden Schuljahr besuchte Schulstufe am jeweiligen Schulstandort,

f) Status als ordentliche oder außerordentliche Schülerin bzw. ordentlicher oder außerordentlicher Schüler,

g) Datum der erfolgreich abgelegten abschließenden Prüfung,

h) Datum der Beendigung des Schulbesuchs an der meldenden Schule während des Schuljahres;

(BGBl I 2022/43)

6. eine automatisierte Datenübermittlung mit den Lehrlingsstellen der Wirtschaftskammerorganisation gemäß § 19 des Berufsausbildungsgesetzes (BAG), BGBl. Nr. 142/1969, an das Finanzamt Österreich im Wege eines Register- und Systemverbundes nach § 1 Abs. 3 Z 2 in Verbindung mit § 6 USPG einzurichten. In diesem Rahmen sind vom Finanzamt Österreich die verschlüsselten bereichsspezifischen Personenkennzeichen (vbPK gemäß § 9 E-GovG) oder übergangsweise (§ 55 Abs. 53) bis zur Ausstattung mit bereichsspezifischen Personenkennzeichen jedoch die Sozialversicherungsnummern der Kinder, für die die Familienbeihilfe beantragt wurde oder gewährt wurde bzw. wird, an die Lehrlingsstellen der Wirtschaftskammerorganisation zu übermitteln. Zu den vbPK oder übermittelten Sozialversicherungsnummern haben die Lehrlingsstellen der Wirtschaftskammerorganisation folgende Daten betreffend Lehrlinge gemäß § 1 BAG an das Finanzamt Österreich automatisiert zu übermitteln:

a) vbPK der Kinder, für die die Familienbeihilfe beantragt wurde oder gewährt wurde bzw. wird; übergangsweise (§ 55 Abs. 53) bis zur Ausstattung mit bereichsspezifischen Personenkennzeichen jedoch die Sozialversicherungsnummern,

b) übergangsweise (§ 55 Abs. 53) bis zur Ausstattung mit bereichsspezifischen Personenkennzeichen: Vornamen, Familiennamen und Geburtsdaten der Kinder, für die die Familienbeihilfe beantragt wurde oder gewährt wurde bzw. wird,

c) Lehrvertragsart und Lehrvertragsnummer,

d) Beginn und (voraussichtliches) Ende der Lehrzeit, vorzeitige Beendigung der Lehre, Datum und Ergebnis der Lehrabschlussprüfung (bestanden oder nicht bestanden).

(BGBl I 2022/43)

7. eine automatisierte Datenübermittlung mit dem Bundesamt für Soziales und Behindertenwesen (Sozialministeriumservice) einzurichten. In diesem Rahmen sind vom Finanzamt Österreich folgende Daten samt den von der antragstellenden Person vorgelegten Dokumenten an das Bundesamt für Soziales und Behindertenwesen (Sozialministeriumservice) zu übermitteln:

a) die verschlüsselten bereichsspezifischen Personenkennzeichen (vbPK-SA und vbPK-GS gemäß § 9 E-GovG) der Kinder, für die der Erhöhungsbetrag nach § 8 Abs. 4 beantragt wurde oder gewährt wurde bzw. wird, der antragstellenden Person sowie des Vertreters,

b) Datum, ab dem der Erhöhungsbetrag nach § 8 Abs. 4 beantragt wurde,

c) Art der erheblichen Behinderung (für die Zuweisung an den fachkundigen Arzt),

d) Informationen zur Anforderung.

(BGBl I 2022/226)

7a. in Bezug auf die Z 7 zu den vbPK vom Bundesamt für Soziales und Behindertenwesen (Sozialministeriumservice) an das Finanzamt Österreich zum Zweck der Prüfung des Anspruches auf den Erhöhungsbetrag eine automatisierte Übermittlung folgender anspruchsrelevanter Daten (aus dem Verfahren nach § 40 BBG zur Ausstellung eines Behindertenpasses oder aus der Bescheinigung) vorzunehmen:

a) vbPK-GS der Kinder, für die der Erhöhungsbetrag beantragt wurde oder gewährt wurde bzw. wird,

b) Daten zum Verfahren nach § 40 BBG zur Ausstellung eines Behindertenpasses oder zum Bescheinigungsverfahren,

c) Daten zum Behindertenpass oder Daten zur Bescheinigung,

d) Daten zur erheblichen Behinderung:
   aa) Information, ob der Grad der Behinderung mindestens 50 vH erreicht und ab wann dieser vorliegt,
   bb) Information, ob und seit wann eine voraussichtlich dauernde Erwerbsunfähigkeit vorliegt, und, ob sie vor dem 18. Lebensjahr oder vor dem 21. Lebensjahr eingetreten ist,
   cc) Information, ob eine Nachuntersuchung erforderlich ist samt Datum einer erforderlichen Nachuntersuchung,
   dd) Information, ob die Beeinträchtigung nicht nur vorübergehend besteht,
   ee) Information, ob der Grad der Behinderung aus Gründen der Unerheblichkeit nicht festgestellt wurde,
   ff) Erklärungen zur erheblichen Behinderung.

(BGBl I 2022/226)

(3) Der Beginn und die Durchführung des automationsunterstützten Datenverkehrs gemäß Abs. 2 Z 1 und 3 sind vom Bundesminister für Finanzen im Einvernehmen mit dem Bundesminister für Umwelt, Jugend und Familie und dem Bundesminister für Arbeit und Soziales nach Anhörung des Dachverbandes der Sozialversicherungsträger nach Maßgabe der technisch-organisatorischen Möglichkeiten durch Verordnung zu bestimmen.

(BGBl I 2018/100)

(4) Der Beginn und die Durchführung des automationsunterstützten Datenverkehrs gemäß Abs. 2 Z 4 sind vom Bundesminister für Finanzen im Einvernehmen mit der Bundesministerin für Frauen, Familie und Integration nach Anhörung des Bundesministeriums für Bildung, Wissenschaft und Forschung sowie der Österreichischen Hochschülerinnen- und Hochschülerschaft nach Maßgabe der technisch-organisatorischen Möglichkeiten durch Verordnung zu bestimmen.

(BGBl I 2021/220)

(5) Der Beginn und die Durchführung der automatisierten Datenübermittlung gemäß Abs. 2 Z 5 sind vom Bundesminister für Finanzen im Einvernehmen mit der Bundesministerin für Frauen, Familie, Integration und Medien nach Anhörung des Bundesministeriums für Bildung, Wissenschaft und Forschung und des Bundesministeriums für Digitalisierung und Wirtschaftsstandort nach Maßgabe der technisch-organisatorischen Möglichkeiten durch Verordnung zu bestimmen.

(BGBl I 2022/43)

(6) Der Beginn und die Durchführung der automatisierten Datenübermittlung gemäß Abs. 2 Z 6 sind vom Bundesminister für Finanzen im Einvernehmen mit der Bundesministerin für Frauen, Familie, Integration und Medien nach Anhörung des Bundesministeriums für Digitalisierung und Wirtschaftsstandort und der Wirtschaftskammerorganisation nach Maßgabe der technischorganisatorischen Möglichkeiten durch Verordnung zu bestimmen.

(BGBl I 2022/43)

§ 46b. In Anträgen auf Gewährung von Beihilfen nach diesem Bundesgesetz sind die zur Durchführung des Verfahrens erforderlichen Versicherungsnummern gemäß § 31 des Allgemeinen Sozialversicherungsgesetzes anzugeben.

Abschnitt IV
Übergangs- und Schlußbestimmungen

§ 47. (1) Ansprüche auf Kinderbeihilfe nach den Bestimmungen des Kinderbeihilfengesetzes, BGBl. Nr. 31/1950, auf Ergänzungsbeträge zur Kinderbeihilfe, Mütterbeihilfe und auf Familienbeihilfe nach den Bestimmungen des Bundesgesetzes vom 15. Dezember 1954, BGBl. Nr. 18/1955, für die Zeit vor Inkrafttreten dieses Bundesgesetzes sind – sofern sie bei Inkrafttreten dieses Bundesgesetzes noch nicht befriedigt worden sind – nach den Bestimmungen dieses Bundesgesetzes zu liquidieren. Beihilfenkarten, die nach den Bestimmungen des Bundesgesetzes vom 15. Dezember 1954, BGBl. Nr. 18/1955, ausgestellt wurden, gelten als Familienbeihilfenkarten nach diesem Bundesgesetz.

(2) Anspruch auf Geburtenbeihilfe nach den Bestimmungen dieses Bundesgesetzes besteht auch für Geburten, die vor Inkrafttreten dieses Bundesgesetzes erfolgt sind, sofern die Antragsfrist gemäß § 34 Abs. 1 noch nicht abgelaufen ist. Ist nach den Bestimmungen des Bundesgesetzes vom 15. Dezember 1954, BGBl. Nr. 18/1955, Geburtenbeihilfe oder Säuglingsbeihilfe ausgezahlt worden, sind die ausgezahlten Beträge auf die nach den Bestimmungen dieses Bundesgesetzes zu gewährende Geburtenbeihilfe für dieselbe Geburt (für dasselbe Kind) anzurechnen.

(3) Der Dienstgeberbeitrag (§ 41) nach diesem Bundesgesetz ist erstmals für die nach dem 31. Dezember 1967 ausgezahlten Löhne und Gehälter zu entrichten. Auf Zeiträume, die vor dem 1. Jänner 1968 gelegen sind, finden in bezug auf die Verpflichtung zur Entrichtung des Dienstgeberbeitrages die Bestimmungen des Kinderbeihilfengesetzes, BGBl. Nr. 31/1950, Anwendung.

(4) Die Bestimmungen dieses Bundesgesetzes über die Ansprüche auf Ersatz ausgezahlter Familienbeihilfe gelten auch für die nach dem 31. Dezember 1967 nach den Bestimmungen des Kinderbeihilfengesetzes, BGBl. Nr. 31/1950, und des Bundesgesetzes vom 15. Dezember 1954, BGBl. Nr. 18/1955, ausgezahlten Kinderbeihilfen, Ergänzungsbeträge und Mütterbeihilfen; sie gelten ferner für die vor dem 1. Jänner 1968 ausgezahlten Kinderbeihilfen, Ergänzungsbeträge und Mütterbeihilfen insoweit, als nach den Bestimmungen des Bundesgesetzes vom 15. Dezember 1954, BGBl. Nr. 18/1955, ein Ersatzanspruch bestand und dieser noch nicht erfüllt worden ist.

(5) § 22 Abs. 3 und 4 gilt sinngemäß auch für die vor dem 1. Jänner 1968 ersetzten (verrechneten)

15/1. FLAG
§§ 47 – 50g

Kinderbeihilfen, Ergänzungsbeträge zur Kinderbeihilfe und Mütterbeihilfen.

(6) § 26 gilt sinngemäß auch für die vor dem 1. Jänner 1968 zu Unrecht bezogenen Kinderbeihilfen, Ergänzungsbeträge zur Kinderbeihilfe, Familienbeihilfen und Mütterbeihilfen.

§ 48. (1) Personen, die durch das Inkrafttreten dieses Bundesgesetzes den Anspruch auf Ernährungsbeihilfe (§ 14 Abs. 2 des Kinderbeihilfengesetzes, BGBl. Nr. 31/1950) verlieren, erhalten eine Abfertigung, deren Höhe sich nach dem Alter des Angehörigen bestimmt, für den die Beihilfe gewährt wurde. Die Abfertigung beträgt für Angehörige

der Geburtsjahrgänge 1892 und früher ...3 600 S,
der Geburtsjahrgänge 1893 bis einschließlich 1902 ....5 400 S,
der Geburtsjahrgänge 1903 bis einschließlich 1912 ....7 920 S,
der Geburtsjahrgänge 1913 und später .. 10 800 S.

(2) Der Aufwand an den nach Abs. 1 zu gewährenden Abfertigungen wird aus allgemeinen Bundesmitteln getragen.

§ 49. (1) Es treten außer Kraft:
a) das Bundesgesetz vom 15. Dezember 1954, BGBl. Nr. 18/1955, in der Fassung der Bundesgesetze BGBl. Nr. 52/1956, BGBl. Nr. 265/1956, BGBl. Nr. 284/1957, BGBl. Nr. 97/1959, BGBl. Nr. 175/1959, BGBl. Nr. 239/1960, BGBl. Nr. 171/1961, BGBl. Nr. 171/1962, BGBl. Nr. 83/1963, BGBl. Nr. 251/1963, BGBl. Nr. 88/1965 und BGBl. Nr. 3/1967,
b) das Bundesgesetz vom 16. Dezember 1949, BGBl. Nr. 31/1950, in der Fassung der Bundesgesetze BGBl. Nr. 135/1950, BGBl. Nr. 215/1950, BGBl. Nr. 161/1951, BGBl. Nr. 104/1953, BGBl. Nr. 18/1955, BGBl. Nr. 265/1956, BGBl. Nr. 239/1960, BGBl. Nr. 251/1963, BGBl. Nr. 190/1964 und BGBl. Nr. 88/1965,
c) § 27 des Heeresgebührengesetzes, BGBl. Nr. 152/1956,
d) § 13 des Bundesgesetzes vom 15. Dezember 1960, BGBl. Nr. 311/1960.

(2) Das Ernährungsbeihilfengesetz, BGBl. Nr. 217/1948, tritt nicht wieder in Kraft.

§ 50. Dieses Bundesgesetz tritt am 1. Jänner 1968 in Kraft.

§ 50a. (1) Die §§ 9a, 9b Abs. 1 und 35a bis 35f in der Fassung des Bundesgesetzes BGBl. Nr. 367/1991 treten mit 1. Jänner 1991 in Kraft.

(2) Die §§ 30a Abs. 1 und 2 sowie 30b Abs. 1 in der Fassung des Bundesgesetzes BGBl. Nr. 367/1991 treten mit 1. September 1991 in Kraft.

(3) Die §§ 2a, 3 Abs. 3 und 24 in der Fassung des Bundesgesetzes BGBl. Nr. 367/1991 treten mit 1. Jänner 1992 in Kraft.

(4) Die §§ 9b Abs. 4, 9c Abs. 1 und 3, 10 Abs. 3, 35 Abs. 3 vierter Satz, 35 Abs. 4 und 5, 39a Abs. 1 und 39e in der Fassung des Bundesgesetzes BGBl. Nr. 367/1991 treten an dem der Kundmachung des Bundesgesetzes BGBl. Nr. 367/1991 folgenden Tag in Kraft.

(5) § 11 tritt mit 31. Dezember 1991 außer Kraft.

(6) § 35 Abs. 6 tritt mit der Kundmachung des Bundesgesetzes BGBl. Nr. 367/1991 folgenden Tag außer Kraft.

(7) § 2a Abs. 3 in der Fassung des Bundesgesetzes BGBl. Nr. 367/1991 tritt mit 30. Juni 1995 außer Kraft.

§ 50b. § 8 Abs. 2 bis 4 in der Fassung des Bundesgesetzes BGBl. Nr. 696/1991 tritt mit 1. Jänner 1992 in Kraft.

§ 50c. (1) Die §§ 2 Abs. 1 und 6 Abs. 2 und 5 in der Fassung des Bundesgesetzes BGBl. Nr. 311/1992 treten mit 1. September 1992 in Kraft.

(2) § 8 Abs. 2 bis 4 in der Fassung des Bundesgesetzes BGBl. Nr. 311/1992 tritt mit 1. Juli 1992 in Kraft.

(3) Abschnitt Ib in der Fassung des Bundesgesetzes BGBl. Nr. 311/1992 tritt mit 1. September 1992 in Kraft.

(4) Der § 33 Abs. 3 und 5 in der Fassung des Bundesgesetzes BGBl. Nr. 311/1992 tritt an dem der Kundmachung des Bundesgesetzes BGBl. Nr. 311/1992 folgenden Tag in Kraft.

(5) Die §§ 9 bis 9d treten mit Ablauf des 31. Dezember 1992 außer Kraft; sie sind auf Zeiträume vor diesem Stichtag noch anzuwenden.

§ 50d. § 8 Abs. 5 und 6 in der Fassung des Bundesgesetzes BGBl. Nr. 531/1993 tritt mit 1. Jänner 1994 in Kraft.

§ 50e. Die §§ 2 Abs. 1 lit. f sublit. bb, 6 Abs. 1 lit. e sublit. bb, 35b Abs. 2 Z 4 und 39a Abs. 3 in der Fassung des Bundesgesetzes BGBl. Nr. 314/1994 treten mit 1. Juli 1994 in Kraft.

§ 50f. (1) § 8 Abs. 2 erster Satz und Abs. 3 erster Halbsatz in der Fassung des Bundesgesetzes BGBl. Nr. 297/1995 tritt mit 1. Mai 1995 in Kraft.

(2) Die §§ 31 Abs. 1, 31a Abs. 5 und 6, 31b Abs. 2, 31c Abs. 1, Abs. 2 und 3, 31e, 31g sowie 31h in der Fassung des Bundesgesetzes BGBl. Nr. 297/1995 treten mit 1. August 1995 in Kraft.

(3) Die §§ 30b Abs. 1 erster Satz, 30c Abs. 3 erster Satz, 30e Abs. 3, 30f Abs. 1, 30f Abs. 2 erster Satz, 30f Abs. 3 und 4, 30g Abs. 1 und 2, 30j Abs. 1, 30k Abs. 1, 30m Abs. 3 und 5 sowie 30p Abs. 1 dritter Satz in der Fassung des Bundesgesetzes BGBl. Nr. 297/1995 treten mit 1. September 1995 in Kraft.

(4) Die §§ 30c Abs. 4 und 30d Abs. 2 zweiter Satz treten mit 31. August 1995 außer Kraft.

§ 50g. (1) Die §§ 4 Abs. 6, 10 Abs. 3, 12 Abs. 2, 13, 25, 26 Abs. 1, 39 Abs. 5 lit. b, 52 sowie § 2 Abs. 1 und 2 des Artikels II, BGBl. Nr. 246/1993, in der Fassung des Bundesgesetzes BGBl. Nr. 201/1996 treten an dem der Kundmachung des Bundesgesetzes BGBl. Nr. 201/1996 folgenden Tag in Kraft.

(2) § 5 Abs. 4 in der Fassung des Bundesgesetzes BGBl. Nr. 201/1996 tritt an dem der Kundmachung des Bundesgesetzes BGBl. Nr. 201/1996 folgenden Tag in Kraft. Soweit bestehende Staatsverträge die Gewährung von Familienbeihilfe für Kinder vorsehen, die sich ständig in einem anderen Staat aufhalten, ist § 5 Abs. 4 in der Fassung des Bundesgesetzes BGBl. Nr. 297/1995 weiter anzuwenden, bis völkerrechtlich anderes bestimmt ist.

(3) Die §§ 8 Abs. 8, 15 bis 21, 23, 24 und 30 sowie § 1 des Artikels II in der Fassung des Bundesgesetzes BGBl. Nr. 246/1993 treten an dem der Kundmachung des Bundesgesetzes BGBl. Nr. 201/1996 folgenden Tag außer Kraft.

(4) Abschnitt II in der Fassung des Bundesgesetzes BGBl. Nr. 297/1995 tritt mit 30. Juni 1996 nach Maßgabe folgender Bestimmungen außer Kraft:
1. Für Kinder, die vor dem 1. Jänner 1997 geboren sind bzw. die vor dem 1. Jänner 1997 das erste, zweite oder vierte Lebensjahr vollenden, besteht nach den Voraussetzungen des bislang geltenden Rechtsvorschriften noch Anspruch auf den ersten bzw. zweiten und dritten Teil der Geburtenbeihilfe sowie die Sonderzahlung, soweit der Anspruch im Jahr 1996 angefallen wäre.
2. Für Kinder, die vor dem 1. Jänner 1997 geboren sind, besteht weiterhin Anspruch auf den zweiten Teil der Geburtenbeihilfe, sofern die Voraussetzungen für den erhöhten ersten Teil der Geburtenbeihilfe vorliegen. Die Auszahlung kann gemeinsam erfolgen.
3. In bezug auf Kinder, die vor dem 1. Juli 1996 geboren werden, sind die §§ 35a bis 35f weiter anzuwenden.
4. Anträge auf Gewährung der Geburtenbeihilfe und der Sonderzahlung sind bis längstens 30. November 1997 zu stellen.

(5) Abschnitt II in der Fassung des Bundesgesetzes BGBl. Nr. 201/1996 tritt mit 1. Juli 1996 in Kraft.

(6) Die §§ 30a Abs. 6 und 39d treten mit 31. August 1996 außer Kraft. Ansprüche auf Refundierung des Beförderungsaufwandes nach § 39d können bis 31. Dezember 1996 geltend gemacht werden.

(7) Die §§ 2 Abs. 1 lit. b, aa, 2 Abs. 1 lit. h, 6 Abs. 2 lit. g, 30a Abs. 1 lit. c und Abs. 2 lit. c, 30a Abs. 3 und 4, 30c Abs. 3, 30d Abs. 2, 30e Abs. 1 und 4, 30f Abs. 1 lit. a, 30g Abs. 1 und 3, 30h Abs. 2, 30j Abs. 1, 30k Abs. 1 und 3 sowie 51 Abs. 2 Z 2 in der Fassung des Bundesgesetzes BGBl. Nr. 201/1996 treten mit 1. September 1996 in Kraft.

(8) Die §§ 2 Abs. 1 lit. b erster Satz, lit. d, e und g, 5 Abs. 1, 6 Abs. 2 lit. a bis c, 6 Abs. 2 lit. f sowie 6 Abs. 3 in der Fassung des Bundesgesetzes BGBl. Nr. 201/1996 treten mit 1. Oktober 1996 in Kraft. Für eine Vollwaise ist § 2 Abs. 1 lit. b, aa in der Fassung des Bundesgesetzes BGBl. Nr. 201/1996 ab 1. September 1996 anzuwenden.

(9) § 2 Abs. 1 lit. b zweiter bis neunter Satz in der Fassung des Bundesgesetzes BGBl. Nr. 297/1995 ist letztmalig für das Wintersemester 1996/1997 anzuwenden. Die Voraussetzungen für die Gewährung der Familienbeihilfe nach § 2 Abs. 1 lit. b, bb in der Fassung des Bundesgesetzes BGBl. Nr. 201/1996 sind auf der Basis des vorangegangenen Studienerfolgs erstmals für das Sommersemester 1997 maßgebend.

(10) Die §§ 39e, 46 sowie 51 Abs. 2 Z 6 und 7 in der Fassung des Bundesgesetzes BGBl. Nr. 201/1996 treten mit 1. Jänner 1997 in Kraft; in bezug auf die in § 46 genannten Gebietskörperschaften und gemeinnützigen Krankenanstalten ist Abs. 4 Z 1 und 2 entsprechend anzuwenden.

(11) § 31g in der Fassung des Bundesgesetzes BGBl. Nr. 201/1996 tritt mit 1. August 1997 in Kraft.

§ 50h. (1) § 39a Abs. 3 und 4 in der Fassung des Bundesgesetzes BGBl. Nr. 433/1996 tritt mit 1. Juli 1996 in Kraft.

(2) § 39f in der Fassung des Bundesgesetzes BGBl. Nr. 433/1996 tritt mit 1. Juli 1996 in Kraft.

(3) Die §§ 2 Abs. 1 lit. b erster Satz, g und h, 6 Abs. 2 lit. f und g in der Fassung des Bundesgesetzes BGBl. Nr. 433/1996 treten mit 1. Oktober 1996 in Kraft. § 2 Abs. 1 lit. b zweiter bis neunter Satz in der Fassung des Bundesgesetzes BGBl. Nr. 297/1995 ist letztmalig für das Wintersemester 1996/97 anzuwenden. Die Voraussetzungen für die Gewährung der Familienbeihilfe nach § 2 Abs. 1 lit. b zweiter bis letzter Satz in der Fassung des Bundesgesetzes BGBl. Nr. 433/1996 sind auf der Basis des vorangegangenen Studienerfolgs erstmals für das Sommersemester 1997 maßgebend.

(4) § 31a Abs. 5 und 6 in der Fassung des Bundesgesetzes BGBl. Nr. 297/1995 tritt mit 31. Juli 1997 außer Kraft.

(5) Die §§ 31 Abs. 1, 31a Abs. 1 und 5 in der Fassung des Bundesgesetzes BGBl. Nr. 433/1996 treten mit 1. August 1997 in Kraft.

(6) § 39c tritt mit 31. Dezember 1997 mit der Maßgabe außer Kraft, daß Ansprüche auf Vergütung von Einnahmenausfällen, die bis 31. Dezember 1997 entstanden sind, bis 30. April 1998 geltend gemacht werden können. Die Unterlagen, die zur Errechnung des Einnahmenausfalles erforderlich sind, sind bis zur Entlastung durch die Republik Österreich, längstens jedoch bis 31. Dezember 2003 aufzubewahren.

§ 50i. § 8 Abs. 2 und 3, Abschnitt IIb, die §§ 39e, 46 sowie 51 Abs. 2 Z 4 in der Fassung des Bundesgesetzes BGBl. I Nr. 14/1997 treten mit 1. Jänner 1997 in Kraft.

§ 50j. (1) § 2 Abs. 1 lit. i und § 6 Abs. 2 lit. h in der Fassung des Bundesgesetzes BGBl. I Nr. 8/1998 treten mit 1. Oktober 1996 in Kraft.

(2) § 26 Abs. 1 und 2 in der Fassung des Bundesgesetzes BGBl. I Nr. 8/1998 tritt mit 1. Mai 1996 in Kraft.

(3) Die §§ 31 Abs. 1, 31a Abs. 1 bis 4 und 31d Abs. 2 und 3 in der Fassung des Bundesgesetzes

15/1. FLAG
§§ 50j – 50w

BGBl. I Nr. 8/1998 treten mit 1. Februar 1998 in Kraft.

(4) § 39e Abs. 10 in der Fassung des Bundesgesetzes BGBl. I Nr. 8/1998 tritt mit 1. Jänner 1998 in Kraft.

§ 50j. Die §§ 2 Abs. 1 lit. d, e, f sublit. aa und g sowie 6 Abs. 2 lit. b, c, e sublit. aa und f in der Fassung des Bundesgesetzes BGBl. I Nr. 30/1998 treten mit 1. Jänner 1998 in Kraft.

§ 50k. (1) Die §§ 8 Abs. 2 und 4 erster Satz, 9 erster, zweiter und dritter Satz, 9a, 9b, 9c, 9d sowie 38f in der Fassung des Bundesgesetzes BGBl. I Nr. 79/1998 treten mit 1. Jänner 1999 in Kraft.

(2) Die §§ 8 Abs. 3 und 4 zweiter Satz und 9 letzter Satz in der Fassung des Bundesgesetzes BGBl. I Nr. 79/1998 treten mit 1. Jänner 2000 in Kraft.

(3) § 12 in der Fassung des Bundesgesetzes BGBl. I Nr. 30/1998 tritt mit 31. Dezember 1998 außer Kraft.

§ 50l. (1) Die §§ 2 Abs. 1 lit. g und 6 Abs. 2 lit. f in der Fassung des Bundesgesetzes BGBl. I Nr. 23/1999 treten mit 1. Oktober 1996 in Kraft.

(2) Die §§ 30j Abs. 3 und 30k Abs. 4 in der Fassung des Bundesgesetzes BGBl. I Nr. 23/1999 treten mit 15. November 1998 in Kraft.

(3) § 2 Abs. 1 lit. b in der Fassung des Bundesgesetzes BGBl. I Nr. 23/1999 tritt mit dem Sommersemester 1999 in Kraft. Die entsprechende Verordnung kann bereits vor dem Sommersemester 1999 erlassen werden; sie darf jedoch frühestens mit dem Sommersemester 1999 in Kraft gesetzt werden.

§ 50m. Die §§ 39c und 40 Abs. 9 in der Fassung des Bundesgesetzes BGBl. I Nr. 136/1999 treten mit 1. Jänner 2000 in Kraft.

§ 50n. § 40a in der Fassung des Bundesgesetzes BGBl. I Nr. 26/2000 tritt mit 1. Juni 2000 in Kraft.

§ 50o. (1) Die §§ 39 Abs. 3, 39d, 39g, 39h, 40b, 41 Abs. 6, 53 und 54 in der Fassung des Bundesgesetzes BGBl. I Nr. 142/2000 treten an dem der Kundmachung des Bundesgesetzes BGBl. I Nr. 142/2000 folgenden Tag in Kraft.

(2) § 26 Abs. 5 tritt an dem der Kundmachung des Bundesgesetzes BGBl. I Nr. 142/2000 folgenden Tag außer Kraft.

(3) Die §§ 30a Abs. 1 lit. c, 30a Abs. 2 lit. c, 30a Abs. 5, 30g Abs. 3, 30k Abs. 3, 31 Abs. 6, 31a Abs. 1 Z 1 lit. a, 31g und 39f Abs. 3 in der Fassung des Bundesgesetzes BGBl. I Nr. 142/2000 treten mit 1. August 2000 in Kraft.

(4) § 5 Abs. 2 in der am 31. Dezember 2000 geltenden Fassung tritt mit 31. Dezember 2000 außer Kraft.

(5) Die §§ 5 Abs. 1, 6 Abs. 3 und 39i in der Fassung des Bundesgesetzes BGBl. I Nr. 142/2000 treten mit 1. Jänner 2001 in Kraft.

(6) § 30c Abs. 3 in der Fassung des Bundesgesetzes BGBl. I Nr. 142/2000 tritt mit 1. August 2001 in Kraft.

§ 50p. (1) Die §§ 5 Abs. 1, 6 Abs. 3, 8 Abs. 2 bis 4, 29 Abs. 1, 30c Abs. 1 lit. a bis lit. c, 30c Abs. 2 lit. a bis lit. c, 30c Abs. 3, 30f Abs. 1, 30f Abs. 5 lit. a, 30h Abs. 2, 30h Abs. 4, 30j Abs. 1 lit. b, 30n lit. a, 30n lit. b, 31h, 32 Abs. 2, 38 Abs. 1, 38d Abs. 2, 38i Abs. 1, 39 Abs. 5 lit. a, 39a Abs. 1, 39g, 39h, 40b, 41 Abs. 4 und 45 Abs. 1 in der Fassung des Bundesgesetzes BGBl. I Nr. 68/2001 treten mit 1. Jänner 2002 in Kraft.

(2) § 40a in der am 31. Dezember 2001 geltenden Fassung tritt mit 31. Dezember 2001 außer Kraft.

§ 50q. (1) Die §§ 39 Abs. 3, 39a Abs. 6 und 39 Abs. 10 in der am 31. Dezember 2001 geltenden Fassung treten mit 31. Dezember 2001 außer Kraft.

(2) § 39j Abs. 7 in der Fassung des Bundesgesetzes BGBl. I Nr. 103/2001 tritt mit 1. September 2001 in Kraft.

(3) Die §§ 9, 39j Abs. 1 bis 6, Abs. 8 und 9 sowie 39k in der Fassung des Bundesgesetzes BGBl. I Nr. 103/2001 treten mit 1. Jänner 2002 in Kraft.

(4) Die Abschnitte II und IIb sowie §§ 39e Abs. 1 bis 9 sind in Bezug auf Kinder anzuwenden, die bis einschließlich 31. Dezember 2001 geboren werden.

§ 50r. (1) § 39j Abs. 2 und 5 in der Fassung des Bundesgesetzes BGBl. I Nr. 20/2002 tritt mit 1. Jänner 2002 in Kraft.

(2) § 8 Abs. 2 und 4 in der Fassung des Bundesgesetzes BGBl. I Nr. 20/2002 tritt mit 1. Jänner 2003 in Kraft.

§ 50s. (1) § 8 Abs. 6 in der Fassung des Bundesgesetzes BGBl. I Nr. 105/2002 tritt mit 1. Jänner 2003 in Kraft.

(2) Abschnitt IIc in der Fassung des Bundesgesetzes BGBl. I Nr. 105/2002 tritt mit 1. Juli 2002 in Kraft.

§ 50t. § 39l in der Fassung des Bundesgesetzes BGBl. I Nr. 106/2002 tritt mit 1. Juli 2002 in Kraft.

§ 50u. Die §§ 30a Abs. 1 letzter Absatz, 30a Abs. 2 letzter Absatz, 30b Abs. 1, 30c Abs. 4, 30d Abs. 2 zweiter Satz, 30m Abs. 3, 30m Abs. 5, 30n Abs. 2, 30o Abs. 2 zweiter Satz, 30o Abs. 3, 39 Abs. 5 lit. f und 51 Abs. 2 Z 4 in der Fassung des Bundesgesetzes BGBl. I Nr. 158/2002 treten mit 1. September 2002 in Kraft.

§ 50v. (1) Die §§ 39g, 39h und 39m in der Fassung des Bundesgesetzes BGBl. I Nr. 71/2003 treten mit dem Kundmachung des Bundesgesetzes BGBl. I Nr. 71/2003 folgenden Tag in Kraft.

(2) § 41 Abs. 4 lit. f in der Fassung des Bundesgesetzes BGBl. I Nr. 71/2003 ist erstmals für den Monat Jänner 2004 anzuwenden.

(3) § 30m Abs. 1 und Abs. 2 in der Fassung des Bundesgesetzes BGBl. I Nr. 71/2003 ist nach dem 31. August 2003 anzuwenden.

§ 50w. (1) Die §§ 30a Abs. 1 Schlussteil, Abs. 2 Schlussteil, 30d Abs. 1, 30d Abs. 2 erster Satz, § 30f Abs. 4 zweiter Satz und 39f in der Fassung des Bundesgesetzes BGBl. I Nr. 110/2004 treten mit 1. September 2004 in Kraft.

(2) Die §§ 30f Abs. 6, 30h Abs. 2 dritter und vierter Satz, 31c Abs. 2 zweiter Satz, 31c Abs. 4, 31 Abs. 5 zweiter Satz, 31c Abs. 6 erster und zweiter Satz, 31d Abs. 4 vierter Satz und 31e zweiter und dritter Satz in der Fassung des Bundesgesetzes

BGBl. I Nr. 110/2004 treten mit 1. Mai 2004 in Kraft; sie gelten auch für vor dem 1. Mai 2004 eingebrachte Anbringen.

§ 50x. Die §§ 39g und 39h in der Fassung des Bundesgesetzes BGBl. I Nr. 136/2004 treten mit 1. Jänner 2005 in Kraft.

§ 50y. (1) § 39j Abs. 2 in der Fassung des Bundesgesetzes BGBl. I Nr. 142/2004 tritt mit 1. Jänner 2005 in Kraft.

(2) Die §§ 3 Abs. 2 und 38a Abs. 3 in der Fassung des Bundesgesetzes BGBl. I Nr. 142/2004 treten mit 1. Mai 2004 in Kraft. Ausgenommen sind jene Fälle, in denen bis einschließlich des Tages der Kundmachung dieses Bundesgesetzes Asyl nach dem Asylgesetz 1997 gewährt wurde.

§ 50z. § 39j Abs. 6a in der Fassung des Bundesgesetzes BGBl. I Nr. 157/2004 tritt mit 1. Jänner 2005 in Kraft.

§ 51. (1) Der Bundesminister für Umwelt, Jugend und Familie ist in Angelegenheiten des Familienlastenausgleiches auch Abgabenbehörde im Sinne des § 49 Abs. 1 der Bundesabgabenordnung, BGBl. Nr. 194/1961. Bei der sich hieraus ergebenden Anwendung der Bundesabgabenordnung stehen dem Bundesminister für Umwelt, Jugend und Familie die dem Bundesminister für Finanzen nach der Bundesabgabenordnung obliegenden Befugnisse zu.

(2) Mit der Vollziehung dieses Bundesgesetzes sind betraut:
1. hinsichtlich des § 12 Abs. 2 und des § 28, soweit es sich um die Befreiung von den Gerichts- und Justizverwaltungsgebühren handelt, der Bundesminister für Justiz,
2. hinsichtlich des § 30g Abs. 1 der Bundesminister für Unterricht, Kunst und Sport, hinsichtlich der im § 30a Abs. 1 lit. c genannten Schulen der Bundeskanzler, jeweils im Einvernehmen mit dem Bundesminister für Umwelt, Jugend und Familie,
3. hinsichtlich der §§ 31a Abs. 4 und 31c Abs. 3 der Bundesminister für Wirtschaft, Familie und Jugend im Einvernehmen mit dem Bundesminister für Unterricht, Kunst und Kultur,
4. hinsichtlich der §§ 28, 30i Abs. 2, 30q Abs. 2, 31f, 37 Abs. 2 und 38h Abs. 2, soweit es sich um die Befreiung von den Stempelgebühren handelt, sowie hinsichtlich des § 39 Abs. 5 lit. a und f, § 45 Abs. 1 zweiter Satz und § 46a Abs. 3 der Bundesminister für Finanzen,
5. hinsichtlich des § 8 Abs. 6, soweit es sich um die Begutachtung durch ein Bundesamt für Soziales und Behindertenwesen handelt, der Bundesminister für Arbeit und Soziales,
6. hinsichtlich des § 39e Abs. 1 und Abs. 8 der Bundesminister für Gesundheit und Konsumentenschutz im Einvernehmen mit dem Bundesminister für Umwelt, Jugend und Familie,
7. hinsichtlich des § 39e Abs. 3 der Bundesminister für Gesundheit und Konsumentenschutz und der Bundesminister für Umwelt, Jugend und Familie im Einvernehmen mit dem Bundesminister für Finanzen und dem Bundesminister für Arbeit und Soziales,
8. im übrigen der Bundesminister für Umwelt, Jugend und Familie.

§ 52. Soweit in diesem Bundesgesetz auf Bestimmungen anderer Bundesgesetze verwiesen wird, sind diese in ihrer jeweils geltenden Fassung anzuwenden.

§ 53. (1) Staatsbürger von Vertragsparteien des Übereinkommens über den Europäischen Wirtschaftsraum (EWR) sind, soweit es sich aus dem genannten Übereinkommen ergibt, in diesem Bundesgesetz österreichischen Staatsbürgern gleichgestellt. Hiebei ist der ständige Aufenthalt eines Kindes in einem Staat des Europäischen Wirtschaftsraums nach Maßgabe der gemeinschaftsrechtlichen Bestimmungen dem ständigen Aufenthalt eines Kindes in Österreich gleichzuhalten.

(2) Die Gleichstellung im Sinne des Abs. 1 gilt auch im Bereich der Amtssitzabkommen sowie Privilegienabkommen, soweit diese für Angestellte internationaler Einrichtungen und haushaltszugehörige Familienmitglieder nicht österreichischer Staatsbürgerschaft einen Leistungsausschluss aus dem Familienlastenausgleich vorsehen.

(3) § 41 ist im Rahmen der Koordinierung der sozialen Sicherheit im Europäischen Wirtschaftsraum mit der Maßgabe anzuwenden, dass ein Dienstnehmer im Bundesgebiet als beschäftigt gilt, wenn er den österreichischen Rechtsvorschriften über soziale Sicherheit unterliegt.

(4) (aufgehoben)

(BGBl I 2022/135)

(5) § 26 Abs. 3 der Bundesabgabenordnung, BGBl. Nr. 194/1961, findet in Bezug auf Leistungen nach diesem Bundesgesetz bis 31. Dezember 2018 Anwendung. Ab 1. Jänner 2019 ist für Leistungen nach diesem Bundesgesetz § 26 Abs. 3 BAO nur für Personen mit Dienstort im Ausland, die im Auftrag einer Gebietskörperschaft tätig werden, sowie für deren Ehegatten und Kinder anwendbar.

(BGBl I 2018/83)

§ 54. Soweit in diesem Bundesgesetz personenbezogene Bezeichnungen nur in männlicher Form angeführt sind, beziehen sie sich auf Frauen und Männer in gleicher Weise. Bei der Anwendung auf bestimmte Personen ist die jeweils geschlechtsspezifische Form zu verwenden.

§ 55. (1) Die §§ 2 Abs. 8 erster Satz und 3 in der Fassung des Bundesgesetzes BGBl. I Nr. 100/2005, treten mit 1. Jänner 2006, nach Maßgabe der Übergangsbestimmungen des Niederlassungs- und Aufenthaltsgesetzes (NAG), BGBl. I Nr. 100/2005, sowie des Asylgesetzes 2005 (AsylG 2005), BGBl. I Nr. 100, in Kraft.

(2) §§ 39i und 39m Abs. 6 und 7 in der Fassung des Bundesgesetzes BGBl. I Nr. 3/2006 treten mit 1. Jänner 2006 in Kraft.

(3) § 3 Abs. 4 und 5 in der Fassung des Bundesgesetzes BGBl. I Nr. 168/2006 tritt mit 1. Juli 2006 in Kraft.

15/1. FLAG
§ 55

(4) Die §§ 39g und 39h in der Fassung des Budgetbegleitgesetzes 2007, BGBl. I Nr. 24, treten mit dem der Kundmachung des Budgetbegleitgesetzes 2007 folgenden Tag in Kraft.

(5) Die §§ 2 Abs. 1 lit. f sublit. bb und 6 Abs. 2 lit. e sublit. bb in der Fassung des BGBl. I Nr. 90/2007 treten mit dem der Kundmachung des Bundesgesetzes BGBl. I Nr. 90/2007 folgenden Tag in Kraft.

(6) Die §§ 8 Abs. 3 und 9a Abs. 1 in der Fassung des Bundesgesetzes BGBl. I Nr. 90/2007 treten mit 1. Jänner 2008 in Kraft. Die Einkommensgrenze nach § 9a Abs. 1 gilt erstmals in Bezug auf das Kalenderjahr 2007.

(7) Die §§ 5 Abs. 1 und 6 Abs. 3 in der Fassung des Bundesgesetzes BGBl. I Nr. 90/2007 treten mit 1. Jänner 2008 in Kraft. Die Einkommensgrenze gilt erstmals in Bezug auf das Kalenderjahr 2008.

(8) § 2 Abs. 1 lit. b zwölfter Satz in der Fassung des Bundesgesetzes BGBl. I Nr. 90/2007 ist ab Sommersemester 2008 anzuwenden.

(9) Es treten in Kraft:
1. mit 1. Jänner 2008 die §§ 39j Abs. 6 in der Fassung der Z 1 und Abs. 6a in der Fassung des Bundesgesetzes BGBl. I Nr. 101/2007;
2. mit 1. Jänner 2014 § 39j Abs. 6 in der Fassung der Z 2 in der Fassung des Bundesgesetzes BGBl. I Nr. 101/2007.

(10) § 39l in der Fassung des BGBl. I Nr. 102/2007 tritt mit 1. Jänner 2008 in Kraft.

(11) Für das Inkrafttreten durch das Bundesgesetz BGBl. I Nr. 103/2007 neu gefasster, geänderter, eingefügter oder entfallener Bestimmungen sowie zum Übergang zur neuen Rechtslage gilt Folgendes:
a) Die §§ 9c, 11, 12, 26 Abs. 1 und 2 sowie 39 treten mit 1. Juni 2008 in Kraft;
b) die §§ 9d, 22, 29 Abs. 1 lit. c, d und e, 30g Abs. 2 und 3, 30k Abs. 2 und 3, 31g, 42, 45 sowie 46 treten mit 31. Mai 2008 außer Kraft;
c) Artikel II des Bundesgesetzes BGBl. Nr. 246/1993 tritt mit 31. Mai 2008 außer Kraft;
d) die Gültigkeit der Bescheinigungen nach § 5 des Artikels II des Bundesgesetzes BGBl. Nr. 246/1993 endet mit 31. Mai 2008;
e) § 43 ist ab 1. Juni 2008 mit der Maßgabe anzuwenden, dass der Bund, die Länder und die Gemeinden, deren Einwohnerzahl 2000 übersteigt, sowie die gemeinnützigen Krankenanstalten den Dienstgeberbeitrag erstmals für die Arbeitslöhne des Kalendermonats Mai 2008 zu entrichten haben;
f) die Verordnung des Bundesministers für soziale Sicherheit und Generationen, BGBl. II Nr. 117/2003, betreffend die Feststellung der Länderbeiträge zum Ausgleichsfonds für Familienbeihilfen wird mit 31. Mai 2008 aufgehoben.

(12) § 8 Abs. 8 in der Fassung des Bundesgesetzes BGBl. I Nr. 131/2008 tritt mit dem der Kundmachung dieses Bundesgesetzes folgenden Tag in Kraft und ist erstmals in Bezug auf den September 2008 anzuwenden.

(13) § 39j Abs. 6 in der Fassung des BGBl. I Nr. 33/2009 tritt mit dem der Kundmachung des Bundesgesetzes BGBl. I Nr. 33/2009 folgenden Tag in Kraft. § 39j Abs. 6a tritt mit der Kundmachung des Bundesgesetzes BGBl. I Nr. 33/2009 außer Kraft.

(14) § 39g in der Fassung des Bundesgesetzes BGBl. I Nr. 52/2009 tritt mit dem der Kundmachung dieses Bundesgesetzes folgenden Tag in Kraft; gleichzeitig tritt § 39h außer Kraft. § 41 Abs. 2 und 3 in der Fassung des Bundesgesetzes BGBl. I Nr. 52/2009 tritt mit 1. Jänner 2010 in Kraft.

(15) Die §§ 30f Abs. 6, 30h Abs. 2, 31c Abs. 2, 4, 5 und 6, 31d Abs. 4, 31e sowie 43 Abs. 1 jeweils in der Fassung des Bundesgesetzes BGBl. I Nr. 9/2010 treten mit 1. Juli 2010 in Kraft.

(16) § 8 Abs. 5 vierter Satz in der Fassung des Bundesgesetzes, BGBl. I Nr. 81/2010 tritt mit 1. September 2010 in Kraft.

(17) Für das Inkrafttreten durch das Budgetbegleitgesetz 2011, BGBl. I Nr. 111/2010, neu gefasster, geänderter oder eingefügter sowie für das Außerkrafttreten durch das genannte Bundesgesetz entfallender Bestimmungen gilt Folgendes:
a) §§ 30a Abs. 3, 30f Abs. 2, 4 und 5, 30h Abs. 2 und Abs. 4 erster Satz, 30j Abs. 2 und 3, 30m Abs. 1 und 5, 30o Abs. 1 und 3, 31a Abs. 1, 31b, 31c, 31d Abs. 1, 31e und 31g treten mit 1. August 2009 in Kraft. § 31 Abs. 1 tritt mit dem der Kundmachung folgenden Schuljahr in Kraft.
b) §§ 39g, 46a Abs. 2 Z 4 und Abs. 4 und 53 Abs. 3 treten mit dem der Kundmachung dieses Bundesgesetzes folgenden Tag in Kraft.
c) §§ 5 Abs. 1 erster Satz und 6 Abs. 3 erster Satz treten mit 1. Jänner 2011 in Kraft und sind erstmals in Bezug auf das Kalenderjahr 2011 anzuwenden.
d) § 9 tritt mit 1. Jänner 2011 in Kraft.
e) §§ 2 Abs. 1 lit. d, 5 Abs. 1 lit. a, 6 Abs. 2 lit. b und 6 Abs. 3 lit. a treten mit 1. März 2011 in Kraft.
f) § 2 Abs. 1 lit. f sowie § 6 Abs. 2 lit. e treten mit 1. März 2011 außer Kraft.
g) §§ 2 Abs. 1 lit. b, c, e, g, h, i, j und k sowie 6 Abs. 2 lit. a, c, d, f, g, h, i und j treten mit 1. Juli 2011 in Kraft.
h) §§ 30a Abs. 1 und 30k Abs. 1 treten mit 1. September 2011 in Kraft.
i) § 8 Abs. 8 tritt mit dem der Kundmachung dieses Bundesgesetzes folgenden Tag in Kraft und ist erstmals in Bezug auf den September 2011 anzuwenden.

(18) § 41 Abs. 4 lit. c in der Fassung des Bundesgesetzes BGBl. I Nr. 76/2011 tritt mit 1. Jänner 2012 in Kraft. § 41 Abs. 4 lit. c in der Fassung vor dem Bundesgesetz BGBl. I Nr. 76/2011 ist weiterhin anzuwenden, wenn die Bestimmung des § 124b Z 195

des Einkommensteuergesetzes 1988 für Bezüge nach § 3 Abs. 1 Z 10 des Einkommensteuergesetzes 1988 zur Anwendung kommt.

(19) Für das Inkrafttreten durch das Bundesgesetz BGBl. I Nr. 17/2012, eingefügter Bestimmungen gilt Folgendes samt ergänzender Maßgaben:
a) §§ 2 Abs. 1 lit. l und 6 Abs. 2 lit. k treten mit 1. Juni 2012 in Kraft,
b) § 2 Abs. 1 lit. k ist bis 31. Dezember 2020 mit der Maßgabe anzuwenden, dass für Kinder, für die die Familienbeihilfe nach § 2 Abs. 1 lit. l gewährt wurde, ein Anspruch nach § 2 Abs. 1 lit. k ausgeschlossen ist,
c) § 6 Abs. 2 lit. j ist bis 31. Dezember 2020 mit der Maßgabe anzuwenden, dass für Vollwaisen, für die die Familienbeihilfe nach § 6 Abs. 1 lit. k gewährt wurde, ein Anspruch nach § 6 Abs. 2 lit. j ausgeschlossen ist,
d) § 39 Abs. 2 lit. f tritt mit dem der Kundmachung dieses Bundesgesetzes folgenden Tag in Kraft.

(20) Für das Inkrafttreten durch das Bundesgesetz BGBl. I Nr. 19/2013, neu gefasster, geänderter, oder eingefügter sowie für das Außerkrafttreten durch das genannte Bundesgesetz entfallender Bestimmungen gilt Folgendes:
a) §§ 30d Abs. 3 und 4, 30f Abs. 6 und 7, 30j Abs. 3, 30o Abs. 4 und 5, 31d Abs. 3 zweiter Satz und 51 Abs. 2 Z 3 treten mit 1. September 2012 in Kraft,
b) § 30k Abs. 4 tritt mit 31. August 2012 außer Kraft.

(21) § 30a Abs. 1 lit. c tritt mit 1. Jänner 2013 in Kraft.

(22) Bis 31. Dezember 2016 ist § 30a Abs. 1 lit. c auch auf Kinder, die eine Schule für den medizinisch-technischen Fachdienst gemäß Bundesgesetz über die Regelung der medizinisch-technischen Fachdienste und der Sanitätshilfsdienste, BGBl. Nr. 102/1961, besuchen, anzuwenden.

(23) §§ 8 Abs. 3 und 14 in der Fassung des Bundesgesetzes BGBl. I Nr. 60/2013 treten mit 1. September 2013 in Kraft. § 39g Abs. 2 in der Fassung des genannten Bundesgesetzes tritt mit dem der Kundmachung folgenden Tages in Kraft. §§ 30h Abs. 2, 31d Abs. 4, 31e und 42a Abs. 2 in der Fassung des genannten Bundesgesetzes treten mit 1. Jänner 2014 in Kraft.

(24) § 5 Abs. 1 und 6 Abs. 3 in der Fassung des Bundesgesetzes BGBl. I Nr. 138/2013 treten mit 1. Jänner 2013 in Kraft und sind erstmals in Bezug auf das Kalenderjahr 2013 anzuwenden. § 39n in der Fassung des Bundesgesetzes BGBl. I Nr. 138/2013 tritt mit 1. Jänner 2014 in Kraft.

(25) § 39 Abs. 2 lit. g und h in der Fassung des Bundesgesetzes BGBl. I Nr. 163/2013 tritt mit 1. Jänner 2014 in Kraft.

(26) § 39j Abs. 6 in der Fassung des Bundesgesetzes BGBl. I Nr. 32/2014 tritt mit 24. Mai 2013 in Kraft.

(27) Für das Inkrafttreten durch das Bundesgesetz BGBl. I Nr. 35/2014 eingefügter und neu gefasster Bestimmungen gilt Folgendes:
a) § 2 Abs. 1 lit. b zwölfter Satz findet erstmals in Bezug auf das Studienjahr 2013/2014 Anwendung,
b) § 2 Abs. 1 lit. l sublit. dd tritt mit 1. Jänner 2014 in Kraft,
c) § 3 Abs. 1 und 2 tritt mit 1. Jänner 2014 in Kraft,
d) § 8 Abs. 2 Z 1, 3 Z 1 und 4 Z 1 tritt mit 1. Juli 2014 in Kraft und mit 31. Dezember 2015 außer Kraft,
e) § 8 Abs. 2 Z 2, 3 Z 2 und 4 Z 2 tritt mit 1. Jänner 2016 in Kraft und mit 31. Dezember 2017 außer Kraft,
f) § 8 Abs. 2 Z 3, 3 Z 3 und 4 Z 3 tritt mit 1. Jänner 2018 in Kraft.

(28) Für das Inkrafttreten der durch das Budgetbegleitgesetz 2014, BGBl. I Nr. 40/2014, neu gefassten, geänderten oder eingefügten Bestimmungen sowie für das Außerkrafttreten der durch das genannte Bundesgesetz entfallenden Bestimmung gilt Folgendes:
a) § 11 Abs. 1 und § 30e Abs. 1 dritter Satz sind mit der Maßgabe anzuwenden, dass die monatliche Auszahlung der Familienbeihilfe und der Schulfahrtbeihilfe erstmalig im September 2014 erfolgt.
b) § 39 Abs. 2 lit. e tritt mit 31. Dezember 2013 außer Kraft.
c) § 39g Abs. 3 und § 39k Abs. 2 treten mit dem der Kundmachung des genannten Bundesgesetzes folgenden Tag in Kraft.

(29) § 8 Abs. 6a in der Fassung des Bundesgesetzes BGBl. I Nr. 53/2014 tritt mit dem der Veröffentlichung dieses Bundesgesetzes folgenden Tag in Kraft.

(30) §§ 10 Abs. 1 und 10a in der Fassung des Bundesgesetzes BGBl. I Nr. 50/2015 treten mit 1. Mai 2015 in Kraft und sind in Bezug auf Kinder anzuwenden, die nach dem 30. April 2015 geboren werden. § 39g Abs. 4 in der Fassung des genannten Bundesgesetzes tritt mit dem der Kundmachung folgenden Tag in Kraft.

(BGBl I 2015/50)

(31) § 2 Abs. 1 lit. g, § 6 Abs. 2 lit. f, § 39 Abs. 2 lit. g und h und § 41 Abs. 5 in der Fassung des Budgetbegleitgesetzes 2016, BGBl. I Nr. 144/2015, treten mit dem der Kundmachung des genannten Bundesgesetzes folgenden Tag in Kraft. § 41 Abs. 5a in der Fassung des Budgetbegleitgesetzes 2016, BGBl. I Nr. 144/2015, ist hinsichtlich des Beitrages in Höhe von 3,8 v.H. erstmals in Bezug auf das Kalenderjahr 2018 anzuwenden.

(BGBl I 2015/144)

(32) § 39g Abs. 5 in der Fassung des Bundesgesetzes BGBl. I Nr. 53/2016 tritt mit dem Kundmachung dieses Bundesgesetzes folgenden Tag in Kraft.

(BGBl I 2016/53)

15/1. FLAG
§ 55

(33) § 39j Abs. 1 und Abs. 6a, sowie § 39o in der Fassung des Bundesgesetzes BGBl. I Nr. 53/2016 treten mit 1. März 2017 in Kraft.

(BGBl I 2016/53)

(34) § 41 Abs. 7 in der Fassung des Budgetbegleitgesetzes 2017, BGBl. I Nr. 109/2016, tritt mit 1. Jänner 2005 in Kraft.

(BGBl I 2016/109)

(35) § 13 erster Satz in der Fassung des Deregulierungsgesetzes 2017, BGBl. I Nr. 40/2017, tritt mit 1. Jänner 2018 in Kraft.

(BGBl I 2017/40)

(36) §§ 2 Abs. 1 lit. d und e sowie 6 Abs. 2 lit. b und c in der Fassung des Bundesgesetzes BGBl. I Nr. 156/2017 treten mit 1. Jänner 2018 in Kraft.

(BGBl I 2017/156)

(37) Die Überschrift zu Abschnitt IIIa sowie § 46a Abs. 1 und 2 in der Fassung des Materien-Datenschutz-Anpassungsgesetzes 2018, BGBl. I Nr. 32/2018, treten mit 25. Mai 2018 in Kraft.

(BGBl I 2018/32)

(38) §§ 8a, 39g Abs. 6 und 53 Abs. 4 und 5 in der Fassung des Bundesgesetzes BGBl. I Nr. 83/2018 treten mit der Kundmachung dieses Bundesgesetzes folgenden Tag in Kraft.

(BGBl I 2018/83)

(39) § 6 Abs. 2 lit. d, Abs. 5 und Abs. 6 in der Fassung des BGBl. I Nr. 77/2018 tritt mit 1. Jänner 2016 in Kraft.

(BGBl I 2018/77)

(40) § 2 Abs. 3a in der Fassung des Bundesgesetzes BGBl. I Nr. 24/2019 tritt mit 1. Juli 2018 in Kraft.

(BGBl I 2019/24)

(41) §§ 10a Abs. 1, 11 Abs. 1, 12 Abs. 1, 13, 14 Abs. 1, 25, 26 Abs. 4, 30e Abs. 1 und 2, 30f Abs. 2, 4 und 7, 30h Abs. 2 und 3, 30j Abs. 2, 30p Abs. 1 und 3, 31c Abs. 2, 3 und 4, 31d Abs. 4, 31e, 43 Abs. 1, 44 Abs. 2 sowie 46a Abs. 1, Abs. 2 Z 3 und 4, jeweils in der Fassung des Bundesgesetzes BGBl. I Nr. 104/2019, treten mit 1. Juli 2020 in Kraft.

(BGBl I 2019/104)

(42) §§ 5 Abs. 1 und 6 Abs. 3 in der Fassung des Bundesgesetzes BGBl. I Nr. 98/2020 treten mit 1. Jänner 2020 in Kraft und sind erstmals in Bezug auf das Kalenderjahr 2020 anzuwenden.

(BGBl I 2020/98)

(43) §§ 5 Abs. 1 und 6 Abs. 3 in der Fassung des Bundesgesetzes BGBl. I Nr. 23/2020 sind nur in Bezug auf das Kalenderjahr 2020 anzuwenden.

(BGBl I 2020/23)

(44) § 38a Abs. 3 sowie 5 bis 8 in der Fassung des Bundesgesetzes BGBl. I Nr. 23/2020 treten mit dem der Veröffentlichung dieses Bundesgesetzes folgenden Tag in Kraft.

(BGBl I 2020/23, BGBl I 2020/28)

(45) §§ 2 Abs. 9 und 6 Abs. 7 in der Fassung des Bundesgesetzes BGBl. I Nr. 28/2020 treten mit 1. März 2020 in Kraft.

(BGBl I 2020/28)

(46) § 38a Abs. 9 bis 14 in der Fassung des Bundesgesetzes BGBl. I Nr. 28/2020 treten mit dem der Veröffentlichung dieses Bundesgesetzes folgenden Tag in Kraft.

(BGBl I 2020/28)

(47) §§ 8 Abs. 9, 14 Abs. 4 und 38a Abs. 5 in der Fassung des Bundesgesetzes BGBl. I Nr. 71/2020 treten mit der Kundmachung des genannten Bundesgesetzes folgenden Tag in Kraft.

(BGBl I 2020/71)

(48) §§ 5 Abs. 1 und 6 Abs. 3 in der Fassung des Bundesgesetzes BGBl. I Nr. 109/2020 treten mit 1. Jänner 2020 in Kraft und sind erstmals in Bezug auf das Kalenderjahr 2020 anzuwenden. § 38a Abs. 5 in der Fassung des Bundesgesetzes BGBl. I Nr. 109/2020 tritt mit der Kundmachung des genannten Bundesgesetzes folgenden Tag in Kraft.

(BGBl I 2020/109)

(49) § 38a Abs. 5 und 6 in der Fassung des Bundesgesetzes BGBl. I Nr. 135/2020 tritt mit 1. Jänner 2021 Kraft.

(BGBl I 2020/135)

(50) § 39l in der Fassung des Bundesgesetzes BGBl. I Nr. 71/2021 tritt rückwirkend mit 1. Jänner 2020 in Kraft.

(BGBl I 2021/71)

(51) § 15 Abs. 1 in der Fassung des Bundesgesetzes BGBl. I Nr. 58/2021 tritt mit der Kundmachung dieses Bundesgesetzes folgenden Tag in Kraft, dass Nachzahlungen an Familienbeihilfe bis spätestens vier Monate nach diesem Tag zu erfolgen haben. § 15 Abs. 2 in der Fassung des Bundesgesetzes BGBl. I Nr. 58/2021 tritt mit dem der Kundmachung dieses Bundesgesetzes folgenden Tag mit der Maßgabe in Kraft, dass die Bereitstellung der Mittel bis spätestens vier Monate nach diesem Tag zu erfolgen hat. § 38a Abs. 5 und 6 in der Fassung des Bundesgesetzes BGBl. I Nr. 58/2021 tritt mit der Kundmachung dieses Bundesgesetzes folgenden Tag in Kraft.

(BGBl I 2021/58)

(52) §§ 2 Abs. 1 lit. d und 6 Abs. 2 lit. b in der Fassung des Bundesgesetzes BGBl. I Nr. 220/2021 treten mit 1. Juni 2022 in Kraft. §§ 2 Abs. 1 lit. l sublit. dd, 6 Abs. 2 lit. k sublit. dd, 46a Abs. 2 Z 4 und 46a Abs. 4 in der Fassung des Bundesgesetzes BGBl. I Nr. 220/2021 treten mit dem der Kundmachung dieses Bundesgesetzes folgenden Tag in Kraft.

(BGBl I 2021/220)

(53) § 46a Abs. 2 Z 5 und 6 sowie Abs. 5 und 6 in der Fassung des Bundesgesetzes BGBl. I Nr. 43/2022 treten mit der Kundmachung des genannten Bundesgesetzes folgenden Tag in Kraft. § 46a Abs. 2 Z 5 in der Fassung des Bundesgesetzes BGBl. I Nr 43/2022 tritt mit der Maßgabe in Kraft, dass die ausschließliche Verwendung der vbPK-BF

nach den im § 24 Abs 3 BilDokG 2020 festgelegten Übergangsbestimmungen verpflichtend erfolgt, wobei die übergangsweise Verarbeitung der Sozialversicherungsnummern nach § 46a Abs. 2 Z 5 sowie der Daten nach § 46a Abs. 2 Z 5 lit. b ab der ausschließlichen Verwendung der vbPK-BF nicht mehr zulässig ist. § 46a Abs. 2 Z 6 in der Fassung des Bundesgesetzes BGBl. I Nr. 43/2022 tritt mit der Maßgabe in Kraft, dass die ausschließliche Verwendung der vbPK nach den im § 25 Abs. 3 BilDokG 2020 festgelegten Übergangsbestimmungen verpflichtend erfolgt, wobei die übergangsweise Verarbeitung der Sozialversicherungsnummern nach § 46a Abs. 2 Z 6 sowie der Daten nach § 46a Abs. 2 Z 6 lit. b ab der ausschließlichen Verwendung der vbPK nicht mehr zulässig ist.

(BGBl I 2022/43)

(54) § 8 Abs. 10 und § 41 Abs. 4 lit. h, jeweils in der Fassung des Bundesgesetzes BGBl. I Nr. 93/2022, treten mit dem der Kundmachung des genannten Bundesgesetzes folgenden Tag in Kraft.

(BGBl I 2022/93)

(55) Die Abschnitte II und IIb in der Fassung des Bundesgesetzes BGBl. I Nr. 135/2022 treten mit dem der Kundmachung des genannten Bundesgesetzes folgenden Tag außer Kraft.

(BGBl I 2022/135)

(56) § 8a entfällt rückwirkend ab 1. Jänner 2019 mit folgenden Maßgaben:
1. Die Nachzahlungen an Familienbeihilfe für Kinder, die sich ständig in Bulgarien, Deutschland, Estland, Griechenland, Italien, Kroatien, Lettland, Litauen, Malta, Polen, Portugal, Rumänien, Slowakei, Slowenien, Spanien, Tschechien, Ungarn oder Zypern aufgehalten haben oder aufhalten, erfolgen automationsunterstützt, soweit auf Grund der im Familienbeihilfenverfahren vorhandenen Daten eine Auszahlung durchführbar ist. Ist mangels Vorliegen von Daten keine Auszahlung durchführbar, ist ein Antrag zu stellen, wobei § 10 Abs. 3 keine Anwendung findet.
2. Familienbeihilfenbeträge für Kinder, die sich ständig in Belgien, Dänemark, Finnland, Frankreich, Irland, Island, Luxemburg, Niederlande, Norwegen, Schweden, Schweiz oder dem Vereinigten Königreich aufgehalten haben oder aufhalten, gelten bis zum 30. Juni 2022 in Bezug auf die Höhe als rechtmäßig zuerkannt.

(BGBl I 2022/135)

(57) § 3 Abs. 6 und 7 in der Fassung des Bundesgesetzes BGBl. I Nr. 135/2022 treten rückwirkend mit 12. März 2022 in Kraft und mit dem Tag der Beendigung des Aufenthaltsrechtes nach § 4 Vertriebenen-VO, spätestens jedoch mit „**4. März 2025**", außer Kraft.

(BGBl I 2022/135, BGBl I 2023/184 ab 31.12.2023)

(58) § 8 Abs. 8 in der Fassung des Bundesgesetzes BGBl. I Nr. 174/2022 tritt mit dem der Kundmachung des genannten Bundesgesetzes folgenden Tag in Kraft und findet erstmals in Bezug auf den August 2023 Anwendung. § 16 in der Fassung des Bundesgesetzes BGBl. I Nr. 174/2022 tritt mit der Kundmachung des genannten Bundesgesetzes folgenden Tag in Kraft; die Anpassung hat erstmals für Anspruchszeiträume ab dem Kalenderjahr 2023 zu erfolgen.

(Teuerungs-EP III, BGBl I 2022/174)

(59) § 41 Abs. 5 in der Fassung des Bundesgesetzes BGBl. I Nr. 163/2022 tritt mit dem der Kundmachung des genannten Bundesgesetzes folgenden Tag in Kraft und ist erstmals in Bezug auf das Kalenderjahr 2025 anzuwenden. § 41 Abs. 5a in der Fassung des Bundesgesetzes BGBl. I Nr. 163/2022 tritt mit dem der Kundmachung des genannten Bundesgesetzes folgenden Tag in Kraft, ist auf die Kalenderjahre 2023 und 2024 anzuwenden und tritt mit Ablauf des 31. Dezember 2024 außer Kraft.

(Teuerungs-EP II, BGBl I 2022/163)

(60) § 4 Abs. 2, § 8 Abs. 5 und 6, § 46a Abs. 1 Z 18 und § 46a Abs. 2 Z 7 und Z 7a in der Fassung des Bundesgesetzes BGBl. I Nr. 226/2022 treten mit 1. März 2023 in Kraft.

(BGBl I 2022/226)

(61) § 39k Abs. 1 und 2 in der Fassung des Bundesgesetzes BGBl. I Nr. 82/2023 tritt mit 1. Jänner 2024 in Kraft. Zugleich tritt § 39e außer Kraft.

(EKPG, BGBl I 2023/82)

(62) § 41 Abs. 5a Z 7 in der Fassung des Bundesgesetzes BGBl. I Nr. 82/2023 tritt mit 1. Jänner 2023 in Kraft, ist auf die Kalenderjahre 2023 und 2024 anzuwenden und tritt mit Ablauf des 31. Dezember 2024 außer Kraft.

(EKPG, BGBl I 2023/82)

„**(63) § 55 Abs. 57 in der Fassung des Bundesgesetzes BGBl. I Nr. 184/2023 tritt mit der Kundmachung des genannten Bundesgesetzes folgenden Tag in Kraft.**"

(BGBl I 2023/184)

„**(64) § 41 Abs. 4 lit. i und j in der Fassung des Bundesgesetzes BGBl. I Nr. 200/2023 tritt mit dem der Kundmachung des genannten Bundesgesetzes folgenden Tag in Kraft und ist erstmalig ab dem Kalenderjahr 2024 anzuwenden.**"

(Start-Up-FG, BGBl I 2023/200)

15/2. VERORDNUNGEN

15/2/1. VO Datenübermittlung

BGBl 1995/124

Verordnung des Bundesministers für Finanzen betreffend die Durchführung des automationsunterstützten Datenverkehrs mit dem Hauptverband der Sozialversicherungsträger

Gemäß § 46 a Abs. 3 des Familienlastenausgleichsgesetzes 1967, in der Fassung BGBl. Nr. 246/1993, wird im Einvernehmen mit der Bundesministerin für Umwelt, Jugend und Familie und dem Bundesminister für Arbeit und Soziales verordnet:

§ 1. Anfragen zur Überprüfung von Versicherungsnummern gemäß § 46 a Abs. 2 Z 1 lit. a des Familienlastenausgleichsgesetzes 1967 sind von den Finanzämtern mittels Datenleitung direkt beim Hauptverband der österreichischen Sozialversicherungsträger durchzuführen. Darüber hinaus ist eine zusätzliche periodische Überprüfung von Versicherungsnummern im Rahmen des Datenaustausches gemäß § 2 vorzunehmen.

§ 2. Anfragen gemäß § 46 a Abs. 2 Z 1 lit. b, c und d sowie Z 3 des Familienlastenausgleichsgesetzes 1967 an den Hauptverband der österreichischen Sozialversicherungsträger und dessen Rückmeldung sind wöchentlich mittels maschinell lesbarer Datenträger durchzuführen.

§ 3. Die Direktabfragen gemäß § 1 sowie der Datenaustausch gemäß § 2 dieser Verordnung sind ab Veröffentlichung aufzunehmen.

15/2/2. VO Datenübermittlung

BGBl 1995/525

Verordnung des Bundesministers für Finanzen betreffend die Datenübermittlung an den Hauptverband der Sozialversicherungsträger

Gemäß § 459 b des Allgemeinen Sozialversicherungsgesetzes, § 229 b des Gewerblichen Sozialversicherungsgesetzes, § 217 a des Bauern-Sozialversicherungsgesetzes sowie § 159 d des Beamten-Kranken- und Unfallversicherungsgesetzes wird im Einvernehmen mit der Bundesministerin für Jugend und Familie und dem Bundesminister für Arbeit und Soziales verordnet:

§ 1. Die Daten betreffend den Bezug von Familienbeihilfe sind dem Hauptverband der österreichischen Sozialversicherungsträger zu übermitteln. Die Übermittlung ist wöchentlich mittels maschinell lesbarer Datenträger durchzuführen.

§ 2. Die erstmalige Übermittlung ist ab Veröffentlichung durchzuführen.

15/2/3. FLAG
Schulbücher

15/2/3. Limit-Verordnung 2023/24

BGBl II 2023/76

Verordnung der Bundesministerin für Frauen, Familie, Integration und Medien über die Höchstbeträge pro Schüler/in und Schulform für die unentgeltliche Abgabe von Schulbüchern im Schuljahr 2023/24 (Limit-Verordnung 2023/24)

Aufgrund des § 31a Abs. 4 Familienlastenausgleichsgesetz 1967, BGBl. Nr. 376/1967 idgF, wird im Einvernehmen mit dem Bundesminister für Bildung, Wissenschaft und Forschung verordnet:

§ 1. (1) Die Höchstbeträge für die Durchschnittskosten pro Schüler/in betragen in den jeweiligen Schulformen:

Profil	Bezeichnung	1 Schulform-Grundlimit in €	2 Religions- bzw. Ethik-Limit in €	3 Digital-Limit in €
100	Volksschulen – Grundschulen	55,00	8,50	-
100	Vorschulstufe	25,00	8,50	-
100	Sonderschulen	85,00	8,50	-
300	Mittelschulen	105,00	14,00	16,00
400	Polytechnische Schulen	114,00	11,00	13,20
1000	Allgemeinbildende höhere Schulen – Unterstufe	105,00	14,00	16,00
1100	Allgemeinbildende höhere Schulen – Oberstufe (Gymnasien, Realgymnasien, Oberstufenrealgymnasium)	190,00	17,50	13,20
2000	Berufsbildende Pflichtschulen			
	Fachbereich Elektrotechnik u. Elektronik, kaufmännische Bereiche sowie die Bereiche Metall	60,00	5,40	5,00
	alle anderen Fachbereiche	52,00	5,40	5,00
3100	Mittlere technische, gewerbliche und kunstgewerbliche Lehranstalten	95,00	12,90	13,20
3600	Mittlere kaufmännische Lehranstalten	155,00	13,40	13,20
3710	Mittlere Lehranstalten für Humanberufe (1- und 2-jährig)	115,00	12,90	13,20
3730	Mittlere Lehranstalten für Humanberufe (3- und mehrjährig; außer FW)	130,00	12,90	13,20
3730	Dreijährige Fachschulen für wirtschaftliche Berufe (FW)	165,00	12,90	13,20
3730	Fachschule für Sozialberufe mit Pflegevorbereitung	165,00	12,90	13,20
4100	Höhere technische und gewerbliche Lehranstalten	180,00	15,80	13,20
4600	Höhere kaufmännische Lehranstalten	195,00	15,80	13,20
4600	Handelsakademien für Berufstätige	180,00	15,80	13,20
4600	Kaufmännische Kollegs	170,00	15,80	13,20
4600	Aufbaulehrgänge an Handelsakademien	175,00	15,80	13,20
4710	Höhere Lehranstalten für wirtschaftliche Berufe	195,00	15,80	13,20
4710	Kollegs für wirtschaftliche Berufe	170,00	15,80	13,20
4710	Aufbaulehrgänge an Höheren Lehranstalten für wirtschaftliche Berufe	177,00	15,80	13,20
4720	Höhere Lehranstalten für Mode und Bekleidungstechnik, Höhere Lehranstalten für Kunstgewerbe	160,00	15,80	13,20
4730	Höhere Lehranstalten für Tourismus	180,00	15,80	13,20

4730	Aufbaulehrgänge an Höheren Lehranstalten für Tourismus	167,00	15,80	13,20
4730	Kollegs für Tourismus	160,00	15,80	13,20
4740	Höhere Lehranstalten für Pflege und Sozialbetreuung	195,00	15,80	13,20
5120	Bildungsanstalten für Elementarpädagogik	160,00	15,80	13,20
5120	Bildungsanstalten für Elementarpädagogik – Hortpädagogik	168,00	15,80	13,20
5120	Fachschulen für pädagogische Assistenzberufe	155,00	13,70	13,20
5120	Kollegs für Elementarpädagogik	150,00	15,80	13,20
5130	Bildungsanstalten für Sozialpädagogik	160,00	15,80	13,20
5130	Kollegs für Sozialpädagogik	150,00	15,80	13,20
6100	Land- und forstwirtschaftliche Berufsschulen	65,00	5,40	5,00
6100	Land- und forstwirtschaftliche Fachschulen	125,00	12,90	13,20
6200	Höhere land- und forstwirtschaftliche Lehranstalten	155,00	15,80	13,20

(2) Die Schulbuchlimits umfassen das Schulform-Grundlimit, das Religions- bzw. Ethik-Limit und das Digital-Limit für das Produkt „E-Book Solo", das Produkt „E-Book+ Solo" und den Preisanteil des E-Book+ in einem Kombiprodukt „Buch mit E-Book+".

(3) Unterrichtsmittel eigener Wahl gem. § 31a Abs. 1 Z 2 Familienlastenausgleichsgesetz können bis zu 15 vH der maßgeblichen Höchstbeträge gem. Abs. 1 Schulform-Grundlimit und Religions- bzw. Ethik-Limit (Spalte 1 und Spalte 2) insoweit angeschafft werden, als dadurch die maßgeblichen Höchstbeträge gem. Abs. 1 nicht überschritten werden.

§ 2. Für Schüler/innen in der Übergangsstufe an allgemeinbildenden höheren Schulen als Vorbereitungsjahr für die AHS-Oberstufe beträgt das Schulbuchlimit € 85,00.

§ 3. (1) Die Schulbuchlimits pro Schüler/in an Volksschulen, Mittelschulen, Polytechnischen Schulen sowie allgemeinbildenden höheren Schulen, berufsbildenden mittleren und höheren Schulen und Berufsschulen betragen zusätzlich zu den Höchstbeträgen gem. § 1 für außerordentliche und ordentliche Schüler/innen mit nichtdeutscher Muttersprache in Deutschförderklassen, in Deutschförderkursen oder im Förderunterricht Deutsch als Zweitsprache bzw. im Unterrichtsfach Deutsch im Rahmen des Regelunterrichtes für den Lehrplan-Zusatz „Deutsch als Zweitsprache" € 16,90 und für den muttersprachlichen Unterricht € 14,70.

(2) Für Schüler/innen mit dem Lehrplan-Zusatz „Deutsch als Zweitsprache" bzw. mit muttersprachlichem Unterricht kann neben dem Zusatzlimit in der Volksschule und in der Sekundarstufe I einmal ein Wörterbuch bestellt werden.

§ 4. An Schulen mit zweisprachigem Unterricht in allen Gegenständen (Minderheitensprachen, Volksgruppensprachen) dürfen zusätzlich zu den Höchstbeträgen gem. § 1 für die deutschsprachigen Schulbücher auch Schulbücher für die Zweitsprache in dem Umfang (Anzahl der Titel) pro Schüler/in wie für die vergleichbaren deutschsprachigen Unterricht angeschafft werden.

§ 5. Die Höchstbeträge für die Durchschnittskosten pro Schüler/in, die an einem Sprachheilkurs teilnehmen, betragen zusätzlich € 5,50 zu den jeweils maßgeblichen Höchstbeträgen gem. § 1 für Volksschulen, Mittelschulen und allgemeinbildenden höheren Schulen-Unterstufen.

§ 6. Die Schulbücher für sehbehinderte Schüler/innen dürfen an Sonderschulen und für integrativ unterrichtete Schüler/innen pro Schüler/in und Schulstufe nur in dem Umfang (Anzahl der Titel) abgegeben werden, wie sie vergleichbare Schüler/innen ohne sonderpädagogischen Förderbedarf erhalten.

15/2/4. VO Studierendenvertreter

BGBl II 2015/263

Verordnung der Bundesministerin für Familien und Jugend über die Verlängerung der Anspruchsdauer für den Bezug von Familienbeihilfe für Studierendenvertreterinnen und Studierendenvertreter

Auf Grund des § 2 Abs. 1 lit. b des Familienlastenausgleichsgesetzes 1967 (FLAG 1967), BGBl. Nr. 376/1967, zuletzt geändert durch das Bundesgesetz BGBl. I Nr. 50/2015, wird verordnet:

Verlängerung der höchstzulässigen Studienzeit

§ 1. Zeiten, in denen Studierende als Studierendenvertreterinnen bzw. Studierendenvertreter gemäß § 30 Abs. 1 und 2 des Hochschülerinnen- und Hochschülerschaftsgesetzes 2014 (HSG 2014), BGBl. I Nr. 45/2014, oder als Vorsitzende oder Sprecherinnen bzw. Sprecher der Heimvertretungen nach dem Studentenheimgesetz, BGBl. Nr. 291/1986, tätig waren, sind nach Maßgabe der §§ 2 bis 4 bei der Gewährung der Familienbeihilfe nicht in die für die Absolvierung des Studiums oder Studienabschnittes höchstzulässigen Studienzeiten nach dem Familienlastenausgleichsgesetz 1967 (FLAG 1967), BGBl. Nr. 376/1967, einzurechnen.

Allgemeine Voraussetzungen

§ 2. Voraussetzung für die Verlängerung der höchstzulässigen Studienzeit ist die Ausübung einer der in § 1 genannten Funktionen für die Dauer von mindestens einem Semester vor Ablauf der für die Absolvierung des Studiums oder Studienabschnittes höchstzulässigen Studienzeit.

Ausmaß der Verlängerung

§ 3. (1) Die höchstzulässige Studienzeit wird um die vollen Semester, in denen eine der folgenden Funktionen ausgeübt wurde, verlängert:
1. Vorsitzende bzw. Vorsitzender der Österreichischen Hochschülerinnen- und Hochschülerschaft, einer Hochschülerinnen- und Hochschülerschaft oder einer Hochschulvertretung,
2. Referentin bzw. Referent der Bundesvertretung oder einer Universitäts- oder Hochschulvertretung.

(2) Die höchstzulässige Studienzeit wird um drei Viertel der Semester, in denen eine der folgenden Funktionen ausgeübt wurde, verlängert:
1. stellvertretende Vorsitzende bzw. stellvertretender Vorsitzender der Österreichischen Hochschülerinnen- und Hochschülerschaft oder einer Hochschülerinnen- und Hochschülerschaft oder einer Hochschulvertretung,
2. stellvertretende Wirtschaftsreferentin bzw. stellvertretender Wirtschaftsreferent,
3. Vorsitzende bzw. Vorsitzender eines Organs gemäß § 15 Abs. 2 HSG 2014 oder
4. Vorsitzende bzw. Vorsitzender einer Studienvertretung.

(3) Die höchstzulässige Studienzeit wird um die Hälfte der Semester, in denen eine der folgenden Funktionen ausgeübt wurde, verlängert:
1. Sachbearbeiterin bzw. Sachbearbeiter der Bundesvertretung,
2. Sachbearbeiterin bzw. Sachbearbeiter einer Universitäts- oder Hochschulvertretung der Studierenden,
3. Mandatarin bzw. Mandatar in einem Organ der Österreichischen Hochschülerinnen- und Hochschülerschaft oder einer Hochschülerinnen- und Hochschülerschaft oder einer Hochschulvertretung.

(4) Für alle anderen Studierendenvertreterinnen und Studierendenvertreter nach dem HSG 2014 sowie für die Vorsitzenden und Sprecherinnen und Sprecher der Heimvertretungen nach dem Studentenheimgesetz wird die höchstzulässige Studienzeit um ein Viertel der zurückgelegten Semester verlängert.

Dauer der Verlängerung

§ 4. (1) Im Hinblick auf die zeitliche Inanspruchnahme sind bei Ausübung mehrerer Funktionen gemäß § 3 in einem Semester die Zeiten für die Verlängerung der höchstzulässigen Studienzeit mit der Maßgabe zusammenzuzählen, dass die Summe höchstens ein ganzes Semester ergeben darf.

(2) Die höchstzulässige Studienzeit kann um nicht mehr als die gesamte Zeit, in der eine Funktion gemäß § 3 ausgeübt wurde, und um nicht mehr als insgesamt vier Semester verlängert werden.

(3) Ergibt die rechnerische Ermittlung der zulässigen Verlängerung keine ganze Semesterzahl, so sind Verlängerungszeiten ab 0,5 Semestern als ganze Semester anzusehen.

Nachweise

§ 5. (1) Die Dauer der Funktion der bzw. des Vorsitzenden der Österreichischen Hochschülerinnen- und Hochschülerschaft, der Hochschülerinnen- und Hochschülerschaften und der Hochschulvertretungen sowie die Dauer der Funktion der Mandatarinnen und Mandatare ist von der bzw. dem jeweiligen Vorsitzenden der Wahlkommission zu bestätigen.

(2) Die Art und die Dauer der Funktion der anderen Studierendenvertreterinnen und Studierendenvertreter sind von den jeweiligen Vorsitzenden der Hochschülerinnen- und Hochschülerschaften bzw. der Hochschulvertretungen zu bestätigen. Bei den Vorsitzenden und Sprecherinnen bzw. Sprechern der Heimvertretungen erfolgt diese Bestätigung durch den jeweiligen Heimträger.

Inkrafttreten

§ 6. Diese Verordnung tritt mit dem Wintersemester 2015/2016 in Kraft.

Außerkrafttreten

§ 7. Die Verordnung BGBl. II Nr. 83/1999 tritt mit Ablauf des Sommersemesters 2015 außer Kraft.

15/2/5. KBGG
Familienleistungs-Valorisierung

15/2/5. FamValVO 2023

BGBl II 2022/413

Verordnung der Bundesministerin für Frauen, Familie, Integration und Medien und des Bundesministers für Finanzen über die Valorisierung der Familienbeihilfe, des Mehrkindzuschlages, des Kinderbetreuungsgeldes, des Familienzeitbonus und des Kinderabsetzbetrages für das Kalenderjahr 2023 (Familienleistungs-Valorisierungsverordnung 2023 – FamValVO 2023)

Aufgrund des § 16 Abs. 2 des Familienlastenausgleichsgesetzes 1967 (FLAG 1967), BGBl. Nr. 376, zuletzt geändert durch BGBl. I Nr. 174/2022, des § 33 Abs. 6 des Kinderbetreuungsgeldgesetzes (KBGG), BGBl. I Nr. 103/2001, zuletzt geändert durch BGBl. I Nr. 174/2022, des § 6 Abs. 4 des Familienzeitbonusgesetzes (FamZeitbG), BGBl. I Nr. 53/2016, zuletzt geändert durch BGBl. I Nr. 174/2022, und des § 33 Abs. 3 des Einkommensteuergesetzes 1988 (EStG 1988), BGBl. Nr. 400, zuletzt geändert durch BGBl. I Nr. 174/2022, wird,

1. soweit es sich um die Familienbeihilfe, den Mehrkindzuschlag, das Kinderbetreuungsgeld und den Familienzeitbonus handelt, von der Bundesministerin für Frauen, Familie, Integration und Medien,
2. soweit es sich um den Kinderabsetzbetrag handelt, vom Bundesminister für Finanzen

verordnet:

§ 1. Für das Kalenderjahr 2023 werden die Beträge nach dem FLAG 1967 auf Grund des § 108f ASVG wie folgt festgestellt:

1. im § 8 Abs. 2 Z 3 lit. a statt 114 € mit 120,6 €,
2. im § 8 Abs. 2 Z 3 lit. b statt 121,9 € mit 129 €,
3. im § 8 Abs. 2 Z 3 lit. c statt 141,5 € mit 149,7 €,
4. im § 8 Abs. 2 Z 3 lit. d statt 165,1 € mit 174,7 €,
5. im § 8 Abs. 3 Z 3 lit. a statt 7,1 € mit 7,5 €,
6. im § 8 Abs. 3 Z 3 lit. b statt 17,4 € mit 18,4 €
7. im § 8 Abs. 3 Z 3 lit. c statt 26,5 € mit 28 €,
8. im § 8 Abs. 3 Z 3 lit. d statt 32 € mit 33,9 €,
9. im § 8 Abs. 3 Z 3 lit. e statt 35,7 € mit 37,8 €,
10. im § 8 Abs. 3 Z 3 lit. f statt 52 € mit 55 €
11. im § 8 Abs. 4 Z 3 statt 155,9 € mit 164,9 €,
12. im § 8 Abs. 8 statt 100 € mit 105,8 €,
13. im § 9 statt 20 € mit 21,2 €.

§ 2. Für das Kalenderjahr 2023 werden die Beträge nach dem KBGG auf Grund des § 108f ASVG wie folgt festgestellt:

1. im § 3 Abs. 1 statt 33,88 € mit 35,85 €,
2. im § 24a Abs. 2 statt 66,00 € mit 69,83 €,
3. im § 24d Abs. 1 statt 33,88 € mit jeweils 35,85 €,

§ 3. Für das Kalenderjahr 2023 wird der Betrag nach § 3 Abs. 1 FamZeitbG auf Grund des § 108f ASVG statt 22,60 € mit 23,91 € festgestellt.

§ 4. Für das Kalenderjahr 2023 wird der Betrag nach § 33 Abs. 3 EStG 1988 auf Grund des § 108f ASVG statt 58,4 € mit 61,8 € festgestellt.

15/2/6. KBGG
Familienleistungs-Valorisierung

15/2/6. FamValVO 2024

BGBl II 2023/328

Verordnung der Bundesministerin für Frauen, Familie, Integration und Medien und des Bundesministers für Finanzen über die Valorisierung der Familienbeihilfe, des Mehrkindzuschlages, des Kinderbetreuungsgeldes, des Familienzeitbonus und des Kinderabsetzbetrages für das Kalenderjahr 2024 (Familienleistungs-Valorisierungsverordnung 2024 – FamValVO 2024)

Aufgrund des § 16 Abs. 2 des Familienlastenausgleichsgesetzes 1967 (FLAG 1967), BGBl. Nr. 376, zuletzt geändert durch BGBl. I Nr. 82/2023, des § 33 Abs. 6 des Kinderbetreuungsgeldgesetzes (KBGG), BGBl. I Nr. 103/2001, zuletzt geändert durch BGBl. I Nr. 115/2023, des § 6 Abs. 4 des Familienzeitbonusgesetzes (FamZeitbG), BGBl. I Nr. 53/2016, zuletzt geändert durch BGBl. I Nr. 115/2023, und des § 33 Abs. 3 des Einkommensteuergesetzes 1988 (EStG 1988), BGBl. Nr. 400, zuletzt geändert durch BGBl. I Nr. 111/2023, wird,

1. soweit es sich um die Familienbeihilfe, den Mehrkindzuschlag, das Kinderbetreuungsgeld und den Familienzeitbonus handelt, von der Bundesministerin für Frauen, Familie, Integration und Medien,
2. soweit es sich um den Kinderabsetzbetrag handelt, vom Bundesminister für Finanzen

verordnet:

§ 1. Für das Kalenderjahr 2024 werden die Beträge nach dem FLAG 1967 auf Grund des § 108f ASVG wie folgt festgestellt:
1. im § 8 Abs. 2 Z 3 lit. a statt 120,6 € mit 132,3 €,
2. im § 8 Abs. 2 Z 3 lit. b statt 129 € mit 141,5 €,
3. im § 8 Abs. 2 Z 3 lit. c statt 149,7 € mit 164,2 €,
4. im § 8 Abs. 2 Z 3 lit. d statt 174,7 € mit 191,6 €,
5. im § 8 Abs. 3 Z 3 lit. a statt 7,5 € mit 8,2 €,
6. im § 8 Abs. 3 Z 3 lit. b statt 18,4 € mit 20,2 €
7. im § 8 Abs. 3 Z 3 lit. c statt 28 € mit 30,7 €,
8. im § 8 Abs. 3 Z 3 lit. d statt 33,9 € mit 37,2 €,
9. im § 8 Abs. 3 Z 3 lit. e statt 37,8 € mit 41,5 €,
10. im § 8 Abs. 3 Z 3 lit. f statt 55 € mit 60,3 €
11. im § 8 Abs. 4 Z 3 statt 164,9 € mit 180,9 €,
12. im § 8 Abs. 8 statt 105,8 € mit 116,1 €,
13. im § 9 statt 21,2 € mit 23,3 €.

§ 2. Für das Kalenderjahr 2024 werden die Beträge nach dem KBGG auf Grund des § 108f ASVG wie folgt festgestellt:
1. im § 3 Abs. 1 statt 35,85 € mit 39,33 €,
2. im § 24a Abs. 2 statt 69,83 € mit 76,60 €,
3. im § 24d Abs. 1 statt 35,85 € mit jeweils 39,33 €,

§ 3. Für das Kalenderjahr 2024 wird der Betrag nach § 3 Abs. 1 FamZeitbG auf Grund des § 108f ASVG statt 47,82 € mit 52,46 € festgestellt.

§ 4. Für das Kalenderjahr 2024 wird der Betrag nach § 33 Abs. 3 EStG 1988 auf Grund des § 108f ASVG statt 61,8 € mit 67,8 € festgestellt.

16. Doppelbesteuerungsabkommen

Inhaltsverzeichnis

16/1.	DBA-Übersicht	Seite	1043
16/2.	DBA Deutschland	Seite	1049
16/3.	OECD-Musterabkommen 2017	Seite	1065
16/4.	Verrechnungspreisdokumentationsgesetz – VPDG	Seite	1079
	16/4/1. Verrechnungspreisdokumentationsgesetz-DV, BGBl II 2016/419	Seite	1086
16/5.	Mehrseitiges Übereinkommen zur Umsetzung steuerabkommensbezogener Maßnahmen zur Verhinderung der Gewinnverkürzung und Gewinnverlagerung (MLI)	Seite	1089

16/1. Doppelbesteuerungsabkommen

(Übersicht)

Vorschriften zur Vermeidung der Doppelbesteuerung:

Ägypten:
: siehe Vereinigte Arabische Republik

Albanien:
: Abkommen vom 14. Dezember 2007, BGBl III 2008/107, AÖF 2008/284.

Algerien:
: Abkommen vom 17. Juni 2003, BGBl III 2006/176, AÖF 2007/2.

Andorra:
: Abkommen (Auskunftsaustausch), BGBl III 2010/129, AÖF 2010/227.

Anguilla:
: Abkommen (Briefwechsel), BGBl III 2005/140, AÖF 2005/214.

Argentinien:
: Abkommen vom 13. September 1979, BGBl 1983/11, AÖF 1983/149; Kündigung BGBl III 2008/80, AÖF 2008/178.

Armenien:
: Abkommen vom 27. Februar 2002, BGBl III 2004/29, AÖF 2004/156.

Aruba:
: Abkommen (Briefwechsel), BGBl III 2005/133, AÖF 2005/207.

Aserbaidschan:
: Abkommen vom 4. Juli 2000, BGBl III 2001/176, AÖF 2001/183.

Australien:
: Abkommen vom 8. Juli 1986, BGBl 1988/480, AÖF 1988/318.

Bahrain:
: Abkommen vom 2. Juli 2009, BGBl III 2011/14.

Barbados:
: Abkommen vom 27. Februar 2006, BGBl III 2007/40.

Belarus (Weißrussland):
: Abkommen vom 16. Mai 2001, BGBl III 2002/69, AÖF 2002/128, idF des Protokolls vom 24. November 2014, BGBl III 2015/129.

Belgien:
: Abkommen vom 29. Dezember 1971, BGBl 1973/415, AÖF 1973/249, idF des Protokolls vom 10. September 2009, BGBl III 2016/7,

Belize:
: Abkommen vom 8. Mai 2002, BGBl III 2003/132, AÖF 2004/36.

Bosnien und Herzegowina:
: Abkommen vom 16. Dezember 2010, BGBl III 2011/168, AÖF 2011/251.

Brasilien:
: Abkommen vom 24. Mai 1975, BGBl 1976/431, AÖF 1976/218,

British Virgin Islands:
: Abkommen (Briefwechsel), BGBl III 2005/136, AÖF 2005/210.

Bulgarien:
: Abkommen vom 20. Juli 2010, BGBl III 2011/30.

Cayman Islands:
: Abkommen (Briefwechsel), BGBl III 2005/139.

Chile:
: Abkommen vom 6. Dezember 2012, BGBl III 2015/140.

China:
a) Abkommen vom 10. April 1991, BGBl 1992/679, AÖF 1992/343.
b) Verständigungsprotokoll vom 1. August 2014, BMF-AV Nr. 118/2014.

Dänemark:
: Abkommen vom 25. Mai 2007, BGBl III 2008/41, AÖF 2008/109, idF des Protokolls vom 16. September 2009, BGBl III 2010/27, AÖF 2010/75.

Deutschland:
a) Abkommen vom 4. Oktober 1954, BGBl 1955/220, AÖF 1955/281; Kündigung BGBl III 2007/116, AÖF 2007/231.
b) Abkommen vom 4. Oktober 1954, BGBl 1955/221, AÖF 1955/280,
c) Erlass vom 3. September 1957, Z 94826-8/57, AÖF 1957/235,
d) Erlass vom 21. Jänner 1964, Z 132. 389-8/63, AÖF 1964/87,
e) Erlass vom 26. April 1965, Z 22036-8/65, AÖF 1965/119,
f) Erlass vom 14. März 1967, Z 200295-8/67, AÖF 1967/106,
g) Kundmachung vom 13. März 1972, Z 251132-8/72, AÖF 1972/114,
h) Erlass vom 11. Feber 1974, Z 260244-8/73, AÖF 1974/105,
i) Erlass vom 22. Feber 1984, Z W766/2/1-IV/4/84, AÖF 1984/61,
j) Erlass vom 24. Juli 1984, Z A525/1/2-IV/4/84, AÖF 1984/184,
k) Erlass vom 7. Oktober 1986, Z 040101/ 72-IV/4/86, AÖF 1986/283,

DBA/OECD-MA MLI

16/1. DBA
Übersicht

l) Erlass vom 22. Dezember 1986, Z G 1246/1/3-IV/4/86, AÖF 1987/32,
m) Erlass vom 12. Feber 1987, Z H 2009/1/3-IV/4/86, AÖF 1987/91,
n) Erlass vom 24. April 1989, Z B 643/1/1-IV/4/89, AÖF 1989/152,
o) Erlass vom 24. Juli 1989, Z 041482/8-IV/4/89, AÖF 1989/240,
p) Erlass vom 8. August 1989, Z 041482/6-IV/4/89, AÖF 1989/267,
q) Erlass vom 5. Oktober 1989, Z 041482/29-IV/4/89, AÖF 1989/283,
r) Erlass vom 20. November 1990, Z 041482/27-IV/4/90, AÖF 1990/301,
s) Erlass vom 23. März 1993, Z 044702/8-IV/4/92, AÖF 1993/143,
t) Abkommen vom 8. Juli 1992, BGBl 1994/361, AÖF 1994/188,
u) Verordnung, BGBl 1994/426, AÖF 1994/200,
v) Erlass vom 16. Dezember 1994, Z 041482/27-IV/4/94, AÖF 1995/10,
w) Erlass vom 11. Februar 1997, Z 041482/5-IV/4/97, AÖF 1997/88,
x) Erlass vom 16. Februar 1998, Z 041482/6-IV/4/98, AÖF 1998/70,
y) Erlass vom 6. September 2000, Z 041482/49-IV/4/2000, AÖF 2000/200,
z) Verordnung BGBl II 2001/97,
aa) Abkommen samt Protokoll vom 24. August 2000, BGBl III 2002/182, AÖF 2002/214, idF des Protokolls vom 29. Dezember 2010, BGBl III 2012/32, AÖF 2012/56, und des Protokolls vom 21. August 2023, BGBl III 2024/12.
bb) Zusatzabkommen vom 15. Oktober 2003, BGBl III 2004/125.
cc) Erlass vom 30. November 2006, BMF-010221/0187-IV/4/2006, AÖF 2007/11.
dd) Erlass vom 21. Dezember 2007, BMF-010221/2177-IV/4/2007, AÖF 2008/13.
ee) Abkommen vom 6. November 2008, BGBl III 2009/115, AÖF 2009/248.
ff) Erlass vom 21. Dezember 2010, BMF-010221/3371-IV/4/2010, AÖF 2010/247.
gg) Erlass vom 21. Dezember 2010, BMF-010221/3392-IV/4/2010, AÖF 2010/248.
hh) Erlass vom 21. Februar 2011, BMF-010221/0088-IV/4/2011, AÖF 2011/55.
ii) Erlass vom 8. Juni 2012, BMF-010221/0376-IV/4/2012, AÖF 2012/135.
jj) Erlass vom 10. Oktober 2012, BMF-010221/0538-IV/4/2012, AÖF 2012/223.
kk) Erlass vom 10. Oktober 2012, BMF-010221/0617-IV/4/2012.
ll) Erlass vom 14. Februar 2014, BMF-010221/0792-VI/8/2013, BMF-AV Nr. 7/2014

Estland:
Abkommen vom 5. April 2001, BGBl III 2003/11, AÖF 2003/52.

Finnland:
a) Abkommen vom 8. Oktober 1963, BGBl 1964/55, AÖF 1964/79, idF des Protokolls vom 21. September 1970, BGBl 1972/110, AÖF 1972/135, und des Protokolls samt Zusatzprotokoll vom 4. März 2011, BGBl III 2011/159, AÖF 2011/241.
b) Vereinbarung vom 17. November 1972 bzw. 1. Feber 1973, BGBl 1973/277, AÖF 1973/182,
c) Abkommen vom 26. Juli 2000, BGBl III 2001/42, AÖF 2001/62.

Frankreich:
a) Abkommen vom 8. Oktober 1959, BGBl 1961/246, AÖF 1961/260, idF des Protokolls vom 30. Oktober 1970, BGBl 1972/147, AÖF 1972/156,
b) Vereinbarung vom 13. Oktober 1961, BGBl 1962/98, AÖF 1962/110,
c) Erlass vom 17. Mai 1968, Z 207763-8/68, AÖF 1968/168,
d) Verordnung vom 14. Juni 1973, BGBl 1973/387, AÖF 1973/237,
e) Erlass vom 14. August 1986, Z 040610/18-IV/4/86, AÖF 1986/230,
f) Protokoll vom 26. Februar 1986, BGBl 1988/588, AÖF 1988/368,
g) Abkommen vom 26. März 1993, BGBl 1994/613, AÖF 1994/243, idF des Protokolls und Zusatzprotokolls vom 23. Mai 2011, BGBl III 2012/77, AÖF 2012/117,
h) Abkommen vom 26. März 1993, BGBl 1994/614, AÖF 1994/244.

Georgien:
Abkommen vom 11. April 2005, BGBl III 2006/60, AÖF 2006/109, idF des Protokolls und Zusatzprotokolls vom 4. Juni 2012, BGBl III 2018/83

Gibraltar:
Abkommen (Informationsaustausch) vom 17. September 2009, BGBl III 2010/35, AÖF 2010/164.

Griechenland:
Abkommen vom 18. Juli 2007, BGBl 2009/16.

Großbritannien und Nordirland:
a) Abkommen vom 30. April 1969, BGBl 1970/390, AÖF 1970/230, idF des Protokolls vom 17. November 1977, BGBl 1978/585, AÖF 1979/91, und des Protokolls vom 11. September 2009, BGBl III 2010/135, AÖF 2011/20.
b) Protokoll vom 18. Mai 1993, BGBl 1994/835, AÖF 1994/307.
c) Abkommen samt Protokoll vom 23. Oktober 2018, BGBl III 2019/32.

Guernsey:
a) Abkommen (Briefwechsel), BGBl III 2005/176, AÖF 2005/231.
b) Abkommen vom 14. Mai 2014, BGBl III 2014/222.

16/1. DBA Übersicht

c) Erlass vom 9. Juli 2015, BMF-AV Nr. 102/2015.
d) Abkommen (Briefwechsel), BGBl III 2018/7.

Hongkong:
Abkommen vom 25. Mai 2010, BGBl III 2011/9, idF des Protokolls vom 25. Juni 2012, BGBl III 2013/308, AÖF 2013/334.

Indien:
Abkommen vom 8. November 1999, BGBl 2001/231, AÖF 2001/237, idF des Protokolls vom 6. Februar 2017, BGBl III 2021/69.

Indonesien:
Übereinkommen vom 24. Juli 1986, BGBl 1988/454, AÖF 1988/303.

Iran:
Abkommen vom 11. März 2002, BGBl III 2004/81, AÖF 2004/220.

Irland:
a) Abkommen vom 24. Mai 1966, BGBl 1968/66, AÖF 1968/97, idF des Protokolles vom 19. Juni 1987, BGBl 1989/12, AÖF 1989/77, und des Protokolls vom 16. Dezember 2009, BGBl III 2011/45, AÖF 2011/94.
b) Erlass vom 3. Februar 2010, BMF-010221/3022-IV/4/2009, AÖF 2010/33.
c) Erlass vom 28. Juni 2012, BMF-010221/0399-IV/4/2012, AÖF 2012/157.

Island:
Abkommen vom 30. Juni 2016, BGBl III 2017/25.

Isle of Man:
Abkommen (Briefwechsel), BGBl III 2005/141, AÖF 2005/215.

Israel:
a) Abkommen vom 29. Jänner 1970, BGBl 1971/85, AÖF 1971/87, idF BGBl III 2008/31, AÖF 2008/87.
b) Abkommen vom 28. November 2016, BGBl III 2018/8.

Italien:
a) Abkommen vom 29. Juni 1981, BGBl 1985/125, AÖF 1985/111.
b) Erlass vom 20. November 1984, Z 042541/3-IV/4/84, AÖF 1984/261.
c) Erlass vom 12. April 1985, Z 042542/7-IV/4/85, AÖF 1985/119.
d) Erlass vom 12. April 1985, Z 042542/8-IV/4/85, AÖF 1985/120.
e) Erlass vom 14. März 1988, Z 042542/7-IV/4/88, AÖF 1988/169.
f) Ergänzungsprotokoll vom 25. November 1987, BGBl 1990/129, AÖF 1990/103.
g) Erlass vom 14. Mai 1997, Z 042541/2-IV/4/97, AÖF 1997/140.

Japan:
a) Abkommen vom 20. Dezember 1961, BGBl 1963/127, AÖF 1963/158.

b) Erlass vom 4. Februar 2015, BMF-010221/0037-VI/8/2015, BMF-AV Nr. 20/2015.
c) Abkommen vom 30. Jänner 2017, BGBl III 2018/167.

Jersey:
a) Abkommen (Briefwechsel), BGBl III 2005/135, AÖF 2005/209.
b) Abkommen vom 8. April 2013, BGBl III 2013/107, AÖF 2013/158.
c) Abkommen (Briefwechsel), BGBl III 2017/236.

Kanada:
a) Abkommen vom 9. Dezember 1976, BGBl 1981/77, AÖF 1981/107, idF des Protokolles vom 15. Juni 1999, BGBl III 2001/2.
b) Protokoll vom 15. Juni 1999, BGBl III 2001/2, AÖF 2001/51.
c) Protokoll vom 9. März 2012, BGBl III 2013/208.

Kasachstan:
Abkommen vom 10. September 2004, BGBl III 2006/69, AÖF 2006/125.

Katar:
Abkommen samt Protokoll vom 30. Dezember 2010, BGBl III 2012/52.

Kirgisistan:
Abkommen vom 18. September 2001, BGBl III 2003/89.

Korea:
Abkommen vom 8. Oktober 1985, BGBl 1987/486, AÖF 1987/275; idF des Protokolls vom 28. Mai 2001, BGBl III 2002/68, AÖF 2002/127, und des Protokolls vom 14. Juni 2021, BGBl III 2023/6.

Kosovo:
Abkommen samt Protokoll vom 8. Juni 2018, BGBl III 2019/2.

Kroatien:
Abkommen vom 21. September 2000, BGBl III 2001/119, AÖF 2001/137.

Kuba:
Abkommen vom 26. Juni 2003, BGBl III 2006/149, AÖF 2006/235.

Kuwait:
Abkommen vom 13. Juni 2002, BGBl III 2004/30, AÖF 2004/157.

Lettland:
Abkommen vom 14. Dezember 2005, BGBl III 2007/76, AÖF 2007/165.

Liechtenstein:
a) Abkommen vom 7. Dezember 1955, BGBl 1956/214, AÖF 1956/253; Teilkündigung BGBl 1968/325, AÖF 1968/242.
b) Abkommen vom 5. November 1969, BGBl 1971/24, AÖF 1971/40, idF des Protokolls vom 29. Januar 2013, BGBl III 2013/302,

DBA/OECD-MA MLI

16/1. DBA
Übersicht

AÖF 2013/319, und des Protokolls vom 15. September 2016, BGBl III 2017/8.
- c) Vereinbarung vom 27. September bzw. 12. Oktober 1971, BGBl 1971/437, AÖF 1971/276.
- d) Erlass vom 19. September 1989, Z 043202/2-IV/4/89, AÖF 1989/281 *(gem BGBl 1993/486 vom VfGH aufgehoben).*
- e) Verordnung BGBl II 1997/192, AÖF 1997/168.
- f) Verordnung BGBl II 2001/215, AÖF 2001/140.
- g) Verordnung BGBl II 2005/437.
- h) Abkommen vom 29. Januar 2013, BGBl III 2013/301, AÖF 2013/310, idF des Protokolls vom 17. Oktober 2016, BGBl III 2017/9.
- i) Erlass vom 18. Februar 2013, BMF-010221/0009-IV/4/2013, AÖF 2013/84.
- j) Verordnung BGBl II 2013/450 *(gem BGBl II 2015/320 vom VfGH aufgehoben).*

Litauen:
Abkommen vom 6. April 2005, BGBl III 2005/209, AÖF 2006/33.

Luxemburg:
- a) Abkommen vom 18. Oktober 1962, BGBl 1964/54, AÖF 1964/78, idF des Protokolls vom 21. Mai 1992, BGBl 1993/835, AÖF 1993/371, und des Protokolls vom 7. Juli 2009, BGBl III 2010/58, AÖF 2010/137.
- b) Vereinbarung vom 23. März bzw. 10. April 1964, BGBl 1964/143, AÖF 1964/152.
- c) Erlass vom 6. Juni 1991, Z 04 3222/2-IV/4/91, AÖF 1991/184.
- d) Notenwechsel vom 18. Juni 2015, BGBl III 2017/26.

Malaysia:
Übereinkommen vom 20. September 1989, BGBl 1990/664, AÖF 1990/285.

Malta:
Abkommen vom 29. Mai 1978, BGBl 1979/294, AÖF 1979/211.

Marokko:
Abkommen vom 27. Februar 2002, BGBl III 2006/168, AÖF 2007/1.

Mauritius:
Abkommen vom 10. März 2015, BGBl III 2015/157.

Mazedonien:
Abkommen vom 10. September 2007, BGBl III 2008/9, AÖF 2008/71.

Mexiko:
Abkommen vom 13. April 2004, BGBl III 2004/142, AÖF 2005/31, idF des Protokolls vom 18. September 2009, BGBl III 2010/45, AÖF 2010/110.

Moldau:
Abkommen vom 29. April 2004, BGBl III 2004/160.

Monaco:
Abkommen (Informationsaustausch) vom 15. September 2009, BGBl III 2010/54, AÖF 2010/146.

Mongolei:
Abkommen vom 3. Juli 2003, BGBl III 2004/92.

Montenegro:
Abkommen vom 16. Juni 2014, BGBl III 2015/51.

Montserrat:
Abkommen (Briefwechsel), BGBl III 2005/134, AÖF 2005/208.

Nepal:
Abkommen vom 15. Dezember 2000, BGBl III 2002/26, AÖF 2002/110.

Neuseeland:
Abkommen vom 21. September 2006, BGBl III 2007/127, AÖF 2007/251.

Niederlande:
- a) Abkommen vom 1. September 1970, BGBl 1971/191, AÖF 1971/159, idF des Protokolls vom 18. Dezember 1989, BGBl 1991/18, AÖF 1991/24.
- b) Erlass vom 28. Dezember 1990, Z 043682/15-IV/4/90, AÖF 1991/50.
- c) Abkommen vom 26. November 2001, BGBl III 2003/13, AÖF 2003/62.
- d) Protokoll vom 26. November 2001, BGBl III 2003/14, AÖF 2003/63.
- e) Abkommen (Briefwechsel), BGBl III 2005/133, AÖF 2005/207.
- f) Abkommen (Briefwechsel), BGBl III 2005/137, AÖF 2005/211.
- g) Protokoll vom 8. Oktober 2008, BGBl III 2009/66.
- h) Protokoll vom 8. September 2009, BGBl III 2010/44, AÖF 2010/109.

Niederländische Antillen:
Abkommen (Briefwechsel), BGBl III 2005/137, AÖF 2005/211.

Norwegen:
- a) Abkommen vom 25. Feber 1960, BGBl 1960/204, AÖF 1960/239, idF des Protokolls vom 16. Dezember 1970, BGBl 1971/414, AÖF 1971/257.
- b) Vereinbarung vom 1. bzw. 25. Feber 1974, BGBl 1974/245, AÖF 1974/155.
- c) Abkommen vom 28. November 1995, BGBl III 1997/1, AÖF 1997/54, idF des Protokolles vom 14. November 2005, BGBl III 2006/181, AÖF 2007/3, und des Protokolls vom 8. April 2013, BGBl III 2013/106, AÖF 2013/145.

Pakistan:
Abkommen vom 4. August 2005, BGBl III 2007/49.

16/1. DBA Übersicht

Philippinen:
Abkommen vom 9. April 1981, BGBl 1982/107, AÖF 1982/104.

Polen:
Abkommen vom 13. Jänner 2004, BGBl III 2005/12, AÖF 2005/64, idF des Protokolls vom 4. Februar 2008, BGBl III 2008/161, AÖF 2008/285.

Portugal:
a) Abkommen vom 29. Dezember 1970, BGBl 1972/85, AÖF 1972/120.
b) Erlass vom 3. März 1995, Z 04 4022/1-IV/4/95, AÖF 1995/118.

Rumänien:
a) Abkommen vom 30. September 1976, BGBl 1979/6, AÖF 1979/36.
b) Abkommen vom 30. März 2005, BGBl III 2006/29, idF vom 1. Oktober 2012, BGBl III 2013/228.

Russische Föderation:
Abkommen vom 13. April 2000, BGBl III 2003/10, AÖF 2003/51, idF des Protokolls vom 5. Juni 2018, BGBl III 2019/89.
Kundmachung vom 6.12.2023, BGBl III 2023/200.

San Marino:
Abkommen vom 24. November 2004, BGBl III 2005/208, AÖF 2006/32, idF des Protokolls vom 18. September 2009, BGBl III 2010/38, AÖF 2010/90, und des Protokolls vom 16. November 2012, BGBl III 2013/227.

Saudi-Arabien:
Abkommen vom 19. März 2006, BGBl III 2007/62.

Schweden:
a) Abkommen vom 14. Mai 1959, BGBl 1960/39, AÖF 1960/175, idF des Protokolls vom 6. April 1970, BGBl 1970/341, AÖF 1970/208 und 1971/49, des Protokolls vom 5. November 1991, BGBl 1993/132, AÖF 1993/93, des Protokolls vom 21. August 2006, BGBl III 2007/75, AÖF 2007/164, und des Protokolls vom 17. Dezember 2009, BGBl III 2010/55, AÖF 2010/136.
b) Abkommen vom 21. November 1962, BGBl 1963/212, AÖF 1963/196.
c) Vereinbarung vom 17. April 1972, BGBl 1972/298, AÖF 1972/265.

Schweiz:
a) Abkommen vom 30. Jänner 1974, BGBl 1975/63, AÖF 1975/71.
b) Abkommen vom 30. Jänner 1974, BGBl 1975/64, AÖF 1975/72, idF des Protokolles vom 18. Jänner 1994, BGBl 1995/161, AÖF 1995/99, des Protokolles vom 20. Juli 2000, BGBl III 2001/204, AÖF 2001/190, des Protokolles vom 21. März 2006, BGBl III 2007/22, des Protokolles vom 3. September 2009, BGBl III 2011/27, AÖF 2011/76, und des Protokolles vom 4. Juni 2012, BGBl III 2012/169, AÖF 2013/51.
c) Vereinbarung vom 5. bzw. 6. Dezember 1974, BGBl 1975/65, AÖF 1975/73.
d) Erlass vom 11. Jänner 1989, Z 044282/8-IV/4/88, AÖF 1989/67.
e) Erlass vom 19. März 1992, Z 044283/1-IV/4/92, AÖF 1992/153.
f) Erlass vom 5. und 10. Februar 1998, Z044282/7-IV/4/98, AÖF 1998/84.
g) Erlass vom 31. Oktober 2011, BMF-010221/1435-IV/4/2011, AÖF 2011/242.
h) Abkommen vom 13. April 2012, BGBl III 2012/192, AÖF 2013/52.
i) Abkommen vom 11. November 2016, BGBl III 2017/6.

Serbien:
Abkommen vom 7. Mai 2010, BGBl III 2011/8.

Singapur:
Abkommen vom 30. November 2001, BGBl III 2002/248, AÖF 2002/263, idF des Protokolls vom 15. September 2009, BGBl III 2010/39, AÖF 2010/91, und des Abkommens vom 3. September 2012, BGBl III 2014/41.

Slowenien:
a) Abkommen vom 1. Oktober 1997, BGBl III 1999/4, AÖF 1999/22, idF des Protokolles vom 26. September 2006, BGBl III 2007/126, AÖF 2007/250, und des Protokolles vom 28. September 2011, BGBl III 2013/309, AÖF 2013/335.
b) Erlass vom 23. Mai 2007, AÖF 2007/124.

Sowjetunion (bzw. Nachfolgestaaten):
a) Abkommen vom 10. April 1981, BGBl 1982/411, AÖF 1982/230.
b) Erlass vom 9. April 1987, Z 044382/2-IV/4/87, AÖF 1987/139.
c) Erlass vom 9. April 1987, Z 044382/3-IV/4/87, AÖF 1987/140.
d) Erlass vom 18. April 1988, Z 044382/1-IV/4/88, AÖF 1988/193.
e) Erlass vom 1. Juni 1992, Z 044382/6-IV/4/92, AÖF 1992/202.
f) Notenwechsel BGBl 1994/257.
g) Erlass vom 29. September 1994, Z 04 4382/2-IV/4/94, AÖF 1994/317.
h) Erlass vom 22. Februar 1996, Z 044382/1-IV/4/96, AÖF 1996/44.
i) Erlass vom 3. Oktober 1997, Z 044382/10-IV/4/97, AÖF 1997/245.
j) Kundmachung vom 15. Mai 2013, BGBl III 2013/135.

Spanien:
Abkommen vom 20. Dezember 1966, BGBl 1967/395, AÖF 1968/8, idF BGBl 1995/21, AÖF 1995/36 und BGBl 1995/709, AÖF 1995/273

DBA/OECD-MA MLI

16/1. DBA
Übersicht

St. Vincent und die Grenadinen:
Abkommen (Informationsaustausch) vom 14. September 2009, BGBl III 2011/158, AÖF 2011/240.

Südafrika:
Abkommen vom 4. März 1996, BGBl III 1997/40, AÖF 1997/102, idF des Protokolls samt Zusatzprotokoll vom 22. August 2011, BGBl III 2012/19, AÖF 2012/46.

Tadschikistan:
a) Kundmachung vom 10. April 1981, BGBl III 1998/4.
b) Abkommen vom 7. Juni 2011, BGBl III 2012/76, AÖF 2012/116, idF des Protokolls vom 13. März 2013, BGBl III 2021/96.

Taipeh:
Abkommen vom 12. Juli 2014, BGBl II 2014/385.

Thailand:
a) Abkommen vom 8. Mai 1985, BGBl 1986/263, AÖF 1986/162,
b) Erlass vom 8. Jänner 2001, 04 4622/4-IV/4/2000, AÖF 2001/68.
c) Erlass vom 15. März 2013, AÖF 2013/117.

Tschechien:
Abkommen vom 8. Juni 2006, BGBl III 2007/39, AÖF 2007/102, idF des Protokolls vom 9. März 2012, BGBl III 2012/172, AÖF 2013/68.

Tunesien:
Abkommen vom 23. Juni 1977, BGBl 1978/516, AÖF 1978/279.

Türkei:
a) Abkommen vom 3. November 1970, BGBl 1973/595, AÖF 1973/331.
b) Abkommen vom 28. März 2008, BGBl III 2009/96, AÖF 2009/221.

Turkmenistan:
Abkommen vom 12. Mai 2015, BGBl III 2015/185.

Turks and Caicos Islands:
Abkommen (Briefwechsel), BGBl III 2005/138.

Ukraine:
Abkommen vom 16. Oktober 1997, BGBl III 1999/113, AÖF 1999/233, idF des Protokolls vom 15. Juni 2020, BGBl III 2021/98.

Ungarn:
a) Abkommen vom 25. Feber 1975, BGBl 1976/51, AÖF 1976/54.
b) Abkommen vom 25. Feber 1975, BGBl 1976/52, AÖF 1976/55,

Usbekistan:
Abkommen vom 14. Juni 2000, BGBl III 2001/150, AÖF 2001/182.

Venezuela:
Abkommen vom 12. Mai 2006, BGBl III 2007/33, AÖF 2007/97.

Vereinigte Arabische Emirate:
Abkommen vom 22. September 2003, BGBl III 2004/88, AÖF 2004/221, idF des Protokolls vom 1. Juli 2021, BGBl III 2022/211.

Vereinigte Arabische Republik:
Abkommen vom 16. Oktober 1962, BGBl 1963/293, AÖF 1964/48.

Vereinigte Staaten von Amerika:
a) Abkommen vom 25. Oktober 1956, BGBl 1957/232, AÖF 1957/262.
b) Verordnung vom 11. Jänner 1961, BGBl 1961/31, AÖF 1961/60.
c) Erlass vom 20. Jänner 1961, Z 7375-8/61, AÖF 1961/61; idF vom 20. Oktober 1977, Z 044983/21-IV/4/77, AÖF 1977/257.
d) Abkommen vom 21. Juni 1982, BGBl 1983/269, AÖF 1983/156.
e) Verordnung, BGBl 1993/878, AÖF 1994/13.
f) Abkommen vom 31. Mai 1996, BGBl 1998/6, AÖF 1998/46.
g) Erlass vom 12. Jänner 1998, Z 04 4982/1-IV/4/98, AÖF 1998/34.
h) Erlass vom 9. Juni 1998, Z 04 4982/16-IV/4/98, AÖF 1998/117.
i) Erlass vom 30. November 2006, BMF-010221/0623-IV/4/2006, AÖF 2007/12.
j) Abkommen vom 29. April 2014, BGBl III 2015/16.

Vietnam:
Abkommen vom 2. Juni 2008, BGBl III 2009/135, AÖF 2010/165.

Weißrussland:
siehe Belarus

Zypern:
Abkommen vom 20. März 1990, BGBl 1990/709, AÖF 1990/298, idF des Protokolls vom 25. Februar 2013, BGBl III 2013/52, AÖF 2013/127.

16/2. DBA Deutschland

DBA-Deutschland, BGBl III 2002/182 idF BGBl III 2012/32

GLIEDERUNG

- Art. 1. Persönlicher Geltungsbereich
- Art. 2. Unter das Abkommen fallende Steuern
- Art. 3. Allgemeine Begriffsbestimmungen
- Art. 4. Ansässige Person
- Art. 5. Betriebsstätte
- Art. 6. Einkünfte aus unbeweglichem Vermögen
- Art. 7. Unternehmensgewinne
- Art. 8. Seeschifffahrt, Binnenschifffahrt und Luftfahrt
- Art. 9. Verbundene Unternehmen
- Art. 10. Dividenden
- Art. 11. Zinsen
- Art. 12. Lizenzgebühren
- Art. 13. Gewinne aus der Veräußerung von Vermögen
- Art. 14. Selbständige Arbeit
- Art. 15. Unselbständige Arbeit
- Art. 16. Aufsichtsrats- und Geschäftsführervergütungen
- Art. 17. Künstler und Sportler
- Art. 18. Ruhegehälter, Renten und ähnliche Zahlungen
- Art. 19. Öffentlicher Dienst
- Art. 20. Gastprofessoren und -lehrer, Studenten und Auszubildende
- Art. 21. Andere Einkünfte
- Art. 22. Vermögen
- Art. 23. Vermeidung der Doppelbesteuerung
- Art. 24. Gleichbehandlung
- Art. 25. Verständigungsverfahren
- Art. 26. Informationsaustausch
- Art. 27. Erstattung der Abzugsteuern
- Art. 28. Anwendung des Abkommens in bestimmten Fällen
- Art. 29. Mitglieder diplomatischer Missionen und konsularischer Vertretungen
- Art. 30. Nebenurkunden
- Art. 31. In-Kraft-Treten
- Art. 32. Registrierung
- Art. 33. Kündigung
- Protokoll

Abkommen zwischen der Republik Österreich und der Bundesrepublik Deutschland zur Vermeidung der Doppelbesteuerung auf dem Gebiet der Steuern vom Einkommen und vom Vermögen

Geschehen zu Berlin, am 24. August 2000, in zwei Urschriften, jede in deutscher Sprache.

Die vom Bundespräsidenten unterzeichnete und vom Bundeskanzler gegengezeichnete Ratifikationsurkunde wurde am 18. Juli 2002 ausgetauscht; das Abkommen tritt gemäß seinem Art. 31 Abs. 2 mit 18. August 2002 in Kraft.

Persönlicher Geltungsbereich

Art. 1 Dieses Abkommen gilt für Personen, die in einem Vertragsstaat oder in beiden Vertragsstaaten ansässig sind.

Unter das Abkommen fallende Steuern

Art. 2 (1) Dieses Abkommen gilt, ohne Rücksicht auf die Art der Erhebung, für Steuern vom Einkommen und vom Vermögen, die für Rechnung eines Vertragsstaats oder seiner Gebietskörperschaften erhoben werden.

(2) Als Steuern vom Einkommen und vom Vermögen gelten alle Steuern, die vom Gesamteinkommen, vom Gesamtvermögen oder von Teilen des Einkommens oder des Vermögens erhoben werden, einschließlich der Steuern vom Gewinn aus der Veräußerung beweglichen oder unbeweglichen Vermögens, der Lohnsummensteuern sowie der Steuern vom Vermögenszuwachs.

(3) Zu den bestehenden Steuern, für die das Abkommen gilt, gehören insbesondere

a) in der Bundesrepublik Deutschland:
   1. die Einkommensteuer,
   2. die Körperschaftsteuer,
   3. die Gewerbesteuer und
   4. die Grundsteuer,

   einschließlich der hierauf erhobenen Zuschläge (im Folgenden als „deutsche Steuer" bezeichnet);

b) in der Republik Österreich:
   1. die Einkommensteuer,
   2. die Körperschaftsteuer,
   3. die Grundsteuer,
   4. die Abgabe von land- und forstwirtschaftlichen Betrieben und
   5. die Abgabe vom Bodenwert bei unbebauten Grundstücken,

einschließlich der hierauf erhobenen Zuschläge (im Folgenden als „österreichische Steuer" bezeichnet).

(4) Das Abkommen gilt auch für alle Steuern gleicher oder im Wesentlichen ähnlicher Art, die nach der Unterzeichnung des Abkommens neben den bestehenden Steuern oder an deren Stelle erhoben werden. Die zuständigen Behörden der Vertragsstaaten teilen einander, soweit für die Abkommensanwendung erforderlich, am Ende eines jeden Jahres die in ihren Steuergesetzen eingetretenen Änderungen mit.

Allgemeine Begriffsbestimmungen

Art. 3 (1) Im Sinne dieses Abkommens, wenn der Zusammenhang nichts anderes erfordert,

a) bedeutet der Ausdruck „ein Vertragsstaat" und „der andere Vertragsstaat", je nach dem Zusammenhang, die Bundesrepublik Deutschland oder die Republik Österreich;

b) bedeutet der Ausdruck „Bundesrepublik Deutschland" das Hoheitsgebiet der Bundesrepublik Deutschland sowie das an das Küstenmeer angrenzende Gebiet des Meeresbodens, seines Untergrunds und der darüber liegenden Wassersäule, in dem die Bundesrepublik Deutschland in Übereinstimmung mit dem Völkerrecht und ihren innerstaatlichen Rechtsvorschriften souveräne Rechte und Hoheitsbefugnisse zum Zwecke der Erforschung, Ausbeutung, Erhaltung und Bewirtschaftung der lebenden und nichtlebenden natürlichen Ressourcen ausübt;

c) bedeutet der Ausdruck „Republik Österreich" das Hoheitsgebiet der Republik Österreich;

d) umfasst der Ausdruck „Person" natürliche Personen, Gesellschaften und alle anderen Personenvereinigungen;

e) bedeutet der Ausdruck „Gesellschaft" juristische Personen oder Rechtsträger, die für die Besteuerung wie juristische Personen behandelt werden;

f) bedeuten die Ausdrücke „Unternehmen eines Vertragsstaats" und „Unternehmen des anderen Vertragsstaats", je nachdem, ein Unternehmen, das von einer in einem Vertragsstaat ansässigen Person betrieben wird, oder ein Unternehmen, das von einer im anderen Vertragsstaat ansässigen Person betrieben wird;

g) bedeutet der Ausdruck „internationaler Verkehr" jede Beförderung mit einem Seeschiff oder Luftfahrzeug, das von einem Unternehmen mit tatsächlicher Geschäftsleitung in einem Vertragsstaat betrieben wird, es sei denn, das Seeschiff oder Luftfahrzeug wird ausschließlich zwischen Orten im anderen Vertragsstaat betrieben;

h) bedeutet der Ausdruck „Staatsangehöriger"

   aa) in Bezug auf die Bundesrepublik Deutschland alle Deutschen im Sinne des Grundgesetzes der Bundesrepublik Deutschland sowie alle juristischen Personen, Personengesellschaften und anderen Personenvereinigungen, die nach dem in der Bundesrepublik Deutschland geltenden Recht errichtet worden sind;

   bb) in Bezug auf die Republik Österreich
1. jede natürliche Person, die die Staatsangehörigkeit der Republik Österreich besitzt;
2. jede juristische Person, Personengesellschaft und andere Personenvereinigung, die nach dem in der Republik Österreich geltenden Recht errichtet worden ist;

i) bedeutet der Ausdruck „zuständige Behörde"

   aa) in der Bundesrepublik Deutschland: das Bundesministerium der Finanzen oder die Behörde, auf die es seine Befugnisse delegiert hat,

   bb) in der Republik Österreich: den Bundesminister für Finanzen oder dessen bevollmächtigten Vertreter.

(2) Bei der Anwendung des Abkommens durch einen Vertragsstaat hat, wenn der Zusammenhang nichts anderes erfordert, jeder im Abkommen nicht definierte Ausdruck die Bedeutung, die ihm im Anwendungszeitraum nach dem Recht dieses Staates über die Steuern zukommt, für die das Abkommen gilt, wobei die Bedeutung nach dem in diesem Staat anzuwendenden Steuerrecht den Vorrang vor einer Bedeutung hat, die der Ausdruck nach anderem Recht dieses Staates hat.

Ansässige Person

Art. 4 (1) Im Sinne dieses Abkommens bedeutet der Ausdruck „eine in einem Vertragsstaat ansässige Person" eine Person, die nach dem Recht dieses Staates dort auf Grund ihres Wohnsitzes, ihres ständigen Aufenthalts, des Ortes ihrer Geschäftsleitung oder eines anderen ähnlichen Merkmals steuerpflichtig ist, und umfasst auch diesen Staat, seine Gebietskörperschaften und andere juristische Personen des öffentlichen Rechts. Der Ausdruck umfasst jedoch nicht eine Person, die in diesem Staat nur mit Einkünften aus Quellen in diesem Staat oder mit in diesem Staat gelegenem Vermögen steuerpflichtig ist.

(2) Ist nach Absatz 1 eine natürliche Person in beiden Vertragsstaaten ansässig, so gilt Folgendes:

a) Die Person gilt als nur in dem Staat ansässig, in dem sie über eine ständige Wohnstätte verfügt; verfügt sie in beiden Staaten über eine ständige Wohnstätte, so gilt sie als nur in dem Staat ansässig, zu dem sie die engeren persönlichen und wirtschaftlichen Beziehungen hat (Mittelpunkt der Lebensinteressen);

b) kann nicht bestimmt werden, in welchem Staat die Person den Mittelpunkt ihrer Lebensinteressen hat, oder verfügt sie in keinem der Staaten über eine ständige Wohnstätte, so gilt sie als nur in dem Staat ansässig, in dem sie ihren gewöhnlichen Aufenthalt hat;

c) hat die Person ihren gewöhnlichen Aufenthalt in beiden Staaten oder in keinem der Staaten, so gilt sie als nur in dem Staat ansässig, dessen Staatsangehöriger sie ist;
d) ist die Person Staatsangehöriger beider Staaten oder keines der Staaten, so werden sich die zuständigen Behörden der Vertragsstaaten bemühen, die Frage in gegenseitigem Einvernehmen zu regeln.

(3) Ist nach Absatz 1 eine andere als eine natürliche Person in beiden Vertragsstaaten ansässig, so gilt sie als in dem Staat ansässig, in dem sich der Ort ihrer tatsächlichen Geschäftsleitung befindet.

Betriebsstätte

Art. 5 (1) Im Sinne dieses Abkommens bedeutet der Ausdruck „Betriebsstätte" eine feste Geschäftseinrichtung, durch die die Tätigkeit eines Unternehmens ganz oder teilweise ausgeübt wird.

(2) Der Ausdruck „Betriebsstätte" umfasst insbesondere:
a) einen Ort der Leitung,
b) eine Zweigniederlassung,
c) eine Geschäftsstelle,
d) eine Fabrikationsstätte,
e) eine Werkstätte und
f) ein Bergwerk, ein Öl- oder Gasvorkommen, einen Steinbruch oder eine andere Stätte der Ausbeutung von Bodenschätzen.

(3) Eine Bauausführung oder Montage ist nur dann eine Betriebsstätte, wenn ihre Dauer zwölf Monate überschreitet.

(4) Ungeachtet der vorstehenden Bestimmungen dieses Artikels gelten nicht als Betriebsstätten:
a) Einrichtungen, die ausschließlich zur Lagerung, Ausstellung oder Auslieferung von Gütern oder Waren des Unternehmens benutzt werden;
b) Bestände von Gütern oder Waren des Unternehmens, die ausschließlich zur Lagerung, Ausstellung oder Auslieferung unterhalten werden;
c) Bestände von Gütern oder Waren des Unternehmens, die ausschließlich zu dem Zweck unterhalten werden, durch ein anderes Unternehmen bearbeitet oder verarbeitet zu werden;
d) eine feste Geschäftseinrichtung, die ausschließlich zu dem Zweck unterhalten wird, für das Unternehmen Güter oder Waren einzukaufen oder Informationen zu beschaffen;
e) eine feste Geschäftseinrichtung, die ausschließlich zu dem Zweck unterhalten wird, für das Unternehmen andere Tätigkeiten auszuüben, die vorbereitender Art sind oder eine Hilfstätigkeit darstellen;
f) eine feste Geschäftseinrichtung, die ausschließlich zu dem Zweck unterhalten wird, mehrere der unter den Buchstaben a bis e genannten Tätigkeiten auszuüben, vorausgesetzt, dass die sich daraus ergebende Gesamttätigkeit der festen Geschäftseinrichtung vorbereitender Art ist oder eine Hilfstätigkeit darstellt.

(5) Ist eine Person – mit Ausnahme eines unabhängigen Vertreters im Sinne des Absatzes 6 – für ein Unternehmen tätig und besitzt sie in einem Vertragsstaat die Vollmacht, im Namen des Unternehmens Verträge abzuschließen, und übt sie die Vollmacht dort gewöhnlich aus, so wird das Unternehmen ungeachtet der Absätze 1 und 2 so behandelt, als habe es in diesem Staat für alle von der Person für das Unternehmen ausgeübten Tätigkeiten eine Betriebsstätte, es sei denn, diese Tätigkeiten beschränken sich auf die in Absatz 4 genannten Tätigkeiten, die, würden sie durch eine feste Geschäftseinrichtung ausgeübt, diese Einrichtung nach dem genannten Absatz nicht zu einer Betriebsstätte machten.

(6) Ein Unternehmen wird nicht schon deshalb so behandelt, als habe es eine Betriebsstätte in einem Vertragsstaat, weil es dort seine Tätigkeit durch einen Makler, Kommissionär oder einen anderen unabhängigen Vertreter ausübt, sofern diese Personen im Rahmen ihrer ordentlichen Geschäftstätigkeit handeln.

(7) Allein dadurch, dass eine in einem Vertragsstaat ansässige Gesellschaft eine Gesellschaft beherrscht oder von einer Gesellschaft beherrscht wird, die im anderen Vertragsstaat ansässig ist oder dort (entweder durch eine Betriebsstätte oder auf andere Weise) ihre Tätigkeit ausübt, wird keine der beiden Gesellschaften zur Betriebsstätte der anderen.

Einkünfte aus unbeweglichem Vermögen

Art. 6 (1) Einkünfte, die eine in einem Vertragsstaat ansässige Person aus unbeweglichem Vermögen (einschließlich der Einkünfte aus land- und forstwirtschaftlichen Betrieben) bezieht, das im anderen Vertragsstaat liegt, dürfen im anderen Staat besteuert werden.

(2) Der Ausdruck „unbewegliches Vermögen" hat die Bedeutung, die ihm nach dem Recht des Vertragsstaats zukommt, in dem das Vermögen liegt. Der Ausdruck umfasst in jedem Fall das Zubehör zum unbeweglichen Vermögen, das lebende und tote Inventar land- und forstwirtschaftlicher Betriebe, die Rechte, für die die Vorschriften des Privatrechts über Grundstücke gelten, Nutzungsrechte an unbeweglichem Vermögen sowie Rechte auf veränderliche oder feste Vergütungen für die Ausbeutung oder das Recht auf Ausbeutung von Mineralvorkommen, Quellen und anderen Bodenschätzen; Schiffe und Luftfahrzeuge gelten nicht als unbewegliches Vermögen.

(3) Absatz 1 gilt für Einkünfte aus der unmittelbaren Nutzung, der Vermietung oder Verpachtung sowie jeder anderen Art der Nutzung unbeweglichen Vermögens.

(4) Die Absätze 1 und 3 gelten auch für Einkünfte aus unbeweglichem Vermögen eines Unternehmens und für Einkünfte aus unbeweglichem

Vermögen, das der Ausübung einer selbständigen Arbeit dient.

Unternehmensgewinne

Art. 7 (1) Gewinne eines Unternehmens eines Vertragsstaats dürfen nur in diesem Staat besteuert werden, es sei denn, das Unternehmen übt seine Tätigkeit im anderen Vertragsstaat durch eine dort gelegene Betriebsstätte aus. Übt das Unternehmen seine Tätigkeit auf diese Weise aus, so dürfen die Gewinne des Unternehmens im anderen Staat besteuert werden, jedoch nur insoweit, als sie dieser Betriebsstätte zugerechnet werden können.

(2) Übt ein Unternehmen eines Vertragsstaats seine Tätigkeit im anderen Vertragsstaat durch eine dort gelegene Betriebsstätte aus, so werden vorbehaltlich des Absatzes 3 in jedem Vertragsstaat dieser Betriebsstätte die Gewinne zugerechnet, die sie hätte erzielen können, wenn sie eine gleiche oder ähnliche Tätigkeit unter gleichen oder ähnlichen Bedingungen als selbständiges Unternehmen ausgeübt hätte und im Verkehr mit dem Unternehmen, dessen Betriebsstätte sie ist, völlig unabhängig gewesen wäre.

(3) Bei der Ermittlung der Gewinne einer Betriebsstätte werden die für diese Betriebsstätte entstandenen Aufwendungen, einschließlich der Geschäftsführungs- und allgemeinen Verwaltungskosten, zum Abzug zugelassen, gleichgültig, ob sie in dem Staat, in dem die Betriebsstätte liegt, oder anderswo entstanden sind.

(4) Soweit es in einem Vertragsstaat üblich ist, die einer Betriebsstätte zuzurechnenden Gewinne durch Aufteilung der Gesamtgewinne des Unternehmens auf seine einzelnen Teile zu ermitteln, schließt Absatz 2 nicht aus, dass dieser Vertragsstaat die zu besteuernden Gewinne nach der üblichen Aufteilung ermittelt; die gewählte Gewinnaufteilung muss jedoch derart sein, dass das Ergebnis mit den Grundsätzen dieses Artikels übereinstimmt.

(5) Auf Grund des bloßen Einkaufs von Gütern oder Waren für das Unternehmen wird einer Betriebsstätte kein Gewinn zugerechnet.

(6) Bei der Anwendung der vorstehenden Absätze sind die der Betriebsstätte zuzurechnenden Gewinne jedes Jahr auf dieselbe Art zu ermitteln, es sei denn, dass ausreichende Gründe dafür bestehen, anders zu verfahren.

(7) Dieser Artikel gilt auch für die Einkünfte aus der Beteiligung an einer Personengesellschaft. Er erstreckt sich auch auf Vergütungen, die ein Gesellschafter einer Personengesellschaft von der Gesellschaft für seine Tätigkeit im Dienst der Gesellschaft, für die Gewährung von Darlehen oder für die Überlassung von Wirtschaftsgütern bezieht, wenn diese Vergütungen nach dem Steuerrecht des Vertragsstaats, in dem die Betriebsstätte gelegen ist, den Einkünften des Gesellschafters aus dieser Betriebsstätte zugerechnet werden.

(8) Gehören zu den Gewinnen Einkünfte, die in anderen Artikeln dieses Abkommens behandelt werden, so werden die Bestimmungen jener Artikel durch die Bestimmungen dieses Artikels nicht berührt.

Seeschifffahrt, Binnenschifffahrt und Luftfahrt

Art. 8 (1) Gewinne aus dem Betrieb von Seeschiffen oder Luftfahrzeugen im internationalen Verkehr dürfen nur in dem Vertragsstaat besteuert werden, in dem sich der Ort der tatsächlichen Geschäftsleitung des Unternehmens befindet.

(2) Gewinne aus dem Betrieb von Schiffen, die der Binnenschifffahrt dienen, dürfen nur in dem Vertragsstaat besteuert werden, in dem sich der Ort der tatsächlichen Geschäftsleitung des Unternehmens befindet.

(3) Für Zwecke dieses Artikels beinhalten die Begriffe „Gewinne aus dem Betrieb von Seeschiffen oder Luftfahrzeugen im internationalen Verkehr" und „Gewinne aus dem Betrieb von Schiffen, die der Binnenschifffahrt dienen", auch die Einkünfte aus der

a) gelegentlichen Vercharterung von Seeschiffen oder Luftfahrzeugen und
b) Einkünfte aus der Nutzung oder Vermietung von Containern (einschließlich Trailer und zugehöriger Ausstattung, die dem Transport der Container dient),

wenn diese Einkünfte den im Absatz 1 genannten Gewinnen zugerechnet werden können.

(4) Befindet sich der Ort der tatsächlichen Geschäftsleitung eines Unternehmens der See- oder Binnenschifffahrt an Bord eines Schiffes, so gilt er als in dem Vertragsstaat gelegen, in dem der Heimathafen des Schiffes liegt, oder, wenn kein Heimathafen vorhanden ist, in dem Vertragsstaat, in dem die Person ansässig ist, die das Schiff betreibt.

(5) Absatz 1 gilt auch für Gewinne aus der Beteiligung an einem Pool, einer Betriebsgemeinschaft oder einer internationalen Betriebsstelle.

Verbundene Unternehmen

Art. 9 (1) Wenn
a) ein Unternehmen eines Vertragsstaats unmittelbar oder mittelbar an der Geschäftsleitung, der Kontrolle oder dem Kapital eines Unternehmens des anderen Vertragsstaats beteiligt ist oder
b) dieselben Personen unmittelbar oder mittelbar an der Geschäftsleitung, der Kontrolle oder dem Kapital eines Unternehmens eines Vertragsstaats und eines Unternehmens des anderen Vertragsstaats beteiligt sind

und in diesen Fällen die beiden Unternehmen in ihren kaufmännischen oder finanziellen Beziehungen an vereinbarte oder auferlegte Bedingungen gebunden sind, die von denen abweichen, die unabhängige Unternehmen miteinander vereinbaren würden, so dürfen die Gewinne, die eines der Unternehmen ohne diese Bedingungen erzielt hätte, wegen dieser Bedingungen aber nicht erzielt hat, den Gewinnen dieses Unternehmens zugerechnet und entsprechend besteuert werden.

(2) Werden in einem Vertragsstaat den Gewinnen eines Unternehmens dieses Staates Gewinne zugerechnet – und entsprechend besteuert –, mit denen ein Unternehmen des anderen Vertragsstaats in diesem Staat besteuert worden ist, und handelt es sich bei den zugerechneten Gewinnen um solche, die das Unternehmen des erstgenannten Staates erzielt hätte, wenn die zwischen den beiden Unternehmen vereinbarten Bedingungen die gleichen gewesen wären, die unabhängige Unternehmen miteinander vereinbaren würden, so nimmt der andere Staat eine entsprechende Änderung der dort von diesen Gewinnen erhobenen Steuer vor. Bei dieser Änderung sind die übrigen Bestimmungen dieses Abkommens zu berücksichtigen; erforderlichenfalls werden die zuständigen Behörden der Vertragsstaaten einander konsultieren.

Dividenden

Art. 10 (1) Dividenden, die eine in einem Vertragsstaat ansässige Gesellschaft an eine im anderen Vertragsstaat ansässige Person zahlt, dürfen im anderen Staat besteuert werden.

(2) Diese Dividenden dürfen jedoch auch in dem Vertragsstaat, in dem die die Dividenden zahlende Gesellschaft ansässig ist, nach dem Recht dieses Staates besteuert werden; die Steuer darf aber, wenn der Nutzungsberechtigte der Dividenden eine in dem anderen Vertragsstaat ansässige Person ist, nicht übersteigen:

a) 5 vom Hundert des Bruttobetrags der Dividenden, wenn der Nutzungsberechtigte eine Gesellschaft (jedoch keine Personengesellschaft) ist, die unmittelbar über mindestens 10 vom Hundert des Kapitals der die Dividenden zahlenden Gesellschaft verfügt;

b) 15 vom Hundert des Bruttobetrags der Dividenden in allen anderen Fällen.

Dieser Absatz berührt nicht die Besteuerung der Gesellschaft in Bezug auf die Gewinne, aus denen die Dividenden gezahlt werden.

(3) Der in diesem Artikel verwendete Ausdruck „Dividenden" bedeutet Einkünfte aus Aktien, Genussrechten oder Genussscheinen, Kuxen, Gründeranteilen oder sonstige Einkünfte, die nach dem Recht des Staates, in dem die ausschüttende Gesellschaft ansässig ist, den Einkünften aus Aktien steuerlich gleichgestellt sind. Der Ausdruck „Dividenden" umfasst auch Einkünfte eines stillen Gesellschafters aus seiner Beteiligung als stiller Gesellschafter, Einkünfte aus partiarischen Darlehen, Gewinnobligationen und sonstige Vergütungen, wenn sie nach dem Recht des Staates, aus dem sie stammen, bei der Ermittlung des Gewinns des Schuldners nicht abzugsfähig sind, sowie Ausschüttungen auf Anteilscheine an einem Investmentvermögen.

(4) Die vorstehenden Absätze 1 und 2 sind nicht anzuwenden, wenn der in einem Vertragsstaat ansässige Nutzungsberechtigte im anderen Vertragsstaat, in dem die die Dividenden zahlende Gesellschaft ansässig ist, eine gewerbliche Tätigkeit durch eine dort gelegene Betriebsstätte oder eine selbständige Arbeit durch eine dort gelegene feste Einrichtung ausübt und die Beteiligung, für die die Dividenden gezahlt werden, tatsächlich zu dieser Betriebsstätte oder festen Einrichtung gehört. In diesem Fall ist Artikel 7 beziehungsweise Artikel 14 anzuwenden.

(5) Bezieht eine in einem Vertragsstaat ansässige Gesellschaft Gewinne oder Einkünfte aus dem anderen Vertragsstaat, so darf dieser andere Staat weder die von der Gesellschaft gezahlten Dividenden besteuern, es sei denn, dass diese Dividenden an eine im anderen Staat ansässige Person gezahlt werden oder dass die Beteiligung, für die die Dividenden gezahlt werden, tatsächlich zu einer im anderen Staat gelegenen Betriebsstätte oder festen Einrichtung gehört, noch Gewinne der Gesellschaft einer Steuer für nichtausgeschüttete Gewinne unterwerfen, selbst wenn die gezahlten Dividenden oder die nichtausgeschütteten Gewinne ganz oder teilweise aus im anderen Staat erzielten Gewinnen oder Einkünften bestehen.

Zinsen

Art. 11 (1) Zinsen, die aus einem Vertragsstaat stammen und an eine im anderen Vertragsstaat ansässige Person gezahlt werden, dürfen, wenn diese Person der Nutzungsberechtigte ist, nur im anderen Staat besteuert werden.

(2) Einkünfte aus Rechten oder Forderungen mit Gewinnbeteiligung einschließlich der Einkünfte eines stillen Gesellschafters aus seiner Beteiligung als stiller Gesellschafter oder aus partiarischen Darlehen und Gewinnobligationen dürfen jedoch auch in dem Vertragsstaat, aus dem sie stammen, nach dem Recht dieses Staates besteuert werden.

(3) Der in diesem Artikel verwendete Ausdruck „Zinsen" bedeutet Einkünfte aus Forderungen jeder Art, auch wenn die Forderungen durch Pfandrechte an Grundstücken gesichert oder mit einer Beteiligung am Gewinn des Schuldners ausgestattet sind, und insbesondere Einkünfte aus öffentlichen Anleihen und aus Obligationen einschließlich der damit verbundenen Aufgelder und der Gewinne aus Losanleihen. Zuschläge für verspätete Zahlung gelten nicht als Zinsen im Sinne dieses Artikels. Der Ausdruck „Zinsen" umfasst nicht die in Artikel 10 behandelten Einkünfte.

(4) Die vorstehenden Absätze 1 und 2 sind nicht anzuwenden, wenn der in einem Vertragsstaat ansässige Nutzungsberechtigte im anderen Vertragsstaat, aus dem die Zinsen stammen, eine gewerbliche Tätigkeit durch eine dort gelegene Betriebsstätte oder eine selbständige Arbeit durch eine dort gelegene feste Einrichtung ausübt und die Forderung, für die die Zinsen gezahlt werden, tatsächlich zu dieser Betriebsstätte oder festen Einrichtung gehört. In diesem Fall ist Artikel 7 beziehungsweise Artikel 14 anzuwenden.

(5) Zinsen gelten dann als aus einem Vertragsstaat stammend, wenn der Schuldner eine in diesem Staat ansässige Person ist. Hat aber der Schuldner der Zinsen, ohne Rücksicht darauf, ob er in einem Vertragsstaat ansässig ist oder nicht, in einem

Vertragsstaat eine Betriebsstätte oder eine feste Einrichtung und ist die Schuld, für die die Zinsen gezahlt werden, für Zwecke der Betriebsstätte oder der festen Einrichtung eingegangen worden und trägt die Betriebsstätte oder die feste Einrichtung die Zinsen, so gelten die Zinsen als aus dem Staat stammend, in dem die Betriebsstätte oder die feste Einrichtung liegt.

(6) Bestehen zwischen dem Schuldner und dem Nutzungsberechtigten oder zwischen jedem von ihnen und einem Dritten besondere Beziehungen und übersteigen deshalb die Zinsen, gemessen an der zugrundeliegenden Forderung, den Betrag, den Schuldner und Nutzungsberechtigter ohne diese Beziehungen vereinbart hätten, so wird dieser Artikel nur auf den letzteren Betrag angewendet. In diesem Fall kann der übersteigende Betrag nach dem Recht eines jeden Vertragsstaats und unter Berücksichtigung der anderen Bestimmungen dieses Abkommens besteuert werden.

Lizenzgebühren

Art. 12 (1) Lizenzgebühren, die aus einem Vertragsstaat stammen und an eine im anderen Vertragsstaat ansässige Person gezahlt werden, dürfen, wenn diese Person der Nutzungsberechtigte ist, nur im anderen Staat besteuert werden.

(2) Der in diesem Artikel verwendete Ausdruck „Lizenzgebühren" bedeutet Vergütungen jeder Art, die für die Benutzung oder für das Recht auf Benutzung von Urheberrechten an literarischen, künstlerischen oder wissenschaftlichen Werken, einschließlich kinematographischer Filme, von Patenten, Marken, Mustern oder Modellen, Plänen, geheimen Formeln oder Verfahren oder für die Mitteilung gewerblicher, kaufmännischer oder wissenschaftlicher Erfahrungen gezahlt werden.

(3) Absatz 1 ist nicht anzuwenden, wenn der in einem Vertragsstaat ansässige Nutzungsberechtigte im anderen Vertragsstaat, aus dem die Lizenzgebühren stammen, eine gewerbliche Tätigkeit durch eine dort gelegene Betriebsstätte oder eine selbständige Arbeit durch eine dort gelegene feste Einrichtung ausübt und die Rechte oder Vermögenswerte, für die die Lizenzgebühren gezahlt werden, tatsächlich zu dieser Betriebsstätte oder festen Einrichtung gehören. In diesem Fall ist Artikel 7 beziehungsweise Artikel 14 anzuwenden.

(4) Lizenzgebühren gelten dann als aus einem Vertragsstaat stammend, wenn der Schuldner eine in diesem Staat ansässige Person ist. Hat aber der Schuldner der Lizenzgebühren, ohne Rücksicht darauf, ob er in einem Vertragsstaat ansässig ist oder nicht, in einem Vertragsstaat eine Betriebsstätte oder eine feste Einrichtung und ist die Verpflichtung zur Zahlung der Lizenzgebühren für Zwecke der Betriebsstätte oder der festen Einrichtung eingegangen worden und trägt die Betriebsstätte oder die feste Einrichtung die Lizenzgebühren, so gelten die Lizenzgebühren als aus dem Staat stammend, in dem die Betriebsstätte oder die feste Einrichtung liegt.

(5) Bestehen zwischen dem Schuldner und dem Nutzungsberechtigten oder zwischen jedem von ihnen und einem Dritten besondere Beziehungen und übersteigen deshalb die Lizenzgebühren, gemessen an der zugrundeliegenden Leistung, den Betrag, den Schuldner und Nutzungsberechtigter ohne diese Beziehungen vereinbart hätten, so wird dieser Artikel nur auf den letzteren Betrag angewendet. In diesem Fall kann der übersteigende Betrag nach dem Recht eines jeden Vertragsstaats und unter Berücksichtigung der anderen Bestimmungen dieses Abkommens besteuert werden.

Gewinne aus der Veräußerung von Vermögen

Art. 13 (1) Gewinne, die eine in einem Vertragsstaat ansässige Person aus der Veräußerung unbeweglichen Vermögens im Sinne des Artikels 6 bezieht, das im anderen Vertragsstaat liegt, dürfen im anderen Staat besteuert werden.

(2) Gewinne aus der Veräußerung von Aktien und sonstigen Anteilen an einer Gesellschaft, deren Aktivvermögen überwiegend aus unbeweglichem Vermögen in einem Vertragsstaat besteht, dürfen in diesem Staat besteuert werden.

(3) Gewinne aus der Veräußerung beweglichen Vermögens, das Betriebsvermögen einer Betriebsstätte ist, die ein Unternehmen eines Vertragsstaats im anderen Vertragsstaat hat, oder das zu einer festen Einrichtung gehört, die einer in einem Vertragsstaat ansässigen Person für die Ausübung einer selbständigen Arbeit im anderen Vertragsstaat zur Verfügung steht, einschließlich derartiger Gewinne, die bei der Veräußerung einer solchen Betriebsstätte (allein oder mit dem übrigen Unternehmen) oder einer solchen festen Einrichtung erzielt werden, dürfen im anderen Staat besteuert werden.

(4) Gewinne aus der Veräußerung von Seeschiffen oder Luftfahrzeugen, die im internationalen Verkehr betrieben werden, von Schiffen, die der Binnenschifffahrt dienen, und von beweglichem Vermögen, das dem Betrieb dieser Schiffe oder Luftfahrzeuge dient, dürfen nur in dem Vertragsstaat besteuert werden, in dem sich der Ort der tatsächlichen Geschäftsleitung des Unternehmens befindet.

(5) Gewinne aus der Veräußerung des in den vorstehenden Absätzen 1 bis 4 nicht genannten Vermögens dürfen nur in dem Vertragsstaat besteuert werden, in dem der Veräußerer ansässig ist.

(6) Bei einer natürlichen Person, die in einem Vertragsstaat während mindestens fünf Jahren ansässig war und die im anderen Vertragsstaat ansässig geworden ist, berührt Absatz 5 nicht das Recht des erstgenannten Staates, bei Anteilen an Gesellschaften nach seinen innerstaatlichen Rechtsvorschriften bei der Person einen Vermögenszuwachs bis zu ihrem Ansässigkeitswechsel zu besteuern. Besteuert der erstgenannte Vertragsstaat bei Wegzug einer in diesem Staat ansässigen natürlichen Person den Vermögenszuwachs, so wird bei späterer Veräußerung der Anteile, wenn der daraus erzielte Gewinn in dem anderen Staat

gemäß Absatz 5 besteuert wird, dieser Staat bei der Ermittlung des Veräußerungsgewinns als Anschaffungskosten den Betrag zu Grunde legen, den der erstgenannte Staat im Zeitpunkt des Wegzugs als Erlös angenommen hat.

Selbständige Arbeit

Art. 14 (1) Einkünfte, die eine in einem Vertragsstaat ansässige Person aus einem freien Beruf oder aus sonstiger selbständiger Tätigkeit bezieht, dürfen nur in diesem Staat besteuert werden, es sei denn, dass der Person im anderen Vertragsstaat für die Ausübung ihrer Tätigkeit gewöhnlich eine feste Einrichtung zur Verfügung steht. Steht ihr eine solche feste Einrichtung zur Verfügung, so dürfen die Einkünfte im anderen Staat besteuert werden, jedoch nur insoweit, als sie dieser festen Einrichtung zugerechnet werden können.

(2) Der Ausdruck „freier Beruf" umfasst insbesondere die selbständig ausgeübte wissenschaftliche, literarische, künstlerische, erzieherische oder unterrichtende Tätigkeit sowie die selbständige Tätigkeit der Ärzte, Rechtsanwälte, Ingenieure, Architekten, Zahnärzte und Buchsachverständigen.

Unselbständige Arbeit

Art. 15 (1) Vorbehaltlich der Artikel 16 bis 20 dürfen Gehälter, Löhne und ähnliche Vergütungen, die eine in einem Vertragsstaat ansässige Person aus unselbständiger Arbeit bezieht, nur in diesem Staat besteuert werden, es sei denn, die Arbeit wird im anderen Vertragsstaat ausgeübt. Wird die Arbeit dort ausgeübt, so dürfen die dafür bezogenen Vergütungen im anderen Staat besteuert werden.

(2) Ungeachtet des Absatzes 1 dürfen Vergütungen, die eine in einem Vertragsstaat ansässige Person für eine im anderen Vertragsstaat ausgeübte unselbständige Arbeit bezieht, nur im erstgenannten Staat besteuert werden, wenn

a) der Empfänger sich im anderen Staat insgesamt nicht länger als 183 Tage während des betreffenden Kalenderjahrs aufhält und
b) die Vergütungen von einem Arbeitgeber oder für einen Arbeitgeber gezahlt werden, der nicht im anderen Staat ansässig ist, und
c) die Vergütungen nicht von einer Betriebsstätte oder einer festen Einrichtung getragen werden, die der Arbeitgeber im anderen Staat hat.

(3) Die Bestimmungen des vorstehenden Absatzes 2 Buchstabe b finden keine Anwendung auf Vergütungen für Arbeit im Rahmen der Arbeitnehmerüberlassung, wenn sich der Arbeitnehmer im anderen Staat insgesamt nicht länger als 183 Tage während des betreffenden Kalenderjahres aufhält.

(4) Für Zwecke dieses Artikels gilt die Arbeit im anderen Vertragsstaat nur dann als ausgeübt, wenn die Vergütungen in Übereinstimmung mit diesem Abkommen im anderen Vertragsstaat besteuert worden sind.

(5) Ungeachtet der vorstehenden Bestimmungen dieses Artikels dürfen Vergütungen für unselbständige Arbeit, die an Bord eines Seeschiffes oder Luftfahrzeuges, das im internationalen Verkehr betrieben wird, oder an Bord eines Schiffes, das der Binnenschifffahrt dient, ausgeübt wird, in dem Vertragsstaat besteuert werden, in dem sich der Ort der tatsächlichen Geschäftsleitung des Unternehmens befindet.

(6) Absatz 1 gilt nicht, wenn die Person
1. in dem einen Staat in der Nähe der Grenze ihren Wohnsitz und in dem anderen Staat in der Nähe der Grenze ihren Arbeitsort hat und
2. täglich von ihrem Arbeitsort an ihren Wohnsitz zurückkehrt (Grenzgänger).

(7) Beiträge, die für eine in einem Vertragsstaat unselbständig tätige Person an eine in dem anderen Vertragsstaat errichtete und dort steuerlich anerkannte Einrichtung der Krankheits- und Altersvorsorge geleistet werden, sind in dem erstgenannten Staat bei der Ermittlung des von der Person zu versteuernden Einkommens in der gleichen Weise, unter den gleichen Bedingungen und Einschränkungen zu behandeln wie Beiträge an in diesem erstgenannten Staat steuerlich anerkannte Einrichtungen der Krankheits- und Altersvorsorge, sofern

a) die Person unmittelbar vor Aufnahme ihrer Tätigkeit nicht in diesem Staat ansässig war und bereits Beiträge an die Einrichtungen der Krankheits- und Altersvorsorge entrichtete, und
b) die zuständige Behörde dieses Vertragsstaats festgestellt hat, dass die Einrichtung der Krankheits- und Altersvorsorge allgemein denjenigen Einrichtungen entspricht, die in diesem Staat als solche für steuerliche Zwecke anerkannt sind.

Für die Zwecke dieses Absatzes

a) bedeutet „Einrichtung der Krankheitsvorsorge" jede Einrichtung, bei der die unselbständig tätige Person und ihre Angehörigen im Fall einer krankheitsbedingten vorübergehenden Unterbrechung ihrer unselbständigen Arbeit zum Empfang von Leistungen berechtigt sind;
b) bedeutet „Einrichtung der Altersvorsorge" eine Einrichtung, an der die Person teilnimmt, um sich im Hinblick auf die in diesem Absatz erwähnte unselbständige Arbeit Ruhestandseinkünfte zu sichern;
c) ist eine „Einrichtung der Krankheits- und Altersvorsorge" in einem Staat für steuerliche Zwecke anerkannt, wenn hinsichtlich der an diese Einrichtungen geleisteten Beiträge Steuerentlastungen zu gewähren sind.

Aufsichtsrats- und Geschäftsführervergütungen

Art. 16 (1) Aufsichtsrats- oder Verwaltungsratsvergütungen und ähnliche Zahlungen, die eine in einem Vertragsstaat ansässige Person in ihrer Eigenschaft als Mitglied des Aufsichts- oder Verwaltungsrats einer Gesellschaft bezieht, die im anderen Vertragsstaat ansässig ist, dürfen im anderen Staat besteuert werden.

(2) Ungeachtet der Artikel 14 und 15 dürfen Vergütungen, die eine in einem Vertragsstaat ansässige Person in ihrer Eigenschaft als Geschäftsführer oder als Vorstandsmitglied einer Gesellschaft bezieht, die in dem anderen Vertragsstaat ansässig ist, im anderen Staat besteuert werden.

Künstler und Sportler

Art. 17 (1) Ungeachtet der Artikel 7, 14 und 15 dürfen Einkünfte, die eine in einem Vertragsstaat ansässige Person als Künstler, wie Bühnen-, Film-, Rundfunk- und Fernsehkünstler sowie Musiker, oder als Sportler aus ihrer im anderen Vertragsstaat persönlich ausgeübten Tätigkeit bezieht, im anderen Staat besteuert werden. Ungeachtet auch des Artikels 12 dürfen Vergütungen jeder Art, die für die Benutzung oder das Recht auf Benutzung des Namens, des Bildes oder sonstiger Persönlichkeitsrechte dieser Person gezahlt werden, im anderen Staat auch dann besteuert werden, wenn dort keine persönliche Tätigkeit ausgeübt wird. Entsprechendes gilt für Einkünfte aus der Duldung von Aufzeichnungen und Übertragungen von künstlerischen und sportlichen Darbietungen durch Rundfunk und Fernsehen.

(2) Fließen Einkünfte der in Absatz 1 genannten Art nicht dem Künstler oder Sportler selbst, sondern einer anderen Person zu, so dürfen deren Einkünfte ungeachtet der Artikel 7, 12, 14 und 15 in dem Vertragsstaat besteuert werden, aus dem sie stammen.

(3) Die Absätze 1 und 2 gelten nicht für Einkünfte aus der von Künstlern oder Sportlern in einem Vertragsstaat ausgeübten Tätigkeit, wenn der Aufenthalt in diesem Staat ganz oder überwiegend aus öffentlichen Mitteln des anderen Staates oder einem seiner Länder oder einer seiner Gebietskörperschaften oder von einer als gemeinnützig anerkannten Einrichtung unterstützt wird. In diesem Fall dürfen die Einkünfte nur in dem Vertragsstaat besteuert werden, in dem die Person ansässig ist.

Ruhegehälter, Renten und ähnliche Zahlungen

Art. 18 (1) Erhält eine in einem Vertragsstaat ansässige Person Ruhegehälter und ähnliche Vergütungen oder Renten aus dem anderen Vertragsstaat, so dürfen diese Bezüge nur im erstgenannten Staat besteuert werden.

(2) Bezüge, die eine in einem Vertragsstaat ansässige Person aus der gesetzlichen Sozialversicherung des anderen Vertragsstaats erhält, dürfen abweichend von vorstehendem Absatz 1 nur in diesem anderen Staat besteuert werden.

(3) Wiederkehrende und einmalige Vergütungen, die ein Vertragsstaat oder eine seiner Gebietskörperschaften an eine in dem anderen Vertragsstaat ansässige Person für einen Schaden zahlt, für dessen Folgen die staatliche Gemeinschaft in Abgeltung eines besonderen Opfers oder aus anderen Gründen nach versorgungsrechtlichen Grundsätzen einsteht, oder der als Folge von Kriegshandlungen oder politischer Verfolgung oder des Wehr- oder Zivildiensts entstanden ist (einschließlich Wiedergutmachungsleistungen), dürfen abweichend von Absatz 1 nur im erstgenannten Staat besteuert werden.

(4) Der Begriff „Rente" bedeutet bestimmte Beträge, die regelmäßig zu festgesetzten Zeitpunkten lebenslänglich oder während eines bestimmten oder bestimmbaren Zeitabschnitts auf Grund einer Verpflichtung zahlbar sind, die diese Zahlungen als Gegenleistung für in Geld oder Geldeswert bewirkte angemessene Leistung vorsieht.

(5) Unterhaltszahlungen, einschließlich derjenigen für Kinder, die eine in einem Vertragsstaat ansässige Person an eine im anderen Vertragsstaat ansässige Person zahlt, sind in dem anderen Staat von der Steuer befreit. Das gilt nicht, soweit die Unterhaltszahlungen im erstgenannten Staat bei der Berechnung des steuerpflichtigen Einkommens des Zahlungsverpflichteten abzugsfähig sind; Steuerfreibeträge zur Milderung der sozialen Lasten gelten nicht als Abzug im Sinne dieser Bestimmung.

Öffentlicher Dienst

Art. 19 (1) Vergütungen, ausgenommen Ruhegehälter, die von einem Vertragsstaat oder einer seiner Gebietskörperschaften oder einer anderen juristischen Person des öffentlichen Rechts dieses Staates an eine natürliche Person für diesem Staat, einer seiner Gebietskörperschaften oder einer anderen juristischen Person des öffentlichen Rechts geleistete Dienste gezahlt werden, dürfen nur in diesem Staat besteuert werden. Diese Vergütungen dürfen jedoch nur im anderen Vertragsstaat besteuert werden, wenn die Dienste in diesem Staat geleistet werden und die natürliche Person in diesem Staat ansässig ist und

a) ein Staatsangehöriger dieses Staates ist oder
b) nicht ausschließlich deshalb in diesem Staat ansässig geworden ist, um die Dienste zu leisten.

(2) Ruhegehälter, die von einem Vertragsstaat, einer seiner Gebietskörperschaften oder einer anderen juristischen Person des öffentlichen Rechts dieses Staates an eine natürliche Person für diesem Staat, einer seiner Gebietskörperschaften oder einer anderen juristischen Person des öffentlichen Rechts geleistete Dienste gezahlt werden, dürfen abweichend von Artikel 18 nur in diesem Staat besteuert werden. Diese Ruhegehälter dürfen jedoch nur im anderen Vertragsstaat besteuert werden, wenn die natürliche Person in diesem Staat ansässig ist und ein Staatsangehöriger dieses Staates ist.

(3) Auf Vergütungen für Dienstleistungen und Ruhegehälter, die im Zusammenhang mit einer gewerblichen Tätigkeit eines Vertragsstaats oder einer seiner Gebietskörperschaften oder einer anderen juristischen Person des öffentlichen Rechts dieses Staates erbracht werden, sind die Artikel 15, 16, 17 und 18 anzuwenden.

(4) Dieser Artikel gilt auch für Löhne, Gehälter und ähnliche Vergütungen (sowie für Ruhegehäl-

ter), die an natürliche Personen für Dienste gezahlt werden, die dem Goethe-Institut, dem Deutschen Akademischen Austauschdienst (DAAD) und anderen ähnlichen, von den zuständigen Behörden der Vertragsstaaten im gegenseitigen Einvernehmen zu bestimmenden Einrichtungen geleistet werden, vorausgesetzt, dass diese Zahlungen in dem Vertragsstaat, aus dem sie stammen, der Besteuerung unterliegen.

Gastprofessoren und -lehrer, Studenten und Auszubildende

Art. 20 (1) Eine natürliche Person, die sich auf Einladung eines Vertragsstaats oder einer Universität, Hochschule, Schule, eines Museums oder einer anderen kulturellen Einrichtung dieses Vertragsstaats oder im Rahmen eines amtlichen Kulturaustausches in diesem Vertragsstaat höchstens zwei Jahre lang lediglich zur Ausübung einer Lehrtätigkeit, zum Halten von Vorlesungen oder zur Ausübung einer Forschungstätigkeit bei dieser Einrichtung aufhält und die im anderen Vertragsstaat ansässig ist oder dort unmittelbar vor der Einreise in den erstgenannten Staat ansässig war, ist in dem erstgenannten Staat mit ihren für diese Tätigkeit bezogenen Vergütungen von der Steuer befreit, vorausgesetzt, dass diese Vergütungen von außerhalb dieses Staates bezogen werden.

(2) Zahlungen, die ein Student, Praktikant oder Lehrling, der sich in einem Vertragsstaat ausschließlich zum Studium oder zur Ausbildung aufhält und der im anderen Vertragsstaat ansässig ist oder dort unmittelbar vor der Einreise in den erstgenannten Staat ansässig war, für seinen Unterhalt, sein Studium oder seine Ausbildung erhält, dürfen im erstgenannten Staat nicht besteuert werden, sofern diese Zahlungen aus Quellen außerhalb dieses Staates stammen.

Andere Einkünfte

Art. 21 (1) Einkünfte einer in einem Vertragsstaat ansässigen Person, die in den vorstehenden Artikeln nicht behandelt wurden, dürfen ohne Rücksicht auf ihre Herkunft nur in diesem Staat besteuert werden.

(2) Absatz 1 ist auf andere Einkünfte als solche aus unbeweglichem Vermögen im Sinne des Artikels 6 Absatz 2 nicht anzuwenden, wenn der in einem Vertragsstaat ansässige Empfänger im anderen Vertragsstaat eine gewerbliche Tätigkeit durch eine dort gelegene Betriebsstätte oder eine selbständige Arbeit durch eine dort gelegene feste Einrichtung ausübt und die Rechte oder Vermögenswerte, für die die Einkünfte gezahlt werden, tatsächlich zu dieser Betriebsstätte oder festen Einrichtung gehören. In diesem Fall ist Artikel 7 beziehungsweise Artikel 14 anzuwenden.

Vermögen

Art. 22 (1) Unbewegliches Vermögen im Sinne des Artikels 6, das einer in einem Vertragsstaat ansässigen Person gehört und im anderen Vertragsstaat liegt, darf im anderen Staat besteuert werden.

(2) Bewegliches Vermögen, das Betriebsvermögen einer Betriebsstätte ist, die ein Unternehmen eines Vertragsstaats im anderen Vertragsstaat hat, oder das zu einer festen Einrichtung gehört, die einer in einem Vertragsstaat ansässigen Person für die Ausübung einer selbständigen Arbeit im anderen Vertragsstaat zur Verfügung steht, darf im anderen Staat besteuert werden.

(3) Seeschiffe und Luftfahrzeuge, die im internationalen Verkehr betrieben werden, sowie Schiffe, die der Binnenschifffahrt dienen, sowie bewegliches Vermögen, das dem Betrieb dieser Schiffe oder Luftfahrzeuge dient, dürfen nur in dem Vertragsstaat besteuert werden, in dem sich der Ort der tatsächlichen Geschäftsleitung des Unternehmens befindet.

(4) Alle anderen Vermögensteile einer in einem Vertragsstaat ansässigen Person dürfen nur in diesem Staat besteuert werden.

Vermeidung der Doppelbesteuerung

Art. 23 (1) Bei einer in der Bundesrepublik Deutschland ansässigen Person wird die Steuer wie folgt festgesetzt:

a) Von der Bemessungsgrundlage der deutschen Steuer werden die Einkünfte aus der Republik Österreich sowie die in der Republik Österreich gelegenen Vermögenswerte ausgenommen, die nach diesem Abkommen in der Republik Österreich besteuert werden dürfen und nicht unter Buchstabe b fallen. Die Bundesrepublik Deutschland behält aber das Recht, die so ausgenommenen Einkünfte und Vermögenswerte bei der Festsetzung des Steuersatzes für andere Einkünfte und Vermögenswerte zu berücksichtigen. Für Einkünfte aus Dividenden gelten die vorstehenden Bestimmungen nur dann, wenn diese Dividenden an eine in der Bundesrepublik Deutschland ansässige Gesellschaft (jedoch nicht an eine Personengesellschaft) von einer in der Republik Österreich ansässigen Gesellschaft gezahlt werden, deren Kapital zu mindestens 10 vom Hundert unmittelbar der deutschen Gesellschaft gehört, und bei Ermittlung der Gewinne der ausschüttenden Gesellschaft nicht abgezogen worden sind.

Für die Zwecke der Steuern vom Vermögen werden von der Bemessungsgrundlage der deutschen Steuer ebenfalls Beteiligungen ausgenommen, deren Ausschüttungen, falls solche gezahlt werden würden, nach den vorhergehenden Sätzen von der Steuerbemessungsgrundlage auszunehmen wären.

b) Auf die deutsche Steuer vom Einkommen für die folgenden Einkünfte wird unter Beachtung der Vorschriften des deutschen Steuerrechts über die Anrechnung ausländischer Steuern die österreichische Steuer angerechnet, die nach österreichischem Recht und in Übereinstimmung mit diesem Abkommen für diese Einkünfte gezahlt worden ist:

16/2. DBA Deutschland

aa) Dividenden, die nicht unter Buchstabe a fallen,
bb) Zinsen,
cc) Lizenzgebühren,
dd) Einkünfte, die nach Artikel 13 Absatz 2 in der Republik Österreich besteuert werden dürfen,
ee) Einkünfte, die nach Artikel 15 Absatz 5 in der Republik Österreich besteuert werden dürfen,
ff) Vergütungen, die nach Artikel 16 Absatz 1 in der Republik Österreich besteuert werden dürfen,
gg) Einkünfte, die nach Artikel 17 in der Republik Österreich besteuert werden dürfen.

c) Einkünfte oder Vermögen einer in der Bundesrepublik Deutschland ansässigen Person, die nach dem Abkommen von der Besteuerung in der Bundesrepublik Deutschland auszunehmen sind, dürfen gleichwohl in der Bundesrepublik Deutschland bei der Festsetzung der Steuer für das übrige Einkommen oder Vermögen der Person einbezogen werden.

(2) Bei einer in der Republik Österreich ansässigen Person wird die Steuer wie folgt festgesetzt:

a) Bezieht eine in der Republik Österreich ansässige Person Einkünfte oder hat sie Vermögen und dürfen diese Einkünfte oder dieses Vermögen nach diesem Abkommen in der Bundesrepublik Deutschland besteuert werden, so nimmt die Republik Österreich vorbehaltlich der Buchstaben b und c diese Einkünfte oder dieses Vermögen von der Besteuerung aus.

b) Bezieht eine in der Republik Österreich ansässige Person Einkünfte, die nach den Artikeln 10, 11, 13 Absatz 2 und 17 Absatz 1 Satz 2 und 3 in der Bundesrepublik Deutschland besteuert werden dürfen, so rechnet die Republik Österreich auf die vom Einkommen dieser Person zu erhebende Steuer den Betrag an, der der in der Bundesrepublik Deutschland gezahlten Steuer entspricht. Der anzurechnende Betrag darf jedoch den Teil der vor der Anrechnung ermittelten Steuer nicht übersteigen, der auf die aus der Bundesrepublik Deutschland bezogenen Einkünfte entfällt.

c) Dividenden im Sinne des Artikels 10 Absatz 2 Buchstabe a, die von einer in der Bundesrepublik Deutschland ansässigen Gesellschaft an eine in der Republik Österreich ansässige Gesellschaft gezahlt werden und die bei Ermittlung der Gewinne der ausschüttenden Gesellschaft nicht abgezogen worden sind, sind, vorbehaltlich der entsprechenden Bestimmungen des innerstaatlichen Rechts der Republik Österreich, aber ungeachtet etwaiger nach diesem Recht abweichender Mindestbeteiligungserfordernisse, in der Republik Österreich von der Besteuerung ausgenommen.

d) Einkünfte oder Vermögen einer in der Republik Österreich ansässigen Person, die nach dem Abkommen von der Besteuerung in der Republik Österreich auszunehmen sind, dürfen gleichwohl in der Republik Österreich bei der Festsetzung der Steuer für das übrige Einkommen oder Vermögen der Person einbezogen werden.

Gleichbehandlung

Art. 24 (1) Staatsangehörige eines Vertragsstaats dürfen im anderen Vertragsstaat keiner Besteuerung oder damit zusammenhängenden Verpflichtung unterworfen werden, die anders oder belastender ist als die Besteuerung und die damit zusammenhängenden Verpflichtungen, denen Staatsangehörige des anderen Staates unter gleichen Verhältnissen, insbesondere hinsichtlich der Ansässigkeit, unterworfen sind oder unterworfen werden können. Diese Bestimmung gilt ungeachtet des Artikels 1 auch für Personen, die in keinem Vertragsstaat ansässig sind.

(2) Staatenlose, die in einem Vertragsstaat ansässig sind, dürfen in keinem Vertragsstaat einer Besteuerung oder damit zusammenhängenden Verpflichtung unterworfen werden, die anders oder belastender ist als die Besteuerung und die damit zusammenhängenden Verpflichtungen, denen Staatsangehörige des betreffenden Staates unter gleichen Verhältnissen, insbesondere hinsichtlich der Ansässigkeit, unterworfen sind oder unterworfen werden können.

(3) Die Besteuerung einer Betriebsstätte, die ein Unternehmen eines Vertragsstaats im anderen Vertragsstaat hat, darf im anderen Staat nicht ungünstiger sein als die Besteuerung von Unternehmen des anderen Staates, die die gleiche Tätigkeit ausüben. Diese Bestimmung ist nicht so auszulegen, als verpflichte sie einen Vertragsstaat, den im anderen Vertragsstaat ansässigen Personen Steuerfreibeträge, -vergünstigungen und -ermäßigungen auf Grund des Personenstandes oder der Familienlasten zu gewähren, die er seinen ansässigen Personen gewährt.

(4) Sofern nicht Artikel 9 Absatz 1, Artikel 11 Absatz 6 oder Artikel 12 Absatz 5 anzuwenden ist, sind Zinsen, Lizenzgebühren und andere Entgelte, die ein Unternehmen eines Vertragsstaats an eine im anderen Vertragsstaat ansässige Person zahlt, bei der Ermittlung des steuerpflichtigen Gewinns dieses Unternehmens unter den gleichen Bedingungen wie Zahlungen an eine im erstgenannten Staat ansässige Person zum Abzug zuzulassen. Dementsprechend sind Schulden, die ein Unternehmen eines Vertragsstaats gegenüber einer im anderen Vertragsstaat ansässigen Person hat, bei der Ermittlung des steuerpflichtigen Vermögens dieses Unternehmens unter den gleichen Bedingungen wie Schulden gegenüber einer im erstgenannten Staat ansässigen Person zum Abzug zuzulassen.

(5) Unternehmen eines Vertragsstaats, deren Kapital ganz oder teilweise unmittelbar oder mittelbar einer im anderen Vertragsstaat ansässigen Person oder mehreren solchen Personen gehört oder

ihrer Kontrolle unterliegt, dürfen im erstgenannten Staat keiner Besteuerung oder damit zusammenhängenden Verpflichtung unterworfen werden, die anders oder belastender ist als die Besteuerung und die damit zusammenhängenden Verpflichtungen, denen andere ähnliche Unternehmen des erstgenannten Staates unterworfen sind oder unterworfen werden können.

(6) Dieser Artikel gilt ungeachtet des Artikels 2 für Steuern jeder Art und Bezeichnung.

Verständigungsverfahren

Art. 25 (1) Ist eine Person der Auffassung, dass Maßnahmen eines Vertragsstaats oder beider Vertragsstaaten für sie zu einer Besteuerung führen oder führen werden, die diesem Abkommen nicht entspricht, so kann sie unbeschadet der nach dem innerstaatlichen Recht dieser Staaten vorgesehenen Rechtsmittel ihren Fall der zuständigen Behörde des Vertragsstaats, in dem sie ansässig ist, oder, sofern ihr Fall von Artikel 24 Absatz 1 erfasst wird, der zuständigen Behörde des Vertragsstaats unterbreiten, dessen Staatsangehöriger sie ist. Der Fall muss innerhalb von drei Jahren nach der ersten Mitteilung der Maßnahme unterbreitet werden, die zu einer dem Abkommen nicht entsprechenden Besteuerung führt.

(2) Hält die zuständige Behörde die Einwendung für begründet und ist sie selbst nicht in der Lage, eine befriedigende Lösung herbeizuführen, so wird sie sich bemühen, den Fall durch Verständigung mit der zuständigen Behörde des anderen Vertragsstaats so zu regeln, dass eine dem Abkommen nicht entsprechende Besteuerung vermieden wird. Die Verständigungsregelung ist ungeachtet der Fristen des innerstaatlichen Rechts der Vertragsstaaten durchzuführen.

(3) Die zuständigen Behörden der Vertragsstaaten werden sich bemühen, Schwierigkeiten oder Zweifel, die bei der Auslegung oder Anwendung des Abkommens entstehen, in gegenseitigem Einvernehmen zu beseitigen. Sie können auch gemeinsam darüber beraten, wie eine Doppelbesteuerung in Fällen vermieden werden kann, die im Abkommen nicht behandelt sind.

(4) Die zuständigen Behörden der Vertragsstaaten können zur Herbeiführung einer Einigung im Sinne der vorstehenden Absätze unmittelbar miteinander verkehren. Erscheint ein mündlicher Meinungsaustausch für die Herbeiführung der Einigung zweckmäßig, so kann ein solcher Meinungsaustausch in einer Kommission durchgeführt werden, die aus Vertretern der zuständigen Behörden der Vertragsstaaten besteht.

(5) Können Schwierigkeiten oder Zweifel, die bei der Auslegung oder Anwendung dieses Abkommens entstehen, von den zuständigen Behörden nicht im Verständigungsverfahren nach den vorstehenden Absätzen dieses Artikels innerhalb einer Frist von drei Jahren ab der Verfahrenseinleitung beseitigt werden, sind auf Antrag der Person im Sinne des Absatzes 1 die Staaten verpflichtet, den Fall im Rahmen eines Schiedsverfahrens entsprechend Artikel 239 EG-Vertrag vor dem Gerichtshof der Europäischen Gemeinschaften anhängig zu machen.

Informationsaustausch

Art. 26 (1) Die zuständigen Behörden der Vertragsstaaten tauschen die Informationen aus, die zur Durchführung dieses Abkommens oder zur Verwaltung beziehungsweise Vollstreckung des innerstaatlichen Rechts betreffend Steuern jeder Art und Bezeichnung, die für Rechnung der Vertragsstaaten oder ihrer Gebietskörperschaften erhoben werden, voraussichtlich erheblich sind, soweit die diesem Recht entsprechende Besteuerung nicht dem Abkommen widerspricht. Der Informationsaustausch ist durch Artikel 1 und 2 nicht eingeschränkt.

(2) Alle Informationen, die ein Vertragsstaat gemäß Absatz 1 erhalten hat, sind ebenso geheim zu halten wie die aufgrund des innerstaatlichen Rechts dieses Staates beschafften Informationen und dürfen nur den Personen oder Behörden (einschließlich der Gerichte und der Verwaltungsbehörden) zugänglich gemacht werden, die mit der Veranlagung oder Erhebung, der Vollstreckung oder Strafverfolgung oder mit der Entscheidung von Rechtsmitteln hinsichtlich der in Absatz 1 genannten Steuern oder mit der Aufsicht darüber befasst sind. Diese Personen oder Behörden dürfen die Informationen nur für diese Zwecke verwenden. Sie dürfen die Informationen in einem öffentlichen Gerichtsverfahren oder in einer Gerichtsentscheidung offen legen. Ungeachtet der vorstehenden Bestimmungen können die Informationen für andere Zwecke verwendet werden, wenn sie nach dem Recht beider Staaten für diese anderen Zwecke verwendet werden können und die zuständige Behörde des übermittelnden Staates dieser Verwendung zugestimmt hat. Ohne vorherige Zustimmung der zuständigen Behörde des übermittelnden Staates ist eine Verwendung für andere Zwecke nur zulässig, wenn sie zur Abwehr einer im Einzelfall bestehenden dringenden Gefahr für das Leben, die körperliche Unversehrtheit oder die persönliche Freiheit einer Person oder für bedeutende Vermögenswerte erforderlich ist und Gefahr im Verzug besteht. In diesem Fall ist die zuständige Behörde des übermittelnden Staates unverzüglich um nachträgliche Genehmigung der Zweckänderung zu ersuchen. Wird die Genehmigung verweigert, ist die weitere Verwendung der Informationen für den anderen Zweck unzulässig; ein durch die zweckändernde Verwendung der Informationen entstandener Schaden ist zu ersetzen.

(3) Die Absätze 1 und 2 sind nicht so auszulegen, als verpflichteten sie einen Vertragsstaat,

a) für die Erteilung von Informationen Verwaltungsmaßnahmen durchzuführen, die mit den Gesetzen und der Verwaltungspraxis dieses oder des anderen Vertragsstaates unvereinbar sind;

b) Informationen zu erteilen, die nach den Gesetzen oder im üblichen Verwaltungsverfahren dieses oder des anderen Vertragsstaates nicht beschafft werden können;

c) Informationen zu erteilen, die ein Handels-, Industrie-, Gewerbe- oder Berufsgeheimnis oder ein Geschäftsverfahren offenlegen würden oder deren Erteilung der öffentlichen Ordnung widerspräche.

(4) Ersucht ein Vertragsstaat gemäß diesem Artikel um Informationen, so nutzt der andere Vertragsstaat die ihm zur Verfügung stehenden Möglichkeiten zur Beschaffung der erbetenen Informationen, selbst wenn er diese Informationen für seine eigenen steuerlichen Zwecke nicht benötigt. Die im vorstehenden Satz enthaltene Verpflichtung unterliegt den Beschränkungen gemäß Absatz 3, wobei diese jedoch in keinem Fall so auszulegen sind, dass ein Vertragsstaat die Erteilung von Informationen nur deshalb ablehnen kann, weil er kein inländisches Interesse an solchen Informationen hat.

(5) Absatz 3 ist in keinem Fall so auszulegen, dass ein Vertragsstaat die Erteilung von Informationen nur deshalb ablehnen kann, weil die Informationen sich bei einer Bank, einem sonstigen Finanzinstitut, einem Bevollmächtigten, Vertreter oder Treuhänder befinden oder sich auf Eigentumsanteile an einer Person beziehen.

Erstattung der Abzugsteuern

Art. 27 (1) Werden in einem Vertragsstaat die Steuern von Dividenden, Zinsen, Lizenzgebühren oder sonstigen von einer im anderen Vertragsstaat ansässigen Person bezogenen Einkünften im Abzugsweg (an der Quelle) erhoben, so wird das Recht des erstgenannten Staates zur Vornahme des Steuerabzugs zu dem nach seinem innerstaatlichen Recht vorgesehenen Satz durch dieses Abkommen nicht berührt. Die im Abzugsweg (an der Quelle) erhobene Steuer ist auf Antrag des Steuerpflichtigen zu erstatten, wenn und soweit sie durch das Abkommen ermäßigt wird oder entfällt.

(2) Die Anträge auf Erstattung müssen vor dem Ende des vierten auf das Kalenderjahr der Festsetzung der Abzugsteuer auf Dividenden, Zinsen, Lizenzgebühren oder anderen Einkünfte folgenden Jahres eingereicht werden.

(3) Der Vertragsstaat, aus dem die Einkünfte stammen, kann eine Bescheinigung der zuständigen Behörde über die Ansässigkeit in dem anderen Vertragsstaat verlangen.

(4) Die zuständigen Behörden können in gegenseitigem Einvernehmen die Durchführung dieses Artikels regeln und gegebenenfalls andere Verfahren zur Durchführung der im Abkommen vorgesehenen Steuerermäßigungen oder -befreiungen festlegen.

Anwendung des Abkommens in bestimmten Fällen

Art. 28 (1) Der Ansässigkeitsstaat vermeidet die Doppelbesteuerung durch Steueranrechnung nach Artikel 23 und nicht durch Steuerbefreiung nach dem genannten Artikel,

a) wenn in den Vertragsstaaten Einkünfte oder Vermögen unterschiedlichen Abkommensbestimmungen zugeordnet oder verschiedenen Personen zugerechnet werden (außer nach Artikel 9) und dieser Konflikt sich nicht durch ein Verfahren nach Artikel 25 regeln lässt und wenn auf Grund dieser unterschiedlichen Zuordnung oder Zurechnung die betreffenden Einkünfte oder Vermögenswerte unbesteuert blieben oder zu niedrig besteuert würden;

b) wenn die Bundesrepublik Deutschland nach gehöriger Konsultation und vorbehaltlich der Beschränkungen ihres innerstaatlichen Rechts der Republik Österreich auf diplomatischem Weg andere Einkünfte notifiziert hat, auf die sie diesen Absatz anzuwenden beabsichtigt, um die steuerliche Freistellung von Einkünften in beiden Vertragsstaaten oder sonstige Gestaltungen zum Missbrauch des Abkommens zu verhindern.

Im Fall einer Notifikation nach Buchstabe b kann die Republik Österreich vorbehaltlich einer Notifikation auf diplomatischem Weg diese Einkünfte auf Grund dieses Abkommens entsprechend der Qualifikation der Einkünfte durch die Bundesrepublik Deutschland qualifizieren. Eine Notifikation nach diesem Absatz wird erst ab dem ersten Tag des Kalenderjahrs wirksam, das auf das Jahr folgt, in dem die Notifikation übermittelt wurde und alle rechtlichen Voraussetzungen nach dem innerstaatlichen Recht des notifizierenden Staates für das Wirksamwerden der Notifikation erfüllt sind. Die Bundesrepublik Deutschland wird von dem Recht zur Notifikation nicht vor Ablauf von fünf Jahren nach In-Kraft-Treten des Abkommens Gebrauch machen.

(2) Der Ansässigkeitsstaat ist berechtigt, seine innerstaatlichen Rechtsvorschriften zur Abwehr von Steuerumgehungen anzuwenden, um missbräuchlichen Gestaltungen oder unfairem Steuerwettbewerb zu begegnen.

(3) Wenn die vorstehenden Bestimmungen zur Doppelbesteuerung führen, konsultieren die zuständigen Behörden einander nach Artikel 25 Absatz 3, wie die Doppelbesteuerung zu vermeiden ist.

Mitglieder diplomatischer Missionen und konsularischer Vertretungen

Art. 29 (1) Dieses Abkommen berührt nicht die steuerlichen Vorrechte, die den Mitgliedern diplomatischer Missionen und konsularischer Vertretungen sowie internationaler Organisationen nach den allgemeinen Regeln des Völkerrechts oder auf Grund besonderer Übereinkünfte zustehen.

(2) Soweit Einkünfte oder Vermögen im Empfangsstaat wegen der den Diplomaten und Konsularbeamten nach den allgemeinen Regeln des Völkerrechts oder auf Grund besonderer zwischenstaatlicher Übereinkünfte zustehenden steuerlichen Vorrechte nicht besteuert werden, steht das Besteuerungsrecht dem Entsendestaat zu.

(3) Ungeachtet der Vorschriften des Artikels 4 gilt eine natürliche Person, die Mitglied einer

diplomatischen Mission, einer konsularischen Vertretung oder einer Ständigen Vertretung eines Vertragsstaats ist, die im anderen Vertragsstaat oder in einem dritten Staat gelegen ist, für Zwecke des Abkommens als eine im Entsendestaat ansässige Person, wenn sie

a) nach dem Völkerrecht im Empfangsstaat mit Einkünften aus Quellen außerhalb dieses Staates oder mit außerhalb dieses Staates gelegenem Vermögen nicht steuerpflichtig ist und

b) im Entsendestaat den gleichen Verpflichtungen bezüglich der Steuern von ihrem gesamten Einkommen oder vom Vermögen unterworfen ist wie in diesem Staat ansässige Personen.

(4) Das Abkommen gilt nicht für zwischenstaatliche Organisationen, ihre Organe oder Beamte sowie nicht für Mitglieder diplomatischer Missionen oder konsularischer Vertretungen eines dritten Staates und ihnen nahestehende Personen, die sich in einem Vertragsstaat aufhalten, aber in keinem der beiden Vertragsstaaten für Zwecke der Steuern vom Einkommen und vom Vermögen wie dort ansässige Personen behandelt werden.

Nebenurkunden

Art. 30 Das beiliegende Protokoll ist Bestandteil des Abkommens.

In-Kraft-Treten

Art. 31 (1) Das Abkommen bedarf der Ratifikation; die Ratifikationsurkunden werden so bald wie möglich in Wien ausgetauscht.

(2) Dieses Abkommen tritt einen Monat nach Austausch der Ratifikationsurkunden in Kraft und ist in beiden Vertragsstaaten anzuwenden

a) bei den im Abzugsweg erhobenen Steuern von Dividenden, Zinsen und Lizenzgebühren auf die Beträge, die am oder nach dem 1. Jänner des Kalenderjahrs gezahlt werden, das dem Jahr folgt, in dem das Abkommen in Kraft getreten ist;

b) bei den übrigen Steuern auf die Steuern, die für Zeiträume ab dem 1. Jänner des Kalenderjahrs erhoben werden, das auf das Jahr folgt, in dem das Abkommen in Kraft getreten ist.

(3) Das zwischen der Republik Österreich und der Bundesrepublik Deutschland am 4. Oktober 1954 unterzeichnete Abkommen zur Vermeidung der Doppelbesteuerung auf dem Gebiete der Steuern vom Einkommen und vom Vermögen sowie der Gewerbesteuern und der Grundsteuern in der Fassung des Abkommens vom 8. Juli 1992 findet ab dem Zeitpunkt nicht mehr Anwendung, in dem dieses Abkommen gemäß Absatz 2 dieses Artikels Wirksamkeit erlangt.

Registrierung

Art. 32 Die Registrierung dieses Abkommens beim Sekretariat der Vereinten Nationen nach Artikel 102 der Charta der Vereinten Nationen wird unverzüglich nach seinem In-Kraft-Treten von dem Vertragsstaat veranlasst, in dem die Unterzeichnung des Abkommens erfolgte. Der andere Vertragsstaat wird unter Angabe der VN-Registrierungsnummer von der erfolgten Registrierung unterrichtet, sobald dies vom Sekretariat der Vereinten Nationen bestätigt worden ist.

Kündigung

Art. 33 Dieses Abkommen ist auf unbestimmte Zeit geschlossen, jedoch kann jeder der Vertragsstaaten bis zum 30. Juni eines jeden Kalenderjahrs nach Ablauf von fünf Jahren, vom Tag des In-Kraft-Tretens an gerechnet, das Abkommen gegenüber dem anderen Vertragsstaat auf diplomatischem Weg schriftlich kündigen. Maßgebend für die Berechnung der Frist ist der Tag des Einganges der Kündigung bei dem anderen Vertragsstaat. Im Fall der Kündigung ist das Abkommen nicht mehr anzuwenden

a) bei den im Abzugsweg erhobenen Steuern von Dividenden, Zinsen und Lizenzgebühren auf die Beträge, die am oder nach dem 1. Jänner des Kalenderjahrs gezahlt werden, das auf das Kündigungsjahr folgt;

b) bei den übrigen Steuern auf die Steuern, die für Zeiträume ab dem 1. Jänner des Kalenderjahrs erhoben werden, das auf das Kündigungsjahr folgt.

Protokoll

Die Republik Österreich und die Bundesrepublik Deutschland

haben anlässlich der Unterzeichnung des Abkommens zwischen den beiden Staaten zur Vermeidung der Doppelbesteuerung auf dem Gebiet der Steuern vom Einkommen und vom Vermögen am 24. August 2000 in Berlin die nachstehenden Bestimmungen vereinbart, die Bestandteil des Abkommens sind:

(1) Zu den Artikeln 2 bis 19

Der Ausdruck „Gebietskörperschaften" umfasst auf Seiten der Bundesrepublik Deutschland die Länder und Gemeinden und auf Seiten der Republik Österreich die Bundesländer und Gemeinden.

(2) Zu Artikel 5

Es besteht Einverständnis, dass im Fall verbundener Unternehmen keines dieser Unternehmen als Vertreterbetriebsstätte eines anderen verbundenen Unternehmens behandelt wird, wenn die jeweiligen – ohne dieses Einverständnis sonst zur Vertreterbetriebsstätte führenden – Funktionen durch Ansatz angemessener Verrechnungspreise, einschließlich eines diesem verbleibenden Gewinns, abgegolten werden.

(3) Zu den Artikeln 7 und 10

Ein stiller Gesellschafter wird wie ein Unternehmer behandelt, wenn mit seiner Einlage eine Beteiligung am Vermögen des Unternehmens verbunden ist.

(4) Zu Artikel 13 Absatz 2

Die Höhe des Aktivvermögens bestimmt sich nach der letzten, vor der Veräußerung der Aktien und sonstigen Anteile zu erstellenden Handelsbilanz.

(5) Zu den Artikeln 13 und 18

Wiederkehrende Bezüge, die auf der Veräußerung von Vermögen beruhen, aber nur wegen der dabei eingehaltenen Rentenform steuerpflichtig sind, fallen stets unter Artikel 18.

(6) Zu Artikel 15 Absatz 2 und 3

Es besteht Einvernehmen, dass im Fall der in Absatz 3 erwähnten Arbeitnehmerüberlassung die „183-Tage-Klausel" zur Anwendung kommt. Die Wirkung der „183-Tage-Klausel" geht nur dann verloren, wenn das in einem Vertragsstaat ansässige arbeitnehmerüberlassende Unternehmen im anderen Vertragsstaat eine Betriebsstätte unterhält, die die Vergütungen trägt.

(7) Zu Artikel 15 Absatz 4

Es besteht Einverständnis darüber, dass der Begriff „Vergütungen, wenn sie im anderen Vertragsstaat besteuert worden sind" sich auf jegliche Arbeit bezieht, die im anderen Vertragsstaat steuerlich erfasst worden ist. Durch die Bestimmung werden die Besteuerungsrechte des Tätigkeitsstaats nicht eingeschränkt. Erfolgt eine Besteuerung im Tätigkeitsstaat erst im Nachhinein, wird ein hierdurch ausgelöster Besteuerungskonflikt auf der Grundlage von Artikel 25 behandelt.

(8) Zu Artikel 15 Absatz 6

Als Nähe der Grenze gilt die Lage in einer Zone von je 30 Kilometern beiderseits der Grenze.

(9) Zu Artikel 17 Absatz 2

Es besteht Einverständnis, dass nach Absatz 2 der Gesamtbetrag der der „anderen Person" zufließenden Vergütungen einer Bruttoabzugsbesteuerung unterzogen werden darf, wobei dem Einkünfteempfänger (der „anderen Person") das Recht auf Entlastung von der Bruttoabzugsbesteuerung nach den Grundsätzen einer Nettobesteuerung nach Maßgabe des Rechts des Quellenstaats zugestanden wird. Das Quellenbesteuerungsrecht besteht auch für solche Vergütungen, die auf Tätigkeiten der in Drittstaaten ansässigen Künstler und Sportler zurückzuführen sind.

(10) Zu Artikel 17 Absatz 3

Es besteht Einvernehmen, dass Absatz 3 auch für die Trägerkörperschaften von Orchestern, Theatern, Balletten sowie für die Mitglieder solcher Kulturträger gilt, wenn diese Trägerkörperschaften auf Dauer im Wesentlichen ohne Gewinnzielung tätig sind und dies durch die zuständige Behörde im Ansässigkeitsstaat bestätigt wird.

(11) Zu Artikel 18 Absatz 3

a) Zu den Vergütungen im Sinne des Absatzes 3 gehören auch Vergütungen für einen Schaden, der als Folge von Straftaten, Impfungen oder ähnlichen Gründen entstanden ist.

b) Die in dieser Bestimmung angeführten Bezüge sind bei Ermittlung des Progressionsvorbehalts außer Ansatz zu lassen.

(12) Zu Artikel 24

a) In der Bundesrepublik Deutschland ansässige Unternehmen, denen nach den Bestimmungen des Abkommens vom 4. Oktober 1954 zwischen der Republik Österreich und der Bundesrepublik Deutschland zur Vermeidung der Doppelbesteuerung auf dem Gebiete der Steuern vom Einkommen und vom Vermögen sowie der Gewerbesteuern und der Grundsteuern Entlastung von der österreichischen Kommunalsteuer zu gewähren gewesen wäre, steht diese Entlastung auch weiterhin so lange zu, wie Mitgliedstaaten der Europäischen Union auf Grund ihrer Doppelbesteuerungsabkommen mit der Republik Österreich von dieser Abgabe entlastet werden.

b) Erleiden in der Bundesrepublik Deutschland ansässige Personen ab dem Wirtschaftsjahr 1990 (1989/90) Verluste in österreichischen Betriebsstätten, werden bis einschließlich des Wirtschaftsjahres 1997 (1996/97) entstandene Verluste nach den Vorschriften des § 2a Absatz 3 des deutschen Einkommensteuergesetzes berücksichtigt. Ab der Veranlagung 1994 unterbleiben Hinzurechnungen gemäß § 2a Absatz 3 dritter Satz des deutschen Einkommensteuergesetzes. Soweit eine steuerliche Verwertung nach diesen Vorschriften in der Bundesrepublik Deutschland nicht vorgenommen werden kann, weil bereits Rechtskraft eingetreten und eine Verfahrenswiederaufnahme wegen Ablaufes der Festsetzungsfrist nicht mehr möglich ist, ist eine Berücksichtigung in der Republik Österreich im Wege des Verlustabzugs zulässig. Ab dem Wirtschaftsjahr 1998 (1997/98) entstehende Verluste sind auf der Grundlage der Gegenseitigkeit im Betriebsstättenstaat zu berücksichtigen. Die vorstehenden Regelungen sind nur insoweit wirksam, als dies nicht zu einer Doppelberücksichtigung der Verluste führt.

(13) Zu Artikel 26

Soweit auf Grund dieses Abkommens nach Maßgabe des innerstaatlichen Rechts personenbezogene Daten übermittelt werden, gelten ergänzend die nachfolgenden Bestimmungen unter Beachtung der für jede Vertragspartei geltenden Rechtsvorschriften:

a) Der Empfänger unterrichtet die übermittelnde Stelle auf Ersuchen über die Verwendung der übermittelten Daten und über die dadurch erzielten Ergebnisse.

b) Die übermittelnde Stelle ist verpflichtet, auf die Richtigkeit der zu übermittelnden Daten sowie auf die Erforderlichkeit und Verhältnismäßigkeit in Bezug auf den mit der Übermittlung verfolgten Zweck zu achten. Dabei sind die nach dem jeweils innerstaatlichen Recht geltenden Übermittlungsverbote zu beachten. Erweist sich, dass unrichtige Daten oder Daten, die nicht übermittelt werden durften, übermittelt worden sind, so ist dies dem Empfänger unverzüglich mitzuteilen. Er ist verpflichtet, die Berichtigung oder Vernichtung vorzunehmen.

c) Dem Betroffenen ist auf Antrag über die zu seiner Person übermittelten Informationen sowie über den vorgesehenen Verwendungszweck Auskunft zu erteilen. Eine Verpflichtung zur Auskunftserteilung besteht nicht, soweit eine Abwägung ergibt, dass das öffentliche Interesse, die Auskunft nicht zu erteilen, das Interesse des Betroffenen an der Auskunftserteilung überwiegt. Im Übrigen richtet sich das Recht des Betroffenen, über die zu seiner Person vorhandenen Daten Auskunft zu erhalten, nach dem nationalen Recht des Vertragsstaats, in dessen Hoheitsgebiet die Auskunft beantragt wird.

d) Wird jemand infolge von Übermittlungen im Rahmen des Datenaustauschs nach diesem Abkommen rechtswidrig und schuldhaft geschädigt, haftet ihm hierfür die empfangende Stelle nach Maßgabe ihres innerstaatlichen Rechts. Sie kann sich im Verhältnis zum Geschädigten zu ihrer Entlastung nicht darauf berufen, dass der Schaden durch die übermittelnde Stelle verursacht worden ist. Leistet die empfangende Stelle Schadenersatz wegen eines Schadens, der durch die Verwendung von unrichtig übermittelten Daten verursacht wurde, so ist die übermittelnde Stelle verpflichtet, der empfangenden Stelle den geleisteten Schadensersatz, einschließlich der damit in Zusammenhang stehenden Aufwendungen, zu erstatten.

e) Die übermittelten personenbezogenen Daten sind zu löschen, sobald sie für den Zweck, für den sie übermittelt worden sind, nicht mehr erforderlich sind.

f) Die übermittelnde und die empfangende Seite sind verpflichtet, die Übermittlung und den Empfang von personenbezogenen Daten aktenkundig zu machen.

g) Die übermittelnde und die empfangende Stelle sind verpflichtet, die übermittelten personenbezogenen Daten wirksam gegen unbefugten Zugang, unbefugte Veränderung und unbefugte Bekanntgabe zu schützen.

(13a) Zu Artikel 26

a) Die zuständige Behörde des ersuchenden Staates stellt der zuständigen Behörde des ersuchten Staates im Rahmen der Darlegung der voraussichtlichen Erheblichkeit der Auskünfte die folgenden Informationen zur Verfügung, wenn diese ein Auskunftsersuchen gemäß dem Abkommen stellt:

aa) die Bezeichnung der Person, der die Ermittlung oder Untersuchung gilt;

bb) die Art der erbetenen Auskünfte und die Form, in der die Auskünfte dem ersuchenden Staat vorzugsweise zur Verfügung zu stellen sind;

cc) den steuerlichen Zweck, für den um die Auskünfte ersucht wird;

dd) die Gründe für die Annahme, dass die erbetenen Auskünfte dem ersuchten Staat vorliegen oder sich im Besitz oder in der Verfügungsmacht einer Person im Hoheitsbereich des ersuchten Staates befinden;

ee) den Namen und die Anschrift von Personen, soweit bekannt, in deren Besitz sich die erbetenen Auskünfte vermutlich befinden;

ff) eine Erklärung, dass der ersuchende Staat alle ihm im eigenen Gebiet zur Verfügung stehenden Maßnahmen zur Einholung der Auskünfte ausgeschöpft hat, ausgenommen solche, die unverhältnismäßig große Schwierigkeiten mit sich bringen würden.

b) Es besteht Einvernehmen, dass die in Artikel 26 vorgesehene Amtshilfe nicht Maßnahmen einschließt, die lediglich der Beweisausforschung durch anlasslose Ermittlungen „ins Blaue" dienen („fishing expeditions").

c) Es besteht Einvernehmen, dass Artikel 26 Absatz 5 des Abkommens den Vertragsstaaten erlaubt, sie jedoch nicht dazu verpflichtet, Informationen im Sinne dieses Absatzes auf automatischer oder spontaner Basis auszutauschen.

d) Es besteht Einvernehmen, dass nach diesem Abkommen erteilte Auskünfte im Rahmen der in Artikel 26 Absatz 1 genannten Zwecke zur weiteren Beurteilung auch für Zeiträume herangezogen werden können, auf die die erteilten Auskünfte nicht bezogen waren.

e) Es besteht Einvernehmen, dass zur Auslegung des Artikels 26 neben den oben angeführten Grundsätzen auch die aus den für den Informationsaustausch maßgeblichen Kommentaren der OECD in ihrer jeweils geltenden Fassung abzuleitenden Anwendungsgrundsätze zu berücksichtigen sind.

(14) Zu Artikel 27

Diese Abkommensbestimmung hat klarstellenden Inhalt. Sie ist nicht so auszulegen, dass hierdurch gegenüber der Republik Österreich erstattungspflichtige Steuerabzugsverfahren angewendet werden könnten, die auf Grund von Doppelbesteuerungsabkommen gegenüber anderen Staaten der Europäischen Union nicht erhoben werden dürfen.

(15) Zu Artikel 28

Eine „missbräuchliche Gestaltung" ist eine solche, die im Hinblick auf den angestrebten wirtschaftlichen Erfolg ungewöhnlich und unangemessen ist und ihre Erklärung in der Absicht der Steuervermeidung findet. Sie liegt in Fällen vor, in denen der gewählte Weg nicht mehr sinnvoll erscheint, wenn man den abgabensparenden Effekt wegdenkt, oder wenn er ohne das Resultat der Steuerminderung einfach unverständlich wäre.

„Unfairer Steuerwettbewerb" liegt vor, wenn eine Steuerpraxis eines Vertragsstaats in einer Art und Weise gestaltet ist, dass sie im Sinne der einschlägigen Arbeiten in der OECD oder in der Europäischen Union als schädlich eingestuft worden ist.

(16) Auslegung des Abkommens

Es gilt als vereinbart, dass den Abkommensbestimmungen, die nach den entsprechenden Bestimmungen des OECD-Musterabkommens auf dem Gebiete der Steuern vom Einkommen und vom Vermögen abgefasst sind, allgemein dieselbe Bedeutung zukommt, die im OECD-Kommentar dazu dargelegt wird. Die Vereinbarung im vorstehenden Satz gilt nicht hinsichtlich der nachstehenden Punkte:

a) alle Bemerkungen der beiden Vertragsstaaten zum OECD-Muster oder dessen Kommentar;

b) alle gegenteiligen Auslegungen in diesem Protokoll;

c) alle gegenteiligen Auslegungen, die einer der beiden Vertragsstaaten in einer veröffentlichten Erklärung vornimmt, die der zuständigen Behörde des anderen Vertragsstaats vor In-Kraft-Treten des Abkommens übermittelt worden ist;

d) alle gegenteiligen Auslegungen, auf die sich die zuständigen Behörden nach In-Kraft-Treten des Abkommens geeinigt haben.

Der OECD-Kommentar – der von Zeit zu Zeit überarbeitet werden kann – stellt eine Auslegungshilfe im Sinne des Wiener Übereinkommens über das Recht der Verträge vom 23. Mai 1969 dar.

16/3. OECD-Musterabkommen 2017

(OECD-MA 2017)

Fassung vom 21.11.2017*)

GLIEDERUNG

Abschnitt I: Geltungsbereich des Abkommens
Art. 1. Unter das Abkommen fallende Personen
Art. 2. Unter das Abkommen fallende Steuern

Abschnitt II: Begriffsbestimmungen
Art. 3. Allgemeine Begriffsbestimmungen
Art. 4. Ansässige Person
Art. 5. Betriebsstätte

Abschnitt III: Besteuerung des Einkommens
Art. 6. Einkünfte aus unbeweglichem Vermögen
Art. 7. Unternehmensgewinne
Art. 8. Seeschifffahrt und Luftfahrt
Art. 9. Verbundene Unternehmen
Art. 10. Dividenden
Art. 11. Zinsen
Art. 12. Lizenzgebühren
Art. 13. Gewinne aus der Veräußerung von Vermögen
Art. 14. (aufgehoben)
Art. 15. Einkünfte aus unselbständiger Arbeit
Art. 16. Aufsichtsrats- und Verwaltungsratsvergütungen
Art. 17. Künstler und Sportler
Art. 18. Ruhegehälter
Art. 19. Öffentlicher Dienst
Art. 20. Studenten
Art. 21. Andere Einkünfte

Abschnitt IV: Besteuerung des Vermögens
Art. 22. Vermögen

Abschnitt V: Methoden zur Vermeidung der Doppelbesteuerung
Art. 23 A. Befreiungsmethode
Art. 23 B. Anrechnungsmethode

Abschnitt VI: Besondere Bestimmungen
Art. 24. Gleichbehandlung
Art. 25. Verständigungsverfahren
Art. 26. Informationsaustausch
Art. 27. Amtshilfe bei der Erhebung von Steuern
Art. 28. Mitglieder diplomatischer Missionen und konsularischer Vertretungen
Art. 29. Anspruch auf Vergünstigungen
Art. 30. Ausdehnung des räumlichen Geltungsbereichs

Abschnitt VII: Schlussbestimmungen
Art. 31. Inkrafttreten
Art. 32. Kündigung
Schlussklausel

Präambel zum Abkommen

(Staat A) und (Staat B),
die den Wunsch haben, ihre wirtschaftlichen Beziehungen weiterzuentwickeln und ihre Zusammenarbeit in Steuerangelegenheiten zu stärken und die beabsichtigen, ein Abkommen zur Vermeidung der Doppelbesteuerung auf dem Gebiet der Besteuerung vom Einkommen und vom Vermögen abzuschließen, ohne Gelegenheiten zur Nichtbesteuerung oder Minderbesteuerung durch Steuerflucht und -hinterziehung zu schaffen (einschließlich „Treaty Shopping"-Maßnahmen mit dem Ziel, Vergünstigungen unter diesem Abkommen zum indirekten Nutzen von in Drittstaaten ansässigen Personen zu erlangen),

haben Folgendes vereinbart:

Abschnitt I
Geltungsbereich des Abkommens

Unter das Abkommen fallende Personen

Art. 1 (1) Dieses Abkommen gilt für Personen, die in einem Vertragsstaat oder in beiden Vertragsstaaten ansässig sind.

(2) Im Sinne dieses Abkommens sind Einkünfte, die von einem oder über einen Rechtsträger oder eine Einrichtung bezogen werden, welche unter dem Steuerrecht eines der Vertragsstaaten als steuerlich transparent angesehen werden, als Einkünfte eines Ansässigen eines Vertragsstaats zu betrachten, jedoch nur insoweit als sie zum Zweck

---

*) Bei diesem Text handelt es sich um eine inoffizielle Übersetzung des originalen OECD-Dokuments, das in Englisch unter dem Titel OECD (2017), Model Tax Convention on Income and on Capital: Condensed Version 2017, OECD Publishing, Paris unter http://dx.doi.org/10.1787/mtc_cond-2017-en veröffentlicht worden ist. Geringfügige sprachliche Abweichungen zu der in den österreichischen Doppelbesteuerungsabkommen verwendeten Übersetzung sind daher nicht ausgeschlossen.

der Besteuerung durch diesen Vertragsstaat als Einkünfte eines Ansässigen dieses Vertragsstaats behandelt werden.

(3) Dieses Abkommen berührt nicht die Besteuerung durch einen Vertragsstaat von dort ansässigen Personen. Ausgenommen hiervon sind die Vergünstigungen nach Artikel 7 Absatz 3 und Artikel 9 Absatz 2 sowie Artikel 19, 20, 23 [A] [B], 24, 25 und 28.

Unter das Abkommen fallende Steuern

Art. 2 (1) Dieses Abkommen gilt, ohne Rücksicht auf die Art der Erhebung, für Steuern vom Einkommen und vom Vermögen, die für Rechnung eines Vertragsstaats oder seiner Gebietskörperschaften[1] erhoben werden.

---
[1] Schweiz: „politische Unterabteilungen oder lokale Körperschaften"

(2) Als Steuern vom Einkommen und vom Vermögen gelten alle Steuern, die vom Gesamteinkommen, vom Gesamtvermögen oder von Teilen des Einkommens oder des Vermögens erhoben werden, einschließlich der Steuern vom Gewinn aus der Veräußerung beweglichen oder unbeweglichen Vermögens, der Lohnsummensteuern sowie der Steuern vom Vermögenszuwachs.

(3) Zu den bestehenden Steuern, für die das Abkommen gilt, gehören insbesondere

a) (in Staat A): …
b) (in Staat B): …

(4) Das Abkommen gilt auch für alle Steuern gleicher oder im Wesentlichen ähnlicher Art, die nach der Unterzeichnung des Abkommens neben den bestehenden Steuern oder an deren Stelle erhoben werden. Die zuständigen Behörden der Vertragsstaaten teilen einander die in ihren Steuergesetzen eingetretenen bedeutsamen Änderungen mit.

Abschnitt II
Begriffsbestimmungen

Allgemeine Begriffsbestimmungen

Art. 3 (1) Im Sinne dieses Abkommens, wenn der Zusammenhang nichts anderes erfordert,

a) umfasst der Ausdruck „Person" natürliche Personen, Gesellschaften und alle anderen Personenvereinigungen;
b) bedeutet der Ausdruck „Gesellschaft" juristische Personen oder Rechtsträger, die für die Besteuerung wie juristische Personen behandelt werden;
c) bezieht sich der Ausdruck „Unternehmen" auf die Ausübung einer Geschäftstätigkeit;
d) bedeuten die Ausdrücke „Unternehmen eines Vertragsstaats" und „Unternehmen des anderen Vertragsstaats", je nachdem, ein Unternehmen, das von einer in einem Vertragsstaat ansässigen Person betrieben wird, oder ein Unternehmen, das von einer im anderen Vertragsstaat ansässigen Person betrieben wird;
e) bedeutet der Ausdruck „internationaler Verkehr" jede Beförderung mit einem Seeschiff oder Luftfahrzeug, es sei denn, das Seeschiff oder Luftfahrzeug wird ausschließlich zwischen Orten in einem Vertragsstaat betrieben und das Unternehmen, welches das Seeschiff oder Luftfahrzeug betreibt, ist kein Unternehmen dieses Staates;
f) bedeutet der Ausdruck „zuständige Behörde"
   i. (in Staat A): …
   ii. (in Staat B): …
g) bedeutet der Ausdruck „Staatsangehöriger" in Bezug auf einen Vertragsstaat
   i. jede natürliche Person, die die Staatsangehörigkeit oder Staatsbürgerschaft dieses Vertragsstaats besitzt; und
   ii. jede juristische Person, Personengesellschaft und andere Personenvereinigung, die nach dem in diesem Vertragsstaat geltenden Recht errichtet worden ist;
h) schließt der Ausdruck „Geschäftstätigkeit" auch die Ausübung einer freiberuflichen oder sonstigen selbständigen Tätigkeit ein;
i) bedeutet der Ausdruck „anerkannte Rentenversicherung" eines Staates einen Rechtsträger oder eine Einrichtung, die in diesem Staat niedergelassen sind, unter den Steuergesetzen dieses Staates als eigenständige Person behandelt werden und
   i. ausschließlich oder nahezu ausschließlich errichtet und betrieben werden, um Altersversorgung und zusätzliche oder dazugehörige Leistungen für natürliche Personen zu verwalten oder bereitzustellen und in dieser Eigenschaft von dem Staat oder einer seiner Gebietskörperschaften[1] reguliert werden, oder

---
[1] Schweiz: „politische Unterabteilungen oder lokale Körperschaften"

   ii. ausschließlich oder nahezu ausschließlich errichtet und betrieben werden, um Gelder zugunsten von Rechtsträgern oder Einrichtungen zu investieren, auf die sich Ziffer i. bezieht.

(2) Bei der Anwendung des Abkommens durch einen Vertragsstaat hat, wenn der Zusammenhang nichts anderes erfordert oder die zuständigen Behörden sich nicht gemäß den Bestimmungen unter Artikel 25 auf eine andere Bedeutung einigen, jeder im Abkommen nicht definierte Ausdruck die Bedeutung, die ihm im Anwendungszeitraum nach dem Recht dieses Staates über die Steuern zukommt, für die das Abkommen gilt, wobei die Bedeutung nach dem in diesem Staat anzuwendenden Steuerrecht den Vorrang vor einer Bedeutung hat, die der Ausdruck nach anderem Recht dieses Staates hat.

Ansässige Person

Art. 4 (1) Im Sinne dieses Abkommens bedeutet der Ausdruck „eine in einem Vertragsstaat ansässige Person" eine Person, die nach dem Recht dieses Staates dort auf Grund ihres Wohnsitzes, ihres ständigen Aufenthalts, des Ortes ihrer Geschäftsleitung oder eines anderen ähnlichen Merkmals steuerpflichtig ist, und umfasst auch diesen Staat und seine Gebietskörperschaften[1] sowie eine anerkannte Rentenversicherung in diesem Staat. Der Ausdruck umfasst jedoch nicht eine Person, die in diesem Staat nur mit Einkünften aus Quellen in diesem Staat oder mit in diesem Staat gelegenem Vermögen steuerpflichtig ist.

[1] Schweiz: „politische Unterabteilungen oder lokale Körperschaften"

(2) Ist nach Absatz 1 eine natürliche Person in beiden Vertragsstaaten ansässig, so gilt Folgendes:
a) Die Person gilt als nur in dem Staat ansässig, in dem sie über eine ständige Wohnstätte verfügt; verfügt sie in beiden Staaten über eine ständige Wohnstätte, so gilt sie als nur in dem Staat ansässig, zu dem sie die engeren persönlichen und wirtschaftlichen Beziehungen hat (Mittelpunkt der Lebensinteressen);
b) kann nicht bestimmt werden, in welchem Staat die Person den Mittelpunkt ihrer Lebensinteressen hat, oder verfügt sie in keinem der Staaten über eine ständige Wohnstätte, so gilt sie als nur in dem Staat ansässig, in dem sie ihren gewöhnlichen Aufenthalt hat;
c) hat die Person ihren gewöhnlichen Aufenthalt in beiden Staaten oder in keinem der Staaten, so gilt sie als nur in dem Staat ansässig, dessen Staatsangehöriger sie ist;
d) ist die Person Staatsangehöriger beider Staaten oder keines der Staaten, so regeln die zuständigen Behörden der Vertragsstaaten die Frage in gegenseitigem Einvernehmen.

(3) Ist nach Absatz 1 eine andere als eine natürliche Person in beiden Vertragsstaaten ansässig, so werden sich die zuständigen Behörden der Vertragsstaaten bemühen, durch Verständigung zu bestimmen, in welchem Staat diese Person im Sinne dieses Abkommens als ansässig gelten soll, unter Berücksichtigung des Orts ihrer tatsächlichen Geschäftsleitung, des Orts an dem sie niedergelassen oder auf andere Weise errichtet ist sowie weiterer maßgeblicher Faktoren. Kommt es zu keiner derartigen Verständigung, so steht der betreffenden Person keine Vergünstigung oder Befreiung von Steuern unter diesem Abkommen zu, außer in dem Maße und in der Art, auf die sich die zuständigen Behörden der Vertragsstaaten einigen.

Betriebsstätte

Art. 5 (1) Im Sinne dieses Abkommens bedeutet der Ausdruck „Betriebsstätte" eine feste Geschäftseinrichtung, durch die die Geschäftstätigkeit eines Unternehmens ganz oder teilweise ausgeübt wird.

(2) Der Ausdruck „Betriebsstätte" umfasst insbesondere:
a) einen Ort der Leitung,
b) eine Zweigniederlassung,
c) eine Geschäftsstelle,
d) eine Fabrikationsstätte,
e) eine Werkstätte und
f) ein Bergwerk, ein Öl- oder Gasvorkommen, einen Steinbruch oder eine andere Stätte der Ausbeutung von Bodenschätzen.

(3) Eine Bauausführung oder Montage ist nur dann eine Betriebsstätte, wenn ihre Dauer zwölf Monate überschreitet.

(4) Ungeachtet der vorstehenden Bestimmungen dieses Artikels gelten nicht als Betriebsstätten:
a) Einrichtungen, die ausschließlich zur Lagerung, Ausstellung oder Auslieferung von Gütern oder Waren des Unternehmens benutzt werden;
b) Bestände von Gütern oder Waren des Unternehmens, die ausschließlich zur Lagerung, Ausstellung oder Auslieferung unterhalten werden;
c) Bestände von Gütern oder Waren des Unternehmens, die ausschließlich zu dem Zweck unterhalten werden, durch ein anderes Unternehmen bearbeitet oder verarbeitet zu werden;
d) eine feste Geschäftseinrichtung, die ausschließlich zu dem Zweck unterhalten wird, für das Unternehmen Güter oder Waren einzukaufen oder Informationen zu beschaffen;
e) eine feste Geschäftseinrichtung, die ausschließlich zu dem Zweck unterhalten wird, für das Unternehmen andere Tätigkeiten auszuüben;
f) eine feste Geschäftseinrichtung, die ausschließlich zu dem Zweck unterhalten wird, mehrere der unter den Buchstaben a bis e genannten Tätigkeiten auszuüben, vorausgesetzt, dass die derartige Tätigkeit, oder im Falle von Buchstabe f die Gesamttätigkeit der festen Geschäftseinrichtung, vorbereitender Art ist oder eine Hilfstätigkeit darstellt.

Absatz 4 ist nicht auf eine feste Geschäftseinrichtung anzuwenden, die von einem Unternehmen genützt oder unterhalten wird, wenn das gleiche Unternehmen oder ein eng verbundenes Unternehmen am selben Ort oder an einem anderen Ort im selben Vertragsstaat Geschäftstätigkeiten ausübt und
a) dieser Ort oder der andere Ort gemäß den Bestimmungen dieses Artikels eine Betriebsstätte des Unternehmens oder der eng verbundenen Unternehmen begründen; oder
b) die Gesamttätigkeit, die sich aus mehreren Tätigkeiten der beiden Unternehmen am selben Ort oder des gleichen Unternehmens oder des eng verbundenen Unternehmens an den beiden Orten ergibt, weder vorbereitender Art ist noch eine Hilfstätigkeit darstellt,

vorausgesetzt, dass die von den beiden Unternehmen am selben Ort oder von dem gleichen Unternehmen oder dem eng verbundenen Unternehmen an den beiden Orten ausgeübten Geschäftstätigkeiten einander ergänzende Funktionen darstellen, welche Bestandteil eines zusammenhängenden Geschäftsbetriebs sind.

(5) Ist eine Person – vorbehaltlich der Bestimmungen des Absatzes 6 – in einem Vertragsstaat

für ein Unternehmen tätig und schließt sie hierbei gewöhnlich Verträge ab oder spielt sie gewöhnlich die führende Rolle, die zum Abschluss von Verträgen führt, welche regelmäßig und ohne wesentliche Änderungen durch das Unternehmen abgeschlossen werden, und

a) werden diese Verträge im Namen des Unternehmens abgeschlossen oder
b) dienen sie der Übertragung von Vermögen oder der Einräumung des Nutzungsrechts von Vermögen, das dem Unternehmen gehört oder dessen Nutzungsrechte das Unternehmen besitzt oder
c) beinhalten diese Verträge Dienstleistungen, die von diesem Unternehmen zu erbringen sind

so wird das Unternehmen ungeachtet der Absätze 1 und 2 so behandelt, als habe es in diesem Staat für alle von der Person für das Unternehmen ausgeübten Tätigkeiten eine Betriebsstätte, es sei denn, diese Tätigkeiten beschränken sich auf die in Absatz 4 genannten Tätigkeiten, die, würden sie durch eine feste Geschäftseinrichtung (mit Ausnahme einer festen Geschäftseinrichtung, auf die Absatz 4.1 anzuwenden wäre) ausgeübt, diese Einrichtung nach dem genannten Absatz nicht zu einer Betriebsstätte machen würden.

(6) Absatz 5 ist nicht anzuwenden, wenn eine Person, die in einem Vertragsstaat für ein Unternehmen des anderen Vertragsstaats tätig ist, im erstgenannten Staat als unabhängiger Vertreter Geschäftstätigkeiten ausübt und für das Unternehmen im Rahmen ihrer ordentlichen Geschäftstätigkeit handelt. Ist eine Person jedoch ausschließlich oder nahezu ausschließlich für eine oder mehrere verbundene Gesellschaften tätig, so wird diese Person im Hinblick auf derartige Gesellschaften nicht als unabhängiger Vertreter im Sinne dieses Absatzes betrachtet.

(7) Allein dadurch, dass eine in einem Vertragsstaat ansässige Gesellschaft eine Gesellschaft beherrscht oder von einer Gesellschaft beherrscht wird, die im anderen Vertragsstaat ansässig ist oder dort (entweder durch eine Betriebsstätte oder auf andere Weise) ihre Geschäftstätigkeit ausübt, wird keine der beiden Gesellschaften zur Betriebsstätte der anderen.

(8) Im Sinne dieses Artikels ist eine Person oder ein Unternehmen mit einem Unternehmen eng verbunden, wenn auf Basis aller maßgeblichen Sachverhalte eine Partei Kontrolle über die andere ausübt oder beide Parteien unter der Kontrolle derselben Personen oder Unternehmen stehen. In jedem Fall gilt eine Person oder ein Unternehmen als eng verbunden mit einem Unternehmen, wenn eine Partei unmittelbar oder mittelbar mehr als 50 v. H. des wirtschaftlichen Eigentums an der anderen besitzt (oder im Fall einer Gesellschaft mehr als 50 v. H. der gesamten Stimmrechte und des Gesamtwerts der Aktien der Gesellschaft oder des wirtschaftlichen Eigentums am Eigenkapital der Gesellschaft) oder wenn eine andere Person oder Gesellschaft unmittelbar oder mittelbar mehr als 50 v. H. des wirtschaftlichen Eigentums an der Person und dem Unternehmen oder den beiden Unternehmen besitzt (oder im Falle einer Gesellschaft mehr als 50 v. H. der gesamten Stimmrechte und des Gesamtwerts der Aktien der Gesellschaft oder des wirtschaftlichen Eigentums am Eigenkapital der Gesellschaft).

Abschnitt III
Besteuerung des Einkommens

Einkünfte aus unbeweglichem Vermögen

Art. 6 (1) Einkünfte, die eine in einem Vertragsstaat ansässige Person aus unbeweglichem Vermögen (einschließlich der Einkünfte aus land- und forstwirtschaftlichen Betrieben) bezieht, das im anderen Vertragsstaat liegt, können[1] im anderen Staat besteuert werden.

[1] Österreich: „dürfen"/„darf"

(2) Der Ausdruck „unbewegliches Vermögen" hat die Bedeutung, die ihm nach dem Recht des Vertragsstaats zukommt, in dem das Vermögen liegt. Der Ausdruck umfasst in jedem Fall das Zubehör[1] zum unbeweglichen Vermögen, das lebende und tote Inventar land- und forstwirtschaftlicher Betriebe, die Rechte, für die die Vorschriften des Privatrechts über Grundstücke gelten, Nutzungsrechte an unbeweglichem Vermögen sowie Rechte auf veränderliche oder feste Vergütungen für die Ausbeutung oder das Recht auf Ausbeutung von Mineralvorkommen, Quellen und anderen Bodenschätzen; Schiffe und Luftfahrzeuge gelten nicht als unbewegliches Vermögen.

[1] Schweiz: „die Zugehör"

(3) Absatz 1 gilt für die Einkünfte aus der unmittelbaren Nutzung, der Vermietung oder Verpachtung sowie jeder anderen Art der Nutzung unbeweglichen Vermögens.

(4) Die Absätze 1 und 3 gelten auch für Einkünfte aus unbeweglichem Vermögen eines Unternehmens.

Unternehmensgewinne

Art. 7 (1) Gewinne eines Unternehmens eines Vertragsstaats können[1] nur in diesem Staat besteuert werden, es sei denn, das Unternehmen übt seine Geschäftstätigkeit im anderen Staat durch eine dort belegene Betriebsstätte aus. Übt das Unternehmen seine Geschäftstätigkeit auf diese Weise aus, so können[1] die Gewinne, die der Betriebsstätte nach Absatz 2 zuzurechnen sind, im anderen Staat besteuert werden.

[1] Österreich: „dürfen"/„darf"

(2) Bei der Anwendung dieses Artikels sowie von Artikel 23 A, 23 B sind die Gewinne, die der in Absatz 1 genannten Betriebsstätte in jedem Vertragsstaat zuzurechnen sind, die Gewinne, die sie hätte erzielen können, insbesondere im Verkehr mit anderen Teilen des Unternehmens, dessen Betriebsstätte sie ist, wenn sie als selbstständiges und unabhängiges Unternehmen eine gleiche oder ähnliche Geschäftstätigkeit unter gleichen oder ähnlichen

Bedingungen ausgeübt hätte; dabei sind die vom Unternehmen durch die Betriebsstätte und durch andere Unternehmensteile ausgeübten Funktionen, eingesetzten Wirtschaftsgüter und übernommenen Risiken zu berücksichtigen.

(3) Ändert ein Vertragsstaat die einer Betriebsstätte eines Unternehmens eines Vertragsstaats zuzurechnenden Gewinne in Übereinstimmung mit Absatz 2 und besteuert er dementsprechend Gewinne des Unternehmens, die bereits im anderen Staat besteuert worden sind, so nimmt der andere Staat eine entsprechende Änderung der von diesen Gewinnen erhobenen Steuer vor, soweit dies zur Beseitigung einer Doppelbesteuerung erforderlich ist. Bei dieser Änderung werden die zuständigen Behörden der Vertragsstaaten einander erforderlichenfalls konsultieren.

(4) Gehören zu den Gewinnen Einkünfte, die in anderen Artikeln dieses Abkommens behandelt werden, so werden die Bestimmungen jener Artikel durch die Bestimmungen dieses Artikels nicht berührt.

Seeschifffahrt und Luftfahrt

Art. 8 (1) Gewinne eines Unternehmens in einem Vertragsstaat aus dem Betrieb von Seeschiffen oder Luftfahrzeugen im internationalen Verkehr können[1] nur in diesem Vertragsstaat besteuert werden.

[1] Österreich: „dürfen"/„darf"

(2) Absatz 1 gilt auch für Gewinne aus der Beteiligung an einem Pool, einer Betriebsgemeinschaft oder einer internationalen Betriebsagentur.

Verbundene Unternehmen

Art. 9 (1) Wenn
a) ein Unternehmen eines Vertragsstaats unmittelbar oder mittelbar an der Geschäftsleitung, der Kontrolle oder dem Kapital eines Unternehmens des anderen Vertragsstaats beteiligt ist, oder
b) dieselben Personen unmittelbar oder mittelbar an der Geschäftsleitung, der Kontrolle oder dem Kapital eines Unternehmens eines Vertragsstaats und eines Unternehmens des anderen Vertragsstaats beteiligt sind

und in diesen Fällen die beiden Unternehmen in ihren kaufmännischen oder finanziellen Beziehungen an vereinbarte oder auferlegte Bedingungen gebunden sind, die von denen abweichen, die unabhängige Unternehmen miteinander vereinbaren würden, so dürfen die Gewinne, die eines der Unternehmen ohne diese Bedingungen erzielt hätte, wegen dieser Bedingungen aber nicht erzielt hat, den Gewinnen dieses Unternehmens zugerechnet und entsprechend besteuert werden.

(2) Werden in einem Vertragsstaat den Gewinnen eines Unternehmens dieses Staates Gewinne zugerechnet – und entsprechend besteuert –, mit denen ein Unternehmen des anderen Vertragsstaats in diesem Staat besteuert worden ist, und handelt es sich bei den zugerechneten Gewinnen um solche, die das Unternehmen des erstgenannten Staates erzielt hätte, wenn die zwischen den beiden Unternehmen vereinbarten Bedingungen die gleichen gewesen wären, die unabhängige Unternehmen miteinander vereinbaren würden, so nimmt der andere Staat eine entsprechende Änderung der dort von diesen Gewinnen erhobenen Steuer vor. Bei dieser Änderung sind die übrigen Bestimmungen dieses Abkommens zu berücksichtigen; erforderlichenfalls werden die zuständigen Behörden der Vertragsstaaten einander konsultieren.

Dividenden

Art. 10 (1) Dividenden, die eine in einem Vertragsstaat ansässige Gesellschaft an eine im anderen Vertragsstaat ansässige Person zahlt, können[1] im anderen Staat besteuert werden.

[1] Österreich: „dürfen"/„darf"

(2) Jedoch können[1] Dividenden, die von einer Gesellschaft gezahlt werden, die in einem Vertragsstaat ansässig ist, auch in diesem Staat nach dem Recht dieses Staates besteuert werden; die Steuer darf aber, wenn der Nutzungsberechtigte der Dividenden eine in dem anderen Vertragsstaat ansässige Person ist, nicht übersteigen:

[1] Österreich: „dürfen"/„darf"

a) 5 v. H. des Bruttobetrages der Dividenden, wenn der Nutzungsberechtigte eine Gesellschaft ist, die über einen Zeitraum von 365 Tagen einschließlich des Tages, an dem die Dividende gezahlt wird, unmittelbar über mindestens 25 v. H. des Kapitals der die Dividenden zahlenden Gesellschaft verfügt (für Zwecke der Berechnung dieses Zeitraums werden keine Änderungen der Eigentumsverhältnisse in Betracht gezogen, die unmittelbar aus einer Unternehmensumgestaltung wie einer Fusion oder einer spaltenden Umgestaltung derjenigen Gesellschaft ergeben würden, welche die Anteile besitzt oder die Dividende zahlt);
b) 15 v. H. des Bruttobetrags der Dividenden in allen anderen Fällen.

Die zuständigen Behörden der Vertragsstaaten regeln in gegenseitigem Einvernehmen, wie diese Begrenzungsbestimmungen durchzuführen sind. Dieser Absatz berührt nicht die Besteuerung der Gesellschaft in Bezug auf die Gewinne, aus denen die Dividenden gezahlt werden.

(3) Der in diesem Artikel verwendete Ausdruck „Dividenden" bedeutet Einkünfte aus Aktien, Genussaktien[1] oder Genussscheinen, Kuxen, Gründeranteilen oder anderen Rechten – ausgenommen Forderungen – mit Gewinnbeteiligung sowie aus sonstigen Gesellschaftsanteilen stammende Einkünfte, die nach dem Recht des Staates, in dem die ausschüttende Gesellschaft ansässig ist, den Einkünften aus Aktien steuerlich gleichgestellt sind.

[1] Bundesrepublik Deutschland: „Genussrechten"

(4) Die Absätze 1 und 2 sind nicht anzuwenden, wenn der in einem Vertragsstaat ansässige Nutzungsberechtigte im anderen Vertragsstaat,

16/3. DBA
OECD-Musterabkommen

in dem die die Dividenden zahlende Gesellschaft ansässig ist, eine Geschäftstätigkeit durch eine dort gelegene Betriebsstätte ausübt und die Beteiligung, für die die Dividenden gezahlt werden, tatsächlich zu dieser Betriebsstätte gehört. In diesem Fall ist Artikel 7 anzuwenden.

(5) Bezieht eine in einem Vertragsstaat ansässige Gesellschaft Gewinne oder Einkünfte aus dem anderen Vertragsstaat, so darf dieser andere Staat weder die von der Gesellschaft gezahlten Dividenden besteuern, es sei denn, dass diese Dividenden an eine in dem anderen Staat ansässige Person gezahlt werden oder dass die Beteiligung, für die die Dividenden gezahlt werden, tatsächlich zu einer im anderen Staat gelegenen Betriebsstätte gehört, noch Gewinne der Gesellschaft einer Steuer für nichtausgeschüttete Gewinne unterwerfen, selbst wenn die gezahlten Dividenden oder die nichtausgeschütteten Gewinne ganz oder teilweise aus im anderen Staat erzielten Gewinnen oder Einkünften bestehen.

Zinsen

Art. 11 (1) Zinsen, die aus einem Vertragsstaat stammen und an eine im anderen Vertragsstaat ansässige Person gezahlt werden, können[1] im anderen Staat besteuert werden.

[1] Österreich: „dürfen"/„darf"

(2) Zinsen, die in einem Vertragsstaat entstehen, können[1] auch in diesem Staat nach dem Recht dieses Staates besteuert werden; die Steuer darf aber, wenn der Nutzungsberechtigte der Zinsen eine in dem anderen Vertragsstaat ansässige Person ist, 10 v. H. des Bruttobetrags der Zinsen nicht übersteigen. Die zuständigen Behörden der Vertragsstaaten regeln in gegenseitigem Einvernehmen, wie diese Begrenzungsbestimmung durchzuführen ist.

[1] Österreich: „dürfen"/„darf"

(3) Der in diesem Artikel verwendete Ausdruck „Zinsen" bedeutet Einkünfte aus Forderungen jeder Art, auch wenn die Forderungen durch Pfandrechte an Grundstücken gesichert oder mit einer Beteiligung am Gewinn des Schuldners ausgestattet sind, und insbesondere Einkünfte aus öffentlichen Anleihen und aus Obligationen einschließlich der damit verbundenen Aufgelder und der Gewinne aus Losanleihen. Zuschläge für verspätete Zahlung gelten nicht als Zinsen im Sinne dieses Artikels.

(4) Die Absätze 1 und 2 sind nicht anzuwenden, wenn der in einem Vertragsstaat ansässige Nutzungsberechtigte im anderen Vertragsstaat, aus dem die Zinsen stammen, eine Geschäftstätigkeit durch eine dort gelegene Betriebsstätte ausübt und die Forderung, für die die Zinsen gezahlt werden, tatsächlich zu dieser Betriebsstätte gehört. In diesem Fall ist Artikel 7 anzuwenden.

(5) Zinsen gelten dann als aus einem Vertragsstaat stammend, wenn der Schuldner eine in diesem Staat ansässige Person ist. Hat aber der Schuldner der Zinsen, ohne Rücksicht darauf, ob er in einem Vertragsstaat ansässig ist oder nicht, in einem Vertragsstaat eine Betriebsstätte und ist die Schuld, für die die Zinsen gezahlt werden, für Zwecke der Betriebsstätte eingegangen worden und trägt die Betriebsstätte die Zinsen, so gelten die Zinsen als aus dem Staat stammend, in dem die Betriebsstätte liegt.

(6) Bestehen zwischen dem Schuldner und dem Nutzungsberechtigten oder zwischen jedem von ihnen und einem Dritten besondere Beziehungen und übersteigen deshalb die Zinsen, gemessen an der zugrundeliegenden Forderung, den Betrag, den Schuldner und Nutzungsberechtigter ohne diese Beziehungen vereinbart hätten, so wird dieser Artikel nur auf den letzteren Betrag angewendet. In diesem Fall kann der übersteigende Betrag nach dem Recht eines jeden Vertragsstaats und unter Berücksichtigung der anderen Bestimmungen dieses Abkommens besteuert werden.

Lizenzgebühren

Art. 12 (1) Lizenzgebühren, die aus einem Vertragsstaat stammen und deren Nutzungsberechtigter eine im anderen Vertragsstaat ansässige Person ist, können[1] nur im anderen Staat besteuert werden.

[1] Österreich: „dürfen"/„darf"

(2) Der in diesem Artikel verwendete Ausdruck „Lizenzgebühren" bedeutet Vergütungen jeder Art, die für die Benutzung oder für das Recht auf Benutzung von Urheberrechten an literarischen, künstlerischen oder wissenschaftlichen Werken, einschließlich kinematographischer Filme, von Patenten, Marken[1], Mustern oder Modellen, Plänen, geheimen Formeln oder Verfahren oder für die Mitteilung gewerblicher, kaufmännischer oder wissenschaftlicher Erfahrungen gezahlt werden.

[1] Bundesrepublik Deutschland: „Warenzeichen"

(3) Absatz 1 ist nicht anzuwenden, wenn der in einem Vertragsstaat ansässige Nutzungsberechtigte im anderen Vertragsstaat, aus dem die Lizenzgebühren stammen, eine Geschäftstätigkeit durch eine dort gelegene Betriebsstätte ausübt und die Rechte oder Vermögenswerte, für die die Lizenzgebühren gezahlt werden, tatsächlich zu dieser Betriebsstätte gehören. In diesem Fall ist Artikel 7 anzuwenden.

(4) Bestehen zwischen dem Schuldner und dem Nutzungsberechtigten oder zwischen jedem von ihnen und einem Dritten besondere Beziehungen und übersteigen deshalb die Lizenzgebühren, gemessen an der zugrundeliegenden Leistung, den Betrag, den Schuldner und Nutzungsberechtigter ohne diese Beziehungen vereinbart hätten, so wird dieser Artikel nur auf den letzteren Betrag angewendet. In diesem Fall kann der übersteigende Betrag nach dem Recht eines jeden Vertragsstaats und unter Berücksichtigung der anderen Bestimmungen dieses Abkommens besteuert werden.

Gewinne aus der Veräußerung von Vermögen

Art. 13 (1) Gewinne, die eine in einem Vertragsstaat ansässige Person aus der Veräußerung unbeweglichen Vermögens im Sinne des Artikels 6 bezieht, das im anderen Vertragsstaat liegt, können[1] im anderen Staat besteuert werden.

[1] Österreich: „dürfen"/„darf"

(2) Gewinne aus der Veräußerung beweglichen Vermögens, das Betriebsvermögen einer Betriebsstätte ist, die ein Unternehmen eines Vertragsstaats im anderen Vertragsstaat hat, einschließlich derartiger Gewinne, die bei der Veräußerung einer solchen Betriebsstätte (allein oder mit dem übrigen Unternehmen) erzielt werden, können[1] im anderen Staat besteuert werden.

[1] Österreich: „dürfen"/„darf"

(3) Gewinne, die ein Unternehmen in einem Vertragsstaat, das Seeschiffe oder Luftfahrzeuge im internationalen Verkehr betreibt, aus der Veräußerung dieser Seeschiffe oder Luftfahrzeuge oder von beweglichem Vermögen bezieht, das dem Betrieb dieser Schiffe oder Luftfahrzeuge dient, können[1] nur in diesem Vertragsstaat besteuert werden.

[1] Österreich: „dürfen"/„darf"

(4) Gewinne, die eine in einem Vertragsstaat ansässige Person aus der Veräußerung von Anteilen oder vergleichbaren Rechten, wie Beteiligungen an einer Personengesellschaft oder einem Trust bezieht, können[1] im anderen Vertragsstaat besteuert werden, wenn zu irgendeinem Zeitpunkt in den 365 Tagen vor der Veräußerung der Wert dieser Anteile oder vergleichbaren Rechten zu mehr als 50 v. H. unmittelbar oder mittelbar auf unbeweglichem Vermögen gemäß der Definition in Artikel 6 beruht, das im anderen Vertragsstaat gelegen ist.

[1] Österreich: „dürfen"/„darf"

(5) Gewinne aus der Veräußerung des in den Absätzen 1, 2, 3 und 4 nicht genannten Vermögens können[1] nur in dem Vertragsstaat besteuert werden, in dem der Veräußerer ansässig ist.

[1] Österreich: „dürfen"/„darf"

Art. 14 (aufgehoben)

Einkünfte aus unselbständiger Arbeit

Art. 15 (1) Vorbehaltlich der Artikel 16, 18 und 19 können[1] Gehälter, Löhne und ähnliche Vergütungen, die eine in einem Vertragsstaat ansässige Person aus unselbständiger Arbeit bezieht, nur in diesem Staat besteuert werden, es sei denn, die Arbeit wird im anderen Vertragsstaat ausgeübt. Wird die Arbeit dort ausgeübt, so können[1] die dafür bezogenen Vergütungen im anderen Staat besteuert werden.

[1] Österreich: „dürfen"/„darf"

(2) Ungeachtet des Absatzes 1 können[1] Vergütungen, die eine in einem Vertragsstaat ansässige Person für eine im anderen Vertragsstaat ausgeübte unselbständige Arbeit bezieht, nur im erstgenannten Staat besteuert werden, wenn

[1] Österreich: „dürfen"/„darf"

a) der Empfänger sich im anderen Staat insgesamt nicht länger als 183 Tage innerhalb eines Zeitraums von zwölf Monaten, der während des betreffenden Steuerjahres beginnt oder endet, aufhält und

b) die Vergütungen von einem Arbeitgeber oder für einen Arbeitgeber gezahlt werden, der nicht im anderen Staat ansässig ist, und

c) die Vergütungen nicht von einer Betriebsstätte getragen werden, die der Arbeitgeber im anderen Staat hat.

(3) Ungeachtet der vorstehenden Bestimmungen dieses Artikels werden Vergütungen für unselbständige Arbeit, die eine in einem Vertragsstaat ansässige Person als Mitglied der ständigen Besatzung an Bord eines Seeschiffes oder Luftfahrzeuges ausübt, das im internationalen Verkehr betrieben wird, jedoch nicht an Bord eines Seeschiffes oder Luftfahrzeuges, das ausschließlich im anderen Vertragsstaat betrieben wird, nur im erstgenannten Staat besteuert.

Aufsichtsrats- und Verwaltungsratsvergütungen

Art. 16 Aufsichtsrats- und Verwaltungsratsvergütungen und ähnliche Zahlungen, die eine in einem Vertragsstaat ansässige Person in ihrer Eigenschaft als Mitglied des Aufsichts- oder Verwaltungsrats einer Gesellschaft bezieht, die im anderen Vertragsstaat ansässig ist, können[1] im anderen Staat besteuert werden.

[1] Österreich: „dürfen"/„darf"

Künstler und Sportler

Art. 17 (1) Ungeachtet des Artikels 15 können[1] Einkünfte, die eine in einem Vertragsstaat ansässige Person als Künstler, wie Bühnen-, Film-, Rundfunk- und Fernsehkünstler sowie Musiker, oder als Sportler aus ihrer im anderen Vertragsstaat persönlich ausgeübten Tätigkeit bezieht, im anderen Staat besteuert werden.

[1] Österreich: „dürfen"/„darf"

(2) Fließen Einkünfte aus einer von einem Künstler oder Sportler in dieser Eigenschaft persönlich ausgeübten Tätigkeit nicht dem Künstler oder Sportler selbst, sondern einer anderen Person zu, so können[1] diese Einkünfte ungeachtet des Artikels 15 in dem Vertragsstaat besteuert werden, in dem der Künstler oder Sportler seine Tätigkeit ausübt.

[1] Österreich: „dürfen"/„darf"

Ruhegehälter

Art. 18 Vorbehaltlich des Artikels 19 Absatz 2 können[1] Ruhegehälter und ähnliche Vergütungen, die einer in einem Vertragsstaat ansässigen Person für frühere unselbständige Arbeit gezahlt werden, nur in diesem Staat besteuert werden.

[1] Österreich: „dürfen"/„darf"

Öffentlicher Dienst

Art. 19 (1)

a) Gehälter, Löhne und ähnliche Vergütungen, ausgenommen Ruhegehälter, die von einem

Vertragsstaat oder einer seiner Gebietskörperschaften[1] an eine natürliche Person für die diesem Staat oder der Gebietskörperschaft[1] geleisteten Dienste gezahlt werden, können[2] nur in diesem Staat besteuert werden.

[1] Schweiz: „politische Unterabteilung oder lokale Körperschaft"
[2] Österreich: „dürfen"/„darf"

b) Diese Gehälter, Löhne und ähnlichen Vergütungen können[1] jedoch nur im anderen Vertragsstaat besteuert werden, wenn die Dienste in diesem Staat geleistet werden und die natürliche Person in diesem Staat ansässig ist und
    i) ein Staatsangehöriger dieses Staates ist oder
    ii) nicht ausschließlich deshalb in diesem Staat ansässig geworden ist, um die Dienste zu leisten.

[1] Österreich: „dürfen"/„darf"

(2) a) Ungeachtet des Absatzes 1 können[1] Ruhegehälter oder ähnliche Vergütungen, die von einem Vertragsstaat oder einer seiner Gebietskörperschaften[2] oder aus einem von diesem Staat oder der Gebietskörperschaft errichteten Sondervermögen an eine natürliche Person für die diesem Staat oder der Gebietskörperschaft[2] geleisteten Dienste gezahlt werden, nur in diesem Staat besteuert werden.

[1] Österreich: „dürfen"/„darf"
[2] Schweiz: „politische Unterabteilungen oder lokale Körperschaften"

b) Diese Ruhegehälter oder ähnlichen Vergütungen können[1] jedoch nur im anderen Vertragsstaat besteuert werden, wenn die natürliche Person in diesem Staat ansässig ist und ein Staatsangehöriger dieses Staates ist.

[1] Österreich: „dürfen"/„darf"

(3) Auf Gehälter, Löhne, Ruhegehälter und ähnliche Vergütungen für Dienstleistungen, die im Zusammenhang mit einer Geschäftstätigkeit eines Vertragsstaats oder einer seiner Gebietskörperschaften[1] erbracht werden, sind die Artikel 15, 16, 17 oder 18 anzuwenden.

[1] Schweiz: „politische Unterabteilungen oder lokale Körperschaften"

Studenten

Art. 20 Zahlungen, die ein Student, Praktikant oder Lehrling, der sich in einem Vertragsstaat ausschließlich zum Studium oder zur Ausbildung aufhält und der im anderen Vertragsstaat ansässig ist oder dort unmittelbar vor der Einreise in den erstgenannten Staat ansässig war, für seinen Unterhalt, sein Studium oder seine Ausbildung erhält, dürfen im erstgenannten Staat nicht besteuert werden, sofern diese Zahlungen aus Quellen außerhalb dieses Staates stammen.

Andere Einkünfte

Art. 21 (1) Einkünfte einer in einem Vertragsstaat ansässigen Person, die in den vorstehenden Artikeln nicht behandelt wurden, können[1] ohne Rücksicht auf ihre Herkunft nur in diesem Staat besteuert werden.

[1] Österreich: „dürfen"/„darf"

(2) Absatz 1 ist auf andere Einkünfte als solche aus unbeweglichem Vermögen im Sinne des Artikels 6 Absatz 2 nicht anzuwenden, wenn der in einem Vertragsstaat ansässige Empfänger im anderen Vertragsstaat eine Geschäftstätigkeit durch eine dort gelegene Betriebsstätte ausübt und die Rechte oder Vermögenswerte, für die die Einkünfte gezahlt werden, tatsächlich zu dieser Betriebsstätte gehören. In diesem Fall ist Artikel 7 anzuwenden.

Abschnitt IV
Besteuerung des Vermögens

Vermögen

Art. 22 (1) Unbewegliches Vermögen im Sinne des Artikels 6, das einer in einem Vertragsstaat ansässigen Person gehört und im anderen Vertragsstaat liegt, kann[1] im anderen Staat besteuert werden.

[1] Österreich: „dürfen"/„darf"

(2) Bewegliches Vermögen, das Betriebsvermögen einer Betriebsstätte ist, die ein Unternehmen eines Vertragsstaats im anderen Vertragsstaat hat, kann[1] im anderen Staat besteuert werden.

[1] Österreich: „dürfen"/„darf"

(3) Seeschiffe und Luftfahrzeuge sowie bewegliches Vermögen, das dem Betrieb dieser Schiffe oder Luftfahrzeuge dient, können[1], wenn sie einem Unternehmen eines Vertragsstaats gehören, das diese Seeschiffe oder Luftfahrzeuge im internationalen Verkehr betreibt, nur in diesem Staat besteuert werden.

[1] Österreich: „dürfen"/„darf"

(4) Alle anderen Vermögensteile einer in einem Vertragsstaat ansässigen Person können[1] nur in diesem Staat besteuert werden.

[1] Österreich: „dürfen"/„darf"

Abschnitt V
Methoden zur Vermeidung der Doppelbesteuerung

Befreiungsmethode

Art. 23 A (1) Bezieht eine in einem Vertragsstaat ansässige Person Einkünfte oder hat sie Vermögen und können[1] diese Einkünfte oder dieses Vermögen nach diesem Abkommen im anderen Vertragsstaat besteuert werden (es sei denn, dieses Abkommen gestattet die Besteuerung durch den anderen Staat allein aufgrund dessen, dass das Einkommen auch von einer in diesem Staat ansässigen Person bezogen wird oder weil sich das Vermögen auch im Besitz einer in diesem Staat ansässigen Person befindet), so nimmt der erstgenannte Staat vorbehaltlich der Absätze 2 und 3 diese Einkünfte oder dieses Vermögen von der Besteuerung aus.

[1] Österreich: „dürfen"/„darf"

(2) Bezieht eine in einem Vertragsstaat ansässige Person Einkünfte und können[1] diese Einkünfte nach den Artikeln 10 und 11 im anderen Vertragsstaat besteuert werden (es sei denn, diese Artikel gestatten die Besteuerung durch den anderen Staat allein aufgrund dessen, dass das Einkommen auch von einer in diesem Staat ansässigen Person bezogen wird), so rechnet der erstgenannte Staat auf die vom Einkommen dieser Person zu erhebende Steuer den Betrag an, der der im anderen Staat gezahlten Steuer entspricht. Der anzurechnende Betrag darf jedoch den Teil der von der Anrechnung ermittelten Steuer nicht übersteigen, der auf die aus dem anderen Staat bezogenen Einkünfte entfällt.

[1] Österreich: „dürfen"/„darf"

(3) Einkünfte oder Vermögen einer in einem Vertragsstaat ansässigen Person, die nach dem Abkommen von der Besteuerung in diesem Staat auszunehmen sind, können[1] gleichwohl in diesem Staat bei der Festsetzung der Steuer für das übrige Einkommen oder Vermögen der Person einbezogen werden.

[1] Österreich: „dürfen"/„darf"

(4) Absatz 1 gilt nicht für Einkünfte oder Vermögen einer in einem Vertragsstaat ansässigen Person, wenn der andere Vertragsstaat dieses Abkommen so anwendet, dass er diese Einkünfte oder dieses Vermögen von der Besteuerung ausnimmt oder Absatz 2 des Artikels 10 oder des Artikels 11 auf diese Einkünfte anwendet.

Anrechnungsmethode

Art. 23 B (1) Bezieht eine in einem Vertragsstaat ansässige Person Einkünfte oder hat sie Vermögen und können[1] diese Einkünfte oder dieses Vermögen nach diesem Abkommen im anderen Vertragsstaat besteuert werden (es sei denn, dieses Abkommen gestattet die Besteuerung durch den anderen Staat allein aufgrund dessen, dass das Einkommen auch von einer in diesem Staat ansässigen Person bezogen wird oder weil sich das Vermögen auch im Besitz einer in diesem Staat ansässigen Person befindet), so rechnet der erstgenannte Staat

[1] Österreich: „dürfen"/„darf"

a) auf die vom Einkommen dieser Person zu erhebende Steuer den Betrag an, der der im anderen Staat gezahlten Steuer vom Einkommen entspricht;

b) auf die vom Vermögen dieser Person zu erhebende Steuer den Betrag an, der der in dem anderen Vertragsstaat gezahlten Steuer vom Vermögen entspricht.

Der anzurechnende Betrag darf jedoch in beiden Fällen den Teil der vor der Anrechnung ermittelten Steuer vom Einkommen oder vom Vermögen nicht übersteigen, der auf die Einkünfte, die im anderen Staat besteuert werden können[1] oder auf das Vermögen, das dort besteuert werden kann[1], entfällt.

(2) Einkünfte oder Vermögen einer in einem Vertragsstaat ansässigen Person, die nach dem Abkommen von der Besteuerung in diesem Staat auszunehmen sind, können[1] gleichwohl in diesem Staat bei der Festsetzung der Steuer für das übrige Einkommen oder Vermögen der Person einbezogen werden.

[1] Österreich: „dürfen"/„darf"

Abschnitt VI
Besondere Bestimmungen

Gleichbehandlung

Art. 24 (1) Staatsangehörige eines Vertragsstaats dürfen im anderen Vertragsstaat keiner Besteuerung oder damit zusammenhängenden Verpflichtung unterworfen werden, die anders oder belastender ist als die Besteuerung und die damit zusammenhängenden Verpflichtungen, denen Staatsangehörige des anderen Staates unter gleichen Verhältnissen, insbesondere hinsichtlich der Ansässigkeit, unterworfen sind oder unterworfen werden können. Diese Bestimmung gilt ungeachtet des Artikels 1 auch für Personen, die in keinem Vertragsstaat ansässig sind.

(2) Staatenlose, die in einem Vertragsstaat ansässig sind, dürfen in keinem Vertragsstaat einer Besteuerung oder damit zusammenhängenden Verpflichtung unterworfen werden, die anders oder belastender ist als die Besteuerung und die damit zusammenhängenden Verpflichtungen, denen Staatsangehörige des betreffenden Staates unter gleichen Verhältnissen, insbesondere hinsichtlich der Ansässigkeit, unterworfen sind oder unterworfen werden können.

(3) Die Besteuerung einer Betriebsstätte, die ein Unternehmen eines Vertragsstaats im anderen Vertragsstaat hat, darf in dem anderen Staat nicht ungünstiger sein als die Besteuerung von Unternehmen des anderen Staates, die die gleiche Tätigkeit ausüben. Diese Bestimmung ist nicht so auszulegen, als verpflichte sie einen Vertragsstaat, den in dem anderen Vertragsstaat ansässigen Personen Steuerfreibeträge, -vergünstigungen und -ermäßigungen auf Grund des Personenstandes oder der Familienlasten zu gewähren, die er seinen ansässigen Personen gewährt.

(4) Sofern nicht Artikel 9 Absatz 1, Artikel 11 Absatz 6 oder Artikel 12 Absatz 4 anzuwenden ist, sind Zinsen, Lizenzgebühren und andere Entgelte, die ein Unternehmen eines Vertragsstaats an eine im anderen Vertragsstaat ansässige Person zahlt, bei der Ermittlung der steuerpflichtigen Gewinne dieses Unternehmens unter den gleichen Bedingungen wie Zahlungen an eine im erstgenannten Staat ansässige Person zum Abzug zuzulassen. Dementsprechend sind Schulden, die ein Unternehmen eines Vertragsstaats gegenüber einer im anderen Vertragsstaat ansässigen Person hat, bei der Ermittlung der steuerpflichtigen Vermögens dieses Unternehmens unter den gleichen Bedingungen wie Schulden gegenüber einer im erstgenannten Staat ansässigen Person zum Abzug zuzulassen.

16/3. DBA
OECD-Musterabkommen

(5) Unternehmen eines Vertragsstaats, deren Kapital ganz oder teilweise unmittelbar oder mittelbar einer im anderen Vertragsstaat ansässigen Person oder mehreren solchen Personen gehört oder ihrer Kontrolle unterliegt, dürfen im erstgenannten Staat keiner Besteuerung oder damit zusammenhängenden Verpflichtung unterworfen werden, die anders oder belastender ist als die Besteuerung und die damit zusammenhängenden Verpflichtungen, denen andere ähnliche Unternehmen des erstgenannten Staates unterworfen sind oder unterworfen werden können.

(6) Dieser Artikel gilt ungeachtet des Artikels 2 für Steuern jeder Art und Bezeichnung.

Verständigungsverfahren*)

*) Siehe auch Erlass BMF „Steuerdialog 2013" (Nr. 99) und BMF-Info „Verständigungs- und Schiedsverfahren" (Nr. 109), abgedruckt unter „Erlässe".

Art. 25 (1) Ist eine Person der Auffassung, dass Maßnahmen eines Vertragsstaats oder beider Vertragsstaaten für sie zu einer Besteuerung führen oder führen werden, die diesem Abkommen nicht entspricht, so kann sie unbeschadet der nach dem innerstaatlichen Recht dieser Staaten vorgesehenen Rechtsmittel ihren Fall der zuständigen Behörde eines der beiden Vertragsstaaten unterbreiten. Der Fall muss innerhalb von drei Jahren nach der ersten Mitteilung der Maßnahme unterbreitet werden, die zu einer dem Abkommen nicht entsprechenden Besteuerung führt.

(2) Hält die zuständige Behörde die Einwendung für begründet und ist sie selbst nicht in der Lage, eine befriedigende Lösung herbeizuführen, so wird sie sich bemühen, den Fall durch Verständigung mit der zuständigen Behörde des anderen Vertragsstaats so zu regeln, dass eine dem Abkommen nicht entsprechende Besteuerung vermieden wird. Die Verständigungsregelung ist ungeachtet der Fristen des innerstaatlichen Rechts der Vertragsstaaten durchzuführen.

(3) Die zuständigen Behörden der Vertragsstaaten werden sich bemühen, Schwierigkeiten oder Zweifel, die bei der Auslegung oder Anwendung des Abkommens entstehen, in gegenseitigem Einvernehmen zu beseitigen. Sie können auch gemeinsam darüber beraten, wie eine Doppelbesteuerung in Fällen vermieden werden kann, die im Abkommen nicht behandelt sind.

(4) Die zuständigen Behörden der Vertragsstaaten können zur Herbeiführung einer Einigung im Sinne der vorstehenden Absätze unmittelbar miteinander verkehren, gegebenenfalls auch durch eine aus ihnen oder ihren Vertretern bestehende gemeinsame Kommission.

(5) Wenn

a) eine Person nach Absatz 1 der zuständigen Behörde eines Vertragsstaats einen Fall mit der Begründung unterbreitet hat, dass Maßnahmen eines Vertragsstaats oder beider Vertragsstaaten für sie zu einer Besteuerung geführt hat, die diesem Abkommen nicht entspricht, und

b) die zuständigen Behörden nicht in der Lage sind, sich gemäß Absatz 2 über die Lösung des Falles innerhalb von zwei Jahren seit dem Tag zu einigen, an dem beiden zuständigen Behörden alle von ihnen zur Behandlung des Falles benötigten Informationen übermittelt wurden,

werden alle ungelösten Fragen des Falles auf schriftlichen Antrag der Person einem Schiedsverfahren unterworfen. Diese ungelösten Fragen werden aber nicht dem Schiedsverfahren unterworfen, wenn zu ihnen bereits eine Gerichtsentscheidung in einem der Staaten ergangen ist. Sofern nicht eine Person, die unmittelbar von dem Fall betroffen ist, die Verständigungsvereinbarung, durch die der Schiedsspruch umgesetzt wird, ablehnt, ist der Schiedsspruch für beide Staaten verbindlich und ungeachtet der Fristen des innerstaatlichen Rechts dieser Staaten durchzuführen. Die zuständigen Behörden dieser Vertragsstaaten regeln in gegenseitigem Einvernehmen die Anwendung dieses Absatzes.

Informationsaustausch*)

*) Siehe auch BMF-Info „Umfassende Amtshilfe im Bereich der Steuern vom Einkommen" (Nr. 106), BMF-Info „Umfassende Amtshilfe im Bereich der Steuern vom Einkommen (2016)" (Nr. 112), Erlass BMF „Advance Ruling Austausch" (Nr. 116), BMF-Info „Umfassende Amtshilfe im Bereich der Steuern vom Einkommen (2017)" (Nr. 118), BMF-Info „Umfassende Amtshilfe im Bereich der Steuern vom Einkommen (2018)" (Nr. 120), BMF-Info „Umfassende Amtshilfe im Bereich der Steuern vom Einkommen (2019)" (Nr. 125) sowie BMF-Info „Umfassende Amtshilfe im Bereich der Steuern vom Einkommen (2020)" (Nr. 131), abgedruckt unter „Erlässe".

Art. 26 (1) Die zuständigen Behörden der Vertragsstaaten tauschen die Informationen aus, die zur Durchführung dieses Abkommens oder zur Verwaltung oder Anwendung des innerstaatlichen Rechts betreffend Steuern jeder Art und Bezeichnung, die für Rechnung der Vertragsstaaten oder ihrer Gebietskörperschaften[1] erhoben werden, voraussichtlich erheblich sind, soweit die diesem Recht entsprechende Besteuerung nicht dem Abkommen widerspricht. Der Informationsaustausch ist durch Artikel 1 und 2 nicht eingeschränkt.

[1] Schweiz: „politische Unterabteilungen oder lokale Körperschaften"

(2) Alle Informationen, die ein Vertragsstaat nach Absatz 1 erhalten hat, sind ebenso geheim zu halten wie die auf Grund des innerstaatlichen Rechts dieses Staates beschafften Informationen und dürfen nur den Personen und Behörden (einschließlich der Gerichte und der Verwaltungsbehörden) zugänglich gemacht werden, die mit der Veranlagung oder Erhebung, der Vollstreckung oder Strafverfolgung oder mit der Entscheidung von Rechtsmitteln hinsichtlich der in Absatz 1 genannten Steuern oder mit der Aufsicht über diese Personen oder Behörden befasst sind. Diese Personen oder Behörden dürfen die Informationen nur für diese Zwecke verwenden. Sie dürfen die Informationen in einem öffentlichen Gerichtsverfahren oder in einer Gerichtsentscheidung offen

legen. Ungeachtet des Vorstehenden, können die Informationen, die ein Vertragsstaat erhalten hat, für andere Zwecke verwendet werden, wenn sie nach dem Recht beider Staaten für diesen anderen Zweck verwendet werden können und die zuständige Behörde des übermittelnden Staates diese Verwendung gestattet.

(3) Die Absätze 1 und 2 sind nicht so auszulegen, als verpflichteten sie einen Vertragsstaat,
a) Verwaltungsmaßnahmen durchzuführen, die von den Gesetzen und der Verwaltungspraxis dieses oder des anderen Vertragsstaats abweichen;
b) Informationen zu erteilen, die nach den Gesetzen oder im üblichen Verwaltungsverfahren dieses oder des anderen Vertragsstaats nicht beschafft werden können;
c) Informationen zu erteilen, die ein Handels-, Industrie-, Gewerbe- oder Berufsgeheimnis oder ein Geschäftsverfahren preisgeben würden oder deren Erteilung dem Ordre public[1] widerspräche.

[1] Bundesrepublik Deutschland: „der öffentlichen Ordnung"

(4) Wenn ein Vertragsstaat in Übereinstimmung mit diesem Artikel um Erteilung von Informationen ersucht, wendet der andere Vertragsstaat zur Beschaffung der Informationen seine innerstaatlichen Ermittlungsbefugnisse an, auch wenn er die Informationen nicht für seine eigenen Steuerzwecke benötigt. Die Verpflichtung unterliegt den Beschränkungen des Absatzes 3; diese sind aber nicht so auszulegen, als erlaubten sie einem Vertragsstaat, die Erteilung der Informationen abzulehnen, nur weil er kein eigenes Interesse an ihnen hat.

(5) Absatz 3 ist nicht so auszulegen, als erlaube er einem Vertragsstaat, die Erteilung von Informationen abzulehnen, nur weil sie sich im Besitz einer Bank, einer anderen Finanzinstitution, eines Beauftragten, Bevollmächtigten oder Treuhänders befinden oder weil sie sich auf Beteiligungen an einer Person beziehen.

Amtshilfe bei der Erhebung[1] von Steuern

[1] Österreich: „Vollstreckung"/„vollstreckt"

Art. 27 (1) Die Vertragsstaaten leisten sich gegenseitige Amtshilfe bei der Erhebung[1] von Steueransprüchen[2]. Diese Amtshilfe ist durch Artikel 1 und 2 nicht eingeschränkt. Die zuständigen Behörden der Vertragsstaaten können in gegenseitigem Einvernehmen regeln, wie dieser Artikel durchzuführen ist.

[1] Österreich: „Vollstreckung"/„vollstreckt"
[2] Österreich: „Abgabenanspruch"/„Abgabenansprüchen"

(2) Der in diesem Artikel verwendete Ausdruck „Steueranspruch"[1] bedeutet einen Betrag, der auf Grund von Steuern jeder Art und Bezeichnung, die für Rechnung der Vertragsstaaten oder einer ihrer Gebietskörperschaften[2] erhoben werden, geschuldet wird, soweit die Besteuerung diesem Abkommen oder anderen völkerrechtlichen Übereinkünften, denen die Vertragsstaaten beigetreten sind, nicht widerspricht, sowie mit diesem Betrag zusammenhängende Zinsen, Geldbußen[3] und Kosten der Erhebung[4] oder Sicherung.

[1] Österreich: „Abgabenanspruch"/„Abgabenansprüchen"
[2] Schweiz: „politische Unterabteilungen oder lokale Körperschaften"
[3] Österreich: „verwaltungsbehördliche Geldstrafen"
[4] Österreich: „Vollstreckung"/„vollstreckt"

(3) Ist der Steueranspruch[1] eines Vertragsstaats nach dem Recht dieses Staates vollstreckbar und wird er von einer Person geschuldet, die zu diesem Zeitpunkt nach dem Recht dieses Staates die Erhebung[2] nicht verhindern kann, wird dieser Steueranspruch[1] auf Ersuchen der zuständigen Behörde dieses Staates für die Zwecke der Erhebung[3] von der zuständigen Behörde des anderen Vertragsstaats anerkannt. Der Steueranspruch[1] wird vom anderen Staat nach dessen Rechtsvorschriften über die Vollstreckung und Erhebung[2] seiner eigenen Steuern erhoben[3], als handele es sich bei dem Steueranspruch[1] um einen Steueranspruch[1] des anderen Staates.

[1] Österreich: „Abgabenanspruch"/„Abgabenansprüchen"
[2] Österreich: „Einbringung und Vollstreckung"
[3] Österreich: „Vollstreckung"/„vollstreckt"

(4) Handelt es sich bei dem Steueranspruch[1] eines Vertragsstaats um einen Anspruch, bei dem dieser Staat nach seinem Recht Maßnahmen zur Sicherung der Erhebung[2] einleiten kann, wird dieser Steueranspruch[1] auf Ersuchen der zuständigen Behörde dieses Staates zum Zwecke der Einleitung von Sicherungsmaßnahmen von der zuständigen Behörde des anderen Vertragsstaats anerkannt. Der andere Staat leitet nach seinen Rechtsvorschriften Sicherungsmaßnahmen in Bezug auf diesen Steueranspruch[1] ein, als wäre der Steueranspruch[1] ein Steueranspruch[1] des anderen Staates, selbst wenn der Steueranspruch[1] im Zeitpunkt der Einleitung dieser Maßnahmen im erstgenannten Staat nicht vollstreckbar ist oder von einer Person geschuldet wird, die berechtigt ist, die Erhebung[2] zu verhindern.

[1] Österreich: „Abgabenanspruch"/„Abgabenansprüchen"
[2] Österreich: „Vollstreckung"/„vollstreckt"

(5) Ungeachtet der Absätze 3 und 4 unterliegt ein von einem Vertragsstaat für Zwecke der Absätze 3 und 4 anerkannter Steueranspruch[1] als solcher in diesem Staat nicht den Verjährungsfristen oder den Vorschriften über die vorrangige Behandlung eines Steueranspruchs[1] nach dem Recht dieses Staates. Ferner hat ein Steueranspruch[1], der von einem Vertragsstaat für Zwecke der Absätze 3 oder 4 anerkannt wurde, in diesem Staat nicht den Vorrang, den dieser Steueranspruch[1] nach dem Recht des anderen Vertragsstaats hat.

[1] Österreich: „Abgabenanspruch"/„Abgabenansprüchen"

(6) Verfahren im Zusammenhang mit dem Bestehen, der Gültigkeit oder der Höhe des Steueranspruchs[1] eines Vertragsstaats können nicht bei den Gerichten oder Verwaltungsbehörden des anderen Vertragsstaats eingeleitet werden.

[1] Österreich: „Abgabenanspruch"/„Abgabenansprüchen"

(7) Verliert der betreffende Steueranspruch[1], nachdem das Ersuchen eines Vertragsstaats nach den Absätzen 3 oder 4 gestellt wurde und bevor der andere Vertragsstaat den betreffenden Steueranspruch[1] erhoben[2] und an den erstgenannten Staat ausgezahlt hat,

a) im Falle eines Ersuchens nach Absatz 3 seine Eigenschaft als Steueranspruch[1] des erstgenannten Staates, der nach dem Recht dieses Staates vollstreckbar ist und von einer Person geschuldet wird, die zu diesem Zeitpunkt nach dem Recht dieses Staates die Erhebung[2] nicht verhindern kann, oder

b) im Falle eines Ersuchens nach Absatz 4 seine Eigenschaft als Steueranspruch[1] des erstgenannten Staates, für den dieser Staat nach seinem Recht Maßnahmen zur Sicherung der Erhebung[2] einleiten kann,

teilt die zuständige Behörde des erstgenannten Staates dies der zuständigen Behörde des anderen Staates unverzüglich mit, und nach Wahl des anderen Staates setzt der erstgenannte Staat das Ersuchen entweder aus oder nimmt es zurück.

[1] Österreich: „Abgabenanspruch"/„Abgabenansprüchen"
[2] Österreich: „Vollstreckung"/„vollstreckt"

(8) Dieser Artikel ist nicht so auszulegen, als verpflichte er einen Vertragsstaat,

a) Verwaltungsmaßnahmen durchzuführen, die von den Gesetzen und der Verwaltungspraxis dieses oder des anderen Vertragsstaats abweichen;

b) Maßnahmen durchzuführen, die dem Ordre public[1] widersprächen;

[1] Bundesrepublik Deutschland: „der öffentlichen Ordnung"

c) Amtshilfe zu leisten, wenn der andere Vertragsstaat nicht alle angemessenen Maßnahmen zur Erhebung[1] oder Sicherung, die nach seinen Gesetzen oder seiner Verwaltungspraxis möglich sind, ausgeschöpft hat;

[1] Österreich: „Vollstreckung"/„vollstreckt"

d) Amtshilfe in Fällen zu leisten, in denen der Verwaltungsaufwand für diesen Staat in einem eindeutigen Missverhältnis zu dem Nutzen steht, den der andere Vertragsstaat dadurch erlangt.

Mitglieder diplomatischer Missionen und konsularischer Vertretungen

Art. 28 Dieses Abkommen berührt nicht die steuerlichen Vorrechte, die den Mitgliedern diplomatischer Missionen und konsularischer Vertretungen nach den allgemeinen Regeln des Völkerrechts oder auf Grund besonderer Übereinkünfte zustehen.

Anspruch auf Vergünstigungen

Art. 29 (1) [Eine Regelung, die vorbehaltlich der Absätze 3 bis 5 die Vergünstigungen unter diesem Abkommen auf eine in einem Vertragsstaat ansässige Person beschränkt, die im Sinne des Absatz 2 eine „qualifizierte Person" ist].

(2) [Begriffsbestimmung für Situationen, in denen eine ansässige Person eine qualifizierte Person ist, unter Einbeziehung

– einer natürlichen Person;
– eines Vertragsstaats, dessen Gebietskörperschaften[1] und deren Behörden und Institutionen;

[1] Schweiz: „politische Unterabteilungen oder lokale Körperschaften"

– bestimmter börsennotierter Gesellschaften und Unternehmen;
– bestimmter verbundener Unternehmen öffentlich notierter Gesellschaften und Unternehmen;
– bestimmter gemeinnütziger Organisationen und anerkannter Pensionsfonds;
– anderer Rechtsträger, die bestimmte Anforderungen in Bezug auf Beteiligungsverhältnisse und Gewinnkürzung erfüllen sowie
– bestimmte kollektive Investmentvehikel.]

(3) [Eine Regelung, die Vergünstigungen unter diesem Abkommen für Einkünfte vorsieht, die von einer Person bezogen werden, die keine qualifizierte Person ist, wenn die Person aktiv eine Geschäftstätigkeit im Staat ihrer Ansässigkeit ausübt und die Einkünfte von dieser Geschäftstätigkeit herrühren oder im Zusammenhang mit ihr stehen].

(4) [Eine Regelung, die Vergünstigungen unter diesem Abkommen für eine Person vorsieht, die keine qualifizierte Person ist, wenn zumindest mehr als ein vereinbarter Anteil dieses Rechtsträgers bestimmten Personen gehört, die einen Anspruch auf gleichwertige Vergünstigungen besitzen].

(5) [Eine Regelung, die Vergünstigungen unter diesem Abkommen für eine Person vorsieht, die als „Stammsitz des Unternehmens" qualifiziert ist].

(6) [Eine Regelung, die es der zuständigen Behörde eines Vertragsstaats gestattet, einer Person bestimmte Vergünstigungen unter diesem Abkommen zu gewähren, die andernfalls gemäß Absatz 1 zu verweigern wären].

(7) [Begriffsbestimmungen, die auf die Absätze 1 bis 7 anwendbar sind].

(8)

a) Wenn

(i) ein Unternehmen eines Vertragsstaats Einkünfte aus dem anderen Vertragsstaat bezieht und der erstgenannte Staat diese Einkünfte als einer Betriebsstätte eines in einem Drittstaat ansässigen Unternehmens zurechenbar behandelt und

(ii) die dieser Betriebsstätte zurechenbaren Gewinne von der Besteuerung im erstgenannten Staat befreit sind,

so gelten die Vergünstigungen unter diesem Abkommen nicht für Einkünfte, für die die

Steuer im Drittstaat geringer ist als als der kleinere Wert von [Steuersatz bilateral zu bestimmen] auf den Betrag dieser Einkünfte oder 60 v. H. der Steuern, die im erstgenannten Staat auf diese Einkünfte erhoben würden, wenn diese Betriebsstätte im erstgenannten Staat gelegen wäre. In diesem Fall bleiben alle Einkünfte, auf die die Bestimmungen dieses Absatzes anwendbar sind, unbeschadet aller anderen Bestimmungen dieses Abkommens steuerpflichtig unter dem nationalen Recht des anderen Staates.

b) Die vorstehenden Bestimmungen dieses Absatzes gelten nicht, wenn die aus dem anderen Vertragsstaat bezogenen Einkünfte von einer aktiven Geschäftstätigkeit herrühren, die über eine Betriebsstätte ausgeübt wird oder im Zusammenhang mit dieser Geschäftstätigkeit stehen (ausgenommen hiervon ist das Geschäft der Tätigung oder Verwaltung oder des einfachen Haltens von Investitionen auf eigene Rechnung des Unternehmens, es sei denn, es handelt sich um Aktivitäten im Banken- oder Versicherungswesen oder mit Bezug auf Wertpapiere, die entsprechend von einer Bank, einem Versicherungsunternehmen oder einem registrierten Wertpapierhändler ausgeübt werden).

c) Werden die Vergünstigungen unter diesem Abkommen aufgrund der vorstehenden Bestimmungen dieses Absatzes hinsichtlich der Einkünfte einer in einem Vertragsstaat ansässigen Person verweigert, kann die zuständige Behörde des anderen Vertragsstaats diese Vergünstigungen hinsichtlich solcher Einkünfte dennoch gewähren, wenn die zuständige Behörde auf Anfrage dieser ansässigen Person befindet, dass die Gewährung dieser Vergünstigungen angesichts der Gründe, aus denen diese ansässige Person die Anforderungen unter diesem Absatz nicht erfüllt hat (wie etwa das Vorliegen von Verlusten), gerechtfertigt ist. Die zuständige Behörde des Vertragsstaats, bei welcher ein Antrag im Sinne des vorstehenden Satzes gestellt worden ist, berät sich mit der zuständigen Behörde des anderen Vertragsstaats, bevor sie dem Antrag zustimmt oder ihn ablehnt.

(9) Unbeschadet der anderen Bestimmungen dieses Abkommens ist eine Vergünstigung unter diesem Abkommen mit Bezug auf Einkünfte oder Vermögen nicht zu gewähren, wenn unter Berücksichtigung aller maßgeblichen Sachverhalte der Schluss zulässig ist, dass die Erlangung dieser Vergünstigung einer der Hauptzwecke einer Abmachung oder einer Transaktion war, die unmittelbar oder mittelbar zu dieser Vergünstigung geführt hat, es sei denn, es wird nachgewiesen, dass die Gewährung dieser Vergünstigung unter den gegebenen Umständen im Einklang mit dem Ziel und Zweck der maßgeblichen Bestimmungen dieses Abkommens stünde.

Ausdehnung[1] des räumlichen Geltungsbereichs

[1] Bundesrepublik Deutschland: „Erstreckung"/„erstreckt"

Art. 30 (1) Dieses Abkommen kann entweder als Ganzes oder mit den erforderlichen Änderungen [auf jeden Teil des Hoheitsgebiets (des Staates A) oder (des Staates B), der ausdrücklich von der Anwendung des Abkommens ausgeschlossen ist, oder][2] auf jeden anderen Staat oder jedes andere Hoheitsgebiet ausgedehnt[1] werden, dessen internationale Beziehungen von (Staat A) oder (Staat B) wahrgenommen werden und in dem Steuern erhoben werden, die im Wesentlichen den Steuern ähnlich sind, für die das Abkommen gilt. Eine solche Ausdehnung[1] wird von dem Zeitpunkt an und mit den Änderungen und Bedingungen, einschließlich der Bedingungen für die Beendigung, wirksam, die zwischen den Vertragsstaaten durch auf diplomatischem Weg auszutauschende Noten oder auf andere, den Verfassungen dieser Staaten entsprechende Weise vereinbart werden.

[1] Bundesrepublik Deutschland: „Erstreckung"/„erstreckt"
[2] Die Worte in eckigen Klammern gelten, wenn das Abkommen auf Grund einer besonderen Bestimmung für einen Teil des Hoheitsgebiets eines Vertragsstaats nicht anzuwenden ist.

(2) Haben die beiden Vertragsstaaten nichts anderes vereinbart, so wird mit der Kündigung durch einen Vertragsstaat nach Artikel 30 die Anwendung des Abkommens in der in jenem Artikel vorgesehenen Weise auch [für jeden Teil des Hoheitsgebiets (des Staates A) oder (des Staates B) oder] für Staaten oder Hoheitsgebiete beendet, auf die das Abkommen nach diesem Artikel ausgedehnt[1] worden ist.

Abschnitt VII
Schlussbestimmungen

Inkrafttreten

Art. 31 (1) Dieses Abkommen bedarf der Ratifikation; die Ratifikationsurkunden werden so bald wie möglich in … ausgetauscht.

(2) Das Abkommen tritt mit dem Austausch der Ratifikationsurkunden in Kraft, und seine Bestimmungen finden Anwendung
a)   (in Staat A): …
b)   (in Staat B): …

Kündigung

Art. 32 Dieses Abkommen bleibt in Kraft, solange es nicht von einem Vertragsstaat gekündigt wird. Jeder Vertragsstaat kann nach dem Jahr … das Abkommen auf diplomatischem Weg unter Einhaltung einer Frist von mindestens sechs Monaten zum Ende eines Kalenderjahres kündigen. In diesem Fall findet das Abkommen nicht mehr Anwendung
a)   (in Staat A): …
b)   (in Staat B): …

16/3. DBA
OECD-Musterabkommen

Schlussklausel

Anmerkung: Die Schlussklausel über die Unterzeichnung richtet sich nach den verfassungsrechtlichen Verfahren der beiden Vertragsstaaten.

16/4. Verrechnungspreisdokumentationsgesetz – VPDG

Verrechnungspreisdokumentationsgesetz, BGBl I 2016/77 idF
1 BGBl I 2016/117 (AbgÄG 2016)
2 BGBl I 2019/104 (FORG)

GLIEDERUNG

- § 1. Umsetzung von Unionsrecht und einer qualifizierten Vereinbarung
- § 2. Begriffsbestimmungen
- § 3. Dokumentationspflicht
- § 4. Pflicht zur Übermittlung des länderbezogenen Berichts
- § 5. Eintritt in die Pflicht zur Übermittlung des länderbezogenen Berichts
- § 6. Master File
- § 7. Local File
- § 8. Übermittlung der Dokumentation
- § 9. Kontrolle der Einhaltung der Übermittlungspflichten
- § 10. Dokumentationssprache
- § 11. Übermittlung länderbezogener Berichte an ausländische Behörden
- § 12. Weiterleitung ausländischer länderbezogener Berichte an die zuständigen Abgabenbehörden
- § 13. Verweise auf andere Bundesgesetze
- § 14. Vollziehung
- § 15. Zeitlicher Anwendungsbereich

Anlagen 1–3

Bundesgesetz über die standardisierte Verrechnungspreisdokumentation (Verrechnungspreisdokumentationsgesetz – VPDG)

Der Nationalrat hat beschlossen:

Umsetzung von Unionsrecht und einer qualifizierten Vereinbarung

§ 1. Mit diesem Bundesgesetz werden die Richtlinie (EU) 2016/881 zur Änderung der Richtlinie 2011/16/EU bezüglich der Verpflichtung zum automatischen Austausch von Informationen im Bereich der Besteuerung, ABl. Nr. L 146 vom 03.06.2016 S. 8, und das multilaterale Regierungsübereinkommen über den Austausch länderbezogener Berichte in österreichisches Recht umgesetzt.

Begriffsbestimmungen

§ 2. Im Sinne dieses Bundesgesetzes bedeutet

1. „Multinationale Unternehmensgruppe" eine Gruppe von Geschäftseinheiten, die zwei oder mehr Geschäftseinheiten umfasst, deren steuerliche Ansässigkeit in unterschiedlichen Staaten oder Gebieten liegt, und die durch Eigentum oder Beherrschung verbunden sind, sodass sie entweder nach den geltenden Rechnungslegungsgrundsätzen zur Aufstellung eines konsolidierten Abschlusses für Rechnungslegungszwecke verpflichtet ist oder dazu verpflichtet wäre, wenn Eigenkapitalbeteiligungen an einem der Unternehmen an einer öffentlichen Wertpapierbörse gehandelt würden.

2. „Geschäftseinheit" eine der folgenden Einheiten:

   a) einen eigenständigen Geschäftsbereich einer multinationalen Unternehmensgruppe, der für Rechnungslegungszwecke in den konsolidierten Abschluss der multinationalen Unternehmensgruppe einbezogen wird oder darin einbezogen würde, wenn Eigenkapitalbeteiligungen an diesem Geschäftsbereich einer multinationalen Unternehmensgruppe an einer öffentlichen Wertpapierbörse gehandelt würden;

   b) einen eigenständigen Geschäftsbereich, der nur aufgrund seiner Größe oder aus Wesentlichkeitsgründen nicht in den konsolidierten Abschluss der multinationalen Unternehmensgruppe einbezogen wird;

   c) eine Betriebsstätte eines unter Buchstabe a oder b fallenden eigenständigen Geschäftsbereichs einer multinationalen Unternehmensgruppe, sofern der Geschäftsbereich für Rechnungslegungs-, Aufsichts-, Steuer- oder interne Steuerungszwecke einen Einzelabschluss für diese Betriebsstätte aufstellt.

3. „Oberste Muttergesellschaft" eine Geschäftseinheit einer multinationalen Unternehmensgruppe, die die folgenden Kriterien erfüllt:

   a) sie besitzt direkt oder indirekt ausreichende Anteile an einer oder mehreren Geschäftseinheiten einer solchen multinationalen Unternehmensgruppe, sodass sie zur Aufstellung von konsolidierten Abschlüssen nach den im Staat oder Gebiet ihrer Ansässigkeit allgemein geltenden Rechnungslegungsgrundsätzen verpflichtet ist oder dazu verpflichtet wäre, wenn ihre Eigenkapitalbeteiligungen an einer öffentlichen Wertpapierbörse im Staat ihrer Ansässigkeit gehandelt würden und

b) innerhalb der multinationalen Unternehmensgruppe existiert keine andere Geschäftseinheit, die direkt oder indirekt Anteile im Sinne von Buchstabe a an der erstgenannten Geschäftseinheit besitzt.

4. „Konsolidierter Abschluss" der Abschluss einer multinationalen Unternehmensgruppe, in dem die Vermögenswerte, Schulden, Einkünfte, Aufwendungen und Cashflows der obersten Muttergesellschaft und der anderen Geschäftseinheiten so dargestellt werden, als gehörten sie zu einer einzigen wirtschaftlichen Einheit.

5. „Ansässigkeitsstaat" jener Staat oder jenes Gebiet, in dem sich der Sitz oder Ort der Geschäftsleitung einer Geschäftseinheit befindet. Eine Betriebsstätte gilt für Zwecke dieses Bundesgesetzes im Staat oder Gebiet der Lage als ansässig.

6. „Länderbezogener Bericht" (Country-by-Country Report) ein Bericht, der Informationen zur weltweiten Verteilung der Erträge, der Steuern und der Geschäftstätigkeit einer multinationalen Unternehmensgruppe aufgeteilt auf die einzelnen Staaten oder Gebiete enthält.

7. „Master File" ein Bericht über die weltweite Geschäftstätigkeit und Verrechnungspreispolitik der multinationalen Unternehmensgruppe.

8. „Local File" ein Bericht über die spezifischen gruppeninternen Geschäftsvorfälle einer einzelnen Geschäftseinheit.

9. „Zuständiges Finanzamt" bei Körperschaften jenes Finanzamt, welches für die Erhebung der Körperschaftsteuer zuständig ist bzw. bei Personengesellschaften jenes Finanzamt, welches für die Feststellung von Einkünften.
(BGBl I 2019/104)

10. „Qualifizierte Vereinbarung" eine Vereinbarung mit den bevollmächtigten Vertretern eines Staates oder Gebietes, der bzw. das Vertragspartei eines internationalen Übereinkommens über die gegenseitige Amtshilfe in Steuersachen ist und welche die beteiligten Staaten oder Gebiete zum automatischen Austausch der länderbezogenen Berichte verpflichtet.

11. „Vertretende Muttergesellschaft" eine Geschäftseinheit einer multinationalen Unternehmensgruppe, die von dieser als alleinige Vertreterin der obersten Muttergesellschaft benannt wurde, um den länderbezogenen Bericht im Ansässigkeitsstaat dieser Geschäftseinheit im Namen der multinationalen Unternehmensgruppe vorzulegen, sofern zumindest eine der in § 5 Abs. 1 genannten Voraussetzungen erfüllt ist und diese Geschäftseinheit alle Informationen erhalten oder einholen kann, die für die Vorlage des länderbezogenen Berichts im Sinne des § 4 erforderlich sind.

Dokumentationspflicht

§ 3. (1) Für eine multinationale Unternehmensgruppe ist ein länderbezogener Bericht zu erstellen, wenn der Gesamtumsatz in dem vorangegangenen Wirtschaftsjahr gemäß dem konsolidierten Abschluss mindestens 750 Millionen Euro beträgt.

(2) Eine in Österreich ansässige Geschäftseinheit einer multinationalen Unternehmensgruppe hat ein Master File sowie ein Local File zu erstellen, wenn in den beiden vorangegangenen Wirtschaftsjahren die Umsatzerlöse den Betrag von 50 Millionen Euro überschritten haben. Diese Pflichten entfallen ab dem folgenden Wirtschaftsjahr, wenn die Umsatzerlöse in zwei aufeinanderfolgenden Wirtschaftsjahren die maßgeblichen Beträge nicht mehr überschritten haben.

(3) Ungeachtet des Abs. 2 ist eine in Österreich ansässige Geschäftseinheit einer multinationalen Unternehmensgruppe auf Ersuchen des zuständigen Finanzamtes zur Vorlage eines Master File verpflichtet, wenn nach den Bestimmungen eines anderen Staates oder Gebietes durch eine dort ansässige Geschäftseinheit ein Master File zu erstellen ist.

(4) Neben diesem Bundesgesetz bestehende Dokumentationspflichten bleiben unberührt. Das zuständige Finanzamt kann zusätzliche Unterlagen zur Vorlage anfordern, die für die Ermittlung und Prüfung der angemessenen gruppeninternen Verrechnungspreisgestaltung erforderlich sind.

Pflicht zur Übermittlung des länderbezogenen Berichts

§ 4. Für eine multinationale Unternehmensgruppe im Sinne des § 2 Z 1 ist zur Übermittlung des länderbezogenen Berichts entsprechend der Anlage 1, Anlage 2 und Anlage 3 verpflichtet:

1. die oberste Muttergesellschaft, wenn diese in Österreich ansässig ist, oder

2. eine in Österreich ansässige Geschäftseinheit, die in die Verpflichtungen einer obersten Muttergesellschaft eingetreten ist.

Jede in Österreich ansässige Geschäftseinheit einer multinationalen Unternehmensgruppe im Sinne des § 3 Abs. 1 hat dem zuständigen Finanzamt spätestens bis zum letzten Tag des berichtspflichtigen Wirtschaftsjahres mitzuteilen, ob sie oberste Muttergesellschaft oder vertretende Muttergesellschaft ist. Eine in Österreich ansässige Geschäftseinheit einer multinationalen Unternehmensgruppe im Sinne des § 3 Abs. 1, die weder oberste Muttergesellschaft noch vertretende Muttergesellschaft oder eine aufgrund von § 5 Abs. 2 eingetretene Geschäftseinheit ist, hat dem zuständigen Finanzamt spätestens bis zum letzten Tag des Wirtschaftsjahres, für das berichtet werden soll, die Identität und die Ansässigkeit der berichtenden Geschäftseinheit mitzuteilen.

Eintritt in die Pflicht zur Übermittlung des länderbezogenen Berichts

§ 5. (1) Eine in Österreich ansässige Geschäftseinheit kann in die Verpflichtung der ausländischen obersten Muttergesellschaft eintreten, wenn eine der folgenden Voraussetzungen vorliegt:

1. Die oberste Muttergesellschaft ist in ihrem Ansässigkeitsstaat nicht zur Vorlage eines länderbezogenen Berichts verpflichtet.
2. Es besteht mit dem Ansässigkeitsstaat der obersten Muttergesellschaft im Zeitpunkt der Verpflichtung zur Übermittlung des länderbezogenen Berichts im Sinne des § 8 Abs. 1 keine qualifizierte Vereinbarung zum Austausch eines länderbezogenen Berichts.
3. Es liegt ein systemisches Versagen des Ansässigkeitsstaates der obersten Muttergesellschaft vor. Das ist der Fall, wenn mit diesem Staat oder Gebiet zwar eine qualifizierte Vereinbarung zum automatischen Austausch des länderbezogenen Berichts besteht, der automatische Informationsaustausch jedoch ausgesetzt wurde oder auf andere Weise über einen längeren Zeitraum versäumt wurde, die länderbezogenen Berichte automatisch zu übermitteln.

(2) Das zuständige Finanzamt hat eine in Österreich ansässige Geschäftseinheit einer multinationalen Unternehmensgruppe mit Bescheid zum Eintritt in die Verpflichtungen einer ausländischen obersten Muttergesellschaft zu verpflichten, wenn eine der Voraussetzungen des Abs. 1 erfüllt ist. Ein solcher Bescheid hat nicht zu ergehen, wenn spätestens bis zum letzten Tag des Wirtschaftsjahres, für das berichtet werden soll, eine andere österreichische Geschäftseinheit als vertretende Muttergesellschaft eingetreten ist oder, wenn eine andere in Österreich ansässige Geschäftseinheit durch Bescheid in die Verpflichtung der obersten Muttergesellschaft eingetreten ist.

(3) Ein Bescheid nach Abs. 2 hat nicht zu ergehen, wenn eine nicht in Österreich ansässige Geschäftseinheit als vertretende Muttergesellschaft in ihrem Ansässigkeitsstaat einen Bericht innerhalb der in § 8 Abs. 1 genannten Frist vorgelegt hat und – falls die vertretende Muttergesellschaft außerhalb der Europäischen Union ansässig ist – folgende Bedingungen erfüllt sind:
(BGBl I 2016/117)

1. der Ansässigkeitsstaat der vertretenden Muttergesellschaft verlangt die Vorlage eines länderbezogenen Berichts gemäß den in § 4 genannten Anforderungen,
2. der Ansässigkeitsstaat der vertretenden Muttergesellschaft verfügt im Zeitpunkt der Verpflichtung zur Übermittlung des länderbezogenen Berichts im Sinne des § 8 Abs. 1 über eine geltende qualifizierte Vereinbarung zwischen den zuständigen Behörden,
3. der Ansässigkeitsstaat der vertretenden Muttergesellschaft hat den Staat oder das Gebiet nicht über ein systemisches Versagen informiert,
4. dem Ansässigkeitsstaat der vertretenden Muttergesellschaft wurde von dieser spätestens am letzten Tag des Wirtschaftsjahres, für das berichtet werden soll, mitgeteilt, dass sie die vertretende Muttergesellschaft ist, und
5. das zuständige Finanzamt hat spätestens am letzten Tag des Wirtschaftsjahres, für das berichtet werden soll, eine Mitteilung über die Identität und Ansässigkeit der Geschäftseinheit, die in die Pflicht zur Übermittlung der länderbezogenen Berichte eintritt, erhalten.

(4) Eine Geschäftseinheit hat zur Erfüllung ihrer Berichtspflicht alle erforderlichen Informationen von der obersten Muttergesellschaft einzuholen. Stellt die oberste Muttergesellschaft die Informationen nicht bereit, hat die Geschäftseinheit dies ihrem zuständigen Finanzamt zu melden und einen länderbezogenen Bericht mit allen verfügbaren Informationen vorzulegen.

Master File

§ 6. (1) Das Master File besteht aus einer Verrechnungspreisdokumentation mit umfassenden Informationen zur gesamten Unternehmensgruppe und deckt insbesondere folgende Teilbereiche ab:
– Organisationsaufbau der multinationalen Unternehmensgruppe,
– Beschreibung der Geschäftstätigkeit,
– Dokumentation der immateriellen Werte,
– Dokumentation der unternehmensgruppeninternen Finanztätigkeiten,
– Dokumentation der Finanzanlage- und Steuerpositionen.

(2) Der Bundesminister für Finanzen wird ermächtigt, den Inhalt des Master File mit Verordnung näher festzulegen.

Local File

§ 7. (1) Das Local File umfasst spezielle Informationen zu Geschäftsvorfällen der jeweiligen Geschäftseinheit einer multinationalen Unternehmensgruppe und deckt insbesondere folgende Teilbereiche ab (Informationen zu Finanztransaktionen der Geschäftseinheit sowie zur Vergleichbarkeitsanalyse):
– Beschreibung der inländischen Geschäftseinheit,
– Dokumentation der wesentlichen unternehmensgruppeninternen Geschäftsvorfälle,
– Finanzinformationen.

(2) Der Bundesminister für Finanzen wird ermächtigt, den Inhalt des Local File mit Verordnung näher festzulegen.

Übermittlung der Dokumentation

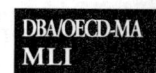

§ 8. (1) Der länderbezogene Bericht ist spätestens zwölf Monate nach dem letzten Tag des betreffenden Wirtschaftsjahres an das zuständige Finanzamt der obersten Muttergesellschaft oder der eingetretenen Geschäftseinheit zu übermitteln. Die Übermittlung hat elektronisch im Wege von FinanzOnline zu erfolgen. Der Bundesminister für Finanzen wird ermächtigt, das Verfahren der elektronischen Übermittlung mit Verordnung festzulegen.

(2) Das Master- und das Local File sind ab dem Zeitpunkt der Abgabe der Erklärung zur Körperschaftsteuer bzw. der Steuererklärung bei Feststellung von Einkünften dem zuständigen Finanzamt auf dessen Ersuchen innerhalb von 30 Tagen zu übermitteln.

Kontrolle der Einhaltung der Übermittlungspflichten

§ 9. Die Kontrolle der Einhaltung des § 8 obliegt dem zuständigen Finanzamt. Hierbei sind die für die Erhebung der Abgaben geltenden Bestimmungen, wie insbesondere die Bundesabgabenordnung – BAO, BGBl. Nr. 194/1961, sinngemäß anzuwenden.

Dokumentationssprache

§ 10. (1) Die gesamte Dokumentation ist in einer im Abgabenverfahren zugelassenen Amtssprache oder in englischer Sprache zu führen.

(2) Der Bundesminister für Finanzen wird ermächtigt, mit Verordnung das Führen von Teilen des länderbezogenen Berichts in englischer Sprache vorzusehen.

Übermittlung länderbezogener Berichte an ausländische Behörden

§ 11. (1) Die Übermittlung der länderbezogenen Berichte erfolgt grundsätzlich jährlich spätestens 15 Monate nach dem letzten Tag des betreffenden Wirtschaftsjahres durch den Bundesminister für Finanzen. Die erste Übermittlung der länderbezogenen Berichte erfolgt jedoch spätestens 18 Monate nach dem letzten Tag des Wirtschaftsjahres, das am oder nach dem 1. Jänner 2016 beginnt.

(2) Die Übermittlung im Sinne des Abs. 1 erfolgt an die Staaten oder Gebiete sämtlicher Geschäftseinheiten, die in den länderbezogenen Berichten aufscheinen.

Weiterleitung ausländischer länderbezogener Berichte an die zuständigen Abgabenbehörden

§ 12. Von ausländischen Behörden eingehende länderbezogene Berichte werden vom Bundesminister für Finanzen an die zuständigen Abgabenbehörden weiter geleitet.

Verweise auf andere Bundesgesetze

§ 13. Soweit in diesem Bundesgesetz auf andere Bundesgesetze verwiesen wird, sind diese in ihrer jeweils geltenden Fassung anzuwenden.

Vollziehung

§ 14. Mit der Vollziehung dieses Bundesgesetzes ist der Bundesminister für Finanzen betraut.

Zeitlicher Anwendungsbereich

§ 15. (1) Die zu erstellende Dokumentation bezieht sich auf Wirtschaftsjahre ab dem 1. Jänner 2016. Im Falle des Eintritts in die Pflicht zur Übermittlung des länderbezogenen Berichts im Sinne des § 5 Abs. 2 können sich die zu übermittelnden Informationen auf Wirtschaftsjahre ab dem 1. Jänner 2017 beziehen.

(BGBl I 2019/104)

(2) § 2 Z 9 in der Fassung des Bundesgesetzes BGBl. I Nr. 104/2019 tritt mit 1. Juli 2020 in Kraft.

(BGBl I 2019/104)

16/4. VPDG
Anlage 1

Anlage 1
**Overview of allocation of income, taxes and business activities by tax jurisdiction /
Übersicht über die Aufteilung der Einkünfte, Steuern und Geschäftstätigkeiten nach Staaten oder Gebieten**

Name of the MNE group / Name der multinationalen Unternehmensgruppe:
Fiscal year concerned / Betrachtetes Wirtschaftsjahr:
Currency used / Verwendete Währung:

Tax Jurisdiction / Staaten oder Gebiete	Revenues / Erträge			Profit (Loss) before Income Tax / Vorsteuergewinn (-verlust)	Income Tax Paid (on Cash Basis) / gezahlte Ertragsteuern (auf Kassenbasis)	Income Tax Accrued – Current Year / Noch zu zahlende Ertragsteuer (laufendes Jahr)	Stated Capital / Ausgewiesenes Kapital	Accumulated Earnings / Einbehaltener Gewinn	Number of Employees / Beschäftigtenzahl	Tangible Assets other than Cash and Cash Equivalents / Materielle Vermögenswerte (ohne flüssige Mittel)
	Unrelated party / Fremde Unternehmen	Related party / nahestehende Unternehmen	Total / Insgesamt							

DBA/OECD-MA MLI

16/4. VPDG
Anlage 2

Anlage 2
List of all the Constituent Entities of the MNE group included in each aggregation per tax jurisdiction / Auflistung aller Geschäftseinheiten der multinationalen Unternehmensgruppe, die in den verschiedenen Gesamtangaben erfasst sind, nach Staaten und Gebieten

Name of the MNE group / Name der multinationalen Unternehmensgruppe:
Fiscal year concerned / Betrachtetes Wirtschaftsjahr:

Tax Jurisdiction / Staaten oder Gebiete	Constituent Entities Resident in the Tax Jurisdiction / Im Staat oder Gebiet ansässige Geschäftseinheiten	Tax Jurisdiction of Organisation or Incorporation if Different from Tax Jurisdiction of Residence / Gründungsstaat oder Staat der Handelsregistereintragung, falls abweichend vom Ansässigkeitsstaat	Main Business Activities / Wichtigste Geschäftstätigkeit(en)												
			Research and Development / Forschung und Entwicklung	Holding or Managing Intellectual Property / Besitz oder Verwaltung von geistigem Eigentum	Purchasing or Procurement / Einkauf oder Beschaffung	Manufacturing or Production / Verarbeitung oder Produktion	Sales, Marketing or Distribution / Verkauf, Marketing oder Vertrieb	Administrative, Management or Support Services / Verwaltungs-, Management- oder Supportleistungen	Provision of Services to Unrelated Parties / Erbringung von Dienstleistungen für fremde Dritte	Internal Group Finance / Interne Finanzierung der Unternehmensgruppe	Regulated Financial Services / Regulierte Finanzdienstleistungen	Insurance / Versicherung	Holding Shares or Other Equity instruments / Besitz von Aktien oder anderen Wertpapieren mit Beteiligungscharakter	Dormant / Ruhende Tätigkeit	Other / Sonstige

Anlage 3
Additional Information / Zusätzliche Informationen

Name of the MNE group / Name der multinationalen Unternehmensgruppe:

Fiscal year concerned / Betrachtetes Wirtschaftsjahr:

Please include any further brief information or explanation you consider necessary or that would facilitate the understanding of the compulsory information provided in the Country-by-Country Report /

Bitte geben Sie hier kurz alle weiteren Informationen oder Erläuterungen an, die Sie für notwendig erachten oder die das Verständnis der vorgeschriebenen Informationen im länderbezogenen Bericht erleichtern können.

16/4/1. VPDG-DV

BGBl II 2016/419

Verordnung des Bundesministers für Finanzen zur Durchführung des Bundesgesetzes über die standardisierte Verrechnungspreisdokumentation (Verrechnungspreisdokumentationsgesetz-Durchführungsverordnung – VPDG-DV)

Aufgrund des § 6 Abs. 2, des § 7 Abs. 2 und des § 10 Abs. 2 des Bundesgesetzes über die standardisierte Verrechnungspreisdokumentation, BGBl. I Nr. 77/2016, wird verordnet:

1. Abschnitt
Master File

Inhalt des Master File

§ 1. (1) Das Master File hat folgende fünf Teilbereiche abzudecken:
1. den Organisationsaufbau der multinationalen Unternehmensgruppe,
2. die Beschreibung der Geschäftstätigkeit,
3. die Dokumentation der immateriellen Werte,
4. die Dokumentation der unternehmensgruppeninternen Finanztätigkeiten und
5. die Dokumentation der Finanzlage- und Steuerpositionen.

(2) Das Master File enthält die Informationen für die multinationale Unternehmensgruppe als Ganzes. Ungeachtet dessen ist eine Dokumentation gegliedert nach einzelnen Geschäftsbereichen dann zulässig, wenn sie stichhaltig durch die konkreten Sachverhalte gerechtfertigt werden kann, z. B. weil die multinationale Unternehmensgruppe so aufgebaut ist, dass manche größere Geschäftsbereiche weitgehend unabhängig sind, oder weil manche Geschäftsbereiche erst vor kurzem erworben wurden. Im Fall einer Präsentation nach Geschäftsbereichen ist darauf zu achten, dass die zentralisierten Konzernfunktionen und die Geschäftsvorfälle zwischen verschiedenen Geschäftsbereichen im Master File richtig beschrieben sind. Auch im Fall einer Präsentation nach Geschäftsbereichen soll das gesamte Master File mit allen Geschäftsbereichen zur Verfügung stehen.

(3) Die Anforderungen des Master File sind auch dann erfüllt, wenn Verweise auf bestehende Unterlagen gemacht werden und diese gleichzeitig mitübermittelt werden.

Organisationsaufbau der multinationalen Unternehmensgruppe

§ 2. Der „Organisationsaufbau der multinationalen Unternehmensgruppe" hat folgende grafische Darstellungen zu enthalten:
1. die Rechts- und Eigentumsstruktur der multinationalen Unternehmensgruppe und
2. die geografische Verteilung der operativen Geschäftseinheiten der multinationalen Unternehmensgruppe.

Beschreibung der Geschäftstätigkeit

§ 3. Die „Beschreibung der Geschäftstätigkeit" der multinationalen Unternehmensgruppe hat eine schriftliche Darstellung folgender Punkte zu enthalten:
1. die Werttreiber für den Unternehmensgewinn,
2. die Liefer- und Leistungskette für die – gemessen am Umsatz – fünf größten von der multinationalen Unternehmensgruppe angebotenen Produkte und/oder Dienstleistungen, sowie für jene Produkte und/oder Dienstleistungen, auf die mehr als 5% des Unternehmensgruppenumsatzes entfallen, wobei die Beschreibung in Form einer Grafik oder eines Diagramms zulässig ist,
3. die wesentlichen Dienstleistungsvereinbarungen zwischen den verbundenen Unternehmen der multinationalen Unternehmensgruppe, ausgenommen Forschungs- und Entwicklungsleistungen; dazu zählen eine Beschreibung der Funktionen der Hauptstandorte, die wesentliche Dienstleistungen erbringen und eine Beschreibung der Verrechnungspreispolitik für die Zuordnung der Dienstleistungskosten sowie für die Bestimmung der für unternehmensgruppeninterne Dienstleistungen zu zahlenden Preise,
4. die wesentlichen geografischen Märkte für die Produkte und Dienstleistungen im Sinne der Z 2,
5. die ausgeübten Schlüsselfunktionen, die wesentlichen übernommenen Risiken und die wesentlichen genutzten Vermögenswerte der einzelnen Geschäftseinheiten für die Wertschöpfung der multinationalen Unternehmensgruppe in Form einer kurzen Funktionsanalyse und
6. die wesentlichen während des Veranlagungsjahrs erfolgten Umstrukturierungen der Geschäftstätigkeit sowie Anschaffungen und Veräußerungen von Beteiligungen.

Dokumentation der immateriellen Werte

§ 4. Die „Dokumentation der immateriellen Werte" der multinationalen Unternehmensgruppe hat zu enthalten:
1. eine allgemeine Beschreibung der Gesamtstrategie der multinationalen Unternehmensgruppe in Bezug auf Entwicklung, Eigentum und die Verwertung immaterieller Werte, einschließlich der Standorte der wesentlichen Forschungs- und Entwicklungseinrichtungen und des Standorts des Forschungs- und Entwicklungsmanagements,
2. eine Auflistung der für Verrechnungspreiszwecke bedeutsamen immateriellen Werte oder Gruppen immaterieller Werte der multinationalen Unternehmensgruppe, inklusive der Geschäftseinheiten, die deren Eigentümer sind,
3. eine Auflistung wesentlicher Vereinbarungen zwischen identifizierten verbundenen Unter-

nehmen in Bezug auf immaterielle Werte, einschließlich Kostenumlagevereinbarungen, wesentliche Forschungsdienstleistungsvereinbarungen und Lizenzvereinbarungen,
4. eine allgemeine Beschreibung der Verrechnungspreispolitik der multinationalen Unternehmensgruppe in Bezug auf Forschung und Entwicklung und immaterielle Werte und
5. eine allgemeine Beschreibung aller wesentlichen Übertragungen von Rechten an immateriellen Werten zwischen verbundenen Unternehmen der multinationalen Unternehmensgruppe während des betreffenden Veranlagungsjahrs, einschließlich der entsprechenden Geschäftseinheiten, Staaten und Vergütungen.

Dokumentation der unternehmensgruppeninternen Finanztätigkeiten

§ 5. Die „Dokumentation der unternehmensgruppeninternen Finanztätigkeiten" hat zu enthalten:
1. eine allgemeine Beschreibung der Finanzierung der multinationalen Unternehmensgruppe, einschließlich wesentlicher Vereinbarungen mit unternehmensgruppenfremden Kreditgebern,
2. die Identifizierung der Geschäftseinheiten der multinationalen Unternehmensgruppe, die eine wesentliche Finanzierungsfunktion ausüben, wobei die Staaten oder Gebiete, nach deren Rechtsvorschriften diese organisiert sind, und der Ort der tatsächlichen Geschäftsleitung anzuführen sind, und
3. eine Beschreibung der Verrechnungspreispolitik der multinationalen Unternehmensgruppe in Bezug auf Finanzierungsvereinbarungen zwischen verbundenen Unternehmen.

Dokumentation der Finanzlage und Steuerpositionen

§ 6. Die „Dokumentation der Finanzlage und Steuerpositionen" der multinationalen Unternehmensgruppe hat zu enthalten:
1. den konsolidierten Abschluss der multinationalen Unternehmensgruppe für das betreffende Veranlagungsjahr, sofern ein solcher für anderweitige Zwecke zu erstellen ist, und
2. eine Auflistung und kurze Beschreibung bestehender Vorabverständigungen über die Verrechnungspreisgestaltung („Advance Pricing Arrangements") der multinationalen Unternehmensgruppe sowie anderer Vorabentscheidungen im Zusammenhang mit der Aufteilung der Erträge zwischen den verschiedenen Staaten oder Gebieten.

2. Abschnitt
Local File

Inhalt des Local File

§ 7. (1) Das Local File hat folgende drei Teilbereiche abzudecken:
1. die Beschreibung der inländischen Geschäftseinheit,
2. die Dokumentation der wesentlichen unternehmensgruppeninternen Geschäftsvorfälle, sofern sich diese direkt oder indirekt auf die Ermittlung und Prüfung der angemessenen gruppeninternen Verrechnungspreisgestaltung auswirken, und
3. die Finanzinformationen.

(2) Die Anforderungen an das Local File sind auch dann erfüllt, wenn Verweise auf bestehende Unterlagen gemacht werden und diese gleichzeitig mitübermittelt werden.

Beschreibung der inländischen Geschäftseinheit

§ 8. Die „Beschreibung der inländischen Geschäftseinheit" hat zu enthalten:
1. eine Beschreibung der Managementstruktur der inländischen Geschäftseinheit, ein Organigramm der inländischen Geschäftseinheit und eine Beschreibung der Personen, an welche die inländische Geschäftsleitung berichtet, sowie der Staaten oder Gebiete, in denen diese Personen ansässig sind,
2. eine Beschreibung der Geschäftstätigkeit und der Geschäftsstrategie der inländischen Geschäftseinheit; es ist darzulegen, ob die inländische Geschäftseinheit an Umstrukturierungen der Geschäftstätigkeit oder Übertragungen immaterieller Werte, die im laufenden oder im vorangegangen Veranlagungsjahr erfolgt sind, beteiligt oder von ihnen betroffen war; dabei sind jene Aspekte der Geschäftsvorfälle zu erläutern, die sich auf die inländische Geschäftseinheit auswirken, und
3. eine Auflistung der wesentlichen Mitbewerber.

Dokumentation der wesentlichen unternehmensgruppeninternen Geschäftsvorfälle

§ 9. Die „Dokumentation der wesentlichen unternehmensgruppeninternen Geschäftsvorfälle", an denen die Geschäftseinheit beteiligt ist, hat zu enthalten:
1. eine Beschreibung der wesentlichen unternehmensgruppeninternen Geschäftsvorfälle (z. B. Beschaffung von Herstellungsleistungen, Einkauf von Waren, Dienstleistungserbringung, Darlehen, Finanz- und Erfüllungsgarantien, Lizenzen für immaterielle Werte) sowie des Kontexts, in welchem diese Geschäftsvorfälle stattfinden,
2. den Betrag der geleisteten und erhaltenen unternehmensgruppeninternen Zahlungen für jede Art unternehmensgruppeninterner Geschäftsvorfälle (für Produkte, Dienstleistungen, Lizenzgebühren, Zinsen usw.), an denen die inländische Geschäftseinheit beteiligt ist; diese Auflistung ist aufzuschlüsseln nach den jeweiligen Staaten oder Gebieten

des ausländischen Zahlungsleistenden oder -empfängers,
3. eine Identifizierung der verbundenen Unternehmen, die an den einzelnen Arten unternehmensgruppeninterner Geschäftsvorfälle beteiligt sind, sowie der Beziehungen untereinander,
4. Kopien aller wesentlichen unternehmensgruppeninternen Vereinbarungen, welche die inländische Geschäftseinheit abgeschlossen hat,
5. eine Vergleichbarkeits- und Funktionsanalyse der Geschäftseinheit sowie relevanter verbundener Unternehmen in Bezug auf alle dokumentierten Arten von unternehmensgruppeninternen Geschäftsvorfällen, einschließlich aller Veränderungen im Vergleich zu vorangegangenen Veranlagungsjahren,
6. einen Hinweis auf die geeignetste Verrechnungspreismethode in Bezug auf die jeweils betrachtete Art des unternehmensgruppeninternen Geschäftsvorfalls; dabei sind die Gründe für die Auswahl dieser Methode anzugeben,
7. einen Hinweis auf das verbundene Unternehmen, das gegebenenfalls als untersuchte Geschäftseinheit („Tested Party") gewählt wird, sowie eine Erläuterung der Gründe für dessen Auswahl,
8. eine Zusammenfassung der wesentlichen Annahmen, die der Anwendung der Verrechnungspreismethode zu Grunde gelegt wurden,
9. gegebenenfalls eine Erläuterung der Gründe für die Durchführung einer Mehrjahresanalyse,
10. eine Auflistung und Beschreibung gegebenenfalls ausgewählter (interner oder externer) vergleichbarer Fremdgeschäftsvorfälle und Angaben zu relevanten Finanzindikatoren für unabhängige Unternehmen, auf die sich die Verrechnungspreisanalyse stützt, einschließlich einer Beschreibung der angewandten Methode für die Vergleichswertsuche sowie der Herkunft dieser Informationen,
11. eine Beschreibung aller zur Herstellung der Vergleichbarkeit vorgenommenen Anpassungen und ein Hinweis darauf, ob diese Anpassungen an den Ergebnissen der untersuchten Geschäftseinheit, den Fremdvergleichsgeschäftsvorfällen oder an beiden vorgenommen wurden,
12. eine Beschreibung der Gründe für die Schlussfolgerung, dass die relevanten Geschäftsvorfälle unter Anwendung der ausgewählten Verrechnungspreismethode fremdvergleichskonform vergütet wurden,
13. eine Zusammenfassung der Finanzinformationen, die bei der Anwendung der Verrechnungspreismethode verwendet wurden, und
14. eine Kopie bestehender Vorabverständigungen über die Verrechnungspreisgestaltung („Advance Pricing Arrangements") sowie sonstiger Vorabentscheidungen, an denen die inländische Steuerverwaltung nicht beteiligt ist und die mit den genannten Geschäftsvorfällen in Zusammenhang stehen.

Finanzinformationen

§ 10. Der Teilbereich „Finanzinformationen" hat folgende Punkte zu enthalten:
1. einen geprüften Jahresabschluss, der im Rahmen der jährlichen Rechnungslegung der Geschäftseinheit für das betreffende Veranlagungsjahr erstellt worden ist; liegt dieser nicht vor, ist ein ungeprüfter Jahresabschluss vorzulegen,
2. Informationen und einen Aufteilungsschlüssel, aus denen hervorgeht, wie die bei der Anwendung der Verrechnungspreismethode verwendeten Finanzdaten mit dem Jahresabschluss verknüpft werden können, und
3. Übersichtstabellen über die einschlägigen Finanzdaten der in der Analyse verwendeten Vergleichsgrößen und die Quellen, denen diese Daten entnommen wurden.

3. Abschnitt
Länderbezogener Bericht

Dokumentationssprache

§ 11. Die zusätzlichen Informationen im Sinne der Anlage 3 zum länderbezogenen Bericht sind in englischer Sprache zu führen.

4. Abschnitt
Zeitlicher Anwendungsbereich

§ 12. Diese Verordnung ist auf eine zu erstellende Dokumentation anzuwenden, die sich auf Wirtschaftsjahre ab dem 1. Jänner 2016 bezieht.

16/5. Mehrseitiges Übereinkommen zur Umsetzung steuerabkommensbezogener Maßnahmen zur Verhinderung der Gewinnverkürzung und Gewinnverlagerung (MLI)

BGBl III 2018/93

GLIEDERUNG

Teil I: Geltungsbereich und Auslegung von Ausdrücken
- Art. 1. Geltungsbereich des Übereinkommens
- Art. 2. Auslegung von Ausdrücken

Teil II: Hybride Gestaltungen
- Art. 3. Transparente Rechtsträger
- Art. 4. Rechtsträger mit doppelter Ansässigkeit
- Art. 5. Anwendung von Methoden zur Beseitigung der Doppelbesteuerung

Teil III: Abkommensmissbrauch
- Art. 6. Zweck eines unter das Übereinkommen fallenden Steuerabkommens
- Art. 7. Verhinderung von Abkommensmissbrauch
- Art. 8. Transaktionen zur Übertragung von Dividenden
- Art. 9. Gewinne aus der Veräußerung von Anteilen oder Rechten an Rechtsträgern, deren Wert hauptsächlich auf unbeweglichem Vermögen beruht
- Art. 10. Vorschrift zur Missbrauchsbekämpfung für in Drittstaaten oder -gebieten gelegene Betriebsstätten
- Art. 11. Anwendung von Steuerabkommen zur Einschränkung des Rechtes einer Vertragspartei dieses Übereinkommens auf Besteuerung der in ihrem Gebiet ansässigen Personen

Teil IV: Umgehung des Betriebsstättenstatus
- Art. 12. Künstliche Umgehung des Betriebsstättenstatus durch Kommissionärsmodelle und ähnliche Strategien
- Art. 13. Künstliche Umgehung des Betriebsstättenstatus durch die Ausnahme bestimmter Tätigkeiten
- Art. 14. Aufteilung von Verträgen
- Art. 15. Bestimmung des Begriffs der mit einem Unternehmen eng verbundenen Person

Teil V: Verbesserung der Streitbeilegung
- Art. 16. Verständigungsverfahren
- Art. 17. Gegenberichtigung

Teil VI: Schiedsverfahren
- Art. 18. Entscheidung für die Anwendung des Teiles VI
- Art. 19. Obligatorisches verbindliches Schiedsverfahren
- Art. 20. Bestellung der Schiedsrichter
- Art. 21. Vertraulichkeit von Schiedsverfahren
- Art. 22. Regelung eines Falles vor Abschluss des Schiedsverfahrens
- Art. 23. Art des Schiedsverfahrens
- Art. 24. Verständigung auf eine andere Regelung
- Art. 25. Kosten von Schiedsverfahren
- Art. 26. Vereinbarkeit

Teil VII: Schlussbestimmungen
- Art. 27. Unterzeichnung und Ratifikation, Annahme oder Genehmigung
- Art. 28. Vorbehalte
- Art. 29. Notifikationen
- Art. 30. Nachträgliche Änderungen von unter das Übereinkommen fallenden Steuerabkommen
- Art. 31. Konferenz der Vertragsparteien
- Art. 32. Auslegung und Durchführung
- Art. 33. Änderungen
- Art. 34. Inkrafttreten
- Art. 35. Wirksamwerden
- Art. 36. Wirksamwerden des Teiles VI
- Art. 37. Rücktritt
- Art. 38. Verhältnis zu Protokollen
- Art. 39. Verwahrer

Vorbehalte und Notifikationen der Republik Österreich

Mehrseitiges Übereinkommen zur Umsetzung steuerabkommensbezogener Maßnahmen zur Verhinderung der Gewinnverkürzung und Gewinnverlagerung

Geschehen zu Paris am 24. November 2016 in englischer und französischer Sprache, wobei jeder Wortlaut gleichermaßen verbindlich ist, in einer Urschrift, die im Archiv der Organisation für wirtschaftliche Zusammenarbeit und Entwicklung hinterlegt wird.

Die vom Bundespräsidenten unterzeichnete und vom Bundeskanzler gegengezeichnete Ratifikationsurkunde wurde am 22. September 2017 beim Generalsekretär der Organisation für wirtschaftliche Zusammenarbeit und Entwicklung (OECD) als Verwahrer des Übereinkommens hinterlegt; das Mehrseitige Übereinkommen tritt gemäß seinem Art. 34 Abs. 1 mit 1. Juli 2018 in Kraft.

Teil I
Geltungsbereich und Auslegung von Ausdrücken

Geltungsbereich des Übereinkommens

Art. 1 Durch dieses Übereinkommen werden alle unter das Übereinkommen fallenden Steuerabkommen, wie sie in Artikel 2 (Auslegung von Ausdrücken) Absatz 1 Buchstabe a bestimmt sind, geändert.

Auslegung von Ausdrücken

Art. 2 (1) Im Sinne dieses Übereinkommens gelten folgende Begriffsbestimmungen:

a) Der Ausdruck „unter das Übereinkommen fallendes Steuerabkommen" bedeutet eine Übereinkunft zur Vermeidung der Doppelbesteuerung auf dem Gebiet der Steuern vom Einkommen (unabhängig davon, ob sie auch für andere Steuern gilt),
   i) die in Kraft ist zwischen zwei oder mehr
      A) Vertragsparteien dieses Übereinkommens und/oder
      B) Gebieten oder Hoheitsgebieten, die Vertragsparteien einer derartigen Übereinkunft sind und für deren internationale Beziehungen eine Vertragspartei dieses Übereinkommens verantwortlich ist, sowie
   ii) in Bezug auf welche jede dieser Vertragsparteien dieses Übereinkommens dem Verwahrer eine Notifikation übermittelt hat, in der die Übereinkunft sowie sämtliche dazugehörigen Änderungs- und Begleitübereinkünfte (unter Angabe des Titels, der Namen der Vertragsparteien, des Datums der Unterzeichnung und – sofern zum Zeitpunkt der Notifikation gegeben – des Datums des Inkrafttretens) als Abkommen aufgeführt sind, das nach dem Wunsch der Vertragspartei dieses Übereinkommens unter das Übereinkommen fällt.

b) Der Ausdruck „Vertragspartei dieses Übereinkommens" bedeutet
   i) einen Staat, für den dieses Übereinkommen nach Artikel 34 (Inkrafttreten) in Kraft ist, oder
   ii) ein Gebiet, das dieses Übereinkommen nach Artikel 27 (Unterzeichnung und Ratifikation, Annahme oder Genehmigung) Absatz 1 Buchstabe b oder c unterzeichnet hat und für das dieses Übereinkommen nach Artikel 34 (Inkrafttreten) in Kraft ist.

c) Der Ausdruck „Vertragsstaat" bedeutet eine Vertragspartei eines unter das Übereinkommen fallenden Steuerabkommens.

d) Der Ausdruck „Unterzeichner" bedeutet einen Staat oder ein Gebiet, der beziehungsweise das dieses Übereinkommen unterzeichnet hat, für den beziehungsweise das dieses Übereinkommen jedoch noch nicht in Kraft ist.

(2) Bei jeder Anwendung dieses Übereinkommens durch eine Vertragspartei des Übereinkommens hat jeder nicht darin bestimmte Ausdruck, sofern der Zusammenhang nichts anderes erfordert, die Bedeutung, die ihm zum jeweiligen Zeitpunkt nach dem einschlägigen unter das Übereinkommen fallenden Steuerabkommen zukommt.

Teil II
Hybride Gestaltungen

Transparente Rechtsträger

Art. 3 (1) Im Sinne eines unter das Übereinkommen fallenden Steuerabkommens gelten Einkünfte, die durch oder über Rechtsträger oder Gebilde bezogen werden, die nach dem Steuerrecht eines der Vertragsstaaten als vollständig oder teilweise steuerlich transparent behandelt werden, als Einkünfte einer in einem Vertragsstaat ansässigen Person, jedoch nur, soweit die Einkünfte für Zwecke der Besteuerung durch diesen Vertragsstaat als Einkünfte einer in diesem Vertragsstaat ansässigen Person behandelt werden.

(2) Bestimmungen eines unter das Übereinkommen fallenden Steuerabkommens, nach denen ein Vertragsstaat verpflichtet ist, Einkünfte einer in diesem Vertragsstaat ansässigen Person, die nach dem unter das Übereinkommen fallenden Steuerabkommen im anderen Vertragsstaat besteuert werden können, von der Steuer vom Einkommen zu befreien oder für derartige Einkünfte einen Abzug oder eine Anrechnung in Höhe der dafür entrichteten Steuer vom Einkommen zu gewähren, gelten nicht, soweit nach diesen Bestimmungen der andere Vertragsstaat die Einkünfte nur besteuern darf, weil es sich auch um Einkünfte einer in diesem anderen Vertragsstaat ansässigen Person handelt.

(3) Bei unter das Übereinkommen fallenden Steuerabkommen, für die eine oder mehrere Vertragsparteien dieses Übereinkommens den Vorbehalt nach Artikel 11 (Anwendung von Steuerabkommen zur Einschränkung des Rechtes einer Vertragspartei dieses Übereinkommens auf Besteuerung der in ihrem Gebiet ansässigen Personen) Absatz 3 Buchstabe a angebracht haben, wird am Ende des Absatzes 1 folgender Satz angefügt: „Dieser Absatz ist nicht so auszulegen, als berühre er das Recht eines Vertragsstaats, die in diesem Vertragsstaat ansässigen Personen zu besteuern."

(4) Absatz 1 (in der gegebenenfalls durch Absatz 3 geänderten Fassung) gilt anstelle oder in Ermangelung von Bestimmungen eines unter das Übereinkommen fallenden Steuerabkommens, soweit diese regeln, ob Einkünfte, die durch oder über Rechtsträger oder Gebilde bezogen werden, die nach dem Steuerrecht eines der Vertragsstaaten als steuerlich transparent behandelt werden (sei es durch eine allgemeine Vorschrift oder durch eine ausführliche Regelung der Behandlung bestimmter

Sachverhalte sowie Arten von Rechtsträgern oder Gebilden), als Einkünfte einer in einem Vertragsstaat ansässigen Person behandelt werden.

(5) Eine Vertragspartei dieses Übereinkommens kann sich vorbehalten,
a) dass dieser gesamte Artikel nicht für ihre unter das Übereinkommen fallenden Steuerabkommen gilt;
b) dass Absatz 1 nicht für ihre unter das Übereinkommen fallenden Steuerabkommen gilt, die bereits eine in Absatz 4 beschriebene Bestimmung enthalten;
c) dass Absatz 1 nicht für ihre unter das Übereinkommen fallenden Steuerabkommen gilt, die bereits eine in Absatz 4 beschriebene Bestimmung enthalten, nach der im Fall von Einkünften, die durch oder über einen in einem Drittstaat oder -gebiet errichteten Rechtsträger oder ein ebensolches Gebilde bezogen werden, Abkommensvergünstigungen versagt werden;
d) dass Absatz 1 nicht für ihre unter das Übereinkommen fallenden Steuerabkommen gilt, die bereits eine in Absatz 4 beschriebene Bestimmung enthalten, in der die Behandlung konkreter Sachverhalte sowie Arten von Rechtsträgern oder Gebilden ausführlich geregelt ist;
e) dass Absatz 1 nicht für ihre unter das Übereinkommen fallenden Steuerabkommen gilt, die bereits eine in Absatz 4 beschriebene Bestimmung enthalten, in der die Behandlung bestimmter Sachverhalte sowie Arten von Rechtsträgern oder Gebilden ausführlich geregelt ist und nach der im Fall von Einkünften, die durch oder über einen in einem Drittstaat oder -gebiet errichteten Rechtsträger oder ein ebensolches Gebilde bezogen werden, Abkommensvergünstigungen versagt werden;
f) dass Absatz 2 nicht für ihre unter das Übereinkommen fallenden Steuerabkommen gilt;
g) dass Absatz 1 nur für ihre unter das Übereinkommen fallenden Steuerabkommen gilt, die bereits eine in Absatz 4 beschriebene Bestimmung enthalten, in der die Behandlung bestimmter Sachverhalte sowie Arten von Rechtsträgern oder Gebilden ausführlich geregelt ist.

(6) Jede Vertragspartei dieses Übereinkommens, die keinen Vorbehalt nach Absatz 5 Buchstabe a oder b angebracht hat, notifiziert dem Verwahrer, ob ihre unter das Übereinkommen fallenden Steuerabkommen jeweils eine in Absatz 4 beschriebene Bestimmung enthalten, die nicht einem Vorbehalt nach Absatz 5 Buchstaben c bis e unterliegt, und, sofern dies der Fall ist, jeweils die Nummer des Artikels und des Absatzes dieser Bestimmung. Hat eine Vertragspartei dieses Übereinkommens den Vorbehalt nach Absatz 5 Buchstabe g angebracht, so ist die Notifikation nach Satz 1 auf unter das Übereinkommen fallende Steuerabkommen zu beschränken, die diesem Vorbehalt unterliegen. Haben alle Vertragsstaaten eine entsprechende Notifikation in Bezug auf eine Bestimmung eines unter das Übereinkommen fallenden Steuerabkommens abgegeben, so wird diese Bestimmung durch Absatz 1 (in der gegebenenfalls durch Absatz 3 geänderten Fassung) ersetzt, soweit in Absatz 4 vorgesehen. Anderenfalls geht Absatz 1 (in der gegebenenfalls durch Absatz 3 geänderten Fassung) den Bestimmungen des unter das Übereinkommen fallenden Steuerabkommens nur insoweit vor, als diese mit Absatz 1 (in der gegebenenfalls durch Absatz 3 geänderten Fassung) unvereinbar sind.

Rechtsträger mit doppelter Ansässigkeit

Art. 4 (1) Ist aufgrund eines unter das Übereinkommen fallenden Steuerabkommens eine andere als eine natürliche Person in mehr als einem Vertragsstaat ansässig, so werden sich die zuständigen Behörden der Vertragsstaaten bemühen, durch Verständigung den Vertragsstaat zu bestimmen, in dem diese Person unter Berücksichtigung des Ortes ihrer tatsächlichen Geschäftsleitung, ihres Gründungsorts sowie sonstiger maßgeblicher Faktoren im Sinne des unter das Übereinkommen fallenden Steuerabkommens als ansässig gilt. Ohne eine solche Verständigung hat diese Person nur in dem Umfang und der Weise, die von den zuständigen Behörden der Vertragsstaaten vereinbart werden, Anspruch auf die in dem unter das Übereinkommen fallenden Steuerabkommen vorgesehenen Steuererleichterungen oder -befreiungen.

(2) Absatz 1 gilt anstelle oder in Ermangelung von Bestimmungen eines unter das Übereinkommen fallenden Steuerabkommens, in denen vorgeschrieben ist, wie zu bestimmen ist, ob eine andere als eine natürliche Person in Fällen, in denen sie anderenfalls in mehr als einem Vertragsstaat ansässig wäre, als in einem der Vertragsstaaten ansässig gilt. Absatz 1 gilt jedoch nicht für Bestimmungen eines unter das Übereinkommen fallenden Steuerabkommens, die sich ausdrücklich mit der Ansässigkeit von Gesellschaften, die Teil einer zweifach eingetragenen Unternehmensstruktur sind, befassen.

(3) Eine Vertragspartei dieses Übereinkommens kann sich vorbehalten,
a) dass dieser gesamte Artikel nicht für ihre unter das Übereinkommen fallenden Steuerabkommen gilt;
b) dass dieser gesamte Artikel nicht für ihre unter das Übereinkommen fallenden Steuerabkommen gilt, in denen Fälle, in denen eine andere als eine natürliche Person in mehr als einem Vertragsstaat ansässig ist, bereits dadurch geregelt sind, dass die zuständigen Behörden der Vertragsstaaten verpflichtet sind, sich um eine Verständigung auf einen einzigen Vertragsstaat als Ansässigkeitsstaat zu bemühen;
c) dass dieser gesamte Artikel nicht für ihre unter das Übereinkommen fallenden Steuerabkommen gilt, in denen Fälle, in denen eine andere als eine natürliche Person in mehr als einem Vertragsstaat ansässig ist, bereits

dadurch geregelt sind, dass Abkommensvergünstigungen versagt werden, ohne dass die zuständigen Behörden der Vertragsstaaten verpflichtet sind, sich um eine Verständigung auf einen einzigen Vertragsstaat als Ansässigkeitsstaat zu bemühen;

d) dass dieser gesamte Artikel nicht für ihre unter das Übereinkommen fallenden Steuerabkommen gilt, in denen Fälle, in denen eine andere als eine natürliche Person in mehr als einem Vertragsstaat ansässig ist, bereits dadurch geregelt sind, dass die zuständigen Behörden der Vertragsstaaten verpflichtet sind, sich um eine Verständigung auf einen einzigen Vertragsstaat als Ansässigkeitsstaat zu bemühen, und welche die Behandlung dieser Person im Rahmen des unter das Übereinkommen fallenden Steuerabkommens festlegen für den Fall, dass eine derartige Verständigung nicht erzielt werden kann;

e) Absatz 1 Satz 2 für die Zwecke ihrer unter das Übereinkommen fallenden Steuerabkommen durch folgenden Wortlaut zu ersetzen: „Ohne eine solche Verständigung hat diese Person keinen Anspruch auf die in dem unter das Übereinkommen fallenden Steuerabkommen vorgesehenen Steuererleichterungen oder -befreiungen.";

f) dass dieser gesamte Artikel nicht für ihre unter das Übereinkommen fallenden Steuerabkommen mit Vertragsparteien dieses Übereinkommens gilt, die den Vorbehalt nach Buchstabe e angebracht haben.

(4) Jede Vertragspartei dieses Übereinkommens, die keinen Vorbehalt nach Absatz 3 Buchstabe a angebracht hat, notifiziert dem Verwahrer, ob ihre unter das Übereinkommen fallenden Steuerabkommen jeweils eine in Absatz 2 beschriebene Bestimmung enthalten, die nicht einem Vorbehalt nach Absatz 3 Buchstaben b bis d unterliegt, und, sofern dies der Fall ist, jeweils die Nummer des Artikels und des Absatzes dieser Bestimmung. Haben alle Vertragsstaaten eine entsprechende Notifikation in Bezug auf eine Bestimmung eines unter das Übereinkommen fallenden Steuerabkommens abgegeben, so wird diese Bestimmung durch Absatz 1 ersetzt. Anderenfalls geht Absatz 1 den Bestimmungen des unter das Übereinkommen fallenden Steuerabkommens nur insoweit vor, als diese mit Absatz 1 unvereinbar sind.

Anwendung von Methoden zur Beseitigung der Doppelbesteuerung

Art. 5 (1) Eine Vertragspartei dieses Übereinkommens kann sich für die Anwendung entweder der Absätze 2 und 3 (Option A) oder der Absätze 4 und 5 (Option B) oder der Absätze 6 und 7 (Option C) oder für die Anwendung keiner der genannten Optionen entscheiden. Entscheiden sich die Vertragsstaaten eines unter das Übereinkommen fallenden Steuerabkommens jeweils für unterschiedliche Optionen (oder entscheidet sich ein Vertragsstaat für die Anwendung einer Option und der andere für die Anwendung keiner der Optionen), so gilt die von jedem Vertragsstaat gewählte Option für die in seinem Gebiet ansässigen Personen.

Option A

(2) Bestimmungen eines unter das Übereinkommen fallenden Steuerabkommens, nach denen anderenfalls Einkünfte oder Vermögen einer in einem Vertragsstaat ansässigen Person in diesem Vertragsstaat von der Steuer befreit würden, um eine Doppelbesteuerung zu beseitigen, gelten nicht, wenn der andere Vertragsstaat die Bestimmungen des unter das Übereinkommen fallenden Steuerabkommens so anwendet, dass diese Einkünfte oder dieses Vermögen von der Steuer befreit sind beziehungsweise ist oder der Satz, mit dem diese Einkünfte oder dieses Vermögen besteuert werden können, begrenzt ist. In letzterem Fall gewährt der erstgenannte Vertragsstaat von der Steuer vom Einkommen oder Vermögen dieser ansässigen Person einen Abzug in Höhe der im anderen Vertragsstaat entrichteten Steuer. Dieser Abzug darf jedoch den Teil der vor Gewährung des Abzugs berechneten Steuer nicht übersteigen, der den Einkünften oder Vermögenswerten zugerechnet werden kann, die im anderen Vertragsstaat besteuert werden können.

(3) Absatz 2 gilt für ein unter das Übereinkommen fallendes Steuerabkommen, nach dem ein Vertragsstaat anderenfalls die in Absatz 2 beschriebenen Einkünfte oder das dort beschriebene Vermögen von der Steuer befreien müsste.

Option B

(4) Bestimmungen eines unter das Übereinkommen fallenden Steuerabkommens, nach denen anderenfalls Einkünfte einer in einem Vertragsstaat ansässigen Person in diesem Vertragsstaat von der Steuer befreit würden, um eine Doppelbesteuerung zu beseitigen, weil diese Einkünfte von diesem Vertragsstaat als Dividende betrachtet werden, gelten nicht, wenn diese Einkünfte bei der Ermittlung der steuerpflichtigen Gewinne einer im anderen Vertragsstaat ansässigen Person nach dem Recht dieses anderen Vertragsstaats zu einem Abzug führen. In diesem Fall gewährt der erstgenannte Vertragsstaat von der Steuer vom Einkommen dieser ansässigen Person einen Abzug in Höhe der im anderen Vertragsstaat entrichteten Steuer vom Einkommen. Dieser Abzug darf jedoch den Teil der vor Gewährung des Abzugs berechneten Steuer vom Einkommen nicht übersteigen, der den Einkünften zugerechnet werden kann, die im anderen Vertragsstaat besteuert werden können.

(5) Absatz 4 gilt für ein unter das Übereinkommen fallendes Steuerabkommen, nach dem ein Vertragsstaat anderenfalls die in Absatz 4 beschriebenen Einkünfte von der Steuer befreien müsste.

Option C

(6)

a) Bezieht eine in einem Vertragsstaat ansässige Person Einkünfte oder hat sie Vermögen, die beziehungsweise das nach einem unter das Übereinkommen fallenden Steuerabkommen im anderen Vertragsstaat besteuert werden können beziehungsweise kann (es sei denn, dass nach diesem Abkommen der andere Vertragsstaat die Einkünfte nur besteuern darf, weil es sich auch um Einkünfte einer in diesem anderen Vertragsstaat ansässigen Person handelt), so gewährt der erstgenannte Vertragsstaat

i) einen Abzug von der Steuer vom Einkommen dieser ansässigen Person in Höhe der in diesem anderen Vertragsstaat entrichteten Steuer vom Einkommen;

ii) einen Abzug von der Steuer vom Vermögen dieser ansässigen Person in Höhe der in diesem anderen Vertragsstaat entrichteten Steuer vom Vermögen.

Dieser Abzug darf jedoch den Teil der vor Gewährung des Abzugs berechneten Steuer vom Einkommen oder Steuer vom Vermögen nicht übersteigen, der den Einkünften oder dem Vermögen zugerechnet werden kann, die beziehungsweise das im anderen Vertragsstaat besteuert werden können beziehungsweise kann.

b) Sind nach dem unter das Übereinkommen fallenden Steuerabkommen Einkünfte oder Vermögen einer in einem Vertragsstaat ansässigen Person in diesem Vertragsstaat von der Steuer befreit, so kann dieser Vertragsstaat die steuerbefreiten Einkünfte beziehungsweise das steuerbefreite Vermögen gleichwohl bei der Berechnung der Höhe der Steuer vom übrigen Einkommen oder Vermögen dieser ansässigen Person berücksichtigen.

(7) Absatz 6 gilt anstelle von Bestimmungen eines unter das Übereinkommen fallenden Steuerabkommens, nach denen zur Beseitigung einer Doppelbesteuerung ein Vertragsstaat verpflichtet ist, in diesem Vertragsstaat Einkünfte oder Vermögen einer in diesem Vertragsstaat ansässigen Person, die beziehungsweise das nach dem unter das Übereinkommen fallenden Steuerabkommen im anderen Vertragsstaat besteuert werden können beziehungsweise kann, von der Steuer zu befreien.

(8) Eine Vertragspartei dieses Übereinkommens, die sich nicht für die Anwendung einer Option nach Absatz 1 entscheidet, kann sich vorbehalten, dass dieser gesamte Artikel in Bezug auf ein oder mehrere benannte unter das Übereinkommen fallende Steuerabkommen (oder alle ihre unter das Übereinkommen fallenden Steuerabkommen) nicht gilt.

(9) Eine Vertragspartei dieses Übereinkommens, die sich nicht für die Anwendung der Option C entscheidet, kann sich in Bezug auf ein oder mehrere benannte unter das Übereinkommen fallende Steuerabkommen (oder alle ihre unter das Übereinkommen fallenden Steuerabkommen) vorbehalten, dem anderen Vertragsstaat beziehungsweise den anderen Vertragsstaaten die Anwendung der Option C nicht zu gestatten.

(10) Jede Vertragspartei dieses Übereinkommens, die sich für die Anwendung einer Option nach Absatz 1 entscheidet, notifiziert dem Verwahrer die gewählte Option. Diese Notifikation muss außerdem Folgendes umfassen:

a) im Fall einer Vertragspartei dieses Übereinkommens, die sich für die Anwendung der Option A entscheidet, die Liste ihrer unter das Übereinkommen fallenden Steuerabkommen, die eine in Absatz 3 beschriebene Bestimmung enthalten, sowie jeweils die Nummer des Artikels und des Absatzes dieser Bestimmung;

b) im Fall einer Vertragspartei dieses Übereinkommens, die sich für die Anwendung der Option B entscheidet, die Liste ihrer unter das Übereinkommen fallenden Steuerabkommen, die eine in Absatz 5 beschriebene Bestimmung enthalten, sowie jeweils die Nummer des Artikels und des Absatzes dieser Bestimmung;

c) im Fall einer Vertragspartei dieses Übereinkommens, die sich für die Anwendung der Option C entscheidet, die Liste ihrer unter das Übereinkommen fallenden Steuerabkommen, die eine in Absatz 7 beschriebene Bestimmung enthalten, sowie jeweils die Nummer des Artikels und des Absatzes dieser Bestimmung.

Eine Option gilt nur dann in Bezug auf eine Bestimmung eines unter das Übereinkommen fallenden Steuerabkommens, wenn die Vertragspartei dieses Übereinkommens, die sich für die Anwendung dieser Option entschieden hat, in Bezug auf diese Bestimmung eine entsprechende Notifikation abgegeben hat.

Teil III
Abkommensmissbrauch

Zweck eines unter das Übereinkommen fallenden Steuerabkommens

Art. 6 (1) Ein unter das Übereinkommen fallendes Steuerabkommen wird dahingehend geändert, dass die Präambel den folgenden Wortlaut enthält:

„in der Absicht, in Bezug auf die unter das Abkommen fallenden Steuern eine Doppelbesteuerung zu beseitigen, ohne Möglichkeiten zur Nicht- oder Niedrigbesteuerung durch Steuerverkürzung und -umgehung (unter anderem durch missbräuchliche Gestaltungen mit dem Ziel des Erhalts von in diesem Abkommen vorgesehenen Erleichterungen zum mittelbaren Nutzen von in Drittstaaten oder -gebieten ansässigen Personen) zu schaffen,".

(2) Der in Absatz 1 genannte Wortlaut wird in ein unter das Übereinkommen fallendes Steuerabkommen aufgenommen anstelle oder in Ermangelung einer Formulierung in der Präambel des unter das Übereinkommen fallenden Steuerabkommens, die Bezug nimmt auf die Absicht, eine Doppelbesteuerung zu beseitigen, unabhängig davon, ob in dieser Formulierung auch Bezug genommen wird auf die Absicht, keine Möglichkeiten zur Nicht- oder Niedrigbesteuerung zu schaffen.

(3) Eine Vertragspartei dieses Übereinkommens kann sich außerdem entscheiden, bei ihren unter das Übereinkommen fallenden Steuerabkommen, deren Präambel keine Formulierung enthält, die Bezug nimmt auf den Wunsch, wirtschaftliche Beziehungen weiterzuentwickeln oder die Zusammenarbeit in Steuersachen zu vertiefen, folgenden Wortlaut in die Präambel aufzunehmen:

„von dem Wunsch geleitet, ihre wirtschaftlichen Beziehungen weiterzuentwickeln und ihre Zusammenarbeit in Steuersachen zu vertiefen,".

(4) Eine Vertragspartei dieses Übereinkommens kann sich vorbehalten, dass Absatz 1 nicht für ihre unter das Übereinkommen fallenden Steuerabkommen gilt, deren Präambel bereits eine Formulierung enthält, mit der die Vertragsstaaten ihre Absicht bekunden, eine Doppelbesteuerung zu beseitigen, ohne Möglichkeiten zur Nicht- oder Niedrigbesteuerung zu schaffen, unabhängig davon, ob diese Formulierung auf Fälle von Steuerverkürzung oder -umgehung (unter anderem durch missbräuchliche Gestaltungen mit dem Ziel des Erhalts von in dem Abkommen vorgesehenen Erleichterungen zum mittelbaren Nutzen von in Drittstaaten oder -gebieten ansässigen Personen) beschränkt ist oder einen weiteren Geltungsbereich hat.

(5) Jede Vertragspartei dieses Übereinkommens notifiziert dem Verwahrer, ob die Präambel ihrer unter das Übereinkommen fallenden Steuerabkommen, die nicht unter einen Vorbehalt nach Absatz 4 fallen, jeweils eine Formulierung nach Absatz 2 enthält, und, sofern dies der Fall ist, den Wortlaut des jeweiligen Beweggrunds. Haben alle Vertragsstaaten eine entsprechende Notifikation in Bezug auf diese Formulierung in der Präambel abgegeben, so wird diese Formulierung durch den in Absatz 1 genannten Wortlaut ersetzt. Anderenfalls wird der in Absatz 1 genannte Wortlaut zusätzlich zur bestehenden Formulierung in der Präambel aufgenommen.

(6) Jede Vertragspartei dieses Übereinkommens, die sich für die Anwendung des Absatzes 3 entscheidet, notifiziert dem Verwahrer ihre Entscheidung. Diese Notifikation muss außerdem die Liste ihrer unter das Übereinkommen fallenden Steuerabkommen umfassen, deren Präambel noch keine Formulierung enthält, die Bezug nimmt auf den Wunsch, wirtschaftliche Beziehungen weiterzuentwickeln oder die Zusammenarbeit in Steuersachen zu vertiefen. Der in Absatz 3 genannte Wortlaut wird nur dann in ein unter das Übereinkommen fallendes Steuerabkommen aufgenommen, wenn alle Vertragsstaaten sich für die Anwendung des Absatzes 3 entschieden und in Bezug auf das unter das Übereinkommen fallende Steuerabkommen eine entsprechende Notifikation abgegeben haben.

Verhinderung von Abkommensmissbrauch

Art. 7 (1) Ungeachtet eines unter das Übereinkommen fallenden Steuerabkommens wird eine Vergünstigung nach dem unter das Übereinkommen fallenden Steuerabkommen nicht für bestimmte Einkünfte oder Vermögenswerte gewährt, wenn unter Berücksichtigung aller maßgeblichen Tatsachen und Umstände die Feststellung gerechtfertigt ist, dass der Erhalt dieser Vergünstigung einer der Hauptzwecke einer Gestaltung oder Transaktion war, die unmittelbar oder mittelbar zu dieser Vergünstigung geführt hat, es sei denn, es wird nachgewiesen, dass die Gewährung dieser Vergünstigung unter diesen Umständen mit dem Ziel und Zweck der einschlägigen Bestimmungen des unter das Übereinkommen fallenden Steuerabkommens im Einklang steht.

(2) Absatz 1 gilt anstelle oder in Ermangelung von Bestimmungen eines unter das Übereinkommen fallenden Steuerabkommens, nach denen die Vergünstigungen, die anderenfalls nach dem unter das Übereinkommen fallenden Steuerabkommen gewährt würden, vollständig oder teilweise versagt werden, wenn der Hauptzweck oder einer der Hauptzwecke einer Gestaltung oder Transaktion oder einer an einer Gestaltung oder Transaktion beteiligten Person der Erhalt dieser Vergünstigungen war.

(3) Eine Vertragspartei dieses Übereinkommens, die nicht den in Absatz 15 Buchstabe a beschriebenen Vorbehalt angebracht hat, kann sich auch entscheiden, in Bezug auf ihre unter das Übereinkommen fallenden Steuerabkommen Absatz 4 anzuwenden.

(4) Wird einer Person eine Vergünstigung, die ein unter das Übereinkommen fallendes Steuerabkommen vorsieht, aufgrund von Bestimmungen des unter das Übereinkommen fallenden Steuerabkommens (in der gegebenenfalls durch dieses Übereinkommen geänderten Fassung) versagt, nach denen die Vergünstigungen, die anderenfalls nach dem unter das Übereinkommen fallenden Steuerabkommen gewährt würden, vollständig oder teilweise versagt werden, wenn der Hauptzweck oder einer der Hauptzwecke einer Gestaltung oder Transaktion oder einer an einer Gestaltung oder Transaktion beteiligten Person der Erhalt dieser Vergünstigungen war, so betrachtet die zuständige Behörde des Vertragsstaats, die diese Vergünstigung anderenfalls gewährt hätte, diese Person gleichwohl als anspruchsberechtigt in Bezug auf diese Vergünstigung oder auf andere Vergünstigungen für bestimmte Einkünfte oder Vermögenswerte, sofern diese zuständige Behörde auf Antrag dieser Person und nach Prüfung der maßgeblichen Tatsachen und Umstände feststellt, dass dieser Person diese Vergünstigungen ohne die Transaktion oder Gestaltung gewährt worden wären. Die zuständige Behörde des Vertragsstaats, bei der eine im anderen Vertragsstaat ansässige Person nach diesem Absatz einen Antrag gestellt hat, konsultiert die zuständige Behörde dieses anderen Vertragsstaats, bevor sie den Antrag ablehnt.

(5) Absatz 4 gilt für Bestimmungen eines unter das Übereinkommen fallenden Steuerabkommens (in der gegebenenfalls durch dieses Übereinkommen geänderten Fassung), nach denen die Vergünstigungen, die anderenfalls nach dem unter das Übereinkommen fallenden Steuerabkommen gewährt würden, vollständig oder teilweise versagt werden, wenn der Hauptzweck oder einer der

Hauptzwecke einer Gestaltung oder Transaktion oder einer an einer Gestaltung oder Transaktion beteiligten Person der Erhalt dieser Vergünstigungen war.

(6) Eine Vertragspartei dieses Übereinkommens kann sich auch entscheiden, die Absätze 8 bis 13 (im Folgenden als „vereinfachte Bestimmung zur Beschränkung von Vergünstigungen" bezeichnet) auf ihre unter das Übereinkommen fallenden Steuerabkommen anzuwenden, indem sie die Notifikation nach Absatz 17 Buchstabe c abgibt. Die vereinfachte Bestimmung zur Beschränkung von Vergünstigungen gilt nur dann in Bezug auf ein unter das Übereinkommen fallendes Steuerabkommen, wenn sich alle Vertragsstaaten für ihre Anwendung entschieden haben.

(7) In Fällen, in denen sich einige, jedoch nicht alle Vertragsstaaten eines unter das Übereinkommen fallenden Steuerabkommens nach Absatz 6 für die Anwendung der vereinfachten Bestimmung zur Beschränkung von Vergünstigungen entschieden, gilt die vereinfachte Bestimmung zur Beschränkung von Vergünstigungen ungeachtet des Absatzes 6 in Bezug auf die Gewährung von Vergünstigungen nach dem unter das Übereinkommen fallenden Steuerabkommen
a) durch alle Vertragsstaaten, sofern alle Vertragsstaaten, die sich nicht nach Absatz 6 für die Anwendung der vereinfachten Bestimmung zur Beschränkung von Vergünstigungen entscheiden, einer derartigen Anwendung zustimmen, indem sie sich für die Anwendung dieses Buchstabens entscheiden und dies dem Verwahrer notifizieren, oder
b) ausschließlich durch die Vertragsstaaten, die sich für die Anwendung der vereinfachten Bestimmung zur Beschränkung von Vergünstigungen entscheiden, sofern alle Vertragsstaaten, die sich nicht nach Absatz 6 für die Anwendung der vereinfachten Bestimmung zur Beschränkung von Vergünstigungen entscheiden, einer derartigen Anwendung zustimmen, indem sie sich für die Anwendung dieses Buchstabens entscheiden und dies dem Verwahrer notifizieren.

Vereinfachte Bestimmung zur Beschränkung von Vergünstigungen

(8) Sofern die vereinfachte Bestimmung zur Beschränkung von Vergünstigungen nichts anderes vorsieht, hat eine in einem Vertragsstaat eines unter das Übereinkommen fallenden Steuerabkommens ansässige Person keinen Anspruch auf eine Vergünstigung, die anderenfalls durch das unter das Übereinkommen fallende Steuerabkommen gewährt würde, mit Ausnahme von Vergünstigungen nach Bestimmungen des unter das Übereinkommen fallenden Steuerabkommens,
a) in denen die Ansässigkeit einer anderen als einer natürlichen Person geregelt ist, die aufgrund der Bestimmungen des unter das Übereinkommen fallenden Steuerabkommens, die den Begriff „in einem Vertragsstaat ansässige Person" bestimmen, in mehr als einem Vertragsstaat ansässig ist,
b) die vorsehen, dass ein Vertragsstaat, nachdem der andere Vertragsstaat in Übereinstimmung mit dem unter das Übereinkommen fallenden Steuerabkommen eine Erstberichtigung vorgenommen hat, einem Unternehmen des erstgenannten Vertragsstaats eine entsprechende Gegenberichtigung des Steuerbetrags gewährt, der in diesem Vertragsstaat von den Gewinnen eines verbundenen Unternehmens erhoben wird, oder
c) nach denen in einem Vertragsstaat ansässige Personen beantragen können, dass die zuständige Behörde dieses Vertragsstaats Fälle von nicht dem unter das Übereinkommen fallenden Steuerabkommen entsprechender Besteuerung prüft,

es sei denn, diese Person ist zu dem Zeitpunkt, zu dem die Vergünstigung gewährt würde, eine „berechtigte Person" im Sinne des Absatzes 9.

(9) Eine in einem Vertragsstaat eines unter das Übereinkommen fallenden Steuerabkommens ansässige Person ist zu einem Zeitpunkt, zu dem anderenfalls durch das unter das Übereinkommen fallende Steuerabkommen eine Vergünstigung gewährt würde, eine berechtigte Person, wenn sie zu diesem Zeitpunkt
a) eine natürliche Person ist;
b) dieser Vertragsstaat oder eine seiner Gebietskörperschaften oder eine Behörde oder Einrichtung dieses Vertragsstaats oder dieser Gebietskörperschaft ist;
c) eine Gesellschaft oder ein sonstiger Rechtsträger ist, sofern die Hauptgattung ihrer beziehungsweise seiner Anteile regelmäßig an einer oder mehreren anerkannten Börsen gehandelt wird;
d) eine andere als eine natürliche Person ist, die
   i) eine keinen Erwerbszweck verfolgende Organisation einer Art ist, auf die sich die Vertragsstaaten durch einen diplomatischen Notenwechsel verständigen, oder
   ii) ein in diesem Vertragsstaat errichteter Rechtsträger oder ein in diesem Vertragsstaat errichtetes Gebilde ist, der beziehungsweise das nach dem Steuerrecht dieses Vertragsstaats als eigenständige Person gilt und
       A) ausschließlich oder fast ausschließlich errichtet und betrieben wird, um für natürliche Personen Altersversorgungsleistungen und Zusatz- oder Nebenleistungen zu verwalten oder zu erbringen, und als solcher beziehungsweise solches durch diesen Vertragsstaat oder eine seiner Gebietskörperschaften gesetzlich geregelt wird oder
       B) ausschließlich oder fast ausschließlich errichtet und betrieben wird,

um für unter Großbuchstabe A genannte Rechtsträger oder Gebilde Mittel anzulegen;

e) eine andere als eine natürliche Person ist, sofern an mindestens der Hälfte der Tage eines Zeitraums von zwölf Monaten, in den der Zeitpunkt fällt, zu dem die Vergünstigung anderenfalls gewährt würde, mindestens 50 Prozent der Anteile an der Person unmittelbar oder mittelbar in diesem Vertragsstaat ansässigen Personen gehören, die nach den Buchstaben a bis d Anspruch auf die Vergünstigungen des unter das Übereinkommen fallenden Steuerabkommens haben.

(10)
a) Eine in einem Vertragsstaat eines unter das Übereinkommen fallenden Steuerabkommens ansässige Person hat unabhängig davon, ob sie eine berechtigte Person ist, Anspruch auf Vergünstigungen des unter das Übereinkommen fallenden Steuerabkommens für bestimmte aus dem anderen Vertragsstaat bezogene Einkünfte, wenn sie im erstgenannten Vertragsstaat aktiv eine Geschäftstätigkeit ausübt und die aus dem anderen Vertragsstaat bezogenen Einkünfte aus dieser Geschäftstätigkeit stammen oder mit ihr verbunden sind. Im Sinne der vereinfachten Bestimmung zur Beschränkung von Vergünstigungen umfasst der Ausdruck „aktiv eine Geschäftstätigkeit ausüben" nicht folgende Tätigkeiten oder eine Kombination derselben:
   i) Ausübung der Funktion einer Holdinggesellschaft,
   ii) Gesamtaufsicht über oder -verwaltung eines Konzerns,
   iii) Konzernfinanzierung (einschließlich Cash-Pooling) oder
   iv) Vornahme oder Verwaltung von Kapitalanlagen, es sei denn, diese Tätigkeiten werden von einer Bank, einem Versicherungsunternehmen oder einem zugelassenen Wertpapierhändler im Rahmen ihrer beziehungsweise seiner ordentlichen Geschäftstätigkeit ausgeübt.

b) Bezieht eine in einem Vertragsstaat eines unter das Übereinkommen fallenden Steuerabkommens ansässige Person bestimmte Einkünfte aus einer im anderen Vertragsstaat von ihr ausgeübten Geschäftstätigkeit oder bezieht sie bestimmte im anderen Vertragsstaat erzielte Einkünfte von einer verbundenen Person, so gelten die Voraussetzungen nach Buchstabe a nur dann als für diese Einkünfte erfüllt, wenn die von der ansässigen Person im erstgenannten Vertragsstaat ausgeübte Geschäftstätigkeit, mit der die Einkünfte in Zusammenhang stehen, im Verhältnis zu der gleichen Tätigkeit oder einer ergänzenden Geschäftstätigkeit, die von der ansässigen Person oder der verbundenen Person im anderen Vertragsstaat ausgeübt wird, erheblich ist. Ob eine Geschäftstätigkeit im Sinne dieses Buchstabens erheblich ist, wird anhand aller Tatsachen und Umstände festgestellt.

c) Für die Anwendung dieses Absatzes gelten Tätigkeiten verbundener Personen in Bezug auf eine in einem Vertragsstaat eines unter das Übereinkommen fallenden Steuerabkommens ansässige Person als Tätigkeiten dieser ansässigen Person.

(11) Eine in einem Vertragsstaat eines unter das Übereinkommen fallenden Steuerabkommens ansässige Person, die keine berechtigte Person ist, hat auch Anspruch auf eine Vergünstigung, die anderenfalls durch das unter das Übereinkommen fallende Steuerabkommen für bestimmte Einkünfte gewährt würde, sofern an mindestens der Hälfte der Tage eines Zeitraums von zwölf Monaten, in den der Zeitpunkt fällt, zu dem die Vergünstigung anderenfalls gewährt würde, mindestens 75 Prozent der Eigentumsrechte an der ansässigen Person unmittelbar oder mittelbar Personen gehören, die gleichberechtigte Begünstigte sind.

(12) Wenn eine in einem Vertragsstaat eines unter das Übereinkommen fallenden Steuerabkommens ansässige Person weder nach Absatz 9 eine berechtigte Person ist noch nach Absatz 10 oder 11 Anspruch auf Vergünstigungen hat, kann die zuständige Behörde des anderen Vertragsstaats unter Berücksichtigung des Ziels und Zwecks des unter das Übereinkommen fallenden Steuerabkommens gleichwohl die Vergünstigungen des unter das Übereinkommen fallenden Steuerabkommens oder Vergünstigungen für bestimmte Einkünfte gewähren, jedoch nur, sofern die Person zur hinreichenden Überzeugung dieser zuständigen Behörde nachweist, dass weder einer der Hauptzwecke ihrer Errichtung, ihres Erwerbs oder ihrer Unterhaltung noch einer der Hauptzwecke der Ausübung ihrer Geschäfte darin bestand, Vergünstigungen nach dem unter das Übereinkommen fallenden Steuerabkommen zu erhalten. Bevor sie dem Antrag, den eine in einem Vertragsstaat ansässige Person nach diesem Absatz gestellt hat, stattgibt oder diesen ablehnt, konsultiert die zuständige Behörde des anderen Vertragsstaats, bei welcher der Antrag gestellt wurde, die zuständige Behörde des erstgenannten Vertragsstaats.

(13) Im Sinne der vereinfachten Bestimmung zur Beschränkung von Vergünstigungen
a) bedeutet der Ausdruck „anerkannte Börse"
   i) jede Börse, die nach dem Recht eines der beiden Vertragsstaaten als solche errichtet wurde und gesetzlich geregelt wird, und
   ii) jede andere von den zuständigen Behörden der Vertragsstaaten vereinbarte Börse;
b) bedeutet der Ausdruck „Hauptgattung von Anteilen" die Gattung oder Gattungen der Anteile einer Gesellschaft, welche die Mehrheit der Gesamtstimmrechte und des Gesamtwerts der Gesellschaft darstellt beziehungsweise darstellen, oder die Gattung

oder Gattungen von Eigentumsrechten eines Rechtsträgers, die insgesamt eine Mehrheit der Gesamtstimmrechte und des Gesamtwerts des Rechtsträgers darstellt beziehungsweise darstellen;

c) bedeutet der Ausdruck „gleichberechtigter Begünstigter" eine Person, die in Bezug auf bestimmte Einkünfte Anspruch auf Vergünstigungen hätte, die durch einen Vertragsstaat eines unter das Übereinkommen fallenden Steuerabkommens nach dessen innerstaatlichem Recht, dem unter das Übereinkommen fallenden Steuerabkommen oder einer anderen völkerrechtlichen Übereinkunft gewährt werden und den nach dem unter das Übereinkommen fallenden Steuerabkommen für diese Einkünfte zu gewährenden Vergünstigungen entsprechen oder vorteilhafter als diese sind; um festzustellen, ob eine Person in Bezug auf Dividenden ein gleichberechtigter Begünstigter ist, wird die Person so behandelt, als hielte sie genau das gleiche Kapital der die Dividenden zahlenden Gesellschaft, das die Gesellschaft hält, welche die Vergünstigung für die Dividenden fordert;

d) bedeutet der Ausdruck „Anteile" bei Rechtsträgern, die keine Gesellschaften sind, mit Anteilen vergleichbare Rechte;

e) sind zwei Personen „verbundene Personen", wenn einer der beiden Personen mindestens 50 Prozent der Eigentumsrechte an der anderen Person (oder bei einer Gesellschaft mindestens 50 Prozent der Gesamtstimmrechte und des Gesamtwerts der Anteile der Gesellschaft) unmittelbar oder mittelbar gehören oder einer weiteren Person mindestens 50 Prozent der Eigentumsrechte an jeder Person (oder bei einer Gesellschaft mindestens 50 Prozent der Gesamtstimmrechte und des Gesamtwerts der Anteile der Gesellschaft) unmittelbar oder mittelbar gehören; in jedem Fall ist eine Person mit einer anderen Person verbunden, wenn allen maßgeblichen Tatsachen und Umständen zufolge die eine die andere beherrscht oder beide von derselben Person oder denselben Personen beherrscht werden.

(14) Die vereinfachte Bestimmung zur Beschränkung von Vergünstigungen gilt anstelle oder in Ermangelung von Bestimmungen eines unter das Übereinkommen fallenden Steuerabkommens, nach denen die Vergünstigungen des unter das Übereinkommen fallenden Steuerabkommens (oder Vergünstigungen bis auf jene nach den Bestimmungen des unter das Übereinkommen fallenden Steuerabkommens zur Ansässigkeit, zu verbundenen Unternehmen oder zur Gleichbehandlung oder jene, die nicht nur auf die in einem Vertragsstaat ansässigen Personen begrenzt sind) nur auf eine ansässige Person beschränkt sind, die Anspruch auf diese Vergünstigungen hat, weil sie ein oder mehrere eindeutige Kriterien erfüllt.

(15) Eine Vertragspartei dieses Übereinkommens kann sich vorbehalten,

a) dass Absatz 1 nicht für ihre unter das Übereinkommen fallenden Steuerabkommen gilt, sofern sie beabsichtigt, eine ausführliche Bestimmung zur Beschränkung von Vergünstigungen entweder in Verbindung mit Vorschriften zur Bekämpfung von Durchlauffinanzierungsstrukturen oder mit einem Hauptzweck-Kriterium anzuwenden und dadurch den Mindeststandard zur Verhinderung von Abkommensmissbrauch nach dem BEPS-Paket der OECD/G20 zu erfüllen; in solchen Fällen werden sich die Vertragsstaaten bemühen, eine für alle Seiten zufriedenstellende Lösung herbeizuführen, die den Mindeststandard erfüllt;

b) dass Absatz 1 (und Absatz 4 bei einer Vertragspartei dieses Übereinkommens, die sich für dessen Anwendung entschieden hat) nicht für ihre unter das Übereinkommen fallenden Steuerabkommen gilt, die bereits Bestimmungen enthalten, nach denen alle Vergünstigungen, die anderenfalls nach dem unter das Übereinkommen fallenden Steuerabkommen gewährt würden, versagt werden, wenn der Hauptzweck oder einer der Hauptzwecke einer Gestaltung oder Transaktion oder einer an einer Gestaltung oder Transaktion beteiligten Person der Erhalt dieser Vergünstigungen war;

c) dass die vereinfachte Bestimmung zur Beschränkung von Vergünstigungen nicht für ihre unter das Übereinkommen fallenden Steuerabkommen gilt, die bereits die in Absatz 14 beschriebenen Bestimmungen enthalten.

(16) Soweit die vereinfachte Bestimmung zur Beschränkung von Vergünstigungen nicht nach Absatz 7 für die Gewährung von Vergünstigungen aufgrund eines unter das Übereinkommen fallenden Steuerabkommens durch eine oder mehrere Vertragsparteien dieses Übereinkommens gilt, kann eine Vertragspartei dieses Übereinkommens, die sich nach Absatz 6 für die Anwendung der vereinfachten Bestimmung zur Beschränkung von Vergünstigungen entscheidet, vorbehalten, dass dieser gesamte Artikel nicht in Bezug auf ihre unter das Übereinkommen fallenden Steuerabkommen gilt, bei denen sich einer oder mehrere der anderen Vertragsstaaten nicht für die Anwendung der vereinfachten Bestimmung zur Beschränkung von Vergünstigungen entschieden haben. In solchen Fällen werden sich die Vertragsstaaten bemühen, eine für alle Seiten zufriedenstellende Lösung herbeizuführen, die den Mindeststandard zur Verhinderung von Abkommensmissbrauch nach dem BEPS-Paket der OECD/G20 erfüllt.

(17)

a) Jede Vertragspartei dieses Übereinkommens, die nicht den in Absatz 15 Buchstabe a beschriebenen Vorbehalt angebracht hat, notifiziert dem Verwahrer, ob ihre unter das Übereinkommen fallenden Steuerabkommen, die nicht einem in Absatz 15 Buchstabe b beschriebenen Vorbehalt unterliegen, jeweils eine in Absatz 2 beschriebene Bestimmung enthalten, und, sofern dies der Fall ist, jeweils die Nummer des Artikels und des Absatzes dieser Bestimmung. Haben alle Vertragsstaaten eine entsprechende Notifikation in Bezug auf eine Bestimmung eines unter das Übereinkommen fallenden Steuerabkommens abgegeben, so wird diese Bestimmung durch Absatz 1 (und gegebenenfalls Absatz 4) ersetzt. Anderenfalls geht Absatz 1 (und gegebenenfalls Absatz 4) den Bestimmungen des unter das Übereinkommen fallenden Steuerabkommens nur insoweit vor, als diese mit Absatz 1 (und gegebenenfalls Absatz 4) unvereinbar sind. Eine Vertragspartei dieses Übereinkommens, die nach diesem Buchstaben eine Notifikation abgibt, kann darin auch eine Erklärung abgeben, dass sie zwar die übergangsweise Anwendung allein des Absatzes 1 akzeptiert, jedoch beabsichtigt, nach Möglichkeit durch bilaterale Verhandlungen zusätzlich zu Absatz 1 oder anstelle des Absatzes 1 eine Bestimmung zur Beschränkung von Vergünstigungen zu beschließen.

b) Jede Vertragspartei dieses Übereinkommens, die sich für die Anwendung des Absatzes 4 entscheidet, notifiziert dem Verwahrer ihre Entscheidung. Absatz 4 gilt nur dann für ein unter das Übereinkommen fallendes Steuerabkommen, wenn alle Vertragsstaaten eine entsprechende Notifikation abgegeben haben.

c) Jede Vertragspartei dieses Übereinkommens, die sich nach Absatz 6 für die Anwendung der vereinfachten Bestimmung zur Beschränkung von Vergünstigungen entscheidet, notifiziert dem Verwahrer ihre Entscheidung. Sofern diese Vertragspartei nicht den Vorbehalt nach Absatz 15 Buchstabe c angebracht hat, muss diese Notifikation auch die Liste ihrer unter das Übereinkommen fallenden Steuerabkommen umfassen, die eine in Absatz 14 beschriebene Bestimmung enthalten, sowie jeweils die Nummer des Artikels und des Absatzes dieser Bestimmung.

d) Jede Vertragspartei dieses Übereinkommens, die sich nicht nach Absatz 6 für die Anwendung der vereinfachten Bestimmung zur Beschränkung von Vergünstigungen, sondern für die Anwendung des Absatzes 7 Buchstabe a oder b entscheidet, notifiziert dem Verwahrer den gewählten Buchstaben. Sofern diese Vertragspartei nicht den Vorbehalt nach Absatz 15 Buchstabe c angebracht hat, muss diese Notifikation auch die Liste ihrer unter das Übereinkommen fallenden Steuerabkommen umfassen, die eine in Absatz 14 beschriebene Bestimmung enthalten, sowie jeweils die Nummer des Artikels und des Absatzes dieser Bestimmung.

e) Haben alle Vertragsstaaten eine Notifikation nach Buchstabe c oder d in Bezug auf eine Bestimmung eines unter das Übereinkommen fallenden Steuerabkommens abgegeben, so wird diese durch die vereinfachte Bestimmung zur Beschränkung von Vergünstigungen ersetzt. Anderenfalls geht die vereinfachte Bestimmung zur Beschränkung von Vergünstigungen den Bestimmungen des unter das Übereinkommen fallenden Steuerabkommens nur insoweit vor, als diese mit der vereinfachten Bestimmung zur Beschränkung von Vergünstigungen unvereinbar sind.

Transaktionen zur Übertragung von Dividenden

Art. 8 (1) Bestimmungen eines unter das Übereinkommen fallenden Steuerabkommens, nach denen die von einer in einem Vertragsstaat ansässigen Gesellschaft gezahlten Dividenden von der Steuer befreit werden oder der Satz begrenzt wird, mit dem diese Dividenden besteuert werden können, sofern der Nutzungsberechtigte oder der Empfänger eine im anderen Vertragsstaat ansässige Gesellschaft ist, die als Eigentümerin oder Inhaberin über mehr als eine bestimmte Menge des Kapitals, der Anteile, der Aktien, der Stimmanteile, Stimmrechte oder ähnlicher Eigentumsrechte an der die Dividenden zahlenden Gesellschaft verfügt, diese hält oder beherrscht, gelten nur, wenn die in diesen Bestimmungen beschriebenen Eigentums- oder Inhaberschaftsvoraussetzungen während eines Zeitraums von 365 Tagen einschließlich des Tages der Dividendenzahlung erfüllt sind (bei der Berechnung dieses Zeitraums bleiben Änderungen der Eigentums- oder Inhaberschaftsverhältnisse unberücksichtigt, die sich unmittelbar aus einer Umstrukturierung, wie einer Fusion oder Spaltung, der die Anteile haltenden oder die Dividenden zahlenden Gesellschaft ergeben würden).

(2) Die in Absatz 1 vorgesehene Mindesthaltedauer gilt anstelle oder in Ermangelung einer Mindesthaltedauer in Bestimmungen eines unter das Übereinkommen fallenden Steuerabkommens, die in Absatz 1 beschrieben sind.

(3) Eine Vertragspartei dieses Übereinkommens kann sich vorbehalten,

a) dass dieser gesamte Artikel nicht für ihre unter das Übereinkommen fallenden Steuerabkommen gilt;

b) dass dieser gesamte Artikel nicht für ihre unter das Übereinkommen fallenden Steuerabkommen gilt, soweit die in Absatz 1 beschriebenen Bestimmungen bereits Folgendes enthalten:

 i) eine Mindesthaltedauer,

 ii) eine Mindesthaltedauer, die kürzer ist als 365 Tage, oder

 iii) eine Mindesthaltedauer, die länger ist als 365 Tage.

(4) Jede Vertragspartei dieses Übereinkommens, die keinen Vorbehalt nach Absatz 3 Buchstabe a angebracht hat, notifiziert dem Verwahrer, ob ihre unter das Übereinkommen fallenden Steuerabkommen jeweils eine in Absatz 1 beschriebene Bestimmung enthalten, die nicht einem Vorbehalt nach Absatz 3 Buchstabe b unterliegt, und, sofern dies der Fall ist, jeweils die Nummer des Artikels

und des Absatzes dieser Bestimmung. Absatz 1 gilt nur dann in Bezug auf eine Bestimmung eines unter das Übereinkommen fallenden Steuerabkommens, wenn alle Vertragsstaaten in Bezug auf diese Bestimmung eine entsprechende Notifikation abgegeben haben.

Gewinne aus der Veräußerung von Anteilen oder Rechten an Rechtsträgern, deren Wert hauptsächlich auf unbeweglichem Vermögen beruht

Art. 9 (1) Bestimmungen eines unter das Übereinkommen fallenden Steuerabkommens, nach denen Gewinne, die eine in einem Vertragsstaat ansässige Person aus der Veräußerung von Anteilen oder sonstigen Beteiligungsrechten an einem Rechtsträger erzielt, im anderen Vertragsstaat besteuert werden können, sofern der Wert dieser Anteile oder Rechte zu mehr als einem bestimmten Teil auf unbeweglichem Vermögen (Grundvermögen) beruht, das in diesem anderen Vertragsstaat belegen ist (oder sofern mehr als ein bestimmter Teil des Vermögens des Rechtsträgers aus derartigem unbeweglichem Vermögen (Grundvermögen) besteht),

a) gelten, wenn die maßgebende Wertgrenze zu irgendeinem Zeitpunkt während der 365 Tage vor der Veräußerung erreicht wird, und
b) gelten für Anteile oder vergleichbare Rechte, wie Rechte an einer Personengesellschaft oder einem Trust (soweit diese Anteile oder Rechte nicht bereits unter die Bestimmungen fallen), zusätzlich zu bereits unter die Bestimmungen fallenden Anteilen oder Rechten.

(2) Der in Absatz 1 Buchstabe a vorgesehene Zeitraum gilt anstelle oder in Ermangelung eines vorgegebenen Zeitraums für die Feststellung, ob die maßgebende Wertgrenze nach den Bestimmungen eines unter das Übereinkommen fallenden Steuerabkommens, die in Absatz 1 beschrieben sind, erreicht wurde.

(3) Eine Vertragspartei dieses Übereinkommens kann sich auch entscheiden, in Bezug auf ihre unter das Übereinkommen fallenden Steuerabkommen Absatz 4 anzuwenden.

(4) Für die Zwecke eines unter das Übereinkommen fallenden Steuerabkommens können Gewinne, die eine in einem Vertragsstaat ansässige Person aus der Veräußerung von Anteilen oder vergleichbaren Rechten, wie Rechten an einer Personengesellschaft oder einem Trust, erzielt, im anderen Vertragsstaat besteuert werden, sofern der Wert dieser Anteile oder vergleichbaren Rechte zu irgendeinem Zeitpunkt während der 365 Tage vor der Veräußerung zu mehr als 50 Prozent unmittelbar oder mittelbar auf in diesem anderen Vertragsstaat belegenem unbeweglichem Vermögen (Grundvermögen) beruhte.

(5) Absatz 4 gilt anstelle oder in Ermangelung von Bestimmungen eines unter das Übereinkommen fallenden Steuerabkommens, nach denen Gewinne, die eine in einem Vertragsstaat ansässige Person aus der Veräußerung von Anteilen oder sonstigen Beteiligungsrechten an einem Rechtsträger erzielt, im anderen Vertragsstaat besteuert werden können, sofern der Wert dieser Anteile oder Rechte zu mehr als einem bestimmten Teil auf in diesem anderen Vertragsstaat belegenem unbeweglichem Vermögen (Grundvermögen) beruht oder sofern mehr als ein bestimmter Teil des Vermögens des Rechtsträgers aus derartigem unbeweglichem Vermögen (Grundvermögen) besteht.

(6) Eine Vertragspartei dieses Übereinkommens kann sich vorbehalten,
a) dass Absatz 1 nicht für ihre unter das Übereinkommen fallenden Steuerabkommen gilt;
b) dass Absatz 1 Buchstabe a nicht für ihre unter das Übereinkommen fallenden Steuerabkommen gilt;
c) dass Absatz 1 Buchstabe b nicht für ihre unter das Übereinkommen fallenden Steuerabkommen gilt;
d) dass Absatz 1 Buchstabe a nicht für ihre unter das Übereinkommen fallenden Steuerabkommen gilt, die bereits eine Bestimmung der in Absatz 1 beschriebenen Art enthalten, die einen Zeitraum für die Feststellung beinhaltet, ob die maßgebende Wertgrenze erreicht wurde;
e) dass Absatz 1 Buchstabe b nicht für ihre unter das Übereinkommen fallenden Steuerabkommen gilt, die bereits eine Bestimmung der in Absatz 1 beschriebenen Art enthalten, die für die Veräußerung anderer Rechte als Anteile gilt;
f) dass Absatz 4 nicht für ihre unter das Übereinkommen fallenden Steuerabkommen gilt, die bereits die in Absatz 5 beschriebenen Bestimmungen enthalten.

(7) Jede Vertragspartei dieses Übereinkommens, die nicht den Vorbehalt nach Absatz 6 Buchstabe a angebracht hat, notifiziert dem Verwahrer, ob ihre unter das Übereinkommen fallenden Steuerabkommen jeweils eine in Absatz 1 beschriebene Bestimmung enthalten, und, sofern dies der Fall ist, jeweils die Nummer des Artikels und des Absatzes dieser Bestimmung. Absatz 1 gilt nur dann in Bezug auf eine Bestimmung eines unter das Übereinkommen fallenden Steuerabkommens, wenn alle Vertragsstaaten in Bezug auf diese Bestimmung eine Notifikation abgegeben haben.

(8) Jede Vertragspartei dieses Übereinkommens, die sich für die Anwendung des Absatzes 4 entscheidet, notifiziert dem Verwahrer ihre Entscheidung. Absatz 4 gilt nur dann für ein unter das Übereinkommen fallendes Steuerabkommen, wenn alle Vertragsstaaten eine entsprechende Notifikation abgegeben haben. In diesem Fall gilt Absatz 1 nicht in Bezug auf dieses unter das Übereinkommen fallende Steuerabkommen. Im Fall einer Vertragspartei dieses Übereinkommens, die nicht den Vorbehalt nach Absatz 6 Buchstabe f angebracht hat und die den Vorbehalt nach Absatz 6 Buchstabe a angebracht hat, muss diese Notifikation auch die Liste ihrer unter das Übereinkommen fallenden Steuerabkommen umfassen, die eine in Absatz 5

beschriebene Bestimmung enthalten, sowie jeweils die Nummer des Artikels und des Absatzes dieser Bestimmung. Haben alle Vertragsstaaten nach diesem Absatz oder nach Absatz 7 eine Notifikation in Bezug auf eine Bestimmung eines unter das Übereinkommen fallenden Steuerabkommens abgegeben, so wird diese durch Absatz 4 ersetzt. Anderenfalls geht Absatz 4 den Bestimmungen des unter das Übereinkommen fallenden Steuerabkommens nur insoweit vor, als diese mit Absatz 4 unvereinbar sind.

Vorschrift zur Missbrauchsbekämpfung für in Drittstaaten oder -gebieten gelegene Betriebsstätten

Art. 10 (1) Wenn
a) ein Unternehmen eines Vertragsstaats eines unter das Übereinkommen fallenden Steuerabkommens Einkünfte aus dem anderen Vertragsstaat bezieht und der erstgenannte Vertragsstaat diese Einkünfte als Einkünfte betrachtet, die einer in einem Drittstaat oder -gebiet gelegenen Betriebsstätte des Unternehmens zugerechnet werden können, sowie
b) die Gewinne, die dieser Betriebsstätte zugerechnet werden können, im erstgenannten Vertragsstaat von der Steuer befreit sind,

gelten die Vergünstigungen des unter das Übereinkommen fallenden Steuerabkommens nicht für Einkünfte, auf die im Drittstaat oder -gebiet weniger als 60 Prozent der Steuer erhoben wird, die im erstgenannten Vertragsstaat von diesen Einkünften erhoben würde, wenn diese Betriebsstätte im erstgenannten Vertragsstaat gelegen wäre. In diesem Fall können Einkünfte, für die dieser Absatz gilt, ungeachtet der sonstigen Bestimmungen des unter das Übereinkommen fallenden Steuerabkommens weiterhin nach dem innerstaatlichen Recht des anderen Vertragsstaats besteuert werden.

(2) Absatz 1 gilt nicht, wenn die in Absatz 1 beschriebenen Einkünfte aus dem anderen Vertragsstaat im Zusammenhang mit einer durch die Betriebsstätte aktiv ausgeübten Geschäftstätigkeit bezogen werden oder mit einer solchen Geschäftstätigkeit verbunden sind (mit Ausnahme der Vornahme, der Verwaltung oder des bloßen Besitzes von Kapitalanlagen für eigene Rechnung des Unternehmens, es sei denn, es handelt sich dabei um Bank-, Versicherungs- oder Wertpapiergeschäfte einer Bank, eines Versicherungsunternehmens beziehungsweise eines zugelassenen Wertpapierhändlers).

(3) Werden Vergünstigungen nach einem unter das Übereinkommen fallenden Steuerabkommen in Bezug auf bestimmte Einkünfte einer in einem Vertragsstaat ansässigen Person aufgrund des Absatzes 1 versagt, so kann die zuständige Behörde des anderen Vertragsstaats diese Vergünstigungen gleichwohl für diese Einkünfte gewähren, wenn diese zuständige Behörde auf einen Antrag dieser ansässigen Person hin feststellt, dass die Gewährung dieser Vergünstigungen angesichts der Gründe, aus denen diese ansässige Person die Voraussetzungen der Absätze 1 und 2 nicht erfüllt hat, gerechtfertigt ist. Die zuständige Behörde des Vertragsstaats, bei der eine im anderen Vertragsstaat ansässige Person nach Satz 1 einen Antrag gestellt hat, konsultiert die zuständige Behörde des anderen Vertragsstaats, bevor sie dem Antrag stattgibt oder ihn ablehnt.

(4) Die Absätze 1 bis 3 gelten anstelle oder in Ermangelung von Bestimmungen eines unter das Übereinkommen fallenden Steuerabkommens, nach denen Vergünstigungen versagt oder eingeschränkt werden, die einem Unternehmen eines Vertragsstaats, das Einkünfte aus dem anderen Vertragsstaat bezieht, die einer in einem Drittstaat oder -gebiet gelegenen Betriebsstätte des Unternehmens zugerechnet werden können, anderenfalls gewährt würden.

(5) Eine Vertragspartei dieses Übereinkommens kann sich vorbehalten,
a) dass dieser gesamte Artikel nicht für ihre unter das Übereinkommen fallenden Steuerabkommen gilt;
b) dass dieser gesamte Artikel nicht für ihre unter das Übereinkommen fallenden Steuerabkommen gilt, die bereits die in Absatz 4 beschriebenen Bestimmungen enthalten;
c) dass dieser Artikel nur für ihre unter das Übereinkommen fallenden Steuerabkommen gilt, die bereits die in Absatz 4 beschriebenen Bestimmungen enthalten.

(6) Jede Vertragspartei dieses Übereinkommens, die nicht den Vorbehalt nach Absatz 5 Buchstabe a oder b angebracht hat, notifiziert dem Verwahrer, ob ihre unter das Übereinkommen fallenden Steuerabkommen jeweils eine in Absatz 4 beschriebene Bestimmung enthalten, und, sofern dies der Fall ist, jeweils die Nummer des Artikels und des Absatzes dieser Bestimmung. Haben alle Vertragsstaaten eine entsprechende Notifikation in Bezug auf eine Bestimmung eines unter das Übereinkommen fallenden Steuerabkommens abgegeben, so wird diese durch die Absätze 1 bis 3 ersetzt. Anderenfalls gehen die Absätze 1 bis 3 den Bestimmungen des unter das Übereinkommen fallenden Steuerabkommens nur insoweit vor, als diese mit den genannten Absätzen unvereinbar sind.

Anwendung von Steuerabkommen zur Einschränkung des Rechtes einer Vertragspartei dieses Übereinkommens auf Besteuerung der in ihrem Gebiet ansässigen Personen

Art. 11 (1) Ein unter das Übereinkommen fallendes Steuerabkommen berührt nicht die Besteuerung der in einem Vertragsstaat ansässigen Personen durch diesen Vertragsstaat, außer in Bezug auf die Vergünstigungen, die nach Bestimmungen des unter das Übereinkommen fallenden Steuerabkommens gewährt werden,
a) nach denen dieser Vertragsstaat verpflichtet ist, nachdem der andere Vertragsstaat in Übereinstimmung mit dem unter das Übereinkommen fallenden Steuerabkommen eine

Erstberichtigung vorgenommen hat, einem Unternehmen des erstgenannten Vertragsstaats eine entsprechende Gegenberichtigung des Steuerbetrags zu gewähren, der in diesem Vertragsstaat von den Gewinnen einer Betriebsstätte des Unternehmens oder den Gewinnen eines verbundenen Unternehmens erhoben wird,

b) welche die Art und Weise berühren können, wie dieser Vertragsstaat eine in diesem Vertragsstaat ansässige natürliche Person besteuert, wenn diese natürliche Person Einkünfte für dem anderen Vertragsstaat oder einer Gebietskörperschaft oder anderen vergleichbaren Körperschaft dieses Vertragsstaats geleistete Dienste bezieht,

c) welche die Art und Weise berühren können, wie dieser Vertragsstaat eine in diesem Vertragsstaat ansässige natürliche Person besteuert, wenn diese natürliche Person auch ein Schüler, Student, Auszubildender oder Trainee beziehungsweise Lehrer, Professor, Dozent, Ausbilder, Forscher oder Forschungsstipendiat ist, der die Voraussetzungen des unter das Übereinkommen fallenden Steuerabkommens erfüllt,

d) nach denen dieser Vertragsstaat verpflichtet ist, in diesem Vertragsstaat ansässigen Personen in Bezug auf die Einkünfte, die der andere Vertragsstaat nach dem unter das Übereinkommen fallenden Steuerabkommen besteuern kann (einschließlich Gewinnen, die nach dem unter das Übereinkommen fallenden Steuerabkommen einer in dem anderen Vertragsstaat gelegenen Betriebsstätte zugerechnet werden können), eine Steueranrechnung oder -befreiung zu gewähren,

e) durch die in diesem Vertragsstaat ansässige Personen vor bestimmten diskriminierenden Besteuerungsmethoden dieses Vertragsstaats geschützt werden,

f) nach denen in einem Vertragsstaat ansässige Personen beantragen können, dass die zuständige Behörde dieses oder eines der beiden Vertragsstaaten Fälle von nicht dem unter das Übereinkommen fallenden Steuerabkommen entsprechender Besteuerung prüft,

g) welche die Art und Weise berühren können, wie dieser Vertragsstaat eine in diesem Vertragsstaat ansässige natürliche Person besteuert, wenn diese natürliche Person Mitglied einer diplomatischen Mission oder konsularischen Vertretung des anderen Vertragsstaats oder einer Vertretung des anderen Vertragsgebiets ist,

h) nach denen Ruhegehälter und sonstige Zahlungen, die aufgrund des Sozialversicherungsrechts des anderen Vertragsstaats geleistet werden, nur in diesem anderen Vertragsstaat besteuert werden können,

i) nach denen aus dem anderen Vertragsstaat stammende Ruhegehälter und ähnliche Zahlungen, Renten, Unterhaltszahlungen an den geschiedenen Ehegatten oder sonstige Unterhaltszahlungen nur in diesem anderen Vertragsstaat besteuert werden können oder

j) durch die anderweitig das Recht eines Vertragsstaats auf Besteuerung der in seinem Gebiet ansässigen Personen ausdrücklich eingeschränkt wird oder die ausdrücklich vorsehen, dass der Vertragsstaat, aus dem Einkünfte stammen, das ausschließliche Recht auf Besteuerung dieser Einkünfte hat.

(2) Absatz 1 gilt anstelle oder in Ermangelung von Bestimmungen eines unter das Übereinkommen fallenden Steuerabkommens, nach denen das unter das Übereinkommen fallende Steuerabkommen nicht die Besteuerung der in einem Vertragsstaat ansässigen Personen durch diesen Vertragsstaat berührt.

(3) Eine Vertragspartei dieses Übereinkommens kann sich vorbehalten,

a) dass dieser gesamte Artikel nicht für ihre unter das Übereinkommen fallenden Steuerabkommen gilt;

b) dass dieser gesamte Artikel nicht für ihre unter das Übereinkommen fallenden Steuerabkommen gilt, die bereits die in Absatz 2 beschriebenen Bestimmungen enthalten.

(4) Jede Vertragspartei dieses Übereinkommens, die nicht den in Absatz 3 Buchstabe a oder b beschriebenen Vorbehalt angebracht hat, notifiziert dem Verwahrer, ob ihre unter das Übereinkommen fallenden Steuerabkommen jeweils eine in Absatz 2 beschriebene Bestimmung enthalten, und, sofern dies der Fall ist, jeweils die Nummer des Artikels und des Absatzes dieser Bestimmung. Haben alle Vertragsstaaten eine entsprechende Notifikation in Bezug auf eine Bestimmung eines unter das Übereinkommen fallenden Steuerabkommens abgegeben, so wird diese durch Absatz 1 ersetzt. Anderenfalls geht Absatz 1 den Bestimmungen des unter das Übereinkommen fallenden Steuerabkommens nur insoweit vor, als diese mit Absatz 1 unvereinbar sind.

Teil IV
Umgehung des Betriebsstättenstatus

Künstliche Umgehung des Betriebsstättenstatus durch Kommissionärsmodelle und ähnliche Strategien

Art. 12 (1) Ungeachtet der Bestimmungen eines unter das Übereinkommen fallenden Steuerabkommens, die den Ausdruck „Betriebsstätte" bestimmen, jedoch vorbehaltlich des Absatzes 2, wird, wenn eine Person in einem Vertragsstaat eines unter das Übereinkommen fallenden Steuerabkommens für ein Unternehmen tätig ist und dabei gewöhnlich Verträge schließt oder gewöhnlich die führende Rolle beim Abschluss von Verträgen einnimmt, die regelmäßig ohne wesentliche Änderung durch das Unternehmen geschlossen werden, und es sich dabei um Verträge

a) im Namen des Unternehmens oder

b) zur Übertragung des Eigentums an oder zur Gewährung des Nutzungsrechts für Vermögen, das diesem Unternehmen gehört oder für das es das Nutzungsrecht besitzt, oder

c) zur Erbringung von Dienstleistungen durch dieses Unternehmen

handelt, das Unternehmen so behandelt, als habe es in Bezug auf alle von dieser Person für das Unternehmen ausgeübten Tätigkeiten eine Betriebsstätte in diesem Vertragsstaat, es sei denn, diese Tätigkeiten, würden von Unternehmen durch eine in diesem Vertragsstaat gelegene feste Geschäftseinrichtung dieses Unternehmens ausgeführt, würden nicht dazu führen, dass diese feste Geschäftseinrichtung als Betriebsstätte im Sinne der in dem unter das Übereinkommen fallenden Steuerabkommen (in der gegebenenfalls durch dieses Übereinkommen geänderten Fassung) enthaltenen Bestimmung des Begriffs „Betriebsstätte" behandelt würde.

(2) Absatz 1 gilt nicht, wenn die in einem Vertragsstaat eines unter das Übereinkommen fallenden Steuerabkommens für ein Unternehmen des anderen Vertragsstaats tätige Person im erstgenannten Vertragsstaat eine Geschäftstätigkeit als unabhängiger Vertreter ausübt und im Rahmen dieser ordentlichen Geschäftstätigkeit für das Unternehmen handelt. Ist eine Person jedoch ausschließlich oder nahezu ausschließlich für ein oder mehrere Unternehmen tätig, mit dem beziehungsweise denen sie eng verbunden ist, so gilt diese Person in Bezug auf dieses beziehungsweise diese Unternehmen nicht als unabhängiger Vertreter im Sinne dieses Absatzes.

(3)
a) Absatz 1 gilt anstelle von Bestimmungen eines unter das Übereinkommen fallenden Steuerabkommens, in denen die Voraussetzungen beschrieben sind, unter denen ein Unternehmen so behandelt wird, als habe es in Bezug auf eine von einer anderen Person als einem unabhängigen Vertreter für das Unternehmen ausgeübte Tätigkeit eine Betriebsstätte in einem Vertragsstaat (oder eine Person so behandelt wird, als sei sie in Bezug auf eine derartige Tätigkeit eine Betriebsstätte in einem Vertragsstaat), jedoch nur insoweit, als in diesen Bestimmungen der Fall geregelt ist, in dem diese Person in diesem Vertragsstaat eine Vollmacht für den Abschluss von Verträgen im Namen des Unternehmens besitzt und gewöhnlich ausübt.

b) Absatz 2 gilt anstelle von Bestimmungen eines unter das Übereinkommen fallenden Steuerabkommens, nach denen ein Unternehmen nicht so behandelt wird, als habe es in Bezug auf eine von einem unabhängigen Vertreter für das Unternehmen ausgeübte Tätigkeit eine Betriebsstätte in einem Vertragsstaat.

(4) Eine Vertragspartei dieses Übereinkommens kann sich vorbehalten, dass dieser gesamte Artikel nicht für ihre unter das Übereinkommen fallenden Steuerabkommen gilt.

(5) Jede Vertragspartei dieses Übereinkommens, die keinen Vorbehalt nach Absatz 4 angebracht hat, notifiziert dem Verwahrer, ob ihre unter das Übereinkommen fallenden Steuerabkommen jeweils eine in Absatz 3 Buchstabe a beschriebene Bestimmung enthalten, sowie jeweils die Nummer des Artikels und des Absatzes dieser Bestimmung. Absatz 1 gilt nur dann in Bezug auf eine Bestimmung eines unter das Übereinkommen fallenden Steuerabkommens, wenn alle Vertragsstaaten in Bezug auf diese Bestimmung eine Notifikation abgegeben haben.

(6) Jede Vertragspartei dieses Übereinkommens, die keinen Vorbehalt nach Absatz 4 angebracht hat, notifiziert dem Verwahrer, ob ihre unter das Übereinkommen fallenden Steuerabkommen jeweils eine in Absatz 3 Buchstabe b beschriebene Bestimmung enthalten, sowie jeweils die Nummer des Artikels und des Absatzes dieser Bestimmung. Absatz 2 gilt nur dann in Bezug auf eine Bestimmung eines unter das Übereinkommen fallenden Steuerabkommens, wenn alle Vertragsstaaten in Bezug auf diese Bestimmung eine entsprechende Notifikation abgegeben haben.

Künstliche Umgehung des Betriebsstättenstatus durch die Ausnahme bestimmter Tätigkeiten

Art. 13 (1) Eine Vertragspartei dieses Übereinkommens kann sich entscheiden, Absatz 2 (Option A), Absatz 3 (Option B) oder keine der beiden Optionen anzuwenden.

Option A

(2) Ungeachtet der Bestimmungen eines unter das Übereinkommen fallenden Steuerabkommens, die den Ausdruck „Betriebsstätte" bestimmen, gelten folgende Fälle als nicht von dem Ausdruck „Betriebsstätte" umfasst:

a) die Tätigkeiten, die in dem unter das Übereinkommen fallenden Steuerabkommen (vor Änderung durch das Übereinkommen) ausdrücklich als nicht als Betriebsstätte geltende Tätigkeiten aufgeführt sind, unabhängig davon, ob diese Ausnahme vom Betriebsstättenstatus voraussetzt, dass die Tätigkeit vorbereitender Art ist oder eine Hilfstätigkeit darstellt,

b) eine feste Geschäftseinrichtung, die ausschließlich zu dem Zweck unterhalten wird, für das Unternehmen eine unter Buchstabe a beschriebene Tätigkeit auszuüben,

c) eine feste Geschäftseinrichtung, die ausschließlich zu dem Zweck unterhalten wird, mehrere der unter den Buchstaben a und b genannten Tätigkeiten auszuüben,

sofern diese Tätigkeit oder im Fall des Buchstabens c die Gesamttätigkeit der festen Geschäftseinrichtung vorbereitender Art ist oder eine Hilfstätigkeit darstellt.

Option B

(3) Ungeachtet der Bestimmungen eines unter das Übereinkommen fallenden Steuerabkommens,

die den Ausdruck „Betriebsstätte" bestimmen, gelten folgende Fälle als nicht von dem Ausdruck „Betriebsstätte" umfasst:

a) die Tätigkeiten, die in dem unter das Übereinkommen fallenden Steuerabkommen (vor Änderung durch das Übereinkommen) ausdrücklich als nicht als Betriebsstätte geltende Tätigkeiten aufgeführt sind, unabhängig davon, ob diese Ausnahme vom Betriebsstättenstatus voraussetzt, dass die Tätigkeit vorbereitender Art ist oder eine Hilfstätigkeit darstellt, soweit die einschlägige Bestimmung des unter das Übereinkommen fallenden Steuerabkommens nicht ausdrücklich vorsieht, dass eine bestimmte Tätigkeit nicht als Betriebsstätte gilt, sofern die Tätigkeit vorbereitender Art ist oder eine Hilfstätigkeit darstellt;

b) eine feste Geschäftseinrichtung, die ausschließlich zu dem Zweck unterhalten wird, für das Unternehmen eine nicht unter Buchstabe a beschriebene Tätigkeit auszuüben, sofern diese Tätigkeit vorbereitender Art ist oder eine Hilfstätigkeit darstellt;

c) eine feste Geschäftseinrichtung, die ausschließlich zu dem Zweck unterhalten wird, mehrere der unter den Buchstaben a und b genannten Tätigkeiten auszuüben, sofern die sich daraus ergebende Gesamttätigkeit der festen Geschäftseinrichtung vorbereitender Art ist oder eine Hilfstätigkeit darstellt.

(4) Eine Bestimmung eines unter das Übereinkommen fallenden Steuerabkommens (in der gegebenenfalls durch Absatz 2 oder 3 geänderten Fassung), in der bestimmte Tätigkeiten aufgeführt sind, die nicht als Betriebsstätte gelten, gilt nicht für eine von einem Unternehmen genutzte oder unterhaltene feste Geschäftseinrichtung, wenn dasselbe Unternehmen oder ein eng verbundenes Unternehmen an demselben Ort oder an einem anderen Ort in demselben Vertragsstaat eine Geschäftstätigkeit ausübt und

a) dieser Ort oder der andere Ort für das Unternehmen oder das eng verbundene Unternehmen nach den Bestimmungen eines unter das Übereinkommen fallenden Steuerabkommens, die den Begriff „Betriebsstätte" bestimmen, eine Betriebsstätte darstellt, oder

b) die Gesamttätigkeit, die sich aus den von den beiden Unternehmen an demselben Ort oder von demselben Unternehmen oder eng verbundenen Unternehmen an den beiden Orten ausgeübten Tätigkeiten ergibt, weder vorbereitender Art ist noch eine Hilfstätigkeit darstellt,

sofern die von den beiden Unternehmen an demselben Ort oder von demselben Unternehmen oder eng verbundenen Unternehmen an den beiden Orten ausgeübten Geschäftstätigkeiten sich ergänzende Aufgaben darstellen, die Teil eines zusammenhängenden Geschäftsbetriebs sind.

(5)
a) Absatz 2 oder 3 gilt anstelle der einschlägigen Passagen von Bestimmungen eines unter das Übereinkommen fallenden Steuerabkommens, in denen bestimmte Tätigkeiten aufgeführt sind, die nicht als Betriebsstätte gelten, selbst wenn die Tätigkeit durch eine feste Geschäftseinrichtung ausgeübt wird (oder von Bestimmungen eines unter das Übereinkommen fallenden Steuerabkommens, die auf vergleichbare Weise wirken).

b) Absatz 4 gilt für Bestimmungen eines unter das Übereinkommen fallenden Steuerabkommens (in der gegebenenfalls durch Absatz 2 oder 3 geänderten Fassung), in denen bestimmte Tätigkeiten aufgeführt sind, die nicht als Betriebsstätte gelten, selbst wenn die Tätigkeit durch eine feste Geschäftseinrichtung ausgeübt wird (oder für Bestimmungen eines unter das Übereinkommen fallenden Steuerabkommens, die auf vergleichbare Weise wirken).

(6) Eine Vertragspartei dieses Übereinkommens kann sich vorbehalten,

a) dass dieser gesamte Artikel nicht für ihre unter das Übereinkommen fallenden Steuerabkommen gilt;

b) dass Absatz 2 nicht für ihre unter das Übereinkommen fallenden Steuerabkommen gilt, in denen ausdrücklich erklärt wird, dass die in einer Liste aufgeführten bestimmten Tätigkeiten nur dann nicht als Betriebsstätte gelten, wenn jede einzelne dieser Tätigkeiten vorbereitender Art ist oder eine Hilfstätigkeit darstellt;

c) dass Absatz 4 nicht für ihre unter das Übereinkommen fallenden Steuerabkommen gilt.

(7) Jede Vertragspartei dieses Übereinkommens, die sich nach Absatz 1 für die Anwendung einer Option entscheidet, notifiziert dem Verwahrer die gewählte Option. Diese Notifikation muss auch die Liste ihrer unter das Übereinkommen fallenden Steuerabkommen umfassen, die eine in Absatz 5 Buchstabe a beschriebene Bestimmung enthalten, sowie jeweils die Nummer des Artikels und des Absatzes dieser Bestimmung. Eine Option gilt nur dann in Bezug auf eine Bestimmung eines unter das Übereinkommen fallenden Steuerabkommens, wenn alle Vertragsstaaten für die Anwendung derselben Option entschieden haben und in Bezug auf diese Bestimmung eine entsprechende Notifikation abgegeben haben.

(8) Jede Vertragspartei dieses Übereinkommens, die keinen Vorbehalt nach Absatz 6 Buchstabe a oder c angebracht hat und sich nicht nach Absatz 1 für die Anwendung einer Option entscheidet, notifiziert dem Verwahrer, ob ihre unter das Übereinkommen fallenden Steuerabkommen jeweils eine in Absatz 5 Buchstabe b beschriebene Bestimmung enthalten, sowie jeweils die Nummer des Artikels und des Absatzes dieser Bestimmung. Absatz 4 gilt nur dann in Bezug auf eine Bestimmung eines unter das Übereinkommen fallenden Steuerabkommens,

wenn alle Vertragsstaaten nach diesem Absatz oder nach Absatz 7 in Bezug auf diese Bestimmung eine Notifikation abgegeben haben.

Aufteilung von Verträgen

Art. 14 (1) Ausschließlich zu dem Zweck, festzustellen, ob der Zeitraum (oder die Zeiträume) überschritten wurde (beziehungsweise wurden), der (beziehungsweise die) in einer Bestimmung eines unter das Übereinkommen fallenden Steuerabkommens genannt wird (beziehungsweise werden), in der ein Zeitraum (oder Zeiträume) festgelegt ist (beziehungsweise sind), nach dessen (beziehungsweise deren) Überschreitung bestimmte Projekte oder Tätigkeiten eine Betriebsstätte darstellen,

a) wenn ein Unternehmen eines Vertragsstaats im anderen Vertragsstaat Tätigkeiten an einem Ort ausübt, der eine Baustelle, eine Bauausführung, eine Montage oder ein sonstiges in der einschlägigen Bestimmung des unter das Übereinkommen fallenden Steuerabkommens bezeichnetes bestimmtes Projekt darstellt, oder im Zusammenhang mit einem derartigen Ort Aufsichts- oder Beratungstätigkeiten ausübt, falls in einer Bestimmung eines unter das Übereinkommen fallenden Steuerabkommens derartige Tätigkeiten genannt werden, und wenn diese Tätigkeiten während eines oder mehrerer Zeiträume ausgeübt werden, die insgesamt 30 Tage überschreiten, ohne den in der einschlägigen Bestimmung des unter das Übereinkommen fallenden Steuerabkommens genannten Zeitraum beziehungsweise die dort genannten Zeiträume zu überschreiten, und

b) wenn miteinander zusammenhängende Tätigkeiten im anderen Vertragsstaat am Ort (oder, wenn die einschlägige Bestimmung des unter das Übereinkommen fallenden Steuerabkommens für Aufsichts- oder Beratungstätigkeiten gilt, im Zusammenhang mit) derselben Baustelle oder derselben Bauausführung oder Montage oder an einem sonstigen in der einschlägigen Bestimmung des unter das Übereinkommen fallenden Steuerabkommens bezeichneten Ort während verschiedener Zeiträume, die jeweils 30 Tage überschreiten, durch ein oder mehrere eng mit dem erstgenannten Unternehmen verbundene Unternehmen ausgeübt werden,

werden diese verschiedenen Zeiträume dem Gesamtzeitraum hinzugerechnet, während dessen das erstgenannte Unternehmen am Ort dieser Baustelle, dieser Bauausführung oder Montage oder an diesem sonstigen in der einschlägigen Bestimmung des unter das Übereinkommen fallenden Steuerabkommens bezeichneten Ort Tätigkeiten ausgeübt hat.

(2) Absatz 1 gilt anstelle oder in Ermangelung von Bestimmungen eines unter das Übereinkommen fallenden Steuerabkommens, soweit in diesen Bestimmungen die Aufteilung von Verträgen in mehrere Teile zur Vermeidung der Überschreitung eines Zeitraums oder von Zeiträumen in Bezug auf das Bestehen einer Betriebsstätte für bestimmte in Absatz 1 beschriebene Projekte oder Tätigkeiten geregelt wird.

(3) Eine Vertragspartei dieses Übereinkommens kann sich vorbehalten,

a) dass dieser gesamte Artikel nicht für ihre unter das Übereinkommen fallenden Steuerabkommen gilt;

b) dass dieser gesamte Artikel nicht für Bestimmungen ihrer unter das Übereinkommen fallenden Steuerabkommen gilt, die sich auf das Aufsuchen oder die Ausbeutung von natürlichen Ressourcen beziehen.

(4) Jede Vertragspartei dieses Übereinkommens, die keinen Vorbehalt nach Absatz 3 Buchstabe a angebracht hat, notifiziert dem Verwahrer, ob ihre unter das Übereinkommen fallenden Steuerabkommen jeweils eine in Absatz 2 beschriebene Bestimmung enthalten, die nicht einem Vorbehalt nach Absatz 3 Buchstabe b unterliegt, und, sofern dies der Fall ist, jeweils die Nummer des Artikels und des Absatzes dieser Bestimmung. Haben alle Vertragsstaaten eine entsprechende Notifikation in Bezug auf eine Bestimmung eines unter das Übereinkommen fallenden Steuerabkommens abgegeben, so wird diese durch Absatz 1 ersetzt, soweit in Absatz 2 vorgesehen. Anderenfalls geht Absatz 1 den Bestimmungen des unter das Übereinkommen fallenden Steuerabkommens nur insoweit vor, als diese mit Absatz 1 unvereinbar sind.

Bestimmung des Begriffs der mit einem Unternehmen eng verbundenen Person

Art. 15 (1) Im Sinne eines durch Artikel 12 (Künstliche Umgehung des Betriebsstättenstatus durch Kommissionärsmodelle und ähnliche Strategien) Absatz 2, Artikel 13 (Künstliche Umgehung des Betriebsstättenstatus durch die Ausnahme bestimmter Tätigkeiten) Absatz 4 oder Artikel 14 (Aufteilung von Verträgen) Absatz 1 geänderten unter das Übereinkommen fallenden Steuerabkommens ist eine Person mit einem Unternehmen eng verbunden, wenn allen maßgeblichen Tatsachen und Umständen zufolge die Person das Unternehmen oder das Unternehmen die Person beherrscht oder beide von denselben Personen oder Unternehmen beherrscht werden. In jedem Fall gilt eine Person als mit einem Unternehmen eng verbunden, wenn einer von beiden mittelbar oder unmittelbar mehr als 50 Prozent der Eigentumsrechte am anderen (oder bei einer Gesellschaft mehr als 50 Prozent der Gesamtstimmrechte und des Gesamtwerts der Anteile der Gesellschaft oder der Eigentumsrechte an der Gesellschaft) besitzt oder wenn eine weitere Person mittelbar oder unmittelbar mehr als 50 Prozent der Eigentumsrechte an der Person und dem Unternehmen (oder bei einer Gesellschaft mehr als 50 Prozent der Gesamtstimmrechte und des Gesamtwerts der Anteile der Gesellschaft oder der Eigentumsrechte an der Gesellschaft) besitzt.

(2) Eine Vertragspartei dieses Übereinkommens, welche die in Artikel 12 (Künstliche Umgehung des Betriebsstättenstatus durch Kommissionärs-

modelle und ähnliche Strategien) Absatz 4, Artikel 13 (Künstliche Umgehung des Betriebsstättenstatus durch die Ausnahme bestimmter Tätigkeiten) Absatz 6 Buchstabe a oder c und Artikel 14 (Aufteilung von Verträgen) Absatz 3 Buchstabe a beschriebenen Vorbehalte angebracht hat, kann sich vorbehalten, dass dieser gesamte Artikel nicht für die unter das Übereinkommen fallenden Steuerabkommen gilt, für die diese Vorbehalte gelten.

Teil V
Verbesserung der Streitbeilegung

Verständigungsverfahren

Art. 16 (1) Ist eine Person der Auffassung, dass die Maßnahmen eines oder beider Vertragsstaaten für sie zu einer Besteuerung führen oder führen werden, die dem unter das Übereinkommen fallenden Steuerabkommen nicht entspricht, so kann sie ungeachtet der im innerstaatlichen Recht dieser Vertragsstaaten vorgesehenen Rechtsbehelfe den Fall der zuständigen Behörde eines der beiden Vertragsstaaten vorlegen. Der Fall muss innerhalb von drei Jahren nach der ersten Mitteilung der Maßnahme vorgelegt werden, die zu einer dem unter das Übereinkommen fallenden Steuerabkommen nicht entsprechenden Besteuerung führt.

(2) Hält die zuständige Behörde die Einwendung für berechtigt und ist sie selbst nicht in der Lage, eine zufriedenstellende Lösung herbeizuführen, so wird sie sich bemühen, den Fall durch Verständigung mit der zuständigen Behörde des anderen Vertragsstaats so zu regeln, dass eine dem unter das Übereinkommen fallenden Steuerabkommen nicht entsprechende Besteuerung vermieden wird. Jede erzielte Verständigungsregelung ist ungeachtet jeglicher im innerstaatlichen Recht der Vertragsstaaten vorgesehener Fristen umzusetzen.

(3) Die zuständigen Behörden der Vertragsstaaten werden sich bemühen, Schwierigkeiten oder Zweifel hinsichtlich der Auslegung oder Anwendung des unter das Übereinkommen fallenden Steuerabkommens durch Verständigung auszuräumen. Sie können auch gemeinsam beraten, um eine Doppelbesteuerung in Fällen, die in dem unter das Übereinkommen fallenden Steuerabkommen nicht vorgesehen sind, zu beseitigen.

(4)
a) i) Absatz 1 Satz 1 gilt anstelle oder in Ermangelung von Bestimmungen eines unter das Übereinkommen fallenden Steuerabkommens (oder Teilen davon), nach denen eine Person, wenn sie der Auffassung ist, dass die Maßnahmen eines oder beider Vertragsstaaten für sie zu einer Besteuerung führen oder führen werden, die dem unter das Übereinkommen fallenden Steuerabkommen nicht entspricht, ungeachtet der im innerstaatlichen Recht dieser Vertragsstaaten vorgesehenen Rechtsbehelfe den Fall der zuständigen Behörde des Vertragsstaats, in dem sie ansässig ist, vorlegen kann, einschließlich Bestimmungen, nach denen der Fall der zuständigen Behörde des Vertragsstaats vorgelegt werden kann, dessen Staatsangehörige die Person ist, sofern der von ihr vorgelegte Fall den Bestimmungen eines unter das Übereinkommen fallenden Steuerabkommens zur Gleichbehandlung aufgrund der Staatsangehörigkeit unterliegt.

ii) Absatz 1 Satz 2 gilt anstelle von Bestimmungen eines unter das Übereinkommen fallenden Steuerabkommens, nach denen ein in Absatz 1 Satz 1 genannter Fall innerhalb einer bestimmten Frist von weniger als drei Jahren nach der ersten Mitteilung der Maßnahme, die zu einer dem unter das Übereinkommen fallenden Steuerabkommen nicht entsprechenden Besteuerung führt, vorgelegt werden muss, oder in Ermangelung einer Bestimmung eines unter das Übereinkommen fallenden Steuerabkommens, in der eine Frist festgelegt wird, innerhalb derer ein derartiger Fall vorgelegt werden muss.

b) i) Absatz 2 Satz 1 gilt in Ermangelung von Bestimmungen eines unter das Übereinkommen fallenden Steuerabkommens, nach denen die zuständige Behörde, welcher der Fall von der in Absatz 1 genannten Person vorgelegt wird, sich bemühen wird – sofern sie die Einwendung für berechtigt hält und selbst nicht in der Lage ist, eine zufriedenstellende Lösung herbeizuführen – den Fall durch Verständigung mit der zuständigen Behörde des anderen Vertragsstaats so zu regeln, dass eine dem unter das Übereinkommen fallenden Steuerabkommen nicht entsprechende Besteuerung vermieden wird.

ii) Absatz 2 Satz 2 gilt in Ermangelung von Bestimmungen eines unter das Übereinkommen fallenden Steuerabkommens, nach denen eine erzielte Verständigungsregelung ungeachtet jeglicher im innerstaatlichen Recht der Vertragsstaaten vorgesehener Fristen umzusetzen ist.

c) i) Absatz 3 Satz 1 gilt in Ermangelung von Bestimmungen eines unter das Übereinkommen fallenden Steuerabkommens, nach denen die zuständigen Behörden der Vertragsstaaten sich bemühen werden, Schwierigkeiten oder Zweifel hinsichtlich der Auslegung oder Anwendung des unter das Übereinkommen fallenden Steuerabkommens durch Verständigung auszuräumen.

ii) Absatz 3 Satz 2 gilt in Ermangelung von Bestimmungen eines unter das Übereinkommen fallenden Steuerabkommens, nach denen die zuständigen Behörden der Vertragsstaaten auch gemeinsam beraten können, um eine Doppelbesteuerung in Fällen, die in dem unter das Übereinkommen fallenden Steuerabkommen nicht vorgesehen sind, zu beseitigen.

(5) Eine Vertragspartei dieses Übereinkommens kann sich vorbehalten,
a) dass Absatz 1 Satz 1 nicht für ihre unter das Übereinkommen fallenden Steuerabkommen gilt, da sie beabsichtigt, den Mindeststandard für die Verbesserung der Streitbeilegung nach dem BEPS-Paket der OECD/G20 zu erfüllen, indem sie sicherstellt, dass nach jedem ihrer unter das Übereinkommen fallenden Steuerabkommen (mit Ausnahme der unter das Übereinkommen fallenden Steuerabkommen, nach denen eine Person einen Fall der zuständigen Behörde eines der beiden Vertragsstaaten vorlegen darf) eine Person, wenn sie der Auffassung ist, dass die Maßnahmen eines oder beider Vertragsstaaten für sie zu einer Besteuerung führen oder führen werden, die dem unter das Übereinkommen fallenden Steuerabkommen nicht entspricht, ungeachtet der im innerstaatlichen Recht dieser Vertragsstaaten vorgesehenen Rechtsbehelfe den Fall der zuständigen Behörde des Vertragsstaats, in dem sie ansässig ist, oder, sofern der von dieser Person vorgelegte Fall einer Bestimmung eines unter das Übereinkommen fallenden Steuerabkommens zur Gleichbehandlung aufgrund der Staatsangehörigkeit unterliegt, der zuständigen Behörde des Vertragsstaats, dessen Staatsangehörige sie ist, vorlegen kann; außerdem wird die zuständige Behörde dieses Vertragsstaats ein zweiseitiges Notifikations- oder Konsultationsverfahren mit der zuständigen Behörde des anderen Vertragsstaats für Fälle durchführen, in denen die zuständige Behörde, welcher der Fall, der Gegenstand eines Verständigungsverfahrens sein soll, vorgelegt wurde, die Einwendung des Steuerpflichtigen für unberechtigt hält;
b) dass Absatz 1 Satz 2 nicht für ihre unter das Übereinkommen fallenden Steuerabkommen gilt, die für die Vorlage des in Absatz 1 Satz 1 genannten Falles keine bestimmte Frist vorsehen, da sie beabsichtigt, den Mindeststandard für die Verbesserung der Streitbeilegung nach dem BEPS-Paket der OECD/G20 zu erfüllen, indem sie sicherstellt, dass dem in Absatz 1 genannten Steuerpflichtigen für die Zwecke aller derartigen unter das Übereinkommen fallenden Steuerabkommen gestattet ist, den Fall innerhalb einer Frist von mindestens drei Jahren nach der ersten Mitteilung der Maßnahme vorzulegen, die zu einer dem unter das Übereinkommen fallenden Steuerabkommen nicht entsprechenden Besteuerung führt;
c) dass Absatz 2 Satz 2 nicht für ihre unter das Übereinkommen fallenden Steuerabkommen gilt, da für die Zwecke aller ihrer unter das Übereinkommen fallenden Steuerabkommen
   i) eine im Wege des Verständigungsverfahrens erzielte Verständigungsregelung ungeachtet jeglicher im innerstaatlichen Recht der Vertragsstaaten vorgesehener Fristen im innerstaatlichen Recht der Vertragsstaaten umzusetzen ist oder
   ii) die Vertragspartei dieses Übereinkommens beabsichtigt, den Mindeststandard für die Verbesserung der Streitbeilegung nach dem BEPS-Paket der OECD/G20 zu erfüllen, indem sie in ihren zweiseitigen Vertragsverhandlungen eine Vertragsbestimmung annimmt, nach der
      A) die Vertragsstaaten keine Berichtigung der Gewinne, die einer Betriebsstätte eines Unternehmens eines der Vertragsstaaten zugerechnet werden können, vornehmen nach dem Ablauf einer zwischen den beiden Vertragsstaaten durch Verständigung vereinbarten Frist ab dem Ende des Steuerjahrs, in dem die Gewinne der Betriebsstätte hätten zugerechnet werden können (diese Bestimmung ist nicht anzuwenden im Fall von Betrug, grober Fahrlässigkeit oder vorsätzlicher Unterlassung), und
      B) die Vertragsstaaten den Gewinnen eines Unternehmens nicht die Gewinne zurechnen und entsprechend besteuern, die das Unternehmen erzielt hätte, aufgrund der in einer Bestimmung des unter das Übereinkommen fallenden Steuerabkommens in Bezug auf verbundene Unternehmen genannten Bedingungen jedoch nicht erzielt hat, nach dem Ablauf einer zwischen den beiden Vertragsstaaten durch Verständigung vereinbarten Frist ab dem Ende des Steuerjahrs, in dem das Unternehmen die Gewinne erzielt hätte (diese Bestimmung ist nicht anzuwenden im Fall von Betrug, grober Fahrlässigkeit oder vorsätzlicher Unterlassung).

(6)
a) Jede Vertragspartei dieses Übereinkommens, die keinen Vorbehalt nach Absatz 5 Buchstabe a angebracht hat, notifiziert dem Verwahrer, ob ihre unter das Übereinkommen fallenden Steuerabkommen jeweils eine in Absatz 4 Buchstabe a Ziffer i beschriebene Bestimmung enthalten, und, sofern dies der Fall ist, jeweils die Nummer des Artikels und des Absatzes dieser Bestimmung. Haben alle Vertragsstaaten eine Notifikation in Bezug auf eine Bestimmung eines unter das Übereinkommen fallenden Steuerabkommens abgegeben, so wird diese durch Absatz 1 Satz 1 ersetzt. Anderenfalls geht Absatz 1 Satz 1 den Bestimmungen des unter das Übereinkommen fallenden Steuerabkommen nur insoweit vor, als diese mit Absatz 1 Satz 1 unvereinbar sind.

b) Jede Vertragspartei dieses Übereinkommens, die nicht den Vorbehalt nach Absatz 5 Buchstabe b angebracht hat, notifiziert dem Verwahrer
   i) die Liste ihrer unter das Übereinkommen fallenden Steuerabkommen, die eine Bestimmung enthalten, nach der ein in Absatz 1 Satz 1 genannter Fall innerhalb einer bestimmten Frist von weniger als drei Jahren nach der ersten Mitteilung der Maßnahme, die zu einer dem unter das Übereinkommen fallenden Steuerabkommen nicht entsprechenden Besteuerung führt, vorgelegt werden muss, sowie jeweils die Nummer des Artikels und des Absatzes dieser Bestimmung; eine Bestimmung eines unter das Übereinkommen fallenden Steuerabkommens wird durch Absatz 1 Satz 2 ersetzt, wenn alle Vertragsstaaten eine entsprechende Notifikation in Bezug auf diese Bestimmung abgegeben haben; anderenfalls, jedoch vorbehaltlich der Ziffer ii geht Absatz 1 Satz 2 den Bestimmungen des unter das Übereinkommen fallenden Steuerabkommens nur insoweit vor, als diese mit Absatz 1 Satz 2 unvereinbar sind;
   ii) die Liste ihrer unter das Übereinkommen fallenden Steuerabkommen, die eine Bestimmung enthalten, nach der ein in Absatz 1 Satz 1 genannter Fall innerhalb einer bestimmten Frist von mindestens drei Jahren nach der ersten Mitteilung der Maßnahme, die zu einer dem unter das Übereinkommen fallenden Steuerabkommen nicht entsprechenden Besteuerung führt, vorgelegt werden muss, sowie jeweils die Nummer des Artikels und des Absatzes dieser Bestimmung; Absatz 1 Satz 2 gilt nicht für ein unter das Übereinkommen fallendes Steuerabkommen, wenn ein Vertragsstaat eine entsprechende Notifikation in Bezug auf diese abgegeben hat.
c) Jede Vertragspartei dieses Übereinkommens notifiziert dem Verwahrer
   i) die Liste ihrer unter das Übereinkommen fallenden Steuerabkommen, die keine in Absatz 4 Buchstabe b Ziffer i beschriebene Bestimmung enthalten; Absatz 2 Satz 1 gilt nur dann für ein unter das Übereinkommen fallendes Steuerabkommen, wenn alle Vertragsstaaten eine entsprechende Notifikation in Bezug auf diese abgegeben haben;
   ii) die Liste ihrer unter das Übereinkommen fallenden Steuerabkommen, die keine in Absatz 4 Buchstabe b Ziffer ii beschriebene Bestimmung enthalten, wenn sie nicht den Vorbehalt nach Absatz 5 Buchstabe c angebracht hat; Absatz 2 Satz 2 gilt nur dann für ein unter das Übereinkommen fallendes Steuerabkommen, wenn alle Vertragsstaaten eine entsprechende Notifikation in Bezug auf dieses abgegeben haben.
d) Jede Vertragspartei dieses Übereinkommens notifiziert dem Verwahrer
   i) die Liste ihrer unter das Übereinkommen fallenden Steuerabkommen, die keine in Absatz 4 Buchstabe c Ziffer i beschriebene Bestimmung enthalten; Absatz 3 Satz 1 gilt nur dann für ein unter das Übereinkommen fallendes Steuerabkommen, wenn alle Vertragsstaaten eine entsprechende Notifikation in Bezug auf dieses abgegeben haben;
   ii) die Liste ihrer unter das Übereinkommen fallenden Steuerabkommen, die keine in Absatz 4 Buchstabe c Ziffer ii beschriebene Bestimmung enthalten; Absatz 3 Satz 2 gilt nur dann für ein unter das Übereinkommen fallendes Steuerabkommen, wenn alle Vertragsstaaten eine entsprechende Notifikation in Bezug auf dieses abgegeben haben.

Gegenberichtigung

Art. 17 (1) Rechnet ein Vertragsstaat den Gewinnen eines Unternehmens dieses Vertragsstaats Gewinne zu, mit denen ein Unternehmen des anderen Vertragsstaats in diesem anderen Vertragsstaat besteuert worden ist, und besteuert diese Gewinne entsprechend und handelt es sich bei den zugerechneten Gewinnen um solche, die das Unternehmen des erstgenannten Vertragsstaats erzielt hätte, wenn die zwischen den beiden Unternehmen vereinbarten Bedingungen die gleichen gewesen wären, die unabhängige Unternehmen miteinander vereinbart hätten, so nimmt dieser andere Vertragsstaat eine entsprechende Berichtigung der Höhe der dort von diesen Gewinnen erhobenen Steuer vor. Bei der Ermittlung dieser Berichtigung sind die übrigen Bestimmungen des unter das Übereinkommen fallenden Steuerabkommens zu berücksichtigen und erforderlichenfalls konsultieren die zuständigen Behörden der Vertragsstaaten einander.

(2) Absatz 1 gilt anstelle oder in Ermangelung einer Bestimmung, nach der ein Vertragsstaat verpflichtet ist, eine entsprechende Berichtigung der Höhe der dort von den Gewinnen eines Unternehmens dieses Vertragsstaats erhobenen Steuer vorzunehmen, wenn der andere Vertragsstaat diese Gewinne den Gewinnen eines Unternehmens dieses anderen Vertragsstaats zurechnet und diese Gewinne entsprechend besteuert und es sich bei den zugerechneten Gewinnen um solche handelt, die das Unternehmen dieses anderen Vertragsstaats erzielt hätte, wenn die zwischen den beiden Unternehmen vereinbarten Bedingungen die gleichen gewesen wären, die unabhängige Unternehmen miteinander vereinbart hätten.

(3) Eine Vertragspartei dieses Übereinkommens kann sich vorbehalten,
a) dass dieser gesamte Artikel nicht für ihre unter das Übereinkommen fallenden Steuer-

abkommen gilt, die bereits eine in Absatz 2 beschriebene Bestimmung enthalten;

b) dass dieser gesamte Artikel nicht für ihre unter das Übereinkommen fallenden Steuerabkommen gilt, da in Ermangelung einer in Absatz 2 genannten Bestimmung in ihrem unter das Übereinkommen fallenden Steuerabkommen
   i) sie die in Absatz 1 genannte entsprechende Berichtigung vornimmt oder
   ii) ihre zuständige Behörde sich bemühen wird, den Fall nach den Bestimmungen eines unter das Übereinkommen fallenden Steuerabkommens in Bezug auf das Verständigungsverfahren zu regeln;

c) dass dieser gesamte Artikel nicht für ihre unter das Übereinkommen fallenden Steuerabkommen gilt, wenn sie einen Vorbehalt nach Artikel 16 (Verständigungsverfahren) Absatz 5 Buchstabe c Ziffer ii angebracht hat, da sie in ihren zweiseitigen Vertragsverhandlungen eine Vertragsbestimmung der in Absatz 1 beschriebenen Art annimmt, sofern die Vertragsstaaten eine Verständigungsregelung über diese Bestimmung und die in Artikel 16 (Verständigungsverfahren) Absatz 5 Buchstabe c Ziffer ii beschriebenen Bestimmungen erzielen konnten.

(4) Jede Vertragspartei dieses Übereinkommens, die keinen Vorbehalt nach Absatz 3 angebracht hat, notifiziert dem Verwahrer, ob ihre unter das Übereinkommen fallenden Steuerabkommen jeweils eine in Absatz 2 beschriebene Bestimmung enthalten, und, sofern dies der Fall ist, jeweils die Nummer des Artikels und des Absatzes dieser Bestimmung. Haben alle Vertragsstaaten eine entsprechende Notifikation in Bezug auf eine Bestimmung eines unter das Übereinkommen fallenden Steuerabkommens abgegeben, so wird diese durch Absatz 1 ersetzt. Anderenfalls geht Absatz 1 den Bestimmungen des unter das Übereinkommen fallenden Steuerabkommens nur insoweit vor, als diese mit Absatz 1 unvereinbar sind.

Teil VI
Schiedsverfahren

Entscheidung für die Anwendung des Teiles VI

Art. 18 Eine Vertragspartei dieses Übereinkommens kann sich entscheiden, diesen Teil in Bezug auf ihre unter das Übereinkommen fallenden Steuerabkommen anzuwenden, und notifiziert dies dem Verwahrer. Dieser Teil gilt nur dann für zwei Vertragsstaaten in Bezug auf ein unter das Übereinkommen fallendes Steuerabkommen, wenn beide Vertragsstaaten eine entsprechende Notifikation abgegeben haben.

Obligatorisches verbindliches Schiedsverfahren

Art. 19 (1) Wenn

a) eine Person aufgrund einer Bestimmung eines unter das Übereinkommen fallenden Steuerabkommens (in der gegebenenfalls durch Artikel 16 (Verständigungsverfahren) Absatz 1 geänderten Fassung), nach der eine Person einen Fall einer zuständigen Behörde eines Vertragsstaats vorlegen kann, wenn sie der Auffassung ist, dass die Maßnahmen eines oder beider Vertragsstaaten für sie zu einer Besteuerung führen oder führen werden, die dem unter das Übereinkommen fallenden Steuerabkommen (in der gegebenenfalls durch das Übereinkommen geänderten Fassung) nicht entspricht, der zuständigen Behörde eines Vertragsstaats einen Fall vorgelegt hat, weil die Maßnahmen eines oder beider Vertragsstaaten für sie zu einer dem unter das Übereinkommen fallenden Steuerabkommen (in der gegebenenfalls durch das Übereinkommen geänderten Fassung) nicht entsprechenden Besteuerung geführt haben, und

b) die zuständigen Behörden nicht innerhalb von zwei Jahren ab dem in Absatz 8 oder, je nach Sachlage, Absatz 9 genannten Fristbeginn (es sei denn, die zuständigen Behörden der Vertragsstaaten haben vor Ablauf dieser Frist eine andere Frist für diesen Fall vereinbart und die Person, die den Fall vorgelegt hat, darüber unterrichtet) eine Verständigungsregelung zur Regelung des Falles nach einer Bestimmung eines unter das Übereinkommen fallenden Steuerabkommens (in der gegebenenfalls durch Artikel 16 (Verständigungsverfahren) Absatz 2 geänderten Fassung) erzielen können, die vorsieht, dass sich die zuständige Behörde bemühen wird, den Fall durch Verständigung mit der zuständigen Behörde des anderen Vertragsstaats zu regeln,

werden auf schriftlichen Antrag der Person noch offene Fragen des Falles auf in diesem Teil beschriebene Weise und im Einklang mit den von den zuständigen Behörden der Vertragsstaaten nach Absatz 10 vereinbarten Vorschriften oder Verfahren einem Schiedsverfahren unterworfen.

(2) Hat eine zuständige Behörde das in Absatz 1 erwähnte Verständigungsverfahren ausgesetzt, da bei einem Gericht ein Fall betreffend eine oder mehrere gleiche Fragen anhängig ist, so ist der Lauf der in Absatz 1 Buchstabe b vorgesehenen Frist gehemmt, bis entweder eine abschließende Gerichtsentscheidung ergangen ist oder der Fall eingestellt oder zurückgezogen wurde. Auch wenn eine Person, die einen Fall vorgelegt hat, und eine zuständige Behörde eine Aussetzung des Verständigungsverfahrens vereinbart haben, ist der Lauf der in Absatz 1 Buchstabe b vorgesehenen Frist gehemmt, bis die Aussetzung aufgehoben wurde.

(3) Kommen beide zuständigen Behörden überein, dass unmittelbar von dem Fall betroffene Person es versäumt hat, zusätzliche wesentliche Informationen, die nach Beginn der in Absatz 1 Buchstabe b vorgesehenen Frist von einer der beiden zuständigen Behörden angefordert wurden,

rechtzeitig bereitzustellen, so wird die in Absatz 1 Buchstabe b vorgesehene Frist um eine Dauer verlängert, die dem Zeitraum entspricht, der an dem Tag beginnt, bis zu dem die Informationen angefordert waren, und an dem Tag endet, an dem sie bereitgestellt wurden.

(4)
a) Der Schiedsspruch über die einem Schiedsverfahren unterworfenen Fragen wird durch die Verständigungsregelung in Bezug auf den in Absatz 1 genannten Fall umgesetzt. Der Schiedsspruch ist endgültig.
b) Der Schiedsspruch ist für beide Vertragsstaaten verbindlich, es sei denn,
   i) eine unmittelbar von dem Fall betroffene Person erkennt die Verständigungsregelung, durch die der Schiedsspruch umgesetzt wird, nicht an. In diesem Fall kommt der Fall für eine weitere Prüfung durch die zuständigen Behörden nicht in Betracht. Die Verständigungsregelung, durch die der Schiedsspruch über den Fall umgesetzt wird, gilt als von einer unmittelbar von dem Fall betroffenen Person nicht anerkannt, sofern nicht eine unmittelbar von dem Fall betroffene Person innerhalb von 60 Tagen nach Übermittlung der Mitteilung über die Verständigungsregelung an die Person alle in der Verständigungsregelung, durch die der Schiedsspruch umgesetzt wird, geklärten Fragen von der Prüfung durch ein Gericht zurückzieht oder alle gegebenenfalls anhängigen Gerichtsverfahren und außergerichtlichen Rechtsbehelfsverfahren in Bezug auf diese Fragen in einer mit dieser Verständigungsregelung übereinstimmenden Weise beendet;
   ii) der Schiedsspruch wird in einer abschließenden Entscheidung der Gerichte eines der Vertragsstaaten für ungültig erklärt. In diesem Fall gilt der Schiedsantrag nach Absatz 1 als nicht gestellt und das Schiedsverfahren als nicht durchgeführt (außer für die Zwecke der Artikel 21 (Vertraulichkeit von Schiedsverfahren) und 25 (Kosten von Schiedsverfahren). In diesem Fall kann ein neuer Schiedsantrag gestellt werden, sofern die zuständigen Behörden nicht übereinkommen, dass ein solcher neuer Antrag nicht zulässig sein soll;
   iii) eine unmittelbar von dem Fall betroffene Person strengt ein Gerichtsverfahren zu den in der Verständigungsregelung, durch die der Schiedsspruch umgesetzt wird, geklärten Fragen an.

(5) Die zuständige Behörde, bei welcher der ursprüngliche Antrag auf ein Verständigungsverfahren nach Absatz 1 Buchstabe a eingegangen ist, übermittelt innerhalb von zwei Kalendermonaten nach Eingang des Antrags

a) eine Mitteilung über den Eingang des Antrags an die Person, die den Fall vorgelegt hat, sowie
b) eine Mitteilung über diesen Antrag mit einer Abschrift desselben an die zuständige Behörde des anderen Vertragsstaats.

(6) Innerhalb von drei Kalendermonaten, nachdem eine zuständige Behörde den Antrag auf ein Verständigungsverfahren (oder eine Abschrift desselben von der zuständigen Behörde des anderen Vertragsstaats) erhalten hat, wird sie
a) entweder der Person, die den Fall vorgelegt hat, und der anderen zuständigen Behörde mitteilen, dass sie die für die sachliche Prüfung des Falles erforderlichen Informationen erhalten hat, oder
b) zu diesem Zweck von dieser Person zusätzliche Informationen anfordern.

(7) Haben nach Absatz 6 Buchstabe b eine oder beide zuständigen Behörden von der Person, die den Fall vorgelegt hat, zusätzliche Informationen angefordert, die für eine sachliche Prüfung des Falles erforderlich sind, so teilt die zuständige Behörde, welche die zusätzlichen Informationen angefordert hat, dieser Person und der anderen zuständigen Behörde innerhalb von drei Kalendermonaten nach Erhalt der zusätzlichen Informationen von dieser Person entweder mit,
a) dass sie die angeforderten Informationen erhalten hat
b) oder dass einige der angeforderten Informationen noch fehlen.

(8) Hat keine der beiden zuständigen Behörden nach Absatz 6 Buchstabe b zusätzliche Informationen angefordert, so ist der in Absatz 1 genannte Fristbeginn der frühere der beiden folgenden Tage:
a) der Tag, an dem beide zuständigen Behörden der Person, die den Fall vorgelegt hat, eine Mitteilung nach Absatz 6 Buchstabe a übermittelt haben, oder
b) der Tag, der drei Kalendermonate nach der Mitteilung an die zuständige Behörde des anderen Vertragsstaats nach Absatz 5 Buchstabe b liegt.

(9) Wurden nach Absatz 6 Buchstabe b zusätzliche Informationen angefordert, so ist der in Absatz 1 genannte Fristbeginn der frühere der beiden folgenden Tage:
a) der letzte Tag, an dem die zuständigen Behörden, die zusätzliche Informationen angefordert haben, der Person, die den Fall vorgelegt hat, und der anderen zuständigen Behörde eine Mitteilung nach Absatz 7 Buchstabe a übermittelt haben, oder
b) der Tag, der drei Kalendermonate nach dem Zeitpunkt liegt, zu dem beide zuständigen Behörden von der Person, die den Fall vorgelegt hat, alle von einer der beiden zuständigen Behörden angeforderten Informationen erhalten haben.

Übermitteln jedoch eine oder beide zuständigen Behörden die Mitteilung nach Absatz 7 Buchstabe b, so gilt diese als Anforderung zusätzlicher Informationen nach Absatz 6 Buchstabe b.

(10) Die zuständigen Behörden der Vertragsstaaten regeln durch Verständigung (nach dem Artikel der einschlägigen unter das Übereinkommen fallenden Steuerabkommen, der sich auf Verständigungsverfahren bezieht), wie dieser Teil anzuwenden ist und welche Informationen jede zuständige Behörde für eine sachliche Prüfung des Falles mindestens benötigt. Diese Verständigungsregelung ist vor dem Tag zu treffen, an dem noch offene Fragen im Rahmen eines Falles erstmals in einem Schiedsverfahren unterworfen zu werden, und kann danach erforderlichenfalls geändert werden.

(11) Für die Anwendung dieses Artikels auf ihre unter das Übereinkommen fallenden Steuerabkommen kann sich eine Vertragspartei dieses Übereinkommens vorbehalten, die in Absatz 1 Buchstabe b vorgesehene Frist von zwei Jahren durch eine Frist von drei Jahren zu ersetzen.

(12) Eine Vertragspartei dieses Übereinkommens kann sich vorbehalten, dass ungeachtet der Absätze 1 bis 11 in Bezug auf ihre unter das Übereinkommen fallenden Steuerabkommen folgende Vorschriften gelten:

a) Eine noch offene Frage die sich aus einem Fall ergibt, der Gegenstand eines Verständigungsverfahrens ist und der anderenfalls in den Anwendungsbereich des in diesem Übereinkommen vorgesehenen Schiedsverfahrens fallen würde, darf nicht einem Schiedsverfahren unterworfen werden, wenn in einem der beiden Vertragsstaaten bereits eine Gerichtsentscheidung zu dieser Frage ergangen ist.

b) Wenn zu irgendeinem Zeitpunkt nach Stellung eines Schiedsantrags und vor Übermittlung des Schiedsspruchs an die zuständigen Behörden der Vertragsstaaten durch die Schiedsstelle in einem der Vertragsstaaten eine Gerichtsentscheidung zu der Frage ergeht, endet das Schiedsverfahren.

Bestellung der Schiedsrichter

Art. 20 (1) Soweit sich die zuständigen Behörden der Vertragsstaaten nicht auf andere Vorschriften verständigen, gelten für die Zwecke dieses Teiles die Absätze 2 bis 4.

(2) Für die Bestellung der Mitglieder einer Schiedsstelle gelten folgende Vorschriften:

a) Die Schiedsstelle besteht aus drei Einzelmitgliedern mit Fachkenntnis oder Erfahrung auf dem Gebiet internationaler Steuersachen.

b) Jede zuständige Behörde bestellt innerhalb von 60 Tagen nach dem Tag des aufgrund des Artikels 19 (Obligatorisches verbindliches Schiedsverfahren) Absatz 1 gestellten Schiedsantrags ein Mitglied der Schiedsstelle. Die beiden auf diese Weise bestellten Mitglieder der Schiedsstelle bestellen innerhalb von 60 Tagen nach der letzten dieser beiden Bestellungen ein drittes Mitglied, das den Vorsitz der Schiedsstelle ausübt. Der Vorsitzende darf nicht Staatsangehöriger eines der beiden Vertragsstaaten oder in einem der beiden Vertragsstaaten ansässig sein.

c) Jedes bestellte Mitglied der Schiedsstelle muss zum Zeitpunkt der Annahme einer Bestellung unparteilich und von den zuständigen Behörden, Steuerverwaltungen und Finanzministerien der Vertragsstaaten sowie allen unmittelbar von dem Fall betroffenen Personen (und deren Beratern) unabhängig sein, während des gesamten Verfahrens seine Unparteilichkeit und Unabhängigkeit wahren und während eines angemessenen Zeitraums danach jedes Verhalten vermeiden, das Anlass zu Zweifeln an der Unparteilichkeit und Unabhängigkeit der Schiedsrichter in Bezug auf das Verfahren geben kann.

(3) Versäumt es die zuständige Behörde eines Vertragsstaats, in der Weise und innerhalb der Frist, die in Absatz 2 genannt oder zwischen den zuständigen Behörden der Vertragsstaaten vereinbart sind, ein Mitglied der Schiedsstelle zu bestellen, so wird durch den ranghöchsten Funktionsträger des Zentrums für Steuerpolitik und -verwaltung der Organisation für wirtschaftliche Zusammenarbeit und Entwicklung, der nicht Staatsangehöriger eines der beiden Vertragsstaaten ist, im Namen dieser zuständigen Behörde ein Mitglied bestellt.

(4) Versäumen es die beiden ersten Mitglieder der Schiedsstelle, in der Weise und innerhalb der Frist, die in Absatz 2 genannt oder zwischen den zuständigen Behörden der Vertragsstaaten vereinbart sind, den Vorsitzenden zu bestellen, so wird der Vorsitzende durch den ranghöchsten Funktionsträger des Zentrums für Steuerpolitik und -verwaltung der Organisation für wirtschaftliche Zusammenarbeit und Entwicklung bestellt, der nicht Staatsangehöriger eines der beiden Vertragsstaaten ist.

Vertraulichkeit von Schiedsverfahren

Art. 21 (1) Mitglieder der Schiedsstelle und höchstens drei Mitarbeiter je Mitglied (sowie vorgesehene Schiedsrichter, jedoch nur, soweit dies für die Überprüfung ihrer Fähigkeit zur Erfüllung der Voraussetzungen für eine Tätigkeit als Schiedsrichter erforderlich ist) gelten ausschließlich für die Anwendung dieses Teiles und der betreffenden unter das Übereinkommen fallenden Steuerabkommen sowie der innerstaatlichen Rechtsvorschriften der Vertragsstaaten in Bezug auf Informationsaustausch, Vertraulichkeit und Amtshilfe als Personen oder Behörden, an die Informationen weitergegeben werden dürfen. Informationen, welche die Schiedsstelle oder vorgesehene Schiedsrichter erhalten, sowie Informationen, welche die zuständigen Behörden von der Schiedsstelle erhalten, gelten als nach den Bestimmungen des unter das Übereinkommen fallenden Steuerabkommens in Bezug auf Informationsaustausch und Amtshilfe ausgetauschte Informationen.

(2) Die zuständigen Behörden der Vertragsstaaten stellen sicher, dass Mitglieder der Schiedsstelle und ihre Mitarbeiter sich vor ihrem Tätigwerden im Rahmen eines Schiedsverfahrens schriftlich verpflichten, Informationen zum Schiedsverfahren im Einklang mit den in den Bestimmungen des unter das Übereinkommen fallenden Steuerabkommens in Bezug auf Informationsaustausch und Amtshilfe beschriebenen und den im anwendbaren Recht der Vertragsstaaten vorgesehenen Vertraulichkeits- und Geheimhaltungspflichten zu behandeln.

Regelung eines Falles vor Abschluss des Schiedsverfahrens

Art. 22 Für die Zwecke dieses Teiles und der Bestimmungen des betreffenden unter das Übereinkommen fallenden Steuerabkommens zur Regelung von Fällen durch Verständigung enden das Verständigungsverfahren und das Schiedsverfahren in Bezug auf einen Fall, wenn zu irgendeinem Zeitpunkt nach Stellung eines Schiedsantrags und vor Übermittlung des Schiedsspruchs an die zuständigen Behörden der Vertragsstaaten durch die Schiedsstelle

a) die zuständigen Behörden der Vertragsstaaten den Fall durch Verständigung regeln oder
b) die Person, die den Fall vorgelegt hat, den Schiedsantrag oder den Antrag auf ein Verständigungsverfahren zurückzieht.

Art des Schiedsverfahrens

Art. 23 (1) Soweit sich die zuständigen Behörden der Vertragsstaaten nicht auf andere Vorschriften verständigen, gelten bei einem Schiedsverfahren nach diesem Teil folgende Vorschriften:

a) Nachdem ein Fall einem Schiedsverfahren unterworfen wurde, legt die zuständige Behörde jedes Vertragsstaats der Schiedsstelle bis zu einem vereinbarten Tag einen Regelungsvorschlag vor, in dem alle noch offenen Fragen des Falles behandelt werden (unter Berücksichtigung aller zuvor zwischen den zuständigen Behörden der Vertragsstaaten in diesem Fall erzielten Verständigungsregelungen). Der Regelungsvorschlag ist für jede Berichtigung oder vergleichbare Frage des Falles auf die Festlegung bestimmter Geldbeträge (zum Beispiel von Einkünften oder Aufwendungen) oder, wenn angegeben, des höchsten aufgrund des unter das Übereinkommen fallenden Steuerabkommens erhobenen Steuersatzes zu beschränken. Konnten die zuständigen Behörden der Vertragsstaaten in einem Fall über eine Frage betreffend die Voraussetzungen für die Anwendung einer Bestimmung des betreffenden unter das Übereinkommen fallenden Steuerabkommens (im Folgenden als „Schwellenfrage" bezeichnet) keine Verständigungsregelung erzielen, zum Beispiel darüber, ob eine natürliche Person eine ansässige Person ist oder ob eine Betriebsstätte besteht, so können die zuständigen Behörden alternative Regelungsvorschläge zu Fragen vorlegen, bei denen die Entscheidung von der Regelung dieser Schwellenfragen abhängt.

b) Die zuständige Behörde jedes Vertragsstaats kann außerdem ein erläuterndes Positionspapier zur Prüfung durch die Schiedsstelle vorlegen. Jede zuständige Behörde, die einen Regelungsvorschlag oder ein erläuterndes Positionspapier vorlegt, übermittelt der anderen zuständigen Behörde bis zu dem Tag, bis zu dem der Regelungsvorschlag und das erläuternde Positionspapier vorgelegt werden müssen, eine Abschrift. Jede zuständige Behörde kann der Schiedsstelle außerdem bis zu einem vereinbarten Tag eine Erwiderung zu dem von der anderen zuständigen Behörde vorgelegten Regelungsvorschlag und erläuternden Positionspapier übermitteln. Der anderen zuständigen Behörde wird bis zu dem Tag, bis zu dem die Erwiderung vorgelegt werden muss, eine Abschrift davon übermittelt.

c) Die Schiedsstelle wählt als Entscheidung einen der von den zuständigen Behörden in Bezug auf jede Frage und eventuelle Schwellenfragen vorgelegten Regelungsvorschläge für den Fall aus und nimmt in ihre Entscheidung keine Begründung oder sonstige Erläuterung auf. Der Schiedsspruch wird mit einfacher Mehrheit der Mitglieder der Schiedsstelle erlassen. Die Schiedsstelle übermittelt den zuständigen Behörden der Vertragsstaaten schriftlich ihre Entscheidung. Der Schiedsspruch hat keine Präzedenzwirkung.

(2) Für die Anwendung dieses Artikels in Bezug auf ihre unter das Übereinkommen fallenden Steuerabkommen kann sich eine Vertragspartei dieses Übereinkommens vorbehalten, dass Absatz 1 nicht für ihre unter das Übereinkommen fallenden Steuerabkommen gilt. In diesem Fall gelten für ein Schiedsverfahren folgende Vorschriften, soweit sich die zuständigen Behörden der Vertragsstaaten nicht auf andere Vorschriften verständigen:

a) Nachdem ein Fall einem Schiedsverfahren unterworfen wurde, stellt die zuständige Behörde jedes Vertragsstaats allen Mitgliedern der Schiedsstelle unverzüglich die für den Schiedsspruch gegebenenfalls erforderlichen Informationen zur Verfügung. Sofern die zuständigen Behörden der Vertragsstaaten nichts anderes vereinbaren, werden Informationen, die den beiden zuständigen Behörden vor Eingang des Schiedsantrags bei ihnen nicht zur Verfügung standen, bei der Entscheidung nicht berücksichtigt.

b) Die Schiedsstelle entscheidet über die dem Schiedsverfahren unterworfenen Fragen in Übereinstimmung mit den einschlägigen Bestimmungen des unter das Übereinkommen fallenden Steuerabkommens und vorbehaltlich dieser Bestimmungen nach den innerstaatlichen Rechtsvorschriften der Vertragsstaaten. Die Mitglieder der Schiedsstelle berücksichtigen außerdem alle anderen gegebenenfalls von den zuständigen Behörden der Vertragsstaaten durch Verständigung ausdrücklich benannten Quellen.

c) Der Schiedsspruch wird den zuständigen Behörden der Vertragsstaaten schriftlich übermittelt und enthält Angaben zu den zugrunde gelegten Rechtsquellen sowie zu der Argumentation, die zu dem Ergebnis geführt hat. Der Schiedsspruch wird mit einfacher Mehrheit der Mitglieder der Schiedsstelle erlassen. Der Schiedsspruch hat keine Präzedenzwirkung.

(3) Eine Vertragspartei dieses Übereinkommens, die nicht den Vorbehalt nach Absatz 2 angebracht hat, kann sich vorbehalten, dass die Absätze 1 und 2 nicht für ihre unter das Übereinkommen fallenden Steuerabkommen mit Vertragsparteien dieses Übereinkommens gelten, die diesen Vorbehalt angebracht haben. In diesem Fall werden sich die zuständigen Behörden der Vertragsstaaten jedes derartigen unter das Übereinkommen fallenden Steuerabkommens bemühen, eine Verständigungsregelung über die Art des Schiedsverfahrens zu erzielen, die für das betreffende unter das Übereinkommen fallende Steuerabkommen gilt. Artikel 19 (Obligatorisches verbindliches Schiedsverfahren) gilt erst dann in Bezug auf ein unter das Übereinkommen fallendes Steuerabkommen, wenn eine solche Verständigungsregelung erzielt wurde.

(4) Eine Vertragspartei dieses Übereinkommens kann sich außerdem entscheiden, Absatz 5 in Bezug auf ihre unter das Übereinkommen fallenden Steuerabkommen anzuwenden, und notifiziert dies dem Verwahrer. Absatz 5 gilt für zwei Vertragsstaaten in Bezug auf ein unter das Übereinkommen fallendes Steuerabkommen, wenn einer der Vertragsstaaten eine entsprechende Notifikation abgegeben hat.

(5) Vor Beginn eines Schiedsverfahrens stellen die zuständigen Behörden der Vertragsstaaten eines unter das Übereinkommen fallenden Steuerabkommens sicher, dass jede Person, die den Fall vorgelegt hat, und ihre Berater sich schriftlich verpflichten, im Laufe des Schiedsverfahrens von einer zuständigen Behörden oder der Schiedsstelle erhaltene Informationen nicht an eine andere Person weiterzugeben. Das Verständigungsverfahren nach dem unter das Übereinkommen fallenden Steuerabkommen sowie das Schiedsverfahren nach diesem Teil enden in Bezug auf den Fall, wenn nach Stellung eines Schiedsantrags und vor Übermittlung des Schiedsspruchs an die zuständigen Behörden der Vertragsstaaten durch die Schiedsstelle eine Person, die den Fall vorgelegt hat, oder einer der Berater dieser Person erheblich gegen diese Erklärung verstößt.

(6) Ungeachtet des Absatzes 4 kann sich eine Vertragspartei dieses Übereinkommens, die sich nicht für die Anwendung des Absatzes 5 entscheidet, vorbehalten, dass Absatz 5 in Bezug auf ein oder mehrere benannte unter das Übereinkommen fallende Steuerabkommen oder alle ihre unter das Übereinkommen fallenden Steuerabkommen nicht gilt.

(7) Eine Vertragspartei dieses Übereinkommens, die sich für die Anwendung des Absatzes 5 entscheidet, kann sich vorbehalten, dass dieser Teil in Bezug auf alle unter das Übereinkommen fallenden Steuerabkommen, zu denen der andere Vertragsstaat einen Vorbehalt nach Absatz 6 anbringt, nicht gilt.

Verständigung auf eine andere Regelung

Art. 24 (1) Für die Zwecke der Anwendung dieses Teiles in Bezug auf ihre unter das Übereinkommen fallenden Steuerabkommen kann sich eine Vertragspartei dieses Übereinkommens entscheiden, Absatz 2 anzuwenden, und notifiziert dies dem Verwahrer. Absatz 2 gilt nur dann für zwei Vertragsstaaten in Bezug auf ein unter das Übereinkommen fallendes Steuerabkommen, wenn beide Vertragsstaaten eine entsprechende Notifikation abgegeben haben.

(2) Ungeachtet des Artikels 19 (Obligatorisches verbindliches Schiedsverfahren) Absatz 4 ist ein nach diesem Teil ergangener Schiedsspruch für die Vertragsstaaten eines unter das Übereinkommen fallenden Steuerabkommens nicht verbindlich und wird nicht umgesetzt, wenn sich die zuständigen Behörden der Vertragsstaaten innerhalb von drei Kalendermonaten, nachdem ihnen der Schiedsspruch übermittelt wurde, auf eine andere Regelung aller noch offenen Fragen verständigen.

(3) Eine Vertragspartei dieses Übereinkommens, die sich für die Anwendung des Absatzes 2 entscheidet, kann sich vorbehalten, dass dieser nur für ihre unter das Übereinkommen fallenden Steuerabkommen gilt, für die Artikel 23 (Art des Schiedsverfahrens) Absatz 2 gilt.

Kosten von Schiedsverfahren

Art. 25 In einem Schiedsverfahren nach diesem Teil werden die Vergütungen und Aufwendungen der Mitglieder der Schiedsstelle sowie sämtliche den Vertragsstaaten im Zusammenhang mit dem Schiedsverfahren entstandenen Kosten von den Vertragsstaaten in einer zwischen den zuständigen Behörden der Vertragsstaaten durch Verständigung zu regelnden Weise getragen. In Ermangelung einer entsprechenden Verständigungsregelung trägt jeder Vertragsstaat seine eigenen Aufwendungen und die seines bestellten Mitglieds der Schiedsstelle. Die Kosten des Vorsitzenden der Schiedsstelle und sonstige mit der Durchführung des Schiedsverfahrens verbundene Aufwendungen tragen die Vertragsstaaten zu gleichen Teilen.

Vereinbarkeit

Art. 26 (1) Vorbehaltlich des Artikels 18 (Entscheidung für die Anwendung des Teiles VI) gilt dieser Teil anstelle oder in Ermangelung von Bestimmungen eines unter das Übereinkommen fallenden Steuerabkommens, die für noch offene Fragen, die sich aus einem Fall ergeben, Gegenstand eines Verständigungsverfahrens ist, ein Schiedsverfahren vorsehen. Jede Vertragspartei dieses Übereinkommens, die sich für die Anwendung dieses Teiles entscheidet, notifiziert dem Verwahrer, ob ihre unter das Übereinkommen fallenden Steuerabkommen, die nicht unter einen Vorbehalt nach Absatz 4 fallen, jeweils eine derartige Bestimmung enthalten, und, sofern dies der Fall ist, jeweils die Nummer des Artikels und des Absatzes dieser Bestimmung. Haben zwei Vertragsstaaten eine Notifikation in Bezug auf eine Bestimmung eines unter das Übereinkommen fallenden Steuerabkommens abgegeben, so wird diese zwischen diesen Vertragsstaaten durch diesen Teil ersetzt.

(2) Jede noch offene Frage, die sich aus einem Fall ergibt, der Gegenstand eines Verständigungsverfahrens ist und der anderenfalls in den Anwendungsbereich des in diesem Teil vorgesehenen Schiedsverfahrens fallen würde, wird einem Schiedsverfahren unterworfen, wenn die Frage im Rahmen eines Falles zu betrachten ist, für den in Übereinstimmung mit einer zwei- oder mehrseitigen Übereinkunft, die für noch offene Fragen, die sich aus einem Fall ergeben, der Gegenstand eines Verständigungsverfahrens ist, ein obligatorisches verbindliches Schiedsverfahren vorsieht, bereits eine Schiedsstelle oder ein ähnliches Gremium eingerichtet wurde.

(3) Vorbehaltlich des Absatzes 1 berührt dieser Teil nicht die Erfüllung weiter reichender Verpflichtungen, die sich in Bezug auf das Schiedsverfahren für noch offene Fragen im Rahmen eines Verständigungsverfahrens aus anderen Übereinkünften, denen die Vertragsstaaten als Vertragsparteien angehören oder angehören werden, ergeben können.

(4) Eine Vertragspartei dieses Übereinkommens kann sich vorbehalten, dass dieser Teil in Bezug auf ein oder mehrere benannte unter das Übereinkommen fallende Steuerabkommen (oder alle ihre unter das Übereinkommen fallenden Steuerabkommen) nicht gilt, für die noch offene Fragen, die sich aus einem Fall ergeben, der Gegenstand eines Verständigungsverfahrens ist, bereits ein obligatorisches verbindliches Schiedsverfahren vorsehen.

Teil VII
Schlussbestimmungen

Unterzeichnung und Ratifikation, Annahme oder Genehmigung

Art. 27 (1) Dieses Übereinkommen liegt ab dem 31. Dezember 2016 zur Unterzeichnung auf für
a) alle Staaten,
b) Guernsey (Vereinigtes Königreich Großbritannien und Nordirland), die Insel Man (Vereinigtes Königreich Großbritannien und Nordirland), Jersey (Vereinigtes Königreich Großbritannien und Nordirland),
c) jedes andere Gebiet, das durch einen einvernehmlichen Beschluss der Vertragsparteien und Unterzeichner dieses Übereinkommens befugt ist, Vertragspartei dieses Übereinkommens zu werden.

(2) Das Übereinkommen bedarf der Ratifikation, Annahme oder Genehmigung.

Vorbehalte

Art. 28 (1) Vorbehaltlich des Absatzes 2 sind Vorbehalte zu diesem Übereinkommen nur zulässig, wenn sie ausdrücklich in den folgenden Bestimmungen vorgesehen sind:
a) Artikel 3 (Transparente Rechtsträger) Absatz 5,
b) Artikel 4 (Rechtsträger mit doppelter Ansässigkeit) Absatz 3,
c) Artikel 5 (Anwendung von Methoden zur Beseitigung der Doppelbesteuerung) Absätze 8 und 9,
d) Artikel 6 (Zweck eines unter das Übereinkommen fallenden Steuerabkommens) Absatz 4,
e) Artikel 7 (Verhinderung von Abkommensmissbrauch) Absätze 15 und 16,
f) Artikel 8 (Transaktionen zur Übertragung von Dividenden) Absatz 3,
g) Artikel 9 (Gewinne aus der Veräußerung von Anteilen oder Rechten an Rechtsträgern, deren Wert hauptsächlich auf unbeweglichem Vermögen beruht) Absatz 6,
h) Artikel 10 (Vorschrift zur Missbrauchsbekämpfung für in Drittstaaten oder -gebieten gelegene Betriebsstätten) Absatz 5,
i) Artikel 11 (Anwendung von Steuerabkommen zur Einschränkung des Rechtes einer Vertragspartei dieses Übereinkommens auf Besteuerung der in ihrem Gebiet ansässigen Personen) Absatz 3,
j) Artikel 12 (Künstliche Umgehung des Betriebsstättenstatus durch Kommissionärsmodelle und ähnliche Strategien) Absatz 4,
k) Artikel 13 (Künstliche Umgehung des Betriebsstättenstatus durch die Ausnahme bestimmter Tätigkeiten) Absatz 6,
l) Artikel 14 (Aufteilung von Verträgen) Absatz 3,
m) Artikel 15 (Bestimmung des Begriffs der mit einem Unternehmen eng verbundenen Person) Absatz 2,
n) Artikel 16 (Verständigungsverfahren) Absatz 5,
o) Artikel 17 (Gegenberichtigung) Absatz 3,
p) Artikel 19 (Obligatorisches verbindliches Schiedsverfahren) Absätze 11 und 12,
q) Artikel 23 (Art des Schiedsverfahrens) Absätze 2, 3, 6 und 7,
r) Artikel 24 (Verständigung auf eine andere Regelung) Absatz 3,
s) Artikel 26 (Vereinbarkeit) Absatz 4,
t) Artikel 35 (Wirksamwerden) Absätze 6 und 7 sowie
u) Artikel 36 (Wirksamwerden des Teiles VI) Absatz 2.

(2)
a) Ungeachtet des Absatzes 1 kann eine Vertragspartei dieses Übereinkommens, die sich nach Artikel 18 (Entscheidung für die An-

wendung des Teiles VI) für die Anwendung des Teiles VI (Schiedsverfahren) entscheidet, einen oder mehrere Vorbehalte in Bezug auf die Art der Fälle anbringen, die nach Teil VI (Schiedsverfahren) einem Schiedsverfahren unterworfen werden können. Für eine Vertragspartei dieses Übereinkommens, die sich nach Artikel 18 (Entscheidung für die Anwendung des Teiles VI) für die Anwendung des Teiles VI (Schiedsverfahren) entscheidet, nachdem sie Vertragspartei dieses Übereinkommens geworden ist, sind Vorbehalte nach diesem Buchstaben gleichzeitig mit der Notifikation dieser Vertragspartei an den Verwahrer nach Artikel 18 (Entscheidung für die Anwendung des Teiles VI) anzubringen.

b) Vorbehalte nach Buchstabe a bedürfen der Annahme. Ein Vorbehalt nach Buchstabe a gilt als von einer Vertragspartei dieses Übereinkommens angenommen, wenn diese bis zum Ablauf von zwölf Kalendermonaten nach der Notifikation des Vorbehalts durch den Verwahrer oder bis zu dem Zeitpunkt der Hinterlegung ihrer Ratifikations-, Annahme- oder Genehmigungsurkunde, wenn dies der spätere ist, dem Verwahrer nicht notifiziert hat, dass sie Einspruch gegen den Vorbehalt erhebt. Für eine Vertragspartei dieses Übereinkommens, die sich nach Artikel 18 (Entscheidung für die Anwendung des Teiles VI) für die Anwendung des Teiles VI (Schiedsverfahren) entscheidet, nachdem sie Vertragspartei dieses Übereinkommens geworden ist, können Einsprüche gegen zuvor von anderen Vertragsparteien dieses Übereinkommens nach Buchstabe a angebrachte Vorbehalte gleichzeitig mit der Notifikation der erstgenannten Vertragspartei an den Verwahrer nach Artikel 18 (Entscheidung für die Anwendung des Teiles VI) erhoben werden. Erhebt eine Vertragspartei dieses Übereinkommens Einspruch gegen einen Vorbehalt nach Buchstabe a, so gilt der gesamte Teil VI (Schiedsverfahren) nicht zwischen der den Einspruch erhebenden und der den Vorbehalt anbringenden Vertragspartei.

(3) Sofern in den entsprechenden Bestimmungen dieses Übereinkommens nicht ausdrücklich etwas anderes vorgesehen ist, werden durch einen nach Absatz 1 oder 2 angebrachten Vorbehalt

a) für den Vorbehalt anbringende Vertragspartei dieses Übereinkommens in ihren Beziehungen zu einer anderen Vertragspartei dieses Übereinkommens die Bestimmungen dieses Übereinkommens, auf die sich der Vorbehalt bezieht, nach Maßgabe des Vorbehalts geändert und

b) diese Bestimmungen in gleichem Maße für die andere Vertragspartei dieses Übereinkommens in ihrem Verhältnis zu der den Vorbehalt anbringenden Vertragspartei dieses Übereinkommens geändert.

(4) Vorbehalte, die auf unter das Übereinkommen fallende Steuerabkommen anwendbar sind, die durch ein oder im Namen eines Gebiets oder Hoheitsgebiets geschlossen wurden, für dessen internationale Beziehungen eine Vertragspartei dieses Übereinkommens verantwortlich ist, werden, wenn dieses Gebiet oder Hoheitsgebiet nicht nach Artikel 27 (Unterzeichnung und Ratifikation, Annahme oder Genehmigung) Absatz 1 Buchstabe b oder c Vertragspartei des Übereinkommens ist, von der verantwortlichen Vertragspartei angebracht und können sich von den Vorbehalten dieser Vertragspartei in Bezug auf ihre eigenen unter das Übereinkommen fallenden Steuerabkommen unterscheiden.

(5) Vorbehaltlich der Absätze 2, 6 und 9 sowie des Artikels 29 (Notifikationen) Absatz 5 sind Vorbehalte bei der Unterzeichnung oder bei der Hinterlegung der Ratifikations-, Annahme- oder Genehmigungsurkunde anzubringen. Für eine Vertragspartei dieses Übereinkommens, die sich nach Artikel 18 (Entscheidung für die Anwendung des Teiles VI) für die Anwendung des Teiles VI (Schiedsverfahren) entscheidet, nachdem sie Vertragspartei dieses Übereinkommens geworden ist, sind Vorbehalte nach Absatz 1 Buchstaben p, q, r und s jedoch gleichzeitig mit der Notifikation dieser Vertragspartei an den Verwahrer nach Artikel 18 (Entscheidung für die Anwendung des Teiles VI) anzubringen.

(6) Vorbehaltlich der Absätze 2 und 9 sowie des Artikels 29 (Notifikationen) Absatz 5 sind bei der Unterzeichnung angebrachte Vorbehalte bei der Hinterlegung der Ratifikations-, Annahme- oder Genehmigungsurkunde zu bestätigen, es sei denn, in dem Dokument, das die Vorbehalte enthält, ausdrücklich angegeben, dass es als endgültig anzusehen ist.

(7) Werden bei der Unterzeichnung keine Vorbehalte angebracht, so ist dem Verwahrer zu diesem Zeitpunkt eine vorläufige Liste der zu erwartenden Vorbehalte vorzulegen.

(8) Beim Anbringen eines Vorbehalts nach jeder der nachstehenden Bestimmungen ist eine Liste der nach Artikel 2 (Auslegung von Ausdrücken) Absatz 1 Buchstabe a Ziffer ii notifizierten Abkommen vorzulegen, die im Sinne der jeweiligen Bestimmung unter den Vorbehalt fallen (sowie, im Fall eines Vorbehalts nach einer anderen der folgenden Bestimmungen als den unter den Buchstaben c, d und n genannten, jeweils die Nummer des Artikels und des Absatzes dieser Bestimmung):

a) Artikel 3 (Transparente Rechtsträger) Absatz 5 Buchstaben b, c, d, e und g,

b) Artikel 4 (Rechtsträger mit doppelter Ansässigkeit) Absatz 3 Buchstaben b, c und d,

c) Artikel 5 (Anwendung von Methoden zur Beseitigung der Doppelbesteuerung) Absätze 8 und 9,

d) Artikel 6 (Zweck eines unter das Übereinkommen fallenden Steuerabkommens) Absatz 4,

e) Artikel 7 (Verhinderung von Abkommensmissbrauch) Absatz 15 Buchstaben b und c,

f) Artikel 8 (Transaktionen zur Übertragung von Dividenden)Absatz 3 Buchstabe b Ziffern i, ii, und iii,
g) Artikel 9 (Gewinne aus der Veräußerung von Anteilen oder Rechten an Rechtsträgern, deren Wert hauptsächlich auf unbeweglichem Vermögen beruht) Absatz 6 Buchstaben d, e und f,
h) Artikel 10 (Vorschrift zur Missbrauchsbekämpfung für in Drittstaaten oder -gebieten gelegene Betriebsstätten) Absatz 5 Buchstaben b und c,
i) Artikel 11 (Anwendung von Steuerabkommen zur Einschränkung des Rechtes einer Vertragspartei dieses Übereinkommens auf Besteuerung der in ihrem Gebiet ansässigen Personen) Absatz 3 Buchstabe b,
j) Artikel 13 (Künstliche Umgehung des Betriebsstättenstatus durch die Ausnahme bestimmter Tätigkeiten) Absatz 6 Buchstabe b,
k) Artikel 14 (Aufteilung von Verträgen) Absatz 3 Buchstabe b,
l) Artikel 16 (Verständigungsverfahren) Absatz 5 Buchstabe b,
m) Artikel 17 (Gegenberichtigung) Absatz 3 Buchstabe a,
n) Artikel 23 (Art des Schiedsverfahrens) Absatz 6 und
o) Artikel 26 (Vereinbarkeit)Absatz 4.

Die unter den Buchstaben a bis o genannten Vorbehalte gelten nicht für unter das Übereinkommen fallende Steuerabkommen, die nicht in der in diesem Absatz beschriebenen Liste enthalten sind.

(9) Jede Vertragspartei dieses Übereinkommens, die nach Absatz 1 oder 2 einen Vorbehalt angebracht hat, kann ihn durch eine an den Verwahrer gerichtete Notifikation jederzeit zurücknehmen oder durch einen stärker eingeschränkten Vorbehalt ersetzen. Die betreffende Vertragspartei gibt zusätzliche Notifikationen, die aufgrund der Rücknahme oder Ersetzung des Vorbehalts gegebenenfalls erforderlich sind, nach Artikel 29 (Notifikationen) Absatz 6 ab. Vorbehaltlich des Artikels 35 (Wirksamwerden) Absatz 7 wird die Rücknahme oder Ersetzung wirksam

a) im Fall eines unter das Übereinkommen fallenden Steuerabkommens ausschließlich mit Staaten oder Gebieten, die Vertragsparteien des Übereinkommens sind, zu dem Zeitpunkt des Eingangs der Notifikation über die Rücknahme oder Ersetzung des Vorbehalts beim Verwahrer, und zwar
   i) bei Vorbehalten in Bezug auf Bestimmungen über im Abzugsweg erhobene Steuern, wenn das Ereignis, das zu derartigen Steuern führt, am oder nach dem 1. Januar des Jahres eintritt, das auf einen Zeitabschnitt von sechs Kalendermonaten ab dem Tag der Mitteilung des Verwahrers über die Notifikation der Rücknahme oder Ersetzung des Vorbehalts folgt, und
   ii) bei Vorbehalten in Bezug auf alle anderen Bestimmungen für Steuern, die für Veranlagungszeiträume erhoben werden, die am oder nach dem 1. Januar des Jahres beginnen, das auf einen Zeitabschnitt von sechs Kalendermonaten ab dem Tag der Mitteilung des Verwahrers über die Notifikation der Rücknahme oder Ersetzung des Vorbehalts folgt, und

[b] nicht vergeben]

c) im Fall eines unter das Übereinkommen fallenden Steuerabkommens mit einem oder mehreren Vertragsstaaten, die nach Eingang der Notifikation der Rücknahme oder Ersetzung beim Verwahrer Vertragspartei dieses Übereinkommens werden, an dem letzten der Tage, an denen das Übereinkommen für die betreffenden Vertragsstaaten jeweils in Kraft tritt.

Notifikationen

Art. 29 (1) Vorbehaltlich der Absätze 5 und 6 sowie des Artikels 35 (Wirksamwerden) Absatz 7 sind Notifikationen nach den folgenden Bestimmungen bei der Unterzeichnung oder bei der Hinterlegung der Ratifikations-, Annahme- oder Genehmigungsurkunde abzugeben:

a) Artikel 2 (Auslegung von Ausdrücken) Absatz 1 Buchstabe a Ziffer ii,
b) Artikel 3 (Transparente Rechtsträger) Absatz 6,
c) Artikel 4 (Rechtsträger mit doppelter Ansässigkeit) Absatz 4,
d) Artikel 5 (Anwendung von Methoden zur Beseitigung der Doppelbesteuerung) Absatz 10,
e) Artikel 6 (Zweck eines unter das Übereinkommen fallenden Steuerabkommens) Absätze 5 und 6,
f) Artikel 7 (Verhinderung von Abkommensmissbrauch) Absatz 17,
g) Artikel 8 (Transaktionen zur Übertragung von Dividenden) Absatz 4,
h) Artikel 9 (Gewinne aus der Veräußerung von Anteilen oder Rechten an Rechtsträgern, deren Wert hauptsächlich auf unbeweglichem Vermögen beruht) Absätze 7 und 8,
i) Artikel 10 (Vorschrift zur Missbrauchsbekämpfung für in Drittstaaten oder -gebieten gelegene Betriebsstätten) Absatz 6,
j) Artikel 11 (Anwendung von Steuerabkommen zur Einschränkung des Rechtes einer Vertragspartei dieses Übereinkommens auf Besteuerung der in ihrem Gebiet ansässigen Personen) Absatz 4,
k) Artikel 12 (Künstliche Umgehung des Betriebsstättenstatus durch Kommissionärsmodelle und ähnliche Strategien) Absätze 5 und 6,
l) Artikel 13 (Künstliche Umgehung des Betriebsstättenstatus durch die Ausnahme bestimmter Tätigkeiten) Absätze 7 und 8,

m) Artikel 14 (Aufteilung von Verträgen) Absatz 4,
n) Artikel 16 (Verständigungsverfahren) Absatz 6,
o) Artikel 17 (Gegenberichtigung) Absatz 4,
p) Artikel 18 (Entscheidung für die Anwendung des Teiles VI),
q) Artikel 23 (Art des Schiedsverfahrens) Absatz 4,
r) Artikel 24 (Verständigung auf eine andere Regelung) Absatz 1,
s) Artikel 26 (Vereinbarkeit) Absatz 1 und
t) Artikel 35 (Wirksamwerden) Absätze 1, 2, 3, 5, und 7.

(2) Notifikationen in Bezug auf unter das Übereinkommen fallende Steuerabkommen, die durch ein oder im Namen eines Gebiets oder Hoheitsgebiets geschlossen wurden, für dessen internationale Beziehungen eine Vertragspartei dieses Übereinkommens verantwortlich ist, werden, wenn dieses Gebiet oder Hoheitsgebiet nicht nach Artikel 27 (Unterzeichnung und Ratifikation, Annahme oder Genehmigung) Absatz 1 Buchstabe b oder c Vertragspartei des Übereinkommens ist, von der verantwortlichen Vertragspartei abgegeben und können sich von den Notifikationen dieser Vertragspartei in Bezug auf ihre eigenen unter das Übereinkommen fallenden Steuerabkommen unterscheiden.

(3) Vorbehaltlich der Absätze 5 und 6 sowie des Artikels 35 (Wirksamwerden) Absatz 7 sind bei der Unterzeichnung abgegebene Notifikationen bei der Hinterlegung der Ratifikations-, Annahme- oder Genehmigungsurkunde zu bestätigen, es sei denn, in dem Dokument, das die Notifikationen enthält, ist ausdrücklich angegeben, dass es als endgültig anzusehen ist.

(4) Werden bei der Unterzeichnung keine Notifikationen abgegeben, so ist zu diesem Zeitpunkt eine vorläufige Liste der zu erwartenden Notifikationen vorzulegen.

(5) Eine Vertragspartei dieses Übereinkommens kann die Liste der nach Artikel 2 (Auslegung von Ausdrücken) Absatz 1 Buchstabe a Ziffer ii notifizierten Abkommen jederzeit durch eine an den Verwahrer gerichtete Notifikation erweitern. In dieser Notifikation gibt die Vertragspartei an, ob das Abkommen unter einen oder mehreren der von der Vertragspartei angebrachten Vorbehalte fällt, die in Artikel 28 (Vorbehalte) Absatz 8 aufgeführt sind. Die Vertragspartei kann auch einen neuen Vorbehalt nach Artikel 28 (Vorbehalte) Absatz 8 anbringen, wenn das zusätzliche Abkommen das erste wäre, das unter diesen Vorbehalt fällt. Die Vertragspartei gibt außerdem alle zusätzlichen Notifikationen an, die nach Absatz 1 Buchstaben b bis s gegebenenfalls erforderlich sind, um der Aufnahme der zusätzlichen Abkommen Rechnung zu tragen. Führt die Erweiterung zur erstmaligen Aufnahme eines Steuerabkommens, das durch ein oder im Namen eines Gebiets oder Hoheitsgebiets geschlossen wurde, für dessen internationale Beziehungen eine Vertragspartei dieses Übereinkommens verantwortlich ist, so gibt die Vertragspartei darüber hinaus alle Vorbehalte (nach Artikel 28 (Vorbehalte) Absatz 4) und Notifikationen (nach Absatz 2) an, die auf unter das Übereinkommen fallende Steuerabkommen anwendbar sind, die durch dieses oder im Namen dieses Gebiets oder Hoheitsgebiets geschlossen wurden. Ab dem Tag, an dem die hinzugefügten und nach Artikel 2 (Auslegung von Ausdrücken) Absatz 1 Buchstabe a Ziffer ii notifizierten Abkommen zu unter das Übereinkommen fallenden Steuerabkommen werden, wird der Tag, an dem die Änderungen der unter das Übereinkommen fallenden Steuerabkommen wirksam werden, durch Artikel 35 (Wirksamwerden) bestimmt.

(6) Eine Vertragspartei dieses Übereinkommens kann durch eine an den Verwahrer gerichtete Notifikation zusätzliche Notifikationen nach Absatz 1 Buchstaben b bis s abgeben. Diese Notifikationen werden wirksam

a) im Fall von unter das Übereinkommen fallenden Steuerabkommen ausschließlich mit Staaten oder Gebieten, die Vertragsparteien des Übereinkommens sind, zu dem Zeitpunkt des Eingangs der zusätzlichen Notifikation beim Verwahrer, und zwar

i) bei Notifikationen in Bezug auf Bestimmungen über im Abzugsweg erhobene Steuern, wenn das Ereignis, das zu derartigen Steuern führt, am oder nach dem 1. Januar des Jahres eintritt, das auf einen Zeitabschnitt von sechs Kalendermonaten ab dem Tag der Mitteilung des Verwahrers über die zusätzliche Notifikation folgt, und

ii) bei Notifikationen in Bezug auf alle anderen Bestimmungen für Steuern, die für Veranlagungszeiträume erhoben werden, die am oder nach dem 1. Januar des Jahres beginnen, das auf einen Zeitabschnitt von sechs Kalendermonaten ab dem Tag der Mitteilung des Verwahrers über die zusätzliche Notifikation folgt, und

b) im Fall eines unter das Übereinkommen fallenden Steuerabkommens mit einem oder mehreren Vertragsstaaten, die nach Eingang der zusätzlichen Notifikation beim Verwahrer Vertragspartei dieses Übereinkommens werden, an dem letzten der Tage, an denen das Übereinkommen für die betreffenden Vertragsstaaten jeweils in Kraft tritt.

Nachträgliche Änderungen von unter das Übereinkommen fallenden Steuerabkommen

Art. 30 Dieses Übereinkommen berührt nicht nachträgliche Änderungen eines unter das Übereinkommen fallenden Steuerabkommens, die zwischen den Vertragsstaaten des unter das Übereinkommen fallenden Steuerabkommens vereinbart werden können.

Konferenz der Vertragsparteien

Art. 31 (1) Die Vertragsparteien dieses Übereinkommens können zur Fassung von Beschlüssen oder zur Wahrnehmung von Aufgaben, die aufgrund des Übereinkommens gegebenenfalls erforderlich oder zweckdienlich sind, eine Konferenz der Vertragsparteien einberufen.

(2) Die Konferenz der Vertragsparteien wird durch den Verwahrer unterstützt.

(3) Jede Vertragspartei dieses Übereinkommens kann durch Übermittlung eines Ersuchens an den Verwahrer um eine Konferenz der Vertragsparteien ersuchen. Der Verwahrer unterrichtet alle Vertragsparteien dieses Übereinkommens von jedem Ersuchen. Anschließend beruft der Verwahrer eine Konferenz der Vertragsparteien ein, sofern das Ersuchen innerhalb von sechs Kalendermonaten nach Mitteilung des Ersuchens durch den Verwahrer von einem Drittel der Vertragsparteien befürwortet wird.

Auslegung und Durchführung

Art. 32 (1) Über Fragen zur Auslegung oder Durchführung von Bestimmungen eines unter das Übereinkommen fallenden Steuerabkommens in der durch dieses Übereinkommen geänderten Fassung wird nach den Bestimmungen des unter das Übereinkommen fallenden Steuerabkommens (in der gegebenenfalls durch dieses Übereinkommen geänderten Fassung) in Bezug auf die Regelung von Fragen der Auslegung oder der Anwendung des unter das Übereinkommen fallenden Steuerabkommens durch Verständigung entschieden.

(2) Jegliche Fragen hinsichtlich der Auslegung oder Durchführung dieses Übereinkommens können von einer nach Artikel 31 (Konferenz der Vertragsparteien) Absatz 3 einberufenen Konferenz der Vertragsparteien behandelt werden.

Änderungen

Art. 33 (1) Jede Vertragspartei dieses Übereinkommens kann eine Änderung dieses Übereinkommens vorschlagen, indem sie dem Verwahrer den Änderungsvorschlag vorlegt.

(2) Zur Prüfung des Änderungsvorschlags kann nach Artikel 31 (Konferenz der Vertragsparteien) Absatz 3 eine Konferenz der Vertragsparteien einberufen werden.

Inkrafttreten

Art. 34 (1) Dieses Übereinkommen tritt am ersten Tag des Monats in Kraft, der auf einen Zeitabschnitt von drei Kalendermonaten ab Hinterlegung der fünften Ratifizierungs-, Annahme- oder Genehmigungsurkunde folgt.

(2) Für jeden Unterzeichner, der dieses Übereinkommen nach Hinterlegung der fünften Ratifikations-, Annahme- oder Genehmigungsurkunde ratifiziert, annimmt oder genehmigt, tritt es am ersten Tag des Monats in Kraft, der auf einen Zeitabschnitt von drei Kalendermonaten ab Hinterlegung der Ratifikations-, Annahme- oder Genehmigungsurkunde durch diesen Unterzeichner folgt.

Wirksamwerden

Art. 35 (1) Dieses Übereinkommen wird in jedem Vertragsstaat in Bezug auf ein unter das Übereinkommen fallendes Steuerabkommen wirksam

a) bei den im Abzugsweg erhobenen Steuern auf Beträge, die nicht ansässigen Personen gezahlt oder gutgeschrieben werden, wenn das Ereignis, das zu diesen Steuern führt, am oder nach dem ersten Tag des nächsten Kalenderjahrs eintritt, das am oder nach dem letzten der Tage, an denen das Übereinkommen für die Vertragsstaaten des unter das Übereinkommen fallenden Steuerabkommens jeweils in Kraft tritt, beginnt, und

b) bei allen anderen durch diesen Vertragsstaat erhobenen Steuern für Steuern, die für Veranlagungszeiträume erhoben werden, die nach einem Zeitabschnitt von sechs Kalendermonaten (oder nach einem kürzeren Zeitabschnitt, wenn alle Vertragsstaaten dem Verwahrer notifizieren, dass sie beabsichtigen, einen entsprechenden kürzeren Zeitabschnitt anzuwenden) ab dem letzten der Tage, an denen das Übereinkommen für die Vertragsstaaten des unter das Übereinkommen fallenden Steuerabkommens jeweils in Kraft tritt, beginnen.

(2) Eine Vertragspartei dieses Übereinkommens kann sich ausschließlich zum Zweck ihrer eigenen Anwendung des Absatzes 1 Buchstabe a und des Absatzes 5 Buchstabe a entscheiden, das Wort „Veranlagungszeitraum" durch das Wort „Kalenderjahr" zu ersetzen, und notifiziert dies dem Verwahrer.

(3) Eine Vertragspartei dieses Übereinkommens kann sich ausschließlich zum Zweck ihrer eigenen Anwendung des Absatzes 1 Buchstabe b und des Absatzes 5 Buchstabe b entscheiden, die Bezugnahme auf „Veranlagungszeiträume [...], die nach einem Zeitabschnitt von" durch eine Bezugnahme auf „Veranlagungszeiträume [...], die am oder nach dem 1. Januar des nächsten Jahres, das nach einem Zeitabschnitt von [...] beginnt," zu ersetzen, und notifiziert dies dem Verwahrer.

(4) Ungeachtet der Absätze 1 bis 3 wird Artikel 16 (Verständigungsverfahren) in Bezug auf ein unter das Übereinkommen fallendes Steuerabkommen für einen der zuständigen Behörde eines Vertragsstaats vorgelegten Fall am oder nach dem letzten der Tage, an denen das Übereinkommen für die Vertragsstaaten des unter das Übereinkommen fallenden Steuerabkommens jeweils in Kraft tritt, wirksam, mit Ausnahme der Fälle, deren Vorlage bis zu diesem Tag im Rahmen des unter das Übereinkommen fallenden Steuerabkommens vor dessen Änderung durch das Übereinkommen nicht möglich war, unabhängig von dem Veranlagungszeitraum, auf den sich der Fall bezieht.

(5) Für ein neues unter das Übereinkommen fallendes Steuerabkommen, dessen Hinzufügung auf eine nach Artikel 29 (Notifikationen) Absatz 5 erfolgte Erweiterung der Liste der nach Artikel 2 (Auslegung von Ausdrücken) Absatz 1 Buchstabe a Ziffer ii notifizierten Abkommen zurückzuführen

ist, wird das Übereinkommen in jedem Vertragsstaat wirksam

a) bei den im Abzugsweg erhobenen Steuern auf Beträge, die nicht ansässigen Personen gezahlt oder gutgeschrieben werden, wenn das Ereignis, das zu diesen Steuern führt, am oder nach dem ersten Tag des nächsten Kalenderjahrs eintritt, das am oder nach dem 30. Tag nach dem Tag der Mitteilung des Verwahrers über die Notifikation der Erweiterung der Liste der Abkommen beginnt, und

b) bei allen anderen durch diesen Vertragsstaat erhobenen Steuern für Steuern, die für Veranlagungszeiträume erhoben werden, die nach einem Zeitabschnitt von neun Kalendermonaten (oder nach einem kürzeren Zeitabschnitt, wenn alle Vertragsstaaten dem Verwahrer notifizieren, dass sie beabsichtigen, einen entsprechenden kürzeren Zeitabschnitt anzuwenden) ab dem Tag der Mitteilung des Verwahrers über die Notifikation der Erweiterung der Liste der Abkommen beginnen.

(6) Eine Vertragspartei dieses Übereinkommens kann sich vorbehalten, dass Absatz 4 nicht in Bezug auf ihre unter das Übereinkommen fallenden Steuerabkommen gilt.

(7)

a) Eine Vertragspartei dieses Übereinkommens kann sich vorbehalten,

i) die Bezugnahmen auf „dem letzten der Tage, an denen das Übereinkommen für die Vertragsstaaten des unter das Übereinkommen fallenden Steuerabkommens jeweils in Kraft tritt," in den Absätzen 1 und 4 und

ii) die Bezugnahmen auf „dem Tag der Mitteilung des Verwahrers über die Notifikation der Erweiterung der Liste der Abkommen" in Absatz 5

durch Bezugnahmen auf „dem 30. Tag, nachdem die letzte der Notifikationen der einzelnen Vertragsstaaten, die den in Artikel 35 (Wirksamwerden) Absatz 7 beschriebenen Vorbehalt anbringen, über den Abschluss ihrer innerstaatlichen Verfahren für das Wirksamwerden dieses Übereinkommens in Bezug auf das betreffende unter das Übereinkommen fallende Steuerabkommen beim Verwahrer eingegangen ist," zu ersetzen;

iii) die Bezugnahmen auf „dem Tag der Mitteilung des Verwahrers über die Notifikation der Rücknahme oder Ersetzung des Vorbehalts" in Artikel 28 (Vorbehalte) Absatz 9 Buchstabe a und

iv) die Bezugnahme auf „dem letzten der Tage, an denen das Übereinkommen für die betreffenden Vertragsstaaten jeweils in Kraft tritt," in Artikel 28 (Vorbehalte) Absatz 9 Buchstabe b

durch Bezugnahmen auf „dem 30. Tag, nachdem die letzte der Notifikationen der einzelnen Vertragsstaaten, die den in Artikel 35 (Wirksamwerden) Absatz 7 beschriebenen Vorbehalt anbringen, über den Abschluss ihrer innerstaatlichen Verfahren für das Wirksamwerden der Rücknahme oder Ersetzung des Vorbehalts in Bezug auf das betreffende unter das Übereinkommen fallende Steuerabkommen beim Verwahrer eingegangen ist," zu ersetzen;

v) die Bezugnahme auf „dem Tag der Mitteilung des Verwahrers über die zusätzliche Notifikation" in Artikel 29 (Notifikationen) Absatz 6 Buchstabe a und

vi) die Bezugnahme auf „dem letzten der Tage, an denen das Übereinkommen für die betreffenden Vertragsstaaten jeweils in Kraft tritt," in Artikel 29 (Notifikationen) Absatz 6 Buchstabe b

durch Bezugnahmen auf „dem 30. Tag, nachdem die letzte der Notifikationen der einzelnen Vertragsstaaten, die den in Artikel 35 (Wirksamwerden) Absatz 7 beschriebenen Vorbehalt anbringen, über den Abschluss ihrer innerstaatlichen Verfahren für das Wirksamwerden der zusätzlichen Notifikation in Bezug auf das betreffende unter das Übereinkommen fallende Steuerabkommen beim Verwahrer eingegangen ist," zu ersetzen;

vii) die Bezugnahme auf „dem letzten der Tage, an denen das Übereinkommen für die einzelnen Vertragsstaaten des unter das Übereinkommen fallenden Steuerabkommens jeweils in Kraft tritt," in Artikel 36 (Wirksamwerden des Teiles VI) Absätze 1 und 2

durch Bezugnahmen auf „dem 30. Tag, nachdem die letzte der Notifikationen der einzelnen Vertragsstaaten, die den in Artikel 35 (Wirksamwerden) Absatz 7 beschriebenen Vorbehalt anbringen, über den Abschluss ihrer innerstaatlichen Verfahren für das Wirksamwerden dieses Übereinkommens in Bezug auf das betreffende unter das Übereinkommen fallende Steuerabkommen beim Verwahrer eingegangen ist," zu ersetzen;

viii) die Bezugnahme auf den „Tag der Mitteilung des Verwahrers über die Notifikation der Erweiterung der Liste der Abkommen" in Artikel 36 (Wirksamwerden des Teiles VI) Absatz 3,

ix) die Bezugnahmen auf den „Tag der Mitteilung des Verwahrers über die Notifikation der Rücknahme des Vorbehalts", den „Tag der Mitteilung des Verwahrers über die Notifikation der Ersetzung des Vorbehalts" und den „Tag der Mitteilung des Verwahrers über die Notifikation der Rücknahme des Einspruchs gegen den Vorbehalt" in Artikel 36 (Wirksamwerden des Teiles VI) Absatz 4 und

x) die Bezugnahme auf den „Tag der Mitteilung des Verwahrers über die zusätzliche Notifikation" in Artikel 36

(Wirksamwerden des Teiles VI) Absatz 5 durch Bezugnahmen auf den „30. Tag, nachdem die letzte der Notifikationen der einzelnen Vertragsstaaten, die den in Artikel 35 (Wirksamwerden) Absatz 7 beschriebenen Vorbehalt anbringen, über den Abschluss ihrer innerstaatlichen Verfahren für das Wirksamwerden des Teiles VI (Schiedsverfahren) in Bezug auf das betreffende unter das Übereinkommen fallende Steuerabkommen beim Verwahrer eingegangen ist," zu ersetzen.

b) Eine Vertragspartei dieses Übereinkommens, die einen Vorbehalt nach Buchstabe a anbringt, notifiziert zeitgleich dem Verwahrer und den anderen Vertragsstaaten die Bestätigung des Abschlusses ihrer innerstaatlichen Verfahren.

c) Bringen ein oder mehrere Vertragsstaaten eines unter das Übereinkommen fallenden Steuerabkommens einen Vorbehalt nach diesem Absatz an, so wird der Tag des Wirksamwerdens des Übereinkommens, der Rücknahme oder Ersetzung eines Vorbehalts, einer zusätzlichen Notifikation in Bezug auf dieses unter das Übereinkommen fallende Steuerabkommen oder des Teiles VI (Schiedsverfahren) für alle Vertragsstaaten des unter das Übereinkommen fallenden Steuerabkommens durch diesen Absatz bestimmt.

Wirksamwerden des Teiles VI

Art. 36 (1) Ungeachtet des Artikels 28 (Vorbehalte) Absatz 9, des Artikels 29 (Notifikationen) Absatz 6 und des Artikels 35 (Wirksamwerden) Absätze 1 bis 6 wird Teil VI (Schiedsverfahren) in Bezug auf zwei Vertragsstaaten eines unter das Übereinkommen fallenden Steuerabkommens wirksam

a) bei Fällen, die der zuständigen Behörde eines Vertragsstaats (nach Artikel 19 (Obligatorisches verbindliches Schiedsverfahren) Absatz 1 Buchstabe a) vorgelegt werden, am oder nach dem letzten der Tage, an denen dieses Übereinkommen für die Vertragsstaaten des unter das Übereinkommen fallenden Steuerabkommens jeweils in Kraft tritt, und

b) bei Fällen, die der zuständigen Behörde eines Vertragsstaats vor dem letzten der Tage, an denen das Übereinkommen für die Vertragsstaaten des unter das Übereinkommen fallenden Steuerabkommens jeweils in Kraft tritt, vorgelegt werden, an dem Tag, an dem beide Vertragsstaaten dem Verwahrer notifiziert haben, dass sie eine Verständigungsregelung nach Artikel 19 (Obligatorisches verbindliches Schiedsverfahren) Absatz 10 erzielt haben, zusammen mit Angaben zu dem Tag oder den Tagen, an dem beziehungsweise denen diese Fälle nach dieser Verständigungsregelung als der zuständigen Behörde eines Vertragsstaats (nach Artikel 19 (Obligatorisches verbindliches Schiedsverfahren) Absatz 1 Buchstabe a) vorgelegt gelten.

(2) Eine Vertragspartei dieses Übereinkommens kann sich vorbehalten, dass Teil VI (Schiedsverfahren) nur insoweit für einen Fall gilt, welcher der zuständigen Behörde eines Vertragsstaats vor dem letzten der Tage, an denen dieses Übereinkommen für die Vertragsstaaten des unter das Übereinkommen fallenden Steuerabkommens jeweils in Kraft tritt, vorgelegt wird, als die zuständigen Behörden beider Vertragsstaaten übereinkommen, dass er für diesen bestimmten Fall gilt.

(3) Im Fall eines neuen unter das Übereinkommen fallenden Steuerabkommens, dessen Hinzufügung eine nach Artikel 29 (Notifikationen) Absatz 5 erfolgte Erweiterung der Liste der nach Artikel 2 (Auslegung von Ausdrücken) Absatz 1 Buchstabe a Ziffer ii notifizierten Abkommen zurückzuführen ist, werden in den Absätzen 1 und 2 die Bezugnahmen auf den „letzten der Tage, an denen dieses Übereinkommen für die Vertragsstaaten des unter das Übereinkommen fallenden Steuerabkommens jeweils in Kraft tritt," durch Bezugnahmen auf den „Tag der Mitteilung des Verwahrers über die Notifikation der Erweiterung der Liste der Abkommen" ersetzt.

(4) Eine Rücknahme oder Ersetzung eines nach Artikel 26 (Vereinbarkeit) Absatz 4 angebrachten Vorbehalts aufgrund des Artikels 28 (Vorbehalte) Absatz 9 oder die Rücknahme eines Einspruchs gegen einen nach Artikel 28 (Vorbehalte) Absatz 2 angebrachten Vorbehalt, die zur Anwendung des Teiles VI (Schiedsverfahren) zwischen den beiden Vertragsstaaten eines unter das Übereinkommen fallenden Steuerabkommens führt, wird nach Absatz 1 Buchstaben a und b wirksam, wobei die Bezugnahmen auf den „letzten der Tage, an denen dieses Übereinkommen für die Vertragsstaaten des unter das Übereinkommen fallenden Steuerabkommens jeweils in Kraft tritt," durch Bezugnahmen auf den „Tag der Mitteilung des Verwahrers über die Notifikation der Rücknahme des Vorbehalts", den „Tag der Mitteilung des Verwahrers über die Notifikation der Ersetzung des Vorbehalts" oder den „Tag der Mitteilung des Verwahrers über die Notifikation der Rücknahme des Einspruchs gegen den Vorbehalt" ersetzt werden.

(5) Eine zusätzliche Notifikation nach Artikel 29 (Notifikationen) Absatz 1 Buchstabe p wird nach Absatz 1 Buchstaben a und b wirksam, wobei in den Absätzen 1 und 2 die Bezugnahmen auf den „letzten der Tage, an denen dieses Übereinkommen für die Vertragsstaaten des unter das Übereinkommen fallenden Steuerabkommens jeweils in Kraft tritt," durch Bezugnahmen auf den „Tag der Mitteilung des Verwahrers über die zusätzliche Notifikation" ersetzt werden.

Rücktritt

Art. 37 (1) Jede Vertragspartei dieses Übereinkommens kann durch eine an den Verwahrer gerichtete Notifikation jederzeit von diesem Übereinkommen zurücktreten.

(2) Ein Rücktritt nach Absatz 1 wird bei Eingang der Notifikation beim Verwahrer wirksam. In Fällen, in denen dieses Übereinkommen in Bezug auf alle Vertragsstaaten eines unter das Übereinkommen fallenden Steuerabkommens vor dem Wirksamwerden des Rücktritts einer Vertragspartei dieses Übereinkommens in Kraft getreten ist, verbleibt dieses unter das Übereinkommen fallende Steuerabkommen in seiner durch das Übereinkommen geänderten Fassung.

Verhältnis zu Protokollen

Art. 38 (1) Dieses Übereinkommen kann durch ein oder mehrere Protokolle ergänzt werden.

(2) Um Vertragspartei eines Protokolls zu werden, muss ein Staat oder Gebiet auch Vertragspartei dieses Übereinkommens sein.

(3) Eine Vertragspartei dieses Übereinkommens ist nur dann durch ein Protokoll gebunden, wenn sie nach dessen Bestimmungen Vertragspartei des Protokolls wird.

Verwahrer

Art. 39 (1) Der Generalsekretär der Organisation für wirtschaftliche Zusammenarbeit und Entwicklung ist Verwahrer dieses Übereinkommens und der Protokolle nach Artikel 38 (Verhältnis zu Protokollen).

(2) Der Verwahrer notifiziert den Vertragsparteien und Unterzeichnern dieses Übereinkommens innerhalb eines Kalendermonats

a) jede Unterzeichnung nach Artikel 27 (Unterzeichnung und Ratifikation, Annahme oder Genehmigung),

b) die Hinterlegung jeder Ratifikations-, Annahme- oder Genehmigungsurkunde nach Artikel 27 (Unterzeichnung und Ratifikation, Annahme oder Genehmigung),

c) jeden Vorbehalt und jede Rücknahme oder Ersetzung eines Vorbehalts nach Artikel 28 (Vorbehalte),

d) jede Notifikation oder zusätzliche Notifikation nach Artikel 29 (Notifikationen),

e) jeden Änderungsvorschlag in Bezug auf dieses Übereinkommen nach Artikel 33 (Änderungen),

f) jeden Rücktritt von dem Übereinkommen nach Artikel 37 (Rücktritt) und

g) jede andere Mitteilung im Zusammenhang mit dem Übereinkommen.

(3) Der Verwahrer führt öffentlich verfügbare Listen

a) der unter das Übereinkommen fallenden Steuerabkommen,

b) der von den Vertragsparteien dieses Übereinkommens angebrachten Vorbehalte und

c) der von den Vertragsparteien dieses Übereinkommens abgegebenen Notifikationen.

16/5. MLI

Vorbehalte und Notifikationen der Republik Österreich
BGBl III 2023/145

Artikel 2 – Auslegung von Ausdrücken

Notifikation - Unter das Übereinkommen fallende Abkommen

Gemäß Artikel 2 Absatz 1 lit. a Ziffer ii des Übereinkommens fallen nach dem Wunsch der Republik Österreich die folgenden Abkommen unter das Übereinkommen:

Nr	Titel	Der andere Vertragsstaat	Original/ Änderungs- übereinkunft	Zeitpunkt der Unterzeich- nung	Zeitpunkt des In-Kraft- Tretens
1	Abkommen zwischen der Republik Österreich und dem Königreich Belgien zur Vermeidung der Doppelbesteuerung und zur Regelung bestimmter anderer Fragen auf dem Gebiete der Steuern vom Einkommen und vom Vermögen einschließlich der Gewerbesteuern und der Grundsteuern	Belgien	Original	29-12-1971	28-06-1973
			Änderungs- übereinkunft (a)	10-09-2009	01-03-2016
2	Abkommen zwischen der Republik Österreich und der Republik Bulgarien zur Vermeidung der Doppelbesteuerung auf dem Gebiete der Steuern vom Einkommen und vom Vermögen	Bulgarien	Original	20-07-2010	03-02-2011
3	Abkommen zwischen der Republik Österreich und Kanada zur Vermeidung der Doppelbesteuerung und zur Verhinderung der Steuerumgehung bei den Steuern vom Einkommen und vom Vermögen	Kanada	Original	09-12-1976	17-02-1981
			Änderungs- übereinkunft (a)	15-06-1999	29-01-2001
			Änderungs- übereinkunft (b)	09-03-2012	01-10-2013
4	Abkommen zwischen der Republik Österreich und der Republik Chile zur Vermeidung der Doppelbesteuerung und der Verhinderung der Steuerumgehung auf dem Gebiete der Steuern vom Einkommen und vom Vermögen	Chile	Original	06-12-2012	09-09-2015
5	Abkommen zwischen der Regierung der Republik Österreich und der Regierung der Volksrepublik China zur Vermeidung der Doppelbesteuerung und zur Verhinderung der Steuerumgehung auf dem Gebiete der Steuern vom Einkommen und vom Vermögen	China (Volksrepublik)	Original	10-04-1991	01-11-1992

16/5. MLI

6	Abkommen zwischen der Republik Österreich und der Republik Kroatien zur Vermeidung der Doppelbesteuerung auf dem Gebiete der Steuern vom Einkommen und vom Vermögen	Kroatien	Original	21-09-2000	27-06-2001
7	Abkommen zwischen der Republik Österreich und der Republik Zypern zur Vermeidung der Doppelbesteuerung auf dem Gebiete der Steuern vom Einkommen und vom Vermögen	Zypern	Original	20-03-90	01-01-1991
			Änderungs-übereinkunft (a)	21-05-2012	01-04-2013
8	Abkommen zwischen der Republik Österreich und der Tschechischen Republik zur Vermeidung der Doppelbesteuerung und zur Verhinderung der Steuerumgehung auf dem Gebiete der Steuern vom Einkommen und vom Vermögen	Tschechische Republik	Original	08-06-2006	22-03-2007
			Änderungs-übereinkunft (a)	09-03-2012	26-11-2012
9	Abkommen zwischen der Republik Österreich und der Republik Estland zur Vermeidung der Doppelbesteuerung auf dem Gebiete der Steuern vom Einkommen und vom Vermögen	Estland	Original	05-04-2001	12-11-2002
10	Übereinkommen zwischen der Republik Österreich und der Republik Finnland zur Vermeidung der Doppelbesteuerung und zur Verhinderung der Steuerumgehung auf dem Gebiete der Steuern vom Einkommen und vom Vermögen	Finnland	Original	26-07-2000	01-04-2001
			Änderungs-übereinkunft (a)	04-03-2011	01-12-2011
11	Abkommen zwischen der Republik Österreich und der Französischen Republik zur Vermeidung der Doppelbesteuerung und zur Verhinderung der Steuerumgehung auf dem Gebiete der Steuern vom Einkommen und vom Vermögen	Frankreich	Original	26-03-1993	01-09-1994
			Änderungs-übereinkunft (a)	23-05-2011	01-05-2012
12	Abkommen zwischen der Republik Österreich und der Bundesrepublik Deutschland zur Vermeidung der Doppelbesteuerung auf dem Gebiet der Steuern vom Einkommen und vom Vermögen	Deutschland	Original	24-08-2000	18-08-2002
			Änderungs-übereinkunft (a)	29-12-2010	01-03-2012

13	Abkommen zwischen der Republik Österreich und der Hellenischen Republik zur Vermeidung der Doppelbesteuerung auf dem Gebiete der Steuern vom Einkommen und vom Vermögen	Griechenland	Original	18-07-2007	01-04-2009
14	Abkommen zwischen der Regierung der Republik Österreich und der Regierung der Sonderverwaltungsregion Hongkong der Volksrepublik China zur Vermeidung der Doppelbesteuerung und zur Verhinderung der Steuerumgehung auf dem Gebiete der Steuern vom Einkommen und vom Vermögen	Hongkong (China)	Original	25-05-2010	01-01-2011
			Änderungsübereinkunft (a)	25-06-2012	03-07-2013
15	Abkommen zwischen der Republik Österreich und der Ungarischen Volksrepublik zur Vermeidung der Doppelbesteuerung auf dem Gebiete der Steuern vom Einkommen, Ertrag und vom Vermögen	Ungarn	Original	25-02-1975	09-02-1976
16	Abkommen zwischen der Regierung der Republik Österreich und der Regierung der Republik Indien zur Vermeidung der Doppelbesteuerung und zur Verhinderung der Steuerumgehung auf dem Gebiete der Steuern vom Einkommen	Indien	Original	08-11-1999	05-09-2001
			Änderungsübereinkunft (a)	06-02-2017	01-10-2019[1]
17	Abkommen zwischen der Republik Österreich und Irland zur Vermeidung der Doppelbesteuerung auf dem Gebiete der Steuern vom Einkommen	Irland	Original	24-05-1966	05-01-1968
			Änderungsübereinkunft (a)	19-06-1987	01-03-1989
			Änderungsübereinkunft (b)	16-12-2009	01-05-2011
18	Abkommen zwischen der Republik Österreich und dem Staat Israel zur Vermeidung der Doppelbesteuerung auf dem Gebiete der Steuern vom Einkommen und vom Vermögen	Israel	Original	28-11-2016	01-03-2018[2]
19		Italien	Original	29-06-1981	06-04-1985

---

[1] Die Notifikation des Datums des Inkrafttretens wurde vom Verwahrer empfangen und den Unterzeichnern sowie den Vertragsparteien des Übereinkommens kommuniziert.

[2] Die Notifikation des Datums des Inkrafttretens wurde vom Verwahrer empfangen und den Unterzeichnern sowie den Vertragsparteien des Übereinkommens kommuniziert.

16/5. MLI

	Abkommen zwischen der Republik Österreich und der Republik Italien zur Vermeidung der Doppelbesteuerung und zur Verhinderung der Steuerumgehung auf dem Gebiete der Steuern vom Einkommen und vom Vermögen		Änderungsübereinkunft (a)	25-11-1987	01-05-1990
20	Abkommen zwischen der Republik Österreich und der Republik Lettland zur Vermeidung der Doppelbesteuerung auf dem Gebiete der Steuern vom Einkommen und vom Vermögen	Lettland	Original	14-12-2005	16-05-2007
21	Abkommen zwischen der Republik Österreich und der Republik Litauen zur Vermeidung der Doppelbesteuerung auf dem Gebiete der Steuern vom Einkommen und vom Vermögen	Litauen	Original	06-04-2005	17-11-2005
22	Abkommen zwischen der Republik Österreich und dem Großherzogtum Luxemburg zur Vermeidung der Doppelbesteuerung auf dem Gebiete der Steuern vom Einkommen und vom Vermögen	Luxemburg	Original	18-10-1962	07-02-1964
			Änderungsübereinkunft (a)	21-05-1992	01-02-1994
			Änderungsübereinkunft (b) (einschließlich Notenwechsel am 07-07-2009)	07-07-2009	01-09-2010
			Änderungsübereinkunft (c) (Notenwechsel)	18-06-2015/18-06-2015	01-03-2017
23	Abkommen zwischen der Republik Österreich und der Republik Malta zur Vermeidung der Doppelbesteuerung bei den Steuern vom Einkommen und vom Vermögen	Malta	Original	29-05-1978	13-07-1979
24	Abkommen zwischen der Republik Österreich und den Vereinigten Mexanischen Staaten zur Vermeidung der Doppelbesteuerung und zur Verhinderung der Steuerumgehung auf dem Gebiete der Steuern vom Einkommen und vom Vermögen	Mexiko	Original	13-04-2004	01-01-2005
			Änderungsübereinkunft (a)	18-09-2009	01-07-2010
25		Niederlande	Original	01-09-1970	21-04-1971

	Abkommen zwischen der Republik Österreich und dem Königreich der Niederlande zur Vermeidung der Doppelbesteuerung auf dem Gebiete der Steuern vom Einkommen und vom Vermögen		Änderungs-übereinkunft (a)	18-12-1989	28-12-1990
			Änderungs-übereinkunft (b)	26-11-2001	26-01-2003
			Änderungs-übereinkunft (c)	08-10-2008	23-05-2009
			Änderungs-übereinkunft (d)	08-09-2009	01-07-2010
26	Abkommen zwischen der Republik Österreich und der Islamischen Republik Pakistan zur Vermeidung der Doppelbesteuerung auf dem Gebiete der Steuern vom Einkommen	Pakistan	Original	04-08-2005	01-06-2007
27	Abkommen zwischen der Republik Österreich und der Republik Polen zur Vermeidung der Doppelbe-steuerung auf dem Gebiete der Steuern vom Einkommen und vom Vermögen	Polen	Original	13-01-2004	01-04-2005
			Änderungs-übereinkunft (a)	04-02-2008	10-10-2008
28	Abkommen zwischen der Republik Österreich und der Portugiesischen Republik zur Vermeidung der Doppelbesteuerung auf dem Gebiete der Steuern vom Einkommen und vom Vermögen	Portugal	Original	29-12-1970	27-02-1972
29	Abkommen zwischen der Republik Österreich und Rumänien zur Vermeidung der Doppelbe-steuerung und zur Verhinderung der Steuerumgehung auf dem Gebiete der Steuern vom Einkommen und vom Vermögen	Rumänien	Original	30-03-2005	01-02-2006
			Änderungs-übereinkunft (a)	01-10-2012	01-11-2013
30	Abkommen zwischen der Regierung der Republik Österreich und der Regierung der Russischen Föderation zur Vermeidung der Doppelbesteuerung auf dem Gebiete der Steuern vom Einkommenund vom Vermögen	Russland	Original	13-04-2000	30-12-2002[3]
31	Abkommen zwischen der Republik Österreich und der Republik Serbien zur Vermeidung der Doppelbesteuerung auf dem	Serbien	Original	07-05-2010	17-12-2010

---

[3] Österreich und die Russische Föderation haben eine Änderungsübereinkunft abgeschlossen, welche den Inhalt des unter das Übereinkommen fallenden Abkommens geändert hat. Die Übereinkunft ist vor dem Übereinkommen in Kraft getreten.

16/5. MLI

32	Abkommen zwischen der Regierung der Republik Österreich und der Regierung der Republik Singapur zur Vermeidung der Doppelbesteuerung und zur Verhinderung der Steuerumgehung auf dem Gebiete der Steuern vom Einkommen	Singapur	Original	30-11-2001	22-10-2002
			Änderungsübereinkunft (a)	15-09-2009	01-06-2010
			Änderungsübereinkunft (b) (Notenwechsel)	03-09-2012/16-10-2012	01-05-2014
33	Abkommen zwischen der Republik Österreich und der [Tschechoslowakischen Sozialistischen Republik] zur Vermeidung der Doppelbesteuerung auf dem Gebiete der Steuern vom Einkommen und vom Vermögen	Slowakische Republik	Original	07-03-1978	12-02-1979
34	Abkommen zwischen der Republik Österreich und der Republik Slowenien zur Vermeidung der Doppelbesteuerung auf dem Gebiete der Steuern vom Einkommen und vom Vermögen	Slowenien	Original	01-10-1997	01-02-1999
			Änderungsübereinkunft (a)	26-09-2006	01-08-2007
			Änderungsübereinkunft (b)	28-09-2011	01-11-2012
35	Abkommen zwischen der Republik Österreich und der Republik Südafrika zur Vermeidung der Doppelbesteuerung auf dem Gebiete der Steuern vom Einkommen und vom Vermögen	Südafrika	Original	04-03-1996	06-02-1997
			Änderungsübereinkunft (a)	22-08-2011	01-03-2012
36	Abkommen zwischen der Republik Österreich und Spanien zur Vermeidung der Doppelbesteuerung auf dem Gebiete der Steuern vom Einkommen und vom Vermögen	Spanien	Original	20-12-1966	01-01-1968
			Änderungsübereinkunft (a)	24-02-1995	01-11-1995
37	Abkommen zwischen der Republik Österreich und der Schweizerischen Eidgenossenschaft zur Vermeidung der Doppelbesteuerung auf dem Gebiete der Steuern vom Einkommen und vom Vermögen	Schweiz	Original	30-01-1974	04-12-1974
			Änderungsübereinkunft (a)	18-01-1994	01-05-1995
			Änderungsübereinkunft (b)	20-07-2000	13-09-2001
			Änderungsübereinkunft (c)	21-03-2006	02-02-2007
			Änderungsübereinkunft (d)	03-09-2009	01-03-2011

				(einschließlich Notenwechsel am 03-09-2009)			
				Änderungs-übereinkunft (e)	04-06-2012	14-11-2012
38	Abkommen zwischen der Republik Österreich und der Republik Türkei zur Vermeidung der Doppelbesteuerung auf dem Gebiete der Steuern vom Einkommen		Türkei	Original	28-03-2008	01-10-2009

Notifikation der Erweiterung der Liste der unter das Übereinkommen fallenden Abkommen

Gemäß Artikel 29 Absatz 5 des Übereinkommens wird nach dem Wunsch der Republik Österreich die Liste der Abkommen, die unter das Übereinkommen fallen, erweitert und es werden folgende Abkommen hinzugefügt. Die Notifikation der Erweiterung der Liste der Abkommen ging beim Verwahrer ein und wurde vom Verwahrer den Unterzeichnern sowie den Vertragsparteien des Übereinkommens kommuniziert.

Nr	Titel	Der andere Vertragsstaat	Original/ Änderungs-übereinkunft	Zeitpunkt der Unterzeich-nung	Zeitpunkt des In-Kraft-Tretens
39	Abkommen zwischen der Republik Österreich und der Republik Albanien zur Vermeidung der Doppelbesteuerung auf dem Gebiete der Steuern vom Einkommen und vom Vermögen und zur Verhinderung der Steuerumgehung	Albanien	Original	14-12-2007	01-09-2008
40	Abkommen zwischen der Republik Österreich und der demokratischen Volksrepublik Algerien auf dem Gebiete der Steuern vom Einkommen und vom Vermögen	Algerien	Original	17-06-2003	01-12-2006
41	Abkommen zwischen der Regierung der Republik Österreich und der Regierung der Republik Armenien zur Vermeidung der Doppelbesteuerung auf dem Gebiete der Steuern vom Einkommen und vom Vermögen	Armenien	Original	27-02-2002	01-03-2004

16/5. MLI

42	Abkommen zwischen der Regierung der Republik Österreich und der Regierung der Republik Aserbaidschan zur Vermeidung der Doppelbesteuerung und der Verhinderung der Steuerumgehung auf dem Gebiete der Steuern vom Einkommen und vom Vermögen	Aserbaidschan	Original	04-07-2000	23-02-2001
43	Abkommen zwischen der Republik Österreich und Barbados zur Vermeidung der Doppelbesteuerung und zur Verhinderung der Steuerumgehung auf dem Gebiete der Steuern vom Einkommen und vom Vermögen	Barbados	Original	27-02-2006	01-04-2007
44	Abkommen zwischen der Regierung der Republik Österreich und der Regierung der Republik Belarus zur Vermeidung der Doppelbesteuerung auf dem Gebiete der Steuern vom Einkommen und vom Vermögen	Belarus	Original	16-05-2001	09-03-2002
			Änderungs-übereinkunft (a)	24-11-2014	01-10-2015
45	Abkommen zwischen Österreich und Belize auf dem Gebiete der Steuern vom Einkommen und vom Vermögen	Belize	Original	08-05-2002	01-12-2003
46	Abkommen zwischen der Republik Österreich und Bosnien und Herzegowina zur Vermeidung der Doppelbesteuerung auf dem Gebiete der Steuern vom Einkommen und vom Vermögen	Bosnien und Herzegowina	Original	16-12-2010	01-01-2012
47	Abkommen zwischen der Regierung der Republik Österreich und der Regierung der Republik Kuba zur Vermeidung der Doppelbesteuerung und zur Verhinderung der Steuerumgehung auf dem	Kuba	Original	26-6-2003	12-09-2006

48	Abkommen zwischen der Republik Österreich und dem Königreich Dänemark auf dem Gebiete der Steuern vom Einkommen und vom Vermögen	Dänemark	Original	25-05-2007	27-03-2008
			Änderungs-übereinkunft (a)	16-09-2009	01-05-2010
49	Abkommen zwischen der Republik Österreich und der Vereinigten Arabischen Republik zur Vermeidung der Doppelbesteuerung und zur Verhinderung der Steuerumgehung auf dem Gebiete der Steuern vom Einkommen und vom Vermögen	Ägypten	Original	16-10-1962	28-10-1963
50	Abkommen zwischen der Republik Österreich und Georgien zur Vermeidung der Doppelbesteuerung auf dem Gebiete der Steuern vom Einkommen und vom Vermögen	Georgien	Original	11-04-2005	01-03-2006
			Änderungs-übereinkunft (a)	04-06-2012	01-03-2013
51	Abkommen zwischen der Republik Österreich und Island zur Vermeidung der Doppelbesteuerung und zur Verhinderung der Steuerumgehung auf dem Gebiete der Steuern vom Einkommen und vom Vermögen	Island	Original	30-06-2016	01-03-2017
52	Abkommen zwischen der Regierung der Republik Österreich und der Regierung der Islamischen Republik Iran zur Vermeidung der Doppelbesteuerung auf dem Gebiete der Steuern vom Einkommen und vom Vermögen	Iran	Original	11-03-2002	11-07-2004
53	Abkommen zwischen der Republik Österreich und der Republik Kasachstan auf dem Gebiete der	Kasachstan	Original	10-09-2004	01-03-2006

DBA/OECD-MA MLI

16/5. MLI

	Steuern vom Einkommen und vom Vermögen				
54	Abkommen zwischen der Republik Österreich und der Kirgisischen Republik zur Vermeidung der Doppelbesteuerung und zur Verhinderung der Steuerumgehung auf dem Gebiete der Steuern vom Einkommen und vom Vermögen	Kirgisistan	Original	18-09-2001	01-05-2003
55	Abkommen zwischen der Republik Österreich und der Sozialistischen Libysch-Arabischen Volks-Dschamahirija zur Vermeidung der Doppelbesteuerung und zur Verhinderung der Steuerhinterziehung und der Steuerumgehung auf dem Gebiete der Steuern vom Einkommen und vom Vermögen	Libyen	Original	16-09-2010	N/A
56	Abkommen zwischen der Republik Österreich und der Republik Mazedonien zur Vermeidung der Doppelbesteuerung und zur Verhinderung der Steuerumgehung auf dem Gebiete der Steuern vom Einkommen und vom Vermögen	Nordmazedonien	Original	10-09-2007	20-01-2008
57	Übereinkommen zwischen der Regierung der Republik Österreich und der Regierung von Malaysia zur Vermeidung der Doppelbesteuerung und zur Verhinderung der Steuerumgehung auf dem Gebiete der Steuern vom Einkommen	Malaysia	Original	20-09-1989	01-12-1990
58	Abkommen zwischen der Regierung der Republik Österreich und der Regierung der Republik Moldau zur Vermeidung der Doppelbesteuerung	Moldau	Original	29-04-2004	01-01-2005

	und zur Verhinderung der Steuerumgehung auf dem Gebiete der Steuern vom Einkommen und vom Vermögen				
59	Abkommen zwischen der Republik Österreich und der Mongolei auf dem Gebiete der Steuern vom Einkommen und vom Vermögen	Mongolei	Original	03-07-2003	01-10-2004
60	Abkommen zwischen der Regierung der Republik Österreich und der Regierung Montenegros zur Vermeidung der Doppelbesteuerung auf dem Gebiete der Steuern vom Einkommen und vom Vermögen	Montenegro	Original	16-06-2014	21-04-2015
61	Abkommen zwischen der Republik Österreich und dem Königreich Marokko zur Vermeidung der Doppelbesteuerung und zur Verhinderung der Steuerumgehung auf dem Gebiete der Steuern vom Einkommen	Marokko	Original	27-02-2002	12-11-2006
62	Abkommen zwischen der Republik Österreich und dem Königreich Nepal zur Vermeidung der Doppelbesteuerung und zur Verhinderung der Steuerumgehung auf dem Gebiete der Steuern vom Einkommen	Nepal	Original	15-12-2000	01-01-2002
63	Abkommen zwischen der Republik Österreich und dem Königreich Norwegen zur Vermeidung der Doppelbesteuerung und zur Verhinderung der Steuerumgehung auf dem Gebiete der Steuern vom Einkommen und vom Vermögen	Norwegen	Original	28-11-1995	01-12-1996
			Änderungsübereinkunft (a)	14-11-2005	01-012-2006
			Änderungsübereinkunft (b)	16-09-2009	01-06-2013
64	Abkommen zwischen der Republik Österreich und	Philippinen	Original	09-04-1981	01-04-1982

16/5. MLI

	der Republik der Philippinen zur Vermeidung der Doppelbesteuerung und zur Verhinderung der Steuerumgehung auf dem Gebiete der Steuern vom Einkommen				
65	Abkommen zwischen der Republik Österreich und der Republik San Marino auf dem Gebiete der Steuern vom Einkommen und vom Vermögen	San Marino	Original	24-11-2004	01-12-2005
			Änderungs-übereinkunft (a)	18-09-2009	01-06-2010
			Änderungs-übereinkunft (b)	16/27-11-2012	01-09-2013
66	Abkommen zwischen der Republik Österreich und dem Königreich Saudi-Arabien zur Vermeidung der Doppelbesteuerung und der Verhinderung der Steuerumgehung auf dem Gebiete der Steuern vom Einkommen und vom Vermögen	Saudi Arabien	Original	19-03-2006	01-06-2007
67	Abkommen zwischen der Republik Österreich und der Republik Tadschikistan zur Vermeidung der Doppelbesteuerung und zur Verhinderung der Steuerumgehung auf dem Gebiete der Steuern vom Einkommen und vom Vermögen	Tadschikistan	Original	07-06-2011	01-07-2012
			Änderungs-übereinkunft (a)	13-03-2013	26-05-2021
68	Abkommen zwischen der Republik Österreich und dem Königreich Thailand zur Vermeidung der Doppelbesteuerung und zur Verhinderung der Steuerumgehung bei den Steuern vom Einkommen und vom Vermögen	Thailand	Original	08-05-1985	01-07-1986
69	Abkommen zwischen der Republik Österreich und der Republik Tunesien zur Vermeidung der Doppelbesteuerung auf dem Gebiete der Steuern	Tunesien	Original	23-06-1977	04-09-1978

	vom Einkommen und vom Vermögen				
70	Abkommen zwischen der Regierung der Republik Österreich und der Regierung Turkmenistans zur Vermeidung der Doppelbesteuerung auf dem Gebiete der Steuern vom Einkommen und vom Vermögen	Turkmenistan	Original	12-05-2015	01-02-2016
71	Abkommen zwischen der Republik Österreich und der Bolivarischen Republik Venezuela zur Vermeidung der Doppelbesteuerung und zur Verhinderung der Steuerumgehung und der Steuerhinterziehung auf dem Gebiete der Steuern vom Einkommen und vom Vermögen	Venezuela	Original	12-05-2006	17-03-2007
72	Abkommen zwischen der Regierung der Republik Österreich und der Regierung der Sozialistischen Republik Vietnam zur Vermeidung der Doppelbesteuerung und zur Verhinderung der Steuerumgehung auf dem Gebiete der Steuern vom Einkommen und vom Vermögen	Vietnam	Original	02-06-2008	01-01-2010

16/5. MLI

Artikel 3 – Transparente Rechtsträger

Vorbehalt

Gemäß Artikel 3 Absatz 5 lit. a des Übereinkommens behält sich die Republik Österreich vor, dass der gesamte Artikel 3 nicht für ihre unter das Übereinkommen fallenden Steuerabkommen gilt.

Artikel 4 – Rechtsträger mit doppelter Ansässigkeit

Vorbehalt

Gemäß Artikel 4 Absatz 3 lit. a des Übereinkommens behält sich die Republik Österreich vor, dass der gesamte Artikel 4 nicht für ihre unter das Übereinkommen fallenden Steuerabkommen gilt.

Artikel 5 – Anwendung von Methoden zur Beseitigung der Doppelbesteuerung

Notifikation der gewählten fakultativen Bestimmungen

Gemäß Artikel 5 Absatz 10 des Übereinkommens entscheidet sich die Republik Österreich nach Artikel 5 Absatz 1 für die Anwendung der Option A dieses Artikels.

Notifikation bestehender Bestimmungen in den angeführten Abkommen

Gemäß Artikel 5 Absatz 10 des Übereinkommens ist die Republik Österreich der Auffassung, dass die folgenden Abkommen eine in Artikel 5 Absatz 3 beschriebene Bestimmung enthalten. Die Nummer des Artikels und des Absatzes dieser Bestimmung wird nachstehend angeführt.

Nummer des angeführten Abkommens	Der andere Vertragsstaat	Bestimmung
1	Belgien	Artikel 23 Absatz 1
5	China	Artikel 24 Absatz 2
7	Zypern	Artikel 23 Absatz 1
11	Frankreich	Artikel 23 Absatz 2
13	Griechenland	Artikel 23 Absatz 2
15	Ungarn	Artikel 22 Absatz 1
16	Indien	Artikel 23 Absatz 2
22	Luxemburg	Artikel 20 Absatz 1
23	Malta	Artikel 23 Absatz 1

25	Niederlande	Artikel 24 Absatz 3
26	Pakistan	Artikel 24 Absatz 1
27	Polen	Artikel 24 Absatz 2
28	Portugal	Artikel 23 Absatz 1
31	Serbien	Artikel 24 Absatz 1
32	Singapur	Artikel 22 Absatz 1
33	Slowakische Republik	Artikel 23 Absatz 2
34	Slowenien	Artikel 24 Absatz 1 der Fassung Österreichs
35	Südafrika	Artikel 23 Absatz 1
36	Spanien	Artikel 24 Absatz 1
37	Schweiz	Artikel 23 Absatz 1
38	Türkei	Artikel 22 Absatz 1

Zusätzliche Notifikation nach der Ratifikation

Gemäß Artikel 29 Absatz 6 des Übereinkommens und Artikel 5 Absatz 10 des Übereinkommens ist die Republik Österreich der Auffassung, dass die folgenden Abkommen eine in Artikel 5 Absatz 3 beschriebene Bestimmung enthalten. Die relevanten Artikel- und Absatznummern sind in untenstehender Tabelle angeführt. Die zusätzliche Notifikation ging beim Verwahrer ein und wurde vom Verwahrer den Unterzeichnern sowie den Vertragsparteien des Übereinkommens kommuniziert.

Nummer des angeführten Abkommens	Der andere Vertragsstaat	Bestimmung
6	Kroatien	Artikel 23 Absatz 1
9	Estland	Artikel 23 Absatz 1
12	Deutschland	Artikel 23 Absatz 2
20	Lettland	Artikel 24 Absatz 1
21	Litauen	Artikel 24 Absatz 1
24	Mexiko	Artikel 22 Absatz 4
30	Russland	Artikel 23 Absatz 1

Notifikation infolge der Erweiterung der Liste der unter das Übereinkommen fallenden Abkommen nach der Ratifikation

Nach Aufnahme der zusätzlichen Abkommen in die Liste der Abkommen gemäß Artikel 29 Absatz 5 des Übereinkommens ist die Republik Österreich der Auffassung, dass gemäß Artikel 5 Absatz 10 des

16/5. MLI

Übereinkommens die folgenden Abkommen eine in Artikel 5 Absatz 3 beschriebene Bestimmung enthalten. Die Nummer des Artikels und des Absatzes jeder Bestimmung werden nachstehend angeführt. Die zusätzliche Notifikation ging beim Verwahrer ein und wurde vom Verwahrer den Unterzeichnern sowie den Vertragsparteien des Übereinkommens kommuniziert.

Nummer des angeführten Abkommens	Der andere Vertragsstaat	Bestimmung
40	Algerien	Artikel 23 Absatz 1
41	Armenien	Artikel 23 Absatz 2
42	Aserbaischan	Artikel 23 Absatz 1
44	Belarus	Artikel 23 Absatz 1
48	Dänemark	Artikel 24 Absatz 2
49	Ägypten	Artikel XXI Absatz 1
50	Georgien	Artikel 23 Absatz 1
53	Kasachstan	Artikel 23 Absatz 2
54	Kirgisistan	Artikel 23 Absatz 1
55	Libyen	Artikel 23 Absatz 1
57	Malaysia	Artikel 22 Absatz 2
59	Mongolei	Artikel 24 Absatz 1
60	Montenegro	Artikel 22 Absatz 1
61	Marokko	Artikel 23 Absatz 1
62	Nepal	Artikel 22 Absatz 1
63	Norwegen	Artikel 24 Absatz 1
64	Philippinen	Artikel 23 Absatz 1
65	San Marino	Artikel 23 Absatz 1
66	Saudi Arabien	Artikel 24 Absatz 1
68	Thailand	Artikel 24 Absatz 3
69	Tunesien	Artikel 23 Absatz 2
70	Turkmenistan	Artikel 22 Absatz 1
71	Venezuela	Artikel 24 Absatz 2
72	Vietnam	Artikel 23 Absatz 1

Artikel 6 – Zweck eines unter das Übereinkommen fallenden Steuerabkommens

Notifikation bestehender Formulierungen in der Präambel der angeführten Abkommen

Gemäß Artikel 6 Absatz 5 des Übereinkommens ist die Republik Österreich der Auffassung, dass die folgenden Abkommen nicht unter einen Vorbehalt nach Artikel 6 Absatz 4 fallen und eine in Artikel 6 Absatz 2 beschriebene Formulierung in der Präambel enthalten. Der Wortlaut des jeweiligen Beweggrunds wird nachstehend angeführt.

Nummer des angeführten Abkommens	Der andere Vertragsstaat	Wortlaut der Präambel
1	Belgien	von dem Wunsche geleitet, auf dem Gebiete der Steuern vom Einkommen und vom Vermögen einschließlich der Gewerbesteuern und der Grundsteuern die

		Doppelbesteuerung zu vermeiden und bestimmte andere Fragen zu regeln,
2	Bulgarien	von dem Wunsche geleitet, ein Abkommen zur Vermeidung der Doppelbesteuerung auf dem Gebiete der Steuern vom Einkommen und vom Vermögen abzuschließen,
3	Kanada	vom Wunsche geleitet, ein Abkommen zur Vermeidung der Doppelbesteuerung und zur Verhinderung der Steuerumgehung bei den Steuern vom Einkommen und vom Vermögen abzuschließen,
4	Chile	von dem Wunsche geleitet, ein Abkommen zur Vermeidung der Doppelbesteuerung und der Verhinderung der Steuerumgehung auf dem Gebiete der Steuern vom Einkommen und vom Vermögen abzuschließen,
5	China (Volksrepublik)	von dem Wunsche geleitet, ein Abkommen zur Vermeidung der Doppelbesteuerung und zur Verhinderung der Steuerumgehung auf dem Gebiete der Steuern vom Einkommen und vom Vermögen abzuschließen,
6	Kroatien	von dem Wunsche geleitet, ein Abkommen zur Vermeidung der Doppelbesteuerung auf dem Gebiete der Steuern vom Einkommen und vom Vermögen abzuschließen,
7	Zypern	von dem Wunsche geleitet, ein Abkommen zur Vermeidung der Doppelbesteuerung auf dem Gebiete der Steuern vom Einkommen und vom Vermögen abzuschließen,
8	Tschechische Republik	von dem Wunsche geleitet, ein Abkommen zur Vermeidung der Doppelbesteuerung und zur Verhinderung der Steuerumgehung auf dem Gebiete der Steuern vom Einkommen und vom Vermögen abzuschließen,
9	Estland	von dem Wunsche geleitet, ein Abkommen zur Vermeidung der Doppelbesteuerung auf dem Gebiete der Steuern vom Einkommen und vom Vermögen abzuschließen,
10	Finnland	Von dem Wunsche geleitet, ein Übereinkommen zur Vermeidung der Doppelbesteuerung und zur Verhinderung der Steuerumgehung auf dem Gebiete der Steuern vom Einkommen und vom Vermögen abzuschließen,
11	Frankreich	von dem Wunsche geleitet, auf dem Gebiete der Steuern vom Einkommen und vom Vermögen die Doppelbesteuerung zu vermeiden und die Steuerumgehung zu verhindern,
12	Deutschland	von dem Wunsch geleitet,< ihre wirtschaftlichen Beziehungen durch den Abbau steuerlicher Hindernisse zu fördern und ihre Zusammenarbeit auf steuerlichem Gebiet zu festigen>,
13	Griechenland	von dem Wunsche geleitet, ein Abkommen zu Vermeidung der Doppelbesteuerung auf dem Gebiete der Steuern vom Einkommen und vom Vermögen abzuschließen,
14	Hongkong	von dem Wunsche geleitet, ein Abkommen zur Vermeidung der Doppelbesteuerung und zur Verhinderung der Steuerumgehung auf dem Gebiete der Steuern vom Einkommen und vom Vermögen abzuschließen,
15	Ungarn	von dem Wunsche geleitet, die Doppelbesteuerung auf dem Gebiete der Steuern vom Einkommen, Ertrag und vom Vermögen zu vermeiden,

16/5. MLI

16	Indien	von dem Wunsche geleitet, ein Abkommen zur Vermeidung der Doppelbesteuerung und zur Verhinderung der Steuerumgehung auf dem Gebiete der Steuern vom Einkommen abzuschließen,
17	Irland	von dem Wunsche geleitet, ein Abkommen zur Vermeidung der Doppelbesteuerung auf dem Gebiete der Steuern vom Einkommen abzuschließen,
18	Israel	von dem Wunsche geleitet, ein Abkommen zur Vermeidung der Doppelbesteuerung auf dem Gebiete der Steuern vom Einkommen und vom Vermögen abzuschließen,
19	Italien	vom Wunsche geleitet, ein Abkommen zur Vermeidung der Doppelbesteuerung und zur Verhinderung der Steuerumgehung auf dem Gebiete der Steuern vom Einkommen und vom Vermögen abzuschließen,
20	Lettland	von dem Wunsche geleitet, ein Abkommen zur Vermeidung der Doppelbesteuerung auf dem Gebiete der Steuern vom Einkommen und vom Vermögen abzuschließen,
21	Litauen	von dem Wunsche geleitet, ein Abkommen zur Vermeidung der Doppelbesteuerung auf dem Gebiete der Steuern vom Einkommen und vom Vermögen abzuschließen,
22	Luxemburg	von dem Wunsche geleitet, auf dem Gebiete der Steuern vom Einkommen und vom Vermögen die Doppelbesteuerung nach Möglichkeit zu vermeiden,
23	Malta	von dem Wunsche geleitet, ein Abkommen zur Vermeidung der Doppelbesteuerung bei den Steuern vom Einkommen und vom Vermögen abzuschließen,
24	Mexiko	von dem Wunsche geleitet, ein Abkommen zur Vermeidung der Doppelbesteuerung und zur Verhinderung der Steuerumgehung auf dem Gebiete der Steuern vom Einkommen und vom Vermögen abzuschließen,
25	Niederlande	von dem Wunsche geleitet, ein Abkommen zur Vermeidung der Doppelbesteuerung auf dem Gebiete der Steuern vom Einkommen und vom Vermögen abzuschließen,
26	Pakistan	von dem Wunsche geleitet, ein Abkommen zur Vermeidung der Doppelbesteuerung auf dem Gebiete der Steuern vom Einkommen abzuschließen,
27	Polen	von dem Wunsche geleitet, ein Abkommen zur Vermeidung der Doppelbesteuerung auf dem Gebiete der Steuern vom Einkommen und vom Vermögen abzuschließen,
28	Portugal	von dem Wunsche geleitet, auf dem Gebiete der Steuern vom Einkommen und vom Vermögen die Doppelbesteuerung zu vermeiden,
29	Rumänien	von dem Wunsche geleitet, ein Abkommen zur Vermeidung der Doppelbesteuerung und zur Verhinderung der Steuerumgehung auf dem Gebiete der Steuern vom Einkommen und vom Vermögen abzuschließen,
30	Russland	von dem Wunsche geleitet, ein Abkommen zur Vermeidung der Doppelbesteuerung auf dem Gebiete der Steuern vom Einkommen und vom Vermögen abzuschließen,
31	Serbien	von dem Wunsche geleitet, ein Abkommen zur Vermeidung der Doppelbesteuerung auf dem Gebiete der Steuern vom

		Einkommen und vom Vermögen abzuschließen,<mit der Absicht, dadurch stabile Bedingungen für eine umfassende Entwicklung von wirtschaftlicher und sonstiger Zusammenarbeit sowie von Investitionen zwischen den beiden Ländern zu schaffen>,
32	Singapur	von dem Wunsche geleitet, ein Abkommen zur Vermeidung der Doppelbesteuerung und zur Verhinderung der Steuerumgehung auf dem Gebiete der Steuern vom Einkommen abzuschließen,
33	Slowakische Republik	im Bewußtsein des Bedürfnisses, den Handel zu erleichtern und die wirtschaftliche Zusammenarbeit im Einklang mit der Schlußakte der Konferenz über Sicherheit und Zusammenarbeit in Europa zu fördern, sind übereingekommen, ein Abkommen zur Vermeidung der Doppelbesteuerung auf dem Gebiete der Steuern vom Einkommen und vom Vermögen zu schließen,
34	Slowenien	von dem Wunsche geleitet, ein Abkommen zur Vermeidung der Doppelbesteuerung auf dem Gebiete der Steuern vom Einkommen und vom Vermögen abzuschließen,
35	Südafrika	von dem Wunsche geleitet, ein Abkommen zur Vermeidung der Doppelbesteuerung auf dem Gebiete der Steuern vom Einkommen und vom Vermögen abzuschließen,
36	Spanien	von dem Wunsche geleitet, ein Abkommen zur Vermeidung der Doppelbesteuerung auf dem Gebiete der Steuern vom Einkommen und vom Vermögen abzuschließen,
37	Schweiz	von dem Wunsche geleitet, ein Abkommen zur Vermeidung der Doppelbesteuerung auf dem Gebiete der Steuern vom Einkommen und vom Vermögen abzuschließen,
38	Türkei	von dem Wunsche geleitet, ein Abkommen zur Vermeidung der Doppelbesteuerung auf dem Gebiete der Steuern vom Einkommen abzuschließen,

Notifikation infolge der Erweiterung der Liste der unter das Übereinkommen fallenden Abkommen nach der Ratifikation

Nach Aufnahme der zusätzlichen Abkommen in die Liste der Abkommen gemäß Artikel 29 Absatz 5 des Übereinkommens und gemäß Artikel 6 Absatz 5 des Übereinkommens ist die Republik Österreich der Auffassung, dass die folgenden Abkommen nicht in den Anwendungsbereich des Vorbehalts gemäß Artikel 6 Absatz 4 des Übereinkommens fallen und den in Artikel 6 Absatz 2 des Übereinkommens angeführten Präambelwortlaut enthalten. Der Wortlaut des relevanten Präambelabsatzes ist untenstehend angeführt. Die zusätzliche Notifikation ging beim Verwahrer ein und wurde vom Verwahrer den Unterzeichnern sowie den Vertragsparteien des Übereinkommens kommuniziert.

Nummer des angeführten Abkommens	Der andere Vertragsstaat	Wortlaut der Präambel
39	Albanien	von dem Wunsche geleitet, für Zwecke der Weiterentwicklung und Erleichterung ihrer Wirtschaftsbeziehungen ein Abkommen zur Vermeidung der Doppelbesteuerung auf dem

		Gebiete der Steuern vom Einkommen und vom Vermögen und zur Verhinderung der Steuerumgehung abzuschließen,
40	Algerien	von dem Wunsche geleitet, ein Abkommen auf dem Gebiete der Steuern vom Einkommen und vom Vermögen abzuschließen,
41	Armenien	von dem Wunsche geleitet, ein Abkommen zur Vermeidung der Doppelbesteuerung auf dem Gebiete der Steuern vom Einkommen und vom Vermögen abzuschließen,
42	Aserbaidschan	von dem Wunsche geleitet, ein Abkommen zur Vermeidung der Doppelbesteuerung und zur Verhinderung der Steuerumgehung auf dem Gebiete der Steuern vom Einkommen und vom Vermögen abzuschließen,
43	Barbados	von dem Wunsche geleitet, ein Abkommen zur Vermeidung der Doppelbesteuerung und zur Verhinderung der Steuerumgehung auf dem Gebiete der Steuern vom Einkommen und vom Vermögen abzuschließen,
44	Belarus	von dem Wunsche geleitet, ein Abkommen zur Vermeidung der Doppelbesteuerung auf dem Gebiete der Steuern vom Einkommen und vom Vermögen abzuschließen,
45	Belize	von dem Wunsche geleitet, ein Abkommen auf dem Gebiete der Steuern vom Einkommen und vom Vermögen abzuschließen,
46	Bosnien and Herzegowina	von dem Wunsche geleitet, ein Abkommen zur Vermeidung der Doppelbesteuerung auf dem Gebiete der Steuern vom Einkommen und vom Vermögen abzuschließen,
47	Kuba	von dem Wunsche geleitet, ein Abkommen zur Vermeidung der Doppelbesteuerung und zur Verhinderung der Steuerumgehung auf dem Gebiete der Steuern vom Einkommen und vom Vermögen abzuschließen,
48	Dänemark	von dem Wunsche geleitet, ein Abkommen auf dem Gebiete der Steuern vom Einkommen und vom Vermögen abzuschließen,
49	Ägypten	von dem Wunsche geleitet, zum Zwecke der Beseitigung von Hindernissen des internationalen Handels und der Kapitalinvestitionen ein Abkommen zur Vermeidung der Doppelbesteuerung und zur Verhinderung der Steuerumgehung auf dem Gebiete der Steuern vom Einkommen und vom Vermögen abzuschließen,
50	Georgien	von dem Wunsche geleitet, die wirtschaftlichen, kulturellen und wissenschaftlichen Beziehungen durch den Abschluss eines Abkommens zur Vermeidung der Doppelbesteuerung auf dem Gebiete der Steuern vom Einkommen und vom Vermögen zu fördern,
51	Island	vom Wunsche geleitet, ein Abkommen zur Vermeidung der Doppelbesteuerung und zur Verhinderung der Steuerumgehung auf dem Gebiete der Steuern vom Einkommen und Vermögen abzuschließen,
52	Iran	von dem Wunsche geleitet, ein Abkommen zur Vermeidung der Doppelbesteuerung auf dem Gebiete der Steuern vom Einkommen und vom Vermögen abzuschließen,

53	Kasachstan	von dem Wunsche geleitet, ein Abkommen auf dem Gebiete der Steuern vom Einkommen und vom Vermögen abzuschließen,
54	Kirgisistan	von dem Wunsche geleitet, ein Abkommen zur Vermeidung der Doppelbesteuerung und zur Verhinderung der Steuerumgehung auf dem Gebiete der Steuern vom Einkommen und vom Vermögen abzuschließen und die wirtschaftliche, wissenschaftliche, technische und kulturelle Zusammenarbeit auszubauen und zu verstärken,
55	Libyen	von dem Wunsche geleitet, ein Abkommen zur Vermeidung der Doppelbesteuerung und zur Verhinderung der Steuerumgehung auf dem Gebiete der Steuern vom Einkommen und vom Vermögen abzuschließen,
56	Nordmazedonien	von dem Wunsche geleitet, ein Abkommen zur Vermeidung der Doppelbesteuerung und zur Verhinderung der Steuerumgehung auf dem Gebiete der Steuern vom Einkommen und vom Vermögen abzuschließen,
57	Malaysia	von dem Wunsche geleitet, ein Übereinkommen zur Vermeidung der Doppelbesteuerung und zur Verhinderung der Steuerumgehung auf dem Gebiete der Steuern vom Einkommen und vom Vermögen abzuschließen,
58	Moldau	von dem Wunsche geleitet, ein Abkommen zur Vermeidung der Doppelbesteuerung und zur Verhinderung der Steuerumgehung auf dem Gebiete der Steuern vom Einkommen und vom Vermögen abzuschließen,
59	Mongolei	von dem Wunsche geleitet, ein Abkommen auf dem Gebiete der Steuern vom Einkommen und vom Vermögen abzuschließen,
60	Montenegro	von dem Wunsche geleitet, ein Abkommen zur Vermeidung der Doppelbesteuerung auf dem Gebiete der Steuern vom Einkommen und vom Vermögen abzuschließen,
61	Marokko	von dem Wunsche geleitet, die wirtschaftlichen Beziehungen durch den Abschluss eines Abkommens zur Vermeidung der Doppelbesteuerung und zur Vermeidung der Steuerumgehung auf dem Gebiete der Steuern von Einkommen zu fördern und zu verstärken,
62	Nepal	von dem Wunsche geleitet, ein Abkommen zur Vermeidung der Doppelbesteuerung und zur Verhinderung der Steuerumgehung auf dem Gebiete der Steuern vom Einkommen abzuschließen,
63	Norwegen	von dem Wunsche geleitet, ein Abkommen zur Vermeidung der Doppelbesteuerung und zur Verhinderung der Steuerumgehung auf dem Gebiete der Steuern vom Einkommen und vom Vermögen abzuschließen,
64	Philippinen	von dem Wunsche geleitet, ein Abkommen zur Vermeidung der Doppelbesteuerung und zur Verhinderung der Steuerumgehung auf dem Gebiete der Steuern vom Einkommen abzuschließen,
65	San Marino	von dem Wunsche geleitet, ein Abkommen auf dem Gebiete der Steuern vom Einkommen und vom Vermögen abzuschließen,

66	Saudi Arabien	von dem Wunsche geleitet, ein Abkommen zur Vermeidung der Doppelbesteuerung und der Verhinderung der Steuerumgehung auf dem Gebiete der Steuern vom Einkommen und vom Vermögen abzuschließen,
67	Tadschikistan	geleitet von dem Wunsche, die wirtschaftliche, wissenschaftliche, technische und kulturelle Zusammenarbeit zwischen den beiden Staaten zu entwickeln und zu verbessern, haben beschlossen das folgende Abkommen abzuschließen
68	Thailand	von dem Wunsche geleitet, ein Abkommen zur Vermeidung der Doppelbesteuerung und zur Verhinderung der Steuerumgehung bei den Steuern vom Einkommen und vom Vermögen zu schließen,
69	Tunesien	von dem Wunsche geleitet, ein Abkommen zur Vermeidung der Doppelbesteuerung auf dem Gebiete der Steuern vom Einkommen und vom Vermögen zu schließen,
70	Turkmenistan	von dem Wunsche geleitet, ein Abkommen zur Vermeidung der Doppelbesteuerung auf dem Gebiete der Steuern vom Einkommen und vom Vermögen abzuschließen,
71	Venezuela	von dem Wunsche geleitet, ein Abkommen zur Vermeidung der Doppelbesteuerung und zur Verhinderung der Steuerumgehung und der Steuerhinterziehung auf dem Gebiete der Steuern vom Einkommen und vom Vermögen abzuschließen,
72	Vietnam	von dem Wunsche geleitet, ein Abkommen zur Vermeidung der Doppelbesteuerung und zur Verhinderung der Steuerumgehung auf dem Gebiete der Steuern vom Einkommen und vom Vermögen abzuschließen,

Artikel 7 – Verhinderung von Abkommensmissbrauch

Notifikation bestehender Bestimmungen in den angeführten Abkommen

Gemäß Artikel 7 Absatz 17 lit. a des Übereinkommens ist die Republik Österreich der Auffassung, dass die folgenden Abkommen nicht einem Vorbehalt nach Artikel 7 Absatz 15 lit. b unterliegen und eine in Artikel 7 Absatz 2 beschriebene Bestimmung enthalten. Die Nummer des Artikels und des Absatzes dieser Bestimmung wird nachstehend angeführt.

Nummer des angeführten Abkommens	Der andere Vertragsstaat	Bestimmung
4	Chile	Ziffer 6 des Protokolls
13	Griechenland	Protokoll zu Artikel 11 und 12
24	Mexiko	Artikel 11 Absatz 8; Artikel 12 Absatz 7; Ziffer 2 des Protokolls
27	Polen	Artikel 11 Absatz 3 lit. c und d aufgrund des Artikels III Absatz 2 des Protokolls

Artikel 8 – Transaktionen zur Übertragung von Dividenden

Vorbehalt

Gemäß Artikel 8 Absatz 3 lit. a des Übereinkommens behält sich die Republik Österreich vor, dass der gesamte Artikel 8 nicht für ihre unter das Übereinkommen fallenden Steuerabkommen gilt.

Artikel 9 – Gewinne aus der Veräußerung von Anteilen oder Rechten an Rechtsträgern, deren Wert hauptsächlich auf unbeweglichem Vermögen beruht

Vorbehalt

Gemäß Artikel 9 Absatz 6 lit. a des Übereinkommens behält sich die Republik Österreich vor, dass Artikel 9 Absatz 1 nicht für ihre unter das Übereinkommen fallenden Steuerabkommen gilt.

Artikel 10 – Vorschrift zur Missbrauchsbekämpfung für in Drittstaaten oder -gebieten gelegene Betriebsstätten

Notifikation bestehender Bestimmungen in den angeführten Abkommen

Gemäß Artikel 10 Absatz 6 des Übereinkommens ist die Republik Österreich der Auffassung, dass das folgende Abkommen eine in Artikel 10 Absatz 4 beschriebene Bestimmung enthält. Die Nummer des Artikels und des Absatzes dieser Bestimmung wird nachstehend angeführt.

Nummer des angeführten Abkommens	Der andere Vertragsstaat	Bestimmung
4	Chile	Ziffer 12 des Protokolls

Artikel 11 – Anwendung von Steuerabkommen zur Einschränkung des Rechtes einer Vertragspartei dieses Übereinkommens auf Besteuerung der in ihrem Gebiet ansässigen Personen

Vorbehalt

Gemäß Artikel 11 Absatz 3 lit. a des Übereinkommens behält sich die Republik Österreich vor, dass der gesamte Artikel 11 nicht für ihre unter das Übereinkommen fallenden Steuerabkommen gilt.

Artikel 12 – Künstliche Umgehung des Betriebsstättenstatus durch Kommissionärsmodelle und ähnliche Strategien

Notifikation bestehender Bestimmungen in den angeführten Abkommen

Gemäß Artikel 12 Absatz 4 des Übereinkommens behält sich die Republik Österreich vor, dass der gesamte Artikel 12 nicht für ihre unter das Übereinkommen fallenden Steuerabkommen gilt.

16/5. MLI

Artikel 13 – Künstliche Umgehung des Betriebsstättenstatus durch die Ausnahme bestimmter Tätigkeiten

Vorbehalt

Gemäß Artikel 13 Absatz 6 lit. c des Übereinkommens behält sich die Republik Österreich vor, dass Artikel 13 Absatz 4 nicht für ihre unter das Übereinkommen fallenden Steuerabkommen gilt.

Notifikation der gewählten fakultativen Bestimmungen

Gemäß Artikel 13 Absatz 7 des Übereinkommens entscheidet sich die Republik Österreich nach Artikel 13 Absatz 1 für die Anwendung der Option A.

Notifikation bestehender Bestimmungen in den angeführten Abkommen

Gemäß Artikel 13 Absatz 7 des Übereinkommens ist die Republik Österreich der Auffassung, dass die folgenden Abkommen eine in Artikel 13 Absatz 5 lit. a beschriebene Bestimmung enthalten. Die Nummer des Artikels und des Absatzes dieser Bestimmung wird nachstehend angeführt.

Nummer des angeführten Abkommens	Der andere Vertragsstaat	Bestimmung
1	Belgien	Artikel 5 Absatz 3
2	Bulgarien	Artikel 5 Absatz 4
3	Kanada	Artikel 5 Absatz 3
4	Chile	Artikel 5 Absatz 4
5	China	Artikel 5 Absatz 4
6	Kroatien	Artikel 5 Absatz 4
7	Zypern	Artikel 5 Absatz 4
8	Tschechische Republik	Artikel 5 Absatz 4
9	Estland	Artikel 5 Absatz 4
10	Finnland	Artikel 5 Absatz 4
11	Frankreich	Artikel 5 Absatz 4
12	Deutschland	Artikel 5 Absatz 4
13	Griechenland	Artikel 5 Absatz 6
14	Hongkong	Artikel 5 Absatz 4
15	Ungarn	Artikel 5 Absatz 3
16	Indien	Artikel 5 Absatz 4
17	Irland	Artikel 3 Absatz 3
18	Israel	Artikel 5 Absatz 4
19	Italien	Artikel 5 Absatz 3
20	Lettland	Artikel 5 Absatz 4
21	Litauen	Artikel 5 Absatz 4
22	Luxemburg	Artikel 5 Absatz 3
23	Malta	Artikel 5 Absatz 3
24	Mexiko	Artikel 5 Absatz 4
25	Niederlande	Artikel 5 Absatz 3
26	Pakistan	Artikel 5 Absatz 4
27	Polen	Artikel 5 Absatz 4
28	Portugal	Artikel 5 Absatz 3
29	Rumänien	Artikel 5 Absatz 4

Nr.	Staat	Bestimmung
30	Russland	Artikel 5 Absatz 4
31	Serbien	Artikel 5 Absatz 4
32	Singapur	Artikel 5 Absatz 4
33	Slowakische Republik	Artikel 5 Absatz 4
34	Slowenien	Artikel 5 Absatz 4
35	Südafrika	Artikel 5 Absatz 4
36	Spanien	Artikel 5 Absatz 3
37	Schweiz	Artikel 5 Absatz 3
38	Türkei	Artikel 5 Absatz 4

Notifikation infolge der Erweiterung der Liste der unter das Übereinkommen fallenden Abkommen nach der Ratifikation

Nach Aufnahme der zusätzlichen Abkommen in die Liste der Abkommen gemäß Artikel 29 Absatz 5 des Übereinkommens ist die Republik Österreich der Auffassung, dass gemäß Artikel 13 Absatz 7 des Übereinkommens die folgenden Abkommen eine in Artikel 13 Absatz 5 lit. a beschriebene Bestimmung enthalten. Die Nummer des Artikels und des Absatzes werden für jede Bestimmung nachstehend angeführt. Die zusätzliche Notifikation ging beim Verwahrer ein und wurde vom Verwahrer den Unterzeichnern sowie den Vertragsparteien des Übereinkommens kommuniziert.

Nummer des angeführten Abkommens	Der andere Vertragsstaat	Bestimmung
39	Albanien	Artikel 5 Absatz 4
40	Algerien	Artikel 5 Absatz 4
41	Armenien	Artikel 5 Absatz 4
42	Aserbaidschan	Artikel 5 Absatz 4
43	Barbados	Artikel 5 Absatz 4
44	Belarus	Artikel 5 Absatz 4
45	Belize	Artikel 5 Absatz 4
46	Bosnien und Herzegowina	Artikel 5 Absatz 4
47	Kuba	Artikel 5 Absatz 4
48	Dänemark	Artikel 5 Absatz 4
49	Ägypten	Artikel IV Absatz 3
50	Georgien	Artikel 5 Absatz 4
51	Island	Artikel 5 Absatz 4
52	Iran	Artikel 5 Absatz 4
53	Kasachstan	Artikel 5 Absatz 4
54	Kirgisistan	Artikel 5 Absatz 4
55	Libyen	Artikel 5 Absatz 4
56	Nordmazedonien	Artikel 5 Absatz 4
57	Malaysia	Artikel 5 Absatz 4
58	Moldau	Artikel 5 Absatz 4
59	Mongolei	Artikel 5 Absatz 4
60	Montenegro	Artikel 5 Absatz 4
61	Marokko	Artikel 5 Absatz 4
62	Nepal	Artikel 5 Absatz 4
63	Norwegen	Artikel 5 Absatz 4
64	Philippinen	Artikel 5 Absatz 4
65	San Marino	Artikel 5 Absatz 4
66	Saudi Arabien	Artikel 5 Absatz 4

16/5. MLI

67	Tadschikistan	Artikel 5 Absatz 4
68	Thailand	Artikel 5 Absatz 3
69	Tunesien	Artikel 5 Absatz 3
70	Turkmenistan	Artikel 5 Absatz 4
71	Venezuela	Artikel 5 Absatz 4
72	Vietnam	Artikel 5 Absatz 4

Artikel 14 – Aufteilung von Verträgen

Vorbehalt

Gemäß Artikel 14 Absatz 3 lit. a des Übereinkommens behält sich die Republik Österreich vor, dass der gesamte Artikel 14 nicht für ihre unter das Übereinkommen fallenden Steuerabkommen gilt.

Artikel 15 – Bestimmung des Begriffs der mit einem Unternehmen eng verbundenen Person

Vorbehalt

Gemäß Artikel 15 Absatz 2 des Übereinkommens behält sich die Republik Österreich vor, dass der gesamte Artikel 15 nicht für die unter das Übereinkommen fallenden Steuerabkommen gilt, für die die in Artikel 12 Absatz 4, Artikel 13 Absatz 6 lit. c und Artikel 14 Absatz 3 lit. a beschriebenen Vorbehalte gelten.

Artikel 16 – Verständigungsverfahren

Vorbehalt

Gemäß Artikel 16 Absatz 5 lit. a des Übereinkommens behält sich die Republik Österreich vor, dass Absatz 1 Satz 1 nicht für ihre unter das Übereinkommen fallenden Steuerabkommen gilt, da sie beabsichtigt, den Mindeststandard für die Verbesserung der Streitbeilegung nach dem BEPS-Paket der OECD/G20 zu erfüllen, indem sie sicherstellt, dass nach jedem ihrer unter das Übereinkommen fallenden Steuerabkommen (mit Ausnahme der unter das Übereinkommen fallenden Steuerabkommen, nach denen eine Person einen Fall der zuständigen Behörde eines der beiden Vertragsstaaten vorlegen darf) eine Person, wenn sie der Auffassung ist, dass die Maßnahmen eines oder beider Vertragsstaaten für sie zu einer Besteuerung führen oder führen werden, die dem unter das Übereinkommen fallenden Steuerabkommen nicht entspricht, ungeachtet der im innerstaatlichen Recht dieser Vertragsstaaten vorgesehenen Rechtsbehelfe den Fall der zuständigen Behörde des Vertragsstaats, in dem sie ansässig ist, oder, sofern der von dieser Person vorgelegte Fall einer Bestimmung eines unter das Übereinkommen fallenden Steuerabkommens zur Gleichbehandlung aufgrund der Staatsangehörigkeit unterliegt, der zuständigen Behörde des Vertragsstaats, dessen Staatsangehörige sie ist, vorlegen kann; außerdem wird die zuständige Behörde dieses Vertragsstaats ein zweiseitiges Notifikations- oder Konsultationsverfahren mit der zuständigen Behörde des anderen Vertragsstaats für Fälle durchführen, in denen die zuständige Behörde, welcher der Fall, der Gegenstand eines Verständigungsverfahrens sein soll, vorgelegt wurde, die Einwendung des Steuerpflichtigen für unberechtigt hält.

Notifikation bestehender Bestimmungen in den angeführten Abkommen

Gemäß Artikel 16 Absatz 6 lit. b Ziffer i des Übereinkommens ist die Republik Österreich der Auffassung, dass die folgenden Abkommen eine Bestimmung enthalten, nach der ein in Artikel 16 Absatz 1 Satz 1 genannter Fall innerhalb einer bestimmten Frist von weniger als drei Jahren nach der ersten Mitteilung der Maßnahme, die zu einer dem unter das Übereinkommen fallenden Steuerabkommen nicht entsprechenden Besteuerung führt, vorgelegt werden muss. Die Nummer des Artikels und des Absatzes dieser Bestimmung wird nachstehend angeführt.

Nummer des angeführten Abkommens	Der andere Vertragsstaat	Bestimmung
1	Belgien	Artikel 25 Absatz 1 Satz 2
3	Kanada	Artikel 25 Absatz 1 Satz 2
28	Portugal	Artikel 25 Absatz 1 Satz 2

Notifikation infolge der Erweiterung der Liste der unter das Übereinkommen fallenden Abkommen nach der Ratifikation

Nach Aufnahme der zusätzlichen Abkommen in die Liste der Abkommen gemäß Artikel 29 Absatz 5 des Übereinkommens ist die Republik Österreich der Auffassung, dass gemäß Artikel 16 Absatz 6 lit b Ziffer i des Übereinkommens die folgenden Abkommen eine Bestimmung enthalten, nach der ein in Artikel 16 Absatz 1 Satz 1 genannter Fall innerhalb einer bestimmten Frist von weniger als drei Jahren nach der ersten Mitteilung der Maßnahme, die zu einer dem unter das Übereinkommen fallenden Steuerabkommen nicht entsprechenden Besteuerung führt, vorgelegt werden muss. Die Nummer des Artikels und des Absatzes werden für jede Bestimmung nachstehend angeführt. Die zusätzliche Notifikation ging beim Verwahrer ein und wurde vom Verwahrer den Unterzeichnern sowie den Vertragsparteien des Übereinkommens kommuniziert.

Nummer des angeführten Abkommens	Der andere Vertragsstaat	Bestimmung
65	San Marino	Artikel 25 Absatz 1 Satz 2

Gemäß Artikel 16 Absatz 6 lit. b Ziffer ii des Übereinkommens ist die Republik Österreich der Auffassung, dass die folgenden Abkommen eine Bestimmung enthalten, nach der ein in Artikel 16 Absatz 1 Satz 1 genannter Fall innerhalb einer bestimmten Frist von mindestens drei Jahren nach der ersten Mitteilung der Maßnahme, die zu einer dem unter das Übereinkommen fallenden Steuerabkommen nicht entsprechenden Besteuerung führt, vorgelegt werden muss. Die Nummer des Artikels und des Absatzes dieser Bestimmung wird nachstehend angeführt.

Nummer des angeführten Abkommens	Der andere Vertragsstaat	Bestimmung
2	Bulgarien	Artikel 25 Absatz 1 Satz 2
5	China	Artikel 26 Absatz 1 Satz 2
6	Kroatien	Artikel 25 Absatz 1 Satz 2
7	Zypern	Artikel 25 Absatz 1 Satz 2
8	Tschechische Republik	Artikel 24 Absatz 1 Satz 2
9	Estland	Artikel 25 Absatz 1 Satz 2
10	Finnland	Artikel 25 Absatz 1 Satz 2
11	Frankreich	Artikel 25 Absatz 1 Satz 2
12	Deutschland	Artikel 25 Absatz 1 Satz 2

16/5. MLI

13	Griechenland	Artikel 25 Absatz 1 Satz 2
14	Hongkong	Artikel 24 Absatz 1 Satz 2
16	Indien	Artikel 25 Absatz 1 Satz 2
18	Israel	Artikel 25 Absatz 1 Satz 2
19	Italien	Artikel 25 Absatz 1 Satz 2
20	Lettland	Artikel 26 Absatz 1 Satz 2
21	Litauen	Artikel 26 Absatz 1 Satz 2
23	Malta	Artikel 25 Absatz 1 Satz 2
26	Pakistan	Artikel 26 Absatz 1 Satz 2
27	Polen	Artikel 25 Absatz 1 Satz 2
29	Rumänien	Artikel 26 Absatz 1 Satz 2
30	Russland	Artikel 25 Absatz 1 Satz 2
31	Serbien	Artikel 26 Absatz 1 Satz 2
32	Singapur	Artikel 24 Absatz 1 Satz 2
33	Slowakische Republik	Artikel 25 Absatz 1 Satz 2
34	Slowenien	Artikel 26 Absatz 1 Satz 2
35	Südafrika	Artikel 25 Absatz 1 Satz 2
38	Türkei	Artikel 24 Absatz 1 Satz 2

Notifikation infolge der Erweiterung der Liste der unter das Übereinkommen fallenden Abkommen nach der Ratifikation

Nach Aufnahme der zusätzlichen Abkommen in die Liste der Abkommen gemäß Artikel 29 Absatz 5 des Übereinkommens ist die Republik Österreich der Auffassung, dass gemäß Artikel 16 Absatz 6 lit. b Ziffer ii des Übereinkommens die folgenden Abkommen eine Bestimmung enthalten, nach der ein in Artikel 16 Absatz 1 Satz 1 genannter Fall innerhalb einer bestimmten Frist von mindestens drei Jahren nach der ersten Mitteilung der Maßnahme, die zu einer dem unter das Übereinkommen fallenden Steuerabkommen nicht entsprechenden Besteuerung führt, vorgelegt werden muss. Die Nummer des Artikels und des Absatzes werden für jede Bestimmung nachstehend angeführt. Die zusätzliche Notifikation ging beim Verwahrer ein und wurde vom Verwahrer den Unterzeichnern sowie den Vertragsparteien des Übereinkommens kommuniziert.

Nummer des angeführten Abkommens	Der andere Vertragsstaat	Bestimmung
39	Albanien	Artikel 25 Absatz 1, Satz 2
40	Algerien	Artikel 25 Absatz 1, Satz 2
41	Armenien	Artikel 25 Absatz 1, Satz 2
42	Aserbaidschan	Artikel 25 Absatz 1, Satz 2
43	Barbados	Artikel 26 Absatz 1, Satz 2
44	Belarus	Artikel 25 Absatz 1, Satz 2
45	Belize	Artikel 24 Absatz 1, Satz 2
46	Bosnien und Herzegowina	Artikel 25 Absatz 1, Satz 2
47	Kuba	Artikel 26 Absatz 1, Satz 2
48	Dänemark	Artikel 26 Absatz 1, Satz 2
50	Georgien	Artikel 25 Absatz 1, Satz 2
51	Island	Artikel 24 Absatz 1, Satz 2
52	Iran	Artikel 25 Absatz 1, Satz 2

53	Kasachstan	Artikel 25 Absatz 1, Satz 2
54	Kirgisistan	Artikel 25 Absatz 1, Satz 2
55	Libyen	Artikel 25 Absatz 1, Satz 2
56	Nordmazedonien	Artikel 24 Absatz 1, Satz 2
57	Malaysia	Artikel 24 Absatz 1, Satz 2
58	Moldau	Artikel 24 Absatz 1, Satz 2
59	Mongolei	Artikel 26 Absatz 1, Satz 2
60	Montenegro	Artikel 24 Absatz 1, Satz 2
61	Marokko	Artikel 25 Absatz 1, Satz 2
62	Nepal	Artikel 24 Absatz 1, Satz 2
63	Nowegen	Artikel 26 Absatz 1, Satz 2
64	Philippinen	Artikel 26 Absatz 1, Satz 2
66	Saudi Arabien	Artikel 25 Absatz 1, Satz 2
67	Tadschikistan	Artikel 25 Absatz 1, Satz 2
68	Thailand	Artikel 26 Absatz 1, Satz 2
70	Turkmenistan	Artikel 24 Absatz 1, Satz 2
71	Venezuela	Artikel 26 Absatz 1, Satz 2
72	Vietnam	Artikel 25 Absatz 1, Satz 2

Notifikation infolge der Erweiterung der Liste der unter das Übereinkommen fallenden Abkommen nach der Ratifikation

Nach Aufnahme der zusätzlichen Abkommen in die Liste der Abkommen gemäß Artikel 29 Absatz 5 des Übereinkommens ist die Republik Österreich der Auffassung, dass gemäß Artikel 16 Absatz 6 lit. c Ziffer i des Übereinkommens das folgende Abkommen keine in Artikel 16 Absatz 4 lit. b Ziffer i beschriebene Bestimmung enthalten. Die zusätzliche Notifikation ging beim Verwahrer ein und wurde vom Verwahrer den Unterzeichnern sowie den Vertragsparteien des Übereinkommens kommuniziert.

Nummer des angeführten Abkommens	Der andere Vertragsstaat
49	Ägypten

Notifikation der angeführten Abkommen, die keine der bestehenden Bestimmungen enthalten

Gemäß Artikel 16 Absatz 6 lit. c Ziffer ii des Übereinkommens ist die Republik Österreich der Auffassung, dass die folgenden Abkommen keine in Artikel 16 Absatz 4 lit. b Ziffer ii beschriebene Bestimmung enthalten.

Nummer des angeführten Abkommens	Der andere Vertragsstaat
1	Belgien
3	Kanada
4	Chile
15	Ungarn
17	Irland
19	Italien
22	Luxemburg
24	Mexiko
25	Niederlande
28	Portugal

16/5. MLI

36	Spanien
37	Schweiz

Notifikation infolge der Erweiterung der Liste der unter das Übereinkommen fallenden Abkommen nach der Ratifikation

Nach Aufnahme der zusätzlichen Abkommen in die Liste der Abkommen gemäß Artikel 29 Absatz 5 des Übereinkommens ist die Republik Österreich der Auffassung, dass gemäß Artikel 16 Absatz 6 lit. c Ziffer ii des Übereinkommens die folgenden Abkommen keine in Artikel 16 Absatz 4 lit. b Ziffer ii beschriebene Bestimmung enthalten. Die Nummer des Artikels und des Absatzes werden für jede Bestimmung nachstehend angeführt. Die zusätzliche Notifikation ging beim Verwahrer ein und wurde vom Verwahrer den Unterzeichnern sowie den Vertragsparteien des Übereinkommens kommuniziert.

Nummer des angeführten Abkommens	Der andere Vertragsstaat
49	Ägypten
57	Malaysia
64	Philippinen
68	Thailand
69	Tunesien

Gemäß Artikel 16 Absatz 6 lit. d Ziffer i des Übereinkommens ist die Republik Österreich der Auffassung, dass die folgenden Abkommen keine in Artikel 16 Absatz 4 lit. c Ziffer i beschriebene Bestimmung enthalten.

Nummer des angeführten Abkommens	Der andere Vertragsstaat
1	Belgien
11	Frankreich

Notifikation infolge der Erweiterung der Liste der unter das Übereinkommen fallenden Abkommen nach der Ratifikation

Nach Aufnahme der zusätzlichen Abkommen in die Liste der Abkommen gemäß Artikel 29 Absatz 5 des Übereinkommens ist die Republik Österreich der Auffassung, dass gemäß Artikel 16 Absatz 6 lit. d Ziffer i des Übereinkommens das folgende Abkommen keine in Artikel 16 Absatz 4 lit. c Ziffer i beschriebene Bestimmung enthält. Die zusätzliche Notifikation ging beim Verwahrer ein und wurde vom Verwahrer den Unterzeichnern sowie den Vertragsparteien des Übereinkommens kommuniziert.

Nummer des angeführten Abkommens	Der andere Vertragsstaat
49	Ägypten

Gemäß Artikel 16 Absatz 6 lit. d Ziffer ii des Übereinkommens ist die Republik Österreich der Auffassung, dass die folgenden Abkommen keine in Artikel 16 Absatz 4 lit. c Ziffer ii beschriebene Bestimmung enthalten.

Nummer des angeführten Abkommens	Der andere Vertragsstaat
1	Belgien
3	Kanada
4	Chile
19	Italien
24	Mexiko

Notifikation infolge der Erweiterung der Liste der unter das Übereinkommen fallenden Abkommen nach der Ratifikation

Nach Aufnahme der zusätzlichen Abkommen in die Liste der Abkommen gemäß Artikel 29 Absatz 5 des Übereinkommens ist die Republik Österreich der Auffassung, dass gemäß Artikel 16 Absatz 6 lit. d Ziffer ii des Übereinkommens das folgende Abkommen keine in Artikel 16 Absatz 4 lit. c Ziffer ii beschriebene Bestimmung enthalten. Die zusätzliche Notifikation ging beim Verwahrer ein und wurde vom Verwahrer den Unterzeichnern sowie den Vertragsparteien des Übereinkommens kommuniziert.

Nummer des angeführten Abkommens	Der andere Vertragsstaat
49	Ägypten

Artikel 17 – Gegenberichtigung

Notifikation bestehender Bestimmungen in den angeführten Abkommen

Gemäß Artikel 17 Absatz 4 des Übereinkommens ist die Republik Österreich der Auffassung, dass die folgenden Abkommen eine in Artikel 17 Absatz 2 beschriebene Bestimmung enthalten. Die Nummer des Artikels und des Absatzes dieser Bestimmung wird nachstehend angeführt.

Nummer des angeführten Abkommens	Der andere Vertragsstaat	Bestimmung
2	Bulgarien	Artikel 9 Absatz 2
4	Chile	Artikel 9 Absatz 2
7	Zypern	Artikel 9 Absatz 2
9	Estland	Artikel 9 Absatz 2
10	Finnland	Artikel 9 Absatz 2
11	Frankreich	Artikel 9 Absatz 2
12	Deutschland	Artikel 9 Absatz 2
13	Griechenland	Artikel 9 Absatz 2
14	Hongkong	Artikel 9 Absatz 2
16	Indien	Artikel 9 Absatz 2
18	Israel	Artikel 9 Absatz 2
20	Lettland	Artikel 9 Absatz 2
21	Litauen	Artikel 9 Absatz 2
24	Mexiko	Artikel 9 Absatz 2

27	Polen	Artikel 9 Absatz 2
29	Rumänien	Artikel 9 Absatz 2
30	Russland	Artikel 9 Absatz 2
31	Serbien	Artikel 9 Absatz 2
32	Singapur	Artikel 9 Absatz 2
34	Slowenien	Artikel 9 Absatz 2
35	Südafrika	Artikel 9 Absatz 2
38	Türkei	Artikel 9 Absatz 2

Notifikation infolge der Erweiterung der Liste der unter das Übereinkommen fallenden Abkommen nach der Ratifikation

Nach Aufnahme der zusätzlichen Abkommen in die Liste der Abkommen gemäß Artikel 29 Absatz 5 des Übereinkommens ist die Republik Österreich der Auffassung, dass gemäß Artikel 17 Absatz 4 des Übereinkommens die folgenden Abkommen eine in Artikel 17 Absatz 2 beschriebene Bestimmung enthalten. Die Nummer des Artikels und des Absatzes werden für jede Bestimmung nachstehend angeführt. Die zusätzliche Notifikation ging beim Verwahrer ein und wurde vom Verwahrer den Unterzeichnern sowie den Vertragsparteien des Übereinkommens kommuniziert.

Nummer des angeführten Abkommens	Der andere Vertragsstaat	Bestimmung
39	Albanien	Artikel 9 Absatz 2
40	Algerien	Artikel 9 Absatz 2
41	Armenien	Artikel 9 Absatz 2
42	Aserbaidschan	Artikel 9 Absatz 2
43	Barbados	Artikel 9 Absatz 2
44	Belarus	Artikel 9 Absatz 2
45	Belize	Artikel 9 Absatz 2
46	Bosnien und Herzegowina	Artikel 9 Absatz 2
47	Kuba	Artikel 9 Absatz 2
48	Dänemark	Artikel 9 Absatz 2
50	Georgien	Artikel 9 Absatz 2
51	Island	Artikel 9 Absatz 2
52	Iran	Artikel 9 Absatz 2
53	Kasachstan	Artikel 9 Absatz 2
54	Kirgisistan	Artikel 9 Absatz 2
55	Libyen	Artikel 9 Absatz 2
56	Nordmazedonien	Artikel 9 Absatz 2
58	Moldau	Artikel 9 Absatz 2
59	Mongolei	Artikel 9 Absatz 2
60	Montenegro	Artikel 9 Absatz 2
61	Marokko	Artikel 9 Absatz 2
62	Nepal	Artikel 9 Absatz 2
65	San Marino	Artikel 9 Absatz 2
66	Saudi Arabien	Artikel 9 Absatz 2
67	Tadschikistan	Artikel 9 Absatz 2
70	Turkmenistan	Artikel 9 Absatz 2
71	Venezuela	Artikel 9 Absatz 2
72	Vietnam	Artikel 9 Absatz 2

Artikel 18 – Entscheidung für die Anwendung des Teiles VI

Notifikation der gewählten fakultativen Bestimmungen

Gemäß Artikel 18 des Übereinkommens entscheidet sich die Republik Österreich für die Anwendung des Teiles VI.

Artikel 19 – Obligatorisches verbindliches Schiedsverfahren

Vorbehalt

Für die Anwendung des Artikels 19 auf ihre unter das Übereinkommen fallenden Steuerabkommen behält sich die Republik Österreich gemäß Artikel 19 Absatz 11 des Übereinkommens vor, die in Artikel 19 Absatz 1 lit. b vorgesehene Frist von zwei Jahren durch eine Frist von drei Jahren zu ersetzen.

Gemäß Artikel 19 Absatz 12 des Übereinkommens behält sich die Republik Österreich vor, dass ungeachtet der Absätze 1 bis 11 des Artikels 19 in Bezug auf ihre unter das Übereinkommen fallenden Steuerabkommen folgende Vorschriften gelten:

a) Eine noch offene Frage die sich aus einem Fall ergibt, der Gegenstand eines Verständigungsverfahrens ist und der anderenfalls in den Anwendungsbereich des in diesem Übereinkommen vorgesehenen Schiedsverfahrens fallen würde, darf nicht einem Schiedsverfahren unterworfen werden, wenn in einem der beiden Vertragsstaaten bereits eine Gerichtsentscheidung zu dieser Frage ergangen ist.

b) Wenn zu irgendeinem Zeitpunkt nach Stellung eines Schiedsantrags und vor Übermittlung des Schiedsspruchs an die zuständigen Behörden der Vertragsstaaten durch die Schiedsstelle in einem der Vertragsstaaten eine Gerichtsentscheidung zu der Frage ergeht, endet das Schiedsverfahren.

Artikel 24 – Verständigung auf eine andere Regelung

Notifikation der gewählten fakultativen Bestimmungen

Gemäß Artikel 24 Absatz 1 des Übereinkommens entscheidet sich die Republik Österreich für die Anwendung des Artikels 24 Absatz 2.

Artikel 26 – Vereinbarkeit

Vorbehalt

Gemäß Artikel 26 Absatz 4 des Übereinkommens behält sich die Republik Österreich vor, dass Teil VI in Bezug auf alle ihre unter das Übereinkommen fallenden Steuerabkommen nicht gilt, die für noch offene Fragen, die sich aus einem Fall ergeben, der Gegenstand eines Verständigungsverfahrens ist, bereits ein obligatorisches verbindliches Schiedsverfahren vorsehen. Die Nummer des Artikels und des Absatzes dieser Bestimmung wird nachstehend angeführt.

16/5. MLI

Nummer des angeführten Abkommens	Der andere Vertragsstaat	Bestimmung
12	Deutschland	Artikel 25 Absatz 5
37	Schweiz	Artikel 25 Absatz 5

Notifikation neuer Abkommen, die nach der Ratifikation in den Anwendungsbereich eines Vorbehalts fallen

Nach Aufnahme der zusätzlichen Abkommen in die Liste der Abkommen gemäß Artikel 29 Absatz 5 des Übereinkommens ist die Republik Österreich der Ansicht, dass die folgenden Abkommen eine Bestimmung enthalten, die in den Anwendungsbereich des gemäß Artikel 26 Absatz 4 abgegebenen Vorbehalts fällt. Die Nummer des Artikels und des Absatzes werden für jede Bestimmung nachstehend angeführt. Die zusätzliche Notifikation ging beim Verwahrer ein und wurde vom Verwahrer den Unterzeichnern sowie den Vertragsparteien des Übereinkommens kommuniziert.

Nummer des angeführten Abkommens	Der andere Vertragsstaat	Bestimmung
41	Armenien	Artikel 25 Absatz 5
46	Bosnien und Herzegowina	Artikel 25 Absatz 5
56	Nordmazedonien	Artikel 24 Absatz 5
59	Mongolei	Artikel 26 Absatz 5
65	San Marino	Artikel 25 Absatz 5

Artikel 28 – Vorbehalte

Angebrachter Vorbehalt in Bezug auf den Anwendungsbereich des Schiedsverfahrens

Gemäß Artikel 28 Absatz 2 lit. a des Übereinkommens bringt die Republik Österreich den nachstehenden Vorbehalt in Bezug auf die Art der Fälle an, die nach Teil VI einem Schiedsverfahren unterworfen werden können.

Die Republik Österreich behält sich vor, Fälle, die die Anwendung ihrer in der Bundesabgabenordnung enthaltenen innerstaatlichen allgemeinen Missbrauchsregeln, insbesondere die §§ 21 und 22, zur Folge haben, vom Anwendungsbereich des Teiles VI auszunehmen. Dies gilt auch für alle nachträglichen Bestimmungen, mit denen diese Missbrauchsregeln ersetzt, abgeändert oder aktualisiert werden. Die Republik Österreich notifiziert dem Verwahrer alle derartigen nachträglichen Bestimmungen.

Artikel 35 – Wirksamwerden

Notifikation der gewählten fakultativen Bestimmungen

Gemäß Artikel 35 Absatz 3 des Übereinkommens entscheidet sich die Republik Österreich ausschließlich zum Zweck ihrer eigenen Anwendung des Artikels 35 Absatz 1 lit. b und des Absatzes 5 lit. b., die Bezugnahme auf „Veranlagungszeiträume [...], die nach einem Zeitabschnitt von" durch eine Bezugnahme auf „Veranlagungszeiträume [...], die am oder nach dem 1. Jänner des nächsten Jahres, das nach einem Zeitabschnitt von [...] beginnt," zu ersetzen.

Artikel 36 – Wirksamwerden des Teiles VI

Vorbehalt

Gemäß Artikel 36 Absatz 2 des Übereinkommens behält sich die Republik Österreich vor, dass Teil VI nur insoweit für einen Fall gilt, welcher der zuständigen Behörde eines Vertragsstaats vor dem letzten der Tage, an denen dieses Übereinkommen für die Vertragsstaaten des unter das Übereinkommen fallenden Steuerabkommens jeweils in Kraft tritt, vorgelegt wird, als die zuständigen Behörden beider Vertragsstaaten übereinkommen, dass er für diesen bestimmten Fall gilt.

Nach Mitteilungen des Generalsekretärs der Organisation für wirtschaftliche Zusammenarbeit und Entwicklung (OECD) haben folgende weitere Staaten das Mehrseitige Übereinkommen zur Umsetzung steuerabkommensbezogener Maßnahmen zur Verhinderung der Gewinnverkürzung und Gewinnverlagerung (BGBl. III Nr. 93/2018, letzte Kundmachung des Geltungsbereichs BGBl. III Nr. 165/2022[x]) ratifiziert:

Staaten:	Datum des Inkrafttretens gemäß Art. 34 Abs. 2:
Ägypten[1]	1. Jänner 2021
Albanien[1]	1. Jänner 2021
Andorra[1]	1. Jänner 2022
Australien[1]	1. Jänner 2019
Bahrain[1]	1. Juni 2022
Barbados[1]	1. April 2021
Belgien[1]	1. Oktober 2019
Belize[1]	1. August 2022
Bosnien und Herzegowina[1]	1. Jänner 2021
Bulgarien[1]	1. Jänner 2023
Burkina Faso[1]	1. Februar 2021
Chile[1]	1. März 2021
China (einschließlich der Sonderverwaltungsregion Hongkong)[1]	1. September 2022
Costa Rica[1]	1. Jänner 2021
Curaçao[1]	1. Juli 2019
Dänemark[1]	1. Jänner 2020
Deutschland[1]	1. April 2021
Estland[1]	1. Mai 2021
Finnland[1]	1. Juni 2019
Frankreich[1]	1. Jänner 2019
Georgien[1]	1. Juli 2019
Griechenland[1]	1. Juli 2021
Guernsey[1]	1. Juni 2019
Indien[1]	1. Oktober 2019
Irland[1]	1. Mai 2019
Island[1]	1. Jänner 2020
Israel[1]	1. Jänner 2019
Japan[1]	1. Jänner 2019

Jordanien[1]	1. Jänner 2021
Kamerun[1]	1. August 2022
Kanada[1]	1. Dezember 2019
Kasachstan[1]	1. Oktober 2020
Kroatien[1]	1. Juni 2021
Lesotho[1]	1. November 2022
Litauen[1]	1. Jänner 2019
Luxemburg[1]	1. August 2019
Malaysia[1]	1. Juni 2021
Malta[1]	1. April 2019
Mexiko[1]	1. Juli 2023
Monaco[1]	1. Mai 2019
Neuseeland[1]	1. Oktober 2018
Niederlande[1] (für den europäischen und den karibischen Teil der Niederlande [Bonaire, Sint Eustatius und Saba])	1. Juli 2019
Norwegen[1]	1. November 2019
Oman[1]	1. November 2020
Pakistan[1]	1. April 2021
Panama[1]	1. März 2021
Rumänien[1]	1. Juni 2022
Russische Föderation[1]	1. Oktober 2019
Schweden[1]	1. Oktober 2018
Schweiz[1]	1. Dezember 2019
Senegal[1]	1. September 2022
Serbien[1]	1. Oktober 2018
Seychellen[1]	1. April 2022
Singapur[1]	1. April 2019
Slowakei[1]	1. Jänner 2019
Spanien[1]	1. Jänner 2022
Südafrika[1]	1. Jänner 2023
Thailand[1]	1. Juli 2022
Ukraine[1]	1. Dezember 2019
Ungarn[1]	1. Juli 2021
Vereinigte Arabische Emirate[1]	1. September 2019
Vereinigtes Königreich[1]	1. Oktober 2018
Vietnam[1]	1. September 2023

[1] Vorbehalte und Notifikationen anderer Vertragsstaaten sowie Einsprüche und Einwendungen zu diesem Übereinkommen sind in englischer und französischer Sprache auf der Website der OECD unter http://www.oecd.org/tax/treaties/beps-mli-signatories-and-parties.pdf abrufbar.

x) Kundmachungen betreffend den Geltungsbereich des Mehrseitigen Übereinkommens zur Umsetzung steuerabkommensbezogener Maßnahmen zur Verhinderung der Gewinnverkürzung und Gewinnverlagerung wurden mit folgenden BGBl veröffentlicht:

BGBl III 2018/157
BGBl III 2019/21
BGBl III 2019/93
BGBl III 2019/164
BGBl III 2019/233
BGBl III 2020/39
BGBl III 2020/74
BGBl III 2020/164
BGBl III 2020/223

BGBl III 2021/113
BGBl III 2021/147
BGBl III 2022/34
BGBl III 2022/78
BGBl III 2022/165
BGBl III 2023/89

17. BAO

17. Bundesabgabenordnung

Inhaltsverzeichnis

17/1. Bundesabgabenordnung.. Seite 1159
    17/1/1. BGBl I 2005/112 (Art 9).. Seite 1258

17/2. Verordnungen
    17/2/1. Verordnung über **land- und forstwirtschaftliche Buchführung**, BGBl 1962/51 .... Seite 1259
    17/2/2. Verordnung über die **Zulassung von Telekopierern zur Einreichung von Anbringen** an das Bundesministerium für Finanzen, an die Verwaltungsgerichte sowie an die Finanzämter und Zollämter, BGBl 1991/494 idF
        1 BGBl II 2002/395   **2** BGBl II 2013/447
        3 BGBl II 2020/579 .... Seite 1260
    17/2/3. Verordnung über die Einreichung von Anbringen, die Akteneinsicht und die Zustellung von Erledigungen in automationsunterstützter Form (**FinanzOnline-Verordnung 2006 – FOnV 2006**), BGBl II 2006/97 idF
        1 BGBl II 2006/513   **2** BGBl II 2007/244 (DFB)
        3 BGBl II 2008/244   **4** BGBl II 2009/114
        5 BGBl II 2011/82   **6** BGBl II 2012/93
        7 BGBl II 2012/373   **8** BGBl II 2014/52
        9 BGBl II 2016/46   **10** BGBl II 2018/82
        11 BGBl II 2020/122   **12** BGBl II 2021/348
        13 BGBl II 2022/190   **14** BGBl II 2023/248 .... Seite 1260
    17/2/4. § 21: Verordnung über die elektronische Übermittlung von Steuererklärungen sowie von Jahresabschlüssen und anderen Unterlagen anlässlich der Steuererklärung (**FinanzOnline-Erklärungsverordnung – FOnErklV**), BGBl II 2006/512 idF
        1 BGBl II 2008/245   **2** BGBl II 2009/113
        3 BGBl II 2009/288   **4** BGBl II 2011/81
        5 BGBl II 2012/372   **6** BGBl II 2012/514
        7 BGBl II 2013/40   **8** BGBl II 2016/310
        9 BGBl II 2018/83 .... Seite 1266
    17/2/5. Verordnung betreffend die **Vermeidung von Doppelbesteuerungen**, BGBl II 2002/474 .... Seite 1269
    17/2/6. Verordnung betreffend **Unbilligkeit der Einhebung** im Sinn des § 236 BAO, BGBl II 2005/435 idF
        1 BGBl II 2013/449   **2** BGBl II 2019/236 .... Seite 1270
    17/2/7. Verordnung über Erleichterungen bei der Führung von Büchern und Aufzeichnungen, bei der Registrierkassenpflicht und bei der Belegerteilungspflicht (**Barumsatzverordnung 2015 – BarUV 2015**), BGBl II 2015/247 idF BGBl II 2016/209 .... Seite 1271
    17/2/8. Verordnung über die technischen Einzelheiten für Sicherheitseinrichtungen in den Registrierkassen und andere, der Datensicherheit dienende Maßnahmen (**Registrierkassensicherheitsverordnung, RKSV**), BGBl II 2015/410 idF
        1 BGBl II 2016/210   **2** BGBl II 2020/313
        3 BGBl II 2020/549   **4** BGBl II 2021/83....................... Seite 1273
    17/2/9. Verordnung über die Prüfung des Steuerkontrollsystems (**SKS-Prüfungsverordnung – SKS-PV**), BGBl II 2018/340 idF BGBl II 2020/561 .... Seite 1286
    17/2/10. Verordnung über die Vorausmeldung im Verfahren zur **Rückzahlung oder Erstattung** österreichischer Einkommen- oder Körperschaftsteuer, BGBl II 2019/22 idF BGBl II 2020/579.. Seite 1293
    17/2/11. Verordnung zur Festlegung der Sitze der Einrichtungen der Bundesfinanzverwaltung (**Sitz-Verordnung – SitzV**), BGBl II 2020/579 .... Seite 1296
    17/2/12. Verordnung betreffend die elektronische Übermittlung von Anbringen an die Finanzstrafbehörde im Zusammenhang mit Maßnahmen zur Verhinderung der Verbreitung des Coronavirus, BGBl II 2020/158 idF
        1 BGBl II 2020/359   **2** BGBl II 2021/5
        3 BGBl II 2021/129   **4** BGBl II 2021/534....................... Seite 1297

BAO
ZustG
AuskG
BFGG
EU-BStbG
ABBG
PLABG

17. BAO

17/2/13.	Verordnung, mit der die Quotenregelung gemäß § 134a BAO näher konkretisiert wird **(Quotenregelungsverordnung – QuRV)**, BGBl II 2023/370	Seite 1297
17/2/14.	Verordnung über die videogestützte Online-Identifikation von Personen im Bereich der Bundesfinanzverwaltung **(Finanz-Video-Identifikationsverordnung – FVIV)**, BGBl II 2023/247	Seite 1301
17/2/15.	Verordnung zur elektronischen Übermittlung von Erledigungen und Anbringen mittels elektronischem Dateitransfer – **EDTV**, BGBl II 2023/259	Seite 1303
17/3.	**Zustellgesetz**	Seite 1305
17/3/1.	**Zustellformularverordnung 1982**, BGBl 1982/600 idF	

1 BGBl II 1999/493	**2** BGBl II 2004/235	
3 BGBl II 2006/261	**4** BGBl II 2008/152	
5 BGBl II 2011/238	**6** BGBl II 2013/399	
7 BGBl II 2015/406	**8** BGBl II 2018/34	
9 BGBl II 2019/374		Seite 1320

17/4.	**Auskunftspflichtgesetz**	Seite 1322
17/5.	**Bundesfinanzgerichtsgesetz**	Seite 1323
17/6.	**Bundes-Verfassungsgesetz (B-VG)** – Auszug – Artikel 133, BGBl 1930/1 idF BGBl I 2021/235	Seite 1334
17/7.	**EU-Besteuerungsstreitbeilegungsgesetz – EU-BStbG**	Seite 1336
17/8.	**Bundesgesetz über die Schaffung eines Amtes für Betrugsbekämpfung – ABBG**	Seite 1355
17/9.	**Bundesgesetz über die Prüfung lohnabhängiger Abgaben und Beiträge (PLABG)**	Seite 1358

17/1. BAO

17/1. Bundesabgabenordnung

Bundesabgabenordnung, BGBl 1961/194 idF

1. BGBl 1965/201
2. BGBl 1966/141 (VfGH)
3. BGBl 1969/134
4. BGBl 1972/224
5. BGBl 1972/262
6. BGBl 1973/577
7. BGBl 1974/472 (VfGH)
8. BGBl 1974/787
9. BGBl 1976/667
10. BGBl 1977/48 (VfGH)
11. BGBl 1977/320
12. BGBl 1980/151
13. BGBl 1981/336
14. BGBl 1981/620
15. BGBl 1982/201
16. BGBl 1983/587
17. BGBl 1984/409 (VfGH)
18. BGBl 1984/531
19. BGBl 1985/557
20. BGBl 1986/325
21. BGBl 1987/73 (VfGH)
22. BGBl 1987/312
23. BGBl 1987/663
24. BGBl 1988/412
25. BGBl 1989/660 (AbgÄG 1989)
26. BGBl 1991/10 (FBG)
27. BGBl 1991/457 (VfGH)
28. BGBl 1992/448
29. BGBl 1992/449
30. BGBl 1992/648 (VfGH)
31. BGBl 1993/12
32. BGBl 1993/257
33. BGBl 1993/532 (BWG)
34. BGBl 1993/583 (VfGH)
35. BGBl 1993/694 (PSG)
36. BGBl 1993/818 (StRefG 1993)
37. BGBl 1994/611 (VfGH)
38. BGBl 1994/680 (AbgÄG 1994)
39. BGBl 1994/681
40. BGBl 1994/682
41. BGBl 1996/201 (StruktAnpG 1996)
42. BGBl 1996/411 (SRÄG 1996)
43. BGBl 1996/797 (AbgÄG 1996)
44. BGBl 1997/70
45. BGBl I 1998/9 (AbgÄG 1997)
46. BGBl I 1999/28 (AbgÄG 1998)
47. BGBl I 1999/106 (StRefG 2000)
48. BGBl I 1999/164
49. BGBl I 2000/142
50. BGBl I 2001/59 (EuroStUG 2001)
51. BGBl I 2001/144 (AbgÄG 2001)
52. BGBl I 2002/84 (AbgÄG 2002)
53. BGBl I 2002/97 (AbgRmRefG)
54. BGBl I 2002/132 (2. AbgÄG 2002)
55. BGBl I 2002/155
56. BGBl I 2003/71 (BugetbegleitG 2003)
57. BGBl I 2003/124 (AbgÄG 2003)
58. BGBl I 2004/57 (StReformG 2005)
59. BGBl I 2004/180 (AbgÄG 2004)
60. BGBl I 2005/2 (VfGH)
61. BGBl I 2005/161 (AbgÄG 2005)
62. BGBl I 2006/99 (BetrbG 2006)
63. BGBl I 2006/100 (StruktAnpG 2006)
64. BGBl I 2006/143 (UFSG-Nov. 2006)
65. BGBl I 2007/24 (BudBG 2007)
66. BGBl I 2007/99 (AbgSiG 2007)
67. BGBl I 2008/2 (1. BVRBG)
68. BGBl I 2008/65
69. BGBl I 2008/85 (SchenkMG 2008)
70. BGBl I 2009/20 (AbgVRRefG)
71. BGBl I 2009/52 (BudBG 2009)
72. BGBl I 2009/135 (EPG)
73. BGBl I 2010/9
74. BGBl I 2010/34 (AbgÄG 2010)
75. BGBl I 2010/58 (IRÄ-BG)
76. BGBl I 2010/105 (BBKG 2010)
77. BGBl I 2010/111 (BudBG 2011)
78. BGBl I 2011/76 (AbgÄG 2011)
79. BGBl I 2011/112 (BudBG 2012)
80. BGBl I 2012/22 (1. StabG 2012)
81. BGBl I 2012/112 (AbgÄG 2012)
82. BGBl I 2013/14 (FVwGG 2012)
83. BGBl I 2013/70 (VerwG-AnpG)
84. BGBl I 2014/13 (AbgÄG 2014)
85. BGBl I 2014/40 (BudgBG 2014)
86. BGBl I 2014/105 (2. AbgÄG 2014)
87. BGBl I 2015/118 (StRefG 2015/16)
88. BGBl I 2015/160 (GG 2015)
89. BGBl I 2015/163 (AbgÄG 2015)
90. BGBl I 2016/77 (EU-AbgÄG 2016)
91. BGBl I 2016/117 (AbgÄG 2016)
92. BGBl I 2017/40 (DeregG 2017)
93. BGBl I 2017/136
94. BGBl I 2018/3 (VfGH)
95. BGBl I 2018/32 (Mat-DS-AnpG 2018)
96. BGBl I 2018/62 (JStG 2018)
97. BGBl I 2018/104
98. BGBl I 2019/62 (EU-FinAnpG 2019)
99. BGBl I 2019/91 (AbgÄG 2020)
100. BGBl I 2019/103 (StRefG 2020)
101. BGBl I 2019/104 (FORG)
102. BGBl I 2020/2 (VfGH)

BAO
ZustG
AuskG
BFGG
EU-BStbG
ABBG
PLABG

17/1. BAO

103 BGBl I 2020/16 (2. COVID-19-Gesetz)	**104** BGBl I 2020/23 (3. COVID-19-Gesetz)	**105** BGBl I 2020/44 (18. COVID-19-Gesetz)
106 BGBl I 2020/96 (KonStG 2020)	**107** BGBl I 2020/99 (2. FORG)	**108** BGBl I 2021/3 (COVID-19-StMG)
109 BGBl I 2021/25	**110** BGBl I 2021/29	**111** BGBl I 2021/47
112 BGBl I 2021/52 (2. COVID-19-StMG)	**113** BGBl I 2021/140	**114** BGBl I 2021/228
115 BGBl I 2022/108 (AbgÄG 2022)	**116** BGBl I 2023/106 (CESOP-UG 2023)	**117** BGBl I 2023/110 (AbgÄG 2023)
118 BGBl I 2023/187 (MinBestRefG)	**119** BGBl I 2023/188 (GemRefG 2023)	**120** BGBl I 2023/200 (Start-Up-FG)
121 BGBl I 2023/201		

GLIEDERUNG

1. Abschnitt: Allgemeine Bestimmungen
§§ 1–3a. Anwendungsbereich des Gesetzes
§§ 4, 5. A. Entstehung des Abgabenanspruches
§§ 6–19. B. Gesamtschuld, Haftung und Rechtsnachfolge
C. Abgabenrechtliche Grundsätze und Begriffsbestimmungen
§ 20. 1. Ermessen
§§ 21, 22. 2. Wirtschaftliche Betrachtungsweise
§ 23. 3. Scheingeschäfte, Formmängel, Anfechtbarkeit
§ 24. 4. Zurechnung
§ 25. 5. Angehörige
§§ 26, 27. 6. Wohnsitz, Aufenthalt, Sitz
§§ 28–33. 7. Gewerbebetrieb, Betriebsstätte, wirtschaftlicher Geschäftsbetrieb, Vermögensverwaltung
§§ 34–47. 8. Gemeinnützige, mildtätige und kirchliche Zwecke
§ 48. D. Verhältnis zum Ausland
§§ 48a–48c. E. Abgabenrechtliche Geheimhaltungspflicht
§§ 48d–48i. F. Datenschutz
§ 48j. G. Verwendung technischer Einrichtungen zur Wort- und Bildübertragung

2. Abschnitt: Abgabenbehörden und Parteien
A. Abgabenbehörden
1. Allgemeine Bestimmungen
§ 49. Bundesfinanzverwaltung
§ 50. Abgabenbehörden der Länder und Gemeinden
§ 51. Zuständigkeit
§ 52. Zuständigkeitsstreit
§ 53. Vorgehen bei Unzuständigkeit
§ 54. Befugnisse der Abgabenbehörden des Bundes
§ 54a. Unterstützungsleistungen innerhalb der Bundesfinanzverwaltung
2. Bundesminister für Finanzen
§ 55. Zuständigkeit

3. Finanzämter
§ 56. Organisation
§ 57. Übertragung der Zuständigkeit
§ 58. Übergang der Zuständigkeit
§ 59. Beschwerdeverfahren
§ 60. Zuständigkeit des Finanzamtes Österreich
§ 61. Zuständigkeit des Finanzamtes für Großbetriebe

4. Zollamt Österreich
§ 62. Organisation
§ 63. Zuständigkeit

5. Zentrale Services
§ 64. Organisation und Aufgaben
§§ 65–75. (aufgehoben)
§ 76. 6. Befangenheit von Organen der Abgabenbehörden

B. Parteien und deren Vertretung
§§ 77–79. 1. Allgemeine Bestimmungen
§§ 80–84. 2. Vertreter

3. Abschnitt: Verkehr zwischen Abgabenbehörden, Parteien und sonstigen Personen
§§ 85–86b. A. Anbringen
§§ 87, 88. B. Niederschriften
§ 89. C. Aktenvermerke
§§ 90–90b. D. Akteneinsicht
§ 91. E. Vorladungen
§§ 92–97a. F. Erledigungen
§§ 98–105. G. Zustellungen
§§ 106, 107. (aufgehoben)
§§ 108–110. H. Fristen
§§ 111–112a. J. Zwangs-, Ordnungs- und Mutwillensstrafen
§ 113. K. Rechtsbelehrung

4. Abschnitt: Allgemeine Bestimmungen über die Erhebung der Abgaben
§§ 114–116. A. Grundsätzliche Anordnungen
§ 117. (aufgehoben)

B. Auskunftsbescheid, Forschungsbestätigung und multilaterale Risikobewertung
§ 118. Auskunftsbescheid
§ 118a. Forschungsbestätigung
§ 118b. Multilaterale Risikobewertung

C. Obliegenheiten der Abgabepflichtigen
§ 119. 1. Offenlegungs- und Wahrheitspflicht
§§ 120–123. 2. Schenkungsmeldung und andere Anzeigepflichten
§§ 124–132b. 3. Führung von Büchern und Aufzeichnungen, Belegerteilungsverpflichtung
§§ 133–140. 4. Abgabenerklärungen
§§ 141, 142. 5. Hilfeleistung bei Amtshandlungen

D. Befugnisse der Abgabenbehörden
§§ 143–146. 1. Allgemeine Aufsichtsmaßnahmen

1a. besondere Befugnisse
§ 146a. Betretungsrecht
§ 146b. Identitätsfeststellungsrecht

2. Außenprüfungen
§§ 147–153.

2a. Begleitende Kontrolle
§ 153a. Merkmale der begleitenden Kontrolle
§ 153b. Antrag auf begleitende Kontrolle
§ 153c. Prüfung des Antrags auf begleitende Kontrolle
§ 153d. Wechsel in die begleitende Kontrolle
§ 153e. Umfang der begleitenden Kontrolle
§ 153f. Rechte und Pflichten während der begleitenden Kontrolle
§ 153g. Beendigung der begleitenden Kontrolle

3. Besondere Überwachungsmaßnahmen
§§ 154–157.

E. Beistandspflicht
§§ 158–160.

5. Abschnitt: Ermittlung der Grundlagen für die Abgabenerhebung und Festsetzung der Abgaben
A. Ermittlungsverfahren
1. Prüfung Abgabenerklärungen
§§ 161–165.

2. Beweise
§§ 166, 167. a) Allgemeine Bestimmungen
§ 168. b) Urkunden
§§ 169–176. c) Zeugen
§§ 177–181. d) Sachverständige
§ 182. e) Augenschein
§ 183. f) Beweisaufnahme

3. Schätzung der Grundlagen für die Abgabenerhebung
§ 184.

B. Gesonderte Feststellungen
§§ 185–193.

C. Steuermeßbeträge
§§ 194, 195. 1. Festsetzung der Steuermeßbeträge
§§ 196, 197. 2. Zerlegung und Zuteilung

D. Festsetzung der Abgaben
§§ 198–204.
§ 205. Anspruchszinsen
§§ 205a, 205b. Beschwerdezinsen
§ 205c. Umsatzsteuerzinsen
§ 206. Abstandnahme von der Abgabenfestsetzung

E. Verjährung
§§ 207–209a.
§ 209b. (aufgehoben)

6. Abschnitt: Einhebung der Abgaben
A. Fälligkeit, Entrichtung und Nebengebühren im Einhebungsverfahren
§§ 210–216. 1. Fälligkeit und Entrichtung
§§ 217–218. 2. Säumniszuschläge
§§ 219a–221a. (aufgehoben)

B. Sicherheitsleistung und Geltendmachung von Haftungen
§§ 222, 223. 1. Sicherheitsleistung
§§ 224, 225. 2. Geltendmachung von Haftungen

§§ 226–228. **C. Vollstreckbarkeit**

D. Allgemeine Bestimmungen über die Einbringung und Sicherstellung
§§ 229, 229a. 1. Rückstandsausweis
§ 230. 2. Hemmung der Einbringung
§ 231. 3. Aussetzung der Einbringung
§§ 232, 233. 4. Sicherstellung
§ 234. (aufgehoben)

E. Abschreibung (Löschung und Nachsicht) und Entlassung aus der Gesamtschuld
§§ 235–237.

F. Verjährung fälliger Abgaben
§ 238.

G. Rückzahlung
§§ 239–241.

§ 241a. **Rückforderungen**

H. Behandlung von Kleinbeträgen
§§ 242, 242a.

17/1. BAO

7. Abschnitt: Rechtsschutz
A. Ordentliche Rechtsmittel
§§ 243, 244. 1. Beschwerden an Verwaltungsgerichte
§§ 245–249. 2. Einbringung der Beschwerde
§§ 250–254. 3. Inhalt und Wirkung der Beschwerde
§ 255. 4. Verzicht auf Beschwerde
§ 256. 5. Zurücknahme der Beschwerde
§§ 257–259. 6. Beitritt zur Beschwerde
§ 260. 7. Zurückweisung der Beschwerde
§ 261. 8. Gegenstandsloserklärung der Beschwerde
§§ 262, 263. 9. Beschwerdevorentscheidung
§ 264. 10. Vorlageantrag
§§ 265, 266. 11. Vorlage der Beschwerde und der Akten
§ 267. 12. Verbindung mehrerer Beschwerden
§ 268. 13. Ablehnung wegen Befangenheit oder Wettbewerbsgefährdung
§ 269. 14. Ermittlungen
§ 270. 15. Kein Neuerungsverbot
§§ 271, 271a. 16. Aussetzung der Entscheidung
§§ 272–277. 17. Verfahren
§§ 278–281. 18. Erkenntnisse und Beschlüsse
§ 281a. 18a. Verständigung
§ 282. 19. Vollstreckung
§ 283. 20. Maßnahmenbeschwerde
§§ 284–286. 21. Säumnisbeschwerde
§ 287. 22. Nebenansprüche
§ 288. 23. Zweistufiger Instanzenzug bei Gemeinden
§ 289. 24. Klaglosstellung
§ 290. 25. Antrag auf Vorabentscheidung
§ 291. 26. Entscheidungspflicht
§ 292. 27. Verfahrenshilfe

B. Sonstige Maßnahmen
§§ 293–302. 1. Abänderung, Zurücknahme und Aufhebung
§§ 303–307. 2. Wiederaufnahme des Verfahrens
§§ 308–311a. 3. Wiedereinsetzung in den vorigen Stand

8. Abschnitt: Kosten
§§ 312–313a. A. Allgemeine Bestimmungen
§§ 314–316. B. Kosten im Verbrauchsteuer- und Monopolverfahren

9. Abschnitt: Übergangs- und Schlußbestimmungen
§§ 317–323a.
§ 323b. Übergangsbestimmungen im Zusammenhang mit der Finanz-Organisationsreform 2020
§ 323c. Sonderregelungen aufgrund der Maßnahmen zur Bekämpfung von COVID-19
§ 323d. (aufgehoben)
§ 323e. COVID-19-Ratenzahlungsmodell
§ 324.

STICHWORTVERZEICHNIS

A
Abänderung von Bescheiden von Amts wegen §§ 212 f., 293 ff.
– im Rechtsmittelverfahren §§ 263, 279
Abgaben
– Definition § 3 (1)
– Erhöhungen § 3 (1)
Abgaben, Abschreibung § 235 f.
– Einbringung § 229 f.
– Entrichtung § 211 ff.
– Erhebung § 114 f.
– Fälligkeit § 210
– Festsetzung § 198 ff.
– Haftung § 7 f., 224 f.
– Löschung § 235
– Nachsicht § 236
– Rückzahlung §§ 239 ff.
– Selbstberechnung § 201 f., 214 (4)
– Sicherstellung § 232 f.
– Verjährung § 207 ff., 238, 302, 304
Abgabenanspruch, Entstehung § 4 f.
Abgabenbehörde
– Allgemeine Bestimmungen § 49 f.
– Befugnisse § 143 ff.
– Beistandspflicht § 158
– der Länder- und Gemeinden § 50
– Einsichtsrecht §§ 158 (4), 158 (4g)
– Entscheidungspflicht §§ 85a, 291
Abgabenbehörden des Bundes § 49
– Befugnisse § 54
Abgabenbehördliche Prüfungen § 147 ff.
Abgabenbescheid § 92 f., 198 f., 201
– abgeleitete Bescheide § 295
– automationsunterstützt § 96 f.
– Änderung § 295a
– Änderung, Zurücknahme § 294
– Begründung § 93 (3)
– Bekanntgabe § 97
– Inhaltserfordernisse § 96
– vorläufiger § 200
– Zustellung § 97 f.
Abgabenerhöhungen § 3 (2)
Abgabenerklärung §§ 209a (4), 133 f., 293b
– Fristen § 134
– Fristen, Quotenregelung § 134a
– Pflicht zur Einreichung § 133
– Prüfung der § 161 ff.
– Vordrucke § 133 (2)
Abgabenrechtliche Geheimhaltungspflicht §§ 48a, 48c

Kodex Steuergesetze 1.2.2024

17/1. BAO

Abgabenvorschriften, Begriff § 3 (3)
Abgabepflicht § 4
Abgabepflichtiger § 77 (1)
– Obliegenheiten § 119 f., 136 ff.
– Parteistellung § 78
Abgeltungen §§ 2, 208 (1)
Abrechnungsbescheid § 216
Abrundung § 204
Abzugsteuern § 240
Akteneinsicht § 90
– automationsunterstützt § 90a f.
– Landes- und Gemeindeabgaben § 90b
– Vertreter § 90a
Aktenvermerke §§ 89, 95, 113
Allgemeine Aufsichtsmaßnahmen § 143 ff.
Amt für Betrugsbekämpfung § 49
Amtshandlungen § 209 (1)
– Hilfeleistung bei § 141 f.
Amtshilfe §§ 158, 183 (2)
Amtssprache § 131 (1)
Amtsstunden § 85 (3)
Amtsverschwiegenheit §§ 158, 170
Amtswegigkeit, Grundsatz § 115
Anbringen § 85 ff.
– automationsunterstützt § 86b
– E-Mail § 86b
– Landes- und Gemeindeabgaben § 86b
– Mängel § 85 (2)
– mündliche §§ 85 (3), 86
– Vollmacht § 85 (4)
Angehörige §§ 25, 171, 121a (2)
– Vertretung § 83
Angestellte §§ 83, 171
Anspruchszinsen §§ 3 (2), 205, 207 (2)
Anträge § 85 (1)
Anwendungsbereich §§ 1 (1), 2 f.
– der BAO § 1 f.
Anzahlungen § 205 (3)
Anzeigepflichten §§ 120, 122 f., 139
– Frist § 121
– Sozialversicherung § 48b (1)
Artfortschreibung § 193
Aufbewahrung von Büchern und Aufzeichnungen §§ 124, 131
– Frist § 132
Aufhebung von Bescheiden §§ 263, 264 (7), 278 f., 295 (4), 299 f., 302
Aufrechnung §§ 215, 239
Aufrundung § 204
Aufzeichnungspflicht § 126
Aufzeichnungsvorschriften § 124 ff.
Augenschein §§ 48j, 87 (2), 182
Ausgangsabgaben § 1 (2)
Auskunftsbescheid § 118
Auskunftspflicht §§ 143, 158 f., 162
Auslagenersätze § 3 (2)
Ausland §§ 48, 131 (1)
Auslandsbeamte § 26 (3)
Aussageverweigerungsrecht § 171
Außenprüfungen §§ 48j, 147 ff
Aussetzung der Einbringung § 231
Aussetzung der Entscheidung §§ 271 f., 272 (4), 286
– der Einbringung § 231
– der Einhebung § 212a f.

Aussetzungszinsen §§ 3 (2), 212a (9), 212b
automationsunterstützt §§ 86a f., 97 f., 114 (3), 158, 293

B
Bankgarantie § 222 (3)
Barzahlung § 211 (1)
Basiszinssatz §§ 205 (2), 205a (4), 212 (2), 212a (9)
Bedenkenvorhalt §§ 85 (1), 161 (2)
Befangenheit von Organen §§ 76, 268 (1), 273 (3)
Begleitende Kontrolle §§ 153a ff.
– Antrag § 153b
– Antrag, Prüfung § 153c
– Beendigung § 153g
– Bescheid §§ 153d, 153g
– Merkmale, Definition § 153a
– Rechte und Pflichten § 153f
– Steuerkontrollsystem § 153b (6) und (7)
– Umfang § 153e
– Wechsel in die begleitende Kontrolle § 153d
Begründung von Bescheiden § 93 (3)
Begründung von Entscheidungen § 280 (1)
Begünstigungen, abgabenrechtliche § 34 ff.
– Personenvereinigungen § 34 (2)
Beihilfen §§ 2, 207 (4), 208 (1)
Beistandspflicht § 158 ff.
Beiträge § 1 (1)
Beitritt zur Beschwerde §§ 256–259
Belege §§ 128, 131 f.
– Erteilungspflicht § 132a
Beleidigende Schreibweise § 112 (3)
Bemessungsverjährung §§ 302, 304, 207 ff.
Beratung im Senat § 277
Berechnung von Fristen § 108
Berichtigung §§ 293 ff., 302
Bescheidbeschwerde § 243
Bescheide §§ 92 f.
– Abänderung der §§ 293 ff.
Beschlagnahme §§ 156, 225
Beschluss §§ 93a, 260 f., 278, 280
Beschwerde § 243
– aufschiebende Wirkung § 254
– Befugnis §§ 246, 248, 283 (1), 284 (1)
– Beitritt § 257 ff.
– Beschwerdevorentscheidung § 262
– Einbringungsstelle § 249
– Feststellungsbescheide § 252
– Frist § 245
– Gegenstandsloserklärung §§ 256 (3), 261
– Inhalt § 250
– Legitimation §§ 246, 248, 283 (1), 284 (1)
– Streitbeilegung § 48
– Verbindung von Verfahren § 267
– Verzicht § 255
– Vorlage an Verwaltungsgericht § 265 f.
– Vorlageantrag § 264
– Zurücknahme § 256
– Zurückweisung § 260
Beschwerdeverfahren
– einheitliche Entscheidungen § 281
– Entscheidung in der Sache § 279
– formlose Verständigung § 281a
– Herstellung des Rechtszustandes § 282
– Vorabentscheidung § 290

BAO
ZustG
AuskG
BFGG
EU-BStbG
ABBG
PLABG

17/1. BAO

- Zurückverweisung § 278
Beschwerdevorentscheidung § 262 f., 264 (6) und (7)
Beschwerdezinsen § 3 (2), 205a
Betrachtungsweise, wirtschaftliche § 21
Betretungsrecht § 146a
Betriebsgeheimnis §§ 171, 182
Betriebsstätte §§ 131 (1), 131b (5), 188
   – Definition § 29
   – Eisenbahnunternehmen § 30 (1)
   – Versorgungsunternehmen § 30 (2)
Bevollmächtigte § 80 ff
Beweisaufnahmen §§ 48j, 183
Beweise § 166 f.
Beweislast § 121a (8)
Beweismittel § 166 ff.
Beweiswürdigung, freie § 167
Billigkeit § 20
Billigkeitsmaßnahme §§ 212, 236 f.
Briefgeheimnis § 158 (5)
Buchführungsvorschriften §§ 124–132
Buchungsmitteilung § 227 f.
Bundesfinanzverwaltung § 49
   – Unterstützungsleistungen § 54a
Bundesminister für Finanzen §§ 49, 55
   – Zustellung § 100
Bürgschaft § 222 (3)
Buschenschank § 131 (4)

D
Datenschutz § 48d ff.
   – Auskunftsrecht § 48f
   – Berichtigungsrecht § 48g
   – Informationspflicht § 48e
Datenträger §§ 131 f., 194
Datenübermittlung Strafverfahren § 158 (4d)
Dingliche Haftung §§ 8, 17, 225
Disziplinarrecht §§ 9 (2), 112 (5)
Dokumentationsregister § 114 (2)
Dolmetscher §§ 158 (4f), 313a
Doppelbesteuerung § 48
Dynamische Verweisung § 3 (5)

E
Ehegatten § 25
Eid §§ 175, 180
Einbringung der Beschwerde §§ 245 ff.
Eingangsabgaben § 1 (1)
Einhebungsverjährung § 238
Einheitswertbescheide §§ 186, 192, 252, 295
Einheitswerte, Zerlegung § 196
Einkommensteuer §§ 4 (2), 205
Einkünftefeststellung § 188
   – Fiktion § 188 (5)
Einzelrichter, Verwaltungsgericht § 272
elektronische Übermittlung §§ 121a, 134 (1)
Empfängernennung § 162
Entlassung aus der Gesamtschuld § 237
Entrichtung der Abgaben § 211
Entrichtung, Kosten § 218
Entscheidungspflicht §§ 85a, 291, 300 (5)
Entstehung des Abgabenanspruches §§ 4 f.
Erbschaftssteuer §§ 208 (2), 209 (3)
Ergänzungsauftrag § 161 (1)
Ergänzungsregister § 158 (4e)

Erhebung § 1 (3)
Erhebung der Abgaben §§ 114–116
Erkenntnis §§ 93a, 280, 278 ff., 284 (5)
Erledigungen § 92 ff.
   – Zustellung §§ 98, 100
Ermessen § 20
Ermittlungen, Verwaltungsgericht § 269
Ermittlungsverfahren § 161 ff
Erörterungstermin §§ 48j, 269 (3)
Ersatzvornahme § 3 (2)
Erstattung §§ 2, 207 (4)
Europäische Union §§ 1 (1), 3 (3), 290
Exekution zur Sicherstellung § 232
Exekutionstitel §§ 229, 232

F
faktischer Geschäftsführer, Haftung § 9a
Fallfristen (gesetzliche Fristen) § 110
Fälligkeit §§ 4 (4), 210
Feiertag, gesetzlicher §§ 210 f., 211, 217 (5)
fernschriftlich §§ 86a, 97
Festsetzung § 4 (4)
   – Abgaben § 198
   – Abgaben, vorläufig § 200
   – Abstandnahme § 206
   – Rundung § 204
   – Selbstberechnung §§ 201 f.
   – Steuermessbeträge § 194
   – trotz Verjährung § 209a
Festsetzungsverjährung §§ 207–209a
Feststellungsbescheide §§ 92, 131b (4), 185 ff., 295 (3)
   – Adressat § 191
   – Bindungswirkung § 192
   – Fortschreibungsbescheide § 193
   – gesonderte § 190
Finanzamt für Großbetriebe § 49
   – Zuständigkeit § 61
Finanzamt Österreich § 49
   – Zuständigkeit § 60
Finanzämter §§ 49, 56 ff
   – Organisation § 56
   – Übergang der Zuständigkeit § 58 f.
   – Übertragung der Zuständigkeit §§ 57, 59
Firmenbuch §§ 158 (4), 160
Forschungsbestätigung § 118a
Fristen § 308
   – Abgaben § 210
   – Abgabenerklärung § 134
   – Aufhebung von Bescheiden § 302
   – Berechnung § 108 ff.
   – Einhebungsverjährung § 238
   – Entrichtung § 211
   – Verjährung § 207
   – Verjährung, Beginn § 208

G
Gebarung § 213
Gebietskörperschaften § 1 (2)
Gebühren §§ 3 (2), 207 (2), 241 (2), 242
Gefährdung der Einbringung §§ 212 (1), 212a (2), 230, 232
Gegenstandsloserklärung §§ 256 (3), 261, 272 (4)
Geheimhaltungspflicht, abgabenrechtliche §§ 48a, 48c

Gehörlos § 313a
Geltendmachung der Haftung § 224 f.
Gemeinnützige Zwecke § 34 ff.
- Förderung der Allgemeinheit § 35 (1)
- Förderung der Allgemeinheit, Einschränkungen § 36
- Förderung der Allgemeinheit, Tätigkeiten § 35 (2)
Gemeinnützigkeit § 34 ff.
- Ausnahme, Gewerbebetrieb § 44 (1)
- Ausnahme, Land- und Forstwirtschaft § 44 (1)
- Ausnahmegenehmigung §§ 44 (2), 44a
- Ausnahmegenehmigung, automatische § 45a
- Ausschließlichkeit § 34 (1)
- Ausschließlichkeit, Voraussetzungen § 39
- begünstigungsschädlicher Geschäftsbetrieb §§ 44 (1), 45 (3)
- entbehrlicher Hilfsbetrieb § 45 (1)
- entbehrlicher Hilfsbetrieb, Krankenanstalt § 46
- Erbringung von Lieferungen und Leistungen § 40a
- Förderungszweck § 34 (1)
- Gemeinnützige Zwecke § 35 f
- gesellige Veranstaltungen § 45 (1a)
- Gewinnbetrieb § 45 (3)
- kirchliche Zwecke § 38
- Mildtätige Zwecke § 37
- Satzung §§ 41 (1), 43
- Satzung, Anzeigepflicht bei Änderung §§ 41 (3), 41a
- Spendensammelorganisationen § 40a
- Stipendien und Preise, Vergabe § 40b
- Tatsächliche Geschäftsführung §§ 34 (1), 42 f.
- unentbehrlicher Hilfsbetrieb § 45 (2)
- Unmittelbarkeit § 34 (1)
- Unmittelbarkeit, Ausnahmen § 40a f.
- Unmittelbarkeit, Erfüllungsgehilfen § 40
- Unmittelbarkeit, Voraussetzungen § 40
- Vereinsfeste § 45 (1a)
- Vermögensbindung § 41 (2)
- Vermögensverwaltung § 47
- wirtschaftlicher Geschäftsbetrieb § 45 (1)
- wirtschaftlicher Geschäftsbetrieb, Krankenanstalt § 46
- wirtschaftlicher Geschäftsbetrieb, Umsatzgrenze § 45a
Genehmigungsdatenbank § 158 (4c)
Gesamtrechtsnachfolge §§ 19, 97, 118 (7), 188 (5), 191, 194, 246
Gesamtschuld §§ 6 f., 101 (1), 118 (10), 199, 214 (7), 237
Geschäfte
- Anfechtbarkeit § 23 (4)
- Formmangel § 23 (3)
- Nichtigkeit § 23 (3)
Geschäftsbetrieb, wirtschaftlicher §§ 31, 45 (1), 45a, 46, 131 (4)
Geschäftsführer § 80
Geschäftsführer, faktischer, Haftung § 9a
Geschäftsführer, Haftung § 9
Gesellschafter, Haftung § 12

Gesonderte Feststellung §§ 185–193
Gewerbebetrieb §§ 28, 45 (1), 188
Gewerberegister § 158 (4)
Gewinnabsicht § 28
Gewöhnlicher Aufenthalt §§ 26 (2), 26 (3), 121a (1)
Glaubhaftmachung §§ 138, 171, 278 (3), 308
Grundbuch §§ 158 (4), 160 (1)
Grunderwerbsteuer § 160
Grundsteuer § 194
Gutachten §§ 131b (4), 177
Guthaben §§ 211 (1), 215, 239 f., 242a
Gutschrift von Abgabenzahlungen §§ 213, 239a
Gutschriftszinsen §§ 205, 217 (8)

H
Haftung §§ 6 ff., 248, 281 (2)
- Abgabepflichtiger § 77 (2)
- Beschlagnahme § 225
- dingliche §§ 8, 17, 225
- Eigentümer von Wirtschaftsgütern § 16
- Erben § 15
- Erwerb aus Insolvenzmasse § 14
- Gesamtschuldner § 7
- Gesellschafter § 12
- Haftungsbescheid § 224 f.
- Konzern § 13
- Kuratoren § 15
- Liquidatoren § 15
- Organschaft § 13
- persönliche §§ 7, 224
- Rechtsnachfolger § 14
- sachliche §§ 8, 19, 225
- Verbrauchsteuer § 17
- Vertreter §§ 9 f., 15
- vorsätzliche Finanzvergehen § 11
- wesentlich Beteiligte § 16
Handlungsfähigkeit §§ 79, 82
Hemmung der Bemessungsverjährung
- der Einbringung § 230
- der Einhebungsverjährung § 238 (3)
Hemmung der Einbringung § 230
Hemmung der Festsetzungsverjährung § 209 (2)
Hilfeleistungen bei Amtshandlungen § 141 f.
Hinterzogene Abgaben, Verjährung § 207 (2)
Hütten § 131 (4)

I
Identitätsfeststellungsrecht § 146b
Inhalt
- Aussetzungsantrag § 212a (3)
- Bescheidbeschwerde § 250
- Maßnahmenbescheide § 283 (3)
- Säumnisbescheide § 285 (1)
- Wiederaufnahmsantrag § 303 (2)
- Wiedereinsetzungsantrag § 309a
Insolvenzverwalter §§ 15, 80
- Haftung § 9

K
Karfreitag §§ 210 (3), 211, 217 (5)
KFZ-Genehmigungs- und Informationsregister § 158 (4)
Kirchen, gesetzlich anerkannte § 38
Kirchliche Zwecke § 34 ff.

17/1. BAO

Klaglosstellung §§ 272 (5), 289
Kleinstbeträge §§ 204, 242 f.
Kompensation §§ 211, 215, 239
Körperschaften öffentlichen Rechts § 1 (2)
Körperschaften, Sitz, Ort der Geschäftsleitung § 27
Körperschaftsteuer §§ 4 (2), 205
Kosten §§ 3 (2), 173, 312 ff.
Kraftfahrzeugzentralregister § 158 (4b)
Kreditinstitut § 222 (1)
— Belegerteilungspflicht § 132b
— Registrierkasse § 132b
Kuratoren §§ 15, 80, 82
— Haftung § 9

L

Land- und Forstwirtschaft § 188
— Buchführungspflicht § 125
Landes- und Gemeindeabgaben § 3a
— Abgabenbescheid § 97a
— Anbringen § 86b
— Anzeigepflicht § 120a
— Aufhebung von Bescheiden § 299a
— Aussetzungszinsen § 212b
— Beschwerdezinsen, Ausnahme § 205b
— Erledigungen § 97a
— Festsetzung § 201a
— Festsetzung, Zahlungsaufforderung §§ 198a, 203a
— Kleinstbeträge § 242a
— Mahnung § 227a
— Ordnungsmäßigkeit der Bücher § 131a
— Säumniszuschläge § 217a
— Selbstberechnung § 201a
— Stundungszinsen § 212b
— Verbuchung § 213a
— Verspätungszuschlag § 135a
— Zustellung §§ 98a, 102a
— zweistufiger Instanzenzug bei Gemeinden § 288
Lastschriftanzeigen § 227 f.
Lebensgemeinschaft § 25
Legitimation zur Bescheidbeschwerde §§ 246, 248
Liquidatoren § 15
Löschung von Abgaben §§ 235, 238 (5)

M

Mahngebühren §§ 3a, 227a
Mahnung §§ 214, 227 f., 230 (1)
Mängel von Eingaben § 85 (2)
Mangelhaftigkeit der Buchführung §§ 131, 163, 184
Maßnahmenbeschwerde §§ 283, 292 (7)
Melderegister § 158 (4), (4a)
Melderegisterzahl § 133 (2)
Messbescheide §§ 194, 295
— Bindungswirkung § 195
Mildtätige Zwecke § 34 ff.
Missbrauch von Formen § 116
Missbrauch von Gestaltungsmöglichkeiten § 22
Monopolverfahren, Kosten im § 314 f.
Multilaterale Risikobewertung § 118b
Mündliche Anbringen
— Verkündung § 277 (4)

Mutwillensstrafe §§ 3 (2), 112a, 207 (3)

N

Nachforderungszinsen §§ 205, 217 (8)
Nachhaltigkeit §§ 28, 31
Nachschauen §§ 48j, 144 f
Nachsicht von Abgaben §§ 236, 238 (5)
Nebenansprüche §§ 3 (1), 3 (2), 3 (4), 3a, 7, 227 (4), 287
Nebengebühren §§ 3 (2), 3a, 217 (1)
Nennung des Empfängers § 162
Neu hervorgekommene Tatsachen § 303
Neue Tatsachen §§ 270, 294
Neuerungsverbot § 270
Niederschriften §§ 87 f., 146, 149, 255, 275 (7), 277 (3)
— automationsunterstützt § 87 (7)
— Beweis § 88
— Inhalt § 87 (3)
Notare §§ 159, 171
— Haftung § 9 (2)

O

Offenbare Unrichtigkeiten §§ 293, 293b
Offenlegungspflicht §§ 119, 133, 138
Öffentliche Abgaben § 1 (1)
Öffentliche Fonds § 1 (2)
Öffentlichkeit § 275 (3)
Ordentliche Rechtsmittel § 243
Ordnungsmäßigkeit der Bücher §§ 131, 163
Ordnungsstrafen §§ 3 (2), 112, 207 (3)
Organe der Abgabenbehörden §§ 76, 260
Organschaft § 13
Ort der Geschäftsleitung § 27

P

Partei im Abgabenverfahren § 78
Parteiengehör §§ 115, 161, 183
Partner § 25
Personenbezogene Daten §§ 48d f., 158 (4) und (4a), 158 (4d), 158 (4e)
Personengemeinschaft §§ 6, 19
— Vertretungsbefugnis § 81
Personenvereinigung §§ 81, 188, 191
— nicht rechtsfähige §§ 6, 19
— Zustellung § 101
Persönliche Haftung § 7
Pflegebefohlener § 171 (1)
Postauftrag §§ 211 (1), 227 f., 230
Postenlauf bei Fristen § 110
Postgeheimnis § 158 (5)
Privatstiftung § 160 (3)
Probenentnahme § 142
Prüfdienst für Lohnabgaben und Beiträge § 49
Prüfung der Abgabenerklärungen § 161 ff.
Prüfungen, abgabenbehördliche § 147 ff.
Prüfungsauftrag § 148
Prüfungsbericht § 150

Q

Quotenregelung § 134a

R

Ratenbewilligung § 212
Rechenfehler § 293

Rechtsanwälte §§ 171, 292
– Haftung § 9 (2)
Rechtsbelehrung § 113
Rechtsfähigkeit §§ 23 (3), 79
Rechtsmittel § 243 ff
Rechtsmittelbelehrung § 93
Rechtsmittelfrist §§ 93, 245
Rechtsmittelverzicht § 255
Rechtsnachfolger §§ 19, 97, 191, 194
– Haftung § 14
Rechtswidrigkeit § 299 f.
Registrierkasse § 131b
Religionsgesellschaften § 38
Respirofrist § 211 (2)
Rückstandsausweis §§ 212, 217 (4), 229, 230 (5)
Rückstandsbescheinigung § 229a
rückwirkendes Ereignis §§ 120 (3), 205 (6), 208 (1), 295a
Rückzahlung §§ 239 ff., 242a
– beschränkt Steuerpflichtige § 240a
– Doppelbesteuerungsabkommen § 240 (4)
– ohne Rechtsgrund § 241a

S
Sachhaftung §§ 8, 17, 225
Sachlicher Aufwendungsbereich der BAO §§ 1–3
Sachverständige §§ 87 (2), 131b (4), 158 (4f), 177 ff.
– Ablehnung § 179
– Aussageverweigerungsrecht § 178
– Bestellung § 177
– Enthebung § 178
– Gutachten § 177
– öffentlich Bedienstete § 178
– Sachverständigengebühren § 181
– Vereidigung § 180
Sachwalter §§ 82, 171 (1)
Säumnisbeschwerde §§ 284 ff., 292 (6 ff)
Säumniszuschläge §§ 3 (2), 207 (2), 217 f.
Schätzung § 184
Scheck § 211
Scheingeschäfte § 23 (1)
Scheinhandlungen § 23 (1)
Schenkungsmeldung § 121a
Schiedsverfahren § 48
Schlussbesprechung § 149
Schreibfehler § 293
Schriftführer im Senat §§ 273 (1), 275 (7), 280 (2)
Selbstberechnung
– Festsetzung §§ 201 f.
– von Abgaben §§ 201 ff., 217 (7), 226
Senat, Verwaltungsgericht §§ 272 f., 276 f.
Sicherheitsleistung §§ 160, 222 f., 232
– Ersatz, Ergänzung § 223
– Fristverlängerung § 110 (2)
Sicherstellungsauftrag § 232 f.
Sitz §§ 27, 121a (1), 188
Spruch § 280
Steuerabzug vom Arbeitslohn §§ 202, 240
Steuerabzugsbeträge § 4 (2)
Steuergeheimnis §§ 48a, 48c
Steuermessbeträge §§ 194–197
– Zerlegung §§ 196, 298
Stiftungseingangssteuer § 160
Streitbeilegungsbeschwerde § 271a
Streitbeilegungsverfahren § 48
Stundung § 212
Stundungszinsen §§ 3 (2), 212 (2), 212b

T
Tabakmonopol § 2
Tatbestandsverwirklichung § 4
telegraphisch §§ 86a, 97
Terminverlust §§ 212, 230 (5)
Tod §§ 5, 15, 19
Transparenzdatenbank § 158 (4)
Treuhandverhältnis § 24

U
Übereignung von Unternehmen § 14
Überrechnung §§ 211, 215
Überwachungsgebühr § 314 f
Überwachungsmaßnahmen, besondere §§ 154 ff.
Umbuchung von Zahlungen §§ 211, 215
Umgehung § 22
Umsatzsteuerzinsen §§ 3 (2), 205c
Unabwendbares Ereignis § 308 (1)
Unangemessene Gestaltung § 22
Unbedenklichkeitsbescheinigung § 160
Unbekannter Aufenthalt § 82
Unbilligkeit §§ 20, 206, 212, 236 f.
Uneinbringlichkeit §§ 9, 206, 231, 235
Ungewissheit §§ 200, 208 (1)
– Anzeigepflicht § 120 (3)
Unrichtigkeiten, offenbare § 293b
Unterbrechung der Einhebungsverjährung § 238 (2)
Unternehmensregister § 158 (4)
Unterschrift §§ 85 (2), 89, 96, 280 (1)
Unzuständigkeit §§ 53, 289 (1)
Urkunden § 168

V
Veräußerung eines Betriebes § 14
Verbesserung von Anbringen § 85 (2)
Verbindung von Rechtsmitteln § 267
Verbotene Geschäfte § 23 (2)
Verbrauchsteuerverfahren, Kosten § 314 f.
Verbuchung §§ 213 f.
Vereinsregister § 158 (4)
Verfahrenshilfe § 292
Verfahrensleitende Verfügung §§ 94, 244
Verfolgungshandlungen § 209 (1)
Verfügungen § 94
Vergütungen §§ 2, 207 (4), 208 (1)
Verhältnis zum Ausland § 48
Verhandlung, mündliche §§ 48j, 274, 275
Verjährung §§ 139, 207 ff., 238, 302, 304
Verlängerung von Fristen §§ 110, 134, 193, 209 (1), 245
Vermögensverwaltung §§ 9, 32, 80
Vernehmungen § 48j
Verrechnungsweisung § 214
Verschleppung § 183 (3)
– Mutwillensstrafe § 112a
Verschulden §§ 9, 135, 217 (7), 284 (4), 308
Versicherungsnummer § 133 (2)
Verspätungszuschlag §§ 3 (2), 135, 207 (2)
Verständigung (vom Terminverlust) § 230 (5)

BAO
ZustG
AuskG
BFGG
EU-BStbG
ABBG
PLABG

17/1. BAO

Verständigung
- (bei Übertretungen) § 48b (2)
- Abgabenbehörden der Länder- und Gemeinden § 48b (2a), 48c
- Finanzmarktaufsicht § 48b (4)
- Finanzstrafbehörden §§ 48b (2b), 48c
- Stammzahlenregister § 48b (3)

Verständigungsverfahren § 48
Vertreter §§ 80 ff., 171, 280 (1)
- Haftung §§ 9, 15

Verwaltungsabgaben § 1 (1)
Verwaltungsgericht, Entscheidungspflicht § 291
Verwaltungsgericht, Zusammensetzung § 272
Verwaltungsgerichte §§ 2a, 93a
Verwaltungskostenbeitrag § 3 (2)
- Auskunftsbescheid § 118 (10) und (11)
- Forschungsbestätigung § 118a (2)

Verzicht auf Rechtsmittel § 255
Vollmacht § 80 ff.
Vollstreckbarkeit der Abgaben §§ 217 (3), 226 ff.
Vollstreckbarkeitsklausel § 229
Vollstreckungsbescheid §§ 217 (6), 227, 230 (7)
Vorabentscheidung § 290
Vorauszahlungen § 4 (2)
Vordruck § 133
Vorfragen §§ 116, 303
Vorhalte §§ 161, 183
Vorladung § 91
- Zustellung § 103

Vorlageantrag § 264
Vorlageerinnerung §§ 264 (6), 291 (1), 300 (1)
Vorläufiger Abgabenbescheid §§ 200, 251
VwGH § 93a

W

Wahrheitspflicht § 119
Wareneingangsbuch § 127 f.
Werk(lieferungs)vertrag § 188 (4)
Wertfortschreibung § 193
Wertzeichen § 203
Wesentliche Beteiligung § 16
Wettbewerbsgefährdung § 268 (2)
Widerruf §§ 212, 230, 235, 294
Wiederaufnahme des Verfahrens § 303 ff.
Wiedereinsetzung in den vorigen Stand § 308 ff.
Wirtschaftliche Betrachtungsweise §§ 21, 116 (1)
Wirtschaftliche Einheiten § 24
Wirtschaftlicher Geschäftsbetrieb §§ 31, 45 (1), 46, 131 (4)
- Ausnahmegenehmigung § 45a
- Betriebsstätte § 29
- Buchführungspflicht § 125

Wirtschaftliches Eigentum § 24
Wirtschaftsjahr § 125
Wirtschaftstreuhänder §§ 171, 292
- Haftung § 9 (2)

Wohnsitz §§ 26 (1), 121a (1)
Wohnung § 26 (1)
Wohnungseigentum § 188 (4)
Wort- und Bildübertragung § 48j

Würdigung der Beweise §§ 167, 183

Z

Zahlung von Abgaben §§ 211, 213 ff.
Zahlungserleichterungen §§ 212, 212b, 214, 230, 230 (3)
Zentrale Services § 49
- Organisation, Aufgaben § 64

Zerlegung § 196
Zerlegungsbescheid § 297
Zeugen §§ 87 (2), 169 ff.
- Anspruchszinsen § 3 (2)
- Aussageverweigerungsrecht § 171
- Aussetzungszinsen § 3 (2)
- bei Aussetzung der Einhebung §§ 212a (9), 212b
- bei Nachforderungen und Gutschriften § 205
- bei Zahlungserleichterungen §§ 212 (2), 212b
- Belehrung § 174
- Beschwerdezinsen § 3 (2)
- eidliche Einvernahme § 175
- persönliches Erscheinen § 173
- schriftliche Aussage § 173
- Stundungszinsen § 3 (2)
- Umsatzsteuerzinsen § 3 (2)
- Verschwiegenheitspflicht § 171
- Zeugengebühren § 176
- Zwangsstrafen § 173

Zollamt § 49
- Organisation § 62
- Zuständigkeit § 63

Zulassungsevidenzdatenbank § 158 (4c)
Zulassungsregister § 158 (4)
Zurechnung von Wirtschaftsgütern § 24
Zurechnungsfortschreibung § 193
Zurücknahme §§ 85 (2), 256
Zurückweisung eines Rechtsmittels §§ 260, 272 (4), 295 (4)
Zuständigkeit § 51
Zuständigkeitsstreit § 52
Zustellung § 98 ff.
- Änderung der Abgabestelle § 104
- elektronische §§ 98, 100
- Landes- und Gemeindeabgaben §§ 98a, 102a
- öffentliche Bekanntmachung § 105
- Personenvereinigung § 101
- Vorladung § 103
- Zustellfiktionen §§ 97, 101
- Zustellnachweis § 102
- Zustellungsbevollmächtigter §§ 81, 101, 103

Zuteilung §§ 197, 259, 297
Zwangsstrafen §§ 3 (2), 91, 111, 173, 207 (3)
Zwangsweise Einbringung, zu Unrecht § 241
Zweckmäßigkeit §§ 20, 103
Zweifel, Beseitigung §§ 138, 161
Zwischenstaatliche Vereinbarungen § 48

Bundesgesetz über allgemeine Bestimmungen und das Verfahren für die von den Abgabenbehörden des Bundes, der Länder und Gemeinden verwalteten Abgaben (Bundesabgabenordnung – BAO)

1. Abschnitt
Allgemeine Bestimmungen

Anwendungsbereich des Gesetzes

§ 1. (1) Die Bestimmungen dieses Bundesgesetzes gelten in Angelegenheiten der öffentlichen Abgaben (mit Ausnahme der Verwaltungsabgaben des Bundes, der Länder und der Gemeinden) sowie der auf Grund unmittelbar wirksamer Rechtsvorschriften der Europäischen Union zu erhebenden öffentlichen Abgaben, in Angelegenheiten der Eingangs- und Ausgangsabgaben jedoch nur insoweit, als in den zollrechtlichen Vorschriften nicht anderes bestimmt ist, soweit diese Abgaben durch Abgabenbehörden des Bundes, der Länder oder der Gemeinden zu erheben sind.

(2) Die Bestimmungen dieses Bundesgesetzes gelten überdies in Angelegenheiten der Beiträge an öffentliche Fonds oder an Körperschaften des öffentlichen Rechts, die nicht Gebietskörperschaften sind, soweit diese Beiträge durch Abgabenbehörden des Bundes zu erheben sind.

(3) Unter Erhebung im Sinn dieses Bundesgesetzes sind alle der Durchführung der Abgabenvorschriften dienenden abgabenbehördlichen Maßnahmen zu verstehen.

(BGBl I 2019/104)

§ 2. Die Bestimmungen dieses Bundesgesetzes gelten, soweit sie hierauf nicht unmittelbar anwendbar sind und nicht anderes bestimmt ist, sinngemäß in Angelegenheiten

a) der von den Abgabenbehörden des Bundes zuzuerkennenden oder rückzufordernden bundesrechtlich geregelten
  1. Beihilfen aller Art und
  2. Erstattungen, Vergütungen und Abgeltungen von Abgaben und Beiträgen;
b) des Tabakmonopols, soweit Abgabenbehörden des Bundes aufgrund des Tabakmonopolgesetzes 1996, BGBl. Nr. 830/1995, behördliche Aufgaben zu besorgen haben;
  (BGBl I 2019/103)
c) der von den Abgabenbehörden der Länder und Gemeinden zuzuerkennenden oder rückzufordernden landesrechtlich geregelten Erstattungen von Abgaben;
  (BGBl I 2019/91)
d) der Rückforderungen (§ 241a).
  (BGBl I 2019/91)

§ 2a. Die Bestimmungen dieses Bundesgesetzes gelten sinngemäß im Verfahren vor den Verwaltungsgerichten, soweit sie im Verfahren der belangten Abgabenbehörde gelten. In solchen Verfahren ist das Verwaltungsgerichtsverfahrensgesetz (VwGVG) nicht anzuwenden. § 54 VwGVG gilt jedoch sinngemäß für das Verfahren der Verwaltungsgerichte der Länder.

(BGBl I 2013/70)

§ 3. (1) Abgaben im Sinn dieses Bundesgesetzes sind, wenn nicht anderes bestimmt ist, neben den im § 1 bezeichneten öffentlichen Abgaben und Beiträgen auch die im § 2 lit. a, c und d angeführten Ansprüche sowie die in Angelegenheiten, auf die dieses Bundesgesetz anzuwenden ist, anfallenden sonstigen Ansprüche auf Geldleistungen einschließlich der Nebenansprüche aller Art.

(BGBl I 2021/228)

(2) Zu den Nebenansprüchen gehören insbesondere

a) die Abgabenerhöhungen,
b) der Verspätungszuschlag, die Anspruchszinsen, die Beschwerdezinsen und die Umsatzsteuerzinsen,
  (BGBl I 2022/108)
c) die im Abgabenverfahren auflaufenden Kosten und die in diesem Verfahren festgesetzten Zwangs-, Ordnungs- und Mutwillensstrafen, Verwaltungskostenbeiträge sowie die Kosten der Ersatzvornahme,
d) die Nebengebühren der Abgaben, wie die Stundungszinsen, die Aussetzungszinsen, die Säumniszuschläge und die Kosten (Gebühren und Auslagenersätze) des Vollstreckungs- und Sicherungsverfahrens.

(3) Abgabenvorschriften im Sinn dieses Bundesgesetzes sind die Bundesabgabenordnung sowie alle Abgaben im Sinn des Abs. 1 und das Tabakmonopol (§ 2 lit. b) regelnden oder sichernden

a) unmittelbar wirksamen Rechtsvorschriften der Europäischen Union,
b) Bundesgesetze,
c) Landesgesetze und
d) auf Grund des freien Beschlussrechtes ergangene Beschlüsse der Gemeindevertretungen (§ 7 Abs. 5 und § 8 Abs. 5 des Finanz-Verfassungsgesetzes 1948).

(BGBl I 2019/103)

(4) Die von den Abgabenbehörden des Bundes zu Beiträgen zu erhebenden Nebenansprüche sind Einnahmen des Bundes.

(5) Soweit in diesem Bundesgesetz auf Bestimmungen anderer Bundesgesetze verwiesen wird, sind diese Bestimmungen in ihrer jeweils geltenden Fassung anzuwenden.

(6) Soweit sich die in diesem Bundesgesetz verwendeten Bezeichnungen auf natürliche Personen beziehen, gilt die gewählte Form für beide Geschlechter.

§ 3a. Für Landes- und Gemeindeabgaben gilt ergänzend zu § 3 Folgendes:
1. Mahngebühren (§ 227a) sind Nebengebühren (§ 3 Abs. 2 lit. d),
2. Nebenansprüche (§ 3 Abs. 1 und 2) sind Einnahmen der sie erhebenden Körperschaften öffentlichen Rechts.

A. Entstehung des Abgabenanspruches

§ 4. (1) Der Abgabenanspruch entsteht, sobald der Tatbestand verwirklicht ist, an den das Gesetz die Abgabepflicht knüpft.

(2) Der Abgabenanspruch entsteht insbesondere
a) bei der Einkommensteuer und bei der Körperschaftsteuer
  1. für die Vorauszahlungen mit Beginn des Kalendervierteljahres, für das die Vorauszahlungen zu entrichten sind, oder, wenn die Abgabepflicht erst im Lauf des Kalendervierteljahres begründet wird, mit der Begründung der Abgabepflicht;
  2. für die zu veranlagende Abgabe mit Ablauf des Kalenderjahres, für das die Veranlagung vorgenommen wird, soweit nicht der Abgabenanspruch nach Z 1 schon früher entstanden ist, oder wenn die Abgabepflicht im Lauf eines Veranlagungszeitraumes erlischt, mit dem Zeitpunkt des Erlöschens der Abgabepflicht;
  3. für Steuerabzugsbeträge im Zeitpunkt des Zufließens der steuerabzugspflichtigen Einkünfte;
b) (aufgehoben)
c) bei sonstigen jährlich wiederkehrend zu entrichtenden Abgaben und Beiträgen mit dem Beginn des Kalenderjahres, für das die Abgabe (der Beitrag) erhoben wird.

(BGBl I 2019/103)

(3) In Abgabenvorschriften enthaltene Bestimmungen über den Zeitpunkt der Entstehung des Abgabenanspruches (der Steuerschuld) bleiben unberührt.

(4) Der Zeitpunkt der Festsetzung und der Fälligkeit einer Abgabe ist ohne Einfluß auf die Entstehung des Abgabenanspruches.

§ 5. Soweit der Zeitpunkt des Todes einer Person nach den Abgabenvorschriften für die Entstehung, den Umfang oder den Wegfall eines Abgabenanspruches von Bedeutung ist, gilt als Todestag
a) im Fall der Todeserklärung der im gerichtlichen Beschluß als Tag des vermuteten Todes und
b) im Fall der Beweisführung des Todes der im gerichtlichen Beschluß als bewiesener Todestag oder nicht überlebter Tag
angegebene Zeitpunkt.

B. Gesamtschuld, Haftung und Rechtsnachfolge

§ 6. (1) Personen, die nach Abgabenvorschriften dieselbe abgabenrechtliche Leistung schulden, sind Gesamtschuldner (Mitschuldner zur ungeteilten Hand, § 891 ABGB).

(2) Personen, die gemeinsam zu einer Abgabe heranzuziehen sind, sind ebenfalls Gesamtschuldner; dies gilt insbesondere auch für die Gesellschafter (Mitglieder) einer nach bürgerlichem Recht nicht rechtsfähigen Personenvereinigung (Personengemeinschaft) hinsichtlich jener Abgaben, für die diese Personenvereinigung (Personengemeinschaft) als solche abgabepflichtig ist.

§ 7. (1) Personen, die nach Abgabenvorschriften für eine Abgabe haften, werden durch Geltendmachung dieser Haftung (§ 224 Abs. 1) zu Gesamtschuldnern.

(2) Persönliche Haftungen (Abs. 1) erstrecken sich auch auf Nebenansprüche (§ 3 Abs. 1 und 2).

§ 8. Wenn Abgabenvorschriften eine sachliche Haftung für eine Abgabe für sich allein oder neben einer persönlichen Haftung vorsehen, kann die Abgabenbehörde bis zur vollständigen Entrichtung der Abgabe sowohl den Abgabepflichtigen in Anspruch nehmen als auch persönliche sowie sachliche Haftungen geltend machen.

§ 9. (1) Die in den §§ 80 ff. bezeichneten Vertreter haften neben den durch sie vertretenen Abgabepflichtigen für die diese treffenden Abgaben insoweit, als die Abgaben infolge schuldhafter Verletzung der den Vertretern auferlegten Pflichten nicht eingebracht werden können.

(2) Notare, Rechtsanwälte und Wirtschaftstreuhänder haften wegen Handlungen, die sie in Ausübung ihres Berufes bei der Beratung in Abgabensachen vorgenommen haben, gemäß Abs. 1 nur dann, wenn diese Handlungen eine Verletzung ihrer Berufspflichten enthalten. Ob eine solche Verletzung der Berufspflichten vorliegt, ist auf Anzeige der Abgabenbehörde im Disziplinarverfahren zu entscheiden.

§ 9a. (1) Soweit Personen auf die Erfüllung der Pflichten der Abgabepflichtigen und der in den §§ 80 ff bezeichneten Vertreter tatsächlich Einfluss nehmen, haben sie diesen Einfluss dahingehend auszuüben, dass diese Pflichten erfüllt werden.

(2) Die in Abs. 1 bezeichneten Personen haften für Abgaben insoweit, als die Abgaben infolge ihrer Einflussnahme nicht eingebracht werden können. § 9 Abs. 2 gilt sinngemäß.

§ 10. (aufgehoben)

§ 11. Bei vorsätzlichen Finanzvergehen und bei vorsätzlicher Verletzung von Abgabenvorschriften der Länder und Gemeinden haften rechtskräftig verurteilte Täter und andere an der Tat Beteiligte für den Betrag, um den die Abgaben verkürzt wurden.

§ 12. Die Gesellschafter von als solche abgabepflichtigen und nach bürgerlichem Recht voll oder teilweise rechtsfähigen Personenvereinigungen ohne eigene Rechtspersönlichkeit haften persönlich für die Abgabenschulden der Personenvereinigung. Der Umfang ihrer Haftung richtet sich nach den Vorschriften des bürgerlichen Rechtes.

§ 13. Juristische Personen, die dem Willen eines anderen Unternehmens (Unternehmers) derart untergeordnet sind, daß sie keinen eigenen Willen haben (Organgesellschaft), haften für diejenigen Abgaben des beherrschenden Unternehmens (Unternehmers), bei denen die Abgabepflicht sich auf den Betrieb des beherrschten Unternehmens gründet.

§ 14. (1) Wird ein Unternehmen oder ein im Rahmen eines Unternehmens gesondert geführter Betrieb im Ganzen übereignet, so haftet der Erwerber
a) für Abgaben, bei denen die Abgabepflicht sich auf den Betrieb des Unternehmens gründet, soweit die Abgaben auf die Zeit seit dem Beginn des letzten, vor der Übereignung liegenden Kalenderjahres entfallen;
b) für Steuerabzugsbeträge, die seit dem Beginn des letzten, vor der Übereignung liegenden Kalenderjahres abzuführen waren.

Dies gilt nur insoweit, als der Erwerber im Zeitpunkt der Übereignung die in Betracht kommenden Schulden kannte oder kennen mußte und insoweit, als er an solchen Abgabenschuldigkeiten nicht schon so viel entrichtet hat, wie der Wert der übertragenen Gegenstände und Rechte (Besitzposten) ohne Abzug übernommener Schulden beträgt.

(2) Die Bestimmungen des Abs. 1 gelten nicht bei einem Erwerb im Zuge eines Vollstreckungsverfahrens, bei einem Erwerb aus einer Insolvenzmasse im Sinne des § 2 Abs 2 der Insolvenzordnung (IO) oder bei einem Erwerb während der Überwachung durch einen im Sanierungsplan bezeichnete Person als Treuhänder der Gläubiger (§§ 157 bis 157f IO).

§ 15. (1) Personen, die als Erben, Kuratoren, Liquidatoren oder sonst bei Wegfall eines Abgabepflichtigen zur Verwaltung seines Vermögens berufen sind und erkennen, daß Erklärungen, die der Abgabepflichtige zur Festsetzung von Abgaben abzugeben hatte, unrichtig oder unvollständig sind oder daß es der Abgabepflichtige pflichtwidrig unterlassen hat, solche Erklärungen abzugeben, haften für die vorenthaltenen Abgabenbeträge, wenn sie den erkannten Verstoß nicht binnen drei Monaten, vom Zeitpunkt der Kenntnis an gerechnet, der Abgabenbehörde anzeigen.

(2) Abs. 1 gilt sinngemäß für die Erwerber von Unternehmen, auf deren Betrieb sich eine Abgabepflicht gründet, sowie bei einem Wechsel in der Person des gesetzlichen Vertreters.

(3) Trifft die Verpflichtung zur Anzeige gemäß Abs. 1 oder 2 mehrere Personen, so bewirkt die rechtzeitige Erstattung der Anzeige durch eine dieser Personen das Erlöschen der Haftung für alle Anzeigepflichtigen.

§ 16. Stehen Wirtschaftsgüter, die einem gewerblichen oder einem land- und forstwirtschaftlichen Unternehmen dienen, nicht im Eigentum des Unternehmers, sondern im Eigentum einer an der Körperschaft wesentlich beteiligten Person, so haftet der Eigentümer der Wirtschaftsgüter mit diesen Gütern für die Abgaben, bei denen sich die Abgabepflicht auf den Betrieb des Unternehmens gründet. Eine Person gilt als wesentlich beteiligt, wenn sie zu mehr als einem Viertel am Kapital der Körperschaft beteiligt ist.

§ 17. Gegenstände, die einer Verbrauchsteuer unterliegen, haften ohne Rücksicht auf die Rechte Dritter für den Betrag der darauf ruhenden Abgaben. Die Haftung beginnt mit der Entstehung des Abgabenanspruches und endet mit seinem Erlöschen.

§ 18. Sonstige in Abgabenvorschriften enthaltene Bestimmungen, die eine persönliche oder sachliche Haftung festlegen, bleiben unberührt.

§ 19. (1) Bei Gesamtrechtsnachfolge gehen die sich aus Abgabenvorschriften ergebenden Rechte und Pflichten des Rechtsvorgängers auf den Rechtsnachfolger über. Für den Umfang der Inanspruchnahme des Rechtsnachfolgers gelten die Bestimmungen des bürgerlichen Rechtes.

(2) Mit der Beendigung von Personenvereinigungen (Personengemeinschaften) ohne eigene Rechtspersönlichkeit gehen deren sich aus Abgabenvorschriften ergebende Rechte und Pflichten auf die zuletzt beteiligt gewesenen Gesellschafter (Mitglieder) über. Hinsichtlich Art und Umfang der Inanspruchnahme der ehemaligen Gesellschafter (Mitglieder) für Abgabenschulden der Personenvereinigung (Personengemeinschaft) tritt hiedurch keine Änderung ein.

C. Abgabenrechtliche Grundsätze und Begriffsbestimmungen

1. Ermessen

§ 20. Entscheidungen, die die Abgabenbehörden nach ihrem Ermessen zu treffen haben (Ermessensentscheidungen), müssen sich in den Grenzen halten, die das Gesetz dem Ermessen zieht. Innerhalb dieser Grenzen sind Ermessensentscheidungen nach Billigkeit und Zweckmäßigkeit unter Berücksichtigung aller in Betracht kommenden Umstände zu treffen.

2. Wirtschaftliche Betrachtungsweise

§ 21. (1) Für die Beurteilung abgabenrechtlicher Fragen ist in wirtschaftlicher Betrachtungsweise der wahre wirtschaftliche Gehalt und nicht die äußere Erscheinungsform des Sachverhaltes maßgebend.

(2) Vom Abs. 1 abweichende Grundsätze der Abgabenvorschriften bleiben unberührt.

§ 22. (1) Durch Missbrauch von Gestaltungsmöglichkeiten des privaten Rechts kann die Abgabepflicht nicht umgangen oder gemindert werden.

(BGBl I 2018/62)

(2) Missbrauch liegt vor, wenn eine rechtliche Gestaltung, die einen oder mehrere Schritte umfassen kann, oder eine Abfolge rechtlicher Gestaltungen im Hinblick auf die wirtschaftliche Zielsetzung unangemessen ist. Unangemessen sind solche Gestaltungen, die unter Außerachtlassung der damit verbundenen Steuerersparnis nicht mehr sinnvoll erscheinen, weil der wesentliche Zweck oder einer der wesentlichen Zwecke darin besteht, einen steuerlichen Vorteil zu erlangen, der dem Ziel oder Zweck des geltenden Steuerrechts zuwiderläuft. Bei Vorliegen von triftigen wirtschaftlichen Gründen, die die wirtschaftliche Realität widerspiegeln, liegt kein Missbrauch vor.

(BGBl I 2018/62)

(3) Liegt Missbrauch (Abs. 1) vor, so sind die Abgaben so zu erheben, wie sie bei einer den

wirtschaftlichen Vorgängen, Tatsachen und Verhältnissen angemessenen rechtlichen Gestaltung zu erheben wären.
(BGBl I 2018/62)

3. Scheingeschäfte, Formmängel, Anfechtbarkeit

§ 23. (1) Scheingeschäfte und andere Scheinhandlungen sind für die Erhebung von Abgaben ohne Bedeutung. Wird durch ein Scheingeschäft ein anderes Rechtsgeschäft verdeckt, so ist das verdeckte Rechtsgeschäft für die Abgabenerhebung maßgebend.

(2) Die Erhebung einer Abgabe wird nicht dadurch ausgeschlossen, daß ein Verhalten (ein Handeln oder ein Unterlassen), das den abgabepflichtigen Tatbestand erfüllt oder einen Teil des abgabepflichtigen Tatbestandes bildet, gegen ein gesetzliches Gebot oder Verbot oder gegen die guten Sitten verstößt.

(3) Ist ein Rechtsgeschäft wegen eines Formmangels oder wegen des Mangels der Rechts- oder Handlungsfähigkeit nichtig, so ist dies für die Erhebung der Abgaben insoweit und so lange ohne Bedeutung, als die am Rechtsgeschäft beteiligten Personen dessen wirtschaftliches Ergebnis eintreten und bestehen lassen.

(4) Die Anfechtbarkeit eines Rechtsgeschäftes ist für die Erhebung von Abgaben insoweit und so lange ohne Bedeutung, als nicht die Anfechtung mit Erfolg durchgeführt ist.

(5) Von den Anordnungen der Abs. 2 bis 4 abweichende Grundsätze der Abgabenvorschriften bleiben unberührt.

4. Zurechnung

§ 24. (1) Für die Zurechnung der Wirtschaftsgüter gelten bei der Erhebung von Abgaben, soweit in den Abgabenvorschriften nicht anderes bestimmt ist, folgende Vorschriften:

a) Wirtschaftsgüter, die zum Zweck der Sicherung übereignet worden sind, werden demjenigen zugerechnet, der die Sicherung einräumt.

b) Wirtschaftsgüter, die zu treuen Handen übereignet worden sind, werden dem Treugeber zugerechnet.

c) Wirtschaftsgüter, die zu treuen Handen für einen Treugeber erworben worden sind, werden dem Treugeber zugerechnet.

d) Wirtschaftsgüter, über die jemand die Herrschaft gleich einem Eigentümer ausübt, werden diesem zugerechnet.

e) Wirtschaftsgüter, die mehreren Personen ungeteilt gehören, sind diesen so zuzurechnen, als wären sie nach Bruchteilen berechtigt. Die Höhe der Bruchteile ist nach den Anteilen zu bestimmen, zu denen die beteiligten Personen an dem Vermögen ungeteilt berechtigt sind, oder, wenn die Anteile nicht feststellbar sind, nach dem Verhältnis dessen, was den beteiligten Personen bei Auflösung der Gemeinschaft zufallen würde.

(2) Die Bestimmungen des Abs. 1 gelten auch für wirtschaftliche Einheiten im Sinn des Bewertungsgesetzes 1955, BGBl. Nr. 148.

5. Angehörige

§ 25. (1) Angehörige im Sinn der Abgabenvorschriften sind
1. der Ehegatte;
2. die Verwandten in gerader Linie und die Verwandten zweiten, dritten und vierten Grades in der Seitenlinie;
3. die Verschwägerten in gerader Linie und die Verschwägerten zweiten Grades in der Seitenlinie;
4. die Wahl-(Pflege-)Eltern und die Wahl-(Pflege-)Kinder;
5. Personen, die miteinander in Lebensgemeinschaft leben, sowie Kinder und Enkel einer dieser Personen im Verhältnis zur anderen Person;
6. der eingetragene Partner.

(2) Die durch eine Ehe begründete Eigenschaft einer Person als Angehöriger bleibt aufrecht, auch wenn die Ehe nicht mehr besteht.

(3) Abs. 1 Z 3 gilt für eingetragene Partner sinngemäß. Die durch eine eingetragene Partnerschaft begründete Eigenschaft einer Person als Angehöriger bleibt aufrecht, auch wenn die eingetragene Partnerschaft nicht mehr besteht.

6. Wohnsitz, Aufenthalt, Sitz

§ 26. (1) Einen Wohnsitz im Sinn der Abgabenvorschriften hat jemand dort, wo er eine Wohnung innehat unter Umständen, die darauf schließen lassen, daß er die Wohnung beibehalten und benutzen wird.

(2) Den gewöhnlichen Aufenthalt im Sinn der Abgabenvorschriften hat jemand dort, wo er sich unter Umständen aufhält, die erkennen lassen, daß er an diesem Ort oder in diesem Land nicht nur vorübergehend verweilt. Wenn Abgabenvorschriften die unbeschränkte Abgabepflicht an den gewöhnlichen Aufenthalt knüpfen, tritt diese jedoch stets dann ein, wenn der Aufenthalt im Inland länger als sechs Monate dauert. In diesem Fall erstreckt sich die Abgabepflicht auch auf die ersten sechs Monate. Das Bundesministerium für Finanzen ist ermächtigt, von der Anwendung dieser Bestimmung bei Personen abzusehen, deren Aufenthalt im Inland nicht mehr als ein Jahr beträgt, wenn diese im Inland weder ein Gewerbe betreiben noch einen anderen Beruf ausüben.

(3) In einem Dienstverhältnis zu einer Körperschaft des öffentlichen Rechtes stehende österreichische Staatsbürger, die ihren Dienstort im Ausland haben (Auslandsbeamte), werden wie Personen behandelt, die ihren gewöhnlichen Aufenthalt am Ort der die Dienstbezüge anweisenden Stelle haben. Das gleiche gilt für deren Ehegatten, sofern die Eheleute in dauernder Haushaltsgemein-

schaft leben, und für deren minderjährige Kinder, die zu ihrem Haushalt gehören.

§ 27. (1) Körperschaften, Personenvereinigungen sowie Vermögensmassen haben ihren Sitz im Sinn der Abgabenvorschriften an dem Ort, der durch Gesetz, Vertrag, Satzung, Stiftungsbrief und dergleichen bestimmt ist. Fehlt es an einer solchen Bestimmung, so gilt als Sitz der Ort der Geschäftsleitung.

(2) Als Ort der Geschäftsleitung ist der Ort anzunehmen, an dem sich der Mittelpunkt der geschäftlichen Oberleitung befindet.

7. Gewerbebetrieb, Betriebsstätte, wirtschaftlicher Geschäftsbetrieb, Vermögensverwaltung

§ 28. Eine selbständige, nachhaltige Betätigung, die mit Gewinnabsicht unternommen wird und sich als Beteiligung am allgemeinen wirtschaftlichen Verkehr darstellt, ist Gewerbebetrieb im Sinn der Abgabenvorschriften, wenn die Betätigung weder als Ausübung der Land- und Forstwirtschaft noch als Ausübung eines freien Berufes noch als eine andere selbständige Arbeit im Sinn des Einkommensteuerrechtes anzusehen ist. Ein Gewerbebetrieb liegt, wenn seine Voraussetzungen im übrigen gegeben sind, auch dann vor, wenn das Streben nach Gewinn (die Gewinnabsicht) nur ein Nebenzweck ist.

§ 29. (1) Betriebsstätte im Sinn der Abgabenvorschriften ist jede feste örtliche Anlage oder Einrichtung, die der Ausübung eines Betriebes oder wirtschaftlichen Geschäftsbetriebes (§ 31) dient.

(2) Als Betriebsstätten gelten insbesondere
a) die Stätte, an der sich die Geschäftsleitung befindet;
b) Zweigniederlassungen, Fabrikationsstätten, Warenlager, Ein- und Verkaufsstellen, Landungsbrücken (Anlegestellen von Schifffahrtsgesellschaften), Geschäftsstellen und sonstige Geschäftseinrichtungen, die dem Unternehmer oder seinem ständigen Vertreter zur Ausübung des Betriebes dienen;
c) Bauausführungen, deren Dauer sechs Monate überstiegen hat oder voraussichtlich übersteigen wird.

§ 30. (1) Ein Eisenbahnunternehmen hat eine Betriebsstätte nur in den Gemeinden, in denen sich der Sitz der Verwaltung, eine Station oder eine für sich bestehende Werkstätte oder eine sonstige gewerbliche Anlage befindet, ein Bergbauunternehmen nur in den Gemeinden, in denen sich oberirdische Anlagen befinden, in denen eine gewerbliche Tätigkeit entfaltet wird.

(2) Ein Unternehmen, das der Versorgung mit Wasser, Gas, Elektrizität, Wärme, Kälte, Erdöl oder dessen Derivaten dient, hat keine Betriebsstätte in den Gemeinden, durch die nur eine Leitung geführt wird, in denen aber Wasser, Gas, Elektrizität, Wärme, Kälte, Erdöl oder dessen Derivate nicht abgegeben werden.

(BGBl I 2015/163)

§ 31. Eine selbständige, nachhaltige Betätigung, die ohne Gewinnabsicht unternommen wird, ist wirtschaftlicher Geschäftsbetrieb im Sinn der Abgabenvorschriften, wenn durch die Betätigung Einnahmen oder andere wirtschaftliche Vorteile erzielt werden und die Betätigung über den Rahmen einer Vermögensverwaltung (§ 32) hinausgeht.

§ 32. Vermögensverwaltung im Sinn der Abgabenvorschriften liegt insbesondere vor, wenn Vermögen genutzt (Kapitalvermögen verzinslich angelegt oder unbewegliches Vermögen vermietet oder verpachtet) wird. Die Nutzung des Vermögens kann sich aber auch als Gewerbebetrieb oder als land- und forstwirtschaftlicher Betrieb darstellen, wenn die gesetzlichen Merkmale solcher Betriebe gegeben sind.

§ 33. Von den Grundsätzen der §§ 28 bis 32 abweichende Bestimmungen der Abgabenvorschriften, insbesondere die im Bewertungsgesetz 1955, BGBl. Nr. 148, enthaltenen Anordnungen über die Zusammenfassung von Wirtschaftsgütern zu wirtschaftlichen Einheiten, bleiben unberührt.

8. Gemeinnützige, mildtätige und kirchliche Zwecke

§ 34. (1) Die Begünstigungen, die bei Betätigung für gemeinnützige, mildtätige oder kirchliche Zwecke auf abgabenrechtlichem Gebiet in einzelnen Abgabenvorschriften gewährt werden, sind an die Voraussetzungen geknüpft, daß die Körperschaft, Personenvereinigung oder Vermögensmasse, der die Begünstigung zukommen soll, nach Gesetz, Satzung, Stiftungsbrief oder ihrer sonstigen Rechtsgrundlage und nach ihrer tatsächlichen Geschäftsführung ausschließlich und unmittelbar der Förderung der genannten Zwecke dient. Auf Verlangen der Abgabenbehörde haben Körperschaften, Personenvereinigungen und Vermögensmassen, die im Inland weder ihren Sitz noch ihre Geschäftsleitung (§ 27) haben, nachzuweisen, daß sie die Voraussetzungen des ersten Satzes erfüllen.

(2) Die in den §§ 35 bis 47 für Körperschaften getroffenen Anordnungen gelten auch für Personenvereinigungen, Vermögensmassen und für Betriebe gewerblicher Art von Körperschaften des öffentlichen Rechtes.

§ 35. (1) Gemeinnützig sind solche Zwecke, durch deren Erfüllung die Allgemeinheit gefördert wird.

(2) Eine Förderung der Allgemeinheit liegt nur vor, wenn die Tätigkeit dem Gemeinwohl auf geistigem, kulturellem, sittlichem oder materiellem Gebiet nützt. Dies gilt insbesondere für die Förderung der Kunst und Wissenschaft, der Gesundheitspflege, der Kinder-, Jugend- und Familienfürsorge, der Fürsorge für alte, kranke oder mit körperlichen Gebrechen behaftete Personen, des Körpersports, des Volkswohnungswesens, der Schulbildung, der Erziehung, der Volksbildung, der Berufsausbildung, der Denkmalpflege, des Natur-, Tier- und Höhlenschutzes, der Heimatkunde, der Heimatpflege und der Bekämpfung von Elementarschäden.

§ 36. (1) Ein Personenkreis ist nicht als Allgemeinheit aufzufassen, wenn er durch ein engeres Band, wie Zugehörigkeit zu einer Familie, zu einem Familienverband oder zu einem Verein mit geschlossener Mitgliederzahl, durch Anstellung an einer bestimmten Anstalt und dergleichen fest abgeschlossen ist oder wenn infolge seiner Abgrenzung nach örtlichen, beruflichen oder sonstigen Merkmalen die Zahl der in Betracht kommenden Personen dauernd nur klein sein kann.

(2) Der Umstand, daß die Erträge eines Unternehmens einer Gebietskörperschaft zufließen, bedeutet für sich allein noch keine unmittelbare Förderung der Allgemeinheit.

§ 37. Mildtätig (humanitär, wohltätig) sind solche Zwecke, die darauf gerichtet sind, hilfsbedürftige Personen zu unterstützen.

§ 38. (1) Kirchlich sind solche Zwecke, durch deren Erfüllung gesetzlich anerkannte Kirchen und Religionsgesellschaften gefördert werden.

(2) Zu den kirchlichen Zwecken gehören insbesondere die Errichtung, Erhaltung und Ausschmückung von Gottes(Bet)häusern und kirchlichen Gemeinde(Pfarr)häusern, die Abhaltung des Gottesdienstes, von kirchlichen Andachten und sonstigen religiösen oder seelsorglichen Veranstaltungen, die Ausbildung von Geistlichen und Ordenspersonen, die Erteilung von Religionsunterricht, die Beerdigung und Pflege des Andenkens der Toten in religiöser Hinsicht, ferner die Verwaltung des Kirchenvermögens, die Besoldung der Geistlichen und der kirchlichen Dienstnehmer, die Alters- und Invalidenversorgung dieser Personen und die Versorgung ihrer Witwen und Waisen einschließlich der Schaffung und Führung besonderer Einrichtungen (Heime) für diesen Personenkreis.

§ 39. „(1)" Ausschließliche Förderung liegt vor, wenn folgende fünf Voraussetzungen zutreffen:
1. Die Körperschaft darf, abgesehen von völlig untergeordneten Nebenzwecken, keine anderen als gemeinnützige, mildtätige oder kirchliche Zwecke verfolgen.
2. Die Körperschaft darf keinen Gewinn erstreben. Die Mitglieder dürfen keine Gewinnanteile und in ihrer Eigenschaft als Mitglieder keine sonstigen Zuwendungen aus Mitteln der Körperschaft erhalten.
3. Die Mitglieder dürfen bei ihrem Ausscheiden oder bei Auflösung ~~oder Aufhebung~~ der Körperschaft nicht mehr als ihre eingezahlten Kapitalanteile und den gemeinen Wert ihrer Sacheinlagen zurückerhalten, der nach dem Zeitpunkt der Leistung der Einlagen zu berechnen ist.
(GemRefG 2023, BGBl I 2023/188 ab 1.1.2024)
4. Die Körperschaft darf keine Person durch Verwaltungsausgaben, die dem Zweck der Körperschaft fremd sind, oder durch unverhältnismäßig hohe Vergütungen („**insbesondere**" Vorstandsgehälter oder Aufsichtsratsvergütungen) begünstigen.
(GemRefG 2023, BGBl I 2023/188 ab 1.1.2024)
5. Bei Auflösung ~~oder Aufhebung~~ der Körperschaft oder bei Wegfall ihres bisherigen Zweckes darf das Vermögen der Körperschaft, soweit es die eingezahlten Kapitalanteile der Mitglieder und den gemeinen Wert der von den Mitgliedern geleisteten Sacheinlagen übersteigt, nur für gemeinnützige, mildtätige oder kirchliche Zwecke verwendet werden.
(GemRefG 2023, BGBl I 2023/188 ab 1.1.2024)

(GemRefG 2023, BGBl I 2023/188 ab 1.1.2024)

„(2) Die Voraussetzungen gemäß Abs. 1 Z 1 und 5 werden nicht verletzt, wenn eine Körperschaft satzungsgemäß zur Verwirklichung zumindest eines der von ihr verfolgten begünstigten Zwecke Mittel zur Vermögensausstattung an einer privatrechtliche Stiftung, eine vergleichbare Vermögensmasse oder einen Verein überträgt, die bzw. der die Voraussetzungen für die Gewährung abgabenrechtlicher Begünstigungen nach den §§ 34 bis 47 erfüllt. Wird allerdings bei der übernehmenden Körperschaft Abs. 1 verletzt, gilt dies auch für die übertragende Körperschaft, wenn die Auflösung der übernehmenden Körperschaft in Zusammenhang mit der vorhergehenden Vermögensübertragung steht.
(GemRefG 2023, BGBl I 2023/188 ab 1.1.2024)

(3) Übernimmt eine Körperschaft neben der unmittelbaren Förderung gemeinnütziger, mildtätiger oder kirchlicher Zwecke auch die Zusammenfassung oder Leitung von Körperschaften, liegt eine ausschließliche Förderung ihrer begünstigten Zwecke auch dann vor, wenn sich unter den zusammengefassten oder geleiteten Körperschaften auch solche befinden, die die Voraussetzungen für die Gewährung abgabenrechtlicher Begünstigungen gemäß §§ 34 bis 47 selbst nicht erfüllen, wenn diese von der Zuwendung von Mitteln (insbesondere Wirtschaftsgütern und wirtschaftlichen Vorteilen) durch die zusammenfassende oder leitende Körperschaft ausgeschlossen sind. Die Erbringung von Leistungen im Rahmen der Zusammenfassungs- und/oder Leitungsfunktion gegenüber diesen Körperschaften hat entgeltlich, aber ohne Gewinnerzielungsabsicht zu erfolgen. Eine ausschließliche Förderung begünstigter Zwecke liegt diesfalls nur vor, wenn im Wesentlichen die begünstigten Zwecke unmittelbar gefördert werden."
(GemRefG 2023, BGBl I 2023/188 ab 1.1.2024)

§ 40. (1) Unmittelbare Förderung liegt vor, wenn eine Körperschaft den gemeinnützigen, mildtätigen oder kirchlichen Zweck selbst erfüllt. Dies kann auch durch einen Dritten geschehen, wenn dessen Wirken wie eigenes Wirken der Körperschaft anzusehen ist.

„(2) Eine Körperschaft, die sich auf die Zusammenfassung oder Leitung von Körperschaften beschränkt, dient gemeinnützigen, mildtätigen oder kirchlichen Zwecken, wenn alle diese Körperschaften gemeinnützigen, mildtätigen oder kirchlichen Zwecken dienen."
(GemRefG 2023, BGBl I 2023/188 ab 1.1.2024)

"**(3)** Eine unmittelbare Förderung im Sinne des Abs. 1 liegt auch dann vor, wenn eine Körperschaft satzungsgemäß durch planmäßiges Zusammenwirken (Kooperation) mit anderen Körperschaften, die die Voraussetzungen für die Gewährung abgabenrechtlicher Begünstigungen gemäß §§ 34 bis 47 erfüllen, ihren gemeinnützigen, mildtätigen oder kirchlichen Zweck verwirklicht. Werden diese Voraussetzungen nicht von allen zusammenwirkenden Körperschaften erfüllt, liegt eine unmittelbare Förderung im Sinne des Abs. 1 nur unter folgenden Voraussetzungen vor:

1. sowohl der Zweck der Kooperation als auch der Beitrag der begünstigten Körperschaft im Rahmen der Kooperation stellen eine unmittelbare Förderung ihres begünstigten Zweckes dar und
2. es kommt zu keinem Abfluss von Mitteln (insbesondere Wirtschaftsgütern oder wirtschaftlichen Vorteilen) an eine Körperschaft, die die Voraussetzungen für die Gewährung abgabenrechtlicher Begünstigungen gemäß §§ 34 bis 47 nicht erfüllt."

(GemRefG 2023, BGBl I 2023/188 ab 1.1.2024)

§ 40a. Eine Körperschaft verliert ihre wegen Betätigung für gemeinnützige, mildtätige oder kirchliche Zwecke zustehenden Begünstigungen auf abgabenrechtlichem Gebiet nicht dadurch, dass sie für die Verwirklichung zumindest eines der von ihr verfolgten begünstigten Zwecke

1. teilweise oder ausschließlich Mittel (insbesondere Wirtschaftsgüter und wirtschaftliche Vorteile) begünstigten Einrichtungen im Sinne des § 4a Abs. 3 „**und**" 6, des § 4b oder des § 4c EStG 1988 zur unmittelbaren Förderung dieses Zweckes zuwendet,

(GemRefG 2023, BGBl I 2023/188 ab 1.1.2024)

2. teilweise, aber nicht überwiegend Lieferungen oder sonstige Leistungen entgeltlich, aber ohne Gewinnerzielungsabsicht an andere gemäß §§ 34 bis 47 abgabenrechtlich begünstigte Körperschaften erbringt.

Dabei hat zumindest einer der von der empfangenden Körperschaft verfolgten Zwecke in einem der von der zuwendenden oder leistungserbringenden Körperschaft verfolgten Zwecke Deckung zu finden (Zwecküberschneidung). Eine abweichende territoriale Ausrichtung der beiden Körperschaften ist dabei unbeachtlich.

(BGBl I 2018/62)

§ 40b. „**(1)** Eine Körperschaft verliert ihre wegen Betätigung für gemeinnützige Zwecke zustehenden Begünstigungen auf abgabenrechtlichem Gebiet nicht dadurch, dass sie für die Verwirklichung zumindest eines der von ihr verfolgten begünstigten Zwecke Mittel teilweise oder ausschließlich für die Vergabe von Stipendien oder Preisen verwendet."

(GemRefG 2023, BGBl I 2023/188 ab 1.1.2024)

(2) Die Entscheidung über die Vergabe von Stipendien oder Preisen hat durch ein Organ der Körperschaft zu erfolgen, das zumindest zu einem Drittel aus Personen zusammengesetzt ist, denen eine Lehrbefugnis gemäß § 103 „**des Universitätsgesetzes 2002 (UG), BGBl. I Nr. 120/2002**" (venia docendi), eine vergleichbare Lehrbefugnis durch eine akkreditierte „**Privathochschule**" (§ 2 „**des Privathochschulgesetzes (PrivHG), BGBl. I Nr. 77/2020**") oder eine vergleichbare ausländische Lehrbefugnis erteilt wurde. Dem gleichzuhalten ist die Mitgliedschaft in der Österreichischen Akademie der Wissenschaften oder einer vergleichbaren ausländischen Einrichtung.

(GemRefG 2023, BGBl I 2023/188 ab 1.1.2024)

(3) Abweichend von Abs. 2 kann die Entscheidung über die Vergabe von Stipendien oder Preisen gemäß Abs. 1 an Studierende oder Wissenschaftler an Einrichtungen im Sinne des „**§ 4a Abs. 6 Z 1 EStG 1988**" ~~oder an einer Fachhochschule,~~ an eine solche Einrichtung übertragen werden.

(GemRefG 2023, BGBl I 2023/188 ab 1.1.2024)

(4) Die Entscheidung über die Vergabe von Stipendien oder Preisen „**zur Förderung von Grund- und Menschenrechten oder von demokratischen Grundprinzipien**" kann bei Stiftungen oder Fonds, auf die das Bundes-Stiftungs- und Fondsgesetz 2015 (BStFG 2015), BGBl. I Nr. 160/2015 anwendbar ist oder die nach diesem Bundesgesetz entsprechenden, landesgesetzlichen Regelungen errichtet wurden, auch durch ein nicht entsprechend Abs. 2 zusammengesetztes Organ der Körperschaft nach im Vorhinein schriftlich festgelegten, objektiven und transparenten Kriterien erfolgen. Eine solche Entscheidung bedarf einer schriftlichen Begründung, die den Entscheidungsprozess objektiv und transparent nachvollziehbar darstellt. Sowohl der Kriterienkatalog als auch die Entscheidung über die Vergabe samt Begründung sind im Internet zu veröffentlichen.

(GemRefG 2023, BGBl I 2023/188 ab 1.1.2024)
(BGBl I 2018/62)

§ 41. **(1)** Die Satzung der Körperschaft muß eine ausschließliche und unmittelbare Betätigung für einen gemeinnützigen, mildtätigen oder kirchlichen Zweck ausdrücklich vorsehen und diese Betätigung genau umschreiben; als Satzung im Sinn der „**§§ 34 bis 47**" gilt auch jede andere sonst in Betracht kommende Rechtsgrundlage einer Körperschaft.

(GemRefG 2023, BGBl I 2023/188 ab 1.1.2024)

(2) Eine ausreichende Bindung der Vermögensverwendung im Sinn des „**§ 39 Abs. 1 Z 5**" liegt vor, wenn der Zweck, für den das Vermögen bei Auflösung ~~oder Aufhebung~~ der Körperschaft oder bei Wegfall ihres bisherigen Zweckes zu verwenden ist, in der Satzung (Abs. 1) so genau bestimmt wird, daß auf Grund der Satzung geprüft werden kann, ob der Verwendungszweck als gemeinnützig, mildtätig oder kirchlich anzuerkennen ist.

(GemRefG 2023, BGBl I 2023/188 ab 1.1.2024)

(3) Wird eine Satzungsbestimmung, die eine Voraussetzung der Abgabenbegünstigung betrifft, nachträglich geändert, ergänzt, eingefügt oder aufgehoben, so hat dies die Körperschaft binnen einem

Monat jenem Finanzamt bekanntzugeben, das für die Festsetzung der Umsatzsteuer der Körperschaft zuständig ist oder es im Falle der Umsatzsteuerpflicht der Körperschaft wäre.

„(4) Erfüllt die Satzung einer bisher als gemeinnützig, mildtätig oder kirchlich behandelten Körperschaft die Voraussetzungen des Abs. 1 und 2 nicht, hat die Abgabenbehörde diese Körperschaft aufzufordern, ihre Satzung innerhalb von sechs Monaten den Vorgaben dieses Bundesgesetzes anzupassen. Diese Frist kann auf Antrag einmalig um maximal sechs Monate verlängert werden.

(GemRefG 2023, BGBl I 2023/188 ab 1.1.2024)

(5) Eine Satzungsänderung gilt rückwirkend auch für Zeiträume davor, wenn

1. aus der Satzung vor deren Änderung ein ausschließlich und unmittelbar verfolgter gemeinnütziger, mildtätiger oder kirchlicher Zweck sowie der Ausschluss des Gewinnstrebens ersichtlich waren und
2. die tatsächliche Geschäftsführung bereits vor der Änderung der nunmehr den Abs. 1 und 2 entsprechenden Satzung entsprochen hat."

(GemRefG 2023, BGBl I 2023/188 ab 1.1.2024)

§ 41a. Für Landes- und Gemeindeabgaben gilt Folgendes:

Die Anzeigepflicht gemäß § 41 Abs. 3 besteht gegenüber den Abgabenbehörden, denen die Erhebung der betroffenen Abgaben obliegt.

§ 42. „(1)" Die tatsächliche Geschäftsführung einer Körperschaft muß auf ausschließliche und unmittelbare Erfüllung des gemeinnützigen, mildtätigen oder kirchlichen Zweckes eingestellt sein und den Bestimmungen entsprechen, die die Satzung aufstellt.

(GemRefG 2023, BGBl I 2023/188 ab 1.1.2024)

„(2) Die tatsächliche Geschäftsführung entspricht jedenfalls dann nicht Abs. 1, wenn im zu beurteilenden Veranlagungszeitraum (§ 43) Handlungen der Geschäftsführung gesetzt wurden, auf Grund derer über die Körperschaft wegen einer gerichtlich strafbaren Handlung oder eines vorsätzlich begangenen Finanzvergehens im Sinne des Finanzstrafgesetzes (FinStrG), BGBl. Nr. 129/1958, ausgenommen Finanzordnungswidrigkeiten, rechtskräftig eine Verbandsgeldbuße im Sinne des Verbandsverantwortlichkeitsgesetzes (VbVG), BGBl. I Nr. 151/2005, verhängt worden ist. Dem steht gleich, wenn deren Entscheidungsträger oder Mitarbeiter im Sinne des § 2 Abs. 1 und 2 VbVG wegen strafbarer Handlungen, für die die Körperschaft im Sinne des § 3 VbVG verantwortlich ist,

1. durch ein Gericht rechtskräftig verurteilt wurden oder
2. sie wegen vorsätzlicher, nicht vom Gericht zu ahndender Finanzvergehen im Sinne des FinStrG, ausgenommen Finanzordnungswidrigkeiten, Strafen rechtskräftig verhängt wurden.

Ist im Zeitpunkt der Beurteilung der tatsächlichen Geschäftsführung durch die Abgabenbehörde noch keine rechtskräftige Entscheidung durch das zuständige Gericht oder die zuständige Verwaltungsbehörde ergangen, ist bis zum Ergehen dieser Entscheidung davon auszugehen, dass keine Bestrafung erfolgen wird, und § 200 sinngemäß anzuwenden. Dies gilt nicht, wenn abgabenrechtliche Begünstigungen bereits aus anderen Gründen zu versagen sind."

(GemRefG 2023, BGBl I 2023/188 ab 1.1.2024)

§ 43. „(1)" Die Satzung (§ 41) und die tatsächliche Geschäftsführung (§ 42) müssen, um die Voraussetzung für eine abgabenrechtliche Begünstigung zu schaffen, den Erfordernissen dieses Bundesgesetzes bei der Körperschaftsteuer während des ganzen Veranlagungszeitraumes, bei den übrigen Abgaben im Zeitpunkt der Entstehung der Abgabenschuld entsprechen.

(GemRefG 2023, BGBl I 2023/188 ab 1.1.2024)

„(2) Werden die Regelungen über die Vermögensbindung in der Satzung nachträglich so geändert, dass sie den Anforderungen des § 39 Abs. 1 Z 5 nicht mehr entsprechen und kommt die Körperschaft auch der Aufforderung zur Änderung der Satzung nach § 41 Abs. 4 nicht nach, gelten diese Regelungen seit der Gründung, höchstens jedoch seit sieben Jahren als nicht ausreichend. Die nachträgliche Änderung der Satzung stellt für Zwecke der Körperschaftsteuer ein rückwirkendes Ereignis im Sinne des § 295a für alle betroffenen Veranlagungszeiträume dar.

(GemRefG 2023, BGBl I 2023/188 ab 1.1.2024)

(3) Abs. 2 gilt sinngemäß für schwerwiegende Verletzungen der Vorschriften über die Vermögensbindung im Rahmen der tatsächlichen Geschäftsführung."

(GemRefG 2023, BGBl I 2023/188 ab 1.1.2024)

§ 44. (1) Einer Körperschaft, die einen Gewerbebetrieb oder einen land- und forstwirtschaftlichen Betrieb unterhält, kommt eine Begünstigung auf abgabenrechtlichem Gebiet wegen Betätigung für gemeinnützige, mildtätige oder kirchliche Zwecke nicht zu.

(2) Das für die Erhebung der Umsatzsteuer zuständige Finanzamt kann auf Antrag des Abgabepflichtigen von der Geltendmachung einer Abgabepflicht in den Fällen des Abs. 1 ganz oder teilweise absehen, wenn andernfalls die Erreichung des von der Körperschaft verfolgten gemeinnützigen, mildtätigen oder kirchlichen Zweckes vereitelt oder wesentlich gefährdet wäre „und eine Ausnahmegenehmigung erteilen". Eine solche Bewilligung kann „für (Veranlagungs)Zeiträume ab der Antragstellung und auch für vergangene, noch nicht rechtskräftig veranlagte (Veranlagungs)Zeiträume gewährt und" von Bedingungen und Auflagen abhängig gemacht werden, die mit der Erfüllung der gemeinnützigen, mildtätigen oder

kirchlichen Zwecke zusammenhängen oder die Erreichung dieser Zwecke zu fördern geeignet sind.

(GemRefG 2023, BGBl I 2023/188 ab 1.1.2024)

§ 44a. Für Landes- und Gemeindeabgaben gilt Folgendes:

Für Bescheide gemäß § 44 Abs. 2 sind die Abgabenbehörden zuständig, denen die Erhebung der betroffenen Abgaben obliegt.

§ 45. (1) Unterhält eine Körperschaft, die die Voraussetzungen einer Begünstigung auf abgabenrechtlichem Gebiet im übrigen erfüllt, einen wirtschaftlichen Geschäftsbetrieb (§ 31), so ist sie nur hinsichtlich dieses Betriebes abgabepflichtig, wenn er sich als Mittel zur Erreichung der gemeinnützigen, mildtätigen oder kirchlichen Zwecke darstellt. Diese Voraussetzung ist gegeben, wenn durch den wirtschaftlichen Geschäftsbetrieb eine Abweichung von den im Gesetz, in der Satzung, im Stiftungsbrief oder in der sonstigen Rechtsgrundlage der Körperschaft festgelegten Zwecken nicht eintritt und die durch den wirtschaftlichen Geschäftsbetrieb erzielten Überschüsse der Körperschaft zur Förderung ihrer gemeinnützigen, mildtätigen oder kirchlichen Zwecke dienen. Dem wirtschaftlichen Geschäftsbetrieb zugehöriges Vermögen gilt je nach der Art des Betriebes als Betriebsvermögen oder als land- und forstwirtschaftliches Vermögen, aus dem wirtschaftlichen Geschäftsbetrieb erzielte Einkünfte sind wie Einkünfte aus einem gleichartigen in Gewinnabsicht geführten Betrieb zu behandeln.

(1a) Ein Geschäftsbetrieb im Sinn des Abs. 1 liegt auch dann vor, wenn eine gesellige Veranstaltung von einer oder von mehreren Körperschaften getragen wird, die die Voraussetzungen einer Begünstigung auf abgabenrechtlichem Gebiet im Übrigen erfüllen. Dies ist dann der Fall, wenn die Organisation und Durchführung der geselligen Veranstaltung im Wesentlichen durch die Mitglieder der Körperschaft (Körperschaften) oder deren Angehörige erfolgt. Eine Mitarbeit fremder Dritter ist allerdings nur dann unschädlich, wenn diese ebenfalls unentgeltlich erfolgt. Auftritte von Musik- oder anderen Künstlergruppen sind dann unschädlich, wenn diese für Unterhaltungsdarbietungen höchstens 1 000 Euro pro Stunde erhalten. Wird die Verpflegung (Abgabe von Speisen und Getränken) einem Unternehmer zur Gänze oder zum Teil übertragen, stellt dies keinen Bestandteil der geselligen Veranstaltung dar. Solche Veranstaltungen dürfen eine Dauer von 72 Stunden im Jahr nicht überschreiten. Die Gesamtdauer der geselligen Veranstaltung pro Kalenderjahr ist für jede territoriale Untergliederung ohne eigene Rechtspersönlichkeit der Körperschaft gesondert zu bemessen. Die kleinste territoriale Untergliederung umfasst die Katastralgemeinde.

(BGBl I 2016/77)

(2) Die Abgabepflicht hinsichtlich des wirtschaftlichen Geschäftsbetriebes entfällt, wenn dieser sich als ein zur Erreichung des begünstigten Zweckes unentbehrlicher Hilfsbetrieb darstellt. Dies trifft zu, wenn die folgenden drei Voraussetzungen erfüllt sind:

a) Der wirtschaftliche Geschäftsbetrieb muß in seiner Gesamtrichtung auf Erfüllung der gemeinnützigen, mildtätigen oder kirchlichen Zwecke eingestellt sein.

b) Die genannten Zwecke dürfen nicht anders als durch den wirtschaftlichen Geschäftsbetrieb erreichbar sein.

c) Der wirtschaftliche Geschäftsbetrieb darf zu abgabepflichtigen Betrieben derselben oder ähnlicher Art nicht in größerem Umfang in Wettbewerb treten, als dies bei Erfüllung der Zwecke unvermeidbar ist.

(3) Unterhält eine Körperschaft einen wirtschaftlichen Geschäftsbetrieb, auf den weder die Voraussetzungen des Abs. 1 noch jene des Abs. 2 zutreffen, so findet § 44 Anwendung.

§ 45a. Übersteigen Umsätze gemäß § 1 Abs. 1 Z 1 und 2 des Umsatzsteuergesetzes 1994, die von einer Körperschaft im Rahmen von land- und forstwirtschaftlichen Betrieben, Gewerbebetrieben und wirtschaftlichen Geschäftsbetrieben gemäß § 45 Abs. 3 ausgeführt werden, im Veranlagungszeitraum insgesamt nicht den Betrag von **„100 000"** Euro, so gilt unbeschadet der Ermächtigung des § 44 Abs. 2 eine Bewilligung im Sinne der letztgenannten Bestimmung insoweit als erteilt, als die Abgabepflicht hinsichtlich dieser Betriebe zwar bestehen bleibt, die Begünstigungen der Körperschaft auf abgabenrechtlichem Gebiet jedoch nicht berührt werden. Voraussetzung dafür ist, daß erzielte Überschüsse dieser Betriebe zur Förderung gemeinnütziger, mildtätiger oder kirchlicher Zwecke der Körperschaft dienen.

(GemRefG 2023, BGBl I 2023/188 ab 1.1.2024)

§ 46. Betreibt eine Körperschaft, die die Voraussetzungen für eine Begünstigung auf abgabenrechtlichem Gebiet im übrigen erfüllt, eine Krankenanstalt (Heil- und Pflegeanstalt), so wird diese Anstalt auch dann als wirtschaftlicher Geschäftsbetrieb gemäß § 45 Abs. 1 behandelt, wenn sich die Körperschaft von der Absicht leiten läßt, durch den Betrieb der Anstalt Gewinn zu erzielen. Die Anstalt ist gleich einem unentbehrlichen Hilfsbetrieb gemäß § 45 Abs. 2 abgabefrei, wenn es sich um eine im Sinn des jeweils geltenden Krankenanstaltengesetzes gemeinnützig betriebene Krankenanstalt handelt.

§ 47. Die Betätigung einer Körperschaft für Zwecke der Verwaltung ihres Vermögens (§ 32) steht der Gewährung von Begünstigungen auf abgabenrechtlichem Gebiet (§ 34) nicht entgegen.

D. Verhältnis zum Ausland

§ 48. (1) Das Finanzamt für Großbetriebe hat auf Antrag des Abgabepflichtigen für Zwecke der Festsetzung von Beschwerdezinsen (§ 205a) oder der Aussetzung der Einhebung (§ 212a)

1. nach der Einbringung einer Streitbeilegungsbeschwerde gemäß § 8 des EUBesteuerungs-

streitbeilegungsgesetzes – EU-BStbG, BGBl. I Nr. 62/2019 oder
2. nach der Einleitung eines Verständigungsverfahrens aufgrund einer anderen Rechtsgrundlage als dem EU-BStbG, sofern sich dieses im Zeitpunkt der Antragstellung auf einen bereits verwirklichten Sachverhalt bezieht,

mit Bescheid die Art und die Höhe der Abgabe, die Gegenstand der Streitbeilegungsbeschwerde bzw. des Verständigungsverfahrens ist, den Zeitraum, für den die Abgabe erhoben werden soll bzw. entrichtet worden ist sowie den Zeitpunkt der Einbringung der Streitbeilegungsbeschwerde oder der Einleitung des Verständigungsverfahrens festzustellen.

(BGBl I 2021/3)

(2) Das Finanzamt für Großbetriebe hat, sofern ein Verwaltungsgericht noch nicht mit Erkenntnis über die Streitfrage oder über eine Maßnahme, die Gegenstand des relevanten Verständigungsverfahrens war, entschieden hat, von Amts wegen mit Bescheid festzustellen:
1. Die Einigung
   a) in einem Verständigungsverfahren gemäß § 26 EU-BStbG oder
   b) in einem Verständigungsverfahren nach einer anderen Rechtsgrundlage als dem EU-BStbG, sofern sich dieses auf einen im Zeitpunkt der Antragstellung bereits verwirklichten Sachverhalt bezieht;
2. Die abschließende Entscheidung gemäß § 58 EU-BStbG oder
3. das Ergebnis eines Schiedsverfahrens zur Verhinderung einer Doppelbesteuerung nach einer anderen Rechtsgrundlage als dem EU-BStbG.

(BGBl I 2021/3)

(3) Das Finanzamt für Großbetriebe hat von Amts wegen mit Bescheid das Datum festzustellen, an dem
1. ein Verständigungsverfahren
   a) nach dem EU-BStbG oder
   b) nach einer anderen Rechtsgrundlage als dem EU-BStbG, sofern sich auf einen dieses im Zeitpunkt der Antragstellung bereits verwirklichten Sachverhalt bezieht;
2. ein schiedsgerichtliches Verfahren nach dem EU-BStbG oder
3. ein Schiedsverfahren zur Verhinderung einer Doppelbesteuerung nach einer anderen Rechtsgrundlage als dem EU-BStbG

geendet hat, wenn ein Bescheid gemäß Abs. 1 zu diesem Zeitpunkt noch im Rechtsbestand und kein Bescheid gemäß Abs. 2 zu erlassen ist. Im Fall der Z 1 darf der Bescheid frühestens nach Ablauf von 50 Tagen ab dem Tag erlassen werden, der dem Tag folgt, an dem der betroffenen Person bzw. der Person, die ihren Fall unterbreitet hat, mitgeteilt worden ist, dass das Verständigungsverfahren ergebnislos geendet hat. Wurde innerhalb dieser Frist ein Antrag auf Einsetzung eines Schiedsgerichtes gestellt, darf der Bescheid frühestens zu jenem Zeitpunkt erlassen werden, in dem sicher ist, dass kein Schiedsgericht eingesetzt wird.

(BGBl I 2021/3)

(4) Das Finanzamt für Großbetriebe hat den Bescheid gemäß Abs. 2 von Amts wegen aufzuheben, wenn
1. ihm nach einem schiedsgerichtlichen Verfahren aufgrund des EU-BStbG von der zuständigen Behörde des anderen Mitgliedstaates mitgeteilt worden ist, dass ein zuständiges Gericht dieses Mitgliedstaates die mangelnde Unabhängigkeit einer am schiedsgerichtlichen Verfahren beteiligten unabhängigen Person oder der bzw. des Vorsitzenden erkannt hat (§ 61 Abs. 2 EUBStbG) oder
2. es innerhalb von sieben Jahren ab der Bekanntgabe (§ 97) des Bescheides davon Kenntnis erlangt hat, dass ein Staat,
   a) mit dem ein Verständigungsverfahren geführt worden ist,
   b) der Partei eines schiedsgerichtlichen Verfahrens nach dem EU-BStbG gewesen ist oder
   c) der Partei eines Schiedsverfahrens zur Verhinderung einer Doppelbesteuerung nach einer anderen Rechtsgrundlage als dem EU-BStbG gewesen ist,

sein Besteuerungsrecht nicht endgültig in jenem Umfang ausgeübt hat, von dem der Bundesminister für Finanzen oder dessen bevollmächtigter Vertreter anlässlich der Erlassung des Bescheides gemäß Abs. 2 ausgegangen ist.

(BGBl I 2021/3)

(5) Ist Abs. 1 nicht anwendbar, kann der Bundesminister für Finanzen oder dessen bevollmächtigter Vertreter bei Abgabepflichtigen, die der Abgabenhoheit mehrerer Staaten unterliegen, soweit dies zur Ausgleichung der in- und ausländischen Besteuerung oder zur Erzielung einer den Grundsätzen der Gegenseitigkeit entsprechenden Behandlung erforderlich ist, anordnen, bestimmte Gegenstände der Abgabenerhebung ganz oder teilweise aus der Abgabepflicht auszuscheiden oder ausländische, auf solche Gegenstände entfallende Abgaben ganz oder teilweise auf die inländischen Abgaben anzurechnen. Dies gilt nur für bundesrechtlich geregelte Abgaben, die von Abgabenbehörden des Bundes zu erheben sind.

(BGBl I 2019/62)

E. Abgabenrechtliche Geheimhaltungspflicht

§ 48a. (1) Im Zusammenhang mit der Durchführung von Abgabenverfahren, Monopolverfahren (§ 2 lit. b) oder Finanzstrafverfahren besteht die Verpflichtung zur abgabenrechtlichen Geheimhaltung.

(2) Ein Beamter (§ 74 Abs. 1 Z 4 Strafgesetzbuch) oder ehemaliger Beamter verletzt diese Pflicht, wenn er
a) der Öffentlichkeit unbekannte Verhältnisse oder Umstände eines anderen, die ihm ausschließlich kraft seines Amtes in einem Abgaben- oder Monopolverfahren oder in einem Finanzstrafverfahren anvertraut oder zugänglich geworden sind,
b) den Inhalt von Akten eines Abgaben- oder Monopolverfahrens oder eines Finanzstrafverfahrens oder
c) den Verlauf der Beratung und Abstimmung der Senate im Abgabenverfahren oder Finanzstrafverfahren

unbefugt offenbart oder verwertet.

(3) Jemand anderer als die im Abs. 2 genannten Personen verletzt die abgabenrechtliche Geheimhaltungspflicht, wenn er der Öffentlichkeit unbekannte Verhältnisse oder Umstände eines anderen, die ihm ausschließlich
a) durch seine Tätigkeit als Sachverständiger oder als dessen Hilfskraft in einem Abgaben- oder Monopolverfahren oder in einem Finanzstrafverfahren,
b) aus Akten(inhalten) oder Abschriften (Ablichtungen) eines Abgaben- oder Monopolverfahrens oder eines Finanzstrafverfahrens oder
c) durch seine Mitwirkung bei der Personenstands- und Betriebsaufnahme

anvertraut oder zugänglich geworden sind, unbefugt offenbart oder verwertet.

(4) Die Offenbarung oder Verwertung von Verhältnissen oder Umständen ist befugt,
a) wenn sie der Durchführung eines Abgaben- oder Monopolverfahrens oder eines Finanzstrafverfahrens dient,
b) wenn sie auf Grund einer gesetzlichen Verpflichtung erfolgt oder wenn sie im zwingenden öffentlichen Interesse gelegen ist,
(BGBl I 2017/40)
c) wenn ein schutzwürdiges Interesse offensichtlich nicht vorliegt oder ihr diejenigen zustimmen, deren Interessen an der Geheimhaltung verletzt werden könnten oder
(BGBl I 2017/40)
d) soweit sie nach § 48b Abs. 2, 3 oder 4 befugt ist.
(BGBl I 2021/25)

§ 48b. (1) Die Abgabenbehörden sind verpflichtet, von ihnen aufgegriffene Umstände über Personen, die unter § 4 Abs. 4 ASVG fallen könnten, im Wege des Austausches von Nachrichten für Zwecke der Durchführung des Versicherungs-, Melde- und Beitragswesens der Österreichischen Gesundheitskasse mitzuteilen.
(BGBl I 2019/103, BGBl I 2020/99)

(2) Die Abgabenbehörden sind berechtigt, die zuständigen Behörden zu verständigen, wenn sie im Rahmen ihrer Tätigkeit zu einem begründeten Verdacht gelangen, dass eine Übertretung arbeitsrechtlicher, sozialversicherungsrechtlicher, gewerberechtlicher, finanzmarktrechtlicher oder berufsrechtlicher Vorschriften oder eine Übertretung der vorgeschriebenen Auflagen für die Zulassung oder Bewilligung einer Probe- oder Überstellungsfahrt oder eine widerrechtliche Verwendung von Kraftfahrzeugen und Anhängern mit ausländischem Kennzeichen vorliegt.
(BGBl I 2021/25)

(2a) Die Abgabenbehörden, an die aufgrund von § 18 Abs. 11 und 12 UStG 1994 Aufzeichnungen übermittelt worden sind, dürfen diese den Abgabenbehörden der Länder und Gemeinden, die mit der Erhebung von Abgaben auf die Nächtigung und sonstige (vorübergehende) Aufenthalte betraut sind, in jenem Umfang übermitteln, der für den Vollzug der jeweiligen Abgabe erforderlich ist. Voraussetzung ist, dass die jeweilige Abgabenbehörde
1. eine entsprechende Anfrage gestellt hat und
(BGBl I 2021/3)
2. bestätigt hat, dass die zu übermittelnden Daten für Zwecke der Abgabenerhebung erforderlich sind.
(BGBl I 2021/3)
3. (aufgehoben)
(BGBl I 2021/3)

Der Bundesminister für Finanzen hat mit Verordnung den Ablauf sowie den ersten Einsatzzeitpunkt der Anfragestellung und der Datenübermittlung zu bestimmen.
(BGBl I 2019/91, BGBl I 2021/3)

(2b) Die Abgabenbehörden sind berechtigt, den Finanzstrafbehörden für Zwecke der Sicherung, Einhebung und Einbringung der Geldstrafen und Wertersätze sowie im Finanzstrafverfahren angefallener sonstiger Geldansprüche Daten zu übermitteln.
(BGBl I 2020/99)

(3)
1. Der Bundesminister für Finanzen ist zur Übermittlung des bei der Stammzahlenregisterbehörde gemäß § 10 Abs. 2 des E-Government-Gesetzes, BGBl. I Nr. 10/2004, in der Fassung des Bundesgesetzes BGBl. I Nr. 50/2016, angeforderten verschlüsselten bereichsspezifischen Personenkennzeichens Zustellungen (vbPK-ZU) an
   a) einen Verantwortlichen des öffentlichen Bereichs (§ 26 Abs. 1 des Datenschutzgesetzes, BGBl. I Nr. 165/1999 – DSG),
   (BGBl I 2018/32)
   b) einen zugelassenen Zustelldienst (§ 30 des Zustellgesetzes – ZustG),
   c) ein Unternehmen, das einen Universaldienst (§ 3 Z 4 des Postmarktgesetzes, BGBl. I Nr. 123/2009, in der Fassung des Bundesgesetzes BGBl. I Nr. 134/2015) betreibt, und

17/1. BAO
§§ 48b – 48d

    d) einen Betreiber eines Anzeigemoduls (§ 37b ZustG)

berechtigt. Voraussetzung dafür ist, dass der Bundesminister für Finanzen zur Anforderung und Übermittlung des vbPK-ZU unter Verwendung der einem Teilnehmer an FinanzOnline von den Abgabenbehörden gemäß § 1 der FinanzOnline-Verordnung 2006 – FOnV 2006, BGBl. II Nr. 97/2006, in der Fassung der Verordnung BGBl. II Nr. 46/2016, erteilten Teilnehmeridentifikation, Benutzeridentifikation und des persönlichen Passworts in der dafür vorgesehenen Weise elektronisch aufgefordert wurde.

2. (aufgehoben)
(BGBl I 2018/104)

3. Im Zug einer elektronischen Zustellung kann der Bundesminister für Finanzen dem Betreiber eines Anzeigemoduls die in den Datenbeständen der Finanzverwaltung aktuell erfassten elektronischen Verständigungsadressen des Empfängers übermitteln.

4. Wird ein Dokument über FinanzOnline elektronisch zugestellt, hat der Bundesminister für Finanzen zum Zweck der Anzeige der das Dokument beschreibenden Daten und der Abholung des Dokuments im Anzeigemodul (§ 37b ZustG) nach Maßgabe der technischen Voraussetzungen dem Betreiber des Anzeigemoduls die das Dokument beschreibenden Daten sowie die elektronische Information für die technische Möglichkeit der elektronischen identifizierten und authentifizierten Abholung des Dokuments zu übermitteln und die Anzeige des Dokuments direkt an zur Abholung berechtigte Personen zuzulassen. In diesem Fall gilt Folgendes:

    a) Zur Abholung berechtigte Personen sind der Empfänger und, soweit dies nicht ausgeschlossen worden ist, eine zur Empfangnahme bevollmächtigte Person.

    b) Der Betreiber des Anzeigemoduls ist gesetzlicher Auftragsverarbeiter im Sinn des Art. 4 Z 8 DSGVO für den Bundesminister für Finanzen insbesondere zum Zweck der Identifikation und Authentifikation von zur Abholung berechtigten Personen.

    c) Das Anzeigemodul hat sämtliche Daten über die Abholung durch den Empfänger zu protokollieren und an den Bundesminister für Finanzen elektronisch zu übermitteln.

(BGBl I 2018/104)
(BGBl I 2017/40)

(4) Die Abgabenbehörden sind in folgenden Fällen berechtigt, der Finanzmarktaufsichtsbehörde (FMA) durch Erteilung von Auskünften Amtshilfe zu leisten:

1. bei Vorliegen substantiierter Hinweise auf Verletzungen von Bestimmungen der in § 2 Abs. 1 bis 4 des Finanzmarktaufsichtsbehördengesetzes – FMABG, BGBl. I Nr. 97/2001, angeführten Bundesgesetze, einschließlich Hinweise auf unerlaubte Geschäftsbetriebe gemäß den in § 22b Abs. 1 FMABG und § 32b des Finanzmarkt-Geldwäschegesetzes – FM-GwG, BGBl. I Nr. 118/2016, genannten Bestimmungen, sowie Pflichtverletzungen nach dem FM-GwG von Verpflichteten nach § 1 Abs. 1 FM-GwG;

2. bei Vorliegen substantiierter Hinweise, dass Unternehmen, die über eine Berechtigung nach einem der in § 2 Abs. 1 bis 4 FMABG angeführten Bundesgesetze verfügen, in Anlagebetrug oder systematisch in Modelle der Steuerhinterziehung involviert sind;

3. bei Abgabenrückständen, wenn diese im Zusammenhang mit der Prüfung geordneter wirtschaftlicher Verhältnisse oder Eigentümerkontrollverfahren im Einzelfall von der FMA als erforderlich angesehen werden.

Im Rahmen der Amtshilfe nach Z 1 bis 3 sind möglichst genaue und umfassende Angaben über die betroffenen natürlichen oder juristischen Personen und eine Zusammenfassung des Sachverhalts zu übermitteln. Die Erteilung von Auskünften kann in den Fällen der Z 1 und 2 auch ohne vorhergehendes Ersuchen der FMA erfolgen. Die Übermittlung substantiierter Hinweise nach Z 1 hat ausschließlich durch das Finanzamt für Großbetriebe, jene nach Z 2 hat durch die Abgabenbehörde, die jeweils davon Kenntnis erlangt hat, zu erfolgen. Sofern in Fällen der Z 2 eine Sachverhaltsdarstellung oder Anzeige an die Staatsanwaltschaft erfolgt, ist diese der FMA zur Kenntnis zu bringen.

(BGBl I 2021/25)

§ 48c. Für Landes- und Gemeindeabgaben gilt Folgendes:

1. § 48a gilt auch für in einem abgabenrechtlichen Verwaltungsstrafverfahren anvertraute oder zugänglich gewordene Verhältnisse oder Umstände sowie für den Inhalt von Akten eines abgabenrechtlichen Verwaltungsstrafverfahrens. Die Offenbarung oder Verwertung nach § 48a Abs. 4 ist weiters zulässig, wenn sie der Durchführung eines abgabenrechtlichen Verwaltungsstrafverfahrens dient.

2. Für Abgabenbehörden der Länder und Gemeinden gilt § 48b nicht.

F. Datenschutz

§ 48d. (1) Die ganz oder teilweise automatisierte sowie die nichtautomatisierte Verarbeitung personenbezogener Daten durch eine Abgabenbehörde ist zulässig, wenn sie für Zwecke der Abgabenerhebung oder sonst zur Erfüllung ihrer Aufgaben oder in Ausübung öffentlicher Gewalt, die ihr übertragen wurde, erforderlich ist.

(2) Die Verarbeitung besonderer Kategorien personenbezogener Daten im Sinne des Art. 9 Abs. 1 der Verordnung (EU) 2016/679 zum Schutz natürlicher Personen bei der Verarbeitung personenbezogener Daten, zum freien Datenverkehr und zur

Aufhebung der Richtlinie 95/46/EG (Datenschutz-Grundverordnung), ABl. Nr. L 119 vom 4.5.2016 S. 1 (im Folgenden: DSGVO), durch eine Abgabenbehörde ist zulässig, wenn die Voraussetzungen des Abs. 1 und ein erhebliches öffentliches Interesse im Sinne des Art. 9 Abs. 2 lit. g DSGVO vorliegen.

§ 48e. (1) Die Pflicht der Abgabenbehörde, die betroffene Person gemäß Art. 14 Abs. 1 und 2 DSGVO über die Erhebung oder gemäß Art. 13 Abs. 3 oder Art. 14 Abs. 4 DSGVO über die beabsichtige Weiterverarbeitung personenbezogener Daten zu informieren, besteht zusätzlich zu den in Art. 13 Abs. 4 und Art. 14 Abs. 5 DSGVO genannten Ausnahmen nicht, wenn durch die Erteilung der Information

1. die ordnungsgemäße Erfüllung der Aufgaben der Abgabenbehörde oder ein Finanzstrafverfahren oder ein abgabenrechtliches Verwaltungsstrafverfahren gefährdet würde und das Interesse an der Nichterteilung der Information die Interessen der betroffenen Person überwiegt, insbesondere weil die Erteilung der Information
    a) jemanden in die Lage versetzen könnte, die Abgabenbehörde bei der Erfüllung ihrer Aufgaben zu beeinträchtigen, oder
    b) Rückschlüsse auf die Ausgestaltung automationsunterstützter Risikomanagementsysteme zulassen könnte oder
    c) Rückschlüsse auf geplante Ermittlungs-, Kontroll-, Überwachungs- oder Prüfungsmaßnahmen zulassen könnte
    und damit die Ermittlung der tatsächlichen und rechtlichen Verhältnisse, die für die Abgabepflicht und die Erhebung der Abgaben wesentlich sind, maßgeblich erschwert würde oder
2. die öffentliche Sicherheit oder Ordnung gefährdet würde oder
3. der Rechtsträger der Abgabenbehörde in der Geltendmachung, Ausübung oder Verteidigung zivilrechtlicher Ansprüche oder in der Verteidigung gegen ihn geltend gemachter zivilrechtlicher Ansprüche beeinträchtigt würde und die Abgabenbehörde nach dem Zivilrecht nicht zur Information verpflichtet ist oder
4. im Falle einer Offenbarung von personenbezogenen Daten
    a) zum Zweck der Durchführung eines Abgabenverfahrens, eines Finanzstrafverfahrens, eines abgabenrechtlichen Verwaltungsstrafverfahrens oder eines Monopolverfahrens oder
    b) auf Grund einer gesetzlichen Verpflichtung oder
    c) im zwingenden öffentlichen Interesse
    der Offenbarungszweck vereitelt oder wesentlich beeinträchtigt würde oder
5. gesetzliche Verpflichtungen zur Verschwiegenheit verletzt würden oder
6. überwiegende berechtigte Interessen Dritter geschädigt würden.

(2) Fällt der Grund für die Nichterteilung der Information weg, ist die Erteilung der Information ohne unnötigen Aufschub nachzuholen, sofern das nicht unmöglich oder mit einem unverhältnismäßigen Aufwand verbunden ist.

§ 48f. (1) Das Recht der betroffenen Person auf Auskunft gemäß Art. 15 DSGVO besteht gegenüber einer Abgabenbehörde nicht, soweit
1. die betroffene Person nach § 48e Abs. 1 Z 1 bis 6 nicht zu informieren ist oder
2. die betroffene Person am Auskunftsverfahren nicht gemäß Abs. 3 mitwirkt.

(2) Soweit personenbezogene Daten in einem Akt enthalten sind, besteht für die betroffene Person das Recht auf Auskunft gemäß Art. 15 DSGVO ausschließlich nach Maßgabe der §§ 90 und 90a. Für das Verfahren der Einsicht- oder Abschriftnahme (einschließlich deren Verweigerung) gelten die Regelungen dieses Bundesgesetzes.

(BGBl I 2019/103)

(3) Die betroffene Person hat am Auskunftsverfahren gemäß Art. 15 DSGVO in dem ihr zumutbaren Ausmaß mitzuwirken, um ungerechtfertigten oder unverhältnismäßigen Aufwand bei der Abgabenbehörde zu vermeiden. Insbesondere hat sie zu präzisieren, auf welche Informationen oder Verarbeitungsvorgänge sich ihr Auskunftsersuchen bezieht, wenn von der Auskunftserteilung eine große Menge personenbezogener Daten erfasst wäre oder dies aus sonstigen Gründen erforderlich ist.

(4) Im Falle der Nichterteilung der Auskunft gemäß Abs. 1 Z 1 hat die Begründung der Unterrichtung der betroffenen Person gemäß Art. 12 Abs. 4 DSGVO soweit zu unterbleiben, als sie dem mit der Nichterteilung der Auskunft verfolgten Zweck zuwiderliefe.

§ 48g. (1) Das Recht gemäß Art. 16 DSGVO und die Pflicht gemäß Art. 5 Abs. 1 lit. d DSGVO besteht hinsichtlich einer Berichtigung, Aktualisierung oder Vervollständigung von personenbezogenen Daten, die in einem Bescheid, einem Erkenntnis oder in einer Selbstberechnung enthalten sind, nur insoweit, als dies in diesem Bundesgesetz oder anderen Abgabenvorschriften vorgesehen ist. Eine allfällige Berichtigung, Aktualisierung oder Vervollständigung hat nach Maßgabe dieses Bundesgesetzes oder anderer Abgabenvorschriften zu erfolgen.

(2) In den nicht von Abs. 1 erfassten Fällen hat eine Berichtigung, Aktualisierung oder Vervollständigung mittels eines ergänzenden Vermerks zu erfolgen, soweit eine nachträgliche Änderung mit dem Dokumentationszweck unvereinbar ist und in diesem Bundesgesetz oder sonstigen Abgabenvorschriften nicht anderes bestimmt ist. Ist die Berichtigung, Aktualisierung oder Vervollständigung nicht möglich, ist dies zu vermerken.

(3) Wird die Richtigkeit personenbezogener Daten bestritten und lässt sich bei der Überprüfung der Richtigkeit durch die Abgabenbehörde

weder die Richtigkeit noch die Unrichtigkeit der personenbezogenen Daten feststellen, besteht ab diesem Zeitpunkt für die betroffene Person kein Recht mehr auf Einschränkung der Verarbeitung gemäß Art. 18 Abs. 1 lit. a DSGVO.

§ 48h. Die §§ 48d bis 48g gelten auch für Verantwortliche im Sinn des Art. 4 Z 7 DSGVO, soweit ihnen abgabenrechtliche Aufgaben übertragen wurden, ohne selbst Abgabenbehörde zu sein.

§ 48i. Sofern gesetzlich nicht ausdrücklich anderes angeordnet ist, sind Protokolldaten über tatsächlich durchgeführte Verarbeitungsvorgänge, wie insbesondere Änderungen, Abfragen und Übermittlungen, zumindest drei Jahre lang aufzubewahren.

(BGBl I 2018/32)

G. Verwendung technischer Einrichtungen zur Wort- und Bildübertragung

§ 48j. (1) Mündliche Verhandlungen, Erörterungstermine, Vernehmungen, (Schluss-)Besprechungen, Nachschauen, Außenprüfungen, Augenscheine und sonstige Beweisaufnahmen können unter Verwendung geeigneter technischer Einrichtungen zur Wort- und Bildübertragung durchgeführt werden.

(2) Soweit von der Möglichkeit gemäß Abs. 1 Gebrauch gemacht wird, ist den Personen, die der Amtshandlung beigezogen werden, Gelegenheit zu geben, unter Verwendung der technischen Einrichtungen zur Wort- und Bildübertragung an der betreffenden Amtshandlung teilzunehmen. Sind der Amtshandlung Parteien beizuziehen, sind diese aufzufordern, bekanntzugeben, ob ihnen solche technischen Einrichtungen zur Wort- und Bildübertragung zur Verfügung stehen; ist dies nicht der Fall, kann ein Antrag gestellt werden, von der Inanspruchnahme des Abs. 1 abzusehen, andernfalls kann die Amtshandlung auch in ihrer Abwesenheit durchgeführt werden. Diesfalls ist den Parteien, die aus diesem Grund an der Amtshandlung nicht teilnehmen können, in sonst geeigneter Weise Gelegenheit zu geben, ihre Rechte auszuüben bzw. bei der Feststellung des Sachverhalts mitzuwirken.

(3) Wird eine Amtshandlung unter Verwendung technischer Einrichtungen zur Wort- und Bildübertragung durchgeführt, braucht eine Niederschrift abweichend von § 87 Abs. 4 erster Satz und § 275 Abs. 7 letzter Satz außer vom Leiter der Amtshandlung von keiner weiteren Person unterschrieben zu werden. In diesem Fall ist § 87 Abs. 6 mit der Maßgabe sinngemäß anzuwenden, dass statt der Verwendung von Schallträgern ein Mitschnitt der Wort- und Bildübertragung zulässig ist.

(BGBl I 2022/108)

2. Abschnitt
Abgabenbehörden und Parteien

(BGBl I 2019/104)

A. Abgabenbehörden
1. Allgemeine Bestimmungen
Bundesfinanzverwaltung

§ 49. Die Bundesfinanzverwaltung besteht aus
1. den Abgabenbehörden des Bundes, nämlich:
   a) dem Bundesminister für Finanzen,
   b) den Finanzämtern, und zwar
      – dem Finanzamt Österreich und
      – dem Finanzamt für Großbetriebe und
   c) dem Zollamt Österreich;
2. dem Amt für Betrugsbekämpfung,
3. den Zentralen Services und
4. dem Prüfdienst für Lohnabgaben und Beiträge.

(BGBl I 2019/104, BGBl I 2020/99)

Abgabenbehörden der Länder und Gemeinden

§ 50. Abgabenbehörden der Länder und Gemeinden sind die mit der Erhebung der in § 1 bezeichneten öffentlichen Abgaben und Beiträge betrauten Behörden der Länder und Gemeinden.

(BGBl I 2019/104)

Zuständigkeit

§ 51. Die Zuständigkeit einer Abgabenbehörde des Bundes oder einer Abgabenbehörde der Länder und Gemeinden ergibt sich aus dem jeweils durch Bundes- oder Landesgesetz, Staatsvertrag oder Verordnung für sie festgelegten Aufgabenbereich.

(BGBl I 2019/104)

Zuständigkeitsstreit

§ 52. Über einen Zuständigkeitsstreit zwischen Abgabenbehörden des Bundes entscheidet der Bundesminister für Finanzen.

(BGBl I 2019/104, BGBl I 2022/108)

Vorgehen bei Unzuständigkeit

§ 53. Die Abgabenbehörden haben ihre Zuständigkeit von Amts wegen wahrzunehmen. Langen bei ihnen Anbringen ein, für deren Behandlung sie nicht zuständig sind, haben sie diese ohne unnötigen Aufschub auf Gefahr des Einschreiters an die zuständige Stelle weiterzuleiten oder den Einschreiter an diese zu verweisen.

(BGBl I 2019/104)

Befugnisse der Abgabenbehörden des Bundes

§ 54. (1) Organe jeder Abgabenbehörde des Bundes können zur Gewinnung von für die Erhebung von Abgaben maßgebenden Daten
1. allgemeine Aufsichtsmaßnahmen (§ 143 und § 144),
2. Ersuchen um Beistand (§§ 158 bis 160) sowie

3. die notwendigen Aufsichts-, Kontroll- und Beweissicherungsmaßnahmen gemäß § 146a und § 146b

vornehmen.

(2) Bei Gefahr im Verzug können Organe jeder Abgabenbehörde des Bundes die in die Zuständigkeit einer anderen Abgabenbehörde des Bundes fallenden notwendigen Amtshandlungen vornehmen; insbesondere können sie
1. Sicherstellungsaufträge (§ 232) erlassen sowie
2. Vollstreckungshandlungen (§§ 31, 65 ff und 75 der Abgabenexekutionsordnung – AbgEO, BGBl. Nr. 104/1949) und
3. Sicherungsmaßnahmen (§ 78 AbgEO)

vornehmen. Die zuständige Abgabenbehörde des Bundes ist von den vorgenommenen Amtshandlungen unverzüglich zu informieren.

(BGBl I 2022/108)

(3) Bei der Durchführung von Amtshandlungen im Sinn des Abs. 1 oder 2 werden die Organe als Organe der jeweils zuständigen Einrichtung der Bundesfinanzverwaltung tätig.

(BGBl I 2020/99)

(4) Sonstige Befugnisse, die sich aus anderen rechtlichen Bestimmungen ergeben, bleiben unberührt.

(BGBl I 2019/104)

Unterstützungsleistungen innerhalb der Bundesfinanzverwaltung

§ 54a. (1) Organe des Finanzamtes Österreich haben schriftliche Anbringen (§ 85 Abs. 1) entgegenzunehmen, für deren Behandlung entweder das Finanzamt für Großbetriebe, das Amt für den nationalen Emissionszertifikatehandel im Zollamt Österreich oder das Amt für Betrugsbekämpfung zuständig ist. Dabei gilt Folgendes:
1. Wenn das Anbringen innerhalb offener Frist beim Finanzamt Österreich eingebracht und an die zuständige Einrichtung der Bundesfinanzverwaltung gerichtet ist, gilt es als bei der zuständigen Einrichtung der Bundesfinanzverwaltung als innerhalb offener Frist eingebracht.
2. Das Finanzamt Österreich hat Anbringen ohne unnötigen Aufschub zu digitalisieren und der zuständigen Einrichtung zur Verfügung zu stellen. Das gilt auch, wenn das Anbringen beim Finanzamt für Großbetriebe oder beim Amt für Betrugsbekämpfung eingebracht worden ist.
3. Die ganz oder teilweise automatisierte sowie die nichtautomatisierte Verarbeitung personenbezogener Daten durch das Finanzamt Österreich ist zulässig, soweit sie für Zwecke der Digitalisierung und Zur-Verfügung-Stellung von Anbringen erforderlich ist.

(BGBl I 2022/108)

(2) Die mit der Entgegennahme von Barzahlungen (§ 211 Abs. 1 Z 5) betrauten Organe des Finanzamtes Österreich oder des Amts für Betrugsbekämpfung haben die damit verbundenen Tätigkeiten auch für jede andere Einrichtung der Bundesfinanzverwaltung, außer für das Zollamt Österreich, auszuüben.

(3) (aufgehoben)

(AbgÄG 2023, BGBl I 2023/110)

(4) An der Erledigung eines Antrags auf einen Auskunftsbescheid (§ 118) dürfen auch Organe einer anderen Abgabenbehörde des Bundes mitwirken. Die Offenbarung von Verhältnissen oder Umständen gegenüber diesen Organen dient der Durchführung eines Abgabenverfahrens im Sinn der § 48a Abs. 4 lit. a und § 48e Abs. 1 Z 4 lit. a.

(5) An einem Verständigungs- oder Schiedsverfahren aufgrund eines Abkommens oder Übereinkommens (§ 3 Abs. 1 Z 1 EU-BStbG) einschließlich Verfahren auf die das EU-BStbG anzuwenden ist, dürfen auch Organe einer anderen Abgabenbehörde des Bundes mitwirken. Die Offenbarung von Verhältnissen oder Umständen gegenüber diesen Organen dient der Durchführung eines Abgabenverfahrens im Sinn der § 48a Abs. 4 lit. a und § 48e Abs. 1 Z 4 lit. a.

(6) Die Offenbarung von Verhältnissen oder Umständen gegenüber Organen einer Einrichtung der Bundesfinanzverwaltung, die zur Erledigung von Aufgaben, die mehrere Abgabenbehörden betreffen, ämterübergreifend zusammenarbeiten, dient der Durchführung eines Abgabenverfahrens im Sinn von § 48a Abs. 4 lit. a und § 48e Abs. 1 Z 4 lit. a.

(BGBl I 2022/108)
(BGBl I 2020/99)

2. Bundesminister für Finanzen

(BGBl I 2019/104)

Zuständigkeit

§ 55. Die Zuständigkeit des Bundesministers für Finanzen als Abgabenbehörde ergibt sich aus dem jeweils durch Bundesgesetz, Staatsvertrag oder Verordnung für ihn festgelegten Aufgabenbereich.

(BGBl I 2019/104)

3. Finanzämter

(BGBl I 2019/104)

Organisation

§ 56. (1) Der Wirkungsbereich der Finanzämter erstreckt sich auf das gesamte Bundesgebiet. Für jedes der beiden Finanzämter hat der Bundesminister für Finanzen mit Verordnung den Sitz festzulegen.

(2) Die Leitung der Finanzämter erfolgt jeweils durch einen Vorstand. Ihm obliegt insbesondere die organisatorische, personelle, wirtschaftliche und finanzielle Leitung. Davon ausgenommen ist die Erteilung fachlicher Weisungen in Angelegenheiten des § 61 Abs. 4 Z 7.

(BGBl I 2021/3)

(3) Dem Vorstand des Finanzamtes können für die organisatorische, personelle, wirtschaftliche und finanzielle Leitung Bereichsleiter und für

die fachliche Leitung Fachbereichsleiter zur Seite gestellt werden.
(BGBl I 2022/108)
(4) (aufgehoben)
(BGBl I 2022/108)
(BGBl I 2019/104)

Übertragung der Zuständigkeit

§ 57. (1) Ein Finanzamt kann aus Gründen der Zweckmäßigkeit, insbesondere zur Vereinfachung oder Beschleunigung des Verfahrens, die Erhebung einer Abgabe auf das andere Finanzamt mit Bescheid befristet oder unbefristet übertragen, sofern nicht überwiegende Interessen der Partei entgegenstehen.

(2) Die Übertragung der Zuständigkeit auf das andere Finanzamt kann auch auf Antrag des Abgabepflichtigen erfolgen, wenn wahrscheinlich ist, dass das andere Finanzamt zu einem späteren Zeitpunkt zuständig werden wird.

(3) Bei der Übertragung der Zuständigkeit geht die Zuständigkeit im Zeitpunkt der Bekanntgabe des Bescheides auf das andere Finanzamt über. § 58 ist nicht anzuwenden.
(BGBl I 2019/104)

Übergang der Zuständigkeit

§ 58. Die Zuständigkeit des einen Finanzamtes endet in dem Zeitpunkt, in dem das andere Finanzamt von seine Zuständigkeit begründenden Voraussetzungen Kenntnis erlangt. Vom Übergang der Zuständigkeit ist der Abgabepflichtige zu verständigen. Solange er nicht verständigt worden ist, kann er Anbringen an jedes Finanzamt richten.
(BGBl I 2019/104)

Beschwerdeverfahren

§ 59. Die Übertragung oder der Übergang der Zuständigkeit von einem Finanzamt auf ein anderes berührt nicht die Zuständigkeit des bisher zuständig gewesenen Finanzamtes im Beschwerdeverfahren betreffend der von diesem erlassenen Bescheide.
(BGBl I 2019/104)

Zuständigkeit des Finanzamtes Österreich

§ 60. (1) Das Finanzamt Österreich ist zuständig für

1. die Wahrnehmung einer Aufgabe, die einer Abgabenbehörde übertragen ist, wenn weder die Voraussetzungen für die Zuständigkeit des Bundesministers für Finanzen, noch für die Zuständigkeit des Finanzamtes für Großbetriebe noch jene für die Zuständigkeit des Zollamtes Österreich vorliegen;
2. die Wahrnehmung einer Aufgabe, die einem Finanzamt übertragen ist, wenn die Voraussetzungen für die Zuständigkeit des Finanzamtes für Großbetriebe nicht vorliegen.

(2) Das Finanzamt Österreich ist jedenfalls zuständig für

1. die

    a) Prüfung der Vollständigkeit und Zulässigkeit,
    b) Weiterleitung und
    c) Zustellung von Erledigungen der Abgabenbehörden der anderen Mitgliedstaaten

in Bezug auf Anträge auf Vorsteuererstattung für im Inland ansässige Unternehmer in Anwendung von Art. 18 der Richtlinie 2008/9/EG zur Regelung der Erstattung der Mehrwertsteuer gemäß der Richtlinie 2006/112/EG an nicht im Mitgliedstaat der Erstattung, sondern in einem anderen Mitgliedstaat ansässige Steuerpflichtige, ABl. Nr. L 44 vom 20.02.2008 S. 23, zuletzt geändert durch die Richtlinie 2010/66/EU, ABl. Nr. L 275 vom 20.10.2010 S. 1;

2. die Erhebung der Umsatzsteuer von Unternehmern, die ihr Unternehmen vom Ausland aus betreiben und im Inland weder eine Betriebsstätte haben noch Umsätze aus der Nutzung eines im Inland gelegenen Grundbesitzes erzielen;

3. die Rückerstattung der Kühlgeräteentsorgungsbeiträge im Sinn des Bundesgesetzes über die Ermächtigung zur Übernahme der Rückerstattung der Kühlgeräteentsorgungsbeiträge, BGBl. I Nr. 63/2011;

4. die Erhebung der Kraftfahrzeugsteuer bei widerrechtlicher Verwendung eines Kraftfahrzeuges (§ 1 Abs. 1 Z 3 des Kraftfahrzeugsteuergesetzes 1992 – KfzStG 1992, BGBl. Nr. 449);

5. die Entgegennahme und Erledigung von
    a) Anzeigen gemäß § 120 Abs. 1 und
    b) Anträgen auf Erteilung einer Umsatzsteuer-Identifikationsnummer gemäß Art. 28 UStG 1994

von Abgabepflichtigen, die unter § 61 Abs. 1 Z 5 bis 8 fallen und denen noch keine Steuernummer bekanntgegeben worden ist;

6. die Erhebung der Einkommensteuer durch Abzug vom Arbeitslohn für Bezüge und Vorteile von Arbeitgebern ohne Betriebsstätte im Sinne des § 81 EStG 1988 im Inland sowie für die Entgegennahme und Bearbeitung von Lohnbescheinigungen gemäß § 84a Abs. 1 EStG 1988 (§ 47 Abs. 1 EStG 1988).
(BGBl I 2021/3)
(BGBl I 2020/99)
(BGBl I 2019/104)

Zuständigkeit des Finanzamtes für Großbetriebe

§ 61. (1) Das Finanzamt für Großbetriebe ist in Bezug auf die in Abs. 2 und 3 genannten Angelegenheiten zuständig für

1. Abgabepflichtige, die einen Gewerbebetrieb, eine Betriebsstätte oder einen wirtschaftlichen Geschäftsbetrieb unterhalten, wenn entweder die beiden zuletzt gemäß Abs. 5 be-

kannt gegebenen Umsatzerlöse (§ 189a Z 5 des Unternehmensgesetzbuches – UGB, dRGBl. S. 219/1897) oder die in den beiden zuletzt abgegebenen Steuererklärungen gemäß § 21 Abs. 4 UStG 1994 erklärten Umsätze gemäß § 1 Abs. 1 Z 1 UStG 1994 jeweils mehr als 10 Millionen Euro überschritten haben,". Das Unterschreiten dieser Grenze ist unbeachtlich
  a) wenn ein Insolvenzverfahren mangels kostendeckenden Vermögens rechtskräftig nicht eröffnet wird,
  b) wenn es zu einer Liquidation im Rahmen eines Insolvenzverfahrens kommt,
  c) wenn ein Konkursverfahren nach § 123a oder § 139 IO aufgehoben wird oder
  d) bis zur rechtskräftigen Bestätigung eines Sanierungsplans.
  (BGBl I 2022/108)
2. Körperschaften des öffentlichen Rechts, wenn die in den beiden zuletzt abgegebenen Steuererklärungen gemäß § 21 Abs. 4 UStG 1994 erklärten Umsätze gemäß § 1 Abs. 1 Z 1 UStG 1994 jeweils mehr als 10 Millionen Euro überschritten haben – in diesem Fall ist das Finanzamt für Großbetriebe auch für sämtliche Betriebe gewerblicher Art dieser Körperschaft des öffentlichen Rechts zuständig;
3. Abgabepflichtige, die in einem länderbezogenen Bericht gemäß § 2 Z 6 des Verrechnungspreisdokumentationsgesetzes – VPDG, BGBl. I Nr. 77/2016, der für das zweitvorangegangene Wirtschaftsjahr übermittelt worden (§ 8 VPDG) oder eingegangen ist (§ 12 VPDG) angeführt werden;
4. die Oesterreichische Nationalbank;
5. alle Unternehmen, die der Aufsicht aufgrund eines der in § 2 des Finanzmarktaufsichtsbehördengesetzes – FMABG, BGBl. I Nr. 97/2001, genannten Bundesgesetze unterliegen;
6. Privatstiftungen im Sinn des Privatstiftungsgesetzes – PSG, BGBl. Nr. 694/1993 und vergleichbare ausländische Einrichtungen sowie der Stiftungseingangssteuer unterliegende Vermögensmassen;
   (BGBl I 2022/108)
7. Stiftungen oder Fonds im Sinn des Bundes-Stiftungs- und Fondsgesetzes 2015, BGBl. I Nr. 160/2015, oder im Sinn einer diesem Bundesgesetz entsprechenden landesgesetzlichen Regelung einschließlich entsprechender Gebilde im Gründungsstadium;
8. Bauvereinigungen, die nach dem Wohnungsgemeinnützigkeitsgesetz – WGG, BGBl. Nr. 139/1979, als gemeinnützig anerkannt sind;
9. Abgabepflichtige, die Teil einer Unternehmensgruppe gemäß § 9 KStG 1988 sind – einschließlich der die finanzielle Verbindung vermittelnden Personengesellschaften, wenn der Gruppenträger oder zumindest ein Gruppenmitglied
  a) gemäß Z 1 bis 3 oder 5 bis 8 oder 10 in die Zuständigkeit des Finanzamtes für Großbetriebe fällt oder
  b) seinen Sitz nicht in Österreich hat;
10. Abgabepflichtige, die Teil einer Organschaft im Sinn des § 2 Abs. 2 Z 2 UStG 1994 sind, wenn der Organträger oder zumindest ein Organ gemäß Z 1 bis 3 oder 5 bis 9 in die Zuständigkeit des Finanzamtes für Großbetriebe fällt;
11. Abgabepflichtige, für die der Wechsel in die begleitende Kontrolle rechtskräftig festgestellt worden ist.
„12. **Abgabepflichtige, die als Geschäftseinheit einer Unternehmensgruppe, als Joint Venture oder als Geschäftseinheit eines Joint Venture in einem Mindeststeuerbericht gemäß § 73 Mindestbesteuerungsgesetz (MinBestG), BGBl I Nr. 187/2023, oder in einer Voranmeldung für die Mindeststeuer gemäß § 77 MinBestG angeführt werden, die für das zweitvorangegangene Wirtschaftsjahr übermittelt worden oder eingegangen sind."**
(MinBestRefG, BGBl I 2023/187 ab 1.1.2024)

(2) Das Finanzamt für Großbetriebe ist für die in Abs. 1 angeführten Abgabepflichtigen zuständig für die Erhebung sämtlicher bundesgesetzlich geregelter Abgaben. Ausgenommen davon sind
1. die Abgaben, die durch das Zollamt Österreich zu erheben sind (§ 62),
   (BGBl I 2021/3)
2. die Gebühren im Sinn des Gebührengesetzes 1957, BGBl. Nr. 267/1957,
3. die Gebühren im Sinn des Konsulargebührengesetzes, BGBl. Nr. 100/1992,
4. die Gerichts- und Justizverwaltungsgebühren im Sinn des Gerichtsgebührengesetzes, BGBl. Nr. 501/1984,
5. die Grunderwerbsteuer,
6. die Abgabe von land- und forstwirtschaftlichen Betrieben,
7. die Bodenwertabgabe,
8. die Versicherungssteuer,
9. die Feuerschutzsteuer,
10. die Flugabgabe,
11. der Finanzierungsbeitrag gemäß § 1 Abs. 4 des Glücksspielgesetzes – GSpG, BGBl. Nr. 620/1989,
12. die Konzessionsabgabe gemäß § 17 GSpG,
13. die Spielbankabgabe gemäß § 28 und § 29 GSpG,
14. die Glücksspielabgaben gemäß § 57 bis 59 GSpG,
15. die Gebühren gemäß § 59a GSpG.

Nicht in die Zuständigkeit des Finanzamtes für Großbetriebe fallen jene Aufgaben, die gemäß § 60 Abs. 2 dem Finanzamt Österreich obliegen.

(3) Das Finanzamt für Großbetriebe ist für die in Abs. 1 angeführten Abgabepflichtigen weiters zuständig
1. für die Wahrnehmung der Angelegenheiten der Abzugsteuern einschließlich der Vorschreibung der Kapitalertragsteuer gemäß § 95 Abs. 4 EStG 1988 und
2. für die Kontrolle der Aufzeichnungs-, Mitteilungs- und Aufbewahrungspflicht gemäß § 18a UStG 1994.

(CESOP-UG 2023, BGBl I 2023/106)

(4) Das Finanzamt für Großbetriebe ist jedenfalls zuständig für
1. die auf Grund völkerrechtlicher Verträge vorgesehene Rückzahlung von Abgaben;
2. die Rückzahlung oder Erstattung der Kapitalertragsteuer oder der Abzugsteuer gemäß § 99 EStG 1988 auf der Grundlage von § 94 Z 2 oder Z 10 EStG 1988, § 99a Abs. 8 EStG 1988, § 21 Abs. 1 Z 1a KStG 1988 oder mangels Erfüllung der Voraussetzungen des § 98 Abs. 1 EStG 1988;
3. die Rückzahlung der Körperschaftsteuer an ausländische Einrichtungen im Sinne des § 5 Z 4 des Pensionskassengesetzes, BGBl. Nr. 281/1990, wegen Vorliegens der Voraussetzungen für die Steuerbefreiung nach § 6 Abs. 1 KStG 1988;
4. Angelegenheiten betreffend Mittelstandsfinanzierungsgesellschaften im Sinn des § 6b KStG 1988;
5. Angelegenheiten betreffend die pauschale Erstattung von Einkommensteuer gemäß § 108 Abs. 5 EStG 1988, § 108a Abs. 4 und Abs. 5 letzter Satz EStG 1988 sowie § 108g Abs. 4 und Abs. 5 letzter Satz EStG 1988;
6. (aufgehoben)
(BGBl I 2021/3; AbgÄG 2023, BGBl I 2023/110)
7. die Führung eines von einem Abgabepflichtigen angeregten Verständigungsverfahrens und die Erledigung aller mit einem solchen Verständigungsverfahren oder einem Schiedsverfahren in Zusammenhang stehenden Aufgaben, soweit sich diese
    a) aus dem EU-BStbG oder
    b) aus einer anderen Rechtsgrundlage als dem EU-BStbG ergeben.

Davon ausgenommen sind die Ernennung von Schiedsrichtern, die Einsetzung eines Schiedsgerichts, der Abschluss der Verträge mit den Schiedsrichtern, die Tragung der Kosten für das Schiedsverfahren sowie die Verständigung über allgemein gültige Geschäftsordnungen für Schiedsgerichte.

(BGBl I 2021/3)
(BGBl I 2020/99)

(5) Für die Wahrnehmung der Zuständigkeit sind die Umsatzerlöse gemäß Abs. 1 Z 1 oder 2 in der Steuererklärung gemäß §§ 42, 43 EStG 1988 oder § 24 Abs. 3 Z 1 KStG 1988 bekannt zu geben.

(6) Für die Wahrnehmung der Zuständigkeit gemäß Abs. 1 Z 5 hat die Finanzmarktaufsichtsbehörde dem Finanzamt für Großbetriebe Informationen über sämtliche im Sinne des § 2 FMABG vorliegenden Genehmigungen elektronisch zu übermitteln. Der Bundesminister für Finanzen wird ermächtigt, den Inhalt und das Verfahren der elektronischen Übermittlung mit Verordnung festzulegen.

(7) Für die Wahrnehmung der Zuständigkeit gemäß Abs. 1 Z 8 hat ein Revisionsverband im Sinne des § 5 Abs. 1 WGG die Liste der ihm am 1. Oktober 2020 angehörenden Bauvereinigungen bis zum 30. Oktober 2020 sowie alle nach dem 1. Oktober 2020 erfolgenden Änderungen innerhalb einer Woche ab der Änderung elektronisch zu übermitteln. Der Bundesminister für Finanzen wird ermächtigt, den Inhalt und das Verfahren der elektronischen Übermittlung mit Verordnung festzulegen.

(BGBl I 2020/99)
(BGBl I 2019/104)

4. Zollamt Österreich
(BGBl I 2019/104)

Organisation

§ 62. (1) Der Wirkungsbereich des Zollamtes Österreich erstreckt sich auf das gesamte Bundesgebiet. Der Bundesminister für Finanzen hat mit Verordnung den Sitz des Zollamtes Österreich festzulegen.

(BGBl I 2020/99)

(2) Die Leitung des Zollamtes Österreich erfolgt durch den Vorstand. Ihm obliegt insbesondere die organisatorische, personelle, wirtschaftliche und finanzielle Leitung.

(3) Dem Vorstand können für die organisatorische, personelle, wirtschaftliche und finanzielle Leitung Bereichsleiter und für die fachliche Leitung Fachbereichsleiter zur Seite gestellt werden.

(4) Der Vorstand des Zollamtes Österreich kann Zollstellen einrichten. Die Einrichtung oder Schließung einer Zollstelle sowie ihr örtlicher und sachlicher Wirkungsbereich sind kundzumachen.

(BGBl I 2019/104)

Zuständigkeit

§ 63. (1) Das Zollamt Österreich ist – unbeschadet der Zuständigkeit anderer Behörden und der dem Zollamt Österreich durch sonstige Rechtsvorschriften übertragenen Aufgaben – zuständig für:
1. die Vollziehung des Zollrechts (§§ 1 und 2 des Zollrechts-Durchführungsgesetzes – ZollR-DG, BGBl. Nr. 659/1994),
2. die Vollziehung der Gemeinsamen Marktordnungsorganisation, soweit nicht eine andere Behörde zuständig ist,
3. die Erhebung der Verbrauchsteuern,

4. die Erhebung der Einfuhrumsatzsteuer nach Maßgabe des § 26 Abs. 3 UStG 1994,
5. die Vollziehung der Verordnung (EU) Nr. 1672/2018 über die Überwachung von Barmitteln, die in die Union oder aus der Union verbracht werden, ABl. Nr. L 284 vom 12.11.2018 S. 6,
6. die Erhebung der Kraftfahrzeugsteuer im grenzüberschreitenden Verkehr für ein in einem ausländischen Zulassungsverfahren zugelassenes Kraftfahrzeug (§ 1 Abs. 1 Z 2 des Kraftfahrzeugsteuergesetzes 1992 – KfzStG 1992, BGBl. Nr. 449/1992),
(BGBl I 2020/99)
7. die Vollziehung des § 2a und des § 7 des Tabak- und Nichtraucherinnen- bzw. Nichtraucherschutzgesetz – TNRSG, BGBl. Nr. 431/1995, soweit nicht der Bundesminister für Finanzen zuständig ist,
8. die Vollziehung des Tabakmonopolgesetzes 1996 – TabMG 1996, BGBl. Nr. 830/1995, soweit nicht der Bundesminister für Finanzen zuständig ist,
9. die Erhebung des Altlastenbeitrages im Sinn des Altlastensanierungsgesetzes, BGBl. Nr. 299/1989,
(AbgÄG 2023, BGBl I 2023/110)
10. die Vollziehung des Nationalen Emissionszertifikatehandelsgesetzes 2022 – NEHG 2022, BGBl. I Nr. 10/2022, im Zeitraum der Fixpreisphase gemäß § 9 Z 1 NEHG 2022, durch das Amt für den nationalen Emissionszertifikatehandel (§ 28 NEHG 2022),
(AbgÄG 2023, BGBl I 2023/110)
11. die Vollziehung der Verordnung (EU) 2023/956 zur Schaffung eines CO_2-Grenzausgleichssystems, ABl. Nr. L 130 vom 16.05.2023 S. 52 und die Wahrnehmung der Aufgaben und Verantwortlichkeiten als zuständige Behörde gemäß Art. 11 der Verordnung (EU) 2023/956 durch das Amt für den nationalen Emissionszertifikatehandel (§ 28 NEHG 2022).
(AbgÄG 2023, BGBl I 2023/110)

(2) Die Ortsgemeinden Jungholz (Tirol) und Mittelberg (Vorarlberg) fallen nicht in den Zuständigkeitsbereich des Zollamtes Österreich. Das gilt nicht für die Erhebung des Altlastenbeitrages.
(BGBl I 2019/104)

5. Zentrale Services
Organisation und Aufgaben

§ 64. (1) Der Wirkungsbereich der Zentralen Services erstreckt sich auf das gesamte Bundesgebiet. Der Bundesminister für Finanzen hat mit Verordnung den Sitz der Zentralen Services festzulegen.

(2) Den Zentralen Services obliegt für die Bundesfinanzverwaltung insbesondere
1. die Sicherstellung einer einheitlichen Rechtsauslegung und Vollziehung,
2. die Prüfung der Abgabenbehörden des Bundes und des Amtes für Betrugsbekämpfung gemäß § 115 des Bundeshaushaltsgesetzes 2013 – BHG 2013, BGBl. I Nr. 139/2009, in Verbindung mit § 129 Abs. 2 der Bundeshaushaltsverordnung 2013 – BHV 2013, BGBl. II Nr. 266/2010,
3. die Entwicklung, der Aufbau und die Optimierung von EDV-technischen Lösungen für die Budgetgebarung im Umfang der Aufgaben eines haushaltsleitenden Organes (§ 6 Abs. 2 BHG 2013) für das gesamte Finanzressort,
4. die Aus- und Weiterbildung der Bediensteten und
5. die Unterstützung im Bereich der Datenverarbeitung.
(BGBl I 2020/99)

§§ 65. bis 69. (aufgehoben)
§ 70. (aufgehoben)
(BGBl I 2019/104)
§§ 71. bis 75. (aufgehoben)

6. Befangenheit von Organen der Abgabenbehörden
(BGBl I 2019/104, BGBl I 2020/99)

§ 76. (1) Organe der Abgabenbehörden und der Verwaltungsgerichte haben sich der Ausübung ihres Amtes wegen Befangenheit zu enthalten und ihre Vertretung zu veranlassen,
a) wenn es sich um ihre eigenen Abgabenangelegenheiten oder um jene eines ihrer Angehörigen (§ 25), oder um jene einer Person unter ihrer gesetzlichen Vertretung handelt;
(BGBl I 2018/62)
b) wenn sie als Vertreter einer Partei (§ 78) noch bestellt sind oder bestellt waren;
c) wenn sonstige wichtige Gründe vorliegen, die geeignet sind, ihre volle Unbefangenheit in Zweifel zu ziehen;
d) im Beschwerdeverfahren vor den Verwaltungsgerichten überdies, wenn sie an der Erlassung des angefochtenen Bescheides oder der Beschwerdevorentscheidung (§ 262) mitgewirkt oder eine Weisung im betreffenden Verfahren erteilt haben oder wenn einer der in lit. a genannten Personen dem Beschwerdeverfahren beigetreten ist.

(2) Bei Gefahr im Verzug hat, wenn die Vertretung durch ein anderes Organ nicht sogleich bewirkt werden kann, auch das befangene Organ die unaufschiebbaren Amtshandlungen selbst vorzunehmen. Dies gilt nicht in den in Abs. 1 lit. a bezeichneten Fällen.

B. Parteien und deren Vertretung
1. Allgemeine Bestimmungen

§ 77. (1) Abgabepflichtiger im Sinne dieses Bundesgesetzes ist, wer nach den Abgabenvorschriften als Abgabenschuldner in Betracht kommt.

(2) Die für die Abgabepflichtigen getroffenen Anordnungen gelten, soweit nicht anderes bestimmt ist, sinngemäß auch für die kraft abgabenrechtlicher Vorschriften persönlich für eine Abgabe Haftenden.

§ 78. (1) Partei im Abgabenverfahren ist der Abgabepflichtige (§ 77), im Beschwerdeverfahren auch jeder, der eine Beschwerde einbringt (Beschwerdeführer), einem Beschwerdeverfahren beigetreten ist (§§ 257 bis 259) oder, ohne Beschwerdeführer zu sein, einen Vorlageantrag (§ 264) gestellt hat.

(2) Parteien des Abgabenverfahrens sind ferner,
a) wenn die Erlassung von Feststellungsbescheiden vorgesehen ist, diejenigen, an die diese Bescheide ergehen (§ 191 Abs. 1 und 2);
b) wenn nach den Abgabenvorschriften Steuermeßbeträge oder Einheitswerte zu zerlegen oder zuzuteilen sind, die Körperschaften, denen ein Zerlegungsanteil zugeteilt worden ist oder die auf eine Zuteilung Anspruch erheben.

(3) Andere als die genannten Personen haben die Rechtsststellung einer Partei dann und insoweit, als sie auf Grund abgabenrechtlicher Vorschriften die Tätigkeit einer Abgabenbehörde in Anspruch nehmen oder als sich die Tätigkeit einer Abgabenbehörde auf sie bezieht.

§ 79. Für die Rechts- und Handlungsfähigkeit gelten die Bestimmungen des bürgerlichen Rechtes. § 2 Zivilprozeßordnung ist sinngemäß anzuwenden.

2. Vertreter

§ 80. (1) Die zur Vertretung juristischer Personen berufenen Personen und die gesetzlichen Vertreter natürlicher Personen haben alle Pflichten zu erfüllen, die den von ihnen Vertretenen obliegen, und sind befugt, die diesen zustehenden Rechte wahrzunehmen. Sie haben insbesondere dafür zu sorgen, daß die Abgaben aus den Mitteln, die sie verwalten, entrichtet werden.

(2) Steht eine Vermögensverwaltung anderen Personen als den Eigentümern des Vermögens oder deren gesetzlichen Vertretern zu, so haben die Vermögensverwalter, soweit ihre Verwaltung reicht, die im Abs. 1 bezeichneten Pflichten und Befugnisse.

(3) Vertreter (Abs. 1) der aufgelösten Gesellschaft mit beschränkter Haftung **„oder Flexiblen Kapitalgesellschaft"** nach Beendigung der Liquidation ist, wer nach § 93 Abs. 3 GmbHG zur Aufbewahrung der Bücher und Schriften der aufgelösten Gesellschaft verpflichtet ist oder zuletzt verpflichtet war.
(Start-Up-FG, BGBl I 2023/200 ab 1.1.2024)

§ 81. (1) Abgabenrechtliche Pflichten einer Personenvereinigung (Personengemeinschaft) ohne eigene Rechtspersönlichkeit sind von den zur Führung der Geschäfte bestellten Personen und, wenn solche nicht vorhanden sind, von den Gesellschaftern (Mitgliedern) zu erfüllen.

(2) Kommen zur Erfüllung der in Abs. 1 umschriebenen Pflichten mehrere Personen in Betracht, so haben diese hiefür eine Person aus ihrer Mitte oder einen gemeinsamen Bevollmächtigten der Abgabenbehörde gegenüber als vertretungsbefugte Person namhaft zu machen; diese Person gilt solange als zur Empfangnahme von Schriftstücken der Abgabenbehörde ermächtigt, als nicht eine andere Person als Zustellungsbevollmächtigter namhaft gemacht wird. Solange und soweit eine Namhaftmachung im Sinn des ersten Satzes nicht erfolgt, kann die Abgabenbehörde eine der zur Erfüllung der im Abs. 1 umschriebenen Pflichten in Betracht kommenden mehreren Personen als Vertreter mit Wirkung für die Gesamtheit bestellen. Die übrigen Personen, die im Inland Wohnsitz, Geschäftsleitung oder Sitz haben, sind hievon zu verständigen.

(3) Sobald und soweit die Voraussetzungen für die Bestellung eines Vertreters durch die Abgabenbehörde nachträglich weggefallen sind, ist die Bestellung zu widerrufen. Ein Widerruf hat auch dann zu erfolgen, wenn aus wichtigen Gründen eine andere in Betracht kommende Person von der Abgabenbehörde als Vertreter bestellt werden soll.

(4) Für Personen, denen gemäß Abs. 1 oder 2 die Erfüllung abgabenrechtlicher Pflichten von Personenvereinigungen (Personengemeinschaften) ohne eigene Rechtspersönlichkeit obliegt, gilt § 80 Abs. 1 sinngemäß.

(5) Die sich auf Grund der Abs. 1, 2 oder 4 ergebenden Pflichten und Befugnisse werden durch den Eintritt eines neuen Gesellschafters (Mitglieds) in die Personenvereinigung (Personengemeinschaft) nicht berührt.

(6) In den Fällen des § 19 Abs. 2 sind die Abs. 1, 2 und 4 auf die zuletzt beteiligt gewesenen Gesellschafter (Mitglieder) sinngemäß anzuwenden. Die bei Beendigung der Personenvereinigung (Personengemeinschaft) bestehende Vertretungsbefugnis bleibt, sofern dem nicht andere Rechtsvorschriften entgegenstehen, insoweit und solange aufrecht, als nicht von einem der zuletzt beteiligt gewesenen Gesellschafter (Mitglieder) oder der vertretungsbefugten Person dagegen Widerspruch erhoben wird.

(7) Werden an alle Gesellschafter (Mitglieder) einer Personenvereinigung (Personengemeinschaft) ohne eigene Rechtspersönlichkeit in dieser ihrer Eigenschaft schriftliche Ausfertigungen einer Abgabenbehörde gerichtet, so gilt der nach Abs. 1 bis 5 für die Personenvereinigung (Personengemeinschaft) Zustellungsbevollmächtigte auch als gemeinsamer Zustellungsbevollmächtigter der Gesellschafter (Mitglieder). Ergehen solche schriftliche Ausfertigungen nach Beendigung einer Personenvereinigung (Personengemeinschaft) ohne eigene Rechtspersönlichkeit, so gilt die nach Abs. 6 vertretungsbefugte Person auch als Zustellungsbevollmächtigter der ehemaligen Gesellschafter (Mitglieder), sofern ein solcher nicht eigens namhaft gemacht wurde. Die Bestimmung des Abs. 6 über die Erhebung eines Widerspruches gilt sinngemäß.

(8) Vertretungsbefugnisse nach den vorstehenden Absätzen bleiben auch für ausgeschiedene Gesellschafter (Mitglieder) von Personenvereinigungen (Personengemeinschaften) ohne eigene Rechtspersönlichkeit hinsichtlich der vor dem Ausscheiden gelegene Zeiträume und Zeitpunkte betreffenden Maßnahmen bestehen, solange dem nicht von seiten des ausgeschiedenen Gesellschafters (Mitglieds) oder der vertretungsbefugten Person widersprochen wird.

(9) Die Abs. 1 bis 4 gelten sinngemäß für Vermögensmassen, die als solche der Besteuerung unterliegen.

(10) Namhaftmachungen und Bestellungen (Abs. 2) wirken auch im Beschwerdeverfahren.

§ 82. (1) Soll gegen eine nicht voll handlungsfähige Person, die eines gesetzlichen Vertreters entbehrt, oder gegen eine Person, deren Aufenthalt unbekannt ist, eine Amtshandlung vorgenommen werden, so kann die Abgabenbehörde, wenn die Wichtigkeit der Sache es erfordert, auf Kosten des zu Vertretenden die Betrauung eines gesetzlichen Vertreters (§ 1034 ABGB) beim zuständigen Gericht (§ 109 Jurisdiktionsnorm) beantragen.

(BGBl I 2018/62)

(2) Ist zweifelhaft, wer zur Vertretung einer Verlassenschaft befugt ist, oder wer beim Wegfall einer juristischen Person oder eines dieser ähnlichen Gebildes oder eines sonst verbleibenden Vermögens vertretungsbefugt ist, gilt Abs. 1 sinngemäß.

(BGBl I 2018/62)

§ 83. (1) Die Parteien und ihre gesetzlichen Vertreter können sich, sofern nicht ihr persönliches Erscheinen ausdrücklich gefordert wird, durch natürliche voll handlungsfähige Personen, juristische Personen oder eingetragene Personengesellschaften vertreten lassen, die sich durch eine schriftliche Vollmacht auszuweisen haben.

(BGBl I 2018/62)

(2) Inhalt und Umfang der Vertretungsbefugnis des Bevollmächtigten richten sich nach der Vollmacht; hierüber sowie über den Bestand der Vertretungsbefugnis auftauchende Zweifel sind nach den Vorschriften des bürgerlichen Rechtes zu beurteilen. Die Abgabenbehörde hat die Behebung etwaiger Mängel unter sinngemäßer Anwendung der Bestimmungen des § 85 Abs. 2 von Amts wegen zu veranlassen.

(3) Vor der Abgabenbehörde kann eine Vollmacht auch mündlich erteilt werden; hierüber ist eine Niederschrift aufzunehmen.

(4) Die Abgabenbehörde kann von einer ausdrücklichen Vollmacht absehen, wenn es sich um die Vertretung durch amtsbekannte Angehörige (§ 25), Haushaltsangehörige oder Angestellte handelt und Zweifel über das Bestehen und den Umfang der Vertretungsbefugnis nicht obwalten.

(5) Die Bestellung eines Bevollmächtigten schließt nicht aus, daß sich die Abgabenbehörde unmittelbar an den Vollmachtgeber selbst wendet oder daß der Vollmachtgeber im eigenen Namen Erklärungen abgibt.

§ 84. (1) Die Abgabenbehörde hat solche Personen (Personengesellschaften) als Bevollmächtigte abzulehnen, die die Vertretung anderer geschäftsmäßig, wenn auch unentgeltlich betreiben, ohne hiezu befugt zu sein. Gleichzeitig ist der Vollmachtgeber von der Ablehnung in Kenntnis zu setzen.

(2) Das von einer abgelehnten Person (Personengesellschaft) in Sachen des Vollmachtgebers nach der Ablehnung schriftlich oder mündlich Vorgebrachte ist ohne abgabenrechtliche Wirkung.

3. Abschnitt
Verkehr zwischen Abgabenbehörden, Parteien und sonstigen Personen

A. Anbringen

§ 85. (1) Anbringen zur Geltendmachung von Rechten oder zur Erfüllung von Verpflichtungen (insbesondere Erklärungen, Anträge, Beantwortungen von Bedenkenvorhalten, Rechtsmittel) sind vorbehaltlich der Bestimmungen des Abs. 3 schriftlich einzureichen (Eingaben).

(2) Mängel bei Eingaben (Formgebrechen, inhaltliche Mängel, Fehlen einer Unterschrift) berechtigen die Abgabenbehörde nicht zur Zurückweisung; inhaltliche Mängel liegen nur dann vor, wenn in einer Eingabe gesetzlich geforderte inhaltliche Angaben fehlen. Sie hat dem Einschreiter die Behebung dieser Mängel mit dem Hinweis aufzutragen, daß die Eingabe nach fruchtlosem Ablauf einer gleichzeitig zu bestimmenden angemessenen Frist als zurückgenommen gilt; werden die Mängel rechtzeitig behoben, gilt die Eingabe als ursprünglich richtig eingebracht.

(3) Die Abgabenbehörde hat mündliche Anbringen der im Abs. 1 bezeichneten Art entgegenzunehmen,
a) wenn dies die Abgabenvorschriften vorsehen, oder
b) wenn dies für die Abwicklung des Abgabenverfahrens zweckmäßig ist, oder
c) wenn die Schriftform dem Einschreiter nach seinen persönlichen Verhältnissen nicht zugemutet werden kann.

Zur Entgegennahme mündlicher Anbringen ist die Abgabenbehörde nur während der für den Parteienverkehr bestimmten Amtsstunden verpflichtet, die bei der Abgabenbehörde durch Anschlag kundzumachen sind.

(4) Wird ein Anbringen (Abs. 1 oder 3) nicht vom Abgabepflichtigen selbst vorgebracht, ohne daß sich der Einschreiter durch eine schriftliche Vollmacht ausweisen kann und ohne daß § 83 Abs. 4 Anwendung findet, gelten für die nachträgliche Beibringung der Vollmacht die Bestimmungen des Abs. 2 sinngemäß.

(5) Der Einschreiter hat auf Verlangen der Abgabenbehörde eine beglaubigte Übersetzung einem Anbringen (Abs. 1 oder 3) beigelegter Unterlagen beizubringen.

§ 85a. Die Abgabenbehörden sind verpflichtet, über Anbringen (§ 85) der Parteien ohne unnötigen Aufschub zu entscheiden.

§ 86. Anbringen, die nicht unter § 85 Abs. 1 fallen, können mündlich vorgebracht werden, soweit nicht die Wichtigkeit oder der Umfang des Anbringens Schriftlichkeit erfordert, in welchem Fall § 85 Abs. 3 mit Ausnahme von lit. a und b sinngemäß anzuwenden ist.

§ 86a. (1) Anbringen können im Wege automationsunterstützter Datenübertragung oder in jeder anderen technisch möglichen Weise eingereicht werden, soweit es durch Verordnung des Bundesministers für Finanzen zugelassen wird. Durch Verordnung des Bundesministers für Finanzen kann zugelassen werden, daß sich der Einschreiter einer bestimmten geeigneten öffentlich-rechtlichen oder privatrechtlichen Übermittlungsstelle bedienen darf. Die für schriftliche Anbringen geltenden Bestimmungen sind auch in diesen Fällen mit der Maßgabe anzuwenden, daß das Fehlen einer Unterschrift keinen Mangel darstellt. Die Abgabenbehörde und das Verwaltungsgericht können jedoch, wenn es die Wichtigkeit des Anbringens zweckmäßig erscheinen läßt, dem Einschreiter die unterschriebene Bestätigung des Anbringens mit dem Hinweis auftragen, daß dieses nach fruchtlosem Ablauf einer gleichzeitig zu bestimmenden angemessenen Frist als zurückgenommen gilt.

(BGBl I 2022/108)

(2) Der Bundesminister für Finanzen kann durch Verordnung im Sinn des Abs. 1 erster Satz bestimmen,

a) unter welchen Voraussetzungen welche Arten der Datenübertragung an Abgabenbehörden und an Verwaltungsgerichte zugelassen sind,
b) daß für bestimmte Arten von Anbringen bestimmte Arten der Datenübertragung ausgeschlossen sind und
c) welche Unterlagen wie lange vom Einschreiter im Zusammenhang mit bestimmten Arten der Datenübertragung aufzubewahren sind.

(3) Der Bundesminister für Finanzen kann durch Verordnung im Sinn des Abs. 1 erster Satz bestimmen, dass zum Zweck der erstmaligen Aufnahme einer Person in den Datenbestand der Bundesfinanzverwaltung oder der Ausstellung von Zugangsdaten zu FinanzOnline oder deren Rücksetzung ein videogestütztes elektronisches Verfahren zur Feststellung der Identität einer betroffenen Person (Online-Identifikation) eingesetzt werden darf. Die Online-Identifikation darf nur auf Antrag der betroffenen Person erfolgen. Zum Zweck der Identitätsfeststellung dürfen folgende Daten verarbeitet werden:

1. in Zusammenhang mit der Online-Identifikation übermittelte Dokumente und Unterlagen,
2. im Rahmen der Online-Identifikation angefertigte Videoaufnahmen,
3. im Rahmen der Online-Identifikation angefertigte Bildschirmkopien.

(AbgÄG 2023, BGBl I 2023/110)

§ 86b. Für Landes- und Gemeindeabgaben gilt abweichend von § 86a Folgendes: Anbringen, für die Abgabenvorschriften Schriftlichkeit vorsehen oder gestatten, können in jeder technisch möglichen Form eingebracht werden, mit E-Mail jedoch nur insoweit, als für den elektronischen Verkehr zwischen der Behörde und den Parteien (§ 78) nicht besondere Übermittlungsformen vorgesehen sind. Etwaige technische Voraussetzungen oder organisatorische Beschränkungen des elektronischen Verkehrs zwischen der Behörde und den Parteien sind im Internet bekannt zu machen.

B. Niederschriften

§ 87. (1) In den Fällen der unmittelbaren oder sinngemäßen Anwendung des § 85 Abs. 3 ist das Anbringen, soweit nicht in Abgabenvorschriften anderes bestimmt ist, seinem wesentlichen Inhalt nach in einer Niederschrift festzuhalten.

(2) Niederschriften sind ferner über die Einvernahme von Auskunftspersonen, Zeugen und Sachverständigen sowie über die Durchführung eines Augenscheines aufzunehmen.

(3) Niederschriften sind derart abzufassen, daß bei Weglassung alles nicht zur Sache Gehörigen der Verlauf und Inhalt der Amtshandlung richtig und verständlich wiedergegeben wird. Außerdem hat jede von einer Abgabenbehörde aufgenommene Niederschrift zu enthalten:

a) Ort, Zeit und Gegenstand der Amtshandlung und, wenn schon frühere, darauf bezügliche Amtshandlungen vorliegen, erforderlichenfalls eine kurze Darstellung des dermaligen Standes der Sache;
b) die Benennung der Abgabenbehörde und die Namen des Leiters der Amtshandlung und der sonst mitwirkenden amtlichen Organe, der anwesenden Parteien und ihrer Vertreter sowie der etwa vernommenen Auskunftspersonen, Zeugen und Sachverständigen;
c) die eigenhändige Unterschrift des die Amtshandlung leitenden Organs.

(4) Jede Niederschrift ist den vernommenen oder sonst beigezogenen Personen vorzulegen und von ihnen durch Beisetzung ihrer eigenhändigen Unterschrift zu bestätigen. Kann eine Person nicht oder nur mittels Handzeichen unterfertigen, hat sie die Unterfertigung verweigert oder sich vor Abschluß der Niederschrift oder des ihre Aussage enthaltenden Teiles der Niederschrift entfernt, so ist unter Angabe des Grundes, aus dem die Unterfertigung nicht erfolgte, die Richtigkeit der schriftlichen Wiedergabe von dem die Amtshandlung leitenden Organ ausdrücklich zu bestätigen.

(5) In der Niederschrift darf nichts Erhebliches ausgelöscht, hinzugefügt oder verändert werden. Durchstrichene Stellen sollen noch lesbar bleiben. Erhebliche Zusätze oder Einwendungen des Vernommenen wegen behaupteter Unvollständigkeit oder Unrichtigkeit der Niederschrift sind in einen Nachtrag aufzunehmen und abgesondert zu bestätigen.

(6) Die Behörde kann sich für die Abfassung der Niederschrift eines Schallträgers bedienen oder die Niederschrift in Kurzschrift abfassen, wenn

weder von der vernommenen noch von einer sonst beigezogenen Person dagegen Einwand erhoben wird. Die Schallträgeraufnahme und die in Kurzschrift abgefaßte Niederschrift sind nachträglich in Vollschrift zu übertragen. Die vernommene oder sonst beigezogene Person kann spätestens bei Beendigung der betreffenden Amtshandlung die Zustellung einer Abschrift der Niederschrift, zu deren Abfassung sich die Behörde eines Schallträgers bedient hat, beantragen und innerhalb von zwei Wochen ab Zustellung Einwendungen wegen behaupteter Unvollständigkeit oder Unrichtigkeit der Übertragung der Schallträgeraufnahme erheben. Wird eine solche Zustellung beantragt, so darf die Schallträgeraufnahme frühestens einen Monat nach Ablauf der Frist zur Erhebung von Einwendungen gelöscht werden; ansonsten darf sie frühestens einen Monat nach erfolgter Übertragung gelöscht werden.

(6a) Eine nachträgliche Übertragung der Schallträgeraufnahme in Vollschrift kann unterbleiben, wenn keine der in Abs. 6 erster Satz genannten Personen spätestens bei Beendigung der betreffenden Amtshandlung dagegen Einwand erhoben hat. Eine solche Schallträgeraufnahme ist auf einem Datenträger aufzubewahren.

(7) Niederschriften, die mittels automationsunterstützter Datenverarbeitung, insbesondere unter Einsatz von Textverarbeitungsprogrammen, erstellt worden sind, bedürfen nicht der Unterschrift des Leiters der Amtshandlung und der beigezogenen Personen, wenn sichergestellt ist, daß auf andere Weise festgestellt werden kann, daß der Leiter der Amtshandlung und den Inhalt der Niederschrift bestätigt hat. Die vernommene oder sonst beigezogene Person kann spätestens bei Beendigung der Amtshandlung die Zustellung einer Abschrift einer solchen Niederschrift beantragen und innerhalb von zwei Wochen ab Zustellung Einwendungen wegen behaupteter Unvollständigkeit oder Unrichtigkeit der Niederschrift erheben.

(8) Von der gemäß Abs. 1 aufgenommenen Niederschrift ist der Partei, von der gemäß Abs. 2 aufgenommenen Niederschrift der vernommenen Person über Verlangen eine Abschrift auszufolgen.

§ 88. Soweit nicht Einwendungen erhoben wurden, liefert eine gemäß § 87 aufgenommene Niederschrift über den Gegenstand und den Verlauf der betreffenden Amtshandlung Beweis.

C. Aktenvermerke

§ 89. (1) Amtliche Wahrnehmungen und Mitteilungen, die der Abgabenbehörde telephonisch zugehen, ferner mündliche Belehrungen, Aufforderungen und Anordnungen, über die keine schriftliche Ausfertigung erlassen wird, schließlich Umstände, die nur für den inneren Dienst der Abgabenbehörde in Betracht kommen, sind, wenn nicht anderes bestimmt und kein Anlaß zur Aufnahme einer Niederschrift gegeben ist, erforderlichenfalls in einem Aktenvermerk kurz festzuhalten.

(2) Der Inhalt des Aktenvermerkes ist vom Amtsorgan durch Beisetzung von Datum und Unterschrift zu bestätigen. Vom Erfordernis der Unterschrift kann jedoch abgesehen werden, wenn sichergestellt ist, daß das Amtsorgan auf andere Weise festgestellt werden kann.

D. Akteneinsicht

§ 90. (1) Die Abgabenbehörde hat den Parteien die Einsicht und Abschriftnahme der ihre Sache betreffenden Akten oder Aktenteile zu gestatten. Blinden oder hochgradig sehbehinderten Parteien, die nicht durch Vertreter (§§ 80 ff) vertreten sind, ist auf Verlangen der Inhalt von Akten und Aktenteilen durch Verlesung oder nach Maßgabe der vorhandenen technischen Möglichkeiten in sonst geeigneter Weise zur Kenntnis zu bringen.

(BGBl I 2022/108)

(2) Von der Akteneinsicht ausgenommen sind Beratungsprotokolle, Amtsvorträge, Erledigungsentwürfe und sonstige Schriftstücke (Mitteilungen anderer Behörden, Meldungen, Berichte und dergleichen), deren Einsichtnahme eine Schädigung berechtigter Interessen dritter Personen herbeiführen würde.

(3) Gegen die Verweigerung der Akteneinsicht ist ein abgesondertes Rechtsmittel nicht zulässig.

§ 90a. (1) Soweit durch Verordnung zugelassen, kann die Abgabenbehörde der Partei sowie den in den §§ 80 ff bezeichneten Vertretern ermöglichen, personenbezogene Daten dieser Partei als Akten oder Aktenteilen im Wege automationsunterstützter Datenübertragung abzufragen. Bei der Ausgestaltung dieser Abfragemöglichkeit sind die in § 48e Abs. 1 Z 1 bis 6, § 90 Abs. 2 und Art. 15 Abs. 4 DSGVO angeführten Beschränkungen unter sinngemäßer Anwendung zu beachten.

(BGBl I 2019/103)

(2) Von der gemäß Abs. 1 einem Vertreter eingeräumten Möglichkeit zur Abfrage von personenbezogenen Daten der Partei ist die Partei ungeachtet einer Zustellungsbevollmächtigung umgehend zu verständigen. Dem Vertreter ist die gemäß Abs. 1 eingeräumte Möglichkeit zur Abfrage von personenbezogenen Daten der Partei dann unverzüglich zu verwehren, wenn die erforderliche Vertretungsbefugnis nicht (mehr) vorhanden ist oder Zweifel über deren Inhalt, Umfang oder Bestand aufkommen.

(BGBl I 2019/103)

(3) Der technische und organisatorische Ablauf des dabei anzuwendenden Verfahrens ist durch Verordnung zu bestimmen. In der Verordnung kann vorgesehen werden, daß sich die Abgabenbehörde einer bestimmten geeigneten öffentlich-rechtlichen oder privatrechtlichen Übermittlungsstelle bedienen kann.

(4) Der Bund leistet keine Gewähr für die Richtigkeit der abgefragten Daten.

§ 90b. Für Landes- und Gemeindeabgaben gilt Folgendes:

Nach Maßgabe der vorhandenen technischen Möglichkeiten kann Akteneinsicht (§ 90) auch im

Weg automationsunterstützter Datenverarbeitung gestattet werden.
(BGBl I 2019/103)

E. Vorladungen

§ 91. (1) Die Abgabenbehörde ist berechtigt, Personen, deren Erscheinen nötig ist, vorzuladen. In der Vorladung kann die Abgabenbehörde anstelle des Erscheinens die Verwendung technischer Einrichtungen zur Wort- und Bildübertragung nach Maßgabe des § 48j anbieten.

(BGBl I 2022/108)

(2) In der Vorladung ist außer Ort und Zeit der Amtshandlung auch anzugeben, was den Gegenstand der Amtshandlung bildet, in welcher Eigenschaft der Vorgeladene vor der Abgabenbehörde erscheinen soll (Abgabepflichtiger, Zeuge, Sachverständiger und so weiter) und welche Behelfe und Beweismittel mitzubringen sind. In der Vorladung ist ferner bekanntzugeben, ob der Vorgeladene persönlich zu erscheinen hat oder ob die Entsendung eines Vertreters genügt und welche Folgen an ein Ausbleiben geknüpft sind. In der Vorladung von Zeugen ist weiters auf die gesetzlichen Bestimmungen über Zeugengebühren (§ 176) hinzuweisen; dies gilt sinngemäß für die Vorladung von Auskunftspersonen, die gemäß § 143 Abs. 4 Anspruch auf Zeugengebühren haben.

(3) Wer nicht durch Krankheit, Gebrechlichkeit oder sonstige begründete Hindernisse vom Erscheinen abgehalten ist, hat die Verpflichtung, der Vorladung Folge zu leisten und kann zur Erfüllung dieser Pflicht durch Zwangsstrafen verhalten werden. Die Verhängung dieser Zwangsstrafen ist nur zulässig, wenn sie in der Vorladung angedroht und die Vorladung zu eigenen Handen zugestellt war.

(4) Gegen die Vorladung ist ein abgesondertes Rechtsmittel nicht zulässig.

F. Erledigungen

§ 92. (1) Erledigungen einer Abgabenbehörde sind als Bescheide zu erlassen, wenn sie für einzelne Personen
a) Rechte oder Pflichten begründen, abändern oder aufheben, oder
b) abgabenrechtlich bedeutsame Tatsachen feststellen, oder
c) über das Bestehen oder Nichtbestehen eines Rechtsverhältnisses absprechen.

(2) Bescheide bedürfen der Schriftform, wenn nicht die Abgabenvorschriften die mündliche Form vorschreiben oder gestatten.

§ 93. (1) Für schriftliche Bescheide gelten außer den ihren Inhalt betreffenden besonderen Vorschriften die Bestimmungen der Abs. 2 bis 6, wenn nicht nach gesetzlicher Anordnung die öffentliche Bekanntmachung oder die Auflegung von Listen genügt.

(2) Jeder Bescheid ist ausdrücklich als solcher zu bezeichnen, er hat den Spruch zu enthalten und in diesem die Person (Personenvereinigung, Personengemeinschaft) zu nennen, an die er ergeht.

(3) Der Bescheid hat ferner zu enthalten
a) eine Begründung, wenn ihm ein Anbringen (§ 85 Abs. 1 oder 3) zugrunde liegt, dem nicht vollinhaltlich Rechnung getragen wird, oder wenn er von Amts wegen erlassen wird;
b) eine Belehrung, ob ein Rechtsmittel zulässig ist, innerhalb welcher Frist und bei welcher Behörde das Rechtsmittel einzubringen ist, ferner, daß das Rechtsmittel begründet werden muß und daß ihm eine aufschiebende Wirkung nicht zukommt (§ 254).

(4) Enthält der Bescheid keine Rechtsmittelbelehrung oder keine Angabe über die Rechtsmittelfrist oder erklärt er zu Unrecht ein Rechtsmittel für unzulässig, so wird die Rechtsmittelfrist nicht in Lauf gesetzt.

(5) Ist in dem Bescheid eine kürzere oder längere als die gesetzliche Frist angegeben, so gilt das innerhalb der gesetzlichen oder der angegebenen längeren Frist eingebrachte Rechtsmittel als rechtzeitig erhoben.

(6) Enthält der Bescheid keine oder eine unrichtige Angabe über die Abgabenbehörde, bei welcher das Rechtsmittel einzubringen ist, so ist das Rechtsmittel richtig eingebracht, wenn es bei der Abgabenbehörde, die den Bescheid ausgefertigt hat, oder bei der angegebenen Abgabenbehörde eingebracht wurde.

§ 93a. Die für Bescheide geltenden Bestimmungen (insbesondere die §§ 198 Abs. 2, 200 Abs. 2, 210, 295, 295a, 303) sind, soweit nicht anderes angeordnet ist, sinngemäß auf Erkenntnisse und Beschlüsse der Verwaltungsgerichte sowie auf in der Sache selbst ergangene Entscheidungen des Verwaltungsgerichtshofs anzuwenden. Maßnahmen gemäß den §§ 200 Abs. 2, 294, 295, 295a und 303 obliegen auch dann der Abgabenbehörde, wenn sie solche Erkenntnisse, Beschlüsse oder Entscheidungen betreffen.

§ 94. Verfügungen, die nur das Verfahren betreffen, können schriftlich oder mündlich erlassen werden.

§ 95. Sonstige Erledigungen einer Abgabenbehörde können mündlich ergehen, soweit nicht die Partei eine schriftliche Erledigung verlangt. Der Inhalt mündlicher Erledigungen – mit Ausnahme solcher des Zollamtes Österreich im Reiseverkehr und kleinen Grenzverkehr – ist in Aktenvermerken festzuhalten.

(BGBl I 2019/104)

§ 96. (1) Alle schriftlichen Ausfertigungen der Abgabenbehörden müssen die Bezeichnung der Behörde enthalten sowie mit Datum und mit der Unterschrift dessen versehen sein, der die Erledigung genehmigt hat. An die Stelle der Unterschrift des Genehmigenden kann, soweit nicht in Abgabenvorschriften die eigenhändige Unterfertigung angeordnet ist, die Beglaubigung treten, dass die Ausfertigung mit der genehmigten Erledigung des betreffenden Geschäftsstückes übereinstimmt und das Geschäftsstück die eigenhändig beigesetzte Genehmigung aufweist.

(2) Ausfertigungen, die mittels automationsunterstützter Datenverarbeitung erstellt werden, wozu jedenfalls auch Ausfertigungen in Form von mit einer Amtssignatur gemäß § 19 E-Government-Gesetz versehenen elektronischen Dokumenten zählen, bedürfen weder einer Unterschrift noch einer Beglaubigung und gelten, wenn sie weder eine Unterschrift noch eine Beglaubigung aufweisen, als durch den Leiter der auf der Ausfertigung bezeichneten Abgabenbehörde genehmigt. Ausfertigungen in Form von Ausdrucken von mit einer Amtssignatur versehenen elektronischen Dokumenten oder von Kopien solcher Ausdrucke brauchen keine weiteren Voraussetzungen erfüllen.

(BGBl I 2019/103)

§ 97. (1) Erledigungen werden dadurch wirksam, daß sie demjenigen bekanntgegeben werden, für den sie ihrem Inhalt nach bestimmt sind. Die Bekanntgabe erfolgt

a) bei schriftlichen Erledigungen, wenn nicht in besonderen Vorschriften die öffentliche Bekanntmachung oder die Auflegung von Listen vorgesehen ist, durch Zustellung;

b) bei mündlichen Erledigungen durch deren Verkündung.

(2) Ist in einem Fall, in dem § 191 Abs. 4 oder § 194 Abs. 5 Anwendung findet, die Rechtsnachfolge (Nachfolge im Besitz) nach Zustellung des Bescheides an den Rechtsvorgänger (Vorgänger) eingetreten, gilt mit der Zustellung an den Rechtsvorgänger (Vorgänger) auch die Bekanntgabe des Bescheides an den Rechtsnachfolger (Nachfolger) als vollzogen.

(3) An Stelle der Zustellung der schriftlichen Ausfertigung einer behördlichen Erledigung kann deren Inhalt auch telegraphisch oder fernschriftlich mitgeteilt werden. Darüber hinaus kann durch Verordnung des Bundesministers für Finanzen die Mitteilung des Inhalts von Erledigungen auch im Wege automationsunterstützter Datenübertragung oder in jeder anderen technisch möglichen Weise vorgesehen werden, wobei zugelassen werden kann, daß sich die Behörde einer bestimmten geeigneten öffentlich-rechtlichen oder privatrechtlichen Übermittlungsstelle bedienen darf. In der Verordnung sind technische oder organisatorische Maßnahmen festzulegen, die gewährleisten, daß die Mitteilung in einer dem Stand der Technik entsprechenden sicheren und nachprüfbaren Weise erfolgt und den Erfordernissen des Datenschutzes genügt. Der Empfänger trägt die Verantwortung für die Datensicherheit des mitgeteilten Inhalts der Erledigung. § 96 Abs. 2 gilt sinngemäß.

(BGBl I 2019/103)

§ 97a. Für Landes- und Gemeindeabgaben gilt abweichend von § 97 Abs. 3 Folgendes:

1. Schriftliche Erledigungen können im Weg automationsunterstützter Datenübertragung oder in jeder anderen technisch möglichen Weise dann übermittelt werden, wenn die Partei (§ 78) dieser Übermittlungsart ausdrücklich zugestimmt hat. Mit der Zustimmung übernimmt der Empfänger auch die Verantwortung für die Datensicherheit des mitgeteilten Inhalts der Erledigung. § 96 Abs. 2 gilt sinngemäß.

(BGBl I 2019/103)

2. Eine Übermittlung im Weg automationsunterstützter Datenübertragung oder in jeder anderen technischen Form ist weiters zulässig, wenn die Partei ein Anbringen in derselben Art eingebracht und dieser Übermittlungsart nicht gegenüber der Behörde ausdrücklich widersprochen hat, sofern die Übermittlung spätestens zwei Werktage nach Einlangen des Anbringens erfolgt. § 96 Abs. 2 gilt sinngemäß.

(BGBl I 2019/103)

G. Zustellungen

§ 98. (1) Soweit in diesem Bundesgesetz nicht anderes bestimmt ist, sind Zustellungen nach dem Zustellgesetz, BGBl. Nr. 200/1982, vorzunehmen; das gilt nicht für den 3. Abschnitt des ZustG (Elektronische Zustellung).

(BGBl I 2018/104)

(2) Elektronisch zugestellte Dokumente gelten als zugestellt, sobald sie in den elektronischen Verfügungsbereich des Empfängers gelangt sind. Im Zweifel hat die Behörde die Tatsache und den Zeitpunkt des Einlangens von Amts wegen festzustellen. Die Zustellung gilt als nicht bewirkt, wenn sich ergibt, dass der Empfänger wegen Abwesenheit von der Abgabestelle nicht rechtzeitig vom Zustellvorgang Kenntnis erlangen konnte, doch wird die Zustellung mit dem Rückkehr an die Abgabestelle folgenden Tag wirksam.

§ 98a. Für Landes- und Gemeindeabgaben ist abweichend von § 98 Abs. 1 für Zustellungen auch der 3. Abschnitt des Zustellgesetzes (elektronische Zustellung) anzuwenden.

§ 99. (aufgehoben)

(BGBl I 2018/104)

§ 100. (1) Abweichend von § 98 Abs. 1 ist für Zustellungen vom Bundesminister für Finanzen oder von Finanzämtern auch der 3. Abschnitt des ZustG (Elektronische Zustellung) anzuwenden, wenn

1. die Voraussetzungen für eine elektronische Zustellung über FinanzOnline nicht vorliegen oder

2. eine elektronische Zustellung mit Zustellnachweis (§ 35 ZustG) erfolgen soll.

(2) In den Fällen des Abs. 1 ist eine elektronische Zustellung nur über ein Zustellsystem gemäß § 28 Abs. 3 ZustG zulässig.

(BGBl I 2018/104)

§ 101. (1) Ist eine schriftliche Ausfertigung an mehrere Personen gerichtet, die dieselbe abgabenrechtliche Leistung schulden oder die gemeinsam zu einer Abgabe heranzuziehen sind, und haben diese der Abgabenbehörde keinen gemeinsamen Zustellungsbevollmächtigten bekanntgegeben, so gilt mit der Zustellung einer einzigen Ausfertigung an eine dieser Personen die Zustellung an alle als vollzogen, wenn auf diese Rechtsfolge in der Ausfertigung hingewiesen wird.

(2) (aufgehoben)

(BGBl I 2016/117)

(3) Schriftliche Ausfertigungen, die in einem Feststellungsverfahren an eine Personenvereinigung (Personengemeinschaft) ohne eigene Rechtspersönlichkeit gerichtet sind (§ 191 Abs. 1 lit. a und c), können einer nach § 81 vertretungsbefugten Person oder abweichend von § 81 Abs. 2 auch einem Zustellungsbevollmächtigten nach § 9 Abs. 1 ZustG zugestellt werden. Mit der Zustellung einer einzigen Ausfertigung an diese Person gilt die Zustellung an alle Mitglieder der Personenvereinigung oder Personengemeinschaft als vollzogen, wenn auf diese Rechtsfolge in der Ausfertigung hingewiesen wird.

(AbgÄG 2023, BGBl I 2023/110)

(4) Schriftliche Ausfertigungen, die nach Beendigung einer Personenvereinigung (Personengemeinschaft) ohne eigene Rechtspersönlichkeit in einem Feststellungsverfahren (§ 188) an diejenigen ergehen, denen gemeinschaftliche Einkünfte zugeflossen sind (§ 191 Abs. 1 lit. c), können einer nach § 81 vertretungsbefugten Person oder abweichend von § 81 Abs. 2 auch einem Zustellungsbevollmächtigten nach § 9 Abs. 1 ZustG zugestellt werden zuzustellen. Mit der Zustellung einer einzigen Ausfertigung an diese Person gilt die Zustellung an alle, denen der Bescheid gemeinschaftliche Einkünfte zurechnet, als vollzogen, wenn auf diese Rechtsfolge in der Ausfertigung hingewiesen wird.

(AbgÄG 2023, BGBl I 2023/110)

§ 102. (1) Bei Vorliegen wichtiger Gründe hat die Abgabenbehörde zu verfügen, dass schriftliche Ausfertigungen mit Zustellnachweis zuzustellen sind. Liegen besonders wichtige Gründe vor, hat sie die Zustellung zu eigenen Handen des Empfängers zu verfügen.

(2) Im Falle einer elektronischen Zustellung kann die Abgabenbehörde bei Vorliegen wichtiger Gründe die Zustellung mit Zustellnachweis (§ 35 ZustG) verfügen.

(BGBl I 2018/104)

§ 102a. Für Landes und Gemeindeabgaben gilt § 102 nicht.

§ 103. (1) Ungeachtet einer Zustellungsbevollmächtigung sind Vorladungen (§ 91) dem Vorgeladenen zuzustellen. Im Einhebungsverfahren ergehende Erledigungen können aus Gründen der Zweckmäßigkeit, insbesondere zur Vereinfachung und Beschleunigung des Verfahrens, trotz Vorliegens einer Zustellungsbevollmächtigung wirksam dem Vollmachtgeber unmittelbar zugestellt werden.

(2) Eine Zustellungsbevollmächtigung ist Abgabenbehörden und Verwaltungsgerichten gegenüber unwirksam, wenn sie

a) ausdrücklich auf nur einige dem Vollmachtgeber zugedachte Erledigungen eingeschränkt ist, die im Zuge eines Verfahrens ergehen, oder

b) ausdrücklich auf nur einige jener Abgaben eingeschränkt ist, deren Gebarung gemäß § 213 zusammengefasst verbucht wird.

(3) Ungeachtet einer Zustellungsbevollmächtigung sind Vorabinformationen betreffend die Entrichtung von Abgaben im Wege der Einziehung (§ 211 Abs. 1 Z 2) dem Vollmachtgeber zuzustellen.

(BGBl I 2018/62)

§ 104. Abgabenbehörden gegenüber besteht die Verpflichtung zur Mitteilung im Sinne des § 8 Abs. 1 des Zustellgesetzes für Abgabepflichtige auch so lange, als von ihnen Abgaben, ausgenommen durch Einbehaltung im Abzugswege zu entrichtende, wiederkehrend zu erheben sind. § 8 Abs. 2 des Zustellgesetzes ist sinngemäß anzuwenden.

§ 105. § 25 Abs. 1 ZustG gilt mit der Maßgabe, dass an die Stelle der Kundmachung an der Amtstafel einer Einrichtung der Bundesfinanzverwaltung die elektronische Veröffentlichung auf der Website des Bundesministeriums für Finanzen tritt.

(BGBl I 2022/108)

§§ 106. und 107. (aufgehoben)

H. Fristen

§ 108. (1) Bei der Berechnung der Fristen, die nach Tagen bestimmt werden, wird der für den Beginn der Frist maßgebende Tag nicht mitgerechnet.

(2) Nach Wochen, Monaten oder Jahren bestimmte Fristen enden mit dem Ablauf desjenigen Tages der letzten Woche oder des letzten Monates, der durch seine Benennung oder Zahl dem für den Beginn der Frist maßgebenden Tag entspricht. Fehlt dieser Tag in dem letzten Monat, so endet die Frist mit Ablauf des letzten Tages dieses Monates.

(3) Beginn und Lauf einer Frist werden durch Samstage, Sonntage oder Feiertage nicht behindert. Fällt das Ende einer Frist auf einen Samstag, Sonntag, gesetzlichen Feiertag, Karfreitag oder 24. Dezember, so ist der nächste Tag, der nicht einer der vorgenannten Tage ist, als letzter Tag der Frist anzusehen.

(4) Die Tage des Postenlaufes werden in die Frist nicht eingerechnet.

§ 109. Wird der Lauf einer Frist durch eine behördliche Erledigung ausgelöst, so ist für den Beginn der Frist der Tag maßgebend, an dem die Erledigung bekanntgegeben worden ist (§ 97 Abs. 1).

§ 110. (1) Gesetzlich festgesetzte Fristen können, wenn nicht ausdrücklich anderes bestimmt ist, nicht geändert werden.

(2) Von der Abgabenbehörde festgesetzte Fristen können verlängert werden. Die Verlängerung kann nach Maßgabe der Abgabenvorschriften von Bedingungen, insbesondere von einer Sicherheitsleistung (§ 222), abhängig gemacht werden.

(3) Gegen die Ablehnung eines Antrages auf Verlängerung einer Frist ist ein abgesondertes Rechtsmittel nicht zulässig.

J. Zwangs-, Ordnungs- und Mutwillensstrafen

§ 111. (1) Die Abgabenbehörden sind berechtigt, die Befolgung ihrer auf Grund gesetzlicher Befugnisse getroffenen Anordnungen zur Erbringung von Leistungen, die sich wegen ihrer besonderen Beschaffenheit durch einen Dritten nicht bewerkstelligen lassen, durch Verhängung einer Zwangsstrafe zu erzwingen. Zu solchen Leistungen gehört auch die elektronische Übermittlung von Anbringen und Unterlagen, wenn eine diesbezügliche Verpflichtung besteht.

(2) Bevor eine Zwangsstrafe festgesetzt wird, muß der Verpflichtete unter Androhung der Zwangsstrafe mit Setzung einer angemessenen Frist zur Erbringung der von ihm verlangten Leistung aufgefordert werden. Die Aufforderung und die Androhung müssen schriftlich erfolgen, außer wenn Gefahr im Verzug ist.

(3) Die einzelne Zwangsstrafe darf den Betrag von 5 000 Euro nicht übersteigen.

(4) Gegen die Androhung einer Zwangsstrafe ist ein abgesondertes Rechtsmittel nicht zulässig.

§ 112. (1) Das Organ einer Abgabenbehörde, das eine Amtshandlung leitet, hat für die Aufrechterhaltung der Ordnung und für die Wahrung des Anstandes zu sorgen.

(2) Personen, die die Amtshandlung stören oder durch ungeziemendes Benehmen den Anstand verletzen, sind zu ermahnen; bleibt die Ermahnung erfolglos, so kann ihnen nach vorausgegangener Androhung das Wort entzogen, ihre Entfernung verfügt und die Bestellung eines Bevollmächtigten aufgetragen oder gegen sie eine Ordnungsstrafe bis 700 Euro verhängt werden.

(3) Die gleiche Ordnungsstrafe kann die Abgabenbehörde gegen Personen verhängen, die sich in schriftlichen Eingaben einer beleidigenden Schreibweise bedienen.

(4) Die Verhängung einer Ordnungsstrafe schließt die strafgerichtliche Verfolgung wegen derselben Handlung nicht aus.

(5) Gegen öffentliche Organe, die in Ausübung ihres Amts als Vertreter einschreiten, und gegen Bevollmächtigte, die zur berufsmäßigen Parteienvertretung befugt sind, ist, wenn sie einem Disziplinarrecht unterstehen, keine Ordnungsstrafe zu verhängen, sondern die Anzeige an die Disziplinarbehörde zu erstatten.

§ 112a. Gegen Personen, die offenbar mutwillig die Tätigkeit der Abgabenbehörde in Anspruch nehmen oder in der Absicht der Verschleppung der Angelegenheit unrichtige Angaben machen, kann die Abgabenbehörde eine Mutwillensstrafe bis 700 Euro verhängen.

K. Rechtsbelehrung

§ 113. Die Abgabenbehörden haben den Parteien, die nicht durch berufsmäßige Parteienvertreter vertreten sind, auf Verlangen die zur Vornahme ihrer Verfahrenshandlungen nötigen Anleitungen zu geben und sie über die mit ihren Handlungen oder Unterlassungen unmittelbar verbundenen Rechtsfolgen zu belehren; diese Anleitungen und Belehrungen können auch mündlich erteilt werden, worüber erforderlichenfalls ein Aktenvermerk aufzunehmen ist.

4. Abschnitt
Allgemeine Bestimmungen über die Erhebung der Abgaben

A. Grundsätzliche Anordnungen

§ 114. (1) Die Abgabenbehörden haben darauf zu achten, daß alle Abgabepflichtigen nach den Abgabenvorschriften erfaßt und gleichmäßig behandelt werden, sowie darüber zu wachen, daß Abgabeneinnahmen nicht zu Unrecht verkürzt werden. Sie haben alles, was für die Bemessung der Abgaben wichtig ist, sorgfältig zu erheben und die Nachrichten darüber zu sammeln, fortlaufend zu ergänzen und auszutauschen.

(2) Hiefür darf eine elektronische Dokumentation angelegt werden (Dokumentationsregister). Diese Dokumentation hat insbesondere Daten betreffend die Identität des Abgabepflichtigen und die Klassifizierung seiner Tätigkeit zu umfassen.

(3) Die Abgabenbehörde kann Anbringen und andere das Verfahren betreffende Unterlagen mit automationsunterstützter Datenverarbeitung erfassen. Diese Erfassung beeinträchtigt nicht die Beweiskraft, wenn sichergestellt ist, dass die so erfassten Unterlagen nachträglich nicht unbemerkbar verändert werden können.

(4) Abgabenbehörden dürfen personenbezogene und nicht personenbezogene Daten für Zwecke des automationsunterstützten Risikomanagements und der Betrugsbekämpfung verarbeiten, soweit dies nach dem Grundsatz der Verhältnismäßigkeit zur Erfüllung ihrer Aufgaben geeignet, erforderlich und angemessen ist.

(BGBl I 2018/32)

§ 115. (1) Die Abgabenbehörden haben die abgabepflichtigen Fälle zu erforschen und von Amts wegen die tatsächlichen und rechtlichen Verhältnisse zu ermitteln, die für die Abgabepflicht und die Erhebung der Abgaben wesentlich sind. Diese Verpflichtung wird durch eine erhöhte Mitwirkungspflicht des Abgabepflichtigen, wie beispielsweise bei Auslandssachverhalten, eingeschränkt.

(BGBl I 2017/136)

(2) Den Parteien ist Gelegenheit zur Geltendmachung ihrer Rechte und rechtlichen Interessen zu geben.

(3) Die Abgabenbehörden haben Angaben der Abgabepflichtigen und amtsbekannte Umstände auch zugunsten der Abgabepflichtigen zu prüfen und zu würdigen.

(4) Solange die Abgabenbehörde nicht entschieden hat, hat sie auch die nach Ablauf einer Frist vorgebrachten Angaben über tatsächliche oder rechtliche Verhältnisse zu prüfen und zu würdigen.

§ 116. (1) Sofern die Abgabenvorschriften nicht anderes bestimmen, sind die Abgabenbehörden berechtigt, im Ermittlungsverfahren auftauchende Vorfragen, die als Hauptfragen von anderen

Verwaltungsbehörden oder von den Gerichten zu entscheiden wären, nach der über die maßgebenden Verhältnisse gewonnenen eigenen Anschauung zu beurteilen (§§ 21 und 22) und diese Beurteilung ihrem Bescheid zugrunde zu legen.

(2) Entscheidungen der Gerichte, durch die privatrechtliche Vorfragen als Hauptfragen entschieden wurden, sind von der Abgabenbehörde im Sinn des Abs. 1 zu beurteilen. Eine Bindung besteht nur insoweit, als in dem gerichtlichen Verfahren, in dem die Entscheidung ergangen ist, bei der Ermittlung des Sachverhaltes von Amts wegen vorzugehen war.

§ 117. (aufgehoben)

B. Auskunftsbescheid, Forschungsbestätigung und multilaterale Risikobewertung
(BGBl I 2022/108)

Auskunftsbescheid

§ 118. (1) Das Finanzamt (Abs. 5) hat auf schriftlichen Antrag (Abs. 4) mit Auskunftsbescheid über die abgabenrechtliche Beurteilung im Zeitpunkt des Antrages noch nicht verwirklichter Sachverhalte (Abs. 2) abzusprechen, wenn daran in Hinblick auf die erheblichen abgabenrechtlichen Auswirkungen ein besonderes Interesse besteht.

(2) Gegenstand von Auskunftsbescheiden sind Rechtsfragen im Zusammenhang mit
1. Umgründungen,
2. Unternehmensgruppen,
3. dem internationalen Steuerrecht,
4. dem Umsatzsteuerrecht,
(BGBl I 2018/62)
5. dem Vorliegen von Missbrauch (§ 22).
(BGBl I 2018/62)

(3) Zur Stellung des Antrages (Abs. 1) befugt sind:
a) Abgabepflichtige (§ 77),
b) Personenvereinigungen (Personengemeinschaften) ohne eigene Rechtspersönlichkeit für Feststellungen (§§ 185 ff),
c) wenn der dem Antrag zugrunde liegende Sachverhalt durch eine im Zeitpunkt der Antragstellung noch nicht rechtlich existente juristische Person oder Personenvereinigung (Personengemeinschaft) ohne eigene Rechtspersönlichkeit verwirklicht werden soll, Personen, die ein eigenes berechtigtes Interesse an der Zusage der abgabenrechtlichen Beurteilung haben.

(4) Der Antrag hat zu enthalten:
a) eine umfassende und in sich abgeschlossene Darstellung des zum Zeitpunkt der Antragstellung noch nicht verwirklichten Sachverhaltes;
b) die Darlegung des besonderen Interesses des Antragstellers;
c) die Darlegung des Rechtsproblems;
d) die Formulierung konkreter Rechtsfragen;
e) die Darlegung einer eingehend begründeten Rechtsansicht zu den formulierten Rechtsfragen;
f) die für die Höhe des Verwaltungskostenbeitrages (Abs. 10) maßgebenden Angaben.

Der Antrag ist elektronisch im Verfahren FinanzOnline einzubringen, sofern der Antragsteller im Zeitpunkt der Antragstellung eine inländische Steuernummer hat.
(AbgÄG 2023, BGBl I 2023/110)

(5) Die Erlassung von Auskunftsbescheiden und die Erhebung des Verwaltungskostenbeitrages obliegt dem Finanzamt, das für die Erhebung der betreffenden Abgabe oder für die Erlassung des betreffenden Feststellungsbescheides (§§ 185 ff) zuständig ist oder mangels eines solchen Finanzamtes jenem Finanzamt, das bei Verwirklichung des dem Antrag zugrunde gelegten Sachverhaltes voraussichtlich zuständig wäre. Sind mehrere Finanzämter zuständig, so obliegt die Bescheiderlassung jenem dieser Finanzämter, das als erstes Kenntnis vom Antrag erlangt.

(5a) Der Auskunftsbescheid ist tunlichst innerhalb von zwei Monaten nach der Antragstellung zu erlassen.
(BGBl I 2018/62)

(6) Der Auskunftsbescheid hat zu enthalten:
a) den der abgabenrechtlichen Beurteilung zugrunde gelegten Sachverhalt,
b) die abgabenrechtliche Beurteilung,
c) die der Beurteilung zugrunde gelegten Abgabenvorschriften,
d) die Abgaben oder Feststellungen und die Zeiträume, für die er wirken soll,
e) den Umfang der Berichtspflichten, insbesondere darüber, ob und wann der dem Auskunftsbescheid zugrunde gelegte Sachverhalt verwirklicht wurde bzw. welche Abweichungen von dem dem Auskunftsbescheid zugrunde gelegten Sachverhalt erfolgt sind.

(7) Es besteht ein Rechtsanspruch darauf, dass die im Auskunftsbescheid vorgenommene abgabenrechtliche Beurteilung der Erhebung der Abgaben zugrunde gelegt wird, wenn der verwirklichte Sachverhalt von jenem, der dem Auskunftsbescheid zugrunde gelegt worden ist, nicht oder nur unwesentlich abweicht. Dieser Anspruch besteht für:
a) Antragsteller gemäß Abs. 3 lit. a und b und ihren Gesamtrechtsnachfolgern,
b) Gesellschafter von Personenvereinigungen (Personengemeinschaften) ohne eigene Rechtspersönlichkeit und deren Gesamtrechtsnachfolgern betreffend Auskunftsbescheiden, die an die Personenvereinigungen (Personengemeinschaften) ergangen sind,
c) die juristische Person oder die Personenvereinigung (Personengemeinschaft) ohne eigene Rechtspersönlichkeit, die dies binnen einem Monat ab Beginn ihrer rechtlichen Existenz beantragt, wenn der Antrag von einer Person gemäß Abs. 3 lit. c gestellt wurde.

(8) Der Rechtsanspruch (Abs. 7) erlischt insoweit, als sich in Folge der Aufhebung oder Änderung der dem Auskunftsbescheid zugrunde gelegten Abgabenvorschriften die abgabenrechtliche Beurteilung ändert. Die abgabenrechtliche Beurteilung (Abs. 6 lit. b) ist nicht bindend, soweit sie sich zum Nachteil der Partei als nicht richtig erweist.

(9) Der Auskunftsbescheid kann von Amts wegen oder auf Antrag der Partei aufgehoben oder abgeändert werden, wenn sich der Spruch des Bescheides als nicht richtig erweist. Solche Aufhebungen und Abänderungen dürfen jedoch, außer mit Beschwerdevorentscheidung (§ 262), mit Beschluss (§ 278), mit Erkenntnis (§ 279) oder auf Antrag der Partei, nur dann mit rückwirkender Kraft erfolgen,
a) wenn die Voraussetzungen für eine Berichtigung gemäß § 293 vorliegen,
b) wenn die Unrichtigkeit des Auskunftsbescheides offensichtlich ist,

(BGBl I 2019/62)
c) wenn er von einem nachträglich erlassenen Bescheid gemäß § 48 Abs. 2 abgeleitet ist oder

(BGBl I 2019/62)
d) wenn der Auskunftsbescheid durch eine strafbare Tat herbeigeführt worden ist.

(BGBl I 2019/62)

(10) Antragsteller haben für die Bearbeitung des Antrages (Abs. 1) einen Verwaltungskostenbeitrag zu entrichten. Der Abgabenanspruch (§ 4) entsteht mit Einlangen des Antrages. Der Beitrag beträgt
a) 1 500 Euro, hievon abweichend jedoch
b) 3 000 Euro, wenn die Umsatzerlöse des Antragstellers in den zwölf Monaten vor dem letzten Abschlussstichtag den Betrag von 400 000 Euro überschreiten,
c) 5 000 Euro, wenn die Umsatzerlöse des Antragstellers in den zwölf Monaten vor dem letzten Abschlussstichtag den Betrag von 700 000 Euro überschreiten,
d) 10 000 Euro, wenn die Umsatzerlöse des Antragstellers in den zwölf Monaten vor dem letzten Abschlussstichtag den Betrag nach § 221 Abs. 1 Z 2 UGB überschreiten,
e) 20 000 Euro, wenn die Umsatzerlöse des Antragstellers in den zwölf Monaten vor dem letzten Abschlussstichtag den Betrag nach § 221 Abs. 2 Z 2 UGB überschreiten oder wenn der Antragsteller oder einer von mehreren Antragstellern Teil eines Konzerns ist, für den eine Verpflichtung zur Aufstellung eines Konzernabschlusses gemäß § 244 iVm § 246 UGB oder einer vergleichbaren Bestimmung ausländischen Rechts besteht.

(BGBl I 2022/108)

Für die Höhe des Beitrages ist die Summe ihrer Umsatzerlöse maßgebend, soweit nicht mindestens ein Antragsteller Teil eines Konzerns ist (lit. e zweiter Fall).

(BGBl I 2022/108)

(11) Der Verwaltungskostenbeitrag beträgt lediglich 500 Euro, wenn der Antrag
a) zurückgewiesen,
b) gemäß § 85 Abs. 2 als zurückgenommen erklärt oder
c) vor Beginn der Bearbeitung zurückgenommen wird.

Forschungsbestätigung

§ 118a. (1) § 118 gilt sinngemäß für bescheidmäßige Bestätigungen über das Vorliegen der Voraussetzungen des § 108c Abs. 2 Z 1 EStG 1988 im Rahmen der eigenbetrieblichen Forschung und experimentellen Entwicklung, wenn nach der Antragstellung ein Gutachten bei der Forschungsförderungsgesellschaft mbH angefordert wird und in der Folge dem Finanzamt übermittelt wird, welches die Beurteilung zum Gegenstand hat, inwieweit unter Zugrundelegung der vom Steuerpflichtigen bekanntgegebenen Informationen die Voraussetzungen des § 108c Abs. 2 Z 1 EStG 1988 erfüllt sind. § 108c Abs. 8 EStG 1988 gilt entsprechend.

(2) Der Verwaltungskostenbeitrag (§ 118 Abs. 10) beträgt 1 000 Euro. Im Fall des § 118 Abs. 11 beträgt der Verwaltungskostenbeitrag 200 Euro.

Multilaterale Risikobewertung

§ 118b. (1) Das Finanzamt für Großbetriebe kann gemeinsam mit ausländischen Steuerverwaltungen als leitende oder mitwirkende Steuerverwaltung an multilateralen Verfahren zur Bewertung grenzüberschreitender ertragsteuerlicher Risiken teilnehmen. Die Teilnahme als leitende Steuerverwaltung erfolgt auf Antrag eines Unternehmers mit Sitz in Österreich. Die Teilnahme als mitwirkende Steuerverwaltung erfolgt auf Einladung der leitenden ausländischen Steuerverwaltung.

(2) Der Antrag kann für einen oder mehrere Abgabepflichtige gestellt werden. Wird der Antrag für mehrere Abgabepflichtige gestellt, ist er vom obersten inländischen Unternehmer der Beteiligungskette zu stellen. Er hat sämtliche in das Verfahren einzubeziehende inländische Unternehmer und einen Vorschlag, welche ausländischen Steuerverwaltungen mitwirken und welche Risiken bewertet werden sollen, zu enthalten. Er ist von den gesetzlichen Vertretern aller im Antrag angeführten inländischen Unternehmer zu bestätigen. Die letzte Bestätigung bestimmt den Zeitpunkt der Antragstellung. Alle einzubeziehenden inländischen Unternehmer haben eine Zustimmung gemäß § 48a Abs. 4 lit. c zu erteilen und die Verarbeitung personenbezogener Daten zum Zwecke der multilateralen Risikobewertung zur Kenntnis zu nehmen. Der Bundesminister für Finanzen kann mit Verordnung festlegen, dass die Antragstellung ausschließlich über FinanzOnline zulässig ist.

(3) Sämtliche im Antrag angeführten Unternehmer müssen in einem länderbezogenen Bericht gemäß § 2 Z 6 VPDG, der für das zweitvorangegangene Wirtschaftsjahr übermittelt worden (§ 8 VPDG) oder eingegangen ist (§ 12 VPDG), angeführt sein. Über keinen im Antrag angeführ-

ten Unternehmer darf in den fünf Jahren vor der Antragstellung wegen eines in den letzten sieben Jahren vor der Antragstellung vorsätzlich oder grob fahrlässig begangenen Finanzvergehens rechtskräftig eine Strafe oder Verbandsgeldbuße verhängt worden sein.

(4) Bei der Prüfung des Antrags ist die Eignung der einzubeziehenden Unternehmer für die multilaterale Risikobewertung zu beurteilen; dabei sind insbesondere zu berücksichtigen:
1. die zu erwartende Kooperationsbereitschaft,
2. deren wirtschaftliche Bedeutung in Österreich,
3. ob ein Steuerkontrollsystem (§ 153b Abs. 6) eingerichtet ist,
4. die Kriterien des § 153c Abs. 2 Z 2 und 3,
5. die Kapazitäten des Finanzamtes für Großbetriebe sowie
6. die Anzahl teilnahmebereiter ausländischer Steuerverwaltungen.

(5) Nach positivem Abschluss der Antragsprüfung ist der oberste Unternehmer der Beteiligungskette über die teilnahmebereiten ausländischen Steuerverwaltungen und den beabsichtigten Umfang der multilateralen Risikobewertung zu informieren. Er hat der Fortführung der multilateralen Risikobewertung innerhalb der gesetzten Frist zuzustimmen, ansonsten gilt der Antrag als zurückgenommen. Liegen dagegen die Voraussetzungen für die multilaterale Risikobewertung nicht vor, ist der Antrag mit Bescheid abzuweisen.

(6) Die Kriterien der Abs. 3 und 4 sind bei der Entscheidung über die Teilnahme an einer multilateralen Risikobewertung als mitwirkende Steuerverwaltung zu berücksichtigen. Eine Teilnahme ist nur möglich, wenn alle einzubeziehenden inländischen Unternehmer eine Zustimmung gemäß § 48a Abs. 4 lit. c erteilt haben und die Verarbeitung personenbezogener Daten zur Kenntnis genommen haben.

(7) Zum Abschluss der multilateralen Risikobewertung ist ein Risikobewertungsbericht aus der Sicht des Finanzamtes für Großbetriebe zu erstellen. Dieser hat jedenfalls zu enthalten:
1. die am Verfahren beteiligten Unternehmer und Steuerverwaltungen,
2. die verfahrensgegenständlichen Risiken,
3. die verfahrensrelevanten Zeiträume,
4. die Bewertung der verfahrensgegenständlichen Risiken entweder als gering oder als nicht gering bzw. nicht bewertbar, sowie
5. eine Aussage zur Bedeutung einer Einstufung als geringes Risiko.

Dieser Risikobewertungsbericht ist allen von der multilateralen Risikobewertung betroffenen inländischen Unternehmern zu übermitteln. Gleichzeitig ist der Antragsteller vom Abschluss der multilateralen Risikobewertung zu informieren. Das Finanzamt für Großbetriebe kann zusätzlich einen einheitlichen Bericht auf der Grundlage der Risikobewertung der teilnehmenden Steuerverwaltungen erstellen. Der Risikobewertungsbericht und der einheitliche Bericht können in englischer Sprache verfasst werden.

(8) Im Rahmen der multilateralen Risikobewertung erfolgte Offenlegungen verhindern weder eine spätere Wiederaufnahme des Verfahrens (§ 303) noch die strafbefreiende Wirkung einer Selbstanzeige (§ 29 des Finanzstrafgesetzes – FinStrG, BGBl. Nr. 129/1958).

(BGBl I 2022/108)

C. Obliegenheiten der Abgabepflichtigen

1. Offenlegungs- und Wahrheitspflicht

§ 119. (1) Die für den Bestand und Umfang einer Abgabepflicht oder für die Erlangung abgabenrechtlicher Begünstigungen bedeutsamen Umstände sind vom Abgabepflichtigen nach Maßgabe der Abgabenvorschriften offenzulegen. Die Offenlegung muß vollständig und wahrheitsgemäß erfolgen.

(2) Der Offenlegung dienen insbesondere die Abgabenerklärungen, Anmeldungen, Anzeigen, Abrechnungen und sonstige Anbringen des Abgabepflichtigen, welche die Grundlage für abgabenrechtliche Feststellungen, für die Festsetzung der Abgaben, für die Freistellung von diesen oder für Begünstigungen bilden oder die Berechnungsgrundlagen der nach einer Selbstberechnung des Abgabepflichtigen zu entrichtenden Abgaben bekanntgeben.

2. Schenkungsmeldung und andere Anzeigepflichten

§ 120. (1) Die Abgabepflichtigen haben dem Finanzamt alle Umstände anzuzeigen, die hinsichtlich der Einkommensteuer, der Körperschaftsteuer, der Umsatzsteuer oder Abgaben vom Vermögen die persönliche Abgabepflicht begründen, ändern oder beendigen. Sie haben dem Finanzamt auch den Wegfall von Voraussetzungen für die Befreiung von einer solchen Abgabe anzuzeigen.

(2) Wer einen land- und forstwirtschaftlichen Betrieb, einen gewerblichen Betrieb oder eine sonstige selbständige Erwerbstätigkeit begründet oder aufgibt, hat dies dem für die Erhebung der Umsatzsteuer zuständigen Finanzamt anzuzeigen.

(3) Weiters ist die Beseitigung einer im vorläufigen Bescheid genannten Ungewissheit (§ 200 Abs. 1) und ein Eintritt eines im Bescheid angeführten, in Betracht kommenden rückwirkenden Ereignisses (§ 295a) der für die Erhebung der betreffenden Abgabe zuständigen Abgabenbehörde anzuzeigen.

§ 120a. Für Landes- und Gemeindeabgaben gilt Folgendes:

Die Abgabepflichtigen haben der Abgabenbehörde alle Umstände anzuzeigen, die ihre Abgabepflicht begründen, ändern oder beendigen. Sie haben auch den Wegfall von Voraussetzungen für eine Befreiung von einer Abgabe anzuzeigen.

§ 121. Die Anzeigen gemäß den §§ 120 und 120a sind binnen einem Monat, gerechnet vom Eintritt des anmeldungspflichtigen Ereignisses, zu erstatten.

§ 121a. (1) Schenkungen unter Lebenden (§ 3 Erbschafts- und Schenkungssteuergesetz 1955) sowie Zweckzuwendungen unter Lebenden (§ 4 Z 2 Erbschafts- und Schenkungssteuergesetz 1955) sind nach Maßgabe der folgenden Bestimmungen dem Finanzamt Österreich anzuzeigen,
1. wenn
   a) Bargeld, Kapitalforderungen, Anteile an Kapitalgesellschaften und Personenvereinigungen (Personengemeinschaften) ohne eigene Rechtspersönlichkeit, Beteiligungen als stiller Gesellschafter, oder
   b) Betriebe (Teilbetriebe), die der Erzielung von Einkünften gemäß § 2 Abs. 3 Z 1 bis 3 EStG 1988 dienen, oder
   c) bewegliches körperliches Vermögen und immaterielle Vermögensgegenstände erworben wurden und
2. der Erwerber, Geschenkgeber, Zuwendende bei freigebiger Zuwendung, Beschwerte bei Zweckzuwendung im Zeitpunkt des Erwerbes einen Wohnsitz, den gewöhnlichen Aufenthalt, den Sitz oder die Geschäftsleitung im Inland hatte.

(BGBl I 2019/104)

(2) Von der Anzeigepflicht befreit sind:
a) Erwerbe im Sinn des Abs. 1 Z 1 zwischen Angehörigen (§ 25), wenn der gemeine Wert (§ 10 Bewertungsgesetz 1955) 50 000 Euro nicht übersteigt. Innerhalb von einem Jahr von derselben Person anfallende Erwerbe sind nur dann von der Anzeigepflicht ausgenommen, wenn die Summe der gemeinen Werte dieser Erwerbe den Betrag von 50 000 Euro nicht übersteigt.
b) Erwerbe im Sinn des Abs. 1 Z 1 zwischen anderen Personen, wenn der gemeine Wert (§ 10 Bewertungsgesetz 1955) 15 000 Euro nicht übersteigt. Innerhalb von fünf Jahren von derselben Person anfallende Erwerbe sind nur dann von der Anzeigepflicht ausgenommen, wenn die Summe der gemeinen Werte dieser Erwerbe den Betrag von 15 000 Euro nicht übersteigt.
c) Erwerbe im Sinn des § 15 Abs. 1 Z 1 lit. c, Z 2 sinngemäß, 6, 12, 14, 14a, 15, 20 und 21 Erbschafts- und Schenkungssteuergesetz 1955.
d) unter das Stiftungseingangssteuergesetz fallende Zuwendungen.
e) übliche Gelegenheitsgeschenke, soweit der gemeine Wert 1 000 Euro nicht übersteigt, und Hausrat einschließlich Wäsche und Kleidungsstücke.

Wird durch einen anzeigepflichtigen Vorgang die Betragsgrenze der lit. a oder b überschritten, so sind in der Anzeige alle von der Zusammenrechnung erfassten Erwerbe anzuführen.

(3) Zur Anzeige verpflichtet sind zur ungeteilten Hand der Erwerber, Geschenkgeber, Zuwendende bei freigebiger Zuwendung, Beschwerte bei Zweckzuwendung sowie Rechtsanwälte und Notare, die beim Erwerb oder bei der Errichtung der Vertragsurkunde über den Erwerb mitgewirkt haben oder die zur Erstattung der Anzeige beauftragt sind.

(4) Die Anzeige hat binnen dreier Monate ab Erwerb zu erfolgen. Wird die Anzeigepflicht durch Zusammenrechnung mehrerer Erwerbe ausgelöst, ist der Erwerb für die Anzeigefrist maßgeblich, mit dem die Betragsgrenze der lit. a oder b erstmals überschritten wird.

(5) Anzeigen sind auf elektronischem Weg zu übermitteln, es sei denn, dass die elektronische Übermittlung nicht zumutbar ist.

(6) Der Bundesminister für Finanzen kann durch Verordnung Form und Inhalt der Anzeige sowie deren elektronische Übermittlung näher regeln.

(7) (aufgehoben)
(BGBl I 2019/104)

(8) Wird im Zuge von Abgabeverfahren eine Schenkung behauptet, die entgegen Abs. 1 bis 7 nicht angezeigt wurde, so trägt der Abgabepflichtige die Beweislast für das Vorliegen der Schenkung.

(9) Verweise auf das Erbschafts- und Schenkungssteuergesetz 1955 beziehen sich auf die Fassung dieses Bundesgesetzes vor dem Bundesgesetz BGBl. I Nr. 85/2008.

§ 122. (1) Wer Gegenstände herstellen oder gewinnen will, an deren Herstellung, Gewinnung, Wegbringung oder Verbrauch eine Abgabepflicht geknüpft ist, hat dies der Abgabenbehörde vor Eröffnung des Betriebes anzuzeigen.

(2) Wer Erzeugnisse oder Waren, für die eine Abgabenbegünstigung unter einer Bedingung gewährt worden ist, in einer Weise verwenden will, die der Bedingung nicht entspricht, hat dies vorher der Abgabenbehörde anzuzeigen.

§ 123. In Abgabenvorschriften enthaltene besondere Bestimmungen über die Anzeige von für die Abgabenerhebung maßgebenden Tatsachen bleiben unberührt.

3. Führung von Büchern und Aufzeichnungen, Belegerteilungsverpflichtung

(BGBl I 2015/118)

§ 124. Wer nach dem Unternehmensgesetzbuch oder anderen gesetzlichen Vorschriften zur Führung und Aufbewahrung von Büchern oder Aufzeichnungen verpflichtet ist, hat diese Verpflichtungen auch im Interesse der Abgabenerhebung zu erfüllen.

§ 125. (1) Soweit sich eine Verpflichtung zur Buchführung nicht schon aus § 124 ergibt, sind Unternehmer für einen land- und forstwirtschaftlichen Betrieb oder wirtschaftlichen Geschäftsbetrieb (§ 31), dessen Umsatz (Abs. 2) in zwei aufeinander folgenden Kalenderjahren jeweils 700 000

BAO
ZustG
AuskG
BFGG
EU-BStbG
ABBG
PLABG

Euro überstiegen hat, verpflichtet, für Zwecke der Erhebung der Abgaben vom Einkommen Bücher zu führen und auf Grund jährlicher Bestandsaufnahmen regelmäßig Abschlüsse zu machen. Als Unternehmer im Sinn dieser Bestimmung gilt eine Gesellschaft, bei der die Gesellschafter als Mitunternehmer im Sinn der einkommensteuerlichen Vorschriften anzusehen sind, auch dann, wenn ihr umsatzsteuerrechtlich keine Unternehmereigenschaft zukommt; diesfalls sind die Umsätze des Gesellschafters maßgeblich, dem die Unternehmereigenschaft zukommt.

(2) Umsätze im Sinne des Abs. 1 sind solche gemäß § 1 Abs. 1 Z 1 und 2 UStG 1994 zuzüglich der Umsätze aus im Ausland ausgeführten Leistungen. Keine Umsätze sind jedoch nicht unmittelbar dem Betriebszweck oder dem Zweck des wirtschaftlichen Geschäftsbetriebes dienende Umsätze

1. die unter § 6 Abs. 1 Z 8 und 9 und § 10 Abs. 2 Z 3 UStG 1994 fallen oder – wären sie im Inland ausgeführt worden – fallen würden,
2. aus Geschäftsveräußerungen im Sinne des § 4 Abs. 7 UStG 1994,
3. die bei der Erzielung von Entschädigungen im Sinn des § 32 Abs. 1 Z 1 EStG 1988 ausgeführt werden und
4. aus besonderen Waldnutzungen im Sinn der einkommensteuerrechtlichen Vorschriften.

(3) Sind die Voraussetzungen des Abs. 1 erfüllt, tritt die Verpflichtung nach Abs. 1 mit Beginn des darauf zweitfolgenden Kalenderjahres ein, sofern sie nicht gemäß Abs. 4 aufgehoben wird. Eine nach Abs. 1 eingetretene Verpflichtung erlischt, wenn die dort genannte Grenze in zwei aufeinanderfolgenden Kalenderjahren nicht überschritten wird, mit Beginn des darauffolgenden Kalenderjahres.

(4) Macht der Unternehmer glaubhaft, dass die Grenze des Abs. 1 nur vorübergehend und auf Grund besonderer Umstände überschritten ist, hat das Finanzamt, dem die Erhebung der Einkommensteuer oder Körperschaftsteuer oder die Feststellung der Einkünfte (§ 188) des Unternehmers obliegt, auf Antrag eine nach Abs. 3 eingetretene Verpflichtung aufzuheben.

(5) Bei einem land- und forstwirtschaftlichen Betrieb braucht sich die jährliche Bestandsaufnahme nicht auf das stehende Holz zu erstrecken. Dies gilt sowohl in Fällen einer steuerlichen Buchführungspflicht nach Abs. 1 und § 124 als auch im Fall einer freiwilligen Buchführung. Der Bundesminister für Finanzen kann durch Verordnung bestimmen, welche besonderen Zusammenstellungen, Verzeichnisse und Register von buchführenden Land- und Forstwirten für steuerliche Zwecke zu führen sind.

(BGBl I 2020/96)

§ 126. (1) Die Abgabepflichtigen und die zur Einbehaltung und Abfuhr von Abgaben verpflichteten Personen haben jene Aufzeichnungen zu führen, die nach Maßgabe der einzelnen Abgabenvorschriften zur Erfassung der abgabepflichtigen Tatbestände dienen.

(2) Insbesondere haben Abgabepflichtige, soweit sie weder nach §§ 124 oder 125 zur Führung von Büchern verpflichtet sind, noch ohne gesetzliche Verpflichtung Bücher führen und soweit Abgabenvorschriften nicht anderes bestimmen, für Zwecke der Erhebung der Abgaben vom Einkommen und Ertrag ihre Betriebseinnahmen und Betriebsausgaben aufzuzeichnen und zum Ende eines jeden Jahres zusammenzurechnen.

(3) Abs. 2 gilt sinngemäß für die Ermittlung der nicht endbesteuerten Einkünfte aus Kapitalvermögen, der Einkünfte aus Vermietung und Verpachtung und der sonstigen Einkünfte.

(BGBl I 2022/108)

„(4) Empfänger von freigebigen Zuwendungen im Sinne des § 4a EStG 1988 haben über diese Aufzeichnungen zu führen. Bestätigungen der Kasseneingänge von freigebigen Zuwendungen stellen Belege im Sinne des § 132 dar."

(GemRefG 2023, BGBl I 2023/188 ab 1.1.2024)

§ 127. (1) Gewerbliche Unternehmer sind verpflichtet, für steuerliche Zwecke ein Wareneingangsbuch zu führen.

(2) Von der Verpflichtung zur Führung eines Wareneingangsbuches (Abs. 1) sind gewerbliche Unternehmer befreit,
a) die nach §§ 124 oder 125 zur Führung von Büchern verpflichtet sind;
b) die Bücher ohne gesetzliche Verpflichtung führen und auf Grund jährlicher Bestandsaufnahmen regelmäßig Abschlüsse machen;
c) die durch eine gesetzliche Vorschrift zur Führung von dem Wareneingangsbuch im wesentlichen entsprechenden Aufzeichnungen verpflichtet sind.

§ 128. (1) In das Wareneingangsbuch (§ 127) sind alle Waren (einschließlich der Rohstoffe, Halberzeugnisse, Hilfsstoffe und Zutaten) einzutragen, die der Unternehmer zur gewerblichen Weiterveräußerung, sei es in derselben Beschaffenheit, sei es nach vorheriger Bearbeitung oder Verarbeitung, auf eigene oder auf fremde Rechnung erwirbt. Waren, die nach der Art des Betriebes üblicherweise zur gewerblichen Weiterveräußerung erworben werden, sind auch dann einzutragen, wenn sie für betriebsfremde Zwecke verwendet werden.

(2) Das Wareneingangsbuch muß für die im Abs. 1 bezeichneten Waren folgende Angaben enthalten:
a) fortlaufende Nummer der Eintragung;
b) Tag des Wareneinganges oder der Rechnungsausstellung;
c) Name (Firma) und Anschrift des Lieferanten;
d) Bezeichnung, wobei eine branchenübliche Sammelbezeichnung genügt;
e) Preis;
f) Hinweis auf die dazugehörigen Belege.

(3) Die Eintragungen sind in richtiger zeitlicher Reihenfolge vorzunehmen; die Beträge sind monatlich und jährlich zusammenzurechnen. Die

Eintragungen sind zeitgerecht im Sinne des § 131 Abs. 1 Z 2 lit. a, bezogen auf den Zeitpunkt des Bekanntwerdens der eintragungspflichtigen Angaben, vorzunehmen. Gleichzeitig mit der Eintragung ist auf dem Beleg, wenn ein solcher erteilt worden ist, die fortlaufende Nummer, unter der die Ware im Wareneingangsbuch eingetragen ist, zu vermerken.
(BGBl I 2016/117)

(4) Das für die Erhebung der Umsatzsteuer zuständige Finanzamt kann unter Abweichung von den Bestimmungen des § 127 und der Abs. 1 bis 3 für einzelne Fälle Erleichterungen bewilligen, wenn die übrigen Bücher und Aufzeichnungen des gewerblichen Unternehmens die Gewähr für eine leichte Überprüfbarkeit des Wareneinganges bieten.

§ 129. (aufgehoben)

§ 130. Sonstige Buchführungs- und Aufzeichnungspflichten werden durch die Bestimmungen der §§ 127 bis 129 nicht berührt.

§ 131. (1) Bücher, die gemäß den §§ 124 oder 125 zu führen sind oder ohne gesetzliche Verpflichtung geführt werden, und Aufzeichnungen der in den §§ 126 bis 128 bezeichneten Art dürfen, wenn nicht anderes gesetzlich angeordnet ist, auch im Ausland geführt werden. Derartige Bücher und Aufzeichnungen sind auf Verlangen der Abgabenbehörde innerhalb angemessen festzusetzender Frist in das Inland zu bringen. Den Büchern und Aufzeichnungen zu Grunde zu legende Grundaufzeichnungen sind, wenn sie im Ausland geführt werden, innerhalb angemessener Frist in das Inland zu bringen und im Inland aufzubewahren; diese Verpflichtung entfällt hinsichtlich jener Vorgänge, die einem im Ausland gelegenen Betrieb, einer im Ausland gelegenen Betriebsstätte oder einem im Ausland gelegenen Grundbesitz zuzuordnen sind. Es muss gewährleistet sein, dass auch bei Führung der Bücher und Aufzeichnungen im Ausland die Erforschung der für die Erhebung der Abgaben wesentlichen tatsächlichen und rechtlichen Verhältnisse ohne Erschwernisse möglich ist.

Die gemäß den §§ 124, 125 und 126 zu führenden Bücher und Aufzeichnungen sowie die ohne gesetzliche Verpflichtung geführten Bücher sind so zu führen, dass sie einem sachverständigen Dritten innerhalb angemessener Zeit einen Überblick über die Geschäftsvorfälle vermitteln können. Die einzelnen Geschäftsvorfälle sollen sich in ihrer Entstehung und Abwicklung verfolgen lassen. Dabei gelten insbesondere die folgenden Vorschriften:

1. Sie sollen in einer lebenden Sprache und mit den Schriftzeichen einer solchen geführt werden. Soweit Bücher und Aufzeichnungen nicht in einer für den Abgabepflichtigen im Abgabenverfahren zugelassenen Amtssprache geführt werden, hat der Abgabepflichtige auf Verlangen der Abgabenbehörde eine beglaubigte Übersetzung der vorgelegten Bücher, Aufzeichnungen, hiezu gehörige Belege sowie der Geschäftspapiere und der sonstigen Unterlagen im Sinn des § 132 Abs. 1 beizubringen. Soweit es für die Durchführung einer abgabenbehördlichen Prüfung (§§ 147 bis 153) erforderlich ist, hat der Abgabepflichtige auf seine Kosten für die Übersetzung der eingesehenen Bücher und Aufzeichnungen in eine für ihn zugelassene Amtssprache Sorge zu tragen; hiebei genügt die Beistellung eines geeigneten Dolmetschers.

2. a) Die Eintragungen sollen der Zeitfolge nach geordnet, vollständig, richtig und zeitgerecht vorgenommen werden. Die Vornahme von Eintragungen für einen Kalendermonat in die für Zwecke der Erhebung der Abgaben vom Umsatz, Einkommen und Ertrag, ausgenommen Abzugsteuern, zu führenden Bücher und Aufzeichnungen ist zeitgerecht, wenn sie spätestens einen Monat und 15 Tage nach Ablauf des Kalendermonats erfolgt. An die Stelle des Kalendermonats tritt das Kalendervierteljahr, wenn dieses auf Grund umsatzsteuerrechtlicher Vorschriften für den Abgabepflichtigen Voranmeldungszeitraum ist.

   b) Soweit nach den §§ 124 oder 125 eine Verpflichtung zur Führung von Büchern besteht oder soweit ohne gesetzliche Verpflichtung Bücher geführt werden, sollen alle Bareingänge und Barausgänge in den Büchern oder in den Büchern zu Grunde liegenden Grundaufzeichnungen täglich einzeln festgehalten werden.

   c) Abgabepflichtige, die gemäß § 126 Abs. 2 und Abs. 3 verpflichtet sind, ihre Einnahmen und Ausgaben aufzuzeichnen, sollen alle Bargeschäfte einzeln festhalten.

(BGBl I 2015/118)

3. Die Bezeichnung der Konten und Bücher soll erkennen lassen, welche Geschäftsvorgänge auf diesen Konten (in diesen Büchern) verzeichnet werden. Konten, die den Verkehr mit Geschäftsfreunden verzeichnen, sollen die Namen und Anschriften der Geschäftsfreunde ausweisen.

4. Soweit Bücher oder Aufzeichnungen gebunden geführt werden, sollen sie nach Maßgabe der Eintragungen Blatt für Blatt oder Seite für Seite mit fortlaufenden Zahlen versehen sein. Werden Bücher oder Aufzeichnungen auf losen Blättern geführt, so sollen diese in einem laufend geführten Verzeichnis (Kontenregister) festgehalten werden.

5. Die zu Büchern oder Aufzeichnungen gehörigen Belege sollen derart geordnet aufbewahrt werden, daß die Überprüfung der Eintragungen jederzeit möglich ist.

6. a) Die Eintragungen sollen nicht mit leicht entfernbaren Schreibmitteln erfolgen. An Stellen, die der Regel nach zu beschreiben sind, sollen keine leeren Zwischenräume gelassen werden. Der ursprüngliche Inhalt einer Eintragung

soll nicht mittels Durchstreichens oder auf andere Weise unleserlich gemacht werden. Es soll nicht radiert und es sollen auch solche Veränderungen nicht vorgenommen werden, deren Beschaffenheit ungewiss lässt, ob sie bei der ursprünglichen Eintragung oder erst später vorgenommen worden sind.

b) Werden zur Führung von Büchern und Aufzeichnungen oder bei der Erfassung der Geschäftsvorfälle Datenträger verwendet, sollen Eintragungen oder Aufzeichnungen nicht in einer Weise verändert werden können, dass der ursprüngliche Inhalt nicht mehr ersichtlich ist. Eine Überprüfung der vollständigen, richtigen und lückenlosen Erfassung aller Geschäftsvorfälle soll insbesondere bei der Losungsermittlung mit elektronischem Aufzeichnungssystem durch entsprechende Protokollierung der Datenerfassung und nachträglicher Änderungen möglich sein.

(BGBl I 2015/118)

(BGBl I 2015/118)

(2) Werden die Geschäftsvorfälle maschinell festgehalten, gelten die Bestimmungen des Abs. 1 sinngemäß mit der Maßgabe, daß durch gegenseitige Verweisungen oder Buchungszeichen der Zusammenhang zwischen den einzelnen Buchungen sowie der Zusammenhang zwischen den Buchungen und den Belegen klar nachgewiesen werden sollen; durch entsprechende Einrichtungen soll der Nachweis der vollständigen und richtigen Erfassung aller Geschäftsvorfälle leicht und sicher geführt werden können und sollen Summenbildungen nachvollziehbar sein.

(3) Zur Führung von Büchern und Aufzeichnungen können Datenträger verwendet werden, wenn die inhaltsgleiche, vollständige und geordnete Wiedergabe bis zum Ablauf der gesetzlichen Aufbewahrungsfrist jederzeit gewährleistet ist; die vollständige und richtige Erfassung und Wiedergabe aller Geschäftsvorfälle soll durch entsprechende Einrichtungen gesichert werden. Wer Eintragungen in dieser Form vorgenommen hat, muß, soweit er zur Einsichtgewährung verpflichtet ist, auf seine Kosten innerhalb angemessener Frist diejenigen Hilfsmittel zur Verfügung stellen, die notwendig sind, um die Unterlagen lesbar zu machen, und, soweit erforderlich, ohne Hilfsmittel lesbare, dauerhafte Wiedergaben beibringen. Werden dauerhafte Wiedergaben erstellt, so sind diese auf Datenträgern zur Verfügung zu stellen.

(4) Der Bundesminister für Finanzen kann durch Verordnung Erleichterungen bei der Führung von Büchern und Aufzeichnungen, bei der Verwendung eines elektronischen Aufzeichnungssystems nach § 131b und bei der Belegerteilungsverpflichtung nach § 132a, wenn die Erfüllung dieser Verpflichtungen unzumutbar wäre und die ordnungsgemäße Ermittlung der Grundlagen der Abgabenerhebung dadurch nicht gefährdet wird, festlegen. Eine derartige Verordnung kann auch rückwirkend in Kraft gesetzt werden.

Solche Erleichterungen sind nur zulässig:

1. für Umsätze bis jeweils 30 000 Euro pro Kalenderjahr und Abgabepflichtigem (§ 77 Abs. 1), die ausgeführt werden

   a) von Haus zu Haus oder auf öffentlichen Wegen, Straßen, Plätzen oder anderen öffentlichen Orten, jedoch nicht in oder in Verbindung mit fest umschlossenen Räumlichkeiten,

   b) in unmittelbarem Zusammenhang mit Hütten, wie insbesondere in Alm-, Berg-, Schi- und Schutzhütten,

   c) in einem Buschenschank im Sinne des § 2 Abs. 1 Z 5 der Gewerbeordnung 1994, BGBl. Nr. 194/1994, wenn der Betrieb an nicht mehr als 14 Tagen im Kalenderjahr geöffnet ist,

   d) durch eine von einem gemeinnützigen Verein geführte Kantine, die nicht mehr als 52 Tage im Kalenderjahr betrieben wird (kleine Kantine),

   treffen im Fall der lit. a oder b diese Voraussetzungen nicht auf alle Umsätze eines Betriebes oder wirtschaftlichen Geschäftsbetriebes zu, dann gilt die Befreiung für denjenigen Teil des Umsatzes, der die Voraussetzungen erfüllt,

   (BGBl I 2016/77)

2. für wirtschaftliche Geschäftsbetriebe von abgabenrechtlich begünstigten Körperschaften im Sinn des § 45 Abs. 1 und 2,

3. für bestimmte Warenausgabe- und Dienstleistungsautomaten sowie

4. für Betriebe, bei denen keine Gegenleistung durch Bezahlung mit Bargeld erfolgt, dies unbeschadet einer Belegerteilungsverpflichtung nach § 132a.

(BGBl I 2016/77)

§ 131a. Für Landes- und Gemeindeabgaben gilt Folgendes:

1. Die Bestimmungen des § 131 Abs. 1 Z 2 lit. c gelten nicht. Im Übrigen gilt § 131 auch für Bücher und Aufzeichnungen, die nach landesgesetzlichen Bestimmungen zu führen sind oder ohne eine solche gesetzliche Verpflichtung geführt werden.

(BGBl I 2015/118)

2. Die Abgabenbehörde kann Erleichterungen von der Pflicht zur Führung von Büchern und Aufzeichnungen bewilligen, wenn die Bücher und Aufzeichnungen des Abgabepflichtigen die Gewähr für eine leichte Überprüfbarkeit bieten.

§ 131b. (1)

1. Betriebe haben alle Bareinnahmen zum Zweck der Losungsermittlung mit elektronischer Registrierkasse, Kassensystem oder sonstigem elektronischen Aufzeichnungs-

system unter Beachtung der Grundsätze des § 131 Abs. 1 Z 6 einzeln zu erfassen.
2. Die Verpflichtung zur Verwendung eines elektronischen Aufzeichnungssystems (Z 1) besteht ab einem Jahresumsatz von 15 000 Euro je Betrieb, sofern die Barumsätze dieses Betriebes 7 500 Euro im Jahr überschreiten.
3. Barumsätze im Sinn dieser Bestimmung sind Umsätze, bei denen die Gegenleistung (Entgelt) durch Barzahlung erfolgt. Als Barzahlung gilt auch die Zahlung mit Bankomat- oder Kreditkarte oder durch andere vergleichbare elektronische Zahlungsformen, die Hingabe von Barschecks, sowie vom Unternehmer ausgegebener und von ihm an Geldes statt angenommener Gutscheine, Bons, Geschenkmünzen und dergleichen.

(2) Das elektronische Aufzeichnungssystem (Abs. 1 Z 1) ist durch eine technische Sicherheitseinrichtung gegen Manipulation zu schützen. Dabei ist die Unveränderbarkeit der Aufzeichnungen durch kryptographische Signatur bzw. durch kryptographisches Siegel jedes Barumsatzes mittels einer dem Steuerpflichtigen zugeordneten Signatur- bzw. Siegelerstellungseinheit zu gewährleisten und die Nachprüfbarkeit durch Erfassung der Signatur bzw. des Siegels auf den einzelnen Belegen sicherzustellen.

(BGBl I 2016/77)

(3) Die Verpflichtungen nach Abs. 1 sowie Abs. 2 bestehen mit Beginn des viertfolgenden Monats nach Ablauf des Voranmeldungszeitraums, in dem die Grenzen des Abs. 1 Z 2 erstmals überschritten wurden. Werden die Umsatzgrenzen (Abs. 1 Z 2) in einem Folgejahr nicht überschritten und ist aufgrund besonderer Umstände absehbar, dass diese Grenzen auch künftig nicht überschritten werden, fällt die Verpflichtung zur Losungsermittlung mit elektronischem Aufzeichnungssystem gemäß § 131b BAO mit Beginn der nächstfolgenden Kalenderjahres weg.

(BGBl I 2016/77)

(4) Das für die Erhebung der Umsatzsteuer zuständige Finanzamt hat auf Antrag des Unternehmers mit Feststellungsbescheid die Manipulationssicherheit eines geschlossenen Gesamtsystems, das im Unternehmen als elektronisches Aufzeichnungssystem verwendet wird, zu bestätigen, wenn eine solche Sicherheit auch ohne Verwendung einer in Abs. 2 geforderten Signatur- bzw. Siegelerstellungseinheit besteht.

Antragsbefugt sind nur Unternehmer, die ein solches geschlossenes Gesamtsystem verwenden und eine hohe Anzahl von Registrierkassen im Inland in Verwendung haben. Dem Antrag ist ein Gutachten eines gerichtlich beeideten Sachverständigen, in dem das Vorliegen der technischen und organisatorischen Voraussetzungen für die Manipulationssicherheit des geschlossenen Gesamtsystems bescheinigt wird, anzuschließen.

Die Wirksamkeit des Feststellungsbescheides erlischt, wenn sich die für seine Erlassung maßgeblichen tatsächlichen Verhältnisse geändert haben. Unternehmer haben jede Änderung der tatsächlichen Verhältnisse für die Erlassung des Feststellungsbescheides über die Manipulationssicherheit geschlossener Gesamtsysteme dem Finanzamt binnen einem Monat, gerechnet vom Eintritt des meldepflichtigen Ereignisses, zu melden.

(BGBl I 2016/77)

(5) Der Bundesminister für Finanzen kann durch Verordnung festlegen:
1. Einzelheiten zur technischen Sicherheitseinrichtung, zur Signatur- bzw. Siegelerstellungseinheit, zur kryptografischen Signatur bzw. zum kryptographischen Siegel, sowie zu anderen, der Datensicherheit dienenden Maßnahmen,

(BGBl I 2016/77)

2. Erleichterungen bezüglich der zeitlichen Erfassung der Bareinnahmen hinsichtlich betrieblicher Umsätze, die außerhalb der Betriebstätte getätigt werden,
3. Einzelheiten über die Erlassung von Feststellungsbescheiden (Abs. 4), insbesondere über die technischen und organisatorischen Anforderungen zur Gewährleistung der Manipulationssicherheit geschlossener Gesamtsysteme, die im Unternehmen als elektronische Aufzeichnungssysteme verwendet werden, sowie die in Abs. 4 genannte Anzahl von Registrierkassen,
4. Einzelheiten von Form und Inhalt der Meldungen nach Abs. 4 letzter Unterabsatz.

(BGBl I 2015/118)

§ 132. (1) Bücher und Aufzeichnungen sowie die zu den Büchern und Aufzeichnungen gehörigen Belege sind sieben Jahre aufzubewahren; darüber hinaus sind sie noch so lange aufzubewahren, als sie für die Abgabenerhebung betreffende anhängige Verfahren von Bedeutung sind, in denen diejenigen Parteistellung haben, für die auf Grund von Abgabenvorschriften die Bücher und Aufzeichnungen zu führen waren oder für die ohne gesetzliche Verpflichtung Bücher geführt wurden. Soweit Geschäftspapiere und sonstige Unterlagen für die Abgabenerhebung von Bedeutung sind, sollen sie sieben Jahre aufbewahrt werden. Diese Fristen laufen für die Bücher und die Aufzeichnungen vom Schluß des Kalenderjahres, für das die Eintragungen in die Bücher oder Aufzeichnungen vorgenommen worden sind, und für die Belege, Geschäftspapiere und sonstigen Unterlagen vom Schluß des Kalenderjahres, auf das sie sich beziehen; bei einem vom Kalenderjahr abweichenden Wirtschaftsjahr laufen die Fristen vom Schluß des Kalenderjahres, in dem das Wirtschaftsjahr endet.

(2) Hinsichtlich der in Abs. 1 genannten Belege, Geschäftspapiere und sonstigen Unterlagen kann die Aufbewahrung auf Datenträgern geschehen, wenn die vollständige, geordnete, inhaltsgleiche und urschriftgetreue Wiedergabe bis zum Ablauf der gesetzlichen Aufbewahrungsfrist jederzeit gewährleistet ist. Soweit solche Unterlagen nur auf

Datenträgern vorliegen, entfällt das Erfordernis der urschriftgetreuen Wiedergabe.

(3) Wer Aufbewahrungen in Form des Abs. 2 vorgenommen hat, muß, soweit er zur Einsichtgewährung verpflichtet ist, auf seine Kosten innerhalb angemessener Frist diejenigen Hilfsmittel zur Verfügung stellen, die notwendig sind, um die Unterlagen lesbar zu machen, und, soweit erforderlich, ohne Hilfsmittel lesbare, dauerhafte Wiedergaben beibringen. Werden dauerhafte Wiedergaben erstellt, so sind diese auf Datenträgern zur Verfügung zu stellen.

§ 132a. (1) Unternehmer (§ 2 Abs. 1 UStG 1994) haben unbeschadet anderer gesetzlicher Vorschriften dem die Barzahlung Leistenden einen Beleg über empfangene Barzahlungen für Lieferungen und sonstige Leistungen (§ 1 Abs. 1 Z 1 UStG 1994) zu erteilen. Als Beleg gilt auch ein entsprechender elektronischer Beleg, welcher unmittelbar nach erfolgter Zahlung für den Zugriff durch den die Barzahlung Leistenden verfügbar ist. Erfolgt die Gegenleistung mit Bankomat- oder Kreditkarte oder durch andere vergleichbare elektronische Zahlungsformen, so gilt dies als Barzahlung. Als Barzahlung gilt weiters die Hingabe von Barschecks sowie vom Unternehmer ausgegebener und von ihm an Geldes statt angenommener Gutscheine, Bons, Geschenkmünzen und dergleichen.

(2) Die Belegerteilungsverpflichtung kann im Falle einer Organschaft (§ 2 Abs. 2 UStG 1994) auch von der Organgesellschaft, im Falle der Unternehmereinheit im Sinn des Umsatzsteuerrechtes auch von einer der in der Unternehmereinheit zusammengeschlossenen Personengesellschaften (Personengemeinschaften) erfüllt werden.

(3) Die Belege haben mindestens folgende Angaben zu enthalten:
1. eine eindeutige Bezeichnung des liefernden oder leistenden Unternehmers oder desjenigen, der gemäß Abs. 2 an Stelle des Unternehmers einen Beleg erteilen kann,
2. eine fortlaufende Nummer mit einer oder mehreren Zahlenreihen, die zur Identifizierung des Geschäftsvorfalles einmalig vergeben wird,
3. den Tag der Belegausstellung,
4. die Menge und die handelsübliche Bezeichnung der gelieferten Gegenstände oder die Art und den Umfang der sonstigen Leistungen und
5. den Betrag der Barzahlung, wobei es genügt, dass dieser Betrag auf Grund der Belegangaben rechnerisch ermittelbar ist.

(4) Die im Abs. 3 Z 1 und 4 geforderten Angaben können auch durch Symbole oder Schlüsselzahlen ausgedrückt werden, wenn ihre eindeutige Bestimmung aus dem Beleg oder anderen bei dem die Lieferung oder sonstige Leistung erbringenden Unternehmer vorhandenen Unterlagen gewährleistet ist. Die in Abs. 3 Z 4 geforderten Angaben können auch in anderen beim Unternehmer oder Leistungsempfänger, soweit dieser ebenfalls Unternehmer ist, vorhandenen Unterlagen enthalten sein, wenn auf diese Unterlagen im Beleg hingewiesen ist.

(5) Der Leistungsempfänger oder der an dessen Stelle die Gegenleistung ganz oder teilweise erbringende Dritte hat den Beleg entgegenzunehmen und ihn außerhalb der Geschäftsräumlichkeiten mitzunehmen.

(6)
1. Vom Beleg ist eine Durchschrift oder im selben Arbeitsgang mit der Belegerstellung eine sonstige Zweitschrift anzufertigen und aufzubewahren. Als Zweitschrift im Sinn dieser Bestimmung gilt auch die Speicherung auf Datenträgern, wenn die Geschäftsvorfälle spätestens gleichzeitig mit der Belegerstellung erfasst werden. Die Aufbewahrungsverpflichtung gilt neben Zweitschriften auch für die in Abs. 4 genannten Unterlagen, beginnt mit der Belegerstellung und beträgt sieben Jahre ab Schluss des Kalenderjahres, in dem der Beleg ausgestellt wurde.
2. Die Durchschrift (Zweitschrift) zählt zu den Büchern oder Aufzeichnungen gehörigen Belegen.

(7) Die Angaben des Abs. 3 Z 2 und 3 sowie die Anfertigung und Aufbewahrung einer Durchschrift (Zweitschrift) können bei Berechtigungsausweisen (insbesondere bei Eintrittskarten und Fahrausweisen) unterbleiben, wenn deren vollständige Erfassung gewährleistet ist.

(8) Bei Verwendung von elektronischen Registrierkassen, Kassensystemen oder sonstigen elektronischen Aufzeichnungssystemen nach § 131b hat der Beleg zusätzlich zu den in Abs. 3 angeführten Mindestangaben weitere Angaben, die insbesondere zur Nachvollziehbarkeit des einzelnen Geschäftsvorfalles und der Identifizierung des belegausstellenden Unternehmers dienen, zu enthalten. Der Bundesminister für Finanzen kann diese weiteren Angaben durch Verordnung festlegen.
(BGBl I 2015/118)

§ 132b. Auf Umsätze von Kreditinstituten im Sinne des § 1 Abs. 1 des Bankwesengesetzes – BWG, BGBl. Nr. 532/1993, und von Zweigstellen von CRR-Kreditinstituten aus Mitgliedstaaten gemäß § 9 BWG finden die Bestimmungen der §§ 131b und 132a keine Anwendung.
(BGBl I 2016/77)

4. Abgabenerklärungen

§ 133. (1) Die Abgabenvorschriften bestimmen, wer zur Einreichung einer Abgabenerklärung verpflichtet ist. Zur Einreichung ist ferner verpflichtet, wer hiezu von der Abgabenbehörde aufgefordert wird. Die Aufforderung kann auch durch Zusendung von Vordrucken der Abgabenerklärungen erfolgen.

(2) Sind amtliche Vordrucke für Abgabenerklärungen aufgelegt, so sind die Abgabenerklärungen unter Verwendung dieser Vordrucke abzugeben. Soweit Abgabenerklärungen, für die die Einreichung im Wege automationsunterstützter Daten-

übertragung oder in jeder anderen technisch möglichen Weise zugelassen ist, in einer solchen Weise eingereicht werden, entfällt die Verpflichtung zur Verwendung der amtlichen Vordrucke. Die Versicherungsnummer (§ 30c Abs. 1 Z 1 ASVG), die Firmenbuchnummer (§ 30 Firmenbuchgesetz) und die Melderegisterzahl (§ 16 Meldegesetz 1991), sofern diese bekannt ist, sind anzugeben, wenn dies für die Abgabenerklärungen vorgesehen ist.

(BGBl I 2022/108)

§ 134. (1) Die Abgabenerklärungen für die Einkommensteuer, die Körperschaftsteuer, die Umsatzsteuer sowie für die Feststellung der Einkünfte (§ 188) sind bis zum Ende des Monates April jeden Folgejahres einzureichen. Diese Abgabenerklärungen sind bis Ende des Monates Juni einzureichen, wenn die Übermittlung elektronisch erfolgt. Der Bundesminister für Finanzen kann diese Fristen bei Vorliegen außergewöhnlicher Umstände, die eine längere Frist rechtfertigen, mit Verordnung erstrecken.

(AbgÄG 2023, BGBl I 2023/110)

(2) Die Abgabenbehörde kann im Einzelfall auf begründeten Antrag die in Abgabenvorschriften bestimmte Frist zur Einreichung einer Abgabenerklärung verlängern. Wird ein solcher Antrag auf Verlängerung der Frist zur Einreichung der Abgabenerklärung nicht stattgegeben, so ist für die Einreichung der Abgabenerklärung eine Nachfrist von mindestens einer Woche zu setzen.

§ 134a. (1) Abgabenerklärungen im Sinne des § 134 Abs. 1 **„sowie Jahresabgabenerklärungen für die Kraftfahrzeugsteuer, die Elektrizitätsabgabe, die Erdgasabgabe und die Kohleabgabe"** von Abgabepflichtigen, die einen berufsmäßigen Parteienvertreter mit aufrechter Vertretungsvollmacht mit der Einreichung von Abgabenerklärungen beauftragt haben, können im Rahmen einer automationsunterstützten Quotenregelung spätestens bis zum 31. März des auf den Veranlagungszeitraum zweitfolgenden Kalenderjahres eingereicht werden. An die Stelle eines berufsmäßigen Parteienvertreters kann auch ein berechtigter Revisionsverband gemäß § 19 des Genossenschaftsrevisionsgesetzes 1997 – GenRevG 1997, BGBl. I Nr. 127/1997, treten. Wird diese Frist in Anspruch genommen, sind § 134 und § 135 nicht anzuwenden.

(BGBl I 2023/201 ab 1.1.2024

(2) Abs. 1 ist auf Einkommensteuererklärungen, mit denen ausschließlich Einkünfte im Sinne des § 2 Abs. 3 Z 4 EStG 1988 erklärt werden, für die die Einkommensteuer durch Abzug vom Arbeitslohn (Lohnsteuer) erhoben wurde oder zu erheben gewesen wäre, nicht anzuwenden.

(3) Die Frist bis zum 31. März des auf den Veranlagungszeitraum zweitfolgenden Kalenderjahres kann vom zuständigen Finanzamt einheitlich für alle bei diesem von einem berufsmäßigen Parteienvertreter oder berechtigten Revisionsverband im Rahmen der automationsunterstützten Quotenregelung noch einzureichenden Abgabenerklärungen bis zum 30. Juni des auf den Veranlagungszeitraum zweitfolgenden Kalenderjahres verlängert werden. In diesem Fall sind § 134 und § 135 nicht anzuwenden.

(4) Der Bundesminister für Finanzen kann die in Abs. 1 und Abs. 3 genannten Fristen bei Vorliegen außergewöhnlicher Umstände, die eine längere Frist rechtfertigen, mit Verordnung erstrecken.

(5) Der Bundesminister für Finanzen hat mit Verordnung festzulegen:
1. wer als berufsmäßiger Parteienvertreter im Sinne des Abs. 1 gilt,
2. die elektronische Anmeldung von Steuernummern zur Quotenregelung und die Abmeldung von Steuernummern von der Quotenregelung,
3. die prozentuelle Einreichung der Abgabenerklärungen zu bestimmten Abgabeterminen vor Ablauf der in Abs. 1 festgelegten Frist,
4. die anlassbezogene Abberufung von Abgabenerklärungen im Rahmen der Quotenregelung und
5. geeignete Maßnahmen bei Nichteinhaltung der Abgabetermine im Rahmen der Quotenregelung durch den berufsmäßigen Parteienvertreter oder berechtigten Revisionsverband.

(AbgÄG 2023, BGBl I 2023/110)

§ 135. Abgabepflichtigen, die die Frist zur Einreichung einer Abgabenerklärung nicht wahren, kann die Abgabenbehörde einen Zuschlag bis zu 10 Prozent der festgesetzten Abgabe (Verspätungszuschlag) auferlegen, wenn die Verspätung nicht entschuldbar ist; solange die Voraussetzungen für die Selbstberechnung einer Abgabe durch den Abgabepflichtigen ohne abgabenbehördliche Festsetzung gegeben sind, tritt an die Stelle des festgesetzten Betrages der selbst berechnete Betrag. Dies gilt sinngemäß, wenn nach den Abgabenvorschriften die Selbstberechnung einer Abgabe einem abgabenrechtlich Haftungspflichtigen obliegt. Verspätungszuschläge, die den Betrag von 50 Euro nicht erreichen, sind nicht festzusetzen.

§ 135a. Für Landes- und Gemeindeabgaben gilt der letzte Satz des § 135 nicht.

§ 136. Wenn in Abgabenerklärungen Wertangaben zu machen sind und der angegebene Wert vom Regelfall (Nennwert, Kurswert, Anschaffungs- oder Herstellungskosten) abweicht, hat der Abgabepflichtige auf Verlangen der Abgabenbehörde die Tatsachen anzuführen, die für den in der Abgabenerklärung ausgewiesenen Wert maßgebend waren.

§ 137. Abgabepflichtige, die gemäß §§ 124 oder 125 zur Führung von Büchern verpflichtet sind oder Bücher ohne gesetzliche Verpflichtung führen, haben, sofern die Abgabenvorschriften nicht anderes bestimmen, auf Verlangen eine Abschrift der Vermögensübersicht (Jahresabschluß, Bilanz) und der Gewinn- und Verlustrechnung einzureichen. Liegen Jahresberichte (Geschäftsberichte) oder Treuhandberichte (Wirtschaftsprüfungsberichte) vor, so sind auch diese auf Verlangen einzureichen.

§ 138. (1) Auf Verlangen der Abgabenbehörde haben die Abgabepflichtigen und die diesen im

§ 140 gleichgestellten Personen in Erfüllung ihrer Offenlegungspflicht (§ 119) zur Beseitigung von Zweifeln den Inhalt ihrer Anbringen zu erläutern und zu ergänzen sowie dessen Richtigkeit zu beweisen. Kann ihnen ein Beweis nach den Umständen nicht zugemutet werden, so genügt die Glaubhaftmachung.

(2) Bücher, Aufzeichnungen, Geschäftspapiere, Schriften und Urkunden sind auf Verlangen zur Einsicht und Prüfung vorzulegen, soweit sie für den Inhalt der Anbringen von Bedeutung sind.

§ 139. Wenn ein Abgabepflichtiger nachträglich, aber vor dem Ablauf der Verjährungsfrist (§§ 207 bis 209 a) erkennt, daß er in einer Abgabenerklärung oder in einem sonstigen Anbringen der ihm gemäß § 119 obliegenden Pflicht nicht oder nicht voll entsprochen hat und daß dies zu einer Verkürzung von Abgaben geführt hat oder führen kann, so ist er verpflichtet, hierüber unverzüglich der zuständigen Abgabenbehörde Anzeige zu erstatten.

§ 140. Die Bestimmungen der §§ 119 und 138 gelten auch für Personen, die zur Einbehaltung und Abfuhr von Abgaben oder zur Zahlung gegen Verrechnung mit der Abgabenbehörde verpflichtet sind.

5. Hilfeleistung bei Amtshandlungen

§ 141. (1) Die Abgabepflichtigen haben den Organen der Abgabenbehörde die Vornahme der zur Durchführung der Abgabengesetze notwendigen Amtshandlungen zu ermöglichen. Sie haben zu dulden, daß Organe der Abgabenbehörde zu diesem Zweck ihre Grundstücke, Geschäfts- und Betriebsräume innerhalb der üblichen Geschäfts- oder Arbeitszeit betreten, diesen Organen die erforderlichen Auskünfte zu erteilen und einen zur Durchführung der Amtshandlungen geeigneten Raum sowie die notwendigen Hilfsmittel unentgeltlich beizustellen.

(2) Die im Abs. 1 geregelten Verpflichtungen treffen auch Personen, denen nach den Abgabenvorschriften als Haftungspflichtigen die Entrichtung oder Einbehaltung von Abgaben obliegt sowie Personen, die zur Zahlung gegen Verrechnung mit der Abgabenbehörde verpflichtet sind.

§ 142. (1) Inhaber von Betrieben, die nach den Verbrauchsteuervorschriften der amtlichen Aufsicht unterliegen, haben die dem Überwachungszweck dienenden Einrichtungen unentgeltlich beizustellen.

(2) Die im Abs. 1 bezeichneten Personen haben zu gestatten, daß verbrauchsteuerpflichtige Gegenstände oder Stoffe, die zu deren Herstellung bestimmt sind, sowie Waren, die verbrauchsteuerpflichtige Gegenstände enthalten oder enthalten können, als Proben unentgeltlich entnommen werden.

D. Befugnisse der Abgabenbehörden

1. Allgemeine Aufsichtsmaßnahmen

§ 143. (1) Zur Erfüllung der im § 114 bezeichneten Aufgaben ist die Abgabenbehörde berechtigt, Auskunft über alle für die Erhebung von Abgaben maßgebenden Tatsachen zu verlangen. Die Auskunftspflicht trifft jedermann, auch wenn es sich nicht um seine persönliche Abgabepflicht handelt.

(2) Die Auskunft ist wahrheitsgemäß nach bestem Wissen und Gewissen zu erteilen. Die Verpflichtung zur Auskunftserteilung schließt die Verbindlichkeit in sich, Urkunden und andere schriftliche Unterlagen, die für die Feststellung von Abgabenansprüchen von Bedeutung sind, vorzulegen oder die Einsichtnahme in diese zu gestatten.

(3) Die Bestimmungen der §§ 170 bis 174 finden auf Auskunftspersonen (Abs. 1) sinngemäß Anwendung.

(4) Die Bestimmungen über Zeugengebühren (§ 176) gelten auch für Auskunftspersonen, die nicht in einer ihre persönliche Abgabepflicht betreffenden Angelegenheit herangezogen werden.

§ 144. (1) Für Zwecke der Abgabenerhebung kann die Abgabenbehörde bei Personen, die nach abgabenrechtlichen Vorschriften Bücher oder Aufzeichnungen zu führen haben, Nachschau halten. Nachschau kann auch bei einer anderen Person gehalten werden, wenn Grund zur Annahme besteht, daß gegen diese Person ein Abgabenanspruch gegeben ist, der auf andere Weise nicht festgestellt werden kann.

(2) In Ausübung der Nachschau (Abs. 1) dürfen Organe der Abgabenbehörde Gebäude, Grundstücke und Betriebe betreten und besichtigen, die Vorlage der nach den Abgabenvorschriften zu führenden Bücher und Aufzeichnungen sowie sonstiger für die Abgabenerhebung maßgeblicher Unterlagen verlangen und in diese Einsicht nehmen.

§ 145. (1) Für Zwecke der Erhebung der Verbrauchsteuern sowie der Eingangs- und Ausgangsabgaben unterliegen Gebäude, Grundstücke, Betriebe, Transportmittel und Transportbehältnisse auch dann der Nachschau, wenn die Vermutung besteht, daß sich dort verbrauchsteuerpflichtige, eingangs- oder ausgangsabgepflichtige, aber diesen Abgaben nicht unterzogene Gegenstände oder daraus hergestellte Waren befinden.

(2) Eine Nachschau ist ferner in allen Fällen zulässig, in denen durch die Verbrauchsteuervorschriften Gegenstände unter amtliche Aufsicht gestellt sind.

§ 146. Die mit der Vornahme einer Nachschau beauftragten Organe haben sich zu Beginn der Amtshandlung unaufgefordert über ihre Person und darüber auszuweisen, daß sie zur Vornahme einer Nachschau berechtigt sind. Über das Ergebnis dieser Nachschau ist, soweit erforderlich, eine Niederschrift aufzunehmen. Eine Abschrift hievon ist der Partei auszufolgen.

1a. besondere Befugnisse
(BGBl I 2019/104)

Betretungsrecht

§ 146a. Die Organe der Abgabenbehörden sind für Zwecke der Abgabenerhebung und zur Wahrnehmung anderer durch unmittelbar anwendbares

Recht der Europäischen Union oder Bundesgesetz übertragener Aufgaben berechtigt, Grundstücke und Baulichkeiten, Betriebsstätten, Betriebsräume und Arbeitsstätten zu betreten und Wege zu befahren, auch wenn dies sonst der Allgemeinheit untersagt ist, wenn Grund zur Annahme besteht, dass dort Zuwiderhandlungen gegen die von den Abgabenbehörden zu vollziehenden Rechtsvorschriften begangen werden.
(BGBl I 2019/104, BGBl I 2022/108)

Identitätsfeststellungsrecht

§ 146b. (1) Die Organe der Abgabenbehörden des Bundes sind im Rahmen ihrer Aufsichts- und Kontrolltätigkeit befugt, die Identität von Personen festzustellen, bei denen Grund zur Annahme besteht, dass sie Zuwiderhandlungen gegen die von den Abgabenbehörden zu vollziehenden Rechtsvorschriften begehen, sowie Fahrzeuge und sonstige Beförderungsmittel anzuhalten und diese einschließlich der mitgeführten Güter zu überprüfen und berechtigt, von jedermann Auskunft über alle für die Erfüllung der übertragenen Aufgaben maßgebenden Tatsachen zu verlangen.

(2) Die Feststellung der Identität ist das Erfassen der Namen, des Geburtsdatums und der Wohnschrift eines Menschen in dessen Anwesenheit. Sie hat mit der vom Anlass gebotenen Verlässlichkeit zu erfolgen. Menschen, deren Identität festgestellt werden soll, sind hievon in Kenntnis zu setzen. Jeder Betroffene ist verpflichtet, an der Feststellung seiner Identität mitzuwirken und die unmittelbare Durchsetzung der Identitätsfeststellung zu dulden.
(BGBl I 2019/104)

2. Außenprüfungen

§ 147. (1) Bei jedem, der zur Führung von Büchern oder von Aufzeichnungen oder zur Zahlung gegen Verrechnung mit der Abgabenbehörde verpflichtet ist, kann die Abgabenbehörde jederzeit alle für die Erhebung von Abgaben bedeutsamen tatsächlichen und rechtlichen Verhältnisse prüfen (Außenprüfung).

(2) Auf Prüfungen, die nur den Zweck verfolgen, die Zahlungsfähigkeit eines Abgabepflichtigen und deren voraussichtliche Entwicklung festzustellen, finden die Bestimmungen des § 148 Abs. 3 und die §§ 149 und 150 keine Anwendung.

§ 148. (1) Die von der Abgabenbehörde mit der Vornahme von Außenprüfungen beauftragten Organe haben sich zu Beginn der Amtshandlung unaufgefordert über ihre Person auszuweisen und den Auftrag der Abgabenbehörde auf Vornahme der Prüfung (Prüfungsauftrag) vorzuweisen.

(2) Der Prüfungsauftrag hat den Gegenstand der vorzunehmenden Prüfung zu umschreiben. Soweit es sich nicht um eine unter § 147 Abs. 2 fallende Prüfung handelt, hat der Prüfungsauftrag die den Gegenstand der Prüfung bildenden Abgabenarten und Zeiträume zu bezeichnen.

(3) Für einen Zeitraum, für den eine Außenprüfung bereits vorgenommen worden ist, darf ein neuerlicher Prüfungsauftrag ohne Zustimmung des Abgabepflichtigen nur erteilt werden

a) zur Prüfung von Abgabenarten, die in einem früheren Prüfungsauftrag nicht enthalten waren;

b) zur Prüfung, ob die Voraussetzungen für eine Wiederaufnahme des Verfahrens (§ 303) gegeben sind;

c) im Beschwerdeverfahren auf Veranlassung (§ 269 Abs. 2) des Verwaltungsgerichtes, jedoch nur zur Prüfung der Begründung der Bescheidbeschwerde (§ 250 Abs. 1 lit. d) oder neuer Tatsachen und Beweise (§ 270);
(BGBl I 2022/108)

d) zur Durchführung der noch erforderlichen Ermittlungen nach einer Aufhebung und Zurückverweisung der Sache gemäß § 278 Abs. 1;
(BGBl I 2022/108)

e) aufgrund eines Amts- oder Rechtshilfeersuchens oder einer grenzüberschreitenden Zusammenarbeit nach dem Recht der Europäischen Union.
(BGBl I 2022/108)

(3a) Für ein Veranlagungsjahr bzw. – bei nicht zu veranlagenden Abgaben – für ein Kalenderjahr, für das ein Bescheid gemäß § 153d gilt, darf ein Prüfungsauftrag ohne Zustimmung des Abgabepflichtigen nur erteilt werden

1. zur Prüfung von Abgabenarten, die nicht von einem Auftrag zur begleitenden Kontrolle (§ 153f Abs. 3) umfasst waren,

2. aufgrund eines Amts- oder Rechtshilfeersuchens oder einer grenzüberschreitenden Zusammenarbeit nach dem Recht der Europäischen Union,

3. im Zuge einer Gegenberichtigung anlässlich einer Verrechnungspreiskorrektur,

4. zur Überprüfung von Nachrichten im Sinne des § 114 Abs. 1 zweiter Satz,

5. in den Fällen des § 148 Abs. 3 lit. c und d,
(BGBl I 2022/108)

6. in den Fällen des § 99 Abs. 2 FinStrG sowie

7. im Falle einer Selbstanzeige gemäß § 29 FinStrG.
(BGBl I 2021/3)

(4) Gegen den Prüfungsauftrag ist ein abgesondertes Rechtsmittel nicht zulässig.

(5) Außenprüfungen sind dem Abgabepflichtigen oder seinem Bevollmächtigten tunlichst eine Woche vorher anzukündigen, sofern hiedurch der Prüfungszweck nicht vereitelt wird.

§ 149. (1) Nach Beendigung der Außenprüfung ist über deren Ergebnis eine Besprechung abzuhalten (Schlußbesprechung). Zu dieser sind der Abgabepflichtige und, wenn bei der Abgabenbehörde ein bevollmächtigter Vertreter ausgewiesen ist, auch dieser unter Setzung einer angemessenen Frist vorzuladen. Über die Schlußbesprechung ist eine Niederschrift aufzunehmen.

(2) Die Schlußbesprechung kann entfallen, wenn sich nach dem Prüfungsergebnis entweder keine Änderung der ergangenen Bescheide oder keine Abweichung gegenüber den eingereichten Erklärungen ergibt oder wenn der Abgabepflichtige oder sein Vertreter in einer eigenhändig unterfertigten Erklärung auf die Schlußbesprechung verzichtet oder wenn trotz Vorladung weder der Abgabepflichtige noch dessen Vertreter zur Schlußbesprechung erscheint.

§ 150. Über das Ergebnis der Außenprüfung ist ein schriftlicher Bericht zu erstatten. Die Abgabenbehörde hat dem Abgabepflichtigen eine Abschrift des Prüfungsberichtes zu übermitteln.

§ 151. Die §§ 148 bis 150 gelten nicht für Prüfungen der nach den Verbrauchsteuervorschriften zu führenden Aufzeichnungen.

§ 152. (aufgehoben)

§ 153. In Abgabenvorschriften geregelte Befugnisse zu besonderen Prüfungsmaßnahmen bleiben unberührt.

2a. Begleitende Kontrolle
(BGBl I 2018/62)

Merkmale der begleitenden Kontrolle

§ 153a. Anstelle einer Außenprüfung gemäß § 147 Abs. 1 ist auf Antrag eine begleitende Kontrolle durchzuführen. Die begleitende Kontrolle kann einen einzelnen Unternehmer oder einen Kontrollverbund umfassen. Während der begleitenden Kontrolle besteht eine erhöhte Offenlegungspflicht nach Maßgabe des § 153f Abs. 1 und ein laufender Kontakt zwischen den Unternehmern und den Organen des Finanzamtes für Großbetriebe nach Maßgabe des § 153f Abs. 4. Das Finanzamt für Großbetriebe hat dem einzelnen Unternehmer oder den Unternehmern des Kontrollverbunds Auskünfte über bereits verwirklichte oder noch nicht verwirklichte Sachverhalte zu erteilen.

(BGBl I 2019/104)

Antrag auf begleitende Kontrolle

§ 153b. (1) Einen Antrag auf begleitende Kontrolle kann stellen
1. ein Unternehmer gemäß § 1, 2 oder 3 UGB oder
2. eine Privatstiftung, die alleine oder gemeinsam mit anderen Privatstiftungen mit mehr als 50% des Kapitals und der Stimmrechte an Unternehmern gemäß Z 1 unmittelbar beteiligt ist.

Voraussetzung ist, dass die Geschäftsleitung, der Sitz oder der Wohnsitz im Inland liegt oder eine inländische Betriebsstätte besteht.

(2) Der Antrag kann für den Antragsteller und für einige oder alle der mit diesem im Sinne des Abs. 5 verbundenen Unternehmer mit Geschäftsleitung, Sitz oder Betriebsstätte im Inland gestellt werden (Kontrollverbund). Ist einer der Unternehmer des Kontrollverbunds Gruppenträger oder Mitglied einer Unternehmensgruppe im Sinne des § 9 KStG 1988, muss der Antrag alle inländischen Mitglieder und den Gruppenträger der Unternehmensgruppe umfassen.

(3) Der Antrag ist vom obersten Unternehmer der Beteiligungskette oder von der Privatstiftung im Verfahren FinanzOnline zu stellen. Er ist von den gesetzlichen Vertretern aller im Antrag angeführten Unternehmer im Verfahren FinanzOnline beim Finanzamt für Großbetriebe zu bestätigen. Die letzte Bestätigung bestimmt den Zeitpunkt der Antragstellung.

(BGBl I 2019/104, BGBl I 2022/108)

(4) Der Antrag kann unter folgenden Voraussetzungen gestellt werden:
1. Jeder im Antrag angeführte Unternehmer ist nach dem UGB oder anderen gesetzlichen Vorschriften zur Führung von Büchern verpflichtet oder führt freiwillig Bücher und hat im Inland seine Geschäftsleitung, seinen Sitz, seinen Wohnsitz oder eine Betriebsstätte.
2. Über keinen im Antrag angeführten Unternehmer ist in den fünf Jahren vor der Antragstellung wegen eines in den letzten sieben Jahren vor der Antragstellung vorsätzlich oder grob fahrlässig begangenen Finanzvergehens rechtskräftig eine Strafe oder Verbandsgeldbuße verhängt worden.
3. Mindestens einer der im Antrag angeführten Unternehmer
   – hatte in den beiden Wirtschaftsjahren vor der Antragstellung Umsatzerlöse gemäß § 189a Z 5 UGB von mehr als 40 Millionen Euro,
   – ist ein Kreditinstitut im Sinne des § 1 Abs. 1 BWG oder eine Zweigstelle eines CRR-Kreditinstitutes aus einem Mitgliedstaat gemäß § 9 BWG oder
   – ist ein Versicherungsunternehmen im Sinne des § 5 Z 1 oder ein Rückversicherungsunternehmen im Sinne des § 5 Z 2 des Versicherungsaufsichtsgesetzes 2016, BGBl. I Nr. 34/2015.
4. Es liegt ein Gutachten eines Wirtschaftsprüfers oder Steuerberaters vor, dass jeder im Antrag angeführte Unternehmer bzw. die antragstellende Privatstiftung von einem Steuerkontrollsystem gemäß Abs. 6 erfasst ist.

(BGBl I 2019/103)

(5) Ein verbundener Unternehmer im Sinne des Abs. 2 liegt vor, wenn an diesem entweder eine direkte oder eine indirekte Beteiligung von mehr als 50 % des Kapitals und der Stimmrechte besteht oder eine finanzielle Verbindung im Sinne des § 9 Abs. 4 KStG 1988 mit Bescheid festgestellt worden ist.

(6) Das Steuerkontrollsystem umfasst die Summe aller Maßnahmen (Prozesse und Prozessschritte), die gewährleisten, dass die Besteuerungsgrundlagen für die jeweilige Abgabenart in der richtigen Höhe ausgewiesen und die darauf entfallenden Steuern termingerecht und in der richtigen Höhe abgeführt werden. Es leitet sich aus der Analyse

aller steuerrelevanten Risiken ab und wird an geänderte Rahmenbedingungen laufend angepasst. Die Risikoanalyse, die daraus folgenden Prozesse und Prozessschritte sowie die erforderlichen Kontrollmaßnahmen sind überprüfbar dokumentiert. Die Dokumentation wird laufend aktualisiert.

(7) Der Bundesminister für Finanzen wird ermächtigt, die Systematik, nach der bei der Erstellung des Gutachtens des Wirtschaftsprüfers oder Steuerberaters über das Steuerkontrollsystem vorzugehen ist und den Aufbau und die erforderlichen Mindestinhalte des Gutachtens des Wirtschaftsprüfers oder Steuerberaters (Abs. 4 Z 4) mit Verordnung festzulegen. Das Gutachten des Wirtschaftsprüfers oder Steuerberaters ist spätestens nach einem Zeitraum von drei Jahren zu erneuern, hat mit einer qualifizierten elektronischen Signatur oder einem qualifizierten elektronischen Siegel des Wirtschaftsprüfers oder Steuerberaters versehen zu sein und ist im Verfahren FinanzOnline zu übermitteln. Die erstmalige Übermittlung hat gleichzeitig mit der Antragstellung zu erfolgen.

(BGBl I 2018/62)

Prüfung des Antrags auf begleitende Kontrolle

§ 153c. (1) Das Finanzamt für Großbetriebe hat das Vorliegen der Voraussetzungen des § 153b bei dem in Antrag angeführten Unternehmer bzw. bei den im Antrag angeführten Unternehmern zu prüfen. Liegen diese Voraussetzungen vor, ist eine Außenprüfung (§ 147) des Unternehmers bzw. der Unternehmer betreffend die von § 153e Abs. 1 umfassten Abgabenarten durchzuführen, wenn für die letzten fünf Jahre vor der Antragstellung nicht bereits eine Außenprüfung stattgefunden hat. Ist das Finanzamt Österreich für einen im Antrag angeführten Unternehmer zuständig, kann ein Organ des Finanzamtes für Großbetriebe die Außenprüfung im Auftrag des Finanzamtes Österreich durchführen.

(2) Nach Abschluss der Außenprüfung bzw. der Außenprüfungen hat das Finanzamt für Großbetriebe zu beurteilen, ob sich der im Antrag angeführte Unternehmer bzw. die im Antrag angeführten Unternehmer als steuerlich zuverlässig erwiesen haben. Bei der Beurteilung der steuerlichen Zuverlässigkeit sind insbesondere zu berücksichtigen:

1. das Verhalten während der Außenprüfung gemäß Abs. 1 und die Feststellungen dieser Außenprüfung;
2. die Feststellungen der in den letzten fünf Jahren vor der Antragstellung durchgeführten Außenprüfungen;
3. das steuerliche Verhalten in den letzten fünf Jahren vor Antragstellung, insbesondere:
   a) die bisherige Befolgung der Offenlegungs-, Wahrheits- und Anzeigepflichten,
   b) die Anzahl der verspätet abgegebenen Abgabenerklärungen,
   c) die Anzahl der vorgenommenen Schätzung(en) gemäß § 184,
   d) die Häufigkeit des Umstandes, dass Abgaben nicht am Fälligkeitstag entrichtet worden sind, deren Betrag und die Dauer der Säumnis,
   e) die Anzahl der Ansuchen um Stundung oder Ratenzahlung,
   f) anhängige und noch nicht rechtskräftig abgeschlossene Finanzstrafverfahren,
   g) eine Mitteilung eines Verdachts auf Vorliegen eines Scheinunternehmens gemäß § 8 des Sozialbetrugsbekämpfungsgesetzes, BGBl. I Nr. 113/2015,
   h) eine deutliche Verbesserung der Selbstkontrolle aus Anlass einer strafrechtlichen Verfolgung.

(BGBl I 2019/104)

Wechsel in die begleitende Kontrolle

§ 153d. (1) Nach Abschluss der Prüfung des Antrags auf begleitende Kontrolle für den Antragsteller und alle im Antrag angeführten Unternehmer hat das Finanzamt für Großbetriebe mit Bescheid den Wechsel in die begleitende Kontrolle für den Antragsteller und jene Unternehmer zu verfügen, die sich als steuerlich zuverlässig erwiesen haben und auch alle übrigen Voraussetzungen erfüllen. Für die übrigen im Antrag angeführten Unternehmer ist der Antrag mit Bescheid abzuweisen. Dieser Bescheid hat den Zeitpunkt zu enthalten, ab dem eine begleitende Kontrolle stattfindet: Das ist bei zu veranlagenden Abgaben der Beginn des der Bescheiderlassung folgenden Veranlagungsjahres, bei allen anderen Abgaben der Beginn des der Bescheiderlassung folgenden Kalenderjahres.

(BGBl I 2019/104)

(2) Der Bescheid ist gegenüber allen Unternehmern des Kontrollverbundes zu erlassen. Mit der Zustellung des Bescheides an den Antragsteller gilt die Zustellung an alle als vollzogen, wenn auf diese Rechtsfolge in der Ausfertigung hingewiesen wird.

(3) Soll nach Rechtskraft des Bescheides gemäß Abs. 1 ein weiterer Unternehmer in die begleitende Kontrolle einbezogen werden, hat der ursprüngliche Antragsteller einen Ergänzungsantrag zu stellen. Dabei gelten die §§ 153b, 153c sowie Abs. 1 und 2 sinngemäß.

(BGBl I 2018/62)

Umfang der begleitenden Kontrolle

§ 153e. (1) Die begleitende Kontrolle umfasst alle in die Zuständigkeit des Finanzamtes für Großbetriebe fallenden abgabenrechtlichen Pflichten der Unternehmer, ausgenommen jene, die von der Lohnsteuerprüfung gemäß § 86 EStG 1988 umfasst sind.

(BGBl I 2019/104)

(2) Im Rahmen der begleitenden Kontrolle kann das Finanzamt für Großbetriebe jederzeit die von der begleitenden Kontrolle umfassten Abgaben-

arten hinsichtlich der tatsächlichen und rechtlichen Verhältnisse prüfen, die für ihre Erhebung bedeutsam sind.

(BGBl I 2019/104)
(BGBl I 2018/62)

Rechte und Pflichten während der begleitenden Kontrolle

§ 153f. (1) Ab der Rechtskraft des Bescheides gemäß § 153d Abs. 1 haben die Unternehmer des Kontrollverbunds unbeschadet anderer abgabenrechtlicher Offenlegungspflichten jene Umstände unaufgefordert vor Abgabe der Abgabenerklärungen offenzulegen, hinsichtlich derer ein ernsthaftes Risiko einer abweichenden Beurteilung durch das Finanzamt für Großbetriebe besteht, wenn sie nicht unwesentliche Auswirkungen auf das steuerliche Ergebnis haben können.

(BGBl I 2019/104)

(2) Ab der Rechtskraft des Bescheides gemäß § 153d Abs. 1 darf eine Außenprüfung gemäß § 147 Abs. 1 ausschließlich nach Maßgabe des § 148 Abs. 3a erfolgen.

(3) Das Finanzamt für Großbetriebe hat einheitlich für alle Unternehmer des Kontrollverbunds die mit der Vornahme der begleitenden Kontrolle beauftragten Organe und die den Gegenstand der begleitenden Kontrolle bildenden Abgabenarten (Auftrag zur begleitenden Kontrolle) elektronisch im Verfahren FinanzOnline bekannt zu geben. Der Antragsteller hat den Auftrag zur begleitenden Kontrolle im Namen aller Unternehmer des Kontrollverbunds im Verfahren FinanzOnline zu bestätigen. Gegen den Auftrag zur begleitenden Kontrolle ist ein abgesondertes Rechtsmittel nicht zulässig.

(BGBl I 2019/104)

(4) Während der begleitenden Kontrolle haben zumindest vier Mal pro Kalenderjahr Besprechungen zwischen Vertretern der Unternehmer des Kontrollverbunds sowie Organen des Finanzamtes für Großbetriebe stattzufinden. Über diese Besprechungen sind Niederschriften gemäß § 87 zu erstellen.

(BGBl I 2019/104)

(5) Der Antragsteller hat dafür zu sorgen, dass rechtzeitig vor Ablauf der Frist gemäß § 153b Abs. 7 oder im Fall von wesentlichen Veränderungen des Steuerkontrollsystems das Gutachten des Wirtschaftsprüfers oder Steuerberaters über die Einrichtung erneuert wird und die bzw. das mit einer qualifizierten elektronischen Signatur oder einem qualifizierten elektronischen Siegel des Wirtschaftsprüfers oder Steuerberaters versehene Gutachten im Verfahren FinanzOnline zu übermitteln. Das neue Gutachten und alle weiteren Gutachten müssen Aussagen über die Wirksamkeit des Steuerkontrollsystems enthalten. Das Finanzamt für Großbetriebe hat das Vorliegen und die Plausibilität des Gutachtens regelmäßig zu überprüfen.

(BGBl I 2019/104)
(BGBl I 2018/62)

Beendigung der begleitenden Kontrolle

§ 153g. (1) Stellen sämtliche Unternehmer des Kontrollverbunds den Antrag, die begleitende Kontrolle zu beenden, hat das Finanzamt für Großbetriebe einen Bescheid zu erlassen, der die Geltungsdauer des Bescheides gemäß § 153d Abs. 1
1. bei zu veranlagenden Abgaben mit dem letzten veranlagten Jahr,
2. bei allen anderen Abgaben mit dem zuletzt abgelaufenen Kalenderjahr

beendet.

(BGBl I 2019/104)

(2) Stellt ein einzelner Unternehmer des Kontrollverbunds den Antrag, die begleitende Kontrolle zu beenden, hat das Finanzamt für Großbetriebe den Bescheid gemäß § 153d Abs. 1 insoweit abzuändern, als die begleitende Kontrolle für den antragstellenden Unternehmer
1. bei zu veranlagenden Abgaben mit dem letzten veranlagten Jahr,
2. bei allen anderen Abgaben mit dem zuletzt abgelaufenen Kalenderjahr

geendet hat.

(BGBl I 2019/104)

(3) Wenn eines der Erfordernisse des § 153b oder § 153c nicht mehr erfüllt wird oder wenn ein Unternehmer des Kontrollverbunds gegen die Pflichten des § 153f verstoßen hat oder wenn das Gutachten gemäß § 153b Abs. 4 Z 4 nicht (mehr) plausibel ist, kann das Finanzamt für Großbetriebe den Bescheid gemäß § 153d Abs. 1 insoweit abändern, als die begleitende Kontrolle für den betroffenen Unternehmer
1. bei zu veranlagenden Abgaben mit dem letzten veranlagten Jahr,
2. bei allen anderen Abgaben mit dem zuletzt abgelaufenen Kalenderjahr

geendet hat.

(BGBl I 2019/104)

(4) Für Gruppenträger und sämtliche inländische Mitglieder einer Unternehmensgruppe im Sinne des § 9 KStG 1988 kann ein Antrag gemäß Abs. 2 nur gemeinsam gestellt werden und eine Abänderung des Bescheides gemäß Abs. 3 nur gemeinsam ergehen.

(BGBl I 2018/62)

3. Besondere Überwachungsmaßnahmen

§ 154. In den im § 122 Abs. 1 bezeichneten Betrieben können verbrauchsteuerpflichtige Gegenstände und deren Umschließungen sowie Geräte, die zur Herstellung verbrauchsteuerpflichtiger Gegenstände dienen, von der Abgabenbehörde für die Dauer einer in Ausübung der amtlichen Aufsicht vorgenommenen Amtshandlung unter Verschluß gelegt werden. Hiedurch dürfen notwendige Maßnahmen zur Sicherung der Gegenstände vor Verderb nicht behindert werden.

§ 155. (1) Die im § 122 Abs. 1 bezeichneten Betriebe können von der Abgabenbehörde besonderen Überwachungsmaßnahmen unterworfen werden,
a) wenn Tatsachen vorliegen, die die verbrauchsteuerrechtliche Unzuverlässigkeit des Inhabers des Betriebes oder des verantwortlichen Betriebsleiters dartun, oder
b) wenn im Betrieb ein Verstoß gegen die Verbrauchsteuervorschriften begangen wurde, der strafrechtlich als Finanzvergehen (mit Ausnahme einer Finanzordnungswidrigkeit) festgestellt worden ist.

(2) Die besonderen Überwachungsmaßnahmen (Abs. 1) können darin bestehen, daß der Betrieb oder ein Teil des Betriebes unter ständige Überwachung gestellt oder angeordnet wird, daß Wegbringungen verbrauchsteuerpflichtiger Gegenstände erst nach vorheriger Anmeldung bei der zuständigen Abgabenbehörde oder nach abgabenbehördlicher Behandlung oder nach Sicherheitsleistung für die entfallenden Abgaben erfolgen dürfen.

(3) Die Anordnung besonderer Überwachungsmaßnahmen ist aufzuheben, sobald die Umstände weggefallen sind, die für die Anordnung maßgebend waren, in den Fällen des Abs. 1 lit. b, sobald ausreichende Gewähr gegeben ist, daß Zuwiderhandlungen gegen die Verbrauchsteuervorschriften nicht mehr vorkommen.

§ 156. (1) Die Abgabenbehörde kann verbrauchsteuerpflichtige Gegenstände, deren Herkunft oder Erwerb ungeklärt ist, samt ihren Umschließungen in amtliche Verwahrung nehmen. Befinden sich diese Gegenstände in der Gewahrsame einer Person, so ist die Übernahme in amtliche Verwahrung durch einen dieser Person zuzustellenden Bescheid anzuordnen.

(2) Würde die amtliche Verwahrung unverhältnismäßige Kosten verursachen, ist demjenigen, der die im Abs. 1 bezeichneten Gegenstände in seiner Gewahrsame hat, ein Bescheid zuzustellen, durch den das Verbot erlassen wird, über diese Gegenstände zu verfügen.

(3) Die gemäß Abs. 1 und 2 angeordneten Maßnahmen sind aufzuheben, wenn die Entrichtung der Verbrauchsteuern nachgewiesen oder nicht binnen zwei Wochen nach der Beschlagnahme der Gegenstände angeordnet wird.

(4) Gegen die nach Abs. 1 oder 2 erlassenen Bescheide ist ein abgesondertes Rechtsmittel nicht zulässig.

§ 157. In Abgabenvorschriften enthaltene Bestimmungen über besondere Überwachungsmaßnahmen bleiben unberührt.

E. Beistandspflicht

§ 158. (1) Die Abgabenbehörden sind für Zwecke der Abgabenerhebung berechtigt, mit allen Dienststellen der Körperschaften des öffentlichen Rechtes (soweit sie nicht als gesetzliche Berufsvertretungen tätig sind) und mit der Oesterreichischen Nationalbank (in ihrer Eigenschaft als Überwachungsstelle für die Devisenbewirtschaftung) unmittelbares Einvernehmen durch Ersuchschreiben zu pflegen. Derartigen Ersuchschreiben ist mit möglichster Beschleunigung zu entsprechen oder es sind die entgegenstehenden Hindernisse sogleich bekanntzugeben; erforderlichenfalls ist Akteneinsicht zu gewähren.

(2) Die Beantwortung von Ersuchschreiben gemäß Abs. 1 darf mit dem Hinweis auf gesetzliche Verpflichtungen zur Verschwiegenheit nur dann abgelehnt werden, wenn diese Verpflichtungen Abgabenbehörden gegenüber ausdrücklich auferlegt sind.

(3) Die Dienststellen der Gebietskörperschaften sind ferner verpflichtet, den Abgabenbehörden jede zur Durchführung der Abgabenerhebung dienliche Hilfe zu leisten. Insbesondere haben die Gerichte Abschriften von abgabenrechtlich bedeutsamen Urteilen, Beschlüssen oder sonstigen Aktenstücken nach näherer Anordnung des Bundesministeriums für Justiz, die im Einvernehmen mit dem Bundesministerium für Finanzen zu treffen ist, den zuständigen Abgabenbehörden zu übermitteln.

(4) Für Zwecke der Abgabenerhebung sind die Abgabenbehörden berechtigt, auf automationsunterstütztem Weg Einsicht zu nehmen
1. in das automationsunterstützt geführte Grundbuch; die Berechtigung zur Einsicht in das Grundbuch umfasst auch die Einsichtnahme in das Personenverzeichnis des Grundbuchs;
2. in das automationsunterstützt geführte Firmenbuch; die Berechtigung zur Einsicht in das Firmenbuch umfasst auch die bundesweite Suche nach im Zusammenhang mit den Rechtsträgern gespeicherten Personen;
3. in das zentrale Melderegister. Die Berechtigung zur Einsicht in das Zentrale Melderegister umfasst auch Verknüpfungsanfragen im Sinne des § 16a Abs. 3 des Meldegesetzes 1991;
4. in das automationsunterstützt geführte Gewerbeinformationssystem Austria – GISA;
5. in das automationsunterstützt geführte zentrale Vereinsregister;
6. in das automationsunterstützt geführte zentrale Zulassungsregister für Kraftfahrzeuge gemäß § 47 Abs. 4 und § 47 Abs. 4a des Kraftfahrgesetzes 1967 – KFG 1967;
7. in die automationsunterstützt geführten KFZ-Genehmigungs- und -Informationsregister der Landesregierungen oder der von den Landesregierungen beauftragten Stellen für Fahrzeuge gemäß §§ 28, 28a, 28b, 29, 31 bis 35 KFG 1967. Die Einsichtnahme in die KFZ-Genehmigungs- und -Informationsregister der Landesregierungen oder der von ihnen beauftragten Stellen umfasst auch eine automationsunterstützte Weitergabe der Bescheiddaten (Name, Adresse, KFZ-Marke, Type, Fahrgestellnummer und Fahrzeugidentifikationsnummer);

17/1. BAO
§ 158

8. in das automationsunterstützt geführte Unternehmensregister (§ 25 des Bundesstatistikgesetzes 2000);
(BGBl I 2021/140)
9. in die Transparenzdatenbank im Rahmen einer Transparenzportalabfrage gemäß § 32 Abs. 5 Transparenzdatenbankgesetz 2012, BGBl. I Nr. 99/2012.
(BGBl I 2021/140)
(BGBl I 2017/40)

(4a) Der Bundesminister für Inneres ist verpflichtet, dem Bundesminister für Finanzen zum Zweck der Erhebung von Abgaben in geeigneter elektronischer Form aus dem Zentralen Melderegister einmal die Identitätsdaten sowie die personenbezogenen Daten zur Unterkunft aller im Bundesgebiet Angemeldeten und danach periodisch die Änderungen dieser personenbezogenen Daten zu übermitteln. Personenbezogene Daten, die für die Vollziehung der Abgabengesetze nicht mehr benötigt werden, sind im Datenbestand des Bundesministers für Finanzen sofort zu löschen.
(AbgÄG 2023, BGBl I 2023/110)

(4b) Das Bundesministerium für Inneres ist verpflichtet, in geeigneter elektronischer Form die im Kraftfahrzeugzentralregister nach Kraftfahrgesetz 1967 gespeicherten Daten über die Zulassung von Kraftfahrzeugen im Bundesgebiet dem Bundesministerium für Finanzen vierteljährlich zum Zwecke der Erhebung von Abgaben zu übermitteln.

(4c) Der Verband der Versicherungsunternehmen Österreichs ist verpflichtet, in geeigneter elektronischer Form die in der Genehmigungsdatenbank und der Zulassungsevidenzdatenbank nach Kraftfahrgesetz 1967 geführten Daten über die Zulassung von Kraftfahrzeugen im Bundesgebiet dem Bundesministerium für Finanzen zum Zwecke der Erhebung von Abgaben vierteljährlich zu übermitteln.

(4d) Zum Zweck der Durchführung von Abgaben- oder Monopolverfahren sind die Kriminalpolizei, die Staatsanwaltschaften und die Gerichte ermächtigt, nach der Strafprozeßordnung 1975 – StPO ermittelte personenbezogene Daten, die für solche Verfahren bedeutsam sind, an die Abgabenbehörde zu übermitteln, wenn Grund zur Annahme besteht, dass Abgabenvorschriften oder Monopolvorschriften verletzt worden sind oder sein können.

(4e) Die Stammzahlenregisterbehörde (§ 7 E-Government-Gesetz) ist verpflichtet, dem Bundesminister für Finanzen zum Zweck der Erhebung von Abgaben über eine elektronische Schnittstelle
1. auf dessen Anfrage zu bestimmten, nicht zuordenbaren, bereichsspezifischen Personenkennzeichen Steuern und Abgaben (bPK-SA) die dazugehörigen im Ergänzungsregister gemäß Ergänzungsregisterverordnung 2022 – ERegV 2022, BGBl. I Nr. 241/2022, für natürliche Personen gespeicherten personenbezogenen Daten gemäß § 2 Z 1 lit. a und b ERegV 2022 sowie
2. periodisch Änderungen der im Ergänzungsregister für natürliche Personen eingetragenen personenbezogenen Daten gemäß § 2 Z 1 lit. a und b ERegV 2022 (einschließlich der Neuanlage oder Löschung einer Person oder der Übernahme einer Person in das Melderegister gemäß § 16 des Meldegesetzes 1991, BGBl. Nr. 9/1992)

zu übermitteln. Der Bundesminister für Finanzen ist zur Eintragung von personenbezogenen Daten gemäß § 2 ERegV 2022 im Ergänzungsregister für natürliche Personen berechtigt.
(AbgÄG 2023, BGBl I 2023/110)

(4f) Wird für die Erbringung einer Leistung als Dolmetscher, Übersetzer oder Sachverständiger gegenüber einer Körperschaft öffentlichen Rechts ein Entgelt bezahlt, ist die Buchhaltungsagentur des Bundes, soweit sie für die Zahlungsabwicklung zuständig ist, verpflichtet, dem Bundesminister für Finanzen für Zwecke der Abgabenerhebung folgende Informationen laufend auf elektronischem Weg zu übermitteln:
1. Vor- und Familienname, Firma oder sonstige Bezeichnung des Zahlungsempfängers,
2. bei einer natürlichen Person das Geburtsdatum des Zahlungsempfängers,
3. Wohnsitz oder Sitz des Zahlungsempfängers,
4. die Umsatzsteuer-Identifikationsnummer des Zahlungsempfängers, sofern sie der Buchhaltungsagentur des Bundes bekannt ist,
5. die Abgabenkontonummer des Zahlungsempfängers, sofern sie der Buchhaltungsagentur des Bundes bekannt ist,
6. der ausbezahlte Betrag,
7. die Umsatzsteuer, sofern sie auf der Rechnung ausgewiesen ist,
8. das Datum der Zahlungsanweisung und
9. das Datum der der Zahlung zugrunde liegenden Verrechnungsunterlage.

Die Buchhaltungsagentur des Bundes hat dem Bundesminister für Finanzen auf dessen Anforderung für Zwecke der Abgabenerhebung auch die den Auszahlungen zu Grunde liegenden Verrechnungsunterlagen auf elektronischem Weg zur Verfügung zu stellen.
(BGBl I 2019/91)

(4g) Die Abgabenbehörden des Bundes sind berechtigt, automationsunterstützt in die Daten der Finanzstrafbehörden Einsicht zu nehmen und diese zu verarbeiten für Zwecke der
1. Vorbereitung und Kontrolle von Buchungen auf Abgabenkonten;
2. Vorbereitung und Durchführung von Nachschauen und Außenprüfungen nach § 99 Abs. 2 FinStrG;
3. Beurteilung von Vorfragen;
4. Einhebung, Sicherung und Einbringung von Abgaben und von nach dem FinStrG festgesetzten Geldstrafen, Wertersätzen, Kos-

ten des Strafverfahrens sowie Zwangs- und Ordnungsstrafen;
5. Vorbereitung der Geltendmachung einer Haftung.

(BGBl I 2022/108)

(5) Die Vorschriften zum Schutz des Brief-, Post- und Fernmeldegeheimnisses bleiben unberührt.

§ 159. § 158 Abs. 1 gilt auch für Ersuchschreiben an Notare, soweit sich das Ersuchen auf die Tätigkeit der Notare im Rahmen ihres gesetzlichen Wirkungskreises als Gerichtskommissäre oder auf Notariatsakte mit Ausnahme der noch nicht kundgemachten letztwilligen Anordnungen bezieht. Die Beantwortung solcher Ersuchschreiben darf nicht mit dem Hinweis auf gesetzliche Verpflichtungen zur Verschwiegenheit abgelehnt werden.

§ 160. (1) Eintragungen in das Grundbuch, denen Rechtsvorgänge über den Erwerb von Grundstücken zugrunde liegen, mit Ausnahme von Vormerkungen sowie von Eintragungen gemäß § 13, 15 und 16 des Liegenschaftsteilungsgesetzes, dürfen erst dann vorgenommen werden, wenn eine Bescheinigung des Finanzamtes vorliegt, dass der Eintragung hinsichtlich der Grunderwerbsteuer sowie der Stiftungseingangssteuer Bedenken nicht entgegenstehen. Solche Eintragungen dürfen auch vorgenommen werden, wenn eine Erklärung gemäß § 12 des Grunderwerbsteuergesetzes 1987 oder § 3 Abs. 4 des Stiftungseingangssteuergesetzes vorliegt.

(BGBl I 2022/108)

(2) (aufgehoben)

(BGBl I 2016/77)

(3) Löschungen von Aktiengesellschaften, Gesellschaften mit beschränkter Haftung, **„Flexiblen Kapitalgesellschaften,"** Erwerbs- und Wirtschaftsgenossenschaften und Privatstiftungen dürfen im Firmenbuch erst vorgenommen werden, wenn eine Bescheinigung des für die Erhebung der Körperschaftsteuer zuständigen Finanzamtes vorliegt, daß der Löschung steuerliche Bedenken nicht entgegenstehen.

(Start-Up-FG, BGBl I 2023/200 ab 1.1.2024)

(4) Das Finanzamt hat die Bescheinigung gemäß Abs. 1 oder 3 zu erteilen, wenn die maßgeblichen Abgaben entrichtet worden sind, wenn Sicherheit geleistet oder wenn Abgabenfreiheit gegeben ist. Es kann die Bescheinigung auch in anderen Fällen erteilen, wenn die Abgabenforderung nicht gefährdet ist.

(BGBl I 2016/77)

5. Abschnitt
Ermittlung der Grundlagen für die Abgabenerhebung und Festsetzung der Abgaben

A. Ermittlungsverfahren

1. Prüfung der Abgabenerklärungen

§ 161. (1) Die Abgabenbehörde hat die Abgabenerklärungen zu prüfen (§ 115). Soweit nötig, hat sie, tunlichst durch schriftliche Aufforderung, zu veranlassen, daß die Abgabepflichtigen unvollständige Angaben ergänzen und Zweifel beseitigen (Ergänzungsauftrag).

(2) Wenn die Abgabenbehörde Bedenken gegen die Richtigkeit der Abgabenerklärung hegt, hat sie die Ermittlungen vorzunehmen, die sie zur Erforschung des Sachverhaltes für nötig hält. Sie kann den Abgabepflichtigen unter Bekanntgabe der Bedenken zur Aufklärung bestimmter Angaben auffordern (Bedenkenvorhalt). Erforderliche Beweise sind aufzunehmen.

(3) Wenn von der Abgabenerklärung abgewichen werden soll, sind dem Abgabepflichtigen die Punkte, in denen eine wesentliche Abweichung zu seinen Ungunsten in Frage kommt, zur vorherigen Äußerung mitzuteilen.

§ 162. (1) Wenn der Abgabepflichtige beantragt, daß Schulden, andere Lasten oder Aufwendungen abgesetzt werden, so kann die Abgabenbehörde verlangen, daß der Abgabepflichtige die Gläubiger oder die Empfänger der abgesetzten Beträge genau bezeichnet.

(2) Soweit der Abgabepflichtige die von der Abgabenbehörde gemäß Abs. 1 verlangten Angaben verweigert, sind die beantragten Absetzungen nicht anzuerkennen.

§ 163. (1) Bücher und Aufzeichnungen, die den Vorschriften der §§ 131 und 131b entsprechen, haben die Vermutung ordnungsmäßiger Führung für sich und sind der Erhebung der Abgaben zugrunde zu legen, wenn nicht ein begründeter Anlass gegeben ist, ihre sachliche Richtigkeit in Zweifel zu ziehen.

(BGBl I 2015/118)

(2) Gründe, die nach dem Gesamtbild der Verhältnisse Anlass geben, die sachliche Richtigkeit in Zweifel zu ziehen, liegen insbesondere dann vor, wenn die Bemessungsgrundlagen nicht ermittelt und berechnet werden können oder eine Überprüfung der Richtigkeit und Vollständigkeit wegen Verletzung der Mitwirkungspflicht nicht möglich ist.

§ 164. (1) Die Abgabenbehörde soll die Vorlage von Büchern, Aufzeichnungen und Geschäftspapieren vom Abgabepflichtigen erst verlangen, wenn dessen Auskunft nicht genügt oder Bedenken gegen ihre Richtigkeit bestehen. Unter den gleichen Voraussetzungen oder bei Gefahr im Verzug hat der Abgabepflichtige auf Verlangen Wertsachen vorzulegen und Einsicht in verschlossene Behältnisse zu gewähren oder zu verschaffen.

(2) Bücher, Aufzeichnungen und Geschäftspapiere sind auf Verlangen des Abgabepflichtigen tunlichst in seinen Geschäftsräumen oder in seiner Wohnung einzusehen.

§ 165. Andere Personen sollen erst dann befragt oder zur Vorlage von Büchern und Aufzeichnungen herangezogen werden, wenn die Verhandlungen mit dem Abgabepflichtigen nicht zum Ziel führen oder keinen Erfolg versprechen. Nur unter diesen Voraussetzungen sollen auch die in den §§ 169 bis 182 bezeichneten Beweismittel herangezogen werden.

2. Beweise

a) Allgemeine Bestimmungen

§ 166. Als Beweismittel im Abgabenverfahren kommt alles in Betracht, was zur Feststellung des maßgebenden Sachverhaltes geeignet und nach Lage des einzelnen Falles zweckdienlich ist.

§ 167. (1) Tatsachen, die bei der Abgabenbehörde offenkundig sind, und solche, für deren Vorhandensein das Gesetz eine Vermutung aufstellt, bedürfen keines Beweises.

(2) Im übrigen hat die Abgabenbehörde unter sorgfältiger Berücksichtigung der Ergebnisse des Abgabenverfahrens nach freier Überzeugung zu beurteilen, ob eine Tatsache als erwiesen anzunehmen ist oder nicht.

b) Urkunden

§ 168. Die Beweiskraft von öffentlichen und Privaturkunden ist von der Abgabenbehörde nach den Vorschriften der §§ 292 bis 294, 296, 310 und 311 der Zivilprozeßordnung zu beurteilen. Bezeugt der Aussteller einer öffentlichen Urkunde die Übereinstimmung einer fotomechanischen Wiedergabe dieser Urkunde mit dem Original, so kommt auch der Wiedergabe die Beweiskraft einer öffentlichen Urkunde zu.

c) Zeugen

§ 169. Soweit sich aus diesem Bundesgesetz nicht anderes ergibt, ist jedermann verpflichtet, vor den Abgabenbehörden als Zeuge über alle ihm bekannten, für ein Abgabenverfahren maßgebenden Tatsachen auszusagen.

§ 170. Als Zeugen dürfen nicht vernommen werden

1. Personen, die zur Mitteilung ihrer Wahrnehmungen unfähig sind oder die zur Zeit, auf die sich ihre Aussage beziehen soll, zur Wahrnehmung der zu beweisenden Tatsache unfähig waren;
2. Geistliche darüber, was ihnen in der Beichte oder sonst unter dem Siegel geistlicher Amtsverschwiegenheit zur Kenntnis gelangt ist;
3. Organe des Bundes und der übrigen Gebietskörperschaften, wenn sie durch ihre Aussage das ihnen obliegende Amtsgeheimnis verletzen würden, insofern sie der Pflicht zur Geheimhaltung nicht entbunden sind.

§ 171. (1) Die Aussage darf von einem Zeugen verweigert werden

a) wenn er ein Angehöriger (§ 25) des Abgabepflichtigen ist;
b) über Fragen, deren Beantwortung dem Zeugen, seinen Angehörigen (§ 25), einer mit seiner Obsorge betrauten Person, seinem gesetzlichen Vertreter oder einer Person unter seiner gesetzlichen Vertretung die Gefahr einer strafgerichtlichen, finanzstrafbehördlichen oder sonstigen abgabenstrafbehördlichen Verfolgung zuziehen würde;

(BGBl I 2018/62)

c) über Fragen, die er nicht beantworten könnte, ohne eine ihm obliegende gesetzlich anerkannte Pflicht zur Verschwiegenheit, von der er nicht gültig entbunden wurde, zu verletzen oder ein Kunst-, Betriebs- oder Geschäftsgeheimnis zu offenbaren.

(2) Die zur berufsmäßigen Parteienvertretung befugten Personen und ihre Angestellten können die Zeugenaussage auch darüber verweigern, was ihnen in ihrer Eigenschaft als Vertreter der Partei über diese zur Kenntnis gelangt ist.

(3) Will ein Zeuge die Aussage verweigern, so hat er die Gründe seiner Weigerung glaubhaft zu machen.

§ 172. (1) Soweit jemand als Zeuge zur Aussage verpflichtet ist, hat er auf Verlangen der Abgabenbehörde auch Schriftstücke, Urkunden und die einschlägigen Stellen seiner Geschäftsbücher zur Einsicht vorzulegen, die sich auf bestimmt zu bezeichnende Tatsachen beziehen.

(2) Wenn es zur Erforschung der Wahrheit unbedingt erforderlich oder wenn Gefahr im Verzug ist, hat der Zeuge auch Wertsachen, die er für den Abgabepflichtigen verwahrt, vorzulegen und Einsicht in verschlossene Behältnisse zu gewähren, die er dem Abgabepflichtigen zur Benützung überlassen hat. Die Abgabenbehörde kann in einem solchen Fall verlangen, daß dem Abgabepflichtigen während einer angemessenen kurzen Frist nur unter Zuziehung eines von der Abgabenbehörde zu bezeichnenden Organes Zutritt zum Behältnis gewährt wird.

§ 173. (1) Wenn die Abgabenbehörde das persönliche Erscheinen des Zeugen nicht für erforderlich erachtet, kann die Aussage des Zeugen auch schriftlich eingeholt und abgegeben werden.

(2) Einem Zeugen, der einer Vorladung (§ 91) ohne genügende Entschuldigung nicht Folge leistet oder seinen Verpflichtungen gemäß § 172 ohne Rechtfertigung nicht nachkommt, kann, abgesehen von Zwangsstrafen, die Verpflichtung zum Ersatz aller durch seine Säumnis oder Weigerung verursachten Kosten bescheidmäßig auferlegt werden. Durch die Verletzung einer Zeugenpflicht geht der Anspruch auf Zeugengebühren (§ 176) verloren; dies gilt nicht, wenn die Pflichtverletzung entschuldbar oder geringfügig ist.

§ 174. Jeder Zeuge ist zu Beginn seiner Vernehmung über die für die Vernehmung maßgeblichen persönlichen Verhältnisse zu befragen, über die gesetzlichen Weigerungsgründe zu belehren und zu ermahnen, daß er die Wahrheit anzugeben habe und nichts verschweigen dürfe; er ist auch auf die strafrechtlichen Folgen einer falschen Aussage aufmerksam zu machen. Entsprechendes gilt, wenn die Vernehmung durch Einholung einer Zeugenaussage auf schriftlichem Weg erfolgt.

§ 175. Hält die Abgabenbehörde die eidliche Einvernahme eines Zeugen über bestimmte Tatsachen von besonderer Tragweite für unbedingt erforderlich, so kann der Zeuge durch den Leiter der Abgabenbehörde oder durch einen ihr zugewiesenen rechtskundigen Bediensteten unter Beiziehung eines Schriftführers eidlich vernommen werden. Die Bestimmungen des Gesetzes vom 3. Mai 1868, RGBl. Nr. 33, zur Regelung des Verfahrens bei den Eidesablegungen vor Gericht, finden sinngemäß Anwendung.

§ 176. (1) Zeugen haben Anspruch auf Zeugengebühren; letztere umfassen den Ersatz der notwendigen Reise- und Aufenthaltskosten und die Entschädigung für Zeitversäumnis unter den gleichen Voraussetzungen und im gleichen Ausmaß, wie sie Zeugen im gerichtlichen Verfahren zustehen, sowie den Ersatz der notwendigen Barauslagen.

(2) Der Anspruch gemäß Abs. 1 ist bei sonstigem Verlust binnen zwei Wochen nach der Vernehmung oder dem Termin, zu welchem der Zeuge vorgeladen war, an welchem er aber ohne sein Verschulden nicht vernommen worden ist, mündlich oder schriftlich bei der Abgabenbehörde geltend zu machen, welche die Vernehmung durchgeführt oder den Zeugen vorgeladen hat. Diese Abgabenbehörde hat auch über den geltend gemachten Anspruch zu entscheiden.

d) Sachverständige

§ 177. (1) Wird die Aufnahme eines Beweises durch Sachverständige notwendig, so sind die für Gutachten der erforderlichen Art öffentlich bestellten Sachverständigen beizuziehen.

(2) Die Abgabenbehörde kann aber ausnahmsweise auch andere geeignete Personen als Sachverständige heranziehen, wenn es mit Rücksicht auf die Besonderheit des Falles geboten erscheint.

(3) Der Bestellung zum Sachverständigen hat Folge zu leisten, wer zur Erstattung von Gutachten der erforderlichen Art öffentlich bestellt ist oder wer die Wissenschaft, die Kunst oder die Tätigkeit, deren Kenntnis die Voraussetzung der Begutachtung ist, öffentlich als Erwerb ausübt oder deren Ausübung öffentlich angestellt oder ermächtigt ist.

§ 178. (1) Aus den Gründen, welche einen Zeugen zur Verweigerung der Aussage berechtigen (§ 171), kann die Enthebung von der Bestellung als Sachverständiger begehrt werden.

(2) Öffentlich Bedienstete sind überdies auch dann als Sachverständige zu entheben oder nicht beizuziehen, wenn ihnen die Tätigkeit als Sachverständige von ihren Vorgesetzten aus dienstlichen Gründen untersagt wird oder wenn sie durch besondere Anordnungen der Pflicht, sich als Sachverständige verwenden zu lassen, enthoben sind.

§ 179. (1) Die Vorschriften des § 76 finden auf die Sachverständigen sinngemäß Anwendung.

(2) Sachverständige können von den Parteien abgelehnt werden, wenn diese Umstände glaubhaft machen, die die Unbefangenheit oder Fachkunde des Sachverständigen in Zweifel stellen. Die Ablehnung kann vor der Vernehmung des Sachverständigen, später aber nur dann erfolgen, wenn die Partei glaubhaft macht, daß sie den Ablehnungsgrund vorher nicht erfahren oder wegen eines für sie unüberwindlichen Hindernisses nicht rechtzeitig geltend machen konnte. Gegen den über die Ablehnung ergehenden Bescheid der Abgabenbehörde ist ein abgesondertes Rechtsmittel nicht zulässig.

§ 180. (1) Ist der Sachverständige für die Erstattung von Gutachten der erforderten Art im allgemeinen beeidet, so genügt die Erinnerung an den geleisteten Eid. Ist er noch nicht vereidigt, so hat er, falls es die Abgabenbehörde wegen der besonderen Tragweite des Falles für erforderlich hält, vor Beginn der Beweisaufnahme den Sachverständigeneid zu leisten.

(2) Die Vorschriften des § 175 finden auf die Sachverständigen sinngemäß Anwendung.

§ 181. (1) Sachverständige haben Anspruch auf Sachverständigengebühren; letztere umfassen den Ersatz von Reise- und Aufenthaltskosten, die notwendigen Barauslagen, die Entschädigung für Zeitversäumnis und die Entlohnung ihrer Mühewaltung unter den gleichen Voraussetzungen und im gleichen Ausmaß, wie sie Sachverständigen im gerichtlichen Verfahren zustehen.

(2) Der Anspruch (Abs. 1) ist bei sonstigem Verlust binnen zwei Wochen ab Erstattung des Gutachtens oder, wenn dieses entfällt, nach Entlassung des Sachverständigen mündlich oder schriftlich bei der Behörde geltend zu machen, bei der der Sachverständige vernommen worden ist. Hierüber ist der Sachverständige zu belehren. § 176 Abs. 2 letzter Satz gilt sinngemäß.

e) Augenschein

§ 182. (1) Zur Aufklärung der Sache kann die Abgabenbehörde auch einen Augenschein, nötigenfalls mit Zuziehung von Sachverständigen, vornehmen.

(2) Die Abgabenbehörde hat darüber zu wachen, daß der Augenschein nicht zur Verletzung eines Kunst-, Betriebs- oder Geschäftsgeheimnisses mißbraucht wird.

f) Beweisaufnahme

§ 183. (1) Beweise sind von Amts wegen oder auf Antrag aufzunehmen.

(2) Die Abgabenbehörde kann die Beweisaufnahme auch im Wege der Amtshilfe durch andere Abgabenbehörden vornehmen lassen.

(3) Von den Parteien beantragte Beweise sind aufzunehmen, soweit nicht eine Beweiserhebung gemäß § 167 Abs. 1 zu entfallen hat. Von der Aufnahme beantragter Beweise ist abzusehen, wenn die unter Beweis zu stellenden Tatsachen als richtig anerkannt werden oder unerheblich sind, wenn die Beweisaufnahme mit unverhältnismäßigem Kostenaufwand verbunden wäre, es sei denn, daß die Partei sich zur Tragung der Kosten bereit erklärt und für diese Sicherheit leistet, oder wenn aus den Umständen erhellt, daß die Beweise in der offenbaren Absicht, das Verfahren zu verschleppen, angeboten worden sind, im Verfahren vor dem Verwaltungsgericht überdies dann, wenn das Beweisanbot der Parteien der Verfahrensförderungspflicht (§ 270 Abs. 2) widerspricht. Von der Aufnahme eines im Vorlageantrag gestellten Beweisantrages darf das Verwaltungsgericht nicht mit

der Begründung absehen, dass der Beweisantrag der Verfahrensförderungspflicht (§ 270 Abs. 2) widerspricht. Gegen die Ablehnung der von den Parteien angebotenen Beweise ist ein abgesondertes Rechtsmittel nicht zulässig.

(BGBl I 2022/108)

(4) Den Parteien ist vor Erlassung des abschließenden Sachbescheides Gelegenheit zu geben, von den durchgeführten Beweisen und vom Ergebnis der Beweisaufnahme Kenntnis zu nehmen und sich dazu zu äußern.

3. Schätzung der Grundlagen für die Abgabenerhebung

§ 184. (1) Soweit die Abgabenbehörde die Grundlagen für die Abgabenerhebung nicht ermitteln oder berechnen kann, hat sie diese zu schätzen. Dabei sind alle Umstände zu berücksichtigen, die für die Schätzung von Bedeutung sind.

(2) Zu schätzen ist insbesondere dann, wenn der Abgabepflichtige über seine Angaben keine ausreichenden Aufklärungen zu geben vermag oder weitere Auskunft über Umstände verweigert, die für die Ermittlung der Grundlagen (Abs. 1) wesentlich sind.

(3) Zu schätzen ist ferner, wenn der Abgabepflichtige Bücher oder Aufzeichnungen, die er nach den Abgabenvorschriften zu führen hat, nicht vorlegt oder wenn die Bücher oder Aufzeichnungen sachlich unrichtig sind oder solche formelle Mängel aufweisen, die geeignet sind, die sachliche Richtigkeit der Bücher oder Aufzeichnungen in Zweifel zu ziehen.

B. Gesonderte Feststellungen

§ 185. Als Grundlage für die Festsetzung der Abgaben sind gesonderte Feststellungen vorzunehmen, soweit dies in den §§ 186 und 188 oder in den Abgabenvorschriften angeordnet wird.

§ 186. (1) Unbeschadet anderer gesetzlicher Anordnungen sind die Einheitswerte für wirtschaftliche Einheiten oder Untereinheiten im Sinn des Bewertungsgesetzes 1955, BGBl. Nr. 148, gesondert festzustellen, wenn und soweit diese Feststellung für die Geltendmachung von Abgabenansprüchen von Bedeutung ist.

(2) Die gesonderten Feststellungen gemäß Abs. 1 sind einheitlich zu treffen, wenn an dem Gegenstand der Feststellung mehrere Personen beteiligt sind.

(3) Mit der Feststellung des Einheitswertes sind Feststellungen über die Art des Gegenstandes der Feststellung zu verbinden und darüber, wem dieser zuzurechnen ist (§ 24). Sind an dem Gegenstand mehrere Personen beteiligt, so ist auch eine Feststellung darüber zu treffen, wie der festgestellte Betrag sich auf die einzelnen Beteiligten verteilt.

(4) Die Gemeinden sind für Zwecke der Erhebung der Grundsteuer berechtigt, nach Maßgabe der technischen Möglichkeiten auf automationsunterstütztem Weg Einsicht in die Berechnungsgrundlagen des Einheitswertes zu nehmen.

§ 187. (aufgehoben)

§ 188. (1) Festgestellt werden die Einkünfte (der Gewinn oder der Überschuß der Einnahmen über die Werbungskosten)

a) aus Land- und Forstwirtschaft,
b) aus Gewerbebetrieb,
c) aus selbständiger Arbeit,
d) aus Vermietung und Verpachtung unbeweglichen Vermögens,

wenn an den Einkünften derselben Einkunftsart mehrere Personen beteiligt sind.

(2) (aufgehoben)

(3) Gegenstand der Feststellung gemäß Abs. 1 ist auch die Verteilung des festgestellten Betrages auf die Teilhaber.

(4) Die Vorschriften des Abs. 1 finden keine Anwendung, wenn

a) das unbewegliche Vermögen (Abs. 1 lit. a und d) nicht im Inland gelegen ist,
b) in den Fällen des Abs. 1 lit. b und lit. c die Personenvereinigung (Personengemeinschaft) ohne eigene Rechtspersönlichkeit weder ihre Geschäftsleitung, noch ihren Sitz, noch eine Betriebsstätte im Inland hat.
c) im Falle des Abs. 1 lit. d hinsichtlich aller Grundstücksanteile Wohnungseigentum besteht, sofern die Feststellung nur allgemeine Teile der Liegenschaft (§ 2 Abs. 4 Wohnungseigentumsgesetz 2002) betreffen würde, oder
d) sich der alleinige Zweck bei einer nach bürgerlichem Recht nicht rechtsfähigen Personenvereinigung (Personengemeinschaft) ohne eigene Rechtspersönlichkeit auf die Erfüllung eines einzigen Werkvertrages oder Werklieferungsvertrages beschränkt, es sei denn, der mit dem Auftraggeber bei Auftragsvergabe vereinbarte Auftragswert übersteigt 700 000 Euro (ohne Umsatzsteuer).

(5) Werden in einem Dokument, das Form und Inhalt eines Feststellungsbescheides hat, gemeinschaftliche Einkünfte auch Personen oder Personenvereinigungen (Personengemeinschaften) ohne eigene Rechtspersönlichkeit zugerechnet, die nicht oder nicht mehr rechtlich existent sind (insbesondere infolge Todes, Beendigung der Gesellschaft, Gesamtrechtsnachfolge) oder die nicht oder nicht mehr handlungsfähig sind (zB infolge eines Genehmigungsvorbehalts bei Bestellung eines gerichtlichen Erwachsenenvertreters), so gilt dies als Feststellung (Abs. 1) und steht der Wirksamkeit als Feststellungsbescheid nicht entgegen. Ein solcher Bescheid wirkt lediglich gegenüber den Übrigen, denen im Spruch des Bescheides Einkünfte zugerechnet bzw. nicht zugerechnet werden.

(BGBl I 2018/62)

§ 189. (aufgehoben)

§ 190. (1) Auf Feststellungen gemäß §§ 185 bis 188 finden die für die Festsetzung der Abgaben geltenden Vorschriften sinngemäß Anwendung. Die für die vorgenannten Feststellungen geltenden Vorschriften sind sinngemäß für Bescheide anzuwenden, mit denen ausgesprochen wird, daß solche Feststellungen zu unterbleiben haben.

(2) Gesonderte Feststellungen sind, auch wenn sie mit der Festsetzung eines Steuermeßbetrages oder mit der Abgabenfestsetzung in einem Bescheid vereinigt sind, selbständig anfechtbar.

§ 191. (1) Der Feststellungsbescheid ergeht
a) in den Fällen des § 186: an denjenigen, dem die wirtschaftliche Einheit (Untereinheit) zugerechnet wird, wenn jedoch am Gegenstand der Feststellung mehrere beteiligt sind, an die Personenvereinigung (Personengemeinschaft) ohne eigene Rechtspersönlichkeit, an der die Beteiligung im Feststellungszeitpunkt bestanden hat;
b) (aufgehoben)
c) in den Fällen des § 188: an die Personenvereinigung (Personengemeinschaft) ohne eigene Rechtspersönlichkeit, deren Gesellschaftern (Mitgliedern) gemeinschaftliche Einkünfte zugeflossen sind;
d) (aufgehoben)
e) in allen übrigen Fällen: an die von der Feststellung Betroffenen.

(2) Ist eine Personenvereinigung (Personengemeinschaft) ohne eigene Rechtspersönlichkeit in dem Zeitpunkt, in dem der Feststellungsbescheid ergehen soll, bereits beendigt, so hat der Bescheid an diejenigen zu ergehen, die in den Fällen des Abs. 1 lit. a am Gegenstand der Feststellung beteiligt waren oder denen in den Fällen des Abs. 1 lit. c gemeinschaftliche Einkünfte zugeflossen sind.

(3) Feststellungsbescheide (§ 186) wirken gegen alle, die am Gegenstand der Feststellung beteiligt sind. Feststellungsbescheide (§ 188) wirken gegen alle, denen im Spruch des Bescheides Einkünfte zugerechnet bzw. nicht zugerechnet werden.

(BGBl I 2022/108)

(4) Ein Feststellungsbescheid, der gemäß § 186 über eine zum Grundbesitz zählende wirtschaftliche Einheit (Untereinheit) oder über eine Gewerbeberechtigung erlassen wird, wirkt auch gegen den Rechtsnachfolger, auf den der Gegenstand der Feststellung nach dem Feststellungszeitpunkt übergegangen ist oder übergeht. Das gleiche gilt bei Nachfolge im Besitz.

(5) Werden in einem Dokument, das Form und Inhalt eines Feststellungsbescheides (§ 188) hat, gemeinschaftliche Einkünfte auch Personen oder Personenvereinigungen (Personengemeinschaften) ohne eigene Rechtspersönlichkeit zugerechnet, die nicht oder nicht mehr rechtlich existent sind (insbesondere infolge Todes, Beendigung der Gesellschaft, Gesamtrechtsnachfolge) oder die nicht oder nicht mehr handlungsfähig sind (insbesondere infolge eines Genehmigungsvorbehalts bei Bestellung eines gerichtlichen Erwachsenenvertreters), so steht dies der Wirksamkeit als Feststellungsbescheid nicht entgegen. Ein solcher Bescheid wirkt lediglich gegenüber den Übrigen, denen im Spruch des Bescheides Einkünfte zugerechnet bzw. nicht zugerechnet werden.

(BGBl I 2022/108)

(6) Abs. 5 gilt sinngemäß für Feststellungsbescheide gemäß § 186 Abs. 2, wenn einzelne der am Gegenstand der Feststellung beteiligte Personen bei Bekanntgabe (§ 97) des Feststellungsbescheides rechtlich nicht mehr existent oder handlungsunfähig sind. Diesfalls muss der Feststellungsbescheid dem Rechtsnachfolger oder dem gesetzlichen Vertreter der nicht handlungsfähigen Person nachträglich bekannt gegeben werden, um ihm gegenüber wirksam zu werden.

(BGBl I 2022/108)

§ 192. In einem Feststellungsbescheid enthaltene Feststellungen, die für andere Feststellungsbescheide, für Meßbescheide oder für Abgabenbescheide von Bedeutung sind, werden diesen Bescheiden zugrunde gelegt, auch wenn der Feststellungsbescheid noch nicht rechtskräftig geworden ist.

§ 193. (1) Wenn die Voraussetzungen für eine Wert-, Art- oder Zurechnungsfortschreibung nach bewertungsrechtlichen Vorschriften vorliegen, so ist in den Fällen einer beantragten Fortschreibung auf den sich aus der Anwendung des Abs. 2 ergebenden Zeitpunkt, in den Fällen einer amtswegigen Fortschreibung auf den 1. Jänner des Jahres, an dem die Voraussetzungen für eine Fortschreibung erstmals vorliegen, ein Fortschreibungsbescheid zu erlassen. Dadurch tritt der dem Fortschreibungsbescheid zugrunde liegende Bescheid über den Einheitswert einer wirtschaftlichen Einheit (Untereinheit) mit Wirkung ab dem Fortschreibungszeitpunkt insoweit außer Kraft, als der Fortschreibungsbescheid von dem zugrunde liegenden Bescheid in seiner zuletzt maßgeblichen Fassung abweicht.

(2) Ein Fortschreibungsbescheid wird auf Antrag, erforderlichenfalls auch von Amts wegen erlassen. Der Antrag kann nur bis zum Ablauf des Kalenderjahres, auf dessen Beginn die neue Feststellung beantragt wird, oder bis zum Ablauf eines Monates, seitdem der bisherige Feststellungsbescheid rechtskräftig geworden ist, gestellt werden. Eine Erklärung zur Feststellung des Einheitswertes (§ 80 Bewertungsgesetz 1955, BGBl. Nr. 148) gilt als Antrag auf Erlassung eines Fortschreibungsbescheides. § 134 Abs. 2 gilt sinngemäß.

C. Steuermeßbeträge

1. Festsetzung der Steuermeßbeträge

§ 194. (1) Wenn die Abgabenvorschriften die Festsetzung einer Abgabe auf Grund von Steuermeßbeträgen anordnen, hat das Finanzamt durch Meßbescheid den Steuermeßbetrag festzusetzen. Die Festsetzung des Steuermeßbetrages ist, auch wenn sie mit der Abgabenfestsetzung in einem Bescheid vereinigt ist, selbständig anfechtbar.

(2) Auf die Festsetzung der Steuermeßbeträge finden die für die Festsetzung der Abgaben geltenden Vorschriften sinngemäß Anwendung.

BAO
ZustG
AuskG
BFGG
EU-BStbG
ABBG
PLABG

(3) In der Festsetzung des Steuermeßbetrages liegt auch die Feststellung der sachlichen und persönlichen Abgabepflicht.

(4) Der Inhalt der Meßbescheide ist von Amts wegen denjenigen abgabe- oder beitragsberechtigten Körperschaften mitzuteilen, denen die Festsetzung der Abgaben oder Beiträge obliegt. Die mitzuteilenden Daten können im Einvernehmen mit den genannten Körperschaften in geeigneter elektronischer Form übermittelt werden.

(5) Ein Grundsteuermeßbescheid wirkt, soweit er die sachliche Abgabepflicht und die Höhe des Steuermeßbetrages betrifft, auch gegen den Rechtsnachfolger, auf den der Steuergegenstand nach dem Feststellungszeitpunkt übergegangen ist oder übergeht. Das gleiche gilt bei Nachfolge im Besitz.

§ 195. Die Steuermeßbeträge und die anderen Feststellungen, die in den Meßbescheiden enthalten sind (§ 194 Abs. 3), werden den Abgabenbescheiden zugrunde gelegt, auch wenn die Meßbescheide noch nicht rechtskräftig geworden sind.

2. Zerlegung und Zuteilung

§ 196. (1) Einheitswerte und Steuermeßbeträge sind zu zerlegen, soweit die Abgabenvorschriften dies anordnen.

(2) Über die Zerlegung erläßt das Finanzamt einen Zerlegungsbescheid. Auf die Zerlegung finden die für die Festsetzung der Abgaben geltenden Vorschriften sinngemäß Anwendung.

(3) Der Zerlegungsbescheid muß enthalten

a) die Höhe des zerlegten Einheitswertes oder Steuermeßbetrages;

b) die Bestimmung darüber, welche Anteile am zerlegten Betrag den beteiligten Körperschaften zugeteilt werden;

c) die Angabe der Zerlegungsgrundlagen.

(4) Der Zerlegungsbescheid hat an den Abgabepflichtigen und an die beteiligten Körperschaften (§ 78 Abs. 2 lit. b) zu ergehen.

§ 197. (1) Ist ein Steuermeßbetrag in voller Höhe einer Körperschaft zuzuteilen, besteht aber Streit darüber, welche die berechtigte Körperschaft ist oder auf welche Zeit sich die Berechtigung erstreckt, so hat auf Antrag einer Partei das Finanzamt durch Zuteilungsbescheid zu entscheiden.

(2) Besteht Streit darüber, ob und ab welchem Zeitpunkt ein Anteil am Steuermeßbetrag, der einer Körperschaft zugeteilt war, auf eine andere Körperschaft übergegangen ist, hat auf Antrag der am Zerlegungsverfahren nicht beteiligten Körperschaft das Finanzamt durch Zuteilungsbescheid zu entscheiden.

(3) Die Vorschriften, die für das Zerlegungsverfahren (§ 196) gelten, finden auf das Zuteilungsverfahren sinngemäß Anwendung.

D. Festsetzung der Abgaben

§ 198. (1) Soweit in Abgabenvorschriften nicht anderes vorgeschrieben ist, hat die Abgabenbehörde die Abgaben durch Abgabenbescheide festzusetzen.

(2) Abgabenbescheide haben im Spruch die Art und Höhe der Abgaben, den Zeitpunkt ihrer Fälligkeit und die Grundlagen der Abgabenfestsetzung (Bemessungsgrundlagen) zu enthalten. Führen Abgabenbescheide zu keiner Nachforderung, so ist eine Angabe über die Fälligkeit der festgesetzten Abgabenschuldigkeiten entbehrlich. Ist die Fälligkeit einer Abgabenschuldigkeit bereits vor deren Festsetzung eingetreten, so erübrigt sich, wenn auf diesen Umstand hingewiesen wird, eine nähere Angabe über den Zeitpunkt der Fälligkeit der festgesetzten Abgabenschuldigkeit.

§ 198a. Für Landes- und Gemeindeabgaben gilt Folgendes:

Die Festsetzung einer Abgabe im Ausmaß von höchstens 300 Euro kann durch eine formlose Zahlungsaufforderung erfolgen. In diesem Fall ist ein Abgabenbescheid nur zu erlassen, wenn

1. die festgesetzte Abgabe nicht zur Gänze fristgerecht entrichtet wird oder

2. der Abgabepflichtige die Erlassung eines Bescheides innerhalb von drei Monaten ab Bekanntgabe der Zahlungsaufforderung beantragt.

Von der Erlassung eines Bescheides gemäß Z 1 kann abgesehen werden, wenn der Abgabepflichtige innerhalb von drei Monaten ab Bekanntgabe der Zahlungsaufforderung die Abgabe entrichtet. Die Bestreitung der Zahlungsaufforderung gilt als Antrag auf Erlassung eines Bescheides gemäß Z 2. Die mit Bescheid festgesetzte Abgabe hat den sich aus der Zahlungsaufforderung ergebenden Fälligkeitstag.

(AbgÄG 2023, BGBl I 2023/110)

§ 199. Sind zur Entrichtung einer Abgabe mehrere Personen als Gesamtschuldner verpflichtet, so kann gegen sie ein einheitlicher Abgabenbescheid erlassen werden, und zwar auch dann, wenn nach dem zwischen ihnen bestehenden Rechtsverhältnis die Abgabe nicht von allen Gesamtschuldnern zu tragen ist.

§ 200. (1) Die Abgabenbehörde kann die Abgabe vorläufig festsetzen, wenn nach den Ergebnissen des Ermittlungsverfahrens die Abgabepflicht zwar noch ungewiß, aber wahrscheinlich oder wenn der Umfang der Abgabepflicht noch ungewiß ist. Die Abgabe kann auch dann vorläufig festgesetzt werden, wenn die Abgabepflicht oder der Umfang der Abgabepflicht auf Grund einer noch ausstehenden Entscheidung einer Rechtsfrage in einem bereits anhängigen Beschwerdeverfahren, welches die gleiche Partei (§ 78) betrifft, noch ungewiss ist. Die Ersetzung eines vorläufigen durch einen anderen vorläufigen Bescheid ist im Fall der teilweisen Beseitigung der Ungewißheit zulässig.

(BGBl I 2022/108)

(2) Wenn die Ungewissheit beseitigt oder das Rechtsmittel rechtskräftig entschieden ist, ist die vorläufige durch eine endgültige Festsetzung zu ersetzen. Ergibt sich aus der Beseitigung der Ungewissheit oder der rechtskräftigen Entscheidung des Rechtsmittels kein Grund für eine Berichtigung

der vorläufigen Festsetzung, so ist ein Bescheid zu erlassen, der den vorläufigen zum endgültigen Abgabenbescheid erklärt.

(BGBl I 2022/108)

(3) (aufgehoben)

(4) Die Abs. 1 und 2 gelten sinngemäß für Bescheide, mit denen festgestellt wird, daß eine Veranlagung unterbleibt, oder die aussprechen, daß eine Abgabe nicht festgesetzt wird.

(5) Die Erlassung gemäß Abs. 2 endgültiger oder endgültig erklärender Bescheide obliegt der Abgabenbehörde, die für die Erlassung des vorläufigen Bescheides zuständig war oder vor Übergang der Zuständigkeit als Folge einer Bescheidbeschwerde oder einer Säumnisbeschwerde (§ 284 Abs. 3) zuständig gewesen wäre. Ist die diesbezügliche Zuständigkeit auf eine andere Abgabenbehörde übergegangen, so obliegt die Erlassung des endgültigen oder endgültig erklärenden Bescheides der zuletzt zuständig gewordenen Abgabenbehörde.

§ 201. (1) Ordnen die Abgabenvorschriften die Selbstberechnung einer Abgabe durch den Abgabepflichtigen an oder gestatten sie dies, so kann nach Maßgabe des Abs. 2 und muss nach Maßgabe des Abs. 3 auf Antrag des Abgabepflichtigen oder von Amts wegen eine erstmalige Festsetzung der Abgabe mit Abgabenbescheid erfolgen, wenn der Abgabepflichtige, obwohl er dazu verpflichtet ist, keinen selbst berechneten Betrag der Abgabenbehörde bekannt gibt oder wenn sich die bekanntgegebene Selbstberechnung als nicht richtig erweist.

(2) Die Festsetzung kann erfolgen,
1. von Amts wegen innerhalb eines Jahres ab Bekanntgabe des selbstberechneten Betrages,
2. wenn der Antrag auf Festsetzung spätestens ein Jahr ab Bekanntgabe des selbstberechneten Betrages eingebracht ist,
3. wenn kein selbstberechneter Betrag bekannt gegeben wird oder wenn bei sinngemäßer Anwendung des § 303 die Voraussetzungen für eine Wiederaufnahme des Verfahrens vorliegen würden,
4. (aufgehoben)
5. wenn bei sinngemäßer Anwendung des § 293b oder § 295a die Voraussetzungen für eine Abänderung vorliegen würden.

(3) Die Festsetzung hat zu erfolgen,
1. wenn der Antrag auf Festsetzung binnen einer Frist von einem Monat ab Bekanntgabe des selbst berechneten Betrages eingebracht ist,
2. (aufgehoben)
3. wenn bei sinngemäßer Anwendung des § 295 die Voraussetzungen für eine Änderung vorliegen würden.

(4) Innerhalb derselben Abgabenart kann die Festsetzung mehrerer Abgaben desselben Kalenderjahres (Wirtschaftsjahres) in einem Bescheid zusammengefasst erfolgen.

§ 201a. Für Landes- und Gemeindeabgaben gilt Folgendes:

Liegen die Voraussetzungen für eine bescheidmäßige Festsetzung gemäß § 201 vor, so ist von der Festsetzung abzusehen, wenn der Abgabepflichtige nachträglich die Selbstberechnung berichtigt.

§ 202. (1) Die §§ 201 und 201a gelten sinngemäß, wenn nach den Abgabenvorschriften die Selbstberechnung einer Abgabe einem abgabenrechtlich Haftungspflichtigen obliegt. Hiebei sind Nachforderungen mittels Haftungsbescheides (§ 224 Abs. 1) geltend zu machen.

(2) Abs. 1 gilt nicht, soweit ein einbehaltener Betrag gemäß § 240 Abs. 3 oder 4 zurückgezahlt wurde oder im Fall einer Antragstellung nach dieser Bestimmung zurückzuzahlen wäre.

(BGBl I 2022/108)

§ 203. Bei Abgaben, die nach den Abgabenvorschriften in Wertzeichen zu entrichten sind, ist ein Abgabenbescheid nur zu erlassen, wenn die Abgabe in Wertzeichen nicht vorschriftsmäßig entrichtet worden ist.

(BGBl I 2022/108)

§ 203a. Für Landes- und Gemeindeabgaben gilt Folgendes:

Die Festsetzung einer Abgabe im Ausmaß von höchstens 300 Euro, die nicht vorschriftsmäßig in Wertzeichen entrichtet worden ist, kann durch eine formlose Zahlungsaufforderung erfolgen. In diesem Fall ist ein Abgabenbescheid nur zu erlassen, wenn
1. die festgesetzte Abgabe nicht zur Gänze fristgerecht entrichtet wird oder
2. der Abgabepflichtige die Erlassung eines Bescheides innerhalb von drei Monaten ab Bekanntgabe der Zahlungsaufforderung beantragt.

Von der Erlassung eines Bescheides gemäß Z 1 kann abgesehen werden, wenn der Abgabepflichtige innerhalb von drei Monaten ab Bekanntgabe der Zahlungsaufforderung die Abgabe entrichtet. Die Bestreitung der Zahlungsaufforderung gilt als Antrag auf Erlassung eines Bescheides gemäß Z 2. Die mit Bescheid festgesetzte Abgabe hat den sich aus der Zahlungsaufforderung ergebenden Fälligkeitstag.

(AbgÄG 2023, BGBl I 2023/110)

§ 204. (1) Der festgesetzte Abgabenbetrag oder die Summe der in einem Bescheid festgesetzten Abgabenbeträge ist auf volle Cent abzurunden oder aufzurunden. Hiebei sind Beträge unter 0,5 Cent abzurunden, Beträge ab 0,5 Cent aufzurunden.

(2) Für die Selbstberechnung von Abgaben (§ 201) gilt Abs. 1 sinngemäß.

(3) Obliegt einem abgabenrechtlich Haftungspflichtigen die Selbstberechnung und Abfuhr einbehaltener Steuerabzugsbeträge (§ 202), gilt Abs. 1 sinngemäß für die Endsumme des abzuführenden Betrages.

(4) Zinsen sind mit einem Tageszinssatz zu berechnen, wobei ein Jahr mit 365 Tagen zugrunde zu legen ist. Der Tageszinssatz ist auf vier Kommastellen zu runden.

(BGBl I 2022/108)

Anspruchszinsen

§ 205. (1) Differenzbeträge an Einkommensteuer und Körperschaftsteuer, die sich aus Abgabenbescheiden unter Außerachtlassung von Anzahlungen (Abs. 3), nach Gegenüberstellung mit Vorauszahlungen oder mit der bisher festgesetzt gewesenen Abgabe ergeben, sind für den Zeitraum ab 1. Oktober des dem Jahr des Entstehens des Abgabenanspruchs folgenden Jahres bis zum Zeitpunkt der Bekanntgabe dieser Bescheide zu verzinsen (Anspruchszinsen). Dies gilt sinngemäß für Differenzbeträge aus

a) Aufhebungen von Abgabenbescheiden,
b) Bescheiden, die aussprechen, dass eine Veranlagung unterbleibt,
c) auf Grund völkerrechtlicher Verträge oder gemäß § 240 Abs. 3 oder 4 erlassenen Rückzahlungsbescheiden.

(BGBl I 2022/108)

(2) Die Anspruchszinsen betragen pro Jahr 2% über dem Basiszinssatz. Anspruchszinsen, die den Betrag von 50 Euro nicht erreichen, sind nicht festzusetzen. Anspruchszinsen sind für einen Zeitraum von höchstens 48 Monaten festzusetzen.

(3) Der Abgabepflichtige kann, auch wiederholt, auf Einkommensteuer oder Körperschaftsteuer Anzahlungen dem Finanzamt bekanntgeben. Anzahlungen sowie Mehrbeträge zu bisher bekanntgegebenen Anzahlungen gelten für die Verrechnung nach § 214 am Tag der jeweiligen Bekanntgabe als fällig. Wird eine Anzahlung in gegenüber der bisher bekanntgegebenen Anzahlung verminderter Höhe bekanntgegeben, so wirkt die hieraus entstehende, auf die bisherige Anzahlung zu verrechnende Gutschrift auf den Tag der Bekanntgabe der verminderten Anzahlung zurück. Entrichtete Anzahlungen sind auf die Einkommensteuer- bzw. Körperschaftsteuerschuld höchstens im Ausmaß der Nachforderung zu verrechnen. Soweit keine solche Verrechnung zu erfolgen hat, sind die Anzahlungen gutzuschreiben; die Gutschrift wird mit Bekanntgabe des im Abs. 1 genannten Bescheides wirksam. Mit Ablauf des Zeitraumes des Abs. 2 dritter Satz sind nicht verrechnete und nicht bereits gutgeschriebene Anzahlungen gutzuschreiben.

(4) Die Bemessungsgrundlage für Anspruchszinsen zu Lasten des Abgabepflichtigen (Nachforderungszinsen) wird durch Anzahlungen in ihrer jeweils maßgeblichen Höhe vermindert. Anzahlungen (Abs. 3) mindern die Bemessungsgrundlage für die Anspruchszinsen nur insoweit, als sie entrichtet sind.

(5) Differenzbeträge zu Gunsten des Abgabepflichtigen sind nur insoweit zu verzinsen (Gutschriftszinsen), als die nach Abs. 1 gegenüberzustellenden Beträge entrichtet sind. Bei im Abzugsweg zu erhebenden Steuern findet eine Verzinsung von Gutschriften nur insoweit statt, als die betreffenden Abgaben entrichtet wurden.

(BGBl I 2022/108)

(6) Auf Antrag des Abgabepflichtigen sind Nachforderungszinsen insoweit herabzusetzen bzw. nicht festzusetzen,

a) als der Differenzbetrag (Abs. 1) Folge eines rückwirkenden Ereignisses (§ 295a) ist und die Zinsen die Zeit vor Eintritt des Ereignisses betreffen oder
b) als ein Guthaben (§ 215 Abs. 4) auf dem Abgabenkonto bestanden hat.

Beschwerdezinsen

§ 205a. (1) Soweit eine bereits entrichtete Abgabenschuldigkeit, deren Höhe unmittelbar oder mittelbar von der Erledigung einer Bescheidbeschwerde abhängt, herabgesetzt wird, sind auf Antrag des Abgabepflichtigen Zinsen für den Zeitraum ab Entrichtung bis zur Bekanntgabe des die Abgabe herabsetzenden Bescheides bzw. Erkenntnisses festzusetzen (Beschwerdezinsen).

(2) Der Antrag (Abs. 1) hat zu enthalten:

a) die Bezeichnung der Bescheidbeschwerde, von deren Erledigung die Abgabenhöhe unmittelbar oder mittelbar abhängt;
b) die Bezeichnung des Bescheides bzw. Erkenntnisses, mit dem die entrichtete Abgabenschuldigkeit herabgesetzt wurde;
c) die für die Höhe der Bemessungsgrundlage der Zinsen maßgebenden Angaben.

(2a) Soweit eine bereits entrichtete Abgabenschuldigkeit aufgrund von § 295 Abs. 2a herabgesetzt wird, sind auf Antrag des Abgabepflichtigen Zinsen für den Zeitraum ab Entrichtung bis zur Bekanntgabe des die Abgabe herabsetzenden Bescheides, festzusetzen.

(BGBl I 2019/62)

(3) Zinsen sind nur insoweit festzusetzen, als ein Bescheid in Punkten angefochten wird, in denen er von dem ihm zugrunde liegenden Anbringen abweicht oder ein Bescheid angefochten wird, dem kein Anbringen zugrunde liegt. Zinsen sind nicht festzusetzen, insoweit Anspruchszinsen gemäß § 205 oder Umsatzsteuerzinsen gemäß § 205c für den selben Zeitraum anfallen.

(BGBl I 2022/108)

(4) Die Zinsen betragen pro Jahr 2% über dem Basiszinssatz. Zinsen, die den Betrag von 50 Euro nicht erreichen, sind nicht festzusetzen.

§ 205b. Für Landes- und Gemeindeabgaben gilt § 205a nicht.

Umsatzsteuerzinsen

§ 205c. (1) Mit Umsatzsteuerzinsen zu verzinsen ist

1. im Fall von Gutschriften:
   a) ein in einer Voranmeldung erklärter Überschuss ab dem 91. Tag nach Einlangen der Voranmeldung bis zur Verbuchung des Überschusses auf dem Abgabenkonto;
   b) eine Gutschrift aufgrund einer Abgabenfestsetzung, insoweit der Überschuss

in der Voranmeldung geltend gemacht wurde, ab dem 91. Tag nach Einlangen der Voranmeldung bis zur Bekanntgabe des Bescheides bzw. Erkenntnisses;

c) eine Gutschrift aufgrund einer Abgabenfestsetzung infolge der Umsatzsteuerjahreserklärung, insoweit der Überschuss in der Umsatzsteuerjahreserklärung geltend gemacht wurde, ab dem 91. Tag nach Einlangen der Umsatzsteuerjahreserklärung bis zur Bekanntgabe des Bescheides bzw. Erkenntnisses.

2. im Fall von Nachforderungen:

a) eine Vorauszahlung, die sich aus einer verspätet eingereichten Voranmeldung ergibt, ab dem 91. Tag nach Fälligkeit der Vorauszahlung bis zum Einlangen der Voranmeldung;

b) eine Nachforderung aufgrund einer Abgabenfestsetzung ab dem 91. Tag nach Fälligkeit der Vorauszahlung bis zur Bekanntgabe des Bescheides bzw. Erkenntnisses;

c) eine Nachforderung aufgrund einer Abgabenfestsetzung infolge der Umsatzsteuerjahreserklärung ab dem 1. Oktober des Folgejahres bis zur Bekanntgabe des Bescheides bzw. Erkenntnisses.

(2) Weiters sind Unterschiedsbeträge an Umsatzsteuer, die sich aus der Differenz eines Festsetzungsbescheides oder Umsatzsteuerjahresbescheides und einem nachträglichen Bescheid oder Erkenntnis ergeben, zu verzinsen:

1. im Fall von Gutschriften

a) solange ein den Voranmeldungszeitraum beinhaltender Veranlagungsbescheid (§ 21 Abs. 4 UStG 1994) noch nicht erlassen wurde, ab dem 91. Tag nach Einlangen der Voranmeldung bis zur Bekanntgabe des Bescheides bzw. Erkenntnisses,

b) danach ab dem 91. Tag nach Einlangen der Umsatzsteuerjahreserklärung bis zur Bekanntgabe des Bescheides bzw. Erkenntnisses;

2. im Fall von Nachforderungen

a) solange ein den Voranmeldungszeitraum beinhaltender Veranlagungsbescheid (§ 21 Abs. 4 UStG 1994) noch nicht erlassen wurde, ab dem 91. Tag nach Fälligkeit der Vorauszahlung bis zur Bekanntgabe des Bescheides bzw. Erkenntnisses,

b) danach ab dem 1. Oktober des Folgejahres bis zur Bekanntgabe des Bescheides bzw. des Erkenntnisses.

Gutschriften sind nur insoweit zu verzinsen, als der Überschuss in der Voranmeldung oder der Umsatzsteuerjahreserklärung geltend gemacht wurde.

(3) Abgabepflichtige können in Fällen des Abs. 2 innerhalb eines Jahres ab Bekanntgabe des zuletzt ergangenen Bescheides, mit dem Umsatzsteuerzinsen festgesetzt werden, zusätzlich eine Verzinsung im Sinn des Abs. 1 Z 1 lit. b ab dem 91. Tag nach Einlangen der Voranmeldung bis zum 90. Tag nach Einlangen der Umsatzsteuerjahreserklärung beantragen. Wurden die Umsatzsteuerzinsen nicht festgesetzt, ist der Antrag innerhalb eines Jahres ab Bekanntgabe des Umsatzsteuerjahresbescheides zu stellen. Der Antrag ist über FinanzOnline einzubringen und hat zu enthalten:

1. den Voranmeldungszeitraum,
2. die erstmalige Erklärung und
3. bereits erfolgte Gutschriften des Überschusses.

(4) Eine Festsetzung von Umsatzsteuerzinsen für Überschüsse bzw. Gutschriften im Sinne des Abs. 1 Z 1 und des Abs. 2 Z 1 kann für Zeiträume versagt werden, in welchen der Abgabepflichtige seiner Mitwirkungsverpflichtung zur Erteilung von Auskünften oder Vorlage von Unterlagen im Rahmen der Prüfung einer Voranmeldung oder Umsatzsteuerjahreserklärung nicht innerhalb der durch die Abgabenbehörde gesetzten Frist nachkommt.

(5) Die Umsatzsteuerzinsen betragen pro Jahr 2 Prozent über dem Basiszinssatz. Umsatzsteuerzinsen, die den Betrag von 50 Euro nicht erreichen, sind nicht festzusetzen.

(BGBl I 2022/108)

Abstandnahme von der Abgabenfestsetzung

§ 206. (1) Die Abgabenbehörde kann von der Festsetzung von Abgaben ganz oder teilweise Abstand nehmen,

a) soweit Abgabepflichtige von den Folgen eines durch höhere Gewalt ausgelösten Notstandes betroffen werden, vor allem soweit abgabepflichtige Vorgänge durch Katastrophenschäden (insbesondere Hochwasser-, Erdrutsch-, Vermurungs- und Lawinenschäden) veranlasst worden sind;

b) soweit im Einzelfall auf Grund der der Abgabenbehörde zur Verfügung stehenden Unterlagen und der durchgeführten Erhebungen mit Bestimmtheit anzunehmen ist, dass der Abgabenanspruch gegenüber dem Abgabenschuldner nicht durchsetzbar sein wird;

c) wenn in einer Mehrheit von gleichgelagerten Fällen der behördliche Verwaltungsaufwand außer Verhältnis zur Höhe der festzusetzenden Abgabe steht.

(2) Durch die Abstandnahme (Abs. 1) erlischt der Abgabenanspruch (§ 4) nicht. Die Abstandnahme berührt nicht die Befugnis, diesbezügliche persönliche Haftungen gegenüber Haftungspflichtigen geltend zu machen.

E. Verjährung

§ 207. (1) Das Recht, eine Abgabe festzusetzen, unterliegt nach Maßgabe der nachstehenden Bestimmungen der Verjährung.

(2) Die Verjährungsfrist beträgt bei den Verbrauchsteuern, bei den festen Stempelgebühren

nach dem II. Abschnitt des Gebührengesetzes 1957, weiters bei den Gebühren gemäß § 17 a des Verfassungsgerichtshofgesetzes 1953 und § 24a des Verwaltungsgerichtshofgesetzes 1985 drei Jahre, bei allen übrigen Abgaben fünf Jahre. Soweit eine Abgabe hinterzogen ist, beträgt die Verjährungsfrist zehn Jahre. Das Recht, einen Verspätungszuschlag, Anspruchszinsen, Säumniszuschläge oder Abgabenerhöhungen festzusetzen, verjährt gleichzeitig mit dem Recht auf Festsetzung der Abgabe.

(3) Das Recht zur Verhängung von Zwangs-Ordnungs- und Mutwillensstrafen sowie zur Anforderung von Kostenersätzen im Abgabenverfahren verjährt in einem Jahr.

(4) Das Recht, den Ersatz zu Unrecht geleisteter oder die Rückzahlung zu Unrecht bezogener Beihilfen zu fordern, sowie das Recht auf Rückforderung zu Unrecht zuerkannter Erstattungen, Vergütungen oder Abgeltungen von Abgaben verjährt in fünf Jahren. Abs. 2 zweiter Satz gilt sinngemäß.

(5) Abs. 2 zweiter Satz gilt sinngemäß für Abgaben, deren vorsätzliche Verkürzung nicht in den Anwendungsbereich des Finanzstrafgesetzes fällt.

§ 208. (1) Die Verjährung beginnt
a) in den Fällen des § 207 Abs. 2 mit dem Ablauf des Jahres, in dem der Abgabenanspruch entstanden ist, soweit nicht im Abs. 2 ein anderer Zeitpunkt bestimmt wird;
b) in den Fällen des § 207 Abs. 3 mit dem Ablauf des Jahres, in dem die Voraussetzung für die Verhängung der genannten Strafen oder für die Anforderung der Kostenersätze entstanden ist;
c) in den Fällen des § 207 Abs. 4 mit dem Ablauf des Jahres, in dem die rückzufordernden Beihilfen, Erstattungen, Vergütungen oder Abgeltungen geleistet wurden;
d) in den Fällen des § 200 mit dem Ablauf des Jahres, in dem die Ungewißheit beseitigt wurde;
e) in den Fällen des Eintritts eines rückwirkenden Ereignisses im Sinn des § 295a mit Ablauf des Jahres, in dem das Ereignis eingetreten ist.

(2) Bei der Erbschafts- und Schenkungssteuer unterliegenden Erwerben von Todes wegen oder Zweckzuwendungen von Todes wegen beginnt die Verjährung frühestens mit Ablauf des Jahres, in dem die Abgabenbehörde vom Erwerb oder von der Zweckzuwendung Kenntnis erlangt.

§ 209. (1) Werden innerhalb der Verjährungsfrist (§ 207) nach außen erkennbare Amtshandlungen zur Geltendmachung des Abgabenanspruches oder zur Feststellung des Abgabepflichtigen (§ 77) von der Abgabenbehörde unternommen, so verlängert sich die Verjährungsfrist um ein Jahr. Die Verjährungsfrist verlängert sich jeweils um ein weiteres Jahr, wenn solche Amtshandlungen in einem Jahr unternommen werden, bis zu dessen Ablauf die Verjährungsfrist verlängert ist. Verfolgungshandlungen (§ 14 Abs. 3 FinStrG, § 32 Abs. 2 VStG) gelten als solche Amtshandlungen.

(2) Die Verjährung ist gehemmt, solange die Geltendmachung des Anspruches innerhalb der letzten sechs Monate der Verjährungsfrist wegen höherer Gewalt nicht möglich ist.

(3) Das Recht auf Festsetzung einer Abgabe verjährt spätestens zehn Jahre nach Entstehung des Abgabenanspruches (§ 4). In den Fällen eines Erwerbes von Todes wegen oder einer Zweckzuwendung von Todes wegen verjährt das Recht auf Festsetzung der Erbschafts- und Schenkungssteuer jedoch spätestens zehn Jahre nach dem Zeitpunkt der Anzeige.

(4) Abweichend von Abs. 3 verjährt das Recht, eine gemäß § 200 Abs. 1 vorläufige Abgabenfestsetzung wegen der Beseitigung einer Ungewissheit im Sinn des § 200 Abs. 1 durch eine endgültige Festsetzung zu ersetzen, spätestens fünfzehn Jahre nach Entstehung des Abgabenanspruches.

(5) In den Fällen, in denen aufgrund der Bestimmungen des Einkommensteuergesetzes 1988 oder des Umgründungssteuergesetzes über die entstandene Einkommen- oder Körperschaftsteuerschuld abgesprochen, aber die Steuerschuld nicht festgesetzt worden ist, verjährt das Recht auf Festsetzung der genannten Abgaben insoweit jedoch spätestens zehn Jahre nach Ablauf des Jahres, in dem das rückwirkende Ereignis eingetreten ist.

(BGBl I 2015/163)

§ 209a. (1) Einer Abgabenfestsetzung, die in einer Beschwerdevorentscheidung oder in einem Erkenntnis zu erfolgen hat, steht der Eintritt der Verjährung nicht entgegen.

(2) Hängt eine Abgabenfestsetzung unmittelbar oder mittelbar von der Erledigung einer Beschwerde oder eines in Abgabenvorschriften vorgesehenen Antrages (§ 85) ab, so steht der Abgabenfestsetzung der Eintritt der Verjährung nicht entgegen, wenn die Beschwerde oder der Antrag vor diesem Zeitpunkt eingebracht wird. Die Verjährung steht der Abgabenfestsetzung auch dann nicht entgegen, wenn eine Aufhebung gemäß § 299 Abs. 1 vor Ablauf der Jahresfrist des § 302 Abs. 1 oder eine Wiederaufnahme des Verfahrens gemäß § 303 Abs. 1 vor Ablauf der Frist des § 304 lit. b beantragt oder durchgeführt wird.

(BGBl I 2018/62)

(3) Sofern nicht Abs. 1 oder 2 anzuwenden ist, darf in einem an die Stelle eines früheren Bescheides tretenden Abgabenbescheid, soweit für einen Teil der festzusetzenden Abgabe bereits Verjährung eingetreten ist, vom früheren Bescheid nicht abgewichen werden.

(4) Abgabenerklärungen gelten als Anträge im Sinn Abs. 2, wenn die nach Eintritt der Verjährung vorzunehmende Abgabenfestsetzung zu einer Gutschrift führen würde.

(5) Soweit die Verjährung der Festsetzung einer Abgabe in einem Erkenntnis (§ 279) nicht entgegenstehen würde, steht sie auch nicht der Abgabenfestsetzung in dem Bescheid der Abgabenbehörde entgegen, der den gemäß § 278 oder § 300 aufgehobenen Bescheid ersetzt, wenn dieser

Bescheid binnen einem Jahr ab Bekanntgabe (§ 97) des aufhebenden Beschlusses bzw. innerhalb der Frist des § 300 Abs. 1 lit. b ergeht.

(6) Wird eine Bescheidbeschwerde oder ein Vorlageantrag nach Eintritt der Verjährung gemäß § 209 Abs. 3 erster Satz zurückgenommen, so steht der Eintritt der Verjährung der Festsetzung einer Abgabe, soweit sie hinterzogen ist, nicht entgegen, wenn diese Festsetzung innerhalb eines Jahres ab Zurücknahme der Bescheidbeschwerde oder des Vorlageantrages erfolgt.
(BGBl I 2016/117)
§ 209b. (aufgehoben)

6. Abschnitt
Einhebung der Abgaben

A. Fälligkeit, Entrichtung und Nebengebühren im Einhebungsverfahren

1. Fälligkeit und Entrichtung

§ 210. (1) Abgaben werden unbeschadet der in Abgabenvorschriften getroffenen besonderen Regelungen mit Ablauf eines Monates nach Bekanntgabe (§ 97) des Abgabenbescheides fällig. Wenn bei mündlicher Verkündung eines Bescheides auch eine schriftliche Ausfertigung zuzustellen ist, wird die Monatsfrist erst mit der Zustellung der schriftlichen Ausfertigung in Lauf gesetzt.

(2) Wird ein Bescheid, der eine sonstige Gutschrift (§ 213 Abs. 1) zur Folge hatte, ohne gleichzeitige Neufestsetzung der Abgabe aufgehoben, so ist die sich hiedurch ergebende, dem Gegenstand des aufgehobenen Bescheides zuzuordnende Abgabenschuldigkeit am Tag der Aufhebung fällig. Für die Entrichtung einer solchen Abgabenschuldigkeit steht jedoch eine Nachfrist von einem Monat zu.

(3) Werden Abgaben, ausgenommen ‚Eingangs- und Ausgangsabgaben', an einem Samstag, Sonntag, gesetzlichen Feiertag, Karfreitag oder 24. Dezember fällig, so gilt als Fälligkeitstag der nächste Tag, der nicht einer der vorgenannten Tage ist.

(4) Werden Abgaben, ausgenommen Nebenansprüche, später als einen Monat vor ihrer Fälligkeit festgesetzt, so steht dem Abgabepflichtigen für die Entrichtung der Abgabennachforderung eine Nachfrist von einem Monat ab der Bekanntgabe des maßgeblichen Bescheides zu.

(5) In den im § 228 angeführten Fällen des Wiederauflebens einer Abgabenschuldigkeit steht dem Abgabepflichtigen für deren Entrichtung eine Nachfrist von einem Monat ab Bekanntgabe der Umbuchung, Rückzahlung oder Richtigstellung der Gebarung zu.

(6) Soweit eine Abgabe nur deswegen als nicht entrichtet anzusehen ist, weil vor dem Ablauf einer zur Entrichtung einer anderen Abgabenschuldigkeit zur Verfügung stehenden Zahlungsfrist eine Verrechnung gemäß § 214 auf diese andere Abgabenschuldigkeit erfolgte, steht dem Abgabepflichtigen für die Entrichtung der erstgenannten Abgabe eine Nachfrist bis zum Ablauf der später endenden Zahlungsfrist für eine der genannten Abgaben zu.

§ 211. (1) Unbeschadet besonderer landes- oder gemeinderechtlicher Vorschriften gelten Abgaben in nachstehend angeführten Fällen als entrichtet:
1. bei Überweisung auf das Konto der empfangsberechtigten Kasse am Tag der Gutschrift;
2. bei Einziehung einer Abgabe durch die empfangsberechtigte Kasse am Tag der Einziehung;
3. bei Einzahlungen mit Erlagschein an dem Tag, der sich aus dem Tagesstempel des kontoführenden Kreditinstituts der empfangsberechtigten Kasse ergibt;
4. bei Umbuchung oder Überrechnung von Guthaben (§ 215) eines Abgabepflichtigen auf Abgabenschuldigkeiten desselben Abgabepflichtigen am Tag der Entstehung der Guthaben, auf Abgabenschuldigkeiten eines anderen Abgabepflichtigen am Tag der nachweislichen Antragstellung, frühestens jedoch am Tag der Entstehung der Guthaben;
5. bei Barzahlungen am Tag der Zahlung, bei Abnahme von Bargeld durch den Vollstrecker am Tag der Abnahme.

(2) Erfolgt in den Fällen des Abs. 1 Z 1 die Gutschrift auf dem Konto der empfangsberechtigten Kasse zwar verspätet, aber noch innerhalb von drei Tagen nach Ablauf der zur Entrichtung einer Abgabe zustehenden Frist, so bleibt die Verspätung ohne Rechtsfolgen; in den Lauf der dreitägigen Frist sind Samstage, Sonntage, gesetzliche Feiertage, der Karfreitag und der 24. Dezember nicht einzurechnen.

(3) Erfolgt die Entrichtung im Wege der Überweisung gemäß Abs. 1 Z 1, so hat die Beauftragung mittels Electronic-Banking zu erfolgen, wenn dies dem Abgabepflichtigen zumutbar ist. Die nähere Regelung kann der Bundesminister für Finanzen durch Verordnung treffen. In der Verordnung kann auch festgelegt werden, dass bestimmte Formen einer Electronic-Banking-Überweisung zu verwenden sind.

(4) Der Bundesminister für Finanzen hat die näheren Regelungen für die Nutzung des SEPA-Lastschriftverfahrens für die Abgabenentrichtung durch Verordnung zu bestimmen; er kann die Zulässigkeit der Nutzung des SEPA-Lastschriftverfahrens auf bestimmte Abgaben oder auf Vorauszahlungen auf bestimmte Abgaben beschränken.

(5) Im Falle der Einziehung mittels SEPA-Lastschriftmandat gilt die Abgabe nicht als im Sinne des Abs. 1 Z 2 entrichtet, wenn die Abgabenschuld aus Gründen, die vom Abgabepflichtigen als Mandatsgeber zu vertreten sind, nicht gemäß § 213 verrechnet wird oder die Verrechnung rückwirkend zu korrigieren ist.

(6) Die Entrichtung von Abgaben auf andere als in Abs. 1 angeführte Arten, mit Ausnahme der Verwendung sonstiger Gutschriften und Guthaben sowie der Aufrechnung (§ 1438 ff ABGB), ist unzulässig.

(7) Zahlt oder überweist ein anderer als der Abgabepflichtige oder erfolgt die Entrichtung durch

Umbuchung oder Überrechnung von Guthaben eines anderen Abgabepflichtigen, ist die Einlösung der Forderung (§ 1358 ABGB und § 1422 ABGB) ausgeschlossen.
(BGBl I 2018/62)

§ 212. (1) Auf Ansuchen des Abgabepflichtigen kann die Abgabenbehörde für Abgaben, hinsichtlich derer ihm gegenüber auf Grund eines Rückstandsausweises (§ 229) Einbringungsmaßnahmen für den Fall des bereits erfolgten oder späteren Eintrittes aller Voraussetzungen hiezu in Betracht kommen, den Zeitpunkt der Entrichtung der Abgaben hinausschieben (Stundung) oder die Entrichtung in Raten bewilligen, wenn die sofortige oder die sofortige volle Entrichtung der Abgaben für den Abgabepflichtigen mit erheblichen Härten verbunden wäre und die Einbringlichkeit der Abgaben durch den Aufschub nicht gefährdet wird. Eine Gefährdung der Einbringlichkeit ist nicht anzunehmen, wenn der Abgabepflichtige glaubhaft macht, dass er durch die Gewährung der Zahlungserleichterung in die Lage versetzt wird, die vom Zahlungserleichterungsansuchen umfassten Abgabenschuldigkeiten innerhalb einer angemessenen Frist entrichten zu können. Die Bewilligung der Entrichtung in Raten kann nur für die Gesamtsumme der in der Gebarungsverrechnung (§ 213) enthaltenen Abgaben oder bei Gesamtschuldverhältnissen für alle Abgaben des Gesamtschuldverhältnisses erfolgen. Bei Ratenbewilligungen sind der Höhe nach bescheidmäßig festgesetzte Abgabenschuldigkeiten einzubeziehen, wenn deren Zahlungstermine in die Laufzeit der Ratenbewilligung fallen.
(AbgÄG 2023, BGBl I 2023/110)

(2) Für Abgabenschuldigkeiten sind,
a) solange auf Grund eines Ansuchens um Zahlungserleichterungen, über das noch nicht entschieden wurde, Einbringungsmaßnahmen weder eingeleitet noch fortgesetzt werden dürfen (§ 230 Abs. 3) oder
b) soweit infolge einer gemäß Abs. 1 erteilten Bewilligung von Zahlungserleichterungen ein Zahlungsaufschub eintritt,

Stundungszinsen in Höhe von viereinhalb Prozent über dem jeweils geltenden Basiszinssatz pro Jahr zu entrichten. Im Fall der nachträglichen Herabsetzung einer Abgabenschuld hat die Berechnung der Stundungszinsen unter rückwirkender Berücksichtigung des Herabsetzungsbetrages zu erfolgen. Im Fall eines Terminverlustes gilt der Zahlungsaufschub im Sinn dieser Bestimmung erst im Zeitpunkt der Ausstellung des Rückstandsausweises (§ 229) als beendet. Stundungszinsen, die den Betrag von 50 Euro nicht erreichen, sind nicht festzusetzen.
(AbgÄG 2023, BGBl I 2023/110)

(3) Wird die Bewilligung einer Zahlungserleichterung durch Abänderung oder Zurücknahme des Bescheides widerrufen (§ 294), so steht dem Abgabepflichtigen für die Entrichtung des noch aushaftenden Abgabenbetrages eine Nachfrist von einem Monat ab Bekanntgabe des Widerrufsbescheides zu. Soweit einem vor Ablauf der für die Entrichtung einer Abgabe zur Verfügung stehenden Frist oder während der Dauer eines diese Abgabe betreffenden Zahlungsaufschubes im Sinn des § 212 Abs. 2 dritter Satz eingebrachten Ansuchen um Zahlungserleichterungen nicht stattgegeben wird, steht dem Abgabepflichtigen für die Entrichtung eine Nachfrist von einem Monat ab Bekanntgabe des das Ansuchen erledigenden Bescheides zu. Dies gilt – abgesehen von Fällen des Abs. 4 – nicht für innerhalb der Nachfristen des ersten oder zweiten Satzes eingebrachte Ansuchen um Zahlungserleichterungen.
(AbgÄG 2023, BGBl I 2023/110)

(4) Die für Ansuchen um Zahlungserleichterungen geltenden Vorschriften sind auf Bescheidbeschwerden gegen die Abweisung derartiger Ansuchen und auf solche Beschwerden betreffende Vorlageanträge (§ 264) sinngemäß anzuwenden.

§ 212a. (1) Die Einhebung einer Abgabe, deren Höhe unmittelbar oder mittelbar von der Erledigung einer Bescheidbeschwerde abhängt, ist auf Antrag des Abgabepflichtigen von der Abgabenbehörde insoweit auszusetzen, als eine Nachforderung unmittelbar oder mittelbar auf einen Bescheid, der von einem Anbringen abweicht, oder auf einen Bescheid, dem kein Anbringen zugrunde liegt, zurückzuführen ist, höchstens jedoch im Ausmaß der sich bei einer dem Begehren des Abgabepflichtigen Rechnung tragenden Beschwerdeerledigung ergebenden Herabsetzung der Abgabenschuld. Dies gilt sinngemäß, wenn mit einer Bescheidbeschwerde die Inanspruchnahme für eine Abgabe angefochten wird.

(2) Die Aussetzung der Einhebung ist nicht zu bewilligen,
a) soweit die Beschwerde nach Lage des Falles wenig erfolgversprechend erscheint, oder
b) soweit mit der Bescheidbeschwerde ein Bescheid in Punkten angefochten wird, in denen er nicht von einem Anbringen des Abgabepflichtigen abweicht, oder
c) wenn das Verhalten des Abgabepflichtigen auf eine Gefährdung der Einbringlichkeit der Abgabe gerichtet ist.

(2a) Ungeachtet einer nicht erfolgten oder nicht zu bewilligenden Aussetzung der Einhebung gemäß Abs. 1 in Verbindung mit Abs. 2 ist auf Antrag des Abgabepflichtigen die Einhebung der Abgabe in der sich aus dem Bescheid gemäß § 48 Abs. 1 ergebenden Höhe auszusetzen. Dem Antrag ist der Bescheid gemäß § 48 Abs. 1 beizulegen.
(BGBl I 2019/62)

(2b) Der Antrag auf Aussetzung der Einhebung ist zurückzuweisen, wenn
1. keine Beschwerde eingebracht wurde,
2. der Bescheid keine Nachforderung im Sinne des Abs. 1 ausweist,
3. er nach Ergehen einer Entscheidung des Verwaltungsgerichts im Beschwerdeverfahren eingebracht wird oder

4. zum Zeitpunkt der Antragstellung ein Insolvenzverfahren anhängig ist.

(BGBl I 2022/108)

(3) Anträge auf Aussetzung der Einhebung können bis zur Entscheidung über die Bescheidbeschwerde (Abs. 1) gestellt werden. Sie haben die Darstellung der Ermittlung des gemäß Abs. 1 für die Aussetzung in Betracht kommenden Abgabenbetrages zu enthalten. Weicht der vom Abgabepflichtigen ermittelte Abgabenbetrag von dem sich aus Abs. 1 ergebenden nicht wesentlich ab, so steht dies der Bewilligung der Aussetzung im beantragten Ausmaß nicht entgegen.

(4) Die für Anträge auf Aussetzung der Einhebung geltenden Vorschriften sind auf Beschwerdebeschwerden gegen die Abweisung derartiger Anträge und auf solche Beschwerden betreffende Vorlageanträge (§ 264) sinngemäß anzuwenden.

(5) Die Wirkung einer Aussetzung der Einhebung besteht in einem Zahlungsaufschub. Dieser endet mit Ablauf der Aussetzung oder ihrem Widerruf (§ 294). Der Ablauf der Aussetzung ist anlässlich einer (eines) über die Beschwerde (Abs. 1) ergehenden

a) Beschwerdevorentscheidung (§ 262) oder
b) Erkenntnisses (§ 279) oder
c) anderen das Beschwerdeverfahren abschließenden Erledigung

zu verfügen. Die Verfügung des Ablaufes anlässlich des Ergehens einer Beschwerdevorentscheidung schließt eine neuerliche Antragstellung im Fall der Einbringung eines Vorlageantrages nicht aus. Wurden dem Abgabepflichtigen für einen Abgabenbetrag sowohl Zahlungserleichterungen (§ 212) als auch eine Aussetzung der Einhebung bewilligt, so tritt bis zum Ablauf der Aussetzung oder ihrem Widerruf der Zahlungsaufschub auf Grund der Aussetzung ein.

(5a) Der Ablauf der nach Abs. 2a bewilligten Aussetzung der Einhebung ist anlässlich des Bescheides gemäß § 48 Abs. 2 oder 3 zu verfügen.

(BGBl I 2019/62)

(6) Wurde eine Abgabenschuldigkeit durch die Verwendung von sonstigen Gutschriften (§ 213 Abs. 1) oder Guthaben (§ 215 Abs. 4) gänzlich oder teilweise getilgt, so sind, falls dies beantragt wurde, die getilgten Beträge in die Bewilligung der Aussetzung der Einhebung einzubeziehen, wenn die Tilgung

a) vor Fälligkeit der Abgabenschuldigkeit oder
b) vor Ablauf einer sonst für ihre Entrichtung gemäß § 210 Abs. 2 zustehenden Frist oder
c) bei später als einen Monat vor ihrer Fälligkeit festgesetzten Abgaben vor Ablauf eines Monats ab Bekanntgabe des maßgeblichen Bescheides oder
d) nach Einbringen des Antrages auf Aussetzung oder
e) innerhalb eines Monats vor Ablauf der Frist des Abs. 7

erfolgte.

(7) Für die Entrichtung einer Abgabe, deren Einhebung ausgesetzt wurde, steht dem Abgabepflichtigen eine Frist bis zum Ablauf eines Monats ab Bekanntgabe des Bescheides über den Ablauf der Aussetzung (Abs. 5 oder 5a) oder eines die Aussetzung betreffenden Bescheides gemäß § 294 zu. Soweit einem vor Ablauf der für die Entrichtung einer Abgabe zur Verfügung stehenden Frist oder während der Dauer eines diese Abgabe betreffenden Zahlungsaufschubes im Sinn des § 212 Abs. 2 zweiter Satz eingebrachten Antrag auf Aussetzung der Einhebung nicht stattgegeben wird, steht dem Abgabepflichtigen für die Entrichtung eine Nachfrist von einem Monat ab Bekanntgabe des den Antrag erledigenden Bescheides zu.

(BGBl I 2019/62)

(8) Zur Entrichtung oder Tilgung von Abgabenschuldigkeiten, deren Einhebung ausgesetzt ist, dürfen Zahlungen, sonstige Gutschriften (§ 213 Abs. 1) sowie Guthaben (§ 215 Abs. 4) nur auf Verlangen des Abgabepflichtigen verwendet werden. Hiebei ist § 214 Abs. 4 sinngemäß anzuwenden, wenn bei Bekanntgabe des Verwendungszweckes auf den Umstand der Aussetzung der Einhebung der zu entrichtenden oder zu tilgenden Abgabenschuldigkeit ausdrücklich hingewiesen wurde.

(9) Ab dem Zeitpunkt des Einlangens eines Antrages auf Aussetzung der Einhebung sind
1. bis zu dessen Ab- oder Zurückweisung oder
2. bei Bewilligung für die Dauer des Zahlungsaufschubes

Aussetzungszinsen in Höhe von zwei Prozent über dem jeweils geltenden Basiszinssatz pro Jahr zu entrichten. Im Fall der nachträglichen Herabsetzung der Abgabenschuld bis zur Verfügung des Ablaufes (Abs. 5, Abs. 5a) anlässlich der rechtskräftigen Erledigung der Bescheidbeschwerde (Abs. 1) hat die Berechnung der Aussetzungszinsen unter rückwirkender Berücksichtigung des Herabsetzungsbetrages zu erfolgen. Aussetzungszinsen, die den Betrag von 50 Euro nicht erreichen, sind nicht festzusetzen.

(BGBl I 2019/62, BGBl I 2022/108)

§ 212b. Für Landes- und Gemeindeabgaben gilt Folgendes:
1. Abweichend von § 212 Abs. 2 erster Satz sind Stundungszinsen für Abgabenschuldigkeiten, die den Betrag von insgesamt 200 Euro übersteigen, in Höhe von sechs Prozent pro Jahr zu entrichten. Stundungszinsen, die den Betrag von zehn Euro nicht erreichen, sind nicht festzusetzen.
2. (aufgehoben)
3. Abweichend von § 212a Abs. 9 erster Satz sind Aussetzungszinsen in Höhe von drei Prozent pro Jahr zu entrichten.
4. Abweichend von § 212a Abs. 9 zweiter Satz sind Aussetzungszinsen, die den Betrag von zehn Euro nicht erreichen, nicht festzusetzen.

§ 213. (1) Bei den von derselben Abgabenbehörde wiederkehrend zu erhebenden Abgaben und den zu diesen Abgaben zu erhebenden Nebenansprüchen ist, soweit im folgenden nicht anderes bestimmt ist, für jeden Abgabepflichtigen, bei Gesamtschuldverhältnissen für die Gesamtheit der zur Zahlung Verpflichteten, die Gebarung (Lastschriften, Zahlungen und alle sonstigen ohne Rücksicht aus welchem Anlaß entstandenen Gutschriften) in laufender Rechnung zusammengefaßt zu verbuchen.

(2) Bei den anderen als den im Abs. 1 genannten Abgaben ist die Gebarung für jeden Abgabepflichtigen, bei Gesamtschuldverhältnissen für die Gesamtheit der zur Zahlung Verpflichteten, nach den einzelnen Abgaben getrennt oder zusammengefaßt, jedoch abgesondert von den im Abs. 1 genannten Abgaben zu verbuchen.

(3) Die Gebarung der vom Grundsteuermeßbetrag oder vom Einheitswert wirtschaftlicher Einheiten oder Untereinheiten des Grundbesitzes unmittelbar abhängigen Abgaben oder Beiträge ist getrennt nach diesen wirtschaftlichen Einheiten oder Untereinheiten sowie abgesondert von der Gebarung der übrigen Abgaben zu verbuchen. Im Fall des Wechsels von unbeschränkter und beschränkter Steuerpflicht ist die Gebarung der hievon betroffenen Abgaben je nachdem, ob sie sich auf Zeiträume oder Zeitpunkte vor oder nach diesem Wechsel beziehen, getrennt voneinander zu verbuchen. Die Gebarung der im Finanzstrafverfahren verhängten Geldstrafen und Wertersätze und der hiebei angefallenen sonstigen Geldansprüche ist von der Gebarung der Abgaben getrennt zu verbuchen.

(4) Bei Vorliegen eines Gesamtschuldverhältnisses ist eine im Sinn des Abs. 1 oder 2 zusammengefaßte Verbuchung der Gebarung mit der Gebarung der vom Gesamtschuldverhältnis nicht umfaßten Abgaben insoweit zulässig, als zumindest einer der Gesamtschuldner alle diese Abgaben schuldet.

(5) In den Fällen des § 19 Abs. 2 ist die Gebarung der Abgaben der Personenvereinigung (Personengemeinschaft) auch nach erfolgter Beendigung zusammengefaßt zu verbuchen.

§ 213a. Für Landes- und Gemeindeabgaben gilt § 213 nicht.

§ 214. (1) In den Fällen einer zusammengefaßten Verbuchung der Gebarung sind Zahlungen und sonstige Gutschriften, soweit im folgenden nicht anderes bestimmt ist, auf die dem Fälligkeitstag nach ältesten verbuchten Abgabenschuldigkeiten zu verrechnen; an die Stelle des Fälligkeitstages hat der davon abweichende zuletzt maßgebliche gesetzlich zustehende oder durch Bescheid zuerkannte Zahlungstermin zu treten. Haben mehrere Abgabenschuldigkeiten denselben Fälligkeitstag oder denselben davon abweichenden Zahlungstermin und reicht ein zu verrechnender Betrag zur Tilgung aller gleichzeitig zu entrichtenden Abgabenschuldigkeiten nicht aus, so hat die Verrechnung bei demselben Zahlungstermin auf die dem Fälligkeitstag nach ältesten verbuchten Abgabenschuldigkeiten und bei demselben Fälligkeitstag auf die früher verbuchten Abgabenschuldigkeiten zu erfolgen. Abgabenschuldigkeiten, für welche ein Pfandrecht besteht, gelten als dem Fälligkeitstag nach jüngste verbuchte Abgabenschuldigkeiten, es sei denn, das Pfandrecht wurde vertraglich eingeräumt. Die Verbuchung von Abgabenschuldigkeiten ist ohne unnötigen Aufschub und in einer von sachlichen Gesichtspunkten bestimmten Reihenfolge vorzunehmen.

(2) In den Fällen einer gemäß § 201 Abs. 4 zusammengefaßten Festsetzung von Abgaben gilt Abs. 1 mit der Maßgabe, daß als Fälligkeitstag der gesamten Abgabennachforderung der Fälligkeitstag der jüngsten zusammengefaßt festgesetzten Abgabenschuldigkeit anzusehen ist.

(3) Die in Bewilligungen von Zahlungserleichterungen vorgesehenen Zahlungstermine sind bei Anwendung des Abs. 1 nur dann maßgeblich, wenn im Zeitpunkt der Zahlung oder sonstigen Gutschrift diese Bewilligung wirksam ist oder ein Zahlungsaufschub im Sinn des § 212 Abs. 2 zweiter Satz für die den Gegenstand der Bewilligung bildenden Abgaben besteht.

Eine Verrechnung auf Abgabenschuldigkeiten, deren Einhebung ausgesetzt ist, darf nur nach Maßgabe des § 212 a Abs. 8 erfolgen.

(4) Dem der Abgabenbehörde auf dem Zahlungsbeleg bekannt gegebenen Verwendungszweck entsprechend zu verrechnen sind Zahlungen, soweit sie
a) Abgabenschuldigkeiten oder
b) im Finanzstrafverfahren oder im Abgabenstrafverfahren verhängte Geldstrafen oder Wertersätze oder sonstige hierbei angefallene Geldansprüche

betreffen.

Dies gilt sinngemäß für die Verwendung sonstiger Gutschriften, soweit sie im Zusammenhang mit einer in den Abgabenvorschriften vorgesehenen Selbstbemessung oder Einbehaltung und Abfuhr von Abgaben entstehen.

(5) Wurde eine Verrechnungsweisung im Sinn des Abs. 4 erteilt und wurde hiebei irrtümlich eine unrichtige Abgabenart oder ein unrichtiger Zeitraum angegeben, so sind über Antrag die Rechtsfolgen der irrtümlich erteilten Verrechnungsweisung aufzuheben oder nicht herbeizuführen. Dies gilt nicht für die vor der Antragstellung durchgeführten Einbringungsmaßnahmen und die im Zusammenhang mit diesen angefallenen Nebengebühren. Der Antrag kann nur binnen drei Monaten ab Erteilung der unrichtigen Verrechnungsweisung gestellt werden.

Dies gilt sinngemäß, soweit eine Verrechnungsweisung im Sinn des § 214 Abs. 4 irrtümlich nicht erteilt wurde.

(6) Zahlungen und sonstige Gutschriften, die unter Bezugnahme auf eine Mahnung, im Zuge eines Vollstreckungsverfahrens oder auf Grund eines SEPA-Lastschriftmandats erfolgen, sind in erster Linie mit Abgabenschuldigkeiten zu verrechnen, die Gegenstand der Mahnung, des Vollstreckungsverfahrens oder des SEPA-Lastschriftmandats sind.

(BGBl I 2018/62)

17/1. BAO

§§ 214 – 217

(7) In den Fällen einer zusammengefaßten Verbuchung der Gebarung gemäß § 213 Abs. 4 sind Zahlungen für Rechnung eines Gesamtschuldners, der nicht alle zusammengefaßt verbuchten Abgaben schuldet, ausschließlich auf die ihn betreffenden verbuchten Abgabenschuldigkeiten zu verrechnen, wenn auf dem Zahlungsbeleg ausdrücklich eine diesbezügliche Widmung verfügt wurde. Soweit sich durch nachträgliche Abänderung oder Aufhebung des maßgeblichen Abgaben- oder Haftungsbescheides erweist, daß die für Rechnung eines Gesamtschuldners zu verrechnen gewesenen Beträge die Abgaben übersteigen, für die er in Anspruch zu nehmen war, ist der übersteigende Betrag durch Umbuchung aus der zusammengefaßten Verbuchung der Gebarung herauszulösen. Wurde eine Widmung irrtümlich nicht verfügt, so gilt Abs. 5 sinngemäß mit der Maßgabe, dass der Antrag binnen drei Monaten ab nachträglicher Abänderung oder Aufhebung des maßgeblichen Abgaben- oder Haftungsbescheides zulässig ist.

(8) Eine sich aus einem Abgabenbescheid ergebende sonstige Gutschrift ist auf die den Gegenstand des Bescheides betreffenden verbuchten Abgabenschuldigkeiten zu verrechnen; ein sodann noch verbleibender Teil der sonstigen Gutschrift ist für den Fall, daß der Abgabenbescheid die Festsetzung von Vorauszahlungen für einen kürzeren Zeitraum als ein Kalenderjahr zum Gegenstand hat, auf gleichartige, dasselbe Kalenderjahr betreffende ältere verbuchte Vorauszahlungsschuldigkeiten zu verrechnen. Wird ein Abgabenbescheid ohne gleichzeitige Neufestsetzung der Abgabe aufgehoben oder wird durch Bescheid ausgesprochen, daß die Voraussetzungen für eine Abgabenfestsetzung nicht vorliegen, so ist eine sich daraus ergebende sonstige Gutschrift in gleicher Weise zu verrechnen.

(9) Unbeschadet der Vorschriften in den Abs. 1 bis 8 kann eine Aufrechnung (§ 1438 ff ABGB) von Forderungen der Abgabenbehörden mit Gegenforderungen des Schuldners mit Bescheid verfügt werden.

(BGBl I 2019/91)

§ 215. (1) Ein sich aus der Gebarung (§ 213) unter Außerachtlassung von Abgaben, deren Einhebung ausgesetzt ist, ergebendes Guthaben eines Abgabepflichtigen ist zur Tilgung fälliger Abgabenschuldigkeiten zu verwenden, die dieser Abgabepflichtige bei derselben Abgabenbehörde hat; dies gilt nicht, soweit die Einhebung der fälligen Schuldigkeiten ausgesetzt ist.

(2) Verbleibt nach der in Abs. 1 vorgesehenen Tilgung von Schuldigkeiten bei einer Abgabenbehörde des Bundes ein Guthaben, ist dieses zunächst zur Tilgung dieser Behörde bekannter und fälliger Abgabenschuldigkeiten des Abgabepflichtigen bei einer anderen Abgabenbehörde des Bundes zu verwenden, soweit deren Einhebung nicht ausgesetzt ist. In weiterer Folge ist ein solches Guthaben zur Tilgung dieser Behörde bekannter fälliger Geldstrafen, Wertersätze sowie im Finanzstrafverfahren angefallener sonstiger Geldansprüche bei einer Finanzstrafbehörde zu verwenden. Die für Zwecke dieser Tilgung erforderliche Verarbeitung von personenbezogenen Daten, wie insbesondere der automationsunterstützte Datenaustausch zwischen den beteiligten Behörden, ist zulässig.

(BGBl I 2020/99)

(3) Ist der Abgabepflichtige nach bürgerlichem Recht nicht rechtsfähig, so ist ein nach Anwendung der Abs. 1 und 2 noch verbleibendes Guthaben unter sinngemäßer Anwendung dieser Bestimmungen zugunsten derjenigen zu verwenden, die nach den Vorschriften des bürgerlichen Rechtes im eigenen Namen über das Guthaben zu verfügen berechtigt sind.

(4) Soweit Guthaben nicht gemäß Abs. 1 bis 3 zu verwenden sind, sind sie nach Maßgabe der Bestimmungen des § 239 zurückzuzahlen oder unter sinngemäßer Anwendung dieser Bestimmungen über Antrag des zur Verfügung über das Guthaben Berechtigten zugunsten eines anderen Abgabepflichtigen umzubuchen oder zu überrechnen.

§ 216. Mit Bescheid (Abrechnungsbescheid) ist über die Richtigkeit der Verbuchung der Gebarung (§ 213) sowie darüber, ob und inwieweit eine Zahlungsverpflichtung durch Erfüllung eines bestimmten Tilgungstatbestandes erloschen ist, auf Antrag des Abgabepflichtigen (§ 77) abzusprechen. Ein solcher Antrag ist nur innerhalb von fünf Jahren nach Ablauf des Jahres, in dem die betreffende Verbuchung erfolgt ist oder erfolgen hätte müssen, zulässig.

2. Säumniszuschläge

§ 217. (1) Wird eine Abgabe, ausgenommen Nebengebühren (§ 3 Abs. 2 lit. d), nicht spätestens am Fälligkeitstag entrichtet, so sind nach Maßgabe der folgenden Bestimmungen Säumniszuschläge zu entrichten.

(2) Der erste Säumniszuschlag beträgt 2% des nicht zeitgerecht entrichteten Abgabenbetrages.

(3) Ein zweiter Säumniszuschlag ist für eine Abgabe zu entrichten, soweit sie nicht spätestens drei Monate nach dem Eintritt ihrer Vollstreckbarkeit (§ 226) entrichtet ist. Ein dritter Säumniszuschlag ist für eine Abgabe zu entrichten, soweit sie nicht spätestens drei Monate nach dem Eintritt der Verpflichtung zur Entrichtung des zweiten Säumniszuschlages entrichtet ist. Der Säumniszuschlag beträgt jeweils 1% des zum maßgebenden Stichtag nicht entrichteten Abgabenbetrages. Die Dreimonatsfristen werden insoweit unterbrochen, als nach Abs. 4 Anbringen oder Amtshandlungen der Verpflichtung zur Entrichtung von Säumniszuschlägen entgegenstehen. Diese Fristen beginnen mit Ablauf der sich aus Abs. 4 ergebenden Zeiträume neu zu laufen.

(4) Säumniszuschläge sind für Abgabenschuldigkeiten insoweit nicht zu entrichten, als
a) ihre Einhebung gemäß § 212a ausgesetzt ist,
b) ihre Einbringung gemäß § 230 Abs. 2, 3, 5 oder 6 gehemmt ist,
c) ein Zahlungsaufschub im Sinn des § 212 Abs. 2 zweiter Satz nicht durch Ausstellung

eines Rückstandsausweises (§ 229) als beendet gilt,

d) ihre Einbringung gemäß § 231 ausgesetzt ist.

(5) Die Verpflichtung zur Entrichtung eines Säumniszuschlages gemäß Abs. 2 entsteht nicht, soweit die Säumnis nicht mehr als fünf Tage beträgt und der Abgabepflichtige innerhalb der letzten sechs Monate vor dem Eintritt der Säumnis alle Abgabenschuldigkeiten, hinsichtlich derer die Gebarung (§ 213) mit jener der nicht zeitgerecht entrichteten Abgabenschuldigkeit zusammengefasst verbucht wird, zeitgerecht entrichtet hat. In den Lauf der fünftägigen Frist sind Samstage, Sonntage, gesetzliche Feiertage, der Karfreitag und der 24. Dezember nicht einzurechnen; sie beginnt in den Fällen des § 211 Abs. 2 erst mit dem Ablauf der dort genannten Frist.

(BGBl I 2018/62)

(6) Wird vor dem Ende einer für die Entrichtung einer Abgabe zustehenden Frist ein Vollstreckungsbescheid (§ 230 Abs. 7) erlassen, so tritt die Verpflichtung zur Entrichtung des Säumniszuschlages gemäß Abs. 2 erst mit dem ungenützten Ablauf dieser Frist, spätestens jedoch einen Monat nach Erlassung des Vollstreckungsbescheides ein und beginnt erst ab diesem Zeitpunkt die Dreimonatsfrist des Abs. 3 erster Satz zu laufen.

(7) Auf Antrag des Abgabepflichtigen sind Säumniszuschläge insoweit herabzusetzen bzw. nicht festzusetzen, als ihn an der Säumnis kein grobes Verschulden trifft, insbesondere insoweit bei nach Abgabenvorschriften selbst zu berechnenden Abgaben kein grobes Verschulden an der Unrichtigkeit der Selbstberechnung vorliegt.

(8) Im Fall der nachträglichen Herabsetzung der Abgabenschuld hat die Berechnung der Säumniszuschläge unter rückwirkender Berücksichtigung des Herabsetzungsbetrages zu erfolgen; dies gilt sinngemäß

a) für bei Veranlagung durch Anrechnung von Vorauszahlungen entstehende Gutschriften und

b) für Nachforderungszinsen (§ 205), soweit nachträglich dieselbe Abgabe betreffende Gutschriftszinsen festgesetzt werden.

(9) Im Fall der nachträglichen rückwirkenden Zuerkennung oder Verlängerung von Zahlungsfristen hat auf Antrag des Abgabepflichtigen die Berechnung der Säumniszuschläge unter rückwirkender Berücksichtigung der zuerkannten oder verlängerten Zahlungsfrist zu erfolgen.

(10) Säumniszuschläge, die den Betrag von 50 Euro nicht erreichen, sind nicht festzusetzen. Dies gilt für Abgaben, deren Selbstberechnung nach Abgabenvorschriften angeordnet oder gestattet ist, mit der Maßgabe, dass die Summe der Säumniszuschläge für Nachforderungen gleichartiger, jeweils mit einem Abgabenbescheid oder Haftungsbescheid geltend gemachter Abgaben maßgebend ist.

§ 217a. Für Landes- und Gemeindeabgaben gilt Folgendes:

1. § 217 Abs. 3 ist nicht anzuwenden,

2. Säumniszuschläge werden im Zeitpunkt der Zustellung des sie festsetzenden Bescheides fällig,

3. abweichend von § 217 Abs. 10 erster Satz sind Säumniszuschläge, die den Betrag von fünf Euro nicht erreichen, nicht festzusetzen.

§ 218. Kosten, die der Abgabenbehörde bei der Entrichtung gemäß § 211 Abs. 1 Z 2 aufgrund mangelnder Deckung des Kontos, bei Widerruf eines Zahlungsvorganges gemäß § 58 Abs. 3 des Zahlungsdienstegesetzes 2018 – ZaDiG 2018, BGBl. I Nr. 17/2018, oder Erstattung gemäß § 70 ZaDiG 2018 entstehen, sind vom Abgabepflichtigen zu ersetzen.

(BGBl I 2022/108)

§§ 219. bis 221a. (aufgehoben)

B. Sicherheitsleistung und Geltendmachung von Haftungen

1. Sicherheitsleistung

§ 222. (1) Die Bestellung einer nach den Abgabenvorschriften zu leistenden oder vom Abgabepflichtigen angebotenen Sicherheit erfolgt durch Erlag von Geld oder von inländischen Wertpapieren, die sich nach den hierüber bestehenden Vorschriften zur Anlegung der Gelder von Minderjährigen eignen, und nur in Ermangelung solcher durch Erlag von anderen inländischen, an einer Börse notierten Wertpapieren, die nach Ermessen der Abgabenbehörde genügende Deckung bieten. Die Wertpapiere dürfen nicht außer Kurs gesetzt und müssen mit den laufenden Zins- oder Gewinnanteilscheinen und Erneuerungsscheinen versehen sein. Sie sind nach dem Kurs des Erlagstages zu bewerten und bei der Abgabenbehörde zu hinterlegen. Diese kann auch Einlagebücher eines inländischen Kreditinstituts als Sicherheitsleistung zulassen.

(2) Mit dem Erlag bei der Abgabenbehörde wird an dem Gegenstand des Erlages ein Pfandrecht für den Anspruch begründet, in Ansehung dessen die Sicherheitsleistung erfolgt.

(3) Die Abgabenbehörde kann, wenn der zur Sicherheitsleistung Verpflichtete eine Sicherheit nach Abs. 1 nicht oder nur schwer beschaffen kann, eine Sicherheitsleistung mittels einer gesetzliche Sicherheit bietenden Hypothek an einem inländischen Grundstück, durch zahlungsfähige inländische Bürgen (§ 1357 ABGB), durch Verpfändung von Bankdepots oder durch Abtretung von Forderungen gegen zahlungsfähige inländische Schuldner zulassen.

(4) In Abgabenvorschriften enthaltene besondere Bestimmungen über die Art der Sicherheitsleistung bleiben unberührt.

§ 223. (1) Wer Sicherheit geleistet hat, ist berechtigt, die Sicherheit oder einen Teil davon durch eine andere den Vorschriften des § 222 entsprechende Sicherheit zu ersetzen.

(2) Wird eine Sicherheit unzureichend, so ist sie zu ergänzen oder es ist eine anderweitige Sicherheit zu leisten.

2. Geltendmachung von Haftungen

§ 224. (1) Die in Abgabenvorschriften geregelten persönlichen Haftungen werden durch Erlassung von Haftungsbescheiden geltend gemacht. In diesen ist der Haftungspflichtige unter Hinweis auf die gesetzliche Vorschrift, die seine Haftungspflicht begründet, aufzufordern, die Abgabenschuld, für die er haftet, binnen einer Frist von einem Monat zu entrichten.

(2) Die Bestimmungen des Einkommensteuerrechtes über die Geltendmachung der Haftung für Steuerabzugsbeträge bleiben unberührt.

(3) Die erstmalige Geltendmachung eines Abgabenanspruches anläßlich der Erlassung eines Haftungsbescheides gemäß Abs. 1 ist nach Eintritt der Verjährung des Rechtes zur Festsetzung der Abgabe nicht mehr zulässig.

§ 225. (1) Sachliche Haftungen, die nach Abgabenvorschriften an beweglichen Sachen bestehen, werden durch Erlassung eines die Beschlagnahme der haftenden Sachen aussprechenden Bescheides geltend gemacht. Die §§ 248, 249 Abs. 2 und § 281 Abs. 2 gelten sinngemäß.

(2) In Abgabenvorschriften vorgesehene sachliche Haftungen unbeweglicher Sachen sind nach den Bestimmungen der Exekutionsordnung geltend zu machen.

C. Vollstreckbarkeit

§ 226. Abgabenschuldigkeiten, die nicht spätestens am Fälligkeitstag entrichtet werden, sind in dem von der Abgabenbehörde festgesetzten Ausmaß vollstreckbar; solange die Voraussetzungen für die Selbstberechnung einer Abgabe durch den Abgabepflichtigen ohne abgabenbehördliche Festsetzung gegeben sind, tritt an die Stelle des festgesetzten Betrages der selbst berechnete und der Abgabenbehörde bekanntgegebene Betrag. Dies gilt sinngemäß, wenn nach den Abgabenvorschriften die Selbstberechnung einer Abgabe einem abgabenrechtlich Haftungspflichtigen obliegt.

§ 227. (1) Vollstreckbar gewordene Abgabenschuldigkeiten sind einzumahnen.

(2) Die Mahnung wird durch Zustellung eines Mahnschreibens (Mahnerlagscheines) vollzogen, in dem der Abgabepflichtige unter Hinweis auf die eingetretene Vollstreckbarkeit aufgefordert wird, die Abgabenschuld binnen zwei Wochen, von der Zustellung an gerechnet, zu bezahlen (Mahnklausel). Ein Nachweis der Zustellung des Mahnschreibens ist nicht erforderlich; bei Postversand wird die Zustellung des Mahnschreibens am dritten Tag nach der Aufgabe zur Post vermutet.

(3) (aufgehoben)
(BGBl I 2022/108)

(4) Eine Mahnung ist nicht erforderlich,
a) wenn dem Abgabepflichtigen spätestens eine Woche vor dem Eintritt der Fälligkeit oder, wenn eine Mahnung bis dahin nicht erfolgt sein sollte, spätestens eine Woche vor dem Ablauf einer gesetzlich zustehenden oder durch Bescheid zuerkannten Zahlungsfrist eine Verständigung (Buchungsmitteilung, Lastschriftanzeige) zugesendet wurde, die ihn über Art, Höhe und Zeitpunkt der Zahlungsverpflichtung unterrichtet oder der Abgabepflichtige auf elektronischem Wege (§ 98 Abs. 2) davon in Kenntnis gesetzt wurde, dass auf dem Abgabenkonto Buchungen erfolgt sind;
b) wenn eine vom Abgabepflichtigen oder von dem zur Einbehaltung und Abfuhr Verpflichteten selbst zu berechnende Abgabe zum Fälligkeitstag nicht entrichtet wurde;
c) insoweit der Zeitpunkt der Entrichtung einer Abgabe durch Bewilligung einer Zahlungserleichterung oder einer Aussetzung der Einhebung hinausgeschoben wurde;
d) insoweit ein Ansuchen um Zahlungserleichterungen oder ein Antrag auf Aussetzung der Einhebung abgewiesen wurde;
e) wenn die Voraussetzungen für die Erlassung eines Vollstreckungsbescheides gegeben sind (§ 230 Abs. 7);
f) bei Nichteinhaltung einer gemäß §§ 212 Abs. 3, 212 a Abs. 7, 235 Abs. 3 oder 237 Abs. 2 zustehenden Frist;
g) bei Nebenansprüchen.

§ 227a. Für Landes- und Gemeindeabgaben gilt Folgendes:
1. Im Falle einer Mahnung nach § 227 ist eine Mahngebühr von einem halben Prozent des eingemahnten Abgabenbetrages, mindestens jedoch drei Euro und höchstens 30 Euro, zu entrichten. Die Mahngebühr wird binnen zwei Wochen ab Zustellung des Mahnschreibens fällig.
(BGBl I 2022/108, AbgÄG 2023, BGBl I 2023/110)
2. Wird eine vollstreckbar gewordene Abgabenschuldigkeit erstmals eingemahnt, ohne dass dies erforderlich gewesen wäre, so kann eine Mahngebühr festgesetzt werden; Z 1 gilt sinngemäß.

§ 228. Auf Abgabenschuldigkeiten, die infolge einer Umbuchung gemäß § 214 Abs. 7, einer Rückzahlung gemäß § 241 Abs. 1 oder deswegen wiederaufleben, weil eine unrichtige oder nachträglich unrichtig gewordene Verbuchung der Gebarung rückgängig gemacht wird, ist § 227 mit Ausnahme des Abs. 4 anzuwenden. Eine Mahnung ist jedoch nicht erforderlich, wenn dem Abgabepflichtigen spätestens eine Woche vor dem Ablauf der Nachfrist gemäß § 210 Abs. 5 eine Verständigung (Buchungsmitteilung, Lastschriftanzeige) zugesendet wurde, die ihn über Art, Höhe und Zeitpunkt der Zahlungsverpflichtung unterrichtet oder der Abgabepflichtige auf elektronischem Wege (§ 98 Abs. 2) davon in Kenntnis gesetzt wurde, dass auf dem Abgabenkonto Buchungen erfolgt sind;

D. Allgemeine Bestimmungen über die Einbringung und Sicherstellung

1. Rückstandsausweis

§ 229. Als Grundlage für die Einbringung ist über die vollstreckbar gewordenen Abgabenschuldigkeiten ein Rückstandsausweis elektronisch oder in Papierform auszustellen. Dieser hat Namen und Anschrift des Abgabepflichtigen, den Betrag der Abgabenschuld, zergliedert nach Abgabenschuldigkeiten, und den Vermerk zu enthalten, daß die Abgabenschuld vollstreckbar geworden ist (Vollstreckbarkeitsklausel). Der Rückstandsausweis ist Exekutionstitel für das finanzbehördliche und gerichtliche Vollstreckungsverfahren.

§ 229a. (1) Das Finanzamt (Abs. 3) hat auf Antrag des Abgabepflichtigen eine Bescheinigung über die Höhe des Rückstandes (Abs. 2) auszustellen (Rückstandsbescheinigung).

(2) Die Bescheinigung hat zu enthalten:
a) den beim Finanzamt vollstreckbar aushaftenden Rückstand,
b) einschließlich jener Beträge, deren Einbringung gemäß § 231 ausgesetzt ist,
c) ausschließlich jener Beträge, deren Einbringung, außer in den Fällen des § 230 Abs. 1, gehemmt ist.

(3) Die Ausstellung der Bescheinigung obliegt dem Finanzamt, das für die Erhebung der Einkommensteuer oder Körperschaftsteuer des Abgabepflichtigen oder, wenn dieser eine Personenvereinigung (Personengemeinschaft) ohne eigene Rechtspersönlichkeit ist, das für die Feststellung der Einkünfte (§ 188) zuständig ist.

2. Hemmung der Einbringung

§ 230. (1) Wenn eine vollstreckbar gewordene Abgabenschuldigkeit gemäß § 227 eingemahnt werden muß, dürfen Einbringungsmaßnahmen erst nach ungenütztem Ablauf der Mahnfrist eingeleitet werden. Ferner dürfen, wenn die Abgabenbehörde eine Abgabenschuldigkeit einmahnt, ohne daß dies erforderlich gewesen wäre, innerhalb der Mahnfrist Einbringungsmaßnahmen weder eingeleitet noch fortgesetzt werden.

(BGBl I 2022/108)

(2) Während einer gesetzlich zustehenden oder durch Bescheid zuerkannten Zahlungsfrist dürfen Einbringungsmaßnahmen nicht eingeleitet oder fortgesetzt werden.

(3) Wurde ein Ansuchen um Zahlungserleichterungen (§ 212 Abs. 1) vor dem Ablauf der für die Entrichtung einer Abgabe zur Verfügung stehenden Frist oder während der Dauer eines diese Abgabe betreffenden Zahlungsaufschubes im Sinn des § 212 Abs. 2 zweiter Satz eingebracht, so dürfen Einbringungsmaßnahmen bis zur Erledigung des Ansuchens nicht eingeleitet werden; dies gilt nicht, wenn es sich bei der Zahlungsfrist um eine Nachfrist gemäß § 212 Abs. 3 erster oder zweiter Satz handelt.

(4) Wurde ein Ansuchen um Zahlungserleichterungen nach dem im Abs. 3 bezeichneten Zeitpunkt eingebracht, so kann die Abgabenbehörde dem Ansuchen aufschiebende Wirkung hinsichtlich der Maßnahmen zur Einbringung zuerkennen; das gleiche gilt für einen Antrag gemäß § 214 Abs. 5.

(5) Wurden Zahlungserleichterungen bewilligt, so dürfen Einbringungsmaßnahmen während der Dauer des Zahlungsaufschubes weder eingeleitet noch fortgesetzt werden. Erlischt eine bewilligte Zahlungserleichterung infolge Nichteinhaltung eines Zahlungstermines oder infolge Nichterfüllung einer in den Bewilligungsbescheid aufgenommenen Bedingung (Terminverlust), so sind Einbringungsmaßnahmen hinsichtlich der gesamten vom Terminverlust betroffenen Abgabenschuld zulässig. Ist ein Terminverlust auf andere Gründe als die Nichteinhaltung eines in der Bewilligung von Zahlungserleichterungen vorgesehenen Zahlungstermines zurückzuführen, so darf ein Rückstandsausweis frühestens zwei Wochen nach Verständigung des Abgabepflichtigen vom Eintritt des Terminverlustes ausgestellt werden.

(6) Wurde ein Antrag auf Aussetzung der Einhebung gestellt, so dürfen Einbringungsmaßnahmen hinsichtlich der davon nach Maßgabe des § 212a Abs. 1, 2 lit. b, 2a und 3 letzter Satz betroffenen Abgaben bis zu seiner Erledigung weder eingeleitet noch fortgesetzt werden.

(BGBl I 2019/62)

(7) Kommen während der Zeit, in der gemäß Abs. 1 bis 6 Einbringungsmaßnahmen nicht eingeleitet oder fortgesetzt werden dürfen, Umstände hervor, die die Einbringung einer Abgabe gefährden oder zu erschweren drohen, so dürfen Einbringungsmaßnahmen durchgeführt werden, wenn spätestens bei Vornahme der Vollstreckungshandlung ein Bescheid zugestellt wird, der die Gründe der Gefährdung oder Erschwerung der Einbringung anzugeben hat (Vollstreckungsbescheid). Mit der Zustellung dieses Bescheides treten bewilligte Zahlungserleichterungen außer Kraft.

3. Aussetzung der Einbringung

§ 231. (1) Die Einbringung fälliger Abgaben kann ausgesetzt werden, wenn Einbringungsmaßnahmen erfolglos versucht worden sind oder wegen Aussichtslosigkeit zunächst unterlassen werden, aber die Möglichkeit besteht, daß sie zu einem späteren Zeitpunkt zum Erfolg führen können. Das gleiche gilt, wenn der für die Einbringung erforderliche Verwaltungsaufwand außer Verhältnis zu dem einzubringenden Betrag stehen würde.

(2) Wenn die Gründe, die zur Aussetzung der Einbringung geführt haben (Abs. 1), innerhalb der Verjährungsfrist (§ 238) wegfallen, ist die ausgesetzte Einbringung wieder aufzunehmen.

4. Sicherstellung

§ 232. (1) Die Abgabenbehörde kann, sobald der Tatbestand verwirklicht ist, an den die Abgabenvorschriften die Abgabepflicht knüpfen, selbst bevor die Abgabenschuld dem Ausmaß nach feststeht, bis zum Eintritt der Vollstreckbarkeit (§ 226) an den Abgabepflichtigen einen Sicherstellungsauftrag erlassen, um einer Gefährdung oder wesentlichen Erschwerung der Einbringung der Abgabe zu begegnen. Der Abgabepflichtige kann durch Erlag eines von der Abgabenbehörde zu bestimmenden Betrages erwirken, daß Maßnahmen zur Vollziehung des Sicherstellungsauftrages unterbleiben und bereits vollzogene Maßnahmen aufgehoben werden.

(2) Der Sicherstellungsauftrag (Abs. 1) hat zu enthalten:
a) die voraussichtliche Höhe der Abgabenschuld;
b) die Gründe, aus denen sich die Gefährdung oder Erschwerung der Einbringung der Abgabe ergibt;
c) den Vermerk, daß die Anordnung der Sicherstellung sofort in Vollzug gesetzt werden kann;
d) die Bestimmung des Betrages, durch dessen Hinterlegung der Abgabepflichtige erwirken kann, daß Maßnahmen zur Vollziehung des Sicherstellungsauftrages unterbleiben und bereits vollzogene Maßnahmen aufgehoben werden.

(3) Abs. 1 und 2 gelten sinngemäß ab der Anhängigkeit eines Strafverfahrens gegen einen der Begehung eines vorsätzlichen Finanzvergehens oder einer vorsätzlichen Verletzung von Abgabenvorschriften der Länder und Gemeinden Verdächtigen hinsichtlich jenes Betrages, um den die Abgabe voraussichtlich verkürzt wurden.

§ 233. (1) Der Sicherstellungsauftrag ist Grundlage für das finanzbehördliche und gerichtliche Sicherungsverfahren.

(2) Auf Grund eines Sicherstellungsauftrages hat das Gericht auf Antrag der Abgabenbehörde ohne Bescheinigung der Gefahr und ohne Sicherheitsleistung die Exekution zur Sicherstellung des Abgabenbetrages bis zu dessen Vollstreckbarkeit zu bewilligen. Der Sicherstellungsauftrag kann zusammen mit der Verständigung von der gerichtlichen Exekutionsbewilligung zugestellt werden.

§ 234. (aufgehoben)

E. Abschreibung (Löschung und Nachsicht) und Entlassung aus der Gesamtschuld

§ 235. (1) Fällige Abgabenschuldigkeiten können von Amts wegen durch Abschreibung gelöscht werden, wenn alle Möglichkeiten der Einbringung erfolglos versucht worden oder Einbringungsmaßnahmen offenkundig aussichtslos sind und auf Grund der Sachlage nicht angenommen werden kann, daß sie zu einem späteren Zeitpunkt zu einem Erfolg führen werden.

(2) Durch die verfügte Abschreibung erlischt der Abgabenanspruch.

(3) Wird die Abschreibung einer Abgabe widerrufen (§ 294), so lebt der Abgabenanspruch wieder auf. Für die Zahlung, die auf Grund des Widerrufes zu leisten ist, ist eine Frist von einem Monat zu setzen.

§ 236. (1) Fällige Abgabenschuldigkeiten können auf Antrag des Abgabepflichtigen ganz oder zum Teil durch Abschreibung nachgesehen werden, wenn ihre Einhebung nach der Lage des Falles unbillig wäre.

(2) Abs. 1 findet auf bereits entrichtete Abgabenschuldigkeiten sinngemäß Anwendung.

(3) Die Bestimmungen des § 235 Abs. 2 und 3 gelten auch für die Nachsicht von Abgabenschuldigkeiten.

§ 237. (1) Auf Antrag eines Gesamtschuldners kann dieser aus der Gesamtschuld ganz oder zum Teil entlassen werden, wenn die Einhebung der Abgabenschuld bei diesem nach der Lage des Falles unbillig wäre. Durch diese Verfügung wird der Abgabenanspruch gegen die übrigen Gesamtschuldner nicht berührt.

(2) Wird die Entlassung aus der Gesamtschuld widerrufen (§ 294), so lebt der Abgabenanspruch gegen den bisher aus der Gesamtschuld entlassenen Schuldner (Abs. 1) wieder auf. Für die Zahlung, die auf Grund des Widerrufes zu leisten ist, ist eine Frist von einem Monat zu setzen.

F. Verjährung fälliger Abgaben

§ 238. (1) Das Recht, eine fällige Abgabe einzuheben und zwangsweise einzubringen, verjährt binnen fünf Jahren nach Ablauf des Kalenderjahres, in welchem die Abgabe fällig geworden ist, keinesfalls jedoch früher als das Recht zur Festsetzung der Abgabe. § 209a gilt sinngemäß.

(2) Die Verjährung fälliger Abgaben wird durch jede zur Durchsetzung des Anspruches unternommene, nach außen erkennbare Amtshandlung, wie durch Mahnung, durch Vollstreckungsmaßnahmen, durch Bewilligung einer Zahlungserleichterung oder durch Erlassung eines Haftungsbescheides unterbrochen. Mit Ablauf des Jahres, in welchem die Unterbrechung eingetreten ist, beginnt die Verjährungsfrist neu zu laufen.

(3) Die Verjährung ist gehemmt, solange
a) die Einhebung oder zwangsweise Einbringung einer Abgabe innerhalb der letzten sechs Monate der Verjährungsfrist wegen höherer Gewalt nicht möglich ist, oder
b) die Einbringung auf Grund eines Aussetzungsantrages oder einer Beschwerde gegen die Abweisung eines Aussetzungsantrages gemäß § 230 Abs. 2 oder 6 gehemmt ist, oder
(BGBl I 2022/108)
c) einer Revision gemäß § 30 des Verwaltungsgerichtshofsgesetzes 1985 – VwGG, BGBl. Nr. 10/1985, oder einer Beschwerde gemäß § 85 des Verfassungsgerichtshofsgesetzes – VfGG, BGBl. Nr. 85/1953, aufschiebende Wirkung zuerkannt ist.

(4) Wenn fällige Abgaben durch Handpfand gesichert sind, findet § 1483 ABGB sinngemäß Anwendung. Sind sie durch bücherliche Eintragung gesichert, so kann innerhalb von dreißig Jahren nach erfolgter Eintragung gegen die Geltendmachung der durch das Pfandrecht gesicherten

Forderung die seither eingetretene Verjährung der Abgabe nicht eingewendet werden.

(5) Wird ein Bescheid, mit dem eine Abgabenschuldigkeit gelöscht (§ 235) oder nachgesehen (§ 236) wird, innerhalb von drei Jahren ab seiner Bekanntgabe (§ 97) abgeändert oder aufgehoben, so lebt dadurch der Abgabenanspruch wieder auf und beginnt die Verjährungsfrist mit der Bekanntgabe des Abänderungs- oder Aufhebungsbescheides neu zu laufen.

(6) Die Abs. 1 bis 5 gelten auch für die Einhebung und zwangsweise Einbringung der im § 207 Abs. 4 bezeichneten gegen Abgabepflichtige gerichteten Ansprüche.

G. Rückzahlung

§ 239. (1) Die Rückzahlung von Guthaben (§ 215 Abs. 4) kann auf Antrag des Abgabepflichtigen oder von Amts wegen erfolgen. Ist der Abgabepflichtige nach bürgerlichem Recht nicht rechtsfähig, so können Rückzahlungen mit Wirkung für ihn unbeschadet der Vorschrift des § 80 Abs. 2 nur an diejenigen erfolgen, die nach den Vorschriften des bürgerlichen Rechtes über das Guthaben zu verfügen berechtigt sind.

(2) Die Abgabenbehörde kann den Rückzahlungsbetrag auf jenen Teil des Guthabens beschränken, der die Höhe jener Abgabenschuldigkeit übersteigt, die der Abgabepflichtige nicht später als drei Monate nach der Stellung des Rückzahlungsantrages zu entrichten haben wird.

(BGBl I 2022/108)

§ 239a. Soweit eine Abgabe, die nach dem Zweck der Abgabenvorschrift wirtschaftlich von einem Anderen als dem Abgabepflichtigen getragen werden soll, wirtschaftlich von einem Anderen als dem Abgabepflichtigen getragen wurde, haben zu unterbleiben:
1. die Gutschrift auf dem Abgabenkonto,
2. die Rückzahlung, Umbuchung oder Überrechnung von Guthaben und
3. die Verwendung zur Tilgung von Abgabenschuldigkeiten,

wenn dies zu einer ungerechtfertigten Bereicherung des Abgabepflichtigen führen würde.

§ 240. (1) Bei Abgaben, die für Rechnung eines Abgabepflichtigen ohne dessen Mitwirkung einzubehalten und abzuführen sind, ist der Abfuhrpflichtige berechtigt, während eines Kalenderjahres zu Unrecht einbehaltene Beträge bis zum Ablauf dieses Kalenderjahres auszugleichen oder auf Verlangen des Abgabepflichtigen zurückzuzahlen.

(2) (aufgehoben)

(3) Auf Antrag des Abgabepflichtigen (Abs. 1) hat die Rückzahlung des zu Unrecht einbehaltenen Betrages insoweit zu erfolgen, als nicht
a) eine Rückzahlung oder ein Ausgleich gemäß Abs. 1 erfolgt ist,
b) ein Ausgleich im Wege der Veranlagung erfolgt ist,
c) ein Ausgleich im Wege der Veranlagung zu erfolgen hat oder im Fall eines Antrages auf Veranlagung zu erfolgen hätte.

Der Antrag kann bis zum Ablauf des fünften Kalenderjahres, das auf das Jahr der Einbehaltung folgt, gestellt werden. Soweit nicht § 61 Abs. 4 anzuwenden ist, ist für die Rückzahlung jene Abgabenbehörde zuständig, der die Erhebung der betroffenen Abgabe obliegt.

(BGBl I 2019/104, BGBl I 2022/108)

(4) Auf Antrag des Abgabepflichtigen hat die Rückzahlung des einbehaltenen und entrichteten Betrages aufgrund eines Abkommens zur Vermeidung der Doppelbesteuerung insoweit zu erfolgen, als nicht ein Ausgleich im Wege der Veranlagung erfolgt ist oder zu erfolgen hat. Der Antrag kann ungeachtet allfälliger im Abkommen vereinbarter kürzerer Fristen bis zum Ablauf des fünften Kalenderjahres, das auf das Jahr der Einbehaltung folgt, gestellt werden. Abweichend davon und ungeachtet der Verjährung ist der Antrag bis zum Ablauf eines Jahres nach Bekanntgabe des Bescheides zulässig, wenn der Rückzahlungsanspruch auf einem Bescheid gemäß § 48 Abs. 2 oder 4 beruht. Im Haftungsweg nachgeforderte Beträge sind nur insoweit rückzuzahlen, als sie dem Abzugsverpflichteten (§ 78, § 95 Abs. 2 oder § 100 Abs. 2 EStG 1988) vom Abgabepflichtigen ersetzt wurden.

(BGBl I 2022/108)

§ 240a. (1) Beschränkt Steuerpflichtige haben vor der Stellung eines Antrags auf Rückzahlung (Zurückzahlung) oder Erstattung (Zurückerstattung) der von Abfuhrpflichtigen einbehaltenen Lohnsteuer, Kapitalertragsteuer oder Abzugsteuer gemäß § 99 EStG 1988 auf der Grundlage von § 94 Z 2 oder Z 10, § 98, § 99, § 99a Abs. 8 EStG 1988 oder § 21 Abs. 1 Z 1a KStG 1988 oder § 240 Abs. 3 oder Abs. 4 eine Voranmeldung bei dem für die Rückzahlung oder Erstattung zuständigen Finanzamt abzugeben. Die Voranmeldung ist erst nach Ablauf des Jahres der Einbehaltung zulässig. Die Abgabe der Voranmeldung hat elektronisch zu erfolgen. Der Bundesminister für Finanzen wird ermächtigt, den Inhalt und das Verfahren der elektronischen Voranmeldung mit Verordnung festzulegen.

(BGBl I 2022/108)

(2) Der Antrag auf Rückzahlung (Zurückzahlung) oder Erstattung (Zurückerstattung) kann ausschließlich mittels des mit einer Übermittlungsbestätigung versehenen, unterfertigten und mit der Ansässigkeitsbescheinigung der ausländischen Abgabenverwaltung ergänzten Ausdruckes der Voranmeldung (Abs. 1) gestellt werden.

(3) Abs. 1 und 2 gelten auch für Anträge auf Rückzahlung an ausländische Einrichtungen im Sinne des § 5 Z 4 des Pensionskassengesetzes – PKG, BGBl. Nr. 281/1990, die sich auf die Steuerbefreiung gemäß § 6 Abs. 1 KStG 1988 stützen.

(BGBl I 2018/62)

§ 241. (1) Wurde eine Abgabe zu Unrecht zwangsweise eingebracht, so ist der zu Unrecht entrichtete Betrag über Antrag zurückzuzahlen.

(2) Wurden Wertzeichen in der Absicht verwendet, eine Abgabe zu entrichten, so ist der entrichtete Betrag, soweit eine Abgabenschuld nicht besteht, von der zur Erhebung der Abgabe zuständigen Abgabenbehörde auf Antrag zurückzuzahlen.
(BGBl I 2022/108)

(3) Anträge nach Abs. 1 und 2 können bis zum Ablauf des dritten Kalenderjahres gestellt werden, das auf das Jahr folgt, in dem der Betrag zu Unrecht entrichtet wurde.

Rückforderungen
§ 241a. Wer Rückzahlungen oder Erstattungen ohne Rechtsgrund erlangt hat, hat die entsprechenden Beträge zurückzuzahlen.
(BGBl I 2019/91, BGBl I 2022/108)

H. Behandlung von Kleinbeträgen
§ 242. (1) Abgabenbeträge unter 20 Euro sind nicht zu vollstrecken. Dies gilt nicht für Abgaben, die in Wertzeichen zu entrichten sind, und für die zu diesen zu erhebenden Nebenansprüche.
(BGBl I 2019/103)

(2) Guthaben unter fünf Euro sind nicht von Amts wegen zurückzuzahlen.
(BGBl I 2015/163)

§ 242a. (1) Für Gemeindeabgaben gilt Folgendes: Abweichend von § 242 Abs. 1 erster Satz sind Abgabenbeträge unter fünf Euro nicht zu vollstrecken.
(BGBl I 2015/163)

(2) Für Landes- und Gemeindeabgaben gilt Folgendes: Guthaben (§ 215) unter fünf Euro sind nicht zurückzuzahlen. Dies gilt sinngemäß für Rückzahlungen gemäß § 240 Abs. 3 und § 241.

7. Abschnitt
Rechtsschutz
A. Ordentliche Rechtsmittel
1. Beschwerden an Verwaltungsgerichte

§ 243. Gegen Bescheide, die Abgabenbehörden erlassen, sind Beschwerden (Bescheidbeschwerden) an die Verwaltungsgerichte zulässig, soweit in Abgabenvorschriften nichts anderes bestimmt ist.

§ 244. Gegen nur das Verfahren betreffende Verfügungen ist weder ein abgesondertes Rechtsmittel noch ein Antrag gemäß § 299 zulässig. Diese können erst in der Bescheidbeschwerde gegen den die Angelegenheit abschließenden Bescheid angefochten werden.
(BGBl I 2022/108)

2. Einbringung der Beschwerde

§ 245. (1) Die Beschwerdefrist beträgt einen Monat. Enthält ein Bescheid die Ankündigung, dass noch eine Begründung zum Bescheid ergehen wird, so wird die Beschwerdefrist nicht vor Bekanntgabe der fehlenden Begründung oder der Mitteilung, dass die Ankündigung als gegenstandslos zu betrachten ist, in Lauf gesetzt. Dies gilt sinngemäß, wenn ein Bescheid auf einen Bericht (§ 150) verweist.

(2) Durch einen Antrag auf Mitteilung der einem Bescheid ganz oder teilweise fehlenden Begründung (§ 93 Abs. 3 lit. a) wird der Lauf der Beschwerdefrist gehemmt.

(3) Die Beschwerdefrist ist auf Antrag von der Abgabenbehörde aus berücksichtigungswürdigen Gründen, erforderlichenfalls auch wiederholt, zu verlängern. Durch einen Antrag auf Fristverlängerung wird der Lauf der Beschwerdefrist gehemmt.

(4) Die Hemmung des Fristenlaufes beginnt mit dem Tag der Einbringung des Antrages (Abs. 2 oder 3) und endet mit dem Tag, an dem die Mitteilung (Abs. 2) oder die Entscheidung (Abs. 3) über den Antrag dem Antragsteller zugestellt wird. In den Fällen des Abs. 3 kann jedoch die Hemmung nicht dazu führen, dass die Beschwerdefrist erst nach dem Zeitpunkt, bis zu dem letztmals ihre Verlängerung beantragt wurde, abläuft.

(5) Abs. 3 und 4 gelten sinngemäß für Anträge auf Verlängerung der Frist des § 85 Abs. 2 bei Mängeln von Beschwerden.

§ 246. (1) Zur Einbringung einer Bescheidbeschwerde ist jeder befugt, an den der den Gegenstand der Anfechtung bildende Bescheid ergangen ist.

(2) Zur Einbringung einer Bescheidbeschwerde gegen Feststellungsbescheide und Grundsteuermessbescheide ist ferner jeder befugt, gegen diese Bescheide gemäß § 191 Abs. 3, 4 und 5 und gemäß § 194 Abs. 5 wirken.

§ 247. (aufgehoben)

§ 248. Der nach Abgabenvorschriften Haftungspflichtige kann unbeschadet der Einbringung einer Bescheidbeschwerde gegen seine Heranziehung zur Haftung (Haftungsbescheid, § 224 Abs. 1) innerhalb der für die Einbringung der Bescheidbeschwerde gegen den Haftungsbescheid offenstehenden Frist auch gegen den Bescheid über den Abgabenanspruch Bescheidbeschwerde einbringen. Beantragt der Haftungspflichtige die Mitteilung des ihm noch nicht zur Kenntnis gebrachten Abgabenanspruches, so gilt § 245 Abs. 2, 4 und 5 sinngemäß.

§ 249. (1) Die Bescheidbeschwerde ist bei der Abgabenbehörde einzubringen, die den angefochtenen Bescheid erlassen hat. Die Bescheidbeschwerde kann im Fall einer Änderung der Zuständigkeit jedoch auch bei der neu zuständigen Abgabenbehörde eingebracht werden. Wird eine Bescheidbeschwerde innerhalb der Frist gemäß § 245 beim Verwaltungsgericht eingebracht, so gilt dies als rechtzeitige Einbringung; das Verwaltungsgericht hat die bei ihr eingebrachte Bescheidbeschwerde unverzüglich an die Abgabenbehörde weiterzuleiten.

(2) In den Fällen des § 248 kann die Bescheidbeschwerde gegen den Bescheid über den Abgaben-

anspruch auch bei der Abgabenbehörde eingebracht werden, die den Haftungsbescheid erlassen hat.

3. Inhalt und Wirkung der Beschwerde

§ 250. (1) Die Bescheidbeschwerde hat zu enthalten:
a) die Bezeichnung des Bescheides, gegen den sie sich richtet;
b) die Erklärung, in welchen Punkten der Bescheid angefochten wird;
c) die Erklärung, welche Änderungen beantragt werden;
d) eine Begründung.

(2) Wird mit Bescheidbeschwerde die Einreihung einer Ware in den Zolltarif angefochten, so sind der Bescheidbeschwerde Muster, Abbildungen oder Beschreibungen, aus denen die für die Einreihung maßgeblichen Merkmale der Ware hervorgehen, beizugeben. Ferner ist nachzuweisen, dass die den Gegenstand des angefochtenen Bescheides bildende Ware mit diesen Mustern, Abbildungen oder Beschreibungen übereinstimmt.

§ 251. Bescheide, die an die Stelle eines früheren Bescheides treten, sind in vollem Umfang mit Bescheidbeschwerde anfechtbar. Das gleiche gilt für endgültige Bescheide, die an die Stelle eines vorläufigen Bescheides (§ 200) treten und für Bescheide, die einen vorläufigen zum endgültigen Bescheid erklären.

§ 252. (1) Liegen einem Bescheid Entscheidungen zugrunde, die in einem Feststellungsbescheid getroffen worden sind, so kann der Bescheid nicht mit der Begründung angefochten werden, dass die im Feststellungsbescheid getroffenen Entscheidungen unzutreffend sind.

(2) Liegen einem Bescheid Entscheidungen zugrunde, die in einem Abgaben-, Mess-, Zerlegungs- oder Zuteilungsbescheid getroffen worden sind, so gilt Abs. 1 sinngemäß.

(3) Ist ein Bescheid gemäß § 295 Abs. 3 geändert oder aufgehoben worden, so kann der ändernde oder aufhebende Bescheid nicht mit der Begründung angefochten werden, dass die in dem zur Änderung oder Aufhebung Anlass gebenden Bescheid getroffenen Entscheidungen unzutreffend sind.

§ 253. Tritt ein Bescheid an die Stelle eines mit Bescheidbeschwerde angefochtenen Bescheides, so gilt die Bescheidbeschwerde auch als gegen den späteren Bescheid gerichtet. Dies gilt auch dann, wenn der frühere Bescheid einen kürzeren Zeitraum als der ihn ersetzende Bescheid umfasst.

§ 254. Durch Einbringung einer Bescheidbeschwerde wird die Wirksamkeit des angefochtenen Bescheides nicht gehemmt, insbesondere die Einhebung und zwangsweise Einbringung einer Abgabe nicht aufgehalten.

4. Verzicht auf Beschwerde

§ 255. (1) Auf die Einbringung einer Bescheidbeschwerde kann verzichtet werden. Der Verzicht ist schriftlich oder mündlich zu erklären.

(2) Vor Erlassung eines Bescheides kann ein Verzicht rechtswirksam nur abgegeben werden, wenn aus der Verzichtserklärung (Niederschrift) hervorgeht, dass dem Verzichtenden im Zeitpunkt ihrer Abgabe der Inhalt des zu erwartenden Bescheides, bei Abgabenbescheiden die Grundlagen der Abgabenfestsetzung, die Höhe der Abgabe und die Abweichungen von den bisherigen Festsetzungen, bekannt waren. Eine Abschrift der Niederschrift ist dem Abgabepflichtigen auszufolgen.

(3) Eine trotz Verzicht eingebrachte Bescheidbeschwerde ist unzulässig (§ 260). Die Möglichkeit, den Bescheid hinsichtlich der Fälligkeit einer festgesetzten Abgabe anzufechten, bleibt unberührt.

5. Zurücknahme der Beschwerde

§ 256. (1) Beschwerden können bis zur Bekanntgabe (§ 97) der Entscheidung über die Beschwerde zurückgenommen werden. Die Zurücknahme ist schriftlich oder mündlich zu erklären.

(2) Wurden Beitrittserklärungen abgegeben, so ist die Zurücknahme der Bescheidbeschwerde nur wirksam, wenn ihr alle zustimmen, die der Beschwerde beigetreten sind.

(3) Wurde eine Beschwerde zurückgenommen (Abs. 1), so ist sie mit Beschwerdevorentscheidung (§ 262) oder mit Beschluss (§ 278) als gegenstandslos zu erklären.

6. Beitritt zur Beschwerde

§ 257. (1) Einer Bescheidbeschwerde, über die noch nicht rechtskräftig entschieden wurde, kann beitreten, wer nach Abgabenvorschriften für die den Gegenstand des angefochtenen Bescheides bildende Abgabe als Gesamtschuldner oder als Haftungspflichtiger in Betracht kommt.

(2) Wer einer Bescheidbeschwerde beigetreten ist, kann die gleichen Rechte geltend machen, die dem Beschwerdeführer zustehen.

§ 258. (1) Der Beitritt ist bei der Abgabenbehörde, die den angefochtenen Bescheid erlassen hat, schriftlich oder mündlich zu erklären.

(2) Die Abgabenbehörde (Abs. 1) hat eine Beitrittserklärung durch Bescheid zurückzuweisen,
a) wenn im Zeitpunkt des Einlangens der Beitrittserklärung über die Bescheidbeschwerde bereits rechtskräftig ist;
b) wenn sie von jemandem abgegeben wurde, der zum Beitritt nicht befugt ist. In diesem Fall darf das Erkenntnis (§ 279) erst nach Rechtskraft des Zurückweisungsbescheides ergehen.

§ 259. (1) Einer Bescheidbeschwerde gegen einen Zerlegungs- oder Zuteilungsbescheid (§§ 196 und 197) können die im § 78 Abs. 2 lit. b bezeichneten Körperschaften und der Abgabepflichtige beitreten.

(2) Die Körperschaften (Abs. 1), deren Interessen durch das Beschwerdebegehren berührt werden, und der Abgabepflichtige sind vom Finanzamt von der Einbringung der Bescheidbeschwerde unter Hinweis auf die Möglichkeit des Beitrittes (Abs. 1) in Kenntnis zu setzen.

(3) Das Beschwerdeverfahren ist ohne Teilnahme der Beitrittsberechtigten fortzusetzen, wenn deren Beitrittserklärung nicht innerhalb eines Monates nach Zustellung der Mitteilung (Abs. 2) abgegeben wird.

7. Zurückweisung der Beschwerde
§ 260. (1) Die Bescheidbeschwerde ist mit Beschwerdevorentscheidung (§ 262) oder mit Beschluss (§ 278) zurückzuweisen, wenn sie
a) nicht zulässig ist oder
b) nicht fristgerecht eingebracht wurde.

(2) Eine Bescheidbeschwerde darf nicht deshalb als unzulässig zurückgewiesen werden, weil sie vor Beginn der Beschwerdefrist eingebracht wurde.

8. Gegenstandsloserklärung der Beschwerde
§ 261. (1) Die Bescheidbeschwerde ist mit Beschwerdevorentscheidung (§ 262) oder mit Beschluss (§ 278) als gegenstandslos zu erklären, wenn dem Beschwerdebegehren Rechnung getragen wird
a) in einem an die Stelle des angefochtenen Bescheides tretenden Bescheid oder
b) in einem den angefochtenen Bescheid abändernden oder aufhebenden Bescheid.

(2) Wird einer Bescheidbeschwerde gegen einen gemäß § 299 Abs. 1 oder § 300 Abs. 1 aufhebenden Bescheid oder gegen einen die Wiederaufnahme des Verfahrens bewilligenden oder verfügenden Bescheid (§ 307 Abs. 1) entsprochen, so ist eine gegen den aufgehobenen Bescheid ersetzenden Bescheid (§ 299 Abs. 2 bzw. § 300 Abs. 3) oder eine gegen die Sachentscheidung (§ 307 Abs. 1) gerichtete Bescheidbeschwerde mit Beschwerdevorentscheidung (§ 262) oder mit Beschluss (§ 278) als gegenstandslos zu erklären.

9. Beschwerdevorentscheidung
§ 262. (1) Über Bescheidbeschwerden ist nach Durchführung der etwa noch erforderlichen Ermittlungen von der Abgabenbehörde, die den angefochtenen Bescheid erlassen hat, mit als Beschwerdevorentscheidung zu bezeichnendem Bescheid abzusprechen.

(2) Die Erlassung einer Beschwerdevorentscheidung hat zu unterbleiben,
a) wenn dies in der Bescheidbeschwerde beantragt wird und
b) wenn die Abgabenbehörde die Beschwerdebeschwerde innerhalb von drei Monaten ab ihrem Einlangen dem Verwaltungsgericht vorlegt.

(3) Wird in der Bescheidbeschwerde lediglich die Gesetzwidrigkeit von Verordnungen, die Verfassungswidrigkeit von Gesetzen oder die Rechtswidrigkeit von Staatsverträgen behauptet, so ist keine Beschwerdevorentscheidung zu erlassen, sondern die Bescheidbeschwerde unverzüglich dem Verwaltungsgericht vorzulegen.

(4) Weiters ist keine Beschwerdevorentscheidung zu erlassen, wenn der Bundesminister für Finanzen den angefochtenen Bescheid erlassen hat.

§ 263. (1) Ist in der Beschwerdevorentscheidung die Bescheidbeschwerde
a) weder als unzulässig oder als nicht rechtzeitig eingebracht zurückzuweisen (§ 260) noch
b) als zurückgenommen (§ 85 Abs. 2, § 86a Abs. 1) oder als gegenstandslos (§ 256 Abs. 3, § 261) zu erklären,

so ist der angefochtene Bescheid nach jeder Richtung abzuändern, aufzuheben oder die Bescheidbeschwerde als unbegründet abzuweisen.

(2) In der Beschwerdevorentscheidung ist auf das Recht zur Stellung eines Vorlageantrages (§ 264) hinzuweisen.

(3) Eine Beschwerdevorentscheidung wirkt wie ein Beschluss (§ 278) bzw. ein Erkenntnis (§ 279) über die Beschwerde.

(4) § 281 gilt sinngemäß für Beschwerdevorentscheidungen; § 281 Abs. 2 allerdings nur, soweit sich aus der in § 278 Abs. 3 oder in § 279 Abs. 3 angeordneten Bindung nicht anderes ergibt.

10. Vorlageantrag
§ 264. (1) Gegen eine Beschwerdevorentscheidung kann innerhalb eines Monats ab Bekanntgabe (§ 97) der Antrag auf Entscheidung über die Bescheidbeschwerde durch das Verwaltungsgericht gestellt werden (Vorlageantrag). Der Vorlageantrag hat die Bezeichnung der Beschwerdevorentscheidung zu enthalten.

(2) Zur Einbringung eines Vorlageantrages ist befugt
a) der Beschwerdeführer, ferner
b) jeder, dem gegenüber die Beschwerdevorentscheidung wirkt.

(3) Wird ein Vorlageantrag rechtzeitig eingebracht, so gilt die Bescheidbeschwerde von der Einbringung des Antrages an wiederum als unerledigt. Die Wirksamkeit der Beschwerdevorentscheidung wird durch den Vorlageantrag nicht berührt. Bei Zurücknahme des Antrages gilt die Bescheidbeschwerde wieder als durch die Beschwerdevorentscheidung erledigt; dies gilt, wenn solche Anträge von mehreren hiezu Befugten gestellt wurden, nur für den Fall der Zurücknahme aller dieser Anträge.

(4) Für Vorlageanträge sind sinngemäß anzuwenden:
a) § 93 Abs. 4 und 5 sowie § 245 Abs. 1 zweiter Satz und Abs. 2 bis 5 (Frist),
b) § 93 Abs. 6 und § 249 Abs. 1 (Einbringung),
c) § 255 (Verzicht),
d) § 256 (Zurücknahme),
e) § 260 Abs. 1 (Unzulässigkeit, nicht fristgerechte Einbringung).
f) § 274 Abs. 3 Z 1 und 2 sowie Abs. 5 (Unterbleiben einer mündlichen Verhandlung).

17/1. BAO
§§ 264 – 269

(5) Die Zurückweisung nicht zulässiger oder nicht fristgerecht eingebrachter Vorlageanträge obliegt dem Verwaltungsgericht.

(6) Erfolgt die Vorlage der Bescheidbeschwerde an das Verwaltungsgericht nicht innerhalb von zwei Monaten ab Einbringung des Vorlageantrages bzw. in den Fällen des § 262 Abs. 3 und 4 (Unterbleiben einer Beschwerdevorentscheidung) ab Einbringung der Bescheidbeschwerde, so kann die Partei (§ 78) beim Verwaltungsgericht eine Vorlageerinnerung einbringen. Diese wirkt wie eine Vorlage der Beschwerde. Sie hat die Bezeichnung des angefochtenen Bescheides, der Beschwerdevorentscheidung und des Vorlageantrages zu enthalten.

(BGBl I 2016/117)

(7) Durch die Aufhebung einer Beschwerdevorentscheidung scheidet der Vorlageantrag aus dem Rechtsbestand aus.

(BGBl I 2016/117)

11. Vorlage der Beschwerde und der Akten

§ 265. (1) Die Abgabenbehörde hat die Bescheidbeschwerde, über die keine Beschwerdevorentscheidung zu erlassen ist oder über die infolge eines Vorlageantrages zu entscheiden ist, nach Durchführung der etwa noch erforderlichen Ermittlungen ohne unnötigen Aufschub dem Verwaltungsgericht vorzulegen.

(2) Die Vorlage der Bescheidbeschwerde hat jedenfalls auch die Vorlage von Ablichtungen (Ausdrucken) des angefochtenen Bescheides, der Beschwerdevorentscheidung, des Vorlageantrages und von Beitrittserklärungen zu umfassen.

(3) Der Vorlagebericht hat insbesondere die Darstellung des Sachverhaltes, die Nennung der Beweismittel und eine Stellungnahme der Abgabenbehörde zu enthalten.

(4) Die Abgabenbehörde hat die Parteien (§ 78) vom Zeitpunkt der Vorlage an das Verwaltungsgericht unter Anschluss einer Ausfertigung des Vorlageberichtes zu verständigen.

(5) Partei im Beschwerdeverfahren vor dem Verwaltungsgericht ist auch die Abgabenbehörde, deren Bescheid mit Bescheidbeschwerde angefochten ist.

(6) Die Abgabenbehörde ist ab der Vorlage der Bescheidbeschwerde verpflichtet, das Verwaltungsgericht über Änderungen aller für die Entscheidung über die Beschwerde bedeutsamen tatsächlichen und rechtlichen Verhältnisse unverzüglich zu verständigen. Diese Pflicht besteht ab Verständigung (Abs. 4) auch für den Beschwerdeführer.

§ 266. (1) Die Abgabenbehörde hat, soweit nicht anderes angeordnet ist, gleichzeitig mit der Vorlage der Bescheidbeschwerde die Akten (samt Aktenverzeichnis) vorzulegen. Die Abgabenbehörde hat den Parteien (§ 78) eine Ausfertigung des Aktenverzeichnisses zu übermitteln.

(2) Mit Zustimmung des Verwaltungsgerichtes darf die Übermittlung der Beschwerde (§ 265) und die Aktenvorlage (Abs. 1) in Form von Ablichtungen erfolgen.

(3) Soweit Akten oder Beweismittel nur auf Datenträgern vorliegen, sind auf Verlangen des Verwaltungsgerichtes ohne Hilfsmittel lesbare, dauerhafte Wiedergaben von der Abgabenbehörde bzw. von der Partei (§ 78) beizubringen.

(4) Soweit die Abgabenbehörde die Vorlage von Akten (Abs. 1 bzw. bezüglich Maßnahmenbeschwerden oder Säumnisbeschwerden auf Verlangen des Verwaltungsgerichtes) unterlässt, kann das Verwaltungsgericht nach erfolgloser Aufforderung unter Setzung einer angemessenen Nachfrist auf Grund der Behauptungen des Beschwerdeführers erkennen.

12. Verbindung mehrerer Beschwerden

§ 267. Ist ein Bescheid von mehreren Beschwerdeführern angefochten oder sind gegen einen Bescheid mehrere Bescheidbeschwerden eingebracht, so sind diese Beschwerden zu einem gemeinsamen Verfahren zu verbinden. Ist auch nur über eine solcher Beschwerden nach § 272 Abs. 2 von einem Senat zu entscheiden, so obliegt diesem Senat auch die Entscheidung über die anderen Beschwerden.

13. Ablehnung wegen Befangenheit oder Wettbewerbsgefährdung

§ 268. (1) Den Parteien steht das Recht zu, den Einzelrichter oder ein Mitglied des Senates mit der Begründung abzulehnen, dass einer der im § 76 Abs. 1 aufgezählten Befangenheitsgründe vorliegt.

(2) Den Parteien (§ 78) steht das Recht zu, den Einzelrichter oder ein Mitglied des Senates abzulehnen, wenn anzunehmen ist, dass die Bekanntgabe der zu erörternden Tatsachen an diese Person die Wettbewerbsfähigkeit der Partei (§ 78) gefährden könnte.

(3) Anträge nach Abs. 1 und 2 sind beim Verwaltungsgericht einzubringen. Die Gründe für die Ablehnung sind glaubhaft zu machen.

14. Ermittlungen

§ 269. (1) Im Beschwerdeverfahren haben die Verwaltungsgerichte die Obliegenheiten und Befugnisse, die den Abgabenbehörden auferlegt und eingeräumt sind. Dies gilt nicht für:
a) § 245 Abs. 3 (Verlängerung der Beschwerdefrist),
b) §§ 262 und 263 (Erlassung einer Beschwerdevorentscheidung),
c) §§ 278 Abs. 3 und 279 Abs. 3 (Bindung an die für die aufhebenden Beschluss bzw. für das Erkenntnis maßgebliche Rechtsanschauung).

(2) Die Verwaltungsgerichte können das zur Feststellung des maßgebenden Sachverhaltes erforderliche Ermittlungsverfahren durch eine von ihnen selbst zu bestimmende Abgabenbehörde durchführen oder ergänzen lassen.

(2a) Der Bundesminister für Finanzen wird ermächtigt, mit Verordnung die Voraussetzungen und das Verfahren für die Möglichkeit einer

Abgabenberechnung durch die Amtspartei (§ 265 Abs. 5) festzulegen.
(BGBl I 2022/108)

(3) Der Einzelrichter bzw. der Berichterstatter kann die Parteien zur Erörterung der Sach- und Rechtslage sowie zur Beilegung des Rechtsstreits laden. Über das Ergebnis ist eine Niederschrift anzufertigen.

15. Kein Neuerungsverbot

§ 270. (1) Auf neue Tatsachen, Beweise und Anträge, die der Abgabenbehörde im Laufe des Beschwerdeverfahrens zur Kenntnis gelangen, ist von der Abgabenbehörde Bedacht zu nehmen, auch wenn dadurch das Beschwerdebegehren geändert oder ergänzt wird. Dies gilt nach Maßgabe des Abs. 2 sinngemäß für dem Verwaltungsgericht durch eine Partei oder sonst zur Kenntnis gelangte Umstände; im Falle einer durchgeführten mündlichen Verhandlung jedoch nur bis zu deren Schließung (§ 277 Abs. 4).
(BGBl I 2022/108)

(2) Jede Partei hat ihr Vorbringen so rechtzeitig und vollständig zu erstatten, dass das Verfahren möglichst rasch durchgeführt werden kann (Verfahrensförderungspflicht).
(BGBl I 2022/108)

16. Aussetzung der Entscheidung

§ 271. (1) Ist wegen einer gleichen oder ähnlichen Rechtsfrage eine Beschwerde anhängig oder schwebt sonst vor einem Gericht oder einer Verwaltungsbehörde ein Verfahren, dessen Ausgang von wesentlicher Bedeutung für die Entscheidung über die Beschwerde ist, so kann die Entscheidung über diese unter Mitteilung der hiefür maßgebenden Gründe ausgesetzt werden, sofern nicht überwiegende Interessen der Partei (§ 78) entgegenstehen. Dies hat vor Vorlage der Beschwerde durch Bescheid der Abgabenbehörde, nach Vorlage der Beschwerde durch Beschluss des Verwaltungsgerichtes zu erfolgen.

(2) Nach rechtskräftiger Beendigung des Verfahrens, das Anlass zur Aussetzung gemäß Abs. 1 gegeben hat, ist das ausgesetzte Beschwerdeverfahren von Amts wegen fortzusetzen.

(3) Von der Abgabenbehörde erlassene Aussetzungsbescheide gemäß Abs. 1 verlieren ihre Wirksamkeit, sobald die Partei (§ 78) die Fortsetzung des Beschwerdeverfahrens beantragt.
(BGBl I 2019/62)

§ 271a. (1) Wurde wegen einer Rechtsfrage, die einer Streitfrage im Sinne des § 3 Abs. 1 Z 6 EU-BStbG gleicht oder dieser ähnlich ist, eine Streitbeilegungsbeschwerde im Sinne des § 8 EU-BStbG eingebracht, ist auf Antrag des Abgabepflichtigen das Bescheidbeschwerdeverfahren, in dem über diese Rechtsfrage zu entscheiden ist, auszusetzen. Dies hat vor Vorlage der Bescheidbeschwerde durch Bescheid der Abgabenbehörde, nach Vorlage der Bescheidbeschwerde durch Beschluss des Verwaltungsgerichtes zu erfolgen.

(2) Mit Rechtskraft des Bescheides gemäß § 48 Abs. 2 oder 3 ist das ausgesetzte Bescheidbeschwerdeverfahren von Amts wegen fortzusetzen.
(BGBl I 2019/62)

17. Verfahren

§ 272. (1) Sind für die Erledigung von Beschwerden durch Bundesgesetz oder durch Landesgesetz Senate vorgesehen, so richtet sich das Verfahren, soweit gesetzlich nicht anderes angeordnet ist, nach den folgenden Bestimmungen.

(2) Die Entscheidung obliegt dem Senat,
1. wenn dies beantragt wird
   a) in der Beschwerde,
   b) im Vorlageantrag (§ 264),
   c) in der Beitrittserklärung (§ 258 Abs. 1) oder
   d) wenn ein Bescheid gemäß § 253 an die Stelle eines mit Bescheidbeschwerde angefochtenen Bescheides tritt, innerhalb eines Monats nach Bekanntgabe (§ 97) des späteren Bescheides oder
2. wenn dies der Einzelrichter verlangt.

(3) Ein Verlangen nach Abs. 2 Z 2 ist zulässig, wenn der Entscheidung grundsätzliche Bedeutung zukommt, insbesondere weil der Bescheid von der Rechtsprechung des Verwaltungsgerichts abweicht, eine solche Rechtsprechung fehlt, die zu lösende Rechtsfrage in der bisherigen Rechtsprechung nicht einheitlich beantwortet wird oder wenn ein Antrag des Verwaltungsgerichtes beim Verfassungsgerichtshof wegen Gesetzwidrigkeit von Verordnungen oder wegen Verfassungswidrigkeit von Gesetzen gestellt werden soll oder bei Annahme einer Verdrängung nationalen Rechts durch Unionsrecht. Ein solches Verlangen ist weiters zulässig, wenn die Verbindung von Beschwerden, über die der Senat zu entscheiden hat, mit Beschwerden, über die ansonsten der Einzelrichter zu entscheiden hätte, zu einem gemeinsamen Verfahren insbesondere zur Vereinfachung und Beschleunigung des Verfahrens zweckmäßig ist. Das Verlangen ist zu begründen; es kann bis zur Bekanntgabe (§ 97) der Entscheidung über die Beschwerde gestellt werden.

(4) Obliegt die Entscheidung über Beschwerden dem Senat, so können die dem Verwaltungsgericht gemäß § 269 eingeräumten Rechte zunächst vom Berichterstatter ausgeübt werden. Diesem obliegen auch zunächst die Erlassung von Mängelbehebungsaufträgen (§ 85 Abs. 2) und von Aufträgen gemäß § 86a Abs. 1 sowie Zurückweisungen (§ 260), Zurücknahmeerklärungen (§ 85 Abs. 2, § 86a Abs. 1), Gegenstandsloserklärungen (§ 256 Abs. 3, § 261), Verfügungen der Aussetzung der Entscheidung (§ 271 Abs. 1) und Beschlüsse gemäß § 300 Abs. 1 lit. b.
(BGBl I 2016/117)

(5) Berichtigungen (§ 293, § 293a und § 293b) und Aufhebungen zur Klagstellung (§ 289) der vom Einzelrichter erlassenen Erkenntnisse und Beschlüsse obliegen dem Einzelrichter, wenn jedoch der Senat entschieden hat, dem Senat.

§ 273. (1) Zu den Verhandlungen des Senates kann ein Schriftführer beigezogen werden.

(2) An der Verhandlung, Beratung und Abstimmung über die Beschwerde haben alle Mitglieder des Senates teilzunehmen.

(3) Ein Mitglied des Senates, bei dem einer der im § 76 Abs. 1 aufgezählten Befangenheitsgründe zutrifft, hat hievon dem Senatsvorsitzenden Mitteilung zu machen.

§ 274. (1) Über die Beschwerde hat eine mündliche Verhandlung stattzufinden,

1. wenn es beantragt wird
   a) in der Beschwerde,
   b) im Vorlageantrag (§ 264),
   c) in der Beitrittserklärung (§ 258 Abs. 1) oder
   d) wenn ein Bescheid gemäß § 253 an die Stelle eines mit Bescheidbeschwerde angefochtenen Bescheides tritt, innerhalb eines Monates nach Bekanntgabe (§ 97) des späteren Bescheides, oder
2. Wenn es der Einzelrichter bzw. der Berichterstatter für erforderlich hält.

(2) Obliegt die Entscheidung über die Beschwerde dem Senat, so hat eine mündliche Verhandlung weiters stattzufinden,

1. wenn es der Senatsvorsitzende für erforderlich hält oder
2. wenn es der Senat auf Antrag eines Mitglieds beschließt.

(3) Der Senat kann ungeachtet eines Antrages (Abs. 1 Z 1) von einer mündlichen Verhandlung absehen, wenn die Beschwerde

1. als unzulässig oder nicht rechtzeitig eingebracht zurückzuweisen ist (§ 260),
2. als zurückgenommen (§ 85 Abs. 2, § 86a Abs. 1) oder als gegenstandslos (§ 256 Abs. 3, § 261) zu erklären ist oder
3. wenn eine Aufhebung unter Zurückverweisung der Sache an die Abgabenbehörde erfolgt (§ 278).

(4) Der Senatsvorsitzende hat den Ort und den Zeitpunkt der Verhandlung zu bestimmen. Hat eine mündliche Verhandlung stattzufinden, so sind die Parteien mit dem Beifügen vorzuladen, dass ihr Fernbleiben der Durchführung der Verhandlung nicht entgegensteht.

(5) Obliegt die Entscheidung über die Beschwerde dem Einzelrichter und hat nach Abs. 1 eine mündliche Verhandlung stattzufinden, so sind Abs. 3 und 4 sowie § 273 Abs. 1, § 275 und § 277 Abs. 4 sinngemäß anzuwenden; hierbei sind die Obliegenheiten und Befugnisse des Senatsvorsitzenden dem Einzelrichter auferlegt bzw. eingeräumt.

§ 275. (1) Der Senatsvorsitzende hat die mündliche Verhandlung zu eröffnen, zu leiten, erforderlichenfalls zu vertagen und zu schließen. Er hat dafür zu sorgen, dass die Sache vollständig, erforderlichenfalls in Rede und Gegenrede, erörtert wird. Er hat das Wort zu erteilen und kann es bei Missbrauch entziehen.

(2) Der Berichterstatter hat die Sache vorzutragen und über die Ergebnisse etwa bereits durchgeführter Beweisaufnahmen oder vorangegangener mündlicher Verhandlungen zu berichten. Dann hat der Senat erforderlichenfalls weitere Beweisaufnahmen vorzunehmen und die Parteien zu hören. Das letzte Wort kommt den Parteien (§ 78) zu.

(3) Die mündliche Verhandlung ist öffentlich. Die Öffentlichkeit ist auf Anordnung des Senatsvorsitzenden auszuschließen,

1. soweit eine Partei (§ 78) es verlangt,
2. von Amts wegen oder auf Antrag der Abgabenbehörde (§ 265 Abs. 5), eines Zeugen, einer Auskunftsperson oder eines Sachverständigen, soweit unter die abgabenrechtliche Geheimhaltungspflicht (§ 48a) oder unter andere Geheimhaltungspflichten fallende Umstände erörtert werden oder soweit die Öffentlichkeit der Verhandlung die Interessen der Abgabenerhebung beeinträchtigen würde.

(4) Bei Verhandlungen und sonstigen Amtshandlungen dürfen nur unbewaffnete Personen anwesend sein. Dies gilt nicht für Personen, die vermöge ihres öffentlichen Dienstes zum Tragen einer Waffe verpflichtet sind oder mit der Sicherung von Amtshandlungen oder Amtsräumen beauftragt sind.

(5) Fernseh- und Hörfunkaufnahmen und -übertragungen, jede sonstige Form von Bild- und Tonübertragungen sowie Film- und Fotoaufnahmen von Verhandlungen und sonstigen Amtshandlungen sind unzulässig. Tonaufnahmen sind nur zulässig, soweit sie für die Abfassung der Niederschrift (§ 87 Abs. 6) gestattet sind.

(6) Außer den Mitgliedern des Senates sind auch die Parteien berechtigt, an Personen, die einvernommen werden, Fragen zu stellen. Der Senatsvorsitzende kann Fragen, die nicht der Klärung des Sachverhaltes dienen, zurückweisen.

(7) Über den Verlauf der mündlichen Verhandlung ist eine Niederschrift aufzunehmen. Die Niederschrift hat die Namen der Mitglieder des Senates und des etwa beigezogenen Schriftführers, die Namen der zur Verhandlung erschienenen Parteien und ihrer Vertreter sowie die wesentlichen Vorkommnisse der Verhandlung, insbesondere das Parteienvorbringen und die Anträge der Parteien, die über diese Anträge gefassten Beschlüsse des Senates sowie die durchgeführten Beweisaufnahmen zu enthalten. Die Niederschrift ist vom Senatsvorsitzenden und vom Schriftführer zu unterfertigen.

§ 276. (1) Der Senat hat über die Beschwerde zu beraten und über die Entscheidung sowie über allfällige Vorfragen abzustimmen. Hat eine mündliche Verhandlung stattgefunden, so ist die Beratung und Abstimmung im Anschluss an die Verhandlung durchzuführen. Die Beratung und Abstimmung ist nicht öffentlich.

(2) Der Senat kann nach Entscheidung über die maßgebenden Sach- und Rechtsfragen einstimmig beschließen, dass die Berechnung der

Bemessungsgrundlagen und der Höhe der Abgabe erst anlässlich der schriftlichen Ausfertigung des Erkenntnisses ohne neuerliche Beschlussfassung des Senates zu erfolgen hat.

(3) Obliegt die Entscheidung über Beschwerden dem Senat, kann der Senatsvorsitzende die Beratung und Beschlussfassung des Senates unter Verwendung geeigneter technischer Kommunikationsmittel veranlassen. Der Senatsvorsitzende kann außerdem die Beratung und Beschlussfassung durch die Einholung der Zustimmung der anderen Mitglieder des Senates zu einem Entscheidungsentwurf im Umlaufweg ersetzen, wenn keines dieser Mitglieder widerspricht.

(BGBl I 2022/108)

§ 277. (1) Der Senatsvorsitzende hat die Beratung und Abstimmung des Senates zu leiten. Der Berichterstatter hat seine Stimme als erster, der Senatsvorsitzende als letzter abzugeben. Ist der Senatsvorsitzende selbst auch Berichterstatter, so gibt er seine Stimme als letzter ab. Im Übrigen haben die Mitglieder ihre Stimmen in alphabetischer Reihenfolge abzugeben. Kein Mitglied des Senates darf die Abgabe der Stimme über eine zur Beschlussfassung gestellte Frage verweigern. Dies gilt auch dann, wenn ein Mitglied bei der Abstimmung über eine früher gestellte Frage in der Minderheit geblieben ist.

(2) Der Senat fasst seine Beschlüsse mit einfacher Mehrheit. Bei Stimmengleichheit gibt die Stimme des Senatsvorsitzenden den Ausschlag. Bilden sich wegen eines Betrages, über den ein Beschluss zu fassen ist, mehr als zwei Meinungen, so werden die Stimmen für den höchsten Betrag jenen für den nächstniedrigeren Betrag hinzugezählt, bis sich eine Mehrheit ergibt.

(3) Über die Beratung und Abstimmung des Senates ist eine Niederschrift aufzunehmen, die vom Senatsvorsitzenden und vom etwa beigezogenen Schriftführer zu unterfertigen ist. Diese Niederschrift ist von der nach § 275 Abs. 7 aufgenommenen Niederschrift zu trennen.

(4) Wird die mündliche Verhandlung nicht vertagt, so schließt sie mit der Verkündung der Entscheidung über die Beschwerde, die jedoch immer auch zugestellt werden muss, oder mit der Verkündung des Beschlusses, dass die Entscheidung der schriftlichen Ausfertigung vorbehalten bleibt. Die Verkündung obliegt dem Senatsvorsitzenden.

18. Erkenntnisse und Beschlüsse

§ 278. (1) Ist die Bescheidbeschwerde mit Beschluss des Verwaltungsgerichtes

a) weder als unzulässig oder nicht rechtzeitig eingebracht zurückzuweisen (§ 260) noch
b) als zurückgenommen (§ 85 Abs. 2, § 86a Abs. 1) oder als gegenstandslos (§ 256 Abs. 3, § 261) zu erklären,

(BGBl I 2016/117)

so kann das Verwaltungsgericht mit Beschluss die Beschwerde durch Aufhebung des angefochtenen Bescheides und allfälliger Beschwerdevorentscheidungen unter Zurückverweisung der Sache an die Abgabenbehörde erledigen, wenn Ermittlungen (§ 115 Abs. 1) unterlassen wurden, bei deren Durchführung ein anders lautender Bescheid hätte erlassen werden oder eine Bescheiderteilung hätte unterbleiben können. Eine solche Aufhebung ist unzulässig, wenn die Feststellung des maßgeblichen Sachverhaltes durch das Verwaltungsgericht selbst im Interesse der Raschheit gelegen oder mit einer erheblichen Kostenersparnis verbunden ist.

(2) Durch die Aufhebung des angefochtenen Bescheides tritt das Verfahren in die Lage zurück, in der es sich vor Erlassung dieses Bescheides befunden hat.

(3) Im weiteren Verfahren sind die Abgabenbehörden an die für die Aufhebung maßgebliche, im aufhebenden Beschluss dargelegte Rechtsanschauung gebunden. Dies gilt auch dann, wenn der Beschluss einen kürzeren Zeitraum als der spätere Bescheid umfasst.

§ 279. (1) Außer in den Fällen des § 278 hat das Verwaltungsgericht immer in der Sache selbst mit Erkenntnis zu entscheiden. Es ist berechtigt, sowohl im Spruch als auch hinsichtlich der Begründung seine Anschauung an die Stelle jener der Abgabenbehörde zu setzen und demgemäß den angefochtenen Bescheid nach jeder Richtung abzuändern, aufzuheben oder die Bescheidbeschwerde als unbegründet abzuweisen.

(2) Durch die Aufhebung des angefochtenen Bescheides tritt das Verfahren in die Lage zurück, in der es sich vor Erlassung dieses Bescheides befunden hat.

(3) Im Verfahren betreffend Bescheide, die Erkenntnisse (Abs. 1) abändern, aufheben oder ersetzen, sind die Abgabenbehörden an die für das Erkenntnis maßgebliche, dort dargelegte Rechtsanschauung gebunden. Dies gilt auch dann, wenn das Erkenntnis einen kürzeren Zeitraum als der spätere Bescheid umfasst.

§ 280. (1) Urschriften und Ausfertigungen von Erkenntnissen und Beschlüssen der Verwaltungsgerichte haben zu enthalten:

a) die Bezeichnung des Verwaltungsgerichtes und den Namen des Richters,
(BGBl I 2018/62)
b) die Namen der Parteien des Beschwerdeverfahrens und ihrer Vertreter,
c) die Bezeichnung des angefochtenen Bescheides,
d) den Spruch, einschließlich der Entscheidung, ob eine Revision beim Verwaltungsgerichtshof nach Art. 133 Abs. 4 B-VG zulässig ist,
e) die Begründung;
(BGBl I 2016/117)
f) im Verfahren eines Senates die Unterschrift des Senatsvorsitzenden bzw. in den Fällen des § 272 Abs. 4 des Berichterstatters, in den übrigen Fällen die Unterschrift des Einzelrichters; bei schriftlichen Ausfertigungen kann an die Stelle der Unterschrift die Beglaubigung der

Kanzlei treten, dass die Ausfertigung mit der Urschrift übereinstimmt und diese die eigenhändig beigesetzte Unterschrift aufweist; Ausfertigungen in Form von elektronischen Dokumenten müssen an Stelle der Unterschrift oder Beglaubigung mit einer Amtssignatur (§ 19 E-Government-Gesetz) versehen sein; Ausfertigungen in Form von Ausdrucken von mit einer Amtssignatur versehenen elektronischen Dokumenten oder von Kopien solcher Ausdrucke brauchen keine weiteren Voraussetzungen erfüllen,

(BGBl I 2018/62)

g) das Datum der mündlichen Verkündung, sonst das Datum der Unterfertigung.

(BGBl I 2018/62)

(BGBl I 2018/62)

(2) Urschriften und Ausfertigungen von Erkenntnissen und Beschlüssen der Senate haben überdies die Namen der Senatsmitglieder und des etwa beigezogenen Schriftführers zu enthalten.

(BGBl I 2018/62)

(3) Erkenntnisse sind im Namen der Republik zu verkünden und auszufertigen

(4) Ausfertigungen von Erkenntnissen und Beschlüssen haben eine Belehrung über die Möglichkeit der Erhebung einer Beschwerde an den Verfassungsgerichtshof und einer ordentlichen oder außerordentlichen Revision an den Verwaltungsgerichtshof zu enthalten. Das Verwaltungsgericht hat ferner hinzuweisen:

a) auf die bei der Einbringung einer solchen Beschwerde bzw. Revision einzuhaltenden Fristen;

b) auf die gesetzlichen Erfordernisse der Einbringung einer solchen Beschwerde bzw. Revision durch einen bevollmächtigten Rechtsanwalt (bei Beschwerden) bzw. durch einen bevollmächtigten Rechtsanwalt oder Wirtschaftstreuhänder (bei Revisionen);

c) auf die für eine solche Beschwerde bzw. Revision zu entrichtenden Eingabengebühren.

§ 281. (1) Im Beschwerdeverfahren können nur einheitliche Entscheidungen (Beschwerdevorentscheidungen, Erkenntnisse und gemäß § 278 aufhebende Beschlüsse) getroffen werden. Sie wirken für und gegen die gleichen Personen wie der angefochtene Bescheid.

(2) Ein Erkenntnis über das Bestehen und die Höhe einer Abgabenschuld, das auf Grund einer vom Haftungspflichtigen eingebrachten Bescheidbeschwerde (§ 248) ergeht, wirkt auch für und gegen den Abgabepflichtigen.

(3) Eine einheitliche Entscheidung unterbleibt abweichend von Abs. 1, wenn in einem Dokument, das Form und Inhalt eines Feststellungsbescheides (§ 188) hat, gemeinschaftliche Einkünfte auch Personen oder Personenvereinigungen (Personengemeinschaften) ohne eigene Rechtspersönlichkeit zugerechnet werden, die nicht oder nicht mehr rechtlich existent sind (insbesondere infolge Todes, Beendigung der Gesellschaft, Gesamtrechtsnachfolge) oder die nicht oder nicht mehr handlungsfähig sind (zB infolge eines Genehmigungsvorbehalts bei Bestellung eines gerichtlichen Erwachsenenvertreters). Dies steht der Wirksamkeit als Erkenntnis nicht entgegen. Ein solches Erkenntnis wirkt lediglich gegenüber den übrigen, denen im Spruch Einkünfte zugerechnet bzw. nicht zugerechnet werden.

(BGBl I 2018/62)

(4) Abs. 3 gilt sinngemäß für Feststellungsbescheide gemäß § 186 Abs. 2, wenn einzelne der am Gegenstand der Feststellung beteiligten Personen bei Bekanntgabe (§ 97) des Feststellungsbescheides nicht oder nicht mehr rechtlich existent oder nicht oder nicht mehr handlungsfähig im Sinne des Abs. 3 sind.

(BGBl I 2022/108)

(5) Eine einheitliche Entscheidung unterbleibt auch dann, wenn eine oder mehrere Personen, die einer Beschwerde gemäß § 257 beigetreten sind, nicht oder nicht mehr rechtlich existent oder nicht oder nicht mehr handlungsfähig im Sinne des Abs. 3 sind. Dies steht der Wirksamkeit als Erkenntnis nicht entgegen. Ein solches Erkenntnis wirkt lediglich gegenüber den übrigen Parteien oder beigetretenen Personen.

(BGBl I 2022/108)

18a. Verständigung

§ 281a. Wenn das Verwaltungsgericht nach einer Vorlage (§ 265) zur Auffassung gelangt, dass noch eine Beschwerdevorentscheidung zu erlassen ist oder ein Vorlageantrag nicht eingebracht wurde, hat es die Parteien darüber unverzüglich formlos in Kenntnis zu setzen.

(BGBl I 2018/62)

19. Vollstreckung

§ 282. Die Abgabenbehörden sind verpflichtet, in dem betreffenden Fall mit den ihnen zu Gebote stehenden rechtlichen Mitteln unverzüglich den der Rechtsanschauung des Verwaltungsgerichtes entsprechenden Rechtszustand herzustellen.

20. Maßnahmenbeschwerde

§ 283. (1) Gegen die Ausübung unmittelbarer verwaltungsbehördlicher Befehls- und Zwangsgewalt durch Abgabenbehörden kann wegen Rechtswidrigkeit Beschwerde (Maßnahmenbeschwerde) erheben, wer durch sie in seinen Rechten verletzt zu sein behauptet.

(2) Die Maßnahmenbeschwerde ist innerhalb von sechs Wochen ab dem Zeitpunkt, in dem der Beschwerdeführer von der Ausübung unmittelbarer verwaltungsbehördlicher Befehls- und Zwangsgewalt Kenntnis erlangt hat, sofern er aber durch sie behindert war, von seinem Beschwerderecht Gebrauch zu machen, ab dem Wegfall dieser Behinderung beim Verwaltungsgericht einzubringen. Wird die Maßnahmenbeschwerde rechtzeitig bei einem anderen Verwaltungsgericht oder bei einer

Abgabenbehörde eingebracht, so gilt dies als rechtzeitige Einbringung; solche Maßnahmenbeschwerden sind unverzüglich an das Verwaltungsgericht weiterzuleiten.

(3) Die Maßnahmenbeschwerde hat zu enthalten:
a) die Bezeichnung des angefochtenen Verwaltungsaktes;
b) soweit dies zumutbar ist, eine Angabe darüber, welches Organ den angefochtenen Verwaltungsakt gesetzt hat;
c) den Sachverhalt;
d) die Gründe, auf die sich die Behauptung der Rechtswidrigkeit stützt;
e) das Begehren, den angefochtenen Verwaltungsakt für rechtswidrig zu erklären;
f) die Angaben, die zur Beurteilung der fristgerechten Einbringung der Maßnahmenbeschwerde erforderlich sind.

(4) Der angefochtene Verwaltungsakt ist vom Verwaltungsgericht mit Erkenntnis für rechtswidrig zu erklären, wenn die Maßnahmenbeschwerde nicht mit Beschluss bzw. mit Erkenntnis
a) als nicht zulässig oder nicht fristgerecht eingebracht zurückzuweisen ist (§ 260),
b) als zurückgenommen (§ 85 Abs. 2, § 86a Abs. 1) oder als gegenstandslos zu erklären ist (§ 256 Abs. 3) oder
c) als unbegründet abzuweisen ist.

(5) Dauert der für rechtswidrig erklärte Verwaltungsakt noch an, so hat die belangte Behörde unverzüglich den dem Erkenntnis entsprechenden Rechtszustand herzustellen.

(6) Partei im Beschwerdeverfahren ist auch die belangte Behörde.

(7) Sinngemäß sind anzuwenden:
a) § 245 Abs. 3, 4 und 5 (Frist),
(BGBl I 2016/117)
b) § 256 Abs. 1 und 3 (Zurücknahme der Beschwerde),
c) § 260 Abs. 1 (Unzulässigkeit, nicht fristgerechte Einbringung),
d) § 265 Abs. 4 und 6 (Verständigungspflichten),
e) § 266 (Vorlage der Akten),
f) § 268 (Ablehnung wegen Befangenheit oder Wettbewerbsgefährdung),
g) § 269 (Obliegenheiten und Befugnisse, Ermittlungen, Erörterungstermin),
h) § 271 (Aussetzung der Entscheidung),
i) §§ 272 bis 277 (Verfahren),
j) § 280 (Inhalt des Erkenntnisses oder des Beschlusses).

21. Säumnisbeschwerde

§ 284. (1) Wegen Verletzung der Entscheidungspflicht kann die Partei Beschwerde (Säumnisbeschwerde) beim Verwaltungsgericht erheben, wenn ihr Bescheide der Abgabenbehörden nicht innerhalb von sechs Monaten nach Einlangen der Anbringen oder nach dem Eintritt zur Verpflichtung zu ihrer amtswegigen Erlassung bekanntgegeben (§ 97) werden. Hiezu ist jede Partei befugt, der gegenüber der Bescheid zu ergehen hat.

(2) Das Verwaltungsgericht hat der Abgabenbehörde aufzutragen, innerhalb einer Frist von bis zu drei Monaten ab Einlangen der Säumnisbeschwerde zu entscheiden und gegebenenfalls eine Abschrift des Bescheides vorzulegen oder anzugeben, warum eine Verletzung der Entscheidungspflicht nicht oder nicht mehr vorliegt. Die Frist kann einmal verlängert werden, wenn die Abgabenbehörde das Vorliegen von in der Sache gelegenen Gründen nachzuweisen vermag, die eine fristgerechte Entscheidung unmöglich machen. Wird der Bescheid erlassen oder wurde er vor Einleitung des Verfahrens erlassen, so ist das Verfahren einzustellen.

(3) Die Zuständigkeit zur Entscheidung geht erst dann auf das Verwaltungsgericht über, wenn die Frist (Abs. 2) abgelaufen ist oder wenn die Abgabenbehörde vor Ablauf der Frist mitteilt, dass keine Verletzung der Entscheidungspflicht vorliegt.

(4) Säumnisbeschwerden sind mit Erkenntnis abzuweisen, wenn die Verspätung nicht auf ein überwiegendes Verschulden der Abgabenbehörde zurückzuführen ist.

(5) Das Verwaltungsgericht kann sein Erkenntnis vorerst auf die Entscheidung einzelner maßgeblicher Rechtsfragen beschränken und der Abgabenbehörde auftragen, den versäumten Bescheid unter Zugrundelegung der hiermit festgelegten Rechtsanschauung binnen bestimmter, acht Wochen nicht übersteigender Frist zu erlassen. Kommt die Abgabenbehörde dem Auftrag nicht nach, so entscheidet das Verwaltungsgericht über die Beschwerde durch Erkenntnis in der Sache selbst.

(6) Partei im Beschwerdeverfahren ist auch die Abgabenbehörde, deren Säumnis geltend gemacht wird.

(7) Sinngemäß sind anzuwenden:
a) § 256 Abs. 1 und 3 (Zurücknahme der Beschwerde),
b) § 260 Abs. 1 lit. a (Unzulässigkeit),
c) § 265 Abs. 6 (Verständigungspflichten),
d) § 266 (Vorlage der Akten),
e) § 268 (Ablehnung wegen Befangenheit oder Wettbewerbsgefährdung),
f) § 269 (Obliegenheiten und Befugnisse, Ermittlungen, Erörterungstermin),
g) §§ 272 bis 277 (Verfahren),
h) § 280 (Inhalt des Erkenntnisses oder des Beschlusses).

§ 285. (1) Die Säumnisbeschwerde hat zu enthalten:
a) die Bezeichnung der säumigen Abgabenbehörde;
b) die Darstellung des Inhaltes des unerledigten Antrages bzw. der Angelegenheit, in einer Verpflichtung zur amtswegigen Erlassung eines Bescheides besteht;

c) die Angaben, die zur Beurteilung des Ablaufes der Frist des § 284 Abs. 1 notwendig sind.

(2) Die Frist des § 284 Abs. 2 wird durch einen Mängelbehebungsauftrag (§ 85 Abs. 2) gehemmt. Die Hemmung beginnt mit dem Tag der Zustellung des Mängelbehebungsauftrages und endet mit Ablauf der Mängelbehebungsfrist oder mit dem früheren Tag des Einlangens der Mängelbehebung beim Verwaltungsgericht.

§ 286. Ist wegen einer gleichen oder ähnlichen Rechtsfrage eine Säumnisbeschwerde anhängig oder schwebt sonst vor einem Gericht oder einer Verwaltungsbehörde ein Verfahren, dessen Ausgang von wesentlicher Bedeutung für die Entscheidung in der Angelegenheit, in der die Säumnisbeschwerde eingebracht wurde, ist, so kann das Verwaltungsgericht die Entscheidung über die Säumnisbeschwerde unter Mitteilung der hiefür maßgebenden Gründe mit Beschluss aussetzen, sofern nicht überwiegende Interessen der Partei (§ 78) entgegenstehen. Während der Zeit der Wirksamkeit des Aussetzungsbescheides ist die Frist des § 284 Abs. 2 gehemmt. Nach Beendigung des Verfahrens, das Anlass zur Aussetzung gegeben hat, ist das ausgesetzte Verfahren von Amts wegen fortzusetzen.

22. Nebenansprüche

§ 287. (1) Die Einhebung und zwangsweise Einbringung der von Verwaltungsgerichten mit Beschluss festgesetzten Nebenansprüche obliegt der vom Verwaltungsgericht bestimmten Abgabenbehörde.

(2) Für solche Beschlüsse gelten die §§ 293, 303, 304 und 307 sinngemäß. Solche Maßnahmen obliegen dem Verwaltungsgericht.

23. Zweistufiger Instanzenzug bei Gemeinden

§ 288. (1) Besteht ein zweistufiger Instanzenzug für Angelegenheiten des eigenen Wirkungsbereiches der Gemeinden, so gelten für das Berufungsverfahren die für Bescheidbeschwerden und für den Inhalt der Berufungsentscheidungen die für Beschwerdevorentscheidungen anzuwendenden Bestimmungen sinngemäß. Weiters sind die Beschwerden betreffenden Bestimmungen (insbesondere die §§ 76 Abs. 1 lit. d, 209a, 212 Abs. 4, 212a und 254) sowie § 93 Abs. 3 lit. b und Abs. 4 bis 6 sinngemäß anzuwenden.

(2) Im Berufungsverfahren sind die §§ 278 und 279 Abs. 3 (Aufhebung unter Zurückverweisung, Bindung an Rechtsanschauung) nicht anzuwenden.

(3) Besteht ein zweistufiger Instanzenzug (Abs. 1), so sind die §§ 262 bis 264 (Beschwerdevorentscheidung, Vorlageantrag) weder im Berufungsverfahren noch im Beschwerdeverfahren anzuwenden. § 300 gilt sinngemäß ab Einbringung der gegen die Entscheidung über die Berufung gerichteten Bescheidbeschwerde.

24. Klaglosstellung

§ 289. (1) Das Verwaltungsgericht kann Erkenntnisse und Beschlüsse nur aufheben, wenn sie beim Verwaltungsgerichtshof mit Revision oder beim Verfassungsgerichtshof mit Beschwerde angefochten sind, und zwar

a) wegen Rechtswidrigkeit ihres Inhaltes, oder

b) wenn sie von einem unzuständigen Verwaltungsgericht, von einem hiezu nicht berufenen Organ oder von einem nicht richtig zusammengesetzten Senat erlassen wurden, oder

c) wenn der ihnen zugrunde gelegte Sachverhalt in einem wesentlichen Punkt unrichtig festgestellt oder aktenwidrig angenommen wurde, oder

d) wenn Verfahrensvorschriften außer Acht gelassen wurden, bei deren Einhaltung ein anders lautendes Erkenntnis oder ein anders lautender Beschluss hätte erlassen werden können.

(2) Eine Aufhebung (Abs. 1) darf in jedem Beschwerdeverfahren nur einmal erfolgen. Sie ist bis zum Ablauf von fünf Jahren ab Bekanntgabe (§ 97) des angefochtenen Erkenntnisses bzw. Beschlusses zulässig.

(3) Durch die Aufhebung tritt das Verfahren in die Lage zurück, in der es sich vor Erlassung des aufgehobenen Erkenntnisses bzw. Beschlusses befunden hat.

25. Antrag auf Vorabentscheidung

§ 290. (1) Ein Beschluss des Verwaltungsgerichtes, dem Gerichtshof der Europäischen Union eine Frage zur Vorabentscheidung nach Art. 267 des Vertrages über die Arbeitsweise der Europäischen Union (AEUV) vorzulegen, ist den Parteien zuzustellen.

(2) Nach Vorlage (Abs. 1) dürfen bis zum Einlangen der Vorabentscheidung nur solche Amtshandlungen vorgenommen werden, die durch die Vorabentscheidung nicht beeinflusst werden können oder die die Frage nicht abschließend regeln und keinen Aufschub gestatten.

(3) Erachtet das Verwaltungsgericht die noch nicht ergangene Vorabentscheidung für ihre Entscheidung in der Sache nicht mehr für erforderlich, so hat sie ihren Antrag unverzüglich zurückzuziehen. Hievon sind die Parteien in Kenntnis zu setzen.

26. Entscheidungspflicht

(BGBl I 2016/117)

§ 291. (1) Soweit die Bundes- oder Landesgesetze nicht anderes vorsehen, ist das Verwaltungsgericht verpflichtet, über Anträge der Parteien und über Beschwerden ohne unnötigen Aufschub, spätestens aber sechs Monate nach deren Einlangen zu entscheiden. Im Verfahren über Bescheidbeschwerden beginnt die Entscheidungsfrist mit der Vorlage der Beschwerde (§ 265) oder nach Einbringung einer Vorlageerinnerung (§ 264 Abs. 6). In den Fällen des § 284 Abs. 5 beginnt die Entscheidungsfrist mit Ablauf der vom Verwaltungsgericht gesetzten Frist.

(BGBl I 2016/117)

(2) Die Zeit eines Verfahrens vor dem Verfassungsgerichtshof gemäß Art. 139, 139a, 140 und 140a B-VG oder eines Vorabentscheidungsverfahrens vor dem Gerichtshof der Europäischen Union ist in die Entscheidungsfrist nach Abs. 1 nicht einzurechnen.

27. Verfahrenshilfe
(BGBl I 2016/117)

§ 292. (1) Auf Antrag einer Partei (§ 78) ist, wenn die entscheidende Rechtsfragen besondere Schwierigkeiten rechtlicher Art aufweisen, ihr für das Beschwerdeverfahren Verfahrenshilfe vom Verwaltungsgericht insoweit zu bewilligen,
1. als die Partei außerstande ist, die Kosten der Führung des Verfahrens ohne Beeinträchtigung des notwendigen Unterhalts zu bestreiten und
2. als die beabsichtigte Rechtsverfolgung oder Rechtsverteidigung nicht als offenbar mutwillig oder aussichtslos erscheint.

(2) Als notwendiger Unterhalt ist derjenige Unterhalt anzusehen, den die Partei für sich und ihre Familie, für deren Unterhalt sie zu sorgen hat, zu einer einfachen Lebensführung benötigt.

(3) Einer juristischen Person oder einer Personenvereinigung (Personengemeinschaft) ohne eigene Rechtspersönlichkeit ist die Verfahrenshilfe insoweit zu bewilligen,
1. als die zur Führung des Verfahrens erforderlichen Mittel weder von ihr noch von den an der Führung des Verfahrens wirtschaftlich Beteiligten aufgebracht werden können und
2. als die beabsichtigte Rechtsverfolgung oder Rechtsverteidigung nicht als offenbar mutwillig oder aussichtslos erscheint.

(4) Ein wirtschaftlich Beteiligter (Abs. 3 Z 1) ist eine Person, auf deren Vermögenssphäre sich der Ausgang des Beschwerdeverfahrens nicht ganz unerheblich auswirkt und bei der es – auch aus diesem Grund – als zumutbar angesehen werden kann, von dieser Person eine Finanzierung der Verfahrenskosten zu verlangen.

(5) Offenbar aussichtslos ist eine Beschwerde insbesondere bei Unschlüssigkeit des Begehrens oder bei unbehebbarem Beweisnotstand. Bei einer nicht ganz entfernten Möglichkeit des Erfolges liegt keine Aussichtslosigkeit vor. Mutwillig ist eine Beschwerde dann, wenn sich die Partei der Unrichtigkeit ihres Standpunktes bewusst ist oder bewusst sein muss.

(6) Der Antrag auf Bewilligung der Verfahrenshilfe ist bis zur Vorlage der Bescheidbeschwerde bei der Abgabenbehörde, ab Vorlage der Beschwerde beim Verwaltungsgericht einzubringen. Wird der Antrag vor Ablauf der Frist zur Einbringung einer Bescheidbeschwerde beim Verwaltungsgericht eingebracht, so gilt dies als rechtzeitige Einbringung. Für Verfahren über Maßnahmenbeschwerden (§ 283) und über Säumnisbeschwerden (§ 284) ist der Antrag beim Verwaltungsgericht einzubringen. Wird der Antrag vor Ablauf der Frist zur Einbringung einer Maßnahmenbeschwerde bei der Abgabenbehörde eingebracht, so gilt dies als rechtzeitige Einbringung.

(7) Der Antrag kann gestellt werden
1. ab Erlassung des Bescheides, der mit Beschwerde angefochten werden soll bzw.
2. ab dem Zeitpunkt, in dem der Betroffene Kenntnis von der Ausübung unmittelbarer verwaltungsbehördlicher Befehls- und Zwangsgewalt erlangt hat bzw.
3. nach Ablauf der für Säumnisbeschwerden nach § 284 Abs. 1 maßgebenden Frist.

(8) Der Antrag hat zu enthalten
1. die Bezeichnung des Bescheides (Abs. 7 Z 1) bzw. der Amtshandlung (Abs. 7 Z 2) bzw. der unterlassenen Amtshandlung (Abs. 7 Z 3),
2. die Gründe, auf die sich die Behauptung der Rechtswidrigkeit stützt,
3. die Entscheidung der Partei, ob der Kammer der Wirtschaftstreuhänder oder der Rechtsanwaltskammer die Bestellung des Verfahrenshelfers obliegt,
4. eine Darstellung der Einkommens- und Vermögensverhältnisse des Antragstellers und der wirtschaftlich Beteiligten.

(9) Ein bei der Abgabenbehörde vor Vorlage der Bescheidbeschwerde eingebrachter Antrag ist unter Anschluss der Verwaltungsakten unverzüglich dem Verwaltungsgericht vorzulegen.

(10) Das Verwaltungsgericht hat über den Antrag mit Beschluss zu entscheiden. Hat das Gericht die Bewilligung der Verfahrenshilfe beschlossen, so hat es die Kammer der Wirtschaftstreuhänder bzw. die Rechtsanwaltskammer hievon zu benachrichtigen.

(11) Die Kammer der Wirtschaftstreuhänder bzw. die Rechtsanwaltskammer hat mit Beschluss den Wirtschaftstreuhänder bzw. Rechtsanwalt zu bestellen, dessen Kosten die Partei nicht zu tragen hat. Wünschen der Partei über die Auswahl der Person des Wirtschaftstreuhänders oder Rechtsanwaltes ist im Einvernehmen mit dem namhaft gemachten Wirtschaftstreuhänder bzw. Rechtsanwalt nach Möglichkeit zu entsprechen. Von der Bestellung sind die Abgabenbehörde und das Verwaltungsgericht zu verständigen.

(12) Wird der Antrag auf Verfahrenshilfe innerhalb einer für die Einbringung der Beschwerde (§ 243, § 283), des Vorlageantrages (§ 264) oder einer im Beschwerdeverfahren gegenüber dem Verwaltungsgericht einzuhaltenden Frist gestellt, so beginnt diese Frist mit dem Zeitpunkt, in dem
1. der Beschluss über die Bestellung des Wirtschaftstreuhänders bzw. Rechtsanwaltes zum Vertreter und der anzufechtende Bescheid dem Wirtschaftstreuhänder bzw. Rechtsanwalt bzw.
2. der den Antrag nicht stattgebende Beschluss der Partei

zugestellt wurde, von neuem zu laufen.

(13) Die Bewilligung der Verfahrenshilfe ist vom Verwaltungsgericht zu widerrufen, wenn die Voraussetzungen für die Bewilligung nicht mehr gegeben sind oder wenn das Vorhandensein der Voraussetzungen auf Grund unrichtiger oder irreführender Angaben der Partei zu Unrecht angenommen worden ist.

(14) Der Bund hat der Kammer der Wirtschaftstreuhänder und dem Österreichischen Rechtsanwaltskammertag jährlich spätestens zum 30. September für die im abgelaufenen Kalenderjahr erbrachten Leistungen der nach Abs. 11 bestellten Wirtschaftstreuhänder und Rechtsanwälte eine angemessene Pauschalvergütung zu zahlen, deren Höhe durch Verordnung des Bundesministers für Finanzen festzusetzen ist. Die Festsetzung hat anhand der Anzahl der jährlichen Bestellungen und des Umfanges der erbrachten Leistungen zu erfolgen.

(BGBl I 2016/117)

B. Sonstige Maßnahmen
1. Abänderung, Zurücknahme und Aufhebung

§ 293. Die Abgabenbehörde kann auf Antrag einer Partei (§ 78) oder von Amts wegen in einem Bescheid unterlaufene Schreib- und Rechenfehler oder andere offenbar auf einem ähnlichen Versehen beruhende tatsächliche oder ausschließlich auf dem Einsatz einer automationsunterstützten Datenverarbeitungsanlage beruhende Unrichtigkeiten berichtigen.

§ 293a. Verletzt die Angabe der Einkunftsart in der Begründung (§ 93 Abs. 3 lit. a) eines Abgabenbescheides rechtliche Interessen der Partei (§ 78), so kann sie auf Antrag der Partei auch dann berichtigt werden, wenn eine Berichtigung nach § 293 nicht zulässig ist.

§ 293b. Die Abgabenbehörde kann auf Antrag einer Partei (§ 78) oder von Amts wegen einen Bescheid insoweit berichtigen, als seine Rechtswidrigkeit auf der Übernahme offensichtlicher Unrichtigkeiten aus Abgabenerklärungen beruht.

§ 294. (1) Eine Änderung oder Zurücknahme eines Bescheides, der Begünstigungen, Berechtigungen oder die Befreiung von Pflichten betrifft, durch die Abgabenbehörde ist – soweit nicht Widerruf oder Bedingungen vorbehalten sind – nur zulässig,
a) wenn sich die tatsächlichen Verhältnisse geändert haben, die für die Erlassung des Bescheides maßgebend gewesen sind, oder
b) wenn das Vorhandensein dieser Verhältnisse auf Grund unrichtiger oder irreführender Angaben zu Unrecht angenommen worden ist.

(2) Die Änderung oder Zurücknahme kann ohne Zustimmung der betroffenen Parteien mit rückwirkender Kraft nur ausgesprochen werden, wenn der Bescheid durch wissentlich unwahre Angaben oder durch eine strafbare Handlung herbeigeführt worden ist.

(3) Die Bestimmungen der Abgabenvorschriften über die Änderung und den Widerruf von Bescheiden der im Abs. 1 bezeichneten Art bleiben unberührt.

(4) Die Entscheidung über Änderungen und Zurücknahmen nach Abs. 1 und 2 steht der Abgabenbehörde zu, die für die Erlassung des zu ändernden bzw. zurückzunehmenden Bescheides zuständig war oder vor Übergang der Zuständigkeit als Folge einer Bescheidbeschwerde oder einer Säumnisbeschwerde (§ 284 Abs. 3) zuständig gewesen wäre. Ist die diesbezügliche Zuständigkeit auf eine andere Abgabenbehörde übergegangen, so steht die Entscheidung der zuletzt zuständig gewordenen Abgabenbehörde zu.

§ 295. (1) Ist ein Bescheid von einem Feststellungsbescheid abzuleiten, so ist er ohne Rücksicht darauf, ob die Rechtskraft eingetreten ist, im Fall der nachträglichen Abänderung, Aufhebung oder Erlassung des Feststellungsbescheides von Amts wegen durch einen neuen Bescheid zu ersetzen oder, wenn die Voraussetzungen für die Erlassung des abgeleiteten Bescheides nicht mehr vorliegen, aufzuheben. Mit der Änderung oder Aufhebung des abgeleiteten Bescheides kann gewartet werden, bis die Abänderung oder Aufhebung des Feststellungsbescheides oder der nachträglich erlassene Feststellungsbescheid rechtskräftig geworden ist.

(2) Ist ein Bescheid von einem Abgaben-, Meß-, Zerlegungs- oder Zuteilungsbescheid abzuleiten, so gilt Abs. 1 sinngemäß.

(2a) Ist ein Bescheid von einem Bescheid gemäß § 48 Abs. 2 oder 4 abzuleiten, ist er ungeachtet des Eintritts der Rechtskraft oder der Verjährung im Fall der nachträglichen Erlassung oder Aufhebung des Bescheides von Amts wegen aufzuheben oder insoweit abzuändern, als der Bescheid sich auf den Spruch des abgeleiteten Bescheides auswirkt.

(BGBl I 2019/62)

(3) Ein Bescheid ist ohne Rücksicht darauf, ob die Rechtskraft eingetreten ist, auch ansonsten zu ändern oder aufzuheben, wenn der Spruch dieses Bescheides anders hätte lauten müssen oder dieser Bescheid nicht hätte ergehen dürfen, wäre bei seiner Erlassung ein anderer Bescheid bereits abgeändert, aufgehoben oder erlassen gewesen. Mit der Änderung oder Aufhebung des Bescheides kann gewartet werden, bis die Abänderung oder Aufhebung des anderen Bescheides oder der nachträglich erlassene andere Bescheid rechtskräftig geworden ist.

(4) Wird eine Bescheidbeschwerde, die gegen ein Dokument, das Form und Inhalt
– eines Feststellungsbescheides (§ 188) oder
– eines Bescheides, wonach eine solche Feststellung zu unterbleiben hat,

gerichtet ist, als unzulässig zurückgewiesen, weil das Dokument kein Bescheid ist, sind auf das Dokument gestützte Bescheide auf Antrag der Partei aufzuheben oder insoweit abzuändern, als sie sich auf das Dokument stützen. Der Antrag ist innerhalb eines Jahres ab Rechtskraft der Zurückweisung zu stellen. Der an die Stelle des aufgehobenen Bescheides tretenden Abgabenfestsetzung steht, soweit sie im das Dokument ersetzenden Bescheid enthaltene Feststellungen übernimmt, der Eintritt der Verjährung nicht entgegen, wenn die Festsetzung innerhalb eines Jahres ab Aufhebung erfolgt. § 209a Abs. 2 erster Satz gilt sinngemäß, wenn gegen den das Dokument ersetzenden Bescheid fristgerecht Beschwerde erhoben wird. Der Antrag hat folgendes zu enthalten:

1. die Bezeichnung des Bescheides, der abgeändert oder aufgehoben werden soll;
2. die Bezeichnung des Bescheides oder Beschlusses, mit dem die Bescheidbeschwerde im Feststellungsverfahren zurückgewiesen wurde;
3. die Angaben, die zur Beurteilung der Rechtzeitigkeit des Antrages erforderlich sind.

(BGBl I 2020/2, BGBl I 2021/3, BGBl I 2022/108)

(5) Die Entscheidung über Aufhebungen und Änderungen nach den Abs. 1 bis 4 steht der Abgabenbehörde zu, die für die Erlassung des aufhebenden bzw. zu ändernden Bescheides zuständig war oder vor Übergang der Zuständigkeit als Folge einer Beschwerdebeschwerde oder einer Säumnisbeschwerde (§ 284 Abs. 3) zuständig gewesen wäre. Ist die diesbezügliche Zuständigkeit auf eine andere Abgabenbehörde übergegangen, so steht die Entscheidung der zuletzt zuständig gewordenen Abgabenbehörde zu.

(BGBl I 2021/3)

§ 295a. (1) Ein Bescheid kann auf Antrag der Partei (§ 78) oder von Amts wegen insoweit abgeändert werden, als ein Ereignis eintritt, das abgabenrechtliche Wirkung für die Vergangenheit auf den Bestand oder Umfang eines Abgabenanspruches hat.

(2) Die Entscheidung über die Abänderung steht der Abgabenbehörde zu, die für die Erlassung des abzuändernden Bescheides zuständig war oder vor Übergang der Zuständigkeit als Folge einer Bescheidbeschwerde oder einer Säumnisbeschwerde (§ 284 Abs. 3) zuständig gewesen wäre. Ist die diesbezügliche Zuständigkeit auf eine andere Abgabenbehörde übergegangen, so steht die Entscheidung der zuletzt zuständig gewordenen Abgabenbehörde zu.

§ 296. (aufgehoben)

§ 297. (1) Ist ein Zerlegungsbescheid gemäß § 295 durch einen neuen Zerlegungsbescheid zu ersetzen, so kann die Abgabenbehörde, sofern nicht überwiegende Interessen der Parteien entgegenstehen, mit der Vornahme der neuen Zerlegung warten, bis der abändernde Meßbescheid rechtskräftig geworden ist.

(2) Ist der Anspruch einer Körperschaft auf einen Anteil am Steuermeßbetrag unberücksichtigt geblieben, ohne bescheidmäßig abgelehnt worden zu sein, so ist auf Antrag eine Zerlegung oder eine neuerliche Festsetzung des Steuermeßbetrages, erforderlichenfalls auch des für die Festsetzung des Grundsteuermeßbetrages maßgeblichen Einheitswertes vorzunehmen. Ein Antrag auf erstmalige Zerlegung kann nur innerhalb eines Jahres ab Eintritt der Rechtskraft des Meßbescheides, ein Antrag auf neue Zerlegung nur innerhalb eines Jahres ab Eintritt der Rechtskraft des bisherigen Zerlegungsbescheides gestellt werden.

§ 298. Ein Abgabenbescheid, in dem der Abgabenbetrag auf Grund eines Steuermeßbetrages unter Anwendung eines Hundertsatzes (Hebesatzes) berechnet wurde, ist im Fall nachträglichen Änderung des Hebesatzes von Amts wegen durch einen neuen Abgabenbescheid zu ersetzen.

§ 299. (1) Die Abgabenbehörde kann auf Antrag der Partei oder von Amts wegen einen Bescheid der Abgabenbehörde aufheben, wenn der Spruch des Bescheides sich als nicht richtig erweist. Der Antrag hat zu enthalten:

a) die Bezeichnung des aufzuhebenden Bescheides;
b) die Gründe, auf die sich die behauptete Unrichtigkeit stützt.

(2) Mit dem aufhebenden Bescheid ist der den aufgehobenen Bescheid ersetzende Bescheid zu verbinden. Dies gilt nur, wenn dieselbe Abgabenbehörde zur Erlassung beider Bescheide zuständig ist.

(3) Durch die Aufhebung des aufhebenden Bescheides (Abs. 1) tritt das Verfahren in die Lage zurück, in der es sich vor der Aufhebung (Abs. 1) befunden hat.

§ 299a. Für Landes- und Gemeindeabgaben gilt Folgendes:

Abgabenbehörden im Sinn des § 299 im Anwendungsbereich des § 288 sind nur Abgabenbehörden erster Instanz.

(BGBl I 2016/117)

§ 300. (1) Ab Vorlage der Beschwerde (§ 265) bzw. ab Einbringung einer Vorlageerinnerung (§ 264 Abs. 6) bzw. in den Fällen des § 262 Abs. 2 bis 4 (Unterbleiben einer Beschwerdevorentscheidung) ab Einbringung der Bescheidbeschwerde können Abgabenbehörden die beim Verwaltungsgericht mit Bescheidbeschwerde angefochtene Bescheide und allfällige Beschwerdevorentscheidungen bei sonstiger Nichtigkeit weder abändern noch aufheben. Die Verpflichtung zur Erlassung einer Beschwerdevorentscheidung (§ 262 Abs. 1) wird dadurch nicht berührt. Sie können solche Bescheide, wenn sich ihr Spruch als nicht richtig erweist, nur dann aufheben,

(BGBl I 2018/62)

a) wenn der Beschwerdeführer einer solchen Aufhebung gegenüber dem Verwaltungsgericht nach Vorlage der Beschwerde zugestimmt hat und
b) wenn das Verwaltungsgericht mit Beschluss die Zustimmungserklärung an die Abgabenbehörde unter Setzung einer angemessenen Frist zur Aufhebung weitergeleitet hat und
c) wenn die Frist (lit. b) noch nicht abgelaufen ist.

(2) Vor Ablauf der Frist des Abs. 1 lit. b kann das Verwaltungsgericht über die Beschwerde weder mit Erkenntnis noch mit Beschluss absprechen, es sei denn, die Abgabenbehörde teilt mit, dass sie keine Aufhebung vornehmen wird.

(3) Mit dem aufhebenden Bescheid ist der den aufgehobenen Bescheid ersetzende Bescheid zu verbinden. Dies gilt nur, wenn dieselbe Abgabenbehörde zur Erlassung beider Bescheide zuständig ist.
(BGBl I 2016/117)

(4) (aufgehoben)
(BGBl I 2016/117)

(5) Durch die Bekanntgabe der Aufhebung (Abs. 1) lebt die Entscheidungspflicht des § 291 wieder auf. Die Abgabenbehörde hat das Verwaltungsgericht unverzüglich von der Aufhebung zu verständigen.

§ 301. (aufgehoben)

§ 302. (1) Abänderungen, Zurücknahmen und Aufhebungen von Bescheiden sind, soweit nicht anderes bestimmt ist, bis zum Ablauf der Verjährungsfrist, Aufhebungen gemäß § 299 jedoch bis zum Ablauf eines Jahres nach Bekanntgabe (§ 97) des Bescheides zulässig.

(2) Darüber hinaus sind zulässig:
a) Berichtigungen nach § 293 innerhalb eines Jahres ab Rechtskraft des zu berichtigenden Bescheides oder wenn der Antrag auf Berichtigung innerhalb dieses Jahres eingebracht ist, auch nach Ablauf dieses Jahres;
b) Aufhebungen nach § 299 auch dann, wenn der Antrag auf Aufhebung vor Ablauf der sich aus Abs. 1 ergebenden Jahresfrist eingebracht ist.
c) und d) (aufgehoben)

2. Wiederaufnahme des Verfahrens

§ 303. (1) Ein durch Bescheid abgeschlossenes Verfahren kann auf Antrag einer Partei oder von Amts wegen wiederaufgenommen werden, wenn
a) der Bescheid durch eine gerichtlich strafbare Tat herbeigeführt oder sonstwie erschlichen worden ist, oder
b) Tatsachen oder Beweismittel im abgeschlossenen Verfahren neu hervorgekommen sind, oder
c) der Bescheid von Vorfragen (§ 116) abhängig war und nachträglich über die Vorfrage von der Verwaltungsbehörde bzw. dem Gericht in wesentlichen Punkten anders entschieden worden ist,
und die Kenntnis dieser Umstände allein oder in Verbindung mit dem sonstigen Ergebnis des Verfahrens einen im Spruch anders lautenden Bescheid herbeigeführt hätte.

(2) Der Wiederaufnahmsantrag hat zu enthalten:
a) die Bezeichnung des Verfahrens, dessen Wiederaufnahme beantragt wird;
b) die Bezeichnung der Umstände (Abs. 1), auf die der Antrag gestützt wird.

(3) Der Bundesminister für Finanzen wird ermächtigt, durch Verordnung die für die Ermessensübung bedeutsamem Umstände zu bestimmen.

§ 303a. (aufgehoben)

§ 304. Nach Eintritt der Verjährung ist eine Wiederaufnahme des Verfahrens nur zulässig, wenn sie
a) vor Eintritt der Verjährungsfrist beantragt wird, oder
b) innerhalb von drei Jahren ab Eintritt der Rechtskraft des das Verfahren abschließenden Bescheides beantragt oder durchgeführt wird.
(BGBl I 2018/62)

§ 305. Die Entscheidung über die Wiederaufnahme steht der Abgabenbehörde zu, die für die Erlassung des nach § 307 Abs. 1 aufzuhebenden Bescheides zuständig war oder vor Übergang der Zuständigkeit als Folge einer Bescheidbeschwerde oder einer Säumnisbeschwerde (§ 284 Abs. 3) zuständig gewesen wäre. Ist die diesbezügliche Zuständigkeit auf eine andere Abgabenbehörde übergegangen, so steht die Entscheidung der zuletzt zuständig gewordenen Abgabenbehörde zu.

§ 306. (aufgehoben)

§ 307. (1) Mit dem die Wiederaufnahme des Verfahrens bewilligenden oder verfügenden Bescheid ist unter gleichzeitiger Aufhebung des früheren Bescheides die das wiederaufgenommene Verfahren abschließende Sachentscheidung zu verbinden. Dies gilt nur, wenn dieselbe Abgabenbehörde zur Erlassung beider Bescheide zuständig ist.

(2) (aufgehoben)

(3) Durch die Aufhebung des die Wiederaufnahme des Verfahrens bewilligenden oder verfügenden Bescheides tritt das Verfahren in die Lage zurück, in der es sich vor seiner Wiederaufnahme befunden hat.

3. Wiedereinsetzung in den vorigen Stand

§ 308. (1) Gegen die Versäumung einer Frist (§§ 108 bis 110) oder einer mündlichen Verhandlung ist auf Antrag der Partei, die durch die Versäumung einen Rechtsnachteil erleidet, die Wiedereinsetzung in den vorigen Stand zu bewilligen, wenn die Partei glaubhaft macht, daß sie durch ein unvorhergesehenes oder unabwendbares Ereignis verhindert war, die Frist einzuhalten oder zur Verhandlung zu erscheinen. Daß der Partei ein Verschulden an der Versäumung zur Last liegt, hindert die Bewilligung der Wiedereinsetzung nicht, wenn es sich nur um einen minderen Grad des Versehens handelt.

(2) (aufgehoben)

(3) Der Antrag auf Wiedereinsetzung muss binnen einer Frist von drei Monaten nach Aufhören des Hindernisses bei der Behörde (Abgabenbehörde oder Verwaltungsgericht), bei der die Frist wahrzunehmen war bzw. bei der die Verhandlung stattfinden sollte, eingebracht werden. Bei Versäumnis einer Beschwerdefrist (§ 245) oder einer Frist zur Stellung eines Vorlageantrages (§ 264) gilt § 249 Abs. 1 dritter Satz sinngemäß. Im Fall der Versäumung einer Frist hat der Antragsteller spätestens

gleichzeitig mit dem Wiedereinsetzungsantrag die versäumte Handlung nachzuholen.

(4) Wenn die Zuständigkeit zur Abgabenerhebung auf eine andere Abgabenbehörde übergegangen ist, kann der Antrag unter gleichzeitiger Nachholung der versäumten Handlung auch bei der Abgabenbehörde eingebracht werden, die im Zeitpunkt der Antragstellung zur Abgabenerhebung zuständig ist.

§ 309. Nach Ablauf von fünf Jahren, vom Ende der versäumten Frist oder vom Termin der versäumten mündlichen Verhandlung an gerechnet, ist ein Antrag auf Wiedereinsetzung in den vorigen Stand nicht mehr zulässig.

§ 309a. Der Wiedereinsetzungsantrag hat zu enthalten:
a) die Bezeichnung der versäumten Frist oder der versäumten mündlichen Verhandlung;
b) die Bezeichnung des unvorhergesehenen oder unabwendbaren Ereignisses (§ 308 Abs. 1);
c) die Angaben, die zur Beurteilung des fehlenden groben Verschuldens an der Fristversäumung oder der Versäumung der mündlichen Verhandlung notwendig sind;
d) die Angaben, die zur Beurteilung der Rechtzeitigkeit des Antrags notwendig sind.

§ 310. (1) Die Entscheidung über den Antrag auf Wiedereinsetzung in den vorigen Stand obliegt der Behörde, bei der die versäumte Handlung vorzunehmen war.

(2) Wenn die Zuständigkeit zur Abgabenerhebung auf eine andere Abgabenbehörde übergegangen ist, steht die Entscheidung über den Antrag auf Wiedereinsetzung der zuletzt zuständig gewordenen Abgabenbehörde zu.

(3) Durch die Bewilligung der Wiedereinsetzung tritt das Verfahren in die Lage zurück, in der es sich vor dem Eintritt der Versäumung befunden hat. Soweit die versäumte Handlung erst die Einleitung eines Verfahrens zur Folge gehabt hätte, ist durch die Bewilligung der Wiedereinsetzung die ursprünglich versäumte Handlung als rechtzeitig vorgenommen anzusehen.

§§ 311. und 311a. (entfallen)

8. Abschnitt
Kosten
A. Allgemeine Bestimmungen

§ 312. Sofern sich aus diesem Bundesgesetz oder aus sonstigen gesetzlichen Vorschriften nicht anderes ergibt, sind die Kosten für die Tätigkeit der Abgabenbehörden und der Verwaltungsgerichte von Amts wegen zu tragen.

§ 313. Die Parteien haben die ihnen in Abgabenverfahren und im Beschwerdeverfahren erwachsenden Kosten selbst zu bestreiten.

§ 313a. Ist eine Partei gehörlos oder hörbehindert, so ist erforderlichenfalls ein Dolmetscher beizustellen. § 181 gilt sinngemäß; die Gebühr für die Mühewaltung richtet sich nach § 54 Gebührenanspruchsgesetz 1975.

B. Kosten im Verbrauchsteuer- und Monopolverfahren

§ 314. Im Verbrauchsteuer- und Monopolverfahren besteht Kostenpflicht
1. für alle Amtshandlungen, die auf Antrag zu einer vom Antragsteller gewünschten bestimmten Zeit vorgenommen werden;
2. für besondere Überwachungsmaßnahmen im Sinn des § 155;
3. für die zweite und jede weitere Alkoholfeststellung innerhalb eines Kalendermonats in derselben Verschlussbrennerei, wenn sie im Interesse des Inhabers der Brennerei vorgenommen wird;
4. für die Vergällung von Alkohol;
5. für Sachverständigengutachten und für chemische oder technische Untersuchungen von Waren anlässlich der Prüfung von Anträgen auf Gewährung von Begünstigungen.

§ 315. (1) Soweit nach § 314 Kostenpflicht besteht oder in Verbrauchsteuervorschriften oder Monopolvorschriften die Auferlegung von Kosten vorgesehen ist, hat die Partei (§ 78) die der Abgabenbehörde erwachsenen Barauslagen zu ersetzen und für Amtshandlungen außerhalb des Amtes Kommissionsgebühren zu entrichten. Die Kommissionsgebühren sind in dem Ausmaß zu entrichten, in dem sie auf Grund der §§ 101 oder 102 des Zollrechts-Durchführungsgesetzes für Amtshandlungen außerhalb des Amtsplatzes zu leisten wären.

(2) Für eine chemische oder technische Untersuchung (§ 314 Z 5), die von der Abgabenbehörde vorgenommen wurde, hat die Partei außer den im Abs. 1 angeführten Kosten eine Untersuchungsgebühr zu entrichten. Zur Berechnung der Untersuchungsgebühr sind nach § 101 Abs. 2 zweiter Satz des Zollrechts-Durchführungsgesetzes bestimmten Personalkostensätze heranzuziehen. Teile einer Arbeitsstunde, die eine halbe Stunde übersteigen, gelten als volle Arbeitsstunde.

§ 316. (entfallen)

9. Abschnitt
Übergangs- und Schlußbestimmungen

§§ 317. bis 320. (nicht abgedruckt)

§ 321. (1) …

(2) Die gemäß § 71 der Wirtschaftstreuhänder-Berufsordnung, BGBl. Nr. 125/1955, unberührt gebliebenen Befugnisse zur Vertretung vor Abgabenbehörden beziehungsweise zur Hilfe- oder Beistandsleistung in Abgabensachen erfahren durch das Inkrafttreten dieses Bundesgesetzes keine Änderung; dies gilt auch für die im § 107 a Abs. 3 Z 3 bis 9 der Abgabenordnung genannten Personen und Stellen.

§ 322. (nicht abgedruckt)

§ 323. (1) Dieses Bundesgesetz tritt am 1. Jänner 1962 in Kraft.

(2) § 44 Abs. 2 und die Bezeichnung des früheren § 323 Abs. 2 als § 324 in der Fassung des Bundes-

gesetzes BGBl. Nr. 257/1993 treten mit 1. Juli 1993 in Kraft. Auf zu diesem Zeitpunkt anhängige Verfahren sind sie jedoch noch nicht anzuwenden.

(3) § 61 in der Fassung des Bundesgesetzes BGBl. Nr. 201/1996 tritt mit 1. September 1996 in Kraft. Verfügungen gemäß § 71 Abs. 1, die dem § 61 in der Fassung dieses Bundesgesetzes entgegenstehen, verlieren insoweit mit dessen Inkrafttreten ihre Wirkung. Solange die Verständigung der Abgabepflichtigen vom Übergang der örtlichen Zuständigkeit als Folge der Änderung des § 61 durch dieses Bundesgesetz nicht ergangen ist, können Anbringen auch noch bei der vor Inkrafttreten der Änderung des § 61 durch dieses Bundesgesetz zuständig gewesenen Abgabenbehörde eingebracht werden.

(4) § 189 ist auf Zeitpunkte nach dem 31. Dezember 1993 nicht mehr anzuwenden.

(5) § 55 Abs. 3 und 4 in der Fassung des Bundesgesetzes BGBl. I Nr. 9/1998 tritt mit 1. Oktober 1998 in Kraft. Verfügungen gemäß § 71 Abs. 1, die § 55 Abs. 3 und 4 in der Fassung dieses Bundesgesetzes entgegenstehen, verlieren insoweit mit dessen Inkrafttreten ihre Wirkung. Solange die Verständigung der Abgabepflichtigen vom Übergang der örtlichen Zuständigkeit als Folge der Änderung des § 55 durch dieses Bundesgesetz nicht ergangen ist, können Anbringen auch noch bei der vor Inkrafttreten der Änderung des § 55 durch dieses Bundesgesetz zuständig gewesenen Abgabenbehörde eingebracht werden.

(6) § 187 ist auf Einkünfte, die in einem nach dem 31. Dezember 1996 endenden Wirtschaftsjahr (§ 2 Abs. 5 und 6 EStG 1988) erzielt werden, nicht mehr anzuwenden. Bei Prüfung der Voraussetzungen für die Anwendung des § 187 ist die Neufassung des § 55 durch Bundesgesetz BGBl. I Nr. 9/1998 unbeachtlich.

(7) Bewilligungen gemäß § 131 Abs. 1 vierter Satz verlieren mit Inkrafttreten der Neufassung des § 131 Abs. 1 durch BGBl. I Nr. 142/2000 ihre Wirksamkeit. § 205 in der Fassung des Bundesgesetzes BGBl. I Nr. 142/2000 ist erstmals auf Abgaben anzuwenden, für die der Abgabenanspruch nach dem 31. Dezember 1999 entstanden ist; abweichend von § 205 Abs. 1 ist für Abgaben, für die der Abgabenanspruch vor dem 1. Jänner 2001 entsteht, anstelle des 1. Juli der 1. Oktober 2001 für den Beginn der Verzinsung maßgebend. § 214 Abs. 4 lit. e in der Fassung des Bundesgesetzes BGBl. I Nr. 142/2000 ist erstmals auf Abgaben anzuwenden, für die der Abgabenanspruch am 31. Dezember 2000 entstanden ist. § 240 in der Fassung durch BGBl. I Nr. 142/2000 ist erstmals auf Abgaben anzuwenden, für die der Abgabenanspruch nach dem 31. Dezember 2000 entsteht.

(8) Die §§ 210 Abs. 6, 212 Abs. 2 lit. a, 212 Abs. 3, 212a Abs. 7, 214 Abs. 5, 217 sowie 230 in der Fassung des Bundesgesetzes BGBl. I Nr. 142/2000 sind erstmals auf Abgaben anzuwenden, für die der Abgabenanspruch nach dem 31. Dezember 2001 entsteht. Auf Abgaben, für die der Abgabenanspruch vor dem 1. Jänner 2002 entsteht, sind die §§ 212 Abs. 3 sowie 218 Abs. 2 und 6 (jeweils in der Fassung vor dem Bundesgesetz BGBl. I Nr. 142/2000) weiterhin mit der Maßgabe anzuwenden, dass die dort genannten Zweiwochenfristen jeweils einen Monat betragen.

(9) § 45a und § 125 Abs. 1 lit. a, jeweils in der Fassung des Bundesgesetzes BGBl. I Nr. 59/2001, sind erstmals auf im Jahr 2002 ausgeführte Umsätze anzuwenden. § 204, § 212 Abs. 2 und § 242, jeweils in der Fassung des Bundesgesetzes BGBl. I Nr. 59/2001, sowie § 111 Abs. 3, § 112 Abs. 2, § 112a, jeweils in der Fassung des Bundesgesetzes BGBl. I Nr. 144/2001, treten mit 1. Jänner 2002 in Kraft. § 125 Abs. 1 lit. b in der Fassung des Bundesgesetzes BGBl. I Nr. 58/2001 ist erstmals auf Werte zum 1. Jänner 2002 anzuwenden. § 188 in der Fassung vor dem Bundesgesetz BGBl. I Nr. 144/2001 ist letztmalig auf das Jahr 2000 betreffende Feststellungen anzuwenden.

(10) Die §§ 52a, 75, 78, 148, 212 Abs. 4, 212a Abs. 4 und 5, 243, 256, 260, 263 bis 268, 270, 273, 274, 276 bis 279, 281 bis 289 Abs. 2, 293 bis 293b, 299, 300, 302, 305, 308, 310 und 311 in der Fassung des Bundesgesetzes BGBl. I Nr. 97/2002, der Entfall der Überschriften vor § 53, § 273 und § 282 sowie der Entfall der §§ 74, 261, 262, 269 und 301 durch das Bundesgesetz BGBl. I Nr. 97/2002 treten mit 1. Jänner 2003 in Kraft und sind, soweit sie Berufungen und Devolutionsanträge betreffen, auch auf alle an diesem Tag unerledigten Berufungen und Devolutionsanträge anzuwenden.

(11) § 201 und § 214 Abs. 5 in der Fassung des Bundesgesetzes BGBl. I Nr. 97/2002 sind erstmals auf Abgaben anzuwenden, für die der Abgabenanspruch nach dem 31. Dezember 2002 entsteht. Die Bindungswirkung gemäß § 289 Abs. 3 und § 290 Abs. 2 in der Fassung des Bundesgesetzes BGBl. I Nr. 97/2002 kommt erstmals am 1. Jänner 2003 erlassenen Berufungsentscheidungen zu. § 292 in der Fassung vor dem Bundesgesetz BGBl. I Nr. 97/2002, ist für von Berufungssenaten im Sinne des § 260 in der Fassung vor dem Bundesgesetz BGBl. I Nr. 97/2002, erlassene Entscheidungen auch nach In-Kraft-Treten des § 292 in der Fassung des Bundesgesetzes BGBl. I Nr. 97/2002, anzuwenden.

(12) Anträge auf Entscheidung durch den gesamten Berufungssenat können abweichend von § 282 Abs. 1 Z 1 bis 31. Jänner 2003 bei den im § 249 genannten Abgabenbehörden für am 1. Jänner 2003 noch unerledigte Berufungen gestellt werden; solche Anträge können weiters in Fällen, in denen nach der vor 1. Jänner 2003 geltenden Rechtslage durch den Berufungssenat zu entscheiden war und diese Entscheidung durch den Verfassungsgerichtshof oder den Verwaltungsgerichtshof aufgehoben wird, innerhalb eines Monates ab Zustellung der Aufhebung gestellt werden. Anträge auf Durchführung einer mündlichen Berufungsverhandlung können abweichend von § 284 Abs. 1 Z 1 bis 31. Jänner 2003 bei den im § 249 genannten Abgabenbehörden für Berufungen, über die nach der vor 1. Jänner 2003 geltenden Rechtslage nicht durch den Berufungssenat zu entscheiden war, gestellt werden. Nach § 284 Abs. 1 in der Fassung vor dem

Bundesgesetz BGBl. I Nr. 97/2002, gestellte Anträge auf mündliche Verhandlung gelten ab 1. Jänner 2003 als auf Grund des § 284 Abs. 1 Z 1 gestellt.

(13) Die Maßnahmen, die für eine unverzügliche Aufnahme der Tätigkeit des unabhängigen Finanzsenates erforderlich sind, dürfen bereits ab dem der Kundmachung des Bundesgesetzes BGBl. I Nr. 97/2002 folgenden Tag getroffen werden. Entsendungen nach den §§ 263 ff in der Fassung vor dem Bundesgesetz BGBl. I Nr. 97/2002, gelten als für den unabhängigen Finanzsenat bis 1. Jänner 2005 erfolgt; dies gilt nicht für von den Berufsvertretungen der Notare, Rechtsanwälte und Wirtschaftstreuhänder entsendete Mitglieder sowie für entsendete Notare, Rechtsanwälte und Wirtschaftstreuhänder.

(14) **(Verfassungsbestimmung)** § 271 in der Fassung des Bundesgesetzes BGBl. I Nr. 97/2002 tritt mit 1. Jänner 2003 in Kraft.

(15) Die §§ 59, 61, 148, 149, 150, 151 und 240 in der Fassung des Bundesgesetzes BGBl. I Nr. 124/2003 treten mit 1. März 2004 in Kraft. Von sich aus der Neufassung der §§ 59 und 61 ergebenden Übergängen der Zuständigkeit ist der Abgabepflichtige in Kenntnis zu setzen. Solange eine solche Verständigung nicht erfolgt ist, können Anbringen auch noch bei der vor dem Inkrafttreten der Neufassungen zuständig gewesenen Abgabenbehörde eingebracht werden. Delegierungsbescheide (§ 71), die den §§ 59 oder 61 in der Fassung der Neufassung entgegenstehen, verlieren insoweit mit 1. März 2004 ihre Wirkung.

(16) Die §§ 207, 209, 209a und 304 in der Fassung des Bundesgesetzes BGBl. I Nr. 57/2004 treten mit 1. Jänner 2005 in Kraft. § 209 Abs. 3 in der Fassung des Bundesgesetzes BGBl. I Nr. 57/2004 tritt für Nachforderungen bzw. Gutschriften als Folge einer Außenprüfung (§ 147 Abs. 1), wenn der Beginn der Amtshandlung vor dem 1. Jänner 2005 gelegen ist, erst mit 1. Jänner 2006 in Kraft.

(17) § 57 in der Fassung des Bundesgesetzes BGBl. I Nr. 180/2004 ist ab 1. Februar 2005 anzuwenden. Von sich aus der Neufassung des § 57 ergebenden Übergängen der Zuständigkeit ist der Abgabepflichtige in Kenntnis zu setzen. Solange eine solche Verständigung nicht erfolgt ist, können Anbringen auch noch bei der vor dem In-Kraft-Treten der Neufassungen zuständig gewesenen Abgabenbehörde eingebracht werden. Delegierungsbescheide (§ 71), die dem § 57 in der Fassung der Neufassung entgegenstehen, verlieren insoweit mit 1. Februar 2005 ihre Wirkung.

§ 80 in der Fassung des Bundesgesetzes, BGBl. I Nr. 180/2004 ist erstmals anzuwenden, wenn die Liquidation nach dem 31. Jänner 2005 beendigt wird.

§ 205 Abs. 2 in der Fassung des Bundesgesetzes BGBl. I Nr. 180/2004 ist erstmals für Einkommensteuer und Körperschaftsteuer, für die der Abgabenanspruch nach dem 31. Dezember 2004 entsteht, anzuwenden.

Die §§ 212 Abs. 2 und 212a Abs. 9 in der Fassung des Bundesgesetzes BGBl. I Nr. 180/2004 sind erstmals für Zeiträume nach dem 31. Jänner 2005 anzuwenden.

(18) § 209 Abs. 1 in der Fassung des Bundesgesetzes BGBl. I Nr. 180/2004 ist ab 1. Jänner 2005 anzuwenden. Für Nachforderungen bzw. Gutschriften als Folge einer Außenprüfung (§ 147 Abs. 1) ist die Neufassung des § 209 Abs. 1 jedoch erst ab 1. Jänner 2006 anzuwenden, wenn der Beginn der Amtshandlung vor dem 1. Jänner 2005 gelegen ist. § 209 Abs. 1 zweiter Satz in der Fassung BGBl. I Nr. 180/2004 gilt sinngemäß für im Jahr 2004 unternommene Amtshandlungen im Sinn des § 209 Abs. 1 in der Fassung vor BGBl. I Nr. 57/2004. § 209a Abs. 1 und 2 gilt für den Fall der Verkürzung von Verjährungsfristen durch die Neufassungen des § 207 Abs. 2 zweiter Satz durch BGBl. I Nr. 57/2004, des § 209 Abs. 1 durch BGBl. I Nr. 180/2004, des § 209 Abs. 3 durch BGBl. I Nr. 57/2004 sowie des § 304 durch BGBl I Nr. 57/2004 sinngemäß. Wegen der Verkürzung der Verjährungsfristen des § 209 Abs. 3 durch BGBl. I Nr. 57/2004 dürfen Bescheide nicht gemäß § 299 Abs. 1 aufgehoben werden.

(19) §§ 131 Abs. 1, 2, 3 und 163 jeweils in der Fassung des Bundesgesetzes BGBl. I Nr. 99/2006 treten mit 1. Jänner 2007 in Kraft.

(20) Die Verordnung auf Grund § 131 in der Fassung des Bundesgesetzes BGBl. I Nr. 99/2006 kann bereits ab dem auf die Kundmachung des Betrugsbekämpfungsgesetzes 2006, BGBl. I Nr. 99/2006 folgenden Tag erlassen werden; sie darf jedoch frühestens mit 1. Jänner 2007 in Kraft treten.

(21) § 124 und § 125 Abs. 1 und 5 jeweils in der Fassung des Bundesgesetzes BGBl. I Nr. 100/2006 sind erstmalig für Wirtschaftsjahre anzuwenden, die nach dem 31. Dezember 2006 beginnen.

(22) § 121a und § 160 Abs. 1, jeweils in der Fassung des Bundesgesetzes BGBl. I Nr. 85/2008, sind für Erwerbe nach dem 31. Juli 2008 anzuwenden. Bei der Zusammenrechnung nach § 121a Abs. 2 sind Erwerbe vor dem 1. August 2008 nicht zu berücksichtigen.

(23) § 188 Abs. 4 lit. c in der Fassung des Bundesgesetzes BGBl. I Nr. 20/2009 ist erstmals auf Feststellungen anzuwenden, die das Jahr 2008 betreffen. § 214 Abs. 4 in der Fassung des Bundesgesetzes BGBl. I Nr. 20/2009, ist auf Abgaben anzuwenden, für die der Abgabenanspruch nach dem 31. Dezember 2009 entstanden ist. Die §§ 201 und 302, jeweils in der Fassung des Bundesgesetzes BGBl. I Nr. 20/2009 treten mit 1. November 2009 in Kraft. § 239a in der Fassung des Bundesgesetzes BGBl. I Nr. 20/2009, ist erstmals auf Abgaben (§ 3 in der Fassung vor dem Bundesgesetz, BGBl. I Nr. 20/2009) anzuwenden, für die der Abgabenanspruch nach dem 31. Dezember 2000 entstanden ist.

(24) Die §§ 51, 52a bis 68 sowie die §§ 71 bis 75 treten mit 1. Juli 2010 außer Kraft. § 63 ist weiterhin für die Erhebung der Erbschafts- und Schenkungssteuer anzuwenden.

(25) § 118 in der Fassung des Bundesgesetzes BGBl. I Nr. 34/2010 tritt mit 1. Jänner 2011 in Kraft.

17/1. BAO
§ 323

(26) § 14 Abs. 2 tritt mit 1. Juli 2010 in Kraft. § 14 Abs. 2 in der Fassung des Bundesgesetzes BGBl. I Nr. 58/2010 ist anzuwenden, wenn das Insolvenzverfahren nach dem 30. Juni 2010 eröffnet wurde. Davon unberührt ist § 14 Abs. 2 in der Fassung vor dem Bundesgesetz BGBl. I Nr. 58/2010 für Insolvenzverfahren, die vor dem 1. Juli eröffnet werden, anzuwenden.

(27) Die §§ 207 Abs. 2 und 209 Abs. 4 in der Fassung des Bundesgesetzes BGBl. I Nr. 105/2010 sind erstmals auf Abgaben anzuwenden, für die der Abgabenanspruch nach dem 31. Dezember 2002 entstanden ist.

(28) § 240 Abs. 2 ist letztmalig für Anträge auf Erstattung mit Ablauf des 31. Dezembers 2011 anzuwenden.

(29) § 205a in der Fassung des Bundesgesetzes BGBl. I Nr. 76/2011, tritt mit 1. Jänner 2012 in Kraft und ist erstmals für ab diesem Zeitpunkt erfolgte Abgabenherabsetzungen anwendbar, wobei vor Inkrafttreten erfolgte Entrichtungen für die Verzinsung nur für Zeiträume ab Inkrafttreten zu berücksichtigen sind.

(30) Die §§ 3 Abs. 2 lit. b, 201 Abs. 3 und 205b, jeweils in der Fassung des Bundesgesetzes BGBl. I Nr. 76/2011, treten mit 1. Jänner 2012 in Kraft.

(31) Die §§ 208 Abs. 1 lit. f, 209a Abs. 4, 282 Abs. 3, 293c und 295 Abs. 4, jeweils in der Fassung des Bundesgesetzes BGBl. I Nr. 76/2011, treten mit 1. September 2011 in Kraft.

(32) § 118a in der Fassung des 1. Stabilitätsgesetzes 2012, BGBl. I Nr. 22/2012, tritt mit 1. Jänner 2013 in Kraft.

(33) Die §§ 9a und 282 Abs. 3, jeweils in der Fassung des Bundesgesetzes BGBl. I Nr. 112/2012, treten mit 1. Jänner 2013 in Kraft. Die §§ 208 Abs. 1. lit. f und 293c, jeweils in der Fassung des Bundesgesetzes, BGBl. I Nr. 76/2011, treten mit 1. Jänner 2013 außer Kraft; dies gilt nicht für vor diesem Tag erfolgte Berichtigungen gemäß § 293c sowie für vor diesem Tag eingebrachte Anträge auf Berichtigung gemäß § 293c.

(34) § 118a in der Fassung des Bundesgesetzes BGBl. I Nr. 112/2012 tritt mit 1. Jänner 2013 in Kraft.

(35) § 125 Abs. 1 in der Fassung des Bundesgesetzes BGBl. I Nr. 112/2012 ist erstmals anzuwenden für Einheitswerte, die gemäß § 20c Bewertungsgesetz 1955 festgestellt werden.

(36) Die §§ 43, 83 Abs. 4, 120 Abs. 2, 158 Abs. 4a, 160 Abs. 1, 171 Abs. 1 lit. c, 182 Abs. 2, 190 Abs. 1, 191 Abs. 1 und 3, 206, 213 Abs. 3, 227 Abs. 4, 228 und 229, jeweils in der Fassung des Bundesgesetzes. BGBl. I Nr. 14/2012, treten mit 1. Jänner 2013 in Kraft. Die §§ 4 Abs. 2 lit. b, 10, 187, 189 und 306 treten mit 1. Jänner 2013 außer Kraft.

(37) Die §§ 2a, 3 Abs. 2 lit. a, 15 Abs. 1, 52, 76, 78 Abs. 1, 85a, 93a zweiter Satz, 103 Abs. 2, 104, 118 Abs. 9, 120 Abs. 3, 122 Abs. 1, 148 Abs. 3 lit. c, 200 Abs. 5, 201 Abs. 2 und 3 Z 2, 205 Abs. 6, 205a, 209a Abs. 1, 2 und 5, 212 Abs. 2 und 4, 212a Abs. 1 bis 5, 217 Abs. 8, 225 Abs. 1, 238 Abs. 3 lit. c, 243 bis 291, 293a, 294 Abs. 4, 295 Abs. 5, 295a, 299, 300, 303, 304, 305, 308 Abs. 1, 3 und 4, 309, 309a, 310 Abs. 1, 312 sowie 313, jeweils in der Fassung des Bundesgesetzes, BGBl. I Nr. 14/2012, treten mit 1. Jänner 2014 in Kraft und sind, soweit sie Beschwerden betreffen, auch auf alle an diesem Tag unerledigten Berufungen und Devolutionsanträge anzuwenden. Die §§ 209b, 302 Abs. 2 lit. d, 303a, 311 und 311a, treten mit 1. Jänner 2014 außer Kraft.

(38) Die am 31. Dezember 2013 bei dem unabhängigen Finanzsenat als Abgabenbehörde zweiter Instanz anhängigen Berufungen und Devolutionsanträge sind vom Bundesfinanzgericht als Beschwerden im Sinn des Art. 130 Abs. 1 B-VG zu erledigen. Solche Verfahren betreffende Anbringen wirken mit 1. Jänner 2014 auch gegenüber dem Bundesfinanzgericht. Die Ausfertigung von noch vor dem 1. Jänner 2014 verkündeten Rechtsmittelentscheidungen hat jedoch noch im Namen des unabhängigen Finanzsenates als Abgabenbehörde zweiter Instanz nach den zum 31. Dezember 2013 geltenden Verfahrensbestimmungen zu erfolgen. Nach dem 31. Dezember 2013 wirksam werdende Erledigungen des unabhängigen Finanzsenates als Abgabenbehörde zweiter Instanz gelten als Erledigungen des Bundesfinanzgerichtes.

(39) Soweit zum 31. Dezember 2013 eine Befugnis zur geschäftsmäßigen Vertretung im Abgabenverfahren vor den Abgabenbehörden zweiter Instanz besteht, ist diese auch im Beschwerdeverfahren vor den Verwaltungsgerichten gegeben.

(40) Die §§ 2a, 201 Abs. 2 und 3, 272 Abs. 5 und 295 Abs. 4, jeweils in der Fassung des Bundesgesetzes, BGBl. I Nr. 70/2013, treten mit 1. Jänner 2014 in Kraft.

(41) Die §§ 81 Abs. 10, 86a, 185, 207 Abs. 2, 261 Abs. 2, 264 Abs. 5, 272 Abs. 2 und 4, 274 Abs. 1, 280 und 288 Abs. 3, jeweils in der Fassung des Bundesgesetzes BGBl. I Nr. 13/2014 treten mit 1. März 2014 in Kraft.

(42) Wurde eine Berufung vor dem 1. Jänner 2014, ohne vorher eine Berufungsvorentscheidung zu erlassen, der Abgabenbehörde zweiter Instanz vorgelegt, so ist § 262 (Erlassung einer Beschwerdevorentscheidung) nicht anwendbar.

(43) § 125 Abs. 1 lit. a in der Fassung des Budgetbegleitgesetzes 2014, BGBl. I Nr. 40/2014, ist erstmals auf in den Jahren 2013 und 2014 ausgeführte Umsätze anzuwenden.

(44) § 188 Abs. 4 lit. d in der Fassung des Bundesgesetzes BGBl. I Nr. 105/2014 ist erstmals auf Feststellungen anzuwenden, die Wirtschaftsjahre betreffen, die nach dem 31. Dezember 2014 beginnen, wenn die Vereinbarung des Auftragswertes bei Auftragsvergabe nach dem 31. Dezember 2014 erfolgt. § 240a in der Fassung des Bundesgesetzes BGBl. I Nr. 105/2014 ist erstmals für nach dem 31. Dezember 2014 erfolgte Einbehaltungen anzuwenden.

(45) § 131 Abs. 1 und 4, § 131b Abs. 1 und Abs. 3, soweit sich dieser auf Abs. 1 bezieht, und Abs. 5 Z 2, § 132a Abs. 1 bis 7 und § 163 jeweils in der Fassung des Bundesgesetzes BGBl. I Nr. 118/2015

treten mit 1. Jänner 2016 in Kraft. § 131b Abs. 2, Abs. 3, soweit sich dieser auf Abs. 2 bezieht, und Abs. 4 und Abs. 5 Z 1, 3 und 4 und § 132a Abs. 8 jeweils in der Fassung des Bundesgesetzes BGBl. I Nr. 118/2015 treten mit 1. April 2017 in Kraft. Die §§ 131b und 132a, jeweils in der Fassung des Bundesgesetzes BGBl. I Nr. 118/2015, treten, soweit sie sich auf Umsätze unter Verwendung von Warenausgabe- und Dienstleistungsautomaten beziehen, erst mit 1. Jänner 2017 in Kraft; sie gelten jedoch für vor dem 1. Jänner 2016 in Betrieb genommene Warenausgabe- und Dienstleistungsautomaten, soweit sie nicht den Anforderungen der §§ 131b und 132a entsprechen, erst ab 1. Jänner 2027. Verordnungen auf Grund der §§ 131 Abs. 4, 131b Abs. 5 und 132a Abs. 8 in der Fassung des Bundesgesetzes BGBl. I Nr. 118/2015 können bereits ab dem auf die Kundmachung des Steuerreformgesetzes 2015/2016, BGBl. I Nr. 118/2015, folgenden Tag erlassen werden. Sie dürfen jedoch nicht vor dem Inkrafttreten der neuen gesetzlichen Bestimmungen in Kraft treten, soweit sie nicht lediglich Maßnahmen vorsehen, die für ihre mit dem Inkrafttreten der neuen gesetzlichen Bestimmungen beginnende Vollziehung erforderlich sind. Für den Eintritt der Verpflichtung nach § 131b Abs. 2 ist auf die Umsätze des Kalenderjahres 2016 abzustellen.

(BGBl I 2016/77)

(46) § 209 Abs. 5 in der Fassung des Bundesgesetzes BGBl. I Nr. 163/2015 tritt mit 1. Jänner 2016 in Kraft. § 209 Abs. 5 ist erstmalig auf Fälle anzuwenden, in denen aufgrund der Bestimmungen des Einkommensteuergesetzes 1988 oder des Umgründungssteuergesetzes über eine nach dem 31. Dezember 2005 entstandene Einkommen- oder Körperschaftsteuerschuld abgesprochen, aber die Steuerschuld nicht festgesetzt worden ist.

(BGBl I 2015/163)

(47) Die §§ 40a und 40b jeweils in der Fassung des Gemeinnützigkeitsgesetzes 2015, BGBl. I Nr. 160/2015, treten mit 1. Jänner 2016 in Kraft.

(BGBl I 2015/160)

(48) § 45 Abs. 1a in der Fassung BGBl. I Nr. 77/2016 ist auf gesellige und gesellschaftliche Veranstaltungen anzuwenden, die ab 1. Jänner 2016 stattfinden.

(BGBl I 2016/77)

(49) § 131 Abs. 4 Z 1, § 131b Abs. 3 und § 132b, jeweils in der Fassung BGBl. I Nr. 77/2016, treten mit 1. Jänner 2016 in Kraft.

(BGBl I 2016/77)

(50) § 131b Abs. 2, 4 und 5, jeweils in der Fassung BGBl. I Nr. 77/2016, treten mit 1. Juli 2016 in Kraft.

(BGBl I 2016/77)

(51) Die §§ 264 Abs. 6 und 7, 272 Abs. 4, 280 Abs. 1 und 2, 283 Abs. 2, 291, 292 und 300, jeweils in der Fassung des Bundesgesetzes, BGBl. I Nr. 117/2016, treten mit 1. Jänner 2017 in Kraft.

(BGBl I 2016/117)

(52) § 48a Abs. 4, § 48b Abs. 3, § 114 Abs. 4 und § 158 Abs. 4 in der Fassung des Deregulierungsgesetzes 2017, BGBl. I Nr. 40/2017, treten mit dem auf die Kundmachung folgenden Tag in Kraft. Der Bundesminister für Finanzen kann zur Vorbereitung einer umfassenden Umsetzung des § 48b Abs. 3 in einer Verordnung Pilotierungen mit Betreibern von in § 48b Abs. 3 Z 1 genannten Institutionen vorsehen, wobei § 48b Abs. 3 in der Fassung des Jahressteuergesetzes 2018, BGBl. I Nr. 62/2018, sinngemäß zur Anwendung kommt. Zusätzlich zum vbPK-ZU kann ein indirekt personenbezogenes Identifikationsmerkmal übermittelt werden. Die Pilotierungsphase kann nach Maßgabe der technischen und organisatorischen Voraussetzungen auch zeitlich befristet werden.

(BGBl I 2018/104)

(53) § 48b Abs. 3 Z 1 lit. a, die §§ 48d bis 48i samt Unterabschnittsüberschrift, § 97 Abs. 3, § 97a Z 1 und § 114 Abs. 4, jeweils in der Fassung des Materien-Datenschutz-Anpassungsgesetzes 2018, BGBl. I Nr. 32/2018, treten mit 25. Mai 2018 in Kraft.

(BGBl I 2018/32)

(54) Die §§ 76, 82, 83, 171, 188 und 281, jeweils in der Fassung des BGBl. I Nr. 62/2018, treten mit 1. Juli 2018 in Kraft.

(BGBl I 2018/62)

(55)
1. Die §§ 148 Abs. 3a und 153a bis 153g treten mit 1. Jänner 2019 in Kraft.
2. Für Unternehmer, die am 31. Dezember 2018 am Pilotprojekt „Horizontal Monitoring" teilgenommen und bis zum 30. Juni 2019 einen Antrag gemäß § 153b gestellt haben, ist das Pilotprojekt so lange fortzusetzen, bis die lückenlose Überführung in die begleitende Kontrolle gewährleistet ist, falls im Zeitpunkt der Antragstellung alle Voraussetzungen der §§ 153a bis 153g vorliegen; das Erfüllen der Voraussetzung des § 153b Abs. 4 Z 3 ist nicht erforderlich. Das gilt für Privatstiftungen im Sinn des § 153b Abs. 1 Z 2 sinngemäß, wenn mindestens eine antragstellende Privatstiftung die Voraussetzung des § 153b Abs. 2 erster Satz erfüllt und der Antrag gemäß § 153b bis zum 31. Dezember 2019 gestellt worden ist.

(BGBl I 2019/103)

3. Die begleitende Kontrolle ist laufend zu evaluieren. Spätestens bis 31. Dezember 2024 ist ein Evaluationsbericht vorzulegen, der unter anderem genaue Angaben im Hinblick auf eine allfällige Absenkung der Umsatzerlösgrenze zu enthalten hat. Weiters ist die bisherige Auswirkung der begleitenden Kontrolle auf den Aufwand der Unternehmer und der Abgabenbehörden zu analysieren und die anzunehmende Auswirkung einer Absenkung der Umsatzerlösgrenze auf die Abgabenbehörden darzustellen.

(BGBl I 2018/62)

(56) § 118 Abs. 2 Z 1 bis 3 und Z 5, § 209a Abs. 2, § 240a und § 304, jeweils in der Fassung des BGBl. I Nr. 62/2018, treten mit 1. Jänner 2019 in Kraft.

(BGBl I 2018/62)

(57) § 22 in der Fassung des BGBl. I Nr. 62/2018 ist erstmals auf Sachverhalte anzuwenden, die nach dem 1. Jänner 2019 verwirklicht werden.

(BGBl I 2018/62)

(58) § 118 Abs. 5a, § 211 Abs. 1 Z 2, Abs. 4 und Abs. 5, jeweils in der Fassung des BGBl. I Nr. 62/2018, treten mit 1. Juli 2019 in Kraft. § 211 Abs. 6 ist auf Landes- und Gemeindeabgaben ab 1. Juli 2019 anzuwenden.

(BGBl I 2018/62)

(59) § 118 Abs. 2 Z 4 in der Fassung des BGBl. I Nr. 62/2018 tritt mit 1. Jänner 2020 in Kraft.

(BGBl I 2018/62)

(60) § 40b in der Fassung des BGBl. I Nr. 62/2018 ist auf alle offenen Verfahren anzuwenden. Ist zur Erfüllung der Voraussetzungen des § 40b eine Änderung der Rechtsgrundlage erforderlich, ist die geänderte Satzung entgegen § 43 für das offene Verfahren zu berücksichtigen, wenn die Änderung vor dem 30. Juni 2019 erfolgt.

(BGBl I 2018/62)

(61) Mit Beginn des siebenten auf den Tag der Kundmachung der Verfügbarkeit des Teilnehmerverzeichnisses[a]) gemäß § 28a Abs. 3 ZustG durch den Bundesminister für Digitalisierung und Wirtschaftsstandort folgenden Monats treten

[a]) Die Verfügbarkeit des Teilnehmerverzeichnisses wurde am 28.5.2019 kundgemacht (vgl. BGBl II 2019/140).

1. § 98 Abs. 1, § 100 und § 102, jeweils in der Fassung des Bundesgesetzes, BGBl. I Nr. 104/2018, in Kraft;
2. § 48b Abs. 3 Z 2 und § 99 außer Kraft.

(BGBl I 2018/104)

(62) § 48, § 118 Abs. 9, § 205a Abs. 2a, § 212a Abs. 2a, 5a, 7 und 9, § 230 Abs. 6, § 271 Abs. 3, § 271a, § 295 Abs. 2a, jeweils in der Fassung des Bundesgesetzes BGBl. I Nr. 62/2019, treten mit 1. September 2019 in Kraft.

(BGBl I 2019/62)

(63) 1 Abs. 3, §§ 49 bis 63, § 95, § 121a Abs. 1 und 7, §§ 146a und 146b, §§ 153a bis 153g sowie § 240 Abs. 3, jeweils in der Fassung des Bundesgesetzes BGBl. Nr. 104/2019, treten mit 1. Jänner 2021 in Kraft. § 70 tritt mit Ablauf des 31. Dezember 2020 außer Kraft.

(BGBl I 2019/104, BGBl I 2020/23)

(64) § 49 Z 2 und 3, § 54 Abs. 3, § 60 Abs. 2, § 61 Abs. 4 und Abs. 7, § 62 Abs. 1, § 63 Abs. 1 Z 6 sowie die Unterabschnittsüberschrift vor § 76, jeweils in der Fassung des Bundesgesetzes BGBl. I Nr. 104/2019, treten nicht in Kraft.

(BGBl I 2019/104, BGBl I 2020/23, BGBl I 2020/99, BGBl I 2021/25)

(65) § 48f Abs. 2, § 90a und § 90b, jeweils in der Fassung des BGBl. I Nr. 103/2019, treten mit 1. Jänner 2020 in Kraft. Alle gemäß § 90a Abs. 2 in der Fassung vor dem BGBl. I Nr. 103/2019 erlassenen Bewilligungsbescheide sind mit Ablauf des 31. Dezember 2019 aufgehoben.

(BGBl I 2019/103)

(66) § 158 Abs. 4f ist auf Auszahlungen anzuwenden, die nach dem 31. Dezember 2019 erfolgen. Die in § 158 Abs. 4f Z 1 bis 9 angeführten Daten, die Auszahlungen betreffen, die nach dem 31. Dezember 2018 und vor dem 31. Dezember 2019 erfolgen, sind bis spätestens 30. Juni 2020 zu übermitteln. Angeforderte Verrechnungsunterlagen, die Auszahlungen betreffen, die nach dem 31. Dezember 2018 und vor dem 31. Dezember 2019 erfolgen, sind bis spätestens 30. Juni 2020 zur Verfügung zu stellen.

(BGBl I 2019/91)

(67) § 49 Z 2 bis 4, § 54 Abs. 3, § 54a, § 60 Abs. 2, § 61 Abs. 4, § 62 Abs. 1, § 63 Abs. 1 Z 6, § 64, die Unterabschnittsüberschrift vor § 76, sowie § 215 Abs. 2, jeweils in der Fassung des Bundesgesetzes BGBl. I Nr. 99/2020, treten mit 1. Jänner 2021 in Kraft. § 61 Abs. 7 in der Fassung des Bundesgesetzes BGBl. I Nr. 99/2020 tritt mit 1. Oktober 2020 in Kraft.

(BGBl I 2020/99, BGBl I 2021/25)

(68) § 125 in der Fassung des Bundesgesetzes BGBl. I Nr. 96/2020 tritt mit 1. Jänner 2020 in Kraft. Für die Anwendung des § 125 BAO ab dem Kalenderjahr 2020 ist hinsichtlich der in den Jahren 2018 und 2019 ausgeführten Umsätze bereits auf die erhöhte Umsatzgrenze abzustellen. Die auf Grund des § 125 Abs. 2 in der Fassung des Bundesgesetzes BGBl Nr. 194/1961 erlassene Verordnung gilt als auf Grund des § 125 Abs. 5 in der Fassung des Bundesgesetzes BGBl. I Nr. 96/2020 erlassen.

(BGBl I 2020/96)

(69) (nicht vergeben)

(70) § 48 Abs. 1 bis 4, § 56 Abs. 2, § 60 Abs. 2 Z 6, § 61 Abs. 4 Z 7, § 148 Abs. 3a und § 323e, jeweils in der Fassung des Bundesgesetzes BGBl. I Nr. 3/2021, treten mit 1. Jänner 2021 in Kraft.

(BGBl I 2021/3, BGBl I 2021/29)

(71) § 323c Abs. 18 tritt mit Ablauf des 30. April 2021 außer Kraft.

(BGBl I 2021/47)

(73) § 48j, § 54a Abs. 1, § 91 Abs. 1 sowie § 276 Abs. 3, jeweils in der Fassung des Bundesgesetzes BGBl. I Nr. 108/2022, treten mit 1. Juli 2022 in Kraft. § 183 Abs. 3 und § 270 sind erstmals auf Beschwerdevorlagen bzw. Beschwerdeeingänge nach dem 31. August 2022 anzuwenden. § 105, § 118 Abs. 10, § 148 Abs. 3 lit. e sowie § 212a Abs. 2b und 9, jeweils in der Fassung des Bundesgesetzes BGBl. I Nr. 108/2022, treten mit 1. Jänner 2023 in Kraft. § 126 Abs. 3 in der Fassung des Bundesgesetzes BGBl. I Nr. 108/2022 tritt mit 1. Jänner 2023 in Kraft und ist auf Zuflüsse anzuwenden, die nach dem 1. Jänner 2023 erfolgen.

(BGBl I 2022/108)

(74) § 202 Abs. 2, § 205 Abs. 1 lit. c, § 240 Abs. 4 sowie § 240a Abs. 1, jeweils in der Fassung

des Bundesgesetzes BGBl. I Nr. 108/2022, treten mit 1. Jänner 2023 in Kraft und sind erstmals auf Vorausmeldungen bzw. Anträge anzuwenden, die nach dem 31. Dezember 2022 erfolgen bzw. gestellt werden.

(BGBl I 2022/108)

(75) § 205c in der Fassung des Bundesgesetzes BGBl. I Nr. 108/2022 tritt mit dem der Kundmachung folgenden Tag in Kraft und ist im Falle von Gutschriften gemäß § 205c Abs. 1 Z 1 lit. a und lit. b und Abs. 2 Z 1 lit. a auf alle zu diesem Zeitpunkt offenen Verfahren anzuwenden. Im Falle von Nachforderungen gemäß § 205c Abs. 1 Z 2 lit. a und b sowie § 205c Abs. 2 Z 2 lit. a ist § 205c in der Fassung des Bundesgesetzes BGBl. I Nr. 108/2022 erstmalig auf Fälle anzuwenden, in welchen der Fälligkeitstag (§ 21 Abs. 1 UStG 1994) nach dem Inkrafttreten dieser Norm liegt. Auf Nachforderungen auf Grund der Veranlagung gemäß § 205c Abs. 1 Z 2 lit. c sowie § 205c Abs. 2 Z 2 lit. b ist § 205c in der Fassung des Bundesgesetzes BGBl. I Nr. 108/2022 erstmalig auf Jahresumsatzsteuerbescheide betreffend das Jahr 2022 anzuwenden. § 205c Abs. 1 Z 1 lit. c und Abs. 2 Z 1 lit. b in der Fassung des Bundesgesetzes BGBl. I Nr. 108/2022 sind auf alle Jahresumsatzsteuerbescheide anzuwenden, die am Tag nach der Kundmachung dieses Bundesgesetzes noch nicht in Rechtskraft erwachsen sind.

(BGBl I 2022/108)

(76) § 54a Abs. 3 und § 61 Abs. 4 Z 6 treten jeweils mit Ablauf des 31. Dezember 2023 außer Kraft. § 61 Abs. 4 Z 6 in der Fassung BGBl. I Nr. 3/2021 ist allerdings auf Anbringen und Erledigungen, die einen Zeitraum vor dem 1. Jänner 2024 betreffen, weiterhin anzuwenden. § 118 Abs. 4, in der Fassung des Bundesgesetzes BGBl. I Nr. 110/2023, tritt mit 1. Jänner 2024 in Kraft. § 158 Abs. 4a und 4e, jeweils in der Fassung des Bundesgesetzes BGBl. I Nr. 110/2023, treten mit dem der Kundmachung folgenden Tag in Kraft und sind auf Abfragen gemäß § 158 Abs. 4e Z 1 erstmals acht Wochen nach Kundmachung anzuwenden. § 198a und § 203a, jeweils in der Fassung des Bundesgesetzes BGBl. I Nr. 110/2023, treten mit 1. Jänner 2024 in Kraft. § 212 Abs. 1, 2 und 3, jeweils in der Fassung des Bundesgesetzes BGBl. I Nr. 110/2023, treten mit 1. Jänner 2024 in Kraft und sind erstmals auf Anträge anzuwenden, die nach dem 31. Dezember 2023 gestellt werden. § 227a Z 1, in der Fassung des Bundesgesetzes BGBl. I Nr. 110/2023, tritt mit 1. Jänner 2024 in Kraft und ist erstmals auf Mahnschreiben, die nach dem 31. Dezember 2023 bekannt gegeben werden, anzuwenden.

(AbgÄG 2023, BGBl I 2023/110)

(77) § 134a in der Fassung des Bundesgesetzes BGBl. I Nr. 110/2023 tritt mit 1. Jänner 2024 in Kraft und ist erstmalig auf Abgabenerklärungen anzuwenden, die einen Veranlagungszeitraum betreffen, der nach dem 31. Dezember 2022 **endet**". Verordnungen auf Grund dieses Bundesgesetzes können bereits ab dem seiner Kundmachung folgenden Tag erlassen werden. Sie dürfen jedoch frühestens zum 1. Jänner 2024 in Kraft gesetzt werden. Das Finanzamt Österreich und das Finanzamt für Großbetriebe haben die Anwendung der Quotenregelung vor allem hinsichtlich der Einhaltung der Abgabetermine vor Ablauf der in § 134a Abs. 1 festgelegten Frist sowie hinsichtlich der Fristverlängerung gemäß § 134a Abs. 3 laufend zu evaluieren.

(AbgÄG 2023, BGBl I 2023/110, BGBl I 2023/201 ab 1.1.2024)

(78) § 61 Abs. 3 in der Fassung des Bundesgesetzes BGBl. I Nr. 106/2023 tritt mit 1. Jänner 2024 in Kraft.

(CESOP-UG 2023, BGBl I 2023/106)

„(79) § 61 Abs. 1 Z 12 in der Fassung des Bundesgesetzes BGBl I Nr. 187/2023 tritt am 1. Jänner 2024 in Kraft."

(MinBestRefG, BGBl I 2023/187)

„(80) § 39, § 40 Abs. 2 und 3, § 40a Z 1, § 40b, § 41 Abs. 1, 2, 4 und 5, § 42, § 43, § 44 Abs. 2, § 45a und § 126 Abs. 4, jeweils in der Fassung des Bundesgesetzes BGBl. I Nr. 188/2023, treten mit 1. Jänner 2024 in Kraft."

(GemRefG 2023, BGBl I 2023/188)

„(81) § 80 Abs. 3 und § 160 Abs. 3, in der Fassung des Bundesgesetzes BGBl. I Nr. 200/2023, treten mit 1. Jänner 2024 in Kraft."

(Start-Up-FG, BGBl I 2023/200)

„(82) § 134a Abs. 1 erster Satz in der Fassung des Bundesgesetzes BGBl. I Nr. 201/2023 tritt mit 1. Jänner 2024 in Kraft und ist erstmalig auf Abgabenerklärungen anzuwenden, die einen Veranlagungszeitraum betreffen, der nach dem 31. Dezember 2022 endet."

(BGBl I 2023/201)

§ 323a. (1) Für Landes- und Gemeindeabgaben gilt Folgendes:
1. Die Bundesabgabenordnung in der Fassung des Bundesgesetzes BGBl. I Nr. 20/2009 tritt, soweit sich aus den Z 2 bis 7 und Abs. 3 nicht anderes ergibt, mit 1. Jänner 2010 in Kraft. Verordnungen auf Grund des Bundesgesetzes BGBl. I Nr. 20/2009 dürfen bereits ab der Kundmachung des Bundesgesetzes BGBl. I Nr. 20/2009 an erlassen werden. Sie dürfen jedoch nicht vor dem 1. Jänner 2010 in Kraft treten.
2. Abgabenrechtliche Begünstigungen, Berechtigungen oder Befreiungen von Pflichten, welche am 1. Jänner 2010 nach bisherigem Recht zuerkannt waren, bleiben aufrecht, sofern sie nicht mangels Vorliegens der nach diesem Bundesgesetz erforderlichen Voraussetzungen durch Bescheid widerrufen werden.
3. Abgesehen von Verjährungsfristen gelten die Fristen dieses Bundesgesetzes auch für jene Fälle, in denen die für Landes- und Gemeindeabgaben maßgeblichen Fristen des bisherigen Rechtes am 1. Jänner 2010 noch nicht abgelaufen waren.

17/1. BAO
§§ 323a, 323b

4. Vor dem 1. Jänner 2010 erlassene Zurückweisungsbescheide werden nicht dadurch rechtswidrig, dass sie nach den ab diesem Zeitpunkt geltenden Abgabenvorschriften nicht mehr erlassen werden dürften.
5. Die §§ 207 und 209 sind ab 1. Jänner 2010 anzuwenden. Für Nachforderungen bzw. Gutschriften als Folge einer nach landesrechtlichen Vorschriften vorgenommenen Nachschau gelten die jeweiligen landesrechtlichen Verjährungsvorschriften noch im Jahr 2010, wenn der Beginn der Amtshandlung vor dem 1. Jänner 2010 gelegen ist; diesfalls gilt § 209 erst ab 1. Jänner 2011. § 209 Abs. 1 zweiter Satz gilt sinngemäß für im Jahr 2009 unternommene Amtshandlungen, die nach landesrechtlichen Vorschriften die Verjährungsfrist unterbrochen haben. § 209a Abs. 1 und 2 gilt für den Fall der Verkürzung von Verjährungsfristen durch das Inkrafttreten der §§ 209 Abs. 1 und 3 sowie 304 für Landes- und Gemeindeabgaben sinngemäß. Wegen des Inkrafttretens des § 209 Abs. 3 dürfen Bescheide nicht gemäß § 299 Abs. 1 aufgehoben werden.
6. Die §§ 111, 112, 112a, 212b Z 1 erster Satz und Z 3, 217a Z 1 sowie 239a, jeweils in der Fassung des Bundesgesetzes BGBl. I Nr. 20/2009, sind erstmals auf Abgaben anzuwenden, für die der Abgabenanspruch nach dem 31. Dezember 2009 entsteht.
7. Für Landes- und Gemeindeabgaben der Länder Burgenland, Tirol und Vorarlberg gilt § 212a erstmals für nach dem 31. Dezember 2009 eingebrachte Anträge auf Aussetzung der Einhebung.

(2) Zum Zweck der eindeutigen Identifikation von Verfahrensbeteiligten im elektronischen Verkehr mit der Behörde darf diese die ZMR-Zahl (§ 16 Abs. 4 des Meldegesetzes 1991) als Ausgangsbasis für eine verwaltungsspezifisch unterschiedliche, abgeleitete, verschlüsselte Personenbezeichnung verwenden.

(3) Folgende landesgesetzliche Bestimmungen sind für vor dem 1. Jänner 2010 entstandene Abgabenansprüche auch nach dem 1. Jänner 2010 anzuwenden:
1. § 187a Burgenländische Landesabgabenordnung,
2. § 188a Kärntner Landesabgabenordnung,
3. § 186a NÖ Abgabenordnung 1977,
4. § 186a Oberösterreichische Landesabgabenordnung 1996,
5. § 182a Salzburger Landesabgabenordnung,
6. § 186 Steiermärkische Landesabgabenordnung,
7. § 187a Tiroler Landesabgabenordnung
8. § 106a Vorarlberger Abgabenverfahrensgesetz,
9. § 185 Abs. 3 Wiener Abgabenordnung.

(4) Abweichend von Abs. 3 Z 1 bis 5, 7 und 8 ist § 239a in der Fassung des Bundesgesetzes BGBl. I Nr. 20/2009 erstmals auf Landes- und Gemeindeabgaben anzuwenden, für die der Abgabenanspruch nach dem 31. Dezember 1994 entstanden ist.

Übergangsbestimmungen im Zusammenhang mit der Finanz-Organisationsreform 2020

§ 323b. (1) Das Finanzamt Österreich und das Finanzamt für Großbetriebe treten für ihren jeweiligen Zuständigkeitsbereich am 1. Jänner 2021 an die Stelle des jeweils am 31. Dezember 2020 zuständig gewesenen Finanzamtes. Das Zollamt Österreich tritt am 1. Jänner 2021 an die Stelle der am 31. Dezember 2020 zuständig gewesenen Zollämter.

(2) Die am 31. Dezember 2020 bei einem Finanzamt oder Zollamt anhängigen Verfahren werden von der jeweils am 1. Jänner 2021 zuständigen Abgabenbehörde in dem zu diesem Zeitpunkt befindlichen Verfahrensstand fortgeführt.

(3) Eine vor dem 1. Jänner 2021 von der zuständigen Abgabenbehörde des Bundes genehmigte Erledigung, die erst nach dem 31. Dezember 2020 wirksam wird, gilt als Erledigung der im Zeitpunkt des Wirksamwerdens für die jeweilige Angelegenheit zuständigen Abgabenbehörde.

(4) Für Angelegenheiten, für die vor dem 1. Jänner 2021 der Bundesminister für Finanzen zuständig gewesen ist und nach dem 31. Dezember 2020 eine andere Einrichtung der Bundesfinanzverwaltung zuständig ist, gilt zusätzlich zu Abs. 3 Folgendes:
1. Die ab dem 1. Jänner 2021 zuständige Einrichtung der Bundesfinanzverwaltung tritt an die Stelle des Bundesministers für Finanzen.
2. Die am 31. Dezember 2020 beim Bundesminister für Finanzen anhängigen Verfahren werden von der jeweils am 1. Jänner 2021 zuständigen Einrichtung der Bundesfinanzverwaltung in dem zu diesem Zeitpunkt befindlichen Verfahrensstand fortgeführt.
3. Abweichend von Z 2 bleibt der Bundesminister für Finanzen zuständig für alle Angelegenheiten im Zusammenhang mit Beschwerdeverfahren, die von ihm erlassene Bescheide gemäß § 103 EStG 1988 betreffen, wenn er die Bescheidbeschwerde bereits vor dem 1. Jänner 2021 dem Verwaltungsgericht vorgelegt hat.

(5) Bis 31. Dezember 2021 können Anbringen, für deren Behandlung entweder das Finanzamt Österreich, das Finanzamt für Großbetriebe oder das Amt für Betrugsbekämpfung zuständig ist, innerhalb offener Frist auch unter Verwendung der falschen dieser drei Bezeichnungen wirksam eingebracht werden.

(6) Bis 31. Dezember 2021 können Anbringen, für deren Behandlung entweder das Finanzamt Österreich, das Finanzamt für Großbetriebe oder das Amt für Betrugsbekämpfung zuständig ist, auch unter Verwendung der Bezeichnung der Finanzämter gemäß § 4 der Verordnung des Bundesministers für Finanzen zur Durchführung des

Abgabenverwaltungsorganisationsgesetzes 2010 (AVOG 2010 – DV), BGBl. II Nr. 165/2010, in der Fassung der Verordnung BGBl. II Nr. 375/2016, sowie unter Verwendung der zum 31. Dezember 2020 kundgemachten Anschriften der Finanzämter wirksam eingebracht werden.

(7) Bis 31. Dezember 2021 können Anbringen, für deren Behandlung das Zollamt Österreich zuständig ist, auch unter Verwendung der Bezeichnung der Zollämter gemäß § 11 AVOG 2010 – DV in der Fassung der Verordnung BGBl. II Nr. 375/2016, sowie unter Verwendung der zum 31. Dezember 2020 kundgemachten Anschriften der Zollämter wirksam eingebracht werden.

(8) Alle gemäß § 71 in der Fassung vor dem BGBl. I Nr. 9/2010 oder gemäß § 3 AVOG 2010 erlassenen Delegierungsbescheide sind mit Ablauf des 30. Dezember 2020 aufgehoben.

(9) Verliert eine Abgabenbehörde des Bundes nach dem 1. Jänner 2021 durch Änderungen von Abgabenvorschriften ihre Zuständigkeit in einer bestimmten Angelegenheit, so können diese Angelegenheit betreffende Anbringen dennoch innerhalb eines Jahres ab Inkrafttreten dieser Änderungen weiter bei dieser Abgabenbehörde eingebracht werden. Die Weiterleitung an die zuständige Abgabenbehörde hat diesfalls nicht auf Gefahr des Einschreiters zu erfolgen, sofern der Einschreiter nicht bereits vor der Einbringung seines Anbringens über die Änderung der Zuständigkeit seitens einer Abgabenbehörde in Kenntnis gesetzt worden ist.

(10) Wird in einer Rechtsvorschrift des Bundes, eines Landes oder einer Gemeinde die Bezeichnung „Finanzamt Österreich", „Finanzamt für Großbetriebe", „Zollamt Österreich" oder „Amt für Betrugsbekämpfung" verwendet, ist darunter bis zum Ablauf des 31. Dezember 2020 jene Einrichtung zu verstehen, die aufgrund
– des Abgabenverwaltungsorganisationsgesetz 2010, BGBl. I Nr. 9/2010 in der Fassung vor dem Bundesgesetz BGBl. I Nr. 104/2019 oder
– der Verordnung des Bundesministers für Finanzen zur Durchführung des Abgabenverwaltungsorganisationsgesetzes 2010, BGBl. II Nr. 165/2010, in der Fassung vor dem Bundesgesetz BGBl. I Nr. 104/2019 oder
– eines anderen durch das Bundesgesetz BGBl. I Nr. 104/2019 geänderten Bundesgesetzes in dessen Fassung vor dem Bundesgesetz BGBl. I Nr. 104/2019
zuständig gewesen ist.

(11) Bis zum 31. Dezember 2020 können Anbringen, für deren Behandlung ein Finanzamt zuständig ist, auch unter Verwendung der Bezeichnung „Finanzamt Österreich" oder „Finanzamt für Großbetriebe" wirksam eingebracht werden.

(12) Bis zum 31. Dezember 2020 können Anbringen, für deren Behandlung ein Zollamt zuständig ist, auch unter Verwendung der Bezeichnung „Zollamt Österreich" wirksam eingebracht werden.

(BGBl I 2020/99)

Sonderregelungen aufgrund der Maßnahmen zur Bekämpfung von COVID-19

§ 323c. (1) In anhängigen behördlichen Verfahren der Abgabenbehörden werden alle im ordentlichen Rechtsmittelverfahren (7. Abschnitt Unterabschnitt A) vorgesehenen Fristen, deren fristauslösendes Ereignis in die Zeit nach dem 16. März 2020 fällt, sowie Fristen, die bis zum 16. März noch nicht abgelaufen sind, bis zum Ablauf des 30. April 2020 unterbrochen. Sie beginnen mit 1. Mai 2020 neu zu laufen.

(2) und (3) (aufgehoben)

(BGBl I 2020/96)

(4) Unter Berücksichtigung der jeweiligen Gefährdungslage kann der Leiter der Amtshandlung gegenüber den an der Amtshandlung teilnehmenden Personen Maßnahmen zum Zweck der Verhinderung der Verbreitung von COVID-19 anordnen. Der Leiter der Amtshandlung hat für die Einhaltung dieser Maßnahmen zu sorgen. Ein Verstoß gegen diese Maßnahmen gilt als Störung der Amtshandlung gemäß § 112 Abs. 2. Wird diese Maßnahmen im Zuge einer mündlichen Verhandlung verstoßen, hat der Ausschluss der betreffenden Person unter sinngemäßer Anwendung des § 274 Abs. 4 zweiter Satz zu erfolgen.

(BGBl I 2020/96, BGBl I 2021/3, BGBl I 2021/52, BGBl I 2021/228, BGBl I 2022/108)

(5) (aufgehoben)

(BGBl I 2020/96)

(6) Bis 30. September 2020 sowie von 22. November 2021 bis 31. Dezember 2021 erfüllt eine sonstige Gutschrift oder ein Teil einer sonstigen Gutschrift keinen Tilgungstatbestand gemäß § 211 BAO, wenn diese Gutschrift auf einem Abgabenkonto zu verbuchen ist, auf dem
1. ein Abgabenrückstand besteht, für den ein Ansuchen nach § 212 BAO im Verfahren FinanzOnline eingebracht oder eine Zahlungserleichterung mit Bescheid zuerkannt wird oder
2. innerhalb eines Monats ab Bekanntgabe des die sonstige Gutschrift auslösenden Bescheides oder Erkenntnisses, bei Selbstberechnung einer Abgabe gleichzeitig mit der Selbstberechnung und Bekanntgabe des negativen Abgabenzahlungsanspruches oder im Zusammenhang mit Prämien, Vergütungen oder Erstattungen gleichzeitig mit deren Beantragung ein Antrag auf Rückzahlung gemäß Abs. 9 im Verfahren FinanzOnline eingebracht wurde.

(BGBl I 2020/44, BGBl I 2021/228)

(7) Abs. 6 kommt nicht zur Anwendung, wenn die sonstige Gutschrift gemäß § 214 Abs. 8 zu verrechnen oder eine Abschreibung von Abgaben (§§ 235, 236) erfolgt. In den Fällen des § 26 Abs. 3 und 5 UStG 1994 kommt Abs. 6 insoweit nicht zur Anwendung, als eine Einfuhrumsatzsteuer auf dem Abgabenkonto verbucht ist.

(BGBl I 2020/44)

(8) Für sonstige Gutschriften im Sinne des Abs. 6 ist § 215 Abs. 1 bis 3 BAO sinngemäß an-

zuwenden, es sei denn, dass dadurch eine Tilgung von Abgaben erfolgen würde, für die ein Ansuchen nach § 212 BAO im Verfahren FinanzOnline eingebracht oder eine Zahlungserleichterung mit Bescheid zuerkannt wurde.

(BGBl I 2020/44)

(9) Für Anträge auf Rückzahlung sonstiger Gutschriften im Sinne des Abs. 6 ist § 239 BAO sinngemäß anzuwenden. Die Anwendung des § 239a BAO bleibt unberührt.

(BGBl I 2020/44)

(10) Die Abs. 6 bis 9 finden auf sonstige Gutschriften Anwendung, die
1. vor dem 1. Oktober 2020 verbucht wurden und aus Bescheiden oder Erkenntnissen resultieren, welche nach dem 10. Mai 2020 bekanntgegeben werden oder im Zusammenhang mit einer Selbstberechnung nach dem 10. Mai 2020 bekanntgegeben werden;
2. vor dem 31. Dezember 2021 verbucht wurden und aus Bescheiden oder Erkenntnissen resultieren, welche nach dem 21. November 2021 bekanntgegeben werden oder im Zusammenhang mit einer Selbstberechnung nach dem 21. November 2021 bekanntgegeben werden.

(BGBl I 2020/44, BGBl I 2021/228)

(11) Stundungen gemäß § 212 Abs. 1, die nach dem 15. März 2020 bewilligt worden sind und deren Stundungsfrist am 30. September oder am 1. Oktober 2020 endet, bleiben bis 15. Jänner 2021 unter Einbeziehung jener Abgaben aufrecht, welche bis spätestens 25. September 2020, im Falle von Vorauszahlungen gemäß § 45 EStG 1988 bis spätestens 27. November 2020, auf dem Abgabenkonto verbucht wurden.

(BGBl I 2020/96)

(11a) Stundungen gemäß Abs. 11 bleiben bis 30. Juni 2021 aufrecht. Abgaben, die auf dem selben Abgabenkonto gebucht werden und die zwischen dem 26. September 2020 und dem 31. Mai 2021 fällig werden, sind bis zum 30. Juni 2021 zu entrichten. Die Stundung sowie die gesetzliche Zahlungsfrist enden mit der Eröffnung eines Insolvenzverfahrens über das Vermögen des Abgabenschuldners.

(BGBl I 2021/3, BGBl I 2021/52)

(11b) Stundungen, die zwischen dem 1. Oktober 2020 und dem 31. Mai 2021 beantragt werden, sind abweichend von den Voraussetzungen des § 212 Abs. 1 bis 30. Juni 2021 zu bewilligen. Abgaben, die zwischen dem 1. Oktober 2020 und dem 31. Mai 2021 fällig werden, sind bis zum 30. Juni 2021 zu entrichten. Die Stundung sowie die gesetzliche Zahlungsfrist enden mit der Eröffnung eines Insolvenzverfahrens über das Vermögen des Abgabenschuldners.

(BGBl I 2021/3, BGBl I 2021/52)

(11c) Stundungen, die zwischen dem 22. November 2021 und dem 31. Dezember 2021 beantragt werden, sind abweichend von den Voraussetzungen des § 212 Abs. 1 bis 31. Jänner 2022 zu bewilligen.

(BGBl I 2021/228)

(12) Die Abgabenbehörde hat auf Antrag des Abgabepflichtigen die Entrichtung von Abgaben im Sinne des § 212 Abs. 1 in zwölf angemessenen Monatsraten zu bewilligen, wenn vor der Antragstellung kein Terminverlust (§ 230 Abs. 5) hinsichtlich einer bereits zuvor bewilligten Ratenzahlung nach diesem Absatz eingetreten ist und der Antrag bis zum Ende der Stundungsfrist, spätestens jedoch am 30. September 2020, eingebracht wird. Sofern hinsichtlich dieser Ratenbewilligung kein Terminverlust eintritt, hat die Abgabenbehörde, wenn die sofortige oder sofortige volle Entrichtung des verbleibenden Abgabenbetrages für den Abgabepflichtigen mit erheblichen Härten verbunden wäre, auf Antrag die Entrichtung in angemessenen Raten für weitere sechs Monate zu gewähren.

(BGBl I 2020/96)

(13) Unbeschadet aller sonstigen Vorschriften des § 212 Abs. 2 sind ab 15. März 2020 bis 30. Juni 2021 sowie ab 22. November 2021 bis 31. Jänner 2022 keine Stundungszinsen vorzuschreiben. Ab 1. Juli 2021 bis 21. November 2021 sowie ab 1. Februar 2022 bis 30. Juni 2024 betragen die Stundungszinsen zwei Prozent über dem jeweils geltenden Basiszinssatz pro Jahr.

(BGBl I 2020/96, BGBl I 2021/3, BGBl I 2021/52, BGBl I 2021/228)

(14) Hinsichtlich
1. vor dem 15. März 2020 bewilligter Zahlungserleichterungen, für die gemäß § 212 Abs. 2 nach dem 15. März 2020 bis zum 30. Juni 2021 Stundungszinsen festzusetzen wären sowie

(BGBl I 2021/52)

2. Anspruchszinsen betreffend Nachforderungen (§ 205), die für den Veranlagungszeitraum 2019 oder 2020 festzusetzen wären,

(BGBl I 2021/3)

ist von der Vorschreibung abzusehen. Insoweit Nachforderungszinsen nach Z 2 nicht vorgeschrieben wurden, sind Anspruchszinsen betreffend Gutschriften (§ 205) nicht festzusetzen.

(BGBl I 2020/96; AbgÄG 2023, BGBl I 2023/110)

(15) Für Abgaben mit Fälligkeit zwischen dem 15. März 2020 und 30. Juni 2021 sind abweichend von § 217 Abs. 2 und 3 keine Säumniszuschläge zu entrichten.

(BGBl I 2020/96, BGBl I 2021/3, BGBl I 2021/52)

(16) Die Abs. 11 bis 15 gelten nicht für Landes- und Gemeindeabgaben.

(BGBl I 2020/96)

(17) (aufgehoben)

(BGBl I 2021/25, BGBl I 2021/52)

(18) (aufgehoben)

(BGBl I 2021/25, BGBl I 2021/47)

(BGBl I 2020/16)

§ 323d. (aufgehoben)
(BGBl I 2020/16; AbgÄG 2023, BGBl I 2023/110)

COVID-19-Ratenzahlungsmodell

§ 323e. (1) Abweichend von § 212 Abs. 1 besteht nach Maßgabe der Abs. 2 bis 3 die Möglichkeit zur Entrichtung eines überwiegend COVID-19-bedingten Abgabenrückstandes (Abs. 2 Z 1) in angemessenen Raten in zwei Phasen über die Dauer von längstens sechsunddreißig Monaten. Für die Berechnung der Zinsen ist § 323c Abs. 13 anzuwenden. Die gleichzeitige Gewährung einer Zahlungserleichterung gemäß § 212 ist ausgeschlossen.
(BGBl I 2021/228)

(2) Für die Phase 1 des COVID-19-Ratenzahlungsmodells gilt Folgendes:

1. Gegenstand des Antrags auf Ratenzahlung sind Abgabenschuldigkeiten, die überwiegend zwischen dem 15. März 2020 und dem 30. Juni 2021 fällig geworden sind einschließlich die der Höhe nach bescheidmäßig festgesetzten Vorauszahlungen an Einkommen- oder Körperschaftsteuer, hinsichtlich derer die Zahlungstermine in der Phase 1 gelegen sind.
(BGBl I 2021/52)
2. Der Antrag auf Ratenzahlung ist ab dem 10. Juni 2021 bis zum 30. Juni 2021 einzubringen.
(BGBl I 2021/52)
3. Der Ratenzahlungszeitraum endet am 30. September 2022.
(BGBl I 2021/52)
4. Innerhalb des Ratenzahlungszeitraumes kann der Abgabepflichtige zweimal einen Antrag auf Neuverteilung der Ratenbeträge stellen.
(BGBl I 2021/228)
5. Die während des Ratenzahlungszeitraumes an eine Abgabenbehörde geleisteten Zahlungen können weder nach der Insolvenzordnung – IO, RGBl. Nr. 337/1914 noch nach der Anfechtungsordnung – AnfO, RGBl. Nr. 337/1914, angefochten werden.

Abgesehen von den Voraussetzungen für die Gewährung der Ratenzahlung ist im übrigen § 212 BAO anzuwenden.

(3) Für die Phase 2 des COVID-19-Ratenzahlungsmodells gilt Folgendes:

1. Gegenstand des Antrags auf Ratenzahlung sind Abgabenschuldigkeiten, für die bereits die Phase 1 des COVID-19-Ratenzahlungsmodells gewährt worden ist, die aber in diesem Ratenzahlungszeitraum nicht vollständig entrichtet werden konnten, einschließlich die der Höhe nach bescheidmäßig festgesetzten Vorauszahlungen an Einkommen- oder Körperschaftsteuer, hinsichtlich derer die Zahlungstermine in der Phase 2 gelegen sind.
2. In Phase 1 des COVID-19-Ratenzahlungsmodells wurden zumindest 40% des überwiegend COVID-19-bedingten Abgabenrückstandes (Abs. 2 Z 1) entrichtet und es ist kein Terminverlust (§ 230 Abs. 5) eingetreten.
3. Der Antrag ist vor dem 31. August 2022 einzubringen.
(BGBl I 2021/52)
4. Der Ratenzahlungszeitraum beträgt längstens einundzwanzig Monate.
5. Der Antragsteller hat glaubhaft zu machen, dass er den aus der Phase 1 verbliebenen Abgabenrückstand zusätzlich zu den laufend zu entrichtenden Abgaben innerhalb des beantragten Ratenzahlungszeitraumes der Phase 2 entrichten kann.
6. Innerhalb des Ratenzahlungszeitraumes kann der Abgabepflichtige einmal einen Antrag auf Neuverteilung der Ratenbeträge stellen.

Abgesehen von den Voraussetzungen für die Gewährung der Ratenzahlung ist im übrigen § 212 BAO anzuwenden.

(4) Der Bundesminister für Finanzen kann mit Verordnung festlegen, in welcher Form die Glaubhaftmachung gemäß Abs. 3 Z 5 zu erbringen ist.
(BGBl I 2020/23, BGBl I 2021/3)

§ 324. Mit der Vollziehung dieses Bundesgesetzes ist das Bundesministerium für Finanzen, und hinsichtlich der §§ 82, 158 Abs. 3, 160, 229 und 233 im Einvernehmen mit dem Bundesministerium für Justiz betraut.

17/1/1. Naturkatastrophen

BGBl I 2005/112

Abgabenrechtliche Sondermaßnahmen für Opfer von Naturkatastrophen

§ 1. Werden als Folge von Katastrophen (insbesondere Hochwasser, Erdrutsch, Vermurung und Lawinen) Zahlungsfristen oder Fristen zur Einreichung von Abgabenerklärungen versäumt, so ist auf Antrag des Abgabepflichtigen (§ 77 BAO) von

1. der Festsetzung von
    a) Säumniszuschlägen (§ 217 BAO),
    b) Verspätungszuschlägen (§ 135 BAO);
2. der Geltendmachung von Terminverlusten (§ 230 Abs. 5 BAO)

abzusehen, wenn spätestens zwei Monate nach Eintritt der Naturkatastrophe die versäumte Handlung nachgeholt oder ein Ansuchen um Zahlungserleichterungen (§ 212 BAO) oder ein Antrag auf Verlängerung der Frist zur Einreichung der Abgabenerklärung eingebracht wird.

17/2. VERORDNUNGEN

17/2/1. VO zu § 125 Abs. 2
Land- und Forstwirtschaft

BGBl 1962/51

Verordnung des Bundesministeriums für Finanzen vom 2. Feber 1962 über land- und forstwirtschaftliche Buchführung

Auf Grund des § 125 Abs. 2 der Bundesabgabenordnung, BGBl. Nr. 194/1961, wird verordnet:

§ 1. Buchführende Land- und Forstwirte haben für steuerliche Zwecke nach den folgenden Bestimmungen besondere Verzeichnisse über die Grundstücke, den Anbau und die Ernte anzufertigen sowie Viehregister und Naturalienregister zu führen.

§ 2. (1) Unmittelbar nach Schluß des Wirtschaftsjahres sind die dem land- und forstwirtschaftlichen Betrieb dienenden Grundstücke nach der Nutzungsart geordnet in einem Grundstücksverzeichnis anzuführen. Im Grundstücksverzeichnis ist anzugeben, welche Grundstücke im Eigentum des Land- und Forstwirtes stehen, welche Grundstücke gepachtet und welche Grundstücke verpachtet sind. Es genügt, wenn im Grundstücksverzeichnis die Größe der dem Betrieb dienenden Flächen getrennt nach den hauptsächlichen Bewirtschaftungsarten (zum Beispiel Acker, Wiese, Wald, Gartenland) und geteilt in Eigen- und Pachtland aufgezeichnet wird.

(2) Außer dem Grundstücksverzeichnis ist ein Anbau- und Ernteverzeichnis zu führen. Aus dem Anbau- und Ernteverzeichnis muß sich ergeben, mit welchen Fruchtarten die selbstbewirtschafteten Flächen im abgelaufenen Wirtschaftsjahr bestellt waren und welche Mengenerträge sie gebracht haben.

(3) Grundstücksverzeichnis und Anbauverzeichnis können verbunden werden.

§ 3. (1) Neben der fortlaufenden Aufzeichnung aller Betriebsvorgänge sind ein Viehregister und ein Naturalienregister zu führen.

(2) Das Viehregister hat die Zug- und Nutzviehbestände zu Beginn des Wirtschaftsjahres, die Zugänge (Zukäufe, Geburten), die Abgänge (Verkäufe, Todesfälle, Schlachtungen) und alle sonstigen Veränderungen (Versetzungen) im Laufe des Wirtschaftsjahres und die Bestände am Schluß des Wirtschaftsjahres nachzuweisen.

(3) Das Naturalienregister hat die Bestände an Erzeugnissen der verschiedenen Betriebszweige der Land- und Forstwirtschaft am Anfang des Wirtschaftsjahres, ihre Zu- und Abgänge unter Angabe ihrer Herkunft und Verwendung und die Bestände am Schluß des Wirtschaftsjahres nachzuweisen. In das Naturalienregister müssen Erzeugnisse nicht eingetragen werden, die nicht zum Verkauf bestimmt sind und deren gewichts- oder mengenmäßige Feststellung auf Schwierigkeiten stößt.

17/2/2., 3. BAO
Telekopierer, FOnV 2006

17/2/2. VO zu § 86 a Abs. 2
Telekopierer

BGBl 1991/494 idF BGBl II 2020/579

Verordnung des Bundesministers für Finanzen über die Zulassung von Telekopierern zur Einreichung von Anbringen an das Bundesministerium für Finanzen, an die Verwaltungsgerichte sowie an die Finanzämter, das Zollamt Österreich und das Amt für Betrugsbekämpfung

(BGBl II 2020/579)

Auf Grund des § 86 a Abs. 2 der Bundesabgabenordnung (BAO), zuletzt geändert durch BGBl. Nr. 10/1991, und des § 56 Abs. 2 des Finanzstrafgesetzes, zuletzt geändert durch BGBl. Nr. 465/1990, wird verordnet:

§ 1. Für Anbringen im Sinn des § 86a Abs. 1 erster Satz BAO, die in Abgaben-, Monopol- oder Finanzstrafangelegenheiten an das Bundesministerium für Finanzen, an die Verwaltungsgerichte, an ein Finanzamt, an das Zollamt Österreich oder an das Amt für Betrugsbekämpfung gerichtet werden, wird die Einreichung unter Verwendung eines Telekopierers (Telefaxgerätes) zugelassen.

(BGBl II 2020/579)

§ 2. § 1 gilt nicht für Abgabenerklärungen, für Anzeigen gemäß § 31 Gebührengesetz 1957, für Anträge auf Rückzahlung, Umbuchung oder Überrechnung sowie für Zollanmeldungen im Sinne des Zollkodex.

§ 3. Wird ein Anbringen gemäß § 1 unter Verwendung eines Telekopierers eingereicht, so ist der Einschreiter verpflichtet, das Original des Anbringens vor Einreichung zu unterschreiben und durch sieben Jahre zu Beweiszwecken aufzubewahren. Diese Frist läuft vom Schluß des Kalenderjahres, in dem das betreffende Anbringen unter Verwendung eines Telekopierers eingereicht worden ist.

§ 4. (1) Mit dem Inkrafttreten dieser Verordnung tritt die Verordnung des Bundesministers für Finanzen vom 29. Jänner 1990 über die Zulassung von Telekopierern zur Einreichung von Anbringen an das Bundesministerium für Finanzen und an die Finanzlandesdirektionen, BGBl. Nr. 102/1990, außer Kraft.

(2) § 1 in der Fassung der Verordnung BGBl. II Nr. 395/2002 tritt am 1. Jänner 2003 in Kraft.

(3) § 1 in der Fassung der Verordnung BGBl. II Nr. 447/2013 tritt mit 1. Jänner 2014 in Kraft.

(4) § 1 in der Fassung der Verordnung BGBl. II Nr. 579/2020 tritt mit 1. Jänner 2021 in Kraft.

(BGBl II 2020/579)

17/2/3.
FOnV 2006

BGBl II 2006/97 idF BGBl II 2023/248

Verordnung des Bundesministers für Finanzen über die Einreichung von Anbringen, die Akteneinsicht und die Zustellung von Erledigungen in automationsunterstützter Form (FinanzOnline-Verordnung 2006 – FOnV 2006)

Auf Grund
1. der §§ 86a, 90a, 97 Abs. 3, 98 Abs. 1, 121a Abs. 6 und 211 Abs. 3 der Bundesabgabenordnung – BAO, BGBl. Nr. 194/1961, zuletzt geändert durch das Bundesgesetz BGBl. I Nr. 104/2019,
2. der §§ 108 Abs. 5 und 7, 108a Abs. 4 und 108g Abs. 4 des Einkommensteuergesetzes 1988 – EStG 1988, BGBl. Nr. 400/1988, zuletzt geändert durch das Bundesgesetz BGBl. I Nr. 104/2019,
3. der §§ 10 Abs. 2 und 13 Abs. 1 des Grunderwerbsteuergesetzes 1987 – GrEStG 1987, BGBl. Nr. 309/1987, zuletzt geändert durch das Bundesgesetz BGBl. I Nr. 104/2019 (soweit sich die Regelungen auf die gerichtlichen Eintragungsgebühren beziehen, im Einvernehmen mit dem Bundesminister für Verfassung, Reformen, Deregulierung und Justiz),
4. des § 33 TP 17 Abs. 3 des Gebührengesetzes 1957, BGBl. Nr. 267/1957, zuletzt geändert durch das Bundesgesetz BGBl. I Nr. 104/2019,
5. der §§ 4 Abs. 6 und 59 Abs. 3 des Glücksspielgesetzes – GSpG, BGBl. Nr. 620/1989, zuletzt geändert durch das Bundesgesetz BGBl. I Nr. 104/2019,

wird verordnet:

(BGBl II 2020/122)

1. Abschnitt
Allgemeine Vorschriften

Allgemeine Vorschriften, Sorgfaltspflichten, Zurechnung von Anbringen

§ 1. (1) Diese Verordnung regelt automationsunterstützte Datenübertragungen in Bezug auf Anbringen (§ 86a BAO), Erledigungen (§ 97 Abs. 3 BAO), elektronische Akteneinsicht (§ 90a BAO) und Entrichtung von Abgaben im Wege der Überweisung (§ 211 Abs. 3 BAO), soweit nicht eigene Vorschriften bestehen.

(BGBl II 2020/122)

(2) Die automationsunterstützte Datenübertragung ist zulässig für die Funktionen, die dem jeweiligen Teilnehmer in Finanz-Online (https://finanzonline.bmf.gv.at) zur Verfügung stehen. Die für eine Datenstromübermittlung und für eine Übermittlung mittels eines Webservices erforderlichen organisatorischen und technischen Spezifikationen (zB XML-Struktur; WSDL) sind

auf der Website des Bundesministeriums für Finanzen (https://www.bmf.gv.at) abrufbar zu halten.

(2a) Das Verfahren FinanzOnline kann für Zwecke der mobilen Nutzung durch die Bereitstellung einer Applikation für Mobilgeräte erweitert werden. Die automationsunterstützte Datenübertragung ist zulässig für die Funktionen, die dem jeweiligen Teilnehmer in dieser Applikation zur Verfügung stehen.

(BGBl II 2021/348)

(3) Parteien und deren Vertreter, die an FinanzOnline teilnehmen und dafür von den Abgabenbehörden Zugangsdaten erhalten, haben diese, auch wenn sie selbst bestimmt wurden, sorgfältig zu verwahren, soweit zumutbar Zugriffe darauf zu verhindern und die Weitergabe der Zugangsdaten zu unterlassen. Die Ausstellung von weiteren Zugangsdaten und deren Weitergabe zum Zweck der Einräumung von Zugriffsrechten an andere Personen ist im eigenen Verantwortungsbereich des Teilnehmers nach Maßgabe der für den jeweiligen Teilnehmer zur Verfügung stehenden Funktionen (Abs. 2) zulässig, doch haben die so berechtigten Personen dieselben Sorgfaltspflichten, insbesondere dürfen die Zugangsdaten nicht weitergegeben werden. Der Teilnehmer darf Zugriffsrechte nur natürlichen Personen einräumen.

(BGBl II 2022/190)

(4) Ein unter bestimmten Zugangsdaten gestelltes Anbringen gilt unabhängig davon, wer die Übermittlung tatsächlich durchführt, als Anbringen desjenigen, auf den diese Zugangsdaten ausgestellt worden sind, es sei denn, der Teilnehmer macht glaubhaft, dass das Anbringen trotz Einhaltung seiner Sorgfaltspflichten (Abs. 3) unter missbräuchlicher Verwendung seiner Zugangsdaten durch einen Dritten gestellt wurde. Dies gilt auch bei Datenübermittlung mittels eines Webservices (Abs. 2).

(BGBl II 2022/190)

(5) Ein von einem hiezu Bevollmächtigten elektronisch eingereichtes Anbringen des Vollmachtgebers ist nicht als vom übermittelnden Bevollmächtigten unterschrieben anzusehen.

Teilnehmer

§ 2. (1) Teilnahmeberechtigt sind Abgabepflichtige **„sowie deren gesetzliche Vertreter"** und, wenn die Erlassung von Feststellungsbescheiden vorgesehen ist, diejenigen, an die diese Bescheide ergehen (§ 191 Abs. 1 und 2 BAO).

(BGBl II 2023/248 ab 25.8.2023)

(2) Als Parteienvertreter teilnahmeberechtigt sind:

1. die in das Verzeichnis der ordentlichen Mitglieder der Kammer der Wirtschaftstreuhänder (§ 173 Abs. 1 Z 1 des Wirtschaftstreuhandberufsgesetzes 2017 – WTBG 2017, BGBl. I Nr. 137/2017) eingetragenen Berufsberechtigten. Die Kammer der Wirtschaftstreuhänder hat dem Bundesminister für Finanzen Änderungen bei den für die Teilnahme erforderlichen Daten tunlichst innerhalb einer Woche ab der Änderung zu übermitteln.

(BGBl II 2020/122)

2. die im Verzeichnis der Notare eingetragenen Notare (§ 134 Abs. 2 Z 1 der Notariatsordnung – NO, RGBl. Nr. 75/1871, iVm § 2 der Verordnung des Bundesministeriums für Justiz vom 15. Februar 1928 über die Einrichtung und Führung der Verzeichnisse der Notare und Notariatskandidaten, BGBl. Nr. 47/1928) oder die für diese bestellten Substitute (§ 119 NO). Die Notariatskammer hat dem Bundesminister für Finanzen Änderungen bei den für die Teilnahme erforderlichen Daten tunlichst innerhalb einer Woche ab der Änderung zu übermitteln.

(BGBl II 2020/122)

3. die durch die Notariatskammer genehmigten Notar-Partnerschaften (§ 22 Abs. 2 NO). Die Notariatskammer hat dem Bundesminister für Finanzen Änderungen bei den für die Teilnahme erforderlichen Daten (insbesondere jeden Widerruf im Sinn des § 23 Abs. 3 NO) tunlichst innerhalb einer Woche ab der Änderung zu übermitteln.

4. „die in die Liste der Rechtsanwälte und in die Liste der Rechtsanwalts-Gesellschaften eingetragenen Rechtsanwaltschaften, die in die Liste der niedergelassenen europäischen Rechtsanwälte eingetragenen europäischen Rechtsanwälte (§§ 9 ff des Europäischen Rechtsanwaltsgesetzes – EIRAG, BGBl. I Nr. 27/2000) sowie dienstleistende europäische Rechtsanwälte (§§ 2 ff EIRAG). Die Rechtsanwaltskammern haben dem Bundesminister für Finanzen Änderungen bei den für die Teilnahme erforderlichen Daten (insbesondere jedes Erlöschen im Sinn des § 34 Abs. 1 der Rechtsanwaltsordnung – RAO, RGBl. Nr. 96/1868) tunlichst innerhalb einer Woche ab der Änderung zu übermitteln.

(BGBl II 2020/122)

5. die beim Fachverband der Immobilien- und Vermögenstreuhänder in der Wirtschaftskammer Österreich erfassten Immobilientreuhänder, eingeschränkt auf Immobilienverwalter (§ 117 Abs. 3 der Gewerbeordnung 1994 – GewO 1994, BGBl. Nr. 194/1994). Der Fachverband hat dem Bundesminister für Finanzen Änderungen bei den für die Teilnahme erforderlichen Daten tunlichst innerhalb einer Woche ab der Änderung zu übermitteln.

(BGBl II 2020/122)

6. die beim Österreichischen Verband gemeinnütziger Bauvereinigungen (§ 1 des Wohnungsgemeinnützigkeitsgesetzes – WGG, BGBl. Nr. 139/1979) erfassten gemeinnützigen Bauvereinigungen. Der Verband hat dem Bundesminister für Finanzen Änderungen bei den für die Teilnahme erforderlichen

Daten tunlichst innerhalb einer Woche ab der Änderung zu übermitteln.
(BGBl II 2020/122)

7. die berechtigten Revisionsverbände (§ 19 des Genossenschaftsrevisionsgesetzes 1997 – GenRevG 1997, BGBl. I Nr. 127/1997). Die berechtigten Revisionsverbände haben dem Bundesminister für Finanzen Änderungen bei den für die Teilnahme erforderlichen Daten (insbesondere den Entzug der Berechtigung) tunlichst innerhalb einer Woche ab der Änderung zu übermitteln.
(BGBl II 2020/122)

8. die im Register gemäß § 63 Abs. 4 des Bilanzbuchhaltungsgesetzes 2014 – BiBuG 2014, BGBl. I Nr. 191/2013, eingetragenen Berufsberechtigten. Der Präsident der Wirtschaftskammer Österreich als Behörde gemäß § 63 Abs. 1 BiBuG 2014 hat dem Bundesminister für Finanzen Änderungen bei den für die Teilnahme erforderlichen Daten innerhalb einer Woche ab der Änderung zu übermitteln.
(BGBl II 2020/122)

9. Fiskalvertreter im Sinn des § 8 Abs. 3 Z 2 des Flugabgabegesetzes – FlugAbgG, BGBl. I Nr. 111/2010.
(BGBl II 2020/122)

10. die Buchhaltungsagentur des Bundes.
11. (aufgehoben)

Anmeldung

§ 3. (1) Die Anmeldung zu FinanzOnline ist persönlich beim Finanzamt Österreich sowie elektronisch oder schriftlich (per Fax) zulässig. Ist der anzumeldende Teilnehmer keine natürliche Person, so ist ausschließlich die persönliche Anmeldung **„oder die Anmeldung gemäß Abs. 4"** zulässig. Eine postalische Zustellung der Zugangsdaten hat zu eigenen Handen (§ 21 des Zustellgesetzes – ZustG, BGBl. Nr. 200/1982) zu erfolgen; ist dies mangels einer inländischen Abgabestelle nicht möglich, so kommt eine postalische Zustellung der Zugangsdaten nicht in Betracht. Die persönliche Anmeldung ist vom Teilnehmer (bzw. von seinem gesetzlichen Vertreter) vorzunehmen; soll die Anmeldung durch einen Bevollmächtigten erfolgen, so hat sich dieser durch eine beglaubigte Spezialvollmacht auszuweisen.
(BGBl II 2020/122, BGBl II 2023/248 ab 1.9.2023)

(2) Die Anmeldung zu FinanzOnline unter Verwendung der Funktion „Elektronischer Identitätsnachweis (E-ID)" (§§ 2 Z 10 und 4 Abs. 1 des E-Government-Gesetzes – E-GovG, BGBl. I Nr. 10/2004) erfordert abweichend von Abs. 1 weder persönliche, noch elektronische oder schriftliche (per Fax) Anmeldung beim Finanzamt. Dies gilt nicht, wenn die eindeutige Identifikation des E-ID-Inhabers in den Datenbeständen der Bundesfinanzverwaltung mittels des Namens und Geburtsdatums des E-ID-Inhabers an Hand der in der E-ID eingetragenen Personenbindung (§ 4 Abs. 2 E-GovG) nicht möglich ist.
(BGBl II 2020/122)

(3) Die Anmeldung zu FinanzOnline ist für natürliche Personen aus Staaten, in denen kein elektronisches Identifizierungsmittel im Sinn des Art. 3 Z 2 der Verordnung (EU) Nr. 910/2014 über elektronische Identifizierung und Vertrauensdienste für elektronische Transaktionen im Binnenmarkt und zur Aufhebung der Richtlinie 1999/93/EG (eIDAS-VO), ABl. Nr. L 257 vom 28.08.2014 S. 73, das die Anforderungen des Art. 6 Abs. 1 eIDAS-VO mit Sicherheitsniveau „hoch" erfüllt, verfügbar ist, über ein videogestütztes elektronisches Verfahren (Online-Identifikation) gemäß § 1 Finanz-Video-Identifikationsverordnung – FVIV, BGBl. II Nr. 247/2023, zulässig. Die Bekanntgabe der Zugangsdaten hat durch Übermittlung eines elektronischen Dokuments im Rahmen der Online-Identifikation zu erfolgen. Eine Anmeldung mittels Online-Identifikation durch einen Bevollmächtigten ist nicht zulässig.
(BGBl II 2023/248 ab 1.9.2023)

(4) Ist der anzumeldende Teilnehmer keine natürliche Person, kann die Anmeldung im Rahmen einer Online-Identifikation gemäß § 1 Finanz-Video-Identifikationsverordnung – FVIV, BGBl. II Nr. 247/2023, erfolgen. Im Fall der Anmeldung im Rahmen einer Online-Identifikation gilt Folgendes:

1. **Der Nachweis der gesetzlichen Vertretungsbefugnis hat durch Übermittlung eines elektronischen Dokuments im Rahmen der Online-Identifikation zu erfolgen. Dieses muss in deutscher oder englischer Sprache oder in einer beglaubigten Übersetzung auf Deutsch übermittelt werden.**
2. **Ergibt sich aus diesem Dokument eine gemeinsame Vertretungsbefugnis von mehreren Personen, muss mindestens eine dieser Personen mittels Online-Identifikation identifiziert werden. Für alle übrigen gemeinsam vertretungsbefugten Personen kann die Online-Identifikation durch Übermittlung einer mit der qualifizierten elektronischen Signatur der jeweiligen Person versehenen und beglaubigten Spezialvollmacht ersetzt werden.**
3. **Eine Anmeldung mittels Online-Identifikation durch einen Bevollmächtigten ist nicht zulässig.**
4. **Die Bekanntgabe der Zugangsdaten hat durch Übermittlung eines elektronischen Dokuments im Rahmen der Online-Identifikation zu erfolgen."**

(BGBl II 2023/248 ab 1.9.2023)

Elektronische Akteneinsicht

§ 4. Im Verfahren FinanzOnline ist

1. für Teilnehmer gemäß § 2 Abs. 1 die Abfrage sie betreffender personenbezogener Daten sowie
2. für Parteienvertreter die Abfrage von personenbezogenen Daten der vertretenen Partei

aus Akten oder Aktenteilen im Wege automationsunterstützter Datenübertragung gemäß § 90a BAO zulässig. Für Parteienvertreter ist die Abfrage nur soweit zulässig, als sie nach den berufsrechtlichen Vorschriften zur elektronischen Akteneinsicht befugt sind.
(BGBl II 2020/122)

Unbeachtliche Anbringen

§ 5. Andere als die in den Funktionen gemäß § 1 Abs. 2 dem jeweiligen Teilnehmer zur Verfügung gestellten Anbringen sind, ungeachtet einer allfälligen tatsächlichen Übermittlung in Finanz-Online, unbeachtlich. Die in § 1 Abs. 2 letzter Satz angesprochenen Datenübertragungen gelten überdies als erst dann eingebracht, wenn sie in zur vollständigen Weiterbearbeitung geeigneter Form bei der Behörde einlangen. Anbringen, die technisch erfolgreich übermittelt wurden, hat die Abgabenbehörde in geeigneter Weise zu bestätigen; insbesondere sind im Sinne des vorhergehenden Satzes unbeachtliche Anbringen kenntlich zu machen.

§ 5a. (aufgehoben)
(BGBl II 2020/122)

Elektronische Zustellung
(BGBl II 2020/122)

§ 5b. (1) Die Abgabenbehörden haben nach Maßgabe ihrer technischen Möglichkeiten Zustellungen an Empfänger, die Teilnehmer von FinanzOnline sind, elektronisch vorzunehmen.

(2) Jeder Teilnehmer, der an der elektronischen Form der Zustellung über FinanzOnline teilnimmt, hat in FinanzOnline eine E-Mailadresse anzugeben, wenn er über die elektronische Zustellung informiert werden möchte. Die Wirksamkeit der Zustellung der Erledigung selbst wird durch die Nichtangabe, durch die Angabe einer nicht dem Teilnehmer zuzurechnenden oder durch die Angabe einer unrichtigen oder ungültigen E-Mailadresse nicht gehindert.

(BGBl II 2020/122)

(3) Teilnehmer, die Unternehmer im Sinne des § 3 Z 2 des Bundesstatistikgesetzes 2000, BGBl. I Nr. 163/1999, sind und die wegen Überschreiten der Umsatzgrenze zur Abgabe von Umsatzsteuervoranmeldungen verpflichtet sind, haben an der elektronischen Form der Zustellung über FinanzOnline teilzunehmen und können auf diese nicht verzichten. Andere Teilnehmer können in FinanzOnline auf die elektronische Form der Zustellung verzichten. Zu diesem Zweck ist ihnen bei ihrem ersten nach dem 31. Dezember 2012 erfolgenden Einstieg in das System unmittelbar nach erfolgreichem Login die Verzichtsmöglichkeit aktiv anzubieten. Die Möglichkeit zum Verzicht ist auch nach diesem Zeitpunkt jederzeit zu gewährleisten. Wenn sie nicht zur Teilnahme an der elektronischen Zustellung verpflichtet sind, können die in § 2 Abs. 2 genannten Parteienvertreter den Verzicht für die Zustellungen in ihren eigenen Angelegenheiten und davon getrennt für die Zustellungen in den Angelegenheiten als Parteienvertreter erklären.
(BGBl II 2020/122)

(3a) Ein in FinanzOnline abgegebener Verzicht auf die elektronische Zustellung verliert für Teilnehmer, die gemäß Abs. 3 erster Satz zur Teilnahme an der elektronischen Zustellung verpflichtet sind, seine Wirksamkeit.
(BGBl II 2020/122)

(4) Vor dem 1. Jänner 2013 erteilte Zustimmungen zur elektronischen Zustellung im Sinn des § 97 Abs. 3 vierter Satz BAO in der Fassung vor BGBl. I Nr. 22/2012 bleiben bis zu einem allfälligen Verzicht nach Abs. 3 zweiter Satz wirksam, wobei Abs. 3 dritter Satz nicht anzuwenden ist.
(BGBl II 2020/122)

(5) Wurde vor dem 1. Jänner 2013 keine Zustimmung zur elektronischen Zustellung im Sinn des § 97 Abs. 3 vierter Satz BAO in der Fassung vor BGBl. I Nr. 22/2012 erteilt, darf eine elektronische Zustellung an die in Abs. 3 zweiter Satz genannten Teilnehmer nicht vor dem in Abs. 3 dritter Satz genannten Zeitpunkt erfolgen.
(BGBl II 2020/122)

(6) Abweichend von Abs. 1 kann die Abgabenbehörde von der elektronischen Form der Zustellung an einen Teilnehmer, dessen Verzicht auf die elektronische Zustellung seine Wirksamkeit gemäß Abs. 3a verloren hat, so lange absehen, bis der Teilnehmer vom Wirksamwerden der Verpflichtung zur Teilnahme an der elektronischen Zustellung unmittelbar nach einem erfolgreichen Login in das Portal FinanzOnline in Kenntnis gesetzt wurde.
(BGBl II 2020/122)

Ausschluss von Teilnehmern

§ 6. Ein Teilnehmer, der Versuche oder Handlungen unternimmt, die
1. auf eine Störung des ordnungsmäßigen Ablaufes der Datenübermittlungen abzielen,
2. eine Störung des ordnungsmäßigen Ablaufes der Datenübermittlungen zur Folge haben, oder
3. Sicherheitsauflagen, Sorgfalts- oder Geheimhaltungspflichten verletzen,

kann von der Teilnahme ausgeschlossen werden.

Entrichtung

§ 7. Die Beauftragung zur Entrichtung von Abgaben durch elektronische Überweisung im Sinn des § 211 Abs. 3 BAO hat
1. wenn das dem Zahlungspflichtigen von seinem Kreditinstitut zur Verfügung gestellte Electronic-Banking-System die Funktion „Finanzamtszahlung" beinhaltet im Wege einer solchen „Finanzamtszahlung", oder

17/2/3. BAO
FOnV 2006

2. im Wege des dem Zahlungspflichtigen im System FinanzOnline zur Verfügung gestellten „eps"-Verfahrens („e-payment standard") zu erfolgen.
(BGBl II 2020/122)

§ 8. Dem Zahlungspflichtigen ist die elektronische Überweisung zumutbar, wenn er das ihm von seinem Kreditinstitut zur Verfügung gestellte Electronic-Banking-System bereits zur Entrichtung von Abgaben oder für andere Zahlungen nutzt und er über einen Internet-Anschluss verfügt.
(BGBl II 2016/46)

2. Abschnitt
Ausschüttungsgleiche Erträge
(entfallen)

3. Abschnitt
Gebühren und Verkehrsteuern

§ 10. Dieser Abschnitt regelt die automationsunterstützte Übertragung von Abgabenerklärungen, Selbstberechnungen und Anmeldungen nach dem Grunderwerbsteuergesetz 1987 und der Verrechnungsweisung nach § 33 Tarifpost 5 Abs. 5 Z 3 des Gebührengesetzes 1957.

§ 11. Teilnehmer sind die in § 2 Abs. 2 Z 2 bis 4 Genannten. Hinsichtlich der Änderungen bei den für die Teilnahme erforderlichen Daten gelten § 2 Abs. 2 Z 1 bis 4. Teilnehmer hinsichtlich der Abgabenerklärung gemäß § 10 Abs. 1 GrEStG 1987 sind nach Maßgabe des § 10 Abs. 2 GrEStG 1987 auch die Teilnehmer im Sinn des § 2 Abs. 1. Die Verrechnungsweisung nach § 33 Tarifpost 5 Abs. 5 Z 3 des Gebührengesetzes 1957 steht jedem teilnehmenden Gebührenschuldner und den nach Berufsrecht hiezu befugten Parteienvertretern zur Verfügung.

§ 12. § 1 Abs. 2 bis 5, sowie die §§ 3, 5 und 6 gelten sinngemäß.

4. Abschnitt
Bausparen

§ 13. Dieser Abschnitt regelt automationsunterstützte Datenübertragungen nach § 108 Abs. 5 und 7 EStG 1988. Gegenstand der Übermittlung sind die gemäß §§ 5 und 10 der Verordnung des Bundesministers für Finanzen betreffend Bausparen gemäß § 108 EStG 1988, BGBl. II Nr. 296/2005, zu übermittelnden Daten.

§ 14. Teilnehmer sind die Bausparkassen (§ 1 Abs. 1 des Bausparkassengesetzes – BSpG, BGBl. Nr. 532/1993).
(BGBl II 2020/122)

§ 15. § 1 Abs. 2 bis 5, sowie die §§ 3, 5 und 6 gelten sinngemäß.

5. Abschnitt
Pensionsvorsorge

§ 16. Dieser Abschnitt regelt automationsunterstützte Datenübertragungen nach § 108a EStG 1988. Gegenstand der Übermittlung sind die gemäß § 108a Abs. 4 EStG 1988 zu übermittelnden Daten.

§ 17. Teilnehmer sind die im § 108a Abs. 3 EStG 1988 bezeichneten Rechtsträger.

§ 18. § 1 Abs. 2 bis 5, sowie die §§ 3, 5 und 6 gelten sinngemäß.

6. Abschnitt
Zukunftsvorsorge

§ 19. Dieser Abschnitt regelt automationsunterstützte Datenübertragungen nach § 108g EStG 1988. Gegenstand der Übermittlung sind die gemäß § 108g Abs. 4 EStG 1988 zu übermittelnden Daten.

§ 20. Teilnehmer sind die im § 108a Abs. 3 EStG 1988 bezeichneten Rechtsträger.

§ 21. § 1 Abs. 2 bis 5, sowie die §§ 3, 5 und 6 gelten sinngemäß.

7. Abschnitt
(aufgehoben)

§§ 22. bis 24. (aufgehoben)
(BGBl II 2018/82)

8. Abschnitt
Kommunalsteuer

§ 25. Dieser Abschnitt regelt automationsunterstützte Datenübertragungen zwischen den Gemeinden und den Abgabenbehörden des Bundes nach §§ 11 und 14 des Kommunalsteuergesetzes 1993 – KommStG 1993, BGBl. Nr. 819/1993. Gegenstand der Übermittlung sind die gemäß § 11 Abs. 4 und § 14 Abs. 1 und 2 KommStG 1993 zu übermittelnden Daten.
(BGBl II 2020/122)

§ 26. Teilnehmer sind die Gemeinden.

§ 27. § 1 Abs. 2 bis 5, sowie die §§ 3, 5 und 6 gelten sinngemäß.

9. Abschnitt
Schenkungsmeldung

§ 28. Dieser Abschnitt regelt automationsunterstützte Datenübertragungen von Anzeigen nach § 121a Abs. 5 BAO. Gegenstand der Übermittlung auf elektronischem Weg sind die gemäß § 121a BAO zu übermittelnden Daten.

§ 29. Teilnehmer sind die Teilnehmer im Sinn des § 2 Abs. 1, sowie nach Maßgabe ihrer Berufsbefugnisse Parteienvertreter im Sinn des § 2 Abs. 2. Nicht zumutbar im Sinn des § 121a Abs. 5 BAO ist die elektronische Übermittlung dann, wenn die elektronische Übermittlung der Steuererklärung nach § 2 der FinanzOnline-Erklärungsverordnung – FOnErklV, BGBl. II Nr. 512/2006, unzumutbar ist.
(BGBl II 2020/122)

§ 30. § 1 Abs. 2 bis 5, sowie die §§ 3, 5 und 6 gelten sinngemäß.

10. Abschnitt
Anzeige von Ausspielungen, Glücksspielabgaben, Wettgebührenabrechnung

§ 31. Dieser Abschnitt regelt die automationsunterstützte Übertragung von Daten betreffend die

1. Anzeige von Ausspielungen mit Kartenspielen in Turnierform nach § 4 Abs. 6 GSpG.
2. Anzeige von Glücksspielabgaben nach § 59 Abs. 3 GSpG.
3. Gebührenanzeige nach § 33 TP 17 Abs. 3 GebG.

§ 32. (1) Teilnehmer sind
1. zu § 31 Z 1 die Gastgewerbeberechtigten im Sinne des § 4 Abs. 6 GSpG;
2. zu § 31 Z 2 die Schuldner der Abgaben nach §§ 1, 57 und 58 GSpG.
3. zu § 31 Z 3 die gemäß § 28 Abs. 3 GebG zur unmittelbaren Gebührenentrichtung Verpflichteten.

(2) Die elektronische Übermittlung ist dann nicht zumutbar, wenn dem Teilnehmer gemäß Abs. 1 die elektronische Übermittlung der Steuererklärung nach § 2 FOnErklV unzumutbar ist.

§ 33. § 1 Abs. 2 bis 5, sowie die §§ 3, 5 und 6 gelten sinngemäß.

11. Abschnitt
Schlussbestimmungen

1. Bei allen in dieser Verordnung verwendeten personenbezogenen Bezeichnungen gilt die gewählte Form für beide Geschlechter.
2. Beziehen sich Vorschriften in Verordnungen auf Bestimmungen der FinanzOnline-Verordnung 2002, so treten an deren Stelle die entsprechenden Bestimmungen dieser Verordnung.
3. Diese Verordnung tritt mit 1. März 2006 in Kraft.
4. Mit dem In-Kraft-Treten dieser Verordnung tritt die Verordnung des Bundesministers für Finanzen über die Einreichung von Anbringen, die Akteneinsicht und die Zustellung von Erledigungen in automationsunterstützter Form (FinanzOnline-Verordnung 2002 – FOnV 2002), BGBl. II Nr. 46/2002, zuletzt geändert durch BGBl. II Nr. 592/2003, außer Kraft.
5. § 2 Abs. 2 Z 9 und 10 in der Fassung der Verordnung BGBl. II Nr. 513/2006 treten mit 1. Jänner 2007 in Kraft. Datenübertragungen durch und an die im § 2 Abs. 2 Z 9 und 10 genannten Parteienvertreter sind jedoch nicht vor dem Vorliegen der technischen und organisatorischen Voraussetzungen zulässig.
6. Der 9. und der 10. Abschnitt in der Fassung BGBl. II Nr. 244/2008 treten mit 1. August 2008 in Kraft, wobei jedoch Datenübertragungen nicht vor dem Vorliegen der technischen und organisatorischen Voraussetzungen zulässig sind.
7. Zustellungen nach § 5a in der Fassung BGBl. II Nr. 114/2009 sind nicht vor dem Vorliegen der technischen und organisatorischen Voraussetzungen zulässig.
8. § 2 Abs. 1, § 2 Abs. 2 Z 11, § 3 Abs. 1 sowie der 10. und 11. Abschnitt in der Fassung der Verordnung BGBl. II Nr. 82/2011 treten mit 1. Jänner 2011 in Kraft, wobei jedoch Datenübertragungen nicht vor dem Vorliegen der technischen und organisatorischen Voraussetzungen zulässig sind.
9. § 2 Abs. 2 Z 8 in der Fassung der Verordnung BGBl. II Nr. 373/2012 tritt mit 1. Jänner 2013 in Kraft; zugleich treten § 2 Abs. 2 Z 9 und 10 außer Kraft, wobei jedoch Datenübertragungen in Bezug auf Buchhalter und Personalverrechner nicht vor dem Vorliegen der technischen und organisatorischen Voraussetzungen zulässig sind.
10. § 5b in der Fassung der Verordnung BGBl. II Nr. 373/2012 tritt mit 1. Jänner 2013 in Kraft, wobei jedoch elektronische Zustellungen nicht vor dem Vorliegen der technischen und organisatorischen Voraussetzungen zulässig sind.
11. Datenübertragungen auf Grund der §§ 10 und 11 in der Fassung der Verordnung BGBl. II Nr. 373/2012 sind nicht vor dem Vorliegen der technischen und organisatorischen Voraussetzungen zulässig.
12. Die §§ 7 und 8 in der Fassung BGBl. II Nr. 46/2016 sind erstmals auf die Entrichtung von Abgaben am 1. April 2016 anzuwenden.

(BGBl II 2016/46)

13. § 2 Abs. 2 Z 4 in der Fassung der Verordnung BGBl. II Nr. 122/2020 ist erst ab dem Zeitpunkt des Vorliegens der technischen und organisatorischen Voraussetzungen anzuwenden.

(BGBl II 2020/122)

14. § 4 in der Fassung der Verordnung BGBl. II Nr. 122/2020 tritt mit 1. Jänner 2020 in Kraft.

(BGBl II 2020/122)

15. § 3 Abs. 1 in der Fassung der Verordnung BGBl. II Nr. 122/2020 tritt mit 1. Juli 2020 in Kraft.

(BGBl II 2020/122)

16. § 3 Abs. 2 in der Fassung der Verordnung BGBl. II Nr. 122/2020 tritt mit dem vom Bundesminister für Inneres gemäß § 24 Abs. 6 E-GovG im Bundesgesetzblatt kundgemachten Zeitpunkt des Vorliegens der technischen und organisatorischen Voraussetzungen für den Echtbetrieb des E-ID in Kraft.

(BGBl II 2020/122)

17. Wenn in dieser Verordnung auf andere Rechtsvorschriften verwiesen wird, sind diese, sofern nichts anderes angeordnet ist, in ihrer jeweils geltenden Fassung anzuwenden.

(BGBl II 2020/122)

„**18.** § 3 Abs. 1, 3 und 4 in der Fassung der Verordnung BGBl. II Nr. 248/2023 treten mit 1. September 2023 in Kraft."

(BGBl II 2023/248)

FOnErklV

17/2/4.
FOnErklV

BGBl II 2006/512 idF BGBl II 2018/83

Verordnung des Bundesministers für Finanzen über die elektronische Übermittlung von Steuererklärungen sowie von Jahresabschlüssen und anderen Unterlagen anlässlich der Steuererklärung (FinanzOnline-Erklärungsverordnung – FOnErklV)

Auf Grund
1. des § 21 Abs. 1, 4 und 11 des Umsatzsteuergesetzes 1994 – UStG 1994;
2. des Art. 21 Abs. 10 des Umsatzsteuergesetzes 1994 – UStG 1994;
3. des § 42 Abs. 1 des Einkommensteuergesetzes 1988 – EStG 1988;
4. des § 43 Abs. 2 des Einkommensteuergesetzes 1988 – EStG 1988;
5. des § 44 Abs. 8 des Einkommensteuergesetzes 1988 – EStG 1988;
6. des § 24 Abs. 3 Z 1 des Körperschaftsteuergesetzes 1988 – KStG 1988;
7. des § 3 Abs. 3 des Stiftungseingangssteuergesetzes – StiftEG.
8. der §§ 10 Abs. 6, 39 Abs. 3, 46 Abs. 6, 49 Abs. 5, § 52 Abs. 8 und § 54 Abs. 5 des Alkoholsteuergesetzes;
9. der §§ 10 Abs. 7, 16 Abs. 3, 23 Abs. 6, 29 Abs. 8 und § 31 Abs. 4 des Biersteuergesetz 1995;
10. der §§ 7 Abs. 7, 13 Abs. 3, 20 Abs. 7, 26 Abs. 8 und § 28 Abs. 5 des Schaumweinsteuergesetzes 1995;
11. der §§ 12 Abs. 8, 18 Abs. 3, 24 Abs. 6, 27 Abs. 5 und § 31 Abs. 4 des Tabaksteuergesetzes 1995;
12. der §§ 23 Abs. 9, 31 Abs. 3, 38 Abs. 6, 41 Abs. 5 und § 46 Abs. 5 des Mineralölsteuergesetzes 1995;
13. des § 7 Abs. 1 des Stabilitätsabgabegesetzes – StabAbgG;
14. des § 12 des Flugabgabegesetzes – FlugAbgG;
15. des § 9 Abs. 4 des Altlastensanierungsgesetzes;
16. des § 5 des Privatstiftungsgesetzes – PSG im Einvernehmen mit der Bundesministerin für Justiz,

wird verordnet:

§ 1. (1) Die elektronische Übermittlung der Umsatzsteuervoranmeldung, der Zusammenfassenden Meldung, der Einkommen-, Körperschaft- und Umsatzsteuererklärung, der Stiftungseingangssteuererklärung sowie der Steuererklärung zur Feststellung von Einkünften hat nach der FinanzOnline-Verordnung 2006 im Verfahren FinanzOnline (https://finanzonline.bmf.gv.at) zu erfolgen.

(2) Die elektronische Übermittlung der in § 44 Abs. 1 und 3 EStG 1988 genannten Unterlagen hat nach der FinanzOnline-Verordnung 2006 im Verfahren FinanzOnline (https://finanzonline.bmf.gv.at) zu erfolgen.

(3) Die elektronische Übermittlung der Anmeldungen Mitteilungen, Erklärungen und Anträge nach
1. §§ 10 Abs. 6, 39 Abs. 3, 46 Abs. 6, 49 Abs. 5, § 52 Abs. 8 und 54 Abs. 5 Alkoholsteuergesetz,
2. §§ 10 Abs. 7, 16 Abs. 3, 23 Abs. 6, 29 Abs. 8 und 31 Abs. 4 Biersteuergesetz 1995,
3. §§ 7 Abs. 7, 13 Abs. 3, 20 Abs. 7, 26 Abs. 8 und § 28 Abs. 5 Schaumweinsteuergesetz 1995,
4. §§ 12 Abs. 8, 18 Abs. 3, 24 Abs. 6, 27 Abs. 5 und § 31 Abs. 4 Tabaksteuergesetz 1995,
5. §§ 23 Abs. 9, 31 Abs. 3, 38 Abs. 6, 41 Abs. 5 und § 46 Abs. 5 Mineralölsteuergesetz 1995,
6. § 7 Abs. 1 des Stabilitätsabgabegesetz,
7. § 9 Abs. 4 Altlastensanierungsgesetz,
8. § 5 Privatstiftungsgesetz,
9. § 96 Abs. 3 Einkommensteuergesetz 1988

hat nach der FinanzOnline-Verordnung 2006 im Verfahren FinanzOnline (https://finanzonline.bmf.gv.at) zu erfolgen. § 2 ist nicht anzuwenden.

(4) Die elektronische Übermittlung der Anträge auf Erstattung von Vorsteuerbeträgen in einem anderen Mitgliedstaat gemäß § 21 Abs. 11 UStG 1994 hat nach der FinanzOnline-Verordnung 2006 im Verfahren FinanzOnline (https://finanzonline.bmf.gv.at) zu erfolgen. § 2 ist nicht anzuwenden. Die Entscheidung gemäß § 21 Abs. 11 letzter Satz UStG 1994 über die Weiterleitung des Antrages hat im Verfahren FinanzOnline zu erfolgen. Sollte im Zeitpunkt der Entscheidung die Teilnahme des Empfängers an FinanzOnline nicht gegeben sein, so ist die Entscheidung physisch zuzustellen.

(5) Mitteilungen an das Finanzamt nach § 27 Abs. 6 Z 1 lit. a EStG 1988 sind elektronisch zu übermitteln. Die elektronische Übermittlung hat nach der FinanzOnline-Verordnung 2006 im Verfahren FinanzOnline (https://finanzonline.bmf.gv.at) zu erfolgen. Erfolgt die Mitteilung durch eine inländische depotführende Stelle im Sinn des § 95 Abs. 2 Z 2 EStG 1988, ist § 2 nicht anzuwenden.

(6) Die elektronische Übermittlung der Anmeldung gemäß § 7 Abs. 2 FlugAbgG und der Abgabenerklärung gemäß § 7 Abs. 4 FlugAbgG und der Aufzeichnungen gemäß § 10 Abs. 3 und § 11 Abs. 4 FlugAbgG haben nach der FinanzOnline-Verordnung 2006 im Verfahren FinanzOnline (https://finanzonline.bmf.gv.at) zu erfolgen. § 2 ist nicht anzuwenden. Die Übermittlung der Meldungen gemäß § 11 Abs. 5 und 6 FlugAbgG ist nur zulässig im Weg der Datenstromübermittlung und im Weg eines Webservices.

(7) Die im Rahmen einer Abgabenerklärung gemäß § 10 Abs. 1 des Grunderwerbsteuergesetzes 1987 einzureichende Abgabenerklärung nach § 30c

EStG 1988 ist elektronisch zu übermitteln. Die elektronische Übermittlung hat nach der FinanzOnline-Verordnung 2006 im Verfahren FinanzOnline (https://finanzonline.bmf.gv.at) zu erfolgen. § 2 ist nicht anzuwenden.

(8) Die elektronische Anforderung eines Jahresgutachtens oder eines Projektgutachtens (§ 108c Abs. 8 EStG 1988 sowie § 118a BAO in Verbindung mit §§ 4 und 5 der Forschungsprämienverordnung, BGBl. II Nr. 515/2012) bei der Österreichischen Forschungsförderungsgesellschaft mbH (im Folgenden „FFG") hat nach der FinanzOnline-Verordnung 2006 im Verfahren FinanzOnline (https://finanzonline.bmf.gv.at) zu erfolgen. Die FFG hat ein derartiges Gutachten im Verfahren Finanz-Online der zuständigen Abgabenbehörde zu übermitteln. Das Gutachten ist zur elektronischen Akteneinsicht (§ 90a BAO) zur Verfügung zu stellen. § 2 ist nicht anzuwenden.

(9) Die elektronische Übermittlung der Meldung gemäß § 4 Abs. 1 des Gemeinsamer Meldestandard-Gesetzes, BGBl. I Nr. 116/2015 in der Fassung des Bundesgesetzes, BGBl. I Nr. 163/2015, hat nach der FinanzOnline-Verordnung 2006 im Verfahren FinanzOnline (https://finanzonline.bmf.gv.at) zu erfolgen. § 2 ist nicht anzuwenden. Die Übermittlung der Meldung ist nur zulässig im Weg der Datenstromübermittlung und im Weg eines Webservices.

(BGBl II 2016/310)

(10) Die elektronische Übermittlung der Kapitalertragsteuer-Anmeldung gemäß § 96 Abs. 3 EStG 1988 hat nach der FinanzOnline-Verordnung 2006 im Verfahren FinanzOnline (https://finanzonline.bmf.gv.at) zu erfolgen. § 2 ist nicht anzuwenden.

(BGBl II 2018/83)

(11) Die elektronische Übermittlung des länderbezogenen Berichts gemäß § 8 Abs. 1 des Verrechnungspreisdokumentationsgesetzes, BGBl. I Nr. 77/2016, geändert durch das Bundesgesetz, BGBl. I Nr. 117/2016, hat nach der FinanzOnline-Verordnung 2006 im Verfahren FinanzOnline (https://finanzonline.bmf.gv.at) zu erfolgen. § 2 ist nicht anzuwenden. Die Übermittlung des Berichts ist nur zulässig im Weg der Datenstromübermittlung und im Weg eines Webservices.

(BGBl II 2018/83)

§ 1a. (1) Die elektronische Übermittlung der Anmeldung und der Abgabenerklärung nach § 7 Abs. 2 und 5 FlugAbgG und der Aufzeichnungen nach § 10 Abs. 3 und § 11 Abs. 4 FlugAbgG hat nach der FinanzOnline Verordnung 2006 im Verfahren FinanzOnline (https://finanzonline.bmf.gv.at) zu erfolgen. § 2 ist nicht anzuwenden. Die Übermittlung der Meldungen nach Abs. 3 und 4 ist nur zulässig im Weg der Datenstromübermittlung und im Weg eines Webservices.

(2) Die elektronische Meldung der Luftfahrzeughalter gemäß § 10 Abs. 3 FlugAbgG hat – zusammengefasst nach inländischen Flughäfen – folgende Daten zu enthalten:

1. ICAO-Code und Steuernummer des Luftfahrzeughalters,
2. in Ermangelung des ICAO-Codes die Bezeichnung des Luftfahrzeughalters,
3. Bezeichnung des inländischen Flughafens, von dem der Abflug erfolgt ist,
4. Monat und Jahr, für das die Meldung übermittelt wird,
5. Anzahl der abgeflogenen Passagiere ohne Mitglieder der Flugbesatzung (§ 2 Abs. 6 Flug-AbgG) und ohne Passagiere, die das zweite Lebensjahr noch nicht vollendet haben und über keinen eigenen Sitzplatz verfügen (§ 3 Z 1 FlugAbgG), jeweils unter zahlenmäßiger Zuordnung zu den einzelnen Tarifgruppen im Sinn des § 5 Abs. 1 FlugAbgG unter Berücksichtigung des § 5 Abs. 3 FlugAbgG,
6. Abgabenbetrag,
7. Anzahl der steuerbefreiten Abflüge, zugeordnet zu den folgenden Positionen:
    a) Passagiere, die das zweite Lebensjahr noch nicht vollendet haben und über keinen eigenen Sitzplatz verfügen,
    b) Personen, die als Flugbesatzungsmitglieder eines anderen Fluges an ihren Einsatzort oder von ihrem Einsatzort geflogen werden sowie Governmental Request Passengers,
    c) steuerfrei abgeflogene Personen gemäß § 3 Z 3 und 4 FlugAbgG,
    d) Transferpassagiere.

(3) Die elektronische Meldung der Flugplatzhalter gemäß § 11 Abs. 4 FlugAbgG hat – zusammengefasst nach Luftfahrzeughaltern – folgende Daten zu enthalten:

1. ICAO-Code des Luftfahrzeughalters,
2. in Ermangelung des ICAO-Codes die Bezeichnung, Adresse, sowie Postleitzahl und Land des Luftfahrzeughalters,
3. Monat und Jahr, für das die Meldung übermittelt wird,
4. Anzahl der abgeflogenen Passagiere ohne Mitglieder der Flugbesatzung (§ 2 Abs. 6 FlugAbgG) und ohne Passagiere, die das zweite Lebensjahr noch nicht vollendet haben und über keinen eigenen Sitzplatz verfügen (§ 3 Z 1 FlugAbgG),
5. Anzahl der steuerbefreiten Abflüge der folgenden Positionen:
    a) Passagiere, die das zweite Lebensjahr noch nicht vollendet haben und über keinen eigenen Sitzplatz verfügen,
    b) Personen, die als Flugbesatzungsmitglieder eines anderen Fluges an ihren Einsatzort oder von ihrem Einsatzort geflogen werden sowie Governmental Request Passengers,
    c) Transferpassagiere.

(4) Abweichend davon hat der Flugplatzhalter hinsichtlich jener Luftfahrzeughalter, die ihm

17/2/4. BAO
FOnErklV

keine Daten im Sinne des § 10 Abs. 4 Flug-AbgG übermittelt haben, folgende Aufzeichnungen zu übermitteln:
1. ICAO-Code des Luftfahrzeughalters,
2. in Ermangelung des ICAO-Codes die Bezeichnung, Adresse, sowie Postleitzahl und Land des Luftfahrzeughalters,
3. Monat und Jahr, für das die Meldung übermittelt wird,
4. Flugnummer oder Registrierungsnummer des Luftfahrzeuges,
5. Datum und Zeitpunkt des planmäßigen Abfluges,
6. Streckenziel mittels IATA-Code oder ICAO-Code des Flugplatzes,
7. Anzahl der abgeflogenen Passagiere ohne Mitglieder der Flugbesatzung (§ 2 Abs. 6 Flug-AbgG) und ohne Passagiere, die das zweite Lebensjahr noch nicht vollendet haben und über keinen eigenen Sitzplatz verfügen (§ 3 Z 1 FlugAbgG),
8. Anzahl der steuerbefreiten Abflüge der folgenden Positionen:
   a) Passagiere, die das zweite Lebensjahr noch nicht vollendet haben und über keinen eigenen Sitzplatz verfügen,
   b) Personen, die als Flugbesatzungsmitglieder eines anderen Fluges an ihren Einsatzort oder von ihrem Einsatzort geflogen werden sowie Governmental Request Passengers,
   c) Transferpassagiere,
9. Anzahl der Passagiere je Destination (nächstes Ziel nach Streckenziel) mittels IATA-Code oder mittels ICAO-Codes des Flugplatzes.

(5) Wird durch einen Abflug keine Abgabepflicht ausgelöst, entfällt die Verpflichtung zur Meldung nach Abs. 2 bis 4.

§ 2. Dem Steuerpflichtigen bzw. der zur Geschäftsführung oder Vertretung einer Gesellschaft oder Gemeinschaft befugten Person ist die elektronische Übermittlung der Steuererklärung unzumutbar, wenn er bzw. sie nicht über die dazu erforderlichen technischen Voraussetzungen verfügt. Der Steuerpflichtige bzw. die zur Geschäftsführung oder Vertretung einer Gesellschaft oder Gemeinschaft befugte Person muss daher die Steuererklärung, die er bzw. sie selbst einreicht, nur dann elektronisch übermitteln, wenn er bzw. sie über einen Internet-Anschluss verfügt und er bzw. die Gesellschaft oder Gemeinschaft wegen Überschreitens der Umsatzgrenze zur Abgabe von Umsatzsteuervoranmeldungen verpflichtet ist. Reicht ein inländischer berufsmäßiger Parteienvertreter die Erklärung ein, so besteht die Verpflichtung zur elektronischen Übermittlung nur dann, wenn der Parteienvertreter über einen Internet-Anschluss verfügt und wegen Überschreitens der Umsatzgrenze zur Abgabe von Umsatzsteuervoranmeldungen verpflichtet ist.

§ 3. (1) Der Umfang der elektronisch zu übermittelnden Abgabenerklärungen bestimmt sich nach § 1 Abs. 2 FOnV 2006.

(2) Der Umfang der elektronisch zu übermittelnden Unterlagen im Sinn des § 1 Abs. 2 bestimmt sich nach § 1 Abs. 2 FOnV 2006. Die Übermittlung ist nur zulässig im Weg der Datenstromübermittlung und im Weg eines Webservices.

(3) Der Umfang der elektronisch zu übermittelnden Anmeldungen und Anträge im Sinn des § 1 Abs. 3 bestimmt sich nach § 1 Abs. 2 FOnV 2006. Die Übermittlung ist nicht zulässig im Weg der Datenstromübermittlung und im Weg eines Webservices.

(4) Der Umfang der elektronisch zu übermittelnden Anträge im Sinn des § 1 Abs. 4 bestimmt sich nach § 1 Abs. 2 FonV 2006.

(5) Der Umfang der elektronisch zu übermittelnden Anmeldung, Abgabenerklärung und Aufzeichnungen im Sinn des § 1a bestimmt sich nach § 1 Abs. 2 FOnV 2006.

(6) Der Umfang der an die FFG gerichteten Anforderung eines Gutachtens gemäß § 108c Abs. 8 EStG 1988 und § 118a BAO sowie der Umfang eines von der FFG gemäß § 108c Abs. 8 EStG 1988 und § 118a BAO erstellten Gutachtens bestimmt sich nach der Forschungsprämienverordnung, BGBl. II Nr. 515/2012.

§ 4. (1) Umsatzsteuervoranmeldungen sind elektronisch erstmals für den Zeitraum April 2003 zu übermitteln.

(2) Die elektronische Übermittlung der Zusammenfassenden Meldung hat bis zum Ablauf des dem Kalendermonat (Meldezeitraum) folgenden Kalendermonates zu erfolgen. Bei vierteljährlichem Voranmeldungszeitraum hat diese Übermittlung bis zum Ablauf des auf das Kalendervierteljahr (Meldezeitraum) folgenden Kalendermonates zu erfolgen.

§ 5. (1) Auf elektronische Übermittlungen ab dem Inkrafttreten dieser Verordnung ist die Verordnung des Bundesministers für Finanzen über die elektronische Übermittlung von Umsatz-, Einkommen- und Körperschaftsteuererklärungen, BGBl. II Nr. 192/2004 in der Fassung BGBl. II Nr. 436/2005, nicht mehr anzuwenden.

(2) Die elektronische Übermittlung der Unterlagen im Sinn des § 1 Abs. 2 ist erstmals anlässlich der elektronischen Übermittlung der Steuererklärung 2006 zulässig.

(3) § 1 Abs. 1 in der Fassung der Verordnung BGBl. II Nr. 245/2008 tritt mit 1. August 2008 in Kraft. Datenübertragungen sind jedoch nicht vor dem Vorliegen der technischen und organisatorischen Voraussetzungen zulässig.

(4) § 1 Abs. 3 in der Fassung der Verordnung BGBl. II Nr. 113/2009 tritt mit 1. Juni 2009 in Kraft. Datenübertragungen sind jedoch nicht vor dem Vorliegen der technischen und organisatorischen Voraussetzungen zulässig.

(5) § 1 Abs. 4 und § 3 Abs. 4, jeweils in der Fassung der Verordnung BGBl. II Nr. 288/2009,

treten mit 1. Jänner 2010 in Kraft. § 4 Abs. 2 in der Fassung der Verordnung BGBl. II Nr. 288/2009 ist erstmals auf Meldezeiträume anzuwenden, die nach dem 31. Dezember 2009 beginnen.

(6) §§ 1a und 3 Abs. 5, jeweils in der Fassung der Verordnung BGBl. II Nr. 81/2011 treten mit 1. Jänner 2011 in Kraft und § 1 Abs. 3 in der Fassung der Verordnung BGBl. II Nr. 81/2011 tritt mit 1. April 2011 in Kraft. Datenübertragungen sind jedoch nicht vor dem Vorliegen der technischen und organisatorischen Voraussetzungen zulässig.

(7) § 1 Abs. 3 Z 9 tritt mit 1. Februar 2013 in Kraft.

(8) § 1 Abs. 5 tritt mit 1. Juli 2013 in Kraft.

(9) Die elektronische Übermittlung von Mitteilungen und Abgabenerklärungen im Sinn des § 1 Abs. 6 und 7 in der Fassung der Verordnung BGBl. II Nr. 372/2012 sind nicht vor dem Vorliegen der jeweiligen technischen und organisatorischen Voraussetzungen zulässig.

(10) § 1 Abs. 8 und § 3 Abs. 6 in der Fassung der Verordnung BGBl. II Nr. 514/2012 treten mit 1. Jänner 2013 in Kraft.

(11) § 1 Abs. 8 in der Fassung der Verordnung BGBl. II Nr. 40/2013 tritt mit 1. Jänner 2013 in Kraft.

(12) Die elektronische Übertragung von Meldungen im Sinn des § 1 Abs. 9 in der Fassung der Verordnung BGBl. II Nr. 310/2016 ist nicht vor dem Vorliegen der technischen und organisatorischen Voraussetzungen zulässig.

(BGBl II 2016/310)

(13) § 1 Abs. 11 in der Fassung der Verordnung BGBl. II Nr. 83/2018 tritt mit 7. November 2017 in Kraft.

(BGBl II 2018/83)

17/2/5. VO zu § 48
Doppelbesteuerungen
BGBl II 2002/474

Verordnung des Bundesministers für Finanzen betreffend die Vermeidung von Doppelbesteuerungen

Auf Grund von § 48 der Bundesabgabenordnung wird verordnet:

§ 1. (1) Bei Ermittlung des Einkommens im Sinne von § 2 des Einkommensteuergesetzes 1988 sowie § 7 Abs. 2 und 3 des Körperschaftsteuergesetzes 1988 sind bei unbeschränkt Steuerpflichtigen zur Vermeidung einer internationalen Doppelbesteuerung folgende positive ausländische Einkünfte von der Besteuerung auszunehmen, wenn sie aus Staaten stammen, mit denen Österreich kein darauf anwendbares Doppelbesteuerungsabkommen abgeschlossen hat und wenn sie im ausländischen Staat einer der österreichischen Einkommensteuer oder Körperschaftsteuer vergleichbaren Besteuerung unterliegen, deren Durchschnittsteuerbelastung mehr als 15% beträgt:

a) Einkünfte aus im Ausland belegenem unbeweglichem Vermögen;

b) Einkünfte aus Gewerbebetrieb sowie Einkünfte aus selbständiger Arbeit, die aus einer im Ausland gelegenen Betriebsstätte stammen;

c) Einkünfte, die aus einer im Ausland unternommenen Bauausführung oder Montage stammen;

d) Einkünfte aus einer im Ausland ausgeübten Vortrags- oder Unterrichtstätigkeit;

e) Einkünfte aus einer im Ausland erfolgten Mitwirkung an einer Unterhaltungsdarbietung;

f) Einkünfte aus einer im Ausland ausgeübten nichtselbständigen Arbeit.

Die Durchschnittsteuerbelastung ist in sinngemäßer Anwendung jener Grundsätze zu ermitteln, die für die Berechnung der in der Verordnung BGBl. Nr. 57/1995 genannten Durchschnittsteuerbelastung festgelegt sind.

(2) Ist kein Doppelbesteuerungsabkommen anwendbar und wird der Eintritt einer internationalen Doppelbesteuerung nicht nach Abs. 1 beseitigt, sind bei unbeschränkt Steuerpflichtigen ausländische Steuern vom Einkommen auf die veranlagte österreichische Einkommensteuer oder Körperschaftsteuer anzurechnen. Der anzurechnende Betrag darf jedoch den Teil der österreichischen Steuer nicht übersteigen, der unmittelbar auf die im Ausland besteuerten Einkünfte entfällt (Anrechnungshöchstbetrag). Werden Einkünfte aus mehreren ausländischen Staaten bezogen, ist für die Einkünfte aus jedem Staat eine gesonderte Höchstbetragsberechnung anzustellen.

(3) Besteht ein Doppelbesteuerungsabkommen, das zur Vermeidung der Doppelbesteuerung die Anrechnungsmethode vorsieht und das nicht für

17/2/6. BAO
Unbilligkeit der Einhebung

Steuern vom Einkommen lokaler Gebietskörperschaften des ausländischen Staates anwendbar ist, so gilt abweichend von Absatz 1 Folgendes: Die lokalen Steuern vom Einkommen sind in sinngemäßer Anwendung der im Abkommen vorgesehenen Anrechnungsmethode auf die österreichische Steuer vom Einkommen anzurechnen.

(4) Positive Einkünfte, die von der Besteuerung ausgenommen werden, sind bei der Festsetzung der Steuer, die auf das übrige Einkommen entfällt, einzubeziehen (Progressionsvorbehalt).

§ 2. (1) Eine Steuerentlastung gemäß § 1 kann nur für jene Einkünfte in Anspruch genommen werden, die in einem ordnungsgemäß geführten Verzeichnis ausgewiesen werden. Dieses Verzeichnis hat unter geordnetem Hinweis auf die den Eintragungen zugrunde liegenden Belege folgende Angaben für jede Einkunftsquelle zu enthalten:

a) Bezeichnung des Staates der Einkünfteerzielung;
b) Art der Einkünfte (Einkunftsart und geschäftsübliche Bezeichnung);
c) Höhe der Einkünfte unter Hinweis auf eine Berechnungsunterlage, in der die Ermittlung der Höhe der Einnahmen (Betriebseinnahmen) sowie der Werbungskosten (Betriebsausgaben) nach österreichischem Recht dargestellt ist;
d) Prozentsatz der durchschnittlichen ausländischen Steuerbelastung in den Fällen des § 1 Abs. 1 (unter Hinweis auf die Berechnungsunterlage für den Durchschnittsteuersatz und die Belege über die ausländische Besteuerung);
e) Höhe der anrechenbaren ausländischen Steuer in den Fällen des § 1 Abs. 2 und 3 und Darstellung der Berechnung des Anrechnungshöchstbetrages;
f) Angabe über die zeitliche Zuordnung (Zeitpunkt oder Zeitraum des Zuflusses oder der gewinnerhöhenden Erfassung in der Buchhaltung).

(2) Bei Einkünften, die dem inländischen Lohnsteuerabzug unterliegen, ist insoweit keine Verzeichnisführung erforderlich, als die entsprechenden Informationen aus den der Lohnverrechnung zugrunde liegenden Unterlagen entnommen werden können.

§ 3. (1) Die Bestimmungen des § 1 sind insoweit nicht anzuwenden, als sie zur Folge hätten, dass ausländische Verluste sowohl in Österreich wie auch im Ausland steuerlich berücksichtigt werden.

(2) Die Verordnung ist erstmals anzuwenden
a) bei der Veranlagung zur Einkommen- und Körperschaftsteuer auf Einkünfte, die bei der Veranlagung für das Kalenderjahr 2002 zu erfassen sind;
b) beim Lohnsteuerabzug auf Einkünfte, die in Lohnzahlungszeiträumen zufließen, die nach dem In-Kraft-Treten der Verordnung enden.

17/2/6. VO zu § 236
Unbilligkeit der Einhebung

BGBl II 2005/435 idF BGBl II 2019/236

Verordnung des Bundesministers für Finanzen betreffend Unbilligkeit der Einhebung im Sinn des § 236 BAO

Auf Grund des § 236 der Bundesabgabenordnung (BAO), BGBl. Nr. 194/1961, zuletzt geändert durch das Bundesgesetz, BGBl. I Nr. 180/2004, und durch die Kundmachung BGBl. I Nr. 2/2005, wird verordnet:

§ 1. Die Unbilligkeit im Sinn des § 236 BAO kann persönlicher oder sachlicher Natur sein.

§ 2. Eine persönliche Unbilligkeit liegt insbesondere vor, wenn die Einhebung
1. die Existenz des Abgabepflichtigen oder seiner ihm gegenüber unterhaltsberechtigten Angehörigen gefährden würde;
2. mit außergewöhnlichen wirtschaftlichen Auswirkungen verbunden wäre, etwa wenn die Entrichtung der Abgabenschuldigkeit trotz zumutbarer Sorgfalt nur durch Vermögensveräußerung möglich wäre und dies einer Verschleuderung gleichkäme.

§ 3. Eine sachliche Unbilligkeit liegt bei der Einhebung von Abgaben insbesondere vor, soweit die Geltendmachung des Abgabenanspruches
1. von Rechtsauslegungen des Verfassungsgerichtshofes oder des Verwaltungsgerichtshofes abweicht, wenn im Vertrauen auf die betreffende Rechtsprechung für die Verwirklichung des die Abgabepflicht auslösenden Sachverhaltes bedeutsame Maßnahmen gesetzt wurden;
2. in Widerspruch zu nicht offensichtlich unrichtigen Rechtsauslegungen steht, die
   a) dem Abgabepflichtigen gegenüber von der für ihn zuständigen Abgabenbehörde geäußert oder
   b) vom Bundesministerium für Finanzen im Amtsblatt der österreichischen Finanzverwaltung oder im Internet als Amtliche Veröffentlichung in der Findok veröffentlicht wurden, wenn im Vertrauen auf die betreffende Äußerung bzw. Veröffentlichung für die Verwirklichung des die Abgabepflicht auslösenden Sachverhaltes bedeutsame Maßnahmen gesetzt wurden.

(BGBl II 2019/236)

3. (aufgehoben)
(BGBl II 2019/236)

§ 4. (1) § 3 in der Fassung BGBl. II Nr. 449/2013 tritt mit 1. Jänner 2014 in Kraft.

(2) § 3 Z 2 und 3 in der Fassung der Verordnung BGBl. II Nr. 236/2019 tritt mit 1. September 2019 in Kraft. § 3 in der Fassung der Verordnung BGBl. II Nr. 449/2013 ist weiterhin anzuwenden

1. auf die Einigung in einem Verständigungsverfahren nach einer anderen Rechtsgrundlage als dem EU-Besteuerungsstreitbeilegungsgesetz – EU-BStbG, BGBl. I Nr. 62/2019, wenn diese vor dem 1. September 2019 stattgefunden hat;
2. auf die Einigung in einem Schiedsverfahren zur Verhinderung der Doppelbesteuerung nach einer anderen Rechtsgrundlage als dem EU-BStbG, wenn diese vor dem 1. September 2019 stattgefunden hat.

(BGBl II 2019/236)

17/2/7. VO zu §§ 131 Abs. 4 und 131b Abs. 5 Z 2

BarUV 2015

BGBl II 2015/247 idF BGBl II 2016/209

Verordnung des Bundesministers für Finanzen über Erleichterungen bei der Führung von Büchern und Aufzeichnungen, bei der Registrierkassenpflicht und bei der Belegerteilungspflicht (Barumsatzverordnung 2015 – BarUV 2015)

Aufgrund der §§ 131 Abs. 4 und 131b Abs. 5 Z 2 der Bundesabgabenordnung – BAO, BGBl. Nr. 194/1961, zuletzt geändert durch das Bundesgesetz BGBl. I Nr. 118/2015, wird verordnet:

Vereinfachte Losungsermittlung

§ 1. (1) Eine vereinfachte Losungsermittlung bzw. Erleichterungen bei der Registrierkassenpflicht nach § 131b BAO und der Belegerteilungspflicht nach § 132a BAO kann nur in den Fällen der §§ 2 bis 4 in Anspruch genommen werden, soweit über die Bareingänge keine Einzelaufzeichnungen geführt werden, die eine Losungsermittlung ermöglichen.

(2) Bei Vorliegen der Berechtigung zur vereinfachten Losungsermittlung nach den §§ 2 und 3 können die gesamten Bareingänge eines Tages durch Rückrechnung aus dem ausgezählten End- und Anfangsbestand ermittelt werden.

(3) Die Ermittlung des Kassenanfangs- und Kassenendbestandes sowie der Tageslosung durch Rückrechnung muss nachvollziehbar und entsprechend dokumentiert werden. Sie hat spätestens zu Beginn des nächstfolgenden Arbeitstages und für jede Kassa gesondert zu erfolgen.

(4) Wenn die vereinfachte Losungsermittlung nach den §§ 2 bis 4 zulässig ist, besteht weder eine Registrierkassenpflicht gemäß § 131b BAO noch eine Belegerteilungspflicht nach § 132a BAO.

Umsätze im Freien, Hütten-, Buschenschank- und Kantinenumsätze

(BGBl II 2016/209)

§ 2. (1) Für Umsätze, bzw. Umsatzteile gemäß § 131 Abs. 4 Z 1 BAO in der Fassung BGBl. I Nr. 77/2016 kann die vereinfachte Losungsermittlung gemäß § 1 Abs. 2 in Anspruch genommen werden. Ob die jeweilige Jahresumsatzgrenze überschritten wird, ist gemäß § 1 Abs. 3 zu ermitteln.

(BGBl II 2016/209)

(2) Die Verpflichtungen zur Losungsermittlung mit elektronischem Aufzeichnungssystem gemäß § 131b BAO und zur Belegerteilung gemäß § 132a BAO bestehen mit Beginn des viertfolgenden Monats nach Ablauf des Voranmeldungszeitraums, in dem die Umsatzgrenze (Abs. 1) erstmalig überschritten wurde.

(3) Wird die Umsatzgrenze (Abs. 1) in einem Folgejahr nicht überschritten und ist aufgrund besonderer Umstände absehbar, dass diese Gren-

ze auch künftig nicht überschritten wird, so fallen die Verpflichtungen zur Losungsermittlung mit elektronischem Aufzeichnungssystem gemäß § 131b BAO und zur Belegerteilung gemäß § 132a BAO mit Beginn des nächstfolgenden Kalenderjahres weg.

Sonderregelungen für wirtschaftliche Geschäftsbetriebe

§ 3. (1) Die vereinfachte Losungsermittlung kann bei Umsätzen von wirtschaftlichen Geschäftsbetrieben im Sinn des § 45 Abs. 2 BAO von abgabenrechtlich begünstigten Körperschaften in Anspruch genommen werden.

(2) Bei Umsätzen von wirtschaftlichen Geschäftsbetrieben im Sinn des § 45 Abs. 1a BAO von abgabenrechtlich begünstigten Körperschaften kann die vereinfachte Losungsermittlung in Anspruch genommen werden.

(BGBl II 2016/209)

Sonderregelungen für Automaten

§ 4. (1) Bei Warenausgabe- und Dienstleistungsautomaten, die nach dem 31. Dezember 2015 in Betrieb genommen werden, kann eine vereinfachte Losungsermittlung in Anspruch genommen werden, und besteht weder eine Registrierkassenpflicht nach § 131b BAO noch eine Belegerteilungspflicht nach § 132a BAO, wenn die Gegenleistung für die Einzelumsätze 20 Euro nicht übersteigt.

(2) Eine vereinfachte Losungsermittlung kann bei diesen Automaten durch eine zumindest im Abstand von 6 Wochen regelmäßig erfolgende Ermittlung und Aufzeichnung
- der Anzahl der verkauften Waren anlässlich der Nachfüllung durch Bestandsverrechnung (Endbestand minus Anfangsbestand bzw. Nachfüllmenge) oder manuelle oder elektronische Auslesung der Zählwerkstände bei vorhandenen Zählwerken oder
- der erbrachten Dienstleistungen durch manuelle oder elektronische Auslesung der Zählwerkstände bei vorhandenen Zählwerken

durchgeführt werden. Darüber hinaus sind anlässlich jeder Kassenentleerung, die zumindest einmal monatlich zu erfolgen hat, die vereinnahmten Geldbeträge je Automat zu ermitteln und aufzuzeichnen.

§ 5. Bei Fahrausweisautomaten für Beförderungen im Personenverkehr, die nach dem 31. Dezember 2015 in Betrieb genommen werden, besteht keine Registrierkassenpflicht nach § 131b BAO, wenn die vollständige Erfassung der Fahrausweise gewährleistet ist.

Sonderregelung für Onlineshops

§ 6. Betriebe sind hinsichtlich ihrer Umsätze,
- bei denen keine Gegenleistung durch Bezahlung mit Bargeld unmittelbar an den Leistungserbringer erfolgt und
- denen im Wege einer Online-Plattform abgeschlossene Vereinbarungen zugrunde liegen,

von der Registrierkassenpflicht nach § 131b BAO ausgenommen.

Leistungen außerhalb der Betriebsstätte

§ 7. (1) Unternehmer, die ihre Lieferungen und sonstigen Leistungen außerhalb einer Betriebsstätte erbringen und nach § 131b BAO zur Führung von Registrierkassen verpflichtet sind, müssen diese Umsätze nicht sofort, sondern dürfen diese nach Rückkehr in die Betriebsstätte ohne unnötigen Aufschub in der Registrierkasse erfassen, wenn sie bei Barzahlung dem Leistungsempfänger einen Beleg im Sinn des § 132a Abs. 3 BAO ausfolgen und hiervon eine Durchschrift aufbewahren.

(2) Dies gilt nicht für Umsätze für Personenbeförderungen, die mit Personenkraftwagen im Sinn des § 2 Abs. 1 Z 5 des Kraftfahrgesetzes 1967 – KFG 1967, BGBl. I Nr. 267/1967, in der Fassung BGBl. I Nr. 40/2016 oder in Kombinationskraftwagen im Sinn des § 2 Abs. 1 Z 6 KFG 1967, ausgeführt werden, die zu jedermanns Gebrauch an öffentlichen Orten bereitgehalten oder durch Zuhilfenahme von Fernmeldeeinrichtungen angefordert werden (mit Kraftfahrzeugen betriebenes Platzfuhrwerks-Gewerbe (Taxi-Gewerbe)) sowie für die Beförderung eines geschlossenen Teilnehmerkreises in Personenkraftwagen im Sinn des § 2 Abs. 1 Z 5 KFG 1967 oder in Kombinationskraftwagen im Sinn des § 2 Abs. 1 Z 6 KFG 1967 unter Beistellung des Lenkers auf Grund besonderer Aufträge (Mietwagen-Gewerbe).

(BGBl II 2016/209)

§ 8. (aufgehoben)

Inkrafttreten

§ 9. (1) Die Verordnung tritt mit 1. Jänner 2016 in Kraft. Gleichzeitig tritt die Verordnung des Bundesministers für Finanzen zur vereinfachten Losungsermittlung bei Bareingängen und Barausgängen – Barbewegungs-VO, BGBl. II Nr. 441/2006, außer Kraft.

(2) Abweichend von Abs. 1 treten die §§ 4 und 5 für vor dem 1. Jänner 2016 in Betrieb genommene Warenausgabe- und Dienstleistungsautomaten mit 1. Jänner 2027 in Kraft.

(3) § 2 Abs. 1, § 3 Abs. 2 und § 7 Abs. 1, jeweils in der Fassung des BGBl. II Nr. 209/2016, treten mit 1. Jänner 2016 in Kraft.

(BGBl II 2016/209)

(4) Abweichend davon tritt § 7 Abs. 2 in der Fassung des BGBl. II Nr. 209/2016 am Tag nach der Kundmachung in Kraft.

(BGBl II 2016/209)

17/2/8. BAO
RKSV

17/2/8. VO zu §§ 131b Abs. 5 Z 1, 3 und 4 und 132a Abs. 8

Registrierkassensicherheitsverordnung

BGBl II 2015/410 idF BGBl II 2021/83

Inhaltsverzeichnis

1. Hauptstück: Allgemeiner Teil
§ 1. Anwendungsbereich
§ 2. Personenbezogene Bezeichnungen
§ 3. Abkürzungen und Begriffsbestimmungen

2. Hauptstück: Technische Vorschriften

1. Abschnitt: Allgemeines
§ 4. Beschreibung der Sicherheitseinrichtung

2. Abschnitt: Anforderungen an die Registrierkasse
§ 5. Allgemeine Anforderungen
§ 6. Inbetriebnahme der Sicherheitseinrichtung für die Registrierkasse
§ 7. Datenerfassungsprotokoll
§ 8. Summenspeicher
§ 9. Signatur- bzw. Siegelerstellung durch die Signatur- bzw. Siegelerstellungseinheit
§ 10. Aufbereitung des maschinenlesbaren Codes
§ 11. Belegerstellung

3. Abschnitt: Anforderungen an die Signatur- bzw. Siegelerstellungseinheiten
§ 12. Allgemeine Anforderungen
§ 13. Signaturschlüsselpaar und Signatur- bzw. Siegelerstellung
§ 14. Verifizierbarkeit der Signaturen bzw. Siegel

3. Hauptstück: Beschaffung und Registrierung der Signatur- bzw. Siegelerstellungseinheit; Kontrolle
§ 15. Beschaffung der Signatur- bzw. Siegelerstellungseinheit
§ 16. Registrierung der Signatur- bzw. Siegelerstellungseinheiten und Registrierkassen
§ 17. Bekanntgabe der Außerbetriebnahme der Sicherheitseinrichtung für die Registrierkasse
§ 18. Datenbank über Sicherheitseinrichtungen für die Registrierkassen
§ 19. Kontrolle und Prüfung der Datensicherheit für die Registrierkassen

4. Hauptstück: Geschlossene Gesamtsysteme
§ 20. Technische und organisatorische Anforderungen
§ 21. Sachverständige Begutachtung geschlossener Gesamtsysteme
§ 22. Feststellungsbescheid
§ 23. Änderung der tatsächlichen Verhältnisse
§ 24. Kontrolle der Identität der Softwarekomponente laut § 21 Abs. 2

5. Hauptstück: Schlussbestimmungen
§ 25. Inkrafttreten bzw. Übergangsbestimmung

Verordnung des Bundesministers für Finanzen über die technischen Einzelheiten für Sicherheitseinrichtungen in den Registrierkassen und andere, der Datensicherheit dienende Maßnahmen (Registrierkassensicherheitsverordnung, RKSV)

Aufgrund der §§ 131b Abs. 5 Z 1, 3 und 4 und § 132a Abs. 8 der Bundesabgabenordnung – BAO, BGBl. Nr. 194/1961, zuletzt geändert durch das Bundesgesetz BGBl. I Nr. 118/2015, wird verordnet:

1. Hauptstück
Allgemeiner Teil

Anwendungsbereich

§ 1. Die Registrierkassensicherheitsverordnung regelt
1. die zur technischen Umsetzung der Manipulationssicherheit elektronischer Aufzeichnungssysteme erforderlichen technischen Merkmale
   a) der Registrierkasse,
   b) der Signatur- bzw. Siegelerstellungseinheit,
   (BGBl II 2016/210)
   c) der Kommunikation zwischen Registrierkasse und Signatur- bzw. Siegelerstellungseinheit,
   (BGBl II 2016/210)
2. die zusätzlichen Anforderungen an den Beleg gemäß § 132a Abs. 8 der Bundesabgabenordnung – BAO, BGBl. Nr. 164/1961,
3. Einzelheiten über die Erlassung von Feststellungsbescheiden betreffend geschlossene Gesamtsysteme und
4. den Zugriff der Behörden auf die dafür erforderlichen Daten für aufsichts- und abgabenrechtliche Zwecke.

Personenbezogene Bezeichnungen

§ 2. Alle in dieser Verordnung verwendeten personenbezogenen Bezeichnungen gelten gleichermaßen für Personen sowohl weiblichen als auch männlichen Geschlechts.

Abkürzungen und Begriffsbestimmungen

§ 3. Im Sinne dieser Verordnung ist oder sind:
1. AES-256: Verschlüsselungsverfahren nach dem Advanced Encryption Standard (AES FIPS 197 26/11/2001) mit einer Schlüssellänge von 256 Bit
2. Barcode: Standard „Code 128", definiert in ISO/IEC 15417:2007
3. Barumsatz: Umsätze im Sinne § 131b Abs. 1 Z 3 BAO

BAO
ZustG
AuskG
BFGG
EU-BStbG
ABBG
PLABG

17/2/8. BAO
RKSV

4. Datenbank über Sicherheitseinrichtungen in Registrierkassen: Datenbank des Bundesministeriums für Finanzen, in der die in § 18 Abs. 2 genannten Daten betreffend die Sicherheitseinrichtungen in Registrierkassen und Kontrollen der Sicherheitseinrichtungen festgehalten werden
5. Datenerfassungsprotokoll (DEP): eine im Speicher der Registrierkasse oder in einem externen Speicher mitlaufende Ereignisprotokolldatei, die in Echtzeit jeweils mit Belegerstellung vollständig, fortlaufend chronologisch die Barumsätze mit Beleginhalten dokumentiert
5a. eIDAS-VO: Verordnung (EU) Nr. 910/2014 über die elektronische Identifizierung und Vertrauensdienste für elektronische Transaktionen im Binnenmarkt und zur Aufhebung der Richtlinie 1999/93/EG, ABl. Nr. L 257/73 vom 28. August 2014

    (BGBl II 2016/210)

6. Eingabestation: Einrichtung zur Erfassung von Barumsätzen, die mit einer Registrierkasse insbesondere zur Signierung und Dokumentation der Barumsätze verbunden ist
7. Elektronische Aufzeichnung: vollständige, fortlaufend chronologisch geordnete Dokumentation von Bargeschäften in elektronischer Form
8. Elektronische (kryptografische) Signatur: Daten in elektronischer Form, die anderen elektronischen Daten beigefügt oder logisch mit ihnen verbunden werden und die der Unterzeichner im Sinne des Art. 3 Z 9 eIDAS-VO zum Unterzeichnen im Sinne des Art. 3 Abs. 10 der eIDAS-VO verwendet

    (BGBl II 2016/210)

8a. Elektronisches (kryptografisches) Siegel: Daten in elektronischer Form, die anderen Daten in elektronischer Form beigefügt oder logisch mit ihnen verbunden werden, um deren Ursprung und Unversehrtheit sicherzustellen (Art. 3 Abs. 25 eIDAS-VO)

    (BGBl II 2016/210)

9. FinanzOnline: elektronisches Verfahren der Abgabenbehörde nach der FinanzOnline-Verordnung 2006, BGBl. II Nr. 97/2006, in der jeweils geltenden Fassung
10. Geschlossenes Gesamtsystem: elektronisches Aufzeichnungssystem, in welchem Warenwirtschafts-, Buchhaltungs- und Kassensysteme lückenlos miteinander verbunden sind und das mit mehr als 30 Registrierkassen verbunden ist
11. Global Location Number (GLN): von der Bundesanstalt Statistik Österreich unter der Bezeichnung „Sekundär ID" vergebener Ordnungsbegriff
12. Hardware-Sicherheitsmodul (HSM): Signatur- bzw. Siegelerstellungseinheit, die zur Erstellung (qualifizierter) elektronischer Signaturen verwendet wird und vor allem bei serverbasierten Lösungen zum Einsatz kommt

    (BGBl II 2016/210)

13. Homepage des Bundesministeriums für Finanzen (BMF): www.bmf.gv.at
14. Kassenidentifikationsnummer: über FinanzOnline gemeldetes Kennzeichen einer Registrierkasse, das auch die Unterscheidung verschiedener Registrierkassen mit gleicher Signatur- bzw. Siegelerstellungseinheit ermöglicht

    (BGBl II 2016/210)

15. Maschinenlesbarer Code: Eingangswert für OCR-, Barcode- oder QR-Code-Repräsentation
16. Monatszähler: Summenspeicher in der Registrierkasse, der die Zwischenstände des Umsatzzählers zum Monatsende festhält
17. Object Identifier (OID): weltweit eindeutiger Bezeichner nach ISO/IEC 9834-1 und A 2642, der benutzt wird, um ein Informationsobjekt zu benennen. In dieser Verordnung wird der OID verwendet, um die Verwendung des Signatur- bzw. Siegelzertifikates auf den Zweck „Österreichische Finanzverwaltung Registrierkasseninhaber" einzuschränken

    (BGBl II 2016/210)

18. Optical Character Recognition (OCR): Standard OCR-A, definiert in ISO 1073-1:1976
19. Ordnungsbegriff des Unternehmers: ein der Abgabenbehörde bekannter Schlüssel zur Identifizierung des Unternehmers (Steuernummer, UID-Nummer, GLN)
20. QR-Code: zweidimensionales Symbol nach Standard JIS X 0510/2004
21. Registrierkasse (auch elektronische Registrierkasse): verallgemeinerte Form jedes elektronischen Datenverarbeitungssystems, das elektronische Aufzeichnungen zur Losungsermittlung und Dokumentation von einzelnen Barumsätzen erstellt, insbesondere elektronische Registrierkassen jeglicher Bauart, serverbasierte Aufzeichnungssysteme (auch zur Abwicklung von Online-Geschäften), Waagen mit Kassenfunktionen und Taxameter. Eine Registrierkasse kann mit Eingabestationen verbunden sein
22. Seriennummer des Signatur- bzw. Siegelzertifikates: eine durch den VDA ausgegebene, im Zertifikat enthaltene, eindeutige Kennung des Zertifikates zum erleichterten Auffinden des Zertifikates im Verzeichnis des VDA

    (BGBl II 2016/210)

23. qualifizierte elektronische Signaturerstellungseinheit: konfigurierte Software oder Hardware, die zur Verarbeitung der Signaturerstellungsdaten verwendet wird und die den Sicherheitsanforderungen des Anhangs II der eIDAS-VO entspricht

    (BGBl II 2016/210)

24. Qualifizierte elektronische Siegelerstel-

lungseinheit: konfigurierte Software oder Hardware, die zur Verarbeitung der Siegelerstellungsdaten verwendet wird und die den Sicherheitsanforderungen des Anhangs II der eIDAS-VO sinngemäß entspricht
(BGBl II 2016/210)

25. Signatur- bzw. Siegelwert: im Rahmen der Signatur- bzw. Siegelerstellung ermittelter elektronischer Wert der Signatur bzw. des Siegels
(BGBl II 2016/210)

26. Startbeleg: erster Beleg, der unter Verwendung einer Kassenidentifikationsnummer erstellt wird und die vollständige Verkettung aller unter dieser Kassenidentifikationsnummer erzeugten und gespeicherten Belege sicherstellt

27. Summenspeicher: Speicher in der Registrierkasse, die Zwischen- oder einen aktuellen Endstand aufsummierter Beträge wiedergeben

28. Trust-List (vertrauenswürdige Liste gemäß der Entscheidung der Kommission 2009/767/EG über Maßnahmen zur Erleichterung der Nutzung elektronischer Verfahren über einheitliche Ansprechpartner gemäß der Richtlinie 2006/123/EG über Dienstleistungen im Binnenmarkt, ABl. Nr. L 274 vom 20.10.2009 S. 36): nach den Verpflichtungen aus Artikel 2 der Entscheidung 2009/767/EG von allen Mitgliedstaaten zu führende Liste der VDAs für qualifizierte Zertifikate
(BGBl II 2016/210)

29. Umsatzzähler: Summenspeicher in der Registrierkasse, der die Barumsätze der Registrierkasse laufend aufsummiert

29a. Validierungsdaten: Daten wie Codes oder öffentliche Signaturschlüssel, die zur Überprüfung einer elektronischen Signatur verwendet werden
(BGBl II 2016/210)

29b. Vertrauensdiensteanbieter (VDA): natürliche oder juristische Person, die einen oder mehrere Vertrauensdienste als qualifizierter oder nichtqualifizierter Vertrauensdiensteanbieter (Art. 3 Z 19 eIDAS-VO)
(BGBl II 2016/210)

30. Verifikation: Überprüfung signierter Daten auf Integrität und Authentizität, dass die Daten nach der Signaturerstellung von der korrekten Signatur- bzw. Siegelerstellungseinheit signiert und nicht verändert wurden
(BGBl II 2016/210)

31. Zahlungsbeleg (Beleg): Bestätigung mit bestimmten formalen Inhalten, die in Papierform oder in elektronischer Form den wesentlichen Inhalt des Rechtsgeschäftes zwischen den Geschäftspartnern dokumentiert und bei Bezahlung übergeben bzw. elektronisch übermittelt wird

32. Zertifikat für elektronische Siegel: elektronische Bescheinigung, die elektronische Siegelvalidierungsdaten mit einer juristischen Person verknüpft und den Namen dieser Person bestätigt
(BGBl II 2016/210)

33. Zertifikat für elektronische Signaturen: elektronische Bescheinigung, die elektronische Signaturvalidierungsdaten mit einer natürlichen Person verknüpft und die mindestens den Namen oder das Pseudonym dieser Person bestätigt.
(BGBl II 2016/210)

2. Hauptstück
Technische Vorschriften

1. Abschnitt
Allgemeines

Beschreibung der Sicherheitseinrichtung

§ 4. (1) Die Sicherheitseinrichtung gemäß § 131b Abs. 2 BAO besteht aus einer Verkettung der Barumsätze mit Hilfe der elektronischen Signatur der Signaturerstellungseinheit bzw. des elektronischen Siegels der Siegelerstellungseinheit.
(BGBl II 2016/210)

(2) Die Verkettung wird durch die Einbeziehung von Elementen der zuletzt vergebenen, im Datenerfassungsprotokoll gespeicherten Signatur bzw. des zuletzt vergebenen, im Datenerfassungsprotokoll gespeicherten Siegels in die aktuell zu erstellende Signatur bzw. in das aktuell zu erstellende Siegel gebildet. Bei der Erfassung des ersten Barumsatzes tritt an die Stelle der zuletzt vergebenen Signatur bzw. des zuletzt vergebenen Siegels die Kassenidentifikationsnummer.
(BGBl II 2016/210)

2. Abschnitt
Anforderungen an die Registrierkasse

Allgemeine Anforderungen

§ 5. (1) Jede Registrierkasse muss über ein Datenerfassungsprotokoll und einen Drucker zur Erstellung oder eine Vorrichtung zur elektronischen Übermittlung von Zahlungsbelegen verfügen.

(2) Jede Registrierkasse muss über eine geeignete Schnittstelle zu einer Sicherheitseinrichtung mit einer Signatur- bzw. Siegelerstellungseinheit verfügen. Mit einer Signatur- bzw. Siegelerstellungseinheit können auch mehrere Registrierkassen verbunden sein.
(BGBl II 2016/210)

(3) Jede Registrierkasse muss mit dem frei verfügbaren Verschlüsselungsalgorithmus AES 256 ausgestattet sein, um für den maschinenlesbaren Code erforderlichen Verschlüsselungen durchführen zu können.

(4) Jeder Registrierkasse muss eine eindeutige Kassenidentifikationsnummer im Unternehmen zugeordnet werden.

(5) Die Registrierkasse darf keine Vorrichtungen

enthalten, über die das Ansteuern der Sicherheitseinrichtung umgangen werden kann.

(6) Die Nutzung einer Registrierkasse durch mehrere Unternehmer ist nur unter der Voraussetzung zulässig, dass jeder Unternehmer ein ihm zugeordnetes Zertifikat verwenden und die Registrierkasse für jeden Unternehmer ein gesondertes Datenerfassungsprotokoll führen kann.

Inbetriebnahme der Sicherheitseinrichtung für die Registrierkasse

§ 6. (1) Die Inbetriebnahme der Sicherheitseinrichtung für die Registrierkasse besteht aus der Einrichtung des Datenerfassungsprotokolls (§ 7) und der Ablage der Kassenidentifikationsnummer als Bestandteil der zu signierenden Daten des ersten Barumsatzes mit Betrag Null (0) (Startbeleg) im Datenerfassungsprotokoll.

(2) Vor dem 1. April 2017 kann die Inbetriebnahme der Sicherheitseinrichtung im Sinne Abs. 1 bereits vor der Registrierung (§ 16) vorgenommen werden. Die Registrierung muss bis zum 1. April 2017 erfolgt sein.

(BGBl II 2016/210)

(3) Wird die Inbetriebnahme der Sicherheitseinrichtung nach dem 31. März 2017 vorgenommen, muss die Registrierung (§ 16) spätestens binnen einer Woche nach Inbetriebnahme erfolgen.

(BGBl II 2016/210)

(4) Der Unternehmer hat unmittelbar nach der Registrierung (§ 16) der Erstellung der Signatur bzw. des Siegels (§ 9 Abs. 3) und die Verschlüsselung des Umsatzzählers (§ 9 Abs. 2 Z 5) unter Zuhilfenahme des Startbeleges zu überprüfen. Entspricht die Erstellung der Signatur bzw. des Siegels oder die Verschlüsselung des Umsatzzählers nicht den Erfordernissen des § 9, so ist die Registrierkasse unmittelbar als Registrierkasse mit ausgefallener Signatur- bzw. Siegelerstellungseinheit im Sinne des § 17 Abs. 4 zu behandeln. Das Prüfergebnis ist zu protokollieren und mit dem Startbeleg gemäß § 132 BAO aufzubewahren.

(BGBl II 2016/210)

Datenerfassungsprotokoll

§ 7. (1) Jede Registrierkasse hat ein Datenerfassungsprotokoll zu führen, in dem jeder einzelne Barumsatz zu erfassen und abzuspeichern ist. Für jeden Barumsatz sind zumindest die Belegdaten gemäß § 132a Abs. 3 BAO festzuhalten.

(2) Trainings- und Stornobuchungen sind wie Barumsätze zu erfassen und im Datenerfassungsprotokoll abzuspeichern.

(3) Die Daten des Datenerfassungsprotokolls sind zumindest vierteljährlich auf einem elektronischen externen Medium unveränderbar zu sichern. Diese Sicherung ist gemäß § 132 BAO aufzubewahren.

(4) Die Inhalte des maschinenlesbaren Codes (§ 10 Abs. 2) der Barumsätze sind im Datenerfassungsprotokoll der Registrierkasse gemeinsam mit den zugehörigen Barumsätzen festzuhalten.

(5) Das Datenerfassungsprotokoll einer Registrierkasse muss ab 1. April 2017 jederzeit auf einen externen Datenträger im Exportformat Datenerfassungsprotokoll laut Z 3 der Anlage exportiert werden können.

(BGBl II 2016/210)

Summenspeicher

§ 8. (1) Die in der Registrierkasse erfassten Barumsätze sind laufend aufzusummieren (Umsatzzähler). Trainingsbuchungen dürfen sich nicht auf den Umsatzzähler auswirken.

(2) Zu jedem Monatsende sind die Zwischenstände des Umsatzzählers zu ermitteln (Monatszähler) und als Barumsatz mit Betrag Null (0) und elektronischer Signatur bzw. Siegel der Signatur- bzw. Siegelerstellungseinheit (Monatsbeleg) im Datenerfassungsprotokoll der Registrierkasse zu speichern.

(BGBl II 2016/210)

(3) Mit Ablauf jedes Kalenderjahres ist der Monatsbeleg, der den Zählerstand zum Jahresende enthält (Jahresbeleg), auszudrucken, zu prüfen und gemäß § 132 BAO aufzubewahren. Bei der Prüfung des Jahresbeleges ist § 6 Abs. 4 sinngemäß anzuwenden.

Signatur- bzw. Siegelerstellung durch die Signatur- bzw. Siegelerstellungseinheit

§ 9. (1) Zur Gewährleistung des Manipulationsschutzes im Sinne des § 131b Abs. 2 BAO müssen von der Registrierkasse über eine geeignete Schnittstelle zur Signatur- bzw. Siegelerstellungseinheit elektronische Signaturen bzw. Siegel angefordert und übernommen werden können. Jeder einzelne Barumsatz und Monats-, Jahres- und Schlussbeleg sowie jede Trainings- und Stornobuchung sind elektronisch zu signieren.

(2) In die Signatur- bzw. Siegelerstellung sind folgende Daten einzubeziehen:

1. Kassenidentifikationsnummer
2. fortlaufende Nummer des Barumsatzes
3. Datum und Uhrzeit der Belegausstellung
4. Betrag der Barzahlung getrennt nach Steuersätzen gemäß § 10 des Umsatzsteuergesetzes 1994 – UStG 1994, BGBl. Nr. 663/1994, in der jeweils geltenden Fassung
5. mit dem Verschlüsselungsalgorithmus AES 256 laut Z 8 und Z 9 der **Anlage** verschlüsselter Stand des Umsatzzählers
6. Seriennummer der Signatur- bzw. Siegelzertifikates
7. Signatur- bzw. Siegelwert des vorhergehenden Barumsatzes des Datenerfassungsprotokolls (Verkettungswert laut Z 4 der **Anlage**). Signaturalgorithmen sowie Schlüssel zu den Algorithmen und Parameter für qualifizierte Signaturen und Siegel müssen qualifizierten Signaturerstellungseinheiten oder qualifizierten Siegelerstellungseinheiten nach der eIDAS-VO entsprechen.

(3) Die aufbereiteten Daten (Abs. 2) müssen nach dem Signaturformat laut Z 4 und Z 5 der **Anlage** durch die Signatur- bzw. Siegelerstellungseinheit automatisiert elektronisch signiert werden.

(4) Die von der Signatur- bzw. Siegelerstellungseinheit im Ergebnisformat der Signatur- bzw. Siegelerstellung laut Z 6 der **Anlage** rückgemeldete Signatur bzw. das rückgemeldete Siegel ist auf dem zugehörigen Beleg nach den Vorgaben des § 10 als Teil des maschinenlesbaren Codes abzudrucken und im Datenerfassungsprotokoll mit den Belegdaten laut Z 11 der **Anlage** dauerhaft zu speichern (§ 7 Abs. 4).

(BGBl II 2016/210)

Aufbereitung des maschinenlesbaren Codes

§ 10. (1) Nach Ermittlung jedes Signatur- bzw. Siegelwertes hat die Registrierkasse für die Belegerstellung und die Speicherung im Datenerfassungsprotokoll einen maschinenlesbaren Code laut Z 12 der **Anlage** aufzubereiten.

(BGBl II 2016/210)

(2) Der maschinenlesbare Code hat folgende Daten zu enthalten:
1. Kassenidentifikationsnummer
2. fortlaufende Nummer des Barumsatzes
3. Datum und Uhrzeit der Belegausstellung
4. Betrag der Barzahlung getrennt nach Steuersätzen
5. mit dem Verschlüsselungsalgorithmus AES 256 laut Z 8 und Z 9 der **Anlage** verschlüsselten Stand des Umsatzzählers
6. Seriennummer des Signatur- bzw. Siegelzertifikates

(BGBl II 2016/210)

7. Signatur- bzw. Siegelwert des vorhergehenden Barumsatzes des Datenerfassungsprotokolls (Verkettungswert laut Z 4 der **Anlage**)

(BGBl II 2016/210)

8. Signatur- bzw. Siegelwert des betreffenden Barumsatzes.

(BGBl II 2016/210)

(3) Trainings- und Stornobuchungen haben im maschinenlesbaren Code zusätzlich die Bezeichnung „Trainingsbuchung" oder „Stornobuchung" zu enthalten.

Belegerstellung

§ 11. (1) Auf dem Beleg sind neben den Belegdaten des § 132a Abs. 3 BAO folgende Daten auszuweisen:
1. Kassenidentifikationsnummer
2. Datum und Uhrzeit der Belegausstellung
3. Betrag der Barzahlung getrennt nach Steuersätzen
4. Inhalt des maschinenlesbaren Code.

(2) Sofern ein maschinenlesbarer Code nicht als QR-Code am Beleg aufgedruckt werden kann, sind die Daten nach Abs. 1 entweder

1. als ein vom Signatur- bzw. Siegelwert des betreffenden Barumsatzes abhängiger Link in maschinenlesbarer Form als Barcode oder OCR zum Abruf der Daten bereitzuhalten und am Beleg auszuweisen oder

(BGBl II 2016/210)

2. entsprechend der in Z 14 der **Anlage** festgelegten Codierung am Beleg auszuweisen.

(3) Belege für Trainings- und Stornobuchungen sind ausdrücklich als solche zu bezeichnen.

3. Abschnitt
Anforderungen an die Signatur- bzw. Siegelerstellungseinheiten

Allgemeine Anforderungen

§ 12. Die technischen Anforderungen an die Signaturerstellungseinheit entsprechen den Anforderungen an Signaturerstellungseinheiten für qualifizierte Signaturen nach Anhang II der eIDAS-VO. Die technischen Anforderungen an die Siegelerstellungseinheit entsprechen den Anforderungen an Siegelerstellungseinheiten für qualifizierte Siegel nach Art. 3 Anhang II der eIDAS-VO sinngemäß. Anstelle der in Art. 30 Abs. 1 der eIDAS-VO vorgesehenen Zertifizierung kann eine Prüfung in Bezug auf die inhaltlichen Anforderungen dieser Verordnung erfolgen, wobei die Anforderung der alleinigen Kontrolle und deren Auswirkungen auf den Betrieb auf Grund der Verkettung nicht Gegenstand dieser Prüfung sind.

(BGBl II 2016/210)

Signaturschlüsselpaar und Signatur- bzw. Siegelerstellung

§ 13. Signaturalgorithmen sowie Schlüssel zu den Algorithmen und Parameter für qualifizierte Signaturen und Siegel müssen qualifizierten Signaturerstellungseinheiten oder qualifizierten Siegelerstellungseinheiten nach der eIDAS-VO entsprechen.

(BGBl II 2016/210)

Verifizierbarkeit der Signaturen bzw. Siegel

§ 14. Der Signatur- bzw. Siegelwert des betreffenden Barumsatzes muss an Hand des auf dem Beleg aufgebrachten maschinenlesbaren Codes verifizierbar sein. Dazu müssen insbesondere die in § 10 Abs. 2 enthaltenen Daten auf dem Beleg enthalten sein. Die Vorbearbeitung der dazu in komprimierter Form im maschinenlesbaren Code enthaltenen Daten hat gemäß Z 13 der Anlage zu erfolgen.

(BGBl II 2016/210)

3. Hauptstück
Beschaffung und Registrierung der Signatur- bzw. Siegelerstellungseinheit; Kontrolle

Beschaffung der Signatur- bzw. Siegelerstellungseinheit

§ 15. (1) Unternehmer, die der Registrierkassenpflicht nach § 131b BAO unterliegen, haben die erforderliche Anzahl von Signatur- bzw. Siegelerstellungseinheiten bei einem im EU-/EWR-Raum oder in der Schweiz niedergelassenen VDA oder einem nach Art. 14 eIDAS-VO anerkannten VDA, der qualifizierte Signatur- bzw. Siegelzertifikate anbietet, zu erwerben. Die Kosten für die Beschaffung der Signatur- bzw. Siegelerstellungseinheit trägt der Unternehmer.

(2) Der Unternehmer hat zur Erlangung des Signatur- bzw. Siegelzertifikates einen der Abgabenbehörde bekannten, dem Unternehmer zugeordneten Ordnungsbegriff und als Wert des OID „Österreichische Finanzverwaltung Registrierkasseninhaber" (Z 16 der **Anlage**) in seinem Signatur- bzw. Siegelzertifikat eintragen zu lassen.

(3) Der VDA vergibt für jede Signatur- bzw. Siegelerstellungseinheit ein Signatur- bzw. Siegelzertifikat, das folgende Angaben beinhaltet:

1. Typ und Wert des der Signatur- bzw. Siegelerstellungseinheit zugeordneten Ordnungsbegriffs des Unternehmers,
2. Seriennummer des Signatur- bzw. Siegelzertifikates und
3. Beginn und Ende der Gültigkeit des Zertifikats.

Eine Verwendung des Zertifikates über das Ende seiner Gültigkeit hinaus ist zulässig, sofern der im Zertifikat vorhandene Signaturalgorithmus laut Z 2 der **Anlage** als sicher gilt.

(BGBl II 2016/210)

Registrierung der Signatur- bzw. Siegelerstellungseinheiten und Registrierkassen

§ 16. (1) Der Unternehmer oder sein bevollmächtigter Parteienvertreter hat über FinanzOnline seine Signatur- bzw. Siegelerstellungseinheiten und Registrierkassen zu melden. Dazu sind pro Signatur- bzw. Siegelerstellungseinheit die Seriennummer des Signatur- bzw. Siegelzertifikates, die Art der Signatur- bzw. Siegelerstellungseinheit und die Kassenidentifikationsnummern der mit den Signatur- bzw. Siegelerstellungseinheiten zu verbindenden Registrierkassen bekannt zu geben. Zusätzlich hat der Unternehmer den frei wählbaren Benutzerschlüssel für die Entschlüsselung (Z 8 der **Anlage**) der mit dem Verschlüsselungsalgorithmus AES 256 verschlüsselten Daten im maschinenlesbaren Code über FinanzOnline bekannt zu geben. Ist dem Unternehmer die Meldung über FinanzOnline mangels technischer Voraussetzungen unzumutbar, hat die Meldung unter Verwendung des amtlichen Vordrucks zu erfolgen.

(2) Erst nach Prüfung, ob für jede gemeldete Signatur- bzw. Siegelerstellungseinheit unter der angegebenen Seriennummer des Signatur- bzw. Siegelzertifikates und dem gültigen Ordnungsbegriff des Unternehmers der VDA in der öffentlichen Trust-List und das Signatur- bzw. Siegelzertifikat im Verzeichnis des VDA vorhanden sind, werden diese Daten an die Datenbank über Sicherheitseinrichtungen in Registrierkassen (§ 18) übergeben.

(BGBl II 2016/210)

Bekanntgabe der Außerbetriebnahme der Sicherheitseinrichtung für die Registrierkasse

§ 17. (1) Der Unternehmer oder sein bevollmächtigter Parteienvertreter hat über FinanzOnline oder dem für die Erhebung der Umsatzsteuer zuständigen Finanzamt jeden nicht nur vorübergehenden Ausfall und jede Außerbetriebnahme der Sicherheitseinrichtung in der Registrierkasse bei

1. Diebstahl oder sonstigem Verlust der Signatur- bzw. Siegelerstellungseinheit oder Registrierkasse,
   (BGBl II 2016/210)
2. Funktionsverlust der Signatur- bzw. Siegelerstellungseinheit oder Registrierkasse oder
   (BGBl II 2016/210)
3. Außerbetriebnahme der Signatur- bzw. Siegelerstellungseinheit oder Registrierkasse
   (BGBl II 2016/210)

ohne unnötigen Aufschub bekannt zu geben.

(2) Dazu hat der Unternehmer folgende Angaben zu machen:

1. Bezeichnung der betroffenen Komponenten der Sicherheitseinrichtung
2. Grund des Ausfalles oder der Außerbetriebnahme
3. Beginn des Ausfalles oder der Außerbetriebnahme.

(3) Alle über FinanzOnline gemeldeten, nicht nur vorübergehenden Ausfälle und Außerbetriebnahmen werden in der Datenbank über Sicherheitseinrichtungen für die Registrierkassen vermerkt.

(4) Bei jedem Ausfall der Signatur- bzw. Siegelerstellungseinheit sind die Barumsätze auf einer anderen Registrierkasse zu erfassen, die über eine aufrechte Verbindung zu einer Signatur- bzw. Siegelerstellungseinheit verfügt. Sollte dies nicht möglich sein, hat der Unternehmer bei der Aufbereitung und Verwendung des maschinenlesbaren Codes (§ 10) an Stelle des Signaturwertes des betreffenden Barumsatzes (§ 10 Abs. 2 Z 8) die Zeichenkette Sicherheitseinrichtung ausgefallen im Ergebnis der Signatur- bzw. Siegelerstellungseinheit laut Z 6 der **Anlage** zu verwenden. Der Hinweis „Sicherheitseinrichtung ausgefallen" ist zusätzlich gut sichtbar am Beleg (§ 11) anzubringen. Nach Wiederinbetriebnahme der Signatur- bzw. Siegelerstellungseinheit ist zusätzlich über die Belege, die während des jeweiligen Ausfalles mit dem Hinweis Sicherheitseinrichtung ausgefallen zu versehen waren, ein signierter Sammelbeleg mit Betrag Null (0) zu erstellen und im Datenerfassungsprotokoll zu speichern.

(BGBl II 2016/210)

(5) Bei jedem Ausfall einer Registrierkasse sind die Barumsätze auf anderen Registrierkassen zu erfassen. Sollte dies nicht möglich sein, sind die Barumsätze händisch zu erfassen und Zweitschriften der Belege aufzubewahren. Nach der Fehlerbehebung sind die Einzelumsätze anhand der aufbewahrten Zweitschriften nach zu erfassen

und die Zweitschriften dieser Zahlungsbelege aufzubewahren (§ 132 BAO).

(6) Wenn nach dem Ausfall einer Registrierkasse ein neues Datenerfassungsprotokoll eingerichtet werden muss, ist als Signatur- bzw. Siegelwert des vorhergehenden Barumsatzes (§ 10 Abs. 2 Z 7) der Signatur- bzw. Siegelwert des zuletzt verfügbaren Barumsatzes bzw. der Signatur- bzw. Siegelwert des Startbeleges im Datenerfassungsprotokoll zu verwenden. Das Ende des Ausfalles oder der Außerbetriebnahme ist über FinanzOnline bekanntzugeben. Ist dem Unternehmer die Meldung über FinanzOnline mangels technischer Voraussetzungen unzumutbar, hat die Meldung unter Verwendung des amtlichen Vordrucks zu erfolgen.

(BGBl II 2016/210)

(7) Ist eine Wiederinbetriebnahme der Signatur- bzw. Siegelerstellungseinheit (Abs. 4) nicht mehr möglich, hat der Unternehmer eine neue Signatur- bzw. Siegelerstellungseinheit zu beschaffen (§ 15), zu registrieren (§ 16) und eine neuerliche Inbetriebnahme der Sicherheitseinrichtung im Sinne der § 6 Abs. 1 bis 4 durchzuführen. Ist der zuletzt getätigte Barumsatz aus dem Datenerfassungsprotokoll feststellbar, entfällt die Inbetriebnahme der Sicherheitseinrichtung im Sinne des § 6 Abs. 1 bis 4 und gelten die Bestimmungen zum Sammelbeleg des Abs. 4. Während des Ausfalles händisch erfasste Barumsätze sind jedenfalls nachzuerfassen.

(BGBl II 2016/210)

(8) Im Fall einer planmäßigen Außerbetriebnahme der Registrierkasse (Abs. 1 Z 3) hat der Unternehmer einen Schlussbeleg mit Betrag Null (0) zu erstellen. Der Schlussbeleg ist auszudrucken und gemäß § 132 BAO aufzubewahren.

Datenbank über Sicherheitseinrichtungen für die Registrierkassen

§ 18. (1) Der Bundesminister für Finanzen führt zur internen Dokumentation über die einem Unternehmer zugeordneten Signatur- bzw. Siegelerstellungseinheit eine Datenbank über Sicherheitseinrichtungen für die Registrierkassen.

(BGBl II 2016/210)

(2) Diese enthält folgende Daten:
1. Name der Unternehmer
2. Ordnungsbegriff der Unternehmer
3. Art der Sicherheitseinrichtung
4. Seriennummern der Signatur- bzw. Siegelzertifikate
   (BGBl II 2016/210)
5. Identifikationsnummern der Registrierkassen
6. Anzahl der an die Sicherheitseinrichtungen angeschlossenen Registrierkassen
7. Benutzerschlüssel für die Entschlüsselung der mit dem Verschlüsselungsalgorithmus AES 256 verschlüsselten Daten
8. Datum der Registrierung
9. Beginn und Ende von Ausfällen oder Außerbetriebnahmen der Sicherheitseinrichtungen
10. Betroffene Komponenten von Ausfällen oder Außerbetriebnahmen der Sicherheitseinrichtungen
11. Grund des Ausfalles oder der Außerbetriebnahme der Sicherheitseinrichtungen
12. Daten aus Kontrollen.

(3) Der Bundesminister für Finanzen ist datenschutzrechtlicher Auftraggeber im Sinne des § 4 Z 4 des Datenschutzgesetzes 2000 – DSG 2000, BGBl. I Nr. 165/1999, für die Datenbank über Sicherheitseinrichtungen für die Registrierkassen. Er hat dessen Einrichtung und Betrieb zu gewährleisten. Die Bundesrechenzentrum Gesellschaft mit beschränkter Haftung (BRZ GmbH) ist für die Datenbank über Sicherheitseinrichtungen für die Registrierkassen gesetzlicher Dienstleister im Sinne der § 4 Z 5 und § 10 Abs. 2 DSG 2000.

Kontrolle und Prüfung der Datensicherheit für die Registrierkassen

§ 19. (1) Der Unternehmer hat auf Verlangen der Organe der Abgabenbehörde einen Barumsatz mit Betrag Null (0) zu erfassen und den dafür von der Registrierkasse ausgefertigten Beleg zu Kontrollzwecken zu übergeben. Bei Registrierkassen mit einer Vorrichtung zur elektronischen Übermittlung von Zahlungsbelegen ist der Beleg elektronisch zur Verfügung zu stellen.

(2) Auf Verlangen der Organe der Abgabenbehörde hat der Unternehmer das Datenerfassungsprotokoll für einen vom Organ der Abgabenbehörde vorgegebenen Zeitraum auf einen externen Datenträger zu exportieren und zu übergeben. Der Datenträger ist vom Unternehmer bereitzustellen.

4. Hauptstück
Geschlossene Gesamtsysteme

Technische und organisatorische Anforderungen

§ 20. (1) Die Manipulationssicherheit in geschlossenen Gesamtsystemen gemäß § 131b Abs. 2 BAO ist durch eine Sicherheitseinrichtung zu gewährleisten, die aus einer Verkettung der Barumsätze mit Hilfe der aufbereiteten Daten nach § 9 Abs. 2 im Signaturformat laut Z 4 und 5 der **Anlage** besteht.

(2) Für geschlossene Gesamtsysteme gilt diese Verordnung mit Ausnahme der §§ 5 Abs. 2, 12, 15 und 17 Abs. 4. Die §§ 4 Abs. 1, 6 Abs. 4, 8 Abs. 2, 9, 16 Abs. 1 und 2, 17 Abs. 1 bis 3, 17 Abs. 7 und 18 sowie die **Anlage** sind mit der Maßgabe anzuwenden, dass weder eine Signatur- bzw. Siegelerstellungseinheit noch ein Signatur- bzw. Siegelzertifikat erforderlich sind, und dass einer Kassenidentifikationsnummer auch mehrere Registrierkassen mit einem gemeinsamen Datenerfassungsprotokoll zugeordnet werden dürfen. Abs. 4 bleibt hiervon unberührt.

(BGBl II 2016/210)

(3) Bei geschlossenen Gesamtsystemen ist anstelle der Seriennummer des Signatur- bzw. Siegelzertifikates (§ 9 Abs. 2 Z 6 und § 10 Abs. 2 Z 6) der

Ordnungsbegriff des Unternehmers zu verwenden. Der Ordnungsbegriff des Unternehmers muss gegebenenfalls durch geeignete Zusätze (z. B. Ziffern) ergänzt werden, um eindeutige Validierungsdaten zu ermöglichen. In der Datenbank gemäß § 18 sind anstelle der Seriennummer des Signatur- bzw. Siegelzertifikates die Validierungsdaten zu erfassen. Der Ordnungsbegriff des Unternehmers sowie die Validierungsdaten müssen aus dem Gutachten gemäß § 21 hervorgehen.

(BGBl II 2016/210)

(4) Antragsbefugt im Sinne § 131b Abs. 4 BAO sind nur Unternehmer, die ein geschlossenes Gesamtsystem als elektronisches Aufzeichnungssystem verwenden, das mit mehr als 30 Registrierkassen verbunden ist.

Sachverständige Begutachtung geschlossener Gesamtsysteme

§ 21. (1) Im Rahmen der Begutachtung geschlossener Gesamtsysteme sind insbesondere folgende Überprüfungen vorzunehmen:
1. das Vorliegen eines geschlossenen Gesamtsystems,
2. das Vorliegen der technischen und organisatorischen Voraussetzungen für die Manipulationssicherheit des geschlossenen Gesamtsystems.

(2) Im Gutachten sind insbesondere alle für den Betrieb der Sicherheitseinrichtung des geschlossenen Gesamtsystems gemäß § 20 Abs. 1 erforderlichen Softwarekomponenten anzugeben und Prüfberichte für diese Komponenten anzuschließen. Die Softwarekomponenten sind mit der mathematischen Hashfunktion Secure Hash Algorithm (SHA-256) mit einem Startwert, der Null (0000 0000 0000 0000) entspricht, für eine spätere Verifikation zu signieren. Aus den Prüfberichten muss nachvollziehbar hervorgehen, wie die einzelnen Komponenten geprüft wurden. Die Manipulationssicherheit und sicherheitstechnische Gleichwertigkeit mit einer Signatur- bzw. Siegelerstellungseinheit sind zu bestätigen. Dem Gutachten sind ein Organigramm mit allen Hard- und Softwarekomponenten und Datenspeicher des geschlossenen Gesamtsystems sowie ein Überblick über die automatisch ablaufenden Verarbeitungsprozesse anzuschließen.

(BGBl II 2016/210)

(3) Das Gutachten hat darüber hinaus Angaben darüber zu enthalten, welche organisatorischen Maßnahmen zur laufenden Überprüfung der Manipulationssicherheit vorgesehen sind. Dabei ist insbesondere darzulegen, welche betrieblichen Funktionen in der Organisationsstruktur des Unternehmens mit welchen Zugriffs- und Eingriffsrechten, die Veränderungen am Gesamtsystem herbeiführen können, ausgestattet sind, dass die Zugriffe protokolliert werden und durch welche Maßnahmen die Manipulationssicherheit des geschlossenen Gesamtsystems laufend kontrolliert wird. Zudem ist darzulegen, wie im Falle eines Ausfalles des Systems die Einzelaufzeichnungspflicht, die Sicherung der Kassenumsätze und die Belegerteilung rechtskonform gewährleistet werden (Ausfallplan).

(4) Im Gutachten ist zu beurteilen, ob das geschlossene Gesamtsystem den Anforderungen des § 20 Abs. 1 und 2 entspricht und ob die technischen und organisatorischen Sicherungsmaßnahmen des Abs. 2 und 3 erfüllt werden.

(5) Verwenden mehrere Unternehmer, die durch ein vertikales Vertriebsbindungssystem oder durch ein Waren- oder Dienstleistungsfranchising wirtschaftlich verbunden oder die Teil eines Konzerns im Sinne des § 244 UGB sind, gemeinsam ein geschlossenes Gesamtsystem mit insgesamt mehr als 30 Registrierkassen und beurteilt das Gutachten die Manipulationssicherheit dieses Systems für diese Unternehmer, so kann dieses Gutachten von mehreren Unternehmern ihrem Antrag auf Erlassung eines Feststellungsbescheides zugrunde gelegt werden. Für alle Verwender des geschlossenen Gesamtsystems ist Abs. 3 sinngemäß anzuwenden. Lieferungen und sonstige Leistungen, die außerhalb des geschlossenen Gesamtsystems im betreffenden Betrieb erfolgen, sind von der Wirksamkeit des Feststellungsbescheides nicht umfasst.

(6) Mit der Erstellung solcher Gutachten dürfen nur gerichtlich beeidete Sachverständige beauftragt werden. Die Vollständigkeit der sicherheitsrelevanten Überprüfungen im Gutachten ist durch eine Bestätigungsstelle gemäß Art. 30 eIDAS-VO zu bescheinigen.

(BGBl II 2016/210)

(7) Die Kosten für die Erstellung der Gutachten trägt der Unternehmer.

Feststellungsbescheid

§ 22. (1) Im Feststellungsbescheid der Abgabenbehörde gemäß § 131b Abs. 4 BAO sind die dem Gutachten zugrunde liegenden Softwarekomponenten der Sicherheitseinrichtung gemäß § 20 Abs. 1 mit Hilfe der Softwaresignatur (§ 21 Abs. 2) zu identifizieren.

(2) Mit Feststellungsbescheid bestätigte geschlossene Gesamtsysteme werden in der Datenbank über Sicherheitseinrichtungen (§ 18) registriert.

(3) Kann die Manipulationssicherheit des geschlossenen Gesamtsystems durch das Finanzamt nicht bestätigt werden, ist dem Unternehmer eine einmalige Nachfrist von einem Monat für die Nachholung der die Manipulationssicherheit gewährleistenden Maßnahmen unter Beibringung eines diese Maßnahmen bestätigenden Gutachtens einzuräumen. Das Finanzamt hat diesfalls unter Zugrundelegung des vorliegenden Sachverhaltes zu entscheiden.

(4) Wird die Manipulationssicherheit des geschlossenen Gesamtsystems mit rechtskräftigem Bescheid des Finanzamtes nicht bestätigt, hat der Unternehmer innerhalb von drei Monaten ab Eintritt der Rechtskraft die Manipulationssicherheit unter Verwendung einer Signatur- bzw. Siegelerstellungseinheit (§ 131b Abs. 2 BAO) herbeizuführen, andernfalls mit Ablauf dieser Frist die

Verpflichtungen nach § 131b Abs. 2 BAO als nicht erfüllt gelten.

(BGBl II 2016/210)

Änderung der tatsächlichen Verhältnisse

§ 23. (1) Änderungen des mit Bescheid bestätigten geschlossenen Gesamtsystems sind vor ihrer Durchführung dem für die Erhebung der Umsatzsteuer zuständigen Finanzamt unter Vorlage eines neuen Gutachtens (§ 21) zu melden, wenn eine umfassende Umstellung des geschlossenen Gesamtsystems (z. B. Technologiewechsel) oder eine Änderung der Softwarekomponenten der Sicherheitseinrichtung gemäß § 20 Abs. 1 geplant ist oder die Antragsvoraussetzungen im Sinne der §§ 20 Abs. 4 oder 21 Abs. 5 nicht mehr vorliegen. Über solche Änderungen des geschlossenen Gesamtsystems ist mit Feststellungsbescheid abzusprechen.

(2) Die Meldung dieser beabsichtigten Änderungen hat über FinanzOnline zu erfolgen.

(3) Werden dem Unternehmer nach Erlassung des Feststellungsbescheides Tatsachen bekannt, die Zweifel an der Manipulationssicherheit des geschlossenen Gesamtsystems hervorrufen, hat er diese ohne unnötigen Aufschub über FinanzOnline zu melden.

Kontrolle der Identität der Softwarekomponente laut § 21 Abs. 2

§ 24. Die Organe der Abgabenbehörde sind berechtigt, die Übereinstimmung der im Gutachten ausgewiesenen Softwarekomponente laut § 21 Abs. 2 mit der im geschlossenen Gesamtsystem im Einsatz befindlichen Softwarekomponente zu überprüfen. Dazu muss das geschlossene Gesamtsystem eine Eingabemöglichkeit eines Startwertes zur lokalen Abfrage der Softwaresignaturwertes zur Verfügung stellen sowie den Softwaresignaturwert der Komponente berechnen und anzeigen.

5. Hauptstück
Schlussbestimmungen

Inkrafttreten bzw. Übergangsbestimmung

(BGBl II 2020/313)

§ 25. (1) Die Verordnung tritt mit 1. April 2017 in Kraft.

(BGBl II 2016/210)

(2) Abweichend von Abs. 1 treten § 1 bis 3, § 5 Abs. 1, § 7 Abs. 1, § 17 Abs. 5 und § 19 Abs. 2 mit 1. Jänner 2016 in Kraft.

(3) Abweichend von Abs. 1 und 2 treten die § 6, § 15, § 16, § 18, § 21 und § 22 mit 1. Juli 2016 in Kraft.

(4) Diese Verordnung wurde gemäß der Richtlinie 98/34/EG über ein Informationsverfahren auf dem Gebiet der Normen und technischen Vorschriften und der Vorschriften für die Dienste der Informationsgesellschaft, ABl. Nr. L 204 vom 21.07.1998 S. 37, zuletzt geändert durch die Verordnung (EU) Nr. 1025/2012 zur europäischen Normung, zur Änderung der Richtlinien 89/686/EWG und 93/15/EWG sowie der Richtlinien 94/9/EG, 94/25/EG, 95/16/EG, 97/23/EG, 98/34/EG, 2004/22/EG, 2007/23/EG, 2009/23/EG und 2009/105/EG und zur Aufhebung des Beschlusses 87/95/EWG und des Beschlusses Nr. 1673/2006/EG, ABl. Nr. L 316 vom 14.11.2012 S. 12, bei der Europäischen Kommission unter der Notifikationsnummer 2015/515/A notifiziert.

(5) Abweichend von § 9 Abs. 2 Z 4 sind auf Barumsätze betreffend Umsätze im Zeitraum nach dem 30. Juni 2020 und vor dem 1. Jänner 2022 der Betrag der Barzahlung getrennt nach Steuersätzen gemäß § 10 des Umsatzsteuergesetzes 1994, BGBl. Nr. 663/1994, in der jeweils geltenden Fassung oder die davon abweichenden Steuersätze gemäß § 28 Abs. 52 UStG 1994 in der Fassung des Bundesgesetzes BGBl. I Nr. 3/2021 in die Signatur- bzw. Siegelerstellung einzubeziehen.

(BGBl II 2020/313, BGBl II 2020/549, BGBl II 2021/83)

Anlage
Detailspezifikationen

1. Standards

Die folgenden Standards werden im Dokument unter den folgenden Abkürzungen verwendet:

- **BASE32, BASE64, BASE64-URL**: Network Working Group: Request for Comments: 4648 – The Base16, Base32, and Base64 Data Encodings
- **CRT (ICM) Mode**: NIST Special Publication 800-38A, Recommendation for Block Cipher Modes of Operation
- **DER**: ITU-T X.690: Information technology – ASN.1 encoding rules: Specification of Basic Encoding Rules (BER), Canonical Encoding Rules (CER) and Distinguished Encoding Rules (DER)
- **JSON**: Internet Engineering Task Force (IETF): Request for Comments: 7159 – The JavaScript Object Notation (JSON) Data Interchange Format
- **JSON Web Signature**: Internet Engineering Task Force (IETF): Request for Comments: 7515 – JSON Web Signature (JWS)
- **SHA-256**: FIPS PUB 180-4 – Secure Hash Standard (SHS)
- **UTF-8**: Network Working Group: Request for Comments: 3629 – UTF-8, a transformation format of ISO 10646

2. Registrierkassenalgorithmuskennzeichen

Dieses Kennzeichen definiert die verwendeten Algorithmen und den Vertrauensdiensteanbieter (VDA). Sobald ein in den Registrierkassenalgorithmuskennzeichen verwendeter Algorithmus nicht mehr dem Stand der Technik entspricht und daher als unsicher gilt, muss ein neues Registrierkassenalgorithmuskennzeichen mit sicheren Algorithmen definiert werden und darf dieses auch bei bestehenden Registrierkassen nicht mehr eingesetzt werden. Das Kennzeichen entspricht einer Zeichenkette, die wie folgt aufgebaut ist:

17/2/8. BAO
RKSV

RN-CM:
- „R": Fixes Präfix
- „N": Index für die verwendete Algorithmen-Suite startend mit 1
- „-": Fixes Trennzeichen
- „C": Länderkennung des VDAs
- „M": Index für verwendeten VDA innerhalb der gegeben Länderkennung nach ISO 3166-1 startend mit 1

Die folgenden Kennzeichen sind definiert:

R1-CM:
- **VDA**: CM wird als Platzhalter für die zur Verfügung stehenden VDAs gesehen. Wenn ein geschlossenes System laut § 20 zum Einsatz kommt, muss AT0 als VDA angebenden werden.

(BGBl II 2016/210)

- **Signatur/Hashalgorithmus**: Für die Erstellung der Belegsignatur laut Z 4, Z 5 dieser Anlage. Es wird der ES256 Algorithmus nach dem JWA (JSON Web Algorithmus) Standard verwendet.
- **Hashalgorithmus für die Verkettung der Belege und Berechnung des IVs, Anzahl N der extrahierten Bytes**: Es wird SHA-256 verwendet. Die Anzahl der extrahierten und damit in den nächsten Beleg übernommen Bytes entspricht 8 (N=8).
- Kompressionsalgorithmus für kompakte Darstellung des Belegs: Dieser Algorithmus entspricht den folgenden Verfahren:
  - Aufbereitung der zu signierenden Daten: Laut Z 4, Z 5 dieser Anlage.
  - Aufbereitung des maschinenlesbaren Codes: Laut Z 12, Z 13 dieser Anlage.

(BGBl II 2016/210)

3. Exportformat Datenerfassungsprotokoll

Das Exportformat des Datenerfassungsprotokolls entspricht folgender JSON-Datenstruktur:

- **Belege-Gruppe**: Der Wert dieses Feldes ist ein JSON-Array. Die Anzahl der Elemente dieses JSON-Arrays entspricht der Anzahl der Signatur- bzw. Siegelzertifikate die für die Signierung der zu exportierenden Belege verwendet wurden. Ein Element dieser Liste entspricht dabei der folgenden JSON-Datenstruktur:

(BGBl II 2016/210)

- **Signatur- bzw. Siegelzertifikat**: Der Wert dieses Feldes ist der BASE64-kodierte Wert des im DER-Format kodierten Signatur- bzw. Siegelzertifikates.

(BGBl II 2016/210)

- **Zertifizierungsstellen**: Der Wert dieses Feldes ist ein JSON-Array. Die Elemente des JSON-Arrays entsprechen der Kette aller Zertifizierungsstellen, die für die Ausstellung des Signatur- bzw. Siegelzertifikats verwendet wurden. Der Wert eines Elementes entspricht dem BASE64-kodierten Wert des im DER-Format kodierten Zertifikats.

(BGBl II 2016/210)

- **Belege-kompakt**: Der Wert dieses Feldes ist ein JSON-Array. Die Elemente entsprechen den signierten Belegen, die in der kompakten Darstellung des JSON Web Signature Formats dargestellt werden (laut Z 6 dieser Anlage). Die Reihenfolge der Belege stimmt mit der Ablagereihenfolge im DEP überein. Es muss garantiert sein, dass die Verkettung der Signatur bzw. des Siegels des Beleges an Stelle x mit dem Beleg an Stelle x+1 gegeben ist (siehe Feld „Sig-Voriger-Beleg" laut Z 4 dieser Anlage).

(BGBl II 2016/210)

4. Klartextdaten für das Signaturformat für Signierung durch Signatur- bzw. Siegelerstellungseinheit

Die Signatur- bzw. Siegelerstellung erfolgt nach dem JSON Web Signature (JWS) Standard. Ein Beleg ist in einer JSON-Datenstruktur abgebildet die mindestens die in § 9 Abs. 2 Z 1 bis Z 7 genannten Daten enthält. Je nach Bedarf kann das Belegformat beliebig um weitere JSON-Daten erweitert werden. Für die Transformationsverfahren die für die Signatur- bzw. Siegelerstellung und die Erstellung des maschinenlesbaren Codes notwendig sind, sind aber nur die in § 9 Abs. 2 Z 1 bis Z 7 genannten Belegdaten relevant, die wie folgt in einer JSON-Datenstruktur repräsentiert werden:

- **Kassen-ID**: Der Wert dieses Feldes entspricht dem in § 9 Abs. 2 Z 1 angegebenen Wert, JSONFormat string UTF-8 kodiert.
- **Belegnummer**: Der Wert dieses Feldes entspricht dem in § 9 Abs. 2 Z 2 angegebenen Wert, JSONFormat string UTF-8 kodiert.
- **Beleg-Datum-Uhrzeit**: Der Wert dieses Feldes entspricht dem in § 9 Abs. 2 Z 3 angegebenen Wert, JSON-Format string UTF-8 kodiert. Das Datum und die Uhrzeit wird im ISO 8601 Format ohne der Angabe der Zeitzone abgespeichert („JJJJ-MM-TT'T'hh:mm:ss", z. B. 2015-07-21T14:23:34). Es wird immer von österreichischer Lokalzeit (CET/MEZ) ausgegangen.
- **Betrag-Satz-Normal**: Der Wert dieses Feldes entspricht dem in § 9 Abs. 2 Z 4 angegebenen Wert, JSON-Format number mit 2 Kommastellen. Ist kein Betrag mit dieser MWST vorhanden so wird 0,00 eingetragen.
- **Betrag-Satz-Ermaessigt-1**: Der Wert dieses Feldes entspricht dem in § 9 Abs. 2 Z 4 angegebenen Wert, JSON-Format number mit 2 Kommastellen. Ist kein Betrag mit dieser MWST vorhanden, so wird 0,00 eingetragen.
- **Betrag-Satz-Ermaessigt-2**: Der Wert dieses Feldes entspricht dem in § 9 Abs. 2 Z 4 angegebenen Wert, JSON-Format number mit 2 Kommastellen. Ist kein Betrag mit dieser MWST vorhanden, so wird 0,00 eingetragen.

- **Betrag-Satz-Null**: Der Wert dieses Feldes entspricht dem in § 9 Abs. 2 Z 4 angegebenen Wert, JSON-Format number mit 2 Kommastellen. Ist kein Betrag ohne MWST vorhanden, so wird 0,00 eingetragen.
- **Betrag-Satz-Besonders**: Der Wert dieses Feldes entspricht dem in § 9 Abs. 2 Z 4 angegebenen Wert, JSON-Format number mit 2 Kommastellen. Ist kein Betrag mit dieser MWST vorhanden, so wird 0,00 eingetragen.
- **Stand-Umsatz-Zaehler-AES256-ICM**: Der Wert dieses Feldes entspricht dem in § 9 Abs. 2 Z 5 angegebenen Wert, JSON-Format string. BASE64-kodierter Wert des verschlüsselten Gesamtumsatzes (laut Z 8, Z 9 dieser Anlage).
- **Zertifikat-Seriennummer**: Der Wert dieses Feldes entspricht dem in § 9 Abs. 2 Z 6 angegebenen Wert, JSON-Format string. UTF-8 kodiert.
- **Sig-Voriger-Beleg**: Der Wert dieses Feldes entspricht dem in § 9 Abs. 2 Z 7 angegebenen Wert. JSON-Format string. Dieser Wert wird über die im Registrierkassenalgorithmuskennzeichen definierte kryptographische Hash-Funktion berechnet. Als Input dieser Hash-Funktion wird das Ergebnis der Signatur- bzw. Siegelerstellung gemäß Z 6 verwendet. Für die Erfassung des ersten Barumsatzes wird der Wert des Felds „Kassen-ID" als Input dieser Hash-Funktion verwendet. Aus dem Ergebnis der Hash-Funktion werden startend mit Byte 0, N Bytes extrahiert und BASE-64-kodiert. Die Anzahl der zu extrahierenden Bytes (N) wird ebenfalls über das Registrierkassenalgorithmuskennzeichen definiert. Durch den Einsatz von Zugriffsteuerungsmethoden muss garantiert sein, dass auch bei der parallelen Abarbeitung der Belegerstellung die Verkettung über die Signatur- bzw. Siegelwerte korrekt abgebildet wird.

(BGBl II 2016/210)

5. Signaturformat für Signierung durch Signatur- bzw. Siegelerstellungseinheit

Die zu signierenden Daten eines Belegs sind in § 9 Abs. 2 Z 7 genannt. Um eine kompakte Darstellung der zu signierenden Daten zu ermöglichen, werden diese Daten in eine komprimierte Darstellung übergeführt. Die Transformation erfolgt nach der in § 9 Abs. 2 Z 1 bis Z 7 definierten Reihenfolge. Die einzelnen Felder werden UTF-8 kodiert und mit dem Zeichen „_" zusammengeführt und in einer Zeichenkette gespeichert. Unter Verwendung der oben genannten Bezeichner und der Notation Wert(JSON-Feld) für das Extrahieren des Wertes aus der JSON-Datenstruktur des Belegs ergibt sich folgende Darstellung.

„Wert(Kassen-ID)_Wert(Belegnummer)_ Wert(Beleg-Datum-Uhrzeit)_Wert(Betrag-Satz-Normal)_Wert(Betrag-Satz-Ermaessigt-1)_ Wert(Betrag-Satz-Ermaessigt-2)_Wert(Betrag-Satz-Null)_Wert(Betrag-Satz-Besonders)_ Wert(Stand-Umsatz-Zaehler-AES256-ICM)_ Wert(Zertifikat-Seriennummer)_Wert(Sig-Voriger-Beleg)"

Die resultierende Zeichenkette wird anschließend mit dem Präfix „_RKA_" ergänzt. „RKA" stellt einen Platzhalter für das Registrierkassenalgorithmuskennzeichen dar. Diese Kennzeichen werden in einer Liste (laut Z 2 dieser Anlage) zur Verfügung gestellt und identifizieren folgende Komponenten:

- Signatur/Hashalgorithmus für die Erstellung der Belegsignatur
- Vertrauensdiensteanbieter (VDA) der das Signatur- bzw. Siegelzertifikat ausgestellt hat

(BGBl II 2016/210)

- Hashalgorithmus für die Verkettung der Belege, sowie die Anzahl der Bytes N, die aus dem berechneten Hash-Wert extrahiert werden.
- Kompressionsalgorithmus der für die Erstellung des maschinenlesbaren Codes verwendet wurde.

Die resultierende Zeichenkette entspricht dem Signaturformat für Signierung durch Signatur- bzw. Siegelerstellungseinheit und wird über den JSON Web Signature Standard mit dem angegebenen Signatur- bzw. Siegelzertifikat und dem gewählten Hashalgorithmus signiert. Im JWS-Format werden diese Daten als „JWS Payload" bezeichnet.

(BGBl II 2016/210)

6. Ergebnis der Signatur- bzw. Siegelerstellung

Das Ergebnis der JWS-Signatur ist die nach dem JWS-Standard definierte kompakte Repräsentation. Diese Zeichenkette besteht dabei aus drei BASE64-URL-kodierten Elementen, die durch das Zeichen „." voneinander getrennt sind. Die drei Elemente entsprechen den Elementen in der gegebenen Reihenfolge

1. den Metainformationen über den verwendeten Hash bzw. Signaturalgorithmus
2. den signierten Daten (JWS Payload) und
3. dem berechneten Signatur- bzw. Siegelwert.

(BGBl II 2016/210)

Kann aufgrund des Ausfalls der Signatur- bzw. Siegelerstellungseinheit keine digitale Signatur bzw. kein digitales Siegel erstellt werden, wird statt dem berechneten Signatur- bzw. Siegelwert (drittes Element der kompakten JWS Repräsentation) die UTF-8 kodierte Zeichenkette „Sicherheitseinrichtung ausgefallen" BASE64-URL-kodiert eingetragen.

(BGBl II 2016/210)

7. Anmerkung zum Wechsel des Signatur- bzw. Siegelzertifikats

Bei einem Wechsel des Signatur- bzw. Siegelzertifikats muss garantiert sein, dass weitere Belege

nicht mehr mit dem vor dem Wechsel verwendeten Zertifikat signiert werden dürfen.
(BGBl II 2016/210)

8. Verschlüsselungsmethode Umsatzzähler

Für die Verschlüsselung des Umsatzzählers wird AES-256 im ICM (CTR) Mode (Integer Counter Mode) ohne Padding verwendet. Der Initialisierungsvektor enthält einen laut Z 9 dieser Anlage berechneten Hash-Wert in dessen Berechnung die Belegnummer und die Kassenidentifikationsnummer eingeht. Der Umsatzzähler im Klartext wird in einer geeigneten Darstellung übergeben, die später auch ohne Padding-Informationen rekonstruiert werden kann.

Für die Bekanntgabe des AES-Schlüssels über FinanzOnline müssen die Binärdaten des AES-Schlüssel BASE64-kodiert werden.

9. Verschlüsselung

Für die Verschlüsselung des kodierten Umsatzzählers wird wie folgt vorgegangen:

- **Algorithmen:** Es wird der AES-256 im ICM (CTR) Mode verwendet. Für die Verschlüsselung wird kein „Padding" verwendet.
- **Initialisierungsvektor:** Der Initialisierungsvektor (IV) für den Verschlüsselungsalgorithmus ist ein Byte-Array mit der Länge 16. Für die Berechnung des IVs werden die UTF-8 kodierte Kassenidentifikationsnummer (Wert des Feldes „Kassen-ID" laut Z 4 dieser Anlage) und die UTF-8-kodierte Belegnummer (Wert des Feldes „Belegnummer" laut Z 4 dieser Anlage) in dieser Reihenfolge zusammengefügt. Das Ergebnis ist eine UTF-8 kodierte Zeichenkette die als Eingabewert für die im Registrierkassenalgorithmuskennzeichen definierten Hash-Funktion verwendet wird. Das Ergebnis der Hash-Funktion ist der Hash-Wert abgebildet in einem Byte-Array. Die Bytes 0-15 werden daraus extrahiert und als IV verwendet. Anmerkung: Es muss garantiert sein, dass für jede Verschlüsselungsoperation, die mit einem gegebenen AES-Schlüssel durchgeführt wird, niemals der gleiche IV verwendet wird.
- **Kodierung des Umsatzwertes:** Die Blockgröße von AES-256 entspricht einem Byte-Array der Länge 16. Für die Kodierung des Umsatzzählers im Klartext wird dabei ein Byte-Array der Länge 16 erstellt. Jedes Element des Byte-Arrays wird mit 0 initialisiert. Der Umsatzzähler mit der Byte-Anzahl „N" wird startend mit Byte 0 im BIG-ENDIAN Format als Zweier-Komplement Darstellung („signed") gespeichert. „N" entspricht der Anzahl der Bytes die für die Kodierung des Umsatzzählers notwendig sind. Es müssen mindestens 5 Byte lange Umsatzzähler verwendet werden.

Das Resultat der Verschlüsselung ist ein Byte-Array der Länge 16. Startend mit Byte 0 werden N Bytes aus dem Array extrahiert, BASE64-kodiert und im Beleg abgelegt.

10. Entschlüsselung

Bei der Entschlüsselung wird wie folgt vorgegangen:

- **Algorithmen:** siehe Z 8, Z 9 dieser Anlage
- **Initialisierungsvektor:** siehe Z 9 dieser Anlage
- **Aufbereitung des verschlüsselten Umsatzzählers:** Es wird ein Byte-Array der Länge 16 erstellt. Jedes Element des Byte-Arrays wird mit 0 initialisiert. Startend mit Byte 0 wird das BASE64-dekodierte Byte-Array des verschlüsselten Umsatzzählers in dem erstellten 16-Byte langem Array gespeichert.

Die aufbereiteten Daten werden mit dem AES-Algorithmus und dem AES-256 Schlüssel entschlüsselt. Das Resultat der Entschlüsselung ist ein Byte-Array der Länge 16. Startend mit Byte 0 werden N Bytes aus dem Array extrahiert und entsprechen dem entschlüsselten Umsatzzähler. Das Format entspricht dem bei der Verschlüsselung genannten „Kodierung des Umsatzwertes".

11. Übergabeformat für Datenerfassungsprotokoll

Belege, die an das Datenerfassungsprotokoll übergeben werden, entsprechen einer JSON-Datenstruktur die mindestens folgende Werte/Daten enthalten müssen. Der Hersteller kann optional weitere Daten hinzufügen. Pro Beleg müssen mindestens folgende in einer JSON-Datenstruktur gespeicherten Daten verwenden werden:

- JWS-Kompakt: Der Wert dieses Feldes entspricht der kompakten Darstellung einer Signatur bzw. eines Siegels nach dem JWS-Standard (laut Z 5 dieser Anlage), JSON-Format string.
(BGBl II 2016/210)
- Signatur- bzw. Siegelzertifikat (optional): Der Wert dieses Feldes ist der BASE64-kodierte Wert des im DER-Format kodierten Signaturbzw. Siegelzertifikats, JSON-Format string.
(BGBl II 2016/210)
- Zertifizierungsstellen (optional): Der Wert dieses Feldes ist ein JSON-Array. Die Elemente des JSON-Arrays entsprechen der Kette aller Zertifizierungsstellen, die für die Ausstellung des Signatur- bzw. Siegelzertifikats verwendet wurden. Der Wert eines Elements entspricht dem BASE64-kodierten Wert des im DER-Format kodierten Zertifikats.
(BGBl II 2016/210)

Die Werte für das Signatur- bzw. Siegelzertifikat und die Zertifizierungsstellen bleiben für einen längeren Zeitraum konstant. Sie müssen daher nicht für jeden Beleg übergeben werden, sondern können auch auf einem anderen Weg dem DEP zur Verfügung gestellt werden. Es muss nur garantiert sein, dass

1. das DEP für jeden Beleg die Zuordnung zum passenden Signatur- bzw. Siegelzertifikat und zu den Zertifizierungsstellen des Signatur- bzw. Siegelzertifikats herstellen kann und
(BGBl II 2016/210)
2. alle Zertifikate im DEP zur Verfügung stehen um den Export der signierten Belegdaten zu ermöglichen.

Für die Übergabe der Belegdaten an das DEP muss durch den Einsatz von Zugriffsteuerungsmethoden garantiert sein, dass auch bei der parallelen Abarbeitung der Belegerstellung die Verkettung über die Signatur- bzw. Siegelwerte korrekt abgebildet wird (laut Z 4 dieser Anlage).
(BGBl II 2016/210)

12. Details der Vorbearbeitung der im maschinenlesbaren Code enthaltenen Daten für Verifizierung des Signatur- bzw. Siegelwertes eines Barumsatzes

Die für den maschinenlesbaren Code aufbereiteten Daten werden durch eine Zeichenkette repräsentiert, die folgende Elemente enthält:

– Signierte Belegdaten: Diese Daten entsprechen der UTF-8 kodierten Zeichenkette des Signaturformats das der Signatur- bzw. Siegelerstellungseinheit übergeben wurde (laut Z 5 dieser Anlage). Die Zeichenkette kann aus dem JWS-Payload-Feld der kompakten JWS-Darstellung (Ergebnis der Signatur- bzw. Siegelerstellung) extrahiert werden.

– Signatur- bzw. Siegelwert: Der Signatur- bzw. Siegelwert in BASE64-Kodierung wird aus der kompakten JWS-Darstellung (Ergebnis der Signatur- bzw. Siegelerstellung) extrahiert. Es muss darauf geachtet werden, dass der Signatur- bzw. Siegelwert in der kompakten Darstellung des JWS-Standards BASE64-URL-kodiert ist, um die Verwendung in Web-Anwendungen zu vereinfachen. Diese Darstellung ist aber für die QR-Code Darstellung nicht geeignet, da sie auch das Zeichen „_" enthält, das für die Trennung der Elemente der signierten Daten verwendet wird. Der BASE64-URL-kodierte Signatur- bzw. Siegelwert muss daher dekodiert werden und im Standard BASE64-Format kodiert werden.

Diese zwei Elemente werden in der genannten Reihenfolge mit dem Zeichen „_" zusammengesetzt, UTF-8 kodiert und in einem maschinenlesbaren Code aufbereitet.
(BGBl II 2016/210)

13. Prüfung des maschinenlesbaren Codes

Die Prüfung der Signatur bzw. des Siegels, die in einem maschinenlesbaren Code aufbewahrt werden, wird wie folgt durchgeführt:

1. **Lesen des maschinenlesbaren Codes**: Die gelesene UTF8-kodierte Zeichenkette enthält die „Signierten Belegdaten" und den Signatur- bzw. Siegelwert.

2. **Extraktion der „Signierten Belegdaten" und des Signatur- bzw. Siegelwertes**: Die „Signierten Belegdaten" und der Signatur- bzw. Siegelwert werden aus der UTF8-kodierten Zeichenkette über das Trennzeichen „_" extrahiert. Der BASE64-kodierte Signatur- bzw. Siegelwert wird BASE64-dekodiert.

3. **Aufbereitung der kompakten Darstellung anhand des JWS-Signatur-Standards**: Die kompakte Darstellung (laut Z 5 dieser Anlage) wird wie folgt aus dem maschinenlesbaren Code rekonstruiert. Die einzelnen Elemente werden dabei durch das Zeichen „." zusammengeführt.

   a) **JWS Protected Header**: Der Signatur/Hashalgorithmus des JWS Protected Headers kann über das Registrierkassenalgorithmuskennzeichen rekonstruiert werden. Der JWS Protected Header wird UTF-8-kodiert in der Zeichenkette an der 1. Stelle BASE64-URL-kodiert abgespeichert.

   b) **JWS Payload**: Die JWS Payload entspricht den zuvor extrahierten Belegdaten und wird in der Zeichenkette an der 2. Stelle BASE64-URL-kodiert abgespeichert.

   c) **JWS Signature**: Dieser Wert entspricht dem vorher extrahierten Signatur- bzw. Siegelwert und wird in der Zeichenkette an der 3. Stelle BASE64-URL-kodiert abgespeichert.

4. **Prüfen der Signatur bzw. des Siegels**: Die aufbereitete kompakte Darstellung anhand des JWS-Standards wird mit dem entsprechenden Signatur- bzw. Siegelzertifikat geprüft.

(BGBl II 2016/210)

14. Erstellung der OCR-fähigen Zeichenkette

Für die OCR-fähige Zeichenkette wird aufgrund der Schwierigkeit, alle möglichen Zeichen einer BASE64 Zeichenfolge automatisiert und bei realistischen Lichtbedingungen und Kameraeigenschaften sicher zu erkennen, statt der BASE64-Darstellung der folgenden Elemente laut Z 4, Z 12 dieser Anlage die BASE32-Darstellung der Binärdaten gewählt.

– Signatur- bzw. Siegelwert
– Sig-Voriger-Beleg
– Stand-Umsatz-Zaehler-AES256-ICM

Die resultierende Zeichenkette wird im OCR-A Font auf den Beleg gedruckt.

15. Prüfung der OCR-fähigen Zeichenkette

Für die Prüfung der OCR-fähigen Zeichenkette müssen die BASE32-kodierten Elemente auf die BASE64-Kodierung umkodiert werden. Der anschließende Prüfvorgang ist äquivalent zum Prüfen des maschinenlesbaren Codes.

16. OID

Der OID-Bezeichner für die Verwendung im Signatur- bzw. Siegelzertifikat entspricht 1.2.40.0.10.1.11.1 „Österreichische Finanzverwaltung Registrierkasseninhaber".

Die OID wird aus dem Teilbaum 1.2.40.0.10.1.11 „Teilbaum Bundesministerium für Finanzen" vergeben.

(BGBl II 2016/210)

17/2/9. VO zu § 153b Abs. 7
SKS-Prüfungsverordnung

BGBl II 2018/340 idF BGBl II 2020/561

Inhaltsverzeichnis

1. Hauptstück: Allgemeines

1. Abschnitt: Anwendungsbereich und Begriffsbestimmungen
§ 1. Anwendungsbereich
§ 2. Begriffsbestimmungen

2. Abschnitt: Grundelemente und Beschreibung des SKS
§ 3. Grundelemente des SKS
§ 4. Kontrollumfeld
§ 5. Ziele des SKS
§ 6. Beurteilung der steuerrelevanten Risiken
§ 7. Steuerungs- und Kontrollmaßnahmen
§ 8. Informations- und Kommunikationsmaßnahmen
§ 9. Sanktions- und Präventionsmaßnahmen
§ 10. Maßnahmen zur Überwachung und Verbesserung
§ 11. Beschreibung des SKS

2. Hauptstück: Systematik der Erstellung von Befund und Gutachten
§ 12. Prüfungsgegenstand (Befundaufnahme)
§ 13. Prüfungsziele (Gutachtenauftrag)

3. Hauptstück: Gutachten
§ 14. Mindestinhalt des Gutachtens für einen einzelnen Unternehmer
§ 15. Mindestinhalt des Gutachtens für einen Kontrollverbund

4. Hauptstück: Schlussbestimmungen
§ 16. Inkrafttreten

Verordnung des Bundesministers für Finanzen über die Prüfung des Steuerkontrollsystems (SKS-Prüfungsverordnung – SKS-PV)

Aufgrund des § 153b Abs. 7 der Bundesabgabenordnung, BGBl. Nr. 194/1961, zuletzt geändert durch das Bundesgesetz BGBl. I Nr. 62/2018, wird verordnet:

1. Hauptstück
Allgemeines

1. Abschnitt
Anwendungsbereich und Begriffsbestimmungen

Anwendungsbereich

§ 1. (1) Diese Verordnung regelt die Erstellung und den Inhalt des Gutachtens über das Steuerkontrollsystem (SKS), das gemäß § 153b Abs. 4

Z 4 BAO für einen Antrag auf begleitende Kontrolle bzw. gemäß § 153f Abs. 5 BAO erforderlich ist, und zwar:
1. die Grundelemente und die Beschreibung des SKS,
2. die Systematik, nach der bei der Erstellung des Gutachtens vorzugehen ist und
3. den Aufbau und die erforderlichen Mindestinhalte des Gutachtens.

(2) Das SKS kann eingerichtet sein
1. für einen einzelnen Unternehmer,
2. für einen oder mehrere einzelne Unternehmer innerhalb eines Kontrollverbunds,
3. für eine Mehrzahl von Unternehmern innerhalb eines Kontrollverbunds (gemeinsam),
4. für die Gesamtheit aller Unternehmer innerhalb eines Kontrollverbunds.

Das gilt auch für eine antragstellende Privatstiftung. Jeder Unternehmer und gegebenenfalls die antragstellende Privatstiftung muss von einem SKS erfasst sein.
(BGBl II 2020/561)

(3) Gegenstand des Gutachtens ist eine sachverständige Beurteilung des SKS, das ein Unternehmer oder ein Kontrollverbund eingerichtet hat. Ein Gutachten gemäß § 153b Abs. 4 Z 4 BAO hat das einheitliche SKS für den gesamten Kontrollverbund oder aber sämtliche in einem Kontrollverbund eingerichtete SKS zu beurteilen.
(BGBl II 2020/561)

(4) Im Fall einer nachträglichen Einbeziehung eines weiteren Unternehmers in die begleitende Kontrolle ist mit Stellung des Ergänzungsantrages gemäß § 153d Abs. 3 BAO ein Ergänzungsgutachten zum bestehenden Gutachten gemäß § 153b Abs. 4 Z 4 BAO einzureichen. Gegenstand des Ergänzungsgutachtens ist
1. die Berücksichtigung des einzubeziehenden Unternehmers in einem bereits innerhalb des Kontrollverbunds eingerichteten SKS oder
2. das SKS des einzubeziehenden Unternehmers einschließlich einer Aussage über dessen Verhältnis zu dem oder den bereits bestehenden SKS des Kontrollverbunds.

Das Ergänzungsgutachten verlängert die Frist gemäß § 153f Abs. 5 BAO nicht.
(BGBl II 2020/561)

Begriffsbestimmungen

§ 2. In dieser Verordnung werden die folgenden Begriffe in der jeweils angeführten Bedeutung verwendet:
1. SKS: Das Steuerkontrollsystem (SKS) umfasst die Summe aller Maßnahmen (Prozesse und Prozessschritte), die gewährleisten sollen, dass die Besteuerungsgrundlagen für die jeweilige Abgabenart (§ 153e Abs. 1 BAO) in der richtigen Höhe ausgewiesen und die darauf entfallenden Steuern termingerecht und in der richtigen Höhe abgeführt werden (§ 153b Abs. 6 BAO). Das SKS hat den Erfordernissen des Unternehmens zu entsprechen und kann auch Teil eines umfassenderen innerbetrieblichen Kontrollsystems sein.
2. Grundelemente des SKS: Die Grundelemente des SKS sind die konkreten inhaltlichen Anforderungen an das SKS, die im SKS jedenfalls enthalten sein müssen und zu berücksichtigen sind.
3. Beschreibung des SKS: Die Beschreibung des SKS ist die vom Unternehmer vorgelegte schriftliche und/oder bildliche Darstellung zu sämtlichen Grundelementen des SKS (§ 3).
4. Prüfung des SKS: Die Prüfung des SKS umfasst alle für die Erstellung eines Gutachtens gemäß § 153b Abs. 4 Z 4 BAO oder § 153f Abs. 5 BAO erforderlichen Tätigkeiten. Die Prüfung des SKS besteht aus
   a) der Konzeptionsprüfung (§ 13 Abs. 1),
   b) der Umsetzungsprüfung (§ 13 Abs. 2) und bei allen Folgeprüfungen des SKS auch aus
   c) der Wirksamkeitsprüfung (§ 13 Abs. 3).
5. Erstprüfung des SKS: Eine Erstprüfung des SKS ist die erste Prüfung des SKS. Das Gutachten, das während der Erstprüfung des SKS erstellt worden ist, muss gleichzeitig mit dem Antrag auf begleitende Kontrolle gemäß § 153b BAO vorgelegt werden.
6. Folgeprüfung des SKS: Eine Folgeprüfung des SKS ist jede Prüfung des SKS, die nach Vorlage des Gutachtens über die Erstprüfung des SKS erfolgt (§ 153f Abs. 5 BAO). Die Erstellung eines Ergänzungsgutachtens im Sinn von § 1 Abs. 4 stellt keine Folgeprüfung des SKS dar.

(BGBl II 2020/561)

2. Abschnitt
Grundelemente und Beschreibung des SKS

Grundelemente des SKS

§ 3. Jedes SKS hat folgende Grundelemente zu enthalten, die schriftlich zu dokumentieren sind:
1. das Kontrollumfeld,
2. die Ziele des SKS,
3. die Beurteilung der steuerrelevanten Risiken,
4. die Steuerungs- und Kontrollmaßnahmen,
5. die Informations- und Kommunikationsmaßnahmen,
6. die Sanktions- und Präventionsmaßnahmen,
7. die Maßnahmen zur Überwachung und Verbesserung.

Kontrollumfeld

§ 4. (1) Der Unternehmer bzw. die Personen, die die obersten Leitungsaufgaben innerhalb des Unternehmens bzw. des Kontrollverbunds ausüben, bekennen sich nachweislich zur Steuerehrlichkeit – das bedeutet vor allem

1. zu einem rechtskonformen Verhalten im Hinblick auf steuerliche Verpflichtungen und Obliegenheiten,
2. zur steuerlichen Zuverlässigkeit gemäß § 153c Abs. 4 BAO,
3. zur Vermeidung von missbräuchlichen oder missbrauchsverdächtigen Gestaltungen gemäß § 22 BAO und von Abgabenhinterziehungen und Abgabenverkürzungen im Sinne des Finanzstrafgesetzes.

(2) Der Unternehmer bzw. die Personen, die die obersten Leitungsaufgaben innerhalb des Unternehmens bzw. des Kontrollverbunds ausüben, geben die Verhaltensgrundsätze im Hinblick auf Steuerehrlichkeit vor und stellen sicher, dass die Steuerehrlichkeitsstrategie in konkrete operative Maßnahmen umgesetzt und mit den anderen Zielen des Unternehmens abgestimmt ist.

(3) Der Unternehmer bzw. der Kontrollverbund hat die Voraussetzungen dafür geschaffen, dass das SKS funktionsfähig bleibt, indem die dafür erforderlichen Ressourcen bereitgestellt und beispielsweise indem

1. die dafür erforderlichen Berechtigungen, Verantwortlichkeiten und Berichtsstrukturen eingeführt,
2. die erforderliche Anzahl von geeigneten Arbeitnehmern beschäftigt oder die Erfüllung der Aufgaben einem geeigneten Dienstleister überbunden und
3. Aus- und Weiterbildungen der Arbeitnehmer durchgeführt werden.

Ziele des SKS

§ 5. Das SKS soll gewährleisten, dass

1. die Besteuerungsgrundlage für die jeweilige Abgabenart in der richtigen Höhe ausgewiesen und die darauf entfallenden Steuern termingerecht und in der richtigen Höhe abgeführt,
2. die Risiken wesentlicher Verstöße gegen steuerliche Vorschriften rechtzeitig erkannt und
3. solche Regelverstöße verhindert werden.

Beurteilung der steuerrelevanten Risiken

§ 6. (1) Die Einrichtung eines SKS beruht auf einer Beurteilung der steuerrelevanten Risiken durch ein systematisches Verfahren zur Identifizierung, Analyse und Bewertung dieser Risiken.

(2) Die Beurteilung der steuerrelevanten Risiken erfolgt entweder regelmäßig und umfassend oder anlassfallbezogen. Eine umfassende Beurteilung findet mindestens in einem Abstand von drei Jahren statt und betrifft den Unternehmer bzw. den gesamten Kontrollverbund. Eine anlassfallbezogene Beurteilung erfolgt, wenn zu erwarten ist, dass ein Sachverhalt ein wesentliches steuerrelevantes Risiko verursachen könnte; in diesem Fall bezieht sich die Beurteilung nur auf den Anlassfall.

(3) Die Beurteilung umfasst sowohl die steuerrelevanten Risiken aus der laufenden Geschäftstätigkeit als auch die steuerrelevanten Risiken aus außerordentlichen Sachverhalten. Die Risiken aus der laufenden Geschäftstätigkeit ergeben sich aus den aktuellen Geschäften und Prozessen des Unternehmers bzw. des Kontrollverbunds. Die Risiken aus außerordentlichen Sachverhalten ergeben sich aus zu erwartenden Veränderungen innerhalb des Unternehmens bzw. des Kontrollverbunds oder aus zu erwartenden externen Veränderungen, die den Unternehmer bzw. den Kontrollverbund betreffen. Einige dieser Risikobereiche sind beispielhaft angeführt in **Anlage 1** und **Anlage 2**.

(4) Die steuerrelevanten Risiken werden hinsichtlich ihres Gefahrenpotentials (gering/mittel/hoch) in Bezug auf ihre Eintrittswahrscheinlichkeit und ihre betragliche Auswirkung bewertet. Die Bewertung der steuerrelevanten Risiken kann sich dabei beispielsweise an betragsmäßigen Kriterien, an der Komplexität der zugrundeliegenden rechtlichen Bestimmung oder an einer möglichen Betrugsanfälligkeit von Vorgängen orientieren.

(5) Umstände, die für die Beurteilung der steuerrelevanten Risiken relevant sein können bzw. Anlassfälle darstellen können, sind beispielsweise:

– wesentliche steuerliche Änderungen,
– wesentliche Änderungen in anderen Rechtsgebieten,
– wesentliche Änderungen im wirtschaftlichen Umfeld,
– wesentliche Änderungen im Personalstand,
– wesentliche Änderungen bei den Systemen der Rechnungslegung,
– Änderungen in der Struktur der Anteilsinhaber,
– Umstrukturierungen,
– überdurchschnittliches Unternehmenswachstum oder Unternehmensschrumpfung,
– die Einführung neuer Technologien im Unternehmen,
– neue oder atypische Geschäftsfelder oder Produkte bzw. der Wegfall von Geschäftsfeldern oder Produkten,
– Ausdehnung der Geschäftstätigkeit auf neue Märkte bzw. Rückzug aus bestehenden Märkten,
– dolose Handlungen.

Steuerungs- und Kontrollmaßnahmen

§ 7. (1) Zu den Steuerungs- und Kontrollmaßnahmen, die ein SKS enthalten muss, gehören unternehmensinterne Regelwerke wie ein Verhaltenskodex, Prozessbeschreibungen, Kontrolldefinitionen und -beschreibungen sowie Handlungsanweisungen. Diese Regelwerke sind auf die Ziele des SKS ausgerichtet und haben ihre Grundlage in der Beurteilung der steuerrelevanten Risiken. Ihre Wirksamkeit wird regelmäßig überwacht und sie werden auf dem jeweils aktuellsten Stand gehalten.

(2) Die Steuerungs- und Kontrollmaßnahmen haben entweder fehlervermeidenden oder fehleraufdeckenden Charakter. Durch fehlervermeidende Maßnahmen soll die Eintrittswahrscheinlichkeit steuerrelevanter Risiken vermindert, durch fehleraufdeckende Maßnahmen soll die betragliche Auswirkung steuerrelevanter Risiken vermindert werden.

Informations- und Kommunikationsmaßnahmen

§ 8. Zu den Informations- und Kommunikationsmaßnahmen, die ein SKS enthalten muss, gehören

1. die Generierung, Sammlung, Analyse und Verwertung aller für die Funktionsfähigkeit bzw. Verbesserung des SKS relevanten Informationen,
2. das regelmäßig aktiv kommunizierte Bekenntnis des Unternehmers bzw. der Personen, die die obersten Leitungsaufgaben innerhalb des Unternehmens bzw. des Kontrollverbunds ausüben, zur Steuerehrlichkeit, zur Unterstützung der Funktionsfähigkeit des SKS und generell zum regelkonformen Verhalten als Grundwert des Unternehmens bzw. Kontrollverbunds,
3. regelmäßige Informations- und Schulungsmaßnahmen, die die Arbeitnehmerinnen und Arbeitnehmer in die Lage versetzen, die Anforderungen, die sich aus den Zielen des SKS ergeben, zu erkennen und danach zu handeln.

Sanktions- und Präventionsmaßnahmen

§ 9. Zu den Sanktions- und Präventionsmaßnahmen, die ein SKS enthalten muss, gehören im Vorhinein festgelegte Reaktionen des Unternehmers auf festgestellte Regelverstöße in Bezug auf die Ziele des SKS. Erforderlich ist jedenfalls die Untersuchung des Vorfalls im Hinblick auf seine Auswirkung auf die Ziele des SKS und auf seine Auswirkung auf die Wirksamkeit des SKS. Abhängig von der Art des Vorfalls sind festzulegen

1. Korrekturmaßnahmen,
2. Maßnahmen zur Verhinderung der Wiederholung des Vorfalls,
3. individuelle Konsequenzen des Fehlverhaltens.

Maßnahmen zur Überwachung und Verbesserung

§ 10. Die Wirksamkeit des SKS wird regelmäßig überwacht. Dabei festgestellte wesentliche Mängel werden ohne unnötigen Aufschub behoben. Vorschläge zur Verbesserung des SKS werden ohne unnötigen Aufschub analysiert und gegebenenfalls umgesetzt.

Beschreibung des SKS

§ 11. (1) Die Beschreibung des SKS hat folgende Sachverhalte – gegebenenfalls auch grafisch oder durch Verweis auf andere Dokumente – darzustellen:

1. das Unternehmen bzw. den Kontrollverbund aus betriebswirtschaftlicher Sicht im Hinblick auf das für die Ziele des SKS Relevante. Dazu gehören insbesondere
   a) die Aufbau- und Ablauforganisation,
   b) die Organisationsprinzipien,
   c) die Führungsprinzipien,
   d) die Geschäftszwecke einzelner Einheiten oder Unternehmen,
   e) die Rollen und Verantwortlichkeiten der Personen, die die obersten Leitungsaufgaben innerhalb des Unternehmens bzw. des Kontrollverbunds ausüben, sowie aller Personen, die mit der Überwachung sowie der Durchführung der Kontrollen betraut sind,
2. das Kontrollumfeld (§ 4). Dazu gehört insbesondere
   a) die Grundeinstellung der Personen, die mit der Überwachung sowie der Durchführung der Kontrollen innerhalb des Unternehmens bzw. des Kontrollverbunds betraut sind,
   b) die vorgegebenen Verhaltensgrundsätze im Unternehmen bzw. im Kontrollverbund und
   c) die Ressourcen, die für das SKS zur Verfügung stehen.
3. die Ziele des SKS (§ 5); insbesondere deren individuelle Bedeutung bezogen auf den Unternehmer bzw. den Kontrollverbund.
4. die beurteilten steuerrelevanten Risiken und den Prozess sowie die Bewertungsmethodik, welche für die Identifikation und Bewertung der Risiken angewendet worden sind (§ 6).
5. die Maßnahmen, die zur Bedeckung der identifizierten und beurteilten Risiken jeweils umgesetzt worden sind oder sich im Planungsstadium befinden (§§ 7 bis 9). Im Hinblick auf Kontrollmaßnahmen hat die Beschreibung des SKS (allenfalls durch Verweis auf externe Dokumente) jedenfalls zu enthalten:
   a) das konkrete Risiko bzw. das Kontrollziel
   b) die Beschreibung der Kontrolle
      – Kontrolldurchführender
      – Kontrollaktivität
      – Automatisierungsgrad
   c) den Anlass für eine Kontrolle bzw. die Kontrollfrequenz
   d) den Kontrollnachweis
   e) den Umgang mit aufgedeckten Fehlern.
6. die Verantwortlichkeiten, Prozesse und Maßnahmen zur Überwachung und Verbesserung des SKS (§ 10). Das umfasst die Beschreibung der prozessintegrierten und der prozessunabhängigen Überwachungsmaßnahmen sowie die Vorgehensweise zur Beseitigung von identifizierten Mängeln des SKS.

(2) Die in der Beschreibung des SKS enthaltenen Aussagen sind dann angemessen dargestellt, wenn sie den Erfordernissen des Unternehmens entsprechend auf sämtliche Grundelemente des SKS (§ 3) eingehen und keine falschen oder widersprüchlichen Angaben, unangemessene Verallgemeinerungen oder unausgewogene und verzerrte Darstellungen enthalten. Die Darstellung von Prozessen, die kein oder ein geringes Risikopotential aufweisen, kann entfallen.

2. Hauptstück
Systematik der Erstellung von Befund und Gutachten

Prüfungsgegenstand (Befundaufnahme)

§ 12. (1) Gegenstand der Erstprüfung des SKS (§ 2 Z 5) sind die in der Beschreibung des SKS enthaltenen Aussagen über das SKS und die Umsetzung der in der Beschreibung des SKS enthaltenen Maßnahmen (Angemessenheitsprüfung bestehend aus der Konzeptionsprüfung und der Umsetzungsprüfung). Diese Prüfung bezieht sich auf den Zeitpunkt der Antragstellung.

(2) Gegenstand aller Folgeprüfungen des SKS (§ 2 Z 6) sind die in der Beschreibung des SKS enthaltenen Aussagen über das SKS, die Umsetzung der in der Beschreibung des SKS enthaltenen Maßnahmen und deren Wirksamkeit (Wirksamkeitsprüfung). Diese Prüfung bezieht sich auf den Zeitraum zwischen der letzten abgeschlossenen Prüfung des SKS und den Zeitpunkt der aktuellen Prüfung.

Prüfungsziele (Gutachtenauftrag)

§ 13. (1) Das Ziel der Konzeptionsprüfung ist es, zu beurteilen,
1. ob die Analyse aller wesentlichen steuerrelevanten Risiken, die daraus folgenden Prozesse und Prozessschritte sowie die erforderlichen Kontrollmaßnahmen sachgerecht, vollständig und überprüfbar durchgeführt worden und dokumentiert sind;
2. ob die in der Beschreibung des SKS enthaltenen Aussagen zur Konzeption des SKS in allen wesentlichen Belangen angemessen dargestellt (§ 11 Abs. 2) sind und
3. ob die in der Beschreibung des SKS dargestellten Grundelemente des SKS geeignet sind, die Ziele des SKS (§ 5) zu erreichen.

(2) Das Ziel der Umsetzungsprüfung ist es, zu beurteilen,
1. ob und welchem Zeitpunkt die Maßnahmen umgesetzt waren,
2. ob alle erforderlichen Vorkehrungen getroffen worden sind, um gewährleisten zu können, dass
   a) das SKS an geänderte Rahmenbedingungen angepasst und verbessert wird, und
   b) die Dokumentation der Beurteilung der wesentlichen steuerrelevanten Risiken und der vorgesehenen Maßnahmen zur Erreichung der Ziele des SKS sowie der wesentlichen steuerlich relevanten Prozesse regelmäßig aktualisiert wird.

(3) Das Ziel der Wirksamkeitsprüfung ist es, zu beurteilen, ob die in der Beschreibung des SKS enthaltenen Grundelemente des SKS innerhalb des Zeitraumes seit der letzten abgeschlossenen Prüfung des SKS wirksam waren. Das ist dann der Fall, wenn sich aufgrund der Prüfungshandlungen ergibt, dass gewährleistet ist, dass mit hinreichender Sicherheit in der überwiegenden Anzahl der Fälle, jedenfalls aber in sämtlichen wesentlichen Fällen

1. die Besteuerungsgrundlage für die jeweilige Abgabenart in der richtigen Höhe ausgewiesen ist und die darauf entfallenden Steuern termingerecht und in der richtigen Höhe abgeführt worden sind,
2. die Risiken wesentlicher Verstöße gegen steuerliche Vorschriften rechtzeitig erkannt worden sind und
3. Vorgänge, die zu Regelverstößen führen hätten können in der Regel rechtzeitig beendet worden sind oder
4. im Fall bereits eingetretener Regelverstöße zeitnah die zuständige Abgabenbehörde informiert worden ist.

Der Umfang der Wirksamkeitsprüfung kann unter Berücksichtigung der vom Unternehmer der Abgabenbehörde vorgelegten anderen Nachweise festgelegt werden. Im Rahmen der Wirksamkeitsprüfung ist auch zu beurteilen, ob die seit der Erstellung des letzten Gutachtens mit den Organen des zuständigen Finanzamtes (§ 153f Abs. 4 BAO) vereinbarten wesentlichen Schlüsselkontrollen durchgeführt und allenfalls aufgetragene Verbesserungsmaßnahmen ohne unnötigen Aufschub und vollständig umgesetzt worden sind.

3. Hauptstück
Gutachten

Mindestinhalt des Gutachtens für einen einzelnen Unternehmer

§ 14. (1) Das Gutachten nach einer Erstprüfung ist schriftlich zu verfassen und hat zumindest folgende Bestandteile enthalten:
1. Beschreibung der durchgeführten Prüfungshandlungen (zur Risikobeurteilung, Aufbau- und Funktionsprüfungen sowie der weiteren Prüfungshandlungen).
2. gegebenenfalls die Beschreibung des unter Berücksichtigung der vom Unternehmer der Abgabenbehörde vorgelegten anderen Nachweise festgelegten Umfangs der Wirksamkeitsprüfung samt Aufzählung der Nachweise.
3. eine Aussage,
   a) ob die in der Beschreibung des SKS enthaltenen Aussagen über die Grundelemente des SKS den Erfordernissen des Unternehmens entsprechend in allen wesentlichen Belangen angemessen dargestellt (§ 11 Abs. 2) sind.

b) dass die dargestellten Grundelemente dazu geeignet sind,
  – die Besteuerungsgrundlage für die jeweilige Abgabenart in der richtigen Höhe auszuweisen und die darauf entfallenden Steuern termingerecht und in der richtigen Höhe abzuführen,
  – die Risiken wesentlicher Verstöße gegen steuerliche Vorschriften rechtzeitig zu erkennen und
  – solche Regelverstöße zu verhindern.
c) zu welchem Zeitpunkt die in der Beschreibung des SKS enthaltenen Grundelemente des SKS umgesetzt waren.
d) zu welchem Zeitpunkt die in der Beschreibung des SKS enthaltenen Grundelemente des SKS umgesetzt waren.
e) ob gewährleistet ist, dass die Beurteilung der steuerrelevanten Risiken und die vorgesehenen Maßnahmen zur Erreichung der Ziele des SKS sowie die regelmäßig anfallenden steuerlich relevanten Prozesse überprüfbar dokumentiert sind und diese Dokumentation laufend aktualisiert wird.
4. eine Aussage über die inhärenten Grenzen des SKS.
5. eine Aussage zur weiterhin bestehenden Eignung des für die folgenden drei Geschäftsjahre eingerichteten SKS, wenn sich die Rahmenbedingungen nicht wesentlich ändern.
6. Datum des Gutachtens: Das Gutachten ist auf den Tag der Beendigung der Prüfung zu datieren.
7. Name der Gutachterin bzw. des Gutachters (SteuerberaterIn/WirtschaftsprüferIn).
8. Ort der Prüfung.

Dem Gutachten ist die vom Unternehmer bzw. Kontrollverbund erstellte Beschreibung des SKS beizulegen.

(2) Das Gutachten nach einer Folgeprüfung ist schriftlich zu verfassen. Dabei ist anzugeben, auf welchen Zeitraum es sich bezieht. Es hat alle Bestandteile eines Gutachtens nach einer Erstprüfung (Abs. 1) zu enthalten. Zusätzlich hat das Gutachten nach einer Folgeprüfung ein Urteil darüber zu enthalten, dass die in der Beschreibung des SKS enthaltenen Grundelemente des SKS wirksam waren.

Mindestinhalt des Gutachtens für einen Kontrollverbund

§ 15. (1) Wird das Gutachten für einen Kontrollverbund insgesamt erteilt, sind § 13 und § 14 mit der Maßgabe anzuwenden, dass anstelle des Unternehmers der Kontrollverbund tritt.

(2) Das Gutachten für einen Kontrollverbund muss alle Angaben enthalten, die erforderlich sind, um die Funktionsweise, die Aufgaben- und Risikoverteilung sowie die Verantwortlichkeiten innerhalb des Kontrollverbunds nachvollziehen zu können.

(3) Abweichungen in der Umsetzung des SKS bei einzelnen Unternehmern des Kontrollverbunds sind zu beschreiben und bei Wesentlichkeit gesondert zu bewerten.

4. Hauptstück
Schlussbestimmungen

Inkrafttreten

§ 16. Die Verordnung tritt mit 1. Jänner 2019 in Kraft.

Anlage 1
Beispielhafte Aufzählung von Risikobereichen aus der laufenden Geschäftstätigkeit

1. Mögliche ertragsteuerlich relevante Sachverhalte im Unternehmen
   a) allgemein
      – Beteiligungen
      – Anlagevermögen
      – Umlaufvermögen
      – KESt (outbound)
      – Quellensteuern und deren Anrechnung (inbound)
      – Evidenzhaltung
      – Steuerfreie Erträge
      – Ausländische Betriebstätten
      – Ergebnisabführungsverträge
      – Zinsaufwand
      – Lizenzaufwand
      – Empfänger-Kenntnis (Lizenzen, Zinsen, Provisionen, Beneficial Owner)
      – Permanente Abweichungen (zB Managergehälter)
      – Prämien (insbesondere Forschungsprämie)
      – Verrechnungspreisdokumentation
      – Offenlegung von Treuhandverhältnissen
      – Behördenauflagen (zB Umwelt)
      – Patentklagen
      – durch interne Revision aufgedeckte Malversationen
      – Eingeleitete Kartellverfahren und Verstöße gegen das Verbandsverantwortlichkeitsgesetz
   b) Unternehmensgruppe gemäß § 9 KStG betreffend:
      – Abstimmung von Vorgruppenverlusten
      – Verrechnung von Verlusten ausländischer Gruppenmitglieder (auch Betriebstätten)
      – Verlustrücktrag bei ausländischen Gruppenmitgliedern

- Gewinnermittlung im Ausland
c) Informationen im Zusammenhang mit anderen Ländern:
  - Laufende MLCs, Simultan BPs, Joint Audits
  - Laufende MLCs, Simultan BPs, Joint Audits
  - Verständigungsverfahren
  - Gegenberichtigungsverfahren
2. Mögliche umsatzsteuerlich relevante Sachverhalte im Unternehmen
  - Unternehmereigenschaft/Organschaft
  - Inanspruchnahme von Steuerbefreiungen (Buch- und Belegnachweise, grenzüberschreitende Reihen- und Dreiecksgeschäfte)
  - Prüfung des Ortes der Lieferungen und Leistungen
  - Anwendung des richtigen Steuersatzes
  - Prüfung der Steuerschuldnerschaft gemäß Reverse Charge-Verfahren
  - Abziehbarkeit der Vorsteuern (dem Grunde nach sowie Ordnungsmäßigkeit der Rechnungen)
3. Mögliche Risikobereiche aufgrund von Maßnahmen mit potentiellem Einfluss auf die Datenqualität

Außerhalb rein steuertechnischer bzw. rechtlicher Belange sind Maßnahmen des Unternehmers zu adressieren, die möglicherweise eine Auswirkung auf die Qualität steuerlich relevanter Daten im Allgemeinen haben können. Die diesbezüglichen Risikofelder sind beispielsweise:
  - Shared Service Centers (Errichtung, Outsourcing, laufender Betrieb)
  - IT-Änderungen (zB Einführung, Systemwechsel, Upgrades)
  - Verlagerung der Buchführung ins Ausland

Anlage 2
Beispielhafte Aufzählung von Risikobereichen aus außerordentlichen Sachverhalten

1. Mögliche risikorelevante Sachverhalte betreffend Umgründungen und Strukturänderungen
   - Änderungen einzelner Elemente der rechtlichen und betrieblichen Struktur (Gründung, Auflösung von Gesellschaften; Errichtung, Schließung, Verlagerung von Betrieben und Teilbetrieben; Funktionsverlagerungen)
   - Umgründungen – Änderung in der Gesellschafterstruktur (Stiftungen, Einschränkung des österreichischen Besteuerungsrechtes aufgrund eines DBA – primär in Bezug auf Drittstaaten)
2. Mögliche risikorelevante Sachverhalte betreffend Geschäftsmodelländerungen (Business Restructurings/Wesentliche Änderungen in den Verrechnungspreisvereinbarungen)
   - Transaktionen (neue Transaktionen und deren Änderungen betreffend Waren, Dienstleistungen, Finanzierung, Intellectual Property)
   - Vermögenstransfers (außerhalb des UmgrStG)
   - Risikoänderungen (Zuordnung auf Konzerngesellschaften)
   - Downsizing der Produktion
   - Änderung der Vertriebsmodelle
   - Verlagerung immaterielles Vermögen (Patente, Know-how etc.)
   - Debt-Push-Down Modelle
   - Maßgebliche Änderungen in der Konzernfinanzierung
3. Änderungen in der Unternehmensgruppe gemäß § 9 KStG
   - Änderungen wie zB Errichtung, Erweiterung, Ausscheiden, Auflösung
   - Änderung der Beteiligungsverhältnisse an ausländischen Gruppenmitgliedern

17/2/10.

Vorausmeldung

BGBl II 2019/22 idF BGBl II 2020/579

Verordnung des Bundesministers für Finanzen über die Vorausmeldung im Verfahren zur Rückzahlung oder Erstattung österreichischer Einkommen- oder Körperschaftsteuer

Gemäß § 240a Abs. 1 der Bundesabgabenordnung – BAO, BGBl. 194/1961, zuletzt geändert durch das Bundesgesetz BGBl. I Nr. 104/2018, wird verordnet:

Anwendungsbereich

§ 1. Diese Verordnung regelt Inhalt und Verfahren der Vorausmeldung im Sinne des § 240a Abs. 1 BAO im Zusammenhang mit Anträgen auf Rückzahlung oder Erstattung österreichischer Einkommenoder Körperschaftsteuer.

Form der Vorausmeldung

§ 2. (1) Die Vorausmeldung ist durch die beschränkt steuerpflichtige Person unter Verwendung der auf der Website des Bundesministeriums für Finanzen zur Verfügung gestellten Web-Formulare vorzunehmen.

(2) Vorausmeldungen können in deutscher oder englischer Sprache erfolgen.

Inhalt der Vorausmeldung

§ 3. (1) Bei Vornahme einer Vorausmeldung betreffend die Rückzahlung oder Erstattung österreichischer Kapitalertragsteuer sind durch die beschränkt steuerpflichtige Person anzugeben:

1. das Kalenderjahr, in dem die Einkünfte zugeflossen sind;
2. die Rechtsgrundlage für die Rückzahlung oder Erstattung der österreichischen Kapitalertragsteuer, auf die sich die Vorausmeldung bezieht;
3. Informationen zur Person des Antragstellers:
   a) ob es sich um eine natürliche oder juristische Person handelt;
   b) bei natürlichen Personen Vor- und Familienname, Geburtsdatum, Steuernummer im Ansässigkeitsstaat oder einer dieser gleichzuhaltender Identifikationsnummer, Adresse und Staat;
   c) bei juristischen Personen Firmenname, Gründungsdatum, Steuernummer im Ansässigkeitsstaat oder eine dieser gleichzuhaltenden Identifikationsnummer, Nummer im Handelsregister oder einer vergleichbaren Institution im Ansässigkeitsstaat des Antragstellers, Rechtsform, Adresse und Staat;
4. Daten über einen allfälligen Vertreter mit Familien- und Vorname (bei natürlichen Personen) oder Firmenname (bei juristischen Personen), Bezeichnung der Art der Vollmacht (Geld-, Zustell-, Vertretungsvollmacht), Adresse und Staat;
5. der Ansässigkeitsstaat zum Zeitpunkt des Zuflusses der Einkünfte sowie bei natürlichen Personen die Staatsbürgerschaft, bei juristischen Personen der Sitzstaat;
6. die Höhe des Rückzahlungsbetrages als Summe aller Einzelbeträge;
7. Daten für die Überweisung des Rückzahlungsbetrages: Kontoinhaber und Bankverbindung;
8. die im Zusammenhang mit der jeweiligen materiell-rechtlichen Grundlage zur Konkretisierung der Voraussetzungen für die Rückzahlung oder Erstattung österreichischer Kapitalertragsteuer erforderlichen ergänzenden Informationen, insbesondere betreffend
   a) eines Wohnsitzes in Österreich,
   b) der Vereinnahmung und den Zufluss von Ausschüttungen, Gewinnanteilen, Dividenden, Zinsen, Zuwendungen oder sonstigen Einkünften,
   c) einer Betriebsstätte in Österreich,
   d) Beteiligungen an Personen- oder Kapitalgesellschaften,
   e) Vermögen und Einkünfte von Fonds,
   f) Rechtsgeschäfte und Beteiligungen in Zusammenhang mit verbrieften Genussrechten oder Beteiligungen,
   g) den Umfang der betrieblichen Tätigkeit in Österreich sowie den Betriebsgegenstand,
   h) die Beschäftigung von Arbeitskräften,
   i) das Vorhandensein von Betriebsräumlichkeiten,
   j) Beteiligungsverhältnisse an der antragstellenden Gesellschaft,
   wobei lit. a bis f natürliche, lit. b bis j juristische Personen betreffen;
9. die zur Ermittlung des Rückzahlungsanspruches erforderlichen Daten, insbesondere:
   a) Bezeichnung des Wertpapiers, Fonds, der Kapitalgesellschaft, der Privatstiftung, der inländischen ausschüttenden Gesellschaft, des Derivats, des Zertifikats oder des Schuldners der Zinsen,
   b) in Zusammenhang mit ausschüttenden Gesellschaften oder Privatstiftungen die Firmenbuch- oder Steuernummer,
   (BGBl II 2020/579)
   c) in Zusammenhang mit Schuldnern von Zinsen gemäß lit. a IBAN und BIC der Kontoverbindung, wo die Zinsen aus Geldeinlagen, nicht verbrieften Forderungen gegenüber Kreditinstituten oder nicht verbrieften Forderungen angefallen sind,
   d) die internationale Wertpapiernummer oder die Sparbuchnummer,

Vorausmeldung

  e) Anzahl oder Nominale der Genussscheine, Gewinnanteile, Aktien, Derivate, Zertifikate,
  f) Ausmaß der Beteiligung in Prozent,
  g) die Depotnummer,
  h) die Daten von Erwerb, Veräußerung, Realisierung, Zahlung, des Ausschüttungsbeschlusses, des Zuflusses und des Ex-Tages,
  i) Angaben zu steuerlichen Anschaffungskosten, Veräußerungserlösen, zum Bruttobetrag der Einkünfte und der einbehaltenen Kapitalertragsteuer und
  j) den Rückzahlungsbetrag.

(2) Bei Vornahme einer Vorausmeldung betreffend die Rückzahlung oder Erstattung österreichischer Einkommen- oder Körperschaftsteuer für Lizenzgebühren gemäß § 99 EStG 1988 sind durch die beschränkt steuerpflichtige Person neben den in Abs. 1 Z 1 bis 7 genannten zudem Informationen anzugeben über:
1. einen allfälligen Wohnsitz in Österreich,
2. die Vereinnahmung und den Zufluss der Lizenzgebühren,
3. Verträge, Optionen oder sonstige Vereinbarungen im Hinblick auf eine etwaige Verpflichtung zur Veräußerung oder Übertragung,
4. eine Betriebsstätte in Österreich oder eine Beteiligung an einer österreichischen Personengesellschaft,
5. den Umfang der betrieblichen Tätigkeit in Österreich sowie den Betriebsgegenstand,
6. die Beschäftigung von Arbeitskräften,
7. das Vorhandensein von Betriebsräumlichkeiten,
8. Beteiligungsverhältnisse an der antragstellenden Gesellschaft,
wobei die Z 1 bis 4 natürliche, die Z 5 bis 8 juristische Personen betreffen,
9. die zur Ermittlung des Rückzahlungsanspruches erforderlichen Daten:
  a) Bezeichnung des Schuldners der Lizenzgebühren mit Name, Adresse und Firmenbuchnummer,
  b) die Art der Lizenzgebühren,
  c) den Zeitpunkt der Zahlung,
  d) den Bruttobetrag der Einkünfte und die Höhe der österreichischen Einkommen- oder Körperschaftsteuer und
  e) den Rückzahlungsbetrag.

(3) Bei Vornahme einer Vorausmeldung betreffend die Rückzahlung oder Erstattung österreichischer Einkommen- oder Körperschaftsteuer für andere abzugspflichtige Vergütungen sind durch die beschränkt steuerpflichtige Person neben den in Abs. 1 Z 1 bis 7 genannten zudem insbesondere Informationen anzugeben über:
1. einen allfälligen Wohnsitz in Österreich,
2. die Vereinnahmung und den Zufluss der Einkünfte,
3. eine Betriebsstätte in Österreich oder eine Beteiligung an einer österreichischen Personengesellschaft,
4. den Umfang der betrieblichen Tätigkeit in Österreich sowie den Betriebsgegenstand,
5. die Beschäftigung von Arbeitskräften,
6. das Vorhandensein von Betriebsräumlichkeiten,
7. Beteiligungsverhältnisse an der antragstellenden Gesellschaft,
wobei die Z 1 bis 3 natürliche, die Z 4 bis 7 juristische Personen betreffen,
8. die zur Ermittlung des Rückzahlungsanspruches erforderlichen Daten:
  a) Bezeichnung des Schuldners und des Leistungsempfängers der Vergütungen mit Name, Adresse und Firmenbuch-, UID- oder Steuernummer,
  (BGBl II 2020/579)
  b) die Art der Einkünfte,
  c) den Tätigkeitszeitraum (Aufenthaltstage) in Österreich,
  d) den Zeitpunkt der Zahlung,
  e) das Leistungsentgelt und die Höhe der österreichischen Einkommen- oder Körperschaftsteuer und
  f) den Rückzahlungsbetrag.

(4) Bei Vorausmeldungen in Bezug auf eine Rückzahlung oder Erstattung österreichischer Einkommensteuer betreffend Grenzgänger sind durch die beschränkt steuerpflichtige Person insbesondere anzugeben:
1. Daten zur beschränkt steuerpflichtigen Person: Vor- und Familienname, Geburtsdatum, Steuernummer im Ansässigkeitsstaat oder eine dieser gleichzuhaltenden Identifikationsnummer, österreichische Sozialversicherungsnummer, Adresse und Staat;
2. Daten über einen allfälligen Vertreter mit Familien- und Vorname (bei natürlichen Personen) oder Firmenname (bei juristischen Personen), Bezeichnung der Art der Vollmacht (Geld-, Zustell-, Vertretungsvollmacht), Adresse und Staat;
3. den Ansässigkeitsstaat zum Zeitpunkt des Zuflusses der Einkünfte sowie die Staatsbürgerschaft;
4. die beantragte Rückzahlung als Summe aller Einzelbeträge;
5. Daten für die Überweisung des Rückzahlungsbetrages: Kontoinhaber und Bankverbindung;
6. Anzahl der Aufenthaltstage in Österreich;
7. Informationen zur Ermittlung des Rückzahlungsanspruchs: Name und Adresse des Dienstgebers, Anzahl der Lohnzettel, Höhe

der einbehaltenen Lohnsteuer und Rückzahlungsbetrag.

(5) Bei Vorausmeldungen in Bezug auf eine Rückzahlung oder Erstattung österreichischer Einkommensteuer für nicht selbständige Arbeit sind durch die beschränkt steuerpflichtige Person insbesondere anzugeben:
1. Daten zur beschränkt steuerpflichtigen Person: Vor- und Familienname, Geburtsdatum, Steuernummer im Ansässigkeitsstaat oder eine dieser gleichzuhaltenden Identifikationsnummer, österreichische Sozialversicherungsnummer, Adresse und Staat;
2. Daten über einen allfälligen Vertreter mit Familien- und Vorname (bei natürlichen Personen) oder Firmenname (bei juristischen Personen), Bezeichnung der Art der Vollmacht (Geld-, Zustell-, Vertretungsvollmacht), Adresse und Staat;
3. den Ansässigkeitsstaat zum Zeitpunkt des Zuflusses der Einkünfte sowie die Staatsbürgerschaft;
4. die beantragte Rückzahlung als Summe aller Einzelbeträge;
5. Daten für die Überweisung des Rückzahlungsbetrages: Kontoinhaber und Bankverbindung;
6. Informationen zur Ermittlung des Rückzahlungsanspruchs: Name und Adresse des Dienstgebers, Adresse des Einsatzortes, Tätigkeitszeitraum und Aufenthaltstage in Österreich, Anzahl der Lohnzettel, Höhe der einbehaltenen Lohnsteuer und Rückzahlungsbetrag.

(6) Bei Vorausmeldungen in Bezug auf eine Rückzahlung oder Erstattung österreichischer Einkommensteuer betreffend Arbeitskräftegestellung sind durch die beschränkt steuerpflichtige Person insbesondere anzugeben:
1. Daten zur beschränkt steuerpflichtigen Person: Vor- und Familienname, Geburtsdatum, Steuernummer im Ansässigkeitsstaat oder eine dieser gleichzuhaltenden Identifikationsnummer, Adresse und Staat, bei juristischen Personen Firmenname, Gründungsdatum, Steuernummer im Ansässigkeitsstaat oder eine dieser gleichzuhaltenden Identifikationsnummer, Rechtsform, Adresse und Staat;
2. Daten über einen allfälligen Vertreter mit Familien- und Vorname (bei natürlichen Personen) oder Firmenname (bei juristischen Personen), Bezeichnung der Art der Vollmacht (Geld-, Zustell-, Vertretungsvollmacht), Adresse und Staat;
3. den Ansässigkeitsstaat zum Zeitpunkt des Zuflusses der Einkünfte sowie bei natürlichen Personen die Staatsbürgerschaft, bei juristischen Personen der Sitzstaat;
4. die beantragte Rückzahlung als Summe aller Einzelbeträge;
5. Daten für die Überweisung des Rückzahlungsbetrages: Kontoinhaber und Bankverbindung;
6. ergänzende Informationen, insbesondere das Vorhandensein einer Wohnung und allenfalls eines Hauptwohnsitzes in Österreich, Angaben über die Vereinnahmung der angegebenen Einkünfte, das Vorhandensein einer Betriebstätte in Österreich, Beteiligung an einer österreichischen Personengesellschaft;
7. besondere Angaben juristischer Personen, insbesondere Vorhandensein einer Tätigkeit über die bloße Vermögensverwaltung hinaus, Beschäftigung von Arbeitskräften, Vorhandensein eigener Betriebsräumlichkeiten und Beteiligungsverhältnisse an der antragstellenden Gesellschaft;
8. Informationen zur Ermittlung des Rückzahlungsanspruchs: Name, UID-Nummer und Adresse des Betriebssitzes im Inland sowie die Gesamtanzahl der Arbeitnehmer im Antragszeitraum;
9. Vertragsdaten zur Abrechnung: Rechnungsdatum und -nummer, ZKO-Transaktionsnummer, Zeitpunkt der Zahlung, Bruttoleistungsentgelt, Abrechnungszeitraum und einbehaltene Abzugsteuer;
10. Daten zu den Arbeitnehmern: Vor- und Familienname, Geburtsdatum, Staatsbürgerschaft, Adresse und Staat des Wohnsitzes, Art der Tätigkeit und Verwendung des Arbeitnehmers, Ansässigkeitsstaat, allenfalls Anschrift im Ansässigkeitsstaat, Angaben über das Vorhandensein einer Ansässigkeitsbescheinigung des eingesetzten Arbeitnehmers, über die Beilage des Lohnkontos des Arbeitnehmers gemäß § 76 EStG 1988, über den Zeitraum der Beschäftigung in Österreich (Kalendermonat, Anzahl der Arbeitstage in Österreich, Anzahl der Aufenthaltstage in Österreich, Anzahl der angefangenen und vollen Kalendermonate des Beschäftigungsverhältnisses, Bruttobezug, abgeführte Lohnsteuer in Österreich und Steuer auf Lohn) und über die Gesamtzahl der Arbeitstage im Ausland.

(BGBl II 2020/579)

(7) Zusätzlich zu den nach Abs. 1 bis 6 erforderlichen Angaben können weitere ergänzende Angaben sowie die Übermittlung ergänzender Unterlagen vorgesehen werden.

(BGBl II 2020/579)

Verfahren

§ 4. (1) Das ausgefüllte Web-Formular gemäß § 2 ist über die im Web-Formular vorgesehene elektronische Übermittlungsfunktion einzureichen.

(2) Nach Einlangen des Web-Formulars (Vorausmeldung) ist elektronisch ein Antrag in einem plattformunabhängigen Dateiformat zu erzeugen, der mit einer zu generierenden Transaktionsnummer zu versehen ist.

(3) Dieser Antrag ist der beschränkt steuerpflichtigen Person zur Verfügung zu stellen.

(4) Das Dokument gemäß Abs. 2 ist bei der Stellung des Antrags im Sinne des § 240a Abs. 2 BAO zu verwenden.

Inkrafttreten
(BGBl II 2020/579)

§ 5. Die Verordnung tritt mit 1. Jänner 2019 in Kraft.

17/2/11.
Sitz-Verordnung

BGBl II 2020/579

Verordnung des Bundesministers für Finanzen zur Festlegung der Sitze der Einrichtungen der Bundesfinanzverwaltung (Sitz-Verordnung – SitzV)

Auf Grund der §§ 56 Abs. 1, 62 Abs. 1 und 64 Abs. 1 der Bundesabgabenordnung – BAO, BGBl. Nr. 194/1961, zuletzt geändert durch das Bundesgesetz BGBl. I Nr. 99/2020, des § 1 des Bundesgesetzes über die Schaffung eines Amtes für Betrugsbekämpfung, BGBl. I Nr. 104/2019, zuletzt geändert durch das Bundesgesetz BGBl. I Nr. 99/2020 sowie des § 1 des Bundesgesetzes über die Prüfung lohnabhängiger Abgaben und Beiträge, BGBl. I Nr. 98/2018, zuletzt geändert durch das Bundesgesetz BGBl. I Nr. 99/2020, wird verordnet:

Sitz des Finanzamtes Österreich

§ 1. Das Finanzamt Österreich hat seinen Sitz in Linz.

Sitz des Finanzamtes für Großbetriebe

§ 2. Das Finanzamt für Großbetriebe hat seinen Sitz in Wien.

Sitz des Zollamtes Österreich

§ 3. Das Zollamt Österreich hat seinen Sitz in Graz.

Sitz des Amtes für Betrugsbekämpfung

§ 4. Das Amt für Betrugsbekämpfung hat seinen Sitz in Wien.

Sitz der Zentralen Services

§ 5. Die Zentralen Services haben ihren Sitz in Wien.

Sitz des Prüfdienstes für Lohnabgaben und Beiträge

§ 6. Der Prüfdienst für Lohnabgaben und Beiträge hat seinen Sitz in Wien.

Inkrafttreten

§ 7. Diese Verordnung tritt mit 1. Jänner 2021 in Kraft.

17/2/12.

Maßnahmen zur Verhinderung der Verbreitung des Coronavirus

BGBl II 2020/158 idF BGBl II 2021/534

Verordnung des Bundesministers für Finanzen betreffend die elektronische Übermittlung von Anbringen an die Finanzstrafbehörde im Zusammenhang mit Maßnahmen zur Verhinderung der Verbreitung des Coronavirus

Aufgrund des § 56 Abs. 2 des Finanzstrafgesetzes – FinStrG, BGBl. Nr. 129/1958, zuletzt geändert durch das Bundesgesetz BGBl. I Nr. 16/2020, wird verordnet:

§ 1. Bis zum Ablauf des 30. Juni 2022 ist die Einreichung folgender Anbringen betreffend die Entrichtung von Geldstrafen und Wertersätzen, von Kosten des Strafverfahrens sowie der Zwangs- und Ordnungsstrafen aufgrund von im Zusammenhang mit den Maßnahmen zur Verhinderung der Verbreitung des Coronavirus stehenden wirtschaftlichen Notlagen per E-Mail an den Postkorb corona@bmf.gv.at zulässig:

1. Ansuchen um Stundung oder Ratenzahlung;
   (BGBl II 2021/534)
2. Anregungen auf Abstandnahme von der Festsetzung von Stundungszinsen;
   (BGBl II 2021/534)
3. Ansuchen um Neuverteilung der Ratenbeträge im Rahmen des COVID-19-Ratenzahlungsmodells.
   (BGBl II 2021/534)

(BGBl II 2020/359, BGBl II 2021/5, BGBl II 2021/129, BGBl II 2021/534)

§ 2. Wird ein Anbringen gemäß § 1 eingereicht, ist das Original des Anbringens vor Einreichung zu unterschreiben und sieben Jahre zu Beweiszwecken aufzubewahren.

§ 3. (1) Diese Verordnung tritt mit 15. März 2020 in Kraft.
(BGBl II 2020/359)

(2) § 1 in der Fassung der Verordnung BGBl. II Nr. 359/2020 tritt mit 1. Juni 2020 in Kraft.
(BGBl II 2020/359)

(3) § 1 in der Fassung der Verordnung BGBl. II Nr. 5/2021 tritt mit 1. Jänner 2021 in Kraft.
(BGBl II 2021/5)

(4) § 1 in der Fassung der Verordnung BGBl. II Nr. 129/2021 tritt mit 1. April 2021 in Kraft.
(BGBl II 2021/129)

(5) § 1 in der Fassung der Verordnung BGBl. II Nr. 534/2021 tritt mit 22. November 2021 in Kraft.
(BGBl II 2021/534)

§ 4. Diese Verordnung tritt mit Ablauf des 30. Juni 2029 außer Kraft.
(BGBl II 2020/359, BGBl II 2021/129, BGBl II 2021/534)

17/2/13. VO zu § 134a

Quotenregelungsverordnung

BGBl II 2023/370

Verordnung des Bundesministers für Finanzen, mit der die Quotenregelung gemäß § 134a BAO näher konkretisiert wird (Quotenregelungsverordnung – QuRV)

Aufgrund des § 134a der Bundesabgabenordnung, BGBl. I Nr. 194/1961, zuletzt geändert durch das Bundesgesetz BGBl. I Nr. 110/2023, wird verordnet:

Begriffsbestimmungen

§ 1. Für die Zwecke dieser Verordnung gelten folgende Begriffsbestimmungen:

1. Quotenregelung: automationsunterstütztes System, das die prozentuelle Einreichung von Abgabenerklärungen zu bestimmten Abgabeterminen bis zum Ablauf der in § 134a Abs. 1 BAO festgelegten Frist vorsieht; sie ist nur auf Abgabepflichtige, die von einem Vertreter gemäß Z 2 vertreten werden, anwendbar.
2. Vertreter: berufsmäßige Parteienvertreter und berechtigte Revisionsverbände (§ 19 GenRevG 1997).
3. Berufsmäßige Parteienvertreter:
   a) in das Verzeichnis der ordentlichen Mitglieder der Kammer der Wirtschaftstreuhänder (§ 173 Abs. 1 Z 1 WTBG 2017) eingetragene Berufsberechtigte; Zweigstellen eines Berufsberechtigten gemäß § 74 WTBG 2017 gelten als eigenständige berufsmäßige Parteienvertreter;
   b) in das Verzeichnis der Notare eingetragene Notare (§ 134 Abs. 2 Z 1 NO in Verbindung mit § 2 der Verordnung BGBl. Nr. 47/1928), die für diese bestellten Substitute (§ 119 NO) und die durch die Notariatskammer genehmigten Notar-Partnerschaften (§ 22 Abs. 2 NO);
   c) in die Liste der Rechtsanwälte eingetragene Rechtsanwälte (§ 5 RAO), in die Liste der Rechtsanwalts-Gesellschaften eingetragene Rechtsanwalts-Gesellschaften (§ 1a RAO) und in die Liste der niedergelassenen europäischen Rechtsanwälte eingetragene europäische Rechtsanwälte (§§ 9 ff EIRAG).
4. Quotenerklärung: Abgabenerklärung(en) gemäß § 134 Abs. 1 BAO eines vertretenen Abgabepflichtigen, dessen Steuernummer von einem Vertreter (Z 2) zur Quotenregelung (Z 1) angemeldet wurde. Diese können Einkommensteuererklärungen, Körperschaftsteuererklärungen, Abgabenerklärungen für die Feststellung der Einkünfte und/oder Umsatzsteuererklärungen sein. Einkommensteuererklärungen, mit denen ausschließlich

17/2/13. BAO
Quotenregelung

Einkünfte im Sinne des § 2 Abs. 3 Z 4 EStG 1988 erklärt werden, für die die Einkommensteuer durch Abzug vom Arbeitslohn (Lohnsteuer) erhoben wurde oder zu erheben gewesen wäre, können nicht Quotenerklärungen sein. Ist der Abgabepflichtige verpflichtet, unter einer Steuernummer mehr als eine Abgabenerklärung einzureichen, besteht die Quotenerklärung aus:

a) der Einkommensteuererklärung und der Umsatzsteuererklärung oder
b) der Körperschaftsteuererklärung und der Umsatzsteuererklärung oder
c) der Abgabenerklärung für die Feststellung der Einkünfte und der Umsatzsteuererklärung.

5. Abberufung: Aufforderung des Finanzamts an den Vertreter, die Quotenerklärung (Z 4) innerhalb einer bestimmten Frist einzureichen; sie ist eine nur das Verfahren betreffende Verfügung (§ 244 BAO) und kann vollautomatisiert erfolgen.

Anmeldung zur Quotenregelung und Abmeldung von der Quotenregelung

§ 2. (1) Die Einreichung von Abgabenerklärungen spätestens bis zum 31. März des auf den Veranlagungszeitraum zweitfolgenden Kalenderjahres gemäß § 134a Abs. 1 BAO ist zulässig, wenn der Vertreter die betroffene Steuernummer für diesen Veranlagungszeitraum bis zum 30. Juni des auf diesen Veranlagungszeitraum folgenden Kalenderjahres elektronisch im Verfahren FinanzOnline zur Quotenregelung angemeldet hat.

(2) Für das Finanzamt Österreich und das Finanzamt für Großbetriebe hat jeweils eine gesonderte Berechnung der Quote zu erfolgen. Wechselt hinsichtlich einer vom Vertreter zur Quotenregelung angemeldeten Steuernummer die Zuständigkeit des Finanzamts, ist diese Steuernummer amtswegig automationsunterstützt in die Quote des anderen Finanzamts zu übertragen.

(3) Nach dem 30. Juni des auf den Veranlagungszeitraum folgenden Kalenderjahres können Vertreter Steuernummern nur in folgenden Fällen zur Quotenregelung anmelden:

1. die betreffende Steuernummer war am 30. Juni des auf den Veranlagungszeitraum folgenden Kalenderjahres von einem anderen Vertreter zur Quotenregelung angemeldet, die Quotenerklärung für diesen Veranlagungszeitraum wurde noch nicht eingereicht und die Frist des § 3 Abs. 1 ist noch nicht abgelaufen (Vertreterwechsel);
2. rückwirkende Umgründung des Abgabepflichtigen oder des Vertreters;
3. die betreffende Steuernummer wurde erst nach dem 30. Juni des auf den Veranlagungszeitraum folgenden Kalenderjahres erteilt.

Die Anmeldung zur Quotenregelung nach dem 30. Juni des auf den Veranlagungszeitraum folgenden Kalenderjahres ist zu begründen. Sie hat für Steuernummern, für die Abgabenerklärungen für die Feststellung betrieblicher Einkünfte einzureichen sind, vor dem 31. Jänner, für alle übrigen Steuernummern vor dem 31. März des auf den Veranlagungszeitraum zweitfolgenden Kalenderjahres zu erfolgen.

(4) Steuernummern von Abgabepflichtigen in Liquidation und Abgabepflichtigen, über die ein Insolvenzverfahren eröffnet ist, können nicht zur Quotenregelung angemeldet werden.

(5) Vertreter können Steuernummern für einen Veranlagungszeitraum elektronisch von der Quotenregelung abmelden. Die Abmeldung bewirkt, dass die Quotenerklärung für die abgemeldete Steuernummer in die Berechnung der noch einzureichenden Quotenerklärungen (§ 4 Abs. 2 und Abs. 3) ab dem nächsten Abgabetermin nicht mehr einfließt. Die Abmeldung gilt als begründeter Antrag auf Verlängerung der Frist zur Einreichung einer Abgabenerklärung im Sinn des § 134 Abs. 2 erster Satz BAO. Das Finanzamt hat für die Einreichung der noch ausständigen Abgabenerklärung(en) des betroffenen Abgabepflichtigen eine Nachfrist von einem Monat zu setzen. Das Setzen der Nachfrist kann vollautomatisiert erfolgen.

Ausscheiden von der Quotenregelung

§ 3. (1) Das Finanzamt hat die Steuernummer eines Abgabepflichtigen in folgenden Fällen mit einer nur das Verfahren betreffenden Verfügung (§ 244 BAO) aus der Quotenregelung auszuscheiden und für die Einreichung der noch ausständigen Quotenerklärung eine Nachfrist von einem Monat zu setzen:

1. wenn über den Abgabepflichtigen während des Quotenerfüllungszeitraumes ein Insolvenzverfahren eröffnet wurde;
2. wenn sich während des Quotenerfüllungszeitraumes herausgestellt hat, dass die Abgabenerklärung(en) (§ 1 Z 4) betreffenden Voraussetzungen für die Anmeldung einer Steuernummer zur automationsunterstützten Quotenregelung nicht erfüllt waren bzw. nicht mehr erfüllt sind;
3. wenn sich während des Quotenerfüllungszeitraumes herausgestellt hat, dass die den Vertreter (§ 1 Z 2) betreffenden Voraussetzungen für die Anmeldung einer Steuernummer zur automationsunterstützten Quotenregelung nicht erfüllt waren bzw. nicht mehr erfüllt sind.

Das Setzen der Nachfrist kann vollautomatisiert erfolgen.

(2) In den Fällen von Abs. 1 Z 1 und Z 2 bewirkt das Ausscheiden, dass die Quotenerklärung für die ausgeschiedene Steuernummer in die Berechnung der noch einzureichenden Quotenerklärungen (§ 4 Abs. 2 und Abs. 3) ab dem nächsten Abgabetermin nicht mehr einfließt.

Einreichung von Quotenerklärungen

§ 4. (1) Die Summe der für einen Veranlagungszeitraum bei einem Finanzamt angemeldeten Steuernummern, abzüglich der gemäß § 2 Abs. 5 abgemeldeten und der gemäß § 3 ausgeschiedenen Steuernummern, bildet die Grundlage für die Berechnung der Quote eines Vertreters bei diesem Finanzamt.

(2) Für die Einreichung von Quotenerklärungen für einen bestimmten Veranlagungszeitraum gilt Folgendes:
1. Im auf den Veranlagungszeitraum folgenden Kalenderjahr sind mindestens folgende prozentuelle Anteile der Quotenerklärungen einzureichen:
   a) bis zum 31. Oktober (Abgabetermin 1): 20% der Quotenerklärungen;
   b) bis zum 30. November (Abgabetermin 2): 40% der Quotenerklärungen.
2. Im auf den Veranlagungszeitraum zweitfolgenden Kalenderjahr sind mindestens folgende prozentuelle Anteile dieser Quotenerklärungen einzureichen:
   a) bis zum 31. Jänner (Abgabetermin 3): 60% der Quotenerklärungen;
   b) bis zum letzten Tag im Februar (Abgabetermin 4): 80% der Quotenerklärungen;
   c) bis zum 31. März (Abgabetermin 5): 100% der Quotenerklärungen.

(3) Von den Quotenerklärungen, die eine Abgabenerklärung für die Feststellung betrieblicher Einkünfte enthalten, sind mindestens 50% bis zum Abgabetermin 2 und 100% bis zum Abgabetermin 3 einzureichen. Die eingereichten Quotenerklärungen, die eine Abgabenerklärung für die Feststellung betrieblicher Einkünfte enthalten, sind für Zwecke der Berechnung der noch einzureichenden Quotenerklärungen gemäß Abs. 2 zu berücksichtigen.

Anlassbezogene Abberufung von Quotenerklärungen

§ 5. (1) Neben der Abberufung in Folge der Nichteinhaltung von Abgabeterminen (§ 6) kann das Finanzamt Quotenerklärungen unter Setzung einer Frist von zwei Monaten abberufen, wenn dies für zumindest eine der folgenden Amtshandlungen erforderlich ist:
1. eine Außenprüfung gemäß § 147 BAO;
2. eine Prüfung gemäß § 153e Abs. 2 BAO;
3. ein Amtshilfe- oder Rechtshilfeverfahren oder eine grenzüberschreitende Zusammenarbeit nach dem Recht der Europäischen Union;
4. eine Gegenberichtigung anlässlich einer Verrechnungspreiskorrektur;
5. in den Fällen des § 99 Abs. 2 FinStrG.

(2) Eine infolge einer anlassbezogenen Abberufung eingereichte Quotenerklärung ist für die Berechnung der noch einzureichenden Quotenerklärungen (§ 4 Abs. 2 und Abs. 3) zum nächsten Abgabetermin zu berücksichtigen.

(3) Wurde die Quotenerklärung infolge einer anlassbezogenen Abberufung gemäß Abs. 1 nicht eingereicht, ist die betroffene Steuernummer mit einer nur das Verfahren betreffenden Verfügung von der Quotenregelung auszuscheiden. Nach Ausscheiden der Steuernummer aus der Quotenregelung kann das Finanzamt die Festsetzung einer Zwangsstrafe (§ 111 BAO) gegen den Abgabepflichtigen androhen.

Überwachung der Abgabetermine

§ 6. (1) Wurde die Quote zu den in § 4 Abs. 2 genannten Abgabeterminen 1, 2, 3 oder 4 nicht vollständig erfüllt, gilt Folgendes:
1. Wurde die Quote zum ersten Mal oder zum zweiten Mal in Folge zum jeweiligen Abgabetermin nicht vollständig erfüllt, hat das Finanzamt den Vertreter zu verwarnen.
2. Wurde die Quote zum dritten Mal in Folge zum jeweiligen Abgabetermin nicht vollständig erfüllt, hat das Finanzamt dem Vertreter die Abberufung aller noch einzureichenden Quotenerklärungen anzudrohen.
3. Wurde die Quote zum vierten Mal in Folge zum jeweiligen Abgabetermin nicht vollständig erfüllt, hat das Finanzamt alle noch einzureichenden Quotenerklärungen mit Frist bis zum nächsten Abgabetermin abzuberufen. Zusätzlich kann das Finanzamt die Festsetzung einer einmaligen Zwangsstrafe gegen den Vertreter androhen.

(2) Wurde die Quote zu dem in § 4 Abs. 2 genannten Abgabetermin 5 nicht zu 100% erfüllt und ist eine Abberufung gemäß Abs. 1 Z 3 nicht erfolgt, kann das Finanzamt eine einheitliche Nachfrist für die Einreichung aller bei diesem noch einzureichenden Quotenerklärungen bis zum 30. Juni des auf den Veranlagungszeitraum zweitfolgenden Kalenderjahres setzen (§ 134a Abs. 3 BAO). Außerdem hat das Finanzamt in diesen Fällen alle noch einzureichenden Quotenerklärungen bis zu dieser Frist abzuberufen. Zusätzlich kann das Finanzamt die Festsetzung einer einmaligen Zwangsstrafe gegen den Vertreter androhen.

(3) Abweichend von Abs. 1 und Abs. 2 gilt für Quotenerklärungen, die eine Abgabenerklärung für die Feststellung betrieblicher Einkünfte enthalten, Folgendes:
1. Wurden zum Abgabetermin 2 nicht 50% dieser Quotenerklärungen eingereicht, hat das Finanzamt alle noch einzureichenden Quotenerklärungen, die eine Abgabenerklärung für die Feststellung betrieblicher Einkünfte enthalten, mit Frist bis zum Abgabetermin 3 abzuberufen. Zusätzlich kann das Finanzamt die Festsetzung einer einmaligen Zwangsstrafe gegen den Vertreter androhen.
2. Wurden zum Abgabetermin 3 nicht 100% der Quotenerklärungen, die eine Abgabenerklärung für die Feststellung betrieblicher Einkünfte enthalten, eingereicht, gilt Folgendes:
   a) Ist eine Abberufung gemäß Z 1 erfolgt, sind die Steuernummern jener Abgabepflichtigen, deren Quotenerklärung noch nicht eingereicht wurde, mit einer nur das Verfahren betreffenden Verfügung von der Quotenregelung auszuscheiden.

Quotenregelung

b) Ist eine Abberufung gemäß Z 1 nicht erfolgt, hat das Finanzamt alle noch einzureichenden Quotenerklärungen bis zum Abgabetermin 4 abzuberufen. Zusätzlich kann das Finanzamt die Festsetzung einer einmaligen Zwangsstrafe gegen den Vertreter androhen.

3. Wurden infolge einer Abberufung gemäß Z 2 lit. b zum Abgabetermin 4 nicht 100 % der Quotenerklärungen, die eine Abgabenerklärung für die Feststellung betrieblicher Einkünfte enthalten, eingereicht, sind die Steuernummern jener Abgabepflichtigen, deren Quotenerklärung noch nicht eingereicht wurde, mit einer nur das Verfahren betreffenden Verfügung von der Quotenregelung auszuscheiden.

Ausschluss von der Quotenregelung

§ 7. (1) Das Finanzamt hat den Vertreter auf die mögliche Konsequenz eines Ausschlusses von der Quotenregelung hinzuweisen, wenn die Quote nach dem Abgabetermin 5 bzw. im Fall der Gewährung einer Nachfrist nach dem 30. Juni des auf den Veranlagungszeitraum zweitfolgenden Kalenderjahres nicht zu 100% erfüllt wurde, aber für den vorangegangenen Veranlagungszeitraum erfüllt war.

(2) Das Finanzamt kann den Vertreter für einen Veranlagungszeitraum, für den die Frist für die Anmeldung zur Quotenregelung (§ 2 Abs. 1) noch nicht abgelaufen ist, von der Quotenregelung ausschließen, wenn einer der folgenden Fälle vorliegt:

1. Der Vertreter hat die Quote bis zum Ablauf der bis 30. Juni des auf den Veranlagungszeitraum zweitfolgenden Kalenderjahres gesetzten Nachfrist jeweils in zwei aufeinander folgenden Kalenderjahren nicht zu 100% erfüllt.
2. Der Vertreter hat die Quote bis zum Ablauf von Abgabetermin 5 jeweils in zwei aufeinander folgenden Kalenderjahren nicht zu 100% erfüllt und das Finanzamt hat in beiden Kalenderjahren keine Nachfrist gewährt.
3. Der Vertreter hat, wenn das Finanzamt in bloß einem von zwei aufeinander folgenden Kalenderjahren eine Nachfrist bis 30. Juni des auf den Veranlagungszeitraum zweitfolgenden Kalenderjahres gewährt hat, die Quote in diesem Kalenderjahr bis zum Ablauf der Nachfrist und im anderen der beiden Kalenderjahre bis zum Ablauf von Abgabetermin 5 nicht zu 100% erfüllt.

Verweise

§ 8. (1) Wird in dieser Verordnung auf andere Bundesgesetze verwiesen, sind diese in folgender Fassung anzuwenden:
1. Bundesabgabenordnung – BAO, BGBl. Nr. 194/1961, in der Fassung BGBl. I Nr. 110/2023,
2. Einkommensteuergesetz 1988 – EStG 1988, BGBl. Nr. 400/1988, in der Fassung BGBl. I Nr. 111/2023,
3. Europäisches Rechtsanwaltsgesetz – EIRAG, BGBl. I Nr. 27/2000, in der Fassung BGBl. I Nr. 157/2020,
4. Finanzstrafgesetz – FinStrG, BGBl. Nr. 129/1958, in der Fassung BGBl. I Nr. 110/2023,
5. Genossenschaftsrevisionsgesetz 1997 – GenRevG 1997, BGBl. I Nr. 127/1997, in der Fassung BGBl. I Nr. 26/2021,
6. Notariatsordnung – NO, RGBl. Nr. 75/1871, in der Fassung BGBl. I Nr. 147/2022,
7. Rechtsanwaltsordnung – RAO, RGBl. Nr. 96/1868, in der Fassung BGBl. I Nr. 39/2023,
8. Wirtschaftstreuhandberufsgesetz 2017 – WTBG 2017, BGBl. I Nr. 137/2017, in der Fassung BGBl. I Nr. 42/2023.

(2) Die Verordnung des Bundesministeriums für Justiz vom 15. Februar 1928 über die Einrichtung und Führung der Verzeichnisse der Notare und Notariatskandidaten, BGBl. Nr. 47/1928, ist in der Fassung BGBl. I Nr. 164/2005 anzuwenden.

Personenbezogene Bezeichnungen

§ 9. Soweit sich die in dieser Verordnung verwendeten Bezeichnungen auf natürliche Personen beziehen, gilt die gewählte Form für alle Geschlechter.

Inkrafttreten

§ 10. Die Verordnung tritt mit 1. Jänner 2024 in Kraft und gilt erstmals für Abgabenerklärungen, die das Veranlagungsjahr 2023 betreffen.

17/2/14. VO zu § 86A
Finanz-Video-Identifikationsverordnung

BGBl II 2023/247

Verordnung des Bundesministers für Finanzen über die videogestützte Online-Identifikation von Personen im Bereich der Bundesfinanzverwaltung (Finanz-Video-Identifikationsverordnung – FVIV)

Auf Grund des § 86a der Bundesabgabenordnung – BAO, BGBl. Nr. 194/1961, zuletzt geändert durch das Bundesgesetz BGBl. I Nr. 110/2023, wird wie folgt verordnet:

Anwendungsbereich

§ 1. (1) Ein Organ des Finanzamtes Österreich kann die Identität einer natürlichen Person, die nicht physisch anwesend ist, durch ein videogestütztes elektronisches Verfahren (Online-Identifikation) feststellen. Um das damit verbundene Risiko auf ein angemessenes Maß zu reduzieren, sind organisatorische und verfahrensbezogene Sicherungsmaßnahmen umzusetzen.

(2) Das Verfahren zur Online-Identifikation dient folgenden Zwecken:
1. der erstmaligen Aufnahme einer natürlichen Person ohne aufrechten Hauptwohnsitz (§ 16 Abs. 1 des Meldegesetzes 1991, BGBl. Nr. 9/1992) in Österreich in den Datenbestand der Bundesfinanzverwaltung und
2. der Ausstellung von Zugangsdaten zu Finanz-Online gemäß § 3 Abs. 1 der FinanzOnline-Verordnung 2006 – FOnV 2006, BGBl. II Nr. 97/2006, und deren Rücksetzung an
   a) natürliche Personen aus Staaten, in denen kein elektronisches Identifizierungsmittel im Sinn des Art. 3 Z 2 der Verordnung (EU) Nr. 910/2014 über elektronische Identifizierung und Vertrauensdienste für elektronische Transaktionen im Binnenmarkt und zur Aufhebung der Richtlinie 1999/93/EG (eIDAS-VO), ABl. Nr. L 257 vom 28.08.2014 S. 73, das die Anforderungen des Art. 6 Abs. 1 eIDAS-VO mit Sicherheitsniveau „hoch" erfüllt, angeboten wird oder
   b) gesetzliche Vertreter von nicht natürlichen Personen.

(3) Das Verfahren zur Online-Identifikation kann auf Deutsch oder Englisch durchgeführt werden. Dem Verfahren zur Online-Identifikation kann auf eigene Kosten ein Dolmetscher oder eine Vertrauensperson beigezogen werden.

Begriffsbestimmungen

§ 2. Im Sinne dieser Verordnung bezeichnet der Ausdruck

1. Videosequenz: eine mittels elektronischer Datenverarbeitung gefertigte und gespeicherte Folge von Videobildern, die das Gespräch als audiovisuelle Komponente der Online-Identifikation bezogen auf den Zeitpunkt ihrer Erstellung in einer Qualität wiedergibt, die den jeweiligen Überprüfungs- und Dokumentationszwecken entspricht.
2. Bildschirmkopie: eine mittels elektronischer Datenverarbeitung gefertigte und gespeicherte Grafik, die den Bildschirminhalt als visuelle Komponente der Online-Identifikation bezogen auf den Zeitpunkt ihrer Erstellung in einer Qualität wiedergibt, die den jeweiligen Überprüfungs- und Dokumentationszwecken entspricht.
3. amtlicher Lichtbildausweis: als amtlicher Lichtbildausweis im Sinn dieser Verordnung gelten Reisepässe und Personalausweise im Sinn des § 3 Abs. 1 und § 19 des Passgesetzes 1992, BGBl. Nr. 839/1992, und damit vergleichbare ausländische Dokumente sowie der österreichische Führerschein gemäß § 1 der Führerscheingesetz-Durchführungsverordnung – FSG-DV, BGBl. II Nr. 320/1997.

Organisatorische Sicherungsmaßnahmen

§ 3. (1) Für die Online-Identifikation sind Mitarbeiter des Finanzamtes Österreich einzusetzen, die zuverlässig und für die Durchführung der Online-Identifikation hinreichend geschult sind. Diese Schulung hat zumindest den rechtlichen Rahmen, die technischen Voraussetzungen sowie die praktische Sicherstellung der Überprüfung zu umfassen.

(2) Es ist sicherzustellen, dass die im Rahmen der Online-Identifikation herangezogenen Anwendungen sowie die übertragenen Daten vor einem unbefugten Zugriff geschützt sind.

(3) Die Mitarbeiter dürfen die Online-Identifikation nur in einem abgetrennten Raum einer Dienststelle des Finanzamtes Österreich durchführen. Unter besonderen Umständen darf die Online-Identifikation am Wohnsitz des Mitarbeiters in einem abgetrennten, geschlossenen Raum durchgeführt werden (Online-Identifikation im Home-Office). Mitarbeiter im Home-Office haben sich während der gesamten Dauer der Online-Identifikation alleine und ungestört in diesem Raum aufzuhalten.

Verfahrensbezogene Sicherungsmaßnahmen

§ 4. (1) Der dem Zweck der Online-Identifikation dienende Teil des Gesprächs ist zur Gänze in Form einer Videosequenz aufzuzeichnen oder mittels Bildschirmkopien zu dokumentieren. Die Videosequenz bzw. die Bildschirmkopien müssen bei geeigneten Belichtungsverhältnissen Folgendes aus dem Vorgang des elektronisch unterstützten Identifikationsverfahrens abbilden:
1. das Gesicht der Person,
2. die Präsentation der Vorderseite des amtlichen Lichtbildausweises oder von dessen Datenseite und

Online-Identifikation

3. die Präsentation der Rückseite des amtlichen Lichtbildausweises oder von dessen Datenseite.

Die Videosequenz bzw. die Bildschirmkopien müssen jedenfalls von einer solchen Qualität sein, dass die Person und die auf dem amtlichen Lichtbildausweis enthaltenen Daten vollständig und zweifelsfrei erkennbar sind.

(2) Die Person hat während der Online-Identifikation nach Aufforderung
1. ihren Kopf unter Präsentation des Gesichts zu bewegen und getrennt davon
2. die Seriennummer ihres amtlichen Lichtbildausweises mitzuteilen.

(3) Der Mitarbeiter, der die Online-Identifikation durchführt, hat sich von der Authentizität des zugelassenen amtlichen Lichtbildausweises wie folgt zu vergewissern:
1. Visuelle Überprüfung des Vorhandenseins der optischen Sicherheitsmerkmale einschließlich bewegungsoptischer (holographischer) oder gleichwertiger Sicherheitsmerkmale, die nach Aufforderung zum horizontalen und vertikalen Kippen des amtlichen Lichtbildausweises deutlich erkennbar sein müssen.
2. Überprüfung der korrekten alphanummerischen Ziffernorthographie der Seriennummer,
3. Überprüfung der Unversehrtheit der Laminierung, die den amtlichen Lichtbildausweis umschließt oder vergleichbarer Merkmale, die für die Unversehrtheit des Dokumentes sprechen,
4. Überprüfung zum Zwecke des Ausschlusses, dass es sich um ein nachträglich mit dem zugelassenen amtlichen Lichtbildausweis verbundenes Lichtbild handelt,
5. Überprüfung der logischen Konsistenz
   a) der Merkmale der Person einerseits und der Personenbeschreibung sowie des Lichtbildes andererseits,
   b) des Lichtbildes, des Ausstellungsdatums und des Geburtsdatums im amtlichen Lichtbildausweises zueinander sowie
   c) aller weiteren unter Umständen bereits vorhandenen Daten und der entsprechenden weiteren Angaben auf dem amtlichen Lichtbildausweis.

(4) Die Person hat während der laufenden Videoübertragung eine eigens für den Zweck der Online-Identifikation gültige, zentral generierte und an sie per SMS übermittelte Ziffernfolge unmittelbar einzugeben und dem Mitarbeiter elektronisch zurückzusenden oder dem Mitarbeiter mündlich bekannt zu geben. Im Fall von Zurücksetzungen von FinanzOnline-Zugangsdaten ist die SMS ausschließlich an eine der Bundesfinanzverwaltung bereits vor der Online-Identifikation bekannt gegebene Telefonnummer zu übermitteln.

(5) Die Online-Identifikation von Personen im Bereich der Bundesfinanzverwaltung darf ausschließlich mit dem durch die Bundesfinanzverwaltung zu diesem Zweck bereitgestellten Online-Identifikationssystem durchgeführt werden.

(6) Die gemäß Abs. 1 angefertigten Videosequenzen bzw. Bildschirmkopien sind längstens 30 Jahre aufzubewahren.

Abbruch der Online-Identifikation

§ 5. Der Vorgang der Online-Identifikation ist abzubrechen, wenn
1. eine geeignete Überprüfung der Person oder des amtlichen Lichtbildausweises oder von beiden unter Berücksichtigung der verfahrensbezogenen Sicherungsmaßnahmen (§ 4) nicht möglich ist,
2. bei Vorliegen sonstiger Unstimmigkeiten
3. bei Vorliegen sonstiger Unsicherheiten.

Dokumentationspflicht

§ 6. Die erstmalige Aufnahme einer Person in den Datenbestand der Bundesfinanzverwaltung, die erstmalige Ausgabe und die Zurücksetzung von Zugangsdaten mittels Online-Identifikation sind jeweils so zu dokumentieren, dass zeitnah und lückenlos nachvollzogen werden kann, dass sie mittels Online-Identifikation durchgeführt worden sind.

Datenschutz

§ 7. (1) Der Bundesminister für Finanzen ist der für die Online-Identifikation datenschutzrechtlich Verantwortliche im Sinne des Art. 4 Z 7 der Verordnung (EU) 2016/679 zum Schutz natürlicher Personen bei der Verarbeitung personenbezogener Daten, zum freien Datenverkehr und zur Aufhebung der Richtlinie 95/46/EG (Datenschutz-Grundverordnung – DSGVO), ABl. Nr. L 119/2016 vom 04.05.2016 S. 1, zuletzt berichtigt durch ABl. Nr. L 74/2021 vom 04.03.2021 S. 35.

(2) Die Bundesrechenzentrum GmbH ist Auftragsverarbeiter im Sinne des Art. 4 Z 8 DSGVO.

Personenbezogene Bezeichnungen

§ 8. Soweit sich die in dieser Verordnung verwendeten Bezeichnungen auf natürliche Personen beziehen, gilt die gewählte Form für alle Geschlechter.

Inkrafttreten

§ 9. Diese Verordnung tritt mit 1. September 2023 in Kraft.

17/2/15. VO zu §§ 86A und 97 Abs. 3
EDTV

BGBl II 2023/259

Verordnung des Bundesministers für Finanzen zur elektronischen Übermittlung von Erledigungen und Anbringen mittels elektronischem Dateitransfer – EDTV

Auf Grund der §§ 86a und 97 Abs. 3 der Bundesabgabenordnung – BAO, BGBl. Nr. 194/1961, zuletzt geändert durch das Bundesgesetz BGBl. I Nr. 110/2023, sowie auf Grund des § 56 Abs. 2 und 3 des Finanzstrafgesetzes – FinStrG, BGBl. Nr. 129/1958, zuletzt geändert durch das Bundesgesetz BGBl. I Nr. 110/2023, wird verordnet:

Begriffsbestimmung

§ 1. Elektronischer Dateitransfer im Sinne dieser Verordnung ist die Ende-zu-Ende verschlüsselte Übertragung elektronischer Dateien mittels Uploads bzw. Downloads über eine von einer Abgabenbehörde des Bundes, einer Finanzstrafbehörde oder dem Bundesfinanzgericht zur Verfügung gestellten Plattform.

Erledigungen

§ 2. (1) Die Abgabenbehörden des Bundes, die Finanzstrafbehörden und das Bundesfinanzgericht sind berechtigt, die Zustellung folgender Erledigungen im Wege des elektronischen Dateitransfers vorzunehmen:

1. Aufforderungen zur Erläuterung und Ergänzung von Anbringen sowie zum Beweis der Richtigkeit bzw. zur Glaubhaftmachung gemäß § 138 Abs. 1 BAO,
2. Aufforderungen zur Vorlage von Büchern, Aufzeichnungen, Geschäftspapieren, Schriften und Urkunden gemäß § 138 Abs. 2 BAO,
3. Aufforderungen zur Vorlage von Urkunden und schriftlichen Unterlagen gemäß § 143 Abs. 2 BAO,
4. Aufforderungen zur Vorlage von Büchern, Aufzeichnungen und sonstigen Unterlagen gemäß § 144 Abs. 2 BAO,
5. Aufforderungen zur Vorlage von Büchern, Aufzeichnungen und sonstigen Unterlagen im Zusammenhang mit
   a) einer Außenprüfung gemäß § 147 BAO (auch in Verbindung mit § 99 Abs. 2 FinStrG),
   b) einer begleitenden Kontrolle gemäß § 153a BAO,
   c) einem Antrag auf Erlassung eines Auskunftsbescheides gemäß § 118 BAO,
   d) einem Antrag auf Multilaterale Risikobewertung gemäß § 118b BAO,
6. Ergänzungsaufträge gemäß § 161 Abs. 1 BAO,
7. Bedenkenvorhalte gemäß § 161 Abs. 2 BAO,
8. Aufforderungen zur Vorlage von Büchern, Aufzeichnungen und Geschäftspapieren gemäß § 164 BAO,
9. Aufforderungen zur Vorlage von Büchern und Aufzeichnungen gemäß § 165 BAO,
10. Aufforderungen gemäß § 269 Abs. 1 BAO,
11. Aufforderungen zur Vorlage von Büchern, Aufzeichnungen und sonstigen Unterlagen gemäß § 99 Abs. 1 FinStrG,
12. Aufforderungen zur Vorlage von Büchern, Aufzeichnungen und sonstigen Unterlagen zum Zwecke der Prüfung gemäß § 82 Abs. 1 FinStrG oder der Feststellung des maßgebenden Sachverhalts gemäß § 115 FinStrG,
13. Aufforderung zur Vorlage von Informationen und Beweismitteln in einem Verständigungsverfahren, im Rahmen eines Verfahrens nach dem EU-BStbG, BGBl. I Nr. 62/2019, oder in einem Schiedsverfahren zur Verhinderung einer Doppelbesteuerung.

(2) Die Zustellung über den elektronischen Dateitransfer ist nur zulässig, wenn der Adressat oder dessen Vertreter gemäß § 83 BAO oder dessen Verteidiger gemäß § 77 FinStrG gegenüber der zustellungswilligen Behörde bzw. dem zustellungswilligen Bundesfinanzgericht der Verwendung des elektronischen Dateitransfers ausdrücklich zugestimmt hat und eine E-Mailadresse zum Zweck der Verwendung im Rahmen des elektronischen Dateitransfers bekannt gegeben hat.

(3) Wird von der Zustellung mittels elektronischem Dateitransfer Gebrauch gemacht, muss dem Adressaten der Zustellung ermöglicht werden, innerhalb der gesetzten Frist im Wege des elektronischen Dateitransfers
1. Anbringen zur Erfüllung der Verpflichtung einzureichen und bzw. oder
2. Dateien zu übermitteln.

Anbringen und Dateiübermittlung

§ 3. (1) In einem der in § 2 angeführten Fälle können im Wege des elektronischen Dateitransfers
1. Anbringen zur Erfüllung der Verpflichtung eingereicht und bzw. oder
2. Dateien übermittelt werden,

wenn die Zustellung der Erledigung im Wege des elektronischen Dateitransfers erfolgt ist und der Adressat der Verpflichtung oder dessen Vertreter gemäß § 83 BAO oder dessen Verteidiger gemäß § 77 FinStrG von der Abgabenbehörde, der Finanzstrafbehörde oder dem Bundesfinanzgericht vorgegebene technische Übermittlungsschiene für den elektronischen Dateitransfer innerhalb der gesetzten Frist verwendet.

(2) Anbringen und Übermittlungen von Dateien, die im Wege des elektronischen Dateitransfers übermittelt wurden, obwohl die Erledigung, auf die sich das Anbringen bzw. die Übermittlung einer Datei bezieht, nicht im Wege des elektronischen Dateitransfers zugestellt wurde, sind unbeachtlich.

17/2/15. BAO
elektronischer Dateitransfer

(3) Anbringen, die im Wege des elektronischen Dateitransfers übermittelt werden, sind mit einer qualifizierten elektronischen Signatur zu versehen.

Inkrafttreten

§ 4. Diese Verordnung tritt mit 1. September 2023 in Kraft.

17/3. Zustellgesetz

Zustellgesetz, BGBl 1982/200 idF

1. BGBl 1990/357
2. BGBl I 1998/158
3. BGBl I 2001/137 (Verwaltungsverfahrensnovelle 2001)
4. BGBl I 2002/65 (VerwaltungsreformG 2001)
5. BGBl I 2004/10
6. BGBl I 2008/5 (VerwZustRÄG 2007)
7. BGBl I 2010/111 (BudBG 2011)
8. BGBl I 2013/33 (Verwg-AusfG 2013)
9. BGBl I 2017/40 (DeregG 2017)
10. BGBl I 2018/33
11. BGBl I 2018/104
12. BGBl I 2020/16 (2. COVID-19-Gesetz)
13. BGBl I 2020/42 (12. COVID-19-Gesetz)
14. BGBl I 2022/205 (2. DienstR-Nov 2022)

GLIEDERUNG

1. Abschnitt: Allgemeine Bestimmungen
- § 1. Anwendungsbereich
- § 2. Begriffsbestimmungen
- § 3. Durchführung der Zustellung
- § 4. Stellung des Zustellers
- § 5. Zustellverfügung
- § 6. Mehrmalige Zustellung
- § 7. Heilung von Zustellmängeln
- § 8. Änderung der Abgabestelle
- § 9. Zustellungsbevollmächtigter
- § 10. Zustellung durch Übersendung
- § 11. Besondere Fälle der Zustellung
- § 12. Zustellung ausländischer Dokumente im Inland

2. Abschnitt: Physische Zustellung
- §§ 13–15. Zustellung an den Empfänger
- § 16. Ersatzzustellung
- § 17. Hinterlegung
- § 18. Nachsendung
- § 19. Rücksendung, Weitersendung und Vernichtung
- § 20. Verweigerung der Annahme
- § 21. Zustellung zu eigenen Handen
- § 22. Zustellnachweis
- § 23. Hinterlegung ohne Zustellversuch
- § 24. Unmittelbare Ausfolgung
- § 24a. Zustellung am Ort des Antreffens
- § 25. Zustellung durch öffentliche Bekanntmachung
- § 26. Zustellung ohne Zustellnachweis
- § 26a. Zustellrechtliche Begleitmaßnahmen zu COVID-19
- § 27. Ausstattung der Dokumente; Zustellformulare; Zustellnachweise

3. Abschnitt: Elektronische Zustellung
- § 28. Anwendungsbereich
- § 28a. Teilnehmerverzeichnis
- § 28b. Anmeldung zum und Abmeldung vom Teilnehmerverzeichnis
- § 29. Leistungen der Zustelldienste
- § 30. Zulassung als Zustelldienst
- § 31. Aufsicht
- §§ 32–33. (aufgehoben)
- § 34. Abfrage des Teilnehmerverzeichnisses und Übermittlung des zuzustellenden Dokuments
- § 35. Zustellung mit Zustellnachweis durch einen Zustelldienst
- § 36. Zustellung ohne Zustellnachweis durch ein Zustellsystem
- § 37. Zustellung an einer elektronischen Zustelladresse oder über das elektronische Kommunikationssystem der Behörde
- § 37a. Unmittelbare elektronische Ausfolgung
- § 37b. Anzeigemodul

4. Abschnitt: Schlußbestimmungen
- § 38. Verweisungen
- § 39. Vollziehung
- § 40. Inkrafttretens- und Übergangsbestimmungen
- § 41. Sprachliche Gleichbehandlung

17/3. ZustG

STICHWORTVERZEICHNIS

A
Abgabestelle 2, 8, 35 (4)
Abholfrist 17
Abwesenheit 4 (3), 16 (5), 17 (3), 26 (2), 35 (7)
Amtshilfe 11, 12 (4)
Amtstafel 25 (1)
Änderung der Abgabestelle 8
Angestellte des Parteienvertreters 13 (4)
Anmeldung 33
Annahmebereitschaft 12, 16 (2), 24a
Annahmeverweigerung 20
Anstalt 14
Arbeitgeber 16 (2)
Arbeitnehmer 16 (2)
Arbeitsplatz 2
Ausbildungsdienst 15 (1)
Ausländische Schriftstücke 12

B
berufsmäßiger Parteienvertreter 13 (4)
Betriebsstätte 2
bevollmächtigt 9, 10
BMA 11 (2)
Briefeinwurf 17 (2), 26 (1)
Briefkasten 17 (2), 26 (1)
Bürgerkarte 22 (4), 33, 35 (3), 37a

D
Datum 22 (2), 35 (1)
Dienststelle 24
Diplomaten 11 (2)
Dokument 2, 6, 7, 28

E
Eingangstür 17 (2)
Elektronische Signatur 35 (3)
Elektronische Zustelladresse 2
Elektronische Zustellung 28–37a, 40 (5)
Empfänger 2, 7, 9, 13, 14, 16, 17, 18, 20
Ersatzempfänger 16, 20, 21
Ersatzzustellung 16, 20, 21
erwachsen 16 (2)

G
Gemeinde 3, 13 (2), 18 (1)
Gemeindeamt 17 (1), 23
gemeinsamer Haushalt 16 (2), 20 (1)
Geschäftsraum 2

H
Hauptwohnsitz 9 (2)
Hausbrieffach 17 (2), 26
Haushaltsgemeinschaft 16 (2), 20 (1)
Heilung von Zustellmängeln 7
Hinterlegung 8 (2), 10, 17, 20, 23

I
Inland 9 (2), 10, 12
internationale
 – Organisation 11 (2)
 – Übung 11 (1)
 – Vereinbarung 11 (1), 12 (1)

M
mehrmalige Zustellung 6
Mitteilungspflicht 8 (1)

N
Nachsendung 18
Nachweis der Zustellung 22, 35
Namhaftmachung eines Zustellungsbevollmächtigten 10
Notare 13 (4)

O
öffentliche Bekanntmachung 25
Ort der Amtshandlung 2

P
Parteienvertreter 13 (4)
Post 2
Postbevollmächtigter 13 (2)
Postvollmacht 13 (2)
Präsenzdienst 15 (1)

R
Rechtsanwalt 13 (4)
Rechtshilfe 11
rechtzeitige Kenntniserlangung 16 (5), 17 (3)
regelmäßiger Aufenthalt 16 (1), 17 (1), 18
Rückschein 22

S
Sendung 2
Signatur 35 (3)
Sitz 2

T
tatsächliches Zukommen des Schriftstückes 7, 9 (3)

U
Übersetzung 12
unbekannter Aufenthalt 25
Unterkunft 2

V
versandbereites Dokument 24, 37a
Verständigung von der Hinterlegung 17 (2), 23
Vertretungsbehörden 11 (1)
Verweigerung der Annahme des Dokuments 20
Verweisungen 38
Vollmacht 9, 10
Vordrucke 27

W
Wirtschaftstreuhänder 13 (4)
Wohnung 2

Z
Zurücklassung an der Abgabestelle 17 (2), 20
Zurückstellung an die Behörde 19
Zustelladresse 2, 4, 37
Zustelldienst 2, 28–37
Zustellformulare 27
Zustellmängel 7
Zustellnachweis 22, 35

Zustellorgane 3
Zustellschein 22
Zustellung
 – im Ausland 11 (1)
 – ohne Zustellnachweis 26, 36
 – zu eigenen Handen 21
Zustellungsbevollmächtigter 9, 10, 25
Zustellverfügung 5
Zweckmäßigkeit 3

Bundesgesetz über die Zustellung behördlicher Dokumente (Zustellgesetz – ZustG)

1. Abschnitt
Allgemeine Bestimmungen

Anwendungsbereich

§ 1. Dieses Bundesgesetz regelt die Zustellung der von Gerichten und Verwaltungsbehörden in Vollziehung der Gesetze zu übermittelnden Dokumente sowie die durch sie vorzunehmende Zustellung von Dokumenten ausländischer Behörden.

Begriffsbestimmungen

§ 2. Im Sinne dieses Bundesgesetzes bedeuten die Begriffe:
1. „Empfänger": die von der Behörde in der Zustellverfügung (§ 5) namentlich als solcher bezeichnete Person;
2. „Dokument": eine Aufzeichnung, unabhängig von ihrer technischen Form, insbesondere eine behördliche schriftliche Erledigung;
3. „Zustelladresse": eine Abgabestelle (Z 4) oder elektronische Zustelladresse (Z 5);
4. „Abgabestelle": die Wohnung oder sonstige Unterkunft, die Betriebsstätte, der Sitz, der Geschäftsraum, die Kanzlei oder auch der Arbeitsplatz des Empfängers, im Falle einer Zustellung anlässlich einer Amtshandlung auch deren Ort, oder ein vom Empfänger der Behörde für die Zustellung in einem laufenden Verfahren angegebener Ort;
5. „elektronische Zustelladresse": eine vom Empfänger der Behörde für die Zustellung in einem anhängigen oder gleichzeitig anhängig gemachten Verfahren angegebene elektronische Adresse;
6. „Post": die Österreichische Post AG (§ 3 Z 1 des Postmarktgesetzes – PMG, BGBl. I Nr. 123/2009);
7. „Zustelldienst": ein Universaldienstbetreiber (§ 3 Z 4 PMG) sowie ein Zustelldienst im Anwendungsbereich des 3. Abschnitts;
(BGBl I 2017/40)
8. (aufgehoben)
(2. DienstR-Nov 2022, BGBl I 2022/205)
9. „Kunde": Person, gegenüber der sich ein Zustelldienst, der die Leistungen gemäß § 29 Abs. 1 zu erbringen hat, zur Zustellung behördlicher Dokumente verpflichtet hat.
(BGBl I 2017/40)

Durchführung der Zustellung

§ 3. Soweit die für das Verfahren geltenden Vorschriften nicht eine andere Form der Zustellung vorsehen, hat die Zustellung durch einen Zustelldienst, durch Bedienstete der Behörde oder, wenn dies im Interesse der Zweckmäßigkeit, Einfachheit und Raschheit gelegen ist, durch Organe der Gemeinden zu erfolgen.

Stellung des Zustellers

§ 4. Wer mit der Zustellung betraut ist (Zusteller), handelt hinsichtlich der Wahrung der Gesetzmäßigkeit der Zustellung als Organ der Behörde, deren Dokument zugestellt werden soll.

Zustellverfügung

§ 5. Die Zustellung ist von der Behörde zu verfügen, deren Dokument zugestellt werden soll. Die Zustellverfügung hat den Empfänger möglichst eindeutig zu bezeichnen und die für die Zustellung erforderlichen sonstigen Angaben zu enthalten.

Mehrmalige Zustellung

§ 6. Ist ein Dokument zugestellt, so löst die neuerliche Zustellung des gleichen Dokuments keine Rechtswirkungen aus.

Heilung von Zustellmängeln

§ 7. Unterlaufen im Verfahren der Zustellung Mängel, so gilt die Zustellung als in dem Zeitpunkt dennoch bewirkt, in dem das Dokument dem Empfänger tatsächlich zugekommen ist.

Änderung der Abgabestelle

§ 8. (1) Eine Partei, die während eines Verfahrens, von dem sie Kenntnis hat, ihre bisherige Abgabestelle ändert, hat dies der Behörde unverzüglich mitzuteilen.

(2) Wird diese Mitteilung unterlassen, so ist, soweit die Verfahrensvorschriften nicht anderes vorsehen, die Zustellung durch Hinterlegung ohne vorausgehenden Zustellversuch vorzunehmen, falls eine Abgabestelle nicht ohne Schwierigkeiten festgestellt werden kann.

§ 8a. (aufgehoben)

Zustellungsbevollmächtigter

§ 9. (1) Soweit in den Verfahrensvorschriften nicht anderes bestimmt ist, können die Parteien und Beteiligten andere natürliche oder juristische Personen oder eingetragene Personengesellschaften gegenüber der Behörde zur Empfangnahme von Dokumenten bevollmächtigen (Zustellungsvollmacht).

(2) Einer natürlichen Person, die keinen Hauptwohnsitz im Inland hat, kann eine Zustellungsvollmacht nicht wirksam erteilt werden. Gleiches gilt für eine juristische Person oder eingetragene Personengesellschaft, wenn diese keinen zur Empfangnahme von Dokumenten befugten Vertreter mit Hauptwohnsitz im Inland hat. Das Erfordernis des Hauptwohnsitzes im Inland gilt nicht für Staatsangehörige von EWR-Vertragsstaaten, falls Zustellungen durch Staatsverträge mit dem Vertragsstaat des Wohnsitzes des Zustellungsbevollmächtigten oder auf andere Weise sichergestellt sind.

(3) Ist ein Zustellungsbevollmächtigter bestellt, so hat die Behörde, soweit gesetzlich nicht anderes bestimmt ist, diesen als Empfänger zu bezeichnen. Geschieht dies nicht, so gilt die Zustellung als in dem Zeitpunkt bewirkt, in dem das Dokument dem Zustellungsbevollmächtigten tatsächlich zugekommen ist.

(4) Haben mehrere Parteien oder Beteiligte einen gemeinsamen Zustellungsbevollmächtigten, so gilt mit der Zustellung einer einzigen Ausfertigung des Dokumentes an ihn die Zustellung an alle Parteien oder Beteiligte als bewirkt. Hat eine Partei oder hat ein Beteiligter mehrere Zustellungsbevollmächtigte, so gilt die Zustellung als bewirkt, sobald sie an einen von ihnen vorgenommen worden ist.

(5) Wird ein Anbringen von mehreren Parteien oder Beteiligten gemeinsam eingebracht und kein Zustellungsbevollmächtigter namhaft gemacht, so gilt die an erster Stelle genannte Person als gemeinsamer Zustellungsbevollmächtigter.

(6) § 8 ist auf den Zustellungsbevollmächtigten sinngemäß anzuwenden.

Zustellung durch Übersendung

§ 10. (1) Parteien und Beteiligten, die über keine inländische Abgabestelle verfügen, kann von der Behörde aufgetragen werden, innerhalb einer Frist von mindestens zwei Wochen für bestimmte oder für alle bei dieser Behörde anhängigen oder anhängig zu machenden Verfahren einen Zustellungsbevollmächtigten namhaft zu machen. Kommt die Partei bzw. der Beteiligte diesem Auftrag nicht fristgerecht nach, kann die Zustellung ohne Zustellnachweis durch Übersendung der Dokumente an eine der Behörde bekannte Zustelladresse erfolgen. Ein übersandtes Dokument gilt zwei Wochen nach Übergabe an den Zustelldienst als zugestellt. Auf diese Rechtsfolge ist im Auftrag hinzuweisen.

(2) Eine Zustellung gemäß Abs. 1 ist nicht mehr zulässig, sobald die Partei bzw. der Beteiligte
1. einen Zustellungsbevollmächtigten namhaft gemacht hat oder
2. über eine inländische Abgabestelle verfügt und diese der Behörde bekannt gegeben hat.

(BGBl I 2017/40)

Besondere Fälle der Zustellung

§ 11. (1) Zustellungen im Ausland sind nach den bestehenden internationalen Vereinbarungen oder allenfalls auf dem Weg, den die Gesetze oder sonstigen Rechtsvorschriften des Staates, in dem zugestellt werden soll, oder die internationale Übung zulassen, erforderlichenfalls unter Mitwirkung der österreichischen Vertretungsbehörden, vorzunehmen.

(2) Zur Vornahme von Zustellungen an Ausländer oder internationale Organisationen, denen völkerrechtliche Privilegien und Immunitäten zustehen, ist unabhängig von ihrem Aufenthaltsort oder Sitz die Vermittlung des Bundesministeriums für Europa, Integration und Äußeres Anspruch zu nehmen.

(BGBl I 2017/40)

(3) Zustellungen an Personen, die nach den Vorschriften des Bundesverfassungsgesetzes über Kooperation und Solidarität bei der Entsendung von Einheiten und Einzelpersonen in das Ausland (KSE-BVG), BGBl. I Nr. 38/1997, in das Ausland entsendet wurden, sind im Wege des zuständigen Bundesministers, sofern aber diese Personen anlässlich ihrer Entsendung zu einer Einheit oder zu mehreren Einheiten zusammengefasst wurden, im Wege des Vorgesetzten der Einheit vorzunehmen.

Zustellung ausländischer Dokumente im Inland

§ 12. (1) Zustellungen von Dokumenten ausländischer Behörden im Inland sind nach den bestehenden internationalen Vereinbarungen, mangels solcher nach diesem Bundesgesetz vorzunehmen. Einem Ersuchen um Einhaltung einer bestimmten davon abweichenden Vorgangsweise kann jedoch entsprochen werden, wenn eine solche Zustellung mit den Grundwertungen der österreichischen Rechtsordnung vereinbar ist.

(2) Die Zustellung eines ausländischen, fremdsprachigen Dokuments, dem keine, im gerichtlichen Verfahren keine beglaubigte, deutschsprachige Übersetzung angeschlossen ist, ist nur zulässig, wenn der Empfänger zu dessen Annahme bereit ist; dies ist anzunehmen, wenn er nicht binnen drei Tagen gegenüber der Behörde, die das Dokument zugestellt hat, erklärt, daß er zur Annahme nicht bereit ist; diese Frist beginnt mit der Zustellung zu laufen und kann nicht verlängert werden.

(3) Ist die Erklärung gemäß Abs. 2 verspätet oder unzulässig, so ist sie zurückzuweisen; sonst hat die Behörde zu beurkunden, daß die Zustellung des fremdsprachigen Dokuments mangels Annahmebereitschaft des Empfängers als nicht bewirkt anzusehen ist.

(4) Für die Zustellung von Dokumenten ausländischer Behörden in Verwaltungssachen gelten, falls in Staatsverträgen nicht anderes bestimmt ist, außerdem die folgenden Bestimmungen:
1. Dokumente werden nur zugestellt, wenn gewährleistet ist, daß auch der ersuchende Staat einem gleichartigen österreichischen Ersuchen entsprechen würde. Das Vorliegen von Gegenseitigkeit kann durch Staatsverträge, die nicht unter Art. 50 B-VG fallen, festgestellt werden.

2. Im Übrigen sind das Europäische Übereinkommen über die Zustellung von Schriftstücken in Verwaltungssachen im Ausland, BGBl. Nr. 67/1983, und die von der Republik Österreich gemäß diesem Abkommen abgegebenen Erklärungen sinngemäß anzuwenden.

2. Abschnitt
Physische Zustellung

Zustellung an den Empfänger

§ 13. (1) Das Dokument ist dem Empfänger an der Abgabestelle zuzustellen. Ist aber auf Grund einer Anordnung einer Verwaltungsbehörde oder eines Gerichtes an eine andere Person als den Empfänger zuzustellen, so tritt diese an die Stelle des Empfängers.

(2) Bei Zustellungen durch Organe eines Zustelldienstes oder der Gemeinde darf auch an eine gegenüber dem Zustelldienst oder der Gemeinde zur Empfangnahme solcher Dokumente bevollmächtigte Person zugestellt werden, soweit dies nicht durch einen Vermerk auf dem Dokument ausgeschlossen ist.

(3) Ist der Empfänger keine natürliche Person, so ist das Dokument einem zur Empfangnahme befugten Vertreter zuzustellen.

(4) Ist der Empfänger eine zur berufsmäßigen Parteienvertretung befugte Person, so ist das Dokument in deren Kanzlei zuzustellen und darf an jeden dort anwesenden Angestellten des Parteienvertreters zugestellt werden; durch Organe eines Zustelldienstes darf an bestimmte Angestellte nicht oder nur an bestimmte Angestellte zugestellt werden, wenn der Parteienvertreter dies schriftlich beim Zustelldienst verlangt hat. Die Behörde hat Angestellte des Parteienvertreters wegen ihres Interesses an der Sache oder auf Grund einer zuvor der Behörde schriftlich abgegebenen Erklärung des Parteienvertreters durch einen Vermerk auf dem Dokument und dem Zustellnachweis von der Zustellung auszuschließen; an sie darf nicht zugestellt werden.

(5) und (6) (aufgehoben)

§ 14. Untersteht der Empfänger einer Anstaltsordnung und dürfen ihm auf Grund gesetzlicher Bestimmungen Dokumente nur durch den Leiter der Anstalt oder durch eine von diesem bestimmte Person oder durch den Untersuchungsrichter ausgehändigt werden, so ist das Dokument dem Leiter der Anstalt oder der von ihm bestimmten Person vom Zusteller zur Vornahme der Zustellung zu übergeben.

§ 15. (1) Zustellungen an Soldaten, die Präsenz- oder Ausbildungsdienst leisten, sind durch das unmittelbar vorgesetzte Kommando vorzunehmen.

(2) Bei sonstigen Zustellungen in Kasernen oder auf anderen militärisch genutzten Liegenschaften ist das für deren Verwaltung zuständige Kommando vorher davon in Kenntnis zu setzen. Auf Verlangen des Kommandos ist ein von ihm zu bestimmender Soldat oder Bediensteter der Heeresverwaltung dem Zusteller beizugeben.

Ersatzzustellung

§ 16. (1) Kann das Dokument nicht dem Empfänger zugestellt werden und ist an der Abgabestelle ein Ersatzempfänger anwesend, so darf an diesen zugestellt werden (Ersatzzustellung), sofern der Zusteller Grund zur Annahme hat, daß sich der Empfänger oder ein Vertreter im Sinne des § 13 Abs. 3 regelmäßig an der Abgabestelle aufhält.

(2) Ersatzempfänger kann jede erwachsene Person sein, die an derselben Abgabestelle wie der Empfänger wohnt oder Arbeitnehmer oder Arbeitgeber des Empfängers ist und die – außer wenn sie mit dem Empfänger im gemeinsamen Haushalt lebt – zur Annahme bereit ist.

(3) Durch Organe eines Zustelldienstes darf an bestimmte Ersatzempfänger nicht oder nur an bestimmte Ersatzempfänger zugestellt werden, wenn der Empfänger dies schriftlich beim Zustelldienst verlangt hat.

(4) Die Behörde hat Personen wegen ihres Interesses an der Sache oder auf Grund einer schriftlichen Erklärung des Empfängers durch einen Vermerk auf dem Dokument und dem Zustellnachweis von der Ersatzzustellung auszuschließen; an sie darf nicht zugestellt werden.

(5) Eine Ersatzzustellung gilt als nicht bewirkt, wenn sich ergibt, daß der Empfänger oder dessen Vertreter im Sinne des § 13 Abs. 3 wegen Abwesenheit von der Abgabestelle nicht rechtzeitig vom Zustellvorgang Kenntnis erlangen konnte, doch wird die Zustellung mit dem der Rückkehr an die Abgabestelle folgenden Tag wirksam.

Hinterlegung

§ 17. (1) Kann das Dokument an der Abgabestelle nicht zugestellt werden und hat der Zusteller Grund zur Annahme, daß sich der Empfänger oder ein Vertreter im Sinne des § 13 Abs. 3 regelmäßig an der Abgabestelle aufhält, so ist das Dokument im Falle der Zustellung durch den Zustelldienst bei seiner zuständigen Geschäftsstelle, in allen anderen Fällen aber beim zuständigen Gemeindeamt oder bei der Behörde, wenn sie sich in derselben Gemeinde befindet, zu hinterlegen.

(2) Von der Hinterlegung ist der Empfänger schriftlich zu verständigen. Die Verständigung ist in die für die Abgabestelle bestimmte Abgabeeinrichtung (Briefkasten, Hausbrieffach oder Briefeinwurf) einzulegen, an der Abgabestelle zurückzulassen oder, wenn dies nicht möglich ist, an der Eingangstüre (Wohnungs-, Haus-, Gartentüre) anzubringen. Sie hat den Ort der Hinterlegung zu bezeichnen, den Beginn und die Dauer der Abholfrist anzugeben sowie auf die Wirkung der Hinterlegung hinzuweisen.

(3) Das hinterlegte Dokument ist mindestens zwei Wochen zur Abholung bereitzuhalten. Der Lauf dieser Frist beginnt mit dem Tag, an dem das Dokument erstmals zur Abholung bereitgehalten wird. Hinterlegte Dokumente gelten mit dem ersten Tag dieser Frist als zugestellt. Sie gelten nicht als zugestellt, wenn sich ergibt, daß der Empfänger oder dessen Vertreter im Sinne des § 13 Abs. 3

wegen Abwesenheit von der Abgabestelle nicht rechtzeitig vom Zustellvorgang Kenntnis erlangen konnte, doch wird die Zustellung an dem der Rückkehr an die Abgabestelle folgenden Tag innerhalb der Abholfrist wirksam, an dem das hinterlegte Dokument behoben werden könnte.

(4) Die im Wege der Hinterlegung vorgenommene Zustellung ist auch dann gültig, wenn die im Abs. 2 genannte Verständigung beschädigt oder entfernt wurde.

§ 17a. (aufgehoben)

Nachsendung

§ 18. (1) Hält sich der Empfänger nicht regelmäßig (§ 17 Abs. 1) an der Abgabestelle auf, so ist das Dokument an eine andere inländische Abgabestelle nachzusenden, wenn es

1. durch Organe eines Zustelldienstes zugestellt werden soll und nach den für die Beförderung von Postsendungen geltenden Vorschriften die Nachsendung vorgesehen ist; in diesem Fall ist die neue Anschrift des Empfängers auf dem Zustellnachweis (Zustellschein, Rückschein) zu vermerken;
2. durch Organe der Behörde oder einer Gemeinde zugestellt werden soll, die neue Abgabestelle ohne Schwierigkeit festgestellt werden kann und im örtlichen Wirkungsbereich der Behörde oder der Gemeinde liegt.

(2) Dokumente, deren Nachsendung durch einen auf ihnen angebrachten Vermerk ausgeschlossen ist, sind nicht nachzusenden.

Rücksendung, Weitersendung und Vernichtung

§ 19. (1) Dokumente, die weder zugestellt werden können, noch nachzusenden sind oder die zwar durch Hinterlegung zugestellt, aber nicht abgeholt worden sind, sind entweder an den Absender zurückzusenden, an eine vom Absender zu diesem Zweck bekanntgegebene Stelle zu senden oder auf Anordnung des Absenders nachweislich zu vernichten.

(2) Auf dem Zustellnachweis (Zustellschein, Rückschein) ist der Grund der Rücksendung, Weitersendung oder Vernichtung zu vermerken.

Verweigerung der Annahme

§ 20. (1) Verweigert der Empfänger oder ein im gemeinsamen Haushalt mit dem Empfänger lebender Ersatzempfänger die Annahme ohne Vorliegen eines gesetzlichen Grundes, so ist das Dokument an der Abgabestelle zurückzulassen oder, wenn dies nicht möglich ist, nach § 17 ohne die dort vorgesehene schriftliche Verständigung zu hinterlegen.

(2) Zurückgelassene Dokumente gelten damit als zugestellt.

(3) Wird dem Zusteller der Zugang zur Abgabestelle verwehrt, verleugnet der Empfänger seine Anwesenheit, oder läßt er sich verleugnen, so gilt dies als Verweigerung der Annahme.

Zustellung zu eigenen Handen

§ 21. Dem Empfänger zu eigenen Handen zuzustellende Dokumente dürfen nicht an einen Ersatzempfänger zugestellt werden.

Zustellnachweis

§ 22. (1) Die Zustellung ist vom Zusteller auf dem Zustellnachweis (Zustellschein, Rückschein) zu beurkunden.

(2) Der Übernehmer des Dokuments hat die Übernahme auf dem Zustellnachweis durch seine Unterschrift unter Beifügung des Datums und, wenn er nicht der Empfänger ist, seines Naheverhältnisses zu diesem zu bestätigen. Verweigert er die Bestätigung, so hat der Zusteller die Tatsache der Verweigerung, das Datum und gegebenenfalls das Naheverhältnis des Übernehmers zum Empfänger auf dem Zustellnachweis zu vermerken. Der Zustellnachweis ist dem Absender unverzüglich zu übersenden.

(3) An die Stelle der Übersendung des Zustellnachweises kann die elektronische Übermittlung einer Kopie des Zustellnachweises oder der sich daraus ergebenden Daten treten, wenn die Behörde dies nicht durch einen entsprechenden Vermerk auf dem Zustellnachweis ausgeschlossen hat. Das Original des Zustellnachweises ist mindestens fünf Jahre nach Übermittlung aufzubewahren und der Behörde auf deren Verlangen unverzüglich zu übersenden.

(4) Liegen die technischen Voraussetzungen dafür vor, so kann die Beurkundung der Zustellung auch elektronisch erfolgen. In diesem Fall hat der Übernehmer auf einer technischen Vorrichtung zu unterschreiben; an die Stelle der Unterschriftsleistung kann auch die Identifikation und Authentifizierung mit der Bürgerkarte (§ 2 Z 10 des E-Government-Gesetzes – E-GovG, BGBl. I Nr. 10/2004) treten. Die die Beurkundung der Zustellung betreffenden Daten sind dem Absender unverzüglich zu übermitteln.

Hinterlegung ohne Zustellversuch

§ 23. (1) Hat die Behörde auf Grund einer gesetzlichen Vorschrift angeordnet, daß ein Dokument ohne vorhergehenden Zustellversuch zu hinterlegen ist, so ist dieses sofort bei der zuständigen Geschäftsstelle des Zustelldienstes, beim Gemeindeamt oder bei der Behörde selbst zur Abholung bereitzuhalten.

(2) Die Hinterlegung ist von der zuständigen Geschäftsstelle des Zustelldienstes oder vom Gemeindeamt auf dem Zustellnachweis, von der Behörde auch auf andere Weise zu beurkunden.

(3) Soweit dies zweckmäßig ist, ist der Empfänger durch eine an die angegebene inländische Abgabestelle zuzustellende schriftliche Verständigung oder durch mündliche Mitteilung an Personen, von denen der Zusteller annehmen kann, daß sie mit dem Empfänger in Verbindung treten können, von der Hinterlegung zu unterrichten.

(4) Das so hinterlegte Dokument gilt mit dem ersten Tag der Hinterlegung als zugestellt.

Unmittelbare Ausfolgung

§ 24. Dem Empfänger können
1. versandbereite Dokumente unmittelbar bei der Behörde,
2. Dokumente, die die Behörde an eine andere Dienststelle übermittelt hat, unmittelbar bei dieser ausgefolgt werden. Die Ausfolgung ist von der Behörde bzw. von der Dienststelle zu beurkunden; § 22 Abs. 2 bis 4 ist sinngemäß anzuwenden.

Zustellung am Ort des Antreffens

§ 24a. Dem Empfänger kann an jedem Ort zugestellt werden, an dem er angetroffen wird, wenn er
1. zur Annahme bereit ist oder
2. über keine inländische Abgabestelle verfügt.

Zustellung durch öffentliche Bekanntmachung

§ 25. (1) Zustellungen an Personen, deren Abgabestelle unbekannt ist, oder an eine Mehrheit von Personen, die der Behörde nicht bekannt sind, können, wenn es sich nicht um ein Strafverfahren handelt, kein Zustellungsbevollmächtigter bestellt ist und nicht gemäß § 8 vorzugehen ist, durch Kundmachung an der Amtstafel, daß ein zuzustellendes Dokument bei der Behörde liegt, vorgenommen werden. Findet sich der Empfänger zur Empfangnahme des Dokuments (§ 24) nicht ein, so gilt, wenn gesetzlich nicht anderes bestimmt ist, die Zustellung als bewirkt, wenn seit der Kundmachung an der Amtstafel der Behörde zwei Wochen verstrichen sind.

(2) Die Behörde kann die öffentliche Bekanntmachung in anderer geeigneter Weise ergänzen.

Zustellung ohne Zustellnachweis

§ 26. (1) Wurde die Zustellung ohne Zustellnachweis angeordnet, wird das Dokument zugestellt, indem es in die für die Abgabestelle bestimmte Abgabeeinrichtung (§ 17 Abs. 2) eingelegt oder an der Abgabestelle zurückgelassen wird.

(2) Die Zustellung gilt als am dritten Werktag nach der Übergabe an das Zustellorgan bewirkt. Im Zweifel hat die Behörde die Tatsache und den Zeitpunkt der Zustellung von Amts wegen festzustellen. Die Zustellung wird nicht bewirkt, wenn sich ergibt, daß der Empfänger wegen Abwesenheit von der Abgabestelle nicht rechtzeitig vom Zustellvorgang Kenntnis erlangen konnte, doch wird die Zustellung mit dem der Rückkehr an die Abgabestelle folgenden Tag wirksam.

Zustellrechtliche Begleitmaßnahmen zu COVID-19

§ 26a. Zur Verhinderung der Verbreitung von COVID-19 gelten für die Zustellung mit Zustellnachweis der von Gerichten bzw. von Verwaltungsbehörden zu übermittelnden Dokumente sowie die durch die Gerichte bzw. die Verwaltungsbehörden vorzunehmende Zustellung von Dokumenten ausländischer Behörden (§ 1) folgende Erleichterungen:

1. Das Dokument wird dem Empfänger zugestellt, indem es in die für die Abgabestelle bestimmte Abgabeeinrichtung (§ 17 Abs. 2) eingelegt oder an der Abgabestelle zurückgelassen wird; die Zustellung gilt in diesem Zeitpunkt als bewirkt. Soweit dies ohne Gefährdung der Gesundheit des Zustellers möglich ist, ist der Empfänger durch schriftliche, mündliche oder telefonische Mitteilung an ihn selbst oder an Personen, von denen angenommen werden kann, dass sie mit dem Empfänger in Verbindung treten können, von der Zustellung zu verständigen. Die Zustellung wird nicht bewirkt, wenn sich ergibt, dass der Empfänger wegen Abwesenheit von der Abgabestelle nicht rechtzeitig vom Zustellvorgang Kenntnis erlangen konnte, doch wird die Zustellung mit dem der Rückkehr an die Abgabestelle folgenden Tag wirksam.

2. Ist das Dokument anderen Personen als dem Empfänger zuzustellen oder kann es diesen zugestellt werden (§ 13 Abs. 1 zweiter Satz und Abs. 2 bis 4 und §§ 14 bis 16), ist Z 1 sinngemäß anzuwenden."

3. Die Zustellung, die Form der Verständigung von der Zustellung sowie gegebenenfalls die Gründe, aus denen eine Verständigung nicht möglich war, sind vom Zusteller auf dem Zustellnachweis (Zustellschein, Rückschein) zu beurkunden. Der Zustellnachweis ist dem Absender unverzüglich zu übersenden; § 22 Abs. 2 ist nicht anzuwenden. „§ 22 Abs. 4 ist mit folgenden Maßgaben anzuwenden:

   a) Die elektronische Beurkundung hat anstatt durch den Übernehmer durch den Zusteller zu erfolgen.

   b) Die Beurkundung der Form der Verständigung von der Zustellung sowie gegebenenfalls der Gründe, aus denen eine Verständigung nicht möglich war, kann, wenn sie aus technischen Gründen nicht auf dem Zustellnachweis elektronisch erfolgen kann, auch auf andere elektronische Weise erfolgen; auch diese Daten sind dem Absender unverzüglich zu übermitteln.

(BGBl I 2020/42)
(BGBl I 2020/16, BGBl I 2020/42)

Ausstattung der Dokumente; Zustellformulare; Zustellnachweise

§ 27. Soweit dies erforderlich ist, hat die Bundesregierung durch Verordnung nähere Bestimmungen über

1. die Ausstattung der zuzustellenden Dokumente,
2. die bei der Zustellung verwendbaren Formulare und
3. die für die elektronische Übermittlung gemäß § 22 Abs. 3 sowie für die Speicherung

und Übermittlung der die Beurkundung der Zustellung betreffenden Daten erforderlichen technischen Voraussetzungen zu erlassen.

3. Abschnitt
Elektronische Zustellung

Anwendungsbereich

§ 28. (1) Soweit die für das Verfahren geltenden Vorschriften nicht anderes bestimmen, ist eine elektronische Zustellung nach den Bestimmungen dieses Abschnitts vorzunehmen.

(2) Die elektronische Zustellung der ordentlichen Gerichte richtet sich nach den §§ 89a ff des Gerichtsorganisationsgesetzes – GOG, RGBl. Nr. 217/1896. Im Anwendungsbereich der Bundesabgabenordnung – BAO, BGBl. Nr. 194/1961, und des Zollrechts (§ 1 Abs. 2 und im erweiterten Sinn gemäß § 2 Abs. 1 des Zollrechts Durchführungsgesetzes – ZollR DG, BGBl. Nr. 659/1994) richtet sich die elektronische Zustellung nach der BAO und den einschlägigen zollrechtlichen Vorschriften. Die elektronische Zustellung der Dienstbehörden und Personalstellen des Bundes erfolgt mit den Maßgaben des 2a. Abschnittes des Schlussteils des Beamten-Dienstrechtsgesetzes 1979 – BDG 1979, BGBl. Nr. 333/1979.

(2. DienstR-Nov 2022, BGBl I 2022/205)

(3) Die elektronische Zustellung hat über eine elektronische Zustelladresse gemäß § 37 Abs. 1 iVm. § 2 Z 5, durch unmittelbare elektronische Ausfolgung gemäß § 37a oder durch eines der folgenden Zustellsysteme zu erfolgen:
1. zugelassener Zustelldienst gemäß § 30,
2. Kommunikationssystem der Behörde gemäß § 37,
3. elektronischer Rechtsverkehr gemäß den §§ 89a ff GOG.

(2. DienstR-Nov 2022, BGBl I 2022/205)

4. (aufgehoben)

(2. DienstR-Nov 2022, BGBl I 2022/205)

Die Auswahl des Zustellsystems obliegt dem Absender.

(BGBl I 2018/104)

(4) Elektronische Zustellungen mit Zustellnachweis sind ausschließlich durch Zustellsysteme gemäß Abs. 3 Z 1 und 3 sowie im Fall des § 37a zweiter Satz zulässig.

(BGBl I 2018/104)

Teilnehmerverzeichnis

§ 28a. (1) Der Bundesminister für Digitalisierung und Wirtschaftsstandort stellt ein elektronisches Teilnehmerverzeichnis mit hoher Zuverlässigkeit zur Verfügung. In diesem elektronischen Teilnehmerverzeichnis ist die Speicherung von Daten über Teilnehmer (Empfänger) vorzunehmen. Der Bundesminister für Digitalisierung und Wirtschaftsstandort hat im elektronischen Teilnehmerverzeichnis folgende Leistungen nach dem jeweiligen Stand der Technik zu erbringen:
1. die Schaffung der technischen Voraussetzungen für die Verarbeitung der Daten der Teilnehmer gemäß § 28b unter Einhaltung der technischen Schnittstellen und Spezifikationen;
2. die Ermittlung, ob Daten eines Teilnehmers im Teilnehmerverzeichnis enthalten sind und der Teilnehmer somit adressierbar ist;
3. die Rückmeldung der Daten gemäß § 34 Abs. 1;
4. die elektronische Versendung von einer Information gemäß § 34 Abs. 4 und
5. die Protokollierung von Anfragen und der übermittelten Ergebnisse.

(2) Die Leistungen des Teilnehmerverzeichnisses sind über ein kostendeckendes Entgelt dem Zustellsystem, das die Zustellleistung erbringt, in Rechnung zu stellen.

(3) Die Verfügbarkeit des Teilnehmerverzeichnisses ist vom Bundesminister für Digitalisierung und Wirtschaftsstandort im Bundesgesetzblatt kundzumachen.

(BGBl I 2018/104)

Anmeldung zum und Abmeldung vom Teilnehmerverzeichnis

§ 28b. (1) Die Anmeldung zum und die Abmeldung vom Teilnehmerverzeichnis sowie die Änderung der Teilnehmerdaten haben über das Anzeigemodul gemäß § 37b oder mit Zustimmung automatisiert über andere elektronische Verfahren zu erfolgen. Die Anmeldung gilt als Einwilligung zum Empfang von Zustellstücken in elektronischer Form. Für die Entgegennahme von Zustellungen mit Zustellnachweis oder nachweislichen Zusendungen hat die Anmeldung unter Verwendung der Bürgerkarte (§ 2 Z 10 E-GovG) zu erfolgen. Im Teilnehmerverzeichnis dürfen folgende Daten verarbeitet werden:
1. Name bzw. Bezeichnung des Teilnehmers,
2. bei natürlichen Personen das Geburtsdatum,
3. die zur eindeutigen Identifikation des Teilnehmers im Bereich „Zustellwesen" erforderlichen Daten:
   a) bei natürlichen Personen das bereichsspezifische Personenkennzeichen (§ 9 E-GovG),
   b) sonst die Stammzahl (§ 6 E-GovG) und soweit vorhanden die Global Location Number (GLN)
   c) soweit vorhanden ein oder mehrere Anschriftcodes des Zustellsystems gemäß § 28 Abs. 3 Z 3,
4. mindestens eine elektronische Adresse, an die die Verständigungen gemäß § 35 Abs. 1 und 2 erster Satz übermittelt werden können,
5. Angaben, ob ein Dokument an den Empfänger auch nachweislich zugestellt werden kann,

6. Angaben, ob elektronische Zustellungen nur über ein bestimmtes Zustellsystem oder nach bestimmten Verfahrensvorschriften zugestellt werden können,
7. Angaben des Teilnehmers darüber, welche Formate über die weit verbreiteten hinaus die zuzustellenden Dokumente aufweisen müssen, damit er zu ihrer Annahme bereit ist,
8. Angaben darüber, ob der Teilnehmer Zustellungen außerhalb der Ausübung seiner beruflichen Tätigkeit über das Zustellsystem gemäß § 28 Abs. 3 Z 3 nicht erhalten möchte,
9. Adressmerkmale, soweit diese automatisiert aus Registern von Verantwortlichen des öffentlichen Bereichs zu übernehmen sind, und
10. weitere Daten, die zur Vollziehung des Gesetzes oder aufgrund der Anmeldung gemäß Abs. 4 übermittelt werden.

(2) Der Teilnehmer hat über das Anzeigemodul Änderungen der in Abs. 1 genannten Daten dem Teilnehmerverzeichnis unverzüglich bekanntzugeben, sofern dies nicht jene Daten betrifft, die durch Abfragen von Registern von Verantwortlichen des öffentlichen Bereichs automationsunterstützt aktualisiert werden. Darüber hinaus kann er dem Teilnehmerverzeichnis mitteilen, dass die Zustellung oder Zusendung innerhalb bestimmter Zeiträume ausgeschlossen sein soll.

(3) Die gemäß § 29 Abs. 2 Z 1 in der Fassung des Deregulierungsgesetzes 2017, BGBl. I Nr. 40/2017, gespeicherten Daten des Ermittlungs- und Zustelldienstes über Kunden der elektronischen Zustelldienste sind automationsunterstützt vom Ermittlungs- und Zustelldienst an das Teilnehmerverzeichnis zu übermitteln. Diese Personen gelten als angemeldete Teilnehmer im Sinne des Abs. 1.

(4) Die Anmeldedaten und Änderungen von FinanzOnline-Teilnehmern, die nicht auf die elektronische Zustellung nach der BAO verzichtet haben und Unternehmer im Sinne des § 3 Z 20 des Bundesgesetzes über die Bundesstatistik – Bundesstatistikgesetz 2000, BGBl. I Nr. 163/1999, sind, sind vom Bundesminister für Finanzen automationsunterstützt an das Teilnehmerverzeichnis zu übermitteln; die Daten anderer FinanzOnline-Teilnehmer nur mit deren Einwilligung. Die Unternehmer gelten unbeschadet der Bestimmung des § 1b Abs. 2 bis 4 E GovG als angemeldete Teilnehmer im Sinne des Abs. 1.

(5) Die Anmeldedaten und Änderungen von im Zustellsystem gemäß § 28 Abs. 3 Z 3 erfassten Teilnehmern sind von diesem Zustellsystem automationsunterstützt bis auf Widerspruch des Teilnehmers an das Teilnehmerverzeichnis zu übermitteln. Diese Personen gelten unbeschadet der Bestimmung des § 1b Abs. 2 bis 4 E GovG als angemeldete Teilnehmer im Sinne des Abs. 1.

(6) Soweit die Gesetze nicht anderes bestimmen, kann eine vollständige oder teilweise Abmeldung vom Teilnehmerverzeichnis unter Verwendung der Authentifizierungsmethoden gemäß Abs. 1 oder durch eine vom Teilnehmer unterschriebene schriftliche Erklärung erfolgen. Sie wird zwei Wochen nach dem Einlangen beim Teilnehmerverzeichnis wirksam. Der Teilnehmer ist über seine elektronische Adresse gemäß Abs. 1 Z 4 über die Abmeldung unverzüglich zu informieren und hat die Möglichkeit, diese binnen zwei Wochen ab Einlangen der Information rückgängig zu machen. Wird der Tod einer natürlichen Person oder das Ende einer juristischen Person, die Teilnehmer ist, über eine Registerabfrage automationsunterstützt bekannt, ist der Teilnehmer aus dem Teilnehmerverzeichnis unverzüglich zu löschen.

(BGBl I 2018/104)

Leistungen der Zustelldienste

§ 29. (1) Jeder Zustelldienst hat die Zustellung behördlicher Dokumente an Teilnehmer vorzunehmen (Zustellleistung). Die Zustellleistung umfasst folgende, nach dem jeweiligen Stand der Technik zu erbringende Leistungen:
1. die Schaffung der technischen Voraussetzungen für die Entgegennahme der zuzustellenden Dokumente (§ 34 Abs. 1);
2. das Betreiben einer technischen Einrichtung mit hoher Zuverlässigkeit für die sichere elektronische Bereithaltung der zuzustellenden Dokumente;
3. die Bereitstellung eines Verfahrens zur identifizierten und authentifizierten Abholung der bereitgehaltenen Dokumente über das Anzeigemodul gemäß § 37b Abs. 2;
4. die Protokollierung von Daten im Sinn des § 35 Abs. 3 fünfter Satz und die Übermittlung dieser Daten an den Absender;
5. die unverzügliche Verständigung des Absenders, wenn ein Dokument nicht abgeholt wird;
6. die Weiterleitung des Dokuments, der das Dokument beschreibenden Daten, der Verständigungsadressdaten gemäß § 28b Abs. 1 Z 4 sowie die elektronische Information für die technische Möglichkeit der elektronischen identifizierten und authentifizierten Abholung des Dokuments an das Anzeigemodul (§ 37b).

Die Behörde hat für die Erbringung der Leistungen gemäß Z 1 bis 6 ein Entgelt zu entrichten.

(BGBl I 2018/104)

(2) (aufgehoben)

(BGBl I 2018/104)

(3) Zustelldienste haben als weitere Leistung die Zusendung von Dokumenten im Auftrag von Verantwortlichen des öffentlichen Bereichs nicht in Vollziehung der Gesetze (§ 1) gemäß den Anforderungen des Abs. 1 zu erfüllen. Für diese Zusendungen darf vom Zustelldienst zum Zweck der Anzeige über das Anzeigemodul das Teilnehmerverzeichnis und das Anzeigemodul zu denselben Bedingungen wie bei der Zustellung behördlicher Dokumente verwendet werden.

(BGBl I 2018/104)

(4) Zustelldienste sind hinsichtlich der von ihnen für die Besorgung ihrer Aufgaben verwendeten Daten Verantwortliche (Art. 4 Z 7 Verordnung (EU) 2016/679 zum Schutz natürlicher Personen bei der Verarbeitung personenbezogener Daten, zum freien Datenverkehr und zur Aufhebung der Richtlinie 95/46/EG (Datenschutz-Grundverordnung) – DSGVO, ABl. Nr. L 119 vom 4. 5. 2016 S. 1). Sie dürfen die ihnen zur Kenntnis gelangten Daten der Empfänger – soweit keine besonderen vertraglichen Vereinbarungen mit diesen bestehen – ausschließlich für den Zweck der Zustellung bzw. Zusendung verwenden. Der Abschluss eines Vertrags über die Zustellleistung sowie der Inhalt eines solchen Vertrags dürfen nicht von der Einwilligung zur Weitergabe von Daten an Dritte abhängig gemacht werden; eine Weitergabe von Daten über Herkunft und Inhalt zuzustellender Dokumente an Dritte darf nicht vereinbart werden.

(BGBl I 2018/104)

(5) Auf natürliche Personen, die an der Erbringung der Leistungen gemäß Abs. 1 mitwirken, ist in Hinblick auf Daten über Herkunft und Inhalt zuzustellender behördlicher Dokumente § 46 Abs. 1 bis 4 des Beamten-Dienstrechtsgesetzes 1979, BGBl. Nr. 333/1979, sinngemäß anzuwenden. Hinsichtlich der abgabenrechtlichen Geheimhaltungspflicht des § 48a der Bundesabgabenordnung, BGBl. Nr. 194/1961, gelten diese Personen als Beamte im Sinne des § 74 Abs. 1 Z 4 des Strafgesetzbuches, BGBl. Nr. 60/1974.

(BGBl I 2018/104)

(6) (aufgehoben)

(BGBl I 2018/104)

(7) Die Zustellleistung (Abs. 1) ist so zu erbringen, dass für behinderte Menschen ein barrierefreier Zugang zu dieser Leistung nach dem jeweiligen Stand der Technik gewährleistet ist.

Zulassung als Zustelldienst

§ 30. (1) Die Erbringung der Zustellleistung (§ 29 Abs. 1) bedarf einer Zulassung, deren Erteilung beim Bundesminister für Digitalisierung und Wirtschaftsstandort zu beantragen ist. Voraussetzungen für die Erteilung der Zulassung sind die für die ordnungsgemäße Erbringung der Zustellleistung erforderliche technische und organisatorische Leistungsfähigkeit sowie die rechtliche, insbesondere datenschutzrechtliche Verlässlichkeit des Zustelldienstes. Die Erfüllung der Zulassungsvoraussetzungen ist durch ein Gutachten einer Konformitätsbewertungsstelle gemäß Artikel 2 Nummer 13 der Verordnung (EG) Nr. 765/2008, über die Vorschriften für die Akkreditierung und Marktüberwachung im Zusammenhang mit der Vermarktung von Produkten und zur Aufhebung der Verordnung (EWG) Nr. 339/93 des Rates, ABl. Nr. L 218 vom 13.08.2008 S. 30, die zur Durchführung der Konformitätsbewertung qualifizierter Vertrauensdiensteanbieter und der von ihnen erbrachten qualifizierten Diensten für die Zustellung elektronischer Einschreiben gemäß Art. 44 der Verordnung (EU) Nr. 910/2014 über elektronische Identifizierung und Vertrauensdienste für elektronische Transaktionen im Binnenmarkt und zur Aufhebung der Richtlinie 1999/93/EG, ABl. Nr. L 257 vom 28.08.2014 S. 73, in der Fassung der Berichtigung ABl. Nr. L 23 vom 29.01.2015 S. 19 (eIDAS VO) akkreditiert ist, nachzuweisen. Das Gutachten darf nicht älter als zwei Monate sein und ist dem Bundesminister für Digitalisierung und Wirtschaftsstandort vorzulegen. Mit dem Antrag auf Zulassung sind weiters allgemeine Geschäftsbedingungen vorzulegen, die den gesetzlichen Anforderungen zu entsprechen haben und der ordnungsgemäßen Erbringung der Zustellleistung nicht entgegenstehen dürfen.

(BGBl I 2018/104)

(2) Der Zulassungsbescheid ist schriftlich zu erlassen; wenn es für die Gewährleistung der Leistungsfähigkeit und Verlässlichkeit erforderlich ist, sind darin Auflagen zu erteilen und Bedingungen vorzuschreiben.

(3) Der Bundesminister für Digitalisierung und Wirtschaftsstandort hat eine Liste der zugelassenen Zustelldienste einschließlich der in den Zulassungsbescheiden erteilten Auflagen und vorgeschriebenen Bedingungen (Abs. 2) und der gemäß § 31 Abs. 2 zweiter Satz erteilten Auflagen im Internet zu veröffentlichen.

(BGBl I 2018/104)

(4) Wenn eine Zulassungsvoraussetzung wegfällt oder ihr ursprünglicher Mangel nachträglich hervorkommt, hat der Bundesminister für Digitalisierung und Wirtschaftsstandort die Behebung des Mangels innerhalb einer angemessenen Frist anzuordnen. Ist die Behebung des Mangels nicht möglich oder erfolgt sie nicht innerhalb der gesetzten Frist, ist die Zulassung durch Bescheid zu widerrufen.

(BGBl I 2018/104)

(5) Zugelassene Zustelldienste haben ab der Rechtskraft des Zulassungsbescheids alle zwei Jahre ein Gutachten gemäß Abs. 1 dem Bundesminister für Digitalisierung und Wirtschaftsstandort vorzulegen.

(BGBl I 2018/104)

Aufsicht

§ 31. (1) Die Zustelldienste unterliegen der Aufsicht durch den Bundesminister für Digitalisierung und Wirtschaftsstandort. Sie sind verpflichtet, dem Bundesminister für Digitalisierung und Wirtschaftsstandort jede Änderung der Voraussetzungen der Zulassung gemäß § 30 bildenden Umstände unverzüglich bekanntzugeben.

(BGBl I 2018/104)

(2) Der Bundesminister für Digitalisierung und Wirtschaftsstandort hat die Aufsicht über die Zustelldienste dahin auszuüben, dass diese die Gesetze und Verordnungen nicht verletzen, insbesondere ihren Aufgabenbereich nicht überschreiten und die ihnen gesetzlich obliegenden Aufgaben erfüllen. Zu diesem Zweck ist der Bundesminister für Digitalisierung und Wirtschaftsstandort berechtigt,

Auskünfte einzuholen und gegebenenfalls Auflagen vorzuschreiben, wenn die ordnungsgemäße Erbringung der Leistungen sonst nicht gewährleistet ist. Die Zustelldienste haben dem Bundesminister für Digitalisierung und Wirtschaftsstandort die geforderten Auskünfte unverzüglich, spätestens jedoch binnen zwei Wochen zu erteilen.
(BGBl I 2018/104)

§ 32. (aufgehoben)
(BGBl I 2018/104)

§ 33. (aufgehoben)
(BGBl I 2018/104)

Abfrage des Teilnehmerverzeichnisses und Übermittlung des zuzustellenden Dokuments

§ 34. (1) Die zustellende Behörde oder in ihrem Auftrag ein Zustellsystem gemäß § 28 Abs. 3 Z 1 bis 3 hat durch elektronische Abfrage des Teilnehmerverzeichnisses zu ermitteln, ob der Empfänger
1. beim Teilnehmerverzeichnis angemeldet ist und
2. die Zustellung nicht gemäß § 28b Abs. 2 zweiter Satz ausgeschlossen hat.

Liegen diese Voraussetzungen der Z 1 und 2 vor, so sind die Informationen gemäß § 28b Abs. 1 Z 3 und 6 bis 8 der Behörde oder dem in ihrem Auftrag tätigen Zustellsystem zu übermitteln; andernfalls ist dieser oder diesem mitzuteilen, dass diese Voraussetzungen nicht vorliegen. Steht der Behörde ein vom Empfänger akzeptiertes Format zur Verfügung, so hat sie das zuzustellende Dokument in diesem Format dem in ihrem Auftrag tätigen Zustellsystem zu übermitteln.
(2. DienstR-Nov 2022, BGBl I 2022/205)

(2) Eine Abfrage zur Ermittlung der in Abs. 1 angeführten Daten darf nur
1. zum Zweck der Zustellung von Dokumenten auf Grund eines Auftrags einer Behörde nach Abs. 1 oder
2. zum Zweck der Zusendung von Dokumenten auf Grund eines Auftrags eines Verantwortlichen des öffentlichen Bereichs erfolgen.

Als Suchkriterien dürfen nur die Daten gemäß § 28b Abs. 1 Z 1 bis 5, 9 und 10 verwendet werden.

(3) Verpflichteten Teilnehmern des elektronischen Rechtsverkehrs (§ 89c GOG) ist in das Zustellsystem gemäß § 28 Abs. 3 Z 3 zuzustellen.

(4) Liegen die Voraussetzungen für eine elektronische Zustellung gemäß Abs. 1 nicht vor, kann auf Verlangen des Versenders vom Teilnehmerverzeichnis an die elektronische Verständigungsadresse gemäß § 28b Abs. 1 Z 4 oder an eine beigestellte elektronische Verständigungsadresse eine Information über eine beabsichtigte elektronische Zustellung versendet werden. Eine solche beigestellte elektronische Verständigungsadresse darf im Teilnehmerverzeichnis auch ohne Anmeldung zu diesem gespeichert und verwendet werden.

(5) Die Betreiber von Internetportalen, die das Anzeigemodul gemäß § 37b Abs. 4 anbinden dürfen, sowie die Betreiber des Unternehmensserviceportals und des Bürgerserviceportals gemäß § 3 des Unternehmensserviceportalgesetzes – USPG, BGBl. I Nr. 52/2009, in die das Anzeigemodul gemäß § 37b Abs. 4 eingebunden ist, sind berechtigt das Teilnehmerverzeichnis abzufragen, um eine allfällige Anmeldung oder Abmeldung vom Teilnehmerverzeichnis zielgerichtet zu erleichtern.

Zustellung mit Zustellnachweis durch einen Zustelldienst

§ 35. (1) Der im Auftrag der Behörde tätige Zustelldienst hat im Fall einer Zustellung mit Zustellnachweis bzw. nachweislichen Zusendung bei Vorliegen der Voraussetzungen des § 34 Abs. 1 erster Satz die Daten gemäß § 29 Abs. 1 Z 6 an das Anzeigemodul zu übermitteln. Das Anzeigemodul hat den Empfänger unverzüglich davon zu verständigen, dass ein Dokument für ihn zur Abholung bereitliegt. Diese elektronische Verständigung ist an die dem Teilnehmerverzeichnis gemäß § 28b Abs. 1 Z 4 bekanntgegebene elektronische Adresse des Empfängers zu versenden. Hat der Empfänger mehrere solcher Adressen bekanntgegeben, so ist die elektronische Verständigung an alle Adressen zu versenden; für die Berechnung der Frist gemäß Abs. 2 erster Satz ist der Zeitpunkt der frühesten Versendung maßgeblich. Die elektronische Verständigung hat jedenfalls folgende Angaben zu enthalten:
1. Absender,
2. Datum der Versendung,
3. Internetadresse, unter der das zuzustellende Dokument zur Abholung bereitliegt,
4. Ende der Abholfrist,
5. Hinweis auf das Erfordernis einer Bürgerkarte (§ 2 Z 10 E-GovG) bei der Abholung von Dokumenten, die mit Zustellnachweis zugestellt oder als nachweisliche Zusendung übermittelt werden sollen und
6. Hinweis auf den Zeitpunkt, mit dem die Zustellung wirksam wird.

Soweit dies erforderlich ist, hat der Bundesminister für Digitalisierung und Wirtschaftsstandort durch Verordnung nähere Bestimmungen über die elektronischen Verständigungsformulare zu erlassen.
(BGBl I 2018/104)

(2) Wird das Dokument nicht innerhalb von 48 Stunden abgeholt, so hat eine zweite elektronische Verständigung zu erfolgen; Abs. 1 vierter Satz ist sinngemäß anzuwenden.
(BGBl I 2018/104)

(3) Die Abholung des bereitgehaltenen Dokuments kann ausschließlich über das Anzeigemodul erfolgen. Der Zustelldienst hat sicherzustellen, dass zur Abholung bereitgehaltene Dokumente nur von Personen abgeholt werden können, die zur Abholung berechtigt sind und im Falle einer Zustellung mit Zustellnachweis oder einer nachweislichen Zusendung ihre Identität und die Authentizität der Kommunikation mit der Bürgerkarte (§ 2 Z 10 E-GovG) nachgewiesen haben. Zur Abholung

berechtigt sind der Empfänger und, soweit dies von der Behörde nicht ausgeschlossen worden ist, eine zur Empfangnahme bevollmächtigte Person. Identifikation und Authentifizierung können auch durch eine an die Verwendung sicherer Technik gebundene Schnittstelle erfolgen. Der Zustelldienst hat alle Daten über die Verständigungen gemäß Abs. 1 und 2 und die Abholung des Dokuments zu protokollieren und dem Absender unverzüglich zu übermitteln; die Gesamtheit dieser Daten bildet den Zustellnachweis.

(BGBl I 2018/104)

(4) Der Zustelldienst hat das Dokument zwei Wochen zur Abholung bereitzuhalten und nach Ablauf weiterer acht Wochen zu löschen.

(BGBl I 2018/104)

(5) Ein zur Abholung bereitgehaltenes Dokument gilt jedenfalls mit seiner Abholung als zugestellt.

(BGBl I 2018/104)

(6) Die Zustellung gilt als am ersten Werktag nach der Versendung der ersten elektronischen Verständigung bewirkt, wobei Samstage nicht als Werktage gelten. Sie gilt als nicht bewirkt, wenn sich ergibt, dass die elektronischen Verständigungen nicht beim Empfänger eingelangt waren, doch wird sie mit dem dem Einlangen einer elektronischen Verständigung folgenden Tag innerhalb der Abholfrist (Abs. 1 Z 3) wirksam.

(7) Die Zustellung gilt als nicht bewirkt, wenn sich ergibt, dass der Empfänger
1. von den elektronischen Verständigungen keine Kenntnis hatte oder
2. von diesen zwar Kenntnis hatte, aber während der Abholfrist von allen Abgabestellen (§ 2 Z 4) nicht bloß vorübergehend abwesend war, doch wird die Zustellung an dem der Rückkehr an eine der Abgabestellen folgenden Tag innerhalb der Abholfrist wirksam, an dem das Dokument abgeholt werden könnte

(8) Wurde dieselbe elektronische Verständigung an mehrere elektronische Adressen versendet, so ist der Zeitpunkt der frühesten Versendung maßgeblich.

(BGBl I 2017/40)

(9) (aufgehoben)

(BGBl I 2018/104)

Zustellung ohne Zustellnachweis durch ein Zustellsystem

§ 36. (1) Das im Auftrag der Behörde tätige Zustellsystem hat bei Vorliegen der Voraussetzungen des § 34 Abs. 1 Z 1 und 2 die Daten gemäß § 29 Abs. 1 Z 6 an das Anzeigemodul zu übermitteln. Das Anzeigemodul hat den Empfänger davon zu verständigen, dass ein Dokument für ihn zur Abholung bereitliegt. Diese elektronische Verständigung ist an die dem Teilnehmerverzeichnis gemäß § 28b Abs. 1 Z 4 bekanntgegebene elektronische Adresse des Empfängers unverzüglich oder spätestens am selben Tag als Sammelverständigung zu versenden. Hat der Empfänger mehrere solcher Adressen bekanntgegeben, so ist die elektronische Verständigung an alle Adressen zu versenden. Die elektronische Verständigung hat jedenfalls folgende Angaben zu enthalten:
1. Absender,
2. Datum der Versendung und
3. Internetadresse, unter der das zuzustellende Dokument zur Abholung bereitliegt.

Soweit dies erforderlich ist, hat der Bundesminister für Digitalisierung und Wirtschaftsstandort durch Verordnung nähere Bestimmungen über die Verständigungsformulare zu erlassen.

(2) Die Abholung des bereitgehaltenen Dokuments kann ausschließlich über das Anzeigemodul erfolgen. Das Zustellsystem hat sicherzustellen, dass zur Abholung bereitgehaltene Dokumente nur von Personen abgeholt werden können, die zur Abholung berechtigt sind. Zur Abholung berechtigt sind der Empfänger und, soweit dies von der Behörde nicht ausgeschlossen worden ist, eine zur Empfangnahme bevollmächtigte Person. Identifikation und Authentifizierung können auch durch eine an die Verwendung sicherer Technik gebundene Schnittstelle erfolgen. Das Zustellsystem hat alle Daten über die Verständigung gemäß Abs. 1 und 2 und die Abholung des Dokuments zu protokollieren.

(3) Das Zustellsystem hat das Dokument zehn Wochen zur Abholung bereitzuhalten und danach zu löschen.

(4) Das Dokument gilt mit dem Zeitpunkt der erstmaligen Bereithaltung zur Abholung als zugestellt. Bestehen Zweifel darüber, ob bzw. wann das Dokument für den Empfänger zur Abholung bereitgehalten wurde, hat die Behörde Tatsache und Zeitpunkt der Bereithaltung von Amts wegen festzustellen.

(BGBl I 2018/104)

Zustellung an einer elektronischen Zustelladresse oder über das elektronische Kommunikationssystem der Behörde

§ 37. (1) Zustellungen ohne Zustellnachweis können auch an einer elektronischen Zustelladresse oder über das elektronische Kommunikationssystem der Behörde erfolgen. Das Dokument gilt mit dem Zeitpunkt des Einlangens bzw. nach dem erstmaligen Bereithalten des Dokuments beim bzw. für den Empfänger als zugestellt. Bestehen Zweifel darüber, ob bzw. wann das Dokument beim Empfänger eingelangt ist bzw. für ihn bereitgehalten wird, hat die Behörde Tatsache und Zeitpunkt des Einlangens bzw. der Bereithaltung von Amts wegen festzustellen.

(BGBl I 2017/40)

(1a) Das Kommunikationssystem der Behörde hat bei Vorliegen der Voraussetzungen des § 34 Abs. 1 Z 1 und 2 die Daten gemäß Abs. 3 an das Anzeigemodul zu übermitteln.

(BGBl I 2018/104)

(2) Für die Zulässigkeit der Abfrage des Teilnehmerverzeichnisses und der Weiterleitung der Daten

gemäß Abs. 3 hat das elektronische Kommunikationssystem der Behörde folgende Leistungen nach dem jeweiligen Stand der Technik zu erbringen:
1. das Betreiben einer technischen Einrichtung mit hoher Zuverlässigkeit für die sichere elektronische Bereithaltung der zuzustellenden Dokumente;
2. die unverzügliche Weiterleitung der Daten gemäß Abs. 3 an das Anzeigemodul;
3. die Bereitstellung eines Verfahrens zur identifizierten und authentifizierten Abholung der bereitgehaltenen Dokumente über das Anzeigemodul;
4. die Protokollierung der Abholung des Dokuments;
5. die Beratung des Empfängers, wenn bei der Abholung von Dokumenten technische Probleme auftreten.

Soweit dies erforderlich ist, hat der Bundesminister für Digitalisierung und Wirtschaftsstandort durch Verordnung nähere Bestimmungen über Leistungen zu erlassen.

(BGBl I 2018/104)

(2a) Vor der Abfrage des Teilnehmerverzeichnisses und der Weiterleitung der Daten gemäß Abs. 3 hat die Behörde die ordnungsgemäße Erfüllung der Anforderungen und den einwandfreien Betrieb des Kommunikationssystems der Behörde dem Bundesminister für Digitalisierung und Wirtschaftsstandort anzuzeigen. Der Bundesminister für Digitalisierung und Wirtschaftsstandort hat die Liste der Kommunikationssysteme der Behörde im Internet zu veröffentlichen. Bei Nichteinhaltung ist die Abfrage und Entgegennahme der Daten zu unterbinden.

(BGBl I 2018/104)

(3)a) Das elektronische Kommunikationssystem der Behörde hat die Weiterleitung der das Dokument beschreibenden Daten , das Dokument, die Verständigungsadressdaten sowie die elektronische Information über die technische Möglichkeit der elektronischen identifizierten und authentifizierten Abholung des Dokuments dem Anzeigemodul (§ 37b) anzubieten.

(BGBl I 2018/104)

a) Zum Inkrafttreten siehe § 40 Abs. 9 Z 3.

(4) Zustellungen ohne Zustellnachweis können auch über ein zur Verfügung stehendes Kommunikationssystem einer anderen Behörde im selben Vollziehungsbereich erfolgen.

(BGBl I 2018/104)

(5) Die Zustellleistung (Abs. 1) ist so zu erbringen, dass für behinderte Menschen ein barrierefreier Zugang zu dieser Leistung nach dem jeweiligen Stand der Technik gewährleistet ist.

(BGBl I 2018/104)

Unmittelbare elektronische Ausfolgung

§ 37a. Versandbereite Dokumente können dem Empfänger unmittelbar elektronisch ausgefolgt werden, wenn dieser bei der Antragstellung seine Identität und die Authentizität der Kommunikation nachgewiesen hat und die Ausfolgung in einem so engen zeitlichen Zusammenhang mit der Antragstellung steht, dass sie von diesem Nachweis umfasst ist. Wenn mit Zustellnachweis zuzustellen ist, sind die Identität und die Authentizität der Kommunikation mit der Bürgerkarte (§ 2 Z 10 E-GovG) nachzuweisen.

Anzeigemodul

§ 37b. (1) Das Anzeigemodul ermöglicht Empfängern online die Anzeige der das Dokument beschreibenden Daten von zur Abholung für sie bereitgehaltenen Dokumente , die Verständigung darüber sowie die Abholung dieser Dokumente.

(BGBl I 2018/104)

(2) Der Betreiber des Anzeigemoduls ist gesetzlicher Auftragsverarbeiter für Zustellsysteme gemäß § 28 Abs. 3 Z 1 und 2 zum Zweck der Identifikation und Authentifikation von zur Abholung berechtigten Personen. Diesen Personen darf die Anzahl ihrer gelesenen und ungelesenen Dokumente schon vor der Abholung angezeigt werden.

(2. DienstR-Nov 2022, BGBl I 2022/205)

(3) Das Anzeigemodul hat sämtliche Daten über die Abholung durch den Empfänger zu protokollieren und an das jeweilige Zustellsystem gemäß Abs. 2 elektronisch zu übermitteln.

(4) Der Bundesminister für Digitalisierung und Wirtschaftsstandort stellt ein Anzeigemodul mit hoher Zuverlässigkeit zur Verfügung. Dieses kann auf Internetportalen von Verantwortlichen des öffentlichen Bereichs unter der Maßgabe der Einhaltung der technischen Schnittstellen und Spezifikationen angebunden werden. Der Bundesminister für Digitalisierung und Wirtschaftsstandort hat diese Schnittstellen und Spezifikationen im Internet auf seiner Website bekannt zu geben. Das Unternehmensserviceportal und das Bürgerserviceportal gemäß § 3 des Unternehmensserviceportalgesetzes – USPG, BGBl. I Nr. 52/2009, haben das Anzeigemodul einzubinden. Der Bundesminister für Digitalisierung und Wirtschaftsstandort kann durch Verordnung Kriterien zur Einbindung oder Anbindung des Anzeigemoduls bei weiteren Portalen festlegen.

(BGBl I 2018/104)

(5) Die Leistungen des Anzeigemoduls (Abs. 1) sind so zu erbringen, dass für Menschen mit Behinderung ein barrierefreier Zugang zu dieser Leistung nach dem jeweiligen Stand der Technik gewährleistet ist.

(6) Soweit dies erforderlich ist, hat der Bundesminister für Digitalisierung und Wirtschaftsstandort durch Verordnung nähere Bestimmungen über die beschreibenden Daten von Dokumenten gemäß Abs. 1 zu erlassen.

(BGBl I 2018/104)

(7) Der Bundesminister für Digitalisierung und Wirtschaftsstandort hat den einliefernden Systemen die Kosten für das Anzeigemodul entspre-

chend ihrem Einlieferungsvolumen kostendeckend zu verrechnen. Werden Daten im Anzeigemodul eingeliefert, die nach diesem Bundesgesetz keine Rechtswirkungen auslösen, sind die halben Verrechnungssätze anzuwenden. Die Bundesrechenzentrum GmbH kann als Zahlstelle eingerichtet werden.
(BGBl I 2018/104)

(8) Die Verfügbarkeit des Anzeigemoduls ist von dem Bundesminister für Digitalisierung und Wirtschaftsstandort im Bundesgesetzblatt kundzumachen.
(BGBl I 2018/104)
(BGBl I 2017/40)

4. Abschnitt
Verweisungen

§ 38. (1) Verweisungen in den Verfahrensvorschriften auf Bestimmungen, die Angelegenheiten des Zustellwesens regeln, gelten als Verweisungen auf die entsprechenden Bestimmungen dieses Bundesgesetzes.

(2) Soweit in diesem Bundesgesetz auf Bestimmungen anderer Bundesgesetze verwiesen wird, sind diese in ihrer jeweils geltenden Fassung anzuwenden.

Vollziehung

§ 39. Mit der Vollziehung dieses Bundesgesetzes ist hinsichtlich der §§ 28a, 28b, 30 bis 32 und § 37b der Bundesminister für Digitalisierung und Wirtschaftsstandort, hinsichtlich der übrigen Bestimmungen die Bundesregierung betraut.
(BGBl I 2018/104)

Inkrafttretens- und Übergangsbestimmungen

§ 40. (1) § 15 Abs. 1 in der Fassung des Bundesgesetzes BGBl. I Nr. 158/1998 tritt mit 1. Jänner 1998 in Kraft. Die §§ 1 Abs. 2, 2 a samt Überschrift, 7 samt Überschrift, die Überschrift vor § 8 a, die §§ 8 a, 9, 10, 24 samt Überschrift, 26 Abs. 2 und 26 a in der Fassung des Bundesgesetzes BGBl. I Nr. 158/1998 treten mit 1. Jänner 1999 in Kraft. § 1 Abs. 3, § 1 a und die Überschrift zu § 10 treten mit Ablauf des 31. Dezember 1998 außer Kraft.

(2) § 1 Abs. 2 letzter Satz, § 2a Abs. 2, § 11 Abs. 3 und § 12 Abs. 4 in der Fassung des Bundesgesetzes BGBl. I Nr. 137/2001 treten mit 1. Jänner 2002 in Kraft.

(3) § 1 Abs. 2 letzter Satz und § 17a samt Überschrift in der Fassung des Verwaltungsreformgesetzes 2001, BGBl. I Nr. 65/2002, treten mit 1. Jänner 2002, jedoch nicht vor dem der Kundmachung des genannten Gesetzes folgenden Tag, in Kraft.

(4) Der Titel, §§ 1 bis 7 und 9 samt Überschriften, die Überschrift des Abschnitts II und die §§ 26 und 27 samt Überschriften, Abschnitt III, die Bezeichnung des nunmehrigen Abschnitt IV und der nunmehrigen §§ 38, 39 und 40 sowie § 40 Abs. 4 und 5 in der Fassung des Bundesgesetzes BGBl. I Nr. 10/2004 treten mit 1. März 2004 in Kraft. Zugleich treten § 8a, § 13 Abs. 5 und 6, § 17a und § 26a, in der zu diesem Zeitpunkt geltenden Fassung, außer Kraft.

(5) Die Bezeichnung des 1. Abschnitts, § 2 Z 2, Z 4, 5, 6 und 8 (Z 3 bis 6 neu) und Z 7 bis 9, die §§ 3 bis 5 samt Überschriften, § 7, § 9 Abs. 1 bis 3 und 6, § 10 samt Überschrift, § 12 samt Überschrift, die Bezeichnung und die Überschrift des 2. Abschnitts, § 13, § 14, § 16 Abs. 1, 3 und 4, § 17, § 18, § 19, § 20 Abs. 1 und 2, § 21 samt Überschrift, § 22 Abs. 2 bis 4, § 23 Abs. 1, 2 und 4, § 24 samt Überschrift, § 24a samt Überschrift, § 25 Abs. 1, § 26 Abs. 1, § 27 samt Überschrift, der 3. Abschnitt, die Bezeichnung des 4. Abschnitts, § 39, § 40 Abs. 5 und § 41 samt Überschrift in der Fassung des Bundesgesetzes BGBl. I Nr. 5/2008 treten mit 1. Jänner 2008 in Kraft; gleichzeitig treten § 2 Z 3 und 7, die Überschriften nach § 8 (zum früheren § 8a) und nach § 17 (zum früheren § 17a) außer Kraft. § 37 samt Überschrift in der Fassung des Art. 4 Z 48 des Bundesgesetzes BGBl. I Nr. 5/2008 treten mit 1. Jänner 2009 in Kraft. Die Zustelldiensteverordnung – ZustDV, BGBl. II Nr. 233/2005, gilt in ihrer am 31. Dezember 2007 geltenden Fassung weiter.

(6) (aufgehoben)
(BGBl I 2018/104)

(7) § 22 Abs. 3, § 27 Z 3, § 28 Abs. 2, § 29 Abs. 1 Z 10 und 11, § 33 Abs. 1 und § 35 Abs. 9 in der Fassung des Budgetbegleitgesetzes 2011, BGBl. I Nr. 111/2010, treten mit 1. Jänner 2011 in Kraft.

(8) § 2 Z 1, 6 und 7, § 10 samt Überschrift, § 11 Abs. 2, § 18 Abs. 1 Z 1, § 19 samt Überschrift, § 22 Abs. 2 und 4, § 25 Abs. 1, § 27 Z 2, § 29 Abs. 1 N Z 7, 8 und 11 und § 35 Abs. 3 letzter Satz in der Fassung des Bundesgesetzes BGBl. I Nr. 33/2013 treten mit Ablauf des Monats der Kundmachung dieses Bundesgesetzes in Kraft.

(9) In der Fassung des Deregulierungsgesetzes 2017, BGBl. I Nr. 40/2017, treten in Kraft:
1. § 11 Abs. 2 mit 1. März 2014,
2. § 2 Z 7 bis 9, die Überschrift zu § 10, § 28 Abs. 2, § 29 Abs. 5, § 32 Abs. 1, § 35 Abs. 1 Z 4, Abs. 2, 3 erster Satz, 6 bis 8, § 36, § 37 Abs. 1 und 1a, § 37b samt Überschrift sowie § 39 mit Ablauf des Tages der Kundmachung
3. § 29 Abs. 1 Z 11 und 12, § 37 Abs. 3 sowie § 40 Abs. 6 zweiter Satz mit Beginn des siebenten auf den Tag der Kundmachung der Verfügbarkeit des Anzeigemoduls gemäß § 37b Abs. 8 folgenden Monats.

(BGBl I 2017/40)

(10) Elektronische Zustelldienste, die gemäß § 30 in der Fassung vor der Novelle BGBl. I Nr. 104/2018 zugelassen wurden, gelten als elektronische Zustelldienste gemäß § 30 in der Fassung dieser Novelle und haben spätestens nach Ablauf von zwei Jahren ab Inkrafttreten der genannten Bestimmung in der Fassung der genannten Novelle ein Konformitätsbewertungsgutachten gemäß § 30 Abs. 1 vorzulegen.
(BGBl I 2018/104)

(11) Die Kosten des Teilnehmerverzeichnisses gemäß § 28a Abs. 2 in der Fassung des Bundesgesetzes BGBl. I Nr. 104/2018 und jene des Anzeigemoduls gemäß § 37b in der Fassung des Bundesgesetzes BGBl. I Nr. 104/2018 sind bis zu einem Einlieferungsvolumen von 25 Millionen pro Jahr nicht zu verrechnen und vom Bundesminister für Digitalisierung und Wirtschaftsstandort zu tragen. Wird diese Menge überschritten, hat der Bundesminister für Digitalisierung und Wirtschaftsstandort ab dem Beginn des übernächsten Jahres die Kosten zu verrechnen, wobei pro Einlieferung in Summe höchstens 7 Cent für die Kosten des Teilnehmerverzeichnisses und des Anzeigemoduls verrechnet werden dürfen.
(BGBl I 2018/104)

(12) § 28a samt Überschrift und § 37b Abs. 7 in der Fassung des Bundesgesetzes BGBl. I Nr. 104/2018 treten mit Ablauf des Tages der Kundmachung in Kraft. § 28 Abs. 2 bis 4, § 28b Abs. 1 bis 3 und 6, § 29 Abs. 1 und 3 bis 5, § 30 Abs. 1, 3 bis 5, § 31, § 34 samt Überschrift, § 35 Abs. 1 bis 5, § 36 samt Überschrift, § 37 Abs. 1a bis 5, § 37b Abs. 1, 2, 4, 6 und 8 sowie § 39 in der Fassung des Bundesgesetzes BGBl. I Nr. 104/2018 treten mit Beginn des siebenten auf den Tag der Kundmachung der Verfügbarkeit des Teilnehmerverzeichnisses gemäß § 28a Abs. 3 folgenden Monats in Kraft. Zugleich treten § 29 Abs. 2 und 6, § 32 samt Überschrift, § 33 samt Überschrift, § 35 Abs. 9 und § 40 Abs. 6 außer Kraft. Die Überschrift zu § 28b und § 28b Abs. 4 und 5 in der Fassung des Bundesgesetzes BGBl. I Nr. 104/2018 treten mit Beginn des zweiten auf den Tag der Kundmachung der Verfügbarkeit des Teilnehmerverzeichnisses gemäß § 28a Abs. 3 folgenden Monats in Kraft.
(BGBl I 2018/104)

(13) § 26a samt Überschrift in der Fassung des Bundesgesetzes BGBl. I Nr. 16/2020 tritt mit Ablauf des Tages der Kundmachung des genannten Bundesgesetzes in Kraft.
(BGBl I 2020/16, BGBl I 2020/42)

(14) § 26a samt Überschrift in der Fassung des Bundesgesetzes BGBl. I Nr. 42/2020 tritt mit Ablauf des Tages der Kundmachung des genannten Bundesgesetzes in Kraft und mit Ablauf des 30. Juni 2020 außer Kraft. Dass bei Zustellvorgängen, die sich im Zeitraum vom 22. März 2020 bis zum Ablauf des Tages der Kundmachung des genannten Bundesgesetzes ereignet haben, die Beurkundung der Form der Verständigung von der Zustellung sowie gegebenenfalls der Gründe, aus denen eine Verständigung nicht möglich war, aus technischen Gründen nicht elektronisch erfolgt ist, gilt dann nicht als Zustellmangel, wenn ihre Beurkundung in einer dem § 22 Z 3 letzter Satz in der Fassung des Bundesgesetzes BGBl. I Nr. 42/2020 entsprechenden Weise erfolgt ist und die betreffenden Daten dem Absender nachträglich unverzüglich übermittelt werden oder bereits übermittelt worden sind.
(BGBl I 2020/42)

(15) In der Fassung der 2. Dienstrechts-Novelle 2022, BGBl. I Nr. 205/2022, treten in Kraft:
1. § 28 Abs. 2 und Abs. 3 Z 3, § 34 Abs. 1 und § 37b Abs. 2 sowie der Entfall des § 28 Abs. 3 Z 4 mit 1. Juli 2023;
2. der Entfall des § 2 Z 8 mit dem der Kundmachung folgenden Tag.

(2. DienstR-Nov 2022, BGBl I 2022/205)
(BGBl I 2018/104)

Sprachliche Gleichbehandlung

§ 41. Soweit sich die in diesem Bundesgesetz verwendeten Bezeichnungen auf natürliche Personen beziehen, gilt die gewählte Form für beide Geschlechter. Bei der Anwendung dieser Bezeichnungen auf bestimmte natürliche Personen ist die jeweils geschlechtsspezifische Form zu verwenden.

17/3/1. ZustellFormV

BGBl 1982/600 idF BGBl II 2019/374

Verordnung der Bundesregierung über die Formulare für Zustellvorgänge (Zustellformularverordnung – ZustFormV)

Auf Grund des § 27 des Zustellgesetzes – ZustG, BGBl. Nr. 200/1982, wird verordnet:

§ 1. (1) Für Zustellungen im Inland gemäß dem 2. Abschnitt des Zustellgesetzes stehen folgende in der Anlage angeschlossene Formulare zur Verfügung:

– Formular 1 zu § 17 Abs. 2 des Zustellgesetzes (Verständigung über die Hinterlegung eines behördlichen Dokuments),

(BGBl II 2015/406)

– (aufgehoben)
– Formular 3/1 zu § 22 des Zustellgesetzes (Rückschein bei Zustellung zu eigenen Handen),
– Formular 3/2 zu § 22 des Zustellgesetzes (Rückschein bei Zustellung zu eigenen Handen),
– Formular 3/3 zu § 22 des Zustellgesetzes (Rückschein bei Zustellung zu eigenen Handen),
– Formular 4/1 zu § 22 des Zustellgesetzes (Rückschein bei gewöhnlicher Zustellung),
– Formular 4/2 zu § 22 des Zustellgesetzes (Rückschein bei gewöhnlicher Zustellung),
– Formular 4/3 zu § 22 des Zustellgesetzes (Rückschein bei gewöhnlicher Zustellung),
– Formular 5 zu § 22 des Zustellgesetzes (Zustellschein bei Zustellung zu eigenen Handen),
– Formular 6 zu § 22 des Zustellgesetzes (Zustellschein bei gewöhnlicher Zustellung).

(BGBl II 2015/406)

(2) Soweit die Handhabung der Verwaltungsverfahrensgesetze im behördlichen Verfahren gemäß § 13 Abs. 1 des Volksgruppengesetzes – VoGrG, BGBl. Nr. 396/1976, in der Sprache einer Volksgruppe zu erfolgen hat, stehen für sie die in der Anlage angeschlossenen Formulare 1 und 7 in kroatischer, slowenischer und ungarischer Sprache zur Verfügung.

(BGBl II 2018/34)

§ 2. (1) Bei Zustellungen durch einen Zustelldienst sind die Formulare 1, 3/1 oder 3/2 sowie 4/1 oder 4/2 zu verwenden, bei Zustellungen durch Organe der Gemeinden die Formulare 1, 5 und 6. Bei Zustellungen durch Bedienstete der Behörden sind das Formular 1 und, sofern die für die Zustellung erforderlichen Angaben dem Zusteller nicht auf andere Weise bekanntgegeben werden, die Formulare 5 und 6 zu verwenden.

(2) Ausschließlich für die Zustellung von Reisepässen gemäß § 3 Abs. 9 des Passgesetzes 1992, BGBl. Nr. 839/1992, kann an Stelle der Formulare 3/1 und 3/2 das Formular 3/3 und an Stelle der Formulare 4/1 und 4/2 das Formular 4/3 verwendet werden.

(BGBl II 2018/34)

§ 3. Für Zustellungen gemäß dem 3. Abschnitt des Zustellgesetzes steht folgendes in der Anlage angeschlossene Formular zur Verfügung:

– Formular 7 zu § 35 Abs. 1 und 2 und § 36 des Zustellgesetzes (elektronische Verständigung über die Bereitstellung eines Dokuments zur Abholung).

(BGBl II 2018/34)

§ 3a. (1) Für die in den §§ 1 und 3 vorgesehenen Formulare gilt:

1. In den mit „< >" gekennzeichneten Feldern sind die entsprechenden Angaben zu ergänzen.
2. Die Formulare können auch in anderen Formaten verwendet werden.
3. Im Formular können Änderungen und Ergänzungen vorgenommen werden, die im Hinblick auf eine Änderung der Rechtslage erforderlich sind.
4. Soweit dadurch die vorgeschriebenen Angaben nicht beeinträchtigt werden, können die Gliederung oder die Gestaltung des Formulars geändert und auf dem Formular sonstige Vermerke oder Abbildungen angebracht werden.

(2) Für die in § 1 vorgesehenen Formulare gilt außerdem:

1. Soweit andere Vorschriften oder die für die Beförderung geltenden Bedingungen dem nicht entgegen stehen, können einzelne Angaben im Formular entfallen, wenn gewährleistet ist, dass
   a) die Erkennbarkeit des behördlichen Dokuments als solches durch den Entfall der Angabe nicht beeinträchtigt wird und
   b) die maßgeblichen Daten anstatt im Formular in einer anderen Urkunde festgehalten oder elektronisch gespeichert werden.
2. Soweit die vorgeschriebenen Angaben in einem Fenster sichtbar sind und es den Zweck des Formulars nicht beeinträchtigt, brauchen diese Angaben nicht auch im Formular selbst angebracht zu werden.
3. Von den für das Formular 1 bestehenden technischen Spezifikationen gemäß Z 1 und 2 der Anlage darf nicht abgewichen werden.

(BGBl II 2018/34)

(BGBl II 2018/34)

§ 4. (1) Diese Verordnung tritt mit 1. März 1983 in Kraft.

(2) Die §§ 1, 3 und 5 und die Anlage in der Fassung der Verordnung BGBl. II Nr. 493/1999 treten mit Ablauf des Tages der Kundmachung der genannten Verordnung in Kraft.

(3) Die §§ 1, 2 und 3a sowie die Anlage in der Fassung der Verordnung BGBl. II Nr. 235/2004

treten mit Ablauf des Tages der Kundmachung der genannten Verordnung in Kraft.

(4) Der Titel, § 1, § 3 Abs. 3 und 4 sowie die Anlage in der Fassung der Verordnung BGBl. II Nr. 261/2006 treten mit Ablauf des Tages der Kundmachung dieser Verordnung in Kraft.

(5) Die §§ 1, 2, 3, 3a und 5 sowie die Anlage in der Fassung der Verordnung BGBl. II Nr. 152/2008 treten mit Ablauf des Tages der Kundmachung dieser Verordnung in Kraft.

(6) Die neue Paragraphenbezeichnung des bisherigen § 3a (§ 3 neu) und § 3a in der Fassung der Verordnung BGBl. II Nr. 238/2011 treten mit 1. November 2011 in Kraft. Gleichzeitig treten § 3 und § 3a Abs. 3 und 4 außer Kraft und entfällt § 5.

(7) Der Titel, die Promulgationsklausel, § 1, § 2 Abs. 2 und die in der Anlage angeschlossenen Formulare in der Fassung der Verordnung BGBl. II Nr. 399/2013 treten mit Ablauf des Monats der Kundmachung dieser Verordnung in Kraft. Die der Anlage in der bisherigen Fassung angeschlossenen Formulare können aufbrauchend weiterverwendet werden.

(8) § 1 und die Anlage in der Fassung der Verordnung BGBl. II Nr. 406/2015 treten mit Ablauf des Monats der Kundmachung dieser Verordnung in Kraft.

(BGBl II 2015/406)

(9) § 1 Abs. 2, § 2 Abs. 2, § 3, § 3a Abs. 2 und die Anlage in der Fassung der Verordnung BGBl. II Nr. 34/2018 treten mit Ablauf des Monats der Kundmachung dieser Verordnung in Kraft.

(BGBl II 2018/34)

§ 5. (aufgehoben)

Anlage

Für das Formular 1 bestehen folgende technische Spezifikationen:

1. Das Formular hat eine Lochung mit einem Durchmesser von 6 mm (± 0,5 mm) aufzuweisen. Das Lochmittel befindet sich 15 mm (± 1 mm) oberhalb der unteren Papierkante in einem Abstand von 10 mm (± 1 mm) vom linken Papierrand.

2. Der linke Papierrand und die obere Papierkante des Formulars haben eine Abschrägung aufzuweisen. Die Abschrägung ist durch Wegstanzen der linken oberen Ecke des Formulars vorzunehmen, wobei von dieser Ecke jeweils 10 mm nach rechts und nach unten gemessen werden.

(Formulare nicht abgedruckt)

17/4. Auskunftspflichtgesetz

Auskunftspflichtgesetz, BGBl 1987/287 idF
1 BGBl 1990/357   2 BGBl 1990/447   3 BGBl I 1998/158

Bundesgesetz vom 15. Mai 1987 über die Auskunftspflicht der Verwaltung des Bundes und eine Änderung des Bundesministeriengesetzes 1986 (Auskunftspflichtgesetz)

Der Nationalrat hat beschlossen:

§ 1. (1) Die Organe des Bundes sowie die Organe der durch die Bundesgesetzgebung zu regelnden Selbstverwaltung haben über Angelegenheiten ihres Wirkungsbereiches Auskünfte zu erteilen, soweit eine gesetzliche Verschwiegenheitspflicht dem nicht entgegensteht.

(2) Auskünfte sind nur in einem solchen Umfang zu erteilen, der die Besorgung der übrigen Aufgaben der Verwaltung nicht wesentlich beeinträchtigt; berufliche Vertretungen sind nur gegenüber den ihnen jeweils Zugehörigen auskunftspflichtig und dies insoweit, als dadurch die ordnungsgemäße Erfüllung ihrer gesetzlichen Aufgaben nicht verhindert wird. Sie sind nicht zu erteilen, wenn sie offenbar mutwillig verlangt werden.

§ 2. Jedermann kann schriftlich, mündlich oder telephonisch Auskunftsbegehren anbringen. Dem Auskunftswerber kann die schriftliche Ausführung eines mündlich oder telefonisch angebrachten Auskunftsbegehrens aufgetragen werden, wenn aus dem Begehren der Inhalt oder der Umfang der gewünschten Auskunft nicht ausreichend klar hervorgeht.

§ 3. Auskünfte sind ohne unnötigen Aufschub, spätestens aber binnen acht Wochen nach Einlangen des Auskunftsbegehrens zu erteilen." Kann aus besonderen Gründen diese Frist nicht eingehalten werden, so ist der Auskunftswerber jedenfalls zu verständigen.

§ 4. Wird eine Auskunft nicht erteilt, so ist auf Antrag des Auskunftswerbers hierüber ein Bescheid zu erlassen. Als Verfahrensordnung, nach der der Bescheid zu erlassen ist, gilt das AVG, sofern nicht für die Sache, in der Auskunft erteilt wird, ein anderes Verfahrensgesetz anzuwenden ist.

§ 5. Auskunftsbegehren und Auskünfte sowie Anträge und Bescheide gemäß § 4, die sich auf Angelegenheiten der Sicherheitsverwaltung (§ 2 Abs. 2 des Sicherheitspolizeigesetzes, BGBl. Nr. 566/1991, in der jeweils geltenden Fassung) beziehen, sind von den Stempelgebühren und von den Bundesverwaltungsabgaben befreit.

§ 6. Soweit nach anderen Bundesgesetzen besondere Auskunftspflichten bestehen, ist dieses Bundesgesetz nicht anzuwenden.

§ 7. Die §§ 2 erster Satz, 4, 5, 6 und 8 in der Fassung des Bundesgesetzes BGBl. I 158/1998 treten mit 1. Jänner 1999 in Kraft.

§ 8. Mit der Vollziehung dieses Bundesgesetzes ist die Bundesregierung betraut.

17/5. Bundesfinanzgerichtsgesetz

Bundesfinanzgerichtsgesetz, BGBl I 2013/14 idF

1 BGBl I 2013/70 (Verwg-AnpG)	2 BGBl I 2014/13 (AbgÄG 2014)	3 BGBl I 2014/105 (2. AbgÄG 2014)
4 BGBl I 2016/117 (AbgÄG 2016)	5 BGBl I 2017/162 (JStG 2018)	6 BGBl I 2018/62
7 BGBl I 2018/104	8 BGBl I 2019/62 (EU-FinAnpG 2019)	9 BGBl I 2019/103 (StRefG 2020)
10 BGBl I 2019/104 (FORG)	11 BGBl I 2020/96 (KonStG 2020)	12 BGBl I 2021/87
13 BGBl I 2022/108 (AbgÄG 2022)	14 BGBl I 2023/110 (AbgÄG 2023)	

GLIEDERUNG

1. Teil: Organisation des Bundesfinanzgerichtes

1. Abschnitt: Zuständigkeit, Sitz und Zusammensetzung des Bundesfinanzgerichtes
- § 1. Zuständigkeit des Bundesfinanzgerichtes
- § 2. Sitz
- § 3. Zusammensetzung und Ernennung der Richterinnen und Richter
- § 4. Fachkundige Laienrichterinnen und Laienrichter

2. Abschnitt: Organe des Bundesfinanzgerichtes
- § 5. Präsidentin oder Präsident des Bundesfinanzgerichtes, Justizverwaltung
- § 6. Geschäftsführung, Geschäftsordnung
- § 7. Leiterinnen und Leiter der Außenstellen
- § 8. Vollversammlung
- § 9. Geschäftsverteilungsausschuss
- § 10. Personalsenat
- § 11. Kammern
- § 12. Senate

3. Abschnitt: Geschäftsverteilung
- § 13. Geschäftsverteilung
- § 14. Gerichtsabteilungen

4. Abschnitt: Führung der Geschäfte des Bundesfinanzgerichtes
- § 15. Präsidialbüro
- § 16. Controllingstelle
- § 17. Evidenzstelle
- § 18. Geschäftsstellen

5. Abschnitt: Controlling und Berichtswesen
- § 19. Controlling
- § 20. Berichtswesen
- § 21. Tätigkeitsbericht

6. Abschnitt: Evidenzierung und Veröffentlichung der Entscheidungen
- § 22. Evidenzierung
- § 23. Veröffentlichung der Entscheidungen

2. Teil: Verfahren und Vollstreckung
- § 24. Verfahren
- § 24a. Datenschutzbeschwerde
- § 25. Vollstreckung

3. Teil: Schlussbestimmungen
- § 26. Verweisungen
- § 27. Inkrafttreten
- § 28. Übergangsbestimmungen
- § 29. Erstbesetzung des Bundesfinanzgerichtes
- § 30. Vollziehung

Bundesgesetz über das Bundesfinanzgericht (Bundesfinanzgerichtsgesetz – BFGG)

1. Teil
Organisation des Bundesfinanzgerichtes

1. Abschnitt
Zuständigkeit, Sitz und Zusammensetzung des Bundesfinanzgerichtes

Zuständigkeit des Bundesfinanzgerichtes

§ 1. (1) Dem Verwaltungsgericht des Bundes für Finanzen (Bundesfinanzgericht – BFG) obliegen Entscheidungen über Beschwerden gemäß Art. 130 Abs. 1 Z 1 bis 3 B-VG in Rechtssachen in Angelegenheiten der öffentlichen Abgaben (mit Ausnahme der Verwaltungsabgaben des Bundes, der Länder und Gemeinden) und des Finanzstrafrechts sowie in sonstigen gesetzlich festgelegten Angelegenheiten, soweit die genannten Angelegenheiten unmittelbar von den Abgaben- oder Finanzstrafbehörden des Bundes besorgt werden.

(2) *(aufgehoben)*

(BGBl I 2019/104)

(3) Zu den sonstigen Angelegenheiten (Abs. 1) gehören

1. Angelegenheiten der Beiträge an öffentliche Fonds oder an Körperschaften des öffentlichen Rechts, die nicht Gebietskörperschaften sind, soweit diese Beiträge durch Abgabenbehörden des Bundes (Abs. 2) zu erheben sind,
2. Entscheidungen über Beschwerden gemäß Art. 130 Abs. 1 Z 2 B-VG gegen Abgabenbehörden des Bundes oder das Amt für Betrugsbekämpfung, soweit Angelegenheiten der öffentlichen Abgaben (Abs. 1) oder der Beiträge (Z 1) betroffen sind,
(BGBl I 2019/104)
3. Entscheidungen über Beschwerden gemäß Art. 130 Abs. 2a B-VG von Personen, die durch das Bundesfinanzgericht in Ausübung seiner gerichtlichen Zuständigkeiten in ihren Rechten gemäß der Verordnung (EU) 2016/679 zum Schutz natürlicher Personen bei der Verarbeitung personenbezogener Daten, zum freien Datenverkehr und zur Aufhebung der Richtlinie 95/46/EG (Datenschutz-Grundverordnung), ABl. Nr. L 119 vom 04.05.2016 S. 1 (im Folgenden: DSGVO), verletzt zu sein behaupten,
(BGBl I 2019/62)
4. Entscheidungen über Beschwerden gemäß Art. 130 Abs. 2 Z 1 B-VG wegen Rechtswidrigkeit eines Verhaltens des Bundesministers für Finanzen oder dessen bevollmächtigten Vertreters in Vollziehung des EU-Besteuerungsstreitbeilegungsgesetzes – EU-BStbG, BGBl. I Nr. 62/2019,
(BGBl I 2019/62)
5. Benennungen einer unabhängigen Person und deren Stellvertreterin bzw. Stellvertreter gemäß § 42 EU-BStbG.
(BGBl I 2019/62)
6. Entscheidungen über Vollzugsbeschwerden gemäß § 6a der Abgabenexekutionsordnung, BGBl. Nr. 104/1949.
(BGBl I 2022/108)

Sitz

§ 2. (1) Das Bundesfinanzgericht hat seinen Sitz in Wien.

(2) Das Bundesfinanzgericht hat Außenstellen in Feldkirch, Graz, Innsbruck, Klagenfurt, Linz und Salzburg.

Zusammensetzung und Ernennung der Richterinnen und Richter

§ 3. (1) Das Bundesfinanzgericht besteht aus folgenden richterlichen Mitgliedern:
1. der Präsidentin oder dem Präsidenten,
2. der Vizepräsidentin oder dem Vizepräsidenten und
3. den sonstigen Richterinnen und Richtern.

(2) Die Erstattung von Dreiervorschlägen gemäß Art. 134 Abs. 3 B-VG obliegt dem Personalsenat (§ 10).

(3) Im Personalplan (Anlage zum Bundesfinanzgesetz) ist festzulegen, wie viele Planstellen für Richterinnen und Richter im Bundesfinanzgericht vorzusehen sind. Ernennungen haben auf eine diesem zugewiesenen Planstellen zu erfolgen. In der Geschäftsverteilung (§ 13) ist für jede Richterin und jeden Richter, die oder der nicht am Sitz des Bundesfinanzgerichtes oder seine Dienststelle hat, anzuführen, welche Außenstelle als ihre oder seine Dienststelle anzusehen ist. Dienststelle der Präsidentin oder des Präsidenten und der Vizepräsidentin oder des Vizepräsidenten ist der Sitz des Bundesfinanzgerichtes.

Fachkundige Laienrichterinnen und Laienrichter

§ 4. (1) Fachkundige Laienrichterinnen und Laienrichter wirken nach Maßgabe des § 12 an der Rechtsprechung mit. Das Amt der fachkundigen Laienrichterin und des fachkundigen Laienrichters ist ein Ehrenamt; gerichtlichen Ladungen hat sie oder er nachzukommen. Die fachkundigen Laienrichterinnen und Laienrichter sind in Ausübung ihres Amtes unabhängig; sie haben hierbei die mit dem Richteramt verbundenen Befugnisse in vollem Umfang.

(2) Die gesetzlichen Berufsvertretungen, ausgenommen jene der Notarinnen und Notare, Rechtsanwältinnen und Rechtsanwälte und Wirtschaftstreuhänderinnen und Wirtschaftstreuhänder, haben für den Sitz (§ 2 Abs. 1) und jede Außenstelle (§ 2 Abs. 2) auf die Dauer von sechs Jahren in erforderlicher Anzahl fachkundige Laienrichterinnen oder Laienrichter für die Senate (§ 12) zu entsenden. Entsendet dürfen nur Personen werden, die
1. die österreichische Staatsbürgerschaft besitzen,
2. zu Beginn des Jahres der Entsendung das 25. Lebensjahr vollendet haben und
3. sich im Vollgenuss der bürgerlichen und politischen Rechte befinden.

(3) Im Falle einer Amtsenthebung (Abs. 8) sind Ersatzentsendungen vorzunehmen. Das Amt von fachkundigen Laienrichterinnen und Laienrichtern, die innerhalb der einheitlichen sechsjährigen Amtszeit entsandt worden sind, endet mit deren Ablauf. Hat eine fachkundige Laienrichterin oder ein fachkundiger Laienrichter an einer Senatsverhandlung teilgenommen, in der auch Beweise aufgenommen worden sind, so verlängert sich ihre oder seine Amtszeit für dieses Verfahren bis zu deren oder dessen Erledigung beim Bundesfinanzgericht.

(4) Die Unvereinbarkeit nach Art. 134 Abs. 5 B-VG steht auch einer Entsendung als fachkundige Laienrichterin oder fachkundiger Laienrichter entgegen. Ausgenommen von der Entsendung sind Notarinnen und Notare, Rechtsanwältinnen und Rechtsanwälte und Wirtschaftstreuhänderinnen und Wirtschaftstreuhänder, sowie Personen, die von einer Finanzstrafbehörde oder einem Ge-

richt wegen eines Finanzvergehens bestraft wurden, solange die Strafe nicht getilgt ist.

(5) Ihrer Entsendung als fachkundige Laienrichterin oder fachkundiger Laienrichter können widersprechen:
1. Geistliche und Ordenspersonen der gesetzlich anerkannten Kirchen und Religionsgesellschaften,
2. Personen, die über 65 Jahre alt oder auf Grund eines Gebrechens an der Ausübung der Tätigkeit im Senat gehindert sind,
3. Personen, die bereits durch sechs Jahre ununterbrochen fachkundige Laienrichter des Bundesfinanzgerichtes waren, während der folgenden sechs Jahre,
4. aktive Dienstnehmerinnen und Dienstnehmer von Gebietskörperschaften.

(6) Die fachkundigen Laienrichterinnen und Laienrichter haben vor ihrer ersten Verwendung als Beisitzerin oder Beisitzer am Sitz des Bundesfinanzgerichtes vor der Präsidentin oder dem Präsidenten oder der Vizepräsidentin oder dem Vizepräsidenten und an den Außenstellen vor der Außenstellenleiterin oder dem Außenstellenleiter (§ 7) zu geloben: „Ich schwöre, dass ich die in der Republik Österreich geltende Rechtsordnung unverbrüchlich beachten und meine ganze Kraft in den Dienst der Republik stellen werde."

(7) Die für den Sitz entsendeten fachkundigen Laienrichterinnen und Laienrichter haben der Präsidentin oder dem Präsidenten, die für die Außenstellen entsendeten fachkundigen Laienrichterinnen und Laienrichter haben der jeweiligen Leiterin oder dem jeweiligen Leiter der Außenstelle (§ 7), umgehend bekanntzugeben:
1. jeden Umstand, der sie daran hindert, einer Ladung als fachkundige Laienrichterin oder fachkundiger Laienrichter nachzukommen;
2. jeden Wohnungswechsel;
3. das Eintreten einer länger dauernden Verhinderung an ihrer Amtsausübung und
4. den Eintritt einer Unvereinbarkeit.

(8) Eine fachkundige Laienrichterin oder ein fachkundiger Laienrichter ist ihres oder seines Amtes zu entheben, wenn
1. die Entsendungsvoraussetzungen nicht oder nicht mehr gegeben sind (Abs. 2);
2. Umstände vorliegen, mit denen das Amt einer fachkundigen Laienrichterin oder eines fachkundigen Laienrichters unvereinbar (Abs. 4) ist;
3. sie oder er ohne genügende Entschuldigung die Pflichten ihres oder seines Amtes wiederholt vernachlässigt;
4. sie oder er die Leistung des Gelöbnisses verweigert;
5. sie oder er ein Verhalten setzt, das dem Ansehen des Amtes einer fachkundigen Laienrichterin oder eines fachkundigen Laienrichters zuwiderläuft;
6. sie oder er der Entsendung widerspricht (Abs. 5);
7. oder sie oder er selbst um ihre oder seine Amtsenthebung ersucht.

(9) Über die Enthebung nach Abs. 8 Z 1 bis 5 hat der Personalsenat (§ 10) zu entscheiden.

(10) Über die Enthebung nach Abs. 8 Z 6 und 7 hat die Präsidentin oder der Präsident zu entscheiden.

2. Abschnitt
Organe des Bundesfinanzgerichtes

Präsidentin oder Präsident des Bundesfinanzgerichtes, Justizverwaltung

§ 5. (1) Die Präsidentin oder der Präsident leitet das Bundesfinanzgericht, vertritt es nach außen, übt die Dienstaufsicht über das gesamte Personal aus und führt die Justizverwaltungsgeschäfte für das Bundesfinanzgericht, soweit diese nicht auf Grund dieses Bundesgesetzes durch andere Organe zu erledigen sind. Insbesondere nimmt die Präsidentin oder der Präsident auch die dienstbehördlichen Aufgaben und die Aufgaben der inneren Revision (§ 78a des Gerichtsordnungsgesetzes – GOG, RGBl. Nr. 217/1896) wahr. Der Präsidentin oder dem Präsidenten obliegt es auch, bei voller Wahrung der richterlichen Unabhängigkeit auf eine möglichst einheitliche Rechtsprechung Bedacht zu nehmen.

(2) Die Präsidentin oder der Präsident wird bei ihren oder seinen Aufgaben nach Maßgabe der von ihr oder ihm zu erlassenden Geschäftseinteilung für Justizverwaltungssachen von der Vizepräsidentin oder dem Vizepräsidenten, den Leiterinnen oder Leitern der Außenstellen, den Kammervorsitzenden und erforderlichenfalls mit deren Zustimmung von sonstigen Richterinnen oder Richter des Bundesfinanzgerichtes unterstützt und vertreten. Bei Besorgung dieser Aufgaben sind die damit betrauten Richterinnen und Richter – unbeschadet ihrer richterlichen Unabhängigkeit als Richterin oder Richter des Bundesfinanzgerichtes – an die Weisungen der Präsidentin oder des Präsidenten gebunden.

(BGBl I 2022/108)

(3) Ist die Präsidentin oder der Präsident verhindert, wird sie oder er von der Vizepräsidentin oder vom Vizepräsidenten, wenn auch diese oder dieser verhindert ist, von den nach der Geschäftseinteilung für Justizverwaltungssachen hiezu berufenen Richterinnen und Richtern in ihrem oder seinem gesamten Wirkungsbereich vertreten. Wurde keine Geschäftseinteilung erlassen oder enthält die Geschäftseinteilung keine Vertretungsregelung, ist im Fall der Verhinderung der Präsidentin oder des Präsidenten und der Vizepräsidentin oder des Vizepräsidenten die oder der an Lebensjahren älteste Richterin oder der an Lebensjahren älteste Richter am Sitz und im Fall deren oder dessen Verhinderung die jeweils an Lebensjahren nächstälteste Richterin oder der jeweils an Lebensjahren nächstälteste Richter am Sitz zur Vertretung berufen. Dies gilt

auch dann, wenn die Stelle der Präsidentin oder des Präsidenten oder der Vizepräsidentin oder des Vizepräsidenten unbesetzt ist.

(4) Die Präsidentin oder der Präsident und die Vizepräsidentin oder der Vizepräsident sind neben ihren Justizverwaltungsaufgaben auch in der Rechtsprechung tätig. Das Ausmaß ihrer Tätigkeit in der Rechtsprechung ist von der Präsidentin oder vom Präsidenten so festzulegen, dass dadurch die Wahrnehmung ihrer Justizverwaltungsaufgaben nicht beeinträchtigt wird.

(5) Die Präsidentin oder der Präsident und die Vizepräsidentin oder der Vizepräsident werden von der Bundespräsidentin oder vom Bundespräsidenten auf Vorschlag der Bundesregierung bestellt. Vor der Vorschlagserstattung durch die Bundesregierung sind die Bewerberinnen und Bewerber von einer Kommission bestehend aus einer Vertreterin oder einem Vertreter der Bundesministerin oder des Bundesministers für Finanzen, zwei Vertreterinnen oder Vertretern der Wissenschaft mit akademischer Lehrbefugnis eines rechtswissenschaftlichen Faches an einer Universität sowie den Präsidentinnen oder Präsidenten des Verfassungsgerichtshofes, des Verwaltungsgerichtshofes und des Obersten Gerichtshofes oder einer jeweils von diesen beauftragten Person, zu einem Hearing einzuladen. Die Kommission hat der Bundesregierung mindestens drei Bewerberinnen oder Bewerber zur Vorschlagserstattung zu empfehlen.

Geschäftsführung, Geschäftsordnung

§ 6. (1) Zur Unterstützung der ordnungsgemäßen Geschäftsführung des Bundesfinanzgerichtes sind von der Präsidentin oder vom Präsidenten unter deren oder dessen Verantwortung ein Präsidialbüro (§ 15), eine Controllingstelle (§ 16), eine Evidenzstelle (§ 17) und – für den Sitz und für jede Außenstelle – jeweils eine Geschäftsstelle (§ 18) einzurichten.

(2) Die Geschäftsführung hat unter Bedachtnahme auf die Grundsätze der Einfachheit, Raschheit, Zweckmäßigkeit und Wirtschaftlichkeit zu erfolgen.

(3) Die näheren Regelungen über die Geschäftsführung und den Geschäftsgang des Bundesfinanzgerichtes sowie den Ablauf der Sitzungen der Vollversammlung, des Geschäftsverteilungsausschusses, des Personalsenates und des Disziplinarsenates sind in der Geschäftsordnung vorzusehen. Die Geschäftsordnung ist von der Vollversammlung auf Vorschlag des Geschäftsverteilungsausschusses zu beschließen. Sie ist von der Präsidentin oder vom Präsidenten auf geeignete Weise elektronisch bereitzustellen.

(AbgÄG 2023, BGBl I 2023/110)

(4) Angelegenheiten des Bundesfinanzgerichtes fallen in den Wirkungsbereich (im Sinn des Bundesministeriengesetzes 1986 (BMG), BGBl. Nr. 76) des Bundesministeriums für Finanzen. Personal und Sachmittel sind von der Bundesministerin oder vom Bundesminister für Finanzen bereitzustellen. Dies umfasst auch die Bereitstellung von Dokumentations- und Informationssystemen insbesondere für das Controlling (§ 16), die Evidenzierung (§ 17) und das Kanzleiwesen (§ 18).

Leiterinnen und Leiter der Außenstellen

§ 7. (1) Die Präsidentin oder der Präsident hat aus dem Kreis der in der Außenstelle (§ 2 Abs. 2) tätigen Richterinnen und Richter des Bundesfinanzgerichtes die Leiterin oder den Leiter der Außenstelle für die Dauer von sechs Jahren zu bestellen. Die Bestellung bedarf der Zustimmung der betroffenen Richterin oder des betroffenen Richters. Vor der Bestellung ist der Personalsenat anzuhören. Die Leiterin oder der Leiter der Außenstelle kann von der Präsidentin oder vom Präsidenten jederzeit von dieser Leitungsfunktion aus wichtigen dienstlichen Gründen abberufen werden.

(2) Die Leiterin oder der Leiter der Außenstelle nimmt für den Bereich der Außenstelle die der Präsidentin oder dem Präsidenten nach § 5 Abs. 1 zukommenden Aufgaben unter der Verantwortung der Präsidentin oder des Präsidenten wahr. Unbeschadet der richterlichen Unabhängigkeit der Leiterin oder des Leiters der Außenstelle als Richterin oder Richter des Bundesfinanzgerichtes unterliegt er in Ausübung der Aufgaben als Leiterin oder Leiter der Außenstelle den Weisungen der Präsidentin oder des Präsidenten.

(3) Die Leiterin oder der Leiter der Außenstelle wird bei seinen Aufgaben nach Maßgabe ihrer oder seiner Verfügungen durch eine Stellvertreterin oder einen Stellvertreter unterstützt und vertreten. Hinsichtlich der Bestellung und Abberufung der Stellvertreterin oder des Stellvertreters der Leiterin oder des Leiters der Außenstelle gilt Abs. 1.

(4) Sind sowohl die Leiterin oder der Leiter der Außenstelle als auch die Stellvertreterin oder der Stellvertreter verhindert, so ist die an Lebensjahren älteste Richterin oder der an Lebensjahren älteste Richter der Außenstelle und im Fall dessen Verhinderung die jeweils an Lebensjahren nächstälteste Richterin oder der jeweils an Lebensjahren nächstälteste Richter zur Vertretung berufen. Dies gilt auch, wenn die Stelle der Leiterin oder des Leiters der Außenstelle unbesetzt ist.

Vollversammlung

§ 8. (1) Die Richterinnen und Richter des Bundesfinanzgerichtes (§ 3 Abs. 1) bilden zusammen die Vollversammlung.

(2) Der Vollversammlung kommen folgende Aufgaben zu:

1. Beschlussfassung über die Geschäftsordnung (§ 6 Abs. 3);
2. Beschlussfassung über den Tätigkeitsbericht (§ 21);
3. Wahl der Mitglieder des Geschäftsverteilungsausschusses (§ 9 Abs. 3) und deren Ersatzmitglieder;
4. Wahl der Mitglieder des Personalsenates (§ 10 Abs. 2) und deren Ersatzmitglieder;

5. Wahl der Mitglieder und Ersatzmitglieder des Senates, der als Dienstgericht für die Richterinnen und Richter des Bundesfinanzgerichtes fungiert;
6. Wahl der Mitglieder und der Ersatzmitglieder des Senates, der als Disziplinargericht für die Richterinnen und Richter des Bundesverwaltungsgerichtes fungiert;
7. Einrichtung von Kammern (§ 11).

(3) Die Präsidentin oder der Präsident beruft die Vollversammlung zu ihren Sitzungen ein und führt in diesen den Vorsitz. Die Beratungen und Abstimmungen in der Vollversammlung sind nicht öffentlich. Eine Vollversammlung hat binnen einer Frist von drei Monaten stattzufinden, wenn es mindestens ein Drittel der Mitglieder (Abs. 1) beantragt; Mitgliederbruchteile sind aufzurunden.

(4) Jede Richterin und jeder Richter ist berechtigt, in der Vollversammlung Anträge zu stellen. Den anderen Richterinnen und Richtern steht es frei, zu diesen Anträgen Gegenanträge oder Abänderungsanträge zu stellen. Alle Anträge sind zu begründen.

(5) Die oder der Vorsitzende bestimmt die Reihenfolge, in der über die Anträge abgestimmt wird, und die Reihenfolge der Stimmabgabe.

(6) Soweit in diesem Bundesgesetz nicht anderes bestimmt ist, ist zu einem Beschluss der Vollversammlung die Anwesenheit von mindestens der Hälfte der Richterinnen und Richter und die einfache Mehrheit der abgegebenen Stimmen erforderlich. Eine Stimmenthaltung ist unzulässig. Bei Stimmengleichheit gibt die Stimme der oder des Vorsitzenden den Ausschlag.

(7) Über die Beratung und Abstimmung der Vollversammlung ist ein Protokoll zu führen.

(8) Die Mitglieder der Vollversammlung (Abs. 1) können auch ohne Zusammenkunft in einer Sitzung Beschlussfassungen und Wahlen auf schriftlichem Wege vornehmen. Bei einer derartigen Abstimmung wird die zu einer Beschlussfassung oder Wahl erforderliche Mehrheit nach der Gesamtzahl aller stimmberechtigten Mitglieder berechnet. Eine Sitzung der Vollversammlung ist abzuhalten, wenn es zumindest ein Drittel der Mitglieder verlangt; Mitgliederbruchteile sind aufzurunden.

(9) Zur Vorbereitung von Beschlussfassungen können Versammlungen der den Kammern (§ 11) und den Dienststellen (§ 3 Abs. 3) zugeordneten Richterinnen und Richter durchgeführt werden. Den Vorsitz führt hinsichtlich des Sitzes (§ 2 Abs. 1) die Präsidentin oder der Präsident, hinsichtlich der Außenstellen (§ 2 Abs. 2) die Leiterin oder der Leiter der Außenstelle und hinsichtlich der Kammern (§ 11) die oder der Kammervorsitzende; die Bestimmungen der Abs. 3 bis 8 sind sinngemäß anzuwenden.

(10) In Wahrnehmung ihrer sich nach §§ 8 bis 10 ergebenden Aufgaben sind die Richterinnen und Richter an keine Weisungen gebunden.

Geschäftsverteilungsausschuss

§ 9. (1) Dem Geschäftsverteilungsausschuss obliegt die Beschlussfassung der Geschäftsverteilung, die Vorbereitung der Beschlussfassung der Geschäftsordnung und des Tätigkeitsberichts in der Vollversammlung sowie die Vorbereitung anderer Tagesordnungspunkte, insbesondere die Vorbereitung von Wahlen durch die Vollversammlung (§ 8 Abs. 2 Z 3 bis 5). Dem Geschäftsverteilungsausschuss obliegt auch die Beratung über die Ergebnisse des Controllings der Controllingstelle, die ihm zeitnahe vor der Beschlussfassung der Geschäftsverteilung gesammelt von der Präsidentin oder vom Präsidenten vorzulegen sind.

(2) Der Geschäftsverteilungsausschuss ist von der Präsidentin oder vom Präsidenten in jenen Angelegenheiten der Justizverwaltung anzuhören, die in Ausführung der Geschäftsverteilung (§ 13) und der Geschäftsordnung (§ 6 Abs. 3) ergehen.

(3) Der Geschäftsverteilungsausschuss besteht aus der Präsidentin oder dem Präsidenten, der Vizepräsidentin oder dem Vizepräsidenten sowie weiteren fünf von der Vollversammlung aus ihrer Mitte gewählten Mitgliedern (Wahlmitglieder).

(BGBl I 2019/103)

(4) Die Mitglieder und Ersatzmitglieder des Geschäftsverteilungsausschusses sind für die Dauer von vier Jahren unter sinngemäßer Anwendung von § 39 bis § 46 RStDG zu wählen. Wiederbestellungen sind zulässig.

(BGBl I 2019/103)

(5) Für die Wahlmitglieder sind von der Vollversammlung aus ihrer Mitte 15 Ersatzmitglieder zu wählen.

(BGBl I 2019/103)

(6) Die gewählten Mitglieder und Ersatzmitglieder des Ausschusses bleiben bis zur Bestellung der neuen Mitglieder im Amt. Ihre Mitgliedschaft kann nur aus wichtigen dienstlichen Gründen durch Beschluss der Vollversammlung, der einer Mehrheit von zwei Dritteln der abgegebenen Stimmen bedarf, vorzeitig beendet werden. Im Fall einer vorzeitigen Beendigung der Mitgliedschaft ist eine Nachwahl vorzunehmen; bis zu diesem Zeitpunkt tritt das erstgereihte Ersatzmitglied an die Stelle des ausgeschiedenen Mitglieds.

(7) Die Sitzungen sind von der Präsidentin oder vom Präsidenten, im Falle ihrer oder seiner Verhinderung von ihrem oder seinem Vertreter (§ 5 Abs. 3) unter Anschluss einer Tagesordnung einzuberufen und zu leiten. Im Übrigen sind auf die Geschäftsführung des Geschäftsverteilungsausschusses die Bestimmungen des RStDG über die Personalsenate sinngemäß anzuwenden. Das Protokoll über die Sitzungen ist allen Richterinnen und Richtern (§ 3 Abs. 1) zugänglich zu machen.

(BGBl I 2022/108)

(7a) Die Leiterin oder der Leiter der Sitzung kann die Beratung und Abstimmung im Umlaufweg unter Verwendung geeigneter technischer Kommunikationsmittel anordnen, wenn dies zur Verfahrensbeschleunigung zweckmäßig ist, die

Sache eine Sitzung nicht erfordert und kein Mitglied die Anberaumung einer Sitzung beantragt. Das Protokoll über die solcherart erfolgte Beratung und Abstimmung ist allen Richterinnen und Richtern (§ 3 Abs. 1) zugänglich zu machen.

(BGBl I 2020/96, BGBl I 2021/87, BGBl I 2022/108)

(8) Jede Richterin und jeder Richter (§ 3 Abs. 1) ist berechtigt, an den Geschäftsverteilungsausschuss Anträge zu stellen. Den anderen Richterinnen und Richtern steht es frei, zu diesen Anträgen Gegenanträge oder Abänderungsanträge zu stellen. Alle Anträge sind zu begründen. Der Geschäftsverteilungsausschuss kann beschließen, dass zu Sitzungen weitere Richterinnen und Richter beratend beigezogen werden.

(9) Der Geschäftsverteilungsausschuss kann einer Einzelrichterin oder einem Einzelrichter oder Senat eine ihr oder ihm zufallende Rechtssache durch Verfügung abnehmen, wenn die Einzelrichterin oder der Einzelrichter oder Senat verhindert oder wegen des Umfangs ihrer oder seiner Aufgaben an deren Erledigung innerhalb einer angemessenen Frist gehindert ist.

Personalsenat

§ 10. (1) Dem Personalsenat obliegen die in diesem Gesetz und die im RStDG genannten Aufgaben, soweit das BFGG nicht anderes bestimmt.

(2) Der Personalsenat besteht aus der Präsidentin oder dem Präsidenten, der Vizepräsidentin oder dem Vizepräsidenten sowie weiteren fünf von der Vollversammlung aus ihrer Mitte auf die Dauer von vier Jahren gewählten Mitgliedern (Wahlmitglieder). Wiederbestellungen sind zulässig. Für die Wahlmitglieder sind von der Vollversammlung aus ihrer Mitte 15 Ersatzmitglieder zu wählen. Im Übrigen gelten hinsichtlich der Zusammensetzung der Wahl und der Geschäftsführung des Personalsenates die Bestimmungen des Richter- und Staatsanwaltsdienstrechtsgesetzes – RStDG, BGBl. Nr. 305/1961, über den Personalsenat.

(BGBl I 2019/103)

(3) Dem Personalsenat obliegt die Wahl der Senatsvorsitzenden auf sechs Jahre über Vorschlag der Präsidentin oder des Präsidenten sowie deren Abberufung aus wichtigen dienstlichen Gründen. Die Wahl bedarf der Zustimmung der betroffenen Richterin oder des betroffenen Richters.

(4) Der Personalsenat kann beschließen, dass zu Sitzungen weitere Richterinnen und Richter beratend beigezogen werden.

Kammern

§ 11. (1) Die Vollversammlung hat in der Geschäftsverteilung insbesondere nach fachlichen Bezügen (Geschäftsgebieten) Kammern einzurichten und diesen Richterinnen und Richter zuzuweisen.

(2) Die Präsidentin oder der Präsident hat aus dem Kreis der Richterinnen und Richter des Bundesfinanzgerichtes (§ 3 Abs. 1) nach Anhörung des Personalsenates Kammervorsitzende für die Dauer von sechs Jahren zu bestellen. Die Bestellung bedarf der Zustimmung der betroffenen Richterin oder des betroffenen Richters. Der Kammervorsitzende kann von der Präsidentin oder vom Präsidenten jederzeit aus wichtigen dienstlichen Gründen abberufen werden. § 7 Abs. 3 ist sinngemäß anzuwenden.

(3) Die oder der Kammervorsitzende leitet die Kammer. Ferner wirken die Vorsitzenden von Fachkammern an der redaktionellen Bearbeitung der zu veröffentlichenden Entscheidungen (§ 22) mit. Unbeschadet der richterlichen Unabhängigkeit der oder des Kammervorsitzenden als Richterinnen oder Richter des Bundesfinanzgerichtes unterliegt sie oder er in Ausübung der Aufgaben als Kammervorsitzende oder Kammervorsitzender den Weisungen der Präsidentin oder des Präsidenten. Die Präsidentin oder der Präsident hat für einen regelmäßigen fachlichen Meinungsaustausch zwischen den Kammervorsitzenden Sorge zu tragen. Eine Kammervorsitzende oder ein Kammervorsitzender kann auch mehrere Kammern leiten.

(4) Die Kammern können Versammlungen aus den ihnen zugewiesenen Richterinnen und Richtern zur Vorbereitung von Beschlussfassungen abhalten (§ 8 Abs. 9).

Senate

§ 12. (1) Das Bundesfinanzgericht entscheidet durch Einzelrichterinnen und Einzelrichter und durch Senate.

(2) Der Senat besteht aus zwei Richtern (§ 3 Abs. 1), wobei eine Richterin oder ein Richter aus dem Kreis der Senatsvorsitzenden (Abs. 3) kommt, sowie zwei fachkundigen Laienrichterinnen oder Laienrichtern (§ 4).

(3) Die Senatsvorsitzenden werden vom Personalsenat gewählt (§ 10 Abs. 3). Die Geschäftsverteilung hat zu bestimmen, wer einen Senatsvorsitzenden vertritt. Ein Senatsvorsitzender kann auch mehrere Senate leiten. Präsidentin oder Präsident und Vizepräsidentin oder Vizepräsident sind kraft Amtes Senatsvorsitzende.

(4) In der Geschäftsverteilung (§ 13) ist bei der Betrauung der Senatsvorsitzenden und der richterlichen Beisitzerinnen und Beisitzer mit der weiteren Funktion einer Einzelrichterin oder eines Einzelrichters auf ihre Tätigkeit in der Rechtsprechung im Senatsverfahren Bedacht zu nehmen.

(5) Die Geschäftsverteilung hat festzulegen, welche Richterin oder welcher Richter Berichterstatterin oder Berichterstatter im Senat ist, und für den Fall, dass die oder der Senatsvorsitzende demnach auch Berichterstatterin oder Berichterstatter ist, das zweite Mitglied des Senates. Die Geschäftsverteilung hat ferner festzulegen, wer bei Wegfall der Senatszuständigkeit als Einzelrichterin oder Einzelrichter zu entscheiden hat.

(6) In Angelegenheiten, die unmittelbar von den Abgabenbehörden des Bundes besorgt werden, hat die Geschäftsverteilung zu beachten, dass je eine fachkundige Laienrichterin oder ein fachkundiger Laienrichter von einer gesetzlichen Berufsvertretung selbständiger Berufe und von einer

gesetzlichen Berufsvertretung unselbständiger Berufe entsendet sein muss. In Angelegenheiten, die unmittelbar von den Finanzstrafbehörden des Bundes besorgt werden, wird die Besetzung der fachkundigen Laienrichterinnen oder Laienrichter im Finanzstrafgesetz geregelt.

(7) Fachkundige Laienrichterinnen und Laienrichter haben Anspruch auf
1. Ersatz der Reise- und Aufenthaltskosten sowie auf Entschädigung für Zeitversäumnis entsprechend den für Zeugen geltenden Bestimmungen des Gebührenanspruchsgesetzes (GebAG), BGBl. Nr. 136/1975;
2. die Hälfte des im § 18 Abs. 1 Z 1 GebAG jeweils genannten Betrags als Entschädigung für Zeitversäumnis unabhängig vom Vorliegen eines Vermögensnachteils.

3. Abschnitt
Geschäftsverteilung

Geschäftsverteilung

§ 13. (1) Die vom Bundesfinanzgericht zu besorgenden Geschäfte sind durch den Geschäftsverteilungsausschuss (§ 9) auf die Einzelrichterinnen und Einzelrichter und die Senate für jeweils ein Kalenderjahr im Voraus zu verteilen.

(2) Vor Ablauf eines Kalenderjahres hat der Geschäftsverteilungsausschuss jeweils für das nächste Kalenderjahr eine Geschäftsverteilung und eine Geschäftsverteilungsübersicht zu beschließen; für Finanzstrafsachen wird der Zeitraum der Gültigkeit der Geschäftsverteilung im Finanzstrafgesetz festgelegt. Zuvor können Versammlungen der den Kammern und den Dienststellen zugeordneten Richterinnen und Richter (§ 8 Abs. 9) durchgeführt werden. Diese Versammlungen können Vorschläge für die zu beschließende Geschäftsverteilung erstatten. Sind zwei oder mehrere Kammern ausschließlich für eine Dienststelle eingerichtet, hat die Versammlung der dieser Dienststelle zugeordneten Richterinnen und Richter zu trachten, einen gemeinsamen Vorschlag für diese Kammern herbeizuführen. Weicht der Geschäftsverteilungsausschuss von diesen Vorschlägen ab oder liegen unterschiedliche Vorschläge vor, hat er seine Entscheidung im Sitzungsprotokoll (§ 9 Abs. 7) zu begründen.

(3) Die Geschäftsverteilung hat zu bestimmen:
1. die Dienststelle einer jeden Richterin und eines jeden Richters (Arbeitsplatz in der Dienststelle am Sitz oder in einer Außenstelle), wobei den Richterinnen und Richtern ein Arbeitsplatz in der jeweils anderen Dienststelle nur mit ihrer Zustimmung zugewiesen werden darf;
2. allgemeine Grundsätze der Geschäftsverteilung, wie die nähere Gliederung der Rechtssachen, die Festlegung von Verfahrenskategorien, die Abgrenzung von Zuständigkeiten, die Regelung von Kompetenzkonflikten oder die Regelung der Entscheidung über Ablehnungsanträge (§ 268 der Bundesabgabenordnung (BAO), BGBl. Nr. 194/1961);
3. die Einrichtung von Kammern (§ 11) und ihre Geschäftsgebiete sowie die in den einzelnen Kammern zusammengefassten Einzelrichterinnen und Einzelrichter und Senate (§ 12);
4. die Vorsitzenden und richterlichen Beisitzerinnen und Beisitzer der Senate (§ 12 Abs. 2) sowie die Ersatzmitglieder (Stellvertreter, Ersatzbeisitzerinnen und Ersatzbeisitzer) und die Reihenfolge, in der diese einzutreten haben;
5. die aus dem Kreis der fachkundigen Laienrichterinnen und Laienrichter (§ 4) beizuziehenden Beisitzerinnen und Beisitzer der Senate (§ 12 Abs. 2) sowie die Ersatzmitglieder (Stellvertreter, Ersatzbeisitzerinnen und Ersatzbeisitzer) und die Reihenfolge, in der diese einzutreten haben;
6. die Verteilung der dem Bundesfinanzgericht zufallenden gerichtlichen Geschäfte (§ 1) auf die Einzelrichterinnen und Einzelrichter und Senate.

(4) Die Präsidentin oder der Präsident hat den Entwurf einer Geschäftsverteilung für das nächste Kalenderjahr vom 2. November bis einschließlich 25. November zur Einsicht aufzulegen (Einsichtsfrist). Jede Richterin und jeder Richter des Bundesfinanzgerichtes ist berechtigt, während der Einsichtsfrist schriftliche Einwendungen gegen den Entwurf zu erheben. Die Einwendungen müssen eine Begründung und einen Abänderungsantrag enthalten. Der Geschäftsverteilungsausschuss hat vor dem Geschäftsverteilungsbeschluss über die Einwendungen zu beraten. Eine abgesonderte Beschlussfassung über die Einwendungen hat zu unterbleiben. Soweit der Geschäftsverteilungsbeschluss vom Entwurf abweicht oder Einwendungen nicht berücksichtigt, ist zu begründen. Die Begründung ist möglichst bald nach der Beschlussfassung, jedenfalls jedoch in der Zeit vom 2. bis einschließlich 15. Jänner zur Einsicht bereit zu halten.

(5) Die Verteilung der Geschäfte nach Abs. 3 Z 6 hat so zu erfolgen, dass insgesamt eine möglichst gleichmäßige Auslastung aller Einzelrichterinnen und Einzelrichter und Senate des Bundesfinanzgerichtes erreicht wird. Zur Ermöglichung einer einheitlichen Entscheidungspraxis sollen, soweit dies zweckmäßig ist, Rechtssachen nach fachlichen Bezügen zusammengefasst werden.

(6) In der Geschäftsverteilung ist die Wahrnehmung von Vertretungsaufgaben oder von Aufgaben der Justizverwaltung entsprechend zu berücksichtigen.

(7) Die Geschäftsverteilung hat eine die Rechtsschutzinteressen der Parteien wahrende Rechtspflege sicherzustellen.

(8) In welchen Fällen sich eine Richterin oder ein Richter oder eine fachkundige Laienrichterin oder ein fachkundiger Laienrichter wegen Befangenheit der Ausübung ihres oder seines Amtes zu enthalten hat, regeln die Abgabenverfahrensvor-

schriften und das Finanzstrafgesetz. Gleiches gilt für die Ablehnung.

(9) Wegen Veränderungen im Personalstand, wegen Überlastung oder zu geringer Beschäftigung einzelner Richterinnen und Richter oder Senate oder aus anderen wichtigen Gründen kann die Geschäftsverteilung vom Geschäftsverteilungsausschuss auch während eines Kalenderjahres im Voraus geändert werden.

(10) Beschließt der Geschäftsverteilungsausschuss nötige Änderungen der Geschäftsverteilung im Sinne des Abs. 9 nicht innerhalb von sechs Wochen, hat die Präsidentin oder der Präsident diese Änderungen durch Erlassung einer vorläufigen Geschäftsverteilung vorzunehmen. In diesem Fall hat die Präsidentin oder der Präsident unverzüglich den Geschäftsverteilungsausschuss zur Beschlussfassung über die endgültige Geschäftsverteilung zu einer Sitzung einzuberufen, die spätestens vier Wochen nach Erlassung der vorläufigen Geschäftsverteilung stattzufinden hat. Mit der Beschlussfassung über die endgültige Geschäftsverteilung tritt die vorläufige Geschäftsverteilung außer Kraft.

(11) Hat der Geschäftsverteilungsausschuss bis zum Ablauf des Kalenderjahres keine Geschäftsverteilung beschlossen, gilt die bisherige Geschäftsverteilung bis zur Beschlussfassung über eine neue Geschäftsverteilung weiter.

(12) Die Geschäftsverteilung ist von der Präsidentin oder vom Präsidenten auf geeignete Weise elektronisch bereitzustellen.

(BGBl I 2022/108)

(13) Der Sitz und die Außenstellen gelten als Dienststellen im Sinn des § 13 des Volksgruppengesetzes (VoGrG), BGBl. Nr. 396/1976.

(14) Die Geschäftsverteilungsübersicht ist nach der aufsteigenden Nummerierung der Gerichtsabteilungen (§ 14) zu gliedern. In ihr sind auszuweisen:
1. die Namen der Einzelrichterinnen und Einzelrichter und ihrer Vertreterinnen und Vertreter;
2. die Namen der Vorsitzenden und Beisitzer der Senate sowie die Namen der Stellvertreterinnen und Stellvertreter und Ersatzbeisitzerinnen und Ersatzbeisitzer;
3. die den Einzelrichterinnen und Einzelrichtern und Senaten zugewiesenen Geschäftsgebiete.

(15) Die Geschäftsverteilungsübersicht ist von der Präsidentin oder vom Präsidenten auf geeignete Weise elektronisch bereitzustellen.

(BGBl I 2022/108)

Gerichtsabteilungen

§ 14. Für jede Einzelrichterin und jeden Einzelrichter und Senat ist eine Gerichtsabteilung zu eröffnen. Für die Präsidentin oder den Präsidenten, die Vizepräsidentin oder den Vizepräsidenten sind mit deren Zustimmung Gerichtsabteilungen zu eröffnen. Die Geschäftsverteilung des Bundesfinanzgerichtes hat auch Regelungen für die Vertretung der einzelnen Gerichtsabteilungen zu enthalten, wobei für die Leiterin oder den Leiter der Gerichtsabteilung eine ausreichende Zahl von Vertreterinnen und Vertretern und die Reihenfolge, in der die Vertreterinnen und Vertreter einzutreten haben, zu bestimmen sind.

4. Abschnitt
Führung der Geschäfte des Bundesfinanzgerichtes

Präsidialbüro

§ 15. (1) Das Präsidialbüro hat die Präsidentin oder den Präsidenten und die Vizepräsidentin oder den Vizepräsidenten sowie die Leiterinnen und Leiter der Außenstellen bei der Besorgung der ihnen nach § 5 zukommenden Aufgaben zu unterstützen.

(2) Der Leiterin oder dem Leiter des Präsidialbüros obliegen nach Maßgabe der Vorgaben der Präsidentin oder des Präsidenten die Organisation und die Überwachung der Tätigkeit des Präsidialbüros.

Controllingstelle

§ 16. (1) Die Controllingstelle hat die Grundlagen zur Feststellung der Erreichung der Ziele des Bundesfinanzgerichtes zu liefern. Dabei ist die Einhaltung der Grundsätze der Einfachheit, Raschheit, Zweckmäßigkeit und Wirtschaftlichkeit sicherzustellen.

(2) Der Leiterin oder dem Leiter der Controllingstelle obliegen nach Maßgabe der Vorgaben der Präsidentin oder des Präsidenten die Organisation und die Überwachung der Tätigkeit der Controllingstelle.

(3) Die Präsidentin oder der Präsident hat unter ihrer oder seiner Verantwortung eine Controllingstelle einzurichten. Die Controllingstelle unterstützt die Organe des Bundesfinanzgerichtes bei voller Wahrung der richterlichen Unabhängigkeit bei ihren Entscheidungen, indem sie insbesondere die Auslastung und Effizienz und die Funktionstüchtigkeit des inneren Betriebs des Bundesfinanzgerichtes sowie dessen aufbau- und ablauforganisatorischen Gegebenheiten in Form eines begleitenden Controllings untersucht, Abweichungen vom Sollzustand feststellt und ihre Ursachen analysiert. Bei der Erstattung von Empfehlungen und Vorschlägen ist darauf zu achten, dass auch nicht der Anschein einer Einflussnahme auf den Bereich entsteht, der in Gerichtsverfahren der Rechtsprechung vorbehalten ist.

Evidenzstelle

§ 17. (1) Die Evidenzstelle hat alle Erkenntnisse und Beschlüsse des Bundesfinanzgerichtes in übersichtlicher Art und Weise zu dokumentieren, um dadurch eine einheitliche Entscheidungspraxis bei voller Wahrung der Unabhängigkeit der Richter zu ermöglichen.

(2) Der Leiterin oder dem Leiter der Evidenzstelle obliegen nach Maßgabe der Vorgaben der Präsidentin oder des Präsidenten die Organisation und die Überwachung der Tätigkeit der Evidenzstelle.

Geschäftsstellen

§ 18. (1) Die Geschäftsstellen sind mit der Besorgung der Kanzleigeschäfte des Bundesfinanzgerichtes betraut und zur Unterstützung der Richterinnen und Richter des Bundesfinanzgerichtes berufen. Am Sitz und an jeder Außenstelle ist jeweils eine Geschäftsstelle eingerichtet, eine Untergliederung in Geschäftsabteilungen ist zulässig.

(2) Jede Geschäftsstelle wird von einer Vorsteherin oder einem Vorsteher geleitet. Die Vorsteherin oder der Vorsteher der Geschäftsstelle hat nach den Weisungen der Präsidentin oder des Präsidenten und an den Außenstellen auch nach den Weisungen der Leiterin oder des Leiters der Außenstelle den gesamten Dienst in der Geschäftsstelle zu leiten und die Präsidentin oder den Präsidenten und die Leiterin oder den Leiter der Außenstelle zu unterstützen.

(3) Inwieweit Bedienstete der Geschäftsstelle als Schriftführerin oder Schriftführer oder zur Vorbereitung von Entscheidungen heranzuziehen sind, bestimmt die Geschäftsordnung.

(4) Die Bestimmungen über die ordnungsgemäße Geschäftsführung für den Bereich der Außenstelle unter der Verantwortung der Leiterin oder des Leiters sind in der Geschäftsordnung zu treffen.

5. Abschnitt
Controlling und Berichtswesen

Controlling

§ 19. Zur Sicherstellung einer zweckmäßigen, wirtschaftlichen, sparsamen und effizienten Besorgung der Aufgaben des Bundesfinanzgerichtes sind die Controllingstelle (§ 16) und der Geschäftsverteilungsausschuss (§ 9) berufen.

Berichtswesen

§ 20. (1) Die Richterinnen und Richter des Bundesfinanzgerichts haben der Präsidentin oder dem Präsidenten im Wege der Veranlassung der entsprechenden kanzleimäßigen Verbuchung (Endverfügung) laufend über die Anzahl der von ihnen erledigten Rechtssachen, gegliedert nach Verfahrenskategorien, und die Art der in diesen Rechtssachen getroffenen Erledigung zu berichten (Erledigungsausweis) und alle anhängigen Rechtssachen auszuweisen (Geschäftsausweis).

(2) Im Einzelfall haben die Richterinnen und Richter der Präsidentin oder dem Präsidenten auf begründetes Ersuchen gesondert zu berichten.

Tätigkeitsbericht

§ 21. (1) Das Bundesfinanzgericht hat für jedes Kalenderjahr einen Bericht über seine Tätigkeit und die dabei gesammelten Erfahrungen zu verfassen.

(2) Die Präsidentin oder der Präsident hat den Entwurf eines Tätigkeitsberichts dem Geschäftsverteilungsausschuss, dieser einen hierauf gegründeten Entwurf der Vollversammlung zur Beschlussfassung vorzulegen.

(3) Der von der Vollversammlung beschlossene Tätigkeitsbericht ist von der Präsidentin oder vom Präsidenten der Bundesministerin oder dem Bundesminister für Finanzen vorzulegen. Aus Anlass der Vorlage des Tätigkeitsberichtes hat die Präsidentin oder der Präsident auch über personelle und sachliche Erfordernisse zu berichten.

(4) Der Tätigkeitsbericht (§ 21 Abs. 3 zweiter Satz) ist von der Präsidentin oder vom Präsidenten gleichzeitig mit der Bundesministerin oder dem Bundesminister für Finanzen jeder Richterin und jedem Richter zu übermitteln.

6. Abschnitt
Evidenzierung und Veröffentlichung der Entscheidungen

Evidenzierung

§ 22. (1) Die laufende Evidenzierung obliegt der Evidenzstelle (§ 17).

(2) An der Evidenzierung wirken die Richterinnen und Richter des Bundesfinanzgerichts mit. Sie haben insbesondere unter Verwendung der hierfür bereit gestellten elektronischen Hilfsmittel ihre Entscheidungen so vorzubereiten, dass die Übernahme einer anonymisierten Ausfertigung in die elektronische Entscheidungsdokumentation ohne nachträgliche Bearbeitung möglich ist, und die Entscheidungen für die elektronische Entscheidungsdokumentation gegebenenfalls mit redaktionellen Hinweisen zu versehen. Die Kammervorsitzenden und gegebenenfalls weitere Richterinnen und Richter unterstützen darüber hinausgehend die Leiterin oder den Leiter der Evidenzstelle bei der Evidenzierung.

(3) Unbeschadet ihrer richterlichen Unabhängigkeit unterliegen die Richterinnen und Richter in Ausübung der Aufgaben der Evidenzierung (Abs. 2), ausgenommen jener nach § 23 Abs. 4, den Weisungen der Präsidentin oder des Präsidenten.

(4) Ausführende Regelungen sind in der Geschäftsordnung zu treffen.

Veröffentlichung der Entscheidungen

§ 23. (1) Die Bundesministerin oder der Bundesminister für Finanzen hat die Erkenntnisse und Beschlüsse des Bundesfinanzgerichts (Volltexte, soweit vorhanden Rechtssätze) der Öffentlichkeit im Internet unentgeltlich zugänglich zu machen.

(2) Bei der Veröffentlichung sind personenbezogene Daten nur soweit unkenntlich zu machen, als es die berechtigten Interessen der Parteien an der Geheimhaltung dieser Daten gebieten (wie etwa Umstände des Privat- und Familienlebens, Steuergeheimnis), ohne hiedurch die Verständlichkeit der Entscheidung zu beeinträchtigen.

(3) Eine Veröffentlichung hat zu unterbleiben, wenn im Einzelfall wesentliche Interessen der Parteien oder wesentliche öffentliche Interessen entgegenstehen. Die Veröffentlichung von Formalbeschlüssen sowie von Erkenntnissen ohne besondere rechtliche Bedeutung insbesondere betreffend Verwaltungsübertretungen kann unterbleiben.

(4) Der Ausschluss der Veröffentlichung ist von jedem Organ, das die Entscheidung getroffen hat,

zu verfügen. Dieses hat bei zu veröffentlichenden Entscheidungen festzulegen, welche personenbezogenen Daten unkenntlich zu machen sind; die Festlegung kann bei einem Senat einem Mitglied ganz oder teilweise übertragen werden.

(5) Ausführende Regelungen sind in der Geschäftsordnung zu treffen.

(6) Die Bundesministerin oder der Bundesminister für Finanzen ist ermächtigt, durch Verordnung nähere Bestimmungen im Hinblick auf technische Standards der Entscheidungsdokumentation festzulegen.

2. Teil
Verfahren und Vollstreckung

Verfahren

§ 24. (1) Das Verfahren vor dem Bundesfinanzgericht ist in der BAO, im Zollrechts-Durchführungsgesetz (ZollR-DG), BGBl. Nr. 659/1994, im Finanzstrafgesetz (FinStrG), BGBl. Nr. 129/1958, sowie in § 42 EU-BStbG geregelt. Für gemäß Art. 131 Abs. 5 B-VG dem Bundesfinanzgericht übertragene Rechtsmittel betreffend Verwaltungsübertretungen ist das Verfahren im Verwaltungsgerichtsverfahrensgesetz (VwGVG), BGBl. I Nr. 33/2013, geregelt. Die Vollstreckung diesbezüglicher Erkenntnisse und Beschlüsse hat nach den Bestimmungen des Verwaltungsvollstreckungsgesetzes 1991 zu erfolgen. Für Beschwerden nach § 1 Abs. 3 Z 2 ist das Verfahren im VwGVG geregelt. Für Datenverarbeitung im Anwendungsbereich der DSGVO in Ausübung der gerichtlichen Zuständigkeiten gelten unabhängig vom anzuwendenden Verfahrensrecht die Bestimmungen der §§ 48d bis 48i BAO sinngemäß.

(BGBl I 2019/62)

(2) Die von den Richterinnen und Richtern im Verfahren zu verwendenden elektronischen Formulare sind in der Geschäftsordnung zu regeln.

(3) Wer im Senatsverfahren die Ausfertigung der Entscheidung auszuarbeiten hat, ist in der Geschäftsordnung zu regeln.

(4) Die Erkenntnisse sind im Namen der Republik zu verkünden und auszufertigen.

(5) Nach Maßgabe der vorhandenen technischen und organisatorischen Voraussetzungen hat die Vorlage von Akten sowie die Einbringung von behördlichen Schriftsätzen samt Beilagen in elektronischer Form zu erfolgen. Ausfertigungen behördlicher Schriftsätze in elektronischer Form sind mit einer Amtssignatur gemäß § 19 des E-Government-Gesetzes, BGBl. I Nr. 10/2004, zu versehen.

(AbgÄG 2023, BGBl I 2023/110)

(6) Die §§ 1 bis 14 und 15a bis 15c GOG sind sinngemäß anzuwenden.

(BGBl I 2021/87)

(7) Nach Maßgabe der vorhandenen technischen und organisatorischen Voraussetzungen können Zustellungen elektronisch vorgenommen werden. Elektronische Zustellungen an den Bundesminister für Finanzen, die Finanzämter, das Zollamt Österreich und das Amt für Betrugsbekämpfung haben über das IT-Verfahren „BFG-Schnittstelle Abgabenbehörde" nach den Bestimmungen der BAO zu erfolgen. Andere elektronische Zustellungen haben nach dem 3. Abschnitt des Zustellgesetzes (ZustG), BGBl. Nr. 200/1982, über ein Zustellsystem gemäß § 28 Abs. 3 ZustG vorzunehmen.

(BGBl I 2019/104; AbgÄG 2023, BGBl I 2023/110)

(8) § 25 Abs. 1 ZustG gilt mit der Maßgabe, dass an die Stelle der Kundmachung an der Amtstafel des Bundesfinanzgerichtes die elektronische Veröffentlichung auf der Website des Bundesfinanzgerichtes tritt.

(BGBl I 2022/108)

Datenschutzbeschwerde

§ 24a. (1) Wer durch das Bundesfinanzgericht in Ausübung seiner gerichtlichen Zuständigkeiten in seinen Rechten gemäß der DSGVO verletzt zu sein behauptet, kann die Feststellung dieser Verletzung begehren (Datenschutzbeschwerde).

(2) Die Datenschutzbeschwerde hat zu enthalten:
1. die Bezeichnung des als verletzt erachteten Rechts,
2. den Sachverhalt, aus dem die Rechtsverletzung abgeleitet wird,
3. die Gründe, auf die sich die Behauptung der Rechtswidrigkeit stützt,
4. das Begehren, die behauptete Rechtsverletzung festzustellen und
5. die Angaben, die erforderlich sind, um zu beurteilen, ob die Beschwerde rechtzeitig eingebracht worden ist.

(3) Der Anspruch auf Behandlung einer Beschwerde erlischt, wenn der Einschreiter sie nicht binnen eines Jahres, nachdem er Kenntnis von dem beschwerenden Ereignis erlangt hat, längstens aber binnen drei Jahren, nachdem das Ereignis behaupteter Maßen stattgefunden hat, einbringt.

(4) Über die Datenschutzbeschwerde entscheidet ein Senat des Bundesfinanzgerichtes. Abweichend von § 12 Abs. 2 besteht dieser Senat aus drei Richtern (§ 3 Abs. 1), wobei mindestens eine Richterin oder ein Richter aus dem Kreis der Senatsvorsitzenden (§ 12 Abs. 3) kommt.

(5) Auf das Verfahren über eine Datenschutzbeschwerde sind die §§ 256 Abs. 1 und 3, 260 Abs. 1, 268, 269 Abs. 1 und 3, 272 bis 277 und 280 BAO sinngemäß anzuwenden.

(BGBl I 2018/62)

Vollstreckung

§ 25. (1) Wenn das Bundesfinanzgericht einer Beschwerde stattgegeben hat, sind die Verwaltungsbehörden verpflichtet, in dem betreffenden Fall mit den ihnen zu Gebote stehenden rechtlichen Mitteln unverzüglich den der Rechtsanschauung des Bundesfinanzgerichtes entsprechenden Rechtszustand herzustellen.

(2) Soweit dies nicht in der BAO, im ZollR-DR oder im FinStrG geregelt ist, hat das Bundesfinanzgericht in seiner Entscheidung zu bestimmen, welche Abgabenbehörde oder Finanzstrafbehörde die Entscheidung zu vollstrecken hat.

3. Teil
Schlussbestimmungen
Verweisungen

§ 26. Soweit in diesem Bundesgesetz auf Bestimmungen anderer Bundesgesetze verwiesen wird, sind diese in ihrer jeweils geltenden Fassung anzuwenden.

Inkrafttreten

§ 27. (1) § 1 tritt mit 1. Jänner 2014 in Kraft. Gleichzeitig tritt das Bundesgesetz über den unabhängigen Finanzsenat (UFS-Gesetz – UFSG), BGBl. I Nr. 97/2002, zuletzt geändert durch das Bundesgesetz BGBl. I Nr. 51/2012, außer Kraft.

(BGBl I 2016/117)

(2) § 24 Abs. 5 in der Fassung des Bundesgesetzes BGBl. I Nr. 117/2016 tritt mit 1. Jänner 2017 in Kraft.

(BGBl I 2016/117)

(3) § 24 in der Fassung des Bundesgesetzes, BGBl. I Nr. 104/2018, tritt mit Beginn des siebenten auf den Tag der Kundmachung der Verfügbarkeit des Teilnehmerverzeichnisses gemäß § 28a Abs. 3 ZustG durch den Bundesminister für Digitalisierung und Wirtschaftsstandort folgenden Monats in Kraft.

(BGBl I 2018/104)

(4) § 1 Abs. 3 Z 4 und Z 5 und § 24 Abs. 1 in der Fassung des Bundesgesetzes BGBl. I Nr. 62/2019 treten mit 1. September 2019 in Kraft.

(BGBl I 2019/62)

(5) § 1 Abs. 2 und 3 und § 24 Abs. 7, jeweils in der Fassung des Bundesgesetzes BGBl. I Nr. 104/2019 treten mit 1. Juli 2020 in Kraft.

(BGBl I 2019/104)

(6) § 9 Abs. 3 und 4 sowie § 10 Abs. 2, jeweils in der Fassung des Bundesgesetzes BGBl. I Nr. 103/2019 ist erstmals auf jene Periode des Geschäftsverteilungsausschusses anzuwenden, die im Jahr 2020 beginnt.

(BGBl I 2019/103)

(7) § 9 Abs. 7a und 8 und § 24 Abs. 6 in der Fassung des Bundesgesetzes BGBl. I Nr. 87/2021 treten mit dem der Kundmachung folgenden Tag in Kraft.

(BGBl I 2021/87)

(8) § 13 Abs. 12 und 15 und § 24 Abs. 8, jeweils in der Fassung des Bundesgesetzes BGBl. I Nr. 108/2022, treten mit 1. Jänner 2023 in Kraft.

(BGBl I 2022/108)

Übergangsbestimmungen

§ 28. (1) Die Bundesministerin oder der Bundesminister für Finanzen hat die für eine unverzügliche Aufnahme der Tätigkeit des Bundesfinanzgerichtes erforderlichen organisatorischen und personellen Maßnahmen gemäß Art. 151 Abs. 51 B-VG bereits ab Ablauf des Tages der Kundmachung dieses Bundesgesetzes zu treffen.

(2) Die Präsidentin oder der Präsident hat möglichst bis 30. Juni 2013 einen Entwurf einer Geschäftsordnung und einer Geschäftsverteilung zu erstellen. Die Wahl- und Ersatzmitglieder des ersten Geschäftsverteilungsausschusses sind möglichst bis 30. Juni 2013 durch die im Zeitpunkt der Wahl dem Bundesfinanzgericht ab 1. Jänner 2014 gemäß Art. 151 Abs. 51 Z 3 und Z 4 B-VG angehörigen Richterinnen und Richter zu wählen (§ 9 Abs. 3 und 4). Der Geschäftsverteilungsausschuss hat möglichst bis 30. November 2013 die erste Geschäftsverteilung für den Tätigkeitszeitraum ab dem 1. Jänner 2014 zu beschließen. Für diese erste Geschäftsverteilung ist § 13 Abs. 4 mit der Maßgabe sinngemäß anzuwenden, dass als Einsichtsfrist der 1. bis 30. September 2013 festgelegt wird. Die Vollversammlung der im Sitzungszeitpunkt dem Bundesfinanzgericht ab 1. Jänner 2014 gemäß Art. 151 Abs. 51 Z 3 und Z 4 B-VG angehörigen Richterinnen und Richter hat möglichst bis 30. Juni 2013 die Geschäftsordnung (§ 8 Abs. 2 Z 2) zu beschließen und die von ihr zu wählenden Mitglieder und Ersatzmitglieder des ersten Personalsenates (§ 8 Abs. 2 Z 4), des ersten Senates, der als Dienstgericht für die Richterinnen und Richter des Bundesfinanzgerichtes fungiert (§ 8 Abs. 2 Z 5) und des ersten Senates, der als Disziplinargericht für die Richterinnen und Richter des Bundesverwaltungsgerichtes fungiert (§ 8 Abs. 2 Z 6) zu wählen. Der Personalsenat hat möglichst bis 31. August 2013 die Wahl der Senatsvorsitzenden (§ 10 Abs. 3) vorzunehmen.

(3) Der unabhängige Finanzsenat hat für das Jahr 2013 keinen Tätigkeitsbericht mehr zu erstellen.

(4) Beim unabhängigen Finanzsenat am 31. Dezember 2013 im Geschäftsbereich Steuern und Beihilfen sowie Zoll (§ 1 Abs. 2 UFSG) anhängig gewesene Rechtssachen sollen, soweit gemäß § 270 Abs. 3 BAO eine Referentin oder ein Referent bestellt wurde, tunlichst auf diesen als Einzelrichterin oder Einzelrichter oder Berichterstatterin oder Berichterstatter im Senat übergehen, sofern diese oder dieser als Richterin oder Richter übergeleitet wurde.

(5) Die §§ 4 bis 6 und 8 bis 10 des Verwaltungsgerichtsbarkeits-Übergangsgesetzes, BGBl. I Nr. 33/2013, gelten sinngemäß für jene Angelegenheiten, die in die Zuständigkeit des Bundesfinanzgerichtes fallen. Werden Revisionen ungeachtet des § 4 Abs. 5 erster Satz des Verwaltungsgerichtsbarkeits-Übergangsgesetzes beim Bundesfinanzgericht rechtzeitig eingebracht, gelten sie auch gegenüber dem Verwaltungsgerichtshof als rechtzeitig eingebracht; sie sind vom Bundesfinanzgericht unverzüglich an den Verwaltungsgerichtshof weiterzuleiten.

(6) Bis zum Ablauf des 31. Dezember 2020 ist § 323c Abs. 4 BAO auf Verfahren über Datenschutzbeschwerden sinngemäß anzuwenden.
(BGBl I 2020/96)

Erstbesetzung des Bundesfinanzgerichtes
§ 29. (1) Mitglieder des unabhängigen Finanzsenates können bis spätestens 31. Dezember 2012 im Dienstweg bei der Bundesministerin für Finanzen oder beim Bundesminister für Finanzen schriftlich die Ernennung zur Richterin oder zum Richter des Bundesfinanzgerichtes beantragen. Sind über Art. 151 Abs. 51 Z 3 und 4 B-VG hinausgehend weitere richterliche Planstellen zu besetzen, so sind diese von der Präsidentin oder vom Präsidenten des Bundesfinanzgerichtes auszuschreiben. Die Ausschreibung ist auf der beim Bundeskanzleramt eingerichteten Website „Karriere Öffentlicher Dienst" und zusätzlich im „Amtsblatt zur Wiener Zeitung" zu veröffentlichen. § 7 Abs. 3 des Ausschreibungsgesetzes 1989 (AusG), BGBl. Nr. 85, gilt. Bewerbungsgesuche sind innerhalb von zwei Wochen ab Kundmachung der Ausschreibung beim Bundesminister für Finanzen einzubringen.

(2) Die Richterinnen und Richter des Bundesfinanzgerichtes sind mit Wirksamkeit ab 1. Jänner 2014 zu ernennen. Richterinnen und Richter, die gemäß Art. 151 Abs. 51 Z 4 B-VG überzuleiten sind, sind auf eine Planstelle des Bundesfinanzgerichtes zu ernennen, die in der in der am 1. Jänner 2013 gültigen Geschäftsverteilung des unabhängigen Finanzsenates gemäß § 11 Abs. 2 zweiter Satz UFSG festgelegten Dienststelle des Mitglieds des unabhängigen Finanzsenates entspricht.

(3) Entsendungen nach den §§ 263 ff BAO in der Fassung vor dem Bundesgesetz BGBl. I Nr. 14/2013, gelten als für das Bundesfinanzgericht nach § 4 Abs. 2 bis 31. Dezember 2016 erfolgt.

Vollziehung
§ 30. Mit der Vollziehung dieses Bundesgesetzes ist die Bundesministerin oder der Bundesminister für Finanzen betraut.

17/6. Bundes-Verfassungsgesetz (Auszug)

BGBl 1930/1 idF BGBl I 2022/222

Art. 133. (1) Der Verwaltungsgerichtshof erkennt über
1. Revisionen gegen das Erkenntnis eines Verwaltungsgerichtes wegen Rechtswidrigkeit;
2. Anträge auf Fristsetzung wegen Verletzung der Entscheidungspflicht durch ein Verwaltungsgericht;
3. Kompetenzkonflikte zwischen Verwaltungsgerichten oder zwischen einem Verwaltungsgericht und dem Verwaltungsgerichtshof.

(2) Durch Bundes- oder Landesgesetz können sonstige Zuständigkeiten des Verwaltungsgerichtshofes zur Entscheidung über Anträge eines ordentlichen Gerichtes auf Feststellung der Rechtswidrigkeit eines Bescheides oder eines Erkenntnisses eines Verwaltungsgerichtes vorgesehen werden.

(2a) Der Verwaltungsgerichtshof erkennt über die Beschwerde einer Person, die durch den Verwaltungsgerichtshof in Ausübung seiner gerichtlichen Zuständigkeiten in ihren Rechten gemäß der DSGVO verletzt zu sein behauptet.

(3) Rechtswidrigkeit liegt nicht vor, soweit das Verwaltungsgericht Ermessen im Sinne des Gesetzes geübt hat.

(4) Gegen ein Erkenntnis des Verwaltungsgerichtes ist die Revision zulässig, wenn sie von der Lösung einer Rechtsfrage abhängt, der grundsätzliche Bedeutung zukommt, insbesondere weil das Erkenntnis von der Rechtsprechung des Verwaltungsgerichtshofes abweicht, eine solche Rechtsprechung fehlt oder die zu lösende Rechtsfrage in der bisherigen Rechtsprechung des Verwaltungsgerichtshofes nicht einheitlich beantwortet wird. Hat das Erkenntnis nur eine geringe Geldstrafe zum Gegenstand, kann durch Bundesgesetz vorgesehen werden, dass die Revision unzulässig ist.

(5) Von der Zuständigkeit des Verwaltungsgerichtshofes ausgeschlossen sind Rechtssachen, die zur Zuständigkeit des Verfassungsgerichtshofes gehören.

(6) Gegen das Erkenntnis eines Verwaltungsgerichtes kann wegen Rechtswidrigkeit Revision erheben:
1. wer durch das Erkenntnis in seinen Rechten verletzt zu sein behauptet;
2. die belangte Behörde des Verfahrens vor dem Verwaltungsgericht;
3. der zuständige Bundesminister in den im Art. 132 Abs. 1 Z 2 genannten Rechtssachen;
4. (aufgehoben)

(7) Wegen Verletzung der Entscheidungspflicht kann einen Antrag auf Fristsetzung stellen, wer im Verfahren vor dem Verwaltungsgericht als Partei zur Geltendmachung der Entscheidungspflicht berechtigt zu sein behauptet.

(8) Wer in anderen als den in Abs. 6 genannten Fällen wegen Rechtswidrigkeit Revision erheben kann, bestimmen die Bundes- oder Landesgesetze.

(9) Auf die Beschlüsse der Verwaltungsgerichte sind die für ihre Erkenntnisse geltenden Bestimmungen dieses Artikels sinngemäß anzuwenden. Inwieweit gegen Beschlüsse der Verwaltungsgerichte Revision erhoben werden kann, bestimmt das die Organisation und das Verfahren des Verwaltungsgerichtshofes regelnde besondere Bundesgesetz.

17/7. EU-BStbG

17/7. EU-Besteuerungsstreitbeilegungsgesetz

EU-Besteuerungsstreitbeilegungsgesetz, BGBl I 2019/62 idF BGBl I 2022/108 (AbgÄG 2022)

GLIEDERUNG

1. Teil: Allgemeine Bestimmungen

1. Abschnitt: Allgemeines
- § 1. Umsetzung von Unionsrecht
- § 2. Anwendungsbereich
- § 3. Begriffsbestimmungen
- § 4. Sprachenregelung

2. Abschnitt: Ernennung der unabhängigen Personen für die Liste der Europäischen Union
- § 5. Liste der unabhängigen Personen
- § 6. Änderungen der Liste
- § 7. Pflichten der unabhängigen Person

2. Teil: Streitbeilegungsbeschwerde

1. Abschnitt: Einbringung der Streitbeilegungsbeschwerde
- § 8. Einbringung
- § 9. Inhalt
- § 10. Frist für die Einbringung
- § 11. Bestätigung des Eingangs
- § 12. Kommunikation mit den anderen betroffenen Mitgliedstaaten
- § 13. Wirkung der Streitbeilegungsbeschwerde

2. Abschnitt: Prüfung der Streitbeilegungsbeschwerde
- § 14. Ersuchen um zusätzliche Informationen
- § 15. Prüfung der Streitbeilegungsbeschwerde
- § 16. Frist für die Prüfung der Streitbeilegungsbeschwerde

3. Abschnitt: Zulassung der Streitbeilegungsbeschwerde durch den Beratenden Ausschuss
- § 17. Antrag auf Zulassung
- § 18. Prüfung des Antrags
- § 19. Einsetzung
- § 20. Vereinfachte Geschäftsordnung
- § 21. Prüfung der Zulassung durch den Beratenden Ausschuss

3. Teil: Verständigungsverfahren

1. Hauptstück: Gang des Verständigungsverfahrens
- § 22. Einleitung bei Zulassung der Streitbeilegungsbeschwerde durch alle zuständigen Behörden
- § 23. Einleitung bei Zulassung der Streitbeilegungsbeschwerde durch den Beratenden Ausschuss
- § 24. Frist für die Einigung
- § 25. Ersuchen um zusätzliche Informationen

2. Hauptstück: Beendigung des Verständigungsverfahrens

1. Abschnitt: Entscheidung
- § 26. Einigung im Verständigungsverfahren
- § 27. Mitwirkung der betroffenen Person
- § 28. Entscheidung im Verständigungsverfahren

2. Abschnitt: Sonstige Beendigung
- § 29. Beendigung durch Zeitablauf
- § 30. Beendigung durch Abbruch
- § 31. Beendigung durch Wegfall der Streitfrage

4. Teil: Schiedsgerichtliches Verfahren

1. Hauptstück: Antragstellung und Prüfung des Antrags
- § 32. Antrag auf Einsetzung eines Schiedsgerichtes
- § 33. Prüfung des Antrags
- § 34. Wegfall der Streitfrage
- § 35. Strafe oder Verbandsgeldbuße wegen eines Finanzvergehens
- § 36. Fehlende Doppelbesteuerung
- § 37. Kein Zugang zum schiedsgerichtlichen Verfahren

2. Hauptstück: Verfahren vor dem Beratenden Ausschuss

1. Abschnitt: Einsetzung des Beratenden Ausschusses
- § 38. Auswahl des Schiedsgerichtes
- § 39. Frist für die Einsetzung
- § 40. Einsetzung
- § 41. Auswahl der unabhängigen Person durch Los
- § 42. Benennung der unabhängigen Person durch Gericht

2. Abschnitt: Geschäftsordnung
- § 43. Geschäftsordnung
- § 44. Inhalt

3. Abschnitt: Stellungnahme des Beratenden Ausschusses
- § 46. Unabhängige Stellungnahme
- § 47. Frist für die Stellungnahme
- § 48. Beschlussfassung

3. Hauptstück: Verfahren vor dem Ausschuss für Alternative Streitbeilegung

1. Abschnitt: Einsetzung und Geschäftsordnung
§ 49. Einsetzung
§ 50. Frist für die Einsetzung
§ 51. Geschäftsordnung

2. Abschnitt: Stellungnahme
§ 52. Stellungnahme

4. Hauptstück: Gemeinsame Bestimmungen für das schiedsgerichtliche Verfahren

1. Abschnitt: Verfahrensgrundsätze
§ 53. Pflichten der betroffenen Person
§ 54. Geheimhaltungspflicht der betroffenen Person
§ 55. Rechte der betroffenen Person
§ 56. Pflicht der österreichischen zuständigen Behörde
§ 57. Geheimhaltungspflichten der Schiedsrichterinnen bzw. Schiedsrichter

2. Abschnitt: Abschließende Entscheidung
§ 58. Einigung im schiedsgerichtlichen Verfahren
§ 59. Rechte und Pflichten der betroffenen Person
§ 60. Abschließende Entscheidung
§ 61. Keine Umsetzung der abschließenden Entscheidung

3. Abschnitt: Sonstige Beendigung
§ 62. Beendigung durch Wegfall der Streitfrage

4. Abschnitt: Veröffentlichung der abschließenden Entscheidung
§ 63. Inhalt der Veröffentlichung

§ 64. Zusammenfassung der abschließenden Entscheidung
§ 65. Veröffentlichung durch die Europäische Kommission

5. Teil: Gemeinsame Bestimmungen für alle Verfahren
§ 66. Verbindung von Verfahren
§ 67. Gegenstandslosigkeit
§ 68. Zurücknahme der Streitbeilegungsbeschwerde
§ 69. Unterbrechung
§ 70. Parteistellung
§ 71. Amtswegige Gerichts-, Verwaltungs- oder Strafverfahren

6. Teil: Arten des Schiedsgerichtes

1. Abschnitt: Beratender Ausschuss
§ 72. Zusammensetzung
§ 73. Aufgaben

2. Abschnitt: Ausschuss für Alternative Streitbeilegung
§ 74. Form
§ 75. Zusammensetzung
§ 76. Aufgaben

7. Teil: Schlussbestimmungen
§ 77. Kosten
§ 78. Gebührenbefreiungen
§ 79. Verweisungen
§ 80. Datenschutz
§ 81. Vollziehung
§ 82. Inkrafttreten

Bundesgesetz über Verfahren zur Beilegung von Besteuerungsstreitigkeiten in der Europäischen Union (EU-Besteuerungsstreitbeilegungsgesetz – EU-BStbG)

Der Nationalrat hat beschlossen:

1. Teil
Allgemeine Bestimmungen

1. Abschnitt
Allgemeines

Umsetzung von Unionsrecht

§ 1. Mit diesem Bundesgesetz wird die Richtlinie (EU) 2017/1852 über Verfahren zur Beilegung von Besteuerungsstreitigkeiten in der Europäischen Union, ABl. Nr. L 265 vom 14.10.2017 S. 1, in österreichisches Recht umgesetzt.

Anwendungsbereich

§ 2. (1) Dieses Bundesgesetz legt die Verfahren zur Beilegung von Streitigkeiten zwischen der Republik Österreich und einem anderen Mitgliedstaat oder mehreren anderen Mitgliedstaaten der Europäischen Union, die durch die Auslegung und Anwendung von Abkommen oder Übereinkommen (§ 3 Abs. 1 Z 1) entstehen, fest.

(2) Soweit dieses Bundesgesetz nichts anderes bestimmt, finden die Bundesabgabenordnung – BAO, BGBl. 194/1961 und das Bundesfinanzgerichtsgesetz – BFGG, BGBl. I Nr. 14/2013, Anwendung.

Begriffsbestimmungen

§ 3. (1) Im Sinne dieses Bundesgesetzes bedeutet der Ausdruck

1. „Abkommen oder Übereinkommen" völkerrechtliche Verträge, die die Beseitigung der Doppelbesteuerung von Einkommen und gegebenenfalls Vermögen vorsehen, insbesondere Doppelbesteuerungsabkommen und das Übereinkommen 90/436/EWG über die Beseitigung der Doppelbesteuerung im

Falle von Gewinnberichtigungen zwischen verbundenen Unternehmen, ABl. Nr. L 225 vom 20.08.1990 S. 10, zuletzt geändert durch das Übereinkommen über den Beitritt der Tschechischen Republik, der Republik Estland, der Republik Zypern, der Republik Lettland, der Republik Litauen, der Republik Ungarn, der Republik Malta, der Republik Polen, der Republik Slowenien und der Slowakischen Republik zu dem Übereinkommen über die Beseitigung der Doppelbesteuerung im Falle von Gewinnberichtigungen zwischen verbundenen Unternehmen, ABl. Nr. C 160 vom 30.06.2005, S. 1 – EU-Schiedsübereinkommen;

2. „betroffene Person" eine natürliche oder juristische Person, die in einem Mitgliedstaat steuerlich ansässig ist und deren Besteuerung von einer Streitfrage unmittelbar betroffen ist;

3. „betroffener Mitgliedstaat" ein Mitgliedstaat der Europäischen Union, der von der betroffenen Person in der Streitbeilegungsbeschwerde genannt wird und der Vertragsstaat des gemäß Z 1 genannten Abkommens oder Übereinkommens ist;

4. „Doppelbesteuerung" die Erhebung von Steuern, die unter ein in Z 1 genanntes Abkommen oder Übereinkommen fallen, durch zwei oder mehrere Mitgliedstaaten, in Bezug auf dasselbe steuerpflichtige Einkommen oder Vermögen, wenn sie entweder zu
   a) einer zusätzlichen Steuerbelastung,
   b) einer Erhöhung der Steuerschuld, oder
   c) der Streichung oder Verringerung von Verlusten, die zur Verrechnung mit steuerpflichtigen Gewinnen hätten genutzt werden können,
führt;

5. „kleineres Unternehmen"
   a) eine Kapitalgesellschaft oder
   b) eine Personengesellschaft, bei der kein unbeschränkt haftender Gesellschafter eine natürliche Person ist,
   die am Bilanzstichtag nicht mindestens zwei der drei folgenden Größenmerkmale überschreitet:
   – 20 000 000 Euro Bilanzsumme,
   – 40 000 000 Euro Nettoumsatzerlöse,
   – 250 Arbeitnehmer im Durchschnitt während eines Geschäftsjahres
   und die nicht Teil eines Konzerns ist, dessen Mutterunternehmen verpflichtet ist, einen Konzernabschluss und einen Konzernlagebericht aufzustellen (§ 246 Abs. 1 Z 2 des Unternehmensgesetzbuches – UGB, dRGBl. S 219/1897);

6. „Streitfrage" eine Angelegenheit, die zu Streitigkeiten gemäß § 2 führt;

7. „Verständigungsverfahren" das Bemühen der zuständigen Behörden der betroffenen Mitgliedstaaten um die Lösung einer Streitfrage, die durch die Auslegung und Anwendung von Abkommen oder Übereinkommen entsteht;

8. „zuständige Behörde" die Behörde, die ein Mitgliedstaat als solche benannt hat;

9. „österreichische zuständige Behörde" der Bundesminister für Finanzen oder dessen bevollmächtigter Vertreter;

10. „zuständiges Gericht" aus österreichischer Sicht das Bundesfinanzgericht und aus Sicht eines anderen Mitgliedstaates das Gericht oder eine andere Stelle, das bzw. die dieser Mitgliedstaat benannt hat.

(2) Wenn der Zusammenhang nichts anderes erfordert, hat jeder in diesem Bundesgesetz nicht definierte Begriff die Bedeutung, die ihm zum jeweiligen Zeitpunkt im einschlägigen Abkommen oder Übereinkommen zukommt, das zum Zeitpunkt des Einlangens der ersten Mitteilung der Maßnahme, die im Ergebnis zu einer Streitfrage geführt hat oder führen wird, gilt. In Ermangelung einer Begriffsbestimmung in einem solchen Abkommen oder Übereinkommen haben nicht definierte Begriffe die Bedeutung, die ihnen zum jeweiligen Zeitpunkt nach dem Recht des betroffenen Mitgliedstaates für die Zwecke der Steuern zukommt, für die das genannte Abkommen oder Übereinkommen gilt, wobei jede Bedeutung nach dem geltenden Steuerrecht des genannten Mitgliedstaates Vorrang vor einer Bedeutung hat, die der Begriff nach anderen Gesetzen des genannten Mitgliedstaates hat.

Sprachenregelung

§ 4. Ist Österreich einer der betroffenen Mitgliedstaaten, so hat jegliche Kommunikation zwischen der betroffenen Person und der österreichischen zuständigen Behörde gemäß diesem Bundesgesetz auf Deutsch oder Englisch zu erfolgen. Das gilt nicht für Erledigungen im Sinne der §§ 92, 94 und 95 BAO.

2. Abschnitt
Ernennung der unabhängigen Personen für die Liste der Europäischen Union

Liste der unabhängigen Personen

§ 5. (1) Die österreichische zuständige Behörde hat bis 30. September 2019 für die Liste der unabhängigen Personen der Europäischen Union mindestens drei fachlich kompetente und unabhängige Personen, die unparteiisch und integer handeln können, zu ernennen und der Europäischen Kommission die Namen der von ihr ernannten unabhängigen Personen mitzuteilen. Dabei kann sie Personen, die mit dem Vorsitz betraut werden können, besonders bezeichnen.

(2) Eine Person ist nicht unabhängig, wenn sie
1. innerhalb der letzten drei Jahre dem Bundesministerium für Finanzen zugehörig oder für dieses tätig gewesen ist oder
2. innerhalb der letzten drei Jahre eine Angestellte bzw. ein Angestellter eines Steuerberatungsunternehmens gewesen ist oder auf

andere Weise berufsmäßig steuerberatend tätig gewesen ist.

(3) Die österreichische zuständige Behörde hat der Europäischen Kommission vollständige und aktuelle Informationen zum beruflichen und akademischen Werdegang sowie Informationen zu Fähigkeiten, Fachkenntnissen und etwaigen Interessenkonflikten der von ihr ernannten unabhängigen Personen zu übermitteln.

Änderungen der Liste

§ 6. (1) Die österreichische zuständige Behörde hat in einem Anlassfall (Abs. 2), mindestens aber einmal pro Jahr, zu überprüfen, ob eine von ihr ernannte Person noch in der Lage ist, als unabhängige Person tätig zu sein.

(2) Ein Anlassfall liegt insbesondere vor, wenn die Europäische Kommission der österreichischen zuständigen Behörde mitteilt, dass ein anderer Mitgliedstaat berechtigte Zweifel an der Unabhängigkeit einer von ihr ernannten Person hat und entsprechende Nachweise vorgelegt hat. Die österreichische zuständige Behörde hat diesen Anlassfall innerhalb von sechs Monaten zu prüfen und der Europäischen Kommission das Ergebnis ihrer Prüfung mitzuteilen.

(3) Hat die österreichische zuständige Behörde festgestellt, dass eine von ihr ernannte Person nicht mehr in der Lage ist, als unabhängige Person tätig zu sein, hat sie sie abzuberufen und dies der Europäischen Kommission unverzüglich mitzuteilen.

(4) Hat die österreichische zuständige Behörde berechtigte Zweifel an der Unabhängigkeit einer von einem anderen Mitgliedstaat ernannten unabhängigen Person, hat sie dies der Europäischen Kommission unter Vorlage entsprechender Nachweise unverzüglich mitzuteilen.

Pflichten der unabhängigen Person

§ 7. (1) Eine von der österreichischen zuständigen Behörde ernannte unabhängige Person ist verpflichtet, Änderungen im Hinblick auf ihre Unabhängigkeit oder andere Gründe, die sie daran hindern, als unabhängige Person tätig zu sein, der österreichischen zuständigen Behörde unverzüglich mitzuteilen.

(2) Ist eine Person als Vorsitzende bzw. Vorsitzender oder als unabhängige Person oder als deren Stellvertreterin bzw. Stellvertreter eines Beratenden Ausschusses (§ 40 Abs. 3 bzw. § 41 Abs. 1) oder eines Ausschusses für Alternative Streitbeilegung (§ 49 Abs. 3) benannt worden, hat sie der österreichischen zuständigen Behörde etwaige Interessen, Beziehungen oder alle sonstigen Angelegenheiten mitzuteilen, die ihre Unabhängigkeit oder Unparteilichkeit im schiedsgerichtlichen Verfahren beeinträchtigen oder den begründeten Anschein von Befangenheit erwecken könnten.

(3) Ist eine Person als Vorsitzende bzw. Vorsitzender oder als unabhängige Person benannt worden, darf sie sich innerhalb eines Zeitraumes von zwölf Monaten, nachdem der Beratende Ausschuss bzw. Ausschuss für Alternative Streitbeilegung eine Stellungnahme abgegeben oder der Beratende Ausschuss über die Zulassung der Streitbeilegungsbeschwerde entschieden hat, nicht in eine Situation begeben, die ihre Unabhängigkeit oder Unparteilichkeit in Frage stellt.

2. Teil
Streitbeilegungsbeschwerde

1. Abschnitt
Einbringung der Streitbeilegungsbeschwerde

Einbringung

§ 8. (1) Jede betroffene Person ist berechtigt, eine Streitbeilegungsbeschwerde über eine Streitfrage einzubringen. Die Streitbeilegungsbeschwerde ist bei der zuständigen Behörde jedes betroffenen Mitgliedstaates gleichzeitig und mit den gleichen Angaben einzubringen.

(2) Die Einbringung der Streitbeilegungsbeschwerde bei der österreichischen zuständigen Behörde hat elektronisch über FinanzOnline zu erfolgen. Ist der betroffenen Person die elektronische Einbringung mangels technischer Voraussetzungen bzw. mangels Teilnahmeberechtigung unzumutbar, hat die Einbringung unter Verwendung des amtlichen Formulars zu erfolgen.

(3) Der für die Einbringung der Streitbeilegungsbeschwerde verwendete Kommunikationsweg ist für die gesamte weitere Kommunikation zwischen der betroffenen Person und der österreichischen zuständigen Behörde zu verwenden.

(4) Abweichend von Abs. 1 ist eine in Österreich ansässige natürliche Person oder ein in Österreich ansässiges kleineres Unternehmen (§ 3 Abs. 1 Z 5) berechtigt, die Streitbeilegungsbeschwerde ausschließlich bei der österreichischen zuständigen Behörde einzubringen. Die österreichische zuständige Behörde hat den zuständigen Behörden aller anderen betroffenen Mitgliedstaaten innerhalb von zwei Monaten nach der Einbringung der Streitbeilegungsbeschwerde gleichzeitig mitzuteilen, dass bei ihr eine Streitbeilegungsbeschwerde eingebracht worden ist. Sobald diese Mitteilung erfolgt ist, gilt die Streitbeilegungsbeschwerde der betroffenen Person zum Zeitpunkt dieser Mitteilung als bei den zuständigen Behörden aller betroffenen Mitgliedstaaten eingebracht.

(5) Die österreichische zuständige Behörde hat zusätzlich zur Mitteilung gemäß Abs. 4 zweiter Satz eine Kopie der Streitbeilegungsbeschwerde an die zuständigen Behörden aller anderen betroffenen Mitgliedstaaten zu übermitteln.

(6) Langt bei der österreichischen zuständigen Behörde die Mitteilung der zuständigen Behörde eines anderen betroffenen Mitgliedstaates über die Einbringung einer Streitbeilegungsbeschwerde einer in diesem anderen Mitgliedstaat ansässigen natürlichen Person oder eines in diesem anderen Mitgliedstaat ansässigen kleineren Unternehmens ein, gilt die Streitbeilegungsbeschwerde zum Zeitpunkt dieser Mitteilung als bei der österreichischen zuständigen Behörde eingebracht.

Inhalt

§ 9. (1) Die Beschwerde hat zu enthalten:
1. Name, Anschrift, Steueridentifikationsnummer und jegliche sonstige Angaben, die für die Identifikation der betroffenen Person, die die Streitbeilegungsbeschwerde bei den zuständigen Behörden der betroffenen Mitgliedstaaten eingebracht hat, erforderlich sind,
2. die betroffenen Mitgliedstaaten,
3. die betroffenen Besteuerungszeiträume,
4. genaue Angaben zu den maßgeblichen Tatsachen und Umständen des Falls (einschließlich gegebenenfalls genauer Angaben zur Struktur der Transaktion und zu den Beziehungen zwischen der betroffenen Person und den anderen an den maßgeblichen Transaktionen Beteiligten sowie jegliche Fakten, die in gutem Glauben in einer für beide Seiten verbindlichen Vereinbarung zwischen der betroffenen Person und der Abgabenbehörde festgelegt wurden) sowie zur Art und zum Zeitpunkt der zu der Streitfrage führenden Maßnahmen (einschließlich gegebenenfalls genauer Angaben zu demselben in dem bzw. den anderen betroffenen Mitgliedstaat bzw. Mitgliedstaaten eingegangenen Einkommen und zur Einbeziehung dieses Einkommens in das steuerpflichtige Einkommen in dem bzw. den anderen betroffenen Mitgliedstaat bzw. Mitgliedstaaten sowie genauer Angaben zu Steuern auf dieses Einkommen in dem bzw. den anderen betroffenen Mitgliedstaat bzw. Mitgliedstaaten, die bereits erhoben wurden oder noch erhoben werden) und Angaben zu den entsprechenden Beträgen in den Währungen aller betroffenen Mitgliedstaaten, mit Bilddateien aller Belege,
5. Verweis auf die anzuwendenden nationalen Vorschriften und das einschlägige Abkommen oder Übereinkommen; ist mehr als ein Abkommen oder Übereinkommen anwendbar, gibt die betroffene Person, die die Streitbeilegungsbeschwerde einbringt, an, welches Abkommen oder Übereinkommen ihrer Ansicht nach in Bezug auf die maßgebliche Streitfrage auszulegen ist,
6. eine Stellungnahme der betroffenen Person, aus der hervorgeht, aus welchen Gründen ihrer Ansicht nach eine Streitfrage vorliegt,
7. genaue Angaben zu etwaigen von der betroffenen Person eingelegten Rechtsmitteln oder eingeleiteten Gerichtsverfahren in einem Zusammenhang mit den maßgeblichen Transaktionen sowie zu allen die Streitfrage betreffenden Gerichtsentscheidungen, mit Bilddateien aller Belege,
8. eine Erklärung der betroffenen Person, in der sie sich verpflichtet, alle angemessenen Anfragen der österreichischen zuständigen Behörde so vollständig und so rasch wie möglich zu beantworten und auf Anfrage alle Unterlagen zu übermitteln,
9. gegebenenfalls eine Bilddatei des Abgabenbescheides, des Prüfungsberichtes oder anderer vergleichbarer Unterlagen, die zu der Streitfrage führen bzw. führten, sowie eine Bilddatei aller sonstigen von den Abgabenbehörden erstellten Unterlagen in einem Zusammenhang mit der Streitfrage,
10. gegebenenfalls Angaben zu jedem von der betroffenen Person angeregten Verständigungs- oder Streitbeilegungsverfahren in derselben Streitfrage für denselben Zeitraum aufgrund eines Abkommens oder Übereinkommens, mit Bilddateien aller Belege und
11. gegebenenfalls eine Erklärung der betroffenen Person, in der sie sich verpflichtet, die Bestimmungen des § 13 einzuhalten.

(2) Wird die Streitbeilegungsbeschwerde aufgrund des § 8 Abs. 2 zweiter Satz in Papierform eingebracht, ist sie zu unterschreiben und sind anstelle der Bilddateien Kopien der relevanten Unterlagen beizulegen.

Frist für die Einbringung

§ 10. (1) Die Streitbeilegungsbeschwerde kann ab Einlangen der ersten Mitteilung der Maßnahme, die im Ergebnis zu einer Streitfrage führt oder führen wird, eingebracht werden. Sie ist jedoch spätestens innerhalb von drei Jahren nach Bekanntgabe (§ 97 BAO) des für die Streitfrage maßgeblichen Bescheides einzubringen.

(2) Eine solche Maßnahme kann aus österreichischer Sicht ein Bescheid oder eine sonstige Erledigung der zuständigen österreichischen Abgabenbehörde sein.

(3) Die betroffene Person kann eine Streitbeilegungsbeschwerde selbst dann einbringen, wenn sie ein anderes Rechtsmittel aufgrund des nationalen Rechts einlegen hätte können oder eingelegt hat.

(4) Die betroffene Person kann eine Streitbeilegungsbeschwerde selbst dann einbringen, wenn die für die Streitfrage relevante Maßnahme bereits rechtskräftig geworden ist.

Bestätigung des Eingangs

§ 11. Die österreichische zuständige Behörde bestätigt der betroffenen Person das Einlangen der Streitbeilegungsbeschwerde innerhalb von zwei Monaten nach Einlangen der Streitbeilegungsbeschwerde.

Kommunikation mit den anderen betroffenen Mitgliedstaaten

§ 12. Die österreichische zuständige Behörde hat den zuständigen Behörden der anderen betroffenen Mitgliedstaaten innerhalb von zwei Monaten nach Einlangen der Streitbeilegungsbeschwerde das Einlangen mitzuteilen und sich mit den zuständigen Behörden der anderen betroffenen Mitgliedstaaten darüber zu verständigen, welche Sprache bzw. Sprachen sie für ihre Kommunikation während des Verständigungsverfahrens und des schiedsgerichtlichen Verfahrens verwenden.

Wirkung der Streitbeilegungsbeschwerde

§ 13. (1) Durch das Einbringen einer Streitbeilegungsbeschwerde gemäß § 8 wird jedes von der betroffenen Person angeregte laufende Verständigungs- oder Streitbeilegungsverfahren in derselben Streitfrage für denselben Zeitraum aufgrund eines Abkommens oder Übereinkommens beendet.

(2) Ist die Streitbeilegungsbeschwerde bei der österreichischen zuständigen Behörde eingebracht worden, enden die betroffenen Verfahren mit Wirkung ab dem Tag des Einlangens der Streitbeilegungsbeschwerde bei der österreichischen zuständigen Behörde.

(3) Hat die österreichische zuständige Behörde eine Mitteilung einer zuständigen Behörde eines anderen betroffenen Mitgliedstaates über die Einbringung einer Streitbeilegungsbeschwerde erhalten, enden die betroffenen Verfahren mit Wirkung ab dem Tag dieser Mitteilung bei der österreichischen zuständigen Behörde.

2. Abschnitt
Prüfung der Streitbeilegungsbeschwerde

Ersuchen um zusätzliche Informationen

§ 14. (1) Die österreichische zuständige Behörde kann innerhalb von drei Monaten nach Einlangen der Streitbeilegungsbeschwerde oder der Mitteilung (§ 8 Abs. 6) oder gegebenenfalls nach erfolgter Mängelbehebung gemäß § 85 Abs. 2 BAO die betroffene Person um Übermittlung zusätzlicher Informationen, die für die inhaltliche Prüfung der Streitfrage als erforderlich erachtet werden, ersuchen. Gegen dieses Ersuchen ist ein abgesondertes Rechtsmittel nicht zulässig. Die österreichische zuständige Behörde hat den zuständigen Behörden der anderen betroffenen Mitgliedstaaten ihr Ersuchen mitzuteilen.

(2) Die betroffene Person kann die Übermittlung der ersuchten zusätzlichen Informationen verweigern, insoweit dies die Offenbarung eines Handels-, Geschäfts-, Gewerbe- oder Berufsgeheimnisses oder von Geschäftsverfahren zur Folge hätte und das österreichisches Recht verletzen würde. In diesem Fall hat die betroffene Person der österreichischen zuständigen Behörde die Gründe für die Verweigerung mitzuteilen.

(3) Die betroffene Person hat dem Ersuchen – ausgenommen in den Fällen des Abs. 2 – durch Übermittlung der zusätzlichen Informationen innerhalb von drei Monaten ab Einlangen an die österreichische zuständige Behörde und in Kopie an die zuständigen Behörden aller anderen betroffenen Mitgliedstaaten zu entsprechen.

(4) Abweichend von Abs. 3 gilt für natürliche Personen und kleinere Unternehmen Folgendes: Sie können dem Ersuchen durch Übermittlung der zusätzlichen Informationen entweder an die österreichische zuständige Behörde oder an die zuständige Behörde des Mitgliedstaates, in dem sie ansässig sind, entsprechen. Haben sie die zusätzlichen Informationen an die österreichische zuständige Behörde übermittelt, muss diese den zuständigen Behörden aller anderen betroffenen Mitgliedstaaten gleichzeitig eine Kopie aller eingelangten Dokumente übermitteln. Sobald diese Übermittlung erfolgt ist, gelten die zusätzlichen Informationen zum Zeitpunkt des Einlangens bei der österreichischen zuständigen Behörde als den zuständigen Behörden aller anderen betroffenen Mitgliedstaaten zugegangen.

(5) Ist eine natürliche Person oder ein kleineres Unternehmen dem Ersuchen durch Übermittlung der zusätzlichen Informationen an die zuständige Behörde eines anderen betroffenen Mitgliedstaates nachgekommen und sind diese der österreichischen zuständigen Behörde übermittelt worden, gelten sie zum Zeitpunkt des Einlangens bei der zuständigen Behörde dieses anderen betroffenen Mitgliedstaates als der österreichischen zuständigen Behörde zugegangen.

Prüfung der Streitbeilegungsbeschwerde

§ 15. (1) Die österreichische zuständige Behörde hat mit Bescheid über die Zulassung oder Zurückweisung der Streitbeilegungsbeschwerde zu entscheiden.

(2) Die Streitbeilegungsbeschwerde ist zurückzuweisen, wenn
1. sie nicht innerhalb der Frist gemäß § 10 eingebracht worden ist,
2. die betroffene Person dem Ersuchen der österreichischen zuständigen Behörde um zusätzliche Informationen gemäß § 14 nicht oder nicht fristgerecht entsprochen hat und sich nicht zu Unrecht auf ein Handels-, Geschäfts-, Gewerbe- oder Berufsgeheimnis oder ein Geschäftsverfahren berufen hat oder
3. keine Streitfrage vorliegt.

(3) Die österreichische zuständige Behörde teilt den zuständigen Behörden der anderen betroffenen Mitgliedstaaten das Ergebnis der Prüfung der Streitbeilegungsbeschwerde unverzüglich mit. Weiters teilt sie mit, wenn die Streitbeilegungsbeschwerde aufgrund des § 85 Abs. 2 BAO als zurückgenommen gilt.

(4) Hat die österreichische zuständige Behörde nicht fristgerecht (§ 16) über die Zulassung oder Zurückweisung der Streitbeilegungsbeschwerde entschieden oder die Streitfrage nicht einseitig, ohne Einbeziehung der zuständigen Behörden der anderen betroffenen Mitgliedstaaten, gelöst, gilt die Streitbeilegungsbeschwerde als von ihr zugelassen; § 284 BAO ist nicht anzuwenden.

Frist für die Prüfung der Streitbeilegungsbeschwerde

§ 16. (1) Die Frist für die Zulassung oder Zurückweisung oder einseitige Lösung der Streitbeilegungsbeschwerde beträgt sechs Monate und beginnt mit dem Tag des Einlangens der Streitbeilegungsbeschwerde oder gegebenenfalls nach erfolgter Mängelbehebung gemäß § 85 Abs. 2 BAO bei der österreichischen zuständigen Behörde.

(2) Hat die österreichische zuständige Behörde eine Mitteilung der zuständigen Behörde eines anderen betroffenen Mitgliedstaates über die Einbringung einer Streitbeilegungsbeschwerde erhalten, beginnt die Frist – abweichend von Abs. 1 – mit dem Tag des Einlangens dieser Mitteilung bei der österreichischen zuständigen Behörde.

(3) Ist die betroffene Person dem Ersuchen gemäß § 14 durch Übermittlung der zusätzlichen Informationen an die österreichische zuständige Behörde nachgekommen, beginnt die Frist – abweichend von Abs. 1 und 2 – mit dem Tag des Einlangens der durch die betroffene Person übermittelten zusätzlichen Informationen bei der österreichischen zuständigen Behörde.

(4) Ist die betroffene Person dem Ersuchen gemäß § 14 durch Übermittlung der zusätzlichen Informationen an die zuständige Behörde eines anderen betroffenen Mitgliedstaates nachgekommen, beginnt die Frist – abweichend von Abs. 1, 2 und 3 – mit dem Tag des Einlangens der übermittelten zusätzlichen Informationen bei der zuständigen Behörde dieses Mitgliedstaates.

(5) Hat die betroffene Person ein Rechtsmittel nach österreichischem Recht oder nach dem Recht eines anderen betroffenen Mitgliedstaates gegen eine Maßnahme im Sinne des § 10 Abs. 2 eingelegt, beginnt die Frist für die Zulassung oder Zurückweisung der Streitbeilegungsbeschwerde betreffend dieselbe Streitfrage – abweichend von Abs. 1 bis 4 – mit dem Tag, an dem
1. ein in diesem Verfahren ergangenes Urteil rechtskräftig geworden ist,
2. dieses Verfahren anders endgültig abgeschlossen worden ist oder
3. dieses Verfahren ausgesetzt worden ist.

Die österreichische zuständige Behörde hat den zuständigen Behörden der anderen betroffenen Mitgliedstaaten sowohl mitzuteilen, dass die Frist aufgrund eines nach österreichischem Recht eingelegten Rechtsmittels noch nicht zu laufen begonnen hat, als auch den späteren Beginn des Fristenlaufs.

3. Abschnitt
Zulassung der Streitbeilegungsbeschwerde durch den Beratenden Ausschuss

Antrag auf Zulassung

§ 17. (1) Die betroffene Person kann einen schriftlichen Antrag auf Zulassung der Streitbeilegungsbeschwerde durch den Beratenden Ausschuss stellen, wenn die Streitbeilegungsbeschwerde
1. von mindestens einer zuständigen Behörde eines betroffenen Mitgliedstaates, nicht jedoch von den zuständigen Behörden aller betroffenen Mitgliedstaaten, zurückgewiesen worden ist und kein Rechtsmittel gegen die Zurückweisung in diesem Mitgliedstaat anhängig ist oder eingelegt werden kann oder
2. von den zuständigen Behörden aller betroffenen Mitgliedstaaten zurückgewiesen worden ist und

a) die Zurückweisung im Rechtsmittelverfahren von mindestens einem maßgeblichen Gericht oder einer maßgeblichen anderen Justizbehörde eines betroffenen Mitgliedstaates, nicht jedoch von den maßgeblichen Gerichten oder den maßgeblichen anderen Justizbehörden aller Mitgliedstaaten, aufgehoben worden ist und

b) die Zurückweisung von keinem maßgeblichen Gericht oder von keiner maßgeblichen anderen Justizbehörde eines anderen betroffenen Mitgliedstaates, in dem von einer Entscheidung dieses maßgeblichen Gerichts oder dieser anderen maßgeblichen Justizbehörde nach dem nationalen Recht dieses Mitgliedstaates nicht abgewichen werden kann, bestätigt worden ist.

Die betroffene Person hat dem Antrag eine entsprechende Erklärung beizulegen.

(1a) Sind in einem Mängelbehebungsverfahren gemäß § 85 Abs. 2 BAO nicht alle inhaltlichen Mängel einer Streitbeilegungsbeschwerde fristgerecht behoben worden, gilt der Zurücknahmebescheid als Zurückweisung der Beschwerde im Sinne dieses Abschnittes.

(BGBl I 2022/108)

(2) Die betroffene Person hat den Antrag bei der österreichischen zuständigen Behörde und bei den zuständigen Behörden der anderen betroffenen Mitgliedstaaten gleichzeitig und mit den gleichen Angaben einzubringen.

(3) Abweichend von Abs. 2 ist eine in Österreich ansässige natürliche Person oder ein in Österreich ansässiges kleineres Unternehmen berechtigt, den Antrag ausschließlich bei der österreichischen zuständigen Behörde einzubringen. Diese hat den zuständigen Behörden aller anderen betroffenen Mitgliedstaaten innerhalb von zwei Monaten nach der Einbringung des Antrags gleichzeitig mitzuteilen, dass bei ihr ein Antrag eingebracht worden ist. Sobald diese Mitteilung erfolgt ist, gilt der Antrag zum Zeitpunkt dieser Mitteilung als bei den zuständigen Behörden aller betroffenen Mitgliedstaaten eingebracht.

(4) Die österreichische zuständige Behörde hat zusätzlich zur Mitteilung gemäß Abs. 3 zweiter Satz eine Kopie des Antrags an die zuständigen Behörden aller anderen betroffenen Mitgliedstaaten zu übermitteln.

(5) Langt bei der österreichischen zuständigen Behörde die Mitteilung der zuständigen Behörde eines anderen betroffenen Mitgliedstaates über die Einbringung eines Antrags einer in diesem anderen Mitgliedstaat ansässigen natürlichen Person oder eines in diesem anderen Mitgliedstaat ansässigen kleineren Unternehmens ein, gilt der Antrag zum Zeitpunkt dieser Mitteilung als bei der österreichischen zuständigen Behörde eingebracht.

(6) Die Frist für die Antragstellung beträgt 50 Tage und beginnt

1. in den Fällen des Abs. 1 Z 1 mit dem Tag, der dem Einlangen der letzten Mitteilung über die Entscheidung der zuständigen Behörde eines betroffenen Mitgliedstaates über die Zulassung oder Zurückweisung der Streitbeilegungsbeschwerde folgt oder
2. in den Fällen des Abs. 1 Z 2 mit dem Tag, der dem Einlangen der letzten Entscheidung eines maßgeblichen Gerichtes oder einer maßgeblichen anderen Justizbehörde eines betroffenen Mitgliedstaates folgt.

Prüfung des Antrags

§ 18. (1) Die österreichische zuständige Behörde hat mit Bescheid darüber abzusprechen, dass aus österreichischer Sicht kein Zugang zum schiedsgerichtlichen Verfahren betreffend die Zulassung der Streitbeilegungsbeschwerde durch den Beratenden Ausschuss besteht. Der Bescheid ist innerhalb von 30 Tagen ab Einlangen des Antrags auf Zulassung oder gegebenenfalls nach erfolgter Mängelbehebung gemäß § 85 Abs. 2 BAO zu erlassen. Die österreichische zuständige Behörde teilt den zuständigen Behörden der betroffenen Mitgliedstaaten mit, wenn der Antrag aufgrund des § 85 Abs. 2 BAO als zurückgenommen gilt.

(2) Die betroffene Person hat aus österreichischer Sicht keinen Zugang zum schiedsgerichtlichen Verfahren betreffend die Zulassung der Streitbeilegungsbeschwerde durch den Beratenden Ausschuss, wenn
1. aus österreichischer Sicht ein Unzulässigkeitsgrund vorliegt (§ 33 Abs. 2) oder der Antrag nicht fristgerecht eingebracht worden ist,
2. gegen die Zurückweisung der Streitbeilegungsbeschwerde noch ein Rechtsmittel beim Bundesfinanzgericht eingelegt werden kann und die betroffene Person nicht auf sämtliche Rechtsmittel, die nach österreichischem Recht gegen die Zurückweisung eingelegt werden könnten, verzichtet hat,
3. gegen die Zurückweisung ein Rechtsmittel beim Bundesfinanzgericht anhängig ist und die betroffene Person dieses Rechtsmittel nicht zurückgenommen hat oder
4. die Zurückweisung vom Bundesfinanzgericht im Rechtsmittelverfahren bestätigt worden ist.

(3) Hat die betroffene Person gemäß Abs. 2 Z 2 auf sämtliche Rechtsmittel verzichtet bzw. hat sie gemäß Abs. 2 Z 3 das Rechtsmittel zurückgenommen, ist dem Antrag ein entsprechender Rechtsmittelverzicht bzw. ein entsprechender Nachweis über das zurückgenommene Rechtsmittel beizulegen.

Einsetzung

§ 19. Ist der Antrag auf Zulassung aus österreichischer Sicht zulässig und ist der österreichischen zuständigen Behörde nicht von der zuständigen Behörde eines anderen betroffenen Mitgliedstaates mitgeteilt worden, dass der Antrag aus ihrer Sicht unzulässig ist, hat die österreichische zuständige Behörde mit den zuständigen Behörden der anderen betroffenen Mitgliedstaaten einen Beratenden Ausschuss einzusetzen. Für die Einsetzung gelten die §§ 39 bis 42 sinngemäß.

Vereinfachte Geschäftsordnung

§ 20. (1) Die österreichische zuständige Behörde hat sich für die Zwecke des § 21 mit den zuständigen Behörden der anderen betroffenen Mitgliedstaaten über eine vereinfachte Geschäftsordnung zu verständigen.

(2) Die vereinfachte Geschäftsordnung hat die in § 44 Z 1 sowie Z 3 bis 9 genannten Inhalte zu enthalten. Die §§ 43 und 45 gelten sinngemäß.

Prüfung der Zulassung durch den Beratenden Ausschuss

§ 21. (1) Der Beratende Ausschuss hat zu prüfen, ob die Streitbeilegungsbeschwerde zuzulassen ist. Er hat darüber innerhalb von sechs Monaten ab dem Tag seiner Einsetzung zu entscheiden.

(2) Die bzw. der Vorsitzende hat der österreichischen zuständigen Behörde und den zuständigen Behörden der anderen betroffenen Mitgliedstaaten die Entscheidung innerhalb von 30 Tagen ab dem Tag der Entscheidung mitzuteilen.

3. Teil
Verständigungsverfahren

1. Hauptstück
Gang des Verständigungsverfahrens

Einleitung bei Zulassung der Streitbeilegungsbeschwerde durch alle zuständigen Behörden

§ 22. (1) Wird die Streitbeilegungsbeschwerde von den zuständigen Behörden aller betroffenen Mitgliedstaaten zugelassen, hat sich die österreichische zuständige Behörde darum zu bemühen, die Streitfrage im Verständigungsverfahren zu lösen.

(2) Wird die Streitbeilegungsbeschwerde vom Bundesfinanzgericht und von den maßgeblichen Gerichten oder maßgeblichen anderen Justizbehörden der anderen betroffenen Mitgliedstaaten zugelassen, hat sich die österreichische zuständige Behörde darum zu bemühen, die Streitfrage im Verständigungsverfahren zu lösen.

Einleitung bei Zulassung der Streitbeilegungsbeschwerde durch den Beratenden Ausschuss

§ 23. (1) Hat der Beratende Ausschuss die Streitbeilegungsbeschwerde gemäß § 21 zugelassen, kann die österreichische zuständige Behörde innerhalb von 60 Tagen ab dem Tag der Mitteilung über die Zulassung an den Beratenden Ausschuss eine Erklärung abgeben, dass sie ein Verständigungsverfahren führen möchte.

(2) Die österreichische zuständige Behörde hat den zuständigen Behörden der anderen betroffenen Mitgliedstaaten und der betroffenen Person mitzuteilen, dass sie eine Erklärung abgegeben hat.

Frist für die Einigung

§ 24. (1) Eine Einigung im Verständigungsverfahren ist innerhalb von zwei Jahren ab dem Tag der letzten Mitteilung über die Zulassung der Streitbeilegungsbeschwerde (§ 22) anzustreben.

(2) Wurde das Verständigungsverfahren eingeleitet, nachdem der Beratende Ausschuss die Streitbeilegungsbeschwerde zugelassen hat und eine zuständige Behörde eines betroffenen Mitgliedstaates die Erklärung abgegeben hat, dass sie ein Verständigungsverfahren führen möchte, ist für die Frist zur Einigung – abweichend von Abs. 1 – der Tag der Mitteilung über die Zulassung der Streitbeilegungsbeschwerde durch den Beratenden Ausschuss maßgeblich.

(3) Die österreichische zuständige Behörde kann die zuständigen Behörden der anderen betroffenen Mitgliedstaaten schriftlich und begründet ersuchen, die Frist von zwei Jahren längstens um ein Jahr zu verlängern. Sie hat dies der betroffenen Person unverzüglich mitzuteilen.

(4) Hat die betroffene Person ein Rechtsmittel nach österreichischem Recht oder nach dem Recht eines anderen betroffenen Mitgliedstaates gegen eine Maßnahme im Sinne des § 10 Abs. 2 eingelegt, beginnt die Frist für die Einigung in einem Verständigungsverfahren, das dieselbe Streitfrage betrifft – abweichend von Abs. 1 und 2 – mit dem Tag, an dem
1. ein in diesem Verfahren ergangenes Urteil rechtskräftig geworden ist,
2. dieses Verfahren anders endgültig abgeschlossen worden ist oder
3. dieses Verfahren ausgesetzt worden ist.

Die österreichische zuständige Behörde hat den zuständigen Behörden der anderen betroffenen Mitgliedstaaten sowohl mitzuteilen, dass die Frist aufgrund eines nach österreichischem Recht eingelegten Rechtsmittels noch nicht zu laufen begonnen hat, als auch den späteren Beginn des Fristenlaufs.

Ersuchen um zusätzliche Informationen

§ 25. (1) Die österreichische zuständige Behörde kann, sofern sie dies für die inhaltliche Prüfung der Streitfrage als erforderlich erachtet, die betroffene Person um weitere Informationen oder um die Vorlage von Beweismitteln ersuchen. § 14 gilt sinngemäß.

(2) Die betroffene Person kann bei der österreichischen zuständigen Behörde anregen, gehört zu werden, Informationen zu übermitteln, Beweise vorzulegen oder Zeugen stellig machen zu dürfen.

2. Hauptstück
Beendigung des Verständigungsverfahrens

1. Abschnitt
Entscheidung

Einigung im Verständigungsverfahren

§ 26. Sobald die zuständigen Behörden der betroffenen Mitgliedstaaten innerhalb der in § 24 genannten Frist eine Einigung über die Lösung der Streitfrage erzielt haben, teilt dies die österreichische zuständige Behörde der betroffenen Person unverzüglich mit.

Mitwirkung der betroffenen Person

§ 27. Spätestens 60 Tage nach dem Zeitpunkt, zu dem die Einigung der betroffenen Person mitgeteilt worden ist, muss die betroffene Person der österreichischen zuständigen Behörde und den zuständigen Behörden der anderen betroffenen Mitgliedstaaten Folgendes übermittelt haben:
1. Die Zustimmung zur Einigung,
2. den Nachweis über den Verzicht auf die Bescheidbeschwerde gegen den Bescheid gemäß § 48 Abs. 2 BAO, mit dem die Einigung (§ 26) festgestellt werden soll,
3. Nachweise über den Verzicht auf sämtliche Rechtsmittel, die nach dem Recht eines anderen betroffenen Mitgliedstaates in einem Verfahren, das dieselbe Streitfrage betrifft, eingelegt werden könnten und
4. gegebenenfalls Nachweise über Maßnahmen, die getroffen wurden, um Verfahren nach dem Recht eines anderen betroffenen Mitgliedstaates, die dieselbe Streitfrage betreffen, einzustellen.

Entscheidung im Verständigungsverfahren

§ 28. (1) Die österreichische zuständige Behörde hat sich mit den zuständigen Behörden der anderen betroffenen Mitgliedstaaten darüber zu verständigen, dass die Voraussetzungen gemäß § 27 vorliegen und anschließend der betroffenen Person unverzüglich den Bescheid gemäß § 48 Abs. 2 BAO, mit dem die Einigung (§ 26) festgestellt worden ist, zuzustellen.

(2) Solange kein Einvernehmen der österreichischen zuständigen Behörde mit den zuständigen Behörden der anderen betroffenen Mitgliedstaaten über das Vorliegen der Voraussetzungen gemäß § 27 besteht, wird die Einigung nicht verbindlich und ist nicht umzusetzen. Die betroffene Person hat kein Recht, einen Antrag auf Einsetzung eines Schiedsgerichtes gemäß § 32 zu stellen.

2. Abschnitt
Sonstige Beendigung

Beendigung durch Zeitablauf

§ 29. Haben die zuständigen Behörden der betroffenen Mitgliedstaaten innerhalb der in § 24 genannten Frist keine Einigung über die Lösung der Streitfrage erzielt, teilt die österreichische zuständige Behörde dies der betroffenen Person mit. In dieser Mitteilung sind die allgemeinen Gründe, weshalb keine Einigung erzielt werden konnte, anzugeben.

Beendigung durch Abbruch

§ 30. Die österreichische zuständige Behörde kann sich mit den zuständigen Behörden der anderen betroffenen Mitgliedstaaten darüber verständigen, dass innerhalb der in § 24 genannten Frist keine Einigung über die Lösung der Streitfrage erzielt werden kann und hat dies der betroffenen Person mitzuteilen. In dieser Mitteilung sind die allgemeinen Gründe, weshalb keine Einigung erzielt werden kann, anzugeben.

Beendigung durch Wegfall der Streitfrage

§ 31. (1) Die österreichische zuständige Behörde hat den zuständigen Behörden der anderen betroffenen Mitgliedstaaten und der betroffenen Person mitzuteilen, dass das Bundesfinanzgericht mit Erkenntnis über die Streitfrage entschieden hat und dass deshalb das Verständigungsverfahren ab dem Tag dieser Mitteilung zu beenden ist.

(2) Das Verständigungsverfahren endet außerdem, wenn die zuständige Behörde eines anderen betroffenen Mitgliedstaates der österreichischen zuständigen Behörde mitgeteilt hat, dass ein maßgebliches Gericht oder eine maßgebliche andere Justizbehörde dieses Mitgliedstaates über die Streitfrage entschieden hat und von dieser Entscheidung nach dem nationalen Recht dieses Mitgliedstaates nicht abgewichen werden kann.

4. Teil
Schiedsgerichtliches Verfahren

1. Hauptstück
Antragstellung und Prüfung des Antrags

Antrag auf Einsetzung eines Schiedsgerichtes

§ 32. (1) Die betroffene Person kann einen schriftlichen Antrag auf Einsetzung eines Schiedsgerichtes stellen, wenn zwischen der österreichischen zuständigen Behörde und den zuständigen Behörden der anderen betroffenen Mitgliedstaaten keine Einigung über die Lösung der Streitfrage im Verständigungsverfahren erzielt werden konnte (§ 29 oder § 30).

(2) Die betroffene Person hat den Antrag bei der zuständigen Behörde jedes betroffenen Mitgliedstaates gleichzeitig und mit den gleichen Angaben einzubringen.

(3) Der Antrag ist innerhalb von 50 Tagen ab dem Tag zu stellen, der dem Tag folgt, an dem die betroffene Person die Mitteilung gemäß § 29 oder § 30 erhalten hat.

(4) Die Einbringung des Antrags bei der österreichischen zuständigen Behörde hat elektronisch über FinanzOnline zu erfolgen, außer der betroffenen Person ist die elektronische Einbringung mangels technischer Voraussetzungen bzw. mangels Teilnahmeberechtigung unzumutbar.

(5) Der für die Einbringung des Antrags verwendete Kommunikationsweg ist für den gesamten Verkehr zwischen der betroffenen Person und der österreichischen zuständigen Behörde zu verwenden.

(6) Abweichend von Abs. 2 ist eine in Österreich ansässige natürliche Person oder ein in Österreich ansässiges kleineres Unternehmen berechtigt, den Antrag ausschließlich bei der österreichischen zuständigen Behörde einzubringen. Die österreichische zuständige Behörde hat den zuständigen Behörden aller anderen betroffenen Mitgliedstaaten innerhalb von zwei Monaten nach der Einbringung des Antrags gleichzeitig mitzuteilen, dass bei ihr ein Antrag eingebracht worden ist. Sobald diese Mitteilung erfolgt ist, gilt der Antrag der betroffenen Person zum Zeitpunkt dieser Mitteilung als bei den zuständigen Behörden aller betroffenen Mitgliedstaaten eingebracht.

(7) Die österreichische zuständige Behörde hat zusätzlich zur Mitteilung gemäß Abs. 6 zweiter Satz eine Kopie des Antrags an die zuständigen Behörden aller anderen betroffenen Mitgliedstaaten zu übermitteln.

(8) Langt bei der österreichischen zuständigen Behörde die Mitteilung der zuständigen Behörde eines anderen betroffenen Mitgliedstaates über die Einbringung eines Antrags einer in diesem anderen Mitgliedstaat ansässigen natürlichen Person oder eines in diesem anderen Mitgliedstaat ansässigen kleineren Unternehmens ein, gilt der Antrag zum Zeitpunkt dieser Mitteilung als bei der österreichischen zuständigen Behörde eingebracht.

Prüfung des Antrags

§ 33. (1) Die österreichische zuständige Behörde hat mit Bescheid darüber abzusprechen, dass aus österreichischer Sicht der Antrag auf Einsetzung eines Schiedsgerichtes nicht zulässig oder nicht fristgerecht eingebracht worden ist. Der Bescheid ist innerhalb von 30 Tagen ab Einlangen des Antrags oder gegebenenfalls nach erfolgter Mängelbehebung gemäß § 85 Abs. 2 BAO zu erlassen und auch den zuständigen Behörden der anderen betroffenen Mitgliedstaaten zu übermitteln. Weiters teilt sie mit, wenn der Antrag aufgrund des § 85 Abs. 2 BAO als zurückgenommen gilt.

(2) Der Antrag ist aus österreichischer Sicht nicht zulässig, wenn

1. die Streitfrage weggefallen ist (§ 34),

2. gegen die betroffene Person in den fünf Jahren vor der Einbringung der Streitbeilegungsbeschwerde eine Strafe oder Verbandsgeldbuße wegen eines in den letzten sieben Jahren vor der Einbringung der Streitbeilegungsbeschwerde vorsätzlich oder grob fahrlässig begangenen Finanzvergehens verhängt worden ist (§ 35) oder

3. es sich bei der Streitfrage um keine Frage der Doppelbesteuerung handelt (§ 36).

Wegfall der Streitfrage

§ 34. (1) Der Antrag ist aus österreichischer Sicht nicht zulässig, wenn das Bundesfinanzgericht mit Erkenntnis über die Streitfrage entschieden hat.

(2) Die österreichische zuständige Behörde hat den zuständigen Behörden der anderen betroffenen Mitgliedstaaten mitzuteilen, dass vor Antragstellung das Bundesfinanzgericht mit Erkenntnis über die Streitfrage entschieden hat.

Strafe oder Verbandsgeldbuße wegen eines Finanzvergehens

§ 35. (1) Der Antrag ist aus österreichischer Sicht nicht zulässig, wenn gegen die betroffene Person in den fünf Jahren vor der Einbringung der Streitbeilegungsbeschwerde wegen eines in den letzten sieben Jahren vor der Einbringung der Streitbeilegungsbeschwerde vorsätzlich oder grob fahrlässig begangenen Finanzvergehens, ausgenommen Finanzordnungswidrigkeiten, eine Strafe oder Verbandsgeldbuße verhängt worden ist und dieses Finanzvergehen in einem Zusammenhang mit dem von der Streitfrage betroffenen Einkommen oder Vermögen steht.

(2) Die österreichische zuständige Behörde hat den zuständigen Behörden der anderen betroffenen Mitgliedstaaten mitzuteilen, dass vor Antragstellung gegen die betroffene Person eine Strafe oder Verbandsgeldbuße im Sinne des Abs. 1 verhängt worden ist und der Antrag nach österreichischem Recht nicht zulässig ist.

Fehlende Doppelbesteuerung

§ 36. Der Antrag ist aus österreichischer Sicht nicht zulässig, wenn es bei der Streitfrage nicht um Doppelbesteuerung geht. Die österreichische zuständige Behörde hat dies den zuständigen Behörden der anderen betroffenen Mitgliedstaaten mitzuteilen.

Kein Zugang zum schiedsgerichtlichen Verfahren

§ 37. Die betroffene Person hat keinen Zugang zum schiedsgerichtlichen Verfahren, wenn
1. aus österreichischer Sicht ein Unzulässigkeitsgrund vorliegt (§ 33 Abs. 2) oder
2. der österreichischen zuständigen Behörde von der zuständigen Behörde eines anderen betroffenen Mitgliedstaates mitgeteilt worden ist, dass aus der Sicht dieses Mitgliedstaates ein Unzulässigkeitsgrund vorliegt.

2. Hauptstück
Verfahren vor dem Beratenden Ausschuss

1. Abschnitt
Einsetzung des Beratenden Ausschusses

Auswahl des Schiedsgerichtes

§ 38. (1) Ist der Antrag auf Einsetzung eines Schiedsgerichtes aus österreichischer Sicht zulässig und ist der österreichischen zuständigen Behörde nicht von der zuständigen Behörde eines anderen betroffenen Mitgliedstaates mitgeteilt worden, dass der Antrag aus ihrer Sicht unzulässig ist, hat die österreichische zuständige Behörde mit den zuständigen Behörden der anderen betroffenen Mitgliedstaaten einen Beratenden Ausschuss einzusetzen.

(2) Die österreichische zuständige Behörde kann mit den zuständigen Behörden der anderen betroffenen Mitgliedstaaten vereinbaren, dass – abweichend von Abs. 1 – dem Antrag auf Einsetzung eines Schiedsgerichtes durch Einsetzung eines Ausschusses für Alternative Streitbeilegung nachgekommen wird.

Frist für die Einsetzung

§ 39. (1) Die Frist für die Einsetzung des Beratenden Ausschusses beträgt 120 Tage.

(2) Sie beginnt mit dem Tag, der dem Tag des Einlangens des Antrags auf Einsetzung eines Schiedsgerichtes bei der österreichischen zuständigen Behörde folgt oder gegebenenfalls nach erfolgter Mängelbehebung gemäß § 85 Abs. 2 BAO.

(3) Ist der Antrag auf Einsetzung eines Schiedsgerichtes ausschließlich bei der zuständigen Behörde eines anderen betroffenen Mitgliedstaates eingebracht worden (§ 32 Abs. 8), beginnt die Frist – abweichend von Abs. 2 – mit dem Tag, der dem Tag des Einlangens der Mitteilung der zuständigen Behörde des anderen betroffenen Mitgliedstaates bei der österreichischen zuständigen Behörde folgt oder gegebenenfalls nach erfolgter Mängelbehebung gemäß § 85 Abs. 2 BAO.

(BGBl I 2022/108)

Einsetzung

§ 40. (1) Die österreichische zuständige Behörde hat sich mit den zuständigen Behörden der anderen betroffenen Mitgliedstaaten über folgende Bestandteile der Einsetzung des Beratenden Ausschusses zu verständigen:
1. die Vorschriften für die Benennung der unabhängigen Personen inklusive allfälliger Ablehnungsgründe,
2. die Anzahl der Vertreterinnen bzw. Vertreter jeder zuständigen Behörde,
3. je eine unabhängige Person, inklusive ihrer Stellvertreterin bzw. ihres Stellvertreters, pro zuständiger Behörde und
4. die Geschäftsordnung.

(2) Die österreichische zuständige Behörde kann sich mit den zuständigen Behörden der anderen betroffenen Mitgliedstaaten darüber verständigen, dass die Anzahl der Vertreterinnen bzw. Vertreter jeder zuständigen Behörde und/oder die Anzahl der unabhängigen Personen inklusive ihrer Stellvertreterinnen bzw. Stellvertreter auf jeweils zwei pro betroffenem Mitgliedstaat erhöht wird.

(3) Die österreichische zuständige Behörde hat unverzüglich ihre Vertreterin bzw. ihren Vertreter und eine unabhängige Person gemäß Abs. 1 zu benennen. Im Fall des Abs. 2 hat sie zusätzlich eine zweite Vertreterin bzw. einen zweiten Vertreter und/oder eine zweite unabhängige Person zu benennen. Für jede benannte unabhängige Person ist eine Stellvertreterin bzw. ein Stellvertreter zu bestimmen, die bzw. der die unabhängige Person bei deren Verhinderung zu vertreten hat.

(4) Die österreichische zuständige Behörde kann eine von der zuständigen Behörde eines anderen betroffenen Mitgliedstaates benannte unabhängige Person aus folgenden Gründen ablehnen:

1. sie gehörte innerhalb der letzten drei Jahre der zuständigen Behörde dieses betroffenen Mitgliedstaates an oder war für diese tätig,
2. sie hat oder hatte eine wesentliche Beteiligung oder ein Stimmrecht an der betroffenen Person,
3. sie war innerhalb der letzten fünf Jahre Angestellte bzw. Angestellter oder Beraterin bzw. Berater der betroffenen Person,
4. sie bietet keine hinreichende Gewähr für Unbefangenheit in dem zu schlichtenden Streitfall bzw. den zu schlichtenden Streitfällen oder
5. sie war innerhalb der letzten drei Jahre Angestellte bzw. Angestellter eines Steuerberatungsunternehmens oder war auf andere Weise berufsmäßig steuerberatend tätig.

Außerdem kann sie die unabhängige Person aus einem im Vorhinein mit den zuständigen Behörden der anderen betroffenen Mitgliedstaaten gemäß Abs. 1 Z 1 vereinbarten Grund ablehnen.

(5) Hat die zuständige Behörde eines anderen betroffenen Mitgliedstaates eine von der österreichischen zuständigen Behörde benannte unabhängige Person aus einem der in Abs. 4 genannten Gründe abgelehnt, hat die österreichische zuständige Behörde unverzüglich eine andere unabhängige Person zu benennen.

(6) Die Vertreterinnen bzw. Vertreter der zuständigen Behörden der betroffenen Mitgliedstaaten und die benannten unabhängigen Personen haben aus der Liste der unabhängigen Personen der Europäischen Union eine Vorsitzende bzw. einen Vorsitzenden des Beratenden Ausschusses zu wählen. Haben sie nichts anderes vereinbart, hat die bzw. der Vorsitzende eine Richterin bzw. ein Richter zu sein.

(7) Der Beratende Ausschuss ist eingesetzt, wenn alle Vertreterinnen bzw. Vertreter jeder zuständigen Behörde aller betroffenen Mitgliedstaaten benannt sind, wenn sich die zuständigen Behörden der betroffenen Mitgliedstaaten über die unabhängigen Personen verständigt haben bzw. diese durch ein Gericht (§ 42) oder durch Los (§ 41) bestimmt worden sind und die bzw. der Vorsitzende gewählt worden ist bzw. durch Los (§ 42 Abs. 3) bestimmt worden ist. Die bzw. der Vorsitzende des Beratenden Ausschusses hat der betroffenen Person unverzüglich die erfolgte Einsetzung des Beratenden Ausschusses mitzuteilen.

(8) Das Bundesfinanzgericht hat aufgrund der Beschwerde der betroffenen Person festzustellen, dass ein rechtswidriger Zustand besteht, wenn die österreichische zuständige Behörde ihre Vertreterin bzw. ihren Vertreter nicht innerhalb der Frist gemäß § 39 benannt hat. Die österreichische zuständige Behörde hat diesen rechtswidrigen Zustand unverzüglich zu beenden. § 283 BAO ist sinngemäß anzuwenden.

Auswahl der unabhängigen Person durch Los

§ 41. (1) Hat sich die österreichische zuständige Behörde mit den zuständigen Behörden der anderen betroffenen Mitgliedstaaten nicht innerhalb von 120 Tagen über die Vorschriften für die Benennung der unabhängigen Person gemäß § 40 Abs. 1 Z 1 verständigt, erfolgt die Benennung dieser unabhängigen Personen durch Losentscheid. Für den Beginn der Frist gelten § 39 Abs. 2 und 3 sinngemäß.

(2) Die österreichische zuständige Behörde kann die Auswahl einer bestimmten unabhängigen Person durch Los aus einem der in § 40 Abs. 4 genannten Gründe ablehnen.

Benennung der unabhängigen Person durch Gericht

§ 42. (1) Werden eine von der österreichischen zuständigen Behörde zu benennende unabhängige Person und ihre Stellvertreterin bzw. ihr Stellvertreter nicht innerhalb der Frist gemäß § 39 benannt, kann die betroffene Person beim Bundesfinanzgericht deren Benennung innerhalb von 30 Tagen nach Ablauf der Frist beantragen. Das Bundesfinanzgericht hat eine unabhängige Person und ihre Stellvertreterin bzw. ihren Stellvertreter aus der Liste gemäß § 5 auszuwählen.

(2) Die österreichische zuständige Behörde kann die Benennung einer bestimmten unabhängigen Person durch das Bundesfinanzgericht oder durch das zuständige Gericht oder die einzelstaatliche benennende Stelle der anderen betroffenen Mitgliedstaates nicht aus einem der in § 40 Abs. 4 genannten Gründe ablehnen.

(3) Haben sowohl die österreichische zuständige Behörde als auch die zuständigen Behörden der anderen betroffenen Mitgliedstaaten die zu benennenden unabhängigen Personen und ihre Stellvertreterinnen bzw. ihre Stellvertreter nicht innerhalb der Frist gemäß § 39 benannt, sondern sind diese vom Bundesfinanzgericht oder den zuständigen Gerichten oder den einzelstaatlichen benennenden Stellen der anderen betroffenen Mitgliedstaaten benannt worden, dann wird die bzw. der Vorsitzende aus der Liste gemäß § 5 durch Losentscheid bestimmt.

(4) Die Benennung einer unabhängigen Person und deren Stellvertreterin bzw. Stellvertreter durch das Bundesfinanzgericht erfolgt gemäß § 587 Abs. 8 der Zivilprozessordnung – ZPO, RGBl. Nr. 113/1895 mit Erkenntnis.

(5) Das Bundesfinanzgericht hat das Erkenntnis der betroffenen Person und der österreichischen zuständigen Behörde zuzustellen. Die österreichische zuständige Behörde hat dies den zuständigen Behörden der anderen betroffenen Mitgliedstaaten unverzüglich mitzuteilen.

2. Abschnitt
Geschäftsordnung

Geschäftsordnung

§ 43. (1) Die österreichische zuständige Behörde hat sich mit den zuständigen Behörden der anderen betroffenen Mitgliedstaaten über eine Geschäftsordnung für den Beratenden Ausschuss zu verständigen.

(2) Die österreichische zuständige Behörde hat die Geschäftsordnung elektronisch oder physisch zu unterschreiben und die Unterschrift der zuständigen Behörden der anderen betroffenen Mitgliedstaaten einzuholen.

(3) Die österreichische zuständige Behörde hat der betroffenen Person innerhalb der Frist von 120 Tagen (§ 39) Folgendes zu übermitteln:
1. die unterschriebene Geschäftsordnung,
2. ein Datum, bis zu dem die Stellungnahme zur Lösung der Streitfrage abzugeben ist und
3. Angaben zu allen anwendbaren Bestimmungen des nationalen Rechts der betroffenen Mitgliedstaaten und allen anwendbaren Abkommen oder Übereinkommen.

Anschließend hat sie der bzw. dem Vorsitzenden die Geschäftsordnung und einen geeigneten Nachweis über die erfolgte Übermittlung der Geschäftsordnung an die betroffene Person zu übermitteln.

(4) Das Bundesfinanzgericht hat aufgrund der Beschwerde der betroffenen Person festzustellen, dass ein rechtswidriger Zustand besteht, weil die österreichische zuständige Behörde die Übermittlung der Geschäftsordnung innerhalb der Frist gemäß Abs. 3 unterlassen hat und der betroffenen Person die Geschäftsordnung nicht bereits durch die Vorsitzende bzw. den Vorsitzenden des Beratenden Ausschusses gemäß § 45 Abs. 1 oder 2 übermittelt worden ist. Die österreichische zuständige Behörde hat unverzüglich diesen rechtswidrigen Zustand zu beenden. § 283 BAO ist sinngemäß anzuwenden.

Inhalt

§ 44. Die Geschäftsordnung hat insbesondere folgende Punkte zu enthalten:
1. die Beschreibung der Streitfrage und deren Merkmale,
2. die Beschreibung der rechtlichen und faktischen Fragestellungen, auf die sich die zuständigen Behörden der betroffenen Mitgliedstaaten geeinigt haben,
3. die Feststellung, dass es sich beim Schiedsgericht um einen Beratenden Ausschuss handelt,
4. die Zusammensetzung des Beratenden Ausschusses, die Anzahl und die Namen der Mitglieder, Angaben zu deren Kompetenzen, Qualifikationen und die Offenlegung von etwaigen Interessenkonflikten,
5. einen Zeitrahmen für das Verfahren vor dem Beratenden Ausschuss,
6. Regeln für die Beteiligung der betroffenen Person bzw. Personen und von Dritten am schiedsgerichtlichen Verfahren,
7. Regeln für den Austausch von Schriftsätzen, Informationen und Nachweisen,
8. Kostenregelungen,
9. sonstige wichtige verfahrenstechnische oder organisatorische Aspekte, wie zum Beispiel die Anzahl der Sitzungstage und den Ort der Sitzungen des Beratenden Ausschusses und
10. logistische Regelungen für das Verfahren des Beratenden Ausschusses und die Abgabe seiner Stellungnahme.

§ 45. (1) Hat die bzw. der Vorsitzende Kenntnis davon erlangt, dass der betroffenen Person die Geschäftsordnung durch die zuständigen Behörden der betroffenen Mitgliedstaaten nicht übermittelt worden ist, hat sie bzw. er diese der betroffenen Person zu übermitteln.

(2) Hat die bzw. der Vorsitzende Kenntnis davon erlangt, dass die Geschäftsordnung unvollständig ist, hat die bzw. der Vorsitzende im Einvernehmen mit den unabhängigen Personen die Geschäftsordnung auf der Grundlage der von der Europäischen Kommission festgelegten Standardgeschäftsordnung, Durchführungsverordnung (EU) 2019/652 zur Festlegung der Standardgeschäftsordnung des Beratenden Ausschusses bzw. des Ausschusses für Alternative Streitbeilegung sowie eines Musterformulars für die Übermittlung von Informationen betreffend die Bekanntmachung einer abschließenden Entscheidung gemäß der Richtlinie (EU) 2017/1852, ABl. Nr. L 110 vom 25.04.2019 S. 26, zu ergänzen und der betroffenen Person zu übermitteln.

(3) Die ursprünglich nicht übermittelte oder ergänzte Geschäftsordnung ist durch die bzw. den Vorsitzenden des Beratenden Ausschusses innerhalb von zwei Wochen ab dem Zeitpunkt der Mitteilung der bzw. des Vorsitzenden über die erfolgte Einsetzung des Beratenden Ausschusses der betroffenen Person zu übermitteln.

3. Abschnitt
Stellungnahme des Beratenden Ausschusses

Unabhängige Stellungnahme

§ 46. (1) Der Beratende Ausschuss gibt eine schriftliche unabhängige Stellungnahme dazu ab, wie die Streitfrage zu lösen ist.

(2) Der Beratende Ausschuss stützt sich bei der Lösung der Streitfrage auf das anwendbare Abkommen oder Übereinkommen gemäß § 2 und auf etwaige anwendbare Vorschriften der betroffenen Mitgliedstaaten.

Frist für die Stellungnahme

§ 47. (1) Die Frist für die unabhängige Stellungnahme des Beratenden Ausschusses beträgt sechs Monate und beginnt mit dem Tag, der dem Tag seiner Einsetzung folgt.

(2) Abweichend von Abs. 1 beginnt die Frist in den Fällen, in denen der Beratende Ausschuss die Streitbeilegungsbeschwerde zugelassen hat (§ 21) und die zuständigen Behörden aller betroffenen Mitgliedstaaten keine Erklärung gemäß § 23 abgegeben haben, mit dem auf den Ablauf der Frist von 60 Tagen gemäß § 23 Abs. 1 folgenden Tag.

(3) Ist der Beratende Ausschuss der Auffassung, dass die Lösung der Streitfrage aufgrund ihrer Beschaffenheit mehr als sechs Monate in Anspruch nehmen wird, kann er diese Frist um drei Monate

verlängern. Die bzw. der Vorsitzende hat den zuständigen Behörden der betroffenen Mitgliedstaaten und der betroffenen Person die Verlängerung mitzuteilen.

Beschlussfassung
§ 48. (1) Der Beratende Ausschuss entscheidet über die Annahme der unabhängigen Stellungnahme mit einfacher Mehrheit seiner Mitglieder.

(2) Bei Stimmengleichheit gibt die Stimme der bzw. des Vorsitzenden den Ausschlag.

(3) Die bzw. der Vorsitzende übermittelt den zuständigen Behörden der betroffenen Mitgliedstaaten unverzüglich die schriftliche Stellungnahme.

3. Hauptstück
Verfahren vor dem Ausschuss für Alternative Streitbeilegung

1. Abschnitt
Einsetzung und Geschäftsordnung

Einsetzung
§ 49. (1) Der Ausschuss für Alternative Streitbeilegung wird eingesetzt, wenn die österreichische zuständige Behörde mit den zuständigen Behörden der anderen betroffenen Mitgliedstaaten gemäß § 38 Abs. 2 vereinbart hat, dass dem Antrag auf Einsetzung eines Schiedsgerichtes durch Einsetzung eines Ausschusses für Alternative Streitbeilegung nachgekommen wird.

(2) Die österreichische zuständige Behörde hat sich mit den zuständigen Behörden der anderen betroffenen Mitgliedstaaten über folgende Bestandteile der Einsetzung des Ausschusses für Alternative Streitbeilegung zu verständigen:
1. die Form,
2. die Zusammensetzung,
3. die Vorschriften für die Benennung der unabhängigen Personen inklusive allfälliger Ablehnungsgründe,
4. das Verfahren für die Abgabe der Stellungnahme und
5. die Geschäftsordnung.

(3) Die österreichische zuständige Behörde hat die von ihr zu benennenden unabhängigen Personen zu benennen. Die §§ 41 und 42 gelten sinngemäß.

(4) Die österreichische zuständige Behörde kann eine von der zuständigen Behörde eines anderen betroffenen Mitgliedstaates benannte unabhängige Person aus den gemäß § 40 Abs. 4 genannten Gründen oder aus einem im Vorhinein mit den zuständigen Behörden der anderen betroffenen Mitgliedstaaten gemäß Abs. 2 Z 3 vereinbarten Grund ablehnen.

(5) Hat die zuständige Behörde eines anderen betroffenen Mitgliedstaates eine von der österreichischen zuständigen Behörde benannte unabhängige Person aus einem der in § 40 Abs. 4 oder aus einem im Vorhinein vereinbarten Grund gemäß Abs. 2 Z 3 abgelehnt, hat die österreichische zuständige Behörde unverzüglich eine andere unabhängige Person zu benennen.

(6) Der Ausschuss für Alternative Streitbeilegung ist eingesetzt, wenn alle Mitglieder inklusive der bzw. des Vorsitzenden benannt worden sind. Die bzw. der Vorsitzende des Ausschusses für Alternative Streitbeilegung hat der betroffenen Person unverzüglich die erfolgte Einsetzung mitzuteilen.

Frist für die Einsetzung
§ 50. (1) Die Frist für die Einsetzung des Ausschuss für Alternative Streitbeilegung beträgt 120 Tage.

(2) Für den Beginn der Frist gelten § 39 Abs. 2 und 3 sinngemäß.

Geschäftsordnung
§ 51. (1) Die österreichische zuständige Behörde hat sich mit den zuständigen Behörden der anderen betroffenen Mitgliedstaaten über eine Geschäftsordnung für den Ausschuss für Alternative Streitbeilegung zu verständigen. Die §§ 43 bis 45 gelten sinngemäß.

(2) Die österreichische zuständige Behörde hat, abweichend von § 44 Z 3, anzugeben, dass es sich bei dem Schiedsgericht um einen Ausschuss für Alternative Streitbeilegung handelt und hat zusätzlich festzulegen, welches Verfahren für die Abgabe der Stellungnahme angewendet werden soll, sofern dieses vom Verfahren der unabhängigen Stellungnahme gemäß § 46 abweicht.

2. Abschnitt
Stellungnahme

Stellungnahme
§ 52. (1) Für die Abgabe der schriftlichen Stellungnahme kann, abweichend von § 46, jede Art des Verfahrens der verbindlichen Streitbeilegung, einschließlich des Verfahrens des endgültigen Angebots (letzten besten Angebots) angewendet werden, um die Streitfrage zu lösen. Die §§ 47 und 48 gelten sinngemäß.

(2) Die Bestimmungen der §§ 53 bis 57 und des § 77 gelten für den Ausschuss für Alternative Streitbeilegung, sofern in der Geschäftsordnung gemäß § 51 nichts anderes vereinbart wird.

4. Hauptstück
Gemeinsame Bestimmungen für das schiedsgerichtliche Verfahren

1. Abschnitt
Verfahrensgrundsätze

Pflichten der betroffenen Person
§ 53. (1) Wird die betroffene Person vom Schiedsgericht vorgeladen, ist sie verpflichtet, persönlich zu erscheinen. Die §§ 169 bis 174 BAO sind auf die betroffene Person anzuwenden. Die betroffene Person hat das Recht, sich mit entsprechender Vollmacht vertreten zu lassen.

(2) Wird die betroffene Person vom Schiedsgericht ersucht, zusätzliche Informationen, Nachweise

oder Unterlagen vorzulegen, ist sie verpflichtet, diesem Ersuchen nachzukommen.

(3) Die der betroffenen Person aufgrund von Abs. 1 oder Abs. 2 entstehenden Kosten werden nicht ersetzt.

Geheimhaltungspflicht der betroffenen Person

§ 54. Die betroffene Person und deren Vertreterin bzw. Vertreter unterliegen in Bezug auf Informationen, Nachweise und Unterlagen, von denen sie während des schiedsgerichtlichen Verfahrens Kenntnis erlangen, der abgabenrechtlichen Geheimhaltungspflicht gemäß § 48a BAO. Sie können im schiedsgerichtlichen Verfahren dazu aufgefordert werden, gegenüber den zuständigen Behörden aller betroffenen Mitgliedstaaten eine entsprechende Erklärung abzugeben.

Rechte der betroffenen Person

§ 55. (1) Die betroffene Person ist berechtigt, dem Schiedsgericht sämtliche Informationen, Nachweise oder Unterlagen vorzulegen, die relevant für die Entscheidung über die jeweilige Streitfrage sein könnten. Voraussetzung dafür ist, dass die betroffene Person zuvor die Zustimmung der zuständigen Behörden aller betroffenen Mitgliedstaaten eingeholt hat. Die Zustimmungserklärungen sind gleichzeitig mit den Informationen, Nachweisen oder Unterlagen dem Schiedsgericht zu übermitteln.

(2) Die betroffene Person ist berechtigt, vor dem Schiedsgericht persönlich zu erscheinen oder eine bevollmächtigte Vertreterin bzw. einen bevollmächtigten Vertreter zu entsenden. Voraussetzung dafür ist, dass die betroffene Person zuvor die Zustimmung der zuständigen Behörden aller betroffenen Mitgliedstaaten eingeholt hat. Die Zustimmungserklärungen sind dem Schiedsgericht zu übermitteln.

(3) Die der betroffenen Person aufgrund von Abs. 1 oder Abs. 2 entstehenden Kosten werden nicht ersetzt.

Pflicht der österreichischen zuständigen Behörde

§ 56. (1) Die österreichische zuständige Behörde hat dem Schiedsgericht auf dessen Ersuchen zusätzliche Informationen, Nachweise oder Unterlagen zu übermitteln.

(2) Die österreichische zuständige Behörde kann die Übermittlung verweigern, wenn

1. die Erlangung der ersuchten Informationen, Nachweise oder Unterlagen die Durchführung von Verwaltungsmaßnahmen erfordert, die gegen österreichisches Recht verstoßen würden,
2. die ersuchten Informationen, Nachweise oder Unterlagen nach dem österreichischen Recht nicht beschafft werden können,
3. die ersuchten Informationen, Nachweise oder Unterlagen Handels-, Geschäfts-, Gewerbe- oder Berufsgeheimnisse oder Geschäftsverfahren betreffen oder
4. die Preisgabe der ersuchten Informationen, Nachweise oder Unterlagen der öffentlichen Ordnung widerspricht.

Geheimhaltungspflichten der Schiedsrichterinnen bzw. Schiedsrichter

§ 57. Alle Mitglieder des Schiedsgerichtes unterliegen in Bezug auf Informationen, Nachweise und Unterlagen, von denen sie in ihrer Eigenschaft als Mitglieder des Schiedsgerichtes Kenntnis erlangen, der abgabenrechtlichen Geheimhaltungspflicht gemäß § 48a BAO.

2. Abschnitt
Abschließende Entscheidung

Einigung im schiedsgerichtlichen Verfahren

§ 58. (1) Die österreichische zuständige Behörde und die zuständigen Behörden der anderen betroffenen Mitgliedstaaten haben sich innerhalb von sechs Monaten nach dem der Übermittlung der Stellungnahme (§ 48 Abs. 3) folgenden Tag, darüber zu einigen,

1. dass die Streitfrage entsprechend der Stellungnahme des Schiedsgerichtes zu lösen oder
2. wie die Streitfrage abweichend von der Stellungnahme des Schiedsgerichtes zu lösen ist.

(2) Hat sich die österreichische zuständige Behörde mit den zuständigen Behörden der anderen betroffenen Mitgliedstaaten nicht oder nicht innerhalb der Frist gemäß Abs. 1 geeinigt, ist sie an die Stellungnahme des Schiedsgerichtes gebunden.

(3) Die Lösung der Streitfrage gemäß Abs. 1 oder Abs. 2 ist die abschließende Entscheidung. Diese stellt keinen Präzedenzfall dar. Die österreichische zuständige Behörde hat der betroffenen Person die abschließende Entscheidung unverzüglich, spätestens jedoch innerhalb von 30 Tagen, zu übermitteln.

(4) Das Bundesfinanzgericht hat aufgrund der Beschwerde der betroffenen Person, sofern sie ihren Wohnsitz oder Sitz in Österreich hat, festzustellen, dass ein rechtswidriger Zustand besteht, weil die österreichische zuständige Behörde die Übermittlung der abschließenden Entscheidung innerhalb der Frist gemäß Abs. 3 unterlassen hat und der betroffenen Person die abschließende Entscheidung nicht bereits durch die zuständigen Behörden der anderen betroffenen Mitgliedstaaten übermittelt worden ist. Die österreichische zuständige Behörde hat diesen rechtswidrigen Zustand unverzüglich zu beenden. § 283 BAO ist sinngemäß anzuwenden.

Rechte und Pflichten der betroffenen Person

§ 59. Spätestens 60 Tage nach dem Zeitpunkt, zu dem die abschließende Entscheidung der betroffenen Person übermittelt worden ist, muss die betroffene Person der österreichischen zuständigen Behörde und den zuständigen Behörden der anderen betroffenen Mitgliedstaaten Folgendes übermittelt haben:

1. Die Zustimmung zur abschließenden Entscheidung,
2. den Nachweis über den Verzicht auf die Bescheidbeschwerde gegen den Bescheid gemäß § 48 Abs. 2 BAO, mit dem die abschließende Entscheidung (§ 58) festgestellt werden soll,
3. Nachweise über den Verzicht auf sämtliche Rechtsmittel, die nach dem Recht eines anderen betroffenen Mitgliedstaates in einem Verfahren, das dieselbe Streitfrage betrifft, eingelegt werden könnten,
4. gegebenenfalls Nachweise über Maßnahmen, die getroffen wurden, um Verfahren nach dem Recht eines anderen betroffenen Mitgliedstaates, die dieselbe Streitfrage betreffen, einzustellen und
5. eine Erklärung darüber, ob der Veröffentlichung des gesamten Wortlautes der abschließenden Entscheidung zugestimmt wird.

Abschließende Entscheidung

§ 60. Die österreichische zuständige Behörde hat sich mit den zuständigen Behörden der anderen betroffenen Mitgliedstaaten darüber zu verständigen, dass die Voraussetzungen gemäß § 59 Z 1 bis 4 vorliegen und anschließend der betroffenen Person unverzüglich den Bescheid gemäß § 48 Abs. 2 BAO, mit dem die abschließende Entscheidung (§ 58) festgestellt worden ist, zuzustellen.

Keine Umsetzung der abschließenden Entscheidung

§ 61. (1) Solange kein Einvernehmen der österreichischen zuständigen Behörde mit den zuständigen Behörden der anderen betroffenen Mitgliedstaaten über das Vorliegen der Voraussetzungen gemäß § 59 Z 1 bis 4 besteht, wird die abschließende Entscheidung nicht verbindlich und ist nicht umzusetzen.

(2) Die abschließende Entscheidung ist nicht umzusetzen, wenn der österreichischen zuständigen Behörde eines anderen betroffenen Mitgliedstaates mitgeteilt worden ist, dass ein zuständiges Gericht dieses Mitgliedstaates die mangelnde Unabhängigkeit einer an schiedsgerichtlichen Verfahren beteiligten unabhängigen Person oder der bzw. des Vorsitzenden erkannt hat.

**3. Abschnitt
Sonstige Beendigung**

Beendigung durch Wegfall der Streitfrage

§ 62. (1) Die österreichische zuständige Behörde hat den zuständigen Behörden der anderen betroffenen Mitgliedstaaten, der bzw. dem Vorsitzenden des Schiedsgerichtes und der betroffenen Person mitzuteilen, dass das Bundesfinanzgericht mit Erkenntnis über die Streitfrage entschieden hat und dass deshalb das schiedsgerichtliche Verfahren ab dem Tag dieser Mitteilung zu beenden ist.

(2) Das schiedsgerichtliche Verfahren endet außerdem, wenn die zuständige Behörde eines anderen betroffenen Mitgliedstaates der österreichischen zuständigen Behörde mitgeteilt hat, dass ein maßgebliches Gericht oder eine maßgebliche andere Justizbehörde dieses Mitgliedstaates über die Streitfrage entschieden hat und von dieser Entscheidung nach dem nationalen Recht dieses Mitgliedstaates nicht abgewichen werden kann.

**4. Abschnitt
Veröffentlichung der abschließenden Entscheidung**

Inhalt der Veröffentlichung

§ 63. Die österreichische zuständige Behörde kann sich mit den zuständigen Behörden der anderen betroffenen Mitgliedstaaten darüber verständigen, ob der gesamte Wortlaut der abschließenden Entscheidung veröffentlicht wird, sofern die betroffene Person zugestimmt hat.

Zusammenfassung der abschließenden Entscheidung

§ 64. (1) Hat die betroffene Person der Veröffentlichung des gesamten Wortlautes der abschließenden Entscheidung nicht zugestimmt oder haben sich die zuständigen Behörden der betroffenen Mitgliedstaaten nicht auf die Veröffentlichung des gesamten Wortlautes der abschließenden Entscheidung verständigt, hat die österreichische zuständige Behörde eine Zusammenfassung der abschließenden Entscheidung zu erstellen und der betroffenen Person zu übermitteln.

(2) Die Zusammenfassung hat zu enthalten:
1. Eine Beschreibung des Sachverhalts und des Streitgegenstands,
2. das Datum der abschließenden Entscheidung,
3. die betroffenen Besteuerungszeiträume,
4. die Rechtsgrundlage,
5. die Art des schiedsgerichtlichen Verfahrens,
6. die Branche, in der die betroffene Person tätig ist und
7. eine Kurzbeschreibung des Ergebnisses.

(3) Die betroffene Person ist berechtigt, bei der österreichischen zuständigen Behörde und bei den zuständigen Behörden der anderen betroffenen Mitgliedstaaten den Antrag zu stellen, in der Zusammenfassung enthaltene Informationen, deren Veröffentlichung Handels-, Geschäfts-, Gewerbe- oder Berufsgeheimnisse oder Geschäftsverfahren verletzen würde, zu streichen. Das gilt auch für Informationen, die der öffentlichen Ordnung widersprechen.

(4) Die Frist für die Antragstellung gemäß Abs. 3 beträgt 60 Tage und beginnt mit dem Tag des Einlangens der Zusammenfassung.

(5) Die österreichische zuständige Behörde hat sich mit den zuständigen Behörden der anderen betroffenen Mitgliedstaaten darüber zu verständigen, welche Informationen zu streichen sind.

Veröffentlichung durch die Europäische Kommission

§ 65. (1) Die österreichische zuständige Behörde hat den gesamten Wortlaut der abschließenden Entscheidung oder die Zusammenfassung unverzüglich an die Europäische Kommission zu übermitteln.

(2) Die Übermittlung der zu veröffentlichenden Informationen an die Europäische Kommission dient der Bereitstellung dieser Informationen in einem zentralen Register der Europäischen Union. Diese Informationen werden in dem zentralen Register archiviert und online zur Verfügung gestellt.

5. Teil
Gemeinsame Bestimmungen für alle Verfahren

Verbindung von Verfahren

§ 66. Die österreichische zuständige Behörde kann sich mit den zuständigen Behörden der anderen betroffenen Mitgliedstaaten darauf verständigen, Streitbeilegungsbeschwerden von mehreren betroffenen Personen betreffend dieselbe Streitfrage zu einem gemeinsamen Verfahren zu verbinden. Stimmt jede betroffene Person der Verbindung der Verfahren zu, sind sämtliche Fälle in diesem gemeinsamen Verfahren zu erledigen.

Gegenstandslosigkeit

§ 67. (1) Alle Verfahren nach diesem Bundesgesetz sind mit sofortiger Wirkung beendet, wenn die Streitfrage außerhalb der Verfahren nach diesem Bundesgesetz gelöst worden oder irrelevant geworden ist (Gegenstandslosigkeit). Die österreichische zuständige Behörde hat mit Bescheid die Streitbeilegungsbeschwerde als gegenstandslos zu erklären und dies den zuständigen Behörden der anderen betroffenen Mitgliedstaaten und gegebenenfalls der bzw. dem Vorsitzenden des Schiedsgerichtes unverzüglich mitzuteilen.

(2) Wird der österreichischen zuständigen Behörde von der zuständigen Behörde eines anderen betroffenen Mitgliedstaates die Gegenstandslosigkeit der Streitfrage mitgeteilt, hat sie die Verfahren nach diesem Bundesgesetz mit sofortiger Wirkung zu beenden.

Zurücknahme der Streitbeilegungsbeschwerde

§ 68. (1) Die betroffene Person kann die Streitbeilegungsbeschwerde zurücknehmen, in dem sie bei der österreichischen zuständigen Behörde und bei den zuständigen Behörden der anderen betroffenen Mitgliedstaaten gleichzeitig eine schriftliche Erklärung über die Zurücknahme der Streitbeilegungsbeschwerde einbringt.

(2) Abweichend von Abs. 1 ist eine in Österreich ansässige natürliche Person oder ein in Österreich ansässiges kleineres Unternehmen berechtigt, die Erklärung über die Zurücknahme der Streitbeilegungsbeschwerde ausschließlich bei der österreichischen zuständigen Behörde einzubringen. Die österreichische zuständige Behörde hat den zuständigen Behörden aller anderen betroffenen Mitgliedstaaten innerhalb von zwei Monaten nach der Einbringung gleichzeitig mitzuteilen, dass bei ihr eine Erklärung eingebracht worden ist. Sobald diese Mitteilung erfolgt ist, gilt die Erklärung der betroffenen Person zum Zeitpunkt der Mitteilung als bei den zuständigen Behörden aller anderen betroffenen Mitgliedstaaten eingebracht.

(3) Die österreichische zuständige Behörde hat zusätzlich zur Mitteilung gemäß Abs. 2 zweiter Satz eine Kopie der Erklärung an die zuständigen Behörden aller anderen betroffenen Mitgliedstaaten zu übermitteln.

(4) Langt bei der österreichischen zuständigen Behörde die Mitteilung der zuständigen Behörde eines anderen betroffenen Mitgliedstaates über die Einbringung einer Erklärung über die Zurücknahme der Streitbeilegungsbeschwerde einer in diesem anderen Mitgliedstaat ansässigen natürlichen Person oder eines in diesem anderen Mitgliedstaat ansässigen kleineren Unternehmens ein, gilt die Erklärung zum Zeitpunkt dieser Mitteilung als bei der österreichischen zuständigen Behörde eingebracht.

(5) Nach erfolgter Abgabe einer Erklärung über die Zurücknahme der Streitbeilegungsbeschwerde hat die österreichische zuständige Behörde die Gegenstandslosigkeit der Streitfrage (§ 67) auszusprechen.

Unterbrechung

§ 69. (1) Die österreichische zuständige Behörde hat das Verständigungsverfahren oder das schiedsgerichtliche Verfahren zu unterbrechen, wenn gegen die betroffene Person ein Finanzstrafverfahren wegen eines vorsätzlichen oder grob fahrlässigen Finanzvergehens, ausgenommen Finanzordnungswidrigkeiten, anhängig geworden ist und dieses in einem Zusammenhang mit dem von der Streitfrage betroffenen Einkommen oder Vermögen steht. Die österreichische zuständige Behörde hat den zuständigen Behörden der anderen betroffenen Mitgliedstaaten, der bzw. dem Vorsitzenden des Schiedsgerichtes und der betroffenen Person mitzuteilen, dass sie das Verständigungsverfahren oder das schiedsgerichtliche Verfahren unterbrochen hat.

(2) Die Unterbrechung beginnt

1. mit dem Tag, an dem die österreichische zuständige Behörde von der Anhängigkeit des Finanzstrafverfahrens Kenntnis erlangt oder
2. mit dem Tag, an dem der österreichischen zuständigen Behörde von der zuständigen Behörde eines anderen betroffenen Mitgliedstaates mitgeteilt worden ist, dass sie das Verständigungsverfahren oder das schiedsgerichtliche Verfahren unterbrochen hat.

(3) Die Unterbrechung endet mit dem Tag der Beendigung des Finanzstrafverfahrens bzw. mit dem Tag der Mitteilung der zuständigen Behörde eines anderen betroffenen Mitgliedstaates über die Beendigung der Unterbrechung in diesem Mitgliedstaat. Die österreichische zuständige Behörde hat

den zuständigen Behörden der anderen betroffenen Mitgliedstaaten, der bzw. dem Vorsitzenden des Schiedsgerichtes und der betroffenen Person mitzuteilen, dass sie die Unterbrechung des Verständigungsverfahrens oder des schiedsgerichtlichen Verfahrens beendet hat.

(4) Ab dem Tag, an dem die Unterbrechung endet, ist ein unterbrochenes Verständigungsverfahren fortzuführen und innerhalb der noch offenen Frist für die Einigung gemäß § 24 zu beenden. Ein unterbrochenes schiedsgerichtliches Verfahren ist nur fortzuführen und innerhalb der noch offenen Frist gemäß § 21 bzw. § 47 zu beenden, wenn das Finanzstrafverfahren nicht mit rechtskräftiger Bestrafung geendet hat.

(5) Hat ein Finanzstrafverfahren, das zur Unterbrechung eines schiedsgerichtlichen Verfahrens geführt hat, mit einer rechtskräftigen Bestrafung geendet, gilt die Streitfrage ab dem Tag der rechtskräftigen Bestrafung als gegenstandslos (§ 67).

(6) Gegen die Unterbrechung ist ein abgesondertes Rechtsmittel nicht zulässig.

Parteistellung

§ 70. Im Verständigungsverfahren und im schiedsgerichtlichen Verfahren besitzt die betroffene Person keine Parteistellung im Sinne des § 78 BAO. Insbesondere ist § 90 BAO nicht anwendbar.

Amtswegige Gerichts-, Verwaltungs- oder Strafverfahren

§ 71. Die Vorlage einer Streitfrage im Rahmen des Verständigungsverfahrens oder des schiedsgerichtlichen Verfahrens hindert die österreichische zuständige Behörde, eine Abgabenbehörde, eine Finanzstrafbehörde oder ein Gericht nicht daran, Gerichts-, Verwaltungs- oder Strafverfahren in derselben Angelegenheit einzuleiten oder fortzusetzen.

6. Teil
Arten des Schiedsgerichtes

1. Abschnitt
Beratender Ausschuss

Zusammensetzung

§ 72. Der Beratende Ausschuss setzt sich zusammen aus:
1. einer bzw. einem Vorsitzenden,
2. je einer Vertreterin oder einem Vertreter bzw. je zwei Vertreterinnen oder Vertretern jeder zuständigen Behörde jedes betroffenen Mitgliedstaates sowie
3. je einer unabhängigen Person bzw. zwei unabhängigen Personen, die von jeder zuständigen Behörde jedes betroffenen Mitgliedstaates benannt wird bzw. werden.

Aufgaben

§ 73. Dem Beratenden Ausschuss obliegen folgende Aufgaben:

1. Die Prüfung der Zulassung der Streitbeilegungsbeschwerde und
2. die Abgabe der Stellungnahme, wie die Streitfrage gelöst werden soll, wenn
   a) das Verständigungsverfahren durch Zeitablauf oder durch Abbruch beendet worden ist und die österreichische zuständige Behörde mit den zuständigen Behörden der anderen betroffenen Mitgliedstaaten gemäß § 38 Abs. 1 vereinbart hat, dass dem Antrag auf Einsetzung eines Schiedsgerichtes durch Einsetzung eines Beratenden Ausschusses nachgekommen wird oder
   (BGBl I 2022/108)
   b) die österreichische zuständige Behörde bzw. die zuständige Behörde eines anderen betroffenen Mitgliedstaates keine Erklärung über die Einleitung eines Verständigungsverfahrens gemäß § 23 abgegeben hat.

2. Abschnitt
Ausschuss für Alternative Streitbeilegung

Form

§ 74. (1) Der Ausschuss für Alternative Streitbeilegung kann sich hinsichtlich seiner Form von dem Beratenden Ausschuss unterscheiden. Die österreichische zuständige Behörde hat sich einvernehmlich mit den zuständigen Behörden der anderen betroffenen Mitgliedstaaten über die Form zu verständigen.

(2) Die österreichische zuständige Behörde und die zuständigen Behörden der anderen betroffenen Mitgliedstaaten können ferner vereinbaren, einen Ausschuss für Alternative Streitbeilegung in Form eines Ausschusses mit dem Charakter eines ständigen Gremiums einzusetzen (Ständiger Ausschuss).

Zusammensetzung

§ 75. Der Ausschuss für Alternative Streitbeilegung kann sich hinsichtlich seiner Zusammensetzung von dem Beratenden Ausschuss unterscheiden. Die österreichische zuständige Behörde hat sich einvernehmlich mit den zuständigen Behörden der anderen betroffenen Mitgliedstaaten über die Zusammensetzung zu verständigen.

Aufgaben

§ 76. Dem Ausschuss für Alternative Streitbeilegung obliegt die Abgabe der Stellungnahme, wie die Streitfrage gelöst werden soll, wenn das Verständigungsverfahren durch Zeitablauf oder durch Abbruch beendet worden ist und die österreichische zuständige Behörde mit den zuständigen Behörden der anderen betroffenen Mitgliedstaaten gemäß § 38 Abs. 2 vereinbart hat, dass dem Antrag auf Einsetzung eines Schiedsgerichtes durch Einsetzung eines Ausschusses für Alternative Streitbeilegung nachgekommen wird.

7. Teil
Schlussbestimmungen
Kosten

§ 77. (1) Die österreichische zuständige Behörde hat sich mit den zuständigen Behörden der anderen betroffenen Mitgliedstaaten darüber zu verständigen, dass jeder betroffene Mitgliedstaat die ihm entstehenden Kosten des Verständigungsverfahrens zu tragen hat.

(2) Haben die österreichische zuständige Behörde und die zuständigen Behörden der anderen betroffenen Mitgliedstaaten in der Geschäftsordnung nichts anderes vereinbart, werden die folgenden Kosten des schiedsgerichtlichen Verfahrens zu gleichen Teilen von den betroffenen Mitgliedstaaten getragen:
1. Die Auslagen der unabhängigen Personen und der bzw. des Vorsitzenden entsprechend einem Betrag in Höhe des Durchschnitts des üblichen Erstattungsbetrags für hochrangige Beamte der betroffenen Mitgliedstaaten, wobei für Österreich die Bestimmungen der Reisegebührenvorschrift 1955, BGBl. Nr. 133/1955, sinngemäß gelten und
2. gegebenenfalls das Honorar für die unabhängigen Personen und für die Vorsitzende bzw. den Vorsitzenden in Höhe von höchstens 1 000 Euro pro Person und pro Tag für jeden Sitzungstag des Beratenden Ausschusses oder des Ausschusses für Alternative Streitbeilegung.

(3) Der betroffenen Person aufgrund von Verfahren nach diesem Bundesgesetz entstehende Kosten werden von den zuständigen Behörden der betroffenen Mitgliedstaaten nicht getragen.

(4) Die betroffene Person hat die Kosten des schiedsgerichtlichen Verfahrens gemäß Abs. 2 zu tragen, wenn
1. sie die Streitbeilegungsbeschwerde gemäß § 68 zurückgenommen hat oder
2. der Beratende Ausschuss die Streitbeilegungsbeschwerde gemäß § 21 nicht zugelassen hat

und die österreichische zuständige Behörde sich mit den zuständigen Behörden der anderen betroffenen Mitgliedstaaten darüber verständigt hat, dass die Kosten durch die betroffene Person getragen werden.

Gebührenbefreiungen

§ 78. Die Verfahren gemäß diesem Bundesgesetz sind von sämtlichen Gebühren nach dem Gebührengesetz 1957, BGBl. Nr. 267/1957, befreit.

Verweisungen

§ 79. Soweit in diesem Bundesgesetz auf Bestimmungen anderer Bundesgesetze verwiesen wird, sind diese in ihrer jeweils geltenden Fassung anzuwenden.

Datenschutz

§ 80. (1) Die Verarbeitung personenbezogener Daten durch die österreichische zuständige Behörde oder durch eine Schiedsrichterin bzw. einen Schiedsrichter des Beratenden Ausschusses oder des Ausschusses für Alternative Streitbeilegung ist zulässig, wenn sie für Zwecke der Durchführung der Verfahren nach diesem Bundesgesetz erforderlich ist.

(2) Die Schiedsrichterinnen bzw. Schiedsrichter gelten als für die Verarbeitung personenbezogener Daten, die sie im Rahmen ihrer Tätigkeit als Mitglieder eines Beratenden Ausschusses oder eines Ausschusses für Alternative Streitbeilegung verarbeiten, Verantwortliche gemäß Art. 4 Z 7 der Verordnung (EU) Nr. 2016/679 zum Schutz natürlicher Personen bei der Verarbeitung personenbezogener Daten, zum freien Datenverkehr und zur Aufhebung der Richtlinie 95/46/EG (Datenschutz-Grundverordnung – DSGVO), ABl. Nr. L 119 vom 04.05.2016 S. 1, in der Fassung der Berichtigung ABl. Nr. L 314 vom 22.11.2016, S. 72.

Vollziehung

§ 81. Mit der Vollziehung dieses Bundesgesetzes ist der Bundesminister für Finanzen betraut.

Inkrafttreten

§ 82. Dieses Bundesgesetz tritt mit 1. September 2019 in Kraft und ist anwendbar auf Streitbeilegungsbeschwerden hinsichtlich Streitfragen in einem Zusammenhang mit Einkommen oder Vermögen, das in einem Besteuerungszeitraum, der am oder nach dem 1. Jänner 2018 beginnt, erwirtschaftet wird.

17/8. ABBG

Bundesgesetz über die Schaffung eines Amtes für Betrugsbekämpfung (ABBG), BGBl I 2019/104 idF

1 BGBl I 2020/23 (3. Covid-19-Gesetz)
2 BGBl I 2020/99 (2. FORG)
3 BGBl I 2022/108 (AbgÄG 2022)

GLIEDERUNG

§ 1. Einrichtung
§ 2. Organisation
§ 3. Aufgaben
§ 4. Befugnisse
§ 5. Datenschutz
§ 6. Verweise auf andere Bundesgesetze
§ 7. Schlussbestimmungen
§ 8. Inkrafttreten, Übergangsregelungen

Bundesgesetz über die Schaffung eines Amtes für Betrugsbekämpfung (ABBG)

Einrichtung

§ 1. Der Bundesminister für Finanzen hat ein Amt für Betrugsbekämpfung (ABB) einzurichten. Der Wirkungsbereich des Amtes für Betrugsbekämpfung erstreckt sich auf das gesamte Bundesgebiet. Der Bundesminister für Finanzen hat mit Verordnung den Sitz des Amtes für Betrugsbekämpfung festzulegen.

(BGBl I 2020/99)

Organisation

§ 2. (1) Die Leitung des Amtes für Betrugsbekämpfung erfolgt durch den Vorstand. Ihm obliegt insbesondere die organisatorische, personelle, wirtschaftliche und finanzielle Leitung.

(2) Dem Vorstand können für die dienstliche und fachliche Leitung Geschäftsbereichsleiter zur Seite gestellt werden. Einer der Geschäftsbereichsleiter hat im Fall der Verhinderung des Vorstandes dessen Aufgaben als sein Stellvertreter wahrzunehmen. Das Amt für Betrugsbekämpfung besteht aus folgenden Geschäftsbereichen:
1. Finanzstrafsachen
2. Finanzpolizei
3. Steuerfahndung
4. Zentralstelle Internationale Zusammenarbeit

(3) Im Amt für Betrugsbekämpfung ist weiters
1. eine Zentrale Koordinationsstelle für die Kontrolle der illegalen Beschäftigung nach dem Ausländerbeschäftigungsgesetz und dem Lohn- und Sozialdumping-Bekämpfungsgesetz des Amtes für Betrugsbekämpfung (Zentrale Koordinationsstelle), welcher die Wahrnehmung der im Ausländerbeschäftigungsgesetz – AuslBG, BGBl. Nr. 218/1975 und im Lohn- und Sozialdumping-Bekämpfungsgesetz – LSD-BG, BGBl. I Nr. 44/2016 zugewiesenen Aufgaben obliegt sowie
2. ein Daten-, Informations- und Aufbereitungscenter (DIAC) insbesondere zur Wahrnehmung der Aufgaben gemäß § 82 Abs. 9 Kraftfahrgesetz 1967 – KFG 1967, BGBl. Nr. 267/1967,

einzurichten.

(4) Organe des Amtes für Betrugsbekämpfung werden in nachstehenden Fällen jeweils als Organ der zuständigen Abgabenbehörde tätig:
1. bei Erfüllung finanzpolizeilicher Aufgaben gemäß § 3 Z 2 lit. a bis c,
2. bei Erfüllung von Aufgaben der Steuerfahndung gemäß § 3 Z 3 lit. g und h und
3. bei Erfüllung von Aufgaben der Zentralstelle Internationale Zusammenarbeit gemäß § 3 Z 4 lit. a und c.

(BGBl I 2022/108)

Aufgaben

§ 3. Dem Amt für Betrugsbekämpfung obliegt insbesondere
1. im Geschäftsbereich Finanzstrafsachen
    a) die Durchführung von Finanzstrafverfahren nach dem Finanzstrafgesetz – FinStrG, BGBl. Nr. 129/1958,
    b) die Wahrnehmung der Rechte und Pflichten im Dienste der Strafrechtspflege gemäß § 196 Abs. 1 FinStrG,
    c) die Wahrnehmung der Privatbeteiligtenstellung und sonstiger Aufgaben und Befugnisse gemäß §§ 195 bis 245 FinStrG,
    d) die Einhebung, Sicherung, Einbringung sowie der Vollzug der nach dem FinStrG verhängten Geld- und Freiheitsstrafen (Ersatzfreiheitsstrafen) sowie
    e) die internationale Amts- und Rechtshilfe in Finanzstrafsachen

soweit diese Aufgaben mit Ausnahme der lit. b nicht gemäß § 53 FinStrG in die Zuständigkeit der Gerichte fallen oder gemäß § 58

Abs. 1 lit. a FinStrG vom Zollamt Österreich zu vollziehen sind;

2. im Geschäftsbereich Finanzpolizei
   a) die Wahrnehmung von allgemeinen Aufsichtsmaßnahmen gemäß §§ 143 f der Bundesabgabenordnung – BAO, BGBl. Nr. 194/1961,
   b) die Durchführung von Ermittlungshandlungen für Zwecke der Verhinderung und Aufdeckung von Zuwiderhandlungen gegen die von den Finanzämtern zu vollziehenden Rechtsvorschriften sowie die in diesen Rechtsvorschriften vorgesehene Durchführung von Maßnahmen bei Gefahr in Verzug,
   c) die Durchführung von Abgabensicherungsmaßnahmen nach den Vorschriften der BAO und der Abgabenexekutionsordnung – AbgEO, BGBl. Nr. 104/1949, bei Gefahr im Verzug,
   d) die Durchführung von Maßnahmen zur Sicherung und Einbringung von nach dem FinStrG verhängten Geldstrafen,
   e) die Vollziehung anderer durch unmittelbar anwendbares Recht der Europäischen Union oder Bundesgesetz außerhalb der Abgabenvorschriften dem Amt für Betrugsbekämpfung oder dessen Organen übertragenen Aufgaben,
   f) die Vollziehung der im AuslBG und im LSD-BG der Zentralen Koordinationsstelle im Sinne des § 2 Abs. 3 Z 1 übertragenen Aufgaben,
   g) die Vollziehung der in § 82 Abs. 9 KFG 1967 dem Daten-, Informations- und Aufbereitungscenter übertragenen Aufgaben im Sinne des § 2 Abs. 3 Z 2,
   h) die Wahrnehmung der Rechte und Pflichten im Dienste der Strafrechtspflege gemäß § 6 des Sozialbetrugsbekämpfungsgesetzes – SBBG, BGBl. I Nr. 113/2015 sowie die Vornahme von Maßnahmen gegen Scheinunternehmen gemäß § 8 SBBG;

3. im Geschäftsbereich Steuerfahndung
   a) die Durchführung von Ermittlungsmaßnahmen und Beweisaufnahmen nach den Bestimmungen des FinStrG,
   b) die Wahrnehmung der Rechte und Pflichten im Dienste der Strafrechtspflege gemäß § 196 Abs. 1 FinStrG,
   (BGBl I 2022/108)
   c) die Auswertung und Analyse von Beweismitteln und Daten sowie die forensische Datensicherung,
   d) die Vornahme von oder die Mitwirkung an gemäß § 99 Abs. 2 FinStrG durchzuführenden Prüfungsmaßnahmen,
   (BGBl I 2022/108)
   e) die Vertretung vor Gericht als Privatbeteiligtenvertreter,
   f) die Erledigung von Amts- und Rechtshilfeersuchen in Finanzstrafsachen, soweit diese nicht in die Zuständigkeit des Zollamtes Österreich fallen,
   g) die Durchführung von Ermittlungs- und Prüfungshandlungen für Zwecke der Verhinderung und Aufdeckung von Zuwiderhandlungen gegen die von den Finanzämtern zu vollziehenden Rechtsvorschriften,
   (BGBl I 2022/108)
   h) die Durchführung von Abgabensicherungsmaßnahmen nach den Vorschriften der BAO und der AbgEO bei Gefahr im Verzug sowie

4. im Geschäftsbereich Zentralstelle Internationale Zusammenarbeit die Wahrnehmung der sich aus gesetzlichen Vorschriften, unmittelbar anwendbaren Rechtsakten der Europäischen Union oder völkerrechtlichen Vereinbarungen ergebenden Aufgaben, soweit diese nicht dem Bundesminister für Finanzen, den Abgaben- oder Finanzstrafbehörden obliegen,
   a) als Central Liaison Office die Durchführung der internationalen Amts- und Rechtshilfe in Abgabensachen,
   b) als Competence Center for International Cooperation in Fiscal Criminal Investigations (CC ICFI) die Durchführung der internationalen Amts- und Rechtshilfe in Finanzstrafsachen sowie
   c) im Rahmen von EUROFISC nach den Vorschriften der Verordnung (EU) Nr. 904/2010 über die Zusammenarbeit der Verwaltungsbehörden und die Betrugsbekämpfung auf dem Gebiet der Mehrwertsteuer, ABl. Nr. L 268 vom 12.10.2010 S. 1, zuletzt geändert durch die Verordnung (EU) 2018/1909, ABl. Nr. L 311 vom 07.12.2018 S. 1 , und daraus folgend die Gewinnung von für die Erhebung von Abgaben maßgebenden Daten sowie im Rahmen der Verarbeitung im Wege der Geldwäschemeldestelle (§ 4 Abs. 2 Z 1 Bundeskriminalamt-Gesetz – BKA-G, BGBl. I Nr. 22/2002) ein- und ausgehender Geldwäscheverdachtsmeldungen.

(BGBl I 2022/108)

(BGBl I 2020/99, BGBl I 2022/108)

Befugnisse

§ 4. (1) Den Organen des Amtes für Betrugsbekämpfung kommen im Rahmen ihrer Aufgaben gemäß § 3 Z 2 lit. a, b und e, § 3 Z 3 lit. g sowie § 3 Z 4 lit. a und c die den Organen der Abgabenbehörden in §§ 48b, 146a und 146b BAO eingeräumten Befugnisse zu.

(BGBl I 2022/108)

(2) Zur Gewinnung von für die Erhebung von Abgaben maßgebenden Daten können von den Organen des Amtes für Betrugsbekämpfung in

Erfüllung ihrer Aufgaben gemäß § 3 Z 2 lit. a, b und e, § 3 Z 2 lit. g sowie § 3 Z 4 lit. a und c allgemeine Aufsichtsmaßnahmen (§§ 143 und 144 BAO) und Ersuchen um Beistand (§ 158 und § 159 BAO), im Falle des § 3 Z 3 lit. g und Z 4 lit. a und c auch Außenprüfungen (§ 147 ff BAO) vorgenommen werden. Dabei können bei Gefahr im Verzug auch

1. Sicherstellungsaufträge (§ 232 BAO) erlassen sowie
2. Vollstreckungshandlungen (§§ 31, 65 ff und 75 AbgEO) und
3. Sicherungsmaßnahmen (§ 78 AbgEO)

vorgenommen werden.

(BGBl I 2022/108)

Datenschutz

§ 5. Die Verarbeitung personenbezogener Daten durch das Amt für Betrugsbekämpfung ist zulässig, wenn sie für Zwecke der Erfüllung der Aufgaben gemäß § 3 oder sonst zur Erfüllung seiner Aufgaben oder in Ausübung öffentlicher Gewalt, die ihm übertragen wurde, erforderlich ist.

Verweise auf andere Bundesgesetze

§ 6. Wenn in diesem Bundesgesetz auf Bestimmungen anderer Bundesgesetze verwiesen wird, sind diese in ihrer jeweils geltenden Fassung anzuwenden.

Schlussbestimmungen

§ 7. (1) Mit der Vollziehung dieses Bundesgesetzes ist der Bundesminister für Finanzen betraut.

(2) Soweit sich die in diesem Bundesgesetz verwendeten Bezeichnungen auf natürliche Personen beziehen, gilt die gewählte Form für beide Geschlechter.

Inkrafttreten, Übergangsregelungen

§ 8. (1) Dieses Bundesgesetz tritt mit 1. Jänner 2021 in Kraft.

(BGBl I 2020/23)

(2) Im Zusammenhang mit im Zeitpunkt des Inkrafttretens dieses Bundesgesetzes anhängigen Verwaltungs- und Verwaltungsstrafverfahren im Sinne des § 3 Z 2 lit. e geht die den Abgabenbehörden gesetzlich eingeräumte Parteistellung auf das Amt für Betrugsbekämpfung über.

(3) § 1 und § 3 Z 4, jeweils in der Fassung des Bundesgesetzes BGBl. I Nr. 104/2019, treten nicht in Kraft.

(BGBl I 2020/99)

(4) § 1 und § 3 Z 4, jeweils in der Fassung des Bundesgesetzes BGBl. I Nr. 99/2020, treten mit 1. Jänner 2021 in Kraft.

(BGBl I 2020/99)

17/9. Bundesgesetz über die Prüfung lohnabhängiger Abgaben und Beiträge (PLABG)

Bundesgesetz über die Prüfung lohnabhängiger Abgaben und Beiträge (PLABG), BGBl I 2018/98 idF

1 BGBl I 2019/104	2 BGBl I 2020/5 (VfGH)
4 BGBl I 2020/99	5 BGBl I 2022/108 (AbgÄG 2022)
	3 BGBl I 2020/54

GLIEDERUNG

1. Abschnitt: Prüfdienst für Lohnabgaben und Beiträge
§ 1. Einrichtung
§ 2. Organisation
§ 3. Aufgaben
§ 4. Prüfung lohnabhängiger Abgaben und Beiträge
§ 5. Zurechnung und Fachaufsicht

2. Abschnitt: Prüfungsbeirat beim Bundesminister für Finanzen
§ 6. Einrichtung des Prüfungsbeirats
§ 7. Aufgaben des Prüfungsbeirats
§ 8. Sitzungen des Prüfungsbeirats

3. Abschnitt: Verfahren
§ 9. Grundsätze
§ 10. Informationsaustausch

4. Abschnitt: Datenschutz
§ 11. Datenverarbeitung

5. Abschnitt: Schlussbestimmungen
§ 12. Geschlechtsneutrale Bezeichnung
§ 13. Verweise auf andere Bundesgesetze
§ 14. Vollziehung
§ 15. Übergangsbestimmungen
§ 16. Inkrafttreten

Bundesgesetz über die Prüfung lohnabhängiger Abgaben und Beiträge (PLABG)

Der Nationalrat hat beschlossen:

1. Abschnitt
Prüfdienst für Lohnabgaben und Beiträge
(BGBl I 2020/54)

Einrichtung

§ 1. Der Bundesminister für Finanzen hat einen Prüfdienst für Lohnabgaben und Beiträge (PLB) einzurichten und dessen Sitz mit Verordnung festzulegen. Der Wirkungsbereich des Prüfdienstes für Lohnabgaben und Beiträge erstreckt sich auf das gesamte Bundesgebiet.
(BGBl I 2020/54)

Organisation

§ 2. (1) Die Leitung des Prüfdienstes für Lohnabgaben und Beiträge erfolgt durch den Vorstand. Ihm obliegt insbesondere die organisatorische, personelle, wirtschaftliche und finanzielle Leitung.
(BGBl I 2020/54)

(2) Dem Vorstand kann für die fachliche Leitung ein Fachvorstand zur Seite gestellt werden. Der Fachvorstand hat im Fall der Verhinderung des Vorstandes dessen Aufgaben als sein Stellvertreter wahrzunehmen.
(BGBl I 2020/54)

Aufgaben

§ 3. (1) Dem Prüfdienst für Lohnabgaben und Beiträge obliegt im Auftrag des für die Erhebung der Lohnsteuer zuständigen Finanzamtes
1. die Durchführung der Prüfung lohnabhängiger Abgaben und Beiträge (§ 4);
2. die Durchführung von allgemeinen Aufsichts- und Erhebungsmaßnahmen für Zwecke der Erhebung von lohnabhängigen Abgaben.
(BGBl I 2022/108)

(2) In Rechtsmittelverfahren, denen eine Prüfung gemäß Abs. 1 Z 1 oder eine Maßnahme gemäß Abs. 1 Z 2 vorausgegangen ist, können die Organe des Prüfdienstes für Lohnabgaben und Beiträge das Finanzamt unterstützen. Dies umfasst auch die Vertretung des Finanzamtes bei mündlichen Verhandlungen (§ 274 BAO) sowie Erörterungsterminen (§ 269 Abs. 3 BAO).
(BGBl I 2022/108)
(BGBl I 2020/54)

Prüfung lohnabhängiger Abgaben und Beiträge

§ 4. Die Prüfung lohnabhängiger Abgaben und Beiträge stellt eine Außenprüfung gemäß § 147 der Bundesabgabenordnung – BAO, BGBl. Nr. 194/1961, dar und umfasst

1. die Lohnsteuerprüfung gemäß § 86 des Einkommensteuergesetzes 1988 – EStG 1988, BGBl. Nr. 400/1988,
   (BGBl I 2019/104)
2. die Sozialversicherungsprüfung gemäß § 41a des Allgemeinen Sozialversicherungsgesetzes – ASVG, BGBl. Nr. 189/1955, und
   (BGBl I 2020/5, BGBl I 2020/54)
3. die Kommunalsteuerprüfung gemäß § 14 des Kommunalsteuergesetzes 1993, BGBl. Nr. 819/1993.

Zurechnung und Fachaufsicht

§ 5. (1) Das Organ des Prüfdienstes für Lohnabgaben und Beiträge wird
1. bei der Durchführung
   – der Lohnsteuerprüfung als Organ des für die Erhebung der Lohnsteuer zuständigen Finanzamtes,
   – der Sozialversicherungsprüfung als Organ der Österreichischen Gesundheitskasse bzw. der Versicherungsanstalt öffentlich Bediensteter, Eisenbahnen und Bergbau (BVAEB),
   – der Kommunalsteuerprüfung als Organ der jeweils erhebungsberechtigten Gemeinde tätig;
   (BGBl I 2019/104, BGBl I 2020/5)
2. bei der Durchführung von allgemeinen Aufsichts- und Erhebungsmaßnahmen als Organ des für die Erhebung der Lohnsteuer zuständigen Finanzamtes tätig;
   (BGBl I 2022/108)
3. bei den Tätigkeiten gemäß § 3 Abs. 2 als Organ des für die Erhebung der Lohnsteuer zuständigen Finanzamtes tätig.
   (BGBl I 2022/108)

(2) Das Organ des Prüfdienstes für Lohnabgaben und Beiträge unterliegt der fachlichen Weisungsbefugnis
– des für die Erhebung der Lohnsteuer zuständigen Finanzamtes,
– der Österreichischen Gesundheitskasse bzw. der BVAEB,
– der erhebungsberechtigten Gemeinde
soweit ihnen dessen Tätigkeit gemäß Abs. 1 zuzurechnen ist.
(BGBl I 2020/54)

2. Abschnitt
Prüfungsbeirat beim Bundesminister für Finanzen

Einrichtung des Prüfungsbeirats

§ 6. (1) Für Zwecke der Kooperation und der Koordinierung in Angelegenheiten der Prüfung „von Lohnabgaben und Beiträgen" ist ein Prüfungsbeirat beim Bundesminister für Finanzen einzurichten.
(BGBl I 2020/54)

(2) Der Prüfungsbeirat besteht aus

1. zwei Vertretern des Bundesministers für Finanzen,
2. zwei Vertretern der für die Erhebung der Lohnsteuer zuständigen Finanzämtern,
3. zwei Vertretern des Bundesministers für Soziales, Gesundheit, Pflege und Konsumentenschutz,
   (BGBl I 2020/54)
4. zwei Vertretern der Österreichischen Gesundheitskasse und einem Vertreter der BVAEB für die in § 30a Abs. 1a B-KUVG genannten Versicherungsverhältnisse,
   (BGBl I 2020/54)
5. einem Vertreter des Österreichischen Gemeindebundes sowie
6. einem Vertreter des Österreichischen Städtebundes.

(3) Jede entsendende Institution hat Ersatzmitglieder zu benennen, die ein von der Institution entsendetes Mitglied bei dessen Verhinderung zu vertreten haben. Die Mitglieder (Ersatzmitglieder) des Prüfungsbeirates werden von der jeweiligen Institution für die Dauer von fünf Jahren entsendet. Die Wiederbestellung ist zulässig.

(4) Der Vorsitzende wird vom Bundesminister für Finanzen aus dem Kreis seiner Vertreter bestellt. Der Stellvertreter des Vorsitzenden wird von der Österreichischen Gesundheitskasse aus dem Kreis ihrer Vertreter bestellt.
(BGBl I 2020/5, BGBl I 2020/54)

(5) Der Vorsitzende und der Stellvertreter des Vorsitzenden werden für die Dauer von fünf Jahren bestellt. Eine Wiederbestellung ist nur einmal zulässig.
(BGBl I 2020/54)

Aufgaben des Prüfungsbeirats

§ 7. (1) Dem Prüfungsbeirat obliegen
1. die Festlegung von Grundsätzen und allgemeinen Zielen für die Prüfung und für die Prüfpläne,
2. die Festlegung von Kennzahlen sowie deren Controlling,
3. die Kooperation und Koordinierung zwischen den jeweils entsendenden Institutionen,
4. die Festlegung eines gemeinsamen Budgets für die Weiterentwicklung der gemeinsamen IT-Anwendungen sowie für das Competence Center GPLA (CC-GPLA) mit dem IT-Betrieb sowie
5. die Festlegung von Grundsätzen für die Aus- und Fortbildung der jeweiligen Bediensteten.

(2) Für Zwecke der operativen Unterstützung des Prüfungsbeirates kann ein Unterausschuss eingerichtet werden.

(3) Der Prüfungsbeirat hat für jedes Kalenderjahr einen Bericht über seine Tätigkeit und die dabei gesammelten Erfahrungen zu erstellen und bis zum 31. Mai des Folgejahres dem Bundesminister für Finanzen, dem Bundesminister für Soziales,

Gesundheit, Pflege und Konsumentenschutz sowie der Österreichischen Gesundheitskasse und der BVAEB vorzulegen.
(BGBl I 2020/54)

Sitzungen des Prüfungsbeirats

§ 8. (1) Der Prüfungsbeirat tritt mindestens zweimal jährlich zusammen. Der Vorsitzende beruft die Sitzungen ein. Im Fall der Verhinderung des Vorsitzenden obliegt die Einberufung dem Stellvertreter des Vorsitzenden.

(2) Die Sitzungen des Prüfungsbeirats sind nicht öffentlich. Er ist beschlussfähig, wenn mindestens die Hälfte der Mitglieder anwesend ist.

(3) Beschlüsse fasst der Prüfungsbeirat mit einfacher Mehrheit der anwesenden Mitglieder. Bei Stimmengleichheit gibt die Stimme des Vorsitzenden den Ausschlag. Im Fall der Verhinderung des Vorsitzenden gibt die Stimme des Stellvertreters des Vorsitzenden den Ausschlag. Beschlüsse zu § 7 Abs. 1 Z 1 und Z 4 bedürfen immer der Zustimmung beider Vertreter des Bundesministers für Finanzen und beider Vertreter der Österreichischen Gesundheitskasse und des Vertreters der BVAEB.
(BGBl I 2020/54)

(4) Für die Beschlussfassung der Geschäftsordnung und jede ihrer Änderungen ist eine Mehrheit von mindestens zwei Dritteln der Stimmen aller anwesenden Mitglieder des Beirates erforderlich.

(5) Das Nähere über die Sitzungen und die Beschlussfassung hat die vom Prüfungsbeirat zu beschließende Geschäftsordnung zu bestimmen.

(6) Die Tätigkeit der Mitglieder des Prüfungsbeirats ist ehrenamtlich. Die Mitglieder haben gegenüber der sie entsendenden Institution Anspruch auf Ersatz der ihnen aus ihrer Tätigkeit im Prüfungsbeirat erwachsenden Barauslagen.
(BGBl I 2020/54)

3. Abschnitt
Verfahren

Grundsätze

§ 9. (1) Auf die Prüfung lohnabhängiger Abgaben und Beiträge sind die für Außenprüfungen maßgeblichen Vorschriften der BAO anzuwenden.

(2) Der Prüfungsauftrag ist von dem für die Erhebung der Lohnsteuer zuständigen Finanzamt zu erteilen.
(BGBl I 2019/104, BGBl I 2020/54)

(3) Das Finanzamt, die Österreichische Gesundheitskasse, die BVAEB und die Gemeinden sind an das Prüfungsergebnis nicht gebunden.
(BGBl I 2019/104, BGBl I 2020/5, BGBl I 2020/54)

(4) Im Rahmen der Durchführung der Prüfung lohnabhängiger Abgaben und Beiträge sowie der Durchführung von allgemeinen Aufsichts- und Erhebungsmaßnahmen für Zwecke der Erhebung von lohnabhängigen Abgaben kann auf Ausfertigungen von Erledigungen gemäß § 94 und § 95 BAO sowie auf Niederschriften und Prüfungsberichten anstelle der Behördenbezeichnung der Prüfdienst für Lohnabgaben und Beiträge angeführt werden, wenn auf die Zurechnung gemäß § 5 Abs. 1 hingewiesen wird.
(BGBl I 2022/108)
(BGBl I 2020/54)

Informationsaustausch

§ 10. (1) Der Prüfdienst für Lohnabgaben und Beiträge hat das für die Erhebung der Lohnsteuer zuständige Finanzamt hinsichtlich der Lohnsteuerprüfung, die Österreichische Gesundheitskasse bzw. die BVAEB hinsichtlich der Sozialversicherungsprüfung und die jeweils erhebungsberechtigte Gemeinde hinsichtlich der Kommunalsteuerprüfung elektronisch
1. von der Prüfung sowie vom Inhalt des Prüfungsberichtes oder der aufgenommenen Niederschrift zu verständigen sowie
2. auf Ersuchen über den Stand der Prüfung und Zwischenergebnisse zu informieren.

(BGBl I 2019/104, BGBl I 2020/5)

(2) Dem Prüfdienst für Lohnabgaben und Beiträge sind für Zwecke der Erfüllung der Aufgaben gemäß § 3 vom für die Erhebung der Lohnsteuer zuständigen Finanzamt sämtliche Daten elektronisch zur Verfügung zu stellen, die zur Aufgabenerfüllung erforderlich sind.
(BGBl I 2019/104, BGBl I 2020/5)

(3) Dem für die Erhebung der Lohnsteuer zuständigen Finanzamt sind vom Prüfdienst für Lohnabgaben und Beiträge sämtliche Daten zur Verfügung zu stellen, die für das Finanzamt zur Aufgabenerfüllung erforderlich sind.
(BGBl I 2019/104, BGBl I 2020/5)

4. Abschnitt
Datenschutz

Datenverarbeitung

§ 11. Die Verarbeitung personenbezogener Daten (insbesondere die gemäß § 10 Abs. 2 erlangten personenbezogenen Daten sowie die Versicherungsnummer gemäß § 31 Abs. 4 Z 1 ASVG) durch den Prüfdienst für Lohnabgaben und Beiträge ist zulässig, wenn sie für Zwecke der Erfüllung der Aufgaben gemäß § 3, für den Informationsaustausch gemäß § 10 oder sonst zur Erfüllung seiner Aufgaben oder in Ausübung öffentlicher Gewalt, die ihm übertragen wurde, erforderlich ist.
(BGBl I 2020/54)

5. Abschnitt
Schlussbestimmungen
(BGBl I 2020/54)

Geschlechtsneutrale Bezeichnung

§ 12. Die in diesem Bundesgesetz verwendeten personenbezogenen Bezeichnungen sind geschlechtsneutral zu verstehen.
(BGBl I 2020/54)

Verweise auf andere Bundesgesetze

§ 13. Wenn in diesem Bundesgesetz auf Bestimmungen anderer Bundesgesetze verwiesen wird, sind diese in ihrer jeweils geltenden Fassung anzuwenden.
(BGBl I 2020/54)

Vollziehung

§ 14. Mit der Vollziehung dieses Bundesgesetzes sind betraut:
1. hinsichtlich der §§ 6 bis 8 der Bundesminister für Finanzen und der Bundesminister für Soziales, Gesundheit, Pflege und Konsumentenschutz,
2. im Übrigen der Bundesminister für Finanzen.

Übergangsbestimmungen

§ 15. (1) Der Tätigkeitsbericht gemäß § 7 Abs. 3 ist erstmals für das Kalenderjahr 2021 zu erstellen.

(2) Für den Zeitraum von 1. Jänner 2020 bis 30. Juni 2020 wird zwischen dem Bund bzw. dem Bundesminister für Finanzen und der Österreichischen Gesundheitskasse weder ein im Zusammenhang mit der Prüfung lohnabhängiger Abgaben und Beiträge stehender Kostenersatz noch ein in diesem Zusammenhang stehendes Entgelt verrechnet.
(BGBl I 2020/54)

Inkrafttreten

§ 16. (1) Dieses Bundesgesetz tritt mit 1. Jänner 2020 in Kraft; dies gilt nicht für die §§ 7 bis 9, die mit dem der Kundmachung folgenden Tag in Kraft treten.

(2) Zum 31. Dezember 2019 noch nicht abgeschlossene gemeinsame Prüfungen lohnabhängiger Abgaben, die vom Finanzamt der Betriebsstätte (§ 81 EStG 1988) oder einer Gebietskrankenkasse beauftragt wurden, sind vom Prüfdienst für lohnabhängige Abgaben und Beiträge fortzuführen. Die Wirksamkeit des bereits erteilten Prüfungsauftrages bleibt unberührt.

(3) Für zum 31. Dezember 2019 noch nicht abgeschlossene gemeinsame Prüfungen lohnabhängiger Abgaben, die von der Versicherungsanstalt für Eisenbahnen und Bergbau beauftragt wurden, sind die vor Inkrafttreten dieses Bundesgesetzes für gemeinsame Prüfungen lohnabhängiger Abgaben geltenden Bestimmungen weiterhin anzuwenden.

(3a) Zum 30. Juni 2020 noch nicht abgeschlossene Prüfungen lohnabhängiger Abgaben und Beiträge sind fortzuführen. Die Wirksamkeit des bereits bekanntgegebenen Prüfungsauftrages bleibt mit der Maßgabe unberührt, dass der Prüfungsauftrag als durch die Österreichische Gesundheitskasse erteilt gilt, wenn die im Prüfungsauftrag benannten Prüforgane am 1. Juli 2020 Bedienstete der Österreichischen Gesundheitskasse sind.
(BGBl I 2020/54)

(4) § 4 Z 1 in der Fassung des Bundesgesetzes BGBl. I Nr. 104/2019, tritt mit 1. Jänner 2021 in Kraft.
(BGBl I 2019/104, BGBl I 2020/99)

(5) § 3 Z 1, § 5, § 6 Z 1, § 10, § 11 und § 12, jeweils in der Fassung des Bundesgesetzes BGBl. I Nr. 104/2019, treten nicht in Kraft.

(6) Das Inhaltsverzeichnis, die Überschriften zu Abschnitt 1 und Abschnitt 5 und die §§ 1 bis 16 samt Überschriften, jeweils in der Fassung des Bundesgesetzes BGBl. I Nr. 54/2020, treten mit 1. Juli 2020 in Kraft. § 5, § 11, § 13 und § 22 samt Überschriften treten mit Ablauf des 30. Juni 2020 außer Kraft.
(BGBl I 2020/54)
(BGBl I 2020/54)

18. Abgabenexekutionsordnung

Inhaltsverzeichnis

18/1. Abgabenexekutionsordnung .... Seite 1365

18/1. AbgEO

18/1. Abgabenexekutionsordnung

Abgabenexekutionsordnung, BGBl 1949/104 idF

1 BGBl 1952/1
2 BGBl 1961/159
3 BGBl 1963/53
4 BGBl 1981/521
5 BGBl 1992/457
6 BGBl 1993/532 (BWG)
7 BGBl I 1999/164
8 BGBl I 2001/59 (EuroStUG 2001)
9 BGBl I 2001/144 (AbgÄG 2001)
10 BGBl I 2005/161 (AbgÄG 2005)
11 BGBl I 2007/99 (AbgSiG 2007)
12 BGBl I 2009/20 AbgVRefG
13 BGBl I 2009/151 (AbgÄG 2009)
14 BGBl I 2010/111 BudBG 2011)
15 BGBl I 2013/14 FVwGG 2012)
16 BGBl I 2014/105 (2. AbgÄG 2014)
17 BGBl I 2016/117 (AbgÄG 2016)
18 BGBl I 2018/32 (Mat-DS-AnpG 2018)
19 BGBl I 2019/104 (FORG)
20 BGBl I 2022/108 (AbgÄG 2022)

GLIEDERUNG

I. Hauptstück: Allgemeine Grundsätze
§§ 1–3.

II. Hauptstück: Abgabenbehördliches Vollstreckungs- und Sicherungsverfahren
I. Teil: Vollstreckung
I. Abschnitt: Allgemeine Bestimmungen
§ 4. Exekutionstitel
§§ 5–11. Durchführung der Vollstreckung
§ 12. Einwendungen gegen den Anspruch
§ 13. Einwendungen gegen den Exekutionstitel
§ 14. Widerspruch Dritter
§ 15. Berichtigung des Exekutionstitels
§ 16. Einstellung der Vollstreckung aus sonstigen Gründen
§ 17. Einschränkung der Vollstreckung
§§ 18–20. Aufschiebung der Vollstreckung
§§ 21, 22. Verfahren
§ 23. Bekanntmachung durch Edikt
§ 23a. Löschen der Daten aus der Veröffentlichung
§ 24. Aufforderungen und Mitteilungen bei einer Vollstreckungshandlung
§ 25. Akteneinsicht
§ 26. Gebühren und Auslagenersätze

II. Abschnitt
§ 27. Vollstreckung auf bewegliche körperliche Sachen
§§ 28–30. Unpfändbare Sachen
§§ 31–32. Pfändung
§ 33. Geltendmachung von Pfand- und Vorzugsrechten Dritter
§§ 34, 35. Verwahrung
§ 36. Einschränkung der Pfändung
§ 37. Verkauf
§ 38. Freihandverkauf
§§ 39–41a. Versteigerung

§ 42. Versteigerungstermin, Versteigerungsedikt
§ 43. Versteigerungsort
§ 43a. Überstellung
§ 43b. Überstellungsverfahren
§ 43c. Übernahme der Gegenstände
§ 43d. Verkaufsverwahrung
§ 44. Schätzung
§§ 45, 46. Durchführung der Versteigerung
§§ 46a–46c. Sonderbestimmungen für die Versteigerung im Internet
§ 47. Aufforderung zum Bieten
§ 48. Erteilung des Zuschlags
§ 48a. Zuschlag bei Versteigerung im Internet
§§ 49, 50. Protokoll
§ 51. Verwendung des Verkaufserlöses
§ 51a. Erlös bei Versteigerung durch Versteigerer
§ 51b. Versendung und Ausschluss derselben
§ 51c. Nicht abgeholte Gegenstände
§ 52. Ausschluß von Rechtsmitteln

III. Abschnitt: Vollstreckung auf grundbücherlich nicht sichergestellte Geldforderungen
§ 53. Arbeitseinkommen
§ 54. Kontenschutz
§§ 55–58. (aufgehoben)
§ 59. Pfändungsschutz in Ausnahmefällen
§ 60. Änderung der Unpfändbarkeitsvoraussetzungen
§§ 61–63. (aufgehoben)
§ 64. Zwingendes Recht
§§ 65–70. Pfändung
§§ 71–74. Überweisung

IV. Abschnitt: Vollstreckung auf Ansprüche auf Herausgabe und Leistung beweglicher körperlicher Sachen
§ 75. Pfändung
§ 76. Beitreibung

18/1. AbgEO

§ 77. Ausschluß von Rechtsmitteln

II. Teil: Sicherung
§ 78.

III. Teil: Zusammentreffen einer abgabenbehördlichen mit einer gerichtlichen Vollstreckung

I. Abschnitt: Vollstreckung auf bewegliche körperliche Sachen
§ 79.

II. Abschnitt: Vollstreckung auf grundbücherlich nicht sichergestellte Geldforderungen und auf Ansprüche auf Herausgabe und Leistung beweglicher körperlicher Sachen
§§ 80, 81.
§§ 82, 83. (aufgehoben)

III. Hauptstück: Zusammentreffen mehrerer nichtgerichtlicher Vollstreckungen

I. Teil: Allgemeine Grundsätze
§ 84.

II. Teil: Vollstreckung auf bewegliche körperliche Sachen
§ 85.

III. Teil: Vollstreckung auf grundbücherlich nicht sichergestellte Geldforderungen und auf Ansprüche auf Herausgabe und Leistung beweglicher körperlicher Sachen
§ 86.

IV. Hauptstück: Ersatzvornahme, unmittelbarer Zwang und Verwertung sonstiger Pfandrechte an beweglichen Sachen
§§ 86a–87.

V. Hauptstück: Übergangs- und Schlußbestimmungen
§§ 88–91.

STICHWORTVERZEICHNIS

A
Abgabenbehörden
— der Länder 2 (1), 3 (1)
— des Bundes 1
Akteneinsicht 25
Anstalt, öffentliche und gemeinnützige, Vollstreckung 8 (3) f
Apothekengerätschaften, nicht vollstreckbar 29 Z 9
Arbeitseinkommen, Exekutionsordnung 53
Arzneien, nicht vollstreckbar 29 Z 14
Aufforderungen bei Vollstreckungshandlungen 24
Aufhebung der Vollstreckbarkeit 15 (2)
Aufrechnung 64 (3)
Aufschiebung der Vollstreckung auf Antrag 18 ff
Auslagenersätze 26

B
Bankguthaben 54
Barauslagen, Ersatz 26 (3) ff
Beiträge 2 (1), 3 (1)
Beitreibung, Herausgabe durch Drittschuldner 76
Bekanntmachung durch Edikt 23, 42
Bergwerkszubehör 30 (2)
Berichtigung des Exekutionstitels 15 (1)
Berufskleidung, nicht vollstreckbar 29 Z 5
Bezirksgericht, Widerspruch Dritter 14 (3) ff
Bezirksverwaltungsbehörde 2 (1)
Blind 25 (2)
Bücher für Schule und Kirche, nicht vollstreckbar 29 Z 10
Bundesabgabenordnung 1

D
Dampfschiffahrtsunternehmung 8 (5)

Drittschuldner 16 (2), 60, 65, 70, 72 (2), 76 (1), 80 (6)
Durchsuchung 6 (1)

E
Edikt 23, 42
Ehering, nicht vollstreckbar 29 Z 11
Ehrenzeichen, nicht vollstreckbar 29 Z 12
Einschränkung der Vollstreckung 17
Einstellung der Vollstreckung 12 (4), 14 (4), 16
Einwendungen
— Durchführung der Vollstreckung 13
— gegen den Anspruch 12
Ersatzvornahme 86a
Exekutionstitel 2 (2), 4
Exterritorialität 10

F
Feiertage, gesetzliche 9 (1)
Finanzamt 5
Flußüberfuhrunternehmungen 8 (5)
Freibetrag, unpfändbarer 59 f

G
Gebühren 26
Gegenstände für Gottesdienste, nicht vollstreckbar 28
Gemeinde, Vollstreckung 8 (3)
Gemeinden 2 (1), 3 (1)
Gemeindeverbände 2 (1), 3 (1)
Gläubiger, betreibender 2 (2)
Guthaben bei Banken 54

H
Hausrat, nicht vollstreckbar 29 Z 1
Hilfspersonen 26 (3)

K
Klassenlotterie 8 (6)
Körperschaft, abgabenberechtigte 2 (2)
Kurator 67 (5), 80 (5)

L
Lagerhäuser, öffentliche 8 (5)
Länder 2 (1), 3 (1)
Liegenschaftszubehör 30 (1)
Lottokollektur 8 (6)

M
Mitteilungen bei Vollstreckungshandlungen 24

N
Nahrungsmittel, nicht vollstreckbar 29 Z 2
Nebenansprüche 2 (1), 3 (1)
Niederschrift bei Vollstreckungshandlungen 21 (2), 24 (2)
Notstandsbeihilfe, nicht vollstreckbar 29 Z 8
Notstandsunterstützung in Naturalien, nicht vollstreckbar 29 Z 4

O
Orden, nicht vollstreckbar 29 Z 12
Organe der öffentlichen Sicherheit 6 (2)

P
Pfandrecht 2 (2), 79 (3)
Pfandrechte Dritter 33
Pfändung 31a, 31 ff
– einer Gehaltsforderung 68
– Einschränkung 36
– fortlaufende Bezüge 68
– von Bankguthaben 54
– von Geldforderungen 65
– von Herausgabe- oder Leistungsansprüchen des Abgabenschuldners 75
– zur Sicherung 78 (2)
Pfändungsbeschränkungen 64
Pfändungsgebühr 26 (1) f
Pfändungsprotokoll 31 ff
Privatschriften, nicht vollstreckbar 29 Z 11
Prothesen, nicht vollstreckbar 29 Z 13

R
Rangordnung bei Forderungpfändung 69
Rechtsmittelfrist, Ablauf 7 (4)
Rechtsmittel, Ausschluß 52, 77
Rückstandsausweis 2 (2), 4

S
Sachverständiger 44
Schätzmeister 26 (3)
Schiffszubehör 30 (2)
Sicherstellungsauftrag 78
Sonntage 9 (1)
Staatsverträge 8 (2)
Stundung 18 Z 7, 20

T
Telefonunternehmungen 8 (5)
Tiere, nicht vollstreckbar 29 Z 3

U
Überweisung der gepfändeten Forderung 71
unpfändbare Sachen 28 ff

V
Veräußerungsbeschränkungen 8 (1)
Verfahren bei Vollstreckungshandlungen 21 f
Verfügungsverbot, kein Rechtsmittel 77
Verkauf
– durch Versteigerung 39 ff
– gepfändeter Sachen 37
– gepfändeter Wertpapiere 38
Vermögensverzeichnis 3 (3), 31a (1)
Verständigung mittels Edikt 23
Versteigerung, Anordnung, kein Rechtsmittel 52
Versteigerungsanstalt, öffentliche 26 (3), 43 (2)
Versteigerungsgebühr 26 (1) f
Verwahrer 26 (3), 34 (4)
Verwahrung gepfändeter Gegenstände 34 f
Verwaltungsbehörden, staatliche 8 (3)
Verwendung des Verkaufserlöses 51
Vollstrecker 5 (2) ff
Vollstreckung
– bewegliche körperliche Sachen 27
– gerichtliche und finanzbehördliche getrennt 79 ff
– gerichtliche, Vorrang 79
Vollstreckungen, mehrere nicht gerichtliche 84 f
Vollstreckungsarten, mehrere 7 (1)
Vollstreckungsauftrag 5 (2)
Vollstreckungsbehörde 2 (2)
– erster Instanz 5 (1)
Vollstreckungshandlung, anwesende Personen 11
Vollstreckungsmaßnahme, Barauslagen 2 (2)
Vollstreckungsverfahren 1, 2 (1), 3 (1)
– finanzbehördliches 3, 4 ff
– gerichtliches 3, 79 ff
Vorzugsrechte Dritter 33

W
Werkzeug, nicht vollstreckbar 29 Z 6
Widerspruch Dritter 14
Widerstand, Beseitigung 6 (2)

Z
Zahlungsauftrag 2 (2)
Zahlungsverbot 65 (3) ff
Zeugen 6 (1)
Zollamt 5 (1)
Zurückbehaltungsrecht 36
Zustellung der Erledigung im Vollstreckungsverfahren 22
Zustellung gerichtlicher Beschlüsse 79 (2)
Zwang, unmittelbarer 86b

18/1. AbgEO
§§ 1 – 5

Bundesgesetz vom 30. März 1949 über die Einbringung und Sicherung der öffentlichen Abgaben (Abgabenexekutionsordnung – AbgEO)

I. Hauptstück
Allgemeine Grundsätze

§ 1. Die Bestimmungen dieses Bundesgesetzes gelten in Angelegenheiten der von den Abgabenbehörden des Bundes zu erhebenden Abgaben im Sinne des § 3 der Bundesabgabenordnung, BGBl. Nr. 194/1961. Soweit sich aus diesem Bundesgesetz nicht anderes ergibt, sind die Bestimmungen der Bundesabgabenordnung auch im Vollstreckungsverfahren anzuwenden.

§ 2. (1) Die Bestimmungen dieses Bundesgesetzes gelten nach Maßgabe des Abs. 2 sinngemäß auch in Angelegenheiten der von den Abgabenbehörden der Länder, der Gemeindeverbände und der Gemeinden zu erhebenden öffentlichen Abgaben, Beiträge und Nebenansprüche. Soweit sich aus diesem Bundesgesetz nicht anderes ergibt, sind die Bestimmungen der Bundesabgabenordnung auch im Vollstreckungsverfahren anzuwenden.

(2) Im Verfahren nach diesem Bundesgesetz bei den im Abs. 1 genannten Behörden gelten nachstehende Abweichungen:
a) Betreibender Gläubiger ist die abgabenberechtigte Körperschaft.
b) Vollstreckungsbehörde ist die nach den besonderen Vorschriften mit der Vollstreckung betraute Behörde. Sie kann die Bezirksverwaltungsbehörde um die Durchführung der Vollstreckung ersuchen.
c) Die in lit. b bezeichneten Behörden haben die Aufgaben zu besorgen, die nach diesem Bundesgesetz den Abgabenbehörden obliegen.
(BGBl I 2019/104)
d) Als Exekutionstitel kommen neben den im § 4 genannten Rückstandsausweisen auch noch Zahlungsaufträge in Betracht, die mit der Bestätigung der Vollstreckbarkeit versehen sind.
e) Die zugunsten mehrerer Abgabengläubiger (Abs. 1) bei derselben Vollstreckungshandlung begründeten Pfandrechte stehen im Rang gleich. Soweit die durch Vollstreckungsmaßnahmen verursachten Barauslagen beim Abgabenschuldner nicht eingebracht werden können, sind sie von allen Abgabengläubigern nach dem Verhältnis ihrer vollstreckbaren Abgabenforderungen zu tragen; nach dem gleichen Verhältnis ist auch ein nicht zureichender Verkaufserlös zu verwenden.

§ 3. (1) Die von den Abgabenbehörden des Bundes, der Länder, der Gemeindeverbände und der Gemeinden zu erhebenden öffentlichen Abgaben, Beiträge und Nebenansprüche werden nach Maßgabe der Abs. 2 und 3 im abgabenbehördlichen oder gerichtlichen Vollstreckungsverfahren eingebracht.
(BGBl I 2019/104)

(2) Eine Vollstreckung auf bewegliche körperliche Sachen, auf grundbücherlich nicht sichergestellte Geldforderungen und auf Ansprüche auf Herausgabe und Leistung beweglicher körperlicher Sachen kann im abgabenbehördlichen oder gerichtlichen Vollstreckungsverfahren durchgeführt werden.
(BGBl I 2019/104)

(3) Bei allen übrigen Vollstreckungsarten ist nur ein gerichtliches Vollstreckungsverfahren zulässig. Die Durchführung eines solchen Verfahrens schließt die gleichzeitige Durchführung eines abgabenbehördlichen oder gerichtlichen Vollstreckungsverfahrens gemäß Abs. 2 nicht aus. Das Verfahren zur Erlangung eines Vermögensverzeichnisses ist, wenn der Abgabenschuldner der Aufforderung nach § 31 a nicht entspricht, nach den Bestimmungen der §§ 47 bis 49 EO abzuführen.
(BGBl I 2019/104)

(4) Abgabenbehördliche Vollstreckungsverfahren im Sinne dieses Bundesgesetzes sind jene Verfahren, die die Abgabenbehörden (Abs. 1) zur Einbringung und Sicherung öffentlicher Abgaben selbst durchzuführen haben.
(BGBl I 2019/104)

II. Hauptstück
Abgabenbehördliches Vollstreckungs- und Sicherungsverfahren

I. Teil
Vollstreckung

I. Abschnitt
Allgemeine Bestimmungen

Exekutionstitel

§ 4. Als Exekutionstitel für die Vollstreckung von Abgabenansprüchen kommen die über Abgaben ausgestellten Rückstandsausweise in Betracht.

Durchführung der Vollstreckung

§ 5. (1) Vollstreckungsbehörde ist jene Abgabenbehörde, der die Einhebung der Abgabe obliegt. Sie kann jedoch, wenn es im Interesse der Zweckmäßigkeit, der Kostenersparnis sowie der Vereinfachung und Beschleunigung des Verfahrens gelegen ist, auch eine andere Abgabenbehörde oder das Amt für Betrugsbekämpfung um Durchführung der Vollstreckung ersuchen.
(BGBl I 2019/104)

(2) Die Abgabenbehörde hat die Vollstreckung von Amts wegen einzuleiten und durchzuführen; sie bedient sich hiebei der Vollstrecker.
(BGBl I 2019/104)

(3) Die Vollstrecker haben sich zu Beginn der Amtshandlung (vor Durchführung der erteilten Aufträge) unaufgefordert über ihre Person auszuweisen und eine Ausfertigung des Auftrages der Abgabenbehörde auf Durchführung der Vollstreckung (Vollstreckungsauftrag) auszuhändigen.

(4) Die Vollstrecker sind berechtigt, die durch die Vollstreckung zu erzwingenden Zahlungen und sonstigen Leistungen entgegenzunehmen; sie haben deren Empfang zu bestätigen.

§ 6. (1) Der Vollstrecker ist befugt, soweit es der Zweck der Vollstreckung erheischt, die Wohnung des Abgabenschuldners, dessen Behältnisse und, wenn nötig, mit entsprechender Schonung der Person, selbst die von ihm getragenen Kleider zu durchsuchen. Verschlossene Haus- und Zimmertüren und verschlossene Behältnisse darf er zum Zwecke der Vollstreckung eröffnen lassen. Falls jedoch weder der Abgabenschuldner noch eine zu seiner Familie gehörige oder eine von ihm zur Obsorge bestellte erwachsene Person anwesend wäre, sind den vorerwähnten Vollstreckungshandlungen zwei vertrauenswürdige, großjährige Personen als Zeugen beizuziehen.

(2) Der Vollstrecker kann behufs Beseitigung eines ihm entgegengesetzten Widerstandes die Unterstützung der Organe des öffentlichen Sicherheitsdienstes unmittelbar in Anspruch nehmen.

§ 6a. Wer sich durch einen Vorgang des Vollstreckungsvollzugs, insbesondere durch eine Amtshandlung des Vollstreckers für beschwert erachtet, kann dagegen eine Vollzugsbeschwerde bei der Vollstreckungsbehörde erheben. Die Vollzugsbeschwerde ist innerhalb von 14 Tagen nach Kenntnis vom Vollstreckungsvollzug einzubringen.
(BGBl I 2022/108)

§ 7. (1) Soweit erforderlich, können im abgabenbehördlichen Vollstreckungsverfahren mehrere der in § 3 Abs. 2 genannten Vollstreckungsarten gleichzeitig angewendet werden.
(BGBl I 2019/104)

(2) Die Vollstreckung darf nicht in weiterem Umfange vollzogen werden, als es zur Verwirklichung des Anspruches notwendig ist.

(3) Auf die bis zur Befriedigung voraussichtlich noch erwachsenden Kosten ist Bedacht zu nehmen.

(4) Die Verfügungen des Vollstreckungsverfahrens können, sofern dieses Bundesgesetz nichts anderes bestimmt, schon vor Ablauf der Rechtsmittelfrist in Vollzug gesetzt werden.

§ 8. (1) Die gesetzlichen Vorschriften, zufolge deren gewisse Sachen dem Verkehr überhaupt entzogen oder in Ansehung der Veräußerung und des Eigentumserwerbs Beschränkungen unterworfen sind, behalten auch für das abgabenbehördliche Vollstreckungsverfahren ihre Geltung.
(BGBl I 2019/104)

(2) Ebenso bleiben die gesetzlichen Vorschriften sowie die in Staatsverträgen enthaltenen Vereinbarungen unberührt, wodurch gewisse Sachen und Forderungen der Vollstreckung wegen Geldforderungen oder einem zugunsten von Geldforderungen stattfindenden Sicherungsverfahren ganz entzogen oder derlei Vollstreckungs- und Sicherungsmaßregeln in Ansehung solcher Sachen, Rechte und Forderungen nur in bestimmten Grenzen und unter bestimmten Beschränkungen zugelassen werden.

(3) Gegen eine Gemeinde oder gegen eine durch Ausspruch einer Verwaltungsbehörde als öffentlich und gemeinnützig erklärte Anstalt kann die Vollstreckung nur in Ansehung solcher Vermögensbestandteile durchgeführt werden, welche ohne Beeinträchtigung der durch die Gemeinde oder jene Anstalt zu wahrenden öffentlichen Interessen zur Befriedigung verwendet werden können. Zur Abgabe der Erklärung, inwieweit letzteres hinsichtlich bestimmter Vermögensbestandteile zutrifft, sind die staatlichen Verwaltungsbehörden berufen.

(4) In das Eigentum einer unter staatlicher Aufsicht stehenden, dem öffentlichen Verkehre dienenden Anstalt dürfen Vollstreckungshandlungen, welche geeignet wären, die Aufrechterhaltung des öffentlichen Verkehres zu stören, nur im Einvernehmen mit der Aufsichtsbehörde und unter den von dieser Behörde im Interesse des öffentlichen Verkehres für notwendig befundenen Einschränkungen vorgenommen werden.

(5) Auf das zur Instandhaltung und zum Betriebe von Dampfschiffahrt-, Flußüberfuhr-, Fernmeldeunternehmungen und öffentlichen Lagerhäusern gehörige, im Besitze der Unternehmung befindliche Material findet eine abgesonderte Vollstreckung nicht statt.
(BGBl I 2022/108)

(6) Die von Lottokollektanten für Rechnung des Bundes eingehobenen Gelder können zugunsten von Ansprüchen, die wider den Lottokollektanten gerichtet sind, weder in Exekution gezogen noch durch Sicherungsmaßregeln getroffen werden.
(BGBl I 2019/104)

§ 9. An Samstagen, Sonntagen und gesetzlichen Feiertagen sowie von 22 bis 6 Uhr dürfen Vollstreckungshandlungen nur
1. in dringenden Fällen, insbesondere wenn der Zweck der Vollstreckung nicht anders erreicht werden kann, oder
2. wenn ein Vollstreckungsversuch an einem Werktag zur Tageszeit erfolglos war,

vorgenommen werden.

§ 10. Exekutionshandlungen gegen Personen, die in Österreich aufgrund des Völkerrechts Immunität genießen, sowie auf Exekutionsobjekte und in Räumlichkeiten solcher Personen dürfen nur mit Zustimmung des Bundesministeriums für europäische und internationale Angelegenheiten vorgenommen werden.
(BGBl I 2019/104, BGBl I 2022/108)

§ 11. Alle an einer Vollstreckungshandlung Beteiligten können bei der Vornahme anwesend sein. Personen, welche die Vollstreckungshandlung stören oder sich unangemessen betragen, können vom Vollstrecker entfernt werden.

Einwendungen gegen den Anspruch

§ 12. (1) Gegen den Anspruch können im Zuge des abgabenbehördlichen Vollstreckungsverfahrens nur insofern Einwendungen erhoben werden, als diese auf den Anspruch aufhebenden oder hemmenden Tatsachen beruhen, die erst nach Entstehung des diesem Verfahren zugrunde liegenden Exekutionstitels eingetreten sind.
(BGBl I 2019/104)

(2) Die Einwendungen sind bei jener Abgabenbehörde anzubringen, von welcher der Exekutionstitel ausgegangen ist.

(BGBl I 2019/104)

(3) Alle Einwendungen, die der Abgabenschuldner zur Zeit der Antragstellung vorzubringen imstande war, müssen bei sonstigem Ausschluß gleichzeitig geltend gemacht werden.

(4) Wird den Einwendungen rechtskräftig stattgegeben, ist die Vollstreckung unter gleichzeitiger Aufhebung bestehender Pfändungspfandrechte einzustellen. Erfolgt die Einstellung wegen hemmender Tatsachen, sind nur jene Pfändungspfandrechte aufzuheben, die nach Eintritt der Hemmungswirkung erworben wurden.

(BGBl I 2022/108)

Einwendungen gegen den Exekutionstitel

§ 13. (1) Wenn der Abgabenschuldner behauptet, dass ein Exekutionstitel (§ 4) aus Gründen, die bereits im Zeitpunkt seiner Ausfertigung vorgelegen sind, zu Unrecht ausgestellt wurde, hat er seine Einwendungen bei der Abgabenbehörde (§ 12 Abs. 2) geltend zu machen.

(2) § 12 Abs. 3 ist sinngemäß anzuwenden; wenn den Einwendungen rechtskräftig stattgegeben wird, ist die Vollstreckung unter gleichzeitiger Aufhebung aller bis dahin vollzogenen Vollstreckungsakte einzustellen.

(BGBl I 2019/104, BGBl I 2022/108)

Widerspruch Dritter

§ 14. (1) Gegen die Vollstreckung kann auch von einer dritten Person Widerspruch erhoben werden, wenn dieselbe an einem durch die Vollstreckung betroffenen Gegenstande oder an einem Teile eines solchen ein Recht behauptet, welches die Vornahme der Vollstreckung unzulässig machen würde.

(2) Wird einem solchen Widerspruch nicht von der Abgabenbehörde dadurch Rechnung getragen, dass sie die Vollstreckung auf den vom Widerspruch betroffenen Gegenstand unter gleichzeitiger Aufhebung aller bis dahin vollzogenen Vollstreckungsakte einstellt, so ist der Widerspruch bei Gericht mittels Klage geltend zu machen; die Klage kann zugleich gegen die Republik Österreich und gegen den Abgabenschuldner gerichtet werden, welche in diesem Falle als Streitgenossen zu behandeln sind.

(BGBl I 2019/104, BGBl I 2022/108)

(3) Für die Klage ist das Bezirksgericht zuständig, in dessen Sprengel sich zur Zeit der Anbringung der Klage die Gegenstände ganz oder zum Teil befinden, an welchen die behaupteten Rechte bestehen sollen.

(4) Wenn der Klage rechtskräftig stattgegeben wird, ist die Vollstreckung gemäß Abs. 2 einzustellen.

(BGBl I 2022/108)

(5) Die Bewilligung der Aufschiebung obliegt diesfalls dem Gericht (§ 44 EO).

(BGBl I 2019/104)

Berichtigung des Exekutionstitels

§ 15. Im Exekutionstitel (§ 4) unterlaufene offenbare Unrichtigkeiten sind von Amts wegen oder auf Antrag des Abgabenschuldners zu berichtigen.

(BGBl I 2019/104, BGBl I 2022/108)

Einstellung der Vollstreckung aus sonstigen Gründen

§ 16. (1) Die Vollstreckung ist auf Antrag oder von Amts wegen einzustellen, wenn

1. der betriebene Anspruch getilgt wurde;
2. der ihr zugrunde liegende Exekutionstitel zum Zeitpunkt seiner Ausfertigung zu Unrecht ausgestellt wurde;
3. die Vollstreckung auf Sachen oder Forderungen geführt wird, die nach den geltenden Vorschriften der Vollstreckung überhaupt oder einer abgesonderten Vollstreckung entzogen sind oder die vernichtet wurden;
4. die Vollstreckung gegen eine Gemeinde oder eine als öffentlich und gemeinnützig erklärte Anstalt gemäß § 8 Abs. 3 für unzulässig erklärt wurde;
5. Anfechtungsansprüche im Zusammenhang mit einem Insolvenzverfahren zu Recht geltend gemacht wurden;
6. sich nicht erwarten lässt, dass die Fortsetzung oder Durchführung der Vollstreckung einen die Kosten dieser Vollstreckung übersteigenden Ertrag ergeben wird;
7. die Exekution ohne das Bestehen eines Exekutionstitels durchgeführt wurde oder
8. die Vollstreckbarerklärung eines ausländischen Exekutionstitels rechtskräftig aufgehoben wurde oder
9. eine Ablöse für ein Pfandrecht an einer beweglichen Sache entrichtet wurde.

(2) Die Einstellung gemäß Z 1, 5, 6, 8 und 9 erfolgt unter gleichzeitiger Aufhebung bestehender Pfändungspfandrechte, jene gemäß Z 2, 3, 4 und 7 unter gleichzeitiger Aufhebung aller bis dahin vollzogenen Vollstreckungsakte.

(3) Macht der Drittschuldner bei der Abgabenbehörde die Unzulässigkeit der Vollstreckung (§ 65 Abs. 4) geltend, gilt dies als Antrag auf Einstellung derselben.

(BGBl I 2019/104, BGBl I 2022/108)

Einschränkung der Vollstreckung

(BGBl I 2022/108)

§ 17. (1) Treten die in den §§ 12 bis 14 oder 16 bezeichneten Einstellungsgründe nur hinsichtlich einzelner der in Vollstreckung gezogenen Gegenstände oder eines Teiles des vollstreckbaren

Anspruches ein, so hat statt der Einstellung eine verhältnismäßige Einschränkung stattzufinden.

(BGBl I 2022/108)

(2) Außerdem ist die Vollstreckung einzuschränken, wenn sie in größerem Umfange vollzogen wurde, als zur Erzielung vollständiger Befriedigung notwendig ist.

Aufschiebung der Vollstreckung
(BGBl I 2022/108)

§ 18. Die Aufschiebung der Vollstreckung kann auf Antrag bewilligt werden,
1. wenn die Aufhebung des über den Abgabenanspruch ausgestellten Exekutionstitels beantragt wird;
2. wenn in bezug auf einen der im § 4 angeführten Exekutionstitel die Wiederaufnahme des Verfahrens oder die Wiedereinsetzung in den vorigen Stand beantragt wird;
3. wenn gemäß § 16 die Einstellung beantragt wird;
4. wenn gemäß §§ 12 oder 13 Einwendungen erhoben werden;
5. wenn gegen einen Vorgang des Vollstreckungsvollzuges Beschwerde (§ 6a) geführt wird und die für die Entscheidung darüber erforderlichen Erhebungen nicht unverzüglich stattfinden können;

(BGBl I 2022/108)

6. wenn ein Antrag gemäß § 15 eingebracht wurde;
7. wenn nach Beginn des Vollzuges der Vollstreckung ein Ansuchen um Zahlungserleichterung (§ 212 der Bundesabgabenordnung) eingebracht wird.

§ 19. (1) Bei Aufschiebung der Vollstreckung bleiben, sofern die Abgabenbehörde nicht etwas anderes anordnet, alle Vollstreckungsakte einstweilen bestehen, welche zur Zeit des Ansuchens um Aufschiebung bereits in Vollzug gesetzt waren.

(BGBl I 2019/104)

(2) Im Falle einer Hemmung der Einbringung (§ 230 BAO) kann die Abgabenbehörde auf Antrag oder von Amts wegen unbeschadet einer verfügten Überweisung (§ 71) für die Dauer der Hemmung eine Herabsetzung des Überweisungsbetrages oder eine Aussetzung der Überweisung verfügen. Der Drittschuldner ist über die Herabsetzung zu verständigen. § 74 Abs. 2 ist nicht anzuwenden.

(BGBl I 2022/108)

(3) Bei Bewilligung der Aufschiebung hat die Abgabenbehörde anzugeben, für wie lange die Vollstreckung aufgeschoben sein soll.

(BGBl I 2019/104)

§ 20. Der Vollstrecker hat auch ohne vorgängige Weisung der Abgabenbehörde mit der Durchführung der Vollstreckung innezuhalten, wenn ihm dargetan wird, daß nach Entstehung des Exekutionstitels die Abgabenschuld befriedigt, Stundung bewilligt oder von der Fortsetzung des Vollstreckungsverfahrens abgestanden wurde.

(BGBl I 2019/104)

Verfahren

§ 21. (1) Über die durch den Vollstrecker vorgenommenen Vollstreckungshandlungen ist von demselben eine kurze Niederschrift aufzunehmen.

(2) Die Niederschrift hat Ort und Zeit der Aufnahme, die Namen des Abgabenschuldners und der bei der Vollstreckungshandlung anwesenden beteiligten Personen, den Gegenstand und eine Angabe der wesentlichen Vorgänge zu enthalten. Insbesondere ist jede bei Vornahme einer Vollstreckungshandlung vom Abgabenschuldner oder für denselben geleistete Zahlung in der Niederschrift zu beurkunden. Die Niederschrift ist vom Vollstrecker zu unterschreiben.

§ 22. Im Vollstreckungsverfahren ergehende Erledigungen können dem Abgabenschuldner wirksam auch dann unmittelbar zugestellt werden, wenn er einen Zustellungsbevollmächtigten namhaft gemacht hat.

Bekanntmachung durch Edikt

§ 23. (1) In allen Fällen, in welchen die Verständigung durch Edikt zu geschehen hat, ist dieses auf der Website des Bundesministeriums für Finanzen zu veröffentlichen.

(2) Nach Ermessen der Abgabenbehörde kann jedoch von Amts wegen oder auf Antrag verfügt werden, dass das Edikt auch in Zeitungen veröffentlicht oder sonst bekannt gemacht wird, wenn dadurch offenkundig mehr Kaufinteressenten angesprochen werden. Der Abgabenschuldner kann verlangen, dass mit der von der Abgabenbehörde angeordneten Bekanntmachung auf seine Kosten weitere entgeltliche Bekanntmachungen verbunden werden.

(BGBl I 2019/104)
(BGBl I 2016/117)

Löschen der Daten aus der Veröffentlichung

§ 23a. Die Daten aus der Veröffentlichung des Edikts auf der Website des Bundesministeriums für Finanzen sind zu löschen
1. wenn ein Vollstreckungsverfahren eingestellt wurde;
2. im Falle eines Aufschubs des Verkaufsverfahrens aufgrund der Stattgabe eines Übernahmeantrags;
3. im Falle eines Antrags zur Vornahme eines Freihandverkaufs mit Verkauf dieser Gegenstände; soweit die Gegenstände nicht verkauft werden können und der Abgabenschuldner trotz Aufforderung die Gegenstände nicht abholt, mit Vernichtung der Gegenstände;
4. jedenfalls nach erfolgter Versteigerung.

(BGBl I 2016/117)

Aufforderungen und Mitteilungen bei einer Vollstreckungshandlung

§ 24. (1) Die bei einer Vollstreckungshandlung vorkommenden Aufforderungen und sonstigen Mitteilungen ergehen, falls nicht in diesem Bundesgesetz etwas anders bestimmt ist, mündlich.

(2) Aufforderungen und Mitteilungen, welche wegen Abwesenheit der Person, an welche sie zu richten sind, nicht mündlich geschehen können, sind schriftlich zuzustellen. Die Befolgung dieser Vorschrift ist in der Niederschrift (§ 21) zu bemerken.

Akteneinsicht

§ 25. (1) Der Abgabenschuldner kann Einsicht in die das Vollstreckungsverfahren betreffenden Akten begehren und auf seine Kosten von einzelnen Aktenstücken Abschriften verlangen. Solche Einsicht- und Abschriftnahme kann auch dritten Personen vom Vorstand der Abgabenbehörde gestattet werden, insoweit sie ein rechtliches Interesse glaubhaft machen und keine zu beachtende Geheimhaltungspflicht entgegensteht. Durch die Abschriftnahme dürfen jedoch die gerade dringend benötigten Aktenstücke dem Vollstrecker nicht entzogen werden.

(BGBl I 2019/104)

(2) Ist der Abgabenschuldner blind oder hochgradig sehbehindert und nicht vertreten (§§ 80 ff BAO), so ist ihm auf Verlangen der Inhalt von Akten oder Aktenteilen durch Verlesung oder nach Maßgabe der vorhandenen technischen Möglichkeiten in sonst geeigneter Weise zur Kenntnis zu bringen.

(3) Soweit personenbezogene Daten in einem das Vollstreckungsverfahren betreffenden Akt enthalten sind, besteht für die betroffene Person das Recht auf Auskunft gemäß Art. 15 DSGVO ausschließlich nach Maßgabe des Abs. 1. Für das Verfahren der Einsicht- oder Abschriftnahme (einschließlich deren Verweigerung) gelten die Regelungen der Abs. 1 und 2 sowie der Bundesabgabenordnung.

(BGBl I 2018/32)

Gebühren und Auslagenersätze

§ 26. (1) Der Abgabenschuldner hat für Amtshandlungen des Vollstreckungsverfahrens nachstehende Gebühren zu entrichten:

a) Die Pfändungsgebühr anläßlich einer Pfändung im Ausmaß von 1% vom einzubringenden Abgabenbetrag; wird jedoch an Stelle einer Pfändung lediglich Bargeld abgenommen, dann nur 1% vom abgenommenen Geldbetrag.

b) Die Versteigerungsgebühr anläßlich einer Versteigerung (eines Verkaufes) im Ausmaß von 1½% vom einzubringenden Abgabenbetrag.

Das Mindestmaß dieser Gebühren beträgt 10 Euro.

(2) Die im Abs. 1 genannten Gebühren sind auch dann zu entrichten, wenn die Amtshandlung erfolglos verlief oder nur deshalb unterblieb, weil der Abgabenschuldner die Schuld erst unmittelbar vor Beginn der Amtshandlung an den Vollstrecker bezahlt hat.

(3) Außer den gemäß Abs. 1 zu entrichtenden Gebühren hat der Abgabenschuldner auch die durch die Vollstreckungsmaßnahmen verursachten Barauslagen zu ersetzen. Zu diesen zählen auch die Entlohnung der bei der Durchführung des Vollstreckungsverfahrens verwendeten Hilfspersonen, wie Schätzleute und Verwahrer, ferner bei Durchführung der Versteigerung durch einen Versteigerer dessen Kosten sowie die Kosten der Überstellung.

(4) (aufgehoben)

(5) Gebühren und Auslagenersätze werden mit Beginn der jeweiligen Amtshandlung fällig und können gleichzeitig mit dem einzubringenden Abgabenbetrag vollstreckt werden; sie sind mit Bescheid festzusetzen, wenn sie nicht unmittelbar aus einem Verkaufserlös beglichen werden (§ 51).

(6) Im Falle einer Einstellung nach § 13 Abs. 2, § 14 Abs. 2 oder § 16 Abs. 1 Z 2, 3, 4 oder 7 sind Gebührenfestsetzungen gemäß Abs. 1 und 3 aufzuheben.

(BGBl I 2022/108)

(7) und (8) (aufgehoben)

(BGBl I 2022/108)

II. Abschnitt
Vollstreckung auf bewegliche körperliche Sachen

§ 27. Die Vollstreckung auf bewegliche körperliche Sachen erfolgt durch Pfändung und Verkauf derselben.

Unpfändbare Sachen

§ 28. Auf Gegenstände, welche zur Ausübung des Gottesdienstes einer gesetzlich anerkannten Kirche oder Religionsgesellschaft verwendet werden, sowie auf Kreuzpartikeln und Reliquien, mit Ausnahme ihrer Fassung, kann Vollstreckung nicht geführt werden. Bei einer Vollstreckung auf die Fassung von Kreuzpartikeln und Reliquien darf die Authentika nicht verletzt werden.

(BGBl I 2019/104)

§ 29. (1) Der Vollstreckung sind ferner entzogen:

1. die dem persönlichen Gebrauch oder dem Haushalt dienenden Gegenstände, soweit sie einer bescheidenen Lebensführung des Abgabenschuldners und der mit ihm im gemeinsamen Haushalt lebenden Familienmitglieder entsprechen oder wenn ohne weiteres ersichtlich ist, dass durch deren Verwertung nur ein Erlös erzielt werden würde, der zum Wert außer allem Verhältnis steht;

2. bei Personen, die aus persönlichen Leistungen ihren Erwerb ziehen, sowie bei Kleingewerbetreibenden und Kleinlandwirten die zur Berufsausübung bzw. persönlichen Fortsetzung der Erwerbstätigkeit erforderlichen Gegenstände sowie nach Wahl des Abgabenschuldners bis zum Wert von 750 Euro die zur Aufarbeitung bestimmten Rohmaterialien;

3. die für den Abgabenschuldner und die mit ihm im gemeinsamen Haushalt lebenden Familienmitglieder auf vier Wochen erforderlichen Nahrungsmittel und Heizstoffe;
4. nicht zur Veräußerung bestimmte Haustiere, zu denen eine gefühlsmäßige Bindung besteht, bis zum Wert von 750 Euro sowie eine Milchkuh oder nach Wahl des Verpflichteten zwei Schweine, Ziegen oder Schafe, wenn diese Tiere für die Ernährung des Abgabenschuldners oder der mit ihm im gemeinsamen Haushalt lebenden Familienmitglieder erforderlich sind, ferner die Futter- und Streuvorräte auf vier Wochen;
5. bei Personen, deren Geldbezug durch Gesetz unpfändbar oder beschränkt pfändbar ist, der Teil des vorgefundenen Bargelds, der dem unpfändbaren, auf die Zeit von der Vornahme der Pfändung bis zum nächsten Zahlungstermin des Bezugs entfallenden Einkommen entspricht;
6. die zur Vorbereitung eines Berufs erforderlichen Gegenstände sowie die Lernbehelfe, die zum Gebrauch des Abgabenschuldners und seiner im gemeinsamen Haushalt mit ihm lebenden Familienmitglieder in der Schule bestimmt sind;
7. die zum Betrieb einer Apotheke unentbehrlichen Geräte, Gefäße und Warenvorräte;
8. Hilfsmittel zum Ausgleich einer körperlichen, geistigen oder psychischen Behinderung oder einer Sinnesbehinderung und Hilfsmittel zur Pflege des Abgabenschuldners oder der mit ihm im gemeinsamen Haushalt lebenden Familienmitglieder sowie Therapeutika und Hilfsgeräte, die im Rahmen einer medizinischen Therapie benötigt werden;
9. Familienbilder mit Ausnahme der Rahmen, Briefe und andere Schriften sowie der Ehering des Verpflichteten.

(2) Der Vollstrecker hat Gegenstände geringen Werts auch dann nicht zu pfänden, wenn offenkundig ist, dass die Fortsetzung oder Durchführung der Exekution einen die Kosten dieser Exekution übersteigenden Ertrag nicht ergeben wird.

§ 30. (1) Das auf einer Liegenschaft befindliche Zubehör derselben (§§ 294 bis 297 ABGB) darf nur mit dieser Liegenschaft selbst in Vollstreckung gezogen werden.

(BGBl I 2019/104)

(2) Auf das Bergwerkszubehör und das Zubehör von Schiffen und Flößen findet eine abgesonderte Vollstreckung nicht statt.

Pfändung

§ 31. (1) Die Pfändung der in der Gewahrsame des Abgabenschuldners befindlichen körperlichen Sachen wird dadurch bewirkt, daß der Vollstrecker dieselben in einem Protokolle verzeichnet und beschreibt (Pfändungsprotokoll). Die Unterlassung der Besichtigung vor Beschreibung steht einer wirksamen Pfandrechtsbegründung nicht entgegen, sofern sich die beschriebenen körperlichen Sachen in der Gewahrsame des Abgabenschuldners befinden und nach dessen Angaben beschrieben werden.

(2) In das Protokoll ist die Erklärung aufzunehmen, daß die verzeichneten Gegenstände zugunsten der vollstreckbaren Abgabenforderung in Pfändung genommen wurden. Die Abgabenforderung ist im Protokolle nach Kapital und Nebengebühren unter Bezugnahme auf den Exekutionstitel anzugeben. Die Pfändung kann nur für eine ziffermäßig bestimmte Geldsumme stattfinden; ziffermäßige Angabe der vom Abgabenschuldner zu leistenden Nebengebühren ist nicht notwendig.

(3) Behaupten dritte Personen bei der Pfändung an den im Protokolle verzeichneten Sachen solche Rechte, welche die Vornahme der Vollstreckung unzulässig machen würden, so sind diese Ansprüche im Pfändungsprotokoll anzumerken.

(4) Von dem Vollzuge der Pfändung ist der Abgabenschuldner in Kenntnis zu setzen, es sei denn, daß er bei der Pfändung anwesend oder vertreten war oder daß ihm eine Ausfertigung des Versteigerungsediktes unverweilt zugestellt wird (§ 42, Abs. 2).

(BGBl I 2019/104)

(5) Das Pfändungsprotokoll ist der Abgabenbehörde vorzulegen.

(BGBl I 2019/104)

§ 31a. Der Abgabenschuldner hat dem Vollstrecker über dessen Aufforderung am Vollzugsort ein Vermögensverzeichnis vorzulegen und zu unterfertigen, wenn der Vollzug erfolglos geblieben ist, weil beim Abgabenschuldner keine Sachen, die in Exekution gezogen werden konnten, oder nur solche Sachen vorgefunden wurden, deren Unzulänglichkeit sich mit Rücksicht auf ihren geringen Wert oder auf die daran zugunsten anderer Gläubiger bereits begründeten Pfandrechte klar ergibt, oder welche von dritten Personen in Anspruch genommen werden; § 47 Abs. 2 EO ist anzuwenden.

§ 32. (1) Durch die Pfändung wird für die vollstreckbare Abgabenforderung ein Pfandrecht an den im Pfändungsprotokoll verzeichneten und beschriebenen körperlichen Sachen erworben.

(2) Die Pfändung von körperlichen Sachen, welche bereits zugunsten einer anderen vollstreckbaren Abgabenforderung pfandweise verzeichnet und beschrieben sind, geschieht durch Anmerkung auf dem vorhandenen Pfändungsprotokoll.

Geltendmachung von Pfand- und Vorzugsrechten Dritter

§ 33. (1) Der Pfändung kann ein Dritter, der sich nicht im Besitze der Sache befindet, wegen eines ihm zustehenden Pfand- oder Vorzugsrechtes nicht widersprechen. Er kann jedoch schon vor Fälligkeit der Forderung, für die das Pfand- oder Vorzugsrecht besteht, seinen Anspruch auf vorzugsweise Befriedigung aus dem Erlöse der fraglichen Sache mittels Klage geltend machen. Im Falle der Erhebung der Klage wider die Republik Österreich und den Abgabenschuldner sind diese als Streitgenossen zu behandeln.

(2) Wenn die Sache vor rechtskräftiger Entscheidung über die Klage im Vollstreckungsweg verkauft wird und der klägerische Anspruch genügend bescheinigt ist, kann auf Antrag vom Gerichte die einstweilige Hinterlegung des Erlöses angeordnet werden.

Verwahrung

§ 34. (1) Gepfändete leicht mitnehmbare Gegenstände sind vom Vollstrecker in Verwahrung zu nehmen und bei der Abgabenbehörde zu erlegen. Andere Gegenstände sind in der Gewahrsame des Abgabenschuldners zu belassen, wenn aber die Einbringung der Abgabe dadurch gefährdet erscheint, einem geeigneten Verwahrer zu übergeben.

(BGBl I 2019/104)

(2) Die Kosten der Verwahrung sind einstweilen von der Republik Österreich zu tragen.

(3) Werden die gepfändeten beweglichen körperlichen Sachen nicht in Verwahrung genommen, so ist die Pfändung in einer für jedermann leicht erkennbaren Weise ersichtlich zu machen.

(4) Sofern der Verwahrer ohne Zustimmung des Abgabenschuldners bestellt wurde, ist dieser unter Bekanntgabe des Namens des Verwahrers von dessen Ernennung zu verständigen. Unter Darlegung geeigneter Gründe kann jederzeit die Ernennung eines anderen Verwahrers beantragt werden.

(5) Gepfändete Geldsorten sind immer abzunehmen. Für die Berechnung des Wertes von Münzen und ausländischen Geldzeichen ist der von der Nationalbank amtlich notierte Kurs des Pfändungstages maßgebend.

§ 35. Die gleichen Vorschriften gelten für die Pfändung und Verwahrung der beweglichen körperlichen Sachen des Abgabenschuldners, die sich in der Gewahrsame der Republik Österreich oder einer zu deren Herausgabe bereiten dritten Person befinden.

Einschränkung der Pfändung

§ 36. Hat die Republik Österreich eine bewegliche körperliche Sache des Abgabenschuldners in ihrer Gewahrsame, an der ihr ein Pfandrecht oder ein Zurückbehaltungsrecht für die zu vollstreckende Abgabenforderung zusteht, so kann der Abgabenschuldner, soweit diese Forderung durch die Sache gedeckt ist, bei der Abgabenbehörde die Einschränkung der Pfändung auf diese Sache beantragen. Besteht das Pfand- oder Zurückbehaltungsrecht zugleich für eine andere Forderung, so ist dem Antrag nur stattzugeben, wenn auch diese Forderung durch die Sache gedeckt ist.

(BGBl I 2019/104)

Verkauf

§ 37. (1) Die gepfändeten Sachen sind zu verkaufen.

(2) Solange das Verkaufsverfahren im Gange ist, kann ein besonderes Verkaufsverfahren in Ansehung derselben Sachen nicht mehr eingeleitet werden.

(3) Wird der Verkauf zugunsten weiterer vollstreckbarer Abgaben in Ansehung der gleichen Sachen angeordnet, so wird das Verkaufsverfahren für diese so geführt, wie wenn es zu ihren Gunsten eingeleitet worden wäre.

(4) Die Bestimmung des § 367 ABGB über den Eigentumserwerb an Sachen, die in einer öffentlichen Versteigerung veräußert werden, gilt auch bei einem Verkauf aus freier Hand durch einen Handelsmakler, ein Kreditinstitut, ein Versteigerungshaus, den Vollstrecker oder einen zu Versteigerungen befugten Beamten.

(5) Gewährleistungsansprüche der Erwerber wegen eines Mangels der veräußerten Sachen sowie das Rücktrittsrecht sind ausgeschlossen, das Fern- und Auswärtsgeschäfte-Gesetz (FAGG), BGBl. I Nr. 33/2014, ist nicht anzuwenden.

(BGBl I 2016/117)

Freihandverkauf

§ 38. (1) Gegenstände, die einen Börsenpreis haben, sind durch Vermittlung eines Handelsmaklers oder Vollstreckers zum Börsenpreis aus freier Hand zu verkaufen. Dem Bericht über den Verkauf ist ein amtlicher Nachweis über den Börsenpreis des Verkaufstags und über die etwa bezahlte Maklerprovision und sonstige Auslagen anzuschließen.

(2) Wertpapiere können auch durch ein Kreditinstitut verkauft werden. Lautet ein Wertpapier auf Namen, so hat der Vollstrecker die Umschreibung auf die Namen des Käufers zu erwirken und alle zum Zweck der Veräußerung erforderlichen urkundlichen Erklärungen mit Rechtswirksamkeit anstelle des Abgabenschuldners abzugeben.

Versteigerung

§ 39. (1) Alle übrigen gepfändeten Gegenstände sind, sofern sie dem Verkaufe überhaupt unterliegen, öffentlich zu versteigern. Als öffentliche Versteigerungen gelten auch Versteigerungen im Internet.

(BGBl I 2016/117)

(2) Auch Gegenstände, die nach § 38 aus freier Hand zu verkaufen sind, können versteigert werden, wenn sie innerhalb von vier Wochen nach Erteilung des Verkaufsauftrages aus freier Hand nicht verkauft werden.

§ 40. (1) Wenn sich jemand spätestens vierzehn Tage vor dem Versteigerungstermin unter gleichzeitiger Leistung einer Sicherheit in der Höhe von mindestens einem Viertel des Schätzungswertes bereit erklärt, die gepfändeten Sachen im ganzen oder größeren Partien derselben um einen Preis zu übernehmen, welcher ihren Schätzungswert um mindestens ein Viertel übersteigt, und nebst den etwaigen Schätzungskosten auch alle bisher aufgelaufenen, dem Abgabenschuldner zur Last fallenden Kosten des Vollstreckungsverfahrens (§ 26) ohne Anrechnung auf den Übernahmspreis zu tragen, so kann die Abgabenbehörde diesem Antrage nach Einvernehmung des Abgabenschuldners stattgeben, wenn diejenigen Personen zustimmen, die ein Pfandrecht an den zu versteigernden Gegenständen erworben haben, deren Forderung aber durch den Übernahmspreis nicht unzweifelhaft vollständig gedeckt wird.

(BGBl I 2019/104)

(2) Das Verkaufsverfahren kann aufgeschoben werden. Nach Bezahlung des Übernahmspreises ist die Versteigerung einzustellen.

(3) Bei Saumsal in der Bezahlung des Übernahmspreises ist das aufgeschobene Versteigerungsverfahren von Amts wegen wieder aufzunehmen; die geleistete Sicherheit verfällt und ist wie ein Verkaufserlös zu behandeln.

§ 41. Zwischen der Pfändung und Versteigerung muß eine Frist von mindestens drei Wochen liegen. Vor Ablauf dieser Frist darf nur dann zum Verkaufe geschritten werden, wenn Sachen gepfändet wurden, die ihrer Beschaffenheit nach bei längerer Aufbewahrung dem Verderben unterliegen, wenn die gepfändeten Sachen bei Aufschub des Verkaufes beträchtlich an Wert verlieren würden, oder wenn die längere Aufbewahrung des Pfandstückes unverhältnismäßige Kosten verursachen würde.

§ 41a. Verlieren die gepfändeten Sachen durch den Aufschub des Verkaufes erheblich an Wert, so können sie mit Zustimmung des Abgabenschuldners ungeachtet einer Einbringungshemmung (§ 230 BAO) und auch vor Eintritt der Vollstreckbarkeit der Abgabenforderung verkauft werden.

Versteigerungstermin, Versteigerungsedikt

§ 42. (1) Den Versteigerungstermin bestimmt, sofern nicht die Abgabenbehörde etwas anderes verfügt, der Vollstrecker oder der zur Durchführung einer Versteigerung bestellte Versteigerer. Die Bekanntmachung der Versteigerung hat mittels Ediktes zu geschehen. Im Edikt sind nebst der Angabe des Ortes und der Zeit der Versteigerung die zu versteigernden Sachen ihrer Gattung nach zu bezeichnen und zu bemerken, ob und wo dieselben vor der Versteigerung besichtigt werden können. Bei einer Versteigerung im Internet sind die Internetadresse, der Tag, an dem die Versteigerung beginnt, die Frist, innerhalb der Gebote zulässig sind und, bei Sachen mit Liebhaberwert, der allfällige Ausschluss eines Sofortkaufs anzugeben. Bei einer Versteigerung in einem Versteigerungshaus kann als Zeitpunkt des Beginns der Versteigerung auch ein solcher festgesetzt werden, an dem die Versteigerung von Gegenständen mehrerer Verkaufsverfahren stattfinden wird. Der Versteigerer hat den Zeitpunkt des Beginns der Versteigerung der Abgabenbehörde mitzuteilen.

(BGBl I 2019/104)

(2) Von der Anberaumung des Versteigerungstermins ist der Abgabenschuldner durch Zustellung einer Ausfertigung des Ediktes zu verständigen. Die Verständigung kann unterbleiben, soweit dem Abgabenschuldner der Versteigerungstermin bereits bei der Vornahme der Pfändung bekannt gegeben wurde; die Kenntnisnahme ist zu bestätigen.

(3) Eine über die Bekanntmachung auf der Website des Bundesministeriums für Finanzen hinausgehende Veröffentlichung des Ediktes nach § 23 kann unterbleiben, wenn

1. vom Versteigerungshaus Mitteilungsblätter aufgelegt werden, die einen größeren Käuferkreis ansprechen, oder
2. bei einer Versteigerung im Internet auf Grund des Kundenkreises zu erwarten ist, dass ein großer Interessentenkreis angesprochen wird.

(BGBl I 2016/117)

Versteigerungsort

§ 43. (1) Die Versteigerung kann erfolgen
1. im Internet,
2. im Versteigerungshaus,
3. an dem Ort, an dem sich die gepfändeten Gegenstände befinden.

(2) Die Abgabenbehörde bestimmt den Versteigerungsort. Hiebei ist zu berücksichtigen, wo voraussichtlich der höchste Erlös zu erzielen sein wird und welche Kosten auflaufen werden. Bei Gegenständen von großem Wert, bei Gold- und Silbersachen oder anderen Kostbarkeiten, bei Kunstobjekten, Briefmarken, Münzen, hochwertigen Möbelstücken, Sammlungen und dergleichen kommt insbesondere die Versteigerung in einem Versteigerungshaus oder im Internet in Betracht. Ist offenkundig, dass der Erlös der Gegenstände niedriger sein wird als die Kosten der Überstellung, der Verkaufsverwahrung und der Versteigerung, so dürfen die Gegenstände nicht zur Versteigerung überstellt werden.

(BGBl I 2019/104)

(3) Ausgeschlossen von der Aufnahme zum Verkauf in Versteigerungshäusern sind:
1. feuer- und explosionsgefährliche Sachen sowie Sachen, die gesundheitsschädigende Strahlen aussenden und Gifte,
2. Sachen aus Wohnungen, in denen ansteckende Krankheiten herrschen oder geherrscht haben, solange nicht die vorgeschriebene Desinfektion stattgefunden hat,
3. verunreinigte oder mit Ungeziefer behaftete Sachen vor Durchführung der Reinigung,
4. Sachen, zu deren wenn auch nur teilweisen Unterbringung die Räume des Versteigerungshauses nicht ausreichen,
5. dem raschen Verderben unterliegende Sachen,
6. Tiere und Pflanzen,
7. Schrott, Hadern und sonstiges Altmaterial.

(3a) Abs. 3 ist mit Ausnahme der Z 4, 6 und 7 auch auf die Versteigerung im Internet anzuwenden. Von der Versteigerung im Internet sind zudem Waffen aller Art sowie Gegenstände ausgenommen, deren Versteigerung dem Ansehen der Finanzverwaltung schaden könnte.

(BGBl I 2016/117)

(4) Das Versteigerungshaus, das sich zur Durchführung von Versteigerungen bereit erklärt hat,

18/1. AbgEO
§§ 43 – 46

darf die Übernahme zum Verkauf nur ablehnen, wenn die Gegenstände nach Abs. 3 ausgeschlossen sind.

(5) Die Abgabenbehörde darf nur solche Versteigerer heranziehen, die einer Versteigerung die Bestimmungen dieses Gesetzes zugrunde legen.

(BGBl I 2019/104)

Überstellung

§ 43a. Die Überstellung der Pfandgegenstände an den Versteigerer wird durch die Abgabenbehörde rechtzeitig veranlasst, um deren Ausstellung und Besichtigung zu ermöglichen. Bei einer Versteigerung im Internet kann die Ausstellung und Besichtigung entfallen. Der Termin der Überstellung ist dem Abgabenschuldner bekannt zu geben.

(BGBl I 2019/104)

Überstellungsverfahren

§ 43b. (1) Der Vollstrecker hat die Pfandgegenstände zu überstellen und dem Versteigerer zu übergeben. Wird zur Überstellung ein Frachtführer oder der Versteigerer herangezogen, so obliegt dem Vollstrecker lediglich die Übergabe an diese.

(2) Die Gegenstände sind unter Anschluss eines Verzeichnisses, in dem diese mit den Postzahlen des Pfändungsprotokolls anzuführen sind, dem Versteigerer zu übergeben.

Übernahme der Gegenstände

§ 43c. (1) Bei Übernahme der Gegenstände durch den Versteigerer ist zu prüfen, ob alle zur Übernahme bestimmten Gegenstände übergeben wurden und ob sie Fehler, Mängel oder Beschädigungen aufweisen, die in die Augen fallen.

(2) Fehlen Gegenstände oder zeigen sich Fehler, Mängel oder Beschädigungen, so hat dies der Versteigerer der Abgabenbehörde unverzüglich mitzuteilen und die nötigen Schritte zur Erhebung des Schadens und des Schädigers einzuleiten.

(BGBl I 2019/104)

Verkaufsverwahrung

§ 43d. Der Versteigerer hat für die ordnungsgemäße Aufbewahrung der übernommenen Gegenstände zu sorgen. Werden Gegenstände während der Aufbewahrung beschädigt oder vernichtet, so ist § 43c Abs. 2 anzuwenden.

Schätzung

§ 44. (1) Der Versteigerung ist ein Sachverständiger beizuziehen, welcher die einzelnen zur Versteigerung gelangenden Gegenstände bewertet. Fehlt es an Sachverständigen, die alle zum Verkaufe bestimmten Gegenstände zu bewerten verstehen, so können, falls es sich um größere Mengen oder um Gegenstände größeren Wertes handelt, für die einzelnen Gruppen von Gegenständen verschiedene Sachverständige beigezogen werden. Bei Bewertung von Gold- und Silbersachen ist auch der Metallwert anzugeben.

(2) Kostbarkeiten, Warenlager und andere Gegenstände, deren Schätzung bei der Versteigerung selbst untunlich ist, sind schon vor der Versteigerung durch einen Sachverständigen schätzen zu lassen.

(3) Gelangen lediglich Gegenstände zur Versteigerung, welche bereits im Sinne des vorstehenden Absatzes geschätzt wurden, so ist die Versteigerung ohne Beiziehung eines Sachverständigen abzuhalten.

(4) Gelangen Einrichtungsgegenstände oder Gegenstände minderen oder allgemein bekannten Wertes zur Versteigerung, so können diese ohne Beiziehung eines Sachverständigen geschätzt werden.

(5) Die Person des Sachverständigen wird bestimmt
1. bei einer Versteigerung in einem Versteigerungshaus von diesem,
2. bei einer Versteigerung im Internet bis zur Überstellung der Pfandgegenstände durch die Abgabenbehörde, nach dieser vom Versteigerer,

(BGBl I 2019/104)

3. sonst durch die Abgabenbehörde.

(BGBl I 2019/104)

(6) Personenbezogene Daten anderer Personen, die sich auf einem gepfändeten Gegenstand befinden, sind auf Antrag des Abgabenschuldners im Zuge der Schätzung zu löschen.

(BGBl I 2018/32)

Durchführung der Versteigerung

§ 45. (1) Die gepfändeten Gegenstände werden durch den Vollstrecker, bei der Versteigerung im Versteigerungshaus durch einen Bediensteten des Versteigerungshauses und bei einer Versteigerung im Internet durch den Versteigerer oder den Vollstrecker einer Abgabenbehörde, die über eine geeignete Internetplattform verfügt, versteigert. Bei der Versteigerung sind die Pfandstücke einzeln oder, wenn größere Mengen gleichartiger Gegenstände zum Verkaufe gelangen, auch partienweise unter Angabe des Schätzwertes (Ausrufspreis) auszubieten.

(BGBl I 2019/104)

(2) Die Zuziehung eines Ausrufers kann unterbleiben.

(3) Die Bieter brauchen kein Vadium zu erlegen.

(4) Anbote, die nicht wenigstens die Hälfte des Ausrufspreises erreichen, dürfen bei der Versteigerung nicht berücksichtigt werden.

(5) Gold- und Silbersachen dürfen nicht unter ihrem Metallwerte zugeschlagen werden.

§ 46. (1) Der Abgabenschuldner ist vom Bieten im eigenen und im fremden Namen ausgeschlossen. Vertreter des Abgabenschuldners sind zum Bieten nicht zugelassen. Gleiches gilt für den den Termin leitenden Vollstrecker, die Bediensteten des Versteigerungshauses sowie bei Versteigerungen im Internet für die Bediensteten des Versteigerers.

(BGBl I 2016/117)

(2) Jeder Bieter, dessen Anbot zugelassen wurde, bleibt an dasselbe gebunden, bis ein höheres Anbot abgegeben wird. Durch Einstellung des Verfahrens wird der Bieter von seiner Verpflichtung frei.

(3) Wird die Versteigerung im Internet durchgeführt, ist im Falle einer technischen Störung von mehr als eintägiger Dauer, welche die Abgabe von Geboten unmöglich macht, die Zeit der Störung nicht in die Frist, innerhalb der Gebote zulässig sind, einzurechnen.

(BGBl I 2016/117)

Sonderbestimmungen für die Versteigerung im Internet

§ 46a. (1) Die gepfändeten Gegenstände dürfen erst dann im Internet angeboten werden, wenn sie
1. geschätzt sind und
2. sich in Verwahrung oder Verkaufsverwahrung befinden oder sonst gewährleistet ist, dass die Gegenstände dem Ersteher übergeben werden können.

(2) Sind mehrere Gegenstände zu versteigern und ist anzunehmen, dass der erzielte Erlös einiger Gegenstände zur Befriedigung der vollstreckbaren Forderungen, zur Deckung aller Nebengebühren dieser Forderungen sowie der Kosten der Exekution hinreicht, so sind vorerst nur diese zu versteigern.

(3) Bei der Versteigerung ist anzugeben:
1. der zu versteigernde Gegenstand,
2. das geringste Gebot,
3. der Schätzwert und die im Rahmen der Schätzung überprüfte Betriebstauglichkeit des Gegenstandes,
4. die Frist, innerhalb der Gebote zulässig sind. Diese Frist darf sieben Tage nicht unter- und vier Wochen nicht überschreiten,
5. ob der Ersteher eine Versendung des Gegenstandes auf seine Kosten verlangen kann,
6. die Adresse des Lagerungsortes des Gegenstandes und ob und wann er besichtigt werden kann,
7. dass Gewährleistungsansprüche ausgeschlossen sind, dass es kein Rücktrittsrecht gibt und dass die Versendung auf Gefahr des Erstehers erfolgt, sowie
8. der den Schätzwert um ein Viertel übersteigende Betrag unter Hinweis auf die Möglichkeit eines Sofortkaufs oder der Ausschluss der Möglichkeit eines Sofortkaufs (§ 46b).

(BGBl I 2016/117)

(4) Der Bekanntmachung ist eine Beschreibung und zumindest ein Foto des Pfandstückes und ein vorhandenes schriftliches Schätzungsgutachten anzuschließen.

(5) Bei Internetversteigerungen kann vorgesehen werden, dass das vom Bieter abgegebene Gebot ein Höchstgebot ist, innerhalb dessen Gebote als abgegeben gelten, bis das von einem anderen Bieter abgegebene Gebot übertroffen wird. Unzulässig ist die Abgabe von Geboten mittels eines automatisierten Datenverarbeitungsprogramms, das die Gebote beobachtet und unmittelbar vor Ablauf der Frist, innerhalb der Gebote zulässig sind, ein Gebot abgibt, das im Rahmen einer oberen Grenze nach Möglichkeit das aktuelle Höchstgebot überbietet, sodass dem Bieter, der den Datenverarbeitungsprozess verwendet, der Zuschlag erteilt wird. Gebote von Personen, die ein solches Programm verwenden, sind unwirksam.

(BGBl I 2016/117)

§ 46b. Solange kein Gebot abgegeben wurde kann bei einer Versteigerung im Internet der Gegenstand unter Entfall der Versteigerung zu einem Preise, der den Schätzwert um ein Viertel übersteigt, erworben werden. Dem Käufer ist der Zuschlag zu erteilen. Bei Sachen mit Liebhaberwert kann der Sofortkauf ausgeschlossen werden. Dies ist dem Abgabenschuldner bei Übermittlung des Versteigerungsediktes bekannt zu geben.

(BGBl I 2016/117)

§ 46c. Bei einer Versteigerung im Internet hat der Versteigerer dem Ersuchen der Abgabenbehörde oder des Vollstreckers auf Abbruch der Versteigerung zu entsprechen, solange noch kein Gebot abgegeben wurde. Kommt es aufgrund eines Widerspruchs von dritter Seite zu einer Einstellung des Vollstreckungsverfahrens, ist dem Ersuchen der Abgabenbehörde oder des Vollstreckers auf Beendigung der Versteigerung auch dann zu entsprechen, wenn bereits ein Gebot abgegeben wurde.

(BGBl I 2019/104)

Aufforderung zum Bieten

§ 47. (1) Die Aufforderung zum Bieten darf erst nach Ablauf einer halben Stunde seit der als Beginn des Termines festgesetzten Zeit erfolgen.

(2) Die Versteigerung ist fortzusetzen, solange höhere Angebote abgegeben werden. Auf Verlangen eines oder mehrerer Bieter kann eine kurze Überlegungsfrist bewilligt werden.

(3) Vor dem Schluss der Versteigerung ist das letzte Anbot noch einmal vernehmlich bekannt zu machen.

Erteilung des Zuschlags

§ 48. (1) Der Zuschlag an den Meistbietenden erfolgt, wenn ungeachtet einer zweimaligen an die Bieter gerichteten Aufforderung ein höheres Anbot nicht mehr abgegeben wird.

(2) Dem Meistbietenden kann bei den in § 43 Abs. 2 genannten Gegenständen, die im Versteigerungshaus verkauft werden, eine Zahlungsfrist von acht Tagen eingeräumt werden. Sonstige Gegenstände werden nur gegen Barzahlung verkauft.

(3) Dem Meistbietenden sind die Gegenstände erst nach Bezahlung zu übergeben. Er hat sie sofort danach oder bei der Versteigerung in einem Versteigerungshaus spätestens am folgenden Tag zu übernehmen und wegzubringen. Hat der Er-

steher oder Käufer die Sachen nicht binnen drei Monaten weggebracht, so sind sie auf Anordnung der Abgabenbehörde zu verwerten. Mit dem dabei erzielten Erlös sind die aufgelaufenen Kosten zu decken. Ein Mehrerlös ist gerichtlich zu erlegen.

(BGBl I 2019/104)

(4) Hat der Meistbietende den in bar zu zahlenden Kaufpreis nicht über Aufforderung unverzüglich, sonst bis zum Schluss der Versteigerung erlegt, so kann die Versteigerung ausgehend von dem dem Gebot des Meistbietenden vorangehenden Gebot weitergeführt werden, wenn dies nach den Umständen tunlich ist; sonst ist die ihm zugeschlagene Sache bei einem neuen Termin neuerlich auszubieten. Der Meistbietende wird bei der neuerlichen Versteigerung zu einem Anbot nicht zugelassen; er haftet für einen etwaigen Ausfall, ohne den Mehrerlös beanspruchen zu können. Der Ausfall ist durch Bescheid der Abgabenbehörde festzusetzen. Dieser Bescheid kann nach den Bestimmungen dieses Bundesgesetzes vollstreckt werden.

(BGBl I 2019/104)

(5) Der Schluss der Versteigerung ist zu verkünden. Die Versteigerung wird auch geschlossen, sobald der erzielte Erlös zur Befriedigung hinreicht.

Zuschlag bei Versteigerung im Internet

§ 48a. Nach Ablauf der Versteigerungsfrist ist der Zuschlag demjenigen zu erteilen, der bei Ablauf dieser Frist das höchste Anbot abgegeben hat. Der Ersteher ist von der Zuschlagserteilung zu verständigen.

Protokoll

§ 49. Über die Versteigerung ist ein Protokoll aufzunehmen; es hat insbesondere die Zeit des Beginnes des Termins, die Aufforderung zur Abgabe von Anboten und des Schlusses der Versteigerung zu enthalten. Außerdem sind nebst den Ausrufpreisen die erzielten Meistbote und die Käufer anzugeben.

§ 50. (1) Die Abgabenbehörde kann, wenn dies allen Beteiligten offenbar zum Vorteile gereicht, auf Antrag des Abgabenschuldners oder von Amts wegen anordnen, daß die gepfändeten Sachen, die nicht zu den im § 38 bezeichneten Gegenständen gehören und hinsichtlich deren auch kein Übernahmsantrag nach § 40 vorliegt, in anderer Weise als durch öffentliche Versteigerung verwertet werden; doch muß der Antrag spätestens vierzehn Tage vor dem Versteigerungstermin gestellt werden. Der Verkauf aus freier Hand darf überdies nur gegen entsprechende Sicherheitsleistung und bei Zusicherung des namhaft gemachten Käufers, den bestimmten Kaufpreis zu bezahlen, angeordnet werden. Wird die Sicherheit erlegt, so ist der Versteigerungstermin abzusetzen. Hinsichtlich der Sicherheitsleistung sind die Bestimmungen des § 40 sinngemäß anzuwenden.

(BGBl I 2019/104)

(2) Die Abgabenbehörde kann weiters von Amts wegen oder auf Antrag anordnen, daß Sachen, für die bei der Versteigerung das geringste Gebot nicht erreicht wurde, in anderer Weise als durch öffentliche Versteigerung verwertet werden. Jedoch darf bei dieser Verwertung nicht unter die Hälfte des Schätzungswertes und bei Gold- und Silbersachen, falls der Metallwert höher ist, nicht unter diesen herabgegangen werden.

(BGBl I 2019/104)

(3) Können Gegenstände nicht verkauft werden, so ist der Abgabenschuldner schriftlich aufzufordern, diese binnen zwei Wochen abzuholen. Die Gegenstände sind ihm auszufolgen, wenn er die entstandenen Kosten bezahlt.

(4) Wenn der Abgabenschuldner die Sachen nicht innerhalb der Frist des Abs. 3 abholt oder die Kosten nach Abs. 3 nicht bezahlt, können die Gegenstände auch zu einem die Hälfte des Schätzwertes nicht erreichenden Preis verkauft werden. Scheitert auch dieser Verwertungsversuch, so ist der Abgabenschuldner nochmals schriftlich aufzufordern, die Gegenstände binnen zwei Wochen abzuholen. Kommt er auch dieser Aufforderung nicht nach, so können die Gegenstände vernichtet werden. Auf diese Rechtsfolge ist in der Aufforderung hinzuweisen.

(5) Die Abgabenbehörde kann auf Antrag oder von Amts wegen verfügen, daß Pfandgegenstände geringeren Wertes ohne vorausgegangene besondere Bekanntmachung ihrer Versteigerung bei einer gegen einen anderen Abgabenschuldner anberaumten und bekanntgemachten Versteigerung versteigert werden.

(BGBl I 2019/104)

Verwendung des Verkaufserlöses

§ 51. (1) Aus dem bei der Versteigerung erzielten Erlöse, einschließlich der gemäß § 40 oder § 50 verfallenen Sicherheit, abzüglich der Versteigerungs- und Schätzungskosten hat die Abgabenbehörde zunächst die Gebühren und Kosten des abgabenbehördlichen Vollstreckungsverfahrens (§ 26) zu berichtigen und den Rest auf die Abgabenforderung zu verrechnen; hierüber ist dem Abgabenschuldner ein Bescheid zuzustellen.

(BGBl I 2019/104)

(2) Die Bestimmungen des Abs. 1 gelten sinngemäß für die Verwendung eines auf andere Art erzielten Erlöses.

(3) Dritte können ihr besseres Recht nur im Wege der Klage geltend machen.

(BGBl I 2009/151)

Erlös bei Versteigerung durch Versteigerer

§ 51a. Der Versteigerer hat der Abgabenbehörde den Ausgang der Versteigerung schriftlich mitzuteilen. Diese Mitteilung hat insbesondere den Beginn und das Ende der Versteigerung, die geringsten Gebote, die erzielten Erlöse, die Käufer, eine Auflistung der nicht versteigerten Gegenstände und eine Aufstellung der Kosten des Versteigerers zu enthalten, im Falle der Versteigerung im Internet zudem die Frist gemäß § 46a Abs. 3 Z 4 sowie

Angaben über eine etwaige technische Störung der Versteigerung. Er hat binnen vier Wochen nach Versteigerung oder Verkauf der Abgabenbehörde den Erlös abzüglich seiner Kosten zu überweisen. Für spätere Zahlungen sind die gesetzlichen Verzugszinsen zu entrichten.

(BGBl I 2019/104)

Versendung und Ausschluss derselben

§ 51b. (1) Die Versandkosten für die Versendung des im Internet versteigerten Gegenstandes hat der Ersteher zu tragen. Dem Ersteher sind die Versandkosten bekannt zu geben; er hat binnen 14 Tagen das Meistbot samt den Versandkosten zu bezahlen. Nach Zahlungseingang ist der Gegenstand auf Gefahr des Erstehers zu versenden.

(2) Obliegt dem Vollstrecker die Versendung, so darf er die Übersendung an den Ersteher ausschließen, wenn sie einen erheblichen Aufwand erfordert. Der Ausschluss ist möglichst bei Bekanntgabe des Versteigerungstermins bekannt zu geben.

(3) Wird die Versendung ausgeschlossen oder begehrt der Ersteher die Selbstabholung, so hat dieser binnen 14 Tagen ab Verständigung von der Zuschlagserteilung den Gegenstand gegen Bezahlung des Meistbots abzuholen.

Nicht abgeholte Gegenstände

§ 51c. Ist der Ersteher bei einer Versteigerung im Internet mit der Abholung oder Bezahlung des Meistbots und der Transportkosten säumig, so ist der Gegenstand neuerlich auszubieten. Die Sätze 2 bis 4 des § 48 Abs. 4 sind anzuwenden."

Ausschluß von Rechtsmitteln

§ 52. Gegen Bescheide und Verfügungen, durch welche die Verwahrung gepfändeter Gegenstände, deren Schätzung vor dem Versteigerungstermine, die Übersendung an einen anderen Ort zum Zwecke des Verkaufes oder die Einbeziehung der gepfändeten Gegenstände in die in Ansehung anderer Pfandstücke bewilligte Versteigerung angeordnet oder ein Verwahrer ernannt wird, ferner gegen den Bescheid, welcher den Versteigerungstermin bestimmt, findet ein Rechtsmittel nicht statt.

III. Abschnitt
Vollstreckung auf grundbücherlich nicht sichergestellte Geldforderungen

Arbeitseinkommen

§ 53. Im abgabenbehördlichen Vollstreckungsverfahren sind die Bestimmungen der §§ 290 bis einschließlich 291a, der §§ 291d, 291e, 292, 292d, 292e, 292f, 292h Abs. 1 und 299a der EO sinngemäß anzuwenden.

(BGBl I 2022/108)

Kontenschutz

§ 54. (1) Werden beschränkt pfändbare Geldforderungen auf ein Konto des Abgabenschuldners bei einem Kreditinstitut überwiesen, so ist eine Pfändung des Guthabens auf Antrag des Abgabenschuldners durch die Abgabenbehörde insoweit aufzuheben, als das Guthaben dem der Pfändung nicht unterworfenen Teil der Einkünfte für die Zeit von der Pfändung bis zum nächsten Zahlungstermin entspricht.

(BGBl I 2019/104)

(2) Wird ein bei einem Kreditinstitut gepfändetes Guthaben eines Abgabenschuldners, der eine natürliche Person ist, zur Einziehung überwiesen, so darf erst vierzehn Tage nach der Zustellung des Überweisungsbescheides an den Drittschuldner aus dem Guthaben geleistet oder der Betrag hinterlegt werden.

(BGBl I 2019/104)

(3) Die Abgabenbehörde hat die Pfändung des Guthabens über Antrag des Abgabenschuldners für den Teil aufzuheben, dessen dieser bis zum nächsten Zahlungstermin dringend bedarf, um seinen notwendigen Unterhalt zu bestreiten und seine laufenden gesetzlichen Unterhaltspflichten zu erfüllen. Der freigegebene Teil des Guthabens darf den Betrag nicht übersteigen, der dem Abgabenschuldner voraussichtlich nach Abs. 1 zu belassen ist. Der Abgabenschuldner hat im Antrag wenigstens glaubhaft zu machen, daß beschränkt pfändbare Geldforderungen auf das Konto überwiesen worden sind und daß die Voraussetzungen des ersten Satzes vorliegen.

(BGBl I 2019/104)

§§ 55. bis 58. (aufgehoben)

Pfändungsschutz in Ausnahmefällen

§ 59. (1) Die Abgabenbehörde kann auf Antrag des Abgabenschuldners den unpfändbaren Freibetrag (§ 291a EO) erhöhen, wenn dies mit Rücksicht

a) auf besondere Bedürfnisse des Abgabenschuldners aus persönlichen oder beruflichen Gründen oder
b) auf besonders umfangreiche gesetzliche Unterhaltspflichten des Abgabenschuldners oder
c) auf eine zu erwartende Steuermehrbelastung aufgrund mehrerer Arbeitsverhältnisse

geboten ist.

(BGBl I 2019/104)

(2) Die Abgabenbehörde kann den unpfändbaren Freibetrag (§ 291 a EO) herabsetzen, wenn der Abgabenschuldner im Rahmen des Arbeitsverhältnisses Leistungen von Dritten erhält, die nicht von § 290 a Abs. 2 EO erfaßt werden.

(BGBl I 2019/104)

Änderung der Unpfändbarkeitsvoraussetzungen

§ 60. Ändern sich die für die Berechnung des unpfändbaren Freibetrages maßgebenden Voraussetzungen, so hat die Abgabenbehörde auf Antrag des Abgabenschuldners den Pfändungsbescheid entsprechend zu ändern. Antragsberechtigt ist auch ein Dritter, dem der Abgabenschuldner kraft Gesetzes Unterhalt zu gewähren hat. Der Drittschuldner kann nach dem Inhalt des früheren Pfändungsbe-

scheides mit befreiender Wirkung leisten, bis ihm der Änderungsbescheid zugestellt wird.
(BGBl I 2019/104)
§§ 61. bis 63. (aufgehoben)

Zwingendes Recht
§ 64. (1) Die Anwendung der Pfändungsbeschränkungen kann durch ein zwischen dem Abgabenschuldner und der Republik Österreich getroffenes Übereinkommen weder ausgeschlossen noch beschränkt werden.

(2) Jede diesen Vorschriften widersprechende Verfügung durch Abtretung, Anweisung, Verpfändung oder durch ein anderes Rechtsgeschäft ist ohne rechtliche Wirkung.

(3) Die Aufrechnung gegen den der Vollstreckung entzogenen Teil der Forderung ist, abgesehen von den Fällen, wo nach bereits bestehenden Vorschriften Abzüge ohne Beschränkung auf den der Vollstreckung unterliegenden Teil gestattet sind, nur zulässig zur Einbringung eines Vorschusses, einer in rechtlichem Zusammenhang stehenden Gegenforderung oder einer Schadenersatzforderung, wenn der Schaden vorsätzlich zugefügt wurde.
(BGBl I 2019/104)

(4) Ein Übereinkommen, wodurch einer Forderung bei ihrer Begründung oder später die Eigenschaft einer Forderung anderer Art beigelegt wird, um sie ganz oder teilweise der Vollstreckung oder der Veranschlagung bei Berechnung des der Vollstreckung unterliegenden Teiles von Gesamtbezügen zu entziehen, ist ohne rechtliche Wirkung.

Pfändung
§ 65. (1) Die Vollstreckung auf Geldforderungen des Abgabenschuldners erfolgt mittels Pfändung derselben. Im Pfändungsbescheid sind die Höhe der Abgabenschuld und der Gebühren und Auslagenersätze (§ 26) anzugeben. Sofern nicht die Bestimmung des § 67 zur Anwendung kommt, geschieht die Pfändung dadurch, daß die Abgabenbehörde dem Drittschuldner verbietet, an den Abgabenschuldner zu bezahlen. Zugleich ist dem Abgabenschuldner selbst jede Verfügung über seine Forderung sowie über das für dieselbe etwa bestellte Pfand und insbesondere die Einziehung der Forderung zu untersagen. Ihm ist aufzutragen, bei beschränkt pfändbaren Geldforderungen unverzüglich dem Drittschuldner allfällige Unterhaltspflichten und das Einkommen der Unterhaltsberechtigten bekanntzugeben.
(BGBl I 2019/104)

(2) Sowohl dem Drittschuldner wie dem Abgabenschuldner ist hiebei mitzuteilen, daß die Republik Österreich an der betreffenden Forderung ein Pfandrecht erworben hat. Das Zahlungsverbot ist mit Zustellnachweis zuzustellen, wobei die Zustellung an einen Ersatzempfänger zulässig ist.

(3) Die Pfändung ist mit Zustellung des Zahlungsverbotes an den Drittschuldner als bewirkt anzusehen.

(4) Der Drittschuldner kann das Zahlungsverbot anfechten oder bei der Abgabenbehörde die Unzulässigkeit der Vollstreckung nach den darüber bestehenden Vorschriften geltend machen.
(BGBl I 2019/104)

(5) Ein für die gepfändete Forderung bestelltes Handpfand kann in Verwahrung genommen werden.

§ 66. Wird auf eine Geldforderung Vollstreckung geführt, die dem Abgabenschuldner wider die Republik Österreich oder gegen eine juristische Person des öffentlichen Rechts gebührt, so ist das Zahlungsverbot der Stelle, die zur Anweisung der betreffenden Zahlung berufen ist, und auch dem Organe (Kasse oder Rechnungsdepartement, Rechnungsabteilung), das zur Liquidierung der dem Abgabenschuldner gebührenden Zahlung berufen ist, zuzustellen. Mit der Zustellung des Zahlungsverbotes an die anweisende Stelle ist die Pfändung als bewirkt anzusehen. Inwiefern das liquidierende Organ infolge eines empfangenen Zahlungsverbotes die Auszahlung fälliger Beträge an den Abgabenschuldner vorläufig zurückzuhalten befugt ist, bestimmt sich nach den dafür bestehenden Vorschriften.

§ 67. (1) Die Pfändung von Forderungen aus indossablen Papieren, aus Sparurkunden sowie solchen, deren Geltendmachung sonst an den Besitz des über die Forderung errichteten Papieres gebunden ist, wird dadurch bewirkt, daß der Vollstrecker diese Papiere zufolge Auftrages der Abgabenbehörde unter Aufnahme eines Pfändungsprotokolls (§ 31) an sich nimmt und bei der Abgabenbehörde erlegt.
(BGBl I 2019/104)

(2) Für eine spätere Pfändung derselben Forderung gilt die Bestimmung des § 32.

(3) Präsentationen, Protesterhebungen, Notifikationen und sonstige Handlungen zur Erhaltung oder Ausübung der Rechte aus den in Abs. 1 bezeichneten Papieren sind, insolange das Papier bei der Abgabenbehörde erliegt, zufolge Ermächtigung der Abgabenbehörde durch den Vollstrecker an Stelle des Abgabenschuldners vorzunehmen. Die Ermächtigung, solche Handlungen mit Rechtswirksamkeit vorzunehmen, kann dem Vollstrecker von Amts wegen oder auf Antrag des Abgabenschuldners erteilt werden.
(BGBl I 2019/104)

(4) Insbesondere kann der Vollstrecker durch die Abgabenbehörde, falls Gefahr im Verzuge ist, ermächtigt werden, die fällige Forderung aus einem derartigen bei der Abgabenbehörde erliegenden Papier einzuziehen. Die eingehenden Beträge sind beim Finanzamt zu hinterlegen; das für die Republik Österreich an der Forderung begründete Pfandrecht erstreckt sich auf diese Forderungseingänge.
(BGBl I 2019/104)

(5) Wenn die Einklagung der Forderung zur Unterbrechung der Verjährung oder zur Vermeidung sonstiger Nachteile nötig erscheint, hat das Bezirksgericht, in dessen Sprengel der Abgaben-

schuldner seinen Wohnsitz oder Sitz (§§ 26 und 27 BAO) hat, auf dessen Antrag zu diesem Zweck einen Kurator zu bestellen.
(BGBl I 2019/104)

§ 68. (1) Das Pfandrecht, welches durch die Pfändung einer Gehaltsforderung oder einer anderen in fortlaufenden Bezügen bestehenden Forderung erworben wird, erstreckt sich auch auf die nach der Pfändung fällig werdenden Bezüge, das an einer verzinslichen Forderung erwirkte Pfandrecht auf die nach der Pfändung fällig werdenden Zinsen. Wird ein Arbeitsverhältnis oder ein anderes Rechtsverhältnis, das einer in fortlaufenden Bezügen bestehenden Forderung zugrunde liegt, nicht mehr als ein Jahr unterbrochen, so erstreckt sich die Wirksamkeit des Pfandrechtes auch auf die gegen denselben Drittschuldner nach der Unterbrechung entstehenden und fällig werdenden Forderungen. Es gilt auch als Unterbrechung, wenn der Anspruch neuerlich geltend zu machen ist, nicht jedoch, wenn das Arbeitsverhältnis oder sonstige Rechtsverhältnis aufrecht bleibt. Eine Karenzierung ist jedoch keine Unterbrechung.

(2) Durch Pfändung eines Diensteinkommens wird insbesondere auch dasjenige Einkommen getroffen, welches der Abgabenschuldner infolge einer Erhöhung seiner Bezüge, infolge Übertragung eines neuen Amtes, Versetzung in ein anderes Amt oder infolge Versetzung in den Ruhestand erhält. Diese Bestimmung findet jedoch auf den Fall der Änderung des Dienstgebers keine Anwendung. Sinkt das Arbeitseinkommen unter den unpfändbaren Betrag, übersteigt es aber wieder diesen Betrag, so erstreckt sich die Wirksamkeit des Pfandrechts auch auf die erhöhten Bezüge. Diese Bestimmungen gelten hinsichtlich der Erhöhung der Bezüge und des Satzes 3 auch für andere Forderungen, die in fortlaufenden Bezügen bestehen.

(3) Ein Pfandrecht wird auch dann begründet, wenn eine Gehaltsforderung oder eine andere in fortlaufenden Bezügen bestehende Forderung zwar nicht im Zeitpunkt der Zustellung des Zahlungsverbots, aber später den unpfändbaren Betrag übersteigt.

§ 69. (1) Wird zu verschiedenen Zeiten die Pfändung derselben Forderung erwirkt, so ist für die Beurteilung der Priorität der hiedurch erworbenen Rechte bei Forderungen aus den im § 67 bezeichneten Papieren der Zeitpunkt maßgebend, in dem das Papier vom Vollstrecker in Verwahrung genommen oder die spätere Pfändung auf dem bereits vorhandenen Pfändungsprotokolle angemerkt wurde.

(2) In allen übrigen Fällen richtet sich die Rangordnung der Pfandrechte nach dem Zeitpunkte, in welchem die zugunsten der einzelnen Forderungen erlassenen Zahlungsverbote an den Drittschuldner oder bei Forderungen an die Republik Österreich oder gegen eine andere juristische Person des öffentlichen Rechts an die Stelle gelangt sind, welche zur Anweisung der betreffenden Zahlung berufen ist.

(3) Erfolgt die Besitznahme der im Abs. 1 bezeichneten Papiere gleichzeitig zugunsten mehrerer Forderungen oder kommen mehrere Zahlungsverbote dem Drittschuldner oder bei Forderungen gegen eine juristische Person des öffentlichen Rechts der anweisenden Stelle am nämlichen Tage zu, so stehen die hiedurch begründeten Pfandrechte im Range einander gleich. Bei Unzulänglichkeit des gepfändeten Anspruchs sind sodann die zu vollstreckenden Forderungen samt Nebengebühren nach Verhältnis ihrer Gesamtbeträge zu berichtigen.

(4) Die Verpfändung einer Forderung steht der Begründung eines abgabenbehördlichen Pfandrechtes nicht entgegen. Die Abs. 2 und 3 über die Rangordnung der Pfandrechte sind sinngemäß anzuwenden. Bei einer Gehaltsforderung oder einer anderen in fortlaufenden Bezügen bestehenden Forderung erfasst das vertragliche Pfandrecht nur die Bezüge, die fällig werden, sobald der Anspruch gerichtlich geltend gemacht oder ein Anspruch auf Verwertung besteht und die gerichtliche Geltendmachung bzw. der Verwertungsanspruch dem Drittschuldner angezeigt wurde. Der Drittschuldner hat Zahlungen auf Grund des vertraglichen Pfandrechts erst vorzunehmen, sobald dessen Gläubiger einen Anspruch auf Verwertung hat und dies dem Drittschuldner angezeigt wurde. Die Bestimmungen des § 72 gelten sinngemäß.
(BGBl I 2019/104)

§ 70. (1) Die Abgabenbehörde kann dem Drittschuldner auftragen, sich binnen vier Wochen darüber zu erklären:

1. ob und inwieweit er die gepfändete Forderung als begründet anerkenne und Zahlung zu leisten bereit sei;
2. ob und von welchen Gegenleistungen seine Zahlungspflicht abhängig sei;
3. ob und welche Ansprüche andere Personen auf die gepfändete Forderung erheben, insbesondere ob eine freiwillige Verpfändung oder eine Übertragung vorliegt;
4. ob und wegen welcher Ansprüche zugunsten anderer Gläubiger an der Forderung ein Pfandrecht bestehe, auch wenn das Verfahren nach § 291 c Abs. 2 EO eingestellt wurde;
5. ob und von welchem Gläubiger sowie bei welchem Gerichte die gepfändete Forderung eingeklagt sei;
6. bei beschränkt pfändbaren Geldforderungen: entsprechend den Angaben des Abgabenschuldners, ob und in welcher Höhe diesen Unterhaltspflichten treffen sowie ob und in welcher Höhe die Unterhaltsberechtigten ein eigenes Einkommen beziehen;
7. bei Arbeitsentgelt: ob der Arbeitnehmer Anspruch auf einen Teil des Entgelts gegen einen Dritten hat, wenn ja, welcher Teil und von wem.

(BGBl I 2019/104)

(2) Hat der Drittschuldner seine Pflichten nach Abs. 1 schuldhaft nicht, vorsätzlich oder grob fahrlässig unrichtig oder unvollständig erfüllt, so ist dem Drittschuldner trotz Obsiegens im Drittschuldnerprozeß (§ 308 EO) der Ersatz der Kosten

18/1. AbgEO
§§ 70 – 74

des Verfahrens aufzuerlegen. § 43 Abs. 2 ZPO gilt sinngemäß. Überdies haftet der Drittschuldner der Abgabenbehörde für den Schaden, der dadurch entsteht, daß er seine Pflichten schuldhaft überhaupt nicht, vorsätzlich oder grob fahrlässig unrichtig oder unvollständig erfüllt hat. Diese Folgen sind dem Drittschuldner bei Zustellung des Auftrages bekanntzugeben.

(BGBl I 2019/104)

(3) Wurde eine wiederkehrende Forderung gepfändet, so hat der Drittschuldner die Abgabenbehörde von der nach wie vor bestehenden Beendigung des der Forderung zugrunde liegenden Rechtsverhältnisses innerhalb einer Woche nach Ende des Monats, der dem Monat folgt, in dem das Rechtsverhältnis beendet wurde, zu verständigen. Abs. 2 ist anzuwenden, wobei die Haftung auf 1 000 Euro je Bezugsende beschränkt ist.

(BGBl I 2019/104)

(4) Die für den Drittschuldner mit der Abgabe der Erklärung verbundenen Kosten sind einstweilen von der Republik Österreich zu tragen. Sie gelten als Kosten des Vollstreckungsverfahrens. § 302 Abs. 1 EO ist anzuwenden.

Überweisung

§ 71. (1) Die gepfändete Geldforderung ist der Republik Österreich nach Maßgabe des für sie begründeten Pfandrechtes unter Bedachtnahme auf § 73 zur Einziehung zu überweisen. Wenn an den Drittschuldner ein Auftrag im Sinne des § 70 erging, ist mit der Überweisung bis zum Ablaufe der Äußerungsfrist zu warten.

(2) Gründet sich die Forderung auf ein durch Indossament übertragbares Papier, auf eine Sparurkunde oder ist sonst deren Geltendmachung an den Besitz des über die Forderung errichteten Papiers gebunden, so ist die Überweisung nur im Gesamtbetrag der gepfändeten Forderung zulässig. Dasselbe gilt, wenn die gepfändete Forderung aus anderen Gründen in Ansehung der Übertragung oder Geltendmachung nicht teilbar ist.

(3) Die Überweisung geschieht durch Zustellung des Überweisungsbescheides an den Drittschuldner, bei Forderungen aus indossablen Papieren aber, bei Forderungen aus einer Sparurkunde sowie bei Forderungen, deren Geltendmachung sonst an den Besitz des über die Forderung errichteten Papieres gebunden ist, durch Übergabe des mit der erforderlichen schriftlichen Übertragungserklärung versehenen Papiers. Diese Übertragungserklärung ist durch die Abgabenbehörde oder in ihrem Auftrag vom Vollstrecker abzugeben.

(BGBl I 2019/104)

(4) Der Abgabenschuldner hat die zur Geltendmachung der überwiesenen Forderung nötigen Auskünfte zu erteilen und die über die Forderung vorhandenen Urkunden herauszugeben.

§ 72. (1) Wird die zur Einziehung überwiesene Forderung auch von anderen Personen in Anspruch genommen, so ist der Drittschuldner bei Vorliegen einer unklaren Sach- und Rechtslage befugt und auf Begehren eines Überweisungsgläubigers verpflichtet, den Betrag der Forderung samt Nebengebühren nach Maßgabe ihrer Fälligkeit zugunsten aller dieser Personen beim Exekutionsgericht unter Bedachtnahme auf § 80 Abs. 6, in Ermangelung eines solchen bei Gericht zu hinterlegen (§ 1425 ABGB).

(2) Falls wegen Bezahlung der Forderung gegen den Drittschuldner Klagen anhängig gemacht wurden, kann dieser nach Bewirkung des Erlages beim Prozeßgerichte beantragen, aus dem Rechtsstreite entlassen zu werden.

§ 73. (1) Die Überweisung zur Einziehung ermächtigt die Republik Österreich, namens des Abgabenschuldners vom Drittschuldner die Entrichtung des im Überweisungsbescheid bezeichneten Betrages nach Maßgabe des Rechtsbestandes der gepfändeten Forderung und des Eintrittes ihrer Fälligkeit zu begehren, den Eintritt der Fälligkeit durch Einmahnung oder Kündigung herbeizuführen, alle zur Erhaltung und Ausübung des Forderungsrechtes notwendigen Präsentationen, Protesterhebungen, Notifikationen und sonstigen Handlungen vorzunehmen, Zahlung zur Befriedigung des Abgabenanspruches und in Anrechnung auf denselben in Empfang zu nehmen, die nicht rechtzeitig und ordnungsmäßig bezahlte Forderung gegen den Drittschuldner in Vertretung des Abgabenschuldners einzuklagen und das für die überwiesene Forderung begründete Pfandrecht geltend zu machen. Der Überweisungsbescheid ermächtigt jedoch die Republik Österreich nicht, auf Rechnung des Abgabenschuldners über die zur Einziehung überwiesene Forderung Vergleiche zu schließen, dem Drittschuldner seine Schuld zu erlassen oder die Entscheidung über den Rechtsbestand der Forderung Schiedsrichtern zu übertragen.

(2) Einwendungen, welche aus den zwischen der Republik Österreich und dem Drittschuldner bestehenden rechtlichen Beziehungen entspringen, können der Klage nicht entgegengestellt werden.

(3) Eine vom Abgabenschuldner vorgenommene Abtretung der überwiesenen Forderung ist auf die durch die Überweisung begründete Befugnis der Republik Österreich und insbesondere auf deren Recht, die Leistung des Forderungsgegenstandes zu begehren, ohne Einfluß.

(4) Durch die Zahlung des Drittschuldners wird die Forderung bis zur Höhe des nach Maßgabe des Pfandrechtes gebührenden Betrages getilgt.

(5) Der Drittschuldner wird nach Verhältnis der von ihm an den Überweisungsgläubiger geleisteten Zahlung von seiner Verbindlichkeit befreit.

(6) Die dem Drittschuldner erteilten Zahlungsbestätigungen haben dieselbe Wirkung, als wenn sie vom Abgabenschuldner selbst ausgegangen wären.

§ 74. (1) Die Republik Österreich, die die überwiesene Forderung einklagt, hat dem Abgabenschuldner, wenn dessen Wohnort bekannt und im Inlande befindlich ist, gerichtlich den Streit zu verkünden.

(2) Die Verzögerung der Beitreibung einer zur Einziehung überwiesenen Forderung sowie die Unterlassung der Streitverkündung macht den

Überweisungsgläubiger, dem die Forderung überwiesen wurde, für allen dem Abgabenschuldner sowie den übrigen auf dieselbe Forderung Vollstreckung führenden Gläubigern dadurch verursachten Schaden haftbar.

IV. Abschnitt
Vollstreckung auf Ansprüche auf Herausgabe und Leistung beweglicher körperlicher Sachen

Pfändung

§ 75. (1) Die Pfändung von Ansprüchen des Abgabenschuldners, welche die Herausgabe und Leistung beweglicher körperlicher Sachen zum Gegenstande haben, erfolgt nach den Vorschriften der §§ 65 bis 67.

(2) Auf die weiteren Vollstreckungsschritte haben die Vorschriften der §§ 69 ff. unter Berücksichtigung der folgenden Bestimmungen sinngemäße Anwendung zu finden.

Beitreibung

§ 76. (1) Wurde ein Anspruch auf Herausgabe oder Leistung von beweglichen körperlichen Sachen zur Einziehung überwiesen, so hat der Drittschuldner nach Fälligkeit des Anspruches die Sache dem Vollstrecker herauszugeben.

(2) Auf die Verwertung der geleisteten Sache finden die Bestimmungen über den Verkauf gepfändeter beweglicher Sachen Anwendung.

(3) Für die Verwendung des Verkaufserlöses gilt § 51 sinngemäß.

(4) § 72 gilt auch in bezug auf Ansprüche auf Herausgabe und Leistung beweglicher körperlicher Sachen.

Ausschluß von Rechtsmitteln

§ 77. (1) Ein Rechtsmittel ist unstatthaft gegen Bescheide, welche
1. dem Abgabenschuldner nach der Pfändung die Verfügung über das gepfändete Recht und das für die gepfändete Forderung bestellt Pfand untersagen (§ 65 Abs. 1 und 5);
2. dem Drittschuldner die Abgabe einer Erklärung nach § 70 auftragen;
3. die Überweisung der gepfändeten Forderung verfügen (§ 71 Abs. 3).

(2) In betreff der Beschlüsse, durch welche die Verwahrung von Gegenständen angeordnet oder ein Verwahrer ernannt wird, gelten die Bestimmungen des § 52.

II. Teil
Sicherung

§ 78. (1) Auf Grund eines Sicherstellungsauftrages (§ 232 der Bundesabgabenordnung) kann zur Sicherung von Abgaben und Abgabenstrafen schon vor Eintritt der Rechtskraft oder vor Ablauf der für die Leistung bestimmten Frist die Vornahme von Vollstreckungshandlungen angeordnet werden.

(2) Zur Sicherung kann nur die Pfändung und Verwahrung beweglicher körperlicher Sachen und die Pfändung grundbücherlich nicht sichergestellter Geldforderungen und von Ansprüchen auf Herausgabe und Leistung beweglicher körperlicher Sachen vorgenommen werden. Wäre mit der Verzögerung der Geltendmachung der gepfändeten Forderung oder des gepfändeten Anspruches eine Gefährdung der Einbringlichkeit oder der Verlust von Regressrechten gegen dritte Personen verbunden, so kann die Überweisung zur Einziehung ausgesprochen werden. Auf Grund der verfügten Einziehung eingehende Beträge oder herausgegebene oder geleistete Sachen sind von der Abgabenbehörde in Verwahrung zu nehmen. Eine Verrechnung auf die Abgabenschulden und eine Verwertung der Sachen ist erst nach Eintritt der Vollstreckbarkeit und Wegfall von Einbringungshemmnissen (§ 230 BAO) zulässig. § 41a bleibt unberührt.

(BGBl I 2019/104)

(3) Im übrigen sind die Bestimmungen des I. Teiles sinngemäß anzuwenden. Das Bundesministerium für Finanzen kann hinsichtlich der Gebühren und Kosten des Sicherstellungsverfahrens von den Grundsätzen des § 26 abweichende Anordnungen über die Voraussetzungen des Eintrittes der Zahlungspflicht treffen.

III. Teil
Zusammentreffen einer finanzbehördlichen mit einer gerichtlichen Vollstreckung
(BGBl I 2019/104)

I. Abschnitt
Vollstreckung auf bewegliche körperliche Sachen

§ 79. (1) Die Pfändung erfolgt durch die Abgabenbehörde oder das Gericht getrennt nach den hiefür geltenden Vorschriften.

(BGBl I 2019/104)

(2) Sobald die Abgabenbehörde von einem bei Gericht anhängigen Verwertungsverfahren auf bewegliche körperliche Sachen verständigt ist, hat sie ihr Verwertungsverfahren, soweit es die gleichen Sachen betrifft, abzubrechen und dessen weitere Durchführung dem Gericht zu überlassen. Der Abgabenschuldner ist hievon zu verständigen. Im Fall der Ergebnislosigkeit des gerichtlichen Verwertungsverfahrens kann die Abgabenbehörde ihr Verfahren fortsetzen.

(BGBl I 2019/104)

(3) Die Berücksichtigung abgabenbehördlicher Pfandrechte im gerichtlichen Verwertungsverfahren und die Verwendung des Verkaufserlöses durch das Gericht erfolgt ebenso nach den Vorschriften des § 567 der Geschäftsordnung für die Gerichte I. und II. Instanz (Geo.), BGBl. Nr. 264/1951, wie der Erlag des Verkaufserlöses durch die Abgabenbehörden betreffend einen Gegenstand, an dem ein gerichtliches Pfandrecht begründet war.

(BGBl I 2019/104)

(4) (aufgehoben)

(BGBl I 2019/104)

II. Abschnitt
Vollstreckung auf grundbücherlich nicht sichergestellte Geldforderungen und auf Ansprüche auf Herausgabe und Leistung beweglicher körperlicher Sachen

§ 80. (1) Die Pfändung erfolgt durch die Abgabenbehörde oder das Gericht getrennt nach den hiefür geltenden Vorschriften.

(BGBl I 2019/104)

(2) Insoweit eine Forderung zur Einziehung einem Gläubiger überwiesen wurde, ist eine neuerliche Überweisung an einen anderen Gläubiger unstatthaft.

(3) Jeder Gläubiger, für den die Forderung gepfändet ist, kann auf seine Kosten einem Rechtsstreit des Überweisungsgläubigers gegen den Drittschuldner als Nebenintervenient beitreten. Die Entscheidung, welche in diesem Rechtsstreit über die in der Klage geltend gemachte Forderung gefällt wird, ist für und gegen sämtliche Gläubiger wirksam, zu deren Gunsten die Pfändung der Forderung erfolgt.

(4) Im Falle der Verzögerung der Beitreibung kann überdies jeder andere auf dieselbe Forderung Exekution führende Gläubiger den Antrag stellen, daß die Überweisung der Forderung an den säumigen Gläubiger aufgehoben und behufs Einziehung der gepfändeten Forderung vom Exekutionsgerichte ein Kurator bestellt werde. Vor der Entscheidung über einen solchen Antrag ist der betreibende Gläubiger einzuvernehmen, dem die Forderung überwiesen wurde.

(5) Von Amts wegen oder auf Antrag kann zur Einziehung der Forderung ein Kurator vom Exekutionsgerichte bestellt werden, wenn dieselbe Forderung nach Teilbeträgen verschiedenen Gläubigern zur Einziehung überwiesen wird und sich diese über die Bestellung eines gemeinsamen Bevollmächtigten nicht einigen. Das weitere Verfahren bestimmt sich nach § 315 Abs. 1 EO.

(BGBl I 2019/104, BGBl I 2022/108)

(6) Erlegt der Drittschuldner den Betrag zu Gericht (§ 307 EO), so sind abgabenbehördliche Pfandrechte in dem im abgabenbehördlichen Vollstreckungsverfahren begründeten Rang bei der Verteilung durch das Gericht auf Anmelden zu berücksichtigen.

(BGBl I 2019/104)

§ 81. Auf die Verwertung einer an den Vollstrecker herausgegebenen beweglichen körperlichen Sache gemäß § 76 findet § 79 Abs. 2 und 3 sinngemäß Anwendung.

(BGBl I 2019/104)

§ 82. (aufgehoben)

(BGBl I 2019/104)

§ 83. (aufgehoben)

III. Hauptstück
Zusammentreffen mehrerer nichtgerichtlicher Vollstreckungen
I. Teil
Allgemeine Grundsätze

§ 84. Trifft eine abgabenbehördliche Vollstreckung im Sinn des I. und II. Teiles des II. Hauptstückes mit einer anderen nichtgerichtlichen Vollstreckung zusammen, so gelten die folgenden Bestimmungen.

(BGBl I 2019/104)

II. Teil
Vollstreckung auf bewegliche körperliche Sachen

§ 85. (1) Die Pfändung erfolgt durch die Abgabenbehörde oder die andere nichtgerichtliche Vollstreckungsbehörde getrennt nach den hiefür geltenden Vorschriften.

(BGBl I 2019/104)

(2) Soweit die Abgabenbehörde und die andere Vollstreckungsbehörde (Abs. 1) nicht eine andere Vereinbarung treffen, führt jene Vollstreckungsbehörde die Verwertung durch, die das Verwertungsverfahren als erste angeordnet hat.

(BGBl I 2019/104)

(3) Bei der Verwendung des Verkaufserlöses durch die Abgabenbehörde oder die andere Vollstreckungsbehörde gemäß Abs. 1 sind die Pfandrechte in dem im Vollstreckungsverfahren begründeten Rang zu berücksichtigen.

(BGBl I 2019/104)

(4) Hat eine Vollstreckungsbehörde im Sinne des § 2 Abs. 2 lit. b bewegliche körperliche Sachen gepfändet, hat sie hiervon das Bezirksgericht, in dessen Sprengel die Pfändung vorgenommen wurde durch Übersendung des Pfändungsprotokolls oder eines kurzen Auszugs daraus zu verständigen. § 8 Abs. 1 und 3 sind auch von den Vollstreckungsbehörden gemäß § 2 Abs. 2 lit. b zu beachten.

(BGBl I 2019/104, BGBl I 2022/108)

(5) Vor Einleitung eines Verwertungsverfahrens haben die in § 2 Abs. 2 lit. b bezeichneten Vollstreckungsbehörden und die für den Abgabenschuldner zuständige Abgabenbehörde einander zu verständigen, wobei die Verständigungspflicht jene Behörde trifft, die das Verwertungsverfahren einleiten will. Hat die jeweils andere Behörde an dem zu verwertenden Gegenstand ein Pfandrecht erworben, so haben beide Behörden hinsichtlich der Durchführung des Verwertungsverfahrens eine Vereinbarung zu treffen, die dem Abgabenschuldner zur Kenntnis zu bringen ist.

(BGBl I 2019/104)

(6) Bei der Verwendung des Verwertungserlöses sind Pfandrechte der jeweils anderen Behörde nach ihrem Rang zu berücksichtigen.

(BGBl I 2019/104)

(7) Im Fall der Ergebnislosigkeit des von einer Behörde eingeleiteten Verwertungsverfahrens kann

die jeweils andere Behörde ihr Verwertungsverfahren fortsetzen.
(BGBl I 2019/104)

III. Teil
Vollstreckung auf grundbücherlich nicht sichergestellte Geldforderungen und auf Ansprüche auf Herausgabe und Leistung beweglicher körperlicher Sachen

§ 86. (1) Die Pfändung erfolgt durch die Abgabenbehörde oder die andere Vollstreckungsbehörde (§ 85 Abs. 1) getrennt nach den hiefür geltenden Vorschriften.
(BGBl I 2019/104)

(2) Insoweit eine Forderung zur Einziehung einem Gläubiger überwiesen wurde, ist eine neuerliche Überweisung an einen anderen Gläubiger unstatthaft.

(3) § 85 ist sinngemäß anzuwenden.
(BGBl I 2019/104)

IV. Hauptstück
Ersatzvornahme, unmittelbarer Zwang und Verwertung sonstiger Pfandrechte an beweglichen Sachen

§ 86a. (1) Wenn der nach den Abgabenvorschriften zu einer Arbeits- oder Naturalleistung Verpflichtete dieser Pflicht nicht oder nicht vollständig nachgekommen ist, so kann die mangelnde Leistung nach vorheriger Androhung auf Gefahr und Kosten des Verpflichteten bewerkstelligt werden (Ersatzvornahme).

(2) Die Abgabenbehörde kann in einem solchen Fall dem Verpflichteten die Vorauszahlung der voraussichtlichen Kosten gegen nachträgliche Verrechnung auftragen.

§ 86b. Sofern die Abgabenvorschriften nicht anderes bestimmen, kann der einer behördlichen Anordnung entsprechende Zustand durch Anwendung unmittelbaren Zwanges hergestellt werden, wenn die Anordnung auf andere Weise nicht oder nicht rechtzeitig durchsetzbar wäre.

§ 87. Die Verwertung von beweglichen Sachen, die nach Abgabenvorschriften für eine Abgabenschuld haften oder als Sicherheit dienen, hat unter sinngemäßer Anwendung der Vorschriften über die Verwertung beweglicher körperlicher Sachen (§§ 37 bis 52) zu erfolgen.

V. Hauptstück
Übergangs- und Schlußbestimmungen

§ 88. Die im Zeitpunkt des Wirksamkeitsbeginnes dieses Bundesgesetzes anhängigen Vollstreckungsverfahren sind nach den Vorschriften dieses Bundesgesetzes weiter zu führen.

§ 89. Mit dem Wirksamkeitsbeginn dieses Bundesgesetzes werden aufgehoben

1. die nach dem 13. März 1938 eingeführten reichsrechtlichen Vorschriften über das Verfahren zur Einbringung und Sicherung von Abgaben, insbesondere
   a) die §§ 325 bis 380 der Abgabenordnung vom 22. Mai 1931, Deutsches R.G.Bl. I S. 161;
   b) die Verordnung über die Kosten des Mahn- und Zwangsverfahrens nach der Reichsabgabenordnung vom 21. April 1923, Deutsches R.G.Bl. I S. 259, in der durch Artikel XVI, § 2, der Zweiten Steuernotverordnung vom 19. Dezember 1923, Deutsches R.G.Bl. I S. 1205, und durch die Verordnungen vom 22. November 1924, Deutsches R.G.Bl. I S. 755, vom 5. November 1925, Deutsches R.G.Bl. I S. 387, und vom 12. Juli 1941, Deutsches R.G.Bl. I S. 385, geänderten Fassung;
   c) die Beitreibungsordnung vom 23. Juni 1923, Reichsministerialblatt S. 595;
   d) die Geschäftsanweisung für die Vollziehungsbeamten der Reichsfinanzverwaltung vom 31. Oktober 1932, Reichsministerialblatt S. 696.
2. die landesrechtlichen Vorschriften, die bei den durch eigene Organe der Länder, der Stadt Wien, der Gemeindeverbände und der Gemeinden eingehobenen Abgaben dieser Körperschaften das bei der Einbringung und Sicherung einzuhaltende Verfahren regeln.

(BGBl I 2019/104)

(2) (aufgehoben)
(BGBl I 2019/104)

§ 90. (1) Der Zeitpunkt des Inkrafttretens der §§ 1 bis 89 dieses Bundesgesetzes wird durch Verordnung des Bundesministeriums für Finanzen bestimmt.

(2) Die Durchführungsvorschriften können von dem der Kundmachung dieses Bundesgesetzes folgenden Tag an erlassen werden; sie treten frühestens in dem gemäß Abs. 1 durch Verordnung zu bestimmenden Zeitpunkt in Kraft.

§ 90a. (1) Soweit in diesem Bundesgesetz auf Bestimmungen anderer Bundesgesetze verwiesen wird, sind diese in ihrer jeweils geltenden Fassung anzuwenden.

(2) Es treten in Kraft oder werden aufgehoben die §§ 53, 54, 59, 60, 64, 68, 70 und 72 sowie die §§ 55, 56, 57, 58, 61, 62 und 63 in der Fassung dieses Bundesgesetzes, BGBl. Nr. 457/1992, mit 1. März 1992.

(3) Vollstreckungsverfahren, die zum Zeitpunkt des Inkrafttretens des Bundesgesetzes BGBl. Nr. 457/1992 anhängig sind, sind nach den Vorschriften dieses Bundesgesetzes weiterzuführen.

(4) § 26 Abs. 1 lit. b in der Fassung des Bundesgesetzes BGBl. I Nr. 144/2001 ist anzuwenden, wenn der Anspruch auf die Gebühren nach § 26 Abs. 1 nach dem 31. Dezember 2001 entstanden ist. § 29 Z 6 in der Fassung des Bundesgesetzes BGBl. I Nr. 58/2001 ist anzuwenden, wenn Vollstreckungshandlungen nach dem 31. Dezember 2001 gesetzt werden.

(5) § 68 Abs. 1 in der Fassung des Bundesgesetzes BGBl. I Nr. 161/2005 ist anzuwenden, wenn das Arbeitsverhältnis oder sonstige Rechtsverhältnis, das einer in fortlaufenden Bezügen bestehenden Forderung zugrunde liegt, nach dem Inkrafttreten des Bundesgesetzes BGBl. I Nr. 161/2005 beendet wird oder die Karenz nach diesem Zeitpunkt beginnt.

(6) § 68 Abs. 2 in der Fassung des Bundesgesetzes BGBl. I Nr. 161/2005 ist anzuwenden, wenn das Arbeitseinkommen nach dem Inkrafttreten des Bundesgesetzes BGBl. I Nr. 161/2005 absinkt.

(7) § 68 Abs. 3 in der Fassung des Bundesgesetzes BGBl. I Nr. 161/2005 ist anzuwenden, wenn die Zustellung des Zahlungsverbotes nach dem Inkrafttreten des Bundesgesetzes BGBl. I Nr. 161/2005 erfolgt.

(8) § 26 Abs. 1 in der Fassung BGBl. I Nr. 99/2007 ist anzuwenden, wenn die gebührenpflichtige Amtshandlung nach dem 31. Dezember 2007 vorgenommen worden ist.

(9) § 2 Abs. 1 zweiter Satz in der Fassung des Bundesgesetzes BGBl. I Nr. 20/2009 tritt mit 1. Jänner 2010 in Kraft.

(10) Die §§ 26 Abs. 3, 37 Abs. 4 und 5, 38, 39, 42, 43, 43a, 43b, 43c, 43d, 44, 45, 46 Abs. 1, 46a, 46b, 46c, 47, 48, 48a, 49, 51, 51a, 51b, 51c, 70 Abs. 3 und 4 und 77 Abs. 1 jeweils in der Fassung des Bundesgesetzes BGBl. I Nr. 151/2009 treten mit 1. Jänner 2010 in Kraft. Vor dem 1. Jänner 2010 eingeleitete Verkaufsverfahren sind nach den vor Inkrafttreten des Bundesgesetzes, BGBl. I Nr. 151/2009 maßgeblichen Bestimmungen zu beenden. § 70 Abs. 3 idF BGBl. I Nr. 151/2009 ist anzuwenden, wenn das Rechtsverhältnis nach dem 31. Dezember 2009 beendet wird.

(11) § 5 in der Fassung des Bundesgesetzes BGBl. I Nr. 14/2012, tritt mit 1. Jänner 2014 in Kraft.

(12) Die §§ 23 samt Überschrift, 23a samt Überschrift und 42 Abs. 3 in der Fassung des Bundesgesetzes BGBl. I Nr. 117/2016 treten mit 1. Juni 2017 in Kraft.

(BGBl I 2016/117)

(13) § 25 Abs. 3 und § 44 Abs. 6, jeweils in der Fassung des Materien-Datenschutz-Anpassungsgesetzes 2018, BGBl. I Nr. 32/2018, treten mit 25. Mai 2018 in Kraft.

(BGBl I 2018/32)

(14) § 2 Abs. 2 lit. c, § 3, § 5 Abs. 1 und 2, § 7 Abs. 1, § 8 Abs. 1 und 6, § 10, § 12 Abs. 1 und 2, § 13, § 14 Abs. 2 und 5, § 15 Abs. 2, § 16, § 19 Abs. 1 und 3, § 20, § 23 Abs. 2, § 25 Abs. 1, § 28, § 30 Abs. 1, § 31 Abs. 4 und 5, § 34 Abs. 1, § 36, § 40 Abs. 1, § 42 Abs. 1, § 43 Abs. 2 und 5, § 43a, § 43c Abs. 2, 44 Abs. 5 Z 2 und 3, § 45 Abs. 1, § 46c, § 48 Abs. 3 und 4, 50 Abs. 1, 2 und 5, § 51 Abs. 1 und 4, § 51a, § 54, § 59, § 60, § 64 Abs. 3, § 65 Abs. 1 und 4, § 67 Abs. 1, 3, 4 und 5, § 69 Abs. 4, § 70 Abs. 1 bis 3, § 71 Abs. 3, § 78 Abs. 3, § 79 Abs. 1 bis 4, § 80 Abs. 1, 5 und 6, § 81, § 82, § 84, § 85, § 86 Abs. 1 und 3, § 89 und 91, der Kurztitel, die Überschriften sämtlicher Hauptstücke, Teile und Abschnitte sowie die Überschriften der §§ 4, 5, 12, 13, 14, 15, 16, 21, 24, 25, 26, 27, 28, 31, 33, 34, 36, 37, 53, 59, 60, 64, 65, 71, 75, 76, 77, 78, 79, 80, 84, 85, 86, 86a und 88, jeweils in der Fassung des Bundesgesetzes BGBl. I Nr. 104/2019, treten mit 1. Juli 2020 in Kraft.

(BGBl I 2019/104)

§ 91. Mit der Vollziehung dieses Bundesgesetzes ist der Bundesminister für Finanzen im Einvernehmen mit Bundesministern für Inneres und für Verfassung, Reformen, Deregulierung und Justiz betraut.

(BGBl I 2019/104)

19. Finanzstrafgesetz

Inhaltsverzeichnis

19/1. Finanzstrafgesetz .... Seite 1389
    19/1/1. **BGBl 1994/681** (Art X Z 29 und 30) .... Seite 1462
    19/1/2. **Sozialbetrugsbekämpfungsgesetz – SBBG**, BGBl I 2015/113 idF
        1 BGBl I 2016/44   **2** BGBl I 2016/120
        3 BGBl I 2017/64   **4** BGBl I 2018/32
        5 BGBl I 2019/100   **6** BGBl I 2019/104 (FORG) .... Seite 1463

19/2. **Verbandsverantwortlichkeitsgesetz**, BGBl I 2005/151 idF
    1 BGBl I 2007/112 (StrafBG II)   **2** BGBl I 2016/26 (StPRÄG I 2016)
    3 BGBl I 2023/100 (KorrStrÄG 2023) .... Seite 4169

19/3. **Finanzstrafzusammenarbeitsgesetz**, BGBl I 2014/105 (2. AbgÄG 2014) idF
    1 BGBl I 2015/163 (AbgÄG 2015)   **2** BGBl I 2018/28
    3 BGBl I 2019/104 (FORG)   **4** BGBl I 2020/23 (3. COVID-19-Gesetz)
    5 BGBl I 2023/110 (AbgÄG 2023) .... Seite 1475

19/1. FinStrG

19/1. Finanzstrafgesetz

Finanzstrafgesetz, BGBl 1958/129 idF

1. BGBl 1959/21
2. BGBl 1959/92
3. BGBl 1960/111
4. BGBl 1961/194
5. BGBl 1969/145
6. BGBl 1972/224
7. BGBl 1974/223
8. BGBl 1975/335
9. BGBl 1975/381
10. BGBl 1976/259
11. BGBl 1979/168
12. BGBl 1982/201
13. BGBl 1984/113
14. BGBl 1984/530
15. BGBl 1984/532
16. BGBl 1985/517
17. BGBl 1985/571
18. BGBl 1986/325
19. BGBl 1987/312
20. BGBl 1987/579
21. BGBl 1988/109
22. BGBl 1988/233
23. BGBl 1988/414
24. BGBl 1988/599
25. BGBl 1988/677
26. BGBl 1989/375
27. BGBl 1990/465
28. BGBl 1991/699
29. BGBl 1992/449
30. BGBl 1993/91
31. BGBl 1993/526
32. BGBl 1993/532
33. BGBl 1993/799
34. BGBl 1994/681
35. BGBl 1994/1045 (VfGH)
36. BGBl 1996/201 (StruktAnpG 1996)
37. BGBl 1996/421
38. BGBl 1996/757
39. BGBl I 1998/30 (Art 42)
40. BGBl I 1999/28 (AbgÄG 1998)
41. BGBl I 1999/55
42. BGBl I 1999/164
43. BGBl I 2000/26 (BudgetbegleitG 2000)
44. BGBl I 2000/138
45. BGBl I 2001/59 (EuroStUG 2001)
46. BGBl I 2001/144 (AbgÄG 2001)
47. BGBl I 2002/97 (AbgRmRefG)
48. BGBl I 2003/124 (AbgÄG 2003)
49. BGBl I 2004/26 (5. ZollR-DG-Novelle)
50. BGBl I 2004/57 (StReformG 2005)
51. BGBl I 2004/180 (AbgÄG 2004)
52. BGBl I 2005/103 (WuBG 2005)
53. BGBl I 2005/161 (AbgÄG 2005)
54. BGBl I 2006/99 (BetrbG 2006)
55. BGBl I 2007/44 (FinStrGNov. 2007)
56. BGBl I 2007/93
57. BGBl I 2007/99 (AbgSiG 2007)
58. BGBl I 2008/85 (SchenkMG 2008)
59. BGBl I 2009/20 (AbgVRefG)
60. BGBl I 2010/9
61. BGBl I 2010/54 (GSpG-Nov 2008)
62. BGBl I 2010/104 (FinStrG-Nov 2010)
63. BGBl I 2012/51 (VerwG-Nov 2012)
64. BGBl I 2012/112 (AbgÄG 2012)
65. BGBl I 2013/14 (FVwGG 2012)
66. BGBl I 2013/33 (Verwg-AusfG 2013)
67. BGBl I 2013/70 (Verwg-AnpG)
68. BGBl I 2013/155 (FinStrG-Nov 2013)
69. BGBl I 2014/13 (AbgÄG 2014)
70. BGBl I 2014/65 (FinStrG-Nov 2014)
71. BGBl I 2014/105 (2. AbgÄG 2014)
72. BGBl I 2015/118 (StRefG 2015/16)
73. BGBl I 2015/163 (AbgÄG 2015)
74. BGBl I 2016/77 (EU-AbgÄG 2016)
75. BGBl I 2017/136 (WiEReG)
76. BGBl I 2017/163 (VfGH)
77. BGBl I 2018/32 (Mat-DS-AnpG 2018)
78. BGBl I 2018/62 (JStG 2018)
79. BGBl I 2019/62 (EU-FinAnpG 2019)
80. BGBl I 2019/91 (AbgÄG 2020)
81. BGBl I 2019/104 (FORG)
82. BGBl I 2020/16 (2. Covid-19-Gesetz)
83. BGBl I 2020/23 (3. Covid-19-Gesetz)
84. BGBl I 2020/96 (KonStG 2020)
85. BGBl I 2020/99 (2. FORG)
86. BGBl I 2021/3 (COVID-19-StMG)
87. BGBl I 2021/52 (2. COVID-19-StMG)
88. BGBl I 2021/94 (StrEU-AG 2021)
89. BGBl I 2021/227
90. BGBl I 2022/108 (AbgÄG 2022)
91. BGBl I 2023/106 (CESOP-UG 2023)
92. BGBl I 2023/110 (AbgÄG 2023)

19/1. FinStrG

GLIEDERUNG

Erster Abschnitt: Finanzstrafrecht

I. Hauptstück: Allgemeiner Teil
§§ 1–3. Allgemeine Bestimmungen
§§ 4, 5. Allgemeine Voraussetzungen der Strafbarkeit
§ 6. Keine Strafe ohne Schuld
§ 7. Zurechnungsunfähigkeit
§ 8. Vorsatz, Fahrlässigkeit
§§ 9, 10. Schuldausschließungsgründe und Rechtfertigungsgründe
§§ 11, 12. Behandlung aller Beteiligten als Täter
§ 13. Strafbarkeit des Versuches
§ 14. Rücktritt vom Versuch
§ 15. Freiheitsstrafen
§ 16. Geldstrafen
§§ 17, 18. Strafe des Verfalls
§ 19. Strafe des Wertersatzes
§ 20. Ersatzfreiheitsstrafen
§§ 21, 22. Zusammentreffen strafbarer Handlungen
§ 23. Strafbemessung; Anrechnung der Vorhaft
§ 24. Sonderbestimmungen für Jugendstraftaten
§ 25. Absehen von der Strafe; Verwarnung
§ 26. Bedingte Strafnachsicht; bedingte Entlassung; nachträgliche Milderung der Strafe
§ 27. Entzug von Berechtigungen
§ 28. Haftung
§ 28a. Verantwortlichkeit von Verbänden
§§ 29, 30. Selbstanzeige
§ 30a. Strafaufhebung in besonderen Fällen (Verkürzungszuschlag)
§ 31. Verjährung der Strafbarkeit
§ 32. Verjährung der Vollstreckbarkeit

II. Hauptstück: Besonderer Teil
§ 33. Abgabenhinterziehung
§ 34. Grob fahrlässige Abgabenverkürzung
§ 35. Schmuggel und Hinterziehung von Eingangs- oder Ausgangsabgaben
§ 36. Verzollungsumgehung; grob fahrlässige Verkürzung von Eingangs- oder Ausgangsabgaben
§ 37. Abgabenhehlerei
§ 38. (aufgehoben)
§ 38a. Strafe bei Begehung als Mitglied einer Bande oder unter Gewaltanwendung
§ 39. Abgabenbetrug
§ 40. Grenzüberschreitender Umsatzsteuerbetrug
§ 41. Strafschärfung bei Rückfall
§ 42. (aufgehoben)
§ 43. Verbotene Herstellung von Tabakwaren
§ 44. Vorsätzliche Eingriffe in Monopolrechte
§ 45. Grob fahrlässige Eingriffe in Monopolrechte
§ 46. Monopolhehlerei
§ 47. Strafschärfung bei Rückfall
§ 48. Verletzung der Verschlußsicherheit
§ 48a. Herbeiführung unrichtiger Präferenznachweise
§ 48b. Verletzung von Verpflichtungen im Barmittelverkehr
§§ 49–51a. Finanzordnungswidrigkeiten
§ 52. Selbstverschuldete Berauschung

Zweiter Abschnitt: Finanzstrafverfahren

Erster Unterabschnitt: Gemeinsame Bestimmungen
§§ 53, 54. Abgrenzung der gerichtlichen von der finanzstrafbehördlichen Zuständigkeit
§ 55. (aufgehoben)

Zweiter Unterabschnitt: Verwaltungsbehördliches Finanzstrafverfahren

I. Hauptstück
A. Allgemeine Bestimmungen
§ 56a. Ton- und Bildaufnahme
§§ 56b, 57. Vernehmung mittels technischer Einrichtung zur Ton- und Bildübertragung
B. Datenschutz
§ 57a. Grundsätze
§ 57b. Informationspflicht und Auskunftsrecht
§ 57c. Berichtigung personenbezogener Daten
§ 57d. Fristen für die Aufbewahrung und Löschung personenbezogener Daten

II. Hauptstück: Behörden des verwaltungsbehördlichen Finanzstrafverfahrens und organisatorische Bestimmungen zum Beschwerdeverfahren
§§ 58–64. A. Zuständigkeit
B. Spruchsenate und Senate für Finanzstrafrecht beim Bundesfinanzgericht
§§ 65–71. 1. Spruchsenate
§ 71a. 2. Senate für Finanzstrafrecht beim Bundesfinanzgericht
§§ 72–74. C. Befangenheit von Organen
§§ 74a, 74b. D. Rechtsschutzbeauftragter

III. Hauptstück
§§ 75–79. Beschuldigte, Nebenbeteiligte und deren Vertretung; Akteneinsicht

IV. Hauptstück: Aufdeckung und Verfolgung der Finanzvergehen
§§ 80–84. A. Anzeigen und Einleitung des Strafverfahrens
§§ 85–88. B. Festnahme, Vorführung, vorläufige Verwahrung und Untersuchungshaft
§§ 89–92. C. Beschlagnahme

19/1. FinStrG

§§ 93–96. D. Hausdurchsuchung und Personendurchsuchung
§ 97. E. Gemeinsame Bestimmungen

V. Hauptstück: Beweise und deren Durchführung
A. Beweismittel
§§ 98–100. 1. Allgemeines
§ 101. 2. Urkunden
§§ 102–108. 3. Zeugen
§§ 109–112. 4. Sachverständige und Dolmetscher
§ 113. 5. Augenschein
§ 114. B. Durchführung der Beweise

VI. Hauptstück: Gang des Verfahrens
§§ 115–124. A. Untersuchungsverfahren
§§ 125–135. B. Mündliche Verhandlung; Beschlußfassung der Spruchsenate
§§ 136–141. C. Inhalt des Erkenntnisses
§ 142. D. Sonderbestimmung für Freiheitsstrafen
§§ 143–146. E. Vereinfachtes Verfahren
§ 147. F. Verfahren gegen Personen unbekannten Aufenthaltes
§ 148. G. Selbständiges Verfahren
§ 149. H. Abgesondertes Verfahren

VII. Hauptstück: Beschwerde; Wiederaufnahme des Verfahrens, Wiedereinsetzung in den vorigen Stand
A. Beschwerde
§§ 150–155. 1. Allgemeines
§§ 156–160. 2. Beschwerdeverfahren
§§ 161–163. 3. Entscheidungen über Beschwerden
§ 164. (aufgehoben)
B. Wiederaufnahme des Verfahrens und Wiedereinsetzung in den vorigen Stand
§§ 165–166. 1. Wiederaufnahme des Verfahrens
§§ 167–168. 2. Wiedereinsetzung in den vorigen Stand
§§ 169–170. C. Besondere Bestimmungen

VIII. Hauptstück
§§ 171–174. Fälligkeit, Einhebung, Sicherung und Einbringung der Geldstrafen und Wertersätze; Vollziehung des Verfalles; Verwertung verfallener Gegenstände

IX. Hauptstück
§§ 175–179. Vollzug der Freiheitsstrafen (Ersatzfreiheitsstrafen)

X. Hauptstück
§§ 180–184. Sonderbestimmungen für das Verfahren gegen Jugendliche

XI. Hauptstück
§ 185. Kosten des Strafverfahrens und des Strafvollzuges

XII. Hauptstück
§ 186. Tilgung

XIII. Hauptstück
§ 187. Gnadenrecht

XIV. Hauptstück
§§ 188–194. Entschädigung

XV. Hauptstück
§§ 194a–194e. Finanzstrafregister

Dritter Unterabschnitt: Sonderbestimmungen für das Verfahren wegen gerichtlich strafbarer Finanzvergehen
§§ 195–196. 1. Allgemeines
§§ 196a–247. 2. Ergänzungen der Strafprozeßordnung

Artikel II: Gerichtlich strafbare Handlungen, die keine Finanzvergehen sind
§ 248. Begünstigung
§ 249. (aufgehoben)
§ 250. Falsche Verdächtigung
§§ 251, 252. Verletzung der abgabenrechtlichen Geheimhaltungspflicht
§ 253. (aufgehoben)

Artikel III: Bestimmungen für den Bereich des landesgesetzlichen und kommunalsteuerlichen Abgabenstrafrechts
§ 254. Bestimmungen für den Bereich des landesgesetzlichen und kommunalsteuerlichen Abgabenstrafrechts
§ 255. (aufgehoben)

Artikel IV: Übergangs- und Schlußbestimmungen
§ 256. Übergangs- und Schlußbestimmungen
§§ 257–265. Umsetzung von Unionsrecht
§§ 265a, 266. Sonderregelungen aufgrund der Maßnahmen zur Bekämpfung von COVID-19

STICHWORTVERZEICHNIS

A
Abgaben 2 (1)
Abgabenbetrug 39
Abgabenerhöhung 29 (6), 30a
– Monopolgegenstände 30a (9)
– pauschal 30a
Abgabenhehlerei 37
– erschwerende Umstände 38
– Strafen 37 (2 ff)
– Strafschärfung 41
Abgabenhinterziehung 33
– Strafen 33 (5 f)
– Strafschärfung 41
Abgabenverkürzung 33 (3)
– fahrlässige 34
– fahrlässige, Strafen 34 (4)
abgesondertes Verfahren 149
Ablehnung, von Organen 73 f
Abschriftnahme 79
Akteneinsicht 79, 120 (1)
Amtsbeauftragter
– Ablehnung von Organen 73
– Bestellung 124 (2)
Anklageschrift 209 (1 f)
Anwendung 3
Anzeige
– an Staatsanwaltschaft 54 (1 ff)
– durch andere Personen 30 (1 ff)
Aufsichtsrecht 170 (2)
Augenschein 113
Ausführungsgefahr 86
Auskünfte, unverzügliche Erledigung 198 (1 ff)
Auskunftspflicht 48b, 99 (1)
Auslieferungsverbot 5 (3)

B
Bankgeheimnis 89 (4), 99 (6)
Bargeldverkehr 48b
Befangenheit 72 ff
Begehungsgefahr 86
Begünstigung 248
Berauschung, selbstverschuldete 52 (1)
– Strafen 52 (2)
– Zuständigkeit 53 (5)
Berechtigungen, Entzug 27
Beschlagnahme 89 ff
– Freigabe 89 (7), 206 (1 f)
beschlagnahmte Gegenstände
– amtliche Verwahrung 90 (1)
– Bestätigung 91 (1 f)
– Verderben 90 (2 f)
beschlagnahmte Geschäftsbücher, Einsichtnahme 92
Beschuldigter 75
– Ablehnung von Organen 73
– flüchtig 232
– Fragerecht 128 (2)
– Tod 173
– Vernehmung 84, 116
– Vorladung 116 ff
– Zuziehung eines Wirtschaftstreuhänders 199 (1 f)

Beschwerde 152 (1 f)
Beschwerdeschrift 219 (2)
Bestrafter, zu ersetzende Kosten 185 (1 ff)
Beteiligte 11
– mehrere 12
Bevollmächtigter 77
Beweisaufnahme 114, 119
– Ergebnis 114 (4)
– Rechtsmittelverfahren 158
Beweismittel 98, 165
– Beschlagnahme 89 (3 ff), 96
Blindheit 79 (1)
Bundesfinanzgericht 14 (3), 31 (4), 62, 67 (2), 71a, 72, 73, 74, 74b (2), 93 (7), 99 (6), 150, 165 (5), 177 (2), 194d

D
Daten, elektronische 99 (1)
Datenverfälschungsprogramm Finanzordnungswidrigkeit 51a
Dienstgeber, Haftung 28 (3 ff)
Durchsuchung, Niederschrift 93 (6)

E
Einbringung, Geldstrafe und Wertersatz 172 (1)
Eingangs- oder Ausgangsabgaben
– fahrlässige Verkürzung 36 (2)
– Hinterziehung 35 (2 f)
Einhebung 172 (1)
Einspruchsentscheidung 210 (4 ff)
einstweilige Verfügung, zur Sicherung 207a (1 ff)
Elektronische Daten 99 (1)
Enthaftungsantrag 87 (5)
Entschädigung 245 (1 ff)
– Abgaben und Gebühren 193 (1 ff)
– Aufforderung 190 (1 f)
– für vermögensrechtliche Nachteile 188 ff
– Wiederaufnahme des Verfahrens 194 (1 f)
Entschädigungsanspruch 188 (2 f), 189
– Verjährung 191
– Zuständigkeit 192 (1 f)
Ergänzungsurteil, Verfall 242 (1 ff)
Erhebungen, unverzügliche
– Erledigung 198 (1 ff)
Erkenntnis
– Änderung 161 (3)
– Aufhebung 161 (4)
– Inhalt 136 ff
– schriftliche Ausfertigung 141
Ermittlungen 119
Ersatzfreiheitsstrafe 20
– Jugendliche 184
– Vollzug 179 (1 f)
erschwerende Umstände, Strafen 38
Erschwerungsgründe 23 (2)
Ersuchschreiben 120 (1 f)

F
Fahrlässigkeit 8 (2)
– grobe 8 (3)
Fälligkeit 171

Fehlleistung, entschuldbare 9
Festnahme 85
Finanzordnungswidrigkeit 49 ff
 – Datenverfälschungsprogramm 51a
 – Strafen 49 (2), 50 (2), 51 (2), 51a
 – Zuständigkeit 53 (5)
Finanzstrafbehörde
 – Befangenheit 72 ff
 – Kostenersatz 228
Finanzstrafregister 194a ff
Finanzstrafverfahren 53 ff
 – verwaltungsbehördliches 56 ff
 – verwaltungsbehördliches, Zuständigkeit 58 ff
Finanzvergehen 1
 – Aufdeckung 80 ff
 – Hilfe bei Verfolgung 197 (1 ff)
 – mehrere 21
 – Rücktritt von Anklage 211 (1 f), 212
 – Rücktritt von Verfolgung 205
 – Zurücklegen der Anzeige 201
 – Zuständigkeit 53 ff, 196a
Fluchtgefahr 86
Flüchtiger 231 ff
 – einstweilige Verfügung 233
 – Zustellung von Gerichtsstücken 235
Freiheitsstrafe 15
 – bis Rechtskraft des Erkenntnisses 142 (1 ff)
 – Vollzug 175 ff
Freispruch
 – Unzuständigkeit 228a
 – wegen Unzuständigkeit 214 (1 ff)

G
Gefahr im Verzug
 – Beschlagnahme 89 (2)
 – Durchsuchung 93 (4)
Geheimhaltungspflicht
 – Strafverfahren 208
 – Verletzung 251 f
Gehörlos 84 (3), 127 (1), 185
Geldstrafe 16
 – Bezahlung nach Antritt der Ersatzfreiheitsstrafe 230
 – Fälligkeit 171 (1)
 – Uneinbringlichkeit 20 (1 f)
Geltungsbereich
 – persönlich 1
 – räumlich 5 (1 f)
 – zeitlich 4
Gemeinnützig 31 (4)
gemeinsame Bestimmungen gegenüber Organen der Zollämter 97
Gericht, Nichtzuständigkeit 202 (1)
Gesamtrechtsnachfolge, Haftung 28 (8)
Geschäftsverteilung 68, 71 (4)
Geständnis, Entlockung 100
Gnadenrecht 187
grobe Fahrlässigkeit 8 (3)

H
Haftung 28
Haftungsbeteiligter 76
Hauptverhandlung, Ausschluß der Öffentlichkeit 213 (1 f)

Hausdurchsuchung 93 f
Hinterziehung, Eingangs- oder Ausgangsabgaben 35 (2 f)
 – erschwerende Umstände 38
 – Strafen 35 (4)
 – Strafschärfung 41
Hinterziehung, Verbrauchsteuern, erschwerende Umstände 38

I
Irrtum, entschuldbarer 9

J
Jugendstraftaten 24
juristische Person, Haftung 28 (1), 28 (5)

K
Konsulargebühren 2 (2)
Kostenersatz, Finanzstrafbehörde 228

M
Mängelbehebungsauftrag, Rechtsmittel 156 (2)
Milderungsgründe 23 (2)
Mitteilungen, Prüfung 82
Mitteilungspflichten 80, 81
Monopole 2 (3)
Monopolhehlerei 46
Monopolrechte, fahrlässiger Eingriff 45 (1)
 – Strafen 45 (2)
Monopolrechte, vorsätzlicher Eingriff 44 (1)
 – Strafen 44 (2)
 – Strafschärfung 47
mündliche Verhandlung 125 ff
 – Abbruch 128 (4)
 – Ablauf 130
 – Beweisaufnahme, Wiederholung 128 (3)
 – Erkenntnisverkündigung 134
 – Fernbleiben des Beschuldigten 126
 – gegen Jugendliche 182 (2 ff)
 – Niederschrift 135
 – Öffentlichkeit 127 (2 ff)
 – Sachverständiger 127 (5)
 – störende Personen 127 (7 f)
 – Teilnehmende 129
 – Verhandlungsleiter 127 (1)

N
Nachschau 99 (2)
nachträgliches Verfahren 242 (1 ff)
Nebenanspruch 29 (6), 30a (8)
Nebenbeteiligter 76
 – Ablehnung von Organen 73
 – Entschädigung, Wiederaufnahme des Verfahrens 240 (1 f)
 – Fragerecht 128 (2)
 – Kostenersatz 241
 – Vernehmung 84
 – Wohnsitz im Ausland 237
 – zu ersetzende Kosten 185 (2 ff)
Notstand 10

O
ordentliches Rechtsmittel 150 ff

19/1. FinStrG

P
personenbezogene Daten, Übermittlung 98 (5)
Personendurchsuchung 93, 95
Postsendungen, Beschlagnahme 89 (9)

R
Ratskammer, Zuständigkeitsentscheidung 202 (1 ff)
Rechenfehler, Berichtigung 170 (1)
Rechtsgebühren 2 (2)
Rechtsmittel
 – Inhalt 153
 – Mängelbehebungsauftrag 156 (2)
 – mündliche Verhandlung 160 (1 f)
 – nicht zulässiges 154
 – ordentliches 150 ff
 – Rücknahme 155
 – Zurückweisung 156 (1)
Rechtsmittelanmeldung 219
Rechtsmittelbelehrung 140 (1 ff)
Rechtsmittelentscheidung 161 ff
 – Inhalt 162 (1)
 – schriftlich 163 (1 f)
 – Spruch 162 (2)
Rechtsmittelfrist 150 (2)
Rechtsmittelverfahren 156 ff
 – Amtsbeauftragter 159
 – Beweisaufnahme 158
Rechtsschutzbeauftragter 74a

S
Sachverständiger 109 ff
 – Befangenheit 110 (3)
 – Enthebung von der Bestellung 110
 – Kostenersatz 112
 – Vereidigung 111
Schlußbestimmungen 256 ff
Schmuggel 35 (1)
 – erschwerende Umstände 38
 – Strafen 35 (4)
 – Strafschärfung 41
Schreibfehler, Berichtigung 170 (1)
Schuldhaftigkeit 6
selbständiges Verfahren 148
 – Wiederaufnahme 244
Selbstanzeige 29, 30, 30a (6), 49a (2)
 – Zuschlag 29 (6)
Senat
 – Abstimmung 131
 – Entscheidung über Hauptsache 132 (2)
 – Niederschrift 133
 – Zuständigkeit 132 (1)
Senate 65 (1 ff)
 – Ablehnung 74 (1 ff)
 – Gelöbnis der Laienbeisitzer 71
 – Laienbeisitzer 70 (2)
 – Mitglieder 66 f
 – Mitglieder, Bestimmung 68
 – Richter 70 (1)
 – Veröffentlichung der Zusammensetzung 69
Sicherheitssumme 88 (2 ff)
Sicherstellungsauftrag 172 (2)
Sicherung 172 (1)
Spruch
 – auf Einstellung 138 (1 f)
 – Begründung 139
Spruchsenat, mündliche Verhandlung 125 ff
Spruchsenate, s. Senate
Stempelgebühren 2 (2)
strafbare Handlungen, Zusammentreffen 21
Strafbarkeit, Verjährung 31
Strafbemessung 23
Strafen 15 ff
 – Absehen 25
 – bedingte Entlassung 26 (1)
 – bedingte Nachsicht 26 (1)
 – erschwerende Umstände 38
Strafprozeßordnung, Ergänzung 196a ff
Strafschärfung, bei Rückfall 41, 47
Strafurteil 215 (1 f)
Strafverfahren
 – Einleitung 83
 – Einstellung 210 (7)
 – gegen Jugendliche 180 ff
 – gegen Jugendliche, Kosten 185 (7)
 – Geheimhaltungspflicht 208
 – Kosten 185 (1 ff), 227 (1 ff)
 – Rechtsmittel 150 ff
 – Stellung der Finanzstrafbehörde 200 (1 ff)
Strafverfügung 143 ff
 – Belehrung 144
 – Einspruchsrecht 145
 – Zollämter 146
 – Zustellung 144
Strafvollzug 175 ff
 – Aufschub 177 f
 – Kosten 185 (1 ff)
 – Kosten, Einbringung 185 (5)
 – Kosten, Einhebung 185 (5)
 – Kosten, Sicherung 185 (5)
 – nicht durchführbar 176 (1 ff)

T
Tatfolgenausgleich 31 (4)
Tatsachen 98, 165
Territorialitätsprinzip 5 (1 f)
Tilgung 186
Tilgungsfrist 186 (3)

U
Übergangsbestimmungen 256 ff
Übermittlung personenbezogener Daten 98 (5)
Umsatzsteuer 29 (7), 33 (2), 49 (1)
unrichtiger Präferenznachweis 48a (1)
 – Strafen 48a (2)
Unschuldsvermutung 6 (2)
Untersuchungshaft 23 (4), 86
 – Aufhebung 87 (4)
 – Ausschluß 88
 – Bescheid 87 (1 ff)
 – Jugendliche 181 (1 ff)
Untersuchungsverfahren 115, 124
Unzuständigkeit
 – Freispruch 214 (1 ff)
 – Wiederaufnahme 220 (1 ff)
Unzuständigkeitsentscheidung 210 (1 f), 54 (5 f)
Urkunden 101
Urteil, Zulässigkeit der Rechtsmittel 218
Urteilsausfertigung 217, 219 (1)

V

Verböserungsverbot 166 (6)
Verdächtigter 75
Verdächtigung, falsche 250
Verdunkelungsgefahr 86
vereinfachtes Verfahren 143 ff
Verfahren 115 ff
- abgesondertes 149
- gegen Jugendliche 180 ff
- gegen Personen unbekannten Aufenthalts 147
- gerichtliches, wegen Finanzvergehen 195 f
- nachträgliches 242 (1 ff)
- selbständiges 148
- vereinfachtes 143 ff
- vor Einzelrichter 246
- Wiederaufnahme 165 f
- Zuziehung von Verfallsbeteiligten und Haftungsbeteiligten 122 (1 ff)
Verfall 17 f, 243
- Aufhebung 161 (2)
- Aufhebung, Wiederaufnahme des Verfahrens 166 (5)
- Ergänzungsurteil 242 (1 ff)
- Verderb 207 (1 f)
verfallene Gegenstände
- Fälligkeit 171 (2 ff)
- Verwertung 174 (1 f), 229 (2 ff)
- zwangsweise Abnahme 229 (1)
Verfallsbeteiligter 76
Verfolgungshandlung 14 (3)
Verhandlungsleiter 127 (1), 127 (6 f), 128 (1 ff)
Verjährung
- Strafbarkeit 31
- Vollstreckbarkeit 32
Verkürzung, Eingangs- oder Ausgangsabgaben, fahrlässige 36 (2)
- Strafen 36 (3)
Verkürzungszuschlag 30a
Verleitung 100
Vermögensmassen, Haftung 28 (1), 28 (5)
Vernehmung 84
verschlossene Briefe, Beschlagnahme 89 (8)
Verschlußsicherheit, Verletzung 48 (1)
- Strafen 48 (2)
Versuch 13
- Rücktritt 14
Verteidiger 77, 78
Vertreter, Haftung 28 (2 ff)
Verwaltungsgerichtshof, Anrufung 169 (1)
Verwarnung 25
Verzollungsumgehung 36 (1)

- Strafen 36 (3)
Vollstreckbarkeit, Verjährung 32
Vorfragen 123, 165
Vorführung 85
Vorhaft, Anrechnung 23 (5 f)
Vorladung 102 (2 f), 116 ff
- Nichtnachkommen 121
vorläufige Verwahrung 85
Vorsatz 8 (1)
Voruntersuchung 203
- Zuständigkeitsentscheidung 204

W

Wertersatz, Fälligkeit 171 (1 ff)
- Strafe 19
- Uneinbringlichkeit 20 (1 f)
Wertzeichenvergehen 39 (1), 40
- Strafen 39 (2)
Wiederaufnahmebewilligung 224 (1 ff)
Wiederaufnahme des Verfahrens 165 f, 239
- Antrag 165 (3 ff)
- bei Unzuständigkeit 220 (1 ff)
- Bescheid 166 (2)
- Entscheidung 166 (4)
- Kosten 185 (8)
- neue Tatsachen 222 f
- selbständiges Verfahren 244
- von Amts wegen 165 (1 f)
- zuständige Behörde 166 (1)
Wiedereinsetzung in den vorigen Stand 167 f
- Antrag 167 (1 ff)
- Frist 168 (4)

Z

Zahlungsaufforderung 140 (5)
Zeuge 102 ff
- Antwortzwang 106 (2)
- Ausschluß 103
- Belehrung 106 (1)
- eidliche Einvernahme 107
- Fragen 106 (3)
- Kostenersatz 108
- Vereidigung 114 (2)
- Verweigerung 105
- Verweigerung der Aussage 104
- Zwangsvorführung 105
Zurechnungsunfähigkeit 7
Zusatzstrafe 21 (3 f)
Zuschlag, Selbstanzeige 29 (6)
Zuständigkeitsentscheidung 202 (1 ff), 204
- neue Tatsachen 226
Zwangs- und Ordnungsstrafen, Fälligkeit 171 (5)

19/1. FinStrG
§§ 1 – 8

Bundesgesetz vom 26. Juni 1958, betreffend das Finanzstrafrecht und das Finanzstrafverfahrensrecht (Finanzstrafgesetz – FinStrG.)

Erster Abschnitt
Finanzstrafrecht

I. Hauptstück
Allgemeiner Teil

Allgemeine Bestimmungen

§ 1. (1) Finanzvergehen sind die in den §§ 33 bis 52 mit Strafe bedrohten Taten (Handlungen oder Unterlassungen) natürlicher Personen. Finanzvergehen sind auch andere ausdrücklich mit Strafe bedrohte Taten, wenn sie in einem Bundesgesetz als Finanzvergehen oder als Finanzordnungswidrigkeiten bezeichnet sind.

(2) Nach Maßgabe des § 28a sind auch Verbände im Sinne des Verbandsverantwortlichkeitsgesetzes für Finanzvergehen verantwortlich.

(3) Vorsätzliche Finanzvergehen, die mit einer zwingend zu verhängenden Freiheitsstrafe von mehr als drei Jahren bedroht sind, sind Verbrechen im Sinne des § 17 Abs. 1 StGB.

§ 2. (1) Abgaben im Sinne dieses Artikels sind:
a) die bundesrechtlich geregelten und die durch unmittelbar wirksame Rechtsvorschriften der Europäischen Union geregelten öffentlichen Abgaben sowie die bundesrechtlich geregelten Beiträge an öffentliche Fonds und an Körperschaften des öffentlichen Rechts, die nicht Gebietskörperschaften sind, soweit diese Abgaben und Beiträge bei Erhebung im Inland von Abgabenbehörden des Bundes zu erheben sind;
b) die Grundsteuer und die Lohnsummensteuer;
c) die in einem anderen Mitgliedstaat der Europäischen Union zu erhebende Einfuhrumsatzsteuer oder durch Rechtsvorschriften der Europäischen Union harmonisierte Verbrauchsteuern, sofern der Abgabenanspruch in Zusammenhang mit einem in diesem Staat begangenen Finanzvergehen, das im Inland verfolgt wird, entstanden ist;
(BGBl I 2019/62)
d) Umsatzsteuer, die in einem anderen Mitgliedstaat der Europäischen Union in Zusammenhang mit einem grenzüberschreitenden Umsatzsteuerbetrug (§ 40) entstanden ist, wenn die Tat im Inland verfolgt wird.
(BGBl I 2019/62)

(2) Die Stempel- und Rechtsgebühren und die Konsulargebühren sind – mit Ausnahme der Wettgebühren nach § 33 TP 17 GebG 1957 – keine Abgaben im Sinne des Abs. 1.

(3) Monopol im Sinne dieses Artikels ist das Tabakmonopol.

§ 3. (1) Die Bestimmungen dieses Hauptstückes sind, soweit sich aus ihnen nicht anderes ergibt, unabhängig davon anzuwenden, ob das Finanzvergehen vom Gericht oder von der Finanzstrafbehörde zu ahnden ist.

(2) Wo in diesem Bundesgesetz von Gerichten die Rede ist, sind darunter die ordentlichen Gerichte zu verstehen.

Allgemeine Voraussetzungen der Strafbarkeit

§ 4. (1) Eine Strafe wegen eines Finanzvergehens darf nur verhängt werden, wenn die Tat schon zur Zeit ihrer Begehung mit Strafe bedroht war.

(2) Die Strafe richtet sich nach dem zur Zeit der Tat geltenden Recht, es sei denn, dass das zur Zeit der Entscheidung des Gerichtes erster Instanz oder der Finanzstrafbehörde geltende Recht in seiner Gesamtauswirkung für den Täter günstiger wäre.

§ 5. (1) Ein Finanzvergehen ist nur strafbar, wenn es im Inland begangen worden ist.

(2) Ein Finanzvergehen ist im Inland begangen, wenn der Täter im Inland gehandelt hat oder hätte handeln sollen oder wenn der dem Tatbild entsprechende Erfolg im Inland eingetreten ist oder nach der Vorstellung des Täters hätte eintreten sollen. Wird das Finanzvergehen nicht im Inland, aber im Zollgebiet der Europäischen Union begangen und im Inland entdeckt oder wird es von einem österreichischen Staatsangehörigen im Ausland begangen oder wird es gegenüber einem auf Grund eines zwischenstaatlichen Vertrages im Ausland einschreitenden Organ einer Abgabenbehörde begangen, so gilt es als im Inland begangen.

(3) Niemand darf wegen eines Finanzvergehens an einen fremden Staat ausgeliefert werden, und eine von einer ausländischen Behörde wegen eines solchen Vergehens verhängte Strafe darf im Inland nicht vollstreckt werden, es sei denn, dass in zwischenstaatlichen Verträgen oder in Bundesgesetzen anderes vorgesehen ist.

Keine Strafe ohne Schuld

§ 6. Strafbar ist nur, wer schuldhaft handelt.

Zurechnungsunfähigkeit

§ 7. (1) Wer zur Zeit der Tat wegen einer Geisteskrankheit, wegen einer geistigen Behinderung, wegen einer tiefgreifenden Bewußtseinsstörung oder wegen einer anderen, einem dieser Zustände gleichwertigen seelischen Störung unfähig ist, das Unrecht seiner Tat einzusehen oder nach dieser Einsicht zu handeln, handelt nicht schuldhaft.
(AbgÄG 2023, BGBl I 2023/110)

(2) Nicht strafbar ist, wer zur Zeit der Tat das 14. Lebensjahr noch nicht vollendet hat.

(3) Ist der Täter zur Zeit der Tat zwar 14, aber noch nicht 18 Jahre alt, so ist er nicht strafbar, wenn er aus bestimmten Gründen noch nicht reif genug ist, das Unrecht der Tat einzusehen oder nach dieser Einsicht zu handeln.

Vorsatz, Fahrlässigkeit

§ 8. (1) Vorsätzlich handelt, wer einen Sachverhalt verwirklichen will, der einem gesetzlichen

Tatbild entspricht; dazu genügt es, daß der Täter diese Verwirklichung ernstlich für möglich hält und sich mit ihr abfindet.

(2) Fahrlässig handelt, wer die Sorgfalt außer acht läßt, zu der er nach den Umständen verpflichtet und nach seinen geistigen und körperlichen Verhältnissen befähigt ist und die ihm zuzumuten ist, und deshalb nicht erkennt, daß er einen Sachverhalt verwirklichen könne, der einem gesetzlichen Tatbild entspricht. Fahrlässig handelt auch, wer es für möglich hält, daß er einen solchen Sachverhalt verwirkliche, ihn aber nicht herbeiführen will.

(3) Grob fahrlässig handelt, wer ungewöhnlich und auffallend sorgfaltswidrig handelt, sodass der Eintritt eines dem gesetzlichen Tatbild entsprechenden Sachverhaltes als geradezu wahrscheinlich vorhersehbar war.

(BGBl I 2015/118)

Schuldausschließungsgründe und Rechtfertigungsgründe

§ 9. Dem Täter wird weder Vorsatz noch Fahrlässigkeit zugerechnet, wenn ihm bei einer Tat ein entschuldbarer Irrtum unterlief, der ihn das Vergehen oder das darin liegende Unrecht nicht erkennen ließ; ist der Irrtum unentschuldbar, so ist dem Täter grobe Fahrlässigkeit zuzurechnen. Dem Täter wird Fahrlässigkeit auch dann nicht zugerechnet, wenn ihm bei der Tat eine entschuldbare Fehlleistung unterlief.

(BGBl I 2015/118)

§ 10. Eine Tat ist nicht strafbar, wenn sie durch Notstand (§ 10 StGB) entschuldigt oder, obgleich sie dem Tatbild eines Finanzvergehens entspricht, vom Gesetz geboten oder erlaubt ist.

Behandlung aller Beteiligten als Täter

§ 11. Nicht nur der unmittelbare Täter begeht das Finanzvergehen, sondern auch jeder, der einen anderen dazu bestimmt, es auszuführen, oder der sonst zu seiner Ausführung beiträgt.

§ 12. Waren an der Tat mehrere beteiligt, so ist jeder von ihnen nach seiner Schuld zu bestrafen.

Strafbarkeit des Versuches

§ 13. (1) Die Strafdrohungen für vorsätzliche Finanzvergehen gelten nicht nur für die vollendete Tat, sondern auch für den Versuch und für jede Beteiligung an einem Versuch.

(2) Die Tat ist versucht, sobald der Täter seinen Entschluß, sie auszuführen oder einen anderen dazu zu bestimmen (§ 11), durch eine der Ausführung unmittelbar vorangehende Handlung betätigt.

(3) Der Versuch und die Beteiligung daran sind nicht strafbar, wenn die Vollendung der Tat nach der Art der Handlung oder des Gegenstands, an dem die Tat begangen wurde, unter keinen Umständen möglich war.

Rücktritt vom Versuch

§ 14. (1) Der Täter wird wegen des Versuches oder der Beteiligung daran nicht bestraft, wenn er die Ausführung aufgibt oder, falls mehrere daran beteiligt sind, verhindert oder wenn er den Erfolg abwendet. Ein Rücktritt vom Versuch ist bei Betretung auf frischer Tat ausgeschlossen.

(2) Straffreiheit tritt nicht ein, wenn zum Zeitpunkt des Rücktritts vom Versuch
a) Verfolgungshandlungen (Abs. 3) gesetzt waren und dies dem Täter, einem anderen an der Tat Beteiligten oder einem Hehler bekannt war oder
b) anläßlich der Durchführung eines Zollverfahrens bereits eine Erklärung über ein- oder auszuführende Waren abgegeben wurde.

(3) Verfolgungshandlung ist jede nach außen erkennbare Amtshandlung eines Gerichtes, einer Staatsanwaltschaft, einer Finanzstrafbehörde, des Bundesfinanzgerichtes oder eines im § 89 Abs. 2 genannten Organs, die sich gegen eine bestimmte Person als den eines Finanzvergehens Verdächtigen, Beschuldigten oder Angeklagten richtet, und zwar auch dann, wenn das Gericht, die Staatsanwaltschaft, die Finanzstrafbehörde, das Bundesfinanzgericht oder das Organ zu dieser Amtshandlung nicht zuständig war, die Amtshandlung ihr Ziel nicht erreicht oder die Person, gegen die sie gerichtet war, davon keine Kenntnis erlangt hat.

Freiheitsstrafen

§ 15. (1) Die Freiheitsstrafe beträgt mindestens einen Tag. Über Jugendliche (§ 7 Abs. 3) darf eine Freiheitsstrafe nicht verhängt werden.

(2) Bei Finanzvergehen, die nicht mit zwingend zu verhängenden Freiheitsstrafe bedroht sind, darf auf eine solche nur erkannt werden, wenn es ihrer bedarf, um den Täter von weiteren Finanzvergehen abzuhalten oder der Begehung von Finanzvergehen durch andere entgegenzuwirken.

(3) Bei Finanzvergehen, deren Ahndung nicht dem Gericht vorbehalten ist, darf eine Freiheitsstrafe nur in den Fällen des § 58 Abs. 2 lit. a verhängt werden; sie darf das Höchstmaß von drei Monaten nicht übersteigen.

(4) Bei Finanzvergehen, die mit einer zwingend zu verhängenden Freiheitsstrafe bedroht sind, sind die §§ 37 und 41 StGB sinngemäß mit der Maßgabe anzuwenden, dass die an Stelle der Freiheitsstrafe zu verhängende Geldstrafe mit bis zu 500 000 Euro zu bemessen ist.

Geldstrafen

§ 16. Die Mindestgeldstrafe beträgt 20 Euro. Die Geldstrafen fließen dem Bund zu.

Strafe des Verfalls

§ 17. (1) Auf die Strafe des Verfalls darf nur in den im II. Hauptstück dieses Abschnittes vorgesehenen Fällen erkannt werden.

(2) Dem Verfall unterliegen:
a) die Sachen, hinsichtlich derer das Finanzvergehen begangen wurde, samt Umschließungen;

b) die zur Begehung des Finanzvergehens benützten Beförderungsmittel und Behältnisse, wie Koffer, Taschen u. dgl., wenn diese Gegenstände mit besonderen Vorrichtungen versehen waren, welche die Begehung des Finanzvergehens erleichtert haben;
c) soweit dies im II. Hauptstück dieses Abschnittes besonders vorgesehen ist,
  1. die Geräte und Vorrichtungen, die zur Erzeugung der in lit. a erwähnten Sachen bestimmt gewesen oder benützt worden sind,
  2. die Rohstoffe, Hilfsstoffe und Halbfabrikate, die zur Erzeugung der in lit. a erwähnten Sachen bestimmt gewesen sind, samt Umschließungen,
  3. die zur Begehung des Finanzvergehens benützten Beförderungsmittel, wenn in ihnen Gegenstände des Finanzvergehens an Stellen verborgen waren, die für die Verwahrung üblicherweise nicht bestimmt sind, oder wenn das betreffende Finanzvergehen wegen der Beschaffenheit der beförderten Sachen ohne Benützung von Beförderungsmitteln nicht hätte begangen werden können.

Beförderungsmittel, die dem allgemeinen Verkehr dienen und unabhängig von den Weisungen des Fahrgastes oder Benützers verkehren, unterliegen nicht dem Verfall.

(3) Die im Abs. 2 genannten Gegenstände sind für verfallen zu erklären, wenn sie zur Zeit der Entscheidung im Eigentum oder Miteigentum des Täters oder eines anderen an der Tat Beteiligten stehen. Weisen andere Personen ihr Eigentum an den Gegenständen nach, so ist auf Verfall nur dann zu erkennen, wenn diesen Personen vorzuwerfen ist, daß sie
a) zumindest in auffallender Sorglosigkeit dazu beigetragen haben, daß mit diesen Gegenständen das Finanzvergehen begangen wurde, oder
b) beim Erwerb der Gegenstände die deren Verfall begründenden Umstände kannten oder aus auffallender Sorglosigkeit nicht kannten.

Hiebei genügt es, wenn der Vorwurf zwar nicht den Eigentümer des Gegenstands, aber eine Person trifft, die für den Eigentümer über den Gegenstand verfügen kann.

(4) Monopolgegenstände unterliegen dem Verfall ohne Rücksicht darauf, wem sie gehören. Dies gilt auch für Behältnisse und Beförderungsmittel der im Abs. 2 lit. b bezeichneten Art, es sei denn, daß deren Eigentümer nicht an der Tat beteiligt war, ihn auch sonst kein Vorwurf im Sinne des Abs. 3 trifft und die besonderen Vorrichtungen vor der Entscheidung entfernt werden können; die Kosten haben der Täter und die anderen an der Tat Beteiligten zu ersetzen.

(5) Wird auf Verfall erkannt, so sind nachgewiesene Pfandrechte oder Zurückbehaltungsrechte dritter Personen an den für verfallen erklärten Gegenständen anzuerkennen, wenn diese Personen kein Vorwurf im Sinne des Abs. 3 trifft.

(6) Stünde der Verfall zur Bedeutung der Tat oder zu dem den Täter treffenden Vorwurf außer Verhältnis, so tritt an die Stelle des Verfalls nach Maßgabe des § 19 die Strafe des Wertersatzes. Dies gilt nicht für Beförderungsmittel und Behältnisse der im Abs. 2 lit. b bezeichneten Art, deren besondere Vorrichtungen nicht entfernt werden können, und für Monopolgegenstände, bei welchen auf Grund ihrer Beschaffenheit oder sonst auf Grund bestimmter Tatsachen zu besorgen ist, dass mit ihnen gegen Monopolvorschriften verstoßen wird.

(7) Das Eigentum an den für verfallen erklärten Gegenständen geht mit der Rechtskraft der Entscheidung auf den Bund über; Rechte dritter Personen erlöschen, sofern sie nicht gemäß Abs. 5 anerkannt wurden.

§ 18. Ist der Verfall angedroht, so ist nach Maßgabe der Bestimmungen des § 17 im selbständigen Verfahren (§§ 148, 243) auf Verfall zu erkennen,
a) wenn sowohl der Täter als auch andere an der Tat Beteiligte unbekannt sind,
b) wenn der Täter oder andere an der Tat Beteiligte zwar bekannt, aber unbekannten Aufenthalts sind und im übrigen die Voraussetzungen des § 147 für die Durchführung einer mündlichen Verhandlung oder des § 427 StPO für die Durchführung einer Hauptverhandlung nicht gegeben sind.

Strafe des Wertersatzes

§ 19. (1) Statt auf Verfall ist auf die Strafe des Wertersatzes zu erkennen,
a) wenn im Zeitpunkt der Entscheidung feststeht, daß der Verfall unvollziehbar wäre,
b) wenn auf Verfall nur deshalb nicht erkannt wird, weil das Eigentumsrecht einer anderen Person berücksichtigt wird,
c) in den Fällen des § 17 Abs. 6 erster Satz.

(2) Neben dem Verfall ist auf Wertersatz zu erkennen, wenn im Zeitpunkt der Entscheidung noch nicht feststeht, ob der Verfall vollziehbar sein wird, oder wenn Rechte dritter Personen (§ 17 Abs. 5) anerkannt werden.

(3) Die Höhe des Wertersatzes entspricht dem gemeinen Wert, den die dem Verfall unterliegenden Gegenstände im Zeitpunkt der Begehung des Finanzvergehens hatten; ist dieser Zeitpunkt nicht feststellbar, so ist der Zeitpunkt der Aufdeckung des Finanzvergehens maßgebend. Soweit der Wert nicht ermittelt werden kann, ist auf Zahlung eines dem vermutlichen Wert entsprechenden Wertersatzes zu erkennen. Werden Rechte dritter Personen im Sinne des § 17 Abs. 5 anerkannt, so ist der Wertersatz in der Höhe der anerkannten Forderung auszusprechen; er darf aber nur mit dem Betrag eingefordert werden, der zur Befriedigung der anerkannten Forderung aus dem Verwertungserlös aufgewendet wird.

(4) Der Wertersatz ist allen Personen, die als Täter, andere an der Tat Beteiligte oder Hehler

vorsätzlich Finanzvergehen hinsichtlich der dem Verfall unterliegenden Gegenstände begangen haben, anteilsmäßig aufzuerlegen.

(5) Stünde der Wertersatz (Abs. 3) oder der Wertersatzanteil (Abs. 4) zur Bedeutung der Tat oder zu dem den Täter treffenden Vorwurf außer Verhältnis, so ist von seiner Auferlegung ganz oder teilweise abzusehen.

(6) Ist der Wertersatz aufzuteilen (Abs. 4) oder ist vom Wertersatz ganz oder teilweise abzusehen (Abs. 5), so sind hiefür die Grundsätze der Strafbemessung (§ 23) anzuwenden.

(7) Der Wertersatz fließt dem Bund zu.

Ersatzfreiheitsstrafen
§ 20. (1) Wird auf eine Geldstrafe oder auf Wertersatz erkannt, so ist zugleich die für den Fall der Uneinbringlichkeit an deren Stelle tretende Ersatzfreiheitsstrafe festzusetzen.

(2) Die gemäß Abs. 1 anstelle einer Geldstrafe und eines Wertersatzes festzusetzenden Ersatzfreiheitsstrafen dürfen bei Finanzvergehen, deren Ahndung dem Gericht vorbehalten ist, das Höchstmaß von je einem Jahr, wenn jedoch die Geldstrafdrohung das Zweifache des Betrages, nach dem sich sonst die Strafdrohung richtet, übersteigt, das Höchstmaß von je eineinhalb Jahren und wenn dieser Betrag 500.000 Euro übersteigt, das Höchstmaß von je zwei Jahren nicht übersteigen; bei Finanzvergehen, deren Ahndung in den Fällen des § 58 Abs. 2 lit. a dem Spruchsenat vorbehalten ist, dürfen die Ersatzfreiheitsstrafen das Höchstmaß von je drei Monaten und bei den übrigen Finanzvergehen das Höchstmaß von je sechs Wochen nicht übersteigen.

Zusammentreffen strafbarer Handlungen
§ 21. (1) Hat jemand durch eine Tat oder durch mehrere selbständige Taten mehrere Finanzvergehen derselben oder verschiedener Art begangen und wird über diese Finanzvergehen gleichzeitig erkannt, so ist auf eine einzige Geldstrafe, Freiheitsstrafe oder Geld- und Freiheitsstrafe zu erkennen. Neben diesen Strafen ist auf Verfall oder Wertersatz zu erkennen, wenn eine solche Strafe auch nur für eines der zusammentreffenden Finanzvergehen angedroht ist.

(2) Die einheitliche Geld- oder Freiheitsstrafe ist jeweils nach der Strafdrohung zu bestimmen, welche die höchste Strafe androht. Es darf jedoch keine geringere Strafe als die höchste der in den zusammentreffenden Strafdrohungen vorgesehenen Mindeststrafen verhängt werden. Hängen die zusammentreffenden Strafdrohungen von Wertbeträgen ab, so ist für die einheitliche Geldstrafe die Summe dieser Strafdrohungen maßgebend. Ist in einer der zusammentreffenden Strafdrohungen Geldstrafe, in einer anderen Freiheitsstrafe oder sind auch nur in einer von ihnen Geld- und Freiheitsstrafen nebeneinander angedroht, so ist, wenn beide Strafen zwingend vorgeschrieben sind, auf eine Geldstrafe und auf eine Freiheitsstrafe zu erkennen. Ist eine von ihnen nicht zwingend angedroht, so kann sie verhängt werden.

(3) Wird jemand, der bereits wegen eines Finanzvergehens bestraft worden ist, wegen eines anderen Finanzvergehens bestraft, für das er nach der Zeit der Begehung schon in dem früheren Verfahren hätte bestraft werden können, so ist eine Zusatzstrafe zu verhängen. Diese darf das Höchstmaß der Strafe nicht übersteigen, die für die nun zu bestrafende Tat angedroht ist. Die Summe der Strafen darf jeweils die Strafen nicht übersteigen, die nach den Abs. 1 und 2 zulässig und bei gemeinsamer Bestrafung zu verhängen wären. Wäre bei gemeinsamer Bestrafung keine höhere als die in der früheren Entscheidung ausgesprochene Strafe zu verhängen, so ist von einer Zusatzstrafe abzusehen.

(4) Ist die Zusatzstrafe (Abs. 3) im verwaltungsbehördlichen Finanzstrafverfahren zu verhängen, so ist es ohne Einfluß, ob die vorangegangene Bestrafung durch eine Finanzstrafbehörde anderer sachlicher oder örtlicher Zuständigkeit oder durch das Gericht erfolgt ist. Wird die Zusatzstrafe durch ein Gericht verhängt, so hat dieses auch die vorangegangene Bestrafung durch eine Finanzstrafbehörde zu berücksichtigen.

§ 22. (1) Hat jemand durch eine Tat oder durch mehrere selbständige Taten Finanzvergehen und strafbare Handlungen anderer Art begangen und wird über diese vom Gericht gleichzeitig erkannt, so sind die Strafen für die Finanzvergehen nach Maßgabe des § 21 gesondert von den Strafen für die anderen strafbaren Handlungen zu verhängen.

(2) Ist ein Finanzvergehen auf betrügerische Weise oder durch Täuschung begangen worden, so ist die Tat ausschließlich nach diesem Bundesgesetz zu ahnden.

(3) Sind von einem Täter Finanzvergehen und im Zusammenhang damit strafbare Handlungen nach § 223 StGB oder § 293 StGB begangen worden, so sind ausschließlich die Finanzvergehen zu ahnden.

(4) Hat jemand strafbare Handlungen nach §§ 163a oder 163b StGB ausschließlich im Zusammenhang mit einer Abgabenhinterziehung (§ 33) begangen, indem er eine wesentliche Information wirtschaftlich nachteilig falsch oder unvollständig darstellt, so ist nur das Finanzvergehen zu ahnden.

(BGBl I 2015/163)

Strafbemessung; Anrechnung der Vorhaft
§ 23. (1) Grundlage für die Bemessung der Strafe ist die Schuld des Täters.

(2) Bei der Bemessung der Strafe sind die Erschwerungs- und die Milderungsgründe, soweit sie nicht schon die Strafdrohung bestimmen, gegeneinander abzuwägen. Dabei ist darauf Bedacht zu nehmen, ob es dem Täter angekommen ist, sich oder einem Verband, als dessen Entscheidungsträger er gehandelt hat, durch die wiederkehrende Begehung der Tat eine nicht nur geringfügige fortlaufende Einnahme zu verschaffen. Eine wiederkehrende Begehung liegt vor, wenn der Täter bereits zwei solche Taten begangen hat oder ein-

mal wegen einer solchen Tat bestraft worden ist. Ebenso ist bei der Bemessung der Strafe darauf Bedacht zu nehmen, ob die Verkürzung oder der Abgabenausfall endgültig oder nur vorübergehend hätte eintreten sollen. Im Übrigen gelten die §§ 32 bis 35 StGB sinngemäß.

(BGBl I 2019/62)

(3) Bei Bemessung der Geldstrafe sind auch die persönlichen Verhältnisse und die wirtschaftliche Leistungsfähigkeit des Täters zu berücksichtigen.

(4) Bei Finanzvergehen, deren Strafdrohung sich nach einem Wertbetrag richtet, hat die Bemessung der Geldstrafe mit mindestens einem Zehntel des Höchstmaßes der angedrohten Geldstrafe zu erfolgen. Die Bemessung einer diesen Betrag unterschreitenden Geldstrafe aus besonderen Gründen ist zulässig, wenn die Ahndung der Finanzvergehen nicht dem Gericht obliegt.

(5) Die verwaltungsbehördliche und die gerichtliche Verwahrung sowie die verwaltungsbehördliche und die gerichtliche Untersuchungshaft sind auf die Strafe anzurechnen, wenn der Täter die Haft
a) in dem Verfahren wegen des Finanzvergehens, für das er bestraft wird, oder
b) sonst nach der Begehung dieser Tat wegen des Verdachts eines Finanzvergehens oder, bei Anrechnung durch das Gericht, wegen des Verdachts einer anderen mit Strafe bedrohten Handlung

erlitten hat, jedoch in beiden Fällen nur, soweit die Haft nicht bereits auf eine andere Strafe angerechnet oder der Verhaftete dafür entschädigt worden ist. Wird auf mehrere Strafen erkannt, so hat die Anrechnung zunächst auf diejenigen Strafen zu erfolgen, die nicht bedingt nachgesehen werden, im übrigen zunächst auf die Freiheitsstrafe, sodann auf die Geldstrafe und schließlich auf den Wertersatz.

(6) Für die Anrechnung der Vorhaft auf die Geldstrafe und den Wertersatz sind die an deren Stelle tretenden Ersatzfreiheitsstrafen maßgebend.

(7) Hat der Täter für die Tat, derentwegen er im Inland bestraft wird, schon im Ausland eine Strafe verbüßt, so ist sie auf die im Inland verhängte Strafe anzurechnen.

Sonderbestimmungen für Jugendstraftaten

§ 24. (1) Für Jugendstraftaten (§ 1 Abs. 1 Z 3 Jugendgerichtsgesetz 1988 – JGG, BGBl. Nr. 599/1988), die vom Gericht zu ahnden sind, gelten neben den Bestimmungen dieses Hauptstückes die §§ 5 Z 6, 7, 8 Abs. 1 und 2, und §§ 12 bis 16 des Jugendgerichtsgesetzes 1988 mit der Maßgabe, dass § 204 StPO nicht anzuwenden ist.

(BGBl I 2022/108)

(2) Für Jugendstraftaten, die von der Finanzstrafbehörde zu ahnden sind, gelten die §§ 5 Z 6 und 13 bis 15 des Jugendgerichtsgesetzes 1988 sinngemäß.

Absehen von der Strafe; Verwarnung

§ 25. (1) Die Finanzstrafbehörde hat von der Einleitung oder von der weiteren Durchführung eines Finanzstrafverfahrens und von der Verhängung einer Strafe abzusehen, wenn das Verschulden des Täters geringfügig ist und die Tat keine oder nur unbedeutende Folgen nach sich gezogen hat. Sie hat jedoch dem Täter mit Bescheid eine Verwarnung zu erteilen, wenn dies geboten ist, um ihn von weiteren Finanzvergehen abzuhalten.

(2) Unter den im Abs. 1 angeführten Voraussetzungen können die Behörden und Ämter der Bundesfinanzverwaltung von der Erstattung einer Anzeige (§ 80) absehen.

Bedingte Strafnachsicht; bedingte Entlassung; nachträgliche Milderung der Strafe

§ 26. (1) Für die bedingte Nachsicht der durch die Gerichte für Finanzvergehen verhängten Geldstrafen, Wertersätze und Freiheitsstrafen sowie für die bedingte Entlassung aus einer solchen Freiheitsstrafe gelten die §§ 43, 43 a, 44 Abs. 1, 46, 48 bis 53, 55 und 56 StGB sinngemäß. Die Strafe des Verfalls darf nicht bedingt nachgesehen werden. Eine Geldstrafe darf nur bis zur Hälfte bedingt nachgesehen werden. Der nicht bedingt nachgesehene Teil der Geldstrafe muss jedoch mindestens 10% des strafbestimmenden Wertbetrages betragen.

(2) War mit dem Finanzvergehen eine Abgabenverkürzung oder ein sonstiger Einnahmenausfall verbunden, so hat das Gericht dem Verurteilten die Weisung zu erteilen, den Betrag, den er schuldet oder für den er zur Haftung herangezogen werden kann, zu entrichten. Wäre die unverzügliche Entrichtung für den Verurteilten unmöglich oder mit besonderen Härten verbunden, so ist ihm hiefür eine angemessene Frist zu setzen, die ein Jahr nicht übersteigen darf.

(3) Für die nachträgliche Milderung der durch die Gerichte für Finanzvergehen verhängten Strafen gilt § 31a StGB sinngemäß.

(BGBl I 2018/62)

Entzug von Berechtigungen

§ 27. Wird wegen eines Finanzvergehens vom Gericht eine Freiheitsstrafe verhängt, so kann dem Bestraften eine auf Grund eines Bundesgesetzes erlangte Berechtigung zur Ausübung einer wirtschaftlichen Tätigkeit von der auch sonst für die Erteilung einer solchen Berechtigung zuständigen Behörde für eine bestimmte Zeit oder auf Dauer entzogen werden, wenn die Berechtigung zur Begehung der Tat mißbraucht worden ist. Der in anderen Bundesgesetzen auf Grund einer Bestrafung wegen eines Finanzvergehens vorgesehene Entzug von Berechtigungen wird hiedurch nicht berührt.

Haftung

§ 28. (1) (aufgehoben)

(2) Wurde in Vertretungsfällen von einem gesetzlichen oder von einem behördlich oder rechtsgeschäftlich bestellten Vertreter im Rahmen seiner Tätigkeit für den Vertretenen ein Finanzvergehen begangen, so haftet der Vertretene für die über den Vertreter verhängte Geldstrafe und den ihm

auferlegten Wertersatz nur dann, wenn ihn ein Verschulden im Sinne des Abs. 4 trifft.

(3) Dienstgeber haften für Geldstrafen und Wertersätze, die einem ihrer Dienstnehmer wegen eines Finanzvergehens auferlegt werden, wenn der Dienstnehmer das Vergehen im Rahmen seiner dienstlichen Obliegenheiten begangen hat und den Dienstgeber hieran ein Verschulden (Abs. 4) trifft.

(4) Ein Verschulden nach Abs. 2 und 3 liegt vor, wenn der Vertretene oder der Dienstgeber
a) sich bei der Auswahl oder Beaufsichtigung des Vertreters oder Dienstnehmers auffallender Sorglosigkeit schuldig machte,
b) vom Finanzvergehen des Vertreters oder Dienstnehmers wußte und es nicht verhinderte, obwohl ihm die Verhinderung zuzumuten war, oder
c) vom Finanzvergehen, dessen Verhinderung ihm zuzumuten gewesen wäre, aus auffallender Sorglosigkeit nicht wußte.

(5) Die Haftung gemäß Abs. 2 und 3 wird bei juristischen Personen und Vermögensmassen, die keine eigene Rechtspersönlichkeit besitzen, aber abgabepflichtig sind, durch das Verschulden (Abs. 4) auch nur einer Person begründet, die einem mit der Geschäftsführung oder mit der Überwachung der Geschäftsführung betrauten Organ angehört; bei Personenvereinigungen genügt das Verschulden eines Mitglieds der Vereinigung, das durch Gesetz oder Vertrag zur Führung der Geschäfte berufen ist. Die Haftung tritt auch dann ein, wenn das Verschulden jemanden trifft, der nicht dem vorgenannten Personenkreis angehört, dem aber für den Gesamtbetrieb oder für das betreffende Sachgebiet die Verantwortung übertragen ist.

(6) Die Personenvereinigung haftet gemäß Abs. 2 und 3 mit ihrem Vermögen. Soweit Wertersätze in diesem Vermögen nicht Deckung finden, haftet darüber hinaus jedes Mitglied der Personenvereinigung mit seinem privaten Vermögen für den Teil des Wertersatzes, der seiner Beteiligung an der Personenvereinigung anteilsmäßig entspricht.

(7) Die Haftung nach den Abs. 2 und 3 kann nur in Anspruch genommen werden, wenn die Geldstrafen oder Wertersätze aus dem beweglichen Vermögen des Bestraften nicht eingebracht werden können. Auch der Einbringungsversuch kann unterbleiben, wenn Einbringungsmaßnahmen offenkundig aussichtslos sind. Insoweit Einbringungsmaßnahmen beim Haftenden erfolglos blieben, sind die entsprechenden Ersatzfreiheitsstrafen am Bestraften zu vollziehen.

(8) Bei Gesamtrechtsnachfolge geht die Haftung nach Abs. 2 und 3 und die sich daraus ergebenden Rechte und Pflichten auf den Rechtsnachfolger über. Ein solcher Haftungsübergang tritt auch bei den keine Gesamtrechtsnachfolge begründenden Umgründungen nach dem Umgründungssteuergesetz ein.

(9) Die Haftung nach Abs. 2 und 3 darf nur in Anspruch genommen werden, wenn keine Verbandsgeldbuße nach § 28a zu verhängen ist.

Verantwortlichkeit von Verbänden

§ 28a. (1) Für vom Gericht zu ahndende Finanzvergehen von Verbänden (§ 1 Abs. 2) gelten die Bestimmungen des 1. und 2. Abschnittes des Verbandsverantwortlichkeitsgesetzes; die Verbandsgeldbuße ist, sofern in den Tatbeständen nicht anderes bestimmt wird, jedoch nach der für die Finanzvergehen, für die der Verband verantwortlich ist, angedrohten Geldstrafe, unter den Voraussetzungen des § 15 Abs. 2 jedoch nach dem 1,5-fachen dieser angedrohten Geldstrafe, zu bemessen. Im Übrigen gelten die Bestimmungen dieses Abschnittes, soweit sie nicht ausschließlich auf natürliche Personen anwendbar sind.

(2) Für von der Finanzstrafbehörde zu ahndende Finanzvergehen von Verbänden sind die §§ 2, 3, 4 Abs. 1, 5, 10, 11 und 12 Abs. 2 des Verbandsverantwortlichkeitsgesetzes sinngemäß anzuwenden. Die Verbandsgeldbuße ist nach der für das Finanzvergehen, für das der Verband verantwortlich ist, angedrohten Geldstrafe zu bemessen. Im Übrigen gelten die Bestimmungen dieses Abschnittes, soweit sie nicht ausschließlich auf natürliche Personen anwendbar sind.

Selbstanzeige

§ 29. (1) Wer sich eines Finanzvergehens schuldig gemacht hat, wird insoweit straffrei, als er seine Verfehlung darlegt (Selbstanzeige). Die Darlegung hat, wenn die Handhabung der verletzten Abgaben- oder Monopolvorschriften dem Zollamt Österreich obliegt, gegenüber diesem, sonst gegenüber einem Finanzamt oder dem Amt für Betrugsbekämpfung zu erfolgen. Sie ist bei Betretung auf frischer Tat ausgeschlossen.

(BGBl I 2019/104)

(2) War mit einer Verfehlung eine Abgabenverkürzung oder ein sonstiger Einnahmenausfall verbunden, so tritt die Straffreiheit nur insoweit ein, als der Behörde ohne Verzug die für die Feststellung der Verkürzung oder des Ausfalls bedeutsamen Umstände offen gelegt werden, und binnen einer Frist von einem Monat die sich daraus ergebenden Beträge, die vom Anzeiger geschuldet werden, oder für die er zur Haftung herangezogen werden kann, tatsächlich mit schuldbefreiender Wirkung entrichtet werden. Die Monatsfrist beginnt bei selbst zu berechnenden Abgaben (§§ 201 und 202 BAO) mit der Selbstanzeige, in allen übrigen Fällen mit der Bekanntgabe des Abgaben- oder Haftungsbescheides zu laufen und kann durch Gewährung von Zahlungserleichterungen (§ 212 BAO) auf höchstens zwei Jahre verlängert werden. Lebt die Schuld nach Entrichtung ganz oder teilweise wieder auf, so bewirkt dies unbeschadet der Bestimmungen des § 31 insoweit auch das Wiederaufleben der Strafbarkeit.

(3) Straffreiheit tritt nicht ein,
a) wenn zum Zeitpunkt der Selbstanzeige Verfolgungshandlungen (§ 14 Abs. 3) gegen den Anzeiger, gegen andere an der Tat Beteiligte oder gegen Hehler gesetzt waren,

b) wenn zum Zeitpunkt der Selbstanzeige die Tat hinsichtlich ihrer objektiven Tatbestandsmerkmale bereits ganz oder zum Teil entdeckt und dies dem Anzeiger bekannt war oder die Entdeckung der Verletzung einer zollrechtlichen Verpflichtung hinsichtlich ihrer objektiven Tatbestandsmerkmale unmittelbar bevorstand und dies dem Anzeiger bekannt war, oder
c) wenn bei einem vorsätzlich begangenen Finanzvergehen die Selbstanzeige anläßlich einer finanzbehördlichen Nachschau, Beschau, Abfertigung oder Prüfung von Büchern oder Aufzeichnungen nicht schon bei Beginn der Amtshandlung erstattet wird, oder
d) bereits einmal hinsichtlich desselben Abgabenanspruches, ausgenommen Vorauszahlungen, eine Selbstanzeige erstattet worden ist.

(4) Ungeachtet der Straffreiheit ist auf Verfall von Monopolgegenständen zu erkennen. Dies gilt auch für Behältnisse und Beförderungsmittel der im § 17 Abs. 2 lit. b bezeichneten Art, es sei denn, daß die besonderen Vorrichtungen entfernt werden können; die Kosten hat der Anzeiger zu ersetzen. Ein Wertersatz ist nicht aufzuerlegen.

(5) Die Selbstanzeige wirkt nur für den Anzeiger und für die Personen, für die sie erstattet wird.

(6) Werden Selbstanzeigen anlässlich einer finanzbehördlichen Nachschau, Beschau, Abfertigung oder Prüfung von Büchern oder Aufzeichnungen nach deren Anmeldung oder sonstigen Bekanntgabe erstattet, tritt strafbefreiende Wirkung hinsichtlich vorsätzlich oder grob fahrlässig begangener Finanzvergehen nur unter der weiteren Voraussetzung insoweit ein, als auch eine mit einem Bescheid der Abgabenbehörde festzusetzende Abgabenerhöhung unter sinngemäßer Anwendung des Abs. 2 entrichtet wird. Die Abgabenerhöhung beträgt 5 % der Summe der sich aus den Selbstanzeigen ergebenden Mehrbeträgen. Übersteigt die Summe der Mehrbeträge 33 000 Euro, ist die Abgabenerhöhung mit 15 %, übersteigt die Summe der Mehrbeträge 100 000 Euro, mit 20 % und übersteigt die Summe der Mehrbeträge 250 000 Euro, mit 30 % zu bemessen. Insoweit Straffreiheit nicht eintritt, entfällt die Verpflichtung zur Entrichtung der Abgabenerhöhung, dennoch entrichtete Beträge sind gutzuschreiben. Die Abgabenerhöhung gilt als Nebenanspruch im Sinne des § 3 Abs. 2 lit. a BAO.

(7) Wird eine Selbstanzeige betreffend Vorauszahlungen an Umsatzsteuer im Zuge der Umsatzsteuerjahreserklärung erstattet, bedarf es keiner Zuordnung der Verkürzungsbeträge zu den einzelnen davon betroffenen Voranmeldungszeiträumen.

§ 30. (1) Zeigen vom Täter oder anderen an der Tat Beteiligten verschiedene Personen, denen das Eigentumsrecht oder ein Pfand- oder Zurückbehaltungsrecht an einem verfallsbedrohten Gegenstand zusteht, die Straftat spätestens zu dem Zeitpunkt, bis zu dem auch noch eine Selbstanzeige mit strafbefreiender Wirkung möglich wäre, bei der zuständigen Behörde an (§ 29), so ist ungeachtet des Umstandes, daß diese Personen ein Vorwurf im Sinne des § 17 Abs. 3 trifft, ihr Eigentumsrecht zu berücksichtigen oder ihr Pfand- oder Zurückbehaltungsrecht anzuerkennen. § 29 Abs. 4 gilt sinngemäß.

(2) Eine Haftung nach § 28 tritt dann nicht ein, wenn die Straftat spätestens zu dem Zeitpunkt, bis zu dem auch noch eine Selbstanzeige mit strafbefreiender Wirkung möglich wäre (§ 29), vom Vertretenen oder Dienstgeber bei der zuständigen Behörde (§ 29 Abs. 1) angezeigt wird. Bei Personenvereinigungen genügt es, wenn diese Anzeige von einem Mitglied der Personenvereinigung erstattet wird.

(3) Wird die im § 15 BAO vorgeschriebene Anzeige innerhalb der dort vorgeschriebenen Frist ordnungsgemäß erstattet, so ist sie einer Selbstanzeige derjenigen, welche die im § 15 BAO bezeichnete Erklärung abzugeben unterlassen oder unrichtig oder unvollständig abgegeben haben, gleichzuhalten; die Bestimmungen des § 29 gelten sinngemäß.

Strafaufhebung in besonderen Fällen (Verkürzungszuschlag)

§ 30a. (1) Die Abgabenbehörden sind berechtigt, eine Abgabenerhöhung von 10 % der im Zuge einer abgabenrechtlichen Überprüfungsmaßnahme festgestellten Nachforderungen, soweit hinsichtlich der diese begründenden Unrichtigkeiten der Verdacht eines Finanzvergehens besteht, festzusetzen, sofern dieser Betrag für ein Jahr (einen Veranlagungszeitraum) insgesamt 10 000 Euro, in Summe jedoch 33 000 Euro nicht übersteigt, sich der Abgabe- oder Abfuhrpflichtige spätestens 14 Tage nach Festsetzung der Abgabennachforderung mit dem Verkürzungszuschlag einverstanden erklärt oder diesen beantragt und er auf die Erhebung eines Rechtsmittels gegen die Festsetzung der Abgabenerhöhung wirksam verzichtet. Werden die Abgabenerhöhung und die dieser zugrunde liegenden Abgabennachforderungen innerhalb eines Monats nach deren Festsetzung tatsächlich mit schuldbefreiender Wirkung zur Gänze entrichtet, so tritt Straffreiheit hinsichtlich der im Zusammenhang mit diesen Abgabennachforderungen begangenen Finanzvergehen ein. Ein Zahlungsaufschub darf nicht gewährt werden.

(2) Werden mehrere Überprüfungsmaßnahmen gleichzeitig oder in unmittelbarer Folge durchgeführt, so ist die Summe aller Verkürzungsbeträge für die Zulässigkeit der Festsetzung einer Abgabenerhöhung nach Abs. 1 maßgeblich.

(3) Tritt wegen Nichteinhaltung der Erfordernisse des Abs. 1 Straffreiheit nicht ein, so entfällt ab diesem Zeitpunkt die Verpflichtung zur Entrichtung der Abgabenerhöhung. Allenfalls bis dahin entrichtete Beträge sind gutzuschreiben.

(4) Im Falle einer nachträglichen Herabsetzung der Abgabenschuld hat die Berechnung der Abgabenerhöhung unter rückwirkender Berücksichtigung des Herabsetzungsbetrages zu erfolgen.

(5) Die Festsetzung einer Abgabenerhöhung nach Abs. 1 ist im Zusammenhang mit Eingangs-

und Ausgangsabgaben sowie mit Finanzvergehen, die mit einer Mindestgeldstrafe bedroht sind, unzulässig.

(6) Die Festsetzung einer Abgabenerhöhung ist weiters ausgeschlossen, wenn hinsichtlich der betroffenen Abgaben bereits ein Finanzstrafverfahren anhängig ist, eine Selbstanzeige vorliegt oder es einer Bestrafung bedarf, um den Täter von der Begehung weiterer Finanzvergehen abzuhalten.

(7) Die Festsetzung der Abgabenerhöhung stellt keine Verfolgungshandlung dar. Die strafrechtliche Verfolgung einer weiteren, hinsichtlich derselben Abgabenart und desselben Erhebungszeitraumes bewirkten Abgabenverkürzung oder einer Nichtentrichtung (Nichtabfuhr) von Selbstbemessungsabgaben wird dadurch nicht gehindert.

(8) Die Abgabenerhöhung gilt als Nebenanspruch im Sinne des § 3 BAO.

(9) Ungeachtet der Straffreiheit ist auf Verfall von Monopolgegenständen zu erkennen. Dies gilt auch für Behältnisse und Beförderungsmittel der im § 17 Abs. 2 lit. b bezeichneten Art, es sei denn, dass die besonderen Vorrichtungen entfernt werden können; die Kosten hat der Abgabepflichtige zu ersetzen. Ein Wertersatz ist nicht aufzuerlegen.

Verjährung der Strafbarkeit

§ 31. (1) Die Strafbarkeit eines Finanzvergehens erlischt durch Verjährung. Die Verjährungsfrist beginnt, sobald die mit Strafe bedrohte Tätigkeit abgeschlossen ist oder das mit Strafe bedrohte Verhalten aufhört. Gehört zum Tatbestand ein Erfolg, so beginnt die Verjährungsfrist erst mit dessen Eintritt zu laufen. Sie beginnt aber nie früher zu laufen als die Verjährungsfrist für die Festsetzung der Abgabe, gegen die sich die Straftat richtet.

(2) Die Verjährungsfrist beträgt für den Abgabenbetrug (§ 39) mit einem 500 000 Euro übersteigenden strafbestimmenden Wertbetrag und für den grenzüberschreitenden Umsatzsteuerbetrug (§ 40) zehn Jahre, für Finanzordnungswidrigkeiten nach §§ 49 bis 49e drei Jahre, für andere Finanzordnungswidrigkeiten ein Jahr und für die übrigen Finanzvergehen fünf Jahre.

(BGBl I 2019/91; AbgÄG 2023, BGBl I 2023/110)

(3) Begeht der Täter während der Verjährungsfrist ein vorsätzliches Finanzvergehen, auf das § 25 oder § 191 StPO nicht anzuwenden ist, so tritt die Verjährung nicht ein, bevor auch für diese Tat die Verjährungsfrist abgelaufen ist.

(4) In die Verjährungsfrist werden nicht eingerechnet:
a) die Zeit, während der nach einer gesetzlichen Vorschrift die Verfolgung nicht eingeleitet oder fortgesetzt werden kann;
b) die Zeit, in der wegen der Tat gegen den Täter ein Strafverfahren bei der Staatsanwaltschaft, bei Gericht, bei einer Finanzstrafbehörde oder beim Bundesfinanzgericht geführt wird;
c) die Zeit von der Einbringung einer Beschwerde an den Verfassungsgerichtshof oder einer Revision an den Verwaltungsgerichtshof bezüglich des Finanzstrafverfahrens oder der mit diesem im Zusammenhang stehenden Abgaben- oder Monopolverfahren bis zur deren Erledigung;
d) die Probezeit nach § 203 Abs. 1 StPO sowie die Fristen zur Zahlung eines Geldbetrages samt allfälliger Schadensgutmachung und zur Erbringung gemeinnütziger Leistungen samt allfälligem Tatfolgenausgleich (§§ 200 Abs. 2 und 3, 201 Abs. 1 und 3 StPO)

(5) Bei Finanzvergehen, für deren Verfolgung die Finanzstrafbehörde zuständig ist, erlischt die Strafbarkeit jedenfalls, wenn seit dem Beginn der Verjährungsfrist zehn Jahre und gegebenenfalls die in Abs. 4 lit. c genannte Zeit verstrichen sind. Bei Finanzvergehen nach § 49a FinStrG erlischt die Strafbarkeit jedenfalls, wenn dieser Zeitraum ab dem Ende der Anzeigefrist gemäß § 121a Abs. 4 BAO oder der Mitteilungsfrist nach § 109b Abs. 6 EStG 1988 verstrichen ist.

(6) Die Bestimmungen der Abs. 1 bis 5 gelten dem Sinne nach auch für die Nebenbeteiligten (§ 76) und für das selbständige Verfahren (§§ 148 und 243).

Verjährung der Vollstreckbarkeit

§ 32. (1) Die Vollstreckbarkeit von Strafen wegen Finanzvergehen erlischt durch Verjährung. Die Frist für die Verjährung beginnt mit der Rechtskraft der Entscheidung, in der auf die vollstreckbare Strafe erkannt worden ist. Sie beträgt fünf Jahre.

(2) Wird gegen den Bestraften in der Verjährungsfrist auf eine neue Strafe wegen eines Finanzvergehens erkannt, so tritt die Verjährung der Vollstreckbarkeit nicht ein, bevor nicht auch die Vollstreckbarkeit dieser Strafe erloschen ist.

(3) In die Verjährungsfrist werden nicht eingerechnet:
a) die Probezeit im Fall einer bedingten Nachsicht der Strafe oder im Fall einer bedingten Entlassung;
b) Zeiten, für die dem Bestraften ein Aufschub des Vollzuges einer Freiheitsstrafe, es sei denn wegen Vollzugsuntauglichkeit, oder der Zahlung einer Geldstrafe oder eines Wertersatzes gewährt worden ist;
c) Zeiten, in denen der Bestrafte auf behördliche Anordnung angehalten worden ist;
d) Zeiten, in denen sich der Bestrafte im Ausland aufgehalten hat;
e) Zeiten von der Einbringung einer Beschwerde an den Verfassungsgerichtshof oder einer Revision an den Verwaltungsgerichtshof bezüglich des Strafverfahrens bis zu deren Erledigung.

(4) Der Vollzug der Freiheitsstrafe unterbricht die Verjährung. Hört die Unterbrechung auf, ohne daß der Bestrafte endgültig entlassen wird, so beginnt die Verjährungsfrist unbeschadet der Bestimmungen des Abs. 3 von neuem zu laufen.

(5) Die Bestimmungen der Abs. 1 und 3 gelten dem Sinne nach auch für den Haftungsbeteiligten (§ 76 lit. b).

II. Hauptstück
Besonderer Teil

Abgabenhinterziehung

§ 33. (1) Der Abgabenhinterziehung macht sich schuldig, wer vorsätzlich unter Verletzung einer abgabenrechtlichen Anzeige-, Offenlegungs- oder Wahrheitspflicht eine Abgabenverkürzung bewirkt.

(2) Der Abgabenhinterziehung macht sich weiters schuldig, wer vorsätzlich
a) unter Verletzung der Verpflichtung zur Abgabe von dem § 21 des Umsatzsteuergesetzes 1994 entsprechenden Voranmeldungen eine Verkürzung von Umsatzsteuer (Vorauszahlungen oder Gutschriften) oder
b) unter Verletzung der Verpflichtung zur Führung von dem § 76 des Einkommensteuergesetzes 1988 sowie dazu ergangener Verordnungen entsprechenden Lohnkonten eine Verkürzung von Lohnsteuer, Dienstgeberbeiträgen zum Ausgleichsfonds für Familienbeihilfen oder Zuschlägen zum Dienstgeberbeitrag

bewirkt und dies nicht nur für möglich, sondern für gewiß hält.

(3) Eine Abgabenverkürzung nach Abs. 1 oder 2 ist bewirkt,
a) mit Bekanntgabe des Bescheides oder Erkenntnisses, mit dem bescheidmäßig festzusetzende Abgaben zu niedrig festgesetzt wurden oder diese infolge Unkenntnis der Abgabenbehörde von der Entstehung des Abgabenanspruches mit dem Ablauf der gesetzlichen Erklärungsfrist (Anmeldefrist, Anzeigefrist) nicht festgesetzt werden konnten,

(BGBl I 2018/62)

b) wenn Abgaben, die selbst zu berechnen sind, ganz oder teilweise nicht entrichtet (abgeführt) wurden,
c) mit Bekanntgabe des Bescheides oder Erkenntnisses, mit dem Abgabengutschriften, die bescheidmäßig festzusetzen sind, zu Unrecht oder zu hoch festgesetzt wurden,

(BGBl I 2018/62)

d) wenn Abgabengutschriften, die nicht bescheidmäßig festzusetzen sind, zu Unrecht oder zu hoch geltend gemacht wurden,
e) wenn eine Abgabe zu Unrecht erstattet oder vergütet oder eine außergewöhnliche Belastung zu Unrecht abgegolten wurde, oder
f) wenn auf einen Abgabenanspruch zu Unrecht ganz oder teilweise verzichtet oder eine Abgabenschuldigkeit zu Unrecht ganz oder teilweise nachgesehen wurde.

(4) Der Abgabenhinterziehung macht sich ferner schuldig, wer vorsätzlich eine Abgabenverkürzung dadurch bewirkt, daß er Sachen, für die eine Abgabenbegünstigung gewährt wurde, zu einem anderen als jenem Zweck verwendet, der für die Abgabenbegünstigung zur Bedingung gemacht war, und es unterläßt, dies der Abgabenbehörde vor der anderweitigen Verwendung anzuzeigen.

(5) Die Abgabenhinterziehung wird mit einer Geldstrafe bis zum Zweifachen des für den Strafrahmen maßgeblichen Verkürzungsbetrages (der ungerechtfertigten Abgabengutschrift) geahndet. Dieser umfasst nur jene Abgabenbeträge (ungerechtfertigte Gutschriften), deren Verkürzung im Zusammenhang mit den Unrichtigkeiten bewirkt wurde, auf die sich der Vorsatz des Täters bezieht. Neben der Geldstrafe ist nach Maßgabe des § 15 auf Freiheitsstrafe bis zu vier Jahren zu erkennen.

(BGBl I 2019/62)

(6) Betrifft die Abgabenhinterziehung eine Verbrauchsteuer, so ist auf Verfall nach Maßgabe des § 17 zu erkennen. Der Verfall umfaßt auch die Rohstoffe, Hilfsstoffe, Halbfabrikate, Geräte und Vorrichtungen.

Grob fahrlässige Abgabenverkürzung

§ 34. (1) Der grob fahrlässigen Abgabenverkürzung macht sich schuldig, wer die im § 33 Abs. 1 bezeichnete Tat grob fahrlässig begeht; § 33 Abs. 3 gilt entsprechend.

(2) Der grob fahrlässigen Abgabenverkürzung macht sich auch schuldig, wer die im § 33 Abs. 4 bezeichnete Tat grob fahrlässig begeht.

(3) Die grob fahrlässige Abgabenverkürzung wird mit einer Geldstrafe bis zum Einfachen des maßgeblichen Verkürzungsbetrages (der ungerechtfertigten Abgabengutschrift) geahndet. § 33 Abs. 5 zweiter Satz ist sinngemäß anzuwenden.

(BGBl I 2015/118)

Schmuggel und Hinterziehung von Eingangs- oder Ausgangsabgaben

§ 35. (1) Des Schmuggels macht sich schuldig, wer
a) eingangsabgabepflichtige Waren vorsätzlich vorschriftswidrig in das Zollgebiet der Union verbringt oder der zollamtlichen Überwachung entzieht oder
b) ausgangsabgabepflichtige Waren vorsätzlich vorschriftswidrig aus dem Zollgebiet der Union verbringt.

(BGBl I 2015/163)

(2) Der Hinterziehung von Eingangs- oder Ausgangsabgaben macht sich schuldig, wer, ohne den Tatbestand des Abs. 1 zu erfüllen, vorsätzlich unter Verletzung einer zollrechtlichen Anzeige-, Offenlegungs- oder Wahrheitspflicht eine Verkürzung von Eingangs- oder Ausgangsabgaben bewirkt. Die Abgabenverkürzung ist bewirkt, wenn eine entstandene Eingangs- oder Ausgangsabgabenschuld bei ihrer Entstehung nicht oder zu niedrig festgesetzt wird und in den Fällen des § 33 Abs. 3 lit. b bis f.

(3) Der Hinterziehung von Eingangs- oder Ausgangsabgaben macht sich ferner schuldig, wer vorsätzlich eine Verkürzung einer solchen Abgabe

dadurch bewirkt, daß er eingangs- oder ausgangsabgabepflichtige Waren vorschriftswidrig im Zollgebiet der Union befördert, veredelt, lagert, vorübergehend verwahrt, verwendet oder verwertet, und es unterläßt, dies dem Zollamt vorher anzuzeigen.

(BGBl I 2015/163)

(4) Der Schmuggel wird mit einer Geldstrafe bis zum Zweifachen des auf die Waren entfallenden Abgabenbetrages, die Hinterziehung von Eingangs- oder Ausgangsabgaben mit einer Geldstrafe bis zum Zweifachen des Verkürzungsbetrages geahndet. Der Geldstrafe ist an Stelle des Regelzollsatzes der Präferenzzollsatz zugrunde zu legen, wenn der Beschuldigte nachweist, daß die Voraussetzungen für dessen Inanspruchnahme gegeben waren. Neben der Geldstrafe ist nach Maßgabe des § 15 auf Freiheitsstrafe bis zu zwei Jahren, übersteigt der strafbestimmende Wertbetrag 100 000 Euro, auf Freiheitsstrafe bis zu vier Jahren zu erkennen. Auf Verfall ist nach Maßgabe des § 17 zu erkennen.

(BGBl I 2019/62)

(5) Umsatz- und Verbrauchsteuern sind mit jenen Beträgen dem strafbestimmenden Wertbetrag zugrunde zu legen, die bei Entstehung der Steuerschuld im Inland anzusetzen wären, es sei denn, der Beschuldigte weist deren Höhe durch einen rechtskräftigen Bescheid des zur Abgabenerhebung zuständigen anderen Mitgliedstaates der Europäischen Union nach.

Verzollungsumgehung; grob fahrlässige Verkürzung von Eingangs- oder Ausgangsabgaben

§ 36. (1) Der Verzollungsumgehung macht sich schuldig, wer die in § 35 Abs. 1 bezeichnete Tat grob fahrlässig begeht.

(BGBl I 2015/118)

(2) Der grob fahrlässigen Verkürzung von Eingangs- oder Ausgangsabgaben macht sich schuldig, wer die im § 35 Abs. 2 und 3 bezeichneten Taten grob fahrlässig begeht.

(BGBl I 2015/118)

(3) Die Verzollungsumgehung wird mit einer Geldstrafe bis zum Einfachen des auf die Ware entfallenden Abgabenbetrages, die grob fahrlässige Verkürzung von Eingangs- oder Ausgangsabgaben mit einer Geldstrafe bis zum Einfachen des Verkürzungsbetrages geahndet. § 35 Abs. 4 zweiter Satz und § 35 Abs. 5 sind anzuwenden.

(BGBl I 2015/118)

Abgabenhehlerei

§ 37. (1) Der Abgabenhehlerei macht sich schuldig, wer vorsätzlich

a) eine Sache oder Erzeugnisse aus einer Sache, hinsichtlich welcher ein Schmuggel, eine Verzollungsumgehung, eine Verkürzung von Verbrauchsteuern oder von Eingangs- oder Ausgangsabgaben begangen wurde, kauft, zum Pfand nimmt oder sonst an sich bringt, verheimlicht oder verhandelt;

b) den Täter eines in lit. a bezeichneten Finanzvergehens nach der Tat dabei unterstützt, um eine Sache oder Erzeugnisse aus einer Sache, hinsichtlich welcher das Finanzvergehen begangen wurde, zu verheimlichen oder zu verhandeln.

(2) Die Abgabenhehlerei wird mit einer Geldstrafe bis zum Zweifachen des Verkürzungsbetrages an Verbrauchsteuern oder an Eingangs- oder Ausgangsabgaben geahndet, die auf die verhehlten Sachen oder die Sachen, die in den verhehlten Erzeugnissen enthalten sind, entfallen. Neben der Geldstrafe ist nach Maßgabe des § 15 auf Freiheitsstrafe bis zu zwei Jahren, übersteigt der strafbestimmende Wertbetrag 100 000 Euro, auf Freiheitsstrafe bis zu vier Jahren zu erkennen. Auf Verfall ist nach Maßgabe des § 17 zu erkennen.

(BGBl I 2019/62)

(3) Wer eine der im Abs. 1 bezeichneten Taten grob fahrlässig begeht, ist nur mit Geldstrafe bis zum Einfachen des Verkürzungsbetrages (Abs. 2) zu bestrafen.

(BGBl I 2019/62)

(4) § 35 Abs. 4 zweiter Satz und § 35 Abs. 5 sind anzuwenden.

(5) Die Abgabenhehlerei ist auch dann strafbar, wenn die Person, die den Schmuggel, die Verzollungsumgehung oder die Verkürzung von Verbrauchsteuern oder von Eingangs- oder Ausgangsabgaben begangen hat, nicht bestraft werden kann.

§ 38. (aufgehoben)

(BGBl I 2019/62)

Strafe bei Begehung als Mitglied einer Bande oder unter Gewaltanwendung

§ 38a. (1) Wer, ohne den Tatbestand des § 39 zu erfüllen,

a) die Abgabenhinterziehung, den Schmuggel, die Hinterziehung von Eingangs- oder Ausgangsabgaben oder die Abgabenhehlerei nach § 37 Abs. 1 als Mitglied einer Bande von mindestens drei Personen, die sich zur Tatbegehung verbunden haben, unter Mitwirkung (§ 11) eines anderen Bandenmitglieds begeht;

b) einen Schmuggel begeht, bei dem er oder mit seinem Wissen ein anderer an der Tat Beteiligter eine Waffe oder ein anderes Mittel bei sich führt, wobei es ihm darauf ankommt, damit den Widerstand einer Person zu überwinden oder zu verhindern,

ist nach Abs. 2 zu bestrafen.

(2) Ist die Ahndung der in Abs. 1 genannten Finanzvergehen

a) ausschließlich dem Gericht vorbehalten, ist auf Freiheitsstrafe bis zu fünf Jahren zu erkennen. Neben einer Freiheitsstrafe von bis zu vier Jahren kann eine Geldstrafe bis zu 1,5 Millionen Euro verhängt werden. Verbände sind mit einer Verbandsgeldbuße bis zum Dreifachen des strafbestimmenden Wertbetrages zu bestrafen;

b) nicht dem Gericht vorbehalten, ist auf Geldstrafe bis zum Dreifachen des Betrages, nach dem sich sonst die Strafdrohung richtet, zu erkennen. Daneben ist nach Maßgabe des § 15 auf Freiheitsstrafe bis zu drei Monaten zu erkennen.

Außerdem sind die Bestimmungen der §§ 33, 35 und 37 über den Verfall anzuwenden; der Verfall umfasst auch die Beförderungsmittel im Sinne des § 17 Abs. 2 lit. c Z 3.

(3) Die Strafdrohung gilt nur für diejenigen Beteiligten, deren Vorsatz die im Abs. 1 bezeichneten erschwerenden Umstände umfasst.

Abgabenbetrug

§ 39. (1) Des Abgabenbetruges macht sich schuldig, wer ausschließlich durch das Gericht zu ahndende Finanzvergehen der Abgabenhinterziehung, des Schmuggels, der Hinterziehung von Eingangs- oder Ausgangsabgaben oder der Abgabenhehlerei nach § 37 Abs. 1

a) unter Verwendung falscher oder verfälschter Urkunden, falscher oder verfälschter Daten oder anderer solcher Beweismittel mit Ausnahme unrichtiger nach abgaben-, monopol- oder zollrechtlichen Vorschriften zu erstellenden Abgabenerklärungen, Anmeldungen, Anzeigen, Aufzeichnungen und Gewinnermittlungen oder

b) unter Verwendung von Scheingeschäften oder anderen Scheinhandlungen (§ 23 BAO) oder

(BGBl I 2015/118)

c) unter Verwendung automatisationsunterstützt erstellter, aufgrund abgaben- oder monopolrechtlicher Vorschriften zu führender Bücher oder Aufzeichnungen, welche durch Gestaltung oder Einsatz eines Programms, mit dessen Hilfe Daten verändert, gelöscht oder unterdrückt werden können, beeinflusst wurden

(BGBl I 2015/118)

begeht.

(2) Eines Abgabenbetruges macht sich auch schuldig, wer ohne den Tatbestand des Abs. 1 zu erfüllen, durch das Gericht zu ahndende Finanzvergehen der Abgabenhinterziehung dadurch begeht, dass er Vorsteuerbeträge geltend macht, denen keine Lieferungen oder sonstigen Leistungen zugrunde liegen, um dadurch eine Abgabenverkürzung zu bewirken.

(3)

a) Wer einen Abgabenbetrug begeht, ist mit Freiheitsstrafe bis zu fünf Jahren zu bestrafen. Neben einer vier Jahre nicht übersteigenden Freiheitsstrafe kann eine Geldstrafe bis zu 1,5 Millionen Euro verhängt werden. Verbände sind mit einer Verbandsgeldbuße bis zu fünf Millionen Euro zu bestrafen.

b) Wer einen Abgabenbetrug mit einem 500 000 Euro übersteigenden strafbestimmenden Wertbetrag begeht, ist mit Freiheitsstrafe von einem bis zu zehn Jahren zu bestrafen. Neben einer acht Jahre nicht übersteigenden Freiheitsstrafe kann eine Geldstrafe bis zu 2,5 Millionen Euro verhängt werden. Verbände sind mit einer Verbandsgeldbuße bis zu acht Millionen Euro zu bestrafen.

Außerdem sind die Bestimmungen der §§ 33, 35 und 37 über den Verfall anzuwenden; der Verfall umfasst auch die Beförderungsmittel im Sinne des § 17 Abs. 2 lit. c Z 3.

(BGBl I 2019/62)

Grenzüberschreitender Umsatzsteuerbetrug

§ 40. (1) Eines grenzüberschreitenden Umsatzsteuerbetrugs macht sich schuldig, wer vorsätzlich ein grenzüberschreitendes Betrugssystem, in welchem Lieferungen oder sonstige Leistungen ganz oder zum Teil ausgeführt oder vorgetäuscht werden, schafft oder sich daran beteiligt, indem er

a) falsche, unrichtige oder unvollständige Umsatzsteuererklärungen oder Unterlagen verwendet oder vorlegt, oder

b) umsatzsteuerrelevante Informationen unter Verletzung einer gesetzlichen Verpflichtung verschweigt, oder

c) unter Einreichung von richtigen Umsatzsteuererklärungen betrügerisch einen Einnahmenausfall an Umsatzsteuer herbeiführt, wobei geschuldete Umsatzsteuer nicht spätestens am Fälligkeitstag entrichtet wird oder unrechtmäßig Umsatzsteuergutschriften geltend gemacht werden,

und der Einnahmenausfall an Umsatzsteuer im Gemeinschaftsgebiet (§ 1 Abs. 3 Umsatzsteuergesetz 1994) insgesamt mindestens zehn Millionen Euro beträgt.

(2) Der grenzüberschreitende Umsatzsteuerbetrug ist mit Freiheitsstrafe von einem bis zu zehn Jahren zu ahnden. Neben einer acht Jahre nicht übersteigenden Freiheitsstrafe kann eine Geldstrafe bis zu 2,5 Millionen Euro verhängt werden. Verbände sind mit einer Verbandsgeldbuße bis zu acht Millionen Euro zu bestrafen.

(3) Umsatzsteuern sind der Berechnung des Einnahmenausfalls mit jenen Beträgen zugrunde zu legen, die bei Entstehung der Steuerschuld im Inland anzusetzen wären, es sei denn, der Beschuldigte weist deren Höhe durch einen rechtskräftigen Bescheid des zur Abgabenerhebung zuständigen anderen Mitgliedstaates der Europäischen Union nach.

(BGBl I 2019/62)

Strafschärfung bei Rückfall

§ 41. (1) Ist der Täter schon zweimal wegen eines der in den §§ 33, 35 oder 37 Abs. 1 bezeichneten Finanzvergehen bestraft worden und wurden die Strafen wenigstens zum Teil, wenn auch nur durch Anrechnung einer Vorhaft, vollzogen, so kann, wenn er nach Vollendung des neunzehnten Lebensjahres neuerlich ein solches Finanzvergehen begeht, das Höchstmaß der angedrohten Freiheitsstrafe bei Finanzvergehen, für deren Verfolgung die Finanzstrafbehörde zuständig ist, das der angedrohten Geldstrafe um die Hälfte überschritten werden.

(2) Eine frühere Strafe bleibt außer Betracht, wenn seit ihrem Vollzug bis zur folgenden Tat mehr als fünf Jahre vergangen sind. In diese Frist werden Zeiten, in denen der Bestrafte auf behördliche Anordnung angehalten worden ist, nicht eingerechnet. Ist die Strafe nur durch Anrechnung einer Vorhaft vollzogen worden, so beginnt die Frist erst mit Rechtskraft der Entscheidung.

(3) Die Strafschärfung gilt nur für diejenigen Beteiligten, bei denen die Voraussetzungen des Abs. 1 vorliegen.

§ 42. (aufgehoben)

Verbotene Herstellung von Tabakwaren

§ 43. (1) Der verbotenen Herstellung von Tabakwaren (§§ 2 f. Tabaksteuergesetz 1995) macht sich schuldig, wer vorsätzlich ohne die nach dem Tabaksteuergesetz 1995 erforderliche Bewilligung gewerblich im Steuergebiet Tabakwaren herstellt.

(2) Der verbotenen Herstellung von Tabakwaren macht sich auch schuldig, wer mit dem Vorsatz, sich oder einem anderen die Begehung der in Abs. 1 mit Strafe bedrohten Handlung zu ermöglichen, Räumlichkeiten, Anlagen, Geräte und Vorrichtungen, Rohstoffe, Hilfsstoffe, Halbfabrikate oder Verpackungen, die nach ihrer besonderen Beschaffenheit dazu bestimmt sind, Tabakwaren zu erzeugen, zu bearbeiten oder zu verarbeiten, errichtet, anfertigt, von einem anderen übernimmt, sich oder einem anderen verschafft, einem anderen überlässt oder sonst besitzt.

(3) Die verbotene Herstellung von Tabakwaren wird mit einer Geldstrafe bis zu 100 000 Euro geahndet. Auf Verfall ist nach Maßgabe des § 17 zu erkennen; er umfasst auch die Geräte, Vorrichtungen, Rohstoffe, Hilfsstoffe, Halbfabrikate und Verpackungen.

(4) Wer die im Abs. 1 bezeichnete Tat fahrlässig begeht, ist mit Geldstrafe bis zu 50 000 Euro zu bestrafen.

Vorsätzliche Eingriffe in Monopolrechte

§ 44. (1) Des vorsätzlichen Eingriffes in Monopolrechte macht sich schuldig, wer zu seinem oder eines anderen Vorteil vorsätzlich die in den Vorschriften über das Tabakmonopol enthaltenen Gebote oder Verbote hinsichtlich des Handels mit Monopolgegenständen verletzt; hievon ausgenommen ist der Handel mit Tabakerzeugnissen, für die Tabaksteuer entrichtet wurde oder die von der Tabaksteuer befreit sind.

(2) Der vorsätzliche Eingriff in Monopolrechte wird mit einer Geldstrafe bis zum Einfachen der Bemessungsgrundlage geahndet. Die Bemessungsgrundlage ist für Monopolgegenstände, für die ein Kleinverkaufspreis festgesetzt ist, nach diesem, für andere Monopolgegenstände nach dem Kleinverkaufspreis der nach Beschaffenheit und Qualität am nächsten kommenden Monopolgegenstände und, wenn ein solcher Vergleich nicht möglich ist, nach dem gemeinen Wert zu berechnen.

(3) Auf Verfall ist nach Maßgabe des § 17 zu erkennen; er umfasst auch die Rohstoffe, Hilfsstoffe, Halbfabrikate, Geräte und Vorrichtungen.

Grob fahrlässige Eingriffe in Monopolrechte
(BGBl I 2019/62)

§ 45. (1) Des grob fahrlässigen Eingriffes in Monopolrechte macht sich schuldig, wer die im § 44 bezeichneten Handlungen und Unterlassungen grob fahrlässig begeht.
(BGBl I 2019/62)

(2) Der grob fahrlässige Eingriff in Monopolrechte wird mit einer Geldstrafe bis zur Hälfte der Bemessungsgrundlage nach § 44 Abs. 2 geahndet.
(BGBl I 2019/62)

Monopolhehlerei

§ 46. (1) Der Monopolhehlerei macht sich schuldig, wer vorsätzlich

a) Monopolgegenstände oder Erzeugnisse aus Monopolgegenständen, hinsichtlich welcher in Monopolrechte eingegriffen wurde, kauft, zum Pfand nimmt oder sonst an sich bringt, verheimlicht oder verhandelt,

b) den Täter eines in lit. a bezeichneten Finanzvergehens nach der Tat dabei unterstützt, eine Sache oder Erzeugnisse aus einer Sache, hinsichtlich welcher das Finanzvergehen begangen wurde, zu verheimlichen oder zu verhandeln.

(2) Die Monopolhehlerei wird mit einer Geldstrafe bis zum Einfachen der Bemessungsgrundlage (§ 44 Abs. 2) geahndet. Auf Verfall ist nach Maßgabe des § 17 zu erkennen.

(3) Wer eine der im Abs. 1 bezeichneten Taten grob fahrlässig begeht, ist mit einer Geldstrafe bis zur Hälfte der Bemessungsgrundlage (§ 44 Abs. 2) zu bestrafen.
(BGBl I 2019/62)

(4) Die Monopolhehlerei ist ohne Rücksicht darauf strafbar, ob der Eingriff in Monopolrechte geahndet werden kann.

Strafschärfung bei Rückfall

§ 47. (1) Ist der Täter schon zweimal wegen eines der in den §§ 44 oder 46 Abs. 1 bezeichneten Finanzvergehen bestraft worden und wurden die Strafen wenigstens zum Teil, wenn auch nur durch Anrechnung einer Vorhaft, vollzogen, so kann, wenn er nach Vollendung des neunzehnten Lebensjahres neuerlich ein solches Finanzvergehen begeht, das Höchstmaß der angedrohten Geldstrafe um die Hälfte überschritten werden.
(BGBl I 2015/163)

(2) Eine frühere Strafe bleibt außer Betracht, wenn seit ihrem Vollzug bis zur folgenden Tat mehr als fünf Jahre vergangen sind. In diese Frist werden Zeiten, in denen der Bestrafte auf behördliche Anordnung angehalten worden ist, nicht eingerechnet. Ist die Strafe nur durch Anrechnung einer Vorhaft

vollzogen worden, so beginnt die Frist erst mit Rechtskraft der Entscheidung.

(3) Die Strafschärfung gilt nur für diejenigen Beteiligten, bei denen die Voraussetzungen des Abs. 1 vorliegen.

Verletzung der Verschlußsicherheit

§ 48. (1) Der Verletzung der Verschlußsicherheit macht sich schuldig, wer vorsätzlich oder fahrlässig

a) Verschlußmittel oder Nämlichkeitszeichen, die in einem Abgaben- oder Monopolverfahren oder in einem verwaltungsbehördlichen Finanzstrafverfahren angelegt oder anerkannt wurden, beschädigt, ablöst oder unwirksam macht;

b) Räume, Anlagen, Umschließungen oder Vorrichtungen, die durch Verschlußmittel gesichert sind, die in einem Abgaben- oder Monopolverfahren oder in einem verwaltungsbehördlichen Finanzstrafverfahren angelegt oder anerkannt wurden, so verändert, daß die Verschlußsicherheit nicht mehr gegeben ist;

c) Beförderungsmittel, die nach den zollrechtlichen Vorschriften zur Beförderung von Waren unter Zollverschluß zugelassen wurden, so verändert, daß die Voraussetzungen für eine solche Zulassung nicht mehr gegeben sind;

d) Beförderungsmittel, die mit geheimen oder schwer zu entdeckenden, zur Aufnahme von Waren geeigneten Räumen oder mit geheimen oder schwer zu entdeckenden Zugängen versehen sind, entgegen den zollrechtlichen Vorschriften verwendet.

(2) Die Tat wird mit einer Geldstrafe geahndet, deren Höchstmaß bei vorsätzlicher Begehung 20 000 Euro, bei fahrlässiger Begehung 5 000 Euro beträgt. Die Tat unterliegt nicht der gesonderten Verfolgung nach § 272 StGB.

Herbeiführung unrichtiger Präferenznachweise

§ 48a. (1) Der Herbeiführung unrichtiger Präferenznachweise macht sich schuldig, wer

1. in einem Verfahren zur Erteilung eines Präferenznachweises oder
2. bei Ausstellung eines Präferenznachweises oder einer Lieferantenerklärung oder
3. in einem Nachprüfungsverfahren

vorsätzlich oder fahrlässig unrichtige oder unvollständige Angaben macht oder unrichtige oder unvollständige Unterlagen vorlegt.

(2) Die Tat wird mit einer Geldstrafe geahndet, deren Höchstmaß bei vorsätzlicher Begehung 40 000 Euro, bei fahrlässiger Begehung 4 000 Euro beträgt. Die Tat unterliegt nicht der gesonderten Verfolgung nach § 228 StGB.

Verletzung von Verpflichtungen im Barmittelverkehr

(BGBl I 2021/227)

§ 48b. (1) Der Verletzung von Verpflichtungen im Barmittelverkehr macht sich schuldig, wer vorsätzlich oder fahrlässig

1. entgegen Artikel 3 der Verordnung (EU) 2018/1672 des Europäischen Parlaments und des Rates vom 23. Oktober 2018 über die Überwachung von Barmitteln, die in die Union oder aus der Union verbracht werden, und zur Aufhebung der Verordnung (EG) Nr. 1889/2005 (ABl. Nr. L 284 vom 12.11.2018 S 6-21) Barmittel nicht, nicht richtig oder nicht vollständig anmeldet oder nicht für eine Kontrolle zur Verfügung stellt oder
2. entgegen Artikel 4 der Verordnung (EU) 2018/1672 eine Offenlegungserklärung nicht, nicht richtig, nicht vollständig oder nicht rechtzeitig abgibt oder
3. den Pflichten nach § 17b Abs. 1 oder Abs. 2 Zollrechts-Durchführungsgesetz (ZollR-DG), BGBl. Nr. 659/1994, nicht, nicht richtig, nicht vollständig oder nicht fristgerecht nachkommt.

(BGBl I 2021/227)

(2) Die Tat wird mit Geldstrafe geahndet, deren Höchstmaß bei vorsätzlicher Begehung 100 000 Euro, bei fahrlässiger Begehung 10 000 Euro beträgt.

Finanzordnungswidrigkeiten

§ 49. (1) Einer Finanzordnungswidrigkeit macht sich schuldig, wer vorsätzlich

a) Abgaben, die selbst zu berechnen sind, insbesondere Vorauszahlungen an Umsatzsteuer, nicht spätestens am fünften Tag nach Fälligkeit entrichtet oder abführt, es sei denn, daß der zuständigen Abgabenbehörde bis zu diesem Zeitpunkt die Höhe des geschuldeten Betrages bekanntgegeben wird; im übrigen ist die Versäumung eines Zahlungstermines für sich allein nicht strafbar;

b) durch Abgabe unrichtiger Voranmeldungen (§ 21 des Umsatzsteuergesetzes 1994) ungerechtfertigte Abgabengutschriften geltend macht.

(2) Die Finanzordnungswidrigkeit wird mit einer Geldstrafe geahndet, deren Höchstmaß die Hälfte des nicht oder verspätet entrichteten oder abgeführten Abgabenbetrages oder der geltend gemachten Abgabengutschrift beträgt.

§ 49a. (1) Einer Finanzordnungswidrigkeit macht sich schuldig, wer es vorsätzlich unterlässt, die gemäß § 121a BAO anzeigepflichtigen Vorgänge anzuzeigen. Die Finanzordnungswidrigkeit wird mit einer Geldstrafe bis zu 10% des gemeinen Wertes des durch die nicht angezeigten Vorgänge übertragenen Vermögens geahndet.

(2) Straffreiheit einer Selbstanzeige tritt unbeschadet der in § 29 Abs. 3 genannten Gründe auch dann nicht mehr ein, wenn eine solche erst mehr als

ein Jahr ab dem Ende der Anzeigefrist des § 121a Abs. 4 BAO erstattet wird.

(3) Ebenso macht sich einer Finanzordnungswidrigkeit schuldig, wer, ohne hiedurch den Tatbestand eines mit strengerer Strafe bedrohten Finanzvergehens zu erfüllen, es vorsätzlich unterlässt, eine dem § 109b EStG 1988 entsprechende Mitteilung zu erstatten. Die Finanzordnungswidrigkeit wird mit einer Geldstrafe bis zu 10 % des mitzuteilenden Betrages, höchstens jedoch bis zu 20 000 Euro, geahndet.

§ 49b. (1) Einer Finanzordnungswidrigkeit macht sich schuldig, wer vorsätzlich die Verpflichtung zur Übermittlung des länderbezogenen Berichts gemäß § 8 Abs. 1 des Bundesgesetzes über die standardisierte Verrechnungspreisdokumentation (VPDG), BGBl. I Nr. 77/2016, dadurch verletzt, dass
1. die Übermittlung nicht fristgerecht erfolgt oder
2. meldepflichtige Punkte der **Anlage 1**, **Anlage 2** oder **Anlage 3** zum VPDG nicht oder unrichtig übermittelt werden,

und ist mit Geldstrafe bis zu 50 000 Euro zu bestrafen.

(2) Wer die Tat nach Abs. 1 grob fahrlässig begeht, ist mit Geldstrafe bis zu 25 000 Euro zu bestrafen. Die fahrlässige Übermittlung unrichtiger Daten ist nach dieser Bestimmung nicht strafbar.

(3) § 29 ist nicht anzuwenden.

(BGBl I 2016/77)

§ 49c. (1) Einer Finanzordnungswidrigkeit macht sich schuldig, wer vorsätzlich eine Pflicht nach den Bestimmungen des 2. Teils des EU-Meldepflichtgesetzes (EU-MPfG), BGBl. Nr. 91/2019, dadurch verletzt, dass
1. eine Meldung nicht oder nicht vollständig erstattet wird, oder
2. die Meldepflicht nicht fristgerecht erfüllt wird, oder
3. unrichtige Informationen (§§ 16 und 17 EU-MPfG) gemeldet werden, oder
4. den Pflichten nach § 11 EU-MPfG nicht oder nicht vollständig nachgekommen wird.

(2) Die Finanzordnungswidrigkeit wird mit einer Geldstrafe bis zu 50 000 Euro geahndet.

(3) Wer die Tat nach Abs. 1 grob fahrlässig begeht, ist mit Geldstrafe bis zu 25 000 Euro zu bestrafen.

(4) § 29 ist nicht anzuwenden.

(BGBl I 2019/91)

§ 49d. (1) Einer Finanzordnungswidrigkeit macht sich schuldig, wer vorsätzlich die Pflicht zur Führung, Aufbewahrung oder Übermittlung von Aufzeichnungen nach § 18 Abs. 11 oder 12 Umsatzsteuergesetz 1994 verletzt. Die Finanzordnungswidrigkeit wird mit einer Geldstrafe bis zu 50 000 Euro geahndet.

(2) Wer die Tat nach Abs. 1 grob fahrlässig begeht, ist mit Geldstrafe bis zu 25 000 Euro zu bestrafen.

(BGBl I 2019/91)

§ 49e. (1) Einer Finanzordnungswidrigkeit macht sich schuldig, wer vorsätzlich
1. die Pflicht zur Führung von Aufzeichnungen nach § 18a Abs. 1 des Umsatzsteuergesetzes 1994 verletzt, oder
2. entgegen § 18a Abs. 8 Z 2 des Umsatzsteuergesetzes 1994 Informationen nicht, nicht richtig, nicht vollständig oder nicht rechtzeitig übermittelt, oder
3. entgegen § 18a Abs. 8 Z 3 des Umsatzsteuergesetzes 1994 übermittelte Informationen nicht oder nicht rechtzeitig berichtigt beziehungsweise vervollständigt, oder
4. entgegen § 18a Abs. 8 Z 4 des Umsatzsteuergesetzes 1994 der Aufbewahrungspflicht nicht entsprechend nachkommt.

(2) Die Finanzordnungswidrigkeit wird mit einer Geldstrafe bis zu 50 000 Euro geahndet.

(3) Wer die Tat nach Abs. 1 grob fahrlässig begeht, ist mit Geldstrafe bis zu 25 000 Euro zu bestrafen.

(4) Hinsichtlich der Finanzordnungswidrigkeiten nach Abs. 1 Z 2 und 3 tritt Straffreiheit einer Selbstanzeige unbeschadet der in § 29 Abs. 3 genannten Gründe auch dann nicht mehr ein, wenn eine solche erst mehr als ein Jahr ab dem Ende der Frist in § 18a Abs. 8 Z 2 oder 3 des Umsatzsteuergesetzes 1994 erstattet wird.

(CESOP-UG 2023, BGBl I 2023/106)

§ 50. (1) Einer Finanzordnungswidrigkeit macht sich schuldig, wer vorsätzlich unter Verletzung der abgabenrechtlichen Offenlegungs- oder Wahrheitspflicht für die Entrichtung von Abgabenschuldigkeiten ungerechtfertigt Zahlungserleichterungen erwirkt.

(2) Die Finanzordnungswidrigkeit wird mit einer Geldstrafe bis zu 5 000 Euro geahndet.

§ 51. (1) Einer Finanzordnungswidrigkeit macht sich schuldig, wer, ohne hiedurch den Tatbestand eines anderen Finanzvergehens zu erfüllen, vorsätzlich
a) eine abgaben- oder monopolrechtliche Anzeige-, Offenlegungs- oder Wahrheitspflicht verletzt,
b) eine abgaben- oder monopolrechtliche Verwendungspflicht verletzt,
c) eine abgaben- oder monopolrechtliche Pflicht zur Führung oder Aufbewahrung von Büchern oder sonstigen Aufzeichnungen oder zur Einrichtung technischer Sicherheitsvorkehrungen verletzt,

(BGBl I 2015/118)

d) eine abgaben- oder monopolrechtliche Pflicht zur Ausstellung oder Aufbewahrung von Belegen verletzt,

e) Maßnahmen der in den Abgaben- oder Monopolvorschriften vorgesehenen Zollaufsicht oder sonstigen amtlichen oder abgabenbehördlichen Aufsicht und Kontrolle erschwert oder verhindert oder die Pflicht, an solchen Maßnahmen mitzuwirken, verletzt,
f) eine zollrechtliche Gestellungspflicht verletzt oder
(BGBl I 2015/118)
g) wer ein abgabenrechtliches Verbot zur Leistung oder Entgegennahme von Barzahlungen verletzt.
(BGBl I 2015/118)

(2) Die Finanzordnungswidrigkeit wird mit einer Geldstrafe bis zu 5 000 Euro geahndet.

§ 51a. (1) Einer Finanzordnungswidrigkeit macht sich schuldig, wer, ohne hiedurch den Tatbestand eines anderen Finanzvergehens zu erfüllen, vorsätzlich abgaben- oder monopolrechtlich zu führende Bücher, Aufzeichnungen oder Aufzeichnungssysteme, die automatisationsunterstützt geführt werden, durch Gestaltung oder Einsatz eines Programms, mit dessen Hilfe Daten verändert, gelöscht oder unterdrückt werden können, verfälscht.

(2) Die Finanzordnungswidrigkeit wird mit einer Geldstrafe bis zu 25 000 Euro geahndet.

(BGBl I 2015/118)

Selbstverschuldete Berauschung

§ 52. (1) Der selbstverschuldeten Berauschung macht sich schuldig, wer sich vorsätzlich oder fahrlässig durch den Genuß von Alkohol oder den Gebrauch eines anderen berauschenden Mittels in einen die Zurechnungsfähigkeit ausschließenden Rausch versetzt und im Rausch eine Handlung begeht, die ihm außer diesem Zustand als Finanzvergehen zugerechnet würde.

(2) Die selbstverschuldete Berauschung wird mit einer Geldstrafe bis zu 2 000 Euro geahndet; die Geldstrafe darf jedoch nicht höher bemessen werden, als sie das Gesetz für das im Rausch begangene Finanzvergehen androht. Daneben ist nach Maßgabe des § 17 auf Verfall zu erkennen; der Umfang des Verfalls richtet sich nach den Strafbestimmungen des Finanzvergehens, das dem Berauschten nicht zugerechnet werden kann.

Zweiter Abschnitt
Finanzstrafverfahren

Erster Unterabschnitt
Gemeinsame Bestimmungen

Abgrenzung der gerichtlichen von der finanzstrafbehördlichen Zuständigkeit

§ 53. (1) Das Gericht ist zur Ahndung von Finanzvergehen zuständig, wenn das Finanzvergehen vorsätzlich begangen wurde und der maßgebliche Wertbetrag, nach dem sich die Strafdrohung richtet (strafbestimmender Wertbetrag) 150 000 Euro übersteigt oder wenn die Summe der maßgeblichen strafbestimmenden Wertbeträge aus mehreren zusammentreffenden vorsätzlich begangenen Finanzvergehen 150 000 Euro übersteigt und alle diese Vergehen in die sachliche Zuständigkeit derselben Finanzstrafbehörde fielen. Zusammentreffen können nur Finanzvergehen, über die noch nicht rechtskräftig entschieden wurde.
(BGBl I 2019/104; AbgÄG 2023, BGBl I 2023/110)

(1a) Zur Ahndung des grenzüberschreitenden Umsatzsteuerbetrugs (§ 40) ist stets das Gericht zuständig.
(BGBl I 2019/62)

(2) Im Abs. 1 tritt an die Stelle des Wertbetrages von 150 000 Euro der Wertbetrag von 75 000 Euro in den Fällen
a) des Schmuggels und der Hinterziehung von Eingangs- oder Ausgangsabgaben (§ 35),
b) der Abgabenhehlerei nach § 37 Abs. 1 mit Sachen oder mit Erzeugnissen aus Sachen, hinsichtlich derer ein Schmuggel, eine Verzollungsumgehung oder eine Verkürzung von Eingangs- oder Ausgangsabgaben begangen wurde.
(AbgÄG 2023, BGBl I 2023/110)

(3) Ist das Gericht nach den Abs. 1, 1a oder 2 zur Ahndung von Finanzvergehen zuständig, so ist es auch zur Ahndung von mit diesen zusammentreffenden anderen Finanzvergehen zuständig, wenn alle diese Vergehen in die sachliche Zuständigkeit derselben Finanzstrafbehörde fielen.
(BGBl I 2019/104, BGBl I 2020/99)

(4) Die Zuständigkeit des Gerichts zur Ahndung von Finanzvergehen des Täters begründet auch dessen Zuständigkeit zur Ahndung von Finanzvergehen der anderen vorsätzlich an der Tat Beteiligten. Wird jemand nach dieser Bestimmung ausschließlich wegen eines sonst in die Zuständigkeit der Finanzstrafbehörde fallenden Finanzvergehens rechtskräftig verurteilt, so sind mit dieser Verurteilung nicht die Folgen einer gerichtlichen Verurteilung, sondern nur die einer Ahndung durch die Finanzstrafbehörde verbunden; dies ist im Urteil festzustellen.

(5) Finanzordnungswidrigkeiten und die selbstverschuldete Berauschung (§ 52) hat das Gericht niemals zu ahnden.

(6) Finanzvergehen, deren Ahndung nicht dem Gericht zukommt, sind von den Finanzstrafbehörden zu ahnden.

(7) Hat sich jemand durch dieselbe Tat einer strafbaren Handlung schuldig gemacht, die dem Gericht, und eines Finanzvergehens, das der Finanzstrafbehörde zufällt, so hat das Gericht die gerichtlich strafbare Handlung, die Finanzstrafbehörde das Finanzvergehen gesondert zu ahnden; die Bestimmungen des Abs. 3 und des § 22 Abs. 2 und 3 werden hievon nicht berührt. Die vorangegangene rechtskräftige Bestrafung ist bei der Bemessung der Geldstrafe und der Freiheitsstrafe angemessen zu berücksichtigen.

(8) Kann eine Prüfung, ob das Gericht nach den Abs. 1 bis 4 zur Ahndung des Finanzvergehens zuständig sei, noch nicht vorgenommen werden,

so hat die Finanzstrafbehörde alle zur Sicherung der Beweise erforderlichen Maßnahmen zu treffen. Solche Maßnahmen der Finanzstrafbehörde sind wegen Unzuständigkeit nicht anfechtbar, wenn sich später die gerichtliche Zuständigkeit herausstellt.

§ 54. (1) Findet die Finanzstrafbehörde nach Einleitung des Finanzstrafverfahrens, dass für die Ahndung des Finanzvergehens das Gericht zuständig ist, so hat sie das Strafverfahren nach den Bestimmungen des Dritten Unterabschnittes weiter zu führen und hievon den Beschuldigten und die gemäß § 122 dem Verfahren zugezogenen Nebenbeteiligten zu verständigen; Personen, die sich in vorläufiger Verwahrung oder in Untersuchungshaft der Finanzstrafbehörde befinden, sind dem Gericht zu übergeben. Zugleich ist das verwaltungsbehördliche Finanzstrafverfahren vorläufig einzustellen.

(2) Über die Beschlagnahme von Gegenständen und über Sicherstellungsmaßnahmen ist der Staatsanwaltschaft unverzüglich zu berichten (§ 100 Abs. 2 Z 2 StPO). Sie gelten als gemäß § 110 StPO sichergestellt.

(3) (aufgehoben)

(4) Wird ein Strafverfahren wegen eines Finanzvergehens ohne Berichte der Finanzstrafbehörde (§ 100 Abs. 2 StPO) sowohl bei der Staatsanwaltschaft oder bei Gericht als auch bei der Finanzstrafbehörde geführt, so hat die Finanzstrafbehörde, sobald sie davon Kenntnis erlangt, nach den Abs. 1 und 2 vorzugehen.

(BGBl I 2018/62)

(5) Wird durch die Staatsanwaltschaft das Ermittlungsverfahren gemäß § 202 Abs. 1 eingestellt oder wird das gerichtliche Verfahren rechtskräftig durch eine Entscheidung, die auf der Ablehnung der Zuständigkeit beruht (Unzuständigkeitsentscheidung), beendet, so hat die Finanzstrafbehörde das Finanzstrafverfahren fortzusetzen; einer Bestrafung darf aber kein höherer strafbestimmender Wertbetrag zugrunde gelegt werden, als er der finanzstrafbehördlichen Zuständigkeit entspricht.

(BGBl I 2018/62)

(6) Wird das gerichtliche Verfahren anders als durch Unzuständigkeitsentscheidung rechtskräftig beendet, so hat die Finanzstrafbehörde ihr Verfahren endgültig einzustellen.

(BGBl I 2018/62)

§ 55. (aufgehoben)

Zweiter Unterabschnitt
Verwaltungsbehördliches Finanzstrafverfahren

I. Hauptstück

A. Allgemeine Bestimmungen

§ 56. (1) Eine Bestrafung wegen eines Finanzvergehens, in einem im selbständigen Verfahren (§ 18), eine Inanspruchnahme aus der Haftung gemäß § 28 und eine Verhängung einer Verbandsgeldbuße gemäß § 28a dürfen nur auf Grund eines nach den folgenden Vorschriften durchgeführten Verfahrens erfolgen.

(2) Für Anbringen, Niederschriften, Aktenvermerke, Vorladungen, Erledigungen, Fristen sowie Zwangs- und Ordnungsstrafen gelten, soweit dieses Bundesgesetz nicht anderes bestimmt, die Bestimmungen des 3. Abschnittes sowie § 114 Abs. 3 der Bundesabgabenordnung sinngemäß. Eine automationsunterstützte Übermittlung von Anbringen an die Finanzstrafbehörde ist nur insoweit zulässig, als dies in einer Verordnung des Bundesministers für Finanzen unter Bestimmung der Übermittlungsmodalität ausdrücklich zugelassen wird.

(BGBl I 2015/163)

(3) Für Zustellungen gelten das Zustellgesetz, BGBl. Nr. 200/1982, und sinngemäß die Bestimmungen des 3. Abschnittes der Bundesabgabenordnung. Zustellungen in Verfahren nach den §§ 147 und 148 können auch durch öffentliche Bekanntmachung nach § 25 des Zustellgesetzes erfolgen.

(4) Zwangs- und Ordnungsstrafen fließen dem Bund zu.

(5) Für Verfahren wegen Finanzvergehen gegen Verbände gelten die Bestimmungen über das verwaltungsbehördliche Finanzstrafverfahren, soweit sie nicht ausschließlich auf natürliche Personen anwendbar sind, mit folgender Maßgabe:

1. Der Verband hat in dem gegen ihn und auch in dem gegen den beschuldigten Entscheidungsträger oder Mitarbeiter geführten Verfahren die Rechte eines Beschuldigten (belangter Verband); auch die der Tat verdächtigen Entscheidungsträger und Mitarbeiter haben in beiden Verfahren die Rechtsstellung eines Beschuldigten.

2. Soweit sich die im ersten Satz dieses Absatzes genannten Verfahrensvorschriften auf Verdächtige, Beschuldigte oder Strafen beziehen, sind darunter der belangte Verband oder die Verbandsgeldbuße zu verstehen.

3. Verfahren gegen den Beschuldigten und den belangten Verband sind in der Regel gemeinsam zu führen.

(BGBl I 2019/104)

4. Die Finanzstrafbehörde kann von der Verfolgung eines Verbandes absehen, wenn in Abwägung der Schwere der Tat, des Gewichts der Pflichtverletzung oder des Sorgfaltsverstoßes, der Folgen der Tat und der zu erwartenden Höhe der Verbandsgeldbuße eine Verfolgung und Sanktionierung verzichtbar erscheint, es sei denn, dass die Verfolgung geboten ist, um der Begehung von Taten im Rahmen der Tätigkeit anderer Verbände entgegenzuwirken oder wegen eines sonstigen besonderen öffentlichen Interesses.

Ton- und Bildaufnahme

§ 56a. (1) Eine Tonaufnahme oder eine Bild- und Tonaufnahme einer Vernehmung ist zulässig, wenn die vernommene Person ausdrücklich darüber informiert worden ist und die Vernehmung zur Gänze aufgenommen wird. Die Aufnahme ist auf einem geeigneten Medium zu speichern und zum Akt zu nehmen.

(2) Im Falle einer Aufnahme nach Abs. 1 ist eine Niederschrift zu erstellen. Dies kann auch vereinfacht in Form einer schriftlichen Zusammenfassung des Inhalts der Vernehmung erfolgen. Die Zusammenfassung hat zumindest zu enthalten:
1. die Bezeichnung der Behörde und der an der Amtshandlung beteiligten Personen,
2. Ort, Zeit und Gegenstand der Amtshandlung,
3. Zusammenfassung des Inhalts von Aussagen,
4. andere wesentliche Vorgänge während der Amtshandlung,
5. allenfalls gestellte Anträge,
6. die Unterschriften der vernommenen Personen. Wird eine Unterschrift verweigert oder unterbleibt sie aus anderen Gründen, so sind die hiefür maßgebenden Umstände zu vermerken.

Gestellte Fragen sind nur soweit aufzunehmen, als dies für das Verständnis der Antworten erforderlich ist.

(BGBl I 2022/108)

(3) Soweit dies für die Beurteilung der Sache und der Ergebnisse der Amtshandlung erforderlich ist oder eine vernommene Person es verlangt, ist ihre Aussage wörtlich wieder zu geben. Über dieses Recht ist die vernommene Person zu belehren.

Vernehmung mittels technischer Einrichtung zur Ton- und Bildübertragung

§ 56b. (1) Eine Vernehmung kann aus verfahrensökonomischen Gründen unter Verwendung einer technischen Einrichtung zur Tonübertragung oder Ton- und Bildübertragung erfolgen. Die zu vernehmende Person ist in die Amtsräumlichkeit zu laden, in welcher die Tonübertragung oder Ton- und Bildübertragung vorgenommen werden soll.

(BGBl I 2020/99)

(1a) Ist die zu vernehmende Person wegen Krankheit, Gebrechlichkeit oder wegen eines sonstigen begründeten Hindernisses nicht in der Lage, der Ladung nachzukommen, kann die Vernehmung unter Verwendung einer technischen Einrichtung zur Tonübertragung oder Ton- und Bildübertragung jeweils in Anwesenheit eines Organs der Finanzstrafbehörde auch außerhalb einer Amtsräumlichkeit erfolgen.

(BGBl I 2020/99)

(2) Hält sich die einzuvernehmende Person im Ausland auf, ist eine Vernehmung unter Verwendung einer technischen Einrichtung zur Tonübertragung oder Ton- und Bildübertragung nur zulässig, wenn die zuständige ausländische Behörde Amts- oder Rechtshilfe leistet.

(BGBl I 2020/99)

(3) Wird von der Vernehmung auch eine Tonaufnahme oder eine Ton- und Bildaufnahme angefertigt, gilt § 56a sinngemäß. In Fällen des Abs. 1a kann die Unterschrift der vernommenen Person entfallen und ist dieser eine Abschrift der Niederschrift zuzustellen. Diesfalls kann die vernommene Person innerhalb von zwei Wochen ab Zustellung Einwendungen zur Niederschrift erheben.

(BGBl I 2020/99)

§ 57. (1) Finanzvergehen sind von Amts wegen zu verfolgen.

(2) Die Finanzstrafbehörde und ihre Organe haben ihr Amt unparteilich und unvoreingenommen auszuüben und jeden Anschein der Befangenheit zu vermeiden. Sie haben die zur Belastung und die zur Verteidigung des Beschuldigten dienenden Umstände mit der gleichen Sorgfalt zu ermitteln.

(3) Jeder Beschuldigte ist durch die Finanzstrafbehörde sobald wie möglich über das gegen ihn geführte Ermittlungsverfahren und den gegen ihn bestehenden Tatverdacht sowie über seine wesentlichen Rechte im Verfahren (§§ 77, 79, 83, 84, 113, 114, 125, 151 und 152) zu informieren. Dies darf nur so lange unterbleiben, als besondere Umstände befürchten lassen, dass ansonsten der Zweck der Ermittlungen gefährdet wäre, insbesondere weil Ermittlungen oder Beweisaufnahmen durchzuführen sind, deren Erfolg voraussetzt, dass der Beschuldigte keine Kenntnis von den gegen ihn geführten Ermittlungen hat. Das gleiche gilt, wenn sich durch im Zuge des Ermittlungsverfahrens hervortretende Umstände eine Änderung des Tatverdachtes ergibt. Auch alle anderen vom Finanzstrafverfahren betroffenen Personen sind über ihre wesentlichen Rechte zu belehren. Die Informationen und Belehrungen können auch mündlich erteilt werden, worüber erforderlichenfalls ein Aktenvermerk aufzunehmen ist.

(4) Soweit es im Interesse eines fairen Verfahrens und der Wahrung der Verteidigungsrechte eines Beschuldigten, der sich in der Verfahrenssprache nicht hinreichend verständigen kann, erforderlich ist, ist ihm mündliche Übersetzungshilfe durch Beistellung eines Dolmetschers zu leisten; dies gilt insbesondere für die Rechtsbelehrung, für Beweisaufnahmen, an denen der Beschuldigte teilnimmt, und für Verhandlungen. Ist der Beschuldigte gehörlos, hochgradig hörbehindert oder stumm, so ist ein Dolmetscher für die Gebärdensprache beizuziehen, sofern sich der Beschuldigte in dieser verständigen kann. Über die Erforderlichkeit einer Übersetzungshilfe entscheidet der Leiter der Amtshandlung. Gegen die Nichtgewährung von Übersetzungshilfe ist ein abgesondertes Rechtsmittel nicht zulässig. Im Rechtsmittel gegen die Strafentscheidung können auch die Verteidigungsrechte beeinträchtigende Mängel in der Qualität der Übersetzungshilfe geltend gemacht werden, sofern im Verfahren nicht ohnedies Abhilfe geschaffen worden ist.

(4a) Ist Übersetzungshilfe gemäß Abs. 4 zu leisten, gilt in Verfahren, in denen die Durchführung der mündlichen Verhandlung und die Fällung des Erkenntnisses gemäß § 58 Abs. 2 einem Spruchsenat obliegt, sowie im Rechtsmittelverfahren darüber hinaus Folgendes:
a) Mündliche Übersetzungshilfe ist auch für den Kontakt des Beschuldigten mit seinem Ver-

teidiger zu leisten, sofern dies im Interesse einer zweckentsprechenden Verteidigung erforderlich ist. Dazu ist auf Antrag in unmittelbarem Zusammenhang mit einer mündlichen Verhandlung oder sonstigen Amtshandlung, an der der Beschuldigte teilnimmt, ein Dolmetscher am Ort der Amtshandlung zur Verfügung zu stellen. Ein diesbezüglicher Antrag ist spätestens eine Woche vor Beginn der Amtshandlung einzubringen.

b) Für die Verteidigung wesentliche Aktenstücke sind innerhalb einer angemessenen Frist schriftlich zu übersetzen. Als für die Verteidigung wesentlich gelten jedenfalls die Festnahmeanordnung, die Verhängung der Untersuchungshaft, die Stellungnahme des Amtsbeauftragten, die schriftliche Ausfertigung des noch nicht rechtskräftigen Erkenntnisses und ein gegen das Erkenntnis vom Amtsbeauftragten erhobenes Rechtsmittel. Sofern es den in Abs. 4 genannten Interessen nicht widerspricht, darf die schriftliche Übersetzung durch eine bloß auszugsweise Darstellung, durch mündliche Übersetzung oder, wenn der Beschuldigte durch einen Verteidiger vertreten ist, auch durch mündliche Zusammenfassung ersetzt werden. Auf Antrag des Beschuldigten sind ihm weitere konkret zu bezeichnende Aktenstücke schriftlich zu übersetzen, soweit die Erforderlichkeit einer Übersetzung im Sinne des Abs. 4 begründet wird oder offenkundig ist. Ein Verzicht des Beschuldigten auf schriftliche Übersetzung ist nur zulässig, wenn er zuvor über sein Recht und die Folgen des Verzichts belehrt wurde. Belehrung und Verzicht sind schriftlich festzuhalten.

(5) Die Finanzstrafbehörde darf bei der Ausübung von Befugnissen und bei der Aufnahme von Beweisen nur soweit in Rechte von Personen eingreifen, als dies gesetzlich ausdrücklich vorgesehen und zur Aufgabenerfüllung erforderlich ist. Jede dadurch bewirkte Rechtsgutbeeinträchtigung muss in einem angemessenen Verhältnis zum Gewicht des Finanzvergehens, zum Grad des Verdachts und zum angestrebten Erfolg stehen. Unter mehreren zielführenden Ermittlungshandlungen und Zwangsmaßnahmen hat die Finanzstrafbehörde jene zu ergreifen, welche die Rechte der Betroffenen am Geringsten beeinträchtigen. Gesetzlich eingeräumte Befugnisse sind in jeder Lage des Verfahrens in einer Art und Weise auszuüben, die unnötiges Aufsehen vermeidet, die Würde der betroffenen Personen achtet und deren Rechte und schutzwürdigen Interessen wahrt.

(6) Das Finanzstrafverfahren ist stets zügig und ohne unnötige Verzögerung durchzuführen und innerhalb angemessener Frist zu beenden. Verfahren, in denen ein Beschuldigter in Haft gehalten wird, sind mit besonderer Beschleunigung zu führen. Ist eine Finanzstrafbehörde mit der Vornahme einer Verfahrenshandlung säumig, so kann der Beschuldigte bei dieser Finanzstrafbehörde den an das Bundesministerium für Finanzen gerichteten Antrag stellen, es möge der Finanzstrafbehörde für die Vornahme der Verfahrenshandlung eine angemessene Frist setzen. Hat die Finanzstrafbehörde die versäumte Verfahrenshandlung bis zur Entscheidung über den Antrag durchgeführt, so gilt der Antrag als zurückgezogen. Der Antrag ist innerhalb von zwei Jahren ab Eintritt der Verpflichtung der Behörde zur Vornahme der Verfahrenshandlung zu stellen. Wegen der Säumigkeit eines Spruchsenates oder eines Vorsitzenden des Spruchsenates ist ein Fristsetzungsantrag nicht zulässig.

(7) Bis zum gesetzlichen Nachweis seiner Schuld gilt der eines Finanzvergehens Verdächtige als unschuldig.

(8) Nach rechtswirksamer Beendigung eines Finanzstrafverfahrens ist die neuerliche Verfolgung desselben Verdächtigen wegen derselben Tat unzulässig. Die Bestimmungen über die Wiederaufnahme des Verfahrens und die Wiedereinsetzung in den vorigen Stand sowie die Fortführung des Verfahrens nach § 170 bleiben hievon unberührt.

B. Datenschutz
Grundsätze

§ 57a. (1) Für die Verarbeitung personenbezogener Daten zum Zweck der Verhütung, Ermittlung, Aufdeckung oder Verfolgung von Finanzvergehen sowie des Vollzuges von nach diesem Bundesgesetz verhängten Strafen gelten die Bestimmungen dieses Bundesgesetzes. Die Bestimmungen des dritten Hauptstückes des Datenschutzgesetzes (DSG), BGBl. Nr. 165/1999, sind nur dann anzuwenden, wenn in diesem Bundesgesetz ausdrücklich darauf verwiesen wird. Die §§ 36 Abs. 2, 46 bis 49, 50 Abs. 1, 2, 4 und 5 sowie 51 bis 59 DSG sind anzuwenden. Auf die Übermittlung personenbezogener Daten auf Grundlage völkerrechtlicher Übereinkommen, die vor dem 6. Mai 2016 abgeschlossen wurden und zu diesem Zeitpunkt mit dem Recht der Europäischen Union vereinbar waren, sind die §§ 58 und 59 DSG nicht anzuwenden.

(2) Die ganz oder teilweise automatisierte sowie die nichtautomatisierte Verarbeitung personenbezogener Daten durch die Finanzstrafbehörden, die für sie tätigen Organe oder durch den Bundesminister für Finanzen ist zulässig, wenn sie für Zwecke der Finanzstrafrechtspflege oder sonst zur Erfüllung ihrer Aufgaben erforderlich ist.

(3) Die Verarbeitung personenbezogener Daten zu einem anderen Zweck als zu demjenigen, zu dem sie erhoben oder erfasst wurden, ist nur zulässig, wenn dies für die in Abs. 2 genannten Zwecke, insbesondere auch für Zwecke der Abgabenerhebung, der Betrugsbekämpfung oder der Aufsicht oder für statistische Zwecke oder das Risikomanagement, erforderlich ist.

(4) Soweit möglich ist zwischen faktenbasierten und auf persönlichen Einschätzungen beruhenden personenbezogenen Daten zu unterscheiden.

(5) Besondere Kategorien personenbezogener Daten im Sinne des § 39 DSG dürfen insoweit ver-

arbeitet werden, als dies für finanzstrafrechtliche Zwecke unbedingt erforderlich ist.

(6) Die §§ 31 bis 35 DSG gelten sinngemäß. Die von den Spruchsenaten oder deren Vorsitzenden und die vom Bundesfinanzgericht im Rahmen der richterlichen Tätigkeit vorgenommenen Datenverarbeitungen unterliegen nicht der Aufsicht der Datenschutzbehörde.

(7) Für die Verarbeitung personenbezogener Daten, die in den Anwendungsbereich der Verordnung (EU) 2016/679 zum Schutz natürlicher Personen bei der Verarbeitung personenbezogener Daten, zum freien Datenverkehr und zur Aufhebung der Richtlinie 95/46/EG (Datenschutz-Grundverordnung), ABl. Nr. L 119 vom 4.5.2016 S. 1, fällt, sind die §§ 48d bis 48g BAO sinngemäß anzuwenden.

Informationspflicht und Auskunftsrecht

§ 57b. (1) Die zu erteilende Information hat zu enthalten:
1. den Namen und die Kontaktdaten des Verantwortlichen,
2. die Kontaktdaten des Datenschutzbeauftragten,
3. die Zwecke, für die die personenbezogenen Daten verarbeitet werden,
4. das Bestehen eines Beschwerderechts bei der Datenschutzbehörde sowie deren Kontaktdaten,
5. das Bestehen eines Rechts auf Auskunft und Berichtigung oder Löschung personenbezogener Daten sowie
6. die Rechtsgrundlage der Verarbeitung.

Diese Information ist auf der Homepage des Bundesministeriums für Finanzen zu veröffentlichen.

(2) Soweit in diesem Bundesgesetz nicht anderes bestimmt ist, ist das Recht auf Auskunft nur unter den Voraussetzungen des § 79 zu gewähren.

Berichtigung personenbezogener Daten

§ 57c. (1) Das Recht auf Berichtigung, Aktualisierung oder Vervollständigung personenbezogener Daten, die in einer behördlichen Erledigung oder einer Niederschrift enthalten sind, besteht nur insoweit, als dies in diesem Bundesgesetz vorgesehen ist.

(2) Mit Ausnahme des Inhalts von Beweismitteln sind in den nicht von Abs. 1 erfassten Fällen unrichtige, unrichtig gewordene oder unvollständige personenbezogene Daten von Amts wegen oder auf Antrag der betroffenen Person unverzüglich richtig zu stellen oder zu vervollständigen. Ist eine nachträgliche Änderung mit dem Dokumentationszweck unvereinbar, hat eine Berichtigung, Aktualisierung oder Vervollständigung mittels eines ergänzenden Vermerks zu erfolgen, soweit in diesem Bundesgesetz nicht anderes bestimmt ist. Ist die Berichtigung, Aktualisierung oder Vervollständigung nicht möglich, ist dies zu vermerken.

Fristen für die Aufbewahrung und Löschung personenbezogener Daten

§ 57d. (1) Soweit in diesem Bundesgesetz nicht anderes bestimmt ist, ist zehn Jahre nach Absehen von der Einleitung, rechtskräftiger Einstellung des Strafverfahrens oder nach Eintritt der Tilgung zu prüfen, ob die Aufbewahrung personenbezogener Daten weiterhin erforderlich ist. Ergibt diese Prüfung, dass die Aufbewahrung der personenbezogenen Daten weiterhin erforderlich ist, so sind sie nach Wegfall des Aufbewahrungsgrundes, längstens jedoch nach Ablauf von sechzig Jahren ab Erfassung zu löschen. Ist die weitere Aufbewahrung der personenbezogenen Daten nicht erforderlich, sind sie zu löschen. Ist die Löschung nicht möglich oder mit den Dokumentationszwecken unvereinbar, so ist an geeigneter Stelle ein ergänzender Vermerk aufzunehmen.

(2) Sofern gesetzlich nicht ausdrücklich anderes angeordnet ist, sind die Protokolldaten (§ 50 DSG) drei Jahre lang aufzubewahren. Davon darf in jenem Ausmaß abgewichen werden, als der von der Protokollierung betroffene Datenbestand zulässigerweise früher gelöscht oder länger aufbewahrt wird.

Datenschutzbeschwerde

§ 57e. (1) Wer behauptet, durch ein Mitglied des Spruchsenates in Ausübung dessen richterlicher Tätigkeit in seinem Recht auf Datenschutz verletzt zu sein, kann die Feststellung dieser Verletzung durch das Bundesfinanzgericht begehren (Datenschutzbeschwerde).

(2) Auf den erforderlichen Inhalt der Beschwerde und das Verfahren sind § 24a Abs. 2 bis 4 Bundesfinanzgerichtsgesetz (BFGG) sowie die §§ 62 Abs. 2 zweiter und dritter Satz, 150 Abs. 3, 155, 156 Abs. 1 bis 4, 157, 158 erster Satz, 160, 161 Abs. 1 erster Satz, 162 und 163 sinngemäß anzuwenden.

II. Hauptstück
Behörden des verwaltungsbehördlichen Finanzstrafverfahrens und organisatorische Bestimmungen zum Beschwerdeverfahren

A. Zuständigkeit

§ 58. (1) Zur Durchführung des Finanzstrafverfahrens sind zuständig:
a) für Finanzvergehen, die bei oder im Zusammenhang mit der Ein-, Aus- oder Durchfuhr von Waren begangen werden sowie für Abgabenhehlerei und Monopolhehlerei, und für Finanzvergehen, durch welche sonst Abgaben- oder Monopolvorschriften oder andere Rechtsvorschriften, deren Handhabung der Zollverwaltung oder ihren Organen obliegt, verletzt werden, das Zollamt Österreich als Finanzstrafbehörde;
b) für alle übrigen Finanzvergehen das Amt für Betrugsbekämpfung als Finanzstrafbehörde;
c) in den Fällen des § 52 jene Finanzstrafbehörde, die für die Verfolgung des dem Berausch-

ten nicht zurechenbaren Finanzvergehens zuständig wäre.

Dem Vorstand der Finanzstrafbehörde obliegt die Erstellung der jeweiligen Geschäftsverteilung. Diese ist auf der Internet-Seite des Bundesministeriums für Finanzen zu veröffentlichen.

(BGBl I 2019/104)

(2) Die Durchführung der mündlichen Verhandlung und die Fällung des Erkenntnisses obliegt, soweit nicht gerichtliche Zuständigkeit gemäß § 53 gegeben ist, einem Spruchsenat (§ 65) als Organ der Finanzstrafbehörde,

a) wenn der strafbestimmende Wertbetrag bei den im § 53 Abs. 2 bezeichneten Finanzvergehen 10 000 Euro, bei allen übrigen Finanzvergehen 33 000 Euro übersteigt,

(BGBl I 2019/62)

b) wenn der Beschuldigte oder ein Nebenbeteiligter die Fällung des Erkenntnisses durch einen Spruchsenat beantragt. Im Fall eines vorausgegangenen vereinfachten Verfahrens (§ 143) ist ein solcher Antrag im Einspruch gegen die Strafverfügung, in den übrigen Fällen bis zum Beginn der mündlichen Verhandlung oder, wenn eine solche gemäß § 125 Abs. 3 nicht stattfindet, bis zur Abgabe der Verzichtserklärung zu stellen.

(3) Die Finanzstrafbehörden sind im Rahmen ihrer sachlichen Zuständigkeit auch zur Leistung von Amts- und Rechtshilfe zuständig, wenn die Amts- oder Rechtshilfehandlung in ihrem Amtsbereich oder in Ermangelung eines solchen im Bereich der ihnen übergeordneten Finanzlandesdirektionen

(BGBl I 2018/62)

§ 59. Zur Durchführung der mündlichen Verhandlung und zur Fällung des Erkenntnisses ist hinsichtlich des Täters und anderer an der Tat Beteiligten sowie jener Personen, welche sich einer Hehlerei mit Beziehung auf das Finanzvergehen schuldig gemacht haben, mit Ausnahme jener, keinen Einspruch gegen die Strafverfügung erhoben haben, ein Spruchsenat berufen, wenn die Voraussetzungen des § 58 Abs. 2 auch nur hinsichtlich einer dieser Personen zutreffen.

(BGBl I 2019/104)

§ 60. (aufgehoben)

(BGBl I 2019/104)

§ 61. (1) Liegen einem Täter mehrere Taten zur Last oder haben sich an derselben Tat mehrere Personen beteiligt oder stehen die Taten mehrerer Personen sonst in einem engen Zusammenhang und ist in allen diesen Fällen dieselbe Finanzstrafbehörde zur Durchführung des Strafverfahrens zuständig, so hat die Finanzstrafbehörde die Strafverfahren wegen aller Taten zu verbinden.

(2) Von einer Verbindung nach Abs. 1 kann abgesehen werden, wenn dies zur Vermeidung von Verzögerungen oder Erschwerungen des Verfahrens oder zur Verkürzung der Verwahrung oder der Untersuchungshaft eines Beschuldigten dienlich scheint.

§ 62. (1) Über Beschwerden entscheidet das Bundesfinanzgericht.

(2) Die Durchführung der mündlichen Verhandlung und die Entscheidung über die Beschwerde obliegt einem Senat des Bundesfinanzgerichtes,

a) wenn die Beschwerde sich gegen ein Erkenntnis oder einen sonstigen Bescheid eines Spruchsenates richtet,

b) wenn der Beschuldigte oder ein Nebenbeteiligter dies in der Beschwerde gegen ein Erkenntnis oder in der Beschwerde gegen einen Bescheid gemäß § 149 Abs. 4 begehrt.

Die Durchführung des Beschwerdeverfahrens vor der mündlichen Verhandlung obliegt dem Senatsvorsitzenden. Diesem obliegt auch die Entscheidung über die Beschwerde, wenn eine mündliche Verhandlung aus den Gründen des § 160 Abs. 1 nicht stattfindet und die Parteien des Beschwerdeverfahrens Gelegenheit hatten, dazu Stellung zu nehmen.

(BGBl I 2015/163)

(3) Die Entscheidung über alle anderen Rechtsmittel obliegt einem Richter eines Senates für Finanzstrafrecht beim Bundesfinanzgericht als Einzelrichter.

§ 63. (aufgehoben)

§ 64. (1) Die Finanzstrafbehörden haben ihre Zuständigkeit von Amts wegen wahrzunehmen. Untersuchungshandlungen sind nicht deswegen anfechtbar, weil sie von einer unzuständigen Behörde vorgenommen wurden.

(BGBl I 2019/104)

(2) Der Spruchsenat hat auch dann das Verfahren zu Ende zu führen, wenn sich im Zuge der mündlichen Verhandlung ergibt, daß die im § 58 Abs. 2 umschriebenen Voraussetzungen für seine Entscheidungsbefugnis nicht gegeben sind. Ergibt sich jedoch, daß das Gericht oder ein anderer Senat zuständig wäre, so hat der Senat seine Nichtzuständigkeit auszusprechen.

(3) Wenn zwei Spruchsenate die Zuständigkeit zur Durchführung der mündlichen Verhandlung und zur Entscheidung in demselben Strafverfahren in Anspruch nehmen oder ablehnen, so hat jener Senat das Verfahren weiterzuführen, der zuerst mit der Sache befasst wurde.

B. Spruchsenate und Senate für Finanzstrafrecht beim Bundesfinanzgericht

1. Spruchsenate

§ 65. (1) Spruchsenate haben als Organe des Amtes für Betrugsbekämpfung und des Zollamtes Österreich in Feldkirch, Graz, Innsbruck, Klagenfurt, Linz, Salzburg und Wien zu bestehen.

(BGBl I 2019/104)

(2) Zur organisatorischen Abwicklung der Spruchsenatsverfahren sind jeweils Geschäftsstellen einzurichten.

(BGBl I 2019/104)

§ 66. (1) **(Verfassungsbestimmung)** Die Mitglieder der Spruchsenate und des unabhängigen Finanzsenates sind in Ausübung ihres Amtes an keine Weisungen gebunden.

Die Spruchsenate bestehen aus drei Mitgliedern. Den Vorsitz im Spruchsenat führt ein Richter des Dienststandes, die weiteren Mitglieder sind ein Finanzbeamter der Verwendungsgruppe A oder A1 oder ein Finanzbediensteter der Entlohnungsgruppe a oder v1 als Behördenbeisitzer und ein Laienbeisitzer.

§ 67. (1) Die Personen, die als Mitglieder der Spruchsenate herangezogen werden können, sind vom Bundespräsidenten zu bestellen; hiebei ist jene Finanzstrafbehörde zu bezeichnen, für deren Senate sie in Betracht kommen.

(BGBl I 2019/104)

(2) Die Personen, die gemäß Abs. 1 zur Bestellung als Laienbeisitzer vorgeschlagen werden, sind aus dem Kreis der von den gesetzlichen Berufsvertretungen in die Senate beim Bundesfinanzgericht entsendeten Mitglieder zu entnehmen.

(3) Die Bestellung gemäß Abs. 1 gilt jeweils für die Dauer von sechs Jahren. Eine Wiederbestellung ist zulässig. Die infolge Ablaufes der Amtsdauer ausscheidenden Senatsmitglieder haben bis zur Wiederbesetzung der Stellen im Amt zu bleiben.

§ 68. (1) Vor Ablauf jedes Jahres sind für die Dauer des nächsten Jahres unter Berücksichtigung des voraussichtlichen Bedarfes die Anzahl der Spruchsenate, deren Vorsitzende und die übrigen Mitglieder sowie die Reihenfolge, in der diese im Falle der Verhinderung des zunächst berufenen Senatsmitgliedes einzutreten haben, zu bestimmen. Jedes Mitglied kann auch mehreren Senaten angehören.

(2) Bei der Einrichtung der Spruchsenate ist jeweils vorzusehen

a) mindestens ein Senat, dessen Laienbeisitzer von gesetzlichen Berufsvertretungen selbständiger Berufe entsendet sind, und

b) mindestens ein Senat, dessen Laienbeisitzer von gesetzlichen Berufsvertretungen unselbständiger Berufe entsendet sind.

(3) Die Geschäfte sind für jedes Jahr im Voraus unter die Senate so zu verteilen, dass die Durchführung des Verfahrens und die Fällung der Entscheidung bei selbständig berufstätigen Beschuldigten einem nach Abs. 2 lit. a zusammengesetzten Senat oder dessen Mitglied und bei unselbständig berufstätigen Beschuldigten einem nach Abs. 2 lit. b zusammengesetzten Senat oder dessen Mitglied obliegt. Die Zuordnung zu einer Berufsgruppe bleibt bei Pensionierung oder Arbeitslosigkeit bestehen. Wird gegen einen Beschuldigten, der beiden oder keiner der vorgenannten Berufsgruppen angehört, oder wird im selben Verfahren gegen mehrere Beschuldigte verhandelt, die verschiedenen der vorgenannten Berufsgruppen angehören, so obliegt die Führung des Verfahrens einem nach Abs. 2 lit. a zusammengesetzten Senat; gleiches gilt, wenn gegen ein Mitglied eines zur gesetzlichen Vertretung berufenen Organs einer juristischen Person (§ 36 Abs. 2 Z 1 des Arbeitsverfassungsgesetzes) oder gegen einen leitenden Angestellten (§ 36 Abs. 2 Z 3 des Arbeitsverfassungsgesetzes) wegen eines im Rahmen dieser Funktion begangenen Finanzvergehens verhandelt wird.

(4) Soweit dies für den ordentlichen Geschäftsgang erforderlich ist, kann die Zusammensetzung der Senate und deren Geschäftsverteilung für den Rest des Jahres geändert werden, wenn Veränderungen im Stand der Senatsmitglieder eingetreten sind oder wenn dies wegen Überlastung eines Senates oder einzelner Mitglieder notwendig ist.

(5) Bedarf die Zusammensetzung der Senate und deren Geschäftsverteilung in den folgenden Jahren keiner Änderung, so bleibt die nach Abs. 1 bis 4 bestimmte Zusammensetzung und Geschäftsverteilung bis zu ihrer Änderung in Kraft.

(6) Die Zusammensetzung der Spruchsenate und deren Geschäftsverteilung hat der Vorstand der Finanzstrafbehörde, bei der die Spruchsenate eingerichtet sind, zu bestimmen.

§ 69. Die Zusammensetzung der Senate und deren Geschäftsverteilung sind auf der Internet-Seite des Bundesministeriums für Finanzen (www.bmf.gv.at) zu veröffentlichen. Sie sind auch zur Einsicht in der jeweils gemäß § 65 Abs. 2 eingerichteten Geschäftsstelle aufzulegen oder an einer dortigen Amtstafel anzuschlagen.

(BGBl I 2019/104)

§ 70. (1) Die Tätigkeit der Richter in den Spruchsenaten stellt eine Nebentätigkeit im Sinne der dienstrechtlichen Vorschriften dar; hiefür gebührt den Richtern eine angemessene Vergütung. Die Bemessung der Vergütung obliegt dem Amt für Betrugsbekämpfung und dem Zollamt Österreich für die bei ihnen eingerichteten Senate. Gegen die Bemessung der Vergütung ist nach Maßgabe der dienstrechtlichen Vorschriften die Beschwerde an das Bundesverwaltungsgericht zulässig.

(BGBl I 2019/104)

(2) Die Laienbeisitzer haben Anspruch auf Vergütung der Reise(Fahrt)auslagen und der Aufenthaltskosten, die ihnen durch ihre Tätigkeit in den Spruchsenaten erwachsen. Sie haben ferner Anspruch auf Entschädigung für die durch diese Tätigkeit verursachte Zeitversäumnis. Hinsichtlich der Höhe der Vergütungen und Entschädigungen und hinsichtlich der Voraussetzungen, unter denen sie zu leisten sind, sind die für Schöffen im gerichtlichen Strafverfahren geltenden Bestimmungen anzuwenden. Die Bemessung der Vergütung obliegt dem Amt für Betrugsbekämpfung und dem Zollamt Österreich für die bei ihnen eingerichteten Spruchsenate.

(BGBl I 2019/104)

§ 71. Die Angelobung der Mitglieder der Spruchsenate ist durch den Vorstand der Finanzstrafbehörde, bei der der Senat eingerichtet ist, nach den Angelobungsbestimmungen des Bundesfinanzgerichtsgesetzes (BFGG), BGBl. I Nr. 14/2012, vorzunehmen.

2. Senate für Finanzstrafrecht beim Bundesfinanzgericht

§ 71a. (1) Beim Bundesfinanzgericht haben Senate für Finanzstrafrecht zu bestehen.

(2) Die Senate für Finanzstrafrecht beim Bundesfinanzgericht bestehen aus vier Mitgliedern. Den Vorsitz führt ein dazu aus dem Kreis der Richter des Bundesfinanzgerichtes nach den Bestimmungen des BFGG bestellter Vorsitzender. Die weiteren Mitglieder sind ein Richter des Bundesfinanzgerichtes und zwei fachkundige Laienrichter.

(3) Für die Bestellung der Personen, die als fachkundige Laienrichter herangezogen werden können, ist § 67 sinngemäß anzuwenden. Die Bestellung der übrigen Mitglieder richtet sich nach den Bestimmungen des BFGG.

(4) Für die vom Bundesfinanzgericht zu erlassende Geschäftsverteilung der Senate für Finanzstrafrecht ist § 68 sinngemäß anzuwenden. Die Veröffentlichung richtet sich nach den Bestimmungen des BFGG.

(5) Die fachkundigen Laienrichter der Senate für Finanzstrafrecht beim Bundesfinanzgericht haben Anspruch auf Vergütung gemäß § 70. Die Bemessung obliegt dem Bundesfinanzgericht.

C. Befangenheit von Organen

§ 72. (1) Die Organe der Finanzstrafbehörden und des Bundesfinanzgerichtes haben sich der Ausübung ihres Amtes zu enthalten und ihre Vertretung zu veranlassen,

a) wenn es sich um ihre eigene Finanzstrafsache oder um jene eines ihrer Angehörigen (§ 72 StGB) oder jene einer Person unter ihrer gesetzlichen Vertretung handelt;
(BGBl I 2018/62)
b) wenn sie als Vertreter des Beschuldigten oder eines Nebenbeteiligten bestellt sind oder innerhalb der letzten fünf Jahre bestellt waren, als Zeugen oder Sachverständige vernommen wurden oder vernommen werden sollen oder als Anzeiger aufgetreten sind;
c) als Mitglieder eines Spruchsenates in jenen Strafsachen, in denen sie im Untersuchungsverfahren, insbesondere auch nach den §§ 85 Abs. 2, 86 Abs. 1, 89 Abs. 5 und 93 Abs. 1, oder in dem damit im Zusammenhang stehenden Abgabenverfahren tätig waren;
d) bei der Entscheidung über Rechtsmittel in jenen Strafsachen, in denen sie im Untersuchungsverfahren, insbesondere auch nach den §§ 85 Abs. 7, 87 Abs. 2, 89 Abs. 6 und 93 Abs. 7, oder in dem damit im Zusammenhang stehenden Abgabenverfahren tätig waren oder an der Erlassung des angefochtenen Erkenntnisses (Bescheides) mitgewirkt haben;
e) wenn sonstige wichtige Gründe vorliegen, die geeignet sind, ihre volle Unbefangenheit in Zweifel zu ziehen.

(2) Bei Gefahr im Verzug hat, wenn die Vertretung durch ein anderes Organ nicht sogleich bewirkt werden kann, auch das befangene Organ die unaufschiebbaren Amtshandlungen vorzunehmen; dies gilt nicht in den im Abs. 1 lit. a bezeichneten Fällen.

§ 73. Dem Beschuldigten, den Nebenbeteiligten und dem Amtsbeauftragten steht in jeder Lage des Verfahrens das Recht zu, am Verfahren beteiligte Organe der Finanzstrafbehörde und des Bundesfinanzgerichtes mit der Begründung abzulehnen, daß Umstände der im § 72 bezeichneten Art vorliegen.

§ 74. (1) Die Ablehnung ist, wenn sie sich auf ein Mitglied oder den Schriftführer eines Senates bezieht, beim Vorsitzenden des Senates binnen drei Tagen nach Zustellung der Vorladung zur mündlichen Verhandlung geltend zu machen. Über die Ablehnung entscheidet in Abwesenheit des Abgelehnten der Senat. Bei Stimmengleichheit gibt die Stimme des Vorsitzenden den Ausschlag. Werden der Vorsitzende oder wenigstens zwei Mitglieder eines Spruchsenates abgelehnt, so entscheidet über die Ablehnung der Vorstand der Finanzstrafbehörde, bei der Spruchsenat eingerichtet ist; werden der Vorsitzende oder wenigstens zwei Mitglieder eines Senates für Finanzstrafrecht beim Bundesfinanzgericht abgelehnt, so entscheidet über die Ablehnung der Präsident des Bundesfinanzgerichtes. Der über die Ablehnung ergehende Bescheid oder Beschluss ist dem Antragsteller spätestens vor Beginn der mündlichen Verhandlung zu eröffnen.

(2) Kommen erst nach Ablauf der Frist von drei Tagen ab Zustellung der Vorladung zum ersten Termin der mündlichen Verhandlung Umstände hervor, die die Befangenheit eines Senatsmitgliedes oder des Schriftführers begründen können, ist die Ablehnung unverzüglich nach Kenntnis eines Ablehnungsgrundes, spätestens jedoch bis zum Ende der Beweisaufnahme in der mündlichen Verhandlung geltend zu machen. In diesem Fall entscheidet über die Ablehnung der Senat selbst.

(3) In allen übrigen Fällen ist die Ablehnung spätestens vor Beginn der Amtshandlung, durch die sich der Beschuldigte oder Nebenbeteiligte wegen Befangenheit des Organes beschwert erachtet, und zwar im Verfahren bei der Finanzstrafbehörde bei deren Vorstand, im Verfahren beim Bundesfinanzgericht bei dessen Präsidenten geltend zu machen. Die Entscheidung obliegt im Verfahren bei der Finanzstrafbehörde deren Vorstand, im Verfahren beim Bundesfinanzgericht dessen Präsidenten. Wird der Vorstand der Finanzstrafbehörde abgelehnt, entscheidet das Bundesministerium für Finanzen. Wird der Präsident des Bundesfinanzgerichtes abgelehnt, so entscheidet die gemäß § 5 Abs. 3 BFGG berufene Vertretung.

(4) Gegen die gemäß Abs. 1 bis 3 über die Ablehnung ergehenden Entscheidungen ist ein abgesondertes Rechtsmittel nicht zulässig. Wird die Ablehnung als begründet anerkannt, so hat sich der Abgelehnte von diesem Zeitpunkt an der Ausübung seines Amtes zu enthalten.

D. Rechtsschutzbeauftragter

§ 74a. (1) Zur Wahrnehmung des besonderen Rechtsschutzes im verwaltungsbehördlichen Finanzstrafverfahren ist beim Bundesminister für Finanzen ein Rechtsschutzbeauftragter mit zwei Stellvertretern eingerichtet. Sie sind bei der Besorgung der ihnen nach dem Finanzstrafgesetz zukommenden Aufgaben unabhängig und weisungsfrei. Sie unterliegen der Amtsverschwiegenheit und der abgabenrechtlichen Geheimhaltungspflicht (§ 48a BAO).

(2) Der Rechtsschutzbeauftragte und seine Stellvertreter müssen besondere Kenntnisse und Erfahrungen auf dem Gebiet der Grund- und Freiheitsrechte aufweisen und mindestens fünf Jahre in einem Beruf tätig gewesen sein, in dem der Abschluss des Studiums der Rechtswissenschaften Berufsvoraussetzung ist. Beamte des Dienststandes und Vertragsbedienstete des Bundesministeriums für Finanzen sowie dessen nachgeordneter Dienststellen, Richter und Staatsanwälte des Dienststandes, Rechtsanwälte, die in die Liste der Rechtsanwälte eingetragen sind, und andere Personen, die vom Amt eines Geschworenen oder Schöffen ausgeschlossen oder zu berufen sind (§§ 2 und 3 des Geschworenen- und Schöffengesetzes 1990) dürfen nicht bestellt werden.

(3) Die Bestellung des Rechtsschutzbeauftragten und seiner Stellvertreter erlischt bei Verzicht, im Todesfall oder mit Wirksamkeit der Neu- oder Wiederbestellung. Bei Vorliegen von Befangenheitsgründen im Sinne des § 72 Abs. 1 hat sich der Rechtsschutzbeauftragte von dem Zeitpunkt, zu dem ihm der Grund bekannt geworden ist, des Einschreitens in der Sache zu enthalten.

(4) Der Rechtsschutzbeauftragte und seine Stellvertreter haben gleiche Rechte und Pflichten. Sie werden vom Bundesminister für Finanzen nach Anhörung der Präsidenten des Nationalrates sowie der Präsidenten des Verfassungsgerichtshofes und des Verwaltungsgerichtshofes auf die Dauer von fünf Jahren bestellt. Wiederbestellungen sind zulässig.

(5) Der Bundesminister für Finanzen stellt dem Rechtsschutzbeauftragten die zur Bewältigung der administrativen Tätigkeit notwendigen Personal- und Sacherfordernisse zur Verfügung. Dem Rechtsschutzbeauftragten und seinen Stellvertretern gebührt für die Erfüllung ihrer Aufgaben eine Entschädigung. Der Bundesminister für Finanzen ist ermächtigt, mit Verordnung Pauschalsätze für die Bemessung dieser Entschädigung festzusetzen.
(BGBl I 2015/118)

§ 74b. (1) Die Finanzstrafbehörden sind verpflichtet, den Rechtsschutzbeauftragten über Auskunftsverlangen (§ 99 Abs. 3a) und die Information Betroffener darüber ehestmöglich zu informieren. Dem Rechtsschutzbeauftragten obliegt die Prüfung der nach diesem Absatz erstatteten Meldungen. Dem Rechtsschutzbeauftragten steht gegen die Anordnung nach § 99 Abs. 3a Beschwerde an das Bundesfinanzgericht zu; dieses Recht erlischt mit dem Ablauf der Beschwerdefrist des Beschuldigten.

(2) Wurde gemäß § 99 Abs. 6 die Zustellung an den Beschuldigten und die Verfügungsberechtigten vorläufig aufgeschoben, ist dies dem Rechtsschutzbeauftragten unter Anschluss der Anordnung samt Auskunftsersuchen unverzüglich mitzuteilen. Dem Rechtsschutzbeauftragten steht in diesem Fall gegen die Anordnung nach § 99 Abs. 6 erster Satz Beschwerde an das Bundesfinanzgericht zu. Die Beschwerdefrist (§ 150 Abs. 2) beginnt mit dem Einlangen der Mitteilung zu laufen.

(3) Die Finanzstrafbehörden haben dem Rechtsschutzbeauftragten bei der Wahrnehmung seiner Aufgaben jederzeit Einblick in alle erforderlichen Unterlagen und Aufzeichnungen zu gewähren, ihm auf Verlangen Abschriften (Ablichtungen) einzelner Aktenstücke unentgeltlich auszufolgen und alle erforderlichen Auskünfte zu erteilen; insofern kann ihm gegenüber die Amtsverschwiegenheit und die abgabenrechtliche Geheimhaltungspflicht nicht geltend gemacht werden.

(4) Der Rechtsschutzbeauftragte erstattet dem Bundesminister für Finanzen jährlich bis spätestens 31. März des Folgejahres einen Bericht über seine Tätigkeit und Wahrnehmungen im Rahmen seiner Aufgabenerfüllung nach dem Finanzstrafgesetz.
(BGBl I 2015/118)

III. Hauptstück
Beschuldigte, Nebenbeteiligte und deren Vertretung; Akteneinsicht

§ 75. Beschuldigter ist die im Verdacht eines Finanzvergehens stehende Person (Verdächtiger) vom Zeitpunkt der Verständigung über die Einleitung des Strafverfahrens (§ 83 Abs. 2) oder der ersten Vernehmung gemäß § 83 Abs. 3 bis zum rechtskräftigen Abschluß des Strafverfahrens. Die für den Beschuldigten geltenden Bestimmungen sind auch auf den Verdächtigen anzuwenden, wenn gegen ihn schon vor der Einleitung des Strafverfahrens eine Verfolgungshandlung (§ 14 Abs. 3) gerichtet wurde.

§ 76. Nebenbeteiligte sind
a) vom Beschuldigten verschiedene Personen, denen das Eigentumsrecht oder ein Pfand- oder Zurückbehaltungsrecht an der verfallsbedrohten Sache zusteht (Verfallsbeteiligte). Verfallsbeteiligt ist auch, wer ein solches Recht behauptet;
b) Personen, die nach § 28 zur Haftung herangezogen werden können (Haftungsbeteiligte).

§ 77. (1) Beschuldigte haben das Recht, in jeder Lage des Verfahrens den Beistand eines Verteidigers in Anspruch zu nehmen oder sich ausdrücklich zu erklären, sich selbst zu verteidigen. Die Erklärung ist in der Niederschrift über die Vernehmung festzuhalten. Sie ist für das weitere Verfahren nicht bindend. Beschuldigte können sich durch Verteidiger auch vertreten lassen, soweit nicht ihr persönliches Erscheinen ausdrücklich gefordert wird. Als Verteidiger sind die in § 48 Abs. 1 Z 5 StPO genannten Personen sowie Steuerberater zugelassen. Bevollmächtigte Gesellschaften dürfen nur durch selbständig berufsbefugte natürliche Personen handeln. Nicht zugelassen sind Personen, gegen die ein Verfahren wegen Beteiligung an demselben Finanzvergehen oder wegen Begünstigung hinsichtlich dieses Finanzvergehens anhängig ist.

Nebenbeteiligte können sich durch voll handlungsfähige Personen (Bevollmächtigte) vertreten lassen, soweit nicht ihr persönliches Erscheinen ausdrücklich gefordert wird. Widersprechen Erklärungen des Beschuldigten jenen des Verteidigers, so gelten die Erklärungen des Beschuldigten; Entsprechendes gilt für einander widersprechende Erklärungen des Nebenbeteiligten und des Bevollmächtigten.

(BGBl I 2018/62)

(2) Die Vorschriften der Bundesabgabenordnung über die Bevollmächtigung gelten mit Ausnahme von § 83 Abs. 4 sinngemäß.

(3) Ist in Verfahren, in denen die Durchführung der mündlichen Verhandlung und die Fällung des Erkenntnisses gemäß § 58 Abs. 2 einem Spruchsenat obliegt, der Beschuldigte außerstande, ohne Beeinträchtigung des für ihn und seine Familie, für deren Unterhalt er zu sorgen hat, zu einer einfachen Lebensführung notwendigen Unterhalts die Kosten der Verteidigung zu tragen, so hat die Finanzstrafbehörde auf Antrag des Beschuldigten, wenn und soweit dies im Interesse der Rechtspflege, vor allem im Interesse einer zweckentsprechenden Verteidigung, erforderlich ist, dem Beschuldigten für das gesamte Verfahren oder für einzelne Verfahrenshandlungen einen Verteidiger beizugeben, dessen Kosten er nicht zu tragen hat.

(3a) Im Falle der Entscheidung über die Verwahrung nach § 85 oder einer Untersuchungshaft nach § 86 hat die Finanzstrafbehörde dem im Sinne des § 77 Abs. 3 bedürftigen Beschuldigten auf dessen Antrag einen Verteidiger beizugeben, dessen Kosten er nicht zu tragen hat.

(BGBl I 2019/62)

(4) Ist ein Verteidiger beizugeben, so hat die Finanzstrafbehörde dies der Kammer der Steuerberater und Wirtschaftsprüfer mitzuteilen, damit diese einen Steuerberater als Verteidiger bestelle. Von der Bestellung hat die Kammer die Finanzstrafbehörde zu verständigen. Die Kosten der Verteidigung trägt die Kammer.

(BGBl I 2018/62)

(5) Mehreren Beschuldigten eines Verfahrens kann ein gemeinsamer Verteidiger beigegeben werden, doch ist für eine abgesonderte Verteidigung der Beschuldigten zu sorgen, bei denen sich ein Widerstreit der Interessen zeigt.

(6) Beantragt der Beschuldigte die Beigabe eines Verteidigers innerhalb einer für eine Verfahrenshandlung offenstehenden Frist, so beginnt diese Frist mit der Zustellung der Mitteilung, wen die Kammer als Verteidiger bestellt hat, oder des Bescheides, mit dem der Antrag abgewiesen wurde, von neuem zu laufen.

(7) Die Beigabe eines Verteidigers ist zu widerrufen, wenn die Voraussetzungen des Abs. 3 nicht mehr gegeben sind oder wenn sich herausstellt, daß die seinerzeit angenommenen Voraussetzungen nicht gegeben waren.

§ 78. (1) In der mündlichen Verhandlung sind Personen, die als Zeugen für diese Verhandlung geladen sind, als Verteidiger nicht zugelassen. Im Untersuchungsverfahren kann die Finanzstrafbehörde Personen, die als Zeugen vernommen wurden, sowie Personen, die als Zeugen geladen sind oder deren Vernehmung als Zeugen beantragt ist, als Verteidiger ausschließen, wenn dies zur Ermittlung des Sachverhaltes geboten ist. Gegen einen solchen Bescheid ist die Beschwerde (§ 152) zulässig.

(2) Im Untersuchungsverfahren darf die Finanzstrafbehörde den Verteidiger von der Teilnahme an Beweisaufnahmen, die eine spätere Wiederholung nicht zulassen, nicht, von der Teilnahme an anderen Beweisaufnahmen nur dann ausschließen, wenn besondere Umstände befürchten lassen, daß durch die Beteiligung die weitere Untersuchung erschwert werden könnte. Gegen den Ausschluß des Verteidigers ist ein abgesondertes Rechtsmittel zulässig.

(3) Der verhaftete Beschuldigte kann sich mit seinem Verteidiger verständigen, ohne dabei überwacht zu werden.

(BGBl I 2016/77)

§ 79. (1) Die Finanzstrafbehörde hat dem Beschuldigten und den Nebenbeteiligten in jeder Lage des Verfahrens und auch nach dessen Abschluß die Einsicht und Abschriftnahme der Akten oder Aktenteile zu gestatten, deren Kenntnis zur Geltendmachung oder Verteidigung ihrer finanzstrafrechtlichen oder abgabenrechtlichen Interessen oder zur Erfüllung solcher Pflichten erforderlich ist; sie kann ihnen statt dessen auch Abschriften (Ablichtungen) ausfolgen. Sind Beschuldigte oder Nebenbeteiligte blind oder hochgradig sehbehindert und nicht durch Verteidiger oder Bevollmächtigte vertreten, so hat ihnen die Finanzstrafbehörde auf Verlangen den Inhalt der Akten oder Aktenteile durch Verlesung oder nach Maßgabe der vorhandenen technischen Möglichkeiten in sonst geeigneter Weise zur Kenntnis zu bringen.

(2) Von der Akteneinsicht ausgenommen sind Beratungsprotokolle, Amtsvorträge, Erledigungsentwürfe und sonstige Schriftstücke (Mitteilungen anderer Behörden, Meldungen, Berichte und dergleichen), deren Einsichtnahme eine Schädigung berechtigter Interessen dritter Personen herbeiführen würde.

(3) Im Untersuchungsverfahren können Aktenstücke vorläufig von der Einsichtnahme ausgenommen werden, wenn besondere Umstände befürchten lassen, daß durch eine sofortige Kenntnisnahme die Untersuchung erschwert werden könnte; die Einsichtnahme ist jedoch noch vor Abschluß des Untersuchungsverfahrens zu gestatten.

(4) Gegen die Verweigerung der Akteneinsicht ist ein abgesondertes Rechtsmittel nicht zulässig.

IV. Hauptstück
Aufdeckung und Verfolgung der Finanzvergehen

A. Anzeigen und Einleitung des Strafverfahrens

§ 80. (1) Die Behörden und Ämter der Bundesfinanzverwaltung haben, wenn sich innerhalb ihres dienstlichen Wirkungsbereiches ein Verdacht auf das Vorliegen eines Finanzvergehens ergibt, hievon die gemäß § 58 zuständige Finanzstrafbehörde zu verständigen, soweit sie nicht selbst als solche einzuschreiten haben. Überdies sind die Abgabenbehörden ermächtigt, der zuständigen Finanzstrafbehörde die Ergebnisse von Prüfungs-, Kontroll- und Überwachungsmaßnahmen zur finanzstrafrechtlichen Würdigung und Verarbeitung der Daten zu übermitteln.

(BGBl I 2018/32)

(2) Die Finanzstrafbehörden sowie der Bundesminister für Finanzen sind berechtigt, für finanzstrafrechtliche Zwecke oder sonst zur Erfüllung ihrer Aufgaben in alle Daten der Abgabenbehörden und der Finanzstrafbehörden Einsicht zu nehmen und diese zu verarbeiten.

(BGBl I 2018/32)

§ 81. Alle Dienststellen der Gebietskörperschaften mit behördlichem Aufgabenbereich, die Österreichische Gesundheitskasse und das Arbeitsmarktservice sind verpflichtet, die entweder von ihnen selbst wahrgenommenen oder sonst zu ihrer Kenntnis gelangten Finanzvergehen der nächsten Finanzstrafbehörde mitzuteilen.

(BGBl I 2018/100)

§ 82. (1) Die Finanzstrafbehörde hat die ihr gemäß §§ 80 oder 81 zukommenden Verständigungen und Mitteilungen darauf zu prüfen, ob genügende Verdachtsgründe für die Einleitung eines Finanzstrafverfahrens gegeben sind. Das gleiche gilt, wenn sie in anderer Weise, insbesondere aus eigener Wahrnehmung vom Verdacht eines Finanzvergehens Kenntnis erlangt. Die Prüfung ist nach den für die Feststellung des maßgebenden Sachverhalts im Untersuchungsverfahren geltenden Bestimmungen vorzunehmen.

(2) Ergibt diese Prüfung, dass für die Ahndung des Finanzvergehens das Gericht zuständig ist, so hat die Finanzstrafbehörde das Strafverfahren nach den Bestimmungen des Dritten Unterabschnittes zu führen.

(3) Ergibt die Prüfung gemäß Abs. 1, daß die Durchführung des Strafverfahrens nicht in die Zuständigkeit des Gerichtes fällt, so hat die Finanzstrafbehörde das Strafverfahren einzuleiten. Von der Einleitung eines Strafverfahrens hat sie nur dann abzusehen und darüber einen Aktenvermerk mit Begründung aufzunehmen,

a) wenn die Tat mangels ausreichender Anhaltspunkte voraussichtlich nicht erwiesen werden kann,
b) wenn die Tat kein Finanzvergehen bildet,
c) wenn der Verdächtige die ihm zur Last gelegte Tat nicht begangen hat oder Umstände vorliegen, welche die Tat rechtfertigen, die Schuld des Täters ausschließen, die Strafbarkeit ausschließen oder aufheben,
d) wenn Umstände vorliegen, welche die Verfolgung des Täters hindern, oder
e) wenn die Tat im Ausland begangen und der Täter dafür schon im Ausland gestraft worden ist und nicht anzunehmen ist, daß die Finanzstrafbehörde eine strengere Strafe verhängen werde.

§ 83. (1) Die Einleitung des Strafverfahrens ist aktenkundig zu machen.

(2) Von der Einleitung des Strafverfahrens ist der Verdächtige unter Bekanntgabe der zur Last gelegten Tat sowie der in Betracht kommenden Strafbestimmung unverzüglich zu verständigen. In den Fällen der §§ 85 und 93 kann die Verständigung auch anlässlich der ersten Vernehmung durch die Finanzstrafbehörde erfolgen.

(BGBl I 2015/118)

(3) Der Einleitung eines Strafverfahrens ist die erste Vernehmung einer Person als Beschuldigter durch eine andere Dienststelle der Finanzverwaltung als durch die Finanzstrafbehörde gleichzuhalten.

§ 84. (1) Dem Beschuldigten ist vor Beginn der ersten Vernehmung mitzuteilen, welcher Tat er verdächtig ist; er ist im Sinne des Abs. 2 und darüber zu informieren, dass er berechtigt sei, sich zur Sache zu äußern oder nicht auszusagen und sich zuvor mit einem Verteidiger zu beraten. Der Beschuldigte ist auch darauf aufmerksam zu machen, dass seine Aussage seiner Verteidigung dienen, aber auch als Beweis gegen ihn Verwendung finden könne.

(BGBl I 2022/108)

(2) Der Beschuldigte hat das Recht, seiner Vernehmung einen Verteidiger beizuziehen. Der Verteidiger darf sich an der Vernehmung beteiligen, indem er nach deren Abschluss oder nach thematisch zusammenhängenden Abschnitten ergänzende Fragen an den Beschuldigten richtet oder Erklärungen abgibt. Während der Vernehmung darf sich der Beschuldigte nicht mit dem Verteidiger über die Beantwortung einzelner Fragen beraten. Von der Beiziehung eines Verteidigers darf nur abgesehen werden, soweit dies auf Grund besonderer Umstände unbedingt erforderlich erscheint, um eine erhebliche Gefährdung der Ermittlungen oder eine Beeinträchtigung von Beweismitteln abzuwenden. In diesem Fall ist dem Beschuldigten sogleich oder innerhalb von 24 Stunden die Begründung bekanntzugeben. Gegen die Absehung von der Beiziehung eines Verteidigers ist eine Beschwerde an das Bundesfinanzgericht zulässig.

(BGBl I 2016/77)

(3) Beschuldigte und Nebenbeteiligte sind bei Beginn ihrer ersten Vernehmung über Vor- und Zunamen, Tag und Ort der Geburt, Staatsbürgerschaft, Familienstand, Beschäftigung und Wohnort, die Beschuldigten überdies über Vermögens-, Einkommens- und Familienverhältnisse sowie über allfällige Vorstrafen wegen Finanzvergehen zu befragen. Sind die Angaben hierüber schon in den Akten enthalten, so sind sie zur Anerkennung oder Richtigstellung vorzuhalten.

(4) Beschuldigte und Nebenbeteiligte dürfen zur Beantwortung der an sie gestellten Fragen nicht gezwungen werden. Sie dürfen nicht durch

Zwangsmittel, Drohungen, Versprechungen oder Vorspiegelungen zu Äußerungen genötigt oder bewogen werden. Die Stellung von Fragen, in welchen eine nicht zugestandene Tatsache als bereits zugestanden angenommen wird, ist nicht zulässig. Fragen, wodurch Umstände vorgehalten werden, die erst durch die Antwort festgestellt werden sollen, dürfen erst dann gestellt werden, wenn die Befragten nicht in anderer Weise zu einer Erklärung über dieselben geführt werden konnten; die Fragen sind in solchen Fällen wörtlich in die Niederschrift über die Vernehmung aufzunehmen. Beschuldigte und Nebenbeteiligte dürfen nicht durch Zwangsstrafen zur Herausgabe von Tatgegenständen und Beweismitteln verhalten werden.

(5) Der Vernehmung ist ein Dolmetscher gemäß § 57 Abs. 4 beizuziehen, wenn der Beschuldigte oder ein Nebenbeteiligter der Verhandlungssprache nicht hinreichend kundig, gehörlos, hochgradig hörbehindert oder stumm ist.

B. Festnahme, Vorführung, vorläufige Verwahrung und Untersuchungshaft

§ 85. (1) Die Finanzstrafbehörde kann zum Zweck der Vorführung und vorläufigen Verwahrung die Festnahme des eines vorsätzlichen Finanzvergehens, mit Ausnahme einer Finanzordnungswidrigkeit, Verdächtigen anordnen:

a) wenn der Verdächtige auf frischer Tat betreten oder unmittelbar nach Begehung eines Finanzvergehens mit Gegenständen betreten wird, die vom Finanzvergehen herrühren oder sonst auf seine Beteiligung an dem Finanzvergehen hinweisen;

b) wenn er flüchtig ist oder sich verborgen hält oder wenn auf Grund bestimmter Tatsachen die Gefahr besteht, er werde wegen der Größe der ihm mutmaßlich bevorstehenden Strafe oder aus anderen Gründen flüchten oder sich verborgen halten;

c) wenn er andere an der Tat Beteiligte, Hehler, Zeugen oder Sachverständige zu beeinflussen, die Spuren der Tat zu beseitigen oder sonst die Ermittlung der Wahrheit zu erschweren versucht hat oder wenn auf Grund bestimmter Tatsachen die Gefahr besteht, er werde dies versuchen; oder

d) wenn auf Grund bestimmter Tatsachen anzunehmen ist, er werde das ihm angelastete versuchte Finanzvergehen ausführen oder in unmittelbarer Folge ein weiteres gleichartiges Finanzvergehen begehen.

(2) Die Anordnung der Festnahme bedarf eines Bescheides des Vorsitzenden des Spruchsenates, dem gemäß § 58 Abs. 2 unter den dort vorgesehenen Voraussetzungen die Durchführung der mündlichen Verhandlung und die Fällung des Erkenntnisses obliegen würde. Auf Grund dieser Anordnung sind die Organe der Finanzstrafbehörden, des Zollamtes Österreich und des öffentlichen Sicherheitsdienstes zur Festnahme der verdächtigen Personen befugt. Der Bescheid muß sogleich bei der Festnahme oder doch innerhalb der nächsten 24 Stunden dem Festgenommenen zugestellt werden.

(BGBl I 2019/104)

(3) Ausnahmsweise kann die Festnahme durch die im Abs. 2 genannten Organe auch ohne schriftliche Anordnung vorgenommen werden

a) in den Fällen des Abs. 1 lit. a sowie

b) in den Fällen des Abs. 1 lit. b bis d, wenn die Einholung der schriftlichen Anordnung wegen Gefahr im Verzug nicht tunlich ist.

Dem Festgenommenen sind die Gründe für die Festnahme und für die Annahme von Gefahr im Verzug mündlich bekanntzugeben.

(3a) Der Beschuldigte ist sogleich oder unmittelbar nach seiner Festnahme schriftlich in einer für ihn verständlichen Sprache und Art über seine Rechte (§§ 57 Abs. 3 und 85 Abs. 4 und 6) und darüber zu informieren, dass er berechtigt ist, Beschwerde gegen die Anordnung der Festnahme zu erheben und jederzeit seine Freilassung zu beantragen und Zugang zu ärztlicher Betreuung zu erhalten (§§ 66 bis 74 StVG). Ist die schriftliche Belehrung in einer Sprache, die der Beschuldigte versteht, nicht verfügbar, so ist er mündlich unter Beiziehung eines Dolmetschers zu belehren und ihm die schriftliche Übersetzung nachzureichen. Über die Erteilung der Belehrung ist ein Aktenvermerk aufzunehmen.

(4) Jeder Festgenommene ist unverzüglich der zuständigen Finanzstrafbehörde vorzuführen und von dieser sofort, spätestens aber binnen 24 Stunden nach der Übergabe, zur Sache und zu den Voraussetzungen der Verwahrung zu vernehmen. Nimmt der Festgenommene sein Recht auf Beiziehung eines Verteidigers in Anspruch, so ist die Vernehmung bis zum Eintreffen des Verteidigers aufzuschieben, es sei denn, dass damit eine unangemessene Verlängerung der Anhaltung verbunden wäre. Ergibt sich, daß kein Grund zu seiner weiteren Verwahrung vorhanden ist, oder ist der Zweck der Verwahrung durch die Anwendung eines oder mehrerer gelinderer Mittel (§ 88 Abs. 1) oder durch eine Sicherheitsleistung (§ 88 Abs. 2) erreicht, so ist er sogleich freizulassen; sonst aber hat die Finanzstrafbehörde spätestens vor Ablauf von 48 Stunden nach der Festnahme zu veranlassen, daß die Untersuchungshaft (§ 86) verhängt wird.

(BGBl I 2016/77)

(5) Bei der Festnahme, Vorführung und vorläufigen Verwahrung ist mit möglichster Schonung der Person und der Ehre des Festgenommenen vorzugehen.

(6) Dem Festgenommenen ist ohne unnötigen Aufschub zu gestatten, eine von ihm namhaft gemachte Person von der Festnahme zu verständigen. Bestehen gegen eine Verständigung durch den Festgenommenen selbst Bedenken, so hat die Finanzstrafbehörde die Verständigung vorzunehmen. Handelt es sich bei dem Festgenommenen um einen Ausländer, hat er das Recht seine konsularische oder diplomatische Vertretung von der Festnahme unterrichten zu lassen und mit dieser

Kontakt aufzunehmen. Dem Festgenommenen ist weiters zu gestatten, mit einer Person, die gemäß § 77 Abs. 1 als Verteidiger zugelassen ist, Kontakt aufzunehmen und diese zu bevollmächtigen.

(BGBl I 2022/108)

(7) (aufgehoben)

§ 86. (1) Die Untersuchungshaft ist vom Vorsitzenden des Spruchsenates zu verhängen, dem gemäß § 58 Abs. 2 unter den dort vorgesehenen Voraussetzungen die Durchführung der mündlichen Verhandlung und die Fällung des Erkenntnisses obliegen würde. Sie darf nur verhängt werden, wenn der Verwahrte auch nach seiner Vernehmung dringend eines vorsätzlichen Finanzvergehens, mit Ausnahme einer Finanzordnungswidrigkeit, verdächtig bleibt und auf Grund bestimmter Tatsachen die Gefahr besteht, er werde auf freiem Fuße

a) wegen der Größe der ihm mutmaßlich bevorstehenden Strafe oder aus anderen Gründen flüchten oder sich verborgen halten (Fluchtgefahr),

b) andere an der Tat Beteiligte, Hehler, Zeugen oder Sachverständige zu beeinflussen, die Spuren der Tat zu beseitigen oder sonst die Ermittlung der Wahrheit zu erschweren versuchen (Verdunkelungsgefahr) oder c) das ihm angelastete versuchte Finanzvergehen ausführen (Ausführungsgefahr) oder in unmittelbarer Folge ein weiteres gleichartiges Finanzvergehen begehen (Begehungsgefahr).

(2) Fluchtgefahr ist jedenfalls nicht anzunehmen, wenn der Beschuldigte sich in geordneten Lebensverhältnissen befindet und einen festen Wohnsitz im Inland hat, es sei denn, daß er bereits Anstalten zur Flucht getroffen hat.

§ 87. (1) Die Verhängung der Untersuchungshaft bedarf eines Bescheides. In der Begründung sind insbesondere auch die Tatsachen anzugeben, auf Grund derer die Finanzstrafbehörde das Vorliegen eines oder mehrerer der im § 86 Abs. 1 angeführten Haftgründe angenommen hat. Dieser Bescheid samt Begründung ist dem Beschuldigten sofort bekanntzugeben und binnen 24 Stunden auch schriftlich zuzustellen. Die mündliche Bekanntgabe ist in einer Niederschrift festzuhalten.

(2) (aufgehoben)

(3) Alle am Finanzstrafverfahren in amtlicher Eigenschaft teilnehmenden Personen sind verpflichtet, auf die möglichste Abkürzung der Haft hinzuwirken.

(4) Die Untersuchungshaft ist aufzuheben, sobald ihre Voraussetzungen nicht mehr vorliegen. Die Untersuchungshaft ist auch aufzuheben, sobald ihre Dauer im Verhältnis zu den zu erwartenden Strafen offenbar unangemessen ist. Sie darf einen Monat, bei Fluchtgefahr zwei Monate nicht übersteigen.

(5) Über Enthaftungsanträge hat der Vorsitzende des Spruchsenates (§ 86 Abs. 1) unverzüglich zu entscheiden. Erachtet die Finanzstrafbehörde, daß dem Enthaftungsantrag zu entsprechen ist, so hat sie auch ohne Befassung des Vorsitzenden des Spruchsenates die Untersuchungshaft aufzuheben.

(6) (aufgehoben)

(7) Die vorläufige Verwahrung und die Untersuchungshaft sind in dem dem Ort der Festnahme nächstgelegenen Haftraum der Sicherheitsbehörden oder in der nächstgelegenen Justizanstalt, jedoch möglichst abgesondert von Häftlingen der polizeilichen und gerichtlichen Strafrechtspflege, zu vollziehen. Für die Behandlung der verwahrten oder verhafteten Personen in Justizanstalten gelten die Bestimmungen über den Vollzug der Untersuchungshaft gemäß §§ 182 bis 189 StPO sinngemäß mit der Maßgabe, dass die der Staatsanwaltschaft oder dem Gericht übertragenen Aufgaben der zuständigen Finanzstrafbehörde zukommen. Entscheidungen nach § 16 Abs. 2 Z 2, 4 und 5 des Strafvollzugsgesetzes (§ 189 Abs. 2 StPO) stehen dem im § 86 Abs. 1 bezeichneten Vorsitzenden des Spruchsenates zu. Für die Behandlung der verwahrten oder verhafteten Personen in den Hafträumen der Sicherheitsbehörden gelten die einschlägigen Bestimmungen des Verwaltungsstrafgesetzes mit der Maßgabe, dass der Vollzug der Verwahrung und Untersuchungshaft so vorzunehmen ist, dass keine Verdunkelungsgefahr (§ 86 Abs. 1 lit. b) besteht.

(BGBl I 2020/99)

§ 88. (1) Die Untersuchungshaft darf nicht verhängt oder aufrechterhalten werden, wenn die Haftzwecke auch durch Anwendung eines oder mehrerer gelinderer Mittel erreicht werden können. Als gelindere Mittel sind anwendbar:

a) das Gelöbnis des Beschuldigten, bis zur rechtskräftigen Beendigung des Finanzstrafverfahrens weder zu flüchten noch sich verborgen zu halten noch sich ohne Genehmigung der Finanzstrafbehörde von seinem Aufenthaltsort zu entfernen;

b) das Gelöbnis, keinen Versuch zu unternehmen, die Untersuchung zu vereiteln;

c) die Weisung, jeden Wechsel des Aufenthaltsortes anzuzeigen oder sich in bestimmten Zeitabständen bei der Finanzstrafbehörde oder bei einer anderen Stelle zu melden;

d) die vorübergehende Abnahme der Reisepapiere;

e) die vorübergehende Abnahme der zur Führung eines Fahrzeuges nötigen Papiere.

Die Anwendung gelinderer Mittel ist aufzuheben, sobald ihre Voraussetzungen nicht mehr vorliegen.

(2) Eine vorläufige Verwahrung oder Untersuchungshaft wegen Fluchtverdachtes (§ 85 Abs. 1 lit. b und § 86 Abs. 1 lit. a) muß gegen Sicherheitsleistung und gegen Ablegung der im Abs. 1 lit. a und b erwähnten Gelöbnisse auf Verlangen unterbleiben oder aufgehoben werden. Die Sicherheitssumme ist mit Rücksicht auf die Folgen des Finanzvergehens, die Verhältnisse des Beschuldigten und das Vermögen der die Sicherheit Leistenden festzusetzen.

(3) Die Sicherheitssumme ist entweder in barem Geld oder in solchen Wertpapieren, die nach den bestehenden Gesetzen zur Anlage der Gelder von Minderjährigen oder sonstigen schutzberechtigten Personen verwendet werden dürfen, nach dem Börsenkurs des Erlagstages berechnet, bei der Finanzstrafbehörde zu hinterlegen oder durch Pfandbestellung auf unbewegliche Güter oder durch taugliche Bürgen (§ 1374 ABGB), die sich zugleich als Zahler verpflichten (§ 1357 ABGB), sicherzustellen. Kann eine solche Sicherheit nicht oder nur schwer beschafft werden, so kann auch eine andere im § 222 BAO im Abgabenverfahren vorgesehene Sicherheitsleistung zugelassen werden.

(BGBl I 2018/62)

(4) Wird die geleistete Sicherheit unzureichend, so ist sie zu ergänzen oder es ist eine anderweitige Sicherheit zu leisten; die Abs. 2 und 3 gelten sinngemäß.

(5) Die Sicherheitssumme ist von der Finanzstrafbehörde mit Bescheid für verfallen zu erklären, wenn der Beschuldigte flüchtet oder sich verbirgt oder wenn er einer den Verfall der Sicherheit androhenden Vorladung unentschuldigt keine Folge leistet. Die verfallene Sicherheitssumme ist nach den für Abgaben geltenden Vorschriften einzubringen; sie fließt dem Bund zu.

(6) Wenn der Beschuldigte Anstalten zur Flucht trifft oder wenn neue Umstände hervorkommen, die seine Festnahme erfordern, so ist ungeachtet der Sicherheitsleistung die gemäß Abs. 2 unterbliebene vorläufige Verwahrung anzuordnen oder die Untersuchungshaft zu verhängen; eine aufgehobene Verwahrung oder Untersuchungshaft ist fortzusetzen.

(7) Die Sicherheitssumme wird, sofern sie nicht bereits nach Abs. 5 für verfallen erklärt wurde, frei,
a) wenn die Voraussetzungen für die vorläufige Verwahrung oder für die Untersuchungshaft nicht mehr vorliegen,
b) wenn der Beschuldigte gemäß Abs. 6 festgenommen wurde,
c) wenn das Finanzstrafverfahren ohne Verhängung einer Freiheitsstrafe rechtskräftig beendet wurde oder
d) wenn der Vollzug einer verhängten Freiheitsstrafe begonnen hat.

C. Beschlagnahme

§ 89. (1) Die Finanzstrafbehörde hat mit Bescheid die Beschlagnahme von verfallsbedrohten Gegenständen und von Gegenständen, die als Beweismittel in Betracht kommen, anzuordnen, wenn dies zur Sicherung des Verfalls oder zur Beweissicherung geboten ist. Der Bescheid ist dem anwesenden Inhaber des in Beschlag zu nehmenden Gegenstandes bei der Beschlagnahme zuzustellen; ist der Inhaber nicht anwesend, so ist der Bescheid nach § 23 des Zustellgesetzes zu hinterlegen.

(2) Bei Gefahr im Verzug sind neben den Organen der Finanzstrafbehörden auch die Organe der Abgabenbehörden und des öffentlichen Sicherheitsdienstes berechtigt, die im Abs. 1 bezeichneten Gegenstände auch dann in Beschlag zu nehmen, wenn eine Anordnung der Finanzstrafbehörde nicht vorliegt. In diesem Fall sind dem anwesenden Inhaber die Gründe für die Beschlagnahme und für die Annahme von Gefahr im Verzug mündlich bekanntzugeben und in einer Niederschrift festzuhalten. Die beschlagnahmten Gegenstände sind, falls nicht nach § 90 Abs. 1 zweiter Satz vorgegangen wird, der zuständigen Finanzstrafbehörde abzuführen.

(3) Beweismittel, auf die sich eine gesetzlich anerkannte Pflicht zur Verschwiegenheit erstreckt, unterliegen bei dem zur Verschwiegenheit Verpflichteten der Beschlagnahme nur,
a) soweit begründeter Verdacht besteht, daß dieser selbst Beteiligter, Hehler oder Begünstigender in bezug auf das Finanzvergehen ist, oder
b) wenn es sich um Bücher oder Aufzeichnungen nach den §§ 124 bis 130 BAO oder um dazugehörende Belege oder um solche Gegenstände, welche zur Begehung des Finanzvergehens bestimmt waren oder diese erleichtert haben oder die aus dem Finanzvergehen herrühren, handelt.

(4) In den Fällen des Abs. 3 lit. b unterliegen Gegenstände, die zum Zwecke der Beratung oder Verteidigung des Beschuldigten durch eine gemäß § 77 Abs. 1 als Verteidiger zugelassene Person zu deren Information von dieser oder vom Beschuldigten hergestellt wurden, in keinem Fall der Beschlagnahme, auch wenn sich diese Gegenstände in der Verfügungsmacht des Beschuldigten oder anderer an der Tat Beteiligten befinden. Bei Kreditinstituten und den im § 38 Abs. 4 des Bankwesengesetzes genannten Unternehmen unterliegen Gegenstände, die Geheimnisse im Sinne des § 38 Abs. 1 des genannten Gesetzes betreffen, der Beschlagnahme nur für Finanzvergehen, für die das Bankgeheimnis gemäß § 38 Abs. 2 Z 1 des genannten Gesetzes oder in Amtshilfefällen gem. § 2 Abs. 2 ADG aufgehoben ist und für vorsätzliche Finanzvergehen, ausgenommen Finanzordnungswidrigkeiten, die mit Finanzvergehen, für die das Bankgeheimnis aufgehoben ist, unmittelbar zusammenhängen.

(BGBl I 2016/77)

(5) Behauptet der zur Verschwiegenheit Verpflichtete oder der Beschuldigte, daß die Voraussetzungen für die Beschlagnahme nach Abs. 3 und 4 nicht vorliegen, oder ist er bei der Beschlagnahme nicht anwesend, so ist der Gegenstand ohne weitere Untersuchung unter Siegel zu nehmen und ohne Verzug dem Vorsitzenden des Spruchsenates vorzulegen, dem gemäß § 58 Abs. 2 unter den dort vorgesehenen Voraussetzungen die Durchführung der mündlichen Verhandlung und die Fällung des Erkenntnisses obliegen würde. Der Vorsitzende des Spruchsenates hat mit Bescheid festzustellen, ob die Beweismittel der Beschlagnahme unterliegen.

(BGBl I 2018/62)

(6) (aufgehoben)

(7) Von der Beschlagnahme verfallsbedrohter Gegenstände kann abgesehen und eine bereits erfolgte Beschlagnahme solcher Gegenstände kann aufgehoben werden, wenn ein Geldbetrag erlegt wird, der dem Wert dieser Gegenstände entspricht (Freigabe). Der Geldbetrag tritt an die Stelle dieser Gegenstände und unterliegt nach Maßgabe des § 17 dem Verfall. Eine Freigabe hat insbesondere zu unterbleiben,

a) solange die Gegenstände auch für Beweiszwecke benötigt werden,
b) wenn es sich um Monopolgegenstände oder andere Gegenstände handelt, die gesetzlichen Verkehrsbeschränkungen unterliegen,
c) wenn eine gesetzwidrige Verwendung der Gegenstände zu besorgen ist,
d) wenn die Gegenstände auch in einem anderen Verfahren beschlagnahmt sind oder wenn die ihnen in einem anderen Verfahren drohende Beschlagnahme aktenkundig ist.

(8) Verschlossene Briefe oder andere verschlossene Schriftstücke dürfen nur in den Fällen einer Hausdurchsuchung oder Festnahme beschlagnahmt und eröffnet werden.

(9) Postsendungen, die im Gewahrsam der Post sind, dürfen nur beschlagnahmt werden,

a) in den Fällen einer Hausdurchsuchung oder Festnahme, wenn es sich um Sendungen handelt, die der Beschuldigte abschickt oder die an ihn gerichtet werden, oder
b) wenn bezüglich des Inhalts der Sendungen der Verdacht eines Schmuggels oder einer Hinterziehung von Eingangs- oder Ausgangsabgaben besteht.

§ 90. (1) Die beschlagnahmten Gegenstände sind amtlich zu verwahren. Bereitet die amtliche Verwahrung Schwierigkeiten, so sind die Gegenstände einer dritten Person in Verwahrung zu geben; sie können aber auch dem bisherigen Inhaber belassen werden, wenn hiedurch der Zweck der Beschlagnahme nicht gefährdet wird. In solchen Fällen ist ein Verbot zu erlassen, über die Gegenstände zu verfügen, wobei hinsichtlich der Benützung, Pflege und Wertsicherung der Gegenstände die erforderlichen Bedingungen und Auflagen festzulegen sind. Die Gegenstände können auch durch amtliche Verschlüsse gesichert werden.

(2) Unterliegen die beschlagnahmten Gegenstände raschem Verderben oder einer erheblichen Wertminderung oder lassen sie sich nur mit unverhältnismäßigen Kosten aufbewahren, so können sie von der Finanzstrafbehörde wie finanzbehördlich gepfändete Gegenstände verwertet werden; in Grenznähe beschlagnahmte Gegenstände, die raschem Verderben unterliegen, können auch von Organen der Zollstelle im kurzen Weg bestmöglich verwertet werden. Der Beschuldigte und der Eigentümer sind tunlichst vor der Verwertung zu verständigen. Der Erlös tritt an die Stelle der veräußerten Gegenstände und unterliegt nach Maßgabe des § 17 dem Verfall. Die Verwertung wegen unverhältnismäßiger Aufbewahrungskosten unterbleibt, wenn rechtzeitig ein zur Deckung dieser Kosten ausreichender Betrag erlegt wird.

(BGBl I 2019/104)

(3) Die Verwertung nach Abs. 2 hat jedoch solange zu unterbleiben, als die verfallsbedrohten Gegenstände für Beweiszwecke benötigt werden.

§ 91. (1) In allen Fällen, in denen beschlagnahmte Gegenstände abgenommen werden, ist dem bisherigen Inhaber eine Bestätigung auszustellen, in der die Gegenstände nach ihren wesentlichen Merkmalen, wie Stückzahl, Gewicht, Maß und Gattung, genau zu verzeichnen sind.

(2) Beschlagnahmte Gegenstände sind unverzüglich zurückzugeben, wenn die Aufrechterhaltung der Beschlagnahme nicht gerechtfertigt ist.

§ 92. Beschlagnahmte Geschäftsbücher, Aufzeichnungen und Belege sind dem Eigentümer oder einer von diesem hiezu bevollmächtigten Person auf Verlangen zur Einsicht zugänglich zu machen, sofern hiedurch die Tatbestandsermittlung nicht beeinträchtigt und das Verfahren nicht ungebührlich verzögert wird. Die Abschriftnahme ist zu bewilligen, wenn nicht Verdunklungsgefahr oder Verabredungsgefahr besteht. Gegen die Verweigerung der Einsichtnahme oder der Abschriftnahme ist ein abgesondertes Rechtsmittel nicht zulässig.

D. Hausdurchsuchung und Personendurchsuchung

§ 93. (1) Die Durchführung einer Hausdurchsuchung (Abs. 2) oder einer Personendurchsuchung (Abs. 3) bedarf einer mit Gründen versehenen schriftlichen Anordnung des Vorsitzenden des Spruchsenates, dem gemäß § 58 Abs. 2 unter den dort vorgesehenen Voraussetzungen die Durchführung der mündlichen Verhandlung und die Fällung des Erkenntnisses obliegen würde. Die Anordnung richtet sich an die mit der Durchführung betraute Finanzstrafbehörde. Eine Kopie dieser Anordnung ist einem anwesenden Betroffenen bei Beginn der Durchsuchung auszuhändigen. Ist kein Betroffener anwesend, so ist die Kopie nach § 23 des Zustellgesetzes zu hinterlegen. Wurde jedoch die Anordnung vorerst mündlich erteilt, weil die Übermittlung der schriftlichen Ausfertigung an die mit der Durchsuchung beauftragten Organe wegen Gefahr im Verzug nicht abgewartet werden konnte, so ist die Kopie innerhalb der nächsten 24 Stunden zuzustellen.

(2) Hausdurchsuchungen, das sind Durchsuchungen von Wohnungen und sonstigen zum Hauswesen gehörigen Räumlichkeiten sowie von Wirtschafts-, Gewerbe- oder Betriebsräumen, dürfen nur vorgenommen werden, wenn begründeter Verdacht besteht, daß sich darin eine eines Finanzvergehens, mit Ausnahme einer Finanzordnungswidrigkeit, verdächtige Person aufhält oder daß sich daselbst Gegenstände befinden, die voraussichtlich dem Verfall unterliegen oder die im Finanzstrafverfahren als Beweismittel in Betracht kommen.

(3) Personen dürfen nur dann durchsucht werden, wenn hohe Wahrscheinlichkeit für die Innehabung von Gegenständen der in Abs. 2 bezeichneten Art

spricht oder die zu durchsuchende Person eines Finanzvergehens verdächtig ist.

(4) Ist wegen Gefahr im Verzug die Einholung weder einer schriftlichen noch einer mündlichen Anordnung gemäß Abs. 1 möglich, so stehen die im Abs. 2 und 3 geregelten Befugnisse den im § 89 Abs. 2 genannten Organen ausnahmsweise auch ohne Anordnung zu. In diesem Fall sind dem anwesenden Betroffenen die Gründe für die Durchsuchung und für die Annahme von Gefahr im Verzug mündlich bekanntzugeben und in einer Niederschrift festzuhalten.

(5) Auf Verlangen des Betroffenen sind der Hausdurchsuchung oder Personendurchsuchung bis zu zwei von ihm namhaft gemachten Personen seines Vertrauens, die nicht der gleichen oder einer damit im Zusammenhang stehenden Straftat verdächtig sind, zuzuziehen. Bei einer Durchsuchung in Abwesenheit des Betroffenen ist, wenn dieser nicht selbst Wohnungsinhaber ist, der Wohnungsinhaber, in dessen Abwesenheit ein Wohnungsgenosse, berechtigt, die Zuziehung der Vertrauenspersonen zu verlangen. Mit der Durchsuchung ist bis zum Eintreffen der Vertrauenspersonen zuzuwarten, sofern hiedurch nicht die Amtshandlung unangemessen verzögert oder ihr Erfolg gefährdet wird. Vertrauenspersonen haben sich jeder Einmengung in eine Hausdurchsuchung oder Personendurchsuchung zu enthalten, widrigenfalls sie entfernt werden können.

(6) Über das Ergebnis der Durchsuchung ist eine Niederschrift aufzunehmen. Dem Betroffenen ist auf sein Verlangen sogleich oder doch binnen der nächsten 24 Stunden eine Bescheinigung über die Vornahme der Durchsuchung, deren Gründe und deren Ergebnis auszufolgen.

(7) Jeder, der durch die Durchsuchung in seinem Hausrecht betroffen ist, ist berechtigt, sowohl gegen die Anordnung als auch gegen die Durchführung der Durchsuchung Beschwerde an das Bundesfinanzgericht zu erheben.

§ 94. (1) Hausdurchsuchungen sind mit möglichster Schonung unter Vermeidung unnötigen Aufsehens und jeder nicht unumgänglichen Belästigung oder Störung der Betroffenen vorzunehmen.

(2) Dem Betroffenen ist vor Beginn der Durchsuchung Gelegenheit zu geben, das Gesuchte herauszugeben oder sonst die Gründe für die Durchsuchung zu beseitigen. Hievon kann abgesehen werden, wenn Gefahr im Verzug ist.

(3) Der Inhaber der Räumlichkeiten, die durchsucht werden sollen, ist aufzufordern, der Durchsuchung beizuwohnen. Er ist verpflichtet, dem die Durchsuchung vornehmenden Organ Räume und Behältnisse auf Verlangen zu öffnen und die darin aufbewahrten Gegenstände vorzuweisen.

(4) Ist der Inhaber der zu durchsuchenden Räumlichkeiten verhindert oder abwesend, so ist ein erwachsenes Mitglied seiner Familie und in dessen Ermanglung eine andere erwachsene Person aufzufordern, der Amtshandlung beizuwohnen.

(5) Wird die Öffnung der zu durchsuchenden Räume oder Behältnisse verweigert, so kann sie das mit der Durchsuchung befaßte Organ entweder selbst öffnen oder aber die Öffnung durch andere Personen veranlassen.

§ 95. Zur Personendurchsuchung ist die zu durchsuchende Person auf ihr Verlangen in die nächste Amtsräumlichkeit der Bundesfinanzverwaltung oder der nächsten Sicherheitsdienststelle vorzuführen. Diese Vorführung hat stets einzutreten, wenn die Herausgabe der am Körper oder in der Kleidung verborgenen Gegenstände oder die Vornahme der Durchsuchung am Betretungsort untunlich erscheint. Personen dürfen nur von Personen desselben Geschlechts und nicht im Beisein von Personen des anderen Geschlechts durchsucht werden. § 94 Abs. 2 gilt sinngemäß.

(BGBl I 2019/104)

§ 96. Werden die gesuchten Beweismittel vorgefunden, so sind sie zu beschlagnahmen, ohne daß es hiezu einer besonderen Anordnung bedarf. Andere Beweismittel, die auf die Begehung eines Finanzvergehens schließen lassen, sind nur dann in Beschlag zu nehmen, wenn Gefahr im Verzug ist. Im übrigen sind die für Beschlagnahmen geltenden Bestimmungen anzuwenden.

E. Gemeinsame Bestimmungen

§ 97. Die den Organen des Zollamtes Österreich zur Ausübung ihres Dienstes in den Zollvorschriften eingeräumten Befugnisse bleiben unberührt.

(BGBl I 2019/104)

V. Hauptstück
Beweise und deren Durchführung

A. Beweismittel

1. Allgemeines

§ 98. (1) Als Beweismittel im Finanzstrafverfahren kommt unbeschadet des Abs. 4 alles in Betracht, was zur Feststellung des maßgebenden Sachverhalts geeignet und nach der Lage des einzelnen Falles zweckdienlich ist.

(2) Tatsachen, die bei der Behörde offenkundig sind und solche, für deren Vorhandensein das Gesetz eine Vermutung aufstellt, bedürfen keines Beweises.

(3) Die Finanzstrafbehörde hat unter sorgfältiger Berücksichtigung der Ergebnisse des Verfahrens nach freier Überzeugung zu beurteilen, ob eine Tatsache erwiesen ist oder nicht; bleiben Zweifel bestehen, so darf die Tatsache nicht zum Nachteil des Beschuldigten oder des Nebenbeteiligten als erwiesen angenommen werden.

(4) Beweismittel, die unter Verletzung der Bestimmungen des § 84 Abs. 4 erster und letzter Satz, des § 89 Abs. 3, 4, 8 oder 9, des § 103 lit. a bis c oder des § 106 Abs. 2 gewonnen wurden, dürfen zur Fällung des Erkenntnisses (der Strafverfügung) zum Nachteil des Beschuldigten oder des Nebenbeteiligten nicht herangezogen werden.

(5) Die Kriminalpolizei, Staatsanwaltschaften und Gerichte sind unter den Bedingungen des § 76 Abs. 4 erster und zweiter Satz StPO ermächtigt,

nach der StPO erlangte personenbezogene Daten, die für die Durchführung eines Finanzstrafverfahrens erforderlich sind, den Finanzstrafbehörden für Zwecke der Finanzstrafrechtspflege zu übermitteln.

(BGBl I 2015/118)

§ 99. (1) Die Finanzstrafbehörde ist berechtigt, von jedermann Auskunft für Zwecke des Finanzstrafverfahrens zu verlangen. Die Auskunft ist wahrheitsgemäß nach bestem Wissen und Gewissen zu erteilen. Die Verpflichtung zur Auskunftserteilung schließt die Verbindlichkeit in sich, Urkunden, Daten in allgemein lesbarer Form und andere Unterlagen, die für das Finanzstrafverfahren von Bedeutung sind, vorzulegen oder die Einsichtnahme in diese zu gestatten. Im übrigen gelten die §§ 102 bis 106 und § 108 sinngemäß. Soweit dies der zur Auskunft verpflichteten Person zumutbar ist, sind elektronische Daten in einem allgemein gebräuchlichen Dateiformat in strukturierter Form so zu übermitteln, dass diese elektronisch weiterverarbeitet werden können.

(2) Die Finanzstrafbehörde ist auch befugt, zur Klärung des Sachverhaltes Nachschauen und Prüfungen im Sinne der Abgaben- oder Monopolvorschriften anzuordnen oder selbst durchzuführen. Die mit einer solchen Maßnahme betrauten Organe der Abgabenbehörden haben insoweit auch die Befugnisse der Organe der Finanzstrafbehörden. Führen Organe der Finanzstrafbehörden die Nachschau oder Prüfung selbst durch, haben sie insoweit auch die Befugnisse der Organe der Abgabenbehörden. Das Ergebnis einer durch die Finanzstrafbehörde durchgeführten Nachschau oder Prüfung ist der Abgabenbehörde zur Wahrnehmung der dieser obliegenden Aufgaben zu übermitteln. Die einschränkenden Bestimmungen des § 148 Abs. 3 BAO gelten für Prüfungen gemäß diesem Absatz nicht.

(BGBl I 2019/104, BGBl I 2020/99)

(3) Die Finanzstrafbehörde ist ferner berechtigt, für Zwecke des Finanzstrafverfahrens von den Betreibern öffentlicher Telekommunikationsdienste Auskunft über Namen, Anschrift und Nutzernummer eines bestimmten Anschlusses zu verlangen. Die ersuchte Stelle ist verpflichtet, diese Auskunft unverzüglich und kostenlos zu erteilen.

(BGBl I 2022/108)

(3a) Bei Verdacht auf ein gemäß § 58 Abs. 2 lit. a in die Zuständigkeit des Spruchsenates fallendes vorsätzliches Finanzvergehen, ausgenommen Finanzordnungswidrigkeiten, ist die Finanzstrafbehörde auf Anordnung des Vorsitzenden des Spruchsenates, dem gemäß § 58 Abs. 2 die Durchführung der mündlichen Verhandlung und die Fällung des Erkenntnisses obliegen würde, berechtigt, von Betreibern öffentlicher Telekommunikationsdienste (§ 160 Abs. 3 Z 1 Telekommunikationsgesetz 2021 – TKG 2021, BGBl. I Nr. 190/2021) und sonstigen Diensteanbietern (§ 3 Z 2 E-Commerce-Gesetz – ECG, BGBl. I Nr. 152/2001) auch folgende Auskünfte zu verlangen:

1. die Internetprotokolladresse (IP-Adresse) zu einer bestimmten Nachricht und den Zeitpunkt ihrer Übermittlung, soweit dies für eine Auskunft nach Z 2 erforderlich ist;
2. Namen und Anschrift eines Benutzers, dem eine IP-Adresse zu einem bestimmten Zeitpunkt zugewiesen war,

wenn die dafür erforderlichen Daten zum Zeitpunkt der Anfrage noch rechtmäßig verarbeitet werden (§ 167 Abs. 1 und 5 TKG 2021).

Die ersuchte Stelle ist verpflichtet, die Auskunft unverzüglich und kostenlos zu erteilen. Die Anordnung des Vorsitzenden des Spruchsenates hat schriftlich und mit einer Begründung versehen zu ergehen. Nach Beendigung der Ermittlungsmaßnahme hat die Finanzstrafbehörde die Anordnung des Vorsitzenden des Spruchsenates dem Beschuldigten und den von der Durchführung der Ermittlungsmaßnahme Betroffenen unverzüglich zuzustellen. Die Zustellung kann jedoch aufgeschoben werden, solange durch sie der Zweck dieses oder eines damit zusammenhängenden anderen Strafverfahrens gefährdet wäre und dies notwendig und verhältnismäßig ist. Der Beschuldigte und jeder durch die Ermittlungsmaßnahme Betroffene ist berechtigt, gegen die Anordnung Beschwerde an das Bundesfinanzgericht zu erheben.

(BGBl I 2022/108)

(3b) Die näheren Bestimmungen im Hinblick auf die zugangsberechtigten Behörden, die Datenfelder sowie die Protokollierung über die Durchlaufstelle sind durch den Bundesminister für Verkehr, Innovation und Technologie im Einvernehmen mit den Bundesministern für Finanzen, für Inneres und für Justiz in der Datensicherheitsverordnung – TKG-DSVO, BGBl. II Nr. 402/2011, festzusetzen.

(BGBl I 2022/108)

(4) Die Finanzstrafbehörde ist weiters berechtigt, für Zwecke des Finanzstrafverfahrens von den Betreibern von Post- und Paketdiensten Auskünfte über Post- und Paketsendungen zu verlangen. Die ersuchte Stelle ist verpflichtet, diese Auskunft unverzüglich und kostenlos zu erteilen.

(BGBl I 2015/118)

(5) Die Finanzstrafbehörden sind berechtigt, zur Identitätsfeststellung einer Person, die eines Finanzvergehens verdächtig ist oder als Zeuge (Auskunftsperson) in Betracht kommt, deren Namen, Geburtsdatum, Geburtsort, Beruf und Wohnanschrift zu ermitteln. Sie ist auch befugt, deren Größe festzustellen und sie zu fotografieren, soweit dies zur Identitätsfeststellung erforderlich ist. Soweit es für die Aufklärung eines gemäß § 58 Abs. 2 lit. a in die Zuständigkeit eines Spruchsenates fallenden Finanzvergehen, deren Verfolgung in die Zuständigkeit des Zollamtes Österreich fällt, zweckdienlich ist, ist die Finanzstrafbehörde auch befugt, von Beschuldigten, von denen auf Grund bestimmter Tatsachen angenommen werden kann, dass sie Spuren hinterlassen haben, Papillarlinienabdrücke abzunehmen. Deren zwangsweise Durchsetzung unterliegt in besonderem Maße dem Grundsatz der Verhältnismäßigkeit und ist mit möglichster Schonung der Person vorzunehmen. Jede Person ist verpflichtet, in angemessener Weise

an der Feststellung ihrer Identität mitzuwirken. Auf Aufforderung ist ihr der Anlass der Identitätsfeststellung mitzuteilen. Ein erkennungsdienstlicher Abgleich der abgenommenen Papillarlinienabdrücke mit Datenbanken ist unzulässig. Nach rechtskräftiger Erledigung des Finanzstrafverfahrens, in dem die nach dieser Bestimmung abgenommenen Papillarlinienabdrücke als Beweismittel dienten, sind diese zu vernichten.

(BGBl I 2019/104)

(6) Ersuchen um Auskünfte im Sinne des § 38 Abs. 2 Z 1 des Bankwesengesetzes – BWG, BGBl. Nr. 532/1993, ausgenommen die Einsicht in das Kontenregister (§ 4 Abs. 1 Kontenregister- und Konteneinschaugesetz – KontRegG, BGBl I Nr. 116/2015) bedürfen einer Anordnung des Vorsitzenden des Spruchsenates, dem gemäß § 58 Abs. 2 die Durchführung der mündlichen Verhandlung und die Fällung des Erkenntnisses obliegen würde. Die Anordnung samt Auskunftsersuchen ist dem Kredit- oder Finanzinstitut, dem Beschuldigten sowie den aus der Geschäftsverbindung verfügungsberechtigten Personen zuzustellen, sobald diese der Finanzstrafbehörde bekannt geworden sind. Die Ausfertigung an das Kredit- oder Finanzinstitut hat keine Begründung zu enthalten. Die Zustellung an den Beschuldigten und die Verfügungsberechtigten kann aufgeschoben werden, solange durch sie der Zweck der Ermittlungen gefährdet wäre. Hierüber ist das Kredit- oder Finanzinstitut zu informieren, das die Anordnung und alle mit ihr verbundenen Tatsachen und Vorgänge gegenüber Kunden und Dritten geheim zu halten hat. Kredit- oder Finanzinstitute und deren Mitarbeiter sind verpflichtet, die verlangten Auskünfte zu erteilen sowie Urkunden und Unterlagen einsehen zu lassen und herauszugeben. Dies hat auf einem elektronischen Datenträger in einem allgemein gebräuchlichen Dateiformat in strukturierter Form so zu erfolgen, dass die Daten elektronisch weiterverarbeitet werden können. Gegen die Anordnung des Vorsitzenden des Spruchsenates steht dem Beschuldigten und den aus der Geschäftsverbindung verfügungsberechtigten Personen das Rechtsmittel der Beschwerde zu. Insoweit das Bundesfinanzgericht die Unzulässigkeit der Anordnung feststellt, unterliegen die dadurch erlangten Auskünfte dem Verwertungsverbot im Sinne des § 98 Abs. 4.

(BGBl I 2015/118)

§ 100. Den Organen der in den §§ 80 und 81 bezeichneten Dienststellen ist es untersagt, auf die Gewinnung von Verdachtsgründen gegen eine Person oder auf deren Überführung dadurch hinzuwirken, daß diese zur Begehung, Fortsetzung oder Vollendung eines Finanzvergehens verleitet oder durch insgeheim bestellte Personen zu Geständnissen verlockt wird, die sodann der Finanzstrafbehörde hinterbracht werden. Von der Verfolgung einer Person wegen des Finanzvergehens, zu deren Begehung sie entgegen dieser Bestimmung verleitet wurde, hat die Finanzstrafbehörde abzusehen.

(AbgÄG 2023, BGBl I 2023/110)

2. Urkunden

§ 101. Die Beweiskraft von öffentlichen und Privaturkunden ist nach den Vorschriften der §§ 292 bis 294, 296, 310 und 311 ZPO zu beurteilen.

3. Zeugen

§ 102. (1) Soweit sich aus diesem Bundesgesetz nicht anderes ergibt, ist jedermann verpflichtet, als Zeuge über alle ihm bekannten, für ein Finanzstrafverfahren maßgebenden Tatsachen auszusagen.

(2) Wenn die Finanzstrafbehörde das persönliche Erscheinen des Zeugen für erforderlich erachtet, hat sie ihn vorzuladen. In der Vorladung ist anzugeben, was den Gegenstand der Vernehmung bildet und welche Beweismittel und Gegenstände (Abs. 4) mitzubringen sind. Die Bekanntgabe des Gegenstandes der Vernehmung hat insoweit zu unterbleiben, als besondere Umstände die Befürchtung rechtfertigen, daß hiedurch die Untersuchung erschwert werden könnte. Gegebenenfalls kann nach § 56b vorgegangen werden.

(BGBl I 2018/62)

(3) Wenn die Finanzstrafbehörde das persönliche Erscheinen des Zeugen nicht für erforderlich erachtet, kann die Aussage des Zeugen auch schriftlich eingeholt und abgegeben werden.

(4) Soweit jemand als Zeuge zur Aussage verpflichtet ist, hat er auf Verlangen der Finanzstrafbehörde auch Schriftstücke, Urkunden, die einschlägigen Stellen seiner Geschäftsbücher und Daten in allgemein lesbarer Form zur Einsicht vorzulegen, die sich auf bestimmt zu bezeichnende Tatsachen beziehen; er hat Gegenstände, die er für den Beschuldigten verwahrt, vorzulegen und Einsicht in verschlossene Behältnisse zu gewähren, die er dem Beschuldigten überlassen hat.

§ 103. Als Zeugen dürfen nicht vernommen werden:

a) Personen, die zur Mitteilung ihrer Wahrnehmungen unfähig sind oder die zur Zeit, auf die sich ihre Aussage beziehen soll, zur Wahrnehmung der zu beweisenden Tatsache unfähig waren;

b) Geistliche darüber, was ihnen in der Beichte oder sonst unter dem Siegel geistlicher Amtsverschwiegenheit zur Kenntnis gelangt ist;

c) Organe des Bundes und der übrigen Gebietskörperschaften, wenn sie durch ihre Aussage das ihnen obliegende Amtsgeheimnis verletzen würden, insofern sie der Pflicht zur Geheimhaltung nicht entbunden sind;

d) in jedem Finanzstrafverfahren die Nebenbeteiligten des Verfahrens.

§ 104. (1) Die Aussage darf von einem Zeugen verweigert werden:

a) wenn er ein Angehöriger (§ 72 StGB) des Beschuldigten oder eines Nebenbeteiligten des Finanzstrafverfahrens ist;

(BGBl I 2018/62)

b) über Fragen, deren Beantwortung dem Zeugen oder seinen Angehörigen, seinem gesetzlichen

Vertreter oder einer Person unter seiner gesetzlichen Vertretung die Gefahr einer strafgerichtlichen oder finanzstrafbehördlichen Verfolgung zuziehen würde;
(BGBl I 2018/62)

c) über Fragen, deren Beantwortung dem Zeugen oder einer der in lit. b genannten Personen unmittelbar einen bedeutenden Vermögensnachteil bringen oder zur Schande gereichen würde, es sei denn, daß der Auskunft voraussichtlich für das Verfahren entscheidende Bedeutung zukommt und die Finanzstrafbehörde unter Hinweis darauf vom Zeugen die Auskunft verlangt;

d) über Fragen, die der Zeuge nicht beantworten könnte, ohne eine ihm obliegende gesetzlich anerkannte Pflicht zur Verschwiegenheit, von der er nicht gültig entbunden wurde, zu verletzen oder ein Kunst- oder technisches Betriebsgeheimnis zu offenbaren.

(2) Die zur berufsmäßigen Parteienvertretung befugten Personen und ihre Hilfskräfte können die Zeugenaussage auch darüber verweigern, was ihnen in ihrer Eigenschaft als Vertreter der Partei über diese zur Kenntnis gelangt ist.

(3) Will ein Zeuge die Aussage verweigern, so hat er die Gründe seiner Weigerung glaubhaft zu machen.

§ 105. Einem Zeugen, der einer Vorladung, ohne durch Krankheit, Gebrechlichkeit oder ein sonstiges begründetes Hindernis entschuldigt zu sein, nicht Folge leistet oder die Auskunft ohne zutreffende Berufung auf einen gesetzlichen Weigerungsgrund verweigert oder seinen Verpflichtungen gemäß § 102 Abs. 4 nicht nachkommt, kann die Finanzstrafbehörde, abgesehen von Zwangsstrafen, den Ersatz aller durch seine Säumnis oder Weigerung verursachten Barauslagen durch Bescheid auferlegen. Das gleiche gilt in den Fällen des § 104 Abs. 1 lit. a, wenn die Finanzstrafbehörde vom Zeugen die Auskunft verlangt, dieser sie aber verweigert. Wenn es die Finanzstrafbehörde zur Feststellung des maßgeblichen Sachverhaltes (§ 115) für geboten hält, kann der Zeuge auf Grund einer schriftlichen Anordnung der Finanzstrafbehörde durch die im § 89 Abs. 2 genannten Organe zwangsweise vorgeführt werden, wenn dies in der Vorladung angedroht war. Die Sicherheitsdienststellen haben den Vorführungsersuchen der Finanzstrafbehörden zu entsprechen.

§ 106. (1) Jeder Zeuge ist zu Beginn seiner Vernehmung über die für die Vernehmung maßgebenden persönlichen Verhältnisse zu befragen, erforderlichenfalls über die gesetzlichen Weigerungsgründe zu belehren und zu ermahnen, daß er die Wahrheit anzugeben habe und nichts verschweigen dürfe; er ist auch auf die strafrechtlichen Folgen einer falschen Aussage aufmerksam zu machen. Entsprechendes gilt bei Einholung einer Zeugenauskunft auf schriftlichem Weg.

(2) Zeugen dürfen, abgesehen von Zwangsstrafen, zur Beantwortung der an sie gestellten Fragen nicht gezwungen werden.

(3) Fragen, durch welche dem Zeugen Tatumstände vorgehalten werden, welche erst durch seine Antwort festgestellt werden sollen, sind möglichst zu vermeiden und, wenn sie gestellt werden müssen, in der Niederschrift über die Vernehmung ersichtlich zu machen.

§ 107. (1) Hält die Finanzstrafbehörde die eidliche Einvernahme eines Zeugen über bestimmte Tatsachen von besonderer Tragweite für unbedingt erforderlich, so kann der Zeuge unter Beiziehung eines Schriftführers, außerhalb der mündlichen Verhandlung durch den Leiter der Finanzstrafbehörde oder durch einen ihr zugewiesenen rechtskundigen Bediensteten, in der mündlichen Verhandlung durch den Verhandlungsleiter eidlich vernommen werden. Die Bestimmungen des Gesetzes vom 3. Mai 1868, RGBl. Nr. 33, zur Regelung des Verfahrens bei den Eidesablegungen vor Gericht finden sinngemäß Anwendung.

(2) Zeugen, die im Untersuchungsverfahren vereidigt worden sind, sind bei ihrer Vernehmung in einer mündlichen Verhandlung an den abgelegten Eid zu erinnern.

(3) Nicht vereidigt werden dürfen Personen,

a) die selbst überwiesen sind oder im Verdacht stehen, daß sie die strafbare Handlung, wegen der sie vernommen werden, begangen oder daran teilgenommen haben oder an ihr mitschuldig sind,

b) die sich wegen eines Verbrechens in Untersuchung befinden oder wegen eines solchen zu einer Freiheitsstrafe verurteilt sind, die sie noch zu verbüßen haben,

c) die schon einmal wegen falschen Zeugnisses oder falschen Eides verurteilt worden sind,

d) die zur Zeit ihrer Vernehmung das 14. Lebensjahr noch nicht vollendet haben,

e) die an einer erheblichen Schwäche des Wahrnehmungs- oder Erinnerungsvermögens leiden,

f) die mit dem Beschuldigten oder den Nebenbeteiligten in einer Feindschaft leben, die mit Rücksicht auf die Persönlichkeit der Beteiligten und die sonstigen Begleitumstände der Feindschaft geeignet ist, die volle Glaubwürdigkeit auszuschließen,

g) die bei ihrer Auskunftserteilung wesentliche Umstände angegeben haben, deren Unwahrheit bewiesen ist und worüber sie nicht einen bloßen Irrtum nachweisen können.

§ 108. (1) Zeugen haben Anspruch auf Ersatz von Reise- und Aufenthaltskosten und auf Entschädigung für Zeitversäumnis unter den gleichen Voraussetzungen und im gleichen Ausmaß wie Zeugen im gerichtlichen Verfahren sowie Anspruch auf Ersatz von notwendigen Barauslagen. Der Ersatzanspruch ist bei sonstigem Verlust binnen zwei Wochen nach der Vernehmung bei der Behörde geltend zu machen, welche die Einvernahme durchgeführt hat. Hierüber ist der Zeuge zu belehren.

(BGBl I 2022/108)

(2) Über den Anspruch entscheidet die vernehmende Behörde, bei Einvernahmen durch einen Senat die Finanzstrafbehörde, bei der der Senat gebildet ist.

4. Sachverständige und Dolmetscher

§ 109. (1) Wird die Aufnahme eines Beweises durch Sachverständige notwendig, so sind die für Gutachten der erforderlichen Art öffentlich bestellten Sachverständigen beizuziehen.

(2) Die Finanzstrafbehörde kann aber ausnahmsweise auch andere geeignete Personen als Sachverständige heranziehen, wenn es mit Rücksicht auf die Besonderheit des Falles geboten erscheint.

(3) Der Bestellung zum Sachverständigen hat Folge zu leisten, wer zur Erstattung von Gutachten der erforderlichen Art öffentlich bestellt ist oder wer die Wissenschaft, die Kunst oder die Tätigkeit, deren Kenntnis die Voraussetzung der Begutachtung ist, öffentlich als Erwerb ausübt oder zu deren Ausübung öffentlich angestellt oder ermächtigt ist.

(4) Auf Antrag des Beschuldigten oder eines Nebenbeteiligten ist aus zutreffenden wichtigen Gründen ein weiterer Sachverständiger beizuziehen.

§ 110. (1) Aus den Gründen, welche einen Zeugen zur Verweigerung der Aussage berechtigen (§ 104), kann die Enthebung von der Bestellung als Sachverständiger begehrt werden.

(2) Öffentlich Bedienstete sind überdies auch dann als Sachverständige zu entheben oder nicht beizuziehen, wenn ihnen die Tätigkeit als Sachverständige von ihren Vorgesetzten aus dienstlichen Gründen untersagt wird oder wenn sie durch besondere Anordnungen der Pflicht, sich als Sachverständige verwenden zu lassen, enthoben sind.

(3) Die Bestimmungen der §§ 72 bis 74 gelten sinngemäß; Beschuldigte und Nebenbeteiligte können Sachverständige auch ablehnen, wenn sie Umstände glaubhaft machen, die die Fachkunde des Sachverständigen in Zweifel stellen.

§ 111. Ist der Sachverständige für die Erstattung von Gutachten der erforderlichen Art im allgemeinen vereidigt, so genügt die Erinnerung an den geleisteten Eid. Ist er noch nicht vereidigt, so hat er, falls es die Finanzstrafbehörde wegen der besonderen Tragweite des Falles für erforderlich hält, vor Beginn der Beweisaufnahme den Sachverständigeneid zu leisten. Bei der Vereidigung sind die Bestimmungen des § 107 Abs. 1 und 2 sinngemäß anzuwenden.

§ 112. (1) Sachverständige haben Anspruch auf Ersatz der Reise- und Aufenthaltskosten sowie der notwendigen Barauslagen, auf Entschädigung für Zeitversäumnis und auf Entlohnung ihrer Mühewaltung unter den gleichen Voraussetzungen und im gleichen Ausmaß wie Sachverständige im gerichtlichen Verfahren.

(2) Der Ersatzanspruch ist bei sonstigem Verlust binnen zwei Wochen ab Erstattung des Gutachtens oder, wenn dieses entfällt, nach Entlassung des Sachverständigen mündlich oder schriftlich bei der Behörde geltend zu machen, bei der der Sachverständige vernommen worden ist. Hierüber ist der Sachverständige zu belehren.

(3) § 108 Abs. 2 gilt sinngemäß.

§ 112a. Für Ersatzansprüche von Dolmetschern gilt § 112 sinngemäß.

5. Augenschein

§ 113. (1) Zur Aufklärung der Sache kann die Finanzstrafbehörde auch einen Augenschein, nötigenfalls mit Beiziehung von Sachverständigen, vornehmen und mittels Ton- oder Bildaufnahme dokumentieren. Der Beschuldigte und die Nebenbeteiligten sind beizuziehen, wenn dies zweckdienlich ist. In allen übrigen Fällen sind sie von der Anberaumung eines Augenscheines rechtzeitig mit dem Hinweis zu verständigen, daß ihnen die Teilnahme freisteht. Ein bereits bestellter Verteidiger ist von der Vornahme des Augenscheines zu verständigen. Die Beteiligung am Augenschein kann ihm nicht versagt werden. Der Beschuldigte, der dem Augenschein nicht zugezogen wird und keinen Verteidiger bestellt hat, kann beantragen, daß dem Augenschein eine Person seines Vertrauens beigezogen wird.

(BGBl I 2018/62)

(2) Die Finanzstrafbehörde hat darüber zu wachen, daß die Vornahme eines Augenscheines nicht zur Verletzung eines Kunst-, Geschäfts- oder Betriebsgeheimnisses mißbraucht werde.

B. Durchführung der Beweise

§ 114. (1) Im Finanzstrafverfahren sind alle Beweise aufzunehmen, die die Finanzstrafbehörde zur Erforschung der Wahrheit für erforderlich hält. Erforderlichenfalls ist der Beweisaufnahme ein Dolmetscher beizuziehen.

(2) Der Beschuldigte und die Nebenbeteiligten können die Durchführung bestimmter Beweise und die Vereidigung vorgeladener Zeugen beantragen. Diesen Anträgen ist stattzugeben, falls dies im Interesse der Wahrheitsfindung notwendig erscheint. Findet die Finanzstrafbehörde, daß dem gestellten Antrag nicht stattzugeben sei, so hat sie die Ablehnung aus Gründen zu verfügen und protokollarisch festzuhalten. Gegen die Ablehnung ist ein abgesondertes Rechtsmittel nicht zulässig.

(3) Der Beschuldigte und die Nebenbeteiligten dürfen von der Anwesenheit und Mitwirkung bei Beweisaufnahmen, die eine spätere Wiederholung nicht zulassen, nicht ausgeschlossen werden. Von anderen Beweisaufnahmen dürfen sie nur dann ausgeschlossen werden, wenn besondere Umstände gegen ihre Beteiligung sprechen. Dem Beschuldigten und den Nebenbeteiligten ist jedoch auch in diesem Fall noch vor Abschluß des Untersuchungsverfahrens Gelegenheit zu geben, von den durchgeführten Beweisen und vom Ergebnis der Beweisaufnahme Kenntnis zu nehmen und sich dazu zu äußern. Von Beweisaufnahmen, von denen der Beschuldigte und die Nebenbeteiligten nicht ausgeschlossen sind, sind sie zu verständigen. Gegen den Ausschluß des Beschuldigten oder der

Nebenbeteiligten ist ein abgesondertes Rechtsmittel nicht zulässig.

(4) Das Ergebnis der Beweisaufnahmen (Abs. 1 und 2) ist in einer Niederschrift festzuhalten, in der auch durchgeführte Vereidigungen ersichtlich zu machen sind; für diese Niederschrift gelten § 87 Abs. 3 bis 6 und § 88 BAO sinngemäß. Der vernommenen Person ist auf ihr spätestens unmittelbar nach Beginn der Beweisaufnahme gestelltes Verlangen eine Ausfertigung der Niederschrift auszufolgen, wenn nicht besondere Umstände befürchten lassen, daß durch die Ausfolgung die Untersuchung erschwert werden könnte.

VI. Hauptstück
Gang des Verfahrens

A. Untersuchungsverfahren

§ 115. Die Finanzstrafbehörde hat im Untersuchungsverfahren den für die Erledigung der Strafsache maßgebenden Sachverhalt von Amts wegen festzustellen und dem Beschuldigten sowie den Nebenbeteiligten Gelegenheit zu geben, ihre Rechte und rechtlichen Interessen geltend zu machen.

§ 116. (1) Die Finanzstrafbehörde hat den Beschuldigten zur Vernehmung vorzuladen oder ihn aufzufordern, sich bis zu einem bestimmten Zeitpunkt schriftlich zu rechtfertigen. Dies kann gelegentlich der Verständigung von der Einleitung des Strafverfahrens geschehen.

(2) Ist bereits eine Beschuldigtenvernehmung gemäß § 83 Abs. 3 erfolgt, so kann eine Vorladung oder Aufforderung zur schriftlichen Rechtfertigung unterbleiben.

§ 117. (1) In der Vorladung des Beschuldigten und in der Aufforderung zur schriftlichen Rechtfertigung sind die zur Last gelegte Tat sowie die in Betracht kommende Strafbestimmung zu bezeichnen. Der Beschuldigte ist auch aufzufordern, die seiner Verteidigung dienlichen Beweismittel mitzubringen oder der Behörde so rechtzeitig anzuzeigen, daß sie zur Vernehmung noch herbeigeschafft werden können.

(2) Ein Beschuldigter, der einer Vorladung, mit der sein persönliches Erscheinen ausdrücklich gefordert wurde, nicht entsprochen hat, ohne durch Krankheit, Behinderung oder ein sonstiges begründetes Hindernis vom Erscheinen abgehalten zu sein, kann, wenn dies zur Feststellung des maßgebenden Sachverhaltes (§ 115) geboten ist, auf Grund einer schriftlichen Anordnung der Finanzstrafbehörde durch die im § 89 Abs. 2 genannten Organe zwangsweise vorgeführt werden, wenn dies in der Vorladung angedroht war. Die Sicherheitsdienststellen haben dem Vorführungsersuchen der Finanzstrafbehörde zu entsprechen.

§ 118. Ist eine Vorladung zur Beschuldigtenvernehmung oder eine Aufforderung zur schriftlichen Rechtfertigung im Sinne des § 116 Abs. 1 im Interesse der Wahrheitsfindung untunlich, so kann die Finanzstrafbehörde hievon Abstand nehmen; es muß jedoch auch in diesem Fall dem Beschuldigten Gelegenheit zur Rechtfertigung gegeben werden.

§ 119. Zur Untersuchung des Sachverhaltes kann die Finanzstrafbehörde Ermittlungen und Beweisaufnahmen jeder Art selbst durchführen oder andere Dienststellen der Bundesfinanzverwaltung um deren Durchführung ersuchen.

§ 120. (1) Die Finanzstrafbehörde ist berechtigt, zum Zwecke der Finanzstrafrechtspflege die Unterstützung aller Behörden und öffentlichen Dienststellen des Bundes, der Länder und der Gemeinden sowie anderer durch Gesetz eingerichteter Körperschaften und Anstalten des öffentlichen Rechts sowie der Oesterreichischen Nationalbank in Bezug auf ihre Aufgaben nach dem Devisengesetz 2004, BGBl. I Nr. 123/2003, unmittelbar in Anspruch zu nehmen. Solchen Ersuchen ist ehest möglich zu entsprechen oder es sind entgegenstehende Hindernisse unverzüglich bekannt zu geben. Erforderlichenfalls ist Akteneinsicht zu gewähren.

(BGBl I 2015/118)

(2) Ersuchen der Finanzstrafbehörde, die sich auf Straftaten einer bestimmten Person beziehen, dürfen mit dem Hinweis auf bestehende gesetzliche Verpflichtungen zur Verschwiegenheit oder darauf, daß es sich um automationsunterstützt verarbeitete personenbezogene Daten handelt, nur dann abgelehnt werden, wenn diese Verpflichtungen Abgabenbehörden gegenüber ausdrücklich auferlegt sind oder wenn der Beantwortung überwiegende öffentliche Interessen entgegenstehen, die im einzelnen anzuführen und zu begründen sind.

(BGBl I 2015/118)

(3) Die im § 158 Abs. 4 BAO den Abgabenbehörden eingeräumten Befugnisse stehen auch den Finanzstrafbehörden und dem Bundesminister für Finanzen für Zwecke des Finanzstrafverfahrens oder sonst zur Erfüllung ihrer Aufgaben zu. Darüber hinaus sind die Finanzstrafbehörden berechtigt, gemäß § 57 Abs. 1 Z 1 bis 6, 10 bis 11 und 12 des Sicherheitspolizeigesetzes – SPG, BGBl. Nr. 566/1991, die zur Sachenfahndung gemäß § 57 Abs. 2 SPG, die gemäß § 22b Abs. 2 des Passgesetzes 1992, BGBl. Nr. 839/1992 sowie die gemäß § 55 Abs. 4 des Waffengesetzes 1996 – WaffG, BGBl. I Nr. 12/1997, soweit Waffenverbote betroffen sind, verarbeiteten Daten für Zwecke der Finanzstrafrechtspflege einzusehen, soweit dies für die Durchführung eines Finanzstrafverfahrens wegen des Verdachtes auf ein gemäß § 58 Abs. 2 lit. a in die Zuständigkeit eines Spruchsenates fallendes Finanzvergehen erforderlich ist. Die Einsichtnahme hat zu unterbleiben, wenn im Einzelfall schutzwürdige Geheimhaltungsinteressen (§ 1 Abs. 1 DSG) die mit der Einsichtnahme verfolgten Zwecke überwiegen.

(BGBl I 2018/32)

(4) Auf den Verkehr mit ausländischen Behörden sowie Dienststellen und Einrichtungen der Europäischen Union sind völkerrechtliche Verträge, unmittelbar wirksame Rechtsvorschriften der Europäischen Union, das EU-Amtshilfegesetz (EU-AHG), BGBl. I Nr. 112/2012, das Zollrechts-Durchführungsgesetz (ZollR-DG), BGBl. Nr. 659/1994 sowie das Finanzstrafzusammen-

arbeitsgesetz (FinStrZG), BGBl. I Nr. 105/2014 anzuwenden.
(BGBl I 2018/62)
(5) Soweit dies zur Durchführung von Abgaben- oder Monopolverfahren erforderlich ist, haben die Finanzstrafbehörden Daten an die Abgabenbehörden und die Monopolbehörde zu übermitteln.
(BGBl I 2018/32)

§ 121. Kommt der Beschuldigte im Verlauf des Untersuchungsverfahrens einer Vorladung oder sonstigen amtlichen Aufforderung nicht nach, so hindert dies nicht den weiteren Ablauf des Untersuchungsverfahrens; § 115 wird hiedurch nicht berührt.

§ 122. (1) Die Finanzstrafbehörde hat Verfallsbeteiligte sowie Haftungsbeteiligte, deren Haftung in Anspruch genommen werden soll, dem Untersuchungsverfahren zuzuziehen, wenn ihr Aufenthalt bekannt ist. Ist ihr Aufenthalt unbekannt, so ist, wenn die Wichtigkeit der Sache es erfordert, für sie ein Kurator zu bestellen; für die Bestellung gilt § 147 sinngemäß. Den zugezogenen Nebenbeteiligten ist die Person des Beschuldigten und die diesem zur Last gelegte Tat bekanntzugeben; Verfallsbeteiligten auch der verfallsbedrohte Gegenstand.

(2) Von der Zuziehung nach Abs. 1 kann abgesehen werden, wenn dies zur Vermeidung von Verzögerungen oder Erschwerungen des Verfahrens oder zur Verkürzung der Verwahrung oder der Untersuchungshaft des Beschuldigten dienlich scheint. In solchen Fällen ist die Entscheidung über den Verfall oder Wertersatz sowie über die Rechte des Verfallsbeteiligten oder über die Inanspruchnahme des Haftungsbeteiligten einem abgesonderten Verfahren (§ 149) vorzubehalten.

(3) § 121 gilt sinngemäß auch für Nebenbeteiligte.

§ 123. (1) Die Finanzstrafbehörde ist berechtigt, Vorfragen, die als Hauptfragen von anderen Verwaltungsbehörden oder von den Gerichten zu entscheiden wären, nach der über die maßgebenden Verhältnisse gewonnenen eigenen Anschauung zu beurteilen und diese Beurteilung ihrer Entscheidung zugrunde zu legen.

(2) An Entscheidungen der Gerichte, mit denen im Finanzstrafverfahren auftauchende privatrechtliche Vorfragen als Hauptfragen entschieden worden sind, sind die Finanzstrafbehörden nicht gebunden, es sei denn, daß in dem Verfahren, in dem die Entscheidung ergangen ist, bei der Ermittlung des Sachverhaltes von Amts wegen vorzugehen war.

§ 124. (1) Wenn im Zuge des Untersuchungsverfahrens festgestellt wird, daß die dem Beschuldigten zur Last gelegte Tat nicht erwiesen werden kann oder daß einer der im § 82 Abs. 3 lit. b bis e genannten Gründe vorliegt, so hat die Finanzstrafbehörde das Strafverfahren mit Bescheid einzustellen. Ausfertigungen des Bescheides sind dem Beschuldigten und den gemäß § 122 dem Verfahren zugezogenen Nebenbeteiligten zuzustellen. Gegen diesen Bescheid ist ein Rechtsmittel unzulässig.

Der Beschuldigte hat nach Ablauf von sechs Monaten ab der Einleitung des Finanzstrafverfahrens oder der Rechtskraft der Entscheidung über einen solchen Antrag das Recht, die Einstellung des Untersuchungsverfahrens aus den oben genannten Gründen zu beantragen. Die Abweisung dieses Antrags hat mit Bescheid zu erfolgen. Nach Abschluss des Untersuchungsverfahrens noch unerledigte Anträge auf Einstellung oder Beschwerden gegen Abweisungsbescheide sind gegenstandslos.

(2) Obliegt die Durchführung der mündlichen Verhandlung und die Fällung des Erkenntnisses einem Spruchsenat (§ 58 Abs. 2), so hat der Vorstand der Finanzstrafbehörde einen Amtsbeauftragten zu bestellen. Als Amtsbeauftragter kann auch ein Organ der Finanzstrafbehörde tätig werden, das vom Vorstand der Finanzstrafbehörde ständig mit der Funktion eines Amtsbeauftragten betraut wurde. Der Amtsbeauftragte hat die Akten dem Spruchsenat mit seiner schriftlichen Stellungnahme zu den Ergebnissen des Untersuchungsverfahrens zuzuleiten. Die Stellungnahme hat insbesondere die deutliche Beschreibung der dem Beschuldigten zur Last gelegten Tat unter Angabe der anzuwendenden Strafvorschrift und des strafbestimmenden Wertbetrages zu enthalten und die Beweismittel zu bezeichnen. Ausfertigungen der Stellungnahme sind dem Beschuldigten und den gemäß § 122 dem Verfahren zugezogenen Nebenbeteiligten zuzustellen.

B. Mündliche Verhandlung; Beschlußfassung der Spruchsenate

§ 125. (1) Stellt der Vorsitzende des Spruchsenates, dem gemäß § 124 Abs. 2 die Akten zugeleitet wurden, fest, dass Ergänzungen des Untersuchungsverfahrens erforderlich sind, so kann er diese anordnen. Stellt er hingegen, allenfalls auch erst nach Ergänzung des Untersuchungsverfahrens, fest, dass die Voraussetzungen für das Tätigwerden des Spruchsenates nicht gegeben sind, so hat er dies mit Bescheid auszusprechen; dieser Bescheid ist dem Beschuldigten, dem gemäß § 122 dem Verfahren zugezogenen Nebenbeteiligten und dem Amtsbeauftragten zuzustellen und kann von diesen mit Beschwerde angefochten werden. Andernfalls hat der Vorsitzende des Spruchsenates die mündliche Verhandlung so anzuberaumen, dass in der Regel zwischen der Zustellung der Vorladungen und dem Tag der mündlichen Verhandlung ein Zeitraum von wenigstens zwei Wochen liegt. Zur mündlichen Verhandlung sind unter Bekanntgabe der Namen der Senatsmitglieder, des Schriftführers und des Amtsbeauftragten der Beschuldigte und die gemäß § 122 dem Verfahren zugezogenen Nebenbeteiligten vorzuladen. Ist der Beschuldigte durch einen Verteidiger vertreten, so ist diesem die Anberaumung der mündlichen Verhandlung bekannt zu geben. Dem Amtsbeauftragten ist im Verfahren vor dem Spruchsenat Akteneinsicht und Parteiengehör zu gewähren.

(2) Obliegt die Durchführung der mündlichen Verhandlung und die Fällung des Erkenntnisses nicht einem Spruchsenat, so hat die Finanzstraf-

behörde die mündliche Verhandlung nach Maßgabe des Abs. 1 anzuberaumen. Das gleiche gilt, wenn der Spruchsenat festgestellt hat, daß die Voraussetzungen für sein Tätigwerden nicht gegeben sind; in diesem Fall darf der Bestrafung bei den im § 53 Abs. 2 bezeichneten Finanzvergehen kein 10 000 Euro, bei allen übrigen Finanzvergehen kein 33 000 Euro übersteigender strafbestimmender Wertbetrag (§ 58 Abs. 2 lit. a) zugrunde gelegt werden.

(BGBl I 2020/99)

(3) Die mündliche Verhandlung unterbleibt, wenn der Beschuldigte und die gemäß § 122 dem Verfahren zugezogenen Nebenbeteiligten sowie der Amtsbeauftragte auf die Durchführung einer solchen verzichtet haben. Von der Durchführung einer mündlichen Verhandlung kann abgesehen werden, wenn das Verfahren einzustellen ist.

(BGBl I 2019/91)

(4) Unterbleibt nach Abs. 3 eine mündliche Verhandlung vor einem Spruchsenat, kann der Vorsitzende die Beratung und Beschlussfassung des Senates unter Verwendung geeigneter technischer Kommunikationsmittel veranlassen. Der Vorsitzende kann außerdem die Beratung und Beschlussfassung durch die Einholung der Zustimmung der anderen Senatsmitglieder zu einem Entscheidungsentwurf im Umlaufwege ersetzen, wenn keines dieser Mitglieder widerspricht.

(BGBl I 2022/108)

§ 126. Kommt der Beschuldigte oder ein Nebenbeteiligter einer Vorladung zu einer gemäß § 125 anberaumten mündlichen Verhandlung oder einer sonstigen amtlichen Aufforderung nicht nach, ohne durch Krankheit, Behinderung oder ein sonstiges begründetes Hindernis abgehalten zu sein, so hindert dies nicht die Durchführung der mündlichen Verhandlung und die Fällung des Erkenntnisses auf Grund der Verfahrensergebnisse. Darüber ist der Beschuldigte oder der Nebenbeteiligte in der Vorladung zu informieren. Der Beschuldigte kann jedoch unter den Voraussetzungen des § 117 Abs. 2 vorgeführt werden, wobei die Unterstützung durch die Organe des öffentlichen Sicherheitsdienstes in Anspruch genommen werden kann.

(BGBl I 2022/108)

§ 127. (1) Die mündliche Verhandlung wird vom Vorsitzenden des Spruchsenates, in den Fällen des § 125 Abs. 2 von einem Einzelbeamten der Finanzstrafbehörde geleitet (Verhandlungsleiter). Der mündlichen Verhandlung ist ein Schriftführer und wenn der Beschuldigte oder ein Nebenbeteiligter der Verhandlungssprache nicht hinreichend kundig, gehörlos, hochgradig hörbehindert oder stumm ist, ein Dolmetscher gemäß § 57 Abs. 4 beizuziehen. Der Verhandlungsleiter kann, wenn er es für notwendig erachtet, die mündliche Verhandlung vertagen.

(2) Die mündliche Verhandlung vor dem Spruchsenat ist öffentlich. Die Öffentlichkeit ist auszuschließen:

a) wenn der Beschuldigte und die gemäß § 122 dem Verfahren zugezogenen Nebenbeteiligten es übereinstimmend verlangen;

b) von Amts wegen oder auf Antrag des Amtsbeauftragten, des Beschuldigten, eines Nebenbeteiligten oder eines Zeugen, wenn und solange zur Aufklärung des Finanzvergehens Verhältnisse oder Umstände des Beschuldigten, des Nebenbeteiligten oder des Zeugen erörtert werden müssen, die unter die Geheimhaltungspflicht nach § 48 a BAO fallen;

(BGBl I 2022/108)

c) von Amts wegen oder auf Antrag des jugendlichen Beschuldigten (§ 1 Abs. 1 Z 2 JGG) oder dessen gesetzlichen Vertreters bzw. der Vertrauensperson (§ 182 Abs. 1) oder der in § 182 Abs. 5 genannten Person, wenn dies in einem Verfahren gegen einen jugendlichen Beschuldigten in dessen Interesse geboten ist.

(BGBl I 2022/108)

(3) Obliegt die Durchführung der mündlichen Verhandlung einem Einzelbeamten, so ist sie nicht öffentlich.

(4) Ist die mündliche Verhandlung nicht öffentlich oder ist die Öffentlichkeit ausgeschlossen, so haben der Beschuldigte und die Nebenbeteiligten das Recht, zur Verhandlung zwei an der Sache nicht beteiligte Personen ihres Vertrauens beizuziehen. Personen, die im Verfahren als Zeugen oder Sachverständige in Betracht kommen, dürfen als Vertrauenspersonen nicht beigezogen werden.

(5) Sachverständige können, wenn es zur Erforschung der Wahrheit zweckdienlich erscheint, der Verhandlung schon vor Erstattung ihres Gutachtens zugezogen werden.

(6) Der Verhandlungsleiter hat dafür zu sorgen, daß Erörterungen, die das Verfahren ohne Nutzen für die Aufklärung der Sache verzögern würden, unterbleiben. Er erteilt das Wort und kann es bei Mißbrauch entziehen; ihm obliegt die Erhaltung der Ruhe und Ordnung im Verhandlungsraum. Dabei ist er befugt, den Beschuldigten ausnahmsweise während der Vernehmung eines Mitbeschuldigten oder eines Zeugen aus dem Verhandlungssaal zu entfernen. Er muß ihn aber, sobald er ihn nach seiner Wiederzulassung über den in seiner Abwesenheit verhandelten Gegenstand vernommen hat, von allem in Kenntnis setzen, was in seiner Abwesenheit vorgebracht wurde, insbesondere von den Aussagen, die inzwischen gemacht worden sind. Der Verhandlungsleiter kann die vorübergehende oder endgültige Entfernung eines Zeugen gestatten oder anordnen.

(7) Personen, die die mündliche Verhandlung stören oder durch ungeziemendes Benehmen den Anstand verletzen, sind vom Verhandlungsleiter zu ermahnen; bleibt die Ermahnung erfolglos, so kann ihnen nach vorausgegangener Androhung das Wort entzogen, ihre Entfernung aus dem Verhandlungsraum verfügt und über sie eine Ordnungsstrafe bis zu 700 Euro verhängt werden. Wird die Ordnungsstrafe vom Vorsitzenden des

Spruchsenates verhängt, ist ein Rechtsmittel nicht zulässig. Bei Entfernung eines Beschuldigten kann die Verhandlung in seiner Abwesenheit fortgesetzt werden. Bei Entfernung eines Verteidigers oder Bevollmächtigten ist dem Beschuldigten oder den Nebenbeteiligten auf Antrag eine angemessene Frist zur Bestellung eines anderen Verteidigers oder Bevollmächtigten einzuräumen.

(8) Macht sich ein Parteienvertreter, der der Disziplinargewalt einer Standesbehörde unterliegt, des im Abs. 7 umschriebenen Verhaltens schuldig, so ist keine Ordnungsstrafe zu verhängen, sondern die Anzeige an die zuständige Standesbehörde zu erstatten. Die sonstigen im Abs. 7 vorgesehenen Maßnahmen können auch in diesen Fällen vom Verhandlungsleiter getroffen werden.

(9) Fernseh- und Hörfunkaufnahmen und -übertragungen sowie Film- und Fotoaufnahmen von Verhandlungen sind unzulässig. Tonaufnahmen sind nur über Anordnung des Verhandlungsleiters für die Abfassung der Niederschrift zulässig. Diese sind jedenfalls bis zur Rechtskraft der Entscheidung aufzubewahren. Darüber hinaus sind Vernehmungen von Zeugen mittels technischer Einrichtungen gemäß § 56b über Anordnung des Verhandlungsleiters zulässig.
(BGBl I 2018/62)

§ 128. (1) Der Verhandlungsleiter hat den Sachverhalt und die Ergebnisse des Untersuchungsverfahrens vorzutragen, falls nicht die mündliche Verhandlung sofort nach Abschluß des Untersuchungsverfahrens stattfindet. Er hat hiezu den Beschuldigten zu vernehmen und von diesem beantragte ergänzende Beweisaufnahmen unter Bedachtnahme auf die Bestimmungen des § 114 Abs. 2 sowie jene weiteren Beweisaufnahmen durchzuführen, die er für die Klärung des Sachverhaltes für erforderlich erachtet, wobei auch die §§ 119, 120 und 123 anzuwenden sind. Der Verhandlungsleiter kann jedoch zu diesem Zweck auch die Ergänzung des Untersuchungsverfahrens anordnen.

(2) Bei der Durchführung von Beweisaufnahmen steht dem Beschuldigten und den Nebenbeteiligten ein Fragerecht zu, doch kann der Verhandlungsleiter Fragen zurückweisen, die ihm unangemessen erscheinen.

(3) Auf Antrag des Beschuldigten sind bei der mündlichen Verhandlung jene im Untersuchungsverfahren aufgenommenen Beweise, bei deren Aufnahme er nicht zugegen war, in seiner Anwesenheit zu wiederholen. Gegen die Ablehnung des Antrages ist ein abgesondertes Rechtsmittel nicht zulässig.

(4) Wird in einer gemäß § 125 Abs. 2 durchgeführten mündlichen Verhandlung befunden, daß die Durchführung der Verhandlung und die Fällung des Erkenntnisses einem Spruchsenat obliege, so ist die Verhandlung abzubrechen; für das weitere Verfahren gilt § 124 Abs. 2 sinngemäß.

§ 129. Der mündlichen Verhandlung vor dem Spruchsenat haben alle Mitglieder des Senates und der Amtsbeauftragte (§ 124 Abs. 2) beizuwohnen. Der Amtsbeauftragte nimmt an den Beratungen des Senates nicht teil.

§ 130. (1) Für den Ablauf der mündlichen Verhandlung vor dem Spruchsenat gelten die Bestimmungen des § 128 mit der Maßgabe, daß

a) die Darstellung des Sachverhaltes und der Ergebnisse des Untersuchungsverfahrens dem Behördenbeisitzer obliegt, der dem Senat angehört;
b) der Amtsbeauftragte Beweisanträge stellen kann;
c) das Recht der Fragestellung auch den Mitgliedern des Spruchsenates und dem Amtsbeauftragten zusteht.

(2) Nach Beendigung der Beweisaufnahmen erhält zuerst der Amtsbeauftragte das Wort, um die Ergebnisse der Beweisführung zusammenzufassen und wegen der gegen ihn anzuwendenden Strafbestimmungen Anträge zu stellen und zu begründen. Einen bestimmten Antrag über Art und Höhe der Strafe hat der Amtsbeauftragte nicht zu stellen.

(3) Dem Beschuldigten und den Nebenbeteiligten steht das Recht zu, auf die Ausführungen des Amtsbeauftragten zu antworten. Findet dieser hierauf etwas zu erwidern, so gebührt dem Beschuldigten jedenfalls das Schlußwort. Sodann hat der Verhandlungsleiter den Schluß der mündlichen Verhandlung bekanntzugeben.

§ 131. (1) Jeder Abstimmung eines Senates hat eine Beratung voranzugehen, an der alle Mitglieder des Senates teilzunehmen haben. Der Schriftführer ist beizuziehen.

(2) Der Laienbeisitzer gibt seine Stimme als erster ab; ihm folgt der Behördenbeisitzer. Der Vorsitzende stimmt zuletzt.

(3) Zu jedem Beschluß eines Senates ist mehr als die Hälfte der Stimmen erforderlich.

(4) Teilen sich die Stimmen in mehr als zwei verschiedene Meinungen, sodaß keine dieser Meinungen die erforderliche Mehrheit für sich hat, hat der Vorsitzende die Erreichung eines Beschlusses dadurch zu versuchen, daß er die Frage teilt und über die Teilfragen abstimmen läßt. Bleibt dieser Versuch erfolglos, so wird die dem Beschuldigten nachteiligste Stimme der zunächst minder nachteiligen zugezählt.

(5) Gehen die Ansichten darüber auseinander, welche von zwei Meinungen für den Beschuldigten minder nachteilig ist, so ist darüber besonders abzustimmen.

§ 132. (1) Über die Zuständigkeit des Senates, über die Notwendigkeit von Ergänzungen des Verfahrens und über Vorfragen muß immer zuerst abgestimmt werden. Entscheidet sich die Mehrheit der Stimmen dahin, daß ungeachtet der über die Vorfrage erhobenen Zweifel zur Hauptentscheidung zu schreiten sei, so ist auch das in der Minderheit gebliebene Mitglied des Senates verpflichtet, über die Hauptsache mitabzustimmen.

(2) Bei der Entscheidung über die Hauptsache ist die Frage, ob der Beschuldigte der ihm zur Last

gelegten Tat schuldig sei, immer von der Frage über die Strafe zu sondern und vor dieser Frage zur Abstimmung zu bringen. Liegen dem Beschuldigten mehrere strafbare Taten zur Last, so muß über jede einzelne Tat ein eigener Beschluß über die Schuld oder Nichtschuld des Beschuldigten gefaßt werden. Die Abstimmung über die Strafe hat sich auf jene strafbaren Taten zu beschränken, deren der Beschuldigte für schuldig erklärt worden ist. Hiebei steht es einem Senatsmitglied, das den Beschuldigten wegen einer ihm zur Last gelegten strafbaren Tat nicht schuldig gefunden hat, frei, auf Grund des über die Schuldfrage gefaßten Beschlusses seine Stimme über die Strafe abzugeben oder sich der Abstimmung zu enthalten. Enthält ein Senatsmitglied sich der Abgabe der Stimme über die Frage der Strafe, so ist seine Stimme so zu zählen, als ob es der für den Beschuldigten günstigeren Meinung beigetreten wäre.

§ 133. Über die Beratung und Abstimmung des Senates ist eine gesonderte Niederschrift aufzunehmen, die vom Vorsitzenden und vom Schriftführer zu unterfertigen ist. Beratung und Abstimmung des Senates sind geheim.

§ 134. Im Verfahren vor dem Spruchsenat hat der Vorsitzende nach Schluß der mündlichen Verhandlung auf Grund der Ergebnisse der Beratung und Abstimmung das Erkenntnis öffentlich zu verkünden und hiebei die wesentlichen Entscheidungsgründe bekanntzugeben. War die Öffentlichkeit der mündlichen Verhandlung ausgeschlossen, so ist sie auch bei der Bekanntgabe der Entscheidungsgründe des Erkenntnisses auszuschließen, soweit dabei Verhältnisse oder Umstände zur Sprache kommen, die unter die Geheimhaltungspflicht nach § 48 a BAO fallen. Im Verfahren vor dem Einzelbeamten ist die Verkündung des Erkenntnisses nicht öffentlich; das Erkenntnis kann auch der schriftlichen Ausfertigung vorbehalten werden. Nach mündlicher Verkündung des Erkenntnisses hat der Verhandlungsleiter Belehrung über das Erfordernis der Anmeldung einer Beschwerde zu erteilen.

§ 135. (1) Der Ablauf der mündlichen Verhandlung ist durch den Schriftführer, erforderlichenfalls nach den Angaben des Verhandlungsleiters, festzuhalten. Die Niederschrift hat zu enthalten

a) die Bezeichnung der Finanzstrafbehörde, den Namen des Verhandlungsleiters, im Verfahren vor einem Spruchsenat die Namen der Mitglieder des Spruchsenates und des Amtsbeauftragten; den Namen des Schriftführers;

b) Vor- und Zunamen, Tag und Ort der Geburt, Staatsbürgerschaft, Familienstand, Beschäftigung und Wohnort des Beschuldigten und, soweit solche am Strafverfahren beteiligt sind, auch Vor- und Zunamen, Beschäftigung und Wohnort der Nebenbeteiligten;

c) die Namen der als Verteidiger und Bevollmächtigte auftretenden Personen;

d) die deutliche Bezeichnung der dem Beschuldigten zur Last gelegten Tat;

e) die Rechtfertigung oder das Geständnis des Beschuldigten;

f) die wesentlichen Aussagen der Zeugen und Sachverständigen und die sonstigen Beweisaufnahmen;

g) wenn das Erkenntnis nach Schluß der mündlichen Verhandlung verkündet worden ist, dessen Inhalt und die wesentlichen Gründe, sonst den Vorbehalt der schriftlichen Ausfertigung.

(2) Alle Angaben in der Niederschrift sind mit möglichster Kürze abzufassen. Soweit die in Abs. 1 lit. b bis f bezeichneten Angaben bereits schriftlich im Akt niedergelegt sind, genügt in der Niederschrift ein kurzer Hinweis auf die bezüglichen Aktenstücke. Liegen die Voraussetzungen des § 141 Abs. 3 vor, so kann sich der Inhalt der Niederschrift auf die in Abs. 1 lit. a bis d und g genannten Bestandteile beschränken. Wurde nach § 56b vorgegangen, ist dies in der Niederschrift festzuhalten.

(BGBl I 2018/62)

(3) Die Verhandlungsniederschrift ist vom Verhandlungsleiter und vom Schriftführer zu unterfertigen. Dem Beschuldigten und den Nebenbeteiligten ist auf Verlangen eine Ausfertigung dieser Niederschrift auszufolgen.

C. Inhalt des Erkenntnisses

§ 136. (1) Wenn einer der im § 82 Abs. 3 lit. b bis e genannten Gründe vorliegt oder dem Beschuldigten zur Last gelegte Tat nicht erwiesen werden kann, ist im Erkenntnis die Einstellung des Strafverfahrens auszusprechen. Sonst ist im Erkenntnis über Schuld und Strafe zu entscheiden.

(2) Im Verfahren vor dem Spruchsenat kann dieser im Spruch des Erkenntnisses aussprechen, dass im Falle einer nach § 15 Abs. 3 verhängten Freiheitsstrafe eine Anhaltung im elektronisch überwachten Hausarrest (§ 156b StVG) zur Gänze oder für einen bestimmten Zeitraum nicht in Betracht kommt, wenn auf Grund bestimmter Tatsachen anzunehmen ist, dass eine solche Anhaltung nicht genügen werde, um den Bestraften von weiteren strafbaren Handlungen abzuhalten, oder ausnahmsweise der Vollstreckung der Strafe in einer Anstalt bedarf, um der Begehung strafbarer Handlungen durch andere entgegen zu wirken. Dabei sind insbesondere die Art der Tat, die Person des Täters, der Grad seiner Schuld, sein Vorleben und sein Verhalten nach der Tat zu berücksichtigen.

§ 137. Die Urschrift und die Ausfertigung des Erkenntnisses haben zu enthalten:

a) Die Bezeichnung der Finanzstrafbehörde; wenn eine mündliche Verhandlung stattgefunden hat, die Namen des Verhandlungsleiters und des Schriftführers; bei Erkenntnissen eines Spruchsenates auch die Namen der Senatsmitglieder und des Amtsbeauftragten;

b) Vor- und Zunamen, Tag und Ort der Geburt sowie Beschäftigung und Wohnort des Beschuldigten; Vor- und Zunamen sowie Wohnort der Nebenbeteiligten; die Namen des Verteidigers und der Bevollmächtigten;

c) den Spruch;
d) die Begründung;
e) die Rechtsmittelbelehrung und die Zahlungsaufforderung;
f) im Verfahren vor einem Spruchsenat die Unterschrift des Vorsitzenden; in den übrigen Fällen, wenn eine mündliche Verhandlung stattgefunden hat, die Unterschrift des Verhandlungsleiters, sonst die Unterschrift des Vorstandes der Finanzstrafbehörde oder des Amtsorgans, das durch diesen mit der Befugnis, Straferkenntnisse zu erlassen, betraut wurde; an die Stelle der Unterschrift kann die Beglaubigung der Kanzlei treten, dass die Ausfertigung mit der Urschrift übereinstimmt und diese die eigenhändig beigesetzte Unterschrift aufweist; Ausfertigungen in Form von elektronischen Dokumenten müssen an Stelle der Unterschrift oder Beglaubigung mit einer Amtssignatur (§ 19 E Government-Gesetz) versehen sein; Ausfertigungen in Form von Ausdrucken von mit einer Amtssignatur versehenen elektronischen Dokumenten oder von Kopien solcher Ausdrucke brauchen keine weiteren Voraussetzungen erfüllen;
(BGBl I 2018/62)
g) das Datum der mündlichen Verkündung, sonst das Datum der Unterfertigung.

(BGBl I 2018/62)

§ 138. (1) Der Spruch hat, soweit er auf Einstellung lautet, die dem Beschuldigten zur Last gelegte Tat zu bezeichnen und die Einstellung des Strafverfahrens anzuordnen.

(2) Der Spruch hat, soweit er nicht auf Einstellung lautet, zu enthalten:
a) die Bezeichnung der Tat, die als erwiesen angenommen wird;
b) die angewendete Strafvorschrift;
c) den Ausspruch über die Strafe; in den Fällen des § 24 Abs. 2 den Ausspruch über den Aufschub der Strafe;
d) die Anrechnung einer allfälligen vorläufigen Verwahrung oder Untersuchungshaft (§ 23 Abs. 5) oder einer im Ausland verbüßten Strafe (§ 23 Abs. 7);
e) den Ausspruch über den Kostenersatz (§ 185);
f) die allfällige Feststellung, daß bestimmte Personen den Verfall gegen sich gelten zu lassen haben;
g) die allfällige Entscheidung darüber, welche Pfand- oder Zurückbehaltungsrechte Dritter an für verfallen erklärten Gegenständen anerkannt oder nicht anerkannt werden, in welcher Höhe die gesicherten Forderungen anerkannt werden und welcher Rang ihnen zukommt; werden sie anerkannt, so ist auszusprechen, daß der festgesetzte Wertersatz (§ 19 Abs. 3) nur mit dem Betrag einzufordern ist, der zur Befriedigung der anerkannten Forderungen aus dem Verwertungserlös aufgewendet wird;
h) die allfällige Feststellung, daß eine Haftungspflicht für die verhängte Geldstrafe und den auferlegten Wertersatz gemäß § 28 gegeben ist, und die Nennung der Haftungsbeteiligten;
i) in den Fällen des § 122 Abs. 2 den Vorbehalt der Entscheidung.

§ 139. Die Begründung hat sich auf alle Teile des Spruches (§ 138) zu erstrecken; sie hat in gedrängter Darstellung, aber mit voller Bestimmtheit anzugeben, welche Tatsachen die Finanzstrafbehörde als erwiesen oder als nicht erwiesen angenommen hat und aus welchen Gründen dies geschehen ist, ferner, von welchen Erwägungen sie bei der Würdigung der vorgebrachten Einwendungen und bei der Entscheidung von Rechtsfragen geleitet wurde.

§ 140. (1) Die Rechtsmittelbelehrung hat anzugeben, ob gegen das Erkenntnis eine Beschwerde zulässig ist oder nicht und bejahendenfalls, innerhalb welcher Frist und bei welcher Behörde sie einzubringen ist. Die Rechtsmittelbelehrung hat, wenn ein Rechtsmittel zulässig ist, darauf hinzuweisen, daß dieses begründet werden muß.

(2) Enthält das Erkenntnis keine Rechtsmittelbelehrung oder keine Angaben über die Rechtsmittelfrist oder erklärt es zu Unrecht ein Rechtsmittel für unzulässig, so wird die Rechtsmittelfrist nicht in Lauf gesetzt.

(3) Ist in dem Erkenntnis eine längere als die gesetzliche Frist angegeben, so ist das innerhalb der angegebenen Frist eingebrachte Rechtsmittel rechtzeitig.

(4) Enthält das Erkenntnis keine oder eine unrichtige Angabe über die Behörde, bei welcher das Rechtsmittel einzubringen ist, so ist das Rechtsmittel richtig eingebracht, wenn es bei der Behörde, die das Erkenntnis ausgefertigt hat, oder bei der angegebenen Behörde eingebracht wurde.

(5) In der Zahlungsaufforderung ist der Beschuldigte aufzufordern, die Geldstrafe, den Wertersatz und die Kosten bei Fälligkeit zu bezahlen; die Aufforderung hat den Hinweis zu enthalten, daß bei Nichtzahlung die Zwangsvollstreckung durchgeführt und bei Uneinbringlichkeit der Geldstrafe und des Wertersatzes die Ersatzfreiheitsstrafe vollzogen werden muß.

§ 141. (1) Das Erkenntnis ist schriftlich auszufertigen. Ausfertigungen des Erkenntnisses sind dem Beschuldigten, den gemäß § 122 dem Verfahren zugezogenen Nebenbeteiligten und dem Amtsbeauftragten zuzustellen.

(2) Ist in einem Gesetz vorgesehen, daß die Bestrafung wegen eines Finanzvergehens den Verlust eines Rechtes nach sich zieht oder nach sich ziehen könnte, so hat die Finanzstrafbehörde die rechtskräftige Bestrafung der in Betracht kommenden Stelle bekanntzugeben. Sofern dieser Stelle nicht schon nach anderen gesetzlichen Bestimmungen eine Ausfertigung des Erkenntnisses zugestellt werden muß, ist ihr auf ihr Ersuchen eine Ausfertigung zu übersenden.

(3) Waren alle zur Erhebung einer Beschwerde berechtigten Personen bei der mündlichen Verkün-

dung des Erkenntnisses anwesend oder vertreten und wurde ein Rechtsmittel nicht fristgerecht angemeldet (§ 150 Abs. 4), kann eine vereinfachte schriftliche Ausfertigung des Erkenntnisses ergehen. Diese hat die in § 137 angeführten Elemente mit Ausnahme der Begründung zu enthalten.

D. Sonderbestimmung für Freiheitsstrafen

§ 142. (1) Wurde im Erkenntnis eine Freiheitsstrafe verhängt und besteht Fluchtgefahr, so kann der Verhandlungsleiter über den Beschuldigten bis zur Rechtskraft des Erkenntnisses, jedoch längstens auf die Dauer der im Erkenntnis angeordneten Freiheitsstrafe, die Haft verhängen.

(2) (aufgehoben)

(3) Die Bestimmungen der §§ 87 und 88 gelten sinngemäß.

E. Vereinfachtes Verfahren

§ 143. (1) Die Finanzstrafbehörde kann ein Strafverfahren ohne mündliche Verhandlung und ohne Fällung eines Erkenntnisses durch Strafverfügung beenden, wenn der Sachverhalt nach Ansicht der Finanzstrafbehörde durch die Angaben des Beschuldigten oder durch das Untersuchungsergebnis, zu dem der Beschuldigte Stellung zu nehmen Gelegenheit hatte, ausreichend geklärt ist; ist der Sachverhalt schon durch das Ermittlungsergebnis des Abgabenverfahrens oder des Vorverfahrens (§ 82 Abs. 1), zu welchem der Täter Stellung zu nehmen Gelegenheit hatte, ausreichend geklärt, so kann das Finanzvergehen auch ohne Durchführung eines Untersuchungsverfahrens durch Strafverfügung geahndet werden (vereinfachtes Verfahren).

(2) Für die Zuziehung von Nebenbeteiligten gilt § 122.

(3) Eine Strafverfügung ist ausgeschlossen,
a) wenn die Durchführung der mündlichen Verhandlung und die Fällung des Erkenntnisses gemäß § 58 Abs. 2 einem Spruchsenat obliegt,
b) wenn die Voraussetzungen für ein Verfahren gegen Personen unbekannten Aufenthaltes (§ 147) oder für ein selbständiges Verfahren (§ 148) gegeben sind.

§ 144. Für die Strafverfügung und deren Zustellung gelten die Bestimmungen sinngemäß, die für die nicht auf Einstellung lautenden Erkenntnisse gelten (§§ 137, 138 Abs. 2, 140 Abs. 2 bis 5 und 141). Statt der Rechtsmittelbelehrung ist die Belehrung über das Einspruchsrecht zu geben.

§ 145. (1) Der Beschuldigte und die Nebenbeteiligten können gegen die Strafverfügung binnen einem Monat nach der Zustellung bei der Finanzstrafbehörde, die die Strafverfügung erlassen hat, Einspruch erheben; sie können zugleich die der Verteidigung und der Wahrung ihrer Rechte dienlichen Beweismittel vorbringen.

(2) Durch die rechtzeitige Einbringung eines Einspruches tritt die Strafverfügung außer Kraft. Das Verfahren ist nach den Bestimmungen der §§ 115 bis 142 durchzuführen. In diesem Verfahren hat die Finanzstrafbehörde auf den Inhalt der außer Kraft getretenen Strafverfügung keine Rücksicht zu nehmen und kann auch eine andere Entscheidung fällen. Erheben nur Nebenbeteiligte rechtzeitig Einspruch, so ist in einem abgesonderten Verfahren (§ 149) über ihre Rechte zu entscheiden.

(3) Auf die Erhebung eines Einspruches kann schriftlich oder zur Niederschrift verzichtet werden. Vor Erlassung der Strafverfügung kann ein Verzicht rechtswirksam nur abgegeben werden, wenn aus der Verzichtserklärung hervorgeht, daß dem Verzichtenden im Zeitpunkt ihrer Abgabe der Inhalt der zu erwartenden Strafverfügung bekannt war. Wurde der Verzicht nicht von einem berufsmäßigen Parteienvertreter oder im Beisein eines solchen abgegeben, so kann er binnen drei Tagen schriftlich oder zur Niederschrift widerrufen werden.

(4) Die Finanzstrafbehörde hat den Einspruch durch Bescheid zurückzuweisen, wenn er unzulässig ist oder nicht fristgerecht eingebracht wurde.

(5) Ist ein Einspruch nicht mehr zulässig, so hat die Finanzstrafbehörde die Wirkung eines rechtskräftigen Erkenntnisses.

§ 146. (1) Das Zollamt Österreich kann bei geringfügigen Finanzvergehen durch Strafverfügung Geldstrafen nach Maßgabe der Strafsätze der §§ 33 bis 37, 44 und 46, 48 bis 48b und 51 sowie des § 91 Alkoholsteuergesetz 2022 – AlkStG 2022, BGBl. I Nr. 227/2021 und des § 11 Mineralölsteuergesetz 2022 – MinStG 2022, BGBl. I Nr. 227/2021, jedoch nur bis zu einem Höchstausmaß von 3 000 Euro, verhängen und, soweit dies in den §§ 33, 35, 37, 44 und 46 sowie in § 91 AlkStG 2022 und in § 11 MinStG 2022 vorgesehen ist, den Verfall aussprechen (vereinfachte Strafverfügung). Eine solche Strafverfügung darf nur erlassen werden, wenn sich der Beschuldigte nach Bekanntgabe der in Aussicht genommenen Strafe mit der Erlassung der vereinfachten Strafverfügung einverstanden erklärt und auf die Erhebung eines Einspruchs schriftlich verzichtet. Ein Einspruchsverzicht kann binnen drei Tagen schriftlich oder zur Niederschrift widerrufen werden. Kosten des Strafverfahrens sind nicht zu ersetzen.(BGBl I 2019/104, BGBl I 2022/108)

(2) Als geringfügige Finanzvergehen gelten:
1. Finanzordnungswidrigkeiten nach § 51;
2. die Finanzvergehen nach den §§ 33, 35 und 37 Abs. 1, sofern der strafbestimmende Wertbetrag oder die Summe der strafbestimmenden Wertbeträge (§ 53 Abs. 1) 1 500 Euro nicht übersteigt; als strafbestimmender Wertbetrag hat der auf die Ware entfallende Abgabenbetrag oder der hinterzogene Abgabenbetrag zu gelten;
3. die Finanzvergehen nach den §§ 34, 36, 37 Abs. 3 und 44 bis 46, sofern der strafbestimmende Wertbetrag oder die Summe der strafbestimmenden Wertbeträge (§ 53 Abs. 1) 3 000 Euro nicht übersteigt; als strafbestimmender Wertbetrag hat der auf die Ware entfallende Abgabenbetrag oder der verkürzte Abgabenbetrag bzw. das Einfache der Be-

messungsgrundlage gemäß § 44 Abs. 2 zu gelten;

4. die Finanzvergehen nach den §§ 48 und 48a, sofern durch die Tat weder Abgaben hinterzogen noch verkürzt wurden;
5. das Finanzvergehen nach § 48b, sofern die Barmittel den Betrag von 30 000 Euro nicht übersteigen;
6. die Finanzvergehen nach § 91 AlkStG 2022 und § 11 MinStG 2022, sofern die hinterzogenen Abgaben den Betrag von 1 500 Euro oder die verkürzten Abgaben den Betrag von 3 000 Euro nicht übersteigen.

(BGBl I 2022/108)

F. Verfahren gegen Personen unbekannten Aufenthaltes

§ 147. Ist der Aufenthalt einer Person, die eines Finanzvergehens verdächtig ist, unbekannt, so hat die Finanzstrafbehörde dennoch den für die Erledigung der Strafsache maßgeblichen Sachverhalt von Amts wegen festzustellen und den Verdächtigen auszuforschen. Eine mündliche Verhandlung darf aber nur durchgeführt werden, wenn feststeht, daß der Verdächtige von der Einleitung des Strafverfahrens oder einer anderen gegen ihn gerichteten Verfolgungshandlung (§ 14 Abs. 3) persönlich Kenntnis erlangt hat. Wenn die Wichtigkeit der Sache es erfordert, so hat die Finanzstrafbehörde durch ein in ihrem Amtsbereich gelegenes Bezirksgericht einen Kurator bestellen zu lassen. Dieser Kurator hat im Verfahren die Rechte und rechtlichen Interessen des Beschuldigten wahrzunehmen. Die Kosten sind vom Beschuldigten zu tragen. In diesem Verfahren sind im übrigen die Bestimmungen dieses Unterabschnittes anzuwenden.

G. Selbständiges Verfahren

§ 148. Soll gemäß § 18 im selbständigen Verfahren auf Verfall erkannt werden, so sind die Verfahrensbestimmungen dieses Unterabschnittes, mit Ausnahme des § 147, sinngemäß anzuwenden. Die mündliche Verhandlung hat jedoch zu unterbleiben, wenn die Fällung des Erkenntnisses nicht dem Spruchsenat obliegt.

H. Abgesondertes Verfahren

§ 149. (1) Ein abgesondertes Verfahren ist durchzuführen

a) von Amts wegen oder auf Antrag eines Nebenbeteiligten, wenn dessen Zuziehung gemäß § 122 Abs. 2 unterblieben ist,
b) auf Antrag eines Verfallsbeteiligten, wenn dieser dem Verfahren, in welchem auf Verfall erkannt wurde, ohne sein Verschulden nicht zugezogen war,
c) von Amts wegen in den Fällen des § 145 Abs. 2 letzter Satz.

(2) In den Fällen des Abs. 1 lit. a ist die gemäß § 122 Abs. 2 vorbehaltene Entscheidung zu fällen.

(3) In den Fällen des Abs. 1 lit. b und c ist über die Rechte des Verfallsbeteiligten und über die Inanspruchnahme des Haftungsbeteiligten zu entscheiden. Wird der Verfall aufgehoben oder ein Pfand- oder Zurückbehaltungsrecht anerkannt, so ist auf den vom Bestraften zu leistenden Wertersatz zu erkennen. Andernfalls ist auszusprechen, daß der verfallsbeteiligte Eigentümer den Verfall gegen sich gelten zu lassen habe oder daß die Pfand- oder Zurückbehaltungsrechte nicht anerkannt werden.

(4) Für das abgesonderte Verfahren gelten die Bestimmungen dieses Unterabschnittes mit der Maßgabe, daß die Entscheidung mit Bescheid zu ergehen hat. Der Bestrafte des vorangegangenen Verfahrens hat die Stellung eines Beschuldigten.

(5) Nach Ablauf von drei Jahren, von der Rechtskraft der Entscheidung im vorangegangenen Verfahren an gerechnet, ist ein Antrag auf Durchführung des abgesonderten Verfahrens nicht mehr zulässig.

VII. Hauptstück
Beschwerde; Wiederaufnahme des Verfahrens, Wiedereinsetzung in den vorigen Stand

A. Beschwerde

1. Allgemeines

§ 150. (1) Rechtsmittel im Finanzstrafverfahren ist die Beschwerde an das Bundesfinanzgericht.

(2) Die Rechtsmittelfrist beträgt einen Monat. Sie beginnt mit der Zustellung des angefochtenen Erkenntnisses oder sonstigen Bescheides, bei Beschwerden gegen die Ausübung unmittelbarer finanzstrafbehördlicher Befehls- und Zwangsgewalt mit dem Kenntnis, sofern der Beschwerdeführer aber durch den Verwaltungsakt behindert war, von seinem Beschwerderecht Gebrauch zu machen, ab dem Wegfall dieser Behinderung.

(3) Die Beschwerde ist bei der Behörde einzubringen, die das angefochtene Erkenntnis (den Bescheid) erlassen hat oder deren Säumigkeit behauptet wird. Sie gilt auch als rechtzeitig eingebracht, wenn sie innerhalb der Beschwerdefrist beim Bundesfinanzgericht eingebracht worden ist. Dies gilt für eine Beschwerde gegen die Ausübung unmittelbarer finanzstrafbehördlicher Befehls- und Zwangsgewalt sinngemäß; eine solche Beschwerde kann auch bei der Finanzstrafbehörde eingebracht werden, in deren Bereich der angefochtene Verwaltungsakt gesetzt worden ist. Die Einbringung bei einer anderen Stelle gilt, sofern nicht § 140 Abs. 4 anzuwenden ist, nur dann als rechtzeitig, wenn die Beschwerde noch vor Ablauf der Beschwerdefrist einer zuständigen Behörde oder dem Bundesfinanzgericht zukommt.

(4) Wurde ein Erkenntnis mündlich verkündet, so ist die Erhebung einer Beschwerde dagegen innerhalb einer Woche bei der Behörde, die das anzufechtende Erkenntnis erlassen hat, schriftlich oder mündlich zu Protokoll anzumelden. Eine angemeldete Beschwerde ist innerhalb der Frist gemäß Abs. 2 einzubringen. Eine nicht oder verspätet angemeldete Beschwerde ist zurückzuweisen, es sei denn, sie wurde von einer gemäß § 151

Abs. 1 berechtigten Person eingebracht, die bei der mündlichen Verhandlung weder anwesend noch vertreten war.

§ 151. (1) Zur Erhebung einer Beschwerde gegen Erkenntnisse sind berechtigt:
a) der Beschuldigte, soweit das Erkenntnis nicht auf Einstellung lautet;
b) wenn das Erkenntnis von einem Spruchsenat gefällt worden ist, auch der Amtsbeauftragte;
c) wenn der Spruch Feststellungen oder Entscheidungen der im § 138 Abs. 2 lit. f bis i bezeichneten Art enthält, auch die hievon betroffenen Nebenbeteiligten.

(2) Die rechtzeitig eingebrachte Beschwerde gegen Erkenntnisse hat aufschiebende Wirkung, ausgenommen in den Fällen der gemäß § 142 Abs. 1 wegen Fluchtgefahr verhängten Haft.

§ 152. (1) Eine Beschwerde gegen alle sonstigen im Finanzstrafverfahren ergehenden Bescheide sowie gegen die Ausübung unmittelbarer finanzstrafbehördlicher Befehls- und Zwangsgewalt ist zulässig, soweit nicht ein Rechtsmittel für unzulässig erklärt ist. Gegen das Verfahren betreffende Anordnungen ist, soweit nicht ein Rechtsmittel für zulässig erklärt ist, eine abgesonderte Beschwerde nicht zulässig; sie können erst mit einer Beschwerde gegen das Verfahren abschließende Erkenntnis (Bescheid) angefochten werden. Zur Erhebung der Beschwerde ist derjenige berechtigt, an den der angefochtene Bescheid ergangen ist oder der behauptet, durch die Ausübung unmittelbarer finanzstrafbehördlicher Befehls- und Zwangsgewalt in seinen Rechten verletzt worden zu sein sowie bei einem Bescheid eines Spruchsenates oder eines Spruchsenatsvorsitzenden auch der Amtsbeauftragte.

(2) Der Beschwerde nach Abs. 1 kommt eine aufschiebende Wirkung kraft Gesetzes nicht zu. Die Behörde, deren Bescheid angefochten wird, hat jedoch auf Antrag des Beschwerdeführers die aufschiebende Wirkung zuzuerkennen, wenn durch die Vollziehung des Bescheides ein nicht wieder gutzumachender Schaden eintreten würde und nicht öffentliche Rücksichten die sofortige Vollziehung gebieten. Gegen die Verweigerung der aufschiebenden Wirkung ist eine abgesonderte Beschwerde nicht zulässig; bei Bescheiden eines Spruchsenatsvorsitzenden entscheidet dieser über den Antrag.

(3) Eine Beschwerde wegen Verletzung der Entscheidungspflicht (Säumnisbeschwerde) nach Art. 130 Abs. 1 Z 3 B-VG ist nur zulässig, wenn über Anträge, die das Bundesgesetz im verwaltungsbehördlichen Finanzstrafverfahren vorsieht, innerhalb von sechs Monaten nicht entschieden worden ist. Die Frist läuft von dem Tag, an dem der Antrag bei der zuständigen Finanzstrafbehörde eingelangt ist. Das Bundesfinanzgericht hat der säumigen Finanzstrafbehörde aufzutragen, innerhalb einer Frist bis zu drei Monaten über den Antrag zu entscheiden und dem Bundesfinanzgericht den Bescheid oder die entsprechenden Aktenteile in Kopie vorzulegen oder anzuzeigen, warum eine Verletzung der Entscheidungspflicht nicht vorliegt. Die Frist kann einmal verlängert werden, wenn die Finanzstrafbehörde das Vorliegen von in der Sache gelegenen Gründen nachzuweisen vermag, die eine fristgerechte Erlassung des Bescheides oder Vornahme der Verfahrenshandlung unmöglich machen. Ist die Finanzstrafbehörde innerhalb der gesetzten Frist tätig geworden, ist das Verfahren über die Säumnisbeschwerde einzustellen, andernfalls geht die Zuständigkeit zur Entscheidung über den nicht erledigten Antrag auf das Bundesfinanzgericht über.

§ 153. (1) Die Beschwerde gegen Erkenntnisse (Bescheide) hat zu enthalten:
a) die Bezeichnung des Erkenntnisses (Bescheides), gegen das sie sich richtet;
b) die Erklärung, in welchen Punkten das Erkenntnis (der Bescheid) angefochten wird;
c) die Erklärung, welche Änderungen beantragt werden;
d) eine Begründung;
e) wenn neue Tatsachen oder neue Beweismittel vorgebracht werden, deren Bezeichnung.

(2) Beschwerden des Amtsbeauftragten sind in so vielen Ausfertigungen einzubringen, daß auch jedem Beschuldigten und Nebenbeteiligten des Verfahrens eine Ausfertigung zugestellt werden kann.

(3) Die Beschwerde gegen die Ausübung unmittelbarer finanzstrafbehördlicher Befehls- und Zwangsgewalt hat zu enthalten:
a) die Bezeichnung des angefochtenen Verwaltungsaktes;
b) soweit dies zumutbar ist, eine Angabe darüber, welches Organ den angefochtenen Verwaltungsakt gesetzt hat;
c) den Sachverhalt;
d) die Gründe, auf die sich die Behauptung der Rechtswidrigkeit stützt;
e) das Begehren, den angefochtenen Verwaltungsakt für rechtswidrig zu erklären;
f) die Angaben, die zur Beurteilung der fristgerechten Einbringung der Beschwerde erforderlich sind.

(4) Die Säumnisbeschwerde hat zu enthalten:
a) die Bezeichnung der Behörde, deren Entscheidung in der Rechtssache verlangt wurde;
b) den Sachverhalt;
c) die bestimmte Bezeichnung des Rechtes, in dem der Beschwerdeführer verletzt zu sein behauptet;
d) ein bestimmtes Begehren;
e) die Glaubhaftmachung, dass die sechsmonatige Frist (§ 152 Abs. 3) abgelaufen ist.

§ 154. Ein Rechtsmittel ist nicht mehr zulässig, wenn nach Verkündung oder Zustellung des Erkenntnisses (Bescheides) ausdrücklich auf ein Rechtsmittel verzichtet wurde. Der Verzicht ist der Behörde, die das Erkenntnis (den Bescheid) erlassen hat, schriftlich bekanntzugeben oder zu

Protokoll zu erklären. Wurde der Verzicht nicht von einem berufsmäßigen Parteienvertreter oder im Beisein eines solchen abgegeben, so kann er binnen drei Tagen schriftlich oder zur Niederschrift widerrufen werden.

§ 155. Rechtsmittel können ganz oder teilweise zurückgenommen werden. Die Zurücknahme ist bis zur Unterzeichnung der Rechtsmittelentscheidung, falls aber mündlich verhandelt wird, bis zum Schluß der mündlichen Verhandlung zulässig. Die Zurücknahme ist schriftlich bekanntzugeben oder zu Protokoll zu erklären. Sie hat für den Rechtsmittelwerber im Umfang der Zurücknahme den Verlust des Rechtsmittels zur Folge.

2. Beschwerdeverfahren

§ 156. (1) Die Finanzstrafbehörde hat eine Beschwerde, die gegen ein von ihr erlassenes Erkenntnis (einen Bescheid) oder gegen die Ausübung unmittelbarer finanzstrafbehördlicher Befehls- und Zwangsgewalt oder wegen Verletzung der Entscheidungspflicht eingebracht worden ist, durch Bescheid zurückzuweisen, wenn die Beschwerde nicht zulässig ist oder nicht fristgerecht eingebracht wurde.

(2) Wenn eine Beschwerde nicht den im § 153 umschriebenen Erfordernissen entspricht oder wenn sie Formgebrechen aufweist, so hat die Finanzstrafbehörde dem Beschwerdeführer die Behebung der Mängel mit dem Hinweis aufzutragen, dass die Beschwerde nach fruchtlosem Ablauf einer gleichzeitig zu bestimmenden angemessenen Frist als zurückgenommen gilt.

(3) Liegt ein Anlass zur Zurückweisung nach Abs. 1 oder zur Erteilung eines Auftrages nach Abs. 2 nicht vor oder sind etwaige Formgebrechen oder inhaltliche Mängel behoben, so ist die Beschwerde ungesäumt dem Bundesfinanzgericht unter Anschluss eines Vorlageberichtes vorzulegen. Der Vorlagebericht hat jedenfalls eine Stellungnahme zu den im Beschwerdeverfahren strittigen Tat- und Rechtsfragen sowie allfällige Anträge der Finanzstrafbehörde zu enthalten. Ausfertigungen der Beschwerde des Amtsbeauftragten (§ 153 Abs. 2) sind dem Beschuldigten und den gemäß § 122 im Verfahren zugezogenen Nebenbeteiligten zuzustellen.

(4) Das Bundesfinanzgericht hat zunächst zu prüfen, ob ein von der Finanzstrafbehörde nicht aufgegriffener Grund zur Zurückweisung oder für einen Auftrag zur Mängelbehebung vorliegt, und hat erforderlichenfalls selbst sinngemäß nach den Abs. 1 und 2 mit Beschluss vorzugehen.

(5) Die Bestimmungen der Abs. 1 bis 4 gelten sinngemäß für Beschwerden gegen Bescheide des Bundesministeriums für Finanzen.

§ 157. Soweit für das Beschwerdeverfahren nicht besondere Regelungen getroffen werden, sind die für das verwaltungsbehördliche Finanzstrafverfahren geltenden Bestimmungen sinngemäß anzuwenden. Das Bundesfinanzgericht hat insoweit dieselben Befugnisse wie die Finanzstrafbehörden. Über Ersatzansprüche von Zeugen, Dolmetschern und Sachverständigen entscheidet der Einzelrichter, in Senatsverfahren der Vorsitzende. Für die vom Bundesfinanzgericht mit Beschluss festzusetzenden Zwangs-, Ordnungs- und Mutwillensstrafen sowie deren Einhebung und zwangsweise Einbringung gilt § 287 BAO sinngemäß. Die Bestimmung des § 131 ist mit der Maßgabe sinngemäß anzuwenden, dass die fachkundigen Laienrichter ihre Stimmen in alphabetischer Reihenfolge abgeben.

(BGBl I 2015/163)

§ 158. Das Bundesfinanzgericht kann eine Finanzstrafbehörde um Amtshilfe ersuchen. Beweisaufnahmen, die schon im verwaltungsbehördlichen Verfahren durchgeführt worden sind, müssen im Beschwerdeverfahren nur wiederholt werden, sofern dies zur Ermittlung des wahren Sachverhaltes notwendig ist.

§ 159. Die Bestellung des Amtsbeauftragten gemäß § 124 Abs. 2 gilt auch für das Beschwerdeverfahren. Ist die Bestellung eines anderen Amtsbeauftragten erforderlich oder zweckmäßig oder ist noch kein Amtsbeauftragter bestellt worden, so hat der Vorstand der Finanzstrafbehörde anlässlich der Vorlage der Beschwerde an das Bundesfinanzgericht einen Amtsbeauftragten für das Beschwerdeverfahren zu bestellen. Ist das Bundesministerium für Finanzen belangte Behörde, so ist dieses Partei im Beschwerdeverfahren, ein Amtsbeauftragter ist diesfalls nicht zu bestellen.

(BGBl I 2018/62)

§ 160. (1) Über Beschwerden ist nach vorangegangener mündlicher Verhandlung zu entscheiden, es sei denn, die Beschwerde ist zurückzuweisen oder der angefochtene Bescheid bereits aufgrund der Aktenlage, das Verfahren einzustellen aufzuheben oder es ist nach § 161 Abs. 4 vorzugehen.

(BGBl I 2015/163)

(2) Das Bundesfinanzgericht kann von der Durchführung einer mündlichen Verhandlung absehen, wenn

a) in der Beschwerde nur eine unrichtige rechtliche Beurteilung behauptet wird oder

b) nur die Höhe der Strafe bekämpft wird oder

c) im angefochtenen Bescheid eine 500 Euro nicht übersteigende Geldstrafe verhängt wurde oder

d) sich die Beschwerde nicht gegen ein Erkenntnis richtet

und keine Partei die Durchführung einer mündlichen Verhandlung in der Beschwerde beantragt hat. Ein solcher Antrag kann nur mit Zustimmung der anderen Parteien zurückgezogen werden.

(3) Das Bundesfinanzgericht kann von der Durchführung oder Fortsetzung einer mündlichen Verhandlung absehen, wenn die Parteien ausdrücklich darauf bis zum Beginn der (fortgesetzten) Verhandlung verzichten.

(4) Die mündliche Verhandlung ist öffentlich. Die Öffentlichkeit ist unter den Voraussetzungen des § 127 Abs. 2 auszuschließen. Die §§ 127 Abs. 4 und 134 sind sinngemäß anzuwenden.

(5) Unterbleibt nach Abs. 2 oder 3 eine mündliche Verhandlung vor einem Senat für Finanzstrafrecht beim Bundesfinanzgericht, kann der Vorsitzende die Beratung und Beschlussfassung des Senates unter Verwendung geeigneter technischer Kommunikationsmittel veranlassen. Der Vorsitzende kann außerdem die Beratung und Beschlussfassung durch die Einholung der Zustimmung der anderen Senatsmitglieder zu einem Entscheidungsentwurf im Umlaufwege ersetzen, wenn keines dieser Mitglieder widerspricht.
(BGBl I 2022/108)

3. Entscheidungen über Beschwerden

§ 161. (1) Das Bundesfinanzgericht hat, sofern die Beschwerde nicht gemäß § 156 mit Beschluss zurückzuweisen ist, grundsätzlich in der Sache selbst mit Erkenntnis zu entscheiden. Es ist berechtigt, sowohl im Spruch als auch hinsichtlich der Begründung des Erkenntnisses seine Anschauung an die Stelle jener der Finanzstrafbehörde zu setzen und das angefochtene Erkenntnis (den Bescheid) abzuändern oder aufzuheben, den angefochtenen Verwaltungsakt für rechtswidrig zu erklären oder die Beschwerde als unbegründet abzuweisen.

(2) Anerkennt das Bundesfinanzgericht das Eigentumsrecht eines Verfallsbeteiligten, so ist der Verfall aufzuheben und auf den vom Täter, von den anderen an der Tat Beteiligten und vom Hehler zu leistenden Wertersatz zu erkennen, wobei diesen Personen die Stellung eines Beschuldigten zukommt, auch wenn sie selbst keine Beschwerde erhoben haben; werden Pfand- oder Zurückbehaltungsrechte anerkannt, so ist gleichfalls auf Wertersatz zu erkennen.

(3) Eine Änderung des angefochtenen Erkenntnisses zum Nachteil des Beschuldigten oder der Nebenbeteiligten ist nur bei Anfechtung durch den Amtsbeauftragten zulässig. Überzeugt sich das Bundesfinanzgericht aus Anlass der Beschwerde, dass zum Nachteil eines anderen Beschuldigten oder Nebenbeteiligten, welche keine Beschwerde eingebracht hat, das Gesetz unrichtig angewendet wurde, so hat es so vorzugehen, als wäre auch von diesen Personen eine Beschwerde eingebracht worden.

(4) Das Bundesfinanzgericht kann auch die Aufhebung des angefochtenen Erkenntnisses (Bescheides) unter Zurückverweisung der Sache an die Finanzstrafbehörde mit Beschluss verfügen, wenn es umfangreiche Ergänzungen des Untersuchungsverfahrens für erforderlich hält; die Finanzstrafbehörde ist im weiteren Verfahren an die in dem zurückverweisenden Beschluss niedergelegte Rechtsanschauung gebunden. Für das neue verwaltungsbehördliche Erkenntnis gelten die Abs. 2 und 3 sinngemäß.

(5) Säumnisbeschwerden sind mit Erkenntnis abzuweisen, wenn die Verspätung nicht auf ein überwiegendes Verschulden der Finanzstrafbehörde zurückzuführen ist.

§ 162. (1) Erkenntnisse des Bundesfinanzgerichtes haben im Namen der Republik zu ergehen.

(2) Die Urschrift und die Ausfertigung eines Erkenntnisses oder Beschlusses haben soweit zutreffend zu enthalten:

a) den Namen des Richters; wenn eine mündliche Verhandlung stattgefunden hat, die Namen des Verhandlungsleiters und des Schriftführers; bei Entscheidungen eines Senates auch die Namen des Senatsvorsitzenden, der übrigen Senatsmitglieder und des Amtsbeauftragten;

b) Vor- und Zunamen des Beschwerdeführers; den Namen seines Verteidigers (Bevollmächtigten);

c) die Bezeichnung des angefochtenen Bescheides oder des sonstigen angefochtenen Verwaltungsaktes;

d) den Spruch;

e) die Begründung;

f) die Zahlungsaufforderung;

g) im Verfahren vor einem Senat die Unterschrift des Vorsitzenden, in den übrigen Fällen die Unterschrift des Mitgliedes des Bundesfinanzgerichtes, das die Rechtsmittelentscheidung erlassen hat; an die Stelle der Unterschrift kann die Beglaubigung der Kanzlei treten, dass die Ausfertigung mit der Urschrift übereinstimmt und diese die eigenhändig beigesetzte Unterschrift aufweist; Ausfertigungen in Form von elektronischen Dokumenten müssen an Stelle der Unterschrift oder Beglaubigung mit einer Amtssignatur (§ 19 E-Government-Gesetz) versehen sein; Ausfertigungen in Form von Ausdrucken von mit einer Amtssignatur versehenen elektronischen Dokumenten oder von Kopien solcher Ausdrucke brauchen keine weiteren Voraussetzungen erfüllen;
(BGBl I 2018/62)

h) das Datum der mündlichen Verkündung, sonst das Datum der Unterfertigung.

(BGBl I 2018/62)

(3) Der Spruch hat die Entscheidung in der Sache und die Entscheidung über die Kosten oder die Aufhebung des angefochtenen Erkenntnisses (Bescheides) unter Zurückverweisung der Sache an die Finanzstrafbehörde oder die Aufhebung der Entscheidung wegen Unzuständigkeit der Finanzstrafbehörde sowie den Ausspruch über die Zulässigkeit einer Revision an den Verwaltungsgerichtshof zu enthalten. Im Übrigen gelten für den Spruch, die Begründung und die Zahlungsaufforderung die §§ 138 und 139 sowie § 140 Abs. 5 sinngemäß.

(4) Ausfertigungen von Erkenntnissen haben eine Belehrung über die Möglichkeit der Erhebung einer Beschwerde an den Verfassungsgerichtshof und einer ordentlichen oder außerordentlichen Revision an den Verwaltungsgerichtshof zu enthalten. Das Verwaltungsgericht hat ferner hinzuweisen:

a) auf die bei der Einbringung einer solchen Beschwerde bzw. Revision einzuhaltenden Fristen;

b) auf die gesetzlichen Erfordernisse der Einbringung einer solchen Beschwerde bzw. Revision durch einen bevollmächtigten Rechtsanwalt (bei Beschwerden) bzw. durch einen bevollmächtigten Rechtsanwalt oder Wirtschaftstreuhänder (bei Revisionen);
c) auf die für eine solche Beschwerde bzw. Revision zu entrichtenden Eingabengebühren.

§ 163. (1) Das Erkenntnis des Bundesfinanzgerichtes ist schriftlich auszufertigen. Ausfertigungen sind dem Amtsbeauftragten des Beschwerdeverfahrens, der Finanzstrafbehörde als der belangten Behörde des Beschwerdeverfahrens, dem Beschuldigten und den gemäß § 122 dem Verfahren zugezogenen Nebenbeteiligten zuzustellen. Ist das Bundesministerium für Finanzen belangte Behörde, so sind Ausfertigungen des Erkenntnisses diesem und dem Beschwerdeführer zuzustellen.
(BGBl I 2019/91)
(2) § 141 Abs. 2 gilt entsprechend.

§ 164. (aufgehoben)

B. Wiederaufnahme des Verfahrens und Wiedereinsetzung in den vorigen Stand

1. Wiederaufnahme des Verfahrens

§ 165. (1) Die Wiederaufnahme eines durch Erkenntnis (Bescheid, Rechtsmittelentscheidung) abgeschlossenen Finanzstrafverfahrens ist auf Antrag oder von Amts wegen zu verfügen, wenn ein ordentliches Rechtsmittel gegen die Entscheidung nicht oder nicht mehr zulässig ist und
a) die Entscheidung durch Fälschung einer Urkunde, falsches Zeugnis oder eine andere gerichtlich strafbare Tat herbeigeführt oder sonstwie erschlichen worden ist oder
b) Tatsachen oder Beweismittel neu hervorkommen, die im abgeschlossenen Verfahren nicht geltend gemacht werden konnten, oder
c) die Entscheidung von Vorfragen abhängig war und nachträglich über eine solche Vorfrage von der hiefür zuständigen Behörde (Gericht) in wesentlichen Punkten anders entschieden wurde oder
d) der Abgabenbetrag, der der Ermittlung des strafbestimmenden Wertbetrages zugrunde gelegt wurde, nachträglich nach den Bestimmungen des Abgabenverfahrens geändert wurde oder
e) die strafbefreiende Wirkung einer Selbstanzeige gemäß § 29 Abs. 2 außer Kraft getreten ist

und die Kenntnis dieser Umstände allein oder in Verbindung mit dem sonstigen Ergebnis des Verfahrens voraussichtlich eine im Spruch anders lautende Entscheidung herbeigeführt hätte.

(2) In den Fällen des Abs. 1 lit. b bis d darf die Wiederaufnahme des Verfahrens von Amts wegen nur verfügt werden, wenn das abgeschlossene Verfahren durch Einstellung beendet worden ist.

(3) Antragsberechtigt sind die Beschuldigten und die Nebenbeteiligten des abgeschlossenen Finanzstrafverfahrens, die letzteren jedoch nur, wenn der Spruch der Entscheidung Feststellungen der im § 138 Abs. 2 lit. f bis h bezeichneten Art enthält. Wurde das Verfahren durch ein Erkenntnis eines Spruchsenates oder eine Beschwerdeentscheidung des Bundesfinanzgerichtes abgeschlossen, so steht auch dem Amtsbeauftragten das Recht zu, eine Wiederaufnahme unter den Voraussetzungen des Abs. 2 zu beantragen.

(4) Der Antrag auf Wiederaufnahme ist innerhalb von drei Monaten von dem Zeitpunkt an, in dem der Antragsteller nachweislich von dem Wiederaufnahmsgrund Kenntnis erlangt hat, bei der Finanzstrafbehörde einzubringen, die im abgeschlossenen Verfahren die Entscheidung erlassen hat. Falls das Bundesfinanzgericht die das Verfahren abschließende Entscheidung erlassen hat, ist der Antrag auf Wiederaufnahme innerhalb der im ersten Satz genannten Frist bei diesem einzubringen.

(5) Dem Antrag auf Wiederaufnahme kommt eine aufschiebende Wirkung kraft Gesetzes nicht zu. Die Behörde, die über den Antrag zu entscheiden hat, hat diesem jedoch die aufschiebende Wirkung zuzuerkennen, wenn durch die Vollziehung der im abgeschlossenen Verfahren ergangenen Entscheidung ein nicht wiedergutzumachender Schaden eintreten würde und nicht öffentliche Rücksichten die sofortige Vollziehung gebieten. Obliegt dem Bundesfinanzgericht die Entscheidung über den Antrag, so hat dieses über die aufschiebende Wirkung mit Beschluss zu erkennen.

(6) Sind seit der Rechtskraft der Entscheidung im abgeschlossenen Verfahren die im § 31 Abs. 2 genannten Fristen verstrichen, so ist die Einbringung eines Antrages auf Wiederaufnahme oder die Wiederaufnahme des Verfahrens von Amts wegen ausgeschlossen. Im übrigen steht ein Ablauf der Verjährungsfrist nach Rechtskraft der Entscheidung im abgeschlossenen Verfahren einer Bestrafung im wiederaufgenommenen Verfahren nicht entgegen.

§ 166. (1) Die Entscheidung über die Wiederaufnahme steht der Finanzstrafbehörde zu, die die Entscheidung im abgeschlossenen Verfahren gefällt hat. Die Entscheidung über die Wiederaufnahme steht dem Bundesfinanzgericht mit Beschluss zu, wenn dieses die das Verfahren abschließende Entscheidung gefällt hat.

(2) In dem die Wiederaufnahme bewilligenden oder anordnenden Bescheid oder Beschluss ist auszusprechen, inwieweit das Verfahren wiederaufzunehmen ist. Durch diesen Bescheid oder Beschluss wird der weitere Rechtsbestand der Entscheidung des abgeschlossenen Verfahrens nicht berührt. Die Wiederaufnahme verfügende Finanzstrafbehörde oder das die Wiederaufnahme verfügende Bundesfinanzgericht hat jedoch die Vollziehung der im abgeschlossenen Verfahren ergangenen Entscheidung auszusetzen, wenn durch sie ein nicht wiedergutzumachender Schaden eintreten würde und nicht öffentliche Rücksichten die sofortige Vollziehung gebieten. Gegen die Verfügung der Wiederaufnahme ist eine Beschwerde oder Revision nicht zulässig.

(3) Durch die Wiederaufnahme tritt die Strafsache, wenn über sie bereits durch das Bundesfinanzgericht abgesprochen wurde, in den Stand des Beschwerdeverfahrens, in allen übrigen Fällen in den Stand des Untersuchungsverfahrens zurück. Frühere Erhebungen und Beweisaufnahmen, die durch die Wiederaufnahmsgründe nicht betroffen werden, sind nicht zu wiederholen.

(4) Im wiederaufgenommenen Verfahren ist unter gänzlicher oder teilweiser Aufhebung der früheren Entscheidung insoweit in der Sache selbst zu entscheiden, als die frühere Entscheidung nicht mehr für zutreffend befunden wird. Kommt eine Entscheidung in der Sache selbst nicht in Betracht, so ist das wiederaufgenommene Verfahren durch Bescheid, im Verfahren vor dem Bundesfinanzgericht durch Beschluss einzustellen.

(5) Wird im wiederaufgenommenen Verfahren das Eigentumsrecht eines Verfallsbeteiligten anerkannt, so ist der Verfall aufzuheben und auf den vom Täter, von den anderen an der Tat Beteiligten und vom Hehler zu leistenden Wertersatz zu erkennen; werden Pfand- oder Zurückbehaltungsrechte anerkannt, so ist gleichfalls auf Wertersatz zu erkennen.

(6) Ist die Wiederaufnahme des Verfahrens über Antrag bewilligt worden, so darf die Entscheidung im wiederaufgenommenen Verfahren nicht ungünstiger lauten als die Entscheidung der früheren Verfahrens. Überzeugt sich die Finanzstrafbehörde oder das Bundesfinanzgericht aus Anlass der Wiederaufnahme, dass auch ein anderer Beschuldigter oder Nebenbeteiligter antragsberechtigt gewesen wäre (§ 165 Abs. 3), so hat es so vorzugehen, als wäre auch von diesen Personen ein Antrag auf Wiederaufnahme des Verfahrens eingebracht worden.

2. Wiedereinsetzung in den vorigen Stand

§ 167. (1) Gegen die Versäumung einer Frist oder einer mündlichen Verhandlung ist auf Antrag des Beschuldigten oder der Nebenbeteiligten eines anhängigen oder abgeschlossenen Finanzstrafverfahrens die Wiedereinsetzung in den vorigen Stand zu bewilligen, wenn der Antragsteller durch die Versäumung einen Rechtsnachteil erleidet und glaubhaft macht, daß er durch ein unvorhergesehenes oder unabwendbares Ereignis verhindert war, die Frist einzuhalten oder zur Verhandlung zu erscheinen. Daß dem Beschuldigten oder dem Nebenbeteiligten ein Verschulden an der Versäumung zur Last liegt, hindert die Bewilligung der Wiedereinsetzung nicht, wenn es sich nur um einen minderen Grad des Versehens handelt.

(2) Der Antrag auf Wiedereinsetzung muss binnen Monatsfrist nach Aufhören des Hindernisses bei der Finanzstrafbehörde oder beim Bundesfinanzgericht gestellt werden, je nachdem, ob die Frist bei der Finanzstrafbehörde oder beim Bundesfinanzgericht wahrzunehmen war oder dort die Verhandlung stattfinden sollte. Diese sind auch jeweils zur Entscheidung über den Antrag berufen. Das Bundesfinanzgericht entscheidet mit Beschluss. War die Frist beim Spruchsenat wahrzunehmen oder sollte die Verhandlung vor dem Spruchsenat stattfinden, entscheidet der Vorsitzende des Spruchsenates über den Wiedereinsetzungsantrag.

(3) Im Fall der Versäumung einer Frist hat der Antragsteller die versäumte Handlung gleichzeitig mit dem Wiedereinsetzungsantrag nachzuholen.

(4) Die Behörde, die über den Wiedereinsetzungsantrag zu entscheiden hat, kann diesem aufschiebende Wirkung beilegen.

(5) Der Wiedereinsetzungsantrag kann nicht auf Umstände gestützt werden, die schon früher für unzureichend befunden worden sind, um die Verlängerung der versäumten Frist oder die Verlegung der versäumten Verhandlung zu bewilligen.

§ 168. (1) Durch die Bewilligung der Wiedereinsetzung tritt das Verfahren in die Lage zurück, in der es sich vor dem Eintreten der Versäumung befunden hat.

(2) Durch den Antrag auf Wiedereinsetzung gegen die Versäumung einer mündlichen Verhandlung wird die Frist zur Anfechtung des infolge der Versäumung erlassenen Erkenntnisses nicht verlängert.

(3) Ist Wiedereinsetzung wegen Versäumung einer mündlichen Verhandlung beantragt und gegen das Erkenntnis Beschwerde eingelegt, so ist auf die Erledigung der Beschwerde erst einzugehen, wenn der Antrag auf Wiedereinsetzung zurückgewiesen oder abgewiesen worden ist.

(4) Nach Ablauf eines Jahres, vom Ende der versäumten Frist oder vom Zeitpunkt der versäumten Verhandlung an gerechnet, ist ein Antrag auf Wiedereinsetzung nicht mehr zulässig.

C. Besondere Bestimmungen

§ 169. Die Finanzstrafbehörde, vertreten durch den Amtsbeauftragten, kann gegen eine Entscheidung des Bundesfinanzgerichtes Revision gemäß Art. 133 B-VG an den Verwaltungsgerichtshof erheben. Dies kann sowohl zugunsten als auch zum Nachteil der durch die Entscheidung Betroffenen geschehen. Die Revisionsfrist beginnt mit der Zustellung der Entscheidung an den Amtsbeauftragten zu laufen.

§ 170. (1) Die Behörde, welche die Entscheidung erlassen hat, kann bis zum Eintritt der Verjährung der Strafbarkeit in der Entscheidung unterlaufene Schreib- und Rechenfehler oder andere offenbar auf einem ähnlichen Versehen beruhende tatsächliche Unrichtigkeiten berichtigen.

(2) Die Oberbehörde kann Entscheidungen der Finanzstrafbehörden in Ausübung des Aufsichtsrechtes aus den Gründen des § 289 Abs. 1 lit. a bis d BAO aufheben. Entscheidungen der Spruchsenate oder deren Vorsitzenden dürfen in Ausübung des Aufsichtsrechtes nicht aufgehoben werden.

(3) Die Senate des Bundesfinanzgerichtes oder ein Richter des Bundesfinanzgerichtes können eine von ihnen erlassene Entscheidung unbeschadet der sich aus Abs. 1 ergebenden Befugnisse aus den Gründen des § 289 BAO ändern oder aufheben, wenn sie mit Revision beim Verwaltungsgerichts-

hof oder mit Beschwerde beim Verfassungsgerichtshof angefochten ist.

(4) Durch die Aufhebung einer Entscheidung tritt das Verfahren in die Lage zurück, in der es sich vor Erlassung der aufgehobenen Entscheidung befunden hat. Die Behörde, deren Entscheidung aufgehoben wurde, ist an die Rechtsansicht der aufhebenden Behörde gebunden. Eine Strafentscheidung darf jedoch für den Beschuldigten nicht nachteiliger sein als die aufgehobene Entscheidung. Maßnahmen gemäß Abs. 2 und 3 sind nur innerhalb eines Jahres nach Eintritt der Rechtskraft der Entscheidung zulässig. Auf die Ausübung der der Behörde gemäß Abs. 1 bis 3 zustehenden Rechte steht niemandem ein Anspruch zu.

VIII. Hauptstück
Fälligkeit, Einhebung, Sicherung und Einbringung der Geldstrafen und Wertersätze; Vollziehung des Verfalles; Verwertung verfallener Gegenstände

§ 171. (1) Geldstrafen und Wertersätze werden mit Ablauf eines Monats nach Rechtskraft der Entscheidung fällig. Tritt die Fälligkeit an einem Samstag, Sonntag, gesetzlichen Feiertag, Karfreitag oder 24. Dezember ein, so gilt als Fälligkeitstag der nächste Tag, der nicht einer der vorgenannten Tage ist.

(2) Die Finanzstrafbehörde hat verfallene Gegenstände, die sich nicht in ihrer Verwahrung befinden, dem, der sie in seinem Gewahrsam hat, erforderlichenfalls auch zwangsweise abzunehmen. Die Organe des öffentlichen Sicherheitsdienstes haben hiebei über Ersuchen Unterstützung zu gewähren.

(3) Wurde neben dem Verfall auf Wertersatz erkannt, weil im Zeitpunkt der Entscheidung noch nicht feststand, ob der Verfall vollziehbar sein wird (§ 19 Abs. 2 erster Fall), so wird der Wertersatz fällig, wenn die verfallenen Gegenstände nicht in den Gewahrsam der Finanzstrafbehörde gebracht werden können. Kann nur ein Teil der verfallenen Gegenstände in den Gewahrsam der Finanzstrafbehörde gebracht werden, so hat diese durch Bescheid den Betrag zu bestimmen, der als Wertersatz für die nicht zustandegebrachten Gegenstände vom Bestraften einzuheben ist; für die Fälligkeit dieses Wertersatzes gilt Abs. 1 sinngemäß.

(4) Wurde neben dem Verfall auf Wertersatz erkannt, weil Pfand- oder Zurückbehaltungsrechte dritter Personen anerkannt worden sind (§ 19 Abs. 2 zweiter Fall), so hat die Finanzstrafbehörde die verfallenen Gegenstände zu verwerten und die gesicherten Forderungen aus dem Erlös zu befriedigen. Sind hiebei die Forderungen mehrerer Gläubiger zu befriedigen, so ist bei unzureichendem Verwertungserlös der Rang der Pfand- oder Zurückbehaltungsrechte zu berücksichtigen. Forderungen mit gleichem Rang, die im Erlös keine Deckung finden, sind im Verhältnis ihrer Höhe zu befriedigen. Der Betrag, der zur Befriedigung der gesicherten Forderungen aufgewendet worden ist, ist mit Bescheid vom Bestraften als Wertersatz einzufordern; für die Fälligkeit dieses Wertersatzes gilt Abs. 1 sinngemäß.

(5) Für die Fälligkeit von Zwangs- und Ordnungsstrafen gelten die Bestimmungen der Bundesabgabenordnung.

§ 172. (1) Die Einhebung, Sicherung und Einbringung der Geldstrafen und Wertersätze sowie der Zwangs- und Ordnungsstrafen und die Geltendmachung der Haftung obliegt den Finanzstrafbehörden, die dazu auch Amtshilfe durch Abgabenbehörden in Anspruch nehmen können. Hiebei gelten, soweit dieses Bundesgesetz nicht anderes bestimmt, die Bundesabgabenordnung und die Abgabenexekutionsordnung sinngemäß.

(2) Ein Sicherstellungsauftrag darf erst nach Einleitung des Finanzstrafverfahrens (§ 82 Abs. 3 und § 83 Abs. 3) erlassen werden.

§ 173. Stirbt der Beschuldigte vor Eintritt der Rechtskraft des Erkenntnisses (der Strafverfügung), so ist das Strafverfahren einzustellen. Stirbt der Bestrafte nach Rechtskraft des Erkenntnisses (der Strafverfügung), so geht die Verbindlichkeit zur Entrichtung von Geldstrafen, Wertersätzen und Kosten nicht auf die Erben über.

§ 174. (1) Verfallene Gegenstände sind unter sinngemäßer Anwendung der Bestimmungen der Abgabenexekutionsordnung über die Verwertung gepfändeter beweglicher Sachen zu verwerten. Sie können aber auch, wenn sie nicht nach § 171 Abs. 4 zu verwerten sind, für die Deckung des Sachaufwandes des Bundes verwendet werden. Gegenstände, die weder verwertet noch verwendet werden können, sind zu vernichten.

(2) In Grenznähe für verfallen erklärte Sachen, die raschem Verderben unterliegen, sind von Organen der Zollstellen auf kurzem Weg bestmöglich zu verwerten.

(BGBl I 2019/104)

IX. Hauptstück
Vollzug der Freiheitsstrafen (Ersatzfreiheitsstrafen)

§ 175. (1) Die Freiheitsstrafen sind in den gerichtlichen Gefangenenhäusern und in den Strafvollzugsanstalten zu vollziehen. Der Vollzug in einer Strafvollzugsanstalt ist jedoch nur in unmittelbarem Anschluß an eine gerichtliche Freiheitsstrafe und mit Zustimmung des Bestraften zulässig. Soweit dieses Bundesgesetz nicht besondere Bestimmungen enthält, sind für den Vollzug die Bestimmungen des Strafvollzugsgesetzes über den Vollzug von Freiheitsstrafen, deren Strafzeit achtzehn Monate nicht übersteigt, mit folgender Maßgabe sinngemäß anzuwenden, soweit dies nicht zu Anlaß und Dauer der Freiheitsstrafe außer Verhältnis steht:

a) §§ 31 Abs. 2, 32, 45 Abs. 1, 54 Abs. 3, 115, 127, 128, 132 Abs. 4 und 149 Abs. 1 und 4 des Strafvollzugsgesetzes sind nicht anzuwenden;

b) soweit Häftlinge eine Arbeitsvergütung zu erhalten haben, ist ihnen diese nach Abzug des Vollzugskostenbeitrages (§ 32 Abs. 2 erster Fall und Abs. 3 des Strafvollzugsgesetzes) zur Gänze als Hausgeld gutzuschreiben;

c) wird eine Freiheitsstrafe in einer Strafvollzugsanstalt vollzogen, so bleiben die im Strafvollzug gewährten Vergünstigungen und Lockerungen auch für den Vollzug der Freiheitsstrafe aufrecht.

(2) Ist eine Freiheitsstrafe zu vollziehen, so hat die Finanzstrafbehörde den auf freiem Fuß befindlichen rechtskräftig Bestraften schriftlich aufzufordern, die Strafe binnen einem Monat nach der Zustellung der Aufforderung anzutreten. Die Aufforderung hat die Bezeichnung des zuständigen gerichtlichen Gefangenenhauses (§ 9 des Strafvollzugsgesetzes) und die Androhung zu enthalten, daß der Bestrafte im Falle seines Ausbleibens vorgeführt wird. Kommt der Bestrafte dieser Aufforderung nicht nach, so hat ihn die Finanzstrafbehörde durch Anwendung unmittelbaren Zwanges zum Strafantritt vorführen zu lassen; sie ist berechtigt, hiebei die Unterstützung der Organe des öffentlichen Sicherheitsdienstes in Anspruch zu nehmen. An Stelle der Aufforderung zum Strafantritt ist die sofortige Vorführung zu veranlassen, wenn Fluchtgefahr (§ 86 Abs. 1 lit. a und Abs. 2) besteht. Kann die Vorführung nicht vollzogen werden, weil der Bestrafte flüchtig oder sein Aufenthalt unbekannt ist, ist die Finanzstrafbehörde befugt, eine Sachenfahndung und Personenfahndung zur Festnahme zu veranlassen. Den Finanzstrafbehörden sind die erforderlichen Daten aus der von den Sicherheitsbehörden geführten zentralen Informationssammlung zu übermitteln.

(3) Die Finanzstrafbehörde hat zugleich den Leiter des zuständigen gerichtlichen Gefangenenhauses oder der Strafvollzugsanstalt um den Vollzug der Freiheitsstrafe zu ersuchen.

(4) Eine gemäß § 142 Abs. 1 verhängte Haft ist beim Strafvollzug zu berücksichtigen.

(5) Personen, die eine Freiheitsstrafe verbüßen, dürfen sich angemessen beschäftigen. Mit ihrer Zustimmung dürfen sie zu einer ihren Fähigkeiten und Kenntnissen entsprechenden Tätigkeit herangezogen werden.

(6) Wird gegen die Verhängung einer Freiheitsstrafe Beschwerde an den Verfassungsgerichtshof oder Revision an den Verwaltungsgerichtshof eingebracht, so ist mit dem Vollzug dieser Strafe bis zur Entscheidung des Gerichtshofes zuzuwarten, es sei denn, daß Fluchtgefahr (§ 86 Abs. 1 lit. a und Abs. 2) besteht.

§ 176. (1) Ist ein dem Wesen der Freiheitsstrafe entsprechender Strafvollzug wegen einer Krankheit oder Verletzung, wegen Invalidität oder eines sonstigen körperlichen oder geistigen Schwächezustandes des Bestraften nicht durchführbar, so hat die Finanzstrafbehörde den Strafvollzug so lange aufzuschieben, bis dieser Zustand aufgehört hat.

(2) Ist die bestrafte Person schwanger oder hat sie entbunden, so hat die Finanzstrafbehörde den Strafvollzug bis zum Ablauf der sechsten Woche nach der Entbindung und darüber hinaus solange aufzuschieben, als sich das Kind in der Pflege der Bestraften befindet, höchstens aber bis zum Ablauf eines Jahres nach der Entbindung. Die Strafe ist jedoch zu vollziehen, sobald es die Bestrafte selbst verlangt, vom Strafvollzug keine Gefährdung ihrer Gesundheit oder des Kindes zu besorgen und ein dem Wesen der Freiheitsstrafe entsprechender Vollzug durchführbar ist.

(3) Stellt sich nachträglich heraus, daß der Strafvollzug wegen eines der in den Abs. 1 und 2 bezeichneten Umstände aufzuschieben gewesen wäre und bestehen die den Aufschub begründenden Umstände fort, so sind die Abs. 1 und 2 dem Sinne nach anzuwenden.

(4) Auf Antrag des Standeskörpers darf aus militärdienstlichen Gründen eine Freiheitsstrafe nicht vollzogen werden

a) an Soldaten, die den Grundwehrdienst oder die ersten sechs Monate des Ausbildungsdienstes leisten,

b) an Soldaten, die dem Bundesheer auf Grund eines Dienstverhältnisses angehören, im Falle eines Einsatzes des Bundesheeres nach § 2 Abs. 1 des Wehrgesetzes oder im Falle der unmittelbaren Vorbereitung dieses Einsatzes.

§ 177. (1) Auf Antrag des Bestraften kann die Finanzstrafbehörde bei Vorliegen triftiger Gründe den Strafvollzug aufschieben. Triftige Gründe liegen insbesondere dann vor, wenn durch den unverzüglichen Strafantritt der Erwerb des Bestraften oder der Unterhalt seiner schuldlosen Familie gefährdet würde oder wenn der Aufschub zur Ordnung von Familienangelegenheiten dringend geboten ist. Der Aufschub darf das unbedingt notwendige Maß nicht überschreiten; er soll in der Regel nicht mehr als sechs Monate betragen. Die Bewilligung kann an die Leistung einer Sicherheit geknüpft werden; § 88 Abs. 3 bis 5 und Abs. 7 lit. d gilt sinngemäß mit der Maßgabe, daß die Sicherheit auch für verfallen zu erklären ist, wenn der Bestrafte die Strafe aus seinem Verschulden nicht rechtzeitig antritt.

(2) Anträgen auf Aufschub des Vollzuges kommt eine aufschiebende Wirkung kraft Gesetzes nicht zu. Die Finanzstrafbehörde hat jedoch auf Antrag des Bestraften die aufschiebende Wirkung zuzuerkennen, wenn durch den sofortigen Vollzug ein nicht wiedergutzumachender Schaden eintreten würde und nicht öffentliche Rücksichten den Vollzug gebieten.

(3) Gegen Bescheide, mit denen ein Antrag auf Aufschub des Strafvollzuges abgewiesen wird, ist die Beschwerde an das Bundesfinanzgericht zulässig.

§ 178. Der Aufschub des Strafvollzuges ist durch die Finanzstrafbehörde zu widerrufen, wenn sich herausstellt, daß die Voraussetzungen für seine Bewilligung nicht zugetroffen haben. Der Bestrafte ist aufzufordern, die Strafe unverzüglich anzutreten; im übrigen gilt § 175 Abs. 2 zweiter und dritter Satz sinngemäß. Der Aufschub ist auch zu widerrufen, wenn der Bestrafte versucht, sich dem Strafvollzug durch Flucht zu entziehen, oder wenn begründete Besorgnis besteht, daß er dies versuchen werde; in diesen Fällen gilt § 175 Abs. 2 vierter Satz sinngemäß.

§ 179. (1) Die Bestimmungen für den Vollzug von Freiheitsstrafen gelten auch für den Vollzug von Ersatzfreiheitsstrafen.

(2) Die Ersatzfreiheitsstrafe darf nur in dem Umfang vollzogen werden, der dem nicht bezahlten oder nicht eingebrachten Teil der Geldstrafe oder des Wertersatzes entspricht. Das gleiche gilt auch dann, wenn die Bezahlung oder Einbringung der Geldstrafe oder des Wertersatzes erst nach Strafantritt erfolgt.

(3) Der Vollzug einer Ersatzfreiheitsstrafe hat zu unterbleiben, wenn der Bestrafte gemeinnützige Leistungen (§ 3a StVG) erbringt. Darüber ist er in der Aufforderung zum Strafantritt zu informieren, wobei ihm auch das Ausmaß der zu erbringenden gemeinnützigen Leistungen mitzuteilen ist. Eine Gleichschrift dieser Mitteilung darf auch einer in der Sozialarbeit erfahrenen Person (§ 29b des Bewährungshilfegesetzes, BGBl. Nr. 146/1969) übermittelt werden. § 3a Abs. 1 bis 4 StVG und § 29b Bewährungshilfegesetz sind mit der Maßgabe sinngemäß anzuwenden, dass an Stelle des Gerichtes die Finanzstrafbehörde tritt. Die Vermittlung gemeinnütziger Leistungen hat nur über Ersuchen des Bestraften zu erfolgen.

X. Hauptstück
Sonderbestimmungen für das Verfahren gegen Jugendliche

§ 180. (1) Die Finanzstrafbehörden sollen sich in Strafverfahren gegen Jugendliche (§ 1 Abs. 1 Z 2 JGG) nach Möglichkeit der Mithilfe der öffentlichen Unterrichts- und Erziehungsanstalten und der mit der Jugendfürsorge betrauten Behörden (Kinder- und Jugendhilfe) sowie solcher Personen und Körperschaften bedienen, die in der Jugendfürsorge tätig sind und sich den Behörden zur Verfügung stellen (Jugendgerichtshilfe). Die Mithilfe kann insbesondere in der Erhebung der persönlichen Verhältnisse des Jugendlichen, in der Fürsorge für seine Person und in dem Beistand bestehen, dessen er im Verfahren bedarf. Strafverfahren wegen einer Jugendstraftat (§ 24 Abs. 2) sind ohne Verzug sowie unter besonderer Berücksichtigung von Alter und Reifegrad des Beschuldigten durchzuführen.

(BGBl I 2019/62, BGBl I 2022/108)

(2) Soweit es zur Wahrung der Verteidigungsrechte des Jugendlichen unter Berücksichtigung der Schwere des Finanzvergehens erforderlich ist, ist einem jugendlichen Beschuldigten vor der Vernehmung von Amts wegen ein Verteidiger für das gesamte Verfahren beizugeben, dessen Kosten er nicht zu tragen hat. Dies gilt insbesondere, wenn der gesetzliche Vertreter nicht bekannt, nicht erreichbar oder an der strafbaren Tat beteiligt ist oder der gesetzliche Vertreter außerstande ist (§ 77 Abs. 3), die Kosten der Verteidigung zu tragen. Die Beigabe des Verteidigers bleibt aufrecht, auch wenn der jugendliche Beschuldigte im Laufe des Verfahrens das achtzehnte Lebensjahr überschreitet.

(BGBl I 2019/62, BGBl I 2022/108)

(3) Der jugendliche Beschuldigte ist unbeschadet des § 57 Abs. 3 sobald wie möglich zu informieren über:
1. das Recht auf Ausschluss der Öffentlichkeit (§ 127 Abs. 2 lit. c),
2. das Recht auf Unterstützung durch einen Verteidiger gemäß Abs. 2,
3. die Information des gesetzlichen Vertreters bzw. der Vertrauensperson (§ 182 Abs. 1),
4. die Möglichkeit der Begleitung durch den gesetzlichen Vertreter bzw. die Vertrauensperson (§ 182 Abs. 2).

(BGBl I 2022/108)

§ 181. Jugendliche dürfen weder nach § 85 festgenommen noch darf über sie eine Untersuchungshaft nach § 86 verhängt werden.

(BGBl I 2019/62, BGBl I 2022/108)

§ 182. (1) Die Finanzstrafbehörde hat den gesetzlichen Vertreter eines jugendlichen Beschuldigten von den dem Beschuldigten gemäß § 180 Abs. 3 zukommenden Rechten, von den ihm in seiner Eigenschaft als gesetzlicher Vertreter im Finanzstrafverfahren zukommenden Rechten, von der Einleitung des Strafverfahrens und vom Erkenntnis (Ausspruch der Strafverfügung) zu verständigen. Sofern der gesetzliche Vertreter nicht bekannt oder nicht erreichbar ist, oder dessen Verständigung dem Wohl des Jugendlichen abträglich wäre oder das Strafverfahren erheblich gefährden könnte, kann der jugendliche Beschuldigte anstelle des gesetzlichen Vertreters eine andere geeignete Person benennen (Vertrauensperson). Dieser Person kommen für die Zeit, während der die genannten Voraussetzungen vorliegen, die Rechte des gesetzlichen Vertreters zu. Wird keine Vertrauensperson benannt, hat die Finanzstrafbehörde unter Berücksichtigung des Wohles des jugendlichen Beschuldigten eine solche zu bestellen und den Jugendlichen darüber zu informieren.

(BGBl I 2022/108)

(2) Der gesetzliche Vertreter bzw. die Vertrauensperson ist in jeder Lage des Verfahrens berechtigt, den jugendlichen Beschuldigten zu begleiten. Die förmliche Vernehmung des jugendlichen Beschuldigten ist mittels Ton- und Bildaufnahme (§ 56a) zu dokumentieren, soweit der jugendliche Beschuldigte keinen Verteidiger beizieht oder kein Verteidiger beizugeben ist und auch kein gesetzlicher Vertreter bzw. keine Vertrauensperson anwesend ist. Eine Dokumentation ausschließlich mittels einer Niederschrift ist zulässig, wenn eine Ton- und Bildaufnahme aufgrund eines unüberwindbaren technischen Problems nicht möglich ist, sofern angemessene Anstrengungen zur Behebung des Problems unternommen wurden, und eine Verschiebung der Vernehmung unangemessen wäre.

(BGBl I 2019/62, BGBl I 2022/108)

(3) Ist die mündliche Verhandlung nicht öffentlich oder ist die Öffentlichkeit ausgeschlossen, so können der Verhandlung neben dem gesetzlichen Vertreter bzw. der Vertrauensperson auch die Erziehungsberechtigten, Vertreter der Kinder- und

Jugendhilfe und der Jugendgerichtshilfe sowie ein allenfalls bestellter Bewährungshelfer beiwohnen.
(BGBl I 2019/62, BGBl I 2022/108)
(4) Der gesetzliche Vertreter eines jugendlichen Beschuldigten hat das Recht, auch gegen den Willen des Beschuldigten zu dessen Gunsten Beweisanträge zu stellen und innerhalb der dem Beschuldigten offenstehenden Frist Einspruch gegen eine Strafverfügung zu erheben, Rechtsmittel einzulegen und Anträge auf Wiedereinsetzung in den vorigen Stand oder auf Wiederaufnahme des Verfahrens zu stellen. Ein Rechtsmittelverzicht oder ein Einspruchsverzicht des jugendlichen Beschuldigten bedarf der Mitunterfertigung des gesetzlichen Vertreters bzw. der Vertrauensperson oder des gemäß § 180 bestellten Verteidigers.
(BGBl I 2022/108)
(5) Ist der Finanzstrafbehörde bekannt, daß die Pflege und Erziehung des jugendlichen Beschuldigten vom Pflegschaftsgericht einer anderen Person als dem gesetzlichen Vertreter übertragen ist, so sind die in den Abs. 1 bis 4 angeführten Rechte auch dieser Person einzuräumen.
(BGBl I 2019/62)
§ 183. Die Finanzstrafbehörde hat dem Pflegschaftsgericht sowie der Kinder- und Jugendhilfe eine Abschrift des Erkenntnisses (der Strafverfügung) zu übersenden und Umstände mitzuteilen, die eine pflegschaftsbehördliche Maßnahme erfordern.
(BGBl I 2022/108)
§ 184. Für Personen, die zum Zeitpunkt des Antrittes einer Ersatzfreiheitsstrafe das 18. Lebensjahr noch nicht vollendet haben, gelten die Bestimmungen des Jugendgerichtsgesetzes 1988 über den Jugendstrafvollzug sinngemäß.

XI. Hauptstück
Kosten des Strafverfahrens und des Strafvollzuges

§ 185. (1) Die vom Bestraften zu ersetzenden Kosten umfassen:
a) einen Pauschalbetrag als Beitrag zu den Kosten des Finanzstrafverfahrens (Pauschalkostenbeitrag); dieser Beitrag ist mit 10 v.H. der verhängten Geldstrafe zu bemessen; bei Freiheitsstrafen ist der Beitrag für einen Tag Freiheitsstrafe mit 5 Euro zu bemessen; der Pauschalbetrag darf 500 Euro nicht übersteigen;
b) die der Finanzstrafbehörde und dem Bundesfinanzgericht erwachsenen Barauslagen für Beweisaufnahmen und andere Verfahrensmaßnahmen, soweit sie nicht gemäß § 105 einem säumigen Zeugen aufzuerlegen sind; bei einer Mehrheit von Bestraften sind diese Barauslagen nach dem Verhältnis der verhängten Geldstrafen aufzuteilen;
c) die Barauslagen für die Beförderung und Aufbewahrung von beschlagnahmten Gegenständen, für die Beförderung und Bewachung von Personen sowie die Kosten der vorläufigen Verwahrung und der Untersuchungshaft;
d) die Kosten des Strafvollzuges.

Die in lit. b und c bezeichneten Kosten sind nur insoweit zu ersetzen, als sie den Pauschalkostenbeitrag übersteigen. Die Kosten für die Beiziehung eines Dolmetschers sind nicht zu berücksichtigen, wenn die Beiziehung notwendig war, weil der Beschuldigte der Verhandlungssprache nicht hinreichend kundig, gehörlos oder hochgradig hörbehindert war.

(2) Nebenbeteiligte, die von Feststellungen der im § 138 Abs. 2 lit. f bis h bezeichneten Art betroffen werden, haben folgende durch sie veranlaßte Kosten zu ersetzen:
a) die der Finanzstrafbehörde und dem Bundesfinanzgericht erwachsenen Barauslagen für Beweisaufnahmen und andere Verfahrensmaßnahmen, soweit sie nicht gemäß § 105 einem säumigen Zeugen aufzuerlegen sind;
b) Barauslagen für die Beförderung und Aufbewahrung von beschlagnahmten Gegenständen.

Die Kosten für die Beiziehung eines Dolmetschers sind nicht zu berücksichtigen, wenn die Beiziehung notwendig war, weil der Nebenbeteiligte der Verhandlungssprache nicht hinreichend kundig, gehörlos oder hochgradig hörbehindert war.

(3) Die im Abs. 1 lit. a bis c und im Abs. 2 bezeichneten Kosten sind, wenn möglich, in der Strafentscheidung festzusetzen. Stehen Kosten nach Abs. 1 lit. b und c und nach Abs. 2 im Zeitpunkt dieser Entscheidung noch nicht fest, so sind sie in einem gesonderten Bescheid vorzuschreiben; in einer Beschwerde gegen diesen Bescheid kann nur die ziffernmäßige Höhe des auferlegten Kostensatzes angefochten werden.

(4) Die in den Abs. 1 und 2 bezeichneten Kosten, ausgenommen die Kosten des Vollzuges einer Freiheitsstrafe (Ersatzfreiheitsstrafe), werden mit Ablauf eines Monats nach Rechtskraft der Entscheidung, mit der die Kosten festgesetzt wurden, fällig; § 171 Abs. 1 Satz 2 gilt entsprechend.

(5) Die Einhebung, Sicherung und Einbringung der Kosten, ausgenommen jener für den Vollzug einer Freiheitsstrafe (Ersatzfreiheitsstrafe), obliegt den Finanzstrafbehörden. Hiebei gelten, soweit dieses Bundesgesetz nicht anderes bestimmt, die Bundesabgabenordnung und die Abgabenexekutionsordnung sinngemäß. § 172 gilt entsprechend.

(BGBl I 2022/108)
(6) Außer dem Fall des § 175 Abs. 1 lit. b haben Personen, an denen eine Freiheitsstrafe (Ersatzfreiheitsstrafe) vollzogen wird, für jeden Tag einen Beitrag zu den Kosten des Vollzuges in der im § 32 Abs. 2 zweiter Fall des Strafvollzugsgesetzes bestimmten Höhe zu leisten, für Stunden den entsprechenden Teil. Die Verpflichtung zur Leistung eines solchen Kostenbeitrages entfällt, soweit diese Personen daran, daß sie zu keiner Tätigkeit im Sinne des § 175 Abs. 5 herangezogen werden können oder daß sie im Rahmen ihrer Heranzie-

hung zu einer solchen Tätigkeit eine zufriedenstellende Arbeitsleistung nicht erbracht haben, weder ein vorsätzliches noch ein grob fahrlässiges Verschulden trifft. Den Kostenbeitrag hat das Vollzugsgericht nach Beendigung des Strafvollzuges zu bestimmen und seine Eintreibung nach den für die Einbringung der Kosten des Vollzuges gerichtlicher Strafen geltenden gesetzlichen Vorschriften zu veranlassen; hievon ist abzusehen, wenn die um den Vollzug ersuchende Finanzstrafbehörde mitteilt, daß der Bestrafte offenbar nicht in der Lage ist, einen Kostenbeitrag zu leisten, oder wenn das Gericht auf Grund der ihm bekannten Verhältnisse des Bestraften den Kostenbeitrag in sinngemäßer Anwendung des § 391 StPO für uneinbringlich erklärt.

(7) Für die Kosten des Strafverfahrens und des Strafvollzuges wegen einer Jugendstraftat (§ 1 Abs. 1 Z 3 JGG) gelten die §§ 45 und 60 des Jugendgerichtsgesetzes 1988.

(BGBl I 2022/108)

(8) Wird einem Antrag auf Wiederaufnahme des Finanzstrafverfahrens nicht stattgegeben, so gelten hinsichtlich des Kostenersatzes die Abs. 1 bis 5 und 7 sinngemäß.

XII. Hauptstück
Tilgung

§ 186. (1) Bestrafungen durch Finanzstrafbehörden gelten mit Ablauf der im Abs. 3 genannten Fristen als getilgt. Mit der Tilgung erlöschen, sofern gesetzlich nicht anderes bestimmt ist, die kraft Gesetzes mit der Bestrafung verbundenen Folgen. Dies gilt auch für Bestrafungen durch das Bundesfinanzgericht oder den Verwaltungsgerichtshof.

(2) Getilgte Bestrafungen dürfen bei der Strafbemessung nicht berücksichtigt und in Auskünfte an Gerichte oder andere Behörden nicht aufgenommen werden. Der Bestrafte ist nicht verpflichtet, getilgte Bestrafungen auf Befragen vor Gericht oder einer anderen Behörde anzugeben.

(3) Die Tilgungsfrist beginnt, sobald die Strafen vollzogen oder nachgesehen worden sind oder die Vollstreckbarkeit verjährt ist. Sie beträgt drei Jahre bei Bestrafungen wegen Finanzordnungswidrigkeiten und fünf Jahre bei Bestrafungen wegen aller übrigen Finanzvergehen.

(4) Wird jemand rechtskräftig wegen eines Finanzvergehens bestraft, bevor eine oder mehrere frühere Bestrafungen wegen Finanzvergehen getilgt sind, so tritt die Tilgung aller Bestrafungen nur gemeinsam und zwar erst mit dem Ablauf der Tilgungsfrist ein, die am spätesten endet.

XIII. Hauptstück
Gnadenrecht

§ 187. (1) Bei Vorliegen berücksichtigungswürdiger Umstände kann das Bundesministerium für Finanzen über Ansuchen des Bestraften durch die Finanzstrafbehörden verhängte Strafen ganz oder teilweise nachsehen oder Freiheitsstrafen in Geldstrafen umwandeln. Unter denselben Voraussetzungen können über Ansuchen verfallene Gegenstände und Beförderungsmittel dem früheren Eigentümer ohne Entgelt oder gegen Leistung eines Geldbetrages freigegeben werden.

(2) Die gnadenweise Nachsicht von durch das Bundesfinanzgericht oder den Verwaltungsgerichtshof verhängten Strafen steht nur dem Bundespräsidenten über Vorschlag der Bundesregierung oder des von ihr ermächtigten Bundesministers für Finanzen zu (Art. 65 Abs. 2 lit. c, Art. 67 Abs. 1 B-VG). Ansuchen um gnadenweise Nachsicht sind beim Bundesministerium für Finanzen einzubringen. Bei den Finanzstrafbehörden oder beim Bundesfinanzgericht einlangende Gesuche sind unverzüglich an das Bundesministerium für Finanzen weiterzuleiten. Eine vom Bundespräsidenten ausgesprochene gnadenweise Nachsicht ist dem Bestraften vom Bundesministerium für Finanzen mitzuteilen. Dieses hat den Bestraften auch zu verständigen, wenn das Gnadengesuch erfolglos bleibt.

(3) Ein Recht auf gnadenweise Nachsicht besteht nicht.

XIV. Hauptstück
Entschädigung

§ 188. (1) Der Bund hat für Schäden, die durch ein verwaltungsbehördliches Finanzstrafverfahren entstanden sind, dem Geschädigten auf dessen Verlangen nach Maßgabe der folgenden Bestimmungen Entschädigung in Geld zu leisten. Der Entschädigungsanspruch wegen des Entzugs der persönlichen Freiheit umfasst auch eine angemessene Entschädigung für die durch die Festnahme oder die Anhaltung erlittene Beeinträchtigung. Bei der Beurteilung der Angemessenheit sind die Dauer der Anhaltung sowie die persönlichen Verhältnisse der geschädigten Person und deren Änderung durch die Festnahme oder Anhaltung zu berücksichtigen.

(2) Der Entschädigungsanspruch besteht,

a) wenn der Geschädigte gesetzwidrig in vorläufige Verwahrung oder in Untersuchungshaft genommen oder in einer solchen Haft gehalten worden ist;

b) wenn der Geschädigte in vorläufige Verwahrung oder in Untersuchungshaft genommen worden ist und in der Folge das Strafverfahren eingestellt wurde;

c) wenn an dem Geschädigten eine Freiheitsstrafe oder eine Ersatzfreiheitsstrafe vollzogen worden ist und nach Wiederaufnahme des Strafverfahrens oder sonst nach Aufhebung der Entscheidung das Verfahren eingestellt oder über den Geschädigten eine kürzere Freiheitsstrafe (Ersatzfreiheitsstrafe) als bereits verbüßte verhängt wurde;

d) wenn in der Entscheidung auf Verfall erkannt worden ist und im abgesonderten Verfahren (§ 149) oder nach Wiederaufnahme des Strafverfahrens oder sonst nach Aufhebung der Entscheidung nicht mehr auf Verfall erkannt wurde und eine Rückgabe des Verfallsgegenstandes nicht mehr möglich ist; in Höhe des dadurch entstandenen vermögensrechtlichen Nachteils.

(3) Der Entschädigungsanspruch ist ausgeschlossen,
a) wenn der Geschädigte den Verdacht, der den Freiheitsentzug oder den Verfall begründete, vorsätzlich herbeigeführt hat;
b) in den Fällen des Abs. 2 lit. a und b, soweit eine Anrechnung der Vorhaft (§ 23 Abs. 4) auf eine Strafe erfolgt ist;
c) in den Fällen des Abs. 2 lit. b und c, wenn die Verfolgung lediglich deshalb ausgeschlossen war, weil der Geschädigte die Tat im Zustand der Zurechnungsunfähigkeit begangen hat;
d) in den Fällen des Abs. 2 lit. c und d, wenn an die Stelle der aufgehobenen Entscheidung lediglich deshalb eine für den Geschädigten günstigere getreten ist, weil inzwischen das Gesetz geändert worden ist.

(4) Abgesehen von den Fällen des Abs. 3 lit. a kann der Entschädigungsanspruch wegen eines Mitverschuldens nach § 1304 des Allgemeinen Bürgerlichen Gesetzbuchs (ABGB), JGS Nr. 936/1811, eingeschränkt oder ausgeschlossen werden, wenn die geschädigte Person an ihrer Festnahme oder Anhaltung ein Verschulden trifft.

(5) In den Fällen des Abs. 2 lit. b und c kann die Haftung des Bundes eingeschränkt oder ausgeschlossen werden, soweit ein Ersatz unter Bedachtnahme auf die Verdachtslage zur Zeit der Festnahme oder Anhaltung, auf die Haftgründe und auf die Gründe, die zur Einstellung des Verfahrens geführt haben, unangemessen wäre. Wird jedoch hinsichtlich einer geschädigten Person in einem Finanzstrafverfahren gemäß § 136 im Erkenntnis die Einstellung des Strafverfahrens ausgesprochen, so kann dabei die Verdachtslage nicht berücksichtigt werden.

(6) Die Haftung des Bundes kann jedoch im Fall des Abs. 2 lit. a weder ausgeschlossen noch gemindert werden, wenn die Festnahme oder Anhaltung unter Verletzung der Bestimmungen des Art. 5 der Europäischen Menschenrechtskonvention, BGBl. Nr. 210/1958, oder des Bundesverfassungsgesetzes über den Schutz der persönlichen Freiheit, BGBl. Nr. 684/1988, erfolgte.

§ 189. Der Entschädigungsanspruch kann durch Exekutions- oder Sicherungsmaßnahmen nicht getroffen werden, außer zugunsten einer Forderung auf Leistung des gesetzlichen Unterhaltes oder Ersatz von Haftaufwendungen, die der Geschädigte nach dem Gesetz zu machen gehabt hätte (§ 1042 ABGB). Soweit Exekutions- und Sicherungsmaßnahmen ausgeschlossen sind, ist auch jede Verpflichtung und Verfügung des Geschädigten durch Abtretung, Anweisung, Verpfändung oder durch ein anderes Rechtsgeschäft unter Lebenden ohne rechtliche Wirkung.

§ 190. (1) Der Geschädigte hat zunächst den Bund zur Anerkennung der von ihm begehrten Entschädigung schriftlich aufzufordern. Die Aufforderung ist an die Finanzprokuratur zu richten. Das im § 192 Abs. 1 genannte Gericht hat dem Geschädigten für das Aufforderungsverfahren nach den Bestimmungen der ZPO über die Verfahrenshilfe einen Rechtsanwalt beizugeben.

(2) Kommt dem Geschädigten die Erklärung der Finanzprokuratur nicht binnen sechs Monaten zu, nachdem diese die Aufforderung erhalten hat, oder wird innerhalb dieser Frist die Entschädigung zur Gänze oder zum Teil verweigert, so kann der Geschädigte den Entschädigungsanspruch durch Klage gegen den Bund geltend machen.

§ 191. Der Entschädigungsanspruch verjährt in drei Jahren. Die Verjährungsfrist beginnt nach Ablauf des Jahres, in dem sämtliche den Entschädigungsanspruch begründenden Voraussetzungen (§ 188 Abs. 2) vorlagen.

§ 192. (1) Zur Entscheidung über Rechtsstreitigkeiten, die einen Entschädigungsanspruch betreffen, ist das mit der Ausübung der Gerichtsbarkeit in bürgerlichen Rechtssachen betraute Landesgericht ausschließlich zuständig, in dessen Sprengel der einen Entschädigungsanspruch bewirkende Freiheitsentzug oder Verfallsausspruch erfolgt ist. Ist eine örtliche Zuständigkeit im Inland nicht begründet, so ist das Landesgericht für Zivilrechtssachen Wien zuständig.

(2) Die Gerichtsbarkeit wird unbeschadet des § 7 a der Jurisdiktionsnorm ohne Rücksicht auf den Wert des Streitgegenstandes durch Senate ausgeübt.

§ 193. (1) Entschädigungen nach diesem Hauptstück unterliegen keiner bundesgesetzlich geregelten Abgabe.

(2) Vergleiche, die zwischen dem Bund und dem Geschädigten über einen Entschädigungsanspruch abgeschlossen werden, unterliegen keiner Stempel- und Rechtsgebühr.

(3) Über den Entschädigungsanspruch nach diesem Hauptstück hinausgehende Ansprüche auf Grund des Amtshaftungsgesetzes, BGBl. Nr. 20/1949, bleiben unberührt.

§ 194. (1) Wird zum Nachteil des Geschädigten das Finanzstrafverfahren wiederaufgenommen, so ist die Erklärung nach § 190 Abs. 2 oder die Zahlung der anerkannten Entschädigung bis zur rechtskräftigen Beendigung des wiederaufgenommenen Strafverfahrens aufzuschieben. Hievon hat die Finanzprokuratur den Geschädigten in Kenntnis zu setzen. Vor Eintritt der Rechtskraft der Entscheidung im wiederaufgenommenen Strafverfahren kann der Entschädigungsanspruch nicht durch Klage geltend gemacht werden. Ist ein solcher Rechtsstreit bereits anhängig, so hat das Gericht (§ 192) das Verfahren zu unterbrechen.

(2) Nach Rechtskraft der Entscheidung im wiederaufgenommenen Strafverfahren sind die nach Abs. 1 aufgeschobenen Rechtshandlungen nachzuholen, das unterbrochene Gerichtsverfahren aufzunehmen oder bereits geleistete Entschädigungsbeträge zurückzufordern, es sei denn, daß der Geschädigte diese Beträge gutgläubig verbraucht hat.

XV. Hauptstück
Finanzstrafregister

§ 194a. Zum Zweck der Evidenthaltung der verwaltungsbehördlichen Finanzstrafverfahren hat das Amt für Betrugsbekämpfung für das gesamte Bundesgebiet ein Finanzstrafregister zu führen.

(BGBl I 2019/104)

§ 194b. (1) In das Finanzstrafregister sind aufzunehmen:
- die persönlichen Daten des Beschuldigten, das sind Namen, frühere Namen und Aliasnamen, Titel, Anschrift, Geburtsdatum und -ort, Staatsangehörigkeit, Geschlecht, Beruf bzw. Tätigkeit, Sozialversicherungsnummer,
- die Daten des belangten Verbandes,
- die Daten des Finanzvergehens,
- die Daten der Verfahrenseinleitung, der Abtretung an eine andere Finanzstrafbehörde und des ersten Berichts an die Staatsanwaltschaft,
- die Daten der das Strafverfahren abschließenden Entscheidung,
- die Daten des Strafvollzuges und der Ausübung des Gnadenrechts,
- das Datum des Tilgungseintritts.

(2) Die Finanzstrafbehörden haben die nach Abs. 1 erforderlichen Daten der von ihnen geführten Verfahren laufend dem Finanzstrafregister zu übermitteln.

(3) Vor Beginn der Führung des Finanzstrafregisters (§ 194 e Abs. 1) angefallene Daten nach Abs. 1 sind nur dann in das Finanzstrafregister aufzunehmen, wenn zu diesem Zeitpunkt die ab der Rechtskraft der Strafentscheidung zu berechnenden Tilgungsfristen nach § 186 Abs. 3 und 4 noch nicht abgelaufen sind.

§ 194c. (1) Unrichtige, unrichtig gewordene oder unvollständige Daten sind nach den Bestimmungen des § 57c zu berichtigen.

(2) Die erfassten Daten sind spätestens zwei Jahre nach rechtskräftiger Einstellung des Strafverfahrens, nach Eintritt der Tilgung oder nach Kenntnis des Todes des Beschuldigten zu löschen. Unzulässig aufgenommene Daten sind auf begründeten Antrag der betroffenen Person oder von Amts wegen unverzüglich zu löschen.

§ 194d. (1) Auskünfte aus dem Finanzstrafregister sind für finanzstrafrechtliche Zwecke allen Finanzstrafbehörden, Strafgerichten und Staatsanwaltschaften, dem Bundesfinanzgericht sowie dem Bundesministerium für Finanzen zu erteilen. Nur den Finanzstrafbehörden, dem Bundesfinanzgericht und dem Bundesministerium für Finanzen sind auch Auskünfte zu erteilen, wenn eine Bestrafung bereits getilgt ist.

(2) Anderen inländischen Stellen sind über rechtskräftige, noch nicht getilgte Bestrafungen Auskünfte zu erteilen, sofern eine gesetzliche Verpflichtung zur Auskunftserteilung besteht oder die Stellen Gesetze zu vollziehen haben, die an eine Bestrafung wegen eines Finanzvergehens Rechtsfolgen knüpfen. Ausländischen Stellen dürfen Auskünfte über die Daten von Bestraften und von Finanzvergehen nur insoweit erteilt werden, als diesen Stellen Amtshilfe gewährt werden kann.

(3) Die betroffene Person hat das Recht, auf begründeten Antrag Auskunft über die im Finanzstrafregister über sie erfassten Daten zu erlangen. Wird dem Antrag ganz oder teilweise nicht entsprochen, so sind dem Antragsteller die Gründe hiefür schriftlich mitzuteilen. Diese Mitteilung hat nicht in Bescheidform zu ergehen, jedoch eine Information über das Recht auf eine Beschwerde an die Datenschutzbehörde zu enthalten.

(BGBl I 2018/32)

§ 194e. (1) Das Finanzstrafregister ist automationsunterstützt zu führen. Der Bundesminister für Finanzen hat den Beginn der Führung nach den technisch-organisatorischen Gegebenheiten mit Verordnung festzulegen.

(2) Mit der Führung des Finanzstrafregisters ist die Bundesrechenzentrum GmbH beauftragt. Die Bundesrechenzentrum GmbH hat den Finanzstrafbehörden, dem Bundesfinanzgericht und dem Bundesministerium für Finanzen im Umfang der gemäß § 194 d eingeräumten Berechtigungen einen direkten Zugang zum Finanzstrafregister einzurichten.

(BGBl I 2018/32)

Dritter Unterabschnitt
Sonderbestimmungen für das Verfahren wegen gerichtlich strafbarer Finanzvergehen

1. Allgemeines

§ 195. (1) Soweit im Folgenden nicht etwas Besonderes vorgeschrieben ist, gelten für das Verfahren wegen gerichtlich strafbarer Finanzvergehen die Bestimmungen der Strafprozessordnung. Bei Zuständigkeit der Europäischen Staatsanwaltschaft gelten die Verordnung (EU) 2017/1939 zur Durchführung einer Verstärkten Zusammenarbeit zur Errichtung der Europäischen Staatsanwaltschaft (EUStA), ABl. Nr. L 283 vom 31.10.2017 S. 1, in ihrer jeweils geltenden Fassung, sowie die Bestimmungen des Bundesgesetzes zur Durchführung der Europäischen Staatsanwaltschaft (EUStA-DG).

(BGBl I 2021/94)

(2) Die besonderen Vorschriften dieses Unterabschnittes gelten auch für das Verfahren wegen einer Tat, die zugleich den Tatbestand eines Finanzvergehens und den einer gerichtlich strafbaren Handlung anderer Art erfüllt.

(3) Für Verfahren wegen Finanzvergehen gegen Verbände gelten, soweit im Folgenden nicht etwas Besonderes vorgeschrieben ist, die Bestimmungen des 3. Abschnittes des Verbandsverantwortlichkeitsgesetzes.

(4) Soweit personenbezogene Daten durch die Finanzstrafbehörden, die für sie tätigen Organe oder durch den Bundesminister für Finanzen verarbeitet werden, sind die Bestimmungen der §§ 57a

bis 57d über die Verarbeitung personenbezogener Daten sinngemäß anzuwenden.
(BGBl I 2018/32)

§ 196. (1) Bei der Aufklärung und Verfolgung gerichtlich strafbarer Finanzvergehen werden die Finanzstrafbehörden im Dienste der Strafrechtspflege (Art. 10 Abs. 1 Z 6 B-VG) tätig. Die in der Strafprozessordnung der Kriminalpolizei zukommenden Aufgaben und Befugnisse haben bei gerichtlich strafbaren Finanzvergehen an Stelle der Sicherheitsbehörden die Finanzstrafbehörden und ihre Organe wahrzunehmen.
(BGBl I 2018/62)

(2) Nur wenn die Finanzstrafbehörden oder ihre Organe nicht rechtzeitig einschreiten können oder das aufzuklärende Finanzvergehen auch den Tatbestand einer gerichtlich strafbaren Handlung erfüllt, die kein Finanzvergehen ist, haben auf Anordnung der Staatsanwaltschaft die Sicherheitsbehörden einzuschreiten.
(BGBl I 2018/62)

(3) Wo in den folgenden Bestimmungen die Finanzstrafbehörde genannt wird, ist darunter die Behörde zu verstehen, der das verwaltungsbehördliche Finanzstrafverfahren wegen eines Finanzvergehens zustünde, wenn dieses nicht von den Gerichten zu ahnden wäre.)
(BGBl I 2019/104)

(4) Auch im Ermittlungsverfahren wegen gerichtlich strafbarer Finanzvergehen stehen der Finanzstrafbehörde die in den §§ 99 Abs. 1 bis 4 und 120 Abs. 3 eingeräumten Befugnisse zu und, wenn es sich bei der Finanzstrafbehörde um das Zollamt Österreich handelt, die dem Zollamt Österreich und seinen Organen in den Zollvorschriften eingeräumten Befugnisse. § 120 Abs. 4 gilt sinngemäß.
(BGBl I 2019/104)

2. Ergänzungen der Strafprozeßordnung

Zu § 31

§ 196a. Das Hauptverfahren wegen gerichtlich strafbarer Finanzvergehen obliegt dem Landesgericht als Schöffengericht.
(BGBl I 2019/104, BGBl I 2020/99)

Zu § 25

§ 197. (1) Für das Ermittlungsverfahren wegen gerichtlich strafbarer Finanzvergehen ist die Staatsanwaltschaft örtlich zuständig (§ 25 StPO), in deren Sprengel der Beschuldigte seinen Wohnsitz gemäß § 1 Abs. 7 Meldegesetz 1991 hat oder zuletzt hatte. Fehlt es an einem solchen Ort oder kann er nicht festgestellt werden, so ist jene Staatsanwaltschaft zuständig, in deren Sprengel der Beschuldigte seinen gewöhnlichen Aufenthalt hat oder zuletzt hatte. Fehlt es auch an einem solchen Ort oder kann er nicht festgestellt werden, so ist jene Staatsanwaltschaft zuständig, in deren Sprengel das Finanzvergehen ausgeführt wurde oder ausgeführt werden sollte. Kann danach keine Zuständigkeit festgestellt werden, so ist jene Staatsanwaltschaft zuständig, in deren Sprengel die Tat entdeckt oder der Beschuldigte betreten wurde.

(2) Die Staatsanwaltschaft, die zuerst von einem gerichtlich strafbaren Finanzvergehen Kenntnis erlangt, hat das Ermittlungsverfahren so lange zu führen, bis die Zuständigkeit einer anderen Staatsanwaltschaft nach Abs. 1 festgestellt werden kann.

(3) Im Übrigen ist § 25 Abs. 4, 5 und 7 StPO sinngemäß anzuwenden.
(BGBl I 2019/104, BGBl I 2020/99)

Zu § 36

§ 198. (1) Für das Hauptverfahren wegen gerichtlich strafbarer Finanzvergehen ist das Gericht örtlich zuständig (§ 36 StPO), in dessen Sprengel der Beschuldigte zum Zeitpunkt des Beginns des Strafverfahrens (§ 1 Abs. 2 StPO) seinen Wohnsitz gemäß § 1 Abs. 7 Meldegesetz 1991 hatte oder davor zuletzt gehabt hatte. Fehlt es an einem solchen Ort oder kann er nicht festgestellt werden, so ist jenes Gericht zuständig, in dessen Sprengel der Beschuldigte zum Zeitpunkt des Beginns des Strafverfahrens (§ 1 Abs. 2 StPO) seinen gewöhnlichen Aufenthalt hatte oder davor zuletzt gehabt hatte. Fehlt es auch an einem solchen Ort oder kann er nicht festgestellt werden, so ist jenes Gericht zuständig, in dessen Sprengel das Finanzvergehen ausgeführt wurde oder ausgeführt werden sollte. Kann danach keine Zuständigkeit festgestellt werden, so ist jenes Gericht zuständig, in dessen Sprengel die Tat entdeckt oder der Beschuldigte betreten wurde.

(2) Kann nach Abs. 1 eine örtliche Zuständigkeit des Gerichts nicht bestimmt werden, so ist jenes Gericht zuständig, an dessen Sitz sich die Staatsanwaltschaft befindet, die Anklage einbringt.
(BGBl I 2020/99)

Zum 3. Hauptstück

§ 199. (1) Der Beschuldigte kann zur Unterstützung seines Verteidigers einen Steuerberater beiziehen.
(BGBl I 2018/62)

(2) Für den Steuerberater gelten § 57, § 58 Abs. 1, 3 und 4 und § 60 StPO sinngemäß. Er kann gleich einem Verteidiger an mündlichen Verhandlungen teilnehmen. Zu Anträgen und Willenserklärungen für den Vertretenen und zur Ausführung von Rechtsmitteln ist er nicht berechtigt.
(BGBl I 2018/62)

(3) Haftungsbeteiligte im Sinne des § 64 StPO sind auch Personen, die für Wertersätze (§ 19) haften.

Zu den §§ 67 bis 70

§ 200. (1) Der Finanzstrafbehörde kommt in dem nicht von ihr geführten Ermittlungsverfahren sowie im Haupt- und im Rechtsmittelverfahren wegen Finanzvergehen kraft Gesetzes die Stellung eines Privatbeteiligten zu.

(2) Außer den Rechten des Opfers, des Privatbeteiligten und des Subsidiaranklägers hat die Finanzstrafbehörde noch folgende Rechte:
a) Sie kann im gleichen Umfang wie die Staatsanwaltschaft gerichtliche Entscheidungen bekämpfen und die Wiederaufnahme des Strafverfahrens verlangen;
b) Ihre Nichtigkeitsbeschwerde bedarf nicht der Unterschrift eines Verteidigers.
c) Die Anberaumung von Haftverhandlungen (§§ 175 und 176 StPO), die Freilassung des Beschuldigten und die Anberaumung von mündlichen Verhandlungen im Rechtsmittelverfahren ist ihr mitzuteilen.
d) Ihre Vertreter können bei den Haftverhandlungen und bei den mündlichen Verhandlungen im Rechtsmittelverfahren das Wort ergreifen und Anträge stellen.
e) Die Akteneinsicht (§ 68 StPO) darf nicht verweigert oder beschränkt werden.

(3) Die Vermutung des Rücktrittes von der Verfolgung (§ 72 Abs. 2 und 3 StPO) ist gegenüber der Finanzstrafbehörde als Ankläger ausgeschlossen.

(4) Die besonderen Rechte der Finanzstrafbehörde erstrecken sich auch auf gerichtlich strafbare Handlungen, die keine Finanzvergehen sind, aber mit solchen in derselben Tat zusammentreffen.

Zu den §§ 81 bis 83

§ 200a. Der Finanzstrafbehörde sind gerichtliche Erledigungen und andere Schriftstücke, die ihr nach den Bestimmungen dieses Bundesgesetzes mitzuteilen sind, grundsätzlich ohne Zustellnachweis zuzustellen. Die Ladung zur Hauptverhandlung, gerichtliche Erledigungen und andere Schriftstücke, gegen die der Finanzstrafbehörde ein Rechtsmittel oder ein Rechtsbehelf zusteht, sind ihr mit Zustellnachweis (§§ 13 bis 20 des Zustellgesetzes) zuzustellen oder durch Telefax oder im elektronischen Rechtsverkehr (§ 89a GOG) zu übermitteln.

Zu § 108

§ 201. Ein Antrag auf Einstellung gemäß § 108 Abs. 1 Z 2 StPO darf frühestens sechs Monate ab dem ersten an die Staatsanwaltschaft erstatteten Bericht (§ 100 Abs. 2 StPO) gestellt werden.

Zum 10. Hauptstück

§ 202. (1) Die Staatsanwaltschaft hat das Ermittlungsverfahren gemäß § 190 StPO insoweit einzustellen, als eine Zuständigkeit der Gerichte im Hauptverfahren nicht gegeben wäre (§ 53). Eine Einstellung wegen Unzuständigkeit der Gerichte zur Ahndung des Finanzvergehens hat ohne Rücksicht darauf zu erfolgen, ob auch aus anderen Gründen von der Verfolgung abzusehen wäre.

(2) Die Finanzstrafbehörde ist hiervon zu verständigen (§ 194 StPO).

(BGBl I 2019/91)

Zum 11. Hauptstück

§ 202a. Vor einer Mitteilung nach den §§ 200 Abs. 4, 201 Abs. 4 oder 203 Abs. 3 StPO hat die Staatsanwaltschaft oder das Gericht die Finanzstrafbehörde zu hören.

§ 203. Ein Vorgehen nach §§ 198 bis 209 StPO und nach § 19 VbVG ist in Finanzstrafsachen vorbehaltlich der Sonderbestimmungen für Jugendstrafsachen (§ 24) nicht zulässig.

(BGBl I 2015/163)

§ 204. (aufgehoben)

Zu den §§ 195 und 196

§ 205. Hat die Staatsanwaltschaft von der Verfolgung eines Finanzvergehens abgesehen und das Ermittlungsverfahren eingestellt, so ist die Finanzstrafbehörde berechtigt, die Fortführung des Ermittlungsverfahrens nach § 195 StPO zu beantragen. Ein Pauschalkostenbeitrag nach § 196 Abs. 2 StPO ist ihr nicht aufzuerlegen.

Zu den §§ 109 bis 115

§ 206. (1) Die Staatsanwaltschaft hat von der Anordnung der Sicherstellung und von einem Antrag auf Beschlagnahme verfallsbedrohter Gegenstände abzusehen und eine bereits erfolgte Beschlagnahme solcher Gegenstände aufzuheben, wenn ein Geldbetrag erlegt wird, der dem Wert dieser Gegenstände entspricht (Freigabe). Der Geldbetrag tritt an die Stelle dieser Gegenstände und unterliegt nach Maßgabe des § 17 dem Verfall.

(2) Eine Freigabe gemäß Abs. 1 hat insbesondere zu unterbleiben,
a) solange die Gegenstände auch für Beweiszwecke benötigt werden,
b) wenn es sich um Monopolgegenstände oder andere Gegenstände handelt, die gesetzlichen Verkehrsbeschränkungen unterliegen,
c) wenn eine gesetzwidrige Verwendung der Gegenstände zu besorgen ist,
d) wenn die Gegenstände auch in einem anderen Verfahren beschlagnahmt sind oder wenn die ihnen in einem anderen Verfahren drohende Beschlagnahme aktenkundig ist.

§ 207. (1) Verfallsbedrohte Gegenstände, die von raschem Verderb oder erheblicher Wertminderung bedroht sind oder sich nur mit unverhältnismäßigen Kosten aufbewahren lassen, kann das Gericht durch die Finanzstrafbehörde verwerten lassen. Die Verwertung wegen unverhältnismäßiger Aufbewahrungskosten unterbleibt, wenn rechtzeitig ein zur Deckung dieser Kosten ausreichender Betrag erlegt wird. Für die Verwertung der Gegenstände durch die Finanzstrafbehörde gilt § 90 Abs. 2 sinngemäß.

(2) Ein Verfallsausspruch erfaßt an Stelle der verwerteten Gegenstände deren Erlös.

(3) Die Verwertung nach dem ersten Absatz hat jedoch so lange zu unterbleiben, als die verfallsbedrohten Gegenstände für Beweiszwecke benötigt werden.

§ 207a. (1) Eine Sicherstellung gemäß § 109 Z 1 und § 110 Abs. 1 Z 3 StPO und eine Beschlagnahme gemäß § 109 Z 2 und § 115 Abs. 1 Z 3 StPO ist auch zur Sicherung der Geldstrafe und des Ausspruches der Haftung gemäß § 28 zulässig.

(2) In dem Beschluss, mit dem eine Beschlagnahme bewilligt wird, ist ein Geldbetrag zu bestimmen, durch dessen Erlag die Vollziehung der Beschlagnahme gehemmt wird. Nach dem Erlag ist die Beschlagnahme auf Antrag des Betroffenen aufzuheben. Der Geldbetrag ist so zu bestimmen, dass darin die voraussichtliche Geldstrafe, der voraussichtliche Wertersatz oder der Wert eines verfallsbedrohten Gegenstandes Deckung findet.

(3) Folgt eine Beschlagnahme auf eine Sicherstellungsmaßnahme der Finanzstrafbehörde, so bleibt deren Rangordnung für die gerichtliche Sicherstellung gewahrt.

(4) Gegen den Beschluss, mit dem eine Beschlagnahme abgelehnt wird, steht auch der Finanzstrafbehörde die Beschwerde nach § 87 StPO zu.

Zu § 155

§ 208. Im Strafverfahren wegen eines Finanzvergehens haben Zeugen und Sachverständige auch über Verhältnisse und Umstände auszusagen, die unter die Geheimhaltungspflicht nach § 48 a BAO fallen.

Zu § 213

§ 209. Jede Anklageschrift wegen eines Finanzvergehens ist auch der Finanzstrafbehörde zuzustellen; die Staatsanwaltschaft hat hierauf Bedacht zu nehmen und dem Gerichte auch eine Ausfertigung der Anklageschrift für die Finanzstrafbehörde zu überreichen.

Zu § 215

§ 210. (1) Erachtet das Oberlandesgericht bei der Entscheidung über den Einspruch gegen eine Anklage wegen Finanzvergehens, daß die Gerichte zur Ahndung nicht zuständig seien, so hat es der Anklage keine Folge zu geben und das Verfahren wegen Unzuständigkeit einzustellen.

(2) Unter den Voraussetzungen des Abs. 1 ist eine Unzuständigkeitsentscheidung ohne Rücksicht darauf zu fällen, ob der Anklage auch aus anderen Gründen nicht Folge gegeben werden könnte.

(3) Erfüllt die Anklagetat auch den Tatbestand einer gerichtlich strafbaren Handlung, die kein Finanzvergehen ist, so hat die Einstellung des Strafverfahrens wegen des Finanzvergehens keinen Einfluß auf die Zulässigkeit der Anklage im übrigen.

(4) Das Oberlandesgericht hat in der Einspruchsentscheidung darzulegen, aus welchen Gründen es die gerichtliche Zuständigkeit zur Ahndung des Finanzvergehens ablehne. Ist diese Zuständigkeit im Anklageeinspruch ausdrücklich angefochten, so hat es auch darzulegen, aus welchen Gründen es sie annehme.

(5) Eine Einspruchsentscheidung, in der die gerichtliche Zuständigkeit zur Ahndung des Finanzvergehens abgelehnt wird, ist der Finanzstrafbehörde auch zuzustellen, wenn sie nicht als Ankläger statt der Staatsanwaltschaft einschreitet.

(6) Eine Einspruchsentscheidung, die die gerichtliche Zuständigkeit zur Ahndung des Finanzvergehens ausspricht, bindet das Gericht im weiteren Verfahren nicht.

(7) Nach der Einstellung des Strafverfahrens wegen eines Finanzvergehens durch das Oberlandesgericht kann das gerichtliche Verfahren wegen dieses Vergehens nur fortgesetzt werden, wenn die Wiederaufnahme nach § 220 bewilligt worden ist.

Zu § 227

§ 211. (1) Tritt die Staatsanwaltschaft außerhalb einer Hauptverhandlung von der Anklage eines Finanzvergehens zurück, so hat sie die Gründe hiefür sogleich der Finanzstrafbehörde mitzuteilen.

(2) Für den Rücktritt von der Anklage in der Hauptverhandlung gilt dies dann, wenn die Finanzstrafbehörde in der Verhandlung nicht vertreten ist.

§ 212. (1) Außerhalb der Hauptverhandlung hat die Staatsanwaltschaft, statt die Anklage wegen Unzuständigkeit des Gerichtes zur Ahndung eines Finanzvergehens zurückzuziehen, die Zuständigkeitsentscheidung des Landesgerichts (§ 32 Abs. 3 StPO) einzuholen.

(2) Das Landesgericht hat sich in seinem Beschluss auf die Entscheidung zu beschränken, ob dem Gericht die Ahndung der Tat als Finanzvergehen zukomme. Es hat im Beschluss darzulegen, aus welchen Gründen es die gerichtliche Zuständigkeit annehme oder ablehne.

(3) Der Beschluss des Landesgerichts kann von der Staatsanwaltschaft, der Finanzstrafbehörde und dem Beschuldigten mit Beschwerde an das Oberlandesgericht angefochten werden; für die Beschwerde steht eine Frist von vierzehn Tagen seit der Zustellung des Beschlusses offen.

(4) Ein Beschluss des Landesgerichts oder des Oberlandesgerichts, der die gerichtliche Zuständigkeit ausspricht, bindet das Gericht im weiteren Verfahren nicht.

(5) Nach rechtskräftiger Ablehnung der Zuständigkeit kann ein Strafverfahren nur geführt werden, wenn die Wiederaufnahme nach § 220 bewilligt worden ist.

(6) Auch wenn die Staatsanwaltschaft in der Hauptverhandlung zur Überzeugung kommt, daß die Gerichte zur Ahndung eines Finanzvergehens nicht zuständig seien, darf sie der gerichtlichen Zuständigkeit nicht durch den Rücktritt von der Anklage vorgreifen.

Zu den §§ 229 und 268

§ 213. (1) Die Öffentlichkeit der Hauptverhandlung über die Anklage wegen eines Finanzvergehens ist auch auszuschließen,

a) wenn der Angeklagte und die Nebenbeteiligten es übereinstimmend verlangen,

b) von Amts wegen oder auf Antrag der Staatsanwaltschaft, der Finanzstrafbehörde, des

Angeklagten, eines Nebenbeteiligten oder eines Zeugen, wenn und solange zur Aufklärung des Finanzvergehens Verhältnisse oder Umstände des Angeklagten, eines Nebenbeteiligten oder eines Zeugen, die unter die Geheimhaltungspflicht nach § 48 a BAO fallen, erörtert werden müssen.

(2) War die Öffentlichkeit der Hauptverhandlung nach Abs. 1 ausgeschlossen, so ist sie auch bei der Verkündung der Urteilsentscheidungsgründe auszuschließen, soweit dabei Verhältnisse oder Umstände im Sinne des Abs. 1 zur Sprache kommen.

Zu § 259

§ 214. (1) Der Freispruch wegen Unzuständigkeit der Gerichte zur Ahndung eines Finanzvergehens steht der Verurteilung wegen einer anderen strafbaren Handlung nicht entgegen, deren sich der Angeklagte durch dieselbe Tat schuldig gemacht hat.

(2) Ein Freispruch wegen Unzuständigkeit ist zu fällen, wenngleich ein Schuldspruch auch aus anderen Gründen nicht gefällt werden kann.

(3) (aufgehoben)

(4) Nach rechtskräftigem Freispruch wegen Unzuständigkeit kann das Finanzvergehen nur dann gerichtlich verfolgt und geahndet werden, wenn die Wiederaufnahme nach § 220 bewilligt worden ist.

Zu § 260

§ 215. (1) Im Strafurteil ist auch auszusprechen,
a) welche vom Angeklagten verschiedene Person durch einen Verfall ihr Eigentum verliere;
b) welche Pfand- und Zurückbehaltungsrechte Dritter an verfallenen Gegenständen anerkannt oder abgelehnt würden, in welcher Höhe die gesicherten Forderungen anerkannt würden und welcher Rang ihnen zukomme;
c) welche Personen für die Geldstrafe und den Wertersatz nach § 28 hafteten und
d) daß die Strafe, die wegen desselben Finanzvergehens in einem verwaltungsbehördlichen Finanzstrafverfahren verhängt und vollstreckt worden ist, auf die gerichtliche Strafe für die Vergehen angerechnet werde.

(2) Werden Pfand- oder Zurückbehaltungsrechte Dritter an verfallenen Gegenständen anerkannt, so ist im Urteil auch auszusprechen, daß der festgesetzte Wertersatz (§ 19 Abs. 3) nur mit dem Betrag einzufordern sei, der zur Befriedigung der anerkannten Forderungen aus dem Verwertungserlös aufgewendet wird (§ 229 Abs. 3).

§ 216. (aufgehoben)

Zu § 270

§ 217. In die Urteilsausfertigung sind auch die Namen der Nebenbeteiligten (§ 76) und ihrer Vertreter aufzunehmen.

Zu den §§ 281 und 283

§ 218. Enthält ein Urteil gesonderte Strafen für Finanzvergehen und strafbare Handlungen anderer Art (§ 22), so ist die Zulässigkeit der Rechtsmittel gegen den Strafausspruch auch gesondert zu beurteilen.

Zu den §§ 284, 285 und 294

§ 219. (1) War die Finanzstrafbehörde bei der Urteilsverkündung nicht vertreten, so ist ihr eine Urteilsausfertigung zuzustellen. Die Frist zur Anmeldung von Rechtsmitteln läuft dann von der Urteilszustellung, die Frist zur Ausführung des Rechtsmittels von dessen Anmeldung. War die Finanzstrafbehörde bei der Urteilsverkündung nicht vertreten und sind die Voraussetzungen des § 270 Abs. 4 StPO den anderen Beteiligten gegenüber erfüllt, kann auch eine gekürzte Urteilsausfertigung zugestellt werden. In diesem Falle ist nach fristgerechter Rechtsmittelanmeldung eine Urteilsausfertigung gemäß § 270 Abs. 2 StPO zuzustellen, womit die Frist zur Ausführung des Rechtsmittels in Gang gesetzt wird.

(2) Die Beschwerdeschrift (§ 285 Abs. 1 StPO), die Anmeldung der Berufung, die die Berufungsgründe enthält, und die rechtzeitig eingebrachte Ausführung (§ 294 Abs. 2 StPO) sind auch der Finanzstrafbehörde mitzuteilen; dieser steht das Recht zu, binnen vier Wochen ihre Gegenausführungen zu überreichen.

Zum 16. Hauptstück

§ 220. (1) Auch wenn die gerichtliche Zuständigkeit zur Ahndung eines Finanzvergehens rechtskräftig abgelehnt oder wegen gerichtlicher Unzuständigkeit der Anklage keine Folge gegeben oder der Angeklagte freigesprochen worden ist, kann das Strafverfahren wegen dieses Vergehens nur nach Wiederaufnahme eingeleitet oder fortgesetzt werden.

(2) Die Wiederaufnahme ist zu bewilligen, wenn sich neue Tatsachen oder Beweise ergeben, die für die gerichtliche Zuständigkeit sprechen. Auf Finanzvergehen, die der Beschuldigte (Angeklagte) nach der Fällung einer Unzuständigkeitsentscheidung in erster Instanz begangen hat, kann die Wiederaufnahme nicht gegründet werden.

(3) Der Wiederaufnahme wegen eines Finanzvergehens steht nicht entgegen, daß die Tat als strafbare Handlung anderer Art verfolgt wurde oder noch verfolgt wird.

(4) Durch die Bewilligung der Wiederaufnahme tritt das Verfahren wegen des Finanzvergehens auch dann in den Stand des Ermittlungsverfahrens, wenn die Tat bereits als eine andere mit gerichtlicher Strafe bedrohte Handlung verfolgt wird und das Verfahren schon weiter gediehen ist.

(5) Berechtigt zum Antrag auf Wiederaufnahme sind die Staatsanwaltschaft und die Finanzstrafbehörde.

§ 221. (1) Wenn nach der rechtskräftigen Verurteilung des Angeklagten wegen eines Finanzvergehens neue Tatsachen oder Beweise beigebracht werden, die für die Zuständigkeit der Finanzstrafbehörde zur Ahndung des Vergehens sprechen, so hat das Landesgericht (§ 32 Abs. 3 StPO) über die gerichtliche Zuständigkeit zu entscheiden.

(2) Lehnt das Landesgericht (§ 32 Abs. 3 StPO) die gerichtliche Zuständigkeit ab, so hat es das Urteil im Schuld- und Strafausspruch wegen des Finanzvergehens aufzuheben.

(3) Im Übrigen sind die Bestimmungen des § 212 Abs. 2 bis 5 anzuwenden.

§ 222. Die Wiederaufnahme ist auch zu bewilligen, wenn nach rechtskräftiger Verurteilung neue Tatsachen oder Beweise beigebracht werden, aus denen sich ergibt, daß das Gericht seinem Urteil einen zu hohen strafbestimmenden Wertbetrag zugrunde gelegt hat.

§ 223. Neuen Tatsachen und Beweisen stehen bei einer Wiederaufnahme zugunsten des Verurteilten rechtskräftige Entscheidungen und Verfügungen der Abgabenbehörden gleich, die von den Strafurteilen, wenn auch nicht in der Tatsachengrundlage, so doch in der rechtlichen Beurteilung abweichen.

§ 224. (1) Läßt die Wiederaufnahmsbewilligung einen Teil des Schuldspruches wegen eines oder mehrerer Finanzvergehen unberührt, so darf das Gericht die Fortsetzung des Verfahrens wegen Unzuständigkeit zur Ahndung dieser Vergehen nie ablehnen. Es hat daher im neuen Urteil die Strafe für das eine oder die mehreren Finanzvergehen zu bestimmen, deren der Verurteilte auch nach der Wiederaufnahme des Verfahrens schuldig erkannt geblieben ist, wenngleich sie sonst von der Finanzstrafbehörde zu ahnden wären.

(2) Hat das Gericht die Strafe für Finanzvergehen, zu deren Ahndung die Finanzstrafbehörde zuständig wäre, nach dem ersten Absatz bestimmt, so sind mit dieser Bestrafung nicht die Folgen einer gerichtlichen Verurteilung, sondern nur die einer Ahndung durch die Finanzstrafbehörde verbunden; dies ist im Urteil festzustellen.

(3) Die Bestimmungen der Abs. 1 und 2 sind dem Sinne nach anzuwenden, wenn die Wiederaufnahmsbewilligung zwar den strafbestimmenden Wertbetrag unberührt läßt, aber Gründe für die Zuständigkeit der Finanzstrafbehörde sprechen.

§ 225. (aufgehoben)

§ 226. Werden neue Tatsachen und Beweismittel, die gegen die gerichtliche Zuständigkeit sprechen, während eines Rechtsmittelverfahrens beigebracht, so entscheidet das Rechtsmittelgericht endgültig, ob die gerichtliche Zuständigkeit zur Ahndung des Finanzvergehens gegeben sei.

Zu § 381

§ 227. (1) Zu den Kosten des Strafverfahrens gehören auch die Auslagen, die der Finanzstrafbehörde als Privatbeteiligtem oder Ankläger an Stelle der Staatsanwaltschaft erwachsen; sie fallen nicht unter die Pauschalkosten.

(2) Die Kosten, die der Bundesfinanzverwaltung im Dienste der Strafjustiz erwachsen, sind bei der Bestimmung des Pauschalkostenbeitrages zu berücksichtigen, soweit sie nicht nach § 381 Abs. 1, Z 3, 4 oder 5 StPO besonders zu ersetzen sind.

(BGBl I 2019/104)

(3) Der Bundesfinanzverwaltung werden nur Barauslagen und außerdem die Kosten erstattet, die der Finanzprokuratur nach § 8 Abs. 1 des Finanzprokuraturgesetzes, BGBl. I Nr. 110/2008, gebühren.

(BGBl I 2020/99)

Zu § 390

§ 228. Die Finanzstrafbehörde kann als Privatbeteiligter oder Ankläger an Stelle der Staatsanwaltschaft nicht zum Ersatz der Strafverfahrenskosten verurteilt werden.

Zu § 393 a

§ 228a. Wird der Angeklagte lediglich wegen Unzuständigkeit der Gerichte zur Ahndung eines Finanzvergehens freigesprochen, so gilt für den Ersatzanspruch § 393 a Abs. 2 StPO dem Sinne nach.

Zu § 408

§ 229. (1) Das Gericht hat verfallene Gegenstände, die sich nicht in amtlicher Verwahrung befinden, dem, der sie in seinem Gewahrsam hat, erforderlichenfalls auch zwangsweise abzunehmen. Wurde neben dem Verfall auf Wertersatz erkannt, weil im Zeitpunkt der Entscheidung noch nicht feststand, ob der Verfall vollziehbar sein wird (§ 19 Abs. 2 erster Fall), und können die verfallenen Gegenstände nicht in amtlichen Gewahrsam gebracht werden, so ist vom Verurteilten Wertersatz einzufordern. Kann nur ein Teil der verfallenen Gegenstände in amtlichen Gewahrsam gebracht werden, so hat das Gericht mit Beschluß den Betrag zu bestimmen, der als Wertersatz für die nicht zustande gebrachten Gegenstände einzuheben ist. Nach Rechtskraft des Beschlusses ist der festgesetzte Betrag als Wertersatz einzufordern.

(2) Die Verwertung verfallener Gegenstände ist der Finanzstrafbehörde zu überlassen.

(3) Wurde neben dem Verfall auf Wertersatz erkannt, weil Pfand- oder Zurückbehaltungsrechte Dritter an den verfallenen Gegenständen anerkannt worden sind (§ 19 Abs. 2 zweiter Fall), so hat das Gericht die verfallenen Gegenstände zu verwerten, die gesicherten Forderungen aus dem Erlös zu befriedigen und den Betrag, der zur Befriedigung der Forderungen aufgewendet worden ist, als Wertersatz einzufordern.

(4) Sind nach dem Abs. 3 die Forderungen mehrerer Gläubiger zu befriedigen, so ist bei unzureichendem Verwertungserlös der Rang der Pfand- und Zurückbehaltungsrechte zu berücksichtigen (§ 215 Abs. 1 lit. b). Forderungen mit gleichem Rang, die im Erlös keine Deckung finden, sind im Verhältnis ihrer Höhe zu befriedigen. Gegen den Verteilungsbeschluß steht dem Betroffenen die Beschwerde an das Oberlandesgericht offen; die Beschwerde ist binnen vierzehn Tagen einzubringen. Personen, die am Verfahren nicht beteiligt waren,

steht es frei, ihr besseres Recht im Zivilrechtsweg geltend zu machen.

Zu den §§ 409 und 409 a

§ 230. (1) Die Geldstrafe kann auch nach dem Antritt der Ersatzfreiheitsstrafe bezahlt werden. Sie verringert sich im Verhältnis zu dem verbüßten Teil der Ersatzfreiheitsstrafe. Wird nicht die ganze hiernach aushaftende Geldstrafe bezahlt, so ist die Ersatzfreiheitsstrafe im Verhältnis des geschuldeten Restes weiter zu vollziehen.

(2) Die Bestimmungen der §§ 409 und 409 a StPO, des § 12 des Gerichtlichen Einbringungsgesetzes 1962, in der jeweils geltenden Fassung, und des ersten Absatzes gelten auch für den Wertersatz.

Zu § 197 und zum 20. Hauptstück

§ 231. Flüchtig ist, wer sich der inländischen Gerichtsbarkeit dadurch entzieht, daß er sich im Ausland aufhält oder im Inland verbirgt. Wie ein Flüchtiger wird auch behandelt, wer sonst unauffindbar ist.

§ 232. Flüchtigen Beschuldigten ist im Verfahren von Amts wegen ein Verteidiger zu bestellen.

§ 233. (1) Besteht hinreichend Verdacht, dass sich ein Flüchtiger eines Finanzvergehens schuldig gemacht habe, so hat das Gericht auf Antrag der Staatsanwaltschaft zur Sicherung der Geldstrafe, des Verfalls und des Wertersatzes eine Beschlagnahme gemäß §§ 109 Z 2 und 115 Abs. 1 Z 3 StPO anzuordnen, wenn zu befürchten ist, dass andernfalls die Einbringung gefährdet oder wesentlich erschwert würde.

(2) § 207a Abs. 2 bis 4 gilt dem Sinne nach.

§ 234. (aufgehoben)

§ 235. Die Zustellung von Gerichtsstücken an den Flüchtigen gilt als bewirkt, sobald sie seinem Verteidiger zugestellt sind.

Zu § 444

§ 236. Soweit in diesem Bundesgesetz nicht anderes bestimmt ist, gilt § 444 StPO dem Sinne nach auch für die Nebenbeteiligten (§ 76).

§ 237. Hat eine Person, die als Nebenbeteiligter in Betracht kommt, ihren Wohnsitz im Ausland oder hält sie sich nicht nur vorübergehend im Ausland auf, so hat ihr das Gericht, ohne daß dadurch der Fortgang des Verfahrens gehindert würde, anheim zu stellen, einen im Inland wohnhaften Bevollmächtigten zu nennen. Zugleich hat das Gericht sie zu belehren, daß sie in diesem Fall von der Nennung des Bevollmächtigten an nur dieser am Verfahren beteiligt werde, daß es dem Nebenbeteiligten jedoch unbenommen sei, selbst bei Gericht zu erscheinen und seine Rechte zu vertreten.

§ 238. Der Staatsanwaltschaft und allen anderen Verfahrensbeteiligten steht die Berufung zu:

a) gegen die ausdrückliche oder stillschweigende Entscheidung darüber, ob ein Nebenbeteiligter das Eigentum an den verfallsbedrohten Gegenständen verliere, ob ein Pfand- oder Zurückbehaltungsrecht eines Nebenbeteiligten an einem verfallsbedrohten Gegenstand anerkannt werde oder ob ein Nebenbeteiligter für die Geldstrafe oder den Wertersatz hafte;

b) gegen den Ausspruch über den Rang und die Höhe der gesicherten Forderung.

§ 239. Soweit der Staatsanwaltschaft, der Finanzstrafbehörde, den betroffenen Nebenbeteiligten und dem Angeklagten die Berufung nach § 238 zusteht, können sie auch die Wiederaufnahme des Verfahrens begehren.

§ 240. (1) Hat die Wiederaufnahme Erfolg zugunsten eines Nebenbeteiligten, so ist er vom Bund für vermögensrechtliche Nachteile zu entschädigen, die ihm durch das vorangegangene Verfahren und Urteil entstanden sind. Sein Anspruch gegen den Bund geht auf den Verurteilten, der ihm den Schaden ersetzt hat, oder dessen Rechtsnachfolger über.

(2) Für die Auseinandersetzung zwischen dem Entschädigungswerber und dem Bund sind die Vorschriften der §§ 9 und 12 des Strafrechtlichen Entschädigungsgesetzes 2005 (StEG 2005), BGBl. I Nr. 125/2004 sinngemäß anzuwenden.

§ 241. Nebenbeteiligte können nur zum Ersatz der Strafverfahrenskosten verurteilt werden, die ohne ihr Einschreiten nicht entstanden wären.

§ 242. (1) Hat das Gericht mit Urteil ausgesprochen, daß eine vom Angeklagten verschiedene Person durch den Verfall ihr Eigentum verliere, ist in dem Urteil die Anerkennung eines Pfand- oder Zurückbehaltungsrechtes unterblieben oder die Haftung für die Geldstrafe oder den Wertersatz ausgesprochen worden, so ist auf Antrag des Betroffenen über den Verfall, das Pfand- oder Zurückbehaltungsrecht oder die Haftung gleichfalls in mündlicher Verhandlung mit Ergänzungsurteil zum Hauptteil zu entscheiden. Antragsberechtigt ist der Betroffene, wenn er ohne seine oder seines Bevollmächtigten Schuld durch einen unabwendbaren Umstand daran gehindert war, am Verfahren teilzunehmen. Der Antrag kann nur binnen sechs Wochen nach Wegfall des Hindernisses und niemals später als drei Jahre nach Rechtskraft des Urteils gestellt werden.

(2) Wird in dem Ergänzungsurteil der Verfall aufgehoben oder ein Pfand- oder Zurückbehaltungsrecht des Dritten anerkannt, so hat das Gericht zugleich auf den vom Verurteilten zu leistenden entsprechenden Wertersatz zu erkennen.

(3) Wenn in dem nachträglichen Verfahren zu entscheiden ist, ob ein Nebenbeteiligter sein Eigentum an dem verfallen erklärten Gegenstand verloren habe, sind auch die Personen der Verhandlung zuzuziehen, die im Haupturteil schuldig gesprochen worden sind; sie haben auch in dem nachträglichen Verfahren die Stellung eines Beschuldigten (Angeklagten).

(4) Weist das Gericht den Antrag zurück, das nachträgliche Verfahren einzuleiten, so kann der betroffene Nebenbeteiligte die Beschwerde an das Oberlandesgericht erheben; hiefür steht eine Frist von vierzehn Tagen seit Zustellung des ablehnenden Beschlusses offen.

(5) Die Zulässigkeit des nachträglichen Verfahrens kann nur mit Berufung gegen das Ergänzungsurteil angefochten werden.

(6) Für das nachträgliche Verfahren gelten die Vorschriften über die Hauptverhandlung, das Urteil, dessen Anfechtung und Vollziehung, die Wiederaufnahme des Verfahrens und die Entschädigung für vermögensrechtliche Nachteile.

Zu den §§ 445 und 446

§ 243. Die §§ 445 und 446 StPO gelten dem Sinne nach auch für den Verfall nach § 18 mit der Maßgabe, dass bei einem Freispruch wegen gerichtlicher Unzuständigkeit zur Ahndung des Finanzvergehens eine Entscheidung des Gerichts über den Verfall nicht zulässig ist.

§ 244. Die Bestimmungen über die Wiederaufnahme des Strafverfahrens gelten dem Sinne nach auch für das selbständige Verfahren.

§ 245. (1) Werden die Täter oder andere an der Tat Beteiligte später entdeckt, aber des Finanzvergehens nicht schuldig erkannt, so sind jene Personen, die durch den Verfall vermögensrechtliche Nachteile erlitten haben (Abs. 3), vom Bund für vermögensrechtliche Nachteile zu entschädigen.

(2) Klagsberechtigt sind die früheren Eigentümer der verfallenen Gegenstände und Personen, deren Pfand- oder Zurückbehaltungsrechte an den verfallenen Gegenständen nicht anerkannt worden sind.

(3) Für die Auseinandersetzung zwischen dem Entschädigungswerber und dem Bund sind die §§ 9 und 12 des Strafrechtlichen Entschädigungsgesetzes 2005 (StEG 2005), BGBl. I Nr. 125/2004, dem Sinne nach anzuwenden.

§§ 246. und 247. (aufgehoben)

Artikel II
Gerichtlich strafbare Handlungen, die keine Finanzvergehen sind

Begünstigung

§ 248. (1) Wer einen anderen, der ein Finanzvergehen begangen hat, das von der Finanzstrafbehörde zu ahnden ist, der Verfolgung oder der Vollstreckung der Strafe absichtlich ganz oder zum Teil entzieht, ist vom Gericht mit Freiheitsstrafe bis zu einem Jahr oder Geldstrafe bis zu 360 Tagessätzen zu bestrafen.

(2) § 299 Abs. 2 bis 4 StGB gilt dem Sinne nach.

§ 249. (aufgehoben)

Falsche Verdächtigung

§ 250. (1) Wer einen anderen dadurch der Gefahr einer behördlichen Verfolgung aussetzt, daß er ihn eines von der Finanzstrafbehörde zu verfolgenden Finanzvergehens mit Ausnahme der Finanzordnungswidrigkeiten falsch verdächtigt, ist, wenn er weiß (§ 5 Abs. 3 StGB), daß die Verdächtigung falsch ist, vom Gericht mit Freiheitsstrafe bis zu einem Jahr oder mit Geldstrafe bis zu 360 Tagessätzen zu bestrafen.

(2) § 297 Abs. 2 StGB gilt dem Sinne nach.

Verletzung der abgabenrechtlichen Geheimhaltungspflicht

§ 251. (1) Wer als Beamter (§ 74 Abs. 1 Z 4 StGB) oder als ehemaliger Beamter die abgabenrechtliche Geheimhaltungspflicht verletzt (§ 48 a Abs. 2 BAO), ist, wenn die Tat nicht nach einer anderen Bestimmung mit strengerer Strafe bedroht ist, vom Gericht nach § 310 StGB zu bestrafen.

(2) Vor der Entscheidung, ob die Offenbarung oder Verwertung im zwingenden öffentlichen Interesse gelegen war (§ 48 a Abs. 4 lit. b BAO), hat das Gericht das Bundesministerium für Finanzen zu hören.

§ 252. (1) Wer, ohne Beamter oder ehemaliger Beamter zu sein, die abgabenrechtliche Geheimhaltungspflicht verletzt (§ 48 a Abs. 3 BAO), ist vom Gericht nach § 121 Abs. 1 StGB zu bestrafen.

(2) Wer die Tat begeht, um sich oder einem anderen einen Vermögensvorteil zuzuwenden oder einem anderen einen Nachteil zuzufügen, ist vom Gericht nach § 121 Abs. 2 StGB zu bestrafen.

(3) § 251 Abs. 2 ist anzuwenden.

(4) Der Täter ist nur auf Verlangen des in seinem Interesse an der Geheimhaltung Verletzten zu verfolgen.

§ 253. (aufgehoben)

Bestimmungen für den Bereich des landesgesetzlichen und kommunalsteuerlichen Abgabenstrafrechts

§ 254. (1) Für den Bereich des landesgesetzlichen und kommunalsteuerlichen Abgabenstrafrechts gelten § 29 sinngemäß und das Verwaltungsstrafgesetz 1991 – VStG, BGBl. Nr. 52/1991.

(2) Abs. 1 gilt nicht für jene Fälle, in denen zur Durchführung des Strafverfahrens eine Finanzstrafbehörde des Bundes zuständig ist. In diesen Fällen gelten für das verwaltungsbehördliche und das verwaltungsgerichtliche Verfahren die verfahrensrechtlichen Bestimmungen des Art. I.

§ 255. (aufgehoben)

Übergangs- und Schlußbestimmungen

§ 256. Soweit in diesem Bundesgesetz auf Bestimmungen anderer Bundesgesetze verwiesen wird, sind diese Bestimmungen in ihrer jeweils geltenden Fassung anzuwenden.

Umsetzung von Unionsrecht

§ 257. (1) Mit den §§ 57 Abs. 4 und 4a, 84 Abs. 5 und 127 Abs. 1 dieses Bundesgesetzes wird die Richtlinie 2010/64/EU über das Recht auf Dolmetschleistungen und Übersetzungen in Strafverfahren, ABl. Nr. L 280 vom 26.10.2010 S. 1, umgesetzt.

(2) Mit den §§ 57 Abs. 3 und 85 Abs. 3a dieses Bundesgesetzes wird die Richtlinie 2012/13/EU über das Recht auf Belehrung und Unterrichtung in Strafverfahren, ABl. Nr. L 142 vom 01.06.2012 S. 1, umgesetzt.

(3) Mit den §§ 77 Abs. 1, 78 Abs. 3, 84 Abs. 2, 85 Abs. 4 und 6 sowie 89 Abs. 4 dieses Bundesgesetzes wird die Richtlinie 2013/48/EU über das Recht auf Zugang zu einem Rechtsbeistand in Strafverfahren und in Verfahren zur Vollstreckung des Europäischen Haftbefehls sowie über das Recht auf Benachrichtigung eines Dritten bei Freiheitsentzug und das Recht auf Kommunikation mit Dritten und mit Konsularbehörden während des Freiheitsentzugs, ABl. Nr. L 294 vom 6.11.2013 S. 1, umgesetzt.

(4) Mit den §§ 57a bis 57e, § 80, § 120 Abs. 3 und 5, § 194c, § 194d Abs. 3, § 194e Abs. 2 und 195 Abs. 4 dieses Bundesgesetzes wird die Richtlinie (EU) 2016/680 zum Schutz natürlicher Personen bei der Verarbeitung personenbezogener Daten durch die zuständigen Behörden zum Zwecke der Verhütung, Ermittlung, Aufdeckung oder Verfolgung von Straftaten oder der Strafvollstreckung sowie zum freien Datenverkehr und zur Aufhebung des Rahmenbeschlusses 2008/977/JI des Rates, ABl. Nr. L 119 vom 4.5.2016 S. 89, für den Bereich des Finanzstrafrechtes umgesetzt.
(BGBl I 2019/91)

(5) Mit den §§ 2, 35 Abs. 4, 37 Abs. 2, 40 und 53 Abs. 1a dieses Bundesgesetzes wird die Richtlinie (EU) 2017/1371 über die strafrechtliche Bekämpfung von gegen die finanziellen Interessen der Union gerichtetem Betrug, ABl. Nr. L 198 vom 28.7.2017 S. 29, für den Bereich des Finanzstrafrechtes umgesetzt.
(BGBl I 2019/62)

(6) Mit § 77 Abs. 3a dieses Bundesgesetzes wird die Richtlinie (EU) 2016/1919 über Prozesskostenhilfe für Verdächtige und beschuldigte Personen in Strafverfahren sowie für gesuchte Personen in Verfahren zur Vollstreckung eines Europäischen Haftbefehls, ABl. Nr. L 297 vom 04.11.2016 S. 1, für den Bereich des Finanzstrafrechtes umgesetzt.
(BGBl I 2019/62)

(7) Mit den §§ 180, 181 und 182 dieses Bundesgesetzes wird die Richtlinie (EU) 2016/800 über Verfahrensgarantien in Strafverfahren für Kinder, die Verdächtige oder beschuldigte Personen in Strafverfahren sind, ABl. Nr. L 132 vom 21.05.2016 S. 1, für den Bereich des Finanzstrafrechtes umgesetzt.
(BGBl I 2019/62)

(8) Mit § 49c dieses Bundesgesetzes wird die Richtlinie (EU) 2018/822 des Rates vom 25. Mai 2018 zur Änderung der Richtlinie 2011/16/EU bezüglich des verpflichtenden automatischen Informationsaustauschs im Bereich der Besteuerung über meldepflichtige grenzüberschreitende Gestaltungen, ABl. Nr. L 139 vom 5.6.2018 S. 1-13 für den Bereich des Finanzstrafrechtes umgesetzt.
(BGBl I 2019/91)
(BGBl I 2016/77)

§§ 258. bis 261. (aufgehoben)

§ 262. Durch § 264 dieses Bundesgesetzes nicht ausdrücklich aufgehobene Bestimmungen der Abgaben- und Monopolvorschriften gelten insoweit sinngemäß abgeändert, als sie mit den Bestimmungen des Artikels I dieses Bundesgesetzes im Zusammenhang stehen.

§ 263. Wo in bundesgesetzlichen Bestimmungen auf Vorschriften hingewiesen wird, die durch dieses Bundesgesetz ersetzt werden, treten an deren Stelle sinngemäß die Bestimmungen dieses Bundesgesetzes.

§ 264. Mit dem Wirksamkeitsbeginn dieses Bundesgesetzes werden aufgehoben:

1. § 4 Abs. 2 Z 5 und die §§ 22, 391 bis 419 sowie 477 der Abgabenordnung vom 22. Mai 1931, Deutsches RGBl. I S. 161, in der durch das Gesetz vom 4. Juli 1939, Deutsches RGBl. I S. 1181, geänderten Fassung;

2. die §§ 110 a, 119 bis 128 und § 132 des Gesetzes über das Branntweinmonopol vom 8. April 1922, Deutsches RGBl. I S. 405, in der durch das Gesetz vom 25. März 1939, Deutsches RGBl. I S. 604, geänderten Fassung;

3. das Strafgesetz über Gefällsübertretungen vom 11. Juli 1835, PolGesSlg. Bd. 63 Nr. 112;

4. die §§ 8 und 20 bis 26 des Bundesgesetzes vom 13. Juli 1949, BGBl. Nr. 186, über das Tabakmonopol;

5. a) die §§ 24 bis 36 des Lottopatentes vom 13. März 1813 in der Fassung der Kaiserlichen Entschließungen vom 26. Juni 1841 und 28. April 1853; diese Bestimmungen bleiben jedoch insoweit in Geltung, als sie gesetzliche Grundlage der Wertausspielungsverordnung, BGBl. Nr. 68/1928, in der Fassung der Wertausspielungsnovelle, BGBl. Nr. 541/1933, sind;

b) § 4 des Gesetzes über die Einführung der Klassenlotterie vom 3. Jänner 1913, RGBl. Nr. 94, in der Fassung des Bundesgesetzes vom 29. Februar 1924, BGBl. Nr. 64;

c) § 9 Abs. 1 der Wertausspielungsverordnung, BGBl. Nr. 68/1928, in der Fassung der Wertausspielungsnovelle, BGBl. Nr. 541/1933;

d) § 14 der Spielbankverordnung, BGBl. Nr. 463/1933;

e) §§ 6 und 7 des Sporttoto-Gesetzes, BGBl. Nr. 55/1949, und § 6 des Pferdetoto-Gesetzes, BGBl. Nr. 129/1952;

f) die §§ 7 und 8 des Gesetzes vom 7. November 1862, RGBl. Nr. 85, betreffend das Promessengeschäft mit Anlehenslosen;

g) § 5 des Gesetzes vom 30. Juni 1878, RGBl. Nr. 90, enthaltend einige Bestimmungen über die Veräußerung von Staats- und anderen Losen oder deren Gewinnsthoffnung;

h) die §§ 6 und 7 des Gesetzes vom 28. März 1889, RGBl. Nr. 32, betreffend die Schuldverschreibungen mit Prämien, ferner die Ankündigung und Anempfehlung verbotener Lose und Lotterien;

6. § 34 Abs. 3 des Gebührengesetzes 1957, BGBl. Nr. 267.

§ 265. (1) Dieses Bundesgesetz tritt am 1. Jänner 1959, die Regelung der Abs. 3 und 6 jedoch am 30. Juni 1958 in Kraft.

(1a) § 176 Abs. 4 lit. a in der Fassung des Bundesgesetzes BGBl. I Nr. 30/1998 tritt mit 1. Jänner 1998 in Kraft.

(1b) Die §§ 62, 65, 67, 68, 70, 71, 74, 152, 157, 159, 162, 169, 170 in der Fassung des Bundesgesetzes BGBl. I Nr. 97/2002 treten mit 1. Jänner 2003 in Kraft und sind auf alle an diesem Tag unerledigten Rechtsmittel anzuwenden. Die zu diesem Zeitpunkt bestellten Mitglieder der Spruchsenate bleiben bis zum Ablauf ihrer Bestellungsdauer im Amt. Die als Mitglieder der Berufungssenate bestellten Laienbeisitzer gelten als für den unabhängigen Finanzsenat bestellt und bleiben bis zum Ablauf ihrer Bestellungsdauer im Amt. Die Maßnahmen, die für eine unverzügliche Aufnahme der Tätigkeit des unabhängigen Finanzsenates erforderlich sind, dürfen bereits von dem der Kundmachung des Bundesgesetzes BGBl. I Nr. 97/2002 folgenden Tag an getroffen werden.

(1c) (aufgehoben)

(1d) § 58 Abs. 1 lit. e und § 65 Abs. 1 lit. a in der Fassung des Bundesgesetzes BGBl. I Nr. 124/2003 treten mit 1. Jänner 2004 in Kraft. § 5 Abs. 2, § 58 Abs. 1 lit. a und Abs. 3, § 68 Abs. 5, § 70, § 71, § 85 Abs. 2, § 89 Abs. 2, § 95, § 97, § 181 Abs. 3, § 197 Abs. 1, 3 und 5 und § 227 Abs. 2 in der Fassung des Bundesgesetzes BGBl. I Nr. 124/2003 treten mit 1. Mai 2004 in Kraft. Die von den Präsidenten der Finanzlandesdirektionen gemäß § 85 Abs. 2 vorgenommenen Bestellungen von Organen der Finanzämter bleiben von der Änderung dieser Bestimmung unberührt.

(1e) § 48b und § 146 Abs. 1 in der Fassung des Bundesgesetzes BGBl. I Nr. 26/2004 treten mit 1. Mai 2004 in Kraft.

(1f) § 65 Abs. 1 lit. a und § 194a in der Fassung des Bundesgesetzes BGBl. I Nr. 180/2004 treten mit 1. Jänner 2005 in Kraft.

(1g) § 38 Abs. 1 in der Fassung des Bundesgesetzes BGBl. I Nr. 103/2005 tritt mit 1. Jänner 2006 in Kraft.

(1h) Die §§ 68 und 99 Abs. 4 in der Fassung des Bundesgesetzes BGBl. I Nr. 161/2005 treten mit 1. Jänner 2006 in Kraft. § 28 Abs. 1 in der vor Inkrafttreten des Bundesgesetzes BGBl. I Nr. 161/2005 geltenden Fassung ist auf vor Inkrafttreten des Bundesgesetzes BGBl. I Nr. 161/2005 begangene Finanzvergehen weiter anzuwenden.

(1i) Die §§ 58 Abs. 1 lit. a, b und 65 Abs. 1 lit. b sowie 146 Abs. 1 jeweils in der Fassung des Bundesgesetzes BGBl. I Nr. 99/2006 treten mit 1. März 2007 in Kraft. § 58 Abs. 1 lit. g in der Fassung des Bundesgesetzes BGBl. I Nr. 99/2006 tritt mit Ablauf des 28. Februar 2007 außer Kraft.

(1j) Die §§ 5 Abs. 3, 6, 24 Abs. 1, 31 Abs. 3 und 4, 32 Abs. 3, 53 Abs. 1 und 4, 54, 57, 77 Abs. 1, 78 Abs. 3, 82 Abs. 2, 83 Abs. 2, 84, 85 Abs. 2, 87 Abs. 7, 89 Abs. 4, 114 Abs. 3, 124 Abs. 2, 195 Abs. 1, 196, 196a, 199 Abs. 2, 200, 201, 202, 202a, 205, 206 Abs. 1, 207 Abs. 1, 207a, 209, 212, 220, 221 Abs. 1 und 2, 233 und 251 Abs. 1 sowie die Überschriften vor den §§ 25, 196a, 199, 200, 200a, 201, 202, 202a, 205, 206, 208, 209, 210 und 220 und die Überschrift des Dritten Unterabschnittes jeweils in der Fassung des Bundesgesetzes BGBl. I Nr. 44/2007 treten mit 1. Jänner 2008 in Kraft. Die §§ 6 Abs. 2, 25 Abs. 3, 54 Abs. 3, 197, 198, 203, 204 und 214 Abs. 3 sowie die Überschriften vor den §§ 197 und 203 treten mit Ablauf des 31. Dezember 2007 außer Kraft.

(1k) § 232 sowie die Überschriften vor den §§ 220, 231 und 246 treten mit 1. Jänner 2008 in Kraft.

(1l) § 176 Abs. 4 lit. a in der Fassung BGBl. I Nr. 99/2007 tritt mit 1. Jänner 2008 in Kraft.

(1m) Die §§ 31 Abs. 2, § 49a und § 58 Abs. 1 lit. c jeweils in der Fassung des Bundesgesetzes BGBl. I Nr. 85/2008 treten mit 1. August 2008 in Kraft.

(1n) § 58 Abs. 1 lit. e in der Fassung des Bundesgesetzes BGBl. I. Nr. 9/2010 tritt mit 1. Juli 2010 in Kraft.

(1o) § 2 Abs. 2 in der Fassung des Bundesgesetzes, BGBl. I Nr. 54/2010, tritt mit 1. Jänner 2011 in Kraft.

(1p) Die Änderungen im Finanzstrafgesetz in der Fassung des Bundesgesetzes BGBl. I Nr. 104/2010, treten mit 1. Jänner 2011 in Kraft. Dabei gilt: Die §§ 38, 39, 40 und 44 in der vor Inkrafttreten des Bundesgesetzes BGBl. I Nr. 104/2010 geltenden Fassung sind auf vor Inkrafttreten des Bundesgesetzes BGBl. I Nr. 104/2010 begangene Finanzvergehen weiterhin anzuwenden. Auf zum 1. Jänner 2011 anhängige Rechtsmittel gegen Bescheide über die Einleitung eines Finanzstrafverfahrens ist § 83 Abs. 2 in der Fassung dieses Bundesgesetzes nicht anzuwenden.

(BGBl I 2017/163)

(1q) (**Verfassungsbestimmung**) § 66 in der Fassung des Bundesgesetzes BGBl. I Nr. 51/2012 tritt mit 1. Jänner 2014 in Kraft.

(1r) § 58 Abs. 1 lit. g, § 65 Abs. 1 lit. a und § 194a jeweils in der Fassung des Bundesgesetzes BGBl. I Nr. 112/2012 treten mit 1. Jänner 2013 in Kraft.

(1s) Die §§ 30a Abs. 5, 33 Abs. 3 lit. a und c, 46 Abs. 1 lit. a, 54 Abs. 2, 199 Abs. 3, 200 Abs. 2 lit. a, 210 Abs. 1, 4, 5 und 7, 211 Abs. 1, 213 Abs. 1 lit. b, 227 Abs. 1, 228, 229 Abs. 4, 238, 239, 240 Abs. 2, 242 Abs. 4 und 245 sowie die Überschrift vor § 213 jeweils in der Fassung des BGBl. I Nr. 14/2012 treten mit dem der Kundmachung des BGBl. I Nr. 14/2012 folgenden Tag in Kraft; zugleich treten § 229 Abs. 1 vierter Satz und § 246 außer Kraft. Die §§ 3, 4 Abs. 2, 14 Abs. 3, 31 Abs. 4 lit. b, 57 Abs. 6, 58 Abs. 1, 2 und 3, 59 Abs. 1, 2 und 3, 60 Abs. 1, 61 Abs. 1, 62, 64 Abs. 3, 65 Abs. 2, 66 Abs. 2, 67, 68 Abs. 1, 2 und 6, 69, 70 Abs. 2, 71, 71a, 72 Abs. 1,

74 Abs. 1 und 3, 80, 81, 82 Abs. 1 und 3, 83 Abs. 2 und 3, 85 Abs. 1 und 4, 87 Abs. 1 und 7, 88 Abs. 1 lit. a und c, Abs. 3 und 5, 90 Abs. 2, 93 Abs. 7, 95, 99 Abs. 6, 102 Abs. 4, 115, 116 Abs. 1, 117 Abs. 2, 118, 119, 120 Abs. 1, 122 Abs. 1, 123 Abs. 1, 124 Abs. 1 und 2, 125 Abs. 2, 127 Abs. 1, 130 Abs. 1 lit. a, 131 Abs. 2, 134, 135 Abs. 1 lit. a, 137 lit. a, 139, 140 Abs. 1, 141 Abs. 2 und 3, 143 Abs. 1, 145 Abs. 1, 2 und 4, 147, 150 Abs. 1, 3 und 4, 151 Abs. 1 und 2, 152, 153 Abs. 1, 2 und 4, 156, 157, 158, 159, 160, 161, 162, 163 Abs. 1, 165 Abs. 3, 4 und 5, 166 Abs. 1, 2, 3, 4 und 6, 167 Abs. 2, 168 Abs. 3, 169, 170 Abs. 2 und 3, 171 Abs. 2, 172 Abs. 1, 175 Abs. 2, 176 Abs. 1, 177 Abs. 1 und 3, 178, 180 Abs. 2, 185 Abs. 5, 187, 194a, 194d Abs. 1, 196 Abs. 3 und 207 Abs. 1 sowie die Überschriften vor den §§ 62, 65, 71a, 161, und die Überschrift des VII. Hauptstückes und dessen Ziffer A jeweils in der Fassung des Bundesgesetzes BGBl. I Nr. 14/2012 treten mit 1. Jänner 2014 in Kraft; zugleich treten die §§ 63, 85 Abs. 7, 87 Abs. 2, Abs. 5 zweiter Satz und Abs. 6, 89 Abs. 6, 142 Abs. 2 und 164 außer Kraft. Dabei gilt:

a) Die zum 31. Dezember 2013 beim unabhängigen Finanzsenat als Finanzstrafbehörde zweiter Instanz anhängigen Rechtsmittel sind vom Bundesfinanzgericht als Beschwerden im Sinne des Art. 130 Abs. 1 B-VG zu erledigen und wirken bereits gestellte Anträge auch gegenüber dem Bundesfinanzgericht. Die Ausfertigung von noch vor dem 1. Jänner 2014 verkündeten Rechtsmittelentscheidungen hat jedoch noch im Namen des unabhängigen Finanzsenates als Finanzstrafbehörde zweiter Instanz nach den zum 31. Dezember 2013 geltenden Verfahrensbestimmungen zu erfolgen. Nach dem 31. Dezember 2013 wirksam werdende Erledigungen des unabhängigen Finanzsenates als Finanzstrafbehörde zweiter Instanz gelten als Erledigungen des Bundesfinanzgerichtes.

b) Die gemäß § 71a Abs. 4 iVm § 68 zu erlassende Geschäftsverteilung für das Jahr 2014 kann bereits vor dem 1. Jänner 2014 durch den Präsidenten des Bundesfinanzgerichtes mit Wirksamkeit bis zum Inkrafttreten einer nach den Bestimmungen des Organisationsgesetzes zustande gekommenen Geschäftsverteilung provisorisch erlassen werden. Sie hat vorzusehen, dass die am 31. Dezember 2013 beim unabhängigen Finanzsenat als Finanzstrafbehörde zweiter Instanz anhängigen Rechtsmittel tunlichst denselben Personen als Richtern des Bundesfinanzgerichtshofes, bei Senatszuständigkeit Senaten mit denselben Vorsitzenden zugewiesen werden.

c) Bis zum 31. Dezember 2013 vorgenommene Bestellungen gemäß § 67 in der vor dem Bundesgesetz BGBl. I Nr. 14/2012 geltenden Fassung gelten als für das Bundesfinanzgericht bis 31. Dezember 2017 erfolgt.

(1t) § 254 Abs. 1 in der Fassung des Bundesgesetzes BGBl. I Nr. 33/2013 tritt mit 1. Jänner 2014 in Kraft.

(1u) Die §§ 67 Abs. 2, 70 Abs. 1, 71a Abs. 1 und 73 jeweils in der Fassung des Bundesgesetzes BGBl. I Nr. 70/2013 treten mit 1. Jänner 2014 in Kraft.

(1v) Wurde eine Erklärung über die Bereitschaft zur Erbringung von gemeinnützigen Leistungen vor Inkrafttreten des § 179 Abs. 3 FinStrG in der Fassung BGBl. I Nr. 155/2013 gegenüber der Finanzstrafbehörde abgegeben, so beginnt die Monatsfrist gemäß § 3a Abs. 2 StVG zur Erreichung eines Einvernehmens mit einer geeigneten Einrichtung erst ab der Kontaktaufnahme mit einem Vermittler gemäß § 3a Abs. 1 StVG, spätestens jedoch mit Inkrafttreten dieses Bundesgesetzes zu laufen.

(1w) § 29 Abs. 3 und 6 treten mit 1. Oktober 2014 in Kraft. § 29 in der Fassung des Bundesgesetzes BGBl. I Nr. 65/2014 ist auf Selbstanzeigen, die nach dem 30. September 2014 erstattet werden, anzuwenden.

(1x) Die §§ 8 Abs. 3, 9, 34, 36, 39 Abs. 1 lit. b und c, 51 Abs. 1 lit. c, f und g, 53a, 58, 74a, 74b, 83 Abs. 2, 99 Abs. 3a bis 6 und 120 Abs. 1 bis 3 in der Fassung des Bundesgesetzes BGBl. I Nr. 118/2015 treten mit 1. Jänner 2016 in Kraft. § 98 Abs. 5 in der Fassung des Bundesgesetzes BGBl. I Nr. 118/2015 tritt mit Ablauf des Tages der Kundmachung in Kraft.

(BGBl I 2015/118)

(1y) Die §§ 22 Abs. 4, 38 und 203, jeweils in der Fassung des Bundesgesetzes BGBl. I Nr. 163/2015, treten mit 1. Jänner 2016 in Kraft. Der § 35 in der Fassung des Bundesgesetzes BGBl. I Nr. 163/2015 tritt am 1. Mai 2016 in Kraft. Die §§ 47 Abs. 1, 146 Abs. 2 lit. b, 157 und 160 Abs. 1 treten am Tag nach der Kundmachung in Kraft.

(BGBl I 2015/163)

(1z) Die Überschrift vor § 56, §§ 57a bis 57d samt Überschriften und Unterhauptstücksüberschrift, § 80, § 120 Abs. 3 und 5, § 194c, § 194d Abs. 3, § 194e Abs. 2, § 195 Abs. 4 sowie § 257 Abs. 4, jeweils in der Fassung des Materien-Datenschutz-Anpassungsgesetzes 2018, BGBl. I Nr. 32/2018, treten mit 25. Mai 2018 in Kraft.

(BGBl I 2018/32)

(2) § 60 tritt mit Ablauf des 31. Dezember 2020 außer Kraft. Die §§ 29 Abs. 1, 53 Abs. 1 und 3, 56 Abs. 5 Z 3, 58 Abs. 1, 59, 64 Abs. 1, 65, 67 Abs. 1, 69, 70 Abs. 1 und 2, 85 Abs. 2, 90 Abs. 2, 95, 97, 99 Abs. 2 und 5, 146 Abs. 1, 174 Abs. 2, 194, 196 Abs. 3 und 4, die Überschrift vor § 196a, 197, und 227 Abs. 2 jeweils in der Fassung des Bundesgesetzes BGBl. I Nr. 104/2019 treten mit 1. Jänner 2021 in Kraft. Dabei gilt:

a) Das Amt für Betrugsbekämpfung als Finanzstrafbehörde tritt mit 1. Jänner 2021 an die Stelle des zum 31. Dezember 2020 jeweils zuständigen Finanzamtes als Finanzstrafbehörde. Das Zollamt Österreich als Finanzstrafbehörde tritt an die Stelle des zum 31. Dezember 2020 jeweils zuständigen Zollamtes als Finanzstrafbehörde. Die zum 31. Dezember 2020 bei den Finanzstrafbe-

19/1. FinStrG
§ 265

hörden anhängigen Verfahren sind von den gemäß § 58 Abs. 1 in der Fassung BGBl. I Nr. 104/2019 zuständigen Finanzstrafbehörden fortzuführen.

(BGBl I 2020/23)

b) Ausfertigungen der vor dem 1. Jänner 2021 verkündeten, jedoch noch nicht zugestellten Erkenntnisse einer Finanzstrafbehörde haben im Namen der im Zeitpunkt der Verkündigung zuständigen Finanzstrafbehörde zu erfolgen. Nach dem 31. Dezember 2020 wirksam werdende Erledigungen der zum 31. Dezember 2020 zuständigen Finanzstrafbehörden gelten als Erledigungen der Finanzstrafbehörden gemäß § 58 Abs. 1 in der Fassung des Bundesgesetzes BGBl. I Nr. 104/2019.

(BGBl I 2020/23)

c) Die gemäß § 58 Abs. 1 zu erlassende Geschäftsverteilung ab 1. Jänner 2021 kann bereits vor dem 1. Jänner 2021 durch den Vorstand der gemäß § 58 in der Fassung des Bundesgesetzes BGBl. I Nr. 104/2019 zuständigen Finanzstrafbehörde erlassen werden.

(BGBl I 2020/23)

d) Die zum 31. Dezember 2020 gemäß § 67 bestellten Mitglieder der Spruchsenate gelten jeweils bis zum Ende ihrer jeweiligen Funktionsperiode als für die Spruchsenate nach § 65 in der Fassung des Bundesgesetzes BGBl. I Nr. 104/2019 bestellt.

(BGBl I 2020/23)

e) Die zum 31. Dezember 2020 bereits einem Spruchsenat zugeleiteten Akten fallen in die Zuständigkeit eines in der Stadt bestehenden Spruchsenates, in der sich die Geschäftsstelle des bisher zuständigen Spruchsenates befunden hat. Die nach § 68 vor Ablauf des Jahres 2019 für das Jahr 2020 erlassene Geschäftsverteilung gilt bis 31. Dezember 2020. Die Geschäftsverteilung für das Jahr 2021 kann bereits vor dem 1. Jänner 2021 durch den Vorstand der gemäß § 58 in der Fassung des Bundesgesetzes BGBl. I Nr. 104/2019 zuständigen Finanzstrafbehörde erlassen werden und hat vorzusehen, dass die zum 31. Dezember 2020 bereits einem Spruchsenat zugeleiteten Akten tunlichst denselben Personen als Vorsitzender der Spruchsenate, bei Senatszuständigkeit Senaten mit denselben Vorsitzenden zugewiesen werden.

(BGBl I 2020/23)

f) Die zum 31. Dezember 2020 gemäß § 124 oder § 159 durch den Vorstand der Finanzstrafbehörde bestellten Amtsbeauftragten gelten jeweils als vom Vorstand der Finanzstrafbehörde in der Fassung des Bundesgesetzes BGBl. I Nr. 104/2019 bestellt.

(BGBl I 2020/23)

g) und h) (aufgehoben)

(BGBl I 2020/23, BGBl I 2020/99)

i) Wird in einer Rechtsvorschrift des Bundes, eines Landes oder einer Gemeinde die Bezeichnung „Amt für Betrugsbekämpfung als Finanzstrafbehörde" oder „Zollamt Österreich als Finanzstrafbehörde" verwendet, ist darunter bis zum Ablauf des 31. Dezember 2020 jene Einrichtung zu verstehen, die aufgrund des Finanzstrafgesetzes in der Fassung vor dem Bundesgesetz BGBl. I Nr. 104/2019 zuständig gewesen ist.

(BGBl I 2020/23)

(BGBl I 2019/104, BGBl I 2020/23)

(2a) § 53 Abs. 3, § 99 Abs. 2, die Überschrift vor § 196a sowie § 197, jeweils in der Fassung des Bundesgesetzes BGBl. I Nr. 104/2019, treten nicht in Kraft. § 265 Abs. 2 lit. g und h treten außer Kraft.

(BGBl I 2020/99)

(2b) § 53 Abs. 3, § 56b Abs. 1, 1a, 2 und 3, § 87 Abs. 7, § 99 Abs. 2, die Überschrift vor § 196a, sowie die §§ 197 und 198 samt Überschriften, jeweils in der Fassung des Bundesgesetzes BGBl. I Nr. 99/2020, treten mit 1. Jänner 2021 in Kraft.

(BGBl I 2020/99)

(2c) Hinsichtlich der Zuständigkeit des Spruchsenates nach § 58 Abs. 2 lit. a für Finanzvergehen, die vor dem 1. Jänner 2021 begangen wurden, tritt durch das Inkrafttreten des § 58 Abs. 1 in der Fassung des Bundesgesetzes BGBl. I Nr. 104/2019 keine Änderung zu der am 31. Dezember 2020 geltenden Rechtslage ein, wenn einem Spruchsenat ausschließlich aufgrund des Inkrafttretens von Bestimmungen des Finanz-Organisationsreformgesetzes, BGBl. I Nr. 104/2019, oder des 2. Finanz-Organisationsreformgesetzes, BGBl. I Nr. 99/2020, oder auch beider Gesetze, die Durchführung der mündlichen Verhandlung und Fällung des Erkenntnisses obläge.

(BGBl I 2020/99)

(2d) Hinsichtlich der Zuständigkeit zur Ahndung von Finanzvergehen, die vor dem 1. Jänner 2021 begangen wurden, tritt durch das Inkrafttreten der §§ 53 Abs. 1 und 58 Abs. 1 in der Fassung des Bundesgesetzes BGBl. I Nr. 104/2019 keine Änderung zu der am 31. Dezember 2020 geltenden Rechtslage ein, wenn das Gericht ausschließlich aufgrund des Inkrafttretens von Bestimmungen des Finanz-Organisationsreformgesetzes, BGBl. I Nr. 104/2019, oder des 2. Finanz-Organisationsreformgesetzes, BGBl. I Nr. 99/2020, oder auch beider Gesetze, zu deren Ahndung zuständig wäre.

(BGBl I 2020/99)

(2e) Hinsichtlich der Zuständigkeit zur Ahndung von mit gerichtlich zu ahndenden Finanzvergehen zusammentreffenden anderen Finanzvergehen, die vor dem 1. Jänner 2021 begangen wurden, tritt durch das Inkrafttreten des § 53 Abs. 3 in der Fassung des Bundesgesetzes BGBl. I Nr. 99/2020 keine Änderung zu der am 31. Dezember 2020 geltenden Rechtslage ein, wenn das Gericht ausschließlich aufgrund des Inkrafttretens von Bestimmungen des Finanz-Organisationsreformgesetzes, BGBl. I Nr. 104/2019, oder des 2. Finanz-Organisationsreformgesetzes, BGBl. I Nr. 99/2020, oder auch beider Gesetze, zu deren Ahndung zuständig wäre.

(BGBl I 2020/99)

(2f) Hinsichtlich der örtlichen Zuständigkeit der Staatsanwaltschaft oder des Gerichts für zum 31. Dezember 2020 bei diesen anhängigen Finanzstrafverfahren tritt durch das Inkrafttreten der §§ 197 und 198 samt Überschriften in der Fassung des Bundesgesetzes BGBl. I Nr. 99/2020 keine Änderung ein.

(BGBl I 2020/99)

(2g) In zum Ablauf des 31. Dezember 2020 bereits anhängigen Finanzstrafverfahren können Anbringen nach diesem Zeitpunkt auch noch unter Verwendung der Bezeichnung der bis zum 31. Dezember 2020 zuständig gewesenen Finanzstrafbehörde sowie unter Verwendung der bis zu diesem Zeitpunkt kundgemachten Anschrift dieser Finanzstrafbehörde wirksam eingebracht werden.

(BGBl I 2020/99)

(3) § 49c in der Fassung des Bundesgesetzes BGBl. I Nr. 91/2019 tritt mit 1. Juli 2020 in Kraft. § 49d in der Fassung des Bundesgesetzes BGBl. I Nr. 91/2019 tritt mit 1. Jänner 2020 in Kraft.

(BGBl I 2019/91)

(4) § 49e in der Fassung des Bundesgesetzes BGBl. I Nr. 106/2023 tritt mit 1. Jänner 2024 in Kraft.

(CESOP-UG 2023, BGBl I 2023/106)

Sonderregelungen aufgrund der Maßnahmen zur Bekämpfung von COVID-19

§ 265a. (1) Der Lauf der Einspruchsfrist (§ 145 Abs. 1), der Rechtsmittelfrist (§ 150 Abs. 2), der Frist zur Anmeldung einer Beschwerde (§ 150 Abs. 4), der Frist zur Einbringung eines Antrages auf Wiederaufnahme des Verfahrens (§ 165 Abs. 4), der Frist zur Stellung eines Antrages auf Wiedereinsetzung in den vorigen Stand (§ 167 Abs. 2) sowie der Frist auf Erhebung von Einwendungen zur Niederschrift (§ 56b Abs. 3) wird jeweils unterbrochen, wenn die Frist mit Ablauf des 16. März 2020 noch nicht abgelaufen war oder der Beginn des Fristenlaufs in die Zeit von 16. März 2020 bis zum Ablauf des 30. April 2020 fällt. Die genannten Fristen beginnen mit 1. Mai 2020 neu zu laufen.

(BGBl I 2020/23)

(2) Die Finanzstrafbehörde kann jedoch im jeweiligen Verfahren aussprechen, dass eine Frist nicht für die in Abs. 1 festgelegte Dauer unterbrochen wird. Diesfalls hat sie gleichzeitig eine neue angemessene Frist festzusetzen.

(3) Nach Abs. 2 ist nur vorzugehen, wenn nach sorgfältiger Abwägung aller Umstände die Fortsetzung des Verfahrens zur Abwendung einer Gefahr für Leib und Leben, Sicherheit und Freiheit oder zur Abwehr eines erheblichen und unwiederbringlichen Schadens einer Partei dringend geboten ist und nicht das Interesse der Allgemeinheit an der Verhütung und Bekämpfung der Verbreitung von COVID-19 sowie der Schutz der Aufrechterhaltung eines geordneten Verwaltungsbetriebes die Einzelinteressen überwiegen.

(3a) (aufgehoben)

(BGBl I 2020/23, BGBl I 2022/108)

(4) Solange Maßnahmen zur Verhinderung der Verbreitung von COVID-19 aufrecht sind, längstens jedoch bis 30. Juni 2022, gilt für Vernehmungen, mündliche Verhandlungen, Beweisaufnahmen und sonstige Amtshandlungen:

a) Der Leiter einer Amtshandlung kann unter Berücksichtigung der jeweiligen Gefährdungslage und der örtlichen Gegebenheiten gegenüber den an der Amtshandlung teilnehmenden Personen Maßnahmen anordnen, die zur Verhinderung der Verbreitung von COVID-19 erforderlich und zweckmäßig erscheinen. Der Leiter der Amtshandlung hat für die Einhaltung dieser Maßnahmen zu sorgen. Bei einer mündlichen Verhandlung oder Vernehmung einer Person sollen tunlichst Schutzmaßnahmen angeordnet werden, die die Mimik der an der Amtshandlung beteiligten Personen nicht verbergen.

(BGBl I 2021/52)

b) Ist die Anwesenheit der im Finanzstrafverfahren Beteiligten zur Aufrechterhaltung einer geordneten Finanzstrafrechtspflege nicht unbedingt erforderlich, kann die Behörde in jenen Fällen, in denen nicht das Gericht zur Ahndung des Finanzvergehens zuständig ist, Vernehmungen und Beweisaufnahmen auch unter Verwendung geeigneter technischer Einrichtungen zur Tonübertragung oder Ton- und Bildübertragung durchführen; § 56b Abs. 3 gilt sinngemäß. Ebenso können mündliche Verhandlungen auch unter Verwendung geeigneter technischer Einrichtungen zur Ton- und Bildübertragung durchgeführt werden. In diesen Fällen ist eine Niederschrift lediglich vom Verhandlungsleiter und gegebenenfalls vom Schriftführer zu unterfertigen.

(BGBl I 2021/52)

(BGBl I 2020/96, BGBl I 2021/3, BGBl I 2021/52, BGBl I 2021/227)

(5) (aufgehoben)

(BGBl I 2021/227)

(BGBl I 2020/16)

§ 266. (1) Das Bundesministerium für Finanzen kann die zur Vollziehung dieses Bundesgesetzes erforderlichen Verordnungen schon vor den im § 265 Abs. 1 genannten Zeitpunkten erlassen. Solche Verordnungen treten jedoch frühestens mit dem gemäß § 265 Abs. 1 in Betracht kommenden Wirksamkeitsbeginn ihrer gesetzlichen Grundlage in Kraft.

(BGBl I 2022/108)

(2) Im Art. I des Bundesgesetzes vom 17. Dezember 1957, BGBl. Nr. 286, betreffend die Verlängerung der Geltungsdauer des Bundesgesetzes, womit der Dritte Teil der Abgabenordnung abgeändert und das gerichtliche Steuerstrafverfahren

geregelt wird, treten an die Stelle der Worte 30. Juni 1958 die Worte 31. Dezember 1958.

(3) Mit der Vollziehung dieses Bundesgesetzes sind betraut:
a) Hinsichtlich des § 67 Abs. 1 die Bundesregierung;
b) hinsichtlich der übrigen Bestimmungen mit Ausnahme des Abs. 3 des vorliegenden Paragraphen nach Maßgabe des Bundesministeriengesetzes 1986, BGBl. Nr. 76, alle Bundesminister.

(4) Für die Vollziehung des Abs. 3 gilt der Art. III § 6 des Bundesgesetzes vom 17. Dezember 1956, BGBl. Nr. 248, womit der Dritte Teil der Abgabenordnung abgeändert und das gerichtliche Steuerstrafverfahren geregelt wird, sinngemäß.

19/1/1.

BGBl 1994/681

Artikel X
Finanzstrafgesetz

1.–28. (eingearbeitet)

29. Auf die Hinterziehung von Einnahmen des Branntweinmonopols oder des Salzmonopols, auf die fahrlässige Verkürzung von Einnahmen des Branntweinmonopols oder des Salzmonopols sowie auf Finanzvergehen betreffend den Branntweinaufschlag und den Monopolausgleich und die im § 114 des Alkohol-Steuer- und Monopolgesetzes genannten Vorschriften ist unabhängig vom Zeitpunkt ihrer Begehung das Finanzstrafgesetz in der bis zum Inkrafttreten dieses Artikels geltenden Fassung weiterhin anzuwenden.

30. Der Artikel X tritt gleichzeitig mit dem Vertrag über den Beitritt der Republik Österreich zur Europäischen Union[a)] in Kraft.

[a)] Somit ab 1.1.1995.

19/1/2.
Sozialbetrugsbekämpfungsgesetz

BGBl I 2015/113 idF BGBl I 2019/104

Gliederung

1. Abschnitt: Allgemeine Bestimmungen
§ 1. Zweck des Gesetzes
§ 2. Anwendungsbereich

2. Abschnitt: Behördenkooperation
§ 3. Kooperations- und Informationsstellen
§ 4. Zusammenarbeit
§ 5. Sozialbetrugsdatenbank – Datenaustausch
§ 6. Ermittlungsbefugnisse der Organe des Amtes für Betrugsbekämpfung
§ 7. Privatbeteiligung

3. Abschnitt: Maßnahmen gegen Scheinunternehmen
§ 8. Verfahren zur Feststellung des Scheinunternehmens
§ 9. Haftung für Entgelt

4. Abschnitt: Schlussbestimmungen
§ 10. Verweisungen
§ 11. Vollziehung
§ 12. Inkrafttreten

Bundesgesetz zur Verbesserung der Sozialbetrugsbekämpfung (Sozialbetrugsbekämpfungsgesetz – SBBG)

1. Abschnitt
Allgemeine Bestimmungen

Zweck des Gesetzes

§ 1. Zweck des Gesetzes ist die Verstärkung der Abwehr, Verhinderung und Verfolgung von Sozialbetrug (Sozialbetrugsbekämpfung) und damit die Sicherstellung, dass selbständige und unselbständige Erwerbstätigkeiten zu vorschriftsgemäßen Bedingungen im Sinne des Schutzes der Arbeitnehmer/innen, des Sozialsystems und des fairen Wettbewerbs ausgeübt werden. Illegale Verhaltensweisen insbesondere in Verbindung mit Erwerbstätigkeiten – entsprechend ihren wirtschaftlichen und sozialen Folgen – sollen durch verbesserte Koordination und wirksame Kontrollen der zuständigen Behörden und Einrichtungen bekämpft werden.

Anwendungsbereich

§ 2. Sozialbetrug im Sinne dieses Bundesgesetzes bezeichnet alle Verhaltensweisen, die eine Verletzung von Pflichten zum Gegenstand haben, die Dienstnehmern/Dienstnehmerinnen, Dienstgebern/Dienstgeberinnen versicherungspflichtigen Selbständigen im Zusammenhang mit der Erbringung oder Ausführung von Dienst- oder Werkleistungen und Beziehern/Bezieherinnen von Versicherungs-, Sozial- oder sonstigen Transferleistungen auferlegt sind und die der Sicherung des Sozialversicherungsbeitrags-, des Steuer- sowie des Zuschlagsaufkommens nach dem Bauarbeiter-Urlaubs- und Abfertigungsgesetzes (BUAG), BGBl. Nr. 414/1972, und dem Insolvenz-Entgeltsicherungsgesetz 1977 (IESG), BGBl. Nr. 324/1977, und dem Bezug von Versicherungs-, Sozial- oder sonstigen Transferleistungen dienen, insbesondere wenn

1. der/die Dienstgeber/in vorsätzlich Beiträge eines/einer Dienstnehmers/in zur Sozialversicherung dem berechtigten Versicherungsträger vorenthält, oder
2. jemand die Anmeldung einer Person zur Sozialversicherung in dem Wissen, dass die in Folge der Anmeldung auflaufenden Sozialversicherungsbeiträge nicht vollständig geleistet werden sollen, vornimmt, vermittelt oder in Auftrag gibt, oder
3. jemand die Meldung einer Person zur Bauarbeiter-Urlaubs- und Abfertigungskasse (BUAK) in dem Wissen, dass die in Folge der Meldung auflaufenden Zuschläge nicht vollständig geleistet werden sollen, vornimmt, vermittelt oder in Auftrag gibt, oder
4. Personen gewerbsmäßig zur selbstständigen oder unselbstständigen Erwerbstätigkeit ohne die erforderliche Anmeldung zur Sozialversicherung oder ohne die erforderliche Gewerbeberechtigung angeworben, vermittelt oder überlassen werden, oder
5. eine größere Zahl illegal erwerbstätiger Personen (Z 4) beschäftigt oder mit der selbstständigen Durchführung von Arbeiten beauftragt wird, oder
6. Personen zur Sozialversicherung mit dem Vorsatz angemeldet werden, Versicherungs-, Sozial- oder sonstige Transferleistungen zu beziehen, obwohl diese keine unselbstständige Erwerbstätigkeit aufnehmen.

2. Abschnitt
Behördenkooperation

Kooperations- und Informationsstellen

§ 3. (1) Die Sozialbetrugsbekämpfung obliegt den in diesem Gesetz aufgezählten Behörden und Einrichtungen (im Folgenden Kooperations- und Informationsstellen genannt) im Rahmen ihres gesetzmäßigen Wirkungsbereichs.

(2) Als Kooperationsstellen im Sinne dieses Bundesgesetzes gelten

1. das Amt für Betrugsbekämpfung und die Abgabenbehörden,
   (BGBl I 2019/104)
2. der Träger der Krankenversicherung im Sinne des § 23 Abs. 1 des Allgemeinen Sozialversicherungsgesetzes (ASVG), BGBl. Nr. 189/1955 (im Folgenden Träger der Krankenversicherung),
   (BGBl I 2018/100)

3. die Bauarbeiter-Urlaubs- und Abfertigungskasse,
4. die Insolvenz-Entgelt-Fonds-Service GmbH und
5. die Sicherheitsbehörden

(3) Als Informationsstellen im Sinne dieses Bundesgesetzes gelten
1. die Bezirksverwaltungsbehörden,
2. die Gewerbebehörden,
3. die Arbeitsinspektion und
4. das Arbeitsmarktservice.

Zusammenarbeit

§ 4. (1) Die Kooperations- und Informationsstellen haben im Rahmen ihres gesetzmäßigen Wirkungsbereiches zur Sozialbetrugsbekämpfung zusammenzuwirken und sich gegenseitig zu unterstützen.

(2) Die Kooperations- und Informationsstellen sind verpflichtet,
1. einen Verdacht auf Sozialbetrug den zuständigen Kooperationsstellen möglichst frühzeitig zu melden,
2. für den regelmäßigen Informations- und Erfahrungsaustausch mit anderen Kooperations- und Informationsstellen zu sorgen, und
3. ihre Ermittlungen und Amtshandlungen bei der Verfolgung von Verstößen nach Möglichkeit aufeinander abzustimmen sowie bei Sachverhaltsermittlungen und Kontrollen koordiniert vorzugehen.

(3) Zur Erleichterung der Kontaktaufnahme und der Umsetzung der in Abs. 2 genannten Verpflichtungen haben das Amt für Betrugsbekämpfung, die Träger der Krankenversicherung, die Bauarbeiter-Urlaubs- und Abfertigungskasse und die Sicherheitsbehörden jeweils einen/eine Sozialbetrugsbekämpfungsbeauftragte/n für jedes Bundesland zu bestellen.

(BGBl I 2019/104)

(4) Für Zwecke der Sozialbetrugsbekämpfung wird ein Beirat unter der Leitung des Bundesministeriums für Arbeit, Soziales und Konsumentenschutz eingerichtet, dem jeweils ein/e Vertreter/in des Bundesministeriums für Finanzen, des Bundesministeriums für Inneres, des Bundesministeriums für Justiz, des Bundesministeriums für Gesundheit, des Bundesministeriums für Wissenschaft, Forschung und Wirtschaft, des Dachverbandes der Sozialversicherungsträger, der Bauarbeiter-Urlaubs- und Abfertigungskasse und die Insolvenz-Entgelt-Fonds-Service GmbH angehören.

(BGBl I 2018/100)

(5) Aufgabe des Beirats ist die Verbesserung der Bekämpfung des Sozialbetrugs. Dazu zählen insbesondere:
1. Diskussion allgemeiner Probleme im Zusammenhang mit der Sozialbetrugsbekämpfung,
2. Erörterung von Trends und Entwicklungen sowie Erarbeitung und Bewertung möglicher Maßnahmen zur Verbesserung der Sozialbetrugsbekämpfung (wie etwa eine Weiterentwicklung von Ermittlungsmethoden)
3. Festlegung gemeinsamer Prioritäten in der Sozialbetrugsbekämpfung; Entwicklung eines gemeinsamen Aktionsplans zur verbesserten Bekämpfung von Sozialbetrug,
4. Festlegung von Empfehlungen für den Aufgabenbereich der Sozialbetrugsbekämpfungsbeauftragten gemäß Abs. 3,
5. Festlegung von Handlungsleitfäden sowie Ablaufbeschreibungen, um die Zusammenarbeitsverpflichtungen des Abs. 2 in spezifischen Konstellationen zu konkretisieren.

(6) Der Beirat hat jährlich mindestens zweimal zusammenzutreten. Er ist vom/von der Vorsitzenden des Beirates einzuberufen. Der Bundesminister für Arbeit, Soziales und Konsumentenschutz hat den Beirat innerhalb von sechs Monaten nach Inkrafttreten des Bundesgesetzes einzuberufen und den Vorsitz zu führen.

(7) Beschlüsse sind mit der absoluten Mehrheit der Stimmen aller Mitglieder des Beirates zu fassen. Bei Stimmengleichheit entscheidet die Stimme des/der Vorsitzenden. Das Nähere über die Sitzungen und die Beschlussfassung hat die vom Beirat zu beschließende Geschäftsordnung zu bestimmen. Für die Beschlussfassung der Geschäftsordnung und jede ihrer Änderungen ist eine Mehrheit von mindestens zwei Dritteln der Stimmen aller Mitglieder des Beirates erforderlich.

(8) Der Beirat kann Vertreter/innen der Bundesarbeitskammer, der Wirtschaftskammer Österreich und des Österreichischen Gewerkschaftsbundes und der Vereinigung der Österreichischen Industrie sowie andere Experten/Expertinnen anhören. Für die im Abs. 5 Z 3 genannten Aufgaben des Beirates haben die angeführten Interessenvertretungen ein Anhörungsrecht.

Sozialbetrugsdatenbank – Datenaustausch

§ 5. (1) Zur Bekämpfung von Sozialbetrug im Sinne der §§ 153c bis 153e des Strafgesetzbuches (StGB), BGBl. Nr. 60/1974, haben bei Vorliegen eines Sozialbetrugsverdachts nach diesen Bestimmungen die Kooperationsstellen und die Staatsanwaltschaften einander alle für dessen Prüfung erforderlichen Informationen und Daten zur Verfügung zu stellen, soweit deren Kenntnis für die Erfüllung der gesetzmäßigen Aufgaben der jeweiligen Kooperationsstelle oder Staatsanwaltschaft im Rahmen ihrer gesetzmäßigen Zuständigkeit erforderlich ist. Der Datenaustausch hat über die Datenbank gemäß Abs. 2 zu erfolgen und ist auf die im Abs. 2 genannten Datenarten beschränkt.

(2) Das Bundesministerium für Finanzen hat zum Zweck des Erfassens und der erleichterten Ermittlung von Sozialbetrugsfällen nach den §§ 153c bis 153e StGB eine Sozialbetrugsdatenbank zu führen. In dieser Datenbank werden die Daten über natürliche und juristische Personen verarbeitet, wenn sich Anhaltspunkte für das Vorliegen von

Sozialbetrug im Sinne der §§ 153c bis 153e StGB ergeben. Die in Frage kommenden Datenarten sind:
1. (früherer) Familienname, Geburtsname, Aliasnamen, Vornamen, Sozialversicherungsnummer und Geburtsdatum, Steuernummer, Umsatzsteuer-Identifikationsnummer, sonstige Geschäftszahl, Geburtsort, Geschlecht, Staatsangehörigkeit, Aufenthalts- und Arbeitsberechtigungen, ausgeübte Tätigkeit sowie Entlohnung,
(BGBl I 2016/120)
2. bei Unternehmen: Firmennamen, Betriebsnamen, Firmensitz, Betriebssitz, Betriebsstätten, Firmenbuchnummer, Steuernummer, Umsatzsteuer-Identifikationsnummer, ZVR-Zahl, Gewerberegisternummer, DG-Nummer, Beitragskontonummer, sonstige Geschäftszahl, Struktur des Betriebes (zB Konzern-, Stamm-, Filialbetrieb), Betriebsgegenstand, Branchenzugehörigkeit, sowie Personaldaten gemäß Z 1 der das Unternehmen vertretenden Person, bei der Anhaltspunkte für das Vorliegen von Sozialbetrug bestehen,
(BGBl I 2016/44)
3. (aufgehoben)
(BGBl I 2019/104)
4. die Darlegung der Anhaltspunkte für das Vorliegen von Sozialbetrug,
5. Schriftverkehr mit den Kooperationsstellen sowie weiteren Personen, Unternehmen und Behörden in Zusammenhang mit Ermittlungen sowie Zeitpunkt der Einleitung und der Zeitpunkt der Erledigung des Verfahrens durch das Amt für Betrugsbekämpfung und Zeitpunkt und die Art der Erledigung durch das Gericht oder die Staatsanwaltschaft,
(BGBl I 2019/104)
6. sonstige erfoderliche Beweismittel (Niederschriften mit Zeugen, Beschuldigten, Dokumente, Rechnungen)
7. Daten zu den einschlägigen Straftatbeständen sowie Höhe der nicht entrichteten Lohn- und Sozialabgaben, Zeitraum der Beschäftigung oder der sich aus der Sozialversicherungsanmeldung ergebende Beschäftigungszeitraum.

(3) Die Bundesrechenzentrum GmbH wird mit dem Betrieb der Datenbank gemäß Abs. 2 betraut. Diese gilt als Auftragsverarbeiter im Sinne von Art. 4 Z 8 der Verordnung (EU) 2016/679 zum Schutz natürlicher Personen bei der Verarbeitung personenbezogener Daten, zum freien Datenverkehr und zur Aufhebung der Richtlinie 95/46/EG (Datenschutz-Grundverordnung), ABl. Nr. L 119 vom 4.5.2016 S. 1, (im Folgenden: DSGVO) sowie im Sinne des § 36 Abs. 2 Z 9 des Datenschutzgesetzes (DSG), BGBl. I Nr. 165/1999. Die Datenbank ist derart auszugestalten, dass eine Weitergabe von Daten gemäß Abs. 2 auf konkrete Kooperationsstellen und Staatsanwaltschaften beschränkt werden kann und den Anforderungen der Art. 24, 25 und 32 DSGVO sowie den §§ 50 und 54 DSG entspricht.
(BGBl I 2018/32)

(4) Der Zeitpunkt der Aufnahme der Datenbank gemäß Abs. 2 sowie Näheres über die Vorgangsweise bei der in den Abs. 1, 2, 5 und 7 vorgesehenen Verarbeitung von Daten in Hinblick auf die für die jeweilige Verarbeitung notwendigen Protokollierungen und Datensicherheitsmaßnahmen sind vom Bundesminister für Finanzen durch Verordnung festzulegen. Für die Verarbeitung von Daten gemäß den Abs. 1, 2, 5 und 7 hat die Verordnung Regelungen im Sinne der Art. 24, 25 und 32 DSGVO und der §§ 50 und 54 DSG, insbesondere über Protokollierungen und Datensicherheitsmaßnahmen vorzusehen.
(BGBl I 2018/32)

(5) Der Informations- und Datenaustausch erfolgt zwischen den Kooperationsstellen und den Staatsanwaltschaften über die Datenbank gemäß Abs. 2. Dabei haben die einzelnen Kooperationsstellen und die einzelnen Staatsanwaltschaften im Zusammenhang mit dem Erfassen der Daten und der dem Erfassen gleich zu haltenden Verarbeitung unter Berücksichtigung der Erforderlichkeit nach Abs. 1 die Entscheidung zu treffen, welche Daten an welche andere Kooperationsstelle oder Staatsanwaltschaft weitergeben wird. Zum Zwecke der Durchführung von konkreten Ermittlungen, Amtshandlungen und Maßnahmen bei der Bekämpfung von Sozialbetrug im Sinne der §§ 153c bis 153e StGB sind die Kooperationsstellen und die Staatsanwaltschaften berechtigt, in die Sozialbetrugsdatenbank auf automationsunterstütztem Weg Einsicht zu nehmen.

(6) Die Kooperationsstellen und die Staatsanwaltschaften sind für die Datenbank gemeinsam Verantwortliche im Sinne des Art. 26 DSGVO und des § 47 DSG. Die Pflichten zur Wahrung der Betroffenenrechte treffen jene Einrichtung, die die Ermittlungen führt, werden solche nicht geführt diejenige, die den Fall in der Datenbank angelegt hat. Ab Anhängigkeit des Strafverfahrens (§ 1 Abs. 2 StPO) ist nach den Bestimmungen der StPO vorzugehen. Für die Datenbank nimmt das Bundesministerium für Finanzen die sonstigen Pflichten des Verantwortlichen unbeschadet der Haftungsbestimmungen der Art. 82 DSGVO und des § 29 DSG wahr.
(BGBl I 2018/32)

(7) In der Datenbank gemäß Abs. 2 verarbeitete personenbezogene Daten eines konkreten Sozialbetrugsverdachts sind nach Ablauf von fünf Jahren nach der Verarbeitung des ersten Datums in der Sozialbetrugsdatenbank zu löschen. Personenbezogene Daten von nach den §§ 153c bis 153e StGB Verurteilten sind nach Ablauf von zehn Jahren ab der Verurteilung zu löschen. Sofern ersichtlich ist, dass sich der Sozialbetrugsverdacht nicht bestätigt, sind die Daten unverzüglich zu löschen. Diese Löschungsverpflichtungen gelten auch für die bei den Kooperationsstellen direkt verwendeten Daten. Die den Kooperationsstellen in anderen Rechtsvorschriften eingeräumten datenschutzrechtlichen

Ermächtigungen und auferlegten datenschutzrechtlichen Pflichten werden jedoch nicht berührt.

(BGBl I 2018/32)

Ermittlungsbefugnisse der Organe des Amtes für Betrugsbekämpfung

(BGBl I 2019/104)

§ 6. (1) Die Staatsanwaltschaft kann bei der Verfolgung von Straftaten nach den §§ 153c bis 153e StGB die Hilfe des Amtes für Betrugsbekämpfung und seiner Organe in Anspruch nehmen.

(BGBl I 2019/104)

(2) Die im Abs. 1 genannten Behörden und Organe der Bundesfinanzverwaltung sind im Rahmen ihrer Aufgaben verpflichtet, Ermittlungen zu jedem ihnen zur Kenntnis gelangten Anfangsverdacht betreffend Straftaten nach den §§ 153c bis 153e StGB zu führen. In diesem Umfang werden sie im Dienste der Strafrechtspflege (Art. 10 Abs. 1 Z 6 B-VG) tätig und haben die in der Strafprozessordnung den Sicherheitsbehörden zukommenden Aufgaben und Befugnisse unter sinngemäßer Anwendung des § 196 Abs. 4 des Finanzstrafgesetzes, BGBl. Nr. 129/1958, wahrzunehmen.

Privatbeteiligung

§ 7. Den Trägern der Krankenversicherung und dem Amt für Betrugsbekämpfung kommen im Ermittlungsverfahren sowie im Haupt- und Rechtsmittelverfahren nach den §§ 153c bis 153e StGB kraft Gesetzes im Rahmen ihres jeweiligen Zuständigkeitsbereichs die Stellung eines Privatbeteiligten zu.

(BGBl I 2019/104)

3. Abschnitt
Maßnahmen gegen Scheinunternehmen

Verfahren zur Feststellung des Scheinunternehmens

§ 8. (1) Scheinunternehmen ist ein Unternehmen, das vorrangig darauf ausgerichtet ist,
1. Lohnabgaben, Beiträge zur Sozialversicherung, Zuschläge nach dem BUAG oder Entgeltansprüche von Arbeitnehmer/inne/n zu verkürzen, oder
2. Personen zur Sozialversicherung anzumelden, um Versicherungs-, Sozial- oder sonstige Transferleistungen zu beziehen, obwohl diese keine unselbstständige Erwerbstätigkeit aufnehmen.

(2) Ein Verdacht auf Vorliegen eines Scheinunternehmens ist gegeben, wenn die Anhaltspunkte bei einer Gesamtbetrachtung ihrem Gewicht, ihrer Bedeutung und ihrem wahren wirtschaftlichen Gehalt nach berechtigte Zweifel begründen, ob
1. die Anmeldung zur Sozialversicherung oder die Meldung bei der Bauarbeiter-Urlaubs- und Abfertigungskasse vom Vorsatz getragen ist, die in Folge der Anmeldung oder Meldung auflaufenden Lohn- und Sozialabgaben oder Zuschläge nach dem BUAG zur Gänze zu entrichten, oder
2. die Anmeldung zur Sozialversicherung vom Vorsatz getragen ist, dass die angemeldeten Personen eine unselbstständige Erwerbstätigkeit aufnehmen.

Das Amt für Betrugsbekämpfung hat die Ermittlungen hinsichtlich des Verdachts auf Vorliegen eines Scheinunternehmens im Sinne dieser Bestimmung durchzuführen.

(BGBl I 2019/104)

(3) Anhaltspunkte für einen Verdacht auf Vorliegen eines Scheinunternehmens sind insbesondere:
1. Auffälligkeiten im Rahmen einer Risiko- und Auffälligkeitsanalyse nach § 42b ASVG oder vergleichbaren Instrumenten,
2. Unauffindbarkeit von für das Unternehmen tätigen Personen, die dem angegebenen Geschäftszweig entsprechen, an der der Bundesfinanzverwaltung oder dem Träger der Krankenversicherung nach dem ASVG zuletzt bekannt gegebenen Adresse oder der im Firmenbuch eingetragenen Geschäftsanschrift,

(BGBl I 2019/104)

3. Unmöglichkeit des Herstellens eines persönlichen Kontakts zu dem/der Rechtsträger/in oder dessen/deren organschaftlichen Vertreters/Vertreterin über die im Firmenbuch eingetragene Geschäftsanschrift oder die der Bundesfinanzverwaltung oder dem Träger der Krankenversicherung nach dem ASVG zuletzt bekannt gegebene Adresse,

(BGBl I 2019/104)

4. Verwendung falscher oder verfälschter Urkunden oder Beweismittel durch die dem Unternehmen zuzurechnenden Personen,
5. Nichtvorhandensein von dem angegebenen Geschäftszweig angemessenen Betriebsmitteln oder Betriebsvermögen,
6. Vorliegen nicht bloß geringer Rückstände an Sozialversicherungsbeiträgen im Zeitpunkt einer Anmeldung des/der Dienstnehmers/Dienstnehmerin zur Sozialversicherung.

(4) Für die Feststellung der Scheinunternehmerschaft ist das Amt für Betrugsbekämpfung zuständig, welches bei Verdacht auf Vorliegen eines Scheinunternehmens diesen dessen Rechtsträger/in schriftlich mitzuteilen hat. Zum Zwecke der Klärung des Sachverhalts nach § 7 Abs. 2 Insolvenz-Entgeltsicherungsgesetz (IESG), BGBl. Nr. 324/1977, hat das Amt für Betrugsbekämpfung die IEF-Service GmbH über das Bestehen eines Verdachts im Sinne des ersten Satzes schriftlich zu informieren.

(BGBl I 2019/104)

(5) Die Zustellung dieser Mitteilung hat nach dem 3. Abschnitt des Zustellgesetzes (ZustG), BGBl. Nr. 200/1982, elektronisch ohne Zustellnachweis zu erfolgen. Dabei gelten § 35 Abs. 6 zweiter Satz ZustG, § 35 Abs. 7 und, soweit er

sich auf eine elektronische Zustelladresse bezieht, § 37 ZustG nicht.

(BGBl I 2017/64)

(6) Ist die elektronische Zustellung nicht möglich, hat die physische Zustellung an die der Abgabenbehörde zuletzt bekannt gegebene Adresse und an eine allfällig im Firmenbuch eingetragene Geschäftsanschrift, die als Abgabestellen im Sinne des § 2 Z 4 ZustG gelten, ohne Zustellnachweis zu erfolgen. Die physische Zustellung wird auch dann bewirkt, wenn die Voraussetzungen des ZustG in Bezug auf die Anwesenheit des/der Empfängers/Empfängerin oder eines/einer Vertreters/Vertreterin nicht vorliegen oder das Dokument – insbesondere wegen Unauffindbarkeit des/der Empfängers/Empfängerin – nicht in eine für die Abgabestelle bestimmte Abgabeeinrichtung eingelegt oder an der Abgabestelle zurückgelassen werden konnte. Bei Zustellung durch einen Zustelldienst oder ein Organ einer Gemeinde gilt die Zustellung am dritten Werktag nach Übergabe an den Zustelldienst oder die Gemeinde als bewirkt. § 26 Abs. 2 zweiter Satz ZustG ist nicht anzuwenden.

(7) Gegen den mitgeteilten Verdacht kann binnen einer Woche ab Zustellung Widerspruch beim Amt für Betrugsbekämpfung erhoben werden. Der Widerspruch kann nur durch persönliche Vorsprache des/der Rechtsträgers/Rechtsträgerin oder dessen/deren organschaftlichen Vertreters/Vertreterin erfolgen.

(BGBl I 2019/104)

(8) Wird kein Widerspruch erhoben, hat das Amt für Betrugsbekämpfung mit Bescheid festzustellen, dass das Unternehmen, hinsichtlich dessen ein Verdacht nach Abs. 2 vorliegt, als Scheinunternehmen gilt. Für die Zustellung dieses Bescheids gelten die Abs. 5 und 6. Der rechtskräftige Bescheid ist allen Kooperationsstellen, der Gewerbebehörde und dem Auftragnehmerkataster Österreich zu übermitteln; dasselbe gilt für allfällige spätere Änderungen betreffend die Feststellung als Scheinunternehmen.

(BGBl I 2019/104)

(9) Wird Widerspruch erhoben, hat das Amt für Betrugsbekämpfung nach Durchführung eines Ermittlungsverfahrens mit Bescheid festzustellen, dass das Unternehmen, hinsichtlich dessen ein Verdacht nach Abs. 2 vorliegt, als Scheinunternehmen gilt, oder das Verfahren einzustellen. Die Feststellung als Scheinunternehmen gilt als wichtiger Grund im Sinne des § 102 Bundesabgabenordnung (BAO), BGBl. Nr. 194/1961. Für die Zustellung dieses Bescheids gilt die der Bundesfinanzverwaltung zuletzt bekannt gegebene Adresse als Abgabestelle im Sinne des § 2 Z 4 ZustG. Die physische Zustellung wird auch dann bewirkt, wenn die Voraussetzungen des ZustG in Bezug auf die Anwesenheit des/der Empfängers/Empfängerin oder eines/einer Vertreters/Vertreterin nicht vorliegen oder die schriftliche Verständigung von der Hinterlegung – insbesondere wegen Unauffindbarkeit des/der Empfängers/Empfängerin – nicht in eine für die Abgabestelle bestimmte Abgabeeinrichtung eingelegt, an der Abgabestelle zurückgelassen oder an der Eingangstüre angebracht werden konnte. Der rechtskräftige Bescheid oder das Erkenntnis des Verwaltungsgerichts ist allen Kooperationsstellen, der Gewerbebehörde und dem Auftragnehmerkataster Österreich zu übermitteln; dasselbe gilt für allfällige spätere Änderungen betreffend die Feststellung als Scheinunternehmen.

(BGBl I 2019/104)

(10) Das Bundesministerium für Finanzen hat eine Liste der rechtskräftig festgestellten Scheinunternehmen im Internet zu veröffentlichen (Identität, Firmenbuchnummer und Geschäftsanschrift des Scheinunternehmens). Veröffentlichungen, die sich auf natürliche Personen beziehen, sind nach Ablauf von fünf Jahren nach der Veröffentlichung zu löschen.

(BGBl I 2018/32)

(11) Handelt es sich beim Scheinunternehmen um einen im Firmenbuch eingetragene/n Rechtsträger/in, so ist der rechtskräftige Bescheid oder das Erkenntnis des Verwaltungsgerichts vom Amt für Betrugsbekämpfung auch dem zuständigen Firmenbuchgericht zu übermitteln; dasselbe gilt für allfällige spätere Änderungen betreffend die Feststellung als Scheinunternehmen. Das Gericht hat aufgrund einer solchen Mitteilung von Amts wegen die Eintragung gemäß § 3 Abs. 1 Z 15a des Firmenbuchgesetzes (FBG), BGBl. Nr. 10/1991, vorzunehmen oder zu löschen. Handelt es sich beim Scheinunternehmen um eine Kapitalgesellschaft, so hat das Amt für Betrugsbekämpfung beim zuständigen Firmenbuchgericht gegebenenfalls auch einen Antrag auf Löschung der Gesellschaft wegen Vermögenslosigkeit gemäß § 40 FBG zu stellen.

(BGBl I 2019/104)

(12) Auf das Verfahren sind die Vorschriften der BAO sinngemäß mit den vorgenannten und folgenden Besonderheiten anzuwenden:

1. Für die Mitteilung nach Abs. 4 gilt § 93 Abs. 3 bis 6 BAO sinngemäß. Weiters ist darauf hinzuweisen, dass im Falle der Erhebung des Widerspruchs das ordentliche Verfahren eingeleitet wird.
2. Die Frist für die Einbringung einer Beschwerde nach § 243 BAO beträgt eine Woche. § 245 Abs. 3 BAO gilt nicht.
3. Die Frist für den Antrag auf Wiedereinsetzung nach § 308 Abs. 3 BAO beträgt zwei Wochen. Soweit die Frist zur Erhebung des Widerspruchs gegen den mitgeteilten Verdacht nach Abs. 7 versäumt wurde, hat die persönliche Vorsprache innerhalb der Frist für den Antrag auf Wiedereinsetzung zu erfolgen. Die Frist nach § 309 BAO beträgt sechs Wochen.
4. Gegen Bescheide nach den Abs. 8 und 9 sind Beschwerden an das Bundesfinanzgericht zulässig. Die Beschwerde ist beim Amt für Betrugsbekämpfung einzubringen.

(BGBl I 2019/104)

Haftung für Entgelt

§ 9. Ab der rechtskräftigen Feststellung des

Scheinunternehmens haftet der/die Auftrag gebende Unternehmer/in, wenn er/sie zum Zeitpunkt der Auftragserteilung wusste oder wissen musste, dass es sich beim Auftrag nehmenden Unternehmen um ein Scheinunternehmen nach § 8 handelt, zusätzlich zum Scheinunternehmen als Bürg/e/in und Zahler/in nach § 1357 des Allgemeinen Bürgerlichen Gesetzbuches (ABGB), JGS Nr. 946/1811, für Ansprüche auf das gesetzliche, durch Verordnung festgelegte oder kollektivvertragliche Entgelt für Arbeitsleistungen im Rahmen der Beauftragung der beim Scheinunternehmen beschäftigten Arbeitnehmer/innen.

4. Abschnitt
Schlussbestimmungen

Verweisungen

§ 10. Soweit in diesem Bundesgesetz auf Bestimmungen anderer Bundesgesetze verwiesen wird, sind diese in ihrer jeweils geltenden Fassung anzuwenden.

Vollziehung

§ 11. Mit der Vollziehung dieses Bundesgesetzes sind betraut, hinsichtlich

1. der §§ 1, 2, 3, 4, 5 Abs. 1 und 3 der Bundesminister für Arbeit, Soziales und Konsumentenschutz, der Bundesminister für Finanzen, die Bundesministerin für Inneres, der Bundesminister für Justiz, die Bundesministerin für Gesundheit und der Bundesminister für Wissenschaft, Forschung und Wirtschaft,
2. des § 5 Abs. 2 der Bundesminister für Finanzen,
3. des § 6 der Bundesminister für Finanzen und der Bundesminister für Justiz,
4. des § 7 der Bundesminister für Justiz,
5. des § 8 der Bundesminister für Finanzen und der Bundesminister für Arbeit, Soziales, und Konsumentenschutz und
6. des § 9 der Bundesminister für Arbeit, Soziales und Konsumentenschutz.

Inkrafttreten

§ 12. (1) Dieses Bundesgesetz tritt mit 1. Jänner 2016 in Kraft.

(2) Die Überschrift zu § 5, § 5 Abs. 3, 4, 6 und 7 sowie § 8 Abs. 10 in der Fassung des Materien-Datenschutz-Anpassungsgesetzes 2018, BGBl. Nr. 32/2018, treten mit 25. Mai 2018 in Kraft. § 12 Abs. 1 in der Fassung des genannten Bundesgesetzes tritt mit dem auf die Kundmachung folgenden Tag in Kraft.

(BGBl I 2018/32)

(3) Die §§ 3 Abs. 2 und 4 Abs. 4 in der Fassung des Bundesgesetzes BGBl. I Nr. 100/2018 treten mit 1. Jänner 2020 in Kraft.

(BGBl I 2018/100)

(4) § 3 Abs. 2 Z 1, § 4 Abs. 3, § 5 Abs. 2 Z 5, § 6 Abs. 1 samt Überschrift, § 7, § 8 Abs. 2, Abs. 1 Z 2 und 3, Abs. 4, Abs. 7 bis 9, Abs. 11 und Abs. 12 Z 4, jeweils in der Fassung des Bundesgesetzes BGBl. I Nr. 104/2019, treten mit 1. Juli 2020 in Kraft. § 5 Abs. 2 Z 3 tritt mit Ablauf des 30. Juni 2020 außer Kraft.

(BGBl I 2019/104)

19/2. Verbandsverantwortlichkeitsgesetz

BGBl I 2005/151 idF BGBl I 2023/100 (KorrStrÄG 2023)

Gliederung

1. Abschnitt: Anwendungsbereich und Begriffsbestimmungen
§ 1. Verbände
§ 2. Entscheidungsträger und Mitarbeiter

2. Abschnitt: Verbandsverantwortlichkeit – Materiell-rechtliche Bestimmungen
§ 3. Verantwortlichkeit
§ 4. Verbandsgeldbuße
§ 5. Bemessung der Verbandsgeldbuße
§ 6. Bedingte Nachsicht der Verbandsgeldbuße
§ 7. Bedingte Nachsicht eines Teiles der Verbandsgeldbuße
§ 8. Weisungen
§ 9. Widerruf der bedingten Nachsicht der Verbandsgeldbuße
§ 10. Rechtsnachfolge
§ 11. Ausschluss eines Rückgriffs
§ 12. Anwendung der allgemeinen Strafgesetze

3. Abschnitt: Verfahren gegen Verbände
§ 13. Einleitung des Verfahrens
§ 14. Anwendung der Bestimmungen über das Strafverfahren
§ 15. Zuständigkeit
§ 16. Zustellung und notwendige Verteidigung
§ 17. Vernehmung als Beschuldigter
§ 18. Verfolgungsermessen
§ 19. Rücktritt von der Verfolgung (Diversion)
§ 20. Einstweilige Verfügungen
§ 21. Antrag auf Verhängung einer Verbandsgeldbuße
§ 22. Hauptverhandlung und Urteil
§ 23. Hauptverhandlung und Urteil in Abwesenheit
§ 24. Rechtsmittel
§ 25. Verfahren bei Widerruf einer bedingten Nachsicht
§ 26. Verständigung der zuständigen Verwaltungs- oder Aufsichtsbehörde
§ 27. Vollstreckung von Verbandsgeldbußen

4. Abschnitt: Schlussbestimmungen
§ 28. In-Kraft-Treten
§ 29. Verweisungen
§ 30. Vollziehung

Bundesgesetz über die Verantwortlichkeit von Verbänden für Straftaten (Verbandsverantwortlichkeitsgesetz – VbVG)

1. Abschnitt
Anwendungsbereich und Begriffsbestimmungen

Verbände

§ 1. (1) Dieses Bundesgesetz regelt, unter welchen Voraussetzungen Verbände für Straftaten verantwortlich sind und wie sie sanktioniert werden, sowie das Verfahren, nach dem die Verantwortlichkeit festgestellt und Sanktionen auferlegt werden. Straftat im Sinne dieses Gesetzes ist eine nach einem Bundes- oder Landesgesetz mit gerichtlicher Strafe bedrohte Handlung; auf Finanzvergehen ist dieses Bundesgesetz jedoch nur insoweit anzuwenden, als dies im Finanzstrafgesetz, BGBl. Nr. 129/1958, vorgesehen ist.

(2) Verbände im Sinne dieses Gesetzes sind juristische Personen sowie eingetragene Personengesellschaften und Europäische wirtschaftliche Interessenvereinigungen.

(3) Keine Verbände im Sinne dieses Gesetzes sind
1. die Verlassenschaft;
2. Bund, Länder, Gemeinden und andere juristische Personen, soweit sie in Vollziehung der Gesetze handeln;
3. anerkannte Kirchen, Religionsgesellschaften und religiöse Bekenntnisgemeinschaften, soweit sie seelsorgerisch tätig sind.

Entscheidungsträger und Mitarbeiter

§ 2. (1) Entscheidungsträger im Sinne dieses Gesetzes ist, wer
1. Geschäftsführer, Vorstandsmitglied oder Prokurist ist oder aufgrund organschaftlicher oder rechtsgeschäftlicher Vertretungsmacht in vergleichbarer Weise dazu befugt ist, den Verband nach außen zu vertreten,
2. Mitglied des Aufsichtsrates oder des Verwaltungsrates ist oder sonst Kontrollbefugnisse in leitender Stellung ausübt, oder
3. sonst maßgeblichen Einfluss auf die Geschäftsführung des Verbandes ausübt.

(2) Mitarbeiter im Sinne dieses Gesetzes ist, wer
1. auf Grund eines Arbeits-, Lehr- oder anderen Ausbildungsverhältnisses,
2. auf Grund eines dem Heimarbeitsgesetz 1960, BGBl. Nr. 105/1961, unterliegenden oder eines arbeitnehmerähnlichen Verhältnisses,
3. als überlassene Arbeitskraft (§ 3 Abs. 4 des Arbeitskräfteüberlassungsgesetzes – AÜG, BGBl. Nr. 196/1988) oder
4. auf Grund eines Dienst- oder sonst eines besonderen öffentlichrechtlichen Rechtsverhältnisses

Arbeitsleistungen für den Verband erbringt.

2. Abschnitt
Verbandsverantwortlichkeit – Materiellrechtliche Bestimmungen

Verantwortlichkeit

§ 3. (1) Ein Verband ist unter den weiteren Voraussetzungen des Abs. 2 oder des Abs. 3 für eine Straftat verantwortlich, wenn
1. die Tat zu seinen Gunsten begangen worden ist oder
2. durch die Tat Pflichten verletzt worden sind, die den Verband treffen.

(2) Für Straftaten eines Entscheidungsträgers ist der Verband verantwortlich, wenn der Entscheidungsträger als solcher die Tat rechtswidrig und schuldhaft begangen hat.

(3) Für Straftaten von Mitarbeitern ist der Verband verantwortlich, wenn
1. Mitarbeiter den Sachverhalt, der dem gesetzlichen Tatbild entspricht, rechtswidrig verwirklicht haben; der Verband ist für eine Straftat, die vorsätzliches Handeln voraussetzt, nur verantwortlich, wenn ein Mitarbeiter vorsätzlich gehandelt hat; für eine Straftat, die fahrlässiges Handeln voraussetzt, nur, wenn Mitarbeiter die nach den Umständen gebotene Sorgfalt außer acht gelassen haben; und
2. die Begehung der Tat dadurch ermöglicht oder wesentlich erleichtert wurde, dass Entscheidungsträger die nach den Umständen gebotene und zumutbare Sorgfalt außer acht gelassen haben, insbesondere indem sie wesentliche technische, organisatorische oder personelle Maßnahmen zur Verhinderung solcher Taten unterlassen haben.

(4) Die Verantwortlichkeit eines Verbandes für eine Tat und die Strafbarkeit von Entscheidungsträgern oder Mitarbeitern wegen derselben Tat schließen einander nicht aus.

Verbandsgeldbuße

§ 4. (1) Ist ein Verband für eine Straftat verantwortlich, so ist über ihn eine Verbandsgeldbuße zu verhängen.

(2) Die Verbandsgeldbuße ist in Tagessätzen zu bemessen. Sie beträgt mindestens einen Tagessatz.

(3) Die Anzahl der Tagessätze beträgt bis zu 180,
– wenn die Tat mit lebenslanger oder Freiheitsstrafe bis zu zwanzig Jahren bedroht ist, 155,
– wenn die Tat mit Freiheitsstrafe bis zu fünfzehn Jahren bedroht ist, 130,
– wenn die Tat mit Freiheitsstrafe bis zu zehn Jahren bedroht ist, 100,
– wenn die Tat mit Freiheitsstrafe bis zu fünf Jahren bedroht ist, 85,
– wenn die Tat mit Freiheitsstrafe bis zu drei Jahren bedroht ist, 70,
– wenn die Tat mit Freiheitsstrafe bis zu zwei Jahren bedroht ist, 55,
– wenn die Tat mit Freiheitsstrafe bis zu einem Jahr bedroht ist, 40
– in allen übrigen Fällen.

(4) Der Tagessatz ist nach der Ertragslage des Verbandes unter Berücksichtigung von dessen sonstiger wirtschaftlicher Leistungsfähigkeit zu bemessen. Er ist mit einem Betrag festzusetzen, dem 360. Teil des Jahresertrages entspricht oder diesen um höchstens ein Drittel über- oder unterschreitet, mindestens jedoch mit 50 und höchstens mit 30 000 Euro. Dient der Verband gemeinnützigen, humanitären oder kirchlichen Zwecken (§§ 34 bis 47 der Bundesabgabenordnung, BGBl. Nr. 194/1961) oder ist er sonst nicht auf Gewinn gerichtet, so ist der Tagessatz mit mindestens 2 und höchstens 1 500 Euro festzusetzen.

(KorrStrÄG 2023. BGBl I 2023/100)

Bemessung der Verbandsgeldbuße

§ 5. (1) Bei der Bemessung der Anzahl der Tagessätze hat das Gericht Erschwerungs- und Milderungsgründe, soweit sie nicht schon die Höhe der angedrohten Geldbuße bestimmen, gegeneinander abzuwägen.

(2) Die Anzahl ist insbesondere umso höher zu bemessen,
1. je größer die Schädigung oder Gefährdung ist, für die der Verband verantwortlich ist;
2. je höher der aus der Straftat vom Verband erlangte Vorteil ist;
3. je mehr gesetzwidriges Verhalten von Mitarbeitern geduldet oder begünstigt wurde.

(3) Die Anzahl ist insbesondere geringer zu bemessen, wenn
1. der Verband schon vor der Tat Vorkehrungen zur Verhinderung solcher Taten getroffen oder Mitarbeiter zu rechtstreuem Verhalten angehalten hat;
2. der Verband lediglich für Straftaten von Mitarbeitern verantwortlich ist (§ 3 Abs. 3);
3. er nach der Tat erheblich zur Wahrheitsfindung beigetragen hat;
4. er die Folgen der Tat gutgemacht hat;
5. er wesentliche Schritte zur zukünftigen Verhinderung ähnlicher Taten unternommen hat;
6. die Tat bereits gewichtige rechtliche Nachteile für den Verband oder seine Eigentümer nach sich gezogen hat.

Bedingte Nachsicht der Verbandsgeldbuße

§ 6. (1) Wird ein Verband zu einer Verbandsgeldbuße von nicht mehr als 70 Tagessätzen verurteilt, so ist die Buße unter Bestimmung einer Probezeit von mindestens einem und höchstens drei Jahren, gegebenenfalls unter Erteilung von Weisungen (§ 8), bedingt nachzusehen, wenn anzunehmen ist, dass dies genügen werde, um von der Begehung weiterer Taten, für die der Verband verantwortlich ist (§ 3), abzuhalten, und es nicht der Vollstreckung der Geldbuße bedarf, um der Begehung von Taten im Rahmen der Tätigkeit anderer Verbände entgegenzuwirken. Dabei sind insbesondere die Art der Tat, das Gewicht der Pflichtverletzung oder des Sorgfaltsverstoßes, frühere Verurteilungen des Verbandes, die Verlässlichkeit der Entscheidungsträger und die nach der Tat vom Verband gesetzten Maßnahmen zu berücksichtigen.

(2) Wird die Nachsicht nicht widerrufen, so ist die Geldbuße endgültig nachzusehen. Fristen, deren Lauf beginnt, sobald die Geldbuße vollstreckt ist, sind in einem solchen Fall ab Rechtskraft des Urteils zu berechnen.

Bedingte Nachsicht eines Teiles der Verbandsgeldbuße

§ 7. Wird ein Verband zu einer Verbandsgeldbuße verurteilt und treffen die Voraussetzungen des § 6 auf einen Teil der Buße zu, so ist dieser Teil, mindestens aber ein Drittel und höchstens fünf Sechstel, unter Bestimmung einer Probezeit von mindestens einem und höchstens drei Jahren, gegebenenfalls unter Erteilung von Weisungen (§ 8), bedingt nachzusehen.

Weisungen

§ 8. (1) Wird einem Verband die Verbandsgeldbuße ganz oder zum Teil bedingt nachgesehen, so kann ihm das Gericht Weisungen erteilen.

(2) Dem Verband ist als Weisung aufzutragen, den aus der Tat entstandenen Schaden nach Kräften gutzumachen, soweit dies noch nicht erfolgt ist.

(3) Im Übrigen können dem Verband mit dessen Zustimmung als Weisungen technische, organisatorische oder personelle Maßnahmen aufgetragen werden, um der Begehung weiterer Taten, für die der Verband verantwortlich ist (§ 3), entgegenzuwirken.

Widerruf der bedingten Nachsicht der Verbandsgeldbuße

§ 9. (1) Wird der Verband wegen der Verantwortlichkeit für eine während der Probezeit begangene Tat verurteilt, so hat das Gericht die bedingte Nachsicht der Buße zu widerrufen und die Buße oder den Teil der Buße vollziehen zu lassen, wenn dies in Anbetracht der neuerlichen Verurteilung zusätzlich zu dieser geboten erscheint, um der Begehung weiterer Taten, für die der Verband verantwortlich ist (§ 3), zu verhindern. Eine Tat, die in der Zeit zwischen der Entscheidung erster Instanz und der Rechtskraft der Entscheidung über die Gewährung der bedingten Nachsicht begangen worden ist, steht einer in der Probezeit begangenen Tat gleich.

(2) Befolgt der Verband eine Weisung trotz förmlicher Mahnung nicht, so hat das Gericht die bedingte Nachsicht zu widerrufen und die Buße oder den Teil der Buße vollziehen zu lassen, wenn dies nach den Umständen geboten erscheint, um die Begehung weiterer Taten, für die der Verband verantwortlich ist (§ 3), zu verhindern.

(3) Wird in den Fällen der Abs. 1 und 2 die bedingte Nachsicht nicht widerrufen, so kann das Gericht die Probezeit bis auf höchstens fünf Jahre verlängern und neue Weisungen erteilen.

(4) Wird der Verband in Anwendung von § 31 StGB nachträglich zu einer Zusatzgeldbuße verurteilt, so kann das Gericht die bedingte Nachsicht der Buße zur Gänze oder zum Teil widerrufen und die Buße oder den Teil der Buße vollziehen lassen, soweit die Geldbußen bei gemeinsamer Aburteilung nicht bedingt nachgesehen worden wären. Wird die bedingte Nachsicht nicht widerrufen, so dauert jede der zusammentreffenden Probezeiten bis zum Ablauf der Probezeit, die zuletzt endet, jedoch nicht länger als fünf Jahre.

Rechtsnachfolge

§ 10. (1) Werden die Rechte und Verbindlichkeiten des Verbandes im Wege der Gesamtrechtsnachfolge auf einen anderen Verband übertragen, so treffen die in diesem Bundesgesetz vorgesehenen Rechtsfolgen den Rechtsnachfolger. Über den Rechtsvorgänger verhängte Rechtsfolgen wirken auch für den Rechtsnachfolger.

(2) Der Gesamtrechtsnachfolge ist Einzelrechtsnachfolge gleichzuhalten, wenn im Wesentlichen die selben Eigentumsverhältnisse am Verband bestehen und der Betrieb oder die Tätigkeit im Wesentlichen fortgeführt wird.

(3) Besteht mehr als ein Rechtsnachfolger, so kann eine über den Rechtsvorgänger verhängte Geldbuße gegen jeden Rechtsnachfolger vollstreckt werden. Andere Rechtsfolgen können einzelnen Rechtsnachfolgern zugeordnet werden, soweit dies deren Tätigkeitsbereich entspricht.

Ausschluss eines Rückgriffs

§ 11. Für Sanktionen und Rechtsfolgen, die den Verband auf Grund dieses Bundesgesetzes treffen, ist ein Rückgriff auf Entscheidungsträger oder Mitarbeiter ausgeschlossen.

Anwendung der allgemeinen Strafgesetze

§ 12. (1) Im Übrigen gelten die allgemeinen Strafgesetze auch für Verbände, soweit sie nicht ausschließlich auf natürliche Personen anwendbar sind.

(2) Macht das Gesetz die Geltung österreichischer Strafgesetze für im Ausland begangene Taten vom Wohnsitz oder Aufenthalt des Täters im Inland oder von dessen österreichischer Staatsbürgerschaft abhängig, so ist für Verbände der Sitz des Verbandes oder der Ort des Betriebes oder der Niederlassung maßgebend.

(3) Die Frist für die Verjährung der Vollstreckbarkeit beträgt

fünfzehn Jahre,
– wenn auf Geldbuße von mehr als 100 Tagessätzen erkannt worden ist,
zehn Jahre,
– wenn auf Geldbuße von mehr als 50, aber nicht mehr als 100 Tagessätzen erkannt worden ist,
fünf Jahre
– in allen übrigen Fällen.

3. Abschnitt
Verfahren gegen Verbände

Einleitung des Verfahrens

§ 13. (1) Sobald sich auf Grund bestimmter Tatsachen der Verdacht ergibt, dass ein Verband für eine von Amts wegen zu verfolgende Straftat verantwortlich sein könnte (§ 3), hat die Staatsanwaltschaft Ermittlungen zur Feststellung dieser Verantwortlichkeit einzuleiten oder einen Antrag auf Verhängung einer Verbandsgeldbuße bei Gericht einzubringen. Der Verband hat im Verfahren die Rechte des Beschuldigten (belangter Verband).

(2) Ist eine Straftat nur auf Verlangen des Opfers zu verfolgen, so ist § 71 der Strafprozessordnung 1975 (StPO), BGBl. Nr. 631/1975, anzuwenden.

Anwendung der Bestimmungen über das Strafverfahren

§ 14. (1) Für Verfahren auf Grund dieses Bundesgesetzes gelten die allgemeinen Vorschriften über das Strafverfahren, soweit sie nicht ausschließlich auf natürliche Personen anwendbar sind und sich aus den folgenden Bestimmungen nichts anderes ergibt.

(2) Verfahren gegen Verbände gelten im Sinne der Bestimmungen des Gerichtsorganisationsgesetzes, des Staatsanwaltschaftsgesetzes und der Geschäftsordnung für die Gerichte I. und II. Instanz als Strafsachen.

(3) Die Begriffe „strafbare Handlung", „Vergehen" und „Verbrechen" in den in Abs. 1 und 2 genannten Bestimmungen sind als Bezugnahme auf Straftaten zu verstehen, für die der Verband verantwortlich sein könnte (§ 3); die Begriffe „Beschuldigter" und „Angeklagter" als Bezugnahme auf den belangten Verband (§ 13); der Begriff „Strafe" als Bezugnahme auf die Verbandsgeldbuße.

Zuständigkeit

§ 15. (1) Die Zuständigkeit der Staatsanwaltschaft oder des Gerichts für die der Straftat verdächtige natürliche Person begründet auch die Zuständigkeit für das Verfahren gegen den belangten Verband, wobei die Ermittlungsverfahren von derselben Staatsanwaltschaft und die Hauptverfahren vom selben Gericht gemeinsam zu führen sind (§§ 26, 37 StPO). Dem Verband kommen auch im Verfahren gegen die natürliche Person die Rechte des Beschuldigten zu.

(2) Unter den Voraussetzungen des § 27 StPO ist auch eine getrennte Führung der Verfahren zulässig. Ist dies der Fall, sind die §§ 25 Abs. 2 und 36 Abs. 3 StPO mit der Maßgabe anzuwenden, dass sich die Zuständigkeit nach dem Sitz des belangten Verbandes, besteht ein solcher im Inland nicht, nach dem Ort des Betriebes oder der Niederlassung richtet. Kann auf diese Weise eine inländische Zuständigkeit nicht begründet werden, so ist für das Ermittlungsverfahren die Staatsanwaltschaft Wien und für das Hauptverfahren das Landesgericht für Strafsachen Wien oder das Bezirksgericht Innere Stadt Wien zuständig.

Zustellung und notwendige Verteidigung

§ 16. (1) Die Verständigung darüber, dass ein Ermittlungsverfahren geführt wird (§ 50 StPO), der Antrag auf Verhängung einer Geldbuße, die Ladung zur Hauptverhandlung in erster Instanz, das Abwesenheitsurteil sowie Verständigungen und Mitteilungen nach den §§ 200 Abs. 4, 201 Abs. 1 und 4 sowie 203 Abs. 1 und 3 StPO sind dem belangten Verband selbst zu eigenen Handen eines Mitglieds des zur Vertretung nach außen berufenen Organs zuzustellen.

(2) Stehen sämtliche Mitglieder des zur Vertretung nach außen befugten Organs selbst im Verdacht, die Straftat begangen zu haben, so hat das Gericht dem belangten Verband von Amts wegen einen Verteidiger beizugeben. Dieser hat auch die nach der Art des Verbandes erforderlichen Schritte zur Bewirkung einer ordnungsgemäßen Vertretung des Verbandes zu setzen, wie die Verständigung oder Einberufung von geeigneten Organen, Eigentümern oder Mitgliedern. Die Bestellung endet mit dem Einschreiten eines Vertreters oder eines gewählten Verteidigers.

(3) Wurde einem belangten Verband wirksam zugestellt, so gilt im Anwendungsbereich von § 10 auch die Bekanntgabe an den Rechtsnachfolger als erfolgt.

Vernehmung als Beschuldigter

§ 17. (1) Die Entscheidungsträger des Verbandes sowie jene Mitarbeiter, die im Verdacht stehen, die Straftat begangen zu haben, oder wegen der Straftat bereits verurteilt sind, sind als Beschuldigte zu laden und zu vernehmen. § 455 Abs. 2 und 3 StPO ist anzuwenden.

(2) Dem Entscheidungsträger oder Mitarbeiter ist vor Beginn der Vernehmung mitzuteilen, welche Straftat dem Verband zur Last gelegt wird. Sodann ist er darüber zu belehren, dass er berechtigt sei, sich zur Sache zu äußern oder nicht auszusagen und sich zuvor mit einem Verteidiger zu beraten. Er ist auch darauf aufmerksam zu machen, dass seine Aussage seiner Verteidigung und jener des belangten Verbandes dienen, aber auch als Beweis gegen ihn und gegen den Verband Verwendung finden könne.

Verfolgungsermessen

§ 18. (1) Die Staatsanwaltschaft kann von der Verfolgung eines Verbandes absehen oder zurücktreten, wenn in Abwägung der Schwere der Tat, des Gewichts der Pflichtverletzung oder des Sorgfaltsverstoßes, der Folgen der Tat, des Verhaltens des Verbandes nach der Tat, der zu erwartenden Höhe einer über den Verband zu verhängenden Geldbuße sowie allfälliger bereits eingetretener oder unmittelbar absehbarer rechtlicher Nachteile des Verbandes oder seiner Eigentümer aus der Tat eine Verfolgung und Sanktionierung verzichtbar erscheint. Dies ist insbesondere der Fall, wenn Ermittlungen oder Verfolgungsanträge mit einem beträchtlichen Aufwand verbunden wären, der offenkundig außer Verhältnis zur Bedeutung der Sache oder zu den im Fall einer Verurteilung zu erwartenden Sanktionen stünde.

(2) Von der Verfolgung darf jedoch nicht abgesehen oder zurückgetreten werden, wenn diese
1. wegen einer vom Verband ausgehenden Gefahr der Begehung einer Tat mit schweren Folgen, für die der Verband verantwortlich sein könnte,
2. um der Begehung von Taten im Rahmen der Tätigkeit anderer Verbände entgegenzuwirken, oder
3. sonst wegen besonderen öffentlichen Interesses

geboten erscheint.

Rücktritt von der Verfolgung (Diversion)

§ 19. (1) Steht auf Grund hinreichend geklärten Sachverhalts fest, dass eine Einstellung des Verfahrens nach den §§ 190 bis 192 StPO oder ein Vorgehen nach § 18 nicht in Betracht kommt, und liegen die in § 198 Abs. 2 Z 1 und 3 StPO genannten Voraussetzungen vor, so hat die Staatsanwaltschaft von der Verfolgung eines belangten Verbandes wegen der Verantwortlichkeit für eine Straftat zurückzutreten, wenn der Verband den aus der Tat entstandenen Schaden gut macht sowie andere Tatfolgen beseitigt und dies unverzüglich nachweist und wenn die Verhängung einer Verbandsgeldbuße im Hinblick auf
1. die Zahlung eines Geldbetrages, der in Höhe von bis zu 50 Tagessätzen zuzüglich der im Fall einer Verurteilung zu ersetzenden Kosten des Verfahrens festzusetzen ist (§ 200 StPO),
2. eine zu bestimmende Probezeit von bis zu drei Jahren, soweit möglich und zweckmäßig in Verbindung mit der ausdrücklich erklärten Bereitschaft des Verbandes, eine oder mehrere der in § 8 Abs. 3 genannten Maßnahmen zu ergreifen (§ 203 StPO), oder
3. die ausdrückliche Erklärung des Verbandes, innerhalb einer zu bestimmenden Frist von höchstens sechs Monaten unentgeltlich bestimmte gemeinnützige Leistungen zu erbringen (§ 202 StPO),

nicht geboten erscheint, um der Begehung von Straftaten, für die der Verband verantwortlich gemacht werden kann (§ 3), und der Begehung von Straftaten im Rahmen der Tätigkeit anderer Verbände entgegenzuwirken. § 202 Abs. 1 StPO ist nicht anzuwenden.

(2) Nach Einbringung des Antrags auf Verhängung einer Verbandsgeldbuße wegen Begehung einer strafbaren Handlung, die von Amts wegen zu verfolgen ist, hat das Gericht Abs. 1 sinngemäß anzuwenden und das Verfahren gegen den Verband unter den für die Staatsanwaltschaft geltenden Voraussetzungen bis zum Schluss der Hauptverhandlung mit Beschluss einzustellen (§ 199 StPO).

Einstweilige Verfügungen

§ 20. Ist ein belangter Verband dringend verdächtig, für eine bestimmte Straftat verantwortlich zu sein, und ist anzunehmen, dass über ihn eine Verbandsgeldbuße verhängt werden wird, so hat das Gericht auf Antrag der Staatsanwaltschaft zur Sicherung der Geldbuße eine Beschlagnahme gemäß §§ 109 Z 2 und 115 Abs. 1 Z 3 StPO anzuordnen, wenn und soweit auf Grund bestimmter Tatsachen zu befürchten ist, dass andernfalls die Einbringung gefährdet oder wesentlich erschwert würde. Im Übrigen ist § 115 Abs. 4 bis 6 StPO anzuwenden.

Antrag auf Verhängung einer Verbandsgeldbuße

§ 21. (1) Das Hauptverfahren wird durch den Antrag auf Verhängung einer Verbandsgeldbuße eingeleitet, auf den im Verfahren vor dem Landesgericht als Geschworenen- oder Schöffengericht die Bestimmungen über die Anklageschrift, im Verfahren vor dem Landesgericht als Einzelrichter oder dem Bezirksgericht jedoch die Bestimmungen über den Strafantrag anzuwenden sind. In jedem Fall ist jedoch der Sachverhalt zusammenzufassen und zu beurteilen, aus dem sich die Verantwortlichkeit des Verbandes (§ 3) ergibt.

(2) Der Antrag auf Verhängung einer Verbandsgeldbuße ist mit der Anklageschrift oder dem Strafantrag gegen natürliche Personen zu verbinden, wenn die Verfahren gemeinsam geführt werden können (§ 15 Abs. 1).

(3) Kann das Verfahren gegen den belangten Verband nicht gemeinsam mit jenem gegen die natürliche Person geführt werden, so hat der Ankläger einen selbstständigen Antrag auf Verhängung einer Verbandsgeldbuße zu stellen. Über einen solchen Antrag hat das Gericht in einem selbstständigen Verfahren nach öffentlicher mündlicher Verhandlung durch Urteil zu entscheiden.

Hauptverhandlung und Urteil

§ 22. (1) Wird die Hauptverhandlung gegen den belangten Verband und eine natürliche Person gemeinsam geführt (§ 15 Abs. 1), so hat das Gericht im Anschluss an das Beweisverfahren, das für beide Verfahren gemeinsam durchgeführt wird, zunächst nur die Schlussvorträge betreffend die natürliche Person zuzulassen und dann das Urteil über die natürliche Person zu verkünden.

(2) Im Fall eines Schuldspruches sind in fortgesetzter Hauptverhandlung Schlussvorträge zu den Voraussetzungen einer Verantwortlichkeit des Verbandes sowie den für die Bemessung einer

Geldbuße und die Festsetzung anderer Sanktionen maßgeblichen Umständen zu halten. Danach verkündet das Gericht das Urteil über den Verband.

(3) Im Fall des Freispruchs muss der Ankläger binnen drei Tagen bei Verlust des Verfolgungsrechts erklären, ob in einem selbstständigen Verfahren über die Verhängung einer Verbandsgeldbuße entschieden werden soll. Stellt der Ankläger diesen Antrag, so hat das Gericht nach Abs. 2 vorzugehen.

(4) Das Urteil über den Verband hat im Fall einer Verurteilung bei sonstiger Nichtigkeit auszusprechen, für welche Straftat der Verband auf Grund welcher Umstände für verantwortlich befunden wird; im Übrigen ist § 260 Abs. 1 Z 3 bis 5 StPO anzuwenden.

(5) Die Urteilsausfertigung muss die in § 270 Abs. 2 StPO sowie in Abs. 4 angeführten Inhalte haben.

Hauptverhandlung und Urteil in Abwesenheit

§ 23. Ist der belangte Verband in der Hauptverhandlung nicht vertreten, so kann das Gericht die Hauptverhandlung durchführen, die Beweise aufnehmen und das Urteil fällen, jedoch bei sonstiger Nichtigkeit nur dann, wenn die Ladung zur Hauptverhandlung wirksam zugestellt wurde und in der Ladung diese Rechtsfolgen angedroht wurden. Das Urteil ist in diesem Fall dem Verband in seiner schriftlichen Ausfertigung zuzustellen.

Rechtsmittel

§ 24. Gegen Urteile, die über einen Verband ergangen sind, stehen – auch im Falle des selbstständigen Verfahrens – die in der StPO gegen Urteile vorgesehenen Rechtsmittel und Rechtsbehelfe offen.

Verfahren bei Widerruf einer bedingten Nachsicht

§ 25. Für einen Widerruf der bedingten Nachsicht nach § 9 Abs. 1 ist § 494a StPO mit der Maßgabe anzuwenden, dass das Bezirksgericht als erkennendes Gericht nur zuständig ist, wenn die Buße oder deren Teil 55 Tagessätze nicht übersteigt; der Einzelrichter beim Landesgericht nur, wenn die Buße oder deren Teil 100 Tagessätze nicht übersteigt.

Verständigung der zuständigen Verwaltungs- oder Aufsichtsbehörde

§ 26. (1) Die Staatsanwaltschaft hat die für den betroffenen Tätigkeitsbereich eines Verbandes zuständige Verwaltungs- oder Aufsichtsbehörde von einem Ermittlungsverfahren gegen einen Verband und dessen Beendigung durch Einstellung oder Rücktritt von der Verfolgung zu verständigen (§§ 194 und 208 Abs. 4 StPO); im Übrigen hat das Gericht die Behörde über die Beendigung des Strafverfahrens zu verständigen und eine Ausfertigung des Beschlusses, mit dem das Verfahren eingestellt wird, oder des Urteils zu übermitteln.

(2) Die Staatsanwaltschaft oder das Gericht kann die Behörde (Abs. 1) ersuchen, an der Überwachung der Einhaltung einer Weisung oder einer Maßnahme nach § 19 Abs. 1 Z 2 mitzuwirken.

Vollstreckung von Verbandsgeldbußen

§ 27. (1) Nach Eintritt der Rechtskraft der Entscheidung hat das Gericht den Verband schriftlich aufzufordern, die Verbandsgeldbuße binnen 14 Tagen zu zahlen, widrigenfalls sie zwangsweise eingetrieben würde. Kommt der Verband dieser Aufforderung nicht nach, so ist die gerichtliche Einbringung nach dem Gerichtlichen Einbringungsgesetz zu veranlassen. § 409 Abs. 2 zweiter Satz StPO ist sinngemäß anzuwenden.

(BGBl I 2016/26)

(2) Ist absehbar, dass der Verband die Folgen der Tat gutmachen werde und dass dadurch die Voraussetzungen einer nachträglichen Milderung der Geldbuße erfüllt sein werden, so kann der Vorsitzende auf Antrag die Zahlung der Geldbuße zur Gänze oder zum Teil für höchstens sechs Monate aufschieben.

(3) Träfe die unverzügliche Zahlung der Verbandsgeldbuße den Verband unbillig hart, so kann der Vorsitzende auf Antrag mit Beschluss angemessenen Aufschub durch Raten gewähren, wobei die letzte Rate spätestens nach zwei Jahren zu zahlen ist und alle noch offenen Teilbeträge fällig werden, wenn der Verband mit zwei Raten im Verzug ist.

4. Abschnitt
Schlussbestimmungen

In-Kraft-Treten

§ 28. (1) Dieses Bundesgesetz tritt mit 1. Jänner 2006 in Kraft.

(2) Die Bestimmungen der §§ 1 Abs. 2, 13 Abs. 2, 14 Abs. 3, 15 Abs. 1 und 2, 16 Abs. 1, 17 Abs. 1, 19 Abs. 1 und 2, 20, 21 Abs. 2, 23, 25 und 26 Abs. 1 und 2 in der Fassung des Bundesgesetzes BGBl. I Nr. 112/2007 treten mit 1. Jänner 2008 in Kraft.

(3) § 27 Abs. 1 in der Fassung des Bundesgesetzes BGBl. I Nr. 26/2016 tritt mit 1. August 2016 in Kraft.

(BGBl I 2016/26)

(4) § 4 Abs. 4 in der Fassung des Bundesgesetzes BGBl. I Nr. 100/2023 tritt mit 1. September 2023 in Kraft.

(BGBl I 2023/100)

Verweisungen

§ 29. (1) Verweisungen in diesem Gesetz auf andere Rechtsvorschriften des Bundes sind als Verweisungen auf die jeweils geltende Fassung zu verstehen.

(2) Soweit in diesem Gesetz personenbezogene Bezeichnungen nur in männlicher Form angeführt sind, beziehen sie sich auf Frauen und Männer in gleicher Weise. Bei der Anwendung auf bestimmte

Personen ist die jeweils geschlechtsspezifische Form zu verwenden.

Vollziehung

§ 30. Mit der Vollziehung dieses Bundesgesetzes ist die Bundesministerin für Justiz betraut.

19/3.

Finanzstrafzusammenarbeitsgesetz

BGBl I 2014/105 idF BGBl I 2023/110 (AbgÄG 2023)

Gliederung

1. Abschnitt: Allgemeine Bestimmungen
§ 1. Anwendungsbereich
§ 2. Begriffsbestimmungen

2. Abschnitt: Grundsätze
§ 3. Amts- und Rechtshilfe
§ 4. Zuständigkeit
§ 4a. Durchführung von Amts- und Rechtshilfehandlungen
§ 4b. Mitwirkung im Ausland; Rechtsstellung und zivilrechtliche Verantwortlichkeit
§ 4c. Informationsaustausch ohne Ersuchen

3. Abschnitt: Informationsaustausch zwischen Strafverfolgungsbehörden in Umsetzung des Rahmenbeschlusses 2006/960/JI des Rates
§ 5. Übermittlung von Informationen und Ergebnissen einer Ermittlung
§ 6. Verweigerung der Datenübermittlung
§ 7. Verwendung der übermittelten Daten
§ 8. Befugnisse der Abgabenbehörde

3a. Abschnitt: Europäische Ermittlungsanordnung

1. Unterabschnitt: Vollstreckung einer Europäischen Ermittlungsanordnung
§ 8a. Empfangsbestätigung
§ 8b. Entscheidung über die Vollstreckung
§ 8c. Rückgriff auf eine andere Ermittlungsmaßnahme
§ 8d. Vollstreckung
§ 8e. Übermittlung der Beweismittel
§ 8f. Rechtsmittel

2. Unterabschnitt: Anordnung einer Europäischen Ermittlungsanordnung
§ 8g. Erlassung und Genehmigung einer Europäischen Ermittlungsanordnung
§ 8h. Rechtsmittel

3. Unterabschnitt: Bestimmte Ermittlungsmaßnahmen
§ 8i. Vernehmung mittels technischer Einrichtung zur Wort- und Bildübertragung oder im Wege einer Telefonkonferenz
§ 8j. Informationen über Konten und Depots
§ 8k. Informationen über Bank- und sonstige Finanzgeschäfte
§ 8l. Vorläufige Maßnahmen

19/3. FinStrZG
§§ 1, 2

4. Abschnitt: Vollstreckung finanzstrafrechtlicher Entscheidungen

1. Unterabschnitt: Vollstreckung von Entscheidungen anderer Mitgliedstaaten in Österreich

- § 9. Anzuwendendes Verfahrensrecht und Zuständigkeit
- § 10. Unzulässigkeit der Vollstreckung
- § 11. Vollstreckung
- § 12. Anrechnung geleisteter Zahlungen
- § 13. Ersatzfreiheitsstrafe
- § 14. Beendigung der Vollstreckung
- § 15. Erlös aus der Vollstreckung
- § 16. Unterrichtung des Entscheidungsstaats
- § 17. Kosten

2. Unterabschnitt: Vollstreckung von österreichischen Entscheidungen in einem anderen Mitgliedstaat

- § 18. Voraussetzungen
- § 19. Übermittlung der Entscheidung
- § 20. Beendigung der Vollstreckung
- § 21. Folgen der Übermittlung

5. Abschnitt: Schlussbestimmungen

- § 22. Verhältnis zu anderen Übereinkünften und Vereinbarungen
- § 23. Verweisungen
- § 24. Aufhebung des EU-FinStrVG
- § 24a. Inkrafttreten
- § 25. Vollziehung

Anlage 1: Liste von Straftaten, bei denen die beiderseitige Strafbarkeit nicht geprüft wird
Anlage 2: Bescheinigung
Anlage 3: Europäische Ermittlungsanordnung
Anlage 4: Empfangsbestätigung für die Europäische Ermittlungsanordnung

Bundesgesetz über die internationale Zusammenarbeit in Finanzstrafsachen (Finanzstrafzusammenarbeitsgesetz – FinStrZG)

Der Nationalrat hat beschlossen:

1. Abschnitt
Allgemeine Bestimmungen

Anwendungsbereich

§ 1. (1) Dieses Bundesgesetz regelt
1. die internationale Amts- und Rechtshilfe in Finanzstrafsachen und in Angelegenheiten der Betrugsbekämpfung, soweit sie nicht in die Zuständigkeit der ordentlichen Gerichte fällt oder die abgabenrechtliche Amtshilfe betroffen ist;
2. die Vollstreckung
   a) von finanzstrafrechtlichen Entscheidungen nicht gerichtlicher Behörden anderer Mitgliedstaaten der Europäischen Union in Österreich und
   b) von Entscheidungen österreichischer Finanzstrafbehörden in einem anderen Mitgliedstaat der Europäischen Union.

(2) Mit diesem Bundesgesetz werden folgende Rechtsakte der Europäischen Union umgesetzt:
1. Rahmenbeschluss 2005/214/JI über die Anwendung des Grundsatzes der gegenseitigen Anerkennung von Geldstrafen und Geldbußen, ABl. Nr. L 76 vom 22.03.2005 S. 16, zuletzt geändert durch den Rahmenbeschluss 2009/299/JI, ABl. Nr. L 81 vom 27.03.2009 S. 24;
2. Rahmenbeschluss 2006/960/JI über die Vereinfachung des Austauschs von Informationen und Erkenntnissen zwischen den Strafverfolgungsbehörden der Mitgliedstaaten der Europäischen Union, ABl. Nr. L 386 vom 29.12.2006 S. 89, in der Fassung der Berichtigung ABl. Nr. L 75 vom 15.03.2007 S. 26;
3. Richtlinie 2014/41/EU des Europäischen Parlaments und des Rates vom 3. April 2014 über die Europäische Ermittlungsanordnung in Strafsachen, ABl. Nr. L 130, 01.05.2014, S. 1-36 (im Folgenden Richtlinie 2014/41/EU).

Begriffsbestimmungen

§ 2. Im Sinne dieses Bundesgesetzes bedeutet
1. „Betrugsbekämpfung" alle Maßnahmen zur Verhinderung, Aufdeckung und Verfolgung von Zuwiderhandlungen gegen die von den Abgabenbehörden zu vollziehenden Rechtsvorschriften;
2. „zuständige Strafverfolgungsbehörde" eine nationale Polizei-, Zoll- oder sonstige Behörde eines anderen Mitgliedstaates der Europäischen Union, die nach nationalem Recht befugt ist, Straftaten oder kriminelle Aktivitäten aufzudecken, zu verhüten und aufzuklären und in Verbindung mit diesen Tätigkeiten öffentliche Gewalt auszuüben und Zwangsmaßnahmen zu ergreifen. Behörden oder Stellen, die sich speziell mit Fragen der nationalen Sicherheit befassen, sind davon nicht umfasst.
2a. „vorhandene Informationen" alle Arten von Daten aus einem inländischen Abgaben- oder Finanzstrafverfahren sowie sonstige Daten, die bei den zuständigen Behörden oder privaten Einrichtungen vorhanden sind, soweit die Finanzstrafbehörden in einem vergleichbaren innerstaatlichen Fall ohne das Ergreifen von Zwangsmaßnahmen Zugang zu diesen Daten haben;
2b. „Europäische Ermittlungsanordnung" eine Entscheidung, die von einer Justizbehörde oder einem richterlichen Organ eines Mitgliedstaats zur Durchführung einer oder mehrerer Ermittlungsmaßnahmen in einem anderen Mitgliedstaat oder zur Übermittlung von Ermittlungsergebnissen und Beweismitteln erlassen oder validiert wird;

2c. „Anordnungsstaat" den Mitgliedstaat, dessen Behörde die Europäische Ermittlungsanordnung erlassen hat;

2d. „Anordnungsbehörde" den Richter, das Gericht, den Ermittlungsrichter oder den Staatsanwalt, von welchem die Europäische Ermittlungsanordnung erlassen wurde oder jede andere Behörde, die nach dem Recht des Anordnungsstaats für die Erlassung einer Europäischen Ermittlungsanordnung zuständig ist, vorausgesetzt die Europäische Ermittlungsanordnung wurde von einem Richter, einem Gericht, einem Ermittlungsrichter oder einem Staatsanwalt genehmigt;

2e. „Vollstreckungsbehörde" die Behörde, die für die Entscheidung über die Vollstreckung zuständig ist;

3. „Entscheidung im Sinne des 4. Abschnitts"
   a) eine rechtskräftige Entscheidung gegen eine natürliche Person oder einen Verband im Sinne des § 1 Abs. 2 und 3 VbVG über die Zahlung einer Geldstrafe oder Geldbuße,
      aa) von einer nicht gerichtlichen Behörde des Entscheidungsstaats in Bezug auf eine nach dessen Recht strafbare Handlung getroffen wurde, vorausgesetzt, dass die betreffende Person die Möglichkeit hatte, die Sache vor ein auch in Strafsachen zuständiges Gericht zu bringen, oder
      bb) von einer nicht gerichtlichen Behörde des Entscheidungsstaats in Bezug auf Handlungen getroffen wurde, die nach dessen Recht als Zuwiderhandlung gegen Rechtsvorschriften geahndet wurden, vorausgesetzt, dass die betreffende Person die Möglichkeit hatte, die Sache vor ein auch in Strafsachen zuständiges Gericht zu bringen;
   b) im Anwendungsbereich des 2. Unterabschnitts auch eine rechtskräftige Entscheidung über die Zahlung einer Geldstrafe oder Geldbuße durch eine natürliche Person oder einen Verband, die getroffen wurde
      aa) von einem Spruchsenat, oder
      bb) von einem auch in Strafsachen zuständigen Gericht und sich auf eine unter lit. a oder lit. b, sublit. aa) fallende Entscheidung bezieht;

4. „Geldstrafe oder Geldbuße" die Verpflichtung zur Zahlung
   a) eines in einer Entscheidung festgesetzten Geldbetrags;
   b) einer in derselben Entscheidung festgesetzten Entschädigung für die Opfer, wenn das Opfer im Rahmen des Verfahrens keine zivilrechtlichen Ansprüche geltend machen konnte und das Gericht in Ausübung seiner strafrechtlichen Zuständigkeit tätig wurde;
   c) von Geldbeträgen für die Kosten der zu der Entscheidung führenden Gerichts- und Verwaltungsverfahren;
   d) von in derselben Entscheidung festgesetzten Geldbeträgen an eine öffentliche Kasse oder eine Organisation zur Unterstützung von Opfern.

Der Begriff „Geldstrafen oder Geldbuße" umfasst weder Anordnungen über die Einziehung, den Verfall oder die Konfiskation von Tatwerkzeugen oder Erträgen aus Straftaten noch Anordnungen zivilrechtlicher Natur, die sich aus Schadenersatzansprüchen und Klagen auf Wiederherstellung des früheren Zustands ergeben und gemäß der Verordnung (EU) Nr. 1215/2012 über die gerichtliche Zuständigkeit und die Anerkennung und Vollstreckung von Entscheidungen in Zivil- und Handelssachen, ABl. Nr. L 351 vom 20.12.2012 S. 1, geändert durch die Verordnung (EU) Nr. 566/2013, ABl. Nr. L 167 vom 19.06.2013 S. 29, vollstreckbar sind;

5. „Bestrafter" die natürliche Person oder den Verband, gegen die oder gegen den die Entscheidung ergangen ist;

[6. nicht vergeben]

7. „Mitgliedstaat" einen Mitgliedstaat der Europäischen Union;

8. „Entscheidungsstaat" den Mitgliedstaat, in dem eine Entscheidung ergangen ist;

9. „Vollstreckungsstaat" den Mitgliedstaat, dem eine Entscheidung oder Europäische Ermittlungsanordnung zum Zweck der Vollstreckung übermittelt wurde;

10. „Bescheinigung" die Bescheinigung nach Art. 4 des Rahmenbeschlusses 2005/214/JI;

11. „Zentrale Behörde" der Bundesminister für Finanzen oder dessen bevollmächtigte Vertreter.

2. Abschnitt
Grundsätze

Amts- und Rechtshilfe

§ 3. (1) Die Finanzstrafbehörden sind berechtigt, zur Durchführung der Finanzstrafpflege zwischenstaatliche Amts- und Rechtshilfe auf Grund gesetzlicher Vorschriften, völkerrechtlicher Vereinbarungen sowie unmittelbar wirksamer Rechtsvorschriften der Europäischen Union zu leisten oder um diese zu ersuchen. Ein Ersuchen nach diesem Bundesgesetz darf nur gestellt werden, wenn einem gleichartigen Ersuchen des anderen Staates entsprochen werden könnte.

(2) Amtshilfe im Sinne des Abs. 1 ist jede Unterstützung, die zwischen Finanzstrafbehörden und ausländischen Verwaltungsbehörden zur Verhinderung, Aufdeckung und Verfolgung von Finanzvergehen gewährt wird.

(3) Rechtshilfe im Sinne des Abs. 1 ist jede Unterstützung, die in einer finanzstrafrechtlichen Angelegenheit zwischen Finanzstrafbehörden und anderen als in Abs. 2 genannten ausländischen Behörden aufgrund der in Abs. 1 genannten Rechtsgrundlagen gewährt wird. Als eine solche ausländische Behörde ist ein Gericht, eine Staatsanwaltschaft oder eine Verwaltungsbehörde, gegen deren Entscheidung ein auch in Strafsachen zuständiges Gericht angerufen werden kann, zu verstehen.

(4) Die Bestimmungen dieses Bundesgesetzes finden nur insoweit Anwendung, als in völkerrechtlichen Vereinbarungen oder unmittelbar wirksamen Rechtsvorschriften der Europäischen Union nicht anderes bestimmt ist. Soweit in diesem Bundesgesetz nicht anderes bestimmt ist, sind die Bestimmungen des Finanzstrafgesetzes (FinStrG), BGBl. Nr. 129/1958, anzuwenden.

Zuständigkeit

§ 4. (1) Die Zuständigkeit für die Erledigung eines Amts- oder Rechtshilfeersuchens richtet sich nach § 58 Abs. 3 des Finanzstrafgesetzes (FinStrG), BGBl. Nr. 129/1958.

(2) Im Falle eingehender Ersuchen kann die zentrale Behörde Amts- oder Rechtshilfehandlungen selbst vornehmen oder eine sachlich zuständige Finanzstrafbehörde zu deren Durchführung bestimmen, wenn die Amts- oder Rechtshilfehandlungen im Amtsbereich mehrerer Finanzstrafbehörden vorzunehmen sind oder eine zuständige Finanzstrafbehörde nicht festgestellt werden kann oder dies zur Vermeidung von Verzögerungen oder Erschwerungen des Verfahrens zweckmäßig ist.

Durchführung von Amts- und Rechtshilfehandlungen

§ 4a. (1) Einem Ersuchen darf nur entsprochen werden, wenn die öffentliche Ordnung oder andere wesentliche Interessen der Republik Österreich nicht verletzt werden und als gewährleistet angenommen werden kann, dass auch der ersuchende Staat einem gleichartigen österreichischen Ersuchen entsprechen würde.

(2) Die Republik Österreich trägt alle Kosten, die in ihrem Hoheitsgebiet im Zusammenhang mit der Durchführung von Amts- und Rechtshilfehandlungen entstehen. Werden die Kosten als unverhältnismäßig oder außergewöhnlich hoch angesehen, so kann der ersuchende Staat zum Zwecke der Teilung der Kosten konsultiert werden. Dem ersuchenden Staat ist der als außergewöhnlich hoch erachtete Teil der Kosten bekannt zu geben. Kann keine Einigung erzielt werden, ist der ersuchende Staat unter Setzung einer angemessenen Frist aufzufordern, sich mit der Tragung des Teils der Kosten einverstanden zu erklären, widrigenfalls angenommen werden würde, dass das Ersuchen oder die Europäische Ermittlungsanordnung im Hinblick auf diese Maßnahme zurückgezogen wird. Sachverständigengebühren hat stets der ersuchende Staat zu tragen.

(3) Die Finanzstrafbehörde führt die Amts- oder Rechtshilfehandlung in derselben Weise durch, wie sie im Rahmen eines innerstaatlichen Finanzstrafverfahrens durchzuführen wäre. Die Durchführung ist so lange aufzuschieben, als der Zweck laufender Ermittlungen andernfalls gefährdet wäre. Daten und Beweismittel, die im Rahmen der Durchführung einer Amts- oder Rechtshilfehandlung erhoben werden, dürfen für Zwecke der Finanzstrafrechtspflege und der Abgabenerhebung verarbeitet werden.

Mitwirkung im Ausland; Rechtsstellung und zivilrechtliche Verantwortlichkeit

§ 4b. (1) Soweit dies in völkerrechtlichen Vereinbarungen oder Rechtsvorschriften der Europäischen Union vorgesehen ist, sind die Finanzstrafbehörden für Zwecke der Finanzstrafrechtspflege berechtigt, an Amts- und Rechtshilfehandlungen im Ausland mitzuwirken.

(2) Soweit dies in den in Abs. 1 genannten Rechtsgrundlagen vorgesehen ist, ist die Anwesenheit bei oder die Mitwirkung an Amts- und Rechtshilfehandlungen im Inland von Organen ausländischer Behörden auf Ersuchen zu bewilligen, sofern dadurch nicht wesentliche Verfahrensgrundsätze, die öffentliche Ordnung oder andere wesentliche Interessen der Republik Österreich verletzt werden. Den ausländischen Organen kommt keine Strafverfolgungsbefugnis im Inland zu; die Vornahme selbständiger Ermittlungen oder Verfahrenshandlungen durch diese ist unzulässig. Die Anwesenheit bei oder die Mitwirkung an Amts- und Rechtshilfehandlungen im Inland hat unter Leitung der zuständigen Finanzstrafbehörde zu erfolgen. Hinsichtlich der Rechtsstellung der ausländischen Organe und der zivilrechtlichen Verantwortlichkeit gilt § 55k EU-JZG sinngemäß.

Informationsaustausch ohne Ersuchen

§ 4c. (1) Ist dies in völkerrechtlichen Vereinbarungen oder Rechtsvorschriften der Europäischen Union vorgesehen, sind die Finanzstrafbehörden ermächtigt, auch ohne ein diesbezügliches Ersuchen mit den zuständigen Behörden des anderen Staates vorhandene Informationen auszutauschen, wenn

1. die Informationen vorsätzlich begangene Finanzvergehen, ausgenommen Finanzordnungswidrigkeiten, betreffen,
2. eine Übermittlung dieser Informationen an eine Finanzstrafbehörde, ein inländisches Gericht oder an eine inländische Staatsanwaltschaft auch ohne Ersuchen zulässig wäre, und
3. auf Grund bestimmter Tatsachen anzunehmen ist, dass durch den Inhalt der Informationen
   a) ein Finanzstrafverfahren in dem anderen Staat eingeleitet werden kann,
   b) ein bereits eingeleitetes Finanzstrafverfahren gefördert wird oder
   c) eine Straftat von erheblicher Bedeutung verhindert oder eine unmittelbare und

ernsthafte Gefahr für die öffentliche Sicherheit abgewehrt werden kann.

(2) Vor der Übermittlung von Informationen, die der Staatsanwaltschaft berichtet wurden (§ 100 Strafprozeßordnung 1975 – StPO, BGBl. Nr. 631/1975), ist diese um Genehmigung zu ersuchen.

3. Abschnitt
Informationsaustausch zwischen Strafverfolgungsbehörden in Umsetzung des Rahmenbeschlusses 2006/960/JI des Rates

Übermittlung von Informationen und Ergebnissen einer Ermittlung

§ 5. (1) Die Finanzstrafbehörden sind berechtigt, auf Ersuchen einer zuständigen Strafverfolgungsbehörde eines anderen Mitgliedstaats der Europäischen Union vorhandene Informationen ohne Vorliegen eines Rechtshilfeersuchens zu übermitteln oder um diese zu ersuchen, wenn sich das Ersuchen auf Finanzvergehen bezieht und dies erforderlich und verhältnismäßig ist.
(AbgÄG 2023, BGBl I 2023/110)

(1a) Bezieht sich das Ersuchen auf Informationen, die der Staatsanwaltschaft berichtet wurden (§ 100 StPO), so ist diese um Genehmigung zu ersuchen.

(2) In die Erledigung des Auskunftsersuchens hat die Finanzstrafbehörde eine Erklärung über die Zustimmung zur Verwendung der übermittelten Informationen und Ergebnisse einer Ermittlung als Beweismittel in einem Strafverfahren im ersuchenden Mitgliedstaat aufzunehmen. Informationen oder sonstige Ergebnisse aus einem inländischen Finanzstrafverfahren, die durch Ermittlungshandlungen und Beweisaufnahmen erlangt wurden, die einen Bescheid oder eine Anordnung des Vorsitzenden des Spruchsenates, dem gemäß § 58 Abs. 2 die Durchführung der mündlichen Verhandlung und die Fällung des Erkenntnisses obliegen würde, erfordern, dürfen nur aufgrund eines Rechtshilfeersuchens übermittelt werden, wenn sie als Beweismittel in einem Strafverfahren verwendet werden sollen.

(3) Die Abs. 1 und 2 sind auch auf die Übermittlung von Informationen und Ergebnissen einer Ermittlung an zuständige Strafverfolgungsbehörden jener Staaten anzuwenden, welche die Bestimmungen des Schengen-Besitzstandes auf Grund eines Assoziierungsübereinkommens mit der Europäischen Union über die Umsetzung, Anwendung und Entwicklung des Schengen-Besitzstandes anwenden.

Verweigerung der Datenübermittlung

§ 6. Die Datenübermittlung nach § 5 hat zu unterbleiben, wenn
1. dadurch der Zweck laufender Ermittlungen oder die Sicherheit von Personen gefährdet erscheint oder
2. die Zurverfügungstellung der Daten unverhältnismäßig wäre oder die Daten für die Zwecke, für die sie übermittelt werden sollen, nicht erforderlich sind oder
3. wesentliche nationale Sicherheitsinteressen beeinträchtigt wären.

Verwendung der übermittelten Daten

§ 7. (1) Daten, die von einer ausländischen Strafverfolgungsbehörde an eine Finanzstraf- oder Abgabenbehörde übermittelt wurden, dürfen nur für die Zwecke, für die sie übermittelt wurden, verwendet werden. Für einen anderen Zweck oder als Beweismittel in einem Finanzstrafverfahren dürfen sie nur verwendet werden, wenn der übermittelnde Staat zugestimmt hat. Bedingungen des übermittelnden Staates in Bezug auf die Verwendung der Daten sind zu beachten. Die übermittelten Daten unterliegen denselben datenschutzrechtlichen Vorschriften wie Daten, die im Inland erlangt wurden.

(2) Auf Ersuchen des übermittelnden Mitgliedstaates hat die Finanzstrafbehörde über die Verwendung der übermittelten Daten Auskunft zu erteilen.

Befugnisse der Abgabenbehörde

§ 8. Die Abgabenbehörde kann im Einvernehmen mit der Finanzstrafbehörde für Zwecke der Betrugsbekämpfung die zuständigen Strafverfolgungsbehörden anderer Mitgliedstaaten der Europäischen Union um die Übermittlung von Daten und Ergebnissen einer Ermittlung im Sinne des § 5 Abs. 1 ersuchen.

3a. Abschnitt
Europäische Ermittlungsanordnung

1. Unterabschnitt
Vollstreckung einer Europäischen Ermittlungsanordnung

Empfangsbestätigung

§ 8a. (1) Der Empfang der Europäischen Ermittlungsanordnung ist unter Verwendung des Formblatts laut Anlage 4 dieses Bundesgesetzes binnen einer Woche nach Einlangen zu bestätigen.

(2) Die Europäische Ermittlungsanordnung ist auf ihre Vollständigkeit zu prüfen. Die Anordnungsbehörde ist unter Setzung einer Frist um Berichtigung zu ersuchen, wenn infolge unvollständiger, widersprüchlicher oder sonst offensichtlich unrichtiger Angaben oder mangels Verwendung der vorgesehenen Sprache oder des Formblatts laut Anlage 3 dieses Bundesgesetzes über die Vollstreckung der Europäischen Ermittlungsanordnung nicht entschieden werden kann.

(3) Wurde die Europäische Ermittlungsanordnung nicht von einer Justizbehörde im Sinne des § 2 Z 2d erlassen oder genehmigt, ist sie an den Anordnungsstaat zurückzustellen.

Entscheidung über die Vollstreckung

§ 8b. (1) Soweit in diesem Abschnitt nicht anderes bestimmt ist, entscheidet die Finanzstrafbehörde über die Vollstreckung einer Europäischen

Ermittlungsanordnung binnen 30 Tagen. Ist die Einhaltung der Frist nicht möglich, unterrichtet sie den Anordnungsstaat unverzüglich über die Verzögerung und deren voraussichtlichen Dauer. Das Ergebnis der Entscheidung über die Vollstreckung, einschließlich allfälliger Ablehnungs- oder Hinderungsgründe, ist dem Anordnungsstaat unverzüglich zur Kenntnis zu bringen.

(2) Die Vollstreckung einer Europäischen Ermittlungsanordnung ist unzulässig, wenn

1. die Durchführung der Ermittlungsmaßnahme oder Beweisaufnahme gegen Bestimmungen über die Immunität verstoßen würde, wobei gegebenenfalls die notwendigen Anträge zu stellen sind und eine allfällige Aufhebung der Immunität abzuwarten ist;
2. wesentliche nationale Sicherheitsinteressen gefährdet wären;
3. die Ermittlungsmaßnahme in einem vergleichbaren innerstaatlichen Fall nicht zulässig wäre; wurde die Europäische Ermittlungsanordnung jedoch in einem Verfahren erlassen, das nach dem Recht des Anordnungsstaats von einer Justizbehörde geführt wird, ist nach § 8c Abs. 1 vorzugehen, wobei die in § 8c Abs. 2 genannten Ermittlungsmaßnahmen stets durchzuführen sind;
4. sie das Recht, wegen derselben Straftat nicht zweimal strafrechtlich verfolgt oder bestraft zu werden, verletzen würde, es sei denn, dass der Europäischen Ermittlungsanordnung ein Antrag des Beschuldigten auf Durchführung bestimmter Ermittlungsmaßnahmen oder Aufnahme bestimmter Beweise im Verfahren vor der Anordnungsbehörde zu Grunde liegt;
5. sich die Europäische Ermittlungsanordnung auf eine strafbare Handlung bezieht, die außerhalb des Hoheitsgebietes des Anordnungsstaats und ganz oder teilweise im Inland begangen worden sein soll, und diese Handlung im Inland keine Straftat darstellt;
6. berechtigte Gründe für die Annahme bestehen, dass sie die in Art. 6 des Vertrags über die Europäische Union anerkannten Grundsätze oder die durch die Charta der Grundrechte der Europäischen Union gewährten Rechte verletzen würde;
7. die Handlung, aufgrund deren die Europäische Ermittlungsanordnung erlassen wurde, nach dem innerstaatlichen Recht kein Finanzvergehen darstellt; es sei denn, die zugrunde liegende Handlung wird von der Anordnungsbehörde als Straftat im Sinne der Anlage 1 angegeben und die Straftat ist im Anordnungsstaat mit einer Freiheitsstrafe, deren Obergrenze mindestens drei Jahre beträgt, oder mit Freiheitsstrafe verbundenen vorbeugenden Maßnahmen in dieser Dauer bedroht; oder es betrifft eine Ermittlungsmaßnahme gemäß § 8c Abs. 2.

(3) Die Vollstreckung darf nicht aus dem Grund abgelehnt werden, dass das innerstaatliche Recht nicht dieselbe Art von Abgaben oder abgabenrechtliche Bestimmungen derselben Art enthält wie das Recht des Anordnungsstaats.

Rückgriff auf eine andere Ermittlungsmaßnahme

§ 8c. (1) Ist die in der Europäischen Ermittlungsanordnung angegebene Ermittlungsmaßnahme in einem vergleichbaren innerstaatlichen Fall unzulässig und wird das Verfahren im anderen Mitgliedstaat jedoch von einer Justizbehörde geführt oder wären durch den Rückgriff auf eine andere Ermittlungsmaßnahme, mit der das gleiche Ergebnis erzielt werden kann, die Rechte des Betroffenen weniger beeinträchtigt, greift die Finanzstrafbehörde nach Möglichkeit auf eine andere Ermittlungsmaßnahme zurück. Steht keine andere solche Ermittlungsmaßnahme zur Verfügung, ist der Anordnungsbehörde unter Angabe der Gründe mitzuteilen, dass es nicht möglich ist, die Europäische Ermittlungsanordnung zu vollstrecken.

(2) Unbeschadet § 8b Abs. 2 gilt Abs. 1 nicht für folgende Ermittlungsmaßnahmen, die stets durchzuführen sind:

1. die Erlangung von vorhandenen Informationen, Ermittlungsergebnissen oder Beweismitteln;
2. die Einvernahme von Auskunftspersonen, Zeugen, Sachverständigen oder Beschuldigten, soweit nicht ein nach innerstaatlichem Recht bestehendes Vernehmungsverbot dadurch umgangen oder ein Aussageverweigerungsrecht verletzt würde;
3. die Identifizierung von Inhabern eines bestimmten Telefonanschlusses;
4. die Identifizierung von Inhabern einer bestimmten IP-Adresse.

Vollstreckung

§ 8d. (1) Die Finanzstrafbehörde führt die in der Europäischen Ermittlungsanordnung angegebene Ermittlungsmaßnahme in derselben Weise durch, als wäre sie im Rahmen eines innerstaatlichen Finanzstrafverfahrens durchzuführen.

(2) Die Ermittlungsmaßnahme ist so bald als möglich, jedenfalls binnen 90 Tagen nach Entscheidung über die Vollstreckung durchzuführen. Die Durchführung der Ermittlungsmaßnahme oder Übermittlung der Beweismittel ist so lange aufzuschieben, als der Zweck der Europäischen Ermittlungsanordnung oder laufender Ermittlungen andernfalls gefährdet wäre oder die Beweismittel in einem innerstaatlichen Verfahren benötigt werden.

(3) Die in der Europäischen Ermittlungsanordnung angegebenen Form- oder Verfahrensvorschriften sowie Fristen sind einzuhalten, soweit diese nicht im Widerspruch zu den innerstaatlichen Rechtsgrundsätzen stehen. Können diese oder die Frist gemäß Abs. 2 nicht eingehalten werden oder erscheinen im Einzelfall weitere Maßnahmen erforderlich, ist die Anordnungsbehörde hiervon zu unterrichten.

Übermittlung der Beweismittel

§ 8e. (1) Die im Zuge der Vollstreckung der Europäischen Ermittlungsanordnung erlangten Beweismittel sind ohne unnötige Verzögerung an die zuständige Behörde des Anordnungsstaats zu übermitteln, wenn nicht angegeben wurde, dass sie im Inland verbleiben sollen. Gegebenenfalls können sie unmittelbar an die bei der Vollstreckung der Europäischen Ermittlungsanordnung mitwirkenden Organe ausländischer Behörden übergeben werden.

(2) Die Übermittlung kann bis zur Entscheidung über ein gemäß § 8f eingebrachtes Rechtsmittel in Abwägung der Dringlichkeit des von der zuständigen Behörde des Anordnungsstaats geführten Verfahrens aufgeschoben werden. Die Übermittlung ist jedenfalls aufzuschieben, wenn dem Rechtsmittelwerber durch diese ein schwerer und unwiederbringlicher Schaden entstünde.

(3) Im Fall der Vernehmung mittels technischer Einrichtung zur Wort- und Bildübertragung oder im Wege einer Telefonkonferenz ist der Vollstreckungsbehörde das gemäß § 8i Abs. 4 erstellte Protokoll zu übermitteln.

(4) Gegebenenfalls ist die zuständige Behörde des Anordnungsstaats unter Setzung einer Frist aufzufordern, die Beweismittel nach deren Verwendung zurück zu übermitteln.

Rechtsmittel

§ 8f. (1) Die Anordnung der Ermittlungsmaßnahme kann nur im Anordnungsstaat gemäß dessen Recht angefochten werden; dies auch dann, wenn das innerstaatliche Recht eine gesonderte Anordnung vorsieht.

(2) Auf Beschwerden gegen die Durchführung von Ermittlungsmaßnahmen sind die Bestimmungen des FinStrG anzuwenden.

(3) Die Anordnungsbehörde ist über nach Abs. 2 eingebrachte Rechtsmittel unverzüglich zu informieren.

2. Unterabschnitt
Anordnung einer Europäischen Ermittlungsanordnung

Erlassung und Genehmigung einer Europäischen Ermittlungsanordnung

§ 8g. (1) Die Finanzstrafbehörden sind für Zwecke des Finanzstrafverfahrens berechtigt, eine Europäische Ermittlungsanordnung zu erlassen, wenn dies erforderlich und verhältnismäßig ist und die Ermittlungsmaßnahme in einem vergleichbaren innerstaatlichen Fall zulässig wäre.

(2) Für die Erlassung der Europäischen Ermittlungsanordnung oder die Ergänzung einer solchen ist das Formblatt laut Anlage 3 zu verwenden.

(3) Sofern der Vollstreckungsstaat nicht die Erklärung abgegeben hat, eine Europäische Ermittlungsanordnung auch in deutscher Sprache zu akzeptieren, ist diese in eine der Amtssprachen des Vollstreckungsstaats oder in eine vom Vollstreckungsstaat angegebene andere Sprache zu übersetzen.

(4) Der Vorsitzende des Spruchsenates, dem gemäß § 58 Abs. 2 FinStrG die Durchführung der mündlichen Verhandlung und die Fällung des Erkenntnisses obliegen würde, hat die Europäische Ermittlungsanordnung bei Vorliegen der in Abs. 1 genannten Voraussetzungen zu genehmigen, wobei mit dieser Genehmigung eine allfällig erforderliche Anordnung des Vorsitzenden des Spruchsenates als erteilt gilt. Die Erlassung einer Europäischen Ermittlungsanordnung durch das Bundesfinanzgericht bedarf keiner solchen Genehmigung.

(5) Erforderlichenfalls ist der Europäischen Ermittlungsanordnung eine Rechtsbelehrung und eine Information für die Vollstreckungsbehörde anzuschließen, zu welchem Zeitpunkt die Rechtsbelehrung zu erteilen ist.

Rechtsmittel

§ 8h. (1) Die Anordnung einer Ermittlungsmaßnahme durch eine Finanzstrafbehörde kann mittels Beschwerde in gleicher Weise angefochten werden wie dies gegen die Ermittlungsmaßnahme im Inland zulässig wäre.

(2) Die Vollstreckungsbehörde ist über nach Abs. 1 eingebrachte Rechtsmittel unverzüglich zu informieren.

(3) Wird die Durchführung der angeordneten Ermittlungsmaßname im Vollstreckungsstaat angefochten, ist die Entscheidung darüber so zu berücksichtigen, als wäre sie im Inland ergangen.

3. Unterabschnitt
Bestimmte Ermittlungsmaßnahmen

Vernehmung mittels technischer Einrichtung zur Wort- und Bildübertragung oder im Wege einer Telefonkonferenz

§ 8i. (1) Die Erlassung und Vollstreckung einer Europäischen Ermittlungsanordnung zum Zweck der Vernehmung von im Hoheitsgebiet des Vollstreckungsstaats aufhältigen Zeugen oder Sachverständigen mittels technischer Einrichtung zur Wort- und Bildübertragung oder im Wege einer Telefonkonferenz ist zulässig. Die Vernehmung von Beschuldigten im Wege einer Telefonkonferenz ist unzulässig, eine Vernehmung mittels technischer Einrichtung zur Wort- und Bildübertragung bedarf deren Zustimmung.

(2) Zeugen, Sachverständige oder Beschuldigte sind vor der Vernehmung nach dem Recht des Anordnungsstaats und nach dem Recht des Vollstreckungsstaats zu belehren. Anlässlich der Vernehmung ist die Identität der zu vernehmenden Person festzustellen. Bei Bedarf ist ein Dolmetscher beizuziehen.

(3) Die Vernehmung wird unter Leitung der zuständigen Behörde des Anordnungsstaats nach dessen Recht durchgeführt. Die Finanzstrafbehörde hat bei der Durchführung der Vernehmung auf die Einhaltung der wesentlichen innerstaatlichen Rechtsgrundsätze zu achten.

(4) Die Vollstreckungsbehörde erstellt ein Protokoll, das Angaben zu Datum, Ort der Vernehmung,

zur Identität der vernommenen Person, zur Identität und zur Funktion aller anderen im Vollstreckungsstaat an der Vernehmung teilnehmenden Personen, einer allfälligen Vereidigung und den technischen Rahmenbedingungen enthält.

(5) Wird die Aussage trotz Aussagepflicht verweigert oder falsch ausgesagt, gelten die Rechtsvorschriften des Vollstreckungsstaats.

Informationen über Konten und Depots

§ 8j. (1) Eine Europäische Ermittlungsanordnung kann erlassen werden, um alle verfügbaren Informationen darüber zu erlangen, ob Personen oder Verbände, gegen die ein Strafverfahren geführt wird, ein oder mehrere Konten oder Depots gleich welcher Art bei einem im Hoheitsgebiet des Vollstreckungsstaats niedergelassenen Kreditinstitut unterhalten oder kontrollieren. Wird in der Europäischen Ermittlungsanordnung ausdrücklich darum ersucht, erstreckt sich diese Informationsverpflichtung auch auf Konten oder Depots, für die die genannten Personen oder Verbände vertretungsbefugt sind.

(2) In der Europäischen Ermittlungsanordnung sind die Gründe auszuführen, weshalb die erbetenen Auskünfte wahrscheinlich von wesentlichem Wert sind und weshalb angenommen wird, dass Konten oder Depots bei Kreditinstituten des Vollstreckungsstaats betroffen sind. Darüber hinaus sind alle sonstigen verfügbaren Informationen zur Erlangung der Auskünfte mitzuteilen.

(3) Im Fall eines eingehenden Ersuchens sind die Anordnung und alle mit ihr verbundenen Tatsachen und Vorgänge in jedem Fall gegenüber Kunden und Dritten geheim zu halten.

Informationen über Bank- und sonstige Finanzgeschäfte

§ 8k. (1) Eine Europäische Ermittlungsanordnung kann erlassen werden, um alle verfügbaren Angaben über bestimmte bei Kredit- oder Finanzinstituten geführte Konten, Depots und Finanzgeschäfte zu erlangen, die während eines bestimmten Zeitraums über ein oder mehrere in der Europäischen Ermittlungsanordnung angeführte Konten oder Depots getätigt wurden, einschließlich der Angaben über sämtliche Überweisungs- und Empfängerkonten. In der Europäischen Ermittlungsanordnung sind die Gründe anzuführen, weshalb die erbetenen Auskünfte als relevant erachtet werden.

(2) Im Fall eines eingehenden Ersuchens hat das Kredit- oder Finanzinstitut die Anordnung und alle mit ihr verbundenen Tatsachen und Vorgänge gegenüber Kunden und Dritten geheim zu halten. Die Zustellung der Anordnung samt Auskunftsersuchen an den Beschuldigten und an die Verfügungsberechtigten hat zu unterbleiben, sofern in der Europäischen Ermittlungsanordnung nicht anderes angegeben ist.

Vorläufige Maßnahmen

§ 8l. (1) Eine Europäische Ermittlungsanordnung kann zur Durchführung von Maßnahmen erlassen werden, mit welchen die Vernichtung, Veränderung, Entfernung, Übertragung oder Veräußerung von Gegenständen, die als Beweismittel dienen können, vorläufig verhindert wird (Beschlagnahme).

(2) Die Vollstreckungsbehörde entscheidet unverzüglich nach Eingang der Europäischen Ermittlungsanordnung über die Maßnahme und teilt diese Entscheidung der Anordnungsbehörde mit.

(3) In der Europäischen Ermittlungsanordnung ist anzugeben, ob die Beweismittel an den Anordnungsstaat zu übermitteln sind oder im Vollstreckungsstaat verbleiben sollen. In letzterem Fall gibt die Anordnungsbehörde den Zeitpunkt der Aufhebung der Maßnahme oder den voraussichtlichen Zeitpunkt der Vorlage des Ersuchens um Übermittlung der Beweismittel an.

(4) Im Fall eines eingehenden Ersuchens hat anstelle des Bescheides gemäß § 89 Abs. 1 FinStrG eine Mitteilung zu ergehen.

4. Abschnitt
Vollstreckung finanzstrafrechtlicher Entscheidungen

1. Unterabschnitt
Vollstreckung von Entscheidungen anderer Mitgliedstaaten in Österreich

Anzuwendendes Verfahrensrecht und Zuständigkeit

§ 9. (1) Soweit sich aus den Bestimmungen dieses Unterabschnitts nicht anderes ergibt, ist auf das Verfahren zur Vollstreckung von Entscheidungen anderer Mitgliedstaaten in Österreich das FinStrG anzuwenden.

(2) Zur Entgegennahme von Vollstreckungsersuchen ist die zentrale Behörde berufen.

(3) Die Durchführung der Vollstreckung obliegt für Strafentscheidungen betreffend Zoll- oder Verbrauchsteuerdelikte sowie sonstige Vergehen in Zusammenhang mit vom Zollamt Österreich zu vollziehenden Rechtsvorschriften dem Zollamt Österreich als Finanzstrafbehörde, sonst dem Amt für Betrugsbekämpfung als Finanzstrafbehörde.

(BGBl I 2019/104, BGBl I 2020/23)

(4) (aufgehoben)

(BGBl I 2019/104, BGBl I 2020/23)

(5) Ist eine österreichische Finanzstrafbehörde, die eine zur Vollstreckung übermittelte Entscheidung erhält, nicht zuständig, die erforderlichen Maßnahmen für deren Vollstreckung zu treffen, so ist diese Entscheidung von Amts wegen der zuständigen Behörde oder dem gemäß § 53b Abs. 1 und 2 EU-JZG zuständigen Gericht zu übermitteln.

Unzulässigkeit der Vollstreckung

§ 10. (1) Die Finanzstrafbehörde (Vollstreckungsbehörde) hat die Vollstreckung der Entscheidung zu verweigern, wenn die Bescheinigung nicht vorliegt, unvollständig ist oder der Entscheidung offensichtlich nicht entspricht. Als Unvollständigkeit gilt auch, wenn nicht zusammen mit der Bescheinigung die Entscheidung oder eine beglaubigte Abschrift der Entscheidung übermittelt wird oder wenn eine Übersetzung der Bescheinigung in die deutsche Sprache fehlt, es sei denn der Entscheidungsstaat hat die Erklärung abgegeben, als Vollstreckungsstaat Bescheinigungen auch in deutscher Sprache zu akzeptieren.

(2) Die Vollstreckungsbehörde hat die Vollstreckung der Entscheidung auch dann zu verweigern, wenn

1. der Bestrafte im Inland weder über Vermögen verfügt noch Einkommen bezieht, noch sich in der Regel im Inland aufhält oder dort einen Sitz hat,
2. gegen den Bestraften wegen derselben Tat eine rechtskräftige Entscheidung im Inland ergangen oder eine in einem anderen Staat als dem Entscheidungsstaat oder Österreich ergangene Entscheidung bereits vollstreckt worden ist,
3. sich die Entscheidung auf eine Tat bezieht, die nach österreichischem Recht keine strafbare Handlung darstellen würde, sofern es sich nicht um einen in der Liste in Anlage 1 aufgezählten Fall handelt,
4. die Vollstreckbarkeit der Entscheidung nach österreichischem Recht verjährt ist und die Entscheidung sich auf eine Tat bezieht, für die österreichisches Strafrecht gilt,
5. sich die Entscheidung auf eine Tat bezieht,
   a) die im Inland oder an Bord eines österreichischen Schiffes oder Luftfahrzeuges begangen worden ist oder
   b) die nicht im Hoheitsgebiet des Entscheidungsstaats begangen worden ist, sofern nach österreichischem Recht im Ausland begangene Taten gleicher Art nicht strafbar sind,
6. nach österreichischem Recht Immunitäten bestehen, die einer Vollstreckung entgegenstehen,
7. die Entscheidung gegen eine natürliche Person ergangen ist, die nach österreichischem Recht zur Zeit der Tat unmündig war,
8. dem Bestraften im Entscheidungsstaat oder im Inland Amnestie oder Begnadigung gewährt worden ist,
9. laut Bescheinigung der Bestrafte
   a) im Fall eines schriftlichen Verfahrens nicht persönlich oder über einen nach dem Recht des Entscheidungsstaats befugten Vertreter von seinem Recht, die Entscheidung anzufechten, und von den Fristen, die für dieses Rechtsmittel gelten, gemäß den Rechtsvorschriften des Entscheidungsstaats unterrichtet worden ist, oder
   b) nicht persönlich zu der Verhandlung, die zu der Entscheidung geführt hat, erschienen ist, es sei denn, aus der Bescheinigung geht hervor, dass der Bestrafte im Einklang mit den Verfahrensvorschriften des Entscheidungsstaates
      aa) fristgerecht durch persönliche Ladung oder auf andere Weise von Zeit und Ort der Verhandlung, die zu der Entscheidung geführt hat, tatsächlich Kenntnis erlangt hat und darüber belehrt worden ist, dass die Entscheidung in seiner Abwesenheit ergehen kann; oder
      bb) in Kenntnis der anberaumten Verhandlung einen selbst gewählten oder beigegebenen Verteidiger mit seiner Vertretung in der Verhandlung betraut hat und von diesem in der Verhandlung tatsächlich vertreten wurde; oder
      cc) nach Zustellung der in Abwesenheit ergangenen Entscheidung und nach Belehrung über das Recht, die Neudurchführung der Verhandlung zu beantragen oder ein Rechtsmittel zu ergreifen und auf diesem Weg eine neuerliche Prüfung des Sachverhalts, auch unter Berücksichtigung neuer Beweise, in seiner Anwesenheit und eine Aufhebung der ursprünglich ergangenen Entscheidung zu erreichen, ausdrücklich erklärt hat, keine Neudurchführung der Verhandlung zu beantragen oder kein Rechtsmittel zu ergreifen, oder innerhalb der bestehenden Fristen keine Neudurchführung der Verhandlung beantragt oder kein Rechtsmittel ergriffen hat; oder
   c) im Verfahren nicht persönlich erschienen ist, es sei denn, aus der Bescheinigung geht hervor, dass er nach ausdrücklicher Unterrichtung über das Verfahren und die Möglichkeit, bei der Verhandlung persönlich zu erscheinen, ausdrücklich erklärt hat, auf das Recht auf mündliche Anhörung zu verzichten und die Entscheidung nicht anzufechten.
10. die verhängte Geldstrafe oder Geldbuße unter 70 Euro oder dem Gegenwert dieses Betrags liegt oder
11. wenn objektive Anhaltspunkte dafür vorliegen, dass die Entscheidung unter Verletzung von Grundrechten oder allgemeinen Rechtsgrundsätzen gemäß Art. 6 des Vertrags über die Europäische Union zustande gekommen ist.

(3) Die Vollstreckungsbehörde hat die Vollstreckung der Entscheidung zu verweigern, soweit

1. die Republik Österreich den Anwendungsbereich des Rahmenbeschlusses 2005/214/JI in einer gemäß Art. 20 Abs. 2 dieses Rahmenbeschlusses abgegebenen Erklärung beschränkt hat oder

2. im Hinblick auf eine vom Entscheidungsstaat gemäß dieser Bestimmung abgegebene Erklärung Gegenseitigkeit fehlt.

(4) Bevor die Vollstreckungsbehörde in den in Abs. 1 und Abs. 2 Z 4, 9 und 11 genannten Fällen die Vollstreckung einer Entscheidung ganz oder teilweise verweigert, hat sie sich auf geeignete Art und Weise mit der zuständigen Behörde des Entscheidungsstaats ins Einvernehmen zu setzen und diese gegebenenfalls unter Setzung einer angemessenen Frist um die unverzügliche Übermittlung aller erforderlichen zusätzlichen Angaben zu ersuchen.

(5) Alle Fälle der Unzulässigkeit gemäß Abs. 2 Z 11 sind dem Bundesminister für Finanzen zu berichten.

Vollstreckung

§ 11. (1) Liegt keiner der in § 10 Abs. 1 bis 3 genannten Unzulässigkeitsgründe vor, ist die Übernahme der Vollstreckung mit Bescheid festzustellen. Dieser Bescheid hat die Bezeichnung der Behörde, deren Entscheidung vollstreckt wird, deren Aktenzeichen, die Bezeichnung der strafbaren Handlung, die angewendeten Rechtsvorschriften des Entscheidungsstaates sowie eine Vollstreckbarkeitserklärung zu enthalten und den zu vollstreckende Betrag anzuführen. Dieser Bescheid ist Exekutionstitel für das finanzstrafbehördliche und gerichtliche Exekutionsverfahren.

(2) Der zu vollstreckende Geldbetrag ist von der Vollstreckungsbehörde in Euro anzugeben. Ist die zu zahlende Geldstrafe oder Geldbuße in der zu vollstreckenden Entscheidung nicht in Euro angegeben, so ist der zu vollstreckende Geldbetrag zu dem am Tag der Verhängung der Geldstrafe oder Geldbuße geltenden Wechselkurs in Euro umzurechnen.

(3) Bezieht sich die Entscheidung nachweislich auf Taten, die nicht im Hoheitsgebiet des Entscheidungsstaats begangen worden sind, und unterliegen diese Taten dem Geltungsbereich der österreichischen Strafgesetze, so ist der zu vollstreckende Betrag auf das nach österreichischem Recht zulässige Höchstmaß herabzusetzen.

(4) Einer gegen diesen Bescheid eingebrachten Beschwerde (§ 152 FinStrG) kommt aufschiebende Wirkung insoweit zu, als bis zur rechtskräftigen Entscheidung darüber nur Maßnahmen zur Sicherung der zu vollstreckenden Geldstrafe vorgenommen werden dürfen.

(5) Die Vollstreckung einer Entscheidung kann für die Zeit ausgesetzt werden, die für die Anfertigung ihrer Übersetzung benötigt wird.

Anrechnung geleisteter Zahlungen

§ 12. Kann der Verpflichtete den Nachweis für eine teilweise oder vollständig geleistete Zahlung in einem Staat erbringen, so hat sich die Vollstreckungsbehörde nach dem Verfahren des § 10 Abs. 4 mit der zuständigen Behörde des Entscheidungsstaats ins Einvernehmen zu setzen. Jeder in einem Staat in welcher Weise auch immer eingetriebene Teil der Geldstrafe oder Geldbuße ist voll auf den einzutreibenden Geldbetrag anzurechnen.

Ersatzfreiheitsstrafe

§ 13. (1) Hat der Entscheidungsstaat in der Bescheinigung die Anordnung einer Ersatzfreiheitsstrafe zugelassen, so ist dies als Grundlage für deren Vollzug in dem gemäß § 11 zu erlassenden Bescheid unter der Voraussetzung der Gegenseitigkeit festzustellen.

(2) Hat eine Feststellung nach Abs. 1 zu erfolgen und ist in einer zu vollstreckenden Entscheidung, mit der eine Geldstrafe oder Geldbuße ausgesprochen wurde, nicht bereits eine Ersatzfreiheitsstrafe festgesetzt, so ist gleichzeitig für den Fall der Uneinbringlichkeit der Geldstrafe oder Geldbuße eine Ersatzfreiheitsstrafe festzusetzen. Die Höhe der Ersatzfreiheitsstrafe darf ein in der Bescheinigung angegebenes Höchstmaß nicht überschreiten. Im Übrigen ist § 20 FinStrG mit der Maßgabe sinngemäß anzuwenden, dass eine Ersatzfreiheitsstrafe die Dauer von sechs Wochen nicht überschreiten darf. Wurde in der zu vollstreckenden Entscheidung eine höhere Ersatzfreiheitsstrafe festgesetzt, so ist deren Dauer auf sechs Wochen herabzusetzen.

(3) § 179 FinStrG ist sinngemäß anzuwenden.

Beendigung der Vollstreckung

§ 14. Unterrichtet die zuständige Behörde des Entscheidungsstaats die Vollstreckungsbehörde über eine Entscheidung oder Maßnahme, auf Grund deren die Vollstreckbarkeit der Entscheidung erlischt oder darüber, dass die Vollstreckung Österreich aus anderen Gründen wieder entzogen wird, so ist die Vollstreckung zu beenden.

Erlös aus der Vollstreckung

§ 15. Sofern nicht eine anders lautende Vereinbarung mit dem Entscheidungsstaat getroffen worden ist, fließt der Erlös aus der Vollstreckung dem Bund zu.

Unterrichtung des Entscheidungsstaats

§ 16. Die Finanzstrafbehörde hat die zuständige Behörde des Entscheidungsstaats unverzüglich in einer Form, die einen schriftlichen Nachweis ermöglicht,

1. über die Übermittlung der Entscheidung an die zuständige Behörde oder an das zuständige Gericht gemäß § 9 Abs. 5,
2. über die Verweigerung der Vollstreckung einer Entscheidung gemäß § 10 zusammen mit einer Begründung,
3. über die in ihrer Gesamtheit oder in Teilen aus den in § 11 Abs. 3, § 12 oder in sonstigen Rechtsvorschriften genannten Gründen nicht erfolgte Vollstreckung der Entscheidung,
4. über die Vollstreckung der Entscheidung, sobald sie abgeschlossen ist, und
5. über die Anordnung (Festsetzung) einer Ersatzfreiheitsstrafe gemäß § 13 zu unterrichten.

Kosten

§ 17. Ein Ersatz für entstehende Kosten darf von anderen Mitgliedstaaten nicht gefordert werden.

2. Unterabschnitt
Vollstreckung von österreichischen Entscheidungen in einem anderen Mitgliedstaat

Voraussetzungen

§ 18. Entscheidungen österreichischer Finanzstrafbehörden können in einem anderen Mitgliedstaat vollstreckt werden, wenn eine Vollstreckung im Inland nicht möglich ist oder mit einem unverhältnismäßigen Aufwand verbunden wäre.

Übermittlung der Entscheidung

§ 19. (1) Die Finanzstrafbehörde (Vollstreckungsbehörde) hat die Entscheidung oder eine beglaubigte Abschrift der Entscheidung zusammen mit einer Bescheinigung der zuständigen Behörde eines Mitgliedstaats zu übermitteln, in dem die mit dieser Entscheidung bestrafte natürliche Person oder der Verband, über Vermögen verfügt, Einkommen bezieht oder sich in der Regel aufhält bzw. seinen eingetragenen Sitz hat. Die Übermittlung sowie sämtliche offiziellen Mitteilungen erfolgen im Wege der zentralen Behörde.

(2) Für die Bescheinigung ist das Formblatt in Anlage 2 zu verwenden; sie ist von der Vollstreckungsbehörde zur Bestätigung der Richtigkeit ihres Inhalts zu unterzeichnen. Sofern der Vollstreckungsstaat nicht die Erklärung abgegeben hat, Bescheinigungen auch in deutscher Sprache zu akzeptieren, ist die Bescheinigung in die Amtssprache oder eine der Amtssprachen des Vollstreckungsstaats oder, wenn der Vollstreckungsstaat die Erklärung abgegeben hat, eine Übersetzung in eine oder mehrere andere Amtssprachen der Europäischen Union zu akzeptieren, in eine dieser Amtssprachen zu übersetzen.

(3) Die Übermittlung gemäß Abs. 1 hat in einer Form zu erfolgen, die einen schriftlichen Nachweis unter Bedingungen ermöglicht, die dem Vollstreckungsstaat die Feststellung der Echtheit gestattet. Das Original oder eine beglaubigte Abschrift der Entscheidung und das Original der Bescheinigung sind dem Vollstreckungsstaat auf Wunsch im Postweg zuzusenden, es sei denn, es handelt sich dabei um ein elektronisch gefertigtes Dokument.

(4) Die Vollstreckungsbehörde darf die Entscheidung jeweils nur einem Vollstreckungsstaat übermitteln.

(5) Ist weder der Vollstreckungsbehörde noch der zentralen Behörde bekannt, welche Behörde im Vollstreckungsstaat zuständig ist, so haben sie zu versuchen, diese beim Vollstreckungsstaat mit allen zur Verfügung stehenden Mitteln – auch über die Kontaktstellen des Europäischen Justiziellen Netzes – in Erfahrung zu bringen.

Beendigung der Vollstreckung

§ 20. (1) Die Vollstreckungsbehörde hat die zuständige Behörde des Vollstreckungsstaats unverzüglich über jede Entscheidung oder Maßnahme zu unterrichten, auf Grund deren die Vollstreckbarkeit der Entscheidung erlischt.

(2) Die Vollstreckungsbehörde hat dem Vollstreckungsstaat die Vollstreckung wieder zu entziehen, wenn die Voraussetzungen nach § 18 weggefallen sind.

Folgen der Übermittlung

§ 21. (1) Vorbehaltlich des Abs. 2 darf die Vollstreckungsbehörde keine Vollstreckung einer gemäß § 19 übermittelten Entscheidung vornehmen.

(2) Die Vollstreckungsbehörde ist erst wieder vollstreckungsberechtigt,

1. wenn im Vollstreckungsstaat eine Begnadigung oder Amnestie dazu geführt hat, dass die Vollstreckung unterbleibt,
2. wenn die Vollstreckung im Vollstreckungsstaat nicht möglich ist, ab Erhalt der diesbezüglichen Verständigung,
3. wenn der Vollstreckungsstaat die Vollstreckung verweigert, es sei denn die Verweigerung ist auf den in § 10 Abs. 2 Z 2 genannten Grund gestützt worden, oder
4. wenn sie den Vollstreckungsstaat davon unterrichtet hat, dass sie ihm die Vollstreckung der Entscheidung gemäß § 20 Abs. 2 wieder entzogen hat.

(3) Erhält nach Übermittlung einer Entscheidung gemäß § 19 eine österreichische Behörde einen Geldbetrag, den der Bestrafte freiwillig auf Grund der Entscheidung gezahlt hat, so teilt sie dies der zuständigen Behörde im Vollstreckungsstaat unverzüglich mit. § 12 ist sinngemäß anzuwenden.

5. Abschnitt
Schlussbestimmungen

Verhältnis zu anderen Übereinkünften und Vereinbarungen

§ 22. (1) Hinsichtlich Verfahren auf Grundlage einer Rechtsvorschrift der Europäischen Union ist die Anwendung sonstiger völkerrechtlicher Vereinbarungen ausgeschlossen; es sei denn, diese würden zu einer Vereinfachung oder Erleichterung der zwischenstaatlichen Zusammenarbeit führen.

(2) Die Bestimmungen des Abschnitts 3a ersetzen im Verhältnis zu den Mitgliedstaaten der Europäischen Union, die durch die Richtlinie 2014/41/EU gebunden sind, die entsprechenden Bestimmungen

1. des Europäischen Übereinkommens über die Rechtshilfe in Strafsachen vom 20. April 1959, BGBl. Nr. 41/1969, sowie die zugehörigen beiden Zusatzprotokolle und die nach Artikel 26 jenes Übereinkommens geschlossenen zweiseitigen Vereinbarungen;

2. des Übereinkommens zur Durchführung des Übereinkommens von Schengen, BGBl. III Nr. 90/1997; sowie
3. des Übereinkommens über die Rechtshilfe in Strafsachen zwischen den Mitgliedstaaten der Europäischen Union, BGBl. III Nr. 65/2005, und das zugehörige Protokoll.

Verweisungen

§ 23. Soweit in diesem Bundesgesetz auf Bestimmungen anderer Bundesgesetze verwiesen wird, sind diese in ihrer jeweils geltenden Fassung anzuwenden.

Aufhebung des EU-FinStrVG

§ 24. Mit Inkrafttreten dieses Bundesgesetzes wird das EU-Finanzstrafvollstreckungsgesetz (EU-FinStrVG), BGBl. I Nr. 19/2009, aufgehoben.

Inkrafttreten

§ 24a. § 9 in der Fassung des Bundesgesetzes BGBl. I Nr. 104/2019 tritt mit 1. Jänner 2021 in Kraft.

(BGBl I 2019/104, BGBl I 2020/23)

Vollziehung

§ 25. Mit der Vollziehung dieses Bundesgesetzes sind betraut:
1. hinsichtlich der Abschnitte 3a und 4 der Bundesminister für Finanzen im Einvernehmen mit dem Bundesminister für Verfassung, Reformen, Deregulierung und Justiz;
2. der Bundesminister für Finanzen.

Anlage 1
Liste von Straftaten, bei denen die beiderseitige Strafbarkeit nicht geprüft wird

– Beteiligung an einer kriminellen Vereinigung,
– Terrorismus,
– Menschenhandel,
– sexuelle Ausbeutung von Kindern und Kinderpornografie,
– illegaler Handel mit Drogen und psychotropen Stoffen,
– illegaler Handel mit Waffen, Munition und Sprengstoffen,
– Korruption,
– Betrugsdelikte, einschließlich Betrug zum Nachteil der finanziellen Interessen der Europäischen Union im Sinne des Übereinkommens vom 26. Juli 1995 über den Schutz der finanziellen Interessen der Europäischen Gemeinschaften,
– Wäsche von Erträgen aus Straftaten,
– Geldfälschung, einschließlich der Euro-Fälschung,
– Cyberkriminalität,
– Umweltkriminalität, einschließlich des illegalen Handels mit bedrohten Tierarten oder mit bedrohten Pflanzen- und Baumarten,
– Beihilfe zur illegalen Einreise und zum illegalen Aufenthalt,
– vorsätzliche Tötung, schwere Körperverletzung,
– illegaler Handel mit Organen und menschlichem Gewebe,
– Entführung, Freiheitsberaubung und Geiselnahme,
– Rassismus und Fremdenfeindlichkeit,
– Diebstahl in organisierter Form oder mit Waffen,
– illegaler Handel mit Kulturgütern, einschließlich Antiquitäten und Kunstgegenstände,
– Betrug,
– Erpressung und Schutzgelderpressung,
– Nachahmung und Produktpiraterie,
– Fälschung von amtlichen Dokumenten und Handel damit,
– Fälschung von Zahlungsmitteln,
– illegaler Handel mit Hormonen und anderen Wachstumsförderern,
– illegaler Handel mit nuklearen und radioaktiven Substanzen,
– Handel mit gestohlenen Kraftfahrzeugen,
– Vergewaltigung,
– Brandstiftung,
– Verbrechen, die in die Zuständigkeit des Internationalen Strafgerichtshofs fallen,
– Flugzeug- und Schiffsentführung,
– Sabotage,
– gegen die den Straßenverkehr regelnden Vorschriften verstoßende Verhaltensweise, einschließlich Verstößen gegen Vorschriften über Lenk- und Ruhezeiten und des Gefahrgutrechts,
– Warenschmuggel,
– Verletzung von Rechten an geistigem Eigentum,
– Bedrohungen von Personen und Gewalttaten gegen sie, einschließlich Gewalttätigkeit bei Sportveranstaltungen,
– Sachbeschädigung,
– Diebstahl,
– Straftatbestände, die in Erfüllung unionsrechtlicher Verpflichtungen vom Entscheidungsstaat festgelegt wurden.

(Anlagen 2 bis 4 nicht abgedruckt)

20. UNTERNEHMENSGESETZBUCH

Inhaltsverzeichnis

20/1. Unternehmensgesetzbuch .... Seite 1489
20/2. **Mitarbeiterbeteiligungsstiftungsgesetz 2017 – MitarbeiterBetStG 2017** (Art. 6), BGBl I 2017/105 .... Seite 1581

20/1. UGB

20/1. Unternehmensgesetzbuch

Unternehmensgesetzbuch, dRGBl S 1897/219 idF

1 DRGBl 1902 S 218
2 DRGBl 1904 S 167
3 DRGBl 1908 S 307
4 DRGBl 1913 S 90
5 DRGBl 1924 S I 44
6 DRGBl 1925 I S 9
7 DRGBl 1927 I S 337
8 DRGBl 1929 II S 759
9 DRGBl 1933 I S 520
10 DRGBl 1937 I S 166
11 DRGBl 1937 I S 891
12 DRGBl 1937 I S 897
13 DRGBl 1937 I S 1026
14 DRGBl 1938 I S 1149
15 DRGBl 1938 I S 1188
16 DRGBl 1938 I S 1428 (3. EVO, GBlÖ 1938/520)
17 DRGBl 1938 I S 1999 (4. EVO, GBlÖ 1939/86)
18 DRGBl 1939 I S 23
19 DRGBl 1939 I S 1383
20 DRGBl 1944 I S 42
21 StGBl 1945/184 (WV 1985/201)
22 StGBl 1945/187
23 StGBl 1945/231
24 BGBl 1946/21
25 BGBl 1954/213
26 BGBl 1960/153
27 BGBl 1964/196
28 BGBl 1967/170
29 BGBl 1973/577
30 BGBl 1974/422
31 BGBl 1976/91
32 BGBl 1977/163
33 BGBl 1979/140
34 BGBl 1981/174
35 BGBl 1982/370
36 BGBl 1988/180
37 BGBl 1989/343
38 BGBl 1990/459
39 BGBl 1990/475
40 BGBl 1991/10
41 BGBl 1993/458
42 BGBl 1994/153
43 BGBl 1996/262
44 BGBl 1996/304
45 BGBl I 1997/106
46 BGBl I 1997/114
47 BGBl I 1998/125
48 BGBl I 1998/158
49 BGBl I 1999/49
50 BGBl I 1999/187
51 BGBl I 2000/61
52 BGBl I 2000/142
53 BGBl I 2001/41
54 BGBl I 2001/42
55 BGBl I 2001/97
56 BGBl I 2001/98
57 BGBl I 2002/108
58 BGBl I 2002/118
59 BGBl I 2003/71
60 BGBl I 2003/118
61 BGBl I 2004/14
62 BGBl I 2004/161 (ReLÄG 2004)
63 BGBl I 2005/59 (GesRÄG 2005)
64 BGBl I 2005/120 (HaRÄG)
65 BGBl I 2006/75 (ÜbRÄG 2006)
66 BGBl I 2006/103 (PuG)
67 BGBl I 2007/72 (GesRÄG 2007)
68 BGBl I 2008/70 (URÄG 2008)
69 BGBl I 2009/71 (AktRÄG 2009)
70 BGBl I 2009/140 (RÄG 2010)
71 BGBl I 2010/58 (IRÄ-BG)
72 BGBl I 2010/111 (BudBG 2011)
73 BGBl I 2012/35
74 BGBl I 2013/50 (ZVG)
75 BGBl I 2014/83 (GesbR-RG)
76 BGBl I 2015/22 (RÄG 2015)
77 BGBl I 2015/163 (AbgÄG 2015)
78 BGBl I 2016/43 (APRÄG 2016)
79 BGBl I 2017/20 (NaDiVeG)
80 BGBl I 2017/107
81 BGBl I 2018/17
82 BGBl I 2018/58 (ErwSchAG-Justiz)
83 BGBl I 2019/46 (Anti-Gold-Plating-G 2019)
84 BGBl I 2019/63 (AktRÄG 2019)
85 BGBl I 2021/86 (GREx)
86 BGBl I 2022/186 (GesDigG 2022)
87 BGBl I 2023/187 (MinBestRefG)

GLIEDERUNG

Erstes Buch: Allgemeine Bestimmungen
Erster Abschnitt: Begriffe und Anwendungsbereich §§ 1–6
Zweiter Abschnitt: Firmenbuch §§ 7–16
Dritter Abschnitt: Firma §§ 17–37
Vierter Abschnitt: Unternehmensübergang §§ 38–47
Fünfter Abschnitt: Prokura und Handlungsvollmacht §§ 48–58
Sechster Abschnitt: Handlungsgehilfen und Handlungslehrlinge §§ 59–83 *(keine Geltung in Österreich)*
Siebenter Abschnitt: Handlungsagenten §§ 84–92 *(keine Geltung in Österreich)*
Achter Abschnitt: Handelsmäkler §§ 93–104 (aufgehoben)

Zweites Buch: Offene Gesellschaft, Kommanditgesellschaft und stille Gesellschaft
Erster Abschnitt: Offene Gesellschaft
Erster Titel: Errichtung der Gesellschaft §§ 105–107
Zweiter Titel: Rechtsverhältnis der Gesellschafter unter einander §§ 108–122
Dritter Titel: Rechtsverhältnis der Gesellschaft zu Dritten §§ 123–130
Vierter Titel: Auflösung der Gesellschaft und Ausscheiden von Gesellschaftern §§ 131–144
Fünfter Titel: Liquidation der Gesellschaft §§ 145–158

20/1. UGB

Sechster Titel: Zeitliche Begrenzung der Haftung §§ 159, 160

Zweiter Abschnitt: Kommanditgesellschaft §§ 161–177

Dritter Abschnitt: Ergänzende Bestimmung zur Gesellschaft bürgerlichen Rechts; Stille Gesellschaft §§ 178–188

Drittes Buch: Rechnungslegung

Erster Abschnitt: Allgemeine Vorschriften

Erster Titel: Buchführung, Inventarerrichtung §§ 189–192

Zweiter Titel: Eröffnungsbilanz, Jahresabschluß §§ 193–200

Dritter Titel: Ansatz und Bewertung §§ 201–211

Vierter Titel: Aufbewahrung und Vorlage von Unterlagen §§ 212–220

Zweiter Abschnitt: Ergänzende Vorschriften für Kapitalgesellschaften

Erster Titel: Größenklassen § 221

Zweiter Titel: Allgemeine Vorschriften über den Jahresabschluss, den Lagebericht sowie den Corporate Governance-Bericht und den Bericht über Zahlungen an staatliche Stellen §§ 222, 223

Dritter Titel: Bilanz §§ 224–230

Vierter Titel: Gewinn- und Verlustrechnung §§ 231–235

Fünfter Titel: Anhang und Lagebericht §§ 236–243d

Dritter Abschnitt: Konzernabschluss, Konzernlagebericht, konsolidierter Corporate Governance-Bericht und konsolidierter Bericht über Zahlungen an staatliche Stellen

Erster Titel: Anwendungsbereich §§ 244–246

Zweiter Titel: Umfang der einzubeziehenden Unternehmen (Konsolidierungskreis) §§ 247–249

Dritter Titel: Inhalt und Form des Konzernabschlusses §§ 250–252

Vierter Titel: Vollständige Zusammenfassung der Jahresabschlüsse verbundener Unternehmen (Vollkonsolidierung) §§ 253–259

Fünfter Titel: Bewertungsvorschriften §§ 260, 261

Sechster Titel: Anteilmäßige Zusammenfassung der Jahresabschlüsse verbundener Unternehmen (anteilmäßige Konsolidierung) § 262

Siebenter Titel: Assoziierte Unternehmen §§ 263, 264

Achter Titel: Konzernanhang §§ 265, 266

Neunter Titel: Konzernlagebericht, konsolidierter Corporate Governance-Bericht §§ 267–267b

Zehnter Titel: Konsolidierter Bericht über Zahlungen an staatliche Stellen § 267c

Vierter Abschnitt: Vorschriften über die Prüfung, Offenlegung, Veröffentlichung und Zwangsstrafen

Erster Titel: Abschlußprüfung §§ 268–276

Zweiter Titel: Offenlegung, Veröffentlichung und Vervielfältigung, Prüfung durch das Firmenbuchgericht §§ 277–281

Dritter Titel: Prüfungspflicht und Zwangsstrafen §§ 282–285

§§ 286–342 (aufgehoben)

Viertes Buch: Unternehmensbezogene Geschäfte

Erster Abschnitt: Allgemeine Vorschriften §§ 343–372

Zweiter Abschnitt: Warenkauf §§ 373–382

Dritter Abschnitt: Kommissionsgeschäft §§ 383–406

Vierter Abschnitt: Speditionsgeschäft §§ 407–415

Fünfter Abschnitt: Lagergeschäft §§ 416–424

Sechster Abschnitt: Frachtgeschäft §§ 425–453

Siebenter Abschnitt: Investitionsersatz § 454

Achter Abschnitt: Zahlungsverzug §§ 455–460

§§ 461–473 (aufgehoben)

Fünftes Buch: Seehandel §§ 474–905 *(nicht abgedruckt)*

Inkrafttreten § 906

Übergangsbestimmungen zum Handelsrechts-Änderungsgesetz § 907

Verhältnis zum Recht der Europäischen Union § 908

Vollziehungsklausel § 909

STICHWORTVERZEICHNIS

Die auf das Stichwort folgenden Zahlen bezeichnen den (die) Paragraphen des UGB bzw den (die) Artikel der EVHGB (4. Einführungsverordnung). In diesem Stichwortverzeichnis wurde dem Bereich „Rechnungslegung" besonderes Augenmerk geschenkt.

A

Abfertigungen, Anwartschaften auf 198 (8)
– Bewertung 211 (2)
Abgrenzungsposten, antizipative 225 (3)
– für künftige Steuerentlastungen 258
Abschlußprüfer

– Abberufung 270
– Auskunftsrecht 272 (2)
– Ausschließungsgründe 271 (2) (3) (4)
– Auswahl 271
– Befangenheit 270 (3)
– Bestellung 270

- Entlohnung 270 (5)
- Haftung 275
- Unabhängigkeit 276
- Unvereinbarkeitskatalog 271
- Verantwortlichkeit 275
- Verschwiegenheitspflicht 275 (1) (3)
- Vorlagefrist an 272 (1)
- Vorlagepflicht an 272
- Wahl 270 (1) (7)

Abschlußprüfung 268-276
- Bestätigungsvermerk 274
- Gegenstand 269
- Pflicht zur 268
- Umfang 269

Abschreibung(en)
- Anlagevermögen 204
- Aufwendungen für das Ingangsetzen und Erweitern eines Betriebes 210, 231 (2)
- außerplanmäßige 204 (2)
- Ausweis 232 (5)
- Finanzanlagen 242 (2), 231 (2) (3)
- immaterielle Vermögensgegenstände 231 (2)
- Sachanlagen 231 (2)
- Umlaufvermögen 207
- Wertpapiere des Umlaufvermögens 231 (2) (3)

Abschreibungsgebot 210
Abschreibungsmethode 236
Abschlußstichtag 198 (5) (6), 201 (1), 207, 261 (2), 280
Absender 426, 427
Aktiengesellschaft
- ergänzende Vorschriften für die Rechnungslegung 221 ff
- Offenlegung 277, 279, 280a
- Pflichtangaben im Anhang 240
- verbundenes Unternehmen 277 (4)

Aktien im Anhang 240
- Bestand 240
- eigene 240
- Zugang 240

Aktivierungsverbot
- immaterielle Vermögensgegenstände 197 (2)

Aktivierungszwang
- Material- und Fertigungsgemeinkosten 203 (3)

Aktivseite
- der Bilanz 224

aliud-Lieferung 378
Amtsblatt zur Wiener Zeitung 10
Angaben „unterm Strich" 199
angeschlossenes Unternehmen 263
Anhang 204 (3), 222, 223, 225, 226, 227, 230 (2), 232 (4), 233 (1), 236, 242
- Aufstellungspflicht 222 (1)
- Bewertungsmethoden 236
- Bilanzierungsmethoden 236
- Finanzinstrumente 237a
- größenabhängige Erleichterung 242
- kleine AG 242 (1)
- kleine GmbH 242 (2)
- mittelgroße GmbH 242 (1)

- Pflichtangaben bei Aktiengesellschaften 240
- Pflichtangaben über Organe und Arbeitnehmer 239
- Schutzklausel 241
- Unterlassen von Angaben 241
- Veröffentlichung 277 (1)
- Zusammenfassung mit Konzernanhang 251 (3)

Anlagen in Bau 224 (2)
- maschinelle 224 (2)

Anlagevermögen 198 (1) (2), 224 (2)
- Abschreibungen 204
- aufgrund steuerlicher Vorschriften 205 (1)
- Entwicklung der einzelnen Posten 226 (1)
- geringwertige Vermögensgegenstände 205 (1), 226 (3)
- Wertansätze 203 (1)
- Wertminderung 204 (2)
- Zuschreibungen 204

Anleihen 224 (3)
Anleiheschuldverschreibung 367
Annahmeverzug
- des Käufers 373
- des Kommittenten 389

Anschaffungskosten 203 (1) (2), 204 (1), 206, 226 (1)

Anteile
- anderer Gesellschafter in der Konzernbilanz 259 (1)
- an herrschenden Unternehmen 225 (5)
- an mit Mehrheit beteiligten Unternehmen 225 (5)
- eigene 225 (5)
- einbezogene Unternehmen
  - Kapitalkonsolidierung 254 (1)
  - Vollkonsolidierung 253 (1)
- Genossenschaft 228 (1)
- Kapitalgesellschaft 228 (1)
- Mutterunternehmen 254 (4)
- Konzernanhang 266
- verbundene Unternehmen 224 (2)

Anteilmäßige Konsolidierung 262
Anteilmäßige Zusammenfassung
- der Jahresabschlüsse verbundener Unternehmen 262

Antwortpflicht 362
Anweisung
- des Absenders 433, 447
- des Empfängers 434
- des Käufers über die Versendungsart 374
- kaufmännische 368

Anzahlungen
- erhaltene, auf Bestellungen 224 (3), 225 (6)
- geleistete 224 (2)

Arbeitnehmer
- Angaben im Anhang 239
- Angaben im Konzernanhang 266
- Anzahl der Arbeitnehmer 221 (1) (2) (6)

Assoziierte Unternehmen 248, 263
Aufbewahrung der Ware 379
Aufbewahrungsfrist 212
- Beginn 212 (2)

Aufbewahrungspflicht 212
Aufgebotsverfahren 365, Art 8 Nr 12 (nach 365)

20/1. UGB

Auflösung
- der KG 177
- der OHG 131, 137, 144
- der Stillen Gesellschaft 184 f

Aufstellung des Anteilsbesitzes 265 (4)

Auftrag
- Einfluß des Todes auf einen Art 8 Nr 10 (nach 362)

Aufträge, langfristige 206 (3), 236
Aufwands- und Ertragskonsolidierung 257

Aufwendungen
- der Gesellschafter der OHG Art 7 Nr 18 (nach 149)
- des Kommissionärs 396
- des Lagerhalters 420

Aufwendungen im Jahresabschluß
- Abfertigungen 203 (3), 231 (2)
  - Anhang 237, 239
  - Konzernanhang 266
- aperiodische 233 (2)
- außerordentliche 231 (2) (3), 233 (1)
- aus Beteiligungen 231 (2) (3), 238
- betriebliche Altersversorgung 203 (3)
- Entgeltabhängige Abgaben und Pflichtbeiträge 231 (2), 237
- freiwillige Sozialleistungen 203 (3)
- Gewinn- und Verlustrechnung 200, 231 (2) (3)
- Gründung 197 (3)
- Ingangsetzen und Erweitern eines Betriebs 198 (3), 226
  - Abschreibung 210, 231 (2)
  - Ausschüttungssperre 226 (2)
  - Entwicklung 226 (1) (2)
- Pensionen 231 (2)
  - Anhang 237, 239
  - Unterbleiben 241 (4)
  - Konzernanhang 266
- Personal 231 (2), 237
- Sozialabgaben 231 (2), 237
- Sozialeinrichtungen 203 (3)

Auseinandersetzung mit dem ausscheidenden Gesellschafter
- OHG Art 7 Nr 15 (nach 138), Art 7 Nr 18 (nach 149)
- Stille Gesellschaft 186

Ausführungsanzeige des Kommissionärs 384, 386, 400, 405

Auskunftspflicht
- des geschäftsführenden Gesellschafters Art 7 Nr 6 (nach 115)
- des Tochterunternehmens 247 (3)

Auskunftsrecht des Abschlußprüfers 272
Auslagen 354
Ausleihungen 224 (2), 227

Ausscheiden des Gesellschafters
- OHG 138, 142
- KG 162

Ausschüttungsbeschränkung 226, 235
Ausschüttungssperre 226, 235

B

Bankiergeschäfte 1 (2)
Banknoten 367
Bauten auf fremden Grund 224 (2)

Bearbeitung von Waren 1 (2)
Beeidete Buchprüfer und Steuerberater 271 (1)
Beeidete Wirtschaftsprüfer und Steuerberater 271 (1)

Befriedigungsrecht
- aus dem Pfand 368, 398
- aus der zurückbehaltenen Sache 371

Beförderung 1 (2), 425, 453
Begleitpapiere 427
Beherrschender Einfluß 244 (2)
beiderseitiges Handelsgeschäft 346, 352 f, 369, 377, 379

Bekanntmachung
- Jahresabschluß 277, 279
- Konzernabschluß 280
- Offenlegung 277, 281
- Prüfung durch Gericht 282 (1)
- Veröffentlichung 281

Beschädigung
- des Frachtgutes 429 f
- des Kommissionsgutes 390
- des Lagergutes 423
- des Speditionsgutes 414

Besitz Art 5 (nach 364)
Bestandsaufnahme 209 (1)
Bestandsveränderungen 232 (2)

Bestätigungsvermerk 274
- Einschränkung 268 (3), 274 (3)
- Ergänzung 268 (3), 274 (2) (3)
- Unterzeichnung 274 (4)
- Veröffentlichung 277 (1), 280 (1)
- Versagung 268 (3), 274 (3)
- Wortlaut 274 (1)

Bestätigungsvermerke, Zusammenfassung 251 (3)
Bestimmungskauf 375

Beteiligungen 224 (2), 228 (1), 244 (6)
- Angabe im Anhang von Aktiengesellschaften 240
- assoziierte Unternehmen in der Konzernbilanz 263 (1)
- Wertansatz 264
- Personenhandelsgesellschaften 228 (2)

Beteiligungsvermutung 228 (2)
Betriebsausstattung 224 (2)
Betriebsstoffe 209 (1), 224 (2)
- Bewertungsvereinfachung 209 (1)

Bewertung
- allgemeine Grundsätze 201
- Anlagevermögen 203 f
- Buchwertfortführung 202 (2)
- Einbringungen 202 (2)
- einheitliche, im Konzernabschluß 260
- Einlagen 202
- Entnahmen 202
- Umgründungen 202 (2)
- Umlaufvermögen 206
- Umwandlungen 202 (2)
- Realteilungen 202 (2)
- Spaltungen 202 (2)
- Vereinfachung 209
- Verschmelzungen 202 (2)
- Zusammenschlüsse 202 (2)
- Zuwendungen 202

Bewertungsmethoden

- Abweichungen 236, 265
- Beibehaltung 202 (2)
- Erläuterung 236, 265

Bewertungsreserve aufgrund
- Aufgliederung 230 (1)
- Auflösung 205 (2)
- Beschränkung der Ausschüttung 235
- von Sonderabschreibungen 205, 224 (3)

Bewertungsstetigkeit 201 (2)
Bewertungsvereinfachungsverfahren 209
- Festwertverfahren 209 (1)
- Gruppenbewertung 209 (2)

Bewertungsvorschriften 201, 211
- abnutzbares Anlagevermögen 204
- Anlagevermögen 203
- Grundsätze 201
- Konzernabschluß 260
- Umlaufvermögen 206

Bewertungswahlrecht
- Konzernabschluß 260 (1)

Bezüge der Organe
- Anhang 239
- Konzernanhang 266

Bilanz
- Gliederung bei Kapitalgesellschaften 224
- Inhalt bei Vollkaufleuten 198
- Liquidation der Gesellschaft 154
- Teil des Jahresabschlusses 193 (4)
- s auch Eröffnungsbilanz, Jahresabschluß

Bilanzgewinn 200, 231 (2) (3), 224 (3)
Bilanzidentität 201 (2)
Bilanzierungsmethoden
- Änderung 236, 265
- Erläuterung 236, 265

Bilanzierungsverbote 197
- Ausübung im Konzernabschluß 253 (2)

Bilanzkontinuität 201 (1), 223
Bilanzstichtag 198 (5) (6), 201 (1), 211 (2)
Bilanzverlust 200, 231 (2) (3), 224 (3)
Börsen- oder Marktpreis 373, 376, 400
Bruttoergebnis 278
- vom Umsatz 231 (3)

Bucheinsicht
- des Kommanditisten 166
- des Stillen Gesellschafters 183
- OHG 118

Buchführung
- Pflicht zur 189
- Prüfung der 269 (1)

Buchhandel 1 (2)
Buchungsbeleg
- Aufbewahrungsfrist 212

Buchwertfortführung 202 (2)
Bürgschaft 349, 351

D

Darlehen 354
Datenträger 189 (3)
- Vorlage von Unterlagen auf 216

Deckungsgeschäft 376
Delkredereprovision 394
Deutsche Sprache 193 (4), 280 (2)
Differenzschaden 376
Drohende Verluste
- Rückstellungen für 198 (8)

Durchschnittswert, gewogener 209 (2)
Druckerei 1 (2)

E

Ehepakte Art 6 Nr 7 (nach 29)
eigene Anteile 225 (5)
Eigenkapital 198 (1), 224 (3), 229
- Ansatz bei Kapitalkonsolidierung 254 (1)
- im Anhang 241 (2)
- negatives 225 (1)
- Unterbleiben der Angabe
- Zuzahlungen 229 (2)

Eigenkapitalveränderungen bei assoziierten Unternehmen 264
Eigenleistungen 231 (2)
- Offenlegung bei kleiner AG 278

Eigentumserwerb vom Nichteigentümer 366
Einbringungen 202 (2)
Einfluß, maßgeblicher 263 (1)
Einheitliche Leitung 244 (1)
Einkaufskommission 391
Einlage Art 7 Nr 2 (nach 109), 162, 167, 171, 180 (1), 187
Einlagen im Jahresabschluß
- ausstehende 229 (1)
- Bewertung 202
- von stillen Gesellschaftern im Anhang 237

Einreichung zum Firmenbuch 277, 278, 280 (1)
- Frist 277 (2)
- im Weg des elektronischen Rechtsverkehrs 277 (7) (8)
- Prüfung durch Gericht 282 (1)

Einsatzermittlungsverfahren 209 (2)
einseitiges Handelsgeschäft 345
Eintragungsfreiheit 3
Eintritt
- in ein Einzelunternehmen 28
- in eine OHG 24, 130
- als Kommanditist in eine KG 173, 176

Einwendungen gegen den Indossatar 364
Einzelbewertung 201 (1)
Einzelwertberichtigung 226 (5)
Elektronische Datenübertragung 189 (2)
entgangener Gewinn Art 8 Nr 2 (nach 346)
Entnahmen, Bewertung 202
Erbenhaftung 27
Erfüllungsort 374, 376
Ergebniseliminierung bei Vollkonsolidierung 256
Erleichterungen bei der Aufstellung des Anhanges 242
Erlöse
- Leistungen zwischen den in den Konzernabschluß einbezogenen Unternehmen 257 (1)
- Lieferungen zwischen den in den Konzernabschluß einbezogenen Unternehmen 257 (1)
- typische 232 (1)

Ermächtigung Art 8 Nr 9 (nach 362)
Eröffnungsbilanz
- Aufbewahrungsfrist 212
- Aufstellungspflicht 193 (1)

Erträge
- Abgang von Finanzanlagen 231 (2) (3)

20/1. UGB

- aperiodische 233 (2)
- Auflösung von Rückstellungen 231 (2) (3)
- außerordentliche 231 (2) (3), 233 (1)
- Beteiligungen 231 (2) (3), 238
- Gewinn- und Verlustrechnung 200, 231 (2) (3)
- Leistungen zwischen den in den Konzernabschluß einbezogenen Unternehmen 257 (1)
- Lieferungen zwischen den in den Konzernabschluß einbezogenen Unternehmen 257 (1)
- verbundene Unternehmen 231 (2) (3)
- Zuschreibung zu Finanzanlagen 231 (2) (3)

Erwerberhaftung 25
Erzeugnisse
- fertige 224 (2)
  - Erhöhung oder Verminderung des Bestandes 231 (2)
  - Offenlegung bei kleiner AG 278
- unfertige 224 (2)
  - Erhöhung oder Verminderung des Bestandes 231 (2)

F
Falschlieferung 378
falsus prokurator Art 8 Nr 11 (nach 362)
Fehlbetrag
- nicht durch Eigenkapital gedeckter Fehlbetrag 225 (1)

Fertigungsgemeinkosten 203 (3)
Festwertverfahren 209 (1)
Finanzanlagen 224 (2)
- Abschreibungen 204 (2)

Finanzanlagevermögen
- Anhang 237a
- Bewertungsvereinfachung 209 (2)

Finanzinstrumente, Anhang 237a
Firma 2, 4, 17 ff
- abgeleitete 21 f, 24
- alten Rechts Art 25 (nach 17)
- Änderung 31, 34
- Ausschließlichkeit 30
- bisherige 21 f, 24 f
- Eintragung 29
- Einzelkaufmann 18
- Erlöschen 31 (2)
- Fortführung 21 f, 24 f
- gemeinschaftliche 105, 161
- KG 19
- Nachfolgezusatz 22, 25
- neue 30
- OHG 19
- Schutz 37
- Unterlassung des Gebrauchs 37
- Unterscheidbarkeit 30
- Veräußerung 23
- Zusatz 18, 22, 25, 30

Firmenbuch 8 ff
Firmenwert 203 (5), 224 (2)
- Abgrenzung zum Umgründungsmehrwert 202 (2)
- bei Umgründungen 202 (2)
- im Konzernabschluß 254 (3)
- voll abgeschriebener 226 (4)

Fixgeschäft 376
Forderungen 224 (2), 225 (2) (3), 227
- aus Lieferungen und Leistungen 224 (2)
- gegen Unternehmen, mit denen ein Beteiligungsverhältnis besteht 224 (2)
  - gesonderter Ausweis 225 (2)
- gegen verbundene Unternehmen 224 (2)
  - gesonderter Ausweis 225 (2)
- sonstige 224 (2), 225 (3)

Forderungsübergang 25, 28, 411, 441
Formkaufmann 6
Forschung 243 (2), 267 (2)
Fortführung des Unternehmens 201 (1)
Frachtbrief 426, 432
Frachtführer 1 (2), 407 f, 425
Frachtgeschäft 425 ff
- Ablieferungshindernisse 437
- Annahme des Gutes 436
- Ansprüche gegen den Frachtführer 438
- Begleitpapiere 427
- Empfang des Gutes 447
- Frachtbrief 408, 435
- Frachtvertrag 446
- Haftung 429, 442
- Hinterlegung des Gutes 437
- internationaler Straßengüterverkehr 439a
- letzter Frachtführer 441
- Leutehaftung 431
- Nachnahme 441
- Pfandrecht 440
- Rang der Pfandrechte 443
- Rechte des Empfängers 434
- Sorgfalt 429
- Verfügungsrecht des Absenders 433
- Verjährung 439

Freihandverkauf Art 8 Nr 14 (nach 368)
Fremdkapitalzinsen 203 (4)
Fremdwährungsposten 237, 265

G
Gattungsschuld 360
Gebräuche 346
Gefahrtragung beim Versendungskauf Art 8 Nr 20 (nach 373)
Gehälter 231 (2), 237
Geldschulden Art 8 Nr 8 (nach 361)
Geldwechsler 1 (2)
Gemeinschaftsunternehmen 262 (1)
Gemischte Vertretung 125
Genußrechte 240
Geringwertige Vermögensgegenstände des Anlagevermögens 205 (1), 226 (3)
Gerichtszuständigkeit 244 (7), 270 (3) (4), 276
- Einreichung zum Firmenbuch 282 (1)

Gesamtgeschäftsführung 115
Gesamtkostenverfahren 231 (2)
Gesamtnennbeträge der Aktien 240
Gesamtprokura 48
Gesamtschuld Art 8 Nr 1 (nach 346)
Gesamtvertretung 125
Geschäftsausstattung 224 (2)
Geschäftsbrief
- Angabe auf 14

Geschäftsführung
- OHG 114 ff

- Kommanditist 164
Geschäftsjahr, Dauer 193 (3)
Geschäftswert 203 (5), 224 (2), 226
- im Konzernabschluß 254 (3), 261 AB
- voll abgeschriebener 226 (4)
Geschäftszeit 358
Gesellschafter
- Aufnahme 24
- Ausscheiden 24
- Beitritt 24
- Eintritt 28
- OHG
  - Aufwendungen 110, Art 7 Nr 9 (nach 110)
  - Ausschließung 140
  - Beteiligung an schwebenden Geschäften Art 7 Nr 16 (nach 138)
  - Einlage Art 7 Nr 2 (nach 109)
  - Eintritt 130
  - Entziehung der Geschäftsführungsbefugnis 117
  - Haftung 128
  - Kapitalanteil 120
  - Rechte 118
  - Sorgfaltspflicht Art 7 Nr 3 (nach 109)
  - Verjährung 159, Art 7 Nr 20 (nach 159)
- Wechsel 24
Gesellschaft mit beschränkter Haftung
- ergänzende Vorschriften für die Rechnungslegung 221 ff
gesetzliches Pfandrecht 366, 368, 397, 410, 421, 440
Gewicht 361
Gewinn anderer Gesellschafter
- in der Konzern-Gewinn- und Verlustrechnung 259 (2)
Gewinnausschließungsvertrag 232 (3)
Gewinnausschüttung
- Beschränkung 226, 235
Gewinngemeinschaft 238
Gewinn- und Verlustrechnung
- Gliederung bei Kapitalgesellschaften 231
- Inhalt bei Vollkaufleuten 200, 207 (2)
- Teil des Jahresabschlusses 193 (4)
- s auch Jahresabschluß
Gewinnrealisierung bei langfristigen Fertigungsaufträgen 206
Gewinnrücklage
- Auflösung der 231 (2) (3)
- Ausweis 229 (3)
- freie 224 (3)
- gesetzliche 224 (3)
- im Konzernabschluß 253 (3)
- satzungsmäßige 224 (3)
- Zuweisung zu 231 (2) (3)
Gewinnvortrag 231 (2) (3)
Gewohnheiten und Gebräuche 346
Gliederung des Jahresabschlusses 223
- Änderungen 223 (8)
- Formblätter 223 (8)
- Gliederungskontinuität 223 (1)
- keine Leerposten 223 (7)
- mehrere Geschäftszweige 223 (3)
- mehrfache Zugehörigkeit
- eines Postens 223 (5)

- Vergleich mit Vorjahren 223 (2)
- weitere Untergliederung 223 (4)
- Zusammenfassen von Posten 223 (6)
GmbH
- ergänzende Vorschriften
- für die Rechnungslegung 221 ff
- Offenlegung 279
GmbH & Co KG 221 (3), 244 (3)
going concern 201 (1)
Größenabhängige Befreiungen und Erleichterungen 242, 246, 280 (3)
Größenklassen 221
- Eintritt der Rechtsfolgen 221 (4)
- Erhöhung durch Verordnung 221 (7)
- Umschreibung 221
Größenmerkmale, Prüfung durch Gericht 282 (2)
Grundkapital 224 (3), 229 (1), 240
Grundsatz der Vorsicht 201, 210, 211 (1)
Grundsätze ordnungsmäßiger Buchführung 189 (1), 192 (2) (3) (4), 193 (1), 195, 201, 209 (2), 250 (2), 269 (2)
Grundstücke
- Bauen auf fremden Grund 224 (2)
- Grundwert 225 (7)
Grundstücksgleiche Rechte 224 (2)
Gruppenbewertung 209 (2)
Güterversendung 407
Gutgewicht 380
gutgläubiger Erwerb vom Nichteigentümer 366 f
Guthaben bei Banken 224 (2)

H
Haftung
- des Absenders 427
- des Eintretenden 130, 173
- des Erben 27, 139
- für den Erfüllungsgehilfen Art 7 Nr 5 (nach 114)
- des Erwerbers eines Unternehmens 25
- des Frachtführers 429, 431
- der Gesellschaft 28
- der Gesellschafter
  - einer KG 161 (2), 171, 176
  - einer OHG 128
- des Kaufmannes 347
- des Kommanditisten 161, 171, 176
- des Kommissionärs 384, 386, 390, 393
- des Lagerhalters 417
- des Spediteurs 414
- des Vertreters ohne Vertretungsmacht Art 8 Nr 11 (nach 362)
Haftungsbetrag und Jahresabschluß Erhöhung 275
Haftungsverhältnisse 199, 237
Handelsagent 1 (2)
Handelsbrauch 346
Handelsbriefe 189 (2)
- Aufbewahrungspflicht 212
- auf Datenträger 189 (3)
Handelsbücher
- Aufbewahrungspflicht 212
- Führung 190
- Vorlage im Rechtsstreit 213
- Auszug bei 214

20/1. UGB

- Vorlage von Unterlagen auf Datenträgern 216
- Vorlage bei Vermögensauseinandersetzungen 215

Handelsgebrauch 359, 380, 393
Handelsgut 360
Handelsgeschäft 343, 345, 358, 369, 377, 379
- einseitiges 345
- Erwerb eines Handelsgeschäfts 22, 25
- Nießbrauch 22
- Pacht 22
- Veräußerung 23

Handelsgewerbe 1, 3, 5, 105, 343 f, 354
Handelskauf 373, 382
Handelsmakler 1 (2)
Handlungsvollmacht 54, 58
Handwerk 1, Art 6 Nr 2 (nach 4)
Hauptniederlassung
- Anmeldung 13
- Eintragung 13
- Sitz 13a
- Verlegung 13a

Heimfallasten
- Rückstellungen für 198 (8)

Herstellungskosten 203 (1) (3), 204 (1), 206, 226 (1), 231 (3)
Hilfsstoffe 224 (2)
- Bewertungsvereinfachung 209 (1)

Hinterlegung des Frachtgutes 437

I

Immaterielle Vermögensgegenstände 224 (2), 238
- Aktivierungsverbot 197 (2)

Imparitätisches Realisationsprinzip 201 (1)
Indossament 363 f, 424
Inhaberpapier 367
Inkrafttreten 906
inländische Währung Art 8 Nr 8 (nach 361)
Insolvenzrecht 225 (1)
international anerkannte Rechnungslegungsgrundsätze 245a
Inventar 191
- Aufbewahrungspflicht 212

Inventur
- Stichproben 192 (4)
- Verfahren 192
- zeitlich verlegte 192 (3)

Istkaufmann 1

J

Jahresabschluß 118 (1)
- Aufbewahrungspflicht 212
- Aufstellungsfrist 222 (1)
- Aufstellungspflicht 193 (2), 222 (1)
- Ausweisgrundsätze 205
- deutsche Sprache 193 (4)
- Einreichung zum Firmenbuch 248 (4), 277 (1)
  - im Wege des elektronischen Rechtsverkehrs 277 (7) (8)
- Frist 277 (2)
- Gliederung 223
- Beibehaltung 223 (1)
- mehrere Geschäftszweige 223 (3)
- Inhalt 193 (4), 195
- bei Kapitalgesellschaften 222
- in Konzernabschluß einbezogener Unternehmen, Stichtag 252 (2)
- Offenlegung 277, 279
- Prüfung 268
  - Umfang 269
- Schillingwährung 193 (4)
- Sprache 193 (4)
- Unterzeichnung 194
- Veröffentlichung 277 (1)
- Verrechnungsverbot 196 (2)
- Vollständigkeit 196 (1)
- Vorjahresbetrag 223 (2)

Jahresergebnis
- Unterbleiben der Angabe 241 (2)

Jahresfehlbetrag in der Gewinn- und Verlustrechnung 200, 231 (2) (3)
Jahresüberschuß in der Gewinn- und Verlustrechnung 200, 231 (2) (3)
Jubiläumsgelder Rückstellungen für 198 (8)
Juristische Person
- Änderung der Satzung 34
- Auflösung 34
- Eintragung 33
- Satzung 33

K

Kannkaufmann 3
Kapital
- genehmigtes 240
- nachrangiges 240

Kapitalanteil
- KG 167
- OHG 120, 122

Kapitalgesellschaft
- ergänzende Vorschriften für die Rechnungslegung 221 ff
- große 221 (3)
- kleine 221 (1), 242
- mittelgroße 221 (2)

Kapitalgesellschaft & Co KG 221 (3), 244 (3)
Kapitalkonsolidierung 254
Kapitalrücklage
- Auflösung 231 (2) (3)
- Ausweis 229 (2)
- gebundene 224 (3)
- nicht gebundene 224 (3)

Kassenbestand 224 (2)
Kauf
- auf Probe Art 8 Nr 18 (nach 373)
- nach Muster Art 8 Nr 17 (nach 373)
- nach Probe Art 8 Nr 17 (nach 373)

Kaufmann 1, 7
- Ehepakte Art 6 Nr 7 (nach 29)
- Formkaufmann 6
- Kannkaufmann 3
- kraft Eintragung 5
- Minderkaufmann 1 (1) (3) (4) (6) (7) (8), 4
- Scheinkaufmann 5
- Sollkaufmann 2
- Vollkaufmann 1-6, 351

Kaufmännische Orderpapiere 363
Kleingewerbe 4
Kommanditgesellschaft 4 (2), 161 ff

- Anmeldung 162
- Firma 19 (2)
- Geschäftsführung 164
- Konkurs 171
- Vertretung 170

Kommanditist 161 ff
- Ausscheiden 162 (3)
- Einlage 161 f, 167, 171 f
- Einsichtsrecht 166 (1)
- Eintritt 162, 173, 176
- Gewinn- und Verlustanteil 167, 169, 172 f
- Haftung 171 f, 176
- Herabsetzung der Einlage 174
- Rechte 166
- Tod 177

Kommission(sgeschäft) 383, 405
- Ausführungsanzeige 400 (2), 405
- Einkaufskommission 406
- Mangel am Kommissionsgut 388
- Selbsteintritt 400 f, 405
- Selbsthilfeverkauf 389
- Verkaufskommission 406

Kommissionär 383
- Haftung 384 f, 388, 390
- Kreditgewährung 393
- Nachrichten 384 (2)
- Pflichten 384
- Provision 396
- Sorgfalt 384
- Vergütung 394

Kommittent 383
- Weisungen 383, 385

Konkurs
- des Gesellschafters der Stillen Gesellschaft 187 f
- des Gesellschafters der OHG 131, 143, 145
- des Kaufmannes 32
- der OHG 131

Konnossement 363, 369, 397, 410, 421, 440
Konsolidierung, anteilsmäßige 262
Konsolidierungskreis 247, 249
- Änderung 247 (2)

Konsolidierungsmethoden 250 (3)
- Änderung 265 (1)

Kontokorrent 355, 357
Konventionalstrafe 348, Art 8 Nr 3 (nach 348)
Konzernabschluß 228 (3), 244, 266
- anzuwendende Vorschriften 251 (1)
- Aufbewahrungspflicht 212
- Aufstellungspflicht 244
  - größenabhängige Befreiungen 246
  - Meinungsverschiedenheiten 244 (7)
- ausländischer 245 (1)
- gleichwertiger 245 (2) (4)
- befreiender 245
- Bewertungsvorschriften 260
- einzubeziehende Unternehmen 247
- Erstkonsolidierung 246 (2)
- Form 250
- Inhalt 250
- Prüfung 268 (2)
  - Umfang 269
- nach international anerkannten Rechnungslegungsgrundsätzen 245a, 274 (5)
- Stichtag für die Aufstellung 252 (1)

- Verbot der Einbeziehung 248
- Veröffentlichungspflicht 280 (3)
- Verzicht auf die Einbeziehung 249
- Vorlagefrist 244 (1)

Konzernanhang 248 (3), 249 (3), 250, 252 (1), 254 (1) (3), 256 (2), 258, 260, 264 (1) (3) (5), 265, 266
- Aufstellungspflicht 244 (1) iVm, 250 (1)
- Inhalt 265, 266
- Unterlassen von Angaben 265 (3)
- Zusammenfassung mit Anhang 251 (3)

Konzernbilanz
- Angabe der Steuerabgrenzung 258
- Anteile anderer Gesellschafter 259 (1)
- Beteiligung an einem assoziierten Unternehmen 263 (1)
- Gliederung 251 (1) (2)
- Teil des Konzernabschlusses 250 (1)

Konzern-Gewinn- und Verlustrechnung 257
- Gewinn anderer Gesellschafter 259 (2)
- Teil des Konzernabschlusses 250 (1)
- Verlust anderer Gesellschafter 259 (2)

Konzernlagebericht
- Aufbewahrungspflicht 212
- Aufstellungsfrist 244 (1)
- Aufstellungspflicht 244
- befreiender 245
- Inhalt 267
- Prüfung 268 (2)
  - Umfang 269 (1)
- Vorlagefrist 244 (1)

Konzessionen 224 (2)
Körperliche Bestandsaufnahme 192
Kraftloserklärung indossabler Urkunden Art 8 Nr 12 (nach 365)
Kredite an Organe
- Anhang 239
- Konzernanhang 266

Kulanzen
- Rückstellungen für 198 (8)

Kunsthandel 1 (2)
Kurswert bei Geldschulden Art 8 Nr 8 (nach 361)

L

Ladenvollmacht 56
Ladeschein 363, 369, 397, 410, 421, 440, 444
- Inhalt 445

laesio enormis 351a
Lagebericht 222 (1)
- Aufbewahrungspflicht 212
- Aufstellungsfrist 222 (1)
- Aufstellungspflicht 222 (1)
- Inhalt 243
- Prüfung 268 (1)
- Umfang 269 (1)

Lagerhalter 1 (2), 416
- Aufbewahrung des Gutes 417
- Besichtigung des Gutes 418
- Empfangnahme des Gutes 417
- Lagergeld 420
- Lagerzeit 422
- Pfandrecht 421
- Rücknahme des Gutes 422
- Sammellagerung 419
- Veränderungen am Gut 417

- Verjährung 423
- Vermischung 419
- Versicherung 417
- Pfandrecht 421

Lagerschein 363, 369, 397, 410, 421, 440
Lagerung und Aufbewahrung von Gütern 416
Land- und Forstwirtschaft 3
laufende Rechnung 355, 357
Leasingverträge 237 Z 8, 266
Leerposten 223 (7)
Legitimation des Indossatars 365
Leistungen
- noch nicht abrechenbare 224 (2)
- Erhöhung oder Verminderung des Bestands 231 (2)
- Offenlegung bei kleiner AG 278
- zwischen in den Konzernabschluß einbezogenen Unternehmen 256

Leutehaftung des Frachtführers 431
Lieferungen zwischen in den Konzernabschluß einbezogenen Unternehmen 256
Liquidation der Gesellschaft 145, 158
Liquidationsbilanz 154
Liquidatoren 34, 146, 150
- Abberufung 147
- Anmeldung 148

Lizenzen 224 (2)
Löhne 231 (2), 237

M

Mängelrüge 377 f
Marktpreis 207
Maschinen 224 (2)
Mäßigungsrecht, richterliches 348, 351
Materialaufwand 231 (2), 237
- Offenlegung bei kleiner AG 278

Materialgemeinkosten 203 (3)
Materielle Bilanzkontinuität 201
Meinungsverschiedenheiten 244 (7), 270 (6), 276
Minderkaufmann 4, 351
Mitglieder des Vorstands und des Aufsichtsrats 239, 266
Mutterunternehmen 244 (1)

N

Nachfolgezusatz 22, 25, 105, 160
Nachtragsprüfung 268 (3)
Namensaktie 367
Namensänderung 21
Nebengewerbe 3
negatives Eigenkapital 225 (1)
Nennkapital 224 (3), 229 (1)
Neubewertung im Konzernabschluß 260 (2)
Notverkauf
- des Frachtgutes 437 (2)
- der Kaufsache 373 (3) (4), 379 (2)
- des Kommissionsgutes 388 (2)
- des Pfandes Art 8 Nr 14 (nach 368)

O

Offene Handelsgesellschaft 4 (2), 105, 160
- Anmeldung 106
- Auflösung 131, 133, 136, 143
- Aufrechnungsverbot Art 7 Nr 10 (nach 124)
- Aufwendungen der Gesellschafter 110, Art 7 Nr 4 (nach 110)
- Auseinandersetzung Art 7 Nr 15 (nach 138)
- Ausschließung 140, 142
- außergewöhnliche Geschäfte 116
- Beschlüsse 119
- Bestellung eines Prokuristen 116 (3)
- Beteiligung des ausscheidenden Gesellschafters an schwebenden Geschäften Art 7 Nr 16 (nach 138)
- Einlage Art 7 Nr 2 (nach 109), 111
- Eintragung 106
- Eintritt 130
- Einwendungen 129
- Einzelgeschäftsführung 115 f
- Entziehung 117, 127
- Entziehung der Vertretung 127
- Erlöschen der Firma 157
- Firma 19, 124
- Fortsetzung 139, 141 f, 144
- Gesamtgeschäftsführung 115
- Geschäftsbeginn 123 (2)
- Geschäftsführung 114, 117
- Gesellschafter 109
- Gesellschaftsvermögen Art 7 Nr 9 (nach 124)
- Gesellschaftsvertrag 109, 139
- gewöhnliche Geschäfte 116
- gewöhnliche und außergewöhnliche Geschäfte 116
- Haftung 128
- Herausgabepflicht Art 7 Nr 4 (nach 110)
- Kapitalanteil 120
- Kündigung 131 f, Art 7 Nr 14 (nach 132), 135, Art 7 Nr 7 (nach 117)
- Liquidation 145
- Rechte 118
- Sorgfalt Art 7 Nr 3 (nach 109)
- Umfang 116, 126
- Verjährung 159 f
- Verteilung des Vermögens 155
- Vertretung 125, 127
- Wettbewerbsverbot 112 f
- Widerruf der Prokura 116 (3)
- Widerspruch eines anderen Geschäftsführers 115 (1)

Offenlegung des Jahresabschlusses und des Lageberichtes 277, 281
- Form und Inhalt der Unterlagen 281
- gemeinsame Offenlegung von Konzern- und Jahresabschluß 251 (3)
- des Jahresabschlusses und des Lageberichtes
  - AG und GmbH 277ff
  - kleine GmbH 278
  - kleine und mittelgroße AG 279
  - mittelgroße GmbH 279
- des Konzernabschlusses 280
- größenabhängige Befreiung 280 (3)
- s auch Einreichung zum Firmenbuch, Veröffentlichung
- Zweigniederlassung ausländischer Kapitalgesellschaften 280a

öffentliches Interesse
- Unterlassen von Angaben 241 (1)

öffentliches Recht 7
Orderpapiere 363
Ordnungsstrafe Art 6 Nr 4 (nach 14)
Organe
– Anhang 239
– Konzernanhang 266
Ortsgebrauch 354, 359, 380, 393, 428

P
Pauschalwertberichtigung 226 (5)
Pensionen
– Rückstellungen für 198 (8)
periodengerechte Erfolgsermittlung 201 (2)
Personalaufwand 231 (2), 237
Personengesellschaften
– Beteiligung 228 (2)
Pfandrecht
– des Frachtführers 366, 368, 440, 443
– kaufmännisches Pfandrecht 366, 368, Art 8 Nr 14 (nach 368)
– des Kommissionärs 366, 368, 397
– des Lagerhalters 366, 368, 421
– des Spediteurs 368, Art 8 Nr 14 (nach 368), 440
Pfandverkauf 368, Art 8 Nr 14 (nach 368), 440
Posten
– Änderung 223 (8)
– Entfall 223 (7)
– Leerposten 223 (7)
– Untergliederung 223 (4)
– Veröffentlichung 277 (3)
– Zusammenfassung 223 (6)
– zusätzliche 223 (4)
Postenbezeichnungen 223 (4)
Postverwaltung 452
Produkthaftungsrisken
– Rückstellung für 198 (8)
Prokura 4 (1), 48, 53
– Erlöschen 52 f
– Erteilung 48, 53
– Gesamtprokura 48, 53
– Umfang 49 f
– Unübertragbarkeit 52
– Widerruf 52
– Zeichnung 51, 53
Provision
– des Kaufmanns 354
– des Kommissionärs 396
– des Spediteurs 409, 412 f
Prüfung, Entfall 221 (4)
– s auch Abschlußprüfung
Prüfungsauftrag 270 (1)
– Kündigung 270 (6)
– Widerruf 270 (1)
Prüfungsbericht 273, 274 (4)
– Unterzeichnung 273 (3)
– Zusammenfassung 251 (3)
Prüfungspflicht des Registergerichts 282
Publizität des Firmenbuchs 15

Q
Quotenkonsolidierung 262

R
Realisationsprinzip

– imparitätisches 201 (1)
Realteilung 202 (2)
Rechnungsabgrenzungsposten 198 (1) (5) (6), 224 (2) (3)
– aktive 198 (5) (7)
– passive 198 (6)
Rechnungsabschluß beim Kontokorrent 355
– Anerkennung 456
– Rechnungsperiode 355
Rechnungslegung 189 ff
Rechtsverkehr, elektronischer 277 (7) (8)
Refaktie 380
Rentenverpflichtungen
– Wertansätze 211 (1)
Rohergebnis 278
Rohstoffe 224 (2)
– Bewertungsvereinfachung 209 (1)
Rückgriff 110, 432, 441
Rücklagen
– Auflösung 231 (2) (3)
– Ausweis 230 (1)
– freie 224 (2)
– gesetzliche 224 (3)
– im Konzernabschluß 253 (3)
– satzungsmäßige 224 (3)
– unversteuerte 198 (1), 205, 224 (2) (3)
– Veränderung 237
– Zuführung 232 (4)
– Zuweisung 231 (2) (3)
– *s auch Gewinnrücklage, Kapitalrücklage*
Rückstellungen 198 (8) (9), 224 (3)
– Abfertigungen 198 (8), 224 (3)
– Anhang 237
– Anwartschaften auf Abfertigungen 198 (8)
– Anwartschaften auf Pensionen 198 (8)
– drohende Verluste aus schwebenden Geschäften 198 (8)
– Heimfallasten 198 (8)
– Jubiläumsgelder 198 (8)
– Kulanzen 198 (8)
– laufende Pensionen 198 (8)
– nicht konsumierten Urlaub 198 (8)
– Offenlegung bei kleiner GmbH 278, 278
– Pensionen 198 (8), 224 (3)
– Produkthaftungsrisken 198 (8)
– sonstige 224 (3)
– Steuerbelastung nachfolgender Geschäftsjahre 198 (9), 224 (3)
– ungewisse Verbindlichkeiten 198 (8)
– Wertansatz 211 (2)
Rücktrittsrecht 374, Art 8 Nr 21 (nach 373), 375 f
Rückzahlungsbetrag einer Verbindlichkeit 198 (7)
Rügeobliegenheit 377 f
Rüge „pflicht" 377 f

S
Sachanlagen 224 (2)
Sachanlagevermögen
– Bewertungsvereinfachung 209 (1)
Sammelladung 413
Satzung 33
Schadenersatz Art 8 Nr 2 (nach 346), 373, 376
Schecks 224 (2)
Scheinkaufmann 5

20/1. UGB

Schleppschiffahrtsunternehmen 1 (2)
Schuldenkonsolidierung 255
Schuldschein 344 (2)
Schutzklausel 241, 265 (3), 266
Schutzrechte, gewerbliche 224 (2)
Schweigen im kaufmännischen Verkehr 362
Selbsthilfeverkauf 373, 379, 388, 437
Sitzverlegung 13a
Sollkaufmann 2, 189 (4)
Sorgfalt
- des Frachtführers 429
- des Kommissionärs 384
- des OHG Gesellschafters Art 7 Nr 3 (nach 109)
- des ordentlichen Kaufmanns 347
- des Spediteurs 408
Spaltungen 202 (2)
Spediteur 1 (2), 407
- Pfandrecht 410
- Provision 409, 412
- Rechte und Pflichten 407
- Verjährung 414
Spezifikationskauf 375
Staffelform 231 (1)
Stammkapital 224 (3), 229 (1)
Steuerabgrenzung im Konzernabschluß 258
Steuerbelastung nachfolgender Geschäftsjahre 198 (9) (10)
- Abgrenzung auf Aktivseite 198 (10)
- Rückstellungen 198 (9)
Steuergutschriften 234
Steuerliche Begünstigung 208
Steuerliche Vorschriften 208
Steuern vom Einkommen und vom Ertrag 231 (2) (3), 234, 237
Steuerrückstellungen 198 (9), 224 (3)
- Offenlegung bei kleiner AG 278
Stichprobeninventur 192 (4)
Stichtag beim Konzernabschluß 252
Stille Gesellschaft
- Anfechtung im Konkurs 188
- Anhang 237 Z 10
- Anwendung des ABGB 179
- Auflösung 184 f
- Auseinandersetzung 186
- Begriff 178
- Gewinn 181, 186 (2)
- Gewinnberechnung 182
- Konkurs des Inhabers 187
- Kündigung 184 (1)
- Verlust 181, 186 (2)
- Verlustberechnung 182
Stiller Gesellschafter
- Einlage 180 (1), 187
- Kontrollrecht 183
- Mitteilung des Jahresabschlusses 183
- Sorgfaltspflicht 180 (2)
- Tod 184 (2)
Stimmrechtsbindungsvertrag 244 (2)

T
Taragewicht 380
technische Anlagen 224 (2)
Teilkonzernabschluß 245 (1)
Tochterunternehmen 244 (1)

- Verbot der Einbeziehung in Konzernabschluß 248
- Verzicht auf Einbeziehung in Konzernabschluß 249
Tod des Kaufmannes Art 8 Nr 10 (nach 362)
Transportversicherungspolizze 363

U
Überschuldung 225 (1)
Übersendung 379
Umgründungen 202 (2)
Umgründungsmehrwert 202 (2)
Umlaufvermögen 198 (1) (4), 224 (2)
- Abschreibungen 207
- Wertansätze 206
Umrechnungsgrundlage 237, 265 (1)
Umrechnung von Geldschulden in ausländischer Währung Art 8 Nr 8 (nach 361)
Umsatzerlöse 221 (1), 231 (2) (3), 232 (1)
- Gliederung nach geographisch bestimmten Märkten 237
- Gliederung nach Tätigkeitsbereichen 237, 266
- größenabhängige Erleichterung 242 (1)
- in Konzern-Gewinn- und Verlustrechnung 257 (1)
- Offenlegung bei kleiner AG 278
Umsatzkostenverfahren 231 (3), 237
Umwandlungen 202 (2)
Umweltschutzmaßnahmen 267
ungewisse Verbindlichkeiten
- Beziehungen zu 238
- Rückstellungen 198 (8)
- Unternehmen Angaben im Konzernanhang 265 (2)
- Unterlassen 265 (3)
- verbundene 228 (3)
- *s auch assoziierte Unternehmen*
„unterm Strich", Angaben 199
Unternehmensfortführung 201
Unterschiedsbetrag aus der Kapitalkonsolidierung 254 (3)
- Abschreibung 261
- Behandlung des Unterschiedsbetrags 261
Unversteuerte Rücklagen 205, 224 (3)
Urkunde 363, 365

V
Verantwortlichkeit des Abschlußprüfers 275
Verarbeitung von Waren 1 (2)
Verbindlichkeiten 198 (1), 224 (3), 225 (6)
- Angaben
- Anhang 237
- Konzernanhang 266
- aus der Annahme gezogener Wechsel 224 (3)
- aus der Ausstellung eigener Wechsel 224 (3)
- aus Lieferungen und Leistungen 224 (3)
- gegenüber Banken 224 (3)
- gegenüber Unternehmen, mit denen ein Beteiligungsverhältnis besteht 224 (3)
- gesonderter Ausweis 225 (2)
- gegenüber verbundenen Unternehmen 224 (3)

- gesonderter Ausweis 225 (2)
- ungewisse 198 (8)
- Wertansatz 211 (1)

Verein 6
Verfahren außer Streitsachen 244 (7), 270 (3) (4), 276
Verfrachter 407 f
Verfügungsrecht des Absenders 433
Verjährung der Ansprüche gegen Frachtführer 439
- früheren Inhaber eines Handelsgeschäfts 26
- Gesellschafter 159
- Lagerhalter 423
- Spediteur 414

Verkürzung über die Hälfte 351a
Verlust anderer Gesellschafter
- in der Konzern-Gewinn- und Verlustrechnung 259 (2)

Verlustausschließungsvertrag 232 (3), 238
Verlust oder Beschädigung des Frachtgutes 429
Verlustvortrag 231 (2) (3)
Vermögenseinlage des Kommanditisten 161
Vermögensgegenstände, sonstige 224 (2)
Veröffentlichung 10
- des Beschlusses über die Zwangsstrafe 283 (2)
- des Bestätigungsvermerks 277 (1), 280 (1)
- Form und Inhalt der Unterlagen 281
- Frist 10 (4)
- Inhaberpaper 367
- Jahresabschluß
  - AG 277
  - große GmbH 279
  - kleine AG 278
- Konzernabschluß 280
- größenabhängige Befreiung 280 (3)

Veröffentlichungsblatt 10
Verordnungsermächtigung für den BMJ 221 (7)
Verpflichtungsschein, kaufmännischer 363
Verrechnungsverbot 196 (2)
Verschmelzungen 202 (2)
Verschwiegenheitspflicht des Abschlußprüfers 275 (1) (3)
Versendungskauf Art 8 Nr 20 (nach 373)
Versicherung 1 (2)
Versteigerung 373, 376
Vertragsstrafe 348, Art 8 Nr 3 (nach 348), 351
Vertreter ohne Vertretungsmacht Art 8 Nr 11 (nach 362)
Vertretung
- Kommanditist 170
- OHG 125, 127

Vertriebskosten 206 (3), 231 (3)
Vervielfältigung
- des Jahresabschlusses 281
- des Konzernabschlusses 281

Verwaltungskosten 206 (3), 231 (3)
Verwendungszinsen 110
Verzugszinsen aus beiderseitigem Handelsgeschäft 352
Viehmängel 382
Vollabschreibung geringwertiger
- Vermögensgegenstand im AV 205 (1)

Vollkaufmann 4, 351
- Rechnungslegung 189 ff

Vollkonsolidierung 228 (3), 253, 259
Vollmacht Art 8 Nr 10 (nach 362)
Vollständige Zusammenfassung
- der Jahresabschlüsse verbundener Unternehmen 253, 259

Vollständigkeit
- Jahresabschluß 196 (1)
- Konzernabschluß 253

Vorjahreszahlen 223 (2)
Vorlage
- bei Vermögensauseinandersetzung 215
- der Handelsbücher im Rechtsstreit 213
- von Unterlagen auf Datenträgern 216

Vorlagefrist
- an Abschlußprüfer 272 (1)

Vorlagepflicht
- an Abschlußprüfer 272
- des Tochterunternehmens 247 (3)

Vorräte
- Bilanz 224 (2)
- Konzernbilanz 251 (2)

Vorratsvermögen
- Bewertungsvereinfachung 209 (2)

Vorschüsse 354
- Verzinsung 354

Vorschüsse an Organe im Jahresabschluß 239, 266
Vorsichtsprinzip 201 (2), 210, 211 (1)
Vorstand 34

W

Währung 361, Art 8 Nr 8 (nach 361)
Wandelschuldverschreibung 240
Waren 1 (2)
Warenlager 56
Wechsel 225 (4)
Werklieferungsvertrag 381 (2)
Werkzeuge 224 (2)
Wertänderungen 232 (2)
Wertansätze
- Banken 260 (2)
- Beteiligung an einem assoziierten Unternehmen 264 (1)
- für Anwartschaften auf Abfertigungen 211 (2)
- für Anwartschaften auf Pensionen 211 (2)
- für laufende Pensionen 211 (2)
- Passivposten 211
- Rentenverpflichtungen 211 (1)
- Rückstellungen 211 (1)
- s auch Bewertungsvorschriften Verbindlichkeiten 211 (1)
- Versicherungsunternehmen 260 (2)

Wertaufholung 208
Wertminderung von Gegenständen des Anlagevermögens 204 (2)
Wertpapiere 1 (2), 369, 381, 383
Wertpapiere im Jahresabschluß 224 (2), 225 (4)
- Bewertungsvereinfachung 209 (2)

Wertpapiererträge 231 (2) (3)
Wertrechte 209 (2), 224 (2)
Wesentlichkeitsprinzip 255 (2), 256 (2), 257 (2)
Wettbewerbsverbot 112 f
Wirtschaftsprüfer 271 (1)

Z

Zahlungsort 361
Zeitrechnung 361
Zentralblatt für die Eintragungen
 – in das (Handelsregister) Firmenbuch in der Republik Österreich 10
Zinsen 231 (2) (3)
 – ABGB-Verweis 352
 – Gesamtbetrag 236
Zinsenerträge 231 (2) (3)
Zinseszinsen 355
Zinssatz 352
Zurückbehaltungsrecht 369 f, 372
Zusammenfassungsmethoden 250 (3)
Zusammenfassung
 – von Aufwendungen und Erträgen verbundener Unternehmen 257
 – von Eigenkapital und Beteiligungen 254
 – von Forderungen und Schulden verbundener Unternehmen 255
 – von Posten der Bilanz und GuV 223 (6)
Zusammenschlüsse 202 (2)
Zuschreibungen im Anlagevermögen 204
 – Beschränkung der Ausschüttung 235
 – unterlassene Zuschreibung aus steuerlichen Gründen 208 (2) (3)
Zuschreibungswahlrecht 204 (3)
Zuwendungen
 – Bewertung 202
Zuzahlungen
 – Eigenkapital 229 (2)
Zwangsstrafen 283
Zweigniederlassung 13 f, 30
 – Offenlegung von Rechnungslegungsunterlagen von Zweigniederlassungen ausländischer Kapitalgesellschaften 280a
Zwischenabschluß 245 (2), 252 (2)
Zwischenergebnisse
 – Behandlung 256
Zwischenschein 367
Zwischenspediteur 408, 411

Bundesgesetz über besondere zivilrechtliche Vorschriften für Unternehmen (Unternehmensgesetzbuch – UGB)

Erstes Buch
Allgemeine Bestimmungen

Erster Abschnitt
Begriffe und Anwendungsbereich

Unternehmer und Unternehmen

§ 1. (1) Unternehmer ist, wer ein Unternehmen betreibt.

(2) Ein Unternehmen ist jede auf Dauer angelegte Organisation selbständiger wirtschaftlicher Tätigkeit, mag sie auch nicht auf Gewinn gerichtet sein.

(3) Soweit in der Folge der Begriff des Unternehmers verwendet wird, erfasst er Unternehmerinnen und Unternehmer gleichermaßen.

Unternehmer kraft Rechtsform

§ 2. Aktiengesellschaften, Gesellschaften mit beschränkter Haftung, Erwerbs- und Wirtschaftsgenossenschaften, Versicherungsvereine auf Gegenseitigkeit, Sparkassen, Europäische wirtschaftliche Interessenvereinigungen (EWIV), Europäische Gesellschaften (SE) und Europäische Genossenschaften (SCE) sind Unternehmer kraft Rechtsform.

Unternehmer kraft Eintragung

§ 3. Personen, die zu Unrecht ins Firmenbuch eingetragen sind und unter ihrer Firma handeln, gelten als Unternehmer kraft Eintragung.

Anwendungsbereich des Ersten Buches, Wahlmöglichkeit

§ 4. (1) Das Erste Buch ist auf Unternehmer im Sinn der §§ 1 bis 3 anzuwenden.

(2) Angehörige der freien Berufe sind von der Anwendung der folgenden Abschnitte des Ersten Buches ausgenommen. Sie können sich jedoch durch Eintragung in das Firmenbuch freiwillig dem Ersten Buch unterstellen, sofern dem keine berufsrechtlichen Sonderbestimmungen entgegenstehen.

(3) Auch Land- und Forstwirte sind von der Anwendung der folgenden Abschnitte des Ersten Buches ausgenommen. Sie können sich mit ihrem Unternehmen oder mit einem zu ihrer Land- oder Forstwirtschaft zählenden Nebengewerbe in das Firmenbuch eintragen lassen und damit ebenfalls freiwillig dem Ersten Buch unterstellen.

Anwendungsbereich der weiteren Bücher

§ 5. Der Anwendungsbereich des Zweiten Buches ergibt sich für offene Gesellschaften aus § 105, für Kommanditgesellschaften aus § 161 und für stille Gesellschaften aus § 179. Der Anwendungsbereich des Dritten Buches ergibt sich aus § 189, der des Vierten Buches aus § 343, für dessen Achten Abschnitt aber aus § 455, und der des Fünften Buches aus den §§ 1 bis 3.

Öffentlichrechtliche Bestimmungen

§ 6. Durch Vorschriften des öffentlichen Rechtes, nach denen die Befugnis zur unternehmerischen Tätigkeit ausgeschlossen oder von gewissen Voraussetzungen abhängig gemacht ist, wird die Anwendung dieses Gesetzbuchs nicht berührt.

Zweiter Abschnitt
Firmenbuch

Führung des Firmenbuchs

§ 7. Das Firmenbuch wird von den Gerichten geführt.

Eintragung

§ 8. (1) Unternehmerisch tätige natürliche Personen, die nach § 189 der Pflicht zur Rechnungslegung unterliegen, sind verpflichtet, sich in das Firmenbuch eintragen zu lassen. Andere Einzelunternehmer sind dazu berechtigt. Eine freiwillige Eintragung ist auf Antrag wieder zu löschen.

(2) Die Eintragung von Unternehmern kraft Rechtsform, offenen Gesellschaften, Kommanditgesellschaften und anderen Rechtsträgern wird in den für sie geltenden Sonderbestimmungen geregelt.

(3) Betreiben mehrere Personen ein Unternehmen in der Rechtsform einer Gesellschaft bürgerlichen Rechts (§§ 1175 ff. ABGB) und überschreitet die Gesellschaft den Schwellenwert des § 189, so sind sie zur Eintragung der Gesellschaft als offene Gesellschaft oder als Kommanditgesellschaft verpflichtet.

Das Firmenbuch betreffende Einsichtnahmen, Auszüge und Bestätigungen

§ 9. (1) Zur Einsicht in das Hauptbuch und in die zur Urkundensammlung eingereichten Schriftstücke ist jedermann befugt.

(2) Von den Eintragungen im Hauptbuch und den zur Urkundensammlung eingereichten Schriftstücken können Auszüge (Ausdrucke) gefordert werden. Der Auszug ist zu beglaubigen, sofern nicht auf die Beglaubigung verzichtet wird.

(3) Soweit dies nicht durch Auszüge aus dem Firmenbuch ersichtlich ist, kann der Nachweis, wer der Inhaber einer in das Firmenbuch eingetragenen Firma ist, Behörden gegenüber durch eine Bestätigung des Gerichts über die Eintragung geführt werden. Das Gleiche gilt vom Nachweis der Befugnis zu im Firmenbuch eingetragenen Vertretungen sowie davon, dass bezüglich des Gegenstandes einer Eintragung weitere Eintragungen nicht vorhanden sind oder dass eine bestimmte Eintragung nicht erfolgt ist.

(4) (aufgehoben)

Veröffentlichungen

§ 10. (1) Eintragungen im Firmenbuch gelten mit dem Beginn des Tages ihres Vollzugs (§ 32 Abs. 1 FBG) als bekannt gemacht. Sie sind außerdem in der Ediktsdatei (§ 89j GOG) und, soweit es sich nicht um Eintragungen über Einzelunternehmer oder eingetragenen Personengesellschaften handelt, auch im „Amtsblatt zur Wiener Zeitung" zu veröffentlichen. Soweit nicht das Gesetz etwas anderes vorschreibt, werden die Eintragungen ihrem ganzen Inhalt nach veröffentlicht.

(GesDigG 2022, BGBl I 2022/186)

(1a) Auch sonstige vom Firmenbuchgericht vorzunehmende Veröffentlichungen haben in der Ediktsdatei (§ 89j GOG) und im „Amtsblatt zur Wiener Zeitung" zu erfolgen; mit dem im § 89j Abs. 1 letzter Satz GOG genannten Zeitpunkt gilt die Veröffentlichung als vorgenommen.

(GesDigG 2022, BGBl I 2022/186)

(1b) Alle Eintragungen und sonstigen Veröffentlichungen sind unverzüglich in die Ediktsdatei aufzunehmen und müssen dort zumindest einen Monat lang abfragbar bleiben.

(GesDigG 2022, BGBl I 2022/186)

(2) Die Veröffentlichungen im „Amtsblatt zur Wiener Zeitung" sind tunlichst innerhalb eines Zeitraumes von zwei Monaten nach Erteilung der Druckgenehmigung in leicht lesbarer Schrift vorzunehmen; sie können in einer Beilage zum Blatt zusammengefasst werden. Der betroffene Rechtsträger hat das Entgelt für die Veröffentlichung an die Wiener Zeitung GmbH zu bezahlen. Der Bundeskanzler hat durch Verordnung Höchstsätze für diese Entgelte festzusetzen. Diese Höchstsätze müssen sich an marktüblichen Einschaltungskosten orientieren.

Anmeldungen

§ 11. (1) Die Anmeldungen zur Eintragung in das Firmenbuch sowie die zur Aufbewahrung bei Gericht bestimmten Zeichnungen von Unterschriften sind in der Regel schriftlich in öffentlich beglaubigter Form einzureichen.

(2) Die gleiche Form ist für eine Vollmacht zur Anmeldung erforderlich. Rechtsnachfolger eines Beteiligten haben die Rechtsnachfolge soweit tunlich durch öffentliche Urkunden nachzuweisen.

(3) Anmeldungen zum Firmenbuch, die eine unternehmerisch tätige natürliche Person im Sinn des § 8 Abs. 1 unter Verwendung der Funktion E-ID (§§ 4 ff. E-GovG) mit dem dafür von der Justiz zur Verfügung gestellten Online-Formular selbst vornimmt, sowie die einer solchen Anmeldung angeschlossene Zeichnung der Namensunterschrift dieser Person bedürfen nicht der beglaubigten Form.

(GesDigG 2022, BGBl I 2022/186)

Inländische Zweigniederlassungen ausländischer Rechtsträger

§ 12. (1) Liegt die Hauptniederlassung oder der Sitz eines Rechtsträgers im Ausland, so ist der Rechtsträger in das Firmenbuch einzutragen, wenn er im Inland eine Zweigniederlassung hat.

(2) Bei der Anmeldung ist das Bestehen des Rechtsträgers als solchen nachzuweisen. In die Anmeldung sind die in das Firmenbuch einzutragenden Tatsachen aufzunehmen.

(3) In das Firmenbuch einzutragen sind die Angaben gemäß § 3 FBG sowie die für einen Rechtsträger im FBG vorgesehenen besonderen Eintragungen. Weiters sind in das Firmenbuch die Tätigkeit der Zweigniederlassung, das Personalstatut des Rechtsträgers (§§ 9, 10 IPR-Gesetz, BGBl. Nr. 304/1978), sowie sofern das Personalstatut eine Registereintragung vorsieht das Register, bei dem der Rechtsträger geführt wird, und die Nummer der Eintragung in dieses Register einzutragen. Personen, die nicht auf Grund des Gesetzes befugt sind, den Rechtsträger zu vertreten, sind nur dann in das Firmenbuch einzutragen, wenn sich die Vertretungsbefugnis auf die inländische Zweigniederlassung erstreckt.

(4) Für die Anmeldungen, Zeichnungen, Einreichungen, Eintragungen und Bekanntmachungen gelten im übrigen, soweit nicht das ausländische Recht Abweichungen nötig macht, sinngemäß die für einen derartigen Rechtsträger bestehenden inländischen Vorschriften.

Verlegung der Hauptniederlassung oder des Sitzes

§ 13. (1) Wird die Hauptniederlassung oder der Sitz eines Rechtsträgers im Inland verlegt, so ist die Verlegung beim Gericht der bisherigen Hauptniederlassung oder des bisherigen Sitzes anzumelden. Führt die Sitzverlegung zu einer Änderung der Zuständigkeit (§ 120 JN), so hat dies das Gericht der bisherigen Hauptniederlassung oder des bisherigen Sitzes dem Gericht der neuen Hauptniederlassung oder des neuen Sitzes mitzuteilen und diese Tatsache im Firmenbuch einzutragen. Der Mitteilung sind die Anmeldung sowie die bei dem bisher zuständigen Gericht aufbewahrten Akten und Urkunden (Urkundensammlung) beizufügen.

(2) Das Gericht der neuen Hauptniederlassung oder des neuen Sitzes hat zu prüfen, ob die Hauptniederlassung oder der Sitz ordnungsgemäß verlegt und § 29 beachtet ist. Ist dies der Fall, so hat es die Verlegung sowie allenfalls mit der Anmeldung der Sitzverlegung verbundene weitere Anmeldungen einzutragen.

Geschäftspapiere und Bestellscheine

§ 14. (1) In das Firmenbuch eingetragene Unternehmer haben auf allen Geschäftsbriefen und Bestellscheinen, die auf Papier oder in sonstiger Weise an einen bestimmten Empfänger gerichtet sind, sowie auf ihren Webseiten die Firma, die Rechtsform, den Sitz und die Firmenbuchnummer des Unternehmers, gegebenenfalls den Hinweis, dass sich der Unternehmer in Liquidation befindet, sowie das Firmenbuchgericht anzugeben. Bei einer offenen Gesellschaft oder Kommanditgesellschaft, bei der kein unbeschränkt haftender Gesellschafter eine natürliche Person ist, sind diese Angaben auf den Geschäftsbriefen, Bestellscheinen und Webseiten der Gesellschaft auch über die unbeschränkt haftenden Gesellschafter zu machen. Einzelunternehmer haben auch ihren Namen anzugeben, wenn er sich von der Firma unterscheidet. Genossenschaften haben auch die Art ihrer Haftung anzugeben.

(2) Werden bei einer Kapitalgesellschaft auf Geschäftsbriefen, Bestellscheinen und Webseiten Angaben über das Kapital der Gesellschaft gemacht, so müssen in jedem Fall das Grund- und Stammkapital sowie bei der Aktiengesellschaft, wenn auf die Aktien der Ausgabebetrag nicht vollständig, bei der Gesellschaft mit beschränkter Haftung, wenn nicht alle in Geld zu leistenden Einlagen eingezahlt sind, der Gesamtbetrag der ausstehenden Einlagen angegeben werden.

(3) Auf Geschäftsbriefen, Bestellscheinen und Webseiten, die von einer inländischen Zweigniederlassung eines Unternehmers mit ausländischer Hauptniederlassung oder mit ausländischem Sitz benützt werden, sind außer den Angaben nach Abs. 1 und 2 die Firma, die Firmenbuchnummer der Zweigniederlassung und das Firmenbuchgericht anzugeben.

(4) Der Angaben nach Abs. 1 und 2 bedarf es nicht bei Mitteilungen oder Berichten, die im Rahmen einer bestehenden Geschäftsverbindung ergehen und für die üblicherweise Vordrucke verwendet werden, in denen lediglich die im Einzelfall erforderlichen besonderen Angaben eingefügt zu werden brauchen. Diese Regelung gilt nicht für Bestellscheine.

(5) Wer als Unternehmer diesen Verpflichtungen nicht nachkommt, ist dazu vom Firmenbuchgericht durch eine Zwangsstrafe anzuhalten.

Publizität des Firmenbuchs

§ 15. (1) Solange eine in das Firmenbuch einzutragende Tatsache nicht eingetragen ist, kann sie von demjenigen, in dessen Angelegenheiten sie einzutragen war, einem Dritten nicht entgegengesetzt werden, es sei denn, daß sie diesem bekannt war.

(GesDigG 2022, BGBl I 2022/186)

(2) Ist die Tatsache eingetragen worden, so muß ein Dritter sie gegen sich gelten lassen. Dies gilt nicht bei Rechtshandlungen, die innerhalb von 15 Tagen nach der Eintragung vorgenommen werden, sofern der Dritte beweist, daß er die Tatsache weder kannte noch kennen mußte.

(GesDigG 2022, BGBl I 2022/186)

(3) Wer eine unrichtige Eintragung veranlasst oder eine, wenn auch nicht von ihm veranlasste, wohl aber von ihm als unrichtig erkannte oder für ihn als unrichtig erkennbare Eintragung aus Verschulden nicht löschen lässt, muss sich die unrichtige Eintragung dem Dritten gegenüber im Geschäftsverkehr gegen sich gelten lassen, sofern er nicht beweist, dass der Dritte nicht im Vertrauen auf die Eintragung gehandelt hat oder deren Unrichtigkeit kannte oder grob fahrlässig nicht kannte.

(4) § 3 bleibt unberührt.

Gerichtliche Feststellungen

§ 16. (1) Ist durch eine rechtskräftige oder vollstreckbare Entscheidung des Prozeßgerichts die Verpflichtung zur Mitwirkung bei einer Anmeldung zum Firmenbuch oder ein Rechtsverhältnis, bezüglich dessen eine Eintragung zu erfolgen hat, gegen einen von mehreren bei der Vornahme der Anmeldung Beteiligten festgestellt, so genügt zur Eintragung die Anmeldung der übrigen Beteiligten. Wird die Entscheidung, auf Grund deren die Eintragung erfolgt ist, aufgehoben, so ist dies auf Antrag eines der Beteiligten in das Firmenbuch einzutragen.

(2) Ist durch eine rechtskräftige oder vollstreckbare Entscheidung des Prozeßgerichts die Vornahme einer Eintragung für unzulässig erklärt, so darf die Eintragung nicht gegen den Widerspruch desjenigen erfolgen, welcher die Entscheidung erwirkt hat.

Dritter Abschnitt
Firma
Begriff

§ 17. (1) Die Firma ist der in das Firmenbuch eingetragene Name eines Unternehmers, unter dem er seine Geschäfte betreibt und die Unterschrift abgibt.

(2) Ein Unternehmer kann in Verfahren vor Gerichten oder Verwaltungsbehörden seine Firma als Parteibezeichnung führen und mit seiner Firma als Partei bezeichnet werden. Für Einzelunternehmer gilt dies nicht in Strafverfahren.

Eigenschaften der Firma

§ 18. (1) Die Firma muss zur Kennzeichnung des Unternehmers geeignet sein und Unterscheidungskraft besitzen.

(2) Die Firma darf keine Angaben enthalten, die geeignet sind, über geschäftliche Verhältnisse, die für die angesprochenen Verkehrskreise wesentlich sind, irrezuführen. Im Verfahren vor dem Firmenbuchgericht wird die Eignung zur Irreführung nur berücksichtigt, wenn sie ersichtlich ist.

Zwingende Rechtsformzusätze

§ 19. (1) Bei in das Firmenbuch eingetragenen Unternehmern muss die Firma, auch wenn sie nach den §§ 21, 22, 24 oder nach anderen gesetzlichen Vorschriften fortgeführt wird, enthalten:
1. bei Einzelunternehmern die Bezeichnung „eingetragener Unternehmer" oder „eingetragene Unternehmerin" oder eine allgemein verständliche Abkürzung dieser Bezeichnung, insbesondere „e.U.";
2. bei einer offenen Gesellschaft die Bezeichnung „offene Gesellschaft" oder eine allgemein verständliche Abkürzung dieser Bezeichnung, insbesondere „OG";
3. bei einer Kommanditgesellschaft die Bezeichnung „Kommanditgesellschaft" oder eine allgemein verständliche Abkürzung dieser Bezeichnung, insbesondere „KG";
4. bei Angehörigen eines freien Berufes, soweit die berufsrechtlichen Vorschriften für die Firma nichts anderes vorsehen, einen Hinweis auf den ausgeübten freien Beruf. An die Stelle der Bezeichnung „offene Gesellschaft" kann die Bezeichnung „Partnerschaft" oder – sofern die Firma nicht die Namen aller Gesellschafter enthält – der Zusatz „und (&) Partner", an die Stelle der Bezeichnung „Kommanditgesellschaft" die Bezeichnung „Kommandit-Partnerschaft" treten.

(2) Wenn in einer offenen Gesellschaft oder einer Kommanditgesellschaft keine natürliche Person unbeschränkt haftet, muss dieser Umstand aus der Firma erkennbar sein, auch wenn sie nach den §§ 21, 22, 24 oder nach anderen gesetzlichen Vorschriften fortgeführt wird.

Unzulässige Verwendung fremder Namen

§ 20. In die Firma eines Einzelunternehmers oder einer eingetragenen Personengesellschaft darf der Name einer anderen Person als des Einzelunternehmers oder eines unbeschränkt haftenden Gesellschafters nicht aufgenommen werden.

Fortführung bei Namensänderung

§ 21. Wird der Name einer in der Firma genannten Person geändert, so kann die bisherige Firma fortgeführt werden.

Fortführung bei Unternehmenserwerb

§ 22. (1) Wer ein bestehendes Unternehmen unter Lebenden oder von Todes wegen erwirbt, darf für das Unternehmen die bisherige Firma, auch wenn sie den Namen des bisherigen Unternehmers enthält, mit oder ohne Beifügung das Nachfolgeverhältnis andeutenden Zusatzes fortführen, wenn der bisherige Unternehmer oder dessen Erben in die Fortführung der Firma ausdrücklich einwilligen.

(2) Wird das Unternehmen auf Grund eines Nießbrauchs, eines Pachtvertrags oder eines ähnlichen Verhältnisses übernommen, so finden diese Vorschriften entsprechende Anwendung.

Verbot der Leerübertragung

§ 23. Die Firma kann nicht ohne das Unternehmen, für das sie geführt wird, veräußert werden.

Fortführung bei Änderungen im Gesellschafterbestand

§ 24. (1) Tritt ein neuer Gesellschafter in eine Gesellschaft ein oder scheidet ein Gesellschafter aus einer solchen aus, so kann ungeachtet dieser Veränderung die bisherige Firma fortgeführt werden.

(2) Bei Ausscheiden eines Gesellschafters, dessen Name in der Firma enthalten ist, bedarf es zur Fortführung der Firma der ausdrücklichen Einwilligung des Gesellschafters oder seiner Erben.

§§ 25. bis 27. (aufgehoben)

Anmeldung der Firma

§ 28. Die Anmeldung zum Firmenbuch erfolgt bei dem Gericht, in dessen Sprengel sich der Sitz des Unternehmens befindet. Der Unternehmer hat in der Anmeldung die in § 3 Z 2 bis 4, 5, 8 und 16, gegebenenfalls auch die in § 3 Z 6, 9, 11 und 15 und § 4 Z 2 und 3 FBG genannten Tatsachen anzugeben und seine Namensunterschrift zur Aufbewahrung bei Gericht zu zeichnen.

Unterscheidbarkeit der Firma

§ 29. (1) Jede neue Firma muß sich von allen an demselben Orte oder in derselben Gemeinde bereits bestehenden und in das Firmenbuch eingetragenen Firmen deutlich unterscheiden.

(2) Hat ein Unternehmer mit einem bereits eingetragenen Unternehmer die gleichen Vornamen und den gleichen Familiennamen und will auch er sich dieser Namen als seiner Firma bedienen,

so muß er der Firma einen Zusatz beifügen, durch den sie sich von der bereits eingetragenen Firma deutlich unterscheidet.

(3) Besteht an dem Orte oder in der Gemeinde, wo eine Zweigniederlassung errichtet wird, bereits eine gleiche eingetragene Firma, so muß der Firma für die Zweigniederlassung ein der Vorschrift des Abs. 2 entsprechender Zusatz beigefügt werden.

(4) (aufgehoben)

Änderung der Firma, Unternehmensbeendigung

§ 30. (1) Eine Änderung der Firma oder ihrer Inhaber sowie die Verlegung des Sitzes an einen anderen Ort sind nach den Vorschriften des § 28 zur Eintragung in das Firmenbuch anzumelden.

(2) Das gleiche gilt, wenn die Firma erlischt. Kann die Anmeldung des Erlöschens einer eingetragenen Firma durch die hierzu Verpflichteten nicht auf dem in § 24 FBG bezeichneten Wege innerhalb von zwei Monaten ab Rechtskraft der Verhängung der Zwangsstrafe herbeigeführt werden, so hat das Gericht das Erlöschen von Amts wegen einzutragen.

Insolvenzverfahren

§ 31. (1) Die Insolvenzgesetze bestimmen, inwieweit im Insolvenzverfahren ergangene Entscheidungen einzutragen sind. § 10 und § 15 sind nicht anzuwenden.

(2) Für die Zwangsverwaltung gilt § 342 EO.

(3) Die nach Abs. 1 und 2 einzutragenden Personen haben ihre Unterschrift persönlich zur Aufbewahrung bei Gericht zu zeichnen oder die Zeichnung in beglaubigter Form einzureichen. Wird eine allgemeine Zeichnung der Unterschrift in beglaubigter Form in die Urkundensammlung des Firmenbuchs oder ein anderes Urkundenarchiv nach §§ 91c und 91d GOG eingestellt, so reicht der Hinweis auf diese Zeichnung.

(BGBl I 2021/86)

Eintragung des Genehmigungsvorbehalts oder des Vertreters der Verlassenschaft

(BGBl I 2018/58)

§ 32. (1) Ist für einen in das Firmenbuch eingetragenen Einzelunternehmer oder einen vertretungsbefugten Gesellschafter einer offenen Gesellschaft oder Kommanditgesellschaft ein Genehmigungsvorbehalt (§ 242 Abs. 2 ABGB) angeordnet, der die Führung eines Unternehmens oder die Ausübung von Gesellschafterrechten ganz oder teilweise umfasst, so ist dieser von Amts wegen in das Firmenbuch einzutragen. § 15 ist nicht anzuwenden.

(BGBl I 2018/58)

(2) Stirbt ein im Firmenbuch eingetragener Einzelunternehmer oder ein vertretungsbefugter Gesellschafter einer offenen Gesellschaft oder Kommanditgesellschaft, so ist auf Antrag einzutragen, wer berechtigt ist, die Verlassenschaft zu vertreten.

(3) Für die nach den vorstehenden Absätzen einzutragenden Personen gilt § 31 Abs. 3 sinngemäß.

§ 32a. (aufgehoben)

Anmeldung einer juristischen Person

§ 33. (1) Soll eine juristische Person in das Firmenbuch eingetragen werden, ist sie von sämtlichen vertretungsbefugten Organwaltern (Vorstand) zur Eintragung anzumelden.

(2) Der Anmeldung sind die Satzung der juristischen Person und die Urkunden über die Bestellung des Vorstandes in Urschrift oder in öffentlich beglaubigter Abschrift beizufügen. Bei der Eintragung sind die Firma und der Sitz der juristischen Person, und die Mitglieder des Vorstandes anzugeben. Besondere Bestimmungen der Satzung über die Befugnis des Vorstandes zur Vertretung der juristischen Person oder über die Zeitdauer des Unternehmens sind gleichfalls einzutragen.

(3) Die Errichtung einer Zweigniederlassung ist durch den Vorstand unter Beifügung einer öffentlich beglaubigten Abschrift der Satzung anzumelden.

(4) Die Abs. 1 bis 3 finden keine Anwendung, soweit Sondervorschriften bestehen.

Anmeldung und Eintragung von Änderungen

§ 34. (1) Jede Änderung der nach § 33 Abs. 2 einzutragenden Tatsachen oder der Satzung, die Auflösung der juristischen Person, falls sie nicht die Folge der Eröffnung des Konkursverfahrens ist, sowie die Personen der Liquidatoren und die besonderen Bestimmungen über ihre Vertretungsbefugnis sind zur Eintragung in das Firmenbuch anzumelden.

(2) Bei der Eintragung einer Änderung der Satzung genügt, soweit nicht die Änderung die im § 33 Abs. 2 bezeichneten Angaben betrifft, die Bezugnahme auf die bei dem Gericht eingereichten Urkunden über die Änderung.

(3) Die Anmeldung hat durch den Vorstand oder, sofern die Eintragung erst nach der Anmeldung der ersten Liquidatoren geschehen soll, durch die Liquidatoren zu erfolgen.

(4) Die Eintragung gerichtlich bestellter Vorstandsmitglieder oder Liquidatoren geschieht von Amtswegen.

(5) Im Falle eines Insolvenzverfahrens finden die Vorschriften des § 31 Anwendung.

Unterschriftenzeichnung

§ 35. Die Mitglieder des Vorstandes und die Liquidatoren einer juristischen Person haben ihre Unterschrift zur Aufbewahrung bei dem Gerichte zu zeichnen.

Ehepakte von Unternehmern

§ 36. (1) Die dem Ehegatten eines Unternehmers, dessen Firma im Firmenbuch eingetragen ist, durch Ehepakte eingeräumten Vermögensrechte können, um den Unternehmensgläubigern gegenüber wirksam zu sein, in das Firmenbuch eingetragen werden, die Ehepakte mögen schon vor oder erst nach der Eintragung der Firma geschlossen worden sein. Jeder der Ehegatten kann die Ehepakte zur Eintragung in das Firmenbuch anmelden.

(2) In das Firmenbuch sind nur das Datum der eingereichten Ehepakte oder ihrer Änderungen sowie der Name und das Geburtsdatum des Ehegatten einzutragen.

(3) Aus Ehepakten gegen einen Unternehmer entspringende Rechte sind einem Unternehmensgläubiger gegenüber unwirksam, wenn dessen Forderung vor Eintragung der Ehepakte in das Firmenbuch entstanden ist.

(4) Abs. 3 gilt nicht, soweit die aus Ehepakten entspringenden Rechte dem Gläubiger vor Entstehung der Forderung bekannt waren oder soweit es sich um Rechte aus Ehepakten handelt, die schon vor Entstehung der Forderung in einem öffentlichen Buch eingetragen waren.

(5) Abs. 1 bis 4 gelten auch für die unbeschränkt haftenden Gesellschafter einer offenen Gesellschaft oder Kommanditgesellschaft.

Unbefugter Firmengebrauch

§ 37. Wer in seinen Rechten dadurch verletzt wird, daß ein anderer eine Firma unbefugt gebraucht, kann von diesem die Unterlassung des Gebrauchs der Firma verlangen. Ein nach sonstigen Vorschriften begründeter Anspruch auf Schadensersatz bleibt unberührt.

Vierter Abschnitt
Unternehmensübergang

Übernahme der Rechtsverhältnisse des Veräußerers durch den Erwerber, Haftung von Veräußerer und Erwerber

§ 38. (1) Wer ein unter Lebenden erworbenes Unternehmen fortführt, übernimmt, sofern nichts anderes vereinbart ist, zum Zeitpunkt des Unternehmensübergangs die unternehmensbezogenen, nicht höchstpersönlichen Rechtsverhältnisse des Veräußerers mit den bis dahin begründeten Rechten und Verbindlichkeiten. Für unternehmensbezogene Verbindlichkeiten des Veräußerers bestellte Sicherheiten bleiben für diese Verbindlichkeiten aufrecht. Der Veräußerer haftet nach Maßgabe des § 39 für die unternehmensbezogenen Verbindlichkeiten fort.

(2) Der Dritte kann der Übernahme seines Vertragsverhältnisses binnen dreier Monate nach Mitteilung davon sowohl gegenüber dem Veräußerer als auch gegenüber dem Erwerber widersprechen; in der Mitteilung ist er auf das Widerspruchsrecht hinzuweisen. Dies gilt auch für den Besteller einer für unternehmensbezogene Verbindlichkeiten des Veräußerers gewährten Sicherheit. Im Falle eines wirksamen Widerspruchs besteht das Vertragsverhältnis mit dem Veräußerer fort.

(3) Wurde dem Dritten nicht nachweislich mitgeteilt, ob das Vertragsverhältnis vom Erwerber übernommen wurde, oder kann dieser Übernahme noch widersprochen werden, so kann er sowohl gegenüber dem Veräußerer als auch gegenüber dem Erwerber auf das Vertragsverhältnis bezogene Erklärungen abgeben und seine Verbindlichkeiten erfüllen. Dies gilt auch für den Besteller einer für unternehmensbezogene Verbindlichkeiten des Veräußerers gewährten Sicherheit.

(4) Werden unternehmensbezogene Rechtsverhältnisse des Veräußerers vom Erwerber nicht übernommen, so haftet er dennoch für die damit verbundenen Verbindlichkeiten. Dies gilt auch, wenn der Erwerber nur einzelne Verbindlichkeiten des Veräußerers nicht übernimmt. Eine davon abweichende Vereinbarung über die Haftung ist einem Dritten gegenüber nur wirksam, wenn sie beim Unternehmensübergang in das Firmenbuch eingetragen, auf verkehrsübliche Weise bekannt gemacht oder dem Dritten vom Veräußerer oder vom Erwerber mitgeteilt wurde.

(5) Wird ein Unternehmen im Weg eines Zwangsvollstreckungsverfahrens, eines Insolvenzverfahrens oder einer Überwachung des Schuldners durch einen Treuhänder der Gläubiger erworben, so finden diese Bestimmungen keine Anwendung.

(5a) Nicht als Erwerb eines Unternehmens im Sinn des Abs. 1 gilt die Fortführung im Weg der Pacht, der Leihe, der Fruchtnießung, des Rechtes des Gebrauchs und der Beendigung dieser Verträge. Auch in diesen Fällen kann jedoch ein Dritter oder ein Sicherheitenbesteller gegenüber dem neuen Unternehmer Erklärungen in Bezug auf ein zum früheren Unternehmer bestehendes, unternehmensbezogenes und nicht höchstpersönliches Vertragsverhältnis abgeben und seine Verbindlichkeiten erfüllen, solange ihm die Fortführung des Unternehmens im Weg der Pacht, der Leihe, der Fruchtnießung, des Rechtes des Gebrauchs oder der Beendigung dieser Verträge nicht bekannt ist.

(6) Eine durch andere Bestimmungen begründete Haftung oder Übernahme von Rechtsverhältnissen durch den Erwerber bleibt unberührt.

Begrenzung der Haftung des Veräußerers, Frist

§ 39. Übernimmt der Erwerber des Unternehmens unternehmensbezogene Rechtsverhältnisse des Veräußerers mit den bis zum Unternehmensübergang begründeten Rechten und Verbindlichkeiten, so haftet der Veräußerer für diese Verbindlichkeiten nur, soweit sie vor Ablauf von fünf Jahren nach dem Unternehmensübergang fällig werden. Ansprüche daraus verjähren innerhalb der für die jeweilige Verbindlichkeit geltenden Verjährungsfrist, längstens jedoch in drei Jahren.

Rechtsstellung des Erben bei Unternehmensfortführung

§ 40. (1) Wird ein zu einem Nachlass gehörendes Unternehmen von dem Erben fortgeführt, so haftet er für die unternehmensbezogenen Verbindlichkeiten unbeschadet seiner Haftung als Erbe unbeschränkt.

(2) Die unbeschränkte Haftung tritt nicht ein, wenn die Fortführung des Unternehmens spätes-

tens drei Monate nach Einantwortung eingestellt oder die Haftung in sinngemäßer Anwendung des § 38 Abs. 4 ausgeschlossen wird. Ist der Erbe nicht geschäftsfähig und ist für ihn kein gesetzlicher Vertreter bestellt, so endet diese Frist nicht vor dem Ablauf von drei Monaten seit der Bestellung eines gesetzlichen Vertreters oder seit dem Eintritt der Geschäftsfähigkeit des Erben.

§§ 41. bis 47. (aufgehoben)

Fünfter Abschnitt
Prokura und Handlungsvollmacht.

Erteilung der Prokura

§ 48. (1) Die Prokura kann nur von einem in das Firmenbuch eingetragenen Unternehmer oder seinem gesetzlichen Vertreter und nur mittels ausdrücklicher Erklärung erteilt werden.

(2) Die Erteilung kann an mehrere Personen gemeinschaftlich erfolgen (Gesamtprokura).

Umfang der Prokura

§ 49. (1) Die Prokura ermächtigt zu allen Arten von gerichtlichen und außergerichtlichen Geschäften und Rechtshandlungen, die der Betrieb eines Unternehmens mit sich bringt. Für diese bedarf es keiner besonderen Vollmacht nach § 1008 ABGB.

(2) Zur Veräußerung und Belastung von Grundstücken ist der Prokurist nur ermächtigt, wenn ihm diese Befugnis besonders erteilt ist.

Unbeschränkbarkeit der Prokura

§ 50. (1) Eine Beschränkung des Umfanges der Prokura ist Dritten gegenüber unwirksam.

(2) Dies gilt insbesondere von der Beschränkung, daß die Prokura nur für gewisse Geschäfte oder gewisse Arten von Geschäften oder nur unter gewissen Umständen oder für eine gewisse Zeit oder an einzelnen Orten ausgeübt werden soll.

(3) Eine Beschränkung der Prokura auf den Betrieb einer von mehreren Niederlassungen des Unternehmers ist Dritten gegenüber nur wirksam, wenn die Niederlassungen unter verschiedenen Firmen betrieben werden. Eine Verschiedenheit der Firmen im Sinne dieser Vorschrift wird auch dadurch begründet, daß für eine Zweigniederlassung der Firma ein Zusatz beigefügt wird, der sie als Firma der Zweigniederlassung bezeichnet.

Zeichnung des Prokuristen

§ 51. Der Prokurist hat in der Weise zu zeichnen, daß er der Firma seinen Namen mit einem die Prokura andeutenden Zusatze beifügt.

Widerruflichkeit und Unübertragbarkeit der Prokura

§ 52. (1) Die Prokura ist ohne Rücksicht auf das der Erteilung zu Grunde liegende Rechtsverhältnis jederzeit widerruflich, unbeschadet des Anspruchs auf die vertragsmäßige Vergütung.

(2) Die Prokura ist nicht übertragbar.

(3) Die Prokura erlischt nicht durch den Tod des Unternehmers.

Eintragung der Prokura

§ 53. (1) Die Erteilung der Prokura ist vom Unternehmer zur Eintragung in das Firmenbuch anzumelden. Ist die Prokura als Gesamtprokura erteilt, so muß auch dies zur Eintragung angemeldet werden.

(2) Der Prokurist hat seine Namensunterschrift mit einem die Prokura andeutenden Zusatz zur Aufbewahrung bei Gericht zu zeichnen.

(3) Das Erlöschen der Prokura ist in gleicher Weise wie die Erteilung zur Eintragung anzumelden.

Umfang der Handlungsvollmacht

§ 54. (1) Ist jemand ohne Erteilung der Prokura zum Betrieb eines Unternehmens oder zur Vornahme einer bestimmten zu einem Unternehmen gehörigen Art von Geschäften oder zur Vornahme einzelner zu einem Unternehmen gehöriger Geschäfte ermächtigt, so erstreckt sich die Vollmacht (Handlungsvollmacht) auf alle Geschäfte und Rechtshandlungen, die der Betrieb eines derartigen Unternehmens oder die Vornahme derartiger Geschäfte gewöhnlich mit sich bringt; dies umfasst auch den Abschluss von Schiedsvereinbarungen. Für solche Geschäfte und Rechtshandlungen bedarf es keiner besonderen Vollmacht nach § 1008 ABGB.

(2) Zur Veräußerung oder Belastung von Grundstücken, zur Eingehung von Wechselverbindlichkeiten, zur Aufnahme von Darlehen und zur Prozessführung ist der Handlungsbevollmächtigte nur ermächtigt, wenn ihm eine solche Befugnis besonders erteilt ist.

Beschränkbarkeit der Handlungsvollmacht

§ 55. Sonstige Beschränkungen der Handlungsvollmacht braucht ein Dritter nur dann gegen sich gelten zu lassen, wenn er sie kannte oder kennen musste.

Ladenvollmacht

§ 56. Wer in einem Laden oder in einem offenen Warenlager angestellt ist, gilt als ermächtigt zu Verkäufen und Empfangnahmen, die in einem derartigen Laden oder Warenlager gewöhnlich geschehen.

Zeichnung des Handlungsbevollmächtigten

§ 57. Der Handlungsbevollmächtigte hat sich bei der Zeichnung jedes eine Prokura andeutenden Zusatzes zu enthalten; er hat mit einem das Vollmachtsverhältnis ausdrückenden Zusatz zu zeichnen.

Widerruflichkeit und Übertragbarkeit der Handlungsvollmacht

§ 58. (1) Die Handlungsvollmacht ist unbeschadet des Anspruchs auf die vertragsmäßige Vergütung jederzeit widerruflich, sofern sich aus dem ihrer Erteilung zugrunde liegenden Rechtsverhältnis nicht das Gegenteil ergibt.

(2) Die Handlungsvollmacht ist nur mit Zustimmung des Unternehmers auf einen anderen übertragbar.

(3) Die Handlungsvollmacht erlischt im Zweifel nicht durch den Tod des Unternehmers.

Sechster Abschnitt
Handlungsgehilfen und Handlungslehrlinge
§§ 59. bis 83. (keine Geltung in Österreich)

Siebenter Abschnitt
Handlungsagenten
§§ 84. bis 92. (keine Geltung in Österreich)

Achter Abschnitt
Handelsmakler
§§ 93. bis 104. (aufgehoben)

Zweites Buch
Offene Gesellschaft, Kommanditgesellschaft und stille Gesellschaft

Erster Abschnitt
Offene Gesellschaft

Erster Titel
Errichtung der Gesellschaft

Begriff

§ 105. Eine offene Gesellschaft ist eine unter eigener Firma geführte Gesellschaft, bei der die Gesellschafter gesamthandschaftlich verbunden sind und bei keinem der Gesellschafter die Haftung gegenüber den Gesellschaftsgläubigern beschränkt ist. Die offene Gesellschaft ist rechtsfähig. Sie kann jeden erlaubten Zweck einschließlich freiberuflicher und land- und forstwirtschaftlicher Tätigkeit haben. Ihr gehören mindestens zwei Gesellschafter an.

Anmeldung zum Firmenbuch

§ 106. Die Gesellschaft ist bei dem Gericht, in dessen Sprengel sie ihren Sitz hat, zur Eintragung in das Firmenbuch anzumelden. Die Anmeldung hat die in § 3 Z 2 bis 4, 5, 7 und 16, gegebenenfalls auch die in § 3 Z 6, 9, 11 und 15 und § 4 Z 2, 3, 5 und 7 FBG genannten Tatsachen zu enthalten.

Anmeldeverpflichtete, Musterzeichnung

§ 107. (1) Die Anmeldungen sind von sämtlichen Gesellschaftern zu bewirken.

(2) Die Gesellschafter, welche die Gesellschaft vertreten sollen, haben ihre Namensunterschrift zur Aufbewahrung bei Gericht zu zeichnen.

Zweiter Titel
Rechtsverhältnis der Gesellschafter untereinander

Gestaltungsfreiheit

§ 108. Die Rechtsverhältnisse der Gesellschafter untereinander richten sich nach dem Gesellschaftsvertrag; die Vorschriften der §§ 109 bis 122 finden nur insoweit Anwendung, als nicht durch den Gesellschaftsvertrag anderes bestimmt ist.

Beteiligungsverhältnisse und Beiträge der Gesellschafter, Nachschüsse

§ 109. (1) Soweit die Gesellschafter nichts anderes vereinbart haben, bestimmt sich ihre Beteiligung an der Gesellschaft nach dem Verhältnis des Wertes der vereinbarten Einlagen (Kapitalanteil). Im Zweifel sind die Gesellschafter zu gleichen Teilen beteiligt.

(2) Soweit nichts anderes vereinbart ist, sind die Gesellschafter im gleichen Ausmaß zur Mitwirkung an der Förderung des Gesellschaftszwecks verpflichtet. Der Beitrag eines Gesellschafters kann sich auch auf die Leistung von Diensten beschränken (Arbeitsgesellschafter).

(3) Die Gesellschafter sind nicht verpflichtet, Nachschüsse zur vertraglich zugesagten Einlage zu leisten.

(4) Auch ohne Vereinbarung im Gesellschaftsvertrag können die Gesellschafter mit Stimmenmehrheit die Leistung von Nachschüssen im Verhältnis ihrer Kapitalanteile beschließen, wenn die Fortführung der Gesellschaft sonst nicht möglich wäre. Ein Gesellschafter, der dem Beschluss nicht zugestimmt hat und den Nachschuss nicht leistet, kann innerhalb angemessener Frist aus der Gesellschaft austreten oder aufgrund einer Klage der übrigen Gesellschafter vom Gericht ausgeschlossen werden. Auf das Austrittsrecht kann im Vorhinein nicht verzichtet werden. Für die Auseinandersetzung mit dem ausgetretenen oder ausgeschlossenen Gesellschafter und für die Ermittlung seiner Beteiligung an schwebenden Geschäften ist der Zeitpunkt der Beschlussfassung über die Nachschusspflicht maßgeblich.

Ersatz für Aufwendungen und Verluste; Herausgabepflicht

§ 110. (1) Macht der Gesellschafter in den Gesellschaftsangelegenheiten Aufwendungen, die er den Umständen nach für erforderlich halten darf, oder erleidet er unmittelbar durch seine Geschäftsführung oder aus Gefahren, die mit ihr untrennbar verbunden sind, Verluste, so ist ihm die Gesellschaft zum Ersatz verpflichtet.

(2) Aufgewendetes Geld hat die Gesellschaft von der Zeit der Aufwendungen an zu verzinsen.

(3) Ein Gesellschafter kann für die Aufwendungen, die zur Erledigung der Gesellschaftsangelegenheiten nötig sind, von der Gesellschaft einen Vorschuss verlangen.

(4) Er hat alles, was er zur Führung der Geschäfte erhält und was er aus der Geschäftsführung erlangt, an die Gesellschaft herauszugeben.

Verzinsungspflicht

§ 111. (1) Ein Gesellschafter, der seine Geldeinlage nicht zur rechten Zeit einzahlt oder eingenommenes Gesellschaftsgeld nicht zur rechten Zeit an die Gesellschaftskasse abliefert oder unbefugt Geld aus der Gesellschaftskasse für sich entnimmt, hat Zinsen von dem Tage an zu entrichten, an welchem die Zahlung oder die Ablieferung hätte geschehen sollen oder die Herausnahme des Geldes erfolgt ist.

(2) Die Geltendmachung eines weiteren Schadens ist nicht ausgeschlossen.

Mitwirkung, Interessenwahrung, Gleichbehandlung, Wettbewerbsverbot

§ 112. (1) Die Gesellschafter haben unter Wahrung ihrer Rechte an der gesellschaftlichen Willensbildung und den zu treffenden Maßnahmen nach Kräften und mit gebotener Sorgfalt mitzuwirken, den Zweck und den Gegenstand der Gesellschaft redlich zu fördern und alles zu unterlassen, was den Gesellschaftsinteressen schadet. Die Gesellschafter sind unter gleichen Voraussetzungen gleich zu behandeln.

(2) Ein Gesellschafter darf ohne Einwilligung der anderen Gesellschafter weder im Geschäftszweig der Gesellschaft Geschäfte machen noch an einer anderen gleichartigen Gesellschaft als unbeschränkt haftender Gesellschafter teilnehmen.

(3) Die Einwilligung zur Teilnahme an einer anderen Gesellschaft gilt als erteilt, wenn den übrigen Gesellschaftern bei Eingehung der Gesellschaft bekannt ist, daß der Gesellschafter an einer anderen Gesellschaft als unbeschränkt haftender Gesellschafter teilnimmt, und gleichwohl die Aufgabe dieser Beteiligung nicht ausdrücklich bedungen wird.

Verletzung des Wettbewerbsverbots

§ 113. (1) Verletzt ein Gesellschafter die ihm nach § 112 Abs. 2 obliegende Verpflichtung, so kann die Gesellschaft Schadensersatz fordern; sie kann statt dessen von dem Gesellschafter verlangen, daß er die für eigene Rechnung gemachten Geschäfte als für Rechnung der Gesellschaft eingegangen gelten lasse und die aus Geschäften für fremde Rechnung bezogene Vergütung herausgebe oder seinen Anspruch auf die Vergütung abtrete.

(2) Über die Geltendmachung dieser Ansprüche beschließen die übrigen Gesellschafter.

(3) Die Ansprüche verjähren in drei Monaten von dem Zeitpunkt an, in welchem die übrigen Gesellschafter von dem Abschlusse des Geschäfts oder von der Teilnahme des Gesellschafters an der anderen Gesellschaft Kenntnis erlangen; sie verjähren ohne Rücksicht auf diese Kenntnis in fünf Jahren von ihrer Entstehung an.

(4) Das Recht der Gesellschafter, die Auflösung der Gesellschaft zu verlangen, wird durch diese Vorschriften nicht berührt.

Geschäftsführung

§ 114. (1) Zur Führung der Geschäfte der Gesellschaft sind alle Gesellschafter berechtigt und verpflichtet.

(2) Ist im Gesellschaftsvertrage die Geschäftsführung einem Gesellschafter oder mehreren Gesellschaftern übertragen, so sind die übrigen Gesellschafter von der Geschäftsführung ausgeschlossen.

(3) Ein geschäftsführender Gesellschafter ist verpflichtet, der Gesellschaft die erforderlichen Nachrichten zu geben, auf Verlangen über den Stand der Geschäfte Auskunft zu erteilen und Rechenschaft abzulegen.

(4) Ein Gesellschafter darf im Zweifel die Führung der Geschäfte nicht einem Dritten übertragen. Ist die Übertragung gestattet, so hat er nur ein ihm bei der Übertragung zur Last fallendes Verschulden zu vertreten. Das Verschulden eines Gehilfen hat er in gleichem Umfang zu vertreten wie eigenes Verschulden.

Weisungsgebundenheit

§ 115. (1) Steht die Geschäftsführung allen oder mehreren Gesellschaftern zu, so ist jeder von ihnen allein zu handeln berechtigt; widerspricht jedoch ein anderer geschäftsführender Gesellschafter der Vornahme einer Handlung, so muß diese unterbleiben.

(2) Ist im Gesellschaftsvertrage bestimmt, daß die Gesellschafter, denen die Geschäftsführung zusteht, nur zusammen handeln können, so bedarf es für jedes Geschäft der Zustimmung aller geschäftsführenden Gesellschafter, es sei denn, daß Gefahr im Verzug ist.

(3) Ist ein Gesellschafter an die Weisungen der übrigen Gesellschafter gebunden, so kann er von den ihm erteilten Weisungen abweichen, wenn er den Umständen nach annehmen darf, dass die übrigen Gesellschafter bei Kenntnis der Sachlage die Abweichung billigen würden. Er hat die Abweichung den übrigen Gesellschaftern anzuzeigen und ihre Entscheidung abzuwarten, wenn nicht Gefahr im Verzug ist.

Umfang der Geschäftsführungsbefugnis

§ 116. (1) Die Befugnis zur Geschäftsführung erstreckt sich auf alle Handlungen, die der gewöhnliche Geschäftsbetrieb der Gesellschaft mit sich bringt.

(2) Zur Vornahme von Handlungen, die darüber hinausgehen, ist ein einstimmiger Beschluss aller Gesellschafter erforderlich.

(3) Zur Bestellung eines Prokuristen bedarf es der Zustimmung aller geschäftsführenden Gesellschafter, es sei denn, daß Gefahr im Verzug ist. Der Widerruf der Prokura kann von jedem der zur Erteilung oder zur Mitwirkung bei der Erteilung befugten Gesellschafter erfolgen.

Entzug und Kündigung der Geschäftsführungsbefugnis

§ 117. (1) Die Befugnis zur Geschäftsführung kann einem Gesellschafter aufgrund einer Klage aller übrigen Gesellschafter durch gerichtliche Entscheidung entzogen werden, wenn ein wichtiger Grund vorliegt; ein solcher Grund ist insbesondere grobe Pflichtverletzung oder Unfähigkeit zur ordnungsmäßigen Geschäftsführung.

(2) Ein Gesellschafter kann die Geschäftsführung kündigen, wenn ein wichtiger Grund vorliegt. Auf dieses Recht kann nicht verzichtet werden.

(3) Die Geschäftsführung darf nur in der Art gekündigt werden, dass die Gesellschaft für die Führung der Geschäfte anderweitig Vorsorge treffen können, es sei denn, dass ein wichtiger Grund für die unzeitige Kündigung vorliegt. Kündigt der Gesellschafter ohne solchen Grund zur Unzeit, so hat er der Gesellschaft den daraus entstehenden Schaden zu ersetzen.

Kontrollrecht der Gesellschafter

§ 118. (1) Ein Gesellschafter kann sich, auch wenn er von der Geschäftsführung ausgeschlossen ist, von den Angelegenheiten der Gesellschaft persönlich unterrichten, die Bücher und Schriften der Gesellschaft einsehen und sich aus ihnen einen Jahresabschluss oder, wenn nach den Vorschriften des Dritten Buches keine Pflicht zur Rechnungslegung besteht, eine sonstige Abrechnung anfertigen oder die Vorlage eines solchen Abschlusses oder einer solchen Abrechnung fordern.

(2) Eine Vereinbarung, durch die dieses Recht ausgeschlossen oder beschränkt wird, ist unwirksam.

Beschlussfassung

§ 119. (1) Gesellschafterbeschlüsse erfordern die Zustimmung aller zur Mitwirkung bei der Beschlussfassung berufenen Gesellschafter.

(2) Hat nach dem Gesellschaftsvertrag die Mehrheit der Stimmen zu entscheiden, so bestimmt sie sich nach den abgegebenen gültigen Stimmen. Das Stimmgewicht entspricht den Beteiligungsverhältnissen. Sind nicht alle Gesellschafter am Kapital beteiligt, wird die Mehrheit nach Köpfen berechnet. Arbeitsgesellschaftern, denen der Gesellschaftsvertrag einen an Wert ihrer Arbeit orientierten Kapitalanteil zubilligt, gelten als am Kapital beteiligt.

Gewinn und Verlust

§ 120. Am Schluß jedes Geschäftsjahrs wird auf Grund des Jahresabschlusses oder, wenn nach den Vorschriften des Dritten Buches keine Pflicht zur Rechnungslegung besteht, nach den Ergebnissen einer sonstigen Abrechnung der Gewinn oder der Verlust des Jahres ermittelt und für jeden Gesellschafter sein Anteil daran berechnet.

Verteilung von Gewinn und Verlust

§ 121. (1) Sofern alle Gesellschafter in gleichem Ausmaß zur Mitwirkung verpflichtet sind, wird der Gewinn und Verlust eines Geschäftsjahres den Gesellschaftern im Verhältnis ihrer Kapitalanteile zugewiesen (§ 109 Abs. 1). Enthält der Gesellschaftsvertrag eine abweichende Bestimmung nur über den Anteil am Gewinn oder über den Anteil am Verlust, so gilt sie im Zweifel für Gewinn und Verlust.

(2) Sind die Gesellschafter nicht in gleichem Ausmaß zur Mitwirkung verpflichtet, so ist dies bei der Zuweisung des Gewinns angemessen zu berücksichtigen.

(3) Arbeitsgesellschaftern ohne Kapitalanteil ist ein den Umständen nach angemessener Betrag des Jahresgewinns zuzuweisen. Der diesen Betrag übersteigende Teil des Jahresgewinns wird sodann den Gesellschaftern im Verhältnis ihrer Beteiligung zugewiesen.

(4) Die Gesellschafterstellung steht der Vereinbarung eines Entgelts für der Gesellschaft geleistete Dienste nicht entgegen.

Gewinnausschüttung und Entnahmen

§ 122. (1) Jeder Gesellschafter hat Anspruch auf Auszahlung seines Gewinnanteils. Der Anspruch kann jedoch nicht geltend gemacht werden, soweit die Auszahlung zum offenbaren Schaden der Gesellschaft gereicht, die Gesellschafter ein anderes beschließen oder der Gesellschafter vereinbarungswidrig seine Einlage nicht geleistet hat.

(2) Im Übrigen ist ein Gesellschafter nicht befugt, ohne Einwilligung der anderen Gesellschafter Entnahmen zu tätigen.

Dritter Titel
Rechtsverhältnis der Gesellschaft zu Dritten

Entstehung der Gesellschaft

§ 123. (1) Die offene Gesellschaft entsteht mit der Eintragung in das Firmenbuch.

(2) Handeln Gesellschafter oder zur Vertretung der Gesellschaft bestellte Personen nach Errichtung, aber vor Entstehung der Gesellschaft in deren Namen, so werden alle Gesellschafter daraus berechtigt und verpflichtet. Dies gilt auch dann, wenn ein handelnder Gesellschafter nicht, nicht allein oder nur beschränkt vertretungsbefugt ist, der Dritte den Mangel der Vertretungsmacht aber weder kannte noch kennen musste. Die Gesellschaft tritt mit Eintragung in das Firmenbuch in die Rechtsverhältnisse ein.

Gesamthandbindung der Gesellschafter

§ 124. (1) Soweit im Gesellschaftsvertrag nichts anderes bestimmt ist, kann ein Gesellschafter nicht ohne Zustimmung aller Gesellschafter über seinen Gesellschaftsanteil verfügen.

(2) Gegen eine Forderung, die zum Gesellschaftsvermögen gehört, kann der Schuldner nicht eine ihm gegen den einzelnen Gesellschafter zustehende Forderung aufrechnen.

(3) Die Ansprüche, die den Gesellschaftern aus dem Gesellschaftsverhältnis gegeneinander oder gegen die Gesellschaft zustehen, sind nicht übertragbar und nicht pfändbar. Ausgenommen sind die einem Gesellschafter aus der Geschäftsführung zustehenden Ansprüche, soweit deren Befriedigung vor der Auseinandersetzung verlangt werden kann, sowie die Ansprüche auf einen Gewinnanteil oder auf das, was dem Gesellschafter bei der Auseinandersetzung zukommt.

Vertretung der Gesellschaft

§ 125. (1) Zur Vertretung der Gesellschaft ist jeder Gesellschafter befugt (Einzelvertretung), wenn er nicht durch den Gesellschaftsvertrag davon ausgeschlossen ist.

(2) Im Gesellschaftsvertrag kann bestimmt werden, dass alle oder mehrere Gesellschafter nur in Gemeinschaft zur Vertretung der Gesellschaft ermächtigt sein sollen (Gesamtvertretung). Die zur Gesamtvertretung berechtigten Gesellschafter können einzelne von ihnen zur Vornahme bestimmter Geschäfte oder bestimmter Arten von Geschäften ermächtigen. Ist der Gesellschaft gegenüber eine Willenserklärung abzugeben, so genügt jedenfalls die Abgabe gegenüber einem der zur Mitwirkung bei der Vertretung befugten Gesellschafter (passive Einzelvertretung).

(3) Im Gesellschaftsvertrag kann bestimmt werden, dass die Gesellschafter, wenn nicht mehrere zusammen handeln, nur in Gemeinschaft mit einem Prokuristen zur Vertretung der Gesellschaft ermächtigt sein sollen (gemischte Gesamtvertretung). Die Vorschriften des Abs. 2 zweiter und dritter Satz finden in diesem Fall entsprechende Anwendung.

(4) Der Ausschluss eines Gesellschafters von der Vertretung, die Anordnung einer Gesamtvertretung oder einer gemischten Gesamtvertretung sowie jede Änderung in der Vertretungsmacht eines Gesellschafters ist von sämtlichen Gesellschaftern zur Eintragung in das Firmenbuch anzumelden.

Umfang der Vertretungsmacht

§ 126. (1) Die Vertretungsmacht der Gesellschafter erstreckt sich auf alle gerichtlichen und außergerichtlichen Geschäfte und Rechtshandlungen einschließlich der Veräußerung und Belastung von Grundstücken sowie der Erteilung und des Widerrufs einer Prokura.

(2) Eine Beschränkung des Umfanges der Vertretungsmacht ist Dritten gegenüber unwirksam; dies gilt insbesondere von der Beschränkung, dass sich die Vertretung nur auf gewisse Geschäfte oder Arten von Geschäften erstrecken oder daß sie nur unter gewissen Umständen oder für eine gewisse Zeit oder an einzelnen Orten stattfinden soll.

(3) In Betreff den Beschränkung auf den Betrieb einer von mehreren Niederlassungen der Gesellschaft finden die Vorschriften des § 50 Abs. 3 entsprechende Anwendung.

Entziehung der Vertretungsmacht

§ 127. Die Vertretungsmacht kann einem Gesellschafter aufgrund einer Klage aller übrigen Gesellschafter durch gerichtliche Entscheidung entzogen werden, wenn ein wichtiger Grund vorliegt; ein solcher Grund ist insbesondere grobe Pflichtverletzung oder Unfähigkeit zur ordnungsmäßigen Vertretung der Gesellschaft.

Unbeschränkte Haftung der Gesellschafter

§ 128. Die Gesellschafter haften für die Verbindlichkeiten der Gesellschaft den Gläubigern als Gesamtschuldner unbeschränkt. Eine entgegenstehende Vereinbarung ist Dritten gegenüber unwirksam.

Einwendungen des Gesellschafters

§ 129. (1) Wird ein Gesellschafter wegen einer Verbindlichkeit der Gesellschaft in Anspruch genommen, so kann er Einwendungen, die nicht in seiner Person begründet sind, nur insoweit geltend machen, als sie von der Gesellschaft erhoben werden können.

(2) Der Gesellschafter kann die Befriedigung des Gläubigers verweigern, solange der Gesellschaft das Recht zusteht, das ihrer Verbindlichkeit zu Grunde liegende Rechtsgeschäft anzufechten oder ihre Verbindlichkeit durch Aufrechnung mit einer fälligen Forderung zu erfüllen.

(3) (aufgehoben)

(4) Aus einem gegen die Gesellschaft gerichteten vollstreckbaren Schuldtitel findet die Zwangsvollstreckung gegen die Gesellschafter nicht statt.

Haftung des eintretenden Gesellschafters

§ 130. (1) Wer in eine bestehende Gesellschaft eintritt, haftet gleich den anderen Gesellschaftern nach Maßgabe der §§ 128, 129 für die vor seinem Eintritt begründeten Verbindlichkeiten der Gesellschaft, ohne Unterschied, ob die Firma geändert wird oder nicht.

(2) Eine entgegenstehende Vereinbarung ist Dritten gegenüber unwirksam.

Vierter Titel.
Auflösung der Gesellschaft und Ausscheiden von Gesellschaftern.

Auflösungsgründe

§ 131. Die offene Gesellschaft wird aufgelöst:
1. durch den Ablauf der Zeit, für welche sie eingegangen ist;
2. durch Beschluß der Gesellschafter;
3. durch die rechtskräftige Eröffnung des Konkursverfahrens über das Vermögen der Gesellschaft, durch die Abänderung der Bezeichnung Sanierungsverfahren in Konkursverfahren oder durch die rechtskräftige Nichteröffnung oder Aufhebung des Insolvenzverfahrens mangels kostendeckenden Vermögens;
   (BGBl I 2015/22)
4. durch den Tod eines Gesellschafters, sofern sich aus dem Gesellschaftsvertrag nichts anderes ergibt;
5. durch die rechtskräftige Eröffnung des Konkursverfahrens über das Vermögen eines Gesellschafters, durch die Abänderung der Bezeichnung Sanierungsverfahren in Konkursverfahren oder durch die rechtskräftige Nichteröffnung oder Aufhebung des Insolvenzverfahrens mangels kostendeckenden Vermögens;
   (BGBl I 2015/22)

6. durch Kündigung oder durch gerichtliche Entscheidung.

Kündigung eines Gesellschafters

§ 132. (1) Die Kündigung eines Gesellschafters kann, wenn die Gesellschaft für unbestimmte Zeit eingegangen ist, nur für den Schluß eines Geschäftsjahrs erfolgen; sie muß mindestens sechs Monate vor diesem Zeitpunkte stattfinden.

(2) Eine Vereinbarung, durch die das Kündigungsrecht ausgeschlossen oder in anderer Weise als durch angemessene Verlängerung der Kündigungsfrist erschwert wird, ist nichtig.

Auflösung durch gerichtliche Entscheidung

§ 133. (1) Aufgrund der Klage eines Gesellschafters kann die Auflösung der Gesellschaft vor dem Ablaufe der für ihre Dauer bestimmten Zeit oder bei einer für unbestimmte Zeit eingegangenen Gesellschaft ohne Kündigung durch gerichtliche Entscheidung ausgesprochen werden, wenn ein wichtiger Grund vorliegt.

(2) Ein solcher Grund ist insbesondere vorhanden, wenn ein anderer Gesellschafter eine ihm nach dem Gesellschaftsvertrag obliegende wesentliche Verpflichtung vorsätzlich oder aus grober Fahrlässigkeit verletzt oder wenn die Erfüllung einer solchen Verpflichtung unmöglich wird.

(3) Eine Vereinbarung, durch welche das Recht des Gesellschafters, die Auflösung der Gesellschaft zu verlangen, ausgeschlossen oder diesen Vorschriften zuwider beschränkt wird, ist nichtig.

Gesellschaft auf Lebenszeit, Befristung

§ 134. Eine Gesellschaft, die für die Lebenszeit eines Gesellschafters eingegangen ist oder nach dem Ablaufe der für ihre Dauer bestimmten Zeit stillschweigend fortgesetzt wird, steht im Sinne der Vorschriften der §§ 132, 133 einer für unbestimmte Zeit eingegangenen Gesellschaft gleich.

§ 135. (aufgehoben)

(BGBl I 2021/86)

§ 136. (aufgehoben)

Auseinandersetzung mit dem ausscheidenden Gesellschafter

§ 137. (1) Dem ausscheidenden Gesellschafter sind die Gegenstände, die er der Gesellschaft zur Benutzung überlassen hat, zurückzugeben. Für einen durch Zufall abhanden gekommenen oder verschlechterten Gegenstand kann er keinen Ersatz verlangen.

(2) Dem ausscheidenden Gesellschafter ist in Geld auszuzahlen, was er bei der Auseinandersetzung erhielte, wenn die Gesellschaft zur Zeit seines Ausscheidens aufgelöst worden wäre. Der Wert des Gesellschaftsvermögens ist, soweit erforderlich, durch Schätzung zu ermitteln.

(3) Der ausscheidende Gesellschafter ist von den Gesellschaftsschulden zu befreien, für die den Gläubigern haftet. Ist eine Schuld noch nicht fällig, so kann ihm die Gesellschaft Sicherheit leisten statt ihn zu befreien.

(4) Verbleibt dem ausscheidenden Gesellschafter eine Verbindlichkeit aus dem Gesellschaftsverhältnis, so ist er verpflichtet, einen Ausgleich in entsprechender Höhe an die Gesellschaft zu zahlen.

Beteiligung des Ausscheidenden an schwebenden Geschäften

§ 138. (1) Der ausgeschiedene Gesellschafter nimmt am Gewinn und am Verlust teil, der sich aus den zur Zeit seines Ausscheidens schwebenden Geschäften ergibt. Die Gesellschaft ist berechtigt, diese Geschäfte so zu beenden, wie es ihr am vorteilhaftesten erscheint.

(2) Der ausgeschiedene Gesellschafter kann am Schluss jedes Geschäftsjahrs Rechnung über die inzwischen beendeten Geschäfte, Auszahlung des ihm gebührenden Betrages und Auskunft über den Stand der noch schwebenden Geschäfte verlangen.

Fortsetzung mit den Erben

§ 139. (1) Ist im Gesellschaftsvertrag bestimmt, dass im Fall des Todes eines Gesellschafters die Gesellschaft mit seinen Erben fortgesetzt werden soll, so besteht sie nach dem Tod dieses Gesellschafters mit seiner Verlassenschaft und nach deren Einantwortung mit den Erben fort. Jeder Erbe kann sein Verbleiben in der Gesellschaft davon abhängig machen, dass ihm unter Belassung des bisherigen Gewinnanteils die Stellung eines Kommanditisten eingeräumt und der auf ihn fallende Teil der Einlage des Erblassers als seine Kommanditeinlage anerkannt wird.

(2) Nehmen die übrigen Gesellschafter einen dahingehenden Antrag des Erben nicht an, so ist dieser befugt, ohne Einhaltung einer Kündigungsfrist sein Ausscheiden aus der Gesellschaft zu erklären.

(3) Die in Abs. 1 und 2 bezeichneten Rechte können von den Erben nur innerhalb einer Frist von drei Monaten nach der Einantwortung der Verlassenschaft geltend gemacht werden. Ist ein Erbe nicht geschäftsfähig und ist für ihn kein gesetzlicher Vertreter bestellt, so läuft diese Frist erst ab der Bestellung eines solchen oder ab dem Eintritt der Geschäftsfähigkeit des Erben.

(4) Scheidet [innerhalb der Frist des Abs. 3][a)] der Erbe aus der Gesellschaft aus oder wird innerhalb der Frist die Gesellschaft aufgelöst oder dem Erben die Stellung eines Kommanditisten eingeräumt, so haftet er für die bis dahin entstandenen Gesellschaftsschulden nur nach Maßgabe der die Haftung des Erben für die Nachlaßverbindlichkeiten betreffenden Vorschriften des bürgerlichen Rechtes.

[a)] Siehe Art 7 Nr. 17 EVHGB

(5) Der Gesellschaftsvertrag kann die Anwendung der Vorschriften der Abs. 1 bis 4 nicht ausschließen; es kann jedoch für den Fall, daß der Erbe sein Verbleiben in der Gesellschaft von der Einräumung der Stellung eines Kommanditisten abhängig macht, sein Gewinnanteil anders als der des Erblassers bestimmt werden.

Ausschluss statt Auflösung

§ 140. (1) Tritt in der Person eines Gesellschafters ein Umstand ein, der nach § 133 für jeden der übrigen Gesellschafter das Recht begründet, die Auflösung der Gesellschaft zu verlangen, so kann vom Gericht aufgrund einer Klage aller übrigen Gesellschafter anstatt der Auflösung der Gesellschaft der Ausschluss dieses Gesellschafters aus der Gesellschaft ausgesprochen werden. Der Ausschließungsklage steht nicht entgegen, dass nach der Ausschließung nur ein Gesellschafter verbleibt.

(2) Für die Auseinandersetzung zwischen der Gesellschaft oder dem allein verbleibenden Gesellschafter (Abs. 1 letzter Satz) und dem ausgeschlossenen Gesellschafter ist die Vermögenslage der Gesellschaft in dem Zeitpunkt maßgebend, in dem die Klage auf Ausschließung erhoben wird.

Fortsetzungsbeschluss

§ 141. (1) Die Gesellschafter können bei Auflösung der Gesellschaft, wenn sie nicht in Folge der Eröffnung des Konkursverfahrens über das Vermögen der Gesellschaft eintritt (§ 144), deren Fortbestand beschließen. In den Fällen des § 131 Z 4, 5 oder 6 erster Fall steht dieses Recht den verbleibenden Gesellschaftern zu. In diesen Fällen scheidet der Gesellschafter, in dessen Person der Auflösungsgrund eingetreten ist, infolge des Fortsetzungsbeschlusses aus der Gesellschaft aus.

(2) Im Fall der Kündigung nach § 339 Abs. 1 EO scheidet der betreffende Gesellschafter mit dem Ende des Geschäftsjahrs aus der Gesellschaft aus, in den übrigen Fällen mit dem Wirksamwerden des Beschlusses.

(BGBl I 2021/86)

(3) Im Fall der Eröffnung des Konkursverfahrens über das Vermögen eines Gesellschafters ist Abs. 1 mit der Maßgabe anzuwenden, dass eine Erklärung gegenüber dem Masseverwalter zu erfolgen hat und der Schuldner mit dem Zeitpunkt der Konkurseröffnung als aus der Gesellschaft ausgeschieden gilt.

Übergang des Gesellschaftsvermögens

§ 142. (1) Verbleibt nur noch ein Gesellschafter, so erlischt die Gesellschaft ohne Liquidation. Das Gesellschaftsvermögen geht im Weg der Gesamtrechtsnachfolge auf diesen über.

(2) Der ausscheidende Gesellschafter ist in sinngemäßer Anwendung der §§ 137 und 138 abzufinden.

Anmeldung von Auflösung und Ausscheiden

§ 143. (1) Die Auflösung der Gesellschaft ist, wenn sie nicht in Folge der Eröffnung des Konkursverfahrens über das Vermögen der Gesellschaft eintritt, von sämtlichen Gesellschaftern zur Eintragung in das Firmenbuch anzumelden.

(2) Das Gleiche gilt von dem Ausscheiden eines Gesellschafters aus der Gesellschaft.

(3) Ist anzunehmen, dass der Tod eines Gesellschafters die Auflösung oder das Ausscheiden zur Folge gehabt hat, so kann die Eintragung auch ohne Mitwirkung der Erben bei der Anmeldung erfolgen, soweit einer solchen Mitwirkung besondere Hindernisse entgegenstehen.

Fortsetzung nach Insolvenz der Gesellschaft

§ 144. (1) Ist die Gesellschaft durch die Eröffnung des Konkursverfahrens über ihr Vermögen aufgelöst, das Insolvenzverfahren aber durch Bestätigung eines Sanierungsplans (§ 152 IO) oder mit Einverständnis der Gläubiger (§ 123b IO) aufgehoben worden, so können die Gesellschafter die Fortsetzung der Gesellschaft beschließen.

(2) Die Fortsetzung ist von sämtlichen Gesellschaftern zur Eintragung in das Firmenbuch anzumelden.

Fünfter Titel.
Liquidation der Gesellschaft.

Notwendigkeit der Liquidation

§ 145. (1) Nach der Auflösung der Gesellschaft findet die Liquidation statt, sofern nicht eine andere Art der Auseinandersetzung von den Gesellschaftern vereinbart oder über das Vermögen der Gesellschaft das Insolvenzverfahren eröffnet ist.

(2) Ist die Gesellschaft durch Kündigung nach § 339 Abs. 1 EO oder durch die Eröffnung des Konkursverfahrens über das Vermögen eines Gesellschafters aufgelöst, so kann die Liquidation nur mit Zustimmung des Verwalters oder des Masseverwalters unterbleiben.

(BGBl I 2021/86)

Bestellung der Liquidatoren

§ 146. (1) Die Liquidation erfolgt, sofern sie nicht durch Beschluß der Gesellschafter oder durch den Gesellschaftsvertrag einzelnen Gesellschaftern oder anderen Personen übertragen ist, durch sämtliche Gesellschafter als Liquidatoren. Mehrere Erben eines Gesellschafters haben einen gemeinsamen Vertreter zu bestellen.

(2) Auf Antrag eines Beteiligten kann aus wichtigen Gründen die Ernennung von Liquidatoren durch das Gericht erfolgen, in dessen Sprengel die Gesellschaft ihren Sitz hat; das Gericht kann in einem solchen Falle Personen zu Liquidatoren ernennen, die nicht zu den Gesellschaftern gehören. Als Beteiligter gilt außer den Gesellschaftern im Falle des § 338 Abs. 1 EO auch der Verwalter, durch den die Kündigung erfolgt ist.

(BGBl I 2021/86)

(3) Ist über das Vermögen eines Gesellschafters das Konkursverfahren eröffnet oder das Sanierungsverfahren eröffnet und dem Gesellschafter die Eigenverwaltung entzogen, so tritt der Insolvenzverwalter an die Stelle des Gesellschafters.

Abberufung von Liquidatoren

§ 147. Die Abberufung von Liquidatoren geschieht durch einstimmigen Beschluß der nach § 146 Abs. 2, 3 Beteiligten; sie kann auf Antrag eines Beteiligten aus wichtigen Gründen auch durch das Gericht erfolgen.

Anmeldung der Liquidatoren
§ 148. (1) Die Liquidatoren sind von sämmtlichen Gesellschaftern zur Eintragung in das Firmenbuch anzumelden. Das Gleiche gilt von jeder Änderung in den Personen der Liquidatoren oder in ihrer Vertretungsmacht. Im Fall des Todes eines Gesellschafters kann, wenn anzunehmen ist, dass die Anmeldung den Tatsachen entspricht, die Eintragung auch ohne Mitwirkung der Erben bei der Anmeldung erfolgen, soweit einer solchen Mitwirkung besondere Hindernisse entgegenstehen.

(2) Die Eintragung gerichtlich bestellter Liquidatoren sowie die Eintragung der gerichtlichen Abberufung von Liquidatoren geschieht von Amtswegen.

(3) Die Liquidatoren haben ihre Namensunterschrift zur Aufbewahrung bei Gericht zu zeichnen.

Rechte und Pflichten der Liquidatoren; Auseinandersetzung
§ 149. (1) Die Liquidatoren haben die laufenden Geschäfte zu beenden, die Forderungen einzuziehen, das übrige Vermögen in Geld umzusetzen und die Gläubiger zu befriedigen; zur Beendigung schwebender Geschäfte können sie auch neue Geschäfte eingehen. Die Liquidatoren vertreten die Gesellschaft gerichtlich und außergerichtlich.

(2) Den Gesellschaftern sind die Gegenstände, die sie der Gesellschaft zur Benutzung überlassen haben, zurückzugeben. Für einen durch Zufall abhanden gekommenen oder verschlechterten Gegenstand können sie keinen Ersatz verlangen.

Mehrere Liquidatoren
§ 150. (1) Sind mehrere Liquidatoren vorhanden, so können sie die zur Liquidation gehörenden Handlungen nur in Gemeinschaft vornehmen, sofern nicht bestimmt ist, daß sie einzeln handeln können; eine solche Bestimmung ist zur Eintragung in das Firmenbuch anzumelden.

(2) Durch die Vorschrift des Abs. 1 wird nicht ausgeschlossen, daß die Liquidatoren einzelne von ihnen zur Vornahme bestimmter Geschäfte oder bestimmter Arten von Geschäften ermächtigen. Ist der Gesellschaft gegenüber eine Willenserklärung abzugeben, so findet die Vorschrift des § 125 Abs. 2 Satz 3 entsprechende Anwendung.

Unbeschränktbarkeit der Befugnisse
§ 151. Eine Beschränkung des Umfanges der Befugnisse der Liquidatoren ist Dritten gegenüber unwirksam.

Bindung an Weisungen
§ 152. Die Liquidatoren haben, auch wenn sie gerichtlich bestellt sind, den in Bezug auf die Geschäftsführung einstimmig beschlossenen Anordnungen der gemäß § 146 Abs. 2 und 3 Beteiligten Folge zu leisten.

Unterschrift
§ 153. Die Liquidatoren haben ihre Unterschrift in der Weise abzugeben, daß sie der bisherigen, als Liquidationsfirma zu bezeichnenden Firma ihren Namen beifügen.

Liquidationsbilanz; Zuweisung des Liquidationsgewinnes oder verlustes
§ 154. (1) Die Liquidatoren haben bei dem Beginne sowie bei der Beendigung der Liquidation eine Bilanz aufzustellen.

(2) Die Zuweisung eines Liquidationsgewinns oder -verlustes richtet sich nach der Beteiligung der Gesellschafter (§ 109).

Verteilung des Gesellschaftsvermögens; Ausgleich unter den Gesellschaftern
§ 155. (1) Das nach Berücksichtigung der Schulden verbleibende Vermögen der Gesellschaft ist von den Liquidatoren nach dem Verhältnis der Beteiligung der Gesellschafter unter Berücksichtigung ihrer Guthaben und Verbindlichkeiten aus dem Gesellschaftsverhältnis, wie sie sich aufgrund der Schlussbilanz ergeben, unter die Gesellschafter zu verteilen.

(2) Das während der Liquidation entbehrliche Geld wird vorläufig verteilt. Zur Deckung noch nicht fälliger oder streitiger Verbindlichkeiten sowie zur Sicherung der den Gesellschaftern bei der Schlußverteilung zukommenden Beträge ist das Erforderliche zurückzubehalten. Die Vorschriften des § 122 Abs. 1 finden während der Liquidation keine Anwendung.

(3) Entsteht über die Verteilung des Gesellschaftsvermögens Streit unter den Gesellschaftern, so haben die Liquidatoren die Verteilung bis zur Entscheidung des Streites auszusetzen.

(4) Reicht das Gesellschaftsvermögen zur Deckung der Guthaben von Gesellschaftern aus dem Gesellschaftsverhältnis nicht aus, so sind die übrigen Gesellschafter ihnen gegenüber verpflichtet, für den Betrag im Verhältnis ihrer Verbindlichkeiten aus dem Gesellschaftsverhältnis aufzukommen. Kann von einem Gesellschafter der auf ihn entfallende Betrag nicht erlangt werden, so wird der Ausfall auf die übrigen Gesellschafter wie ein Verlust verteilt.

Rechtsverhältnis der bisherigen Gesellschafter untereinander
§ 156. Bis zur Beendigung der Liquidation kommen in Bezug auf das Rechtsverhältnis der bisherigen Gesellschafter unter einander sowie der Gesellschaft zu Dritten die Vorschriften des zweiten und dritten Titels zur Anwendung, soweit sich nicht aus dem gegenwärtigen Titel oder aus dem Zwecke der Liquidation ein anderes ergibt.

Anmeldung des Erlöschens; Einsichtsrecht
§ 157. (1) Nach der Beendigung der Liquidation ist das Erlöschen der Firma von den Liquidatoren zur Eintragung in das Firmenbuch anzumelden.

(2) Die Bücher und Papiere der aufgelösten Gesellschaft werden einem der Gesellschafter oder einem Dritten in Verwahrung gegeben. Der Gesellschafter oder der Dritte wird in Ermangelung einer Verständigung durch das Gericht bestimmt, in dessen Sprengel die Gesellschaft ihren Sitz hat.

(3) Die Gesellschafter und deren Erben behalten das Recht auf Einsicht und Benutzung der Bücher und Papiere.

Andere Art der Auseinandersetzung
§ 158. Vereinbaren die Gesellschafter statt der Liquidation eine andere Art der Auseinandersetzung, so finden, solange noch ungeteiltes Gesellschaftsvermögen vorhanden ist, im Verhältnisse zu Dritten die für die Liquidation geltenden Vorschriften entsprechende Anwendung.

Sechster Titel
Zeitliche Begrenzung der Haftung
Ansprüche gegen einen Gesellschafter

§ 159. (1) Die Ansprüche gegen einen Gesellschafter aus Verbindlichkeiten der Gesellschaft verjähren in fünf Jahren nach der Auflösung der Gesellschaft, sofern nicht der Anspruch gegen die Gesellschaft einer kürzeren Verjährung unterliegt.

(2) Die Verjährung beginnt mit dem Ende des Tages, an welchem die Auflösung der Gesellschaft in das Firmenbuch des für den Sitz der Gesellschaft zuständigen Gerichts eingetragen wird.

(3) Wird der Anspruch des Gläubigers gegen die Gesellschaft erst nach der Eintragung fällig, so beginnt die Verjährung mit dem Zeitpunkt der Fälligkeit.

(4) Die Unterbrechung der Verjährung gegenüber der aufgelösten Gesellschaft wirkt auch gegenüber den Gesellschaftern, die der Gesellschaft zur Zeit der Auflösung angehört haben.

Begrenzung der Haftung des ausscheidenden Gesellschafters, Frist

§ 160. (1) Scheidet ein Gesellschafter aus der Gesellschaft aus, so haftet er für ihre bis dahin begründeten Verbindlichkeiten nur, soweit sie vor Ablauf von fünf Jahren nach dem Ausscheiden fällig sind. Ansprüche daraus verjähren innerhalb der für die jeweilige Verbindlichkeit geltenden Verjährungsfrist, längstens jedoch in drei Jahren.

(2) Die Frist beginnt mit dem Ende des Tages, an dem das Ausscheiden des Gesellschafters in das Firmenbuch eingetragen wird.

(3) Werden Forderungen eines Gläubigers für Leistungen, die er noch vor Ausscheiden des Gesellschafters erbracht hat, erst nach Ablauf von fünf Jahren fällig, so ist der Gläubiger vom Ausscheiden des Gesellschafters zu verständigen. Bei Vorliegen eines wichtigen Grundes kann der Gläubiger vom ausscheidenden Gesellschafter die Sicherstellung seiner Ansprüche verlangen; auf dieses Recht ist er in der Verständigung hinzuweisen. Wird seinem Verlangen nicht entsprochen, so findet Abs. 1 keine Anwendung.

(4) Wird ein Gesellschafter Kommanditist, so sind für die Begrenzung seiner Haftung für die im Zeitpunkt der Eintragung der Änderung in das Firmenbuch entstandenen Verbindlichkeiten die Abs. 1 bis 3 entsprechend anzuwenden. Dies gilt auch, wenn er in der Gesellschaft oder einem ihr als Gesellschafter angehörenden Unternehmen geschäftsführend tätig wird. Seine Haftung als Kommanditist bleibt unberührt.

Zweiter Abschnitt.
Kommanditgesellschaft.

Begriff, Anwendung der Vorschriften über die offene Gesellschaft

§ 161. (1) Eine Kommanditgesellschaft ist eine unter eigener Firma geführte Gesellschaft, bei der die Haftung gegenüber den Gesellschaftsgläubigern bei einem Teil der Gesellschafter auf einen bestimmten Betrag (Haftsumme) beschränkt ist (Kommanditisten), beim anderen Teil dagegen unbeschränkt ist (Komplementäre).

(2) Soweit dieser Abschnitt nichts anderes bestimmt, finden auf die Kommanditgesellschaft die für die offene Gesellschaft geltenden Vorschriften Anwendung.

Anmeldung zum Firmenbuch

§ 162. (1) Die Anmeldung hat die in § 3 Z 2 bis 4, 5, 7, 8 und 16 sowie in § 4 Z 6, gegebenenfalls auch die in § 3 Z 6, 9, 11 und 15 und in § 4 Z 2, 3, 5 und 7 FBG genannten Tatsachen zu enthalten.

(2) Sofern der Eintritt eines Kommanditisten unter der Bedingung der Eintragung in das Firmenbuch erfolgt, hat auch der Eintretende an der Anmeldung mitzuwirken.

(3) Diese Vorschriften finden im Falle des Eintritts eines Kommanditisten in eine bestehende Personengesellschaft und im Falle des Ausscheidens eines Kommanditisten aus einer Kommanditgesellschaft entsprechende Anwendung.

Rechtsverhältnis der Gesellschafter untereinander

§ 163. Für das Verhältnis der Gesellschafter unter einander gelten in Ermangelung abweichender Bestimmungen des Gesellschaftsvertrags die besonderen Vorschriften der §§ 164 bis 169.

Geschäftsführung

§ 164. Die Kommanditisten sind von der Führung der Geschäfte der Gesellschaft ausgeschlossen; sie können einer Handlung der unbeschränkt haftenden Gesellschafter nicht widersprechen, es sei denn, daß die Handlung über den gewöhnlichen Betrieb des Unternehmens der Gesellschaft hinausgeht. Die Vorschriften des § 116 Abs. 3 bleiben unberührt.

Wettbewerbsverbot

§ 165. § 112 Abs. 2 und 3 sowie § 113 finden auf die Kommanditisten keine Anwendung.

(BGBl I 2021/86)

Kontrollrecht

§ 166. (1) Der Kommanditist ist berechtigt, die abschriftliche Mitteilung des Jahresabschlusses oder, wenn nach den Vorschriften des Dritten Buches keine Pflicht zur Rechnungslegung besteht, einer sonstigen Abrechnung zu verlangen und dessen Richtigkeit unter Einsicht der Bücher und Schriften zu prüfen.

(2) Die im § 118 dem von der Geschäftsführung ausgeschlossenen Gesellschafter eingeräumten weiteren Rechte stehen dem Kommanditisten nicht zu.

(3) Auf Antrag eines Kommanditisten kann das Gericht, wenn wichtige Gründe vorliegen, die Mitteilung einer Bilanz oder sonstiger Aufklärungen sowie die Vorlegung der Bücher und Schriften jederzeit anordnen.

Berechnung von Gewinn und Verlust

§ 167. Soweit der Gesellschaftsvertrag nichts anderes vorsieht, ist den unbeschränkt haftenden Gesellschaftern zunächst ein ihrer Haftung angemessener Betrag des Jahresgewinns zuzuweisen. Im Übrigen ist für den diesen Betrag übersteigenden Teil des Jahresgewinns sowie für den Verlust eines Geschäftsjahrs § 121 anzuwenden.

Gewinnausschüttung

§ 168. (1) Der Kommanditist kann die Auszahlung des Gewinnes nicht verlangen, soweit die bedungene Einlage nicht geleistet ist oder durch dem Kommanditisten zugewiesene Verluste oder die Auszahlung des Gewinnes unter den auf sie geleisteten Betrag gemindert würde. Im Übrigen findet § 122 Anwendung.

(2) Der Kommanditist ist nicht verpflichtet, den bezogenen Gewinn wegen späterer Verluste zurückzuzahlen.

Keine Teilnahme am Ausgleich unter den Gesellschaftern

§ 169. Soweit der Kommanditist die bedungene Einlage geleistet hat, sind § 137 Abs. 4 und § 155 Abs. 4 auf ihn nicht anzuwenden.

Vertretung

§ 170. Der Kommanditist ist als solcher nicht befugt, die Gesellschaft zu vertreten.

Haftung des Kommanditisten

§ 171. (1) Der Kommanditist haftet den Gläubigern der Gesellschaft bis zur Höhe der im Firmenbuch eingetragenen Haftsumme unmittelbar; die Haftung ist ausgeschlossen, soweit die Einlage geleistet ist. Auf Verlangen hat der Kommanditist den Gläubigern über die Höhe der geleisteten Einlage binnen angemessener Frist Auskunft zu geben.

(2) Ist über das Vermögen der Gesellschaft das Insolvenzverfahren eröffnet, so übt während dessen Dauer der Masse- oder Sanierungsverwalter das Recht der Gesellschaftsgläubiger nach Abs. 1 aus.

Umfang der Haftung

§ 172. (1) Auf eine nicht eingetragene Erhöhung der aus dem Firmenbuch ersichtlichen Haftsumme können sich die Gläubiger nur berufen, wenn die Erhöhung in gehöriger Weise kundgemacht oder ihnen von der Gesellschaft mitgeteilt worden ist.

(2) Eine Vereinbarung der Gesellschafter, durch die einem Kommanditisten die Einlage erlassen oder gestundet wird, ist den Gläubigern gegenüber unwirksam.

(3) Soweit die Einlage eines Kommanditisten zurückgezahlt wird, gilt sie den Gläubigern gegenüber als nicht geleistet. Das Gleiche gilt, soweit ein Kommanditist Gewinnanteile entnimmt, obwohl frühere Verlustzuweisungen noch nicht durch spätere Gewinne ausgeglichen wurden. Ein Kommanditist, der seine Einlage geleistet und in der Folge nicht zurückerhalten hat, haftet für Verringerungen der Einlage durch Nachfolger nicht.

(4) Was ein Kommanditist im guten Glauben als Gewinn bezieht, ist er in keinem Fall zurückzuzahlen verpflichtet.

Haftung bei Eintritt als Kommanditist

§ 173. (1) Wer in eine bestehende eingetragene Personengesellschaft als Kommanditist eintritt, haftet nach Maßgabe der §§ 171, 172 für die vor seinem Eintritte begründeten Verbindlichkeiten der Gesellschaft, ohne Unterschied, ob die Firma geändert wird oder nicht.

(2) Eine entgegenstehende Vereinbarung ist Dritten gegenüber unwirksam.

Herabsetzung der Haftsumme

§ 174. Eine Herabsetzung der Haftsumme eines Kommanditisten ist, solange sie nicht in das Firmenbuch eingetragen ist, den Gläubigern gegenüber unwirksam; Gläubiger, deren Forderungen zur Zeit der Eintragung begründet waren, brauchen die Herabsetzung nicht gegen sich gelten zu lassen.

Anmeldung der Änderung einer Haftsumme

§ 175. Die Erhöhung sowie die Herabsetzung einer Haftsumme sind durch sämtliche Gesellschafter zur Eintragung in das Firmenbuch anzumelden. § 24 FBG ist nicht anzuwenden.

Haftungsumfang vor Eintragung der Gesellschaft, bei Eintritt in diese

§ 176. (1) Handeln Gesellschafter oder zur Vertretung der Gesellschaft bestellte Personen nach Errichtung, aber vor Entstehung der Gesellschaft in deren Namen, so haftet der Kommanditist für die in der Zeit bis zur Eintragung begründeten Verbindlichkeiten der Gesellschaft bis zur Höhe seiner Haftsumme. Dies gilt auch dann, wenn ein handelnder Gesellschafter nicht, nicht allein oder nur beschränkt vertretungsbefugt ist, der Dritte den Mangel der Vertretungsmacht aber weder kannte noch kennen musste.

(2) Tritt ein Kommanditist in eine bestehende Personengesellschaft ein, so findet Abs. 1 für die

in der Zeit zwischen seinem Eintritt und seiner Eintragung in das Firmenbuch begründeten Verbindlichkeiten der Gesellschaft entsprechende Anwendung. § 171 Abs. 1 gilt sinngemäß.

Tod des Kommanditisten
§ 177. Der Tod eines Kommanditisten hat die Auflösung der Gesellschaft nicht zur Folge.

Ausscheiden des einzigen Komplementärs
§ 178. Würde der einzige Komplementär aufgrund einer Bestimmung des Gesellschaftsvertrags oder durch die Ausübung eines ihm im Gesellschaftsvertrag eingeräumten Kündigungsrechts aus der Gesellschaft ausscheiden, so tritt diese Rechtsfolge nur ein, wenn die verbleibenden Kommanditisten vereinbaren, dass sie die Gesellschaft fortsetzen und wenigstens einer von ihnen die Stellung eines Komplementärs übernimmt, oder wenn der einzige verbleibende Kommanditist erklärt, das Gesellschaftsvermögen im Weg der Gesamtrechtsnachfolge (§ 142) zu übernehmen. Ansonsten ist die Gesellschaft stattdessen aufgelöst und wird unter Beteiligung des Komplementärs abgewickelt.

Dritter Abschnitt
Stille Gesellschaft

Begriff und Wesen der stillen Gesellschaft
§ 179. (1) Wer sich als stiller Gesellschafter am Unternehmen oder Vermögen eines anderen mit einer Vermögenseinlage beteiligt, hat die Einlage so zu leisten, dass sie in das Vermögen des anderen übergeht.

(2) Aus den Geschäften, die im Betrieb des Unternehmens geschlossen werden oder das Vermögen betreffen, an dem die Beteiligung besteht, wird allein der Inhaber berechtigt und verpflichtet.

Einlage des stillen Gesellschafters;
§ 180. Zur Erhöhung der vereinbarten oder zur Ergänzung der durch Verlust verminderten Einlage ist der stille Gesellschafter nicht verpflichtet.

Gewinn und Verlust
§ 181. (1) Ist der Anteil des stillen Gesellschafters am Gewinn und Verlust nicht bestimmt, so gilt ein den Umständen nach angemessener Anteil als bedungen.

(2) Im Gesellschaftsvertrag kann bestimmt werden, daß der stille Gesellschafter nicht am Verlust beteiligt sein soll; seine Beteiligung am Gewinn kann nicht ausgeschlossen werden.

(3) Ist im Gesellschaftsvertrag nur der Anteil am Gewinn oder am Verlust bestimmt, so gilt die Bestimmung im Zweifel für Gewinn und Verlust.

Gewinn- oder Verlustberechnung
§ 182. (1) Am Schluß jedes Geschäftsjahrs ist der Gewinn oder Verlust zu berechnen und der auf den stillen Gesellschafter fallende Gewinn auszuzahlen.

(2) Der stille Gesellschafter nimmt an dem Verlust nur bis zum Betrag seiner eingezahlten oder rückständigen Einlage teil. Er ist nicht verpflichtet, den bezogenen Gewinn wegen späterer Verluste zurückzuzahlen; jedoch wird, solange seine Einlage durch Verlust vermindert ist, der jährliche Gewinn zur Deckung des Verlustes verwendet.

(3) Der Gewinn, der von dem stillen Gesellschafter nicht behoben wird, vermehrt dessen Einlage nicht, sofern nicht ein anderes vereinbart ist.

Kontrollrecht des stillen Gesellschafters
§ 183. (1) Der stille Gesellschafter ist berechtigt, die abschriftliche Mitteilung des Jahresabschlusses oder, wenn nach den Vorschriften des Dritten Buches keine Pflicht zur Rechnungslegung besteht, einer sonstigen Abrechnung zu verlangen und dessen Richtigkeit unter Einsicht der Bücher und Schriften zu prüfen.

(2) Die im § 118 dem von der Geschäftsführung ausgeschlossenen Gesellschafter eingeräumten weiteren Rechte stehen dem stillen Gesellschafter nicht zu.

(3) Auf Antrag des stillen Gesellschafters kann das Gericht, wenn wichtige Gründe vorliegen, die Mitteilung eines Status oder sonstiger Aufklärungen sowie die Vorlage der Bücher und Schriften jederzeit anordnen.

Kündigung der Gesellschaft; Tod des stillen Gesellschafters
§ 184. (1) Auf die Kündigung der Gesellschaft durch einen Gesellschafter oder nach § 339 Abs. 1 EO finden die Vorschriften der §§ 132 und 134 entsprechende Anwendung. Wenn ein wichtiger Grund vorliegt, kann jeder Gesellschafter die Gesellschaft, mag sie auch auf bestimmte Zeit eingegangen sein, ohne Einhaltung einer Frist jederzeit kündigen. Eine Vereinbarung, durch die dieses Kündigungsrecht ausgeschlossen oder beschränkt wird, ist nichtig.
(BGBl I 2021/86)

(2) Durch den Tod des stillen Gesellschafters wird die Gesellschaft nicht aufgelöst.

Andere Auflösungsgründe
§ 185. (1) Wird der vereinbarte Zweck erreicht oder seine Erreichung unmöglich, so endet die stille Gesellschaft, auch wenn sie auf bestimmte Zeit eingegangen worden ist und diese Zeit noch nicht abgelaufen ist.

(2) Die stille Gesellschaft wird ferner durch die Eröffnung des Konkursverfahrens über das Vermögen eines Gesellschafters und, wenn der Gesellschaftsvertrag nichts anderes bestimmt, durch den Tod des Inhabers des Unternehmens oder Vermögens aufgelöst. § 136 über die Fürsorgepflicht

beim Tod oder Konkurs eines Gesellschafters ist sinngemäß anzuwenden.
(BGBl I 2016/43)

Auseinandersetzung
§ 186. (1) Nach der Auflösung der Gesellschaft hat sich der Inhaber des Unternehmens oder Vermögens mit dem stillen Gesellschafter auseinanderzusetzen und dessen Guthaben in Geld zu berichtigen.
(BGBl I 2016/43)

(2) Die zur Zeit der Auflösung schwebenden Geschäfte werden von dem Inhaber des Unternehmens oder Vermögens abgewickelt. Der stille Gesellschafter nimmt teil an dem Gewinn oder Verlust, der sich aus diesen Geschäften ergibt.
(BGBl I 2016/43)

(3) Er kann am Schluß jedes Geschäftsjahrs Rechenschaft über die inzwischen beendigten Geschäfte, Auszahlung des ihm gebührenden Betrags und Auskunft über den Stand der noch schwebenden Geschäfte verlangen.

Konkurs des Inhabers
§ 187. (1) Wird über das Vermögen des Inhabers des Unternehmens oder Vermögens das Konkursverfahren eröffnet, so kann der stille Gesellschafter wegen der Einlage, soweit sie den Betrag des auf ihn fallenden Anteils am Verlust übersteigt, seine Forderung als Insolvenzgläubiger geltend machen.
(BGBl I 2016/43)

(2) Ist die Einlage zum Zeitpunkt der Eröffnung des Konkursverfahrens noch nicht zur Gänze geleistet worden, so hat sie der stille Gesellschafter bis zu dem Betrag, welcher zur Deckung seines Anteils am Verlust erforderlich ist, zur Insolvenzmasse einzuzahlen.

Anfechtung im Insolvenzverfahren
§ 188. (1) Ist auf Grund einer in dem letzten Jahr vor der Eröffnung des Insolvenzverfahrens zwischen dem Inhaber des Unternehmens oder Vermögens und dem stillen Gesellschafter getroffenen Vereinbarung diesem die Einlage ganz oder teilweise zurückgewährt oder sein Anteil an dem entstandenen Verlust ganz oder teilweise erlassen worden, so kann die Rückgewähr oder der Erlaß vom Masse- oder Sanierungsverwalter angefochten werden. Es begründet keinen Unterschied, ob die Rückgewähr oder der Erlaß unter Auflösung der Gesellschaft stattgefunden hat oder nicht.
(BGBl I 2016/43)

(2) Die Anfechtung ist ausgeschlossen, wenn das Insolvenzverfahren in Umständen seinen Grund hat, die erst nach der Vereinbarung der Rückgewähr oder des Erlasses eingetreten sind.

(3) Die Vorschriften der Insolvenzordnung über die Geltendmachung der Anfechtung und deren Wirkung finden Anwendung.

Drittes Buch
Rechnungslegung

Erster Abschnitt
Allgemeine Vorschriften

Erster Titel
Buchführung, Inventarerrichtung

Anwendungsbereich
§ 189. (1) Soweit in der Folge nichts anderes bestimmt wird, ist das Dritte Buch anzuwenden auf:
1. Kapitalgesellschaften;
   (BGBl I 2015/22)
2. eingetragene Personengesellschaften, bei denen
   a. alle unmittelbaren oder mittelbaren Gesellschafter mit ansonsten unbeschränkter Haftung tatsächlich nur beschränkt haftbar sind, weil sie entweder Kapitalgesellschaften im Sinn des Anhangs I der Richtlinie 2013/34/EU über den Jahresabschluss, den konsolidierten Abschluss und damit verbundene Berichte von Unternehmen bestimmter Rechtsformen und zur Änderung der Richtlinie 2006/43/EG des Europäischen Parlaments und des Rates und zur Aufhebung der Richtlinien 78/660/EWG und 83/349/EWG, ABl. Nr. L 182 vom 29. 6. 2013 S. 19, in der Fassung der Richtlinie 2014/102/EU des Rates vom 7. November 2014, ABl. Nr. L 334 vom 21. 11. 2014, S. 86 (im Folgenden: Bilanz-Richtlinie), sind oder Gesellschaften sind, die nicht dem Recht eines Mitgliedstaats der Europäischen Union oder eines Vertragsstaats des Abkommens über den Europäischen Wirtschaftsraum unterliegen, aber über eine Rechtsform verfügen, die einer in Anhang I der Richtlinie 2013/34/EU genannten vergleichbar ist; als Kapitalgesellschaften im Sinn des Anhangs I der Bilanz-Richtlinie gelten auch solche, die mittels delegierter Rechtsakte der Kommission im Sinn des Art. 1 Abs. 2 dieser Richtlinie als solche erklärt werden; oder
   (BGBl I 2016/43)
   b. kein unbeschränkt haftender Gesellschafter eine natürliche Person oder eine Personengesellschaft mit einer natürlichen Person als unbeschränkt haftendem Gesellschafter ist oder bei denen sich die Verbindung von Gesellschaften in dieser Art fortsetzt, und die unternehmerisch tätig sind;
   (BGBl I 2016/43)
   (BGBl I 2016/43)
3. alle anderen mit Ausnahme der in Abs. 4 genannten Unternehmer, die hinsichtlich der einzelnen einheitlichen Betriebe jeweils mehr

als 700 000 Euro Umsatzerlöse im Geschäftsjahr erzielen.

(BGBl I 2015/22)

(2) Die Rechtsfolgen des Schwellenwertes (Abs. 1 Z 3) treten ein:
1. ab dem zweitfolgenden Geschäftsjahr, wenn der Schwellenwert in zwei aufeinanderfolgenden Geschäftsjahren überschritten wird; sie entfallen ab dem folgenden Geschäftsjahr, wenn er in zwei aufeinanderfolgenden Geschäftsjahren nicht mehr überschritten wird;
2. jedoch schon ab dem folgenden Geschäftsjahr, wenn der Schwellenwert um mindestens 300 000 Euro überschritten wird oder wenn bei Gesamt- oder Einzelrechtsnachfolge in den Betrieb oder Teilbetrieb eines Unternehmens der Rechtsvorgänger zur Rechnungslegung verpflichtet war, es sei denn, dass der Schwellenwert für den übernommenen Betrieb oder Teilbetrieb in den letzten zwei aufeinanderfolgenden Geschäftsjahren nicht erreicht wurde; sie entfallen ab dem folgenden Geschäftsjahr, wenn er bei Aufgabe eines Teilbetriebs um mindestens die Hälfte unterschritten wird.

(BGBl I 2015/22)

(3) Rechnungslegungsrechtliche Sonderbestimmungen gehen der Anwendung dieses Gesetzes vor.

(4) Das Dritte Buch ist nicht anzuwenden auf Angehörige der freien Berufe, Land- und Forstwirte sowie Unternehmer, deren Einkünfte im Sinne des § 22 Z 2 EStG 1988 im Überschuss der Einnahmen über die Werbungskosten liegen, auch wenn ihre Tätigkeit im Rahmen einer eingetragenen Personengesellschaft ausgeübt wird, es sei denn, dass es sich um eine Personengesellschaft im Sinne des Abs. 1 Z 2 handelt.

Begriffsbestimmungen

§ 189a. Für das Dritte Buch gelten folgende Begriffsbestimmungen:
1. Unternehmen von öffentlichem Interesse:
   a. Unternehmen, deren übertragbare Wertpapiere zum Handel an einem geregelten Markt eines Mitgliedstaats der Europäischen Union oder eines Vertragsstaats des Abkommens über den Europäischen Wirtschaftsraum im Sinn des Art. 4 Abs. 1 Nr. 21 der Richtlinie 2014/65/EU über Märkte für Finanzinstrumente sowie zur Änderung der Richtlinien 2002/92/EG und 2011/61/EU, ABl. Nr. L 173 vom 12. 6. 2014 S. 349, zugelassen sind;
   b. Kapitalgesellschaften, die Kreditinstitute im Sinn des Art. 4 Abs. 1 Nr. 1 der Verordnung (EU) Nr. 575/2013 über Aufsichtsanforderungen an Kreditinstitute und Wertpapierfirmen und zur Änderung der Verordnung (EU) Nr. 646/2012, ABl. Nr. L 176 vom 27. 6. 2013 S. 1 – mit Ausnahme der in Artikel 2 Abs. 5 der Richtlinie 2013/36/EU über den Zugang zur Tätigkeit von Kreditinstituten und die Beaufsichtigung von Kreditinstituten und Wertpapierfirmen, zur Änderung der Richtlinie 2002/87/EG und zur Aufhebung der Richtlinien 2006/48/EG und 2006/49/EG, ABl. Nr. L 176 vom 27. 6. 2013 S. 338, genannten Kreditinstitute – sind;
   c. Kapitalgesellschaften, die Versicherungsunternehmen im Sinn des Art. 2 Abs. 1 der Richtlinie 91/674/EWG über den Jahresabschluss und den konsolidierten Abschluss von Versicherungsunternehmen, ABl. Nr. L 374 vom 31. 12. 1991 S. 7, sind oder
   d. Unternehmen, die ungeachtet ihrer Rechtsform in einem Bundesgesetz unter Verweis auf diese Bestimmung als solche bezeichnet werden;
2. Beteiligung: Anteile an einem anderen Unternehmen, die dazu bestimmt sind, dem eigenen Geschäftsbetrieb durch Herstellung einer dauernden Verbindung zu diesem Unternehmen zu dienen; dabei ist es gleichgültig, ob die Anteile in Wertpapieren verbrieft sind oder nicht; es wird eine Beteiligung an einem anderen Unternehmen vermutet, wenn der Anteil am Kapital 20% beträgt oder darüber liegt; § 244 Abs. 4 und 5 über die Berechnung der Anteile ist anzuwenden; die Beteiligung als unbeschränkt haftender Gesellschafter an einer Personengesellschaft gilt stets als Beteiligung;
3. beizulegender Wert: der Betrag, den ein Erwerber des gesamten Unternehmens im Rahmen des Gesamtkaufpreises für den betreffenden Vermögensgegenstand oder die betreffende Schuld ansetzen würde; dabei ist davon auszugehen, dass der Erwerber das Unternehmen fortführt;
4. beizulegender Zeitwert: der Börsenkurs oder Marktpreis; im Fall von Finanzinstrumenten, deren Marktpreis sich als Ganzes nicht ohne weiteres ermitteln lässt, der aus den Marktpreisen der einzelnen Bestandteile des Finanzinstruments oder dem Marktpreis für ein gleichartiges Finanzinstrument abgeleitete Wert; falls sich bei Finanzinstrumenten ein verlässlicher Markt nicht ohne weiteres ermitteln lässt, der mit Hilfe allgemein anerkannter Bewertungsmodelle und -methoden bestimmte Wert, sofern diese Modelle und Methoden eine angemessene Annäherung an den Marktpreis gewährleisten;

(BGBl I 2019/46)

5. Umsatzerlöse: die Beträge, die sich aus dem Verkauf von Produkten und der Erbringung von Dienstleistungen nach Abzug von Erlösschmälerungen und der Umsatzsteuer sowie von sonstigen direkt mit dem Umsatz verbundenen Steuern ergeben;

6. Mutterunternehmen: ein Unternehmen, das ein oder mehrere Tochterunternehmen im Sinn des § 244 beherrscht;
7. Tochterunternehmen: ein Unternehmen, das von einem Mutterunternehmen im Sinn des § 244 unmittelbar oder mittelbar beherrscht wird;
8. verbundene Unternehmen: zwei oder mehrere Unternehmen innerhalb einer Gruppe, wobei eine Gruppe das Mutterunternehmen und alle Tochterunternehmen bilden;
9. assoziiertes Unternehmen: ein Unternehmen, an dem ein anderes Unternehmen eine Beteiligung hält und dessen Geschäfts- und Finanzpolitik durch das andere Unternehmen maßgeblich beeinflusst wird; es wird vermutet, dass ein Unternehmen einen maßgeblichen Einfluss auf ein anderes Unternehmen ausübt, sofern jenes Unternehmen 20% oder mehr der Stimmrechte der Aktionäre oder Gesellschafter dieses Unternehmens besitzt;
10. wesentlich: der Status von Informationen, wenn vernünftigerweise zu erwarten ist, dass ihre Auslassung oder fehlerhafte Angabe Entscheidungen beeinflusst, die Nutzer auf der Grundlage des Jahres- und Konzernabschlusses treffen. Die Wesentlichkeit ist von der Größe oder der spezifischen Eigenschaft des Postens oder der Fehlerhaftigkeit der Angabe abhängig. Selbst wenn ein einzelner Posten für sich genommen als unwesentlich angesehen werden kann, können mehrere unwesentliche gleichartige Posten zusammen als wesentlich gelten;
11. Investmentunternehmen:
    a. Unternehmen, deren einziger Zweck darin besteht, ihre Mittel in Wertpapieren oder Immobilien verschiedener Art oder in anderen Werten anzulegen mit dem einzigen Ziel, das Risiko der Investitionen zu verteilen und ihre Aktionäre oder Gesellschafter an dem Gewinn aus der Verwaltung ihres Vermögens zu beteiligen;
    b. Unternehmen, die mit Unternehmen nach lit. a mit festem Kapital verbunden sind, sofern der einzige Zweck dieser verbundenen Unternehmen darin besteht, voll eingezahlte Anteile, die von den Unternehmen nach lit. a ausgegeben worden sind, zu erwerben, unbeschadet des Artikels 22 Absatz 1 Buchstabe h der Richtlinie 2012/30/EU zur Koordinierung der Schutzbestimmungen, die in den Mitgliedstaaten der Gesellschaften im Sinne des Artikels 54 Absatz 2 des Vertrages über die Arbeitsweise der Europäischen Union im Interesse der Gesellschafter sowie Dritter für die Gründung der Aktiengesellschaft sowie für die Erhaltung und Änderung ihres Kapitals vorgeschrieben sind, um diese Bestimmungen gleichwertig zu gestalten, ABl. Nr. L 315 vom 14. 11. 2012 S. 74;
12. Beteiligungsgesellschaft: Unternehmen, deren einziger Zweck darin besteht, Beteiligungen an anderen Unternehmen zu erwerben sowie die Verwaltung und Verwertung dieser Beteiligungen wahrzunehmen, ohne dass sie unmittelbar oder mittelbar in die Verwaltung dieser Unternehmen eingreifen, unbeschadet der Rechte, die ihnen in ihrer Eigenschaft als Anteilsinhaber zustehen.

(BGBl I 2015/22)

Führung der Bücher

§ 190. (1) Der Unternehmer hat Bücher zu führen und in diesen seine unternehmensbezogenen Geschäfte und die Lage seines Vermögens nach den Grundsätzen ordnungsmäßiger Buchführung ersichtlich zu machen. Die Buchführung muss so beschaffen sein, dass sie einem sachverständigen Dritten innerhalb angemessener Zeit einen Überblick über die Geschäftsvorfälle und über die Lage des Unternehmens vermitteln kann. Die Geschäftsvorfälle müssen sich in ihrer Entstehung und Abwicklung verfolgen lassen.

(2) Bei der Führung der Bücher und bei den sonst erforderlichen Aufzeichnungen hat sich der Unternehmer einer lebenden Sprache zu bedienen. Werden Abkürzungen, Zahlen, Buchstaben oder Symbole verwendet, so muss im Einzelfall deren Bedeutung eindeutig festliegen.

(3) Die Eintragungen in Büchern und die sonst erforderlichen Aufzeichnungen müssen vollständig, richtig, zeitgerecht und geordnet vorgenommen werden.

(4) Eine Eintragung oder eine Aufzeichnung darf nicht in einer Weise verändert werden, dass der ursprüngliche Inhalt nicht mehr feststellbar ist. Auch darf durch eine Veränderung keine Ungewissheit darüber entstehen, ob eine Eintragung oder Aufzeichnung ursprünglich oder zu einem späteren Zeitpunkt gemacht wurde.

(5) Der Unternehmer kann zur ordnungsmäßigen Buchführung und zur Aufbewahrung seiner Geschäftsbriefe (§ 212 Abs. 1) Datenträger benützen. Hierbei muss die inhaltsgleiche, vollständige und geordnete, hinsichtlich der in § 212 Abs. 1 genannten Schriftstücke auch die urschriftgetreue Wiedergabe bis zum Ablauf der gesetzlichen Aufbewahrungsfristen jederzeit gewährleistet sein. Werden solche Schriftstücke auf elektronischem Weg übertragen, so muss ihre Lesbarkeit in geeigneter Form gesichert sein. Soweit die Schriftstücke nur auf Datenträgern vorliegen, entfällt das Erfordernis der urschriftgetreuen Wiedergabe.

Inventar

§ 191. (1) Der Unternehmer hat zu Beginn seines Unternehmens die diesem gewidmeten Vermögensgegenstände und Schulden genau zu verzeichnen und deren Wert anzugeben (Inventar).

(2) Er hat für den Schluß eines jeden Geschäftsjahrs ein solches Inventar aufzustellen.

Inventurverfahren

§ 192. (1) Die Vermögensgegenstände sind im Regelfall im Weg einer körperlichen Bestandsaufnahme zu erfassen.

(2) Bei der Inventur für den Schluß eines Geschäftsjahrs bedarf es einer körperlichen Bestandsaufnahme der Vermögensgegenstände für diesen Zeitpunkt nicht, soweit durch Anwendung eines den Grundsätzen ordnungsmäßiger Buchführung entsprechenden anderen Verfahrens gesichert ist, daß der Bestand der Vermögensgegenstände nach Art, Menge und Wert auch ohne die körperliche Bestandsaufnahme für diesen Zeitpunkt festgestellt werden kann.

(3) In dem Inventar für den Schluß eines Geschäftsjahrs müssen Vermögensgegenstände nicht verzeichnet werden, wenn

1. der Unternehmer ihren Bestand auf Grund einer körperlichen Bestandsaufnahme oder auf Grund eines gemäß Abs. 2 zulässigen anderen Verfahrens nach Art, Menge und Wert in einem besonderen Inventar verzeichnet hat, das für einen Tag innerhalb der letzten drei Monate vor oder der ersten beiden Monate nach dem Schluß des Geschäftsjahrs aufgestellt ist, und
2. auf Grund des besonderen Inventars durch Anwendung eines den Grundsätzen ordnungsmäßiger Buchführung entsprechenden Fortschreibungs- oder Rückrechnungsverfahrens gesichert ist, daß der am Schluß des Geschäftsjahrs vorhandene Bestand der Vermögensgegenstände für diesen Zeitpunkt ordnungsgemäß bewertet werden kann.

(4) Bei der Inventur darf der Bestand von Vermögensgegenständen nach Art, Menge und Wert auch mit Hilfe anerkannter mathematischstatistischer Methoden auf Grund von Stichproben ermittelt werden. Das Verfahren muß den Grundsätzen ordnungsmäßiger Buchführung entsprechen. Der Aussagewert des auf diese Weise aufgestellten Inventars muß dem Aussagewert eines auf Grund einer körperlichen Bestandsaufnahme aufgestellten Inventars gleichkommen.

ZWEITER TITEL
Eröffnungsbilanz, Jahresabschluß

Pflicht zur Aufstellung

§ 193. (1) Der Unternehmer hat zu Beginn seines Unternehmens eine Eröffnungsbilanz nach den Grundsätzen ordnungsmäßiger Buchführung aufzustellen.

(2) Er hat sodann für den Schluß eines jeden Geschäftsjahrs in den ersten neun Monaten des Geschäftsjahrs für das vorangegangene Geschäftsjahr einen Jahresabschluß aufzustellen.

(3) Die Dauer des Geschäftsjahrs darf zwölf Monate nicht überschreiten.

(4) Der Jahresabschluß besteht aus der Bilanz und der Gewinn- und Verlustrechnung; er ist in Euro und in deutscher Sprache unbeschadet der volksgruppenrechtlichen Bestimmungen in der jeweils geltenden Fassung aufzustellen.

Unterzeichnung

§ 194. Der Jahresabschluß ist vom Unternehmer unter Beisetzung des Datums zu unterzeichnen. Sind mehrere unbeschränkt haftende Gesellschafter vorhanden, so haben sie alle zu unterzeichnen.

Inhalt des Jahresabschlusses

§ 195. Der Jahresabschluß hat den Grundsätzen ordnungsmäßiger Buchführung zu entsprechen. Er ist klar und übersichtlich aufzustellen. Er hat dem Unternehmer ein möglichst getreues Bild der Vermögens- und Ertragslage des Unternehmens zu vermitteln.

Vollständigkeit, Verrechnungsverbot

§ 196. (1) Der Jahresabschluß hat sämtliche Vermögensgegenstände, Rückstellungen, Verbindlichkeiten, Rechnungsabgrenzungsposten, Aufwendungen und Erträge zu enthalten, soweit gesetzlich nichts anderes bestimmt ist.

(2) Posten der Aktivseite dürfen nicht mit Posten der Passivseite, Aufwendungen dürfen nicht mit Erträgen, Grundstücksrechte nicht mit Grundstückslasten verrechnet werden.

Wirtschaftlicher Gehalt
(BGBl I 2019/46)

§ 196a. Die Posten des Jahresabschlusses sind unter Berücksichtigung des wirtschaftlichen Gehalts der betreffenden Geschäftsvorfälle oder der betreffenden Vereinbarungen zu bilanzieren und darzustellen.
(BGBl I 2019/46)

Bilanzierungsverbote

§ 197. (1) Aufwendungen für die Gründung des Unternehmens und für die Beschaffung des Eigenkapitals dürfen nicht als Aktivposten in die Bilanz eingestellt werden.

(2) Für immaterielle Gegenstände des Anlagevermögens, die nicht entgeltlich erworben wurden, darf ein Aktivposten nicht angesetzt werden.

Inhalt der Bilanz

§ 198. (1) In der Bilanz sind das Anlage- und das Umlaufvermögen, das Eigenkapital, die Rückstellungen, die Verbindlichkeiten sowie die Rechnungsabgrenzungsposten gesondert auszuweisen und unter Bedachtnahme auf die Grundsätze des § 195 aufzugliedern.
(BGBl I 2015/22)

(2) Als Anlagevermögen sind die Gegenstände auszuweisen, die bestimmt sind, dauernd dem Geschäftsbetrieb zu dienen.

(3) (aufgehoben)

(4) Als Umlaufvermögen sind die Gegenstände auszuweisen, die nicht bestimmt sind, dauernd dem Geschäftsbetrieb zu dienen.

(5) Als Rechnungsabgrenzungsposten sind auf der Aktivseite Ausgaben vor dem Abschlußstichtag auszuweisen, soweit sie Aufwand für eine bestimmte Zeit nach diesem Tag sind.

(6) Als Rechnungsabgrenzungsposten sind auf der Passivseite Einnahmen vor dem Abschlußstichtag auszuweisen, soweit sie Ertrag für eine bestimmte Zeit nach diesem Tag sind.

(7) Ist der Rückzahlungsbetrag einer Verbindlichkeit zum Zeitpunkt ihrer Begründung höher als der Ausgabebetrag, so ist der Unterschiedsbetrag in den Rechnungsabgrenzungsposten auf der Aktivseite aufzunehmen und gesondert auszuweisen. Der eingesetzte Betrag ist durch planmäßige jährliche Abschreibung zu tilgen.

(BGBl I 2015/22)

(8) Für Rückstellungen gilt folgendes:
1. Rückstellungen sind für ungewisse Verbindlichkeiten und für drohende Verluste aus schwebenden Geschäften zu bilden, die am Abschlußstichtag wahrscheinlich oder sicher, aber hinsichtlich ihrer Höhe oder des Zeitpunkts ihres Eintritts unbestimmt sind.
2. Rückstellungen dürfen außerdem für ihrer Eigenart nach genau umschriebene, dem Geschäftsjahr oder einem früheren Geschäftsjahr zuzuordnende Aufwendungen gebildet werden, die am Abschlußstichtag wahrscheinlich oder sicher, aber hinsichtlich ihrer Höhe oder des Zeitpunkts ihres Eintritts unbestimmt sind. Derartige Rückstellungen sind zu bilden, soweit dies den Grundsätzen ordnungsmäßiger Buchführung entspricht.
3. Andere Rückstellungen als die gesetzlich vorgesehenen dürfen nicht gebildet werden. Eine Verpflichtung zur Rückstellungsbildung besteht nicht, soweit es sich um nicht wesentliche Beträge handelt.

(BGBl I 2015/22)

4. Rückstellungen sind insbesondere zu bilden für
   a) Anwartschaften auf Abfertigungen,
   b) laufende Pensionen und Anwartschaften auf Pensionen,
   c) Kulanzen, nicht konsumierten Urlaub, Jubiläumsgelder, Heimfallasten und Produkthaftungsrisken,
   d) auf Gesetz oder Verordnung beruhende Verpflichtungen zur Rücknahme und Verwertung von Erzeugnissen.

(9) Bestehen zwischen den unternehmensrechtlichen und den steuerrechtlichen Wertansätzen von Vermögensgegenständen, Rückstellungen, Verbindlichkeiten und Rechnungsabgrenzungsposten Differenzen, die sich in späteren Geschäftsjahren voraussichtlich abbauen, so ist bei einer sich daraus insgesamt ergebenden Steuerbelastung diese als Rückstellung für passive latente Steuern in der Bilanz anzusetzen. Sollte sich eine Steuerentlastung ergeben, so haben mittelgroße und große Gesellschaften im Sinn des § 189 Abs. 1 Z 1 und 2 lit. a diese als aktive latente Steuern (§ 224 Abs. 2 D) in der Bilanz anzusetzen; kleine Gesellschaften im Sinn des § 189 Abs. 1 Z 1 und 2 dürfen dies nur tun, soweit sie die unverrechneten Be- und Entlastungen im Anhang aufschlüsseln. Für künftige steuerliche Ansprüche aus steuerlichen Verlustvorträgen können aktive latente Steuern in dem Ausmaß angesetzt werden, in dem ausreichende passive latente Steuern vorhanden sind oder soweit überzeugende substantielle Hinweise vorliegen, dass ein ausreichendes zu versteuerndes Ergebnis in Zukunft zur Verfügung stehen wird; diesfalls sind in die Angabe nach § 238 Abs. 1 Z 3 auch die substantiellen Hinweise, die den Ansatz rechtfertigen, aufzunehmen.

(BGBl I 2015/22)

(10) Die Bewertung der Differenzen nach Abs. 9 ergibt sich aus der Höhe der voraussichtlichen Steuerbe- und entlastung nachfolgender Geschäftsjahre; der Betrag ist nicht abzuzinsen. Eine Saldierung aktiver latenter Steuern mit passiven latenten Steuern ist nicht vorzunehmen, soweit eine Aufrechnung der tatsächlichen Steuererstattungsansprüche mit den tatsächlichen Steuerschulden rechtlich nicht möglich ist. Latente Steuern sind nicht zu berücksichtigen, soweit sie entstehen

1. aus dem erstmaligen Ansatz eines Geschäfts(Firmen)werts; oder
2. aus dem erstmaligen Ansatz eines Vermögenswerts oder einer Schuld bei einem Geschäftsvorfall, der
   a) keine Umgründung im Sinn des § 202 Abs. 2 oder Übernahme im Sinn des § 203 Abs. 5 ist, und
   b) zum Zeitpunkt des Geschäftsvorfalls weder das bilanzielle Ergebnis vor Steuern noch das zu versteuernde Ergebnis (den steuerlichen Verlust) beeinflusst;
3. in Verbindung mit Anteilen an Tochterunternehmen, assoziierten Unternehmen oder Gemeinschaftsunternehmen im Sinn des § 262 Abs. 1, wenn das Mutterunternehmen in der Lage ist, den zeitlichen Verlauf der Auflösung der temporären Differenzen zu steuern, und es wahrscheinlich ist, dass sich die temporäre Differenz in absehbarer Zeit nicht auflösen wird „,"

„4. aus der Anwendung folgender Gesetze:
   a) **des Mindestbesteuerungsgesetzes – MinBestG, BGBl. I Nr. 187/2023 oder**
   b) **eines ausländischen Steuergesetzes, das der Umsetzung der Richtlinie (EU) 2022/2523 des Rates vom 15. Dezember 2022 zur Gewährleistung einer globalen Mindestbesteuerung für multinationale Unternehmensgruppen und große inländische Gruppen in der Union, ABl. Nr. L 328 vom 22.12.2022, S. 1, berichtigt durch ABl. Nr. L 13 vom 16.1.2023, S. 9, oder der dieser Richtlinie zugrundeliegenden Mustervorschriften der Organisation für**

wirtschaftliche Zusammenarbeit und Entwicklung für eine globale Mindestbesteuerung dient."

(MinBestRefG, BGBl I 2023/187 ab 31.12.2023)

Die ausgewiesenen Posten sind aufzulösen, soweit die Steuerbe- oder entlastung eintritt oder mit ihr nicht mehr zu rechnen ist. Der Aufwand oder Ertrag aus der Veränderung bilanzierter latenter Steuern ist in der Gewinn- und Verlustrechnung gesondert unter dem Posten „Steuern vom Einkommen und vom Ertrag" auszuweisen.

(BGBl I 2015/22)

Haftungsverhältnisse

§ 199. Unter der Bilanz sind Verbindlichkeiten aus der Begebung und Übertragung von Wechseln, Bürgschaften, Garantien sowie sonstigen vertraglichen Haftungsverhältnissen, soweit sie nicht auf der Passivseite auszuweisen sind, zu vermerken, auch wenn ihnen gleichwertige Rückgriffsforderungen gegenüberstehen.

Inhalt der Gewinn- und Verlustrechnung

§ 200. In der Gewinn- und Verlustrechnung sind die Erträge und Aufwendungen unter Bedachtnahme auf die Grundsätze des § 195 aufzugliedern. Der Jahresüberschuß (Jahresfehlbetrag) und der Bilanzgewinn (Bilanzverlust) sind gesondert auszuweisen.

DRITTER TITEL
Ansatz und Bewertung

(BGBl I 2015/22)

Allgemeine Grundsätze

(BGBl I 2015/22)

§ 201. (1) Die Bewertung hat den Grundsätzen ordnungsmäßiger Buchführung zu entsprechen.

(2) Insbesondere gilt folgendes:
1. Die auf den vorhergehenden Jahresabschluß angewendeten Bilanzierungs- und Bewertungsmethoden sind beizubehalten.
   (BGBl I 2015/22)
2. Bei der Bewertung ist von der Fortführung des Unternehmens auszugehen, solange dem nicht tatsächliche oder rechtliche Gründe entgegenstehen.
3. Die Vermögensgegenstände und Schulden sind zum Abschlußstichtag einzeln zu bewerten.
4. Der Grundsatz der Vorsicht ist einzuhalten, insbesondere sind
   a) nur die am Abschlußstichtag verwirklichten Gewinne auszuweisen,
   b) erkennbare Risken und drohende Verluste, die in dem Geschäftsjahr oder einem früheren Geschäftsjahr entstanden sind, zu berücksichtigen, selbst wenn die Umstände erst zwischen dem Abschlußstichtag und dem Tag der Aufstellung des Jahresabschlusses bekannt geworden sind,
   c) Wertminderungen unabhängig davon zu berücksichtigen, ob das Geschäftsjahr mit einem Gewinn oder einem Verlust abschließt.
5. Aufwendungen und Erträge des Geschäftsjahrs sind unabhängig vom Zeitpunkt der entsprechenden Zahlungen im Jahresabschluß zu berücksichtigen.
6. Die Eröffnungsbilanz des Geschäftsjahrs muß mit der Schlußbilanz des vorhergehenden Geschäftsjahrs übereinstimmen.
7. Ist die Bestimmung eines Wertes nur auf Basis von Schätzungen möglich, so müssen diese auf einer umsichtigen Beurteilung beruhen. Liegen statistisch ermittelbare Erfahrungswerte aus gleich gelagerten Sachverhalten vor, so sind diese zu berücksichtigen.

(BGBl I 2015/22)

(BGBl I 2015/22)

(3) Ein Abweichen von diesen Grundsätzen ist nur bei Vorliegen besonderer Umstände und unter Beachtung der in § 195 dritter Satz beschriebenen Zielsetzung, bei Gesellschaften im Sinn des § 189 Abs. 1 Z 1 und 2 nur unter Beachtung der in § 222 Abs. 2 erster Satz umschriebenen Zielsetzung zulässig. Die angeführten Gesellschaften haben die Abweichung im Anhang anzugeben, zu begründen und ihren Einfluss auf die Vermögens-, Finanz- und Ertragslage des Unternehmens darzulegen.

(BGBl I 2015/22)

Bewertung von Einlagen und Zuwendungen sowie Entnahmen

§ 202. (1) Einlagen und Zuwendungen sowie Entnahmen sind mit dem Wert anzusetzen, der ihnen im Zeitpunkt ihrer Leistung beizulegen ist, soweit sich nicht aus der Nutzungsmöglichkeit im Unternehmen ein geringerer Wert ergibt. Werden Betriebe oder Teilbetriebe eingelegt oder zugewendet, so gilt § 203 Abs. 5 sinngemäß.

(2) Bei Umgründungen (Verschmelzungen, Umwandlungen, Einbringungen, Zusammenschlüssen, Realteilungen und Spaltungen) gilt folgendes:
1. Abweichend von Abs. 1 dürfen die Buchwerte aus dem letzten Jahresabschluß oder einer Zwischenbilanz, die nach den auf den letzten Jahresabschluß angewandten Bilanzierungs- und Bewertungsmethoden zu erstellen ist, fortgeführt werden. Der Stichtag der zugrundegelegten Bilanz darf höchstens neun Monate vor der Anmeldung zum Firmenbuch liegen; ist eine Anmeldung zum Firmenbuch nicht vorgesehen, so ist der Tag des Abschlusses der zugrundeliegenden Vereinbarung maßgeblich. War der Rechtsvorgänger (der Übertragende) zur Führung von Büchern nicht verpflichtet, dürfen die steuerrechtlichen Werte angesetzt werden.
2. Übersteigt der Gesamtbetrag der Gegenleistung die fortgeführten Werte nach Z 1, so darf

der Unterschiedsbetrag unter die Posten des Anlagevermögens aufgenommen werden; der Gesamtbetrag der Gegenleistung ergibt sich aus dem Gesamtausgabebetrag der neuen Anteile, dem Buchwert eigener oder untergehender Anteile und den baren Zuzahlungen.

3. Jener Teil des Unterschiedsbetrags, der den Aktiven und Passiven des übertragenen Vermögens zugeordnet werden kann, ist als Umgründungsmehrwert gesondert auszuweisen; auf diesen Wert sind die für Vermögensgegenstände und Schulden geltenden Bestimmungen anzuwenden. Ein danach verbleibender Restbetrag darf als Firmenwert angesetzt werden.

Wertansätze für Gegenstände des Anlagevermögens; Anschaffungs- und Herstellungskosten

§ 203. (1) Gegenstände des Anlagevermögens sind mit den Anschaffungs- oder Herstellungskosten, vermindert um Abschreibungen gemäß § 204, anzusetzen.

(2) Anschaffungskosten sind die Aufwendungen, die geleistet werden, um einen Vermögensgegenstand zu erwerben und ihn in einen betriebsbereiten Zustand zu versetzen, soweit sie dem Vermögensgegenstand einzeln zugeordnet werden können. Zu den Anschaffungskosten gehören auch die Nebenkosten sowie die nachträglichen Anschaffungskosten. Anschaffungspreisminderungen sind abzusetzen.

(3) Herstellungskosten sind die Aufwendungen, die für die Herstellung eines Vermögensgegenstandes, seine Erweiterung oder für eine über seinen ursprünglichen Zustand hinausgehende wesentliche Verbesserung entstehen. Bei der Berechnung der Herstellungskosten sind auch angemessene Teile dem einzelnen Erzeugnis nur mittelbar zurechenbarer fixer und variabler Gemeinkosten in dem Ausmaß, wie sie auf den Zeitraum der Herstellung entfallen, einzurechnen. Sind die Gemeinkosten durch offenbare Unterbeschäftigung überhöht, so dürfen nur die einer durchschnittlichen Beschäftigung entsprechenden Teile dieser Kosten eingerechnet werden. Aufwendungen für Sozialeinrichtungen des Betriebes, für freiwillige Sozialleistungen, für betriebliche Altersversorgung und Abfertigungen dürfen eingerechnet werden. Kosten der allgemeinen Verwaltung und des Vertriebes dürfen nicht in die Herstellungskosten einbezogen werden.

(BGBl I 2015/22)

(4) Zinsen für Fremdkapital, das zur Finanzierung der Herstellung von Gegenständen des Anlage- oder des Umlaufvermögens verwendet wird, dürfen im Rahmen der Herstellungskosten angesetzt werden, soweit sie auf den Zeitraum der Herstellung entfallen. Die Anwendung dieses Wahlrechts ist im Anhang anzugeben; mittelgroße und große Gesellschaften (§ 221 Abs. 2 und 3) haben außerdem im Anhang den insgesamt nach dieser Bestimmung im Geschäftsjahr aktivierten Betrag anzugeben.

(BGBl I 2015/22)

(5) Als Geschäfts(Firmen)wert ist der Unterschiedsbetrag anzusetzen, um den die Gegenleistung für die Übernahme eines Betriebes die Werte der einzelnen Vermögensgegenstände abzüglich der Schulden im Zeitpunkt der Übernahme übersteigt. Die Abschreibung des Geschäfts(Firmen)werts ist planmäßig auf die Geschäftsjahre, in denen er voraussichtlich genutzt wird, zu verteilen. In Fällen, in denen die Nutzungsdauer des Geschäfts(Firmen)werts nicht verlässlich geschätzt werden kann, ist der Geschäfts(Firmen)wert über 10 Jahre gleichmäßig verteilt abzuschreiben. Im Anhang ist zu erläutern, über den der Geschäfts(Firmen)wert abgeschrieben wird.

(BGBl I 2015/22)

Abschreibungen im Anlagevermögen

§ 204. (1) Die Anschaffungs- oder Herstellungskosten sind bei den Gegenständen des Anlagevermögens, deren Nutzung zeitlich begrenzt ist, um planmäßige Abschreibungen zu vermindern. Der Plan muß die Anschaffungs- oder Herstellungskosten auf die Geschäftsjahre verteilen, in denen der Vermögensgegenstand voraussichtlich wirtschaftlich genutzt werden kann.

(1a) Anschaffungs- oder Herstellungskosten geringwertiger Vermögensgegenstände des abnutzbaren Anlagevermögens dürfen im Jahr ihrer Anschaffung oder Herstellung voll abgeschrieben werden.

(BGBl I 2015/22)

(2) Gegenstände des Anlagevermögens sind bei voraussichtlich dauernder Wertminderung ohne Rücksicht darauf, ob ihre Nutzung zeitlich begrenzt ist, außerplanmäßig auf den niedrigeren am Abschlussstichtag beizulegenden Wert abzuschreiben. Bei Finanzanlagen dürfen solche Abschreibungen auch vorgenommen werden, wenn die Wertminderung voraussichtlich nicht von Dauer ist.

(BGBl I 2019/46)

§ 205. (aufgehoben)

(BGBl I 2015/22)

Wertansätze für Gegenstände des Umlaufvermögens

§ 206. (1) Gegenstände des Umlaufvermögens sind mit den Anschaffungs- oder Herstellungskosten, vermindert um Abschreibungen gemäß § 207, anzusetzen.

(2) Auf die Feststellung der Anschaffungs- und Herstellungskosten ist § 203 Abs. 2 bis 4 sinngemäß anzuwenden.

(3) Führt in Ausnahmefällen das Verbot der Einbeziehung von Kosten der allgemeinen Verwaltung und des Vertriebs (§ 203 Abs. 3 letzter Satz) dazu, dass ein möglichst getreues Bild der Vermögens-, Finanz- und Ertragslage auch mit zusätzlichen Anhangangaben (§ 222 Abs. 2) nicht vermittelt werden kann, so können bei Aufträgen,

deren Ausführung sich über mehr als zwölf Monate erstreckt, angemessene Teile der Verwaltungs- und Vertriebskosten angesetzt werden, falls eine verlässliche Kostenrechnung vorliegt und soweit aus der weiteren Auftragsabwicklung keine Verluste drohen. Die Anwendung dieser Bestimmung ist im Anhang anzugeben und zu begründen und ihr Einfluss auf die Vermögens-, Finanz- und Ertragslage der Gesellschaft darzulegen; gleichzeitig ist der insgesamt über die Herstellungskosten hinaus angesetzte Betrag anzugeben.

(BGBl I 2015/22)

Abschreibungen auf Gegenstände des Umlaufvermögens

§ 207. Bei Gegenständen des Umlaufvermögens sind Abschreibungen vorzunehmen, um sie mit dem Wert anzusetzen, der sich aus dem niedrigeren Börsenkurs oder Marktpreis am Abschlussstichtag ergibt. Ist ein Börsenkurs oder Marktpreis nicht festzustellen und übersteigen die Anschaffungs- oder Herstellungskosten den beizulegenden Wert, so ist der Vermögensgegenstand auf diesen Wert abzuschreiben.

(BGBl I 2019/46)

Wertaufholung

§ 208. (1) Wird bei einem Vermögensgegenstand eine Abschreibung gemäß § 204 Abs. 2 oder § 207 vorgenommen und stellt sich in einem späteren Geschäftsjahr heraus, daß die Gründe dafür nicht mehr bestehen, so ist der Betrag dieser Abschreibung im Umfang der Werterhöhung unter Berücksichtigung der Abschreibungen, die inzwischen vorzunehmen gewesen wären, zuzuschreiben.

(2) Abs. 1 gilt nicht bei Abschreibungen des Geschäfts(Firmen)werts.

(BGBl I 2015/22)

(3) (aufgehoben)

(BGBl I 2015/22)

Bewertungsvereinfachungsverfahren

§ 209. (1) Gegenstände des Sachanlagevermögens sowie Roh-, Hilfs- und Betriebsstoffe können, wenn sie regelmäßig ersetzt werden und ihr Gesamtwert nicht wesentlich ist, mit einem gleichbleibenden Wert angesetzt werden, sofern ihr Bestand voraussichtlich in seiner Größe, seinem Wert und seiner Zusammensetzung nur geringen Veränderungen unterliegt. Jedoch ist mindestens alle fünf Jahre eine Bestandsaufnahme durchzuführen. Ergibt sich dabei eine wesentliche Änderung des mengenmäßigen Bestandes, so ist insoweit der Wert anzupassen.

(BGBl I 2015/22)

(2) Gleichartige Gegenstände des Finanzanlage- und des Vorratsvermögens, Wertpapiere (Wertrechte) sowie andere gleichartige oder annähernd gleichwertige bewegliche Vermögensgegenstände können jeweils zu einer Gruppe zusammengefaßt und mit dem gewogenen Durchschnittswert angesetzt werden. Soweit es den Grundsätzen ordnungsmäßiger Buchführung entspricht, kann für den Wertansatz gleichartiger Vermögensgegenstände des Vorratsvermögens unterstellt werden, daß die zuerst oder zuletzt angeschafften oder hergestellten Vermögensgegenstände zuerst oder in einer sonstigen bestimmten Folge verbraucht oder veräußert worden sind.

§ 210. (aufgehoben)

Wertansätze von Passivposten

§ 211. (1) Verbindlichkeiten sind zu ihrem Erfüllungsbetrag, Rentenverpflichtungen zum Barwert der zukünftigen Auszahlungen anzusetzen. Rückstellungen sind mit dem Erfüllungsbetrag anzusetzen, der bestmöglich zu schätzen ist. Rückstellungen für Pensionen oder vergleichbare langfristig fällige Verpflichtungen sind mit dem sich nach versicherungsmathematischen Grundsätzen ergebenden Betrag anzusetzen. Für Rückstellungen für Abfertigungsverpflichtungen, Jubiläumsgeldzusagen oder vergleichbare langfristig fällige Verpflichtungen kann der Betrag auch durch eine finanzmathematische Berechnung ermittelt werden, sofern dagegen im Einzelfall keine erheblichen Bedenken bestehen.

(BGBl I 2019/46)

(2) Rückstellungen mit einer Restlaufzeit von mehr als einem Jahr sind mit einem marktüblichen Zinssatz abzuzinsen. Bei Rückstellungen für Abfertigungsverpflichtungen, Pensionen, Jubiläumsgeldzusagen oder vergleichbare langfristig fällige Verpflichtungen kann ein durchschnittlicher Marktzinssatz angewendet werden, der sich bei einer angenommenen Restlaufzeit von 15 Jahren ergibt, sofern dagegen im Einzelfall keine erheblichen Bedenken bestehen.

(BGBl I 2015/22)

VIERTER TITEL
Aufbewahrung und Vorlage von Unterlagen

Aufbewahrungspflicht, Aufbewahrungsfrist

§ 212. (1) Der Unternehmer hat seine Bücher, Inventare, Eröffnungsbilanzen, Jahresabschlüsse samt den Lageberichten, Konzernabschlüsse samt den Konzernlageberichten, empfangene Geschäftsbriefe, Abschriften der abgesendeten Geschäftsbriefe und Belege für Buchungen in den von ihm gemäß § 190 zu führenden Büchern (Buchungsbelege) sieben Jahre lang geordnet aufzubewahren; darüber hinaus noch solange, als für ein anhängiges gerichtliches oder behördliches Verfahren, in dem der Unternehmer Parteistellung hat, von Bedeutung sind.

(BGBl I 2015/22)

(2) Die Frist läuft vom Schluß des Kalenderjahrs an, für das die letzte Bucheintragung vorgenommen, das Inventar aufgestellt, die Eröffnungsbilanz und der Jahresabschluß festgestellt, der Konzernabschluß aufgestellt oder der Geschäftsbrief empfangen oder abgesendet worden ist.

Vorlage im Rechtsstreit

§ 213. (1) Im Laufe eines Rechtsstreits kann das Gericht auf Antrag oder von Amts wegen die Vorlage der Bücher einer Partei anordnen.

(2) Die Vorschriften der Zivilprozeßordnung über die Verpflichtung des Prozeßgegners zur Vorlage von Urkunden bleiben unberührt.

Auszug bei Vorlage im Rechtsstreit

§ 214. Werden in einem Rechtsstreit Bücher vorgelegt, so ist in sie, soweit sie den Streitpunkt betreffen, unter Zuziehung der Parteien Einsicht zu nehmen und geeignetenfalls ein Auszug davon anzufertigen. Der übrige Inhalt der Bücher ist dem Gericht insoweit offenzulegen, als es zur Prüfung ihrer ordnungsmäßigen Führung notwendig ist.

Vorlage bei Vermögensauseinandersetzungen

§ 215. Bei Vermögensauseinandersetzungen, insbesondere in Erbschafts-, Gütergemeinschafts- und Gesellschaftsteilungssachen, darf das Gericht die Vorlage der Bücher zur Kenntnisnahme von ihrem ganzen Inhalt anordnen.

Vorlage von Unterlagen auf Datenträgern

§ 216. Wer Eintragungen oder Aufbewahrungen in der Form des § 190 Abs. 5 vorgenommen hat muß, soweit er zur Einsichtgewährung verpflichtet ist, auf seine Kosten innerhalb angemessener Frist diejenigen Hilfsmittel zur Verfügung stellen, die notwendig sind, um die Unterlagen lesbar zu machen, und, soweit erforderlich, die benötigte Anzahl ohne Hilfsmittel lesbarer, dauerhafter Wiedergaben beibringen.

(BGBl I 2015/22)

§§ 217. bis 220. (nicht vergeben)

ZWEITER ABSCHNITT
Ergänzende Vorschriften für Kapitalgesellschaften

(BGBl I 2015/22)

ERSTER TITEL
Größenklassen

Umschreibung

§ 221. (1) Kleine Kapitalgesellschaften sind solche, die mindestens zwei der drei nachstehenden Merkmale nicht überschreiten:
1. 5 Millionen Euro Bilanzsumme;
2. 10 Millionen Euro Umsatzerlöse in den zwölf Monaten vor dem Abschlussstichtag;
3. im Jahresdurchschnitt 50 Arbeitnehmer.

(BGBl I 2015/22)

(1a) Kleinstkapitalgesellschaften sind kleine Kapitalgesellschaften, die keine Investmentunternehmen oder Beteiligungsgesellschaften sind und mindestens zwei der drei nachstehenden Merkmale nicht überschreiten:
1. 350.000 Euro Bilanzsumme;
2. 700.000 Euro Umsatzerlöse in den zwölf Monaten vor dem Abschlussstichtag;
3. im Jahresdurchschnitt 10 Arbeitnehmer.

(BGBl I 2015/22)

(2) Mittelgroße Kapitalgesellschaften sind solche, die mindestens zwei der drei in Abs. 1 bezeichneten Merkmale überschreiten und mindestens zwei der drei nachstehenden Merkmale nicht überschreiten:
1. 20 Millionen Euro Bilanzsumme;
2. 40 Millionen Euro Umsatzerlöse in den zwölf Monaten vor dem Abschlussstichtag;
3. im Jahresdurchschnitt 250 Arbeitnehmer.

(BGBl I 2015/22)

(3) Große Kapitalgesellschaften sind solche, die mindestens zwei der drei in Abs. 2 bezeichneten Merkmale überschreiten. Ein Unternehmen von öffentlichem Interesse (§ 189a Z 1) gilt stets als große Kapitalgesellschaft.

(BGBl I 2015/22)

(4) Die Rechtsfolgen der Größenmerkmale (Abs. 1 bis Abs. 3 erster Satz) treten ab dem folgenden Geschäftsjahr ein, wenn diese Merkmale an den Abschlussstichtagen von zwei aufeinanderfolgenden Geschäftsjahren überschritten beziehungsweise nicht mehr überschritten werden. Im Falle der Neugründung und Umgründung (Verschmelzung, Umwandlung, Einbringung, Zusammenschluss, Realteilung oder Spaltung) außer bei einer rechtsformwechselnden Umwandlung treten die Rechtsfolgen bereits ein, wenn die Größenmerkmale am ersten Abschlussstichtag nach der Neugründung oder Umgründung vorliegen; dies gilt auch bei der Aufgabe eines Betriebes oder eines Teilbetriebes, wenn die Größenmerkmale um mindestens die Hälfte unterschritten werden.

(BGBl I 2015/22)

(4a) Aktiengesellschaften, die Mutterunternehmen (§ 189a Z 6) sind, haben die Schwellenwerte nach Abs. 1 bis 2 auf konsolidierter oder aggregierter Basis zu berechnen.

(BGBl I 2015/22)

(5) Eine Personengesellschaft im Sinn des § 189 Abs. 1 Z 2 unterliegt hinsichtlich der in den §§ 222 bis 227, § 229 Abs. 1 bis 3, §§ 231 bis 243c und §§ 268 bis 285 geregelten Tatbestände den der Rechtsform ihres unbeschränkt haftenden Gesellschafters entsprechenden Rechtsvorschriften; ist dieser keine Kapitalgesellschaft, so gelten die Vorschriften für Gesellschaften mit beschränkter Haftung. Dies gilt bei Unternehmen von öffentlichem Interesse im Sinn des § 189a Z 1 lit. a und d auch für die Einrichtung eines Aufsichtsrates sowie eines Prüfungsausschusses. Die Einordnung in die Größenklassen nach Abs. 1 bis 4a, 6 und 7 erfolgt nach den maßgeblichen Kennzahlen der Personengesellschaft selbst.

(BGBl I 2016/43)

(6) Der Durchschnitt der Arbeitnehmeranzahl bestimmt sich nach der Arbeitnehmeranzahl an

den jeweiligen Monatsletzten innerhalb des Geschäftsjahrs.

(7) Der Bundesminister für Justiz wird ermächtigt, in Umsetzung von Rechtsvorschriften der Europäischen Union durch Verordnung an Stelle der in Abs. 1 bis 2 angeführten Merkmale andere Zahlen festzusetzen.

(BGBl I 2015/22)

ZWEITER TITEL
Allgemeine Vorschriften über den Jahresabschluss, den Lagebericht sowie den Corporate Governance-Bericht und den Bericht über Zahlungen an staatliche Stellen

(BGBl I 2015/22)

Inhalt des Jahresabschlusses

§ 222. (1) Die gesetzlichen Vertreter einer Kapitalgesellschaft haben in den ersten fünf Monaten des Geschäftsjahrs für das vorangegangene Geschäftsjahr den um den Anhang erweiterten Jahresabschluss, einen Lagebericht sowie gegebenenfalls einen Corporate Governance-Bericht und einen Bericht über Zahlungen an staatliche Stellen aufzustellen und den Mitgliedern des Aufsichtsrats vorzulegen. Der Jahresabschluss, der Lagebericht sowie der Corporate Governance-Bericht und der Bericht über Zahlungen an staatliche Stellen sind von sämtlichen gesetzlichen Vertretern zu unterzeichnen.

(BGBl I 2015/22)

(2) Der Jahresabschluß hat ein möglichst getreues Bild der Vermögens-, Finanz- und Ertragslage des Unternehmens zu vermitteln. Wenn dies aus besonderen Umständen nicht gelingt, sind im Anhang die erforderlichen zusätzlichen Angaben zu machen.

(3) Führt in Ausnahmefällen die Anwendung einer in diesem Bundesgesetz festgelegten Rechnungslegungsvorschrift dazu, dass ein möglichst getreues Bild der Vermögens-, Finanz- und Ertragslage des Unternehmens auch mit zusätzlichen Angaben nach Abs. 2 nicht vermittelt werden kann, so kann durch Verordnung angeordnet werden, dass die betreffende Bestimmung insoweit nicht anzuwenden ist, als dies erforderlich ist, um ein möglichst getreues Bild der Vermögens-, Finanz- und Ertragslage des Unternehmens zu vermitteln. Eine solche Verordnung ist vom Bundesminister für Justiz im Einvernehmen mit dem Bundesminister für Finanzen zu erlassen; sie hat die Ausnahmefälle zu definieren und vorzugeben, in welcher Art und welchem Ausmaß von der Bestimmung abgewichen werden muss, sowie die erforderlichen Anhangangaben zu regeln.

(BGBl I 2015/22)

Allgemeine Grundsätze für die Gliederung

§ 223. (1) Die einmal gewählte Form der Darstellung, insbesondere die Gliederung der aufeinanderfolgenden Bilanzen und Gewinn- und Verlustrechnungen, ist beizubehalten. Ein Abweichen von diesem Grundsatz ist nur unter Beachtung der im § 222 Abs. 2 umschriebenen Zielsetzung zulässig. Die Abweichungen sind im Anhang anzugeben und zu begründen.

(2) Im Jahresabschluß ist zu jedem Posten der entsprechende Betrag des vorangegangenen Geschäftsjahrs zumindest in vollen 1 000 Euro anzugeben; dies gilt auch für die gesondert anzumerkenden Posten. Sind die Beträge nicht vergleichbar, so ist dies im Anhang anzugeben und zu erläutern. Wird der Vorjahresbetrag angepaßt, so ist auch dies im Anhang anzugeben und zu erläutern.

(3) Betreibt eine Gesellschaft mehrere Geschäftszweige und bedingt dies die Gliederung des Jahresabschlusses nach verschiedenen Gliederungsvorschriften, so hat die Gesellschaft den Jahresabschluß nach der für den wirtschaftlich bedeutendsten Geschäftszweig vorgeschriebenen Gliederung aufzustellen und nach der für seine anderen Geschäftszweige jeweils vorgeschriebenen Gliederung zu ergänzen. Gesellschaften, die nicht klein sind, haben die Ergänzung im Anhang anzugeben und zu begründen.

(BGBl I 2015/22)

(4) Eine weitere Untergliederung der Posten ist zulässig; dabei ist jedoch die vorgeschriebene Gliederung zu beachten. Zusätzliche Posten und Zwischensummen dürfen hinzugefügt werden, wenn ihr Inhalt nicht von einem vorgeschriebenen Posten gedeckt wird. Die Aufnahme weiterer zusätzlicher Posten ist geboten, soweit es zur Erreichung der im § 222 Abs. 2 umschriebenen Zielsetzung erforderlich ist. Die Postenbezeichnungen sind auf die tatsächlichen Inhalte zu verkürzen.

(BGBl I 2015/22)

(5) Fällt ein Vermögensgegenstand oder eine Verbindlichkeit unter mehrere Posten der Bilanz, so ist die Zugehörigkeit auch zu anderen Posten bei dem Posten, unter dem der Ausweis erfolgt ist, zu vermerken oder im Anhang anzugeben, wenn dies zur Aufstellung eines klaren und übersichtlichen Jahresabschlusses erforderlich ist.

(6) Die mit arabischen Zahlen versehenen Posten der Bilanz und die mit Buchstaben gekennzeichneten Posten der Gewinn- und Verlustrechnung können zusammengefaßt werden, wenn

1. sie einen Betrag enthalten, der für die Vermittlung eines möglichst getreuen Bildes der Vermögens-, Finanz- und Ertragslage der Gesellschaft nicht wesentlich ist, oder
2. dadurch die Klarheit der Darstellung verbessert wird; in diesem Fall müssen die zusammengefaßten Posten jedoch im Anhang ausgewiesen werden.

(7) Ein Posten der Bilanz oder der Gewinn- und Verlustrechnung, der keinen Betrag ausweist, braucht nicht angeführt zu werden, es sei denn, daß im vorangegangenen Geschäftsjahr unter diesem Posten ein Betrag ausgewiesen wurde.

(8) Gliederung und Bezeichnung der mit arabischen Zahlen versehenen Posten der Bilanz und der Gewinn- und Verlustrechnung sind zu ändern, wenn dies wegen Besonderheiten der Kapitalge-

sellschaft zur Aufstellung eines klaren und übersichtlichen Jahresabschlusses erforderlich ist. Der Bundesminister für Justiz kann im Einvernehmen mit dem in seinem Wirkungsbereich berührten Bundesminister verbindliche Formblätter durch Verordnung festlegen.

DRITTER TITEL
Bilanz

Gliederung

§ 224. (1) In der Bilanz sind, unbeschadet einer weiteren Gliederung, die in den Abs. 2 und 3 angeführten Posten gesondert und in der vorgeschriebenen Reihenfolge auszuweisen.

(2) Aktivseite:

A. Anlagevermögen:
I. Immaterielle Vermögensgegenstände:
1. Konzessionen, gewerbliche Schutzrechte und ähnliche Rechte und Vorteile sowie daraus abgeleitete Lizenzen;
2. Geschäfts(Firmen)wert;
3. geleistete Anzahlungen;

II. Sachanlagen:
1. Grundstücke, grundstücksgleiche Rechte und Bauten, einschließlich der Bauten auf fremdem Grund;
2. technische Anlagen und Maschinen;
3. andere Anlagen, Betriebs- und Geschäftsausstattung;
4. geleistete Anzahlungen und Anlagen in Bau;

III. Finanzanlagen:
1. Anteile an verbundenen Unternehmen;
2. Ausleihungen an verbundene Unternehmen;
3. Beteiligungen;
4. Ausleihungen an Unternehmen, mit denen ein Beteiligungsverhältnis besteht;
5. Wertpapiere (Wertrechte) des Anlagevermögens;
6. sonstige Ausleihungen.

B. Umlaufvermögen:
I. Vorräte:
1. Roh-, Hilfs- und Betriebsstoffe;
2. unfertige Erzeugnisse;
3. fertige Erzeugnisse und Waren;
4. noch nicht abrechenbare Leistungen;
5. geleistete Anzahlungen;

II. Forderungen und sonstige Vermögensgegenstände:
1. Forderungen aus Lieferungen und Leistungen;
2. Forderungen gegenüber verbundenen Unternehmen;
3. Forderungen gegenüber Unternehmen, mit denen ein Beteiligungsverhältnis besteht;
4. sonstige Forderungen und Vermögensgegenstände;

III. Wertpapiere und Anteile:
1. Anteile an verbundenen Unternehmen;
2. sonstige Wertpapiere und Anteile;

IV. Kassenbestand, Schecks, Guthaben bei Kreditinstituten.

C. Rechnungsabgrenzungsposten

D. Aktive latente Steuern
(BGBl I 2015/22)

(3) Passivseite:

A. Eigenkapital
I. eingefordertes Nennkapital (Grund-, Stammkapital);
II. Kapitalrücklagen:
1. gebundene;
2. nicht gebundene;
III. Gewinnrücklagen:
1. gesetzliche Rücklage;
2. satzungsmäßige Rücklagen;
3. andere Rücklagen (freie Rücklagen);
IV. Bilanzgewinn (Bilanzverlust),

B. Rückstellungen
1. Rückstellungen für Abfertigungen;
2. Rückstellungen für Pensionen;
3. Steuerrückstellungen;
4. sonstige Rückstellungen.

C. Verbindlichkeiten
1. Anleihen, davon konvertibel;
2. Verbindlichkeiten gegenüber Kreditinstituten;
3. erhaltene Anzahlungen auf Bestellungen;
4. Verbindlichkeiten aus Lieferungen und Leistungen;
5. Verbindlichkeiten aus der Annahme gezogener Wechsel und der Ausstellung eigener Wechsel;
6. Verbindlichkeiten gegenüber verbundenen Unternehmen;
7. Verbindlichkeiten gegenüber Unternehmen, mit denen ein Beteiligungsverhältnis besteht;
8. sonstige Verbindlichkeiten,
davon aus Steuern,
davon im Rahmen der sozialen Sicherheit.

D. Rechnungsabgrenzungsposten.
(BGBl I 2016/43)

Vorschriften zu einzelnen Posten der Bilanz

§ 225. (1) Ist das Eigenkapital durch Verluste aufgebraucht, so lautet dieser Posten „negatives Eigenkapital". Im Anhang ist zu erläutern, ob eine Überschuldung im Sinne des Insolvenzrechts vorliegt.

(2) Forderungen und Verbindlichkeiten gegenüber verbundenen Unternehmen und gegenüber Unternehmen, mit denen ein Beteiligungsverhältnis besteht, sind in der Regel als solche jeweils gesondert auszuweisen. Werden sie unter anderen Posten ausgewiesen, so ist dies zu vermerken.

(3) Der Betrag der Forderungen mit einer Restlaufzeit von mehr als einem Jahr ist bei jedem gesondert ausgewiesenen Posten in der Bilanz anzumerken. Sind unter dem Posten „sonstige Forderungen und Vermögensgegenstände" Erträge enthalten, die erst nach dem Abschlussstichtag zahlungswirksam werden, so haben Gesellschaften, die nicht klein sind, diese Beträge im Anhang zu erläutern, wenn diese Information wesentlich ist.

(BGBl I 2015/22)

(4) Wechsel dürfen als Wertpapiere nur ausgewiesen werden, wenn dem Unternehmen nicht die der Ausstellung zugrunde liegende Forderung zusteht; anderenfalls haben Gesellschaften, die nicht klein sind, bei Forderungen die wechselmäßige Verbriefung im Anhang anzugeben.

(5) Anteile an Mutterunternehmen sind je nach ihrer Zweckbestimmung im Anlagevermögen oder im Umlaufvermögen in einem gesonderten Posten „Anteile an Mutterunternehmen" auszuweisen. In gleicher Höhe ist auf der Passivseite eine Rücklage gesondert auszuweisen. Diese Rücklage darf durch Umwidmung frei verfügbarer Kapital- und Gewinnrücklagen gebildet werden, soweit diese einen Verlustvortrag übersteigen. Sie ist insoweit aufzulösen, als diese Anteile aus dem Vermögen ausscheiden oder für sie ein niedrigerer Betrag angesetzt wird.

(BGBl I 2015/22)

(6) Der Betrag der Verbindlichkeiten mit einer Restlaufzeit von bis zu einem Jahr und der Betrag der Verbindlichkeiten mit einer Restlaufzeit von mehr als einem Jahr sind bei den Posten C 1 bis 8 jeweils gesondert und für diese Posten insgesamt anzugeben. Erhaltene Anzahlungen auf Bestellungen sind, soweit Anzahlungen auf Vorräte offen abgesetzt werden, unter den Verbindlichkeiten gesondert auszuweisen. Sind unter dem Posten „sonstige Verbindlichkeiten" Aufwendungen enthalten, die erst nach dem Abschlussstichtag zahlungswirksam werden, so haben Gesellschaften, die nicht klein sind, diese Beträge im Anhang zu erläutern, wenn diese Information wesentlich ist.

(BGBl I 2015/22)

(7) Gesellschaften, die nicht klein sind, haben bei Grundstücken den Grundwert in der Bilanz anzumerken oder im Anhang anzugeben.

(BGBl I 2015/22)

Entwicklung des Anlagevermögens, Pauschalwertberichtigung

§ 226. (1) Im Anhang ist die Entwicklung der einzelnen Posten des Anlagevermögens darzustellen. Dabei sind für die verschiedenen Posten des Anlagevermögens jeweils gesondert anzugeben:
1. die Anschaffungs- oder Herstellungskosten zum Beginn und Ende des Geschäftsjahrs;
2. die Zu- und Abgänge sowie Umbuchungen im Laufe des Geschäftsjahrs;
3. die kumulierten Abschreibungen zu Beginn und Ende des Geschäftsjahrs;
4. die Ab- und Zuschreibungen des Geschäftsjahrs;
5. die Bewegungen in Abschreibungen im Zusammenhang mit Zu- und Abgängen sowie Umbuchungen im Laufe des Geschäftsjahrs und
6. der im Laufe des Geschäftsjahrs aktivierte Betrag, wenn Zinsen gemäß § 203 Abs. 4 aktiviert werden.

(BGBl I 2015/22)

(2) (aufgehoben)

(BGBl I 2015/22)

(3) Werden Vermögensgegenstände des Anlagevermögens im Hinblick auf ihre Geringwertigkeit im Jahre ihrer Anschaffung oder Herstellung vollständig abgeschrieben, dann dürfen diese Vermögensgegenstände als Abgang behandelt werden.

(BGBl I 2015/22)

(4) Ein Geschäfts(Firmen)wert ist in die Darstellung der Entwicklung des Anlagevermögens aufzunehmen. Ein voll abgeschriebener Geschäfts(Firmen)wert ist als Abgang zu behandeln.

(5) Gesellschaften, die nicht klein sind, haben den Betrag einer Pauschalwertberichtigung zu Forderungen für den entsprechenden Posten der Bilanz im Anhang anzugeben. Einzelwertberichtigungen zum Umlaufvermögen sind vom entsprechenden Aktivposten abzusetzen.

(BGBl I 2015/22)

Ausleihungen

§ 227. Forderungen mit einer Laufzeit von mindestens fünf Jahren sind jedenfalls als Ausleihungen auszuweisen. Gesellschaften, die nicht klein sind, haben Ausleihungen mit einer Restlaufzeit bis zu einem Jahr im Anhang anzugeben.

(BGBl I 2015/22)

§ 228. (aufgehoben)

(BGBl I 2015/22)

Eigenkapital

§ 229. (1) Beim eingeforderten Nennkapital sind auch der Betrag der übernommenen Einlagen („Nennkapital") und das einbezahlte Nennkapital anzugeben. Gesellschaften, die eine Gründungsprivilegierung in Anspruch nehmen (§ 10b GmbHG), haben zusätzlich jenen Betrag auszuweisen, den die Gesellschafter nach § 10b Abs. 4 GmbHG nicht zu leisten verpflichtet sind. Der eingeforderte, aber noch nicht einbezahlte Betrag ist unter den Forderungen gesondert auszuweisen und entsprechend zu bezeichnen.

(BGBl I 2016/43)

(1a) Der Nennbetrag oder, falls ein solcher nicht vorhanden ist, der rechnerische Wert von erworbenen eigenen Anteilen ist offen vom Nennkapital abzuziehen. Der Unterschiedsbetrag zwischen dem Nennbetrag oder dem rechnerischen Wert dieser Anteile und ihren Anschaffungskosten ist mit den nicht gebundenen Kapitalrücklagen und den freien Gewinnrücklagen (§ 224 Abs. 3 A II

Z 2 und III Z 3) zu verrechnen. Aufwendungen, die Anschaffungsnebenkosten sind, sind Aufwand des Geschäftsjahrs. In die gebundenen Rücklagen ist ein Betrag einzustellen, der dem Nennbetrag beziehungsweise dem rechnerischen Wert der erworbenen eigenen Anteile entspricht. § 192 Abs. 5 AktG ist anzuwenden.

(BGBl I 2016/43)

(1b) Nach der Veräußerung der eigenen Anteile entfällt der Abzug nach Abs. 1a erster Satz. Ein den Nennbetrag oder den rechnerischen Wert übersteigender Differenzbetrag aus dem Veräußerungserlös ist bis zur Höhe des mit den frei verfügbaren Rücklagen nach Abs. 1a zweiter Satz verrechneten Betrags in die jeweiligen Rücklagen einzustellen. Ein darüber hinausgehender Differenzbetrag ist in die Kapitalrücklage gemäß Abs. 2 Z 1 einzustellen. Die Nebenkosten der Veräußerung sind Aufwand des Geschäftsjahrs. Die Rücklage nach Abs. 1a vierter Satz ist aufzulösen.

(BGBl I 2016/43)

(2) Als Kapitalrücklage sind auszuweisen:
1. der Betrag, der bei der ersten oder einer späteren Ausgabe von Anteilen für einen höheren Betrag als den Nennbetrag oder den dem anteiligen Betrag des Grundkapitals entsprechenden Betrag über diesen hinaus erzielt wird;
2. der Betrag, der bei der Ausgabe von Schuldverschreibungen für Wandlungsrechte und Optionsrechte zum Erwerb von Anteilen erzielt wird;
3. der Betrag von Zuzahlungen, die Gesellschafter gegen Gewährung eines Vorzugs für ihre Anteile leisten;
4. die Beträge, die bei der Kapitalherabsetzung gemäß den §§ 185, 192 Abs. 5 AktG und § 59 GmbHG zu binden sind;
5. der Betrag von sonstigen Zuzahlungen, die durch gesellschaftsrechtliche Verbindungen veranlaßt sind.

(3) Als Gewinnrücklagen dürfen nur Beträge ausgewiesen werden, die im Geschäftsjahr oder in einem früheren Geschäftsjahr aus dem Jahresüberschuß gebildet worden sind.

(BGBl I 2015/22)

(4) Aktiengesellschaften und große Gesellschaften mit beschränkter Haftung (§ 221 Abs. 3) haben gemäß den folgenden Abs. 5 bis 7 gebundene Rücklagen auszuweisen, die aus der gebundenen Kapitalrücklage und der gesetzlichen Rücklage bestehen.

(BGBl I 2015/22)

(5) In die gebundene Kapitalrücklage sind die in Abs. 2 Z 1 bis 4 genannten Beträge einzustellen. Der Gesamtbetrag der gebundenen Teile der Kapitalrücklage ist in dieser gesondert auszuweisen.

(6) In die gesetzliche Rücklage ist ein Betrag einzustellen, der mindestens dem zwanzigsten Teil des um einen Verlustvortrag geminderten Jahresüberschusses entspricht, bis der Betrag der gebundenen Rücklagen insgesamt den zehnten oder den in der Satzung bestimmten höheren Teil des Nennkapitals erreicht hat.

(BGBl I 2015/22)

(7) Die gebundenen Rücklagen dürfen nur zum Ausgleich eines ansonsten auszuweisenden Bilanzverlustes aufgelöst werden. Der Verwendung der gesetzlichen Rücklage steht nicht entgegen, dass freie, zum Ausgleich von Wertminderungen und zur Deckung von sonstigen Verlusten bestimmte Rücklagen vorhanden sind.

§ 230. (aufgehoben)
(BGBl I 2015/22)

VIERTER TITEL
Gewinn- und Verlustrechnung

Gliederung

§ 231. (1) Die Gewinn- und Verlustrechnung ist in Staffelform nach dem Gesamtkostenverfahren oder dem Umsatzkostenverfahren aufzustellen. In ihr sind unbeschadet einer weiteren Gliederung die nachstehend bezeichneten Posten in der angegebenen Reihenfolge gesondert auszuweisen, sofern nicht eine abweichende Gliederung vorgeschrieben ist.

(2) Bei Anwendung des Gesamtkostenverfahrens sind auszuweisen:
1. Umsatzerlöse;
2. Veränderung des Bestands an fertigen und unfertigen Erzeugnissen sowie an noch nicht abrechenbaren Leistungen;
3. andere aktivierte Eigenleistungen;
4. sonstige betriebliche Erträge, wobei Gesellschaften, die nicht klein sind, folgende Beträge aufgliedern müssen::
    a) Erträge aus dem Abgang vom und der Zuschreibung zum Anlagevermögen mit Ausnahme der Finanzanlagen;
    b) Erträge aus der Auflösung von Rückstellungen,
    c) übrige;

(BGBl I 2015/22)

5. Aufwendungen für Material und sonstige bezogene Herstellungsleistungen:
    a) Materialaufwand,
    b) Aufwendungen für bezogene Leistungen;
6. Personalaufwand:
    a) Löhne und Gehälter, wobei Gesellschaften, die nicht klein sind, Löhne und Gehälter getrennt voneinander ausweisen müssen;
    b) soziale Aufwendungen, davon Aufwendungen für Altersversorgung, wobei Gesellschaften, die nicht klein sind, folgende Beträge zusätzlich gesondert ausweisen müssen:

20/1. UGB
§ 231

aa) Aufwendungen für Abfertigungen und Leistungen an betriebliche Mitarbeitervorsorgekassen;
bb) Aufwendungen für gesetzlich vorgeschriebene Sozialabgaben sowie vom Entgelt abhängige Abgaben und Pflichtbeiträge;
(BGBl I 2015/22)

7. Abschreibungen:
   a) auf immaterielle Gegenstände des Anlagevermögens und Sachanlagen,
   b) auf Gegenstände des Umlaufvermögens, soweit diese die im Unternehmen üblichen Abschreibungen überschreiten;
8. sonstige betriebliche Aufwendungen, wobei Gesellschaften, die nicht klein sind, Steuern, soweit sie nicht unter Z 18 fallen, gesondert ausweisen müssen;
(BGBl I 2015/22)
9. Zwischensumme aus Z 1 bis 8;
10. Erträge aus Beteiligungen,
    davon aus verbundenen Unternehmen;
11. Erträge aus anderen Wertpapieren und Ausleihungen des Finanzanlagevermögens,
    davon aus verbundenen Unternehmen;
12. sonstige Zinsen und ähnliche Erträge,
    davon aus verbundenen Unternehmen;
13. Erträge aus dem Abgang von und der Zuschreibung zu Finanzanlagen und Wertpapieren des Umlaufvermögens;
14. Aufwendungen aus Finanzanlagen und aus Wertpapieren des Umlaufvermögens, davon haben Gesellschaften, die nicht klein sind, gesondert auszuweisen:
    a) Abschreibungen
    b) Aufwendungen aus verbundenen Unternehmen;
(BGBl I 2015/22)
15. Zinsen und ähnliche Aufwendungen, davon betreffend verbundene Unternehmen;
16. Zwischensumme aus Z 10 bis 15;
17. Ergebnis vor Steuern (Zwischensumme aus Z 9 und Z 16);
(BGBl I 2015/22)
18. Steuern vom Einkommen und vom Ertrag;
(BGBl I 2015/22)
19. Ergebnis nach Steuern;
(BGBl I 2015/22)
20. sonstige Steuern, soweit nicht unter den Posten 1 bis 19 enthalten;
(BGBl I 2015/22)
21. Jahresüberschuss/Jahresfehlbetrag;
(BGBl I 2015/22)
22. Auflösung von Kapitalrücklagen;
(BGBl I 2015/22)
23. Auflösung von Gewinnrücklagen;
(BGBl I 2015/22)
24. Zuweisung zu Gewinnrücklagen;
(BGBl I 2015/22)
25. Gewinnvortrag/Verlustvortrag aus dem Vorjahr;
26. Bilanzgewinn (Bilanzverlust).
(BGBl I 2015/22)
27.–29. (aufgehoben)
(BGBl I 2015/22)

(3) Bei Anwendung des Umsatzkostenverfahrens sind auszuweisen:
1. Umsatzerlöse;
2. Herstellungskosten der zur Erzielung der Umsatzerlöse erbrachten Leistungen;
3. Bruttoergebnis vom Umsatz;
4. Vertriebskosten;
5. allgemeine Verwaltungskosten;
(BGBl I 2015/22)
6. sonstige betriebliche Erträge, wobei Gesellschaften, die nicht klein sind, folgende Beträge aufgliedern müssen:
   a) Erträge aus dem Abgang vom und der Zuschreibung zum Anlagevermögen mit Ausnahme der Finanzanlagen,
   b) Erträge aus der Auflösung von Rückstellungen,
   c) übrige;
(BGBl I 2015/22)
7. sonstige betriebliche Aufwendungen;
8. Zwischensumme aus Z 1 bis 7;
9. Erträge aus Beteiligungen,
   davon aus verbundenen Unternehmen;
10. Erträge aus anderen Wertpapieren und Ausleihungen des Finanzanlagevermögens,
    davon aus verbundenen Unternehmen;
11. sonstige Zinsen und ähnliche Erträge,
    davon aus verbundenen Unternehmen;
12. Erträge aus dem Abgang von und der Zuschreibung zu Finanzanlagen und Wertpapieren des Umlaufvermögens;
13. Aufwendungen aus Finanzanlagen und aus Wertpapieren des Umlaufvermögens, davon haben Gesellschaften, die nicht klein sind, gesondert auszuweisen:
    a) Abschreibungen
    b) Aufwendungen aus verbundenen Unternehmen;
(BGBl I 2015/22)
14. Zinsen und ähnliche Aufwendungen, davon betreffend verbundene Unternehmen;
15. Zwischensumme aus Z 9 bis 14;
16. Ergebnis vor Steuern (Zwischensumme aus Z 8 und Z 15);
(BGBl I 2015/22)

17. Steuern vom Einkommen und vom Ertrag;
(BGBl I 2015/22)
18. Ergebnis nach Steuern;
(BGBl I 2015/22)
19. sonstige Steuern, soweit nicht unter den Posten 1 bis 18 enthalten;
(BGBl I 2015/22)
20. Jahresüberschuss/Jahresfehlbetrag;
(BGBl I 2015/22)
21. Auflösung von Kapitalrücklagen;
(BGBl I 2015/22)
22. Auflösung von Gewinnrücklagen;
(BGBl I 2015/22)
23. Zuweisung zu Gewinnrücklagen;
(BGBl I 2015/22)
24. Gewinnvortrag/Verlustvortrag aus dem Vorjahr;
(BGBl I 2015/22)
25. Bilanzgewinn (Bilanzverlust).
(BGBl I 2015/22)
26.–28. (aufgehoben)
(BGBl I 2015/22)

(4) Die Bildung von Zwischensummen (mit Ausnahme jener nach Abs. 2 Z 19 beziehungsweise Abs. 3 Z 18) darf bei kleinen Gesellschaften unterbleiben.
(BGBl I 2015/22)

(5) Alternativ zum Ausweis in der Gewinn- und Verlustrechnung können Veränderungen der Kapital- und Gewinnrücklagen auch im Anhang ausgewiesen werden. In diesem Fall endet die Gewinn- und Verlustrechnung mit dem Posten „Jahresüberschuss/Jahresfehlbetrag".
(BGBl I 2015/22)

Vorschriften zu einzelnen Posten der Gewinn- und Verlustrechnung

§ 232. (1) (aufgehoben)
(BGBl I 2015/22)

(2) Als Bestandsveränderungen sind außer Änderungen der Menge auch solche des Wertes zu berücksichtigen.
(BGBl I 2015/22)

(3) Ist die Gesellschaft vertraglich verpflichtet, ihren Gewinn oder Verlust ganz oder teilweise an andere Personen zu überrechnen, so ist der überrechnete Betrag unter entsprechender Bezeichnung vor dem Posten gemäß § 231 Abs. 2 Z 25 oder § 231 Abs. 3 Z 24 gesondert auszuweisen.
(BGBl I 2015/22)

(4) (aufgehoben)
(BGBl I 2015/22)

(5) Außerplanmäßige Abschreibungen gemäß § 204 Abs. 2 sind gesondert auszuweisen.

§ 233. (aufgehoben)
(BGBl I 2015/22)

Steuern

§ 234. Im Posten „Steuern vom Einkommen und vom Ertrag" sind die Beträge auszuweisen, die das Unternehmen als Steuerschuldner vom Einkommen und Ertrag zu entrichten hat. Gesellschaften, die nicht klein sind, haben Erträge aus Steuergutschriften und aus der Auflösung von nicht bestimmungsgemäß verwendeten Steuerrückstellungen gesondert auszuweisen, soweit sie wesentlich (§ 189a Z 10) sind.
(BGBl I 2015/22)

Beschränkung der Ausschüttung

§ 235. (1) Gewinne dürfen nicht ausgeschüttet werden, soweit sie durch Umgründungen unter Ansatz des beizulegenden Wertes entstanden sind und

1. aus der Auflösung von Kapitalrücklagen stammen,
2. nicht als Kapitalrücklage ausgewiesen werden können, oder
3. der beizulegende Wert für eine Gegenleistung angesetzt wurde.

Dies gilt sinngemäß für einen Übergang des Gesellschaftsvermögens gemäß § 142. Die ausschüttungsgesperrten Beträge vermindern sich insoweit, als der Unterschiedsbetrag zwischen Buchwert und dem höheren beizulegenden Wert in der Folge insbesondere durch planmäßige oder außerplanmäßige Abschreibungen gemäß den §§ 204 und 207 oder durch Buchwertabgänge vermindert wird. Dies gilt unabhängig von der Auflösung einer zugrunde liegenden Kapitalrücklage.
(BGBl I 2015/163)

(2) Bei Aktivierung latenter Steuern gemäß § 198 Abs. 9 dürfen außerdem Gewinne nur ausgeschüttet werden, soweit die danach verbleibenden jederzeit auflösbaren Rücklagen zuzüglich eines Gewinnvortrags und abzüglich eines Verlustvortrags dem aktivierten Betrag mindestens entsprechen.
(BGBl I 2015/22)

FÜNFTER TITEL
Anhang und Lagebericht

Erläuterung der Bilanz und der Gewinn- und Verlustrechnung

§ 236. Im Anhang sind die Bilanz und die Gewinn- und Verlustrechnung sowie die darauf angewandten Bilanzierungs- und Bewertungsmethoden so zu erläutern, dass ein möglichst getreues Bild der Vermögens-, Finanz- und Ertragslage des Unternehmens vermittelt wird. Eine kleine Gesellschaft braucht keine über die Anforderungen in diesem Bundesgesetz hinausgehenden Anhangangaben zu machen, soweit auf sie keine Rechnungslegungsvorschriften für Unternehmen bestimmter Rechtsformen anwendbar sind, die auf Rechtsakten der Europäischen Union beruhen. Die Anhangangaben sind in der Reihenfolge der Darstellung der Posten

in der Bilanz und in der Gewinn- und Verlustrechnung zu machen.
(BGBl I 2015/22)

Inhalt des für alle Gesellschaften geltenden Anhangs

§ 237. (1) Jede Gesellschaft hat im Anhang zusätzlich zu den aufgrund anderer Bestimmungen in diesem Bundesgesetz vorgesehenen Angaben folgende Angaben zu machen:

1. die Bilanzierungs- und Bewertungsmethoden; diese umfassen insbesondere die Bewertungsgrundlagen für die verschiedenen Posten, eine Angabe zur Übereinstimmung dieser Bilanzierungs- und Bewertungsmethoden mit dem Konzept der Unternehmensfortführung und wesentliche Änderungen der Bilanzierungs- und Bewertungsmethoden; diese Angaben enthalten auch die Grundlagen für die Umrechnung in Euro, soweit den Posten Beträge zugrunde liegen, die auf eine andere Währung lauten oder ursprünglich gelautet haben;
2. an Stelle des Vermerks unter der Bilanz der Gesamtbetrag der Haftungsverhältnisse (§ 199) sowie sonstiger wesentlicher finanzieller Verpflichtungen, die nicht auf der Passivseite auszuweisen sind, auch wenn ihnen gleichwertige Rückgriffsforderungen gegenüberstehen, sowie Art und Form jeder gewährten dinglichen Sicherheit; etwaige Pensionsverpflichtungen und Verpflichtungen gegenüber verbundenen oder assoziierten Unternehmen sind gesondert zu vermerken;
3. die Beträge der den Mitgliedern des Vorstands und des Aufsichtsrats gewährten Vorschüsse und Kredite unter Angabe der Zinsen, der wesentlichen Bedingungen und der gegebenenfalls zurückgezahlten oder erlassenen Beträge sowie die zugunsten dieser Personen eingegangenen Haftungsverhältnisse. Diese Angaben sind zusammengefasst für jede dieser Personengruppen zu machen;
4. der Betrag und die Wesensart der einzelnen Ertrags- oder Aufwandsposten von außerordentlicher Größenordnung oder von außerordentlicher Bedeutung;
5. der Gesamtbetrag der Verbindlichkeiten mit einer Restlaufzeit von mehr als fünf Jahren sowie der Gesamtbetrag der Verbindlichkeiten, für die dingliche Sicherheiten bestellt sind, unter Angabe von Art und Form der Sicherheit;
6. die durchschnittliche Zahl der Arbeitnehmer während des Geschäftsjahrs;
7. Name und Sitz des Mutterunternehmens der Gesellschaft, das den Konzernabschluss für den kleinsten Kreis von Unternehmen aufstellt.

(2) Kleine Aktiengesellschaften haben zusätzlich die Angabe nach § 238 Abs. 1 Z 11 im Anhang zu machen.
(BGBl I 2015/22)

Anhangangaben für mittelgroße und große Gesellschaften

§ 238. (1) Mittelgroße und große Gesellschaften haben im Anhang zusätzlich anzugeben:

1. für jede Kategorie derivativer Finanzinstrumente:
   a) Art und Umfang der Finanzinstrumente,
   b) den beizulegenden Zeitwert der betreffenden Finanzinstrumente, soweit sich dieser gemäß § 189a Z 4 verlässlich ermitteln lässt, unter Angabe der angewandten Bewertungsmethode sowie eines gegebenenfalls vorhandenen Buchwertes und des Bilanzpostens, in welchem der Buchwert erfasst ist;
2. für zum Finanzanlagevermögen gehörende Finanzinstrumente, die über ihrem beizulegenden Zeitwert ausgewiesen werden, wenn eine außerplanmäßige Abschreibung gemäß § 204 Abs. 2 zweiter Satz unterblieben ist:
   a) den Buchwert und den beizulegenden Zeitwert der einzelnen Vermögensgegenstände oder angemessener Gruppierungen sowie
   b) die Gründe für das Unterlassen einer Abschreibung gemäß § 204 Abs. 2 und jene Anhaltspunkte, die darauf hindeuten, dass die Wertminderung voraussichtlich nicht von Dauer ist;
3. auf welchen Differenzen oder steuerlichen Verlustvorträgen die latenten Steuern beruhen und mit welchen Steuersätzen die Bewertung erfolgt ist; weiters sind die im Laufe des Geschäftsjahrs erfolgten Bewegungen der latenten Steuersalden anzugeben;

„3a. der Steueraufwand oder Steuerertrag, der sich nach dem Mindestbesteuerungsgesetz und ausländischen Steuergesetzen nach § 198 Abs. 10 Satz 3 Z 4 für das Geschäftsjahr ergibt, sowie eine Erläuterung etwaiger Auswirkungen der Anwendung des Mindestbesteuerungsgesetzes und ausländischer Steuergesetze nach § 198 Abs. 10 Satz 3 Z 4 auf die Gesellschaft;"
(MinBestRefG, BGBl I 2023/187 ab 31.12.2023)

4. Name und Sitz anderer Unternehmen, an denen die Gesellschaft oder für deren Rechnung eine andere Person eine Beteiligung (§ 189a Z 2) hält; außerdem sind die Höhe des Anteils am Kapital, das Eigenkapital und das Ergebnis des letzten Geschäftsjahrs dieser Unternehmen anzugeben, für das ein Jahresabschluss vorliegt;
5. das Bestehen von Genussscheinen, Genussrechten, Wandelschuldverschreibungen, Optionsscheinen, Optionen, Besserungsscheinen oder vergleichbaren Wertpapieren oder Rechten, unter Angabe der Zahl und der Rechte, die sie verbriefen;
6. Name, Sitz und Rechtsform der Unternehmen, deren unbeschränkt haftender Gesellschafter die Gesellschaft ist;

7. Name und Sitz des Mutterunternehmens der Gesellschaft, das den Konzernabschluss für den größten Kreis von Unternehmen aufstellt;
8. im Fall der Offenlegung der von den Mutterunternehmen nach Z 7 und § 237 Abs. 1 Z 7 aufgestellten Konzernabschlüsse die Orte, wo diese erhältlich sind;
   (BGBl I 2016/43)
9. den Vorschlag zur Verwendung des Ergebnisses oder gegebenenfalls die Verwendung des Ergebnisses;
10. Art, Zweck und finanzielle Auswirkungen der nicht in der Bilanz enthaltenen und auch nicht gemäß § 237 Abs. 1 Z 2 anzugebenden Geschäfte, sofern die Risiken und Vorteile, die aus solchen Geschäften entstehen, wesentlich sind und die Offenlegung derartiger Risiken und Vorteile für die Beurteilung der Finanzlage der Gesellschaft notwendig ist;
11. Art und finanzielle Auswirkungen wesentlicher Ereignisse nach dem Abschlussstichtag, die weder in der Gewinn- und Verlustrechnung noch in der Bilanz berücksichtigt sind;
12. Geschäfte der Gesellschaft mit nahe stehenden Unternehmen und Personen im Sinne der gemäß der Verordnung (EG) Nr. 1606/2002 des Europäischen Parlaments und des Rates vom 19. Juli 2002 betreffend die Anwendung internationaler Rechnungslegungsstandards, ABl. Nr. L 2002/243, S. 1, übernommenen internationalen Rechnungslegungsstandards, einschließlich Angaben zu deren Wertumfang, zu der Art der Beziehung mit den nahe stehenden Unternehmen und Personen sowie weiterer Angaben zu den Geschäften, die für die Beurteilung der Finanzlage der Gesellschaft notwendig sind, sofern diese Geschäfte wesentlich sind und unter marktunüblichen Bedingungen abgeschlossen worden sind. Angaben über Einzelgeschäfte können nach Geschäftsarten zusammengefasst werden, sofern für die Beurteilung der Auswirkungen dieser Geschäfte auf die Finanzlage der Gesellschaft keine getrennten Angaben benötigt werden. Geschäfte zwischen verbundenen Unternehmen sind ausgenommen, wenn die an den Geschäften beteiligten Tochterunternehmen unmittelbar oder mittelbar in hundertprozentigem Anteilsbesitz ihres Mutterunternehmens stehen;
13. bei Anwendung des Umsatzkostenverfahrens (§ 231 Abs. 3) die Aufwendungen des Geschäftsjahrs für Material und sonstige bezogene Herstellungsleistungen, gegliedert gemäß § 231 Abs. 2 Z 5, und den Personalaufwand des Geschäftsjahrs, gegliedert gemäß § 231 Abs. 2 Z 6;
14. die Aufgliederung der nach § 237 Abs. 1 Z 2 anzugebenden Haftungsverhältnisse und Erläuterungen dazu; überdies sind wesentliche Verpflichtungen aus der Nutzung von in der Bilanz nicht ausgewiesenen Sachanlagen (§ 224 Abs. 2 A II) gesondert anzugeben, wobei der Betrag der Verpflichtungen des folgenden Geschäftsjahrs und der Gesamtbetrag der folgenden fünf Jahre anzugeben ist;
15. Rückstellungen, die in der Bilanz nicht gesondert ausgewiesen werden, wenn sie einen erheblichen Umfang haben; diese Rückstellungen sind zu erläutern;
16. den in der Bilanz nicht gesondert ausgewiesenen Betrag der Einlagen von stillen Gesellschaftern;
17. bei der Anwendung einer Bewertungsmethode gemäß § 209 Abs. 2 die Unterschiedsbeträge für die jeweilige Gruppe, wenn die Bewertung im Vergleich zu einer Bewertung auf der Grundlage des letzten vor dem Abschlussstichtag bekannten Börsenkurses oder Marktpreises einen wesentlichen Unterschied aufweist;
18. die auf das Geschäftsjahr entfallenden Aufwendungen für den Abschlussprüfer, aufgeschlüsselt nach den Aufwendungen für die Prüfung des Jahresabschlusses, für andere Bestätigungsleistungen, für Steuerberatungsleistungen und für sonstige Leistungen. Diese Angabe kann unterbleiben, wenn das Unternehmen in einen Konzernabschluss einbezogen wird und eine derartige Information darin enthalten ist;
19. in der Bilanz ausgewiesene immaterielle Vermögensgegenstände, die von einem verbundenen Unternehmen oder von einem Gesellschafter mit einer Beteiligung (§ 189a Z 2) erworben wurden;
20. die Beziehungen zu verbundenen Unternehmen; hiebei ist auch über Verträge zu berichten, die die Gesellschaft verpflichten, ihren Gewinn oder Verlust ganz oder teilweise an andere Personen zu überrechnen oder einen solchen von anderen Personen zu übernehmen;
21. die in § 231 Abs. 2 Z 10 und Abs. 3 Z 9 enthaltenen Erträge sowie die im § 231 Abs. 2 Z 14 und Abs. 3 Z 13 enthaltenen Aufwendungen aus Gewinngemeinschaften.

(2) Als derivative Finanzinstrumente im Sinn des Abs. 1 Z 1 gelten auch Verträge über den Erwerb oder die Veräußerung von Waren, bei denen jede der Vertragsparteien zur Abgeltung in bar oder durch ein anderes Finanzinstrument berechtigt ist, es sei denn, der Vertrag wurde geschlossen, um einen für den Erwerb, die Veräußerung oder den eigenen Gebrauch erwarteten Bedarf abzusichern, sofern diese Zweckwidmung von Anfang an bestand und nach wie vor besteht und der Vertrag auf die Lieferung der Ware als erfüllt gilt. Bei der Anwendung allgemein anerkannter Bewertungsmodelle und methoden (§ 189a Z 4) sind die zentralen Annahmen anzugeben, die jeweils der Bestimmung des beizulegenden Zeitwertes zugrunde gelegt wurden.

(3) Mittelgroße Gesellschaften dürfen die Angaben gemäß Abs. 1 Z 12 auf diejenigen Geschäfte

beschränken, die mit ihren Gesellschaftern, die eine Beteiligung (§ 189a Z 2) halten, mit Unternehmen, an denen die Gesellschaft selbst beteiligt ist, oder mit den Mitgliedern des Vorstands oder des Aufsichtsrats geschlossen werden.
(BGBl I 2015/22)

Pflichtangaben über Organe und Arbeitnehmer

§ 239. (1) Der Anhang von mittelgroßen und großen Gesellschaften hat über Organe und Arbeitnehmer insbesondere anzuführen:

1. die Aufgliederung der durchschnittlichen Zahl der Arbeitnehmer während des Geschäftsjahrs nach Arbeitern und Angestellten;
   (BGBl I 2015/22)
2. die im Posten § 231 Abs. 2 Z 6 lit. b sublit. aa oder in der entsprechenden Angabe gemäß § 238 Abs. 1 Z 13 enthaltenen Aufwendungen für Abfertigungen oder einen Hinweis, dass der Betrag nur mehr aus Leistungen an betriebliche Mitarbeitervorsorgekassen besteht;
   (BGBl I 2015/22)
3. die Aufwendungen für Abfertigungen und Pensionen, getrennt nach solchen für Vorstandsmitglieder und leitende Angestellte gemäß § 80 Abs. 1 AktG 1965 und für andere Arbeitnehmer;
4. die Bezüge der Mitglieder des Vorstands, des Aufsichtsrats oder ähnlicher Einrichtungen gesondert für jede Personengruppe, und zwar:
   a) die für die Tätigkeit im Geschäftsjahr gewährten Gesamtbezüge (Gehälter, Gewinnbeteiligungen, Aufwandsentschädigungen, Versicherungsentgelte, Provisionen und Nebenleistungen jeder Art). In die Gesamtbezüge sind auch Bezüge einzurechnen, die nicht ausgezahlt, sondern in Ansprüche anderer Art umgewandelt oder zur Erhöhung anderer Ansprüche verwendet werden. Erhalten Mitglieder des Vorstands von verbundenen Unternehmen für ihre Tätigkeit oder für die Tätigkeit als gesetzliche Vertreter oder Angestellte des verbundenen Unternehmens Bezüge, so sind diese Bezüge gesondert anzugeben;
   b) die Gesamtbezüge (Abfindungen, Ruhegehälter, Hinterbliebenenbezüge und Leistungen verwandter Art) der früheren Mitglieder der bezeichneten Organe und ihrer Hinterbliebenen; lit. a ist entsprechend anzuwenden.
5. a) Anzahl und Aufteilung der insgesamt und der im Geschäftsjahr eingeräumten Optionen auf Arbeitnehmer und leitende Angestellte sowie auf die namentlich anzuführenden Organmitglieder; anzugeben sind die jeweils beziehbare Anzahl an Aktien sowie der Ausübungspreis oder die Grundlagen oder die Formel seiner Berechnung, die Laufzeit sowie zeitliche Ausübungsfenster, die Übertragbarkeit der Optionen, eine allfällige Behaltefrist für bezogene Aktien und die Art der Bedienung der Optionen;
   b) Anzahl, Aufteilung und Ausübungspreis der im Geschäftsjahr ausgeübten Optionen auf Arbeitnehmer und leitende Angestellte sowie auf die namentlich anzuführenden Organmitglieder;
   c) bei Gesellschaften nach § 189a Z 1 lit. a überdies den jeweiligen Schätzwert (allenfalls Bandbreite des Schätzwerts) der eingeräumten Optionen zum Bilanzstichtag sowie den Wert der im Geschäftsjahr ausgeübten Optionen zum Zeitpunkt der Ausübung.
   (BGBl I 2015/22)

(2) Im Anhang einer großen oder mittelgroßen Gesellschaft sind alle im Geschäftsjahr tätigen Mitglieder des Vorstands und des Aufsichtsrats, auch wenn sie im Geschäftsjahr oder später ausgeschieden sind, mit dem Familiennamen und mindestens einem ausgeschriebenen Vornamen anzugeben. Der Vorsitzende des Aufsichtsrats, seine Stellvertreter und ein etwaiger Vorsitzender des Vorstands sind als solche zu bezeichnen.
(BGBl I 2015/22)

Anhangangaben für große Gesellschaften

§ 240. Große Gesellschaften haben im Anhang zusätzlich die Aufgliederung der Umsatzerlöse nach Tätigkeitsbereichen sowie nach geographisch bestimmten Märkten anzugeben, soweit sich, unter Berücksichtigung der Organisation des Verkaufs von Erzeugnissen und der Erbringung von Dienstleistungen, die Tätigkeitsbereiche und geographisch bestimmten Märkte untereinander erheblich unterscheiden. Die Umsatzerlöse brauchen jedoch nicht aufgegliedert zu werden, soweit die Aufgliederung nach vernünftiger unternehmerischer Beurteilung geeignet ist, dem Unternehmen einen erheblichen Nachteil zuzufügen; die Anwendung dieser Ausnahmeregelung ist im Anhang zu erwähnen.
(BGBl I 2015/22)

Pflichtangaben bei Aktiengesellschaften

§ 241. Im Anhang von großen oder mittelgroßen Aktiengesellschaften sind auch Angaben zu machen über

1. den auf jede Aktiengattung entfallenden Betrag des Grundkapitals, bei Nennbetragsaktien die Nennbeträge und die Zahl der Aktien jedes Nennbetrags, bei Stückaktien deren Zahl sowie, wenn mehrere Gattungen bestehen, die Zahl der Aktien jeder Gattung;
2. den Bestand und den Zugang an Aktien, die ein Aktionär für Rechnung der Gesellschaft oder eines verbundenen Unternehmens oder ein verbundenes Unternehmen als Gründer

oder Zeichner oder in Ausübung eines bei einer bedingten Kapitalerhöhung eingeräumten Umtausch- oder Bezugsrechts übernommen hat; sind solche Aktien im Geschäftsjahr verwertet worden, so ist auch über die Verwertung unter Angabe des Erlöses und der Verwendung des Erlöses zu berichten;
3. Aktien, die aus einer bedingten Kapitalerhöhung oder einem genehmigten Kapital im Geschäftsjahr gezeichnet wurden;
4. das genehmigte Kapital;
5. den Betrag des unter den Verbindlichkeiten ausgewiesenen nachrangigen Kapitals;
6. das Bestehen einer wechselseitigen Beteiligung (§ 189a Z 2) unter Angabe des beteiligten Unternehmens.

(BGBl I 2015/22)

Unterlassen von Angaben

§ 242. (1) Kleinstkapitalgesellschaften brauchen keinen Anhang aufzustellen, wenn sie die nach § 237 Abs. 1 Z 2 und 3 geforderten Angaben unter der Bilanz machen. Bei Kleinstkapitalgesellschaften wird davon ausgegangen, dass der nach den Bestimmungen dieses Bundesgesetzes erstellte Jahresabschluss ein möglichst getreues Bild der Vermögens-, Finanz- und Ertragslage gemäß § 222 Abs. 2 vermittelt, weshalb § 222 Abs. 2 zweiter Satz und § 222 Abs. 3 keine Anwendung finden.

(2) Bei allen anderen Kapitalgesellschaften können die Angaben gemäß § 238 Abs. 1 Z 4 unterbleiben, soweit sie
1. nicht wesentlich (§ 189a Z 10) sind oder
2. nach vernünftiger unternehmerischer Beurteilung geeignet sind, dem Unternehmen oder dem anderen Unternehmen einen erheblichen Nachteil zuzufügen, wobei in diesem Fall die Anwendung dieser Ausnahmeregelung im Anhang erwähnt werden muss.

Die Angabe des Eigenkapitals und des Jahresergebnisses kann unterbleiben, wenn das Unternehmen, über das gemäß § 238 Abs. 1 Z 4 zu berichten ist, seinen Jahresabschluss nicht offenzulegen hat und es von der berichtenden Gesellschaft nicht beherrscht wird.

(BGBl I 2016/43)

(3) Bei der Berichterstattung gemäß § 238 Abs. 1 Z 20 brauchen Einzelheiten nicht angegeben zu werden, soweit die Angaben nach vernünftiger unternehmerischer Beurteilung geeignet sind, dem Unternehmen oder einem verbundenen Unternehmen einen erheblichen Nachteil zuzufügen. Die Anwendung der Ausnahmeregelung ist im Anhang anzugeben.

(4) Betreffen die Aufschlüsselungen gemäß § 239 Abs. 1 Z 3 und 4 weniger als drei Personen, so dürfen sie bei Gesellschaften, die nicht zur Aufstellung eines Coporate Governance-Berichts nach § 243c verpflichtet sind, unterbleiben.

(BGBl I 2019/63)
(BGBl I 2015/22)

Lagebericht

§ 243. (1) Im Lagebericht sind der Geschäftsverlauf, einschließlich des Geschäftsergebnisses, und die Lage des Unternehmens so darzustellen, dass ein möglichst getreues Bild der Vermögens-, Finanz- und Ertragslage vermittelt wird, und die wesentlichen Risiken und Ungewissheiten, denen das Unternehmen ausgesetzt ist, zu beschreiben.

(2) Der Lagebericht hat eine ausgewogene und umfassende, dem Umfang und der Komplexität der Geschäftstätigkeit angemessene Analyse des Geschäftsverlaufs, einschließlich des Geschäftsergebnisses, und der Lage des Unternehmens zu enthalten. Abhängig von der Größe des Unternehmens und von der Komplexität des Geschäftsbetriebs hat die Analyse auf die für die jeweilige Geschäftstätigkeit wichtigsten finanziellen Leistungsindikatoren einzugehen und sie unter Bezugnahme auf die im Jahresabschluss ausgewiesenen Beträge und Angaben zu erläutern.

(3) Der Lagebericht hat auch einzugehen auf
1. die voraussichtliche Entwicklung des Unternehmens;
2. Tätigkeiten im Bereich Forschung und Entwicklung;
3. den Bestand an eigenen Anteilen der Gesellschaft, die, ein verbundenes Unternehmen oder eine andere Person für Rechnung der Gesellschaft oder eines verbundenen Unternehmens erworben oder als Pfand genommen hat; dabei sind die Zahl dieser Anteile, der auf sie entfallende Betrag des Grundkapitals sowie ihr Anteil am Grundkapital, für erworbene Anteile ferner der Zeitpunkt des Erwerbs und die Gründe für den Erwerb anzugeben. Sind solche Anteile im Geschäftsjahr erworben oder veräußert worden, so ist auch über den Erwerb oder die Veräußerung unter Angabe der Zahl dieser Anteile, des auf sie entfallenden Betrags des Grundkapitals, des Anteils am Grundkapital und des Erwerbs- oder Veräußerungspreises sowie über die Verwendung des Erlöses zu berichten;
4. bestehende Zweigniederlassungen der Gesellschaft;
5. die Verwendung von Finanzinstrumenten, sofern dies für die Beurteilung der Vermögens-, Finanz- und Ertragslage wesentlich ist; diesfalls sind anzugeben
   a) die Risikomanagementziele und -methoden, einschließlich der Methoden zur Absicherung aller wichtigen Arten geplanter Transaktionen, die im Rahmen der Bilanzierung von Sicherungsgeschäften angewandt werden, und
   b) bestehende Preisänderungs-, Ausfall-, Liquiditäts- und Cashflow-Risiken.

(BGBl I 2015/22)

(4) Kleine Gesellschaften mit beschränkter Haftung (§ 221 Abs. 1) brauchen den Lagebericht nicht aufzustellen.

(5) Für große Kapitalgesellschaften, die nicht der Pflicht nach § 243b unterliegen, umfasst die Analyse nach Abs. 2 letzter Satz auch die wichtigsten nichtfinanziellen Leistungsindikatoren, einschließlich Informationen über Umwelt- und Arbeitnehmerbelange. Abs. 3 bleibt unberührt.

(BGBl I 2017/20)

§ 243a. (1) Eine Aktiengesellschaft, deren Aktien zum Handel auf einem geregelten Markt im Sinne des § 1 Z 2 Börsegesetz 2018 – BörseG 2018, BGBl. I Nr. 107/2017, zugelassen sind oder die ausschließlich andere Wertpapiere als Aktien auf einem solchen Markt emittiert und deren Aktien mit Wissen der Gesellschaft über ein multilaterales Handelssystem im Sinne des § 1 Z 24 Wertpapieraufsichtsgesetz 2018 – WAG 2018, BGBl. I Nr. 107/2017, gehandelt werden, hat im Lagebericht überdies anzugeben:

1. die Zusammensetzung des Kapitals einschließlich der Aktien, die nicht auf einem geregelten Markt im Sinne des § 1 Z 2 Börsegesetz 2018 – BörseG 2018, BGBl. I Nr. 107/2017, gehandelt werden, sowie gegebenenfalls die Angabe der verschiedenen Aktiengattungen und zu jeder Aktiengattung die Angabe der mit dieser Gattung verbundenen Rechte und Pflichten sowie des Anteils dieser Gattung am Gesellschaftskapital;

(BGBl I 2017/107)

2. alle Beschränkungen, die Stimmrechte oder die Übertragung von Aktien betreffen, auch wenn sie in Vereinbarungen zwischen Gesellschaftern enthalten sind, soweit sie dem Vorstand der Gesellschaft bekannt sind;
3. direkte oder indirekte Beteiligungen am Kapital, die zumindest 10 vom Hundert betragen;
4. die Inhaber von Aktien mit besonderen Kontrollrechten und eine Beschreibung dieser Rechte;
5. die Art der Stimmrechtskontrolle bei einer Kapitalbeteiligung der Arbeitnehmer, wenn sie das Stimmrecht nicht unmittelbar ausüben;
6. die sich nicht unmittelbar aus dem Gesetz ergebenden Bestimmungen über die Ernennung und Abberufung der Mitglieder des Vorstands und des Aufsichtsrats und über die Änderung der Satzung der Gesellschaft;
7. die sich nicht unmittelbar aus dem Gesetz ergebenden Befugnisse der Mitglieder des Vorstands, insbesondere hinsichtlich der Möglichkeit, Aktien auszugeben oder zurückzukaufen;
8. alle bedeutenden Vereinbarungen, an denen die Gesellschaft beteiligt ist und die bei einem Kontrollwechsel in der Gesellschaft infolge eines Übernahmeangebots wirksam werden, sich ändern oder enden, sowie ihre Wirkungen; ausgenommen hiervon sind Vereinbarungen, deren Bekanntmachung die Gesellschaft erheblich schaden würde, es sei denn, die Gesellschaft ist zur Bekanntgabe derartiger Informationen aufgrund anderer Rechtsvorschriften ausdrücklich verpflichtet;
9. Bestand und wesentlicher Inhalt von Entschädigungsvereinbarungen zwischen der Gesellschaft und ihren Vorstands- und Aufsichtsratsmitgliedern oder Arbeitnehmern für den Fall eines öffentlichen Übernahmeangebots.

(BGBl I 2017/107)

(2) Eine Gesellschaft nach § 189a Z 1 lit. a hat im Lagebericht darüber hinaus die wichtigsten Merkmale des internen Kontroll- und des Risikomanagementsystems im Hinblick auf den Rechnungslegungsprozess zu beschreiben.

(BGBl I 2015/22)

**Nichtfinanzielle Erklärung,
nichtfinanzieller Bericht**

§ 243b. (1) Große Kapitalgesellschaften, die Unternehmen von öffentlichem Interesse sind und an den Abschlussstichtagen das Kriterium erfüllen, im Jahresdurchschnitt (§ 221 Abs. 6) mehr als 500 Arbeitnehmer zu beschäftigen, haben in den Lagebericht an Stelle der Angaben nach § 243 Abs. 5 eine nichtfinanzielle Erklärung aufzunehmen.

(2) Die nichtfinanzielle Erklärung hat diejenigen Angaben zu enthalten, die für das Verständnis des Geschäftsverlaufs, des Geschäftsergebnisses, der Lage der Gesellschaft sowie der Auswirkungen ihrer Tätigkeit erforderlich sind und sich mindestens auf Umwelt-, Sozial- und Arbeitnehmerbelange, auf die Achtung der Menschenrechte und auf die Bekämpfung von Korruption und Bestechung beziehen. Die Analyse hat die nichtfinanziellen Leistungsindikatoren unter Bezugnahme auf die im Jahresabschluss ausgewiesenen Beträge und Angaben zu erläutern.

(3) Die Angaben nach Abs. 2 haben zu umfassen:
1. eine kurze Beschreibung des Geschäftsmodells der Gesellschaft;
2. eine Beschreibung der von der Gesellschaft in Bezug auf die in Abs. 2 genannten Belange verfolgten Konzepte;
3. die Ergebnisse dieser Konzepte;
4. die angewandten Due-Diligence-Prozesse;
5. die wesentlichen Risiken, die wahrscheinlich negative Auswirkungen auf diese Belange haben werden, und die Handhabung dieser Risiken durch die Gesellschaft, und zwar
   a. soweit sie aus der eigenen Geschäftstätigkeit der Gesellschaft entstehen und,
   b. wenn dies relevant und verhältnismäßig ist, soweit sie aus ihren Geschäftsbeziehungen, ihren Erzeugnissen oder ihren Dienstleistungen entstehen;
6. die wichtigsten nichtfinanziellen Leistungsindikatoren, die für die konkrete Geschäftstätigkeit von Bedeutung sind.

Verfolgt die Gesellschaft in Bezug auf einen oder mehrere der in Abs. 2 genannten Belange kein

Konzept, hat die nichtfinanzielle Erklärung eine klare Begründung hiefür zu enthalten.

(4) In Ausnahmefällen können Informationen über künftige Entwicklungen oder Belange, über die Verhandlungen geführt werden, weggelassen werden, soweit
1. eine solche Angabe nach vernünftiger unternehmerischer Beurteilung geeignet ist, der Geschäftslage der Gesellschaft ernsthaft zu schaden, und
2. eine solche Nichtaufnahme ein den tatsächlichen Verhältnissen entsprechendes Verständnis des Geschäftsverlaufs, des Geschäftsergebnisses, der Lage der Gesellschaft sowie der Auswirkungen ihrer Tätigkeit nicht verhindert.

(5) Die Gesellschaft kann sich bei der Erstellung der nichtfinanziellen Erklärung auf nationale, unionsbasierte oder internationale Rahmenwerke stützen; wenn sie hiervon Gebrauch macht, hat sie anzugeben, auf welche Rahmenwerke sie sich stützt. Bei der Anwendung solcher Rahmenwerke ist sicherzustellen, dass die Anforderungen nach Abs. 2 und Abs. 3 erfüllt sind.

(6) Eine Gesellschaft ist von der Pflicht zur Erstellung einer nichtfinanziellen Erklärung im Lagebericht befreit, wenn sie einen gesonderten nichtfinanziellen Bericht erstellt, der zumindest die Anforderungen nach Abs. 2 bis Abs. 5 erfüllt. Dieser ist von den gesetzlichen Vertretern aufzustellen, von sämtlichen gesetzlichen Vertretern zu unterzeichnen, den Mitgliedern des Aufsichtsrats vorzulegen, von diesem zu prüfen und gemeinsam mit dem Lagebericht nach § 277 offenzulegen.

(7) Eine Gesellschaft ist auch dann von der Pflicht zur Erstellung einer nichtfinanziellen Erklärung befreit, wenn sie und ihre Tochterunternehmen in den Konzernlagebericht oder gesonderten konsolidierten nichtfinanziellen Bericht eines Mutterunternehmens mit Sitz in einem Mitgliedstaat der Europäischen Union oder einem Vertragsstaat des Abkommens über den Europäischen Wirtschaftsraum einbezogen sind, der nach den Anforderungen der Bilanz-Richtlinie erstellt und offengelegt wurde, und wenn sie im Anhang des Jahresabschlusses angibt, bei welchem Unternehmen sie in den Konzernlagebericht oder gesonderten konsolidierten nichtfinanziellen Bericht einbezogen ist und wo dieser erhältlich ist.

(BGBl I 2017/20)

Corporate Governance-Bericht

§ 243c. (1) Eine Aktiengesellschaft, deren Aktien zum Handel auf einem geregelten Markt im Sinn des § 1 Z 2 BörseG 2018 zugelassen sind oder die ausschließlich andere Wertpapiere als Aktien auf einem solchen Markt emittiert und deren Aktien mit Wissen der Gesellschaft über ein multilaterales Handelssystem im Sinn des § 1 Z 24 WAG 2018 gehandelt werden, hat einen Corporate Governance-Bericht aufzustellen, der zumindest die folgenden Angaben enthält:

1. die Nennung eines in Österreich oder am jeweiligen Börseplatz allgemein anerkannten Corporate Governance Kodex;
2. die Angabe, wo dieser öffentlich zugänglich ist;
3. soweit sie von diesem abweicht, eine Erklärung, in welchen Punkten und aus welchen Gründen diese Abweichung erfolgt;
4. wenn sie beschließt, keinem Kodex im Sinn der Z 1 zu entsprechen, eine Begründung hiefür.

(BGBl I 2018/17)

(2) In diesem Bericht sind anzugeben:
1. die Zusammensetzung und die Arbeitsweise des Vorstands und des Aufsichtsrats sowie seiner Ausschüsse;
2. welche Maßnahmen zur Förderung von Frauen im Vorstand, im Aufsichtsrat und in leitenden Stellungen (§ 80 AktG) der Gesellschaft gesetzt wurden;
3. soweit es sich auch ohne Anwendung des § 221 Abs. 3 zweiter Satz um eine große Aktiengesellschaft handelt, eine Beschreibung des Diversitätskonzepts, das im Zusammenhang mit der Besetzung des Vorstands und des Aufsichtsrats der Gesellschaft in Bezug auf Aspekte wie Alter, Geschlecht, Bildungs- und Berufshintergrund verfolgt wird, der Ziele dieses Diversitätskonzepts sowie der Art und Weise der Umsetzung dieses Konzepts und der Ergebnisse im Berichtszeitraum; wird kein derartiges Konzept angewendet, so ist dies zu begründen.

(BGBl I 2019/63)
(BGBl I 2017/20)

Bericht über Zahlungen an staatliche Stellen

§ 243d. (1) Große Gesellschaften und Unternehmen von öffentlichem Interesse, die in der mineralgewinnenden Industrie oder auf dem Gebiet des Holzeinschlags in Primärwäldern tätig sind, haben jährlich einen Bericht über Zahlungen an staatliche Stellen zu erstellen. Gesellschaften, bei denen die Zahlungen an staatliche Stellen im konsolidierten Bericht eines Mutterunternehmens mit Sitz in einem Mitgliedstaat der Europäischen Union oder einem Vertragsstaat des Abkommens über den Europäischen Wirtschaftsraum enthalten sind, der nach den Anforderungen des Art. 44 der Bilanz-Richtlinie erstellt und offengelegt wurde, sind davon befreit, wenn sie im Anhang des Jahresabschlusses angeben, bei welchem Unternehmen sie in den konsolidierten Bericht einbezogen sind und wo dieser erhältlich ist.

(2) Als Tätigkeit in der mineralgewinnenden Industrie ist die Tätigkeit auf dem Gebiet der Exploration, Prospektion, Entdeckung, Weiterentwicklung und Gewinnung von Mineralien, Erdöl- oder Erdgasvorkommen oder anderen Stoffen in den Wirtschaftszweigen zu verstehen, die in Abschnitt B Abteilungen 05 bis 08 von Anhang I der Verordnung (EG) Nr. 1893/2006 des Europäi-

schen Parlaments und des Rates vom 20. Dezember 2006 zur Aufstellung der statistischen Systematik der Wirtschaftszweige NACE Revision 2 und zur Änderung der Verordnung (EWG) Nr. 3037/90 des Rates sowie einiger Verordnungen der EG über bestimmte Bereiche der Statistik, ABl. Nr. L 393 vom 30. 12. 2006 S. 1, aufgeführt sind. Primärwälder sind natürlich regenerierte Wälder mit einheimischen Arten, in denen es keine deutlich sichtbaren Anzeichen für menschliche Eingriffe gibt und die ökologischen Prozesse nicht wesentlich gestört sind.

(3) Im Bericht sind Geld- und Sachleistungen auszuweisen, die für die Tätigkeit in der mineralgewinnenden Industrie oder auf dem Gebiet des Holzeinschlags in Primärwäldern an eine staatliche Stelle je Geschäftsjahr geleistet werden. Staatliche Stellen sind nationale, regionale oder lokale staatliche Behörden oder von solchen kontrollierte Abteilungen, Agenturen oder im Sinn des § 244 beherrschte Unternehmen. Es ist der Gesamtwert der Leistungen im Geschäftsjahr je staatlicher Stelle anzugeben und zusätzlich aufzugliedern, welcher Gesamtbetrag jeweils entfällt auf

1. Produktionszahlungsansprüche,
2. Steuern, die auf die Erträge, die Produktion oder die Gewinne von Unternehmen erhoben werden, ausgenommen Steuern, die auf den Verbrauch erhoben werden (wie etwa Umsatzsteuern), Lohnsteuern oder vom Umsatz abhängige Steuern,
3. Nutzungsentgelte,
4. Dividenden,
5. Unterzeichnungs-, Entdeckungs- und Produktionsboni,
6. Lizenz-, Miet- und Zugangsgebühren sowie sonstige Gegenleistungen für Lizenzen und/oder Konzessionen und
7. Beiträge für die Verbesserung der Infrastruktur.

(4) Wenn die Leistungen für ein bestimmtes Projekt gewidmet sind, ist anzugeben, welcher Teil der gemäß Abs. 3 anzugebenden Beträge auf das Projekt entfällt. Zusätzlich ist der Gesamtwert der Leistungen für das Projekt anzugeben. Als Projekt ist die Gesamtheit der operativen Tätigkeiten anzusehen, die sich nach einer einzigen Vereinbarung oder nach mehreren inhaltlich miteinander verbundenen Vereinbarungen richten, welche die Grundlage für die Leistungen nach Abs. 3 bildet oder bilden.

(5) Leistungen, deren Gegenwert im Geschäftsjahr unter 100.000 Euro liegt, müssen nicht ausgewiesen werden. Im Falle einer bestehenden Vereinbarung über regelmäßige Leistungen ist auf den Gesamtbetrag der verbundenen regelmäßigen Leistungen im Berichtszeitraum abzustellen. Wenn bei einer Aufgliederung nach Art der Leistung und nach Projekten einzelne Leistungen wegen Unterschreitens der Grenze von 100.000 Euro nicht ausgewiesen werden, sodass die Summe der aufgegliederten Einzelleistungen den anzugebenden Gesamtbetrag nicht erreicht, so ist gesondert auf die Inanspruchnahme dieser Erleichterung hinzuweisen. Hat eine zur Erstellung eines Berichts verpflichtete Gesellschaft in einem Berichtszeitraum an keine staatliche Stelle berichtspflichtige Zahlungen geleistet, so hat sie im Bericht nur anzugeben, dass eine Geschäftstätigkeit in der mineralgewinnenden Industrie oder auf dem Gebiet des Holzeinschlags in Primärwäldern ausgeübt wurde, ohne dass berichtspflichtige Zahlungen geleistet wurden.

(6) Bei der Angabe der Leistungen wird auf den Inhalt der betreffenden Zahlung oder Tätigkeit und nicht auf deren Form Bezug genommen. Zahlungen und Tätigkeiten dürfen nicht künstlich mit dem Ziel aufgeteilt oder zusammengefasst werden, die Anwendung dieser Bestimmung zu umgehen. Soweit Sachleistungen erbracht werden, sind ihr Wert und, wenn möglich, ihr Umfang anzugeben. Ergänzende Erläuterungen sind beizufügen, um darzulegen, wie ihr Wert festgelegt worden ist.

(7) Ist eine staatliche Stelle stimmberechtigter Anteilsinhaber der Gesellschaft, so müssen gezahlte Dividenden oder Gewinnanteile nur berücksichtigt werden, wenn sie

1. nicht unter denselben Bedingungen wie an andere Anteilsinhaber mit vergleichbaren Anteilen gleicher Gattung gezahlt wurden oder
2. anstelle von Produktionsrechten oder Nutzungsentgelten gezahlt wurden.

(8) Unternehmen, die einen Bericht nach gleichwertigen Berichtspflichten eines Drittlands erstellen und gemäß § 277 in deutscher Sprache oder in einer in internationalen Finanzkreisen gebräuchlichen Sprache offenlegen, sind von der Erstellung eines Berichts nach Abs. 1 ausgenommen. Ob die Berichtspflichten eines Drittlands gleichwertig sind, ist nach den aufgrund des Art. 47 der Bilanz-Richtlinie ergangenen Durchführungsrechtsakten zu beurteilen.

(GesDigG 2022, BGBl I 2022/186)

(BGBl I 2017/20)

DRITTER ABSCHNITT
Konzernabschluss, Konzernlagebericht, konsolidierter Corporate Governance-Bericht und konsolidierter Bericht über Zahlungen an staatliche Stellen

(BGBl I 2015/22)

ERSTER TITEL
Anwendungsbereich

Pflicht zur Aufstellung

§ 244. (1) Stehen Unternehmen unter der einheitlichen Leitung einer Kapitalgesellschaft (Mutterunternehmen) mit Sitz im Inland, so haben die gesetzlichen Vertreter des Mutterunternehmens einen Konzernabschluss, einen Konzernlagebericht sowie gegebenenfalls einen konsolidierten Corporate Governance-Bericht aufzustellen sowie dem Aufsichtsrat und der Hauptversammlung (Generalversammlung) des Mutterunternehmens innerhalb der für die Vorlage des Jahresabschlusses geltenden Fristen vorzulegen. Der Konzernabschluss, der Konzernlagebericht sowie der konsolidierte Corporate Governance-Bericht sind von sämtlichen gesetzlichen Vertretern zu unterzeichnen und der Haupt- oder Generalversammlung zusammen mit dem Jahresabschluss des Mutterunternehmens vorzulegen. Soweit in den folgenden Bestimmungen der Konzernlagebericht erwähnt wird, erfasst dieser Begriff gegebenenfalls auch den konsolidierten Corporate Governance-Bericht.

(BGBl I 2017/20)

(2) Eine Kapitalgesellschaft mit Sitz im Inland ist stets zur Aufstellung eines Konzernabschlusses und eines Konzernlageberichtes verpflichtet (Mutterunternehmen), wenn ihr bei einem Unternehmen (Tochterunternehmen)
1. die Mehrheit der Stimmrechte der Gesellschafter zusteht,
2. das Recht zusteht, die Mehrheit der Mitglieder des Verwaltungs-, Leitungs- oder Aufsichtsorgans zu bestellen oder abzuberufen, und sie gleichzeitig Gesellschafter ist oder
3. das Recht zusteht, einen beherrschenden Einfluß auszuüben, oder
4. auf Grund eines Vertrages mit einem oder mehreren Gesellschaftern des Tochterunternehmens das Recht zur Entscheidung zusteht, wie Stimmrechte der Gesellschafter, soweit sie mit ihren eigenen Stimmrechten zur Erreichung der Mehrheit aller Stimmen erforderlich sind, bei Bestellung oder Abberufung der Mehrheit der Mitglieder des Leitungs- oder eines Aufsichtsorgans auszuüben sind.

(3) Eine Personengesellschaft im Sinn des § 189 Abs. 1 Z 2 unterliegt hinsichtlich der in den §§ 244 bis 267b geregelten Tatbestände den der Rechtsform ihres unbeschränkt haftenden Gesellschafters entsprechenden Rechtsvorschriften; ist dieser keine Kapitalgesellschaft, so gelten die Vorschriften für Gesellschaften mit beschränkter Haftung.

(BGBl I 2015/22)

(4) Als Rechte, die einem Mutterunternehmen zustehen, gelten auch die Rechte eines anderen Tochterunternehmens oder von Personen, die für Rechnung des Mutterunternehmens oder eines anderen Tochterunternehmens handeln. Abzuziehen sind die Rechte, die mit Anteilen verbunden sind, die
1. vom Mutterunternehmen oder einem Tochterunternehmen für Rechnung einer anderen Person gehalten werden oder
2. als Sicherheit gehalten werden, sofern diese Rechte nach Weisung des Sicherungsgebers ausgeübt oder, wenn ein Kreditinstitut die Anteile als Sicherheit für eine Kreditgewährung hält, im Interesse des Sicherungsgebers ausgeübt werden.

(BGBl I 2015/22)

(5) Bei Ermittlung der Mehrheit der Stimmrechte sind von der Zahl aller Stimmrechte die Stimmrechte aus eigenen Anteilen abzuziehen, die dem Tochterunternehmen selbst, einem seiner Tochterunternehmen oder einer anderen Person für Rechnung dieser Unternehmen gehören.

(6) (aufgehoben)

(BGBl I 2015/22)

(7) Bei Meinungsverschiedenheiten über das Vorliegen einer Verpflichtung zur Aufstellung des Konzernabschlusses, des Konzernlageberichts und des konsolidierten Berichts über Zahlungen an staatliche Stellen entscheidet der für den Sitz des Unternehmens zuständige, zur Ausübung der Gerichtsbarkeit in Handelssachen berufene Gerichtshof erster Instanz im Verfahren außer Streitsachen. Vom Mutter- als auch vom Tochterunternehmen sind antragsberechtigt: jedes Vorstands- und Aufsichtsratsmitglied, der Abschlußprüfer und eine Minderheit, deren Anteile den zwanzigsten Teil des Nennkapitals oder den anteiligen Betrag von 700 000 Euro erreichen. Diese Regelung gilt sinngemäß für Personengesellschaften im Sinn des § 189 Abs. 1 Z 2.

(BGBl I 2016/43)

Befreiende Konzernabschlüsse und Konzernlageberichte

§ 245. (1) Ein Mutterunternehmen (§ 189a Z 6), das österreichischem Recht unterliegt, braucht bei Erfüllung der Voraussetzungen des Abs. 2 keinen Teilkonzernabschluss samt Konzernlagebericht aufzustellen (befreites Unternehmen), wenn es in den Konzernabschluss eines übergeordneten Mutterunternehmens (befreiender Konzernabschluss) einbezogen ist und
1. das übergeordnete Mutterunternehmen dem Recht eines Mitgliedstaats der Europäischen Union oder eines Vertragsstaats des Abkommens über den Europäischen Wirtschaftsraum unterliegt und entweder
   a. sämtliche Anteile am befreiten Unternehmen besitzt oder
   b. mindestens 90% der Anteile am befreiten Unternehmen besitzt und die anderen Anteilsinhaber der Befreiung zugestimmt haben oder
   c. weder der Aufsichtsrat noch eine qualifizierte Minderheit, deren Anteile 10% des Nennkapitals oder den anteiligen Betrag von 1 400 000 Euro erreichen, spätestens sechs Monate vor dem Ablauf des Konzerngeschäftsjahrs die Aufstellung des Teilkonzernabschlusses verlangen oder
2. das übergeordnete Mutterunternehmen nicht dem Recht eines Mitgliedstaats der Europäischen Union oder eines Vertragsstaats des Abkommens über den Europäischen Wirtschaftsraum unterliegt und weder der Aufsichtsrat noch eine qualifizierte Minderheit, deren Anteile 5% des Nennkapitals oder den anteiligen Betrag von 700 000 Euro erreichen, spätestens sechs Monate vor dem Ablauf des

Konzerngeschäftsjahres die Aufstellung des Teilkonzernabschlusses verlangen.

(2) Der Konzernabschluss und der Konzernlagebericht des übergeordneten Mutterunternehmens haben nur befreiende Wirkung nach Abs. 1, wenn alle nachstehenden Voraussetzungen erfüllt sind:
1. das befreite Unternehmen sowie alle seine Tochterunternehmen sind unbeschadet des § 249 in den befreienden Konzernabschluss einbezogen;
2. Konzernabschluss und Konzernlagebericht wurden nach dem für das übergeordnete Mutterunternehmen maßgeblichen Recht im Einklang mit der Bilanz-Richtlinie oder nach den gemäß der Verordnung (EG) Nr. 1606/2002 angenommenen internationalen Rechnungslegungsstandards aufgestellt; im Fall des Abs. 1 Z 2 reicht es aus, wenn Konzernabschluss und Konzernlagebericht den nach der Bilanz-Richlinie erstellten Unterlagen oder internationalen Rechnungslegungsstandards, die gemäß der Verordnung (EG) Nr. 1569/2007 der Kommission über die Einrichtung eines Mechanismus zur Festlegung der Gleichwertigkeit der von Drittstaatemittenten angewandten Rechnungslegungsgrundsätze gemäß den Richtlinien 2003/71/EG und 2004/109/EG ABl. Nr. L 340 vom 22. 12. 2007 S. 66, festgelegt wurden, gleichwertig sind;
3. der befreiende Konzernabschluss eines übergeordneten Mutterunternehmens nach Abs. 1 Z 2 wurde von einem nach dem anzuwendenden Recht zugelassenen Abschlussprüfer geprüft;
4. der Anhang des Jahresabschlusses des befreiten Unternehmens enthält Angaben über den Namen und den Sitz des übergeordneten Mutterunternehmens, das den befreienden Konzernabschluss aufstellt, sowie einen Hinweis auf die Befreiung von der Verpflichtung, einen Konzernabschluss und einen Konzernlagebericht aufzustellen;
5. der befreiende Konzernabschluss und der Konzernlagebericht des übergeordneten Mutterunternehmens werden unverzüglich in deutscher Sprache oder in einer in internationalen Finanzkreisen gebräuchlichen Sprache beim Firmenbuchgericht offengelegt (§ 280 Abs. 2) und dem Aufsichtsrat sowie der nächsten ordentlichen Hauptversammlung (Generalversammlung) vorgelegt.

(3) Die Befreiung nach Abs. 1 darf nicht in Anspruch genommen werden, wenn das befreite Unternehmen eine Gesellschaft im Sinn des § 189a Z 1 lit. a ist.

(GesDigG 2022, BGBl I 2022/186)

(BGBl I 2015/22)

Konzernabschlüsse nach international anerkannten Rechnungslegungsgrundsätzen

§ 245a. (1) Ein Mutterunternehmen, das nach Art. 4 der Verordnung (EG) Nr. 1606/2002 betreffend die Anwendung internationaler Rechnungslegungsstandards dazu verpflichtet ist, den Konzernabschluss nach den internationalen Rechnungslegungsstandards aufzustellen, die nach Art. 3 der Verordnung übernommen wurden, hat dabei § 193 Abs. 4 zweiter Halbsatz und § 194 sowie von den Vorschriften des zweiten bis neunten Titels § 247 Abs. 3, § 265 Abs. 2 bis 4, § 267, § 267a und § 267b anzuwenden; der Konzernanhang ist außerdem um die Angaben nach § 237 Abs. 1 Z 6 in Verbindung mit § 266 Z 4, § 237 Abs. 1 Z 3 und § 239 Abs. 1 Z 4 in Verbindung mit § 266 Z 2 sowie § 238 Abs. 1 Z 10 und Z 18 zu ergänzen.

(BGBl I 2019/46)

(2) Ein Mutterunternehmen, das nicht unter Abs. 1 fällt, kann den Konzernabschluss nach den Rechnungslegungsvorschriften in Abs. 1 aufstellen.

(3) Ein Mutterunternehmen, das einen Konzernabschluss nach den in Abs. 1 bezeichneten Rechnungslegungsstandards aufstellt, hat bei der Offenlegung ausdrücklich darauf hinzuweisen, dass es sich um einen nach den in Abs. 1 bezeichneten Rechnungslegungsstandards aufgestellten Konzernabschluss und Konzernlagebericht handelt.

Größenabhängige Befreiungen

§ 246. (1) Ein Mutterunternehmen ist von der Pflicht, einen Konzernabschluß und einen Konzernlagebericht aufzustellen, befreit, wenn
1. am Abschlußstichtag seines Jahresabschlusses und am vorhergehenden Abschlußstichtag mindestens zwei der drei nachstehenden Merkmale zutreffen:
   a) Die Bilanzsummen in den Bilanzen des Mutterunternehmens und der Tochterunternehmen, die in den Konzernabschluß einzubeziehen wären, übersteigen insgesamt nicht 24 Millionen Euro.
   b) Die Umsatzerlöse des Mutterunternehmens und der Tochterunternehmen, die in den Konzernabschluß einzubeziehen wären, übersteigen in den zwölf Monaten vor dem Abschlußstichtag insgesamt nicht 48 Millionen Euro.
   c) Das Mutterunternehmen und die Tochterunternehmen, die in den Konzernabschluß einzubeziehen wären, haben in den zwölf Monaten vor dem Abschlußstichtag im Jahresdurchschnitt nicht mehr als 250 Arbeitnehmer beschäftigt; oder
2. am Abschlußstichtag eines von ihm aufzustellenden Konzernabschlusses und am vorhergehenden Abschlußstichtag mindestens zwei der drei nachstehenden Merkmale zutreffen:
   a) Die Bilanzsumme übersteigt nicht 20 Millionen Euro.
   b) Die Umsatzerlöse in den zwölf Monaten vor dem Abschlußstichtag übersteigen nicht 40 Millionen Euro.
   c) Das Mutterunternehmen und die in den Konzernabschluß einbezogenen Toch-

terunternehmen haben in den zwölf Monaten vor dem Abschlußstichtag im Jahresdurchschnitt nicht mehr als 250 Arbeitnehmer beschäftigt.

(BGBl I 2015/22)

(2) Die Rechtsfolgen der Merkmale gemäß Abs. 1 Z 1 und 2 treten, wenn diese Merkmale an den Abschlußstichtagen von zwei aufeinanderfolgenden Geschäftsjahren zutreffen, ab dem folgenden Geschäftsjahr ein.

(3) Abs. 1 ist nicht anzuwenden, wenn eines der verbundenen Unternehmen ein Unternehmen von öffentlichem Interesse (§ 189a Z 1) ist.

(BGBl I 2015/22)

(4) § 221 Abs. 7 gilt sinngemäß für die in Abs. 1 Z 1 und 2 angeführten Merkmale.

ZWEITER TITEL
Umfang der einzubeziehenden Unternehmen (Konsolidierungskreis)

Einzubeziehende Unternehmen, Vorlage- und Auskunftspflichten

§ 247. (1) In den Konzernabschluß sind das Mutterunternehmen und alle Tochterunternehmen ohne Rücksicht auf den Sitz der Tochterunternehmen einzubeziehen, sofern die Einbeziehung nicht gemäß § 249 unterbleibt.

(2) Hat sich die Zusammensetzung der in den Konzernabschluß einbezogenen Unternehmen im Laufe des Geschäftsjahrs wesentlich geändert, so sind in den Konzernabschluß Angaben aufzunehmen, die es ermöglichen, die aufeinanderfolgenden Konzernabschlüsse sinnvoll zu vergleichen. Dieser Verpflichtung kann auch dadurch entsprochen werden, daß die entsprechenden Beträge des vorhergehenden Konzernabschlusses an die Änderung angepaßt werden.

(3) Die Tochterunternehmen haben dem Mutterunternehmen ihre Jahresabschlüsse, Lageberichte, Konzernabschlüsse, Konzernlageberichte und, wenn eine Prüfung des Jahresabschlusses oder des Konzernabschlusses stattgefunden hat, die Prüfungsberichte sowie, wenn ein Zwischenabschluß aufzustellen ist, einen auf den Stichtag des Konzernabschlusses aufgestellten Abschluß unverzüglich einzureichen. Das Mutterunternehmen kann von jedem Tochterunternehmen alle Aufklärungen und Nachweise verlangen, welche die Aufstellung des Konzernabschlusses und des Konzernlageberichts erfordert.

§ 248. (aufgehoben)

Verzicht auf die Einbeziehung

§ 249. (1) Ein Tochterunternehmen braucht in den Konzernabschluss nicht einbezogen zu werden, wenn
1. die für die Aufstellung des Konzernabschlusses erforderlichen Angaben nicht ohne unverhältnismäßige Verzögerungen oder ohne unverhältnismäßig hohe Kosten zu erhalten sind, wobei auf die Größe des Unternehmens Bedacht zu nehmen ist; oder
2. die Anteile an dem Tochterunternehmen ausschließlich zum Zwecke ihrer Weiterveräußerung gehalten werden; oder
3. erhebliche und andauernde Beschränkungen die Ausübung der Rechte des Mutterunternehmens in Bezug auf das Vermögen oder die Geschäftsführung dieses Unternehmens nachhaltig beeinträchtigen.

(2) Wenn die Einbeziehung eines Tochterunternehmens nicht wesentlich ist, braucht es nicht in den Konzernabschluss einbezogen zu werden. Trifft dies auf mehrere Tochterunternehmen zu, so sind sie dann in den Konzernabschluss einzubeziehen, wenn sie zusammen wesentlich sind. Für ein Mutterunternehmen, das ausschließlich Tochterunternehmen hat, deren Einbeziehung entweder für sich und zusammengenommen nicht wesentlich ist oder die aufgrund von Abs. 1 nicht einbezogen zu werden brauchen, entfällt die Pflicht zur Aufstellung eines Konzernabschlusses und eines Konzernlageberichts.

(3) Der Ausschluss der in Abs. 1 bezeichneten Unternehmen ist im Konzernanhang, falls kein Konzernabschluss aufzustellen ist, im Anhang des Jahresabschlusses der Muttergesellschaft anzugeben und zu begründen.

(BGBl I 2015/22)

DRITTER TITEL
Inhalt und Form des Konzernabschlusses

Inhalt

§ 250. (1) Der Konzernabschluss besteht aus der Konzernbilanz, der Konzern-Gewinn- und Verlustrechnung, dem Konzernanhang, der Konzernkapitalflussrechnung und einer Darstellung der Komponenten des Eigenkapitals und ihrer Entwicklung. Er kann um die Segmentberichterstattung erweitert werden.

(2) Der Konzernabschluß hat den Grundsätzen ordnungsmäßiger Buchführung zu entsprechen. Er ist klar und übersichtlich aufzustellen. Er hat ein möglichst getreues Bild der Vermögens-, Finanz- und Ertragslage des Konzerns zu vermitteln. Wenn dies aus besonderen Umständen nicht gelingt, sind im Konzernanhang die erforderlichen zusätzlichen Angaben zu machen.

(3) Im Konzernabschluß ist die Vermögens-, Finanz- und Ertragslage der einbezogenen Unternehmen so darzustellen, als ob diese Unternehmen insgesamt ein einziges Unternehmen wären. Die auf den vorhergehenden Konzernabschluß angewandten Zusammenfassungs(Konsolidierungs)-methoden sind beizubehalten. Ein Abweichen von diesem Grundsatz ist nur bei Vorliegen besonderer Umstände und unter Beachtung der in Abs. 2 dritter Satz umschriebenen Zielsetzung zulässig; im Konzernanhang ist die Abweichung anzugeben, zu begründen und ihr Einfluss auf die Vermögens-, Finanz- und Ertragslage des Konzerns darzulegen.

(BGBl I 2015/22)

Anzuwendende Vorschriften; Erleichterungen

§ 251. (1) Auf den Konzernabschluß sind, soweit seine Eigenart keine Abweichung bedingt oder in den folgenden Vorschriften nichts anderes bestimmt ist, § 193 Abs. 3 und 4 zweiter Halbsatz, §§ 194 bis 211, §§ 223 bis 227, § 229 Abs. 1 bis 3, §§ 231 bis 234 und §§ 237 bis 241 über den Jahresabschluß und die für die Rechtsform und den Geschäftszweig der in den Konzernabschluß einbezogenen Unternehmen mit dem Sitz im Geltungsbereich dieses Gesetzes geltenden Vorschriften entsprechend anzuwenden.

(BGBl I 2015/22)

(2) In der Gliederung der Konzernbilanz dürfen die Vorräte in einem Posten zusammengefaßt werden, wenn die Aufgliederung nicht wesentlich ist.

(BGBl I 2015/22)

(3) Der Konzernanhang und der Anhang des Jahresabschlusses des Mutterunternehmens dürfen zusammengefaßt werden. In diesem Falle müssen der Konzernabschluß und der Jahresabschluß des Mutterunternehmens gemeinsam offengelegt und dürfen auch die Prüfungsberichte und die Bestätigungsvermerke zusammengefaßt werden.

Stichtag für die Aufstellung

§ 252. (1) Der Konzernabschluß ist auf den Stichtag des Jahresabschlusses des Mutterunternehmens oder auf den hievon abweichenden Stichtag der Jahresabschlüsse der bedeutendsten oder der Mehrzahl der in den Konzernabschluß einbezogenen Unternehmen aufzustellen; die Abweichung vom Abschlußstichtag des Mutterunternehmens ist im Konzernanhang anzugeben und zu begründen.

(2) Die Jahresabschlüsse der in den Konzernabschluß einbezogenen Unternehmen sollen auf den Stichtag des Konzernabschlusses aufgestellt werden. Liegt der Abschlußstichtag eines Unternehmens um mehr als drei Monate vor oder nach dem Stichtag des Konzernabschlusses, so ist dieses Unternehmen auf Grund eines auf den Stichtag und den Zeitraum des Konzernabschlusses aufgestellten Zwischenabschlusses in den Konzernabschluß einzubeziehen.

(BGBl I 2015/22)

(3) Wird bei abweichenden Abschlußstichtagen ein Unternehmen nicht auf der Grundlage eines auf den Stichtag und den Zeitraum des Konzernabschlusses aufgestellten Zwischenabschlusses einbezogen, so sind Vorgänge von besonderer Bedeutung für die Vermögens-, Finanz- und Ertragslage eines in den Konzernabschluß einbezogenen Unternehmens, die zwischen dem Abschlußstichtag dieses Unternehmens und dem Abschlußstichtag des Konzernabschlusses eingetreten sind, in der Konzernbilanz und der Konzern-Gewinn- und Verlustrechnung zu berücksichtigen oder im Konzernanhang anzugeben.

VIERTER TITEL
Vollständige Zusammenfassung der Jahresabschlüsse verbundener Unternehmen (Vollkonsolidierung)

Grundsätze, Vollständigkeitsgebot

§ 253. (1) In dem Konzernabschluß ist der Jahresabschluß des Mutterunternehmens mit den Jahresabschlüssen der Tochterunternehmen zusammenzufassen. An die Stelle der dem Mutterunternehmen gehörenden Anteile an den einbezogenen Tochterunternehmen treten die Vermögensgegenstände, Rückstellungen, Verbindlichkeiten und Rechnungsabgrenzungsposten der Tochterunternehmen, soweit sie nach dem Recht des Mutterunternehmens bilanzierbar sind und die Eigenart des Konzernabschlusses keine Abweichungen bedingt oder in den folgenden Vorschriften nichts anderes bestimmt ist.

(BGBl I 2015/22)

(2) Die Vermögensgegenstände, aktiven latenten Steuern, Rückstellungen, Verbindlichkeiten und Rechnungsabgrenzungsposten sowie die Erträge und Aufwendungen der in den Konzernabschluß einbezogenen Unternehmen sind unabhängig von ihrer Berücksichtigung in den Jahresabschlüssen dieser Unternehmen vollständig aufzunehmen, soweit nach dem Recht des Mutterunternehmens nicht ein Bilanzierungsverbot oder ein Bilanzierungswahlrecht besteht. Nach dem Recht des Mutterunternehmens zulässige Bilanzierungswahlrechte dürfen im Konzernabschluß unabhängig von ihrer Ausübung in den Jahresabschlüssen der in den Konzernabschluß einbezogenen Unternehmen ausgeübt werden.

(BGBl I 2016/43)

(3) (aufgehoben)

(BGBl I 2015/22)

Zusammenfassung von Eigenkapital und Beteiligungen (Kapitalkonsolidierung)

§ 254. (1) Der Wertansatz der dem Mutterunternehmen gehörenden Anteile an einem in den Konzernabschluss einbezogenen Tochterunternehmen wird mit dem auf diese Anteile entfallenden Betrag des Eigenkapitals des Tochterunternehmens verrechnet. Das Eigenkapital ist mit dem Betrag anzusetzen, der dem beizulegenden Zeitwert der in den Konzernabschluss aufzunehmenden Vermögensgegenstände, Rückstellungen, Verbindlichkeiten und Rechnungsabgrenzungsposten zu dem für die Verrechnung gemäß Abs. 2 gewählten Zeitpunkt entspricht. Das anteilige Eigenkapital darf nicht mit einem Betrag angesetzt werden, der die Anschaffungskosten des Mutterunternehmens für die Anteile an dem einbezogenen Tochterunternehmen überschreitet. Wenn die Anschaffungskosten den Buchwert des anteiligen Eigenkapitals unterschreiten, so ist der Buchwert anzusetzen.

(BGBl I 2015/22)

(2) Die Verrechnung gemäß Abs. 1 wird auf der Grundlage der Wertansätze zum Zeitpunkt des Erwerbs der Anteile oder der erstmaligen

Einbeziehung des Tochterunternehmens in den Konzernabschluß oder, beim Erwerb der Anteile zu verschiedenen Zeitpunkten, zu dem Zeitpunkt, zu dem das Unternehmen Tochterunternehmen geworden ist, durchgeführt. Der gewählte Zeitpunkt ist im Konzernanhang anzugeben.

(3) Ein bei der Verrechnung entstehender Unterschiedsbetrag ist in der Konzernbilanz, wenn er auf der Aktivseite entsteht, als Geschäfts(Firmen)wert und, wenn er auf der Passivseite entsteht, als Unterschiedsbetrag aus der Zusammenfassung von Eigenkapital und Beteiligungen (Kapitalkonsolidierung) auszuweisen. Dieser Posten und wesentliche Änderungen gegenüber dem Vorjahr sind im Anhang zu erläutern. Werden Unterschiedsbeträge der Aktivseite mit solchen der Passivseite verrechnet, so sind die verrechneten Beträge im Anhang anzugeben.

(BGBl I 2015/22)

(4) Anteile an dem Mutterunternehmen, die diesem oder einem in den Konzernabschluß einbezogenen Tochterunternehmen gehören, sind in der Konzernbilanz als eigene Anteile zu behandeln.

(BGBl I 2016/43)

Zusammenfassung von Forderungen und Schulden verbundener Unternehmen (Schuldenkonsolidierung)

§ 255. (1) Ausleihungen und andere Forderungen, Rückstellungen und Verbindlichkeiten aus Beziehungen zwischen den in den Konzernabschluß einbezogenen Unternehmen sowie entsprechende Rechnungsabgrenzungsposten sind wegzulassen.

(2) Abs. 1 braucht nicht angewendet zu werden, soweit die wegzulassenden Beträge nicht wesentlich (§ 189a Z 10) sind.

(BGBl I 2015/22)

Behandlung der Zwischenergebnisse

§ 256. (1) In den Konzernabschluß zu übernehmende Vermögensgegenstände, die ganz oder teilweise auf Lieferungen oder Leistungen zwischen in den Konzernabschluß einbezogenen Unternehmen beruhen, sind in der Konzernbilanz mit dem Betrag anzusetzen, mit dem sie in der auf den Stichtag des Konzernabschlusses aufgestellten Bilanz dieses Unternehmens anzusetzen wären, wenn die in den Konzernabschluß einbezogenen Unternehmen auch rechtlich ein einziges Unternehmen bildeten.

(2) Abs. 1 braucht nicht angewendet zu werden, soweit die Behandlung der Zwischenergebnisse nicht wesentlich (§ 189a Z 10) ist.

(BGBl I 2015/22)

Zusammenfassung von Aufwendungen und Erträgen verbundener Unternehmen (Aufwands- und Ertragskonsolidierung)

§ 257. (1) In der Konzern-Gewinn- und Verlustrechnung sind
1. bei den Umsatzerlösen die Erlöse aus Lieferungen und Leistungen zwischen den in den Konzernabschluß einbezogenen Unternehmen mit den auf sie entfallenden Aufwendungen zu verrechnen, soweit sie nicht als Erhöhung des Bestands an fertigen und unfertigen Erzeugnissen oder als andere aktivierte Eigenleistungen auszuweisen sind,
2. andere Erträge aus Lieferungen und Leistungen zwischen den in den Konzernabschluß einbezogenen Unternehmen mit den auf sie entfallenden Aufwendungen zu verrechnen, soweit sie nicht als andere aktivierte Eigenleistungen auszuweisen sind.

(2) Aufwendungen und Erträge brauchen nicht gemäß Abs. 1 weggelassen zu werden, soweit die wegzulassenden Beträge nicht wesentlich (§ 189a Z 10) sind.

(BGBl I 2015/22)

Steuerabgrenzung

§ 258. Führen Maßnahmen, die nach den Vorschriften des dritten Abschnitts durchgeführt worden sind, zu Differenzen zwischen den unternehmensrechtlichen und den steuerrechtlichen Wertansätzen der Vermögensgegenstände, Schulden oder Rechnungsabgrenzungsposten und bauen sich diese Differenzen in späteren Geschäftsjahren voraussichtlich wieder ab, so ist eine sich insgesamt ergebende Steuerbelastung als Rückstellung für passive latente Steuern und eine sich insgesamt ergebende Steuerentlastung als aktive latente Steuern in der Konzernbilanz anzusetzen. Differenzen aus dem erstmaligen Ansatz eines nach § 254 Abs. 3 verbleibenden Unterschiedsbetrages bleiben unberücksichtigt. Unberücksichtigt bleiben auch Differenzen, die sich zwischen dem steuerrechtlichen Wertansatz einer Beteiligung an einem Tochterunternehmen, einem assoziierten Unternehmen oder einem Gemeinschaftsunternehmen im Sinn des § 262 Abs. 1 und dem unternehmensrechtlichen Wertansatz des im Konzernabschluss angesetzten Nettovermögens ergeben, wenn das Mutterunternehmen in der Lage ist, den zeitlichen Verlauf der Auflösung der temporären Differenzen zu steuern, und es wahrscheinlich ist, dass sich die temporäre Differenz in absehbarer Zeit nicht auflösen wird. Eine Saldierung ist nicht vorzunehmen, soweit eine Aufrechnung der tatsächlichen Steuererstattungsansprüche mit den tatsächlichen Steuerschulden rechtlich nicht möglich ist. § 198 Abs. 10 ist entsprechend anzuwenden. Die Posten dürfen mit den Posten nach § 198 Abs. 9 zusammengefasst werden. Die Steuerabgrenzung braucht nicht vorgenommen zu werden, soweit sie nicht wesentlich ist.

(BGBl I 2015/22)

Anteile anderer Gesellschafter

§ 259. (1) In der Konzernbilanz ist für die nicht dem Mutterunternehmen oder einem einbezogenen Tochterunternehmen gehörenden Anteile an den in den Konzernabschluss einbezogenen Tochterunternehmen ein Ausgleichsposten für die Anteile der anderen Gesellschafter in Höhe ihres Anteils am nach den Vorschriften des § 254 Abs. 1 ermittelten Eigenkapital unter dem Posten „nicht beherrschende Anteile" innerhalb des Eigenkapitals gesondert auszuweisen.

(BGBl I 2016/43)

(2) In der Konzern-Gewinn- und Verlustrechnung ist der im Jahresergebnis enthaltene, anderen Gesellschaftern zustehende Gewinn und der auf sie entfallende Verlust nach dem Posten „Jahresüberschuß/Jahresfehlbetrag" unter entsprechender Bezeichnung gesondert auszuweisen.

FÜNFTER TITEL
Bewertungsvorschriften

Einheitliche Bewertung

§ 260. (1) Die in den Konzernabschluß gemäß § 253 Abs. 2 übernommenen Vermögensgegenstände und Schulden der in den Konzernabschluß einbezogenen Unternehmen sind nach den auf den Jahresabschluß des Mutterunternehmens anwendbaren Bewertungsmethoden einheitlich zu bewerten; zulässige Bewertungswahlrechte können im Konzernabschluß unabhängig von ihrer Ausübung in den Jahresabschlüssen der in den Konzernabschluß einbezogenen Unternehmen ausgeübt werden. Abweichungen von den auf den Jahresabschluß des Mutterunternehmens angewandten Bewertungsmethoden sind im Konzernanhang anzugeben und zu begründen.

(2) Sind in den Konzernabschluß aufzunehmende Vermögensgegenstände oder Schulden des Mutterunternehmens oder der Tochterunternehmen in den Jahresabschlüssen dieser Unternehmen nach Methoden bewertet worden, die sich von denen unterscheiden, die auf den Konzernabschluß anzuwenden sind oder die von den gesetzlichen Vertretern des Mutterunternehmens in Ausübung von Bewertungswahlrechten auf den Konzernabschluß angewendet werden, so sind die abweichend bewerteten Vermögensgegenstände oder Schulden nach den auf den Konzernabschluß angewandten Bewertungsmethoden neu zu bewerten und mit den neuen Wertansätzen in den Konzernabschluß zu übernehmen. Wertansätze, die auf Sondervorschriften für Kreditinstitute oder Versicherungsunternehmen beruhen, sind beizubehalten; auf die Anwendung dieser Ausnahme ist im Konzernanhang hinzuweisen. Eine einheitliche Bewertung nach dem ersten Satz braucht nicht vorgenommen zu werden, soweit ihre Auswirkungen nicht wesentlich (§ 189a Z 10) sind. Darüber hinaus ist ein Abweichen bei Vorliegen besonderer Umstände und unter Beachtung der in § 250 Abs. 2 dritter Satz umschriebenen Zielsetzung zulässig; im Konzernanhang ist die Abweichung anzugeben, zu begründen und ihr Einfluss auf die Vermögens-, Finanz- und Ertragslage des Konzerns darzulegen.

(BGBl I 2015/22)

(3) (aufgehoben)

Behandlung des Unterschiedsbetrags

§ 261. (1) Die Abschreibung eines nach § 254 Abs. 3 auszuweisenden Geschäfts(Firmen)werts richtet sich nach § 203 Abs. 5.

(BGBl I 2015/22)

(2) Ein gemäß § 254 Abs. 3 auf der Passivseite auszuweisender Unterschiedsbetrag darf ergebniswirksam aufgelöst werden, soweit

1. eine zum Zeitpunkt des Erwerbs der Anteile oder der erstmaligen Zusammenfassung der Jahresabschlüsse verbundener Unternehmen (Konsolidierung) erwartete ungünstige Entwicklung der künftigen Ertragslage des Unternehmens eingetreten ist oder zu diesem Zeitpunkt erwartete Aufwendungen zu berücksichtigen sind oder
2. am Abschlußstichtag feststeht, daß er einem verwirklichten Gewinn entspricht.

(BGBl I 2015/22)

SECHSTER TITEL
Anteilmäßige Zusammenfassung der Jahresabschlüsse verbundener Unternehmen (anteilmäßige Konsolidierung)

Begriff

§ 262. (1) Führt ein in einen Konzernabschluß einbezogenes Mutter- oder Tochterunternehmen ein anderes Unternehmen gemeinsam mit einem oder mehreren nicht in den Konzernabschluß einbezogenen Unternehmen, so darf das andere Unternehmen in den Konzernabschluß entsprechend den Anteilen am Kapital einbezogen werden, die dem Mutter- oder dem Tochterunternehmen gehören.

(2) Auf die anteilmäßige Zusammenfassung der Jahresabschlüsse verbundener Unternehmen (anteilmäßige Konsolidierung) sind die §§ 250 bis 258, 260 und 261 entsprechend anzuwenden.

SIEBENTER TITEL
Assoziiertes Unternehmen

(BGBl I 2015/22)

Befreiung

(BGBl I 2015/22)

§ 263. (1) Die Beteiligung an einem assoziierten Unternehmen ist in der Konzernbilanz unter einem besonderen Posten mit entsprechender Bezeichnung auszuweisen.

(BGBl I 2015/22)

(2) Auf eine Beteiligung an einem assoziierten Unternehmen brauchen Abs. 1 und § 264 nicht angewendet zu werden, wenn die Beteiligung nicht wesentlich (§ 189a Z 10) ist.

(BGBl I 2015/22)

Wertansatz der Beteiligung und Behandlung des Unterschiedsbetrags

§ 264. (1) Eine Beteiligung an einem assoziierten Unternehmen ist in der Konzernbilanz beim erstmaligen Ansatz mit dem Buchwert gemäß den §§ 198 bis 242 anzusetzen. Der Unterschiedsbetrag zwischen dem Buchwert und dem anteiligen Eigenkapital des assoziierten Unternehmens ist bei erstmaliger Anwendung in der Konzernbilanz oder im Konzernanhang gesondert auszuweisen.

(BGBl I 2015/22)

(2) Der Unterschiedsbetrag gemäß Abs. 1 zweiter Satz ist den Wertansätzen von Vermögensgegenständen und Schulden des assoziierten Unternehmens insoweit zuzuordnen, als deren beizulegender Zeitwert höher oder niedriger ist als ihr Buchwert. Der nach dem ersten Satz zugeordnete Unterschiedsbetrag ist entsprechend der Behandlung der Wertansätze dieser Vermögensgegenstände und Schulden im Jahresabschluss des assoziierten Unternehmens im Konzernabschluss fortzuführen, abzuschreiben oder aufzulösen. Auf einen nach Zuordnung nach dem ersten Satz verbleibenden Unterschiedsbetrag ist § 261 entsprechend anzuwenden.

(BGBl I 2015/22)

(3) Der Wertansatz der Beteiligung und die Unterschiedsbeträge werden auf der Grundlage der Wertansätze zum Zeitpunkt des Erwerbs der Anteile oder der erstmaligen Einbeziehung des assoziierten Unternehmens in den Konzernabschluß oder beim Erwerb der Anteile zu verschiedenen Zeitpunkten zu dem Zeitpunkt, zu dem das Unternehmen assoziiertes Unternehmen geworden ist, ermittelt. Der gewählte Zeitpunkt ist im Konzernanhang anzugeben.

(BGBl I 2015/22)

(4) Der gemäß Abs. 1 ermittelte Wertansatz einer Beteiligung ist in den Folgejahren um den Betrag der Eigenkapitalveränderungen, die den dem Mutterunternehmen gehörenden Anteilen am Kapital des assoziierten Unternehmens entsprechen, zu erhöhen oder zu vermindern; auf die Beteiligung entfallende Gewinnausschüttungen sind abzusetzen. In der Konzern-Gewinn- und Verlustrechnung ist das auf Beteiligungen an assoziierten Unternehmen entfallende Ergebnis unter einem gesonderten Posten auszuweisen.

(BGBl I 2015/22)

(5) Wendet das assoziierte Unternehmen in seinem Jahresabschluß vom Konzernabschluß abweichende Bewertungsmethoden an, so können abweichend bewertete Vermögensgegenstände oder Schulden für die Zwecke der Abs. 1 bis 4 nach den auf den Konzernabschluß angewandten Bewertungsmethoden bewertet werden. Wird die Bewertung nicht angepaßt, so ist dies im Konzernanhang anzugeben. § 256 über die Behandlung der Zwischenergebnisse ist entsprechend anzuwenden, soweit die für die Beurteilung maßgeblichen Sachverhalte bekannt oder zugänglich sind. Die Zwischenergebnisse dürfen auch anteilig entsprechend dem dem Mutterunternehmen gehörenden Anteilen am Kapital des assoziierten Unternehmens weggelassen werden.

(BGBl I 2015/22)

(6) Es ist jeweils der letzte Jahresabschluß des assoziierten Unternehmens zu Grunde zu legen. Stellt das assoziierte Unternehmen einen Konzernabschluß auf, so ist von diesem und nicht vom Jahresabschluß des assoziierten Unternehmens auszugehen.

(BGBl I 2015/22)

ACHTER TITEL
Konzernanhang

Erläuterung der Konzernbilanz und der Konzern-Gewinn- und Verlustrechnung, Angaben zum Beteiligungsbesitz

§ 265. (1) Im Konzernanhang sind die Konzernbilanz und die Konzern-Gewinn- und Verlustrechnung sowie die darauf angewandten Bilanzierungs- und Bewertungsmethoden so zu erläutern, daß ein möglichst getreues Bild der Vermögens-, Finanz- und Ertragslage des Konzerns vermittelt wird. Insbesondere sind anstelle der Angabe nach § 237 Abs. 1 Z 1 anzugeben:

1. die auf die Posten der Konzernbilanz und der Konzern-Gewinn- und Verlustrechnung angewandten Bilanzierungs- und Bewertungsmethoden;
2. die Grundlagen für die Umrechnung in Euro, sofern der Konzernabschluß Posten enthält, denen Beträge zugrunde liegen, die auf fremde Währung lauten oder ursprünglich auf fremde Währung lauteten;
3. Änderungen der Bilanzierungs-, Bewertungs- und Zusammenfassungs(Konsolidierungs)methoden; diese sind zu begründen und ihr Einfluß auf die Vermögens-, Finanz- und Ertragslage des Konzerns ist gesondert darzustellen.

(BGBl I 2015/22)

(2) Im Konzernanhang sind ferner anstelle der Angabe nach § 238 Abs. 1 Z 4 anzugeben:

1. Name und Sitz der in den Konzernabschluß einbezogenen Unternehmen, der Anteil am Kapital der Tochterunternehmen, der dem Mutterunternehmen und den in den Konzernabschluß einbezogenen Tochterunternehmen gehört oder für Rechnung dieser Unternehmen von einer anderen Person gehalten wird, sowie der zur Einbeziehung in den Konzernabschluß verpflichtende Sachverhalt, sofern die Einbeziehung nicht auf einer der Kapitalbeteiligung entsprechenden Mehrheit der Stimmrechte beruht. Diese Angaben sind auch für Tochterunternehmen zu machen, die gemäß § 249 nicht einbezogen worden sind;
2. Name und Sitz der assoziierten Unternehmen, der Anteil am Kapital der assoziierten Unternehmen, der dem Mutterunternehmen und den in den Konzernabschluß einbezogenen Tochterunternehmen gehört oder für Rechnung dieser Unternehmen von einer anderen Person gehalten wird. Die Anwendung des § 263 Abs. 2 ist jeweils anzugeben und zu begründen;

(BGBl I 2015/22)

3. Name und Sitz der Unternehmen, die gemäß § 262 nur anteilmäßig in den Konzernabschluß einbezogen worden sind, der Tatbe-

stand, aus dem sich die Anwendung dieser Vorschrift ergibt, sowie der Anteil am Kapital dieser Unternehmen, der dem Mutterunternehmen und den in den Konzernabschluß einbezogenen Tochterunternehmen gehört oder für Rechnung dieser Unternehmen von einer anderen Person gehalten wird;

4. Name und Sitz anderer als der unter den Z 1 bis 3 bezeichneten Unternehmen, bei denen das Mutterunternehmen, ein Tochterunternehmen oder für Rechnung eines dieser Unternehmen oder eine andere Person eine Beteiligung (§ 189a Z 2) besitzt, unter Angabe des Anteils am Kapital sowie der Höhe des Eigenkapitals und des Ergebnisses des letzten Geschäftsjahrs, für das ein Abschluß aufgestellt worden ist. Diese Angaben brauchen nicht gemacht zu werden, wenn sie nicht wesentlich (§ 189a Z 10) sind. Das Eigenkapital und das Ergebnis brauchen nicht angegeben zu werden, wenn das in Anteilsbesitz stehende Unternehmen seinen Jahresabschluß nicht offenzulegen hat und das Mutterunternehmen, das Tochterunternehmen oder die andere Person weniger als die Hälfte der Anteile an diesem Unternehmen besitzt.

(BGBl I 2015/22)

(BGBl I 2015/22)

(3) Die in Abs. 2 verlangten Angaben können insoweit unterlassen werden, soweit die Angaben nach vernünftiger unternehmerischer Beurteilung geeignet sind, dem Mutterunternehmen, einem Tochterunternehmen oder einem anderen in Abs. 2 bezeichneten Unternehmen einen erheblichen Nachteil zuzufügen. Die Anwendung der Ausnahmeregelung ist im Konzernanhang anzugeben.

(4) Die Angaben gemäß Abs. 2 dürfen statt im Anhang auch in einer Aufstellung des Anteilsbesitzes gesondert gemacht werden. Die Aufstellung ist Bestandteil des Anhangs. Auf die besondere Aufstellung des Anteilsbesitzes und den Ort ihrer Hinterlegung ist im Anhang hinzuweisen.

Weitere Angaben

§ 266. Bei den Angaben, die gemäß § 251 Abs. 1 in Verbindung mit den §§ 237 bis 240 zu machen sind, gelten folgende Besonderheiten:

1. die Angabe nach § 238 Abs. 1 Z 9 hat sich auf das Ergebnis des Mutterunternehmens zu beziehen;

(BGBl I 2016/43)

2. bei den Angaben nach § 237 Abs. 1 Z 3 und nach § 239 Abs. 1 Z 4 ist nur die Höhe der Beträge anzugeben, die das Mutterunternehmen und seine Tochterunternehmen den Mitgliedern des Vorstands, des Aufsichtsrats oder ähnlicher Einrichtungen des Mutterunternehmens gewährt haben. § 239 Abs. 1 Z 4 lit. a dritter Satz bleibt unberücksichtigt. § 242 Abs. 4 ist sinngemäß anzuwenden. Außer den Bezügen für das Geschäftsjahr sind die weiteren Bezüge anzugeben, die im Geschäftsjahr gewährt, bisher aber in keinem Konzernabschluss angegeben worden sind;

(BGBl I 2016/43)

3. bei der Angabe nach § 237 Abs. 1 Z 5 ist auf Verbindlichkeiten Bedacht zu nehmen, für die von den in den Konzernabschluss einbezogenen Unternehmen dingliche Sicherheiten bestellt sind;

4. bei den Angaben nach § 237 Abs. 1 Z 6 und § 239 Abs. 1 Z 1 und 3 ist auf die Beschäftigten der in den Konzernabschluss einbezogenen Unternehmen Bezug zu nehmen; die durchschnittliche Zahl der Arbeitnehmer von gemäß § 262 nur anteilig einbezogenen Unternehmen ist gesondert anzugeben;

5. bei der Angabe von Geschäften von in den Konzernabschluss einbezogenen Unternehmen und mit nahe stehenden Unternehmen und Personen (§ 238 Abs. 1 Z 12) werden Geschäfte, die bei der Konsolidierung weggelassen werden, nicht berücksichtigt; § 238 Abs. 3 ist nicht anzuwenden;

6. die Angaben nach § 238 Abs. 1 Z 15 bis 17 und 19 bis 21, § 239 Abs. 1 Z 2 und Z 5 und § 241 Z 2, 4, 5 und 6 können unterbleiben.

(BGBl I 2015/22)

NEUNTER TITEL
Konzernlagebericht, konsolidierter Corporate Governance-Bericht

(BGBl I 2015/22)

Konzernlagebericht

(BGBl I 2016/43)

§ 267. (1) Im Konzernlagebericht sind der Geschäftsverlauf, einschließlich des Geschäftsergebnisses, und die Lage des Konzerns so darzustellen, dass ein möglichst getreues Bild der Vermögens-, Finanz- und Ertragslage vermittelt wird; die wesentlichen Risiken und Ungewissheiten, denen der Konzern ausgesetzt ist, zu beschreiben.

(2) Der Konzernlagebericht hat eine ausgewogene und umfassende, dem Umfang und der Komplexität der Geschäftstätigkeit angemessene Analyse des Geschäftsverlaufs, einschließlich des Geschäftsergebnisses, und der Lage des Konzerns zu enthalten. Abhängig von der Größe des Konzerns und von der Komplexität des Geschäftsbetriebs der einbezogenen Unternehmen hat die Analyse auf die für die jeweilige Geschäftstätigkeit wichtigsten finanziellen und nichtfinanziellen Leistungsindikatoren, einschließlich Informationen über Umwelt- und Arbeitnehmerbelange, einzugehen und sie unter Bezugnahme auf die im Konzernabschluss ausgewiesenen Beträge und Angaben zu erläutern.

(3) Der Konzernlagebericht hat auch einzugehen auf

1. die voraussichtliche Entwicklung des Konzerns;

2. Tätigkeiten des Konzerns im Bereich Forschung und Entwicklung;

3. den Bestand an Aktien an dem Mutterunternehmen, die das Mutterunternehmen oder ein Tochterunternehmen oder eine andere Person für Rechnung eines dieser Unternehmen erworben oder als Pfand genommen hat; dabei sind die Zahl dieser Aktien, der auf sie entfallende Betrag des Grundkapitals sowie ihr Anteil am Grundkapital anzugeben. Sind solche Aktien im Geschäftsjahr erworben oder veräußert worden, so ist auch über den Erwerb oder die Veräußerung unter Angabe der Zahl dieser Aktien, des auf sie entfallenden Betrags des Grundkapitals, des Anteils am Grundkapital und des Erwerbs- oder Veräußerungspreises sowie über die Verwendung des Erlöses zu berichten;
4. für das Verständnis der Lage der in den Konzernabschluss einbezogenen Unternehmen wesentliche Zweigniederlassungen des Mutterunternehmens und der Tochterunternehmen;
5. die Verwendung von Finanzinstrumenten, sofern dies für die Beurteilung der Vermögens-, Finanz- und Ertragslage wesentlich (§ 189a Z 10) ist; diesfalls sind anzugeben
    a) die Risikomanagementziele und -methoden, einschließlich der Methoden zur Absicherung aller wichtigen Arten geplanter Transaktionen, die im Rahmen der Bilanzierung von Sicherungsgeschäften angewandt werden, und
    b) bestehende Preisänderungs-, Ausfall-, Liquiditäts- und Cashflow-Risiken.

(BGBl I 2015/22)

(3a) Bei einem Mutterunternehmen, dessen Aktien zum Handel auf einem geregelten Markt im Sinn des § 1 Z 2 BörseG 2018 zugelassen sind oder das ausschließlich andere Wertpapiere als Aktien auf einem solchen Markt emittiert und dessen Aktien mit Wissen der Gesellschaft über ein multilaterales Handelssystem im Sinne des § 1 Z 24 WAG 2018 gehandelt werden, hat der Konzernlagebericht auch die Angaben nach § 243a Abs. 1 zu enthalten.

(BGBl I 2017/107)

(3b) Bei einem Mutterunternehmen nach § 189a Z 1 lit. a hat der Konzernlagebericht auch die Angaben nach § 243a Abs. 2 zu enthalten. Diese haben sich auf das interne Kontroll- und das Risikomanagementsystem des Konzerns im Zusammenhang mit der Aufstellung des Konzernabschlusses zu beziehen.

(BGBl I 2015/22)

(4) § 251 Abs. 3 über die Zusammenfassung von Konzernanhang und Anhang ist entsprechend anzuwenden.

Konsolidierte nichtfinanzielle Erklärung, konsolidierter nichtfinanzieller Bericht

§ 267a. (1) Unternehmen von öffentlichem Interesse, die Mutterunternehmen sind und an den Abschlussstichtagen das Kriterium erfüllen, im Jahresdurchschnitt (§ 221 Abs. 6) auf konsolidierter Basis mehr als 500 Arbeitnehmer zu beschäftigen, haben, wenn sie nicht von der Aufstellung eines Konzernabschlusses nach § 246 Abs. 1 befreit sind, in den Konzernlagebericht an Stelle der Analyse der nichtfinanziellen Leistungsindikatoren nach § 267 Abs. 2 eine konsolidierte nichtfinanzielle Erklärung aufzunehmen.

(2) Die konsolidierte nichtfinanzielle Erklärung hat diejenigen Angaben zu enthalten, die für das Verständnis des Geschäftsverlaufs, des Geschäftsergebnisses, der Lage des Konzerns sowie der Auswirkungen seiner Tätigkeit erforderlich sind und sich mindestens auf Umwelt-, Sozial- und Arbeitnehmerbelange, auf die Achtung der Menschenrechte und auf die Bekämpfung von Korruption und Bestechung beziehen. Die Analyse hat die nichtfinanziellen Leistungsindikatoren unter Bezugnahme auf die im Konzernabschluss ausgewiesenen Beträge und Angaben zu erläutern.

(3) Die Angaben nach Abs. 2 haben zu umfassen:
1. eine kurze Beschreibung des Geschäftsmodells des Konzerns;
2. eine Beschreibung der vom Konzern in Bezug auf diese Belange verfolgten Konzepte;
3. die Ergebnisse dieser Konzepte;
4. die angewandten Due-Diligence-Prozesse;
5. die wesentlichen Risiken, die wahrscheinlich negative Auswirkungen auf diese Belange haben werden, und die Handhabung dieser Risiken durch den Konzern, und zwar
    a. soweit sie aus der eigenen Geschäftstätigkeit des Konzerns entstehen und,
    b. wenn dies relevant und verhältnismäßig ist, soweit sie aus seinen Geschäftsbeziehungen, seinen Erzeugnissen oder seinen Dienstleistungen entstehen;
6. die wichtigsten nichtfinanziellen Leistungsindikatoren, die für die konkrete Geschäftstätigkeit von Bedeutung sind.

Verfolgt der Konzern in Bezug auf einen oder mehrere dieser Belange kein Konzept, hat die konsolidierte nichtfinanzielle Erklärung eine klare und begründete Erläuterung zu enthalten, warum dies der Fall ist.

(4) In Ausnahmefällen können Informationen über künftige Entwicklungen oder Belange, über die Verhandlungen geführt werden, weggelassen werden, soweit
1. eine solche Angabe nach vernünftiger unternehmerischer Beurteilung geeignet ist, der Geschäftslage des Konzerns ernsthaft zu schaden, und
2. eine solche Nichtaufnahme ein den tatsächlichen Verhältnissen entsprechendes Verständnis des Geschäftsverlaufs, des Geschäftsergebnisses, der Lage des Konzerns sowie der Auswirkungen seiner Tätigkeit nicht verhindert.

(5) Das Mutterunternehmen kann sich bei der Erstellung der konsolidierten nichtfinanziellen

Erklärung auf nationale, unionsbasierte oder internationale Rahmenwerke stützen; wenn es hiervon Gebrauch macht, hat es anzugeben, auf welche Rahmenwerke es sich stützt. Bei der Anwendung solcher Rahmenwerke ist sicherzustellen, dass die Anforderungen nach Abs. 2 und Abs. 3 erfüllt sind.

(6) Die konsolidierte nichtfinanzielle Erklärung kann als gesonderter konsolidierter nichtfinanzieller Bericht erstellt werden. Der gesonderte konsolidierte nichtfinanzielle Bericht ist von den gesetzlichen Vertretern aufzustellen, von sämtlichen gesetzlichen Vertretern zu unterzeichnen, dem Aufsichtsrat vorzulegen und von diesem zu prüfen, sowie gemeinsam mit dem konsolidierten Lagebericht nach § 280 offenzulegen.

(7) Ein Mutterunternehmen (§ 189a Z 6), das österreichischem Recht unterliegt, ist von der Verpflichtung zur Aufstellung einer konsolidierten nichtfinanziellen Erklärung befreit, wenn dieses Mutterunternehmen (befreites Unternehmen) und seine Tochterunternehmen in den Konzernlagebericht oder gesonderten konsolidierten nichtfinanziellen Bericht eines anderen Unternehmens einbezogen sind, der im Einklang mit der Bilanz-Richtlinie aufgestellt wurde. Ist das Mutterunternehmen zwar nach § 245 von der Aufstellung eines Teilkonzernabschlusses und Teilkonzernlageberichts befreit, nicht aber von der konsolidierten nichtfinanziellen Erklärung, hat es einen gesonderten konsolidierten nichtfinanziellen Bericht nach Abs. 6 aufzustellen.

(BGBl I 2017/20)

Konsolidierter Corporate Governance-Bericht
(GesDigG 2022, BGBl I 2022/186)

§ 267b. Ein Mutterunternehmen, dessen Aktien zum Handel auf einem geregelten Markt im Sinn des § 1 Z 2 BörseG 2018 zugelassen sind oder das ausschließlich andere Wertpapiere als Aktien auf einem solchen Markt emittiert und dessen Aktien mit Wissen des Unternehmens über ein multilaterales Handelssystem im Sinn des § 1 Z 24 WAG 2018 gehandelt werden, hat einen konsolidierten Corporate Governance-Bericht aufzustellen, der die in § 243c vorgeschriebenen Angaben enthält, wobei die erforderlichen Anpassungen vorzunehmen sind, um die Lage der insgesamt in die Konsolidierung einbezogenen Unternehmen bewerten zu können. § 251 Abs. 3 ist entsprechend anzuwenden.

(BGBl I 2017/107)

ZEHNTER TITEL
Konsolidierter Bericht über Zahlungen an staatliche Stellen

§ 267c. (1) Die gesetzlichen Vertreter eines großen (§ 221 Abs. 3) Mutterunternehmens (§ 189a Z 6) haben, wenn es selbst oder eines seiner Tochterunternehmen in der mineralgewinnenden Industrie oder auf dem Gebiet des Holzeinschlags in Primärwäldern tätig ist, auch wenn die Aufstellung des Konzernabschlusses im Einzelfall wegen der Anwendung des § 249 unterbleibt, jährlich einen konsolidierten Bericht über Zahlungen an staatliche Stellen nach den Vorgaben des § 243d aufzustellen und dem Aufsichtsrat und der Hauptversammlung (Generalversammlung) des Mutterunternehmens innerhalb der für die Vorlage des Jahresabschlusses geltenden Fristen vorzulegen. Der konsolidierte Bericht ist von sämtlichen gesetzlichen Vertretern zu unterzeichnen und der Hauptversammlung zusammen mit dem Jahresabschluss des Mutterunternehmens vorzulegen. Er hat sich nur auf Leistungen zu erstrecken, die sich aus der Geschäftstätigkeit in der mineralgewinnenden Industrie oder auf dem Gebiet des Holzeinschlags in Primärwäldern ergeben.

(BGBl I 2017/20)

(2) Von der Erstellung eines konsolidierten Berichts über Zahlungen an staatliche Stellen sind Mutterunternehmen befreit, die gemäß § 246 von der Aufstellung eines Konzernabschlusses befreit sind oder Tochterunternehmen eines Unternehmens sind, das dem Recht eines Mitgliedstaats der Europäischen Union oder eines Vertragsstaat des Abkommens über den Europäischen Wirtschaftsraum unterliegt. Von der Einbeziehung eines Tochterunternehmens in den konsolidierten Bericht über Zahlungen an staatliche Stellen kann unter den Voraussetzungen des § 249 Abs. 1 abgesehen werden, wenn das Tochterunternehmen aus diesen Gründen auch nicht in den Konzernabschluss einbezogen wird. Schließlich sind Mutterunternehmen befreit, die einen konsolidierten Bericht nach gleichwertigen Berichtspflichten eines Drittlands erstellen und gemäß § 277 in deutscher Sprache oder in einer in internationalen Finanzkreisen gebräuchlichen Sprache offenlegen. Ob die Berichtspflichten eines Drittlands gleichwertig sind, ist nach den aufgrund des Art. 47 der Bilanz-Richtlinie ergangenen Durchführungsrechtsakten zu beurteilen.

(GesDigG 2022, BGBl I 2022/186)
(BGBl I 2017/20)

VIERTER ABSCHNITT
Vorschriften über die Prüfung, Offenlegung, Veröffentlichung und Zwangsstrafen

ERSTER TITEL
Abschlußprüfung

Pflicht zur Abschlußprüfung

§ 268. (1) Der Jahresabschluß und der Lagebericht von Kapitalgesellschaften sind durch einen Abschlußprüfer zu prüfen. Dies gilt nicht für kleine Gesellschaften mit beschränkter Haftung (§ 221 Abs. 1), sofern diese nicht auf Grund gesetzlicher Vorschriften einen Aufsichtsrat haben müssen. Hat die erforderliche Prüfung nicht stattgefunden, so kann der Jahresabschluß nicht festgestellt werden. Umstände, die in einem Verfahren nach § 270 Abs. 3 geltend gemacht werden können, berühren die Gültigkeit der Prüfung nur, wenn ein solches Verfahren zur Bestellung eines anderen Abschlussprüfers geführt hat.

(2) Der Konzernabschluß und der Konzernlagebericht von Gesellschaften sind durch einen Ab-

schlußprüfer zu prüfen, bevor sie dem Aufsichtsrat der Muttergesellschaft vorgelegt werden.

(3) (aufgehoben)

(BGBl I 2015/22)

(4) Abschlussprüfer (Konzernabschlussprüfer) können Wirtschaftsprüfer oder Wirtschaftsprüfungsgesellschaften sein.

Gegenstand und Umfang der Prüfung

§ 269. (1) Die Prüfung des Jahresabschlusses und des Konzernabschlusses hat sich darauf zu erstrecken, ob die gesetzlichen Vorschriften und ergänzende Bestimmungen des Gesellschaftsvertrags oder der Satzung beachtet worden sind. In die Prüfung des Jahresabschlusses ist die Buchführung einzubeziehen.

(1a) Für die Abschlussprüfung von Gesellschaften von öffentlichem Interesse im Sinn des § 189a Z 1 lit. a und lit. d gelten die Bestimmungen des Ersten Titels des Vierten Abschnitts, soweit nicht die Verordnung (EU) Nr. 537/2014 über spezifische Anforderungen an die Abschlussprüfung bei Unternehmen von öffentlichem Interesse und zur Aufhebung des Beschlusses 2005/909/EG, ABl. Nr. L 158 vom 27.05.2014 S. 77, in der Fassung der Berichtigung ABl. Nr. L 170 vom 11.06.2014 S. 66, anzuwenden ist.

(BGBl I 2016/43)

(2) Der Abschlussprüfer des Konzernabschlusses trägt die volle Verantwortung für den Bestätigungsvermerk zum Konzernabschluss sowie gegebenenfalls für den zusätzlichen Bericht an den Prüfungsausschuss gemäß Art. 11 der Verordnung (EU) Nr. 537/2014. Er hat auch die im Konzernabschluss zusammengefassten Jahresabschlüsse daraufhin zu prüfen, ob sie den Grundsätzen ordnungsmäßiger Buchführung entsprechen und ob die für die Übernahme in den Konzernabschluss maßgeblichen Vorschriften beachtet worden sind. Wenn in den Konzernabschluss einbezogene Unternehmen von anderen Abschlussprüfern geprüft werden, hat der Konzernabschlussprüfer deren Tätigkeit in geeigneter Weise zu überwachen, soweit dies für die Prüfung des Konzernabschlusses maßgeblich ist.

(BGBl I 2016/43)

(3) Der Lagebericht und der Konzernlagebericht von Kapitalgesellschaften sind darauf zu prüfen, ob der Lagebericht mit dem Jahresabschluss und der Konzernlagebericht mit dem Konzernabschluss in Einklang stehen und ob der Lagebericht und Konzernlagebericht nach den geltenden rechtlichen Anforderungen aufgestellt wurden. Gegenstand der Abschlussprüfung ist auch, ob eine nach § 243b oder § 267a erforderliche nichtfinanzielle Erklärung oder ein solcher Bericht oder ein nach § 243c oder § 267b erforderlicher Corporate Governance-Bericht aufgestellt worden sind.

(BGBl I 2017/20)

(4) Werden der Jahresabschluss, der Konzernabschluss, der Lagebericht oder der Konzernlagebericht nach Vorlage des Prüfungsberichts geändert, so ist die Änderung dem Abschlussprüfer bekanntzugeben, der sie mit ihren Auswirkungen zu prüfen hat. Über das Ergebnis der Prüfung ist zu berichten; der Bestätigungsvermerk ist gemäß § 274 entsprechend zu ergänzen und erforderlichenfalls zu ändern.

(5) Die Abschlussprüfung umfasst keine Zusicherung des künftigen Fortbestands der geprüften Gesellschaft oder der Wirtschaftlichkeit oder Wirksamkeit der bisherigen oder zukünftigen Geschäftsführung.

(BGBl I 2016/43)

(BGBl I 2015/22)

Internationale Prüfungsstandards

§ 269a. Wenn und soweit die Europäische Kommission internationale Prüfungsstandards übernommen hat, sind Abschlussprüfungen und Konzernabschlussprüfungen unter Beachtung dieser Grundsätze durchzuführen.

Bestellung und Abberufung des Abschlußprüfers

§ 270. (1) Der Abschlussprüfer des Jahresabschlusses wird von den Gesellschaftern gewählt; den Abschlussprüfer des Konzernabschlusses wählen die Gesellschafter des Mutterunternehmens. Wenn ein Aufsichtsrat besteht, hat dieser einen Vorschlag für die Wahl des Abschlussprüfers zu erstatten. Eine Vereinbarung, die die Wahlmöglichkeiten auf bestimmte Kategorien oder Listen von Abschlussprüfern beschränkt, ist nichtig. Die Aufsichtsratsmitglieder sind zur Teilnahme an der Hauptversammlung (Generalversammlung), die über die Bestellung des Abschlussprüfers zu entscheiden hat, einzuladen. Der Abschlussprüfer soll jeweils vor Ablauf des Geschäftsjahrs gewählt werden, auf das sich seine Prüfungstätigkeit erstreckt. Der Aufsichtsrat hat unverzüglich nach der Wahl mit dem gewählten Prüfer den Vertrag über die Durchführung der Abschlussprüfung abzuschließen und das Entgelt zu vereinbaren. Falls kein Aufsichtsrat besteht, wird die Gesellschaft durch ihre gesetzlichen Vertreter vertreten. Das Entgelt hat in einem angemessenen Verhältnis zu den Aufgaben des Prüfers und dem voraussichtlichen Umfang der Prüfung zu stehen. Der Prüfungsvertrag und die Höhe des vereinbarten Entgelts dürfen an keinerlei Voraussetzungen oder Bedingungen geknüpft werden und nicht davon abhängen, ob der Prüfer neben der Prüfungstätigkeit zusätzliche Leistungen für die geprüfte Gesellschaft erbringt.

(BGBl I 2016/43)

(1a) Ein Wirtschaftsprüfer oder eine Wirtschaftsprüfungsgesellschaft, der oder die in einen Wahlvorschlag aufgenommen werden soll, hat vor Erstattung dieses Wahlvorschlags durch den Aufsichtsrat beziehungsweise vor der Wahl durch die Gesellschafter eine nach Leistungskategorien gegliederte Aufstellung über das für das vorangegangene Geschäftsjahr von der Gesellschaft erhaltene Entgelt vorzulegen und über seine (ihre) Einbeziehung in das durch das Abschlussprüfer-Aufsichtsgesetz (BGBl I Nr. 43/2016) eingerichtete

System der externen Qualitätssicherung und die aufrechte Registrierung zu berichten. Darüber hinaus hat er (sie) alle Umstände darzulegen und zu dokumentieren, die seine (ihre) Befangenheit oder Ausgeschlossenheit begründen könnten sowie jene Schutzmaßnahmen, die getroffen worden sind, um eine unabhängige und unbefangene Prüfung sicherzustellen. Sofern aufgrund gesetzlicher Verpflichtung ein Prüfungsausschuss besteht, ist diesem schriftlich zu berichten.

(BGBl I 2016/43)

(2) Als Abschlußprüfer des Konzernabschlusses gilt, wenn kein anderer Prüfer bestellt wird, der Prüfer als bestellt, der für die Prüfung des in den Konzernabschluß einbezogenen Jahresabschlusses des Mutterunternehmens bestellt worden ist, wenn er die Voraussetzungen gemäß § 268 Abs. 4 erfüllt. Erfolgt die Einbeziehung auf Grund eines Zwischenabschlusses, so gilt, wenn kein anderer Prüfer bestellt wird, der Prüfer als bestellt, der für die Prüfung des letzten vor dem Konzernabschlußstichtag aufgestellten Jahresabschlusses des Mutterunternehmens bestellt worden ist.

(3) Auf Antrag der gesetzlichen Vertreter, des Aufsichtsrats, von Gesellschaftern, deren Anteile zusammen fünf Prozent der Stimmrechte oder des Nennkapitals oder den anteiligen Betrag von 350 000 Euro erreichen, oder der Abschlussprüferaufsichtsbehörde, hat der zur Ausübung der Gerichtsbarkeit in Handelssachen berufene Gerichtshof erster Instanz im Verfahren außer Streitsachen nach Anhörung der Beteiligten und des gewählten Prüfers einen anderen Abschlussprüfer zu bestellen, wenn dies aus einem in der Person des gewählten Prüfers liegenden wichtigen Grund geboten erscheint, insbesondere wenn ein Ausschlussgrund vorliegt oder sonst die Besorgnis einer Befangenheit besteht. Der Antrag ist binnen einem Monat nach dem Tag der Wahl des Abschlussprüfers zu stellen; Gesellschafter können den Antrag nur stellen, wenn sie gegen die Wahl des Abschlussprüfers bei der Beschlussfassung Widerspruch erklärt haben. Wird ein Ausschluss- oder Befangenheitsgrund erst nach der Wahl bekannt oder tritt er erst nach der Wahl ein, ist der Antrag binnen einem Monat nach dem Tag zu stellen, an dem der Antragsberechtigte Kenntnis davon erlangt hat oder ohne grobe Fahrlässigkeit hätte erlangen können. Stellen Aktionäre den Antrag, so haben sie glaubhaft zu machen, dass sie seit mindestens drei Monaten vor dem Tag der Hauptversammlung Inhaber der Aktien sind. Zur Glaubhaftmachung genügt eine eidesstättige Erklärung vor einem Notar. Unterliegt die Gesellschaft einer staatlichen Aufsicht, so kann auch die Aufsichtsbehörde den Antrag stellen. Der Antrag kann nach Erteilung des Bestätigungsvermerks, im Fall einer Nachtragsprüfung nach § 269 Abs. 4 nach Ergänzung des Bestätigungsvermerks, nicht mehr gestellt werden. Wegen eines Verstoßes gegen §§ 271 Abs. 1 bis 5, 271a oder 271b kann weder eine Nichtigkeits- noch eine Anfechtungsklage erhoben werden.

(BGBl I 2016/43)

(4) Ist der Abschlußprüfer bis zum Ablauf des Geschäftsjahrs nicht gewählt worden, so hat der für den Sitz des Mutterunternehmens zuständige, zur Ausübung der Gerichtsbarkeit in Handelssachen berufene Gerichtshof erster Instanz im Verfahren außer Streitsachen auf Antrag der gesetzlichen Vertreter, mindestens zweier Mitglieder des Aufsichtsrats oder eines Gesellschafters den Abschlußprüfer zu bestellen. Gleiches gilt, wenn ein gewählter Abschlußprüfer den Abschluss des Prüfungsvertrags abgelehnt hat, weggefallen ist oder am rechtzeitigen Abschluß der Prüfung verhindert ist und ein anderer Abschlußprüfer nicht gewählt worden ist. Die gesetzlichen Vertreter sind verpflichtet, den Antrag zu stellen. Die Bestellung des Abschlußprüfers ist unanfechtbar.

(5) Der vom Gericht bestellte Abschlußprüfer hat Anspruch auf Ersatz der notwendigen baren Auslagen und auf angemessene Entlohnung für seine Tätigkeit.

(6) Der Abschlußprüfer kann den Prüfungsvertrag nur aus wichtigem Grund kündigen. Als wichtiger Grund ist es nicht anzusehen, wenn Meinungsverschiedenheiten zwischen Gesellschaft und Abschlußprüfer bestehen. Die Kündigung bedarf der Schriftform und ist zu begründen. Der Abschlußprüfer hat über das Ergebnis seiner bisherigen Prüfung zu berichten. § 273 ist entsprechend anzuwenden. Die zu prüfende Gesellschaft kann den Prüfungsvertrag nicht kündigen. Liegt auf Seiten des Prüfers ein wichtiger Grund vor, der seine Abberufung rechtfertigt, so ist Abs. 3 entsprechend anzuwenden.

(7) Kündigt der Abschlussprüfer den Prüfungsvertrag gemäß Abs. 6 oder wird dieser aus anderen Gründen beendet, so ist ein Abschlussprüfer von den Gesellschaftern unverzüglich zu wählen. Der bisherige Abschlußprüfer hat seinen Bericht unverzüglich dem Vorstand und den Mitgliedern des Aufsichtsrats vorzulegen.

(BGBl I 2016/43)

Höchstlaufzeit der fortlaufenden Bestellung bei Gesellschaften von öffentlichem Interesse

§ 270a. Sofern bei Gesellschaften im Sinn des § 189a Z 1 lit. a und lit. d die fortlaufende Bestellung des Abschlussprüfers erstmalig für ein Geschäftsjahr erfolgt ist, das zwischen dem 17. Juni 2003 und dem 15. Juni 2014 begonnen hat, verlängert sich die Höchstlaufzeit seiner fortlaufenden Bestellung gemäß Art. 17 Abs. 1 Unterabs. 2 der Verordnung (EU) Nr. 537/2014,

1. auf 20 Jahre, wenn der Wahl für das erste nach dem 16. Juni 2016 beginnende zu prüfende Geschäftsjahr, mit dem die Höchstlaufzeit des Art. 17 Abs. 1 Unterabs. 2 der Verordnung (EU) Nr. 537/2014 überschritten ist, ein im Einklang mit Art. 16 Abs. 3 bis 5 dieser Verordnung durchgeführtes öffentliches Ausschreibungsverfahren vorausgeht;

2. auf 24 Jahre, wenn ab dem ersten nach dem 16. Juni 2016 beginnenden zu prüfenden Geschäftsjahr, mit welchem die Höchstlaufzeit

des Art. 17 Abs. 1 Unterabs. 2 der Verordnung (EU) Nr. 537/2014 überschritten ist, mehrere Abschlussprüfer gemeinsam bestellt werden.

(BGBl I 2016/43)

Befangenheit und Ausgeschlossenheit

§ 271. (1) Ein Wirtschaftsprüfer darf die Abschlussprüfung nicht durchführen, wenn während des zu prüfenden Geschäftsjahres oder bis zur Abgabe des Bestätigungsvermerks Gründe, insbesondere Beziehungen geschäftlicher, finanzieller oder persönlicher Art, vorliegen, nach denen die Besorgnis der Befangenheit besteht.

(BGBl I 2016/43)

(2) Ein Wirtschaftsprüfer ist als Abschlussprüfer ausgeschlossen, wenn er während des zu prüfenden Geschäftsjahres oder bis zur Abgabe des Bestätigungsvermerks

1. Anteile an der zu prüfenden Gesellschaft oder an einem Unternehmen besitzt, das mit dieser Gesellschaft verbunden ist oder an dieser mindestens 20 von Hundert der Anteile besitzt, oder auf Erwerb, Verwaltung und Veräußerung derartiger Anteile maßgeblichen Einfluss hat;
2. gesetzlicher Vertreter oder Mitglied des Aufsichtsrats oder Arbeitnehmer der zu prüfenden Gesellschaft oder eines Unternehmens ist, das mit dieser Gesellschaft verbunden ist oder an dieser mindestens 20 von Hundert der Anteile besitzt, oder diese Tatbestände innerhalb von 24 Monaten vor dem Beginn des zu prüfenden Geschäftsjahrs erfüllt hat;
3. über keine Registrierung gemäß § 52 APAG verfügt;

   (BGBl I 2016/43)
4. bei der zu prüfenden Gesellschaft oder für die zu prüfende Gesellschaft
   a) bei der Führung der Bücher oder der Aufstellung des zu prüfenden Jahresabschlusses über die Prüfungstätigkeit hinaus mitgewirkt hat,
   b) bei der internen Revision mitgewirkt hat,
   c) Managementaufgaben übernommen hat oder in das Treffen von Entscheidungen, insbesondere über die Auswahl der gesetzlichen Vertreter oder der im Bereich der Rechnungslegung leitenden Angestellten, einbezogen war,
   d) Bewertungsleistungen oder versicherungsmathematische Dienstleistungen erbracht hat, die sich auf den zu prüfenden Jahresabschluss nicht nur unwesentlich auswirken;

   (BGBl I 2016/43)
5. gesetzlicher Vertreter, Mitglied des Aufsichtsrats oder Gesellschafter einer juristischen Person oder einer Personengesellschaft, Arbeitnehmer einer natürlichen oder juristischen Person oder einer Personengesellschaft ist, sofern die natürliche oder juristische Person, die Personengesellschaft oder einer ihrer Gesellschafter gemäß Z 4 nicht Abschlussprüfer der zu prüfenden Gesellschaft sein darf;
6. bei der Prüfung eine Person beschäftigt, die gemäß Z 1, 2, 4 oder 5 nicht Abschlussprüfer sein darf;
7. in den letzten fünf Jahren jeweils mindestens 30 von Hundert der Gesamteinnahmen aus seiner beruflichen Tätigkeit aus der Prüfung und Beratung der zu prüfenden Gesellschaft oder von mit dieser verbundenen Unternehmen oder von Unternehmen, an denen die zu prüfende Gesellschaft mindestens 20 von Hundert der Anteile besitzt, bezogen hat, wenn dies auch im laufenden Geschäftsjahr zu erwarten ist.

(BGBl I 2016/43)

(3) Ein Wirtschaftsprüfer ist als Abschlussprüfer ferner ausgeschlossen, wenn er seinen Beruf zusammen mit einer gemäß Abs. 2 Z 1, 2, 4, 5, 6 oder 7 ausgeschlossenen Person ausübt oder gemeinsam mit dieser im Rahmen gemeinsamer Berufsausübung die Voraussetzung des Abs. 2 Z 7 erfüllt.

(4) Eine Wirtschaftsprüfungsgesellschaft gilt bei der Abschlussprüfung als befangen, wenn der den Bestätigungsvermerk unterzeichnende Wirtschaftsprüfer oder eine für ihn tätige Person, die eine maßgeblich leitende Funktion bei der Prüfung ausübt, nach Abs. 1 befangen ist. Eine Wirtschaftsprüfungsgesellschaft ist von der Abschlussprüfung ausgeschlossen, wenn sie selbst, einer ihrer gesetzlichen Vertreter, ein Gesellschafter, ein mit ihr verbundenes Unternehmen oder eine von ihr bei der Prüfung beschäftigte Person nach Abs. 2 Z 1, 2, 4, 5, 6 oder 7 ausgeschlossen ist, oder einer ihrer Gesellschafter an einer ausgeschlossenen Gesellschaft beteiligt ist, oder jemand, der zumindest mittelbar an der Wirtschaftsprüfungsgesellschaft beteiligt ist, auch an einer ausgeschlossenen Gesellschaft mit mehr als fünf von Hundert zumindest mittelbar beteiligt ist. Eine Wirtschaftsprüfungsgesellschaft ist ferner ausgeschlossen, wenn sie über keine Registrierung gemäß § 52 APAG verfügt.

(BGBl I 2016/43)

(5) Die Abs. 1 bis 4 sind auf den Konzernabschlussprüfer sinngemäß anzuwenden.

(6) Weiß der Abschlussprüfer, dass er ausgeschlossen oder befangen ist, so gebührt ihm für dennoch erbrachte Leistungen kein Entgelt. Dies gilt auch, wenn er seine Ausschlossenheit erkennen hätte müssen oder wenn er grob fahrlässig seine Befangenheit nicht erkannt hat.

Ausschlussgründe bei fünffach großen Gesellschaften und Gesellschaften von öffentlichem Interesse

(BGBl I 2016/43)

§ 271a. (1) Ein Wirtschaftsprüfer ist als Abschlussprüfer einer großen Gesellschaft, bei der das Fünffache eines der in Euro ausgedrückten Größenmerkmale einer großen Gesellschaft (§ 221

Abs. 3 erster Satz in Verbindung mit Abs. 4 bis 6) überschritten wird, neben den in § 271 Abs. 2 genannten Gründen ausgeschlossen, wenn er

1. in den letzten fünf Jahren jeweils mindestens 15 von Hundert der Gesamteinnahmen aus seiner beruflichen Tätigkeit aus der Prüfung und Beratung der zu prüfenden Gesellschaft oder von mit dieser verbundenen Unternehmen oder von Unternehmen, an denen die zu prüfende Gesellschaft mindestens 20 von Hundert der Anteile besitzt, bezogen hat, wenn dies auch im laufenden Geschäftsjahr zu erwarten ist;
2. in dem zu prüfenden Geschäftsjahr über die Prüfungstätigkeit hinaus für die zu prüfende Gesellschaft Rechts- oder Steuerberatungsleistungen erbracht hat, die über das Aufzeigen von Gestaltungsalternativen hinausgehen und die sich auf den Jahresabschluss nicht nur unwesentlich auswirken;
3. in dem zu prüfenden Geschäftsjahr für die zu prüfende Gesellschaft bei der Entwicklung, Installation und Einführung von Rechnungslegungsinformationssystemen mitgewirkt hat;
4. einen Bestätigungsvermerk gemäß § 274 über die Prüfung des Jahresabschlusses der Gesellschaft bereits in sieben Fällen gezeichnet hat; dies gilt nicht nach einer Unterbrechung der Prüfungstätigkeit für zumindest drei aufeinander folgende Geschäftsjahre.

(BGBl I 2016/43)

(BGBl I 2016/43)

(2) Ein Wirtschaftsprüfer ist als Abschlussprüfer einer in Abs. 1 genannten Gesellschaft neben den in § 271 Abs. 2 und 3 genannten Gründen ferner ausgeschlossen, wenn er seinen Beruf zusammen mit einer gemäß Abs. 1 Z 2 oder 3 ausgeschlossenen Person ausübt oder gemeinsam mit dieser im Rahmen gemeinsamer Berufsausübung die Voraussetzung des Abs. 1 Z 1 erfüllt.

(3) Eine Wirtschaftsprüfungsgesellschaft ist von der Abschlussprüfung einer in Abs. 1 genannten Gesellschaft neben den in § 271 Abs. 4 genannten Gründen ausgeschlossen, wenn sie selbst, einer ihrer gesetzlichen Vertreter, ein Gesellschafter, ein mit ihr verbundenes Unternehmen oder eine von ihr bei der Prüfung beschäftigte Person nach Abs. 1 ausgeschlossen ist, oder einer ihrer Gesellschafter an einer ausgeschlossenen Gesellschaft beteiligt ist, oder jemand, der zumindest mittelbar an der Wirtschaftsprüfungsgesellschaft beteiligt ist, auch an einer ausgeschlossenen Gesellschaft mit mehr als fünf von Hundert zumindest mittelbar beteiligt ist. Abs. 1 Z 4 findet dabei mit der Maßgabe Anwendung, dass von der Prüfung der den Bestätigungsvermerk unterzeichnende Wirtschaftsprüfer nach Abs. 1 Z 4 ausgeschlossen wäre; dies gilt sinngemäß für eine für ihn tätige Person, die eine maßgeblich leitende Funktion bei der Prüfung ausübt.

(4) Die Abs. 1 bis 3 sind auf den Konzernabschlussprüfer sinngemäß anzuwenden. Ausgeschlossen sind darüber hinaus Personen, die gemäß Abs. 1 Z 4 von der Prüfung eines bedeutenden verbundenen Unternehmens ausgeschlossen sind, sowie Wirtschaftsprüfungsgesellschaften, die gemäß Abs. 3 in Verbindung mit Abs. 1 Z 4 von der Prüfung eines bedeutenden verbundenen Unternehmens ausgeschlossen sind.

(5) Abweichend von Abs. 1 bis 4 ist ein Wirtschaftsprüfer oder eine Wirtschaftsprüfungsgesellschaft als Abschlussprüfer einer Gesellschaft von öffentlichem Interesse nach den in § 271 Abs. 2 genannten Gründen ausgeschlossen, sofern sich nicht aus der Verordnung (EU) Nr. 537/2014 oder den Abs. 6 und Abs. 7 anderes ergibt.

(BGBl I 2016/43)

(6) Abweichend von Art. 5 Abs. 1 Unterabs. 2 der Verordnung (EU) Nr. 537/2014 darf der Abschlussprüfer in Gesellschaften im Sinn des § 189a Z 1 lit. a und lit. d Steuerberatungsleistungen gemäß Art. 5 Abs. 1 Unterabs. 2 lit. a (i) und (iv) bis (vii) Verordnung (EU) Nr. 537/2014 oder Bewertungsleistungen gemäß Art. 5 Abs. 1 Unterabs. 2 lit. f Verordnung (EU) Nr. 537/2014 erbringen, wenn

1. diese Leistungen in dem Geschäftsjahr, für dessen Schluss der zu prüfende Jahresabschluss aufzustellen ist, einzeln oder zusammen keine direkten oder nur unwesentliche Auswirkungen auf die geprüften Abschlüsse haben,
2. der Prüfungsausschuss diese Leistungen unter Bedachtnahme auf die Unabhängigkeit des Abschlussprüfers und die angewendeten Schutzmaßnahmen genehmigt und
3. der Abschlussprüfer die Auswirkungen dieser Leistungen auf den zu prüfenden Jahresabschluss im zusätzlichen Bericht an den Prüfungsausschuss darstellt und erläutert.

(7) Die Abschlussprüferaufsichtsbehörde kann den Abschlussprüfer einer Gesellschaft im Sinn des § 189a Z 1 lit. a und lit. d auf dessen Antrag ausnahmsweise und unter Bedachtnahme auf seine weiter bestehende Unabhängigkeit von den Anforderungen des Art. 4 Abs. 2 Unterabs. 1 der Verordnung (EU) Nr. 537/2014 für höchstens zwei Geschäftsjahre ausnehmen. Der weitere Zeitraum gemäß Art. 4 Abs. 3 Unterabs. 2 der Verordnung (EU) Nr. 537/2014 darf ein Jahr nicht überschreiten.

(BGBl I 2016/43)

Befangenheit und Ausgeschlossenheit im Netzwerk

§ 271b. (1) Ein Netzwerk liegt vor, wenn Personen bei ihrer Berufsausübung zur Verfolgung gemeinsamer wirtschaftlicher Interessen für eine gewisse Dauer zusammenwirken.

(2) Ein Abschlussprüfer ist befangen, wenn bei einem Mitglied seines Netzwerks die Voraussetzungen des § 271 Abs. 1, Abs. 2 Z 1, 2, 5 oder 6, oder des § 271a Abs. 1 Z 3 vorliegen, sofern nicht durch Schutzmaßnahmen sichergestellt ist, dass das Netzwerkmitglied auf das Ergebnis der Abschlussprüfung keinen Einfluss nehmen kann.

Er ist ausgeschlossen, wenn bei einem Mitglied seines Netzwerks die Voraussetzungen des § 271 Abs. 2 Z 4 oder des § 271a Abs. 1 Z 2 vorliegen. Ist das Netzwerkmitglied keine natürliche Person, so sind § 271 Abs. 4 zweiter Satz und § 271a Abs. 3 sinngemäß anzuwenden.

(3) Abs. 2 ist auf den Konzernabschlussprüfer sinngemäß anzuwenden.

Befristetes Tätigkeitsverbot

§ 271c. (1) Der Abschlussprüfer, der Konzernabschlussprüfer, der Abschlussprüfer eines bedeutenden verbundenen Unternehmens und der den jeweiligen Bestätigungsvermerk unterzeichnende Wirtschaftsprüfer dürfen innerhalb eines Jahres, in einer Gesellschaft von öffentlichem Interesse im Sinn des § 189a Z 1 lit. a und lit. d sowie in einer großen Gesellschaft mit den Merkmalen des § 271a Abs. 1 innerhalb von zwei Jahren nach Zeichnung des Bestätigungsvermerks weder eine Organfunktion noch eine leitende Stellung (§ 80 AktG) einnehmen.

(BGBl I 2016/43)

(1a) Mitarbeiter und Mitgesellschafter eines Abschlussprüfers sowie alle anderen natürlichen Personen, deren Leistungen der Abschlussprüfer in Anspruch nehmen oder kontrollieren kann, dürfen dann, wenn sie selbst zugelassene Abschlussprüfer sind, innerhalb eines Jahres nach ihrer unmittelbaren Beteiligung an der Abschlussprüfung einer Gesellschaft weder eine Organfunktion noch eine leitende Stellung (§ 80 AktG) in dieser Gesellschaft einnehmen.

(BGBl I 2016/43)

(2) Wenn eine der in Abs. 1 und Abs. 1a genannten Personen eine Organfunktion annimmt, gilt sie als nicht bestellt. Ihr gebührt für dennoch erbrachte Leistungen kein Entgelt; das gilt auch für die Einnahme einer leitenden Stellung.

(BGBl I 2016/43)

Vorlagepflicht, Auskunftsrecht

§ 272. (1) Die gesetzlichen Vertreter der Gesellschaft haben dem Abschlußprüfer den Jahresabschluß und den Lagebericht unverzüglich nach der Aufstellung vorzulegen. Sie haben ihm zu gestatten, die Bücher und Schriften der Gesellschaft sowie die Vermögensgegenstände und Schulden zu prüfen.

(2) Der Abschlußprüfer kann von den gesetzlichen Vertretern alle Aufklärungen und Nachweise verlangen, die er für eine sorgfältige Prüfung als notwendig ansieht. Er hat diese Rechte sowie die gemäß Abs. 1 auch schon vor Aufstellung des Jahresabschlusses. Soweit er es für eine sorgfältige Prüfung als notwendig ansieht, hat der Abschlußprüfer diese Rechte auch gegenüber Mutter- und Tochterunternehmen.

(3) Die gesetzlichen Vertreter einer Gesellschaft, die einen Konzernabschluß aufzustellen hat, haben dem Abschlußprüfer des Konzernabschlusses den Konzernabschluß, den Konzernlagebericht, die Jahresabschlüsse, Lageberichte und, wenn eine Prüfung stattgefunden hat, die Prüfungsberichte des Mutterunternehmens und der Tochterunternehmen vorzulegen. Der Abschlußprüfer hat die Rechte gemäß Abs. 1 und Abs. 2 bei dem Mutterunternehmen und den Tochterunternehmen, die Rechte gemäß Abs. 2 auch gegenüber den Abschlußprüfern des Mutterunternehmens und der Tochterunternehmen.

(4) Ist die Kapitalgesellschaft als Tochterunternehmen in den Konzernabschluss eines Mutterunternehmens einbezogen, das seinen Sitz nicht in einem Mitgliedstaat der Europäischen Union oder in einem anderen Vertragsstaat des Abkommens über den Europäischen Wirtschaftsraum hat, so kann der Prüfer nach Abs. 2 zur Verfügung gestellte Unterlagen an den Abschlussprüfer des Konzernabschlusses weitergeben, soweit diese für die Prüfung des Konzernabschlusses des Mutterunternehmens erforderlich sind.

(BGBl I 2016/43)

Prüfungsbericht

§ 273. (1) Der Abschlussprüfer hat über das Ergebnis der Prüfung schriftlich zu berichten. Im Bericht ist insbesondere festzustellen, ob die Buchführung, der Jahresabschluss, der Lagebericht, der Konzernabschluss und der Konzernlagebericht den gesetzlichen Vorschriften entsprechen und die nichtfinanzielle Erklärung oder der gesonderte nichtfinanzielle Bericht (§ 243b), der Corporate Governance-Bericht (§ 243c), die konsolidierte nichtfinanzielle Erklärung oder der gesonderte konsolidierte nichtfinanzielle Bericht (§ 267a) und der konsolidierte Corporate-Governance Bericht (§ 267b) aufgestellt worden sind sowie ob die gesetzlichen Vertreter die verlangten Aufklärungen und Nachweise erbracht haben. Im Prüfungsbericht zum Konzernabschluss ist auch festzustellen, ob die für die Übernahme in den Konzernabschluss maßgeblichen Vorschriften beachtet worden sind. Die Posten des Jahresabschlusses sind aufzugliedern und zu erläutern. Nachteilige Veränderungen der Vermögens-, Finanz- und Ertragslage gegenüber dem Vorjahr und Verluste, die das Jahresergebnis nicht unwesentlich beeinflusst haben, sind anzuführen und zu erläutern. Werden Tatsachen nach Abs. 2 und 3 nicht festgestellt, so ist dies im Bericht ausdrücklich festzuhalten.

(BGBl I 2017/20)

(2) Stellt der Abschlussprüfer bei Wahrnehmung seiner Aufgaben Tatsachen fest, die den Bestand des geprüften Unternehmens oder Konzerns gefährden oder seine Entwicklung wesentlich beeinträchtigen können oder die schwerwiegende Verstöße der gesetzlichen Vertreter oder von Arbeitnehmern gegen Gesetz, Gesellschaftsvertrag oder Satzung erkennen lassen, so hat er darüber unverzüglich zu berichten. Darüber hinaus hat er unverzüglich über wesentliche Schwächen bei der internen Kontrolle des Rechnungslegungsprozesses zu berichten.

(3) Der Abschlussprüfer hat auch unverzüglich zu berichten, wenn bei der Prüfung des Jahresabschlusses das Vorliegen der Voraussetzungen für die Vermutung eines Reorganisationsbedarfs (§ 22 Abs. 1 Z 1 URG) festgestellt wird; im Bericht sind in diesem Fall die Eigenmittelquote (§ 23 URG) und die fiktive Schuldentilgungsdauer (§ 24 URG) anzugeben.

(4) Der Abschlussprüfer hat diese Berichte zu unterzeichnen und den gesetzlichen Vertretern sowie den Mitgliedern des Aufsichtsrats vorzulegen. Ist bei einem unbeschränkt haftenden Gesellschafter einer unternehmerisch tätigen eingetragenen Personengesellschaft im Sinn des § 221 Abs. 5 ein Aufsichtsrat eingerichtet, so hat der Abschlussprüfer den Bericht hinsichtlich der Personengesellschaft auch den Mitgliedern dieses Aufsichtsrats vorzulegen.

Bestätigungsvermerk

§ 274. (1) Der Abschlussprüfer hat das Ergebnis seiner Prüfung in einem Bestätigungsvermerk zusammenzufassen. Der Bestätigungsvermerk umfasst

1. eine Einleitung, die zumindest das Unternehmen angibt, dessen Jahresabschluss beziehungsweise Konzernabschluss Gegenstand der Abschlussprüfung ist, weiters den Abschlussstichtag und den Abschlusszeitraum sowie die Rechnungslegungsgrundsätze, nach denen der Abschluss aufgestellt wurde,
2. eine Beschreibung der Art und des Umfanges der Abschlussprüfung, die zumindest Angaben über die Prüfungsgrundsätze enthält, nach denen die Abschlussprüfung durchgeführt wurde, sowie
3. ein Prüfungsurteil, das entweder ein uneingeschränktes, ein eingeschränktes oder ein negatives ist und zweifelsfrei Auskunft darüber gibt, ob nach Auffassung des Abschlussprüfers der Jahresabschluss oder Konzernabschluss den gesetzlichen Vorschriften entspricht und unter Beachtung der maßgeblichen Rechnungslegungsgrundsätzen ein möglichst getreues Bild der Vermögens-, Finanz- und Ertragslage des Unternehmens oder des Konzerns vermittelt.

(2) Ist der Abschlussprüfer nicht in der Lage, ein Prüfungsurteil abzugeben, so hat er dies im Bestätigungsvermerk anzugeben.

(3) Im Bestätigungsvermerk ist auf alle anderen Umstände zu verweisen, auf die der Abschlussprüfer in besonderer Weise aufmerksam gemacht hat, ohne das Prüfungsurteil einzuschränken.

(4) Der Bestätigungsvermerk muss eine Erklärung zu etwaigen wesentlichen Unsicherheiten in Verbindung mit den Ereignissen oder Gegebenheiten enthalten, die erhebliche Zweifel an der Fähigkeit des Unternehmens zur Fortführung der Unternehmenstätigkeit aufwerfen können.

(5) Der Bestätigungsvermerk umfasst ferner

1. ein Urteil darüber, ob der Lagebericht oder Konzernlagebericht
   a. mit dem Jahresabschluss beziehungsweise Konzernabschluss des betreffenden Geschäftsjahres in Einklang steht,
   b. nach den geltenden rechtlichen Anforderungen aufgestellt wurde und
   c. gegebenenfalls zutreffende Angaben nach § 243a enthält sowie
2. eine Erklärung, ob angesichts der bei der Prüfung gewonnenen Erkenntnisse und des gewonnenen Verständnisses über das Unternehmen und sein Umfeld wesentliche fehlerhafte Angaben im Lagebericht beziehungsweise Konzernlagebericht festgestellt wurden, wobei auf die Art dieser fehlerhaften Angaben einzugehen ist.

(6) Wurde die Abschlussprüfung von mehr als einem Abschlussprüfer durchgeführt, so haben sie sich auf die Ergebnisse der Abschlussprüfung zu einigen und einen gemeinsamen Bestätigungsvermerk und ein gemeinsames Prüfungsurteil zu erteilen. Bei Uneinigkeit hat jeder Abschlussprüfer ein eigenes Urteil in einem gesonderten Absatz des Bestätigungsvermerks abzugeben und die Gründe für die Uneinigkeit darzulegen.

(7) Der Bestätigungsvermerk ist vom Abschlussprüfer unter Angabe des Datums und des Ortes der Niederlassung zu unterzeichnen. Wird eine Abschlussprüfung von einer Prüfungsgesellschaft durchgeführt, so ist der Bestätigungsvermerk zumindest vom verantwortlichen Abschlussprüfer zu unterzeichnen. Sind mehr als ein Abschlussprüfer gleichzeitig beauftragt worden, so ist der Bestätigungsvermerk von allen verantwortlichen Abschlussprüfern zu unterzeichnen, welche die Abschlussprüfung durchgeführt haben.

(8) Der Bestätigungsvermerk ist schriftlich zu verfassen und hat die Ergebnisse der Prüfung deutlich und in übersichtlicher Form darzustellen. Der Bestätigungsvermerk ist auch in den Prüfungsbericht (§ 273) aufzunehmen.

(BGBl I 2015/22)

Verantwortlichkeit des Abschlußprüfers

§ 275. (1) Der Abschlussprüfer, seine Gehilfen und die bei der Prüfung mitwirkenden gesetzlichen Vertreter einer Prüfungsgesellschaft sind zur Verschwiegenheit verpflichtet. Sie dürfen nicht unbefugt Geschäfts- und Betriebsgeheimnisse verwerten, die sie bei ihrer Tätigkeit erfahren haben. Wer vorsätzlich oder fahrlässig seine Pflichten verletzt, ist der Gesellschaft und, wenn ein verbundenes Unternehmen geschädigt worden ist, auch diesem zum Ersatz des daraus entstehenden Schadens verpflichtet. Mehrere Personen haften als Gesamtschuldner. Der Abschlussprüfer hat dem nachfolgenden Abschlussprüfer auf schriftliches Verlangen Zugang zu den relevanten Informationen über das geprüfte Unternehmen und über die zuletzt durchgeführte Abschlussprüfung zu gewähren.

(BGBl I 2016/43)

(2) Der Abschlussprüfer ist zur gewissenhaften und unparteiischen Prüfung verpflichtet. Verletzt er vorsätzlich oder fahrlässig diese Pflicht, so ist er der Gesellschaft und, wenn ein verbundenes Unternehmen geschädigt worden ist, auch diesem zum Ersatz des daraus entstehenden Schadens verpflichtet. Mehrere Abschlussprüfer haften als Gesamtschuldner. Die Ersatzpflicht ist bei Fahrlässigkeit bei der Prüfung einer kleinen oder mittelgroßen Gesellschaft (§ 221 Abs. 2) mit zwei Millionen Euro, bei Prüfung einer großen Gesellschaft (§ 221 Abs. 3) mit vier Millionen Euro, bei Prüfung einer großen Gesellschaft, bei der das Fünffache eines der in Euro ausgedrückten Größenmerkmale einer großen Gesellschaft überschritten wird, mit acht Millionen Euro und bei Prüfung einer großen Gesellschaft, bei der das Zehnfache eines der in Euro ausgedrückten Größenmerkmale einer großen Gesellschaft überschritten wird, mit zwölf Millionen Euro beschränkt; § 221 Abs. 4 bis 6 gilt sinngemäß. Diese Beschränkungen für eine Prüfung gelten auch, wenn an ihr mehrere Abschlussprüfer beteiligt gewesen oder mehrere zum Ersatz verpflichtende Handlungen begangen worden sind, und ohne Rücksicht darauf, ob andere Beteiligte vorsätzlich gehandelt haben. Sie gelten jedoch nicht für den Abschlussprüfer, der in Kenntnis oder in grob fahrlässiger Unkenntnis seiner Befangenheit oder Ausgeschlossenheit gehandelt hat.

(3) Die Verpflichtung zur Verschwiegenheit besteht, wenn eine Prüfungsgesellschaft Abschlußprüfer ist, auch gegenüber dem Aufsichtsrat der Prüfungsgesellschaft und dessen Mitgliedern.

(4) Die Ersatzpflicht nach diesen Vorschriften kann durch Vertrag weder ausgeschlossen noch beschränkt werden.

(5) Die Ansprüche aus diesen Vorschriften verjähren in fünf Jahren.

Meinungsverschiedenheiten zwischen Gesellschaft und Abschlußprüfer

§ 276. Bei Meinungsverschiedenheiten zwischen dem Abschlußprüfer und der Gesellschaft über die Auslegung und Anwendung von gesetzlichen Vorschriften sowie von Bestimmungen des Gesellschaftsvertrags oder der Satzung über den Jahresabschluß, Lagebericht, Konzernabschluß oder Konzernlagebericht entscheidet auf Antrag des Abschlußprüfers oder der gesetzlichen Vertreter der Gesellschaft ausschließlich der für den Sitz des Unternehmens zuständige, zur Ausübung der Gerichtsbarkeit in Handelssachen berufene Gerichtshof erster Instanz im Verfahren außer Streitsachen.

ZWEITER TITEL
Offenlegung, Veröffentlichung und Vervielfältigung, Prüfung durch das Firmenbuchgericht

Offenlegung

§ 277. (1) Die gesetzlichen Vertreter von Kapitalgesellschaften haben den Jahresabschluss und den Lagebericht sowie gegebenenfalls den gesonderten nichtfinanziellen Bericht, den Corporate Governance-Bericht und den Bericht über Zahlungen an staatliche Stellen nach seiner Behandlung in der Hauptversammlung (Generalversammlung), jedoch spätestens neun Monate nach dem Bilanzstichtag, mit dem Bestätigungsvermerk beim Firmenbuchgericht des Sitzes der Kapitalgesellschaft einzureichen; innerhalb derselben Frist sind der Bericht des Aufsichtsrats und der Beschluss über die Verwendung des Ergebnisses einzureichen. Werden zur Wahrung dieser Frist der Jahresabschluss und der Lagebericht sowie gegebenenfalls der gesonderte nichtfinanzielle Bericht, der Corporate Governance-Bericht und der Bericht über Zahlungen an staatliche Stellen ohne die anderen Unterlagen eingereicht, so sind der Bericht des Aufsichtsrats nach seinem Vorliegen, die Beschlüsse nach der Beschlussfassung und der Vermerk nach der Erteilung unverzüglich einzureichen. Wird der Jahresabschluss auf nachträglicher Prüfung oder Feststellung geändert, so ist auch diese Änderung einzureichen.

(BGBl I 2017/20)

(2) Der Vorstand einer großen Aktiengesellschaft (§ 221 Abs. 3) hat die Veröffentlichung des Jahresabschlusses unmittelbar nach seiner Behandlung in der Hauptversammlung, jedoch spätestens neun Monate nach dem Bilanzstichtag, mit dem Bestätigungsvermerk im „Amtsblatt zur Wiener Zeitung" zu veranlassen. Der Nachweis über die Veranlassung dieser Veröffentlichung ist gleichzeitig mit den in Abs. 1 bezeichneten Unterlagen beim Firmenbuchgericht einzureichen. Bei der Veröffentlichung ist das Firmenbuchgericht und die Firmenbuchnummer anzugeben. Dies gilt auch für allfällige Änderungen (Abs. 1 letzter Satz).

(BGBl I 2015/22)

(2a) Anstatt die Veröffentlichung nach Abs. 2 selbst zu veranlassen, kann der Vorstand anlässlich der Einreichung der in Abs. 1 bezeichneten Unterlagen vom Firmenbuchgericht verlangen, dass dieses den Jahresabschluss oder allfällige Änderungen (Abs. 1 letzter Satz) zur Veröffentlichung an das „Amtsblatt zur Wiener Zeitung" übermittelt. Zu diesem Zweck hat der Vorstand auch eine ohne weitere Bearbeitung zum Abdruck geeignete elektronische Fassung des Jahresabschlusses oder der Änderung einzureichen, die vom Firmenbuchgericht ohne weitere Prüfung an die Wiener Zeitung weiterzuleiten ist. Die Wiener Zeitung GmbH hat das Entgelt der Aktiengesellschaft unmittelbar in Rechnung zu stellen.

(GesDigG 2022, BGBl I 2022/186)

(3) In der Offenlegung und der Veröffentlichung können alle Posten in vollen 1 000 Euro angegeben werden, nach Maßgabe der Wesentlichkeit (§ 189a Z 10) auch in größeren Einheiten.
(BGBl I 2015/22)

(4) Die gesetzlichen Vertreter von Kapitalgesellschaften haben spätestens mit den Einreichungen gemäß Abs. 1 oder auf dem Jahresabschluss selbst anzugeben, in welche der Größenklassen des § 221 Abs. 1 bis 3 die Gesellschaft unter Bedachtnahme auf § 221 Abs. 4 im betreffenden Geschäftsjahr einzuordnen ist und gegebenenfalls, dass die Gesellschaft die Kriterien der § 243b Abs. 1 oder § 243c Abs. 1 erfüllt.
(GesDigG 2022, BGBl I 2022/186)

(5) Sonstige Veröffentlichungs- und Informationspflichten bleiben unberührt.

(6) Die Unterlagen nach Abs. 1 sind elektronisch einzureichen, in die Urkundensammlung des Firmenbuchs aufzunehmen und gemäß §§ 33 f. FBG öffentlich zugänglich zu machen. Überschreiten die Umsatzerlöse in den zwölf Monaten vor dem Abschlussstichtag des einzureichenden Jahresabschlusses nicht 70 000 Euro, kann der Jahresabschluss auch in Papierform eingereicht werden. Die Umsatzerlöse sind gleichzeitig mit der Einreichung bekannt zu geben. In Papierform eingereichte Jahresabschlüsse müssen für die Aufnahme in die Datenbank des Firmenbuchs geeignet sein. Der Bundesminister für Justiz kann durch Verordnung nähere Bestimmungen über die äußere Form der Jahresabschlüsse festlegen.
(BGBl I 2015/22)

(7) (aufgehoben)
(GesDigG 2022, BGBl I 2022/186)

(8) Die Oesterreichische Nationalbank ist berechtigt, von der BundesrechenzentrumGmbH die elektronische Übermittlung elektronisch eingereichter Jahresabschlüsse gegen kostendeckendes Entgelt zu verlangen, soweit sie diese Daten zur Erfüllung der ihr gesetzlich oder gemeinschaftsrechtlich zugewiesenen Aufgaben benötigt. Sie ist weiters berechtigt, die Daten an die Bundesanstalt Statistik Österreich weiterzugeben, soweit diese die Daten zur Erfüllung der ihr gesetzlich oder gemeinschaftsrechtlich zugewiesenen Aufgaben benötigt.

Offenlegung für kleine Gesellschaften mit beschränkter Haftung

§ 278. (1) Auf kleine Gesellschaften mit beschränkter Haftung (§ 221 Abs. 1) ist § 277 mit der Maßgabe anzuwenden, dass die gesetzlichen Vertreter nur die Bilanz und den Anhang, bei Kleinstkapitalgesellschaften nur die Bilanz ohne die Angaben nach § 242 Abs. 1 erster Satz, einzureichen haben. Die offenzulegende Bilanz braucht nur die in § 224 Abs. 2 mit 3 mit Buchstaben und römischen Zahlen versehenen Posten zu enthalten, wobei beim Posten nach § 224 Abs. 2 B II alle zusammengefassten Forderungen mit einer Restlaufzeit von mehr als einem Jahr und beim Posten nach § 224 Abs. 3 C alle zusammengefassten Verbindlichkeiten mit einer Restlaufzeit von mehr als einem Jahr gesondert anzugeben sind; die Angaben nach § 229 Abs. 1 erster bis dritter Satz sind zu machen. Ist die Gesellschaft gemäß § 268 Abs. 1 prüfungspflichtig, so ist auch der Bestätigungsvermerk einzureichen.
(BGBl I 2019/46)

(2) Der Bundesminister für Justiz hat durch Verordnung ein Formblatt festzulegen, dessen Verwendung zur Erfüllung der Verpflichtung gemäß Abs. 1 ausreichend ist.

Offenlegung für kleine und mittelgroße Aktiengesellschaften und mittelgroße Gesellschaften mit beschränkter Haftung

§ 279. Für die Offenlegung kleiner und mittelgroßer Aktiengesellschaften (§ 221 Abs. 1 und Abs. 2) und mittelgroßer Gesellschaften mit beschränkter Haftung (§ 221 Abs. 2) gilt Folgendes:

1. Die offenzulegende Bilanz braucht nur die in § 224 Abs. 2 und 3 mit Buchstaben und römischen Zahlen bezeichneten, zusätzlich jedoch die folgenden Posten zu enthalten: auf der Aktivseite die Posten A I 2, A II 1, 2, 3 und 4, B I 1, 2, 3 und 4, B II 2 und 3, C I, A III 1, 2, 3 und 4, B II 2 und 3, C I, auf der Passivseite die Posten B 1 und 2 und C 1, 2, 6 und 7. Forderungen mit einer Restlaufzeit von mehr als einem Jahr sind bei den Posten nach § 224 Abs. 2 B II 2 und 3 gesondert auszuweisen, ebenso Verbindlichkeiten mit einer Restlaufzeit von mehr als einem Jahr bei den Posten nach § 224 Abs. 3 C 1, 2, 6 und 7. Die Angaben nach § 229 sind zu machen.

2. Die Posten des § 231 Abs. 2 Z 1 bis 3 und 5 und Abs. 3 Z 1 bis 3 dürfen zu einem Posten unter der Bezeichnung „Rohergebnis" zusammengefasst werden.

(BGBl I 2015/22)

Offenlegung des Konzernabschlusses

§ 280. (1) Die gesetzlichen Vertreter einer Gesellschaft, die einen Konzernabschluss aufzustellen hat, haben den Konzernabschluss und den Konzernlagebericht sowie gegebenenfalls den gesonderten konsolidierten nichtfinanziellen Bericht, den konsolidierten Corporate Governance-Bericht und den konsolidierten Bericht über Zahlungen an staatliche Stellen mit dem Bestätigungsvermerk gleichzeitig mit dem Jahresabschluss beim Firmenbuchgericht des Sitzes der Gesellschaft einzureichen. § 277 Abs. 3 und Abs. 6 erster Satz gelten sinngemäß. § 277 Abs. 2 und 2a sind für die Veröffentlichung des Konzernabschlusses sinngemäß anzuwenden, wenn ein Tochterunternehmen eine große Aktiengesellschaft mit Sitz im Inland ist.
(GesDigG 2022, BGBl I 2022/186)

(2) Ist ein Tochterunternehmen in einen ausländischen Konzernabschluß mit befreiender Wirkung gemäß § 245 Abs. 1 einbezogen, so hat es diesen in deutscher Sprache oder in einer in internationalen Finanzkreisen gebräuchlichen Sprache bei dem zuständigen Firmenbuchgericht zu hinterlegen; das gleiche gilt, falls eine große Kapitalgesell-

schaft in einen ausländischen Konzernabschluß einbezogen ist.

(BGBl I 2015/22)

Offenlegung der Zweigniederlassungen ausländischer Kapitalgesellschaften

§ 280a. Sofern bei Zweigniederlassungen ausländischer Kapitalgesellschaften Unterlagen der Rechnungslegung nicht über das System der Registervernetzung nach Art. 22 der Richtlinie (EU) 2017/1132 über bestimmte Aspekte des Gesellschaftsrechts, ABl. Nr. L 169 vom 30.06.2017 S. 46, in der Fassung der Berichtigung ABl. Nr. L 20 vom 24.01.2020 S. 24, in deutscher Sprache oder in einer in internationalen Finanzkreisen gebräuchlichen Sprache abrufbar sind, haben die Vertreter der Zweigniederlassung die Unterlagen der Rechnungslegung, die nach dem für die Hauptniederlassung der Gesellschaft maßgeblichen Recht erstellt, geprüft und offengelegt worden sind, gemäß den §§ 277, 281 und 282 in deutscher Sprache oder in einer in internationalen Finanzkreisen gebräuchlichen Sprache offenzulegen.

(GesDigG 2022, BGBl I 2022/186)

Form und Inhalt der Unterlagen bei der Offenlegung, Veröffentlichung und Vervielfältigung

§ 281. (1) Bei der vollständigen oder teilweisen Offenlegung des Jahresabschlusses und des Konzernabschlusses und bei der Veröffentlichung oder Vervielfältigung in anderer Form auf Grund des Gesellschaftsvertrags oder der Satzung sind der Jahresabschluß und der Konzernabschluß so wiederzugeben, daß sie den für ihre Aufstellung maßgeblichen Vorschriften entsprechen; sie haben in diesem Rahmen vollständig und richtig zu sein. Wurde der Jahresabschluß oder der Konzernabschluß auf Grund gesetzlicher Vorschriften durch einen Abschlußprüfer geprüft, so ist jeweils der vollständige Wortlaut des Bestätigungsvermerks wiederzugeben; wird der Jahresabschluß wegen der Inanspruchnahme von Erleichterungen nur teilweise offengelegt und bezieht sich der Bestätigungsvermerk auf den vollständigen Jahresabschluß, so ist hierauf hinzuweisen.

(BGBl I 2015/22)

(2) Werden der Jahresabschluß oder der Konzernabschluß in Veröffentlichungen und Vervielfältigungen, die nicht durch Gesetz, Gesellschaftsvertrag oder Satzung vorgeschrieben sind, nicht in der gemäß Abs. 1 vorgeschriebenen Form wiedergegeben, so ist jeweils in einer Überschrift darauf hinzuweisen, daß es sich nicht um eine der gesetzlichen Form entsprechende Veröffentlichung handelt. Ein Bestätigungsvermerk darf nicht beigefügt werden. Im Fall einer verpflichtenden Abschlußprüfung ist jedoch über den Inhalt des Bestätigungsvermerks zu dem in gesetzlicher Form erstellten Jahresabschluß oder Konzernabschluß einschließlich der Angaben nach § 274 Abs. 3 zu berichten. Ferner ist anzugeben, bei welchem Firmenbuch und in welcher Nummer des Bekanntmachungsblattes die Offenlegung erfolgt oder daß die Offenlegung noch nicht erfolgt ist.

(BGBl I 2015/22)

(3) In den Dokumenten, die den Jahresabschluss und den Konzernabschluss enthalten, sind die in § 14 Abs. 1 erster Satz vorgeschriebenen Informationen anzugeben.

(BGBl I 2015/22)

DRITTER TITEL
Prüfungspflicht und Zwangsstrafen

Prüfungspflicht des Firmenbuchgerichts

§ 282. (1) Das Gericht hat zu prüfen, ob die gemäß §§ 277 bis 281 offenzulegenden Unterlagen vollzählig zum Firmenbuch eingereicht und ob, soweit Veröffentlichungen vorgeschrieben sind, diese veranlaßt worden sind.

(2) Gibt die Prüfung gemäß Abs. 1 Anlaß zu der Annahme, daß von der Größe der Gesellschaft abhängige Vorschriften nicht hätten in Anspruch genommen werden dürfen, so kann das Gericht zu seiner Unterrichtung von der Gesellschaft innerhalb einer angemessenen Frist die Mitteilung der Bilanzsumme, der Umsatzerlöse gemäß § 189a Z 5 und der durchschnittlichen Zahl der Arbeitnehmer gemäß § 221 Abs. 6 verlangen. Unterläßt die Gesellschaft die fristgemäße Mitteilung, so gelten die Vorschriften als zu Unrecht in Anspruch genommen.

(2a) Das Gericht kann eine Gesellschaft zu folgenden Erklärungen auffordern:
1. ob sie oder eines ihrer Tochterunternehmen im Sinn des § 243d Abs. 2 in der mineralgewinnenden Industrie oder auf dem Gebiet des Holzeinschlages in Primärwäldern tätig ist;
2. ob ihre übertragbaren Wertpapiere zum Handel an einem geregelten Markt im Sinne des § 189a Z 1 lit. a zugelassen sind.

Die Aufforderung ist zu begründen. Zur Abgabe einer Erklärung ist eine angemessene Frist zu setzen. Gibt die Gesellschaft innerhalb der Frist keine Erklärung ab, so wird vermutet, dass die Gesellschaft bei Unterlassen einer Erklärung nach Z 1 in den Anwendungsbereich des § 243d beziehungsweise des § 267c und bei Unterlassen einer Erklärung nach Z 2 in den Anwendungsbereich des § 243b beziehungsweise des § 267a fällt.

(BGBl I 2017/20)

(3) Ist eine gebotene Veröffentlichung unterblieben, so hat das Gericht diese Tatsache ohne Durchführung eines Verbesserungsverfahrens auf Kosten der Gesellschaft bekanntzumachen, wenn dies ein Gesellschafter, Gläubiger, Betriebsrat (Zentralbetriebsrat) oder eine gesetzliche Interessenvertretung beantragt. Die Antragsberechtigung ist glaubhaft zu machen. Ein späterer Wegfall der Antragsberechtigung ist unschädlich. Der Antrag kann nicht zurückgenommen werden.

Zwangsstrafen

§ 283. (1) Die gesetzlichen Vertreter der Gesellschaft sind, unbeschadet der allgemeinen unternehmensrechtlichen Vorschriften, zur zeitgerechten Befolgung der §§ 277 und 280 vom Gericht durch Zwangsstrafen von 700 Euro bis 3 600 Euro, bei Kleinstkapitalgesellschaften (§ 221 Abs. 1a) von 350 Euro bis 1 800 Euro anzuhalten. Die Zwangsstrafe ist nach Ablauf der Offenlegungsfrist zu verhängen. Sie ist wiederholt zu verhängen, soweit die genannten Organe ihren Pflichten nach je weiteren zwei Monaten noch nicht nachgekommen sind. Eine Gesellschaft ist als Kleinstkapitalgesellschaft im Sinn dieser Bestimmung anzusehen, wenn sie die gesetzlichen Vertreter zuletzt in plausibler Weise als solche eingestuft haben (§ 277 Abs. 4), es sei denn, es liegen Hinweise vor, dass die Schwellenwerte mittlerweile überschritten wurden. Ansonsten wird eine Kleinstkapitalgesellschaft nur über rechtzeitigen Einwand der Partei als solche behandelt, wobei § 282 Abs. 2 anzuwenden ist.

(BGBl I 2015/22)

(2) Ist die Offenlegung nach Abs. 1 nicht bis zum letzten Tag der Offenlegungsfrist erfolgt, so ist – sofern die Offenlegung nicht bis zum Tag vor Erlassung der Zwangsstrafverfügung bei Gericht eingelangt ist – ohne vorausgehendes Verfahren durch Strafverfügung eine Zwangsstrafe von 700 Euro, bei Kleinstkapitalgesellschaften (§ 221 Abs. 1a) von 350 Euro zu verhängen. Von der Verhängung einer Zwangsstrafverfügung kann abgesehen werden, wenn das in Abs. 1 genannte Organ offenkundig durch ein unvorhergesehenes oder unabwendbares Ereignis an der fristgerechten Offenlegung gehindert war. In diesem Fall kann – soweit bis dahin noch keine Offenlegung erfolgt ist – mit der Verhängung der Zwangsstrafverfügung bis zum Ablauf von vier Wochen nach Wegfall des Hindernisses, welches der Offenlegung entgegenstand, zugewartet werden. Zwangsstrafverfügungen sind wie Klagen zuzustellen. Gegen die Zwangsstrafverfügung kann das jeweilige Organ binnen 14 Tagen Einspruch erheben, andernfalls erwächst die Zwangsstrafverfügung in Rechtskraft. Im Einspruch sind die Gründe für die Nichtbefolgung der in Abs. 1 genannten Pflichten anzuführen. Gegen die Versäumung der Einspruchsfrist kann Wiedereinsetzung in den vorigen Stand bewilligt werden (§ 21 AußStrG). Ist der Einspruch verspätet oder fehlt ihm jegliche Begründung, so ist er mit Beschluss zurückzuweisen.

(BGBl I 2015/22)

(3) Mit der rechtzeitigen Erhebung des begründeten Einspruchs tritt die Zwangsstrafverfügung außer Kraft. Über die Verhängung der Zwangsstrafe ist im ordentlichen Verfahren mit Beschluss zu entscheiden. Ist nicht mit Einstellung des Zwangsstrafverfahrens vorzugehen, so kann – ohne vorherige Androhung – eine Zwangsstrafe von 700 Euro bis 3 600 Euro, bei Kleinstkapitalgesellschaften (§ 221 Abs. 1a) von 350 Euro bis 1 800 Euro verhängt werden. Gegen die Verhängung einer Zwangsstrafe im ordentlichen Verfahren steht dem jeweiligen Organ ein Rechtsmittel zu (§§ 45 ff. AußStrG).

(BGBl I 2015/22)

(4) Ist die Offenlegung innerhalb von zwei Monaten nach Ablauf des letzten Tages der Offenlegungsfrist noch immer nicht erfolgt, so ist durch Strafverfügung eine weitere Zwangsstrafe von 700 Euro, bei Kleinstkapitalgesellschaften (§ 221 Abs. 1a) von 350 Euro zu verhängen. Das Gleiche gilt bei Unterbleiben der Offenlegung für jeweils weitere zwei Monate; wird gegen eine solche Zwangsstrafverfügung Einspruch erhoben, so ist der Beschluss über die verhängte Zwangsstrafe zu veröffentlichen. Zwischen dem Tag der Erlassung einer Zwangsstrafverfügung nach diesem Absatz und dem Tag der Erlassung einer vorangegangenen Zwangsstrafverfügung, die denselben Adressaten und denselben Bilanzstichtag betrifft, müssen mindestens sechs Wochen liegen.

(BGBl I 2015/22)

(5) Richtet sich die Zwangsstrafverfügung gemäß Abs. 4 gegen ein in Abs. 1 genanntes Organ einer mittelgroßen (§ 221 Abs. 2) Kapitalgesellschaft, so erhöhen sich die damit zu verhängenden Zwangsstrafen sowie die in Abs. 1 und 3 angedrohten Zwangsstrafen im ordentlichen Verfahren jeweils auf das Dreifache. Wird das Zwangsstrafenverfahren gegen ein in Abs. 1 genanntes Organ einer großen (§ 221 Abs. 3) Kapitalgesellschaft geführt, so erhöhen sich diese Beträge jeweils auf das Sechsfache. Als Grundlage für die Größenklasse kann der zuletzt vorgelegte Jahresabschluss herangezogen werden.

(6) Die Zwangsstrafen sind auch dann zu vollstrecken, wenn die Bestraften ihrer Pflicht nachkommen oder deren Erfüllung unmöglich geworden ist.

(7) Die den gesetzlichen Vertretern in den §§ 277 und 280 auferlegten Pflichten treffen auch die Gesellschaft. Kommt die Gesellschaft diesen Pflichten durch ihre Organe nicht nach, so ist gleichzeitig auch mit der Verhängung von Zwangsstrafen unter sinngemäßer Anwendung der Abs. 1 bis 6 auch gegen die Gesellschaft vorzugehen.

(BGBl I 2015/22)

§ 284. Die gesetzlichen Vertreter der Gesellschaft und die Gesellschaft selbst sind, unbeschadet der allgemeinen unternehmensrechtlichen Vorschriften, zur Befolgung der §§ 222 Abs. 1, 244, 245, 247, 270, 272, 281 und 283, die Aufsichtsratsmitglieder zur Befolgung des § 270 und im Fall einer inländischen Zweigniederlassung einer ausländischen Kapitalgesellschaft die für diese im Inland vertretungsbefugten Personen zur Befolgung des § 280a vom Gericht durch Zwangsstrafen bis zu 3 600 Euro anzuhalten. § 24 Abs. 2 bis 5 FBG ist anzuwenden.

(BGBl I 2015/22)

Ausnahmen, Stundung und Nachlass

§ 285. (1) Während der Dauer eines Insolvenzverfahrens mit Ausnahme eines Sanierungsverfahrens mit Eigenverwaltung sind keine Zwangsstrafverfügungen nach § 283 zu erlassen. Rechte von Gesellschaftern und Dritten, die Offenlegung einzufordern, bleiben unberührt.

(2) Auf Antrag des Adressaten einer Zwangsstrafe kann das Firmenbuchgericht den Zeitpunkt der Entrichtung einer Zwangsstrafe auch über mehr als sechs Monate hinausschieben (Stundung) oder die Entrichtung in Raten bewilligen, wenn die sofortige oder sofortige volle Entrichtung der Strafe für den Antragsteller mit besonderer Härte verbunden wäre und die Einbringlichkeit der Zwangsstrafe durch den Aufschub nicht gefährdet wird. Die Entrichtung in Raten darf nur mit der Maßgabe gestattet werden, dass alle noch aushaftenden Teilbeträge sofort fällig werden, wenn der Zahlungspflichtige mit mindestens zwei Raten in Verzug ist.

(3) Auf Antrag des Adressaten einer Zwangsstrafe kann das Firmenbuchgericht bis zur vollständigen Entrichtung eine Zwangsstrafe ganz oder teilweise nachlassen, wenn alle folgenden Voraussetzungen vorliegen:
1. die Einbringung ist für den Antragsteller mit besonderer Härte verbunden,
2. alle Offenlegungspflichten sind inzwischen erfüllt oder ihre Erfüllung ist für den Antragsteller nicht mehr möglich,
3. dem Antragsteller oder seinen vertretungsbefugten Organen ist nur ein geringes Verschulden an dem Verstoß zur Last zu legen, und
4. es bedarf der Einbringung nicht oder nicht in voller Höhe, um den Adressaten oder andere Unternehmen zur künftigen zeitgerechten Offenlegung anzuhalten.

(BGBl I 2015/22)

§§ 286. bis 342. (aufgehoben)

Viertes Buch
Unternehmensbezogene Geschäfte

Erster Abschnitt
Allgemeine Vorschriften

Anwendungsbereich

§ 343. (1) Das Vierte Buch ist auf Unternehmer im Sinn der §§ 1 bis 3 sowie auf juristische Personen des öffentlichen Rechts anzuwenden.

(2) Unternehmensbezogene Geschäfte sind alle Geschäfte eines Unternehmers, die zum Betrieb seines Unternehmens gehören.

(3) Geschäfte, die eine natürliche Person vor Aufnahme des Betriebes ihres Unternehmens zur Schaffung der Voraussetzungen dafür tätigt, gelten noch nicht als unternehmensbezogene Geschäfte.

Vermutung unternehmensbezogener Geschäfte

§ 344. Die von einem Unternehmer vorgenommenen Rechtsgeschäfte gelten im Zweifel als zum Betrieb seines Unternehmens gehörig.

Einseitig unternehmensbezogene Geschäfte

§ 345. Auf ein Rechtsgeschäft, das für einen der beiden Teile ein unternehmensbezogenes Geschäft ist, kommen die Vorschriften des Vierten Buchs für beide Teile zur Anwendung, soweit sich aus diesen Vorschriften nicht ein anderes ergibt.

Gebräuche im Geschäftsverkehr

§ 346. Unter Unternehmern ist in Hinblick auf die Bedeutung und Wirkung von Handlungen und Unterlassungen auf die im Geschäftsverkehr geltenden Gewohnheiten und Gebräuche Rücksicht zu nehmen.

Sorgfaltspflicht

§ 347. Wer aus einem Geschäft, das auf seiner Seite unternehmensbezogen ist, einem anderen zur Sorgfalt verpflichtet ist, hat für die Sorgfalt eines ordentlichen Unternehmers einzustehen.

Haftung als Gesamtschuldner

§ 348. Verpflichten sich mehrere Unternehmer gemeinschaftlich zu einer teilbaren Leistung, so haften sie im Zweifel als Gesamtschuldner.

Schadenersatz

§ 349. Unter Unternehmern umfasst der zu ersetzende Schaden auch den entgangenen Gewinn.

§ 350. (aufgehoben)

Verkürzung über die Hälfte

§ 351. Zulasten eines Unternehmers kann die Anwendung des § 934 ABGB vertraglich ausgeschlossen werden.

§ 352. (aufgehoben)

Unanwendbarkeit von § 1335 ABGB

§ 353. § 1335 ABGB ist auf Geldforderungen gegen einen Unternehmer nicht anzuwenden.

Entgeltlichkeit

§ 354. (1) Ist in einem Geschäft kein Entgelt bestimmt und auch nicht Unentgeltlichkeit vereinbart, so gilt ein angemessenes Entgelt als bedungen.

(2) Für Darlehen, Vorschüsse, Auslagen und andere Verwendungen können vom Tag der Leistung an Zinsen berechnet werden.

Kontokorrent

§ 355. (1) Vereinbart jemand mit einem Unternehmer, mit dem er in Geschäftsverbindung steht, dass die aus der Verbindung entspringenden beiderseitigen Ansprüche und Leistungen nebst Zinsen in Rechnung gestellt und in regelmäßigen Zeitabschnitten durch Verrechnung und Feststellung des für den einen oder anderen Teil sich ergebenden Überschusses ausgeglichen werden (laufende Rechnung, Kontokorrent), so treten, soweit nicht ein anderes vereinbart ist, die in den folgenden Bestimmungen geregelten Rechtswirkungen ein.

(2) Die Rechnungsperiode beträgt ein Jahr.

(3) Zum Ende der Rechnungsperiode kommt es zur Verrechnung der beiderseitigen Ansprüche und Leistungen nebst Zinsen. Die §§ 1415 und 1416 ABGB sind anzuwenden.

(4) Jeder Teil hat gegen den anderen einen Anspruch auf Feststellung des Rechnungsabschlusses. Liegt ein festgestellter Rechnungsabschluss vor, so kann derjenige, dem daraus ein Überschuss zusteht, sich zur Begründung seines Anspruchs auch auf diesen berufen. Die Einwendung des anderen Teils, der Gläubiger werde dadurch ungerechtfertigt bereichert, bleibt unberührt. Derjenige, dem beim Rechnungsabschluss ein Überschuss gebührt, kann vom Tag des Abschlusses an Zinsen vom Überschuss verlangen, auch soweit in der Rechnung Zinsen enthalten sind.

(5) Die laufende Rechnung kann im Zweifel auch während der Dauer einer Rechnungsperiode jederzeit mit der Wirkung gekündigt werden, dass derjenige, dem nach der Rechnung ein Überschuss gebührt, dessen Zahlung beanspruchen kann.

(6) Das Sich-Berufen auf einen Rechnungsabschluss, der unter Verwendung einer gegen ein gesetzliches Verbot oder gegen die guten Sitten verstoßenden Bedingung in Allgemeinen Geschäftsbedingungen oder Formblättern für Verträge aufgestellt wurde, steht einem Sich-Berufen auf eine solche Bedingung im Sinn des § 28 Abs. 1 letzter Satz KSchG gleich.

Sicherheiten

§ 356. (1) Wird eine Forderung, die durch Pfand, Bürgschaft oder in anderer Weise gesichert ist, in die laufende Rechnung aufgenommen, so wird der Gläubiger durch die Anerkennung des Rechnungsabschlusses nicht gehindert, aus der Sicherheit insoweit Befriedigung zu suchen, soweit die gesicherte Forderung nach § 355 Abs. 3 fortbesteht.

(2) Haftet ein Dritter für eine in die laufende Rechnung aufgenommene Forderung als Gesamtschuldner, so findet auf die Geltendmachung der Forderung gegen ihn die Vorschrift des Abs. 1 entsprechende Anwendung.

Pfändung des Saldos

§ 357. Hat der Gläubiger eines Beteiligten die Pfändung und Überweisung des Anspruchs auf dasjenige erwirkt, was seinem Schuldner als Überschuß aus der laufenden Rechnung zukommt, so können dem Gläubiger gegenüber Schuldposten, die nach der Pfändung durch neue Geschäfte entstehen, nicht in Rechnung gestellt werden. Geschäfte, die auf Grund eines schon vor der Pfändung bestehenden Rechtes oder einer schon vor diesem Zeitpunkte bestehenden Verpflichtung des Drittschuldners vorgenommen werden, gelten nicht als neue Geschäfte im Sinne dieser Vorschrift.

§§ 358. bis 362. (aufgehoben)

Unternehmerische Wertpapiere

§ 363. (1) Anweisungen, die auf einen Unternehmer über die Leistung von Geld, Wertpapieren oder anderen vertretbaren Sachen ausgestellt sind, ohne daß darin die Leistung von einer Gegenleistung abhängig gemacht ist, können durch Indossament übertragen werden, wenn sie an Order lauten. Dasselbe gilt von Verpflichtungsscheinen, die von einem Unternehmer über Gegenstände der bezeichneten Art an Order ausgestellt sind, ohne daß darin die Leistung von einer Gegenleistung abhängig gemacht ist.

(2) Ferner können Konnossemente der Verfrachter, Ladescheine der Frachtführer, Lagerscheine der staatlich zur Ausstellung solcher Urkunden ermächtigten Anstalten sowie Transportversicherungspolizzen durch Indossament übertragen werden, wenn sie an Order lauten.

Indossament

§ 364. (1) Durch das Indossament gehen alle Rechte aus dem indossierten Papier auf den Indossatar über.

(2) Dem legitimierten Inhaber der Urkunde kann der Schuldner nur solche Einwendungen entgegensetzen, welche die Gültigkeit seiner Erklärung in der Urkunde betreffen oder sich aus dem Inhalte der Urkunde ergeben oder ihm unmittelbar gegen den Inhaber zustehen.

(3) Der Schuldner ist nur gegen Aushändigung der quittierten Urkunde zur Leistung verpflichtet.

Anwendung des Wechselrechts; Aufgebotsverfahren; Kraftloserklärung

§ 365. (1) Hinsichtlich der Form des Indossaments, der Legitimation des Inhabers und der Prüfung der Legitimation sowie der Verpflichtung des Inhabers zur Herausgabe finden die Vorschriften der Art. 13, 14, 16 und 40 des Wechselgesetzes entsprechende Anwendung.

(2) Ist die Urkunde vernichtet oder abhanden gekommen, so unterliegt sie der Kraftloserklärung im Wege des Aufgebotsverfahrens. Ist das Aufgebotsverfahren eingeleitet, so kann der Berechtigte, wenn er bis zur Kraftloserklärung eine Sicherheit bestellt, vom Schuldner Leistung nach Maßgabe der Urkunde verlangen.

(3) Das Aufgebotsverfahren und die Aufgebotsfrist richten sich nach den für Wechsel geltenden Vorschriften, soweit nicht für einzelne Arten der in § 363 bezeichneten Urkunden Sondervorschriften bestehen.

§ 366. (aufgehoben)

Gutgläubiger Erwerb gesetzlicher Pfandrechte

§ 367. Das gesetzliche Pfandrecht des Kommissionärs, des Spediteurs, des Lagerhalters und des Frachtführers steht hinsichtlich des Schutzes des guten Glaubens einem gemäß § 456 ABGB durch Vertrag erworbenen Pfandrecht gleich.

Pfandverwertung

§ 368. (1) Ist eine Verpfändung auf der Seite des Pfandgläubigers und des Pfandbestellers ein unternehmensbezogenes Geschäft, so tritt an die

Stelle der in § 466b Abs. 1 ABGB bestimmten Frist von einem Monat eine solche von einer Woche.

(2) Diese Vorschrift findet auf das gesetzliche Pfandrecht des Kommissionärs, des Spediteurs, des Lagerhalters und des Frachtführers entsprechende Anwendung, auf das Pfandrecht des Spediteurs und des Frachtführers auch dann, wenn der Speditions- oder Frachtvertrag nur auf ihrer Seite ein unternehmensbezogenes Geschäft ist.

Zurückbehaltungsrecht

§ 369. (1) Ein Unternehmer hat für die fälligen Forderungen, die ihm gegen einen anderen Unternehmer aus den zwischen ihnen geschlossenen unternehmensbezogenen Geschäften zustehen, ein Zurückbehaltungsrecht an den beweglichen Sachen und Wertpapieren des Schuldners, die mit dessen Willen auf Grund von unternehmensbezogenen Geschäften in seine Innehabung gelangt sind, sofern er sie noch innehat, insbesondere mittels Konnossements, Ladescheins oder Lagerscheins darüber verfügen kann. Das Zurückbehaltungsrecht ist auch dann begründet, wenn das Eigentum an dem Gegenstand vom Schuldner auf den Gläubiger übergegangen ist oder von einem Dritten für den Schuldner auf den Gläubiger übertragen wurde, aber auf den Schuldner zurückzuübertragen ist.

(2) Einem dinglich berechtigten Dritten gegenüber besteht das Zurückbehaltungsrecht nicht.

(3) Das Zurückbehaltungsrecht ist ausgeschlossen, wenn die Zurückbehaltung des Gegenstandes der von dem Schuldner vor oder bei der Übergabe erteilten Anweisung oder der von dem Gläubiger übernommenen Verpflichtung, in einer bestimmten Weise mit dem Gegenstande zu verfahren, widerstreitet.

(4) Der Schuldner kann die Ausübung des Zurückbehaltungsrechts durch Sicherheitsleistung abwenden. Die Sicherheitsleistung durch Bürgen ist ausgeschlossen.

Außerordentliches Zurückbehaltungsrecht

§ 370. (1) Das Zurückbehaltungsrecht kann auch wegen nicht fälliger Forderungen geltend gemacht werden:
1. wenn über das Vermögen des Schuldners das Konkursverfahren eröffnet ist oder der Schuldner seine Zahlungen eingestellt hat;
2. wenn eine Zwangsvollstreckung in das Vermögen des Schuldners ohne Erfolg versucht ist.

(2) Der Geltendmachung des Zurückbehaltungsrechts steht die Anweisung des Schuldners oder die Übernahme der Verpflichtung, in einer bestimmten Weise mit dem Gegenstande zu verfahren, nicht entgegen, sofern die im Abs. 1 Nr. 1, 2 bezeichneten Tatsachen erst nach der Übergabe des Gegenstandes oder nach der Übernahme der Verpflichtung dem Gläubiger bekannt werden.

Befriedigungsrecht

§ 371. (1) Der Gläubiger ist kraft des Zurückbehaltungsrechts befugt, sich aus dem zurückbehaltenen Gegenstande für seine Forderung zu befriedigen. Der Gläubiger hat gegenüber einem an dem Gegenstand nach der Entstehung des Zurückbehaltungsrechts durch Pfändung entstandenen Pfandrecht in Ansehung der Befriedigung aus dem Gegenstand den Vorrang.

(2) Die Befriedigung erfolgt nach den für das Pfandrecht geltenden Vorschriften. An die Stelle der in § 466b Abs. 1 ABGB bestimmten Frist von einem Monat tritt eine solche von einer Woche.

(3) Sofern die Befriedigung nicht im Wege der Zwangsvollstreckung stattfindet, ist sie erst zulässig, nachdem der Gläubiger einen vollstreckbaren Titel für sein Recht auf Befriedigung gegen den Eigentümer oder, wenn der Gegenstand ihm selbst gehört, gegen den Schuldner erlangt hat; in dem letzteren Falle finden die den Eigentümer betreffenden Vorschriften des ABGB über die Befriedigung auf den Schuldner entsprechende Anwendung. In Ermangelung des vollstreckbaren Titels ist der Verkauf des Gegenstandes nicht rechtmäßig.

(4) (aufgehoben)

Eigentumsfiktion und Rechtskraftwirkung bei Befriedigungsrecht

§ 372. In Ansehung der Befriedigung aus dem zurückbehaltenen Gegenstande gilt zu Gunsten des Gläubigers der Schuldner, sofern er beim Erwerb der Innehabung des Gläubigers der Eigentümer des Gegenstandes war, auch weiter als Eigentümer, sofern nicht der Gläubiger weiß, daß der Schuldner nicht mehr Eigentümer ist.

Zweiter Abschnitt
Warenkauf

Annahmeverzug

§ 373. (1) Ist der Käufer mit der Annahme der Ware im Verzuge, so kann der Verkäufer die Ware auf Gefahr und Kosten des Käufers in einem öffentlichen Lagerhaus oder sonst in sicherer Weise hinterlegen.

(2) Er ist ferner befugt, nach vorgängiger Androhung die Ware durch einen dazu befugten Unternehmer öffentlich versteigern zu lassen; er kann, wenn die Ware einen Börsen- oder Marktpreis hat, nach vorgängiger Androhung den Verkauf auch aus freier Hand durch einen dazu befugten Unternehmer zum laufenden Preis bewirken. Ist die Ware dem Verderb ausgesetzt und Gefahr im Verzuge, so bedarf es der vorgängigen Androhung nicht; dasselbe gilt, wenn die Androhung aus anderen Gründen untunlich ist.

(3) Der Selbsthilfeverkauf erfolgt für Rechnung des säumigen Käufers.

(4) Der Verkäufer und der Käufer können bei der öffentlichen Versteigerung mitbieten.

(5) Im Falle der öffentlichen Versteigerung hat der Verkäufer den Käufer von der Zeit und dem Orte der Versteigerung vorher zu benachrichtigen;

von dem vollzogenen Verkaufe hat er bei jeder Art des Verkaufs dem Käufer unverzüglich Nachricht zu geben. Im Falle der Unterlassung ist er zum Schadenersatze verpflichtet. Die Benachrichtigungen dürfen unterbleiben, wenn sie untunlich sind.

Anwendbarkeit der bürgerlich-rechtlichen Bestimmungen

§ 374. Durch die Vorschriften des § 373 werden die Befugnisse nicht berührt, welche dem Verkäufer nach anderen Bestimmungen zustehen, wenn der Käufer im Verzuge der Annahme ist.

§ 375. (aufgehoben)

Schadenersatz wegen Nichterfüllung

§ 376. (1) Wird Schadenersatz wegen Nichterfüllung verlangt und hat die Ware einen Börsen- oder Marktpreis, so kann der Unterschied des Kaufpreises und des Börsen- oder Marktpreises zur Zeit und am Orte der geschuldeten Leistung gefordert werden.

(2) Das Ergebnis eines anderweit vorgenommenen Verkaufs oder Kaufes kann, falls die Ware einen Börsen- oder Marktpreis hat, dem Ersatzansprüche nur zu Grunde gelegt werden, wenn der Verkauf oder Kauf sofort nach dem Ablaufe der bedungenen Leistungszeit oder Leistungsfrist bewirkt ist. Der Verkauf oder Kauf muß, wenn er nicht in öffentlicher Versteigerung geschieht, durch einen zu solchen Verkäufen oder Käufen oder zu einer öffentlichen Versteigerung befugten Unternehmer zum laufenden Preise erfolgen.

(3) Auf den Verkauf durch öffentliche Versteigerung findet die Vorschrift des § 373 Abs. 4 Anwendung. Von dem Verkauf oder Kaufe hat der Gläubiger den Schuldner unverzüglich zu benachrichtigen; im Falle der Unterlassung ist er zum Schadenersatz verpflichtet.

Mängelrüge

§ 377. (1) Ist der Kauf für beide Teile ein unternehmensbezogenes Geschäft, so hat der Käufer dem Verkäufer Mängel der Ware, die er bei ordnungsgemäßem Geschäftsgang nach Ablieferung durch Untersuchung festgestellt hat oder feststellen hätte müssen, binnen angemessener Frist anzuzeigen.

(2) Unterlässt der Käufer die Anzeige, so kann er Ansprüche auf Gewährleistung (§§ 922 ff. ABGB), auf Schadenersatz wegen des Mangels selbst (§ 933a Abs. 2 ABGB) sowie aus Irrtum über die Mangelfreiheit der Sache (§§ 871 f. ABGB) nicht mehr geltend machen.

(3) Zeigt sich später ein solcher Mangel, so muss er ebenfalls in angemessener Frist angezeigt werden; andernfalls kann der Käufer auch in Ansehung dieses Mangels die in Abs. 2 bezeichneten Ansprüche nicht mehr geltend machen.

(4) Zur Erhaltung der Rechte des Käufers genügt die rechtzeitige Absendung der Anzeige; dies gilt auch dann, wenn die Anzeige dem Verkäufer nicht zugeht.

(5) Der Verkäufer kann sich auf diese Vorschrift nicht berufen, wenn der Käufer beweist, dass der Verkäufer den Mangel vorsätzlich oder grob fahrlässig verursacht oder verschwiegen hat, oder wenn es sich um einen Viehmangel handelt, für den eine Vermutungsfrist (§ 925 ABGB) besteht.

Rügeobliegenheit bei Falschlieferung oder Mengenfehlern

§ 378. Die Vorschriften des § 377 finden auch dann Anwendung, wenn eine andere als die bedungene Ware oder eine andere als die bedungene Menge von Waren geliefert ist, sofern die gelieferte Ware nicht offensichtlich von der Bestellung so erheblich abweicht, daß der Verkäufer die Genehmigung des Käufers als ausgeschlossen betrachten mußte.

Aufbewahrungspflicht

§ 379. (1) Ist der Kauf für beide Teile ein unternehmensbezogenes Geschäft, so ist der Käufer, wenn er die ihm von einem anderen Orte übersendete Ware beanstandet, verpflichtet, für ihre einstweilige Aufbewahrung zu sorgen.

(2) Er kann die Ware, wenn sie dem Verderb ausgesetzt und Gefahr im Verzug ist, unter Beobachtung der Vorschriften des § 373 verkaufen lassen.

§ 380. (aufgehoben)

Anwendungsbereich

§ 381. (1) Die in diesem Abschnitte für den Kauf von Waren getroffenen Vorschriften gelten auch für den Kauf von Wertpapieren.

(2) Sie finden auch auf Werkverträge über die Herstellung körperlicher beweglicher Sachen und Tauschverträge über körperliche bewegliche Sachen Anwendung.

§ 382. (aufgehoben)

Dritter Abschnitt.
Kommissionsgeschäft.

Kommissionär, Kommissionsvertrag

§ 383. (1) Kommissionär, ist, wer es übernimmt, Waren oder Wertpapiere für Rechnung eines anderen (des Kommittenten) in eigenem Namen zu kaufen oder zu verkaufen. Die Vorschriften dieses Abschnitts gelten auch für andere Geschäfte, insbesondere Werklieferungen, die ein Unternehmer für Rechnung eines anderen im eigenen Namen zu schließen übernimmt.

(2) Kommissionsagent ist, wer von einem Kommittenten ständig mit Kommissionsgeschäften betraut ist. Die Vorschriften über das Kommissionsgeschäft finden auf das Verhältnis des Kommissionsagenten zu den Kunden Anwendung. Auf das Verhältnis zwischen Kommissionsagenten und Kommittenten sind die Vorschriften des Handelsvertretergesetzes anzuwenden.

Pflichten des Kommissionärs

§ 384. (1) Der Kommissionär ist verpflichtet, das übernommene Geschäft mit der Sorgfalt eines ordentlichen Unternehmers auszuführen; er hat hierbei das Interesse des Kommittenten wahrzunehmen und dessen Weisungen zu befolgen.

(2) Er hat dem Kommittenten die erforderlichen Nachrichten zu geben, insbesondere von der Ausführung der Kommission unverzüglich Anzeige zu machen; er ist verpflichtet, dem Kommittenten über das Geschäft Rechenschaft abzulegen und ihm dasjenige herauszugeben, was er aus der Geschäftsbesorgung erlangt hat.

(3) Der Kommissionär haftet dem Kommittenten für die Erfüllung des Geschäfts, wenn er ihm nicht zugleich mit der Anzeige von der Ausführung der Kommission den Dritten namhaft macht, mit dem er das Geschäft abgeschlossen hat.

Weisungen des Kommittenten
§ 385. (1) Handelt der Kommissionär nicht gemäß den Weisungen des Kommittenten, so ist er diesem zum Ersatze des Schadens verpflichtet; der Kommittent braucht das Geschäft nicht für seine Rechnung gelten zu lassen.

(2) Der Kommissionär ist berechtigt, von den Weisungen des Kommittenten abzuweichen, wenn er den Umständen nach annehmen darf, daß dieser bei Kenntnis der Sachlage die Abweichung billigen würde. Der Kommissionär hat vor der Abweichung dem Kommittenten Anzeige zu machen und seine Entschließung abzuwarten, wenn nicht mit dem Aufschub Gefahr verbunden ist.

Preisgrenzen
§ 386. (1) Hat der Kommissionär unter dem ihm gesetzten Preise verkauft oder hat er den ihm für den Einkauf gesetzten Preis überschritten, so muß der Kommittent, falls er das Geschäft als nicht für seine Rechnung abgeschlossen zurückweisen will, dies unverzüglich auf die Anzeige von der Ausführung des Geschäfts erklären; anderenfalls gilt die Abweichung von der Preisbestimmung als genehmigt.

(2) Erbietet sich der Kommissionär zugleich mit der Anzeige von der Ausführung des Geschäfts zur Deckung des Preisunterschieds, so ist der Kommittent zur Zurückweisung nicht berechtigt. Der Anspruch des Kommittenten auf den Ersatz eines den Preisunterschied übersteigenden Schadens bleibt unberührt.

Vorteilhafter Abschluss
§ 387. (1) Schließt der Kommissionär zu vorteilhaften Bedingungen ab, als sie ihm von dem Kommittenten gesetzt worden sind, so kommt dies dem Kommittenten zustatten.

(2) Dies gilt insbesondere, wenn der Preis, für welchen der Kommissionär verkauft, den von dem Kommittenten bestimmten niedrigsten Preis übersteigt oder wenn der Preis, für welchen er einkauft, den von dem Kommittenten bestimmten höchsten Preis nicht erreicht.

Beschädigtes oder mangelhaftes Kommissionsgut
§ 388. (1) Befindet sich das Gut, welches dem Kommissionär zugesendet ist, bei der Ablieferung in einem beschädigten oder mangelhaften Zustande, der äußerlich erkennbar ist, so hat der Kommissionär die Rechte gegen den Frachtführer oder Schiffer zu wahren, für den Beweis des Zustandes zu sorgen und dem Kommittenten unverzüglich Nachricht zu geben; im Falle der Unterlassung ist er zum Schadensersatze verpflichtet.

(2) Ist das Gut dem Verderb ausgesetzt oder treten später Veränderungen an dem Gute ein, die dessen Entwertung befürchten lassen, und ist keine Zeit vorhanden, die Verfügung des Kommittenten einzuholen, oder ist der Kommittent in der Erteilung der Verfügung säumig, so kann der Kommissionär den Verkauf des Gutes nach Maßgabe der Vorschriften des § 373 bewirken.

Hinterlegung, Selbsthilfeverkauf
§ 389. Unterläßt der Kommittent über das Gut zu verfügen, obwohl er dazu nach Lage der Sache verpflichtet ist, so hat der Kommissionär die nach § 373 dem Verkäufer zustehenden Rechte.

Haftung des Kommissionärs für das Gut
§ 390. (1) Der Kommissionär ist für den Verlust und die Beschädigung des in seiner Verwahrung befindlichen Gutes verantwortlich, es sei denn, daß der Verlust oder die Beschädigung auf Umständen beruht, die durch die Sorgfalt eines ordentlichen Unternehmers nicht abgewendet werden konnten.

(2) Der Kommissionär ist wegen der Unterlassung der Versicherung des Gutes nur verantwortlich, wenn er von dem Kommittenten angewiesen war, die Versicherung zu bewirken.

Untersuchungs- und Rügepflicht; Aufbewahrung, Notverkauf
§ 391. Ist eine Einkaufskommission erteilt, die für beide Teile ein unternehmensbezogenes Geschäft ist, so finden in Bezug auf die Verpflichtung des Kommittenten, das Gut zu untersuchen und dem Kommissionär von den entdeckten Mängeln Anzeige zu machen, sowie in Bezug auf die Sorge für die Aufbewahrung des beanstandeten Gutes und auf den Verkauf bei drohendem Verderbe die für den Käufer geltenden Vorschriften der §§ 377 bis 379 entsprechende Anwendung. Der Anspruch des Kommittenten auf Abtretung der Rechte, die dem Kommissionär gegen den Dritten zustehen, von welchem er das Gut für Rechnung des Kommittenten gekauft hat, wird durch eine verspätete Anzeige des Mangels nicht berührt.

Forderungen aus dem Ausführungsgeschäft
§ 392. (1) Forderungen aus einem Geschäfte, das der Kommissionär abgeschlossen hat, kann der Kommittent dem Schuldner gegenüber erst nach der Abtretung geltend machen.

(2) Jedoch gelten solche Forderungen, auch wenn sie nicht abgetreten sind, im Verhältnisse

zwischen dem Kommittenten und dem Kommissionär oder dessen Gläubigern als Forderungen des Kommittenten.

Vorschuss oder Kredite an Dritte

§ 393. (1) Wird von dem Kommissionär ohne Zustimmung des Kommittenten einem Dritten ein Vorschuß geleistet oder Kredit gewährt, so handelt der Kommissionär auf eigene Gefahr.

(2) Soweit am Ort des Geschäfts nach den im Geschäftsverkehr geltenden Gewohnheiten und Gebräuchen die Stundung des Kaufpreises üblich ist, ist mangels einer anderen Bestimmung des Kommittenten auch der Kommissionär dazu berechtigt.

(3) Verkauft der Kommissionär unbefugt auf Kredit, so ist er verpflichtet, dem Kommittenten sofort als Schuldner des Kaufpreises die Zahlung zu leisten. Wäre beim Verkaufe gegen bar der Preis geringer gewesen, so hat der Kommissionär nur den geringeren Preis und, wenn dieser niedriger ist als der ihm gesetzte Preis, auch den Unterschied nach § 386 zu vergüten.

Delkredere

§ 394. (1) Der Kommissionär hat für die Erfüllung der Verbindlichkeit des Dritten, mit dem er das Geschäft für Rechnung des Kommittenten abschließt, einzustehen, wenn dies von ihm übernommen oder am Orte seiner Niederlassung üblich ist.

(2) Der Kommissionär, der für den Dritten einzustehen hat, ist dem Kommittenten für die Erfüllung im Zeitpunkte des Verfalls unmittelbar insoweit verhaftet, als die Erfüllung aus dem Vertragsverhältnisse gefordert werden kann. Er kann eine besondere Vergütung (Delkredereprovision) beanspruchen.

Wechselindossament

§ 395. Ein Kommissionär, der den Ankauf eines Wechsels übernimmt, ist verpflichtet, den Wechsel, wenn er ihn indossiert, in üblicher Weise und ohne Vorbehalt zu indossieren.

Provision des Kommissionärs; Ersatz von Aufwendungen

§ 396. (1) Der Kommissionär kann die Provision fordern, wenn das Geschäft zur Ausführung gekommen ist. Ist das Geschäft nicht zur Ausführung gekommen, so hat er gleichwohl den Anspruch auf die Auslieferungsprovision, sofern eine solche ortsgebräuchlich ist; auch kann er die Provision verlangen, wenn die Ausführung des von ihm abgeschlossenen Geschäfts nur aus einem in der Person des Kommittenten liegenden Grunde unterblieben ist.

(2) Der Kommittent ist zum Ersatz der Aufwendungen verpflichtet, die der Kommissionär zum Zweck der Ausführung des Auftrags gemacht hat und den Umständen nach für erforderlich halten durfte. Zu diesem Ersatz gehört auch die Vergütung für die Benutzung der Lagerräume und der Beförderungsmittel des Kommissionärs.

Gesetzliches Pfandrecht

§ 397. Der Kommissionär hat an dem Kommissionsgute, sofern er es im Besitze hat, insbesondere mittelst Konnossements, Ladescheins oder Lagerscheins darüber verfügen kann, ein Pfandrecht wegen der auf das Gut verwendeten Kosten, der Provision, der auf das Gut gegebenen Vorschüsse und Darlehen, der mit Rücksicht auf das Gut gezeichneten Wechsel oder in anderer Weise eingegangenen Verbindlichkeiten sowie wegen aller Forderungen aus laufender Rechnung in Kommissionsgeschäften.

Befriedigung aus eigenem Kommissionsgut

§ 398. Der Kommissionär kann sich, auch wenn er Eigentümer des Kommissionsguts ist, für die im § 397 bezeichneten Ansprüche nach Maßgabe der für das Pfandrecht geltenden Vorschriften aus dem Gute befriedigen.

Befriedigung aus Forderungen

§ 399. Aus den Forderungen, welche durch das für Rechnung des Kommittenten geschlossene Geschäft begründet sind, kann sich der Kommissionär für die im § 397 bezeichneten Ansprüche vor dem Kommittenten und dessen Gläubigern befriedigen.

Selbsteintritt des Kommissionärs

§ 400. (1) Die Kommission zum Einkauf oder zum Verkaufe von Waren, die einen Börsen- oder Marktpreis haben, sowie von Wertpapieren, bei denen ein Börsen- oder Marktpreis amtlich festgestellt wird, kann, wenn der Kommittent nicht ein anderes bestimmt hat, von dem Kommissionär dadurch ausgeführt werden, daß er das Gut, welches er einkaufen soll, selbst als Verkäufer liefert oder das Gut, welches er verkaufen soll, selbst als Käufer übernimmt.

(2) Im Falle einer solchen Ausführung der Kommission beschränkt sich die Pflicht des Kommissionärs, Rechenschaft über die Abschließung des Kaufes oder Verkaufs abzulegen, auf den Nachweis, daß bei dem berechneten Preise der zur Zeit der Ausführung der Kommission bestehende Börsen- oder Marktpreis eingehalten ist. Als Zeit der Ausführung gilt der Zeitpunkt, in welchem der Kommissionär die Anzeige von der Ausführung zur Absendung an den Kommittenten abgegeben hat.

(3) Ist bei einer Kommission, die während der Börsen- oder Marktzeit auszuführen war, die Ausführungsanzeige erst nach dem Schlusse der Börse oder des Marktes zur Absendung abgegeben, so darf der berechnete Preis für den Kommittenten nicht ungünstiger sein als der Preis, der am Schlusse der Börse oder des Marktes bestand.

(4) Bei einer Kommission, die zu einem bestimmten Kurse (erster Kurs, Mittelkurs, letzter Kurs) ausgeführt werden soll, ist der Kommissionär ohne Rücksicht auf den Zeitpunkt der Absendung der Ausführungsanzeige berechtigt und verpflichtet, diesen Kurs dem Kommittenten in Rechnung zu stellen.

(5) Bei Wertpapieren und Waren, für welche der Börsen- oder Marktpreis amtlich festgestellt wird, kann der Kommissionär im Falle der Ausführung der Kommission durch Selbsteintritt dem Kommittenten keinen ungünstigeren Preis als den amtlich festgestellten in Rechnung stellen.

Deckungsgeschäft bei Selbsteintritt
§ 401. (1) Auch im Falle der Ausführung der Kommission durch Selbsteintritt hat der Kommissionär, wenn er bei Anwendung pflichtmäßiger Sorgfalt die Kommission zu einem günstigeren als dem nach § 400 sich ergebenden Preise ausführen konnte, dem Kommittenten den günstigeren Preis zu berechnen.

(2) Hat der Kommissionär vor der Absendung der Ausführungsanzeige aus Anlaß der erteilten Kommission an der Börse oder am Markte ein Geschäft mit einem Dritten abgeschlossen, so darf er dem Kommittenten keinen ungünstigeren als den hierbei vereinbarten Preis berechnen.

Unabdingbarkeit
§ 402. Die Vorschriften des § 400 Abs. 2 bis 5 und des § 401 können nicht durch Vertrag zum Nachteile des Kommittenten abgeändert werden.

Provision und Kosten bei Selbsteintritt
§ 403. Der Kommissionär, der das Gut selbst als Verkäufer liefert oder als Käufer übernimmt, ist zu der gewöhnlichen Provision berechtigt und kann die bei Kommissionsgeschäften sonst regelmäßig vorkommenden Kosten berechnen.

Gesetzliches Pfandrecht bei Selbsteintritt
§ 404. Die Vorschriften der §§ 397, 398 finden auch im Falle der Ausführung der Kommission durch Selbsteintritt Anwendung.

Ausführungsanzeige und Selbsteintritt; Widerruf der Kommission
§ 405. (1) Zeigt der Kommissionär die Ausführung der Kommission an, ohne ausdrücklich zu bemerken, daß er selbst eintreten wolle, so gilt dies als Erklärung, daß die Ausführung durch Abschluß des Geschäfts mit einem Dritten für Rechnung des Kommittenten erfolgt sei.

(2) Eine Vereinbarung zwischen dem Kommittenten und dem Kommissionär, daß die Erklärung darüber, ob die Kommission durch Selbsteintritt oder durch Abschluß mit einem Dritten ausgeführt sei, später als am Tage der Ausführungsanzeige abgegeben werden dürfe, ist nichtig.

(3) Widerruft der Kommittent die Kommission und geht der Widerruf dem Kommissionär zu, bevor die Ausführungsanzeige zur Absendung abgegeben ist, so steht dem Kommissionär das Recht des Selbsteintritts nicht mehr zu.

§ 406. (aufgehoben)

Vierter Abschnitt.
Speditionsgeschäft.

Spediteur, Anwendung des 3. Abschnitts
§ 407. (1) Spediteur ist, wer es übernimmt, Güterversendungen durch Frachtführer oder durch Verfrachter von Seeschiffen für Rechnung eines anderen (des Versenders) in eigenem Namen zu besorgen.

(2) Auf die Rechte und Pflichten des Spediteurs finden, soweit dieser Abschnitt keine Vorschriften enthält, die für den Kommissionär geltenden Vorschriften, insbesondere die Vorschriften der §§ 388 bis 390 über die Empfangnahme, die Aufbewahrung und die Versicherung des Gutes, Anwendung.

Pflichten des Spediteurs
§ 408. (1) Der Spediteur hat die Versendung, insbesondere die Wahl der Frachtführer, Verfrachter und Zwischenspediteure, mit der Sorgfalt eines ordentlichen Unternehmers auszuführen; er hat hierbei das Interesse des Versenders wahrzunehmen und dessen Weisungen zu befolgen.

(2) Der Spediteur ist nicht berechtigt, dem Versender eine höhere als die mit dem Frachtführer oder dem Verfrachter bedungene Fracht zu berechnen.

Fälligkeit der Provision
§ 409. Der Spediteur hat die Provision zu fordern, wenn das Gut dem Frachtführer oder dem Verfrachter zur Beförderung übergeben ist.

Gesetzliches Pfandrecht
§ 410. Der Spediteur hat wegen der Fracht, der Provision, der Auslagen und Verwendungen sowie wegen der auf das Gut gegebenen Vorschüsse ein Pfandrecht an dem Gute, sofern er es noch im Besitze hat, insbesondere mittels Konnossements, Ladescheins oder Lagerscheins darüber verfügen kann.

Zwischenspediteur
§ 411. (1) Bedient sich der Spediteur eines Zwischenspediteurs, so hat dieser zugleich die seinem Vormanne zustehenden Rechte, insbesondere dessen Pfandrecht, auszuüben.

(2) Soweit der Vormann wegen seiner Forderung von dem Nachmanne befriedigt wird, geht die Forderung und das Pfandrecht des Vormanns auf den Nachmann über. Dasselbe gilt von der Forderung und dem Pfandrecht des Frachtführers, soweit der Zwischenspediteur ihn befriedigt.

Selbsteintritt des Spediteurs
§ 412. (1) Der Spediteur ist, wenn nicht ein anderes bestimmt ist, befugt, die Beförderung des Gutes selbst auszuführen.

(2) Macht er von dieser Befugnis Gebrauch, so hat er zugleich die Rechte und Pflichten eines Frachtführers oder Verfrachters; er kann die Provision, die bei Speditionsgeschäften sonst regelmäßig

vorkommenden Kosten sowie die gewöhnliche Fracht verlangen.

Spedition zu festen Spesen; Sammelladung

§ 413. (1) Hat sich der Spediteur mit dem Versender über einen bestimmten Satz der Beförderungskosten geeinigt, so hat er ausschließlich die Rechte und Pflichten eines Frachtführers. Er kann in einem solchen Falle Provisionen nur verlangen, wenn es besonders vereinbart ist.

(2) Bewirkt der Spediteur die Versendung des Gutes zusammen mit den Gütern anderer Versender auf Grund eines für seine Rechnung über eine Sammelladung geschlossenen Frachtvertrags, so finden die Vorschriften des Abs. 1 Anwendung, auch wenn eine Einigung über einen bestimmten Satz der Beförderungskosten nicht stattgefunden hat. Der Spediteur kann in diesem Falle eine den Umständen nach angemessene Fracht, höchstens aber die für die Beförderung des einzelnen Gutes gewöhnliche Fracht verlangen.

Verjährung

§ 414. (1) Die Ansprüche gegen den Spediteur wegen Verlustes, Minderung, Beschädigung oder verspäteter Ablieferung des Gutes verjähren in einem Jahre. Die Verjährungsfrist kann durch Vertrag verlängert werden.

(2) Die Verjährung beginnt im Falle der Beschädigung oder Minderung mit dem Ablaufe des Tages, an welchem die Ablieferung stattgefunden hat, im Falle des Verlustes oder der verspäteten Ablieferung mit dem Ablaufe des Tages, an welchem die Ablieferung hätte bewirkt sein müssen.

(3) Die im Abs. 1 bezeichneten Ansprüche können nach der Vollendung der Verjährung nur aufgerechnet werden, wenn vorher der Verlust, die Minderung, die Beschädigung oder die verspätete Ablieferung dem Spediteur angezeigt oder die Anzeige an ihn abgesendet worden ist. Der Anzeige an den Spediteur steht es gleich, wenn gerichtliche Beweisaufnahme zur Sicherung des Beweises beantragt oder in einem zwischen dem Versender und dem Empfänger oder einem späteren Erwerber des Gutes wegen des Verlustes, der Minderung, der Beschädigung oder der verspäteten Ablieferung anhängigen Rechtsstreite dem Spediteur der Streit verkündet wird.

(4) Diese Vorschriften finden keine Anwendung, wenn der Spediteur den Verlust, die Minderung, die Beschädigung oder die verspätete Ablieferung des Gutes vorsätzlich herbeigeführt hat.

§ 415. (aufgehoben)

Fünfter Abschnitt. Lagergeschäft.

Lagerhalter

§ 416. Lagerhalter ist, wer die Lagerung und Aufbewahrung von Gütern übernimmt.

Rechte und Pflichten des Lagerhalters

§ 417. (1) Auf die Rechte und Pflichten des Lagerhalters in Ansehung der Empfangnahme, Aufbewahrung und Versicherung des Gutes finden die für den Kommissionär geltenden Vorschriften der §§ 388 bis 390 Anwendung.

(2) Treten Veränderungen an dem Gute ein, welche dessen Entwertung befürchten lassen, so hat der Lagerhalter den Einlagerer hiervon unverzüglich zu benachrichtigen. Versäumt er dies, so hat er den daraus entstehenden Schaden zu ersetzen.

Besichtigung während der Geschäftszeit

§ 418. Der Lagerhalter hat dem Einlagerer die Besichtigung des Gutes, die Entnahme von Proben und die zur Erhaltung des Gutes notwendigen Handlungen während der Geschäftsstunden zu gestatten.

Sammellagerung

§ 419. (1) Im Falle der Lagerung vertretbarer Sachen ist der Lagerhalter zu ihrer Vermischung mit anderen Sachen von gleicher Art und Güte nur befugt, wenn ihm dies ausdrücklich gestattet ist.

(2) Der Lagerhalter erwirbt auch in diesem Falle nicht das Eigentum des Gutes; aus dem durch die Vermischung entstandenen Gesamtvorrate kann er jedem Einlagerer den ihm gebührenden Anteil ausliefern, ohne daß er hierzu der Genehmigung der übrigen Beteiligten bedarf.

(3) Ist das Gut in der Art hinterlegt, daß das Eigentum auf den Lagerhalter übergehen und dieser verpflichtet sein soll, Sachen von gleicher Art, Güte und Menge zurückzugewähren, so finden die Vorschriften dieses Abschnitts keine Anwendung.

Lagerkosten

§ 420. (1) Der Lagerhalter hat Anspruch auf das bedungene oder ortsübliche Lagergeld sowie auf Erstattung der Auslagen für Fracht und Zölle und der sonst für das Gut gemachten Aufwendungen, soweit er sie den Umständen nach für erforderlich halten durfte.

(2) Von den hiernach dem Lagerhalter zukommenden Beträgen (Lagerkosten) sind die baren Auslagen sofort zu erstatten. Die sonstigen Lagerkosten sind nach dem Ablaufe von je drei Monaten seit der Einlieferung oder, wenn das Gut in der Zwischenzeit zurückgenommen wird, bei der Rücknahme zu erstatten; wird das Gut teilweise zurückgenommen, so ist nur ein entsprechender Teil zu berichtigen, es sei denn, daß das auf dem Lager verbleibende Gut zur Sicherung des Lagerhalters nicht ausreicht.

Gesetzliches Pfandrecht

§ 421. Der Lagerhalter hat wegen der Lagerkosten ein Pfandrecht an dem Gute, solange er es im Besitze hat, insbesondere mittels Konnossements, Ladescheins oder Lagerscheins darüber verfügen kann.

Rücknahme des Gutes

§ 422. (1) Der Lagerhalter kann nicht verlangen, daß der Einlagerer das Gut vor dem Ablaufe der bedungenen Lagerzeit und, falls eine solche nicht bedungen ist, daß er es vor dem Ablaufe von drei Monaten nach der Einlieferung zurücknehme. Ist eine Lagerzeit nicht bedungen oder behält der Lagerhalter nach dem Ablaufe der bedungenen Lagerzeit das Gut auf dem Lager, so kann er die Rücknahme nur nach vorgängiger Kündigung unter Einhaltung einer Kündigungsfrist von einem Monate verlangen.

(2) Der Lagerhalter ist berechtigt, die Rücknahme des Gutes vor dem Ablaufe der Lagerzeit und ohne Einhaltung einer Kündigungsfrist zu verlangen, wenn ein wichtiger Grund vorliegt.

Verjährung

§ 423. Auf die Verjährung der Ansprüche gegen den Lagerhalter wegen Verlustes, Minderung, Beschädigung oder verspäteter Ablieferung des Gutes finden die Vorschriften des § 414 entsprechende Anwendung. Im Falle des gänzlichen Verlustes beginnt die Verjährung mit dem Ablaufe des Tages, an welchem der Lagerhalter dem Einlagerer Anzeige von dem Verluste macht.

Übergabe des Lagerscheins

§ 424. Ist von dem Lagerhalter ein Lagerschein ausgestellt, der durch Indossament übertragen werden kann, so hat, wenn das Gut von dem Lagerhalter übernommen ist, die Übergabe des Lagerscheins an denjenigen, welcher durch den Schein zur Empfangnahme des Gutes legitimiert wird, für den Erwerb von Rechten an dem Gute dieselben Wirkungen wie die Übergabe des Gutes.

Sechster Abschnitt.
Frachtgeschäft.

Frachtführer

§ 425. Frachtführer ist, wer es übernimmt, die Beförderung von Gütern zu Lande oder auf Flüssen oder sonstigen Binnengewässern auszuführen.

Frachtbrief

§ 426. (1) Der Frachtführer kann die Ausstellung eines Frachtbriefs verlangen.

(2) Der Frachtbrief soll enthalten:
1. den Ort und den Tag der Ausstellung;
2. den Namen und den Wohnort des Frachtführers;
3. den Namen dessen, an welchen das Gut abgeliefert werden soll (des Empfängers);
4. den Ort der Ablieferung;
5. die Bezeichnung des Gutes nach Beschaffenheit, Menge und Merkzeichen;
6. die Bezeichnung der für eine zoll- oder steueramtliche Behandlung oder polizeiliche Prüfung nötigen Begleitpapiere;
7. die Bestimmung über die Fracht sowie im Falle ihrer Vorausbezahlung einen Vermerk über die Vorausbezahlung;
8. die besonderen Vereinbarungen, welche die Beteiligten über andere Punkte, namentlich über die Zeit, innerhalb welcher die Beförderung bewirkt werden soll, über die Entschädigung wegen verspäteter Ablieferung und über die auf dem Gute haftenden Nachnahmen, getroffen haben;
9. die Unterschrift des Absenders; eine im Wege der mechanischen Vervielfältigung hergestellte Unterschrift ist genügend.

(3) Der Absender haftet dem Frachtführer für die Richtigkeit und die Vollständigkeit der in den Frachtbrief aufgenommenen Angaben.

Begleitpapiere

§ 427. Der Absender ist verpflichtet, dem Frachtführer die Begleitpapiere zu übergeben, welche zur Erfüllung der Zoll-, Steuer- oder Polizeivorschriften vor der Ablieferung an den Empfänger erforderlich sind. Er haftet dem Frachtführer, sofern nicht diesem ein Verschulden zur Last fällt, für alle Folgen, die aus dem Mangel, der Unzulänglichkeit oder der Unrichtigkeit der Papiere entstehen.

Lieferfrist; Verhinderung der Beförderung

§ 428. (1) Ist über die Zeit, binnen welcher der Frachtführer die Beförderung bewirken soll, nichts bedungen, so bestimmt sich die Frist, innerhalb deren er die Reise anzutreten und zu vollenden hat, nach dem Ortsgebrauche. Besteht ein Ortsgebrauch nicht, so ist die Beförderung binnen einer den Umständen nach angemessenen Frist zu bewirken.

(2) Wird der Antritt oder die Fortsetzung der Reise ohne Verschulden des Absenders zeitweilig verhindert, so kann der Absender von dem Vertrage zurücktreten; er hat jedoch dem Frachtführer, wenn diesem kein Verschulden zur Last fällt, für die Vorbereitung der Reise, die Wiederausladung und den zurückgelegten Teil der Reise zu entschädigen. Über die Höhe der Entschädigung entscheidet der Ortsgebrauch; besteht ein Ortsgebrauch nicht, so ist eine den Umständen nach angemessene Entschädigung zu gewähren.

Haftung des Frachtführers

§ 429. (1) Der Frachtführer haftet für den Schaden, der durch Verlust oder Beschädigung des Gutes in der Zeit von der Annahme bis zur Ablieferung oder durch Versäumung der Lieferzeit entsteht, es sei denn, daß der Verlust, die Beschädigung oder die Verspätung auf Umständen beruht, die durch die Sorgfalt eines ordentlichen Frachtführers nicht abgewendet werden konnten.

(2) Für den Verlust oder die Beschädigung von Kostbarkeiten, Kunstgegenständen, Geld und Wertpapieren haftet der Frachtführer nur, wenn ihm diese Beschaffenheit oder der Wert des Gutes bei der Übergabe zur Beförderung angegeben worden ist.

(3) Sondergesetzliche Haftungsansprüche bleiben unberührt.

Umfang des Ersatzes

§ 430. (1) Muß auf Grund des Frachtvertrags von dem Frachtführer für gänzlichen oder teilweisen Verlust des Gutes Ersatz geleistet werden, so ist der gemeine Handelswert und in dessen Ermangelung der gemeine Wert zu ersetzen, welchen Gut derselben Art und Beschaffenheit am Orte der Ablieferung in dem Zeitpunkte hatte, in welchem die Ablieferung zu bewirken war; hiervon kommt in Abzug, was in Folge des Verlustes an Zöllen und sonstigen Kosten sowie an Fracht erspart ist.

(2) Im Falle der Beschädigung ist der Unterschied zwischen dem Verkaufswerte des Gutes im beschädigten Zustand und dem gemeinen Handelswert oder dem gemeinen Werte zu ersetzen, welchen das Gut ohne die Beschädigung am Orte und zur Zeit der Ablieferung gehabt haben würde; hiervon kommt in Abzug, was infolge der Beschädigung an Zöllen und sonstigen Kosten erspart ist.

(3) Ist der Schaden durch Vorsatz oder grobe Fahrlässigkeit des Frachtführers herbeigeführt, so kann Ersatz des vollen Schadens gefordert werden.

Haftung für Gehilfen

§ 431. Der Frachtführer hat ein Verschulden seiner Leute und ein Verschulden anderer Personen, deren er sich bei der Ausführung der Beförderung bedient, in gleichem Umfange zu vertreten wie eigenes Verschulden.

Mehrere aufeinanderfolgende Frachtführer

§ 432. (1) Übergibt der Frachtführer zur Ausführung der von ihm übernommenen Beförderung das Gut einem anderen Frachtführer, so haftet er für die Ausführung der Beförderung bis zur Ablieferung des Gutes an den Empfänger.

(2) Der nachfolgende Frachtführer tritt dadurch, daß er das Gut mit dem ursprünglichen Frachtbrief annimmt, diesem gemäß in den Frachtvertrag ein und übernimmt die selbständige Verpflichtung, die Beförderung nach dem Inhalte des Frachtbriefs auszuführen.

(3) Hat auf Grund dieser Vorschriften einer der beteiligten Frachtführer Schadensersatz geleistet, so steht ihm der Rückgriff gegen denjenigen zu, welcher den Schaden verschuldet hat. Kann dieser nicht ermittelt werden, so haben die beteiligten Frachtführer den Schaden nach dem Verhältnis ihrer Anteile an der Fracht gemeinsam zu tragen, soweit nicht festgestellt wird, daß der Schaden nicht auf ihrer Beförderungsstrecke entstanden ist.

Verfügungsrecht des Absenders

§ 433. (1) Der Absender kann den Frachtführer anweisen, das Gut anzuhalten, zurückzugeben oder an einen anderen als den im Frachtbriefe bezeichneten Empfänger auszuliefern. Die Mehrkosten, die durch eine solche Verfügung entstehen, sind dem Frachtführer zu erstatten.

(2) Das Verfügungsrecht des Absenders erlischt, wenn nach der Ankunft des Gutes am Orte der Ablieferung der Frachtbrief dem Empfänger übergeben oder von dem Empfänger Klage gemäß § 435 gegen den Frachtführer erhoben wird. Der Frachtführer hat in einem solchen Falle nur die Anweisungen des Empfängers zu beachten; verletzt er diese Verpflichtung, so ist er dem Empfänger für das Gut verhaftet.

Rechte des Empfängers vor der Ankunft des Gutes

§ 434. Der Empfänger ist vor der Ankunft des Gutes am Orte der Ablieferung dem Frachtführer gegenüber berechtigt, alle zur Sicherstellung des Gutes erforderlichen Maßregeln zu ergreifen und dem Frachtführer die zu diesem Zwecke notwendigen Anweisungen zu erteilen. Die Auslieferung des Gutes kann er vor dessen Ankunft am Orte der Ablieferung nur fordern, wenn der Absender den Frachtführer dazu ermächtigt hat.

Rechte des Empfängers nach der Ankunft des Gutes

§ 435. Nach der Ankunft des Gutes am Orte der Ablieferung ist der Empfänger berechtigt, die durch den Frachtvertrag begründeten Rechte gegen Erfüllung der sich daraus ergebenden Verpflichtungen in eigenem Namen gegen den Frachtführer geltend zu machen, ohne Unterschied, ob er hierbei in eigenem oder in fremdem Interesse handelt. Er ist insbesondere berechtigt, von dem Frachtführer die Übergabe des Frachtbriefs und die Auslieferung des Gutes zu verlangen. Dieses Recht erlischt, wenn der Absender dem Frachtführer eine nach § 433 noch zulässige entgegenstehende Anweisung erteilt.

Zahlungspflicht des Empfängers

§ 436. Durch Annahme des Gutes und des Frachtbriefs wird der Empfänger verpflichtet, dem Frachtführer nach Maßgabe des Frachtbriefs Zahlung zu leisten.

Ablieferungshindernisse

§ 437. (1) Ist der Empfänger des Gutes nicht zu ermitteln oder verweigert er die Annahme oder ergibt sich ein sonstiges Ablieferungshindernis, so hat der Frachtführer den Absender unverzüglich hiervon in Kenntnis zu setzen und dessen Anweisungen einzuholen.

(2) Ist dies den Umständen nach nicht tunlich oder der Absender mit der Erteilung der Anweisung säumig oder die Anweisung nicht ausführbar, so ist der Frachtführer befugt, das Gut in einem öffentlichen Lagerhaus oder sonst in sicherer Weise zu hinterlegen. Er kann, falls das Gut dem Verderben ausgesetzt und Gefahr im Verzug ist, das Gut auch gemäß § 373 Abs. 2 bis 4 verkaufen lassen.

(3) Von der Hinterlegung und dem Verkaufe des Gutes hat der Frachtführer den Absender und den Empfänger unverzüglich zu benachrichtigen, es sei denn, daß dies untunlich ist; im Falle der Unterlassung ist er zum Schadensersatze verpflichtet.

Erlöschen der Ansprüche gegen den Frachtführer

§ 438. (1) Ist die Fracht nebst den sonst auf dem Gute haftenden Forderungen bezahlt und das Gut angenommen, so sind alle Ansprüche gegen den Frachtführer aus dem Frachtvertrag erloschen.

(2) Diese Vorschrift findet keine Anwendung, soweit die Beschädigung oder Minderung des Gutes vor dessen Annahme durch amtlich bestellte Sachverständige festgestellt ist.

(3) Wegen einer Beschädigung oder Minderung des Gutes, die bei der Annahme äußerlich nicht erkennbar ist, kann der Frachtführer auch nach der Annahme des Gutes und der Bezahlung der Fracht in Anspruch genommen werden, wenn der Mangel in der Zeit zwischen der Übernahme des Gutes durch den Frachtführer und der Ablieferung entstanden ist und die Feststellung des Mangels durch amtlich bestellte Sachverständige unverzüglich nach der Entdeckung und spätestens binnen einer Woche nach der Annahme beantragt wird. Ist dem Frachtführer der Mangel unverzüglich nach der Entdeckung und binnen der bezeichneten Frist angezeigt, so genügt es, wenn die Feststellung unverzüglich nach dem Zeitpunkte beantragt wird, bis zu welchem der Eingang einer Antwort des Frachtführers unter regelmäßigen Umständen erwartet werden darf.

(4) Die Kosten einer von dem Empfangsberechtigten beantragten Feststellung sind von dem Frachtführer zu tragen, wenn ein Verlust oder eine Beschädigung ermittelt wird, für welche der Frachtführer Ersatz leisten muß.

(5) Der Frachtführer kann sich auf diese Vorschriften nicht berufen, wenn er den Schaden durch Vorsatz oder grobe Fahrlässigkeit herbeigeführt hat.

Verjährung

§ 439. Auf die Verjährung der Ansprüche gegen den Frachtführer wegen Verlustes, Minderung, Beschädigung oder verspäteter Ablieferung des Gutes finden die Vorschriften des § 414 entsprechende Anwendung. Dies gilt nicht für die im § 432 Abs. 3 bezeichneten Ansprüche.

Anwendung des Beförderungsvertrages im internationalen Straßengüterverkehr (CMR)

§ 439a. (1) Auf den Abschluß und die Ausführung des Vertrages über die entgeltliche Beförderung von Gütern auf der Straße ausgenommen Umzugsgut mittels Fahrzeugen, die Haftung des Frachtführers, Reklamationen und das Rechtsverhältnis zwischen aufeinanderfolgenden Frachtführern sind die Art. 2 bis 30 und 32 bis 41 des Übereinkommens vom 19. Mai 1956, BGBl. Nr. 138/1961, über den Beförderungsvertrag im internationalen Straßengüterverkehr (CMR) in der Fassung des Protokolls vom 5. Juli 1978, BGBl. Nr. 192/1981, in der für Österreich jeweils geltenden Fassung auch dann anzuwenden, wenn der vertragliche Ort der Übernahme und der vertragliche Ort der Ablieferung des Gutes im Inland liegen.

(2) Im Sinne des Abs. 1 sind unter Fahrzeugen Kraftfahrzeuge, Sattelkraftfahrzeuge, Anhänger und Sattelanhänger gemäß Art. I lit. p, q, r und u des Übereinkommens über den Straßenverkehr, BGBl. Nr. 289/1982, zu verstehen.

Gesetzliches Pfandrecht

§ 440. (1) Der Frachtführer hat wegen aller durch den Frachtvertrag begründeten Forderungen, insbesondere der Fracht- und Liegegelder, der Zollgelder und anderer Auslagen, sowie wegen der auf das Gut geleisteten Vorschüsse ein Pfandrecht an dem Gute.

(2) Das Pfandrecht besteht, solange der Frachtführer das Gut noch im Besitze hat, insbesondere mittelst Konnossements, Ladescheins oder Lagerscheins darüber verfügen kann.

(3) Auch nach der Ablieferung dauert das Pfandrecht fort, sofern der Frachtführer es binnen drei Tagen nach der Ablieferung gerichtlich geltend macht und das Gut noch im Besitze des Empfängers ist.

(4) Die Androhung des Pfandverkaufs und die übrigen in § 466b ABGB genannten Benachrichtigungen sind an den Empfänger zu richten. Ist dieser nicht zu ermitteln oder verweigert er die Annahme des Gutes, so hat die Androhung und Benachrichtigung gegenüber dem Absender zu erfolgen.

Rechte und Pflichten des letzten Frachtführers

§ 441. (1) Der letzte Frachtführer hat, falls nicht im Frachtbrief ein anderes bestimmt ist, bei der Ablieferung auch die Forderungen der Vormänner sowie die dem Gute haftenden Nachnahmen einzuziehen und die Rechte der Vormänner, insbesondere auch das Pfandrecht, auszuüben. Das Pfandrecht der Vormänner besteht so lange als das Pfandrecht des letzten Frachtführers.

(2) Wird der vorhergehende Frachtführer von dem nachfolgenden befriedigt, so gehen seine Forderung und sein Pfandrecht auf den letzteren über.

(3) In gleicher Art gehen die Forderung und das Pfandrecht des Spediteurs auf den nachfolgenden Spediteur und den nachfolgenden Frachtführer über.

Haftung des abliefernden Frachtführers

§ 442. Der Frachtführer, welcher das Gut ohne Bezahlung abliefert und das Pfandrecht nicht binnen drei Tagen nach der Ablieferung gerichtlich geltend macht, ist den Vormännern verantwortlich. Er wird, ebenso wie die vorhergehenden Frachtführer und Spediteure, des Rückgriffs gegen die Vormänner verlustig. Der Anspruch gegen den Empfänger bleibt in Kraft.

Rang mehrerer Pfänder

§ 443. (1) Bestehen an demselben Gut mehrere nach den §§ 397, 410, 421, 440 begründete Pfandrechte, so geht unter denjenigen Pfandrechten, welche durch die Versendung oder durch die Beförderung des Gutes entstanden sind, das später entstandene dem früher entstandenen vor.

(2) Diese Pfandrechte haben sämmtlich den Vorrang vor dem nicht aus der Versendung entstandenen Pfandrechte des Kommissionärs und des Lagerhalters sowie vor dem Pfandrechte des Spediteurs und des Frachtführers für Vorschüsse.

Ladeschein

§ 444. Über die Verpflichtung zur Auslieferung des Gutes kann von dem Frachtführer ein Ladeschein ausgestellt werden.

Inhalt des Ladescheins

§ 445. (1) Der Ladeschein soll enthalten:
1. den Ort und den Tag der Ausstellung;
2. den Namen und den Wohnort des Frachtführers;
3. den Namen des Absenders;
4. den Namen desjenigen, an welchen oder an dessen Order das Gut abgeliefert werden soll; als solcher gilt der Absender, wenn der Ladeschein nur an Order gestellt ist;
5. den Ort der Ablieferung;
6. die Bezeichnung des Gutes nach Beschaffenheit, Menge und Merkzeichen;
7. die Bestimmung über die Fracht und über die auf dem Gute haftenden Nachnahmen sowie im Falle der Vorausbezahlung der Fracht einen Vermerk über die Vorausbezahlung.

(2) Der Ladeschein muß von dem Frachtführer unterzeichnet sein.

(3) Der Absender hat dem Frachtführer auf Verlangen eine von ihm unterschriebene Abschrift des Ladescheins auszuhändigen.

Ladeschein und Frachtvertrag

§ 446. (1) Der Ladeschein entscheidet für das Rechtsverhältnis zwischen dem Frachtführer und dem Empfänger des Gutes; die nicht in den Ladeschein aufgenommenen Bestimmungen des Frachtvertrags sind dem Empfänger gegenüber unwirksam, sofern nicht der Ladeschein ausdrücklich auf sie Bezug nimmt.

(2) Für das Rechtsverhältnis zwischen dem Frachtführer und dem Absender bleiben die Bestimmungen des Frachtvertrags maßgebend.

Legitimation durch Ladeschein

§ 447. (1) Zum Empfange des Gutes legitimiert ist derjenige, an welchen das Gut nach dem Ladeschein abgeliefert werden soll oder auf welchen der Ladeschein, wenn er an Order lautet, durch Indossament übertragen ist.

(2) Der zum Empfange Legitimierte hat schon vor der Ankunft des Gutes am Ablieferungsorte die Rechte, welche dem Absender in Ansehung der Verfügung über das Gut zustehen, wenn ein Ladeschein nicht ausgestellt ist.

(3) Der Frachtführer darf einer Anweisung des Absenders, das Gut anzuhalten, zurückzugeben oder an einen anderen als den durch den Ladeschein legitimierten Empfänger auszuliefern, nur Folge leisten, wenn ihm der Ladeschein zurückgegeben wird; verletzt er diese Verpflichtung, so ist er dem rechtmäßigen Besitzer des Ladescheins für das Gut verhaftet.

Frachtgut gegen Ladeschein

§ 448. Der Frachtführer ist zur Ablieferung des Gutes nur gegen Rückgabe des Ladescheins, auf dem die Ablieferung des Gutes bescheinigt ist, verpflichtet.

Ladeschein und nachfolgende Frachtführer

§ 449. Im Falle des § 432 Abs. 1 wird der nachfolgende Frachtführer, der das Gut auf Grund des Ladescheins übernimmt, nach Maßgabe des Scheines verpflichtet.

Wirkungen der Übergabe des Ladescheins

§ 450. Die Übergabe des Ladescheins an denjenigen, welcher durch den Schein zur Empfangnahme des Gutes legitimiert wird, hat, wenn das Gut von dem Frachtführer übernommen ist, für den Erwerb von Rechten an dem Gute dieselben Wirkungen wie die Übergabe des Gutes.

§ 451. Auf die Beförderung von Briefen und briefähnlichen Sendungen sind nicht die Bestimmungen des sechsten Abschnitts (Frachtgeschäft), sondern jene des allgemeinen Zivil- und Unternehmensrechts anzuwenden.

§§ 452. und 453. (aufgehoben)

Siebenter Abschnitt
Investitionsersatz

§ 454. (1) Ein Unternehmer, der an einem vertikalen Vertriebsbindungssystem als gebundener Unternehmer oder als selbständiger Handelsvertreter (§ 1 HVertrG) teilnimmt, hat bei Beendigung des Vertragsverhältnisses mit dem bindenden Unternehmer Anspruch auf Ersatz von Investitionen, die er nach dem Vertriebsbindungsvertrag für einen einheitlichen Vertrieb zu tätigen verpflichtet war, soweit sie bei der Vertragsbeendigung weder amortisiert noch angemessen verwertbar sind.

(2) Der Anspruch besteht nicht, wenn
a) der gebundene Unternehmer das Vertragsverhältnis gekündigt oder vorzeitig aufgelöst hat, es sei denn, dass dafür ein dem bindenden Unternehmer zurechenbarer wichtiger Grund vorlag,
b) der bindende Unternehmer das Vertragsverhältnis aus einem dem gebundenen Unternehmer zurechenbaren wichtigen Grund gekündigt oder vorzeitig aufgelöst hat oder
c) der gebundene Unternehmer gemäß einer Vereinbarung mit dem bindenden Unternehmer die Rechte und Pflichten, die er nach dem Vertrag hat, einem Dritten überbindet.

(3) Der gebundene Unternehmer verliert den Anspruch, wenn er dem bindenden Unternehmer nicht innerhalb eines Jahres nach Beendigung des Vertragsverhältnisses mitgeteilt hat, dass er seine Rechte geltend macht.

(4) Ansprüche nach Abs. 1 können zum Nachteil des gebundenen Unternehmers im Voraus durch Vereinbarung weder aufgehoben noch beschränkt werden.

(5) Der Ausgleichsanspruch nach § 24 HVertrG bleibt von dieser Bestimmung unberührt.

Achter Abschnitt
Zahlungsverzug

Anwendungsbereich

§ 455. Dieser Abschnitt gilt für Rechtsgeschäfte zwischen Unternehmern sowie für Rechtsgeschäfte zwischen einem Unternehmer und einer juristischen Person des öffentlichen Rechts.

Verzugszinsen

§ 456. Bei der Verzögerung der Zahlung von Geldforderungen beträgt der gesetzliche Zinssatz 9,2 Prozentpunkte über dem Basiszinssatz. Dabei ist der Basiszinssatz, der am ersten Kalendertag eines Halbjahres gilt, für das jeweilige Halbjahr maßgebend. Soweit der Schuldner für die Verzögerung aber nicht verantwortlich ist, hat er nur die in § 1000 Abs. 1 ABGB bestimmten Zinsen zu entrichten.

Dauer von Abnahme- oder Überprüfungsverfahren

§ 457. Die Dauer eines gesetzlich oder vertraglich vorgesehenen Abnahme- oder Überprüfungsverfahrens zur Feststellung der vertragsgemäßen Leistungserbringung darf höchstens 30 Tage ab dem Empfang der Ware oder der Erbringung der Dienstleistung betragen. Die Vereinbarung einer längeren Frist kann nur ausdrücklich getroffen werden und ist nur zulässig, soweit dies für den Gläubiger nicht grob nachteilig ist.

Entschädigung für Betreibungskosten

§ 458. Bei der Verzögerung der Zahlung von Geldforderungen ist der Gläubiger berechtigt, als Entschädigung für etwaige Betreibungskosten vom Schuldner einen Pauschalbetrag von 40 Euro zu fordern. Für den Ersatz von Betreibungskosten, die diesen Pauschalbetrag übersteigen, ist § 1333 Abs. 2 ABGB anzuwenden.

Grob nachteilige Vertragsbestimmungen oder Geschäftspraktiken

§ 459. (1) Eine Vertragsbestimmung über den Zahlungstermin, die Zahlungsfrist, den Verzugszinssatz oder die Entschädigung für Betreibungskosten ist nichtig, wenn sie für den Gläubiger grob nachteilig ist. Ebenso wenig können aus einer diese Fragen betreffenden Geschäftspraktik rechtliche Wirkungen abgeleitet werden, wenn sie für den Gläubiger grob nachteilig ist.

(2) Für die Beurteilung der groben Nachteiligkeit einer Vertragsbestimmung oder Geschäftspraktik ist insbesondere zu berücksichtigen, inwieweit diese von der Übung des redlichen Verkehrs abweicht, ob es einen sachlichen Grund für diese Abweichung gibt und um welche Vertragsleistung es sich handelt. Bei einer zu Lasten des Gläubigers vereinbarten Vertragsbestimmung über eine von § 456 abweichende Höhe der Verzugszinsen oder über eine von § 458 erster Satz abweichende Höhe des pauschalen Entschädigungsbetrags ist auch zu berücksichtigen, ob es einen sachlichen Grund für diese Abweichung gibt.

(3) Die Vereinbarung einer Zahlungsfrist von bis zu 60 Tagen ist keinesfalls grob nachteilig.

(4) Der Ausschluss von Verzugszinsen ist jedenfalls grob nachteilig.

(5) Der Ausschluss der Entschädigung für Betreibungskosten nach § 458 gilt als grob nachteilig, sofern er nicht ausnahmsweise nach den Umständen des jeweiligen Rechtsgeschäfts sachlich gerechtfertigt ist.

Verbandsklage

§ 460. (1) Ein Unternehmer, der im geschäftlichen Verkehr ohne sachliche Rechtfertigung grob nachteilige Vertragsbestimmungen im Sinn des § 459 verwendet oder grob nachteilige Geschäftspraktiken in diesem Sinn ausübt, kann von Vereinigungen zur Förderung wirtschaftlicher Interessen von Unternehmern auf Unterlassung geklagt werden, soweit diese Vereinigungen Interessen vertreten, die durch die Handlung berührt werden. Der Unterlassungsanspruch kann auch von der Wirtschaftskammer Österreich und der Präsidentenkonferenz der Landwirtschaftskammern Österreichs geltend gemacht werden. Die §§ 24, 25 Abs. 3 bis 7 und 26 UWG 1984 sind sinngemäß anzuwenden.

(2) Die Gefahr einer Verwendung derartiger Vertragsbestimmungen oder einer Ausübung derartiger Geschäftspraktiken besteht nicht mehr, wenn der Unternehmer nach Abmahnung durch eine nach Abs. 1 klagebefugte Vereinigung binnen angemessener Frist eine mit angemessener Konventionalstrafe (§ 1336 ABGB) besicherte Unterlassungserklärung abgibt.

§§ 461. bis 473. (aufgehoben)

Fünftes Buch.
Seehandel.

§§ 474. bis 905. (nicht abgedruckt)

Inkrafttreten

§ 906. (1) § 17 Abs. 2 in der Fassung des Bundesgesetzes BGBl. I Nr. 158/1998 tritt mit 1. Jänner 1999 in Kraft.

(2) Die durch das Bundesgesetz BGBl. I Nr. 61/2000 geänderten Schwellenwerte des § 221 Abs. 1 und 2 und des § 246 Abs. 1 sind erstmals auf Geschäftsjahre anzuwenden, die nach dem 31. Dezember 1999 beginnen.

(3) Die §§ 10, 15 Abs. 2, 32 Abs. 1, 162 und 283 Abs. 2 in der Fassung des Bundesgesetzes BGBl. I Nr. 142/2000 treten mit 1. Jänner 2002 in Kraft.

(4) § 223 Abs. 2 sowie § 277 Abs. 3, 4, 7 und 8 in der Fassung des Bundesgesetzes BGBl. I Nr. 41/2001 treten mit 1. Mai 2001 in Kraft. Wer-

den Einreichungen gemäß §§ 277 bis 281 für Geschäftsjahre, die spätestens am 31. Dezember 2002 enden, im Weg des elektronischen Rechtsverkehrs vorgenommen, so verlängert sich die Frist des § 277 Abs. 1 auf zwölf Monate.

(5) § 239 Abs. 1 Z 5 in der Fassung des Bundesgesetzes BGBl. I Nr. 42/2001 tritt am 1. Mai 2001 in Kraft und ist auf danach endende Geschäftsjahre anzuwenden.

(6) § 271 Abs. 2 Z 9 und Abs. 4 Z 2 sowie § 275 Abs. 1 und 2 in der Fassung des Bundesgesetzes BGBl. I Nr. 97/2001 treten am 1. Jänner 2002 in Kraft. § 271 Abs. 2 Z 9 und Abs. 4 Z 2 ist auf Prüfungen von Geschäftsjahren anzuwenden, die nach dem 31. Dezember 2005 beginnen und § 275 Abs. 1 und Abs. 2 auf Prüfungen von Geschäftsjahren, die nach dem 31. Dezember 2001 beginnen. Auf die Prüfung von Geschäftsjahren, die nicht erst nach dem 31. Dezember 2005 beginnen, ist § 275 Abs. 2 mit der Maßgabe anzuwenden, dass im vierten Satz der Betrag von zwei Millionen Euro durch den Betrag von einer Million Euro zu ersetzen ist. Sofern in den Bestimmungen über andere Prüfungen auf § 275 verwiesen wird, ist § 275 Abs. 1 und 2 in der Fassung des BGBl. I Nr. 97/2001 anzuwenden, wenn der Prüfungsbericht nach dem 31. Dezember 2002 erstattet wird; für Berichte, die bis zum 31. Dezember 2006 erstattet werden, gilt dies mit der Maßgabe, dass im vierten Satz des Abs. 2 der Betrag von zwei Millionen Euro durch den Betrag von einer Million Euro zu ersetzen ist.

(7) § 352 und die Aufhebung des § 353 in der Fassung des Bundesgesetzes BGBl. I Nr. 118/2002 treten mit 1. August 2002 in Kraft.

(8) Rückstellungen im Sinne von § 198 Abs. 8 Z 4 lit. d für Verpflichtungen zur Rücknahme und Verwertungen von Altfahrzeugen gemäß § 5 der auf Grund von § 14 Abs. 1 des Abfallwirtschaftsgesetzes 2002, BGBl. I Nr. 102/2002, erlassenen Altfahrzeugeverordnung vom 6. November 2002, BGBl. II Nr. 407/2002, sind erstmals im Jahresabschluss für das nach dem 5. November 2002 endende Geschäftsjahr zu bilden. Soweit sich diese Verpflichtungen auf Fahrzeuge beziehen, die vor dem 1. Juli 2002 in Verkehr gebracht wurden, darf der Unterschiedsbetrag zwischen der nach § 198 Abs. 8 Z 4 lit. d anzusetzenden Rückstellung und dem Betrag, der sich bei Ansammlung der Rückstellung in gleichmäßig bemessenen Jahresraten ergibt, als gesonderter Aktivposten, der in der Bilanz unter der Bezeichnung „Abgrenzungsposten gemäß § 906 Abs. 8 HGB" vor dem Anlagevermögen auszuweisen ist, in die Bilanz aufgenommen werden. Dabei ist ein Ansammlungszeitraum zugrundezulegen, der mit dem nach dem 5. November 2002 endenden Geschäftsjahr beginnt und mit dem letzten vor dem 1. Jänner 2007 endenden Geschäftsjahr endet. Durch den Ansatz des Aktivpostens darf der ausschüttbare Gewinn nicht erhöht werden.

(9) § 454 in der Fassung des Bundesgesetzes BGBl. I Nr. 71/2003 ist auf Investitionen anzuwenden, zu denen der gebundene Unternehmer zur Durchführung des Vertriebsbindungsvertrags nach In-Kraft-Treten dieser Bestimmung verpflichtet wird. Bereits bestehende Ansprüche bleiben unberührt.

(10) Die §§ 237a, 242 Abs. 2, 243 Abs. 2 Z 5, 266 Z 9 und 10, 267 Abs. 2 Z 4 in der Fassung des Bundesgesetzes BGBl. I Nr. 118/2003 treten am 1. Jänner 2004 in Kraft und sind auf Geschäftsjahre anzuwenden, die nach dem 31. Dezember 2003 beginnen.

(11) Die §§ 221 Abs. 1 bis 3 und 7, 228 Abs. 3, 243, 245 Abs. 5, 245a, 246 Abs. 1 und 3, 247 Abs. 1, 250 Abs. 1, 265 Abs. 2 Z 1, 267 und 274 in der Fassung des Bundesgesetzes BGBl. I Nr. 161/2004 treten mit 1. Jänner 2005 in Kraft. Sie sind für Geschäftsjahre anzuwenden, die nach dem 31. Dezember 2004 beginnen. Für den Eintritt der Rechtsfolgen der §§ 221 Abs. 1 und 2, sowie 246 Abs. 1 sind die geänderten Größenmerkmale auch für Beobachtungszeiträume nach §§ 221 Abs. 4 und 246 Abs. 2 anzuwenden, die vor diesem Zeitpunkt liegen. Die §§ 248 und 260 Abs. 3 treten mit 1. Jänner 2005 außer Kraft.

(12) Art. 4 der Verordnung (EG) Nr. 1606/2002 betreffend die Anwendung internationaler Rechnungslegungsstandards, Abl. Nr. L 243 vom 11.9.2002 S.1, muss von Unternehmen, von denen lediglich Schuldtitel zum Handel an einem geregelten Markt im Sinne des § 1 Abs. 2 BörseG zugelassen sind, erst für Geschäftsjahre angewendet werden, die nach dem 31. Dezember 2006 beginnen. Dasselbe gilt für Unternehmen, deren Wertpapiere zum öffentlichen Handel in einem Nichtmitgliedstaat der EU zugelassen sind und die zu diesem Zweck seit einem Geschäftsjahr, das vor dem 11. September 2002 begonnen hat, international anerkannte Rechnungslegungsstandards anwenden. In diesen Fällen ist § 245a HGB in der Fassung des Bundesgesetzes BGBl. I Nr. 49/1999 weiterhin anwendbar. In dieser Fassung ist § 245a auch auf nicht zu einem Konzernabschluss nach international anerkannten Rechnungslegungsgrundsätzen verpflichtete Mutterunternehmen bis zu Geschäftsjahren, die nach dem 31. Dezember 2006 beginnen, weiterhin anwendbar.

(13) § 268 Abs. 1, § 270 Abs. 1, 3 und 5, § 271, § 271a und § 275 Abs. 2 in der Fassung des Bundesgesetzes BGBl. I Nr. 59/2005 treten mit 1. Jänner 2006 in Kraft und sind auf die Bestellung zur Prüfung und auf die Prüfung von Geschäftsjahren anzuwenden, die nach dem 31. Dezember 2005 beginnen. Sofern in Bestimmungen über andere Prüfungen auf § 275 verwiesen wird, ist § 275 in der Fassung des BGBl. I Nr. 59/2005 anzuwenden, wenn der Prüfungsbericht nach dem 31. Dezember 2005 erstattet wird. § 271 Abs. 2 Z 3 ist in Fällen, in denen ein Gesellschafter weniger als 20 von Hundert der Stimmrechte an einer Prüfungsgesellschaft besitzt, erst auf die Bestellung zur Prüfung von Geschäftsjahren anzuwenden, die nach dem 31. Dezember 2007 beginnen.

(14) Die §§ 1 bis 24, 28 bis 40, 48 bis 58, 105 bis 180, 185 bis 195, 198, 205, 207, 211 bis 215, 221, 225, 228, 229, 237, 241, 244, 265, 266, 268, 273, 283, 343 bis 349, 351 bis 357, 363 bis 365, 367 bis 374, 376 bis 379, 381, 383 bis 405, 407 bis 414, 416

bis 439, 440 bis 450, 486a, 739a und 793 in der Fassung des Handelsrechts-Änderungsgesetzes, BGBl. I Nr. 120/2005, treten mit 1. Jänner 2007 in Kraft. Die §§ 25 bis 27, 32a, 358 bis 362, 366, 375, 380, 382, 406, 415, 451 bis 453, 489 bis 510 und 679 bis 699 treten mit Ablauf des 31. Dezember 2006 außer Kraft. Soweit im folgenden nichts anderes bestimmt ist, sind auf Sachverhalte, die sich vor diesem Zeitpunkt ereignet haben, die bisher geltenden Bestimmungen weiter anzuwenden. Die §§ 270 Abs. 3, 271a Abs. 1 und 275 Abs. 2 in der Fassung des Handelsrechts-Änderungsgesetzes, BGBl. I Nr. 120/2005, treten mit 1. Jänner 2006 in Kraft.

(15) § 243a und § 267 Abs. 3a treten mit 20. Mai 2006 in Kraft und sind auf Jahresabschlüsse (Konzernabschlüsse) für Geschäftsjahre anzuwenden, die nach dem 31. Dezember 2005 beginnen.

(16) § 32 und § 189 Abs. 1 Z 2 und Abs. 2 Z 2 in der Fassung des Bundesgesetzes BGBl. I Nr. 103/2006 treten am 1. Jänner 2007 in Kraft. §§ 277, 281 und 283 in der Fassung des Bundesgesetzes BGBl. I Nr. 103/2006 treten am 1. Juli 2006 in Kraft; § 277 Abs. 6 erster bis dritter Satz in der Fassung des Bundesgesetzes BGBl. I Nr. 103/2006 gilt erstmals für Einreichungen für Geschäftsjahre, die am 31. Dezember 2007 enden.

(17) §§ 221, 243a, 245, 246, 267 und 906 Abs. 12 in der Fassung des Bundesgesetzes BGBl. I Nr. 72/2007 treten am 15. Dezember 2007 in Kraft.

(18) Die §§ 38, 221, 222, 237, 242, 243a, 243b, 245a, 246, 266, 267, 268, 269, 270, 271, 271a, 271b, 271c, 273, 274, 275, 277 und 451 in der Fassung des Bundesgesetzes BGBl. I Nr. 70/2008 treten mit 1. Juni 2008 in Kraft. § 38 Abs. 5a ist auf Unternehmensübergänge aufgrund eines nach dem 31. Mai 2008 vereinbarten oder beendeten Pacht-, Leih-, Fruchtnießungsvertrags und Vertrags über das Recht des Gebrauchs anzuwenden. Auf davor aufgrund des Abschlusses oder der Beendigung eines Pacht-, Leih-, Fruchtnießungsvertrags und Vertrags über das Recht des Gebrauchs erfolgte Unternehmensübergänge sind die bisher geltenden Bestimmungen weiter anzuwenden. §§ 221 Abs. 1 und 2 sowie 246 Abs. 1 sind auf Geschäftsjahre anzuwenden, die nach dem 31. Dezember 2007 beginnen. Für den Eintritt der Rechtsfolgen der §§ 221 Abs. 1 und 2, sowie 246 Abs. 1 sind die geänderten Größenmerkmale auch für Beobachtungszeiträume nach §§ 221 Abs. 4 und 246 Abs. 2 anzuwenden, die vor diesem Zeitpunkt liegen. Die §§ 222, 237, 242, 243a, 243b, 245a, 266, 267 und 277 sind auf Geschäftsjahre anzuwenden, die nach dem 31. Dezember 2008 beginnen. Die §§ 268, 269, 269a, 270, 271, 271a, 271b, 273, 274 und 275 sind auf die Bestellung zur Prüfung und auf die Prüfung von Geschäftsjahren anzuwenden, die nach dem 31. Dezember 2008 beginnen; § 271 Z 2 Z 3 und Abs. 4 letzter Satz ist abweichend davon auf Abschlussprüfer, die sich nach § 4 Abs. 2 A-QSG in einem Abstand von jeweils sechs Jahren einer externen Qualitätsprüfung unterziehen müssen, für die Bestellung zum Abschlussprüfer für Geschäftsjahre anzuwenden, die nach dem 31. Dezember 2011 beginnen; dies gilt auch dann, wenn solche Abschlussprüfer erstmals zum Abschlussprüfer eines Unternehmens im Sinn von § 4 Abs. 1 Z 1 A-QSG bestellt werden. Die §§ 271c und 451 sind auf nach dem 31. Mai 2008 geschlossene Verträge anzuwenden. Auf davor geschlossene Verträge sind die bisher geltenden Bestimmungen weiter anzuwenden.

(19) Die §§ 229 Abs. 4 bis 7, 243b Abs. 2, 244 Abs. 1 und 275 Abs. 1 in der Fassung des Aktienrechts-Änderungsgesetzes 2009, BGBl. I Nr. 71/2009, treten mit 1. August 2009 in Kraft. § 243b Abs. 2 ist auf Geschäftsjahre anzuwenden, die nach dem 31. Dezember 2009 beginnen.

(20) § 189 Abs. 1 Z 2 und Abs. 2 Z 2 in der Fassung des Bundesgesetzes BGBl. I Nr. 140/2009 treten mit 1. Jänner 2010 in Kraft und sind in dieser Fassung auf Jahresabschlüsse für Geschäftsjahre anzuwenden, die nach dem 31. Dezember 2009 beginnen. Für den Eintritt und den Entfall der Rechtsfolgen des § 189 Abs. 1 Z 2 sind die geänderten Werte auch für Beobachtungszeiträume nach § 189 Abs. 2 anzuwenden, die vor diesem Zeitpunkt liegen.

(21) Die §§ 198 Abs. 3, 203 Abs. 5, 207, 210, 226 Abs. 1 und 2, 231 Abs. 2 Z 7 lit. a, 249 Abs. 2 und 261 Abs. 1 in der Fassung des Bundesgesetzes BGBl. I Nr. 140/2009 treten mit 1. Jänner 2010 in Kraft und sind auf Jahresabschlüsse (Konzernabschlüsse) für Geschäftsjahre anzuwenden, die nach dem 31. Dezember 2009 beginnen. Für Aktivposten nach § 198 Abs. 3, die in Geschäftsjahren, die vor dem 1. Jänner 2010 begonnen haben, ausgewiesen worden sind, sind die §§ 198 Abs. 3, 210, 226 Abs. 1 und 2 und 231 Abs. 2 Z 7 lit. a in der bis dahin geltenden Fassung weiter anzuwenden.

(22) Die §§ 34 Abs. 1 und Abs. 5, 38 Abs. 5, 131 Z 3 und 5, 136 Abs. 2, 141 Abs. und 3, 143 Abs. 1, 144 Abs. 1, 145 Abs. 1 und 2, 146 Abs. 3, 171 Abs. 2, 187 Abs. 1 und 2 sowie die Überschrift vor § 188, 188 Abs. 1 und 2 sowie § 370 Abs. 1, 888 und 889 Abs. 1 in der Fassung des Bundesgesetzes BGBl. I Nr. 58/2010 treten mit 1. August 2010 in Kraft. § 144 Abs. 1 in der Fassung des Bundesgesetzes BGBl. I Nr. 58/2010 ist anzuwenden, wenn das Insolvenzverfahren nach dem 30. Juni 2010 eröffnet oder wieder aufgenommen (§ 158 Abs. 2 IO) wurde.

(23) § 283 in der Fassung des Budgetbegleitgesetzes 2011, BGBl. I Nr. 111/2010, tritt mit 1. Jänner 2011 in Kraft. § 283 in der Fassung des genannten Bundesgesetzes ist auf Verstöße gegen die in § 283 Abs. 1 genannten Pflichten anzuwenden, die nach dem 1. Jänner 2011 gesetzt werden oder fortdauern. Hat die Offenlegungsfrist vor dem 1. März 2011 geendet und ist die Offenlegung nicht bis zum 28. Februar 2011 erfolgt, so ist mit einer Zwangsstrafverfügung nach § 283 Abs. 2 in der Fassung des Budgetbegleitgesetzes 2011 gegen das offenlegungspflichtige Organ sowie die Gesellschaft vorzugehen. Erst bei Unterbleiben der Offenlegung für jeweils weitere zwei Monate nach dem 28. Februar 2011 kommen die Bestimmungen des § 283 Abs. 4 und 5 jeweils in der Fassung des genannten Bundesgesetzes zur Anwendung. In Ansehung

20/1. UGB
§ 906

von Säumnissen der jeweiligen Organe vor dem 1. Jänner 2011 ist § 283 in der bis dahin geltenden Fassung anzuwenden.

(24) § 241 Abs. 4 und § 243b Abs. 2 Z 2 und 3 in der Fassung des 2. Stabilitätsgesetzes 2012, BGBl. I Nr. 35/2012, treten mit 1. Juli 2012 in Kraft und sind auf Geschäftsjahre anzuwenden, die nach dem 31. Dezember 2011 begonnen haben.

(25) § 5 und der Achte Abschnitt des Vierten Buches mit den §§ 455 bis 460 jeweils in der Fassung des Zahlungsverzugsgesetzes, BGBl. I Nr. 50/2013, die Änderung der Abschnittsbezeichnung vor § 454 durch dieses Bundesgesetz sowie die Aufhebung des § 352 durch dieses Bundesgesetz treten mit 16. März 2013 in Kraft. Die genannten Bestimmungen sind in der Fassung des Zahlungsverzugsgesetzes auf Verträge anzuwenden, die ab dem 16. März 2013 geschlossen werden. Auf Verträge, die vor dem 16. März 2013 geschlossen wurden, sind die bisherigen Bestimmungen weiter anzuwenden.

(26) § 38 Abs. 1, § 39, § 108, § 109, § 112, § 113 Abs. 1, § 116 Abs. 1 und 2, § 117 Abs. 1, § 118 Abs. 2, § 119, § 121, § 127, § 129 Abs. 2, § 131 Z 3 und Z 6, § 133 Abs. 1, § 135, § 140 Abs. 1, § 141 Abs. 1 Abs. 2, § 160 Abs. 1, § 178, § 179 und § 454 Abs. 1 in der Fassung des GesbR-Reformgesetzes, BGBl. I Nr. 83/2014, treten mit 1. Jänner 2015 in Kraft. § 129 Abs. 3 und § 136 treten mit Ablauf des 31. Dezember 2014 außer Kraft. Soweit im Folgenden nichts anderes bestimmt ist, sind auf Sachverhalte, die sich vor dem 1. Jänner 2015 ereignet haben, die Bestimmungen in ihrer Fassung vor dem GesbR-Reformgesetz weiter anzuwenden.

(27) Unbeschadet des Vorrangs gesellschaftsvertraglicher Vereinbarungen (§ 108) gelten § 109, § 119 und § 121 in der Fassung des GesbR-Reformgesetzes, BGBl. I Nr. 83/2014, ab 1. Juli 2016 für Gesellschaften, die vor dem 1. Jänner 2015 errichtet wurden, wenn bis zum Ablauf des 30. Juni 2016 keiner der Gesellschafter gegenüber den übrigen Gesellschaftern erklärt, die Anwendung des zuvor geltenden Rechts beibehalten zu wollen. Ab 1. Jänner 2022 gelten § 109, § 119 und § 121 in der Fassung des GesbR-Reformgesetzes, BGBl. I Nr. 83/2014, unbeschadet des Vorrangs gesellschaftsvertraglicher Vereinbarungen (§ 108) jedenfalls auch für Gesellschaften, die vor dem 1. Jänner 2015 errichtet wurden.

(28) § 189 Abs. 1, 2 und 4, § 189a, § 196a, § 198 Abs.1 und 7 bis 10, § 201 Abs. 2 und 3, § 203 Abs. 3 bis 5, § 204 Abs. 1a und 2, § 206 Abs. 3, § 207, § 208 Abs. 2, § 209 Abs. 1, § 211, § 212 Abs. 1, § 216, § 221 Abs. 1 bis 5 und 7, § 222 Abs. 1 und 3, § 223 Abs. 3 und 4, § 224 Abs. 2 und 3, § 225 Abs. 3 bis 7, § 226 Abs. 1, 3 und 5, § 227, § 229 Abs. 1 bis 1b, 3, 4 und 6, § 231 Abs. 2 bis 5, § 232 Abs. 2 und 3, §§ 234 bis 238, § 239 Abs. 1 und 2, § 240 Abs. 1, § 243 Abs. 3, § 243a Abs. 2, § 243c, § 244 Abs. 1, 3, 4 und 7, § 245, § 245a Abs. 1, § 246 Abs. 1 und 3, § 249, § 250 Abs. 3, § 251 Abs. 1 und 2,§ 253 Abs. 1 und 2, § 254 Abs. 1 und 3, § 255 Abs. 2, § 256 Abs. 2, § 257 Abs. 2, § 258, § 259 Abs. 2, § 260 Abs. 2, § 261 Abs. 1 und 2, § 263 Abs. 1 und 2, § 264, § 265 Abs. 1 und 2, § 266, § 267 Abs. 3

und 3b, § 267a, § 267b, § 269, § 270 Abs. 3, § 274, § 277 Abs. 1 bis 3 und 6, § 278 Abs. 1, § 279, § 280, § 281, § 282 Abs. 2a, § 283, § 284 und § 285 in der Fassung des Bundesgesetzes BGBl. I Nr. 22/2015 treten mit 20. Juli 2015 in Kraft. Sie sind, soweit im Folgenden nichts Abweichendes angeordnet wird, erstmalig auf Unterlagen der Rechnungslegung für Geschäftsjahre anzuwenden, die nach dem 31. Dezember 2015 beginnen. § 205, § 208 Abs. 3, § 226 Abs. 2, § 228, § 230, § 232 Abs. 1 und 4, § 233, § 244 Abs. 6, § 253 Abs. 3 und § 268 Abs. 3 treten mit 20. Juli 2015 außer Kraft. Auf Unterlagen der Rechnungslegung für Geschäftsjahre, die vor dem 1. Jänner 2016 begonnen haben, sind die Bestimmungen in der Fassung vor dem Bundesgesetzes BGBl. I Nr. 22/2015 weiterhin anzuwenden. Unternehmen nach § 243c oder § 267b können einen Bericht oder einen konsolidierten Bericht über Zahlungen an staatliche Stellen bereits für jene Geschäftsjahre erstellen, die nach dem 31. Dezember 2014 beginnen; in diesem Fall wenden sie § 243c oder § 267b in der Fassung des Bundesgesetzes BGBl. I Nr. 22/2015 an.

(BGBl I 2015/22)

(29) Für den Eintritt der Rechtsfolgen des § 221 Abs. 1, 1a und 2 sowie des § 246 Abs. 1 sind die geänderten Größenmerkmale auch für Beobachtungszeiträume nach § 221 Abs. 4 und § 246 Abs. 2 anzuwenden, die vor dem 1. Jänner 2016 liegen.

(BGBl I 2015/22)

(30) Wurde ein Disagio nach § 198 Abs. 7 in der Fassung vor dem Bundesgesetz BGBl. I Nr. 22/2015 nicht als aktiver Rechnungsabgrenzungsposten bilanziert, so unterbleibt die Bildung eines aktiven Rechnungsabgrenzungsposten für diese Verbindlichkeit, bis diese nicht mehr ausgewiesen wird. § 203 Abs. 3 findet erstmals auf Herstellungsvorgänge Anwendung, die in Geschäftsjahren begonnen wurden, die nach dem 31. Dezember 2015 beginnen. Auf Herstellungsvorgänge, die vor dem 1. Jänner 2016 begonnen wurden, ist § 203 Abs. 3 in der bisherigen Fassung anzuwenden. § 203 Abs. 5 und § 261 Abs. 1 in der Fassung des Bundesgesetzes BGBl. I Nr. 22/2015 sind nur auf Geschäfts(Firmen)werte anzuwenden, die nach dem 31. Dezember 2015 gebildet werden. Auf Geschäfts(Firmen)werte, die vor dem 1. Jänner 2016 gebildet wurden, sind diese Bestimmungen in der bisherigen Fassung anzuwenden.

(BGBl I 2015/22)

(31) Unversteuerte Rücklagen, die nach § 205 in der Fassung vor dem Bundesgesetz BGBl. I Nr. 22/2015 gebildet wurden, sind, soweit die darin enthaltenen passiven latenten Steuern nicht den Rückstellungen zuzuführen sind, im Geschäftsjahr, das nach dem 31. Dezember 2015 beginnt, unmittelbar in die Gewinnrücklagen einzustellen.

(BGBl I 2015/22)

(32) Ist bei einem Vermögensgegenstand eine Abschreibung gemäß § 204 Abs. 2 oder § 207 vorgenommen worden und wurde von der Zuschreibung aufgrund des § 208 Abs. 2 in der Fassung vor dem Bundesgesetz BGBl. I Nr. 22/2015 bisher

abgesehen, so ist, wenn die Gründe für die Abschreibung nicht mehr bestehen, im Geschäftsjahr, das nach dem 31. Dezember 2015 beginnt, eine Zuschreibung vorzunehmen. Wird nach § 124b Z 270 des Einkommensteuergesetzes 1988 steuerlich eine Zuschreibungsrücklage gebildet, kann der in dieser Rücklage erfasste Betrag in der Bilanz unter den passiven Rechnungsabgrenzungsposten gesondert ausgewiesen und entsprechend den Vorgaben des § 124b Z 270 des Einkommensteuergesetzes 1988 aufgelöst werden.

(BGBl I 2015/22)

(33) Soweit auf Grund der geänderten Bewertung von langfristigen Verpflichtungen, die die Bildung einer Rückstellung erforderlich machen, und auf Grund des Ansatzes von latenten Steuern aus der erstmaligen Anwendung des § 198 Abs. 9 und 10 und § 258 in der Fassung des Bundesgesetzes BGBl. I Nr. 22/2015 eine Zuführung zu den Rückstellungen erforderlich ist, ist dieser Betrag, beginnend mit dem Jahr der Zuführung, über längstens fünf Jahre gleichmäßig verteilt nachzuholen. Der Unterschiedsbetrag ermittelt sich als Differenzbetrag zwischen dem bei der erstmaligen Anwendung zu Beginn des Geschäftsjahres sich ergebenden Betrag und dem im vorausgegangenen Abschluss ausgewiesenen Betrag. Es ist zulässig, die gebotene Rückstellung in Abschlüssen für Geschäftsjahre, die nach dem 31. Dezember 2015 beginnen, voll in die Bilanz einzustellen. In diesem Fall kann in der Bilanz unter den aktiven Rechnungsabgrenzungsposten der sich gegenüber dem nach dem ersten Satz gebotenen Rückstellung in den einzelnen Jahren ergebende Unterschiedsbetrag gesondert ausgewiesen werden. Latente Steuern aus der erstmaligen Anwendung des § 198 Abs. 10 Z 2 und § 254 in Verbindung mit § 258 sind nicht über die Gewinn- und Verlustrechnung nachzuerfassen.

(BGBl I 2016/43)

(34) Soweit die erstmalige Anwendung des § 211 in der Fassung des Bundesgesetzes BGBl. I Nr. 22/2015 eine Auflösung der Rückstellungen erforderlich macht oder auf Grund der erstmaligen Anwendung des § 198 Abs. 9 und 10 und § 258 in der Fassung des Bundesgesetzes BGBl. I Nr. 22/2015 der Ansatz aktiver latenter Steuern erforderlich ist, ist dieser Betrag, beginnend mit dem Jahr der erstmaligen Anwendung dieser Bestimmungen, über längstens fünf Jahre gleichmäßig zu verteilen. Der Unterschiedsbetrag ermittelt sich als Differenzbetrag zwischen dem bei der erstmaligen Anwendung zu Beginn des Geschäftsjahres sich ergebenden Betrag und dem im vorausgegangenen Abschluss ausgewiesenen Betrag. Es ist zulässig, den gebotenen Betrag in Abschlüssen für Geschäftsjahre, die nach dem 31. Dezember 2015 beginnen, in vollem Umfang zu bilanzieren. In diesem Fall kann eine Verteilung über längstens fünf Jahre erfolgen, indem der Unterschiedsbetrag zwischen dem vollen Umfang des Betrags und dem nach dem ersten Satz zumindest zu berücksichtigenden Betrag unter den passiven Rechnungsabgrenzungsposten gesondert ausgewiesen wird. Latente Steuern aus der erstmaligen Anwendung des § 254 in Verbindung mit § 258 sind nicht über die Gewinn- und Verlustrechnung nachzuerfassen.

(BGBl I 2016/43)

(35) Gesellschaften, die in Konzernabschlüssen für Geschäftsjahre, die vor dem 1. Jänner 2016 begonnen haben, die Kapitalkonsolidierung nach § 254 Abs. 1 Z 1 in der Fassung vor dem Bundesgesetz BGBl. I Nr. 22/2015 durchgeführt haben, können diese Methode beibehalten; diesfalls ist § 254 Abs. 1, 2 und 3 in der bisherigen Fassung weiterhin anzuwenden. Der Wechsel auf die Konsolidierungsmethode nach § 254 Abs. 1 in der Fassung des Bundesgesetzes BGBl. I Nr. 22/2015 ist im Sinn des § 250 Abs. 3 dritter Satz gerechtfertigt; die Auswirkungen auf die Vermögens-, Finanz- und Ertragslage sind im Konzernanhang darzustellen.

(BGBl I 2015/22)

(36) Ändern sich bei der erstmaligen Anwendung der Bestimmungen nach dem Bundesgesetz BGBl. I Nr. 22/2015 die bisherige Form der Darstellung oder die bisher angewandten Bewertungsmethoden, so sind § 201 Abs. 2 Z 1 und § 223 Abs. 1 bei der erstmaligen Aufstellung eines Jahres- oder Konzernabschlusses nach den geänderten Vorschriften nicht anzuwenden. Sind bei der erstmaligen Anwendung der Bestimmungen nach dem Bundesgesetz BGBl. I Nr. 22/2015 im Vergleich zum Jahresabschluss des Vorjahres Angaben einem anderen Posten zuzuordnen als bisher, so sind die Vorjahresbeträge (§ 223 Abs. 2) so zu berechnen, als wären die Bestimmungen nach der neuen Rechtslage schon im Vorjahr angewandt worden, soweit das im Einzelfall zur Herstellung der im § 222 Abs. 2 genannten Zielsetzung erforderlich und praktikabel ist. Soweit die Beträge nicht vergleichbar sind, sind die entsprechenden Anhangangaben zu machen.

(BGBl I 2016/43)

(37) §§ 283, 284 und 285 sind auf Verstöße gegen die in § 283 Abs. 1 und § 284 genannten Pflichten anzuwenden, die nach dem 19. Juli 2015 gesetzt werden oder fortdauern. Anträge auf Stundung und Nachlass können ab dem 20. Juli 2015 bei allen Zwangsstrafen gestellt werden; auf bereits anhängige Anträge auf Stundung und Nachlass ist § 285 in der Fassung des Bundesgesetzes BGBl. I Nr. 22/2015 sinngemäß anzuwenden.

(BGBl I 2015/22)

(38) § 269, § 270 Abs. 3 und § 274 sind in der Fassung des Bundesgesetzes BGBl. I Nr. 22/2015 auf die Abschlussprüfung von Geschäftsjahren anzuwenden, die nach dem 31. Dezember 2015 beginnen. § 268 Abs. 3 tritt mit 20. Juli 2015 außer Kraft; auf die Abschlussprüfung von Geschäftsjahren, die vor dem 1. Jänner 2016 begonnen haben, sind die Bestimmungen in der Fassung vor dem Bundesgesetzes BGBl. I Nr. 22/2015 weiterhin anzuwenden."

(BGBl I 2015/22)

(39) Durch die §§ 189 Abs. 1 Z 1 und 2, 189a Abs. 2, 196, 198, 201, 203 bis 211, 221 bis 227, 231 bis 269, 274 und 277 bis 284 in der Fassung des Bundesgesetzes BGBl. I Nr. 22/2015 wird die

Richtlinie 2013/34/EU über den Jahresabschluss, den konsolidierten Abschluss und damit verbundene Berichte von Unternehmen bestimmter Rechtsformen und zur Änderung der Richtlinie 2006/43/EG des Europäischen Parlaments und des Rates und zur Aufhebung der Richtlinien 78/660/EWG und 83/349/EWG, ABl. Nr. L 182 vom 29.06.2013 S. 19, zuletzt geändert durch die Richtlinie 2014/102/EU, ABl. Nr. L 334 vom 21.11.2014 S. 86, umgesetzt.

(BGBl I 2016/43)

(40) § 131 in der Fassung des Bundesgesetzes BGBl. I Nr. 22/2015 tritt mit 1. Jänner 2015 in Kraft.

(BGBl I 2016/43)

(41) § 235 Abs. 1 in der Fassung des Bundesgesetzes BGBl. I Nr. 163/2015 tritt mit 1. Jänner 2016 in Kraft. § 235 Abs. 1 Z 2 und 3 in der Fassung des Bundesgesetzes BGBl. I Nr. 163/2015 sind auf nach dem 31. Mai 2015 beschlossene Umgründungsvorgänge anzuwenden und gelten für Ausschüttungsbeschlüsse nach dem 31. Dezember 2015. § 235 Abs. 1 in der Fassung des Bundesgesetzes BGBl. I Nr. 163/2015 ist auf nach dem 31. Mai 2015 stattfindende Übergänge des Gesellschaftsvermögens gemäß § 142 anzuwenden und gilt für Ausschüttungsbeschlüsse nach dem 31. Dezember 2015.

(BGBl I 2016/43)

(42) § 189 Abs. 1 Z 2, § 221 Abs. 5, § 224 Abs. 3, § 229 Abs. 1 bis 1b, § 238 Abs. 1 Z 8, § 242 Abs. 2, § 244 Abs. 7, § 253 Abs. 2, § 254 Abs. 4, § 259 Abs. 1, § 266 Z 1 und 2, § 282 Abs. 2 und § 906 Abs. 33, 34 und 36 in der Fassung des Bundesgesetzes BGBl. I Nr. 43/2016 treten mit 20. Juli 2015 in Kraft; die Anwendbarkeit richtet sich nach Abs. 28.

(BGBl I 2016/43)

(43) § 269 Abs. 1a, Abs. 2 und Abs. 5, § 270 Abs. 1, Abs. 1a, Abs. 3 und Abs. 7, § 270a, § 271 Abs. 1 und Abs. 2 mit Ausnahme der Z 3, § 271a Abs.1 erster Satz und Abs. 5 bis 7, § 271c, § 272 Abs. 4, § 273 Abs. 1 und § 275 Abs. 1 in der Fassung des Bundesgesetzes BGBl. I Nr. 43/2016 treten mit 17. Juni 2016 in Kraft. § 271 Abs. 2 Z 3 und Abs. 4 in der Fassung des Bundesgesetzes BGBl. I Nr. 43/2016 treten mit 1. Oktober 2016 in Kraft. §§ 269 Abs. 2, 271c und 275 Abs. 1 sind erstmals auf die Abschlussprüfung von Geschäftsjahren anzuwenden, die nach dem 16. Juni 2016 beginnen. § 271a Abs. 1 Z 4 in der Fassung des Bundesgesetzes BGBl. I Nr. 43/2016 ist erstmals auf die Abschlussprüfung von Geschäftsjahren anzuwenden, die nach dem 16. Juni 2016 beginnen; wurde vor dessen Anwendbarkeit die Prüfungstätigkeit für zumindest zwei Geschäftsjahre unterbrochen, so ist diese Unterbrechung einer dreijährigen gleichzuhalten.

(BGBl I 2016/43)

(44) § 242 Abs. 4, § 243 Abs. 5, § 243b, § 243c, § 243d, § 244, § 267a, § 267b, § 267c, § 269 Abs. 3, § 273 Abs. 1, § 277 Abs. 1 und Abs. 4, § 280 Abs. 1 und § 282 Abs. 2a in der Fassung des Bundesgesetzes BGBl. I Nr. 20/2017 treten mit 6. Dezember 2016 in Kraft. Sie sind erstmalig auf Unterlagen der Rechnungslegung für Geschäftsjahre anzuwenden, die nach dem 31. Dezember 2016 beginnen.

(BGBl I 2017/20)

(45) Durch § 243b, § 243c, § 267a, § 267b, § 269 Abs. 3, § 273 Abs. 1, § 277 Abs. 1 und 4, § 280 Abs. 1 und § 282 Abs. 2a in der Fassung des Bundesgesetzes BGBl. I Nr. 20/2017 wird die Richtlinie 2014/95/EU zur Änderung der Richtlinie 2013/34/EU im Hinblick auf die Angabe nichtfinanzieller und die Diversität betreffender Informationen durch bestimmte große Unternehmen und Gruppen, ABl. Nr. L 330 vom 22.10.2014, S. 1, umgesetzt.

(BGBl I 2017/20)

(46) § 243a Abs. 1, § 243c Abs. 1, § 267 Abs. 3a und § 267b in der Fassung des Bundesgesetzes BGBl. I Nr. 107/2017 treten mit 3. Jänner 2018 in Kraft.

(BGBl I 2017/107)

(47) § 243c Abs. 1 in der Fassung des Bundesgesetzes BGBl. I Nr. 17/2018 tritt mit 3. Jänner 2018 in Kraft.

(BGBl I 2018/17)

(48) § 32 in der Fassung des Bundesgesetzes BGBl. I Nr. 58/2018, tritt mit 1. August 2018 in Kraft.

(BGBl I 2018/58)

(49) § 196a samt Überschrift, § 211 Abs. 1 und § 278 Abs. 1 in der Fassung des Bundesgesetzes BGBl. I Nr. 46/2019 treten mit 1. Juli 2019 in Kraft. Sie sind erstmalig auf Unterlagen der Rechnungslegung für Geschäftsjahre anzuwenden, die nach dem 31. Dezember 2018 beginnen.

(BGBl I 2019/46, BGBl I 2021/86)

„(50)" § 242 Abs. 4 und § 243c Abs. 2 in der Fassung des Aktienrechts-Änderungsgesetzes 2019, BGBl. I Nr. 63/2019, treten mit 10. Juni 2019 in Kraft. Die Angaben zu den Gesamtbezügen der einzelnen Vorstandsmitglieder und zu den Grundsätzen der Vergütungspolitik können erstmals im Corporate Governance-Bericht über jenes Geschäftsjahr unterbleiben, das nach dem 10. Juni 2019 beginnt.

(BGBl I 2019/63; MinBestRefG, BGBl I 2023/187 ab 31.12.2023)

„(51)" § 242 Abs. 4 und § 243c Abs. 2 in der Fassung des Aktienrechts-Änderungsgesetzes 2019, BGBl. I Nr. 63/2019, treten mit 10. Juni 2019 in Kraft. Die Angaben zu den Gesamtbezügen der einzelnen Vorstandsmitglieder und zu den Grundsätzen der Vergütungspolitik können erstmals im Corporate Governance-Bericht über jenes Geschäftsjahr unterbleiben, das nach dem 10. Juni 2019 beginnt.

(BGBl I 2021/86; MinBestRefG, BGBl I 2023/187 ab 31.12.2023)

„(52)" § 31 Abs. 3, § 141 Abs. 2, § 145 Abs. 2, § 146 Abs. 2, 165 und § 184 Abs. 1 in der Fassung der Gesamtreform des Exekutionsrechts – GREx,

BGBl. I Nr. 86/2021 treten mit 1. Juli 2021 in Kraft. § 135 tritt mit Ablauf des 30. Juni 2021 außer Kraft.

(BGBl I 2021/86; MinBestRefG, BGBl I 2023/187 ab 31.12.2023)

„(53)" § 10 Abs. 1, 1a und 1b, § 11 Abs. 3, § 15 Abs. 1 und 2, § 243d Abs. 8, § 245 Abs. 3, die Überschrift zu § 267b, § 267c Abs. 2, § 277 Abs. 2a und 4, § 280 Abs. 1 sowie § 280a in der Fassung des Gesellschaftsrechtlichen Digitalisierungsgesetzes 2022, BGBl. I Nr. 186/2022, treten mit 1. Dezember 2022 in Kraft. § 277 Abs. 7 tritt mit Ablauf des 30. November 2022 außer Kraft. § 277, § 280 Abs. 1 und § 280a in der Fassung des Gesellschaftsrechtlichen Digitalisierungsgesetzes 2022 sind erstmalig auf Unterlagen für die Rechnungslegung für Geschäftsjahre anzuwenden, die nach dem 30. November 2022 beginnen.

(GesDigG 2022, BGBl I 2022/186; MinBestRefG, BGBl I 2023/187 ab 31.12.2023)

„(54) § 198 Abs. 10 Satz 3 Z 4 und § 238 Abs. 1 Z 3a treten mit 31. Dezember 2023 in Kraft und sind auf Geschäftsjahre anzuwenden, die am oder nach dem 30. November 2023 enden."

(MinBestRefG, BGBl I 2023/187)

Übergangsbestimmungen zum Handelsrechts-Änderungsgesetz

§ 907. (1) Kaufleute im Sinne des Ersten Abschnitts des Ersten Buches des HGB gelten mit In-Kraft-Treten des Handelsrechts-Änderungsgesetzes, BGBl. I Nr. 120/2005, als Unternehmer im Sinne von § 1 in der Fassung dieses Gesetzes.

(2) Vor dem 1. Jänner 2007 entstandene offene Handelsgesellschaften, offene Erwerbsgesellschaften und Kommanditerwerbsgesellschaften gelten unbeschadet der Abs. 8 bis 14 mit 1. Jänner 2007 als offene Gesellschaften bzw. Kommanditgesellschaften. Sofern ihr Gegenstand auf eine unternehmerische Tätigkeit gerichtet ist, gelten sie ab diesem Zeitpunkt als Unternehmer im Sinne von § 1 in der Fassung des Handelsrechts-Änderungsgesetzes, BGBl. I Nr. 120/2005.

(3) Vordrucke von Geschäftspapieren und Bestellscheinen sowie Webseiten haben bei Kapitalgesellschaften spätestens ab 1. Jänner 2007, bei anderen Unternehmern spätestens ab 1. Jänner 2010 den Bestimmungen des § 14 in der Fassung des Handelsrechts-Änderungsgesetzes, BGBl. I Nr. 120/2005, zu entsprechen. Bis dahin finden ansonsten die bisher geltenden Bestimmungen Anwendung.

(4) Vor dem 1. Jänner 2007 in das Firmenbuch eingetragene Firmen können mit folgender Maßgabe weitergeführt werden:

1. Eingetragene Einzelunternehmer haben spätestens ab dem 1. Jänner 2010 im Geschäftsverkehr ihrer Firma den in § 19 Abs. 1 Z 1 in der Fassung des Handelsrechts-Änderungsgesetzes, BGBl. I Nr. 120/2005, bezeichneten Rechtsformzusatz beizufügen und die Änderung bis zu diesem Zeitpunkt zur Eintragung ins Firmenbuch anzumelden.

2. Eingetragene Personengesellschaften haben spätestens ab dem 1. Jänner 2010 im Geschäftsverkehr ihrer Firma die in § 19 Abs. 1 Z 2 und 3 in der Fassung des Handelsrechts-Änderungsgesetzes, BGBl. I Nr. 120/2005, bezeichneten Rechtsformzusätze beizufügen und die Änderung bis zu diesem Zeitpunkt zur Eintragung im Firmenbuch anzumelden. Eine offene Gesellschaft, die zum Zeitpunkt des In-Kraft-Tretens des Handelsrechts-Änderungsgesetzes, BGBl. I Nr. 120/2005, den Rechtsformzusatz „OHG" in ihrer Firma führt, kann diesen beibehalten.

3. Auf Anmeldungen zur Eintragung in das Firmenbuch, die ausschließlich die Aufnahme der nach den § 19 Abs. 1 Z 1 bis 3 in der Fassung des Handelsrechts-Änderungsgesetzes, BGBl. I Nr. 120/2005, vorgeschriebenen Rechtsformzusätze in eine Firma zum Gegenstand haben, ist § 11 FBG anzuwenden. Solche Anmeldungen sowie Firmenbucheintragungen, die auf Grund dieser Anmeldungen vorgenommen werden, sind von den Gerichtsgebühren befreit, wenn die Anmeldung vor dem 1. Jänner 2010 beim Firmenbuchgericht eingelangt ist. Wird in der Eingabe, die die Anmeldung enthält, darüber hinaus noch die Vornahme weiterer Eintragungen begehrt, so ist für die Eingabe die Eingabengebühr nach Tarifpost 10 Z I lit. a GGG und sind für diese Eintragungen die Eintragungsgebühren nach Tarifpost 10 Z I lit. b oder c GGG zu entrichten; hingegen ist auch in diesen Fällen die Aufnahme des Rechtsformzusatzes in die Firma von der Eintragungsgebühr nach Tarifpost 10 Z I lit. b Z 1 GGG befreit.

4. Entspricht der Unternehmer der genannten Verpflichtung nicht, werden ab dem 1. Jänner 2010 keine weiteren Eintragungen in das Firmenbuch vorgenommen.

5. Bestehende Personengesellschaften, die nicht im Firmenbuch eingetragen sind, sind bis zum 1. Jänner 2010 unter Berücksichtigung von § 19 Abs. 1 Z 2 zur Eintragung in das Firmenbuch anzumelden.

6. In der Eintragung ist auf die Anpassung an die Bestimmungen dieses Bundesgesetzes hinzuweisen.

(5) Für neu einzutragende Firmenwortlaute gilt:

1. Ein zur Eintragung in das Firmenbuch angemeldeter Firmenwortlaut, der nicht den Bestimmungen der §§ 18 ff. in der Fassung des Handelsrechts-Änderungsgesetzes, BGBl. I Nr. 120/2005, entspricht, kann nach In-Kraft-Treten dieses Bundesgesetzes nicht mehr in das Firmenbuch eingetragen werden.

2. Ein vor In-Kraft-Treten des Handelsrechts-Änderungsgesetzes, BGBl. I Nr. 120/2005, zur Eintragung in das Firmenbuch angemeldeter Firmenwortlaut, der bereits den damit geänderten Bestimmungen der §§ 18 ff. entspricht, kann nach In-Kraft-Treten dieses Bundesgesetzes in das Firmenbuch eingetragen werden.

(6) Die §§ 38 und 39 in der Fassung des Handelsrechts-Änderungsgesetzes, BGBl. I Nr. 120/2005, sind auf nach dem 31. Dezember 2006 vereinbarte Unternehmensübergänge anzuwenden.

(7) § 40 in der Fassung des Handelsrechts-Änderungsgesetzes, BGBl. I Nr. 120/2005, ist auf die Fortführung eines Unternehmens durch den Erben anzuwenden, wenn der Erbanfall nach dem 31. Dezember 2006 liegt.

(8) Sofern in der Folge nichts anderes bestimmt wird, sind die Bestimmungen des Zweiten Buches in der Fassung des Handelsrechts-Änderungsgesetzes, BGBl. I Nr. 120/2005, auch auf Gesellschaften anzuwenden, die vor dem 1. Jänner 2007 errichtet wurden.

(9) § 123 in der Fassung des Handelsrechts-Änderungsgesetzes, BGBl. I Nr. 1202005, ist auf nach dem 31. Dezember 2006 errichtete Personengesellschaften anzuwenden. Sofern unter den Gesellschaftern nichts anderes vereinbart wurde, gilt dies auch für die §§ 109, 119, 120, 121 Abs. 1 und 2, 122 Abs. 1, 124 Abs. 1, 137 Abs. 4, 141 Abs. 1 erster Satz, 154 Abs. 2, 155 Abs. 1 und 4 sowie 167 bis 169. Auf vor diesem Zeitpunkt errichtete Gesellschaften sind die bisher geltenden Bestimmungen weiter anzuwenden.

(10) § 136 Abs. 1 in der Fassung des Handelsrechts-Änderungsgesetzes, BGBl. I Nr. 120/2005, ist auf die einstweilige Fortführung von Geschäften anzuwenden, wenn die Gesellschaft nach dem 31. Dezember 2006 durch den Tod eines Gesellschafters aufgelöst würde. Liegt der Tod des Gesellschafters vor diesem Zeitpunkt, so ist die bisher geltende Bestimmung weiter anzuwenden.

(11) § 139 Abs. 3 in der Fassung des Handelsrechts-Änderungsgesetzes, BGBl. I Nr. 120/2005, ist auch auf Erben anzuwenden, denen die Verlassenschaft innerhalb von drei Monaten vor dem 1. Jänner 2007 eingeantwortet wurde. Wurde die Verlassenschaft vor diesem Zeitpunkt eingeantwortet, so ist die bisher geltende Bestimmung weiter anzuwenden.

(12) § 149 in der Fassung des Handelsrechts-Änderungsgesetzes, BGBl. I Nr. 120/2005 ist auf Liquidatoren anzuwenden, die nach dem 31. Dezember 2006 bestellt werden. Auf vor diesem Zeitpunkt bestellte Liquidatoren ist die bisher geltende Bestimmung weiter anzuwenden.

(13) § 160 in der Fassung des Handelsrechts-Änderungsgesetzes, BGBl. I Nr. 120/2005, ist auf vor dem 1. Jänner 2007 entstandene Verbindlichkeiten anzuwenden, wenn das Ausscheiden eines Gesellschafters oder ein Wechsel in die Rechtsstellung eines Kommanditisten nach diesem Zeitpunkt vereinbart wurde. Auf vor diesem Zeitpunkt getroffene Vereinbarungen über das Ausscheiden eines Gesellschafters oder einen Wechsel in die Rechtsstellung eines Kommanditisten sind die bisher geltenden Bestimmungen weiter anzuwenden.

(14) § 176 in der Fassung des Handelsrechts-Änderungsgesetzes, BGBl. I Nr. 120/2005, ist auf nach dem 31. Dezember 2006 errichtete Kommanditgesellschaften anzuwenden. Für die Haftung eines Kommanditisten einer vor diesem Zeitpunkt errichteten Kommanditgesellschaft ist die bisher geltende Bestimmung weiter anzuwenden.

(15) § 178 in der Fassung des Handelsrechts-Änderungsgesetzes, BGBl. I Nr. 120/2005, ist auf nach dem 31. Dezember 2006 vorgenommene rechtsgeschäftliche Handlungen im Namen einer unternehmerisch tätigen Gesellschaft bürgerlichen Rechts anzuwenden.

(16) Für Unternehmer, die vor dem 1. Jänner 2007 nicht zur Rechnungslegung verpflichtet waren, sind ab diesem Stichtag die Beobachtungszeiträume des § 189 Abs. 2 für den Eintritt der Rechtsfolgen des § 189 Abs. 1 Z 2 maßgeblich. Für Unternehmer, die vor dem 1. Jänner 2007 rechnungslegungspflichtig waren, sind für den Eintritt und den Entfall der Rechtsfolgen des § 189 Abs. 1 Z 2 auch Beobachtungszeiträume maßgeblich, die vor dem 1. Jänner 2007 liegen. Für die Beurteilung der Rechnungslegungspflicht vor dem 1. Jänner 2007 sind im Zweifel die Umsatzgrenzen des § 125 Abs. 1 lit. a BAO in der bis 31. Dezember 2006 anzuwendenden Fassung heranzuziehen.

(17) Vor dem 1. Jänner 2007 eingetragene Erwerbsgesellschaften und Kommanditerwerbsgesellschaften, bei denen kein unbeschränkt haftender Gesellschafter eine natürliche Person ist, sind erstmals für Geschäftsjahr gemäß § 189 Abs. 1 Z 1 rechnungslegungspflichtig, die nach dem 31. Dezember 2007 beginnen. Zugleich beginnen die Beobachtungszeiträume gemäß § 221 Abs. 4 Z 2 und § 246 Abs. 2.

(18) Die mit dem Handelsrechts-Änderungsgesetz, BGBl. I Nr. 120/2005, geänderten Bestimmungen des Vierten Buches (§§ 343 bis 450) sind auf nach dem 31. Dezember 2006 abgeschlossene Rechtsgeschäfte anzuwenden.

(19) Auf vor dem 1. Jänner 2007 errichtete Reedereien sowie vereinbarte Verbodmungen sind die bisher geltenden Bestimmungen weiter anzuwenden.

§ 908. (aufgehoben)
(BGBl I 2016/43)

Vollziehungsklausel

§ 909. Mit der Vollziehung dieses Bundesgesetzes ist der Bundesminister für Justiz betraut.

20/2.
Mitarbeiterbeteiligungsstiftungsgesetz 2017 – MitarbeiterBetStG 2017 (Art 6)

BGBl I 2017/105

Die verbindliche Vorgabe der planmäßigen Abgabe von Aktien einer Arbeitgebergesellschaft im Sinne des § 4d Abs. 5 Z 1 EStG 1988 an die Begünstigten einer Mitarbeiterbeteiligungsstiftung im Sinne des § 4d Abs. 4 EStG durch die Arbeitgebergesellschaften (Mitarbeiterbeteiligungsprogramm) begründet keinen beherrschenden Einfluss auf die Mitarbeiterbeteiligungsstiftung im Sinne des § 244 Abs. 2 Z 3 UGB.

21. Bankwesen

21. BANKWESEN

Inhaltsverzeichnis

- **21/1.** Bankwesengesetz – **BWG** (Auszug), BGBl 1993/532 idF BGBl I 2023/106 (CESOP-UG 2023) .... Seite 1585
- **21/2.** Kontenregister- und Konteneinschaugesetz – **KontRegG** .... Seite 1587
  - 21/2/1. Kontenregister-Durchführungsverordnung – **KontReg-DV**, BGBl II 2016/92 idF BGBl II 2020/579 .... Seite 1593
  - 21/2/2. 2. Kontenregister-Durchführungsverordnung – **2. KontReg-DV**, BGBl II 2021/176 .... Seite 1594
- **21/3.** Kapitalabfluss-Meldegesetz .... Seite 1598
  - 21/3/1. Kapitalabfluss-Durchführungsverordnung – **KapAbfl-DV**, BGBl II 2016/91 idF BGBl II 2020/579 .... Seite 1602
- **21/4.** Gemeinsamer Meldestandard-Gesetz – **GMSG** .... Seite 1604
  - 21/4/1. Verordnung zur Durchführung des Gemeinsamen Meldestandard-Gesetzes **(GMSG-DV)**, BGBl II 2015/439 idF BGBl II 2019/339 .... Seite 1629
  - 21/4/2. Verordnung zu § 91 Z 2 GMSG über die Liste der teilnehmenden Staaten, BGBl II 2023/164 .... Seite 1630

BWG
KontRegG
KapitalAbfl
GMSG

21/1. Bankwesengesetz (Auszug)

Bankwesengesetz, BGBl 1993/532 idF BGBl I 2023/106 (CESOP-UG 2023)

IX. Bankgeheimnis

§ 38. (1) Kreditinstitute, ihre Gesellschafter, Organmitglieder, Beschäftigte sowie sonst für Kreditinstitute tätige Personen dürfen Geheimnisse, die ihnen ausschließlich auf Grund der Geschäftsverbindungen mit Kunden oder auf Grund des § 75 Abs. 3 anvertraut oder zugänglich gemacht worden sind, nicht offenbaren oder verwerten (Bankgeheimnis). Werden Organen von Behörden sowie der Oesterreichischen Nationalbank bei ihrer dienstlichen Tätigkeit Tatsachen bekannt, die dem Bankgeheimnis unterliegen, so haben sie das Bankgeheimnis als Amtsgeheimnis zu wahren, von dem sie nur in den Fällen des Abs. 2 entbunden werden dürfen. Die Geheimhaltungsverpflichtung gilt zeitlich unbegrenzt.

(2) Die Verpflichtung zur Wahrung des Bankgeheimnisses besteht nicht

1. in einem Strafverfahren gegenüber den Staatsanwaltschaften und Gerichten nach Maßgabe der §§ 116, 210 Abs. 3 der Strafprozeßordnung 1975 – StPO, BGBl. Nr. 631/1975, und in einem Strafverfahren wegen vorsätzlicher Finanzvergehen, ausgenommen Finanzordnungswidrigkeiten, gegenüber den Finanzstrafbehörden nach Maßgabe der §§ 89, 99 Abs. 6 des Finanzstrafgesetzes – FinStrG, BGBl. Nr. 129/1958;
(BGBl I 2015/116)
2. im Falle der Verpflichtung zur Auskunftserteilung nach § 41 Abs. 1 und 2 und § 93 Abs. 2 letzter Satz;
3. im Falle des Todes des Kunden gegenüber dem Abhandlungsgericht und Gerichtskommissär;
4. wenn der Kunde minderjährig oder sonst pflegebefohlen ist, gegenüber dem Vormundschafts- oder Pflegschaftsgericht;
5. wenn der Kunde der Offenbarung des Geheimnisses ausdrücklich und schriftlich zustimmt;
6. für allgemein gehaltene bankübliche Auskünfte über die wirtschaftliche Lage eines Unternehmens, wenn dieses der Auskunftserteilung nicht ausdrücklich widerspricht;
7. soweit die Offenbarung zur Klärung von Rechtsangelegenheiten aus dem Verhältnis zwischen Kreditinstitut und Kunden erforderlich ist;
8. hinsichtlich der Meldepflicht des § 25 Abs. 1 des Erbschafts- und Schenkungssteuergesetzes;
9. im Fall der Verpflichtung zur Auskunftserteilung an die FMA gemäß dem WAG und dem BörseG;
(BGBl I 2015/116)
10. für Zwecke des automatischen Informationsaustausches von Informationen über Finanzkonten gemäß dem Gemeinsamer Meldestandard-Gesetz – GMSG, BGBl. I Nr. 116/2015;
(BGBl I 2015/116)
11. gegenüber Abgabenbehörden des Bundes auf ein Auskunftsverlangen gemäß § 8 des Kontenregister- und Konteneinschaugesetzes – KontRegG, BGBl. I Nr. 116/2015;
(BGBl I 2015/116)
12. hinsichtlich der Übermittlungspflicht des § 3 KontRegG und der Auskunftserteilung nach § 4 KontRegG;
(BGBl I 2015/116)
13. Hinsichtlich der Meldepflicht der §§ 3 und 5 des Kapitalabfluss-Meldegesetzes, BGBl. I Nr. 116/2015;
(BGBl I 2021/25)
14. hinsichtlich der Informationsbereitstellung gemäß § 16 Abs. 6 FM-GwG sowie des Informationsaustausches gemäß § 22 Abs. 2 und § 24 Abs. 6 FM-GwG jeweils zur Verhinderung der Geldwäscherei oder Terrorismusfinanzierung;
(BGBl I 2021/25; CESOP-UG 2023, BGBl I 2023/106)
15. hinsichtlich der Übermittlungspflicht gemäß § 18a Abs. 8 des Umsatzsteuergesetzes 1994 – UStG 1994, BGBl. Nr. 663/1994, für die Zwecke von Art. 24b der Verordnung (EU) Nr. 904/2010.
(CESOP-UG 2023, BGBl I 2023/106)

(3) Ein Kreditinstitut kann sich auf das Bankgeheimnis insoweit nicht berufen, als die Offenbarung des Geheimnisses zur Feststellung seiner eigenen Abgabepflicht erforderlich ist.

(4) Die Bestimmungen der Abs. 1 bis 3 gelten auch für Finanzinstitute und Unternehmen der Vertragsversicherung bezüglich § 75 Abs. 3 und für Einlagensicherungseinrichtungen bezüglich der Informationen gemäß § 93 Abs. 2 letzter Satz.

(5) (**Verfassungsbestimmung**) Die Abs. 1 bis 4 können vom Nationalrat nur in Anwesenheit von mindestens der Hälfte der Abgeordneten und mit einer Mehrheit von zwei Dritteln der abgegebenen Stimmen abgeändert werden.

(6) Ist für die Erbringung von Bankgeschäften mit dem Kunden die Verwendung von Fernkommunikationsmitteln vereinbart, so kann das

21/1. BWG
§§ 38, 101, 107

Schriftlichkeitserfordernis für die Entbindung vom Bankgeheimnis durch den Kunden gemäß Abs. 2 Z 5 abweichend von § 886 ABGB durch die starke Kundenauthentifizierung gemäß § 4 Z 28 ZaDiG 2018 erfüllt werden.
(BGBl I 2018/18)

§ 101. (1) Wer Tatsachen des Bankgeheimnisses offenbart oder verwertet, um sich oder einem anderen einen Vermögensvorteil zu verschaffen oder um einem anderen einen Nachteil zuzufügen, ist vom Gericht mit Freiheitsstrafe bis zu einem Jahr oder mit Geldstrafe bis zu 360 Tagessätzen zu bestrafen.

(2) Der Täter ist im Falle des Abs. 1 nur mit Ermächtigung des in seinem Interesse an der Geheimhaltung Verletzten zu verfolgen.

§ 107. (88) § 38 Abs. 2 Z 1 in der Fassung des Bundesgesetzes, BGBl. I Nr. 116/2015, tritt mit 1. Jänner 2016 in Kraft.
(BGBl I 2015/116)

(89) **(Verfassungsbestimmung)** § 38 Abs. 2 Z 11 und 12 in der Fassung des Bundesgesetzes BGBl. I Nr. 116/2015 sind erstmals für Zeiträume ab 1. März 2015 anzuwenden.
(BGBl I 2015/116)

(97a) § 1 Abs. 2 Z 7 und Abs. 3, § 9 Abs. 7 und 8, § 34 Abs. 2, Einleitungsteil des § 37 Abs. 1, § 37 Abs. 1 Z 2 und Abs. 2, § 38 Abs. 6, § 69a Abs. 8, § 75 Abs. 1 Z 1 sowie § 103j Abs. 1 und 2 in der Fassung des Bundesgesetzes BGBl. I Nr. 17/2018 treten mit 1. Juni 2018 in Kraft.
(BGBl I 2018/17)

(98) Das Inhaltsverzeichnis, § 3 Abs. 3 Z 1, § 3 Abs. 4a Z 1, § 3 Abs. 7 lit. c, § 75 samt Überschrift und § 105 Abs. 15 in der Fassung des Bundesgesetzes BGBl. I Nr. 150/2017 treten mit 1. September 2018 in Kraft. § 74a samt Überschrift tritt mit Ablauf des 31. August 2018 außer Kraft.
(BGBl I 2017/150)

(99) § 3 Abs. 4a Z 1 und Abs. 7 lit. c, § 39 Abs. 5 und 6 Z 1, § 42 Abs. 1, § 63a Abs. 4, § 73 Abs. 1 Z 11 und Abs. 1b, § 73a in der Fassung des Bundesgesetzes BGBl. I Nr. 36/2018 treten mit 1. September 2018 in Kraft. § 28a Abs. 5a bis 5c, § 39 Abs. 6 Z 2 und 3, § 39d Abs. 5, § 98 Abs. 2 Z 7, § 103w sowie § 105 Abs. 17 in der Fassung des Bundesgesetzes BGBl. I Nr. 36/2018 treten mit 1. Jänner 2019 in Kraft.
(BGBl I 2018/36)

(100) § 69 Abs. 1 in der Fassung des Bundesgesetzes BGBl. I Nr. 76/2018 tritt mit 1. Jänner 2019 in Kraft.
(BGBl I 2018/76)

(101) § 21 Abs. 4, 5 und 6, § 98 Abs. 5d, § 99c Abs. 6, § 99d Abs. 1, 2 und 3, § 99f und § 103v in der Fassung des Bundesgesetzes BGBl. I Nr. 112/2018 treten ein Monat nach der Kundmachung im Bundesgesetzblatt in Kraft.
(BGBl I 2018/112)

(102) Das Inhaltsverzeichnis, die Überschrift vor § 35, § 35 Abs. 1 sowie § 98 Abs. 3 Z 10 und Abs. 5b Z 7 in der Fassung des Bundesgesetzes BGBl. I Nr. 46/2019 treten mit 1. Juli 2019 in Kraft. § 35 Abs. 3 tritt mit Ablauf des 30. Juni 2019 außer Kraft.
(BGBl I 2019/46)

(103) § 38 Abs. 2 Z 14 in der Fassung des Bundesgesetzes BGBl. I Nr. 25/2021 tritt mit 1. März 2021 in Kraft.
(BGBl I 2021/25)

(110) § 38 Abs. 2 Z 15 und § 105 Abs. 21, jeweils in der Fassung des Bundesgesetzes BGBl. I Nr. 106/2023, treten mit 1. Jänner 2024 in Kraft.
(CESOP-UG 2023, BGBl I 2023/106)

21/2. KontRegG

21/2. Kontenregister- und Konteneinschaugesetz

Kontenregister- und Konteneinschaugesetz, BGBl I 2015/116 idF
1 BGBl I 2016/77 (EU-AbgÄG 2016)
2 BGBl I 2016/118
3 BGBl I 2017/107
4 BGBl I 2018/62 (JStG 2018)
5 BGBl I 2020/99 (2. FORG)
6 BGBl I 2021/25
7 BGBl I 2021/148
8 BGBl I 2022/108 (AbgÄG 2022)

GLIEDERUNG

1. Teil: Kontenregister
§ 1. Einrichtung des Kontenregisters
§ 2. Inhalt des Kontenregisters
§ 3. Übermittlungen der meldepflichtigen Kredit- und Finanzinstitute

2. Teil: Einsicht in das Kontenregister
§ 4. Auskünfte aus dem Kontenregister
§ 5. Führung des Kontenregisters
§ 6. Verordnungsermächtigung
§ 7. Strafbestimmungen

3. Teil: Konteneinschau und Rechtsschutz
§ 8. Auskunftsverlangen an Kreditinstitute
§ 9. Besonderer Rechtsschutz

4. Teil: Rechtsschutzbeauftragter
§ 10. Pflichten der Abgabenbehörde gegenüber dem Rechtsschutzbeauftragten
§ 11. Pflichten des Rechtsschutzbeauftragten

5. Teil: Schlussbestimmungen
§ 12. Verweis auf andere Rechtsvorschriften
§ 13. Personenbezogene Bezeichnungen
§ 14. Vollziehung
§ 15. Inkrafttreten

Bundesgesetz über die Einrichtung eines Kontenregisters und die Konteneinschau (Kontenregister- und Konteneinschaugesetz – KontRegG)

1. Teil
Kontenregister

Einrichtung des Kontenregisters

§ 1. (1) Der Bundesminister für Finanzen hat für das gesamte Bundesgebiet ein Register (Kontenregister) zur Erfüllung von Aufgaben im öffentlichen Interesse, zur Durchführung von Strafverfahren, verwaltungsbehördlichen Finanzstrafverfahren, der Erhebung der Abgaben des Bundes und für den internationalen Informationsaustausch in Steuerangelegenheiten, sowie zur Verhinderung der Geldwäscherei und Terrorismusfinanzierung und zur Durchführung internationaler Sanktionsmaßnahmen zu führen. Im Kontenregister sind enthalten:
1. Konten im Einlagengeschäft (§ 1 Abs. 1 Z 1 des Bankwesengesetzes – BWG, BGBl. Nr. 532/1993),
2. Konten im Girogeschäft (§ 1 Abs. 1 Z 2 BWG),
3. Konten im Bausparkassengeschäft (§ 1 Abs. 1 Z 12 BWG),
4. Konten im Kreditgeschäft (§ 1 Abs. 1 Z 3 BWG), wenn diese Konten durch die internationale Kontonummer (International Bank Account Number, IBAN) identifizierte Zahlungskonten im Sinne der Verordnung (EU) Nr. 260/2012 zur Festlegung der technischen Vorschriften und der Geschäftsanforderungen für Überweisungen und Lastschriften in Euro, ABl. Nr. L 94 vom 30.3.2012 S. 22, sind,
5. Zahlungskonten zur Erbringung von Zahlungsdiensten (§ 1 Abs. 2 Z 7 BWG), wenn diese Konten durch die IBAN identifizierte Zahlungskonten im Sinne der Verordnung (EU) Nr. 260/2012 sind,
6. Depots im Depotgeschäft (§ 1 Abs. 1 Z 5 BWG) der Kreditinstitute und
7. Schließfächer bei Kreditinstituten und von gewerblichen Schließfachanbietern, die Finanzinstitute nach § 1 Abs. 2 Z 6 BWG sind.

(BGBl I 2021/25)

(2) Kreditinstitute im Sinne dieses Bundesgesetzes sind:
1. Kreditinstitute gemäß § 1 Abs. 1 BWG ausgenommen Betriebliche Vorsorgekassen gemäß Betriebliches Mitarbeiter- und Selbständigenvorsorgegesetz – BMSVG, BGBl. I Nr. 100/2002,
2. Zweigstellen von CRR-Kreditinstituten gemäß § 9 BWG, von CRR-Finanzinstituten gemäß § 11 BWG oder von Tochterunternehmen von CRR-Finanzinstituten gemäß § 13 BWG, die berechtigt sind, im Inland Tätigkeiten gemäß den Nr. 1 oder 12 des Anhangs I der Richtlinie 2013/36/EU, über den Zugang zur Tätigkeit

21/2. KontRegG
§§ 1, 2

von Kreditinstituten und die Beaufsichtigung von Kreditinstituten und Wertpapierfirmen, zur Änderung der Richtlinie 2002/87/EG und zur Aufhebung der Richtlinien 2006/48/EG und 2006/49/EG, ABl. Nr. L 176 vom 27.06.2013 S. 338, zuletzt geändert durch die Richtlinie 2014/59/EU, ABl. Nr. L 173 vom 12.06.2014 S. 190, zu erbringen sowie

3. Zweigstellen von Wertpapierfirmen gemäß § 17 des Wertpapieraufsichtsgesetzes 2018 – WAG 2018, BGBl. I Nr. 107/2017, die berechtigt sind, im Inland Nebendienstleistungen gemäß Nr. 1 des Abschnitts B des Anhangs I der Richtlinie 2004/39/EG, über Märkte für Finanzinstrumente, zur Änderung der Richtlinien 85/611/EWG und 93/6/EWG und der Richtlinie 2000/12/EG und zur Aufhebung der Richtlinie 93/22/EWG, ABl. Nr. L 145 vom 30.04.2004 S. 1, zuletzt geändert durch die Richtlinie 2010/78/EU, ABl. Nr. L 331 vom 15.12.2010 S. 120, in der Fassung der Berichtigung ABl. Nr. L 54 vom 22.02.2014 S. 23, zu erbringen.

(BGBl I 2017/107)

(3) Schließfächer im Sinne dieses Bundesgesetzes sind Schließfächer, die hohen Sicherheitsstandards durch Zugangsbeschränkungen unterliegen und zum Zweck der Verwahrung von Wertgegenständen auf unbefristete Zeit oder für die Dauer von mindestens einer Woche auf der Grundlage von Verträgen oder Nutzungsvereinbarungen von Kreditinstituten und gewerblichen Schließfachanbietern vermietet werden. Ein Mitverschluss durch das Kreditinstitut oder den gewerblichen Schließfachanbieter ist keine zwingende Voraussetzung für die Qualifikation als Schließfach.

(BGBl I 2021/25)

(4) Finanzinstitute im Sinne dieses Bundesgesetzes sind Finanzinstitute gemäß § 1 Abs. 2 Z 6 und 7 BWG.

(BGBl I 2021/25)

Inhalt des Kontenregisters

§ 2. (1) In das Kontenregister sind folgende Daten betreffend die in § 1 Abs. 1 angeführten Konten, Depots und Schließfächer aufzunehmen:

1. bei natürlichen Personen als Kunden das bereichsspezifische Personenkennzeichen für Steuern und Abgaben (bPK SA); sofern das bPK SA über das Stammzahlenregister nicht ermittelt werden konnte, sind Vorname, Zuname, Geburtsdatum, Adresse und Ansässigkeitsstaat aufzunehmen;
2. bei Rechtsträgern als Kunden die Stammzahl des Unternehmens gemäß § 6 Abs. 3 des E Government-Gesetzes – E-GovG, BGBl. I Nr. 10/2004, oder ein Ordnungsbegriff, mit dem diese Stammzahl ermittelt werden kann; sofern die Stammzahl bzw. der Ordnungsbegriff über das Unternehmensregister nicht ermittelt werden konnte, sind Name, Adresse und Ansässigkeitsstaat aufzunehmen;
3. allfällige gegenüber dem Kreditinstitut hinsichtlich des Kontos oder des Depots vertretungsbefugte Personen, Treugeber und wirtschaftliche Eigentümer gemäß § 2 des Wirtschaftliche Eigentümer Registergesetzes – WiEReG, BGBl. I Nr. 136/2017, wobei Z 1 bis 2 sinngemäß anzuwenden sind, sowie die IBAN (Kontonummer) bzw. Depotnummer;

(BGBl I 2021/25, BGBl I 2022/108)

4. eine eindeutige Nummer bei Schließfächern und, sofern der Mieter des Schließfaches eine juristische Person ist, gegenüber dem Kreditinstitut oder dem gewerblichen Schließfachanbieter hinsichtlich des Schließfaches vertretungsbefugte Personen und wirtschaftliche Eigentümer gemäß § 2 WiEReG, wobei Z 1 bis 2 sinngemäß anzuwenden sind,

(BGBl I 2021/25, BGBl I 2022/108)

5. der Tag der Eröffnung und der Auflösung des Kontos bzw. des Depots,
6. die Bezeichnung des meldepflichtigen Kreditinstitutes oder Finanzinstitutes,

(BGBl I 2021/25)

7. bei Schließfächern Beginn und Dauer des Mietzeitraums.

(BGBl I 2021/25)

(2) Bei Sparurkunden im Sinne des § 31 Abs. 3 BWG ist der identifizierte Kunde als Kontoinhaber zu melden. Sparkonten gemäß § 7 Abs. 10 Finanzmarkt-Geldwäschegesetz – FM-GwG, BGBl. I Nr. 118/2016, und Depots gemäß § 7 Abs. 8 FM-GwG sind dann zu melden, wenn eine Identitätsfeststellung des Kunden gemäß den Bestimmungen des FM-GwG erfolgt ist.

(BGBl I 2016/118)

(3) Für Zwecke der Abgabenerhebung und im Zusammenhang mit dem Abgleich der Grunddatenverwaltung der Finanzverwaltung mit den im Kontenregister gespeicherten Daten sind die Abgabenbehörden berechtigt, auf automationsgestütztem Weg in das automationsgestützt geführte Ergänzungsregister für sonstige Betroffene (§ 6 Abs. 4 E-GovG) Einsicht zu nehmen.

(4) Sofern bei natürlichen Personen das bPK SA übermittelt wurde, dürfen im Kontenregister auch folgende personenbezogene Daten gespeichert werden, und zwar Vorname, Zuname, Geburtsdatum, Geschlecht, Adresse und Ansässigkeitsstaat.

(BGBl I 2018/62)

(5) Sofern bei Rechtsträgern die Stammzahl des Unternehmens oder ein Ordnungsbegriff, mit dem diese Stammzahl ermittelt werden kann, übermittelt wurde, dürfen im Kontenregister auch folgende Daten gespeichert werden, und zwar Name, Adresse, Ansässigkeitsstaat sowie Ordnungsbegriffe für die Entität: Kennziffer des Unternehmensregisters (KUR), Firmenbuchnummer, Vereinsregisterzahl, Ordnungsnummer im Ergänzungsregister für sonstige Betroffene, Global Location Number (GLN).

(6) Anlässlich der Abfrage einer natürlichen Person oder eines Rechtsträgers im Kontenregister

durch eine Abgabenbehörde darf auch die Steuernummer dieser Person oder dieses Rechtsträgers verarbeitet werden.
(BGBl I 2020/99)

(7) Zu den meldepflichtigen Kreditinstituten dürfen auch die Internationale Bankleitzahl (Bank Identifier Code, BIC) sowie die IBAN gespeichert werden.
(BGBl I 2021/25)

(8) Bei vertretungsbefugten Personen darf auch die Art der Vertretungsbefugnis gespeichert werden. Dabei handelt es sich um folgende Kategorien: vertretungsbefugt, zeichnungsberechtigt, Masseverwalter, Erwachsenenvertreter, Vorsorgebevollmächtigter, Eltern für minderjährige Kinder.
(BGBl I 2018/62)

(9) Zu den Konten, Depots und Schließfächern dürfen die Ordnungsbegriffe des Kreditinstituts gespeichert werden (Ordnungsnummer und die Art der Ordnungsnummer).
(BGBl I 2021/25)

Übermittlungen der meldepflichtigen Kredit- und Finanzinstitute

§ 3. (1) Die meldepflichtigen Kredit- und Finanzinstitute haben die nach § 2 erforderlichen Daten laufend dem Kontenregister elektronisch zu übermitteln. Anstatt der in § 2 Abs. 1 Z 1 angeführten bPK SA ist diese als verschlüsseltes bereichsspezifisches Personenkennzeichen für Steuern und Abgaben (vbPK SA) von den meldepflichtigen Kredit- und Finanzinstituten zu übermitteln.

(1a) Die Übermittlungspflicht der meldepflichtigen Kreditinstitute hinsichtlich der in § 1 Abs. 1 Z 1 bis 3 und Z 6 angeführten Konten und Depots beginnt mit der durch Verordnung festgelegten Inbetriebnahme des Kontenregisters. Die erstmalige Übermittlung hat die Daten (§ 2) mit Stand zum 1. März 2015 sowie die bis zum Datum der Inbetriebnahme erfolgten Eröffnungen und Auflösungen zu umfassen. Für die am 1. März 2015 aufrechten Konten und Depots gilt dieser Tag als Tag der Eröffnung (§ 2 Abs. 1 Z 5).

(1b) Die Übermittlungspflicht der meldepflichtigen Kredit- und Finanzinstitute hinsichtlich der in § 1 Abs. 3 angeführten Schließfächer beginnt mit dem durch Verordnung (§ 6) festgelegten Datum. Die erstmalige Übermittlung hat die Daten der Mietverhältnisse (§ 2) mit Stand zum 1. Jänner 2021 zu umfassen. Für die am 1. Jänner 2021 aufrechten Mietverhältnisse gilt dieser Tag als Tag des Beginns des Mietverhältnisses.

(1c) Insoweit meldepflichtige Konten im Kreditgeschäft der Kreditinstitute und meldepflichtige Zahlungskonten von Finanzinstituten zur Erbringung von Zahlungsdiensten (§ 1 Abs. 1 Z 4 und 5) bestehen, beginnt die Übermittlungspflicht mit dem durch Verordnung festgelegtem Datum. Die erstmalige Übermittlung hat die Daten (§ 2) mit Stand zum 1. Jänner 2021 zu umfassen. Für die am 1. Jänner 2021 aufrechten Konten gilt dieser Tag als Tag der Eröffnung.

(2) Zum Zweck der Datenübermittlung an das Kontenregister sind die meldepflichtigen Kredit- und Finanzinstitute berechtigt, wie Auftraggeber des öffentlichen Bereichs gemäß § 10 Abs. 2 E-GovG die Ausstattung ihrer Datenanwendungen mit verschlüsselten bereichsspezifischen Personenkennzeichen für Steuern und Abgaben von der Stammzahlenregisterbehörde zu verlangen. Sofern es sich um Daten gemäß § 2 Abs. 1 Z 2 handelt, sind die meldepflichtigen Kredit- und Finanzinstitute berechtigt, diese Daten über das Unternehmensregister zu ermitteln. In diesem Zusammenhang anfallende Kosten inklusive jener der Stammzahlenregisterbehörde und der Bundesanstalt Statistik Österreich sind vom Kreditinstitut bzw. vom Finanzinstitut zu tragen.

(3) Finanzinstitute im Sinne dieses Bundesgesetzes haben sich elektronisch zu registrieren, um die erforderlichen Berechtigungen für Übermittlungen an das Kontenregister zu erhalten.

(4) Die Kontrolle der Einhaltung der Vorschriften der Abs. 1b und 1c obliegt dem zuständigen Finanzamt.

(5) Die meldepflichtigen Kredit- und Finanzinstitute sind verpflichtet geeignete Kontrollmaßnahmen zu ergreifen, um die Einhaltung dieser Meldepflichten gemäß § 3 und die Vollständigkeit der Daten im Sinne von § 2 sicherzustellen.
(BGBl I 2022/108)
(BGBl I 2021/25)

2. Teil
Einsicht in das Kontenregister

Auskünfte aus dem Kontenregister

§ 4. (1) Auskünfte aus dem Kontenregister sind im Wege elektronischer Einsicht zu erteilen:
1. für strafrechtliche Zwecke den Staatsanwaltschaften und den Strafgerichten,
2. für finanzstrafrechtliche Zwecke überdies den Finanzstrafbehörden und dem Bundesfinanzgericht,
3. wenn es im Interesse der Abgabenerhebung zweckmäßig und angemessen ist, für abgabenrechtliche Zwecke den Abgabenbehörden des Bundes und dem Bundesfinanzgericht,
4. für die Zwecke der Verhinderung und Bekämpfung der Geldwäscherei und damit zusammenhängender Vortaten sowie der Terrorismusfinanzierung der Geldwäschemeldestelle gemäß § 4 Abs. 2 Z 1 und 2 des Bundeskriminalamt-Gesetzes – BKA-G, BGBl. I Nr. 22/2002 und der Direktion Staatsschutz und Nachrichtendienst gemäß § 1 Abs. 3 des Staatsschutz- und Nachrichtendienst-Gesetzes – SNG, BGBl. I Nr. 5/2016;
(BGBl I 2021/25, BGBl I 2021/148)
5. für Zwecke der Verhinderung der Geldwäscherei und der Terrorismusfinanzierung gemäß § 25 Abs. 1 FM-GwG, der Finanzmarktaufsichtsbehörde;
(BGBl I 2021/25)

21/2. KontRegG
§§ 4, 5

6. für Zwecke der Verhütung, Aufdeckung, Untersuchung oder Verfolgung von Straftaten im Sinne des Anhangs I der Verordnung (EU) Nr. 2016/794 über die Agentur der Europäischen Union für die Zusammenarbeit auf dem Gebiet der Strafverfolgung (Europol) ABl. Nr. L 135 vom 24.05.2016 S. 53, dem Bundeskriminalamt, dem Bundesamt zur Korruptionsprävention und Korruptionsbekämpfung und der Direktion Staatsschutz und Nachrichtendienst;
(BGBl I 2021/25, BGBl I 2021/148)
7. für sanktionenrechtliche Zwecke der Oesterreichischen Nationalbank und dem Bundesminister für Inneres.
(BGBl I 2021/25)

(1a) Die Geldwäschemeldestelle hat dem Europäischen Polizeiamt (Europol) im Rahmen seiner Zuständigkeiten für Zwecke der Aufgabenerfüllung von Europol und nach Bundes- und Landesgesetzen für die Verhinderung von Geldwäscherei und Terrorismusfinanzierung zuständigen Behörden auf deren Ersuchen Auskünfte aus dem Kontenregister zugänglich zu machen, sofern letztere die Auskünfte für die Zwecke der Verhinderung der Geldwäscherei und Terrorismusfinanzierung benötigen. Die Geldwäschemeldestelle hat die Auskünfte gemäß Abs. 1 Z 4 oder Z 6 einzuholen und auf einem sicheren Übertragungsweg zu übermitteln.
(BGBl I 2021/25)

(2) Suchbegriffe dürfen nur konkrete Personen, Konten oder Schließfächer sein.
(BGBl I 2021/25)

(3) Jede Abfrage und Übermittlung personenbezogener Daten aus dem Kontenregister ist so zu protokollieren, dass eine Zuordnung der Abfrage oder Übermittlung zu einem bestimmten Organwalter möglich ist. Die Protokollaufzeichnungen sind zehn Jahre aufzubewahren und dann zu löschen.

(3a) Die Erteilung von Auskünften an die in Abs. 1 genannten Behörden darf nur im Einzelfall erfolgen und ist dem innerhalb der jeweils zuständigen Behörde eigens zur Wahrnehmung dieser Aufgaben benannten und ermächtigten Personal vorbehalten. Diese Behörden haben sicherzustellen, dass das abfrageberechtigte Personal in Bezug auf die Vertraulichkeit und den Datenschutz hochprofessionell arbeitet und in hohem Maße integer und ausreichend qualifiziert ist.
(BGBl I 2021/25)

(4) Betroffene Personen und Unternehmer haben das Recht auf Auskunft, welche sie betreffende Daten in das Kontenregister aufgenommen wurden. Die Abfrage kann über FinanzOnline erfolgen.

(5) Außerhalb einer Außenprüfung sind im Verfahren zur Veranlagung der Einkommensteuer, der Körperschaftsteuer und der Umsatzsteuer Auskünfte aus dem Kontenregister nicht zulässig, es sei denn, dass die Abgabenbehörde Bedenken gegen die Richtigkeit der Abgabenerklärung hat, Ermittlungen gemäß § 161 Abs. 2 der Bundesabgabenordnung – BAO, BGBl. Nr. 194/1961 einleitet und der Abgabepflichtige vorher Gelegenheit zur Stellungnahme hatte. Die Würdigung der Stellungnahme ist aktenkundig zu machen.
(BGBl I 2021/25)

(6) Über eine durchgeführte Kontenregistereinsicht der Abgabenbehörde ist der Abgabepflichtige über FinanzOnline zu informieren.

(7) (**Verfassungsbestimmung**) Abs. 1 und Abs. 1a können vom Nationalrat nur in Anwesenheit von mindestens der Hälfte der Abgeordneten und mit einer Mehrheit von zwei Dritteln der abgegebenen Stimmen abgeändert werden.
(BGBl I 2021/25)

Führung des Kontenregisters

§ 5. (1) Das Kontenregister ist automationsunterstützt zu führen. Die erfassten Daten sind zehn Jahre ab Ablauf des Jahres der Auflösung des Kontos bzw. Depots aufzubewahren.

(2) Der Bundesminister für Finanzen ist Verantwortlicher gemäß Art. 4 Z 7 DSGVO für das Kontenregister. Er hat dessen Einrichtung und Betrieb zu gewährleisten. Er hat sicherzustellen, dass sein Personal, das in Vollziehung dieses Bundesgesetzes tätig ist – auch in Fragen der Vertraulichkeit und des Datenschutzes – in Bezug auf seine Integrität hohen Maßstäben genügt und entsprechend qualifiziert ist und mit hohem professionellen Standard arbeitet.
(BGBl I 2021/25)

(3) Die Bundesrechenzentrum Gesellschaft mit beschränkter Haftung (BRZ GmbH) ist für das Kontenregister gesetzliche Auftragsverarbeiterin im Sinne des Art. 4 Z 8 DSGVO.
(BGBl I 2018/62)

(4) Die statistischen Auswertungen über die protokollierten Abfragen und Auskünfte nach § 4 Abs. 3 sind den zuständigen Behörden (§ 4 Abs. 1) zu übermitteln.
(BGBl I 2021/25)

(5) Der Bundesminister für Finanzen ist berechtigt im Kontenregister enthaltene Konten, Depots oder Schließfächer von Kreditinstituten, deren Konzession zurückgenommen wurde (§ 6 BWG) oder erloschen ist (§ 7 BWG) oder denen mit Beschluss die Zulassung als Kreditinstitut gemäß Artikel 4 Absatz 1 Buchstabe a und Artikel 14 Absatz 5 der Verordnung (EU) Nr. 1024/2013 und den Artikeln 80 und 83 der Verordnung (EU) Nr. 468/2014 in Verbindung mit Artikel 18 Buchstabe e der Richtlinie 2013/36/EU und des BWG entzogen wurde, mit dem Datum der Rechtskraft des Beschlusses oder des Bescheids als aufgelöst zu kennzeichnen. Für den Fall der Beendigung des Geschäftsbetriebs von Zweigstellen von CRR-Kreditinstituten im Inland oder von Finanzinstituten gemäß § 1 Abs. 2 Z 6 und 7 BWG ist der Bundesminister für Finanzen berechtigt im Kontenregister enthaltene Konten, Depots oder Schließfächer mit

dem Datum der Beendigung des Geschäftsbetriebes als aufgelöst zu kennzeichnen.
(BGBl I 2022/108)

Verordnungsermächtigung

§ 6. (1) Der Bundesminister für Finanzen hat mit Verordnung das Verfahren der Übermittlung (§ 3) und der Auskunftserteilung (§§ 4 und 8) im Wege von FinanzOnline einschließlich der elektronischen Protokollierung der Abfragen durch die berechtigten Behörden sowie die Bereitstellung statistischer und protokollierter Daten aus dem Kontenregister an die berechtigten Behörden in organisatorischer und technischer Hinsicht näher zu regeln.
(BGBl I 2021/25)

(2) Der Bundesminister für Finanzen hat mit Verordnung das Verfahren nach Abs. 1 hinsichtlich der Daten gemäß § 1 Abs. 1 Z 4, 5 und 7 sowie das Verfahren der Registrierung nach § 3 Abs. 3 gesondert zu regeln.
(BGBl I 2021/25)

Strafbestimmungen

§ 7. (1) Wer die Pflichten des § 3 vorsätzlich verletzt, macht sich eines Finanzvergehens schuldig und ist mit einer Geldstrafe bis zu 200 000 Euro zu bestrafen.
(BGBl I 2022/108)

(2) Wer die Tat nach Abs. 1 grob fahrlässig begeht, ist mit einer Geldstrafe bis zu 100 000 Euro zu bestrafen.

(3) Die Finanzvergehen nach Abs. 1 und Abs. 2 hat das Gericht niemals zu ahnden.

(4) (aufgehoben)
(BGBl I 2016/77)

3. Teil
Konteneinschau und Rechtsschutz

Auskunftsverlangen an Kreditinstitute

§ 8. (1) Die Abgabenbehörde ist berechtigt, in einem Ermittlungsverfahren nach Maßgabe des § 165 der Bundesabgabenordnung – BAO, BGBl. Nr. 194/1961, über Tatsachen einer Geschäftsverbindung, von Kreditinstituten Auskunft zu verlangen, wenn
1. begründete Zweifel an der Richtigkeit der Angaben des Abgabepflichtigen bestehen, oder im Fall, dass der Abgabepflichtige trotz Aufforderung keine Angaben macht oder gemacht hat, Grund zur Annahme besteht, dass der Abgabepflichtige Angaben machen müsste, um Bestand und Umfang seiner Abgabepflicht offen zu legen,
(BGBl I 2021/25)
2. zu erwarten ist, dass die Auskunft geeignet ist, die Zweifel aufzuklären und
3. zu erwarten ist, dass der mit der Auskunftserteilung verbundene Eingriff in die schutzwürdigen Geheimhaltungsinteressen des Kunden des Kreditinstitutes nicht außer Verhältnis zu dem Zweck der Ermittlungsmaßnahme steht.
(BGBl I 2018/62)

(2) Auskunftsverlangen bedürfen der Schriftform und sind vom Leiter der Abgabenbehörde zu unterfertigen. Auskunftsverlangen der Finanzämter oder des Zollamtes können auch vom Fachbereichsleiter oder der Fachbereichsleiterin unterfertigt werden. Auskunftsverlangen des Amtes für Betrugsbekämpfung sind, soweit sie im Abgabenverfahren erfolgen, durch die Fachvorständin oder den Fachbereichsleiter der aktenführenden Abgabenbehörde zu unterfertigen. Auskunftsersuchen und ihre Begründung sind im Abgabenakt zu dokumentieren.
(BGBl I 2021/25)

(3) Außerhalb einer Außenprüfung sind im Verfahren zur Veranlagung der Einkommensteuer, der Körperschaftsteuer und der Umsatzsteuer Auskunftsverlangen (Abs. 1) nicht zulässig, es sei denn, dass – nach Ausräumung von Zweifeln durch einen Ergänzungsauftrag nach § 161 Abs. 1 BAO – die Abgabenbehörde Bedenken gegen die Richtigkeit der Abgabenerklärung hat, Ermittlungen gemäß § 161 Abs. 2 BAO einleitet und der Abgabepflichtige vorher Gelegenheit zur Stellungnahme hatte. Die Würdigung der Stellungnahme ist aktenkundig zu machen. § 8 Abs. 1 gilt sinngemäß.
(BGBl I 2021/25)

(4) Wenn der Abgabepflichtige nicht Inhaber des Kontos, sondern vertretungsbefugt, Treugeber oder wirtschaftlicher Eigentümer ist, darf ein schriftliches Auskunftsverlangen erst dann gestellt werden, wenn der Inhaber des Kontos vorher Gelegenheit zur Stellungnahme hatte. Die Würdigung der Stellungnahme ist aktenkundig zu machen. § 8 Abs. 1 gilt sinngemäß.

Besonderer Rechtsschutz

§ 9. (1) Das Bundesfinanzgericht entscheidet durch Einzelrichter mit Beschluss über die Bewilligung einer Konteneinschau.
(BGBl I 2021/25)

(2) Auskunftsverlangen (§ 8) bedürfen der Bewilligung durch das Bundesfinanzgericht. Dazu hat die Abgabenbehörde folgende Unterlagen elektronisch vorzulegen:
1. als Nachweis betreffend die Wahrung des Parteiengehörs zu § 8 Abs. 1 Z 1 die Niederschrift über Anhörung des Abgabepflichtigen oder den diesbezüglichen Schriftverkehr, wenn es aus Gründen, die beim Abgabepflichtigen liegen, nicht zu einer Anhörung gekommen ist; in den Fällen des § 8 Abs. 4 auch die Würdigung der Stellungnahme der Person, die nicht Partei des Abgabenverfahrens ist,
(BGBl I 2021/25)
2. das gemäß § 8 Abs. 2 der Abgabenbehörde unterfertigte Auskunftsverlangen, und
(BGBl I 2021/25)
3. die Begründung.

(3) Das Bundesfinanzgericht prüft auf Basis des vorgelegten Auskunftsverlangens das Vorliegen der Voraussetzungen für eine Konteneinschau nach diesem Gesetz. Die Entscheidung ist tunlichst binnen 3 Tagen zu treffen.

(4) **(Verfassungsbestimmung)** Gegen den Beschluss des Bundesfinanzgerichts nach Abs. 1 kann ein Rekurs eingelegt werden, über den das Bundesfinanzgericht durch einen Senat entscheidet. § 288 BAO ist sinngemäß anzuwenden.

(5) Entscheidet das Bundesfinanzgericht nach Abs. 4 dass die Konteneinschau zu Unrecht bewilligt wurde, dann gilt bezüglich der bei dieser Konteneinschau gewonnenen Beweise ein Verwertungsverbot in dem Abgabenverfahren, in dem das Auskunftsverlangen gestellt wurde.

4. Teil
Rechtsschutzbeauftragter

Pflichten der Abgabenbehörde gegenüber dem Rechtsschutzbeauftragten

§ 10. (1) Zur Wahrnehmung des besonderen Rechtsschutzes im Abgabenverfahren im Zusammenhang mit Auskünften aus dem Kontenregister (§ 4 Abs. 1 Z 3) hat die Abgabenbehörde gegenüber dem gemäß § 74a FinStrG bestellten Rechtsschutzbeauftragten bei der Wahrnehmung seiner Aufgaben folgende Pflichten:
1. jederzeit Einblick in alle erforderlichen Unterlagen und Aufzeichnungen zu gewähren,
2. ihm auf Verlangen Abschriften (Ablichtungen) einzelner Aktenstücke unentgeltlich auszufolgen
3. ihm die Protokollaufzeichnungen der Kontenregisterabfragen (§ 4 Abs. 3) zugänglich zu machen und
4. alle erforderlichen Auskünfte zu erteilen.

(2) Die Abgabenbehörde kann sich gegenüber dem Rechtsschutzbeauftragten weder auf die Amtsverschwiegenheit (Art. 20 Abs. 3 B-VG) noch auf die abgabenrechtliche Geheimhaltungspflicht (§ 48a BAO) berufen.

Pflichten des Rechtsschutzbeauftragten

§ 11. Der gemäß § 74a FinStrG bestellte Rechtsschutzbeauftragte hat folgende Pflichten:
1. Dem Rechtsschutzbeauftragten obliegt die Prüfung der Protokollaufzeichnungen der Kontenregisterabfragen (§ 4 Abs. 3).
2. Der Rechtsschutzbeauftragte hat dem Bundesminister für Finanzen jährlich bis spätestens 31. März des Folgejahres einen Bericht über seine Tätigkeit und Wahrnehmungen im Rahmen seiner Aufgabenerfüllung nach diesem Gesetz zu übermitteln.

5. Teil
Schlussbestimmungen

Verweis auf andere Rechtsvorschriften

§ 12. Soweit in diesem Bundesgesetz auf Bestimmungen anderer Bundesgesetze verwiesen wird, sind diese in ihrer jeweils geltenden Fassung anzuwenden.

Personenbezogene Bezeichnungen

§ 13. Soweit sich die in diesem Bundesgesetz verwendeten Bezeichnungen auf natürliche Personen beziehen, gilt die gewählte Form für beide Geschlechter.

Vollziehung

§ 14. Mit der Vollziehung dieses Bundesgesetzes ist der Bundesminister für Finanzen betraut.

Inkrafttreten

§ 15. (1) § 2 Abs. 2 zweiter Satz in der Fassung des Bundesgesetzes BGBl. I Nr. 118/2016 tritt mit 1. Jänner 2017 in Kraft.

(BGBl I 2017/107)

(2) § 1 Abs. 2 Z 3 in der Fassung des Bundesgesetzes BGBl. I Nr. 107/2017 tritt mit 3. Jänner 2018 in Kraft.

(BGBl I 2017/107)

(3) § 1 Abs. 1, § 2 Abs. 4 und Abs. 8, § 3 Abs. 2 erster Satz, § 5 Abs. 2 erster Satz, § 5 Abs.3, § 8 Abs. 1 Z 1 und § 9 Abs. 2 Z 1 in der Fassung des Bundesgesetzes BGBl. I Nr. 62/2018 treten mit 25. Mai 2018 in Kraft.

(BGBl I 2018/62)

(4) § 2 Abs. 6 in der Fassung des Bundesgesetzes BGBl. I Nr. 99/2020 tritt mit 1. Juli 2020 in Kraft.

(BGBl I 2020/99)

(5) **(Verfassungsbestimmung)** § 4 Abs. 7 und § 9 Abs. 1 in der Fassung des Bundesgesetzes BGBl. I Nr. 25/2021 treten mit dem der Kundmachung folgenden Tag in Kraft.

(BGBl I 2021/25)

(6) § 1 Abs. 1, 3 und 4, § 2 Abs. 1 Einleitungssatz, Abs. 1 Z 3, 4, 6 und 7, § 2 Abs. 7 und 9, § 3 mitsamt Überschrift, § 4 Abs. 1 Z 3 bis 6, Abs. 1a, 2, 3a und 5, § 5 Abs. 2 und 4, § 6 Abs. 1 und 2, § 8 Abs. 1 Z 1, Abs. 3 erster Satz, § 9 Abs. 2 Z 1 in der Fassung des Bundesgesetzes BGBl. I Nr. 25/2021 treten mit dem der Kundmachung folgenden Tag in Kraft.

(BGBl I 2021/25)

(7) § 8 Abs. 2 und § 9 Abs. 2 Z 2 in der Fassung des Bundesgesetzes BGBl. I Nr. 25/2021 treten mit 1. Jänner 2021 in Kraft.

(BGBl I 2021/25)

21/2/1. KontRegG
KontReg-DV

21/2/1.
Kontenregister-Durchführungsverordnung

BGBl II 2016/92 idF BGBl II 2020/579

Verordnung des Bundesministers für Finanzen zur Durchführung des Kontenregister- und Konteneinschaugesetzes (Kontenregister-Durchführungsverordnung – KontReg-DV)

Auf Grund von § 3 Abs. 1 und § 6 des Kontenregister- und Konteneinschaugesetzes – (KontRegG), BGBl. I Nr. 116/2015, wird verordnet:

Verfahren

§ 1. (1) Diese Verordnung trifft nähere Regelungen für die elektronische Übertragung von Daten der Kreditinstitute an den Bundesminister für Finanzen.

(2) Die elektronische Übermittlung der Daten hat nach der FinanzOnline-Verordnung 2006, (FonV 2006), BGBl. II Nr. 97/2006, in der jeweils geltenden Fassung, im Verfahren FinanzOnline (https://finanzonline.bmf.gv.at) zu erfolgen. Die Übermittlung ist nur zulässig im Weg der Datenstromübermittlung und im Weg eines Webservices.

Teilnehmer

§ 2. (1) Teilnehmer sind die Kreditinstitute nach § 1 Abs. 2 KontRegG. Die Teilnehmer können sich zur Datenübermittlung eines Dienstleisters (insbesondere eines Rechenzentrums) bedienen, den sie dem Bundesminister für Finanzen namhaft zu machen haben. Die Beendigung des Dienstleistungsverhältnisses ist dem Bundesminister für Finanzen unverzüglich mitzuteilen. In gleicher Weise haben die Kreditinstitute die Stammzahlenregisterbehörde sowie die Bundesanstalt Statistik Österreich davon zu verständigen.

(2) Der Bundesminister für Finanzen kann im Einzelfall den Dienstleister ablehnen oder ihn bei sinngemäßer Anwendung des § 6 FonV 2006 ausschließen.

Datenübermittlung

§ 3. (1) Die elektronisch zu übermittelnden Daten sind:
1. die im § 2 Abs. 1 in Verbindung mit § 3 Abs. 1 zweiter Satz KontRegG bezeichneten Daten, wobei als Bezeichnung des Kreditinstituts ihr Bank Identifier Code („BIC") anzugeben ist, und
2. zum Zweck der Identifikation des Kreditinstituts in FinanzOnline dessen Steuernummer.

(BGBl II 2020/579)

(2) Bei Gemeinschaftskonten von Miteigentumsgemeinschaften und bei Konten von Wohnungseigentümergemeinschaften sind die wirtschaftlichen Eigentümer nur zu melden, wenn ihr jeweiliger Anteil mehr als 25 % beträgt. Dies gilt auch dann, wenn es sich um ein Anderkonto handelt.

(3) Bei nach Inbetriebnahme (Abs. 6 Z 1) neu angelegten Anderkonten sind auch die Namen aller Treugeber zu übermitteln. Bis zum 31. Jänner 2017 hat das Kreditinstitut dem Bundesminister für Finanzen die Anzahl jener Anderkonten zu melden, den vor der Inbetriebnahme bereits bestanden haben und hinsichtlich derer dem Kreditinstitut kein Treugeber bekannt gegeben worden ist. Bei Sammelanderkonten der Rechtsanwälte, Notare und Wirtschaftstreuhänder sowie bei Verlassenschafts-, Pflegschafts- und Insolvenzanderkonten müssen Treugeber nicht gemeldet werden.

(4) Bei Vorlage von Dispositionsscheinen für Verfügungen betreffend Wertpapierkonten und Geschäftsbeziehungen gemäß § 40 Abs. 5 erster Satz BWG müssen ab dem Datum der Inbetriebnahme des Kontenregisters (Abs. 6) die Identitäten der Vorleger im Rahmen bestehender elektronischer Systeme festgehalten werden.

(5) Die Strukturen für die Datenübermittlung sind im Internet unter https://www.bmf.gv.at zu veröffentlichen.

(6) Für die Datenübermittlungen gilt:
1. Die Inbetriebnahme des Kontenregisters erfolgt mit 10. August 2016.
2. Erstübermittlung: Ab der Inbetriebnahme des Kontenregisters und bis spätestens zum Ablauf des 30. September 2016 ist als Initiallieferung der Datenbestand zum 1. März 2015 zu übermitteln. Die Übermittlung hat auch die vom 1. März 2015 bis einschließlich 31. Juli 2016 erfolgten Änderungen im Datenbestand, welche mit Ablauf des 31. Juli 2016 im Vergleich zum 1. März 2015 noch bestehen (Stichtagsvergleich), sowie die Eröffnungen und Auflösungen zu umfassen. Die Bundesrechenzentrum Gesellschaft mit beschränkter Haftung (BRZ GmbH) hat als gesetzliche Dienstleisterin für den Bundesminister für Finanzen den Empfang von Datenübermittlungen zu Testzwecken ab dem 25. Mai 2016 und für Echtübermittlungen ab der Inbetriebnahme des Kontenregisters technisch zu ermöglichen.
3. Folgeübermittlung: Die Übermittlung der Daten hinsichtlich der nach dem 31. Juli 2016 eingetretenen Änderungen im Datenbestand sowie hinsichtlich der Eröffnungen und Auflösungen von Konten ist bis zum 25. Tag des folgenden Kalendermonates vorzunehmen und hat alle angefallenen Änderungen zu umfassen. Fällt der 25. Tag auf einen Samstag, Sonntag, gesetzlichen Feiertag oder auf den Karfreitag, so ist die Übermittlung der Daten am nächsten Tag, der nicht einer der vorgenannten Tage ist, vorzunehmen. Folgeübermittlungen betreffend August 2016 sind spätestens am 26. September 2016 vorzunehmen, wenn die Erstübermittlung vor dem 16. September 2016 erfolgt ist. Alle anderen Folgeübermittlungen betreffend August und September 2016 sind spätestens am 25. Oktober 2016 vorzunehmen.

BWG
KontRegG
KapitalAbfl
GMSG

21/2/2. KontRegG
2. KontReg-DV

4. Korrekturübermittlung: Auf Änderungen sowie erkannte Unrichtigkeiten in Bezug auf einen bereits übermittelten Datensatz ist Z 3 sinngemäß anzuwenden.

Auskünfte aus dem Kontenregister

§ 4. (1) Die Auskünfte aus dem Kontenregister durch elektronische Einsicht, ausgenommen die Einsicht durch die Staatsanwaltschaften und Strafgerichte, die Abgabenbehörden, die Finanzstrafbehörden und das Bundesfinanzgericht, erfolgen im Verfahren FinanzOnline (https://finanzonline.bmf.gv.at und beginnen mit dem 5. Oktober 2016.

(2) Den betroffenen Personen und Unternehmen, die Teilnehmer an FinanzOnline sind, ist die Auskunft, welche sie betreffenden Daten übermittelt und in das Kontenregister aufgenommen wurden, ausschließlich in FinanzOnline zu ermöglichen. Eine solche Abfrage steht nur dem Teilnehmer an FinanzOnline im Sinn des § 2 Abs. 1 FonV 2006 zu. Parteienvertretern im Sinn des § 2 Abs. 2 FonV 2006 und anderen Teilnehmern an FinanzOnline steht in Bezug auf die Daten Dritter kein Abfragerecht zu.

(3) Die Übermittlung der Information über eine durchgeführte Kontenregistereinsicht der Abgabenbehörde hat an den betroffenen Teilnehmer an FinanzOnline im Sinn des § 2 Abs. 1 FonV 2006 und im Fall erteilter Bevollmächtigung nach § 90a der Bundesabgabenordnung, BGBl. Nr. 194/1961, in der jeweils geltenden Fassung an seinen Parteienvertreter im Sinn des § 2 Abs. 2 Z 1 FonV 2006, nicht jedoch an andere Parteienvertreter im Sinn des § 2 Abs. 2 FonV 2006 oder an andere Teilnehmer an FinanzOnline zu erfolgen. Die Übermittlung der Information an den Parteienvertreter hat erst ab dem Vorliegen der technischen und organisatorischen Voraussetzungen zu erfolgen.

21/2/2.
2. Kontenregister-Durchführungsverordnung

BGBl II 2021/176

2. Verordnung des Bundesministers für Finanzen zur Durchführung des Kontenregister- und Konteneinschaugesetzes (2. Kontenregister-Durchführungsverordnung – 2. KontReg-DV)

Auf Grund von § 3 Abs. 1b, 1c und § 6 des Kontenregister- und Konteneinschaugesetzes (KontReG), BGBl. I Nr. 116/2015 zuletzt geändert durch das Bundesgesetz BGBl. I Nr. 25/2021, wird verordnet:

Verfahren

§ 1. (1) Diese Verordnung trifft nähere Regelungen für die elektronische Übertragung von Daten der meldepflichtigen Kredit- und Finanzinstitute hinsichtlich der in § 1 Abs. 1 und 3 KontRegG angeführten meldepflichtigen Konten im Kreditgeschäft der Kreditinstitute und meldepflichtigen Zahlungskonten von Finanzinstituten zur Erbringung von Zahlungsdienstleistungen sowie der Schließfächer an den Bundesminister für Finanzen.

(2) Die elektronische Übermittlung der Daten hat nach der FinanzOnline-Verordnung 2006, (FOnV 2006), BGBl. II Nr. 97/2006, in der jeweils geltenden Fassung im Verfahren FinanzOnline (https://finanzonline.bmf.gv.at) zu erfolgen. Die Übermittlung ist nur zulässig im Weg der Datenstromübermittlung und im Weg eines Webservice.

Teilnehmer

§ 2. (1) Teilnehmer sind die Kredit- und Finanzinstitute nach § 1 Abs. 2 und 4 KontRegG. Finanzinstitute nach § 1 Abs. 2 Z 6 des Bankwesengesetzes – BWG, BGBl. Nr. 532/1993, (gewerbliche Schließfachanbieter) haben sich elektronisch unter Verwendung des Formulars Schliess 1 entsprechend der Anlage A zu registrieren, um die erforderlichen Berechtigungen für Übermittlungen an das Kontenregister zu erhalten. Die Teilnehmer können sich zur Datenübermittlung eines Auftragsverarbeiters (insbesondere eines Rechenzentrums) bedienen, den sie dem Bundesminister für Finanzen namhaft zu machen haben. Die Beendigung des Dienstleistungsverhältnisses ist dem Bundesminister für Finanzen unverzüglich mitzuteilen. In gleicher Weise haben die Kreditinstitute die Stammzahlenregisterbehörde sowie die Bundesanstalt Statistik Österreich davon zu verständigen.

(2) Der Bundesminister für Finanzen kann im Einzelfall den Auftragsverarbeiter ablehnen oder ihn bei sinngemäßer Anwendung des § 6 FOnV 2006 ausschließen.

Datenübermittlung

§ 3. (1) Die elektronisch zu übermittelnden Daten sind die in § 2 Abs. 1 in Verbindung mit § 3 Abs. 1b und 1c KontRegG bezeichneten Daten, wobei als Bezeichnung des Kredit- oder Finanzinstituts ihr Bank Identifier Code („BIC") anzugeben ist.

(2) Ausschließlich zum Zweck der Identifikation in FinanzOnline ist die Steuernummer des Kredit- oder Finanzinstituts zu übermitteln.

(3) Die Strukturen für die Datenübermittlung sind im Internet unter https://www.bmf.gv.at zu veröffentlichen.

(4) Für die Datenübermittlungen gilt:
1. Erstübermittlung: die Daten sind mit Stand zum 1. Jänner 2021 bis spätestens zum Ablauf des 31. Mai 2021 als Initiallieferung zu übermitteln.
2. Folgeübermittlung: Die Übermittlung der Daten hinsichtlich der nach dem 1. Jänner 2021 eingetretenen Änderungen im Datenbestand sowie hinsichtlich der Eröffnungen und Auflösungen von Konten nach § 1 oder des Beginns und der Beendigung des Mietzeitraums von Schließfächern ist bis zum 25. Tag des folgenden Kalendermonates vorzunehmen und hat alle angefallenen Änderungen zu umfassen. Fällt der 25. Tag auf einen Samstag, Sonntag, gesetzlichen Feiertag oder auf den Karfreitag, so ist die Übermittlung der Daten am nächsten Tag, der nicht einer der vorgenannten Tage ist, vorzunehmen.
3. Korrekturübermittlung: Auf Änderungen sowie erkannte Unrichtigkeiten in Bezug auf einen bereits übermittelten Datensatz ist Z 2 sinngemäß anzuwenden.

(5) Bei Ander- und sonstigen Treuhandkonten, auf die eine Verordnung gemäß § 8 Abs. 5 des Finanzmarkt-Geldwäschegesetzes – FM-GwG, BGBl. I Nr. 118/2016, oder § 95 BWG angewandt wird, sowie bei Ander- und sonstigen Treuhandkonten, auf die vereinfachte Sorgfaltspflichten auf risikoorientierter Grundlage gemäß § 6 Abs. 5 FM-GwG angewandt werden, kann die Meldung des Treugebers oder der Treugeber unterbleiben.

Auskünfte aus dem Kontenregister

§ 4. Die Auskünfte aus dem Kontenregister durch elektronische Einsicht werden der Geldwäschemeldestelle, des Bundesamtes für Verfassungsschutz und Terrorismusbekämpfung, der Finanzmarktaufsichtsbehörde, dem Bundeskriminalamt, dem Bundesamt zur Korruptionsprävention und Korruptionsbekämpfung, der Oesterreichischen Nationalbank und dem Bundesminister für Inneres im Weg des jeweiligen Portalverbund-Stammportals gewährt.

21/2/2. KontRegG
2. KontReg-DV

– 1596 –

Hinweis (wird nicht ausgedruckt): Speichern können Sie mit dem Adobe Speicherbutton links oben. Importieren können Sie mit dem Importier-Service auf www.bmf.gv.at beim jeweiligen Formular.

An das Finanzamt

Eingangsvermerk

BITTE BEACHTEN SIE:

Dieses Formular wird maschinell gelesen, füllen Sie es daher nur mittels Tastatur und Bildschirm aus. **Eine handschriftliche Befüllung ist unbedingt zu vermeiden.** Betragsangaben in EURO und Cent (rechtsbündig). Eintragungen **außerhalb der Eingabefelder** können maschinell nicht gelesen werden.

Registrierung – Gewerbliche Schließfachanbieter

Schließfachanbieter

FIRMA

Firmenbuchnummer | Rechtsform (z.B. GmbH, AG, KG, OG)

ANSCHRIFT (Straße, Haus-Nr., Tür-Nr.)

Postleitzahl | ORT

Homepage der/des Gewerbetreibenden

Steuernummer | Registrierungsnummer Datenübermittlung Sonderausgaben

UID-Nummer | ÖNACE

Ort der Geschäftsleitung (Befindet sich der Ort der Geschäftsleitung nicht im Inland, bitte den Firmensitz anführen.)

ANSCHRIFT (Straße, Haus-Nr., Tür-Nr.)

Postleitzahl | ORT

Anzahl der Schließfächer

Anzahl der Schließfächer

Im gesamten Formular werden weibliche Formen wie z.B. „Vertreterin" aus Gründen der Textökonomie nicht explizit genannt.

Schliess 1-PDF Bundesministerium für Finanzen

Schliess 1, Seite 1, Version vom 28.09.2020

21/2/2. KontRegG
2. KontReg-DV

Teilbetrieb/Betriebsstätte (Weiterer Standort eines Schließfachsafes)

FIRMA

ANSCHRIFT (Straße, Haus-Nr., Tür-Nr.)

Postleitzahl   ORT

Angaben zu den Vorstandsmitgliedern bzw. den Geschäftsführern

FAMILIEN- ODER NACHNAME

VORNAME   Geburtsdatum (TTMMJJJJ)

ANSCHRIFT (Straße, Haus-Nr., Tür-Nr.)

Postleitzahl   ORT

Beteiligt am Unternehmen (nur bei GmbH) in %

Funktion (z.B. Vorstand, Geschäftsführer, Prokurist…)

Zur Identitätsprüfung wird Führerschein, Reisepass, Personalausweis, Moped-, Lehrling-, Schülerausweis, edu.card oder Behindertenpass benötigt.

☐ Führerschein   ☐ Lehrlingsausweis   ☐ edu.card
☐ Reisepass   ☐ Schülerausweis   ☐ Behindertenpass
☐ Personalausweis   ☐ Mopedausweis

Unterschrift, firmenmäßige Zeichnung

Nummer des Dokuments

Datum der Ausstellung des Dokuments (TTMMJJJJ)

Übernahmebestätigung für Zugangskennungen und Erstinformation.

Datum (TTMMJJJJ)   Unterschrift

D

Nur vom Finanzamt auszufüllen

☐ Antrag erledigt

Schliess 1-PDF

Schliess 1, Seite 2, Version vom 28.09.2020

BWG
KontRegG
KapitalAbfl
GMSG

21/3. Kapitalabfluss-Meldegesetz

Kapitalabfluss-Meldegesetz, BGBl I 2015/116 idF
1 BGBl I 2016/77 (EU-AbgÄG 2016) **2** BGBl I 2018/17 **3** BGBl I 2018/62 (JStG 2018)
4 BGBl I 2019/104 (FORG)

GLIEDERUNG

§ 1. Begriffsbestimmungen

1. Teil: Kapitalabfluss-Meldepflicht
§ 2. Meldepflicht
§ 3. Umfang der Meldepflicht
§ 4. Meldezeitraum

2. Teil: Kapitalzufluss-Meldepflicht
§ 5. Meldepflicht
§ 6. Umfang der Meldepflicht
§ 7. Meldezeitraum

3. Teil: Nachversteuerung von meldepflichtigen Kapitalzuflüssen
§ 8. Einmalzahlung

§ 9. Bedeckung
§ 10. Selbstanzeige

4. Teil: Gemeinsame Bestimmungen und Schlussbestimmungen
§ 11. Verordnungsermächtigung
§ 12. Verfahren bei der Abgabenbehörde
§ 13. Strafbestimmungen
§ 14. Verweis auf andere Rechtsvorschriften
§ 15. Personenbezogene Bezeichnungen
§ 16. Außerkrafttreten
§ 17. Vollziehung
§ 18. Inkrafttreten

Bundesgesetz über die Meldepflicht von Kapitalabflüssen und von Kapitalzuflüssen (Kapitalabfluss-Meldegesetz)

Begriffsbestimmungen

§ 1. Im Sinne dieses Bundesgesetzes bedeutet:
1. Kreditinstitut: ein Kreditinstitut gemäß § 1 Abs. 2 des Kontenregistergesetzes – KontRegG, BGBl. I Nr. 116/2015.
2. Zahlungsinstitut: ein Zahlungsinstitut gemäß § 7 Abs. 1 des Zahlungsdienstegesetzes 2018 – ZaDiG 2018, BGBl. I Nr. 17/2018 oder eine Zweigstelle eines Zahlungsinstitutes gemäß § 27 ZaDiG 2018.
(BGBl I 2018/17)
3. Kapitalabfluss:
   a) die Auszahlung und Überweisung von Sicht-, Termin- und Spareinlagen,
   b) die Auszahlung und Überweisung im Rahmen der Erbringung von Zahlungsdiensten gemäß § 1 Abs. 2 ZaDiG 2018 oder im Zusammenhang mit dem Verkauf von Bundesschätzen,
   (BGBl I 2018/17)
   c) die Übertragung von Eigentum an Wertpapieren (§ 1 Abs. 1 des Depotgesetzes, BGBl. Nr. 424/1969, und § 3 Abs. 2 Z 13 des Investmentfondsgesetzes 2011 – InvFG 2011, BGBl. I Nr. 77/2011) mittels Schenkung im Inland sowie
   d) die Verlagerung von Wertpapieren in ausländische Depots.
4. Kapitalzufluss:
   a) die Einzahlung und Überweisung von Sicht-, Termin- und Spareinlagen,
   b) die Einzahlung und Überweisung im Rahmen der Erbringung von Zahlungsdiensten gemäß § 1 Abs. 2 ZaDiG 2018 oder im Zusammenhang mit dem Verkauf von Bundesschätzen,
   (BGBl I 2018/17)
   c) die Übertragung von Eigentum an Wertpapieren (§ 1 Abs. 1 des Depotgesetzes, BGBl. Nr. 424/1969, und § 3 Abs. 2 Z 13 des Investmentfondsgesetzes 2011 – InvFG 2011, BGBl. I Nr. 77/2011) mittels Schenkung sowie
   d) die Verlagerung von Wertpapieren in inländische Depots.

1. Teil
Kapitalabfluss-Meldepflicht

Meldepflicht

§ 2. Kreditinstitute, Zahlungsinstitute und die Österreichische Bundesfinanzierungsagentur (ÖBFA) sind verpflichtet, hohe Kapitalabflüsse nach Maßgabe dieses Bundesgesetzes an den Bundesminister für Finanzen zur Überprüfung der Einhaltung der abgabenrechtlichen Vorschriften zu melden.
(BGBl I 2018/62)

21/3. KapAbflMeldeG §§ 3 – 7

Umfang der Meldepflicht

§ 3. (1) Meldepflichtig sind Kapitalabflüsse von Beträgen von mindestens 50 000 Euro von Konten oder Depots natürlicher Personen. Ausgenommen von dieser Meldepflicht sind Kapitalabflüsse von Geschäftskonten von Unternehmern und von Anderkonten von Rechtsanwälten, Notaren oder Wirtschaftstreuhändern. Die Umwidmung eines bestehenden Kontos in ein Geschäftskonto sowie die Überweisung von einem Privatkonto auf ein Geschäftskonto stellen Kapitalabflüsse nach § 1 Z 3 dar.

(2) Eine Meldepflicht tritt unabhängig davon ein, ob der Kapitalabfluss in einem einzigen Vorgang oder in mehreren Vorgängen, zwischen denen eine Verbindung offenkundig gegeben ist, getätigt wird. Schadenersatzansprüche können aus dem Umstand, dass ein Meldepflichtiger gemäß § 1 oder ein dort Beschäftigter in fahrlässiger Unkenntnis, dass es sich nicht um eine verbundene Transaktion nach diesem Absatz handelt, diese als eine verbundene Transaktion nach diesem Absatz meldet, nicht erhoben werden.

(3) Die Meldung hat zu enthalten:
1. das verschlüsselte bereichsspezifische Personenkennzeichen für Steuern und Abgaben (vbPK SA); sofern das vbPK SA über das Stammzahlenregister nicht ermittelt werden konnte, sind Vorname, Zuname, Geburtsdatum, Adresse und Ansässigkeitsstaat aufzunehmen;
2. die Konto- oder Depotnummer und den jeweiligen Betrag.

(4) Zum Zweck der Datenübermittlung sind die Meldepflichtigen gemäß § 1 berechtigt, wie Verantwortliche des öffentlichen Bereichs gemäß § 10 Abs. 2 des E-Government-Gesetzes – E-GovG, BGBl. I Nr. 10/2004, die Ausstattung ihrer Datenverarbeitung mit vbPK SA von der Stammzahlenregisterbehörde zu verlangen. In diesem Zusammenhang anfallende Kosten inklusive jener der Stammzahlenregisterbehörde sind vom Meldepflichtigen gemäß § 1 zu tragen.

(BGBl I 2018/62)

(5) Sofern ein Meldepflichtiger aus Anlass eines Kapitalabflusses von mindestens 50 000 Euro von Geschäftskonten von Unternehmern eine Meldung zur Bekämpfung der Geldwäsche an die Geldwäschemeldestelle des Bundeskriminalamtes (§ 4 Abs. 2 des Bundeskriminalamt-Gesetzes – BKAG, BGBl. I Nr. 22/2002) erstattet, hat die Geldwäschemeldestelle diese Meldung an das Bundesministerium für Finanzen weiterzuleiten.

Meldezeitraum

§ 4. (1) Die Meldung ist jeweils bis zum letzten Tag des auf den Kapitalabfluss folgenden Monats abzugeben. Die Meldpflicht für den Zeitraum 1. Jänner 2016 bis 31. Dezember 2016 ist bis 31. Jänner 2017 wahrzunehmen.

(2) **(Verfassungsbestimmung)** Die Meldpflicht ist erstmalig für den Zeitraum vom 1. März 2015 bis 31. Dezember 2015 wahrzunehmen, wobei die Meldung spätestens bis 31. Oktober 2016 zu erstatten ist.

2. Teil
Kapitalzufluss-Meldepflicht

Meldepflicht

§ 5. Kreditinstitute, Zahlungsinstitute und die Österreichische Bundesfinanzierungsagentur (ÖBFA) sind verpflichtet, hohe Kapitalzuflüsse aus der Schweizerischen Eidgenossenschaft und dem Fürstentum Liechtenstein nach Maßgabe dieses Bundesgesetzes an den Bundesminister für Finanzen zur Überprüfung der Einhaltung der abgabenrechtlichen Vorschriften zu melden, soweit sie in den in § 7 angeführten Zeiträumen erfolgten.

(BGBl I 2018/62)

Umfang der Meldepflicht

§ 6. (1) Meldepflichtig sind Kapitalzuflüsse von mindestens 50 000 Euro auf Konten oder Depots von
1. natürlichen Personen; ausgenommen von dieser Meldepflicht sind Kapitalzuflüsse auf Geschäftskonten von Unternehmern;
2. liechtensteinischen Stiftungen und stiftungsähnlichen Anstalten; im Zweifel kann der Meldepflichtige davon ausgehen, dass eine Anstalt stiftungsähnlich ist.

(2) Sofern ein Kapitalzufluss von mindestens 50 000 Euro auf ein Konto oder Depot im Meldezeitraum vorliegt, so sind auch alle anderen im Meldezeitraum erfolgten Zuflüsse in die Meldung aufzunehmen.

(3) Die Meldung hat zu enthalten:
1. das verschlüsselte bereichsspezifische Personenkennzeichen für Steuern und Abgaben (vbPK SA); sofern das vbPK SA über das Stammzahlenregister nicht ermittelt werden konnte, sind Vorname, Zuname, Geburtsdatum, Adresse und Ansässigkeitsstaat aufzunehmen;
2. die Konto- oder Depotnummer und
3. den jeweiligen Betrag.

(4) Zum Zweck der Datenübermittlung sind die Meldepflichtigen gemäß § 5 berechtigt, wie Verantwortliche des öffentlichen Bereichs gemäß § 10 Abs. 2 des E-Government-Gesetzes – E-GovG, BGBl. I Nr. 10/2004, die Ausstattung ihrer Datenverarbeitung mit vbPK SA von der Stammzahlenregisterbehörde zu verlangen. In diesem Zusammenhang anfallende Kosten inklusive jener der Stammzahlenregisterbehörde sind vom Meldepflichtigen gemäß § 5 zu tragen.

(BGBl I 2018/62)

Meldezeitraum

§ 7. (1) **(Verfassungsbestimmung)** Die Meldpflicht ist wahrzunehmen:

1. für Kapitalzuflüsse aus der Schweizerischen Eidgenossenschaft für den Zeitraum von 1. Juli 2011 bis 31. Dezember 2012,
2. für Kapitalzuflüsse aus dem Fürstentum Liechtenstein für den Zeitraum von 1. Jänner 2012 bis 31. Dezember 2013.

(2) Die Meldungen sind spätestens bis 31. Dezember 2016 zu erstatten.

3. Teil
Nachversteuerung von meldepflichtigen Kapitalzuflüssen

Einmalzahlung

§ 8. (1) Inhaber von Konten oder Depots, auf denen gemäß § 6 meldepflichtige Kapitalzuflüsse verbucht wurden, können bis einschließlich 31. März 2016 dem meldepflichtigen Kreditinstitut unwiderruflich schriftlich mitteilen, die Nachversteuerung dieser Vermögenswerte im Wege einer Einmalzahlung mit Abgeltungswirkung vorzunehmen. Sie haben für deren Begleichung den erforderlichen Geldbetrag bereitzustellen.

(2) Die Einmalzahlung beträgt 38 % der meldepflichtigen Vermögenswerte. Sie ist von dem meldepflichtigen Kreditinstitut bis spätestens 30. September 2016 einzubehalten und abzuführen; über die erfolgten Einmalzahlungen ist innerhalb eines Monats nach Ablauf dieser Frist dem für die Erhebung der Körperschaftsteuer zuständigen Finanzamt eine Anmeldung zu übermitteln.

(3) Über die erfolgte Einmalzahlung hat das Kreditinstitut eine Bescheinigung an die Konto- oder Depotinhaber auszustellen, die folgende Angaben zu enthalten hat:
1. die Identität (Name und Geburtsdatum oder Bezeichnung) und Wohnsitz oder Sitz der Konto- oder Depotinhaber;
2. die Identität (Name und Geburtsdatum oder Bezeichnung) und Wohnsitz oder Sitz der Verfügungsberechtigten;
3. die Identität (Name und Geburtsdatum oder Bezeichnung) und Wohnsitz oder Sitz der Inhaber jener Konten und Depots, von denen aus der meldepflichtige Zufluss erfolgt ist;
4. soweit bekannt, deren österreichische Steuernummer und/oder Sozialversicherungsnummer;

(BGBl I 2019/104)

5. den BIC-Code des Kreditinstitutes;
6. die Kundennummer (Kunden-, Konto- oder Depot-Nummer, IBAN-Code);
7. den Betrag der Einmalzahlung und Berechnungsgrundlage einschließlich der übertragenen Wirtschaftsgüter.

(4) Mit der vollständigen Gutschrift der Einmalzahlung auf dem Abgabenkonto des Kreditinstitutes gelten die Erbschaftssteuer- und Schenkungssteuer und die Ansprüche auf die gemeinschaftlichen Bundesabgaben gemäß § 8 Abs. 1 erster und dritter Fall des Finanzausgleichsgesetzes 2008 – FAG 2008, BGBl. I Nr. 103/2007, sowie die Stiftungseingangssteuer- und Versicherungssteueransprüche als abgegolten. Die Abgeltungswirkung gilt für alle Gesamtschuldner der betroffenen Abgaben. Sie umfasst vor dem Zufluss entstandene Abgabenansprüche betreffend die genannten Abgaben, soweit ihnen Sachverhalte zugrunde liegen, die zur Bildung von Vermögenswerten geführt haben, deren Zufluss im Inland der Meldepflicht nach § 6 unterliegt, im Betrag bis zur Höhe der Bemessungsgrundlage der Einmalzahlung. Gleichzeitig entfällt die Meldeverpflichtung gemäß § 6 für den zugrundeliegenden Zufluss.

(5) Die Abgeltungswirkung nach Abs. 4 tritt nicht ein, soweit
1. die Vermögenswerte aus einer Vortat zur Geldwäscherei gemäß § 165 Abs. 1 des Strafgesetzbuches – StGB, BGBl Nr. 60/1974, mit Ausnahme des § 33 iVm §§ 38a oder 39 des Finanzstrafgesetzes – FinStrG, BGBl Nr. 129/1958 herrühren oder
2. zum Zeitpunkt der Mitteilung gemäß Abs. 1
   a) einer Abgaben- oder Finanzstrafbehörde bereits konkrete Hinweise auf nicht versteuerte Vermögenswerte, die der Meldepflicht unterliegen, vorlagen und dies dem Verfügungsberechtigten bekannt war;
   b) abgabenrechtliche Ermittlungen geführt werden oder
   c) diesbezüglich bereits Verfolgungshandlungen (§ 29 Abs. 3 lit. a FinStrG) gesetzt worden sind.

In diesen Fällen wird eine geleistete Einmalzahlung als freiwillige Zahlung auf die geschuldeten Steuern der verfügungsberechtigten Person behandelt. § 214 Abs. 1 der Bundesabgabenordnung – BAO, BGBl Nr. 194/1961 gilt sinngemäß.

(6) Abs. 4 hat keine Auswirkung auf die Berechnung der Grundlage der Mehrwertsteuereigenmittel nach der Verordnung (EWG, Euratom) Nr. 1553/89 über die endgültige einheitliche Regelung für die Erhebung der Mehrwertsteuereigenmittel.

(7) Insoweit gemäß Abs. 4 und 5 Abgabenansprüche abgegolten sind, tritt Strafbefreiung hinsichtlich damit zusammenhängender Finanzvergehen ein.

Bedeckung

§ 9. (1) Verfügen die Konto- oder Depotinhaber nicht über ausreichenden Geldbetrag auf einem Konto des meldepflichtigen Kreditinstitutes, so muss dieses den Konto- oder Depotinhabern schriftlich unter Setzung einer Frist von längstens vier Wochen, längstens aber bis zum 29. September 2016, auffordern, einen ausreichenden Geldbetrag bereitzustellen. Zugleich sind die Konto- oder Depotinhaber auf die Verpflichtung zur Meldung des Kapitalzuflusses hinzuweisen.

(2) Kann das Kreditinstitut wegen fehlender flüssiger Mittel die Einmalzahlung nicht vollständig einbehalten, hat das Kreditinstitut nach Ablauf

der Frist gemäß Abs. 1 seiner Meldeverpflichtung nach § 6 nachzukommen.

Selbstanzeige

§ 10. (1) Wird Selbstanzeige (§ 29 FinStrG) wegen Finanzvergehen erstattet, denen ein Sachverhalt zugrunde liegt, der zur Bildung von Vermögenswerten geführt hat, deren Zufluss gemäß § 6 meldepflichtig ist, ist insoweit § 29 Abs. 3 lit. d FinStrG nicht anzuwenden.

(2) Für Selbstanzeigen gemäß Abs. 1 tritt strafbefreiende Wirkung nur insoweit ein, als auch eine Abgabenerhöhung entrichtet wird. § 29 Abs. 6 FinStrG gilt sinngemäß.

4. Teil
Gemeinsame Bestimmungen und Schlussbestimmungen

Verordnungsermächtigung

§ 11. Der Bundesminister für Finanzen hat mit Verordnung das Verfahren der Übermittlung der Meldungen im Wege von Finanz-Online nach den §§ 3 und 6 in organisatorischer und technischer Hinsicht zu regeln.

Verfahren bei der Abgabenbehörde

§ 12. (1) Die Abgabenbehörden haben einlangende Meldungen von Kapitalabflüssen (§ 3) der elektronischen Dokumentation gemäß § 114 Abs. 2 BAO hinzuzufügen; daneben dürfen die Meldungen ausschließlich für eine Analyse für Zwecke der Betrugsbekämpfung unter Abgleich der über den Steuerpflichtigen im Abgabenakt vorhandenen Daten und für damit in Zusammenhang stehende allgemeine Aufsichtsmaßnahmen nach §§ 143 und 144 BAO oder Außenprüfungen nach § 147 BAO herangezogen werden. Die Bestimmungen des Finanzstrafgesetzes bleiben davon unberührt.

(2) Die Abgabenbehörden haben einlangende Meldungen von Kapitalzuflüssen (§ 6) der elektronischen Dokumentation gemäß § 114 Abs. 2 BAO hinzuzufügen und im Sinne des § 115 Abs. 1 BAO lückenlos zu prüfen. Die Bestimmungen des Finanzstrafgesetzes bleiben davon unberührt.

Strafbestimmungen

§ 13. (1) Wer die Meldepflichten der §§ 3 und 6 vorsätzlich verletzt, macht sich eines Finanzvergehens schuldig und ist mit einer Geldstrafe bis zu 200 000 Euro zu bestrafen.

(2) Wer die Tat nach Abs. 1 grob fahrlässig begeht, ist mit einer Geldstrafe bis zu 100 000 Euro zu bestrafen.

(3) Die Finanzvergehen nach Abs. 1 und Abs. 2 hat das Gericht niemals zu ahnden.

(4) (aufgehoben)

(BGBl I 2016/77)

Verweis auf andere Rechtsvorschriften

§ 14. Soweit in diesem Bundesgesetz auf Bestimmungen anderer Bundesgesetze verwiesen wird, sind diese in ihrer jeweils geltenden Fassung anzuwenden.

Personenbezogene Bezeichnungen

§ 15. Soweit sich die in diesem Bundesgesetz verwendeten Bezeichnungen auf natürliche Personen beziehen, gilt die gewählte Form für beide Geschlechter.

Außerkrafttreten

§ 16. Meldungen nach diesem Bundesgesetz sind letztmalig für Kapitalabflüsse im Dezember 2022 zu erstatten.

Vollziehung

§ 17. Mit der Vollziehung dieses Bundesgesetzes ist der Bundesminister für Finanzen betraut.

Inkrafttreten

§ 18. (1) § 1 Abs. 2, § 1 Z 3 lit. b und § 1 Z 4 lit. b in der Fassung des Bundesgesetzes BGBl. I Nr. 17/2018 treten mit 1. Juni 2018 in Kraft.

(BGBl I 2018/62)

(2) § 2, § 3 Abs. 4 erster Satz, § 5 und § 6 Abs. 4 erster Satz in der Fassung des Bundesgesetzes BGBl. I Nr. 62/2018 treten mit 25. Mai 2018 in Kraft.

(BGBl I 2018/62)

(3) § 8 Abs. 3 Z 4 in der Fassung des Bundesgesetzes BGBl. I Nr. 104/2019, tritt mit 1. Juli 2020 in Kraft.

(BGBl I 2019/104)

21/3/1.

Kapitalabfluss-Durchführungsverordnung

BGBl II 2016/91 idF BGBl II 2020/579

Verordnung des Bundesministers für Finanzen zur Durchführung des Kapitalabfluss-Meldegesetzes (Kapitalabfluss-Durchführungsverordnung – KapAbfl-DV)

Auf Grund des § 11 des Kapitalabfluss-Meldegesetzes, BGBl. I Nr. 116/2015, wird verordnet:

Verfahren

§ 1. (1) Diese Verordnung trifft nähere Regelungen für die elektronische Übertragung von Daten der Kreditinstitute, Zahlungsinstitute und der Österreichischen Bundesfinanzierungsagentur (ÖBFA) an den Bundesminister für Finanzen.

(2) Die elektronische Übermittlung der Daten hat nach der FinanzOnline-Verordnung 2006, (FonV 2006), BGBl. II Nr. 97/2006, in der jeweils geltenden Fassung, im Verfahren FinanzOnline (https://finanzonline.bmf.gv.at) zu erfolgen. Die Übermittlung ist nur zulässig im Weg der Datenstromübermittlung und im Weg eines Webservices.

Teilnehmer

§ 2. (1) Teilnehmer sind die Kreditinstitute und die Zahlungsinstitute (§ 1 Z 1 und 2 des Kapitalabfluss-Meldegesetzes), sowie die ÖBFA. Die Teilnehmer können sich zur Datenübermittlung eines Dienstleisters (insbesondere eines Rechenzentrums) bedienen, den sie dem Bundesminister für Finanzen namhaft machen müssen. Die Beendigung des Dienstleistungsverhältnisses ist dem Bundesminister für Finanzen unverzüglich mitzuteilen. In gleicher Weise haben die Kreditinstitute die Stammzahlenregisterbehörde sowie die Bundesanstalt Statistik Österreich davon zu verständigen.

(2) Der Bundesminister für Finanzen kann im Einzelfall den Dienstleister ablehnen oder ihn bei sinngemäßer Anwendung des § 6 FonV 2006 ausschließen.

Ermittlung und Übermittlung der Daten

§ 3. (1) Die elektronisch zu übermittelnden Daten sind

1. bei Kapitalabflüssen die im § 3 Abs. 3 des Kapitalabfluss-Meldegesetzes bezeichneten Daten einschließlich des Betrages,
2. bei Kapitalzuflüssen die im § 6 Abs. 3 des Kapitalabfluss-Meldegesetzes bezeichneten Daten einschließlich des Betrages, sowie
3. in den Fällen der Z 1 und 2 als Bezeichnung des Kreditinstituts, Zahlungsinstituts bzw. der ÖBFA sein bzw. ihr Bank Identifier Code („BIC"), sowie zum Zweck der Identifikation in FinanzOnline seine bzw. ihre Steuernummer,

(BGBl II 2020/579)

4. in den Fällen der Z 1 und 2 bei vermögensverwaltenden Personengesellschaften die Firmennamen.

(2) Für die Ermittlung von Kapitalabflüssen und Kapitalzuflüssen gilt:

1. Die Übertragung von Eigentum an Wertpapieren im Inland ist als Kapitalabfluss meldepflichtig, wenn eine Depotübertragung mittels freier Lieferung erfolgt und es sich nicht um bloße Eigenüberträge handelt.
2. Meldepflichtige Kapitalzuflüsse auf Depots sind wie folgt zu ermitteln:
   a) Bei Vorliegen von Kapitalzuflüssen von jeweils unter 50 000 Euro aus der Schweizerischen Eidgenossenschaft oder dem Fürstentum Liechtenstein auf einem inländischen Bankkonto, ist zu überprüfen, ob relevante Zuflüsse auf einem Depot desselben Inhabers vorliegen. Hinsichtlich der Herkunft der Zuflüsse ist dabei auf die liefernden Kreditinstitute (auftraggebende Kreditinstitute) abzustellen.
   b) Erfolgt eine Meldung aufgrund eines Kapitalzuflusses von mindestens 50 000 Euro auf einem Konto, kann eine gesonderte Meldung von Zuflüssen auf Depots unterbleiben.

(3) Bei Einmalzahlung für Zuflüsse (§ 8 des Kapitalabfluss-Meldegesetzes) sind verbleibende Zuflüsse, für die keine Einmalzahlung vorgenommen wird, zu melden, auch wenn diese Zuflüsse unter 50 000 Euro liegen.

(4) Die Strukturen für die Datenübermittlung sind im Internet unter https://www.bmf.gv.at zu veröffentlichen.

(5) Für die Datenübermittlungen gilt:

1. Datenübermittlungen in Bezug auf Kapitalabflüsse sind nicht vor dem Vorliegen der jeweiligen technischen und organisatorischen Voraussetzungen zulässig, doch hat die Bundesrechenzentrum Gesellschaft mit beschränkter Haftung (BRZ GmbH) als gesetzliche Dienstleisterin für den Bundesminister für Finanzen den Empfang von Datenübermittlungen spätestens ab folgenden Terminen technisch zu ermöglichen:
   a) für Kapitalabflüsse im Zeitraum 1. März 2015 bis 31. Dezember 2015 ab dem 5. Oktober 2016,
   b) für Kapitalabflüsse im Zeitraum 1. Jänner 2016 bis 31. Dezember 2016 ab dem 1. Jänner 2017,
   c) für laufende Meldungen von Kapitalabflüssen ab dem 1. Jänner 2017 jeweils ab dem ersten Tag des auf den Kapitalabfluss folgenden Monats.

2. Verbundene Transaktionen: Kapitalabflüsse, die als eine verbundene Transaktion im Sinn des Kapitalabfluss-Meldegesetzes anzusehen sind, sind quartalsweise zusammenzurechnen und gelten im gesamten zusammengerechneten Betrag mit Ultimo des Kalenderquartals als abgeflossen, in welchem die Summe den Betrag von 50 000 Euro erstmals oder neuerlich erreicht.

3. Datenübermittlungen in Bezug auf Kapitalzuflüsse aus der Schweizerischen Eidgenossenschaft und aus dem Fürstentum Liechtenstein sind nicht vor dem Vorliegen der jeweiligen technischen und organisatorischen Voraussetzungen zulässig, doch hat die BRZ GmbH als gesetzliche Dienstleisterin für den Bundesminister für Finanzen den Empfang von Datenübermittlungen spätestens ab dem 1. Dezember 2016 technisch zu ermöglichen. Dies gilt auch für die Übermittlung von Änderungen sowie erkannte Unrichtigkeiten in Bezug auf einen bereits übermittelten Datensatz.

21/4. GMSG

21/4. Gemeinsamer Meldestandard-Gesetz

Gemeinsamer Meldestandard-Gesetz, BGBl I 2015/116 idF

1 BGBl I 2015/163 (AbgÄG 2015)	**2** BGBl I 2016/77 (EU-AbgÄG 2016)	**3** BGBl I 2016/118
4 BGBl I 2018/62 (JStG 2018)	**5** BGBl I 2019/91 (AbgÄG 2020)	**6** BGBl I 2019/104 (FORG)
7 BGBl I 2020/96 (KonStG 2020)		

GLIEDERUNG

1. Hauptstück: Allgemeine Bestimmungen
§ 1. Umsetzung von Unionsrecht und der mehrseitigen Vereinbarung
§ 2. Anwendung der Meldepflichten
§ 3. Allgemeine Meldepflichten
§ 4. Zeitpunkt, Form und Übermittlung der Meldung
§ 5. Identifikation von meldepflichtigen Konten und Information der zu meldenden Personen
§ 6. Entfall von Meldepflichten

2. Hauptstück: Allgemeine Sorgfaltspflichten
§ 7. Meldepflichtiges Konto
§ 8. Inanspruchnahme von Dienstleistern
§ 9. Freiwillige Anwendung strengerer Standards

3. Hauptstück: Sorgfaltspflichten bei bestehenden Konten natürlicher Personen

1. Abschnitt: Identifizierung von Konten von geringem Wert
§ 10. Geltungsbereich des Abschnittes
§ 11. Wohnsitzadresse
§ 12. Suche in elektronischen Datensätzen
§ 13. Änderung der Gegebenheiten und des Kontowerts
§ 14. Vorliegen von Indizien
§ 15. Sonderbestimmungen bei Postlagerungsauftrag oder c/o-Adresse
§ 16. Widerlegung der Ansässigkeit in einem teilnehmenden Staat

2. Abschnitt: Identifizierung von Konten von hohem Wert
§ 17. Geltungsbereich des Abschnittes
§ 18. Suche in elektronischen Datensätzen
§ 19. Suche in Papierunterlagen
§ 20. Ausnahme von der Suche in Papierunterlagen
§ 21. Nachfrage beim Kundenbetreuer
§ 22. Folgen der Feststellung von Indizien
§ 23. Änderung zu einem Konto von hohem Wert
§ 24. Wiederholung der Überprüfung
§ 25. Änderung der Gegebenheiten
§ 26. Erkennung der Änderung von Gegebenheiten

3. Abschnitt: Überprüfungszeitraum
§ 27. Zeitpunkt der erstmaligen Überprüfung
§ 28. Dauer der Meldepflicht von Konten

4. Hauptstück: Sorgfaltspflichten bei Neukonten natürlicher Personen
§ 29. Geltungsbereich des Abschnittes
§ 30. Selbstauskunft
§ 31. Ansässigkeit in einem teilnehmenden Staat
§ 32. Änderung der Gegebenheiten

5. Hauptstück: Sorgfaltspflichten bei bestehenden Konten von Rechtsträgern

1. Abschnitt: Überprüfungs-, Identifizierungs- und Meldepflicht von Konten
§ 33. Geltungsbereich des Abschnittes
§ 34. Konten im Gegenwert von höchstens 250 000 US-Dollar
§ 35. Überprüfungspflichtige Konten
§ 36. Meldepflichtige Konten
§ 37. Verpflichtende Überprüfungsverfahren
§ 38. Feststellung, ob der Rechtsträger eine meldepflichtige Person ist
§ 39. Feststellung, ob der Rechtsträger ein bestimmter passiver NFE ist

2. Abschnitt: Überprüfungszeitraum
§ 40. Konten im Gegenwert von mehr als 250 000 US-Dollar
§ 41. Konten im Gegenwert von höchstens 250 000 US-Dollar
§ 42. Änderung der Gegebenheiten

6. Hauptstück: Sorgfaltspflichten bei Neukonten von Rechtsträgern
§ 43. Geltungsbereich des Hauptstückes
§ 44. Überprüfungsverfahren
§ 45. Feststellung, ob der Rechtsträger eine meldepflichtige Person ist
§ 46. Feststellung, ob der Rechtsträger ein bestimmter passiver NFE ist

7. Hauptstück: Besondere Sorgfaltsvorschriften im Zusammenhang mit der Anwendung von Vorschriften des 3. bis 6. Hauptstückes
§ 47. Verlass auf Selbstauskünfte und Belege
§ 48. Alternative Verfahren für Versicherungsverträge
§ 49. Rückkaufsfähige Versicherungsverträge und Rentenversicherungsverträge
§ 50. Rückkaufsfähige Gruppenversicherungsverträge und Gruppenrentenversicherungsverträge
§ 51. Zusammenfassung von Konten natürlicher Personen
§ 52. Zusammenfassung von Konten von Rechtsträgern
§ 53. Zusammenfassungsvorschrift für Kundenbetreuer

8. Hauptstück: Begriffsbestimmungen

1. Abschnitt: Der Begriff „meldendes Finanzinstitut"
§ 54. Meldendes Finanzinstitut
§ 55. Finanzinstitut eines teilnehmenden Staats
§ 56. Finanzinstitut
§ 57. Verwahrinstitut
§ 58. Einlageninstitut
§ 59. Investmentunternehmen
§ 60. Finanzvermögen
§ 61. Spezifizierte Versicherungsgesellschaft

2. Abschnitt: Der Begriff „nicht meldendes Finanzinstitut"
§ 62. Nicht meldendes Finanzinstitut
§ 63. Staatlicher Rechtsträger
§ 64. Internationale Organisation
§ 65. Zentralbank
§ 66. Altersvorsorgefonds mit breiter Beteiligung
§ 67. Altersvorsorgefonds mit geringer Beteiligung
§ 68. Pensionsfonds eines staatlichen Rechtsträgers, einer internationalen Organisation oder einer Zentralbank
§ 69. Qualifizierter Kreditkartenanbieter
§ 70. Ausgenommener Organismus für gemeinsame Anlagen

3. Abschnitt: Der Begriff „Finanzkonto"
§ 71. Finanzkonto
§ 72. Einlagenkonto
§ 73. Verwahrkonto
§ 74. Eigenkapitalbeteiligung
§ 75. Versicherungsvertrag
§ 76. Rentenversicherungsvertrag
§ 77. Rückkaufsfähiger Versicherungsvertrag
§ 78. Barwert
§ 79. Bestehendes Konto

§ 80. Neukonto
§ 81. Bestehendes Konto natürlicher Personen
§ 82. Neukonto natürlicher Personen
§ 83. Bestehendes Konto von Rechtsträgern
§ 84. Konto von geringem Wert
§ 85. Konto von hohem Wert
§ 86. Neukonto von Rechtsträgern
§ 87. Ausgenommenes Konto

4. Abschnitt: Der Begriff „meldepflichtiges Konto"
§ 88. Meldepflichtiges Konto
§ 89. Meldepflichtige Person
§ 90. Person eines teilnehmenden Staats
§ 91. Teilnehmender Staat
§ 92. Beherrschende Personen
§ 93. NFE (Non-Financial Entity)
§ 94. Passiver NFE
§ 95. Aktiver NFE

5. Abschnitt: Sonstige Begriffsbestimmungen
§ 96. Kontoinhaber
§ 97. Verfahren zur Bekämpfung der Geldwäsche (AML/KYC)
§ 98. Rechtsträger
§ 99. Verbundener Rechtsträger
§ 100. Steueridentifikationsnummer
§ 101. Belege
§ 102. Änderung der Gegebenheiten
§ 103. Geführte Konten
§ 104. Elektronisch durchsuchbare Daten
§ 105. Kundenstammakte
§ 106. Währungsumrechnung

9. Hauptstück: Strafbestimmungen
§ 107. Verletzung der Meldepflicht
§ 108. Verletzung der Sorgfaltsverpflichtung
§ 108a. Missbrauch
§ 109. Ausschluss der gerichtlichen Verfolgung
§ 110. Kontrollmaßnahmen der meldenden Finanzinstitute
§ 111. Zuständigkeit für die Kontrolle der Einhaltung der Sorgfalts- und Meldeverpflichtungen

10. Hauptstück: Übermittlung und Weiterleitung der Informationen
§ 112. Übermittlung der gemeldeten Informationen an ausländische Behörden
§ 113. Weiterleitung ausländischer Informationen an die zuständigen Abgabenbehörden

11. Hauptstück: Schlussbestimmungen
§ 114. Verweise auf andere Rechtsvorschriften
§ 115. Personenbezogene Bezeichnungen
§ 116. Vollziehung
§ 117. Inkrafttreten

Bundesgesetz zur Umsetzung des gemeinsamen Meldestandards für den automatischen Austausch von Informationen über Finanzkonten (Gemeinsamer Meldestandard-Gesetz – GMSG)

1. Hauptstück
Allgemeine Bestimmungen

Umsetzung von Unionsrecht und der mehrseitigen Vereinbarung

§ 1. (1) Dieses Bundesgesetz regelt die Durchführung der Amtshilfe zwischen Österreich und den anderen Mitgliedstaaten der Europäischen Union (Mitgliedstaaten) im Rahmen des globalen Standards für den automatischen Informationsaustausch über Finanzkonten in Steuersachen auf Grund der Richtlinie 2011/16/EU über die Zusammenarbeit der Verwaltungsbehörden im Bereich der Besteuerung und zur Aufhebung der Richtlinie 77/799/EWG, ABl. Nr. L 64 vom 11.03.2011 S. 1, zuletzt geändert durch die Richtlinie (EU) 822/2018, ABl. Nr. L 139 vom 05.06.2018 S. 1 (im Folgenden: Amtshilferichtlinie).

(BGBl I 2020/96)

(2) Dieses Bundesgesetz regelt weiters die Durchführung der Amtshilfe zwischen Österreich und anderen Staaten, die nicht Mitgliedstaaten sind, im Rahmen des globalen Standards für den automatischen Informationsaustausch über Finanzkonten in Steuersachen.

(BGBl I 2018/62)

Anwendung der Meldepflichten

§ 2. Die Bestimmungen dieses Bundesgesetzes betreffend die Identifikation von meldepflichtigen Konten und die Meldung der entsprechenden Finanzinformationen sind ungeachtet anderer gesetzlicher Bestimmungen anzuwenden.

Allgemeine Meldepflichten

§ 3. (1) Vorbehaltlich des § 6 meldet jedes meldende Finanzinstitut für jedes meldepflichtige Konto dieses meldenden Finanzinstitutes dem zuständigen Finanzamt die folgenden Informationen:

1. von jeder meldepflichtigen Person, die Kontoinhaber ist
   a) Name,
   b) Adresse,
   c) Ansässigkeitsstaat(en),
   d) ausländische Steueridentifikationsnummer(n), sowie
   (BGBl I 2018/62)
   e) Geburtsdatum und Geburtsort (bei natürlichen Personen),
2. von jedem Rechtsträger, der Kontoinhaber ist und für den nach Anwendung der Verfahren zur Erfüllung der Sorgfaltspflichten nach den §§ 33 bis 53 eine oder mehrere beherrschende Person(en) ermittelt wurden, die meldepflichtige Personen sind
   a) Name,
   b) Adresse,
   c) Ansässigkeitsstaat(en) und (sofern vorhanden) andere Ansässigkeitsstaaten und
   d) ausländische Steueridentifikationsnummer(n);
   (BGBl I 2018/62)
   e) sowie von jeder meldepflichtigen Person
      aa) Name,
      bb) Adresse,
      cc) Ansässigkeitsstaat(en)
      dd) ausländische Steueridentifikationsnummer(n), sowie
      (BGBl I 2018/62)
      ee) Geburtsdatum und Geburtsort.
   (BGBl I 2019/91)

(1a) Das zuständige Finanzamt ist das Finanzamt für Großbetriebe.

(BGBl I 2019/104)

(2) Weiters sind die folgenden Informationen zu melden:

1. die Kontonummer oder deren funktionale Entsprechung, wenn keine Kontonummer vorhanden ist;
2. der Name und die österreichische Steueridentifikationsnummer des meldenden Finanzinstituts;
3. der Kontosaldo oder -wert (einschließlich des Barwerts oder Rückkaufwerts bei rückkaufsfähigen Versicherungs- oder Rentenversicherungsverträgen) zum Ende des betreffenden Kalenderjahrs oder, wenn das Konto im Laufe des Jahres beziehungsweise Zeitraums aufgelöst wurde, die Auflösung des Kontos.

(3) Zusätzlich zu den in den Abs. 1 und 2 angeführten Informationen sind bei Verwahrkonten zu melden:

1. der Gesamtbruttobetrag der Zinsen, der Gesamtbruttobetrag der Dividenden und der Gesamtbruttobetrag anderer Einkünfte, die mittels der auf dem Konto vorhandenen Vermögenswerte erzielt und jeweils auf das Konto (oder in Bezug auf das Konto) im Laufe des Kalenderjahrs eingezahlt oder dem Konto gutgeschrieben wurden, sowie
2. die Gesamtbruttoerlöse aus der Veräußerung oder dem Rückkauf von Finanzvermögen, die während des Kalenderjahrs auf das Konto eingezahlt oder dem Konto gutgeschrieben wurden und für die das meldende Finanzinstitut als Verwahrstelle, Makler, Bevollmächtigter oder anderweitig als Vertreter für den Kontoinhaber tätig war.

(4) Zusätzlich zu den in den Abs. 1 und 2 angeführten Informationen ist bei Einlagenkonten der Gesamtbruttobetrag der Zinsen, die während des Kalenderjahrs auf das Konto eingezahlt oder dem Konto gutgeschrieben wurden, zu melden.

(5) Zusätzlich zu den in den Abs. 1 und 2 angeführten Informationen ist bei allen anderen Konten, die nicht unter Abs. 3 oder 4 fallen, der Gesamtbruttobetrag, der in Bezug auf das Konto während des Kalenderjahrs an den Kontoinhaber gezahlt oder ihm gutgeschrieben wurde und für das meldende Finanzinstitut Schuldner oder Verpflichteter ist, einschließlich der Gesamthöhe aller Einlösungsbeträge, die während des Kalenderjahrs an den Kontoinhaber geleistet wurden, zu melden.
(BGBl I 2019/91)

(6) In den gemeldeten Informationen muss die Währung genannt werden, auf die die Beträge lauten.

Zeitpunkt, Form und Übermittlung der Meldung
(BGBl I 2019/91)

§ 4. (1) Meldende Finanzinstitute haben die Meldung jeweils bis Ende des Monates Juli eines Kalenderjahres für den davor liegenden Meldezeitraum zu übermitteln. Die Übermittlung hat elektronisch zu erfolgen. Der Bundesminister für Finanzen wird ermächtigt, den Inhalt und das Verfahren der elektronischen Übermittlung mit Verordnung festzulegen. Die Meldung gilt als Abgabenerklärung.
(BGBl I 2018/62)

(2) § 112 Abs. 2 ist sinngemäß anzuwenden.

(3) Die meldenden Finanzinstitute melden dem zuständigen Finanzamt nur Informationen betreffend jene Staaten und Jurisdiktionen, die
1. teilnehmende Staaten gemäß § 91 Z 1 und Z 3 sind, oder
2. teilnehmende Staaten gemäß § 91 Z 2 sind, welche entweder die in § 7 der mehrseitigen Vereinbarung vom 29. Oktober 2014, BGBl. III Nr. 182/2017, über den automatischen Austausch von Informationen über Finanzkonten (OECD-MCAA) geforderten Voraussetzungen erfüllen oder ein anderes bilaterales Übereinkommen abgeschlossen haben. Eine Liste dieser Staaten und Jurisdiktionen findet sich in der Verordnung des Bundesministers für Finanzen zu § 91 Z 2 GMSG über die Liste der teilnehmenden Staaten in der jeweils gültigen Fassung.

(BGBl I 2019/91)

Identifikation von meldepflichtigen Konten und Information der zu meldenden Personen

§ 5. (1) Zur Durchführung dieses Bundesgesetzes ist jedes meldende Finanzinstitut verpflichtet, die in § 3 bzw. § 12 genannten Informationen für alle Kontoinhaber und sonstigen Kunden hinsichtlich aller bestehenden Konten und aller Neukonten zu ermitteln, zu erfassen, zu speichern und zu verarbeiten, unabhängig davon, ob es sich bei dem Kontoinhaber oder dem sonstigen Kunden um eine meldepflichtige Person im Sinne dieses Gesetzes handelt.

(BGBl I 2018/62)

(2) Jedes meldende Finanzinstitut teilt vor der erstmaligen Übermittlung der Informationen an das zuständige Finanzamt gemäß § 3 jeder betroffenen Person in allgemeiner Form mit oder macht dieser zugänglich, dass die gemäß diesem Gesetz ermittelten Informationen, soweit aufgrund dieses Bundesgesetzes erforderlich, an das Finanzamt übermittelt werden.
(BGBl I 2019/91)

(3) Jedes meldepflichtige Finanzinstitut hat die gemäß diesem Bundesgesetz übermittelten Informationen 5 Jahre nach Ablauf des Meldezeitraumes, auf den sich diese Informationen beziehen, zu löschen.
(BGBl I 2018/62)

Entfall von Meldepflichten

§ 6. (1) Ungeachtet des § 3 Abs. 1 müssen die Steueridentifikationsnummer(n) oder das Geburtsdatum in Bezug auf meldepflichtige Konten, die bestehende Konten sind, nicht gemeldet werden, wenn diese Steueridentifikationsnummer(n) beziehungsweise dieses Geburtsdatum nicht in den Unterlagen des meldenden Finanzinstituts enthalten sind und nicht nach innerstaatlichem Recht oder anderen Rechtsinstrumenten der Union von diesem meldenden Finanzinstitut zu erfassen sind. Ein meldendes Finanzinstitut ist jedoch verpflichtet, angemessene Anstrengungen zu unternehmen, um bei bestehenden Konten die Steueridentifikationsnummer(n) und das Geburtsdatum bis zum Ende des zweiten Kalenderjahres, das dem Jahr folgt, in dem bestehende Konten als meldepflichtige Konten identifiziert wurden, zu beschaffen.
(BGBl I 2019/91)

(2) Ungeachtet des § 3 Abs. 1 ist die Steueridentifikationsnummer nicht zu melden, wenn vom betreffenden Ansässigkeitsstaat keine Steueridentifikationsnummer ausgegeben wird.

(3) Ungeachtet des § 3 Abs. 1 ist der Geburtsort nicht zu melden, es sei denn,
1. das meldende Finanzinstitut hat oder hatte ihn nach innerstaatlichem Recht zu beschaffen und zu melden oder das meldende Finanzinstitut hat oder hatte ihn nach einem geltenden oder am 5. Jänner 2015 geltenden Rechtsinstrument der Union zu beschaffen und zu melden und
2. er ist in den elektronisch durchsuchbaren Daten des meldenden Finanzinstituts verfügbar.

2. Hauptstück
Allgemeine Sorgfaltspflichten

Meldepflichtiges Konto

§ 7. (1) Ein Konto gilt ab dem Tag als meldepflichtiges Konto, an dem es nach dem Verfahren zur Erfüllung der Sorgfaltspflichten in den §§ 7 bis 53 als solches identifiziert wird und, sofern nichts anderes vorgesehen ist, müssen die Informationen in Bezug auf ein meldepflichtiges Konto jährlich in dem Kalenderjahr gemeldet werden, das dem Jahr folgt, auf das sich die Informationen beziehen.

(2) Der Saldo oder Wert eines Kontos wird zum letzten Tag des Kalenderjahrs ermittelt.

(3) Ist eine Saldo- oder Wertgrenze zum letzten Tag eines Kalenderjahrs zu ermitteln, so muss der betreffende Saldo oder Wert zum letzten Tag des Meldezeitraums ermittelt werden, der mit diesem Kalenderjahr oder innerhalb dieses Kalenderjahrs endet.

Inanspruchnahme von Dienstleistern

§ 8. Jedes meldende Finanzinstitut kann zur Erfüllung der ihm auferlegten Melde- und Sorgfaltspflichten Dienstleister in Anspruch nehmen. In diesem Fall bleibt das meldende Finanzinstitut für die Erfüllung seiner Pflichten verantwortlich.

Freiwillige Anwendung strengerer Standards

§ 9. Jedes meldende Finanzinstitut kann

1. die für Neukonten geltenden Verfahren zur Erfüllung der Sorgfaltspflichten auf bestehende Konten anwenden oder
2. die für Konten von hohem Wert geltenden Verfahren zur Erfüllung der Sorgfaltspflichten auf Konten von geringem Wert anwenden.

3. Hauptstück
Sorgfaltspflichten bei bestehenden Konten natürlicher Personen

1. Abschnitt
Identifizierung von Konten von geringem Wert

Geltungsbereich des Abschnittes

§ 10. Die in den §§ 11 bis 16 geregelten Verfahren gelten für Konten von geringem Wert.

Wohnsitzadresse

§ 11. (1) Liegt dem meldenden Finanzinstitut anhand der erfassten Belege eine aktuelle Wohnsitzadresse der natürlichen Person vor, die Kontoinhaber ist, kann das meldende Finanzinstitut die natürliche Person, die Kontoinhaber ist, zur Feststellung, ob diese Person, die Kontoinhaber ist, eine meldepflichtige Person ist, als in dem Staat steuerlich ansässig behandeln, in dem die Adresse liegt.

(BGBl I 2019/91)

(2) Jedenfalls kann das meldende Finanzinstitut eine meldepflichtige Person als in einem Staat steuerlich ansässig behandeln, in dem die Kontoeröffnungsunterlagen erfasste Wohnsitzadresse in jenem Staat gelegen ist, der den in Abs. 1 genannten erfassten Beleg ausgestellt hat, sofern es sich dabei um die aktuelle Wohnsitzadresse handelt.

(BGBl I 2019/91)

(3) Das meldende Finanzinstitut kann von einer in Österreich gelegenen aktuellen Wohnsitzadresse ausgehen, wenn im Rahmen der Kundenidentifizierung aufgrund von Verfahren zur Bekämpfung der Geldwäsche (AML/KYC) ein von einer österreichischen Behörde ausgestellter Lichtbildausweis vorgelegt wurde und keine auf einen anderen Staat hinweisende aktuelle Wohnsitzadresse vorliegt.

(BGBl I 2019/91)

Suche in elektronischen Datensätzen

§ 12. Verlässt sich das meldende Finanzinstitut hinsichtlich einer aktuellen Wohnsitzadresse der natürlichen Person, die Kontoinhaber ist, nicht auf erfasste Belege nach § 11, muss das meldende Finanzinstitut seine elektronisch durchsuchbaren Daten auf folgende Indizien überprüfen und die §§ 13 bis 16 anwenden:

1. Identifizierung des Kontoinhabers als Ansässiger eines teilnehmenden Staates,
2. aktuelle Postadresse oder Wohnsitzadresse (einschließlich einer Postfachadresse) in einem teilnehmenden Staat,
3. eine oder mehrere Telefonnummern in einem teilnehmenden Staat und keine Telefonnummer in Österreich,
4. Dauerauftrag (ausgenommen bei Einlagenkonten) für Überweisungen auf ein in einem teilnehmenden Staat geführtes Konto,
5. aktuell gültige, an eine Person mit Adresse in einem teilnehmenden Staat erteilte Vollmacht oder Zeichnungsberechtigung oder
6. ein Postlagerungsauftrag oder eine c/o-Adresse in einem teilnehmenden Staat, sofern dem meldenden Finanzinstitut keine andere Adresse des Kontoinhabers vorliegt.

Änderung der Gegebenheiten und des Kontowerts

§ 13. (1) Werden bei der elektronischen Suche keine Indizien im Sinne von § 12 festgestellt, sind keine weiteren Maßnahmen erforderlich, bis eine Änderung der Gegebenheiten eintritt, die dazu führt, dass dem Konto ein oder mehrere Indizien zugeordnet werden können oder das Konto zu einem Konto von hohem Wert wird.

(2) Hat sich ein meldendes Finanzinstitut auf die in § 11 geregelte Überprüfung der Wohnsitzadresse verlassen und tritt eine Änderung der Gegebenheiten ein, aufgrund welcher dem meldenden Finanzinstitut bekannt ist oder bekannt sein müsste, dass die ursprünglichen Belege (oder andere gleichwertige Dokumente) nicht zutreffend oder unglaubwürdig sind, so muss das meldende Finanzinstitut entweder bis zum letzten Tag des maßgeblichen Kalenderjahres oder 90 Kalendertage nach Mitteilung oder Feststellung einer solchen Änderung der Gegebenheiten – je nachdem, welches Datum später ist – eine Selbstauskunft und neue Belege beschaffen, um die steuerliche(n) Ansässigkeit(en) des Kontoinhabers festzustellen. Kann das meldende Finanzinstitut bis zu diesem Datum keine Selbstauskunft und keine neuen Belege beschaffen, so muss es die in den §§ 12 bis 16 beschriebene Suche in elektronischen Datensätzen durchführen.

Vorliegen von Indizien

§ 14. Werden bei der elektronischen Suche Indizien im Sinne von § 12 Z 1 bis 5 festgestellt oder tritt eine Änderung der Gegebenheiten ein, die dazu führt, dass dem Konto ein oder mehrere Indizien zugeordnet werden können, muss das meldende Finanzinstitut den Kontoinhaber als steuerlich ansässige Person in jedem teilnehmenden Staat, für den ein Indiz identifiziert wird, betrachten, es sei denn, es entscheidet sich für die Anwendung von § 16 und eine der dort genannten Ausnahmen trifft auf dieses Konto zu.

Sonderbestimmungen bei Postlagerungsauftrag oder c/o-Adresse

§ 15. Werden bei der elektronischen Suche ein Postlagerungsauftrag oder eine c/o-Adresse und keine andere Adresse und keine der in § 12 Z 1 bis 5 angeführten Indizien für den Kontoinhaber festgestellt, wendet das meldende Finanzinstitut in der jeweils geeignetsten Reihenfolge die Suche in Papierunterlagen gemäß § 19 an oder versucht, vom Kontoinhaber eine Selbstauskunft oder Belege zu beschaffen, um die steuerliche(n) Ansässigkeit(en) des Kontoinhabers festzustellen. Wird bei der Suche in Papierunterlagen kein Indiz festgestellt und ist der Versuch, eine Selbstauskunft oder Belege zu beschaffen erfolglos, meldet das meldende Finanzinstitut demgemäß § 4 das zuständigen Finanzamt das Konto als nicht dokumentiertes Konto.

(BGBl I 2019/91)

Widerlegung der Ansässigkeit in einem teilnehmenden Staat

§ 16. Ungeachtet der Feststellung von Indizien nach § 12 ist ein meldendes Finanzinstitut berechtigt aber nicht verpflichtet, einen Kontoinhaber in den folgenden Fällen nicht als in einem teilnehmenden Staat ansässige Person zu betrachten:

1. Die Daten des Kontoinhabers enthalten eine aktuelle Postadresse oder Wohnsitzadresse in jenem teilnehmenden Staat, eine oder mehrere Telefonnummern in jenem teilnehmenden Staat (und keine Telefonnummer in Österreich) oder einen Dauerauftrag (bei Finanzkonten mit Ausnahme von Einlagenkonten) für Überweisungen auf ein in einem teilnehmenden Staat geführtes Konto und das meldende Finanzinstitut beschafft die nachstehenden Dokumente oder hat diese bereits geprüft und erfasst:
   a) eine Selbstauskunft des Kontoinhabers über seine(n) Ansässigkeitsstaat(en), die jenen teilnehmenden Staat nicht umfassen, und
   b) Belege für den nicht meldepflichtigen Status des Kontoinhabers.
2. Die Daten des Kontoinhabers beinhalten eine aktuell gültige, an eine Person mit Adresse in jenem teilnehmenden Staat erteilte Vollmacht oder Zeichnungsberechtigung und das meldende Finanzinstitut beschafft die nachstehenden Dokumente oder hat diese bereits geprüft und erfasst:
   a) eine Selbstauskunft des Kontoinhabers über seine(n) Ansässigkeitsstaat(en) oder andere(n) Ansässigkeitsstaat(en), die diesen teilnehmenden Staat nicht umfassen, oder
   b) Belege für den nicht meldepflichtigen Status des Kontoinhabers.

2. Abschnitt
Identifizierung von Konten von hohem Wert

Geltungsbereich des Abschnittes

§ 17. Die in den §§ 18 bis 26 geregelten erweiterten Überprüfungsverfahren gelten für Konten von hohem Wert.

Suche in elektronischen Datensätzen

§ 18. Bei Konten von hohem Wert muss das meldende Finanzinstitut seine elektronisch durchsuchbaren Daten auf die in § 12 angeführten Indizien überprüfen.

Suche in Papierunterlagen

§ 19. Enthalten die elektronisch durchsuchbaren Datenbanken des meldenden Finanzinstituts Felder für alle in § 20 genannten Informationen und erfassen diese, ist keine weitere Suche in den Papierunterlagen erforderlich. Sind in den elektronischen Datenbanken nicht alle diese Informationen erfasst, so muss das meldende Finanzinstitut bei Konten von hohem Wert auch die aktuelle Kundenstammakte und, soweit die Informationen dort nicht enthalten sind, die folgenden kontobezogenen, vom meldenden Finanzinstitut innerhalb der letzten fünf Jahre beschafften Unterlagen auf die in § 12 genannten Indizien überprüfen:

1. die neuesten für dieses Konto erfassten Belege,
2. den neuesten Kontoeröffnungsvertrag beziehungsweise die neuesten Kontoeröffnungsunterlagen,
3. die neuesten vom meldenden Finanzinstitut aufgrund von Verfahren zur Bekämpfung der Geldwäsche (AML/KYC) oder für sonstige aufsichtsrechtliche Zwecke beschafften Unterlagen,
4. derzeit gültige Vollmacht oder Zeichnungsberechtigung und
5. derzeit gültiger Dauerauftrag für Überweisungen (ausgenommen bei Einlagenkonten).

Ausnahme von der Suche in Papierunterlagen

§ 20. Ein meldendes Finanzinstitut ist nicht zur Suche in Papierunterlagen gemäß § 19 verpflichtet, soweit seine elektronisch durchsuchbaren Informationen Folgendes enthalten:

1. den Ansässigkeitsstatus des Kontoinhabers,
2. die derzeit beim meldenden Finanzinstitut hinterlegte Wohnsitzadresse und Postadresse des Kontoinhabers,

3. gegebenenfalls die derzeit beim meldenden Finanzinstitut hinterlegte(n) Telefonnummer(n) des Kontoinhabers,
4. im Fall von Finanzkonten, bei denen es sich nicht um Einlagenkonten handelt, Angaben dazu, ob Daueraufträge für Überweisungen von diesem Konto auf ein anderes Konto vorliegen (einschließlich eines Kontos bei einer anderen Zweigniederlassung des meldenden Finanzinstituts oder einem anderen Finanzinstitut),
5. Angaben dazu, ob für den Kontoinhaber aktuell ein Postlagerungsauftrag oder eine c/o-Adresse vorliegt, und
6. Angaben dazu, ob eine Vollmacht oder Zeichnungsberechtigung für das Konto vorliegt.

Nachfrage beim Kundenbetreuer

§ 21. Zusätzlich zur Suche in elektronischen Datensätzen und Papierunterlagen gemäß § 18 und § 19 muss ein meldendes Finanzinstitut das einem Kundenbetreuer zugewiesene Konto von hohem Wert (einschließlich der mit diesem Konto zusammengefassten Finanzkonten) als meldepflichtiges Konto betrachten, wenn dem Kundenbetreuer tatsächlich bekannt ist, dass der Kontoinhaber eine meldepflichtige Person ist.

Folgen der Feststellung von Indizien

§ 22. (1) Werden bei der in diesem Abschnitt beschriebenen erweiterten Überprüfung von Konten von hohem Wert keine der in § 12 angeführten Indizien festgestellt und wird das Konto nicht aufgrund von § 21 als Konto einer meldepflichtigen Person identifiziert, sind keine weiteren Maßnahmen erforderlich, bis eine Änderung der Gegebenheiten eintritt, die dazu führt, dass dem Konto ein oder mehrere Indizien zugeordnet werden.

(2) Werden hingegen bei der in diesem Abschnitt beschriebenen erweiterten Überprüfung von Konten von hohem Wert Indizien gemäß § 12 Z 1 bis 5 festgestellt oder tritt anschließend eine Änderung der Gegebenheiten ein, die dazu führt, dass dem Konto ein oder mehrere Indizien zugeordnet werden, so muss das meldende Finanzinstitut das Konto für jeden teilnehmenden Staat, für den ein Indiz festgestellt wird, als meldepflichtiges Konto betrachten, es sei denn, es entscheidet sich für die Anwendung von § 16 und eine der in § 16 genannten Ausnahmen trifft auf dieses Konto zu.

(3) Werden bei der in diesem Abschnitt beschriebenen erweiterten Überprüfung von Konten von hohem Wert ein Postlagerungsauftrag oder eine c/o-Adresse festgestellt und keine andere Adresse und keine der in § 12 Z 1 bis 5 angeführten Indizien für den Kontoinhaber festgestellt, muss das meldende Finanzinstitut vom Kontoinhaber eine Selbstauskunft oder Belege beschaffen, um die steuerliche(n) Ansässigkeit(en) des Kontoinhabers festzustellen. Kann das meldende Finanzinstitut keine Selbstauskunft oder Belege beschaffen, muss es das Konto dem zuständigen Finanzamt als nicht dokumentiertes Konto gemäß § 4 melden.

(BGBl I 2019/91)

Änderung zu einem Konto von hohem Wert

§ 23. Bei einem bestehenden Konto natürlicher Personen, das zum 30. September 2016 kein Konto von hohem Wert ist, zum letzten Tag eines darauffolgenden Kalenderjahrs jedoch ein Konto von hohem Wert ist, muss das meldende Finanzinstitut die in diesem Abschnitt beschriebenen erweiterten Überprüfungsverfahren für dieses Konto innerhalb des auf das Kalenderjahr, in dem das Konto ein Konto von hohem Wert wird, folgende Kalenderjahr abschließen. Wird das Konto aufgrund dieser Überprüfung als meldepflichtiges Konto identifiziert, so muss das meldende Finanzinstitut die erforderlichen kontobezogenen Informationen für das Jahr, in dem das Konto als meldepflichtiges Konto identifiziert wird, und für die Folgejahre jährlich melden, es sei denn, der Kontoinhaber ist keine meldepflichtige Person mehr.

Wiederholung der Überprüfung

§ 24. Führt ein meldendes Finanzinstitut die in diesem Abschnitt genannten erweiterten Überprüfungsverfahren für ein Konto von hohem Wert durch, so ist es in den Folgejahren nicht verpflichtet, für dasselbe Konto von hohem Wert diese Verfahren erneut durchzuführen, abgesehen von der Nachfrage beim Kundenbetreuer gemäß § 21, es sei denn, es handelt sich um ein nicht dokumentiertes Konto, bei dem das meldende Finanzinstitut diese Verfahren jährlich erneut durchzuführen hat, bis das Konto nicht mehr undokumentiert ist.

Änderung der Gegebenheiten

§ 25. (1) Tritt bei einem Konto von hohem Wert eine Änderung der Gegebenheiten ein, die dazu führt, dass dem Konto ein oder mehrere in § 12 beschriebene Indizien zugeordnet werden, so muss das meldende Finanzinstitut das Konto für jeden teilnehmenden Staat, für den ein Indiz festgestellt wird, als meldepflichtiges Konto betrachten, es sei denn, es entscheidet sich für die Anwendung von § 16 und eine der in diesem genannten Ausnahmen trifft auf dieses Konto zu.

(2) Das meldende Finanzinstitut kann im Fall einer Änderung der Gegebenheiten zur Widerlegung der Ansässigkeit in einem teilnehmenden Staat gemäß § 16 ein Konto von hohem Wert für einen Zeitraum von 90 Kalendertagen ab dem Zeitpunkt, in dem die Änderung der Gegebenheiten eingetreten ist, so behandeln, wie wenn keine Änderung der Gegebenheiten eingetreten wäre.

Erkennung der Änderung von Gegebenheiten

§ 26. Ein meldendes Finanzinstitut muss Verfahren einrichten, mit denen sichergestellt wird, dass die Kundenbetreuer Änderungen der Gegebenheiten bei einem Konto erkennen. Wird ein Kundenbetreuer beispielsweise benachrichtigt, dass der Kontoinhaber eine neue Postadresse in einem teilnehmenden Staat hat, so muss das meldende Finanzinstitut die neue Adresse als eine Änderung der Gegebenheiten betrachten und ist, sofern es sich für die Anwendung von § 16 entscheidet, dazu verpflichtet, die entsprechenden Unterlagen vom Kontoinhaber zu beschaffen.

3. Abschnitt
Überprüfungszeitraum

Zeitpunkt der erstmaligen Überprüfung

§ 27. Die Überprüfung von bestehenden Konten von hohem Wert natürlicher Personen muss bis zum 31. Dezember 2017 abgeschlossen sein. Die Überprüfung von bestehenden Konten von geringerem Wert natürlicher Personen muss bis zum 31. Dezember 2018 abgeschlossen sein. Hinsichtlich teilnehmender Staaten, für die erstmals für den Meldezeitraum 2018 die in § 3 genannten Informationen zu erfassen sind, verschieben sich diese Fristen jedoch auf den 31. Dezember 2018 für bestehende Konten von hohem Wert und auf den 31. Dezember 2019 für bestehende Konten von geringerem Wert.
(BGBl I 2018/62)

Dauer der Meldepflicht von Konten

§ 28. Ein bestehendes Konto natürlicher Personen, das nach diesem Hauptstück als meldepflichtiges Konto identifiziert wurde, gilt in allen Folgejahren als meldepflichtiges Konto, es sei denn, der Kontoinhaber ist keine meldepflichtige Person mehr.

4. Hauptstück
Sorgfaltspflichten bei Neukonten natürlicher Personen

Geltungsbereich des Abschnittes

§ 29. Die in den §§ 30 bis 32 geregelten Verfahren gelten für die Identifizierung meldepflichtiger Konten unter den Neukonten natürlicher Personen.

Selbstauskunft

§ 30. (1) Bei Neukonten natürlicher Personen muss das meldende Finanzinstitut bei Kontoeröffnung eine Selbstauskunft beschaffen, die Bestandteil der Kontoeröffnungsunterlagen sein kann und anhand derer das meldende Finanzinstitut die steuerliche(n) Ansässigkeit(en) des Kontoinhabers feststellen kann, sowie die Plausibilität dieser Selbstauskunft anhand der vom meldenden Finanzinstitut bei Kontoeröffnung beschafften Informationen, einschließlich der aufgrund von Verfahren zur Bekämpfung der Geldwäsche (AML/KYC) erfassten Unterlagen, bestätigen.

(2) Eine Kontoeröffnung darf nur bei Vorliegen der Selbstauskunft erfolgen.

Ansässigkeit in einem teilnehmenden Staat

§ 31. Geht aus der Selbstauskunft hervor, dass der Kontoinhaber in einem teilnehmenden Staat steuerlich ansässig ist, so muss das meldende Finanzinstitut das Konto als meldepflichtiges Konto betrachten und die Selbstauskunft auch die Steueridentifikationsnummer des Kontoinhabers in dem teilnehmenden Staat (vorbehaltlich des § 6 Abs. 2) sowie das Geburtsdatum enthalten.

Änderung der Gegebenheiten

§ 32. (1) Tritt bei einem Neukonto natürlicher Personen eine Änderung der Gegebenheiten ein, aufgrund derer dem meldenden Finanzinstitut bekannt ist oder bekannt sein müsste, dass die ursprüngliche Selbstauskunft nicht zutreffend oder unglaubwürdig ist, so darf es sich nicht auf die ursprüngliche Selbstauskunft verlassen und muss eine gültige Selbstauskunft beschaffen, aus der die steuerliche(n) Ansässigkeit(en) des Kontoinhabers hervorgeht bzw. hervorgehen.

(2) Das meldende Finanzinstitut kann im Fall einer Änderung der Gegebenheiten bis zur Beschaffung einer gültigen Selbstauskunft ein Neukonto für einen Zeitraum von längstens 90 Kalendertagen ab dem Zeitpunkt, an dem die Änderung der Gegebenheiten eingetreten ist, so behandeln, wie wenn keine Änderung der Gegebenheiten eingetreten wäre.

5. Hauptstück
Sorgfaltspflichten bei bestehenden Konten von Rechtsträgern

1. Abschnitt
Überprüfungs-, Identifizierungs- und Meldepflicht von Konten

Geltungsbereich des Abschnittes

§ 33. Die in den §§ 34 bis 39 geregelten Verfahren gelten für die Identifizierung meldepflichtiger Konten unter den bestehenden Konten von Rechtsträgern.

Konten im Gegenwert von höchstens 250 000 US-Dollar

§ 34. Sofern sich das meldende Finanzinstitut nicht entweder für alle oder jeweils für eine eindeutig identifizierte Gruppe bestehender Konten von Rechtsträgern anderweitig entscheidet, muss ein bestehendes Konto von Rechtsträgern, das zum 30. September 2016 einen Gesamtkontosaldo oder -wert im Gegenwert von höchstens 250 000 US-Dollar aufweist, nicht als meldepflichtiges Konto überprüft, identifiziert oder gemeldet werden, bis der Gesamtkontosaldo oder -wert zum letzten Tag eines darauffolgenden Kalenderjahrs diesen Betrag übersteigt.

Überprüfungspflichtige Konten

§ 35. Ein bestehendes Konto von Rechtsträgern mit einem Gesamtkontosaldo oder -wert im Gegenwert von mehr als 250 000 US-Dollar zum 30. September 2016 und ein bestehendes Konto von Rechtsträgern, dessen Gesamtkontosaldo oder -wert zum 30. September 2016 diesen Betrag nicht übersteigt, zum letzten Tag eines darauffolgenden Kalenderjahrs jedoch diesen Betrag übersteigt, muss nach den in den §§ 37 bis 39 festgelegten Verfahren gemeldet werden.

Meldepflichtige Konten

§ 36. Von den bestehenden Konten im Sinne des § 35 gelten nur diejenigen Konten als meldepflichtige Konten, die von einem oder mehreren Rechtsträgern gehalten werden, die meldepflichtige Personen sind, oder von passiven NFEs mit einer oder mehreren beherrschenden Personen, die meldepflichtige Personen sind.

Verpflichtende Überprüfungsverfahren

§ 37. Bei den bestehenden Konten gemäß § 35 muss ein meldendes Finanzinstitut die Überprüfungsverfahren gemäß § 38 und § 39 durchführen, um festzustellen, ob eine oder mehrere meldepflichtige Person(en) oder passive NFEs mit einer oder mehreren beherrschenden Person(en), die meldepflichtige Personen sind, Kontoinhaber ist/sind.

Feststellung, ob der Rechtsträger eine meldepflichtige Person ist

§ 38. (1) Das meldende Finanzinstitut muss die zu aufsichtsrechtlichen Zwecken oder für die Kundenbetreuung verwahrten Informationen (einschließlich der aufgrund von Verfahren zur Bekämpfung der Geldwäsche (AML/KYC) erhobenen Informationen) auf Hinweise überprüfen, dass der Kontoinhaber in einem teilnehmenden Staat ansässig ist. Für diesen Zweck gilt ein Gründungsort, ein Sitz oder eine Adresse in einem teilnehmenden Staat als Hinweis, dass der Kontoinhaber in einem teilnehmenden Staat ansässig ist.

(2) Weisen die Informationen darauf hin, dass der Kontoinhaber in einem teilnehmenden Staat ansässig ist, so muss das meldende Finanzinstitut das Konto als meldepflichtiges Konto betrachten, es sei denn, das meldende Finanzinstitut beschafft vom Kontoinhaber eine Selbstauskunft oder stellt anhand von in seinem Besitz befindlichen oder öffentlich verfügbaren Informationen in vertretbarer Weise fest, dass es sich bei dem Kontoinhaber nicht um eine meldepflichtige Person handelt.

Feststellung, ob der Rechtsträger ein bestimmter passiver NFE ist

§ 39. Bei einem Kontoinhaber eines bestehenden Kontos von Rechtsträgern (einschließlich eines Rechtsträgers, der eine meldepflichtige Person ist), muss das meldende Finanzinstitut feststellen, ob der Kontoinhaber ein passiver NFE mit einer oder mehreren beherrschenden Person(en) ist, bei denen es sich bei einer beherrschenden Person eines passiven NFE um eine meldepflichtige Person handelt. Handelt es sich bei einer beherrschenden Person eines passiven NFE um eine meldepflichtige Person, so ist das Konto als meldepflichtiges Konto zu betrachten. Bei diesen Feststellungen muss das meldende Finanzinstitut die in den Z 1 bis 3 angeführten Leitlinien in der jeweils geeignetsten Reihenfolge befolgen.

1. Feststellung, ob der Kontoinhaber ein passiver NFE ist: Zur Feststellung, ob der Kontoinhaber ein passiver NFE ist, muss das meldende Finanzinstitut eine Selbstauskunft des Kontoinhabers zum Nachweis seines Status beschaffen, es sei denn, das meldende Finanzinstitut kann anhand von in seinem Besitz befindlichen oder öffentlich verfügbaren Informationen in vertretbarer Weise feststellen, dass der Kontoinhaber ein aktiver NFE ist oder ein anderes Finanzinstitut als ein Investmentunternehmen gemäß § 59 Abs. 1 Z 2, bei dem es sich nicht um ein Finanzinstitut eines teilnehmenden Staates handelt.

2. Feststellung der beherrschenden Personen eines Kontoinhabers: Zur Feststellung der beherrschenden Personen eines Kontoinhabers kann sich ein meldendes Finanzinstitut auf die aufgrund von Verfahren zur Bekämpfung der Geldwäsche (AML/KYC) erhobenen und verwahrten Informationen verlassen.

3. Feststellung, ob eine beherrschende Person eines passiven NFE eine meldepflichtige Person ist: Zur Feststellung, ob eine beherrschende Person eines passiven NFE eine meldepflichtige Person ist, kann sich ein meldendes Finanzinstitut auf Folgendes verlassen:

   a) bei einem bestehenden Konto von Rechtsträgern, dessen Inhaber ein oder mehrere NFE(s) ist/sind und dessen Gesamtkontosaldo oder -wert einen Betrag im Gegenwert von 1 000 000 US-Dollar nicht übersteigt, auf die aufgrund von Verfahren zur Bekämpfung der Geldwäsche (AML/KYC) erfassten und verwahrten Informationen oder

   b) auf eine Selbstauskunft des Kontoinhabers oder dieser beherrschenden Person aus dem/den teilnehmende Staat(en) oder anderen Staat(en), in dem/denen die beherrschende Person steuerlich ansässig ist.

2. Abschnitt
Überprüfungszeitraum

Konten im Gegenwert von mehr als 250 000 US-Dollar

§ 40. Die Überprüfung bestehender Konten von Rechtsträgern, deren Gesamtkontosaldo oder -wert eines Betrags im Gegenwert von mehr als 250 000 US-Dollar zum 30. September 2016 muss bis 31. Dezember 2018 abgeschlossen sein.

Konten im Gegenwert von höchstens 250 000 US-Dollar

§ 41. Die Überprüfung bestehender Konten von Rechtsträgern, deren Gesamtkontosaldo oder -wert zum 30. September 2016 einen Betrag im Gegenwert von 250 000 US-Dollar nicht übersteigt, zum 31. Dezember eines Folgejahres jedoch diesen Betrag übersteigt, muss innerhalb des Kalenderjahrs nach dem Jahr, in dem der Gesamtkontosaldo oder -wert diesen Betrag übersteigt, abgeschlossen sein.

Änderung der Gegebenheiten

§ 42. Tritt bei bestehenden Konten von Rechtsträgern eine Änderung der Gegebenheiten ein, aufgrund derer dem meldenden Finanzinstitut bekannt ist oder bekannt sein müsste, dass die Selbstauskunft oder andere kontobezogene Unterlagen nicht zutreffend oder unglaubwürdig sind, so muss es den Status des Kontos nach den in den §§ 37 bis 39 festgelegten Verfahren neu bestimmen. Dazu muss das meldende Finanzinstitut bis zum letzten Tag eines Kalenderjahres oder 90 Kalendertage nach Mitteilung oder Feststellung einer solchen Änderung der Gegebenheiten – je nachdem, welches Datum später ist – entweder eine neue Selbstauskunft oder eine schlüssige Erklärung sowie gegebenenfalls Unterlagen, die Plausibilität der bisherigen Selbstauskunft oder der bisherigen Unterlagen unterstützen, beschaffen. Diese Bestimmung findet auf Neukonten von Rechtsträgern sinngemäß Anwendung.
(BGBl I 2019/91)

6. Hauptstück
Sorgfaltspflichten bei Neukonten von Rechtsträgern

Geltungsbereich des Hauptstückes

§ 43. Die in den §§ 44 bis 46 geregelten Verfahren gelten für die Identifizierung meldepflichtiger Konten unter den Neukonten von Rechtsträgern.

Überprüfungsverfahren

§ 44. (1) Bei Neukonten von Rechtsträgern muss ein meldendes Finanzinstitut die Überprüfungsverfahren gemäß §§ 45 und 46 durchführen, um festzustellen, ob das Konto von einer oder mehreren meldepflichtige Person(en) oder von passiven NFEs mit einer oder mehreren beherrschenden Person(en), die meldepflichtige Personen sind, gehalten wird.

(2) Eine Kontoeröffnung darf nur bei Vorliegen der Selbstauskunft erfolgen.

Feststellung, ob der Rechtsträger eine meldepflichtige Person ist

§ 45. (1) Das meldende Finanzinstitut muss eine Selbstauskunft, die Bestandteil der Kontoeröffnungsunterlagen sein kann und anhand derer das meldende Finanzinstitut die steuerliche(n) Ansässigkeit(en) des Kontoinhabers ermitteln kann, beschaffen und die Plausibilität dieser Selbstauskunft anhand der vom meldenden Finanzinstitut bei Kontoeröffnung beschafften Informationen, einschließlich der aufgrund von Verfahren zur Bekämpfung der Geldwäsche (AML/KYC) erfassten Unterlagen bestätigen. Erklärt der Rechtsträger, es liege keine steuerliche Ansässigkeit vor, so kann sich das meldende Finanzinstitut zur Bestimmung der Ansässigkeit des Kontoinhabers auf die Adresse des Hauptsitzes des Rechtsträgers verlassen.

(2) Enthält die Selbstauskunft Hinweise darauf, dass der Kontoinhaber in einem teilnehmenden Staat ansässig ist, so muss das meldende Finanzinstitut das Konto als meldepflichtiges Konto betrachten, es sei denn, das meldende Finanzinstitut stellt anhand der in seinem Besitz befindlichen oder öffentlich verfügbaren Informationen in vertretbarer Weise fest, dass es sich bei dem Kontoinhaber nicht um eine meldepflichtige Person im Sinne dieses Gesetzes handelt.

Feststellung, ob der Rechtsträger ein bestimmter passiver NFE ist

§ 46. Bei einem Kontoinhaber eines Neukontos von Rechtsträgern (einschließlich eines Rechtsträgers, der eine meldepflichtige Person ist), muss das meldende Finanzinstitut feststellen, ob der Kontoinhaber ein passiver NFE mit einer oder mehreren beherrschenden Person(en) ist, bei denen es sich um meldepflichtige Personen handelt. Handelt es sich bei einer beherrschenden Person eines passiven NFE um eine meldepflichtige Person, so ist das Konto als meldepflichtiges Konto zu betrachten. Bei diesen Feststellungen soll das meldende Finanzinstitut die Z 1 bis 3 in der jeweils geeignetsten Reihenfolge befolgen.

1. Feststellung, ob der Kontoinhaber ein passiver NFE ist: Zur Feststellung, ob der Kontoinhaber ein passiver NFE ist, muss sich das meldende Finanzinstitut auf eine Selbstauskunft des Kontoinhabers zum Nachweis seines Status verlassen, es sei denn, das meldende Finanzinstitut kann anhand der in seinem Besitz befindlichen oder öffentlich verfügbaren Informationen in vertretbarer Weise feststellen, dass der Kontoinhaber ein aktiver NFE ist oder ein anderes Finanzinstitut als ein Investmentunternehmen gemäß § 59 Abs. 1 Z 2, bei dem es sich nicht um ein Finanzinstitut eines teilnehmenden Staates handelt.

2. Feststellung der beherrschenden Personen eines Kontoinhabers: Zur Feststellung der beherrschenden Personen eines Kontoinhabers kann sich ein meldendes Finanzinstitut auf die aufgrund von Verfahren zur Bekämpfung der Geldwäsche (AML/KYC) erhobenen und verwahrten Informationen verlassen.

3. Feststellung, ob eine beherrschende Person eines passiven NFE eine meldepflichtige Person ist: Zur Feststellung, ob eine beherrschende Person eines passiven NFE eine meldepflichtige Person ist, kann sich ein meldendes Finanzinstitut nur auf eine Selbstauskunft des Kontoinhabers oder dieser beherrschenden Person verlassen.

7. Hauptstück
Besondere Sorgfaltsvorschriften im Zusammenhang mit der Anwendung von Vorschriften des 3. bis 6. Hauptstückes

Verlass auf Selbstauskünfte und Belege

§ 47. Ein meldendes Finanzinstitut darf sich nicht auf eine Selbstauskunft oder auf Belege verlassen, wenn ihm bekannt ist oder bekannt sein müsste, dass die Selbstauskunft oder die Belege nicht zutreffend oder unglaubwürdig sind.

Alternative Verfahren für Versicherungsverträge

§ 48. (1) Für Finanzkonten begünstigter natürlicher Personen
1. eines rückkaufsfähigen Versicherungsvertrags oder
2. eines Rentenversicherungsvertrags oder für
3. rückkaufsfähige Gruppenversicherungsverträge (Abs. 2) oder
4. Gruppenrentenversicherungsverträge (Abs. 3)

sind alternative Verfahren (§§ 49 und 50) vorgesehen.

(2) Der Ausdruck „rückkaufsfähiger Gruppenversicherungsvertrag" bezeichnet einen rückkaufsfähigen Versicherungsvertrag, der
1. eine Deckung für natürliche Personen vorsieht, die über einen Arbeitgeber, einen Berufsverband, eine Arbeitnehmerorganisation oder eine andere Vereinigung oder Gruppe angeschlossen sind, und
2. für jedes Mitglied der Gruppe (oder Mitglied einer Kategorie innerhalb dieser Gruppe) die Zahlung eines Versicherungsbeitrags vorsieht, der unabhängig von den Gesundheitsmerkmalen der natürlichen Person – mit Ausnahme von Alter, Geschlecht und Tabakkonsum des Mitglieds (oder der Mitgliederkategorie) der Gruppe – festgelegt wird.

(3) Der Ausdruck „Gruppenrentenversicherungsvertrag" bezeichnet einen Rentenversicherungsvertrag, bei dem die Anspruchsberechtigten natürliche Personen sind, die über einen Arbeitgeber, einen Berufsverband, eine Arbeitnehmerorganisation oder eine andere Vereinigung oder Gruppe angeschlossen sind.

Rückkaufsfähige Versicherungsverträge und Rentenversicherungsverträge

§ 49. Ein meldendes Finanzinstitut kann davon ausgehen, dass eine begünstigte natürliche Person (mit Ausnahme des Eigentümers) eines rückkaufsfähigen Versicherungsvertrags oder eines Rentenversicherungsvertrags, die eine Todesfallleistung erhält, keine meldepflichtige Person ist und dieses Finanzkonto als ein nicht meldepflichtiges Konto betrachten, es sei denn, dem meldenden Finanzinstitut ist bekannt oder müsste bekannt sein, dass der Begünstigte eine meldepflichtige Person ist. Einem meldenden Finanzinstitut müsste bekannt sein, dass ein Begünstigter eines rückkaufsfähigen Versicherungsvertrags oder eines Rentenversicherungsvertrags eine meldepflichtige Person ist, wenn die vom meldenden Finanzinstitut erhobenen und dem Begünstigten zugeordneten Informationen Indizien im Sinne der §§ 11 bis 16 enthalten. Ist einem meldenden Finanzinstitut tatsächlich bekannt oder müsste ihm bekannt sein, dass der Begünstigte eine meldepflichtige Person ist, so muss das meldende Finanzinstitut die Verfahren in §§ 11 bis 16 einhalten.

Rückkaufsfähige Gruppenversicherungsverträge und Gruppenrentenversicherungsverträge

§ 50. Ein meldendes Finanzinstitut kann ein Finanzkonto, das den Anteil eines Mitglieds an einem rückkaufsfähigen Gruppenversicherungsvertrag oder einem Gruppenrentenversicherungsvertrag darstellt, bis zu dem Zeitpunkt, zu dem die Zahlung eines Betrags an den Arbeitnehmer/Inhaber des Versicherungsscheins oder Begünstigten fällig wird, als ein nicht meldepflichtiges Konto behandeln, sofern das Finanzkonto, das den Anteil eines Mitglieds an einem rückkaufsfähigen Gruppenversicherungsvertrag oder einem Gruppenrentenversicherungsvertrag darstellt, die folgenden Anforderungen erfüllt:
1. der rückkaufsfähige Gruppenversicherungsvertrag oder der Gruppenrentenversicherungsvertrag ist auf einen Arbeitgeber ausgestellt und erstreckt sich auf mindestens 25 Arbeitnehmer oder Versicherungsscheininhaber,
2. die Arbeitnehmer/Versicherungsscheininhaber haben Anspruch auf einen ihrem Anteil entsprechenden Vertragswert und dürfen Begünstigte benennen, an die die Leistungen im Falle des Ablebens des Arbeitnehmers zu zahlen sind, und
3. der an einen Arbeitnehmer/Versicherungsscheininhaber oder Begünstigten zu zahlende Gesamtbetrag beträgt höchstens einen Betrag im Gegenwert von 1 000 000 US-Dollar.

Zusammenfassung von Konten natürlicher Personen

§ 51. (1) Für die Zwecke der Bestimmung des Gesamtsaldos oder -werts von Finanzkonten einer natürlichen Person muss ein meldendes Finanzinstitut alle von ihm geführten Finanzkonten zusammenfassen, jedoch nur insoweit, als die computergestützten Systeme des meldenden Finanzinstituts die Finanzkonten durch Verweis auf ein Datenelement wie eine Kundennummer oder Steueridentifikationsnummer miteinander verknüpfen und eine Zusammenfassung der Kontosalden oder -werte ermöglichen.

(2) Für die Zwecke der Anwendung der Zusammenfassungsvorschrift des Abs. 1 wird jedem Inhaber eines gemeinsamen Finanzkontos der gesamte Saldo oder Wert des gemeinsamen Finanzkontos zugerechnet.

Zusammenfassung von Konten von Rechtsträgern

§ 52. (1) Für die Zwecke der Bestimmung des Gesamtsaldos oder -werts von Finanzkonten von Rechtsträgern muss ein meldendes Finanzinstitut alle von ihm geführten Finanzkonten berücksichtigen, jedoch nur insoweit, als die computergestützten Systeme des meldenden Finanzinstituts die Finanzkonten durch Verweis auf ein Datenelement wie eine Kundennummer oder Steueridentifikationsnummer miteinander verknüpfen und eine

Zusammenfassung der Kontosalden oder -werte ermöglichen.

(2) Für die Zwecke der Anwendung der Zusammenfassungsvorschrift des Abs. 1 wird jedem Inhaber eines gemeinsamen Finanzkontos der gesamte Saldo oder Wert des gemeinsamen Finanzkontos zugerechnet.

Zusammenfassungsvorschrift für Kundenbetreuer

§ 53. Für die Zwecke der Bestimmung des Gesamtsaldos oder -werts von Finanzkonten einer Person zur Feststellung, ob es sich bei einem Finanzkonto um ein Konto von hohem Wert handelt, ist ein meldendes Finanzinstitut im Fall von Finanzkonten, bei denen einem Kundenbetreuer bekannt ist oder bekannt sein müsste, dass sie unmittelbar oder mittelbar derselben Person gehören, dieselbe Person über sie verfügt oder sie von derselben Person (außer in treuhänderischer Eigenschaft) eröffnet wurden, auch verpflichtet, alle diese Konten zusammenzufassen.

8. Hauptstück
Begriffsbestimmungen

1. Abschnitt
Der Begriff „meldendes Finanzinstitut"

Meldendes Finanzinstitut

§ 54. (1) Der Ausdruck „meldendes Finanzinstitut" bedeutet ein österreichisches Finanzinstitut, bei dem es sich nicht um ein nicht meldendes Finanzinstitut handelt.

(2) Der Ausdruck „österreichisches Finanzinstitut" bedeutet
1. ein in Österreich ansässiges Finanzinstitut, jedoch nicht Zweigniederlassungen dieses Finanzinstituts, die sich außerhalb Österreichs befinden, oder
2. eine Zweigniederlassung eines nicht in Österreich ansässigen Finanzinstituts, wenn diese sich in Österreich befindet.

Finanzinstitut eines teilnehmenden Staats

§ 55. (1) Der Ausdruck „Finanzinstitut eines teilnehmenden Staats" bedeutet
1. ein in einem teilnehmenden Staat ansässiges Finanzinstitut, jedoch nicht Zweigniederlassungen dieses Finanzinstituts, die sich außerhalb dieses teilnehmenden Staats befinden, oder
2. eine Zweigniederlassung eines nicht in einem teilnehmenden Staat ansässigen Finanzinstituts, wenn diese sich in diesem teilnehmenden Staat befindet.

(2) Ein Finanzinstitut ist in einem teilnehmenden Staat „ansässig", wenn es der Hoheitsgewalt dieses teilnehmenden Staats untersteht (das heißt, der teilnehmende Staat kann die Meldepflichten des Finanzinstituts durchsetzen). Im Allgemeinen untersteht ein Finanzinstitut, wenn es in einem teilnehmenden Staat steuerlich ansässig ist, der Hoheitsgewalt dieses teilnehmenden Staats und ist somit Finanzinstitut eines teilnehmenden Staats. Ein Trust, der ein Finanzinstitut ist, gilt (unabhängig davon, ob er in einem teilnehmenden Staat steuerlich ansässig ist) als der Hoheitsgewalt eines teilnehmenden Staats unterstehend, wenn einer oder mehrere seiner Treuhänder in diesem teilnehmenden Staat ansässig sind, es sei denn, der Trust meldet alle gemäß dieser Richtlinie meldepflichtigen Informationen über von dem Trust geführte meldepflichtige Konten an einen anderen teilnehmenden Staat, weil er in diesem anderen teilnehmenden Staat steuerlich ansässig ist. Hat ein Finanzinstitut (mit Ausnahme von Trusts) jedoch keine steuerliche Ansässigkeit (zum Beispiel weil es als steuerlich transparent gilt oder in einem Staat niedergelassen ist, der keine Einkommensteuer erhebt), so gilt es als der Hoheitsgewalt eines teilnehmenden Staats unterstehend und ist somit ein Finanzinstitut eines teilnehmenden Staats, wenn folgende Voraussetzungen erfüllt sind:
1. es ist nach dem Recht des teilnehmenden Staats eingetragen,
2. es hat den Ort seiner Geschäftsleitung (einschließlich der tatsächlichen Geschäftsleitung) in dem teilnehmenden Staat, oder
3. es unterliegt der Finanzaufsicht in dem teilnehmenden Staat.

Ist ein Finanzinstitut (mit Ausnahme von Trusts) in zwei oder mehr teilnehmenden Staaten ansässig, so gelten die Melde- und Sorgfaltspflichten des Staats, in dem es die Finanzkonten führt.

Finanzinstitut

§ 56. Der Ausdruck „Finanzinstitut" bedeutet ein Verwahrinstitut (§ 57), ein Einlageninstitut (§ 58), ein Investmentunternehmen (§ 59) oder eine spezifizierte Versicherungsgesellschaft (§ 61).

Verwahrinstitut

§ 57. Der Ausdruck „Verwahrinstitut" bedeutet einen Rechtsträger, dessen Geschäftstätigkeit im Wesentlichen darin besteht, für fremde Rechnung Finanzvermögen zu verwahren. Die Geschäftstätigkeit eines Rechtsträgers besteht im Wesentlichen darin, für fremde Rechnung Finanzvermögen zu verwahren, wenn die dem Verwahren von Finanzvermögen und damit zusammenhängenden Finanzdienstleistungen zuzurechnenden Bruttoeinkünfte des Rechtsträgers mindestens 20 % der Bruttoeinkünfte des Rechtsträgers entsprechen, und zwar entweder
1. während des dreijährigen Zeitraums, der am 31. Dezember (oder dem letzten Tag eines nicht einem Kalenderjahr entsprechenden Abrechnungszeitraums) vor dem Bestimmungsjahr endet, oder
2. während des Zeitraums des Bestehens des Rechtsträgers,

je nachdem, welcher Zeitraum kürzer ist.

21/4. GMSG
§§ 58 – 62

Einlageninstitut

§ 58. Der Ausdruck „Einlageninstitut" bedeutet einen Rechtsträger, der im Rahmen gewöhnlicher Bankgeschäfte oder einer ähnlichen Geschäftstätigkeit Einlagen entgegennimmt.

Investmentunternehmen

§ 59. (1) Der Ausdruck „Investmentunternehmen" bedeutet einen Rechtsträger,

1. der gewerblich vorwiegend eine oder mehrere der folgenden Tätigkeiten für einen Kunden ausübt:
   a) Handel mit Geldmarktinstrumenten (zum Beispiel Schecks, Wechsel, Einlagenzertifikate, Derivate), Devisen, Wechselkurs-, Zins- und Indexinstrumenten, übertragbaren Wertpapieren oder Warentermingeschäfte,
   b) individuelle und kollektive Vermögensverwaltung oder
   c) sonstige Arten der Anlage oder Verwaltung von Finanzvermögen oder Kapital im Auftrag Dritter
   oder
2. dessen Bruttoeinkünfte vorwiegend der Anlage oder Wiederanlage von Finanzvermögen oder dem Handel damit zuzurechnen sind, wenn der Rechtsträger von einem anderen Rechtsträger verwaltet wird, bei dem es sich um ein Einlageninstitut, ein Verwahrinstitut, eine spezifizierte Versicherungsgesellschaft oder ein Investmentunternehmen im Sinne der Z 1 handelt. Ein Rechtsträger wird von einem anderen Rechtsträger verwaltet, wenn letzterer selbst oder über einen Dienstleister für den verwalteten Rechtsträger die in Abs. 1 lit a bis c angeführten Tätigkeiten durchführt und dabei über das vollständige Ermessen verfügt, das Finanzvermögen des anderen Rechtsträgers zu verwalten.

(BGBl I 2019/91)

(2) Ein Rechtsträger übt gewerblich vorwiegend eine oder mehrere Tätigkeiten im Sinne des Abs. 1 Z 1 aus beziehungsweise die Bruttoeinkünfte eines Rechtsträgers sind vorwiegend der Anlage oder Wiederanlage von Finanzvermögen oder dem Handel damit im Sinne von Abs. 1 Z 2 zuzurechnen, wenn die den entsprechenden Tätigkeiten zuzurechnenden Bruttoeinkünfte des Rechtsträgers mindestens 50 % der Bruttoeinkünfte des Rechtsträgers entsprechen, und zwar entweder

1. während des dreijährigen Zeitraums, der am 31. Dezember des Jahres vor dem Bestimmungsjahr endet, oder
2. während des Zeitraums des Bestehens des Rechtsträgers,

je nachdem, welcher Zeitraum kürzer ist.

(3) Der Ausdruck „Investmentunternehmen" umfasst nicht einen Rechtsträger, bei dem es sich aufgrund der Erfüllung der Kriterien in § 95 Z 4 bis 7 um einen aktiven NFE handelt.

(4) Abs. 1 bis 3 sind auf eine Weise auszulegen, die mit dem ähnlichen Wortlaut der Definition von „Finanzinstitut" in den Empfehlungen der Arbeitsgruppe Finanzielle Maßnahmen gegen Geldwäsche („Financial Action Task Force on Money Laundering" – FATF) vereinbar ist.

Finanzvermögen

§ 60. (1) Der Ausdruck „Finanzvermögen" umfasst

1. Wertpapiere, wie zum Beispiel Anteile am Aktienkapital einer Kapitalgesellschaft, Beteiligungen oder wirtschaftliches Eigentum an den Beteiligungen an einer in Streubesitz befindlichen oder börsennotierten Personalgesellschaft oder einem Trust sowie Obligationen, Anleihen, Schuldverschreibungen oder sonstige Schuldurkunden,
2. Beteiligungen an Personengesellschaften, Warengeschäften, Swaps (wie zum Beispiel Zinsswaps, Währungsswaps, Basisswaps, Zinscaps, Zinsfloors, Warenswaps, Aktienswaps, Aktienindexswaps und ähnliche Vereinbarungen),
3. Versicherungs- oder Rentenversicherungsverträge oder
4. Beteiligungen (darunter börsengehandelte und nicht börsengehandelte Termingeschäfte und Optionen) an Wertpapieren, Beteiligungen an Personengesellschaften, Warengeschäften, Swaps oder Versicherungs- oder Rentenversicherungsverträgen.

(2) Der Ausdruck „Finanzvermögen" umfasst keine nicht fremdfinanzierten unmittelbaren Immobilienbeteiligungen.

Spezifizierte Versicherungsgesellschaft

§ 61. Der Ausdruck „spezifizierte Versicherungsgesellschaft" bedeutet einen Rechtsträger, bei dem es sich um eine Versicherungsgesellschaft (oder die Holdinggesellschaft einer Versicherungsgesellschaft) handelt, die einen rückkaufsfähigen Versicherungsvertrag oder einen Rentenversicherungsvertrag abschließt oder zur Leistung von Zahlungen in Bezug auf einen solchen Vertrag verpflichtet ist.

2. Abschnitt
Der Begriff „nicht meldendes Finanzinstitut"

Nicht meldendes Finanzinstitut

§ 62. Der Ausdruck „nicht meldendes Finanzinstitut" bedeutet ein Finanzinstitut, bei dem es sich um Folgendes handelt:

1. einen staatlichen Rechtsträger, eine internationale Organisation oder eine Zentralbank, außer bei Zahlungen, die aus einer Verpflichtung in Zusammenhang mit gewerblichen Finanzaktivitäten stammen, die denen einer spezifizierten Versicherungsgesellschaft, eines Verwahr- oder eines Einlageninstituts entsprechen,

2. einen Altersvorsorgefonds mit breiter Beteiligung, einen Altersvorsorgefonds mit geringer Beteiligung, einen Pensionsfonds eines staatlichen Rechtsträgers, einer internationalen Organisation oder einer Zentralbank oder einen qualifizierten Kreditkartenanbieter,
3. einen sonstigen Rechtsträger, bei dem ein geringes Risiko besteht, dass er zur Steuerhinterziehung missbraucht wird und der im Wesentlichen ähnliche Eigenschaften wie die in Z 1 und Z 2 genannten Rechtsträger aufweist, sofern sein Status als nicht meldendes Finanzinstitut dem Zweck dieses Gesetzes nicht entgegensteht. Der Bundesminister für Finanzen ist ermächtigt mit Verordnung festzulegen, welche Rechtsträger diese Voraussetzungen erfüllen.

(BGBl I 2019/91)
4. einen ausgenommenen Organismus für gemeinsame Anlagen oder
5. einen Trust, soweit der Treuhänder des Trusts ein meldendes Finanzinstitut ist und sämtliche nach dem 1. Hauptstück zu meldenden Informationen zu sämtlichen meldepflichtigen Konten des Trusts meldet.

Staatlicher Rechtsträger

§ 63. (1) Der Ausdruck „staatlicher Rechtsträger" bedeutet die Regierung eines teilnehmenden Staats oder anderen Staates, eine Gebietskörperschaft eines teilnehmenden Staats oder anderen Staates (wobei es sich unter anderen um eine Gliedstaat, eine Provinz, einen Landkreis oder eine Gemeinde handeln kann) oder eine Behörde oder Einrichtung, die sich im Alleineigentum eines teilnehmenden Staats oder anderen Staates oder einer oder mehrerer Gebietskörperschaften befindet (jeweils ein „staatlicher Rechtsträger"). Diese Kategorie besteht aus den wesentlichen Instanzen, beherrschten Rechtsträgern und Gebietskörperschaften eines teilnehmenden Staats oder anderen Staates.

(2) Eine „wesentliche Instanz" eines teilnehmenden Staats oder anderen Staates bedeutet unabhängig von ihrer Bezeichnung eine Person, eine Organisation, eine Behörde, ein Amt, einen Fonds, eine Einrichtung oder eine sonstige Stelle, die eine Regierungsbehörde eines teilnehmenden Staats oder anderen Staates ist. Die Nettoeinkünfte der Regierungsbehörde müssen ihrem eigenen Konto oder sonstigen Konten des teilnehmenden Staats oder anderen Staates gutgeschrieben werden, ohne dass ein Teil davon einer Privatperson zugutekommt. Eine wesentliche Instanz umfasst nicht eine natürliche Person, bei der es sich um einen in seiner Eigenschaft als Privatperson handelnden Regierungsvertreter, Beamten oder Verwalter handelt.

(3) Ein „beherrschter Rechtsträger" bedeutet einen Rechtsträger, der formal von dem teilnehmenden Staat oder anderen Staat getrennt ist oder auf andere Weise eine eigenständige juristische Person ist, sofern

1. der Rechtsträger sich unmittelbar oder über einen oder mehrere beherrschte Rechtsträger im Alleineigentum und unter der Beherrschung eines oder mehrerer staatlicher Rechtsträger befindet,
2. die Nettoeinkünfte des Rechtsträgers seinem eigenen Konto oder den Konten eines oder mehrerer staatlicher Rechtsträger gutgeschrieben werden, ohne dass ein Teil seiner Einkünfte einer Privatperson zugutekommt, und
3. die Vermögenswerte des Rechtsträgers bei seiner Auflösung einem oder mehreren staatlichen Rechtsträgern zufallen.

(4) Einkünfte kommen nicht Privatpersonen zugute, wenn es sich bei diesen Personen um die vorgesehenen Begünstigten eines Regierungsprogramms handelt und die Programmaktivitäten für die Allgemeinheit im Interesse des Gemeinwohls ausgeübt werden oder sich auf die Verwaltung eines Regierungsbereichs beziehen. Ungeachtet der vorstehenden Bestimmungen gelten Einkünfte jedoch als Einkünfte, die Privatpersonen zugutekommen, wenn sie aus über einen staatlichen Rechtsträger ausgeübten gewerblichen Tätigkeiten, wie zum Beispiel Geschäftsbankengeschäften, stammen, bei denen Finanzdienstleistungen an Privatpersonen erbracht werden.

Internationale Organisation

§ 64. Der Ausdruck „internationale Organisation" bedeutet eine internationale Organisation oder eine in ihrem Alleineigentum stehende Behörde oder Einrichtung. Diese Kategorie umfasst eine zwischenstaatliche Organisation (einschließlich einer übernationalen Organisation),
1. die hauptsächlich aus Regierungen besteht,
2. die mit Österreich oder einem teilnehmenden Staat ein Sitzabkommen oder im Wesentlichen ähnliches Abkommen geschlossen hat und
3. deren Einkünfte nicht Privatpersonen zugutekommen.

Zentralbank

§ 65. Der Ausdruck „Zentralbank" bedeutet ein Institut, das auf Grund des Gesetzes oder einer staatlichen Genehmigung neben der Regierung Österreichs oder eines teilnehmenden Staates die oberste Behörde für die Ausgabe von als Währung vorgesehenen Zahlungsmitteln ist. Dieses Institut kann eine von der Regierung Österreichs oder eines teilnehmenden Staates getrennte Einrichtung umfassen, die ganz oder teilweise im Eigentum Österreichs oder eines teilnehmenden Staates stehen kann.

Altersvorsorgefonds mit breiter Beteiligung

§ 66. Der Ausdruck „Altersvorsorgefonds mit breiter Beteiligung" bedeutet einen Fonds zur Gewährung von Altersvorsorge- und Invaliditätsleistungen sowie Leistungen im Todesfall oder einer Kombination dieser Leistungen als Gegenleistung für erbrachte Leistungen an Begünstigte, die derzeitige oder ehemalige Arbeitnehmer (oder von

ihnen bestimmte Personen) eines oder mehrerer Arbeitgeber sind, sofern der Fonds
1. nicht einen einzigen Begünstigten hat, der Anspruch auf mehr als 5 % der Vermögenswerte des Fonds hat,
2. staatlicher Regelung unterliegt und Informationen an die Steuerbehörden übermittelt und
3. mindestens eine der folgenden Voraussetzungen erfüllt:
   a) der Fonds ist aufgrund seines Status als Altersvorsorgeplan grundsätzlich von der Ertragsteuer auf Kapitaleinkünfte befreit oder die Besteuerung entsprechender Erträge erfolgt nachgelagert beziehungsweise zu einem ermäßigten Satz;
   b) der Fonds bezieht mindestens 50 % seiner Gesamtbeiträge (mit Ausnahme von Vermögensübertragungen von anderen in § 66 bis 68 genannten Plänen oder in § 87 Z 1 genannten Altersvorsorgekonten) von den Arbeitgebern;
   c) Ausschüttungen oder Entnahmen aus dem Fonds dürfen nur bei Eintritt konkreter Ereignisse im Zusammenhang mit Ruhestand, Invalidität oder Tod vorgenommen werden (mit Ausnahme von aus einem Altersvorsorgeplan an andere in § 66 bis 68 genannte Altersvorsorgefonds oder in § 87 Z 1 genannte Altersvorsorgekonten übertragene Ausschüttungen), andernfalls finden Sanktionen Anwendung, oder
   d) die Arbeitnehmerbeiträge an den Fonds (mit Ausnahme bestimmter zugelassener Ausgleichsbeiträge) werden durch das Erwerbseinkommen des Arbeitnehmers begrenzt oder dürfen – unter Anwendung der in § 51 bis § 53 genannten Vorschriften für die Zusammenfassung von Konten und die Währungsumrechnung – jährlich einen Betrag im Gegenwert von 50 000 US-Dollar nicht übersteigen.

Altersvorsorgefonds mit geringer Beteiligung

§ 67. Der Ausdruck „Altersvorsorgefonds mit geringer Beteiligung" bedeutet einen Fonds zur Gewährung von Altersvorsorge- und Invaliditätsleistungen sowie Leistungen im Todesfall als Gegenleistung für erbrachte Leistungen an Begünstigte, die derzeitige oder ehemalige Arbeitnehmer (oder von ihnen bestimmte Personen) eines oder mehrerer Arbeitgeber sind sofern
1. weniger als 50 Personen am Fonds beteiligt sind,
2. ein oder mehrere Arbeitgeber in den Fonds einzahlen, bei denen es sich nicht um Investmentunternehmen oder passive NFEs handelt,
3. die Arbeitnehmer- und Arbeitgeberbeiträge an den Fonds (mit Ausnahme von Vermögensübertragungen von in § 87 Z 1 genannten Altersvorsorgekonten) durch das Erwerbseinkommen beziehungsweise die Vergütung des Arbeitnehmers begrenzt werden,
4. nicht im teilnehmenden Staat des Fonds ansässige Beteiligte auf höchstens 20 % der Vermögenswerte des Fonds Anspruch haben und
5. der Fonds staatlicher Regelung unterliegt und Informationen an die Steuerbehörden übermittelt.

Pensionsfonds eines staatlichen Rechtsträgers, einer internationalen Organisation oder einer Zentralbank

§ 68. Der Ausdruck „Pensionsfonds eines staatlichen Rechtsträgers, einer internationalen Organisation oder einer Zentralbank" bedeutet einen von einem staatlichen Rechtsträger, einer internationalen Organisation oder einer Zentralbank errichteten Fonds zur Gewährung von Altersvorsorge- und Invaliditätsleistungen sowie Leistungen im Todesfall an Begünstigte oder Beteiligte, bei denen es sich um derzeitige oder ehemalige Arbeitnehmer (oder von ihnen bestimmte Personen) oder um Personen handeln kann, die keine derzeitigen oder ehemaligen Arbeitnehmer sind, falls die Leistungen diesen Begünstigten und Beteiligten als Gegenleistung für ihre dem staatlichen Rechtsträger, der internationalen Organisation oder der Zentralbank persönlich geleisteten Dienste gewährt werden.

Qualifizierter Kreditkartenanbieter

§ 69. Der Ausdruck „qualifizierter Kreditkartenanbieter" bedeutet ein Finanzinstitut, das folgende Voraussetzungen erfüllt:
1. Das Finanzinstitut gilt nur als Finanzinstitut, weil es ein Kreditkartenanbieter ist, der Einlagen nur akzeptiert, wenn ein Kunde eine Zahlung leistet, die einen in Bezug auf die Karte fälligen Saldo übersteigt, und die Überzahlung nicht unverzüglich an den Kunden zurücküberwiesen wird.
2. Spätestens ab dem 1. Oktober 2016 setzt das Finanzinstitut Maßnahmen und Verfahren um, die entweder verhindern, dass ein Kunde eine Überzahlung in Höhe eines Betrags im Gegenwert von mehr als 50 000 US-Dollar leistet, oder sicherstellen, dass jede Überzahlung eines Kunden, die über diesem Betrag liegt, dem Kunden innerhalb von 60 Tagen zurückerstattet wird, wobei in beiden Fällen die Vorschriften für die Zusammenfassung von Konten (§ 51 bis § 53) und für die Währungsumrechnung (§ 106) gelten. Überzahlungen von Kunden in diesem Sinne umfassen nicht Guthaben im Zusammenhang mit strittigen Abbuchungen, schließen jedoch Guthaben infolge der Rückgabe von Waren ein.

Ausgenommener Organismus für gemeinsame Anlagen

§ 70. (1) Der Ausdruck „ausgenommener Organismus für gemeinsame Anlagen" bedeutet ein Investmentunternehmen, das als Organismus für gemeinsamen Anlagen der Aufsicht untersteht, sofern sämtliche Beteiligungen an dem Organismus für gemeinsamen Anlagen von natürlichen Personen oder Rechtsträgern, die keine meldepflichtigen Personen sind, oder über diese gehalten werden, mit Ausnahme eines passiven NFE mit beherrschenden Personen, die meldepflichtige Personen sind.

(2) Ein Investmentunternehmen, das als Organismus für gemeinsame Anlagen der Aufsicht untersteht, gilt auch dann nach Abs. 1 als ausgenommener Organismus für gemeinsame Anlagen, wenn der Organismus für gemeinsame Anlagen effektive Inhaberanteile ausgibt, sofern
1. der Organismus für gemeinsame Anlagen nach dem 30. September 2016 keine effektiven Inhaberanteile ausgegeben hat oder ausgibt,
2. der Organismus für gemeinsame Anlagen bei Rückkauf alle diese Anteile einzieht,
3. der Organismus für gemeinsame Anlagen die in den §§ 7 bis 53 angeführten Verfahren zur Erfüllung der Sorgfaltspflichten durchführt und alle meldepflichtigen Informationen zu diesen Anteilen meldet, wenn diese zum Einlösen oder zu sonstiger Zahlung vorgelegt werden, und
4. der Organismus für gemeinsame Anlagen über Maßnahmen und Verfahren verfügt, um sicherzustellen, dass die betreffenden Anteile so bald wie möglich und auf jeden Fall vor dem 1. Januar 2018 eingelöst werden oder nicht mehr verkehrsfähig sind.

3. Abschnitt
Der Begriff „Finanzkonto"

Finanzkonto

§ 71. (1) Der Ausdruck „Finanzkonto" bedeutet ein von einem Finanzinstitut geführtes Konto und umfasst ein Einlagenkonto, ein Verwahrkonto und
1. im Fall eines Investmentunternehmens Eigen- und Fremdkapitalbeteiligungen an dem Finanzinstitut. Ungeachtet der vorstehenden Bestimmung umfasst der Ausdruck „Finanzkonto" keine Eigen- und Fremdkapitalbeteiligungen an einem Rechtsträger, der nur als Investmentunternehmen gilt, weil er für den Zweck der Anlage oder Verwaltung von Finanzvermögen, das bei einem anderen Finanzinstitut als diesem Rechtsträger im Namen eines Kunden eingezahlt wurde, für oder im Auftrag dieses Kunden
   a) Anlageberatung erbringt oder
   b) Vermögenswerte verwaltet,
2. im Fall eines nicht unter Z 1 beschriebenen Finanzinstituts Eigen- und Fremdkapitalbeteiligungen an dem Finanzinstitut, sofern die Beteiligungskategorie zur Vermeidung der Meldepflicht nach § 3 bis § 6 eingeführt wurde, sowie
3. von einem Finanzinstitut ausgestellte oder verwaltete rückkaufsfähige Versicherungsverträge und Rentenversicherungsverträge, mit Ausnahme von nicht mit einer Kapitalanlage verbundenen und nicht übertragbaren sofortigen Leibrenten, die auf natürliche Personen lauten und eine Altersvorsorge- oder Invaliditätsleistung monetisieren, die aufgrund eines Kontos erbracht wird, bei dem es sich um ein ausgenommenes Konto handelt.

(2) Der Ausdruck „Finanzkonto" umfasst keine Konten, bei denen es sich um ausgenommene Konten im Sinne von § 87 handelt.

Einlagenkonto

§ 72. Der Ausdruck „Einlagenkonto" umfasst Geschäfts-, Giro-, Spar- und Terminkonten sowie Konten, die durch Einlagenzertifikate, Sparbriefe, Investmentzertifikate, Schuldtitel oder vergleichbare Instrumente verbrieft sind, die von einem Finanzinstitut im Rahmen gewöhnlicher Bankgeschäfte oder einer ähnlichen Geschäftstätigkeit geführt werden. Ein Einlagenkonto umfasst auch Beträge, die von einer Versicherungsgesellschaft aufgrund eines garantierten Kapitalanlagevertrags oder einer ähnlichen Vereinbarung zur Zahlung oder Gutschrift von Zinsen auf diese Beträge gehalten werden.

Verwahrkonto

§ 73. Der Ausdruck „Verwahrkonto" bedeutet ein Konto (nicht jedoch einen Versicherungsvertrag oder Rentenversicherungsvertrag), in dem Finanzvermögen zugunsten eines Dritten verwahrt wird.

Eigenkapitalbeteiligung

§ 74. Der Ausdruck „Eigenkapitalbeteiligung" bedeutet im Fall einer Personengesellschaft, die ein Finanzinstitut ist, entweder eine Kapital- oder eine Gewinnbeteiligung an der Personengesellschaft. Im Fall eines Trusts, der ein Finanzinstitut ist, gilt eine Eigenkapitalbeteiligung als von einer Person gehalten, die als Treugeber oder Begünstigter des gesamten oder eines Teils des Trusts betrachtet wird, oder von einer sonstigen natürlichen Person, die den Trust tatsächlich beherrscht. Eine meldepflichtige Person gilt als Begünstigter eines Trusts, wenn sie berechtigt ist, unmittelbar oder mittelbar (zum Beispiel durch einen Bevollmächtigten) eine Pflichtausschüttung aus dem Trust zu erhalten, oder unmittelbar oder mittelbar eine freiwillige Ausschüttung aus dem Trust erhalten kann.

Versicherungsvertrag

§ 75. Der Ausdruck „Versicherungsvertrag" bedeutet einen Vertrag (nicht jedoch einen Rentenversicherungsvertrag), bei dem sich der Versicherungsgeber bereit erklärt, bei Eintritt eines konkreten Ereignisses im Zusammenhang mit einem Todesfall-, Krankheits-, Unfall-, Haftungs- oder Sachschadenrisiko einen Betrag zu zahlen.

Rentenversicherungsvertrag

§ 76. Der Ausdruck „Rentenversicherungsvertrag" bedeutet einen Vertrag, bei dem sich der Versicherungsgeber bereit erklärt, für einen vollständig oder teilweise anhand der Lebenserwartung einer oder mehrerer natürlicher Personen ermittelten Zeitraum Zahlungen zu leisten. Der Ausdruck umfasst auch einen Vertrag, der nach dem Recht, den Vorschriften oder der Rechtsübung des teilnehmenden Staats oder anderen Staates, in dem er ausgestellt wurde, als Rentenversicherungsvertrag gilt und bei dem sich der Versicherungsgeber bereit erklärt, für eine bestimmte Anzahl von Jahren Zahlungen zu leisten.

Rückkaufsfähiger Versicherungsvertrag

§ 77. Der Ausdruck „rückkaufsfähiger Versicherungsvertrag" bedeutet einen Versicherungsvertrag (nicht jedoch einen Rückversicherungsvertrag zwischen zwei Versicherungsgesellschaften) mit einem Barwert.

Barwert

§ 78. (1) Der Ausdruck „Barwert" bedeutet
1. den Betrag, zu dessen Erhalt der Versicherungsnehmer nach Rückkauf oder Kündigung des Vertrags berechtigt ist (ohne Minderung wegen einer Rückkaufgebühr oder eines Polizzendarlehens ermittelt), oder
2. den Betrag, den der Versicherungsnehmer im Rahmen des Vertrags oder in Bezug auf den Vertrag als Darlehen aufnehmen kann, je nachdem, welcher Betrag höher ist.

(2) Ungeachtet des Abs. 1 umfasst der Ausdruck „Barwert" nicht einen aufgrund eines Versicherungsvertrags wie folgt zahlbaren Betrag:
1. ausschließlich aufgrund des Todes einer natürlichen Person, die über einen Lebensversicherungsvertrag verfügt,
2. in Form einer Leistung bei Personenschaden oder Krankheit oder einer sonstigen Leistung zur Entschädigung für einen bei Eintritt des Versicherungsfalls erlittenen wirtschaftlichen Verlust,
3. in Form einer Rückerstattung einer aufgrund eines Versicherungsvertrags (nicht jedoch eines an Kapitalanlagen gebundenen Lebens- oder Rentenversicherungsvertrags) bereits gezahlten Prämie (abzüglich Versicherungsgebühren unabhängig von deren tatsächlicher Erhebung) bei Vertragsaufhebung oder -kündigung, Verringerung des Risikopotenzials während der Vertragslaufzeit oder Berichtigung einer Fehlbuchung oder eines vergleichbaren Fehlers in Bezug auf die Vertragsprämie,
4. in Form einer an den Versicherungsnehmer zahlbaren Dividende (nicht jedoch eines Schlussüberschussanteils), sofern die Dividende aus einem Versicherungsvertrag stammt, bei dem nur Leistungen nach Z 2 zu zahlen sind, oder
5. in Form einer Rückerstattung einer Prämienvorauszahlung oder eines Prämiendepots für einen Versicherungsvertrag mit mindestens jährlich fälliger Prämienzahlung, sofern die Höhe der Prämienvorauszahlung oder des Prämiendepots die nächste vertragsgemäß fällige Jahresprämie nicht übersteigt.

Bestehendes Konto

§ 79. Der Ausdruck „bestehendes Konto" bedeutet
1. ein Finanzkonto, das zum 30. September 2016 von einem meldenden Finanzinstitut geführt wird;
2. jedes Finanzkonto eines Kontoinhabers, ungeachtet des Zeitpunkts der Eröffnung dieses Finanzkontos, wenn
   a) der Kontoinhaber auch Inhaber eines Finanzkontos bei dem meldenden Finanzinstitut (oder einem verbundenen Rechtsträger in demselben teilnehmenden Staat wie das meldende Finanzinstitut) ist, das ein bestehendes Konto nach Z 1 ist;
   b) das meldende Finanzinstitut (und gegebenenfalls der verbundene Rechtsträger in demselben teilnehmenden Staat wie das meldende Finanzinstitut) diese beiden Finanzkonten und alle weiteren Finanzkonten des Kontoinhabers, die als bestehende Konten nach dieser Ziffer behandelt werden, für die Zwecke der Erfüllung der in § 47 genannten Anforderungen in Bezug auf den Kenntnisstand und für die Zwecke der Ermittlung des Saldos oder Werts eines der Finanzkonten bei der Anwendung eines der kontospezifischen Schwellenwerte als ein einziges Finanzkonto behandelt;
   c) das meldende Finanzinstitut in Bezug auf ein Finanzkonto, das den Verfahren zur Bekämpfung der Geldwäsche (AML/KYC) unterliegt, die Anforderungen dieser Verfahren in Bezug auf das Finanzkonto erfüllen darf, indem es sich auf die Verfahren zur Bekämpfung der Geldwäsche (AML/KYC) verlässt, die für das unter Z 1 beschriebene bestehende Konto durchgeführt wurden, und
   d) die Eröffnung des Finanzkontos – außer für die Zwecke dieses Gesetzes – keine Bereitstellung neuer, zusätzlicher oder geänderter Kundeninformationen durch den Kontoinhaber erfordert.

Neukonto

§ 80. Der Ausdruck „Neukonto" bedeutet ein von einem meldenden Finanzinstitut geführtes Finanzkonto, das am oder nach dem 1. Oktober 2016 eröffnet wird, sofern es nicht als bestehendes Konto gemäß § 79 Z 2 behandelt wird.

Bestehendes Konto natürlicher Personen

§ 81. Der Ausdruck „bestehendes Konto natürlicher Personen" bedeutet ein bestehendes Konto, dessen Inhaber eine natürliche Person ist oder mehrere natürliche Personen sind.

Neukonto natürlicher Personen
§ 82. Der Ausdruck „Neukonto natürlicher Personen" bedeutet ein Neukonto, dessen Inhaber eine natürliche Person ist oder mehrere natürliche Personen sind.

Bestehendes Konto von Rechtsträgern
§ 83. Der Ausdruck „bestehendes Konto von Rechtsträgern" bedeutet ein bestehendes Konto, dessen Inhaber ein Rechtsträger ist oder mehrere Rechtsträger sind.

Konto von geringem Wert
§ 84. Der Ausdruck „Konto von geringem Wert" bedeutet ein bestehendes Konto natürlicher Personen mit einem Gesamtsaldo oder -wert in Höhe eines Betrags im Gegenwert von höchstens 1 000 000 US-Dollar zum 30. September 2016.

Konto von hohem Wert
§ 85. Der Ausdruck „Konto von hohem Wert" bedeutet ein bestehendes Konto natürlicher Personen mit einem Gesamtsaldo oder -wert in Höhe eines Betrags im Gegenwert von mehr als 1 000 000 US-Dollar zum 30. September 2016 oder 31. Dezember eines Folgejahres.

Neukonto von Rechtsträgern
§ 86. Der Ausdruck „Neukonto von Rechtsträgern" bedeutet ein Neukonto, dessen Inhaber ein Rechtsträger ist oder mehrere Rechtsträger sind.

Ausgenommenes Konto
§ 87. Der Ausdruck „ausgenommenes Konto" bedeutet eines der folgenden Konten:
1. ein Altersvorsorgekonto, das folgende Voraussetzungen erfüllt:
   a) Das Konto untersteht als persönliches Altersvorsorgekonto der Aufsicht oder ist Teil eines registrierten oder der Aufsicht unterstehenden Altersvorsorgeplans für die Gewährung von Renten- und Pensionsleistungen (einschließlich Invaliditätsleistungen und Leistungen im Todesfall).
   b) Das Konto ist steuerbegünstigt (das heißt, auf das Konto eingezahlte Beiträge, die andernfalls steuerpflichtig wären, sind von den Bruttoeinkünften des Kontoinhabers abziehbar oder ausgenommen oder werden mit einem ermäßigten Steuersatz besteuert, oder die mit dem Konto erzielten Kapitalerträge werden nachgelagert oder mit einem ermäßigten Steuersatz besteuert).
   c) In Bezug auf das Konto besteht eine Pflicht zur Informationsübermittlung an die Steuerbehörden.
   d) Entnahmen sind an das Erreichen eines bestimmten Ruhestandsalters, Invalidität oder den Todesfall geknüpft oder es werden bei Entnahmen vor Eintritt dieser Ereignisse Vorschusszinsen fällig.
   e) Entweder
   – die jährlichen Beiträge sind auf einen Betrag im Gegenwert von höchstens 50 000 US-Dollar begrenzt oder
   – für das Konto gilt eine auf die gesamte Lebenszeit bezogene Beitragsgrenze in Höhe eines Betrags im Gegenwert von höchstens 1 000 000 US-Dollar,

   wobei in beiden Fällen die Vorschriften für die Zusammenfassung von Konten (§§ 51 bis 53) und für die Währungsumrechnung (§ 106) gelten.

   Ein Finanzkonto, das die in lit. e genannte Voraussetzung grundsätzlich erfüllt, wird diese auch dann erfüllen, wenn auf das Finanzkonto Vermögenswerte oder Geldbeträge von einem oder mehreren Finanzkonten, die die Voraussetzungen nach Z 1 oder 2, oder von einem oder mehreren Altersvorsorge- oder Pensionsfonds, die die Voraussetzungen nach den §§ 66 bis 68 erfüllen, übertragen werden können;

2. ein Konto, das folgende Voraussetzungen erfüllt:
   a) Das Konto untersteht als Anlageinstrument für andere Zwecke als die Altersvorsorge der Aufsicht und wird regelmäßig an einer anerkannten Börse gehandelt oder das Konto untersteht als Sparinstrument für andere Zwecke als die Altersvorsorge der Aufsicht.
   b) Das Konto ist steuerbegünstigt (das heißt, auf das Konto eingezahlte Beiträge, die andernfalls steuerpflichtig wären, sind von den Bruttoeinkünften des Kontoinhabers abziehbar oder ausgenommen oder werden mit einem ermäßigten Steuersatz besteuert, oder die mit dem Konto erzielten Kapitalerträge werden nachgelagert oder mit einem ermäßigten Steuersatz besteuert).
   c) Entnahmen sind an die Erfüllung bestimmter Kriterien geknüpft, die in Zusammenhang mit dem Zweck des Anlage- oder Sparkontos (beispielsweise Gewährung von ausbildungsbezogenen oder medizinischen Leistungen) stehen, oder es werden bei Entnahmen vor Erfüllung dieser Kriterien Vorschusszinsen fällig.
   d) Die jährlichen Beiträge sind auf einen Betrag im Gegenwert von höchstens 50 000 US-Dollar begrenzt, wobei die Vorschriften für die Zusammenfassung von Konten (§§ 51 bis 53) und für die Währungsumrechnung (§ 106) gelten.

   Ein Finanzkonto, das die in lit. d genannte Voraussetzung grundsätzlich erfüllt, wird diese auch dann erfüllen, wenn auf das Finanzkonto Vermögenswerte oder Geldbeträge von einem oder mehreren Finanzkonten, die die Voraussetzungen nach Z 1 oder 2 erfüllen, oder von einem oder mehreren Altersvorsorge- oder Pensionsfonds, die die Voraussetzungen der §§ 66 bis 68 erfüllen, übertragen werden können;

3. einen Lebensversicherungsvertrag mit einer Versicherungszeit, die vor Vollendung des 90. Lebensjahres der versicherten natürlichen Person endet, sofern der Vertrag folgende Voraussetzungen erfüllt:

   a) Während der Vertragslaufzeit oder bis zur Vollendung des 90. Lebensjahres des Versicherten – je nachdem, welcher Zeitraum kürzer ist – sind mindestens jährlich regelmäßige Prämien fällig, die im Laufe der Zeit nicht sinken.

   b) Der Vertrag besitzt keinen Vertragswert, auf den eine Person ohne Kündigung des Vertrags (durch Entnahme, Beleihung oder auf andere Weise) zugreifen kann.

   c) Der bei Vertragsaufhebung oder -kündigung auszahlbare Betrag (mit Ausnahme einer Leistung im Todesfall) kann die Gesamthöhe der für den Vertrag gezahlten Prämien abzüglich der Summe aus den Gebühren für Todesfall- und Krankheitsrisiko und Aufwendungen (unabhängig von deren tatsächlicher Erhebung) für die Vertragslaufzeit beziehungsweise -laufzeiten sowie sämtlichen vor Vertragsaufhebung oder -kündigung ausgezahlten Beträgen nicht übersteigen.

   d) Der Inhaber des Vertrags ist kein entgeltlicher Erwerber;

4. ein Konto, dessen ausschließlicher Inhaber ein Nachlass ist, sofern die Unterlagen zu diesem Konto eine Kopie des Testaments oder der Sterbeurkunde des Verstorbenen enthalten;

5. ein Konto, das eingerichtet wird im Zusammenhang mit

   a) einer gerichtlichen Verfügung oder einem Gerichtsurteil;

   b) einem Verkauf, einem Tausch oder einer Vermietung eines unbeweglichen oder beweglichen Vermögensgegenstands, sofern das Konto folgende Voraussetzungen erfüllt:

      aa) Das Konto wird ausschließlich mit einer Anzahlung, einer Einlage in einer zur Sicherung einer unmittelbar mit der Transaktion verbundenen Verpflichtung angemessenen Höhe oder einer ähnlichen Zahlung finanziert oder mit Finanzvermögen, das im Zusammenhang mit dem Verkauf, dem Tausch oder der Vermietung des Vermögensgegenstands auf das Konto eingezahlt wird.

      bb) Das Konto wird nur zur Sicherung der Verpflichtung des Käufers zur Zahlung des Kaufpreises für den Vermögensgegenstand, der Verpflichtung des Verkäufers zur Begleichung von Eventualverbindlichkeiten beziehungsweise der Verpflichtung des Vermieters oder Mieters zur Begleichung von Schäden im Zusammenhang mit dem Mietobjekt nach dem Mietvertrag eingerichtet und genutzt.

      cc) Die Vermögenswerte des Kontos, einschließlich der daraus erzielten Einkünfte, werden bei Verkauf, Tausch oder Übertragung des Vermögensgegenstands beziehungsweise Ende des Mietvertrags zugunsten des Käufers, Verkäufers, Vermieters oder Mieters ausgezahlt oder auf andere Weise verteilt (auch zur Erfüllung einer Verpflichtung einer dieser Personen).

      dd) Das Konto ist nicht ein im Zusammenhang mit einem Verkauf oder Tausch von Finanzvermögen eingerichtetes Margin-Konto oder ähnliches Konto.

      ee) Das Konto steht nicht in Verbindung mit einem Konto gemäß Z 6;

   c) einer Verpflichtung eines Finanzinstituts, das ein durch Immobilien besichertes Darlehen verwaltet, zur Zurücklegung eines Teils einer Zahlung ausschließlich zur Ermöglichung der Entrichtung von Steuern oder Versicherungsbeiträgen im Zusammenhang mit den Immobilien zu einem späteren Zeitpunkt oder

   d) einer Verpflichtung eines Finanzinstituts ausschließlich zur Ermöglichung der Entrichtung von Steuern zu einem späteren Zeitpunkt;

6. ein Einlagenkonto, das folgende Voraussetzungen erfüllt:

   a) Das Konto besteht ausschließlich, weil ein Kunde eine Zahlung leistet, die einen in Bezug auf eine Kreditkarte oder eine sonstige revolvierende Kreditfazilität fälligen Saldo übersteigt, und die Überzahlung nicht unverzüglich an den Kunden zurücküberwiesen wird.

   b) Spätestens ab dem 1. Oktober 2016 setzt das Finanzinstitut Maßnahmen und Verfahren um, die entweder verhindern, dass ein Kunde eine Überzahlung in Höhe eines auf die Landeswährung jedes teilnehmenden Staats lautenden Betrags im Gegenwert von mehr als 50 000 US-Dollar leistet, oder sicherstellen, dass jede Überzahlung eines Kunden, die über diesem Betrag liegt, dem Kunden

7. innerhalb von 60 Tagen zurückerstattet wird. In beiden Fällen ist § 106 anzuwenden. Überzahlungen von Kunden in diesem Sinne umfassen nicht Guthaben im Zusammenhang mit strittigen Abbuchungen, schließen jedoch Guthaben infolge der Rückgabe von Waren ein.

7. ein ruhendes Konto. Ein ruhendes Konto ist ein Konto, ausgenommen ein Rentenversicherungsvertrag, mit einem den Gegenwert von 1 000 US-Dollar nicht überschreitenden Wert, das folgende Voraussetzungen erfüllt:
   a) ein Konto mit einem den Gegenwert von 1 000 US-Dollar nicht überschreitenden Wert, das folgende Voraussetzungen erfüllt:
      – Der Kontoinhaber hat innerhalb der letzten drei Jahre keine Transaktion hinsichtlich dieses Kontos oder eines anderen, mit diesem Konto gemäß § 51 zusammengefassten Konto, beim meldenden Finanzinstitut veranlasst;
      – der Kontoinhaber ist innerhalb der letzten sechs Jahre mit dem meldenden Finanzinstitut betreffend das ruhende Konto oder ein anderes, mit diesem Konto gemäß § 51 zusammengefassten Konto, nicht in Kontakt getreten;
      – im Fall eines rückkaufsfähigen Versicherungsvertrags, ist das meldende Finanzinstitut nicht mit dem Kontoinhaber hinsichtlich dieses Kontos oder eines anderen, mit diesem Konto gemäß § 51 zusammengefassten Kontos innerhalb der letzten sechs Jahre in Kontakt getreten.
   b) (aufgehoben)
   (BGBl I 2019/91)
   Jedes meldende Finanzinstitut kann auf ruhende Konten auch die Bestimmungen für meldepflichtige Konten anwenden; und
   (BGBl I 2019/91)
8. ein sonstiges Konto, bei dem ein geringes Risiko besteht, dass es zur Steuerhinterziehung missbraucht wird, das im Wesentlichen ähnliche Eigenschaften wie die in Z 1 bis 6 beschriebenen Konten aufweist, sofern sein Status als ausgenommenes Konto dem Zweck dieses Gesetzes nicht entgegensteht. Der Bundesminister für Finanzen wird ermächtigt mit Verordnung festzulegen, welche Konten diese Voraussetzungen erfüllen. Jedes meldende Finanzinstitut kann auf ausgenommene Konten auch die Bestimmungen für meldepflichtige Konten anwenden.
(BGBl I 2019/91)

4. Abschnitt
Der Begriff „meldepflichtiges Konto"

Meldepflichtiges Konto

§ 88. Der Ausdruck „meldepflichtiges Konto" bedeutet ein von einem meldenden Finanzinstitut eines teilnehmenden Staates geführtes Finanzkonto, dessen Inhaber eine oder mehrere meldepflichtige Person(en) oder ein passiver NFE, der von einer oder mehreren meldepflichtigen Personen(en) beherrscht wird, ist oder sind, sofern es nach den in den §§ 7 bis 53 beschriebenen Verfahren zur Erfüllung der Sorgfaltspflichten als solches identifiziert wurde.

Meldepflichtige Person

§ 89. Der Ausdruck „meldepflichtige Person" bedeutet eine Person eines teilnehmenden Staates, jedoch nicht
1. eine Kapitalgesellschaft, deren Aktien regelmäßig an einer oder mehreren anerkannten Wertpapierbörsen gehandelt werden,
2. eine Kapitalgesellschaft, die ein verbundener Rechtsträger einer Kapitalgesellschaft nach Z 1 ist,
3. einen staatlichen Rechtsträger,
4. eine internationale Organisation,
5. eine Zentralbank oder
6. ein Finanzinstitut.

Person eines teilnehmenden Staats

§ 90. Der Ausdruck „Person eines teilnehmenden Staats" bedeutet eine natürliche Person oder einen Rechtsträger, die beziehungsweise der nach dem Steuerrecht eines beliebigen teilnehmenden Staats in diesem ansässig ist, oder einen Nachlass eines Erblassers, der in einem beliebigen anderen teilnehmenden Staat ansässig war. In diesem Sinne gilt ein Rechtsträger, bei dem keine steuerliche Ansässigkeit vorliegt, beispielsweise eine Personengesellschaft, eine Limited Liability Partnership oder ein ähnliches Rechtsgebilde, als in dem Staat ansässig, in dem sich der Ort seiner tatsächlichen Geschäftsleitung befindet.

Teilnehmender Staat

§ 91. Der Ausdruck „teilnehmender Staat" bedeutet:
1. einen anderen Mitgliedstaat der Europäischen Union;
2. einen anderen Staat, mit dem ein Abkommen besteht, wonach der andere Staat die in § 3 genannten Informationen übermittelt. Der Bundesminister für Finanzen wird ermächtigt, im Einvernehmen mit dem Hauptausschuss des Nationalrats mit Verordnung festzulegen, welche Staaten als teilnehmende Staaten gemäß der mehrseitigen Vereinbarung vom 29. Oktober 2014 (OECD-MCAA), BGBl. III Nr. 182/2017, oder einem anderen bilateralen Übereinkommen anzusehen sind und welche teilnehmenden Staaten die Voraussetzungen

des § 7 OECD-MCAA erfüllen. Die Liste der Staaten, die gemäß dieser Verordnung als teilnehmende Staaten anzusehen sind, wird der Europäischen Kommission mitgeteilt.
(BGBl I 2018/62)

3. einen anderen Staat,
   a) mit dem die Europäische Union ein Abkommen geschlossen hat, wonach der andere Staat die in § 3 und § 6 genannten Informationen übermittelt, und
   b) der in einer von der Europäischen Kommission veröffentlichten Liste angeführt ist.

Beherrschende Personen

§ 92. (1) Der Ausdruck „beherrschende Personen" bedeutet die natürlichen Personen, die einen Rechtsträger beherrschen.

(2) Im Fall eines Trusts bedeutet dieser Ausdruck den oder die Treugeber, den oder die Treuhänder, (gegebenenfalls) den Protektor oder die Protektoren, den oder die Begünstigten oder die Begünstigtenklasse(n) sowie jede/alle sonstige(n) natürliche(n) Person(en), die den Trust tatsächlich beherrscht bzw. beherrschen.

(3) Im Fall eines Rechtsgebildes, das kein Trust ist, bedeutet dieser Ausdruck Personen in gleichwertigen oder ähnlichen Positionen wie den in Abs. 2 erwähnten.

(4) Der Ausdruck „beherrschende Personen" ist auf eine Weise auszulegen, die mit den FATF-Empfehlungen vereinbar ist.

NFE (Non-Financial Entity)

§ 93. Der Ausdruck „NFE" bedeutet einen Rechtsträger, der kein Finanzinstitut ist.

Passiver NFE

§ 94. Der Ausdruck „passiver NFE" bedeutet
a) einen NFE, der kein aktiver NFE ist, oder
b) ein Investmentunternehmen gemäß § 59 Abs. 1 Z 2, das kein Finanzinstitut eines teilnehmenden Staats ist.

Aktiver NFE

§ 95. Der Ausdruck „aktiver NFE" bedeutet einen NFE, der eines der folgenden Kriterien erfüllt:

1. Weniger als 50 % der Bruttoeinkünfte des NFE im vorangegangenen Kalenderjahr sind passive Einkünfte und weniger als 50 % der Vermögenswerte, die sich während des vorangegangenen Kalenderjahrs im Besitz des NFE befanden, sind Vermögenswerte, mit denen passive Einkünfte erzielt werden oder erzielt werden sollen.

2. Die Aktien des NFE werden regelmäßig an einer anerkannten Wertpapierbörse gehandelt oder der NFE ist ein verbundener Rechtsträger eines Rechtsträgers, dessen Aktien regelmäßig an einer anerkannten Wertpapierbörse gehandelt werden.

3. Der NFE ist ein staatlicher Rechtsträger, eine internationale Organisation, eine Zentralbank oder ein Rechtsträger, der im Alleineigentum einer oder mehrerer der vorgenannten Institutionen steht.

4. Im Wesentlichen alle Tätigkeiten des NFE bestehen im (vollständigen oder teilweisen) Besitzen der ausgegebenen Aktien einer oder mehrerer Tochtergesellschaften, die eine andere Geschäftstätigkeit als die eines Finanzinstituts ausüben, sowie in der Finanzierung und Erbringung von Dienstleistungen für diese Tochtergesellschaften, mit der Ausnahme, dass ein Rechtsträger nicht die Kriterien für diesen Status erfüllt, wenn er als Anlagefonds tätig ist (oder sich als solchen bezeichnet), wie zum Beispiel ein Beteiligungskapitalfonds, ein Wagniskapitalfonds, ein Fonds für fremdfinanzierte Übernahmen („Leveraged-Buyout-Fonds") oder ein Anlageinstrument, dessen Zweck darin besteht, Gesellschaften zu erwerben oder zu finanzieren und anschließend Anteile an diesen Gesellschaften als Anlagevermögen zu halten.

5. Der NFE betreibt noch kein Geschäft und hat auch in der Vergangenheit kein Geschäft betrieben, legt jedoch Kapital in Vermögenswerten an mit der Absicht, ein anderes Geschäft als das eines Finanzinstituts zu betreiben; der NFE fällt jedoch nach dem Tag, der auf einen Zeitraum von 24 Monaten nach dem Gründungsdatum des NFE folgt, nicht unter diese Ausnahmeregelung.

6. Der NFE war in den vergangenen fünf Jahren kein Finanzinstitut und veräußert derzeit seine Vermögenswerte oder führt eine Umstrukturierung durch mit der Absicht, eine andere Tätigkeit als die eines Finanzinstituts fortzusetzen oder wieder aufzunehmen.

7. Die Tätigkeit des NFE besteht vorwiegend in der Finanzierung und Absicherung von Transaktionen mit oder für verbundene Rechtsträger, die keine Finanzinstitute sind, und er erbringt keine Finanzierungs- oder Absicherungsleistungen für Rechtsträger, die keine verbundenen Rechtsträger sind, mit der Maßgabe, dass der Konzern dieser verbundenen Rechtsträger vorwiegend eine andere Geschäftstätigkeit als die eines Finanzinstituts ausübt.

8. Der NFE erfüllt alle der folgenden Anforderungen:
   a) Er wird in seinem Ansässigkeitsstaat ausschließlich für religiöse, gemeinnützige, wissenschaftliche, künstlerische, kulturelle, sportliche oder erzieherische Zwecke errichtet und betrieben, oder er wird in seinem Ansässigkeitsstaat errichtet und betrieben und ist ein Berufsverband, eine Vereinigung von Geschäftsleuten, eine Handelskammer, ein Arbeitnehmerverband, ein Landwirtschafts- oder Gartenbauverband, eine

b) Er ist in seinem Ansässigkeitsstaat von der Steuer auf Einkommen befreit.
Bürgervereinigung oder eine Organisation, die ausschließlich zur Wohlfahrtsförderung betrieben wird.
c) Er hat keine Anteilseigner oder Mitglieder, die Eigentums- oder Nutzungsrechte an seinen Einkünften oder Vermögenswerten haben.
d) Nach dem geltenden Recht des Ansässigkeitsstaats oder den Gründungsunterlagen des NFE dürfen seine Einkünfte und Vermögenswerte nicht an eine Privatperson oder einen nicht gemeinnützigen Rechtsträger ausgeschüttet oder zu deren Gunsten verwendet werden, außer in Übereinstimmung mit der Ausübung der gemeinnützigen Tätigkeit des NFE, als Zahlung einer angemessenen Vergütung für erbrachte Leistungen oder als Zahlung in Höhe des Marktwerts eines vom NFE erworbenen Vermögensgegenstands.
e) Nach dem geltenden Recht des Ansässigkeitsstaats oder den Gründungsunterlagen des NFE müssen bei seiner Abwicklung oder Auflösung alle seine Vermögenswerte an einen staatlichen Rechtsträger oder eine andere gemeinnützige Organisation verteilt werden oder fallen der Regierung des Ansässigkeitsstaats des NFE oder einer seiner Gebietskörperschaften anheim.

5. Abschnitt
Sonstige Begriffsbestimmungen

Kontoinhaber

§ 96. Der Ausdruck Kontoinhaber bedeutet die Person, die vom kontoführenden Finanzinstitut als Inhaber eines Finanzkontos geführt oder identifiziert wird. Eine Person, die kein Finanzinstitut ist und als Treuhänder, Vertreter, Verwahrer, Bevollmächtigter, Unterzeichner, Anlageberater oder Intermediär zugunsten oder für Rechnung einer anderen Person ein Finanzkonto unterhält, gilt nicht als Kontoinhaber im Sinne dieses Gesetzes, stattdessen gilt die andere Person als Kontoinhaber. Im Fall eines rückkaufsfähigen Versicherungsvertrags oder eines Rentenversicherungsvertrags ist der Kontoinhaber jede Person, die berechtigt ist, auf den Barwert zuzugreifen oder den Begünstigten des Vertrags zu ändern. Kann niemand auf den Barwert zugreifen oder den Begünstigten des Vertrags ändern, so ist der Kontoinhaber jede Person, die im Vertrag als Eigentümer genannt ist, und jede Person, die nach den Vertragsbedingungen einen unverfallbaren Zahlungsanspruch hat. Bei Fälligkeit eines rückkaufsfähigen Versicherungsvertrags oder eines Rentenversicherungsvertrags gilt jede Person, die vertragsgemäß einen Anspruch auf Erhalt einer Zahlung hat, als Kontoinhaber.

(BGBl I 2019/91)

Verfahren zur Bekämpfung der Geldwäsche (AML/KYC)

§ 97. Der Ausdruck „Verfahren zur Bekämpfung der Geldwäsche (AML/KYC)" bedeutet die Verfahren eines meldenden Finanzinstituts zur Erfüllung der Sorgfaltspflichten gegenüber Kunden nach den Auflagen zur Geldwäschebekämpfung und ähnlichen Vorschriften, denen dieses meldende Finanzinstitut auf Grund bundesgesetzlicher Regelungen unterliegt.

Rechtsträger

§ 98. (1) Der Ausdruck „Rechtsträger" bedeutet eine juristische Person oder ein Rechtsgebilde wie zum Beispiel eine Kapitalgesellschaft, eine Personengesellschaft, einen Trust oder eine Stiftung.

(2) Ein Rechtsträger, wie eine Personengesellschaft, eine Limited Liability Partnership oder ein ähnliches Rechtsgebilde, bei dem keine steuerliche Ansässigkeit nach § 90 vorliegt, gilt als in dem Staat ansässig, in dem sich der Ort seiner tatsächlichen Geschäftsleitung befindet. Zu diesem Zweck gelten juristische Personen oder Rechtsgebilde als einer Personengesellschaft und einer Limited Liability Partnership „ähnlich", wenn sie in einem teilnehmenden Staat nach dessen Steuerrecht nicht als steuerpflichtige Rechtsträger behandelt werden. Um jedoch (angesichts des breiten Geltungsbereichs des Begriffs „beherrschende Personen" bei Trusts) Doppelmeldungen zu vermeiden, kann ein Trust, der ein passiver NFE ist, nicht als ähnliches Rechtsgebilde gelten.

Verbundener Rechtsträger

§ 99. Ein Rechtsträger ist ein „verbundener Rechtsträger" eines anderen Rechtsträgers, wenn
1. einer der beiden Rechtsträger den anderen beherrscht,
2. die beiden Rechtsträger der gleichen Beherrschung unterliegen oder
3. die beiden Rechtsträger Investmentunternehmen im Sinne des § 59 Abs. 1 Z 2 sind, eine gemeinsame Geschäftsleitung haben und diese Geschäftsleitung die Sorgfaltspflichten solcher Investmentunternehmen einhält.

Für diesen Zweck umfasst Beherrschung unmittelbares oder mittelbares Eigentum an mehr als 50 % der Stimmrechte und des Wertes eines Rechtsträgers.

Steueridentifikationsnummer

§ 100. Der Ausdruck „Steueridentifikationsnummer" bedeutet die Identifikationsnummer eines Steuerpflichtigen (oder die funktionale Entsprechung, wenn keine Steueridentifikationsnummer vorhanden ist).

Belege

§ 101. (1) Der Ausdruck „Belege" umfasst insbesondere folgende Dokumente:
1. eine Ansässigkeitsbescheinigung, ausgestellt von einer autorisierten staatlichen Stelle (bei-

spielsweise einer Regierung oder einer ihrer Behörden oder einer Gemeinde) des teilnehmenden Staates oder anderen Staates, in dem der Zahlungsempfänger ansässig zu sein behauptet;

2. bei einer natürlichen Person einen von einer autorisierten staatlichen Stelle (beispielsweise einer Regierung oder einer ihrer Behörden oder einer Gemeinde) ausgestellten gültigen Ausweis, der den Namen der natürlichen Person enthält und normalerweise zur Feststellung der Identität verwendet wird;

3. bei einem Rechtsträger ein von einer autorisierten staatlichen Stelle (beispielsweise einer Regierung oder einer ihrer Behörden oder einer Gemeinde) ausgestelltes amtliches Dokument, das den Namen des Rechtsträgers enthält sowie entweder die Adresse seines Hauptsitzes in dem teilnehmenden Staat oder anderen Staat, in dem er ansässig zu sein behauptet, oder den teilnehmenden Staat oder anderen Staat, in dem der Rechtsträger eingetragen oder gegründet wurde;

4. einen geprüften Jahresabschluss, eine Kreditauskunft eines Dritten, einen Insolvenzantrag oder einen Bericht der Börsenaufsichtsbehörde.

(2) Was bestehende Konten von Rechtsträgern angeht, so kann ein meldendes Finanzinstitut als Beleg jede Einstufung in seinen Unterlagen in Bezug auf den Kontoinhaber verwenden, die auf der Grundlage eines standardisierten Branchenkodierungssystems (Abs. 3) ermittelt wurde, welches das meldende Finanzinstitut im Einklang mit seiner üblichen Geschäftspraxis für die Zwecke von Verfahren zur Bekämpfung der Geldwäsche (AML/KYC) oder zu anderen gesetzlichen Zwecken (außer zu Steuerzwecken) dokumentiert und vor dem Datum eingeführt hat, an dem das Finanzkonto als bestehendes Konto eingestuft wurde, sofern dem meldenden Finanzinstitut nicht bekannt ist oder nicht bekannt sein müsste, dass diese Einstufung nicht zutreffend oder unglaubwürdig ist.

(3) Der Ausdruck „standardisiertes Branchenkodierungssystem" bedeutet ein Kodierungssystem, das zur Einstufung von Einrichtungen nach Art der Geschäftstätigkeit zu anderen Zwecken als zu Steuerzwecken verwendet wird.

(4) Für Zwecke des Abs. 1 Z 3 ist die Adresse des Hauptsitzes des Rechtsträgers im Allgemeinen der Ort, an dem sich seine tatsächliche Geschäftsleitung befindet. Die Adresse des Finanzinstituts, bei dem der Rechtsträger ein Konto führt, ein Postfach oder eine reine Postadresse, ist nicht die Adresse des Hauptsitzes des Rechtsträgers, es sei denn, diese Adresse ist die einzige, die von dem Rechtsträgers verwendet wird, und erscheint als eingetragene Adresse des Rechtsträgers in dessen Geschäftsdokumenten. Ferner ist eine Adresse, die mit der Anweisung angegeben wird, den gesamten Schriftverkehr postlagernd an diese Adresse zu richten, nicht die Adresse des Hauptsitzes des Rechtsträgers.

Änderung der Gegebenheiten

§ 102. Eine „Änderung der Gegebenheiten" umfasst jede Änderung, die die Aufnahme neuer für den Status einer Person relevanter Informationen zur Folge hat oder in anderer Weise im Widerspruch zum Status dieser Person steht. Zudem umfasst eine Änderung der Gegebenheiten jede Änderung oder Aufnahme von Informationen zum Konto des Kontoinhabers (einschließlich der Aufnahme, Ersetzung oder jeder anderen Änderung eines Kontoinhabers) oder jede Änderung oder Aufnahme von Informationen zu jedem mit einem solchen Konto verbundenen Konto (unter Anwendung der Vorschriften für die Zusammenfassung von Konten gemäß den §§ 51 bis 53), wenn sich diese Änderung oder Aufnahme von Informationen auf den Status des Kontoinhabers auswirkt.

Geführte Konten

§ 103. Im Allgemeinen ist davon auszugehen, dass Konten von folgenden Finanzinstituten geführt werden:

1. Verwahrkonten von dem Finanzinstitut, das das Vermögen auf dem Konto verwahrt (einschließlich Finanzinstituten, die Vermögen als Makler für einen Kontoinhaber bei diesem Institut verwahren);

2. Einlagenkonten von dem Finanzinstitut, das verpflichtet ist, Zahlungen in Bezug auf das Konto zu leisten (mit Ausnahme von Vertretern von Finanzinstituten, unabhängig davon, ob dieser Vertreter ein Finanzinstitut ist);

3. Eigen- oder Fremdkapitalbeteiligungen an einem Finanzinstitut in Form eines Finanzkontos von diesem Finanzinstitut;

4. Rückkaufsfähige Versicherungsverträge oder Rentenversicherungsverträge von dem Finanzinstitut, das verpflichtet ist, Zahlungen in Bezug auf den Vertrag zu leisten.

Elektronisch durchsuchbare Daten

§ 104. Unter elektronisch durchsuchbaren Daten sind Informationen zu verstehen, die ein meldendes Finanzinstitut in der Kundenstammakte oder in vergleichbaren Akten hält und die in Form einer elektronischen Datenbank, die Standardabfragen in Programmiersprachen wie z. B. Structured Query Language (SQL) ermöglicht, gehalten werden. Informationen, Daten und Dateien, die in Form eines Bilderkennungssystems gespeichert sind (.pdf oder gescannte Dokumente) gelten nicht als elektronisch durchsuchbare Daten.

Kundenstammakte

§ 105. Die Kundenstammakte umfasst die Stammdateien eines meldenden Finanzinstituts, die für Zwecke der Informationen über den Kontoinhaber geführt werden, wie beim Beispiel Informationen, die für die Kontaktaufnahme mit dem Kontoinhaber oder der Erfüllung von Verfahren zur Bekämpfung der Geldwäsche (AML/KYC) verwendet werden.

Währungsumrechnung

§ 106. Für Zwecke dieses Bundesgesetzes sind für die Währungsumrechnung die von der Europäischen Zentralbank veröffentlichten Wechselkurse (Euro foreign exchange reference rates) zum maßgeblichen Stichtag heranzuziehen. Wird von der Europäischen Zentralbank für eine Währung kein Wechselkurs veröffentlicht, so ist der letzte, vor dem jeweils maßgeblichen Stichtag veröffentlichte Kassenwert heranzuziehen.

9. Hauptstück
Strafbestimmungen

Verletzung der Meldepflicht

§ 107. (1) Wer vorsätzlich eine Meldeverpflichtung nach § 3 dadurch verletzt, dass
1. eine Meldung nicht fristgerecht erstattet wird, oder
2. meldepflichtige Personen nicht gemeldet werden, oder
3. Angaben, die zur Identifikation einer Person, insbesondere Angaben zum Namen, zur Adresse oder zum Geburtsdatum, erforderlich sind nicht oder unrichtig gemeldet werden, oder
4. Angaben zur Ansässigkeit oder zum zu meldenden Betrag nicht oder unrichtig gemeldet werden, macht sich eines Finanzvergehens schuldig und ist mit Geldstrafe bis zu 200 000 Euro zu bestrafen.

(2) Wer die Tat nach Abs. 1 grob fahrlässig begeht, ist mit Geldstrafe bis zu 100 000 Euro zu bestrafen.

Verletzung der Sorgfaltsverpflichtung

§ 108. (1) Wer, ohne den Tatbestand des § 107 zu verwirklichen, vorsätzlich die Sorgfaltsverpflichtungen nach den Hauptstücken 3 bis 7 verletzt, macht sich eines Finanzvergehens schuldig und ist mit Geldstrafe bis zu 20 000 Euro zu bestrafen.

(2) Wer die Tat nach Abs. 1 grob fahrlässig begeht, ist mit Geldstrafe bis zu 10 000 Euro zu bestrafen.

Missbrauch

§ 108a. (1) Durch Missbrauch von Gestaltungsmöglichkeiten des privaten Rechts kann die Meldepflicht nicht umgangen werden.

(2) Missbrauch liegt vor, wenn eine rechtliche Gestaltung, die einen oder mehrere Schritte umfassen kann, oder eine Abfolge rechtlicher Gestaltungen im Hinblick auf die wirtschaftliche Zielsetzung unangemessen ist. Unangemessen sind solche Gestaltungen, die unter Außerachtlassung der damit verbundenen Umgehung einer Meldung gemäß § 3 nicht mehr sinnvoll erscheinen, weil der wesentliche Zweck in der Vermeidung der Meldung gemäß § 3 besteht.

(3) Wird ein meldendes Finanzinstitut von einem behördlich festgestellten „Missbrauch" informiert, so ist die Meldung gemäß § 3 so zu erstatten, wie sie bei einer den wirtschaftlichen Vorgängen, Tatsachen und Verhältnissen angemessenen rechtlichen Gestaltung zu erstellen wäre.

(BGBl I 2019/91)

Ausschluss der gerichtlichen Verfolgung

§ 109. Die Finanzvergehen nach den §§ 107 und 108 hat das Gericht niemals zu ahnden.

Kontrollmaßnahmen der meldenden Finanzinstitute

§ 110. (1) Meldende Finanzinstitute haben geeignete Kontrollmaßnahmen zu ergreifen, um die Einhaltung der Meldeverpflichtung gemäß § 3 und der Sorgfaltspflichten nach den Hauptstücken 3 bis 7 dieses Gesetzes sicherzustellen.

(2) Die meldenden Finanzinstitute berichten der zuständigen Abgabenbehörde aus Anlass von Maßnahmen gemäß § 144, § 147 und § 153a BAO über die Kontrollmaßnahmen gemäß Abs. 1.

(BGBl I 2019/91)

Zuständigkeit für die Kontrolle der Einhaltung der Sorgfalts- und Meldeverpflichtungen

§ 111. Die Kontrolle der Einhaltung der Vorschriften der §§ 3 bis 53 obliegt dem zuständigen Finanzamt. Hierbei sind die für die Erhebung der Abgaben geltenden Bestimmungen, wie insbesondere die Bundesabgabenordnung – BAO, BGBl. Nr. 194/1961, sinngemäß anzuwenden. Die Meldungen (§ 3) gelten als Abgabenerklärungen.

(BGBl I 2019/91)

10. Hauptstück
Übermittlung und Weiterleitung der Informationen

Übermittlung der gemeldeten Informationen an ausländische Behörden

§ 112. (1) Der Bundesminister für Finanzen übermittelt jährlich innerhalb von neun Monaten nach Ablauf des Kalenderjahres, auf das sich die Informationen beziehen, nach einem automatisierten Verfahren der zuständigen Behörde jedes teilnehmenden Staats folgende Informationen:
1. Name, Adresse, Steueridentifikationsnummer(n) sowie Geburtsdatum und -ort (bei natürlichen Personen) jeder meldepflichtigen Person, die Inhaber des Kontos ist, sowie bei einem Rechtsträger, der Kontoinhaber ist und für den nach Anwendung von Verfahren zur Erfüllung der Sorgfaltspflichten nach den Anlagen eine oder mehrere beherrschende Personen ermittelt wurden, die meldepflichtige Personen sind, Name, Adresse und Steueridentifikationsnummer(n) des Rechtsträgers sowie Name, Adresse, Steueridentifikationsnummer(n), Geburtsdatum und -ort jeder meldepflichtigen Person,
2. Kontonummer (oder funktionale Entsprechung, wenn keine Kontonummer vorhanden),

3. Name und (gegebenenfalls) Identifikationsnummer des meldenden Finanzinstituts,
4. Kontosaldo oder -wert (einschließlich des Barwerts oder Rückkaufwerts bei rückkaufsfähigen Versicherungs- oder Rentenversicherungsverträgen) zum Ende des betreffenden Kalenderjahrs oder, wenn das Konto im Laufe des Jahres beziehungsweise Zeitraums aufgelöst wurde, die Auflösung des Kontos,
5. bei Verwahrkonten:
   a) Gesamtbruttobetrag der Zinsen, Gesamtbruttobetrag der Dividenden und Gesamtbruttobetrag anderer Einkünfte, die mittels der auf dem Konto vorhandenen Vermögenswerte erzielt und jeweils auf das Konto (oder in Bezug auf das Konto) im Laufe des Kalenderjahrs eingezahlt oder dem Konto gutgeschrieben wurden, sowie
   b) Gesamtbruttoerlöse aus der Veräußerung oder dem Rückkauf von Finanzvermögen, die während des Kalenderjahrs auf das Konto eingezahlt oder dem Konto gutgeschrieben wurden und für die das meldende Finanzinstitut als Verwahrstelle, Makler, Bevollmächtigter oder anderweitig als Vertreter für den Kontoinhaber tätig war,
6. bei Einlagenkonten der Gesamtbruttobetrag der Zinsen, die während des Kalenderjahrs auf das Konto eingezahlt oder dem Konto gutgeschrieben wurden, und
7. bei allen anderen Konten, die nicht unter Z 5 oder Z 6 aufgeführt sind, der Gesamtbruttobetrag, der in Bezug auf das Konto während des Kalenderjahrs an den Kontoinhaber gezahlt oder ihm gutgeschrieben wurde und für den das meldende Finanzinstitut Schuldner ist, einschließlich der Gesamthöhe aller Einlösungsbeträge, die während des Kalenderjahrs an den Kontoinhaber geleistet wurden.

(2) Die nach Abs. 1 zu übermittelnden Informationen beziehen sich auf Besteuerungszeiträume ab dem 1. Jänner 2017. Abweichend davon sind in Bezug auf Neukonten im Sinne der §§ 82 und 86 bereits Informationen erfasst, die den Zeitraum zwischen 1. Oktober 2016 und 31. Dezember 2016 betreffen.

(3) Ungeachtet des Abs. 1 erfolgt eine Übermittlung der Informationen gemäß § 3 nur an die zuständige Behörde jener teilnehmenden Staaten gemäß § 91 Z 2, welche die in § 7 der mehrseitigen Vereinbarung vom 29. Oktober 2014, BGBl. III Nr. 182/2017, über den automatischen Austausch von Informationen über Finanzkonten (OECD-MCAA) geforderten Voraussetzungen erfüllen.

(BGBl I 2018/62)

Weiterleitung ausländischer Informationen an die zuständigen Abgabenbehörden

§ 113. Von teilnehmenden Staaten im Rahmen des nach diesem Bundesgesetz vorgesehenen automatischen Informationsaustausches eingehende Informationen werden vom Bundesminister für Finanzen ein Mal jährlich an die zuständigen Abgabenbehörden weiter geleitet.

11. Hauptstück
Schlussbestimmungen

Verweise auf andere Rechtsvorschriften

§ 114. Soweit in diesem Bundesgesetz auf Bestimmungen anderer Bundesgesetze verwiesen wird, sind diese in ihrer jeweils geltenden Fassung anzuwenden.

Personenbezogene Bezeichnungen

§ 115. Soweit sich die in diesem Bundesgesetz verwendeten Bezeichnungen auf natürliche Personen beziehen, gilt die gewählte Form für beide Geschlechter.

Vollziehung

§ 116. Mit der Vollziehung dieses Bundesgesetzes ist der Bundesminister für Finanzen betraut.

Inkrafttreten

§ 117. (1) Dieses Bundesgesetz tritt mit 1. Jänner 2016 in Kraft.

(BGBl I 2016/118)

(2) § 87 Z 7 lit. b und § 96 in der Fassung des Bundesgesetzes BGBl. I Nr. 118/2016 treten mit 1. Jänner 2017 in Kraft.

(BGBl I 2016/118)

(3) § 5 Abs. 1 in der Fassung des BGBl. I Nr. 62/2018 tritt mit 1. Jänner 2019 in Kraft.

(BGBl I 2018/62)

(4) § 4 Abs. 3, § 5 Abs. 2, § 11 Abs. 2, § 11 Abs. 3, § 15, § 22 Abs. 3 und § 111, jeweils in der Fassung des Bundesgesetzes BGBl. I Nr. 91/2019, treten mit 1. Jänner 2020 in Kraft.

(BGBl I 2019/91)

(5) § 3 Abs. 1a in der Fassung des Bundesgesetzes BGBl. I Nr. 104/2019 tritt mit 1. Juli 2020 in Kraft.

(BGBl I 2019/104)

21/4/1.
GMSG-DV

BGBl II 2015/439 idF BGBl II 2019/339

Verordnung des Bundesministers für Finanzen zur Durchführung des Gemeinsamen Meldestandard-Gesetzes (GMSG-DV)

Aufgrund des § 62 Z 3 und des § 87 Z 8 des Bundesgesetzes zur Umsetzung des gemeinsamen Meldestandards für den automatischen Austausch von Informationen über Finanzkonten (Gemeinsamer Meldestandard-Gesetz – GMSG, BGBl. I Nr. 116/2015) wird verordnet:

§ 1. Unbeschadet der bereits von § 62 Z 1, 2, 4 oder 5 GMSG erfassten Fälle sind von der Meldepflicht ausgenommen:

1. Betriebliche Vorsorgekassen im Sinne des Betrieblichen Mitarbeiter- und Selbständigenvorsorgegesetzes – BMSVG, BGBl. I Nr. 100/2002 in der Fassung des Bundesgesetzes BGBl. I Nr. 62/2019;
2. die OeKB CSD GmbH;
3. Kapitalanlagegesellschaften für Immobilien im Sinne des Immobilien-Investmentfondsgesetzes – ImmoInvFG, BGBl. I Nr. 80/2003 in der Fassung des Bundesgesetzes BGBl. I Nr. 62/2019;
4. die Oesterreichische Kontrollbank Aktiengesellschaft;
5. die Österreichische Bundesfinanzierungsagentur GmbH (OeBFA) im Sinne des Bundesfinanzierungsgesetzes, BGBl. Nr. 763/1992 in der Fassung des Bundesgesetzes BGBl. I Nr. 107/2017;
6. Pensionskassen im Sinne des Pensionskassengesetzes – PKG, BGBl. Nr. 281/1990 in der Fassung des Bundesgesetzes BGBl. I Nr. 81/2018, oder des Betriebspensionsgesetzes – BPG, BGBl. Nr. 282/1990 in der Fassung des Bundesgesetzes BGBl. I Nr. 100/2018;
7. Verwaltungsgesellschaften im Sinne des Investmentfondsgesetzes 2011 – InvFG 2011, BGBl. I Nr. 77/2011 in der Fassung des Bundesgesetzes BGBl. I Nr. 62/2019.

(BGBl II 2019/339)

§ 2. Unbeschadet der bereits von § 87 Z 1 bis 6 GMSG erfassten Fälle sind von der Meldepflicht ausgenommen:

1. Abfertigungs- und Jubiläumsgeldauslagerungsversicherungen;
2. Begräbniskostenversicherungen;
3. Betriebliche Kollektivversicherungen im Sinne der §§ 93 bis 98 des Versicherungsaufsichtsgesetzes 2016 – VAG 2016, BGBl. I Nr. 34/2015 in der Fassung des Bundesgesetzes BGBl. I Nr. 26/2019;
4. Konten von Wohnungseigentümergemeinschaften und Miteigentumsgemeinschaften im Sinne des Wohnungseigentumsgesetzes 2002 – WEG 2002, BGBl. I Nr. 70/2002 in der Fassung des Bundesgesetzes BGBl. I Nr. 58/2018;
5. Bauspareinlagen im Sinne des § 1 Abs. 1 des Bausparkassengesetzes – BSpG, BGBl. I Nr. 532/1993 in der Fassung des Bundesgesetzes BGBl. I Nr. 107/2017;
6. Pensionszusatzversicherungen im Sinne des § 108b des Einkommensteuergesetzes 1988 – EStG 1988, BGBl. I Nr. 400/1988 in der Fassung des Bundesgesetzes BGBl. I Nr. 83/2018;
7. Risikoversicherungen, bei denen der Eintritt des Versicherungsfalls ungewiss ist;
8. Treuhandkonten (Anderkonten), deren Treuhänder ein befugter Parteienvertreter (Rechtsanwalt, Notar oder Wirtschaftstreuhänder) ist, sofern es sich um ein Sammelanderkonto handelt, das den standesrechtlichen Bestimmungen, denen der befugte Parteienvertreter unterliegt, entsprechend eingerichtet, geführt und geschlossen wird oder sofern das Konto der Verwahrung von Geldern gemäß § 1 iVm § 104 Notariatsordnung – NO, RGBl. Nr. 75/1871 in der Fassung des Bundesgesetzes BGBl. I Nr. 61/2019, dient oder sofern das Konto im Zusammenhang mit einem der in § 87 Z 5 GMSG angeführten Zwecke eingerichtet ist. Davon ausgenommen sind Treuhandkonten, die der Verwaltung von Vermögenswerten dienen;
9. Versicherungen im Rahmen der Zukunftssicherung im Sinne des § 3 Abs. 1 Z 15 lit. a EStG 1988 in der Fassung des Bundesgesetzes BGBl. I Nr. 83/2018;
10. Versicherungen und Pensionsinvestmentfonds im Rahmen der Zukunftsvorsorge im Sinne der §§ 108g bis 108i EStG 1988 in der Fassung des Bundesgesetzes BGBl. I Nr. 83/2018.

(BGBl II 2019/339)

§ 3. Diese Verordnung tritt mit 1. Jänner 2016 in Kraft.

(2) § 1 und § 2, jeweils in der Fassung BGBl. II Nr. 339/2019, treten mit 1.1.2020 in Kraft.

(BGBl II 2019/339)

21/4/2. GMSG
Liste teilnehmender Staaten

21/4/2. VO zu § 91 Z 2 GMSG
GMSG-Teilnehmerstaaten

BGBl II 2023/164

Verordnung des Bundesministers für Finanzen zu § 91 Z 2 GMSG über die Liste der teilnehmenden Staaten

Auf Grund des § 91 Z 2 des Gemeinsamer Meldestandard-Gesetzes, BGBl. I Nr. 116/2015, zuletzt geändert durch das Bundesgesetz BGBl. I Nr. 96/2020, wird im Einvernehmen mit dem Hauptausschuss des Nationalrats verordnet:

§ 1. Die folgenden Staaten, die bis einschließlich 31. Jänner 2023 dem OECD-MCAA vom 29. Oktober 2014, BGBl. III Nr. 182/2017, beitraten, sind teilnehmende Staaten im Sinne des § 91 Z 2 GMSG:

1. Albanien
2. Anguilla
3. Antigua und Barbuda
4. Argentinien
5. Aruba
6. Aserbaidschan
7. Australien
8. Bahamas
9. Bahrain
10. Barbados
11. Belize
12. Bermuda
13. Brasilien
14. Britische Jungferninseln
15. Brunei Darussalam
16. Cayman Islands
17. Chile
18. China
19. Cook Islands
20. Costa Rica
21. Curaçao
22. Dominica
23. Ecuador
24. Färöer Inseln
25. Georgien
26. Ghana
27. Gibraltar
28. Grenada
29. Grönland
30. Guernsey
31. Hongkong
32. Indien
33. Indonesien
34. Island
35. Isle of Man
36. Israel
37. Jamaika
38. Japan
39. Jersey
40. Kanada
41. Kasachstan
42. Katar
43. Kenia
44. Kolumbien
45. Korea, Republik
46. Kuwait
47. Libanon
48. Liberia
49. Macau
50. Malaysia
51. Malediven
52. Marokko
53. Marshall-Inseln
54. Mauritius
55. Mexiko
56. Moldau
57. Montenegro
58. Montserrat
59. Nauru
60. Neukaledonien
61. Neuseeland
62. Niederlande, soweit nicht vom Anwendungsbereich der Richtlinie 2011/16/EU über die Zusammenarbeit der Verwaltungsbehörden im Bereich der Besteuerung und zur Aufhebung der Richtlinie 77/99/EWG, ABl. Nr. L 64 vom 11.03.2011 S.1, zuletzt geändert durch die Richtlinie (EU) 2020/876, ABl. Nr. L 204 vom 26.06.2020 S. 46, umfasst
63. Nigeria
64. Niue
65. Norwegen
66. Oman
67. Pakistan
68. Panama
69. Peru
70. Russland*
71. Saint Kitts und Nevis
72. Saint Lucia
73. Saint Vincent und die Grenadinen
74. Samoa
75. Saudi Arabien
76. Seychellen
77. Singapur
78. Sint Maarten
79. Südafrika
80. Thailand
81. Türkei
82. Turks und Caicos Inseln
83. Uganda
84. Ukraine

21/4/2. GMSG
Liste teilnehmender Staaten

85. Uruguay
86. Vanuatu
87. Vereinigte Arabische Emirate
88. Vereinigtes Königreich

§ 2. Folgende teilnehmenden Staaten erfüllen gemäß § 91 Z 2 GMSG die Voraussetzungen des § 7 OECD-MCAA:

1. Albanien
2. Antigua und Barbuda
3. Argentinien
4. Aserbaidschan
5. Australien
6. Barbados
7. Brasilien
8. Chile
9. China
10. Cook Islands
11. Curaçao
12. Ecuador
13. Färöer Inseln
14. Ghana
15. Gibraltar
16. Grenada
17. Grönland
18. Guernsey
19. Hongkong
20. Indien
21. Indonesien
22. Island
23. Isle of Man
24. Israel
25. Jamaika
26. Japan
27. Jersey
28. Kanada
29. Kasachstan
30. Kolumbien
31. Korea, Republik
32. Malaysia
33. Malediven
34. Mauritius
35. Mexiko
36. Neuseeland
37. Niederlande, soweit nicht vom Anwendungsbereich der Richtlinie 2011/16/EU über die Zusammenarbeit der Verwaltungsbehörden im Bereich der Besteuerung und zur Aufhebung der Richtlinie 77/99/EWG, ABl. Nr. L 64 vom 11.03.2011 S.1, zuletzt geändert durch die Richtlinie (EU) 2020/876, ABl. Nr. L 204 vom 26.06.2020 S. 46, umfasst.
38. Nigeria
39. Norwegen
40. Pakistan
41. Panama
42. Peru
43. Russland*
44. Saint Lucia
45. Saudi Arabien
46. Seychellen
47. Singapur
48. Südafrika
49. Türkei
50. Uruguay
51. Vereinigtes Königreich

§ 3. Diese Verordnung tritt am 1. Mai 2023 in Kraft.

§ 4. Die Verordnung BGBl. II Nr. 194/2022 tritt am 1. Mai 2023 außer Kraft.

---

* Mit Stand vom 23. März 2022 ist der Informationsaustausch mit Russland aufgrund des Übereinkommens über die gegenseitige Amtshilfe in Steuersachen (Amtshilfekonvention) suspendiert.

22/1. EU-Meldepflichtgesetz

EU-Meldepflichtgesetz – **EU-MPfG**, BGBl I 2019/91 idF
1 BGBl I 2020/96 (KonStG 2020)
2 BGBl I 2022/108 (AbgÄG 2022)

GLIEDERUNG

1. Teil: Allgemeine Bestimmungen
§ 1. Umsetzung von Unionsrecht
§ 2. Anwendungsbereich
§ 3. Begriffsbestimmungen

2. Teil: Meldepflicht
1. Hauptstück: Sachliche Meldepflicht
§ 4. Meldepflichtige Gestaltung
§ 5. Unbedingt meldepflichtige Gestaltungen
§ 6. Bedingt meldepflichtige Gestaltungen

2. Hauptstück: Persönliche Meldepflicht
1. Abschnitt: Meldepflicht des Intermediärs
§ 7. Meldung einer meldepflichtigen Gestaltung
§ 8. Frist für die Meldung
§ 9. Meldepflicht in mehreren Mitgliedstaaten
§ 10. Meldung mehrerer Intermediäre
§ 11. Befreiung von der Meldepflicht

2. Abschnitt: Meldepflicht des relevanten Steuerpflichtigen
§ 12. Übergang der Meldepflicht
§ 13. Frist für die Meldung
§ 14. Ort der Meldung
§ 15. Meldung mehrerer relevanter Steuerpflichtiger

3. Hauptstück: Inhalt und Form der Meldung
§ 16. Inhalt der Meldung einer meldepflichtigen Gestaltung
§ 17. Inhalt der Meldung einer marktfähigen meldepflichtigen Gestaltung
§ 18. Form der Meldung

3. Teil: Verarbeitung der gemeldeten Informationen
§ 19. Bedeutung der Meldung für das Abgabenverfahren
§ 20. Datenschutz
§ 21. Informationsaustausch
§ 22. Zugang der Mitgliedstaaten zum Zentralverzeichnis der Europäischen Union
§ 23. Zugang der Europäischen Kommission zum Zentralverzeichnis der Europäischen Union

4. Teil: Schlussbestimmungen
§ 24. Verweisungen
§ 25. Sprachliche Gleichbehandlung
§ 26. Vollziehung
§ 27. Inkrafttreten

Bundesgesetz über den verpflichtenden automatischen Informationsaustausch über meldepflichtige grenzüberschreitende Gestaltungen im Bereich der Besteuerung (EU-Meldepflichtgesetz – EU-MPfG)

1. Teil
Allgemeine Bestimmungen

Umsetzung von Unionsrecht

§ 1. Mit diesem Bundesgesetz wird die Richtlinie (EU) 2018/822 zur Änderung der Richtlinie (EU) 2011/16 bezüglich des verpflichtenden automatischen Informationsaustausches im Bereich der Besteuerung über meldepflichtige grenzüberschreitende Gestaltungen, ABl. Nr. L 139 vom 05.06.2018 S. 1, in österreichisches Recht umgesetzt.

Anwendungsbereich

§ 2. (1) Dieses Bundesgesetz legt die Pflicht zur Meldung von Gestaltungen (§ 3 Z 6) innerhalb eines bestimmten Zeitraumes und den automatischen Informationsaustausch der bei der österreichischen zuständigen Behörde (§ 3 Z 12) eingelangten Meldungen mit den zuständigen Behörden aller anderen Mitgliedstaaten der Europäischen Union mithilfe eines unionsweiten Zentralverzeichnisses (§ 22) fest.

(2) Soweit dieses Bundesgesetz nichts anderes bestimmt, finden das EU-Amtshilfegesetz – EU-AHG, BGBl. I Nr. 112/2012 und die Bundesabgabenordnung – BAO, BGBl. Nr. 194/1961 sinngemäße Anwendung.

Begriffsbestimmungen

§ 3. Für die Zwecke dieses Bundesgesetzes bedeutet der Ausdruck

1. „Drittland" ein Land, das kein Mitgliedstaat der Europäischen Union ist;
2. „grenzüberschreitende Gestaltung" eine Gestaltung, die entweder mehr als einen Mitgliedstaat oder mindestens einen Mitgliedstaat und mindestens ein Drittland betrifft,

wobei mindestens eine der folgenden Bedingungen erfüllt sein muss:
  a) Nicht alle an der Gestaltung beteiligten Personen sind im selben Hoheitsgebiet steuerlich ansässig,
  b) eine oder mehrere an der Gestaltung beteiligten Personen sind gleichzeitig in mehreren Hoheitsgebieten steuerlich ansässig,
  c) eine oder mehrere an der Gestaltung beteiligten Personen üben in einem anderen Hoheitsgebiet über eine dort gelegene Betriebsstätte eine Geschäftstätigkeit aus und die Gestaltung stellt ganz oder teilweise die durch die Betriebsstätte ausgeübte Geschäftstätigkeit dar,
  d) eine oder mehrere an der Gestaltung beteiligten Personen üben in einem anderen Hoheitsgebiet eine Tätigkeit aus, ohne dort steuerlich ansässig zu sein oder eine Betriebsstätte zu begründen oder
  e) eine solche Gestaltung hat möglicherweise Auswirkungen auf den automatischen Informationsaustausch über Finanzkonten oder die Identifizierung der wirtschaftlichen Eigentümer;

Der Begriff „grenzüberschreitende Gestaltung" umfasst auch eine Gestaltung, die aus einem Schritt oder mehreren Schritten besteht, bezieht sich auch auf einen Teil oder mehrere Teile einer grenzüberschreitenden Gestaltung oder eine Reihe von grenzüberschreitenden Gestaltungen.

3. „Intermediär" eine Person
  a) die eine meldepflichtige Gestaltung konzipiert, vermarktet, organisiert, zur Umsetzung bereitstellt oder die Umsetzung einer solchen Gestaltung verwaltet oder
  b) die – unter Berücksichtigung der relevanten Fakten und Umstände, der verfügbaren Informationen und des einschlägigen Fachwissens und Verständnisses, die für die Erbringung solcher Dienstleistungen erforderlich sind – weiß oder vernünftigerweise wissen müsste, dass sie unmittelbar oder mittelbar Hilfe, Unterstützung oder Beratung im Hinblick auf die Konzeption, Vermarktung, Organisation, Bereitstellung zur Umsetzung oder Verwaltung der Umsetzung einer meldepflichtigen Gestaltung geleistet hat

und die zusätzlich eine der folgenden Bedingungen erfüllt:
  – sie hat in Österreich ihren Wohnsitz, ihren gewöhnlichen Aufenthalt, ihren Sitz oder ihren Ort der Geschäftsleitung,
  – sie ist in keinem anderen Mitgliedstaat steuerlich ansässig und erbringt über eine in Österreich gelegene Betriebsstätte Dienstleistungen im Zusammenhang mit der meldepflichtigen Gestaltung,
  – sie ist in keinem anderen Mitgliedstaat steuerlich ansässig und unterliegt in Österreich den einschlägigen berufs- oder gewerberechtlichen Vorschriften oder
  – sie ist in keinem anderen Mitgliedstaat steuerlich ansässig und ist Mitglied eines österreichischen Berufsverbandes für juristische, steuerliche oder beratende Dienstleistungen;

Jede Person hat das Recht, Nachweise zu erbringen, wonach sie nicht wusste oder vernünftigerweise nicht wissen konnte, dass sie an einer meldepflichtigen Gestaltung beteiligt war. Diese Person kann zu diesem Zweck alle relevanten Fakten und Umstände, sowie verfügbaren Informationen und ihr einschlägiges Fachwissen und Verständnis geltend machen.

4. „marktfähige Gestaltung" eine grenzüberschreitende Gestaltung, die konzipiert, vermarktet oder zur Umsetzung bereitgestellt wird oder umsetzungsbereit ist, ohne dass sie an einen relevanten Steuerpflichtigen angepasst werden muss;

5. „maßgeschneiderte Gestaltung" eine grenzüberschreitende Gestaltung, die keine marktfähige Gestaltung ist;

6. „meldepflichtige Gestaltung" eine Gestaltung im Sinne des § 4;

7. „Mitgliedstaat" ein Mitgliedstaat der Europäischen Union;

8. „Person" eine Person im Sinne des § 2 Abs. 1 Z 12 EU-AHG;

9. „relevanter Steuerpflichtiger" eine Person
  a) der eine meldepflichtige Gestaltung zur Umsetzung bereitgestellt wird,
  b) die bereit ist, eine meldepflichtige Gestaltung umzusetzen oder
  c) die den ersten Schritt einer meldepflichtigen Gestaltung umgesetzt hat;

10. „Steuervorteil" liegt vor, insoweit in Österreich oder in einem anderen Mitgliedstaat oder in einem Drittland durch eine meldepflichtige Gestaltung (Z 6)
  a) die Entstehung des Abgabenanspruchs verhindert oder ganz oder teilweise in einen anderen Besteuerungszeitraum verschoben wird,
  b) sich die Bemessungsgrundlage oder der Abgabenanspruch ganz oder teilweise verringert oder
  c) eine Abgabe ganz oder teilweise erstattet oder vergütet wird;

11. „verbundenes Unternehmen" eine Person, die mit einer oder mehreren anderen Personen auf mindestens eine der folgenden Arten verbunden ist:
  a) Eine Person ist an der Geschäftsleitung einer anderen Person insofern beteiligt,

als sie erheblichen Einfluss auf diese ausüben kann,
b) eine Person ist über eine Holdinggesellschaft, die über mehr als 25 % der Stimmrechte verfügt, an der Kontrolle einer anderen Person beteiligt,
c) eine Person ist über ein Eigentumsrecht, das mittelbar, durch Multiplikation der Beteiligungsquoten an den nachgeordneten Unternehmen, oder unmittelbar mehr als 25 % des Kapitals beträgt, am Kapital einer anderen Person beteiligt oder
d) eine Person hat Anspruch auf mindestens 25 % der Gewinne einer anderen Person;

Für Zwecke dieser Ziffer wird eine Person, die in Bezug auf die Stimmrechte oder die Kapitalbeteiligung an einem Unternehmen gemeinsam mit einer anderen Person handelt, so behandelt, als würde sie eine Beteiligung an allen Stimmrechten oder dem gesamten Kapital dieses Unternehmens halten, die bzw. das von der anderen Person gehalten wird. Eine Person mit einer Stimmrechtsbeteiligung von mehr als 50 % gilt als Halter von 100 % der Stimmrechte. Eine natürliche Person, ihr Ehepartner und ihre Verwandte in aufsteigender oder absteigender gerader Linie werden als einzige Person behandelt.

Falls mehr als eine Person gemäß den lit. a bis d an der Geschäftsleitung, der Kontrolle, dem Kapital oder den Gewinnen derselben Person beteiligt ist, gelten alle betroffenen Personen als verbundene Unternehmen.

Falls dieselben Personen gemäß den lit. a bis d an der Geschäftsleitung, der Kontrolle, dem Kapital oder den Gewinnen von mehr als einer Person beteiligt sind, gelten alle betroffenen Personen als verbundene Unternehmen.

(BGBl I 2022/108)

12. „zuständige Behörde" ist aus österreichischer Sicht die in § 3 Abs. 1 EU-AHG genannte Behörde und aus Sicht eines anderen Mitgliedstaates die Behörde, die als solche von diesem Mitgliedstaat benannt worden ist.

**2. Teil
Meldepflicht**

**1. Hauptstück
Sachliche Meldepflicht**

Meldepflichtige Gestaltung

§ 4. Eine marktfähige oder maßgeschneiderte grenzüberschreitende Gestaltung ist gemäß § 5 oder § 6 meldepflichtig, sofern sie ein Risiko der Steuervermeidung oder der Umgehung der Meldepflicht des Gemeinsamen Meldestandards (§ 5 Z 5) oder der Verhinderung der Identifizierung des wirtschaftlichen Eigentümers aufweist und

1. ihr erster Schritt zwischen 25. Juni 2018 und 30. Juni 2020 umgesetzt worden ist,
2. ihr erster Schritt ab 1. Juli 2020 umgesetzt wird oder
3. sie ab 1. Juli 2020 konzipiert, vermarktet, organisiert, zur Umsetzung bereitgestellt oder verwaltet wird.

Unbedingt meldepflichtige Gestaltungen

§ 5. Nach Maßgabe des § 4 sind folgende Gestaltungen meldepflichtig:

1. Gestaltungen, die abzugsfähige grenzüberschreitende Zahlungen zwischen zwei oder mehreren verbundenen Unternehmen umfassen, wenn mindestens eine der folgenden Bedingungen erfüllt ist:
   a) Der Empfänger dieser Zahlung ist steuerlich in keinem Hoheitsgebiet ansässig oder
   b) der Empfänger dieser Zahlung ist steuerlich in einem Hoheitsgebiet ansässig und dieses Hoheitsgebiet wird in der Liste jener Drittländer, die von den Mitgliedstaaten gemeinsam oder im Rahmen der Organisation für wirtschaftliche Zusammenarbeit und Entwicklung (OECD) als nicht-kooperierende Länder eingestuft worden sind, geführt;
2. Gestaltungen, die dazu dienen, die Abschreibung eines Vermögenswertes in mehr als einem Hoheitsgebiet herbeizuführen;
3. Gestaltungen, die dazu dienen, eine Befreiung von der Doppelbesteuerung für dieselben Einkünfte oder dasselbe Vermögen in mehr als einem Hoheitsgebiet herbeizuführen;
4. Gestaltungen, die die Übertragung von Vermögenswerten vorsehen und bei denen es einen wesentlichen Unterschied hinsichtlich des in den beteiligten Hoheitsgebieten für den Vermögenswert anzusetzenden Wertes gibt;
5. Gestaltungen, die zur Umgehung der Meldepflicht gemäß den Rechtsvorschriften zur Umsetzung der Richtlinie 2014/107/EU zur Änderung der Richtlinie 2011/16/EU bezüglich der Verpflichtung zum automatischen Austausch von Informationen im Bereich der Besteuerung, ABl. Nr. L 359 vom 16.12.2014 S. 1, oder gleichwertiger Abkommen über den automatischen Informationsaustausch über Finanzkonten (Gemeinsamer Meldestandard) führen können oder sich das Fehlen derartiger Rechtsvorschriften zunutze machen, wobei diese Gestaltungen zumindest Folgendes umfassen:
   a) Die Nutzung eines Kontos, eines Produktes oder einer Vermögensanlage, das bzw. die kein Finanzkonto im Sinne des § 71 des Gemeinsamen Meldestandard-Gesetzes – GMSG, BGBl. I Nr. 116/2015, ist oder vorgibt kein Finanzkonto zu sein, jedoch Merkmale aufweist, die im Wesentlichen denen eines Finanzkontos entsprechen,
   b) die Übertragung eines Finanzkontos

im Sinne des § 71 GMSG oder von Vermögenswerten in ein Hoheitsgebiet oder das Einbeziehen eines Hoheitsgebietes, das nicht an den automatischen Informationsaustausch mit dem Hoheitsgebiet, in dem der relevante Steuerpflichtige ansässig ist, gebunden ist,

    c) die Neueinstufung von Einkünften und Vermögen als Produkte oder Zahlungen, die nicht der Meldepflicht des Gemeinsamen Meldestandards unterliegen,

    d) die Übertragung oder Umwandlung eines Finanzinstitutes im Sinne des § 56 GMSG oder eines Finanzkontos im Sinne des § 71 GMSG oder der darin enthaltenen Vermögenswerte in ein Finanzinstitut, Finanzkonto oder in Vermögenswerte, die nicht der Meldepflicht des Gemeinsamen Meldestandards unterliegen,

    e) die Einbeziehung von Rechtspersonen, Gestaltungen oder Strukturen, die die Meldung gemäß dem Gemeinsamen Meldestandard ausschließen oder vorgeben auszuschließen oder

    f) Gestaltungen, die Verfahren zur Erfüllung der Sorgfaltspflichten aushöhlen oder Schwächen in diesen Verfahren ausnutzen, die Finanzinstitute im Sinne des § 56 GMSG zur Erfüllung ihrer Meldepflicht bezüglich Informationen über Finanzkonten im Sinne des § 71 GMSG anwenden, einschließlich der Einbeziehung von Hoheitsgebieten mit ungeeigneten oder schwachen Regelungen für die Durchsetzung von Vorschriften gegen Geldwäsche oder mit schwachen Transparenzanforderungen für juristische Personen oder Rechtsvereinbarungen;

6. Gestaltungen mit einer intransparenten Kette an rechtlichen oder wirtschaftlichen Eigentümern durch die Einbeziehung von Personen, Rechtsvereinbarungen oder Strukturen,

    a) die keine wesentliche wirtschaftliche Tätigkeit ausüben, die mit angemessener Ausstattung sowie angemessenen personellen Ressourcen, Vermögenswerten und Räumlichkeiten einhergeht,

    b) die in anderen Hoheitsgebieten eingetragen, ansässig oder niedergelassen sind oder verwaltet oder kontrolliert werden als dem Hoheitsgebiet, in dem ein oder mehrere der wirtschaftlichen Eigentümer der von diesen Personen, Rechtsvereinbarungen oder Strukturen gehaltenen Vermögenswerte ansässig sind und

    c) sofern die wirtschaftlichen Eigentümer dieser Personen, Rechtsvereinbarungen oder Strukturen gemäß den Bestimmungen der Richtlinie (EU) 2015/849 zur Verhinderung der Nutzung des Finanzsystems zum Zwecke der Geldwäsche und der Terrorismusfinanzierung, zur Änderung der Verordnung (EU) Nr. 648/2012 und zur Aufhebung der Richtlinie 2005/60/EG und der Richtlinie 2006/70/EG, ABl. L 141 vom 05.06.2015, S. 73, nicht identifizierbar gemacht werden;

7. Verrechnungspreisgestaltungen, die unilaterale Safe-Harbor-Regeln nutzen;

8. Verrechnungspreisgestaltungen mit Übertragung von schwer zu bewertenden immateriellen Vermögenswerten. Der Begriff „schwer zu bewertende immaterielle Vermögenswerte" umfasst immaterielle Vermögenswerte oder Rechte an immateriellen Vermögenswerten, für die im Zeitpunkt ihrer Übertragung zwischen verbundenen Unternehmen

    a) keine ausreichend verlässlichen Vergleichswerte vorliegen und

    b) für die im Zeitpunkt der Transaktion die Prognosen voraussichtlicher Cashflows oder die vom übertragenen immateriellen Vermögenswert erwarteten abzuleitenden Einkünfte oder die der Bewertung des immateriellen Vermögenswertes zugrunde gelegten Annahmen höchst unsicher sind, weshalb der letztendliche Erfolg des immateriellen Vermögenswertes im Zeitpunkt der Übertragung nur schwer absehbar ist;

9. Verrechnungspreisgestaltungen, bei denen eine konzerninterne grenzüberschreitende Übertragung von Funktionen, Risiken oder Vermögenswerten stattfindet, wenn der erwartete jährliche Gewinn vor Zinsen und Steuern (EBIT) des bzw. der Übertragenden über einen Zeitraum von drei Jahren nach der Übertragung weniger als 50 % des jährlichen EBIT des bzw. der Übertragenden beträgt, der erwartet worden wäre, wenn die Übertragung nicht stattgefunden hätte.

Bedingt meldepflichtige Gestaltungen

§ 6. Sofern der Hauptvorteil oder einer der Hauptvorteile, den eine Person unter Berücksichtigung aller relevanten Fakten und Umstände vernünftigerweise von der Gestaltung erwarten kann, die Erlangung eines Steuervorteils ist (Bedingung), sind nach Maßgabe des § 4 folgende Gestaltungen meldepflichtig:

1. Gestaltungen, bei denen der relevante Steuerpflichtige oder eine andere an der Gestaltung beteiligte Person sich verpflichtet, eine Vertraulichkeitsklausel einzuhalten, der zufolge gegenüber vom relevanten Steuerpflichtigen beauftragten Intermediären oder den Abgabenbehörden nicht offengelegt werden darf, auf welche Weise aufgrund der Gestaltung ein Steuervorteil erlangt wird;

2. Gestaltungen, bei denen der Intermediär Anspruch auf eine Vergütung (bzw. Zinsen, Vergütung der Finanzkosten und sonstiger

Kosten) für die Gestaltung hat und diese Vergütung in Bezug auf Folgendes festgesetzt wird:
a) Der Betrag des aufgrund der Gestaltung erlangten Steuervorteils oder
b) ob durch die Gestaltung tatsächlich ein Steuervorteil erlangt wird; dies wäre mit der Verpflichtung des Intermediärs verbunden, die Vergütung ganz oder teilweise zurückzuerstatten, falls der mit der Gestaltung beabsichtigte Steuervorteil nicht oder nur teilweise erzielt wird;
3. Gestaltungen, deren Dokumentation oder Struktur im Wesentlichen standardisiert und für mehr als einen relevanten Steuerpflichtigen verfügbar ist, ohne dass sie für die Umsetzung wesentlich individuell angepasst werden muss;
4. Gestaltungen, bei denen eine an der Gestaltung beteiligte Person Schritte unternimmt, um ein verlustbringendes Unternehmen zu erwerben, die Haupttätigkeit dieses Unternehmens zu beenden und dessen Verluste dafür zu nutzen, ihre Steuerbelastung zu verringern, wobei dies auch die Übertragung dieser Verluste in ein anderes Hoheitsgebiet oder die raschere Nutzung dieser Verluste beinhalten kann;
(BGBl I 2020/96)
5. Gestaltungen, bei denen Einkünfte in Vermögen, Schenkungen oder andere niedriger besteuerte oder steuerbefreite Arten von Einnahmen umgewandelt werden;
6. Gestaltungen, bei denen mithilfe von zwischengeschalteten Unternehmen ohne primäre wirtschaftliche Funktion oder von Transaktionen, die sich gegenseitig aufheben oder ausgleichen oder die ähnliche Merkmale aufweisen, zirkuläre Vermögensverschiebungen vorgenommen werden;
7. Gestaltungen, die abzugsfähige grenzüberschreitende Zahlungen zwischen zwei oder mehreren verbundenen Unternehmen umfassen und mindestens eine der folgenden Voraussetzungen in lit. a bis c erfüllen, wobei aus der bloßen Tatsache, dass eine der nachfolgenden Gestaltungen gewählt worden ist, nicht auf die Erfüllung der Bedingung geschlossen werden kann:
a) der Empfänger dieser Zahlung ist steuerlich in einem Hoheitsgebiet ansässig und dieses Hoheitsgebiet erhebt keine Körperschaftsteuer oder hat einen Körperschaftsteuersatz von null oder nahe null,
b) die Zahlung wird im Hoheitsgebiet, in dem der Empfänger dieser Zahlung steuerlich ansässig ist, steuerlich nicht erfasst oder ist vollständig von der Steuer befreit oder
c) die Zahlung kommt im Hoheitsgebiet, in dem der Empfänger dieser Zahlung

steuerlich ansässig ist, in den Genuss eines präferentiellen Steuerregimes.

2. Hauptstück
Persönliche Meldepflicht

1. Abschnitt
Meldepflicht des Intermediärs

Meldung einer meldepflichtigen Gestaltung

§ 7. (1) Der Intermediär (§ 3 Z 3) ist verpflichtet, alle ihm bekannten, in seinem Besitz oder unter seiner Kontrolle befindlichen Informationen (§ 16 oder § 17) über eine meldepflichtige Gestaltung an die österreichische zuständige Behörde gemäß § 18 Abs. 1 zu übermitteln.

(2) Im Fall einer marktfähigen meldepflichtigen Gestaltung hat der Intermediär – zusätzlich zu Abs. 1 – alle drei Monate, neue Informationen gemäß § 17 Abs. 2, sofern sie nicht bereits gemäß Abs. 1 gemeldet worden sind, im Rahmen einer Folgemeldung gemäß § 18 Abs. 1 zu übermitteln.

(3) Jeder meldende Intermediär hat jeden relevanten Steuerpflichtigen vor der ersten Meldung über die Meldepflicht in Kenntnis zu setzen. Darüber hinaus hat jeder meldende Intermediär vor jeder Meldung jedem relevanten Steuerpflichtigen die zu meldenden, auf den Steuerpflichtigen bezogenen Informationen, so rechtzeitig mitzuteilen, dass die betroffene Person ihre Datenschutzrechte wahrnehmen kann. In jedem Fall hat die Information vor der geplanten Meldung zu erfolgen.

(BGBl I 2022/108)

Frist für die Meldung

§ 8. (1) Der Intermediär gemäß § 3 Z 3 lit. a hat die Informationen über eine meldepflichtige Gestaltung innerhalb von 30 Tagen, beginnend an dem Tag,
1. der dem Tag der Bereitstellung der meldepflichtigen Gestaltung zur Umsetzung folgt,
2. der dem Tag folgt, an dem der relevante Steuerpflichtige bereit ist, die meldepflichtige Gestaltung umzusetzen oder
3. an dem der relevante Steuerpflichtige den ersten Schritt zur Umsetzung der meldepflichtigen Gestaltung gesetzt hat
zu melden, wobei der früheste mögliche Zeitpunkt maßgebend ist.

(2) Der Intermediär gemäß § 3 Z 3 lit. b hat die Informationen über eine meldepflichtige Gestaltung innerhalb von 30 Tagen, beginnend an der unmittelbaren oder mittelbaren Hilfe, Unterstützung oder Beratung folgenden Tag, gemäß § 18 Abs. 1 zu melden.

(3) Sofern die Frist nach Abs. 1 oder 2 noch nicht verstrichen ist, beginnt die Frist von 30 Tagen – abweichend von Abs. 1 oder 2 – mit dem Tag, der dem Tag folgt, an dem der Intermediär vom relevanten Steuerpflichtigen von seiner gesetzlichen Verschwiegenheitspflicht entbunden worden ist.

(4) Abweichend von Abs. 1 bis 3 sind melde-

pflichtige Gestaltungen gemäß § 4 Z 1 bis zum 31. August 2020 zu melden.

Meldepflicht in mehreren Mitgliedstaaten

§ 9. (1) Ist der Intermediär zur Meldung in Österreich und in einem oder mehreren anderen Mitgliedstaaten verpflichtet, ist er von der Meldepflicht in Österreich befreit, wenn er den Nachweis erbringt, dass er die ihm bekannten, in seinem Besitz oder unter seiner Kontrolle befindlichen Informationen gemäß § 16 oder § 17 bereits in dem anderen Mitgliedstaat bzw. in den anderen Mitgliedstaaten gemeldet hat.

(2) Er hat als Nachweis innerhalb von 30 Tagen ab dem Entstehen der Meldepflicht (§ 8) oder ab der Meldung in dem anderen Mitgliedstaat bzw. in den anderen Mitgliedstaaten die von dem anderen Mitgliedstaat bzw. den anderen Mitgliedstaaten vergebene Referenznummer an die österreichische zuständige Behörde gemäß § 18 Abs. 2 zu übermitteln.

Meldung mehrerer Intermediäre

§ 10. (1) Sind an einer meldepflichtigen Gestaltung
1. mehr als ein Intermediär im Sinne des § 3 Z 3 oder
2. mindestens ein Intermediär gemäß § 3 Z 3 und ein oder mehrere Intermediäre eines oder mehrerer anderer Mitgliedstaaten

beteiligt, unterliegt jeder beteiligte Intermediär im Sinne des § 3 Z 3 der Meldepflicht (§ 7) und hat in einem solchen Fall die ihm bekannten, in seinem Besitz oder unter seiner Kontrolle befindlichen Informationen gemäß § 16 oder § 17 über eine meldepflichtige Gestaltung zu melden.

(2) Ein Intermediär ist von seiner Meldepflicht gemäß Abs. 1 nur dann befreit, wenn er den Nachweis erbringt, dass die ihm bekannten, in seinem Besitz oder unter seiner Kontrolle befindlichen Informationen gemäß § 16 oder § 17 bereits durch einen anderen beteiligten Intermediär im Sinne des § 3 Z 3 oder durch einen beteiligten Intermediär eines anderen Mitgliedstaates gemeldet worden sind. Er hat als Nachweis innerhalb von 30 Tagen ab dem Entstehen der Meldepflicht (§ 8) oder ab der Meldung durch den anderen beteiligten Intermediär die an diesen anderen beteiligten Intermediär vergebene Referenznummer an die österreichische zuständige Behörde gemäß § 18 Abs. 2 zu übermitteln.

Befreiung von der Meldepflicht

§ 11. (1) Ein Intermediär gemäß § 3 Z 3 ist von seiner Meldepflicht (§ 7) befreit, wenn er in Österreich einer gesetzlichen Verschwiegenheitspflicht unterliegt und der Intermediär von seiner Verschwiegenheitspflicht nicht entbunden worden ist. Das gilt nicht, wenn der Intermediär nicht im Rahmen der für seinen Beruf geltenden gesetzlichen Bestimmungen tätig wird.

(2) Ist der Intermediär gemäß Abs. 1 von seiner Meldepflicht befreit, hat er unverzüglich einen anderen beteiligten Intermediär im Sinne des § 3 Z 3 oder eines anderen Mitgliedstaates von seiner Befreiung zu informieren.

(3) Jeder gemäß Abs. 1 befreite Intermediär hat alle relevanten Steuerpflichtigen unverzüglich von seiner Befreiung und den Übergang der Meldepflicht (§ 12) zu informieren. Hierbei hat der Intermediär dem bzw. den jeweiligen relevanten Steuerpflichtigen alle ihm bekannten, in seinem Besitz oder unter seiner Kontrolle befindlichen den relevanten Steuerpflichtigen betreffenden Informationen (§ 16 oder § 17) über eine meldepflichtige Gestaltung mitzuteilen.

(4) Der Intermediär hat über Aufforderung unverzüglich einen Nachweis über die erfolgte Information gemäß Abs. 2 oder 3 zu übermitteln.

2. Abschnitt
Meldepflicht des relevanten Steuerpflichtigen

Übergang der Meldepflicht

§ 12. Der relevante Steuerpflichtige (§ 3 Z 9) ist verpflichtet, alle ihm bekannten, in seinem Besitz oder unter seiner Kontrolle befindlichen Informationen (§ 16 oder § 17) über eine meldepflichtige Gestaltung an die österreichische zuständige Behörde gemäß § 18 Abs. 1 zu übermitteln,
1. wenn weder ein Intermediär im Sinne des § 3 Z 3 noch ein Intermediär eines anderen Mitgliedstaates vorhanden ist oder
2. soweit der relevante Steuerpflichtige gemäß § 11 Abs. 3 informiert worden ist.

Frist für die Meldung

§ 13. (1) Der relevante Steuerpflichtige hat die Informationen über eine meldepflichtige Gestaltung innerhalb von 30 Tagen, beginnend an dem Tag
1. nach dem ihm die meldepflichtige Gestaltung zur Umsetzung bereitgestellt worden ist,
2. der dem Tag folgt, an dem er bereit ist, die meldepflichtige Gestaltung umzusetzen,
3. an dem er den ersten Schritt zur Umsetzung der meldepflichtigen Gestaltung gesetzt hat oder
4. nach dem er gemäß § 11 Abs. 3 informiert worden ist

zu melden, wobei der frühest mögliche Zeitpunkt maßgebend ist.

(2) Abweichend von Abs. 1 sind meldepflichtige Gestaltungen gemäß § 4 Z 1 bis zum 31. August 2020 zu melden.

Ort der Meldung

§ 14. (1) Der relevante Steuerpflichtige ist zur Meldung einer meldepflichtigen Gestaltung (§ 12) an die österreichische zuständige Behörde verpflichtet, sofern
1. er seinen Wohnsitz, gewöhnlichen Aufenthalt, Sitz oder Ort der Geschäftsleitung in Österreich hat oder

2. er in keinem anderen Mitgliedstaat steuerlich ansässig ist, dieser jedoch
   a) in Österreich eine Betriebsstätte hat, der durch die meldepflichtige Gestaltung ein Steuervorteil entsteht oder
   b) in Österreich Einkünfte oder Gewinne erzielt oder eine Tätigkeit ausübt, ohne steuerlich ansässig zu sein oder eine Betriebsstätte zu begründen.

(2) Ist der relevante Steuerpflichtige zur Meldung in Österreich und in einem oder mehreren anderen Mitgliedstaaten verpflichtet, ist er von der Meldpflicht in Österreich nur dann befreit, wenn er den Nachweis erbringt, dass er die ihm bekannten, in seinem Besitz oder unter seiner Kontrolle befindlichen Informationen gemäß § 16 oder § 17 bereits in dem anderen Mitgliedstaat bzw. in den anderen Mitgliedstaaten gemeldet hat. Er hat als Nachweis innerhalb von 30 Tagen ab dem Entstehen der Meldepflicht (§ 13) oder ab der Meldung in dem anderen Mitgliedstaat bzw. in den anderen Mitgliedstaaten die von dem anderen Mitgliedstaat bzw. den anderen Mitgliedstaaten vergebene Referenznummer an die österreichische zuständige Behörde gemäß § 18 Abs. 2 zu übermitteln.

Meldung mehrerer relevanter Steuerpflichtiger

§ 15. (1) Obliegt die Meldepflicht gemäß § 12 mehr als einem relevanten Steuerpflichtigen (§ 3 Z 9), hat jener relevante Steuerpflichtige an die österreichische zuständige Behörde gemäß § 18 Abs. 1 zu melden, der die meldepflichtige Gestaltung mit einem Intermediär gemäß § 3 Z 3 oder mit einem Intermediär eines anderen Mitgliedstaates vereinbart hat.

(2) Abweichend von Abs. 1 hat jener relevante Steuerpflichtige, der die Umsetzung der meldepflichtigen Gestaltung verwaltet oder der den ersten Schritt einer meldepflichtigen Gestaltung umgesetzt hat, diese an die österreichische zuständige Behörde gemäß § 18 Abs. 1 zu melden.

(3) Ein relevanter Steuerpflichtiger ist nur dann von seiner Meldepflicht gemäß Abs. 1 oder 2 befreit, wenn er den Nachweis erbringt, dass die ihm bekannten, in seinem Besitz oder unter seiner Kontrolle befindlichen Informationen gemäß § 16 oder § 17 bereits durch einen anderen relevanten Steuerpflichtigen gemeldet worden sind. Er hat als Nachweis innerhalb von 30 Tagen ab dem Entstehen der Meldepflicht (§ 13) oder ab der Meldung durch den anderen relevanten Steuerpflichtigen die an diesen anderen relevanten Steuerpflichtigen vergebene Referenznummer an die österreichische zuständige Behörde gemäß § 18 Abs. 2 zu übermitteln.

3. Hauptstück
Inhalt und Form der Meldung

Inhalt der Meldung einer meldepflichtigen Gestaltung

§ 16. (1) Die Meldung einer meldepflichtigen Gestaltung hat Folgendes zu enthalten:

1. Angaben zu allen beteiligten Intermediären und allen relevanten Steuerpflichtigen, einschließlich
   a) Angaben zu deren Namen, Geburtsdatum, Geburtsort, steuerlicher Ansässigkeit und Steueridentifikationsnummer bei natürlichen Personen oder
   b) Angaben zu deren Namen, Sitz oder Ort der Geschäftsleitung, steuerlicher Ansässigkeit und Steueridentifikationsnummer bei juristischen Personen oder Personenvereinigungen,
2. die Angabe aller verbundenen Unternehmen des bzw. der relevanten Steuerpflichtigen,
3. Einzelheiten zu den betroffenen Gestaltungsmerkmalen (§ 5 oder 6),
4. eine Zusammenfassung des Inhalts der meldepflichtigen Gestaltung,
5. sofern vorhanden eine Bezeichnung der meldepflichtigen Gestaltung, unter welcher die Gestaltung allgemein bekannt ist,
6. eine abstrakte Beschreibung der relevanten Geschäftstätigkeiten, sofern diese Beschreibung nicht zur Preisgabe eines Handels-, Gewerbe- oder Berufsgeheimnisses oder eines Geschäftsverfahrens führt oder die Preisgabe dieser Informationen die öffentliche Ordnung verletzen würde,
7. sofern vorhanden das Datum, an dem der erste Schritt zur Umsetzung der meldepflichtigen Gestaltung gemacht worden ist oder gemacht werden soll,
8. Einzelheiten zu den nationalen Vorschriften, die die Grundlage der meldepflichtigen Gestaltung bilden,
9. sofern vorhanden den Wert der meldepflichtigen Gestaltung,
10. die Angabe des Mitgliedstaates der steuerlichen Ansässigkeit des bzw. der relevanten Steuerpflichtigen,
11. die Angabe aller Mitgliedstaaten, die von der meldepflichtigen Gestaltung betroffen sind und
12. Angaben zu allen anderen Personen, die von der meldepflichtigen Gestaltung betroffen sind oder potenziell betroffen sind, einschließlich des Mitgliedstaates ihrer steuerlichen Ansässigkeit.

(2) Die Informationen gemäß Abs. 1 können in deutscher oder englischer Sprache übermittelt werden. Die Informationen gemäß Abs. 1 Z 3 bis 6 sind jedenfalls in englischer Sprache zu übermitteln.

Inhalt der Meldung einer marktfähigen meldepflichtigen Gestaltung

§ 17. (1) Im Fall einer marktfähigen meldepflichtigen Gestaltung hat die Erstmeldung alle verfügbaren Informationen gemäß § 16 Abs. 1 zu enthalten. § 16 Abs. 2 ist anzuwenden.

(2) Die gemäß § 7 Abs. 2 zu übermittelnde Folgemeldung hat eine periodische Aktualisierung

der Informationen gemäß § 16 Abs. 1 Z 1 bis 2, Z 7 und Z 10 bis 12 und die Angabe einer bei der Erstmeldung (Abs. 1) von der zuständigen Behörde vergebenen Referenznummer zu enthalten.

Form der Meldung

§ 18. (1) Die Übermittlung der Meldung einer meldepflichtigen Gestaltung hat elektronisch über FinanzOnline zu erfolgen. Ist die elektronische Übermittlung über FinanzOnline mangels technischer Voraussetzungen oder mangels Teilnahmeberechtigung unzumutbar, hat die Übermittlung unter Verwendung des amtlichen Formulars zu erfolgen.

(2) Die Übermittlung des Nachweises über eine bereits erfolgte Meldung im Sinne des § 9 Abs. 2, § 10 Abs. 2, § 14 Abs. 2 oder § 15 Abs. 3 hat elektronisch über FinanzOnline zu erfolgen. Ist die elektronische Übermittlung über FinanzOnline mangels technischer Voraussetzungen oder mangels Teilnahmeberechtigung unzumutbar, hat die Übermittlung gemäß §§ 85 ff BAO zu erfolgen.

(BGBl I 2020/96)

3. Teil
Verarbeitung der gemeldeten Informationen

Bedeutung der Meldung für das Abgabenverfahren

§ 19. Das Ausbleiben einer Reaktion einer Abgabenbehörde auf die Meldung einer meldepflichtigen Gestaltung lässt keinen Rückschluss auf deren abgabenrechtliche Beurteilung zu. Insbesondere ist die Meldung kein Anbringen im Sinne des § 85 BAO.

Datenschutz

§ 20. (1) Die Verarbeitung personenbezogener Daten, die auf Grundlage dieses Bundesgesetzes zwischen Österreich und den anderen Mitgliedstaaten ausgetauscht worden sind, durch die österreichische zuständige Behörde ist zulässig, wenn sie für Zwecke der Durchführung der Verfahren nach diesem Bundesgesetz erforderlich ist.

(2) Darüber hinaus dürfen die in Abs. 1 genannten personenbezogenen Daten von anderen Dienststellen der Bundesfinanzverwaltung für Zwecke der Abgabenerhebung, der Finanzstrafrechtspflege, des automationsunterstützten Risikomanagements, der Betrugsbekämpfung und zu Ermittlungs-, Kontroll-, Überwachungs-, Aufsichts- oder Prüfungsmaßnahmen verarbeitet werden.

Informationsaustausch

§ 21. (1) Die österreichische zuständige Behörde tauscht die bei ihr eingelangten Meldungen über meldepflichtige Gestaltungen mit den anderen zuständigen Behörden aller anderen Mitgliedstaaten im Wege des automatischen Informationsaustausches aus, wobei sie die eingelangten Meldungen in das Zentralverzeichnis der Europäischen Union (§ 22) hochlädt und speichert.

(BGBl I 2022/108)

(2) Bis das Zentralverzeichnis funktionsfähig ist, erfolgt der Informationsaustausch gemäß § 17 Abs. 4 EU-AHG.

(3) Der Informationsaustausch gemäß Abs. 1 erfolgt innerhalb eines Monats nach Ablauf des Quartals, in dem eine Meldung an die zuständige Behörde übermittelt worden ist und enthält alle Informationen gemäß § 16 oder § 17. Der erste Informationsaustausch findet somit bis spätestens 31. Oktober 2020 statt.

Zugang der Mitgliedstaaten zum Zentralverzeichnis der Europäischen Union

§ 22. (1) Die österreichische zuständige Behörde hat neben den zuständigen Behörden aller anderen Mitgliedstaaten vollen Zugang zu dem Zentralverzeichnis der Europäischen Union und zu den in diesem Zentralverzeichnis hochgeladenen und gespeicherten Informationen.

(2) Andere Dienststellen der Bundesfinanzverwaltung haben Zugang zu den in dem Zentralverzeichnis hochgeladenen und gespeicherten Informationen, insoweit es für Zwecke im Sinne des § 20 Abs. 2 erforderlich ist.

Zugang der Europäischen Kommission zum Zentralverzeichnis der Europäischen Union

§ 23. Die Europäische Kommission hat eingeschränkten Zugang zu dem Zentralverzeichnis der Europäischen Union und zu den in diesem Zentralverzeichnis hochgeladenen und gespeicherten Informationen. Insbesondere hat sie keinen Zugang zu den Informationen gemäß § 16 Abs. 1 Z 1 bis 2 und 4 bis 6 sowie 12.

4. Teil
Schlussbestimmungen

Verweisungen

§ 24. Soweit in diesem Bundesgesetz auf Bestimmungen anderer Bundesgesetze verwiesen wird, sind diese in ihrer jeweils geltenden Fassung anzuwenden.

Sprachliche Gleichbehandlung

§ 25. Soweit in diesem Bundesgesetz personenbezogene Bezeichnungen nur in männlicher Form angeführt sind, beziehen sie sich auf Frauen und Männer in gleicher Weise. Bei der Anwendung auf bestimmte Personen ist die jeweils geschlechtsspezifische Form zu verwenden.

Vollziehung

§ 26. Mit der Vollziehung dieses Bundesgesetzes ist der Bundesminister für Finanzen betraut.

Inkrafttreten

§ 27. Dieses Bundesgesetz tritt mit 1. Juli 2020 in Kraft. § 7 Abs. 3 ist erstmals ab dem 1. Jänner 2023 anzuwenden.

(BGBl I 2022/108)

23/1. Allgemeines Sozialversicherungsgesetz
Auszug (u. a. zu § 48b BAO)

Allgemeines Sozialversicherungsgesetz, BGBl 1955/189 idF BGBl I 2023/110

Vollversicherung

§ 4. (1) In der Kranken-, Unfall- und Pensionsversicherung sind auf Grund dieses Bundesgesetzes versichert (vollversichert), wenn die betreffende Beschäftigung weder gemäß den §§ 5 und 6 von der Vollversicherung ausgenommen ist, noch nach § 7 nur eine Teilversicherung begründet:

1. die bei einem oder mehreren Dienstgebern beschäftigten Dienstnehmer;
2. die in einem Lehrverhältnis stehenden Personen (Lehrlinge);
3. die im Betrieb der Eltern, Großeltern, Wahl- oder Stiefeltern ohne Entgelt regelmäßig beschäftigten Kinder, Enkel, Wahl- oder Stiefkinder, die das 17. Lebensjahr vollendet haben und keiner anderen Erwerbstätigkeit hauptberuflich nachgehen, alle diese, soweit es sich nicht um eine Beschäftigung in einem land- oder forstwirtschaftlichen oder gleichgestellten Betrieb (§ 27 Abs. 2) handelt;
4. die zum Zwecke der vorgeschriebenen Ausbildung für den künftigen, abgeschlossene Hochschulbildung erfordernden Beruf nach Abschluß dieser Hochschulbildung beschäftigten Personen, wenn die Ausbildung nicht im Rahmen eines Dienst- oder Lehrverhältnisses erfolgt, jedoch mit Ausnahme der Volontäre;
5. Schülerinnen/Schüler an Schulen für Gesundheits- und Krankenpflege und Auszubildende in Lehrgängen nach dem Gesundheits- und Krankenpflegegesetz (GuKG), BGBl. I Nr. 108/1997, Schülerinnen/Schüler und Auszubildende in Schulen und Lehrgängen nach dem Medizinische Assistenzberufe-Gesetz (MABG), BGBl. I Nr. 89/2012, sowie Studierende an einer medizinisch-technischen Akademie nach dem MTD-Gesetz, BGBl. Nr. 460/1992;
(BGBl I 2022/15)
6. Vorstandsmitglieder (Geschäftsleiter) von Aktiengesellschaften, Sparkassen, Landeshypothekenbanken sowie Versicherungsvereinen auf Gegenseitigkeit und hauptberufliche Vorstandsmitglieder (Geschäftsleiter) von Kreditgenossenschaften, alle diese, soweit sie auf Grund ihrer Tätigkeit als Vorstandsmitglied (GeschäftsleiterIn) nicht schon nach Z 1 in Verbindung mit Abs. 2 pflichtversichert sind;
7. die Heimarbeiter und die diesen nach den jeweiligen gesetzlichen Vorschriften über die Heimarbeit arbeitsrechtlich gleichgestellten Personen;
8. Personen, denen im Rahmen beruflicher Maßnahmen der Rehabilitation nach den §§ 198 oder 303 berufliche Ausbildung gewährt wird, wenn die Ausbildung nicht auf Grund eines Dienst- oder Lehrverhältnisses erfolgt;
9. Fachkräfte der Entwicklungshilfe nach § 2 des Entwicklungshelfergesetzes, BGBl. Nr. 574/1983;
10. Personen, die an einer Eignungsausbildung im Sinne der §§ 2b bis 2d des Vertragsbedienstetengesetzes 1948, BGBl. Nr. 86, teilnehmen;
11. die Teilnehmer/innen des Freiwilligen Sozialjahres, des Freiwilligen Umweltschutzjahres, des Gedenkdienstes oder des Friedens- und Sozialdienstes im Ausland nach dem Freiwilligengesetz, BGBl. I Nr. 17/2012;
12. Personen, die eine Geldleistung gemäß § 4 des Militärberufsförderungsgesetzes, BGBl. Nr. 524/1994, beziehen;
13. geistliche Amtsträger der Evangelischen Kirchen AB und HB hinsichtlich der Seelsorgetätigkeit und der sonstigen Tätigkeit, die sie in Erfüllung ihrer geistlichen Verpflichtung ausüben, zum Beispiel des Religionsunterrichtes, ferner Lehrvikare, Pfarramtskandidaten, Diakonissen und die Mitglieder der evangelischen Kirchenleitung, letztere soweit sie nicht ehrenamtlich tätig sind;
14. die den Dienstnehmern im Sinne des Abs. 4 gleichgestellten Personen.

(2) Dienstnehmer im Sinne dieses Bundesgesetzes ist, wer in einem Verhältnis persönlicher und wirtschaftlicher Abhängigkeit gegen Entgelt beschäftigt wird; hiezu gehören auch Personen, bei deren Beschäftigung die Merkmale persönlicher und wirtschaftlicher Abhängigkeit gegenüber den Merkmalen selbständiger Ausübung der Erwerbstätigkeit überwiegen. Als Dienstnehmer gelten jedenfalls Personen, die mit Dienstleistungsscheck nach dem Dienstleistungsscheckgesetz (DLSG), BGBl. I Nr. 45/2005, entlohnt werden. Als Dienstnehmer gilt jedenfalls auch, wer nach § 47 Abs. 1 in Verbindung mit Abs. 2 EStG 1988 lohnsteuerpflichtig ist, es sei denn, es handelt sich um
1. Bezieher von Einkünften nach § 25 Abs. 1 Z 4 lit. a oder b EStG 1988 oder
2. Bezieher von Einkünften nach § 25 Abs. 1 Z 4 lit. c EStG 1988, die in einem öffentlich-rechtlichen Verhältnis zu einer Gebietskörperschaft stehen oder

3. Bezieher/innen von Geld- oder Sachleistungen nach dem Freiwilligengesetz.

(3) (aufgehoben)

(4) Den Dienstnehmern stehen im Sinne dieses Bundesgesetzes Personen gleich, die sich auf Grund freier Dienstverträge auf bestimmte oder unbestimmte Zeit zur Erbringung von Dienstleistungen verpflichten, und zwar für
1. einen Dienstgeber im Rahmen seines Geschäftsbetriebes, seiner Gewerbeberechtigung, seiner berufsrechtlichen Befugnis (Unternehmen, Betrieb usw.) oder seines statutenmäßigen Wirkungsbereiches (Vereinsziel usw.), mit Ausnahme der bäuerlichen Nachbarschaftshilfe,
2. eine Gebietskörperschaft oder eine sonstige juristische Person des öffentlichen Rechts bzw. die von ihnen verwalteten Betriebe, Anstalten, Stiftungen oder Fonds (im Rahmen einer Teilrechtsfähigkeit),

wenn sie aus dieser Tätigkeit ein Entgelt beziehen, die Dienstleistungen im wesentlichen persönlich erbringen und über keine wesentlichen eigenen Betriebsmittel verfügen; es sei denn,
a) dass sie auf Grund dieser Tätigkeit bereits nach § 2 Abs. 1 Z 1 bis 3 GSVG oder § 2 Abs. 1 BSVG oder nach § 2 Abs. 1 und 2 FSVG versichert sind oder
b) dass es sich bei dieser Tätigkeit um eine (Neben-)Tätigkeit nach § 19 Abs. 1 Z 1 lit. f B-KUVG handelt oder
c) dass eine selbständige Tätigkeit, die die Zugehörigkeit zu einer der Kammern der freien Berufe begründet, ausgeübt wird oder
d) dass es sich um eine Tätigkeit als Kunstschaffender, insbesondere als Künstler im Sinne des § 2 Abs. 1 des Künstler-Sozialversicherungsfondsgesetzes, handelt.

(5) (aufgehoben)

(6) Eine Pflichtversicherung gemäß Abs. 1 schließt für dieselbe Tätigkeit (Leistung) eine Pflichtversicherung gemäß Abs. 4 aus.

(7) (aufgehoben)

§ 5. (1) Von der Vollversicherung nach § 4 sind – unbeschadet einer nach § 7 oder nach § 8 eintretenden Teilversicherung – ausgenommen:
1. Die Kinder, Enkel, Wahlkinder, Stiefkinder und Schwiegerkinder eines selbständigen Landwirtes im Sinne des § 2 Abs. 1 Z 1 des Bauern-Sozialversicherungsgesetzes, wenn sie hauptberuflich in dessen land(forst)wirtschaftlichem Betrieb beschäftigt sind;
2. Dienstnehmer und ihnen gemäß § 4 Abs. 4 gleichgestellte Personen, ferner Heimarbeiter und ihnen gleichgestellte Personen sowie die im § 4 Abs. 1 Z 6 genannten Personen, wenn das ihnen aus einem oder mehreren Beschäftigungsverhältnissen im Kalendermonat gebührende Entgelt den Betrag gemäß Abs. 2 nicht übersteigt (geringfügig beschäftigte Personen);

3. a) Dienstnehmer hinsichtlich einer Beschäftigung in einem öffentlich-rechtlichen oder unkündbaren privatrechtlichen Dienstverhältnis zum Bund, zu einem Bundesland, einem Bezirk oder einer Gemeinde sowie zu von diesen Körperschaften verwalteten Betrieben, Anstalten, Stiftungen oder Fonds, ferner die dauernd angestellten Dienstnehmer der gesetzlich anerkannten Religionsgesellschaften und die dauernd angestellten Dienstnehmer und die Vorstandsmitglieder der Salzburger Sparkasse sowie deren Rechtsnachfolger, alle diese,
aa) ihnen aus ihrem Dienstverhältnis die Anwartschaft auf Ruhe- und Versorgungsgenüsse, die den Leistungen der betreffenden Unfall- und Pensionsversicherung gleichwertig sind – im Falle des Vorbereitungsdienstes spätestens mit Ablauf dieses Dienstes – zusteht und
bb) sie im Erkrankungsfalle Anspruch auf Weiterzahlung ihrer Dienstbezüge durch mindestens sechs Monate haben;

(BGBl I 2016/18)

b) nicht schon unter lit. a fallende Dienstnehmer hinsichtlich einer Beschäftigung in einem Dienstverhältnis, das die Krankenversicherung nach den Vorschriften über die Krankenversicherung öffentlich Bediensteter bei der Versicherungsanstalt öffentlich Bediensteter, Eisenbahnen und Bergbau begründet, wenn ihnen aus ihrem Dienstverhältnis die Anwartschaft auf Ruhe- und Versorgungsgenüsse, die den Leistungen der betreffenden Unfall- und Pensionsversicherung gleichwertig sind – im Falle des Vorbereitungsdienstes spätestens mit Ablauf dieses Dienstes – zusteht;

(BGBl I 2018/100)

c) nicht schon unter lit. a und b fallende Dienstnehmer hinsichtlich einer Beschäftigung in einem Dienstverhältnis (Beschäftigungsverhältnis), das die Krankenversicherung nach den Vorschriften über die Krankenversicherung öffentlich Bediensteter bei der Versicherungsanstalt öffentlich Bediensteter, Eisenbahnen und Bergbau begründet;

(BGBl I 2018/100)

3a. Bedienstete des Bundes,
a) deren Dienstverhältnis gemäß dem Vertragsbedienstetengesetz 1948 nach Ablauf des 31. Dezember 1998 begründet wird oder
b) auf deren öffentlich-rechtliches Dienstverhältnis gemäß § 136b Abs. 4 des Beamten-Dienstrechtsgesetzes 1979

die für Vertragsbedienstete des Bundes geltenden besoldungs- und sozialversicherungsrechtlichen Vorschriften anzuwenden sind;

3b. Bedienstete der Länder, Gemeindeverbände und Gemeinden,
  a) deren auf einer dem Vertragsbedienstetengesetz 1948 gleichartigen landesgesetzlichen Regelung beruhendes Dienstverhältnis nach Ablauf des 31. Dezember 2000 begründet wird oder
  b) auf deren öffentlich-rechtliches Dienstverhältnis nach einer dem § 136b Abs. 4 BDG 1979 gleichartigen landesgesetzlichen Regelung die für Vertragsbedienstete geltenden besoldungs- und sozialversicherungsrechtlichen Vorschriften anzuwenden sind;
3c. die zur Fremdsprachenassistenz nach § 3a des Lehrbeauftragtengesetzes, BGBl. Nr. 656/1987, bestellten Personen;
4. Universitäts(Hochschul)assistenten, soweit sie nicht unter Z 3 fallen, und die Angestellten des Dorotheums, soweit sie im pragmatischen Dienstverhältnis stehen oder der vom Vorstand des Dorotheums erlassenen und vom Kuratorium genehmigten Dienstordnung unterliegen;
5. die ArbeitnehmerInnen der Universitäten nach dem Universitätsgesetz 2002, BGBl. I Nr. 120;
6. die ständigen Arbeiter des Hauptmünzamtes, die den Bestimmungen über die Ruhe- und Versorgungsgenüsse der Münzarbeiterschaft sowie deren Hinterbliebenen unterstellt sind;
7. Priester der Katholischen Kirche hinsichtlich der Seelsorgetätigkeit und der sonstigen Tätigkeit, die sie in Erfüllung ihrer geistlichen Verpflichtung ausüben, zum Beispiel des Religionsunterrichtes, ferner Angehörige der Orden und Kongregationen der Katholischen Kirche sowie der Anstalten der Evangelischen Diakonie, alle diese Personen, wenn sie nicht in einem Dienstverhältnis zu einer anderen Körperschaft (Person) als ihrer Kirche bzw. deren Einrichtungen (Orden, Kongregation, Anstalt der Evangelischen Diakonie) stehen;
8. Notariatskandidaten/Notariatskandidatinnen hinsichtlich einer Beschäftigung, welche die Einbeziehung in die Vorsorge nach dem Notarversorgungsgesetz begründet, sowie Rechtsanwaltsanwärter/innen;
(BGBl I 2018/100)
9. (freie) Dienstnehmer/innen und Lehrlinge, die einem Betrieb, für den zum 31. Dezember 2019 eine Betriebskrankenkasse errichtet war, zugehörig sind, wenn und solange sie im Erkrankungsfall gegenüber einer auf Betriebsvereinbarung beruhenden betrieblichen Gesundheitseinrichtung nach den §§ 5a und 5b Anspruch auf Leistungen haben, die den Leistungen nach diesem Bundesgesetz gleichartig oder zumindest annähernd gleichwertig sind;
(BGBl I 2018/100)
10. den Heimarbeitern nach den jeweiligen gesetzlichen Vorschriften über die Heimarbeit gleichgestellte Zwischenmeister (Stückmeister), die als solche in der Gewerblichen Selbständigenkrankenversicherung versichert sind;
11. Präsenz- oder Ausbildungsdienst Leistende nach dem Wehrgesetz 2001, BGBl. I Nr. 146;
12. in einem befristeten öffentlich-rechtlichen Dienstverhältnis ohne Pensionsanwartschaft zu einem Land (zur Gemeinde Wien) stehende Mitglieder eines Landesverwaltungsgerichtes, wenn sie zum Zweck der Ausübung dieser Mitgliedschaft in einem pensionsversicherungsfreien Dienstverhältnis gegen Entfall der Bezüge beurlaubt sind (Karenzurlaub) und die Zeit dieses Karenzurlaubes für den Ruhegenuß wirksam ist;
13. (aufgehoben)
(BGBl I 2017/66)
14. Rechtsanwälte hinsichtlich einer Beschäftigung, die die Teilnahme an der Versorgungseinrichtung einer Rechtsanwaltskammer begründet;
15. die nach § 2 Abs. 1 Z 3 FSVG pflichtversicherten ZiviltechnikerInnen;
16. Personen in einem Ausbildungsverhältnis nach § 4 Abs. 1 Z 5, wenn
  a) sie nach § 8 Abs. 1 Z 2 lit. b in der Pensionsversicherung teilversichert sind,
  b) ihre Ausbildung im Rahmen eines der Vollversicherung unterliegenden Dienstverhältnisses nach §§ 25 oder 26g MABG durchgeführt wird oder
  (BGBl I 2022/15)
  c) sie ihre Ausbildung zu einem Pflegeassistenzberuf (§ 82 GuKG) an einer Schule im Sinne des Schulorganisationsgesetzes, BGBl. Nr. 242/1962, oder an einer Privatschule im Sinne des Privatschulgesetzes, BGBl. Nr. 244/1962, absolvieren;
  (BGBl I 2016/75)
17. die nach § 2 Abs. 2a Z 3 FSVG pflichtversicherten Ärzte und Ärztinnen.
(BGBl I 2019/20)
18. die Zusteller/innen von Zeitungen und sonstigen Druckwerken;
(BGBl I 2019/8, BGBl I 2022/60)
19. die Arbeitnehmer/innen nach dem GeoSphere Austria-Gesetz (GSAG), BGBl. I Nr. 60/2022.
(BGBl I 2022/60)

(2) Ein Beschäftigungsverhältnis gilt als geringfügig, wenn daraus im Kalendermonat kein höheres Entgelt als 425,70 €[a)] gebührt. An die Stelle dieses Betrages tritt ab Beginn jedes Beitragsjahres (§ 242 Abs. 10) der unter Bedachtnahme auf § 108 Abs. 6

23/1. ASVG
§§ 5, 7

mit der jeweiligen Aufwertungszahl (§ 108a Abs. 1) vervielfachte Betrag.
(BGBl I 2017/125)

a) Gemäß BGBl II 2022/459 für 2023: 500,91 €.

(3) Kein geringfügiges Beschäftigungsverhältnis liegt vor, wenn
1. das im Kalendermonat gebührende Entgelt den in Abs. 2 genannten Betrag nur deshalb nicht übersteigt, weil infolge Arbeitsmangels im Betrieb die sonst übliche Zahl von Arbeitsstunden nicht erreicht wird (Kurzarbeit) oder die für mindestens einen Monat oder auf unbestimmte Zeit vereinbarte Beschäftigung im Lauf des betreffenden Kalendermonates begonnen oder geendet hat oder unterbrochen wurde;
2. es sich um eine Beschäftigung als HausbesorgerIn nach dem Hausbesorgergesetz, BGBl. Nr. 16/1970, handelt, außer während der Zeit eines Beschäftigungsverbotes nach den §§ 3 und 5 des Mutterschutzgesetzes 1979 (MSchG), BGBl. Nr. 221/1979, oder einer Karenz nach dem MSchG oder dem Väter-Karenzgesetz (VKG), BGBl. Nr. 651/1989, oder bei Anspruch auf Wochengeld.

(BGBl I 2015/79)

Teilversicherung von im § 4 genannten Personen

§ 7. Nur in den nachstehend angeführten Versicherungen sind von den im § 4 genannten Personen auf Grund dieses Bundesgesetzes versichert (teilversichert):
1. in der Kranken- und Unfallversicherung hinsichtlich der nachstehend bezeichneten Beschäftigungsverhältnisse:
   a) die ständigen Arbeiter der „Austria Tabakwerke A. G.", die dem für diese Arbeiter geltenden Provisionsstatut unterstellt sind;
   b) die angelobten Arbeiter der „Österreichischen Staatsdruckerei", die der für diese Arbeiter geltenden Vorschrift über die Ruhe- und Versorgungsgenüsse in der jeweils geltenden Fassung unterstellt sind;
   c) Personen, die bei der Post- und Telegraphenverwaltung in einem vertraglichen Dienstverhältnis stehen und Teilnehmer am ehemaligen Provisionsfonds für Postboten und ihre Hinterbliebenen, BGBl. Nr. 375/1926, waren, sofern sie in die Provisionsanwartschaft des Bundes rückübernommen wurden;
   d) die provisionsberechtigten ständigen Forstarbeiter der Österreichischen Bundesforste;
   e) die RechtsanwaltsanwärterInnen und die angestellten Rechtsanwälte/Rechtsanwältinnen, ausgenommen GesellschafterInnen-GeschäftsführerInnen einer Rechtsanwaltsgesellschaft mit beschränkter Haftung sowie Rechtsanwälte/Rechtsanwältinnen, die einer Versorgungseinrichtung nach § 50 Abs. 4 der Rechtsanwaltsordnung angehören;
   f) (aufgehoben)
   g) die angestellten Geschäftsführer von Ziviltechnikergesellschaften im Sinne des Ziviltechnikerkammergesetzes 1993.
2. in der Unfall- und Pensionsversicherung
   a) (aufgehoben)
   b) die gemäß § 5 Abs. 1 Z 10 von der Vollversicherung ausgenommenen Zwischenmeister (Stückmeister);
   c) die nach § 5 Abs. 1 Z 9 von der Vollversicherung ausgenommenen Personen;
3. in der Unfallversicherung hinsichtlich der nachstehend bezeichneten Tätigkeiten (Beschäftigungsverhältnisse):
   a) die im § 5 Abs. 1 Z 2 von der Vollversicherung ausgenommenen Beschäftigten;
   b) (aufgehoben)
   c) die öffentlichen Verwalter, soweit sie unmittelbar vor ihrer Bestellung zu öffentlichen Verwaltern ausschließlich selbständig erwerbstätig gewesen sind;
   d) (aufgehoben)
4. in der Pensionsversicherung, wenn das ihnen aus einem oder mehreren Beschäftigungsverhältnissen im Sinne der lit. a bis p im Kalendermonat gebührende Entgelt den im § 5 Abs. 2 genannten Betrag übersteigt
   a) die Vertragsbediensteten des Bundes, deren Dienstverhältnis gemäß dem Vertragsbedienstetengesetz 1948 nach Ablauf des 31. Dezember 1998 begründet wird;
   b) (aufgehoben)
   c) Bedienstete der Länder, Gemeindeverbände und Gemeinden,
      aa) deren auf einer dem Vertragsbedienstetengesetz 1948 gleichartigen landesgesetzlichen Regelung beruhendes Dienstverhältnis nach Ablauf des 31. Dezember 2000 begründet wird oder
      bb) auf deren öffentlich-rechtliches Dienstverhältnis nach einer dem § 136b Abs. 4 BDG 1979 gleichartigen landesgesetzlichen Regelung die für Vertragsbedienstete geltenden besoldungs- und sozialversicherungsrechtlichen Vorschriften anzuwenden sind;
      cc) deren Dienstverhältnis auf dem Landesvertragslehrpersonengesetz 1966 (LVG), BGBl. Nr. 172/1966, mit Ausnahme der Lehrer/innen des Bundeslandes Wien, oder auf dem Land- und forstwirtschaft-

lichen Landesvertragslehrpersonengesetz (LLVG), BGBl. Nr. 244/1969, beruht und nach Ablauf des 31. Dezember 2000 begründet wird;

(BGBl I 2021/197)

d) die Bediensteten der Versicherungsanstalt öffentlich Bediensteter, Eisenbahnen und Bergbau;

e) die ArbeitnehmerInnen der Universitäten nach dem Universitätsgesetz 2002;

f) Dienstnehmer hinsichtlich einer Beschäftigung in einem Dienstverhältnis zu einer der im § 5 Abs. 1 Z 3 lit. a bezeichneten Gebietskörperschaften sowie von solchen Körperschaften verwalteten Betrieben, Anstalten, Stiftungen und Fonds oder zu einem anderen Dienstgeber – ausgenommen die unkündbaren Bediensteten der Versicherungsanstalt öffentlich Bediensteter, Eisenbahnen und Bergbau sowie die Mitglieder von unabhängigen Verwaltungssenaten gemäß § 5 Abs. 1 Z 12 –, wenn

aa. sie in dieser Beschäftigung nach den Vorschriften über die Krankenversicherung öffentlich Bediensteter versichert sind oder wenn ihnen durch eine eigene Krankenfürsorgeeinrichtung des Dienstgebers mindestens die Leistungen der Krankenversicherung öffentlich Bediensteter gesichert sind und

bb. ihnen aus ihrem Dienstverhältnis keine Anwartschaft auf Ruhe- und Versorgungsgenüsse im Sinne des § 5 Abs. 1 Z 3 lit. b und des § 6 zusteht;

g. die bei Eisenbahnen im Sinne des 1. Teiles des Eisenbahngesetzes 1957, BGBl. Nr. 60, Beschäftigten, soweit diese Eisenbahnen – unabhängig von der Rechtsform des Betriebes bzw. Unternehmens – dem öffentlichen Verkehr dienen und Personen oder Sachgüter befördern;

h. Beschäftigte von Schlaf- und Speisewagenbetrieben;

i. Beschäftigte in einem Betrieb, an dem ein Unternehmen im Sinne der lit. f oder lit. g zu mehr als 25% beteiligt ist oder der auf maßgebliche Aufgaben der Geschäftsführung wesentlichen Einfluss hat, und zwar unabhängig von der Rechtsform dieses Betriebes; umfasst sind sowohl Eigenbetriebe als auch solche Hilfseinrichtungen, die dem Bau, Betrieb und Verkehr dienen und in einer organisatorischen oder rechtlichen sowie funktionalen Verbindung zum Eisenbahnunternehmen stehen;

j. am 31. Dezember 2003 bei den Österreichischen Bundesbahnen beschäftigte Dienstnehmer/innen, auch wenn ihre Dienstverhältnisse nach dem 31. Dezember 2003 infolge eines (auch mehrmaligen) Betriebsüberganges auf ein anderes Unternehmen übergehen oder solange sie bei einem der in Art. I des Bundesbahnstrukturgesetzes 2003 genannten Unternehmen oder einer Rechtsnachfolgerin eines dieser Unternehmen oder bei einem Unternehmen, das durch Maßnahmen der Umgründung im Rahmen des bestehenden Gesellschaftsrechts aus einer der Gesellschaften hervorgegangen ist, beschäftigt sind;

k. in knappschaftlichen Betrieben (§ 15 Abs. 2 und 3) Beschäftigte;

l. nach § 15 Abs. 4 zur knappschaftlichen Pensionsversicherung gehörende Personen;

m. Beschäftigte jener Betriebe, für deren Beschäftigte die Betriebskrankenkasse Pengg am 31. Dezember 2001 die Pflichtversicherung in der Krankenversicherung durchgeführt hat;

n. die Bediensteten der WIENER LINIEN GmbH & Co KG sowie die dieser Gesellschaft zur Dienstleistung zugewiesenen, in einem bis 31. Dezember 2000 durch Vertrag begründeten Dienstverhältnis zur Gemeinde Wien stehenden Beschäftigten;

o. Lehrlinge und Dienstnehmer/innen nach § 4 Abs. 4, sofern sie nach den Vorschriften über die Krankenversicherung öffentlich Bediensteter bei der Versicherungsanstalt öffentlich Bediensteter, Eisenbahnen und Bergbau versichert sind;

(BGBl I 2022/60)

p) die Arbeitnehmer/innen nach dem GSAG.

(BGBl I 2022/60)

Sonstige Teilversicherung

§ 8. (1) Nur in den nachstehend angeführten Versicherungen sind überdies auf Grund dieses Bundesgesetzes versichert (teilversichert):

1. in der Krankenversicherung

a) die Bezieher einer Pension aus der Pensionsversicherung nach diesem Bundesgesetz und die Bezieher von Übergangsgeld gemäß § 306, wenn die Pension gemäß § 86 Abs. 3 Z 2 letzter Satz nicht angefallen ist und sie nicht gemäß § 4 Abs. 1 Z 8 versichert sind, mit Ausnahme

aa) der im § 1 Abs. 1 Z 18 B-KUVG genannten Personen und

bb) der nach § 4 B-KUVG versicherten Personen, soweit ihre Pension nach diesem Bundesgesetz einen Bestandteil des Ruhe(Versorgungs)bezuges bildet, der von einer im § 4 zweiter Satz B-KUVG genannten Einrichtung gewährt wird;

cc) der Personen, die einem Betrieb, für den zum 31. Dezember 2019 eine Betriebskrankenkasse errichtet war, zugehörig waren, wenn und solange sie im Erkrankungsfall gegenüber einer auf Betriebsvereinbarung beruhenden betrieblichen Gesundheitseinrichtung nach den §§ 5a und 5b Anspruch auf Leistungen haben, die den Leistungen nach diesem Bundesgesetz gleichartig oder zumindest annähernd gleichwertig sind;

b) die Bezieher einer laufenden Geldleistung aus der zusätzlichen Pensionsversicherung bei den im § 479 genannten Instituten, sofern sie nicht bereits nach lit. a versichert sind,

c) Personen, die aufgrund des Wehrgesetzes 2001 Präsenz- oder Ausbildungsdienst leisten – ausgenommen die in lit. e genannten Personen – soweit sie nicht nach diesem oder einem anderen Bundesgesetz in der Krankenversicherung pflichtversichert sind,

d) die BezieherInnen von Rehabilitationsgeld (§ 143a) mit Ausnahme der im § 1 Abs. 1 Z 17 bis 19 und 21 bis 23 B-KUVG genannten Personen,

e) Ausbildungsdienst Leistende nach dem Wehrgesetz 2001 ab dem 13. Monat des Ausbildungsdienstes,

f) BezieherInnen von Kinderbetreuungsgeld nach dem Kinderbetreuungsgeldgesetz (KBGG), BGBl. I Nr. 103/2001, wenn nach § 28 KBGG ein Krankenversicherungsträger nach diesem Bundesgesetz zuständig ist,

g) Bezieher von Familienzeitbonus nach dem Familienzeitbonusgesetz (FamZeitbG), BGBl. I Nr. 53/2016, wenn nach § 4 FamZeitbG ein Krankenversicherungsträger nach diesem Bundesgesetz zuständig ist,

die unter lit. a, b und d genannten Personen jedoch nur, wenn und solange sie sich ständig im Inland aufhalten;

2. in der Pensionsversicherung

a) Personen, die Wochengeld beziehen oder deren Anspruch auf Wochengeld ruht;

b) Personen, die eine Geldleistung nach dem Arbeitslosenversicherungsgesetz 1977 (AlVG), BGBl. Nr. 609, nach dem Sonderunterstützungsgesetz (SUG), BGBl. Nr. 642/1973, oder nach dem Überbrückungshilfengesetz (ÜHG), BGBl. Nr. 174/1963, oder eine Beihilfe zur Deckung des Lebensunterhaltes nach dem Arbeitsmarktservicegesetz (AMSG), BGBl. Nr. 313/1994, rechtmäßig beziehen, wenn sie nicht nach § 4 Abs. 1 Z 8 pflichtversichert sind, oder Notstandshilfe oder erweiterte Überbrückungshilfe ausschließlich wegen Anrechnung des Einkommens des Partners oder der Partnerin nicht beziehen oder deren Anspruch auf Arbeitslosengeld ausschließlich nach § 16 Abs. 1 lit. l AlVG ruht;

c) die BezieherInnen von Krankengeld, Rehabilitationsgeld und Wiedereingliederungsgeld;

d) Personen, die nach dem Wehrgesetz 2001

aa) Präsenz- oder Ausbildungsdienst leisten, ausgenommen die in sublit. bb genannten Personen,

bb) Ausbildungsdienst leisten, ab dem 13. Monat des Ausbildungsdienstes,

wenn sie zuletzt nach diesem Bundesgesetz pensionsversichert oder noch nicht pensionsversichert waren;

e) Personen, die auf Grund des Zivildienstgesetzes ordentlichen oder außerordentlichen Zivildienst leisten, wenn sie zuletzt nach diesem Bundesgesetz pensionsversichert oder noch nicht pensionsversichert waren;

f) Personen, die Übergangsgeld nach diesem Bundesgesetz beziehen, wenn sie nicht nach § 4 Abs. 1 Z 8 pflichtversichert sind;

g) Personen, die ihr Kind (§ 227a Abs. 2) in den ersten 48 Kalendermonaten nach der Geburt oder im Fall einer Mehrlingsgeburt ihre Kinder in den ersten 60 Kalendermonaten nach der Geburt tatsächlich und überwiegend im Sinne des § 227a Abs. 4 bis 6 im Inland erziehen, wenn sie zuletzt nach diesem Bundesgesetz pensionsversichert oder noch nicht pensionsversichert waren;

h) die Wissenschaftlichen (Künstlerischen) MitarbeiterInnen (in Ausbildung) nach § 6 des Bundesgesetzes über die Abgeltung von wissenschaftlichen und künstlerischen Tätigkeiten an Universitäten und Universitäten der Künste, BGBl. Nr. 463/1974;

i) die zur Fremdsprachenassistenz nach § 3a des Lehrbeauftragtengesetzes bestellten Personen;

j) pflegeteilzeitbeschäftigte Personen, die ein aliquotes Pflegekarenzgeld nach § 21c des Bundespflegegeldgesetzes beziehen, wenn sie auf Grund des Dienstverhältnisses, in dem Pflegeteilzeit vereinbart wurde, der Pflichtversicherung in der Pensionsversicherung unterliegen;

k) die Bezieher des Familienzeitbonus nach dem Familienzeitbonusgesetz, wenn sie zuletzt nach diesem Bundesgesetz pensionsversichert oder noch nicht pensionsversichert waren;

3. in der Unfallversicherung hinsichtlich der nachstehend bezeichneten Tätigkeiten (Beschäftigungsverhältnisse):

    a) alle selbständig Erwerbstätigen, die
       - Mitglieder einer Wirtschaftskammer oder
       - in der Kranken- oder Pensionsversicherung gemäß § 2 Abs. 1 Z 4 GSVG pflichtversichert oder
       - in der Krankenversicherung gemäß § 3 Abs. 1 Z 2 GSVG pflichtversichert

       sind; ferner die Gesellschafter/Gesellschafterinnen einer offenen Gesellschaft, die unbeschränkt haftenden Gesellschafter/Gesellschafterinnen einer Kommanditgesellschaft und die zu Geschäftsführern bestellten Gesellschafter einer Gesellschaft mit beschränkter Haftung, sofern diese Gesellschaften Mitglieder einer Kammer der gewerblichen Wirtschaft sind;

    b) (aufgehoben)

    c) die Teilnehmer an Umschulungs-, Nachschulungs- und sonstigen beruflichen Ausbildungslehrgängen der Gebietskörperschaften, des Arbeitsmarktservice, des Bundesamtes für Soziales und Behindertenwesen, der Sozialversicherungsträger sowie der gesetzlichen beruflichen Vertretungen der Dienstgeber und Dienstnehmer, soweit die Schulung nicht im Rahmen eines Dienst- oder Lehrverhältnisses durchgeführt wird, sowie die Lehrenden bei solchen Lehrgängen, desgleichen die Volontäre, ferner Personen, die in einer Einrichtung untergebracht sind, die der medizinischen Rehabilitation oder Gesundheitsvorsorge dient;

    d) Angehörige der Orden und Kongregationen der Katholischen Kirche sowie der Anstalten der Evangelischen Diakonie in ihrer Tätigkeit in einem land(forst)wirtschaftlichen Betrieb ihres Ordens, ihrer Kongregation bzw. ihrer Anstalt;

    e) die Versicherungsvertreter/innen in den Verwaltungskörpern der Sozialversicherungsträger – ausgenommen die Verwaltungskörper der Versicherungsanstalt öffentlich Bediensteter, Eisenbahnen und Bergbau – und des Dachverbandes in Ausübung der ihnen auf Grund ihrer Funktion obliegenden Pflichten;

    f) (aufgehoben)

    g) Einzelorgane und Mitglieder von Kollektivorganen der gesetzlichen beruflichen Vertretungen sowie der kollektivvertragsfähigen Berufsvereinigungen der Dienstnehmer und der Dienstgeber, der Landwirtschaftskammern, der Kammer der Wirtschaftstreuhänder, des Österreichischen Hebammengremiums, des Tiroler Skilehrerverbandes, des Salzburger Berufs-Schi- und Snowboardlehrerverbandes, des Vorarlberger Schilehrerverbandes, der Tierärztekammer und der Österreichischen Zahnärztekammer, die aufgrund der diese Vertretung regelnden Vorschriften bzw. aufgrund des Statuts der Berufsvereinigung gewählt oder sonst bestellt sind, in Ausübung der ihnen aufgrund ihrer Funktion obliegenden Pflichten, soweit nicht eine landesgesetzliche Regelung über Unfallfürsorge besteht;

    h) Schüler an Schulen im Sinne des Schulorganisationsgesetzes, BGBl. Nr. 242/1962, an Schulen zur Ausbildung von Leibeserziehern und Sportlehrern im Sinne des Bundesgesetzes BGBl. Nr. 140/1974, an Privatschulen im Sinne des Privatschulgesetzes, BGBl. Nr. 244/1962, an land- und forstwirtschaftlichen Schulen im Sinne des Land- und forstwirtschaftlichen Bundesschulgesetzes, BGBl. Nr. 175/1966, an Forstfachschulen im Sinne des Forstgesetzes 1975, BGBl. Nr. 440/1975, an land- und forstwirtschaftlichen Berufsschulen im Sinne des Bundesgesetzes betreffend die Grundsätze für land- und forstwirtschaftliche Berufsschulen, BGBl. Nr. 319/1975, an land- und forstwirtschaftlichen Fachschulen im Sinne des Bundesgesetzes betreffend die Grundsätze für land- und forstwirtschaftliche Fachschulen, BGBl. Nr. 320/1975, sowie an land- und forstwirtschaftlichen Privatschulen im Sinne des land- und forstwirtschaftlichen Privatschulgesetzes, BGBl. Nr. 318/1975;

    i) Personen im Sinne des § 3 Abs. 1 Z 1 bis 7 und 9 des Studienförderungsgesetzes 1992, BGBl. Nr. 305, die im Rahmen des für die betreffende Studienart vorgeschriebenen normalen Studienganges inskribiert (zum Studium zugelassen) sind, Hörer (Lehrgangsteilnehmer) der Diplomatischen Akademie in Wien sowie Personen, die zur Studienberechtigungsprüfung im Sinne des Studienberechtigungsgesetzes, BGBl. Nr. 292/1985, zugelassen sind, und Personen, die sich auf Prüfungen zwecks Zulassung zu einem Fachhochschul-Studiengang vorbereiten und zwecks Vorbereitung auf diese Prüfungen Kurse bzw. Lehrgänge an Universitäten, Hochschulen, Einrichtungen der Erwachsenenbildung, privaten Werkmeisterschulen mit Öffentlichkeitsrecht, Einrichtungen, die

Fachhochschul-Studiengänge durchführen, oder staatlich organisierte Lehrgänge besuchen; zum Studien(Lehr)gang zählt auch ein angemessener Zeitraum für die Vorbereitung auf die Ablegung der entsprechenden Abschlußprüfungen und auf die Erwerbung eines akademischen Grades;

j) Mitglieder (Ersatzmitglieder) der Bundesförderungs- und -prüfungskommission nach § 8 des Bundesministeriengesetzes 1973, BGBl. Nr. 389, der Kommission nach § 7 des Landwirtschaftsgesetzes, BGBl. Nr. 299/1976, des Beirates nach § 12 des Bundesgesetzes über das land- und forstwirtschaftliche Betriebsinformationssystem, BGBl. Nr. 448/1980, und der amtlichen Weinkostkommissionen nach § 57 des Weingesetzes 1999, BGBl. I Nr. 141, in Ausübung ihrer Funktion, soweit sie nicht aufgrund anderer bundesgesetzlicher Bestimmungen unfallversichert sind;

k) fachkundige und fachmännische Laienrichter/Laienrichterinnen in der ordentlichen Gerichtsbarkeit, an den Verwaltungsgerichten sowie am Bundesfinanzgericht, sowie Schöffen und Geschworene in Ausübung dieser Tätigkeit und bei der Teilnahme an Schulungen (Informationsveranstaltungen) für diese Tätigkeit;

l) Kinder, die im letzten Jahr vor Schulpflicht eine institutionelle Kinderbetreuungseinrichtung im Sinne des Art. 3 Z 1 der Vereinbarung gemäß Art. 15a B-VG über die Einführung der halbtägigen kostenlosen und verpflichtenden frühen Förderung in institutionellen Kinderbetreuungseinrichtungen, BGBl. I Nr. 99/2009, im Ausmaß von 16 Stunden oder mehr besuchen;

m) die in den von den Ländern anerkannten Einrichtungen der Beschäftigungstherapie tätigen Personen mit Behinderung;

4. in der Kranken- und Unfallversicherung Zivildienstleistende im Sinne des Zivildienstgesetzes, BGBl. Nr. 187/1974;

4a. in der Kranken- und Unfallversicherung die Teilnehmer/Teilnehmerinnen am Freiwilligen Integrationsjahr nach dem Freiwilligengesetz (FreiwG), BGBl. I Nr. 17/2012; Pflichtversicherung in der Krankenversicherung tritt nur ein, wenn die Teilnehmer/Teilnehmerinnen nicht auf Grund anderer gesetzlicher Bestimmungen nach § 9 in diesem Versicherungszweig versichert sind;

5. in der Kranken- und Pensionsversicherung die BezieherInnen eines Überbrückungsgeldes nach § 13l des Bauarbeiter-Urlaubs- und Abfertigungsgesetzes.

(1a) Abs. 1 Z 2 lit. d, e und g ist nicht auf Personen in einem pensionsversicherungsfreien Dienstverhältnis (§ 308 Abs. 2) anzuwenden, die

1. nach dem 31. Dezember 1954 geboren sind und vor dem 1. Jänner 2005 in das pensionsversicherungsfreie Dienstverhältnis aufgenommen wurden;

2. nach dem 31. Dezember 2004 oder nach § 136b des Beamten-Dienstrechtsgesetzes 1979 in das pensionsversicherungsfreie Dienstverhältnis aufgenommen wurden.

(1b) Abs. 1 Z 2 lit. g und Z 2 lit. k ist nicht auf Personen anzuwenden, deren Pflichtversicherung nach § 11 Abs. 3 lit. b weiter besteht.

(2) Die Bestimmungen des Abs. 1 Z 3 lit. a finden keine Anwendung

a) auf die nach § 4 Abs. 1 Z 7 und § 7 Z 2 lit. b versicherten, den Heimarbeitern nach den jeweiligen gesetzlichen Vorschriften über die Heimarbeit gleichgestellten Zwischenmeister (Stückmeister), sofern ihre Kammermitgliedschaft ausschließlich auf der ihrer Tätigkeit als Zwischenmeister (Stückmeister) zugrunde liegenden Gewerbeberechtigung beruht;

b) (aufgehoben)

c) auf Verpächter von Betrieben für die Dauer der Verpachtung sowie auf Personen, die das Ruhen ihres Gewerbebetriebes angezeigt haben, für die Dauer des Ruhens;

d) auf Personen, die das 15. Lebensjahr noch nicht vollendet haben;

e) auf Personen, die auf Grund der im Abs. 1 Z 3 lit. a genannten Tätigkeit bereits nach § 4 Abs. 1 Z 1 der Vollversicherung oder nach § 7 Z 3 lit. a der Teilversicherung in der Unfallversicherung unterliegen.

(3) Eine Pflichtversicherung nach Abs. 1 Z 1 lit. a bleibt auch für die Dauer einer Versagung nach § 307b aufrecht.

(4) Abs. 1 Z 3 lit. c ist nicht auf Personen anzuwenden, die als Volontäre an einem Programm der Europäischen Union zur Förderung der Mobilität junger Menschen teilnehmen.

(5) (aufgehoben)

(6) Schüler an berufsbildenden Schulen sind nur dann gemäß Abs. 1 Z 3 lit. h pflichtversichert, wenn sie nicht bereits auf Grund eines Lehr- oder Ausbildungsverhältnisses (§ 4 Abs. 1 Z 2 oder 4) bzw. gemäß Abs. 1 Z 3 lit. c oder gemäß § 4 Abs. 1 Z 8 dieses Bundesgesetzes bzw. gemäß § 3 Abs. 1 Z 2 des Bauern-Sozialversicherungsgesetzes pflichtversichert sind.

Meldung von Änderungen und der monatlichen Beitragsgrundlagen

§ 34. (1) Die Dienstgeber haben während des Bestandes der Pflichtversicherung jede für diese Versicherung bedeutsame Änderung, die nicht von der Meldung nach Abs. 2 umfasst ist, innerhalb von sieben Tagen dem zuständigen Krankenversicherungsträger zu melden. Jedenfalls zu melden ist der Wechsel des Abfertigungssystems nach § 47 des Betrieblichen Mitarbeiter- und Selbständigenvorsorgegesetzes (BMSVG), BGBl. I Nr. 100/2002, oder nach vergleichbaren österreichischen Rechtsvorschriften.

(2) Die Meldung der monatlichen Beitragsgrundlagen hat nach Ablauf eines jeden Beitragszeitraumes mittels elektronischer Datenfernübertragung (§ 41 Abs. 1 und 4) zu erfolgen; die Frist für die Vorlage der monatlichen Beitragsgrundlagenmeldung endet mit dem 15. des Folgemonats. Wird ein Beschäftigungsverhältnis nach dem 15. des Eintrittsmonats aufgenommen, endet die Frist für die Meldung der monatlichen Beitragsgrundlage mit dem 15. des übernächsten Monats. Dies gilt auch bei Wiedereintritt des Entgeltanspruches nach dem 15. des Wiedereintrittsmonats. Davon abweichend kann für Versicherte nach § 4 Abs. 4 die Meldung der nach § 44 Abs. 8 ermittelten Beitragsgrundlage bis zum 15. des der Entgeltleistung folgenden Kalendermonats erfolgen.

(BGBl I 2018/30)

(3) Werden die monatlichen Beitragsgrundlagen nicht oder nicht vollständig übermittelt, so können bis zu ihrer (vollständigen) Übermittlung die Beitragsgrundlagen des Vormonats fortgeschrieben werden. Liegen solche nicht vor, so ist der Träger der Krankenversicherung berechtigt, die Beitragsgrundlagen unter Heranziehung von Daten anderer Versicherungsverhältnisse beim selben Dienstgeber oder, wenn diese nicht vorliegen, von Daten der Versicherungsverhältnisse bei gleichartigen oder ähnlichen Betrieben festzusetzen.

(BGBl I 2015/79)

(4) Berichtigungen der Beitragsgrundlagen können – wenn die Beiträge nicht durch den Träger der Krankenversicherung nach § 58 Abs. 4 dem Beitragsschuldner/der Beitragsschuldnerin vorgeschrieben werden – innerhalb von zwölf Monaten nach Ablauf des Zeitraumes, für den die Beitragsgrundlagenmeldung gilt, ohne nachteilige Rechtsfolgen vorgenommen werden.

(BGBl I 2018/30)

(5) Werden die Beiträge vom Träger der Krankenversicherung nach § 58 Abs. 4 dem Beitragsschuldner/der Beitragsschuldnerin vorgeschrieben, so ist die monatliche Beitragsgrundlagenmeldung erstmals für jenen Beitragszeitraum, in dem die Beschäftigung aufgenommen wurde, zu übermitteln. In der Folge ist eine monatliche Beitragsgrundlagenmeldung nur dann zu erstatten, wenn eine Änderung der Beitragsgrundlage (§§ 44 und 54) erfolgt. Abweichend von Abs. 2 endet die Frist für die Vorlage der monatlichen Beitragsgrundlagenmeldung mit dem Siebenten des Monats, der dem Monat der Anmeldung zur Pflichtversicherung oder der Änderung der Beitragsgrundlage folgt. Für Versicherte nach § 4 Abs. 4 kann die Meldung der nach § 44 Abs. 8 ermittelten Beitragsgrundlage bis zum Siebenten des der Entgeltleistung folgenden Kalendermonats erfolgen.

(BGBl I 2018/30)

(6) Die Dienstgeber haben die Adresse der Arbeitsstätte am 31. Dezember oder am letzten Beschäftigungstag des Jahres zu melden. Die Meldung hat mittels elektronischer Datenfernübertragung bis Ende Februar des folgenden Kalenderjahres zu erfolgen.

(BGBl I 2017/66)

Sozialversicherungsprüfung

§ 41a. (1) Die Österreichische Gesundheitskasse hat die Einhaltung aller für das Versicherungsverhältnis maßgebenden Tatsachen zu prüfen (Sozialversicherungsprüfung). Hierzu gehört insbesondere

1. die Prüfung der Einhaltung der Meldeverpflichtungen in allen Versicherungs- und Beitragsangelegenheiten und der Beitragsabrechnung,
2. die Prüfung der Grundlagen von Geldleistungen (Krankengeld, Wochengeld, Arbeitslosengeld usw.),
3. die Beratung in Fragen von Melde-, Versicherungs- und Beitragsangelegenheiten.

Für die Sozialversicherungsprüfung gelten die für Außenprüfungen maßgeblichen Vorschriften der Bundesabgabenordnung.

(BGBl I 2019/104, BGBl I 2020/5)

(2) Gemeinsam mit der Sozialversicherungsprüfung ist von der Österreichischen Gesundheitskasse auch die Lohnsteuerprüfung (§ 86 EStG 1988) durchzuführen. Bei der Durchführung der Lohnsteuerprüfung ist das Prüfungsorgan der Österreichischen Gesundheitskasse als Organ des Finanzamtes tätig und unterliegt dessen fachlicher Weisung. Das für die Erhebung der Lohnsteuer zuständige Finanzamt ist von der Prüfung sowie auf Anfrage vom Stand des Prüfungsverfahrens zu unterrichten; nach Abschluss der Außenprüfung ist es vom Inhalt des Prüfungsberichtes oder der aufgenommenen Niederschrift zu verständigen. Das Finanzamt ist an das Prüfungsergebnis nicht gebunden.

(BGBl I 2019/104)

(3) Gemeinsam mit der Sozialversicherungsprüfung ist von der Österreichischen Gesundheitskasse auch die Kommunalsteuerprüfung (§ 14 des Kommunalsteuergesetzes 1993, BGBl. Nr. 819/1993) durchzuführen. Bei der Durchführung der Kommunalsteuerprüfung ist das Prüfungsorgan der Österreichischen Gesundheitskasse als Organ der erhebungsberechtigten Gemeinde tätig und unterliegt deren fachlicher Weisung. Die erhebungsberechtigte Gemeinde ist von der Prüfung sowie auf Anfrage vom Stand des Prüfungsverfahrens zu unterrichten; nach Abschluss der Außenprüfung ist sie vom Inhalt des Prüfungsberichtes oder der aufgenommenen Niederschrift zu verständigen. Die Gemeinde ist an das Prüfungsergebnis nicht gebunden.

(BGBl I 2018/98)

(4) Der Prüfungsauftrag ist von der Österreichischen Gesundheitskasse zu erteilen.

(BGBl I 2018/98)

(5) Die Österreichische Gesundheitskasse hat den Finanzämtern und den Gemeinden alle für das Versicherungsverhältnis und die Beitragsentrichtung bedeutsamen Daten zur Verfügung zu stellen. Diese Daten dürfen nur in der Art und dem Umfang verarbeitet werden, als dies zur Wahrnehmung der gesetzlich übertragenen Aufgaben eine wesentliche Voraussetzung ist.
(BGBl I 2020/54)

Auskünfte zwischen Versicherungsträgern und Dienstgebern

§ 42. (1) Auf Anfrage des Versicherungsträgers haben
1. die Dienstgeber,
2. Personen, die Geld- bzw. Sachbezüge gemäß § 49 Abs. 1 und 2 leisten oder geleistet haben, unabhängig davon, ob der Empfänger als Dienstnehmer tätig war oder nicht,
3. sonstige meldepflichtige Personen und Stellen (§ 36),
4. im Fall einer Bevollmächtigung nach § 35 Abs. 3 oder § 36 Abs. 2 auch die Bevollmächtigten,

längstens binnen 14 Tagen wahrheitsgemäß Auskunft über alle für das Versicherungsverhältnis maßgebenden Umstände zu erteilen. Weiters haben sie den gehörig ausgewiesenen Bediensteten der Versicherungsträger während der Betriebszeit Einsicht in alle Geschäftsbücher und Belege sowie sonstigen Aufzeichnungen zu gewähren, die für das Versicherungsverhältnis von Bedeutung sind. Die Versicherungsträger sind überdies ermächtigt, den Dienstgebern alle Informationen über die bei ihnen beschäftigten oder beschäftigt gewesenen Dienstnehmer zu erteilen, soweit die Dienstgeber diese Informationen für die Erfüllung der Verpflichtungen benötigen, die ihnen in sozialversicherungs- und arbeitsrechtlicher Hinsicht aus dem Beschäftigungsverhältnis der bei ihnen beschäftigten oder beschäftigt gewesenen Dienstnehmer erwachsen.

(1a) Besteht der begründete Verdacht auf das Vorliegen eines Verhaltens, das Sozialbetrug im Sinne des § 2 SBBG darstellt, oder auf das Vorliegen eines Scheinunternehmens nach § 8 SBBG, so sind
1. die Bediensteten der Versicherungsträger berechtigt,
    a) zur Durchführung ihrer Aufgaben die Betriebsstätten sowie die Aufenthaltsräume der DienstnehmerInnen zu betreten;
    b) die zur Durchführung ihrer Aufgaben erforderlichen Auskünfte von allen auf der Betriebsstätte anwesenden Personen, die mit Arbeiten an der Betriebsstätte beschäftigt sind, einzuholen;
2. die DienstnehmerInnen verpflichtet, auf Verlangen der Bediensteten der Versicherungsträger ihre Ausweise oder sonstigen Unterlagen zur Feststellung ihrer Identität vorzuzeigen;
3. die Dienstgeber oder ihre Bevollmächtigten verpflichtet, den Bediensteten der Versicherungsträger die zur Durchführung ihrer Aufgaben erforderlichen Auskünfte zu erteilen.

Der Dienstgeber hat dafür zu sorgen, dass bei seiner Abwesenheit von der Betriebsstätte eine dort anwesende Person den Bediensteten der Versicherungsträger die erforderlichen Auskünfte nach Z 3 erteilt und Einsicht in die erforderlichen Unterlagen gewährt.

(2) Die Bezirksverwaltungsbehörde kann auf Antrag des Versicherungsträgers die nach Abs. 1 auskunftspflichtigen Personen (Stellen) zur Erfüllung der dort angeführten Pflichten verhalten. Entstehen durch diese Maßnahmen der Bezirksverwaltungsbehörde dem Versicherungsträger besondere Auslagen (Kosten von Sachverständigen, Buchprüfern, Reiseauslagen u. dgl.), so kann die Bezirksverwaltungsbehörde diese Auslagen auf Antrag des Versicherungsträgers der auskunftspflichtigen Person (Stelle) auferlegen, wenn sie durch Vernachlässigung der ihr auferlegten Pflichten entstanden sind. Diese Auslagen sind wie Beiträge einzutreiben.

(3) Reichen die zur Verfügung stehenden Unterlagen für die Beurteilung der für das Versicherungsverhältnis maßgebenden Umstände nicht aus, so ist der Versicherungsträger berechtigt, diese Umstände aufgrund anderer Ermittlungen oder unter Heranziehung von Daten anderer Versicherungsverhältnisse bei demselben Dienstgeber sowie von Daten gleichartiger oder ähnlicher Betriebe festzustellen. Der Versicherungsträger kann insbesondere die Höhe von Trinkgeldern, wenn solche in gleichartigen oder ähnlichen Betrieben üblich sind, anhand von Schätzwerten ermitteln.

(4) Die Versicherungsträger sind berechtigt, die zuständigen Behörden zu verständigen, wenn sie im Rahmen ihrer Tätigkeit zu dem begründeten Verdacht gelangen, daß eine Übertretung arbeitsrechtlicher, gewerberechtlicher oder steuerlicher Vorschriften vorliegt.

Auskunftpflicht der Versicherungsträger

§ 43a. (1) Der zuständige Krankenversicherungsträger (§ 23 Abs. 1) hat auf Anfrage der Beteiligten im Sinne des § 42 Abs. 1 Z 1 bis 4 schriftlich darüber Auskunft zu geben, ob und inwieweit im einzelnen Fall die Vorschriften über das Melde-, Versicherungs- und Beitragswesen anzuwenden sind. Die Auskunft hat mit Rücksicht auf die Auswirkungen für den Versicherten tunlichst innerhalb der in § 42 Abs. 1 genannten Frist zu erfolgen.

(2) Die Österreichische Gesundheitskasse hat der Landwirtschaftskammer Österreich auf ihre Anfrage zur Erfüllung der gesetzlichen Beobachtungspflicht der Arbeitgeberzusammenschlüsse nach § 415 des Landarbeitsgesetzes 2021, BGBl. I Nr. 78/2021, schriftlich längstens binnen 14 Tagen Auskunft zu geben über die Anzahl der Dienstnehmer/innen von Arbeitgeberzusammenschlüssen

und die Summe der Beitragsgrundlagen aufgeschlüsselt nach Bundesländern.
(BGBl I 2021/78)

Gegenseitige Verwaltungshilfe

§ 321. (1) Die Versicherungsträger und die Abgabenbehörden sind verpflichtet, bei der Erfüllung ihrer Aufgaben einander zu unterstützen; sie haben insbesondere Ersuchen, die zu diesem Zweck an sie ergehen, im Rahmen ihrer sachlichen und örtlichen Zuständigkeit zu entsprechen und auch unaufgefordert anderen Versicherungsträgern und Abgabenbehörden alle Mitteilungen zukommen zu lassen, die für deren Geschäftsbetrieb von Wichtigkeit sind. Die Versicherungsträger haben Anträge und Meldungen, die bei ihnen für andere Versicherungsträger einlangen, fristwahrend weiterzuleiten. Die Verpflichtung zur gegenseitigen Hilfe bezieht sich auch auf die Übermittlung von personenbezogenen Daten im automationsunterstützten Datenverkehr zwischen den Versicherungsträgern, die zur Durchführung des Melde- und Beitragsverfahrens, zur Erbringung von Leistungen sowie zur Durchsetzung von Ersatzansprüchen notwendig sind.
(BGBl I 2018/37)

(2) Die Bestimmungen des Abs. 1 sind entsprechend auf die Beziehungen der Versicherungsträger zum Dachverband und zur Sozialversicherungsanstalt der Selbständigen anzuwenden.

(3) Gewährt ein Träger der Unfallversicherung einem Berechtigten, der eine Pension aus der Pensionsversicherung bezieht, Rente oder Anstaltspflege aus der Unfallversicherung oder treten Änderungen hierin ein, so ist der Träger der Pensionsversicherung unverzüglich zu benachrichtigen.

Rechts- und Verwaltungshilfe

§ 360. (1) Die Verwaltungsbehörden und die Gerichte sind verpflichtet, den im Vollzug dieses Bundesgesetzes an sie ergehenden Ersuchen der Versicherungsträger und des Dachverbandes im Rahmen ihrer sachlichen und örtlichen Zuständigkeit zu entsprechen. In gleicher Weise haben die Versicherungsträger (der Dachverband) den Verwaltungsbehörden und den Gerichten Verwaltungshilfe zu leisten.
(BGBl I 2018/100)

(2) Die Barauslagen, die der ersuchten Stelle aus der Hilfeleistung erwachsen, mit Ausnahme von Portokosten, sind von der ersuchenden Stelle zu erstatten.

(3) Die Sozialversicherungsträger und der Dachverband sind berechtigt, in automationsunterstütztem Weg Einsicht in das Grundbuch, das Adressregister, das zentrale Gewerberegister und das Firmenbuch zu nehmen, soweit dies zur Erfüllung der ihnen übertragenen Aufgaben, insbesondere zur Erbringung von Leistungen und zur Durchführung des Versicherungs-, Melde- und Beitragswesens, notwendig ist. Die Berechtigung zur Einsicht in das Grundbuch umfaßt auch die Einsichtnahme in das Personenverzeichnis. Die Berechtigung zur Einsicht in das Firmenbuch umfaßt auch die bundesweite Suche nach im Zusammenhang mit den Rechtsträgern gespeicherten Personen.
(BGBl I 2018/100)

(4) (aufgehoben)

(5) Die Personenstandsbehörde hat der Österreichischen Gesundheitskasse – möglichst in automationsunterstützter Form – folgende Personenstandsfälle mitzuteilen:
1. Geburten und Vermerke über Annahmen an Kindes statt,
2. Vermerke über verwaltungsbehördliche Namensänderungen sowie Namensänderungen auf Grund zivilrechtlicher Vorgänge,
3. Eheschließungen oder Begründungen von eingetragenen Partnerschaften und Vermerke über Auflösungen von Ehen oder eingetragenen Partnerschaften,
4. Todesfälle.

(BGBl I 2018/100)

(6) Die Sozialversicherungsträger und der Dachverband haben zur Sicherung der Unverwechselbarkeit und Richtigkeit der von ihnen verarbeiteten personenbezogenen Daten sowie zur Durchführung ihrer Verfahren das Recht, das Verfahren der Meldebehörden nach § 14 Abs. 2 des Meldegesetzes 1991 in Anspruch zu nehmen. Sie sind verpflichtet, bei Änderungen (Feststellung, Richtigstellung usw.) von Familiennamen, Vornamen, Geschlechtsangabe, Staatsbürgerschaft und Geburtsdaten sowie der ZMR-Zahl (§ 16 Meldegesetz 1991) mit dem Zentralen Melderegister beim Bundesminister für Inneres zum Zwecke der Führung der Gleichsetzungstabelle (§ 16b Meldegesetz 1991 in der Fassung des Artikels II des Bundesgesetzes BGBl. I Nr. 28/2001) zusammenzuarbeiten und dort geänderte personenbezogene Daten zu verarbeiten, soweit dies zur eindeutigen Identifizierung einer Person notwendig ist. Leistungsansprüche, Anwartschaften oder deren Veränderungen können aus solchen Änderungen nicht abgeleitet werden. Abfragen der Sozialversicherungsträger und des Dachverbandes aus dem Zentralen Melderegister sind auch nach dem Auswahlkriterium der Anschrift (Wohnadresse) zulässig, und zwar zur Überprüfung von Angaben über das Vorliegen eines gemeinsamen Haushaltes, soweit dies für die Feststellung eines Leistungsanspruches notwendig ist. Die Ergebnisse solcher Abfragen stellen lediglich einen Anhaltspunkt bei der Ermittlung des Tatbestandes des gemeinsamen Haushaltes dar.
(BGBl I 2018/100)

(7) Die Abgabenbehörden und ihre Organe haben in ihrem Wirkungsbereich an der Vollziehung der sozialversicherungsrechtlichen Bestimmungen mitzuwirken. Soweit Organe der Abgabenbehörden Maßnahmen im Sinne des ersten Satzes setzen, ist ihr Handeln dem zuständigen Krankenversicherungsträger zuzurechnen.
(BGBl I 2019/104)

23/1. ASVG
§§ 459a, 459b, 459g, 539a

Mitwirkung der Abgabenbehörden des Bundes

§ 459a. (1) Die Abgabenbehörden des Bundes haben den Trägern der Pensionsversicherung nach Maßgabe des Abs. 3 folgende Daten von land(forst)wirtschaftlichem Vermögen (§ 29 des Bewertungsgesetzes) zu übermitteln:
1. Ordnungsbegriff und Lagebeschreibung der wirtschaftlichen Einheit,
2. Name (Familienname und Vorname) des Eigentümers der wirtschaftlichen Einheit mit Geburtsdatum und Anschrift sowie dessen Eigentumsanteil an der wirtschaftlichen Einheit,

(BGBl I 2016/120)

3. Ausmaß des Einheitswertes und die im Bescheid ausgewiesenen Berechnungsgrundlagen,
4. Art und Rechtsgrundlage der Änderung des Einheitswertes, Stichtag der Rechtswirksamkeit sowie Ausfertigungsdatum des Bescheides,
5. Name und Anschrift eines allfälligen Zustellungsbevollmächtigten,
6. Berechnungsgrundlagen bei Gesamtflächenänderungen, die gemäß § 21 Abs. 1 Z 1 lit. a des Bewertungsgesetzes zu keiner Wertfortschreibung führen.

(2) Die übermittelten Daten dürfen nur zur Feststellung des Bestandes und des Umfanges von Leistungen nach diesem Bundesgesetz verwendet werden.

(3) Das Verfahren der Übermittlung und der Zeitpunkt der erstmaligen Übermittlung von in Abs. 1 genannten Daten sind vom Bundesminister für Finanzen im Einvernehmen mit dem Bundesminister für Arbeit und Soziales nach Maßgabe der technisch-organisatorischen Möglichkeiten zu bestimmen.

Mitwirkung der Abgabenbehörden des Bundes hinsichtlich des Bezuges einer Familienbeihilfe

§ 459b. (1) Die Abgabenbehörden des Bundes haben den Trägern der Sozialversicherung nach Maßgabe des Abs. 3 folgende Daten zu übermitteln:

Name (Familienname und Vorname), Versicherungsnummer und Anschrift

1. der Person, für die Anspruch auf Familienbeihilfe nach § 2 Abs. 1 lit. b, c und f sowie nach § 8 Abs. 4 bis 7 des Familienlastenausgleichsgesetzes 1967 besteht, und
2. des Anspruchsberechtigten gemäß § 2 Abs. 2 des Familienlastenausgleichsgesetzes 1967.

(BGBl I 2016/120)

(2) Die übermittelten Daten dürfen nur zur Feststellung des Bestandes und des Umfanges von Leistungen nach diesem Bundesgesetz verwendet werden.

(3) Das Verfahren der Übermittlung und der Zeitpunkt der erstmaligen Übermittlung von den in Abs. 1 genannten Daten sind vom Bundesminister für Finanzen im Einvernehmen mit dem Bundesminister für Umwelt, Jugend und Familie und dem Bundesminister für Arbeit und Soziales nach Maßgabe der technisch-organisatorischen Möglichkeiten zu bestimmen.

Mitwirkung der Abgabenbehörden des Bundes hinsichtlich des Bezuges ausländischer Renten (§ 73a)

§ 459g. (1) Die Abgabenbehörden des Bundes haben den Trägern der Sozialversicherung nach Maßgabe des Abs. 3 zu Personen, die eine ausländische Rente (§ 73a Abs. 1) beziehen oder eine solche bezogen haben und die Anspruch auf Leistungen eines Krankenversicherungsträgers haben, aus den bei ihnen vorhandenen und aus einer Abgabenerklärung unmittelbar ableitbaren Daten folgende Angaben zu übermitteln:

1. Namen (Familienname und Vorname), Anschrift, Geburtsdatum, in- und ausländische Sozialversicherungsnummer;

(BGBl I 2016/120)

2. Art und Höhe der ausländischen Rentenbezüge;
3. rentenauszahlende Stelle.

(2) Die übermittelten Daten dürfen nur zur Feststellung des Bestandes und des Umfanges von Leistungen und für die Feststellung von Beitragspflichten nach diesem Bundesgesetz verwendet werden.

(3) Das Verfahren der Übermittlung sowie der Zeitpunkt der erstmaligen Übermittlung der in Abs. 1 genannten Daten sind vom Bundesminister für Finanzen im Einvernehmen mit dem Bundesminister für Arbeit, Soziales und Konsumentenschutz nach Maßgabe der technisch-organisatorischen Möglichkeiten festzulegen. Die Datenübermittlungen sind vollständig in elektronischer Form im Wege des Dachverbandes vorzunehmen.

(BGBl I 2018/100)

Grundsätze der Sachverhaltsfeststellung

§ 539a. (1) Für die Beurteilung von Sachverhalten nach diesem Bundesgesetz ist in wirtschaftlicher Betrachtungsweise der wahre wirtschaftliche Gehalt und nicht die äußere Erscheinungsform des Sachverhaltes (z.B. Werkvertrag, Dienstvertrag) maßgebend.

(2) Durch den Mißbrauch von Formen und durch Gestaltungsmöglichkeiten des bürgerlichen Rechtes können Verpflichtungen nach diesem Bundesgesetz, besonders die Versicherungspflicht, nicht umgangen oder gemindert werden.

(3) Ein Sachverhalt ist so zu beurteilen, wie er bei einer den wirtschaftlichen Vorgängen, Tatsachen und Verhältnissen angemessenen rechtlichen Gestaltung zu beurteilen gewesen wäre.

(4) Scheingeschäfte und andere Scheinhandlungen sind für die Feststellung eines Sachverhaltes nach diesem Bundesgesetz ohne Bedeutung. Wird durch ein Scheingeschäft ein anderes Rechtsgeschäft verdeckt, so ist das verdeckte Rechtsgeschäft für die Beurteilung maßgebend.

(5) Die Grundsätze, nach denen
1. die wirtschaftliche Betrachtungsweise,
2. Scheingeschäfte, Formmängel und Anfechtbarkeit sowie
3. die Zurechnung

nach den §§ 21 bis 24 der Bundesabgabenordnung für Abgaben zu beurteilen sind, gelten auch dann, wenn eine Pflichtversicherung und die sich daraus ergebenden Rechte und Pflichten nach diesem Bundesgesetz zu beurteilen sind.

MinBestG
Gesetzesmaterialien

Mindestbesteuerungsreformgesetz

Artikel 1
Bundesgesetz zur Gewährleistung einer globalen Mindestbesteuerung für Unternehmensgruppen (Mindestbesteuerungsgesetz – MinBestG)

Zu Abschnitt 1:
Zu § 1 (Regelungsgegenstand):
Zu Abs. 1:
Dieses Bundesgesetz soll der Umsetzung der Richtlinie (EU) 2022/2523 zur Gewährleistung einer globalen Mindestbesteuerung für multinationale Unternehmensgruppen und große inländische Gruppen in der Union, ABl. Nr. L 328 vom 22.12.2022 S. 1, berichtigt in ABl. L 13 vom 16.1.2023 S. 9 (in der Folge: „Richtlinie") in österreichisches Recht dienen.

Zu Abs. 2:
Dieses Bundesgesetz soll die Erhebung einer Mindeststeuer von im Inland gelegenen Geschäftseinheiten von Unternehmensgruppen gemäß § 3 regeln. Durch die Erhebung der Mindeststeuer soll eine effektive Mindestbesteuerung von 15 % der in- und ausländischen Geschäftseinheiten dieser Unternehmensgruppen erreicht werden.

Die Erhebung der Mindeststeuer soll im Wege der nationalen Ergänzungssteuer (NES) in Bezug auf inländische Geschäftseinheiten nach Maßgabe des § 6 erfolgen. Damit soll die in Art. 11 der Richtlinie vorgesehene Option zur Anwendung einer anerkannten nationalen Ergänzungssteuer im nationalen Recht umgesetzt werden.

In Bezug auf ausländische Geschäftseinheiten soll die Erhebung der Mindeststeuer im Wege zweier zusammenhängender sog. „Global Anti-Base Erosion-Regeln" erfolgen – der Primär-Ergänzungssteuer (PES)-Regelung, die international als „Income Inclusion Rule (IIR)" bezeichnet wird, und der Sekundär-Ergänzungssteuer (SES)-Regelung, die international als „Undertaxed Profit Rule (UTPR)" bezeichnet wird.

Die PES-Regelung bewirkt grundsätzlich eine Erhebung der Mindeststeuer auf Ebene einer abgabepflichtigen inländischen Geschäftseinheit hinsichtlich des auf eine inländische Muttergesellschaft entfallenden Anteils am Ergänzungssteuerbetrag für jede ausländische niedrig besteuerte Geschäftseinheit dieser Unternehmensgruppe, unabhängig davon, ob diese Geschäftseinheit innerhalb oder außerhalb der Europäischen Union gelegen ist.

Die SES-Regelung soll als Auffangregelung nur dann zur Anwendung kommen, wenn nicht der gesamte Ergänzungssteuerbetrag für niedrigbesteuerte ausländische Geschäftseinheiten der Unternehmensgruppe im Wege einer anerkannten Primärergänzungssteuer erhoben wurde.

Zu § 2 (Begriffsbestimmungen):
Zu Z 1:
Z 1 soll den Begriff der Einheit definieren (Art. 3 Z 1 der Richtlinie). Als Einheit sollen sowohl Rechtsgebilde anzusehen sein, die einen eigenen Abschluss zu erstellen haben, als auch juristische Personen. Demnach sind insbesondere Trusts, Stiftungen (vgl. OECD-Kommentar, Art. 1, Rz 2) und Personengesellschaften (etwa OG und KG) Rechtsgebilde; juristische Personen sind insbesondere die AG, die GmbH und die SE. Ob Rechtsgebilde einen eigenen Abschluss zu erstellen haben, soll sich nach den jeweils geltenden nationalen Rechtsvorschriften richten – für inländische Einheiten ist für diese Beurteilung insbesondere § 189 UGB maßgeblich.

Zu Z 2:
Z 2 soll die Definition der Geschäftseinheit enthalten (Art. 3 Z 2 der Richtlinie).
Geschäftseinheit soll gemäß lit. a eine Einheit (Z 1) sein, die Teil einer multinationalen Unternehmensgruppe (Z 4) oder einer großen inländischen Gruppe (Z 5) ist.
Gemäß lit. b soll auch jede Betriebsstätte eines Stammhauses (Z 40), das Teil einer multinationalen Unternehmensgruppe (Z 4) ist, eine Geschäftseinheit sein; lit. b soll auf sämtliche Betriebsstätten iSd Z 13 Anwendung finden.
Ausgenommene Einheiten iSd § 4 sollen generell nicht vom Begriff der Geschäftseinheit umfasst sein. Letztere werden aber in die Berechnung der Umsatzgrenze gemäß § 3 miteinbezogen.
Die Unterscheidung in Einheiten und Betriebsstätten ist insbesondere für die Mindeststeuer-Gewinnermittlung (3. Abschnitt), die Berechnung der angepassten erfassten Steuern (4. Abschnitt) und die Ermittlung des Effektivsteuersatzes und des Ergänzungssteuerbetrages (5. Abschnitt) von Bedeutung.

Zu Z 3:
Z 3 enthält die Begriffsdefinition der „Unternehmensgruppe" (Art. 3 Z 3 der Richtlinie).
Gemäß lit. a soll darunter einer Gruppe von Einheiten (Z 1) zu verstehen sein, die durch Eigentum oder Beherrschung nach Maßgabe eines anerkannten Rechnungslegungsstandards (Z 25) für die Erstellung eines Konzernabschlusses durch die oberste Muttergesellschaft miteinander verbunden sind. Einheiten sind für Zwecke dieser Definition etwa dann als miteinander verbunden anzusehen, wenn ihre gemeinsame im Inland gelegene Muttergesellschaft aufgrund der Kriterien des § 244 Abs. 2 UGB zur Aufstellung eines Konzernabschlusses verpflichtet ist. Dies ist dann der Fall, wenn der Muttergesellschaft bei den einzelnen Einheiten die Mehrheit der Stimmrechte der Gesellschafter zusteht, das Recht zusteht, die Mehrheit der

MinBestG
Gesetzesmaterialien

Mitglieder des Verwaltungs-, Leitungs- oder Aufsichtsorgans zu bestellen oder abzuberufen und wenn sie gleichzeitig Gesellschafter ist, das Recht zusteht, einen beherrschenden Einfluss auszuüben, oder das Recht zur Entscheidung zusteht. Eine Gruppe umfasst sowohl Einheiten, die nach der Vollkonsolidierungsmethode, als auch jene, die nach der Quotenkonsolidierungsmethode im Konzernabschluss einbezogen sind (vgl. GloBE-Kommentar, Art. 1.2.2, Rz 23).

Ebenso sollen jene Einheiten unter diesen Begriff der Unternehmensgruppe fallen, die etwa allein aufgrund ihrer geringen Größe, aus Wesentlichkeitsgründen oder weil sie zu Veräußerungszwecken gehalten werden, nicht in den Konzernabschluss des obersten Mutterunternehmens einbezogen werden.

Damit sind auch Einheiten, die etwa gemäß § 249 UGB nicht in den Konzernabschluss einbezogen werden müssen, als Teil der Unternehmensgruppe anzusehen. Die Verbundenheit mit der Muttergesellschaft iSd ersten Teilsatzes der lit. a muss aber auch in diesen Fällen vorliegen.

Einheiten, die nach der Equity-Methode im Konzernabschluss erfasst werden (idR bei einem Beteiligungsausmaß von 20-50 %), sind im Allgemeinen keine Geschäftseinheiten der Unternehmensgruppe (vgl. GloBE-Kommentar, Art. 3.2.1, Rz 52); nach Maßgabe von § 61 können aber Joint Ventures, die im Konzernabschluss einer Unternehmensgruppe nach der Equity-Methode erfasst werden, in den Anwendungsbereich dieses Bundesgesetzes fallen (siehe dazu die Erläuterungen zu § 61).

Gemäß lit. b soll unter den Begriff der Unternehmensgruppe außerdem eine Einheit fallen, die über eine oder mehrere Betriebsstätten (Z 13) verfügt, vorausgesetzt, sie ist nicht Teil einer Gruppe von Einheiten gemäß lit. a (z. B. Stammhaus mit seinen Betriebsstätten). Damit sollen auch Fälle erfasst werden, in denen eine Einheit z. B. keine Tochtergesellschaften hat. Es soll also keine Unterscheidung zwischen verschiedenen Formen der Geschäftstätigkeit gemacht werden.

Unter den Oberbegriff „Unternehmensgruppe" iSd Z 3 können sowohl multinationale Unternehmensgruppen (Z 4) als auch große inländische Gruppen (Z 5) fallen.

Zu Z 4:
Z 4 soll den Begriff „multinationale Unternehmensgruppe" definieren (Art. 3 Z 4 der Richtlinie). Danach soll eine Unternehmensgruppe (Z 3) dann als multinationale Unternehmensgruppe gelten, wenn sie mindestens eine Einheit (Z 2) oder Betriebsstätte (Z 13) umfasst, die nicht im Steuerhoheitsgebiet der obersten Muttergesellschaft (Z 14) gelegen ist.

Zu Z 5:
In Z 5 soll der Begriff „großen inländische Gruppe" definiert werden (Art. 3 Z 5 der Richtlinie). Als große inländische Gruppe soll eine Unternehmensgruppe (Z 3) bezeichnet werden, deren Geschäftseinheiten (Z 2) allesamt im Inland gelegen sind.

Zu Z 6:
In Z 6 soll der Begriff „Konzernabschluss" definiert werden (Art. 3 Z 6 der Richtlinie). Als Konzernabschluss im Sinne dieses Bundesgesetzes sollen die in lit. a bis d aufgezählten (Konzern)Abschlüsse einer Einheit bezeichnet werden:

– Lit. a erwähnt zunächst einen im Einklang mit einem anerkannten Rechnungslegungsstandard iSd Z 25 (z. B. IFRS) erstellten Abschluss einer Einheit. In diesem Abschluss müssen die Vermögenswerte, Verbindlichkeiten, Erträge, Aufwendungen und Zahlungsströme dieser Einheit und aller Einheiten, an denen sie eine die Kontrolle begründende Eigenkapitalbeteiligung hält, so dargestellt werden, als gehörten sie zu einer einzigen wirtschaftlichen Einheit (sog. „line-by-line"-Konsolidierung). Die Definition in lit. a orientiert sich daher an der in IAS 27.4. verwendeten Begriffsdefinition eines Konzernabschlusses.

– Unter lit. b soll der (Einzel)Abschluss einer Einheit fallen, die aufgrund einer oder mehrerer Betriebsstätten, als Gruppe im Sinne der Z 3 lit. b gilt (siehe dazu die Erläuterungen zu Z 3 lit. b).

– Lit. c soll einen Konzernabschluss iSd lit. a oder Abschluss iSd lit. b erfassen, der zunächst nicht im Einklang mit einem anerkannten Rechnungslegungsstandard erstellt wurde, jedoch an diesen zur Vermeidung erheblicher Vergleichbarkeitsbeschränkungen iSd Z 27 angepasst wurde; siehe dazu die Erläuterungen zu Z 27.

– Für den Fall, dass eine oberste Muttergesellschaft keinen Konzernabschluss iSd vorheriger litera erstellt hat, soll gemäß lit. d (Art. 15 Abs. 4 der Richtlinie) auch ein Abschluss als „Konzernabschluss" gelten, der bei einer Aufstellungsverpflichtung der obersten Muttergesellschaft gemäß einem anerkannten Rechnungslegungsstandard (Teilstrich 1) oder gemäß einem anderen – an den anerkannten Rechnungslegungsstandard zur Vermeidung erheblicher Vergleichbarkeitsbeschränkungen angepassten – Rechnungslegungsstandard (Teilstrich 2) erstellt worden wäre.

Die Definition des Begriffes „Konzernabschluss" ist von zentraler Bedeutung für die Frage der Anwendbarkeit dieses Bundesgesetzes auf inländische Geschäftseinheiten von Unternehmensgruppen.

Zu Z 7:
Als „Geschäftsjahr" (Art. 3 Z 7 der Richtlinie) soll der im jeweiligen Konzernabschluss gewählte Rechnungslegungszeitraum bezeichnet werden. Dieser umfasst üblicherweise einen Zeitraum von 12 Monaten, kann jedoch unter Umständen kürzer oder länger sein (siehe dazu auch die Sonderregelung in § 3 Abs. 2). Sollte ausnahmsweise kein Konzernabschluss erstellt worden sein, soll das Kalenderjahr als Geschäftsjahr gelten.

Zu Z 8:
Als „berichtspflichtige Geschäftseinheit" soll eine Einheit bezeichnet werden, die einen Mindeststeuerbericht gemäß § 69 ff (Art. 44 der Richtlinie) abgibt.

Zu Z 9:
Z 9 soll Art. 3 Z 9 der Richtlinie umsetzen und damit den Begriff der „staatlichen Einheit" definieren. Eine staatliche Einheit ist eine ausgenommene Einheit gemäß § 4 Abs. 1 Z 1.

Eine staatliche Einheit muss Teil eines Staates sein (lit. a), ihren Hauptzweck in der Wahrnehmung hoheitlicher Aufgaben oder in der Verwaltung und Anlage von Vermögenswerten haben (lit. b), einem Staat gegenüber rechenschaftspflichtig sein und Informationen bereitstellen (lit. c), es müssen bei der Auflösung dieser Einheit einem Staat die Vermögenswerte zufallen und die ausgeschütteten Nettogewinne dürfen keinem anderen zugutekommen, als einem Staat selbst (lit. d).

Nach lit. a gilt als staatliche Einheit sowohl ein Teil eines Staates oder einer politischen Unterteilung oder eine Gebietskörperschaft eines Staates sowie vollständig – unmittelbar oder mittelbar – im Eigentum einer der genannten Träger stehende Einheiten (vgl. GloBE-Kommentar, Art. 10.1, Rz 28).

In lit. b werden Beschränkungen für die Art von Aktivitäten festgelegt, die eine Einheit durchführen kann, um als staatliche Einheit qualifiziert zu werden. Nicht zulässig ist die Ausübung von Handels- oder Geschäftstätigkeiten. Kennzeichnend hierfür sind insbesondere eine Gewinnerzielungsabsicht sowie die Teilnahme am allgemeinen wirtschaftlichen Verkehr. Keine Handels- oder Geschäftstätigkeit liegt daher vor, wenn eine Einheit ihre Waren oder Dienstleistungen ausschließlich gegenüber der öffentlichen Hand zur Erfüllung hoheitlicher Aufgaben erbringt; der Betrieb eines Kreditinstituts wäre daher schädlich, auch wenn sich dieses vollständig im Eigentum des Staates befindet (vgl. GloBE-Kommentar, Art. 10.1, Rz 29). Darüber hinaus soll der Hauptzweck des Unternehmens die Wahrnehmung hoheitlicher Aufgaben (Teilstrich 1) oder die Verwaltung oder Anlage der Vermögenswerte (Teilstrich 2) sein.

Die in Teilstrich 1 erwähnten hoheitlichen Aufgaben sind weit gefasst und sollen Aktivitäten wie die Bereitstellung öffentlicher Gesundheitsfürsorge (zum Beispiel gesetzliche Krankenkassen, kassenärztliche Vereinigungen), Bildung und Schulwesen oder den Aufbau und die Bereitstellung öffentlicher Infrastruktur oder die Gewährleistung der Verteidigung und Strafverfolgung umfassen (vgl. GloBE-Kommentar, Art. 10.1, Rz 30).

Die in Teilstrich 2 erwähnten Aktivitäten sollen Körperschaften wie z. B. staatliche Holdinggesellschaften einschließen (vgl. GloBE-Kommentar, Art. 10.1, Rz 30). Ein Konzernheadquarter eines Mischkonzerns soll jedoch nicht unter diese Definition fallen (vgl. Verwaltungsleitlinien des Inclusive Framework vom 1. Februar 2023 zur Administration der GloBE-Mustervorschriften, Pkt. 1.4.3, Rz 11).

Zu Z 10:

Z 10 enthält die Begriffsdefinition der „internationalen Organisation" (Art. 3 Z 10 der Richtlinie). Eine internationale Organisation ist eine ausgenommene Einheit gemäß § 4 Abs. 1 Z 2. Die Definition einer internationalen Organisation im vorliegenden Bundesgesetz soll mit der Definition im Bundesgesetz zur Umsetzung des gemeinsamen Meldestandards für den automatischen Austausch von Informationen über Finanzkonten (§ 64 im Gemeinsamer Meldestandard-Gesetz – GMSG) übereinstimmen (vgl. GloBE-Kommentar, Art. 10.1, Rz 35).

Eine internationale Organisation ist jegliche zwischenstaatliche oder supranationale Organisation oder vollständig in ihrem Eigentum stehende Behörde oder Einrichtung, die hauptsächlich aus Staaten besteht (lit. a), mit dem Steuerhoheitsgebiet, in dem sie ihren Sitz hat, ein Sitzabkommen oder im Wesentlichen ähnliches Abkommen geschlossen hat (lit. b) und bei der gesetzliche Bestimmungen oder ihre Satzung verhindern, dass deren Erträge Privatpersonen zugutekommen (lit. c).

Dabei gilt als Abkommen iSd lit. b etwa ein Abkommen, aufgrund dessen den Geschäftsstellen oder Niederlassungen der Organisation in dem Steuerhoheitsgebiet Vorrechte und Befreiungen eingeräumt werden (z. B. das Abkommen zwischen der Republik Österreich und den Vereinten Nationen über den Amtssitz der Organisation der Vereinten Nationen in Wien, BGBl. III Nr. 99/1998).

Zu Z 11:

Z 11 enthält die Begriffsdefinition der „Non-Profit Organisation" (Art. 3 Abs. 11 der Richtlinie). Eine Non-Profit Organisation ist eine ausgenommene Einheit gemäß § 4 Abs. 1 Z 3. Dabei müssen die nachfolgend erläuterten litterae a bis f kumulativ erfüllt sein, damit eine Einheit als Non-Profit Organisation eingestuft werden kann.

Eine Non-Profit Organisation bezeichnet eine Einheit, die ihren Sitz in dem Staat hat, in dem sie gelegen ist und dort ausschließlich zu religiösen, gemeinnützigen, wissenschaftlichen, künstlerischen, kulturellen, sportlichen, erzieherischen oder ähnlichen Zwecken oder als Berufsverband, Wirtschaftsverband, Handelskammer, Arbeitnehmerverband, Landwirtschafts- oder Gartenbauverband, Bürgervereinigung oder Organisation, die ausschließlich der Wohlfahrtsförderung dient, betrieben wird (lit. a). Weiters müssen die Erträge im Wesentlichen aus den genannten Tätigkeiten in dem Staat, in dem sie gelegen ist, von der Ertragsteuer befreit sein (lit. b) und es dürfen keine Anteilseigner oder Mitglieder die Eigentumsoder Nutzungsrechte an den Einkünften oder Vermögenswerten haben (lit. c).

Gemäß lit. d dürfen die Einkünfte oder Vermögenswerte der Einheit weiters nicht an eine Privatperson oder einen nicht gemeinnützigen Rechtsträger ausgeschüttet oder zu deren Gunsten verwendet werden, außer in den in Teilstrich 1 bis 3 genannten Fällen. Wird einem benachteiligten Studenten beispielsweise durch den Absolventenverein einer Universität ein Stipendium gewährt, würde dies der Ausnahme im 1.Teilstrich entsprechen. Eine solche Ausschüttung oder Verwendung, wenn sie in Übereinstimmung mit der gemeinnützigen Tätigkeit dieser Einheit steht, soll als unschädlich angesehen werden. Ebenfalls unschädlich sollen laut dem 2. Teilstrich Zahlungen der Einheit sein, die eine angemessene Vergütung für erbrachte Leistungen oder für die Nutzung von Eigentum oder Kapital darstellen. Das sind beispielsweise Mietzahlungen für Büroräume, die für den Betrieb benötigt werden. Ebenso unschädlich ist laut dem 3. Teilstrich, wenn die Einheit Vermögensgegenstände zu einem marktüblichen Preis erwirbt, beispielsweise wenn die Organisation ein Gebäude von einer Privatperson zum Marktwert kauft, um ihre Büros einzurichten.

Außerdem müssen gemäß lit. e bei der Schließung, Abwicklung oder Auflösung der Einheit alle ihre Vermögenswerte an eine Non-Profit-Organisation oder an den Staat, in dem sie gelegen ist, oder eine integrierte staatlichen Stellen oder eine ihrer Gebietskörperschaften ausgeschüttet oder zurückgeben werden. Schließlich darf eine Non-Profit-Organisation gemäß lit. f keine Einheiten beinhalten, die gewerbliche Tätigkeiten ausüben, die nicht im direkten Zusammenhang mit den Zwecken stehen, für die sie eingerichtet wurden.

MinBestG
Gesetzesmaterialien

Vertreibt eine Einheit beispielsweise Produkte mit ihrem Namen oder Logo, um dadurch Einnahmen zur Erfüllung ihrer Zwecke zu erzielen, besteht ein direkter Zusammenhang mit dem Zweck der Einheit. Vertreibt eine Einheit ausschließlich ihre Waren, soll andererseits auch dann kein direkter Zusammenhang bestehen, wenn sie ihre gesamten Gewinne für begünstigte Zwecke spenden sollte.

Zu Z 12:

Die in diesem Bundesgesetz verwendeten Begriffe „transparente Einheit", „volltransparente Einheit", „umgekehrt hybride Einheit", „steuerlich transparent", „volltransparente Struktur" und „hybride Einheit" sollen in Z 12 definiert werden (Art. 3 Z 12 und Art. 24 Abs. 4 der Richtlinie). Die Aufteilung der Begriffsdefinition in fünf litterae entspricht Art. 10.2 der GloBE-Mustervorschriften.

Als „transparente Einheit" soll gemäß lit. a eine Einheit bezeichnet werden, die in Bezug auf ihre Erträge, Aufwendungen, Gewinne oder Verluste in dem Steuerhoheitsgebiet, in dem sie gegründet wurde, nach dem innerstaatlichen Recht als steuerlich transparent gilt; somit in Österreich eine Personengesellschaft.

Die Einstufung als transparente Einheit soll jedoch dann nicht gelten, wenn die Einheit in einem anderen Steuerhoheitsgebiet steuerlich ansässig ist und dort in Bezug auf ihre Erträge oder Gewinne einer erfassten Steuer unterliegt. Dies trifft etwa auf eine Einheit zu, die in ihrem Errichtungsstaat steuerlich transparent, jedoch aufgrund des Ortes der Geschäftsleitung in einem anderen Staat dort als ansässiges Steuersubjekt eingestuft wird (vgl. GloBE-Kommentar, Art. 10.2.1, Rz 152).

Transparente Einheiten sollen in „volltransparente Einheiten" (Teilstrich 1) und „umgekehrt hybride Einheiten" (Teilstrich 2) unterteilt werden. Diese Unterscheidung soll davon abhängen, ob diese Einheiten steuerlich im Steuerhoheitsgebiet ihrer Eigentümer (d.h. der Anteilsinhaber) ebenso als steuerlich transparent (volltransparente Einheit) oder nicht als steuerlich transparent (umgekehrt hybride Einheit; *„reverse hybrid entity"*) eingestuft werden.

Eine Einheit soll gemäß lit. b immer dann als „steuerlich transparent" bezeichnet werden, wenn nach den Rechtsvorschriften eines Steuerhoheitsgebietes (d.h. der Einheit oder ihrer Eigentümer) die *„Einkünfte"* dieser Einheit ihren direkten Eigentümern (d.h. den Anteilsinhabern) anteilig zugerechnet werden (in dem die Erträge, Aufwendungen, Gewinne oder Verluste so behandelt werden, als hätte der direkte Eigentümer dieser Einheit sie proportional zu seinem Anteil an dieser Einheit erzielt oder als seien sie ihm proportional zu seinem Anteil an dieser Einheit entstanden).

Eine Beteiligung an einer Einheit oder einer Betriebsstätte soll gemäß lit. c als von einer „volltransparenten Struktur" gehalten behandelt werden, wenn die Beteiligung indirekt über eine Kette volltransparenter Einheiten gehalten wird; dies ist für Zwecke der Zurechnung und Berechnung der Mindeststeuer-Gewinne oder -Verluste einer transparenten Einheit gemäß den § 36 und § 63 von Bedeutung.

Nach lit. d soll eine Geschäftseinheit, die keine steuerliche Ansässigkeit hat, keiner erfassten Steuer und keiner anerkannten nationalen Ergänzungssteuer unterliegt, unter drei weiteren kumulativen Voraussetzungen (Teilstrich 1 bis 3) als transparente und volltransparente Einheit fingiert werden:
- Die Einheit muss hiefür als steuerlich transparent im Steuerhoheitsgebiet ihrer Eigentümer eingestuft werden (1. Teilstrich),
- keinen Ort der Geschäftstätigkeit im Steuerhoheitsgebiet ihrer Gründung haben (2. Teilstrich) und
- ihre „Einkünfte" dürfen keiner Betriebsstätte zuzuordnen sein (3. Teilstrich).

Praxisrelevant ist diese Fiktion z. B. für eine Geschäftseinheit, die in einem Staat ohne Körperschaftsteuerregime gegründet wurde und die im Steuerhoheitsgebiet ihrer Eigentümer als steuerlich transparent behandelt wird (vgl. GloBE-Kommentar, Art. 10.2.4, Rz 165).

Als „hybride Einheit" (*„hybrid entity"*) soll gemäß lit. e und entsprechend Art. 24 Abs. 4 der Richtlinie eine Einheit bezeichnet werden, die ertragsteuerlich in ihrem Belegenheitsstaat (§ 5) als eigenes Steuersubjekt, jedoch im Belegenheitsstaat (§ 5) ihrer Anteilsinhaber als steuerlich transparent (Z 12 lit. b) behandelt wird.

Zu Z 13:

Z 13 soll den Begriff „Betriebsstätte" bestimmen (Art. 3 Z 13 der Richtlinie). Dieses Bundesgesetz definiert diesen Begriff losgelöst von Art. 5 des OECD-Musterabkommens (OECD-MA). Die Begriffsbestimmung soll demnach nur für Zwecke dieses Bundesgesetzes relevant sein und keinen Einfluss auf die Auslegung des innerstaatlichen Betriebsstättenbegriffs in § 29 BAO oder eines abkommensrechtlich determinierten Betriebsstättenbegriffs haben.

Lit. a soll Betriebsstätten umfassen, die auf Grund der Auslegung eines im jeweiligen Besteuerungszeitraum anwendbaren Doppelbesteuerungsabkommen (DBA) vorliegen. Nationale Gerichtsentscheidungen als auch Verständigungs- und Konsultationsvereinbarungen der zuständigen Behörden bezüglich der Feststellung des Vorliegens einer abkommensrechtlichen Betriebsstätte sollen in diesem Zusammenhang berücksichtigt werden. Die Betriebsstättendefinition der lit. a stellt auf einen Ort der Geschäftstätigkeit sowie auf einen „fiktiven" Ort der Geschäftstätigkeit ab. Die Wortfolge „fiktiver Ort der Geschäftstätigkeit" soll etwa Vertreterbetriebsstätten nach Art. 5 Abs. 5 OECD-MA umfassen. Es ist weiters zu beachten, dass nur jene Betriebsstätten von lit. a erfasst sein sollen, deren Ergebniszuordnung auf Basis einer dem Art. 7 OECD-MA ähnlichen Bestimmung erfolgt, wobei auf die im Anwendungszeitpunkt gültige Fassung des OECD-MAs abzustellen ist. Der Verweis auf die „Ähnlichkeit" einer Verteilungsnorm mit Art. 7 OECD-MA in der jeweils gültigen Fassung soll klarstellen, dass auch Bestimmungen eines Doppelbesteuerungsabkommens, die Art. 7 des OECD-MA idF vor dem Update 2010 enthalten, von lit. a erfasst sein sollen. Dies ist auch deshalb relevant, weil sich Österreich vorbehalten hat, auch weiterhin die Fassung des Art. 7 OECD-MA idF vor 2010 in seinen DBA zu verwenden (OECD-MK, Art. 7 Z 96) und den nach dem Update 2010 erfolgten Änderungen des OECD-MKs nur insoweit Relevanz zuspricht, als diese mit den Aussagen des OECD-MK zu Art. 7 idF vor 2010 nicht in Widerspruch stehen.

Lit. b soll Fälle umfassen, in denen mangels Vorliegens eines DBAs keine abkommensrechtliche Definition der Betriebsstätte vorhanden ist und dementsprechend auf eine Auslegung nach nationalem Recht zurückgegriffen werden soll. Gemäß lit. b ist bei Nichtvorliegen eines DBAs der nach innerstaatlichem Recht zu bestimmende (fiktive) Ort der Geschäftstätigkeit zur Bestimmung einer Betriebsstätte maßgeblich. Diesbezüglich ist jedoch Voraussetzung, dass die erzielten Erträge dem Ort der Geschäftstätigkeit zuzuordnen sind und nach nationalem Recht auf Nettobasis (d.h. nach Berücksichtigung von Betriebsausgaben) besteuert werden.

Gemäß lit. c soll bei einem Steuerhoheitsgebiet ohne Körperschaftsteuersystem der dortige (fiktive) Ort der Geschäftstätigkeit als Betriebsstätte gelten, wenn dieser nach Art. 5 des OECD-MAs als Betriebsstätte behandelt und auf Nettobasis besteuert werden würde. Dies gilt unter der Voraussetzung, dass dem Steuerhoheitsgebiet, in dem sich der Ort der Geschäftstätigkeit befindet, ein Besteuerungsrecht zukommen würde und die Einkünfte der Betriebsstätte nach Art. 7 OECD-MA zuzuordnen wären. Lit. c verlangt somit eine hypothetische Beurteilung der Frage, ob in dem Steuerhoheitsgebiet, in dem kein Körperschaftsteuersystem etabliert ist, eine Betriebsstätte bestanden hätte, wenn zwischen Ansässigkeits- und Quellenstaat ein Doppelbesteuerungsabkommen in Kraft gewesen wäre, das der jeweils geltenden Fassung des OECD-MAs entspricht.

Lit. d soll den Fall der staatenlosen Betriebsstätte aufgreifen. Eine solche soll dann vorliegen, wenn ein nicht in lit. a bis c genannter (fiktiver) Ort der Geschäftstätigkeit in einem Steuerhoheitsgebiet außerhalb des Steuerhoheitsgebiets des Stammhauses (Stammhausstaat) vorliegt, und der Stammhausstaat Erträge, die außerhalb seines Steuerhoheitsgebiets durch diese Geschäftstätigkeit erwirtschaftet wurden, von der Steuer befreit. Diese Bestimmung soll jedoch etwa keine Anwendung auf nach allgemeinem Steuerrecht steuerfrei gestellte Dividenden einer ausländischen Tochtergesellschaft (Beteiligungsertragsbefreiung) finden.

Beispiel:
Die in Staat A gelegene A Co übt Geschäftstätigkeiten in Staat B über eine Person aus, die regelmäßig Verträge im Namen von A Co abschließt. Staat B qualifiziert eine Person, die regelmäßig Verträge im Namen ihres Geschäftsherrn abschließt, nach dessen nationalem Recht nicht als Betriebsstätte. Die über diese Person in Staat B erzielten Einkünfte werden in Staat A steuerfrei gestellt. Die Staaten A und B haben kein DBA abgeschlossen.

In diesem Fall findet § 2 Z 13 lit. d Anwendung, weil Staat B eine Person, die regelmäßig Verträge im Namen ihres Geschäftsherrn abschließt, nach dessen nationalem Recht nicht als Betriebsstätte qualifiziert und Staat A die in Staat B über diese Person erzielten Einkünfte steuerfrei stellt. In einer solchen Konstellation wäre die Betriebsstätte für Zwecke dieses Bundesgesetzes als staatenlos anzusehen, d.h. die Betriebsstätteneinkünfte werden einem fiktiven Steuerhoheitsgebiet zugeordnet und nicht mit anderen – in Staat B gelegenen – Geschäftseinheiten konsolidiert.

Zu Z 14:

Z 14 soll den Begriff „oberste Muttergesellschaft" (Art. 3 Abs. 14 der Richtlinie; „ultimate parent entity", kurz: „UPE") definieren. Eine oberste Muttergesellschaft ist entweder eine Einheit, die unmittelbar oder mittelbar eine Kontrollbeteiligung (Z 21) an einer anderen Einheit hält und an der keine andere Einheit unmittelbar oder mittelbar eine Kontrollbeteiligung hält oder das Stammhaus (Z 40) einer Unternehmensgruppe im Sinne von Z 3 lit. b. Dementsprechend soll eine Einheit nicht als oberste Muttergesellschaft angesehen werden, wenn es in der Beteiligungskette eine ihr übergeordnete andere Einheit gibt, die verpflichtet ist oder gewesen wäre, diese untergeordnete Einheit vollständig zu konsolidieren (vgl. GloBE-Kommentar, Art. 1.4.1, Rz 35).

Nach dem Schlussteil der Z 14 soll jedoch eine staatliche Einheit mit dem Hauptzweck der Verwaltung oder Anlage von Vermögenswerten des Staates oder des Steuerhoheitsgebietes keine oberste Muttergesellschaft sein. Hintergrund dieser Einschränkung ist, dass andernfalls Beteiligungen eines Staates, welche indirekt über eine staatliche Beteiligungsgesellschaft gehalten werden und für sich betrachtet die in § 3 Abs. 1 genannte Schwelle nicht überschreiten, dennoch in den Anwendungsbereich dieses Bundesgesetzes fallen würden; dies alleine deshalb, weil sie von einer staatlichen Beteiligungsgesellschaft gehalten und konsolidiert werden. Diese von einer staatlichen Beteiligungsgesellschaft gehaltenen Beteiligungen wären allerdings nicht als Unternehmensgruppe behandelt worden, wenn sie direkt von einem Staat gehalten worden wären. Ein Staat ist nämlich typischerweise nicht verpflichtet, eine Konsolidierung vorzunehmen (und erfüllt damit nicht die Definition einer obersten Muttergesellschaft). Weiters ist ein Staat keine Einheit iSd § 2 Z 1, was eine Voraussetzung für die Qualifikation als oberste Muttergesellschaft wäre. Folglich soll auch eine unter die Definition des Schlussteils der Z 14 fallende staatliche Beteiligungsgesellschaft weder als oberste Muttergesellschaft und auch nicht als Teil einer Unternehmensgruppe gelten; ebenso wenig als Anteilseigner einer die Kontrolle begründenden Beteiligung an einer anderen Einheit (vgl. Verwaltungsleitlinien des Inclusive Framework vom 1. Februar 2023 zur Administration der GloBE-Mustervorschriften, Pkt. 1.4.3, Rz 11).

Zu Z 15:

Als Mindeststeuersatz soll gemäß Z 15 ein Steuersatz von 15 % gelten (Art. 3 Z 15 der Richtlinie).

Zu Z 16:

Mit Z 16 soll der Begriff „Ergänzungssteuerbetrag" definiert werden (Art. 3 Z 16 der Richtlinie). Als Ergänzungssteuerbetrag soll der gemäß § 47 für ein Steuerhoheitsgebiet oder eine Geschäftseinheit (Z 2) berechnete Ergänzungssteuerbetrag gelten.

Zu Z 17:

Als Hinzurechnungsbesteuerung (Art. 3 Z 17 der Richtlinie, *„controlled foreign company tax regime"*) im Sinne dieses Bundesgesetzes sollen in- und ausländische Regelungen (wie etwa § 10a KStG 1988 oder §§ 7 ff dAStG) gelten, die keine anerkannte PES-Regelung (Z 18) darstellen und die Einkünfte eines beherrschten ausländischen Unternehmens oder einer Betriebsstätte (d.h. von Einheiten im Sinne dieses Bundesgesetzes) beim beherrschenden Anteilseigner oder dem Stammhaus unabhängig von der Ausschüttung dieser Einkünfte besteuern.

MinBestG
Gesetzesmaterialien

Zu Z 18:

Z 18 soll den Begriff „anerkannte PES-Regelung" (Art. 3 Z 18 der Richtlinie) definieren. Die Frage des Vorliegens einer anerkannten PES-Regelung ist insbesondere für die Anwendung der in den §§ 7 bis 11 enthaltenen Regelungen relevant.

Innerstaatliche Regelungen von EU-Mitgliedstaaten, die den Bestimmungen der Richtlinie folgen, sollen gemäß Z 18 als „anerkannt" anzusehen sein. Ob jedoch eine PES-Regelung, die von einem Drittstaat- oder gebiet umgesetzt wird, der oder das sich der globalen Einigung angeschlossen hat, eine „anerkannte PES-Regelung" iSd Bundesgesetzes ist, soll auf Basis der auf OECD-Ebene durchzuführenden Bewertung im Rahmen des OECD Peer-Reviews bestimmt werden (vgl. Erwägungsgrund 26 der Richtlinie).

In diesem Sinne wären etwa innerstaatlichen Bestimmungen eines Steuerhoheitsgebiets nicht „gleichwertig", wenn diese eine Anrechnung des Anteils an der PES auf andere, nicht vom Anwendungsbereich dieses Bundesgesetzes erfasste, Steuern vorsieht (vgl. GloBE-Kommentar, Art. 10.1, Rz 124). Die Befugnis zur Bewertung der Gleichwertigkeit soll der Europäischen Kommission im Rahmen eines delegierten Rechtsaktes zukommen und anhand der in Art. 52 der Richtlinie festgelegten objektiven Kriterien erfolgen, wobei der OECD-Bewertung strikt gefolgt werden sollte (vgl. Erwägungsgrund 26 der Richtlinie).

Die Wortfolge „dass dieses Steuerhoheitsgebiet keine mit diesen Bestimmungen im Zusammenhang stehenden Vorteile gewährt" ist vor dem Hintergrund der Gewährleistung eines *„level-playing-field"* für alle Steuerhoheitsgebiete zu sehen. Die genannte Wortfolge soll sicherstellen, dass keine Anreize für Umgehungskonstruktionen („*tax inversion*") gesetzt werden, die durch eine unterschiedliche innerstaatliche Umsetzung und Anwendung der Regelungen zur globalen Mindestbesteuerung entstehen (vgl. GloBE-Kommentar, Art. 10.1, Rz 125); z. B. die Gewährung von Steuervorteilen nur an Steuerpflichtige, die in den Anwendungsbereich dieses Bundesgesetzes fallen.

Der Begriff „Steuerhoheitsgebiet" soll iZm der Gewährung von Vorteilen einem weiten Verständnis folgen und daher sowohl einen Staat, eine seiner Gebietskörperschaften als auch eine andere juristische Person des öffentlichen Rechts umfassen (vgl. GloBE-Kommentar, Art. 10.1, Rz 126).

Zu Z 19:

Z 19 soll den Begriff „niedrig besteuerte Geschäftseinheit" (Art. 3 Z 20 der Richtlinie) definieren. Demnach ist eine Geschäftseinheit einer Unternehmensgruppe von der Begriffsbestimmung der Z 19 erfasst, wenn die Geschäftseinheit in einem Niedrigsteuerstaat oder -gebiet (Z 35) gelegen ist (lit. a), oder – im Falle einer staatenlosen Geschäftseinheit – in einem Geschäftsjahr Mindeststeuer-Gewinne erzielt und einem effektiven Mindeststeuersatz von unter 15 % unterliegt (lit. b).

Der Begriff „niedrig besteuerte Geschäftseinheit" ist für Zwecke dieses Bundesgesetzes von zentraler Bedeutung, weil in Österreich gelegene Muttergesellschaften in Übereinstimmung mit den §§ 7 bis 11 zur Anwendung der PES in Bezug auf alle niedrig besteuerten Geschäftseinheiten der Unternehmensgruppe verpflichtet sind. Des Weiteren wird auch im Rahmen der Bestimmungen zur Anwendung der NES (§ 6) und den Bestimmungen zur SES (§§ 12 und 13) auf niedrig besteuerte Geschäftseinheiten Bezug genommen.

Zu Z 20:

Z 20 soll den Begriff „zwischengeschaltete Muttergesellschaft" (Art. 3 Z 20 der Richtlinie; *„intermediate parent entity"*, kurz: *„IPE"*) definieren. Als zwischengeschaltete Muttergesellschaft soll eine Muttergesellschaft bezeichnet werden, die am Eigenkapital einer anderen Geschäftseinheit derselben Unternehmensgruppe beteiligt ist und unter keine der folgenden Begriffsdefinitionen fällt: Betriebsstätte (Z 13), oberste Muttergesellschaft (Z 14), im Teileigentum stehende Muttergesellschaft (Z 22) oder Investmenteinheit (Z 30).

Die Definition der zwischengeschalteten Muttergesellschaft ist insofern relevant, weil die Verpflichtung zur Anwendung der PES auf eine untergeordnete Geschäftseinheit anstelle der obersten Muttergesellschaft der multinationalen Unternehmensgruppe übergehen kann. Dies ist vordergründig in jenen Fällen gegeben, in denen die oberste Muttergesellschaft eine ausgenommene Einheit iSd § 4 Abs. 1 ist oder in einem Drittstaat oder -gebiet gelegen ist, der den GloBE-Mustervorschriften oder gleichwertige Vorschriften nicht umsetzt und somit keiner anerkannten PES-Regelung unterliegt (siehe § 8). Zwischengeschaltete – in Österreich gelegene – Muttergesellschaften, die sich in der Beteiligungskette unterhalb der obersten Muttergesellschaft befinden, sollen in solchen Fällen verpflichtet sein, die PES bis zu ihrem zuzurechnenden Anteil am Ergänzungssteuerbetrag anzuwenden (siehe §§ 8 und 10).

Zu Z 21:

Z 21 soll den Begriff „Kontrollbeteiligung" (Art. 3 Z 21 der Richtlinie) definieren; zum Begriff der „Eigenkapitalbeteiligung" siehe die Erläuterungen zu Z 23. Eine Eigenkapitalbeteiligung ist gemäß diesem Bundesgesetz dann „die Kontrolle begründend", wenn der Anteilseigner verpflichtet ist oder verpflichtet gewesen wäre, die Vermögenswerte, Verbindlichkeiten, Erträge, Aufwendungen und Zahlungsströme der Einheit, an welcher der Anteilseigner beteiligt ist, nach einem anerkannten Rechnungslegungsstandard (Z 25) zu vollkonsolidieren (vgl. GloBE-Kommentar, Art. 1.4.1, Rz 34). IdZ kann nach dieser Begriffsbestimmung davon ausgegangen werden, dass ein Stammhaus über eine die Kontrolle begründende Beteiligung an ihren Betriebsstätten verfügt.

Dieser Begriff ist für die Bestimmung der obersten Muttergesellschaft, die Anwendung des *„Top-Down-Ansatzes"* (§§ 8 Abs. 2 und 9 Abs. 2; siehe dazu ausführlich die Erläuterungen zu diesen Bestimmungen), des einer Muttergesellschaft zuzurechnenden Anteils am Ergänzungssteuerbetrag (§ 10 Abs. 2), der Abgrenzung zu im Minderheitseigentum stehenden Geschäftseinheiten (§ 51), des Aus- und Beitritts von Geschäftseinheiten (§ 51) und der Bestimmung einer Einheit als Geschäftseinheit im Rahmen der Bestimmungen zu Mehrmüttergruppen (§ 62) relevant.

Zu Z 22:

Z 22 soll den Begriff „im Teileigentum stehende Muttergesellschaft" (Art. 3 Z 22 der Richtlinie; *„Partially-Owned Parent Entity"*, kurz: *POPE"*) definieren. Gemäß Z 22 ist eine im Teileigentum stehende Muttergesellschaft dadurch charakterisiert, dass sie zu einem nicht unwesentlichen Teil (d.h. mehr als 20 %) im Eigentum von gruppenfremden Anteilseignern steht. Eine solche Muttergesellschaft ist weiters dadurch gekennzeichnet, dass sie (un)mittelbar eine Eigenkapitalbeteiligung (Z 23) an einer anderen Geschäftseinheit hält und nicht als oberste Muttergesellschaft, Betriebsstätte oder Investmenteinheit zu qualifizieren ist.

Diese Begriffsbestimmung ist insofern relevant, weil die PES-Regelungen bei im Teileigentum stehenden Muttergesellschaften vom „Top-Down-Ansatz" abweichen: eine in Österreich gelegene im Teileigentum stehende Muttergesellschaft unterliegt nach diesem Bundesgesetz – in Bezug auf ihre niedrig besteuerten Geschäftseinheiten – mit dem ihr zuzurechnenden Anteil vorrangig der PES (§ 9), dies soll auch dann gelten, wenn sie innerhalb der Unternehmensgruppe eine untergeordnete Muttergesellschaft ist. Im Teileigentum stehende Muttergesellschaften sollen die PES hingegen nicht anwenden, wenn sie sich vollständig im Eigentum einer anderen im Teileigentum stehenden Muttergesellschaft befinden (§ 9 Abs. 2).

Zu Z 23:

Als „Eigenkapitalbeteiligung" (Art. 3 Z 24 der Richtlinie) sollen alle Beteiligungen am Eigenkapital bezeichnet werden, die Ansprüche auf Gewinn, Kapital oder Rücklagen einer Einheit einer Betriebsstätte begründen. Dieser Begriff soll nicht nur Beteiligungen an beherrschten Unternehmen (Kontrollbeteiligungen) umfassen, sondern auch Anteile an assoziierten Unternehmen oder sonstige Beteiligungen an Einheiten, die nicht Teil der Unternehmensgruppe sind.

Maßgeblich für das Vorliegen einer Eigenkapitalbeteiligung soll die bilanzielle Einordnung eines Rechts auf Gewinne, Kapital oder Rücklagen als Eigenkapitalinstrument nach dem bei der Erstellung des Konzernabschlusses herangezogenen Rechnungslegungsstandard sein (vgl. GloBE-Kommentar, Art. 10.1 Rz 85). Nach dem maßgeblichen Rechnungslegungsstandard bilanziell als Fremdkapital eingestufte Instrumente begründen daher keine Eigenkapitalbeteiligung im Sinne dieses Bundesgesetzes.

Dieser Beteiligungsbegriff ist für eine Vielzahl von Bestimmungen in diesem Bundesgesetz relevant; insbesondere für die Ermittlung des einer Muttergesellschaft zuzurechnenden Anteils am Ergänzungssteuerbetrag für eine niedrigbesteuerte Geschäftseinheit (siehe § 10).

Zu Z 24:

Z 24 soll den Begriff „Muttergesellschaft" (Art. 3 Z 24 der Richtlinie) definieren. Eine Muttergesellschaft ist eine oberste Muttergesellschaft, bei der es sich nicht um eine ausgenommene Einheit (§ 4) handelt, eine zwischengeschaltete Muttergesellschaft oder eine im Teileigentum stehende Muttergesellschaft (Z 22).

Zu Z 25:

Als „anerkannter Rechnungslegungsstandard" (Art. 3 Z 25 der Richtlinie) sollen internationale Rechnungslegungsstandards wie IFRS, die allgemein anerkannten Rechnungslegungsgrundsätze sämtlicher EU- und EWR-Staaten und bestimmter abschließend erwähnter Drittstaaten (etwa US-GAAP) bezeichnet werden. Auf diesen Rechnungslegungsstandard wird insbesondere in der Definition des Konzernabschlusses (§ 2 Z 6) sowie in § 14 zur Bestimmung der Ausgangsbasis für die Ermittlung des Mindeststeuer-Gewinnes oder -Verlustes Bezug genommen. Bei Verwendung eines anerkannten Rechnungslegungsstandards hat im Unterschied zu einem zugelassenen Rechnungslegungsstandard (§ 2 Z 26) grundsätzlich keine Anpassung zur Vermeidung erheblicher Vergleichbarkeitseinschränkungen zu erfolgen.

Zu Z 26:

Als „zugelassener Rechnungslegungsstandard" (Art. 3 Z 26 der Richtlinie) sollen jene allgemein anerkannten Rechnungslegungsgrundsätze bezeichnet werden, die von einem zugelassenen Rechnungslegungsorgan im Steuerhoheitsgebiet einer Einheit genehmigt sind. Hiefür sollen als zugelassene Rechnungslegungsorgane jene Gremien bezeichnet werden, die gesetzlich in dieser Jurisdiktion dazu befugt sind, Rechnungslegungsstandards für die Finanzberichterstattung vorzuschreiben, aufzustellen oder anzuerkennen.

Als zugelassene Rechnungslegungsstandards kommen sowohl die in Z 25 aufgelisteten anerkannten Rechnungslegungsstandards als auch andere lokal erlaubte Rechnungslegungsstandards in Betracht (vgl. GloBE-Kommentar, Art. 10.1, Rz 4). Auf diesen Rechnungslegungsstandard wird insbesondere in der Definition des Konzernabschlusses (§ 2 Z 6) sowie in § 14 zur Bestimmung der Ausgangsbasis für die Ermittlung des Mindeststeuer-Gewinnes oder -Verlustes Bezug genommen. Bei Verwendung eines zugelassenen Rechnungslegungsstandards hat eine Anpassung zur Vermeidung erheblicher Vergleichbarkeitseinschränkungen zu erfolgen.

Zu Z 27:

In Z 27 soll der Begriff der „erheblichen Vergleichbarkeitseinschränkung" (Art. 3 Z 27 der Richtlinie; „*material competitive distortion*") als eine sich aus allgemein anerkannten Rechnungslegungsgrundsätzen ergebende Gesamtabweichung der Erträge oder Aufwendungen von mehr als 75 Millionen Euro gegenüber dem Betrag, der sich aus der Anwendung der Rechnungslegungsstandards nach den IFRS ergeben hätte, definiert werden. Dabei soll auf die sich insgesamt im Konzernabschluss der Gruppe ergebende Abweichung gegenüber einem Konzernabschluss nach IFRS abgestellt werden (vgl. GloBEKommentar, Art. 10.1, Rz 60).

Dieser Begriff ist deshalb von Bedeutung, weil grundsätzlich unterschiedliche allgemein anerkannte Rechnungslegungsstandards für die Erstellung eines Konzernabschlusses in Betracht kommen und damit als Ausgangsbasis für die Mindeststeuer-Gewinnermittlung einer Geschäftseinheit gemäß § 14 herangezogen werden können. Daher sieht § 14 in bestimmten Fällen Anpassungen des Konzernabschlusses vor, wenn eine erhebliche Vergleichbarkeitseinschränkung vorliegt (siehe dazu die Erläuterungen zu § 14).

Zu Z 28:

Z 28 soll den Begriff „anerkannte NES-Regelung" definieren (Art. 3 Z 28 der Richtlinie). Die Richtlinie ermöglicht es den Mitgliedstaaten, optional eine anerkannte NES-Regelung einzuführen (Art. 1 Abs. 2 iVm Art. 11 der Richtlinie; vgl. weiters GloBE-Kommentar, Art. 10.1, Rz 118). Diese Option soll auch im Rahmen dieses Bundesgesetzes in § 6 umgesetzt werden.

MinBestG
Gesetzesmaterialien

Die Anwendung einer „anerkannten" NES-Regelung hat zur Folge, dass alle niedrig besteuerten Geschäftseinheiten einer Gruppe in ihrem Belegenheitsstaat der nationalen Mindeststeuer unterliegen. Dies bewirkt, dass die Ergänzungssteuerbeträge, die von in einem Mitgliedstaat gelegenen niedrig besteuerten Geschäftseinheiten zu erheben sind, auch diesem Staat zugutekommen (vgl. Erwägungsgrund 13 der Richtlinie).

Lit. a soll sicherstellen, dass die Ermittlung des Übergewinnes und die Anwendung des Ergänzungssteuersatzes auf den Übergewinn auf inländische Geschäftseinheiten im Rahmen einer nationalen Ergänzungssteuer nach dem gleichen Verfahren erfolgt wie dies nach der Richtlinie für Zwecke der PES und SES vorgesehen ist (siehe etwa Erwägungsgrund 13 der Richtlinie). Im Fall von Drittstaaten und -gebieten, soll für die Qualifikation als anerkannte nationale Ergänzungssteuer maßgeblich sein, dass dies im Einklang mit den GloBE-Mustervorschriften geregelt wird.

Für nähere Ausführungen zur Wortfolge „dass dieses Steuerhoheitsgebiet keine mit diesen Bestimmungen im Zusammenhang stehenden Vorteile gewährt" wird auf die Erläuterungen zu Z 18 verwiesen.

Zu Z 29:

Z 29 soll den Begriff „Nettobuchwert der materiellen Vermögenswerte" (Art. 3 Abs. 29 der Richtlinie) definieren. § 13 Abs. 5 zur Berechnung und Zurechnung des SES-Ergänzungssteuerbetrags und § 81 Abs. 2 zur Befreiung multinationaler Unternehmensgruppen von der PES und der SES in der Anfangsphase nehmen auf diesen Begriff Bezug.

Dem Begriff „materielle Vermögenswerte" soll dasselbe auf BEPS-Aktionspunkt 13 fußende Begriffsverständnis wie dem gleichlautenden Begriff in Anlage 1 des Bundesgesetzes über die standardisierte Verrechnungspreisdokumentation (Verrechnungspreisdokumentationsgesetz – VPDG) beigemessen werden (vgl. GloBE-Kommentar, Art. 10.1, Rz 68).

Der Begriff „Nettobuchwert" der materiellen Vermögenswerte soll ein Durchschnittswert sein, um Schwankungen vom Beginn bis zum Ende eines Wirtschaftsjahres auszublenden (vgl. GloBEKommentar, Art. 10.1, Rz 64). Dieser bezeichnet somit den Durchschnitt des Anfangs- und des Endwerts materieller Vermögenswerte nach Berücksichtigung kumulierter Abschreibungen und (substanzbedingter) Wertminderungen (vgl. GloBE-Kommentar, Art. 10.1, Rz 67). Die materiellen Vermögenswerte müssen keiner Abschreibung unterliegen, um vom Begriff umfasst zu sein (vgl. GloBE-Kommentar, Art. 10.1, Rz 67).

Der Begriff „materielle Vermögenswerte" iSd Z 29 ist nicht deckungsgleich mit dem Begriff „berücksichtigungsfähige materielle Vermögenswerte" iSd § 48 Abs. 6 (vgl. GloBE-Kommentar, Art. 10.1, Rz 68); siehe dazu die Erläuterungen zu § 48.

Zu Z 30:

Z 30 soll den Begriff „Investmenteinheit" (Art. 3 Z 30 der Richtlinie) definieren. Vom Begriff Investmenteinheit umfasst sind gemäß lit. a Investmentfonds (Z 31), Immobilieninvestmentvehikel (Z 32) und Versicherungsinvestmenteinheiten (Z 46).

Vom Begriff Investmenteinheit soll gemäß lit. b ebenso eine Einheit umfasst sein, die unmittelbar oder über eine Kette solcher Einheiten zu mindestens 95 % im Eigentum eines Investmentfonds (Z 31), eines Immobilieninvestmentvehikels (Z 32) oder einer Versicherungsinvestmenteinheit (Z 46) steht und die ausschließlich oder fast ausschließlich dazu dient, für diese Einheiten Vermögenswerte zu halten oder Gelder zu veranlagen (siehe zu dieser tätigkeitsbezogenen Voraussetzung bereits die Erläuterungen zur gleichlautenden Bestimmung in § 4 Abs. 1 Z 7 lit. a).

Umfasst sollen gemäß lit. c. außerdem Einheiten sein, die zu mindestens 85 % ihres Werts im Eigentum eines Investmentfonds (Z 31), eines Immobilieninvestmentvehikels (Z 32) oder einer Versicherungsinvestmenteinheit (Z 46) stehen, sofern sie ihre gesamten Erträge im Wesentlichen aus ausgenommenen Dividenden oder Gewinnen oder Verlusten aus Eigenkapitalbeteiligungen erzielen (siehe zu dieser tätigkeitsbezogenen Voraussetzung bereits die Erläuterungen zur gleichlautenden Bestimmung in § 4 Abs. 1 Z 7 lit. b). Eine Beteiligung über eine Kette von Einheiten ist im diesem Fall (lit. c) nicht möglich.

Zu Z 31:

Z 31 soll den Begriff „Investmentfonds" (Art. 3 Abs. 31 der Richtlinie) definieren. Die Definition von Investmentfonds lehnt sich an die Definition einer „Investmentgesellschaft" in IFRS 10 und der Richtlinie 2011/61/EU (AIFMD) an (vgl. GloBE-Kommentar, Art. 10.1, Rz 36).

Nur Investmentfonds, die oberste Muttergesellschaften sind, sollen gemäß § 4 Abs. 1 Z 5 vom Anwendungsbereich dieses Bundesgesetzes ausgenommen werden. Investmentfonds, die nicht die oberste Muttergesellschaft sind, können eine Geschäftseinheit einer Unternehmensgruppe sein. Solche Investmentfonds werden als Investmenteinheiten betrachtet und unterliegen den besonderen Regelungen für Investmenteinheiten (§§ 66 ff). Ein Investmentfonds soll kumulativ die folgenden sieben Voraussetzungen erfüllen (litterae a bis g).

Lit. a sieht die Anforderung vor, einen Pool aus finanziellen und nichtfinanziellen Vermögenswerten von einer Anzahl von Anlegern, von denen einige nicht verbunden sind, zu bilden. Dieser Pool kann aus liquiden Mitteln oder illiquiden Vermögenswerten bestehen (vgl. GloBE-Kommentar, Art. 10.1, Rz 38).

Lit. a sieht ebenso vor, dass die Anleger nicht verbunden sind. Die Prüfung, ob zwei oder mehr Anleger des Investmentfonds miteinander verbunden sind, soll einzelfallbezogen erfolgen (vgl. GloBEKommentar, Art. 10.1, Rz 39). In jedem Fall sollte ein Anleger mit einem anderen Anleger als verbunden behandelt werden, wenn die in Art. 5 Abs. 8 OECD-MA enthaltenen Voraussetzungen erfüllt sind (vgl. GloBE-Kommentar, Art. 10.1, Rz 39). Unter bestimmten Umständen (Erstausgabephase oder Liquidationsprozess) kann auch ein Fonds mit nur einem Anleger die Kriterien der lit. a erfüllen, sofern der Fonds entwickelt wurde, um Vermögenswerte von mehreren Anlegern (von denen einige nicht miteinander verbunden sind) zu bündeln (vgl. GloBE-Kommentar, Art. 10.1, Rz 39).

Lit. b erfordert eine festgelegte Anlagepolitik, auf Basis derer der Investmentfonds investiert. Ob eine festgelegte Anlagepolitik existiert, ist anhand einer Gesamtbetrachtung zu beurteilen. Auf eine festgelegte Anlagepolitik deutet z. B. hin, dass diese festgelegt wird, bevor die Investoren an ihre Investitionszusagen gebunden sind; die Anlagepolitik in einem Dokument dargelegt ist, das Bestandteil der Vertragsbedingungen oder der Satzung des Investmentfonds wird oder auf das dort Bezug genommen wird; die Investoren gegenüber der Einheit einen rechtlich durchsetzbaren Anspruch auf die Befolgung eben dieser haben; die Anlagepolitik Anlagerichtlinien und -kriterien spezifiziert (vgl. GloBEKommentar, Art. 10.1, Rz 40).

Lit. c sieht vor, dass es der Investmentfonds den Anlegern ermöglichen soll, ihre Transaktions-, Recherche- und Analysekosten zu senken oder Risiken zu verteilen. Eine Einheit einer Unternehmensgruppe, die für die anderen Gruppenmitglieder bestimmte Funktionen wie zentralisierte Finanz- oder Beschaffungsdienstleistungen übernimmt, erfüllt jedoch die weitergefasste Definition eines Investmentfonds idR nicht (vgl. GloBE-Kommentar, Art. 10.1, Rz 41).

Gemäß lit. d muss ein Investmentfonds in erster Linie darauf ausgerichtet sein, Erträge oder Gewinne aus Investitionen (z. B. Dividenden, Zinsen, Mieten; nicht jedoch Lizenzgebühren) zu erzielen oder Schutz vor einem bestimmten oder allgemeinen Ereignis oder Ergebnis zu bieten (z. B. Investmentfonds in der Versicherungsbranche zur Deckung versicherter Ereignisse oder Ergebnisse; vgl. GloBE-Kommentar, Art. 10.1, Rz 42).

Lit. e schreibt vor, dass die Anleger ein Recht auf die Vermögenswerte des Fonds oder auf Erträge aus diesen Vermögenswerten auf der Grundlage der von den Anlegern geleisteten Beiträge haben. Anleger können dabei auch Gewinne aus der Veräußerung von Eigentumsanteilen des Fonds erzielen (vgl. GloBE-Kommentar, Art. 10.1, Rz 43).

Anforderung gemäß lit. f ist, dass der Investmentfonds oder die Geschäftsleitung den aufsichtsrechtlichen Vorschriften für Investmentfonds unterliegen muss, einschließlich angemessener Vorschriften für die Bekämpfung von Geldwäsche und den Anlegerschutz, in dem Steuerhoheitsgebiet, in dem er ansässig ist oder verwaltet wird. Die Bestimmung soll die verschiedenen Ansätze zur aufsichtsrechtlichen Regulierung von Investmentfonds umfassen (vgl. GloBE-Kommentar, Art. 10.1, Rz 44).

Schließlich verlangt lit. g, dass der Fonds von professionellen Investmentfondsmanagern im Namen der Anleger verwaltet wird. Dabei wird insbesondere darauf abzustellen sein, ob die Verwalter unabhängig von den Anlegern agieren und nicht direkt bei den Anlegern angestellt sind, den nationalen Vorschriften bezüglich Qualifikation unterliegen und die Managementvergütung für erbrachte Leistungen teilweise erfolgsbasiert erfolgt (vgl. GloBE-Kommentar, Art. 10.1, Rz 45).

Zu Z 32:

Z 32 soll den Begriff „Immobilieninvestmentvehikel" (Art. 3 Abs. 32 der Richtlinie) definieren. Immobilieninvestmentvehikel als oberste Muttergesellschaften sind gemäß § 4 Abs. 1 Z 6 vom Anwendungsbereich dieses Bundesgesetzes ausgenommen. Immobilieninvestmentvehikel, die nicht die oberste Muttergesellschaft sind, können eine Geschäftseinheit einer Unternehmensgruppe sein. Solche Immobilieninvestmentvehikel werden als Investmenteinheiten betrachtet und unterliegen den besonderen Regelungen für Investmenteinheiten (§ 66 ff).

Immobilieninvestmentvehikel bezeichnet eine Einheit im Streubesitz, die überwiegend unbewegliches Vermögen hält und deren Erträge auf einer einzigen Besteuerungsebene erfasst werden, und zwar entweder auf Ebene des Immobilieninvestmentvehikels selbst oder auf Ebene seiner Anteilseigner, mit einem Aufschub von höchstens einem Jahr.

Eine Einheit im Streubesitz soll dann vorliegen, wenn es mehrere nicht miteinander verbundene Anleger gibt (vgl. GloBE-Kommentar, Art. 10.1, Rz 145); die Prüfung der Verbundenheit soll sich wiederum nach Art. 5 Abs. 8 des OECD-MA richten (siehe dazu bereits die Erläuterungen zu Z 31). Befindet sich das Immobilieninvestmentvehikel im Besitz von nur einer kleineren Anzahl anderer Investmenteinheiten, ist dies unschädlich, vorausgesetzt die Anteile an diesen anderen Investmenteinheiten werden im Streubesitz bzw. von einer Vielzahl nicht miteinander verbundener Personen gehalten. Gleiches gilt im Falle von Pensionsfonds mit einer Vielzahl von Begünstigten (vgl. GloBE-Kommentar, Art. 10.1, Rz 145).

Die gesetzliche Voraussetzung, dass Erträge auf einer einzigen Besteuerungsebene erfasst werden müssen (mit höchstens einem Jahr Aufschub), soll eine einmalige Besteuerung (in den Händen der Anteilseigner oder bei dem Immobilieninvestmentvehikel selbst) sicherstellen (vgl. GloBE-Kommentar, Art. 10.1, Rz 146). Die einzige Besteuerungsebene soll ebenso erfüllt sein, wenn einzelne Anteilseigner (beispielsweise Pensionsfonds) persönlich steuerbefreit sind, weil auch in diesem Fall das Besteuerungssystem auf eine einmalige Besteuerung der Erträge gerichtet ist (vgl. GloBE-Kommentar, Art. 10.1, Rz 147). Die Definition erfordert auch, dass überwiegend unbewegliches Vermögen gehalten wird, worunter auch mittelbare Beteiligungen fallen sollen wie zum Beispiel das Halten von Wertpapieren, deren Wert an unbewegliches Vermögen gekoppelt ist (vgl. GloBE-Kommentar, Art. 10.1, Rz 148).

Zu Z 33:

Z 33 soll den Begriff „Pensionsfonds" (Art. 3 Abs. 33 der Richtlinie) definieren. Ein Pensionsfonds ist eine ausgenommene Einheit gemäß § 4 Abs. 1 Z 4.

Unter diesen Begriff soll gemäß Z 33 lit. a eine Einheit fallen, die ausschließlich oder nahezu ausschließlich dazu dient, Altersversorgungsleistungen sowie verbundene Leistungen oder Nebenleistungen zugunsten von natürlichen Personen zu verwalten und bereitzustellen. Die Formulierung „nahezu ausschließlich" bedeutet, dass ein Pensionsfonds in sehr geringem Umfang auch Tätigkeiten ausüben darf, die nicht unmittelbar mit der Verwaltung und Erbringung von Altersversorgungsleistungen, Nebenleistungen und verbundenen Leistungen verbunden sind. Marketingtätigkeiten für Zwecke des Fonds im geringem Umfang schaden der Qualifikation als Pensionsfonds beispielsweise nicht. Zu den Zusatz- oder Nebenleistungen gehören beispielsweise Zahlungen im Todes- oder Invaliditätsfall, Witwen- und Hinterbliebenenpensionen, Zahlungen an Personen, die unter unheilbaren Krankheiten leiden oder Ersatzzahlungen im Falle von langandauernden Krankheiten oder langfristiger Arbeitslosigkeit (Art. 3 Z 10.13 OECD-MA). Um Zusatz- oder Nebenleistungen handelt es sich dabei allerdings nur, wenn diese Leistungen zusätzlich zu den Altersversorgungsleistungen erbracht werden. Einrichtungen, die ausschließlich oder überwiegend andere Leistungen als Altersversorgungsleistungen erbringen, sind keine Pensionsfonds.

MinBestG
Gesetzesmaterialien

Die im 1. Teilstrich normierte Bedingung zu den aufsichtsrechtlichen Vorschriften des Pensionsfonds orientiert sich an Art. 3 (1) lit. i des OECD-MA, soll sich aber in dem Punkt unterscheiden, dass der Pensionsfonds kein eigenständiges Steuersubjekt im Errichterstaat sein muss (vgl. GloBE-Kommentar, Art. 10.1, Rz 89).

Gemäß lit. a Teilstrich 2 können auch bestimmte nicht den aufsichtsrechtlichen Vorschriften unterliegende Pensionsfonds unter Z 33 fallen. Voraussetzung hiefür soll sein, dass die genannten Leistungen durch nationale Regelungen gesichert oder anderweitig geschützt und aus einem Pool von Vermögenswerten finanziert werden, die von einer Treuhandschaft oder einem Treugeber gehalten werden, um die Erfüllung der entsprechenden Pensionsverpflichtungen für den Fall einer Insolvenz sicherzustellen. Es soll nicht entscheidend sein, ob es sich um einen staatlichen oder einen privaten Pensionsfonds handelt.

Als Pensionsfonds sollen auch Pensionsfonds-Dienstleistungseinheiten iSd Z 34 bezeichnet werden (siehe dazu die Erläuterungen zu Z 34).

Zu Z 34:

Z 34 soll den Begriff „Pensionsfonds-Dienstleistungseinheit" (Art. 3 Abs. 34 der Richtlinie) definieren. Eine Pensionsfonds-Dienstleistungseinheit gilt gemäß Z 33 lit. b stets als Pensionsfonds und ist damit gemäß § 4 Abs. 1 Z 4 eine ausgenommene Einheit. Gemäß § 4 Abs. 1 Z 7 sind von Pensionsfonds-Dienstleistungsgesellschaft gehaltene Einheiten jedoch keine ausgenommenen Einheiten.

Die Definition einer Pensionsfonds-Dienstleistungseinheit umfasst zwei Arten von Einheiten (vgl. GloBE-Kommentar, Art. 10.1, Rz 93):

Der erste Typ sind Einheiten, die gegründet wurden, um ausschließlich oder nahezu ausschließlich Gelder zugunsten eines Pensionsfonds anzulegen. Der Ausdruck „ausschließlich oder nahezu ausschließlich" soll iSd Art. 3 (1) lit. i des OECD-MA ausgelegt werden (vgl. GloBE-Kommentar, Art. 10.1, Rz 95 und siehe auch die Ausführungen zu Z 33). Eine Pensionsfonds-Dienstleistungseinheit soll daher nur in geringem Umfang Tätigkeiten ausüben, die nicht unmittelbar mit der Anlage von Geldern zugunsten einer Einheit gem. § 2 Z 33 lit. a zusammenhängen.

Die zweite Art von Pensionsfonds-Dienstleistungseinheit ist eine Einheit, die ausschließlich oder nahezu ausschließlich gegründet und betrieben wird, um Tätigkeiten auszuführen, die ergänzend zu den in Z 33 lit. a genannten Tätigkeiten sind, die von dem Pensionsfonds ausgeführt werden (vgl. GloBEKommentar, Art. 10.1, Rz 94). Die vorgesehenen Nebentätigkeiten müssen nicht direkt für den Pensionsfonds gemäß Z 33 lit. a erbracht werden; es besteht lediglich die Anforderung, dass die Pensionsfonds-Dienstleistungseinheit derselben Gruppe angehört wie die diese Tätigkeiten ausübenden Einheiten. Solche Nebentätigkeiten sind beispielsweise das Erbringen von Beratungs- oder Rechercheleistungen für das Fondsmanagement.

Zu Z 35:

Z 35 soll den Begriff „Niedrigsteuerstaat oder -gebiet" (Art. 3 Z 35 der Richtlinie) definieren. Als Niedrigsteuerstaat oder –gebiet gilt ein Staat oder Gebiet dann, wenn die jeweilige Unternehmensgruppe dort in einem Geschäftsjahr Mindeststeuer-Nettogewinne erzielt und in diesem Staat oder Gebiet einem Effektivsteuersatz unter 15 % unterliegt.

Die Qualifikation als Niedrigsteuerstaat oder -gebiet hat zur Folge, dass Geschäftseinheiten dieser Unternehmensgruppe, die in einem solchen Staat oder Gebiet gelegen sind, als niedrig besteuerte Geschäftseinheiten iSd Z 19 bezeichnet werden und somit sichergestellt werden muss, dass für diese Mindeststeuer im Wege der NES, PES oder SES erhoben wird.

Zu Z 36:

Gemäß Z 36 (Art. 3 Z 36 der Richtlinie) sollen als „Mindeststeuer-Gewinne oder -Verluste" jene Jahresüberschüsse oder Jahresfehlbeträge einer Geschäftseinheit (Z 2) bezeichnet werden, die gemäß den Bestimmungen der Abschnitte 3, 7 und 8 ermittelt wurden.

Zu Z 37:

In Z 37 soll der Begriff „nicht anerkannte erstattungsfähige Anrechnungssteuer" definiert werden (Art. 3 Z 37 der Richtlinie).

Nicht anerkannte erstattungsfähige Anrechnungssteuern werden bei der Berechnung des Effektivsteuersatzes des Steuerhoheitsgebietes, in dem sich die Geschäftseinheit befindet, nicht bei den erfassten Steuern berücksichtigt; ebenso wenig führt die tatsächliche Rückerstattung einer nicht anerkannten erstattungsfähigen Anrechnungssteuer zu einer Reduktion der angepassten erfassten Steuern gemäß § 38 (vgl. GloBE-Kommentar, Art. 10.1, Rz 9).

Als nicht anerkannte erstattungsfähige Anrechnungssteuer soll jede Steuer bezeichnet werden, bei der es sich nicht um eine anerkannte Anrechnungssteuer (siehe sogleich unten) handelt und die von einer Geschäftseinheit noch zu entrichten ist oder von dieser bereits entrichtet wurde, und noch eine der beiden folgenden Voraussetzungen erfüllt:

– Sie kann entweder dem wirtschaftlichen Eigentümer einer von einer solchen Geschäftseinheit ausgeschütteten Dividende erstattet werden oder vom wirtschaftlichen Eigentümer mit einer anderen Steuerschuld als der Steuerschuld in Bezug auf diese Dividende als Gutschrift verrechnet werden (1. Teilstrich).

– Sie kann bei Ausschüttung einer Dividende an einen Anteilseigner an die ausschüttende Gesellschaft erstattet werden (2. Teilstrich).

Eine derartige Anrechnungssteuer führt im Ergebnis dazu, dass die Einkünfte der Körperschaft nicht besteuert werden; und zwar weder auf Ebene der Gesellschaft noch auf Ebene der Gesellschafter (vgl. GloBE-Kommentar, Art. 10.1, Rz 9). Letztere ermöglicht eine Erstattung der von der Geschäftseinheit entrichteten oder zu entrichtenden Steuer, ohne zugleich eine Besteuerung des Anteilsinhabers vorzusehen.

Eine nicht anerkannte Anrechnungssteuer liegt auch dann vor, wenn eine Steuer nur deshalb nicht unter die Definition der anerkannten Anrechnungssteuer fällt, weil der wirtschaftliche Eigentümer einem nominalen

Steuersatz unter dem Mindestsatz auf die Ausschüttung unterliegt, oder weil die natürliche Person in Bezug auf die Dividenden nicht steuerpflichtig ist (vgl. GloBE-Kommentar, Art. 10.1, Rz 9).

Steuern, die der Dividendenempfänger schuldet, die allerdings im Abzugswege von der ausschüttenden Körperschaft bei der Zahlung der Dividende einbehalten werden, sind dagegen nicht vom Begriff der nicht anerkannten erstattungsfähigen Steuern erfasst, selbst wenn ein Teil oder die gesamte Quellensteuer dem Anteilseigner letztendlich rückerstattet wird.

Zu Z 38:

In Z 38 soll der Begriff „anerkannte Anrechnungssteuer" definiert werden (Art. 3 Z 37 der Richtlinie).

Als „anerkannte Anrechnungssteuer" soll eine erfasste, von einer Geschäftseinheit oder einer Betriebsstätte noch zu entrichtende oder bereits entrichtete Steuer zu verstehen sein, die dem wirtschaftlichen Eigentümer der von der Geschäftseinheit ausgeschütteten Dividende oder – im Falle einer von einer Betriebsstätte noch zu entrichtenden oder bereits entrichteten Steuer – der vom Stammhaus ausgeschütteten Dividende erstattet werden oder von diesem als Gutschrift verrechnet werden kann. Die Erstattung oder die Gutschrift soll eine der folgenden Voraussetzungen erfüllen – sie soll:

- entweder von einem anderen Steuerhoheitsgebiet als dem Steuerhoheitsgebiet, das die erfassten Steuern erhoben hat, gemäß einer Regelung zur Anrechnung ausländischer Steuern gewährt werden (lit. a), oder
- einem wirtschaftlichen Eigentümer der Dividende gewährt werden, der einem nominalen Steuersatz unterliegt, welcher dem Mindeststeuersatz für die erhaltene Dividende nach dem innerstaatlichen Recht des Steuerhoheitsgebiets, das die erfassten Steuern von der Geschäftseinheit erhoben hat, entspricht oder diesen übersteigt (lit. b; sieht das betreffende Steuerhoheitsgebiet einen progressiven Steuersatz vor, soll insoweit auf den niedrigsten Steuersatz, der auf den wirtschaftlichen Eigentümer anwendbar ist, abzustellen sein), oder
- einer natürlichen Person gewährt werden, die wirtschaftlicher Eigentümer der Dividende und in jenem Steuerhoheitsgebiet steuerlich ansässig ist, das die erfassten Steuern von der Geschäftseinheit erhoben hat, und die einem nominalen Steuersatz unterliegt, der dem auf ordentliche Erträge anwendbaren Normalsteuersatz entspricht oder diesen übersteigt (lit. c; daran fehlt es insbesondere im Falle einer begünstigten Besteuerung der Dividende), oder
- einer staatlichen Einheit, einer internationalen Organisation, einer gebietsansässigen Organisation ohne Erwerbszweck, einem gebietsansässigen Pensionsfonds, einer gebietsansässigen Investmenteinheit, die nicht der Unternehmensgruppe angehört, oder einer gebietsansässige Lebensversicherungsgesellschaft gewährt werden, sofern die Dividende im Zusammenhang mit Tätigkeiten eines gebietsansässigen Pensionsfonds bezogen wird und sie in ähnlicher Weise wie eine von einem Pensionsfonds bezogene Dividende besteuert wird (lit. d).

Im Anwendungsbereich der lit. d soll hinsichtlich der Ansässigkeit Folgendes gelten: Eine Organisation ohne Erwerbszweck oder ein Pensionsfonds gilt als in einem Steuerhoheitsgebiet gebietsansässig, wenn sie bzw. er in diesem Steuerhoheitsgebiet gegründet und verwaltet wird (lit. aa); eine Investmenteinheit gilt als in einem Steuerhoheitsgebiet gebietsansässig, wenn sie in diesem Steuerhoheitsgebiet gegründet wird und dessen Regulierungsvorschriften unterliegt (lit. bb); eine Lebensversicherungsgesellschaft gilt als in dem Steuerhoheitsgebiet gebietsansässig, in dem sie gelegen ist (lit. cc).

Diese Voraussetzungen sollen sicherstellen, dass die Erstattung und Gutschrift tatsächlich ein Instrument zur Vermeidung einer wirtschaftlichen Doppelbelastung von Dividenden ist und sollen die anerkannte Anrechnungssteuer von einer nicht anerkannten erstattungsfähigen Anrechnungssteuer abgrenzen.

Zu Z 39:

In Z 39 soll der Begriff „anerkannte auszahlbare Steuergutschrift" (Art. 3 Z 38 der Richtlinie) definiert werden, der von der in Z 40 definierten „nicht anerkannten auszahlbaren Steuergutschrift" (Art. 3 Z 39 der Richtlinie) zu unterscheiden ist.

Die Unterscheidung ist für die Ermittlung der effektiven Steuerbelastung von wesentlicher Bedeutung: So werden anerkannte auszahlbare Steuergutschriften – wie etwa aus österreichischer Sicht die Forschungsprämie gemäß § 108c EStG 1988 – im Gegensatz zu nicht anerkannten auszahlbaren Steuergutschriften bei der Ermittlung der Bemessungsgrundlage als Erträge behandelt (siehe dazu näher die Erläuterungen zu § 27). Umgekehrt führen nicht anerkannte auszahlbare Steuergutschriften im Unterschied zu anerkannten auszahlbaren Steuergutschriften zu einer Verminderung der erfassten Steuern gemäß § 40 Z 2 (siehe dazu näher die Erläuterungen zu § 40).

Eine anerkannte auszahlbare Steuergutschrift iSd Begriffsdefinition muss so ausgestaltet sein, dass die Gutschrift innerhalb von maximal 4 Jahren ab Vorliegen der Anspruchsvoraussetzungen auch tatsächlich an die anspruchsberechtigte Geschäftseinheit in bar oder in Form von Barmitteläquivalenten auszuzahlen ist (lit. a). Eine bloß zur Reduktion der erfassten Steuern verwendbare Steuergutschrift soll keine anerkannte auszahlbare Steuergutschrift darstellen (vgl. GloBE-Kommentar, Art. 10.1, Rz.135).

Sollte ein Steuerhoheitsgebiet eine teilweise auszahlbare Steuergutschrift vorsehen, soll hinsichtlich des auszahlbaren Teils bei Erfüllung der sonstigen Voraussetzungen ebenfalls eine anerkannte auszahlbare Steuergutschrift vorliegen (lit. b).

Gemäß dem Schlussteil dieser Begriffsdefinition soll eine anerkannte auszahlbare Steuergutschrift keine Steuerbeträge umfassen, die aufgrund einer anerkannten Anrechnungssteuer (Z 38) oder nicht anerkannten erstattungsfähigen Anrechnungssteuer (Z 37) als Gutschrift verrechnet werden oder erstattet werden können; siehe zu diesen Begriffen die Erläuterungen zu Z 37 und Z 38.

MinBestG
Gesetzesmaterialien

Zu Z 40:
In Z 40 soll der Begriff „nicht anerkannte auszahlbare Steuergutschrift" (Art. 3 Z 39 der Richtlinie) definiert werden. Als nicht anerkannte auszahlbare Steuergutschrift soll eine Steuergutschrift bezeichnet werden, die keine anerkannte auszahlbare Steuergutschrift iSd Z 39 darstellt, jedoch ganz oder teilweise auszahlbar ist.

Zu Z 41:
Z 41 soll den Begriff „Stammhaus" (Art. 3 Z 40 der Richtlinie) definieren. Ein Stammhaus ist eine Einheit iSd Z 1, die den – einer Betriebsstätte in Übereinstimmung mit § 35 zugerechneten – Jahresüberschuss oder Jahresfehlbetrag in ihrem eigenen Abschluss erfasst. Als Stammhaus wird grundsätzlich der Hauptsitz einer Gesellschaft verstanden (vgl. GloBE-Kommentar, Art. 10.1, Rz 56).

Der Begriff „Stammhaus" findet sich u.a. in der Definition der Geschäftseinheit, der obersten Muttergesellschaft und der Bestimmung bezüglich der Zuordnung der Gewinne oder Verluste im Verhältnis zu einer Betriebsstätte (§ 35).

Zu Z 42:
Z 42 soll den Begriff „gruppenzugehöriger Eigentümer einer Geschäftseinheit" (Art. 3 Z 41 der Richtlinie) definieren. Darunter soll eine Geschäftseinheit fallen, die Teil einer Unternehmensgruppe ist und unmittelbar oder mittelbar eine Eigenkapitalbeteiligung an einer anderen Geschäftseinheit derselben Unternehmensgruppe hält.

Dieses Bundesgesetz nimmt auf diesen Begriff in den Bestimmungen zur Zurechnung der Gewinne oder Verluste einer transparenten Einheit (§ 36), zur besonderen Zurechnung erfasster Steuern einer Geschäftseinheit zu einer anderen Geschäftseinheit (§ 44), zum Substanzfreibetrag (§ 48), zum Steuertransparenzwahlrecht für Investmenteinheiten (§ 67) und zum Wahlrecht für steuerpflichtige Ausschüttungen von Investmenteinheiten (§ 68) Bezug.

Zu Z 43:
Z 43 soll den Begriff des „anerkannten Ausschüttungssteuersystems" (Art. 3 Z 42 der Richtlinie) definieren. Ein derartiges Steuersystem soll drei Voraussetzungen kumulativ zu erfüllen haben, um als anerkanntes Ausschüttungssteuersystem zu gelten:

– Eine Körperschaftsteuer auf Gewinne wird nur erhoben, wenn diese Gewinne an die Anteilsinhaber tatsächlich oder fiktiv ausgeschüttet werden oder wenn im Unternehmen bestimmte nicht geschäftsbezogene Aufwendungen anfallen (lit. a). Jene Steuern, die die Anteilsinhaber in Bezug auf die Ausschüttungen schulden, sind für diese Beurteilung irrelevant, selbst wenn diese von der ausschüttenden Gesellschaft als Abzugsteuer einbehalten und abgeführt werden (vgl. GloBEKommentar, Art. 10.1, Rz 14).

– Wesensmerkmal eines anerkannten Ausschüttungssteuersystems ist daher, dass die Körperschaftsteuer der ausschüttenden Gesellschaft erst im Zeitpunkt der Ausschüttung der Gewinne an die Anteilsinhaber und nicht bereits im Zeitpunkt der Erzielung der Gewinne erhoben wird. Derartige Ausschüttungssteuersysteme sehen auch eine Körperschaftsteuerpflicht für fiktive Ausschüttungen (z. B. aus österreichischer Sicht: verdeckte Ausschüttungen) und für bestimmte steuerlich nicht abzugsfähige Aufwendungen vor (vgl. GloBE-Kommentar, Art. 10.1, Rz 15). Dies soll verhindern, dass den Gesellschaftern Gewinne unter Umgehung des Ausschüttungssteuersystems zufließen.

– Der Körperschaftsteuersatz muss mindestens 15 % (Mindeststeuersatz gemäß Z 15) betragen (lit. b). Auch bei Anwendung eines Staffeltarifs oder progressiven Steuersatzes kann ein anerkanntes Ausschüttungssteuersystem vorliegen, sofern der niedrigste effektive Steuersatz mindestens 15 % beträgt (vgl. GloBE-Kommentar, Art. 10.1, Rz 16). Dabei sind auch etwaige Erhöhungen der Bemessungsgrundlage zu berücksichtigen. Die Voraussetzungen der lit. b sind daher beispielsweise auch dann erfüllt, wenn das Anrechnungssteuersystem zwar bloß einen Steuersatz in Höhe von 14 % vorsieht, dieses jedoch auf einen um den Faktor 1/0.86 erhöhten Ausschüttungsbetrag anwendet [14 % x (100/0.86) = 16,28 %].

– Das Körperschaftsteuersystem muss am oder vor dem 1. Juli 2021 in Kraft gewesen sein (lit. c). Das ist der Zeitpunkt der ersten Erklärung des Inclusive Framework, in der die Sonderregelung für anerkannte Ausschüttungssteuersysteme vereinbart wurde (vgl. Erwägungsgrund 21 der RL; GloBEKommentar, Art. 10.1, Rz 17). Damit soll verhindert werden, dass nachträglich neue anerkannte Ausschüttungssteuersysteme eingeführt werden können. Unschädlich sind jedoch punktuelle Anpassungen, die die grundsätzliche Gestaltung eines bereits am oder vor dem 1. Juli 2021 bestehenden Ausschüttungssteuersystems unberührt lassen.

Zu Z 44:
Z 44 soll den Begriff „anerkannte SES-Regelung" (Art. 3 Z 43 der Richtlinie) umsetzen. Eine SESRegelung soll als „anerkannt" gelten, wenn deren innerstaatliche Umsetzung entweder den Bestimmungen der Richtlinie (EU-Mitgliedstaaten) oder – im Falle von Drittstaaten oder -gebieten – den GloBE-Mustervorschriften gleichwertig ist.

Die Feststellung der Gleichwertigkeit einer innerstaatlich umgesetzten SES-Regelung ist insofern relevant, als jeder Ergänzungssteuerbetrag, der keiner PES-Regelung unterzogen wurde, nur auf jene Steuerhoheitsgebiete im Rahmen der SES verteilt wird, die eine anerkannte SES-Regelung innerstaatlich umgesetzt haben.

Sinngemäße Bestimmungen zur Gleichwertigkeit finden sich auch in Z 18 (anerkannte PES-Regelung). IdS wird für weitere Ausführungen zur Gleichwertigkeit und der Wortfolge „dass dieses Steuerhoheitsgebiet keine mit diesen Bestimmungen im Zusammenhang stehenden Vorteile gewährt" auf die Erläuterungen zu Z 18 verwiesen.

MinBestG
Gesetzesmaterialien

Zu Z 45:
Z 45 soll den Begriff „als berichtspflichtig benannte Einheit" (Art. 3 Z 44 der Richtlinie) definieren. Dieses Bundesgesetz sieht vor, dass grundsätzlich jede in Österreich gelegene Geschäftseinheit iSd Z 2 selbst zur Einreichung des Mindeststeuerberichts verpflichtet ist. Diese Abgabepflicht entfällt jedoch insbesondere, wenn die oberste Muttergesellschaft oder eine als berichtspflichtig benannte Einheit die Einreichung für die gesamte Unternehmensgruppe übernimmt (siehe dazu im Detail die Erläuterungen zu den §§ 69 f).

Zu Z 46:
Z 46 soll den Begriff „GloBE-Mustervorschriften" definieren. Dieser Begriff bezeichnet die GloBEMustervorschriften der OECD/G20 bezüglich der Steuerlichen Herausforderungen im Zusammenhang mit der Digitalisierung der Wirtschaft, „Tax Challenges Arising from Digitalisation of the Economy – Global Anti Base Erosion Model Rules (Pillar Two), OECD/G20 Inclusive Framework on BEPS" (englische Fassung). Die GloBE-Mustervorschriften sind detaillierte Regeln zur Umsetzung der Reform des internationalen Steuersystems. Sie dienen den am Inclusive Framework teilnehmenden Staaten und Gebieten mit unabhängigem (Steuer-)Rechtssystem (Steuerhoheitsgebieten) als Vorlage für die Umsetzung der Regeln zur globalen Mindestbesteuerung, die als Teil der Säule 2 (Pillar Two) des Zwei-Säulen-Modells zur Bewältigung der steuerlichen Herausforderungen, die sich aus der Digitalisierung und Globalisierung der Wirtschaft ergeben, beschlossen wurden. 139 Steuerhoheitsgebiete haben sich inzwischen der im Oktober 2021 im Rahmen des Inclusive Framework erzielten Einigung angeschlossen.

Die GloBE-Mustervorschriften mitsamt dazugehörigem GloBE-Kommentar sind auf der OECD-Webseite sowohl in deutscher als auch englischer Sprache frei zugänglich: https://www.oecd.org/tax/beps/taxchallenges-arising-from-the-digitalisation-of-the-economy-global-anti-base-erosion-model-rules-pillartwo.htm.

Zu Z 47:
Z 47 soll den Begriff „Versicherungsinvestmenteinheit" definieren. Dieser Begriff bezeichnet eine Einheit, die unter die Definition eines Investmentfonds gemäß Z 31 oder eines Immobilieninvestmentvehikels gemäß Z 32 fallen würde, wenn sie nicht im Zusammenhang mit Verbindlichkeiten im Rahmen eines Versicherungs- oder Rentenvertrags gegründet worden wäre und sich nicht vollständig im Eigentum einer Einheit befände, die als Versicherungsgesellschaft gegründet und den aufsichtsrechtlichen Vorschriften ihres Belegenheitsstaates unterliegt.

Zu § 3 (Anwendungsbereich):
§ 3 soll Art. 2 der Richtlinie umsetzen und damit den Anwendungsbereich dieses Bundesgesetzes festlegen.

Zu Abs. 1:
Der Mindeststeuer sollen nur in Österreich gelegene Geschäftseinheiten unterliegen, die Unternehmensgruppen angehören, welche in zumindest zwei der letzten vier Geschäftsjahre vor dem geprüften Geschäftsjahr konsolidierte Umsatzerlöse von jährlich mindestens 750 Millionen Euro erzielten. Die konsolidierten Umsatzerlöse aus dem Konzernabschluss (§ 2 Z 6) der obersten Muttergesellschaft (§ 2 Z 14) sollen hiefür herangezogen werden. Dieser Schwellenwert soll mit dem Schwellenwert für die länderbezogene Berichterstattung im Einklang stehen (Erwägungsgrund 7 der Richtlinie).

Handelt es sich bei Einheiten einer Unternehmensgruppe um ausgenommene Einheiten gemäß § 4, sollen diese in die Berechnung der in Abs. 1 genannten Schwelle für die Unternehmensgruppe miteinbezogen werden, sofern das Einkommen mit dem Rest der Unternehmensgruppe konsolidiert wird.

Sind keine konsolidierten Abschlüsse für die vorangegangenen vier Geschäftsjahre vorhanden, soll z. B. bei einer kürzlich entstandenen „neuen" Unternehmensgruppe der vierjährige Betrachtungszeitraum nicht herangezogen werden. Bei Überschreiten der Schwelle in den ersten zwei Geschäftsjahren, soll die Mindeststeuerpflicht daher bereits ab dem dritten Geschäftsjahr für die in Österreich gelegenen Geschäftseinheiten bestehen (vgl. GloBE-Kommentar, Art. 1.1.1, Rz 8). Bei Zusammenschlüssen und Teilungen von Unternehmensgruppen ist die Spezialvorschrift zur Anwendung des Schwellenwertes gemäß § 58 zu beachten.

Zu Abs. 2:
Dieser Absatz behandelt Fälle, in denen das Geschäftsjahr einen anderen Zeitraum als 12 Monate umfasst. Sollte eines oder mehrere der unmittelbar vorausgegangenen Geschäftsjahre einen anderen Zeitraum als 12 Monate umfassen, soll die Umsatzschwelle von 750 Millionen Euro proportional angepasst werden. Dabei soll die anteilige Erhöhung 1/12 je vollem Monat betragen, um den das Geschäftsjahr den Zeitraum von zwölf Monaten übersteigt. Ist das Geschäftsjahr kürzer als zwölf Monate, ist der Schwellenwert anteilig zu kürzen. Die anteilige Kürzung beträgt 1/12 je angefangenem Monat, um den das Geschäftsjahr den Zeitraum von zwölf Monaten unterschreitet.

Beispiel:
Das Geschäftsjahr der Unternehmensgruppe umfasst 9 Monate.
Die maßgebliche Umsatzschwelle beträgt 562,50 Millionen Euro ((750/12) x 9 = 562,50).

Zu § 4 (Ausgenommene Einheiten):
Bestimmte Einheiten sollen aufgrund ihres besonderen Zwecks und Status vom Anwendungsbereich dieses Bundesgesetzes ausgenommen werden (ausgenommene Einheiten).

Für Zwecke der Beurteilung, ob eine ausgenommene Einheit gemäß § 4 vorliegt, soll die Betriebsstätte einer Einheit nicht separat beurteilt werden, sondern gemeinsam mit der Einheit; diesfalls sollen die Gesamtheit der Aktivitäten einschließlich derjenigen, die von der Betriebsstätte durchgeführt werden, für die Einstufung als ausgenommene Einheit maßgeblich sein (vgl. Verwaltungsleitlinien des Inclusive Framework on BEPS vom 1. Februar 2023 zur Administration der GloBE-Mustervorschriften, Pkt. 1.5.3, Rz 8).

Die Einstufung als ausgenommene Einheit hat insbesondere folgende Auswirkungen (vgl. GloBEKommentar, Art. 1.5, Rz 37):

MinBestG
Gesetzesmaterialien

- Die PES, NES und SES sollen nicht auf ausgenommene Einheiten angewendet werden. Eine ausgenommene Einheit, welche die oberste Muttergesellschaft ist, muss die PES nicht anwenden und die in der Beteiligungskette nachfolgende Einheit (die selbst keine ausgenommene Einheit ist) wendet die PES an. Ausgenommene Einheiten sollen daher auch keine Abgabepflichtigen gemäß § 76 für die Mindeststeuer sein.
- Sämtliche „GloBE-Attribute" (Gewinne, Verluste, Steuern, Vermögenswerte und Lohnkosten) ausgenommener Einheiten werden aus den Berechnungen ausgenommen, mit Ausnahme der Anwendung der Umsatzschwelle.
- Ausgenommene Einheiten trifft keine Verpflichtung zur Abgabe des Mindeststeuerberichtes gemäß den §§ 69 ff.

Zu Abs. 1 Z 1 bis 6:
Die Z 1 bis 6 spezifizieren jene Einheiten, die ausgenommene Einheiten darstellen.
Dazu gehören Einheiten, die im Allgemeinen keine Handels- oder Geschäftstätigkeiten ausüben bzw. im Allgemeininteresse liegende Tätigkeiten ausüben, etwa im Bereich der Gesundheitsversorgung, Bildung oder Errichtung öffentlicher Infrastruktur, und aus diesen Gründen im jeweiligen Steuerhoheitsgebiet üblicherweise nicht steuerpflichtig sind. Es sollen daher staatliche Einheiten, internationale Organisationen, Pensionsfonds und Non-Profit-Organisationen, einschließlich Organisationen für Zwecke wie die öffentliche Gesundheitsversorgung, vom Anwendungsbereich dieses Bundesgesetzes ausgenommen werden. Non-Profit-Organisationen sollen auch Krankenversicherungsträger einschließen können, die keine anderen Gewinne als für die öffentliche Gesundheitsversorgung erforderlich anstreben oder erzielen. Auch Investmentfonds und Immobilieninvestmentvehikel, die an der Spitze der Beteiligungskette stehen, sollen vom Anwendungsbereich ausgenommen werden, weil die erzielten Erträge dieser Einheiten auf der Ebene ihrer Eigentümer besteuert werden (vgl. Erwägungsgrund 7 der Richtlinie).

Zu Abs. 1 Z 7:
Einheiten, die unmittelbar oder mittelbar über eine oder mehrere ausgenommene Einheiten zu mindestens 95 % ihres Werts im Eigentum einer oder mehrerer Einheiten nach Z 1 bis Z 6 stehen und für die jeweiligen Anteilseigner nahezu ausschließlich Vermögenswerte halten, Gelder veranlagen oder Nebentätigkeiten leisten, sollen ebenso als ausgenommene Einheit (Z 7 lit. a) gelten.
Ebenfalls als ausgenommene Einheiten sollen Einheiten gelten, wenn 85 % ihres Werts von einer oder mehreren ausgenommenen Einheiten gehalten werden und ihre gesamten Erträge im Wesentlichen aus Dividenden oder Gewinnen oder Verlusten aus Eigenkapitalbeteiligungen bestehen, die gemäß den § 17 und § 18 von der Berechnung der Mindeststeuer-Gewinne oder -Verluste ausgenommen sind (Z 7 lit. b).
Einheiten, die von Pensionsfonds-Dienstleistungseinheiten gehalten werden, sollen jedoch gemäß Z 7 lit. a und lit. b nicht vom Anwendungsbereich dieses Bundesgesetzes ausgenommen werden.
Außerdem sollen gemäß Z 7 lit. c bestimmte Einheiten ausgenommen sein, die zur Gänze von Non-Profit-Organisationen (Z 3) gehalten werden. Damit sollen Töchter von NPOs, auf die Nebentätigkeiten zum Zwecke des Fundraisings für die NPO ausgelagert wurden, unter bestimmten umsatzabhängigen Voraussetzungen vom Anwendungsbereich des Mindestbesteuerungsgesetzes ausgenommen werden. Mit dieser Ausnahme soll Pkt. 1.6 der vom Inclusive Framework am 1. Februar 2023 angenommenen Verwaltungsleitlinien zur Administration der GloBE-Musterrvorschriften umgesetzt werden.
Z 7 lit. a soll dem Fall Rechnung tragen, dass ausgenommene Einheiten aus aufsichtsrechtlichen oder wirtschaftlichen Gründen gezwungen sein können, von ihnen kontrollierte selbstständige Einheiten damit zu betrauen, für sie Vermögenswerte zu halten oder bestimmte Aufgaben wahrzunehmen.
Investmentfonds (§ 2 Z 31) können beispielsweise daran gehindert werden, direkt in einen bestimmten Vermögenswert zu investieren und ihn zwingen, diese Investition über ein selbstständiges Vehikel zu tätigen, um seine Haftung zu begrenzen.
Die in Z 7 lit. a und lit. b vorgesehene Bedingung, dass eine oder mehrere ausgenommene Einheit(en) zu 85 % bzw. zu 95 % ihres Werts im Eigentum einer oder mehrerer Einheit(en) nach Z 1 bis 6 stehen, soll über mehrere Ebenen erfüllt sein können.

Beispiel:
A Co ist eine ausgenommene Einheit iSd Z 1 bis 6 und hält B Co (ebenso eine ausgenommene Einheit) zu 100 %, die wiederum 95 % des Wertes von C Co hält.
C Co ist ebenfalls eine ausgenommene Einheit, weil 95 % ihres Werts mittelbar von A Co gehalten wird.
Der Begriff „Wert" in Z 7 lit. a und lit. b soll sich auf den Gesamtwert der vom Rechtsträger ausgegebenen Eigentumsanteile beziehen (vgl. GloBE-Kommentar, Art. 1.5.2, Rz 53).
Z 7 lit. a verlangt, dass die Einheit „*ausschließlich oder fast ausschließlich*" zum Halten von Vermögenswerten oder zum Anlegen von Geldern tätig ist. Dies erfordert, dass alle oder fast alle Aktivitäten der Einheit mit diesen Aktivitäten in Zusammenhang stehen müssen und eine Einheit keine anderen Aktivitäten als das Halten von Vermögenswerten oder das Anlegen von Geldern aktiv ausüben darf. Davon umfasst könnte z. B. eine staatliche Beteiligungsgesellschaft („*sovereign wealth fund*") sein, die sich im Besitz einer staatlichen Einheit befindet (vgl. Verwaltungsleitlinien des Inclusive Framework zur Administration der GloBE-Musterrvorschriften vom 1. Februar 2023, Rz 9).
Z 7 lit. b sieht grundsätzlich als alternative Voraussetzung zu lit. a vor, dass die Einheit „*ausschließlich Nebentätigkeiten*" zu den von den Z1 genannten Einheiten ausgeübten Tätigkeiten ausüben darf.
Sofern allerdings bei einer Einheit die beiden Bedingungen in Z 7 lit. a und lit. b kumulativ zusammentreffen, soll dies der Qualifikation als ausgenommene Einheit nicht entgegenstehen (vgl. Verwaltungsleitlinien des Inclusive Framework zur Administration der GloBE-Musterrvorschriften vom 1. Februar 2023, Pkt. 1.5.3, Rz 10).

Für die Anwendung der Befreiungsbestimmung einer Einheit gemäß Z 7 lit. b soll zusätzlich vorausgesetzt werden, dass die Einheit ihre gesamten Erträge *„im Wesentlichen"* aus – nicht in der Bemessungsgrundlage gemäß den §§ 17 und 18 enthaltenen – Dividenden oder Gewinnen oder Verlusten aus Eigenkapitalbeteiligungen erzielen; unwesentliche andere Erträge (z. B. Zinserträge) sollen der Einstufung als ausgenommene Einheit gemäß Z 7 lit. b nicht entgegenstehen (vgl. GloBE-Kommentar, Art. 1.5.2, Rz 56).

Die Ausnahme gemäß Z 7 lit. c soll zunächst nur eine Einheit erfassen, die zu 100 % ihres Werts im gesamten Geschäftsjahr von einer Non-Profit-Organisation gehalten wird. Zusätzlich soll es hier für die Qualifikation dieser Tochtergesellschaft einer NPO als ausgenommene Einheit notwendig sein, dass die aggregierten Umsatzerlöse sämtlicher anderer Geschäftseinheiten der Unternehmensgruppe mit Ausnahme der NPO sowie der unter Z 7 fallenden Geschäftseinheiten insgesamt niedriger als der Umsatzschwellenwert von 750 000 000 Euro und auch niedriger als 25 % der am Konzernabschluss insgesamt ausgewiesenen (konsolidierten) Umsatzerlöse der Unternehmensgruppe sind (vgl. Verwaltungsleitlinien des Inclusive Framework zur Administration der GloBE-Mustervorschriften vom 1. Februar 2023, Pkt. 1.6.2, Rz 13).

Zu Abs. 2:

Die in Z 7 genannten ausgenommenen Einheiten sollen optional nicht als ausgenommene Einheiten behandelt werden können. Diese Option ist gemäß § 74 Abs. 1 für eine Dauer von fünf Jahren vorgesehen.

Zu § 5 (Standort einer Geschäftseinheit):

§ 5 soll Art. 4 der Richtlinie umsetzen. Er dient der Bestimmung des Standorts einer Geschäftseinheit (§ 2 Z 2) für Zwecke dieses Bundesgesetzes.

Zu Abs. 1:

Abs. 1 soll den Standort einer Einheit, die keine transparente Gesellschaft ist, bestimmen. Der Standort einer solchen Einheit bestimmt sich in Übereinstimmung mit Art. 4 Abs. 1 der Richtlinie auf Basis von nicht abschließend aufgezählten Kriterien. Beispielhaft soll Abs. 1 den Ort der Geschäftsleitung und den Gründungsort als häufig im innerstaatlichen Recht verschiedenster Steuerhoheitsgebiete auffindbare Kriterien nennen. In diesem Sinne soll die Wortfolge „oder ähnlicher Kriterien" in Abs. 1 indizieren, dass etwa der Sitz oder die Eintragung einer Geschäftseinheit in ein öffentliches Register relevante Kriterien darstellen sollen.

Eine Geschäftseinheit ist für Zwecke dieses Bundesgesetzes in Österreich gelegen, wenn sie ihren Sitz oder Ort der Geschäftsleitung (§ 27 BAO) in Österreich hat.

Zu Abs. 2:

Abs. 2 bezieht sich auf transparente Einheiten. Ist die transparente Einheit die oberste Muttergesellschaft einer Unternehmensgruppe oder ist sie verpflichtet, eine anerkannte PES-Regelung anzuwenden, soll gemäß Z 1 der Standort der transparenten Einheit in jenem Staat gelegen sein, in dem diese gegründet wurde. In allen anderen Fällen sollen solche Einheiten als staatenlos behandelt werden (Z 2).

Zu Abs. 3:

Abs. 3 soll den Standort einer Betriebsstätte (§ 2 Z 13) für die in § 2 Z 13 lit. a bis d genannten Konstellationen festlegen. Z 1 soll Betriebsstätten umfassen, die in einem Steuerhoheitsgebiet in Übereinstimmung mit einem zwischen diesem und einem anderen Steuerhoheitsgebiet abgeschlossenen Doppelbesteuerungsabkommen besteuert werden. Z 2 soll den Standort einer Betriebsstätte regeln, wenn zwischen zwei Steuerhoheitsgebieten kein Doppelbesteuerungsabkommen besteht. Z 3 soll den Standort einer Betriebsstätte in Ermangelung eines Körperschaftsteuersystems in jenem Steuerhoheitsgebiet festlegen, in dem der (fiktive) Ort der Geschäftstätigkeit gelegen ist. Gemäß Z 4 soll eine Betriebsstätte als staatenlos gelten, wenn sie die Definition des § 2 Z 13 lit. d erfüllt.

Zu Abs. 4:

Abs. 4 soll den Standort einer Geschäftseinheit für jene Fälle festlegen, in denen eine Geschäftseinheit gemäß Abs. 1 in mehreren Steuerhoheitsgebieten gelegen ist. Dies könnte etwa der Fall sein, wenn eine Geschäftseinheit mit Sitz in Österreich ihren Ort der Geschäftsleitung in einem anderen Steuerhoheitsgebiet hat und dieser Ort der Geschäftsleitung im anderen Steuerhoheitsgebiet eine steuerliche Ansässigkeit begründet. Solche Fälle der Doppelansässigkeit sollen durch die *„Tie-Breaker-Regeln"* des Abs. 4 gelöst werden.

Z 1 soll jene Fälle umfassen, in denen zwei Steuerhoheitsgebiete ein DBA abgeschlossen haben und die Doppelansässigkeit auf Grundlage der in diesem Abkommen geltenden *„Tie-Breaker-Regeln"* – etwa auf Basis einer nach Art. 4 Abs. 3 OECD-MA ähnlichen Bestimmung – aufgelöst werden kann. Der Standort der Geschäftseinheit folgt in diesen Fällen der nach dem anwendbaren Doppelbesteuerungsabkommen festgestellten Ansässigkeit. Enthält das anwendbare DBA eine dem Art. 4 Abs. 3 OECD-MA idF 2017 entsprechende Bestimmung und wird die Doppelansässigkeit nicht im gegenseitigen Einvernehmen aufgelöst, soll Z 2 Anwendung finden. Z 2 soll auch Anwendung finden, wenn die Anwendung der *„Tie-Breaker-Regel"* des jeweiligen DBAs zur Folge hat, dass aufgrund einer Nichteinigung der zuständigen Behörden über die Ansässigkeit der Geschäftseinheit dieser Geschäftseinheit keine Abkommensvorteile (etwa Entlastung von der Doppelbesteuerung) gewährt werden sollen.

Z 2 soll den Standort einer Geschäftseinheit festlegen, wenn eine Doppelansässigkeit der Geschäftseinheit mangels Vorliegens eines anwendbaren DBAs zwischen zwei Steuerhoheitsgebieten nicht aufgelöst werden kann. Für diesen Fall enthält Z 2 eine eigene *„Tie-Breaker-Regel"*, die festlegen soll, dass eine doppelansässige Geschäftseinheit in jenem Steuerhoheitsgebiet gelegen ist, in dem für das Geschäftsjahr der höhere Betrag an Steuern erhoben wurde (lit. a). Der für diese Zwecke zu berechnende Betrag soll ohne Berücksichtigung der aufgrund einer Hinzurechnungsbesteuerung gezahlten Steuern ermittelt werden. Sollte der berechnete Betrag in beiden Steuerhoheitsgebieten gleich sein oder null betragen, ist die Geschäftseinheit in jenem Steuerhoheitsgebiet gelegen, in dem der nach § 48 berechnete Substanzfreibetrag höher ist (lit. b). Abweichend hiervon gilt bei gleichlautenden Beträgen die Geschäftseinheit als staatenlos, wenn es sich bei dieser Geschäftseinheit nicht um die oberste Muttergesellschaft handelt (lit. c).

MinBestG
Gesetzesmaterialien

Abs. 5:
Abs. 5 soll die Anwendung der PES-Regelung auf eine Geschäftseinheit in Österreich sicherstellen, wenn diese Geschäftseinheit nach Anwendung der *„Tie-Breaker-Regeln"* von Abs. 4 in einem anderen Steuerhoheitsgebiet gelegen ist, in welchem sie jedoch keiner anerkannten PES-Regelung (§ 2 Z 18) unterliegt. Diese Bestimmung soll jedoch der Anwendung der Bestimmungen zur Berechnung des Effektivsteuersatzes und der Ergänzungssteuerbeträge am Standort der Geschäftseinheit nicht entgegenstehen. Abs. 5 soll lediglich die Anwendung der PES-Regelung in Österreich in einleitend genannter Situation sicherstellen.
Die Anwendung von Abs. 5 könnte durch die Regelungen eines DBAs eingeschränkt sein, weil dem Quellenstaat auf Basis bestimmter Verteilungsnormen (etwa Art. 7 oder 21 OECD-MA nachgebildete Bestimmungen) kein dem Ansässigkeitsstaat entsprechendes Besteuerungsrecht zukommt. Dies könnte unter anderem auch die Anwendung der PES-Regelungen ausschließen. Bildet das in Frage stehende DBA jedoch Art. 4 Abs. 3 OECD-MA idF 2017 ab und verlangt die entsprechende Bestimmung demnach gegenseitiges Einvernehmen der zuständigen Behörden zur Auflösung einer Doppelansässigkeit, könnte ein solches Einvernehmen auch die Anwendung einer anerkannten PES in Österreich zum Gegenstand haben. Weiters ist unter Zugrundelegung einer dem Art. 4 Abs. 3 OECD-MA idF 2017 entsprechenden Bestimmung im jeweiligen DBA und unter der Voraussetzung, dass zwischen den zuständigen Behörden kein Einvernehmen erzielt werden konnte, die Gewährung von Abkommensvorteilen für die Geschäftseinheit auszuschließen. Demnach könnte in einer solchen Situation auch die Anwendung der PES-Regelungen in Österreich möglich sein, wenn im anderen Steuerhoheitsgebiet keine anerkannte PES umgesetzt wurde (vgl. GloBE-Kommentar, Art. 10.3.5, Rz 209).

Abs. 6:
Abs. 6 soll den Fall der Verlegung des Standorts einer Geschäftseinheit während eines Geschäftsjahres regeln. Demnach gilt eine Geschäftseinheit etwa als in Österreich gelegen, wenn sie zu Beginn dieses Geschäftsjahres unter Berücksichtigung von Abs. 1 bis 4 als in Österreich gelegen galt.

Zu Abschnitt 2:

Zu § 6 bis 13:
§ 1 Abs. 2 dieses Bundesgesetzes sieht vor, dass die Erhebung der Mindeststeuer von in Österreich gelegenen Geschäftseinheiten einer Unternehmensgruppe, welche die Schwellenwerte gemäß § 3 überschreitet, im Wege dreier unterschiedlicher Ergänzungssteuerregelungen erfolgen soll – nämlich der NES-Regelung, PES-Regelung und SES-Regelung.
Die Erhebung der Mindeststeuer im Wege der PES und SES soll ausschließlich grenzüberschreitende Konstellationen betreffen; d.h. Fälle einer Niedrigbesteuerung ausländischer Geschäftseinheiten der Unternehmensgruppe. Dabei sollen die Voraussetzungen für die PES-Pflicht bei Vorliegen einer obersten, zwischengeschalteten oder im Teileigentum stehenden Muttergesellschaft in den §§ 7 bis 9 geregelt werden. § 10 soll die betragsmäßige Ermittlung der zu entrichtenden PES normieren; § 11 soll einen Ausgleichsmechanismus für Zwecke der PES vorsehen, um eine Doppelbesteuerung auszuschließen. Die §§ 12 und 13 sollen die Voraussetzungen für das Vorliegen einer SES-Pflicht und die Berechnung und Zurechnung des SES-Betrags regeln.
Die Erhebung der Mindeststeuer im Wege der NES soll nach Maßgabe der hiefür zentralen Bestimmung des § 6 ausschließlich für Inlandsfälle relevant sein. Die nach der Richtlinie und den GloBEMustervorschriften optional vorgesehene nationale Ergänzungssteuer, soll dadurch in diesem Bundesgesetz entsprechend den Vorgaben von Art. 11 der Richtlinie und unter Berücksichtigung der im Rahmen des Inclusive Framework international akkordierten Verwaltungsleitlinien zur Ausgestaltung der NES umgesetzt werden (vgl. Verwaltungsleitlinien des Inclusive Framework vom 1. Februar 2023, Pkt. 5.1.3 und Verwaltungsleitlinien des Inclusive Framework vom 13. Juli 2023, Pkt. 3). In Zusammenschau mit den Vorschriften zum NES-Rechnungslegungsstandard (§ 14 Abs. 6) und den besonderen Zurechnungsregelungen für erfasste Steuern für Zwecke der NES (§ 44 Abs. 5) soll damit die Ausgestaltung der NES in diesem Bundesgesetz so erfolgen, dass sie auch aus internationaler Sicht nicht nur als anerkannte nationale Ergänzungssteuer iSd § 2 Z 28 eingestuft wird, sondern auch die Voraussetzungen für den international akkordierten QDMTT-Safe-Harbour erfüllt. Außerdem könnte durch die umfassende NES-Pflicht für Inlandssachverhalte die in der Richtlinie in Art. 5 Abs. 2, Art. 6 Abs. 2, Art. 7 Abs. 2 und Art. 8 Abs. 2 vorgesehene Ausdehnung der PES auf bestimmte Inlandssachverhalte nicht mehr gesondert als Teil der PES-Regelungen in diesem Bundesgesetz umgesetzt werden, weil diese ohnedies bereits von der NES-Pflicht gemäß § 6 sowohl dem Grunde als auch der Höhe nach mitumfasst sind.

Zu § 6 (NES-Pflicht):

Zu Abs. 1:
Gemäß Abs. 1 soll eine NES-Pflicht dem Grunde nach eintreten, wenn der Effektivsteuersatz einer Unternehmensgruppe für die Österreich gelegenen Geschäftseinheiten für ein Geschäftsjahr weniger als der Mindeststeuersatz (15 %) beträgt. Die Ermittlung des inländischen Effektivsteuersatzes der Unternehmensgruppe hat dabei gemäß § 46 Abs. 1 für sämtliche in Österreich gelegene Geschäftseinheiten der Unternehmensgruppe zu erfolgen (*„jurisdictional blending"*). Liegt der Effektivsteuersatz einer Unternehmensgruppe in einem Geschäftsjahr unter dem Mindeststeuersatz, soll die gemäß § 76 abgabepflichtige Geschäftseinheit der NES unterliegen; d.h. die gesamte NES von einer einzigen nach Maßgabe von § 76 zu bestimmenden Geschäftseinheit geschuldet werden (vgl. dazu die Erläuterungen zu § 76).

Zu Abs. 2:
Abs. 2 soll die Höhe der von der abgabepflichtigen Geschäftseinheit gemäß Abs. 1 zu entrichtenden NES regeln. Der geschuldete Betrag soll dabei stets dem gemäß § 47 für das betroffene Geschäftsjahr für Österreich insgesamt berechneten Ergänzungssteuerbetrag entsprechen (vgl. zur Berechnung des Ergänzungssteuerbetrages die Erläuterungen zu § 47). Durch die Wortfolge *„unabhängig von den Betei-*

ligungsverhältnissen an den in Österreich gelegenen Geschäftseinheiten" soll im Sinne der international akkordierten Verwaltungsleitlinien zur Ausgestaltung nationaler Ergänzungssteuerregelungen klargestellt werden, dass auch dann keine Kürzung des Ergänzungssteuerbetrages zu erfolgen hat, wenn etwa die Anteile an inländischen Geschäftseinheiten der Unternehmensgruppe nicht zu 100 % von einer Muttergesellschaft der Unternehmensgruppe gehalten werden (vgl. Verwaltungsleitlinien des Inclusive Framework vom 1. Februar 2023, Pkt. 5.1.3, Rz 118.10).

Zu Abs. 3:

Abs. 3 soll im Einklang mit den international akkordierten Verwaltungsleitlinien (vgl. Verwaltungsleitlinien des Inclusive Framework vom 13. Juli 2023, Pkt. 4, Rz 17) eine NES-Pflicht auch dann vorsehen, wenn staatenlose Geschäftseinheiten nach Maßgabe dieser Bestimmung dem Inland zugeordnet werden. Die Regelung findet Anwendung, wenn Österreich der Gründungsstaat einer staatenlosen transparenten Einheit iSd § 5 Abs. 2 Z 2 oder der Tätigkeitsstaat einer staatenlosen Betriebsstätte iSd § 5 Abs. 3 Z 4 ist und der auf Basis einer Stand-Alone-Berechnung gemäß § 46 Abs. 4 ermittelte Effektivsteuersatz der jeweiligen staatenlosen Geschäftseinheit den Mindeststeuersatz (15 %) unterschreitet. In diesem Fall sollen die Abs. 1 und 2 sinngemäß anzuwenden sein; d.h. die abgabepflichtige Geschäftseinheit gemäß § 76 unterliegt mit den für die jeweilige staatenlose Geschäftseinheit gemäß § 47 Abs. 7 gesondert ermittelten und ungekürzten Ergänzungssteuerbeträgen ebenfalls der NES.

Zu § 7 (PES-Pflicht bei Vorliegen einer obersten Muttergesellschaft in Österreich):
Zu Abs. 1:

Dieser Absatz soll Art. 5 Abs. 1 der Richtlinie bzw. Art. 2.1.1 GloBE-Mustervorschriften umsetzen, indem festgelegt wird, dass eine in Österreich gelegene oberste Muttergesellschaft einer multinationalen Unternehmensgruppe in Bezug auf die nicht in Österreich gelegenen niedrig besteuerten Geschäftseinheiten der Unternehmensgruppe der Primär-Ergänzungssteuer (PES) unterliegen soll. Die oberste Muttergesellschaft soll dabei durch Anwendung der PES-Regelung auf die im Ausland gelegenen niedrig besteuerten Geschäftseinheiten eine in den Steuerhoheitsgebieten der jeweiligen Geschäftseinheiten gegebene Niedrigbesteuerung ausgleichen. Auch auf niedrig besteuerte „staatenlose" Geschäftseinheiten, das sind Geschäftseinheiten, die gemäß den Standortregeln in § 5 keinem bestimmten Steuerhoheitsgebiet zugeordnet werden, soll die PES-Regelung von der obersten Muttergesellschaft angewendet werden. Die Anwendung der PES-Regelung folgt grundsätzlich einem „Top-down-Ansatz", d.h. die oberste Muttergesellschaft einer Gruppe hat vorrangig vor den anderen Muttereinheiten die PES-Regelung auf niedrig besteuerte Geschäftseinheiten der Unternehmensgruppe anzuwenden. Hat die oberste Muttergesellschaft keine PES-Regelung auf die niedrig besteuerte Geschäftseinheit anzuwenden, wandert die Verpflichtung zur Anwendung der PES-Regelung von der obersten Muttergesellschaft Ebene für Ebene im Konzernorganigramm nach unten bis eine oder mehrere zwischengeschaltete Muttergesellschaften die PES-Regelung auf die niedrig besteuerten Geschäftseinheiten anzuwenden haben. Daher haben oberste Muttergesellschaften – mit Ausnahme der Fälle von im Teileigentum stehenden Muttergesellschaften, bei deren Vorliegen der Top-down-Ansatz durchbrochen wird – die PES-Regelung stets vorrangig vor anderen Muttergesellschaften anzuwenden.

Anwendung sollen die Bestimmungen dieses Absatzes finden, wenn eine in Österreich gelegene oberste Muttergesellschaft einer multinationalen Unternehmensgruppe eine (unmittelbare oder mittelbare) Eigenkapitalbeteiligung an einer niedrig besteuerten Geschäftseinheit während des betroffenen Geschäftsjahres hält. Dabei muss die oberste Muttergesellschaft nicht 100 % der Anteile an der niedrig besteuerten Geschäftseinheit halten, sondern eine Kontrollbeteiligung soll ausreichen. Denn die Kontrolle, die gemäß dem anzuwendenden anerkannten Rechnungslegungsstandard zur Einbeziehung einer Einheit in den Konzernabschluss führt, ist eine vorgelagerte Voraussetzung dafür, dass die niedrig besteuerte Einheit eine Geschäftseinheit der Unternehmensgruppe ist.

Des Weiteren soll es ausreichend sein, wenn die oberste Muttergesellschaft eine Beteiligung an der niedrig besteuerten Geschäftseinheit zu irgendeinem Zeitpunkt während des Geschäftsjahres hält (vgl. GloBE-Kommentar, Art. 2.1.1, Rz 13). Das bedeutet, dass die oberste Muttergesellschaft verpflichtet sein soll, die PES-Regelung auch in Bezug auf eine Geschäftseinheit anzuwenden, die sie während des Geschäftsjahres veräußert oder erworben hat. Die Haltedauer der Anteile während des Geschäftsjahres soll für die Anwendung dieser Bestimmung nicht relevant sein. Der einer obersten Muttergesellschaft zuzurechnende Anteil am Ergänzungssteuerbetrag einer niedrig besteuerten Geschäftseinheit der Unternehmensgruppe richtet sich nach der Höhe ihrer Beteiligung an der betroffenen niedrig besteuerten Geschäftseinheit (§ 10).

Zu Abs. 2:

Dieser Absatz soll festlegen, dass sich die abgabepflichtige Geschäftseinheit für die nach Abs. 1 zu entrichtende PES nach Maßgabe von § 76 bestimmt. Eine in Österreich gelegene und zur Anwendung der PES-Regelung verpflichtete oberste Muttergesellschaft kann eine andere in Österreich gelegene Geschäftseinheit als Abgabepflichtige der Mindeststeuer (bestehend aus NES, PES und SES) beauftragen (§ 76 Abs. 2 Z 1) oder schuldet – mangels Beauftragung oder Vorliegens einer weiteren in Österreich gelegenen Geschäftseinheit – die Mindeststeuer als Abgabepflichtige iSv § 76 Abs. 2 Z 2 selbst.

Beispiel:

A Co ist eine in Österreich gelegene Geschäftseinheit (§ 2 Z 2) der ABC Gruppe. A Co hält unmittelbare Eigenkapitalbeteiligungen iHv jeweils 100 % an B Co (gelegen in Steuerhoheitsgebiet B) und an C Co (gelegen in Steuerhoheitsgebiet C). Die ABC Gruppe weist in den letzten vier Geschäftsjahren jeweils konsolidierte Umsatzerlöse iHv mind. 760 Mio. auf. In den Steuerhoheitsgebieten B und C steht – im Gegensatz zu Österreich – für das betreffende Geschäftsjahr keine anerkannte PES-Regelung in Geltung.

A Co ist eine Geschäftseinheit, die eine unmittelbare Kontrollbeteiligung an B Co und C Co hält. Sie ist gemäß § 2 Z 14 als oberste Muttergesellschaft zu qualifizieren und unterliegt in Bezug auf die niedrig besteuerten Geschäftseinheiten, die in einem anderen Steuerhoheitsgebiet gelegen oder staatenlos sind, für

MinBestG
Gesetzesmaterialien

das betroffene Geschäftsjahr der PES. B Co und C Co sind niedrig besteuerte Geschäftseinheiten einer multinationalen Unternehmensgruppe (§ 2 Z 4), deren Effektivsteuersätze im Steuerhoheitsgebiet B und im Steuerhoheitsgebiet C jeweils weniger als 15 % (§ 2 Z 15) betragen. § 7 Abs. 1 verpflichtet die in Österreich gelegene oberste Muttergesellschaft A Co daher zur Anwendung der PES-Regelung auf die in den Drittstaaten B und C gelegenen B Co und C Co. A Co ist gemäß § 76 als einzige in Österreich gelegene Geschäftseinheit auch Abgabeschuldnerin für die PES.

Zu § 8 (PES-Pflicht bei Vorliegen einer zwischengeschalteten Muttergesellschaft in Österreich):

Zu Abs. 1:

Dieser Absatz soll Art. 6 Abs. 1 und Art. 7 Abs. 1 der Richtlinie bzw. Art. 2.1.2 GloBEMustervorschriften umsetzen und legt fest, unter welchen Voraussetzungen eine in Österreich gelegene zwischengeschaltete Muttergesellschaft (*Intermediate Parent Entity* (IPE), § 2 Z 20) zur Anwendung der PES-Regelung auf nicht in Österreich gelegene niedrig besteuerte Geschäftseinheiten verpflichtet ist.

Eine in Österreich gelegene zwischengeschaltete Muttergesellschaft unterliegt nur dann in Bezug auf eine niedrig besteuerte Geschäftseinheit in einem anderen Steuerhoheitsgebiet der PES, wenn nicht bereits die oberste Muttergesellschaft verpflichtet ist, eine anerkannte PES-Regelung auf die niedrig besteuerte Geschäftseinheit anzuwenden. Dies wird vor allem in zwei Fallgruppen gegeben sein:

- Im Steuerhoheitsgebiet der obersten Muttergesellschaft steht keine anerkannte PES-Regelung in Geltung.
- Im Steuerhoheitsgebiet der obersten Muttergesellschaft steht zwar eine anerkannte PES-Regelung in Geltung, aber die oberste Muttergesellschaft ist eine ausgenommene Einheit und hat deshalb keine anerkannte PES-Regelung anzuwenden.

Investmenteinheiten (§ 2 Z 30), Investmentfonds (§ 2 Z 31), Immobilieninvestmentvehikel (§ 2 Z 32) und bestimmte mit diesen verbundenen Einheiten sind von der Definition einer zwischengeschalteten Muttergesellschaft ausgenommen, um die Steuerneutralität von Investmenteinheiten gegenüber eventuellen Minderbeteiligten zu bewahren. Weiters werden zur Vermeidung von schwierigen Abgrenzungsfragen Betriebsstätten (§ 2 Z 13) nicht als Muttergesellschaften behandelt, sondern Beteiligungen an niedrig besteuerten Geschäftseinheiten (§ 2 Z 19), die über eine Betriebsstätte gehalten werden, als vom Stammhaus (§ 2 Z 41) gehalten behandelt (vgl. GloBE-Kommentar, Art. 2.1.2, Rz 14).

Abs. 1 verpflichtet unter den genannten Voraussetzungen eine zwischengeschaltete Muttergesellschaft, die zu einem beliebigen Zeitpunkt während des Geschäftsjahres (unmittelbar oder mittelbar) eine Eigenkapitalbeteiligung an einer niedrig besteuerten Geschäftseinheit hält, die PES-Regelung anzuwenden. Ob die zwischengeschaltete Muttergesellschaft jedoch auch Abgabepflichtige für die PES in Höhe des ihr zuzurechnenden Anteils am Ergänzungssteuerbetrag der niedrig besteuerten Geschäftseinheit ist, richtet sich gemäß Abs. 3 nach § 76. Der zuzurechnende Anteil der zwischengeschalteten Muttergesellschaft am Ergänzungssteuerbetrag einer niedrig besteuerten Geschäftseinheit richtet sich nach der Höhe ihrer Beteiligung an der betroffenen niedrig besteuerten Geschäftseinheit (§ 10).

Zu Abs. 2:

Dieser Absatz soll Art. 6 Abs. 3 und Art. 7 Abs. 3 der Richtlinie bzw. Art. 2.1.3 GloBEMustervorschriften umsetzen und legt eine Ausnahme von der Verpflichtung einer zwischengeschalteten Muttergesellschaft zur Anwendung der PES-Regelung fest. Sofern eine andere zwischengeschaltete Muttergesellschaft, die eine Kontrollbeteiligung an der in Österreich gelegenen zwischengeschalteten Muttergesellschaft hält, für das betroffene Geschäftsjahr eine anerkannte PES-Regelung auf die niedrig besteuerte Geschäftseinheit anzuwenden hat, hat die in Österreich gelegene „kontrollierte" zwischengeschaltete Muttergesellschaft keine PES-Regelung anzuwenden, weil im Sinne des „Top-down-Ansatzes" die PES-Regelung von der weiter oben in der Beteiligungskette befindlichen zwischengeschalteten Muttergesellschaft anzuwenden ist.

Das Erfordernis, dass die übergeordnete Muttergesellschaft „eine anerkannte PES-Regelung anzuwenden hat", bedeutet, dass die Ausnahme nur gilt, wenn die Muttergesellschaft gesetzlich verpflichtet ist, im betroffenen Geschäftsjahr (§ 2 Z 7) eine anerkannte PES-Regelung (§ 2 Z 18) tatsächlich auf die niedrig besteuerte Geschäftseinheit anzuwenden. Sie würde beispielsweise nicht gelten, wenn im Steuerhoheitsgebiet der übergeordneten Muttergesellschaft eine anerkannte PES-Regelung zwar bereits gesetzlich eingeführt wurde, das betreffenden Geschäftsjahr aber noch nicht in Kraft ist.

Dieser Absatz spiegelt den „Top-down-Ansatz" wieder, d.h. den Grundsatz der vorrangigen Anwendung der PES-Regelung möglichst an der Spitze der Beteiligungskette. Er begrenzt die Anwendung der PES-Regelung im Fall von mehreren zwischengeschalteten Muttergesellschaften, um Doppelbesteuerungsfälle zu vermeiden. Die Anwendung der PES-Regelung auf der Ebene einer in Österreich gelegenen zwischengeschalteten Muttergesellschaft soll aber nur verhindert werden, wenn die andere (übergeordnete) zwischengeschaltete Muttergesellschaft sowohl eine anerkannten PES-Regelung auf die niedrig besteuerte Geschäftseinheit anzuwenden hat als auch (unmittelbar oder mittelbar) eine Kontrollbeteiligung an der in Österreich gelegenen zwischengeschalteten Muttergesellschaft hält. Damit soll sichergestellt werden, dass die übergeordnete Muttergesellschaft den Anteil am für die niedrig besteuerte Geschäftseinheit berechneten Ergänzungssteuerbetrag, zu deren Entrichtung die in Österreich gelegene zwischengeschaltete Muttergesellschaft nach Maßgabe von § 76 grundsätzlich verpflichtet wäre, auch tatsächlich im vollen Ausmaß in dem Staat, in dem sie gelegen ist, zu entrichten hat. Ohne Kontrollbeteiligung findet Abs. 2 keine Anwendung und es gelten die Bestimmungen des Abs. 1 (vgl. GloBE-Kommentar, Art. 2.1.3, Rz 17 bis 20).

Zu Abs. 3:

Gemäß Abs. 3 soll die abgabepflichtige Geschäftseinheit für die nach Abs. 1 zu entrichtende PES nach Maßgabe von § 76 bestimmt werden. Eine oberste Muttergesellschaft kann eine in Österreich gelegene Geschäftseinheit als Abgabepflichtige der Mindeststeuer (bestehend aus NES, PES und SES) beauftragen (§ 76 Abs. 2 Z 1); dies kann z. B. auch die in Österreich gelegene und zur Anwendung der PES-Regelung verpflichtete zwischengeschaltete Muttergesellschaft sein. Sofern die zwischengeschaltete Muttergesellschaft die oberste in Österreich gelegene Geschäftseinheit (§ 76 Abs. 3) ist, hat sie bei Nichtvorliegen einer Beauftragung durch die oberste Muttergesellschaft – als Abgabepflichtige iSd § 76 Abs. 2 Z 2 – die Mindeststeuer in Österreich zu entrichten. Liegt keine Beauftragung vor und gibt es keine oberste in Österreich gelegene Geschäftseinheit, ist die wirtschaftlich bedeutendste Geschäftseinheit in Österreich Abgabepflichtige (§ 76 Abs. 2 Z 3).

Beispiel 1:
A Co ist eine im Steuerhoheitsgebiet A gelegene oberste Muttergesellschaft der ABC Gruppe. A Co hält unmittelbare Eigenkapitalbeteiligungen iHv jeweils 100 % an B Co1 und B Co2. Die in Österreich gelegenen B Co1 und B Co2 halten ihrerseits jeweils unmittelbare Eigenkapitalbeteiligungen iHv 50 % an C Co, die in einem Niedrigsteuerstaat (§ 2 Z 35) gelegen ist. Weder im Steuerhoheitsgebiet A noch im Steuerhoheitsgebiet C steht – im Gegensatz zu Österreich – für das betreffende Geschäftsjahr eine anerkannte PES-Regelung in Geltung.

A Co ist die oberste Muttergesellschaft der ABC Gruppe und hätte als solche grundsätzlich vorrangig („Top-Down-Ansatz") die PES-Regelung auf die niedrig besteuerte C Co anzuwenden. Da im Steuerhoheitsgebiet A jedoch keine anerkannte PES-Regelung (§ 2 Z 18) in Geltung steht, haben die in Österreich gelegenen zwischengeschalteten Muttergesellschaften B Co1 und B Co2 die PES-Regelung auf die niedrig besteuerte C Co anzuwenden und unterliegen daher in Österreich gem. § 8 Abs. 1 in Höhe des ihnen gemäß § 10 zuzurechnenden Anteils am für C Co berechneten Ergänzungssteuerbetrag der PES.

Die Bestimmung des Abgabeschuldners im Sinne dieses Bundesgesetzes erfolgt nach Maßgabe von § 76. A Co kann als oberste Muttergesellschaft bestimmen, ob B Co1 oder B Co2 als Abgabepflichtiger die PES in Österreich schuldet (§ 76 Abs. 2 Z 1). Wird jedoch keine der beiden in Österreich gelegenen Geschäftseinheiten von A Co als Abgabepflichtige beauftragt, schuldet die zwischen B Co1 und B Co2 wirtschaftlich bedeutsamere Geschäftseinheit die PES (§ 76 Abs. 2 Z 3), weil B Co1 und B Co2 auf derselben Ebene im Konzern liegen und somit § 76 Abs. 2 Z 2 nicht zur Anwendung gelangt.

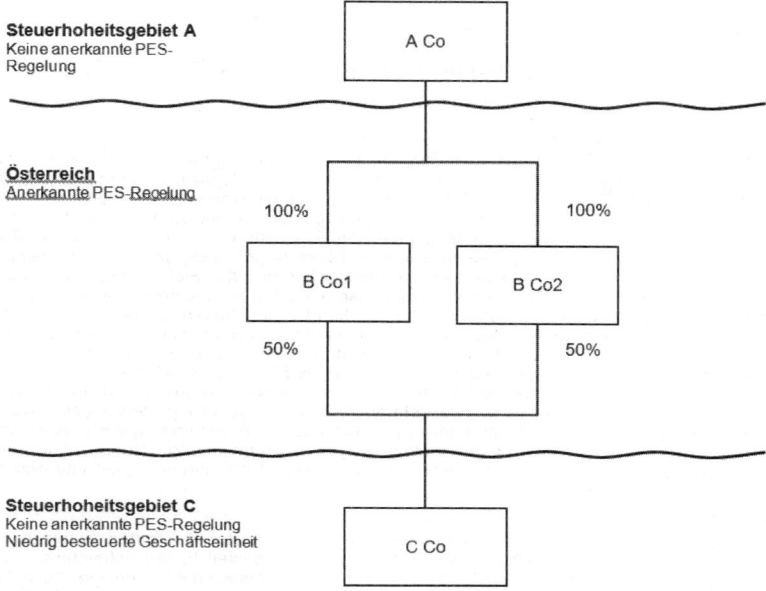

Steuerhoheitsgebiet A
Keine anerkannte PES-Regelung

A Co — 100% → B Co1, 100% → B Co2

Österreich
Anerkannte PES-Regelung

B Co1 — 50%, B Co2 — 50% → C Co

Steuerhoheitsgebiet C
Keine anerkannte PES-Regelung
Niedrig besteuerte Geschäftseinheit

C Co

Beispiel 2:
Die im Steuerhoheitsgebiet A (keine anerkannte PES-Regelung in Geltung) gelegene A Co ist die oberste Muttergesellschaft der ABCD Gruppe. A Co hält unmittelbare Eigenkapitalbeteiligungen iHv 100 % an B Co und iHv 60 % an C Co. Die Steuerhoheitsgebiet B gelegene B Co hält ihrerseits eine unmittelbare Eigenkapitalbeteiligung iHv 40 % an der in Österreich gelegenen C Co. Weiters hält C Co eine unmittelbare Eigenkapitalbeteiligung iHv 100 % an der in einem Niedrigsteuerstaat gelegenen D Co.

A Co hätte als oberste Muttergesellschaft der ABCD Gruppe grundsätzlich vorrangig („Top-Down-Ansatz") die PES-Regelung auf die niedrig besteuerte Geschäftseinheit D Co anzuwenden. Da im Steuerhoheitsgebiet A jedoch für das betreffende Geschäftsjahr keine anerkannte PES-Regelung in Geltung steht und B Co keine Kontrollbeteiligung (§ 2 Z 21) an der in Österreich gelegenen C Co hält, hat C Co die PES-Regelung auf die niedrig besteuerte D Co anzuwenden. C Co unterliegt daher in Österreich gemäß § 8 Abs. 1 in Bezug auf die niedrig besteuerte D Co der PES. Auch die im Steuerhoheitsgebiet B gelegene B Co hat die PES-Regelung auf die niedrig besteuerte D Co anzuwenden. Es ist dabei jedoch der gemäß der Richtlinie bzw.

MinBestG
Gesetzesmaterialien

GloBE-Mustervorschriften für Zwecke der PES vorgesehene Ausgleichsmechanismus zu berücksichtigen; dieser wird iRd dieses Bundesgesetzes in § 11 umgesetzt (siehe dazu die Erläuterungen zu § 11).

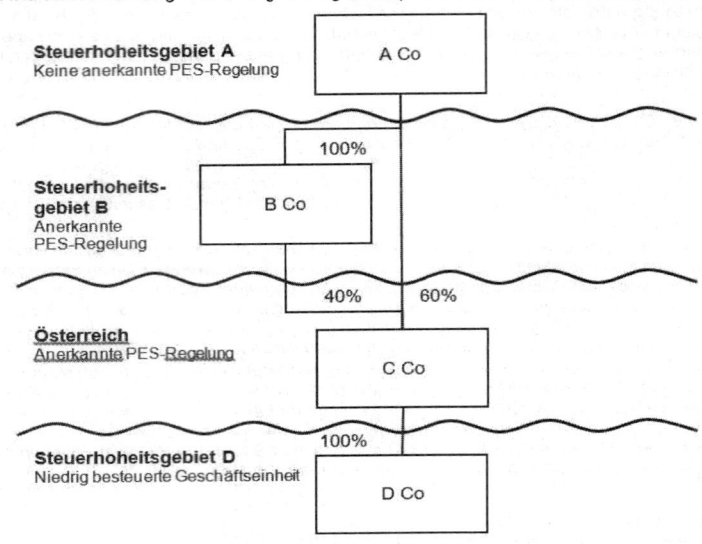

```
Steuerhoheitsgebiet A                        A Co
Keine anerkannte PES-Regelung
                                              |
                                            100%
                                              |
Steuerhoheits-
gebiet B                                    B Co
Anerkannte
PES-Regelung
                                          /      \
                                        40%      60%
Österreich                              /          \
Anerkannte PES-Regelung                C Co
                                              |
                                            100%
Steuerhoheitsgebiet D                         |
Niedrig besteuerte Geschäftseinheit         D Co
```

Zu § 9 (PES-Pflicht bei Vorliegen einer im Teileigentum stehenden Muttergesellschaft in Österreich):

Zu Abs. 1:

Dieser Absatz soll Art. 8 Abs. 1 der Richtlinie bzw. Art. 2.1.4 GloBE-Mustervorschriften umsetzen und verpflichtet in Österreich gelegene Muttergesellschaften, an denen gruppenfremde Eigentümer im Ausmaß von mehr als 20 % beteiligt sind, sog. im Teileigentum stehende Muttergesellschaften (*Partially-Owned-Parent-Entity [POPE]*) iSd § 2 Z 22), die PES-Regelung anzuwenden. Wenn die im Teileigentum stehende Muttergesellschaft unmittelbar oder mittelbar eine Eigenkapitalbeteiligung an einer niedrig besteuerten Geschäftseinheit zu einem beliebigen Zeitpunkt während des Geschäftsjahres hält, hat sie die PES-Regelung auf die niedrig besteuerte Geschäftseinheit anzuwenden. Diese Verpflichtung gilt auch dann, wenn eine in der Beteiligungskette weiter oben befindliche Muttergesellschaft grundsätzlich ebenfalls zur Anwendung der PES-Regelung verpflichtet ist (vgl. GloBE-Kommentar, Art. 2.1.4, Rz 21). Bei im Teileigentum stehenden Muttergesellschaften wird somit der ansonsten für die PES-Regelung geltende „Top-down-Ansatz" durchbrochen. Dadurch soll erreicht werden, dass in Sachverhalten, in denen ohne diese Bestimmung die PES-Regelung vorrangig von einer in der Beteiligungskette weiter oben befindlichen Muttergesellschaft mit einer (mittelbaren) Eigenkapitalbeteiligung von weniger als 80 % anzuwenden wäre, nicht nur dieser relativ geringe Anteil am für die niedrig besteuerte Geschäftseinheit berechneten Ergänzungssteuerbetrag als Mindeststeuer zu entrichten ist. Es soll vielmehr auch der Anteil am Ergänzungssteuerbetrag erfasst werden, welcher der „POPE" aufgrund ihrer im Vergleich mit der in der Beteiligungskette weiter oben befindlichen Muttergesellschaft höheren Eigenkapitalbeteiligung zuzurechnen ist. Dadurch schließen diese Bestimmungen bis zu einem gewissen Grad ansonsten bestehende Besteuerungslücken im Anwendungsbereich der PES-Regelung aus.

Zu Abs. 2:

Dieser Absatz soll Art. 8 Abs. 3 der Richtlinie bzw. Art. 2.1.5 GloBE-Mustervorschriften umsetzen und eine eindeutige Reihenfolge in der Anwendung der PES-Regelung in Konstellationen sicherstellen, in denen zwei oder mehr im Teileigentum stehende Muttergesellschaften in derselben Beteiligungskette stehen und grundsätzlich verpflichtet sind die PES-Regelung in Bezug auf dieselbe niedrig besteuerte Geschäftseinheit anzuwenden. Entsprechend dem „Top-Down-Ansatz" entfällt die Verpflichtung der im Teileigentum stehenden und in Österreich gelegenen Muttergesellschaft zur Anwendung der PES-Regelung, wenn sie selbst vollständig von einer anderen im Teileigentum stehenden Muttergesellschaft gehalten wird, die für das betroffene Geschäftsjahr eine anerkannten PES-Regelung anzuwenden hat. Diese Ausnahmebestimmung unterscheidet sich von der Ausnahmebestimmung für zwischengeschaltete Muttergesellschaften in § 8 Abs. 2, die lediglich eine Kontrollbeteiligung einer übergeordneten Muttergesellschaft an der von der Ausnahme erfassten zwischengeschalteten Muttergesellschaft voraussetzt. Dieser Unterschied in den Voraussetzungen ist erforderlich, weil sonst bei Gruppenstrukturen mit mehrfachen Minderheitsbeteiligungen in der Beteiligungskette ein Anteil am Ergänzungssteuerbetrag einer niedrig besteuerten Geschäftseinheit, der ausschließlich Minderheitsbeteiligten auf der unteren Ebene zuzuordnen ist, unberücksichtigt bliebe. Daher muss eine im Teileigentum stehende Muttergesellschaft im Unterschied zu anderen zwischengeschalteten Muttergesellschaften die PES-Regelung auch dann anwenden, wenn sie von einer übergeordneten Muttergesellschaft kontrolliert wird, außer sie wird vollständig von einer anderen im Teileigentum stehenden

MinBestG
Gesetzesmaterialien

Muttergesellschaft gehalten, die verpflichtet ist, in dem betreffenden Geschäftsjahr die PES-Regelung auf die niedrig besteuerten Geschäftseinheiten anzuwenden (vgl. GloBE-Kommentar, Art. 2.1.5, Rz 22 und 23).

Beispiel 1:

A Co ist eine im Steuerhoheitsgebiet A gelegene oberste Muttergesellschaft der ABCD Gruppe. A Co hält eine unmittelbare Eigenkapitalbeteiligung iHv 60 % an B Co. Die restlichen 40 % der Anteile an B Co werden von gruppenfremden Eigentümern gehalten. Die in Österreich gelegene B Co hält ihrerseits eine unmittelbare Eigenkapitalbeteiligung iHv 100 % an C Co, die wiederum eine unmittelbare Eigenkapitalbeteiligung iHv 100 % an D Co hält. D Co ist eine Geschäftseinheit, die in einem Niedrigsteuerstaat gelegen ist. Im Steuerhoheitsgebiet A, im Steuerhoheitsgebiet C und in Österreich sind – im Gegensatz zu Steuerhoheitsgebiet D – für das betreffende Geschäftsjahr anerkannte PES-Regelungen in Geltung.

B Co ist eine im Teileigentum stehende Muttergesellschaft gemäß § 2 Z 22, weil sie an einer anderen Geschäftseinheit derselben multinationalen Unternehmensgruppe beteiligt ist (C Co) und an ihr gruppenfremde Eigentümer zu mehr als 20 % (unmittelbar oder mittelbar) beteiligt sind. Auch C Co ist eine im Teileigentum stehende Muttergesellschaft, weil sie an D Co beteiligt ist, an ihr über B Co gruppenfremde Eigentümer (mittelbar) zu 40 % (somit zu mehr als 20 %) beteiligt sind und C Co nicht als oberste Muttergesellschaft, Betriebsstätte oder Investmenteinheit anzusehen ist. D Co ist mangels einer eigenen Eigenkapitalbeteiligung nicht als eine im Teileigentum stehende Muttergesellschaft zu qualifizieren.

Grundsätzlich haben sowohl B Co als auch C Co auf die niedrig besteuerte Geschäftseinheit D Co eine PES-Regelung anzuwenden. § 9 Abs. 2 schreibt jedoch vor, dass Abs. 1 keine Anwendung findet, wenn die Eigenkapitalbeteiligungen an der in Teileigentum stehenden Muttergesellschaft unmittelbar oder mittelbar vollständig von einer anderen in Teileigentum stehenden Muttergesellschaft gehalten werden, die für das betreffende Geschäftsjahr eine anerkannte PES-Regelung anzuwenden hat (B Co). Dementsprechend ist die im Steuerhoheitsgebiet C gelegene C Co nicht zur Anwendung der PES-Regelung verpflichtet, weil gemäß § 9 Abs. 1 die in Österreich gelegene B Co die PES-Regelung anzuwenden hat.

Die Anwendung der PES-Regelung auf Ebene von B Co schließt jedoch grundsätzlich nicht die Anwendung der PES-Regelung durch die oberste Muttergesellschaft A Co aus. Der gemäß der Richtlinie bzw. GloBE-Mustervorschriften für Zwecke der PES vorgesehene Ausgleichsmechanismus, der iRd dieses Bundesgesetzes in § 11 umgesetzt wird, sieht jedoch vor, dass der A Co zuzurechnende Anteil am (für D Co berechneten) Ergänzungssteuerbetrag insoweit gekürzt wird, als dieser Anteil am Ergänzungssteuerbetrag bereits aufgrund des Anwendens einer anerkannten PES-Regelung durch B Co zu entrichten ist.

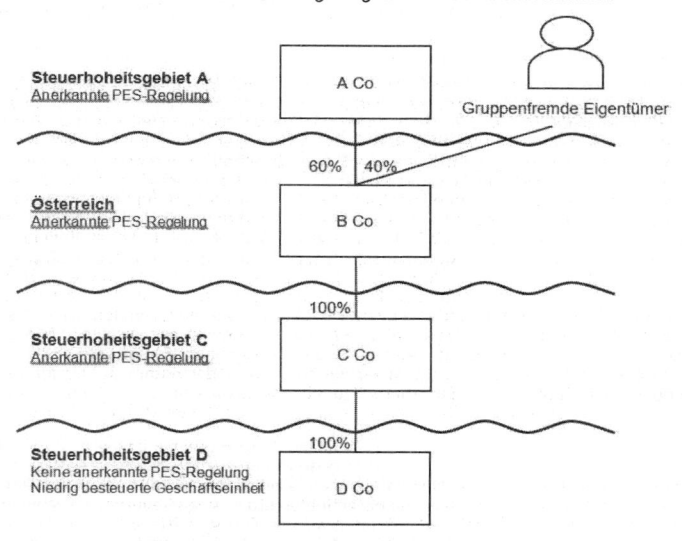

Steuerhoheitsgebiet A — Anerkannte PES-Regelung — A Co — Gruppenfremde Eigentümer

60% / 40%

Österreich — Anerkannte PES-Regelung — B Co

100%

Steuerhoheitsgebiet C — Anerkannte PES-Regelung — C Co

100%

Steuerhoheitsgebiet D — Keine anerkannte PES-Regelung — Niedrig besteuerte Geschäftseinheit — D Co

Beispiel 2:

Die ABCD Gruppe ist eine multinationale Unternehmensgruppe, deren Geschäftseinheiten Steuerhoheitsgebiet A (A Co), in Österreich (B CO), im Steuerhoheitsgebiet C (C Co) und im Steuerhoheitsgebiet D (D Co) gelegen sind. Im Steuerhoheitsgebiet A, in Österreich und im Steuerhoheitsgebiet C stehen für das betreffende Geschäftsjahr anerkannte PES-Regelungen in Geltung.

Bei den Geschäftseinheiten B Co und C Co handelt es sich um im Teileigentum stehende Muttergesellschaften, weil sie Geschäftseinheiten sind, die sowohl an einer anderen Geschäftseinheit der multinationalen Unternehmensgruppe (A Co bzw. B Co) beteiligt sind als auch zu mehr als 20 % von Eigentümern gehalten werden, die keine Geschäftseinheiten dieser multinationalen Unternehmensgruppe sind. Der Anteil, der von Eigentümern außerhalb der multinationalen Unternehmensgruppe gehalten wird, beträgt bei B Co 40 % (unmittelbare Beteiligung) und bei C Co 46 % (10 % unmittelbare Eigenkapitalbeteiligung und 36 % mittelbare Eigenkapitalbeteiligung). Die in Österreich gelegene B Co ist gemäß § 9 Abs. 1 zur Anwendung der PES-Regelung verpflichtet. Da C Co jedoch aufgrund des bestehenden Beteiligungsausmaßes nicht

MinBestG
Gesetzesmaterialien

vollständig von B Co kontrolliert wird (siehe Ausnahme in § 9 Abs. 2), wird C Co nicht von der Anwendung der PES-Regelung ausgeschlossen. Zur Vermeidung einer möglichen Doppelbesteuerung kommt jedoch der Ausgleichsmechanismus gemäß § 11 zur Anwendung.

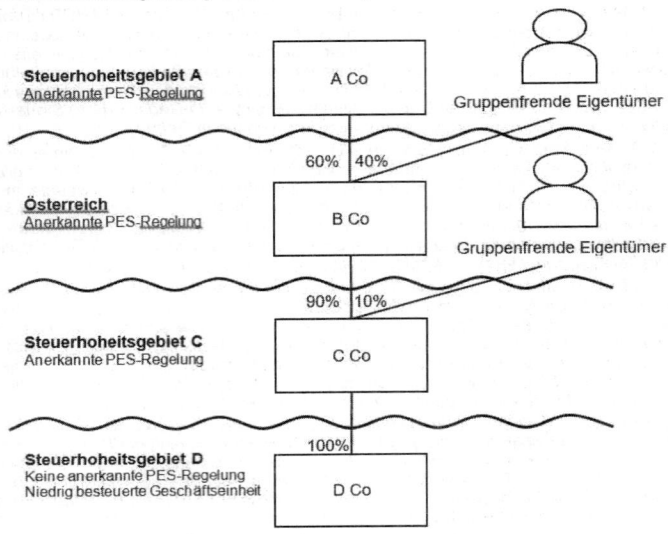

```
Steuerhoheitsgebiet A          A Co
Anerkannte PES-Regelung                    Gruppenfremde Eigentümer
                          60% | 40%

Österreich                     B Co
Anerkannte PES-Regelung                    Gruppenfremde Eigentümer
                          90% | 10%

Steuerhoheitsgebiet C          C Co
Anerkannte PES-Regelung
                          100%

Steuerhoheitsgebiet D
Keine anerkannte PES-Regelung  D Co
Niedrig besteuerte Geschäftseinheit
```

Zu Abs. 3:
Abs. 3 soll – wie auch sinngemäß §§ 7 Abs. 2 und 8 Abs. 3 – festlegen, dass die aufgrund der Anwendung der PES-Regelung zu entrichtende Mindeststeuer die mittels § 76 bestimmte Abgabepflichtige schuldet. Eine oberste Muttergesellschaft kann eine in Österreich gelegene Geschäftseinheit als Abgabepflichtige der Mindeststeuer (bestehend aus NES, PES und SES) beauftragen (§ 76 Abs. 2 Z 1); dies kann z. B. auch die in Österreich gelegene und zur Anwendung der PES-Regelung verpflichtete im Teileigentum stehende Muttergesellschaft sein. Sofern die im Teileigentum stehende Muttergesellschaft die oberste in Österreich gelegene Geschäftseinheit (§ 76 Abs. 3) ist, hat sie bei Nichtvorliegen einer Beauftragung durch die oberste Muttergesellschaft – als Abgabepflichtige iSd § 76 Abs. 2 Z 2 – die Mindeststeuer in Österreich zu entrichten. Liegt keine Beauftragung vor und gibt es keine oberste in Österreich gelegene Geschäftseinheit, ist die wirtschaftlich bedeutendste Geschäftseinheit in Österreich Abgabepflichtige (§ 76 Abs. 2 Z 3).

Zu § 10 (Für Zwecke der PES zuzurechnender Anteil am Ergänzungssteuerbetrag):
Zu Abs. 1:
Dieser Absatz soll Art. 9 Abs. 1 der Richtlinie bzw. Art. 2.2.1 GloBE-Mustervorschriften umsetzen. Er soll festlegen, dass nur der gemäß den § 7 Abs. 1, § 8 Abs. 1 oder § 9 Abs. 1 der jeweiligen Muttergesellschaft zuzurechnende Anteil am für die niedrig besteuerte Geschäftseinheit berechneten Ergänzungssteuerbetrag (siehe § 47) von der gemäß § 76 abgabepflichtigen Geschäftseinheit zu entrichten ist. Wie der zuzurechnende Anteil am Ergänzungssteuerbetrag zu berechnen ist, soll in Abs. 2 und 3 geregelt werden.

Zu Abs. 2:
Dieser Absatz soll den ersten Unterabsatz von Art. 9 Abs. 2 der Richtlinie bzw. Art. 2.2.2 GloBEMustervorschriften umsetzen. Er definiert den „einer Muttergesellschaft zuzurechnenden Anteil am Ergänzungssteuerbetrag einer niedrig besteuerten Geschäftseinheit" als das Produkt aus der Multiplikation des nach § 47 für die niedrig besteuerte Geschäftseinheit berechneten Ergänzungssteuerbetrages mit dem Einbeziehungsquotienten der Muttergesellschaft. Des Weiteren wird die Formel wie dieser Einbeziehungsquotient zu errechnen ist, angegeben. In einem ersten Schritt ist dafür vom Gesamtbetrag der Mindeststeuer-Gewinne der niedrig besteuerten Geschäftseinheit jener Betrag abzuziehen, der nach dem Beteiligungsverhältnis auf von der Muttergesellschaft verschiedene Gesellschaften entfällt. Um den Einbeziehungsquotienten zu erhalten, ist dann der verbliebene Betrag durch den Gesamtbetrag der Mindeststeuer-Gewinne der niedrigbesteuerten Geschäftseinheit zu dividieren. Werden von der Muttergesellschaft sämtliche Eigenkapitalbeteiligungen an der niedrig besteuerten Geschäftseinheit (unmittelbar oder mittelbar) gehalten, ist der Einbeziehungsquotient immer 1; was in diesen Fällen zur Zurechnung des gesamten nach § 47 berechneten Ergänzungssteuerbetrages führt (vgl. GloBE-Kommentar, Art. 2.2.2, Rz 29).

Zu Abs. 3:
Dieser Absatz soll den zweiten Unterabsatz von Art. 9 Abs. 2 der Richtlinie bzw. Art. 2.2.3 GloBEMustervorschriften umsetzen und regelt wie bei niedrig besteuerten Geschäftseinheiten der Betrag der Mindeststeuer-Gewinne, der nach dem Beteiligungsverhältnis auf von der Muttergesellschaft verschiedene Eigentümer entfällt, ermittelt werden soll.

MinBestG
Gesetzesmaterialien

Dabei soll – in Anwendung der Grundsätze zur Bestimmung von Fremdanteilen im Zuge einer Konsolidierung gemäß dem von der obersten Muttergesellschaft anzuwendenden Rechnungslegungsstandard – eine hypothetische Aufteilung des Betrags der Mindeststeuer-Gewinne der niedrig besteuerten Geschäftseinheit basierend auf den Annahmen, die unter den vier Ziffern genannt werden, vorgenommen werden.

Die erste gemäß Z 1 zu treffende Annahme ist, dass die Muttergesellschaft, die diese Berechnung der auszuscheidenden Fremdanteile vornimmt, einen hypothetischen Konzernabschluss unter Verwendung desselben Rechnungslegungsstandards erstellt, der im Konzernabschluss der obersten Muttergesellschaft verwendet wird. Diese Annahme legt einen einheitlichen Rechnungslegungsstandard fest, um den Mindeststeuer-Gewinn der niedrig besteuerten Geschäftseinheit und damit den für die niedrig besteuerte Geschäftseinheit zu berechnenden Ergänzungssteuerbetrag vollständig und eindeutig unter den Muttergesellschaften, die die PES-Regelung anzuwenden haben, aufzuteilen bzw. den einzelnen Muttergesellschaften zuzurechnen. Denn nur, wenn alle Muttergesellschaften den gleichen Rechnungslegungsstandard anwenden, um ihren zuzurechnenden Anteil am für die jeweilige niedrig besteuerte Geschäftseinheit berechneten Ergänzungssteuerbetrag zu bestimmen, ist sichergestellt, dass es weder nicht zugerechnete noch doppelt zugerechnete Anteile gibt.

Die zweite gemäß Z 2 zu treffende Annahme ist, dass die Muttergesellschaft eine Kontrollbeteiligung an der niedrig besteuerten Geschäftseinheit hält, d.h. zur Vollkonsolidierung verpflichtet ist, sodass die Aufwendungen und Erträge der niedrig besteuerten Geschäftseinheit zur Gänze in jene im hypothetischen Konzernabschluss der Muttergesellschaft einfließen. Diese Annahme ist notwendig, weil die zur Anwendung der PES-Regelung verpflichtete Muttergesellschaft selbst nur eine Minderheitsbeteiligung an der niedrig besteuerten Geschäftseinheit halten könnte, in welchem Fall die Muttergesellschaft tatsächlich nicht zur Vollkonsolidierung verpflichtet wäre, sondern etwa nur den Nettogewinn oder -verlust der niedrig besteuerten Geschäftseinheit nach der Equity-Methode in den Konzernabschluss einzubeziehen hätte. Die Annahme in Z 2 soll daher klarstellen, dass die niedrig besteuerte Geschäftseinheit für die Zwecke der in diesem Paragrafen normierten Berechnung so zu behandeln ist, als würde sie von der Muttergesellschaft, die diesen hypothetischen Konzernabschluss erstellt, kontrolliert (und entsprechend vollkonsolidiert), selbst wenn diese keine Mehrheitsbeteiligung an der niedrig besteuerten Geschäftseinheit hält. Dadurch werden alle Erträge und Aufwendungen der niedrig besteuerten Geschäftseinheit zur Gänze in den hypothetischen Konzernabschluss der Muttergesellschaft einbezogen und wird der Anteil, der gemäß dem relevanten Rechnungslegungsstandard anderen Eigentümern zuzurechnen ist, ausgewiesen. Diese Annahme beschränkt sich lediglich auf die Konsolidierung der Aufwendungen und Erträge der niedrig besteuerten Geschäftseinheit. Die Möglichkeit einer hypothetischen Bilanzerstellung ist für Zwecke dieses Paragrafen nicht relevant.

Die dritte gemäß Z 3 zu treffende Annahme ist, dass die Mindeststeuer-Gewinne der niedrig besteuerten Geschäftseinheit ausschließlich Transaktionen mit Personen zuzurechnen sind, die keine Geschäftseinheiten derselben multinationalen Unternehmensgruppe sind. Durch diese Annahme wird sichergestellt, dass der gesamte Betrag der Mindeststeuer-Gewinne in der hypothetischen Aufteilung zugerechnet wird, d.h. auch der Teil, der eigentlich aus Transaktionen mit Geschäftseinheiten derselben Unternehmensgruppe stammt. Denn der übliche Prozess der Erstellung eines Konzernabschlusses eliminiert Erträge und Aufwendungen, die Transaktionen zwischen Gruppenmitgliedern zuzurechnen sind, und die Annahme bewirkt, dass der Anteil an den Mindeststeuer-Gewinnen das Gesamteinkommen der niedrig besteuerten Geschäftseinheit berücksichtigt, unabhängig davon, ob einige oder alle dieser Aufwendungen und Erträge durch gruppeninterne Transaktionen erzielt wurden und bei der Erstellung des tatsächlichen konsolidierten Abschlusses eliminiert worden wären.

Die letzte, gemäß Z 4 zu treffende Annahme ist, dass alle von der Muttergesellschaft verschiedene Eigentümer der niedrig besteuerten Geschäftseinheit so behandelt werden, als würden sie keine Kontrollbeteiligung an der niedrig besteuerten Geschäftseinheit halten. Diese Annahme behandelt andere Geschäftseinheiten der Unternehmensgruppe, die eine Eigenkapitalbeteiligung an der niedrig besteuerten Geschäftseinheit halten, auf die gleiche Weise wie Personen, die nicht der Unternehmensgruppe zugehörig sind. Daher werden Einkünfte, die anderen Geschäftseinheiten der Unternehmensgruppe zuzurechnen sind, als solche behandelt, die einem gruppenfremden Beteiligten zuzurechnen sind. Dadurch wird sichergestellt, dass nur die Einkünfte, die einer (unmittelbaren oder mittelbaren) Eigenkapitalbeteiligung der Muttergesellschaft zuzurechnen sind, in den der Muttergesellschaft zuzurechnenden Anteil einbezogen werden (vgl. GloBE-Kommentar, Art. 2.2.3, Rz 32 bis 36).

Beispiel:
A Co ist eine in Österreich gelegene oberste Muttergesellschaft einer multinationalen Unternehmensgruppe. Sie hält ein unmittelbare Eigenkapitalbeteiligung iHv 70 % an B Co (gelegen im Steuerhoheitsgebiet B), eine (unmittelbare und mittelbare) Eigenkapitalbeteiligung iHv 84 % an C Co (gelegen im Steuerhoheitsgebiet C), davon 70 % unmittelbar und 14 % (0,7 * 0,2) mittelbar und eine unmittelbare Eigenkapitalbeteiligung iHv 100 % an D Co (gelegen im Niedrigsteuerstaat D). B Co wiederum hält eine unmittelbare Eigenkapitalbeteiligung iHv 20 % an C Co. Darüber hinaus werden Eigenkapitalbeteiligungen an B Co und C Co zu 30 % bzw. 10 % von nicht derselben multinationalen Unternehmensgruppe zugehörigen Personen gehalten.

Gemäß § 10 Abs. 1 entspricht die für eine niedrig besteuerte Geschäftseinheit zu entrichtende PES dem der jeweiligen Muttergesellschaft zuzurechnenden Anteil am für die niedrig besteuerte Geschäftseinheit berechneten Ergänzungssteuerbetrag. Die A Co zuzurechnenden Anteile an den Ergänzungssteuerbeträgen der niedrig besteuerten Geschäftseinheiten (C Co und D Co) liegen bei 100 % bzgl. D Co und bei (grundsätzlich) 84 % bzgl. C Co. Der A Co zuzurechnende Anteil am für C Co berechneten Ergänzungssteuerbetrag ergibt sich aus der unmittelbaren Eigenkapitalbeteiligung von A Co iHv 70 % und der über B Co gehaltenen mittelbaren Eigenkapitalbeteiligung von A Co iHv 14 % (0,7 * 0,2). Aufgrund der Anwendung des Ausgleichsmechanismus (§ 11) wird der Anteil von A Co am für die niedrig besteuerte C Co berechneten Ergänzungssteuerbetrag jedoch um jenen Anteil gekürzt, den A Co nur mittelbar (über B Co) an C Co hält (14 %), weil B Co als im Teileigentum stehende Muttergesellschaft die PES-Regelung vorrangig anzuwenden hat.

MinBestG
Gesetzesmaterialien – 1678 –

Österreich
Anerkannte PES-Regelung

Gruppenfremde Eigentümer

A Co

Steuerhoheitsgebiet B
Anerkannte PES-Regelung-

Gruppenfremde Eigentümer

30% 70%

B Co

Steuerhoheitsgebiet C
Anerkannte PES-Regelung
Niedrig besteuerte Geschäftseinheit

10% 20% 70%

C Co

Steuerhoheitsgebiet D
Keine anerkannte PES-Regelung
Niedrig besteuerte Geschäftseinheit

100%

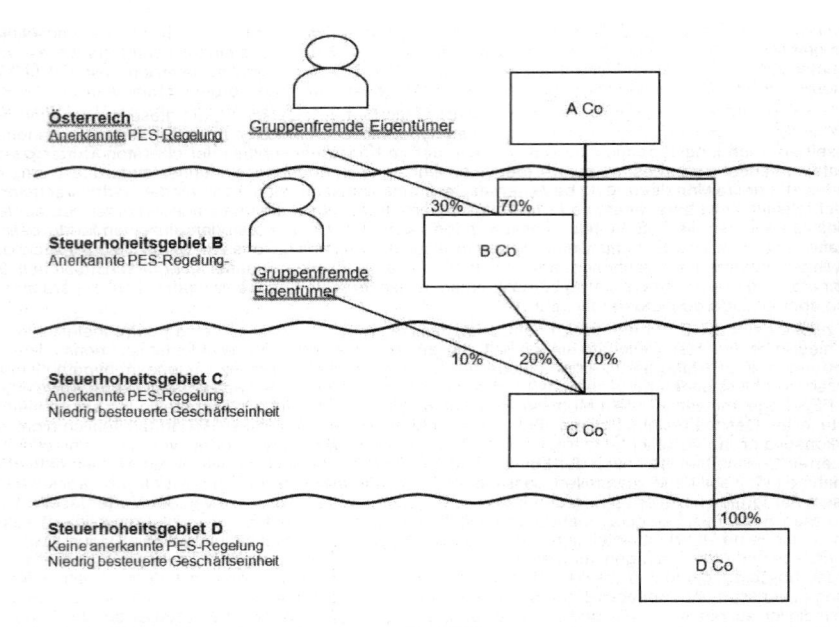

D Co

Zu § 11 (Ausgleichsmechanismus für Zwecke der PES):

Zu Abs. 1:
Dieser Absatz soll einen Teil von Art. 10 der Richtlinie bzw. Art. 2.3.1 GloBE-Mustervorschriften umsetzen. Er soll vermeiden, dass in einer Beteiligungskette mehrfach derselbe Anteil am für die niedrig besteuerte Geschäftseinheit berechneten Ergänzungssteuerbetrag als Mindeststeuer vorgeschrieben wird. Die Bestimmung soll anwendbar sein, wenn mehrere Muttergesellschaften verpflichtet sind, die PES-Regelung im Hinblick auf dieselbe niedrig besteuerte Geschäftseinheit anzuwenden und eine Muttergesellschaft ihre Eigenkapitalbeteiligung an der niedrig besteuerten Geschäftseinheit mittelbar über eine der anderen Muttergesellschaften hält, ohne dass die in § 8 Abs. 2 normierte Prioritätsregel Anwendung findet. Dies könnte etwa der Fall sein, wenn eine zwischengeschaltete Muttergesellschaft eine Eigenkapitalbeteiligung, die keine Kontrollbeteiligung ist, an einer anderen zwischengeschalteten Muttergesellschaft hält und diese wiederum zu 100 % an einer niedrig besteuerten Geschäftseinheit beteiligt ist. In diesem Fall wären gemäß § 8 Abs. 1 beide Muttergesellschaften verpflichtet, die PES-Regelung auf die niedrig besteuerte Geschäftseinheit anzuwenden. Weiters sind auch Situationen denkbar, in denen zwei in Teileigentum der multinationalen Unternehmensgruppe stehende Muttergesellschaften eine PES-Regelung anzuwenden haben und § 9 Abs. 2 die Anwendung der PES-Regelung durch die im Konzernorganigramm auf einer weiter unten liegenden Ebene befindlichen Muttergesellschaft nicht ausschließt, weil die (im Konzernorganigramm) übergeordnete Muttergesellschaft an der untergeordneten Muttergesellschaft weder unmittelbar noch mittelbar zu 100 % beteiligt ist. In all diesen Fällen ist der Anteil am Ergänzungssteuerbetrag, welcher der übergeordneten Muttergesellschaft zuzurechnen ist, anteilsmäßig zu kürzen (vgl. GloBE-Kommentar, Art. 2.3, Rz 38).

Zu Abs. 2:
Dieser Absatz soll einen Teil von Art. 10 der Richtlinie bzw. Art. 2.3.2 GloBE-Mustervorschriften umsetzen. Er soll regeln, um welchen Betrag der Anteil am für die niedrig besteuerte Geschäftseinheit berechneten Ergänzungssteuerbetrag auf Ebene der übergeordneten Muttergesellschaft gekürzt werden muss, wenn bereits eine untergeordnete zwischengeschaltete oder im Teileigentum stehende Muttergesellschaft verpflichtet ist, eine anerkannte PES-Regelung auf dieselbe niedrig besteuerte Geschäftseinheit anzuwenden. Die Kürzung ist auf jenen Teil des der übergeordneten Muttergesellschaft zuzurechnenden Anteils am Ergänzungssteuerbetrags begrenzt, der ihr aufgrund ihrer mittelbaren Eigenkapitalbeteiligung über die untergeordnete Muttergesellschaft (grundsätzlich) zuzurechnen ist. Dieser Teil kann bis auf null gekürzt werden. Die Kürzung betrifft somit lediglich jenen Teil des der übergeordneten Muttergesellschaft zuzurechnenden Anteils am Ergänzungssteuerbetrag, der bereits aufgrund der von der untergeordneten (zwischengeschalteten oder im Teileigentum stehenden) Muttergesellschaft anzuwendenden anerkannten PES-Regelung zu entrichten ist. Der in § 11 Abs. 1 vorgeschriebene Ausgleichsmechanismus soll bereits bei der Ermittlung des zuzurechnenden Anteils am Ergänzungssteuerbetrag und nicht erst im Zahlungszeitpunkt anzuwenden sein (vgl. GloBE-Kommentar, Art. 2.3, Rz 39 und 40).

Beispiel:
A Co ist eine in Österreich gelegene oberste Muttergesellschaft der ABC Gruppe. A Co hält eine unmittelbare Eigenkapitalbeteiligung iHv 60 % an B Co (gelegen im Steuerhoheitsgebiet B) und eine unmittelbare

Eigenkapitalbeteiligung iHv 50 % an der im Niedrigsteuerstaat gelegenen C Co. B Co, deren Eigenkapitalbeteiligungen zu 40 % von nicht derselben multinationalen Unternehmensgruppe zugehörigen Personen gehalten werden, hält ihrerseits eine unmittelbare Eigenkapitalbeteiligung iHv 50 % an C Co. Der für die niedrig besteuerte C Co berechnete Ergänzungssteuerbetrag beträgt 10 Mio. In allen Steuerhoheitsgebieten, in der die Geschäftseinheiten der ABC Gruppe gelegen sind, steht für das betreffende Geschäftsjahr eine anerkannte PES-Regelung in Geltung.

Sowohl A Co als auch B Co sind zur Anwendung der PES-Regelung auf die niedrig besteuerte C Co verpflichtet. Der A Co als oberster Muttergesellschaft zuzurechnende Anteil am Ergänzungssteuerbetrag ist jedoch anteilig um jenen Betrag zu kürzen, der dem B Co zuzurechnenden Anteil am für C Co berechneten Ergänzungssteuerbetrag, entspricht (§ 11 Abs. 2). Aufgrund der 50 %igen unmittelbaren Eigenkapitalbeteiligung von A Co an C Co ist A Co ein Anteil von 5 Mio. am für C Co berechneten Ergänzungssteuerbetrag zuzurechnen. Hinzu käme grundsätzlich ein weiterer Anteil von 3 Mio. (30 % von 10 Mio.) am für C Co berechneten Ergänzungssteuerbetrag aufgrund der mittelbaren Eigenkapitalbeteiligung über B Co. Da B Co aber aufgrund ihrer unmittelbaren 50 %-Eigenkapitalbeteiligung an C Co, ein Anteil von 50 %, das sind 5 Mio., vom für C Co berechneten Ergänzungssteuerbetrag zuzurechnen ist, kommt der Ausgleichsmechanismus gemäß § 11 zur Anwendung. Der A Co aufgrund der mittelbaren Eigenkapitalbeteiligung über B Co zuzurechnende Anteil am Ergänzungssteuerbetrag iHv 3 Mio. wird aufgrund des B Co zuzurechnenden Anteils am Ergänzungssteuerbetrag auf null gekürzt. A Co ist daher lediglich (aufgrund ihrer unmittelbaren Eigenkapitalbeteiligung an C Co) ein Anteil iHv 5 Mio. am für C Co berechneten Ergänzungssteuerbetrag zuzurechnen. Der verbleibende Anteil am für C Co berechneten Ergänzungssteuerbetrag iHv 5 Mio. ist B Co zuzurechnen. Aufgrund der Anwendung des Ausgleichsmechanismus gemäß § 11 ist daher in Österreich in Bezug auf C Co eine PES iHv 5 Mio. von der gemäß § 76 abgabepflichtigen Geschäftseinheit zu entrichten. Aufgrund der Anwendung der PES-Regelung durch B Co ist im Steuerhoheitsgebiet B der verbleibende Anteil am für C Co berechneten Ergänzungssteuerbetrag iHv 5 Mio. als PES zu entrichten.

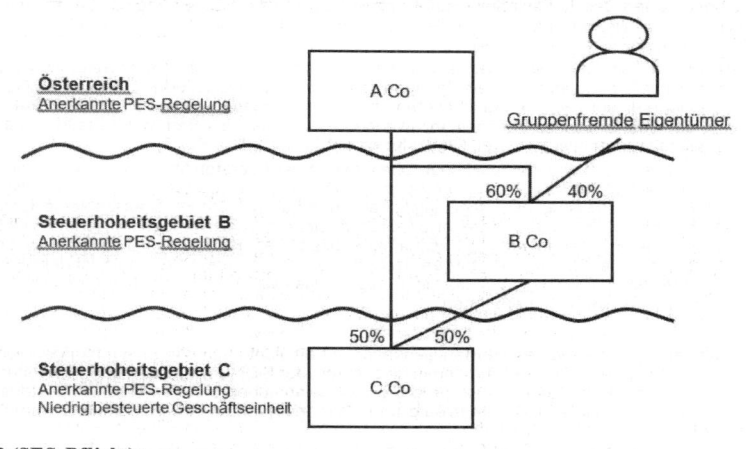

Zu § 12 (SES-Pflicht):

Dieser Paragraph soll Art. 12 und 13 der Richtlinie bzw. Art. 2.4 GloBE-Mustervorschriften umsetzen und betrifft die Sekundärergänzungssteuerregelung (SES-Regelung, *Undertaxed Profit Rule, UTPR*), die iRd Mindestbesteuerung im Falle von im Ausland gelegenen oder staatenlosen niedrig besteuerten Geschäftseinheiten als Auffangmechanismus für die PES-Regelung dienen soll.

Nach Art. 12 und 13 der Richtlinie bzw. Art. 2.4 GloBE-Mustervorschriften kann die Umsetzung der SES-Regelung entweder in Form einer von den Geschäftseinheiten der multinationalen Unternehmensgruppe zu entrichtenden zusätzlichen Steuer oder in Form eines Betriebsausgabenabzugsverbots erfolgen. In beiden Fällen muss gewährleistet sein, dass eine Steuerschuld in Höhe des dem jeweiligen Steuerhoheitsgebiet im Rahmen der SES-Regelung zugerechneten Betrags entsteht. Im Interesse einer Verwaltungsvereinfachung wird für Zwecke dieses Bundesgesetzes die SES-Regelung in Form der Mindeststeuer umgesetzt und als Sekundär-Ergänzungssteuer (SES) erhoben. § 12 legt daher fest, dass die in Österreich gemäß § 76 abgabepflichtige Geschäftseinheit einer multinationalen Unternehmensgruppe in Höhe des Österreich gemäß § 13 für das betreffende Geschäftsjahr zuzurechnenden SES-Betrages der SES unterliegt.

Eine in Österreich gelegene und zur Anwendung der SES-Regelung verpflichtete Geschäftseinheit kann von einer in Österreich oder einem anderen Steuerhoheitsgebiet gelegenen obersten Muttergesellschaft als Abgabepflichtige der Mindeststeuer beauftragt werden (§ 76 Abs. 2 Z 1). Sofern die Geschäftseinheit die oberste in Österreich gelegene Geschäftseinheit ist (§ 76 Abs. 3) ist, hat sie bei Nichtvorliegen einer Beauftragung durch die oberste Muttergesellschaft – als Abgabepflichtige iSd § 76 Abs. 2 Z 2 – die Mindeststeuer in Österreich zu entrichten. Eine in Österreich gelegene Geschäftseinheit kann auch in Fällen des § 76 Abs. 2 Z 3 Abgabepflichtige sein, wenn sie die wirtschaftlich bedeutendste Geschäftseinheit in Österreich ist.

Zu § 13 (Berechnung und Zurechnung des SES-Betrags):

Dieser Paragraph soll Art. 14 der Richtlinie bzw. die Art. 2.5 und 2.6 GloBE-Mustervorschriften umsetzen.

MinBestG
Gesetzesmaterialien

Zu Abs. 1 und 2:
Die Absätze 1 und 2 sollen festlegen, dass sich der Österreich zuzurechnende SES-Betrag aus der Multiplikation des gemäß Abs. 5 zu berechnenden SES-Prozentsatzes für Österreich mit der Summe der SES-Beträge sämtlicher niedrig besteuerter Geschäftseinheiten der gesamten multinationalen Unternehmensgruppe (Gesamtbetrag der SES) ergibt. Die für die Ermittlung des Gesamtbetrages der SES notwendigen SES-Beträge der einzelnen niedrig besteuerten Geschäftseinheiten sollen sich aus der nach den Bestimmungen der Absätze 3 und 4 erfolgenden Anpassung der für die niedrig besteuerten Geschäftseinheiten berechneten Ergänzungssteuerbeträge (§ 47) ergeben.

Zu Abs. 3:
Nach den Bestimmungen dieses Abs. soll der SES-Betrag einer niedrig besteuerten Geschäftseinheit mit null anzusetzen sein, wenn alle Eigenkapitalbeteiligungen der obersten Muttergesellschaft an der niedrig besteuerten Geschäftseinheit für das Geschäftsjahr unmittelbar oder mittelbar von einer oder mehreren Muttergesellschaften gehalten werden, die für dieses Geschäftsjahr auf die niedrig besteuerte Geschäftseinheit eine anerkannte PES-Regelung anzuwenden haben. Die Anwendung der PES-Regelung führt daher in diesen Fällen dazu, dass für die niedrig besteuerte Geschäftseinheit keine Mindeststeuer aufgrund der SES-Regelung zu entrichten ist (vgl. GloBE-Kommentar, Art. 2.5.2, Rz 73).

Die Bestimmungen dieses Abs. sollen nicht nur Sachverhalte erfassen, in denen die oberste Muttergesellschaft selbst eine anerkannte PES-Regelung auf die niedrig besteuerte Geschäftseinheit anzuwenden hat, sondern es sollen auch Sachverhalte erfasst werden, in denen die oberste Muttergesellschaft zwar keine anerkannte PES-Regelung auf die niedrig besteuerte Geschäftseinheit anzuwenden hat, jedoch eine Muttergesellschaft einer unteren Ebene verpflichtet ist, dies zu tun. Werden sämtliche Eigenkapitalbeteiligungen der obersten Muttergesellschaft an der niedrig besteuerten Geschäftseinheit mittelbar über diese zwischengeschaltete Muttergesellschaft gehalten, ist auch in diesen Sachverhalten der SES-Betrag der niedrig besteuerten Geschäftseinheit mit null anzusetzen. Ob der SES-Betrag im Einklang mit diesem Abs. mit null angesetzt werden kann, ist für jede niedrig besteuerte Geschäftseinheit einzeln zu bestimmen (vgl. GloBE-Kommentar, Art. 2.5.2, Rz 74).

Auch in Sachverhalten, in denen eine oberste Muttergesellschaft mittelbar über mehrere zwischengeschaltete Muttergesellschaften Eigenkapitalbeteiligungen an einer bestimmten niedrig besteuerten Geschäftseinheit hält und jede dieser zwischengeschalteten Muttergesellschaften eine anerkannte PES-Regelung auf die niedrig besteuerte Geschäftseinheit anzuwenden hat, ist der SES-Betrag der niedrig besteuerten Geschäftseinheit mit null anzusetzen (vgl. GloBE-Kommentar, Art. 2.5.2, Rz 75).

Andererseits kann es hinsichtlich der im Steuerhoheitsgebiet der obersten Muttergesellschaft gelegenen Geschäftseinheiten selbst dann zur Berechnung eines positiven SES-Betrages kommen, wenn die oberste Muttergesellschaft eine anerkannte PES-Regelung nur auf außerhalb des Steuerhoheitsgebietes der obersten Muttergesellschaft gelegene, niedrig besteuerte Geschäftseinheiten anzuwenden hat, jedoch nicht auf die in diesem Steuerhoheitsgebiet gelegenen Geschäftseinheiten. Liegt in diesem Fall der Effektivsteuersatz im Steuerhoheitsgebiet der obersten Muttergesellschaft unter dem Mindeststeuersatz, ist der SES-Betrag für die niedrig besteuerten Geschäftseinheiten im Belegenheitsstaat der obersten Muttergesellschaft nach den Bestimmungen des Abs. 4 zu berechnen.

Zu Abs. 4:
Ist der SES-Betrag einer niedrig besteuerten Geschäftseinheit nicht nach den Bestimmungen von Abs. 3 mit null anzusetzen, soll nach den Bestimmungen dieses Abs. der SES-Betrag der niedrig besteuerten Geschäftseinheit mit dem für die niedrig besteuerte Geschäftseinheit berechneten Ergänzungssteuerbetrag (§ 47), vermindert um den Anteil, der bereits aufgrund einer anerkannten PES-Regelung zu entrichten ist, angesetzt werden.

Ein möglicher Anwendungsfall ist, dass sämtliche Eigenkapitalbeteiligungen an einer niedrig besteuerten Geschäftseinheit von Muttergesellschaften gehalten werden, die keine anerkannte PES-Regelung auf die niedrig besteuerte Geschäftseinheit anzuwenden haben.

Es kann jedoch auch folgenden Anwendungsfall geben: Eine zwischengeschaltete Muttergesellschaft hat eine anerkannte PES-Regelung auf eine niedrig besteuerte Geschäftseinheit anzuwenden. Die oberste Muttergesellschaft, die keine anerkannte PES-Regelung auf die niedrig besteuerte Geschäftseinheit anzuwenden hat, hält eine höhere Eigenkapitalbeteiligung an der niedrig besteuerten Geschäftseinheit als die zwischengeschaltete Muttergesellschaft. In solchen Fällen wird nicht der gesamte der Eigenkapitalbeteiligung der obersten Muttergesellschaft entsprechende Anteil am Ergänzungssteuerbetrag nach einer anerkannten PES-Regelung erhoben. Der SES-Betrag wird – abweichend von Abs. 3 – um den Anteil am Ergänzungssteuerbetrag gekürzt, welcher von der zwischengeschalteten Muttergesellschaft zu entrichten ist. Dadurch wird sichergestellt, dass die PES-Regelung Vorrang vor der SES-Regelung hat, und eine Mehrfachbesteuerung desselben niedrig besteuerten Einkommens vermieden.

Eigenkapitalbeteiligungen an niedrig besteuerten Geschäftseinheiten können auch von mehreren Muttergesellschaften gehalten werden, die in Summe weniger Eigenkapitalbeteiligungen an der niedrig besteuerten Geschäftseinheit halten als die oberste Muttergesellschaft. Diesfalls wird für die Berechnung des SES-Betrages der für die niedrig besteuerte Geschäftseinheit berechnete Ergänzungssteuerbetrag um die Anteile am Ergänzungssteuerbetrag gekürzt, die den Muttergesellschaften zuzurechnen sind (vgl. GloBE-Kommentar, Art. 2.5.3, Rz 77).

Im Gegensatz zu Sachverhalten, in denen die Bestimmungen des Abs. 3 (Ansetzen des SES-Betrages mit null) zur Anwendung kommen, wird bei Berechnung des SES-Betrages nach diesem Abs. die von der multinationalen Unternehmensgruppe aufgrund der niedrig besteuerten Geschäftseinheit zu entrichtende Mindeststeuer nicht abhängig von der Höhe der Eigenkapitalbeteiligungen an der niedrig besteuerten Geschäftseinheit begrenzt, sondern es ist immer der gesamte für die niedrig besteuerte Geschäftseinheit berechnete Ergänzungssteuerbetrag (als SES oder zum Teil als PES und zum Teil als SES) zu entrichten (vgl. GloBE-Kommentar, Art. 2.5.3, Rz 78).

Beispiel *(vgl. GloBE-Beispielsammlung, Art. 2.5.3):*
A Co ist die oberste Muttergesellschaft der ABC-Unternehmensgruppe und im Steuerhoheitsgebiet A gelegen. A Co hält unmittelbar Eigenkapitalbeteiligungen iHv 100 % an B Co, iHv 55 % an C Co und iHv 100 % an D Co, die in den Steuerhoheitsgebieten B, C bzw. D gelegen sind. B Co wiederum hält eine Eigenkapitalbeteiligung iHv 40 % an C Co, während die verbleibende Eigenkapitalbeteiligung iHv 5 % an C Co von gruppenfremden Eigentümern gehalten wird. C Co ist eine niedrig besteuerte Geschäftseinheit. In den Steuerhoheitsgebieten A und C steht keine anerkannte PES-Regelung oder SES-Regelung in Geltung, während sowohl im Steuerhoheitsgebiet B als auch im Steuerhoheitsgebiet D eine anerkannte PES-Regelung und eine anerkannte SES-Regelung in Geltung stehen. Der für C Co berechnete Ergänzungssteuerbetrag beträgt 100. Aus dem dargestellten Sachverhalt ergibt sich für Zwecke der Mindeststeuer Folgendes:
B Co hat eine anerkannte PES-Regelung auf C Co anzuwenden und der B Co für Zwecke der PES zuzurechnende Anteil am Ergänzungssteuerbetrag von C Co beträgt – entsprechend der Höhe der Eigenkapitalbeteiligung von B Co an C Co – 40. A Co, die oberste Muttergesellschaft, hält eine Eigenkapitalbeteiligung iHv 95 % an C Co (40 % mittelbar via B Co und 55 % unmittelbar), hat jedoch keine anerkannte PES-Regelung auf C Co anzuwenden. Da somit lediglich für die mittelbar über B Co gehaltene Eigenkapitalbeteiligung an der niedrig besteuerten C Co (von B Co) eine anerkannte PES-Regelung anzuwenden ist, werden nicht alle Eigenkapitalbeteiligungen der obersten Muttergesellschaft von einer Muttergesellschaft gehalten, die auf die niedrig besteuerte C Co eine PES-Regelung anzuwenden hat. Folglich sind die Voraussetzungen des Abs. 3 nicht erfüllt und Abs. 4 findet Anwendung. Gemäß Abs. 4 wird für die Ermittlung des SES-Betrages der für C Co berechnete Ergänzungssteuerbetrag iHv 100 um den B Co nach einer anerkannten PES-Regelung zuzurechnenden Anteil am Ergänzungssteuerbetrag iHv 40 gekürzt. Daraus ergibt sich ein SES-Betrag für C Co iHv 60 (= 100 – 40), der in den Gesamtbetrag der SES der multinationalen Unternehmensgruppe einfließt. Da C Co die einzige niedrig besteuerte Geschäftseinheit der multinationalen Unternehmensgruppe ist, beträgt der Gesamtbetrag der SES somit ebenfalls 60. Dieser Betrag ist anhand der nach Abs. 5 zu berechnenden SES-Prozentsätze der beiden SES-Steuerhoheitsgebiete (Steuerhoheitsgebiet B und Steuerhoheitsgebiet D) zwischen diesen aufzuteilen.

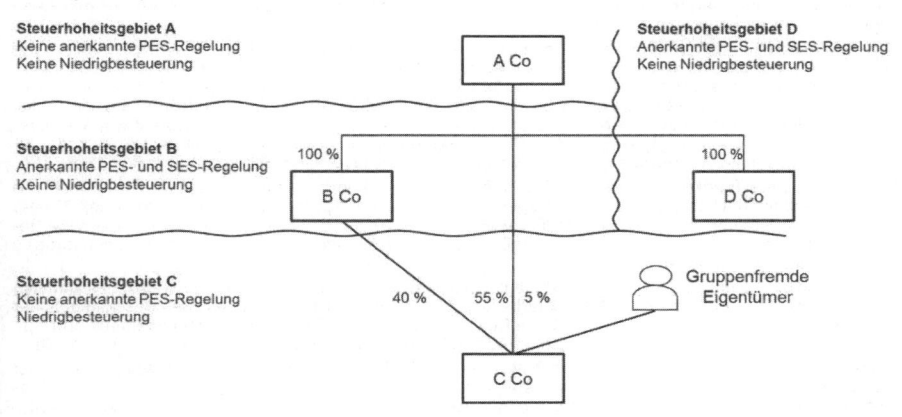

Steuerhoheitsgebiet A
Keine anerkannte PES-Regelung
Keine Niedrigbesteuerung

Steuerhoheitsgebiet B
Anerkannte PES- und SES-Regelung
Keine Niedrigbesteuerung

Steuerhoheitsgebiet C
Keine anerkannte PES-Regelung
Niedrigbesteuerung

Steuerhoheitsgebiet D
Anerkannte PES- und SES-Regelung
Keine Niedrigbesteuerung

A Co — 100 % → B Co; 100 % → D Co
B Co 40 %, A Co 55 %, Gruppenfremde Eigentümer 5 % → C Co

Zu Abs. 5:
Abs. 5 enthält die Formel, auf Grundlage derer der Gesamtbetrag der SES anhand von Substanzfaktoren zwischen den jeweiligen SES-Steuerhoheitsgebieten aufgeteilt bzw. der auf das jeweilige Steuerhoheitsgebiet entfallende SES-Betrag diesem zugerechnet werden soll. Der SES-Prozentsatz, der dabei verwendet wird, bestimmt sich anhand von Faktoren, welche die relative Substanz der multinationalen Unternehmensgruppe in dem jeweiligen SES-Steuerhoheitsgebiet widerspiegeln.

Die Zahl der Beschäftigten und der Nettobuchwert der materiellen Vermögenswerte bilden jeweils zur Hälfte den SES-Prozentsatz für ein SES-Steuerhoheitsgebiet. Dies trägt dem Umstand Rechnung, dass sich die Substanz einer multinationalen Unternehmensgruppe – je nach Branche und Geschäftsmodell – auf unterschiedliche Art äußern kann. Die gleichwertige Gewichtung von 50 % soll dabei vermeiden, dass einer der beiden Faktoren in der Formel dem anderen vorgezogen wird (vgl. GloBE-Kommentar, Art. 2.6.1, Rz 83).

Der SES-Prozentsatz wird nur für Zwecke der Zurechnung des SES-Betrags und für Steuerhoheitsgebiete berechnet, die eine anerkannte SES-Regelung (§ 2 Z 44) eingeführt haben (SES-Steuerhoheitsgebiete). Der SES-Prozentsatz wird für alle SES-Steuerhoheitsgebiete bestimmt, in denen die multinationale Unternehmensgruppe tätig ist, selbst wenn es sich dabei um Niedrigsteuerstaaten oder -gebiete handelt, solange deren SES-Prozentsatz nicht null ist (z. B. aufgrund von Abs. 8).

Dieser Abs. sieht ferner vor, dass für den SES-Prozentsatz nur die Substanzfaktoren von Geschäftseinheiten der multinationalen Unternehmensgruppe berücksichtigt werden, die in einem SES-Steuerhoheitsgebiet (einschließlich der in Österreich gelegenen Geschäftseinheiten) gelegen sind. Damit wird der SES-Betrag nur SES-Steuerhoheitsgebieten zugerechnet. Würden auch Steuerhoheitsgebiete berücksichtigt, die keine SES-Steuerhoheitsgebiete sind, dann würde ein Teil des SES-Betrages auch Steuerhoheitsgebieten

MinBestG
Gesetzesmaterialien

ohne anerkannte SES-Regelung zugewiesen werden, wodurch letztlich die Wirksamkeit dieses Mechanismus – mangels Ergebung der SES – erheblich verringert wäre (vgl. GloBEKommentar, Art. 2.6.1, Rz 87).

Zu Abs. 6:
Die für die „Zahl der Beschäftigten" verwendete Definition steht im Einklang mit jener, die für Zwecke der länderbezogenen Berichterstattung verwendet wird (vgl. *Country-by-Country Reporting*, BEPS Aktionspunkt 13 der OECD/G20, s. Anlage 1 zum Verrechnungspreisdokumentationsgesetz: „Beschäftigtenzahl").
Die Anzahl der Beschäftigten soll als Gesamtzahl der Beschäftigten auf Vollzeitäquivalentbasis berechnet werden. Diese kann entweder zum Jahresende auf Basis des durchschnittlichen Beschäftigtenlevels des Jahres ausgewiesen werden oder auf Basis einer anderen Grundlage, die Jahr für Jahr und in allen Steuerhoheitsgebieten einheitlich angewendet wird.
Der Rückgriff auf Vollzeitäquivalente soll dem Umstand Rechnung tragen, dass Beschäftigte bei mehreren Geschäftseinheiten beschäftigt sein oder zwischen einem Stammhaus und seiner Betriebsstätte geteilt werden können. So werden auch potenziell wesentliche Änderungen hinsichtlich der Zahl der Beschäftigten auf Ebene eines Steuerhoheitsgebiets berücksichtigt, die sich etwa aus der Übertragung einer Geschäftseinheit ergeben können.
Ferner ist eine nachvollziehbare Rundung der Zahl der Beschäftigten zulässig, sofern dadurch die Angabe der relativen Aufteilung der Beschäftigten auf die jeweiligen Steuerhoheitsgebiete nicht wesentlich verfälscht wird. Dabei ist eine konsistente Herangehensweise zu wählen, die Geschäftsjahr für Geschäftsjahr und in allen Steuerhoheitsgebieten anzuwenden ist (vgl. GloBE-Kommentar, Art. 10.1, Rz 78). Die Zahl der Beschäftigten bezieht sich auf alle Mitarbeiter, einschließlich selbständiger Auftragnehmer, sofern diese an der regulären Geschäftstätigkeit der Geschäftseinheit mitwirken (wie auch „berücksichtigungsfähige Beschäftigte" im Sinne des § 48 Abs. 4). Anders als für Zwecke der länderbezogenen Berichterstattung, wonach selbstständige Auftragnehmer gemeldet werden können, sind diese nach diesem Absatz jedenfalls zu berücksichtigen, wenn sie an der regulären Geschäftstätigkeit der Geschäftseinheit mitwirken. So leisten selbständige Auftragnehmer (z. B. wenn sie einen Mitarbeiter während einer krankheitsbedingten Abwesenheit ersetzen) einen ebenso großen Beitrag zur Substanz wie unselbständige Mitarbeiter, was sich letztlich auch in der Berechnung des SES-Prozentsatzes eines Steuerhoheitsgebietes niederschlagen soll. Die berichtspflichtige Geschäftseinheit (§ 70 Abs. 1) trägt die Beweislast hinsichtlich der Frage, inwieweit selbständige Auftragnehmer an der regulären Geschäftstätigkeit der Geschäftseinheit mitwirken (vgl. OECD-Kommentar, Art. 10.1, Rz 79).
Die Zahl der Beschäftigten wird für alle in einem Steuerhoheitsgebiet gelegenen Geschäftseinheiten berechnet und umfasst auch Mitarbeiter, die Betriebsstätten zugeordnet sind. Die für ein Steuerhoheitsgebiet, in dem eine Betriebsstätte gelegen ist, zu meldende Zahl der Beschäftigten entspricht der Zahl der Beschäftigten, deren Lohnkosten gemäß § 35 Abs. 1 in dem eigenen Abschluss einer Betriebsstätte erfasst wurden (oder in ihrem eigenen Abschluss erfasst worden wären, wenn dieser aufgestellt worden wäre) und gemäß § 35 Abs. 2 angepasst wurden. Diese Anforderung steht im Einklang mit dem Ansatz, der für Zwecke des Substanzfreibetrags gemäß § 48 angewendet wird (vgl. GloBEKommentar, Art. 10.1, Rz 79).
Ungeachtet ihres Tätigkeitsorts werden Beschäftigte jenem Steuerhoheitsgebiet zugeordnet, in dem die Geschäftseinheit (inkl. Betriebsstätten) gelegen ist, welche die entsprechenden Lohnkosten trägt. Anders als im Anwendungsbereich des § 48 ist für Zwecke dieser Bestimmung nicht erforderlich, dass die Beschäftigten einer Geschäftseinheit (inkl. einer Betriebsstätte) die Tätigkeiten für die Unternehmensgruppe in diesem Steuerhoheitsgebiet ausüben.
Ebenso sind die Tätigkeiten, die diese Beschäftigten ausführen, nicht relevant für die Zwecke der Bestimmung, welcher Geschäftseinheit die Anzahl der Mitarbeiter zuzuordnen ist. Insbesondere wird ein Beschäftigter, der bei einer Geschäftseinheit beschäftigt ist, die Dienstleistungen für eine andere Geschäftseinheit erbringt, als Arbeitnehmer der erstgenannten Geschäftseinheit gezählt (vgl. GloBEKommentar, Art. 10.1, Rz 80).
Dem Begriff „materielle Vermögenswerte" (vgl. bereits die Erläuterungen zu § 2 Z 29) soll dasselbe auf BEPS-Aktionspunkt 13 fußende Begriffsverständnis wie zum gleichlautenden Begriff in Anlage 1 des Bundesgesetzes über die standardisierte Verrechnungspreisdokumentation (Verrechnungspreisdokumentationsgesetz – VPDG) beigemessen werden (vgl. GloBE-Kommentar, Art. 10.1, Rz 68).
Zum Begriff „Nettobuchwert" siehe die Erläuterungen zu § 2 Z 29.

Zu Abs. 7:
Dieser Abs. sieht vor, dass die Beschäftigten von Investmenteinheiten und die von ihnen gehaltenen materiellen Vermögenswerte bei der Berechnung des SES-Prozentsatzes eines Steuerhoheitsgebietes nicht berücksichtigt werden sollen (vgl. GloBEKommentar, Art. 2.6.2, Rz 89).

Zu Abs. 8:
Dieser Abs. soll regeln, wie Beschäftigte und materielle Vermögenswerte von transparenten Einheiten bei der Berechnung des SES-Prozentsatzes zu berücksichtigen sind, wenn die transparente Einheit keine Betriebsstätte begründet. In Sachverhalten, in denen eine transparente Einheit eine Betriebsstätte begründet, sind ihre Vermögenswerte und Beschäftigten dem Steuerhoheitsgebiet zuzurechnen, in dem diese Betriebsstätte gelegen ist (vgl. GloBEKommentar, Art. 2.6.2, Rz 90). Begründet die transparente Einheit hingegen keine Betriebsstätte, z. B. weil die Tätigkeit oder die Geschäftseinrichtung dafür nicht ausreichen, sollen nach den Bestimmungen dieses Abs. ihre Beschäftigten und materiellen Vermögenswerte einer der Geschäftseinheiten zugerechnet werden, die im Steuerhoheitsgebiet gelegen sind, in dem die transparente Einheit gegründet wurde. Dies soll unabhängig davon gelten, ob diese Geschäftseinheiten Eigentümerinnen der transparenten Einheit bzw. an ihr beteiligt sind. Dieser Ansatz für die Zurechnung der Beschäftigten und materiellen Vermögenswerte von transparenten Einheiten unterscheidet sich vom in § 36 vorgesehenen Ansatz für die Zurechnung der Gewinne oder Verluste einer transparenten Einheit. Befinden sich in dem Steuerhoheitsgebiet, in dem die transparente Einheit gegründet wurde, keine Geschäftseinheiten, sollen die Beschäftigten und materiellen Vermögenswerte, die weder einer Betriebsstätte, noch einer anderen

Geschäftseinheit zugerechnet werden können, in der Formel in Abs. 5 nicht berücksichtigt werden (vgl. GloBE-Kommentar, Art. 2.6.2, Rz 91).

Zu Abs. 9:
Dieser Absatz soll sicherstellen, dass einem SES-Steuerhoheitsgebiet solange kein SES-Betrag mehr zugerechnet wird, bis ein zahlungswirksamer Steueraufwand entstanden ist (vgl. GloBE-Kommentar, Art. 2.6.3, Rz 92).
Die Bestimmungen dieses Absatzes sollen für jedes einzelne Geschäftsjahr Gültigkeit haben, in dem die SES-Regelung angewendet wird. Ferner bezieht sich die Bestimmung spezifisch auf eine bestimmte multinationale Unternehmensgruppe. Die Anwendung von Abs. 9 schließt nicht aus, dass dem betreffenden Steuerhoheitsgebiet aufgrund von in dem Steuerhoheitsgebiet gelegenen Geschäftseinheiten einer anderen multinationalen Unternehmensgruppe ein SES-Betrag zugerechnet wird (vgl. GloBE-Kommentar, Art. 2.6.3, Rz 93).

Zu Abs. 10:
In den Fällen des Abs. 9 sind die Zahl der Beschäftigten und der Nettobuchwert der materiellen Vermögenswerte der Geschäftseinheiten einer multinationalen Unternehmensgruppe des betreffenden Steuerhoheitsgebiets aus der Formel des SES-Prozentsatzes auszunehmen (vgl. GloBE-Kommentar, Art. 2.6.3, Rz 92).

Zu Abs. 11:
Dieser Absatz sieht vor, dass die Abs.9 und 10 nicht anwendbar sind, wenn der SES-Prozentsatz in allen Steuerhoheitsgebieten, in denen Geschäftseinheiten einer multinationalen Unternehmensgruppe gelegen sind, in einem bestimmten Geschäftsjahr mit null anzusetzen ist. Diese Ausnahme soll sicherstellen, dass auch in solchen Fällen die SES erhoben werden kann. Ähnlich wie die Bestimmungen in den Absätzen 9 und 10 haben auch die Bestimmungen dieses Absatzes Gültigkeit für jedes einzelne Geschäftsjahr, in dem eine SES-Regelung angewendet wird, und für jede einzelne multinationale Unternehmensgruppe (vgl. GloBE-Kommentar, Art. 2.6.4, Rz 94).

Zu Abschnitt 3:
Zu § 14 (Mindeststeuer-Gewinn oder -Verlust):
Zu § 14 Abs. 1:
Abs. 1 erster Satz enthält die Definition des Mindeststeuer-Gewinns und des Mindeststeuer-Verlusts. Mit der Bestimmung wird Art. 15 Abs. 1 der Richtlinie umgesetzt, der auf Art. 3.1.1 und 3.1.2 der GloBE-Mustervorschriften basiert. Sofern der Einzelabschluss einer Geschäftseinheit nach einem anderen Rechnungslegungsstandard als dem Konzernrechnungslegungsstandard erstellt wurde, können als Ausgangspunkt für die Ermittlung des Mindeststeuer-Gewinns oder des Mindeststeuer-Verlusts grundsätzlich die sog. „*Reporting Packages*" der Geschäftseinheit, in denen die Anpassungen vom lokalen Rechnungslegungsstandard auf den Konzernrechnungslegungsstandard enthalten sind, herangezogen werden. Der Mindeststeuer-Gewinn oder -Verlust beinhaltet allerdings alle Erträge und Aufwendungen der Geschäftseinheit, einschließlich solcher aus Geschäften mit anderen Gruppenmitgliedern (vgl. GloBE-Kommentar, Art. 3.1.2, Rz 3), nach Berücksichtigung der Anpassungen des Jahresüberschusses oder Jahresfehlbetrages gemäß § 15 (Mindeststeuer-Mehr-Weniger-Rechnung). Gegebenenfalls sind daher für Zwecke der Mindeststeuer-Gewinnermittlung Anpassungen der lokalen „*Reporting Packages*" der Geschäftseinheiten erforderlich, wenn etwa Anpassungen an die Rechnungslegungsgrundsätze der obersten Muttergesellschaft nicht im „*Reporting Package*" der jeweiligen Geschäftseinheit erfolgen, weil sie z. B. erst auf Konzernebene vorgenommen werden oder z. B. konzerninterne Leasingverhältnisse betreffen, die ohnedies im Zuge der Konsolidierungsbuchungen eliminiert werden.

§ 14 Abs. 1 zweiter Satz soll klarstellen, dass bei der Ermittlung des Mindeststeuer-Gewinns oder -Verlusts Auswirkungen aus der Anpassung des Buchwerts von Vermögenswerten und Schulden bei einer Geschäftseinheit, die aus der Anwendung der Erwerbsmethode bei einem Beteiligungserwerb im Rahmen eines Unternehmenszusammenschlusses (siehe zu diesem Begriff etwa IFRS 3) resultieren („*Purchase Price Accounting*"), nicht berücksichtigt werden dürfen (vgl. GloBE-Kommentar, Art. 3.2.1, Rz 3). Sollten diese Anpassungen auf Ebene einer Geschäftseinheit in ihrem Einzelabschluss oder „*Reporting Package*" enthalten sein, müssten daher für Zwecke der Mindeststeuer-Gewinnermittlung entsprechende Adaptierungen des „*Reporting Package*" zur Neutralisierung dieser Anpassungen vorgenommen werden.

Gemäß § 14 Abs. 1 dritter Satz kann jedoch bei einem Beteiligungserwerb vor dem 1. Dezember 2021 die Geschäftseinheit den in ihrem Einzelabschluss oder „*Reporting Package*" ausgewiesenen Buchwert nach Anwendung der Erwerbsmethode gemäß dem von der obersten Muttergesellschaft angewandten Rechnungslegungsstandard bei der Ermittlung ihres Mindeststeuer-Gewinns oder -Verlusts berücksichtigen; dies soll allerdings nur dann zulässig sein, wenn die Unternehmensgruppe nicht über ausreichende Aufzeichnungen verfügt, um ihren Mindeststeuer-Gewinn oder -Verlust ausgehend vom nicht angepassten Buchwert der übernommenen Vermögenswerte und Verbindlichkeiten hinreichend genau zu bestimmen. In solchen Fällen muss die Geschäftseinheit allerdings alle latenten Steueransprüche und -schulden, die im Zusammenhang mit diesem Beteiligungserwerb entstehen, bei der Ermittlung des Mindeststeuer-Gewinns oder -Verlusts und die angepassten erfassten Steuern berücksichtigen (vgl. GloBE-Kommentar, Art. 3.2.1, Rz 4).

Da die Vorschriften für die Berechnung des Mindeststeuer-Gewinns oder -Verlusts beim Jahresüberschuss oder Jahresfehlbetrag aus der Gewinn- und Verlustrechnung ansetzen, werden Erträge und Aufwendungen, die nicht in der Gewinn- und Verlustrechnung erfasst werden, sondern gemäß bestimmten Rechnungslegungsstandards im Konzernabschluss im sonstigen Ergebnis erfasst werden, grundsätzlich bei der Ermittlung des Mindeststeuer-Gewinns oder -Verlusts nicht berücksichtigt. Eine Ausnahme davon stellen jedoch gemäß § 20 nach der Neubewertungsmethode berücksichtigte Gewinne oder Verluste dar (vgl. GloBE-Kommentar, Art. 3.1.2, Rz 9); siehe dazu die Erläuterungen zu § 20.

MinBestG
Gesetzesmaterialien

Zu § 14 Abs. 2:
Abs. 2 sieht eine Ausnahme von der Anwendung des bei der Erstellung des Konzernabschlusses der obersten Muttergesellschaft verwendeten Rechnungslegungsstandards bei der Ermittlung des Mindeststeuer-Gewinns oder -Verlusts der Geschäftseinheit vor. Mit der Bestimmung wird Art. 15 Abs. 2 der Richtlinie umgesetzt, der auf Art. 3.1.3 der GloBE-Mustervorschriften basiert. Es können Umstände vorliegen, unter denen es nicht möglich bzw. unverhältnismäßig ist, den Jahresüberschuss oder Jahresfehlbetrag einer Geschäftseinheit auf Grundlage des bei der Erstellung des Konzernabschlusses der obersten Muttergesellschaft verwendeten Rechnungslegungsstandards zu ermitteln. Unter den nachfolgenden kumulativen Voraussetzungen soll es daher ermöglicht werden, den Jahresüberschuss oder Jahresfehlbetrag auf Basis des von der Geschäftseinheit verwendeten Rechnungslegungsstandards zu ermitteln (vgl. GloBE-Kommentar, Art. 3.1.3, Rz 13):

– Erstens muss es unverhältnismäßig sein, den Jahresüberschuss oder Jahresfehlbetrag auf Grundlage des für den Konzernabschluss der obersten Muttergesellschaft anzuwendenden Rechnungslegungsstandards zu ermitteln. Es ist davon auszugehen, dass die Bestimmung in der Praxis einen engen Anwendungsbereich hat, weil Unternehmensgruppen für die Erstellung des Konzernabschlusses typischerweise Vorkehrungen getroffen haben, um die Abschlüsse von Tochterunternehmen auf die Rechnungslegungsstandards des Mutterunternehmens anzupassen. In solchen Situationen ist es in der Regel möglich, den Jahresüberschuss oder Jahresfehlbetrag auf Basis der bei der Erstellung des Konzernabschlusses der obersten Muttergesellschaft verwendeten Rechnungslegungsstandards zu ermitteln. Ein möglicher Fall einer Unverhältnismäßigkeit wäre aber ein kürzlich erfolgter Erwerb einer Gruppe von Tochterunternehmen, wenn in dieser Gruppe ein vom Konzernabschluss der obersten Muttergesellschaft abweichender Rechnungslegungsstandard angewendet wurde (vgl. GloBE-Kommentar, Art. 3.1.3, Rz 13). Ein anderer Anwendungsfall sollten Geschäftseinheiten sein, die aufgrund von Wesentlichkeitserwägungen für das Geschäftsjahr nicht in den Konzernabschluss einbezogen worden sind und deren Jahresabschlüsse nach einem lokalen Rechnungslegungsstandard und nicht nach dem für die Erstellung des Konzernabschlusses der obersten Muttergesellschaft anzuwendenden Rechnungslegungsstandard erstellt wurden (vgl. OECD/G20 Inclusive Framework on BEPS, Safe Harbours and Penalty Relief: Global Anti-Base Erosion Rules (Pillar Two), Rz 97).

– Zweitens muss es sich bei dem von der Geschäftseinheit angewendeten Rechnungslegungsstandard um einen anerkannten oder zugelassenen Rechnungslegungsstandard handeln. Bei Anwendung eines zugelassenen Rechnungslegungsstandards ist der Jahresüberschuss oder Jahresfehlbetrag gemäß Abs. 5 um Vergleichbarkeitseinschränkungen anzupassen (vgl. GloBE-Kommentar, Art. 3.1.3, Rz 14).

– Drittens müssen die im Abschluss enthaltenen Informationen zuverlässig sein. Damit die Informationen zuverlässig sind, müssen entsprechende internen Kontrollmechanismen und Rechnungslegungsprozesse vorhanden sein, damit der Abschluss ein möglichst getreues Bild der Vermögens-, Finanz- und Ertragslage vermittelt (vgl. GloBE-Kommentar, Art. 3.1.3, Rz 15).

– Viertens darf die Anwendung des bei der Erstellung des Abschlusses der Geschäftseinheit angewendeten Rechnungslegungsstandards im Vergleich zur Anwendung der Rechnungslegungsstandards der obersten Muttergesellschaft nicht zu dauerhaften Abweichung von mehr als 1 Million Euro führen (vgl. GloBE-Kommentar, Art. 3.1.3, Rz 16).

Zu § 14 Abs. 3:
Abs. 3 behandelt den Fall eines Konzernabschlusses einer obersten Muttergesellschaft, der nicht im Einklang mit einem anerkannten Rechnungslegungsstandard erstellt wurde. Zur Vermeidung erheblicher Vergleichbarkeitseinschränkungen soll ein solcher Konzernabschluss gemäß Abs. 5 angepasst werden. Mit der Bestimmung wird Art. 15 Abs. 3 der Richtlinie umgesetzt, der auf der Definition des Konzernabschlusses gemäß Art. 10.1.1 der GloBE-Mustervorschriften basiert.

Zu § 14 Abs. 4:
Abs. 4 behandelt den Fall einer obersten Muttergesellschaft, die keinen Konzernabschluss gemäß der Definition in § 3 Z 6 lit. a bis c erstellt. In diesem Fall soll als Konzernabschluss der obersten Muttergesellschaft der Abschluss gelten, der erstellt worden wäre, wenn die oberste Muttergesellschaft verpflichtet gewesen wäre, einen solchen Konzernabschluss gemäß einem anerkannten oder einem zugelassenen Rechnungslegungsstandard zu erstellen. Mit der Bestimmung wird Art. 15 Abs. 4 der Richtlinie umgesetzt, der auf der Definition des Konzernabschlusses gemäß Art. 10.1.1 der GloBE-Mustervorschriften basiert.

Zu § 14 Abs. 5:
Abs. 5 legt das Erfordernis von Anpassungen bei Verwendung eines zugelassenen Rechnungslegungsstandards (§ 4 Z 26) fest. Mit der Bestimmung wird Art. 15 Abs. 6 der Richtlinie umgesetzt, der auf der Definition der wesentlichen Vergleichbarkeitseinschränkung gemäß Art. 10.1.1 der GloBE-Mustervorschriften basiert.

Zu § 14 Abs. 6:
Abs. 6 soll die Ermittlung des Mindeststeuer-Gewinns oder -Verlusts für sämtliche in Österreich gelegene Geschäftseinheiten einer Unternehmensgruppe für Zwecke der nationalen Ergänzungssteuer (NES) regeln. Diese Ermittlung soll ebenfalls nach Maßgabe von Abs. 1 und Abs. 2 erfolgen; d.h. Ausgangsbasis für die Ermittlung des Mindeststeuer-Gewinns oder -Verlusts inländischer Geschäftseinheiten soll ebenso der Jahresüberschuss oder Jahresfehlbetrag der Geschäftseinheit unter Anwendung des bei der Erstellung des Konzernabschlusses der obersten Muttergesellschaft verwendeten Rechnungslegungsstandards sein. Der UGB-Abschluss einer inländischen Geschäftseinheit kann daher lediglich dann herangezogen werden, wenn die Voraussetzungen der Ausnahmevorschrift des Abs. 2 vorliegen. Damit hat nach dem Mindestbesteuerungsgesetz die Mindeststeuer-Gewinnermittlung inländischer Geschäftseinheiten für Zwecke des NES und jene von ausländischen Geschäftseinheiten für Zwecke der PES und SES einheitlich – jeweils ausgehend vom Konzernrechnungslegungsstandard der obersten Muttergesellschaft – zu erfolgen. Durch

die verpflichtende Verwendung des Konzernrechnungslegungsstandards soll eine möglichst einheitliche und verwaltungsökonomische Vorgangsweise sowie eine international gleichmäßige Besteuerung sichergestellt werden. Überdies wird so sichergestellt, dass die österreichische NES im Einklang mit Art. 11 der Richtlinie und den Verwaltungsleitlinien des Inclusive Framework vom 13. Juli 2023 steht und damit aus dem Blickwinkel anderer Staaten die Voraussetzungen des QDMTT-Safe-Harbour erfüllt.

Zu § 15 (Anpassungen des Jahresüberschusses oder Jahresfehlbetrages):

§ 15 soll regeln, um welche Posten der Jahresüberschuss oder Jahresfehlbetrag bei der Berechnung des Mindeststeuer-Gewinns oder -Verlusts einer Geschäftseinheit angepasst werden soll. Mit dieser Vorschrift werden die Art. 16 Abs. 2 bis 11 und die Art. 17 bis 19 der Richtlinie umgesetzt, die auf Art. 3.2 bis 3.5 der GloBE-Mustervorschriften basieren. Die Vorschrift enthält eine taxative Aufzählung von Posten, um die der Jahresüberschuss oder Jahresfehlbetrag erhöht oder vermindert werden soll. Durch diese Anpassungen soll der Mindeststeuer-Gewinn oder -Verlust einer Geschäftseinheit in Einklang mit dem im Rahmen eines typischen Körperschaftsteuersystems der meisten am Inclusive Framework teilnehmenden Steuerhoheitsgebiete berechneten steuerpflichtigen Gewinn gebracht werden. Gleichzeitig soll der Umfang der Korrekturen auf ein Minimum reduziert werden, sodass die Ermittlung des Mindeststeuer-Gewinns oder -Verlusts für den Steuerpflichtigen sowie für die Finanzverwaltungen administrierbar bleibt (vgl. GloBE-Kommentar, Art. 3.2.1, Rz 21). Es kann daher zu Unterschieden zur Gewinnermittlung für Zwecke der Körperschaftsteuer kommen (z. B. im Hinblick auf die Befreiung von Dividenden und Veräußerungsgewinnen iZm Beteiligungen).

Zu § 16 (Nettosteueraufwand und Nettosteuerertrag):

§ 16 soll den Nettosteueraufwand und Nettosteuerertrag definieren und dessen Behandlung bei der Ermittlung des Mindeststeuer-Gewinnes oder -Verlustes regeln. Durch die Regelung soll Art. 16 Abs. 1 lit. a der Richtlinie bzw. Art. 3.2.1 lit. a der GloBE-Mustervorschriften zum Nettosteueraufwand umgesetzt werden.

Für diese Zwecke soll in § 16 Abs. 1 einleitend – ergänzend zu § 15 Z 1 – festgehalten werden, dass für Zwecke der Ermittlung des Mindeststeuer-Gewinnes oder -Verlustes einer Geschäftseinheit deren Jahresüberschuss oder -fehlbetrag um den Nettosteueraufwand zu erhöhen und um den Nettosteuerertrag zu vermindern ist. Hintergrund dieser Erhöhung oder Verminderung der genannten, bei der Berechnung des Jahresüberschusses oder -fehlbetrags berücksichtigten, Nettosteueraufwands ist es, eine verlässliche Berechnung des effektiven Steuersatzes für Zwecke der Mindestbesteuerung zu ermöglichen.

§ 16 Abs. 2 soll in weiterer Folge in den Z 1 bis Z 4 jene Positionen abschließend regeln, die – saldiert – den Nettosteueraufwand oder den Nettosteuerertrag ergeben.

Als Nettosteueraufwand oder Nettosteuerertrag gelten nach Z 1 zunächst aufwandswirksame erfasste Steuern iSd § 37 (vgl. die diesbezüglichen Erläuterungen) ebenso wie laufende und latente Steuern, die im Steueraufwand berücksichtigt werden einschließlich erfasster Steuern auf Erträge, die bei der Ermittlung des Mindeststeuer-Gewinnes oder -Verlustes ausgenommen sind.

Weiters sind nach Z 2 – sofern dafür nicht ohnedies bereits eine Berücksichtigung nach Maßgabe von Z 1 erfolgt – latente Steuererträge erfasst, die auf steuerliche Verluste des jeweiligen Geschäftsjahres zurückzuführen sind: Ein latenter Steuerertrag iSd Z 2 wird unter Bezugnahme auf den steuerlichen Verlustvortrag bestimmt; dementsprechend muss der latente Steueranspruch bei der Berechnung der Anpassung nach § 16 als negativer Betrag behandelt werden.

Von Z 3 soll weiters ein Steueraufwand aufgrund der Anwendung der inländischen oder ausländischen Umsetzungsregelungen zur globalen Mindestbesteuerung erfasst sein. Danach sollen aufwandswirksame Steuern als Nettosteueraufwand gelten, die aufgrund einer jeweils anerkannten nationalen Ergänzungssteuer-Regelung iSd § 2 Z 28 (NES; Teilstrich 1), Primärergänzungssteuer-Regelung (PES; Teilstrich 2) oder Sekundärergänzungssteuer-Regelung (SES; Teilstrich 3) zu entrichten sind. Diese sollen für Zwecke der Ermittlung der Mindeststeuer dem Jahresüberschuss oder -fehlbetrag wieder hinzugerechnet werden.

Schließlich sollen nach Z 4 aufwandswirksame nicht anerkannte erstattungsfähige Anrechnungssteuern iSd § 2 Z 37 bei der Ermittlung des Nettosteueraufwandes bzw. -ertrags Berücksichtigung finden: Wenn derartige nicht anerkannte erstattungsfähige Anrechnungssteuern entrichtet wurden oder zu entrichten sind und als Aufwand im Jahresüberschuss oder -fehlbetrag berücksichtigt wurden, sollen sie wieder hinzugerechnet werden müssen. Wenn nicht anerkannte erstattungsfähige Anrechnungssteuern hingegen erstattet oder weiterbelastet werden und als Ertrag zur Verringerung des Steueraufwands in den Jahresüberschuss oder -fehlbetrag eingehen, soll der betreffende Betrag wieder zum Steueraufwand hinzugerechnet werden müssen (vgl. GloBE-Kommentar, Art. 3.2.1, Rz 33).

Zu § 17 (Ausgenommene Dividenden):

§ 17 soll ausgenommene Dividenden definieren und deren Behandlung bei der Ermittlung des Mindeststeuer-Gewinnes oder -Verlustes regeln. Durch die Regelung soll Art. 16 Abs. 1 lit. b der Richtlinie bzw. Art. 3.2.1 lit. b der GloBE-Mustervorschriften umgesetzt werden.

In § 17 Abs. 1 soll einleitend – ergänzend zu § 16 Z 2 – zunächst programmatisch festgehalten werden, dass für Zwecke der Ermittlung des Mindeststeuer-Gewinnes oder -Verlustes einer Geschäftseinheit deren Jahresüberschuss oder -fehlbetrag um „ausgenommene Dividenden" zu vermindern ist.

§ 17 Abs. 2 soll sodann ausgenommene Dividenden definieren. Als ausgenommene – vom Jahresüberschuss oder -fehlbetrag abzuziehende – Dividenden gelten Dividenden oder andere Gewinnausschüttungen aus einer Eigenkapitalbeteiligung (§ 2 Z 23), es sei denn, bei der Beteiligung handelt es sich um
- eine kurzfristige Portfoliobeteiligung (Z 1),
- eine optierte Portfoliobeteiligung (Z 2) oder
- eine Eigenkapitalbeteiligung an einer Investmenteinheit (Z 3).

Dem Begriff der „Dividende" liegt kein steuerliches Verständnis zugrunde, sondern es sollen sämtliche für Zwecke der Rechnungslegung erfassten Beteiligungserträge aus einer Eigenkapitalbeteiligung iSd § 2

MinBestG
Gesetzesmaterialien

Z 23 an einer anderen Einheit erfasst sein; daher sind sowohl gruppeninterne Dividendenzahlungen von Kapitalgesellschaften als auch Ausschüttungen iZm Beteiligungen an Personengesellschaften sowie Dividenden aus Beteiligungen an Joint-Ventures, verbundenen Unternehmen und sonstigen Einheiten erfasst (vgl. GloBE-Kommentar, Art. 3.2.1, Rz 34).

Z 1 schränkt die Definition von ausgenommenen Dividenden auf Dividenden aus Eigenkapitalbeteiligungen ein, bei denen es sich *nicht* um kurzfristige Portfoliobeteiligungen handelt. Für Zwecke von Z 1 bedeutet dies, dass für „kurzfristige Portfoliobeteiligungen" keine Korrektur zu erfolgen hat. Alle anderen Dividenden aus Eigenkapitalbeteiligungen, bei denen es sich nicht um „kurzfristige Portfoliobeteiligungen" handelt, sind hingegen als „ausgenommene Dividenden" vom Jahresüberschuss oder -fehlbetrag abzuziehen. Z 1 definiert damit die Ausnahme von der Regel, nämlich jene Dividenden, bei denen es sich um kurzfristige Portfoliobeteiligungen handelt, die gerade nicht als vom Jahresüberschuss oder -fehlbetrag abzuziehende ausgenommene Dividenden gelten. Für das Vorliegen einer kurzfristigen Portfoliobeteiligung sollen nach Z 1 zwei Voraussetzungen kumulativ erfüllt sein müssen, wobei sich

– Teilstrich 1 auf die Beteiligungshöhe und
– Teilstrich 2 auf die Behaltedauer bezieht.

Zunächst soll das Vorliegen einer kurzfristigen Portfoliobeteiligung voraussetzen, dass die Eigenkapitalbeteiligung – kumuliert bezogen auf die gesamte Unternehmensgruppe – dieser im Ausschüttungszeitpunkt (oder für Zwecke von § 18 Abs. 2 Z 3 im Veräußerungszeitpunkt; vgl. dazu die diesbezüglichen Erläuterungen) einen Anspruch von weniger als 10 % am Gewinn, Kapital, den Rücklagen oder den Stimmrechen an einer Einheit vermittelt. Hinsichtlich der Beteiligungshöhe ist folglich eine „Gruppenbetrachtung" maßgeblich. Dabei sind nur unmittelbar gehaltene Beteiligungen zu berücksichtigen; d.h. dass eine Beteiligung, die nur mittelbar gehalten wird (z. B. über ein nach der Equity-Methode in Konzernabschluss bilanziertes Unternehmen), nicht bei der Ermittlung der Beteiligungshöhe zu berücksichtigen ist. Ist die gesamte Unternehmensgruppe zu weniger als 10 % iSd Teilstrich 1 beteiligt, liegt eine „Portfoliobeteiligung" vor (die diesbezügliche Definition ist auch für Zwecke von § 18 Abs. 2 Z 1 und 3 relevant ist; vgl. die diesbezüglichen Erläuterungen).

Wird die Eigenkapitalbeteiligung darüber hinaus nach Teilstrich 2 zum Ausschüttungszeitpunkt zusätzlich auch noch weniger als ein Jahr im wirtschaftlichen Eigentum – bezogen auf die einzelne Geschäftseinheit – gehalten, liegt eine „kurzfristige Portfoliobeteiligung" vor. Für Zwecke der Behaltedauer ist anders als für Zwecke des Beteiligungsausmaßes folglich eine auf die Geschäftseinheit bezogene „Einzelbetrachtung" anzustellen. Maßgeblich für die Beurteilung sind sowohl für Zwecke von Teilstrich 1 als auch Teilstrich 2 die Verhältnisse im Zeitpunkt der Ausschüttung der Dividende.

Dividenden aus kurzfristigen Portfoliobeteiligungen bedürfen für Zwecke der Ermittlung des Mindeststeuer-Gewinns oder -Verlustes keiner Korrektur; d.h. sie bleiben im Jahresüberschuss oder -fehlbetrag enthalten. Hingegen sind ebenfalls im Jahresüberschuss oder -fehlbetrag enthaltene Dividenden aus Langzeitbeteiligungen (Behaltedauer von länger als einem Jahr) oder aus qualifizierten Beteiligungen (Beteiligungsausmaß von 10 % oder mehr) als „ausgenommene Dividenden" vom Jahresüberschuss oder -fehlbetrag abzuziehen. Hintergrund dieser Differenzierung ist, dass Steuerhoheitsgebiete qualifizierte Beteiligungen („Schachtelbeteiligungen") oder Langzeitbeteiligungen regelmäßig von der Besteuerung ausnehmen, sodass dem handels- bzw. unternehmensrechtlich ermittelten Ertrag typischerweise keine steuerpflichtigen Einnahmen gegenüberstehen (vgl. GloBE-Kommentar, Art. 3.2.1, Rz 35). Folglich sollen Dividenden aus derartigen Beteiligungen auch bei der Ermittlung des Mindeststeuer-Gewinns oder -Verlustes nicht berücksichtigt und daher vom Jahresüberschuss oder -fehlbetrag ausgeschieden werden, um zu vermeiden, dass andernfalls den einbezogenen Erträgen keine erfassten Steuern gegenüberstünden.

Nach Z 2 sollen auf Antrag erhaltene Dividenden oder andere Ausschüttungen aus Portfoliobeteiligungen einer Geschäftseinheit (Z 1 erster Teilstrich) bei der Ermittlung ihres Mindeststeuer-Gewinnes oder -Verlustes nicht als ausgenommene Dividenden behandelt werden. Diese sog. *optierten Portfoliobeteiligungen* sollen daher (in Abweichung zur Grundregelung in Z 1) im Mindeststeuer-Gewinn oder -Verlust enthalten sein; d.h. sie werden für Zwecke dieses Bundesgesetzes als *steuerpflichtige* Dividenden behandelt. Mit diesem Wahlrecht soll Pkt. 3.5. der vom Inclusive Framework am 1. Februar 2023 angenommenen Verwaltungsleitlinien zur Administration der GloBE-Mustervorschriften umgesetzt werden. Das Wahlrecht soll der Vereinfachung dienen, weil damit eine Unterscheidung zwischen kurz- und langfristig gehaltenen Portfoliobeteiligungen entfallen kann, was insbesondere für Versicherungsunternehmen von Bedeutung sein kann (vgl. Verwaltungsleitlinien des Inclusive Framework zur Administration der GloBE-Mustervorschriften vom 1. Februar 2023, Pkt. 3.5, Rz 2). Dieses Wahlrecht soll sich stets auf sämtliche Portfoliobeteiligungen der jeweiligen Geschäftseinheit beziehen, für die das Wahlrecht ausgeübt wird. Es soll für fünf Jahre gelten und ist nach Maßgabe von § 74 auszuüben.

Nach Z 3 soll eine für Zwecke der Ermittlung des Mindeststeuer-Gewinnes oder -Verlustes nicht zu korrigierende kurzfristige Portfoliobeteiligung auch im Falle einer Eigenkapitalbeteiligung an einer Investmenteinheit im Sinne des § 2 Z 30 vorliegen, wenn für diese das Wahlrecht zur steuerwirksamen Berücksichtigung von Ausschüttungen nach Maßgabe von § 68 in Anspruch genommen wird (vgl. die diesbezüglichen Erläuterungen zu § 68).

Zu § 18 (Ausgenommene Gewinne oder Verluste aus Eigenkapitalbeteiligungen):

§ 18 soll ausgenommene Gewinne oder Verluste aus Eigenkapitalbeteiligungen definieren und deren Behandlung bei der Ermittlung des Mindeststeuer-Gewinnes oder -Verlustes regeln. Durch die Regelung soll Art. 16 Abs. 1 lit. c der Richtlinie umgesetzt werden, die auf Art. 3.2.1 lit. c GloBE-Mustervorschriften basiert.

In § 18 Abs. 1 soll einleitend zunächst festgehalten werden, dass für Zwecke der Ermittlung des Mindeststeuer-Gewinnes oder -Verlustes einer Geschäftseinheit deren Jahresüberschuss oder -fehlbetrag um ausgenommene Eigenkapitalverluste zu erhöhen und um ausgenommene Eigenkapitalgewinne zu vermindern ist.

§ 18 Abs. 2 soll sodann ausgenommene Gewinne oder Verluste aus Eigenkapitalbeteiligungen definieren (Z 1 bis 3). Als solche gelten im Jahresüberschuss oder Jahresfehlbetrag der Geschäftseinheit enthaltene

Gewinne oder Verluste im Zusammenhang mit den in den Z 1 bis 3 genannten Tatbeständen bei Eigenkapitalbeteiligungen. Dabei beziehen sich die Z 1 und Z 2 auf bestimmte Bilanzierungs- bzw. Bewertungsmethoden von Beteiligungen und die Z 3 auf Veräußerungsvorgänge im Zusammenhang mit Beteiligungen.

Aufgrund von Z 1 sollen als ausgenommene Eigenkapitalgewinne oder -verluste zunächst Gewinne oder Verluste aufgrund von Änderungen des beizulegenden Zeitwerts von Beteiligungen aufgrund der Anwendung einer Zeitwertmethode (z. B. Bewertung zum Marktwert; „*fair value*") gelten. Bei Bilanzierung mittels Zeitwertmethode wird die Eigenkapitalbeteiligung regelmäßig neu (z. B. zum Marktwert) bewertet. Darunter fallen Ab- wie Zuschreibungen von Eigenkapitalbeteiligungen auf den beizulegenden Wert. Bei Erfassung dieser Wertänderungen in der Gewinn- und Verlustrechnung ist der Jahresüberschuss oder -fehlbetrag um die dabei entstehenden Gewinne oder Verluste anzupassen, konkret um Gewinne aus der Zeitwertbewertung zu vermindern und um Verluste aus der Zeitwertbewertung zu erhöhen. Eine Ausnahme davon, d.h. kein Anpassungsbedarf besteht nach Z 1 jedoch dann, wenn es sich bei der zu Grunde liegenden Eigenkapitalbeteiligung um eine Portfoliobeteiligung im Sinne des § 17 Abs. 2 Z 1 erster Teilstrich handelt (zum Begriff der Portfoliobeteiligung sogleich näher). Soweit Zeitwertgewinne und -verluste anstatt in der Gewinn- und Verlustrechnung im sonstigen Ergebnis oder im Eigenkapital erfasst sind, sollten sie ohnedies bereits vom Mindeststeuer-Gewinn oder -Verlust ausgenommen sein, weshalb keine Anpassung nach Z 1 nötig ist (vgl. GloBE-Kommentar, Art. 3.2.1, Rz 49).

Nach Z 2 sollen Gewinne oder Verluste in Bezug auf Eigenkapitalbeteiligungen für Zwecke der Ermittlung des Mindeststeuer-Gewinns oder -Verlusts ausgenommen werden, wenn diese aus der Anwendung der Equity-Methode resultieren. Nach der Equity-Methode erfolgt eine laufende erfolgswirksame Anpassung des Beteiligungsbuchwerts spiegelbildlich zur Entwicklung des anteiligen Eigenkapitals an der Einheit, an der eine Beteiligung besteht. Folglich soll der Jahresüberschuss oder -fehlbetrag um die im Zusammenhang mit der Equity-Bilanzierung entstehenden Gewinne vermindert und um die im Zusammenhang mit der Equity-Bilanzierung entstehenden Verluste erhöht werden.

Nach Z 3 sollen im Jahresüberschuss enthaltenen Gewinne oder Verluste aus der Veräußerung von Eigenkapitalbeteiligungen als ausgenommene Eigenkapitalgewinne oder -verluste gelten. Folglich ist der Jahresüberschuss oder Jahresfehlbetrag um Gewinne aus der Veräußerung von Eigenkapitalbeteiligungen zu vermindern und um Verluste aus der Veräußerung von Eigenkapitalbeteiligungen zu erhöhen. Eine Ausnahme von der Anpassung nach Z 3 besteht wie bereits in Z 1 für Portfoliobeteiligungen.

Für das Vorliegen einer Portfoliobeteiligung ist – sowohl für Zwecke von Z 1 (Zeitwertbewertung) als auch Z 3 (Veräußerung) – aufgrund des Verweises auf § 17 Abs. 2 Z 1 *erster* Teilstrich entscheidend, dass die Beteiligung der gesamten Unternehmensgruppe (Gruppenbetrachtung) einen Anspruch von weniger als 10 % an der Einheit vermittelt (vgl. die diesbezüglichen Erläuterungen zu § 17); die Behaltedauer bei der Geschäftseinheit ist für Zwecke des § 18 – anders als für Zwecke des § 17 Abs. 2 Z 1 zweiter Teilstrich – hingegen nicht maßgeblich. Folglich besteht im Falle der Zeitwertbewertung sowie Veräußerung von kurz- wie langfristig gehaltenen Portfoliobeteiligungen kein Anpassungsbedarf nach § 18 Abs. 2 Z 1 bzw. Z 3. Ein Anpassungsbedarf besteht hingegen im Anwendungsbereich von Z 1 und Z 3 bei qualifizierten Beteiligungen (Beteiligungsausmaß der Gruppe insgesamt von 10 % oder mehr) ungeachtet der Behaltedauer. § 18 Abs. 2 Z 3 ergänzt damit im Grundsatz die Regelung des § 17 Abs. 2 Z 1 und soll dem Umstand Rechnung tragen, dass Steuerhoheitsgebiete auch für Veräußerungsgewinne von qualifizierten Eigenkapitalbeteiligungen (wie für Gewinnausschüttungen aus solchen Beteiligungen) oftmals eine Steuerbefreiung vorsehen; dieser üblichen steuerlichen Behandlung soll durch § 18 Abs. 2 Z 3 typisierend Rechnung getragen und damit dauerhaften Abweichungen bei der Ermittlung der Mindeststeuer-Bemessungsgrundlage entgegen gewirkt werden (vgl. GloBE-Kommentar, Art. 3.2.1, Rz 54).

In Abs. 3 soll ein Wahlrecht vorgesehen werden, demzufolge auch Fremdwährungsgewinne oder -verluste einer Geschäftseinheit unter den kumulativen Voraussetzungen der Z 1 bis 3 als ausgenommene Gewinne oder -Verluste aus Eigenkapitalbeteiligungen gelten sollen. Mit diesem Wahlrecht soll Pkt. 2.2 der vom Inclusive Framework am 1. Februar 2023 angenommenen Verwaltungsleitlinien zur Administration der GloBE-Mustervorschriften umgesetzt werden. Damit sollen Fremdwährungsgewinne oder -verluste aus einem Sicherungsinstrument, welches Währungsrisiken in Bezug auf eine Eigenkapitalbeteiligung absichern soll, deren Gewinnen oder Verluste für Zwecke der Ermittlung des Mindeststeuer-Gewinnes oder -Verlustes ausgenommen sind, gleichermaßen bei der Mindeststeuer-Gewinnermittlung neutralisiert werden (vgl. Verwaltungsleitlinien des Inclusive Framework zur Administration der GloBE-Mustervorschriften vom 1. Februar 2023, Pkt. 2.2, Rz 7). Dieses Wahlrecht soll für die Sicherungsinstrumente als sämtliche Eigenkapitalbeteiligungen (Abs. 2 Z 1 und 2) einer Geschäftseinheit einheitlich unter Berücksichtigung von § 74 auszuüben sein und für fünf Jahre gelten.

Nach Abs. 4 soll auch die Möglichkeit bestehen, steuerwirksame Gewinne und Verluste aus Eigenkapitalbeteiligungen nicht gemäß Abs. 2 aus dem Mindeststeuer-Gewinn oder -Verlust auszunehmen, sondern diese stattdessen bei der Ermittlung des Mindeststeuer-Gewinns oder -Verlusts der beteiligten Geschäftseinheit einzubeziehen.

Mit diesem Wahlrecht soll Pkt. 2.9 der vom Inclusive Framework am 1. Februar 2023 angenommenen Verwaltungsleitlinien zur Administration der GloBE-Mustervorschriften umgesetzt werden. Werden Gewinne und Verluste aus Eigenkapitalbeteiligungen nach nationalem Steuerrecht im Steuerhoheitsgebiet der beteiligten Geschäftseinheit nämlich steuerwirksam behandelt, ermöglicht dieses Wahlrecht, diese steuerwirksamen Gewinne und Verluste auch in die Mindeststeuer-Gewinnermittlung einzubeziehen und damit einen Gleichklang mit der nationalen steuerlichen Gewinnermittlung herzustellen. Dadurch vermindern etwa nach nationalem Steuerrecht steuerwirksame Wertminderungen aus Beteiligungen bei der Ermittlung des Effektivsteuersatzes nicht nur den Zähler (erfasste Steuern), sondern korrespondierend dazu auch den Nenner (Mindeststeuer-Nettogewinn), sodass eine sachgerechte Ermittlung des Effektivsteuersatzes erfolgt (vgl. Verwaltungsleitlinien des Inclusive Framework zur Administration der GloBE-Mustervorschriften vom 1. Februar 2023, Pkt. 2.9, Rz 5).

MinBestG
Gesetzesmaterialien

Das Wahlrecht soll nur steuerwirksame Gewinne und Verluste aus Eigenkapitalbeteiligungen betreffen, die von Geschäftseinheiten in einem Steuerhoheitsgebiet gehalten werden; somit nur solche Gewinne und Verluste umfassen, die auch im Steuerhoheitsgebiet der beteiligten Geschäftseinheiten nach nationalem Steuerrecht steuerwirksam sind. Dies wäre etwa bei steuerpflichtigen Gewinnen und steuerwirksamen Verlusten der in Österreich gelegenen Geschäftseinheiten im Hinblick auf nationale Beteiligungen an Körperschaften sowie optierte internationale Schachtelbeteiligungen (§ 10 Abs. 3 KStG 1988) der Fall, beispielsweise aber nicht bei gemäß § 9 Abs. 7 KStG 1988 nicht abzugsfähigen Abschreibungen auf den niedrigeren Teilwert und Veräußerungsverlusten bei Beteiligungen an Mitgliedern einer Unternehmensgruppe nach § 9 KStG 1988.

Bei Ausübung dieses Wahlrechtes soll Folgendes gelten:

Zu Z 1:
Das Wahlrecht soll einheitlich für sämtliche Eigenkapitalbeteiligungen aller in einem Steuerhoheitsgebiet gelegenen beteiligten Geschäftseinheiten ausgeübt werden. Nimmt daher eine Unternehmensgruppe bei der Mindeststeuer-Gewinnermittlung ihrer in Österreich gelegenen Geschäftseinheiten dieses Wahlrecht in Anspruch, gilt dieses länderweise Wahlrecht zwingend für sämtliche steuerwirksame Gewinne und Verluste aus Eigenkapitalbeteiligungen, die von den in Österreich gelegenen Geschäftseinheiten gehalten werden. Das Wahlrecht soll unter Berücksichtigung von § 74 auszuüben sein und für fünf Jahre gelten.

Zu Z 2:
Der Begriff der Steuerwirksamkeit ist für Zwecke dieses Wahlrechts weit gefasst: Als steuerwirksam sollen auch Gewinne und Verluste aus einer Eigenkapitalbeteiligung gelten, wenn nur die Veräußerung der Eigenkapitalbeteiligung der Besteuerung durch das jeweilige Steuerhoheitsgebiet unterliegt und hinsichtlich der Änderungen des beizulegenden Zeitwerts der Eigenkapitalbeteiligung nur latente Steuern erfasst werden.

Zu Z 3:
Ein nach Maßgabe von § 74 Abs. 1 möglicher Widerruf des Wahlrechtes soll zukünftig nicht für Gewinne oder Verluste aus jenen Eigenkapitalbeteiligungen wirken, die bereits während der Geltungsdauer des Wahlrechtes Verluste die Mindeststeuer-Bemessungsgrundlage der im jeweiligen Steuerhoheitsgebiet gelegenen beteiligten Geschäftseinheiten bereits vermindert haben (vgl. Verwaltungsleitlinien des Inclusive Framework zur Administration der GloBE-Mustervorschriften vom 1. Februar 2023, Pkt. 2.9, Rz 16). Gewinne und Verluste aus solchen Eigenkapitalbeteiligungen sind daher auch in den folgenden Jahren weiterhin im Mindeststeuer-Gewinn oder -Verlust enthalten.

Zu § 19 (Gewinne oder Verluste aus der Anwendung der Neubewertungsmethode auf Sachanlagen):
§ 19 soll die Auswirkungen der nach manchen Rechnungslegungsstandards bestehenden Möglichkeit zur Erfassung von Wertsteigerungen von Sachanlagevermögen im sonstigen Ergebnis bei der Ermittlung des Mindeststeuer-Gewinnes oder -Verlustes regeln. Mit der Bestimmung wird Art. 16 Abs. 1 lit. d der Richtlinie umgesetzt, der auf Art. 3.2.1. lit. d iVm der Definition von nach der Neubewertungsmethode berücksichtigten Gewinnen oder Verlusten in Art. 10.1.1. der GloBE-Mustervorschriften basiert. Die Regelung stellt eine Ausnahme von der grundsätzlichen Regelung, wonach Geschäftsfälle, die im sonstigen Ergebnis (*other comprehensive income*", „*OCI*") erfasst werden, bei der Ermittlung des Mindeststeuer-Gewinns oder Mindeststeuer-Verlustes nicht berücksichtigt werden (vgl. GloBE-Kommentar, Art. 3.1.2, Rz 9).

Zu Abs. 1:
Nach der Neubewertungsmethode werden Wertsteigerungen im Allgemeinen nicht in der Gewinn- und Verlustrechnung, sondern im sonstigen Ergebnis erfasst (z. B. „Neubewertungsmodell" gemäß IAS 16.31 ff.). Wertminderungen werden hingegen im Allgemeinen (jedoch nicht immer) in der Gewinn- und Verlustrechnung erfasst. Ohne eine entsprechende Korrektur hätte die Anwendung der Neubewertungsmethode asymmetrische Auswirkungen auf die Berechnung des Mindeststeuer-Gewinns, weil Neubewertungsgewinne, die im sonstigen Ergebnis erfasst werden, nicht im Jahresüberschuss oder Jahresfehlbetrag erfasst sind. Um dem entgegenzuwirken, sollen gemäß § 19 Abs. 1 daher alle nach der Neubewertungsmethode auf Sachanlagen berücksichtigten Gewinne oder Verluste für das Geschäftsjahr in die Berechnung des Mindeststeuer-Gewinns oder -Verlusts einfließen (vgl. GloBE-Kommentar, Art. 3.2.1, Rz 58). Eine Anpassung nach § 19 Abs. 1 soll jedoch nicht erfolgen, wenn für die Geschäftseinheit das Wahlrecht zur Anwendung des Realisationsprinzips gemäß § 28 in Anspruch genommen wird; siehe dazu die Erläuterungen zu § 28.

Zu Abs. 2:
Abs. 2 definiert den Begriff der „Gewinne oder Verluste aus der Anwendung der Neubewertungsmethode". Davon umfasst sind Gewinne oder Verluste aus der Bilanzierung von Sachanlagen („*property, plant and equipment*"), sofern

– der Buchwert dieser Sachanlagen regelmäßig an ihren beizulegenden Zeitwert anpasst wird,
– Änderungen des beizulegenden Zeitwertes im sonstigen Ergebnis („*comprehensive income*", „*OCI*") erfasst werden und
– zu einem späteren Zeitpunkt keine erfolgswirksame Erfassung in der Gewinn- und Verlustrechnung erfolgt (kein „*Recycling*").

Die Definition umfasst auch den Betrag der mit den Gewinnen und Verlusten im Zusammenhang stehenden erfassten Steuern, um sicherzustellen, dass erfasste Steuern nicht zugleich (de facto) abgezogen und bei der Ermittlung des Effektivsteuersatzes berücksichtigt werden (vgl. GloBE-Kommentar, Art. 3.2.1, Rz 60). Dies gilt jedoch nicht, wenn die Veräußerung des jeweiligen Sachwertes steuerbefreit erfolgen kann (vgl. GloBE-Kommentar, Art. 3.2.1, Rz 61).

Zu Abs. 3:
Abs. 3 definiert den Begriff des sonstigen Ergebnisses.

MinBestG
Gesetzesmaterialien

Zu § 20 (Asymmetrische Wechselkursgewinne oder Wechselkursverluste):
§ 20 soll Regelungen betreffend die Anpassung asymmetrischer Wechselkursgewinne oder -Verluste bei der Ermittlung des Mindeststeuer-Gewinnes oder -Verlustes enthalten. Mit dieser Bestimmung wird Art. 16 Abs. 1 lit. e der Richtlinie umgesetzt, der auf Art. 3.2.1 lit. f der GloBE-Mustervorschriften basiert. Erfasst sein sollen asymmetrische Wechselkursgewinne, welche auf Unterschiede zwischen der funktionalen Währung für Zwecke der Rechnungslegung und jener für lokale Steuerzwecke zurückzuführen sind (z. B. wenn die steuerliche Gewinnermittlung in Euro erfolgt und der unternehmensrechtliche Jahresabschluss auf US-Dollar lautet). Sofern diese beiden funktionalen Währungen übereinstimmen, sollen keinen Anpassungen vorgenommen werden, sodass sonstige im Jahresabschluss enthaltene Wechselkursgewinne oder -Verluste bei der Berechnung der Mindeststeuer-Gewinne oder -Verluste berücksichtigt werden. Nach § 20 sollen daher zum einen Anpassungen vorgenommen werden, die sich unmittelbar aus der Abweichung der funktionalen Währung für Zwecke der Rechnungslegung und der funktionalen Währung für Steuerzwecke ergeben. Zum anderen sollen Anpassungen erforderlich sein, wenn asymmetrische Wechselkursgewinne oder -Verluste aufgrund des Abweichens einer dieser funktionalen Währungen (für Steuerzwecke oder Zwecke der Rechnungslegung) von einer Drittwährung entstehen (vgl. GloBE-Kommentar, Art. 3.2.1 lit. f, Rz 66-68). Insgesamt sollen in § 20 vier Kategorien von asymmetrischen Wechselkursgewinnen oder -Verlusten geregelt werden.

Zu Abs. 1:
Abs. 1 soll zwei Konstellationen erfassen, in denen der Jahresüberschuss oder Jahresfehlbetrag um asymmetrische Wechselkursgewinne erhöht oder um asymmetrische Wechselkursverluste vermindert werden soll, die auf Abweichungen der funktionalen Währung für Zwecke der Rechnungslegung und jener für Steuerzwecke zurückzuführen sind.

Z 1 soll Fälle erfassen, in denen die steuerliche funktionale Währung von der funktionalen Währung für Zwecke der Rechnungslegung abweicht und eine Transaktion, welche in der funktionalen Währung für Zwecke der Rechnungslegung erfolgt, zu einem steuerpflichtigen Gewinn oder Verlust führt. Zur Berechnung des Mindeststeuer-Gewinnes oder -Verlustes soll in diesen Fällen in Höhe des Wechselkursgewinnes eine Erhöhung bzw. in Höhe des Wechselkursverlustes eine Verminderung des Jahresüberschusses bzw. Jahresfehlbetrages stattfinden. Z 1 soll zudem in jenen Fällen einschlägig sein, in welchem Vermögenswerte oder Verbindlichkeiten, die in der funktionalen Währung für Rechnungslegungszwecke ausgewiesen sind, in die funktionale Währung für Steuerzwecke umgerechnet werden, wodurch ein steuerlicher Wechselkursgewinn oder -verlust entsteht, obwohl für Zwecke der Rechnungslegung kein Wechselkursgewinn oder -verlust verzeichnet wurde (vgl. GloBE-Kommentar, Art. 3.2.1 lit. f, Rz 69-70).

Beispiel 1 *(vgl. Beispiel 3.2.1 (f) -1 zum GloBE-Kommentar, Art. 3.2.1 lit. f, 25 f):*
Eine Geschäftseinheit A, steuerlich ansässig in Land A (Steuersatz 23 %), unterliegt dem Anwendungsbereich dieses Gesetzes und verwendet Euro als ihre steuerliche funktionale Währung und US-Dollar als ihre funktionale Währung für Zwecke der Rechnungslegung. Das Wirtschaftsjahr entspricht dem Kalenderjahr. Zu Beginn des Jahres X1 hält A eine unverzinsliche Anleihe mit einem Nennwert von 1.000 US-Dollar; der Wechselkurs Euro:US-Dollar beträgt zu diesem Zeitpunkt 1:1. Am Ende des Jahres X1 beträgt der Wechselkurs Euro:US-Dollar 1:1,25. Es wird angenommen, dass auch andere Einkünfte in Höhe von 500 Euro im Jahr X1 erzielt werden. Der Wertverlust der Anleihe in Höhe von 200 Euro wird in Land A im Rahmen der steuerlichen Gewinnermittlung berücksichtigt (Tabelle Spalte 1). Unternehmensrechtlich ändert sich bei A nichts und die Anleihe steht weiterhin mit 1.000 US-Dollar in den Büchern (Tabelle Spalte 2). Dies hat zur Folge, dass die effektive Steuerbelastung ohne Anpassung bei 13,8 % liegen würde (86,25*/625/, Steuer iHv 69 € umgerechnet in US-$ bei einem Wechselkurs von 1:1,25) und eine Nachversteuerung nach sich ziehen würde, sofern keine Korrektur nach Z 1 erfolgen würde. Dieser Wechselkursverlust, der für steuerliche Zwecke entsteht und auf Wechselkursschwankungen zwischen der funktionalen Währung für Zwecke der Rechnungslegung und jener für Steuerzwecke zurückzuführen ist daher in Höhe von 200 Euro zum entsprechenden Wechselkurs umzurechnen (ergibt 250 US-$) und als Verminderung des Jahresüberschusses nach Z 1 zur Berechnung des Mindeststeuer-Gewinnes (oder gegebenenfalls -Verlustes) zu berücksichtigen (Tabelle Spalte 3).

Steuerrecht (€)		Unternehmensrecht (US-$)		MinBestG (US-$)	
Einkommen	500	Einkommen	625	Jahresüberschuss	625
Asymmetrischer Wechselkursverlust	-200	Asymmetrischer Wechselkursverlust		Verminderung gemäß § 21 Abs. 1 Z 1	-250
STR Bmgdl	300	UR Bmgdl	625	Mindeststeuer-Bmgdl	375
Steuer Land A (23 %)	69	Steuer Land A (23 %)	86,25	Steuer (23 %)	86,25
Effektiver Steuersatz	23 %		13,80 %	Effektiver Steuersatz	23 %

Z 2 soll jene Fälle umfassen, in denen ein Wechselkursgewinn oder -verlust für Steuerzwecke entsteht, der auf Schwankungen zwischen der für Steuerzwecke verwendeten Währung und einer Drittwährung zurückzuführen ist, unabhängig davon, ob sich der daraus ergebende Wechselkursgewinn oder -verlust auch tatsächlich steuerlich auswirkt (z. B., weil er nicht Teil der steuerlichen Bemessungsgrundlage oder steuerbefreit ist). Dieser Wechselkursgewinn oder -verlust soll bei der Ermittlung des Mindeststeuer-Gewinnes bzw. -Verlustes im Falle eines Verlusts durch eine Verminderung und im Falle eines Gewinnes durch eine Erhöhung des Jahresüberschusses bzw. Jahresfehlbetrages berücksichtigt werden (vgl. GloBE-Kommentar, Art. 3.2.1 (f), Rz 74).

Beispiel 2 *(vgl. Beispiel 3.2.1(f) -3 zum GloBE-Kommentar, Art. 3.2.1 lit. f, 28):*
Die C-AG, ansässig in Land A (Steuersatz 23 %), ist Mitglied eines multinationalen Konzerns und unterliegt dem Anwendungsbereich dieses Gesetzes. Das Wirtschaftsjahr entspricht dem Kalenderjahr. Die funktionale Währung für Steuerzwecke ist Euro, jene für Zwecke der Rechnungslegung US-Dollar.

MinBestG
Gesetzesmaterialien

Im Jahr X1 verkauft die C-AG Waren an Kunden in Großbritannien auf Rechnung für 100 Pfund. Im Jahr X1 gelten folgende Wechselkurse: GBP:Euro 1:1,1 – GBP:US-Dollar 1:1,18 – Euro:US-Dollar 1:0,61. Dies führt dazu, dass die Forderung steuerlich mit 110 Euro angesetzt wird; in der Finanzbuchhaltung jedoch mit 180 US-Dollar.

Im Jahr X2 wird die Forderung in Pfund (100) beglichen. Aufgrund der geänderten Wechselkurse entspricht diese umgerechnet 121 Euro (steuerlich) bzw. 198 US-Dollar (Finanzbuchhaltung) (Wechselkurse in X2: GBP:Euro 1:1,21 – GBP:US-Dollar 1:1,98 – Euro:US-Dollar 1:0,61).

Neben einer allenfalls nach Abs. 2 Z 2 erforderlichen Anpassung (siehe sogleich) hat eine Anpassung nach Abs. 1 Z 2 zu erfolgen, da ein Wechselkursgewinn aufgrund der Wechselkursschwankungen zwischen der funktionalen Währung für Steuerzwecke (Euro) und einer Drittwährung (Pfund) entstanden ist. Danach hat diese Anpassung durch Hinzurechnung des Wechselkursgewinnes (umgerechnet in die für Zwecke der Rechnungslegung funktionale Währung, nämlich US-Dollar) in Hinblick auf die Ermittlung des Mindeststeuer-Gewinnes bzw. -Verlustes zu erfolgen.

Die nachstehende Tabelle zeigt die Auswirkung der Einbeziehung des asymmetrischen Wechselkursgewinns nach Z 2 in die Berechnung des Effektivsteuersatzes.

MinBestG US-$	
Jahresüberschuss*	180
Erhöhung gemäß § 21 Abs. 1 Z 2	18
Gesamteinkommen	198
Steuer	41,48
Effektiver Steuersatz	20,95 %

* Einkommen iHv 110 Euro umgerechnet in US-$ (Wechselkurs 1:0,61)

Zu Abs. 2:

Abs. 2 soll jene Fälle regeln, in denen der Jahresüberschuss oder Jahresfehlbetrag um asymmetrische Wechselkursverluste erhöht oder um asymmetrische Wechselkursgewinne vermindert werden soll, die auf Abweichungen der funktionalen Währung für Zwecke der Rechnungslegung und jener für Steuerzwecke zurückzuführen sind. Dies soll dann der Fall sein, wenn

- im Jahresabschluss anders als für Steuerzwecke ein Wechselkursgewinn oder -Verlust ausgewiesen wird (Z 1) bzw
- es aufgrund von Abweichungen der Währung für Zwecke der Rechnungslegung zu einer Drittwährung zu einem Gewinn oder Verlust für Zwecke der Rechnungslegung kommt (Z 2).

Nach Z 1 soll eine Anpassung des Mindeststeuer-Gewinnes oder -Verlustes bei unterschiedlichen funktionalen Währungen erfolgen, wenn Transaktionen in der funktionalen Währung für Steuerzwecke abgewickelt werden und dadurch ein Wechselkursgewinn oder -verlust für Zwecke der Rechnungslegung entsteht. Dieser buchhalterische Wechselkursgewinn oder –verlust soll aus dem Jahresüberschuss oder Jahresfehlbetrag eliminiert werden, indem im Falle eines Gewinnes eine Verminderung und im Falle eines Verlustes eine Erhöhung des Jahresüberschusses oder Jahresfehlbetrages zur Ermittlung des Mindeststeuer-Gewinnes oder -Verlustes erfolgen soll. Z 1 soll zudem in jenen Fällen einschlägig sein, in denen Vermögenswerte oder Verbindlichkeiten, die in der funktionalen Währung für Steuerzwecke ausgewiesen sind, in die funktionale Währung für Zwecke der Rechnungslegung umgerechnet werden, sodass im Jahresabschluss ein Wechselkursgewinn oder -verlust ausgewiesen wird, während für Steuerzwecke kein Wechselkursgewinn oder -verlust verzeichnet wurde (vgl. GloBE-Kommentar, Art. 3.2.1 (f), Rz 71-72).

Beispiel 3 (vgl. Beispiel 3.2.1(f) -2 zum GloBE-Kommentar, Art. 3.2.1 lit. f, 26 f):

Die Geschäftseinheit B-AG, ansässig in Land A (Steuersatz 23 %), ist Mitglied eines multinationalen Konzerns und unterliegt dem Anwendungsbereich dieses Gesetzes. Das Wirtschaftsjahr entspricht dem Kalenderjahr. Die steuerlich funktionale Währung der B-AG ist Euro, die funktionale Währung für Zwecke der Rechnungslegung US-Dollar. Zu Beginn des Jahres X1 schließt die B-AG einen auf Euro lautenden Darlehensvertrag ab und verbucht einen Zinsaufwand in Höhe von 500 Euro. Da im Jahr X1 der Wechselkurs Euro:Dollar 1:1 beträgt, schlägt dieser Zinsaufwand im Konzernabschluss mit 500 US-Dollar zu Buche. Im Jahr X2 beträgt der Wechselkurs Euro:Dollar 1:1,25, sodass der Zinsaufwand in Höhe von 500 Euro umgerechnet 625 Dollar entspricht mit der Folge, dass 125 Dollar im Konzernabschluss als Wechselkursverlust oder zusätzlicher Zinsaufwand ausgewiesen werden. Die Aufwertung des Euro führt daher zu einem Wechselkursverlust/ erhöhten Zinsaufwand für die B-AG in Hinblick auf das Unternehmensrecht (Spalte 2), der sich steuerlich nicht auswirkt (Spalte 1), weil sowohl Darlehen als auch die funktionale Währung für Steuerzwecke auf Euro lauten. Der effektive Steuersatz für Zwecke der Rechnungslegung wäre daher um 2,56 % höher als jener für Zwecke des Steuerrechts. Für diesen Fall sieht Z 1 eine entsprechende Anpassung in gleicher Höhe bei der Ermittlung des Mindeststeuer-Gewinnes bzw. -Verlustes vor um die Wirkung dieser Wechselkursschwankung auf die effektive Steuerbelastung zu neutralisieren (Spalte 3).

Steuerrecht (€)		Rechnungslegung (US-$)		MinBestG US-$	
Einkommen	1.000	Einkommen	1.250	Jahresüberschuss	1.125
Asymmetrischer Wechselkursverlust		Asymmetrischer Wechselkursverlust	-125		
				Erhöhung gemäß § 21 Abs. 2 Z 1	125
SR Bmgdl	1.000	UR Bmgdl	1.125	Mindeststeuer-Bmgdl	1.250
Steuer (23 %)	230	Steuer (23 %)	287,50	Steuer	287,50
Effektiver Steuersatz	23 %	Steuersatz	25,56 %	Effektiver Steuersatz	23 %

MinBestG
Gesetzesmaterialien

Z 2 soll jene Fälle umfassen, in denen ein Wechselkursgewinn oder -verlust für Zwecke der Rechnungslegung entsteht, der auf Transaktionen in einer Drittwährung (dh weder die funktionale Währung für Zwecke der Rechnungslegung noch für Steuerzwecke) zurückzuführen ist. Im Falle eines solchen Wechselkursgewinnes soll dieser bei der Berechnung des Mindeststeuer-Gewinns oder -Verlustes wieder abgezogen werden, wohingegen ein solcher Wechselkursverlust hinzugerechnet werden soll (vgl. GloBE-Kommentar, Art. 3.2.1 (f), Rz 73).

Beispiel 4 *(vgl. Beispiel 3.2.1 (f) - 3 zum GloBE-Kommentar, Art. 3.2.1 lit. f, 27 f):*

Fortsetzung Beispiel 2:
Die Aufwertung des britischen Pfundes führt zu einem steuerlichen Gewinn in Höhe von 11 Euro (121 - 110), da die C-AG britische Pfund im Wert von 121 Euro erhalten hat für eine Forderung, die für Steuerzwecke mit 110 Euro im steuerlichen Einkommen berücksichtigt wurde. Dieser Gewinn in Höhe von 11 Euro wird bei der Berechnung des steuerpflichtigen Einkommens von der C-AG in ihrem Ansässigkeitsstaat allerdings nicht berücksichtigt. In der Buchhaltung der C-AG führt die Aufwertung zu einem Ertrag in Höhe von 18 US-Dollar (198-180), da die C-AG für eine Forderung, die mit 180 US-Dollar in den Büchern steht, nunmehr umgerechnet 198 US-Dollar erhält.
In diesem Fall führt die Aufwertung des britischen Pfunds zu einer Erhöhung des Gewinns der C-AG in Dollar. Der für Zwecke der Rechnungslegung entstandene Wechselkursgewinn ist auf Wechselkursschwankungen zwischen einer Drittwährung (GBP) und der funktionalen Währung der C-AG zurückzuführen. Nach lit. c ist dieser Betrag als negative Anpassung des Jahresüberschusses oder Jahresfehlbetrages C-AG bei der Ermittlung des Mindeststeuer-Gewinnes oder -Verlustes zu berücksichtigen.
Die nachstehende Tabelle veranschaulicht die Auswirkungen der Wechselkursschwankungen zwischen Jahr 1 und Jahr 2. Spalte 1 zeigt den Gewinn und den effektiven Steuersatz der C-AG für lokale Steuerzwecke (berechnet in Euro) im Jahr 2, während Spalte 2 die gleichen Berechnungen für Buchhaltungszwecke (berechnet in Dollar zu einem Umrechnungskurs Euro: US-Dollar 1:0,61) zeigt. Spalte 3 enthält schließlich der Einbeziehung des asymmetrischen Währungsgewinns in die Berechnung des Effektivsteuersatzes.

Steuerrecht (€)		Rechnungslegung (US-$)		MinBestG US-$	
Einkommen	110	Einkommen	180	Jahresüberschuss	198
Asymmetrischer Wechselkursgewinn		Asymmetrischer Wechselkursgewinn	18		
				Verminderung gemäß § 21 Abs. 2 Z 2	-18
SR Bmgdl	110	UR Bmgdl	198	Gesamteinkommen	180
Steuer (23 %)	25,30	Steuer (23 %)	41,48	Steuer	41,48
Effektiver Steuersatz	23 %	Effektiver Steuersatz	20,95 %	Effektiver Steuersatz	23 %

Zu Abs. 3:
Gemäß Abs. 3 sollen die Währungen wie folgt definiert werden:
- Die funktionale Währung für Steuerzwecke soll jene funktionale Währung sein, die zur Ermittlung der steuerpflichtigen Einkünfte und der erfassten Steuern der Geschäftseinheit in deren Belegenheitsstaat verwendet wird.
- Die funktionale Währung für Zwecke der Rechnungslegung soll jene funktionale Währung sein, die zur Ermittlung des Jahresüberschusses oder Jahresfehlbetrages der Geschäftseinheit verwendet wird.
- Eine Drittwährung soll eine Währung sein, die weder für Steuerzwecke noch für Zwecke der Rechnungslegung als funktionale Währung der Geschäftseinheit verwendet wird.

Zu § 21 (Nicht abzugsfähige Aufwendungen):
§ 21 soll Regelungen betreffend nicht abzugsfähige Aufwendungen bei der Ermittlung des Mindeststeuer-Gewinnes oder -Verlustes enthalten. Mit dieser Bestimmung wird Art. 16 Abs. 1 lit. g der Richtlinie umgesetzt, der auf Art. 3.2.1 lit. g der GloBE-Mustervorschriften basiert. Umfasst sein sollen Aufwendungen für illegale Zahlungen (Z1) sowie Aufwendungen für Geldbußen und Sanktionen (Z 2).

Nach Z 1 soll eine Erhöhung um Aufwendungen für illegale Zahlungen wie Schmier- oder Bestechungsgelder und versteckte Provisionen – unabhängig von deren Höhe – erfolgen, weil diese zwar den Jahresüberschuss oder Jahresfehlbetrag gemindert haben, aber steuerlich typischerweise nicht abzugsfähig sind. Ob eine Zahlung als illegal zu qualifizieren ist, soll nach den Rechtsvorschriften, die für die die Zahlung leistende Geschäftseinheit oder die oberste Muttergesellschaft gelten, beurteilt werden (vgl. GloBE-Kommentar, Art. 3.2.1 lit. g, Rz 76).

Von Gerichten oder Behörden verhängte Geldbußen und Sanktionen sollen nach Z 2 ebenfalls zu einer Erhöhung des Jahresüberschusses führen. Dies jedoch nur dann, wenn diese einen Betrag von 50 000 Euro überschreiten. Mit diesem Schwellenwert soll der Geringfügigkeit vieler Geldbußen und sonstiger Strafzahlungen Rechnung getragen und ein Abzug für kleinere Beträge zugelassen werden, die in den Konten der Geschäftseinheit möglicherweise nicht einmal verbucht werden. Sofern Geldbußen für die gleiche Handlung in regelmäßigen Abständen (z. B. in Form von Tagessätzen) erhoben oder regelmäßig neu festgesetzt werden, bis ein und dieselbe rechtswidrige Handlung behoben wird (z. B. Zwangsstrafen bei nicht fristgerechter Offenlegung des Jahresabschlusses beim Firmenbuchgericht), soll eine Erhöhung auch dann erfolgen, wenn die einzelnen Beträge zwar geringer sind, pro Jahr in Summe jedoch mehr als 50 000 Euro betragen (vgl. GloBE-Kommentar, Art. 3.2.1 lit. g, Rz 78).

Wurden rückgestellte Aufwendungen gemäß § 21 bei der Ermittlung des Mindeststeuer-Gewinns im Jahr der Rückstellungsbildung als nicht abzugsfähig behandelt, jedoch in einem späteren Jahr ertragswirksam wieder aufgelöst, soll korrespondierend dazu keine Erhöhung des Mindeststeuer-Gewinns erfolgen.

MinBestG
Gesetzesmaterialien

Zu § 22 (Fehler aus der Vorperiode und Änderungen der Rechnungslegungsgrundsätze):
§ 22 soll Regelungen betreffend das Vorgehen bei Fehlern aus der Vorperiode und Änderungen der Rechnungslegungsgrundsätze enthalten. Mit dieser Bestimmung wird Art. 16 Abs. 1 lit. g der Richtlinie umgesetzt, der auf Art. 3.2.1 lit. h der GloBE-Mustervorschriften basiert.

Zu Abs. 1:
Nach Abs. 1 soll der Jahresüberschuss oder Jahresfehlbetrag um Anpassungsbeträge erhöht oder vermindert werden, die auf Fehler aus Vorperioden oder Änderungen der Rechnungslegungsgrundsätze nach Abs. 2 zurückzuführen sind. Für Zwecke der Rechnungslegung wirken sich solche Fehler aus Vorperioden oder Änderungen der Rechnungslegungsgrundsätze im Allgemeinen lediglich auf den Eigenkapitalanfangssaldo und somit nicht auf den Jahresüberschuss oder Jahresfehlbetrag aus. Für Zwecke der Mindeststeuer-Gewinnermittlung soll diesfalls jedoch gemäß Abs. 1 eine Anpassung des Jahresüberschusses oder Jahresfehlbetrages erfolgen; d.h. der Mindeststeuer-Gewinn oder -Verlust soll je nach Art der Korrektur entsprechend erhöht oder vermindert werden.

Zu Abs. 2:
Nach Abs. 2 soll als Fehler aus der Vorperiode und Änderungen der Rechnungslegungsgrundsätze eine Änderung des Eigenkapitalanfangssaldos einer Geschäftseinheit zu Beginn eines Geschäftsjahres gelten, die entweder auf
– die Berücksichtigung eines Fehlers bei der Ermittlung des Jahresüberschusses oder Jahresfehlbetrages in einem früheren Geschäftsjahr, der sich auf die Höhe der damaligen Mindeststeuer-Gewinne oder -Verluste ausgewirkt hat (Z 1) oder
– die Berücksichtigung eines Fehlers, der auf eine Änderung der Rechnungslegungsgrundsätze oder -methode, die sich auf die Höhe der bei dem Mindeststeuer-Gewinn oder -Verlust berücksichtigten Erträge oder Aufwendungen für dieses Geschäftsjahr ausgewirkt hat (Z 2),

zurückzuführen ist. Eine Anpassung soll dann erforderlich sein, wenn sich der Fehler oder die Änderung des Rechnungslegungsgrundsatzes auf die Höhe der Mindeststeuer-Gewinne oder Verluste ausgewirkt haben, sodass z. B. für Fehler oder Änderungen, die Geschäftsjahre vor Inkrafttreten dieses Gesetzes betreffen, keine Anpassungen nach Abs. 1 vorzunehmen sind (vgl. GloBE-Kommentar, Art. 3.2.1 lit. h, Rz 79, 81 und 83).

In jenen Fällen, in denen eine Unternehmensgruppe einen Fehler bei der Ermittlung des Jahresüberschusses oder des Jahresfehlbetrages einer Geschäftseinheit für ein früheres Geschäftsjahr korrigiert (Z 1), muss sie für Zwecke der Rechnungslegung das Eigenkapital in der Eröffnungsbilanz der Geschäftseinheit in jenem Geschäftsjahr neu ermitteln, in dem dieser Fehler entdeckt wurde (bzw. sobald die Korrektur praktisch erstmalig möglich ist). Bei Fehlern, die gruppeninterne Geschäftsfälle betreffen, ist es möglich, dass sich diese Fehler nicht auf den Konzernabschluss auswirken, weil sie zueinander einen ausgleichenden Effekt haben. Bei der Ermittlung des Mindeststeuer-Gewinns oder -Verlusts sind allerdings solche Fehler dennoch gemäß § 22 Abs. 1 zu berücksichtigen, weil auf die Berichtigung des Eigenkapitalanfangssaldos jeder einzelnen Geschäftseinheit der Unternehmensgruppe abzustellen ist. Je nach Art des Fehlers können solche Fehlerberichtigungen den Eigenkapitalanfangssaldo einer Geschäftseinheit erhöhen oder verringern; werden z. B. Umsatzerlöse irrtümlich nicht berücksichtigt, führt dies für Zwecke der Rechnungslegung zu einer Zunahme des Eigenkapitalanfangssaldos und gemäß § 22 Abs. 1 zu einer entsprechenden Anpassung des Jahresüberschusses oder Jahresfehlbetrages der Geschäftseinheit; d.h. zu einer entsprechenden Erhöhung des Mindeststeuer-Gewinns oder -Verlusts jenes Geschäftsjahres, in dem der Fehler berichtigt wird (vgl. GloBE-Kommentar, Art. 3.2.1 lit. h, Rz 80).

Sofern eine Unternehmensgruppe ihre in vorangegangenen Geschäftsjahren angewandten Rechnungslegungsgrundsätze oder -methoden ändert (Z 2), muss für Zwecke der Rechnungslegung möglicherweise der Eigenkapitalanfangssaldo der aktuellen Geschäftseinheit derart neu bestimmt werden, als hätte die Geschäftseinheit bereits in den vorherigen Geschäftsjahren nach dem/der neuen Rechnungslegungsgrundsatz oder -methode bilanziert. Dadurch sollen Doppelerfassungen bzw. Nichterfassungen durch ein zu hohes oder zu niedriges Eigenkapital vermieden werden. Bei Änderung des Rechnungslegungsgrundsatzes oder -methode spiegelt die Erhöhung oder Verminderung des Eigenkapitalanfangssaldos jene Erträge, Gewinne, Aufwendungen oder Verluste wider, die nach den neuen Rechnungslegungsgrundsätzen oder der neuen Methode bei der Ermittlung des Jahresüberschusses oder Jahresfehlbetrages zu berücksichtigen sind oder bei der Berechnung in einem vorherigen Geschäftsjahr zu berücksichtigen gewesen wären. Die sich für Zwecke der Rechnungslegung aufgrund der Änderung eines Rechnungslegungsgrundsatzes oder einer Rechnungslegungsmethode ergebende Erhöhung oder Verringerung des Eigenkapitalanfangssaldos soll gemäß § 22 Abs. 1 ebenso eine entsprechende Anpassung des Jahresüberschusses oder Jahresfehlbetrages der Geschäftseinheit bewirken; d.h. zu einer entsprechenden Erhöhung oder Verringerung des Mindeststeuer-Gewinns oder -Verlusts jenes Geschäftsjahres führen, in dem die Änderung für Zwecke der Rechnungslegung berücksichtigt wird (vgl. GloBE-Kommentar, Art. 3.2.1 lit. h, Rz 82).

Zu Abs. 3:
Nach Abs. 3 soll Abs. 2 Z 1 nicht gelten, soweit die Berichtigung eines Fehlers zu einer Verminderung der geschuldeten erfassten Steuern führt, die eine Anpassung gemäß § 45 Abs. 2 bewirkt. In diesem Fall soll die Korrektur des Fehlers folglich nicht nach § 22 Abs. 1 im laufenden Geschäftsjahr, sondern nach § 45 Abs. 2 im vorangegangenen Geschäftsjahr erfolgen.

Eine Anpassung gemäß § 45 Abs. 2 bewirkt, dass eine im laufenden Geschäftsjahr ausgewiesene Verminderung der erfassten Steuern um Steuerbeträge für ein vorangegangenes Geschäftsjahr für Zwecke der Ermittlung der angepassten erfassten Steuern in betreffenden vorangegangenen Geschäftsjahr berücksichtigt wird und auch eine Anpassung des Mindeststeuer-Gewinns oder -Verlusts im betreffenden vorangegangenen Geschäftsjahr bewirkt (vgl. GloBE-Kommentar, Art. 3.2.1 lit. h, Rz 79). § 45 Abs. 2 kommt zur Anwendung, wenn eine wesentliche Verminderung der erfassten Steuern (mindestens 1 000 000 Euro) für ein vorangegangenes Geschäftsjahr vorliegt oder kein Antrag gemäß § 45 Abs. 3 in Fällen einer unwesentlichen Verminderung der erfassten Steuern gestellt wird (siehe dazu die Erläuterungen zu § 45). Durch das Zusammenspiel von § 22 Abs. 3 mit § 45 Abs. 2 wird gewährleistet, dass der Mindeststeuer-Gewinn oder -Verlust und die damit im Zusammenhang stehenden erfassten Steuern bei der Berechnung des Effektivsteuersatzes und des Ergänzungssteuerbetrages jeweils für dasselbe Geschäftsjahr berücksichtigt werden, um ein verzerrtes Ergebnis zu vermeiden (vgl. GloBE-Kommentar, Art. 4.6.1, Rz 122).

Zu § 23 (Korrekturposten Pensionsaufwand):

§ 23 soll Regelungen betreffend Korrekturen für Pensionsaufwendungen im Zusammenhang mit auf Pensionsfonds (§ 2 Z 33) ausgelagerte Pensionsverpflichtungen enthalten. Mit dieser Bestimmung wird Art. 16 Abs. 1 lit. i der Richtlinie umgesetzt, der auf Art. 3.2.1. lit. i) der GloBE-Mustervorschriften basiert. Danach sollen Pensionsverbindlichkeiten insoweit als Aufwand bei der Ermittlung des Mindeststeuer-Gewinnes oder -Verlustes erfasst werden, als es sich bei diesen um während des Geschäftsjahres geleistete Beitragszahlungen an einen Pensionsfonds handelt. Internationaler Hintergrund für die Bemessung der jährlichen Pensionsverpflichtungen anhand der tatsächlich geleisteten Beiträge ist Folgender:

- Zum einen ist die steuerliche Abzugsmöglichkeit von an Pensionsfonds ausgelagerte Pensionsverpflichtungen in zeitlicher Hinsicht im internationalen Vergleich typischerweise vom Zeitpunkt der Zahlung der Beiträge abhängig (womit durch diese Regelung eine Anpassung an die innerstaatliche Berücksichtigung der Beiträge erfolgt).
- Zum anderen sollen mit dieser Regelung Schwierigkeiten und mögliche Wettbewerbsverzerrungen vermieden werden, weil anerkannte Rechnungslegungsstandards Änderungen von Pensionsverbindlichkeiten im sonstigen Ergebnis („*OCI*") erfassen (vgl. GloBE-Kommentar, Art. 3.2.1 lit. i, Rz 85).

Zu Abs. 1 und 2:

Nach Abs. 1 soll der Jahresüberschuss oder Jahresfehlbetrag einer Geschäftseinheit um den Korrekturposten Pensionsaufwand iSd Abs. 3 erhöht werden, sofern der Betrag, der im Jahresüberschuss oder Jahresfehlbetrag als Aufwand berücksichtigt wurde (Abs. 3 Z 1) höher ist als die für das Geschäftsjahr an einen Pensionsfonds geleisteten Beträge (Abs. 3 Z 2). Übersteigen daher die Pensionsaufwendungen die an einen Pensionsfonds geleisteten Beträge, ist diese Differenz hinzuzurechnen. Im umgekehrten Fall, sofern die in einem Geschäftsjahr an den Pensionsfonds geleisteten Beträge (Abs. 3 Z 2) höher sind als die im Jahresüberschuss oder Jahresfehlbetrag als Aufwand berücksichtigten Pensionsverpflichtungen (Abs. 3 Z 1), soll der Jahresüberschuss oder Jahresfehlbetrag nach Abs. 2 um den Korrekturposten Pensionsaufwand vermindert werden. Sofern der Dotierungsbetrag der Pensionsrückstellung der Summe der Zahlungen für die Pensionszusagen entspricht, soll keine Anpassung nach dieser Bestimmung erfolgen (vgl. GloBE-Kommentar, Art. 3.2.1 lit. i, Rz 86).

Zu Abs. 3:

Abs. 3 definiert, was unter Korrekturposten Pensionsaufwand iSd Bestimmung zu verstehen ist (siehe hierzu bereits die Ausführungen zu Abs. 1 und 2). Daneben legt Abs. 3 fest, dass Anpassungen gemäß dieser Bestimmung nur auf Pensionsverpflichtungen anwendbar sein sollen, die an einen Pensionsfonds (§ 2 Z 33) ausgelagert sind. Pensionsaufwendungen im Zusammenhang mit Direktzusagen sollen daher im Jahresüberschuss oder Jahresfehlbetrag zur Gänze Berücksichtigung finden und nicht unter diese Bestimmung fallen (vgl. Verwaltungsleitlinien des Inclusive Framework zur Administration der GloBE-Mustervorschriften vom 1. Februar 2023, Pkt. 2.5.3, Rz 10).

Zu § 24 (Wahlrecht zur Ausnahme von Sanierungsgewinnen):

§ 24 soll ein Wahlrecht zur Ausnahme von Sanierungsgewinnen bei der Ermittlung des Mindeststeuer-Gewinnes oder -Verlustes vorsehen. Die Bestimmung setzt Pkt. 2.4 der vom Inclusive Framework am 1. Februar 2023 angenommenen Verwaltungsleitlinien zur Administration der GloBE-Mustervorschriften um. Sanierungsgewinne unterliegen nach den nationalen Steuervorschriften zahlreicher Staaten häufig keiner oder nur einer teilweisen Besteuerung. Vor diesem Hintergrund soll § 24 Sanierungsgewinne aus der Mindeststeuer-Bemessungsgrundlage ausnehmen und dadurch die Erhebung einer Mindeststeuer auf Sanierungsgewinne ausschließen (vgl. Verwaltungsleitlinien des Inclusive Framework zur Administration der GloBE-Mustervorschriften vom 1. Februar 2023, Pkt. 2.4, Rz 6).

Zu Abs. 1:

Bei Ausübung des Wahlrechtes zur Ausnahme von Sanierungsgewinnen soll der Jahresüberschuss einer Geschäftseinheit um den Kürzungsbetrag gemäß Abs. 3 für im Jahresüberschuss enthaltene Sanierungsgewinne gemäß Abs. 2 vermindert werden.

Zu Abs. 2:

Abs. 2 soll definieren, unter welchen Voraussetzungen Gewinne aus einem Schuldenerlass als Sanierungsgewinne im Sinne dieser Bestimmung gelten. Dabei soll zwischen einem Schuldenerlass im Rahmen eines Insolvenzverfahrens (Z 1), einem Schuldenerlass durch einen Drittgläubiger zur Vermeidung der Zahlungsunfähigkeit (Z 2) und dem Fall der Überschuldung der Geschäftseinheit vor dem Zeitpunkt des Schuldenerlasses (Z 3) unterschieden werden (vgl. Verwaltungsleitlinien des Inclusive Framework zur Administration der GloBE-Mustervorschriften vom 1. Februar 2023, Pkt. 2.4, Rz 15).

Zu Abs. 3:

Abs. 3 soll den Kürzungsbetrag bei Sanierungsgewinnen gemäß Abs. 2 regeln. Dabei soll hinsichtlich der Höhe des Kürzungsbetrages bei einem Sanierungsgewinn danach differenziert werden, ob ein Sanierungsgewinn gemäß Z 1, 2 oder 3 vorliegt.

MinBestG
Gesetzesmaterialien

Zu 25 (Wahlrecht für aktienbasierte Vergütungen):
§ 25 soll ein Wahlrecht für aktienbasierte Vergütungen bei der Ermittlung des Mindeststeuer-Gewinnes oder -Verlustes regeln. Mit dieser Bestimmung wird Art. 16 Abs. 3 der Richtlinie umgesetzt, der auf Art. 3.2.2 der GloBE-Mustervorschriften basiert.

Zu Abs. 1:
§ 25 Abs. 1 soll in jenen Fällen eine Wahlmöglichkeit vorsehen, in denen der zulässige Aufwandsbetrag in Hinblick auf aktienbasierte Vergütungen für lokale Steuerzwecke anders berechnet wird als für Zwecke der Rechnungslegung. Auf Antrag soll hierbei bei der Berechnung des Mindeststeuer-Gewinnes oder -Verlustes der unternehmensrechtlich ausgewiesene Betrag für aktienbasierte Vergütungen durch jenen Betrag ersetzt werden, der bei der Berechnung des steuerpflichtigen Einkommens der Geschäftseinheit im Belegenheitsstaat abgezogen werden darf. Durch die in § 25 vorgesehene Wahlmöglichkeit soll die Ermittlung des Mindeststeuer-Gewinnes oder -Verlustes in jenen Fällen an die lokalen Steuervorschriften angepasst werden, nach denen ein Betriebsausgabenabzug auf Grundlage des Aktienwerts zum Ausübungszeitpunkt der Option zugelassen wird. Sofern vom Wahlrecht kein Gebrauch gemacht wird, soll die Geschäftseinheit ihren Mindeststeuer-Gewinn oder -Verlust unter Berücksichtigung jenes Betrages ermitteln, der für die aktienbasierte Vergütung bei der Berechnung des Jahresüberschusses oder Jahresfehlbetrages im Zuge der Rechnungslegung berücksichtigt wurde (vgl. GloBE-Kommentar, Art. 3.2.2, Rz 87-89).

Der Antrag soll von der berichtspflichtigen Geschäftseinheit ausgeübt werden müssen, wobei der Umfang des Wahlrechts auf Vergütungsaufwendungen in Form von Aktien, Aktienoptionen, Aktienoptionsscheinen (oder vergleichbaren Instrumenten) begrenzt sein soll, sofern der als Aufwand berücksichtigte Betrag für Zwecke der Steuer von jenem für Zwecke der Rechnungslegung abweicht.

Zu Abs. 2:
Abs. 2 soll jene Fälle regeln, in denen bereits in Vorjahren bei noch nicht verfallenen Aktienoptionen Aufwendungen für aktienbasierte Vergütungen angefallen sind und ein Antrag nach Abs. 1 erst in einem späteren Jahr gestellt wird. Diesfalls soll nach Abs. 2 wie folgt vorgegangen werden:

In einem ersten Schritt soll jener Betrag ermittelt werden, der für die Berechnung des Mindeststeuer-Gewinnes oder -Verlustes in den vorangegangenen Geschäftsjahren abgezogen wurde (Z 1).

Diesem Betrag soll jener Betrag gegenübergestellt werden, der in den vorangegangenen Geschäftsjahren bei Ausübung des Wahlrechtes bei der Ermittlung der Mindeststeuer-Gewinne oder -Verluste im Belegenheitsstaat abgezogen hätte werden dürfen (Z 2).

Sofern der nach Z 1 ermittelte Betrag jenen nach Z 2 übersteigt, soll dieser Differenzbetrag bei der Ermittlung des Mindeststeuer-Gewinnes oder -Verlustes im Antragsjahr wieder hinzugerechnet werden. Dadurch soll ein doppelter Abzug desselben Betrages bei der Ermittlung des Mindeststeuer-Gewinnes oder -Verlustes ausgeschlossen werden.

Das Wahlrecht soll nur jene Geschäftseinheit betreffen, bei der der Aufwand entstanden ist und die die Vermögenswerte (einschließlich der Möglichkeit zur Nutzung derselben) oder die Dienstleistungen, für die die aktienbasierte Vergütung gezahlt wurde, erhalten hat. Von dieser Bestimmung sollen auch Aktien umfasst sein, die nicht von der Geschäftseinheit selbst ausgegeben werden. Wenn eine Geschäftseinheit ihren Führungskräften beispielsweise eine aktienbasierte Vergütung in Form von Aktien der obersten Muttergesellschaft gewährt, soll diese Geschäftseinheit – und nicht die oberste Muttergesellschaft – den Wert der Aktien abziehen dürfen (vgl. GloBE-Kommentar, Art. 3.2.2, Rz 94).

Da immer nur eine Geschäftseinheit berechtigt sein soll, für aktienbasierte Vergütungen einen Betrag in Abzug zu bringen, der über den in der Finanzbuchhaltung zulässigerweise berücksichtigten Aufwand hinausgeht (unter der Voraussetzung, dass dieser Geschäftseinheit ein Abzug auch nach lokalem Steuerrecht zusteht), soll jene Geschäftseinheit vom Wahlrecht betroffen sein, die den Aufwand schlussendlich trägt (vgl. GloBE-Kommentar, Art. 3.2.2, Rz 95).

Zu Abs. 3:
Abs. 3 soll für jenen Fall Regelungen vorsehen, in welchem das Wahlrecht nach Abs. 1 in einem vorangegangenen Jahr ausgeübt wurde und die Option schließlich ohne Ausübung verfällt. In diesem Fall soll die Geschäftseinheit jenen Betrag, der in den Vorjahren als Aufwand bei der Ermittlung des Mindeststeuer-Gewinnes bzw. -Verlustes berücksichtigt wurde, als zusätzlichen Ertrag im Mindeststeuer-Bemessungsgrundlage berücksichtigen. Dadurch soll verhindert werden, dass die Geschäftseinheit einen Betriebsausgabenabzug ohne tatsächlichen Zahlungsabfluss geltend machen kann (vgl. GloBE-Kommentar, Art. 3.2.2, Rz 91).

Zu Abs. 4:
Nach Abs. 4 soll das für fünf Jahre geltende Wahlrecht einheitlich für alle in demselben Steuerhoheitsgebiet gelegenen Geschäftseinheiten unter Berücksichtigung von § 74 ausgeübt werden. Der Antrag soll also auf Ebene einzelner Steuerhoheitsgebiete getroffen werden können und daher für manche Steuerhoheitsgebiete in Anspruch genommen werden können, für andere jedoch nicht.

Zu Abs. 5:
Sofern ein Widerruf erfolgt und die in der Vergangenheit infolge der Ausübung des Wahlrechtes abgezogenen Aufwendungen jene übersteigen, die im Abschluss der Geschäftseinheit berücksichtigt wurden, soll dieser Differenzbetrag im Jahr des Widerrufs bei der Ermittlung des Mindeststeuer-Gewinnes oder -Verluste hinzugerechnet werden (vgl. GloBE-Kommentar, Art. 3.2.2, Rz 92).

Wird ein Antrag nach Abs. 1 vor Ende der Ausübungszeiträume einiger oder aller aktienbasierter Vergütungen widerrufen, die von den im Steuerhoheitsgebiet belegenen Geschäftseinheiten gezahlt wurden, sollen diese Geschäftseinheiten die erhöhten Steuerabzüge, die bei der Berechnung der Mindeststeuer-Gewinne oder -Verluste berücksichtigt wurden, für den Zeitraum bis vor dem ersten Jahr, das von dem Widerruf betroffen ist, nachversteuern, sofern die Aktienoption noch nicht ausgeübt wurde.

Zusammengefasst bedeutet dies, dass der Widerruf des Antrages sich nur auf jenen aktienbasierten Vergütungsaufwand auswirken soll, für den der endgültige Steuerabzug noch nicht feststeht; er soll sich jedoch nicht auf jenen Betrag auswirken, der als Betriebsausgabenabzug in Bezug auf bereits ausgeübte Aktienoptionen berücksichtigt wurde (vgl. GloBE-Kommentar, Art. 3.2.2, Rz 93).

Zu § 26 (Fremdvergleichsgrundsatz):
§ 26 soll die Einhaltung des Fremdvergleichsgrundsatzes bei grenzüberschreitenden Transaktionen bei der Ermittlung des Mindeststeuer-Gewinnes oder -Verlustes regeln. Mit dieser Bestimmung wird Art. 16 Abs. 4 der Richtlinie umgesetzt, der auf Art. 3.2.3 der GloBE-Mustervorschriften basiert.

Zu Abs. 1:
Nach Abs. 1 sollen die Preise für Transaktionen zwischen in verschiedenen Steuerhoheitsgebieten ansässigen Geschäftseinheiten einer Unternehmensgruppe dem Fremdvergleichsgrundsatz entsprechen und Geschäftsvorfälle bei allen beteiligten Geschäftseinheiten in derselben Höhe erfasst sein. Da innerhalb einer Unternehmensgruppe eine Verrechnungspreispolitik bestehen sollte, die auf dem Fremdvergleichsgrundsatz basiert, sollte dies in der Regel erfüllt sein. Sofern der bei der Rechnungslegung ausgewiesene Verrechnungspreis bei der Berechnung des lokalen steuerpflichtigen Einkommens angesetzt wurde und die zuständigen Steuerbehörden keine Verrechnungspreisanpassung vornehmen, soll nach § 26 ebenso keine Anpassung erfolgen (vgl. GloBE-Kommentar, Art. 3.2.3, Rz 96-97).

Sofern es nach diesem Gesetz jedoch zu einer Doppelbesteuerung oder einer doppelten Nichtbesteuerung käme, soll keine Berichtigung vorzunehmen sein. Dies ist dann der Fall sein, wenn das steuerpflichtige Einkommen einer oder mehrerer Geschäftseinheiten, die an demselben Geschäftsvorfall beteiligt sind, unter Verwendung eines anderen als dem in der Rechnungslegung verwendeten Verrechnungspreis ermittelt wurde. Diese Unterschiede können aus der Steuererklärung hervorgehen oder erst später bei der Prüfung durch die örtlichen Steuerbehörden auftreten (vgl. GloBE-Kommentar, Art. 3.2.3, Rz 98).

Sofern sich jedoch alle zuständigen Steuerbehörden darüber einig sind, dass ein Verrechnungspreis an denselben Preis angepasst werden muss (z. B. im Rahmen eines bi- oder multilaterales Advance Pricing Agreements [APA], um dem Fremdvergleichsgrundsatz zu entsprechen, sollen alle am Geschäftsvorfall beteiligten Geschäftseinheiten auch ihre Mindeststeuer-Gewinne bzw. -Verluste dementsprechend anpassen. Die Anpassung des Verrechnungspreises einer jeden betroffenen Geschäftseinheit soll bei der Berechnung ihres Mindeststeuer-Gewinnes oder -Verlustes unter Berücksichtigung von § 45 Abs. 1 bis 3 erfolgen (vgl. GloBE-Kommentar, Art. 3.2.3, Rz 98).

In einigen Fällen kann der Verrechnungspreis, der für Zwecke der Rechnungslegung von den beteiligten Parteien angesetzt wird, von dem Verrechnungspreis abweichen, der zur Berechnung des steuerpflichtigen Einkommens einer beteiligten Partei verwendet wird, nicht aber von dem Verrechnungspreis, der zur Berechnung des steuerpflichtigen Einkommens einer anderen beteiligten Partei in einem anderen Land herangezogen wird. Diese Unterschiede können entstehen, wenn:
- ein unilaterales APA vereinbart wurde;
- eine Geschäftseinheit eine Steuererklärung im Rahmen eines Selbstveranlagungssystems einreicht und die Steuerbilanz von der Unternehmensbilanz abweicht, um die inländischen Verrechnungspreisvorschriften zu erfüllen; oder
- eine Steuerbehörde den Verrechnungspreis nur einer Geschäftseinheit beanstandet und berichtigt, der in der lokalen Steuererklärung einer Geschäftseinheit ausgewiesen wurde.

Wenn diese Unterschiede auftreten, soll davon ausgegangen werden, dass der für Zwecke der Besteuerung verwendete Verrechnungspreis dem Fremdvergleichsgrundsatz entspricht. Der Mindeststeuer-Gewinn oder -Verlust soll dann gemäß Abs. 1 angepasst werden, um eine Doppelbesteuerung oder eine doppelte Nichtbesteuerung für Zwecke dieses Gesetzes zu vermeiden. Insbesondere soll eine einseitige Verrechnungspreisanpassung zu einer entsprechenden Anpassung des Mindeststeuer-Gewinnes oder -Verlustes aller beteiligten Parteien führen, es sei denn, die Verrechnungspreisanpassung erhöht oder verringert das steuerpflichtige Einkommen der Unternehmensgruppe in einem Land, dessen nominaler Steuersatz unter dem Mindeststeuersatz liegt oder wenn das Steuerhoheitsgebiet in Bezug auf die Unternehmensgruppe in beiden der Verrechnungspreisanpassung vorausgehenden Geschäftsjahren ein Niedrigsteuerhoheitsgebiet war (vgl. GloBE-Kommentar, Art. 3.2.3, Rz 100-101).

Anpassungen sollen dem Normzweck entsprechend jedoch nicht vorgenommen werden, wenn diese selbst zu einer Doppelbesteuerung oder einer doppelten Nichtbesteuerung führen würden. So soll z. B. eine unilaterale Verrechnungspreisanpassung, die das steuerpflichtige Einkommen in einem Land reduziert, dessen nominaler Steuersatz über dem Mindeststeuersatz liegt, das aber in den beiden Vorjahren einen Effektivsteuersatz unter dem Mindeststeuersatz hatte, nicht bei der Ermittlung des Mindeststeuer-Gewinnes bzw. -Verlustes berücksichtigt werden. Sofern nämlich die beteiligten Parteien in einem Hochsteuerland ansässig sind, würde die Anpassung zu einer doppelten Nichtbesteuerung nach diesem Gesetz führen. Andererseits würden unilaterale Verrechnungspreisanpassungen, die das steuerpflichtige Einkommen einer Geschäftseinheit in einem Niedrigsteuerland erhöhen, zu einer Doppelbesteuerung nach diesem Gesetz führen (vgl. GloBE-Kommentar, Art. 3.2.3, Rz 103).

Zu Abs. 2:
Transaktionen zwischen Geschäftseinheiten in demselben Steuerhoheitsgebiet bedürfen grundsätzlich keiner Anpassung, da die Verlagerung von Einkünften von einem steuerpflichtigen zu einem anderen Steuerpflichtigen innerhalb desselben Steuergebiets im Allgemeinen keine Auswirkungen auf die Ermittlung des Mindeststeuer-Gewinnes oder -Verlustes der Unternehmensgruppe in diesem Steuerhoheitsgebiet hat.

Eine Anwendung des Fremdvergleichsgrundsatzes auf Transaktionen zwischen Geschäftseinheiten in demselben Steuerhoheitsgebiet soll aber nach Abs. 2 dann erfolgen, wenn der Verkauf oder die sonstige Übertragung eines Vermögenswerts nicht in Einklang mit dem Fremdvergleichsgrundsatz nach Abs. 3 steht

MinBestG
Gesetzesmaterialien

und zu einem Verlust führt, sofern dieser bei der Berechnung des Mindeststeuer-Gewinnes bzw. -Verlustes berücksichtigt wird. In einem solchen Fall ist die Anwendung des Fremdvergleichsgrundsatzes auch innerhalb desselben Steuerhoheitsgebietes geboten. Damit soll verhindert werden, dass Unternehmensgruppen durch Verkäufe oder andere Transaktionen zwischen Gruppenmitgliedern zu Preisen, die nicht dem Fremdvergleichsgrundsatz entsprechen, Verluste in einem Land künstlich generieren können. Sofern eine derartige Preisgestaltung jedoch keine Auswirkungen auf die Ermittlung des Mindeststeuer-Gewinnes bzw. -Verlustes hat (z. B., weil der Verlust bei der Berechnung nicht berücksichtigt werden kann), soll Abs. 2 nicht zur Anwendung gelangen. Wenn die erklärungspflichtige Geschäftseinheit daher das Wahlrecht gemäß § 31 zur Anwendung von Konsolidierungsgrundsätzen in dem Land ausübt, in dem der Verlust entsteht, wird dieser Verlust ohnedies bei der Berechnung des Mindeststeuer-Gewinnes bzw. -Verlustes eliminiert, weshalb § 16 Abs. 2 nicht mehr anzuwenden ist (vgl. GloBE-Kommentar, Art. 3.2.3, Rz 106-107).

Transaktionen zwischen im Minderheitseigentum stehenden Geschäftseinheiten iSd § 51 oder Investmenteinheiten (§ 2 Z 30) und anderen Geschäftseinheiten sollen ebenfalls nach dem Fremdvergleichsgrundsatz für Zwecke der Ermittlung des Mindeststeuer-Gewinnes oder -Verlustes erfasst werden, weil im Minderheitsbesitz stehende Geschäftseinheiten und Investmenteinheiten nicht vom „*jurisdictional blending*" mitumfasst sind (vgl. GloBE-Kommentar, Art. 3.2.3, Rz 108).

Zu Abs. 3:

Abs. 3 soll für Zwecke dieser Bestimmung definieren, dass Transaktionen dann dem Fremdvergleichsgrundsatz entsprechen, wenn sie zu Bedingungen wie zwischen unabhängigen Unternehmen bei vergleichbaren Transaktionen und unter vergleichbaren Umständen abgeschlossen werden.

Zu § 27 (Anpassungsbeträge für auszahlbare Steuergutschriften):

§ 27 soll in Abs. 1 die Berücksichtigung anerkannter auszahlbarer Steuergutschriften (§ 2 Z 39) und marktfähiger übertragbarer Steuergutschriften gemäß Abs. 4 sowie in Abs. 2 die Nichtberücksichtigung nicht anerkannter auszahlbarer Steuergutschriften (§ 2 Z 40), nicht-marktfähiger übertragbarer Steuergutschriften und anderer Steuergutschriften bei der Ermittlung des Mindeststeuer-Gewinnes oder -Verlustes regeln. Mit dieser Bestimmung wird sowohl Art. 16 Abs. 5 der Richtlinie umgesetzt, der auf Art. 3.2.4 der GloBE-Mustervorschriften basiert, als auch Pkt. 2 („*Guidance on Tax Credits*") der Verwaltungsleitlinien des Inclusive Framework zur Administration der GloBE-Mustervorschriften vom 13. Juli 2023 berücksichtigt.

Zu Abs. 1 und 4:

Abs. 1 soll zunächst anerkannte auszahlbare Steuergutschriften (§ 2 Z 39) erfassen, die über das Steuersystem abgewickelt werden, jedoch staatlichen Zuschüssen ähneln. Dies betrifft etwa steuerliche Anreize im F&E-Bereich, die z. B. in der Aufrechnung von Kosten gegen die Steuerschuld bestehen oder für den Fall, dass keine Steuer anfällt, eine Auszahlung für den Betrag der nicht genutzten Steuergutschrift vorsehen (vgl. GloBE-Kommentar, Art. 3.2.4, Rz 110).

Im Hinblick auf die zeitliche Komponente soll eine anerkannte auszahlbare Steuergutschrift für Zwecke dieses Gesetzes in jenem Jahr in voller Höhe den Mindeststeuer-Gewinn der empfangenden Geschäftseinheit erhöhen, in welchem der Anspruch entsteht. Dadurch sollen diese Steuergutschriften wie staatliche Zuschüsse behandelt werden, zumal es sich um eine staatliche Förderung für eine bestimmte Art von Tätigkeit handelt, die letztlich auch in Form von Bargeld oder Bargeldäquivalenten geleistet werden könnte (vgl. GloBE-Kommentar, Art. 3.2.4, Rz 111).

Erfolgt eine Erfassung einer anerkannten auszahlbaren Steuergutschrift für Zwecke der Rechnungslegung als Minderung der Anschaffungs- oder Herstellungskosten eines Vermögenswertes, kann für Zwecke der Mindeststeuer-Gewinnermittlung die ertragswirksame Erfassung der Steuergutschrift über die Nutzungsdauer des Vermögenswertes verteilt werden (vgl. Verwaltungsleitlinien des Inclusive Framework zur Administration der GloBE-Mustervorschriften vom 13. Juli 2023, Pkt. 2, Rz 36).

Eine Erhöhung des Jahresüberschusses um anerkannte auszahlbare Steuergutschriften soll jedoch nur dann erfolgen, soweit diese nicht bereits für Zwecke der Rechnungslegung als laufende Erträge erfasst wurden (vgl. GloBE-Kommentar, Art. 3.2.4, Rz 112).

Sofern es sich um eine anerkannte auszahlbare Steuergutschrift handelt, die über eine steuerlich transparente Einheit an ihren Gesellschafter fließt, soll diese ebenso als Ertrag im Mindeststeuer-Gewinn oder -Verlust des Gesellschafters enthalten sein (vgl. Verwaltungsleitlinien des Inclusive Framework zur Administration der GloBE-Mustervorschriften vom 1. Februar 2023, Pkt. 2.9.2, Rz 16).

Marktfähige und übertragbare Steuergutschriften gemäß Abs. 4 sollen wie anerkannte auszahlbare Steuergutschriften behandelt werden und demnach ebenso gemäß Abs. 1 als Erträge im Mindeststeuer-Gewinn oder -Verlust erfasst sein. Denn marktfähige und übertragbare Steuergutschriften sind aus der Perspektive ihres Inhabers und des Steuerhoheitsgebietes, das solche Steuergutschriften gewährt, wirtschaftlich vergleichbar (vgl. Verwaltungsleitlinien des Inclusive Framework zur Administration der GloBE-Mustervorschriften vom 13. Juli 2023, Pkt. 2.9.2, Rz 33 ff). Eine solche Steuergutschrift kann nämlich vom Inhaber entweder zur Reduktion seiner Steuerschuld verwendet werden oder – wenn er diese Steuergutschrift z. B. selbst nicht nutzen kann – an eine andere Person verkauft werden; dies trifft z. B. auf bestimmte übertragbare Steuergutschriften nach dem *US Inflation Reduction Act 2022* zu.

Als marktfähige und übertragbare Steuergutschrift gemäß Abs. 4 soll eine – nicht unter § 2 39 fallende – Steuergutschrift bezeichnet werden, bei der die Voraussetzungen der Übertragbarkeit (Z 1) und der Marktfähigkeit (Z 2) entsprechend den vom Inclusive Framework beschlossenen Verwaltungsleitlinien zur Administration der GloBE-Mustervorschriften vom 13. Juli 2023, Pkt. 2.9.2, Rz 37, vorliegen.

Da anerkannte auszahlbare Steuergutschriften sowie marktfähige und übertragbare Steuergutschriften als Erträge in die Mindeststeuerbemessungsgrundlage einfließen, sollen diese korrespondierend dazu die erfassten Steuern nicht mindern; siehe dazu die Erläuterungen zu § 39 Abs. 1 Z 4.

Zu Abs. 2:
In Abs. 2 soll geregelt werden, was als Ertrag oder Verlust für Zwecke der Mindeststeuer-Gewinnermittlung anzusetzen ist, wenn eine marktfähige und übertragbare Steuergutschrift (Abs. 4) vom originär Anspruchsberechtigten verkauft wird oder verfällt.

Zu Abs. 3:
Abs. 3 soll regeln, in welcher Höhe eine erworbene marktfähige und übertragbare Steuergutschrift (Abs. 4) beim Erwerber als Ertrag anzusetzen ist und wie im Falle ihrer Weiterübertragung vorzugehen ist.

Zu Abs. 5:
Nicht anerkannte auszahlbare Steuergutschriften (§ 2 Z 39), nicht-marktfähige und übertragbare Steuergutschriften und andere Steuergutschriften (vgl. Verwaltungsleitlinien zur Administration der GloBE-Mustervorschriften vom 13. Juli 2023, Pkt. 2.9.2, Rz 35) sollen gemäß Abs. 2 in vollem Umfang bei der Ermittlung der Mindeststeuer-Gewinne oder -Verluste abgezogen werden, soweit diese für Zwecke der Rechnungslegung als laufende Erträge erfasst wurden. Korrespondierend dazu soll eine entsprechende Verringerung der erfassten Steuern erfolgen; siehe dazu die Erläuterungen zu § 40 Z 2.

Sofern in einem Staat Steuergutschriftenregelungen existieren, die eine teilweise Erstattungsfähigkeit oder teilweise Übertragbarkeit ermöglichen, sodass nur ein bestimmter Prozentsatz oder Teil der Steuergutschrift erstattungsfähig oder übertragbar ist, soll diese Steuergutschrift aufgeteilt werden. Hinsichtlich des rückzahlbaren bzw. übertragbaren Teiles der Steuergutschrift soll Abs. 1 zur Anwendung kommen, sofern für diesen Teil die Voraussetzungen einer anerkannten auszahlbaren Steuergutschrift bzw. einer marktfähigen und übertragbaren Steuergutschrift vorliegen (vgl. Verwaltungsleitlinien zur Administration der GloBE-Mustervorschriften vom 13. Juli 2023, Pkt. 2.9.2, Rz 35).

Zu § 28 (Wahlrecht zur Anwendung des Realisationsprinzips):
§ 28 sieht ein Wahlrecht zur Anwendung des „Realisationsprinzips" für Aufwendungen und Erträge aus einer Zeitwert- oder Wertminderungsbilanzierung vor. Mit der Bestimmung wird Art. 16 Abs. 6 der Richtlinie umgesetzt, der auf Art. 3.2.5 der GloBE-Mustervorschriften basiert. Bei Ausübung dieses Wahlrechts sollen Gewinne und Verluste aus Vermögenswerten und Verbindlichkeiten erst im Zeitpunkt der Veräußerung bei der Ermittlung des Mindeststeuer-Gewinnes oder -Verlustes berücksichtigt werden. Diesfalls ist auch eine Anpassung des Jahresüberschusses oder Jahresfehlbetrages um Gewinne oder Verluste aus der Anwendung der Neubewertungsmethode auf Sachanlagen gemäß § 19 Abs. 1 ausgeschlossen; siehe dazu die Erläuterungen zu § 19.

Zu Abs. 1:
Der erklärungspflichtigen Geschäftseinheit soll das Wahlrecht eingeräumt werden, Gewinne und Verluste bei der Ermittlung des Mindeststeuer-Gewinns oder -Verlusts einer Geschäftseinheit statt auf Basis einer im Konzernabschluss angewendeten Zeitwert- oder Wertminderungsbilanzierung (z. B. Neubewertungsmodell gemäß IAS 16), auf Basis des Realisationsprinzips zu ermitteln.

Zu Abs. 2:
Bei Ausübung des Wahlrechts sollen Gewinne und Verluste aus Vermögenswerten und Verbindlichkeiten nicht zum Zeitpunkt ihrer Entstehung bei der Ermittlung des Mindeststeuer-Gewinnes oder -Verlustes einer Geschäftseinheit berücksichtigt werden, sondern erst, wenn der Vermögenswert veräußert wird. Bis zu diesem Zeitpunkt sind die Gewinne und Verluste aus einer Zeitwert- oder Wertminderungsbilanzierung bei der Ermittlung des Mindeststeuer-Gewinnes oder -Verlustes nicht zu berücksichtigen. Bei erstmaliger Ausübung des Wahlrechts sind Vermögenswerte und Verbindlichkeiten mit dem Buchwert (nach Berücksichtigung von kumulierten Abschreibungen) anzusetzen. Nach Ausübung des Wahlrechts angeschaffte Vermögenswerte und eingegangene Verbindlichkeiten sind bei der Ermittlung des Mindeststeuer-Gewinnes oder -Verlustes mit den Anschaffungskosten anzusetzen. Die Anwendung des Wahlrechts erfordert auch, dass die Geschäftseinheit die Abschreibung in Bezug auf die Vermögenswerte, für die das Wahlrecht genutzt wird, ohne Berücksichtigung von Erhöhungen oder Verringerungen des Buchwerts der Vermögenswerte aufgrund des Neubewertungsmodells bestimmt. Die an die Gewinne und Verluste im sonstigen Ergebnis geknüpften erfassten Steuern sind in diesem Fall ebenfalls bis zur Veräußerung des Vermögenswerts als latente Steuern zu behandeln (vgl. GloBE-Kommentar, Art. 3.2.1, Rz 62).

Zu Abs. 3:
Wenn das Wahlrecht in Anspruch genommen wird, ist es grundsätzlich auf alle Vermögenswerte und Verbindlichkeiten aller in einem Steuerhoheitsgebiet belegenen Geschäftseinheiten anzuwenden. Das Wahlrecht kann für diese Vermögenswerte oder Verbindlichkeiten auch nach dem Jahr in Anspruch genommen werden, in dem der betreffende Vermögenswert erworben wurde. Die Inanspruchnahme soll allerdings auf die materiellen Vermögenswerte dieser Geschäftseinheiten oder auf die Vermögenswerte und Verbindlichkeiten solcher Geschäftseinheiten, bei denen es sich um Investmenteinheiten handelt, eingeschränkt werden können (vgl. GloBE-Kommentar, Art. 3.2.5, Rz 115). Für das Wahlrecht ist gemäß § 74 eine Bindungswirkung von fünf Jahren vorgesehen.

Zu Abs. 4:
Für den Fall des Widerrufs ist der Differenzbetrag zwischen dem beizulegenden Zeitwert der das Wahlrecht umfassenden Vermögenswerte und Schulden und dem maßgeblichen Buchwert zu Beginn des Geschäftsjahrs, in dem der Widerruf erfolgt, in die Ermittlung des Mindeststeuer-Gewinns oder -Verlusts einzubeziehen (vgl. GloBE-Kommentar, Art. 3.2.5, Rz 118). Auch beim Widerruf soll es möglich sein, diesen nur für Investmenteinheiten (§ 3 Z 30) vorzusehen.

MinBestG
Gesetzesmaterialien

Zu § 29 (Verteilungswahlrecht für unbewegliches Vermögen):
§ 29 soll eine Sonderregelung für unbewegliches Vermögen bei der Ermittlung des Mindeststeuer-Gewinns oder -Verlusts vorsehen. Mit dieser Bestimmung wird Art. 16 Abs. 7 der Richtlinie umgesetzt, der wiederum auf Art. 3.2.6 der GloBE-Mustervorschriften basiert.

§ 29 soll vorsehen, dass Gewinne oder Verluste von in demselben Steuerhoheitsgebiet gelegenen Geschäftseinheiten aus der Veräußerung von in diesem Steuerhoheitsgebiet gelegenem unbeweglichen Vermögen in einem Geschäftsjahr und den vier vorangegangenen Geschäftsjahren des Verteilungszeitraums bei der Ermittlung der Mindeststeuer-Gewinne oder -Verluste angepasst werden können. Hintergrund der Regelung ist, dass Wertsteigerungen von unbeweglichem Vermögen in der Regel über einen längeren Zeitraum hinweg entstehen, sodass die in § 29 vorgesehene Verteilungsmöglichkeit für Veräußerungsgewinne aus unbeweglichem Vermögen diesem Umstand iSe „verursachungsgerechteren" Zuordnung Rechnung tragen und damit zu Glättungseffekten bei der Ermittlung des Mindeststeuer-Gewinns oder -Verlustes beitragen soll.

Z 1 soll zunächst festhalten, wie die Ausübung des Verteilungswahlrechtes erfolgt, wenn das Wahlrecht bindet und für welchen Zeitraum das Wahlrecht ausgeübt wird. Die Ausübung erfolgt auf Antrag der erklärungspflichtigen Geschäftseinheit bezogen auf das jeweilige Geschäftsjahr. An die Ausübung des Wahlrechts sind die erklärungspflichtige Geschäftseinheit sowie sämtliche in demselben Steuerhoheitsgebiet gelegenen Geschäftseinheiten gebunden, dh, das Wahlrecht ist von der berichtspflichtigen Geschäftseinheit *einheitlich* für das gesamte in demselben Steuerhoheitsgebiet gelegene unbewegliche Vermögen auszuüben („*jurisdictional blending*"). Das Wahlrecht kann bei Erfüllung der allgemeinen Voraussetzungen jährlich neu – dh anders – ausgeübt werden, wobei sich ein einmal ausgeübtes Wahlrecht automatisch um ein weiteres Jahr verlängert, sollte die berichtspflichtige Geschäftseinheit die Inanspruchnahme nicht ausdrücklich zum Ende des Geschäftsjahres mit Wirkung für das nächstfolgende Geschäftsjahr widerrufen („unter Berücksichtigung von § 74"). Weiters soll Z 1 in sachlicher Hinsicht die Ausnahme von gruppeninternen Veräußerungen von unbeweglichem Vermögen umsetzen und diese vom Anwendungsbereich des § 29 generell ausnehmen. Folglich sollen Transaktionen zwischen im selben Steuerhoheitsgebiet gelegenen Geschäftseinheiten derselben Unternehmensgruppe iSd § 4 Z 1 bei der Ermittlung eines länderbezogenen Nettogewinns/-verlustes (dazu sogleich) nicht berücksichtigt werden.

Z 2 soll die Grundvoraussetzungen für die Inanspruchnahme des Verteilungswahlrechtes regeln. Die Inanspruchnahme des § 29 soll voraussetzen, dass im Geschäftsjahr der Wahlrechtsausübung ein „länderbezogener" Nettogewinn aus der Veräußerung von unbeweglichem Vermögen (ausgenommen aus gruppeninternen Veräußerungen gemäß Z 1 letzter Satz) vorliegt. Folglich müssen – wie in Z 2 ausdrücklich definiert – die im Geschäftsjahr erzielten Veräußerungsgewinne sämtlicher im selben Steuerhoheitsgebiet gelegenen Geschäftseinheiten die von diesen Geschäftseinheiten erzielten Veräußerungsverluste übersteigen (positiver länderbezogener Saldo). Übersteigen hingegen im Geschäftsjahr die von sämtlichen Geschäftseinheiten erzielten Veräußerungsverluste die Veräußerungsgewinne (negativer länderbezogener Saldo), liegt ein länderbezogener Nettoverlust vor, der für dieses Geschäftsjahr die Anwendung des § 29 ausschließt.

Z 3 knüpft sodann an das Vorliegen eines länderbezogenen Nettogewinns im jeweiligen Geschäftsjahr an und soll vorsehen, dass dieser länderbezogene Nettogewinn bei Inanspruchnahme des Verteilungswahlrechtes – ausgehend vom Geschäftsjahr der Inanspruchnahme des Wahlrechts – innerhalb eines fünfjährigen Verteilungszeitraums zu verrechnen ist. Diese Verrechnung soll mit dem ersten – also chronologisch gesehen am weitesten zurückliegenden – Geschäftsjahr des fünfjährigen Verteilungszeitraumes beginnen, in dem ein länderbezogener Nettoverlust entstanden ist. Die Verrechnung des länderbezogenen Nettogewinns ist mit dem länderbezogenen Nettoverlust des jeweiligen Geschäftsjahres im fünfjährigen Verteilungszeitraum gedeckelt, sodass sich in den betroffenen Geschäftsjahren des Verteilungszeitraumes ein länderbezogener Nettogewinn von höchstens Null ergeben kann. Eine Verrechnung im fünfjährigen Verteilungszeitraum soll jeweils im höchst möglichen Ausmaß erfolgen müssen; ein Wahlrecht bezüglich der Verrechnungsreihenfolge besteht nicht. Liegt in einem Geschäftsjahr des fünfjährigen Verteilungszeitraums ebenfalls ein länderbezogener Nettogewinn vor, wird dieses Geschäftsjahr für Zwecke der Verrechnung „übersprungen".

Z 4 ist Z 3 gedanklich nachgelagert und soll die Rechtsfolgen für den Fall vorsehen, dass auch nach der Verrechnung des länderbezogenen Nettogewinnes im Jahr der Antragstellung mit den länderbezogenen Nettoverlusten im fünfjährigen Verteilungszeitraum (Z 3) ein länderbezogener Nettogewinn (= positiver Restbetrag) verbleibt, also rechnerisch der länderbezogene Nettogewinn im Geschäftsjahr der Ausübung des Verteilungswahlrechtes die länderbezogenen Nettoverluste der vier vorangehenden Geschäftsjahre des Verteilungszeitraumes übersteigt. Diesfalls ist zunächst (lit. a) der positive Restbetrag all jenen im selben Steuerhoheitsgebiet gelegenen Geschäftseinheiten zuzuordnen, die – individuell betrachtet – im Geschäftsjahr der Ausübung des Verteilungswahlrechtes einen Nettogewinn aus der Veräußerung von unbeweglichem Vermögen (individueller Nettogewinn) erzielt haben. Der positive Restbetrag ist diesen Geschäftseinheiten im Verhältnis des jeweiligen individuellen Nettogewinns zum länderbezogenen Nettogewinn im Geschäftsjahr der Ausübung des Verteilungswahlrechtes zuzuordnen, wobei der zuzuordnende Betrag zu gleichen Teilen auf die Geschäftsjahre des fünfjährigen Beobachtungszeitraumes zu verteilen ist (lit. b).

Z 5 betrifft nicht die Anpassung der Mindeststeuer-Gewinne oder -Verluste, sondern die mit Ausübung des Verteilungswahlrechtes in Zusammenhang stehende Berechnung der angepassten erfassten Steuern. Danach sollen erfasste Steuern betreffend Nettogewinne oder Nettoverluste aus der Veräußerung von unbeweglichem Vermögen im Jahr der Ausübung des Verteilungswahlrechtes von der Berechnung der angepassten erfassten Steuern auszunehmen sein. Eine Verteilung der Steuern auf die vorangegangenen vier Geschäftsjahre des Verteilungszeitraumes ist nicht vorgesehen.

Schließlich soll in Z 6 geregelt werden, dass bei Ausübung des Verteilungswahlrechtes der Effektivsteuersatz der vorangegangenen vier Geschäftsjahre des Verteilungszeitraums des Steuerhoheitsgebietes neu zu berechnen ist (vgl. § 49).

Zu § 30 (Gruppeninterne Finanzierungsvereinbarungen):

§ 30 regelt für Zwecke der Ermittlung des Mindeststeuern-Gewinnes oder -Verlustes die Erhöhung des Jahresüberschusses oder Jahresfehlbetrages um Aufwendungen, die im Rahmen einer gruppeninternen Finanzierungsvereinbarung anfallen, wenn bestimmte Voraussetzungen erfüllt sind. Mit dieser Bestimmung wird Art. 16 Abs. 8 der Richtlinie umgesetzt, der auf Art. 3.2.7 der GloBE-Mustervorschriften basiert. Die Vorschrift soll verhindern, dass Aufwendungen in eine niedrig besteuerte Geschäftseinheit verschoben werden, um dort den Mindeststeuer-Gewinn zu verringern, wenn die korrespondierenden Erträge bei der Gegenpartei nicht entsprechend das Einkommen erhöhen (vgl. GloBE-Kommentar, Art. 3.2.7, Rz 127). In Abs. 1 werden die Voraussetzungen und die Rechtsfolge normiert, in den Abs. 2 und 3 erfolgen Begriffsbestimmungen.

Zu Abs. 1:

Abs. 1 bestimmt zunächst die Erhöhung um die Aufwendungen, wenn die Voraussetzungen der Z 1 bis 3 vorliegen.

Die Voraussetzungen der Z 1 und 3 beziehen sich dabei auf den effektiven Steuersatz, dem die Unternehmensgruppe in einem Steuerhoheitsgebiet unterliegt. Liegt der effektive Steuersatz unter dem Mindeststeuersatz, handelt es sich um ein Niedrigsteuerhoheitsgebiet. Für die Anwendung des § 30 ist zu beachten, dass es auch schädlich ist, wenn ohne Berücksichtigung der Erträge und Aufwendungen aus der gruppeninternen Finanzierungsvereinbarung ein Niedrigsteuerhoheitsgebiet vorliegen würde. Betragen beispielsweise der Mindeststeuer-Gewinn 100.000 und die darauf entfallenden erfassten Steuer 10.000, liegt ein Niedrigsteuerhoheitsgebiet vor. Wird nun durch Aufwendungen aus der gruppeninternen Finanzierungsvereinbarung in Höhe von z. B. 60.000 der Mindeststeuer-Gewinn auf 40.000 verringert, ergibt sich ein effektiver Steuersatz über dem Mindeststeuersatz. Für die Anwendung von § 30 ist das unbeachtlich, weil ohne Berücksichtigung der Aufwendungen aus der gruppeninternen Finanzierungsvereinbarung ein Niedrigsteuerhoheitsgebiet vorliegt. Gleiches gilt sinngemäß für das Nichtvorliegen eines Niedrigsteuerhoheitsgebiets iSd Z 3.

Z 2 bildet den Kern der Vorschrift. Die Neutralisierung der Aufwendungen bei der Geschäftseinheit im Niedrigsteuerhoheitsgebiet soll nur erfolgen, wenn das steuerpflichtige Einkommen bei der Gegenpartei nicht entsprechend ansteigt. Dieser Anstieg ist im Hinblick auf die erwartete Laufzeit der gruppeninternen Finanzierungsvereinbarung zu beurteilen, wobei objektive Kriterien für diese Beurteilung heranzuziehen sind und nicht nur auf die tatsächliche Vereinbarung abzustellen ist. Zu berücksichtigen ist z. B. auch der Finanzierungsbedarf der Geschäftseinheit. Dient die Finanzierung z. B. einer Investition in Anlagegüter wird auf die betriebsgewöhnliche Nutzungsdauer abzustellen sein, unabhängig von einer allenfalls kürzer vereinbarten Laufzeit der gruppeninternen Finanzierungsvereinbarung.

Das steuerpflichtige Einkommen erhöht sich dann nicht, wenn die Zinserträge durch steuerliche Begünstigungen wie z. B. Befreiungen, Ausnahmen, Abzugsmöglichkeiten oder Anrechnungsmöglichkeiten begünstigt werden. Die Voraussetzung ist auch dann erfüllt, wenn durch die Erträge bestimmte Vorträge, z. B. Zinsvorträge oder Verlustvorträge, genutzt werden, die andernfalls im Zeitraum der gruppeninternen Finanzierungsvereinbarung – etwa aufgrund einer zeitlichen Begrenzung – nicht genutzt hätten werden können.

Zu Abs. 2:

Der Begriff „Vereinbarung" ist sehr weit zu verstehen. Die vorliegenden Geschäftsfälle sind danach zu beurteilen, ob ein objektiver Beobachter diese als Teil einer Vereinbarung, Abmachung oder eines Planes beurteilen würde, in dessen Rahmen eine hoch besteuerte Gegenpartei einen Kredit oder eine anderweitige Investition an eine niedrig besteuerte Geschäftseinheit überlässt. Dazu soll es nicht erforderlich sein, dass alle Beteiligten alle Einzelheiten kennen (vgl. GloBE-Kommentar, Art. 3.2.7, Rz 128).

Auch mittelbare Überlassungen über einen Intermediär sollen unter den Anwendungsbereich fallen. Davon ausgenommen sind Intermediäre, die als Treasury- oder Finanzierungszentrum für die Unternehmensgruppe fungieren (vgl. GloBE-Kommentar, Art. 3.2.7, Rz 129).

Zu Abs. 3:

Die Gegenpartei iSd der Bestimmung ist die Geschäftseinheit, bei der die Erträge realisiert werden, aber zu keiner entsprechenden Erhöhung des steuerpflichtigen Einkommens führen.

Zu § 31 (Wahlrecht zur Anwendung von Konsolidierungsgrundsätzen):

§ 31 sieht ein Wahlrecht zur Anwendung von Konsolidierungsgrundsätzen für gruppeninterne Geschäftsvorfälle im selben Steuerhoheitsgebiet vor. Mit dieser Bestimmung wird Art. 16 Abs. 9 der Richtlinie umgesetzt, der auf Art. 3.2.8 der GloBE-Mustervorschriften basiert. Dadurch sollen Geschäftsvorfälle zwischen Geschäftseinheiten, die in einem steuerlichen Organkreis oder Gruppenbesteuerungssystem sind, in dem für nationale Steuerzwecke eine Konsolidierung der gruppeninternen Geschäftsvorfälle erfolgt, auch für Zwecke der Ermittlung des Mindeststeuer-Gewinns oder -Verlusts konsolidiert werden können (vgl. GloBE-Kommentar, Art. 3.2.8, Rz 133).

Zu Abs. 1:

Das Wahlrecht zur Konsolidierung von Geschäftsvorfällen soll es ermöglichen, unbeabsichtigte Folgen zu vermeiden, wenn gruppeninterne Geschäftsvorfälle nach nationalem Steuerrecht steuerneutral behandelt werden (vgl. GloBE-Kommentar, Art. 3.2.8, Rz 133). Bei Ausübung des Wahlrechts sind Geschäftsvorteile entsprechend den Konsolidierungsgrundsätzen der obersten Muttergesellschaft bei der Ermittlung des Mindeststeuer-Gewinns oder -Verlusts zu neutralisieren.

Die Neutralisierung darf sich einerseits nur auf Geschäftseinheiten im selben Steuergebiet beziehen, andererseits dürfen nur Geschäftseinheiten einbezogen werden, die in einem steuerlichen Organkreis oder einem Gruppenbesteuerungssystem sind. Von der Einbeziehung sollen jedoch Investmenteinheiten, in

MinBestG
Gesetzesmaterialien

Minderheitseigentum stehende Geschäftseinheiten sowie als Joint-Venture behandelte Geschäftseinheiten ausgeschlossen sein (vgl. GloBE-Kommentar, Art. 3.2.8, Rz 135).
Folgende Geschäftsvorfälle sind nicht zu neutralisieren:
– Geschäftsvorfälle mit gruppenfremden Dritten.
– Gruppeninterne Geschäftsvorfälle, die zwar im selben Steuerhoheitsgebiet erfolgen, aber nicht im Anwendungsbereich des Wahlrechts, also außerhalb des steuerlichen Organkreises oder des Gruppenbesteuerungssystems.
– Gruppeninterne Geschäftsvorfälle, die nicht im selben Steuerhoheitsgebiet erfolgen.

Werden gruppeninterne Geschäftsvorfälle neutralisiert, bei denen Vermögenswerte veräußert werden, müssen daher die Anschaffungskosten für Zwecke der Ermittlung des Mindeststeuer-Gewinnes oder -Verlustes unverändert belassen werden. Bei einer nachfolgenden Veräußerung (z. B. an einen gruppenfremden Dritten), die nicht neutralisiert wird, ist dann der gesamte Gewinn für Zwecke der Ermittlung des Mindeststeuer-Gewinnes oder -Verlustes zu erfassen (vgl. GloBE-Kommentar, Art. 3.2.8, Rz 133).

Bei der Inanspruchnahme des Wahlrechts müssen daher Geschäftsvorfälle zwischen Geschäftseinheiten im selben Steuerhoheitsgebiet von solchen unterschieden werden, die zwischen Geschäftseinheiten in verschiedenen Steuerhoheitsgebieten erfolgen. Werden nicht alle Geschäftseinheiten eines Steuerhoheitsgebietes in das Wahlrecht einbezogen, weil nicht alle Geschäftseinheiten Teil des steuerlichen Organkreises oder des Gruppenbesteuerungssystems sind, müssen zusätzlich Geschäftsvorfälle zwischen Geschäftseinheiten, die innerhalb eines Steuerhoheitsgebietes dem Wahlrecht unterliegen und Geschäftseinheiten desselben Steuerhoheitsgebietes, bei denen das nicht der Fall ist, unterschieden werden.

Zu Abs. 2:
Das Wahlrecht gilt für fünf Jahre. Es kann nur einheitlich für die Geschäftseinheiten eines Steuerhoheitsgebietes ausgeübt werden, die einem steuerlichen Organkreis oder Gruppenbesteuerungssystem angehören. Die Verlängerung oder der Widerruf des Wahlrechts erfolgt nach Maßgabe von § 74; siehe dazu die Erläuterungen zu § 74.

Zu Abs. 3:
Sowohl bei Ausübung als auch bei Widerruf des Wahlrechts sind Doppel- bzw. Nichterfassungen zu verhindern. Die Bestimmung orientiert sich sprachlich an § 4 Abs. 10 EStG 1988.

Zu § 32 (Behandlung bestimmter Versicherungserträge):

§ 32 sieht unter bestimmten Voraussetzungen die Neutralisierung von Erträgen bzw. Aufwendungen aus Versicherungsverträgen vor, um eine Verzerrung des effektiven Steuersatzes durch Besonderheiten in der Rechnungslegung von Versicherungsunternehmen zu verhindern. Mit dieser Bestimmung wird Art. 16 der Richtlinie umgesetzt, der auf Art. 3.2.9 der GloBE-Mustervorschriften basiert. Werden im Rahmen von Rechnungslegungsvorschriften Steuern für Erträge eines Versicherungsunternehmens, die dieses an seine Versicherungsnehmer weitergibt, als Ertragsteuern behandelt, kann es im Ergebnis zu einem unerwünschten Effekt auf den effektiven Steuersatz kommen. Daher sollen die entsprechenden Erträge und Aufwendungen neutralisiert werden, wenn diese Gefahr besteht (vgl. GloBE-Kommentar, Art. 3.2.9, Rz 140).

Zu Abs. 1:
Erzielt ein Versicherungsunternehmen Erträge, die es an seine Versicherungsnehmer weitergeben muss, werden diese Erträge zunächst beim Versicherungsunternehmen besteuert. Die Steuer wird dann an die Versicherungsnehmer „weitergegeben", dies erfolgt entweder durch eine Gebühr, die dem Versicherungsnehmer verrechnet wird, oder die Verringerung der Verbindlichkeit gegenüber dem Versicherungsnehmer. Soweit Ertrag und Steueraufwand bei der Ermittlung des Betriebsergebnisses saldiert werden, ergibt sich keine Auswirkung auf die Ermittlung des Mindeststeuer-Gewinnes bzw. der erfassten Steuern. Bei einigen Rechnungslegungsstandards wird allerdings die weiterverrechnete Steuer als Ertrag behandelt und die bezahlte Steuer als Steueraufwand des Versicherungsunternehmens. Im Ergebnis ergäbe sich dadurch eine Beeinflussung des effektiven Steuersatzes. Zur Verhinderung dieses Effekts ist bei der Ermittlung des Mindeststeuer-Gewinnes der Ertrag aus der Weiterverrechnung der Steuern zu kürzen. Die bezahlte Steuer darf ebenfalls keinen Einfluss auf den effektiven Steuersatz haben, daher normiert § 37 Abs. 2 Z 3 dass die Steuern, die das Versicherungsunternehmen für Erträge, die dieses an seine Versicherungsnehmer weitergibt, aus den erfassten Steuern ausscheiden.

Zu Abs. 2:
Beträge, die den Versicherungsnehmern für Steuern in Rechnung gestellt werden, die das Versicherungsunternehmen auf an die Versicherungsnehmer ausgezahlte Leistungen entrichtet hat, werden jedoch nur dann von der Berechnung des Mindeststeuer-Gewinns oder -Verlusts ausgenommen, wenn diese Steuern nicht im Jahresüberschuss oder Jahresfehlbetrag als Aufwand im Ergebnis vor Steuern berücksichtigt wurden. Wenn die auf die Erträge der Versicherungsnehmer anfallende Steuer nach dem zur Erstellung des Konzernabschlusses verwendeten Rechnungslegungsstandard bei der Ermittlung des Betriebsergebnisses „above the line" als Aufwand berücksichtigt wird, gleicht sie die für die Steuer berechnete Gebühr (bzw. die Verringerung der Verbindlichkeiten gegenüber dem Versicherungsnehmer in Höhe seiner Steuer) aus, sodass keine Anpassung erforderlich ist (vgl. GloBE-Kommentar, Art. 3.2.9, Rz 141).

Zu Abs. 3:
Abs. 3 soll für Versicherungseinheiten für Zwecke der Ermittlung des Mindeststeuer-Gewinnes oder -Verlustes eine Nichtabzugsfähigkeit von Zuführungen zu versicherungstechnischen Rückstellungen für fondsgebundene Versicherungen bewirken. Mit dieser Regelung wird Pkt. 3.4 der vom Inclusive Framework am 1. Februar 2023 angenommenen Verwaltungsleitlinien zur Administration der GloBE-Mustervorschriften umgesetzt. Die Nichtabzugsfähigkeit bei der Mindeststeuer-Gewinnermittlung soll nur insoweit gelten, als die Zuführungen im wirtschaftlichen Zusammenhang mit den bei der Ermittlung des Mindeststeuer-Gewin-

nes oder -Verlusts ausgenommenen Dividenden (§ 17) oder ausgenommenen Gewinnen oder Verlusten aus Eigenkapitalbeteiligungen (§ 18) stehen.

Zu § 33 (Behandlung von zusätzlichem Kernkapital):

§ 33 normiert die Berücksichtigung von Aufwendungen bzw. Erträgen aus zusätzlichem Kernkapital unabhängig von der Erfassung im Jahresüberschuss bzw. Jahresfehlbetrag für Zwecke der Ermittlung des Mindeststeuer-Gewinnes oder -Verlustes. Mit dieser Bestimmung wird Art. 16 Abs. 11 der Richtlinie umgesetzt, der auf Art. 3.2.10 der GloBE-Mustervorschriften basiert. Es soll verhindert werden, dass durch die steuerliche Behandlung als Fremdkapital in verschiedenen Steuerhoheitsgebieten eine dauerhafte Abweichung zwischen Jahresüberschuss bzw. Jahresfehlbetrag und steuerlichem Ergebnis entsteht (vgl. GloBE-Kommentar, Art. 3.2.10, Rz 143). Die Regelung geht § 30 vor.

Zu Abs. 1:

Abs. 1 regelt die Verminderung des Jahresüberschusses bzw. Jahresfehlbetrages für die Ermittlung des Mindeststeuer-Gewinnes um Ausschüttungen auf von der Geschäftseinheit begebenes zusätzliches Kernkapital. Die Verminderung greift nur, wenn die Ausschüttung nicht bereits bei der Ermittlung des Jahresüberschusses bzw. Jahresfehlbetrages als Aufwand berücksichtigt wurde.

Zu Abs. 2:

Abs. 2 regelt die Erhöhung des Jahresüberschusses bzw. Jahresfehlbetrages für die Ermittlung des Mindeststeuer-Gewinnes um Ausschüttungen auf von der Geschäftseinheit gehaltenes zusätzliches Kernkapital. Die Erhöhung greift nur, wenn die Ausschüttung nicht bereits bei der Ermittlung des Jahresüberschusses bzw. Jahresfehlbetrages als Ertrag berücksichtigt wurde.

Zu Abs. 3:

Abs. 3 definiert das zusätzliche Kernkapital. § 33 soll sowohl für von Banken also von Versicherungen gemäß den aufsichtsrechtlichen Anforderungen begebene Instrumente im Sinne dieser Begriffsdefinition gelten (vgl. Pkt. 3.3 der vom Inclusive Framework am 1. Februar 2023 angenommenen Verwaltungsleitlinien zur Administration der GloBE-Mustervorschriften, Rz 2). Auf den Finanzmärkten werden für vom Bankensektor begebene Instrumente die Bezeichnungen zusätzliches Kernkapital bzw. Additional Tier One Capital verwendet. Im Versicherungssektor werden solche Instrumente üblicherweise als Restricted Tier One Capital bezeichnet.

Zu § 34 (Ausnahme für Gewinne oder Verluste aus dem internationalen Seeverkehr):

Da in vielen Ländern eine Körperschaftsteuerbefreiung für Einkünfte aus dem internationalen Seeverkehr vorgesehen ist, soll § 34 in Umsetzung von Art. 17 der Richtlinie bzw. Art. 3.3 der GloBEMustervorschriften eine korrespondierende Ausnahme vom Mindeststeuer-Gewinn oder -Verlust vorsehen (vgl. GloBE-Kommentar, Art. 3.3, Rz 146).

Zu Abs. 1:

Abs. 1 erster Satz nimmt sowohl Gewinne oder Verluste aus dem internationalen Seeverkehr gemäß Abs. 2 als auch Gewinne oder Verluste aus anerkannten Nebentätigkeiten aus dem internationalen Seeverkehr gemäß Abs. 3 vom Mindeststeuer-Gewinn oder -Verlust einer Geschäftseinheit aus.

Abs. 1 zweiter Satz sieht jedoch ein Substanzkriterium vor, um die Ausnahme in Anspruch nehmen zu können (vgl. GloBE-Kommentar, Art. 3.3.6, Rz 181).

Zu Abs. 2:

Abs. 2 enthält eine Definition der Gewinne oder Verluste aus dem internationalen Seeverkehr im Sinne des § 34. Die in den Z 1 bis 6 erfassten Tätigkeiten orientieren sich an der zum Zeitpunkt des Erlasses dieses Gesetzes geltenden Fassung des OECD-MK zu Art. 8 OECD-MA.

Zu Abs. 3:

Abs. 3 enthält eine Definition der Gewinne oder Verluste aus anerkannten Nebentätigkeiten aus dem internationalen Seeverkehr, die gemäß Abs. 1 von der Ermittlung des Mindeststeuer-Gewinns oder -Verlusts auszunehmen sind. Die in Z 1 bis 5 genannten Nebentätigkeiten beschränken sich auf die Tätigkeiten, die im Kommentar zu Art. 8 OECD-MA ausdrücklich erwähnt sind (vgl. GloBE-Kommentar, Art. 3.3.3, Rz 162).

Zu Abs. 4:

Abs. 4 sieht entsprechend Art. 17 Abs. 4 der Richtlinie bzw. Art. 3.3.4 der GloBE-Mustervorschriften eine Begrenzung der Ausnahme für Nebentätigkeiten gemäß Abs. 3 vor, soweit die zugehörigen Gewinne oder Verluste mehr als 50 % der Gewinne oder Verluste aus Haupttätigkeiten gemäß Abs. 2 betragen. Damit wird die Ausnahme für Gewinne oder Verluste aus Nebentätigkeiten mit 50 % der Gewinne oder Verluste aus Haupttätigkeiten begrenzt; der übersteigende Betrag wird in den Mindeststeuer-Gewinn einbezogen. Die Begrenzung gilt auf Ebene des jeweiligen Steuerhoheitsgebiets, weshalb alle in diesem Steuerhoheitsgebiet gelegenen Geschäftseinheiten gemeinsam zu betrachten sind. Einkünfte aus anerkannten Nebentätigkeiten, die für das jeweilige Steuerhoheitsgebiet über die Begrenzung hinausgehen, müssen im Verhältnis der Einkünfte aus anerkannten Nebentätigkeiten jeder dieser Geschäftseinheiten auf die in diesem Steuerhoheitsgebiet gelegenen Geschäftseinheiten aufgeteilt werden (vgl. GloBE-Kommentar, Art. 3.3.4, Rz 173).

Zu Abs. 5:

Abs. 5 regelt entsprechend Art. 17 Abs. 5 der Richtlinie bzw. Art. 3.3.5 der GloBE-Mustervorschriften die Zuordnung von Aufwendungen, die in einem unmittelbaren oder mittelbaren Zusammenhang mit Tätigkeiten im Sinne der Abs. 2 oder 3 stehen. Die zugeordneten Aufwendungen sind bei der Ermittlung der gemäß Abs. 1 auszunehmenden Einkünfte aus diesen Tätigkeiten zu berücksichtigen.

Gemäß Z 1 sind Aufwendungen, die in einem unmittelbaren Zusammenhang mit diesen Tätigkeiten stehen, diesen Tätigkeiten direkt zuzuordnen.

MinBestG
Gesetzesmaterialien

Besteht dieser Zusammenhang lediglich mittelbar, sind die Aufwendungen gemäß Z 2 entsprechend dem Verhältnis der Umsatzerlöse der Geschäftseinheit aus diesen Tätigkeiten zu ihren Gesamtumsatzerlösen zuzuordnen.

Zu den unmittelbar durch eine solche Tätigkeit entstehenden Aufwendungen können etwa Aufwendungen für den Betrieb des Schiffs (z. B. Personalkosten, Aufwendungen für Bunkertreibstoffe, für die Wartung und Modernisierung, für die Terminalnutzung, Verladung und Löschung sowie für die Hafennutzung) sowie für die Nutzung des Schiffs (z. B. Abschreibungen für das Schiff und zugehörige Ausrüstung und Infrastruktur, Charteraufwendungen, Vermietung von Containern und Warenumschlag) zählen (vgl. GloBE-Kommentar, Art. 3.3.5, Rz 174).

Zu § 35 (Zuordnung der Gewinne oder Verluste zwischen Stammhaus und Betriebsstätte):

§ 35 soll die grenzüberschreitende Zuordnung der Gewinne oder Verluste zwischen dem in einem Steuerhoheitsgebiet gelegenen Stammhaus und seiner in einem anderen Steuerhoheitsgebiet gelegenen Betriebsstätte für Zwecke der Ermittlung des Mindeststeuer-Gewinnes regeln. Mit dieser Bestimmung wird Art. 18 der Richtlinie umgesetzt, der auf Art. 3.4 der GloBE-Mustervorschriften basiert. Da es sich bei einem Stammhaus und einer Betriebsstätte um zwei getrennte Geschäftseinheiten iSd Bundesgesetzes handelt, in der Regel unternehmensrechtlich jedoch kein separater Jahresabschluss für die Betriebsstätte erstellt wird, soll der jeweilige Jahresüberschuss oder Jahresfehlbetrag als Ausgangsbasis für Zwecke der Ermittlung des Mindeststeuer-Gewinnes oder -Verlustes des Stammhauses und der Betriebsstätte nach Maßgabe der Zuordnungsregeln des § 35 ermittelt werden. Es erfolgt somit eine Aufteilung des unternehmensrechtlichen Jahresüberschusses oder Jahresfehlbetrages einer Einheit zwischen ihrem Stammhaus und ihrer Betriebsstätte, die sich zunächst nach der Behandlung für Rechnungslegungszwecke richtet, gegebenenfalls jedoch die in einem DBA oder im nationalen Steuerrecht vorgesehenen Regeln für die Zuordnung von Erträgen und Aufwendungen beachtet (vgl. GloBE-Kommentar, Art. 3.4, Rz 187).

Zu Abs. 1:

Abs. 1 erster Satz bestimmt den Jahresüberschuss oder Jahresfehlbetrag einer Betriebsstätte im Sinne der Betriebsstättendefinition gemäß § 2 Z 13 lit. a, b oder c als den in ihrem eigenen Jahresabschluss (sofern ein solcher vorliegt) ausgewiesenen Jahresüberschuss oder Jahresfehlbetrag. Diese litterae beziehen sich auf Fälle, in denen eine Betriebsstätte gemäß einem DBA oder nach innerstaatlichem Recht vorliegt sowie auf Fälle, in denen eine Betriebsstätte vorliegen würde, wenn in einem Steuerhoheitsgebiet, das keine Körperschaftsteuer erhebt, mit dem Steuerhoheitsgebiet des Stammhauses ein DBA abgeschlossen hätte (vgl. dazu die Erläuterungen zu § 2 Z 13). Der Abschluss der Betriebsstätte muss allerdings nach einem anerkannten Rechnungslegungsstandard oder nach einem zugelassenen Rechnungslegungsstandard, vorbehaltlich der erforderlichen Anpassungen zur Vermeidung wesentlicher Vergleichbarkeitseinschränkungen, erstellt worden sein (vgl. GloBE-Kommentar, Art. 3.4.1, Rz 189).

Wird kein eigener unternehmensrechtlicher Abschluss für die Betriebsstätte erstellt, regelt Abs. 1 zweiter Satz, dass diesfalls der Jahresüberschuss oder Jahresfehlbetrag der Betriebsstätte dem Betrag entspricht, der in ihrem eigenen Abschluss ausgewiesen worden wäre, wenn ein solcher aufgestellt worden wäre. Daher müssen in solchen Fällen Unterlagen oder Berichte vorbereitet werden, anhand derer der Betrag berechnet werden kann, der im Abschluss ausgewiesen worden wäre. Die Regelung verlangt, dass dabei der Rechnungslegungsstandard zugrunde zu legen ist, der zur Erstellung des Konzernabschlusses der obersten Muttergesellschaft verwendet wurde (vgl. GloBE-Kommentar, Art. 3.4.1, Rz 190).

Zu Abs. 2:

Abs. 2 soll Anpassungen des Jahresüberschusses oder Jahresfehlbetrages gemäß Abs. 1 einer Betriebsstätte um bestimmte Erträge und Aufwendungen regeln. Hintergrund dieser Anpassungen ist, dass es keine besonderen Rechnungslegungsvorschriften für die Zuordnung von Aufwendungen und Erträgen zwischen Stammhaus und Betriebsstätte gibt (vgl. GloBE-Kommentar, Art. 3.4.1, Rz 191).

Z 1 sieht für eine Betriebsstätte gemäß § 2 Z 13 lit. a oder b vor, dass es sich bei den zu berücksichtigenden Erträgen und Aufwendungen um diejenigen handelt, die der Betriebsstätte gemäß dem anwendbaren DBA oder dem nationalen Recht des Steuerhoheitsgebiets der Betriebsstätte zuzurechnen sind. Durch die Formulierung *„unabhängig von der Höhe der steuerpflichtigen Erträge und der abzugsfähigen Aufwendungen in diesem Steuerhoheitsgebiet"* soll zwischen den Steuervorschriften für die Zurechnung von Gewinnen zur Betriebsstätte und den Steuervorschriften, einschließlich der Vorschriften zur zeitlichen Abgrenzung, für die Berechnung ihrer steuerpflichtigen Erträge unterschieden werden (vgl. GloBE-Kommentar, Art. 3.4.1, Rz 192).

Beispiel (vgl. GloBE-Kommentar, Art. 3.4.1, Rz 193):

A Co ist eine im Steuerhoheitsgebiet A gelegene Geschäftseinheit einer Unternehmensgruppe, die gemäß dem zwischen Steuerhoheitsgebiet A und Steuerhoheitsgebiet B geltenden DBA über eine Betriebsstätte in Staat B verfügt. Der Betriebsstätte sind Unternehmensgewinne iHv 100 aus Lizenzgebühren zuzurechnen. Abzugsfähige Aufwendungen sind nicht entstanden. Im Staat B sind 50 % der Lizenzgebühren von der Steuer befreit. Der bei der Berechnung des Jahresüberschusses oder Jahresfehlbetrages der Betriebsstätte berücksichtigte Betrag beläuft sich in diesem Fall auf 100, obwohl die Betriebsstätte nur auf einen Betrag von 50 Steuern entrichten muss.

Z 2 sieht für eine Betriebsstätte gemäß § 2 Z 13 lit. c vor, dass zur Bestimmung des Jahresüberschusses oder Jahresfehlbetrages nur jene Erträge und Aufwendungen zu berücksichtigen sind, die der Betriebsstätte nach Art. 7 OECD-MA zuzuordnen sind. Damit wird dem in § 2 Z 13 lit. c beschriebenen Fall Rechnung getragen, dass in einem Steuerhoheitsgebiet Tätigkeiten ausgeübt werden, die fiktiv zur Entstehung einer Betriebsstätte nach Art. 5 OECD-MA führen (vgl. GloBE-Kommentar, Art. 3.4.1, Rz 196).

Zu Abs. 3:

Abs. 3 soll die Berücksichtigung und Zuordnung von Erträgen und Aufwendungen bei der Ermittlung des Jahresüberschusses oder Jahresfehlbetrages einer – in Abs. 1 und 2 nicht adressierten – Betriebsstätte gemäß § 2 Z 13 lit. d regeln. Diese Betriebsstättendefinition erfasst einen Ort der Geschäftstätigkeit oder fiktiven Ort der Geschäftstätigkeit unter der Voraussetzung, dass die aufgrund dieser Geschäftstätigkeit erzielten Einkünfte im Steuerhoheitsgebiet, in dem das Stammhaus gelegen ist, steuerbefreit sind (vgl. dazu die Erläuterungen zu § 2 Z 13 lit. d). Dieser Betriebsstätte sind jene Erträge zuzuordnen, die im Steuerhoheitsgebiet des Stammhauses steuerbefreit und Tätigkeiten außerhalb dieses Steuerhoheitsgebiet des Stammhauses zuzuordnen sind. Zur Vermeidung eines doppelten Abzugs sind Aufwendungen im Steuerhoheitsgebiet der Betriebsstätte nur insoweit zu berücksichtigen, als diese nicht bereits im Steuerhoheitsgebiet des Stammhauses steuerlich abzugsfähig sind und den außerhalb diesesSteuerhoheitsgebiets durchgeführten Tätigkeiten zuzuordnen sind.

Zu Abs. 4:

Gemäß Abs. 4 soll der nach den vorangegangenen Absätzen ermittelte und angepasste Jahresüberschuss oder Jahresfehlbetrag einer Betriebsstätte bei der Ermittlung des Mindeststeuer-Gewinns oder -Verlusts des Stammhauses nicht berücksichtigt werden. Dadurch soll eine Doppelerfassung oder eine Nichterfassung des Jahresüberschusses oder Jahresfehlbetrages bei der Ermittlung des Mindeststeuer-Gewinnes oder -Verlustes des Stammhauses und der Betriebsstätte verhindert werden (vgl. GloBEKommentar, Art. 3.4.4, Rz 198).

Zu Abs. 5:

Abweichend von Abs. 4 soll Abs. 5 unter zwei kumulativen Voraussetzungen eine Berücksichtigung von Mindeststeuer-Verlusten einer Betriebsstätte bei der Ermittlung des Mindeststeuer-Gewinnes oder -Verlustes des Stammhauses vorsehen:

Nach Z1 muss der Betriebsstättenverlust nach nationalem Recht als Aufwandsposten bei der Gewinnermittlung des Stammhauses behandelt werden.

Nach Z 2 darf der Betriebsstättenverlust nicht doppelt verwertet werden; d.h. mit Erträgen, die sowohl im Stammhausstaat als auch im Betriebsstättenstaat steuerpflichtig sind.

Die Regelung soll eine Niedrigbesteuerung im Stammhausstaat aufgrund einer idR bloß temporären Berücksichtigung ausländischer Betriebsstättenverluste vermeiden, wenn nach nationalem Steuerrecht aufgrund des Welteinkommensprinzips ausländische Betriebsstättenverluste aufwandswirksam im Inland berücksichtigt werden (vgl. GloBE-Kommentar, Art. 3.4.5, Rz 199). Bei der Mindeststeuer-Gewinnermittlung eines in Österreich gelegenen Stammhauses sind daher etwa ausländische Betriebsstättenverluste als Aufwand zu berücksichtigen, weil diese nach österreichischem Steuerrecht sowohl im Falle der Anrechnungsmethode als auch im Falle der Befreiungsmethode aufgrund von § 2 Abs. 8 Z 3 EStG 1988 im Inland bemessungsgrundlagenmindernd angesetzt werden und nicht doppelt verwertet werden können.

Zu Abs. 6:

Haben Mindeststeuer-Verluste einer Betriebsstätte in Vorjahren den Mindeststeuer-Gewinn des Stammhauses reduziert, sollen gemäß Abs. 6 spätere Mindeststeuer-Gewinne der Betriebsstätte bis zur Höhe der zuvor berücksichtigten Mindeststeuer-Verluste als Mindeststeuer-Gewinne des Stammhauses (und nicht der Betriebsstätte) behandelt werden. Damit soll auch für Zwecke der Mindeststeuer-Gewinnermittlung eine der Nachversteuerung gemäß § 2 Abs. 8 Z 4 EStG 1988 ähnliche Regelung für die zuvor berücksichtigten Mindeststeuer-Verluste der Betriebsstätte beim Stammhaus geschaffen werden.

Zu § 36 (Zurechnung der Gewinn oder Verluste einer transparenten Einheit):

§ 36 soll die Zurechnung von Teilen des Jahresüberschusses oder Jahresfehlbetrages einer transparenten Einheit zwischen der transparenten Einheit und anderen Geschäftseinheiten regeln. Diese Bestimmung soll Art. 19 der Richtlinie umsetzen, der auf Art. 3.5 der GloBE-Mustervorschriften basiert.

Als transparente Einheit soll im Allgemeinen eine Einheit gelten, die im Gründungsstaat als steuerlich transparent behandelt wird (siehe dazu näher die Erläuterungen zu § 2 Z 12 lit. a). Folglich tragen idR die Gesellschafter der transparenten Einheit den mit dem Jahresüberschuss einer transparenten Einheit verbundenen Steueraufwand, weshalb nach § 36 korrespondierend zu den nationalen steuerlichen Regelungen auch der Jahresüberschuss oder Jahresfehlbetrag der transparenten Einheit ihren Gesellschaftern für Zwecke der Mindeststeuer-Gewinnermittlung zugerechnet werden soll (vgl. GloBEKommentar, Art. 3.5, Rz 204).

Zu Abs. 1:

Die Zurechnung des Jahresüberschusses oder Jahresfehlbetrages einer transparenten Einheit soll nach einer festgelegten Reihenfolge erfolgen: Zunächst ist jener nach Abs. 1 um den Betrag zu vermindern, den unmittelbar oder mittelbar über eine volltransparente Struktur (§ 2 Z 12 lit. c) beteiligten Gesellschaftern zuzurechnen ist, die nicht der Unternehmensgruppe angehören. Dadurch wird gewährleistet, dass die auf diese Beträge von gruppenfremden Gesellschaftern entrichteten Steuern nicht in die Berechnung des Effektivsteuersatzes der Unternehmensgruppe für ein Steuerhoheitsgebiet einbezogen werden (vgl. GloBE-Kommentar, Art. 3.5, Rz 206).

Abs. 1 soll jedoch nicht gelten, wenn die transparente Einheit selbst die oberste Muttergesellschaft der Unternehmensgruppe ist oder unmittelbar oder mittelbar von einer transparenten obersten Muttergesellschaft gehalten wird. In diesen Fällen soll die Sondervorschrift des § 63 für eine transparente Einheit, die oberste Muttergesellschaft der Unternehmensgruppe ist, zur Anwendung kommen.

Zu Abs. 2:

Abs. 2 soll den nach Anwendung von Abs. 1 verbleibenden Jahresüberschuss oder Jahresfehlbetrag einer transparenten Einheit in einem zweiten Schritt einer Betriebsstätte im Einklang mit § 35 zurechnen. Dadurch wird sichergestellt, dass das Jahresergebnis der Betriebsstätte nur bei der Berechnung des Effektivsteuer-

MinBestG
Gesetzesmaterialien

satzes im Steuerhoheitsgebiet der Betriebsstätte berücksichtigt wird. Der Jahresüberschuss oder Jahresfehlbetrag der transparenten Einheit soll um den der Betriebsstätte zugerechneten Betrag entsprechend vermindert werden (vgl. GloBE-Kommentar, Art. 3.5, Rz 207).

Zu Abs. 3:
Abs. 3 soll die Zurechnung eines nach Anwendung der Bestimmungen der Abs. 1 und 2 verbleibenden Jahresüberschusses oder Jahresfehlbetrages regeln, wenn es sich bei der transparenten Einheit um eine volltransparente Einheit handelt, die keine oberste Muttergesellschaft ist. In diesem Fall ist der Jahresüberschuss oder Jahresfehlbetrag den gruppenzugehörigen Gesellschaftern der volltransparenten Einheit entsprechend der Höhe ihrer jeweiligen Eigenkapitalbeteiligung an dieser zuzurechnen, um die steuerliche Behandlung sowohl im Steuerhoheitsgebiet der transparenten Einheit als auch im Steuerhoheitsgebiet der Gesellschafter korrespondierend abzubilden (vgl. GloBE-Kommentar, Art. 3.5.1, Rz 213).

Wenn es sich bei den Beteiligten der transparenten Einheit ebenfalls um volltransparente Einheiten handelt, soll Abs. 3 erneut zur Anwendung kommen, um den verbleibenden Teil des Jahresüberschusses oder Jahresfehlbetrags dem nächsthöheren gruppenzugehörigen Gesellschafter zuzurechnen. Handelt es sich bei diesem um die oberste Muttergesellschaft, kommt Abs. 4 zur Anwendung.

Zu Abs. 4:
Abs. 4 soll die Zurechnung des Jahresüberschusses oder Jahresfehlbetrages zu einer volltransparenten Einheit, die oberste Muttergesellschaft der Unternehmensgruppe ist, oder zu einer umgekehrten hybriden Einheit (Z 2) regeln. In beiden Fällen wird der verbleibende Teil des Jahresüberschusses oder Jahresfehlbetrages diesen transparenten Einheiten selbst und nicht ihren Beteiligten zugerechnet.

Im Falle der Z 1 soll die Zurechnung bei der volltransparenten Einheit und nicht bei ihren Beteiligten erfolgen, weil es sich bei den Beteiligten nicht um Geschäftseinheiten der Unternehmensgruppe handelt, die diese Vorschriften anwenden müssen (vgl. GloBE-Kommentar, Art. 3.5.1, Rz 222). Handelt es sich bei einer transparenten Einheit um die oberste Muttergesellschaft, ist außerdem die Sondervorschrift des § 63 zu beachten.

Im Falle der Z 2 ist der Jahresüberschuss oder Jahresfehlbetrag der umgekehrten hybriden Einheit und nicht ihren Beteiligten zuzurechnen, weil die Einheit nach nationalen steuerlichen Vorschriften im Steuerhoheitsgebiet ihrer Gesellschafter nicht steuerlich transparent ist und ihr Gewinn oder Verlust daher nicht direkt bei diesen Gesellschaftern besteuert wird (vgl. GloBE-Kommentar, Art. 3.5.1, Rz 223).

Zu Abs. 5:
Abs. 5 soll klarstellen, dass die Bestimmungen der Abs. 2 bis 4 auf jede Eigenkapitalbeteiligung an der transparenten Gesellschaft im Einklang mit den jeweils geltenden nationalen Steuervorschriften gesondert aus der Sicht jedes gruppenzugehörigen Gesellschafters anzuwenden sind. Eine transparente Einheit soll daher in Bezug auf gruppenzugehörige Gesellschafter, die sie als volltransparent behandeln, als volltransparente Einheit behandelt werden, in Bezug auf andere gruppenzugehörige Gesellschafter, die sie nicht als steuerlich transparent behandeln, als umgekehrt hybride Einheit (vgl. GloBE-Kommentar, Art. 3.5.2, Rz 225).

Zu Abschnitt 4:
Zu § 37 (Erfasste Steuern):
§ 37 definiert den Begriff der erfassten Steuern. Mit der Bestimmung wird Art. 20 der Richtlinie umgesetzt, der auf Art. 4.2 der GloBE-Mustervorschriften basiert.

Ob eine Steuer eine erfasste Steuer ist, hängt von den zugrundeliegenden Eigenschaften der Steuer ab. Die Bezeichnung einer Steuer oder deren Erhebungsweise ist dafür ebenso irrelevant wie die Frage, ob eine Steuer unmittelbar aufgrund eines Körperschaftsteuergesetzes oder eines anderen Gesetzes zu entrichten ist. Ebenso ist der Zeitpunkt der Erhebung für die Frage der Einordnung als „erfasste Steuer" irrelevant (vgl. GloBE-Kommentar, Art. 4.2, Rz 23).

Im Anwendungsbereich dieser Bestimmung sind Steuern Pflichtzahlungen an den Staat ohne Gegenleistung. Steuern sind insofern ohne Gegenleistung, als etwaige staatliche Leistungen an den Steuerzahler nicht im Verhältnis zu deren Zahlungen stehen. Daher werden Gebühren und Zahlungen für Vorrechte, Dienstleistungen, Liegenschaften oder andere staatliche Leistungen nicht als Steuern eingestuft. Auch Geldbußen und Geldstrafen zählen nicht zu den Steuern, ebenso wenig Zinsen oder ähnliche Abgaben im Zusammenhang mit Steuerverbindlichkeiten, die nicht fristgerecht entrichtet wurden (vgl. GloBE-Kommentar, Art. 4.2.1, Rz 24).

Zu Abs. 1:
Abs. 1 zählt vier Arten von Steuern auf, die unter die Definition der erfassten Steuern fallen.

Erfasste Steuern sind gemäß Abs. 1 Z 1 Steuern, die im Abschluss einer Geschäftseinheit in Bezug auf ihre Erträge oder Gewinne oder auf ihren Anteil an den Erträgen oder Gewinnen einer Geschäftseinheit, an der sie eine Eigenkapitalbeteiligung gemäß § 2 Z 23 hält, ausgewiesen sind. Unter die Definition fallen neben Steuern, die zum Zeitpunkt der Erzielung eines Ertrags auf diesen Ertrag erhoben werden, auch Steuern, die auf spätere Gewinnausschüttungen erhoben werden (vgl. GloBE-Kommentar, Art. 4.2.1, Rz 26).

Auch Steuern auf den Anteil einer Geschäftseinheit an nicht ausgeschütteten Gewinnen einer volltransparenten Gesellschaft oder einer beherrschten Gesellschaft (CFC) aufgrund einer Hinzurechnungsbesteuerung sowie Steuern auf Ausschüttungen einer anderen Geschäftseinheit gelten als erfasste Steuern (vgl. GloBE-Kommentar, Art. 4.2.1, Rz 26).

Als erfasste Steuern gemäß Abs. 1 Z 1 sollen ebenso (positive oder negative) Steuerumlagen aufgrund einer Steuerausgleichsvereinbarung innerhalb einer Steuergruppe (z. B. gemäß § 9 KStG 1988) gelten, weil diese im Abschluss einer Geschäftseinheit ebenso wie als Ertragsteuern ausgewiesen sind. Dies gilt auch dann, wenn die Steuerumlage an eine Geschäftseinheit zu entrichten ist bzw. von einer Geschäftseinheit gutgeschrieben wird, die nicht Teil derselben Unternehmensgruppe (§ 2 Z 3) ist.

Eine auf die Bruttoeinnahmen oder -erlöse ohne jegliche Abzüge erhobene Steuer (d. h. eine Steuer auf den Umsatz) ist nicht als Ertragsteuer zu betrachten. Die Definition der erfassten Steuern umfasst daher keine Steuer auf einen Bruttobetrag, es sei denn, eine solche Steuer wird anstelle einer Ertragsteuer gemäß Abs. 1 Z 3 erhoben (vgl. GloBE-Kommentar, Art. 4.2.1, Rz 27).

Abs. 1 Z 2 bezieht sich auf alle Steuern, die im Rahmen eines anerkannten Ausschüttungssteuersystems gemäß § 2 Z 43 erhoben werden (vgl. GloBE-Kommentar, Art. 4.2.1, Rz 30).

Abs. 1 Z 3 bezieht sich auf Steuern, die anstelle einer allgemein geltenden Körperschaftsteuer erhoben werden. Eine allgemein geltende Körperschaftsteuer kann eine Steuer sein, die allen in einem Steuerhoheitsgebiet ansässigen Unternehmen oder in einem Steuerhoheitsgebiet ansässigen Unternehmensteilen von Unternehmensgruppen auferlegt wird. Hierzu kann auch eine Ertragsteuer zählen, die sowohl Unternehmen als auch natürlichen Personen auferlegt wird. Unter Abs. 1 Z 3 fallen Steuern, die nicht als Steuern vom Einkommen oder Ertrag im Sinne von Abs. 1 Z 1 anzusehen sind, aber diesen vergleichbar sind („Vergleichbarkeitstest") bzw. als Ersatz für eine solche Steuer fungieren. Darunter fallen unter anderem Quellensteuern auf Zinsen, Mieten und Lizenzgebühren sowie sonstige Steuern auf andere Kategorien von Bruttozahlungen wie Versicherungsprämien, sofern die betreffenden Steuern als Ersatz für eine allgemein geltende Ertragsteuer erhoben werden. Ebenfalls unter Z 3 fallen Steuern, die auf einer alternativen Bemessungsgrundlage (d. h. einer anderen Grundlage als dem Nettoertrag) erhoben werden, beispielsweise Steuern, die auf der Zahl der produzierten Einheiten oder der Gewerbefläche beruhen, und die nach dem Recht eines Steuerhoheitsgebiets als Ersatz für eine allgemein geltende Körperschaftsteuer dienen (vgl. GloBE-Kommentar, Art. 4.2.1, Rz 32). Eine Steuer fällt nur insoweit unter Z 3, als sie auf eine allgemein geltende Ertragsteuer angerechnet werden kann. Dies kann z. B. bei einer auf lokaler Ebene erhobenen Ertragsteuer, die auf eine auf Bundesebene geltende Ertragsteuer angerechnet werden kann, der Fall sein. Eine auf einer anderen Bemessungsgrundlage beruhende Steuer, die zusätzlich zu einer allgemein geltenden Ertragsteuer und nicht als Ersatz für diese erhoben wird, erfüllt das Ertragsteuerersatzkriterium hingegen nicht (vgl. GloBE-Kommentar, Art. 4.2.1, Rz 32).

Abs. 1 Z 4 definiert Steuern auf das Eigenkapital (Nennkapital und Kapitalrücklagen sowie Gewinnrücklagen) und Steuern mit mehreren Bemessungsbestandteilen, die sowohl auf Ertrags- als auch auf Eigenkapitalbestandteile erhoben werden, als erfasste Steuern. Darunter fallen auch Mindestbesteuerungskomponenten auf das gezeichnete Kapital (vgl. GloBE-Kommentar, Art. 4.2.1, Rz 33). Steuern können sowohl einen ertragsbezogenen als auch einen nicht ertragsbezogenen Bestandteil umfassen. Sofern es sich hauptsächlich um eine Besteuerung des Ertrags einer Einheit handelt und es einen hohen administrativen Aufwand darstellen würde, diese in ertragsbezogene und nicht ertragsbezogene Bestandteile aufzugliedern, sollen diese Steuern in voller Höhe als erfasste Steuern gelten (vgl. GloBE-Kommentar, Art. 4.2.1, Rz 33).

Nicht unter die Definition der erfassten Steuern fallen in der Regel die folgenden Steuerarten (vgl. GloBE-Kommentar, Art. 4.2.1, Rz 36):

a. Verbrauchsteuern, z. B. Verkauf- oder Mehrwertsteuern.
b. Steuern auf bestimmte Waren und sonstige Vorleistungen.
c. Steuern auf digitale Dienstleistungen.
d. Stempelgebühren, Wertsteuern und andere Abgaben, die im Zusammenhang mit einem bestimmten Geschäftsvorfall anfallen.
e. Lohnsummensteuern und andere beschäftigungsbezogene Abgaben sowie Sozialversicherungsbeiträge.
f. Vermögensteuern, die aufgrund des Eigentums an bestimmten Vermögensposten oder -kategorien erhoben werden.

Zu § 37 Abs. 2:

Gemäß Abs. 2 Z 1 soll eine anerkannte PES, SES oder NES, die in Umsetzung der Richtlinie bzw. aufgrund der GloBE-Mustervorschriften erhoben wird, von der Definition der erfassten Steuern ausgenommen sein. Die erfassten Steuern sind nämlich ein wesentliches Element, um eine zu erhebende Ergänzungssteuer zu bestimmen. Die Einbeziehung der Ergänzungssteuern in die erfassten Steuern würde in dem Geschäftsjahr, in dem die Ergänzungssteuer anfällt, daher zu einer zirkulären Berechnung führen (vgl. GloBE-Kommentar, Art. 4.2.1, Rz 38).

Gemäß Abs. 2 Z 2 sollen nicht anerkannte erstattungsfähige Anrechnungssteuern (§ 2 Z 37) von der Definition der erfassten Steuern ausgenommen sein. Da Unternehmensgruppen entscheiden können, wann diese Steuern erstattet werden, ähneln sie einem Guthaben, sodass es sachgerecht ist, diese bei der Berechnung des Effektivsteuersatzes nicht zu berücksichtigen (vgl. GloBE-Kommentar, Art. 4.2.1, Rz 39).

Gemäß Abs. 2 Z 3 soll der Steueraufwand, der einem Versicherungsunternehmen in Bezug auf die Versicherungsnehmer ausgezahlte Renditen entsteht, von der Definition der erfassten Steuern ausgenommen sein. Gemäß § 32 Abs. 1 sind Beträge, die ein Versicherungsunternehmen ihren Versicherungsnehmern zur Begleichung von Steuern in Rechnung gestellt hat, welche das Versicherungsunternehmen für an die Versicherungsnehmer ausgezahlte Renditen entrichtet hat, von der Berechnung des Mindeststeuer-Gewinns oder -Verlusts auszunehmen. An die Versicherungsnehmer ausgezahlte Renditen werden nach den Rechnungslegungsstandards als Erträge eines Versicherungsunternehmens behandelt; das Versicherungsunternehmen eliminiert diese Erträge faktisch durch eine entsprechende Verbindlichkeit gegenüber dem Versicherungsnehmer. Diese Verbindlichkeit wird in der Regel um den Betrag der Steuern gekürzt, den das Versicherungsunternehmen in Bezug auf die auf die betreffenden Erträge entrichtet hat, sodass dem Versicherungsunternehmen die entrichteten Steuern effektiv von dem Versicherungsnehmer erstattet werden (vgl. GloBE-Kommentar, Art. 4.2.1, Rz 40). Dies gilt allerdings nur dann, wenn die Steuer aufgrund einer vertraglichen Vereinbarung nicht vom Versicherungsunternehmen, sondern vom Versicherungsnehmer zu tragen ist.

MinBestG
Gesetzesmaterialien

Zu § 38 (Angepasste erfasste Steuern):

§ 38 soll in Abs. 1 Z 1 bis 3 jene Posten definieren, um die im Jahresüberschuss oder Jahresfehlbetrag für das Geschäftsjahr berücksichtigte laufende Steuern – soweit es sich dabei um erfasste Steuern im Sinne des § 37 handelt – für Zwecke der Ermittlung der angepassten erfassten Steuern zu adaptieren sind. Die Regelung soll Art. 20 der Richtlinie umsetzen, der wiederum auf Art. 4.1.1 der GloBE-Mustervorschriften basiert.

Steuern, bei denen es sich nicht um erfasste Steuern im Sinne des § 37 handelt (z. B. Verbrauchssteuern), sind bereits dem Grunde nach Maßgabe von § 37 von der Ermittlung des Effektivsteuersatzes ausgenommen, sodass es einer nachgelagerten Anpassung gemäß § 38 gar nicht erst bedarf (vgl. GloBE-Kommentar, Art. 4.1.1, Rz 4).

Ausgangspunkt für Zwecke des § 38 sollen die im Jahresüberschuss oder Jahresfehlbetrag berücksichtigten laufenden Steuern sein. Ausgehend davon soll die Regelung eine Art „Überleitungsbestimmung" von den nach den Vorschriften der Rechnungslegung ausgewiesenen laufenden Steuern durch abschließend definierte Anpassungen (Hinzurechnungen oder Verminderungen) vorsehen.

Nach Z 1 sollen die im Jahresüberschuss oder Jahresfehlbetrag berücksichtigten laufenden Steuern zunächst um den saldierten Betrag der in § 39 erfassten Hinzurechnungspositionen (vgl. dazu näher die diesbezüglichen Erläuterungen) zu erhöhen und um den saldierten Betrag der in § 40 (vgl. dazu näher die diesbezüglichen Erläuterungen) erfassten Kürzungspositionen zu vermindern sein.

Z 2 soll eine Erhöhung oder Verminderung um den Gesamtbetrag der angepassten latenten Steuern im Sinne des § 42 (vgl. dazu näher die diesbezüglichen Erläuterungen) vorsehen.

Nach Z 3 soll schließlich eine Erhöhung oder Verminderung um nicht im Aufwand für tatsächliche oder latente Steuern enthaltene, aber im Eigenkapital oder sonstigen Ergebnis berücksichtige Zu- oder Abnahmen der erfassten Steuern im Sinne des § 37 erfolgen. Die Anpassung setzt jedoch voraus, dass die Zu- oder Abnahmen der erfassten Steuern im Zusammenhang mit Beträgen stehen, die auch im Mindeststeuer-Gewinn oder -Verlust enthalten und nach den Regelungen des Steuerhoheitsgebiets, in dem die Geschäftseinheit belegen ist, der Besteuerung unterliegen. Die Regelung soll gewährleisten, dass erfasste Steuern, die in Bezug auf in die Berechnung des Mindeststeuer-Gewinns oder -Verlusts einbezogene Beträge anfallen, auch dann berücksichtigt werden, wenn sie nicht im laufenden oder latenten Steueraufwand erfasst und in der Gewinn- und Verlustrechnung ausgewiesen sind (vgl. GloBEKommentar, Art. 4.1.1, Rz 4 lit. c).

§ 38 Abs. 2 soll eine Mehrfachberücksichtigung von Erhöhungs- oder Verminderungsbeträgen bei der Ermittlung der angepassten erfassten Steuern nach Maßgabe von Abs. 1 Z 1 bis 3 ausschließen und vorsehen, dass diese auch bei Subsumierung unter mehrere Tatbestände lediglich einmal (erhöhend oder vermindernd) zu berücksichtigen sind (Einmalberücksichtigung).

Zu § 39 (Hinzurechnungen):

§ 39 soll jene Posten definieren, die den im Jahresüberschuss oder Jahresfehlbetrag für das Geschäftsjahr berücksichtigten laufenden erfassten Steuern im Sinne des § 37 für Zwecke der Ermittlung der angepassten erfassten Steuern hinzuzurechnen (Hinzurechnungen) sind. Die Regelung soll Art. 21 Abs. 2 der Richtlinie umsetzen, der wiederum auf Art. 4.1.2 der GloBE-Mustervorschriften basiert. Die vorzunehmenden Hinzurechnungen sollen gewährleisten, dass alle erfassten Steuern sachgerecht erfasst und der Geschäftseinheit zugerechnet werden. Die Notwendigkeit von Hinzurechnungen ergibt sich, weil die Bandbreite der nach den Rechnungslegungsgrundsätzen im Jahresüberschuss oder Jahresfehlbetrag unter den Ertragsteuern berücksichtigten Positionen enger gefasst ist als die Definition der erfassten Steuern für Zwecke der Mindestbesteuerung (vgl. GloBE-Kommentar, Art. 4.1.1, Rz 5). Vor diesem Hintergrund ist es denkbar, dass ein Teil der erfassten Steuern im Sinne des § 37 im Jahresüberschuss oder Jahresfehlbetrag einer Geschäftseinheit nicht als Ertragsteueraufwand ausgewiesen wird. Daher definiert § 39 Z 1 bis 4 jene Positionen, um die die laufenden erfassten Steuern zu erhöhen sind.

Z 1 soll zunächst Konstellationen Rechnung tragen, in denen erfasste Steuern im Jahresüberschuss oder Jahresfehlbetrag nicht als Steuern vom Einkommen oder Ertrag, sondern als anderweitiger Aufwand erfasst wurden. Aus Gründen der Einheitlichkeit sollen auch derartige Steuern für Zwecke der Ermittlung der angepassten erfassten Steuern berücksichtigt werden. Z 1 soll daher anordnen, dass erfasste Steuern, die im Jahresüberschuss oder Jahresfehlbetrag nicht als Ertragsteueraufwand, sondern als Aufwendungen im Ergebnis vor Steuern berücksichtigt wurden, den laufenden erfassten Steuern hinzugerechnet werden müssen. Korrespondierend zur Erhöhung der im Jahresüberschuss oder Jahresfehlbetrag berücksichtigten laufenden erfassten Steuern erfolgt auch für Zwecke der Ermittlung des Mindeststeuer-Gewinnes und -Verlustes gemäß § 16 Abs. 2 Z 1 eine Erhöhung um Positionen nach § 39 Z 1.

Nach Z 2 sollen die erfassten Steuern weiters um (vorgetragene) latente Steueransprüche erhöht werden, die anlässlich der Inanspruchnahme des Mindeststeuer-Verlustwahlrechts gemäß § 43 Abs. 2 verwendet wurden (vgl. dazu die diesbezüglichen Erläuterungen).

Nach Z 3 sollen die erfassten Steuern um jene erfassten Steuern erhöht werden, die im Geschäftsjahr im Zusammenhang mit unsicheren Steuerpositionen entrichtet wurden. Eine Erhöhung nach Z 3 hat jedoch nur insoweit zu erfolgen, als die betreffenden Beträge in einem vorangegangenen Geschäftsjahr auch vermindernd berücksichtigt wurden, d.h. eine korrespondierende Kürzung der erfassten Steuern nach Maßgabe von § 40 Z 4 erfolgt ist (vgl. dazu die diesbezüglichen Erläuterungen). Etwaige Säumniszuschläge oder Zinsaufwendungen, die im Zusammenhang mit solchen unsicheren Steuerpositionen zu entrichten sind oder entrichtet wurden, sollen jedoch nicht in die Hinzurechnung nach Z 3 einfließen (vgl. GloBE-Kommentar, Art. 4.1.1, Rz 5 lit. c). Maßgeblich für eine Hinzurechnung gemäß Z 3 sollen nur jene Steuern entrichtet (= gezahlt) wurden. Ein für unsichere Steuerpositionen entstandener Steueraufwand soll die erfassten Steuern nicht erhöhen, weil ungewiss ist, ob und wann der Betrag entrichtet wird. Eine für unsichere Steuerpositionen aufwandswirksam gebildete Rückstellung fällt daher nicht unter Z 3, sondern unter § 40 Z 4 (vgl. GloBE-Kommentar, Art. 4.1.2, Rz 5 lit. c).

Die erfassten Steuern sollen nach Z 4 um anerkannte (teilweise) auszahlbare Steuergutschriften im Sinne des § 2 Z 39 (d.h. im Wesentlichen auszahlbar innerhalb von vier Jahren, vgl. zur diesbezüglichen Definition näher die dazugehörigen Erläuterungen) sowie um marktfähige und übertragbare Steuergutschriften im Sinne des § 27 Abs. 4 (vgl. zu diesen die Erläuterungen zu § 27) erhöht werden, die den laufenden Steueraufwand vermindert haben. Diese Hinzurechnung ist jedoch nicht relevant, wenn eine anerkannte auszahlbare Steuergutschrift – wie etwa die Forschungsprämie gemäß § 108c EStG 1988 – oder eine marktfähige übertragbare Steuergutschrift unternehmensrechtlich nicht als Verminderung der erfassten Steuern verbucht wird.

Z 5 soll schließlich eine Hinzurechnung von zugerechneten steuerlichen Vorteilen (wie etwa nicht anerkannten auszahlbaren Steuergutschriften und steuerlichen Verlusten) aus einer Eigenkapitalbeteiligung an einer steuerlich transparenten Einheit außerhalb der Unternehmensgruppe regeln, soweit diese den laufenden Steueraufwand der an dieser transparenten Einheit beteiligten Geschäftseinheit vermindert haben. Mit dieser Regelung soll eine Rechtsgrundlage für die Hinzurechnung sogenannter *Qualified Flow-through Tax Benefits* entsprechend den Verwaltungsleitlinien des Inclusive Framework zur Administration der GloBE-Mustervorschriften vom 1. Februar 2023, Pkt. 2.9.2, Rz 16, geschaffen werden. Der Bundesminister für Finanzen soll dabei ermächtigt werden, die Voraussetzungen für diese Hinzurechnung im Einklang mit diesen internationalen Vereinbarungen im Verordnungsweg näher festzulegen.

Zu § 40 (Kürzungen):

§ 40 soll in den Z 1 bis 5 jene Posten definieren, um die im Jahresüberschuss oder Jahresfehlbetrag für das Geschäftsjahr berücksichtigte laufende erfasste Steuern im Sinne des § 37 für Zwecke der Ermittlung der angepassten erfassten Steuern zu kürzen sind (Kürzungen). Die Regelung soll Art. 21 Abs. 3 der Richtlinie umsetzen, der wiederum auf Art. 4.1.3 der GloBE-Mustervorschriften basiert. Die vorzunehmenden Kürzungen sollen gewährleisten, dass in die Berechnung des Effektivsteuersatzes für die jeweilige Geschäftseinheit nur jene Steuern eingehen, die insbesondere im Zusammenhang mit im Mindeststeuer-Gewinn oder -Verlust enthaltenen Erträgen anfallen und die voraussichtlich binnen 3 Jahren entrichtet werden (vgl. GloBE-Kommentar, Art. 4.1.3, Rz 6).

Die Kürzung nach Z 1 soll die Berücksichtigung erfasster Steuern in Bezug auf jene Erträge ausschließen, die von der Berechnung des Mindeststeuer-Gewinnes oder -Verlustes einer Geschäftseinheit ausgenommen werden. Dadurch wird gewährleistet, dass bei der Berechnung des Effektivsteuersatzes im Zähler (angepasste erfasste Steuern) nur jene erfassten Steuern angesetzt werden können, die auch mit im Nenner (Mindeststeuer-Gewinn) angesetzten Erträgen stehen. Werden daher beispielsweise nach nationalem Steuerrecht Steuern auf Gewinne aus der Veräußerung einer Beteiligung erhoben, die jedoch als ausgenommene Gewinne aus Eigenkapitalbeteiligungen (§ 18 Abs. 2) nicht im Mindeststeuer-Gewinn enthalten sind, hat eine Kürzung der laufenden erfassten Steuern um diese Steuern gemäß Z 1 zu erfolgen (vgl. GloBE-Kommentar, Art. 4.1.3, Rz 7); es sei denn, es wird das Wahlrecht zur Einbeziehung dieser Gewinne in den Mindeststeuer-Gewinn ausgeübt (§ 18 Abs. 4).

Wird ein Ertragsposten bei der Mindeststeuer-Gewinnermittlung zur Gänze ausgenommen, ist auch der korrespondierende Steueraufwand zur Gänze (d.h. ohne Berücksichtigung damit zusammenhängender Aufwendungen) nach Z 1 zu kürzen; wird ein Ertragsposten lediglich teilweise ausgenommen, ist auch die Kürzung des Steueraufwandes nach Z 1 nur insoweit, also hinsichtlich des ausgenommenen Teils vorzunehmen (vgl. GloBE-Kommentar, Art. 4.1.3, Rz 6).

Zu beachten ist, dass erfasste Steuern, die bei einer Geschäftseinheit als Kürzungsposten gemäß Z 1 erfasst werden, in manchen Fällen nicht gänzlich bei der Ermittlung der erfassten Steuern ausgeschieden werden. So kürzen etwa erfasste Steuern, die auf ausgenommene Dividenden einer anderen Geschäftseinheit zu zahlen sind, zwar nach Z 1 die erfassten Steuern der empfangenden Geschäftseinheit; diese erfassten Steuern werden jedoch nach § 44 Abs. 1 Z 5 der ausschüttenden Geschäftseinheit zugerechnet und unter deren angepasste erfassten Steuern berücksichtigt (vgl. dazu die Erläuterungen zu § 44).

Z 2 soll eine Kürzung der erfassten Steuern um nicht anerkannte auszahlbare Steuergutschriften (vgl. zu diesem Begriff die Erläuterungen zu § 2 Z 39), nicht-marktfähige übertragbare Steuergutschriften sowie andere Steuergutschriften vorsehen, soweit diese für Rechnungslegungszwecke nicht bereits den laufenden Steueraufwand vermindert haben. Diese Kürzung ist deshalb notwendig, weil korrespondierend dazu nicht anerkannte auszahlbare Steuergutschriften, nicht-marktfähige übertragbare Steuergutschriften und andere Steuergutschriften gemäß § 27 Abs. 5 auch nicht als Ertrag im Mindeststeuer-Gewinn berücksichtigt werden (siehe dazu auch die Erläuterungen zu § 27 Abs. 5). Dabei soll auch geregelt werden, wie bei nicht-marktfähigen und übertragbaren Steuergutschriften der Kürzungsbetrag im Falle ihrer Übertragung, teilweisen Nutzung oder Weiterübertragung zu ermitteln ist (vgl. Verwaltungsleitlinien des Inclusive Framework zur Administration der GloBE-Mustervorschriften vom 13. Juli 2023, Pkt. 2, zu § 44).

Z 3 soll gewährleisten, dass die laufenden erfassten Steuern um erstattete oder gutgeschriebene erfasste Steuern gekürzt werden, sofern die Gutschrift oder Erstattung im Jahresüberschuss oder Jahresfehlbetrag nicht bereits als Minderung des laufenden Steueraufwands behandelt wurde. Der Steueraufwand einer Geschäftseinheit soll nach Z 3 auch dann gekürzt werden, wenn die Erstattung oder Gutschrift einer anderen Geschäftseinheit gewährt wird (vgl. GloBE-Kommentar, Art. 4.1.3, Rz 15). Die Kürzung nach Z 3 soll jedoch nicht für anerkannte auszahlbare Steuergutschriften gelten, weil diese gemäß § 27 Abs. 1 als Ertrag im Mindeststeuer-Gewinn berücksichtigt werden (siehe dazu auch die Erläuterungen zu § 27 Abs. 2). Z 3 soll nicht zur Anwendung kommen, wenn es sich bei der Erstattung oder Gutschrift um eine Verminderung der erfassten Steuern für ein vorangegangenes Geschäftsjahr gemäß § 45 Abs. 2 handelt (vgl. GloBE-Kommentar, Art. 4.1.3, Rz 14).

Nach Z 4 soll der laufende Steueraufwand für unsichere Steuerpositionen als Kürzungsposten erfasst werden. Die Berücksichtigung eines Steueraufwands im Zusammenhang mit unsicheren Steuerpositionen ist nicht zulässig, sofern die Unternehmensgruppe feststellt (und möglicherweise gegenüber der zuständigen Steuerbehörde explizit oder implizit behauptet), dass die Steuern nicht geschuldet werden, und ein hohes

MinBestG
Gesetzesmaterialien

Maß an Ungewissheit darüber besteht, ob diese Beträge in einem zukünftigen Zeitraum gezahlt werden. Obwohl die genauen Kriterien nach den anerkannten Rechnungslegungsgrundsätzen (siehe dazu nach den IFRS etwa IFRIC 23) unterschiedlich sein können, ergeben sich unsichere Steuerpositionen im Allgemeinen, wenn ein Unternehmen eine Steuererklärung abgibt, die bei einer Prüfung wahrscheinlich nicht aufrechterhalten werden kann (vgl. GloBE-Kommentar, Art. 4.1.3, Rz 16). Diesfalls soll der rückgestellte Steueraufwand für eine unsichere Steuerposition zunächst nicht in den angepassten erfassten Steuern berücksichtigt werden. Ist jedoch in späteren Jahren etwa aufgrund einer Abgabenprüfung der rückgestellte Steuerbetrag tatsächlich zu entrichten, soll gemäß § 39 Z 3 eine spätere Hinzurechnung dieses Betrages zu den laufenden erfassten Steuern erfolgen (vgl. dazu die Erläuterungen zu § 39 Z 3).

Z 5 soll eine Kürzung des laufenden Steueraufwands um jene Beträge vorsehen, die voraussichtlich nicht binnen 3 Jahren nach Ende des Geschäftsjahres entrichtet werden. Mit dieser Regelung soll die Berücksichtigung eines Steueraufwands ausgeschlossen werden, von dem die Geschäftseinheit nicht erwartet, dass sie diesen innerhalb der Dreijahresfrist entrichtet (vgl. GloBE-Kommentar, Art. 4.1.3, Rz 17); dies kann gegebenenfalls auch von der Finanzverwaltung gestundete Steuern betreffen. Die Kürzung gemäß Z 5 soll nur für den laufenden Steueraufwand gelten; nicht hingegen für nachträgliche Anpassungen des Steueraufwandes nach Einreichung des Mindeststeuerberichts, die unter § 45 fallen (vgl. dazu die Erläuterungen zu § 45).

Zu § 41 (Zusätzlicher Ergänzungssteuerbetrag bei fehlendem Mindeststeuer-Nettogewinn):

Grundsätzlich soll nach der Systematik des Mindestbesteuerungsgesetzes ein Ergänzungssteuerbetrag für ein Steuerhoheitsgebiet gemäß § 47 nur dann anfallen, wenn auch ein Mindeststeuer-Nettogewinn in diesem Steuerhoheitsgebiet vorliegt (vgl. dazu die Erläuterungen zu § 47). Die in § 41 vorgesehene Sondervorschrift soll jedoch abweichend davon unter bestimmten Voraussetzungen einen zusätzlichen Ergänzungssteuerbetrag auch bei einem fehlenden Mindeststeuer-Nettogewinn vorsehen. Mit dieser Regelung soll Art. 21.5 der Richtlinie umgesetzt werden, der wiederum auf Art. 4.1.5 der GloBEMustervorschriften basiert.

Zur Vermeidung eines zusätzlichen Ergänzungssteuerbetrages in einem „Verlustjahr" soll jedoch in Umsetzung von Pkt. 2.7 der vom Inclusive Framework am 1. Februar 2023 angenommenen Verwaltungsleitlinien zur Administration der GloBE-Mustervorschriften ein Wahlrecht geschaffen werden, nach dem dieser Betrag in Folgejahre vorgetragen werden kann (sog. *„excess negative tax expense carry-forward"*).

Zu Abs. 1 bis 3:

Abs. 1 soll die Erfassung eines zusätzlichen Ergänzungssteuerbetrags bei fehlendem Mindeststeuer-Nettogewinn in einem Steuerhoheitsgebiet für ein Geschäftsjahr regeln. Voraussetzung hiefür soll sein, dass der Betrag der angepassten erfassten Steuern negativ und zusätzlich auch niedriger ist als der Betrag der voraussichtlichen angepassten erfassten Steuern (Abs. 3). In diesem Fall ist die Differenz zwischen den negativen angepassten erfassten Steuern und den voraussichtlichen angepassten erfassten Steuern als zusätzlicher Ergänzungssteuerbetrag für dieses Steuerhoheitsgebiet iVm § 47 Abs. 4 zu erfassen.

Der Betrag der voraussichtlichen angepassten erfassten Steuern ist dabei gemäß Abs. 3 durch Multiplikation des Mindeststeuer-Nettoverlusts für ein Steuerhoheitsgebiet mit dem Mindeststeuersatz zu ermitteln. Eine Differenz zwischen dem nach nationalem Steuerrecht ermittelten und dem voraussichtlichen angepassten erfassten Steuerbetrag für Zwecke der Mindestbesteuerung kann etwa dann entstehen, wenn nach nationalem Steuerrecht fiktive Aufwendungen (z. B. fiktive Zinsen, „Superabschreibungen" von mehr als 100 % der Anschaffungskosten) zu einem höherem Verlust als dem für Rechnungslegungszwecke ermittelten wirtschaftlichen Verlust führen und diese sich im Laufe der Zeit nicht ausgleichen (vgl. GloBE-Kommentar, Art. 4.1.5, Rz 19).

Beispiel *(vgl. GloBE-Kommentar, Art. 4.1.3, Rz 21):*
Für ein Steuerhoheitsgebiet beträgt der Mindeststeuer-Nettoverlust 100, der steuerliche Verlust nach nationalem Steuerrecht jedoch aufgrund einer fiktiven steuerlichen Abschreibung 150. Es handelt sich hierbei um eine permanente Differenz zwischen der nationalen steuerlichen Bemessungsgrundlage und der Mindeststeuer-Bemessungsgrundlage.

Der angepasste latente Steueranspruch gemäß § 42 beträgt 22,5 (15 % x 150) und ist damit höher als der voraussichtliche erfasste latente Steueranspruch für Zwecke des Mindeststeuergesetzes iHv 15 (15 % x 100). Der Differenzbetrag iHv 7,5 (15 % x 50) ist als zusätzlicher Ergänzungssteuerbetrag gemäß § 41 Abs. 1 iVm § 47 Abs. 4 zu erfassen.

Die Zuordnung des sich aus Abs. 1 ergebenden zusätzlichen Ergänzungssteuerbetrages für ein Steuerhoheitsgebiet zu den im einzelnen Steuerhoheitsgebiet gelegenen Geschäftseinheiten soll sich gemäß Abs. 2 nach Maßgabe von § 49 Abs. 3 bestimmen (vgl. dazu die diesbezüglichen Erläuterungen).

Zu Abs. 4:

Das Anfallen eines zusätzlichen Ergänzungssteuerbetrags nach Abs. 1 kann wahlweise vermieden werden, indem der Differenzbetrag gemäß Abs. 4 vorgetragen wird (sog. *„excess negative tax expense carry-forward"*; vgl. Pkt. 2.7 der vom Inclusive Framework am 1. Februar 2023 angenommenen Verwaltungsleitlinien zur Administration der GloBE-Mustervorschriften). Dieser Antrag ist nach Maßgabe von § 74 Abs. 2 auszuüben und gilt für ein Jahr.

Wird ein solcher Antrag gestellt, gilt Folgendes:

1. Im Jahr, in dem kein Mindeststeuer-Nettogewinn für ein Steuerhoheitsgebiet vorliegt, wird der Differenzbetrag zwischen den negativen angepassten erfassten Steuern und den voraussichtlichen angepassten erfassten Steuern den angepassten erfassten Steuern dieses Geschäftsjahres wiederum hinzugerechnet und kein zusätzlicher Ergänzungssteuerbetrag erfasst.

2. Sobald in einem folgenden Geschäftsjahr ein Mindeststeuer-Nettogewinn vorliegt, kürzt der vorgetragene Differenzbetrag zwingend die erfassten Steuern des Folgejahres; die erfassten Steuern können aber höchstens bis auf null gekürzt werden.

MinBestG
Gesetzesmaterialien

3. Verbleibt nach Anwendung von Z 2 noch ein vorgetragener Differenzbetrag, ist dieser wiederum in folgende Geschäftsjahre vorzutragen.

Zu Abs. 5:
Abs. 5 soll die sinngemäße Anwendung der Vortragsregelung gemäß Abs. 4 auch in jenen Fällen – allerdings verpflichtend – vorsehen, in denen in einem Steuerhoheitsgebiet ein Mindeststeuer-Nettogewinn vorliegt, jedoch der Betrag der angepassten erfassten Steuern dieses Steuerhoheitsgebietes negativ ist. Mit dieser Regelung soll ein weiterer Aspekt von Pkt. 2.7 der vom Inclusive Framework am 1. Februar 2023 angenommenen Verwaltungsleitlinien zur Administration der GloBE-Mustervorschriften umgesetzt werden. Hintergrund dieser Regelung ist, dass der Ergänzungssteuersatz bei einem Mindeststeuer-Gewinn bei gleichzeitig negativen angepassten erfassten Steuern höher wäre als der Mindeststeuersatz; beispielsweise würde bei einem Effektivsteuersatz von -4 % der Ergänzungssteuersatz 19 % (= 15 % – [-4 %]) betragen (vgl. Pkt. 2.7 der vom Inclusive Framework am 1. Februar 2023 angenommenen Verwaltungsleitlinien zur Administration der GloBE-Mustervorschriften, Rz 15).

Abs. 5 bewirkt zunächst, dass bei der Ermittlung des Ergänzungssteuerbetrages für ein solches Geschäftsjahr der Mindeststeuer-Nettogewinn (abzüglich Substanzfreibetrag) lediglich einem Ergänzungssteuersatz von maximal 15 % unterliegt. Allerdings kürzt der vorgetragene negative Betrag in Folgejahren die angepassten erfassten Steuern, weshalb aufgrund der Anwendung von Abs. 5 der Ergänzungssteuerbetrag auf die permanente Differenz zwischen der Bemessungsgrundlage nach nationalem Steuerrecht und der Mindeststeuer-Bemessungsgrundlage nicht vermieden werden kann (vgl. Pkt. 2.7 der vom Inclusive Framework am 1. Februar 2023 angenommenen Verwaltungsleitlinien zur Administration der GloBE-Mustervorschriften, Rz 15).

Zu Abs. 6:
Abs. 6 soll die Anwendung von Abs. 4 und Abs. 5 ausschließen, soweit der Differenzbetrag nach Abs. 4 oder negative Betrag nach Abs. 5 aufgrund eines steuerlichen Verlustrücktrages nach Maßgabe des § 45 Abs. 2 entsteht (vgl. dazu die diesbezüglichen Erläuterungen). Bei einem steuerlichen Verlustrücktrag kann daher der Vortragsmechanismus nicht in Anspruch genommen werden.

Zu § 42 (Gesamtbetrag der angepassten latenten Steuern):
§ 42 soll die Ermittlung des Gesamtbetrages der angepassten latenten Steuern regeln. Mit dieser Bestimmung wird Art. 22 der Richtlinie umgesetzt, der auf Art. 4.4 der GloBE-Mustervorschriften basiert. Der Gesamtbetrag der angepassten latenten Steuern wird über § 38 Abs. 1 Z 2 in den angepassten erfassten Steuern einer Geschäftseinheit mitberücksichtigt (vgl. dazu die diesbezüglichen Erläuterungen). Daher werden in die Ermittlung des Effektivsteuersatzes für ein Steuerhoheitsgebiet gemäß § 46 nicht nur laufende, sondern auch latente Steuern miteinbezogen. Damit soll grundsätzlich verhindert werden, dass bloße temporäre Differenzen zwischen der unternehmensrechtlichen und der steuerrechtlichen Gewinnermittlung zu einer Verzerrung bei der Ermittlung des Effektivsteuersatzes führen; bloße zeitliche Abweichungen zwischen Rechnungslegung und Steuerrecht sollen daher grundsätzlich nicht zur Erhebung einer Mindeststeuer führen (vgl. GloBE-Kommentar, Art. 4.4, Rz 67).

Beispiel *(vgl. GloBE-Kommentar, Art. 4.4, Rz 67):*

A Co unterliegt in Steuerhoheitsgebiet A einem Steuersatz in Höhe von 15 %. A Co erwirbt in X1 um 100 eine Maschine, die unternehmensrechtlich über fünf Jahre abzuschreiben ist. Steuerhoheitsgebiet A sieht für steuerliche Zwecke die Möglichkeit einer Sofortabschreibung der Maschine vor. Der unternehmensund steuerrechtliche Gewinn der A Co vor der Abschreibung der Maschine beträgt jeweils 100.

Der Gewinn der A Co nach Abschreibung beträgt nach nationalem Steuerrecht in X1 0, sodass für X1 keine laufenden Steuern anfallen. Für unternehmensrechtliche und für Mindeststeuer-Zwecke beträgt der Gewinn hingegen 80. Für die temporären Differenzen zwischen Unternehmens- und Steuerrecht in Höhe von 80 für X1 grenzt A Co eine passive latente Steuer in Höhe von 12 (= 80 x 15 %) für dieses Geschäftsjahr ab. Die passiven latenten Steuern von 12 sind in den angepassten erfassten Steuern zu berücksichtigen; daher ist isoliert betrachtet für den Mindeststeuer-Gewinn der A Co in X1 iHv 80 für Mindeststeuer-Zwecke ein Effektivsteuersatz von 15 % gegeben.

Die Ausgangsgröße für die Ermittlung des Gesamtbetrags der angepassten latenten Steuern sind die im unternehmensrechtlichen Abschluss der Geschäftseinheit abgegrenzten latenten Steuern. Allerdings sind bestimmte Anpassungen vorgesehen, wie insbesondere die Anpassung der abgegrenzten latenten Steuern auf den Mindeststeuersatz (Abs. 1) sowie die Nachversteuerung bestimmter Steuerschulden, die nicht innerhalb von fünf Jahren entrichtet werden (Abs. 6).

Zu Abs. 1:
Abs. 1 soll die rechnerische Vorgangsweise bei der Ermittlung des Gesamtbetrages der angepassten latenten Steuern einer Geschäftseinheit für ein Geschäftsjahr regeln. Die Ausgangsgröße für die Ermittlung des Gesamtbetrags der angepassten latenten Steuern sollen die im Jahresüberschuss oder Jahresfehlbetrag enthaltenen abgegrenzten latenten Steuern sein. Damit soll der Saldo sämtlicher latenter Steuererträge und Steueraufwendungen einer Geschäftseinheit für das Geschäftsjahr gemeint sein; folglich kann entweder ein positiver Saldo (latenter Steueraufwand) oder ein negativer Saldo (latenter Steuerertrag) vorliegen.

Für Zwecke der Ermittlung des Gesamtbetrages der angepassten latenten Steuern ist der im Abschluss abgegrenzte Saldobetrag der latenten Steuern gemäß Satz 1 wie folgt zu adaptieren:

Beträge ausgenommener Posten gemäß Abs. 2 sollen nicht im Gesamtbetrag der angepassten latenten Steuern enthalten sein, weshalb die unternehmensrechtliche Ausgangsgröße um diese zu bereinigen ist.

Die unternehmensrechtliche Ausgangsgröße ist um Beträge gemäß Abs. 3 zu erhöhen. Dies betrifft nicht zulässige Abgrenzungen (Abs. 8), nicht beanspruchte Abgrenzungen (Abs. 9) sowie nachversteuerte latente Steuerschulden, die im laufenden Jahr beglichen werden (Abs. 6).

MinBestG
Gesetzesmaterialien

Die abgegrenzten latenten Steuern sind um Beträge gemäß Abs. 4 zu vermindern. Dies soll latente Steueransprüche für steuerliche Verlustvorträge betreffen, sofern diese im laufenden Geschäftsjahr angesetzt worden wären, jedoch die unternehmensrechtlichen Ansatzkriterien im Geschäftsjahr der Verlustentstehung nicht erfüllt waren.

Der nach diesen Anpassungen ermittelte Gesamtbetrag der angepassten latenten Steuern soll schließlich gemäß Abs. 1 zweiter Satz auf den 15-prozentigen Mindeststeuersatz (§ 2 Z 15) umgerechnet werden, wenn der für Zwecke der Berechnung der abgegrenzten latenten Steuern herangezogene nominale Steuersatz im jeweiligen Steuerhoheitsgebiet über dem Mindeststeuersatz liegt. In diesem Fall ist der Gesamtbetrag der angepassten latenten Steuern daher nur mit dem niedrigeren umgerechneten Betrag für Zwecke der Ermittlung der angepassten erfassten Steuern anzusetzen. Für Steuerhoheitsgebiete mit einem nominalen Steuersatz unterhalb des Mindeststeuersatzes soll hingegen vorbehaltlich Abs. 5 keine Anpassung erfolgen.

Zu Abs. 2, 8 und 9:

Abs. 2 sieht vor, dass die angepassten latenten Steuern die Beträge der in den Z 1 bis 5 definierten Posten nicht umfassen dürfen (ausgenommene Posten); die abgegrenzten latenten Steuern sind dementsprechend nach Abs. 1 um latente Steuern iZm diesen Posten zu bereinigen. Daher sind in den abgegrenzten latenten Steuern enthaltene latente Steueraufwendungen iZm diesen ausgenommenen Posten von der unternehmensrechtlichen Ausgangsgröße wiederum abzuziehen; darin enthaltene latente Steuererträge iZm ausgenommenen Posten sind hingegen wiederum der unternehmensrechtlichen Ausgangsgröße hinzuzurechnen.

Ausgenommen sind nach Z 1 zunächst latente Steuern betreffend Posten, die von der Berechnung der Mindeststeuer-Gewinne oder -Verluste nach dem 3. Abschnitt des Mindestbesteuerungsgesetzes ausgenommen werden. Dadurch wird – ähnlich der Kürzung laufender Steuern gemäß § 40 Z 1 iZm ausgenommenen Erträgen – sichergestellt, dass latente Steuern nicht in der (angepasste erfasste Steuern) bei der Berechnung des Effektivsteuersatzes einfließen, wenn die damit im Zusammenhang stehenden Posten (z. B. ausgenommene Gewinne und Verluste aus Eigenkapitalbeteiligungen gemäß § 18) auch nicht im Nenner (Mindeststeuer-Nettogewinn) enthalten sind.

Nach Z 2 liegt ein ausgenommener latenter Steueraufwand in Bezug auf nicht zulässige Abgrenzungen (Abs. 8) oder nicht beanspruchte Abgrenzungen (Abs. 9) vor. Hintergrund für den Ausschluss solcher Beträge vom Gesamtbetrag der angepassten latenten Steuern ist bis zu ihrem tatsächlichen Anfallen (Abs. 3; siehe dazu die diesbezüglichen Erläuterungen) ist die Unsicherheit, ob oder wann diese Beträge tatsächlich entrichtet werden (vgl. GloBE-Kommentar, Art. 4.4.1, Rz 75).

Abs. 8 soll die nicht zulässige Abgrenzung definieren. Darunter soll jede Veränderung des latenten Steueraufwands im Abschluss einer Geschäftseinheit in Bezug auf unsichere Steuerpositionen (Z 1) oder Ausschüttungen einer Geschäftseinheit (Z 2) fallen. Der Begriff „unsichere Steuerpositionen" (Z 1) wird auch in § 39 Z 3 und § 40 Z 4 verwendet, weshalb hinsichtlich des Begriffsverständnisses auf die diesbezüglichen Erläuterungen zu diesen beiden Bestimmungen verwiesen wird. Als latente Steuern auf Ausschüttungen kommen Quellensteuern oder Ertragsteuern auf empfangene Dividenden in Betracht, wenn diese beispielsweise nach einem Rechnungslegungsstandard schon abgegrenzt wurden, obwohl die Ausschüttung tatsächlich noch nicht erfolgt ist (vgl. GloBE-Kommentar, Art. 4.4.1, Rz 111).

Die nicht beanspruchte Abgrenzung gemäß der Definition in Abs. 9 betrifft eine latente Steuerschuld, die nach Maßgabe von Abs. 6 nachzuversteuern ist, sofern sie nicht binnen der fünf folgenden Geschäftsjahre aufgelöst oder beglichen wird. Wird diese nachzuversteuernde latente Steuerschuld voraussichtlich nicht innerhalb dieses Fünfjahreszeitraumes beglichen und wird auf Antrag diese latente Steuerschuld für das betreffende Geschäftsjahr erst gar nicht im Gesamtbetrag der angepassten latenten Steuern aufgenommen, liegt eine nicht beanspruchte Abgrenzung vor.

Nach Z 3 gelten auch Auswirkungen einer Wertberichtigung oder Ansatzanpassung im Abschluss einer Geschäftseinheit in Bezug auf einen latenten Steueranspruch als ausgenommene Posten. Diese Regelung steht – sofern es sich um einen latenten Steueranspruch für steuerliche Verlustvorträge handelt – im engen systematischen Zusammenhang mit Abs. 4, weshalb auf die Erläuterungen zu Abs. 4 verwiesen wird.

Z 4 soll neu bewertete latente Steuern aufgrund einer Änderung des geltenden lokalen Steuersatzes vom Gesamtbetrag der latenten Steuern ausnehmen. Hintergrund des Ausschlusses solcher Beträge ist, dass diese nur Änderungen bereits abgegrenzter Beträge darstellen und nicht als zusätzliche erfasste Steuern in dem laufenden Geschäftsjahr berücksichtigt werden sollen. Die Bestimmung betrifft die nachträgliche Erhöhung des Steuersatzes; diesfalls soll ein zusätzlicher latenter Steueraufwand nicht im Gesamtbetrag der angepassten erfassten Steuern enthalten sein, weil er sich nicht auf den Mindeststeuer-Gewinn im laufenden Geschäftsjahr bezieht (vgl. GloBE-Kommentar, Art. 4.4.1, Rz 79). Die nachträgliche Senkung des anwendbaren Steuersatzes soll in § 45 Abs. 4 geregelt werden.

Z 5 soll einen Ausschluss eines latenten Steuerertrags im Zusammenhang mit der Entstehung von Steuergutschriften sowie eines latenten Steueraufwands im Zusammenhang mit der Nutzung von Steuergutschriften vorsehen. Damit sollen Anrechnungssysteme mit Anrechnungsvortrag und Anrechnungssysteme ohne Anrechnungsvortrag für Mindeststeuer-Zwecke gleichbehandelt werden. In Umsetzung von Pkt. 2.8 der vom Inclusive Framework am 1. Februar 2023 angenommenen Verwaltungsleitlinien zur Administration der GloBE-Mustervorschriften soll dieser Ausschluss jedoch nicht für einen qualifizierten gebietsfremden Steueranrechnungsbetrag gelten. Dies betrifft Hinzurechnungsbesteuerungsregelungen, die eine teilweise oder vollständige Verrechnung gebietsfremder Einkünfte mit einem im Belegenheitsstaat der Geschäftseinheit entstandenen steuerlichen Verlust und einen Anrechnungsvortrag vorsehen.

Zu Abs. 3:

Abs. 3 soll eine Erhöhung der abgegrenzten latenten Steuern um Beträge für nicht zulässige Abgrenzungen (Abs. 8), nicht beanspruchte Abgrenzungen (Abs. 9) sowie nachversteuerte latente Steuerschulden (Abs. 6) ermöglichen, die im laufenden Geschäftsjahr tatsächlich anfallen oder beglichen werden. Hintergrund dieser (Folge-)Anpassungen ist, dass die genannten Abgrenzungen und nachversteuerten latenten

Steuerschulden trotz tatsächlicher Inanspruchnahme ansonsten im Ergebnis für Mindeststeuer-Zwecke gar nicht bei der Ermittlung des Effektivsteuersatzes berücksichtigt würden (vgl. GloBE-Kommentar, Art. 4.4.2, Rz 83). Daher sollen die abgegrenzten latenten Steuern um diese Beträge erhöht werden.

Z 1 betrifft nicht zulässige Abgrenzungen (Abs. 8; siehe dazu bereits die diesbezüglichen Erläuterungen) oder nicht beanspruchte Abgrenzungen (Abs. 9; siehe dazu bereits die diesbezüglichen Erläuterungen). Beide Abgrenzungen sind gemäß Abs. 2 Z 2 in dem Jahr, in dem sie unternehmensrechtlich angesetzt wurden, aus dem Gesamtbetrag der angepassten latenten Steuern auszunehmen. Fallen diese latenten Steuerschulden in einem späteren Geschäftsjahr tatsächlich an, sollen die abgegrenzten latenten Steuern gemäß Abs. 3 um die Beträge dieser Posten im Sinne einer periodenübergreifenden Einmalerfassung erhöht werden (vgl. GloBE-Kommentar, Art. 4.4.2, Rz 83).

Z 2 betrifft eine in einem früheren nachversteuerte latente Steuerschuld gemäß Abs. 6, die in dem laufenden Geschäftsjahr beglichen wird. Diese latente Steuerschuld wurde zunächst im Gesamtbetrag der angepassten latenten Steuern berücksichtigt, später jedoch nachversteuert, weshalb auch für diese durch die Erhöhung gemäß Abs. 3 im Jahr ihrer Entrichtung eine periodenübergreifende Einmalerfassung im Gesamtbetrag der angepassten latenten Steuern sichergestellt wird.

Zu Abs. 4 und Abs. 2 Z 3:

Abs. 4 soll vorsehen, dass ein fiktiver latenter Steueranspruch auch dann angesetzt werden kann, wenn ein latenter Steueranspruch für steuerliche Verlustvorträge im laufenden Geschäftsjahr im Abschluss angesetzt worden wäre, hiefür jedoch nach dem maßgeblichen Rechnungslegungsstandard nicht die Ansatzkriterien erfüllt waren. Dies kann etwa der Fall sein, wenn keine zukünftigen steuerlichen Gewinne erwartet werden. Abs. 4 ermöglicht dennoch die Bildung eines aktiven latenten Steueranspruchs für steuerliche Verlustvorträge im Verlustjahr für Mindeststeuer-Zwecke unabhängig davon, ob ein aktiver latenter Steueranspruch für diese auch im Abschluss gebildet wurde (vgl. GloBE-Kommentar, Art. 4.4.2, Rz 85).

Die Bestimmung steht damit systematisch im Zusammenhang mit den ausgenommenen Posten gemäß Abs. 2 Z 3 betreffend Auswirkungen einer Wertberichtigung oder einer Ansatzanpassung im Abschluss in Bezug auf latente Steueransprüche, soweit diese steuerliche Verlustvorträge betreffen. Wurde nach Abs. 4 im Verlustentstehungsjahr für Mindeststeuer-Zwecke ein aktiver latenter Steueranspruch für steuerliche Verlustvorträge gebildet, erfolgt jedoch unternehmensrechtlich erst in einem Folgejahr (z. B. aufgrund einer geänderten Gewinnprognose) die Bildung eines latenten Steueranspruchs für diese früheren steuerlichen Verlustvorträge, bewirkt Abs. 2 Z 3, dass eine Wertberichtigung oder Ansatzanpassung in Bezug auf einen solchen latenten Steueranspruch für Mindeststeuer-Zwecke nicht im Gesamtbetrag der latenten Steuern enthalten ist.

Zu Abs. 5:

Wurde ein latenter Steueranspruch zu einem geringeren als dem Mindeststeuersatz verbucht, ermöglicht Abs. 5 erster Satz abweichend von Abs. 1 letzter Satz die Neuberechnung dieses latenten Steueranspruchs, sofern die Geschäftseinheit nachweisen kann, dass der latente Steueranspruch auf einen Mindeststeuer-Verlust zurückzuführen ist (Neuberechnungswahlrecht). Dadurch soll sichergestellt werden, dass ein Mindeststeuer-Verlust in einem Geschäftsjahr in gleicher Höhe zum Ausgleich für einen späteren Mindeststeuer-Gewinn genutzt werden kann (vgl. GloBE-Kommentar, Art. 4.4.3, Rz 87). Die Erhöhung des latenten Steueranspruchs durch die Neuberechnung soll gemäß Abs. 5 zweiter Satz zu einer entsprechenden Verringerung des Gesamtbetrags der angepassten latenten Steuern führen.

Beispiel:

Im Jahr 1 beträgt der Mindeststeuer-Verlust einer Geschäftseinheit 100. Im Jahr 2 wird ein Mindeststeuer-Gewinn von 100 erzielt. Der anwendbare Steuersatz beträgt 5 %.

Der unternehmensrechtliche latente Steueranspruch in Jahr 1 beträgt 5. Aufgrund des Wahlrechtes kann der latente Steueranspruch für Mindeststeuer-Zwecke mit 15 (15 % x 100) neuberechnet werden; der Erhöhungsbetrag von 10 führt zu einer entsprechenden Verminderung des Gesamtbetrages der angepassten latenten Steuern im Jahr 1. Im Jahr 2 wird der latente Steueranspruch in Höhe von 15 aufgelöst, sodass kein Ergänzungssteuerbetrag anfällt.

Zu Abs. 6:

Abs. 6 sieht eine Nachversteuerung bestimmter latenter Steuerschulden vor, sofern diese nicht unter den Ausnahmekatalog für nicht nachzuversteuernde Posten gemäß Abs. 7 fallen (vgl. dazu die diesbezüglichen Erläuterungen). Diese latenten Steuerschulden sind nach Abs. 6 erster Satz in jenem Ausmaß nachzuversteuern, in dem sie zuvor im Gesamtbetrag der angepassten latenten Steuern gemäß Abs. 1 berücksichtigt worden waren, wenn sie nicht binnen der fünf folgenden Geschäftsjahre aufgelöst oder beglichen werden. Abs. 6 zweiter Satz regelt die exakte Ermittlung des nachzuversteuernden Betrages. Dieser entspricht der Differenz zwischen dem Betrag, mit dem die latente Steuerschuld in den Gesamtbetrag der angepassten latenten Steuern im fünften vorangegangen Geschäftsjahr einbezogen worden ist und dem Betrag, der nicht bis zum letzten Tag des laufenden Geschäftsjahres aufgelöst werden konnte. Wurde daher eine latente Steuerschuld nach Ablauf des Fünfjahreszeitraums nicht zur Gänze aufgelöst, ist der verbleibende Betrag nach Abs. 6 dritter Satz nachzuversteuern. Die Nachversteuerung erfolgt als nachträgliche Senkung der erfassten Steuern in jenem fünften vorangegangenen Geschäftsjahr. Somit wird letztlich nachträglich für das ursprüngliche Jahr, in die latente Steuerschuld im Gesamtbetrag der erfassten Steuern berücksichtigt war, nur jener Steuerbetrag erfasst, der innerhalb des Fünfjahreszeitraums tatsächlich aufgelöst wurde. Für dieses „Ursprungsjahr" hat daher eine Neuberechnung des Effektivsteuersatzes und des Ergänzungssteuerbetrages gemäß § 49 zu erfolgen. Daraus kann sich in weiterer Folge ein zusätzlicher Ergänzungssteuerbetrag für das laufende Geschäftsjahr ergeben.

MinBestG
Gesetzesmaterialien

Zu Abs. 7:
Abs. 7 enthält einen taxativen Katalog jener latenten Steuerschulden, für die die Nachversteuerung gemäß Abs. 6 keine Anwendung finden sollen. Die aufgelisteten Posten sollen jene temporären Differenzen abbilden, die in den Steuerhoheitsgebieten des Inclusive Framework weit verbreitet, für Unternehmensgruppen von wesentlicher Bedeutung und in der Regel an wesentliche Tätigkeiten in einem Steuerhoheitsgebiet geknüpft sind (vgl. GloBE-Kommentar, Art. 4.4.5, Rz 87).

Z 1 betrifft passive latente Steuern in Bezug auf Abschreibungen materieller Vermögenswerte. Eine Nachversteuerung erfolgt daher nicht für latente Steuerschulden aufgrund einer steuerlichen sofortigen oder beschleunigten Abschreibung eines Vermögenswertes, die sich über die Nutzungsdauer des Vermögenswertes wieder ausgleicht.

Z 2 betrifft passive latente Steuern in Bezug auf die Kosten einer Lizenz oder ähnlichen Regelung eines Staates für die Nutzung von unbeweglichem Vermögen oder natürlichen Ressourcen, die mit erheblichen Investitionen in materielle Vermögenswerte verbunden ist. Dies kann z. B. das Recht zur Nutzung von Mobilfunkfrequenzen betreffen, wenn dieses etwa für steuerliche Zwecke über 15 Jahre, für unternehmensrechtliche Zwecke hingegen über 20 Jahre abgeschrieben wird (vgl. GloBE-Kommentar, Art. 4.4.5, Rz 96).

Z 3 betrifft passive latente Steuern in Bezug auf Forschungs- und Entwicklungsaufwendungen, die z. B. für steuerliche Zwecke sofort abgeschrieben werden, während diese unternehmensrechtlich gegebenenfalls im Anlagevermögen aktiviert und über die Nutzungsdauer abgeschrieben werden (vgl. GloBE-Kommentar, Art. 4.4.5, Rz 97).

Z 4 betrifft passive latente Steuern in Bezug auf Stilllegungs- und Sanierungsaufwendungen. Darunter fallen etwa Kosten für die Außerbetriebnahme von Vermögenswerten am Ende ihrer Nutzungsdauer sowie Kosten zur Renaturierung (z. B. für Atomkraftwerke, Ölplattformen, Bergwerke; vgl. GloBE-Kommentar, Art. 4.4.5, Rz 98).

Z 5 betrifft passive latente Steuern in Bezug auf realisierte Nettogewinne aufgrund der Zeitwertbilanzierung für Rechnungslegungszwecke. Daraus können sich temporäre Differenzen zur steuerlichen Gewinnermittlung ergeben, weil diese Gewinne im Rahmen der steuerlichen Gewinnermittlung regelmäßig erst bei der Realisation des entsprechenden Vermögenswertes (idR durch Veräußerung) erfasst werden (vgl. GloBE-Kommentar, Art. 4.4.5, Rz 102). Wird hingegen auch für Zwecke der Mindeststeuer-Gewinnermittlung die Realisationsmethode nach § 28 angewendet, liegt kein Anwendungsfall von Z 5 vor.

Z 6 betrifft passive latente Steuern aufgrund der Erfassung von Wechselkursnettogewinnen für Rechnungslegungszwecke, weil diese Gewinne nach manchen Steuerhoheitsgebieten regelmäßig erst der Besteuerung unterliegen, wenn der zugrundeliegende Vermögenswert veräußert wird (z. B. eine Fremdwährungsforderung).

Nach Z 7 sollen passive latente Steuern in Bezug auf Versicherungsrückstellungen und abgegrenzte Versicherungsvertragsabschlusskosten von der Nachversteuerung nach Abs. 6 ausgenommen werden. Dies soll auch für Schwankungsrückstellungen gelten. Hintergrund dieser Ausnahme ist, dass die Versicherungswirtschaft bereits umfangreichen regulatorischen Vorschriften und Rechnungslegungsstandards unterliegt, welche die zeitliche Erfassung dieser Position ausdrücklich festlegen (vgl. GloBE-Kommentar, Art. 4.4.5, Rz 105).

Z 8 betrifft passive latente Steuern in Bezug auf Gewinne aus dem Verkauf von im selben Steuerhoheitsgebiet wie die Geschäftseinheit belegenem Sachvermögen, die wiederum in Sachvermögen im selben Steuerhoheitsgebiet reinvestiert werden. Hintergrund dieser Ausnahme ist, dass manche Steuerhoheitsgebiete innerhalb des Inclusive Framework eine Übertragung der stillen Reserven auf Ersatzwirtschaftsgüter innerhalb bestimmter Fristen ermöglichen und damit die Besteuerung bis zur Veräußerung des Ersatzwirtschaftsgutes aufgeschoben wird (vgl. GloBE-Kommentar, Art. 4.4.5, Rz 107).

Z 9 dient der Klarstellung, dass zusätzliche Beträge, die sich aus Änderungen von Rechnungslegungsgrundsätzen in Bezug auf die in Z 1 bis 8 genannten Posten ergeben, ebenfalls als nicht nachzuversteuernde Posten gelten.

Zu § 43 (Mindeststeuer-Verlustwahlrecht):
§ 43 normiert ein Wahlrecht zur Ermittlung von fiktiven latenten Steuern. Mit dieser Bestimmung wird Art. 23 der Richtlinie umgesetzt, der auf Art. 4.5 der GloBE-Mustervorschriften basiert. Anstelle einer genauen Ermittlung der angepassten latenten Steuern gemäß § 42 kann eine vereinfachte Berechnung basierend auf den vortragbaren Verlusten durchgeführt werden (vgl. GloBE-Kommentar, Art. 4.5, Rz 113).

Zu Abs. 1 bis 3 und 5:
Abs. 1 regelt einleitend das Wahlrecht. Dieses kann jeweils nur einheitlich für ein Steuerhoheitsgebiet ausgeübt werden; Steuerhoheitsgebiete mit anerkannten Ausschüttungssystemen (§ 64) sind von dieser Möglichkeit ausgenommen. Nach Abs. 5 ist das Wahlrecht frühestmöglich wahrzunehmen. Die Inanspruchnahme des Wahlrechts muss daher in dem Mindeststeuerbericht für das erste Geschäftsjahr erfolgen, in dem die Unternehmensgruppe über eine im vom Wahlrecht betroffenen Steuerhoheitsgebiet gelegene Geschäftseinheit verfügt. Das Wahlrecht kann daher nur einmalig ausgeübt werden; ein (einmaliger) Widerruf ist möglich.

Abs. 1 regelt weiters die Ermittlung des verlustbedingten latenten Steueranspruchs: Dafür wird in Jahren, in denen im betroffenen Steuerhoheitsgebiet ein Mindeststeuer-Nettoverlust vorliegt, der Mindeststeuer-Nettoverlust mit dem Mindeststeuersatz multipliziert.

Gemäß Abs. 2 wird dieser fiktive latente Steueranspruch vorgetragen. Ergibt sich in Folgejahren ein Mindeststeuer-Gewinn, wird der Steueranspruch verwendet. Die Höhe des verwendeten Betrages entspricht dabei dem Mindeststeuer-Gewinn multipliziert mit dem Mindeststeuersatz, wobei die Verwendung mit dem Vortrag begrenzt ist. Die Verwendung bewirkt einerseits den Ansatz als erfasste Steuern nach § 39 Z 2 und andererseits gemäß Abs. 3 die Kürzung des Vortrages um den verwendeten Betrag. Ein verbleibender Saldo wird in Folgejahre vorgetragen und steht in weiteren Jahren für die Verrechnung zur Verfügung.

Beispiel:
Im Jahr 01 wird das Wahlrecht ausgeübt, es wird für das Jahr 01 ein Mindeststeuer-Verlust in Höhe von 100.000 ermittelt. Der fiktive latente Steueranspruch wird daher in Höhe des Mindeststeuersatzes von 15 % mit 15.000 ermittelt (Abs. 1) und in Folgejahre vorgetragen (Abs. 2). Im Jahr 02 wird ein Mindeststeuer-Verlust in Höhe von 60.000 ermittelt, der ermittelte fiktive latente Steueranspruch für das Jahr 02 beträgt daher 9.000 (Abs. 1), der Vortrag beträgt insgesamt 24.000 (Abs. 1). Im Jahr 03 ergibt sich ein Mindeststeuer-Gewinn von 30.000. Von dem vorgetragenen Steueranspruch können 15 % des Mindeststeuer-Gewinns verwendet werden (Abs. 2), das sind 4.500. Dieser Betrag ist im Vortrag von 24.000 gedeckt und erhöht daher zur Gänze die erfassten Steuern gemäß § 39 Z 2. Der Vortrag ist um die verwendeten 4.500 zu kürzen und beträgt nunmehr 19.500, diese 19.500 sind in Folgejahre vorzutragen (Abs. 3). Im Jahr 04 ergibt sich ein Mindeststeuer-Gewinn von 160.000. Von dem vorgetragenen Steueranspruch könnten 15 % des Mindeststeuer-Gewinn verwendet werden (Abs. 2), das sind 24.000. Davon sind allerdings nur 19.500 im Vortrag gedeckt, es greift daher die Deckelung mit dem vorgetragenen Steueranspruch (Abs. 2), sodass nur 19.500 die erfassten Steuern gemäß § 39 Z 2 erhöhen können. Der Vortrag ist im Jahr 04 zur Gänze verbraucht, für das Jahr 05 stehen keine fiktiven latenten Steuern mehr zur Verfügung.

Zu Abs. 4:
Wird das Wahlrecht widerrufen, verfallen die vorgetragenen Steueransprüche gemäß Abs. 4. Dies ist erforderlich, weil mit dem Widerruf die latenten Steuern nach § 42 zu berücksichtigen sind, wobei die latenten Steueransprüche bzw. -verbindlichkeiten so zu berücksichtigen sind, als wären sie bereits nach § 42 bzw. § 80 für das vorangegangene Geschäftsjahr ermittelt worden. Um eine doppelte Berücksichtigung von Verlusten auszuschließen, ist daher der Verfall erforderlich. Zeitlich wirkt der Verfall mit Beginn des ersten Geschäftsjahres, in dem das Wahlrecht nicht mehr gilt.

Beispiel:
Ein im Jahr 01 ausgeübtes Wahlrecht wird im Jahr 05 mit Wirksamkeit ab dem Jahr 06 widerrufen. Zu Beginn des Jahres 05 beträgt der vorgetragene Steueranspruch (Abs. 2) 24.000. Im Jahr 05 ergibt sich ein Mindeststeuer-Gewinn von 30.000. Von dem vorgetragenen Steueranspruch können 15 % des Mindeststeuer-Gewinn verwendet werden (Abs. 2), das sind 4.500. Dieser Betrag ist im Vortrag von 24.000 gedeckt und kann daher zur Gänze bei den erfassten Steuern angesetzt werden. Der Vortrag ist um die verwendeten 4.500 zu kürzen und beträgt nunmehr 19.500. Auf Grund des Widerrufs verfallen diese 19.500 mit Beginn des Jahres 06 (Abs. 4).

Beim Steueranspruch nach § 43 handelt es sich um ein gebietsbezogenes Attribut der Unternehmensgruppe. Dieser wird bei Veräußerung der Geschäftseinheit nicht mitübertragen (§ 59 Abs. 2 Z 5), Art. 35 der Richtlinie; Art. 6.2.1 lit. f der GloBE-Mustervorschriften). Selbst bei Übertragung aller Geschäftseinheiten eines Steuerhoheitsgebietes verbleibt der fiktive Steueranspruch bei der veräußernden Unternehmensgruppe (vgl. GloBE-Kommentar, Art. 4.5, Rz 117).

Zu Abs. 6:
Nach Abs. 6 können auch transparente Gesellschaften, die oberste Muttergesellschaft einer Unternehmensgruppe sind (siehe dazu die Sondervorschrift gemäß § 63 und die diesbezüglichen Erläuterungen), ein Mindeststeuer-Verlustwahlrecht in Anspruch nehmen. Allerdings beschränkt sich dieses Wahlrecht auf ihre „eigenen" Verluste; d.h. nach Kürzung um Verluste, die ihren Gesellschaftern gemäß § 63 Abs. 2 zugeordnet werden. Der vorgetragene Steueranspruch kann nur gegen eigene Gewinne der transparenten Gesellschaft verrechnet werden; Gewinne anderer Einheiten können nicht berücksichtigt werden.

Zu § 44 (Besondere Zurechnung von erfassten Steuern einer Geschäftseinheit zu einer anderen Geschäftseinheit):

§ 44 soll die besondere Zurechnung von erfassten Steuern einer Geschäftseinheit zu einer anderen Geschäftseinheit regeln. Mit dieser Bestimmung wird Art. 24 der Richtlinie umgesetzt, der auf Art. 4.3 der GloBE-Mustervorschriften basiert. Diese Bestimmung ist notwendig, um die erfassten Steuern (vorbehaltlich bestimmter Einschränkungen) mit dem Mindeststeuer-Gewinn in Einklang zu bringen, auf den sich die Steuern beziehen (vgl. GloBE-Kommentar, Art. 4.3.2, Rz 43).

Zu Abs. 1:
Abs. 1 soll die Zurechnung von erfassten Steuern im Zusammenhang mit Betriebsstätten (Z 1), volltransparenten Einheiten (Z 2), hybriden Einheiten (Z 3), einer Hinzurechnungsbesteuerung (Z 4) und einer Ausschüttung (Z 5) regeln.

Die Zurechnung von erfassten Steuern soll grundsätzlich nach denselben Kriterien erfolgen wie die Zurechnung der Erträge bei der Ermittlung des Mindeststeuer-Gewinnes oder -Verlustes. Sofern daher die entsprechenden Erträge bei der Ermittlung des Mindeststeuer-Gewinnes oder -Verlustes einer Geschäftseinheit für das jeweilige Hoheitsgebiet berücksichtigt wurden, sollen auch die erfassten Steuern bei dieser berücksichtigt werden und folglich in die Berechnung des effektiven Steuersatzes einfließen (vgl. GloBE-Kommentar, Art. 4.3.1, Rz 41).

Sofern einer Geschäftseinheit daher erfasste Steuern in Bezug auf Einkünfte zugewiesen werden, die bei der Ermittlung des Mindeststeuer-Gewinnes oder -Verlustes einer anderen Geschäftseinheit berücksichtigt werden, oder in Fällen, in denen die erfasste Steuer nicht vom Belegenheitsstaat der Geschäftseinheit (z. B. im Rahmen der Hinzurechnungsbesteuerung oder im Falle von Quellensteuern) erhoben wird, sollen diese erfassten Steuern vorbehaltlich der Einschränkungen des Abs. 2 der jeweiligen Geschäftseinheit zugewiesen werden, die die Einkünfte erzielt hat. § 44 soll nicht auf laufend gezahlte oder bereits entstandene Steuern eingeschränkt werden, sondern auch latente Steuern gemäß § 42 umfassen (vgl. GloBE-Kommentar, Art. 4.3.1, Rz 42).

MinBestG
Gesetzesmaterialien

Z 1 soll die Zurechnung erfasster Steuern einer Geschäftseinheit regeln, die bei dieser in Bezug auf den Gewinn einer Betriebsstätte angefallen sind. Hiefür sollen die erfassten Steuern aus den angepassten erfassten Steuern bei dieser Geschäftseinheit heraus- und in die angepassten erfassten Steuern der Betriebsstätte eingerechnet werden.

Die auf den berücksichtigten Betriebsstättengewinn entrichteten erfassten Steuern entsprechen jenem Betrag, um den die Steuerverbindlichkeiten aus dem berücksichtigten Gewinn der Betriebsstätte den Betrag der anrechenbaren Steuern der Betriebsstätte auf ihren Gewinn übersteigen (vgl. zu Z 1 GloBE-Kommentar, Art. 4.3.2 (a), Rz 46-50).

Beispiel *(vgl. GloBE-Kommentar, Art. 4.3.2 (a), Rz 50):*
Unternehmen A muss sowohl seinen als auch den Gewinn seiner Betriebsstätte zu einem Satz von 20 % versteuern. Die Betriebsstätte erwirtschaftet im Jahr 1 einen Gewinn in Höhe von 100 und wird in ihrem Steuerhoheitsgebiet mit 12 % besteuert, weshalb Steuern in Höhe von 12 zu entrichten sind. Unternehmen A berücksichtigt den Betriebsstättengewinn in Höhe von 100 in vollem Umfang; seine Steuerschuld beträgt in seinem Steuerhoheitsgebiet vor Anrechnung ausländischer Steuern 20. Nach Anrechnung der im Ausland entrichteten Steuern verringern sich die Steuern auf den Betriebsstättengewinn dann allerdings auf 8. In diesem Beispiel werden die Steuern in Höhe von 8 von den angepassten erfassten Steuern von Unternehmen A ausgenommen und der Betriebsstätte zugerechnet, weil es sich dabei um die tatsächliche Steuerschuld in Bezug auf den Betriebsstättengewinn handelt.

In Z 2 soll die Zurechnung von erfassten Steuern im Zusammenhang mit dem Gewinn einer volltransparenten Einheit, die Teil der Unternehmensgruppe ist, geregelt werden. Zwar unterliegen volltransparente Einheiten in der Regel keiner inländischen Körperschaftsteuer; dies schließt jedoch nicht aus, dass dennoch bestimmte erfasste Steuern auf subnationaler oder lokaler Ebene bei dieser erhoben werden. Weiters kann es auf Ebene einer volltransparenten Einheit auch zur Erhebung von Quellensteuern kommen, die von dieser zu tragen sind. Derartige erfasste Steuern sollen den gruppenzugehörigen Gesellschaftern entsprechend ihrer prozentuellen Beteiligung an den Gewinnen zugeteilt werden.

Auf umgekehrt hybride Gesellschaften soll Z 2 nicht zur Anwendung gelangen. Weiters sollen jene Gewinne, die einer steuerlichen Betriebsstätte einer volltransparenten Einheit in einem Steuerhoheitsgebiet zuzurechnen sind, unter Z 1 subsumiert werden (vgl. GloBE-Kommentar, Art. 4.3.2 (b), Rz 55-57).

Z 3 soll die Zurechnung erfasster Steuern regeln, die im Zuge einer Hinzurechnungsbesteuerung erhoben werden. Vorbehaltlich des Abs. 2 soll der Hinzurechnungsbetrag, der beim gruppenzugehörigen Gesellschafter auf den Anteil am Gewinn der beherrschten Geschäftseinheit erhoben wird, der beherrschten Geschäftseinheit zugerechnet werden (sog. *„CFC push-down"*; vgl. GloBE-Kommentar, Art. 4.3.2 (c), Rz 58). Die Zurechnung von Steuern bei einem gemischten Hinzurechnungsbesteuerungsregime soll abweichend hiervon in § 82 anhand einer eigenen Zurechnungsformel erfolgen (vgl. dazu die Erläuterungen zu § 82).

Z 4 soll die Zurechnung erfasster Steuern regeln, die im Zusammenhang mit dem Gewinn einer hybriden Einheit anfallen. Sofern in einem Steuerhoheitsgebiet Steuern auf den Gewinn eines gruppenzugehörigen Gesellschafters an der hybriden Einheit erhoben werden, sollte die im Abschluss des gruppenzugehörigen Gesellschafters ausgewiesenen erfassten Steuern der hybriden Einheit zugewiesen werden. Werden einem gruppenzugehörigen Gesellschafter Steuern im Zusammenhang mit passiven Einkünften der hybriden Einheit zugerechnet, soll Abs. 2 zur Anwendung kommen; selbiges soll im Falle von Ausschüttungen einer hybriden Einheit gelten (vgl. GloBE-Kommentar, Art. 4.3.2 (d), Rz 59).

In Z 5 soll die Zurechnung von Steuern (Quellensteuern sowie Steuern auf Nettobasis), die bei den Anteilsinhabern im Zusammenhang mit Ausschüttungen zwischen verschiedenen Geschäftseinheiten erfasst sind, geregelt werden. Diese sollen jener Geschäftseinheit zugerechnet werden, die die Ausschüttung vornimmt. Grundsätzlich sollte die Zurechnung an jene Geschäftseinheit erfolgen, die die Erträge originär erwirtschaftet hat. Da Ausschüttungen oftmals über Beteiligungsketten erfolgen, ist die Rückverfolgung zu jener Einheit, die die Erträge originär erwirtschaftet hat, uU äußerst komplex und aufwendig, sodass nach Z 5 die Zurechnung bei jener Einheit erfolgen soll, die die Ausschüttung in betreffenden Geschäftsjahr vorgenommen hat (vgl. GloBE-Kommentar, Art. 4.3.2 (e), Rz 60-61). Die erfassten Steuern iZm der Ausschüttung werden nach Z 5 der ausschüttenden Geschäftseinheit selbst dann zugerechnet und unter deren angepassten erfassten Steuern berücksichtigt, wenn diese ausgenommene Dividenden (§ 17) bei der empfangenden Geschäftseinheit betreffen (vgl. dazu die Erläuterungen zu § 40).

Zu Abs. 2:

Nach Abs. 2 soll die Zurechnung der erfassten Steuer in Bezug auf passive Einkünfte (Abs. 3) in den Fällen des Abs. 1 Z 3 und 4 mit dem niedrigeren der folgenden zwei Beträge begrenzt sein:

Mit dem Betrag an erfassten Steuern in Bezug auf diese passiven Einkünfte, oder mit dem Betrag der passiven Einkünfte der Geschäftseinheit, die aufgrund einer Hinzurechnungsbesteuerung oder Steuertransparenzregelung einzubeziehen sind, multipliziert mit dem Ergänzungssteuersatz für das Steuerhoheitsgebiet der Geschäftseinheit, der ohne Berücksichtigung der vom gruppenzugehörigen Gesellschafter der Geschäftseinheit zu entrichtenden Steuern bestimmt wird.

Abs. 2 soll Einschränkungen betreffend die Zurechnung von erfassten Steuern an den Gesellschafter enthalten, die auf passive Einkünfte seiner Tochtergesellschaft anfallen. Diese Regelung soll verhindern, dass Unternehmensgruppen „mobile" Einkünfte von Hochsteuerhoheitsgebieten in Niedrigsteuerhoheitsgebiete verlagern, um den Gesamtbetrag der in der Unternehmensgruppe bestehenden Steuern (einschließlich einer Ergänzungssteuer) zu verringern (vgl. GloBE-Kommentar, Art. 4.3.3, Rz 62).

Sofern nach Anwendung von Abs. 2 noch Steuern des gruppenzugehörigen Gesellschafters verbleiben, die auf diese passiven Einkünfte entfallen, sollen diese in den angepassten erfassten Steuern des gruppenzugehörigen Gesellschafters berücksichtigt werden können. Die Bestimmung soll den Gesamtbetrag der erfassten Steuern auf passive Einkünfte auf den Mindestsatz begrenzen (vgl. hierzu GloBE-Kommentar, Art. 4.3.3, Rz 63).

Zu Abs. 3:
Abs. 3 enthält eine Aufzählung, welche im Mindeststeuer-Gewinn berücksichtigten Erträge für Zwecke dieser Bestimmung als passive Einkünfte gelten sollen, sofern ein gruppenzugehöriger Gesellschafter einer Geschäftseinheit aufgrund einer Hinzurechnungsbesteuerung oder aufgrund einer Beteiligung an einer hybriden Einheit besteuert wurde. Folgende Einkünfte sollen umfasst sein: Dividenden und dividendenähnliche Erträge, Zinsen oder zinsähnliche Erträge, Mieten, Lizenzgebühren, Annuitäten sowie Nettogewinne aus Vermögen, das zu einem der eben angeführten Erträge führt.

Zu Abs. 4:
§ 35 Abs. 5 ermöglicht unter bestimmten Voraussetzungen eine Berücksichtigung von Betriebsstättenverlusten bei der Ermittlung des Mindeststeuer-Gewinnes des Stammhauses; in späteren Jahren kommt es jedoch gemäß § 35 Abs. 6 – ähnlich der Nachversteuerung gemäß § 2 Abs. 8 Z 4 EStG 1988 – zu einer Erfassung späterer Betriebsstättengewinne im Mindeststeuer-Gewinn des Stammhauses bis zur Höhe der zuvor berücksichtigten Betriebsstättenverluste. Korrespondierend dazu soll § 44 Abs. 4 sicherstellen, dass alle erfassten Steuern, die auf den beim Stammhaus gemäß § 35 Abs. 6 berücksichtigten Gewinn der Betriebsstätte entfallen, als angepasste erfasste Steuern des Stammhauses berücksichtigt werden. Dabei soll jedoch maximal ein Betrag in jener Höhe berücksichtigt werden können, der sich aus der Multiplikation des Mindeststeuer-Gewinnes mit dem höchsten Steuersatz für reguläre Einkünfte im Belegenheitsstaat des Stammhauses ergibt. Unter dem höchsten Steuersatz für reguläre Einkünfte soll der volle Grenzsteuersatz (ohne Anwendung von Ausnahmen, Befreiungen, Gutschriften oder ähnlichem) verstanden werden (vgl. GloBE-Kommentar, Art. 4.3.4, Rz 64).

Zu Abs. 5:
Für Zwecke der nationalen Ergänzungssteuer soll entsprechend den vom Inclusive Framework am 1. Februar 2023 und am 13. Juli 2023 angenommenen Verwaltungsleitlinien zur Administration der GloBE-Mustervorschriften bestimmte ausländische Steuern abweichend von Abs. 1 Z 1, 3, 4 und 5 nicht einer inländischen Geschäftseinheit zugerechnet werden; d.h. diese sollen nicht in deren angepasste erfasste Steuern einfließen und daher auch nicht den Effektivsteuersatz im Inland für Zwecke der NES erhöhen können. Folglich sollen einer inländischen Geschäftseinheit keine erfassten ausländischen Steuern ihres Stammhauses und ihrer unmittelbaren oder mittelbaren gruppenzugehörigen Gesellschafter mit Ausnahme einer einbehaltenen Kapitalertragsteuer auf Ausschüttungen zugerechnet werden.

Hintergrund dieser Regelungen ist insbesondere, dass letztlich die Erhebung einer nationalen Ergänzungssteuer Vorrang gegenüber der Erhebung einer ausländischen Hinzurechnungsbesteuerung haben soll. Dementsprechend soll auch für Zwecke von § 10a und § 12 Abs. 1 Z 10 KStG 1988 eine anerkannte nationale Ergänzungssteuer eines anderen Staates in die Beurteilung der ausländischen Steuerbelastung für Zwecke diese beiden Bestimmungen miteinfließen; d.h. die Anwendung einer anerkannten nationalen Ergänzungssteuer sollte idR das Vorliegen einer Niedrigbesteuerung im Sinne dieser beiden Bestimmungen ausschließen.

Zu § 45 (Anpassungen und Steuersatzänderungen nach Einreichung des Mindeststeuerberichts):
§ 45 soll die Rechtsfolgen von Anpassungen des Betrags der erfassten Steuern nach Abgabe des Mindeststeuerberichts regeln. Mit dieser Bestimmung wird Art. 25 der Richtlinie umgesetzt, der auf Art. 4.6 der GloBE-Mustervorschriften basiert.

Die Verbindlichkeiten aus erfassten Steuern können sich aus verschiedenen Gründen erhöhen oder verringern, z. B., weil sich die nationale Steuerbemessungsgrundlage aufgrund einer Abgabenprüfung oder aufgrund der Abgabe einer berichtigten Steuererklärung nachträglich ändert. Solche Änderungen können somit auch Auswirkungen auf die Höhe des Ergänzungssteuerbetrages für ein Geschäftsjahr haben.

Zu Abs. 1:
Nach Abs. 1 soll entsprechend Art. 25 Abs. 1 der Richtlinie bzw. Art. 4.6.1 der GloBEMustervorschriften eine Erhöhung der erfassten Steuern für ein vorangegangenes Jahr, die im Abschluss des laufenden Geschäftsjahres erfasst wird, auch als Erhöhung der erfassten Steuern des laufenden Geschäftsjahres zu erfassen sein. Die Berücksichtigung solcher Änderungen bei den erfassten Steuern des laufenden Jahres anstelle des vorangegangen Jahres soll der Verwaltungsvereinfachung dienen; dadurch ist jedoch eine Erstattung einer bereits entrichteten Mindeststeuer für ein vorangegangenes Jahr ausgeschlossen (vgl. GloBE-Kommentar, Art. 4.6.1, Rz 120). Dabei folgt die Regelung im Grundsatz der Systematik der Korrektur von Bilanzierungs- und Bewertungsfehlern eines vorangegangenen Geschäftsjahrs sowie Änderungen der Bilanzierungsvorschriften und Bewertungsmethoden nach § 22, die ebenfalls eine fortlaufende Korrektur vorsehen.

Zu Abs. 2:
Im Fall einer Verringerung der erfassten Steuern soll es entsprechend Art. 25 Abs. 1 der Richtlinie bzw. Art. 4.6.1 der GloBE-Mustervorschriften hingegen grundsätzlich gemäß Abs. 2 erster Satz zur Verminderung der angepassten erfassten Steuern des vorangegangenen Jahres kommen.

Satz 2 soll klarstellen, dass die Bestimmung auch anwendbar ist, wenn ein steuerlicher Verlust in ein vorangegangenes Geschäftsjahr rückgetragen wird. Denn im Falle eines steuerlichen Verlustrückrtrages erfolgt im laufenden Geschäftsjahr eine Steuererstattung für ein vorangegangenes Geschäftsjahr. Bei dieser Erstattung handelt es sich um eine Verringerung der erfassten Steuern für ein früheres Geschäftsjahr, weshalb sie ebenso als Verminderung der erfassten Steuern für ein vorangegangenes Geschäftsjahr in den Anwendungsbereich dieser Vorschrift fallen soll (vgl. GloBE-Kommentar, Art. 4.6.1, Rz 124).

Mit der Verminderung der angepassten erfassten Steuern für ein vorangegangenes Geschäftsjahr soll gemäß Abs. 2 dritter Satz auch eine Neuberechnung des Effektivsteuersatzes und des Ergänzungssteuerbetrages für das vorangegangene Geschäftsjahr verbunden sein, auf das sich die Steueranpassung bezieht. Folglich kann es in Bezug auf dieses vorangegangene Geschäftsjahr auch zum Anfallen eines zusätzlichen

MinBestG
Gesetzesmaterialien

Ergänzungssteuerbetrages kommen, der allerdings aus Vereinfachungsgründen gemäß § 47 Abs. 4 iVm § 49 im laufenden Geschäftsjahr erhoben wird.

Aufgrund der Berücksichtigung der Verringerung der erfassten Steuern im vorangegangenem Geschäftsjahr stellt Abs. 2 vierter Satz klar, dass der Mindeststeuer-Gewinn oder -Verlust für das laufende Geschäftsjahr und jedes andere vorangegangene Geschäftsjahr entsprechend angepasst werden soll.

Zu Abs. 3:
Abs. 3 soll entsprechend Art. 25 Abs. 1 der Richtlinie bzw. Art. 4.6.1 der GloBE-Mustervorschriften ein Wahlrecht vorsehen, demzufolge eine unwesentliche Verringerung der erfassten Steuern für ein vorangegangenes Geschäftsjahr auch als Verringerung im laufenden Geschäftsjahr berücksichtigt werden kann. Eine Verringerung der erfassten Steuern gilt als unwesentlich, wenn sich die für das Steuerhoheitsgebiet für das Geschäftsjahr bestimmten angepassten erfassten Steuern um insgesamt weniger als 1 Mio. Euro reduzieren. Ob eine Anpassung unwesentlich ist, soll für jedes Geschäftsjahr anhand der Gesamterhöhung oder -verringerung der erfassten Steuern für dieses Geschäftsjahr ermittelt werden. § 45 Abs. 3 steht im Einklang mit den Bestimmungen des § 22, um Verzerrungen vorzubeugen, die sich ansonsten aus dem Zusammenspiel dieser beiden Vorschriften ergeben könnten.

Zu Abs. 4:
Abs. 4 hängt mit § 42 Abs. 1 Z 4 zusammen, demzufolge neu bewertete latente Steuern aufgrund einer Änderung des geltenden lokalen Steuersatzes aus dem Gesamtbetrag der angepassten erfassten Steuern ausgenommen werden. Abs. 4 betrifft eine Senkung des lokalen Steuersatzes und die damit verbundene zeitliche Zuordnung von latentem Steueraufwand. Diese Vorschrift setzt Art. 25 Abs. 2 der Richtlinie bzw. Art. 4.6.2 der GloBE-Mustervorschriften um und stellt sicher, dass in Fällen, in denen ein lokaler Steuersatz zu einem späteren Zeitpunkt abgesenkt wird, der zuvor unter den erfassten Steuern geltend gemachte latente Steueraufwand auf den korrekten Wert angepasst wird, welches der Steuerbetrag ist, der bei Auflösung der latenten Steuerschuld tatsächlich entrichtet wird (vgl. GloBE-Kommentar, Art. 4.6.2, Rz 128).

Beispiel *(vgl. GloBE-Kommentar, Art. 4.6.2, Rz 129):*
Eine Geschäftseinheit hat nach lokalem Steuerrecht eine steuerliche Sofortabschreibung (für Rechnungslegungszwecke verteilt über zwei Jahre) für bestimmte Vermögenswerte vorgenommen (lokaler Steuersatz = 15 %). Die Geschäftseinheit erwirbt einen solchen Vermögenswert für 200 bei einem Gewinn von 200. Durch die steuerliche Sofortabschreibung entsteht für Geschäftsjahr 01 keine Steuerschuld. Aufgrund der temporären Differenz zur Rechnungslegung sind passive latente Steuern abzugrenzen, sodass einem unternehmensrechtlichen Gewinn in Höhe von 100 latenter Steueraufwand von 15 gegenübersteht. Im Geschäftsjahr 02 wird der lokale Steuersatz auf 10 % abgesenkt. Wenn sich die der passiven latenten Steuerschuld zugrundeliegenden temporären Differenzen umkehren, wird nur Steuern iHv 10 zu entrichten (effektiver Steuersatz von 10 %). Absatz 4 verlangt für diesen Fall die Neuberechnung der Mindeststeuer für Geschäftsjahr 01 mit dem Steuersatz von 10 %, sodass in Geschäftsjahr 02 aufgrund der Neuberechnung ein zusätzlicher Ergänzungssteuerbetrag iHv 5 fällig ist.

Zu Abs. 5:
Abs. 5 hängt ebenso mit § 42 Abs. 1 Z 4 zusammen. Abs. 5 soll jedoch den umgekehrten Fall zu Abs. 4 regeln; d.h. ein latenter Steueraufwand wurde ursprünglich zu einem unter dem Mindeststeuersatz liegenden Satz berücksichtigt und der lokale Steuersatz wird später angehoben. In diesem Fall soll der Betrag des latenten Steueraufwands, der aus der Erhöhung resultiert, im Geschäftsjahr seiner Entrichtung als Anpassung der erfassten Steuern für ein früheres Geschäftsjahr behandelt werden (vgl. GloBE-Kommentar, Art. 4.6.3, Rz 130). Abs. 5 setzt Art. 25 Abs. 3 der Richtlinie bzw. Art. 4.6.3 der GloBE-Mustervorschriften um.

Beispiel *(vgl. GloBE-Kommentar, Art. 4.6.3, Rz 131):*
Eine Geschäftseinheit hat in Geschäftsjahr 01 einen Mindeststeuer-Gewinn in Höhe von 100 erzielt und eine latente Steuerschuld in Höhe von 10 verbucht (effektiver Steuersatz von 10 %). Im Geschäftsjahr 02 hebt das Steuerhoheitsgebiet seinen Steuersatz auf 15 % an. Für Rechnungslegungszwecke wird eine zusätzliche latente Steuerschuld in Höhe von 5 verbucht. Diese Erhöhung um 5 bleibt gemäß § 42 Abs. 1 Z 4 in Geschäftsjahr 02 jedoch unberücksichtigt. Im Geschäftsjahr 03 werden die Steuern in Höhe von 15 entrichtet und die latente Steuerschuld wird in voller Höhe aufgelöst. Die zusätzliche latente Steuerschuld in Höhe von 5, die zuvor außer Acht gelassen wurde, wird nach § 45 Abs. 5 im Geschäftsjahr 03 berücksichtigt und als Anstieg der erfassten Steuern behandelt.

Zu Abs. 6:
Abs. 6 soll entsprechend Art. 25 Abs. 4 der Richtlinie bzw. Art. 4.6.4 der GloBE-Mustervorschriften eine Neuberechnung des Effektivsteuersatzes und des Ergänzungssteuerbetrages vorsehen, wenn der laufende Steueraufwand, der unter den angepassten erfassten Steuern geltend gemacht wurde, nicht innerhalb von drei Jahren nach Ablauf des Geschäftsjahres entrichtet wird. Wird diese Zahlungsfrist nicht eingehalten, muss für dieses Geschäftsjahr diese Neuberechnung ohne die Berücksichtigung der nicht gezahlten Steuern erfolgen. Aus Vereinfachungsgründen sollen von dieser Regelung nur laufende Steueraufwendungen betroffen sein, die 1 Mio. Euro übersteigen.

Beispiel *(vgl. GloBE-Kommentar, Art. 4.6.3, Rz 132):*
Geschäftseinheit A hat in Geschäftsjahr 1 unter den erfassten Steuern einen laufenden Steueraufwand iHv 10 geltend gemacht. Die Geschäftseinheit reicht eine lokale Steuererklärung ein, in der sie fällige Steuern iHv 10 ausweist, entrichtet diese Steuern aber nicht bis zum Ende des Geschäftsjahrs 4. Da diese Steuern nicht entrichtet wurden, muss der Effektivsteuersatz und der Ergänzungssteuerbetrag für das Geschäftsjahr 1 neu berechnet werden, ohne diese Steuern iHv 10 in die Berechnung einzubeziehen.

MinBestG
Gesetzesmaterialien

Zu Abschnitt 5:
Zu § 46 (Ermittlung des Effektivsteuersatzes einer Unternehmensgruppe für ein Steuerhoheitsgebiet):
§ 46 soll Art. 26 der Richtlinie bzw. Art. 5.1 der GloBE-Mustervorschriften umsetzen und die Ermittlung des Effektivsteuersatzes regeln.

Zu Abs. 1:
Der Effektivsteuersatz einer Unternehmensgruppe soll für jedes Geschäftsjahr und jedes Steuerhoheitsgebiet durch Division des Gesamtbetrages der angepassten erfassten Steuern sämtlicher Geschäftseinheiten im selben Steuerhoheitsgebiet durch den Mindeststeuer-Nettogewinn sämtlicher Geschäftseinheiten in diesem Steuerhoheitsgebiet berechnet werden. Das Ergebnis soll bis zur vierten Kommastelle gerundet werden (vgl. GloBE-Kommentar, Art. 5.1.1, Rz 3). Die Berechnung soll auf Steuerhoheitsgebietsebene erfolgen, indem alle Geschäftseinheiten der Unternehmensgruppe im selben Steuerhoheitsgebiet miteinbezogen werden („*jurisdictional blending*").

Von dieser Berechnungsmethodik bestehen drei Ausnahmen:

Die erste Ausnahme betrifft Investmenteinheiten und soll in Abs. 3 geregelt werden.

Die zweite Ausnahme betrifft im Minderheitseigentum einer Unternehmensgruppe stehende Geschäftseinheiten und soll in § 51 geregelt werden. Für jede im Minderheitseigentum einer Unternehmensgruppe stehende Untergruppe soll eine separate Berechnung des Effektivsteuersatzes so erfolgen, als ob es sich bei dieser Untergruppe um eine separate Unternehmensgruppe handeln würde.

Die dritte Ausnahme gilt für staatenlose Geschäftseinheiten, deren Effektivsteuersatz gemäß Abs. 4 getrennt von allen anderen Geschäftseinheiten zu ermitteln sein soll.

Zu Abs. 2:
Der Mindeststeuer-Nettogewinn oder -verlust der Unternehmensgruppe soll in Abs. 2 definiert werden. Abs. 2 enthält dafür eine Formel:

Mindeststeuer-Gewinne minus Mindeststeuer-Verluste der Geschäftseinheiten im Steuerhoheitsgebiet.

Übersteigen die Mindeststeuer-Verluste die Mindeststeuer-Gewinne oder reduzieren die Mindeststeuer-Verluste die Mindeststeuer-Gewinne auf null, liegt kein Mindeststeuer-Nettogewinn, sondern ein Mindeststeuer-Nettoverlust vor. Diesfalls soll auch keine Berechnung des Effektivsteuersatzes gemäß Abs. 1 erfolgen (vgl. GloBE-Kommentar, Art. 5.1.1, Rz 3 und Art. 5.1.1, Rz 11).

Grundsätzlich kann auch bei einem Mindeststeuer-Nettoverlust einer Unternehmensgruppe in einem Steuerhoheitsgebiet auch kein Ergänzungssteuerbetrag für dieses Steuerhoheitsgebiet anfallen. Dies gilt allerdings nicht, wenn ein zusätzlicher Ergänzungssteuerbetrag gemäß § 41 anfällt.

Mindeststeuer-Gewinne der Geschäftseinheiten bezeichnet die Summe der im Einklang mit dem 3. Abschnitt ermittelten Mindeststeuer-Gewinne aller im Steuerhoheitsgebiet gelegenen Geschäftseinheiten.

Mindeststeuer-Verluste der Geschäftseinheiten bezeichnet die Summe der im Einklang mit dem 3. Abschnitt ermittelten Mindeststeuer-Verluste aller im Steuerhoheitsgebiet gelegenen Geschäftseinheiten.

Zu Abs. 3:
Investmenteinheiten sollen bei der Berechnung des Effektivsteuersatzes und des Mindeststeuer-Nettogewinns der Unternehmensgruppe nicht berücksichtigt werden, weil für diese Geschäftseinheiten besondere Bestimmungen gelten (§§ 66 bis 68). Insbesondere soll nach diesen Sondervorschriften für Investmenteinheiten eine separate Berechnung des Effektivsteuersatzes erforderlich sein. Sind allerdings mehrere Investmenteinheiten in einem Steuerhoheitsgebiet gelegen, soll deren Effektivsteuersatz gemäß § 66 gemeinsam auf Basis ihrer zusammengefassten Mindeststeuer-Gewinne ermittelt werden (vgl. GloBE-Kommentar, Art. 5.1.1, Rz 12).

Beispiel:
Befinden sich in einem Steuerhoheitsgebiet fünf Geschäftseinheiten von denen eine als Investmentfonds und eine als Versicherungsinvestmenteinheit zu qualifizieren sind, sollen für Zwecke des Abs. 3 insgesamt zwei Berechnungen des Effektivsteuersatzes vorgenommen werden. Die Versicherungsinvestmenteinheit und der Investmentfonds sind Investmenteinheiten und erfordern eine separate Berechnung des Effektivsteuersatzes gemäß § 66, wobei diese beiden Einheiten bei der Berechnung zusammengefasst werden sollen.

Zu Abs. 4:
Der Effektivsteuersatz für jede staatenlose Einheit soll stets getrennt von allen anderen Geschäftseinheiten ermittelt werden. Abs. 4 fingiert damit für jede staatenlose Geschäftseinheit, dass diese in einem Steuerhoheitsgebiet gelegen ist, in dem sie die einzige Geschäftseinheit ist. (vgl. GloBE-Kommentar, Art. 5.1.1, Rz 8).

Beispiel:
Befinden sich in einem Steuerhoheitsgebiet vier Geschäftseinheiten, von denen zwei als staatenlose Geschäftseinheiten zu qualifizieren sind, sollen für Zwecke des Abs. 4 insgesamt drei Berechnungen des Effektivsteuersatzes vorgenommen werden.

Zu § 47 (Ermittlung des Ergänzungssteuerbetrages):
§ 47 soll Art. 27 der Richtlinie bzw. Art. 5.2 und 5.1.1 (staatenlose Einheiten) der GloBEMustervorschriften umsetzen und die Ermittlung des Ergänzungssteuerbetrages regeln.

Zu Abs. 1:
Liegt der Effektivsteuersatz eines Steuerhoheitsgebiets, in dem Geschäftseinheiten gelegen sind, für ein Geschäftsjahr unter dem Mindeststeuersatz (15 %), soll die Unternehmensgruppe zunächst den Ergänzungssteuerbetrag auf Steuerhoheitsgebietsebene gemäß Abs. 4 ermitteln. Darüber hinaus soll gemäß

Anhang

MinBestG
Gesetzesmaterialien

Abs. 5 eine Zuordnung des gesamten Ergänzungssteuerbetrages zu jeder Geschäftseinheit erfolgen. In diese Berechnung sollen allerdings nur jene Geschäftseinheiten miteinbezogen werden, die Mindeststeuer-Gewinne aufweisen, und in die Berechnung des Mindeststeuer-Nettogewinns dieses Steuerhoheitsgebiets einbezogen wurden.

Zu Abs. 2:
Der Ergänzungssteuersatz für ein Steuerhoheitsgebiet für ein Geschäftsjahr soll der positiven Differenz zwischen dem Mindeststeuersatz (15 %) und dem (niedrigeren) Effektivsteuersatz gemäß § 46 Abs. 1 in Prozentpunkten entsprechen. Aufgrund des Vortragsmechanismus gemäß § 41 Abs. 5 für negative angepasste erfasste Steuern bei einem Mindeststeuer-Nettogewinn ergibt sich eine Deckelung des Ergänzungssteuersatzes mit 15 %, sofern nicht § 41 Abs. 6 zur Anwendung kommt (vgl. dazu die Erläuterungen zu § 41). Ist der Effektivsteuersatz gemäß § 46 Abs. 1 gleich hoch wie der Mindeststeuersatz von 15 % oder höher als dieser, ergibt sich somit kein Ergänzungssteuersatz für das jeweilige Steuerhoheitsgebiet; folglich gibt es in diesem Steuerhoheitsgebiet keine niedrig besteuerten Geschäftseinheiten gemäß § 2 Z 19 (vgl. GloBE-Kommentar, Art. 5.2.1, Rz 16).

Zu Abs. 3:
Der Übergewinn des Steuerhoheitsgebiets für das Geschäftsjahr soll gemäß Art. 27 Abs. 4 der Richtlinie bzw. Art. 5.2.2 der GloBE-Mustervorschriften der positiven Differenz aus Mindeststeuer-Nettogewinn gemäß § 46 Abs. 2 und Substanzfreibetrag gemäß § 48 entsprechen. Wird gemäß § 48 Abs. 2 auf die Geltendmachung des Substanzfreibetrages verzichtet, soll der Übergewinn dem Mindeststeuer-Nettogewinn entsprechen. Übersteigt der Substanzfreibetrag den Mindeststeuer-Nettogewinn soll in diesem Geschäftsjahr kein Übergewinn vorliegen und daher kein Ergänzungssteuerbetrag anfallen, sofern nicht ein zusätzlicher Ergänzungssteuerbetrag gemäß § 49 für dieses Geschäftsjahr zu entrichten ist (vgl. GloBE-Kommentar, Art. 5.2.2, Rz 17).

Zu Abs. 4:
Abs. 4 soll entsprechend Art. 27 Abs. 3 der Richtlinie bzw. Art. 5.2.3 der GloBE-Mustervorschriften die Berechnung des Ergänzungssteuerbetrags auf Steuerhoheitsgebietsebene für ein Geschäftsjahr regeln. Grundsätzlich soll sich dieser aus der Multiplikation von Ergänzungssteuersatz mit dem Übergewinn ergeben. Das Produkt aus Ergänzungssteuersatz und Übergewinn soll zudem um den zusätzlichen Ergänzungssteuerbetrag gemäß § 49 erhöht werden.

Von dieser Summe sollen NES-Beträge eines anderen Steuerhoheitsgebietes abgezogen werden. Damit ist gemäß Z 2 jener Steuerbetrag für das Geschäftsjahr gemeint, der gemäß einer anerkannten NES-Regelung eines anderen Steuerhoheitsgebiets bestimmt wurde; somit nicht ein sich für das Inland ergebender Steuerbetrag einer nationalen Ergänzungssteuer für Zwecke der NES gemäß § 6. Eine „Anrechnung" der ausländischen NES-Beträge auf den nach diesem Bundesgesetz für ein ausländisches Steuerhoheitsgebiet ermittelten Ergänzungssteuerbetrag setzt daher voraus, dass die ausländische nationale Ergänzungssteuer als „anerkannt" gilt. Ansonsten ist die ausländische nationale Ergänzungssteuer als erfasste Steuer im Rahmen der Ermittlung des effektiven Steuersatzes zu berücksichtigen. Nach Abzug der anerkannten ausländischen NES-Beträge kann der Ergänzungssteuerbetrag in keinem Fall negativ werden. Liegen die Voraussetzungen des NES-Safe-Harbour (§ 53) vor, kommt der „Anrechnungsmechanismus" des Abs. 4 nicht zur Anwendung, weil aufgrund des NES-Safe-Harbour der Ergänzungssteuerbetrag gemäß § 47 für dieses NES-Steuerhoheitsgebiet ohnedies bereits auf null reduziert wurde.

Nicht fristgerecht entrichtete NES-Beträge eines anderen Steuerhoheitsgebiets sollen in Umsetzung von Art. 11 Abs. 3 der Richtlinie den für ein späteres Geschäftsjahr für dieses Steuerhoheitsgebiet ermittelten Ergänzungssteuerbetrag erhöhen. Gemäß Z 3 gelten NES-Beträge als nicht fristgerecht entrichtet, wenn sie nicht binnen der vier auf das Geschäftsjahr, in dem sie fällig wurden, folgenden Geschäftsjahre im jeweiligen Steuerhoheitsgebiet entrichtet werden.

Zu beachten ist weiters, dass die Berücksichtigung von NES-Beträgen als Abzugsposten bei der Ermittlung des Ergänzungssteuerbetrages ausgeschlossen sein soll, wenn deren Erhebung aus den in Z 4 genannten Gründen strittig oder nicht zulässig ist. Mit diesem Ausschluss soll den vom Inclusive Framework am 13. Juli 2023 angenommenen Verwaltungsleitlinien zur Administration der GloBE-Mustervorschriften betreffend den Pkt. „*QDMTT payable*" Rechnung getragen werden. Liegen die Voraussetzungen der Z 4 vor, soll die Unternehmensgruppe außerdem von der Beantragung des NESSafe-Harbour für das betroffene Geschäftsjahr ausgeschlossen sein (§ 53 Abs. 5).

Zu Abs. 5:
Abs. 5 soll entsprechend Art. 27 Abs. 5 der Richtlinie bzw. Art. 5.2.4 der GloBE-Mustervorschriften die Ermittlung des Ergänzungssteuerbetrags festlegen, der für ein Geschäftsjahr einer Geschäftseinheit zuzuordnen ist. Nach der Ermittlung des gesamten Ergänzungssteuerbetrags für ein Steuerhoheitsgebiet soll dieser Ergänzungssteuerbetrag nach einem bestimmten Aufteilungsschlüssel den in einem Steuerhoheitsgebiet belegenen Geschäftseinheiten im Verhältnis des Mindeststeuer-Gewinn einer Geschäftseinheit und der Summe aller Mindeststeuer-Gewinnen den im Steuerhoheitsgebiet belegenen Geschäftseinheiten zugeordnet werden. Damit soll nur denjenigen Geschäftseinheiten ein Teil des Ergänzungssteuerbetrags zugeordnet werden, für die im Geschäftsjahr auch ein Mindeststeuer-Gewinn ermittelt worden ist. Eine solche Zuteilung soll sicherstellen, dass eine Zuordnung an die Geschäftseinheiten erfolgt, die in dem Geschäftsjahr einen Mindeststeuer-Gewinn erzielen. Das Herunterbrechen des gesamten Ergänzungssteuerbetrags für ein Steuerhoheitsgebiet pro Geschäftseinheit, ist für den im zweiten Abschnitt geregelten zuzurechnenden Anteil am Ergänzungssteuerbetrag relevant und soll die Anwendung der PES durch eine zwischengeschaltete oder im Teileigentum stehende Muttergesellschaft erleichtern.

Zu Abs. 6:
Abs. 6 soll entsprechend Art. 27 Abs. 6 der Richtlinie bzw. Art. 5.2.5 der GloBE-Mustervorschriften eine Regelung für den Fall vorsehen, dass sich der Ergänzungssteuerbetrag für ein Steuerhoheitsgebiet aus einer Neuberechnung gemäß § 49 Abs. 1 für vorangegangene Geschäftsjahre ergibt, jedoch für das Steuerhoheitsgebiet für das laufende Geschäftsjahr jedoch kein Mindeststeuer-Nettogewinn vorliegt. Der zusätzliche Ergänzungssteuerbetrag soll in diesem Fall gleichermaßen anhand der in Abs. 5 festgelegten Formel auf der Grundlage der Mindeststeuer-Gewinne der Geschäftseinheiten in den vorangegangenen Geschäftsjahren zugeordnet werden, für die die Neuberechnungen gemäß § 49 Abs. 1 durchgeführt wurden (vgl. GloBE-Kommentar, Art. 5.2.5, Rz 23).

Zu Abs. 7:
Der Ergänzungssteuerbetrag jeder staatenlosen Geschäftseinheit soll entsprechend Art. 27 Abs. 7 der Richtlinie bzw. Art. 5.1.1 der GloBE-Mustervorschriften für jedes Geschäftsjahr getrennt von dem Ergänzungssteuerbetrag aller anderen Geschäftseinheiten berechnet werden (vgl. GloBE-Kommentar, Art. 5.1.1, Rz 8).

Zu § 48 (Substanzfreibetrag):
§ 48 soll Art. 28 der Richtlinie umsetzen, der auf Art. 5.3 der GloBE-Mustervorschriften basiert, und legt fest, dass der Mindeststeuer-Nettogewinn für jedes Steuerhoheitsgebiet um einen Freibetrag für wirtschaftlich substanzielle Tätigkeiten (Substanzfreibetrag) zu kürzen ist, wodurch im Effekt eine Rendite für wirtschaftlich substanzielle Aktivitäten von den Mindestbesteuerungsregeln ausgenommen werden soll, sodass sich die Regeln auf jene niedrigbesteuerten Gewinne fokussieren, die besonders anfällig für gewinnverschiebende Steuergestaltungen sind, wie solche aus hochmobilen immateriellen Wirtschaftsgütern (vgl. GloBE-Kommentar, Art. 5.3, Rz 25).

Zu Abs. 1:
Dieser Absatz soll den Grundsatz festlegen, dass bei der Ermittlung des Ergänzungssteuerbetrags der Mindeststeuer-Nettogewinn in jedem Steuerhoheitsgebiet, in dem die Unternehmensgruppe tätig ist, grundsätzlich um einen substanzbasierten Freibetrag zu reduzieren ist. Der Substanzfreibetrag wird – ebenso wie der Mindeststeuer-Nettogewinn – für jede Geschäftseinheit der Unternehmensgruppe eigens ermittelt, aber für Zwecke der Berechnung des Effektivsteuersatzes und des Ergänzungssteuerbetrages in einer Summe für jedes Steuerhoheitsgebiet, in dem die Unternehmensgruppe tätig ist, angesetzt. Da der Effektivsteuersatz und der Ergänzungssteuerbetrag von Investmenteinheiten gemäß § 66 gesondert zu berechnen ist, erfolgt auch der Abzug des Substanzfreibetrags für Investmenteinheiten gesondert und darf daher nicht in die für das Steuerhoheitsgebiet, in dem sie gelegen sind, ermittelte Gesamtsumme einbezogen werden. Zur gesonderten Berücksichtigung des Substanzfreibetrags bei Investmenteinheiten siehe § 66 Abs. 6.

Zu Abs. 2:
Der Substanzfreibetrag ist grundsätzlich für jedes Geschäftsjahr zu berücksichtigen. Abs. 2 soll ein Wahlrecht gewähren, auf die Anwendung des Substanzfreibetrags zu verzichten (beispielsweise, um den Aufwand zur Erstellung des Mindeststeuer-Berichts zu verringern). Die Unternehmensgruppe ist nicht verpflichtet den zulässigen Höchstbetrag an berücksichtigungsfähigen Lohnkosten und berücksichtigungsfähigen materiellen Vermögenswerten geltend zu machen, um überhaupt einen Antrag auf einen Substanzfreibetrag stellen zu können, sondern der Verzicht kann auch nur teilweise erfolgen, beispielsweise nur bezüglich einem besonders aufwändig zu ermittelnden Teil des Freibetrags (vgl. Verwaltungsleitlinien des Inclusive Framework zur Administration der GloBE-Mustervorschriften vom 13. Juli 2023, Pkt. 3, Rz 36). Der Verzicht wird für jedes Steuerhoheitsgebiet separat ausgeübt, indem im Mindeststeuerbericht der Freibetrag nicht oder nicht in der theoretisch zur Verfügung stehenden vollen Höhe vom Mindeststeuer-Nettogewinn abgezogen wird. Eine ausdrückliche Erklärung, dass das Wahlrecht ausgeübt wird, ist nicht erforderlich. Es handelt sich um ein einjähriges Wahlrecht, d.h. ein Widerruf des Wahlrechts ist nicht mehr möglich, sobald der Mindeststeuer-Bericht (mit Berechnung des Mindeststeuer-Gewinns im Sinne des Wahlrechts) abgegeben wurde, eine Bindung für die erneute Ausübung des Wahlrechts in nachfolgenden Geschäftsjahren entsteht dadurch aber nicht (vgl. GloBE-Kommentar, Art. 5.3.1, Rz 29).

Zu Z 1:
Dieser Absatz soll die Formel für die Ermittlung des Substanzfreibetrags wiedergeben. Der Freibetrag setzt sich aus einem Prozentsatz einerseits der berücksichtigungsfähigen Lohnkosten für berücksichtigungsfähige Beschäftigte und andererseits der berücksichtigungsfähigen materiellen Vermögenswerte zusammen. Die beiden Komponenten des Substanzfreibetrags sind in den Absätzen 4 bis 7 definiert. Der Betrag der berücksichtigungsfähigen Lohnkosten wird in Bezug auf das jeweilige Steuerhoheitsgebiet ermittelt und ergibt sich aus den berücksichtigungsfähigen Lohnkosten für berücksichtigungsfähige Beschäftigte, die im Steuerhoheitsgebiet jener Geschäftseinheit tätig sind, die ihr Arbeitgeber bzw. Auftraggeber ist (vgl. GloBE-Kommentar, Art. 5.3.3, Rz 33).

Zu Z 2:
Z 2 von Abs. 3 soll in Umsetzung von Art. 48 der Richtlinie, entsprechend dem international vereinbarten zehnjährigen Übergangszeitraum zu Beginn der Anwendung der Mindestbesteuerungsregeln einen höheren Substanzfreibetrag gewähren, der schrittweise auf die Werte gemäß Abs. 3 Z 1 absinken soll. Für den Zeitraum 2023 bis 2032 sind demnach die in der Tabelle ausgewiesenen Prozentwerte anzusetzen. Der Übergangszeitraum ist unabhängig davon, wann eine Unternehmensgruppe in den Anwendungsbereich dieses Bundesgesetzes kommt und ob ein abweichendes Wirtschaftsjahr besteht; es kommt ausschließlich darauf an, in welchem Kalenderjahr ein Geschäftsjahr beginnt. Für im Kalenderjahr 2033 oder danach beginnende Geschäftsjahre gilt dann der im Abs. 3 Z 1 ausgewiesene Prozentsatz von 5 %.

MinBestG
Gesetzesmaterialien

Zu Abs. 4:
Dieser Absatz soll den in Abs. 3 verwendeten Begriff „berücksichtigungsfähige Beschäftigte" definieren. Die Definition entspricht jener für Country-by-Country-Reporting (CbCR) gemäß dem OECD Base Erosion and Profit Shifting (BEPS)-Aktionspunkt 13, wie sie auch in der EU-Amtshilferichtlinie implementiert wurde. Zur Vermeidung von Abgrenzungsschwierigkeiten umfasst sie sowohl unselbständige Beschäftigte einer Geschäftseinheit als auch jene selbständigen Auftragnehmer, die zur regulären Geschäftstätigkeit der Unternehmensgruppe beitragen und gegenüber der Unternehmensgruppe in Bezug auf diese Tätigkeit weisungsgebunden sind, wobei sich der Begriff der selbständigen Auftragnehmer ausschließlich auf natürliche Personen bezieht und auch solche erfassen kann, die bei einem Personaldienstleister angestellt sind, ihre Tätigkeit aber im Rahmen der Unternehmensgruppe und nach deren Weisung ausüben. Angestellte eines selbständigen Auftragnehmers, der etwa nur Waren liefert oder selbständig Dienstleistungen für die Geschäftseinheit erbringt, gehören nicht dazu (vgl. GloBE-Kommentar, Art. 5.3.3, Rz 32).

Zu Abs. 5:
Die Definition der berücksichtigungsfähigen Lohnkosten ergänzt jene der berücksichtigungsfähigen Beschäftigten in Abs. 4 und beruht auf der Prüfung, ob die betreffenden Ausgaben des Arbeitgebers dem Arbeitnehmer einen direkten und separaten persönlichen Vorteil verschaffen. Die berücksichtigungsfähigen Lohnkosten setzen sich aus Vergütungen ieS und sonstigem Lohnaufwand zusammen. Vergütungen für berücksichtigungsfähige Beschäftigte sind Löhne, Gehälter und andere Bruttobezüge der Beschäftigten. Der sonstige Lohnaufwand umfasst alle übrigen unmittelbaren und ausschließlichen Vorteilszuwendungen sowie Krankenversicherungs- und Pensionsbeiträge des Arbeitgebers. Die Lohnkosten umfassen auch die für berücksichtigungsfähige Beschäftigte einbehaltenen Lohnsteuern und Sozialversicherungsbeiträge sowie ggf. andere Lohnabgaben. Grundsätzlich entspricht der Betrag der berücksichtigungsfähigen Lohnkosten dem Gesamtbetrag der im Rechnungswesen erfassten (und der Definition entsprechenden) Lohnkosten. Hinsichtlich aktienbasierter Vergütungen ist der Betrag der berücksichtigungsfähigen Lohnkosten derjenige, der in den betreffenden Finanzkonten enthalten ist, die zur diesbezüglichen Bestimmung des Substanzfreibetrags der Geschäftseinheit heranzuziehen sind, und wird nicht durch eine Wahl gemäß § 25 beeinflusst (vgl. Verwaltungsleitlinien des Inclusive Framework zur Administration der GloBE-Mustervorschriften vom 13. Juli 2023, Pkt. 3, Rz 39).

Die Personalkosten sollen ein Indiz für wirtschaftliche Substanz im betreffenden Staat darstellen, weshalb sie nur Tätigkeiten in jenem Steuerhoheitsgebiet betreffen sollen, in dem die Geschäftseinheit gelegen ist, die Arbeitgeber der Beschäftigten ist. Zwecks Vereinfachung, um nicht jede gelegentliche auswärtige Tätigkeit aus den Personalkosten herausrechnen zu müssen, enthält Abs. 5 aber folgende „Überwiegensregel": Üben berücksichtigungsfähige Beschäftigte im maßgeblichen Geschäftsjahr mehr als 50 % ihrer für die Unternehmensgruppe erbrachten Tätigkeiten im Steuerhoheitsgebiet der arbeit- oder auftraggebenden Geschäftseinheit aus, kann diese Geschäftseinheit die vollständigen berücksichtigungsfähigen Lohnkosten für diese berücksichtigungsfähigen Beschäftigten für Zwecke des Substanzfreibetrags heranziehen. Üben dagegen berücksichtigungsfähige Beschäftigte während des betreffenden Geschäftsjahres 50 % oder weniger ihrer für die Unternehmensgruppe erbrachten Tätigkeiten im Steuerhoheitsgebiet der arbeit- oder auftraggebenden Geschäftseinheit aus, sind für Zwecke des Substanzfreibetrags nur jene berücksichtigungsfähigen Lohnkosten heranzuziehen, die auf die im entsprechenden Steuerhoheitsgebiet erbrachte Arbeitszeit der betreffenden berücksichtigungsfähigen Beschäftigten entfallen. Erbringt ein berücksichtigungsfähiger Beschäftigter beispielsweise nur 30 % seiner Arbeitszeit im Steuerhoheitsgebiet der arbeit- oder auftraggebenden Geschäftseinheit, können insgesamt auch nur 30 % der berücksichtigungsfähigen Lohnkosten für diesen Beschäftigten für Zwecke des Substanzfreibetrags herangezogen werden (vgl. Verwaltungsleitlinien des Inclusive Framework vom 13. Juli 2023, Pkt. 3, Rz 29). Hinsichtlich aktienbasierter Vergütungen ist der Betrag der berücksichtigungsfähigen Lohnkosten derjenige, der in den betreffenden Finanzkonten enthalten ist, die zur diesbezüglichen Bestimmung des Substanzfreibetrags der Geschäftseinheit heranzuziehen sind; er wird nicht durch eine Wahl gemäß § 25 beeinflusst (vgl. Verwaltungsleitlinien des Inclusive Framework vom 13. Juli 2023, Pkt. 3, Rz 45).

Dieser Abs. soll darüber hinaus zwei Ausnahmen von der Berücksichtigung von Lohnkosten für Zwecke des Substanzfreibetrags festlegen: Erstens sind ggf. jene Lohnkosten herauszurechnen, die als Anschaffungs- oder Herstellungskosten aktiviert und als Teil des Buchwerts berücksichtigungsfähiger materieller Vermögenswerte erfasst worden sind und somit von der entsprechenden Definition gemäß Abs. 6 erfasst sind. Zweitens sind ggf. jene verbuchten Lohnkosten abzuziehen, die den ausgenommenen Gewinnen oder Verlusten aus dem internationalen Seeverkehr gemäß § 34 zuzuordnen sind. Lohnkosten, die einem Betrag zuzurechnen sind, der das Höchstausmaß für ausgenommene Gewinne oder Verluste aus dem internationalen Seeverkehr gemäß § 34 Abs. 4 übersteigt, werden dagegen für Zwecke des Substanzfreibetrags sehr wohl berücksichtigt. Die Zuordnung der Lohnkosten zu den Gewinnen oder Verlusten aus dem internationalen Seeverkehr ist entsprechend der Grundsätze des § 34 Abs. 5 vorzunehmen (vgl. GloBE-Kommentar, Art. 5.3.3, Rz 35-36). Anders geartete Kürzungserfordernisse können sich im Zusammenhang mit Betriebsstätten und transparenten Geschäftseinheiten gemäß den Abs. 8 und 9 ergeben (siehe Erläuterungen dort).

Zu Abs. 6:
Dieser Absatz soll die für Zwecke des Substanzfreibetrags berücksichtigungsfähigen materiellen Vermögenswerte definieren. Der Definition der in Frage kommenden materiellen Vermögenswerte soll ein weites Begriffsverständnis zugrunde liegen, sie soll alle Vermögenswerte erfassen, die substanzielle Tätigkeiten in dem Steuerhoheitsgebiet indizieren, in dem sie gelegen sind. In den Ziffern 1 bis 4 wird daher ein breites Spektrum genannt, nämlich Sachanlagen, natürliche Ressourcen, Nutzungsrechte des Leasingnehmers und einige andere Nutzungsrechte. Durch das weite Begriffsverständnis sollen auch wettbewerbsverzerrende Wirkungen zwischen verschiedenen Branchen, die verschiedene Arten von materiellen Vermögenswerten unterschiedlich stark nutzen, vermieden werden. Die Einbeziehung von geleasten Sachanlagen berück-

sichtigt, dass die unternehmerische Entscheidung für Eigentum oder Leasing in der Regel keinen Einfluss auf die Substanz der Aktivitäten hat (vgl. GloBE-Kommentar, Art. 5.3.4, Rz 37).

Abs. 6 enthält auch die Voraussetzung, dass sich die berücksichtigungsfähigen materiellen Vermögenswerte in dem Steuerhoheitsgebiet befinden müssen, in dem die Geschäftseinheit gelegen ist, die Eigentümerin oder – in den Fällen der Z 3 und 4 – Nutzungsberechtigte dieser Vermögenswerte ist. Analog zur Regelung für berücksichtigungsfähige Lohnkosten in Abs. 5 findet sich in Abs. 7 zwecks Vereinfachung auch zu den berücksichtigungsfähigen materiellen Vermögenswerten eine Überwiegensregel (siehe Bemerkungen dort).

Zu Z 1:
Sachanlagen sind materielle Vermögenswerte, die für die Herstellung oder Lieferung von Waren oder Dienstleistungen oder für Verwaltungszwecke gehalten werden und voraussichtlich länger als eine Periode genutzt werden. Zu den Vermögenswerten dieser Kategorie gehören: Gebäude, Maschinen, Computer und sonstige Büroausstattung, Kraftfahrzeuge, Mobiliar und Einrichtungsgegenstände sowie Grundstücke (vgl. GloBE-Kommentar, Art. 5.3.4, Rz 39).

Zu Z 2:
Zu den natürlichen Ressourcen gehören Öl- und Gasvorkommen, Nutzwälder und Bodenschätze. Diese Vermögenswerte werden ähnlich wie abschreibungsfähiges Sachanlagevermögen nach dem Anschaffungskostenmodell bilanziert. Das heißt, natürliche Ressourcen werden zunächst mit ihren Anschaffungskosten angesetzt, einschließlich der Nebenkosten, etwa für Erkundung und Wiederherstellung, anschließend wird die kumulierte Wertminderung, insbesondere durch den Verbrauch, abgezogen. Da die Nutzungsdauer einer natürlichen Ressource im Allgemeinen direkt mit der Menge der entnommenen Ressourcen zusammenhängt, erfolgt die Berechnung der Abschreibung häufig anhand der Produktionseinheiten. Die Nutzungsdauer entspricht daher der geschätzten Menge der zu fördernden Ressourcen (vgl. GloBE-Kommentar, Art. 5.3.4, Rz 40).

Zu Z 3:
Um eine Ungleichbehandlung wirtschaftlich gleichwertiger Formen des Haltens von Anlagegütern zu vermeiden, sollen die berücksichtigungsfähigen Vermögenswerte einer geleasten Sachanlage, einschließlich Gebäuden und Grundstücken, in gleicher Weise wie Sachanlagen im Eigentum der Geschäftseinheit behandelt und der Substanzfreibetrag jeweils anhand des Buchwerts ermittelt werden. Nach international anerkannten Rechnungslegungsstandards – etwa IFRS – hat der Leasingnehmer bei Wirtschaftsgütern mit einer Leasingdauer von mehr als 12 Monaten (außer geringwertigen) in seiner Bilanz einerseits ein Nutzungsrecht (vergleichbar dem Eigentumsrecht) und andererseits eine Leasingverbindlichkeit zu erfassen, wobei das Nutzungsrecht analog zum Eigentum auf Grundlage des Zeitwerts der Leasingzahlungen erfasst wird und in der Folge Abschreibungen und eventuelle Wertminderungen berücksichtigt werden (vgl. GloBE-Kommentar, Art. 5.3.4, Rz 41-42).

Zu Z 4:
Staatliche Lizenzen und ähnliche staatliche Vereinbarungen für die Nutzung unbeweglichen Vermögens oder natürlicher Ressourcen sind berücksichtigungsfähige materielle Vermögenswerte, wenn die Nutzung mit erheblichen Investitionen in materielle Vermögenswerte verbunden ist und sind in einem solchen Fall für Zwecke des Substanzfreibetrags von der Definition der berücksichtigungsfähigen materiellen Vermögenswerte miterfasst. Eine solche Rechtevergabe erfolgt häufig im Zusammenhang mit Infrastrukturvorhaben, wie der Errichtung von Straßen, Brücken, Krankenhäusern oder Flughäfen, die nach ihrer Fertigstellung im Eigentum des Staates stehen, während die errichtende Geschäftseinheit eine Konzession zur Nutzung dieser Anlagen erteilt wird. In ähnlicher Weise kann ein Staat einer Geschäftseinheit erlauben, natürliche Ressourcen, die sich in seinem Eigentum befinden, zu erschließen und für eine bestimmte Dauer zu verwerten, während das Land im Eigentum des Staates bleibt. In all diesen Fällen entstehen der Geschäftseinheit der Unternehmensgruppe Kosten, um die Lizenz oder ein ähnliches Recht zu erwerben, und sie muss erhebliche Investitionen tätigen, um die erworbenen Rechte produktiv nutzen zu können, weshalb die entsprechenden Lizenzen und Konzessionen als berücksichtigungsfähige materielle Vermögenswerte betrachtet werden, unabhängig davon, ob sie nach dem verwendeten Rechnungslegungsstandard als materielle oder immaterielle Vermögenswerte ausgewiesen werden. Wenn jedoch der Inhaber der Lizenz oder der Vereinbarung mit dem Staat das Recht nicht selbst nutzt und keine wesentlichen Investitionen in Sachanlagen tätigt, um die gewährten Rechte zu nutzen, sondern die Rechte stattdessen weiterveräußert oder weiterlizenziert, stellt die Lizenz oder Vereinbarung keinen berücksichtigungsfähigen materiellen Vermögenswert im Sinne dieses Paragrafen dar (vgl. GloBE-Kommentar, Art. 5.3.4, Rz 44-45).

Zu ausgeschlossenen Vermögenswerten:
Bei der Berechnung des Freibetrags gemäß diesem Paragrafen soll der Buchwert von jenen Vermögenswerten nicht berücksichtigt werden, die der Erzielung von Erträgen aus der internationalen Schifffahrt und qualifizierten Nebeneinkünften einer Geschäftseinheit nach § 34 zuzurechnen sind. Die Ausnahme von der Anwendung des Freibetrags gemäß diesem Paragrafen soll allerdings nur in dem Ausmaß gelten, in dem auch die Ausnahme der Schifffahrtseinkünfte von der Ermittlung des Mindeststeuer-Gewinns oder -Verlusts gemäß § 34 gilt. Der Buchwert von Sachanlagen, die zur Erzielung von qualifizierten Nebeneinkünften aus der internationalen Schifffahrt verwendet werden, ist daher gegebenenfalls auf der Grundlage des Verhältnisses zwischen den qualifizierten Nebeneinkünften aus der internationalen Schifffahrt innerhalb der Obergrenze und den gesamten qualifizierten Nebeneinkünften aus der internationalen Schifffahrt aufzuteilen (vgl. GloBE-Kommentar, Art. 5.3.4, Rz 48).

Bei der Ermittlung berücksichtigungsfähiger materieller Vermögenswerte soll der Buchwert von Vermögen, das zu Investitions-, Verkaufs- oder Leasingzwecken gehalten wird, nicht berücksichtigt werden. Es soll einer Unternehmensgruppe nicht gestattet sein, lediglich durch den Erwerb von nicht für substanzielle Aktivitäten genutztem Vermögen von einem Substanzfreibetrag zu profitieren. Ein solches Gestaltungsrisiko entsteht in besonderem Maß in Bezug auf Investitionen in Grund und Boden und Gebäude. Um dieses Risiko möglichst

MinBestG
Gesetzesmaterialien

zu vermeiden, sollen Vermögenswerte, die zur Erzielung von Mieteinnahmen oder zur Wertanlage (oder beidem) gehalten werden, von der Berücksichtigungsfähigkeit für den Substanzfreibetrag ausgenommen sein, soweit sie nicht von der Geschäftseinheit der Unternehmensgruppe direkt oder indirekt für die Produktion oder die Lieferung von Waren und Dienstleistungen selbst genutzt werden.

Einer Unternehmensgruppe soll es außerdem nicht gestattet sein, einen Substanzfreibetrag für Vermögenswerte geltend zu machen, die lediglich zur Veräußerung gehalten werden, denn sie sind kein sachgerechter Indikator für wirtschaftliche Substanz. Das "Halten zur Veräußerung" setzt voraus, dass der Vermögenswert grundsätzlich in seinem gegenwärtigen Zustand für eine Veräußerung zu marktüblichen Konditionen zur Verfügung steht und die Veräußerung wahrscheinlich ist (vgl. GloBE-Kommentar, Art. 5.3.4, Rz 46-47).

Zu Leasingzwecken gehaltene Vermögenswerte sollen aus dem Anwendungsbereich der berücksichtigungsfähigen materiellen Vermögenswerte ausgenommen werden, um zu verhindern, dass derselbe Vermögenswert sowohl beim Leasinggeber als auch beim Leasingnehmer als berücksichtigungsfähiger materieller Vermögenswert für Zwecke des Substanzfreibetrags berücksichtigt wird. Daher soll grundsätzlich nur der Leasingnehmer den Substanzfreibetrag für den geleasten Vermögenswert auf Basis des vollen Werts des Nutzungsrechts gemäß Z 3 berücksichtigen können, weil er den Vermögenswert aktiv zur Erzielung von Einkünften nutzt, während der Leasinggeber in der Regel nur eine Finanzierung für den Vermögenswert bereitstellt.

Im Falle eines Operating-Leasingverhältnisses ist das Nutzungsrecht des Leasingnehmers jedoch oft weitaus geringer als der beim Leasinggeber erfasste Buchwert des Vermögenswerts, was bedeutet, dass im Rahmen eines Operating-Leasingverhältnisses in der Regel keine (vollständige) doppelte Geltendmachung vorläge. Daher soll als Gegenausnahme für Operating-Leasingverhältnisse auch der Leasinggeber einen Teil des Buchwerts des betreffenden Vermögenswerts für Zwecke des Substanzfreibetrags berücksichtigen können, wenn sich der Vermögenswert in demselben Steuerhoheitsgebiet wie der Leasingnehmer befindet. Der zulässige Betrag entspricht dem Überschuss des durchschnittlichen Buchwerts des Vermögenswerts des Leasinggebers, der zu Beginn und am Ende des Geschäftsjahrs ermittelt wird, über den durchschnittlichen Buchwert des Nutzungsrechts des Leasingnehmers, der zu Beginn und am Ende des Geschäftsjahrs ermittelt wird; die Ermittlung der Buchwerte erfolgt daher jeweils gemäß Abs. 7.

Das Nutzungsrecht des Leasingnehmers entspricht dem nicht abgezinsten Betrag der im Rahmen des Leasingverhältnisses verbleibenden Zahlungen, einschließlich etwaiger Verlängerungen, die bei der Bestimmung des Nutzungsrechts nach dem Rechnungslegungsstandard, der zur Ermittlung des Jahresüberschusses oder -fehlbetrags des Leasinggebers verwendet wird, berücksichtigt werden würden. Im Falle eines kurzfristigen Mietvermögenswertes, beispielsweise eines Hotelzimmers, ist das Nutzungsrecht des Leasingnehmers mit Null anzusetzen. Ein kurzfristiger Vermietungsgegenstand ist ein Vermögenswert, der während des Geschäftsjahres regelmäßig mehrmals an verschiedene Mieter vermietet wird, und die durchschnittliche Mietdauer, einschließlich etwaiger Erneuerungen und Verlängerungen beträgt für jeden Leasingnehmer nicht mehr als 30 Tage.

Zu Abs. 7:

Dieser Absatz soll die Ermittlung des Buchwerts der berücksichtigungsfähigen materiellen Vermögenswerte regeln. Deren Buchwert ist für Zwecke des Substanzfreibetrags in Übereinstimmung mit dem Buchwert zu bestimmen, wie er für die Erstellung des Konzernabschlusses erfasst wurde (d.h. ohne Berücksichtigung von Anpassungen, die auf konzerninterne Erwerbsvorgänge zurückzuführen sind). Dabei ist der Buchwert der berücksichtigungsfähigen materiellen Vermögenswerte mit dem Durchschnitt der Buchwerte zu Beginn und zum Ende des Geschäftsjahres anzusetzen. Bei einem unterjährig erworbenen oder veräußerten Vermögenswert ist der Buchwert zu Beginn bzw. am Ende des Geschäftsjahrs gleich null, weshalb der Substanzfreibetrag für im Laufe des Geschäftsjahres erworbene oder veräußerte Vermögenswerte der Hälfte des Buchwerts des Vermögenswerts am Ende bzw. am Anfang des Jahres entspricht. Die Berücksichtigung von Berichtigungen bei der Anschaffung und die Nichtberücksichtigung von Berichtigungen bei konzerninternen Veräußerungen berücksichtigungsfähiger materieller Vermögenswerte bewirkt, dass der Substanzfreibetrag auf jenen Kosten beruht, die auch beim Erwerb von nicht verbundenen Personen entstehen würden und die die tatsächlichen Investitionen der Unternehmensgruppe in die betreffenden Vermögenswerte widerspiegeln. Infolge einer Nichtberücksichtigung von Berichtigungen der Anschaffungskosten würde die tatsächliche Investition zu niedrig angesetzt und die Einbeziehung konzerninterner Verkäufe könnte zu einer Über- oder Unterbewertung der tatsächlichen Investition führen (vgl. GloBE-Kommentar, Art. 5.3.5, Rz 49).

Der Buchwert der berücksichtigungsfähigen materiellen Vermögenswerte wird nach Berücksichtigung von Eliminierungsbuchungen für konzerninterne Verkäufe ermittelt. Der Buchwert der berücksichtigungsfähigen materiellen Vermögenswerten, die Gegenstand eines Finanzierungsleasings oder eines Operating-Leasings zwischen zwei in demselben Steuerhoheitsgebiet ansässigen Geschäftseinheiten einer Unternehmensgruppe sind, wird nach Berücksichtigung von Eliminierungsbuchungen bei der Konsolidierung für das konzerninterne Leasing bestimmt. Folglich hat der Leasingnehmer in einem konzerninternen Operating-Leasingverhältnis kein Nutzungsrecht an einem Vermögenswert und die Buchwerte des Leasinggebers für die Erstellung des Konzernabschlusses werden für die Berechnung seines Substanzfreibetrags verwendet.

Wenn ein Leasinggeber einen wesentlichen Teil eines berücksichtigungsfähigen materiellen Vermögenswertes verleast (beispielsweise einzelne Stockwerke oder den Parkplatz eines Gebäudes) und den verbleibenden Teil für seine eigene Nutzung behält, muss der Buchwert des Vermögenswertes zwischen den verschiedenen Nutzungsarten aufgeteilt werden. Für den Leasinggeber ist der Buchwert eines in Frage kommenden materiellen Vermögenswerts zwischen dem verleasten Teil und dem verbleibenden – selbst genutzten – Teil auf der Grundlage eines angemessenen Verteilungsschlüssels (beispielsweise der Fläche des Gebäudes) aufzuteilen. Der Leasinggeber kann den Buchwert des selbst genutzten Teils der berücksichtigungsfähigen materiellen Vermögenswerte bei Vorliegen der Voraussetzungen für Zwecke seines Substanzfreibetrags beanspruchen und kann ggf. für den verleasten Teil die Grundsätze bezüglich eines

Operating-Leasingverhältnisses anwenden (alle obigen Ausführungen zu Leasing vgl. Verwaltungsleitlinien des Inclusive Framework vom 13. Juli 2023, Pkt. 3, Rz 53).

Für Zwecke der Rechnungslegung werden Wirtschaftsgüter des Anlagevermögens in der Regel zunächst in der Bilanz mit den Anschaffungskosten einschließlich eventueller Nebenkosten, um das Wirtschaftsgut nutzbar zu machen, angesetzt („aktiviert"). In der Folge werden in der Bilanz zu den Anschaffungs- oder Herstellungskosten die kumulierten Abschreibungen und Wertminderungsaufwendungen ausgewiesen, ersteres ist die systematische Verteilung der Anschaffungs- oder Herstellungskosten eines Vermögenswertes über seine Nutzungsdauer und letzteres ist der Betrag, um den der Buchwert eines Vermögenswerts jeweils zum Bilanzstichtag seinen tatsächlichen Wert (den erzielbaren Betrag) übersteigt. Natürliche Ressourcen werden ähnlich wie Sachanlagevermögen bilanziert, mit der Ausnahme, dass der Buchwert natürlicher Ressourcen durch eine Wertberichtigung für die Erschöpfung und nicht für die Abschreibung reduziert wird (vgl. GloBE-Kommentar, Art. 5.3.5, Rz 50). Wird nach dem Rechnungslegungsstandard, der für die Erstellung des Konzernabschlusses verwendet wird, in Bezug auf einen berücksichtigungsfähigen materiellen Vermögenswert ein Wertminderungsaufwand erfasst, wird dessen Buchwert am Ende des Geschäftsjahres entsprechend verringert. Im Falle einer nachfolgenden Wertaufholung wird der Buchwert am Ende des Geschäftsjahres entsprechend erhöht, wobei aber die Wertaufholung den Buchwert nicht über den Betrag hinaus erhöhen darf, der bestimmt worden wäre, wenn in Vorjahren kein Wertminderungsaufwand erfasst worden wäre. Normalerweise werden sich die hier beschriebenen Anpassungen des Buchwerts in der Finanzbuchhaltung widerspiegeln, die für die Ermittlung des Substanzfreibetrags der Geschäftseinheit heranzuziehen ist. Wenn sie sich nicht in diesen Finanzkonten widerspiegeln, müssen die Anpassungen am Buchwert der betreffenden Vermögensgegenstände für Zwecke der Ermittlung des Substanzfreibetrags vorgenommen werden (vgl. Verwaltungsleitlinien des Inclusive Framework vom 13. Juli 2023, Pkt. 3, Rz 61). Für Grundstücke wird keine planmäßige Abschreibung vorgenommen, allerdings könnte bei ihnen eine Wertminderung eintreten (beispielsweise durch Naturkatastrophen), die ebenfalls in der Bilanz ausgewiesen würde (vgl. GloBE-Kommentar, Art. 5.3.5, Rz 51).

Wie in den Erläuterungen zu § 19 beschrieben, erlauben manche Rechnungslegungsstandards die Abschreibung von Sachanlagen auf der Grundlage der Neubewertungsmethode. Dabei werden Vermögenswerte regelmäßig neu bewertet und ihr Buchwert in der Bilanz entsprechend erhöht oder verringert, sodass in der Finanzbuchhaltung ein Wert ausgewiesen werden könnte, der über den Anschaffungskosten liegt. Ohne Korrekturmaßnahme könnte sich die Neubewertungsmethode demnach erhöhend auf den Subtanzfreibetrag auswirken, da dieser auf der Grundlage der Buchwerte ermittelt wird. Dieses Ergebnis wäre nicht angemessen, da die bloße Neubewertung keinen Zusammenhang mit der wirtschaftlichen Substanz der Aktivitäten hat. Um die Auswirkung der Neubewertungsmethode für Zwecke des Substanzfreibetrags auszugleichen, werden alle Erhöhungen des Werts eines Vermögenswerts und alle nachfolgenden zusätzlichen Erhöhungen der Abschreibung, die sich aus Neubewertungserhöhungen ergeben, außer Acht gelassen. Das Ergebnis dieser Regel ist, dass der Buchwert des Vermögenswertes niemals den Wert übersteigt, den er ohne Anwendung der Neubewertungsmethode hätte (vgl. GloBE-Kommentar, Art. 5.3.5, Rz 52).

Die Berücksichtigungsfähigkeit der Vermögenswerte setzt grundsätzlich voraus, dass diese in dem Steuerhoheitsgebiet befinden, in dem die Geschäftseinheit gelegen ist, die sie besitzt oder die zu deren Nutzung berechtigt ist. Unter bestimmten Umständen kann es jedoch vorkommen, dass ein Vermögenswert aufgrund seiner Beschaffenheit und der Art seiner Nutzung in keinem Land oder in mehreren Ländern (z. B. ein Flugzeug einer internationalen Fluggesellschaft) zu unterschiedlichen Zeiten während des Geschäftsjahres gelegen ist. Für diese Fälle kann aus Gründen der Verwaltungsvereinfachung eine vereinfachende Betrachtungsweise analog zu jener in Abs. 5 bezüglich berücksichtigungsfähiger Lohnkosten angewendet werden. Befindet sich daher der materielle Vermögenswert während des betreffenden Geschäftsjahres zu mehr als 50 % im Steuerhoheitsgebiet jener Geschäftseinheit, die Eigentümer oder Leasingnehmer des betreffenden Vermögenswerts ist, kann diese Geschäftseinheit den berücksichtigungsfähigen Vermögenswert für Zwecke des Substanzfreibetrags in der vollen Höhe gemäß Abs. 7 heranzieht. Befindet sich der materielle Vermögenswert während des betreffenden Geschäftsjahre dagegen zu 50 % oder weniger im Steuerhoheitsgebiet des Eigentümers oder Leasingnehmers, hat die Geschäftseinheit den gemäß Abs. 7 zu ermittelnden Betrag so zu kürzen, dass er dem zeitlichen Ausmaß, in dem sich der Vermögenswert im Steuerhoheitsgebiet dieser Geschäftseinheit befand, entspricht (vgl. Verwaltungsleitlinien des Inclusive Framework vom 13. Juli 2023, Pkt. 3, Rz 29).

Zu Abs. 8:
Dieser Absatz soll die Zuordnung berücksichtigungsfähiger Lohnkosten und berücksichtigungsfähiger materieller Vermögenswerte regeln, wenn substanzielle Geschäftsaktivitäten mittels ausländischer Betriebsstätten ausgeübt werden, die eine Geschäftseinheit der Unternehmensgruppe sind.

Zu Z 1:
Die Ermittlung der berücksichtigungsfähigen Lohnkosten und berücksichtigungsfähigen materiellen Vermögenswerte für Zwecke des Substanzfreibetrags folgt in Betriebsstättenfällen den in § 35 festgelegten Grundsätzen. Die entsprechenden Beträge sind demnach der Finanzbuchhaltung der Betriebsstätte zu entnehmen, sofern diese nach einem anerkannten Rechnungslegungsstandard erstellt wird. Führt die Betriebsstätte keine dementsprechende Finanzbuchhaltung, ist der Betrag der berücksichtigungsfähigen Lohnkosten und der berücksichtigungsfähigen materiellen Vermögenswerte so zu berechnen, als ob die Betriebsstätte über eine getrennte Finanzbuchhaltung verfügte, die dem Rechnungslegungsstandard entspricht, der bei der Erstellung des konsolidierten Jahresabschlusses der obersten Muttergesellschaft verwendet wird (vgl. GloBE-Kommentar, Art. 5.3, Rz 54). Eine weitere Bedingung für die Berücksichtigung der Werte aus der Finanzbuchhaltung der Betriebsstätte für Zwecke des Substanzfreibetrags ist, dass die entsprechenden Arbeitnehmer und Vermögenswerte in dem Steuerhoheitsgebiet tätig bzw. gelegen sind, in dem die Betriebsstätte liegt (siehe dazu die entsprechenden erläuternden Bemerkungen zu Abs. 4 und Abs. 6). Befinden sich die der Betriebsstätte zuzurechnenden Arbeitnehmer und Vermögenswerte nicht

MinBestG
Gesetzesmaterialien

in dem Land, in dem sie liegt, werden die diesbezüglichen Beträge bei der Berechnung des Substanzfreibetrags nicht berücksichtigt (vgl. GloBE-Kommentar, Art. 5.3.6, Rz 56).

Zu Z 2:
Z 2 soll klarstellen, dass berücksichtigungsfähige Lohnkosten und berücksichtigungsfähige materielle Vermögenswerte einer Betriebsstätte, deren Einkünfte zur Gänze oder teilweise bei der Ermittlung des Mindeststeuer-Gewinnes oder -Verlustes ausgenommen sind, im selben Ausmaß für Zwecke der Berechnung des Substanzfreibetrags auszunehmen sind. Auf diese Weise wird sichergestellt, dass die berücksichtigungsfähigen Lohnkosten und die berücksichtigungsfähigen materiellen Vermögenswerte, die zur Erzielung von Gewinnen verwendet werden, die von der Mindeststeuer ausgenommen sind, nicht zur Reduktion der Mindeststeuer-Bemessungsgrundlage herangezogen werden (vgl. GloBEKommentar, Art. 5.3.6, Rz 59).

Zu Abs. 9:
Dieser Absatz soll festgelegen, wie berücksichtigungsfähige Lohnkosten und berücksichtigungsfähige materielle Vermögenswerte, die in den Jahresabschlüssen einer transparenten Einheit enthalten sind, die keine Betriebsstätte ist, auf die betroffenen Geschäftseinheiten aufzuteilen sind. Die Bestimmung folgt diesbezüglich der in § 36 vorgegebenen Systematik zur Zurechnung der Gewinne und Verluste von transparenten Einheiten.

Zu Z 1:
Z 1 betrifft den Fall einer transparenten Einheit, die keine oberste Muttergesellschaft der Unternehmensgruppe ist. Gemäß § 36 Abs. 3 ist der Gewinn oder Verlust der transparenten Einheit in diesem Fall – nach Ausscheiden eines eventuellen gruppenfremden oder Betriebsstätten-Anteils – den gruppenzugehörigen Gesellschaftern der Einheit zuzurechnen. Analog dazu legt Z 1 fest, dass für Zwecke des Substanzfreibetrags die berücksichtigungsfähigen Lohnkosten und berücksichtigungsfähigen materiellen Vermögenswerte der transparenten Einheit deren Gesellschaftern im gleichen Verhältnis wie der Gewinn oder Verlust zuzuordnen sind. Diese Zuordnung an die Gesellschafter für Zwecke des Substanzfreibetrags erfolgt allerdings nur, soweit die Arbeitnehmer bzw. Vermögenswerte im selben Steuerhoheitsgebiet tätig bzw. gelegen sind, in dem die Gesellschafter gelegen sind (vgl. GloBE-Kommentar, Art. 5.3.7, Rz 62).

Zu Z 2:
Z 2 soll den Fall einer transparenten Einheit betreffen, die oberste Muttergesellschaft der Unternehmensgruppe ist. Gemäß § 36 Abs. 4 ist der Jahresüberschuss oder Jahresfehlbetrag der transparenten Einheit in diesem Fall – ggf. bereinigt um Anteile, die Betriebsstätten zuzurechnen sind – der transparenten Einheit selbst zuzurechnen. Analog dazu legt Z 2 fest, dass auch für Zwecke des Substanzfreibetrags die berücksichtigungsfähigen Lohnkosten und berücksichtigungsfähigen materiellen Vermögenswerte der transparenten Einheit, die oberste Muttergesellschaft ist, zuzuordnen sind. Zu berücksichtigen ist dabei, dass gemäß § 63 Gewinne oder Verluste einer transparenten Einheit, die oberste Muttergesellschaft der Unternehmensgruppe ist, unter bestimmten Umständen um die Anteile der Anteilshalter zu kürzen sind. Im selben Ausmaß sind diesfalls auch die entsprechenden berücksichtigungsfähigen Lohnkosten und berücksichtigungsfähigen materiellen Vermögenswerte für Zwecke des Substanzfreibetrags auszuscheiden (vgl. GloBE-Kommentar, Art. 5.3.7, Rz 63).

Wenn die oberste Muttergesellschaft eine Ausschüttung vornimmt, die einer Regelung für abzugsfähige Dividenden unterliegt, sieht § 64 Abs. 1 vor, dass – bei Erfüllung der übrigen Bedingungen – ihr Mindeststeuer-Gewinn zu kürzen ist. In dem Maße, in dem eine solche Kürzung erfolgt, sind auch die berücksichtigungsfähigen Lohnkosten sowie die berücksichtigungsfähigen materiellen Vermögenswerte der obersten Muttergesellschaft anteilig zu reduzieren. Diese Kürzung entspricht dem Betrag der gesamten berücksichtigungsfähigen Lohnkosten bzw. berücksichtigungsfähigen materiellen Vermögenswerte der obersten Muttergesellschaft, multipliziert mit dem Prozentsatz, um den der Mindeststeuer-Gewinn der obersten Muttergesellschaft durch Anwendung von § 64 Abs. 1 reduziert wird. Darüber hinaus sind die berücksichtigungsfähigen Lohnkosten bzw. berücksichtigungsfähigen materiellen Vermögenswerte von anderen Geschäftseinheiten im Sinne von § 64 Abs. 3, die einer Regelung für abzugsfähige Dividenden unterliegen, analog zur Vorgangsweise bei der obersten Muttergesellschaft im Verhältnis ihres gemäß § 64 Abs. 3 gekürzten Mindeststeuer-Gewinns im Vergleich zu ihrem gesamten Mindeststeuer-Gewinn zu reduzieren (vgl. Verwaltungsleitlinien des Inclusive Framework vom 13. Juli 2023, Pkt. 3, Rz 70).

Zu Abs. 10:
Dieser Absatz soll den Grundsatz aus § 46 Abs. 4 sowie § 47 Abs. 7 widerspiegeln, wonach der Effektivsteuersatz sowie der Ergänzungssteuerbetrag für jede staatenlose Einheit stets getrennt von allen anderen Geschäftseinheiten zu ermitteln ist, um zu fingieren, dass staatenlose Geschäftseinheiten jeweils die einzige Geschäftseinheit in einem Steuerhoheitsgebiet sind (vgl. GloBE-Kommentar, Art. 5.1.1, Rz 8). Dieser Grundsatz soll analog auch für Zwecke des Substanzfreibetrags gelten.

Zu § 49 (Zusätzlicher Ergänzungssteuerbetrag):
§ 49 soll Art. 29 der Richtlinie bzw. Art. 5.4 der GloBE-Mustervorschriften umsetzen und die Berechnung des zusätzlichen Ergänzungssteuerbetrags regeln.

Zu Abs. 1:
Führt gemäß § 29, § 42 Abs. 6, § 45 Abs. 2, § 45 Abs. 6 und § 65 Abs. 5 eine Anpassung der erfassten Steuern oder der Mindeststeuer-Gewinne oder -Verluste zu einer Neuberechnung des Effektivsteuersatzes und des Ergänzungssteuerbetrages für ein vorangegangenes Geschäftsjahr soll der Effektivsteuersatz und der Ergänzungssteuerbetrag gemäß den §§ 46 bis 48 nach Berücksichtigung der Anpassungen der angepassten erfassten Steuern und der Mindeststeuer-Gewinne oder -Verluste neu berechnet werden.

Um Komplexität und administrativen Aufwand zu vermindern, soll der zusätzliche Ergänzungssteuerbetrag für die Zwecke des § 47 Abs. 4 für das laufende Geschäftsjahr, in dem die Neuberechnung vorgenommen wird, als zusätzlicher Ergänzungssteuerbetrag behandelt werden (vgl. GloBE-Kommentar, Art. 5.1.1, Rz 66).

Zu Abs. 2:

Abs. 2 soll eine Sonderregelung zur Zuordnung eines zusätzlichen Ergänzungssteuerbetrages bei fehlendem Mindeststeuer-Nettogewinn im laufenden Geschäftsjahr vorsehen. Ergibt sich ein zusätzlicher Ergänzungssteuerbetrag und wird für das Steuerhoheitsgebiet für das laufende Geschäftsjahr kein Mindeststeuer-Nettogewinn verzeichnet, sollen die Mindeststeuer-Gewinne einer jeden in dem Steuerhoheitsgebiet gelegenen Geschäftseinheit dem zuzuordnenden Ergänzungssteuerbetrag gemäß § 47 Abs. 6 geteilt durch den Mindeststeuersatz entsprechen. Ein etwaiger Mindeststeuer-Nettoverlust soll hierbei nicht beachtet werden (vgl. GloBE-Kommentar, Art. 5.4.2, Rz 68). Führt somit eine Neuberechnung gemäß Abs. 1 zu einem zusätzlichen Ergänzungssteuerbetrag, liegt jedoch in dem laufenden Geschäftsjahr kein Mindeststeuer-Gewinn vor, soll durch diese Berechnungsmethodik gemäß Abs. 2 eine Zuordnung des Ergänzungssteuerbetrages zu den einzelnen Geschäftseinheiten ermöglicht werden (vgl. GloBE-Kommentar, Art. 5.4.2, Rz 68).

Zu Abs. 3:

Abs. 3. soll eine Sonderregelung im Hinblick auf einen zusätzlichen Ergänzungssteuerbetrag bei fehlendem Mindeststeuer-Nettogewinn gemäß § 41 beinhalten. Entsteht aufgrund von § 41 für das laufende Geschäftsjahr ein zusätzlicher Ergänzungssteuerbetrag, soll der Mindeststeuer-Gewinn jeder in dem Steuerhoheitsgebiet belegenen Geschäftseinheit für Zwecke der Anwendung der PES gemäß § 10 Abs. 2 dem dieser Geschäftseinheit gemäß Z 2 zuzuordnenden Ergänzungssteuerbetrag geteilt durch den Mindeststeuersatz entsprechen. Ein etwaiger Mindeststeuer-Nettoverlust soll hierbei nicht beachtet werden.

Gemäß Z 1 soll der zusätzliche Ergänzungssteuerbetrag, der den einzelnen Geschäftseinheiten zuzuordnen ist, nur unter den Geschäftseinheiten aufgeteilt werden, für die sich angepasste erfasste Steuern ergeben, die weniger als null und weniger als der Mindeststeuer-Gewinn oder -Verlust der betreffenden Geschäftseinheit multipliziert mit dem Mindeststeuersatz betragen.

Die Aufteilung soll gemäß Z 2 anteilig auf der Grundlage folgender Formel erfolgen: (Mindeststeuer-Gewinne oder -Verluste x Mindeststeuersatz) – angepasste erfasste Steuern.

Es besteht die Möglichkeit, dass ein zusätzlicher Ergänzungssteuerbetrag sowohl aufgrund von Abs. 2 als auch von Abs. 3 anfällt. In diesem Fall soll jeder Absatz einzeln für sich betrachtet angewendet werden. Für Zwecke der Anwendung von § 10 Abs. 2 soll die Summe der Zuordnung gemäß. Abs. 2 und Abs. 3 ausschlaggebend sein (vgl. GloBE-Kommentar, Art. 5.4.3, Rz 72).

Zu Abs. 4:

Abs. 4 soll klarstellen, dass die Geschäftseinheiten, denen ein zusätzlicher Ergänzungssteuerbetrag gemäß Abs. 1 bis 3 und § 47 Abs. 6 zugeordnet wird, für Zwecke des 2. Abschnitts als niedrig besteuerte Geschäftseinheit gelten.

Zu § 50 (De-minimis-Ausnahme):

§ 50 soll Art. 30 der Richtlinie bzw. Art. 5.5 der GloBE-Mustervorschriften umsetzen. Er beinhaltet eine De-minimis-Ausnahme, derzufolge für die in einem Steuerhoheitsgebiet gelegenen Geschäftseinheiten zu entrichtende Ergänzungssteuerbetrag für ein Geschäftsjahr unter bestimmten Voraussetzungen mit null angesetzt werden kann.

Wird die De-minimis-Ausnahme im ersten Jahr der Anwendung dieses Bundesgesetzes in Anspruch genommen, kann das in § 80 geregelte Übergangsjahr erst mit Ablauf des Geschäftsjahres beginnen, in dem die De-minimis Ausnahme nicht mehr angewendet wird (vgl. die Erläuterungen zu § 80 Abs. 6).

Wird die De-minimis-Ausnahme in einem Geschäftsjahr in Anspruch genommen, nachdem die Unternehmensgruppe bereits in den Anwendungsbereich dieses Bundesgesetz gefallen ist, sollen weiterhin die Berichtspflichten gemäß den §§ 69 ff aufrecht bleiben, weil die Verpflichtungen zur Abgabe des Mindeststeuerberichts unabhängig davon bestehen, ob eine Mindeststeuerschuld entstanden ist (vgl. GloBE-Kommentar, Art. 5.5.1, Rz 77 sowie die Erläuterungen zu den§§ 69 ff).

Zu Abs. 1 und Abs. 3:

Die Inanspruchnahme der De-minimis-Ausnahme soll auf Antrag für das jeweilige Geschäftsjahr ausgeübt werden können, sofern die kumulativen Voraussetzungen der Z 1 und Z 2 erfüllt sind. Die Ausübung des Wahlrechts gemäß dieser Bestimmung soll die Anwendung der §§ 46 bis 49 und § 51 ausschließen. Daher soll diesfalls die Berechnung des Effektivsteuersatzes gemäß § 46, des Ergänzungssteuerbetrages gemäß § 47 und des zusätzlichen Ergänzungssteuerbetrages gemäß § 49 sowie des Substanzfreibetrages gemäß § 48 der in dem Steuerhoheitsgebiet liegenden Geschäftseinheiten sowie die gesonderten Berechnungen für im Minderheitseigentum stehende Geschäftseinheiten gemäß § 51 entfallen (vgl. GloBE-Kommentar, Art. 5.5.1, Rz 76). Die Mindeststeuer-Umsatzerlöse und der Mindeststeuer-Nettogewinn oder -verlust von im Minderheitseigentum stehenden Geschäftseinheiten werden dementsprechend bei der Berechnung miteinbezogen (vgl. GloBE-Kommentar, Art. 5.5.1, Rz 82).

Zu Z1:

Z 1 soll als erste der beiden kumulativen Voraussetzungen für die Inanspruchnahme der De-minimis-Ausnahme vorsehen, dass die durchschnittlichen Mindeststeuer-Umsatzerlöse des Geschäftsjahres und der zwei vorangegangenen Geschäftsjahre von allen im Steuerhoheitsgebiet gelegenen Geschäftseinheiten (inklusive im Minderheitseigentum stehenden Geschäftseinheiten, vgl. GloBE-Kommentar, Art. 5.5.2, Rz 82) weniger als 10 Millionen Euro beträgt.

Gemäß Abs. 3 sollen die Mindeststeuer-Umsatzerlöse die Summe aller Umsatzerlöse der in diesem Steuerhoheitsgebiet gelegenen Geschäftseinheiten unter Berücksichtigung von Abzügen oder Zuschlägen aufgrund etwaiger Anpassungen aufgrund der Mindeststeuer-Gewinnermittlung sein. Folglich sollen in die Ermittlung

MinBestG
Gesetzesmaterialien

der Mindeststeuer-Umsatzerlöse jene Anpassungen aufgrund der Mindeststeuer-Mehr-Weniger-Rechnung (§ 15) einfließen, die sich auch auf die Umsatzerlöse auswirken (vgl. GloBEKommentar, Art. 5.5.3, Rz 89).

Zu Z 2:
Z 2 soll als zweite der beiden kumulativen Voraussetzungen für die Inanspruchnahme der De-minimis-Ausnahme vorsehen, dass der durchschnittliche Mindeststeuer-Nettogewinn gemäß § 46 Abs. 2 für das Geschäftsjahr und der zwei vorangegangenen Geschäftsjahre entweder weniger als 1 Million Euro beträgt oder für diesen Betrachtungszeitraum ein durchschnittlicher Mindeststeuer-Nettoverlust vorliegt. Z 2 bezieht sich auf die durchschnittlichen Mindeststeuer-Gewinne oder -Verluste. Das Heranziehen eines Durchschnittswerts in Abs. 1 Z 1 und Z 2 soll Volatilitäten ausgleichen. Daher soll insgesamt ein Beobachtungszeitraum von 3 Jahren herangezogen werden. Für die Berechnung der Durchschnittswerte sollen die Werte des Geschäftsjahres und der beiden vorangegangenen Geschäftsjahre herangezogen werden.

Zu Abs. 2:
Gibt es in einem Steuerhoheitsgebiet in beiden vorangegangenen Geschäftsjahren keine Geschäftseinheiten mit einem Mindeststeuer-Umsatzerlös oder einem Mindeststeuer-Gewinn oder Verlust, ist/sind diese/s Geschäftsjahr/e von der Berechnung der durchschnittlichen Mindeststeuer-Umsatzerlöse bzw. der durchschnittlichen Mindeststeuer-Gewinne oder -Verluste dieses Steuerhoheitsgebiets auszunehmen. Dieser Fall könnte bei nicht aktiven oder nicht vorhandenen Geschäftseinheiten in einem Steuerhoheitsgebiet eintreten. Geschäftsjahre vor Anwendung dieses Bundesgesetzes sollen bei dem dreijährigen Beobachtungszeitrum ausgeblendet werden. Damit soll bei der erstmaligen Anwendung des Bundesgesetzes nur das jeweilige Geschäftsjahr beurteilt werden, ohne den Beobachtungszeitraum von drei Jahren einzuhalten (vgl. GloBE-Kommentar, Art. 5.5.1, Rz 85). In Fällen, in denen das Geschäftsjahr einen anderen Zeitraum als 12 Monate umfasst oder eines oder mehrere der unmittelbar vorausgegangenen Geschäftsjahre einen anderen Zeitraum als 12 Monate umfassen, sollen die Schwellenwerte in Abs. 1 Z 1 und Z 2 proportional angepasst werden (vgl. GloBE-Kommentar, Art. 5.5.1, Rz 86).

Nachträgliche Anpassungen wie z. B. die Anpassungen und Steuersatzänderungen nach Einreichung des Mindeststeuerberichts gemäß § 45 können die durchschnittlichen Mindeststeuer-Umsatzerlöse oder durchschnittlichen Mindeststeuer-Gewinne oder -Verluste vorangegangener Geschäftsjahre erhöhen oder verringern. Bei einer dadurch bedingten Unterschreitung der Schwellenwerte soll die Inanspruchnahme der De-Minimis-Ausnahme trotzdem nicht möglich sein. Eine Erhöhung soll jedoch zum nachträglichen Wegfall der Voraussetzungen der De-minimis-Ausnahme führen (vgl. GloBE-Kommentar, Art. 5.5.1, Rz 92).

Änderungen der Zusammensetzung der Unternehmensgruppe sollen bei den Schwellenwerten widergespiegelt werden. Erwirbt eine Unternehmensgruppe eine Einheit im Rahmen eines Zusammenschlusses, sollen die für Zeiträume vor dem Zusammenschluss ermittelten Mindeststeuer-Umsatzerlöse und Mindeststeuer-Gewinne oder -Verluste dieser Einheiten bei der Bestimmung des Durchschnittes der drei Jahre nicht berücksichtigt werden. Verlässt eine Geschäftseinheit die Unternehmensgruppe sollen die für Zeiträume vor der Veräußerung dieser Geschäftseinheit ermittelten Mindeststeuer-Umsatzerlöse und Mindeststeuer-Gewinne oder -Verluste für die Zwecke der Bestimmung der Dreijahresdurchschnitte weiterhin berücksichtigt werden (vgl. GloBE-Kommentar, Art. 5.5.1, Rz 94).

Zu Abs. 4:
Die De-minimis-Ausnahme soll für alle Geschäftseinheiten gelten, die im selben Steuerhoheitsgebiet belegen sind, es sei denn die Geschäftseinheit ist eine Investmenteinheit oder eine staatenlose Geschäftseinheit. Dementsprechend sollen Mindeststeuer-Umsatzerlöse und Mindeststeuer-Gewinne oder -Verluste von Investmenteinheiten oder staatenlosen Geschäftseinheiten bei der Berechnung der Schwellenwerte gemäß Abs. 1 Z 1 und Z 2 unberücksichtigt bleiben (vgl. GloBE-Kommentar, Art. 5.5.1, Rz 96).

Zu § 51 (Im Minderheitseigentum stehende Geschäftseinheiten):
§ 51 soll Art. 31 der Richtlinie bzw. Art. 10.1.1 und 5.6 der GloBE-Mustervorschriften umsetzen und beinhaltet Regelungen zu im Minderheitseigentum stehenden Geschäftseinheiten. Es sollte sich bei im Minderheitseigentum stehenden Geschäftseinheiten um seltene Fälle handeln, weil Beteiligungen von unter 30 % in der Regel nicht konsolidiert werden, ein Einbeziehen in den Konzernabschluss iSd § 2 Z 6 jedoch eine Anwendungsvoraussetzung für dieses Bundesgesetz ist.

Zu Abs. 1 und 2:
Abs. 1 und 2 enthalten Sonderbestimmungen zur Berechnung des Effektivsteuersatzes und des Ergänzungssteuerbetrages für Mitglieder einer im Minderheitseigentum stehenden Untergruppe. Diese Berechnung soll so erfolgen, als handle es sich um eine separate multinationale Unternehmensgruppe. Dementsprechend sind die angepassten erfassten Steuern und die Mindeststeuer-Gewinne oder -Verluste nicht bei der Ermittlung des Effektivsteuersatzes und des Mindeststeuer-Nettogewinnes der restlichen – nicht zur Untergruppe gehörigen – Geschäftseinheiten der Unternehmensgruppe zu berücksichtigen. Dieser Umstand kann zu dem Ergebnis führen, dass in einem Steuerhoheitsgebiet zwei oder mehr Berechnungen nötig sind – eine für die im Minderheitseigentum stehende Untergruppe und für die anderen Geschäftseinheiten der Gruppe.

Zu Abs. 3:
Abs. 3 enthält Sonderbestimmungen zur Berechnung des Effektivsteuersatzes und des Ergänzungssteuerbetrages für im Minderheitseigentum stehende Geschäftseinheiten, die nicht einer im Minderheitseigentum stehenden Untergruppe angehören. Die Berechnung soll auf Einzelebene erfolgen; dabei soll wiederum die Ermittlungsmethodik gemäß Abs. 1 und 2 gelten. Diese Sonderbestimmungen soll keine Anwendung auf eine im Minderheitseigentum stehende Geschäftseinheit Anwendung finden, bei der es sich um eine Investmenteinheit handelt.

Zu Abs. 4:

Abs. 1 beinhaltet Begriffsbestimmungen und soll eine im Minderheitseigentum stehende Geschäftseinheit, im Minderheitseigentum stehende Muttergesellschaft, Minderheitseigentum stehende Untergruppe und im Minderheitseigentum stehende Tochtergesellschaft definieren.

Eine im Minderheitseigentum stehende Geschäftseinheit ist jede Geschäftseinheit, an der die oberste Muttergesellschaft unmittelbar oder mittelbar eine Beteiligung in Höhe von 30 % oder weniger hält. Eine im Minderheitseigentum stehende Untergruppe bezeichnet eine im Minderheitseigentum stehende Muttergesellschaft und ihre im Minderheitseigentum stehenden Tochtergesellschaften. Eine im Minderheitseigentum stehende Muttergesellschaft ist jede in Minderheitseigentum stehende Geschäftseinheit, die mittelbar oder unmittelbar eine Kontrollbeteiligung an anderen in Minderheitseigentum stehenden Geschäftseinheiten hält, wenn nicht eine andere in Minderheitseigentum stehende Geschäftseinheit eine mittelbare oder unmittelbare Kontrollbeteiligung an der erstgenannten Geschäftseinheit hält.

Eine im Minderheitseigentum stehende Tochtergesellschaft bezeichnet eine im Minderheitseigentum stehende Geschäftseinheit, deren Kontrollbeteiligung unmittelbar oder mittelbar von einer in im Minderheitseigentum stehenden Muttergesellschaft gehalten wird.

Nicht alle Geschäftseinheiten, deren Kontrollbeteiligung unmittelbar oder mittelbar von einer in im Minderheitseigentum stehenden Muttergesellschaft gehalten werden, sind im Minderheitseigentum stehende Geschäftseinheiten und Mitglied einer im Minderheitseigentum stehenden Untergruppe.

Beispiel:
Die oberste Muttergesellschaft X hält eine 20 % Beteiligung an der Einheit A. Einheit A hält 90 % von Einheit B1 und 90 % von Einheit B2, die beide im Steuerhoheitsgebiet B gelegen sind. Die restlichen 10 % von B1 und B2 werden von der obersten Muttergesellschaft X gehalten.
Alle genannten Einheiten sind Geschäftseinheiten der Unternehmensgruppe. Einheit A ist eine im Minderheitseigentum stehende Muttergesellschaft, B1 und B2 sind im Minderheitseigentum stehende Tochtergesellschaften. Die Berechnung des Effektivsteuersatzes für das Steuerhoheitsgebiet B erfolgt für B1 und B2 separat zu den sonstigen im Steuerhoheitsgebiet B gelegenen Einheiten (vgl. GloBE-Kommentar, Art. 5.6, Rz 104).

Zu Abschnitt 6:

Zu § 52 (Anwendung von Safe-Harbour-Regelungen):

Das Inclusive Framework hat sich auf die Verankerung bestimmter Safe-Harbour-Regelungen in den GloBE-Vorschriften geeinigt (vgl. OECD/G20 Inclusive Framework on BEPS: Safe Harbours and Penalty Relief: Global Anti-Base Erosion Rules [Pillar Two]; Verwaltungsleitlinien des Inclusive Framework vom 13. Juli 2023, Pkt. 5.1 QDMTT Safe-Harbour, Rz 37 ff, Pkt. 5.2 Transitional UTPR Safe Harbour). Dies betrifft den sog. QDMTT Safe Harbour (NES-Safe-Harbour), die vereinfachte Berechnung für unwesentliche Geschäftseinheiten, die vereinfachte Berechnung anhand eines länderbezogenen Berichts (temporärer CbCR-Safe-Harbour) sowie den temporären SES-Safe-Harbour. In Umsetzung von Art. 32 der Richtlinie soll § 52 die Anwendung der genannten Safe-Harbour-Regelungen im Rahmen dieses Bundesgesetzes vorsehen.

Zu Abs. 1:

Dieser Absatz soll den Begriff des Safe-Harbour definieren und festlegen, unter welchen Voraussetzungen einer Unternehmensgruppe für ein Steuerhoheitsgebiet ein Safe-Harbour gewährt wird.

Wird einer Unternehmensgruppe für ein Steuerhoheitsgebiet ein Safe-Harbour gewährt, wird der Ergänzungssteuerbetrag für das Steuerhoheitsgebiet auf null reduziert, was zur Folge hat, dass keine Mindeststeuer in diesem Steuerhoheitsgebiet gelegene Geschäftseinheiten erhoben wird. Die grundsätzliche Pflicht zur Einreichung eines Mindeststeuerberichts wird durch die Gewährung eines Safe-Harbour für ein Steuerhoheitsgebiet jedoch nicht berührt.

Die Z 1 bis Z 3 sollen festlegen, unter welchen Voraussetzungen ein Safe-Harbour für ein Steuerhoheitsgebiet (Safe-Harbour-Steuerhoheitsgebiet) zu gewähren ist bzw. welche Arten von Safe-Harbour-Regelungen es gibt.

Zu Z 1:

Nach Z 1 soll ein Safe-Harbour gewährt werden, wenn die Voraussetzungen des NES-Safe-Harbour erfüllt sind (siehe die Erläuterungen zu § 53).

Zu Z 2:

Nach Z 2 soll ein Safe-Harbour für ein Steuerhoheitsgebiet gewährt werden, wenn unter Inanspruchnahme der vereinfachten Berechnung für unwesentliche Geschäftseinheiten (§ 54) oder der vereinfachten Berechnung anhand eines länderbezogenen Berichts (temporärer CbCR-Safe-Harbour, §§ 55 und 56) entweder der De-minimis-Test, der Effektivsteuersatz-Test oder der Routinegewinn-Test von der Unternehmensgruppe erfüllt wird. Der temporäre CbCR-Safe-Harbour kann jedoch nur für Geschäftsjahre während des Übergangszeitraums (Geschäftsjahre, die vor dem 1. Jänner 2027 beginnen und vor dem 1. Juli 2028 enden) in Anspruch genommen werden (siehe dazu die Erläuterungen zu den §§ 55 und 56). Werden diese Tests nicht erfüllt, ist kein Safe-Harbour nach § 52 Abs. 1 Z 2 zu gewähren und die Ermittlung des Effektivsteuersatzes und des Ergänzungssteuerbetrages hat nach den allgemeinen Regeln dieses Bundesgesetzes zu erfolgen.

Nach Z 2 lit. a ist der De-Minimis-Test erfüllt, wenn im Safe-Harbour-Steuerhoheitsgebiet die Mindeststeuer-Umsatzerlöse weniger als 10 Mio. Euro betragen und der Mindeststeuer-Nettogewinn weniger als 1 Mio. Euro beträgt bzw. ein Mindeststeuer-Nettoverlust vorliegt. Die Voraussetzungen für das Erfüllen des De-minimis-Test entsprechen grundsätzlich den Voraussetzungen für die De-minimis-Ausnahme in § 50, jedoch sind die Mindeststeuer-Umsatzerlöse und der Mindeststeuer-Nettogewinn nicht über einen Dreijahreszeitraum, sondern nur für das betreffende Geschäftsjahr zu ermitteln. Dabei ist für unwesentliche Geschäftseinheiten die vereinfachte Berechnung nach § 54 anzuwenden, für alle anderen Geschäftseinheiten kommen aber die allgemeinen Regeln zur Anwendung. Für Geschäftsjahre während des Übergangszeitraums besteht

MinBestG
Gesetzesmaterialien

auch die Möglichkeit, bei der Ermittlung der Mindeststeuer-Umsatzerlöse und des Mindeststeuer-Nettogewinns für alle Geschäftseinheiten (inkl. unwesentliche Geschäftseinheiten) die vereinfachte Berechnung nach den §§ 55 und 56 (temporärer CbCR-Safe-Harbour) in Anspruch zu nehmen.

Nach Z 2 lit. b ist der Effektivsteuersatz-Test erfüllt, wenn der für das Safe-Harbour-Steuerhoheitsgebiet ermittelte Effektivsteuersatz mindestens 15 % (Mindeststeuersatz) beträgt und bei der Effektivsteuersatzermittlung hinsichtlich unwesentlicher Geschäftseinheiten die vereinfachte Berechnung nach § 54 in Anspruch genommen wurde, für sämtliche andere Geschäftseinheiten aber die allgemeinen Regeln zur Anwendung kamen. Für Geschäftsjahre während des Übergangszeitraums besteht auch die Möglichkeit bei der Effektivsteuersatzermittlung für das Safe-Harbour-Steuerhoheitsgebiet für alle Geschäftseinheiten (inkl. unwesentliche Geschäftseinheiten) in dem Safe-Harbour-Steuerhoheitsgebiet die vereinfachte Berechnung des temporären CbCR-Safe-Harbour in Anspruch zu nehmen. In diesem Fall muss für die Gewährung eines Safe-Harbour aber nicht der Mindeststeuersatz, sondern der für manche Geschäftsjahre höhere Referenzsteuersatz (§ 55 Abs. 1 Z 2 lit. c) erreicht werden.

Nach Z 2 lit. c ist der Routinegewinn-Test erfüllt, wenn der für das Safe-Harbour-Steuerhoheitsgebiet ermittelte Mindeststeuer-Nettogewinn gleich oder geringer ist als der Substanzfreibetrag (§ 48). Für unwesentliche Geschäftseinheiten kann im Zusammenhang mit der für die Ermittlung des Mindeststeuer-Nettogewinns notwendigen Ermittlung ihrer Mindeststeuer-Gewinne oder -Verluste die vereinfachte Berechnung nach § 54 in Anspruch genommen werden, für die Ermittlung der Mindeststeuer-Gewinne oder -Verluste anderer Geschäftseinheiten und für die Ermittlung des Substanzfreibetrages haben aber die allgemeinen Regeln dieses Bundesgesetzes zur Anwendung zu kommen. Für Geschäftsjahre während des Übergangszeitraums besteht auch die Möglichkeit, bei der Ermittlung des Mindeststeuer-Nettogewinns und des Substanzfreibetrags für alle Geschäftseinheiten (inkl. unwesentliche Geschäftseinheiten) in dem Safe-Harbour-Steuerhoheitsgebiet die vereinfachte Berechnung des temporären CbCR-Safe-Harbour in Anspruch zu nehmen.

Zu Z 3:
Nach Z 3 soll ein Safe-Harbour gewährt werden, wenn die Voraussetzungen des temporären SES-Safe-Harbour erfüllt sind (siehe die Erläuterungen zu § 57). In Fällen des temporären SES-Safe-Harbour wird der Ergänzungssteuerbetrag des Safe-Harbour-Steuergebiets aber nur für Zwecke der SES auf null reduziert.

Zu Abs. 2:
Nach diesem Absatz soll die Anwendung der Safe-Harbour-Regelungen für ein Steuerhoheitsgebiet nur auf Antrag der jeweiligen Unternehmensgruppe erfolgen. Der Antrag ist für jedes Geschäftsjahr gesondert zu stellen. Für jedes Geschäftsjahr soll pro Steuerhoheitsgebiet jeweils nur eine der Safe-Harbour-Regelungen, das sind der NES-Safe-Harbour (§ 53), die vereinfachte Berechnung für unwesentliche Geschäftseinheiten (§ 54), die vereinfachte Berechnung anhand eines länderbezogenen Berichts (§§ 55 und 56) und der temporäre SES-Safe-Harbour (§ 57), in Anspruch genommen werden können.

Zu Abs. 3:
Dieser Absatz soll festlegen, in welchen Fällen mangels Anspruchsberechtigung kein Safe-Harbour zu gewähren ist. Die in den Z 1 bis 3 angeführten Voraussetzungen müssen kumulativ vorliegen, um die Gewährung eines beantragten Safe-Harbour auszuschließen.

Nach Z 1 muss für eine in Österreich gelegene Geschäftseinheit eine Abgabepflicht entstehen, wenn der für das Steuerhoheitsgebiet berechnete Effektivsteuersatz unter dem Mindeststeuersatz liegt. Das Entstehen einer Abgabepflicht muss zumindest abstrakt möglich sein. Ist von vornherein ausgeschlossen, dass im konkreten Fall eine Abgabepflicht für eine in Österreich gelegene Geschäftseinheit entstehen kann, ist der beantragte Safe-Harbour nicht zu gewähren.

Nach Z 2 muss die abgabepflichtige Geschäftseinheit innerhalb von 36 Monaten nach Einreichen des Mindeststeuerberichts durch das Finanzamt für Großbetriebe unter Angabe von besonderen Gründen zum Nachweis der Anspruchsberechtigung aufgefordert werden. Unter der Angabe von besonderen Gründen ist die Darlegung von besonderen Gegebenheiten und Umständen zu verstehen, die wesentliche Auswirkungen auf die Anspruchsberechtigung haben können.

Nach Z 3 ist der Safe-Harbour nur zu versagen, wenn die abgabepflichtige Geschäftseinheit die Anspruchsberechtigung nicht innerhalb von 6 Monaten nach der Aufforderung durch die zuständige Abgabenbehörde nachweist.

Zu § 53 (NES-Safe-Harbour):
§ 53 soll den sog. Qualified Domestic Minimum Top-up Tax-Safe Harbour (QDMTT-Safe Harbour), der in den vom Inclusive Framework am 13. Juli 2023 angenommenen Verwaltungsleitlinien in Pkt. 5.1 QDMTT Safe Harbour beschrieben ist, als „NES-Safe-Harbour" umsetzen.

Zu Abs. 1 bis 4:
Absatz 1 soll festlegen, dass der Ergänzungssteuerbetrag für ein Steuerhoheitsgebiet auf Antrag der Unternehmensgruppe auf null reduziert wird, wenn für das betreffende Geschäftsjahr im jeweiligen Steuerhoheitsgebiet eine anerkannte NES-Regelung in Geltung steht, die den NESRechnungslegungsstandard, den NES-Konsistenzstandard und den NES-Verwaltungsstandard erfüllt. Die Definitionen der angeführten Standards sind in den Absätzen 2 bis 4 enthalten. Hinsichtlich des NES-Rechnungslegungsstandards ist wesentlich, dass dieser nur dann erfüllt sein kann, wenn das jeweilige Steuerhoheitsgebiet eine Ermittlung des Mindeststeuer-Gewinnes oder -Verlustes der betreffenden Geschäftseinheiten entweder auf Grundlage des Konzernrechnungslegungsstandards (Abs. 2 Z 1) oder eines nationalen Rechnungslegungsstandards (Abs. 2 Z 2 und Abs. 3) ohne Wahlmöglichkeit für die Unternehmensgruppe vorsieht.

Die Anwendung des NES-Safe-Harbour für ein Steuerhoheitsgebiet soll nur auf Antrag der jeweiligen Unternehmensgruppe erfolgen. Der Antrag ist für jedes Geschäftsjahr gesondert zu stellen.

MinBestG
Gesetzesmaterialien

Zu Abs. 5:
Sofern bei einer Unternehmensgruppe für ein Geschäftsjahr nicht zu berücksichtigende NES-Beträge im Sinne des § 47 Abs. 4 Z 4 in einem Steuerhoheitsgebiet vorliegen (siehe dazu die Erläuterungen zu § 47), soll die Unternehmensgruppe von der Beantragung des NES-Safe-Harbour für dieses Steuerhoheitsgebiet für das betroffene Geschäftsjahr ausgeschlossen sein.

Zu Abs. 6:
Dieser Absatz soll die Beantragung des NES-Safe-Harbour ausschließen, wenn die NES-Regelung eines Steuerhoheitsgebietes eine der in den Z 1 bis 4 beschriebenen Regelungen enthält; dieser Ausschluss soll sich aber nur auf die von diesen Regelungen betroffenen Geschäftseinheiten und Joint Ventures und deren Geschäftseinheiten beziehen (vgl. Verwaltungsleitlinien des Inclusive Framework zur Administration der GloBE-Mustervorschriften vom 13. Juli 2023, Pkt. 5.1 QDMTT Safe Harbour, Rz 37 ff).

Zu § 54 (Vereinfachte Berechnung für unwesentliche Geschäftseinheiten):
Diese Bestimmung soll Unternehmensgruppen administrative Erleichterungen hinsichtlich unwesentlicher Geschäftseinheiten gewähren, indem sie für Zwecke des Safe-Harbour nach § 52 Abs. 1 Z 2 eine vereinfachte Berechnung für unwesentliche Geschäftseinheiten vorsieht (vgl. zur vereinfachten Berechnung für unwesentliche Geschäftseinheiten als Teil einer permanenten Safe-Harbour-Regelung: Inclusive Framework on BEPS, Safe Harbours and Penalty Relief: Global Anti-Base Erosion Rules (Pillar Two), Rz 75 ff).

Auf Antrag der Unternehmensgruppe soll bei den Berechnungen für Zwecke des De-minimis Tests, des Effektivsteuersatz-Tests oder des Routinegewinn-Tests (§ 52 Abs. 1 Z 2) hinsichtlich unwesentlicher Geschäftseinheiten eine vereinfachte Berechnung ihrer Mindeststeuer-Umsatzerlöse, ihres Mindeststeuer-Gewinns oder -Verlusts und ihrer angepassten erfassten Steuern erfolgen. Wird keiner der angeführten Tests erfüllt und ist daher kein Safe-Harbour nach § 52 Abs. 1 Z 2 zu gewähren, hat die Ermittlung von Effektivsteuersatz und Ergänzungssteuerbetrag auch hinsichtlich unwesentlicher Geschäftseinheiten nach den allgemeinen Regeln zu erfolgen. Die anhand der vereinfachten Berechnung dieser Bestimmung ermittelten Werte können dann nicht verwendet werden.

Nach Z 1 und 2 können aus Vereinfachungsgründen bestimmte für die betreffende unwesentliche Geschäftseinheit im jeweiligen länderbezogenen Bericht auszuweisende Werte als Ausgangspunkt für die Berechnungen zum Zwecke des § 52 Abs. 1 Z 2 herangezogen werden. Relevant für die Berechnungen sind somit die Werte, die im Einklang mit den CbCR-Vorschriften des Steuerhoheitsgebiets, in dem der länderbezogene Bericht eingereicht wurde, im betreffenden länderbezogenen Bericht ausgewiesen sind.

Nach Z 1 sind sowohl für die Mindeststeuer-Umsatzerlöse als auch für den Mindeststeuer-Gewinn einer unwesentlichen Geschäftseinheit die Erträge anzusetzen, die für sie im jeweiligen länderbezogenen Bericht für das betreffende Geschäftsjahr auszuweisen sind, jeweils bereinigt um von anderen Geschäftseinheiten der Unternehmensgruppe erhaltene Gewinnausschüttungen und die im sonstigen Ergebnis erfassten Umsatzerlöse und Erträge. Nach Z 2 sind für Zwecke des § 52 Abs. 1 Z 2 die angepassten erfassten Steuern einer unwesentlichen Geschäftseinheit mit den im jeweiligen länderbezogenen Bericht auszuweisenden, für das betreffende Geschäftsjahr gezahlten und rückgestellten Ertragsteuern anzusetzen. Nicht darunter fallen jedoch Erträge oder Aufwendungen aus der Bildung oder Auflösung aktiver und passiver latenter Steuern, Aufwendungen aus der Bildung von Rückstellungen für unsichere Steuerpositionen sowie sonstige periodenfremde Steueraufwands- oder Steuerertragspositionen.

Nach Z 3 sind die vereinfachten Berechnungen nach Z 1 und 2 nur zulässig, wenn die betreffende unwesentliche Geschäftseinheit entweder nicht mehr als 50 Mio. Euro an Erträgen in betreffendem Geschäftsjahr erzielt hat oder wenn die für den länderbezogenen Bericht herangezogenen Daten aus Finanzkonten stammen, die auf Basis eines anerkannten Rechnungslegungsstandards (§ 2 Z 25) oder eines zugelassenen Rechnungslegungsstandards (§ 2 Z 26) erstellt worden sind.

Unwesentliche Geschäftseinheiten sind alle Geschäftseinheiten einer Unternehmensgruppe, die aufgrund von Wesentlichkeitserwägungen für das Geschäftsjahr nicht in einen durch einen externen Prüfer testierten Konzernabschluss einbezogen worden sind. Ob eine Geschäftseinheit als unwesentlich angesehen werden kann, beruht sowohl auf quantitativen als auch qualitativen Erwägungen. Entscheidend ist dabei, dass die Auswirkungen ihrer Einbeziehung in den Konzernabschluss so gering wären, dass sie etwaige Entscheidungen, die auf Grundlage des Konzernabschlusses getroffen werden, vernünftigerweise nicht beeinflussen. Dies betrifft vor allem Geschäftseinheiten im Stadium der Abwicklung oder mit bloß geringfügigen Aktivitäten. Deren Einbeziehung in den Konzernabschluss wäre angesichts der geringen Auswirkungen mit unverhältnismäßigen Kosten verbunden.

Um als unwesentliche Geschäftseinheit im Sinne dieses Paragraphen zu gelten und die vereinfachte Berechnung in Anspruch nehmen zu können, ist Voraussetzung, dass der Konzernabschluss, in die betreffende Geschäftseinheit grundsätzlich einzubeziehen wäre, von einem externen Prüfer testiert worden ist. Ist dies nicht der Fall, erfüllt die betreffende Geschäftseinheit nicht die Definition einer unwesentlichen Geschäftseinheit im Sinne dieses Paragraphen und die vereinfachte Berechnung kann nicht in Anspruch genommen werden (vgl. OECD/G20 Inclusive Framework on BEPS, Safe Harbours and Penalty Relief: Global Anti-Base Erosion Rules (Pillar Two), Rz 104).

Zu § 55 (Vereinfachte Berechnung anhand eines länderbezogenen Berichts):
Diese Bestimmung soll den temporären Country-by-Country Report-Safe-Harbour (temporärer CbCR-Safe-Harbour) umsetzen, der in den Verwaltungsleitlinien des Inclusive Framework beschrieben ist (vgl. OECD/G20 Inclusive Framework on BEPS: Safe Harbours and Penalty Relief: Global Anti-Base Erosion Rules [Pillar Two], Rz 9 ff).

Zu Abs. 1:
Dieser Absatz soll für Geschäftsjahre, die vor dem 1. Jänner 2027 beginnen und vor dem 1. Juli 2028 enden (Übergangszeitraum), für Zwecke des De-minimis-Tests, des Effektivsteuersatz-Tests und des Routinege-

MinBestG
Gesetzesmaterialien

winn-Tests (§ 52 Abs. 1 Z 2) eine vereinfachte Berechnung vorsehen (temporärer CbCR-Safe-Harbour), bei der die im jeweiligen länderbezogenen Bericht (CbCR) für die betroffenen Geschäftseinheiten auszuweisenden Werte als Ausgangspunkt für die Berechnung herangezogen werden können. Relevant für die Berechnung sind somit die Werte, die im Einklang mit den CbCR-Vorschriften des Steuerhoheitsgebiets, in dem der länderbezogene Bericht eingereicht wurde, im betreffenden länderbezogenen Bericht ausgewiesen sind. Die vereinfachte Berechnung anhand eines länderbezogenen Berichts ist jedoch nur zulässig, wenn es sich um einen qualifizierten länderbezogenen Bericht handelt, d.h. er wurde auf Grundlage einer qualifizierten Finanzberichterstattung erstellt.

Der Begriff der qualifizierten Finanzberichterstattung wird in Abs. 3 definiert. Wird keiner der angeführten Tests erfüllt und ist daher kein Safe-Harbour nach § 52 Abs. 1 Z 2 für das betreffende Steuerhoheitsgebiet zu gewähren, hat die Ermittlung von Effektivsteuersatz und Ergänzungssteuerbetrag nach den allgemeinen Regeln zu erfolgen. Die anhand der vereinfachten Berechnung dieser Bestimmung ermittelten Werte können dann nicht verwendet werden.

Um die vereinfachte Berechnung anhand des länderbezogenen Berichts in Anspruch nehmen zu können, hat die Unternehmensgruppe einen entsprechenden Antrag auf Gewährung des temporären CbCR-Safe-Harbour für das jeweilige Steuerhoheitsgebiet zu stellen. Der Antrag ist für jedes der Geschäftsjahre des Übergangszeitraums gesondert zu stellen. Stellt die Unternehmensgruppe für ein bestimmtes Geschäftsjahr des Übergangszeitraums für ein bestimmtes Steuerhoheitsgebiet, in dem im betreffenden Geschäftsjahr Geschäftseinheiten der Unternehmensgruppe gelegen sind, keinen Antrag, kann für das betreffende Steuerhoheitsgebiet auch für die nachfolgenden Geschäftsjahre kein entsprechender Antrag gestellt werden (vgl. OECD/G20 Inclusive Framework on BEPS: Safe-Harbours and Penalty Relief: Global Anti-Base Erosion Rules (Pillar Two), Rz 35 f).

In Z 1, 2 und 3 ist geregelt, welche Werte für die vereinfachte Berechnung für Zwecke des De-minimis Tests (Z 1), des Effektivsteuersatz-Tests (Z 2) und des Routinegewinn-Tests (Z 3) zu verwenden sind.

Insbesondere können für das Mindeststeuer-Umsatzerlöse und den Mindeststeuer-Nettogewinn oder -verlust die (teilweise noch zu adaptierenden) Werte aus dem jeweiligen länderbezogenen Bericht (als Ausgangspunkt) herangezogen werden. Lediglich für den Gesamtbetrag der angepassten erfassten Steuern der Geschäftseinheiten im Steuerhoheitsgebiet kann als Ausgangspunkt nicht der Wert aus den länderbezogenen Bericht herangezogen werden, sondern es ist auf Werte aus einer qualifizierten Finanzberichterstattung zurückzugreifen. Für Zwecke des Effektivsteuersatz-Tests sind in Z 2 lit. c Referenzsteuersätze vorgesehen, die für Geschäftsjahre, die in 2025 (16 %) oder in 2026 (17 %) beginnen, höher sind als der Mindeststeuersatz (15 %).

Zu Abs. 2:
Dieser Absatz soll die Anwendung des temporären CbCR-Safe-Harbour auf große inländische Gruppen (§ 2 Z 5) ausdehnen (vgl. Erwägungsgrund Nr. 24 zur Richtlinie). Da für diese kein länderbezogener Bericht erstellt wird, sollen für sie die Mindeststeuer-Umsatzerlöse und der Mindeststeuer-Nettogewinn oder -verlust auf Basis der jeweiligen qualifizierten Finanzberichterstattung zu ermitteln sein.

Zu Abs. 3:
Abs. 3 enthält Begriffsbestimmungen für die vereinfachte Berechnung.

Nach Z 1 soll ein qualifizierter und damit für die vereinfachte Berechnung zulässiger länderbezogener Bericht nur dann vorliegen, wenn er auf Grundlage einer qualifizierten Finanzberichterstattung erstellt wurde. Lit. a, b und c führen an, welche Arten von Finanzberichterstattung als qualifiziert gelten sollen.

Nach lit. a sollen Finanzkonten, die zur Erstellung des Konzernabschlusses der obersten Muttergesellschaft verwendet werden, eine qualifizierte Finanzberichterstattung darstellen. Darunter soll das sog. *„Reporting Package"* der jeweiligen Geschäftseinheit, in dem die Anpassungen von lokalen Rechnungslegungsstandard auf den Konzernrechnungslegungsstandard enthalten sind, zu verstehen sein, sofern das *„Reporting Package"* bestimmte Voraussetzungen erfüllt. So muss ein *„Reporting Package"*, um für Zwecke des temporären CbCR-Safe-Harbour als qualifizierte Finanzberichterstattung zu gelten, den Anforderungen für den jeweiligen länderbezogenen Bericht relevanten CbCR-Vorschriften entsprechen. Auch darf im *„Reporting Package"* grundsätzlich keine Anpassung des Buchwerts von Vermögenswerten und Schulden bei einer Geschäftseinheit, die aus der Anwendung der Erwerbsmethode bei einem Beteiligungserwerb im Rahmen eines Unternehmenszusammenschlusses resultiert (*„Purchase Price Accounting"*), berücksichtigt sein. Der Bundesminister für Finanzen soll jedoch im Einklang mit internationalen Vereinbarungen (insbesondere im Einklang mit Vereinbarungen im Rahmen des Inclusive Framework) mit Verordnung näher bestimmen können, unter welchen Voraussetzungen eine qualifizierte Finanzberichterstattung und ein qualifizierter länderbezogener Bericht vorliegen. Diese Verordnungsermächtigung soll u.a. auch umfassen, in Umsetzung etwaiger diesbezüglicher internationaler Vereinbarungen, Voraussetzungen festzulegen, unter denen auch ein abweichend von § 14 Abs. 1 zweiter Satz erstelltes *„Reporting Package"* (trotz *„Purchase Price Accounting"*) für Zwecke des temporären CbCR-Safe-Harbour als qualifizierte Finanzberichterstattung gelten kann.

Lit. b und c legen die Voraussetzungen fest, unter denen bestimmte Jahresabschlüsse als qualifizierte Finanzberichterstattung gelten.

Der Bundesminister für Finanzen soll ermächtigt sein, im Einklang mit internationalen Vereinbarungen (insbesondere im Einklang mit Vereinbarungen im Rahmen des Inclusive Framework) mit Verordnung näher festzulegen, unter welchen Voraussetzungen eine qualifizierte Finanzberichterstattung und ein qualifizierter länderbezogener Bericht vorliegen. Die Verordnungsermächtigung soll somit beim Vorliegen entsprechender internationaler Vereinbarungen die Festlegung detaillierter Voraussetzungen für das Vorliegen eines qualifizierten länderbezogenen Berichts sowie einer qualifizierten Finanzberichterstattung im Sinne der lit. a bis c ebenso ermöglichen wie die Festlegung von Tatbeständen und Sachverhaltskonstellationen, in denen eine Anerkennung als qualifizierter länderbezogener Bericht oder als qualifizierte Finanzberichterstattung ausgeschlossen ist und daher die vereinfachte Berechnung anhand eines länderbezogenen Berichts nicht zur Anwendung kommen kann.

Z 2 soll den Begriff des nicht realisierten Nettoverlusts aus der Bewertung zum beizulegenden Zeitwert definieren.

Zu Abs. 4:
Abs. 4 soll Sonderfälle regeln, in denen Geschäftseinheiten, Unternehmensgruppen oder Steuerhoheitsgebiete von der Anwendung des temporären CbCR-Safe-Harbour ausgeschlossen sind.

Zu Abs. 5:
Stellt sich nachträglich heraus, dass die Voraussetzungen des temporären CbCR-Safe-Harbour nicht erfüllt waren, soll gemäß Abs. 5 die Anwendung dieses Safe-Harbour rückwirkend entfallen sowie dessen Inanspruchnahme auch für die nachfolgenden Geschäftsjahre für das betreffende Steuerhoheitsgebiet ausgeschlossen werden.

Zu § 56 (Sonderregelungen für den temporären CbCR-Safe-Harbour):

Zu Abs. 1:
Dieser Absatz soll die Anwendung des temporären CbCR-Safe-Harbour auf Joint-Ventures und ihre Geschäftseinheiten ausweiten. Da diese nicht in den länderbezogenen Berichten erfasst sind, sollen für sie die Mindeststeuer-Umsatzerlöse und der Mindeststeuer-Nettogewinn oder -verlust auf Basis der jeweiligen qualifizierten Finanzberichterstattung ermittelt werden. Joint Ventures und ihre Geschäftseinheiten sollen auch für Zwecke dieses Absatzes wie eigenständige Unternehmensgruppen (Joint Venture-Gruppen) behandelt werden. Daher sind auch im Rahmen des temporären CbCR-Safe-Harbour für ein Steuerhoheitsgebiet gegebenenfalls zwei oder mehrere getrennte Berechnungen durchzuführen (vgl. OECD/G20 Inclusive Framework on BEPS: Safe Harbours and Penalty Relief: Global Anti-Base Erosion Rules (Pillar Two), S. 13 ff).

Zu Abs. 2 bis Abs. 4:
Diese Absätze enthalten Sonderregelungen für den temporären CbCR-Safe-Harbour betreffend transparente Einheiten und Investmenteinheiten (vgl. OECD/G20 Inclusive Framework on BEPS: Safe Harbours and Penalty Relief: Global Anti-Base Erosion Rules (Pillar Two), S. 13 ff).

Zu § 57 (Temporärer SES-Safe-Harbour):
Diese Bestimmung sieht als Übergangsvorschrift für Geschäftsjahre, die vor dem 1. Jänner 2026 beginnen und vor dem 31. Dezember 2026 enden, für manche Steuerhoheitsgebiete einen temporären Safe-Harbour im Bereich der SES vor (vgl. Verwaltungsleitlinien des OECD/G20 Inclusive Framework vom Juli 2023, Pkt. 5.2, Transitional UTPR Safe Harbour). Die Anwendung der Safe-Harbour-Regelung für ein Steuerhoheitsgebiet soll nur auf Antrag und nur unter folgenden Voraussetzungen möglich sein:

Es handelt sich um das Steuerhoheitsgebiet, in dem die oberste Muttergesellschaft der Unternehmensgruppe gelegen ist und der nominelle Körperschaftsteuersatz in diesem Steuerhoheitsgebiet beträgt im betreffenden Geschäftsjahr mindestens 20 %.

Diese Bestimmung soll bewirken, dass der Ergänzungssteuerbetrag für das Steuerhoheitsgebiet für Zwecke der SES auf null reduziert wird. Der Safe-Harbour betrifft nur die SES. Anerkannte NES- oder PES-Regelungen sollen im Rahmen der allgemeinen Regeln auf die Geschäftseinheiten in diesem Steuerhoheitsgebiet unverändert angewendet werden können.

Der für die Anwendung der Bestimmung relevante Körperschaftsteuersatz soll der nominelle Körperschaftsteuersatz sein, der im Allgemeinen auf das Einkommen der in den Anwendungsbereich dieses Bundesgesetzes fallenden Unternehmensgruppen anzuwenden ist. Wenn in dem Steuerhoheitsgebiet zusätzlich zu der auf nationaler bzw. Bundesebene erfolgenden Körperschaftsbesteuerung auch auf subnationaler Ebene bestehende Territorien bzw. andere Gebietskörperschaften als der Bund das gesamte Einkommen der Unternehmensgruppen oder zumindest einen Großteil davon auf vergleichbare Art und Weise besteuern, kann der dafür anzuwendende nominelle Steuersatz zusätzlich additiv berücksichtigt werden. Dies soll aber nur zulässig sein, wenn auch im Geltungsbereich dieser auf subnationaler Ebene im niedrigsten Steuerhoheitsgebiet zur Anwendung kommenden Steuersätze für die in den Anwendungsbereich dieses Bundesgesetzes fallenden Unternehmensgruppen die Summe aus dem nationalen nominellen Körperschaftsteuersatz und dem auf subnationaler Ebene zur Anwendung kommendem nominellen Steuersatz mindestens 20 % beträgt (vgl. Verwaltungsleitlinien des Inclusive Framework zur Administration der GloBE-Mustervorschriften vom 13. Juli 2023, Pkt. 5.2 Transitional UTPR Safe Harbour, Rz 5).

Zu Abschnitt 7:

Im Allgemeinen zu den §§ 58 bis 60 (Sondervorschriften für Unternehmensumstrukturierungen und Holdingstrukturen):
Die §§ 58 bis 60 sollen Sonderregelungen für Umstrukturierungen von Geschäftseinheiten und deren Behandlung für Zwecke der Ermittlung des Mindeststeuer-Gewinns oder -Verlustes vorsehen. Diese umfassen zunächst Sonderregelungen für die Anwendung und Ermittlung des in § 3 normierten Schwellenwertes für Umsatzerlöse im Falle von Zusammenschlüssen oder Teilungen von (Teil-)Unternehmensgruppen (§ 58; Art. 33 der Richtlinie), zu Veränderungen der Unternehmensgruppe durch Austritt und Beitritt von einzelnen Geschäftseinheiten (§ 59; Art. 34 der Richtlinie) sowie zur Übertragung von Vermögenswerten und Schulden im Allgemeinen sowie im Rahmen von Umstrukturierungen im Besonderen (§ 60; Art. 35 der Richtlinie). Die §§ 58 bis 60 sollen somit die in Kapitel VI der Richtlinie enthaltenen Bestimmungen der Art. 33 bis 35 umsetzen, die wiederum auf den Art. 6.1, 6.2, 6.3 sowie Art. 10.1 der OECD-Musterregelungen basieren.

MinBestG
Gesetzesmaterialien

Zu § 58 (Anwendung des Schwellenwerts für konsolidierte Umsatzerlöse auf Zusammenschlüsse und Teilungen von Unternehmensgruppen):

§ 58 soll Sonderregelungen für die Anwendung und Ermittlung des in § 3 normierten Schwellenwertes für Umsatzerlöse im Falle von Zusammenschlüssen (Abs. 1 und Abs. 2) und Teilungen (Abs. 3) von (Teil-)Unternehmensgruppen vorsehen, wobei sowohl der „Zusammenschluss" als auch die „Teilung" in Abs. 4 für Zwecke dieses Bundesgesetzes gesetzlich definiert werden.

Abs. 1:
Abs. 1 soll zunächst Regelungen für Konstellationen vorsehen, in denen sich mindestens zwei oder auch mehrere Unternehmensgruppen zu einer (neuen) Unternehmensgruppe zusammenschließen und in denen für die am Zusammenschluss beteiligten Unternehmensgruppen in den Geschäftsjahren vor dem Zusammenschluss kein gemeinsamer Konzernabschluss – und folglich auch kein gemeinsamer konsolidierter Umsatz – besteht, weil für jede am Zusammenschluss beteiligte Unternehmensgruppe vor dem Zusammenschluss jeweils ein eigener Konzernabschluss erstellt wurde (vgl. GloBE-Kommentar, Art. 6.1, Rz 20 ff). Fraglich ist diesfalls, wie in den Geschäftsjahren vor dem Zusammenschluss der Schwellenwert für die nunmehr zusammengeschlossene Unternehmensgruppe zu ermitteln ist; dies soll durch Abs. 1 geregelt werden, indem eine Addition der Umsatzerlöse in den dem Zusammenschluss vorangehenden Geschäftsjahren angeordnet wird. Dabei ist zu beachten, dass Umsätze aus Transaktionen zwischen den beiden sich zusammenschließenden Unternehmensgruppen vor dem Zusammenschluss nicht zu konsolidieren sind, ungeachtet dessen, dass diese nach dem Zusammenschluss konsolidiert werden (vgl. OECD Mustervorschriften Art. 6.1, Rz 22): Erfolgt in einem der dem geprüften Geschäftsjahr unmittelbar vorausgehenden vier Geschäftsjahren ein Zusammenschluss zu einer neuen Unternehmensgruppe, gilt nach Abs. 1 der Schwellenwert für ein Geschäftsjahr vor dem Zusammenschluss als erreicht, wenn die Summe der in den Konzernabschlüssen der Zusammenschlusspartner für das jeweilige Geschäftsjahr ausgewiesenen Umsatzerlöse insgesamt mindestens 750 Mio. Euro beträgt. Ist unter Berücksichtigung von Abs. 1 der Schwellenwert erfüllt, unterliegt die anlässlich des Zusammenschlusses entstehende (neue) Unternehmensgruppe im geprüften Geschäftsjahr der Mindeststeuer.

Abs. 2:
Abs. 2 soll ebenfalls Regelungen für Zusammenschlüsse vorsehen und dabei jene Konstellationen erfassen, in denen – anders als im Anwendungsbereich von Abs. 1 – mindestens eine am Zusammenschluss beteiligte Einheit vor dem Zusammenschluss noch *nicht* Teil einer Unternehmensgruppe war und daher bislang keinen Konzernabschluss erstellt hat. Abs. 2 soll daher zunächst zur Anwendung kommen, wenn entweder zwei Einheiten, die bisher jeweils nicht Teil einer Unternehmensgruppe waren und daher bislang nur Einzelabschlüsse erstellt haben, sich zu einer (neuen) Unternehmensgruppe zusammenschließen. Weiters soll Abs. 2 Konstellationen erfassen, in denen eine Einheit, die bisher nicht Teil einer Unternehmensgruppe war und daher bislang nur Einzelabschlüsse erstellt hat, durch einen Zusammenschluss Teil einer (bereits bestehenden) Unternehmensgruppe wird; Abs. 2 kommt dabei auch zur Anwendung, wenn mehrere Einheiten (mit Einzelabschlüssen) mit mehreren Unternehmensgruppen im Rahmen eines Zusammenschlusses fusioniert werden (vgl. GloBEKommentar, Art. 6.1.1, Rz 24).

Erfolgt im geprüften Geschäftsjahr ein Zusammenschluss und hat eine der am Zusammenschluss beteiligten Parteien in einem der letzten vier dem geprüften Geschäftsjahr unmittelbar vorangegangenen Geschäftsjahren keinen Konzernabschluss erstellt, gilt der Schwellenwert iSd Zusammenschluss gemäß § 3 als erreicht, wenn die Summe der in ihren (Konzern-)Abschlüssen für das jeweilige Geschäftsjahr ausgewiesenen Umsatzerlöse mindestens 750 Mio. Euro beträgt. Je nach Konstellation sind daher die in den Einzelabschlüssen ausgewiesenen Umsatzerlöse des jeweiligen Jahres zu addieren bzw. die in den Einzelabschlüssen ausgewiesenen Umsatzerlöse mit den im Konzernabschluss ausgewiesenen Umsatzerlösen des jeweiligen Jahres zu addieren (vgl. GloBE-Kommentar, Art. 6.1.1, Rz 27). Ist der Schwellenwert in zwei der vier dieser Geschäftsjahre vor dem Zusammenschluss erreicht, soll die zusammenschlussbedingt entstandene neue Unternehmensgruppe im geprüften Jahr der Mindeststeuer unterliegen (vgl. GloBE-Kommentar, Art. 6.1.1, Rz 28).

Beispiel (vgl. auch GloBE-Kommentar, Art. 6.1.1, Rz 29):
Einheit A und Einheit B sind jeweils nicht Teil einer Unternehmensgruppe. Im Geschäftsjahr X5 schließen sich A und B zur neuen Unternehmensgruppe AB zusammen, für die nunmehr ab X5 ein gemeinsamer Konzernabschluss erstellt wird. Für das Geschäftsjahr X5 ist zu bestimmen, ob für die Geschäftseinheiten der Unternehmensgruppe AB die Regelungen dieses Bundesgesetzes anzuwenden sind.

Für diese Zwecke sind die dem Geschäftsjahr des Zusammenschlusses X5 vorangegangenen vier Geschäftsjahre X1 bis X4 heranzuziehen und die in diesen Geschäftsjahren erzielten und im jeweiligen Einzelabschluss ausgewiesenen Umsätze von A und B zu addieren. Wird aufgrund dieser Addition der Schwellenwert iSd § 3 in zwei der vier Geschäftsjahren vor dem Zusammenschluss überschritten (mindestens 750 Mio. EUR, z. B. in X3 und X4), unterliegt die Unternehmensgruppe AB im Geschäftsjahr X5 der Mindeststeuer.

Abs. 3:
Abs. 3 betrifft die Teilung von Unternehmensgruppen und soll Regelungen für Konstellationen vorsehen, in denen eine Unternehmensgruppe, die im Jahr der Teilung vom Anwendungsbereich dieses Bundesgesetzes erfasst wird, in eine oder mehrere Teilunternehmensgruppen geteilt wird. Die Art der Teilung (wie z. B. die Teilungsrichtung) ist für die Anwendung von Abs. 3 nicht entscheidend, solange die Definition des Abs. 4 Z 2 erfüllt ist. Die Regelungen des Abs. 3 sollen für jede der teilungsbedingt entstehenden Teilunternehmensgruppe gesondert zur Anwendung gelangen (vgl. GloBE-Kommentar, Art. 6.1.1, Rz 33) und Sonderbestimmungen für die Beurteilung vorsehen, ob die entstehenden Teilunternehmensgruppen auch für sich genommen nach der Teilung der Mindeststeuer unterliegen.

Bei der Anwendung von Abs. 3 durch die Teilunternehmensgruppen ist hinsichtlich des ersten geprüften Geschäftsjahres nach der Teilung einerseits (Z 1) und hinsichtlich des zweiten bis vierten geprüften Geschäftsjahres nach der Teilung andererseits (Z 2) zu unterscheiden (vgl. GloBE-Kommentar, Art. 6.1.1, Rz 33): Bezogen auf das erste nach der Teilung endende Geschäftsjahr soll der Schwellenwert gemäß § 3 für das erste der Teilung folgende Geschäftsjahr als erfüllt gelten, wenn die teilungsbedingt entstehende Teilunternehmensgruppe – nunmehr isoliert betrachtet – in diesem ersten Jahr Umsatzerlöse von mindestens 750 Mio. Euro erreicht. Der Betrachtungszeitraum nach Z 1 beschränkt sich folglich auf das erste nach der Teilung endende Geschäftsjahr; die Rechtsfolgen nach Z 1 (Anwendung der Mindeststeuer durch die Teilunternehmensgruppe) beschränkt sich ebenfalls auf das erste nach der Teilung endende Geschäftsjahr. Im Hinblick auf das zweite, dritte und vierte nach der Teilung endende Geschäftsjahr soll der Schwellenwert gemäß § 3 hingegen dann als erfüllt gelten, wenn in mindestens zwei auf das Jahr der Teilung folgenden Geschäftsjahren die Teilunternehmensgruppe – wiederum isoliert betrachtet – Umsatzerlöse von mindestens 750 Mio. Euro erreicht. Erfüllt die Teilunternehmensgruppe in mindestens zwei auf das Jahr der Teilung folgenden Geschäftsjahren den Schwellenwert, unterliegt diese somit im Hinblick auf das zweite bis vierte untersuchte nach der Teilung endende Geschäftsjahr (durchgängig) der Mindeststeuer. Bei der Anwendung von Z 2 und damit für die Beurteilung des Überschreitens des Schwellenwerts in mindestens zwei auf das Jahr der Teilung folgenden Geschäftsjahren fließt somit auch die (isoliert) für das erste nach der Teilung endende Beurteilung ein (vgl. GloBE-Kommentar, Art. 6.1.1, Rz 36): Wird die Umsatzgrenze von einer Teilunternehmensgruppe beispielsweise im ersten nach der Teilung endenden Geschäftsjahr erfüllt, unterliegt diese in diesem ersten nach der Teilung endenden Geschäftsjahr der Mindeststeuer (Z 1). Erfüllt die Teilunternehmensgruppe auch im zweiten nach der Teilung endenden Geschäftsjahr die Umsatzgrenze, ist – ungeachtet der Umsatzgrenze in den Geschäftsjahren drei und vier – die Voraussetzung der Z 2 bereits erfüllt, weil in mindestens zwei auf das Jahr der Teilung folgenden Geschäftsjahren (nämlich im ersten und zweiten Geschäftsjahr nach der Teilung) der Schwellenwert überschritten wurde (vgl. GloBE-Kommentar, Art. 6.1.1, Rz 36); die Teilunternehmensgruppe unterliegt diesfalls nicht nur im Hinblick auf das erste nach der Teilung endende Geschäftsjahr der Anwendung dieses Bundesgesetzes (Z 1), sondern auch im Hinblick auf die nach der Teilung endenden Geschäftsjahre zwei bis vier (Z 2).

Z 1 und Z 2 sind daher grundsätzlich unabhängig voneinander zu prüfende Tatbestände für die der Teilung folgenden vier Geschäftsjahre, allerdings fließt die Beurteilung nach Z 1 hinsichtlich des ersten Geschäftsjahres für die Beurteilung für Zwecke von Z 2 ein. Umgekehrt strahlt die Anwendung von Z 2 aber nicht auf Z 1 aus, d.h. eine sich gemäß Z 2 ergebende Mindeststeuerpflicht im Hinblick auf die nach der Teilung endenden Geschäftsjahre zwei bis vier begründet keine Pflicht zur Anwendung dieses Bundesgesetzes auch bereits in dem nach der Teilung endenden ersten Geschäftsjahr. Ab dem fünften nach der Teilung endenden Geschäftsjahr soll wiederum die Grundregelung des § 3 gelten.

Beispiel:
Die Unternehmensgruppe AB soll in die beiden Teilunternehmensgruppen A und B geteilt werden; im Zeitpunkt der Teilung unterliegt die Unternehmensgruppe AB dem Anwendungsbereich dieses Bundesgesetzes. Folglich haben die anlässlich der Teilung entstehenden Teilunternehmensgruppen A und B für die vier nach der Teilung endenden Geschäftsjahre jeweils für sich die Sonderregelung des § 58 Abs. 3 für die Prüfung des Schwellenwertes zu beachten.

Die Teilunternehmensgruppe A erreicht im ersten nach der Teilung endenden Geschäftsjahr (X1) die Umsatzgrenze von mindestens 750 Mio. EUR; sie unterliegt daher für dieses Geschäftsjahr X1 dem Anwendungsbereich dieses Bundesgesetzes (Z 1). Im zweiten (X2) und dritten (X3) nach der Teilung endenden Geschäftsjahr erreicht die Teilunternehmensgruppe A die Umsatzgrenze von mindestens 750 Mio. Euro ebenfalls, nicht hingegen im vierten nach der Teilung endenden Geschäftsjahr (X4). A unterliegt in X2 bis X4 der Mindeststeuer (Z 2); sie erreicht in mindestens zwei der nach der Teilung endenden Geschäftsjahren die Umsatzschwelle (nämlich in X1, X2 und X3).

Die Teilunternehmensgruppe B erreicht in X1 hingegen die Umsatzgrenze von mindestens 750 Mio. Euro nicht; sie unterliegt in X1 nicht der Mindeststeuer (Z 1), ungeachtet dessen, ob Z 2 erfüllt ist, oder nicht. Auch im Geschäftsjahr X2 erreicht B die Umsatzgrenze nicht, schon aber in den Geschäftsjahren X3 und X4; B erreicht daher in mindestens zwei der nach der Teilung folgenden Geschäftsjahren, nämlich in X3 und X4, die Umsatzschwelle, sodass B in den Geschäftsjahren X2 bis X4 durchgängig der Mindeststeuer (Z 2) unterliegt. Die Anwendung von Z 2 kann jedoch nicht auf Z 1 ausstrahlen, d.h. keine Anwendung der Mindeststeuer durch die Unternehmensgruppe B auch bereits in X 1 begründen.

Ab dem fünften nach der Teilung endenden Geschäftsjahr X5 erfolgt die Ermittlung des Schwellenwertes für die Teilunternehmensgruppen A und B jeweils nach der Grundregelung des § 3.

Abs. 4:
Abs. 4 soll die für Zwecke von § 58 maßgeblichen Begriffsbestimmungen enthalten und einen „Zusammenschluss" (Z 1) sowie eine „Teilung" (Z 2) definieren. Bei diesen beiden Definitionen handelt es sich um eine für Zwecke dieses Bundesgesetzes eigenständige Definitionen, die sich auch nicht mit Begriffen des UmgrStG decken.

Ein Zusammenschluss ist nach Z 1 jede Vereinbarung, die dazu führt, dass alle oder im Wesentlichen alle Einheiten mehrerer einzelner Unternehmensgruppen unter eine gemeinsame Kontrolle einer neuen Unternehmensgruppe gebracht werden (lit. a); dies gilt auch für Einheiten, die bisher noch keiner Unternehmensgruppe angehörten, die mit einer bereits bestehenden Unternehmensgruppe oder einer anderen Einheit zu einer neuen Unternehmensgruppe zusammengeschlossen werden (lit. b). Maßgeblich ist sowohl für Zwecke von lit. a und lit. b, dass eine neue Unternehmensgruppe entsteht.

Lit. a stellt darauf ab, dass der Zusammenschluss *„alle oder im Wesentlichen alle einer Unternehmensgruppe angehörende Einheiten"* von mindestens zwei oder mehreren Unternehmensgruppen erfasst. Die Art des Zusammenschlusses soll dabei keine Rolle spielen; maßgeblich ist, dass zusammenschlussbedingt die beteiligten Parteien unter eine gemeinsame Kontrolle gebracht werden; dies ist z. B. auch der Fall, wenn eine Unternehmensgruppe von einer anderen Unternehmensgruppe nur gegen Kaufpreiszahlung (ohne Anteilsgewähr) erworben wird (vgl. GloBEKommentar, Art. 6.1.2, Rz 38). Die Erfüllung der Voraussetzung,

MinBestG
Gesetzesmaterialien

dass *„alle oder im Wesentlichen alle einer Unternehmensgruppe angehörende Einheiten"* unter eine gemeinsame Kontrolle gebracht werden, ist vorrangig qualitativ zu beurteilen. Werden nur die Einheiten eines einzelnen Geschäftsbereichs erfasst, stellt dies grundsätzlich keinen Zusammenschluss iSd Z 1 dar; ein Zusammenschluss kann diesfalls nur dann vorliegen, wenn dieser einzelne Geschäftsbereich nahezu die gesamte Geschäftstätigkeit der Unternehmensgruppe darstellt (vgl. GloBE-Kommentar, Art. 6.1.2, Rz 38).

Lit. b stellt darauf ab, dass eine Einheit, die bisher keiner Unternehmensgruppe angehörte, unter gemeinsame Kontrolle mit einer anderen Einheit gebracht wird und dabei erstmals eine Unternehmensgruppe entsteht oder eine Einheit mit einer anderen bereits bestehenden Unternehmensgruppe unter gemeinsame Kontrolle gebracht wird, sodass dadurch eine neue Unternehmensgruppe iSd § 3 Z 3 entsteht (vgl. GloBE-Kommentar, Art. 6.1.2., Rz 39). Die Voraussetzung der Entstehung einer neuen gemeinsamen Unternehmensgruppe ist beispielsweise nicht erfüllt, wenn zwei Unternehmensgruppen von einem Investmentvehikel erworben werden, das nicht zur Vollkonsolidierung der Unternehmensgruppen verpflichtet ist (diesfalls bestehen für die Einheiten der Unternehmensgruppen weiterhin unterschiedliche Konzernabschlüsse; vgl. GloBE-Kommentar, Art. 6.1.2, Rz 40).

Z 2 soll sodann die für Zwecke dieses Bundesgesetzes maßgebliche „Teilung" definieren. Danach ist eine Teilung jede Vereinbarung, bei der die Einheiten einer bestehenden Unternehmensgruppe in mehrere (also mindestens zwei) Unternehmensgruppen geteilt werden. Nach einer Teilung werden die (nunmehr aufgeteilten) Einheiten somit nicht mehr von derselben obersten Muttergesellschaft konsolidiert, sondern von zwei oder mehreren obersten Muttergesellschaften verschiedener Unternehmensgruppen konsolidiert. Eine Teilung nach Z 2 liegt nicht vor, wenn eine bestehende Unternehmensgruppe eine oder mehrere ihrer Einheiten auf eine andere Unternehmensgruppe überträgt; diesfalls werden die übertragene(n) Einheit(en) Teil der anderen, bereits bestehenden Unternehmensgruppe, allerdings kann eine solche Übertragung unter Z 1 (Zusammenschluss) fallen (vgl. GloBE-Kommentar, Art. 6.1.2, Rz 43). Eine Teilung liegt grundsätzlich auch dann nicht vor, wenn eine Unternehmensgruppe eine einzelne Einheit veräußert, weil diese nach der Übertragung keine Unternehmensgruppe iSd § 3 Z 3, sondern eine einzelne Einheit darstellt.

Zu § 59 (Aus- und Beitritt von Geschäftseinheiten einer Unternehmensgruppe):

§ 59 soll besondere Regelungen dafür vorsehen, dass eine Geschäftseinheit während eines Geschäftsjahres einer Unternehmensgruppe beitritt oder umgekehrt aus einer Unternehmensgruppe austritt.

Abs. 1:

Nach Abs. 1 soll im Falle eines Bei- oder Austritts einer Einheit die bei- oder austretende Einheit als Geschäftseinheit jener Unternehmensgruppe gelten, die im Geschäftsjahr des Beitritts oder Austritts einen Teil der Vermögenswerte, Verbindlichkeiten, Erträge, Aufwendungen und Zahlungsströme der bei- oder austretenden Geschäftseinheit im Konzernabschluss der obersten Muttergesellschaft ausweist. Da es nach Abs. 1 genügt, dass lediglich *ein Teil* der Vermögenswerte, Schulden, Erträge, Aufwendungen und Zahlungsströme der bei- oder austretenden Geschäftseinheit im Konzernabschluss der obersten Muttergesellschaft erfasst wird, gilt folglich eine Geschäftseinheit im Jahr ihres Bei- oder Austritts regelmäßig als zwei Unternehmensgruppen zugehörig (vgl. GloBE-Kommentar, Art. 6.2.1, Rz 48).

Abs. 2:

Abs. 2 sieht vor diesem Hintergrund in den Z 1 bis 7 Regelungen vor, wie dem Bei- oder Austritt von Geschäftseinheiten durch die Unternehmensgruppe im Hinblick auf die Berechnung des Effektivsteuersatzes und des Ergänzungssteuerbetrages der bei- oder austretenden Geschäftseinheit Rechnung zu tragen ist:

Nach Z 1 soll eine Unternehmensgruppe im Geschäftsjahr des Bei- oder Austritts Mindeststeuer-Gewinne, Mindeststeuer-Verluste und angepasste erfasste Steuern der bei- oder austretenden Geschäftseinheit nur insoweit berücksichtigen, als diese im Konzernabschluss der obersten Muttergesellschaft berücksichtigt sind. Z 1 adressiert sowohl die übertragende als auch die übernehmende Unternehmensgruppe.

Nach Z 2 sollen im Geschäftsjahr des Bei- oder Austritts sowie in jedem dem Bei- oder Austritt folgenden Geschäftsjahre die Mindeststeuer-Gewinne oder -Verluste sowie die angepassten erfassten Steuern der bei- oder austretenden Geschäftseinheit auf Grundlage der historischen Buchwerte ihrer Vermögenswerte und Schulden – wie sie vor dem Bei- oder Austritt bestanden – berechnet werden; es kommt also anlässlich der Übertragung zu keiner Änderung der Buchwerte für Zwecke der Ermittlung der Mindeststeuer-Gewinne oder -Verluste sowie der angepassten erfassten Steuern. Aufgrund dieser ausdrücklichen Anordnung sollen etwaige Anpassungen bzw. Neubewertungen der Buchwerte für Rechnungslegungszwecke (z. B. Berücksichtigung eines Firmenwertes) infolge einer Übertragung gerade nicht von der Unternehmensgruppe berücksichtigt werden. Dadurch soll mitunter auch eine unterschiedliche Behandlung in ihren Rechnungslegungsstandards unterschiedlicher Staaten verhindert werden (vgl. GloBE-Kommentar, Art. 6.2.1, Rz 50).

Z 3 soll eine Regelung zur Anpassung der Grundregel für die Ermittlung des Substanzfreibetrages (§ 48 Abs. 5) dahingehend vorsehen, dass im Geschäftsjahr des Bei- oder Austritts bei der Berechnung der berücksichtigungsfähigen Lohnkosten nur die im Konzernabschluss der obersten Muttergesellschaft ausgewiesenen Lohnkosten der bei- oder austretenden Geschäftseinheit berücksichtigt werden können. Dadurch soll verhindert werden, dass es im Rahmen der Ermittlung des Substanzfreibetrages für die erwerbende und die veräußernde Unternehmensgruppe zu einer mehrfachen Berücksichtigung kommt (vgl. GloBE-Kommentar, Art. 6.2.1, Rz 52). Durch Z 3 soll zudem sichergestellt werden, dass jede Unternehmensgruppe die berücksichtigungsfähigen Lohnkosten nur insoweit berücksichtigt, als diese während ihrer Eigentümerschaft entstanden sind und sie dafür auch die wirtschaftliche Verantwortung trägt (vgl. GloBE-Kommentar, Art. 6.2.1, Rz 53).

Z 4 soll – in Ergänzung zu den berücksichtigungsfähigen Lohnkosten nach Z 3 – eine Adaptierung für berücksichtigungsfähige materielle Vermögenswerte vorsehen und regeln, dass im Geschäftsjahr des Bei- oder Austritts bei der Berechnung der berücksichtigungsfähigen materiellen Vermögenswerte (§ 48 Abs. 6) die Buchwerte lediglich aliquot, nämlich zeitanteilig im Verhältnis des Zeitraums der Zugehörigkeit der bei- oder austretenden Geschäftseinheit zur Unternehmensgruppe zum gesamten Geschäftsjahr berücksichtigt werden. Maßgeblich für das Ausmaß der Berücksichtigung materieller Vermögenswerte ist folglich der Zeitraum, in dem die Geschäftseinheit der jeweiligen Unternehmensgruppe angehörte. Weiters ist dabei der im jeweiligen Konzernabschluss erfasste Buchwert der Vermögenswerte maßgeblich, sodass insbesondere auch etwaige im Rahmen des Bei- oder Austritts aufgedeckte stille Reserven berücksichtigt werden. Diese von Z 2 abweichende Vorgehensweise beruht darauf, dass der Substanzfreibeitrag den wirtschaftlichen Kosten der von der Unternehmensgruppe getätigten Investitionen in den jeweiligen Vermögenswerten Rechnung trägt (vgl. GloBE-Kommentar, Art. 6.2.1, Rz 54).

Z 5 betrifft die Behandlung von latenten Steueransprüchen einer bei- oder austretenden Geschäftseinheit, wobei verlustbedingte latente Steueransprüche aufgrund der Inanspruchnahme des Mindeststeuer-Verlustwahlrechtes (§ 43) generell vom Anwendungsbereich der Z 5 ausgenommen sind (vgl. dazu GloBE-Kommentar, Art. 6.2.1, Rz 56). Die Regelung in Z 5 ordnet an, dass die zwischen Unternehmensgruppen übertragenen latenten Steueransprüche und -schulden einer bei- oder austretenden Geschäftseinheit von der erwerbenden Unternehmensgruppe derart zu berücksichtigen sind, als ob sie Geschäftseinheit zum Zeitpunkt des Entstehens der latenten Steueransprüche und -schulden bereits beherrscht hätte. Die Beurteilung, ob latente Steueransprüche und -schulden einer Geschäftseinheit zwischen den Unternehmensgruppen übertragen werden, richtet sich nach dem von der Geschäftseinheit anzuwendenden Rechnungslegungsstandard (vgl. dazu GloBE-Kommentar, Art. 6.2.1, Rz 55). Latente Steuern können insbesondere durch den Erwerb einer Geschäftseinheit entstehen; Z 5 umfasst jedoch in der Regel nur solche latenten Steueransprüche und -schulden, die bereits *vor* der Übertragung bei der bei- oder austretenden Geschäftseinheit bestanden haben. Denn jene latenten Steueransprüche und -schulden, die erst anlässlich der Übertragung einer Geschäftseinheit aufgrund der erfolgenden (Neu-)Bewertung der Vermögenswerte und Schulden der übertragenen Geschäftseinheit zum beizulegenden Wert entstehen, sind gemäß Z 2 gerade nicht zu berücksichtigen (vgl. die diesbezüglichen Erläuterungen). Sollten jedoch aufgrund von Regelungen dieses Bundesgesetzes eine (Neu-)Bewertung zum beizulegenden Wert im Rahmen der Ermittlung des Mindeststeuer-Gewinns oder -Verlusts zu erfolgen haben (z. B. aufgrund von § 60), sind die damit im Zusammenhang stehenden latenten Steueransprüche und -schulden grundsätzlich auch für Zwecke von Z 5 zu berücksichtigen; diesfalls gelten die latenten Steuern als im Geschäftsjahr der Übertragung entstanden (vgl. GloBE-Kommentar, Art. 6.2.1, Rz 60).

Z 6 soll eine Regelung betreffend die Behandlung und Nachversteuerung von latenten Steuerschulden (nicht jedoch von latenten Steueransprüchen) im Falle des Bei- oder Austritts einer Geschäftseinheit vorsehen. Nach Z 6 sollen latente Steuerschulden der bei- oder austretenden Geschäftseinheit, die zuvor in den Gesamtbetrag der angepassten latenten Steuern einbezogen wurden, für Zwecke des § 42 Abs. 6 im Erwerbsjahr von der erwerbenden Unternehmensgruppe als aufgelöst und von der erwerbenden Unternehmensgruppe als entstanden behandelt gelten. Mit Z 6 erster Satz soll mitunter eine Regelung für die veräußernde Unternehmensgruppe einer Geschäftseinheit mit latenten Steuerschulden in Konstellationen geschaffen werden, in denen diese latenten Steuerschulden nicht innerhalb des Fünfjahreszeitraums aufgelöst worden sind; dabei entbindet Z 6 die veräußernde Unternehmensgruppe von der Verpflichtung, latente Steuerschulden, die nicht innerhalb der Fünfjahresfrist ausgeglichen worden sind, nachzuversteuern (vgl. GloBE-Kommentar, Art. 6.2.1, Rz 60). Dies soll erreicht werden, indem die latenten Steuerschulden einer Geschäftseinheit, die eine Unternehmensgruppe verlässt, als aufgelöst gelten (ohne dass diese tatsächlich aufgelöst wurden).

Umgekehrt soll mit Z 6 erster Satz auch eine Regelung für die erwerbende Unternehmensgruppe geschaffen werden: Die latenten Steuerschulden der erworbenen Geschäftseinheit gelten bei der erwerbenden Unternehmensgruppe als im Geschäftsjahr des Erwerbs als entstanden; damit soll die Fünfjahresfrist (neu) in Gang gesetzt werden. Dies soll insbesondere der Vereinfachung dienen, weil ohne erneute Ingangsetzung der 5-Jahresfrist bei der erwerbenden Unternehmensgruppe diese auch Zeiträume bei der übertragenden Unternehmensgruppe für Zwecke der Nachversteuerung berücksichtigen und damit auch über entsprechende Informationen und Daten verfügen müsste (vgl. GloBE-Kommentar, Art. 6.2.1, Rz 60). Der Austritt einer Geschäftseinheit aus einer Unternehmensgruppe und deren Eintritt in eine andere Unternehmensgruppe soll daher nicht die Nachversteuerung von latenten Steueransprüchen auslösen.

Z 6 erster Satz gilt nach dem zweiten Satz jedoch nicht, wenn im betreffenden Geschäftsjahr eine Nachversteuerung als spätere Senkung von erfassten Steuern gemäß § 42 Abs. 6 letzter Satz zu berücksichtigen ist. Mit Z 6 zweiter Satz soll in diesen Fällen die Behandlung latenter Steuerschulden, die nicht innerhalb von fünf Jahren nach dem Erwerb ausgeglichen werden, gemäß § 42 Abs. 6 letzter Satz dahingehend adaptiert werden, dass der Nachversteuerungsbetrag als Minderung der erfassten Steuern des *laufenden* Geschäftsjahres zu behandeln ist (vgl. dazu GloBE-Kommentar, Art. 6.2.1, Rz 60).

Letztlich soll Z 7 eine Regelung für den Fall vorsehen, dass die bei- oder austretende Geschäftseinheit im Geschäftsjahr ihres Bei- oder Austritts eine Muttergesellschaft ist und sie mindestens zwei oder mehreren Unternehmensgruppen angehörig ist. Diesfalls ordnet Z 7 an, dass die Geschäftseinheit die PES-Regelung gesondert auf die ihr zuzurechnenden Anteile an der Ergänzungssteuer für die niedrig besteuerten Geschäftseinheiten der jeweiligen Unternehmensgruppe anzuwenden hat. Die Zugehörigkeit zu mehreren Unternehmensgruppen im Geschäftsjahr des Bei- oder Austritts kann sich dabei insbesondere aus Z 1 ergeben. Die Regelung der Z 7 soll dem Umstand Rechnung tragen, dass die Frage, ob die bei- oder austretende Geschäftseinheit Muttergesellschaft einer niedrig besteuerten Geschäftseinheit ist, davon beeinflusst wird, zu *welcher* Unternehmensgruppe die Geschäftseinheit gehört. Ob eine Geschäftseinheit niedrig besteuert wird, ist auf Grundlage eines jurisdictional blendings zu beurteilen und daher auch abhängig von Mindeststeuer-Gewinn oder -Verlust sowie den erfassten Steuern der anderen im jeweiligen Steuerhoheitsgebiet belegenen Geschäftseinheiten der Unternehmensgruppe. Auch die Frage, ob die bei- oder austretende Geschäftseinheit zur Anwendung der PES-Regelung verpflichtet ist, kann nicht losgelöst von der Unternehmensgruppe, zu der die Geschäftseinheit gehört, beantwortet werden. Z 7 soll daher vorsehen, dass für jede Unternehmensgruppe gesondert zu beurteilen ist, ob die bei- oder austretende Geschäftseinheit die PES-Regelung anzuwenden hat (vgl. GloBE-Kommentar, Art. 6.2.1, Rz 61 ff).

MinBestG
Gesetzesmaterialien

Abs. 3:
Abweichend von den vorangehenden Absätzen des § 60 soll nach Abs. 3 der Erwerb oder die Veräußerung einer Kontrollbeteiligung an einer bei- oder austretenden Geschäftseinheit als Erwerb oder Veräußerung von Vermögenswerten und Schulden behandelt werden, wenn die folgenden beiden Voraussetzungen kumulativ erfüllt sind: Zunächst muss das Steuerhoheitsgebiet, in dem die Einheit gelegen ist, den Vorgang wie den Erwerb oder die Veräußerung von Vermögenswerten und Schulden behandeln; weiters muss der Veräußerer auf Grundlage der Differenz zwischen deren steuerlichen Buchwerten und dem Kaufpreis für die Kontrollbeteiligung oder dem beizulegenden Zeitwert der Vermögenswerte und Schulden mit einer erfassten Steuer besteuert werden. Bei einer volltransparenten Einheit soll auf das Steuerhoheitsgebiet abgestellt werden, in dem die Vermögenswerte gelegen sind. Ziel dieser Regelung soll sein, den Erwerb und die Veräußerung von Vermögenswerten und Schulden für Zwecke dieses Bundesgesetzes grenzüberschreitend einheitlich zu behandeln; dies unabhängig davon, in welcher Form die Transaktion durchgeführt wird. Sind die Voraussetzungen des Abs. 3 erfüllt, finden auf die Transaktion die Regelungen des § 60 zur Übertragung von Vermögenswerten oder Schulden Anwendung (siehe dazu die diesbezüglichen Erläuterungen; vgl. weiters GloBE-Kommentar, Art. 6.2.2, Rz 64 ff).

Zu § 60 (Übertragung von Vermögenswerten und Schulden):

§ 60 soll Regelungen für die Übertragung von Vermögenswerten und Schulden im Allgemeinen (Abs. 1) sowie für die Übertragung von Vermögenswerten und Schulden im Rahmen von – rein nationalen sowie grenzüberschreitenden (vgl. GloBE-Mustervorschriften, Art. 6.3, Rz 70) – Umstrukturierungsmaßnahmen im Besonderen (Abs. 2 und 3) vorsehen, wobei „Umstrukturierungen" im Sinne dieses Bundesgesetzes in Abs. 5 definiert werden. Abs. 1 soll somit die Grundregelung für Übertragungsvorgänge (Veräußerungs- bzw. Anschaffungsvorgänge) darstellen, die jedoch im Falle des Vorliegens einer Umstrukturierung modifiziert werden; Abs. 1 soll folglich nur dann zur Anwendung gelangen, wenn der Übertragungsvorgang keine Umstrukturierung iSd Abs. 5 darstellt; andernfalls sind die Sonderregelungen der Abs. 2 und 3 (bzw. ggfs. Abs. 4) zu beachten. § 60 soll unabhängig davon zur Anwendung gelangen, ob die Übertragung von Vermögenswerten gesondert oder im Rahmen von (Teil-)Betriebsübertragungen erfolgt (vgl. näher GloBE-Mustervorschriften, Art. 6.3, Rz 69 und 70). Für konzerninterne Übertragungen, die nach dem 30.11.2021 und vor Beginn eines Übergangsjahres erfolgen, ist jedoch wiederum die speziellere Sonderregelung gemäß § 80 zu beachten (siehe dazu die diesbezüglichen Erläuterungen).

Abs. 1:
Abs. 1 soll die Übertragung (Veräußerung) von Vermögenswerten und Schulden durch eine Geschäftseinheit und deren Auswirkungen auf die Ermittlung des Mindeststeuer-Gewinnes oder -Verlustes (abseits von Umstrukturierungen) regeln. Abs. 1 erster Satz soll sich an die übertragenden Geschäftseinheit, Abs. 1 zweiter Satz an die die Vermögenswerte und Schulden der *übernehmenden* Geschäftseinheit richten.

Die übertragende Geschäftseinheit soll die Gewinne oder Verluste aus einer Übertragung von Vermögenswerten und Schulden nach dem ersten Satz bei der Berechnung ihres Mindeststeuer-Gewinns oder -Verlusts einbeziehen; folglich sollen die anlässlich der Veräußerung von Vermögenswerten aufgedeckten stillen Reserven den Mindeststeuer-Gewinn erhöhen (bzw. einen Mindeststeuer-Verlust vermindern) oder aufgedeckte stille Lasten den Mindeststeuer-Gewinn vermindern (bzw. einen Mindeststeuer-Verlust erhöhen). Diese Vorgehensweise soll – sowohl aus Sicht des Veräußerers als auch des Erwerbers (vgl. GloBE-Kommentar, Art. 6.3.1. Rz 71) – der Abbildung von Veräußerungsvorgängen im Rahmen des Rechnungslegungsstandards entsprechen, die im Allgemeinen zunächst vorsehen, dass beim Veräußerer von Vermögenswerten und Schulden ein daraus resultierender Gewinn oder Verlust erfasst wird. Ein nach dem Rechnungslegungsstandard berücksichtigter Veräußerungsgewinn (oder -verlust) ist folglich auch für Zwecke dieses Bundesgesetzes für die Ermittlung des Mindeststeuer-Gewinnes oder -Verlustes zu berücksichtigen; folglich hat keine diesbezügliche Anpassung zu erfolgen. Korrespondierend dazu hat nach dem Rechnungslegungsstandard der Erwerber den Kaufpreis, der regelmäßig dem beizulegenden Zeitwert (Fair Value) der Vermögenswerte entspricht, für die erworbenen Vermögenswerte und Schulden heranzuziehen, um – aus Sicht des Erwerbers – die Buchwerte für die übernommenen Vermögenswerte und Schulden zu bestimmen (vgl. GloBE-Kommentar, Art. 6.3.1, Rz 71 und 72). Daran anknüpfend soll daher die übernehmende Geschäftseinheit nach dem zweiten Satz der Berechnung ihres Mindeststeuer-Gewinnes oder -Verlustes im Jahr der Veräußerung (sowie der darauffolgenden Jahre) die von ihr derart anlässlich des Erwerbs angesetzten Buchwerte zu Grunde legen, die nach dem für die Erstellung des Konzernabschlusses der obersten Muttergesellschaft maßgeblichen Rechnungslegungsstandard ermittelt wurden. Es kommt somit nicht auf den Buchwert im Konzernabschluss an, sondern auf jenen Buchwert, der im Einzelabschluss der erwerbenden Geschäftseinheit für die Vermögenswerte und Schulden anzusetzen wäre, wenn die Regelungen jenes Rechnungslegungsstandards herangezogen werden, nach denen der Konzernabschluss der obersten Muttergesellschaft erstellt wird. Dabei ist zu beachten, dass die übernehmende Geschäftseinheit nach dem maßgeblichen Rechnungslegungsstandard auch verpflichtet sein kann, Vermögenswerte und Schulden anzusetzen, die in der Rechnungslegung der übertragenden Geschäftseinheit nicht erfasst wurden, wie beispielsweise ein Geschäfts- oder Firmenwert oder andere immaterielle Vermögenswerte (vgl. GloBE-Kommentar, Art. 6.3.1, Rz 73).

Abs. 2:
Abs. 2 soll eine – von Abs. 1 abweichende – Sondervorschrift für die Übertragung von Vermögenswerten oder Schulden im Rahmen einer Umstrukturierung iSd Abs. 5 vorsehen, wobei Abs. 2 in Abgrenzung zu Abs. 3 nur insoweit zur Anwendung gelangen soll, als es sich bei der Umstrukturierung um einen steuerneutralen Vorgang handelt, also einen Vorgang, der für die übertragende Geschäftseinheit nicht zu „nicht begünstigten Gewinnen oder Verlusten" führt; andernfalls ist insoweit Abs. 3 anzuwenden.

Wie Abs. 1 richtet sich auch Abs. 2 sowohl an die übertragende (Z 1) als auch an die übernehmende (Z 2) Geschäftseinheit. Abs. 2 weicht insofern von Abs. 1 ab, als die Vorschrift für Übertragungen im Rahmen von Umstrukturierungen die Fortführung der Buchwerte der übertragenen Vermögenswerte vorsieht. Damit soll Abs. 2 an die typische Behandlung von Umstrukturierungsvorgängen nach den (lokalen) steuerlichen Vorschriften anknüpfen (vgl. GloBE-Kommentar, Art. 6.3.2, Rz 74). Vor diesem Hintergrund soll Z 1 zunächst für die übertragende Geschäftseinheit anordnen, dass diese Gewinne oder Verluste aus der Übertragung von Vermögenswerten und Schulden im Rahmen einer Umstrukturierung bei der Ermittlung ihres Mindeststeuer-Gewinns oder -Verlusts außer Ansatz bleiben soll; wurden also Gewinne oder Verluste aus der Übertragung im Rahmen von Umstrukturierungen nach den Rechnungslegungsvorschriften durch die übertragende Körperschaft berücksichtigt, sind diese für Zwecke dieses Bundesgesetzes somit gemäß § 15 Z 5 iVm § 60 Abs. 2 bei der Ermittlung des Mindeststeuer-Gewinnes- oder -Verlustes auszunehmen (d.h. zu neutralisieren). Korrespondierend dazu sollen bei der übernehmenden Geschäftseinheit die Buchwerte der übernommenen Vermögenswerte und Schulden der übertragenden Geschäftseinheit weiter fortgeführt werden (Buchwertfortführung); die Ermittlung des Mindeststeuer-Gewinnes oder -Verlustes soll daher bei der übernehmenden Körperschaft auf Basis der fortgeführten Buchwerte erfolgen. Weicht die Behandlung einer Umstrukturierung nach dem Rechnungslegungsstandard von der steuerlichen ab (insb Übernahme und Ansatz der Vermögenswerte und Schulden mit dem „fair value" nach dem Rechnungslegungsstandard), ergibt sich folglich auch für die übernehmende Geschäftseinheit ein Anpassungsbedarf gemäß § 15 Z 5 iVm § 60 Abs. 2 für Zwecke der Ermittlung des Mindeststeuer-Gewinnes oder -Verlustes.

Abs. 3:

Abs. 3 soll eine Sonderregelung für den Fall einer Umstrukturierung vorsehen, die bei der übertragenden Geschäftseinheit nach den lokalen steuerlichen Vorschriften der übertragenden Geschäftseinheit zu einem nicht begünstigten Gewinn oder Verlust im Sinne des Abs. 5 Z 2 führt (vgl. GloBE-Kommentar, Art. 6.3.3, Rz 76). Insoweit adaptiert Abs. 3 die Behandlung nach Abs. 2 hinsichtlich der anlässlich der Umstrukturierung entstehenden „nicht begünstigten Gewinne oder Verluste", die in Abs. 5 Z 2 näher bestimmt werden.

Nach Abs. 5 Z 2 sollen „nicht begünstigte Gewinne oder Verluste" *steuerpflichtige* Gewinne oder Verluste der übertragenden Geschäftseinheit aus einer Umstrukturierung bezeichnen. Folglich qualifiziert der Umstrukturierungsvorgang als ein solcher nach Abs. 5, wird jedoch nach den jeweiligen (lokalen) steuerlichen Vorschriften der übertragenden Geschäftseinheit nicht gänzlich steuerneutral behandelt (z. B. aufgrund von § 1 Abs. 2 UmgrStG oder weil im Zuge einer Umstrukturierung das für steuerfreie Zuzahlungen vorgesehene Limit überschritten wurde und damit insoweit eine unzulässige Gegenleistung vorliegt; vgl. GloBE-Kommentar, Art. 6.3.3, Rz 76). Soweit bei einer Umstrukturierung keine „nicht begünstigten Gewinne oder Verluste", also steuerneutrale Gewinne oder Verluste, vorliegen, soll Abs. 2 zur Anwendung gelangen (d.h. keine Berücksichtigung für Zwecke des Mindeststeuer-Gewinnes oder -Verlustes); soweit jedoch nicht begünstigte Gewinne oder Verluste bei einer Umstrukturierung vorliegen, soll insoweit Abs. 3 anzuwenden sein.

Abs. 3 Z 1 soll sich an die übertragende Geschäftseinheit richten und vorsehen, dass die anlässlich der Umstrukturierung entstehenden nicht begünstigten (steuerpflichtigen) Gewinne oder Verluste bei der Ermittlung des Mindeststeuer-Gewinns oder -Verlusts der übertragenden Geschäftseinheit zu berücksichtigen sind. Nach Z 2 soll korrespondierend dazu die übernehmende Geschäftseinheit bei der Ermittlung ihres Mindeststeuer-Gewinns oder -Verlusts die zu Grunde liegenden Buchwerte der jeweiligen Vermögenswerte und Schulden der übertragenden Geschäftseinheit modifizier um die nach den lokalen steuerlichen Vorschriften vorgesehenen Adaptierungen berücksichtigen, um die nicht begünstigten Gewinne oder Verluste entsprechend abzubilden. Insoweit also nicht begünstigte Gewinne oder Verluste vorliegen, soll hinsichtlich der zu Grunde liegenden Vermögenswerte und Schulden eine Aufwertung erfolgen; diese ist jedoch der Höhe nach mit den nicht steuerpflichtigen, nicht begünstigten Gewinnen oder Verlusten begrenzt. Verpflichten die lokalen Steuervorschriften der übernehmenden Geschäftseinheit diese beispielsweise dazu, durch den steuerpflichtigen Gewinn bedingten Aufstockungsbeträge zunächst den abschreibungsfähigen Vermögenswerten zuzuordnen (und in weiterer Folge den Vorräten etc.), soll die übernehmende Geschäftseinheit für Zwecke der Berechnung des Mindeststeuer-Gewinns oder -Verlusts ebenso vorgehen müssen (vgl. GloBE-Kommentar, Art. 6.3.3, Rz 77).

Für die Bestimmung des Ausmaßes von nicht begünstigten Gewinnen oder Verlusten ist Abs. 5 Z 2 letzter Satz zu beachten, der eine Deckelung der zu berücksichtigenden, nicht begünstigten Gewinne oder Verluste mit den nach den Rechnungslegungsvorschriften ausgewiesenen Gewinnen oder Verlusten aus der Umstrukturierung vorsieht, sollten diese geringer sein als die nach den lokalen steuerlichen Vorschriften ermittelten nicht begünstigten (steuerpflichtigen) Gewinne oder Verluste. Es soll folglich der jeweils *niedrigere* Betrag an nicht begünstigten Gewinnen oder Verlusten für Zwecke des Abs. 3 berücksichtigt werden (vgl. auch GloBE-Kommentar, Art. 6.3.3, Rz 77). Korrespondierend zum Ausmaß der Berücksichtigung für Zwecke der Ermittlung des Mindeststeuer-Gewinnes oder -Verlustes der übertragenden Geschäftseinheit (Z 1) soll auch eine Anpassung der Buchwerte nach Z 2 nur bis zur Höhe des nach Abs. 5 zu berücksichtigen, nicht begünstigten Gewinns oder Verlustes erfolgen.

Abs. 4:

Der Anwendungsbereich von Abs. 4 umfasst jegliche Konstellationen, in denen eine Geschäftseinheit einer Unternehmensgruppe ihre Vermögenswerte und Schulden nach den lokalen steuerlichen Vorschriften ihres Belegenheitsstaates mit dem beizulegenden Zeitwert ansetzt; dabei ist nicht entscheidend, ob die steuerlichen Vorschriften den Ansatz mit dem beizulegenden Wert erzwingen oder ob dieser – in Ausübung eines bestehenden (Aufwertungs-)Wahlrechtes – freiwillig durch die jeweilige Geschäftseinheit erfolgt (vgl. GloBE-Kommentar, Art. 6.3.4, Rz 78). Zum Ansatz des beizulegenden Wertes von Vermögenswerten und Schulden kommt es typischerweise durch Anwendung der lokalen steuerlichen Entstrickungsregelungen (z. B. anlässlich einer grenzüberschreitenden Umstrukturierung, die zu einem Verlust von Besteuerungsrechten führt oder etwa anlässlich der Verlegung des Ortes der Geschäftsleitung in das Ausland; vgl. GloBE-Kommentar, Art. 6.3.4, Rz 78). Der sachliche Anwendungsbereich von Abs. 4 – und damit die Frage, ob eine Geschäftseinheit in ihrem Steuerhoheitsgebiet ihre Vermögenswerte und Schulden steuerlich mit dem beizulegenden Zeitwert ansetzt – bestimmt sich damit letztlich nach den jeweiligen lokalen Steuervorschriften.

MinBestG
Gesetzesmaterialien

Ist der Anwendungsbereich von Abs. 4 im Hinblick auf eine Geschäftseinheit eröffnet (Ansatz mit dem steuerlichen beizulegenden Wert), soll die Regelung eine Wahlmöglichkeit im Hinblick auf die Behandlung der Vermögenswerte und Schulden für Zwecke der Berechnung des Mindeststeuer-Gewinns oder -Verlusts der Geschäftseinheit einräumen. Ziel der Regelung soll es sein, eine Annäherung der Mindeststeuer-Gewinnermittlung an die lokalen steuerlichen Vorschriften herbeizuführen (vgl. GloBE-Kommentar, Art. 6.3.4, Rz 79), denn nicht jeder steuerliche Ansatz mit dem beizulegenden Zeitwert wird auch zwingend für Zwecke des Rechnungswesens als Gewinn (oder Verlust) erfasst. Die Option soll nach Z 1 nur einheitlich, d.h. in Bezug auf sämtliche Vermögenswerte und Schulden der Geschäftseinheit, ausgeübt werden können; geschäftseinheitenübergreifend kann die Option jedoch unterschiedlich ausgeübt werden (kein jurisdictional blending). Die in Abs. 4 Z 1 bis 3 vorgesehenen Rechtsfolgen treten nur im Falle der Ausübung der Option durch die erklärungspflichtige Geschäftseinheit ein. Der Anwendungsbereich der Option erstreckt sich jedoch nicht auf Veräußerungsvorgänge einzelner Vermögenswerte im Rahmen der gewöhnlichen Geschäftstätigkeit (z. B. Warenvorräte) durch eine Geschäftseinheit; ebenso wenig sollen Verrechnungspreisanpassungen von Abs. 4 erfasst sein (vgl. GloBE-Kommentar, Art. 6.3.4, Rz 79).

Bei Ausübung der Option soll Z 1 lit. a zufolge bei der Berechnung des Mindeststeuer-Gewinns oder -Verlusts für jeden Vermögensgegenstand und für jede Schuld eine Aufwertung erfolgen können, konkret ein Betrag in Höhe der Differenz zwischen dem Buchwert des Vermögenswerts (oder dem Buchwert der Schuld) für Rechnungslegungszwecke unmittelbar vor Eintritt des auslösenden Ereignisses einerseits und dem beizulegenden Zeitwert für Rechnungslegungszwecke unmittelbar nach Eintritt des auslösenden Ereignisses andererseits berücksichtigt werden. Dadurch soll eine Adaptierung der Buchwerte der Geschäftseinheit für die Vermögenswerte und Schulden für Zwecke der Ermittlung des Mindeststeuer-Gewinnes oder -Verlustes vorgenommen werden (vgl. GloBE-Kommentar, Art. 6.3.4, Rz 79). Dabei soll jedoch nach lit. b eine Anpassung um die nicht begünstigten Gewinne (diesfalls Verminderung) oder nicht begünstigten Verluste (diesfalls Erhöhung) erfolgen, sollten diese im Zusammenhang mit dem den Ansatz des beizulegenden Wertes auslösenden Ereignisses entstehen. Durch lit. b soll somit im Falle einer steuerlichen Aufwertung auf den beizulegenden Zeitwert im Rahmen einer Umstrukturierung iSd Abs. 5 sichergestellt werden, dass hinsichtlich der dabei entstehenden nicht begünstigten Gewinne oder Verluste keine Doppelberücksichtigung erfolgt (vgl. GloBE-Kommentar, Art. 6.3.4, Rz 80).

Z 2 soll die Berechnung des Mindeststeuer-Gewinnes oder -Verlustes der Geschäftseinheit in den Geschäftsjahren nach Eintritt des auslösenden Ereignisses regeln und dabei vorsehen, dass dafür der beizulegende Zeitwert des Vermögenswerts oder der Schuld für Rechnungslegungszwecke unmittelbar nach dem auslösenden Ereignis herangezogen werden soll, der sich unter Anwendung des für die Erstellung des Konzernabschlusses maßgeblichen Konzernrechnungslegungsstandard ergeben würde und auch für Zwecke der Ermittlung des Unterschiedsbetrages gemäß Z 1 nach Eintritt des auslösenden Ereignisses maßgeblich ist (vgl. GloBE-Kommentar, Art. 6.3.4, Rz 81).

Z 3 soll regeln, wie der Saldo der nach Z 1 für die Berechnung des Mindeststeuer-Gewinnes oder -Verlustes der Geschäftseinheit ermittelten Unterschiedsbeträge in zeitlicher Hinsicht zu erfassen ist; dafür stehen der erklärungspflichtigen Geschäftseinheit zwei Möglichkeiten zur Verfügung. Nach lit. a soll entweder eine gänzliche, sofortige Berücksichtigung des Saldos im Geschäftsjahr des Eintritts des auslösenden Ereignisses erfolgen können. Alternativ dazu soll lit. b – beginnend mit dem Geschäftsjahr des auslösenden Ereignisses – eine lineare Verteilung des Saldos über fünf Jahre ermöglichen, wobei im Falle des Ausscheidens der Geschäftseinheit aus der Unternehmensgruppe vor Ablauf der für die Verteilung maßgeblichen Geschäftsjahre der noch nicht angesetzte Restbetrag an Fünfteln vollständig im Geschäftsjahr des Ausscheidens bei der Berechnung des Mindeststeuer-Gewinnes oder -Verlustes anzusetzen sein soll.

Abs. 5:

Abs. 5 soll den Begriff der „Umstrukturierungen" (Z 1) sowie die für die Behandlung von Umstrukturierungen maßgeblichen Begriffsbestimmungen (Z 2) für Zwecke dieses Bundesgesetzes eigenständig definieren, wobei diese auf der Richtlinie bzw. auf Art. 10.1 der GloBE-Mustervorschriften basiert.

Eine Umstrukturierung soll nach Z 1 eine Umgründung aufgrund des UmgrStG, eine damit vergleichbare nach ausländischen Rechtsvorschriften erfolgende Umgründung oder die Übertragung von Vermögenswerten und Schulden im Rahmen einer Verschmelzung, Spaltung, Liquidation oder ähnlichen Transaktion bezeichnen, wenn damit einhergehend die in lit. a bis c genannten Voraussetzungen kumulativ erfüllt sind.

Die erste dieser Voraussetzung (lit. a) betrifft die Gegenleistung für die Übertragung von Vermögenswerten und Schulden im Rahmen einer Umstrukturierung; diese soll – ganz oder zu einem wesentlichen Teil – in der Gewährung von Kapitalanteilen (z. B. Aktien) an der übernehmenden Geschäftseinheit oder einer anderen mit dieser verbundenen Rechtsperson bestehen (Teilstrich 1). Für die Definition einer „verbundenen Rechtsperson" soll Art. 5 Abs. 8 des OECD-Musterabkommens maßgeblich sein (vgl. GloBE-Kommentar, Art. 10.1, Rz 23). Z 1 enthält keine Einschränkung dahingehend, *an wen* die Gegenleistung nach Teilstrich 1 zu gewähren ist, sodass die Voraussetzung sowohl erfüllt sein kann, wenn Kapitalanteile an die übertragende Geschäftseinheit (wie z. B. bei einer Einbringung iSd UmgrStG) oder aber auch an die Anteilsinhaber der übertragenden Geschäftseinheit (wie z. B. bei einer Spaltung iSd UmgrStG) gewährt werden (vgl. GloBE-Kommentar, Art. 10.1, Rz 23). Eine Umstrukturierung nach Abs. 5 soll jedoch – auch wenn keine Gegenleistung gewährt wird – dann vorliegen, wenn die Ausgabe einer solchen wirtschaftlich unbedeutend wäre (Teilstrich 3), sodass auch Vorgänge als Umstrukturierung iSd Abs. 5 Z 2 qualifiziert werden können, in denen auf die Gewährung von Kapitalanteilen verzichtet wird. Für das Tatbestandsmerkmal der (Nicht-)Gewährung einer Gegenleistung ist die Behandlung nach den lokalen steuerlichen Vorschriften jedoch nicht entscheidend. Im Falle der Liquidation soll eine Gegenleistung in Form von Kapitalbeteiligungen an der zu liquidierenden Gesellschaft bestehen müssen (Teilstrich 2).

Die weiteren Voraussetzungen für das Vorliegen einer Umstrukturierung iSd Abs. 5 richten sich an die Behandlung des jeweiligen Vorgangs bei der übertragenden (lit. b) und übernehmenden (lit. c) Geschäftseinheit. Lit. b sieht zunächst vor, dass der anlässlich des Übertragungsvorgangs entstehende Gewinn oder

Verlust bei der übertragenden Geschäftseinheit ganz oder teilweise steuerneutral behandelt wird (lit. b); maßgeblich dafür ist die jeweilige lokale Steuerrechtsordnung der übertragenden Geschäftseinheit (vgl. GloBE-Kommentar, Art. 10.1, Rz 24). Ein Vorgang muss folglich nicht zur Gänze steuerneutral sein, um unter die Definition einer Umstrukturierung zu fallen (vgl. die diesbezüglichen Sondervorschriften in Abs. 3); im Falle der nur teilweisen Steuerneutralität des Übertragungsvorganges ist hinsichtlich der „nicht begünstigten Gewinne oder Verluste" die Begriffsbestimmung nach Z 2 zu beachten (dazu sogleich). Lit. b soll im Hinblick auf die übernehmende Geschäftseinheit für das Vorliegen einer Umstrukturierung – korrespondierend zu lit. a – voraussetzen, dass die übernehmende Geschäftseinheit ihre steuerpflichtigen Einkünfte hinsichtlich der übernommenen Vermögenswerte und Schulden nach der Übertragung auf Basis der Buchwerte der übertragenden Geschäftseinheit berechnen muss; maßgeblich dafür ist wiederum die lokale Steuerrechtsordnung der übernehmenden Geschäftseinheit (vgl. GloBE-Kommentar, Art. 10.1, Rz 25). Soweit die Umstrukturierung zu nicht begünstigten, d.h. steuerpflichtigen Gewinnen oder Verlusten iSd Z 2 führt, soll insoweit eine Anpassung der Buchwerte erfolgen müssen. Durch lit. b und lit. c soll sichergestellt werden, dass soweit keine Besteuerung der Gewinne oder Verluste im Hinblick auf die übertragenen Vermögenswerte und Schulden anlässlich der Umstrukturierung erfolgt, eine solche zu einem späteren Zeitpunkt bei der übernehmenden Geschäftseinheit sichergestellt ist (vgl. dazu GloBE-Mustervorschriften, Art. 10.1, Rz 25).

Z 2 soll schließlich „nicht begünstigte Gewinne oder Verluste" definieren und für diese Zwecke vorsehen, dass es sich dabei um die steuerpflichtigen Gewinne oder Verluste der übertragenden Geschäftseinheit handelt, die aus einer Umstrukturierung iSd Z 1 resultieren. Ist eine Umstrukturierung iSd Z 1 nur teilweise steuerneutral, sind hinsichtlich der nicht begünstigten Gewinne oder Verluste die Sondervorschriften in Abs. 3 sowie Abs. 4 Z 1 lit. b zu beachten (vgl. die dazu die diesbezüglichen Erläuterungen). Ist der für Zwecke der Rechnungslegung ausgewiesene Gewinn oder Verlust aus der Umstrukturierung geringer als der steuerpflichtige Gewinn oder Verlust nach Z 2 erster Satz, ist nach Z 2 zweiter Satz jedoch dieser (geringere) Betrag als nicht begünstigter Gewinn oder Verlust für Zwecke dieser Bestimmung zu berücksichtigen. Folglich soll stets der niedrigere der beiden genannten Werte herangezogen werden (doppelte Deckelung).

Zu § 61 (Joint Ventures):

Dieser Paragraph soll Art. 36 der Richtlinie bzw. Art. 6.4.1 GloBE-Mustervorschriften umsetzen und betrifft Joint Ventures.

Zu Abs. 1:

Dieser Absatz soll festlegen, dass für Joint Ventures und ihre Geschäftseinheiten die Ergänzungssteuerbeträge getrennt von der Unternehmensgruppe der obersten Muttergesellschaft, in deren Konzernabschluss die Finanzergebnisse des Joint Venture erfasst werden, zu berechnen sind. Dabei ist vorzugehen als handle es sich beim Joint Venture und seinen Geschäftseinheiten um eine eigene Unternehmensgruppe ("Joint Venture-Gruppe"), mit dem Joint Venture als oberster Muttergesellschaft. Gleichzeitig legt dieser Absatz fest, dass für die Mitglieder dieser Joint Venture-Gruppe grundsätzlich dieselben Regeln zur Berechnung der Ergänzungssteuerbeträge gelten sollen wie für Geschäftseinheiten einer Unternehmensgruppe, nämlich jene in den Abschnitten 3 bis 8, einschließlich der Regelungen zum Substanzfreibetrag (§ 48) und zu den „Safe-Harbours" (6. Abschnitt).

Da das Joint Venture wie die oberste Muttergesellschaft dieser Joint Venture-Gruppe zu behandeln ist, soll sich der Rechnungslegungsstandard zur Erstellung des (hypothetischen) Konzernabschlusses der Joint Venture-Gruppe auch nach dem für das Joint Venture selbst anzuwendenden Rechnungslegungsstandard richten und nicht nach dem Rechnungslegungsstandard der obersten Muttergesellschaft der Unternehmensgruppe, in deren Konzernabschluss die Finanzergebnisse des Joint Venture nach der Equity-Methode erfasst sind. Die Mindeststeuer-Gewinnermittlung und die angepassten erfassten Steuern des Joint Venture und seiner Geschäftseinheiten sollen nicht mit jenen der Geschäftseinheiten der Unternehmensgruppe im selben Steuerhoheitsgebiet für Zwecke der Ermittlung des Effektivsteuersatzes zusammengerechnet werden, sondern es sollen jeweils getrennte Effektivsteuersatz-Ermittlungen für die Joint Venture-Gruppe und die Unternehmensgruppe erfolgen.

Auch die Übergangsbestimmungen des 10. Abschnitts sollen grundsätzlich auf die Joint Venture-Gruppe und deren Mitglieder anwendbar sein, weil diese Bestimmungen die Regeln für die Abschnitte 4 und 5 ergänzen. Bei der Ermittlung des Effektivsteuersatzes der Joint Venture-Gruppe für ein Steuerhoheitsgebiet sollen angepasste erfasste Steuern (§ 37), die im Rechnungswesen einer Geschäftseinheit der Unternehmensgruppe, aber mit Bezug auf Mitglieder der Joint Venture-Gruppe erfasst wurden, der Joint Venture-Gruppe zuzuordnen sein (vgl. GloBE-Kommentar, Art. 6.4.1, Rz 89).

Beispiel:

In diesem Beispiel ist im Niedrigsteuerstaat B sowohl das Joint Venture als auch eine Geschäftseinheit der Unternehmensgruppe (B Co) gelegen. Die Berechnung des Effektivsteuersatzes und der Ergänzungssteuerbeträge erfolgt für beide getrennt voneinander (für B Co ist bei den Berechnungen der Rechnungslegungsstandard der obersten Muttergesellschaft anzuwenden, für das Joint Venture ist sein eigener Rechnungslegungsstandard anzuwenden). Für die Geschäftseinheiten des Joints Venture im Staat C (GE1 und GE2) erfolgt die Berechnung des Effektivsteuersatzes und der Ergänzungssteuerbeträge gemeinsam. Die für die beiden Mitglieder der Joint Venture-Gruppe berechneten Ergänzungssteuerbeträge sind – mit dem Ergänzungssteuerbetrag der Joint Venture-Gruppe als Obergrenze (siehe dazu die Erläuterungen zu Abs. 4) – nach einer anerkannten PES- oder SES-Regelung von den Geschäftseinheiten der Unternehmensgruppe, die an dem Joint Venture beteiligt ist, zu entrichten (Abs. 3 und 4).

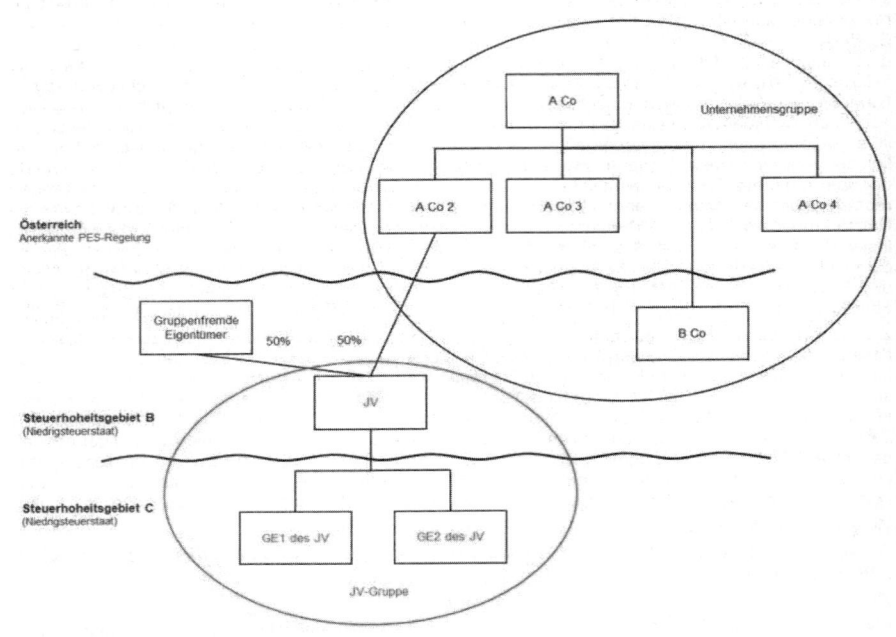

MinBestG
Gesetzesmaterialien — 1740 —

[Diagramm: Unternehmensgruppe mit A Co (Muttergesellschaft), A Co 2, A Co 3, A Co 4 und B Co in Österreich (Anerkannte PES-Regelung); JV mit 50% gruppenfremde Eigentümer und 50% durch Unternehmensgruppe; JV-Gruppe mit GE1 des JV und GE2 des JV in Steuerhoheitsgebiet B und C (Niedrigsteuerstaat).]

Zu Abs. 2:
Dieser Absatz soll festlegen, dass die NES-Pflicht sowie die Höhe der als NES zu entrichtende Mindeststeuer eines Joint Venture und dessen Geschäftseinheiten unter sinngemäßer Anwendung von § 6 zu bestimmen ist. Abweichend von § 76 soll für Zwecke der NES die für die Joint Venture-Gruppe abgabepflichtige Einheit keine Geschäftseinheit einer Unternehmensgruppe sein, sondern das Joint Venture selbst oder ein von diesem beauftragtes Mitglied der Joint Venture-Gruppe soll Abgabepflichtiger für Zwecke der NES sein. Die Höhe der von der abgabepflichtigen Einheit zu entrichtenden NES soll – unabhängig von den Beteiligungsverhältnissen an den Mitgliedern der Joint Venture-Gruppe – der Summe der gesamten (ungekürzten) Ergänzungssteuerbeträge der nach Maßgabe von § 6 zu berücksichtigenden Mitglieder der Joint Venture-Gruppe sein.

Zu Abs. 3:
Dieser Absatz soll die Anwendung der PES auf niedrig besteuerte Mitglieder einer Joint Venture-Gruppe regeln. Wie bereits zu Abs. 1 ausgeführt, sollen die Vorschriften für die Berechnung des Effektivsteuersatzes und der Ergänzungssteuerbeträge auch auf Joint Ventures und ihre Geschäftseinheiten Anwendung finden. Allerdings sollen – im Unterschied zu Geschäftseinheiten einer Unternehmensgruppe – für Zwecke der PES und SES das Joint Venture und seine Geschäftseinheiten nicht verpflichtet sein, die Regelungen der §§ 7 bis 13 auf niedrig besteuerte Mitglieder der Joint Venture-Gruppe anzuwenden (vgl. GloBE-Kommentar, Art. 6.4.1, Rz 88). Die Anwendung der PES-Regelung in Bezug auf Joint Ventures und deren Geschäftseinheiten soll vielmehr nach Maßgabe der §§ 7 bis 11 durch Muttergesellschaften der Unternehmensgruppe zu erfolgen, die am Joint Venture beteiligt sind. Dies bedeutet, dass diese Muttergesellschaften die PES-Regelungen in Übereinstimmung mit dem „Top-Down-Ansatz" und den Regelungen für im Teileigentum stehende Muttergesellschaften anwenden sollen (vgl. GloBE-Kommentar, Art. 6.4.1, Rz 90 f). Der Abgabepflichtige für Zwecke der PES soll sich in Österreich nach den Regelungen des § 76 richten und ist daher immer eine Geschäftseinheit der Unternehmensgruppe und kein Mitglied der Joint Venture-Gruppe.

Zu Abs. 4:
Abs. 4 soll die Anwendung der SES regeln und begrenzt zugleich die Höhe der als PES und/oder SES für die Joint Venture-Gruppe zu entrichtenden Mindeststeuer mit dem Anteil an den für die einzelnen Mitglieder der Joint Venture-Gruppe berechneten Ergänzungssteuerbeträgen, welcher der obersten Muttergesellschaft zuzurechnen ist, in deren Konzernabschluss die Finanzergebnisse des Joint Venture erfasst sind (Ergänzungssteuerbetrag der Joint Venture-Gruppe).

Ist nicht bereits der gesamte Ergänzungssteuerbetrag der Joint Venture-Gruppe nach den Bestimmungen von Abs. 3 nach einer anerkannten PES-Regelung zu entrichten, soll der verbleibende Teil als SES-Betrag der Joint Venture-Gruppe in den Gesamtbetrag der SES der Unternehmensgruppe der obersten Muttergesellschaft eingehen, in deren Konzernabschluss die Finanzergebnisse des Joint Venture erfasst sind und ist in der Folge nach einer anerkannten SES-Regelung von einer Geschäftseinheit der Unternehmensgruppe zu entrichten (vgl. GloBE-Kommentar, Art. 6.4.1, Rz 92 ff). Der Abgabepflichtige für Zwecke der SES soll

MinBestG
Gesetzesmaterialien

sich in Österreich nach den Regelungen des § 76 richten und ist daher immer eine Geschäftseinheit der Unternehmensgruppe und kein Mitglied der Joint Venture-Gruppe.

Beispiel:
A Co 1 hält als oberste Muttergesellschaft einer Unternehmensgruppe (mittelbar über A Co 2) 50 % der Anteile an JV Co, ein Joint Venture iSd § 61 Abs. 5. JV Co hält seinerseits eine unmittelbare Beteiligung iHv 80 % an JV-Sub-Co, einer Geschäftseinheit eines Joint Venture iSd § 61 Abs. 6. Für die Mitglieder der Joint Venture-Gruppe werden (getrennt von den Geschäftseinheiten der Unternehmensgruppe im jeweiligen Steuerhoheitsgebiet) Ergänzungssteuerbeträge von insgesamt 200 Mio. berechnet (nämlich je 100 für JV Co und für JV-Sub-Co). Der Betrag an Mindeststeuer, der aufgrund der Niedrigbesteuerung von Mitgliedern einer Joint Venture-Gruppe als PES und/oder SES zu entrichten ist, ist aber mit dem der obersten Muttergesellschaft zuzurechnenden Anteil an den für die Mitglieder der Joint Venture-Gruppe berechneten Ergänzungssteuerbeträgen begrenzt. Der A Co 1 als oberster Muttergesellschaft zuzurechnende Anteil am für JV Co berechneten Ergänzungssteuerbetrag beträgt 50 Mio. (100*0,5) und der Anteil am für JV-Sub-Co berechneten Ergänzungssteuerbetrag beträgt 40 Mio. (100*0,5*0,8), somit insgesamt 90 Mio. Von den insgesamt 200 Mio. an für die Mitglieder der Joint Venture-Gruppe berechneten Ergänzungssteuerbeträgen sind daher nur 90 Mio. als Mindeststeuer zu entrichten. Da A Co 1 eine anerkannte PES-Regelung anzuwenden hat und der gesamte Ergänzungssteuerbetrag der Joint Venture-Gruppe A Co 1 zuzurechnen ist, verbleibt gemäß Abs. 4 kein Betrag, der dem Gesamtbetrag der SES der Unternehmensgruppe hinzuzufügen und nach einer anerkannten SES-Regelung zu entrichten wäre.

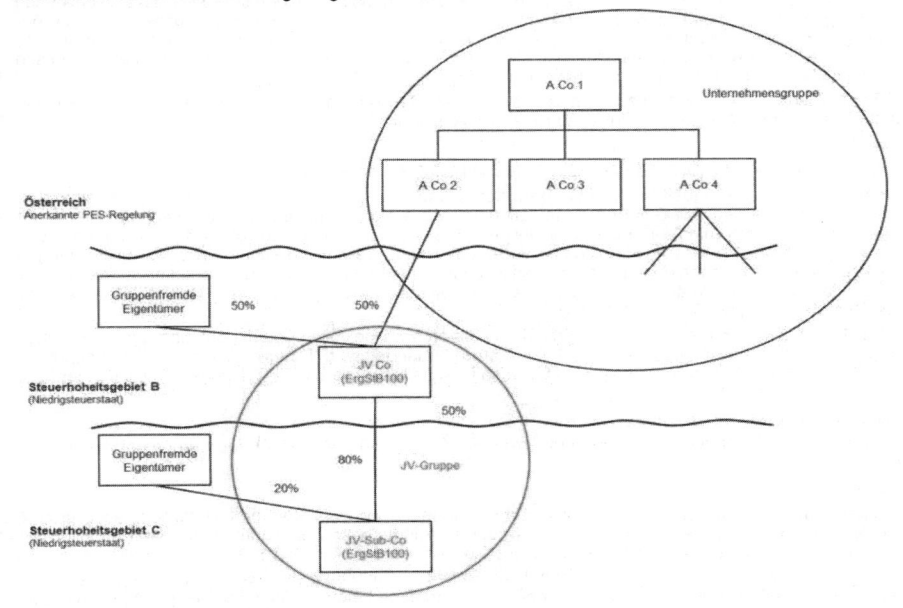

Zu Abs. 5:
Abs. 5 soll den Begriff „Joint Venture" definieren. Unter einem Joint Venture versteht man für Rechnungslegungszwecke ein Unternehmen, das von zwei oder mehreren Personen bzw. Einheiten beherrscht wird (vgl. GloBE-Kommentar, Art. 6.4, Rz 83 Satz 1). Da das Unternehmen nicht ausschließlich nur durch eine Person beherrscht wird, werden seine Finanzergebnisse nicht mit denen seiner Eigentümer in einem Konzernabschluss vollkonsolidiert. Stattdessen werden die Finanzergebnisse eines Joint Venture in der Regel im Konzernabschluss der Unternehmensgruppe nach der Equity-Methode erfasst. Ein Joint Venture ist daher keine Geschäftseinheit einer Unternehmensgruppe und ohne spezielle Regelung würden Joint Ventures nicht in den Anwendungsbereich dieses Bundesgesetzes fallen (vgl. GloBE-Kommentar, Art. 6.4, Rz 83). Niedrig besteuerte Einkünfte eines Joint Venture sollen jedoch in den Anwendungsbereich der Ergänzungssteuerregelungen des 2. Abschnitts fallen, wenn die Einheit die Definition des Abs. 5 erfüllt.

Ein Joint Venture ist gemäß Abs. 5 eine Einheit, deren Finanzergebnisse nach der Equity-Methode im Konzernabschluss der obersten Muttergesellschaft erfasst werden, sofern die oberste Muttergesellschaft unmittelbar oder mittelbar eine Beteiligung von mindestens 50 % an dieser Einheit hält. Diese Definition ist enger als jene vieler anerkannter Rechnungslegungsstandards, weil sich nach diesen das am Joint Venture beteiligende Unternehmen („Joint-Venturer"), auf dessen Ebene die Finanzergebnisse der Einheit erfasst wird, nicht zwangsläufig mit mindestens 50 % der Anteile beteiligen muss, solange die Unternehmensgruppe „gemeinsame" Kontrolle über die Einheit hat. Dies wäre etwa bei sog. assoziierten Unternehmen iSd IFRS-Rechnungslegungsstandards (siehe IAS 28 „Anteile an assoziierten Unternehmen") der Fall (vgl. GloBE-Kommentar, Art. 6.4.1, Rz 85).

MinBestG
Gesetzesmaterialien

Abs. 5 enthält eine Aufzählung jener Einheiten, die vom Anwendungsbereich der Begriffsbestimmung „Joint Venture" ausgenommen sein sollen:

Z 1 soll eine oberste Muttergesellschaft einer Unternehmensgruppe ausschließen, die bereits aufgrund ihrer Stellung als oberste Muttergesellschaft eine anerkannte PES-Regelung anzuwenden hat. Dadurch wird vermieden, dass oberste Muttergesellschaften, die aufgrund der Anwendung einer anerkannten PES-Regelung bereits einer Mindeststeuerpflicht in ihrem Belegenheitsstaat unterliegen, potentiell aufgrund ihrer Eigenschaft als Joint Venture einer anderen Unternehmensgruppe auch in einem anderen Steuerhoheitsgebiet der Mindeststeuer unterliegen (vgl. GloBE-Kommentar, Art. 10.1, Rz 49).

Gemäß Z 2 bis 4 sollen jene Einheiten – die andernfalls von der Definition „Joint Venture" erfasst wären – vom Anwendungsbereich der gegenständlichen Bestimmung ausgenommen werden, wenn sie die Voraussetzungen einer ausgenommenen Einheit (§ 4) erfüllen (Z 2), von der Unternehmensgruppe gehaltene Eigenkapitalbeteiligungen an der Einheit unmittelbar von einer ausgenommenen Einheit gehalten werden und eine der Voraussetzungen der lit. a bis c erfüllt ist (Z 3), oder die Beteiligung an der Einheit von einer Unternehmensgruppe gehalten wird, die ausschließlich aus ausgenommenen Einheiten besteht (Z 4).

Z 3 soll im Gegensatz zu § 4 Abs. 1 Z 7 lit. a keine 95 %-Eigentumsschwelle vorsehen. Dies ist vor dem Hintergrund zu sehen, dass die Beteiligung einer obersten Muttergesellschaft an einer Einheit iSd Abs. 5 in der Regel 50 % beträgt und durch eine 95 %-Eigentumsschwelle die Anwendung der Abs. 1 bis 4 ausgehebelt werden würde (vgl. GloBE-Kommentar, Art. 10.1, Rz 51).

Z 4 soll klarstellen, dass eine Einheit, die von einer Unternehmensgruppe gehalten wird, die ausschließlich aus ausgenommenen Einheiten besteht, kein Joint Venture ist. Dies soll sicherstellen, dass eine Unternehmensgruppe, die ausschließlich aus ausgenommenen Einheiten besteht und daher nicht in den Anwendungsbereich dieses Bundesgesetzes fällt, nicht durch die Beteiligung an einem Joint Venture in dessen Anwendungsbereich fällt (vgl. GloBE-Kommentar, Art. 10.1, Rz 52).

Z 5 soll Geschäftseinheiten eines Joint Venture von der Definition des Abs. 5 ausnehmen. Die Definition einer „Geschäftseinheit eines Joint Venture" soll in Abs. 6 erfolgen.

Zu Abs. 6:

Abs. 6 soll den Begriff „Geschäftseinheit eines Joint Venture" definieren.

Gemäß Z 1 soll eine Einheit unter diese Begriffsbestimmung fallen, wenn deren Vermögenswerte, Verbindlichkeiten, Erträge, Aufwendungen und Zahlungsströme nach einem anerkannten Rechnungslegungsstandard von einem Joint Venture konsolidiert werden oder konsolidiert worden wären, wenn das Joint Venture verpflichtet gewesen wäre, solche Vermögenswerte, Verbindlichkeiten, Erträge, Aufwendungen und Zahlungsströme nach einem anerkannten Rechnungslegungsstandard zu konsolidieren. Dies hat zur Folge, dass das Joint Venture und dessen Geschäftseinheit Teil derselben „Joint-Venture-Gruppe" sind (vgl. GloBE-Kommentar, Art. 10.1, Rz 54).

Z 2 soll bestimmen, dass eine Betriebsstätte, deren Stammhaus ein Joint Venture oder eine Geschäftseinheit nach Z 1 ist, als Geschäftseinheit eines Joint Venture behandelt wird. Dadurch soll die Gleichbehandlung von Betriebsstätten eines Joint Venture mit dessen Geschäftseinheiten nach Z 1 sichergestellt werden (vgl. GloBE-Kommentar, Art. 10.1, Rz 55).

Zu § 62 (Mehrmüttergruppen):

Dieser Paragraph soll Art. 37 der Richtlinie bzw. Art. 6.5.1 GloBE-Mustervorschriften umsetzen und betrifft Mehrmüttergruppen.

Zu Abs. 1:

Nach diesem Absatz sollen Einheiten und Geschäftseinheiten von zwei oder mehr Unternehmensgruppen, die eine Mehrmüttergruppe bilden, für Zwecke dieses Bundesgesetzes als Mitglieder einer einzigen zusammengeschlossenen Unternehmensgruppe behandelt werden.

Ähnlich wie nach § 2 Z 3 lit. a wird dabei auf alle Einheiten abgestellt, unabhängig davon, ob es sich um Geschäftseinheiten im Sinne des § 2 Z 2 oder ausgenommene Einheiten im Sinne des § 4 Abs. 1 handelt. Dies ist für die Anwendung des Schwellenwerts gemäß § 3 Abs. 1 von Bedeutung, wonach auch die Umsatzerlöse der gemäß § 4 Abs. 1 ausgenommenen Einheiten berücksichtigt werden.

Nach diesem Absatz sollen die Geschäftseinheiten, einschließlich Betriebsstätten, jeder der Unternehmensgruppen als Geschäftseinheiten einer zusammengeschlossenen Unternehmensgruppe behandelt werden (vgl. GloBE-Kommentar, Art. 6.5.1.a, Rz 101).

Nach diesem Absatz soll die Definition einer Geschäftseinheit außerdem auf jene Einheiten ausgedehnt werden, die im Falle einer gesonderten Betrachtung der jeweiligen Unternehmensgruppen nicht erfasst wären, die aber von der Mehrmüttergruppe vollkonsolidiert werden oder wenn Geschäftseinheiten in der Mehrmüttergruppe an diesen Kontrollbeteiligungen halten (vgl. GloBE-Kommentar, Art. 6.5.1.b, Rz 102).

Beispiel:

Die Unternehmensgruppe 1 und die Unternehmensgruppe 2 bilden zusammen eine Mehrmüttergruppe. Die obersten Muttergesellschaften der beiden Unternehmensgruppen halten je 50 % der Eigentumsanteile an einer Einheit. Würde dabei jede Unternehmensgruppe als gesonderte Gruppe behandelt werden, so würden die Finanzergebnisse der Einheit nach der Equity-Methode erfasst und die Einheit als Joint Venture behandelt werden. Da die Mehrmüttergruppe jedoch eine Kontrollbeteiligung hält, werden in den meisten Fällen die Finanzergebnisse der betreffenden Einheit im kombinierten Konzernabschluss der Mehrmüttergruppe vollkonsolidiert werden und die Einheit wird daher für Zwecke dieses Bundesgesetzes eine Geschäftseinheit der Mehrmüttergruppe darstellen. Aber selbst wenn keine Vollkonsolidierung erfolgen würde, ist die Einheit dennoch als Geschäftseinheit der Mehrmüttergruppe zu behandeln, weil eine Kontrollbeteiligung an der Einheit von Mitgliedern der Mehrmüttergruppe gehalten wird.

Zu Abs. 2:
Der Konzernabschluss einer Mehrmüttergruppe wird für Zwecke einer Verbundstruktur in Abs. 8 Z 2 definiert. Der Konzernabschluss einer Mehrmüttergruppe wird für Zwecke einer Konstruktion mit zweifacher Börsennotierung in Abs. 9 definiert. Diese Konzernabschlüsse müssen die Voraussetzungen erfüllen, die nach diesem Bundesgesetz generell an Konzernabschlüsse gestellt werden (§ 2 Z 25). In diesem Absatz soll klargestellt werden, dass bei einem Verweis auf den Rechnungslegungsstandard der obersten Muttergesellschaft jener Rechnungslegungsstandard gemeint ist, der von der Mehrmüttergruppe für Zwecke ihres kombinierten Konzernabschlusses verwendet wird (vgl. GloBE-Kommentar, Art. 6.5.1.c, Rz 103).

Zu Abs. 3:
Die obersten Muttergesellschaften der Unternehmensgruppen, aus denen die Mehrmüttergruppe besteht, sollen zugleich die obersten Muttergesellschaften der Mehrmüttergruppe sein. Demnach soll es in diesen Fällen auch für Zwecke dieses Bundesgesetzes mehr als nur eine oberste Muttergesellschaft geben. Daraus ergibt sich zugleich, dass sämtliche Verweise auf eine oberste Muttergesellschaft in diesem Bundesgesetz für sämtliche obersten Muttergesellschaften der Mehrmüttergruppe gelten sollen (vgl. GloBE-Kommentar, Art. 6.5.1.d, Rz 104).

Zu Abs. 4:
Sind Geschäftseinheiten der Mehrmüttergruppe in Österreich gelegen oder sind staatenlose Geschäftseinheiten der Mehrmüttergruppe in Österreich gegründet worden oder haben der Mehrmüttergruppe zugehörige staatenlose Betriebsstätten den Ort ihrer Geschäftstätigkeit in Österreich, kann in Österreich nach Maßgabe von § 6 eine NES zu entrichten sein. Betragen die für die in Österreich gelegenen Geschäftseinheiten und für die staatenlosen Geschäftseinheiten und Betriebsstätten jeweils gesondert zu ermittelnden Effektivsteuersätze weniger als der Mindeststeuersatz, entsteht in Österreich eine NES-Pflicht. Die zu entrichtende NES entspricht dabei – unabhängig von den Beteiligungsverhältnissen an den Geschäftseinheiten – der Summe der gesamten (ungekürzten) Ergänzungssteuerbeträge der niedrig besteuerten Geschäftseinheiten. Zur Bestimmung der Abgabepflicht ist § 76 anzuwenden.

Zu Abs. 5:
Nach diesem Absatz sollen die Muttergesellschaften der Mehrmüttergruppe, einschließlich einer jeden obersten Muttergesellschaft, gemäß den §§ 7 bis 11 die PES-Regelung anzuwenden haben. Dies bedeutet, dass nach Maßgabe von § 7 jede einzelne der obersten Muttergesellschaften der Mehrmüttergruppe verpflichtet ist, die PES-Regelung in dem Steuerhoheitsgebiet anzuwenden, in dem sie gelegen ist. Zur Bestimmung der Abgabepflicht ist § 76 anzuwenden.

Des Weiteren finden auch die Vorschriften über zwischengeschaltete und im Teileigentum stehende Muttergesellschaften Anwendung. Bei der Beurteilung, ob eine Einheit eine im Teileigentum stehende Muttergesellschaft ist, sind die Eigentumsanteile beider Muttergesellschaften an der Einheit zu berücksichtigen (vgl. GloBE-Kommentar, Art. 6.5.1.e, Rz 105).

Beispiel:
Die Unternehmensgruppe 1 hält 60 % der Eigentumsanteile an Sub Co, während die restlichen 40 % von der Unternehmensgruppe 2 gehalten werden. Beide Unternehmensgruppen sind Teil einer Mehrmüttergruppe. Sub Co hält alle Eigentumsanteile einer niedrig besteuerten Geschäftseinheit. Wenn jede multinationale Unternehmensgruppe gesondert beurteilt werden würde, wäre Sub Co eine im Teileigentum stehende Muttergesellschaft der Unternehmensgruppe 1 gemäß § 2 Z 22, weil mehr als 20 % ihrer Eigentumsanteile im Eigentum von Personen gehalten werden, die nicht Geschäftseinheiten der Unternehmensgruppe 1 sind. Da jedoch Unternehmensgruppe 1 und Unternehmensgruppe 2 wie eine einzige Unternehmensgruppe behandelt werden, werden 100 % der Eigentumsanteile an Sub Co von Geschäftseinheiten derselben Unternehmensgruppe, nämlich der Mehrmüttergruppe, gehalten. Somit ist die Definition einer im Teileigentum stehenden Muttergesellschaft bei Sub Co nicht erfüllt. In diesem Fall unterliegen die obersten Muttergesellschaften der Unternehmensgruppe 1 und der Unternehmensgruppe 2 der PES in Höhe des ihnen zuzurechnenden Anteils am Ergänzungssteuerbetrag (60 % bzw. 40 %), wobei zur Bestimmung der Abgabepflicht § 76 anzuwenden ist (vgl. GloBE-Kommentar, Art. 6.5.1.e, Rz 106).

Es kann vorkommen, dass nur eine der obersten Muttergesellschaften einer Mehrmüttergruppe eine anerkannte PES-Regelung anzuwenden hat. In einem solchen Fall, bei dem eine zwischengeschaltete Muttergesellschaft in Österreich vorliegt, soll die Anwendung von § 8 von der rechtlichen Holdingstruktur der Mehrmüttergruppe abhängen. Werden zum Beispiel alle Eigentumsanteile einer zwischengeschalteten Muttergesellschaft, die von der Mehrmüttergruppe gehalten werden, von der obersten Muttergesellschaft gehalten, die eine anerkannte PES-Regelung anzuwenden hat, dann entbindet § 8 Abs. 2 die zwischengeschaltete Muttergesellschaft von der Verpflichtung zur Anwendung der PES-Regelung. Halten jedoch beide obersten Muttergesellschaften Eigentumsanteile an der zwischengeschalteten Muttergesellschaft, dann findet § 8 Abs. 2 keine Anwendung, weil eine der obersten Muttergesellschaften keine anerkannte PES-Regelung anzuwenden hat. Im letztgenannten Fall soll daher die zwischengeschaltete Muttergesellschaft die PES-Regelung hinsichtlich des ihr zuzurechnenden Anteils am Ergänzungssteuerbetrag der niedrig besteuerten Geschäftseinheit anwenden und wäre der ihr zuzurechnende Anteil am Ergänzungssteuerbetrag der niedrig besteuerten Geschäftseinheit entsprechend Art. 10 der Richtlinie zu kürzen (vgl. GloBE-Kommentar, Art. 6.5.1.e, Rz 107).

Die Berechnung des jeder Muttergesellschaft zuzurechnenden Anteils am Ergänzungssteuerbetrag der niedrig besteuerten Geschäftseinheit gemäß § 10 soll durch diese Bestimmung nicht berührt werden. Dies soll auch für die obersten Muttergesellschaften der Mehrmüttergruppe gelten, ungeachtet allfällig getroffener Vereinbarungen, wonach diese Einheiten die Gewinne ihrer Tochtergesellschaften aufteilen (vgl. GloBE-Kommentar, Art. 6.5.1.e, Rz 108).

MinBestG
Gesetzesmaterialien

Zu Abs. 6:
Dieser Absatz sieht die Anwendung der SES-Regelung für alle Geschäftseinheiten der Mehrmüttergruppe nach Maßgabe der §§ 12 und 13 vor. Zur Bestimmung der Abgabepflicht ist § 76 anzuwenden. Ferner soll klargestellt werden, dass bei der Ermittlung der für die Mehrmüttergruppe zu entrichtenden SES der SES-Betrag einer jeden niedrig besteuerten Geschäftseinheit der Mehrmüttergruppe zu berücksichtigen ist.

Zu Abs. 7:
Dieser Absatz soll den Begriff „Mehrmüttergruppe" definieren und sicherstellen, dass die allgemeinen Regelungen dieses Bundesgesetzes für zusammengeschlossene Unternehmensgruppen genauso gelten, wie sie für Unternehmensgruppen mit einer einzigen obersten Muttergesellschaft gelten. Der Begriff der Mehrmüttergruppe knüpft für Zwecke der Mindeststeuer an die zivilrechtliche Definition an. Eine Mehrmüttergruppe bezeichnet zwei oder mehr Unternehmensgruppen, deren oberste Muttergesellschaften eine Vereinbarung treffen, durch die eine Verbundstruktur Abs. 8) oder eine Konstruktion mit zweifacher Börsennotierung entsteht Abs. 9). Eine Mehrmüttergruppe soll zumindest eine Einheit oder eine Betriebsstätte umfassen, die in einem anderen Steuerhoheitsgebiet gelegen ist als die anderen Einheiten der zusammengeschlossenen Unternehmensgruppe. Die Geschäftseinheiten und ausgenommenen Einheiten der die Mehrmüttergruppe bildenden Unternehmensgruppen sollen so behandelt werden, als gehörten sie zu einer einzigen Unternehmensgruppe. Das Miteinbeziehen von ausgenommenen Einheiten ist insbesondere für die Anwendung der Umsatzschwelle nach § 3 Abs. 1 von Bedeutung, weil auch die Umsatzerlöse ausgenommener Einheiten zu berücksichtigen sind.

Zu Abs. 8 und 9:
Abs. 8 soll den Begriff „Verbundstruktur" definieren. Eine Verbundstruktur ist eine Vereinbarung zwischen zwei oder mehr obersten Muttergesellschaften separater Unternehmensgruppen, die vorsieht, dass 50 % oder mehr der Eigenkapitalbeteiligungen an den obersten Muttergesellschaften der separaten Unternehmensgruppen aufgrund der Rechtsform, aufgrund von Übertragungsbeschränkungen oder aufgrund von anderen Bedingungen miteinander verbunden sind und nicht unabhängig voneinander übertragen oder gehandelt werden können. Im Fall einer Börsennotierung der verbundenen Beteiligungen werden diese zu einem einzigen Preis notiert. Weiters sollen eine der obersten Muttergesellschaften einen Konzernabschluss erstellen, in dem die Vermögenswerte, Verbindlichkeiten, Erträge, Aufwendungen und Zahlungsströme aller Einheiten der Unternehmensgruppen zusammen als die einer einzigen wirtschaftlichen Einheit dargestellt werden und die aufsichtsrechtlichen Vorschriften unterliegen, die eine externe Prüfung vorschreiben.

Abs. 9 soll den Begriff „Konstruktion mit zweifacher Börsennotierung" als eine Konstruktion definieren, die von zwei oder mehr obersten Muttergesellschaften separater Unternehmensgruppen vereinbart wird und in deren Rahmen die obersten Muttergesellschaften vereinbaren, ihre Geschäftstätigkeit nur vertraglich miteinander zu verbinden (Z 1) und nach einem festen Verhältnis Ausschüttungen – sowohl in Form von Dividenden wie auch im Abwicklungsfall – an ihre Anteilseigner vornehmen werden (Z 2). Weiters sollen die Tätigkeiten der obersten Muttergesellschaften als eine wirtschaftliche Einheit im Rahmen vertraglicher Vereinbarungen verwaltet werden, wobei sie aber ihre jeweilige Rechtspersönlichkeit behalten (Z 3). Es sollen die Eigentumsanteile der obersten Muttergesellschaften, die die Vereinbarung eingegangen sind, unabhängig voneinander auf verschiedenen Kapitalmärkten notiert, gehandelt oder übertragen werden (Z 4). Weiters sollen die obersten Muttergesellschaften Konzernabschlüsse erstellen, in denen die Vermögenswerte, Verbindlichkeiten, Erträge, Aufwendungen und Zahlungsströme von Einheiten in allen Gruppen zusammen als die einer einzigen wirtschaftlichen Einheit dargestellt werden und die aufsichtsrechtlichen Vorschriften unterliegen, die eine externe Prüfung vorschreiben (Z 5).

Mit diesen beiden Begriffsbestimmungen soll dem Umstand Rechnung getragen werden, in der zwei Unternehmensgruppen nur gemeinsam eine die Kontrolle begründende Beteiligung halten (vgl. GloBE-Kommentar, Art. 6.5, Rz 97).

Beispiel:
Zwei Unternehmensgruppen halten jeweils 50 % an einer Einheit.

Einzeln betrachtet wäre diese Einheit für beide Unternehmensgruppen ein Joint Venture. Erfüllen die obersten Muttergesellschaften jedoch Abs. 8 oder 9, wird das Joint Venture als Geschäftseinheit iSd § 2 Z 2 einer Mehrmüttergruppe behandelt (vgl. GloBE-Kommentar, Art. 6.5, Rz 98).

Die in Abs. 8 und Abs. 9 enthaltene Anforderung der vorgeschriebenen externen Prüfung ist erfüllt, wenn eine oberste Muttergesellschaft einen Konzernabschluss in Übereinstimmung mit einem anerkannten Rechnungslegungsstandard erstellt, der eine angemessene Darstellung der Finanzlage und Prüfung durch einen externen Prüfer vorsieht (vgl. GloBE-Kommentar, Art. 6.5, Rz 99).

Zu Abschnitt 8:

Zu § 63 (Oberste Muttergesellschaft als transparente Einheit):
§ 63 soll in Umsetzung von Art. 38 der Richtlinie, der auf Art. 7.1 der GloBE-Mustervorschriften basiert, Sondervorschriften für transparente Einheiten normieren, die oberste Muttergesellschaft einer Unternehmensgruppe sind. Grundsätzlich sehen die Vorschriften zur Zurechnung der Gewinne und Verluste (§ 36) sowie der erfassten Steuern (§ 44) bei transparenten Einheiten vor, dass diese entweder dem gruppenzugehörigen Gesellschafter oder der Betriebsstätte zugerechnet werden sollen. Ist die oberste Muttergesellschaft jedoch selbst eine transparente Einheit, soll diese Zurechnungslogik nicht zur Anwendung kommen, weil ihre Gesellschafter nicht zur Unternehmensgruppe gehören.

Stattdessen soll § 63 im Wesentlichen eine Kürzung des Mindeststeuer-Gewinnes der obersten Muttergesellschaft um jene Teile vorsehen, die bei den Gesellschaftern einer Besteuerung über dem Mindeststeuersatz unterliegen.

Zu Abs. 1:

Abs. 1 soll drei jeweils eigenständige Regelungen zur Kürzung des Mindeststeuer-Gewinnes um den betragsmäßigen Anteil enthalten, der auf die betreffenden Gesellschafter der jeweiligen Eigenkapitalbeteiligung entfällt. Wie § 36 liegt Abs. 1 eine beteiligungsbezogene Betrachtungsweise zugrunde.

Zu Z 1:

Z 1 soll die Grundregelung und Vorgaben in Bezug auf den Besteuerungszeitraum und die Besteuerungshöhe festlegen. In zeitlicher Hinsicht muss der Gesellschafter mit den Einkünften der obersten Muttergesellschaft in einem Steuerzeitraum der Besteuerung unterliegen, der innerhalb von zwölf Monaten nach dem Ende des Geschäftsjahrs der Unternehmensgruppe endet.

In Bezug auf die Besteuerungshöhe sind in lit. a) und b) zwei Alternativen geregelt:

Der Tatbestand der lit. a) soll erfüllt sein, wenn der betreffende Gesellschafter mit Blick auf den vollen ihm zugewiesenen betragsmäßigen Anteil einer Besteuerung zu einem nominalen Steuersatz von mindestens 15 % unterliegt. Bei steuerbefreiten Einkünften liegt eine solche Besteuerung regelmäßig nicht vor. Dies ist zum Beispiel dann der Fall, wenn es sich um nach einem DBA steuerfreie Betriebsstätteneinkünfte handelt, weil für diese Betriebsstätte Abs. 4 gesondert Anwendung findet. Unternehmensrechtlich ist ein Gewinn dieser Betriebsstätte zwar im Gewinn der obersten Muttergesellschaft enthalten. Für Zwecke der Mindestbesteuerung wird diese Betriebsstätte jedoch als eigenständige Geschäftseinheit behandelt und der Mindeststeuer-Jahresüberschuss dementsprechend nach § 35 zugeordnet; insofern ist der Mindeststeuer-Gewinn der obersten Muttergesellschaft bereits um das Ergebnis der Betriebsstätte „gekürzt". Eine Besteuerung zum vollen zugewiesenen Anteil liegt hingegen auch dann vor, wenn ein Ausgleich mit Verlusten aus anderen Einkunftsquellen erfolgt. Insofern ist auf den nominalen Steuersatz vor Verlustberücksichtigung abzustellen.

Der Tatbestand der lit. b) soll erfüllt sein, wenn nach vernünftigem Ermessen davon ausgegangen werden kann, dass die Summe der angepassten erfassten Steuern der obersten Muttergesellschaft und die Steuern des Gesellschafters bezogen auf seinen Gewinnanteil mindestens dem Betrag von 15 % dieses Gewinnanteils entspricht. Eine exakte Berechnung der effektiven Steuerbelastung entsprechend diesem Gesetz ist nicht erforderlich. Das Erfüllen der Voraussetzungen ist von der Unternehmensgruppe auf Basis der Umstände des jeweiligen Einzelfalls nachzuweisen (z. B. durch Vorlage des Einkommensteuerbescheids). In die Betrachtung ist die Steuerbelastung des Gesellschafters auf seinen Gewinnanteil sowie die Steuerbelastung der obersten Muttergesellschaft hierauf sowie bei steuertransparenten Strukturen (z. B. mehrstöckige Personengesellschaftsstrukturen) auch die Steuerbelastung dieser nachgeschalteten Einheiten einzubeziehen.

Zu Z 2:

Für natürliche Personen, die im selben Steuerhoheitsgebiet wie die oberste Muttergesellschaft ansässig sind und die höchstens zu 5 % an den Gewinnen und Vermögenswerten der obersten Muttergesellschaft beteiligt sind, soll in Z 2 eine pauschale Kürzung des Mindeststeuer-Gewinnes der obersten Muttergesellschaft vorgesehen werden. Insofern bedarf es keines Nachweises zur Höhe der Steuerbelastung auf Ebene des Gesellschafters.

Zu Z 3

Für die in Z 3 angeführten Einheiten, die im Belegenheitsstaat der obersten Muttergesellschaft ansässig sind und die höchstens zu 5 % an den Gewinnen und Vermögenswerten der obersten Muttergesellschaft beteiligt sind, soll in Z 3 in Anlehnung an die Z 2 eine pauschale Kürzung des Mindeststeuer-Gewinnes der obersten Muttergesellschaft vorgesehen werden.

Zu Abs. 2:

Abs. 2 soll eine zu Abs. 1 spiegelbildliche Regelung für den Fall normieren, dass die oberste Muttergesellschaft einen Mindeststeuer-Verlust erwirtschaftet hat. Dies dient unter anderem auch der Verhinderung einer doppelten Verlustnutzung (beim Gesellschafter und bei der Ermittlung des effektiven Steuersatzes der Unternehmensgruppe). Sofern die Gesellschafter die Verluste der transparenten Einheit nutzen können (z. B. auch im Rahmen eines Verlustvortrags), ist der Mindeststeuer-Verlust entsprechend zu kürzen. Für einen Mindeststeuer-Verlust der obersten Muttergesellschaft, der nicht von den Gesellschaftern genutzt werden kann, steht der obersten Muttergesellschaft das Mindeststeuer-Verlustwahlrecht gemäß § 43 zu.

Zu Abs. 3:

Die Bestimmung des Abs. 3 soll klarstellen, dass die erfassten Steuern im selben Verhältnis zu kürzen sind, in dem auch der Mindeststeuer-Gewinn der obersten Muttergesellschaft gemäß Abs. 1 gemindert wurde.

Zu Abs. 4

Die Vorschrift des Abs. 4 soll den Anwendungsbereich der Abs. 1 bis 3 auf Betriebsstätten der obersten Muttergesellschaft, in der die Muttergesellschaft entweder unmittelbar oder mittelbar über eine steuertransparente Struktur ihre Geschäftstätigkeit ausübt, erweitern.

Zu § 64 (Abzugsfähige Dividenden bei einer obersten Muttergesellschaft):

§ 64 enthält Sondervorschriften für oberste Muttergesellschaften, die einer Regelung für abzugsfähige Dividenden unterliegen. Die Bestimmung setzt Art. 39 der Richtlinie um, der auf Art. 7.2 der GloBE-Musterrvorschriften basiert. Transparente oberste Muttergesellschaften und intransparente oberste Muttergesellschaften, die einer Regelung für abzugsfähige Dividenden unterliegen, sind insoweit vergleichbar, als die Besteuerung der von ihnen erwirtschafteten Einkünfte im Ergebnis auf Ebene der Gesellschafter erfolgt. § 64 ist daher systematisch in weiten Teilen ähnlich wie § 63 geregelt.

Da § 64 intransparente oberste Muttergesellschaften betrifft, soll jedoch insoweit abweichend von § 63 Abs. 2 keine Sonderregelung für Verluste vorgesehen werden. Verluste sind daher auch bei der Ermittlung

MinBestG
Gesetzesmaterialien

des Mindeststeuer-Gewinnes oder -Verlusts der obersten Muttergesellschaft zu berücksichtigen, wenn diese einer Regelung für abzugsfähige Dividenden unterliegt (vgl. GloBE-Kommentar, Art. 7.2, Rz 37).

Zu Abs. 1:
Abs. 1 regelt – weitgehend vergleichbar mit § 63 Abs. 1 – eine Verminderung des Mindeststeuer-Gewinnes um den Betrag abzugsfähiger Dividenden, der innerhalb von zwölf Monaten nach dem Ende des Geschäftsjahres der obersten Muttergesellschaft ausgeschüttet wird, höchstens jedoch in Höhe des Mindeststeuer-Gewinnes. Diese Verminderung soll nur gelten, wenn eine der Voraussetzungen der Z 1 bis 4 erfüllt ist.

Zu Z 1:
Z 1 soll den Besteuerungszeitraum und die Besteuerungshöhe beim Gesellschafter festlegen und entspricht § 63 Abs. 1 Z 1.

Zu Z 2:
Abweichend von § 63 Abs. 1 sieht Z 2 eine Sonderregelung für Genossenschaftsdividenden einer Versorgungsgenossenschaft (z. B. Einkaufsgenossenschaft) bei natürlichen Personen vor. Die Besonderheit der Z 2 besteht darin, dass es in diesem Fall abweichend von Z 1 nicht auf die tatsächliche Besteuerungshöhe ankommen soll.

Zu Z 3:
Die Voraussetzungen der Z 3 entsprechen § 63 Abs. 1 Z 2.

Zu Z 4:
Z 4 ähnelt § 63 Abs. 1 Z 3, weicht jedoch insoweit ab, als keine Einschränkung hinsichtlich des Beteiligungsausmaßes des Gesellschafters vorgesehen ist. Eine weitere Abweichung besteht im Ausschluss von Pensionsfonds-Dienstleistungsgesellschaften; dies soll verhindern, dass Pensionsfonds eine Regelung für abzugsfähige Dividenden dazu nutzen können, von der Mindestbesteuerung ausgenommene Einkünfte mittels Zwischenschaltung von Pensions-Dienstleistungsgesellschaften erzielen zu können (vgl. GloBE-Kommentar, Art. 7.2.1. lit. c, Rz 45).

Zu Abs. 2:
Abs. 2 soll vergleichbar mit § 63 Abs. 3 klarstellen, dass die erfassten Steuern im selben Verhältnis zu kürzen sind, in dem auch der Mindeststeuer-Gewinn der obersten Muttergesellschaft gemäß Abs. 1 gemindert wurde. Dies soll allerdings nicht für jene Steuern gelten, für die der Dividendenabzug gewährt wurde.

Zu Abs. 3:
Abs. 3 soll die Kürzung gemäß Abs. 1 auf andere im Steuerhoheitsgebiet der obersten Muttergesellschaft gelegene Geschäftseinheiten, die einer Regelung für abzugsfähige Dividenden unterliegen, soweit deren Mindeststeuer-Gewinne von der obersten Muttergesellschaft an nach Abs. 1 begünstigte Empfänger weitergeschüttet werden.

Zu Abs. 4:
Abs. 4 soll definieren, wann Genossenschaftsdividenden einer Versorgungsgenossenschaft in den Händen der Empfänger für Zwecke des Abs. 1 Z 1 der „*Besteuerung unterliegen*". Diese Voraussetzung soll erfüllt sein, soweit diese Dividenden die abzugsfähigen Aufwendungen oder Kosten senken, die bei der Ermittlung der steuerpflichtigen Gewinne oder Verluste des Dividendenempfängers abzugsfähig sind.

Abs. 4 soll nur Bedeutung für Dividendenempfänger haben, die keine natürlichen Personen sind, weil Genossenschaftsdividenden an natürliche Personen nach Abs. 1 Z 2 stets eine Verminderung des Mindeststeuer-Gewinnes der obersten Gesellschaft bewirken sollen (vgl. GloBE-Kommentar, Art. 7.2.4, Rz 50).

Zu Abs. 5 und 6:
Die beiden Absätze sollen die für die Anwendung des § 64 die relevanten Begriffe „Regelung für abzugsfähige Dividenden" und „Genossenschaft" definieren.

Zu § 65 (Anerkannte Ausschüttungssteuersysteme):
§ 65 regelt für anerkannte Ausschüttungssteuersysteme (siehe dazu § 2 Z 43) ein Wahlrecht zur Erfassung von Steuern auf fiktive Ausschüttungen, die Ermittlung der Steuern und das einzurichtende Nachversteuerungskonto. Der Anwendungsbereich der Norm umfasst somit Steuerhoheitsgebiete, bei denen die Besteuerung erst bei Ausschüttungen erfolgt. Die Bestimmung soll Art. 40 der Richtlinie umsetzen, der auf Art. 7.3 der GloBE-Mustervorschriften basiert.

Die Regelung soll es ermöglichen, bereits im jeweiligen Geschäftsjahr einen Steuerbetrag auf fiktive Ausschüttungen zu berechnen und diesen im Rahmen der angepassten erfassten Steuern zu berücksichtigen. Dabei ist die Einrichtung eines Nachversteuerungskontos vorgesehen. Die entsprechenden Beträge sind in den Folgejahren zu verwenden. Bei Ausscheiden der Geschäftseinheit bzw. spätestens nach Ablauf des vierten folgenden Geschäftsjahres sind die noch nicht verwendeten Beträge rückwirkend als Verminderung der angepassten erfassten Steuern zu berücksichtigen.

Zu Abs1:
Abs. 1 regelt das Wahlrecht zur Einbeziehung von (nach Abs. 2 ermittelten) Steuern auf fiktive Ausschüttungen in die angepassten erfassten Steuern der Geschäftseinheit. Das Wahlrecht soll für ein Jahr gelten, wobei es ohne Widerruf jeweils für ein weiteres Jahr verlängert wird (§ 74). Eine jährliche Ausübung des Wahlrechts soll daher nicht erforderlich sein.

Das Wahlrecht soll für alle Geschäftseinheiten eines Steuerhoheitsgebietes gelten, die einem anerkannten Ausschüttungssteuersystem unterliegen.

Zu Abs. 2:
In Abs. 2 soll die Ermittlung des Steuerbetrages auf fiktive Ausschüttungen geregelt werden.

Dabei soll zunächst der Betrag zu ermitteln sein, der erforderlich ist, um den Effektivsteuersatz für das Steuerhoheitsgebiet auf den Mindeststeuersatz anzuheben. Der Steuerbetrag soll dabei für alle Geschäftseinheiten, die vom Wahlrecht umfasst sind, einheitlich zu bilden sein. Sollte es in einem Steuerhoheitsgebiet auch Geschäftseinheiten geben, die nicht unter das Wahlrecht fallen (z. B. weil sie keinem anerkanntem Ausschüttungssteuersystem unterliegen), soll der Effektivsteuersatz einheitlich für das Steuerhoheitsgebiet zu berechnen sein.

Dieser so ermittelte Betrag an Steuern auf fiktive Ausschüttungen ist dem Betrag gegenüberzustellen, der sich ergeben hätte, wenn alle Gewinne der dem anerkannten Ausschüttungssteuersystem des Steuerhoheitsgebiets unterliegenden Geschäftseinheiten ausgeschüttet worden wären. Der geringere der beiden Beträge soll dann den anzusetzenden Betrag an Steuern auf fiktive Ausschüttungen bilden. Dadurch wird der Steuerbetrag, der im Rahmen des Wahlrechts berücksichtigt wird, mit dem Betrag begrenzt, der bei tatsächlicher Ausschüttung höchstens angefallen wäre.

Zu Abs. 3 bis 7:

In den Abs. 3 bis 7 finden sich die Vorschriften über die Führung eines Nachversteuerungskontos. Dieses soll der Nachvollziehbarkeit der nach Abs. 2 angesetzten Steuern sowie deren Verwendung in Folgejahren und letztlich auch der Ermittlung der Nachversteuerung bei Ausscheiden einer Geschäftseinheit bzw. spätestens nach Ablauf des vierten folgenden Geschäftsjahres dienen.

Das Nachversteuerungskonto soll nach Abs. 3 Z 1 für jedes Geschäftsjahr einzurichten sein. Bei der Einrichtung soll der nach Abs. 2 ermittelte Betrag an Steuern für fiktive Ausschüttungen dem Konto hinzugerechnet werden, ein allfälliger vorhandener Vortrag nach Abs. 4 soll abzurechnen sein, wobei der Betrag nicht unter null sinken kann. Ausgehend von diesem Betrag soll in den auf die Einrichtung des Nachversteuerungskontos folgenden Geschäftsjahren Kürzungen des offenen Saldos des Nachversteuerungskontos nach Abs. 3 Z 2 erfolgen.

Die Kürzungen sollen dabei zunächst immer beim ältesten Nachversteuerungskonto zu berücksichtigen sein. Ein Absinken des Saldos unter null soll nicht möglich sein.

Nach Abs. 3. Z 2 lit. a soll der offene Saldo zunächst um entrichtete Steuern für Ausschüttungen zu vermindern sein. Dabei sollen sowohl Steuern für tatsächlich durchgeführte Ausschüttungen als auch Steuern für fiktiv angenommene Ausschüttungen berücksichtigt werden. Entscheidend soll sein, dass es im Rahmen des anerkannten Ausschüttungssteuersystems zu einer tatsächlichen Besteuerung kommt.

Die Vorschrift des Abs. 3 Z 2 lit. a steht in engem Zusammenhang mit der Regelung des Abs. 6. Danach sollen die Steuern für tatsächlich durchgeführte Ausschüttungen bzw. Steuern für fiktiv angenommene Ausschüttungen, die den offenen Saldo des Nachversteuerungskontos verringern, insoweit nicht bei der Ermittlung der angepassten erfassten Steuern zu berücksichtigen sein. Im Ergebnis soll nur eine zeitliche Verschiebung der Erfassung erfolgen.

Steuersatzänderungen zwischen Erfassung der Steuern auf fiktive Ausschüttungen und tatsächlicher Entrichtung können sich dabei auswirken: bei Steuersatzsenkungen werden höhere Ausschüttungsbeträge erforderlich sein, um die Nachversteuerung zu verhindern. Bei Steuersatzerhöhungen tritt der umgekehrte Effekt ein.

Mindeststeuer-Verluste für ein Steuerhoheitsgebiet sollen nach Abs. 3 Z 2 lit. b den offenen Saldo verringern. Dabei soll der Mindeststeuer-Verlust mit dem Mindeststeuersatz multipliziert werden; der so ermittelte Betrag soll angesetzt werden und den offenen Saldo der Nachversteuerungskonten reduzieren, wobei mit dem ältesten begonnen werden soll. Da eine Reduktion unter null nicht zulässig sein soll, kann nach Reduktion aller noch offenen Salden der eingerichteten Nachversteuerungskonten ein Betrag übrigbleiben. Dieser Betrag soll nach Abs. 4 vorgetragen werden und für Verrechnungen in folgenden Geschäftsjahren zur Verfügung stehen. Soweit daher in einem folgenden Geschäftsjahr eine Steuer auf fiktive Ausschüttungen anfällt, soll dieser Vortrag verwendet werden können. Abs. 3 Z 1 letzter Satz soll klarstellen, dass die Verrechnung dieses Vortrages bereits im Jahr der Ermittlung der Steuern auf fiktive Ausschüttungen erfolgen kann.

Spätestens bis zum letzten Tag des vierten auf die Einrichtung des Nachversteuerungskontos nachfolgenden Geschäftsjahres soll der offene Saldo des Nachversteuerungskontos auf null reduziert sein müssen, andernfalls soll es zu einer rückwirkenden Neuberechnung nach Abs. 5 für das betroffene Geschäftsjahr kommen. Dabei soll der noch bestehende offene Saldo als Verringerung der angepassten erfassten Steuern berücksichtigt werden.

Beispiel:

Die Geschäftseinheit X einer Unternehmensgruppe ist in einem Steuerhoheitsgebiet mit einem anerkannten Ausschüttungssteuersystem gelegen. Von der Unternehmensgruppe wird das Wahlrecht gemäß § 65 ausgeübt. X hat im Jahr 1 einen Mindeststeuer-Gewinn von € 100.000, im Jahr 2 einen Mindeststeuer-Verlust von € 120.000, im Jahr 3 einen Mindeststeuer-Gewinn von € 60.000. Im Jahr 7 tätigt X eine Ausschüttung von € 10.000, für die € 1.500 an Ausschüttungssteuer entrichtet wird.

Im Jahr 1 wird das Nachversteuerungskonto für das Jahr 1 iHv € 15.000 eingerichtet (Abs. 3. Z 1). Im Jahr 2 wird das Nachversteuerungskonto des Jahres 1 gem. Abs. 3 Z 2 lit. b um € 15.000 vermindert (Mindeststeuerverlust x Mindeststeuersatz = € 18.000), der verbleibende Betrag von € 3.000 wird gem. Abs. 4 auf Folgejahre vorgetragen. Im Jahr 3 wird das Nachversteuerungskonto für das Jahr 3 eingerichtet. Die Steuern auf fiktive Ausschüttungen betragen € 9.000, dieser Betrag wird gem. Abs. 3 Z 1 letzter Satz um den Vortrag nach Abs. 4 auf € 6.000 gekürzt. Im Jahr 7 wird das Nachversteuerungskonto des Jahres 3 um € 1.500 auf € 4.500 gekürzt. Da daher am letzten Tag des vierten Geschäftsjahres, das auf das Jahr 3 folgt (Jahr 7), noch ein offener Saldo von € 4.500 besteht, erfolgt eine Neuberechnung für das Jahr 3, dabei werden die angepassten erfassten Steuern mit einem um € 4.500 verringerten Betrag angesetzt.

MinBestG
Gesetzesmaterialien

Abs. 7 soll die Vorgehensweise bei Ausscheiden einer Geschäftseinheit aus der Unternehmensgruppe regeln. Dem Ausscheiden soll die Veräußerung im Wesentlichen aller ihrer Vermögenswerte gleichgestellt sein.

Soweit am Ende des Geschäftsjahres des Ausscheidens bzw. der Veräußerung noch offene Salden der Nachversteuerungskonten für Vorjahre vorliegen, soll für jedes dieser Geschäftsjahre sowohl der Effektivsteuersatz als auch der Ergänzungssteuerbetrag neu zu berechnen sein. Dabei sollen die noch offenen Salden der Nachversteuerungskonten jeweils als Minderung der angepassten erfassten Steuern zu berücksichtigen sein.

Ergibt sich aus dieser Ermittlung ein Nachversteuerungsbetrag, soll ausgehend vom Verhältnis Mindeststeuer-Gewinn der Geschäftseinheit zu Mindeststeuer-Nettogewinn des Steuerhoheitsgebiets der zusätzlich geschuldete Ergänzungssteuerbetrag zu berechnen sein.

Die Berechnung soll dabei für jedes Geschäftsjahr gesondert erfolgen, für das am Ende des Geschäftsjahres des Ausscheidens bzw. der Veräußerung noch ein offener Saldo des Nachversteuerungskontos besteht.

Zu § 66 (Ermittlung des Effektivsteuersatzes und des Ergänzungssteuerbetrages einer Investmenteinheit):

§ 66 soll Art. 41 der Richtlinie bzw. Art. 7.4 der GloBE-Mustervorschriften umsetzen und beinhaltet Regelungen zur Bestimmung des Effektivsteuersatzes und des Ergänzungssteuerbetrages einer Investmenteinheit.

Zu Abs. 1:

Abs. 1 soll die getrennte Berechnung des Effektivsteuersatzes einer Investmenteinheit (§ 2 Z 30) vom Effektivsteuersatz der Unternehmensgruppe in diesem Steuerhoheitsgebiet regeln, weil eine Investmenteinheit oft keiner oder nur einer geringen Steuerbelastung unterliegt (vgl. GloBE-Kommentar, Art. 7.4, Rz 73). Diese Bestimmung kommt nur für eine Investmenteinheit zur Anwendung, die keine volltransparente Gesellschaft ist und für die keine Option gemäß den §§ 67 und 68 in Anspruch genommen wurde. Soweit eine Investmenteinheit teilweise transparent oder teilweise umgekehrt hybrid ist, soll Abs. 1 nur insoweit Anwendung finden, als sie nach dem Steuerrecht des Steuerhoheitsgebiets des Anlegers nicht als transparente Einheit zu beurteilen ist (vgl. GloBE-Kommentar, Art. 7.4.1, Rz 79).

Zu Abs. 2:

Abs. 2 soll die Berechnung des Effektivsteuersatzes normieren, wobei die von anderen Geschäftseinheiten getrennte Berechnung nicht erfolgen soll, wenn es sich ebenso um Investmenteinheiten handelt. Bestehen demnach mehrere Investmenteinheiten in demselben Steuerhoheitsgebiet, soll der Effektivsteuersatz gemeinsam berechnet werden, indem ihre angepassten erfassten Steuern durch den der Unternehmensgruppe zuzurechnenden Anteil (Abs. 4) am Mindeststeuer-Gewinn oder -Verlust dieser Investmenteinheit geteilt werden (vgl. GloBE-Kommentar, Art. 7.4.2, Rz 80).

Zu Abs. 3:

Abs. 3 soll die Berechnung der angepassten erfassten Steuern der Investmenteinheit regeln, wobei die angepassten erfassten Steuern keine Steuern der Investmenteinheit umfassen sollen, die Mindeststeuer-Gewinnen zuzuordnen sind, die nicht Teil des zuzurechnenden Anteils der Unternehmensgruppe an den Mindeststeuer-Gewinnen der Investmenteinheit sind. Die angepassten erfassten Steuern sollen ebenso die der Investmenteinheit gemäß § 44 zugerechneten erfassten Steuern umfassen.

Zu Abs. 4:

Abs. 4 soll den zuzurechnenden Anteil an den Mindeststeuer-Gewinnen oder -Verlusten einer Investmenteinheit bestimmen. Danach soll sich der Anteil in sinngemäßer Anwendung der Regelung für die Ermittlung des zuzurechnenden Anteils für Zwecke der PES gemäß § 10 ermitteln, wobei nur Beteiligungen berücksichtigt werden sollen, für die keine Option gemäß den §§ 67 oder 68 ausgeübt wurde. Somit soll ausgeschlossen werden, dass Steuern sowohl nach § 66 als auch nach den §§ 67 und 68 (also doppelt) erfasst werden.

Zu Abs. 5:

Abs. 5 soll die Berechnung des Ergänzungssteuerbetrags einer Investmenteinheit beinhalten. Der Ergänzungssteuerbetrag einer Investmenteinheit soll dem Produkt von Ergänzungssteuersatz und Betrag, um den der Mindeststeuer-Gewinn den Substanzfreibetrag übersteigt, entsprechen. Der Ergänzungssteuersatz soll der positiven Differenz in Prozentpunkten zwischen Mindeststeuersatz und dem Effektivsteuersatz entsprechen. Bei mehreren Investmenteinheiten in einem Steuerhoheitsgebiet, soll der Ergänzungssteuerbetrag berechnet werden, indem die Substanzfreibeträge sowie die Mindeststeuer-Gewinne oder -Verluste zusammengefasst werden. Durch das Zusammenfassen von Substanzfreibeträgen und Mindeststeuer-Gewinnen oder -Verlusten soll der Übergewinn berechnet werden, der wiederum die Bemessungsgrundlage für die Berechnung des Ergänzungssteuerbetrages darstellen soll.

Zu Abs. 6:

Abs. 6 soll die Berechnung des Substanzfreibetrags einer Investmenteinheit beinhalten. Dieser soll gemäß § 48 ungeachtet der Ausnahme in § 48 Abs. 1 ermittelt werden, wobei nur die berücksichtigungsfähigen Lohnkosten von berücksichtigungsfähigen Beschäftigten und die berücksichtigungsfähigen materiellen Vermögenswerte der Investmenteinheit zu berücksichtigen sind.

Zu § 67 (Steuertransparenzwahlrecht für Investmenteinheiten):

§ 67 soll für Zwecke dieses Bundesgesetzes ein sog. Steuertransparenzwahlrecht für Investmenteinheiten vorsehen, das somit optional ein alternatives Besteuerungsregime zu § 66 darstellt. Diese Bestimmung soll Art. 42 der Richtlinie umsetzen, der auf Art. 7.5 der GloBE-Mustervorschriften basiert.

Zu Abs. 1:

Das sog. Steuertransparenzwahlrecht soll auf Antrag für eine Investmenteinheit iSd § 2 Z 30 (Investmentfonds, Immobilieninvestmentvehikel und Versicherungsinvestmenteinheit) ausgeübt werden können. Es soll nach

Z 1 allerdings nur dann zustehen, soweit der gruppenzugehörige Gesellschafter dieser Geschäftseinheit aufgrund einer sog. „mark-to-market" oder vergleichbaren Regelung mit den Einkünften aus der Beteiligung an der Investmenteinheit der Besteuerung unterliegt und eine Besteuerung dieser Einkünfte in Höhe des Mindeststeuersatzes nach diesem Bundesgesetz gewährleistet ist (vgl. GloBE-Kommentar, Art. 7.5.1, Rz 91).

Nach Z 2 soll das Steuertransparenzwahlrecht auch in jenen Fällen beantragt werden können, in denen es sich beim gruppenzugehörigen Gesellschafter der Geschäftseinheit um eine regulierte Versicherungseinheit auf Gegenseitigkeit iSd Abs. 3 handelt. In diesem Fall soll davon ausgegangen werden, dass die Versicherungseinheit auf Gegenseitigkeit die Voraussetzungen nach Z 1 erfüllt.

Bei Ausübung des Wahlrechtes wird die Investmenteinheit als volltransparente Einheit iSd § 2 Z 12 lit. a behandelt; d.h. ihre Gewinne oder Verluste werden ihren gruppenzugehörigen Gesellschaftern nach Maßgabe des § 36 zugerechnet. Damit soll ein Gleichklang zwischen den Bestimmungen dieses Gesetzes und den nationalen Steuervorschriften, bei denen die Besteuerung auf sog. „mark-to-market"-Regelungen beruht, ermöglicht werden (vgl. GloBE-Kommentar, Art. 7.5.1, Rz 92).

Zu Abs. 2:
Das Wahlrecht gemäß Abs. 1 soll nicht nur bei unmittelbaren Beteiligungen an Investmenteinheiten zustehen, sondern auch wenn diese Geschäftseinheiten mittelbar über andere Investmenteinheiten gehalten werden. Dies soll allerdings nur dann gelten, wenn für die unmittelbaren Beteiligungen eine sog. „mark-to-market"-Regelung für die Besteuerung beim mittelbaren gruppenzugehörigen Gesellschafter anzuwenden ist, welche eine ausreichende Besteuerung sicherstellt. (vgl. GloBE-Kommentar, Art. 7.5.1, Rz 93).

Zu Abs. 3:
Abs. 3 soll den Begriff der Versicherungseinheit auf Gegenseitigkeit definieren. Danach soll es sich um eine Einheit handeln, die einer mit den Vorgaben des Versicherungsaufsichtsgesetzes vergleichbaren Versicherungsaufsicht unterliegt und die Versicherungsgeschäfte ausschließlich mit ihren Gesellschaftern betreibt.

Zu Abs. 4 und 5:
Nach Abs. 4 soll das Wahlrecht für fünf Jahre gelten und unter Berücksichtigung von § 74 ausgeübt werden. Erfolgt ein Widerruf des Wahlrechts, sollen gemäß Abs. 5 Gewinne oder Verluste aus der Veräußerung eines Vermögenswertes oder einer Verbindlichkeit der Investmenteinheit auf Grundlage des Marktwerts des Vermögenswertes oder der Verbindlichkeit zu Beginn des Widerrufsjahres bestimmt werden. Dies bedeutet, dass bei Anwendung des Realisationsprinzips für Zwecke der Ermittlung des Mindeststeuer-Gewinnes diese Vermögenswerte bis zu ihrer Veräußerung mit diesem Wert anzusetzen sind. Kommt hingegen die Neubewertungsmethode für diese Vermögenswerte zur Anwendung, soll auch für Zwecke der Ermittlung des Mindeststeuer-Gewinnes eine laufende Anpassung dieses Wertes zu erfolgen haben (vgl. GloBE-Kommentar, Art. 7.5.2, Rz 98).

Zu § 68 (Wahlrecht für steuerpflichtige Ausschüttungen von Investmenteinheiten):
§ 68 soll ein Wahlrecht für steuerpflichtige Ausschüttungen von Investmenteinheiten iSd § 2 Z 30 (Investmentfonds, Immobilieninvestmentvehikel und Versicherungsinvestmenteinheiten) enthalten (sog. Methode für steuerpflichtige Ausschüttungen), sofern die niedrig besteuerten erwirtschafteten Erträge innerhalb eines Zeitraums von 4 Jahren ausgeschüttet und vom gruppenzugehörigen Gesellschafter mindestens zum Mindeststeuersatz besteuert werden; dadurch soll das Anfallen eines Ergänzungssteuerbetrages vermieden werden können. Vgl. Verwaltungsleitlinien des Inclusive Framework zur Administration der GloBE-Mustervorschriften vom 1. Februar 2023, Pkt. 3.1, Rz 8). Die Bestimmung soll Art. 43 der Richtlinie umsetzen, der auf Art. 7.6 der GloBE-Mustervorschriften basiert.

Zu Abs. 1:
Das Wahlrecht soll von der erklärungspflichtigen Geschäftseinheit ausgeübt werden und soll für gruppenzugehörige Gesellschafter von Investmenteinheiten gelten, sofern es sich bei diesen Gesellschaftern nicht selbst um Investmenteinheiten handelt und die Ausschüttungen bei diesen mindestens in Höhe des Mindeststeuersatzes besteuert werden (vgl. GloBE-Kommentar, Art. 7.6.1, Rz 100).

Zu Abs. 2:
In Abs. 2 soll die Funktionsweise der sog. Methode für steuerpflichtige Ausschüttungen beschrieben werden.
Nach Z 1 sollen (fiktive) Ausschüttungen des Mindeststeuer-Gewinnes der Investmenteinheit bei jenem gruppenzugehörigen Gesellschafter berücksichtigt werden, der die Ausschüttung erhalten hat (sofern es sich bei diesem nicht selbst um eine Investmenteinheit handelt). Durch den Einbezug fiktiver Ausschüttungen soll sichergestellt werden, dass ein Einklang mit der steuerlichen Behandlung nach den lokalen Steuervorschriften besteht (vgl. GloBE-Kommentar, Art. 7.6.2, Rz 102-103).

Nach Z 2 soll jene von der Investmenteinheit erfasste Steuer, die bei Ermittlung der lokalen Steuer beim gruppenzugehörigen Eigentümer auf diese Ausschüttung angerechnet werden kann, sowohl beim Mindeststeuer-Gewinn als auch bei den angepassten erfassten Steuern des gruppenzugehörigen Gesellschafters berücksichtigt werden. Bei diesem Betrag soll es sich um jenen Betrag handeln, der von der Investmenteinheit gezahlt wurde und bei Berechnung der Steuerschuld des Eigentümers in Hinblick auf eine Ausschüttung der Investmenteinheit angerechnet werden kann. Hierbei soll im Anwendungsbereich dieses Gesetzes der Betrag relevant sein, der jenem nach den lokalen Regelungen des gruppenzugehörigen Eigentümers entspricht, womit die Anrechnung nach diesem Gesetz effektiv jener nach lokalem Steuerrecht entsprechen soll. Darüber hinaus soll dieser Betrag auch zum Mindeststeuer-Gewinn hinzugerechnet werden (vgl. GloBE-Kommentar, Art. 7.6.2, Rz 104).

Z 3 soll vorsehen, dass der auf den gruppenzugehörigen Gesellschafter im Prüfjahr (Abs. 5 Z 1) anteilig entfallende nicht ausgeschüttete Mindeststeuer-Gewinn gemäß Abs. 3 der Investmenteinheit, als Mindeststeuer-Gewinn dieser Investmenteinheit behandelt werden soll. Dieser Betrag soll mit dem Mindeststeuersatz

MinBestG
Gesetzesmaterialien

multipliziert werden und für Zwecke des 2. Abschnitts dieses Bundesgesetzes als Ergänzungssteuerbetrag einer niedrig besteuerten Geschäftseinheit gelten (vgl. GloBE-Kommentar, Art. 7.6.2, Rz 105).

Nach Z 4 sollen schließlich sowohl die Mindeststeuer-Gewinne oder -Verluste der Investmenteinheit sowie die darauf entfallenden angepassten erfassten Steuern bei der Berechnung des Effektivsteuersatzes gemäß dem 5. Abschnitt und § 66 ausgenommen werden, um zu gewährleisten, dass die Einkünfte der Investmenteinheit dem Eigentümer zugerechnet werden. Davon ausgenommen sollen die angepassten erfassten Steuern sein, die gemäß Z 2 beim gruppenzugehörigen Gesellschafter zu berücksichtigen sind (vgl. GloBE-Kommentar, Art. 7.6.2, Rz 106).

Zu Abs. 3 und 4:
In Abs. 3 soll der nicht ausgeschüttete Mindeststeuer-Nettogewinn einer Investmenteinheit ermittelt werden. Dieser soll sich zusammensetzen aus dem Mindeststeuer-Gewinn dieser Geschäftseinheit reduziert um folgende Beträge:

Erfasste Steuern der Geschäftseinheit,

Ausschüttungen und fiktive Ausschüttungen an Gesellschafter (ausgenommen an Investmenteinheiten) im Prüfzeitraum,

Mindeststeuer-Verluste, die während des Prüfzeitraums entstanden sind, und

Restbeträge von Mindeststeuer-Verlusten, die noch nicht zur Senkung der nicht ausgeschütteten maßgeblichen Nettogewinne dieser Investmenteinheit für ein früheres Prüfjahr gemäß Abs. 4 herangezogen wurden (Verlustvortrag für Investitionen).

Zudem soll Abs. 4 vorsehen, dass weder (fiktive) Ausschüttungen noch Mindeststeuer-Verluste den nicht ausgeschütteten maßgeblichen Nettogewinn einer Investmenteinheit kürzen, sofern diese Beträge bereits nach Abs. 3 Z 2 und 3 in einem früheren Prüfjahr berücksichtigt wurden.

Zweck dieser beiden Absätze soll die Vermeidung von Doppelerfassungen und die Ermöglichung eines Verlustvortrages sein (vgl. GloBE-Kommentar, Art. 7.6.3, Rz 107). Es soll daher am Ende eines jeden Jahres geprüft werden müssen, ob der im Prüfjahr entstandene Mindeststeuer-Gewinn ausgeschüttet oder durch Verluste ausgeglichen wurde.

Zu Abs. 5:
In Abs. 5 sollen folgende, für die Bestimmung relevante Begriffe, definiert werden (vgl. GloBE-Kommentar, Art. 7.6.5, Rz 117):

Nach Z 1 soll Prüfjahr das dritte Jahr vor dem Geschäftsjahr sein.

Z 2 soll den Prüfzeitraum definieren, worunter der Zeitraum zwischen dem ersten Tag des dritten Jahres vor dem Geschäftsjahr und dem letzten Tag des Geschäftsjahres, in dem die Beteiligung gehalten wurde, zu verstehen ist.

Nach Z 3 sollen fiktive Ausschüttungen in jenen Fällen vorliegen, in denen eine unmittelbare oder mittelbare Beteiligung an der Investmenteinheit an eine Einheit übertragen wird, die nicht Teil der Unternehmensgruppe ist. Hierbei soll die Höhe der fiktiven Ausschüttung dem Anteil der übertragenden Einheit an den nicht ausgeschütteten Mindeststeuer-Nettogewinnen im Zeitpunkt der Übertragung ohne Berücksichtigung der fiktiven Ausschüttung selbst, entsprechen.

Zu Abs. 6 und 7:
Nach Abs. 6 soll das Wahlrecht für fünf Jahre gelten und unter Berücksichtigung von § 74 ausgeübt werden, sofern kein Widerruf nach Abs. 7 erfolgt.

Für den Fall, dass ein Widerruf erfolgt, soll der Anteil des gruppenzugehörigen Gesellschafters an den nicht ausgeschütteten Mindeststeuer-Nettogewinnen der Investmenteinheit für das Prüfjahr am Ende des Geschäftsjahres, das dem Geschäftsjahr des Widerrufs vorausgeht, als Mindeststeuer-Gewinn dieser Investmenteinheit für das Geschäftsjahr behandelt werden. Hierbei soll der Betrag dieses Mindeststeuer-Gewinnes multipliziert mit dem Mindeststeuersatz für Zwecke des 2. Abschnitts als Ergänzungssteuerbetrag einer niedrig besteuerten Geschäftseinheit für das Geschäftsjahr behandelt werden.

Zu Abschnitt 9:

Allgemeines:
§§ 69 bis 70 und 72 bis 73 sollen Art. 44 und Art. 51 der Richtlinie bzw. Art. 8.1.1 bis 8.1.7 und 9.4 der GloBE-Mustervorschriften umsetzen. Sie legen die Anforderungen für die Einreichung eines Mindeststeuerberichts fest. Der Mindeststeuerbericht besteht aus einem standardisierten Musterformular, das dem Finanzamt für Großbetriebe jene Informationen liefern soll, das es benötigt, um die Mindeststeuerschuld einer Geschäftseinheit zu beurteilen (vgl. GloBE-Kommentar, Art. 8.1.1, Rz 1).

Zu § 69 (Pflicht zur Einreichung des Mindeststeuerberichts durch eine in Österreich gelegene Geschäftseinheit):

Zu Abs. 1:
Gemäß § 69 Abs. 1 soll jede inländische Geschäftseinheit verpflichtet sein, beim Finanzamt für Großbetriebe einen Mindeststeuerbericht einzureichen.

Die Belegenheit von inländischen Geschäftseinheiten richtet sich nach § 5. Folglich soll eine staatenlose Geschäftseinheit, beispielsweise eine transparente Einheit (§ 2 Z 12), die keine oberste Muttergesellschaft ist, den Mindeststeuerbericht nicht einreichen müssen, weil sie nicht in Österreich gelegen ist. Allerdings sollen die in Österreich gelegenen Geschäftseinheiten, die Eigentümer der transparenten Einheit sind, verpflichtet sein, einen Mindeststeuerbericht einzureichen. Ist hingegen die transparente Einheit die oberste Muttergesellschaft oder muss sie die PES anwenden, gilt sie gemäß § 5 Abs. 2 Z 1 als in dem Steuerhoheitsgebiet ansässig, in dem sie gegründet wurde. Daher wäre sie verpflichtet, in Österreich einen Mindeststeuerbericht einzureichen, wenn Österreich ihr Gründungsstaat ist. Betriebsstätten gelten als Geschäftseinheiten und sind daher verpflichtet, den Mindeststeuerbericht im Steuerhoheitsgebiet, in dem sie gelegen sind, einzureichen (vgl. GloBE-Kommentar, Art. 8.1.1, Rz 6).

Eine Geschäftseinheit, die im konsolidierten Abschluss einer Unternehmensgruppe als Joint Venture behandelt wird, soll keinen Mindeststeuerbericht einreichen müssen, weil eine solche Geschäftseinheit nicht Teil der Unternehmensgruppe ist. Aus denselben Gründen soll eine Geschäftseinheit, die von einer Unternehmensgruppe als Joint Venture Tochtergesellschaft behandelt wird, keinen Mindeststeuerbericht für diese Unternehmensgruppe einreichen müssen (vgl. GloBE-Kommentar, Art. 8.1.1, Rz 8).

Zu Abs. 2:
Gemäß Abs. 2 sollen die inländischen Geschäftseinheiten die Verpflichtung zur Einreichung des Mindeststeuerberichts gemeinsam auf eine einzelne ebenfalls in Österreich gelegene Geschäftseinheit („benannte örtliche Einheit") derselben Unternehmensgruppe übertragen können. In diesen Fällen entfällt die Verpflichtung der übertragenden Geschäftseinheiten, den Mindeststeuerbericht einzureichen (vgl. GloBE-Kommentar, Art. 8.1.1, Rz 5).

Zu Abs. 3:
Die Übertragung der Verpflichtung zur Einreichung des Mindeststeuerberichts soll dem Finanzamt für Großbetriebe nachgewiesen werden. Hiefür soll eine Frist von fünfzehn Monaten nach dem letzten Tag des Geschäftsjahres gelten. Dies entspricht der Frist für die Einreichung des Mindeststeuerberichts (§ 72), weshalb der Nachweis durch die benannte örtliche Einheit gleichzeitig mit der Übermittlung des Mindeststeuerberichts erfolgen kann.

Zu § 70 (Entfall der Pflicht zur Einreichung des Mindeststeuerberichts durch eine in Österreich gelegene Geschäftseinheit):
Zu Abs. 1:
Gemäß Abs. 1 sollen alle inländischen Geschäftseinheiten (einschließlich der benannten örtlichen Einheit gemäß § 69 Abs. 2) von der Pflicht zur Einreichung eines Mindeststeuerberichts befreit sein, wenn der Mindeststeuerbericht von der obersten Muttergesellschaft oder einer von der Unternehmensgruppe als berichtspflichtig benannten Einheit im Ausland eingereicht wurde. Auch wenn in vielen Fällen die oberste Muttergesellschaft die Einreichung des Mindeststeuerberichts im Namen der Unternehmensgruppe wahrnehmen wird, sind Konstellationen denkbar, in denen eine andere Geschäftseinheit besser geeignet ist, um diese Aufgabe zu übernehmen. Aus diesem Grund soll die Unternehmensgruppe eine andere Geschäftseinheit mit der Erstellung und Einreichung des Mindeststeuerberichts beauftragen können (vgl. GloBE-Kommentar, Art. 8.1.2, Rz 10).

Die Verpflichtung der inländischen Geschäftseinheiten entfällt erst im Zeitpunkt des tatsächlichen Einlangens des Mindeststeuerberichts bei den zuständigen Behörden des ausländischen Steuerhoheitsgebiets. Die Voraussetzung hiefür soll darin bestehen, dass die einreichende Geschäftseinheit in einem Steuerhoheitsgebiet gelegen ist, das mit Österreich ein in Kraft befindliches anerkanntes Abkommen zwischen den zuständigen Behörden geschlossen hat, das ausdrücklich die Verpflichtung zum automatischen Austausch von Mindeststeuerberichten enthält. Aufgrund dieses anerkannten Abkommens soll die zuständige österreichische Abgabenbehörde den Mindeststeuerbericht von der zuständigen Behörde des Steuerhoheitsgebietes, in dem die oberste Muttergesellschaft oder die als berichtspflichtig benannte Einheit gelegen ist, erhalten (vgl. GloBE-Kommentar, Art. 8.1.2, Rz 9).

Zu Abs. 2:
Gemäß Abs. 2 soll eine inländische Geschäftseinheit (entweder unmittelbar oder mittelbar über eine benannte örtliche Einheit) verpflichtet sein, dem Finanzamt für Großbetriebe die Identität und den Standort der obersten Muttergesellschaft oder der als berichtspflichtig benannten Einheit im Ausland, die den Mindeststeuerbericht einreichen wird, mitzuteilen (vgl. GloBE-Kommentar, Art. 8.1.3, Rz 12). Im Fall der Mitteilung durch die benannte örtliche Einheit kann der Nachweis der Übertragung (§ 69 Abs. 3) zeitgleich mit der Mitteilung erfolgen. Auf diesem Wege soll das Finanzamt für Großbetriebe Kenntnis davon erlangen, welche Geschäftseinheit den Mindeststeuerbericht im Ausland einreichen soll. Für die Mitteilung gelten dieselben Fristen wie für die Einreichung des Mindeststeuerberichts selbst (§ 72 Abs. 1).

Zu § 71 (Sondervorschrift für Mehrmüttergruppen):
Dieser Paragraph soll Art. 37 Abs. 7 der Richtlinie bzw. Art. 6.5.1.g der GloBE-Mustervorschriften umsetzen und für Mehrmüttergruppen (§ 62) hinsichtlich des Mindeststeuerberichts eine Sondervorschrift darstellen. Alle obersten Muttergesellschaften einer Mehrmüttergruppe sollen nach Abs. 1 verpflichtet sein, einen Mindeststeuerbericht einzureichen.

Abs. 2 sieht eine Ausnahme von dieser Regel vor, wenn die obersten Muttergesellschaften eine einzige als berichtspflichtig benannte Einheit benennen (§ 2 Z 45) und das Steuerhoheitsgebiet, in dem die benannte Einheit gelegen ist, für das Geschäftsjahr mit Österreich ein in Kraft befindliches anerkanntes Abkommen zwischen den zuständigen Behörden geschlossen hat, das ausdrücklich die Verpflichtung zum automatischen Austausch von Mindeststeuerberichten enthält. Diese Einheit kann eine oberste Muttergesellschaft oder eine andere Geschäftseinheit der Mehrmüttergruppe sein.

Nach Abs. 3 soll die Grundregel des § 69 Abs. 1, wonach jede in Österreich gelegene Geschäftseinheit im Sinne des § 69 Abs. 1 verpflichtet ist, einen Mindeststeuerbericht einzureichen, bestehen bleiben, sofern weder eine der obersten Muttergesellschaften der Mehrmüttergruppe noch eine von diesen als berichtspflichtig benannte Einheit im Sinne des § 2 Z 45 noch eine von den in Österreich gelegenen Geschäftseinheiten benannte örtliche Einheit im Sinne des § 69 Abs. 2 den Mindeststeuerbericht bei der zuständigen Abgabenbehörde eingereicht hat (vgl. GloBE-Kommentar, Art. 6.5.1.g, Rz 110).

MinBestG
Gesetzesmaterialien

Nach Abs. 4 soll der Mindeststeuerbericht Angaben zu allen Gruppen enthalten, die Teil der Mehrmüttergruppe sind. Die gemäß § 73 anzugebenden Informationen sollen gemeldet werden, als würden alle Gruppen eine einzige Unternehmensgruppe bilden.

Zu § 72 (Frist für die Einreichung des Mindeststeuerberichts und der Mitteilung):
Zu Abs. 1:
Um den Unternehmensgruppen Zeit für die Erstellung des Mindeststeuerberichts zu geben, soll für dessen Einreichung sowie die Einreichung der Mitteilung der Identität und des Standorts der einreichenden Geschäftseinheit (§ 70 Abs. 2) eine Frist von fünfzehn Monaten nach dem letzten Tag des Geschäftsjahres gelten (vgl. GloBE-Kommentar, Art. 8.1.6, Rz 25).

Zu Abs. 2:
Dieser Abs. soll Art. 51 der Richtlinie bzw. Art. 9.4 der GloBE-Mustervorschriften umsetzen und im Übergangsjahr (§ 80) für die Einreichung des Mindeststeuerberichts und die Mitteilung gemäß § 70 Abs. 2 eine längere Frist vorsehen. Die Erfüllung dieser Verpflichtungen soll im Übergangsjahr innerhalb von achtzehn Monaten (statt der üblichen fünfzehn Monate) nach dem Ende des Geschäftsjahres erfolgen (vgl. GloBE-Kommentar, Art. 9.4.1, Rz 32). Diese längere Frist trägt dem Umstand Rechnung, dass die erstmalige Erstellung und Übermittlung eines Mindeststeuerberichts eine entsprechende Vorlaufzeit erfordert.

Zu Abs. 3:
Für das erste Geschäftsjahr, für das ein Mindeststeuerbericht einzureichen ist, soll die Frist zur Einreichung des Mindeststeuerberichts nicht vor dem 30. Juni 2026 ablaufen. Dies soll ermöglichen, dass auch im Fall eines Rumpfwirtschaftsjahres die Fristen gemäß Abs. 1 und Abs. 2 nicht vor dem 30. Juni 2026 enden und den Unternehmensgruppen sowie der Finanzverwaltung ausreichend Zeit verschaffen, um ihre Systeme zur Einreichung sowie zum Empfang und zur Weiterleitung von Mindeststeuerberichten umzurüsten.

Zu § 73 (Inhalt des Mindeststeuerberichts):
Zu Abs. 1:
Gemäß Abs. 1 soll der Mindeststeuerbericht mithilfe einer international abgestimmten und einheitlichen Vorlage eingereicht werden, die im Rahmen des Inclusive Framework fortlaufend entwickelt wird. Der beim Finanzamt für Großbetriebe einzureichende Mindeststeuerbericht ist ein Anbringen zur Erfüllung einer Offenlegungspflicht, aber keine Abgabenerklärung.

Nach der Z 1 soll der Mindeststeuerbericht Informationen über die Geschäftseinheiten, einschließlich ihrer Steueridentifikationsnummern, das Steuerhoheitsgebiet, in dem sie gelegen sind, und ihre Qualifikation im Sinne der Bestimmungen dieses Bundesgesetzes enthalten (z. B., ob es sich um eine im Teileigentum stehende Muttergesellschaft oder eine ausgenommene Einheit handelt) (vgl. GloBEKommentar, Art. 8.1.4, Rz 14).

Nach der Z 2 soll der Mindeststeuerbericht Informationen über die Struktur der Unternehmensgruppe enthalten. Es soll angegeben werden, welche Geschäftseinheiten Kontrollbeteiligungen an anderen Geschäftseinheiten halten. Änderungen der Unternehmensstruktur im Laufe des Geschäftsjahres sollen ebenfalls angegeben werden (vgl. GloBE-Kommentar, Art. 8.1.4, Rz 15).

Nach der Z 3 soll der Mindeststeuerbericht alle Informationen enthalten, die erforderlich sind für
- die Berechnung des Effektivsteuersatzes für jedes Steuerhoheitsgebiet (einschließlich des Nettosteueraufwands oder Nettosteuerertrags, der Art und Höhe der Anpassungen, die gemäß § 15 zur Ermittlung des Mindeststeuer-Gewinns oder -Verlusts angewandt wurden, sowie die Höhe der erfassten Steuern),
- die Berechnung des Ergänzungssteuerbetrags für jede Geschäftseinheit sowie des Ergänzungssteuerbetrags eines Mitglieds einer Joint-Venture-Gruppe und
- die Zurechnung des Ergänzungssteuerbetrags im Rahmen der PES und der SES zu jedem Steuerhoheitsgebiet.

Informationen, die für die Berechnung der Mindeststeuer des Mitglieds einer Joint-Venture-Gruppe erforderlich sind, können z. B. auch relevante Informationen in Bezug auf die De-minimis-Ausnahme im Fall des Wahlrechts gemäß § 50 oder eines Safe-Harbour gemäß den §§ 52 ff sein (vgl. GloBE-Kommentar, Art. 8.1.4, Rz 17).

Hinsichtlich der PES soll der Mindeststeuerbericht insbesondere die für die Berechnung der Mindeststeuer gemäß den §§ 7 bis 9 notwendigen Informationen enthalten. Darüber hinaus soll der Mindeststeuerbericht jene Informationen enthalten, die erforderlich sind, um den zurechenbaren Anteil der Muttergesellschaft an der Mindeststeuer der einzelnen niedrig besteuerten Geschäftseinheiten gemäß § 10 zu bestimmen. Schließlich soll der Mindeststeuerbericht die Berechnung der Kürzung der Mindeststeuer gemäß § 11 enthalten, die sich aus der Anwendung einer anerkannten PES-Regelung durch eine nachgeordnete Muttergesellschaft ergibt (vgl. GloBE-Kommentar, Art. 8.1.4, Rz 19).

Hinsichtlich der SES soll der Mindeststeuerbericht insbesondere die notwendigen Informationen zur Ermittlung des Gesamtbetrags der SES für ein Geschäftsjahr gemäß § 12 und die Aufteilung dieses Betrags auf die Steuerhoheitsgebiete gemäß § 13 enthalten. Der Mindeststeuerbericht soll die Grundlage für die Aufteilung des gesamten SES-Betrages für das Geschäftsjahr enthalten, einschließlich der Informationen über die Zahl der Beschäftigten und der materiellen Vermögenswerte, die für die Anwendung der in § 13 Abs. 5 vorgesehenen Formel erforderlich sind (vgl. GloBE-Kommentar, Art. 8.1.4, Rz 20).

Nach der Z 4 soll der Mindeststeuerbericht außerdem Informationen über alle in Anspruch genommenen Wahlrechte, wie z. B. die Wahlrechte gemäß § 50 in Bezug auf die De-minimis-Ausnahme, enthalten (vgl. GloBE-Kommentar, Art. 8.1.4, Rz 21). Im Allgemeinen werden Informationen über ausgenommene Einheiten nicht in den Mindeststeuerbericht aufgenommen, weil diese Einheiten nicht Bestandteil einer Unternehmensgruppe sind. Wenn die gesamte Unternehmensgruppe ausschließlich aus ausgenommenen Einheiten besteht und damit nicht in den Anwendungsbereich dieses Bundesgesetzes fällt, besteht keine Verpflichtung zur Abgabe eines Mindeststeuerberichts, weil keine berichtspflichtige Geschäftseinheit im Sinne des § 69 bis § 70 vorliegt. In Fällen, in denen die ausgenommenen Einheiten Teil einer Unternehmensgruppe sind, müssen diese ausgenommenen Einheiten als Teil der Gesamtstruktur der Unternehmensgruppe identifiziert werden (vgl. GloBE-Kommentar, Art. 8.1.4, Rz 23).

Zu § 74 (Wahlrechte):
Zu Abs. 1:
Dieser Paragraph soll Art. 45 der Richtlinie umsetzen. Abs. 1 legt fest, dass die Wahlrechte gemäß § 4 Abs. 2, § 17 Abs. 2 Z 2, § 18 Abs. 3 und 4, §§ 25, 28, 31 sowie §§ 67 und 68 ab dem Jahr der Inanspruchnahme jeweils für fünf Jahre gelten sollen. Wird das Wahlrecht am Ende des Fünfjahreszeitraums nicht widerrufen, so soll das Wahlrecht automatisch erneuert werden. Ein Widerruf gilt ab dem Jahr des Widerrufs für fünf Jahre. Als Jahr der Inanspruchnahme wird jenes Jahr bezeichnet, für das das Wahlrecht in Anspruch genommen wird (und nicht jenes, in dem der Mindeststeuerbericht eingereicht wird, mit dem das Wahlrecht ausgeübt wird).

Zu Abs. 2:
Abs. 2 legt fest, dass die Wahlrechte gemäß § 24 § 29 Z 1, § 41 Abs. 4, § 42 Abs. 9, § 45 Abs. 3, § 48 Abs. 2, § 50 Abs. 1 und 65 Abs. 1, § 80 Abs. 4 und 5 ab dem Jahr der Inanspruchnahme jeweils für ein Jahr gelten sollen. Wird das Wahlrecht am Ende des Jahres nicht widerrufen, so soll das Wahlrecht automatisch erneuert werden. Als Jahr der Inanspruchnahme soll auch hier jenes Jahr gelten, für das das Wahlrecht in Anspruch genommen wird.

Zu Abs. 3:
Gemäß Abs. 3 soll jene Geschäftseinheit, die den Mindeststeuerbericht gemäß den §§ 69 bis 73 einzureichen hat, sowohl die Ausübung sämtlicher Wahlrechte als auch einen allfälligen Widerruf von Wahlrechten gegenüber dem Finanzamt für Großbetriebe erklären.

Zu § 75 (Strafbestimmungen):
Nach Art. 46 der Richtlinie bzw. Art. 8.1.8 der GloBE-Mustervorschriften haben die Mitgliedstaaten Vorschriften für Sanktionen bei Verstößen gegen die aufgrund der Richtlinie bzw. der GloBE-Mustervorschriften erlassenen nationalen Vorschriften – einschließlich bezüglich der Verpflichtung einer Geschäftseinheit, die Mindeststeuer zu erklären und zu entrichten oder einen zusätzlichen Steueraufwand vorzuweisen – festzulegen und alle zu ihrer Durchführung erforderlichen Maßnahmen zu ergreifen. Die vorgesehenen Sanktionen müssen wirksam, verhältnismäßig und abschreckend sein. Es sollen daher entsprechende Sanktionen für Verletzungen der Verpflichtungen im Zusammenhang mit der Übermittlung des Mindeststeuerberichtes vorgesehen werden. Weist die berichtspflichtige Geschäftseinheit nach, dass angemessene Maßnahmen zur Einhaltung der Berichtspflichten ergriffen wurden, kann in aller Regel nicht vom Vorliegen von Vorsatz oder grober Fahrlässigkeit ausgegangen werden. Angemessene Maßnahmen liegen beispielsweise vor, wenn im Konzern entsprechende Compliance-Systeme etabliert wurden.

Zu § 76 (Entstehung des Abgabenanspruchs, Abgabenschuld und Haftung):
Zu Abs. 1:
Gemäß Abs. 1 soll der Abgabenanspruch für die Mindeststeuer mit Ablauf des Kalenderjahres, in dem das Geschäftsjahr endet, entstehen. Voranmeldungszeitraum ist das Kalenderjahr, in dem das Geschäftsjahr endet. Damit soll sichergestellt werden, dass auch in einem vom Kalenderjahr abweichenden Wirtschaftsjahr die Mindeststeuer erst mit Ablauf des 31.12. des Jahres, in dem das Geschäftsjahr endet, entsteht. Folglich hat die abgabepflichtige Geschäftseinheit für das Kalenderjahr eine Voranmeldung (§ 77 Abs. 1) abzugeben, die alle in diesem Kalenderjahr endenden Geschäftsjahre umfasst. Dies dient auch einer einheitlichen Fristenüberwachung.

Zu Abs. 2:
Abs. 2 legt eine Prüfreihenfolge für die Bestimmung des Abgabepflichtigen der Mindeststeuer fest. Eine in Österreich gelegene Geschäftseinheit kann gemäß Z 1 von einer in Österreich oder einem anderen Steuerhoheitsgebiet gelegenen obersten Muttergesellschaft als Abgabepflichtige der Mindeststeuer beauftragt werden. Sofern die Geschäftseinheit die oberste in Österreich gelegene Geschäftseinheit (Abs. 3) ist, hat sie bei Nichtvorliegen einer Beauftragung durch die oberste Muttergesellschaft – als Abgabepflichtige im Sinne der Z 2 – die Mindeststeuer in Österreich zu entrichten. Gibt es keine oberste in Österreich gelegene Geschäftseinheit, schuldet sie gemäß Z 3 bei Nichtvorliegen einer Beauftragung durch die oberste Muttergesellschaft, wenn sie die wirtschaftlich bedeutendste Geschäftseinheit in Österreich ist. Maßgebend für diese Beurteilung sind die Verhältnisse im Zeitpunkt des Ablaufs des Voranmeldungszeitraums. Die jeweilige Abgabepflichtige schuldet die gesamte aus der NES, PES und SES bestehende Mindeststeuer.

Abs. 2 legt außerdem fest, dass Geschäftseinheiten, die Investmenteinheiten (§ 2 Z 30) sind, keine Abgabepflichtigen im Sinne der Z 1 bis Z 3 sein können. Investmenteinheiten können von der obersten Muttergesellschaft nicht im Sinne der Z 1 beauftragt werden. Sollte eine Investmenteinheit die oberste in Österreich gelegene Geschäftseinheit im Sinne der Z 2 sein, so ist nicht sie, sondern die nächsthöchste in Österreich gelegene Geschäftseinheit Abgabepflichtige. Sollte eine Investmenteinheit die wirtschaftlich bedeutendste in Österreich gelegene Geschäftseinheit im Sinne der Z 3 sein, so ist nicht sie, sondern die nach ihr wirtschaftlich bedeutendste in Österreich gelegene Geschäftseinheit Abgabepflichtige.

Für die Beurteilung der wirtschaftlichen Bedeutung einer Geschäftseinheit soll insbesondere Folgendes in seiner Gesamtschau berücksichtigt werden: der Schwerpunkt der unternehmerischen Tätigkeit, die Umsatzhöhe sowie Informationen aus dem Firmenbuch, dem Mindeststeuerbericht und den länderbezogenen Berichten gemäß § 4 Verrechnungspreisdokumentationsgesetz – VPDG, BGBl. Nr. 77/2016.

MinBestG
Gesetzesmaterialien

Mit der Konzentration der Abgabenschuld auf nur eine einzige in Österreich gelegene Geschäftseinheit sollen Rechtsbefolgungskosten sowie Verwaltungskosten so gering wie möglich gehalten werden. Die Möglichkeit der Beauftragung einer bestimmten Geschäftseinheit durch die oberste Muttergesellschaft soll den Unternehmensgruppen ein hohes Maß an Flexibilität einräumen. Die im Sinne der Z 1 beauftragte in Österreich gelegene Geschäftseinheit ist begrifflich von der für Zwecke der Einreichung des Mindeststeuerberichts benannten örtlichen Einheit (§ 69 Abs. 2) und der als berichtspflichtig benannten Einheit (§ 70 Abs. 1) zu unterscheiden. Berichtspflichtige Geschäftseinheit (§ 2 Z 8) und beauftragte in Österreich gelegene Geschäftseinheit können verschiedene Geschäftseinheiten sein.

Zu Abs. 3:
In Abs. 3 soll definiert werden, was unter „oberste in Österreich gelegene Geschäftseinheit" zu verstehen ist. Aufgrund dieser Definition kann es nur eine oberste in Österreich gelegene Geschäftseinheit (und nicht mehrere) geben.

Zu Abs. 4:
Eine Änderung der abgabepflichtigen Einheit soll sich auf bereits abgelaufene Voranmeldungszeiträume nicht auswirken, es sei denn, die abgabepflichtige Geschäftseinheit ist seit Ablauf des Voranmeldungszeitraumes aus der Unternehmensgruppe ausgeschieden oder untergegangen. In diesen Fällen hat die oberste Muttergesellschaft gemäß Abs. 4 drei Monate Zeit, eine andere in Österreich gelegene Geschäftseinheit als abgabepflichtige Geschäftseinheit zu beauftragen.

Wird vor Ablauf der Frist von drei Monaten keine neue Geschäftseinheit beauftragt, tritt die in der Prüfreihenfolge des Abs. 2 nächstfolgende Geschäftseinheit an die Stelle der bisherigen abgabepflichtigen Geschäftseinheit. Relevanter Stichtag für diese Beurteilung ist jener Tag, an dem der jeweilige Voranmeldungszeitraum abgelaufen ist. Demnach ist in diesem Fall die zum Ablauf des Voranmeldungszeitraums oberste in Österreich gelegene Geschäftseinheit (Abs. 2 Z 2) oder, wenn es keine oberste in Österreich gelegene Geschäftseinheit gibt, die zum Ablauf des Voranmeldungszeitraums wirtschaftlich bedeutendste in Österreich gelegene Geschäftseinheit (Abs. 2 Z 3) abgabepflichtig, sofern diese Geschäftseinheit nicht zwischenzeitlich selbst ausgeschieden oder untergegangen ist.

Die nunmehrige abgabepflichtige Geschäftseinheit tritt für abgelaufene Voranmeldungszeiträume an die Stelle der bisherigen abgabepflichtigen Geschäftseinheit. Liegt ein Fall des § 77 Abs. 4 (rückwirkendes Ereignis) vor, tritt die nunmehr abgabepflichtige Geschäftseinheit auch für Voranmeldungszeiträume, für die eine Voranmeldung bereits eingereicht wurde, an die Stelle der bisherigen abgabepflichtigen Geschäftseinheit.

Abs. 4 soll beispielsweise bei Liquidation oder, wenn die abgabepflichtige Geschäftseinheit im Zuge einer Umgründung untergeht, gelten. Umgründungen, die nicht zum Untergang der Geschäftseinheit oder zu deren Ausscheiden aus der Unternehmensgruppe führen, lassen die Eigenschaft als abgabepflichtige Geschäftseinheit unberührt.

Zu Abs. 5:
Die Beauftragung der abgabepflichtigen Einheit durch die oberste Muttergesellschaft (Abs. 2 Z 1) oder deren Widerruf sind dem Finanzamt für Großbetriebe von der abgabepflichtigen Geschäftseinheit nachzuweisen. Diese Nachweise sind spätestens am 31.12. des Kalenderjahres, in dem das Geschäftsjahr endet (Voranmeldungszeitraum), zu erbringen. Scheidet eine abgabepflichtige Geschäftseinheit aus der Unternehmensgruppe aus oder geht sie unter, so soll dies dem Finanzamt für Großbetriebe unverzüglich angezeigt werden.

Zu Abs. 6:
Abs. 6 sieht vor, dass die abgabepflichtige Geschäftseinheit von den übrigen Geschäftseinheiten einen steuerneutralen Ausgleich für die von ihr entrichtete Mindeststeuer fordern kann. Die Steuerneutralität gilt sowohl für Zwecke der Mindeststeuer als auch der Körperschaftsteuer. Die konkrete Vereinbarung zwischen den Geschäftseinheiten soll im Rahmen der Privatautonomie näher ausgestaltet werden.

Zu Abs. 7:
Jede in Österreich gelegene Geschäftseinheit soll für die von der abgabepflichtigen Geschäftseinheit geschuldete Mindeststeuer haften. Mit dieser Bestimmung sollen Steuerausfälle möglichst verhindert und das Ziel der Verwaltungsvereinfachung gewahrt werden. Klarstellend nennt Abs. 7 Parameter, die das Finanzamt für Großbetriebe bei seiner Ermessensübung zu berücksichtigen hat. Hierzu gehören die hierarchische Stellung der haftungspflichtigen Geschäftseinheiten in der Unternehmensgruppe, ihre rechtliche und wirtschaftliche Verflechtung mit der gemäß § 76 abgabepflichtigen Geschäftseinheit, in welchem Ausmaß nicht gruppenzugehörige Gesellschafter an den haftungspflichtigen Geschäftseinheiten beteiligt sind und in welchem Ausmaß die jeweilige haftungspflichtige Geschäftseinheit (größenordnungsmäßig) zur Höhe der Mindeststeuer beiträgt.

Die ausdrückliche Erwähnung der hierarchischen Stellung und der rechtlichen und wirtschaftlichen Verflechtung soll dazu beitragen, dass primär jene Geschäftseinheiten, die eine besondere Nähe zur abgabepflichtigen Geschäftseinheit aufweisen, zur Haftung herangezogen werden. Sie entbindet das Finanzamt für Großbetriebe jedoch nicht davon, im Rahmen einer einzelfallbezogenen Ermessensentscheidung nach Billigkeit und Zweckmäßigkeit alle in Betracht kommenden Umstände zu berücksichtigen (§ 20 BAO). Daher sind insbesondere auch die beiden weiteren Kriterien (Fremdbeteiligungsausmaß und Beitrag zur Höhe der Mindeststeuer) mit zu berücksichtigen, sofern diese einschlägig sind; z. B. wenn es um die Ermittlung des anteiligen Beitrags einer in Österreich gelegenen Geschäftseinheit für Zwecke der NES geht, weil hiefür der Zuordnungsschlüssel zu den Geschäftseinheiten in § 47 Abs. 5 sinngemäß herangezogen werden kann. Der Beitrag zur Höhe der Mindeststeuer wird vor allem für die Entscheidung relevant sein, in welcher Reihenfolge Geschäftseinheiten zur Haftung heranzuziehen sind.

Zu § 77 (Erhebung der Mindeststeuer):
Zu Abs. 1:
Die Mindeststeuer soll eine Selbstbemessungsabgabe sein. Dies dient der Verwaltungsvereinfachung. Abs. 1 legt fest, dass die gemäß § 76 abgabepflichtige Geschäftseinheit spätestens am Fälligkeitstag eine Voranmeldung für die Mindeststeuer einzureichen hat, in der sie die für den Voranmeldungszeitraum zu entrichtende Mindeststeuer selbst berechnet, sowie die Mindeststeuer zu entrichten hat.
Fälligkeitstag ist der 31. Dezember des auf den Voranmeldungszeitraum zweitfolgenden Kalenderjahres. Auch gemäß § 201 BAO festgesetzte Mindeststeuerbeträge werden am 31. Dezember des auf den Voranmeldungszeitraum zweitfolgenden Kalenderjahres fällig. Voranmeldungszeitraum ist das Kalenderjahr, in dem das Geschäftsjahr endet (§ 76 Abs. 1). Mit dieser Frist soll sichergestellt werden, dass die abgabepflichtige Geschäftseinheit – allenfalls unter Heranziehung der Informationen aus dem Mindeststeuerbericht – ausreichend Zeit für die Erstellung der Voranmeldung, der Berechnung und der Entrichtung der Mindeststeuer hat. Vertretenen Abgabepflichtigen, deren Körperschaftsteuererklärung im Rahmen der automationsunterstützten Quotenregelung eingereicht wird (§ 134a BAO), wird es zudem ermöglicht, die Körperschaftsteuererklärung vor der Mindeststeuervoranmeldung bzw. zeitgleich einzureichen.
Mit der Konzentration sowohl der Abgabenschuld als auch der Voranmeldungsverpflichtung auf eine einzige in Österreich gelegene Geschäftseinheit sollen Rechtsbefolgungskosten sowie Verwaltungskosten so gering wie möglich gehalten werden.

Zu Abs. 2:
Wird die Mindeststeuer gemäß § 201 Abs. 2 Z 1 BAO amtswegig mit Abgabenbescheid festgesetzt, weil sich die bekanntgegebene Selbstberechnung als nicht richtig erwiesen hat, soll die Frist von einem Jahr ab Bekanntgabe des selbstberechneten Betrages nicht gelten.

Zu Abs. 3:
Abs. 3 hält klarstellend fest, dass alle Geschäftseinheiten sowie Joint Venture und Mitglieder der Joint Venture Gruppe verpflichtet sind, der abgabepflichtigen Geschäftseinheit jene Informationen bereitzustellen, die erforderlich sind, um die Mindeststeuer zu berechnen und die Voranmeldung zu erstellen.

Zu Abs. 4:
Änderungen der Bemessungsgrundlage oder Änderungen der anzurechnenden NES-Beträge anderer Steuerhoheitsgebiete sollen gemäß Abs. 4 rückwirkende Ereignisse im Sinne des § 295a BAO sein. Änderungen dieser Art sollen dem Finanzamt für Großbetriebe unverzüglich angezeigt werden müssen.

Zu § 78 (Zuständigkeit):
Für die Erhebung der Mindeststeuer soll das Finanzamt für Großbetriebe zuständig sein. Damit soll sichergestellt werden, dass die gemäß § 61 Abs. 1 Z 3 BAO zuständige Abgabebehörde auch für die Erhebung der Mindeststeuer zuständig ist.

Zu § 79 (Verordnungsermächtigung):
Zu Abs. 1:
Der Bundesminister für Finanzen soll gemäß Abs. 1 ermächtigt werden, den Inhalt des Mindeststeuerberichts und der Voranmeldung im Verordnungsweg näher zu bestimmen. In diesem Zusammenhang kann er im Mindeststeuerbericht Informationen verlangen, welche über die in § 73 genannten Informationen hinausgehen. Der Inhalt des Mindeststeuerberichts wird auf internationaler Ebene vom Inclusive Framework fortlaufend ausgearbeitet. Die Verordnungsermächtigung soll sicherstellen, dass jene Informationen, die für die Abgabenerhebung erforderlich sind und die vom Inclusive Framework nicht noch als im Mindeststeuerbericht anzugebende Informationen ausverhandelt werden, auf Grundlage einer Verordnung entweder im Mindeststeuerbericht oder in der Voranmeldung abverlangt werden können.

Zu Abs. 2:
Der Bundesminister soll gemäß Abs. 2 zudem ermächtigt werden, eine Übermittlung von Anbringen elektronisch im Verfahren FinanzOnline vorzusehen.

Zu Abschnitt 10:
Zu § 80 (Steuerattribute des Übergangsjahres):
§ 80 soll Übergangsregelungen betreffend die Berücksichtigung bestimmter Steuerattribute vorsehen, wenn eine Unternehmensgruppe erstmalig in den Anwendungsbereich der GloBE-Vorschriften fällt (Übergangsjahr). Durch diese Regelung sollen vorhandene latente Steueransprüche (insbesondere aufgrund von Verlustvorträgen) beim Eintritt in das GloBE-Regime nutzbar gemacht werden, um eine Verzerrung bei der Ermittlung des Effektivsteuersatzes zu vermeiden (vgl. GloBE-Kommentar, Art. 9.1, Rz 4). Die Regelung setzt Art. 47 der Richtlinie um, der auf Art. 9.1 der GloBE- Mustervorschriften basiert. Sie berücksichtigt auch die vom Inclusive Framework am 1. Februar 2023 angenommenen Verwaltungsleitlinien zur Administration der GloBE-Mustervorschriften betreffend Art. 9.1.

Zu Abs. 1:
Abs. 1 erster Satz soll entsprechend Art. 47 Abs. 2 der Richtlinie bzw. Art. 9.1.1 der GloBEMustervorschriften vorsehen, dass die Unternehmensgruppe bei der Bestimmung des Effektivsteuersatzes für ein Steuerhoheitsgebiet in einem Übergangsjahr (Abs. 6) alle (aktiven und passiven) latente Steuern im Übergangsjahr und den Folgejahren berücksichtigt, die in den Finanzkonten aller Geschäftseinheiten für das Übergangsjahr nachweislich erfasst oder in einem Abschluss offengelegt wurden. Mit der Verwendung des Begriffes „Finanzkonten" („*financial accounts*" in den englischen Fassungen der Richtlinie und der GloBE-Mustervorschriften) anstelle des in der deutschen Fassung der Richtlinie verwendeten Begriffes „Abschlüssen" soll zum Ausdruck gebracht werden, dass für Zwecke der Übergangsvorschrift auch eine Berücksichtigung von

MinBestG
Gesetzesmaterialien

in einem angepassten „*Reporting Package*" ausgewiesenen latenten Steuern zulässig sein soll, sofern die Geschäftseinheiten keinen Einzelabschluss nach dem Konzernrechnungslegungsstandard erstellt haben. Außerdem können im Übergangsjahr auch in einem Abschluss (insbesondere im Konzernabschluss) im Wege einer Anhangsangabe „offengelegte" latente Steueransprüche berücksichtigt werden (vgl. GloBE-Kommentar, Art. 9.1.1, Rz 5; Verwaltungsleitlinien des Inclusive Framework on BEPS vom 1. Februar 2023 zur Administration der GloBE-Mustervorschriften, Pkt. 4.1.3, Rz 17). Abs. 1 regelt dabei in den Z 1 bis 4 näher, wie diese Berücksichtigung der latenten Steuern zu erfolgen hat:

Gemäß Z 1 dürfen die latenten Steuern höchstens mit dem unter Zugrundelegung des Mindeststeuersatzes neu berechneten Wert berücksichtigt werden, sofern sie nicht ohnehin mit dem auf Basis des niedrigeren anwendbaren lokalen Steuersatzes ermittelten Wert berücksichtigt werden.

Z 2 ermöglicht es jedoch im Falle eines unter dem Mindeststeuersatz liegenden anwendbaren Steuersatzes, einen latenten Steueranspruch zum Mindeststeuersatz neu zu berechnen, wenn der Steuerpflichtige nachweisen kann, dass dieser Anspruch auf einen Mindeststeuer-Verlust zurückzuführen ist.

Z 3 soll dem Grunde nach den Ansatz von latenten Steueransprüchen aus der Nutzung von Steuergutschriften im Übergangsjahr ermöglichen und die Ermittlung des dabei berücksichtigungsfähigen Betrages regeln. Für diese vorhandenen latenten Steueransprüche soll folglich der Ausschluss für ausgenommene Posten für latente Steuern in Bezug auf die Nutzung von Steuergutschriften gemäß § 42 Abs. 2 Z 5 nicht zur Anwendung kommen. Mit Z 3 soll Pkt. 4.1. der vom Inclusive Framework am 1. Februar 2023 angenommenen Verwaltungsleitlinien zur Administration der GloBE-Mustervorschriften umgesetzt werden.

Da für Zwecke des § 80 ebenso in einem Abschluss offengelegte latente Steueransprüche angesetzt werden können, dürfen gemäß Z 4 die Auswirkungen einer Wertberichtigung oder einer Ansatzanpassung in Bezug auf solche latenten Steueransprüche nicht berücksichtigt werden; dies entspricht dem Ausschluss bestimmter latenter Steuerposten gemäß § 42 Abs. 2 Z 3.

Die nach Abs. 1 berücksichtigungsfähigen latenten Steuern werden in weiterer Folge im Gesamtbetrag der angepassten latenten Steuern nach Maßgabe des § 42 mitberücksichtigt (vgl. GloBE-Kommentar, Art. 9.1.1, Rz 6); wobei für diese „importierten" Steuerattribute die Anpassungen gemäß § 42 Abs. 2 Z 1 bis Z 4 und die Nachversteuerungsregelung gemäß § 42 Abs. 6 nicht zur Anwendung kommen sollen (vgl. Verwaltungsleitlinien des Inclusive Framework on BEPS vom 1. Februar 2023 zur Administration der GloBE-Mustervorschriften, Pkt. 4.1.3, Rz 17). Latente Steuern gemäß Abs. 1 können jedoch nicht berücksichtigt werden, wenn vom Mindeststeuer-Verlustwahlrecht gemäß § 43 Gebrauch gemacht wird (vgl. GloBE-Kommentar, Art. 9.1.1, Rz 7).

Zu Abs. 2:
Ähnlich § 42 Abs. 2 Z 1 schließt auch § 80 Abs. 2 entsprechend Art. 47 Abs. 3 der Richtlinie bzw. Art. 9.1.2 der GloBE-Mustervorschriften latente Steueransprüche von der Berücksichtigung nach Abs. 1 aus, die sich aus von der Berechnung des Mindeststeuer-Gewinnes oder -Verlustes ausgenommenen Posten ergeben. Allerdings soll diese Einschränkung nach § 80 Abs. 2 nur zeitlich eingeschränkt gelten, wenn solche latenten Steueransprüche auf einer Transaktion beruhen, die nach dem 30. November 2021 stattgefunden hat. Dies kann z. B. latente Steueransprüche für nach diesem Stichtag entstandene Verlustvorträge nach nationalem Steuerrecht betreffen, die nicht die Mindeststeuer-Bemessungsgrundlage mindern (z. B. aus steuerlichen Buchverlusten aufgrund einer die Anschaffungskosten übersteigenden Abschreibung; vgl. GloBE-Kommentar, Art. 9.1.2, Rz 8 f).

Latente Steueransprüche aufgrund von nach diesem Stichtag vorgenommenen Teilwertabschreibungen auf Eigenkapitalbeteiligungen (§ 18 Abs. 2) sind jedoch nicht vom Ausschluss gemäß Abs. 2 erfasst, wenn im Übergangsjahr das Wahlrecht zur Einbeziehung steuerwirksamer Gewinne und Verluste aus Eigenkapitalbeteiligungen in den Mindeststeuer-Gewinn oder -Verlust (§ 18 Abs. 4) ausgeübt wird.

Zu Abs. 3:
Entsprechend Art. 47 Abs. 4 der Richtlinie bzw. Art. 9.1.3 der GloBE-Mustervorschriften sollen zwischen Geschäftseinheiten der Unternehmensgruppe nach dem 30. November 2021 und vor Beginn eines Übergangsjahres (Abs. 6) übertragene Vermögenswerte bei der erwerbenden Geschäftseinheit mit den fortgeführten Buchwerten angesetzt und latente Steuern auf Basis der fortgeführten Buchwerte berechnet werden. Dadurch soll die Möglichkeit einer Aufwertung dieser Vermögenswerte ohne Einbeziehung der Veräußerungsgewinne in den Mindeststeuer-Gewinn oder -Verlust verhindert werden. Die Regelung soll jedoch nicht für Vorräte gelten, weil deren gruppeninterne Übertragung Routinecharakter hat und die Vorräte typischerweise zeitnah an Gruppenfremde weiterverkauft werden (vgl. GloBE-Kommentar, Art. 9.1.3, Rz 10).

Eine Übertragung von Vermögenswerten zwischen Geschäftseinheiten der Unternehmensgruppe kann nicht nur bei einem Verkauf, sondern etwa auch im Rahmen einer Umgründung oder einer grenzüberschreitenden Übertragung zwischen einem Stammhaus und seiner Betriebsstätte vorliegen. Für Zwecke dieser Bestimmung gelten außerdem als Übertragung von Vermögenswerten zwischen Geschäftseinheiten auch Geschäftsvorfälle zwischen Geschäftseinheiten oder innerhalb einer Geschäftseinheit, die für steuerliche oder unternehmensrechtliche Zwecke wie eine Übertragung von Vermögenswerten erfasst werden (Abs. 3 dritter Satz). Dies kann etwa bei einer Aufwertung des steuerlichen Buchwerts eines Vermögenswertes aufgrund der grenzüberschreitenden Sitzverlegung einer Geschäftseinheit der Fall sein (vgl. Verwaltungsleitlinien des Inclusive Framework on BEPS vom 1. Februar 2023 zur Administration der GloBE-Mustervorschriften, Pkt. 4.3, Rz 10).

Zu Abs. 4:
Abs. 4 erster Satz soll ein Wahlrecht vorsehen, nach dem abweichend von Abs. 3 auf Antrag ein latenter Steueranspruch von der erwerbenden Geschäftseinheit auf Grundlage der von der veräußernden Geschäftseinheit auf den Veräußerungsgewinn gezahlten erfassten Steuern ermittelt werden kann. Mit diesem Wahlrecht soll Pkt. 4.3.3 betreffend „*transactions accounted for at costs*" der vom Inclusive Framework am

1. Februar 2023 angenommenen Verwaltungsleitlinien zur Administration der GloBE-Mustervorschriften umgesetzt werden.

Abs. 4 zweiter Satz soll dabei die Ansatzmöglichkeit auf latente Steueransprüche der veräußernden Geschäftseinheit ausweiten, die bei Anwendung von Abs. 1 berücksichtigt worden wären, tatsächlich aber aufgrund anderer steuerlicher Effekte nicht entstanden sind.

Abs. 4 dritter Satz soll eine betragliche Deckelung (Höchstbetrag) für den nach dieser Bestimmung angesetzten latenten Steueranspruch vorsehen und regeln, wie sich der latente Steueranspruch auf die angepassten erfassten Steuern der erwerbenden Geschäftseinheit auswirkt und wie dieser fortzuschreiben ist.

Zu Abs. 5:

Abs. 5 soll ein weiteres Wahlrecht vorsehen, nach dem abweichend von Abs. 3 auf Antrag die erwerbende Geschäftseinheit ihren Buchwert beibehalten kann, wenn sie bei Anwendung des Abs. 4 einen latenten Steueranspruch in Höhe des dort geregelten Höchstbetrages für den Ansatz eines latenten Steueranspruches beanspruchen könnte. Mit diesem Wahlrecht soll Pkt. 4.3.3 betreffend *„transactions accounted at fair value"* der vom Inclusive Framework am 1. Februar 2023 angenommenen Verwaltungsleitlinien zur Administration der GloBE-Mustervorschriften umgesetzt werden.

Zu Abs. 6:

Abs. 6 erster Satz definiert das Übergangsjahr als das erste Geschäftsjahr, in dem die Unternehmensgruppe in Bezug auf ein Steuerhoheitsgebiet erstmals in den Anwendungsbereich gemäß § 1 Abs. 2 iVm § 3 dieses Bundesgesetzes oder einer vergleichbaren ausländischen Regelung fällt. Als vergleichbare ausländische Regelungen kommen alle nationalen Regelungen anderer Steuerhoheitsgebiete in Betracht, die die Richtlinie bzw. die GloBE-Mustervorschriften umsetzen. Für die Bestimmung des Übergangsjahres soll somit auch auf solche Vorschriften ausländischer Rechtsordnungen abgestellt werden.

Nach Abs. 6 zweiter Satz soll das Übergangsjahr erst nach Ablauf der Geschäftsjahre beginnen, für die von der Unternehmensgruppe die De-minimis-Ausnahme (§ 50) oder der CbCR-Safe-Harbour (§§ 55 bis 56) für das jeweilige Steuerhoheitsgebiet in Anspruch genommen wurde.

Zu § 81 (SES-Befreiung multinationaler Unternehmensgruppen in der Anfangsphase ihrer internationalen Tätigkeit):

Dieser Paragraph soll Art. 49 Abs. 2 der Richtlinie bzw. Art. 9.3 der GloBE-Mustervorschriften umsetzen.

Zu Abs. 1:

Nach diesem Absatz soll die SES einer multinationalen Unternehmensgruppe in den ersten fünf Jahren der Anfangsphase der internationalen Tätigkeit der multinationalen Unternehmensgruppe mit null angesetzt werden. Diese Bestimmung verdrängt als speziellere Norm die allgemeinen Bestimmungen zur Berechnung des Effektivsteuersatzes und des Ergänzungssteuerbetrages. Dies bedeutet, dass die Unternehmensgruppe nicht verpflichtet ist, den Effektivsteuersatz oder den Ergänzungssteuerbetrag ihrer Geschäftseinheiten, der ohne diese Bestimmung zu ermitteln gewesen wäre, zu berechnen (vgl. GloBE-Kommentar, Art. 9.3.1, Rz 16).

Zu Abs. 2:

Dieser Absatz sieht zwei Kriterien vor, anhand derer zu bestimmen ist, ob eine multinationale Unternehmensgruppe als in der Anfangsphase ihrer internationalen Tätigkeit gelten soll. Die Anwendbarkeit der Befreiung von der SES ist für jedes Geschäftsjahr einzeln zu prüfen (vgl. GloBE-Kommentar, Art. 9.3.1, Rz 17). Beide Kriterien sollen im jeweiligen Geschäftsjahr erfüllt sein müssen, damit die Befreiung in diesem Geschäftsjahr für die multinationale Unternehmensgruppe Gültigkeit hat (vgl. GloBE-Kommentar, Art. 9.3.2, Rz 18).

Z 1 sieht vor, dass die Befreiung nur für multinationale Unternehmensgruppen gilt, deren Geschäftseinheiten in nicht mehr als sechs Steuerhoheitsgebieten gelegen sind. Hiefür soll es nicht erforderlich sein, dass es sich bei den fünf Steuerhoheitsgebieten außerhalb des Referenzsteuerhoheitsgebiets iSd Z 2 (siehe dazu die Erläuterungen unten) während des Fünfjahreszeitraums um dieselben fünf Steuerhoheitsgebiete handelt. Der Standort einer Geschäftseinheit wird gemäß § 5 bestimmt. Da staatenlose Geschäftseinheiten in keinem Steuerhoheitsgebiet gelegen sind, sollen diese bei der Bestimmung der Anzahl der Steuerhoheitsgebiete, in denen die multinationale Unternehmensgruppe tätig ist, nicht berücksichtigt werden (vgl. GloBE-Kommentar, Art. 9.3.2, Rz 19).

Z 2 sieht vor, dass die Befreiung nur für multinationale Unternehmensgruppen gilt, die über eine begrenzte Summe an materiellen Vermögenswerten außerhalb des Referenzsteuerhoheitsgebietes verfügen, d.h. des Steuerhoheitsgebietes, in dem sie – jeweils zum Zeitpunkt, in dem sie erstmalig in den Anwendungsbereich dieses Bundesgesetzes gefallen sind, – ihre wesentliche Geschäftstätigkeit ausüben. Konkret sollen multinationale Unternehmensgruppen nach Z 2 nur dann befreit sein, wenn die Summe des Nettobuchwerts der materiellen Vermögenswerte aller Geschäftseinheiten der multinationalen Unternehmensgruppe in allen Steuerhoheitsgebieten mit Ausnahme des Referenzsteuerhoheitsgebiets im jeweiligen Geschäftsjahr nicht mehr als 50 000 000 Euro beträgt. Entsprechend § 2 Z 29 ist der Nettobuchwert der materiellen Vermögenswerte der Durchschnitt des Anfangs- und des Endwerts materieller Vermögenswerte nach Berücksichtigung kumulierter Abschreibungen und (substanzbedingter) Wertminderungen, wie im Abschluss verbucht. Gemäß Z 2 soll die Befreiung von der SES nicht gelten, sobald die Summe des Nettobuchwerts der materiellen Vermögenswerte aller Geschäftseinheiten der multinationalen Unternehmensgruppe in allen Steuerhoheitsgebieten mit Ausnahme des Referenzsteuerhoheitsgebiets 50 000 000 Euro übersteigt. Dabei sollen materielle Vermögenswerte von staatenlosen Geschäftseinheiten als von Geschäftseinheiten gehalten gelten, die in einem anderen Steuerhoheitsgebiet als dem Referenzsteuerhoheitsgebiet gelegen sind, sofern nicht die multinationale Unternehmensgruppe nachweist, dass diese materiellen Vermögenswerte physisch im Referenzsteuerhoheitsgebiet gelegen sind (vgl. GloBE-Kommentar, Art. 9.3.2, Rz 20). Für Zwecke der Z 2 sollen weiters materielle Vermögenswerte von Investmenteinheiten, die keine ausgenommenen Einheiten sind, nicht berücksichtigt werden, weil diese Einheiten nicht von der SES-Regelung erfasst sind. Der Standort von Investmenteinheiten, die keine ausgenommenen Einheiten sind, soll bei der Bestimmung

MinBestG
Gesetzesmaterialien

der Anzahl der Steuerhoheitsgebiete, in denen die multinationale Unternehmensgruppe über Geschäftseinheiten im Sinne der Z 1 verfügt, nicht berücksichtigt werden (vgl. GloBE-Kommentar, Art. 9.3.2, Rz 21).

Materielle Vermögenswerte von einem Joint Venture oder einer Geschäftseinheit eines Joint Venture, sollen für Zwecke des Schwellenwerts ebenfalls nicht berücksichtigt werden, weil diese keine Geschäftseinheiten im Sinne dieser Bestimmung sind und von der SES-Regelung nicht erfasst sind. Auch der Standort eines Joint Venture oder einer Geschäftseinheit eines Joint Venture sollen bei der Bestimmung der Anzahl der Steuerhoheitsgebiete, in denen die multinationale Unternehmensgruppe über Geschäftseinheiten verfügt, nicht berücksichtigt werden. Die von im Minderheitseigentum stehenden Geschäftseinheiten gehaltenen materiellen Vermögenswerte und der Standort der in Minderheitseigentum stehenden Geschäftseinheiten sollen für Zwecke dieser Bestimmung jedoch berücksichtigt werden (vgl. GloBE-Kommentar, Art. 9.3.3, Rz 22).

Der Schlussteil dieses Absatzes enthält eine Definition des Referenzsteuerhoheitsgebietes im Sinne der Z 2. Referenzsteuerhoheitsgebiet ist jenes Steuerhoheitsgebiet, in dem die Geschäftseinheiten der Unternehmensgruppe den höchsten Gesamtwert an materiellen Vermögenswerten ausweisen. Das Referenzsteuerhoheitsgebiet soll in Bezug auf das erste Geschäftsjahr ermittelt werden, für das die multinationale Unternehmensgruppe erstmals in den Anwendungsbereich dieses Bundesgesetzes fällt, und soll während des gesamten Fünfjahreszeitraums unverändert bleiben, in dem der multinationalen Unternehmensgruppe die Befreiung zugutekommt (vgl. GloBE-Kommentar, Art. 9.3.3, Rz 23).

Zu Abs. 3:
Dieser Absatz sieht eine zeitliche Begrenzung der Anwendbarkeit der Befreiung vor.

Der in Abs. 1 genannte Fünfjahreszeitraum soll mit dem Beginn des Geschäftsjahres, in dem die multinationale Unternehmensgruppe erstmals in den Anwendungsbereich dieses Bundesgesetzes oder vergleichbarer ausländischer Regelungen fällt, beginnen. Für multinationale Unternehmensgruppen, die zum Zeitpunkt des Inkrafttretens dieses Bundesgesetzes oder vergleichbarer ausländischer Regelungen in deren Anwendungsbereich fallen, soll die in Abs. 1 genannte Fünfjahresfrist am 31. Dezember 2024 beginnen.

Multinationale Unternehmensgruppen fallen in den Anwendungsbereich dieses Bundesgesetzes, wenn sie die in § 3 genannten Voraussetzungen erfüllen. Die Fünfjahresfrist soll das erste Geschäftsjahr einschließen, in dem die multinationale Unternehmensgruppe diesem Bundesgesetz oder einer vergleichbaren ausländischen Regelung unterliegt. Erfüllt eine multinationale Unternehmensgruppe beispielsweise die Voraussetzungen des § 3 erstmals für ihr am 1. Januar 2025 beginnendes Geschäftsjahr, soll ihr die Befreiung für ein Geschäftsjahr, das nach dem 31. Dezember 2029 beginnt, nicht mehr zugutekommen (vgl. GloBE-Kommentar, Art. 9.3.4, Rz 24).

Die Fünfjahresfrist soll nicht unterbrochen werden können. Erfüllt die multinationale Unternehmensgruppe beispielsweise die in § 3 genannten Voraussetzungen in einem bestimmten Geschäftsjahr und gehen ihre Umsatzerlöse in den Folgejahren zurück, sodass die multinationale Unternehmensgruppe in den Folgejahren nicht in den Anwendungsbereich dieses Bundesgesetzes fällt, läuft die Fünfjahresfrist weiter (vgl. GloBE-Kommentar, Art. 9.3.4, Rz 26).

Zu Abs. 4:
Nach diesem Absatz soll die in Österreich gelegene berichtspflichtige Geschäftseinheit das Finanzamt für Großbetriebe über den Beginn der Anfangsphase der internationalen Tätigkeit der multinationalen Unternehmensgruppe informieren müssen. Berichtspflichtige Geschäftseinheit ist die nach Maßgabe von §§ 69 ff zur Einreichung des Mindeststeuerberichts verpflichtete Geschäftseinheit (§ 2 Z 8).

Zu § 82 (Übergangsregelung bei gemischten Hinzurechnungsbesteuerungsregimen):
§ 82 soll übergangsweise die Zurechnung von Steuern zu ausländischen Geschäftseinheiten regeln, die auf Gesellschafterebene einem sog. gemischten Hinzurechnungsbesteuerungsregime unterliegen. Diese Regel dient der Vereinfachung, um bei global angelegten Hinzurechnungsbesteuerungsregimen (sog. *„blended Controlled Foreign Company-regime"*) wie etwa der US-amerikanischen Regelung zur Besteuerung des sog. GILTI (*„Global Intangible Low-taxed Income"*) ein sachgerechtes Herunterbrechen der Steuern auf Einzelgesellschaftsebene anhand einer vereinfachten Formel zu ermöglichen. Die vorgesehene Übergangsregelung soll Pkt. 2.10 der vom Inclusive Framework am 1. Februar 2023 angenommenen Verwaltungsleitlinien zur Administration der GloBE-Mustervorschriften Rechnung tragen.

Zu Abs. 1 und Abs. 2:
Abs. 1 soll die Zurechnung von Steuern bei gemischten Hinzurechnungsbesteuerungsregimen regeln. Gemischte Hinzurechnungsbesteuerungsregime sind gemäß Abs. 2 jene eine Form der Hinzurechnungsbesteuerung im Sinne des § 2 Z 17, bei der die Gewinne, Verluste sowie anrechenbare Steuern aller ausländischen Einheiten für Zwecke der Berechnung des Hinzurechnungsbetrags aggregiert betrachtet werden (sog. *„global blending"*) und bei der der Hinzurechnungssteuerbetrag einem anwendbaren Steuersatz von weniger als 15 % unterliegt. Anders als etwa gemäß § 10a KStG 1988 wird bei einem Hinzurechnungsbesteuerungsregime daher die Niedrigbesteuerung gesellschafts- und staatenübergreifend und nicht gesellschaftsbezogen beurteilt.

Die Zurechnung der aufgrund der Hinzurechnungsbesteuerung angefallenen erfassten Steuern des Gesellschafters zu einer beherrschten Geschäftseinheit (sog. „CFC push-down") soll dabei abweichend von den Zurechnungsregelungen gemäß § 44 Abs. 1 Z 3 und Abs. 2, die eine exakte Zurechnung zur jeweiligen beherrschten Gesellschaft vorsehen, vereinfacht anhand einer Zurechnungsformel erfolgen. Nach dieser Formel werden die insgesamt zuzurechnenden Hinzurechnungssteuern mit dem Anteil des Zurechnungsschlüssels der jeweiligen beherrschten Geschäftseinheit an der Summe aller Zurechnungsschlüssel multipliziert.

In zeitlicher Hinsicht soll die Vereinfachungsregelung nur für Geschäftsjahre angewendet werden, die am oder vor dem 31. Dezember 2025 beginnen, aber vor dem 1. Juli 2027 enden.

Zu Abs. 3:
Abs. 3 soll die Ermittlung des Zurechnungsschlüssels regeln. Dieser wird für jede ausländische Geschäftseinheit ermittelt, indem das zuzurechnende Einkommen der ausländischen Geschäftseinheit mit der Differenz aus dem anwendbaren Steuersatz und dem Effektivsteuersatz multipliziert wird. Das zuzurechnende Einkommen der ausländischen Geschäftseinheit entspricht dem betragsmäßigen Anteil des beteiligten Gesellschafters an dem Einkommen der ausländischen Einheit.

Zu Abs. 4:
Um eine übermäßige Zurechnung von Steuern zu Geschäftseinheiten hintanzuhalten, soll Abs. 4 vorsehen, dass die Zurechnung gemäß Abs. 1 auch zu Einheiten erfolgt, auf die zwar das gemischte Hinzurechnungsbesteuerungsregime Anwendung findet, die jedoch nicht Geschäftseinheiten der Unternehmensgruppe sind.

Zu Abschnitt 11:
Zu § 83 (Verweis auf andere Bundesgesetze):
In § 83 soll eine generelle Verweisbestimmung auf andere Bundesgesetze verankert werden.

Zu § 84 (Inkrafttreten):
Zu Abs. 1:
Gemäß Art. 56 der Richtlinie haben die Mitgliedstaaten bis zum 31. Dezember 2023 Maßnahmen zur Umsetzung dieser Richtlinie zu erlassen und zu veröffentlichen. Dieses Bundesgesetz tritt demnach mit 31. Dezember 2023 in Kraft.

Zu Abs. 2:
Die Bestimmungen dieses Bundesgesetzes sind auf Geschäftsjahre (niedrig besteuerter Geschäftseinheiten) anzuwenden, die ab dem 31. Dezember 2023 beginnen. Dies betrifft die Erhebung der Mindeststeuer im Wege der NES und der PES.

Zu Abs. 3:
Die Erhebung der Mindeststeuer im Wege der SES soll im Unterschied zur NES und SES erst für Geschäftsjahre erfolgen, die ab dem 31. Dezember 2024 beginnen. Dieser zeitliche Aufschub um ein Jahr soll für die Anwendung der SES allerdings für multinationale Unternehmensgruppen nicht gelten, wenn die oberste Muttergesellschaft in einem Mitgliedstaat der Europäischen Union gelegen ist, der für einen Aufschub der Anwendung der PES und SES gemäß Art. 50 Abs. 1 der Richtlinie optiert hat.

Artikel 2
Änderung der Bundesabgabenordnung

Die Bundesabgabenordnung, BGBl. Nr. 194/1961, zuletzt geändert durch das Bundesgesetz BGBl. I Nr. 110/2023, wird wie folgt geändert:

1. In § 61 Abs. 1 wird folgende Z 12 angefügt:

„**12. Abgabepflichtige, die als Geschäftseinheit einer Unternehmensgruppe, als Joint Venture oder als Geschäftseinheit eines Joint Venture in einem Mindeststeuerbericht gemäß § 73 Mindestbesteuerungsgesetz (MinBestG), BGBl I Nr. xxx/2023, oder in einer Voranmeldung für die Mindeststeuer gemäß § 77 MinBestG angeführt werden, die für das zweitvorangegangene Wirtschaftsjahr übermittelt worden oder eingegangen sind."**

EB: Mit dem Mindestbesteuerungsgesetz – MinBestG, BGBl. I Nr. xxx/2023, wurde die Zuständigkeit für die Erhebung der Mindeststeuer beim Finanzamt für Großbetriebe zentralisiert. Mit dieser Z 12 soll sichergestellt werden, dass das Finanzamt für Großbetriebe für alle Abgaben von Abgabepflichtigen, die der Mindeststeuer unterliegen, zuständig ist. Das Finanzamt für Großbetriebe soll für Abgabepflichtige zuständig sein, die als Geschäftseinheit einer Unternehmensgruppe, als Joint Venture oder als Geschäftseinheit eines Joint Venture in einem Mindeststeuerbericht gemäß § 73 MinBestG oder in einer Voranmeldung für die Mindeststeuer gemäß § 77 MinBestG angeführt werden, die für das zweitvorangegangene Wirtschaftsjahr übermittelt worden oder eingegangen sind. Durch diese Sonderzuständigkeit wird vermieden, dass für einen Abgabepflichtigen sowohl das Finanzamt für Großbetriebe als auch das Finanzamt Österreich zuständig ist.

2. Dem § 323 wird folgender Abs. 79 angefügt:

„**(79) § 61 Abs. 1 Z 12 in der Fassung des Bundesgesetzes BGBl I Nr. xxx/2023 tritt am 1. Jänner 2024 in Kraft."**

Artikel 3
Änderung des Unternehmensgesetzbuchs

Das Unternehmensgesetzbuch, S dRGBl. 219/1897, zuletzt geändert durch das Bundesgesetz BGBl. I Nr. 186/2022, wird wie folgt geändert:

1. In § 198 Abs. 10 wird am Ende der Z 3 der Punkt durch einen Beistrich ersetzt und folgende Z 4 eingefügt:

„**4. aus der Anwendung folgender Gesetze:**
a) des Mindestbesteuerungsgesetzes – MinBestG, BGBl. I Nr. xxx/2023 oder

MinBestG
Gesetzesmaterialien

b) eines ausländischen Steuergesetzes, das der Umsetzung der Richtlinie (EU) 2022/2523 des Rates vom 15. Dezember 2022 zur Gewährleistung einer globalen Mindestbesteuerung für multinationale Unternehmensgruppen und große inländische Gruppen in der Union, ABl. Nr. L 328 vom 22.12.2022, S. 1, berichtigt durch ABl. Nr. L 13 vom 16.1.2023, S. 9, oder der dieser Richtlinie zugrundeliegenden Mustervorschriften der Organisation für wirtschaftliche Zusammenarbeit und Entwicklung für eine globale Mindestbesteuerung dient."

EB: Die Änderung sieht eine verpflichtende Ausnahme von der Bilanzierung latenter Steuern vor, die sich aus der Anwendung des Mindestbesteuerungsgesetzes oder entsprechender ausländischer Steuergesetze zur Umsetzung der globalen Mindestbesteuerung („Pillar II") ergeben. Diese bilanzrechtliche Ausnahme ist der Ausnahme in den internationalen Rechnungslegungsstandards (IAS 12.4A) nachgebildet. Sie soll die Komplexität der Umsetzung des Mindestbesteuerungsgesetzes reduzieren und etwaigen Benachteiligungen für UGB-Bilanzierer entgegenwirken. Die bilanzrechtliche Ausnahme wird zu überprüfen sein, wenn und sobald der International Accounting Standards Board die aus seiner Sicht nur vorübergehende Ausnahme in den internationalen Rechnungslegungsstandards überprüft hat.

Für die Konzernbilanz gilt die Ausnahme aufgrund des Verweises in § 258 UGB auf § 198 Abs. 10 ebenfalls.

2. In § 238 Abs. 1 wird nach der Z 3 folgende Z 3a eingefügt:

„3a. der Steueraufwand oder Steuerertrag, der sich nach dem Mindestbesteuerungsgesetz und ausländischen Steuergesetzen nach § 198 Abs. 10 Satz 3 Z 4 für das Geschäftsjahr ergibt, sowie eine Erläuterung etwaiger Auswirkungen der Anwendung des Mindestbesteuerungsgesetzes und ausländischer Steuergesetze nach § 198 Abs. 10 Satz 3 Z 4 auf die Gesellschaft;"

EB: Es soll – in Anlehnung an IAS 12.88B – auch für UGB-Bilanzierer eine neue Angabepflicht im Anhang über den sich nach dem MinBestG oder entsprechenden ausländischen Steuergesetzen für das Geschäftsjahr ergebenden tatsächlichen Steueraufwand oder –ertrag vorgesehen werden. Darüber hinaus sind die Auswirkungen auf die Gesellschaft näher zu erläutern.

Für den Konzernanhang gilt die Ausnahme aufgrund des Verweises in § 251 UGB auf § 238 ebenfalls.

3. In § 906 erhält der mit dem Aktienrechts-Änderungsgesetz 2019, BGBl. I Nr. 63/2019, eingefügte Abs. 49 die Absatzbezeichnung „50", die Absätze 50 bis 52 erhalten die Absatzbezeichnungen „51" bis „53", danach wird folgender Abs. 54 angefügt:

„(54) § 198 Abs. 10 Satz 3 Z 4 und § 238 Abs. 1 Z 3a treten mit 31. Dezember 2023 in Kraft und sind auf Geschäftsjahre anzuwenden, die am oder nach dem 1. Jänner 2024 beginnen."

EB: Die Änderungen sollen mit 31. Dezember 2023 in Kraft treten und auf Geschäftsjahre anzuwenden sein, die am oder nach dem 1. Jänner 2024 beginnen.

Gemeinnützigkeitsreformgesetz 2023

Artikel 1
Änderung des Einkommensteuergesetzes 1988

Das Einkommensteuergesetz 1988, BGBl. Nr. 400/1988, zuletzt geändert durch das Bundesgesetz BGBl. I Nr. 111/2023, wird wie folgt geändert:

1. § 3 Abs. 1 wird wie folgt geändert:

a) In Z 3 lit. c wird nach dem Verweis „§ 4a Abs. 3" die Wortfolge „in der Fassung vor BGBl. I Nr. xxx/2023" angefügt.

b) In Z 3 lit. d wird der Verweis „§ 4a Abs. 3 Z 2" durch den Verweis „§ 4a Abs. 6 Z 3" ersetzt.

c) In Z 6 wird nach dem Verweis „§ 4a Abs. 3" die Wortfolge „in der Fassung vor BGBl. I Nr. xxx/2023" angefügt.

EB: In § 3 Abs. 1 Z 3 lit. c und d und Z 6 sollen Verweise auf den geänderten § 4a angepasst werden.

d) Nach Z 41 wird folgende Z 42 angefügt:

„42. a) Einnahmen aus einer ehrenamtlichen Tätigkeit bis zu 30 Euro pro Kalendertag, höchstens aber 1 000 Euro im Kalenderjahr (kleines Freiwilligenpauschale), unter folgenden Voraussetzungen:

– Der ehrenamtlich Tätige erbringt eine freiwillige Leistung für eine Körperschaft, die die Voraussetzungen der §§ 34 bis 47 der Bundesabgabenordnung (BAO), BGBl. Nr. 194/1961, erfüllt, im Rahmen ihrer Tätigkeit zur Erfüllung ihres abgabenrechtlich begünstigten Zwecks einschließlich eines Geschäftsbetriebs nach § 45 BAO,

– der ehrenamtlich Tätige erhält von dieser Körperschaft oder einer mit ihr verbundenen Körperschaft keine Reiseaufwandsentschädigungen gemäß Z 16c und

– der ehrenamtlich Tätige bezieht keine Einkünfte gemäß § 2 Abs. 3 Z 2 bis 4 oder 7 von dieser Körperschaft oder einer mit ihr verbundenen Körperschaft für eine weitere Tätigkeit, die eine vergleichbare Ausbildung oder Qualifikation erfordert.

b) Abweichend von lit. a beträgt das höchstmögliche Freiwilligenpauschale des ehrenamtlich Tätigen 50 Euro pro Kalendertag, höchstens aber 3 000 Euro im Kalenderjahr (großes Freiwilligenpauschale), für Tage, an denen er Tätigkeiten ausübt, die

– gemäß § 37 BAO mildtätigen Zwecken dienen,

– gemäß § 8 Z 2 des Kommunalsteuergesetzes 1993 (KommStG 1993), BGBl. Nr. 819/1993, von der Kommunalsteuer befreit sind,

– der Hilfestellung in Katastrophenfällen gemäß § 4 Abs. 4 Z 9 dienen oder

– eine Funktion als Ausbildner oder Übungsleiter darstellen.

Werden in einem Kalenderjahr sowohl Tätigkeiten gemäß lit. a als auch lit. b ausgeübt, können insgesamt nicht mehr als 3 000 Euro im Kalenderjahr steuerfrei bezogen werden. Werden die Höchstgrenzen überschritten, liegen im Zweifel Einkünfte gemäß § 29 Z 3 vor. Die Körperschaft hat über die Auszahlungen an ehrenamtlich Tätige Aufzeichnungen zu führen. Der Abgabenbehörde ist für jeden ehrenamtlich Tätigen, dem die Körperschaft in einem Kalenderjahr einen die jeweilige Höchstgrenze nach lit. a bzw. lit. b übersteigenden Betrag ausbezahlt hat, die erforderlichen Informationen mittels amtlichen Formulars bis Ende Februar des Folgejahres zu übermitteln."

EB: Um die für die Gesellschaft so wichtige Arbeit von ehrenamtlich Tätigen steuerlich zu unterstützen und in diesem Bereich auch für Rechtssicherheit zu sorgen, soll eine ausdrückliche gesetzliche Regelung dafür geschaffen werden, dass Zahlungen von gemeinnützigen Organisationen an ihre Freiwilligen ab 2024 unter gewissen Voraussetzungen einkommensteuerfrei sind.

Von der Steuerbefreiung erfasst sein sollen Zahlungen von Körperschaften, die der Förderung gemeinnütziger, mildtätiger oder kirchlicher Zwecke nach Maßgabe der §§ 34 bis 47 der Bundesabgabenordnung dienen. Es sollen nur Zahlungen als Freiwilligenpauschale steuerfrei sein, die von der Körperschaft freiwillig geleistet werden, die also insbesondere nicht auf Grund eines Dienstverhältnisses, einer kollektivvertraglichen oder sonstigen arbeitsrechtlichen Regelung zustehen. Sind diese Voraussetzungen erfüllt, dann ergibt sich daraus, dass auch keine Beitragspflicht nach dem ASVG vorliegt.

Die Tätigkeit soll für den ideellen Bereich (bei einem Verein die Vereinssphäre) und für Geschäftsbetriebe im Sinne des § 45 BAO erfolgen müssen. Bei Gewinnbetrieben soll kein Freiwilligenpauschale möglich sein. Die Zuordnung hat durch die Organisation zu erfolgen.

Das Freiwilligenpauschale soll sowohl hinsichtlich des höchstmöglichen Jahresbetrages als auch der befreiten Zuwendung pro Einsatztag begrenzt sein und beträgt maximal 30 Euro pro Kalendertag bzw. 1.000 Euro pro Kalenderjahr (kleines Freiwilligenpauschale). Damit soll verhindert werden, dass bereits bei sehr geringfügigen Tätigkeiten das ganze Pauschale von 1.000 Euro ausgeschöpft wird. Als Tag ist jeder Kalendertag zu sehen, an dem der gemeinnützigen Tätigkeit nachgegangen wird. Wird also bspw. eine

GemRefG 2023
Gesetzesmaterialien

Tätigkeit als Sanitäter von 22 Uhr bis 6 Uhr des folgenden Tages ausgeübt, handelt es sich um zwei Tage der Tätigkeit im Sinne der Bestimmung.

Beispiele:
1. Ein Musikverein zahlt allen Musikern, die beim großen Sommerkonzert gespielt haben, 50 Euro aus. 30 Euro davon sind steuerfrei.
2. Ein Verein zahlt seiner Obfrau und dem Kassier für ihre Tätigkeiten für den Verein jeweils 200 Euro pro Jahr. Der Betrag kann steuerfrei belassen werden, wenn mind. 7 Einsatztage vorliegen.
3. Ein Verein zahlt seinen Mitgliedern, die beim Vereinsfest mithelfen, 50 Euro. Auch bei einem entbehrlichen Hilfsbetrieb oder einem begünstigungsschädlichen Geschäftsbetrieb kann die Steuerbefreiung dem Grunde nach in Anspruch genommen werden, dh 30 Euro pro Kalendertag.

Im Sportbereich soll das Freiwilligenpauschale von der gleichen Körperschaft oder einer mit ihr verbundenen Körperschaft nur alternativ zu pauschalen Reiseaufwandsentschädigungen für Sportler, Schiedsrichter und Sportbetreuer gemäß § 3 Abs. 1 Z 16c gewährt werden können, welche erst durch BGBl. I Nr. 220/2022 deutlich erhöht wurden.

Daher soll es nicht möglich sein, sowohl das steuerfreie Freiwilligenpauschale als auch steuerfreie pauschale Reiseaufwandsentschädigungen von einer Körperschaft zu erhalten. Ebenso wenig können neben einem steuerfreien Freiwilligenpauschale Spesen oder Kostenersätze gemäß § 26 steuerfrei ersetzt werden, da grundsätzlich kein Dienstverhältnis vorliegt und § 26 nur im Rahmen von Einkünften aus nichtselbständiger Arbeit zur Anwendung kommen kann.

Um zu vermeiden, dass durch das Freiwilligenpauschale Teile des regulären steuerpflichtigen Einkommens als steuerbefreit behandelt werden, soll es nur möglich sein, ein solches Pauschale zusätzlich zu selbständigen Einkünften, nicht selbständigen Einkünften, Einkünften aus Gewerbebetrieb oder sonstigen Einkünften durch die begünstigte oder eine mit dieser verbundene Körperschaft zu erhalten, wenn die steuerpflichtige Tätigkeit sich von der ehrenamtlichen Tätigkeit hinsichtlich der notwendigen Qualifikation oder Ausbildung unterscheidet.

Beispiele:
1. Ein Buchhalter ist Dienstnehmer eines Rettungsdienstes und wird in seiner Freizeit für denselben Rettungsdienst als Sanitäter tätig. Er kann für die Tätigkeit als Sanitäter das Freiwilligenpauschale (sofern die übrigen Voraussetzungen vorliegen) erhalten, da die erforderliche Ausbildung unterschiedlich ist.
2. Wenn ein Sanitäter, der in dieser Funktion Dienstnehmer des Rettungsdienstes ist, für einen Teil der Einsätze am Wochenende gesonderte Zahlungen erhält, können diese, unabhängig von vertraglichen Regelungen mit dem Dienstgeber, kein Freiwilligenpauschale darstellen, da die notwendige Qualifikation vergleichbar ist.
3. Wenn eine Ärztin Dienstnehmerin des Rettungsdienstes ist und im Rahmen ihres Dienstverhältnisses vorrangig Ausbildungen durchführt, aber gelegentlich auch als Notärztin tätig wird, so kann ihr für die Tätigkeit als Notärztin kein Freiwilligenpauschale steuerfrei gewährt werden, da eine vergleichbare Ausbildung notwendig ist, um sie durchzuführen. Dadurch soll verhindert werden, dass im Rahmen desselben Dienstverhältnisses ein Teil der Tätigkeiten als steuerpflichtige nicht selbständige Tätigkeit behandelt wird, während ein Teil als steuerfreies Ehrenamt behandelt wird.

Das Freiwilligenpauschale soll in einer höheren Gesamtsumme von 50 Euro pro Kalendertag bzw. 3.000 Euro pro Kalenderjahr steuerfrei belassen werden können (großes Freiwilligenpauschale), wenn folgende Tätigkeiten ausgeübt werden:
– für Sozialdienste, das sind Körperschaften, die mildtätigen Zwecken, der Gesundheitspflege, Kinder-, Jugend-, Familien-, Kranken-, Behinderten-, Blinden- oder Altenfürsorge, oder
– der Hilfestellung in Katastrophenfällen (insbesondere Hochwasser-, Erdrutsch-, Vermurungs- und Lawinenschäden) dienen,
– sowie für Funktionen als Ausbildner oder Übungsleiter (z. B. Tätigkeiten als Chorleiter, Kapellmeister, Wissensvermittler im kulturellen und künstlerischen Bereich), durch die die Entwicklung geistiger und körperlicher Fähigkeiten anderer Menschen durch Ausbildung vorhandener Anlagen oder Anleitung zur Entwicklung und Erprobung von Fähigkeiten gefördert werden.

Die in lit. a erster bis dritter Teilstrich genannten Voraussetzungen gelten sowohl für das kleine als auch das große Freiwilligenpauschale.

In einem Mischbetrieb kann das große Pauschale gewährt werden, wenn die in lit. b genannten Tätigkeiten überwiegen (mehr als 50%).

Wenn ein ehrenamtlich Tätiger im Laufe eines Kalenderjahres sowohl Tätigkeiten gemäß lit. a als auch lit. b ausübt, soll insgesamt höchstens der Jahresbetrag des großen Freiwilligenpauschales steuerfrei belassen werden können. Der Höchstbetrag pro Einsatztag wird davon nicht berührt.

Beispiele:
1. Ein Freiwilliger wird sowohl nach § 3 Abs. 1 Z 42 lit. a als auch nach lit. b jeweils 5 Tage ehrenamtlich tätig. Er kann daher höchstens 400 Euro steuerfrei erhalten (150 Euro nach lit. a (30 x 5), sowie 250 Euro nach lit. b (50 x 5)).
2. Ein ehrenamtlich Tätiger ist 30 Tage im Sinne der lit. a im Einsatz und erhält ein Pauschale von 30 Euro pro Tag, insgesamt also 900 Euro und erbringt darüber hinaus 10 Einsatztage im Sinne der lit. b, für die er jeweils 50 Euro erhält. Es kann die gesamte Summe von 1.400 Euro steuerfrei behandelt werden. Hat der ehrenamtlich Tätige hingegen nicht 10, sondern 50 Einsatztage gemäß lit. b und dafür 2.500 Euro erhalten, so bleiben insgesamt lediglich 3.000 Euro des 3.400 Euro des für die ehrenamtliche Tätigkeit zugewendeten Betrages steuerlich begünstigt.

Um das Vorliegen der Voraussetzungen für die Steuerbefreiung zu belegen, sind Aufzeichnungen zu führen (insb. Zahl der Einsatztage, Tätigkeit gemäß lit. a oder lit. b sowie zugewendetes Freiwilligenpauschale).

Um sicherzugehen, dass durch die Tätigkeit insbesondere für mehrere gemeinnützige Organisationen der steuerfreie jährliche Höchstbetrag nicht überschritten wird, sollen im Falle der Auszahlung eines die jeweilige Höchstgrenze nach lit. a bzw. lit. b (dh 1.000 bzw. 3.000 Euro) übersteigenden Betrags an eine Person die notwendigen Informationen von der zuwendenden Körperschaft in systematisch vergleichbarer Weise zu den Mitteilungen hinsichtlich pauschaler Reiseaufwandsentschädigungen für Sportler gemäß § 3 Abs. 1 Z 16c der Finanzverwaltung übermittelt werden. Die erforderlichen Informationen sollen mittels amtlichen Formulars bis Ende Februar des Folgejahres (elektronisch) zu übermitteln sein. Die übersteigende Summe kann sodann entsprechend berücksichtigt werden, wenn ein Steuerpflichtiger insgesamt mehr als den höchstzulässigen Gesamtbetrag (abhängig von der Art der Tätigkeit gemäß lit. a oder lit. b) steuerfrei erhalten hat. § 20 Abs. 2 ist anzuwenden.

Zudem soll aus Vereinfachungsgründen normiert werden, dass es sich bei diesen – über den steuerfreien Betrag hinausgehenden – Einnahmen für freiwillige Leistungen im Zweifel um Einkünfte aus Leistungen im Sinne des § 29 Z 3 handelt, soweit nicht ohnehin der Veranlagungsfreibetrag greift.

Ergänzend dazu sollen in § 41 (Veranlagung von lohnsteuerpflichtigen Einkünften) und § 42 (Steuererklärungspflicht) Regelungen zur Veranlagung aufgenommen werden.

2. Die §§ 4a und 4b samt Überschriften lauten:

„**Freigebige Zuwendungen aus dem Betriebsvermögen (Spendenbegünstigung)**

§ 4a. (1) Freigebige Zuwendungen (Spenden) aus dem Betriebsvermögen

– zu begünstigten Zwecken (Abs. 2) an durch Bescheid begünstigte Einrichtungen (Abs. 3) sowie

– an die in Abs. 6 genannten Einrichtungen

gelten nach Maßgabe des Abs. 7 als Betriebsausgabe, soweit sie 10% des Gewinnes vor Berücksichtigung von Zuwendungen gemäß § 4b und § 4c und vor Berücksichtigung eines Gewinnfreibetrages nicht übersteigen. Soweit abzugsfähige Zuwendungen die angeführte Höchstgrenze übersteigen, können sie nach Maßgabe des § 18 Abs. 1 Z 7 als Sonderausgabe abgesetzt werden.

(2) Begünstigte Zwecke sind:

1. Gemeinnützige Zwecke gemäß § 35 BAO.
2. Mildtätige Zwecke gemäß § 37 BAO.
3. Die Durchführung

– von wissenschaftlichen Forschungsaufgaben,

– der Entwicklung und Erschließung der Künste oder

– von der Erwachsenenbildung dienenden Lehraufgaben, welche die wissenschaftliche oder künstlerische Lehre betreffen und dem Universitätsgesetz 2002 (UG), BGBl. I Nr. 120/2002, entsprechen,

sowie damit verbundene wissenschaftliche und künstlerische Publikationen und Dokumentationen durch die in Abs. 3 Z 3 und 4 genannten Einrichtungen, soweit nicht Z 1 greift.

(3) Als begünstigte Einrichtungen für die Erfüllung der in Abs. 2 genannten Zwecke kommen in Betracht:

1. Körperschaften im Sinne des § 1 Abs. 2 Z 1 und 2 des Körperschaftsteuergesetzes 1988 (KStG 1988), BGBl. Nr. 401/1988;
2. Körperschaften des öffentlichen Rechts im Sinne des § 1 Abs. 3 Z 2 des KStG 1988;
3. mit Forschungs- oder Lehraufgaben gemäß Abs. 2 Z 3 im Wesentlichen befasste juristisch unselbständige Einrichtungen von Gebietskörperschaften sowie juristische Personen, an denen entweder eine oder mehrere Gebietskörperschaften oder eine oder mehrere Körperschaften im Sinne des Abs. 6 Z 1, 3 oder 4 zumindest mehrheitlich beteiligt sind;
4. vergleichbare ausländische Körperschaften eines Mitgliedstaates der Europäischen Union oder eines Staates, mit dem eine umfassende Amtshilfe besteht.

(4) Die Spendenbegünstigung darf nur zuerkannt werden, wenn folgende Voraussetzungen erfüllt sind:

1. Für Körperschaften im Sinne des Abs. 3 Z 1, 2 und 4:

a) Die Körperschaft erfüllt die Voraussetzungen nach den §§ 34 bis 47 BAO.

b) Die Körperschaft oder deren Vorgängerorganisation (Organisationsfeld mit eigenem Rechnungskreis) dient seit mindestens einem zwölf Monate umfassenden Wirtschaftsjahr ununterbrochen ausschließlich und unmittelbar den in der Rechtsgrundlage angeführten begünstigten Zwecken gemäß Abs. 2. Betätigt sich die Körperschaft teilweise oder ausschließlich als Mittelbeschaffungskörperschaft und geht die abgabenrechtliche Begünstigung nur auf Grund von § 40a Z 1 BAO nicht verloren, gilt dies hiefür als unmittelbare Zweckverfolgung.

GemRefG 2023
Gesetzesmaterialien

c) Die Körperschaft entfaltet, abgesehen von völlig untergeordneten Nebentätigkeiten, ausschließlich solche wirtschaftliche Tätigkeiten, die unter § 45 Abs. 1, § 45 Abs. 2 oder § 47 BAO fallen oder die gemäß § 44 Abs. 2 oder § 45a BAO nicht zum Entfall der abgabenrechtlichen Begünstigung führen.

2. Für Körperschaften im Sinne des Abs. 3 Z 3 und 4:

a) Das mangelnde Gewinnstreben ist – ausgenommen hinsichtlich einer untergeordneten betrieblichen Tätigkeit – in der Rechtsgrundlage verankert.

b) Die tatsächliche Geschäftsführung entspricht den Vorgaben der Rechtsgrundlage und die Körperschaft entfaltet eine betriebliche Tätigkeit nur in untergeordnetem Ausmaß.

c) Die Rechtsgrundlage stellt sicher, dass an Mitglieder oder Gesellschafter oder diesen nahe stehende Personen keinerlei Vermögensvorteile zugewendet werden und gesammelte Spendenmittel ausschließlich für die in der Rechtsgrundlage angeführten begünstigten Zwecke verwendet werden.

d) Die Körperschaft oder deren Vorgängerorganisation (Organisationsfeld mit eigenem Rechnungskreis) dient seit mindestens einem zwölf Monate umfassenden Wirtschaftsjahr ununterbrochen der Erfüllung der in der Rechtsgrundlage angeführten begünstigten Zwecke.

3. Für alle Körperschaften im Sinne des Abs. 3:

a) Die Körperschaft hat glaubhaft gemacht, dass Maßnahmen zur Erfüllung der Datenübermittlungsverpflichtung gemäß § 18 Abs. 8 getroffen wurden.

b) Die in Zusammenhang mit der Verwendung der Spenden stehenden Verwaltungskosten der Körperschaft betragen ohne Berücksichtigung der für die Erfüllung der Übermittlungsverpflichtung gemäß § 18 Abs. 8 anfallenden Kosten höchstens 10% der Spendeneinnahmen.

c) Bei Auflösung der Körperschaft oder bei Wegfall des begünstigten Zweckes darf das Vermögen der Körperschaft, soweit es die eingezahlten Kapitalanteile der Mitglieder und den gemeinen Wert der von den Mitgliedern geleisteten Sacheinlagen übersteigt, nur für die in der Rechtsgrundlage angeführten begünstigten Zwecke verwendet werden.

d) Über die Körperschaft oder deren Vorgängerorganisation wurde innerhalb der vorangegangenen zwei Jahre keine Verbandsgeldbuße im Sinne des Verbandsverantwortlichkeitsgesetzes (VbVG), BGBl. I Nr. 151/2005, wegen einer gerichtlich strafbaren Handlung oder eines vorsätzlich begangenen Finanzvergehens im Sinne des Finanzstrafgesetzes (FinStrG), BGBl. I Nr. 129/1958, ausgenommen Finanzordnungswidrigkeiten, rechtskräftig verhängt. Ebensowenig wurden deren Entscheidungsträger oder Mitarbeiter im Sinne des § 2 Abs. 1 und 2 VbVG wegen strafbarer Handlungen, für die die Körperschaft im Sinne des § 3 VbVG verantwortlich ist,

– durch ein Gericht rechtskräftig verurteilt oder

– über sie wegen vorsätzlicher, nicht vom Gericht zu ahndender Finanzvergehen im Sinne des FinStrG, ausgenommen Finanzordnungswidrigkeiten, Strafen rechtskräftig verhängt.

Dies gilt nur für strafbare Handlungen, die innerhalb der vorangegangenen fünf Kalenderjahre begangen wurden.

e) Die Körperschaft fördert nicht systematisch die vorsätzliche Begehung von in ihrem Interesse methodisch begangenen strafbaren Handlungen. Eine Förderung ist insbesondere gegeben, wenn die Körperschaft hiefür Mittel in nicht bloß untergeordnetem Ausmaß ihres Spendenaufkommens für die Begleichung von Strafen der handelnden Personen aufwendet.

(5) Für den Antrag auf Zuerkennung, die Aufrechterhaltung und die Aberkennung der Spendenbegünstigung gilt Folgendes:

1. Die Zuerkennung der Spendenbegünstigung ist von der Körperschaft mittels amtlichen elektronischen Formulars zu beantragen. Dieses ist durch einen berufsmäßigen Parteienvertreter gemäß Wirtschaftstreuhandberufsgesetz 2017 (WTBG 2017), BGBl. I Nr. 137/2017, im Wege von FinanzOnline zu übermitteln. Dem Antrag ist die geltende Rechtsgrundlage der Körperschaft beizulegen. Der Bundesminister für Finanzen kann durch Verordnung ein verbindliches technisches Format festlegen, in dem die Übermittlung zu erfolgen hat. Für die Aufrechterhaltung der Spendenbegünstigung ist die Erfüllung der Voraussetzungen des Abs. 4 für die Spendenbegünstigung jährlich innerhalb von neun Monaten nach dem Ende des Rechnungsjahres bzw. des Wirtschaftsjahres durch einen berufsmäßigen Parteienvertreter gemäß WTBG 2017 dem Finanzamt Österreich im Wege von FinanzOnline mittels amtlichen Formulars zu melden. Im Falle einer Änderung der Rechtsgrundlage ist auch die geänderte Rechtsgrundlage (Vereinsstatut, Satzung, Gesellschaftsvertrag) zu übermitteln.

2. Bei Körperschaften, die der Pflicht zur gesetzlichen oder satzungsmäßigen Abschlussprüfung durch einen Abschlussprüfer unterliegen, ist zusätzlich bei der Antragstellung sowie nachfolgend jährlich das Vorliegen der Voraussetzungen des Abs. 4 sowie die Einhaltung der anzuwendenden Rechnungslegungsvorschriften von einem Wirtschaftsprüfer im Rahmen einer den Anforderungen der §§ 268 ff des Unternehmensgesetzbuches (UGB), dRGBl. S 219/1897, entsprechenden Prüfung zu bestätigen. Die Bestimmungen des § 275 UGB gelten sinngemäß. Diese Bestätigung ist dem Finanzamt Österreich jährlich innerhalb von neun Monaten nach dem Abschlussstichtag durch den Parteienvertreter im Wege von FinanzOnline zu übermitteln. Im Falle einer Änderung der Rechtsgrundlage ist auch die geänderte Rechtsgrundlage (Vereinsstatut, Satzung, Gesellschaftsvertrag) zu übermitteln. Wird die Zuerkennung der Spendenbegünstigung erstmalig beantragt, sind die aktuelle Rechtsgrundlage und die Bestätigungen des Wirtschaftsprüfers für das vorangegangene Geschäftsjahr dem Finanzamt Österreich zu übermitteln.

3. Das Finanzamt Österreich hat die Erfüllung der gesetzlichen Voraussetzungen für die erstmalige Zuerkennung der Spendenbegünstigung mit Bescheid festzustellen und die Körperschaft in eine vom Finanzamt Österreich zu führenden Liste der begünstigten Spendenempfänger aufzunehmen. In dieser Liste ist das Datum, zu dem die Spendenbegünstigung bescheidmäßig erteilt wurde, zu veröffentlichen. Die Liste ist auf der Webseite des Bundesministeriums für Finanzen zu veröffentlichen.

4. Bei Wegfall der Voraussetzungen nach Abs. 4 oder Unterbleiben der fristgerechten Meldungen nach Z 1 oder 2 trotz Setzung einer angemessenen Nachfrist ist die Spendenbegünstigung mit Bescheid zu widerrufen. Der Widerruf ist mit dem Datum des Widerrufsbescheides in der Liste gemäß Z 3 einzutragen.

5. Erfolgt ein Widerruf wegen Wegfalls der Voraussetzung des Abs. 4 Z 3 lit. d oder e, kann bei einer neuerlichen Antragstellung die Spendenbegünstigung nur dann zuerkannt werden, wenn innerhalb der in Abs. 4 Z 1 lit. b erster Satz genannten Frist keine Widerrufsgründe vorliegen.

(6) Begünstigte Einrichtungen sind jedenfalls:

1. Universitäten gemäß dem UG einschließlich deren Fakultäten, Institute und besonderen Einrichtungen, Fachhochschulen gemäß dem Fachhochschulgesetz (FHG), BGBl. Nr. 340/1993, Privathochschulen gemäß dem Privathochschulgesetz (PrivHG), BGBl. I Nr. 77/2020, Pädagogische Hochschulen gemäß dem Hochschulgesetz 2005 (HG), BGBl. I Nr. 30/2006, das Institute of Science and Technology Austria gemäß dem IST-Austria-Gesetz (ISTAG), BGBl. I Nr. 69/2006, das Institute of Digital Sciences Austria gemäß dem Bundesgesetz über die Gründung des Institute of Digital Sciences Austria, BGBl. I Nr. 120/2022, deren jeweilige Organisationseinheiten, die Österreichische Akademie der Wissenschaften und deren rechtlich selbständige Institute, sowie diesen entsprechende ausländische Einrichtungen mit Sitz in einem Mitgliedstaat der Europäischen Union oder einem Staat, mit dem eine umfassende Amtshilfe besteht;

2. a) öffentliche Kinderbetreuungseinrichtungen bis zum Eintritt der Schulpflicht (Kindergärten), öffentliche Schulen (im Sinne des Art. 14 Abs. 6 B-VG) im Rahmen ihrer Teilrechtsfähigkeit bzw. zweckgebundenen Gebarung gemäß § 128b des Schulorganisationsgesetzes, BGBl. Nr. 242/1962, sowie Österreichische Auslandsschulen,

b) Kindergärten und Schulen mit Öffentlichkeitsrecht anderer Körperschaften des öffentlichen Rechts;

3. durch Bundes- oder Landesgesetz errichtete Fonds, die mit Aufgaben der Forschungsförderung betraut sind, sowie diesen entsprechende ausländische Einrichtungen mit Sitz in einem Mitgliedstaat der Europäischen Union oder einem Staat, mit dem eine umfassende Amtshilfe besteht;

4. nach dem Bundes-Stiftungs- und Fondsgesetz (BStFG), BGBl. Nr. 11/1975, in der Fassung des Verwaltungsgerichtsbarkeits-Anpassungsgesetzes-Inneres, BGBl. I Nr. 161/2013, dem Bundes-Stiftungs- und Fondsgesetz 2015 (BStFG 2015), BGBl. I Nr. 160/2015 oder nach diesen Bundesgesetzen entsprechenden, landesgesetzlichen Regelungen errichtete Stiftungen oder Fonds mit Sitz im Inland, die ausschließlich der Erfüllung von Aufgaben der Forschungsförderung dienen, wenn

a) diese nicht auf Gewinnerzielung ausgerichtet sind,

b) seit mindestens einem Jahr nachweislich im Bereich der Forschungsförderung tätig sind und

c) die Empfänger der Fördermittel im Wesentlichen Begünstigte gemäß Z 1 und 3 sowie Abs. 3 Z 3 oder begünstigte Körperschaften im Sinne des Abs. 3, die unmittelbar begünstigten Zwecken nach Abs. 2 Z 3 dienen, sind.

GemRefG 2023
Gesetzesmaterialien

Derartigen Stiftungen oder Fonds sind diesen entsprechende ausländische Einrichtungen mit Sitz in einem Mitgliedstaat der Europäischen Union oder einem Staat, mit dem eine umfassende Amtshilfe besteht, gleichzuhalten;

5. die Österreichische Nationalbibliothek, die GeoSphere Austria gemäß dem GeoSphere Austria-Gesetz (GSAG), BGBl. I Nr. 60/2022, die OeAD GmbH gemäß dem OeAD-Gesetz (OeADG), BGBl. I Nr. 99/2008, und das Österreichische Filminstitut gemäß § 1 des Filmförderungsgesetzes, BGBl. Nr. 557/1980;

6. Österreichische Museen
a) von Körperschaften des öffentlichen Rechts;
b) von anderen Rechtsträgern, wenn diese Museen einen den Museen von Körperschaften des öffentlichen Rechts vergleichbaren öffentlichen Zugang haben und Sammlungsgegenstände zur Schau stellen, die in geschichtlicher, künstlerischer oder sonstiger kultureller Hinsicht von überregionaler Bedeutung sind. Der Bundesminister für Finanzen wird ermächtigt, im Einvernehmen mit dem Bundesminister für Kunst, Kultur, öffentlichen Dienst und Sport mit Verordnung Kriterien zur Beurteilung der überregionalen Bedeutung eines Museums festzulegen;

7. das Bundesdenkmalamt und der Denkmalfonds gemäß § 33 Abs. 1 des Denkmalschutzgesetzes (DMSG), BGBl. Nr. 533/1923;

8. die Internationale Anti-Korruptions-Akademie (IACA);

9. die Diplomatische Akademie und vergleichbare Einrichtungen mit Sitz in einem Mitgliedstaat der Europäischen Union oder einem Staat, mit dem eine umfassende Amtshilfe besteht;

10. Einrichtungen mit Sitz in einem Mitgliedstaat der Europäischen Union oder einem Staat, mit dem eine umfassende Amtshilfe besteht, wenn sie den in Z 5 bis 7 genannten vergleichbar sind und der Förderung, Erhaltung, Vermittlung und Dokumentation von Kunst und Kultur in Österreich dienen;

11. das Hochkommissariat der Vereinten Nationen für Flüchtlinge (UNHCR);

12. Freiwillige Feuerwehren unbeschadet ihrer rechtlichen Stellung und Landesfeuerwehrverbände;

13. der Anerkennungsfonds für freiwilliges Engagement gemäß §§ 36 ff des Freiwilligengesetzes (FreiwG), BGBl. I Nr. 17/2012.

(7) Für die Spendenbegünstigung gilt Folgendes:

1. Zuwendungen an die in Abs. 3 genannten Einrichtungen sind nur abzugsfähig, wenn in der beim Finanzamt Österreich zu führenden Liste gemäß Abs. 5 Z 3 eine aufrechte Anerkennung als begünstigte Einrichtung ausgewiesen ist. Ein solcher Ausweis besteht ab dem in der Liste angegebenen Datum der Zuerkennung der Begünstigung (Abs. 5 Z 3) bis einschließlich dem in der Liste eingetragenen Datum des Widerrufs der Begünstigung (Abs. 5 Z 4).

2. Mitgliedsbeiträge sind in Höhe der satzungsgemäß von ordentlichen Mitgliedern zu entrichtenden Beiträge nicht abzugsfähig. Bezieht ein Steuerpflichtiger steuerfreie pauschale Reiseaufwandsentschädigungen gemäß § 3 Abs. 1 Z 16c oder ein steuerfreies Freiwilligenpauschale gemäß § 3 Abs. 1 Z 42, sind damit zusammenhängende Zuwendungen an die gleiche Einrichtung insoweit nicht abzugsfähig.

3. Zuwendungen an Rechtsträger gemäß § 1 Abs. 1 Publizistikförderungsgesetz 1984 (PubFG), BGBl. Nr. 369/1984, sind nicht abzugsfähig.

4. Zuwendungen, denen in einem unmittelbaren wirtschaftlichen Zusammenhang eine Gegenleistung gegenübersteht, sind nur insoweit abzugsfähig, als der gemeine Wert der Zuwendung mindestens das Doppelte des Wertes der Gegenleistung beträgt. Der dem gemeinen Wert der Gegenleistung entsprechende Teil der Zuwendung ist nicht abzugsfähig.

5. Werden Wirtschaftsgüter zugewendet, ist der gemeine Wert als Betriebsausgabe anzusetzen; der Restbuchwert ist nicht zusätzlich als Betriebsausgabe und der Teilwert nicht als Betriebseinnahme anzusetzen. Stille Reserven, die nach § 12 auf das zugewendete Wirtschaftsgut übertragen wurden, sind nachzuversteuern.

6. Zuwendungen an in Abs. 6 Z 2 und 12 genannte Einrichtungen sind nicht abzugsfähig, wenn sie durch eine Körperschaft im Sinne des § 1 Abs. 2 KStG 1988 erfolgen, die mit der Trägerkörperschaft dieser Einrichtung wirtschaftlich verbunden ist.

7. Die Zuwendung ist auf Verlangen der Abgabenbehörde durch Vorlage eines Beleges (§ 18 Abs. 1 Z 7) nachzuweisen. Auf Verlangen des Zuwendenden hat der Empfänger der Zuwendung eine Spendenbestätigung (§ 18 Abs. 1 Z 7) auszustellen.

GemRefG 2023
Gesetzesmaterialien

Zuwendungen zur Vermögensausstattung

§ 4b. (1) Zuwendungen aus dem Betriebsvermögen zum Zweck der ertragsbringenden Vermögensausstattung an privatrechtliche Stiftungen oder an damit vergleichbare Vermögensmassen (Stiftungen), die die Voraussetzungen nach den §§ 34 bis 47 BAO erfüllen und begünstigte Zwecke gemäß § 4a Abs. 2 verfolgen, gelten nach Maßgabe der folgenden Bestimmungen als Betriebsausgaben:

1. Im Wirtschaftsjahr sind Zuwendungen insoweit abzugsfähig, als sie 10% des Gewinnes vor Berücksichtigung von Zuwendungen gemäß § 4a und § 4c und vor Berücksichtigung eines Gewinnfreibetrages nicht übersteigen.
2. Soweit eine Berücksichtigung als Betriebsausgabe gemäß Z 1 nicht in Betracht kommt, kann die Zuwendung gemäß § 18 Abs. 1 Z 8 lit. a bis c als Sonderausgabe berücksichtigt werden.
3. Soweit eine Berücksichtigung einer Zuwendung gemäß Z 1 und 2 nicht in Betracht kommt, kann diese Zuwendung auf Antrag in den folgenden neun Veranlagungszeiträumen zusammen mit Zuwendungen des jeweiligen Jahres nach Maßgabe der Z 1 bis 2 abgezogen werden.
4. Zuwendungen an Rechtsträger gemäß § 1 Abs. 1 PubFG sind nicht abzugsfähig.
5. Zum Zeitpunkt der Zuwendung muss die Anerkennung als begünstigte Einrichtung aus der Liste gemäß § 4a Abs. 5 Z 3 hervorgehen.
6. Erfolgt die Zuwendung zu einem Zeitpunkt, zu dem die Stiftung oder deren Vorgängerorganisation nicht bereits seit mindestens einem zwölf Monate umfassenden Wirtschaftsjahr ununterbrochen im Wesentlichen unmittelbar begünstigten Zwecken gemäß § 4a Abs. 2 gedient hat, gilt die Zuwendung abweichend von Z 5 dennoch als Betriebsausgabe, wenn die Voraussetzungen für die Aufnahme der Stiftung in die in § 4a Abs. 5 Z 3 genannte Liste nach Ablauf von mindestens einem zwölf Monate umfassenden Wirtschaftsjahr ab ihrer Errichtung vorliegen.

(2) Die Stiftung ist verpflichtet, die Erträge aus der Verwaltung der zugewendeten Vermögenswerte spätestens mit Ablauf des siebten Jahres nach dem Kalenderjahr des Zuflusses dieser Erträge ausschließlich für die in der Rechtsgrundlage angeführten begünstigten Zwecke gemäß § 4a Abs. 2 zu verwenden. Als Verwendung für diese Zwecke gilt auch die Einstellung der jährlichen Erträge in eine Rücklage im Ausmaß

1. von höchstens 80% in den ersten fünf Wirtschaftsjahren ab der Gründung der Stiftung und
2. ansonsten von höchstens 50%.

(3) Eine Verwendung der zugewendeten Vermögenswerte unmittelbar für die in der Rechtsgrundlage angeführten begünstigten Zwecke ist bis Ablauf des der Zuwendung zweitfolgenden Kalenderjahres nur bis zu einer Höhe von 50% zulässig.

(4) Die Stiftung hat einen Zuschlag zur Körperschaftsteuer in Höhe von 30% der zugewendeten abzugsfähigen Beträge oder des abzugsfähigen gemeinen Wertes der zugewendeten Wirtschaftsgüter zu entrichten, wenn sie

1. entgegen Abs. 1 Z 6 die Voraussetzungen für die Aufnahme in die in § 4a Abs. 5 Z 3 genannte Liste nach Ablauf von einem zwölf Monate umfassenden Wirtschaftsjahr ab ihrer Errichtung nicht erfüllt oder
2. die zugewendeten Vermögenswerte entgegen Abs. 3 verwendet oder
3. innerhalb von fünf Jahren nach dem Zeitpunkt der Zuwendung in der in § 4a Abs. 5 Z 3 genannten Liste als nicht mehr begünstigt ausgewiesen wird.

(5) Ist der auf Grund von Abs. 4 Z 1 vorgeschriebene Betrag bei der Stiftung nicht einbringlich, gilt die Nichtaufnahme in die in § 4a Abs. 5 Z 3 genannte Liste für den Zuwendenden als rückwirkendes Ereignis im Sinne des § 295a BAO."

EB: Die zentrale Bestimmung des § 4a soll gestrafft und neu strukturiert werden. Hinsichtlich der spendenbegünstigten Empfänger sollen zwei Gruppen zu unterscheiden sein: Empfänger, die einen begünstigten Zweck verfolgen und beim zuständigen Finanzamt Österreich einen Antrag auf Erteilung der Spendenbegünstigung stellen müssen, sowie Empfänger, die bereits auf Grund des Gesetzes begünstigt sind.

Für die erste Gruppe sollen in Abs. 2 die begünstigten Zwecke und in Abs. 3 die begünstigungsfähigen Einrichtungen aufgezählt werden. In Abs. 4 sollen die zusätzlichen Voraussetzungen für die Spendenbegünstigung und in Abs. 5 das Verfahren näher geregelt werden. Die zweite Gruppe soll im neuen Abs. 6 geregelt werden. Abs. 7 soll zusätzliche Regelungen enthalten.

Begünstigte Zwecke: Anknüpfung an Gemeinnützigkeit und Mildtätigkeit iSd BAO
Der sachliche Anwendungsbereich der Spendenbegünstigung gemäß § 4a soll zukünftig durch die Verfolgung von gemeinnützigen oder mildtätigen Zwecken iSd Bundesabgabenordnung (BAO) abgegrenzt

GemRefG 2023
Gesetzesmaterialien

werden. Spendenbegünstigte Zwecke sollen somit zukünftig alle Zwecke sein, die als gemeinnützig oder mildtätig iSd §§ 35 oder 37 BAO anzusehen sind.

Diese Erweiterung soll aber nicht dazu führen, dass jede auf Grund der Verfolgung von gemeinnützigen oder mildtätigen Zwecken abgabenrechtlich begünstigte Körperschaft automatisch auch spendenbegünstigt ist. Für die Erlangung der Spendenbegünstigung sollen zum Schutze des Vertrauens der Spenderinnen und Spender vielmehr weiterhin zusätzliche Voraussetzungen gelten, die aber modernisiert und angepasst werden sollen. Dies macht weiterhin ein gesondertes, modernisiertes Anerkennungsverfahren erforderlich (siehe dazu unten).

Die Neuregelung des sachlichen und persönlichen Anwendungsbereiches der Spendenbegünstigung gemäß § 4a führt dazu, dass der derzeitige stark differenzierte Katalog an begünstigten Zwecken zu einem wesentlichen Teil entfallen kann. Neben dem dadurch entstehenden Grundtatbestand für die Spendenbegünstigung erübrigen sich somit bestehende Regelungen etwa hinsichtlich des Umwelt-, Natur- und Artenschutzes, der Entwicklungs- oder Katastrophenhilfe sowie der Förderung von Kunst und Kultur. All diese begünstigten Zwecke sind von der umfassenden Anknüpfung an die gemeinnützigen Zwecke erfasst. Bereiche wie Sport, Bildung und Jugendförderung oder Förderung der Demokratiebildung, die bisher nicht begünstigt waren, müssen daher nicht explizit in den § 4a aufgenommen werden.

Um keine Verschlechterung gegenüber der bisherigen Rechtslage (§ 4a Abs. 2 Z 1 iVm Abs. 3 Z 4 und 5) zu bewirken, ist eine Sonderregelung im Bereich Forschung und Erwachsenenbildung nötig: Als begünstigter Zweck gelten soll auch die Durchführung von wissenschaftlichen Forschungsaufgaben, der Entwicklung und Erschließung der Künste, oder der Erwachsenenbildung dienenden Lehraufgaben, welche die wissenschaftliche oder künstlerische Lehre betreffen und dem Universitätsgesetz 2002 entsprechen, sowie damit verbundene wissenschaftliche und künstlerische Publikationen und Dokumentationen durch die in § 4a Abs. 3 Z 3 und 4 genannten Einrichtungen, soweit nicht Z 1 greift. Die genannten Einrichtungen sind mit Forschungs- oder Lehraufgaben im Wesentlichen befasste juristisch unselbständige Einrichtungen von Gebietskörperschaften oder eine juristische Personen, an denen entweder eine oder mehrere Gebietskörperschaften oder eine oder mehrere Körperschaften im Sinne des § 4a Abs. 6 Z 1, 3 oder 4 zumindest mehrheitlich beteiligt sind. Für diese soll wie bisher nicht das Gemeinnützigkeitsregime in § 4a Abs. 4 Z 1, sondern eine inhaltlich der Gemeinnützigkeit angepasste, aber formal nicht auf das Vorliegen der Gemeinnützigkeit abstellende Regelung in § 4a Abs. 4 Z 2 gelten.

Für die Körperschaften und Einrichtungen, die in den Grundtatbestand der Spendenbegünstigung fallen, soll der formelle Zugang zur Spendenbegünstigung einheitlich gestaltet werden. Insbesondere sollen die Sonderregelungen für die Kunst und Kultur (insbesondere die Voraussetzung von in der Transparenzdatenbank ausgewiesenen Förderungen) entfallen.

Dabei soll es hinsichtlich gemeinnütziger Zwecke zu keiner Einschränkung des Tätigkeitsortes kommen. Gemeinnützige Zwecke können somit grundsätzlich weltweit verfolgt werden. Bisher bestehende Sonderregelungen für begünstigte Tätigkeiten außerhalb Österreichs können somit entfallen. Eine im Ergebnis der derzeit geltenden Rechtslage entsprechende Einschränkung ergibt sich somit nur mehr aus dem Gemeinnützigkeitsrecht, wo eine überwiegende Inlandsförderung bei Körperschaften mit Sitz in einem Drittland erforderlich ist. Auch für die Anknüpfung an die Förderung mildtätiger Zwecke soll es keine örtliche Einschränkung mehr geben.

Wie bisher sollen Mitgliedsbeiträge an gemeinnützige oder mildtätige Vereine steuerlich nicht abzugsfähig sein, dh es sollen nur freigebige Zuwendungen, also Spenden, steuerlich begünstigt sein. Zur Verhinderung von missbräuchlichen Gestaltungen soll klargestellt werden, dass Zuwendungen an die gleiche Einrichtung nicht abzugsfähig sind, soweit sie in Zusammenhang mit von derselben Körperschaft erhaltenen steuerfreien pauschalen Reiseaufwandsentschädigungen oder einem steuerfreien Freiwilligenpauschale geleistet werden. Ein Indiz für einen solchen Zusammenhang können insb. annähernd gleich hohe Spenden und steuerfreie Zahlungen sein.

Der kirchliche Bereich soll wie bisher durch die steuerliche Absetzbarkeit der Kirchenbeiträge (§ 18 Abs. 1 Z 5) begünstigt sein.

Begünstigte Einrichtungen

Als begünstigte Einrichtungen sollen nunmehr allgemein Körperschaften im Sinne des § 1 Abs. 2 Z 1 und 2 sowie Abs. 3 Z 2 des Körperschaftsteuergesetzes 1988 in Betracht kommen, ebenso vergleichbare ausländische Körperschaften eines Mitgliedsstaates der Europäischen Union oder eines Staates, mit dem eine umfassende Amtshilfe besteht. Zur Sonderregelung iZm Forschungs- oder Lehraufgaben siehe bereits oben.

Der Kreis der begünstigten Einrichtungen soll dahingehend bereinigt werden, dass die Regelungen über Spendensammeleinrichtungen entfallen und bestehende Spendensammeleinrichtungen (bisher § 4a Abs. 5 Z 4 iVm Abs. 8 Z 3) in Mittelbeschaffungskörperschaften (bisher § 4a Abs. 5 Z 5 iVm Abs. 8 Z 4) übergeführt werden sollen. Mit den Änderungen soll das Regelungsgefüge des § 4a sprachlich, aber auch praktisch vereinfacht werden.

Dies soll für alle Antragstellungen auf Erteilung der Spendenbegünstigung nach dem 31. Dezember 2023 gelten. Eine Übergangsfrist soll aber für jene Spendenbegünstigungseinrichtungen vorgesehen sein, denen die Spendenbegünstigung bereits erteilt wurde. Sofern diese ihre Rechtsgrundlage nicht bereits an die Anforderungen der §§ 34 ff BAO unter Berücksichtigung des § 40a Z 1 BAO angepasst haben, haben sie die Möglichkeit, die Aufrechterhaltung der Begünstigung im Kalenderjahr 2024 noch unter den bisherigen Bedingungen zu erlangen. Sie haben daher ausreichend Zeit, ihre Rechtsgrundlage entsprechend anzupassen. Für diese Einrichtungen sollen die neuen Voraussetzungen daher erst für die neuerliche Verlängerung der Begünstigung im Jahr 2025 gelten.

Nachdem die Mittelbeschaffungskörperschaft nunmehr als einzige (teilweise) nicht operative Spendeneinrichtung verbleiben soll, ist auch eine gesonderte Regelung nicht erforderlich. Der Verweis auf § 40a Z 1 BAO soll unmittelbar in den geänderten Abs. 4 Z 1 lit. b übergeführt werden.

GemRefG 2023
Gesetzesmaterialien

Voraussetzungen für die Gewährung der Spendenbegünstigung

Die derzeit geltenden materiell-rechtlichen Voraussetzungen für die Spendenbegünstigung sollen auch weiterhin im Wesentlichen maßgeblich bleiben, aber weiterentwickelt werden. Dies betrifft ua neben einer fehlenden Gewinnabsicht und der Transparenz in Bezug auf die Mittelverwendung eine Mindestfrist (Mindestbestandsdauer), innerhalb derer die Körperschaft oder Einrichtung eine satzungsgemäße Tätigkeit zu entfalten hat. Nur so kann vor Erteilung der Spendenbegünstigung beurteilt werden, ob zusätzlich zur gesetzeskonformen Rechtsgrundlage auch eine solche tatsächliche Geschäftsführung tritt. Dies ist in Hinblick auf die Sensibilität der Spendenbegünstigung in Bezug auf das Vertrauen der Spender von besonderer Relevanz. Allerdings soll diese Mindestfrist von derzeit drei Jahren auf ein zwölf Monate umfassendes Wirtschaftsjahr verkürzt werden.

Die Ausweitung der spendenbegünstigten Zwecke auf alle Zwecke, die als gemeinnützig oder mildtätig iSd BAO anzusehen sind, erfordert über die schon derzeit bestehenden Regelungen hinaus eine zusätzliche Voraussetzung für die Spendenbegünstigung. Da gerade das Spendenrecht ein Rechtsbereich ist, in dem das Vertrauen der Spender gegenüber dem konkreten Empfänger, aber auch das Vertrauen der Allgemeinheit gegenüber dem Spendensektor im Gesamten von sehr großer Bedeutung ist, ist es erforderlich, dieses Vertrauen einem besonderen Schutz zu unterstellen. Daher sollen Körperschaften oder Einrichtungen die Spendenbegünstigung nicht erhalten bzw. verlieren, wenn von diesen Handlungen gesetzt oder geduldet werden, die geeignet sind, dieses Vertrauen zu schädigen.

Werden daher von begünstigten oder potentiell begünstigten Körperschaften bzw. Einrichtungen strafbare Handlungen gesetzt, stellt dies ein Hindernis für die Spendenbegünstigung dar. Es muss sich hierbei um Handlungen handeln, die der Körperschaft bzw. Einrichtung zurechenbar sind und von dieser zu verantworten (§ 3 VbVG) sind. Schädlich ist es daher, wenn über die Körperschaft oder deren Vorgängerorganisation innerhalb der vorangegangenen zwei Jahre eine Verbandsgeldbuße iSd Verbandsverantwortlichkeitsgesetzes (VbVG) wegen einer gerichtlich strafbaren Handlung oder eines vorsätzlich begangenen Finanzvergehens im Sinne des Finanzstrafgesetzes (FinStrG) (ausgenommen Finanzordnungswidrigkeiten) rechtskräftig verhängt wurde (§ 4a Abs. 4 Z 3 lit. d).

Wurden daher innerhalb der vorangegangenen fünf Kalenderjahre von begünstigten oder potentiell begünstigten Körperschaften oder Einrichtungen derartige Handlungen gesetzt, die innerhalb der dem Beurteilungszeitpunkt durch die Abgabenbehörde vorangegangenen zwei Jahren zur rechtskräftigen Verhängung einer Verbandsgeldbuße geführt haben, liegen die Voraussetzungen für eine Erteilung der Spendenbegünstigung nicht vor bzw. kann diese entzogen werden. Auch in diesem Fall soll die Entziehung nur für die Zukunft gelten. Damit ist der Vertrauensschutz der Spender gewahrt. Bei einem Widerruf soll eine speziellere Regelung gelten: Diesfalls kann bei einer neuerlichen Antragstellung die Spendenbegünstigung nur dann zuerkannt werden, wenn innerhalb der in § 4a Abs. 4 Z 1 lit. b erster Satz genannten Frist, dh innerhalb des nächsten vollen Wirtschaftsjahrs ab dem Widerruf, keine Widerrufsgründe vorliegen. Die Körperschaft muss daher nach Entzug der Spendenbegünstigung bei neuerlicher Antragstellung darlegen, dass die Widerrufsgründe in einem Zeitraum von mindestens einem zwölf Monate umfassenden Wirtschaftsjahr nicht vorliegen (also z.B. nach dem Entzug aufgrund einer Verurteilung keine neuerliche Verurteilung erfolgt ist).

Dies gilt auch, wenn Entscheidungsträger oder Mitarbeiter iSd § 2 Abs. 1 und 2 VbVG der Körperschaft oder Einrichtung wegen der genannten strafbaren Handlungen, oder wegen vorsätzlich, nicht vom Gericht zu ahndender Finanzvergehen im Sinne des FinStrG (ausgenommen Finanzordnungswidrigkeiten), für die die Körperschaft im Sinne des § 3 VbVG verantwortlich ist, rechtskräftig bestraft wurden. Eine Körperschaft ist nach § 3 VbVG dann für die Handlungen ihrer Entscheidungsträger oder Mitarbeiter verantwortlich, wenn die Handlungen zu Gunsten der Körperschaft oder Einrichtung begangen worden sind oder durch sie deren Pflichten verletzt worden sind, und die Körperschaft die Begehung der Tat dadurch ermöglicht oder wesentlich erleichtert hat, indem deren Entscheidungsträger die nach den Umständen gebotene und zumutbare Sorgfalt außer Acht gelassen haben, insbesondere indem sie wesentliche technische, organisatorische oder personelle Maßnahmen zur Verhinderung solcher Taten unterlassen haben. Sonstige strafbare Handlungen von Entscheidungsträgern oder Mitarbeitern sind somit nicht schädlich.

§ 4a Abs. 4 Z 3 lit. e soll im Sinne der Einheitlichkeit der Rechtsordnung gewährleisten, dass durch die Körperschaft steuerlich abzugsfähige Spenden direkt oder indirekt nicht systematisch dazu genützt werden, strafbare Handlungen zu fördern, die methodisch und im Interesse der Körperschaft vorsätzlich begangen werden. Zwar kann eine Verwendung von wesentlichen Mitteln der Körperschaft für solche Zwecke den Verlust der Gemeinnützigkeit nach sich ziehen, allerdings soll für die Spendenbegünstigung ein höherer Standard gelten: Werden Mittel der Körperschaft in einem Ausmaß, das – in Relation zum Spendenaufkommen – nicht bloß untergeordnet ist, systematisch verwendet, um den handelnden Personen die in Bezug auf die Ziele der Körperschaft methodische Begehung strafbarer Handlungen zu erleichtern, indem insbesondere das finanzielle Risiko durch Übernahme von Strafen abgefedert wird, steht dies nicht im Einklang mit den Zielen der Spendenbegünstigung. In einem solchen Fall liegen die Voraussetzungen für eine Erteilung der Spendenbegünstigung nicht vor bzw. kann diese entzogen werden. Dabei kommt es nicht auf die Begehung der strafbaren Handlungen durch der Körperschaft nahestehende Personen an, sondern alleine auf den Umstand, dass die Körperschaft selbst die Begehung im dargestellten Sinn fördert. Bei der Beurteilung des § 4a Abs. 4 Z 3 lit. e ist die Erheblichkeit der Rechtsgutbeeinträchtigung (insbesondere die Beeinträchtigung der körperlichen Integrität) durch die strafbare Handlung maßgeblich einzubeziehen. Bei einem Widerruf kann bei einer neuerlichen Antragstellung die Spendenbegünstigung nur dann zuerkannt werden, wenn innerhalb der in Abs. 4 Z 1 lit. b erster Satz genannten Frist keine Widerrufsgründe vorliegen.

Dagegen soll für die Spendenbegünstigung nicht schädlich sein, wenn für die Übernahme solcher Kosten Mittel aufgewendet werden, die im Verhältnis zum Spendenaufkommen bloß untergeordnet sind. Gleiches soll gelten, wenn solche Kosten bloß im Einzelfall (und somit nicht systematisch) ersetzt werden. Damit soll im Sinne der Verhältnismäßigkeit gewährleistet sein, dass das Einstehen von Organisationen für Handlungen, die nicht methodisch (also nicht als ein Mittel zur Zweckverfolgung) erfolgen, nicht zu einem Verlust der Spendenbegünstigung führen kann.

GemRefG 2023
Gesetzesmaterialien

Erleichterungen im Verfahren zur Anerkennung der Spendenbegünstigung

Die verfahrensrechtlichen Bestimmungen des § 4a sollen aus dem Schlussteil des bisherigen Abs. 8 in einen eigenen Absatz verschoben werden. In Bezug auf die zu erfüllenden materiell-rechtlichen Voraussetzungen für die Erteilung der Spendenbegünstigung für alle nicht ex lege begünstigten spendenbegünstigten Einrichtungen ist nach geltender Rechtslage eine jährliche Prüfung der gesetzlichen Voraussetzungen durch einen Wirtschaftsprüfer erforderlich.

Diese jährlich erforderliche Bestätigung eines Wirtschaftsprüfers stellt gerade für kleine Vereine eine erhebliche finanzielle Belastung dar. Aus diesem Grund, um aber auch weiterhin effektive Überprüfungs und Kontrollmechanismen sicherzustellen, soll für kleinere Vereine ein vereinfachtes Verfahren auf Basis eines durch einen berufsmäßigen Parteienvertreter gem. Wirtschaftstreuhandberufsgesetz (WTBG) 2017 elektronisch im Wege von FinanzOnline übermittelten Antrags- und Meldeformulars, für das der Bundesminister für Finanzen durch Verordnung ein verbindliches technisches Format festlegen können soll, vorgesehen werden. Das jährliche „Prüfungsintervall" soll somit beibehalten werden. Dem Antrag soll die geltende Rechtsgrundlage der Körperschaft beizulegen sein. Da die Rechtsgrundlage einen notwendigen Bestandteil (Inhalt) des Antrages darstellt, ist sie in der Amtssprache Deutsch zu übermitteln. Das erwähnte Antrags- und Meldeformular soll für alle (in- und ausländischen) Einrichtungen gelten und verwendet werden.

Körperschaften, die nicht der Pflicht zur Abschlussprüfung durch einen Abschlussprüfer unterliegen, sollen die erstmalige Aufnahme in die in Abs. 5 Z 3 genannte Liste mittels amtlichen Formulars zu beantragen haben. Die Erfüllung der Voraussetzungen für den Verbleib auf der in Abs. 5 Z 3 genannten Liste soll jährlich innerhalb von neun Monaten nach dem Ende des Rechnungsjahres bzw. Wirtschaftsjahres mittels amtlichen Formulars zu bestätigen sein. Die Formulare sollen durch einen berufsmäßigen Parteienvertreter gem. WTBG 2017 elektronisch im Wege von FinanzOnline zu übermitteln sein.

Zusätzlich zum Formular sollen Einrichtung, die gesetzlich oder auf Grund ihrer Satzung zur Abschlussprüfung durch einen Abschlussprüfer verpflichtet sind, wie bisher eine Bestätigung eines Wirtschaftsprüfers übermitteln müssen. Das Vorliegen der Voraussetzungen des Abs. 4 sowie die Einhaltung der anzuwendenden Rechnungslegungsvorschriften sind daher von einem Wirtschaftsprüfer (bzw. einer Wirtschaftsprüfungsgesellschaft) jährlich im Rahmen einer den Anforderungen der §§ 268 ff des Unternehmensgesetzbuches (UGB) entsprechenden Prüfung zu bestätigen. Die Bestimmungen des § 275 UGB gelten sinngemäß. Diese Bestätigung und ggf. die geänderte Rechtsgrundlage sind dem Finanzamt Österreich jährlich innerhalb von neun Monaten nach dem Abschlussstichtag vorzulegen. Wird die Aufnahme in die Liste erstmalig beantragt, sind die aktuelle Rechtsgrundlage, die Bestätigungen des Wirtschaftsprüfers für das vorangegangene Geschäftsjahr und, wenn vorhanden, die Zahl, unter der die Körperschaft im Zentralen Vereinsregister oder im Firmenbuch erfasst ist, dem Finanzamt Österreich zu übermitteln.

Bisher muss jedes Jahr ein Antrag auf Verlängerung der Anerkennung als begünstigter Spendenempfänger gestellt und vom Finanzamt Österreich ein neuer Bescheid erlassen werden. Das Finanzamt Österreich soll künftig die Erfüllung der gesetzlichen Voraussetzungen für die erstmalige Aufnahme in die Liste gemäß Abs. 5 Z 3 mit Bescheid feststellen, die Körperschaft erfassen und sämtliche Körperschaften, die diesen Voraussetzungen entsprechen, auf der Webseite des Bundesministeriums für Finanzen in einer Liste veröffentlichen. In dieser Liste ist das Datum, zu dem die Spendenbegünstigung bescheidmäßig erteilt wurde, zu veröffentlichen. Ab diesem Datum ist eine Spende an die Körperschaft steuerlich abzugsfähig. Um das Verfahren zu vereinfachen, soll zukünftig eine „automatische" Verlängerung erfolgen, sofern die Einrichtung durch einen berufsmäßigen Parteienvertreter gem. WTBG 2017 eine Meldung übermittelt und im Falle einer Verpflichtung zur Abschlussprüfung eine positive Bestätigung eines Wirtschaftsprüfers vorliegt. Das Finanzamt kann wie bisher jederzeit Auskünfte verlangen und Außenprüfungen durchführen.

Wird im Zuge der jährlichen Meldung oder auf Grund einer Außenprüfung festgestellt, dass die Körperschaft bzw. Einrichtung die Voraussetzungen für die Spendenbegünstigung nicht mehr erfüllt, soll diese mit Bescheid widerrufen werden. Dies soll auch für den Fall gelten, dass keine weitere Meldung oder Bestätigung eines Wirtschaftstreuhänders vorliegt. Die Wirkungen des Widerrufs sollen wie bisher mit der Veröffentlichung der Beendigung der Begünstigung in der Liste der begünstigten Körperschaften eintreten. Damit ist der Vertrauensschutz der Spender auch weiterhin gewahrt.

Sonderregelungen für bestimmte Körperschaften

Nach bisheriger Gesetzeslage kommt einer beträchtlichen Zahl von Körperschaften die Spendenbegünstigung zu, die zwar im Großen und Ganzen die abstrakte Voraussetzung der Verfolgung gemeinnütziger Zwecke erfüllen, allerdings nicht (zur Gänze) die übrigen Voraussetzungen für die Gewährung abgabenrechtlicher Begünstigungen nach den §§ 34 ff BAO. Zur Verhinderung des Entfalls der Begünstigung für solche Körperschaften – in vielen Fällen handelt es sich dabei um Körperschaften des öffentlichen Rechts – sind Regelungen in Bezug auf diese Körperschaften und die von ihnen verfolgten Zwecke weiterhin im Gesetz erforderlich.

Dies betrifft folgende Körperschaften:

1. Die im derzeitigen § 4a Abs. 3 Z 1 bis 3 genannten Körperschaften und Einrichtungen. Dies sind insbesondere die Universitäten, die Akademie der Wissenschaften, deren Fakultäten und Institute oder durch Bundes- oder Landesgesetz eingerichtete Fonds zur Forschungsförderung.

Im neuen § 4a Abs. 6 Z 1 soll die Liste der spendenbegünstigten Hochschulen aktualisiert werden. Privathochschulen sind bisher gemäß § 6 Abs. 2 PrivHG spendenbegünstigt, Fachhochschulen gemäß § 2 Abs. 7 FHG und das ISTA gemäß § 12 Abs. 4 ISTAG. Diese Spendenbegünstigungen sollen in diesen Gesetzen gestrichen und zentral in § 4a gesammelt werden. Neu in der Auflistung soll das Institute of Digital Sciences Austria sein.

2. Die im jetzigen § 4a Abs. 4 genannten Körperschaften bzw. Einrichtungen zur Erfüllung der ihnen zukommenden Zwecke. Dies sind insbesondere die Österreichische Nationalbibliothek, das Österreichische Filminstitut, Museen, das Bundesdenkmalamt, die Internationale Anti-Korruptions-Akademie und vergleichbare

Einrichtungen mit Sitz in einem EU-Staat oder einem Staat, mit dem eine umfassende Amtshilfe besteht. Nicht mehr gesondert geregelt sein sollen Dachverbände zur Förderung des Behindertensportes. Durch die allgemeine Anknüpfung an die Verfolgung gemeinnütziger Zwecke sind auch Sportvereine in Zukunft erfasst. Eine Sonderregelung für bestimmte Sportvereine ist daher nicht mehr erforderlich.

Im neuen § 4a Abs. 6 werden das Österreichische Archäologische Institut und das Institut für Österreichische Geschichtsforschung gestrichen: das Österreichische Archäologische Institut ist seit 2016 Teil der Österreichischen Akademie der Wissenschaften, welche nach § 4a Abs. 6 Z 1 spendenbegünstigt ist. Das Institut für Österreichische Geschichtsforschung ist inzwischen Teil der Universität Wien, welche ebenfalls nach § 4a Abs. 6 Z 1 spendenbegünstigt ist. Eine separate Nennung der beiden Institute ist daher nicht mehr notwendig. Dagegen sollen die GeoSphere Austria gemäß GSAG (ehemalige ZAMG) sowie die OeAD GmbH gemäß OeADG neu in die Spendenbegünstigung aufgenommen werden.

3. Die im derzeitigen § 4a Abs. 6 genannten Einrichtung zur Erfüllung von Aufgaben folgender hoheitlicher Zwecke: Feuerpolizei, örtliche Gefahrenpolizei und Katastrophenschutz. Das sind die freiwilligen Feuerwehren und die Landesfeuerwehrverbände.

Im künftig ebenfalls begünstigten Bildungsbereich besteht die Problematik, dass nicht alle zukünftig als begünstigt intendierten Körperschaften bzw. Einrichtungen die Voraussetzungen nach den §§ 34 ff BAO erfüllen können.

Öffentliche Kindergärten und Schulen (iSd Art. 14 Abs. 6 B-VG) im Rahmen ihrer Teilrechtsfähigkeit bzw. zweckgebundenen Gebarung gemäß § 128b des Schulorganisationsgesetzes (d.h. von Gebietskörperschaften) sowie Kindergärten und Schulen (im Sinne des Art. 14 Abs. 7 B-VG) mit Öffentlichkeitsrecht anderer Körperschaften des öffentlichen Rechts (insb. kirchliche Schulen) sollen schon dem Gesetz nach spendenbegünstigt sein. Dazu können auch Musikschulen mit Öffentlichkeitsrecht zählen. Ebenso begünstigt sein sollen die (derzeit acht) Österreichischen Auslandsschulen (ÖAS), an denen nach österreichischem Lehrplan (mit curricularen Adaptierungen gemäß den landesspezifischen Bestimmungen) unterrichtet wird. Unter Kindergärten sollen – unabhängig von den unterschiedlichen Definitionen in den Landesgesetzen – Kinderbetreuungseinrichtungen bis zum Eintritt der Schulpflicht zu verstehen sein.

Alle anderen Bildungseinrichtungen können, sofern sie die Gemeinnützigkeitskriterien erfüllen, einen Antrag an das Finanzamt Österreich auf bescheidmäßige Anerkennung als begünstigte Einrichtung stellen. Wird ihnen ein Spendenbegünstigungsbescheid erteilt, werden sie in die Liste der spendenbegünstigten Einrichtungen aufgenommen. Diese Bildungseinrichtungen sollen somit den gleichen Anforderungen unterliegen wie andere gemeinnützige Organisationen. Somit sind Betriebskindergärten nicht begünstigt, weil sie nicht öffentlich zugänglich und damit nicht gemeinnützig sind.

Abzugsfähig sollen auch in diesem Bereich entsprechend der bestehenden Regelung nur Spenden sein, dh freigebige Zuwendungen. Entgelte für die Erbringung von Bildungsleistungen sowie gesonderte Kostenersätze für im Rahmen von Bildungsleistungen anfallende Aufwendungen von Bildungseinrichtungen sind nicht abzugsfähig. Mitgliedsbeiträge und Gegenleistungen können nicht abgezogen werden. Schulgelder, Kursgebühren und ähnliche Entgelte für die Erbringung von Bildungsleistungen dürfen nicht als Spende geltend gemacht werden. Unechte Spenden oder verdeckte Schulgelder sollen nicht abzugsfähig sein. Dies gilt auch für gesonderte Kostenersätze für im Rahmen von Bildungsleistungen anfallende Aufwendungen wie z. B. Kopiergelder oder Unkostenbeiträge.

Weiters soll auch das UNHCR (Hochkommissariat der Vereinten Nationen für Flüchtlinge) als begünstigte Einrichtung unmittelbar im Gesetz genannt werden. Ebenso soll der Anerkennungsfonds für freiwilliges Engagement gemäß §§ 36 ff des Freiwilligengesetzes ex lege begünstigt werden. Dieser Fonds dient ausschließlich gemeinnützigen Zwecken und gilt abgabenrechtlich als Körperschaft öffentlichen Rechts. Zuwendungen aus dem Fonds können natürlichen und juristischen Personen gewährt werden, die zur Entwicklung oder tatsächlichen Durchführung von innovativen Maßnahmen, besonderen Aktivitäten oder Initiativen zur nachhaltigen Sicherung des freiwilligen Engagements in Österreich beitragen.

Museen von Körperschaften des öffentlichen Rechts sowie des privaten Rechts sollen auch weiterhin ex lege spendenbegünstigt sein.

Weitere Regelungen

Eine weitere Verbesserung gegenüber der derzeitigen Rechtslage soll in Zusammenhang mit den wirtschaftlichen Tätigkeiten einer begünstigten Organisation in § 4a Abs. 4 Z 1 lit. c vorgesehen werden. Zu den unschädlichen wirtschaftlichen Tätigkeiten sollen künftig auch jene zählen, für die eine Ausnahmegenehmigung gemäß § 44 Abs. 2 BAO vorliegt.

Eine sprachliche Klarstellung soll beim Begriff der freigebigen Zuwendungen in Zusammenhang mit Gegenleistungen erfolgen (bisher § 4a Abs. 4 Z 1 lit. c). Entsprechend der bisherigen Verwaltungspraxis soll eine ausdrückliche Grenze festgelegt werden: Zuwendungen, denen in einem unmittelbaren wirtschaftlichen Zusammenhang eine Gegenleistung gegenübersteht, sollen nur insoweit abzugsfähig sein, als der gemeine Wert der Zuwendung mindestens das Doppelte des gemeinen Wertes der Gegenleistung beträgt bzw. die Gegenleistung höchstens 50% des Wertes der Zuwendung ausmacht. Der dem gemeinen Wert der Gegenleistung entsprechende Teil der Zuwendung soll nicht abzugsfähig sein (§ 4a Abs. 7 Z 4).

Außerdem soll die bestehende Regelung des § 4a Abs. 7 Z 3 angepasst werden: Zukünftig soll in § 4a Abs. 7 Z 6 geregelt sein, dass Zuwendungen an in Abs. 6 Z 2 und 12 genannten Einrichtungen (dh insb. Schulen und Freiwillige Feuerwehren) nicht abzugsfähig sein sollen, wenn sie durch eine Körperschaft im Sinne des § 1 Abs. 2 des Körperschaftsteuergesetzes 1988 erfolgen, die mit der Trägerkörperschaft dieser Einrichtung wirtschaftlich verbunden ist. Auf die wirtschaftliche Verbundenheit soll abgestellt werden, um sicherzustellen, dass die Regelung nicht nur im Verhältnis einer Kapitalgesellschaft zu einer ihr gesellschaftsrechtlich verbundenen Körperschaft zur Anwendung kommt, sondern auch im Verhältnis einer Trägerkörperschaft zu ihren Betrieben gewerblicher Art. Auch eine Zuwendung durch einen Betrieb gewerblicher Art oder eine

GemRefG 2023
Gesetzesmaterialien

Tochtergesellschaft einer Körperschaft öffentlichen Rechts, die zur Finanzierung der genannten spendenbegünstigten Einrichtungen verpflichtet ist, kann somit nicht als Betriebsausgabe geltend gemacht werden.
Die begünstigten Organisationen haben auch weiterhin die Verpflichtung zur Datenübermittlung für Spenden aus dem Privatvermögen zu beachten. Die diesbezügliche Verordnungsermächtigung soll erweitert werden, sodass sich mehrere Empfänger auch einer gemeinsamen Übermittlungsstelle bedienen können (§ 18 Abs. 8 Z 2 lit. d).
In § 18 Abs. 1 Z 7 soll für Spenden aus dem Privatvermögen neu geregelt werden, in welchen Fällen nicht nur Geld-, sondern auch Sachspenden abzugsfähig sein sollen. Dabei sollen Schulen und Kindergärten gemäß § 4a Abs. 6 Z 2 neu in den Kreis jener Einrichtungen aufgenommen werden, an die auch Sachspenden steuerwirksam geleistet werden können. Aufgrund des dortigen Verweises auf § 4a können dort einige Bestimmungen entfallen.
Eine Einschränkung des Spendenabzuges soll in Hinblick auf politischen Parteien nahestehende Parteiakademien erfolgen. Spenden an solche Einrichtungen sollen grundsätzlich nicht abzugsfähig sein (§ 4a Abs. 7 Z 3).
Werden Wirtschaftsgüter zugewendet, soll der gemeine Wert als Betriebsausgabe anzusetzen sein; der Restbuchwert soll nicht zusätzlich als Betriebsausgabe und der Teilwert nicht als Betriebseinnahme anzusetzen sein (§ 4a Abs. 7 Z 5 EStG 1988). Diese Regelung entspricht der bisherigen Rechtslage. Die Bestimmung soll lediglich sicherstellen, dass es zu keiner Mehrfachberücksichtigung von Zuwendungen kommt. Die einmalige Erfassung der Kosten für die zugewendeten Wirtschaftsgüter ist dadurch sichergestellt (als laufende Ausgabe, wenn das Wirtschaftsgut nicht mehr werthaltig ist, sonst Abzug des gemeinen Werts).
Weiterhin sollen Spenden nur dann abzugsfähig sein, wenn die Spendendaten von der begünstigten Einrichtung elektronisch an die Finanzverwaltung übermittelt werden. Allerdings soll in § 18 Abs. 8 Z 5 lit. a klargestellt werden, dass Spenden nur dann abzugsfähig sind, wenn die Datenübermittlung rechtskonform erfolgt. Wurde eine Datenübermittlung von der begünstigten Einrichtung unrichtigerweise vorgenommen, führt dies nicht zur Abzugsfähigkeit der Spende. In diesem Zusammenhang soll auch eine Haftung der Körperschaft oder Einrichtung für unrichtige Datenübermittlungen vorgesehen werden. Diese Haftung soll dann greifen, wenn die unrichtige Datenübermittlung der Körperschaft bzw. der Einrichtung zugerechnet werden kann. Davon ist auszugehen, wenn die Datenübermittlung vorsätzlich oder grob fahrlässig unrichtig vorgenommen und nicht korrigiert wird (z. B. Mitgliedsbeiträge werden als Spenden in die Datenübermittlung einbezogen). Diese Haftung soll jedoch nur dann eingreifen, wenn die dadurch entgangene Steuer beim Spender nicht einbringlich ist.
Dies soll zusätzlich zu den bestehenden Regelungen über die Abgabenhinterziehung bzw. grob fahrlässige Abgabenverkürzung gem. §§ 33 f FinStrG gelten, wo die Organisation als Beitragstäterin anzusehen sein kann. Auch eine Finanzordnungswidrigkeit nach § 51 FinStrG kann in diesem Zusammenhang in Betracht kommen.

Inkrafttreten
§§ 4a, 18 Abs. 1 Z 7 und Abs. 8 sollen mit 1. Jänner 2024 in Kraft treten und auf nach dem 31. Dezember 2023 getätigte freigebige Zuwendungen anzuwenden sein. Für die bescheidmäßige Erteilung der Spendenbegünstigung soll 2024 nach § 124b Z 441 ein Sonderregime gelten. Wird der Antrag bis 30. Juni 2024 gestellt, soll diese Eintragung bereits für Zuwendungen ab dem 1. Jänner 2024 Wirkung entfalten. Die bescheidmäßige Erteilung der Spendenbegünstigung soll vom Finanzamt Österreich bis längstens 31. Oktober 2024 in der Liste gemäß § 4a Abs. 5 Z 3 veröffentlicht werden. Dies soll jedoch nicht gelten, wenn der Antragsteller zur Behebung von Mängeln aufgefordert wurde oder ihm Ergänzungsaufträge oder Bedenkenvorhalte übermittelt wurden. Dies impliziert somit auch eine Rückwirkung einer stattgebenden Rechtsmittelentscheidung mittels Beschwerdevorentscheidung oder durch das Bundesfinanzgericht, wenn der Antrag bis zum 30. Juni 2024 gestellt wurde. Für zum 31. Dezember 2023 wirksame Spendenbegünstigungen soll die gemäß § 4a Abs. 5 Z 1 und 2 zu erbringende jährliche Bestätigung im Jahr 2024 als erbracht gelten. Dies soll sicherstellen, dass ein erwartbarer höherer Anfall an Spendenbegünstigungsanträgen in entsprechender Qualität bearbeitet werden kann.
Zum Inkrafttreten hinsichtlich Spendensammeleinrichtungen siehe bereits oben.

EB: § 4b über Zuwendungen zur Vermögensausstattung wurde durch das Gemeinnützigkeitsgesetz 2015 eingeführt. Die vom BMF gemeinsam mit dem Spendenbeirat durchgeführte Evaluierung des § 4b zeigte, dass die damals angestrebten Ziele noch nicht erreicht wurden. Um die Neugründung von gemeinnützigen Stiftungen zu fördern, soll die bisher befristete Regelung ins Dauerrecht überführt werden. Inhaltlich sollen die bestehenden Deckel gelockert und die Vorschriften über die Mittelverwendung flexibilisiert werden.

Befristung
§ 4b soll in das Dauerrecht überführt und daher die Befristung in § 124b Z 274 gestrichen werden.

Zuwendungsdeckel und Vortragsmöglichkeit von Zuwendungen
Der bisher bestehende Höchstbetrag der abzugsfähigen Zuwendung von 500.000 Euro (Summe aus Betriebs- und Sonderausgaben) soll ersatzlos entfallen. Die Deckelung der in einem Veranlagungszeitraum abzugsfähigen Zuwendung in Höhe von 10 % des Gewinns bzw. des Gesamtbetrags der Einkünfte soll – wie auch in § 4a – beibehalten werden. Allerdings soll, um eine sofortige höhere Vermögensstockausstattung zu gewährleisten, eine Vortragsmöglichkeit von dem 10%igen Zuwendungsdeckel liegenden Vermögensstockzuwendungen eingeführt werden. In Bezug auf eine einkommensbezogene Begrenzung abzugsfähiger Vermögensausstattungen stellt eine Vortragsfähigkeit der Zuwendung einen Anreiz dar, erforderliche höhere Summen in einem zuzuwenden und nicht aus steuerlichen Gründen auf mehrere Jahre aufzuteilen.

Beispiel:
A erzielt im Jahr X1 einen Gewinn von 700.000 Euro und hat einen Gesamtbetrag der Einkünfte von 1.000.000 Euro. Er wendet aus dem Betriebsvermögen ein Grundstück im Wert von 150.000 Euro nach § 4b zu. 70.000 Euro können als Betriebsausgabe gemäß § 4b geltend gemacht werden. 30.000 Euro sind als Sonderaus-

gabe gemäß § 18 abzusetzen. Die restlichen 50.000 Euro können auf Antrag in den folgenden neun Veranlagungszeiträumen (X2 – X10) nach den allgemeinen Regeln als Betriebs- oder Sonderausgabe abgezogen werden, dh im Jahr X2 als Betriebsausgabe innerhalb der 10%-Grenze, dann ggfs. als Sonderausgabe. Das gleiche gilt für einen allenfalls noch verbleibenden Betrag im Jahr X3 (ff).

Mittelverwendung
Die Regelungen zur Mittelverwendung in den ersten Jahren sollen flexibler gestaltet werden. Eine Verwendung der zugewendeten Vermögenswerte für die in der Rechtsgrundlage angeführten begünstigten Zwecke war bisher erst frühestens nach Ablauf des der Zuwendung zweitfolgenden Kalenderjahres möglich. Damit hat vielen Stiftungen das Geld gefehlt, um im geplanten Ausmaß operativ tätig werden zu können. Nun soll eine teilweise Verwendung der zugewendeten Vermögenswerte für die begünstigten Zwecke bereits in den ersten beiden Jahren möglich sein. Allerdings dürfen im Sinne des Zieles einer nachhaltigen Vermögenswidmung für begünstigte Zwecke sowie zur Abgrenzung von Spende und Vermögensstockzuwendung maximal 50% der zugewendeten Vermögenswerte im genannten Zeitraum für die begünstigten Zwecke verwendet werden. Auf diese Weise können Stiftungen gleich nach ihrer Gründung operativ tätig werden, andererseits ist gesichert, dass genügend Kapital verbleibt, das Erträge bringt.

Aber auch im Zusammenhang mit der zeitnahen Mittelverwendung soll es Erleichterungen geben. Bisher ist vorgesehen, dass die Stiftung die Erträge aus der Verwaltung der zugewendeten Vermögenswerte spätestens mit Ablauf des dritten Jahres nach dem Kalenderjahr des Zuflusses dieser Erträge ausschließlich für die in der Rechtsgrundlage angeführten begünstigten Zwecke zu verwenden hat. Als Verwendung für diese Zwecke gilt auch die Einstellung von höchstens 20% der jährlichen Erträge in eine Rücklage. Mit diesem Grundsatz der zeitnahen Mittelverwendung soll sichergestellt werden, dass Erträge nicht dauerhaft in der Stiftung angespart werden, sondern tatsächlich für begünstigte Zwecke verwendet werden. In manchen Fällen scheint es aber erforderlich, zunächst Erträge anzusparen, um später ausreichend Mittel für eine effiziente Zweckverwirklichung zur Verfügung zu haben. Es soll daher die Frist für die Mittelverwendung von drei auf sieben Jahre verlängert werden. Um „Endowments" zu erleichtern, sollen bis zu 80% der jährlichen Veranlagungserträge in den ersten fünf Wirtschaftsjahren ab der Gründung der Stiftung und danach 50% in eine Rücklage eingestellt werden können, ohne dass dies eine Verletzung der Verpflichtung zur zeitnahen Mittelverwendung darstellt. Zum 31. Dezember 2023 bestehende Stiftungen gemäß § 4b sollen abweichend zu § 4b Abs. 2 Z 1 in den ersten drei Wirtschaftsjahren, die nach dem 31. Dezember 2023 enden, bis zu 80% der jährlichen Erträge in eine Rücklage einstellen können.

Weitere Regelungen
Die bisher vorgesehene Frist für die Aufnahme in die Liste der spendenbegünstigten Einrichtungen von drei Jahren soll – entsprechend der Verkürzung in § 4a (siehe die Erläuterungen dort) – auf ein zwölf Monate umfassendes Wirtschaftsjahr verkürzt werden.

Eine Einschränkung des Abzuges von Vermögensstockzuwendungen soll in Hinblick auf politischen Parteien nahestehende Parteiakademien erfolgen. Zuwendungen an solche Einrichtungen sollen grundsätzlich nicht abzugsfähig sein.

Der bisher vorgesehene Zuschlag zur Körperschaftsteuer, wenn die Stiftung ihre Erträge nicht zeitnah verwendet, soll entfallen.

3. § 4c wird wie folgt geändert:
a) In Abs. 1 wird nach Z 2 folgende Z 3 angefügt:
„3. § 4b Abs. 1 Z 3 gilt sinngemäß."
b) In Abs. 2 wird der Verweis „§ 4b Abs. 1 Z 1 und Abs. 2 Z 3 lit. a" durch den Verweis „§ 4b Abs. 2" ersetzt.
EB: In § 4c Abs. 1 soll wie in § 4b eine Vortragsmöglichkeit für Zuwendungen zur ertragsbringenden Vermögensausstattung eingeführt werden.
Die Verweise in § 4c Abs. 2 sollen an die Änderungen in § 4b angepasst werden.

4. § 18 wird wie folgt geändert:
a) Abs. 1 Z 7 und 8 lauten:
„7. Freigebige Geldzuwendungen an spendenbegünstigte Einrichtungen gemäß § 4a insoweit, als sie zusammen mit derartigen Zuwendungen aus dem Betriebsvermögen insgesamt 10% des sich nach Verlustausgleich ergebenden Gesamtbetrages der Einkünfte nicht übersteigen. An begünstigte Körperschaften gemäß § 4a Abs. 6 Z 1 bis 3, 5 und 6 sowie an Einrichtungen mit Sitz in einem Mitgliedstaat der Europäischen Union oder einem Staat, mit dem eine umfassende Amtshilfe besteht, wenn sie den in § 4a Abs. 6 Z 5 und 6 genannten vergleichbar sind und die Förderung, Erhaltung, Vermittlung und Dokumentation von Kunst und Kultur in Österreich dienen, geleistete freigebige Zuwendungen sind auch abzugsfähig, wenn sie nicht in Geld geleistet werden.

Eine Zuwendung an einen Empfänger, der keine feste örtliche Einrichtung im Inland unterhält, ist durch den Zuwendenden auf Verlangen der Abgabenbehörde durch Vorlage eines Beleges nachzuweisen. Dieser Beleg hat jedenfalls zu enthalten den Namen der empfangenden Körperschaft, den Namen des Zuwendenden, den Betrag und das Datum der Zuwendung. Auf Verlangen des Zuwendenden ist durch einen Empfänger der Zuwendung, der keine feste örtliche Einrichtung im Inland unterhält, eine Spendenbestätigung auszustellen. In dieser Bestätigung sind neben den Inhalten, die ein Beleg jedenfalls zu enthalten hat, auch die Anschrift des Zuwendenden und die Registrierungsnummer, unter

GemRefG 2023
Gesetzesmaterialien

der die empfangende Einrichtung in die Liste begünstigter Spendenempfänger gemäß § 4a Abs. 5 Z 3 eingetragen ist, anzuführen. Die Bestätigung kann für alle von demselben Zuwendenden in einem Kalenderjahr getätigten Zuwendungen ausgestellt werden.

§ 4a Abs. 7 gilt mit Ausnahme von Z 5 und 6 entsprechend.

8. Zuwendungen zum Zweck der ertragsbringenden Vermögensausstattung an privatrechtliche Stiftungen oder an vergleichbare Vermögensmassen (Stiftungen) im Sinne des § 4b. Dabei gilt:

a) Im Kalenderjahr sind Zuwendungen insoweit abzugsfähig, als sie zusammen mit Zuwendungen aus dem Betriebsvermögen 10% des sich nach Verlustausgleich ergebenden Gesamtbetrages der Einkünfte vor Berücksichtigung von Zuwendungen gemäß Z 7 und Z 9 nicht übersteigen.

b) Soweit eine Berücksichtigung einer Zuwendung gemäß lit. a nicht in Betracht kommt, kann diese Zuwendung auf Antrag in den folgenden neun Veranlagungszeiträumen zusammen mit Zuwendungen des jeweiligen Jahres nach Maßgabe der lit. a als Sonderausgabe abgezogen werden.

Die Bestimmungen des § 4b gelten entsprechend."

b) In Abs. 8 Z 2 lit. d wird nach der Wortfolge „zu bedienen hat" *die Wortfolge* „bzw. sich mehrere Empfänger auch einer gemeinsamen Übermittlungsstelle bedienen können" *eingefügt.*

c) In Abs. 8 Z 4 lit. a und b wird jeweils der Verweis „§ 4a Abs. 7 Z 1" *durch den Verweis* „§ 4a Abs. 5 Z 3" *ersetzt.*

d) In Abs. 8 Z 5 lit. b entfällt der Verweis „des Art. 35 Abs. 10", *nach der Wortfolge* „für den Entfall der Datenschutz-Folgeabschätzung nach" *wird der Verweis* „Art. 35 Abs. 10" *eingefügt und es wird vor der lit. b die folgende lit. a eingefügt:*

„a) Wer vorsätzlich oder grob fahrlässig eine unrichtige Datenübermittlung vornimmt und diese nicht korrigiert, haftet für die entgangene Steuer."

5. In § 41 Abs. 1 wird folgende Z 18 angefügt:

„18. die Voraussetzungen gemäß § 3 Abs. 1 Z 42 nicht vorlagen."

6. In § 42 Abs. 1 Z 3 wird der Verweis „§ 41 Abs. 1 Z 1, 2, 5, 6, 7, 12, 13, 14, 15 oder 16" *durch den Verweis* „§ 41 Abs. 1 Z 1, 2, 5, 6, 7, 12, 13, 14, 15, 16, 17 oder 18" *ersetzt.*

7. § 124b wird wie folgt geändert:

a) In Z 152 wird im vorletzten Satz nach der Wortfolge „Für Zwecke der Evaluierung der Abzugsfähigkeit von Zuwendungen gemäß" *der Verweis* „§ 4a Z 3 und 4 sowie § 18 Abs. 1 Z 8" *durch den Verweis* „§§ 4a bis 4c sowie § 18 Abs. 1 Z 7 bis 9" *ersetzt.*

EB: Für Zwecke der Evaluierung der Abzugsfähigkeit von Zuwendungen gemäß § 4a Z 3 und 4 sowie § 18 Abs. 1 Z 8 ist nach § 124b Z 152 ein Prüfungsbeirat beim Bundesministerium für Finanzen einzurichten. Dieser sog. Spendenbeirat hat auch am vorliegenden Gesetz mitgewirkt. Die Verweise hinsichtlich seiner Kompetenzen sollen nun aktualisiert und auf die inzwischen dazugekommenen Bestimmungen in §§ 4b und 4c erweitert werden.

b) In Z 274 entfällt die Wortfolge „und vor dem 1. Jänner 2024".

c) Es werden folgende Z 441 bis 444 angefügt:

„441. § 3 Abs. 1 Z 3 lit. c, d und Z 6, § 4a sowie § 18 Abs. 1 Z 7 in der Fassung des Bundesgesetzes BGBl. I Nr. xxx/2023 treten mit 1. Jänner 2024 in Kraft. § 4a sowie § 18 Abs. 1 Z 7 sind erstmalig für freigebige Zuwendungen anzuwenden, die nach dem 31. Dezember 2023 erfolgen. Dabei gilt für die bescheidmäßige Erteilung der Spendenbegünstigung nach § 4a Abs. 5 Folgendes:

a) Die Körperschaft muss selbst bereits seit einem zwölf Monate umfassenden Wirtschaftsjahr bestehen und die Voraussetzungen des § 4a im Übrigen erfüllen oder aus einer Vorgängerorganisation (Organisationsfeld mit eigenem Rechnungskreis), die diese Voraussetzungen erfüllt hat, hervorgegangen sein.

b) Wird der Antrag gemäß § 4a Abs. 5 Z 1 bis 30. Juni 2024 gestellt, entfaltet die Eintragung in die Liste gemäß § 4a Abs. 5 Z 3 bereits für Zuwendungen ab dem 1. Jänner 2024 Wirkung. Die bescheidmäßige Erteilung der Spendenbegünstigung ist vom Finanzamt Österreich bis längstens 31. Oktober 2024 zu veröffentlichen, es sei denn, der Antragsteller wurde zur Behebung von Mängeln aufgefordert oder ihm Ergänzungsaufträge oder Bedenkenvorhalte übermittelt.

c) Die Bestätigungen des Wirtschaftsprüfers gemäß § 4a Abs. 5 Z 2 über das Vorliegen der in § 4a Abs. 4 genannten Voraussetzungen kann sich auf den Abschlussstichtag der Jahre 2022 oder 2023 beziehen und muss gemeinsam mit einer aktuellen Fassung der Rechtsgrundlage vorgelegt werden.

d) Für zum 31. Dezember 2023 wirksame Spendenbegünstigungen gilt die gemäß § 4a Abs. 5 Z 2 und 4 zu erbringende jährliche Bestätigung im Jahr 2024 als erbracht.

e) § 4a Abs. 5 Z 4 und 5 sowie Abs. 8 Z 3 und 4 in der Fassung vor dem Bundesgesetz BGBl. I Nr. xxx/2023 treten mit 31. Dezember 2023 außer Kraft. § 4a Abs. 4 Z 1 lit. b in der Fassung des Bundesgesetzes BGBl. I Nr. xxx/2023 ist anzuwenden auf Anträge für die Zuerkennung der Spendenbegünstigung gemäß § 4a, die nach dem 31. Dezember 2023 gestellt werden. Jedoch ist § 4a Abs. 5 Z 4 und Abs. 8 Z 3 in der Fassung vor dem Bundesgesetz BGBl. I Nr. xxx/2023 im Kalenderjahr 2024 noch anwendbar für begünstigte Einrichtungen nach § 4a Abs. 5 Z 4 in der Fassung vor dem Bundesgesetz BGBl. I Nr. xxx/2023, denen die Spendenbegünstigung vor dem 1. Jänner 2024 bescheidmäßig zuerkannt wurde.

442. § 3 Abs. 1 Z 42, § 41 Abs. 1 Z 18 und § 42 Abs. 1 Z 3 in der Fassung des Bundesgesetzes BGBl. I Nr. xxx/2023 sind erstmalig anzuwenden für freiwillige Leistungen, die nach dem 31. Dezember 2023 erbracht werden.

443. § 4b, § 4c und § 18 Abs. 1 Z 8 in der Fassung des Bundesgesetzes BGBl. I Nr. xxx/2023 treten mit 1. Jänner 2024 in Kraft. Sie sind erstmalig für freigebige Zuwendungen anzuwenden, die nach dem 31. Dezember 2023 erfolgen. Zum 31. Dezember 2023 bestehende Stiftungen gemäß § 4b können abweichend von § 4b Abs. 2 Z 1 in den ersten drei Wirtschaftsjahren, die nach dem 31. Dezember 2023 enden, bis zu 80% der jährlichen Erträge in eine Rücklage einstellen.

444. § 18 Abs. 8 Z 2 lit. d, Z 4 und 5 in der Fassung des Bundesgesetzes BGBl. I Nr. xxx/2023 tritt mit 1. Jänner 2024 in Kraft."

Artikel 2
Änderung des Körperschaftsteuergesetzes 1988

Das Körperschaftsteuergesetz 1988, BGBl. Nr. 401/1988, zuletzt geändert durch das Bundesgesetz BGBl. I Nr. 110/2023, wird wie folgt geändert:

1. § 6a Abs. 2 lautet:

„(2) Auf Antrag der Bauvereinigung hat das zuständige Finanzamt die unbeschränkte Steuerpflicht bescheidmäßig auf geplante Geschäfte im Sinne des Abs. 1 unter der Auflage zu beschränken, dass Einnahmen und Aufwendungen in Zusammenhang mit diesen Geschäften diesen eindeutig zuordenbar erfasst werden, insbesondere indem für diese Geschäfte insgesamt ein gesonderter Rechnungskreis geführt wird. Der Antrag ist von der Bauvereinigung vor der Aufnahme der Geschäfte im Sinne des Abs. 1 zu stellen. Bestehen Zweifel, ob das geplante Geschäft ein Geschäft im Sinne des Abs. 1 ist, kann der Antrag insbesondere auch nach Ergehen eines Bescheides gemäß Abs. 3 oder gemäß § 7 Abs. 3a oder Abs. 4 des Wohnungsgemeinnützigkeitsgesetzes gestellt werden. Ein aus diesen Geschäften insgesamt entstehender Verlust ist nicht ausgleichsfähig. Das Antragsrecht des zuständigen Finanzamtes nach § 35 des Wohnungsgemeinnützigkeitsgesetzes bleibt unberührt."

2. Dem § 26c wird folgende Z 91 angefügt:

„91. § 6a Abs. 2 in der Fassung des Bundesgesetzes BGBl. I Nr. xxx/2023 tritt mit 1. Jänner 2024 in Kraft."

EB: Gemeinnützige Bauvereinigungen (GBV) sind nach § 5 Z 10 iVm § 6a Abs. 2 mit ihren Geschäften nach § 7 Abs. 1 bis 3 Wohnungsgemeinnützigkeitsgesetz (WGG) von der unbeschränkten Körperschaftsteuerpflicht befreit. Andere Geschäfte (z. B. konnexe Zusatzgeschäfte iSd § 7 Abs. 4 WGG) sind steuerpflichtig. Will eine GBV Geschäfte außerhalb des begünstigten Geschäftskreises tätigen, kann sie nach § 6a Abs. 2 einen Antrag auf Beschränkung der unbeschränkten Steuerpflicht auf diese Geschäfte stellen (Ausnahmeantrag). Gemäß § 6a Abs. 2 muss der Antrag vor Aufnahme der Geschäfte gestellt werden.

Bei Vorliegen der Voraussetzungen und rechtzeitiger Einbringung des Antrages hat das zuständige Finanzamt (FAG) unter der Auflage, dass für das Ausnahmegeschäft ein gesonderter Rechnungskreis geführt wird, die unbeschränkte Steuerpflicht auf die begünstigungsschädlichen Geschäfte zu beschränken.

Wird der Antrag nicht rechtzeitig gestellt, tritt grundsätzlich die unbeschränkte Steuerpflicht der GBV in vollem Umfang ein, selbst wenn die GBV bei der Landesregierung einen Antrag gemäß § 7 Abs. 4 WGG gestellt hat und eine Bewilligung erteilt wurde. Daher wird in sehr vielen Fällen vor Aufnahme eines Geschäftes vorsichtshalber ein Antrag gestellt, um zu vermeiden, dass die GBV in vollem Umfang unbeschränkt steuerpflichtig wird.

Zur Verwaltungsvereinfachung für die GBV und die Finanzbehörde soll daher auch eine rückwirkende Antragstellung nach Ergehen eines Bescheids gemäß § 6a Abs. 3 oder gemäß § 7 Abs. 3a oder Abs. 4 WGG, dh nach wirksamer Zustellung (insb. im Rahmen einer Außenprüfung) möglich sein. Daher soll auch das Erfordernis des eigenen Rechnungskreises eingeschränkt werden, indem zwar kein eigener Rechnungskreis erforderlich ist, aber eine eindeutige Zuordnung der Geschäfte.

GemRefG 2023
Gesetzesmaterialien

Artikel 3
Änderung der Bundesabgabenordnung

Die Bundesabgabenordnung, BGBl. Nr. 194/1961, zuletzt geändert durch das Bundesgesetz BGBl. I Nr. 110/2023, wird wie folgt geändert:

1. § 39 wird wie folgt geändert:

EB: Die Änderungen in § 39 sollen einerseits der Herstellung von Rechtssicherheit und andererseits der Anpassung an Entwicklungen hinsichtlich der Organisation, die auch vor dem gemeinnützigen Sektor nicht Halt machen, dienen. Daher soll § 39 um zwei Absätze ergänzt werden.

a) Der bisherige Text des § 39 erhält die Absatzbezeichnung „(1)".

EB: Im nunmehrigen Absatz 1 sollen lediglich eine klarstellende Ergänzung und eine Anpassung an die geltende Rechtslage im Vereins- und Gesellschaftsrecht erfolgen. Da die behördliche Beendigung nicht mehr als „Aufhebung", sondern als (behördliche) „Auflösung" bezeichnet wird, kann der Begriff „Aufhebung" entfallen.

b) In Z 3 und Z 5 des nunmehrigen Abs. 1 entfällt jeweils die Wortfolge „oder Aufhebung".

c) In der Z 4 des nunmehrigen Abs. 1 wird im Klammerausdruck vor dem Wort „Vorstandsgehälter" das Wort „insbesondere" eingefügt.

d) Es werden folgende Abs. 2 und 3 angefügt:

„(2) Die Voraussetzungen gemäß Abs. 1 Z 1 und 5 werden nicht verletzt, wenn eine Körperschaft satzungsgemäß zur Verwirklichung zumindest eines der von ihr verfolgten begünstigten Zwecke Mittel zur Vermögensausstattung an eine privatrechtliche Stiftung, eine vergleichbare Vermögensmasse oder einen Verein überträgt, die bzw. der die Voraussetzungen für die Gewährung abgabenrechtlicher Begünstigungen nach den §§ 34 bis 47 erfüllt. Wird allerdings bei der übernehmenden Körperschaft Abs. 1 verletzt, gilt dies auch für die übertragende Körperschaft, wenn die Auflösung der übernehmenden Körperschaft in Zusammenhang mit der vorhergehenden Vermögensübertragung steht.

EB: Mit dem neuen Absatz 2 soll Rechtssicherheit hinsichtlich der Übertragung von Tätigkeiten einer Körperschaft auf eine Stiftung, eine vergleichbare Vermögensmasse oder einen Verein hergestellt werden, wenn im Zuge dessen auch Mittel (insbesondere Wirtschaftsgüter) mitübertragen werden. Aus der Gesamtschau der Regelungen des § 39 Abs. 1 zur Vermögensbindung ergibt sich, dass abgabenrechtlich begünstigte Körperschaften ihre Mittel nur für die unmittelbare Erfüllung ihrer satzungsmäßigen begünstigten Zwecke verwenden dürfen.

Nach herrschender Ansicht und Verwaltungspraxis steht diesem Grundsatz die Übertragung von Tätigkeiten und/oder von Mitteln auf eine andere Körperschaft nicht entgegen, wenn im Zuge der Übertragung eine wertmäßig entsprechende Beteiligung an der übernehmenden Körperschaft (insb. einer Kapitalgesellschaft) begründet wird oder bereits Anteile an dieser Körperschaft bestehen und diese durch die Übertragung der Mittel im Wert steigen oder dadurch ein Wertverlust verhindert wird. Dadurch kommt es in wirtschaftlicher Betrachtungsweise letztlich zu keinem Mittelabfluss aus der abgabenrechtlich begünstigten Körperschaft, weil den übertragenen Mitteln wirtschaftlich die Beteiligung an der übernehmenden Körperschaft gegenübersteht.

Zunehmend kommt es aber vor, dass Tätigkeiten und/oder Mittel an eigentümerlose Körperschaften übertragen werden. Dies betrifft insbesondere Stiftungen, andere vergleichbare Vermögensmassen oder Vereine. In diesen Fällen steht der Mittelübertragung grundsätzlich kein Gegenwert in Form einer Beteiligung gegenüber und es tritt durch die Mittelübertragung ein endgültiger Mittelabfluss ein, der nicht unmittelbar für die Erfüllung der satzungsmäßigen Zwecke erfolgt.

Dieser Problematik soll dahingehend Rechnung getragen werden, dass die Übertragung von Mitteln auf eine Stiftung, vergleichbare Vermögensmasse oder einen Verein unter folgenden Voraussetzungen keine Verletzung der Vermögensbindung der übertragenden Körperschaft darstellt:

- Die empfangende Stiftung, vergleichbare Vermögensmasse oder der empfangende Verein ist abgabenrechtlich nach den §§ 34 ff begünstigt,
- die Mittelzuwendung ist von der Satzung der übertragenden Körperschaft gedeckt und
- die Mittelzuwendung erfolgt mittelbar als Mittel zur Verwirklichung eines begünstigten Zwecks der zuwendenden Körperschaft.

Wird in weiterer Folge die übernehmende Stiftung, vergleichbare Vermögensmasse oder der übernehmende Verein aufgelöst oder fällt deren bzw. dessen begünstigter Zweck weg, ist bei dieser Körperschaft § 39 Abs. 1 Z 5 entsprechend zu berücksichtigen. Kommt es entgegen § 39 Abs. 1 zu einer zweckwidrigen Vermögensverwendung, wirkt dies auch auf die übertragende Körperschaft zurück und es liegt bei dieser in diesem Zeitpunkt eine Mittelfehlverwendung vor. Damit soll eine Umgehung der in § 43 vorgesehenen Nachversteuerungspflicht durch z. B. Gründung einer neuen Körperschaft und Vermögensübertragung an diese verhindert werden.

(3) Übernimmt eine Körperschaft neben der unmittelbaren Förderung gemeinnütziger, mildtätiger oder kirchlicher Zwecke auch die Zusammenfassung oder Leitung von Körperschaften, liegt eine ausschließliche Förderung ihrer begünstigten Zwecke auch dann vor, wenn sich unter den zusammengefassten oder geleiteten Körperschaften auch solche befinden, die die Voraussetzungen für die Gewährung abgabenrechtlicher Begünstigungen gemäß §§ 34 bis 47 selbst nicht erfüllen, wenn diese von der Zuwendung

von Mitteln (insbesondere Wirtschaftsgütern und wirtschaftlichen Vorteilen) durch die zusammenfassende oder leitende Körperschaft ausgeschlossen sind. Die Erbringung von Leistungen im Rahmen der Zusammenfassungs- und/oder Leitungsfunktion gegenüber diesen Körperschaften hat entgeltlich, aber ohne Gewinnerzielungsabsicht zu erfolgen. Eine ausschließliche Förderung begünstigter Zwecke liegt diesfalls nur vor, wenn im Wesentlichen die begünstigten Zwecke unmittelbar gefördert werden."

EB: Mit dem neuen Absatz 3 soll eine Fiktion in Zusammenhang mit dem Erfordernis der ausschließlichen Förderung begünstigter Zwecke normiert werden. Dies soll eine Ergänzung zur Dachverbands- bzw. Holdingregelung in § 40 Abs. 2 darstellen. Während § 40 Abs. 2 nur auf solche Dachverbände und Holdings abstellt, die ausschließlich eine Zusammenfassungs- und/oder Leitungsfunktion gegenüber anderen Körperschaften ausüben (siehe dort), ist § 39 Abs. 3 auf solche Dachverbände und Holdings anzuwenden, die selbst auch eine operative Tätigkeit zur Erfüllung ihrer begünstigten Zwecke ausüben. § 39 Abs. 3 soll nun eingreifen, wenn diese Zusammenfassungs- und/oder Leitungsfunktion über das Maß eines völlig untergeordneten Nebenzwecks (§ 39 Abs. 1 Z 1) hinausgeht. Auch in einem solchen Fall soll nach dem neuen § 39 Abs. 3 eine ausschließliche Förderung der begünstigten Zwecke durch die Körperschaft vorliegen.

Dies soll auch dann gelten, wenn sich die Körperschaft nicht nur auf die Zusammenfassung und/oder Leitung von abgabenrechtlich begünstigten Körperschaften nach den §§ 34 ff beschränkt. Dh der Aufnahme von nicht begünstigten Körperschaften in einen Dachverband oder eine Holding, bei dem/der die die Führungsfunktion übernehmende Körperschaft selbst operativ zur Förderung ihrer begünstigten Zwecke tätig ist, soll grundsätzlich möglich sein. Voraussetzung hiefür ist aber, dass ein Abfluss von Mitteln von der begünstigten Körperschaft zu den nicht begünstigten Körperschaften ausgeschlossen ist.

Werden somit von der zusammenfassenden und/oder leitenden Körperschaft für den gesamten Verband bzw. die gesamte Holding Leistungen (z. B. Buchhaltung) erbracht, müssen für diese Leistungen die Selbstkosten ersetzt werden. Damit wird verhindert, dass ein Teil der für die begünstigte Tätigkeit der Körperschaft gewidmeten Mittel (in diesem Fall die Arbeitskraft von Dienstnehmern) an nicht begünstigte Leistungsempfänger abfließen. Durch diese Tätigkeit wird somit ein wirtschaftlicher Geschäftsbetrieb gemäß § 31 begründet, der nach den allgemeinen Regeln des § 45 zu beurteilen ist. Allerdings soll eine ausschließliche Förderung begünstigter Zwecke nur vorliegen, wenn im Wesentlichen die begünstigten Zwecke unmittelbar gefördert werden, dh für die Verfolgung der begünstigten Zwecke müssen mindestens 75% der Gesamtressourcen (Arbeitsleistung, Sachaufwand und Geldeinsatz) eingesetzt werden. Betätigungen iSd §§ 40a und 40b sind dabei zu berücksichtigen.

2. § 40 wird wie folgt geändert:

a) Abs. 2 lautet:

„(2) Eine Körperschaft, die sich auf die Zusammenfassung oder Leitung von Körperschaften beschränkt, dient gemeinnützigen, mildtätigen oder kirchlichen Zwecken, wenn alle diese Körperschaften gemeinnützigen, mildtätigen oder kirchlichen Zwecken dienen."

EB: In § 40 Abs. 2 soll rechtsformneutral klargestellt werden, dass die Fiktion der unmittelbaren Förderung begünstigter Zwecke nach den §§ 34 ff sowohl für (Dach)Verbände bzw. Körperschaften mit vergleichbarer Funktion (Zusammenfassungsfunktion) als auch für Holdings (Leitungsfunktion) gilt.

b) Es wird folgender Abs. 3 angefügt:

„(3) Eine unmittelbare Förderung im Sinne des Abs. 1 liegt auch dann vor, wenn eine Körperschaft satzungsgemäß durch planmäßiges Zusammenwirken (Kooperation) mit anderen Körperschaften, die die Voraussetzungen für die Gewährung abgabenrechtlicher Begünstigungen gemäß §§ 34 bis 47 erfüllen, ihren gemeinnützigen, mildtätigen oder kirchlichen Zweck verwirklicht. Werden diese Voraussetzungen nicht von allen zusammenwirkenden Körperschaften erfüllt, liegt eine unmittelbare Förderung im Sinne des Abs. 1 nur unter folgenden Voraussetzungen vor:

1. sowohl der Zweck der Kooperation als auch der Beitrag der begünstigten Körperschaft im Rahmen der Kooperation stellen eine unmittelbare Förderung ihres begünstigten Zweckes dar und

2. es kommt zu keinem Abfluss von Mitteln (insbesondere Wirtschaftsgütern oder wirtschaftlichen Vorteilen) an eine Körperschaft, die die Voraussetzungen für die Gewährung abgabenrechtlicher Begünstigungen gemäß §§ 34 bis 47 nicht erfüllt."

EB: Zusätzlich kommt im Nonprofit-Sektor der Zusammenarbeit von begünstigten Körperschaften im Rahmen von Kooperationen eine immer größere praktische Bedeutung zu. Bereits bisher war es nach der Verwaltungspraxis nicht schädlich, wenn sich begünstigte Organisationen zur Erfüllung ihrer begünstigten Zwecke im Rahmen eines Projektes zu einer Kooperation zusammengeschlossen haben.

Im neuen § 40 Abs. 3 Satz 1 soll dies auch gesetzlich klargestellt werden. Dabei soll normiert werden, dass die Zusammenarbeit im Rahmen einer Kooperation von den jeweiligen Satzungen der kooperierenden begünstigten Körperschaften gedeckt sein muss. Weiters soll die Kooperation zur Erfüllung der begünstigten Zwecke der Kooperationspartner erfolgen müssen.

Zunehmend kommen aber auch Kooperationen zu Stande, bei denen nicht alle Beteiligten abgabenrechtlich begünstigt sind. Dies wirft für die abgabenrechtlich begünstigten Beteiligten die Problematik auf, dass diese Zusammenarbeit begünstigungsschädlich sein könnte. Dies wird praktisch derzeit mit dem Abschluss von Erfüllungsgehilfenvereinbarungen gelöst.

GemRefG 2023
Gesetzesmaterialien

Mit Absatz 3 Satz 2 soll nunmehr eine gesetzliche Regelung auch für diese Kooperationsform normiert werden. Eine Kooperation mit nicht begünstigten, dh idR unbeschränkt steuerpflichtigen Körperschaften ist dann unschädlich, wenn neben den allgemeinen Voraussetzungen für die Begünstigungsunschädlichkeit einer Kooperation folgende Voraussetzungen erfüllt werden:
- Der Zweck der Kooperation stellt eine unmittelbare Förderung der begünstigten Zwecke der jeweiligen abgabenrechtlich begünstigten Körperschaften dar,
- der Beitrag der jeweiligen abgabenrechtlich begünstigten Körperschaften zur Kooperation stellt selbst ebenfalls eine unmittelbare Förderung ihrer begünstigten Zwecke dar und
- Der Abfluss von Mitteln von den abgabenrechtlich begünstigten Körperschaften zu nicht begünstigten Körperschaften ist ausgeschlossen (außer es greift § 40a Z 1, z. B. bei einer Kooperation mit einer Universität).

Werden somit von einer begünstigten Körperschaft im Rahmen der Kooperation auch Leistungen gegenüber einer nichtbegünstigten Körperschaft erbracht, müssen für diese Leistungen die Selbstkosten ersetzt werden. Durch diese Tätigkeit wird somit ein wirtschaftlicher Geschäftsbetrieb gemäß § 31 begründet, der nach den allgemeinen Regeln des § 45 zu beurteilen ist.

Beispiel:
Ein gemeinnütziger Wissenschaftsverein arbeitet mit anderen, teils nicht gemeinnützigen Wissenschaftsorganisationen bei einem Forschungsprojekt zusammen. Der Verein stellt dafür zwei Forscher zur Verfügung. Verrechnet der Verein die Selbstkosten, ist die Kooperation unschädlich für die Gemeinnützigkeit.

3. In § 40a Z 1 wird das Wort „bis" durch das Wort „und" ersetzt.
EB: Der Verweis in § 40a Z 1 soll an die Neuregelung der Spendenbegünstigung in § 4a EStG 1988 angepasst werden.

4. § 40b wird wie folgt geändert:
a) Abs. 1 lautet:
„(1) **Eine Körperschaft verliert ihre wegen Betätigung für gemeinnützige Zwecke zustehenden Begünstigungen auf abgabenrechtlichem Gebiet nicht dadurch, dass sie für die Verwirklichung zumindest eines der von ihr verfolgten begünstigten Zwecke Mittel teilweise oder ausschließlich für die Vergabe von Stipendien oder Preisen verwendet."**
b) In Abs. 2 wird der Ausdruck „UG 2002" durch die Wortfolge „des Universitätsgesetzes 2002 (UG), BGBl. I Nr. 120/2002", das Wort „Privatuniversität" durch das Wort „Privathochschule" und im Klammerausdruck das Wort „Privatuniversitätsgesetz" durch die Wortfolge „des Privathochschulgesetzes (PrivHG), BGBl. I Nr. 77/2020" ersetzt.
c) In Abs. 3 wird der Verweis „§ 4a Abs. 3 Z 1 oder 3 EStG 1988" durch den Verweis „§ 4a Abs. 6 Z 1 EStG 1988" ersetzt und es entfällt die Wortfolge samt Satzzeichen „oder an einer Fachhochschule,".
d) In Abs. 4 wird der Verweis „gemäß Abs. 1 Z 5" durch die Wortfolge „zur Förderung von Grund- und Menschenrechten oder von demokratischen Grundprinzipien" ersetzt.

EB: In Abs. 1 soll die Einschränkung auf bestimmte Zwecke aufgrund der Erweiterung der Spendenbegünstigung in § 4a EStG 1988 gestrichen werden.
Der Verweis auf das Privatuniversitätsgesetz in Abs. 2 soll auf das nunmehr geltende Privathochschulgesetz aktualisiert werden.
Fachhochschulen sollen in § 4a Abs. 6 Z 1 EStG 1988 erfasst sein und müssen daher in Abs. 3 nicht mehr gesondert genannt werden, ebenso soll die Österreichische Akademie der Wissenschaften, welche bisher in § 4a Abs. 3 Z 3 EStG 1988 genannt war, künftig in § 4a Abs. 6 Z 1 EStG 1988 geregelt werden.
Aufgrund der Änderung in Abs. 1 soll in Abs. 4 der bisherige Verweis durch die explizite Nennung des Förderzwecks ersetzt werden.

5. § 41 wird wie folgt geändert:
a) In Abs. 1 wird der Verweis „§§ 41 bis 43" durch den Verweis „§§ 34 bis 47" ersetzt.
b) In Abs. 2 wird der Verweis „§ 39 Z 5" durch den Verweis „§ 39 Abs. 1 Z 5" ersetzt und es entfällt die Wortfolge „oder Aufhebung".
EB: In den Abs. 1 und 2 sollen redaktionelle Anpassungen erfolgen.
c) Es werden folgende Abs. 4 und 5 angefügt:
„(4) **Erfüllt die Satzung einer bisher als gemeinnützig, mildtätig oder kirchlich behandelten Körperschaft die Voraussetzungen des Abs. 1 und 2 nicht, hat die Abgabenbehörde diese Körperschaft aufzufordern, ihre Satzung innerhalb von sechs Monaten den Vorgaben dieses Bundesgesetzes anzupassen. Diese Frist kann auf Antrag einmalig um maximal sechs Monate verlängert werden.**

(5) Eine Satzungsänderung gilt rückwirkend auch für Zeiträume davor, wenn
1. aus der Satzung vor deren Änderung ein ausschließlich und unmittelbar verfolgter gemeinnütziger, mildtätiger oder kirchlicher Zweck sowie der Ausschluss des Gewinnstrebens ersichtlich waren und

2. die tatsächliche Geschäftsführung bereits vor der Änderung der nunmehr den Abs. 1 und 2 entsprechenden Satzung entsprochen hat."

EB: Nach § 43 muss die Satzung, um die Voraussetzung für eine abgabenrechtliche Begünstigung zu schaffen, den Erfordernissen der BAO bei der Körperschaftsteuer während des gesamten Veranlagungszeitraumes und bei den übrigen Abgaben im Zeitpunkt der Entstehung der Abgabenschuld entsprechen.

Dies bedeutet, dass auch bloß formale Satzungsmängel zum Entfall der abgabenrechtlichen Begünstigungen führen, selbst wenn die tatsächliche Geschäftsführung den Gemeinnützigkeitserfordernissen entspricht. Nach der bisherigen Rechtslage und der stRsp können Begünstigungen erst nach Sanierung der Satzung gewährt werden. Hier soll durch die Neuregelung in § 41 Abs. 4 und 5 eine Entschärfung bewirkt werden.

Mit dem neuen § 41 Abs. 4 und Abs. 5 soll eine Regelung der Abläufe im Falle von Satzungsmängeln erfolgen. Wird von der Abgabenbehörde eine vorgelegte Satzung als nicht den Anforderungen der BAO entsprechend gewürdigt, ist die Körperschaft aufzufordern, die beanstandeten Satzungsteile innerhalb von sechs Monaten an die Vorgaben der BAO anzupassen. Auf Antrag soll die Abgabenbehörde die Frist einmalig um maximal sechs Monate erstrecken können.

Kommt es innerhalb der Frist zur Satzungsänderung oder ändert die Körperschaft die Satzung von sich aus und erfüllt die Satzung nunmehr die Anforderungen der BAO, soll dies auch auf Zeiträume vor der Änderung zurückwirken. Dh auch für frühere Veranlagungszeiträume soll die Satzung der Körperschaft als BAO-konform gelten, wenn aus der Satzung vor deren Änderung eine abgabenrechtlich begünstigte Zielsetzung abgeleitet werden konnte, der Ausschluss des Gewinnstrebens ersichtlich war und die tatsächliche Geschäftsführung bereits vor der Satzungsänderung der nunmehr geänderten Satzung entsprochen hat.

Eine rückwirkende Satzungsänderung soll daher nicht in Betracht kommen, wenn schädliche Satzungsbestimmungen auch in der tatsächlichen Geschäftsführung umgesetzt bzw. begünstigungsschädliche Handlungen gesetzt wurden. Dies kann z. B. dann der Fall sein, wenn fehlende Normen in Bezug auf § 39 Abs. 1 auch in der tatsächlichen Geschäftsführung nicht beachtet wurden (z. B. fehlt in der Satzung eine dem § 39 Abs. 1 Z 4 entsprechende Bestimmung, und es wurde dem Vereinsvorstand für seine Tätigkeit ein unangemessen hohes Entgelt ausbezahlt). Eine rückwirkende Satzungsänderung soll auch dann nicht möglich sein, wenn der Zweck der Körperschaft in der Satzung derart allgemein formuliert war, dass aus der Satzung nicht erkennbar war, wofür die Körperschaft errichtet wurde. Gleiches gilt, wenn aus der Satzung der Ausschluss des Gewinnstrebens nicht ersichtlich war oder aus der Satzung nicht hervorgegangen ist, dass sich die Körperschaft zur Erfüllung ihrer Zwecke eines Erfüllungsgehilfen bedienen kann.

Die Rückwirkung gilt auch für Zeiträume vor Inkrafttreten der Neuregelung.

6. Der bisherige Text des § 42 erhält die Absatzbezeichnung „(1)" und es wird folgender Abs. 2 angefügt:

„(2) Die tatsächliche Geschäftsführung entspricht jedenfalls dann nicht Abs. 1, wenn im zu beurteilenden Veranlagungszeitraum (§ 43) Handlungen der Geschäftsführung gesetzt wurden, auf Grund derer über die Körperschaft wegen einer gerichtlich strafbaren Handlung oder eines vorsätzlich begangenen Finanzvergehens im Sinne des Finanzstrafgesetzes (FinStrG), BGBl. Nr. 129/1958, ausgenommen Finanzordnungswidrigkeiten, rechtskräftig eine Verbandsgeldbuße im Sinne des Verbandsverantwortlichkeitsgesetzes (VbVG), BGBl. I Nr. 151/2005, verhängt worden ist. Dem steht gleich, wenn deren Entscheidungsträger oder Mitarbeiter im Sinne des § 2 Abs. 1 und 2 VbVG wegen strafbarer Handlungen, für die die Körperschaft im Sinne des § 3 VbVG verantwortlich ist,
1. durch ein Gericht rechtskräftig verurteilt wurden oder
2. sie wegen vorsätzlicher, nicht vom Gericht zu ahndender Finanzvergehen im Sinne des FinStrG, ausgenommen Finanzordnungswidrigkeiten, Strafen rechtskräftig verhängt wurden.

Ist im Zeitpunkt der Beurteilung der tatsächlichen Geschäftsführung durch die Abgabenbehörde noch keine rechtskräftige Entscheidung durch das zuständige Gericht oder die zuständige Verwaltungsbehörde ergangen, ist bis zum Ergehen dieser Entscheidung davon auszugehen, dass keine Bestrafung erfolgen wird, und § 200 sinngemäß anzuwenden. Dies gilt nicht, wenn abgabenrechtliche Begünstigungen bereits aus anderen Gründen zu versagen sind."

EB: Alle Rechtsträger – so auch begünstigte Rechtsträger – haben sich im Rahmen ihrer tatsächlichen Geschäftsführung gesetzestreu zu verhalten. Verstöße gegen die Rechtsordnung (wie etwa eine Abgabenhinterziehung) können zu verschiedenen in der Rechtsordnung geregelten Rechtsfolgen führen. Eine Versagung der Begünstigungen, wie dies aus den Abgabengesetzen iVm §§ 34 ff BAO ergeben, kann aus diesen Bestimmungen aber nach geltender Rechtslage nicht abgeleitet werden (vgl. VwGH vom 14.09.2017, Ro 2016/15/0029).

Durch den neu eingefügten Abs. 2 soll daher normiert werden, dass bei strafrechtlich relevanten Handlungen keine begünstigungsfähige tatsächliche Geschäftsführung vorliegt. Jedenfalls eine schädliche tatsächliche Geschäftsführung soll vorliegen, wenn im zu beurteilenden Veranlagungszeitraum (§ 43) Handlungen der Geschäftsführung gesetzt wurden, auf Grund derer über die Körperschaft wegen einer gerichtlich strafbaren Handlung oder eines vorsätzlich begangenen Finanzvergehens iSd Finanzstrafgesetzes (FinStrG) (ausgenommen Finanzordnungswidrigkeiten) rechtskräftig eine Verbandsgeldbuße iSd Verbandsverantwortlichkeitsgesetzes (VbVG) verhängt worden ist.

Dem soll gleichstehen, wenn Entscheidungsträger oder Mitarbeiter iSd § 2 Abs. 1 und 2 VbVG der Körperschaft wegen der genannten strafbaren Handlungen oder wegen vorsätzlicher, nicht vom Gericht zu

GemRefG 2023
Gesetzesmaterialien

ahndender Finanzvergehen im Sinne des FinStrG (ausgenommen Finanzordnungswidrigkeiten), für die die Körperschaft im Sinne des § 3 VbVG verantwortlich ist, rechtskräftig bestraft wurden. Eine Körperschaft ist nach § 3 VbVG dann für die Handlungen ihrer Entscheidungsträger oder Mitarbeiter verantwortlich, wenn die Handlungen zu Gunsten der Körperschaft oder Einrichtung begangen worden sind oder durch die deren Pflichten verletzt worden sind, und die Körperschaft die Begehung der Tat dadurch ermöglicht oder wesentlich erleichtert hat, indem deren Entscheidungsträger die nach den Umständen gebotene und zumutbare Sorgfalt außer Acht gelassen haben, insbesondere indem sie wesentliche technische, organisatorische oder personelle Maßnahmen zur Verhinderung solcher Taten unterlassen haben.

Nach § 43 sind aber für den jeweiligen Veranlagungszeitraum für die Beurteilung der tatsächlichen Geschäftsführung die in diesem Veranlagungszeitraum gesetzten Handlungen maßgeblich. Liegt daher im Zeitpunkt der Beurteilung der tatsächlichen Geschäftsführung durch die Abgabenbehörde noch keine rechtskräftige Entscheidung durch das zuständige Gericht oder die zuständige Verwaltungsbehörde vor, ist § 200 sinngemäß anzuwenden, dabei hat die Abgabenbehörde davon auszugehen, dass keine Bestrafung stattfinden wird. Damit ist sichergestellt, dass die Abgabenbehörde für den jeweiligen Veranlagungszeitraum eine schädliche tatsächliche Geschäftsführung erst zum Zeitpunkt des Vorliegens einer rechtskräftigen Entscheidung beurteilt. Dies steht im Einklang mit der Wahrung der Grund- und Menschenrechte. Nachdem eine rechtskräftige Entscheidung des zuständigen Strafgerichtes bzw. der zuständigen Verwaltungsbehörde vorliegt, ist der vorläufig ergangene Bescheid endgültig zu erklären oder ein neuer endgültiger Bescheid mit einer geänderten Beurteilung zu erlassen. Dies gilt jedoch nur dann, wenn nicht ohnehin andere Gründe vorliegen, die eine Gewährung abgabenrechtlicher Begünstigungen nach den §§ 34 ff verhindern.

7. Der bisherige Text des § 43 erhält die Absatzbezeichnung „(1)"und es werden folgende Abs. 2 und 3 angefügt:

„**(2) Werden die Regelungen über die Vermögensbindung in der Satzung nachträglich so geändert, dass sie den Anforderungen des § 39 Abs. 1 Z 5 nicht mehr entsprechen und kommt die Körperschaft auch der Aufforderung zur Änderung der Satzung nach § 41 Abs. 4 nicht nach, gelten diese Regelungen seit der Gründung, höchstens jedoch seit sieben Jahren als nicht ausreichend. Die nachträgliche Änderung der Satzung stellt für Zwecke der Körperschaftsteuer ein rückwirkendes Ereignis im Sinne des § 295a für alle betroffenen Veranlagungszeiträume dar.**

EB: Ein anfängliches Fehlen der Regelungen über die Vermögensbindung in der Satzung führt dazu, dass die abgabenrechtlichen Begünstigungen von Anfang an nicht gewährt werden können. War aber die Satzung zunächst BAO-konform und ist abgabenrechtlich gebundenes Vermögen entstanden, stellt sich die Frage der angemessenen Rechtsfolge im Falle der nachträglichen Aufhebung der Vermögensbindung. Dies ist nach derzeitiger Rechtslage ungeregelt. Es kommt zwar zum Entfall der abgabenrechtlichen Begünstigungen für das betreffende Jahr und die Zukunft, allerdings bleiben auf Grund des § 18 Abs. 2 KStG 1988 die bis dahin angesammelten stillen Reserven unbesteuert. Damit läuft aber die Vermögensbindung im Extremfall der nachträglichen Vermögensauskehr für nicht begünstigte Zwecke ins Leere. Dies soll durch diese Änderung nach deutschem Vorbild verhindert werden.

§ 43 soll daher in einem neuen Absatz 2 vorsehen, dass die steuerliche Vermögensbindung im Fall ihrer nachträglichen Aufhebung und den Fall der Auflösung der Körperschaft oder des Wegfalles ihres begünstigten Zwecks „seit der Gründung, höchstens jedoch seit sieben Jahren als nicht ausreichend" gilt. Für Zwecke der Körperschaftsteuer soll dies als rückwirkendes Ereignis iSd § 295a gelten. Dies bedeutet, dass für Zwecke der Körperschaftsteuer unter Berücksichtigung der Siebenjahresfrist auch Vorjahre nachzuerfassen sind. Wird daher im Kalenderjahr 2024 eine nachträgliche Satzungsänderung aufgegriffen, stellt dies ein rückwirkendes Ereignis auch für die Vorjahre dar. Unter Berücksichtigung der Siebenjahresfrist kann daher ggf. eine Nachversteuerung bis zum Kalenderjahr 2017 erfolgen.

(3) Abs. 2 gilt sinngemäß für schwerwiegende Verletzungen der Vorschriften über die Vermögensbindung im Rahmen der tatsächlichen Geschäftsführung."

EB: Nach dem neuen § 43 Abs. 3 soll diese Regelung sinngemäß auch für schwerwiegende Verletzungen der Vorschriften über die Vermögensbindung im Rahmen der tatsächlichen Geschäftsführung Anwendung finden. Grundsätzlich führt eine tatsächliche Geschäftsführung einer abgabenrechtlich begünstigten Körperschaft, die nicht während des gesamten Veranlagungszeitraumes auf die ausschließliche und unmittelbare Erfüllung der begünstigten Zwecke ausgerichtet ist, nur zum Entfall der abgabenrechtlichen Begünstigungen für diesen Veranlagungszeitraum. Aufgrund der sinngemäßen Anwendung des Abs. 2 führt daher auch eine satzungswidrige Vermögensverwendung im Zuge der Auflösung der Körperschaft für nicht begünstigte Zwecke zur Nachversteuerung. Eine Nachversteuerung nach Abs. 3 soll aber nur dann möglich sein, wenn durch die tatsächliche Geschäftsführung ein derart schwerwiegender Verstoß gegen die Vermögensbindungsregeln des § 39 Abs. 1 Z 1 bis 4 stattfindet, dass im Ergebnis die Mittel überwiegend für nicht begünstigte Zwecke verwendet werden.

8. In § 44 Abs. 2 wird im ersten Satz nach der Wortfolge „gefährdet wäre" *die Wortfolge* „und eine Ausnahmegenehmigung erteilen" *und im zweiten Satz nach der Wortfolge* **„Eine solche Bewilligung kann"** *die Wortfolge* **„für (Veranlagungs)Zeiträume ab der Antragstellung und auch für vergangene, noch nicht rechtskräftig veranlagte (Veranlagungs) Zeiträume gewährt und"** *eingefügt.*

EB: Mit dieser Änderung soll die Regelung präzisiert werden und es soll klargestellt werden, dass eine Ausnahmegenehmigung für begünstigungsschädliche Geschäftsbetriebe oder Gewinnbetriebe auch dann gewährt werden kann, wenn diese ihre Tätigkeit bereits aufgenommen haben.

Eine Ausnahmegenehmigung kann grundsätzlich dann gewährt werden, wenn durch den Wegfall der abgabenrechtlichen Begünstigung der von der Körperschaft verfolgte gemeinnützige, mildtätige oder kirchliche Zweck vereitelt oder wesentlich gefährdet wäre. Diesem Umstand ist besonders bei der Ermessensübung in Bezug auf eine rückwirkende Gewährung einer Ausnahmegenehmigung ein erhebliches Gewicht einzuräumen.

Ein Antrag auf Erteilung einer Ausnahmegenehmigung bewirkt weder eine Wiederaufnahme nach § 303 noch ein rückwirkendes Ereignis nach § 295a. Wird das Verfahren aus anderen Gründen wiederaufgenommen, ist ein Antrag möglich.

9. In § 45a tritt an die Stelle des Betrages „40 000" der Betrag „100 000".

EB: Die Betragsgrenze für die antragslose Ausnahmegenehmigung ist seit der Umstellung auf Euro mit dem Jahr 2002 durch das Euro-Steuerumstellungsgesetz (BGBl. I Nr. 59/2001) unverändert. Bei der damaligen Anpassung kam es zwar zu einer geringfügigen Anhebung von 500.000 ATS auf 40.000 Euro, doch ist die Grenze von rd. 500.000 ATS de facto seit der Einführung des § 45a mit BGBl Nr. 587/1983 seit nunmehr rund 40 Jahren unverändert. Aus diesem Grunde sowie aus Gründen der Verwaltungsvereinfachung sollte eine wesentliche Anhebung dieser Betragsgrenze erfolgen.

In der Praxis liegen in der weit überwiegenden Zahl aller Anträge auf Gewährung der Ausnahmegenehmigung die Voraussetzungen für deren Gewährung vor. Wenn nunmehr die Betragsgrenze für die automatische Gewährung auf 100.000 Euro angehoben wird, bewirkt dies eine erhebliche Verwaltungsvereinfachung sowohl für die Nonprofit-Organisationen sowie für die Finanzverwaltung.

10. In § 126 wird folgender Abs. 4 angefügt:

„(4) Empfänger von freigebigen Zuwendungen im Sinne des § 4a EStG 1988 haben über diese Aufzeichnungen zu führen. Bestätigungen der Kasseneingänge von freigebigen Zuwendungen stellen Belege im Sinne des § 132 dar."

EB: Die bisher in § 4a EStG 1988 vorgesehene Verpflichtung, Aufzeichnungen hinsichtlich der Spendeneinnahmen zu führen und Ablichtungen von Bestätigungen der Kassaeingänge von Spenden aufzubewahren, soll inhaltlich unverändert als allgemeine Regelung in § 126 überführt werden.

11. Dem § 323 wird folgender Abs. 80 angefügt:

„(80) § 39, § 40 Abs. 2 und 3, § 40a Z 1, § 40b, § 41 Abs. 1, 2, 4 und 5, § 42, § 43, § 44 Abs. 2, § 45a und § 126 Abs. 4, jeweils in der Fassung des Bundesgesetzes BGBl. I Nr. xxx/2023, treten mit 1. Jänner 2024 in Kraft."

EB: Die Änderungen in der BAO sollen mit 1. Jänner 2024 in Kraft treten.

Artikel 4
Änderung des Gebührengesetzes 1957

Das Gebührengesetz 1957, BGBl. Nr. 267/1957, zuletzt geändert durch das Bundesgesetz BGBl. I Nr. 110/2023, wird wie folgt geändert:

1. § 14 Tarifpost 6 Abs. 5 Z 28 lautet:

„28. Eingaben um Ausstellung von Strafregisterbescheinigungen für freiwilliges Engagement im Rahmen von

a) Freiwilligenorganisationen gemäß § 3 Abs. 1 des Freiwilligengesetzes (FreiwG), BGBl. I Nr. 17/2012,

b) spendenbegünstigten Einrichtungen gemäß § 4a des Einkommensteuergesetzes 1988 (EStG 1988), BGBl. Nr. 400/1988,

c) gesetzlich anerkannten Kirchen und Religionsgesellschaften sowie nach innerkirchlichem Recht mit Wirksamkeit für den staatlichen Bereich errichteten und mit Rechtspersönlichkeit ausgestatteten Einrichtungen;"

2. § 14 Tarifpost 14 Abs. 3 lautet:

„(3) Von den Verwaltungsabgaben des Bundes befreit sind

1. Bestätigungen über die Antragstellung gemäß Artikel 18 Abs. 1 lit. b des Abkommens über den Austritt des Vereinigten Königreichs Großbritannien und Nordirland aus der Europäischen Union und der Europäischen Atomgemeinschaft (Austrittsabkommen);

2. Strafregisterbescheinigungen, die aufgrund einer gebührenbefreiten Eingabe gemäß § 14 Tarifpost 6 Abs. 5 Z 28 ausgestellt werden."

EB: Ergänzend zu den Änderungen in EStG 1988 soll jener begünstigte Personenkreis, der eine gebührenfreie Strafregisterbescheinigung beantragen kann, erweitert werden, indem nunmehr auch freiwilliges Engagement im Rahmen von spendenbegünstigten Einrichtungen gemäß § 4a EStG 1988 begünstigt werden soll. Um keine Verschlechterung für freiwilliges Engagement bei Organisationen herbeizuführen, die über keinen Nachweis der Spendenbegünstigung verfügen, jedoch die Voraussetzungen gemäß § 3 Abs. 1 Freiwilligengesetz erfüllen, sollen die bisherigen Voraussetzungen für die Gebührenbefreiung alternativ bestehen bleiben.

Durch den Verweis auf die spendenbegünstigten Einrichtungen gemäß § 4a EStG 1988 wäre der kirchliche Bereich von der Gebührenbefreiung nicht erfasst. Im Gebührengesetz 1957 soll künftig sowohl das freiwillige Engagement im Rahmen von einerseits gesetzlich anerkannten Kirchen und Religionsgesellschaften sowie deren Einrichtungen und andererseits spendenbegünstigten Einrichtungen gemäß § 4a EStG 1988 begünstigt werden, weshalb die Gebührenbefreiung sowohl auf spendenbegünstigte Einrichtungen

GemRefG 2023
Gesetzesmaterialien

gemäß § 4a EStG 1988 als auch auf den kirchlichen Bereich ausgedehnt werden soll. Zu den nach innerkirchlichem Recht mit Wirksamkeit für den staatlichen Bereich errichteten und mit Rechtspersönlichkeit ausgestatteten Einrichtungen werden insbesondere Pfarrpfründen, Pfarren, Orden und Kongregationen gezählt (siehe GebR 2019 Rz 38).

Von freiwilligem Engagement ist auszugehen, wenn dafür nicht mehr als das Freiwilligenpauschale iSd § 3 Abs. 1 Z 42 EStG 1988 ausbezahlt wird.

Das Vorliegen des freiwilligen Engagements ist durch eine Bestätigung der Freiwilligenorganisation, der spendenbegünstigten Einrichtung oder der gesetzlich anerkannten Kirche oder Religionsgesellschaft bzw. deren Einrichtung, dass der Antragsteller für diese freiwillig tätig ist bzw. sein soll und nicht mehr als das Freiwilligenpauschale erhält, nachzuweisen.

Der Nachweis über das Vorliegen der Freiwilligenorganisation bzw. der spendenbegünstigten Einrichtung soll in der Praxis insbesondere durch Vorlage einer Kopie der Bestätigung über das Vorliegen einer Freiwilligenorganisation der Servicestelle für freiwilliges Engagement in Österreich oder durch Vorlage einer Kopie des Bescheides über die Feststellung der Spendenbegünstigung des Finanzamtes Österreich durch den Antragsteller erfolgen. Alternativ kann die Behörde die Liste der spendenbegünstigten Einrichtungen auf der Webseite des Bundesministeriums für Finanzen abrufen.

Das Vorliegen einer Einrichtung einer gesetzlich anerkannten Kirche oder Religionsgesellschaft kann insbesondere durch einen Nachweis über die Zugehörigkeit der Einrichtung zu einer gesetzlich anerkannten Kirche oder Religionsgesellschaft erfolgen.

Ergänzend zur Ausweitung der Gebührenbefreiung soll die Ausstellung der Strafregisterbescheinigung für den begünstigten Personenkreis zudem von den Bundesverwaltungsabgaben befreit werden, um das Verfahren zur Gänze von Abgaben zu befreien.

3. Dem § 37 wird folgender Abs. 48 angefügt:

„(48) § 14 Tarifpost 6 Abs. 5 Z 28 und Tarifpost 14 Abs. 3, jeweils in der Fassung des Bundesgesetzes BGBl. I Nr. xxx/2023, tritt mit 1. Jänner 2024 in Kraft und ist auf Ansuchen anzuwenden, die nach dem 31. Dezember 2023 gestellt werden sowie auf Erledigungen anzuwenden, deren Ansuchen nach dem 31. Dezember 2023 gestellt werden."

EB: Die Regelungen sollen mit 1. Jänner 2024 in Kraft treten.

Start-Up-Förderungsgesetz

Start-Up-Förderungsgesetz

Artikel 1
Änderung des Einkommensteuergesetzes 1988

Das Einkommensteuergesetz 1988, BGBl. Nr. 400/1988, zuletzt geändert durch das Bundesgesetz BGBl. I Nr. 31/2023, wird wie folgt geändert:

1. In § 27 Abs. 2 Z 1 lit. a wird das Wort „oder" durch einen Beistrich ersetzt und nach der Wortfolge „Gesellschaften mit beschränkter Haftung" die Wortfolge „oder Flexiblen Kapitalgesellschaften" eingefügt.

EB: Es soll die mit dem Flexible Kapitalgesellschafts-Gesetz neu eingeführte Gesellschaftsform der „Flexiblen Kapitalgesellschaft" in den Aufzählungen ergänzt werden.

2. § 41 wird wie folgt geändert:
a) In Abs. 1 wird folgende Z 17 angefügt:
„17. ein geldwerter Vorteil aus einer Start-Up-Mitarbeiterbeteiligung (§ 67a) zugeflossen ist und kein oder ein zu geringer Steuerabzug vom Arbeitslohn erfolgt ist."
b) In Abs. 4 wird im ersten Satz nach der Wortfolge „festen Sätzen des § 67" der Ausdruck samt Satzzeichen „ , des § 67a" eingefügt.

3. In § 42 Abs. 1 Z 3 wird der Verweis auf „§ 41 Abs. 1 Z 1, 2, 5, 6, 7, 12, 13, 14, 15 oder 16" durch den Verweis auf „§ 41 Abs. 1 Z 1, 2, 5, 6, 7, 12, 13, 14, 15, 16 oder 17" ersetzt.

4. Nach § 67 wird folgender § 67a samt Überschrift eingefügt:

„Start-Up-Mitarbeiterbeteiligung

§ 67a. (1) Bei Start-Up-Mitarbeiterbeteiligungen (Abs. 2) gilt der geldwerte Vorteil (§ 15 Abs. 2 Z 1) aus der unentgeltlichen Abgabe von Kapitalanteilen (Beteiligungen) nicht im Zeitpunkt der Abgabe der Anteile, sondern erst bei Veräußerung oder dem Eintritt sonstiger Umstände (Abs. 3) als zugeflossen.

(2) Eine Start-Up-Mitarbeiterbeteiligung liegt unter folgenden Voraussetzungen vor:
1. Der Arbeitgeber oder ein Gesellschafter des Arbeitgebers gewährt einem oder mehreren Arbeitnehmern aus sachlichen, betriebsbezogenen Gründen unentgeltlich Anteile am Unternehmen des Arbeitgebers, wobei die Abgabe gegen eine Gegenleistung bis zur Höhe des Nennwerts für die Anwendung dieser Bestimmung als unentgeltliche Abgabe gilt.
2. Das Unternehmen des Arbeitgebers erfüllt bezogen auf das dem Zeitpunkt der Abgabe der Anteile vorangegangene Wirtschaftsjahr folgende Voraussetzungen:
a) Im Jahresdurchschnitt werden nicht mehr als 100 Arbeitnehmer beschäftigt.
b) Die Umsatzerlöse (§ 189a Z 5 UGB) betragen nicht mehr als 40 Millionen Euro.
c) Das Unternehmen ist nicht vollständig in einen Konzernabschluss einzubeziehen.
d) Die Anteile am Kapital oder den Stimmrechten am Unternehmen werden nicht zu mehr als 25% durch Unternehmen gehalten, die in einen Konzernabschluss einzubeziehen sind.
Der Wert gemäß lit. b ist bei Vorliegen eines nicht zwölf Kalendermonate umfassenden Wirtschaftsjahres zu aliquotieren.
3. Die Anteile werden dem Arbeitnehmer innerhalb von zehn Jahren nach Ablauf des Kalenderjahres der Gründung des Unternehmens gewährt. Als Gründung des Unternehmens gilt die Schaffung einer bisher nicht vorhandenen betrieblichen Struktur im Sinne des § 2 Z 1 des Neugründungs-Förderungsgesetzes.
4. Der Arbeitnehmer hält im Zeitpunkt der Abgabe der Anteile weder unmittelbar noch mittelbar eine Beteiligung am Unternehmen des Arbeitgebers von 10% oder mehr am Kapital und hat auch davor zu keinem Zeitpunkt 10% oder mehr gehalten. Übersteigt durch die Abgabe der Anteile die Beteiligung am Unternehmen des Arbeitgebers 10% des Kapitals, liegt eine Start-Up-Mitarbeiterbeteiligung insoweit vor, als die Anteile diese Grenze nicht übersteigen.
5. Der Arbeitnehmer und der Arbeitgeber vereinbaren schriftlich, dass eine Veräußerung oder Übertragung durch den Arbeitnehmer unter Lebenden nur mit Zustimmung des Arbeitgebers möglich ist (Vinkulierung).
6. Der Arbeitnehmer erklärt dem Arbeitgeber bei Erhalt der Anteile schriftlich, die Regelung in Anspruch zu nehmen (Option zur Start-Up-Mitarbeiterbeteiligung) und diese Erklärung sowie die Höhe der Beteiligung werden in das Lohnkonto aufgenommen; in diesem Fall sind die Befreiungen gemäß § 3 Abs. 1 Z 15 lit. b und c nicht anwendbar und für Zwecke des § 20 Abs. 1 Z 7 ist das Entgelt mit den Anschaffungskosten des Arbeitgebers für die Kapitalanteile zu bemessen.

Start-Up-Förderungsgesetz
Gesetzesmaterialien

(3) Der geldwerte Vorteil (§ 15 Abs. 2 Z 1) aus der unentgeltlichen Abgabe gilt als zugeflossen:
1. soweit der Arbeitnehmer die Anteile veräußert, wobei die Rückübertragung der Anteile an den Arbeitgeber insbesondere in Zusammenhang mit der Beendigung des Dienstverhältnisses als Veräußerung gilt;
2. bei Beendigung des Dienstverhältnisses; dies gilt nicht für Anteile, die kein Stimmrecht und kein generelles Recht auf Anfechtung oder Nichtigerklärung von Gesellschafterbeschlüssen vorsehen und deren Inhaber entweder individuell im Firmenbuch eingetragen oder in einem Anteilsbuch oder vergleichbaren Verzeichnis erfasst werden (insbesondere Unternehmenswert-Anteile gemäß § 9 des Flexible Kapitalgesellschafts-Gesetzes – FlexKapGG, BGBl. I Nr. xx/2023), wenn der Arbeitgeber bei Beendigung des Dienstverhältnisses am Lohnzettel des Arbeitnehmers erklärt, dass der Zufluss erst nach Maßgabe der Z 1 und 3 bis 5 erfolgen soll. Der Arbeitgeber hat in den Fällen der Z 1 und 3 den späteren Zufluss nach Beendigung des Dienstverhältnisses dem Finanzamt Österreich mitzuteilen und haftet dabei für die Entrichtung der Einkommensteuer;
3. soweit die Vinkulierung (Abs. 2 Z 5) aufgehoben wird und im Kalenderjahr der Aufhebung keine Veräußerung (Z 1) oder Beendigung des Dienstverhältnisses (Z 2) stattfindet;
4. im Falle der Liquidation des Arbeitgebers oder des Todes des Arbeitnehmers;
5. wenn der Arbeitgeber die Pflichten gemäß § 76 bis § 79, § 84 und § 87 nicht mehr wahrnimmt.

(4) Für die Besteuerung der Einkünfte gilt Folgendes:
1. Der geldwerte Vorteil aus der unentgeltlichen Abgabe bemisst sich
– im Falle der Veräußerung nach dem Veräußerungserlös, wobei Anpassungen des Veräußerungserlöses in Folgejahren als rückwirkendes Ereignis gemäß § 295a BAO gelten;
– in allen anderen Fällen nach dem gemeinen Wert in dem nach Abs. 3 maßgeblichen Zeitpunkt; der gemeine Wert gilt in weiterer Folge als Anschaffungskosten und ist um Zahlungen gemäß Abs. 2 Z 1 zu vermindern.
2. Der geldwerte Vorteil ist als sonstiger Bezug zu 75% mit einem festen Satz von 27,5% zu erfassen, wenn das Dienstverhältnis zumindest zwei Jahre gedauert hat und der Zufluss in Fällen des Abs. 3 Z 1, 3, 4 und 5 nach Ablauf von drei Jahren ab dem Zeitpunkt der erstmaligen Abgabe einer Start-Up-Mitarbeiterbeteiligung an den Arbeitnehmer erfolgt. Im Fall des Todes des Arbeitnehmers sind diese Fristen nicht maßgeblich. Soweit der feste Satz auf den geldwerten Vorteil nicht anzuwenden ist, hat die steuerliche Erfassung nach § 67 Abs. 10 zu erfolgen.
3. Die Besteuerung des geldwerten Vorteils hat in sinngemäßer Anwendung der Z 2 im Rahmen der Veranlagung als Einkünfte aus nichtselbständiger Arbeit zu erfolgen, wenn der geldwerte Vorteil gemäß Abs. 3 erst nach Beendigung des Dienstverhältnisses zufließt.
4. Gewinnausschüttungen während der in Z 2 genannten Frist von drei Jahren gelten als Bezüge im Sinne des § 67 Abs. 10, soweit sie den Anspruch übersteigen, der sich aus dem quotenmäßigen Anteil am Kapital ergeben würde.
5. Die Abgabe von Anteilen durch den Gesellschafter des Arbeitgebers stellt beim Arbeitnehmer unmittelbar einen Vorteil aus dem Dienstverhältnis von dritter Seite dar und die Anteile gelten nicht als in das Unternehmen des Arbeitgebers eingelegt und von diesem abgegeben. Beim abgebenden Gesellschafter erhöhen die Anschaffungskosten (Buchwerte) der abgegebenen Anteile die Anschaffungskosten (Buchwerte) der bestehenden Anteile; empfangene Zahlungen gemäß Abs. 2 Z 1 senken die Anschaffungskosten (Buchwerte) der bestehenden Anteile.

(5) Die auf die Start-Up-Mitarbeiterbeteiligung entfallenden Sozialversicherungsbeiträge (§ 50a ASVG) sind beim Steuerabzug vom Arbeitslohn vor Anwendung des Lohnsteuertarifs (§ 66) vom Arbeitslohn abzuziehen. § 67 Abs. 12 ist nicht anzuwenden."

EB: Im neu geschaffenen § 67a soll die zentrale Neuregelung für Start-Up-Mitarbeiterbeteiligungen eingefügt werden. Danach soll – sofern die Voraussetzungen für Start-Up-Mitarbeiterbeteiligungen in Abs. 2 erfüllt werden – der geldwerte Vorteil aus der unentgeltlichen Abgabe von Kapitalanteilen (Beteiligungen), abweichend von den allgemeinen Regeln des § 19, nicht im Zeitpunkt der Abgabe der Anteile als zugeflossen gelten. Ein Zufluss des geldwerten Vorteils soll erst dann erfolgen, wenn es zur Veräußerung der Anteile kommt oder andere Umstände im Sinne des Abs. 3 eintreten. Die Sonderregelungen für die Ermittlung der Bemessungsgrundlage und für die Besteuerung sollen in Abs. 4 festgelegt werden, wobei der geldwerte Vorteil nach drei Jahren ab dem Zeitpunkt der erstmaligen Abgabe einer Start-Up-Mitarbeiterbeteiligung zu 75% grundsätzlich mit einem festen Satz in Höhe von 27,5% als sonstiger Bezug erfasst werden soll, wenn das Dienstverhältnis zumindest zwei Jahre gedauert hat. Unabhängig vom Zuflusszeitpunkt geht das wirtschaftliche Eigentum an der Beteiligung nach Maßgabe der allgemeinen ertragsteuerlichen Grundsätze im Zeitpunkt der Ausgabe auf den Arbeitnehmer über.

Start-Up-Förderungsgesetz
Gesetzesmaterialien

In Abs. 2 sind die Voraussetzungen für Start-Up-Mitarbeiterbeteiligungen abschließend aufgezählt, die bei der jeweiligen Abgabe der Anteile kumulativ erfüllt sein müssen:
- Für die Inanspruchnahme der Begünstigung soll das Gruppenmerkmal nicht maßgeblich sein, d.h. die Anteile sollen auch nur einzelnen Arbeitnehmern gewährt werden können, ohne dass diese bereits eine Gruppe darstellen. Wird die Mitarbeiterbeteiligung nicht allen Mitarbeitern oder nicht allen im selben Ausmaß angeboten, muss die Unterscheidung betrieblich begründet und sachlich gerechtfertigt sein. Es muss darüber hinaus das allgemeine Erfordernis für Betriebsausgaben erfüllt sein, d.h. die Anteilsgewährung muss sachlich begründet sein. Die sachlichen, betriebsbezogenen Kriterien sollen sich dabei an jenen orientieren, die für das Gruppenmerkmal in § 3 Abs. 1 herausgebildet wurden, wobei aber jedenfalls die besonderen Kompetenzen und Erfahrungen auch eines einzelnen Dienstnehmers als sachliches, betriebsbezogenes Kriterium anzusehen sind, selbst wenn weitere Personen mit demselben Tätigkeitsbereich keine Start-Up-Mitarbeiterbeteiligung erhalten. Damit soll einerseits sichergestellt werden, dass hochqualifizierte Experten spezifisch an das Unternehmen gebunden werden können und andererseits eine willkürliche Zuerkennung etwa nach Maßstäben persönlicher Vorlieben oder Nahebeziehung nicht zulässig ist.
- Anders als bei der Regelung des § 3 Abs. 1 Z 15 lit. b soll bei Start-Up-Mitarbeiterbeteiligungen nur die unentgeltliche Abgabe der Anteile umfasst sein, nicht jedoch die verbilligte Abgabe über das Nominale hinaus; das vermeidet eine ansonsten notwendige Bewertung der Beteiligung im Zeitpunkt der Abgabe – wobei die Abgabe gegen Leistungen bis zum Nominale (etwa im Zuge einer Kapitalerhöhung) wie eine unentgeltliche Abgabe behandelt werden soll, um negative Auswirkungen auf die schon bestehenden Anteile („Verwässerung") zu vermeiden. Die Abgabe muss entweder unmittelbar durch den Arbeitgeber, also die Gesellschaft selbst, oder einen ihrer Gesellschafter erfolgen, eine Zuwendung von Gesellschaftsanteilen von sonstiger dritter Seite soll nicht im Rahmen der Begünstigung möglich sein. Nachschussverpflichtungen schließen das Vorliegen einer unentgeltlichen Abgabe aus.
- Die Z 2 und 3 umschreiben die Merkmale, die sich auf das Unternehmen des Arbeitgebers beziehen:
- Z 2 bezieht sich dabei auf die Größe des Unternehmens sowie seine Eigentümerstruktur.
- Nach lit. a dürfen im Jahresdurchschnitt nicht mehr als 100 Arbeitnehmer beschäftigt worden sein. Die Umsatzerlöse im Sinne des § 189a Z 5 UGB dürfen nach lit. b nicht mehr als 40 Millionen Euro betragen haben. Für die Beurteilung der Merkmale soll auf die unternehmensrechtlichen Rechnungslegungsvorschriften abgestellt werden, wobei die Grenze bei Vorliegen eines Rumpfwirtschaftsjahres zu aliquotieren ist.
- Das Unternehmen des Arbeitgebers darf weiters nach lit. c nicht in einen Konzernabschluss einbezogen worden sein und gemäß lit. d dürfen die Anteile am Kapital oder der Stimmrechte am Unternehmen des Arbeitgebers nicht zu mehr als 25% von Unternehmen gehalten werden, die ihrerseits in einen Konzernabschluss einbezogen sind. Dadurch soll verhindert werden, dass bestehende Konzernunternehmen durch die Gründung von Tochtergesellschaften ebenfalls in den Anwendungsbereich der Start-Up-Mitarbeiterbeteiligung einbezogen werden; gleichzeitig soll es Start-Up-Unternehmen offenstehen, strategische Partner mit insgesamt bis zu 25% am Unternehmen zu beteiligen.
- Eine Start-Up-Mitarbeiterbeteiligung soll nach Maßgabe der Z 3 weiters nur vorliegen, wenn die Anteile innerhalb von zehn Jahren nach Ablauf des Kalenderjahres der Gründung des Unternehmens abgegeben werden; als Gründung soll dem § 2 Z 1 Neugründungs-Förderungsgesetz entsprechend die Schaffung einer bisher nicht vorhandenen betrieblichen Struktur gelten. Sofern ein Unternehmen aus mehreren Betrieben oder Teilbetrieben besteht, wird dabei auf die Gründung des ersten zum Unternehmen gehörenden Betriebes abzustellen sein.
- Da Start-Up-Mitarbeiterbeteiligungen zielgerichtet für die Bindung neuer Arbeitnehmer genutzt werden sollen, soll die begünstigte Besteuerung nur eine begrenzte Summe an Unternehmensanteilen betreffen. Soweit der Arbeitnehmer im Zeitpunkt der Abgabe der Anteile unmittelbar oder mittelbar eine Beteiligung am Unternehmen des Arbeitgebers im Ausmaß von über 10% hält, oder in den Jahren vor dem Zeitpunkt der Abgabe der Anteile zu einem Zeitpunkt mehr als 10% gehalten hat, soll die Regelung gemäß Z 4 daher nicht mehr gelten. Wird im Rahmen der unentgeltlichen Abgabe erstmals eine Beteiligung am Unternehmen des Arbeitgebers von mehr als 10% erreicht, liegt eine Start-Up-Mitarbeiterbeteiligung weiterhin insoweit vor, als die Anteile diese 10%-Grenze nicht übersteigen. Da Anteile im Sinne dieser Bestimmung auch Substanzgenussrechte gewährt werden können, soll auch das Beteiligungsausmaß nicht vom Nominalkapital berechnet werden, sondern vom rechnerischen Wert der Gesamtanteile der Gesellschaft (einschließlich Substanzgenussrechte).
- Im Interesse der Stärkung der Bindung an das Unternehmen soll die Verfügungsmöglichkeit des Arbeitnehmers über die Beteiligung eingeschränkt werden. Dies soll durch eine Vinkulierung der Anteile – die als umfassende Einschränkung der Verfügungsmacht anzusehen ist – sichergestellt werden. Aus diesem Grund soll in Z 5 als weitere Voraussetzung vorgesehen werden, dass eine Veräußerung oder Übertragung der Anteile durch den Arbeitnehmer unter Lebenden nur mit Zustimmung des Arbeitgebers möglich ist. Dies nähert die Start-Up-Mitarbeiterbeteiligung an die steuerliche Behandlung entsprechend ausgestalteter Stock-Option-Programme an. In steuerlicher Hinsicht ist es ausreichend, dass die Vinkulierung bis zum tatsächlichen Zufluss besteht; wird daher das Dienstverhältnis beendet und führt dies zum Zufluss des geldwerten Vorteils, ist aus steuersystematischer Sicht keine Vinkulierung mehr erforderlich.
- Die Regelung soll nur zur Anwendung kommen, wenn der Arbeitnehmer dies ausdrücklich wünscht. Dies ist in Z 6 ausdrücklich verankert (Option des Arbeitnehmers zur Start-Up-Mitarbeiterbeteiligung). Die Anwendung der Befreiungen nach § 3 Abs. 1 Z 15 lit. b oder c ist in diesem Fall ausgeschlossen. Dabei sollen die schriftliche Erklärung des Arbeitnehmers sowie die Höhe der Beteiligung zur klaren Dokumentation verpflichtend im Lohnkonto aufgenommen werden. Damit soll die Vollziehbarkeit der

Start-Up-Förderungsgesetz
Gesetzesmaterialien

Regelung auch in Folgeperioden gewährleistet werden. Erfolgt daher eine solche Aufnahme im Lohnkonto nicht, soll dies ein Anwendungshindernis für die Befreiung darstellen.

- Nach § 20 Abs. 1 Z 7 sind Aufwendungen und Ausgaben für das Entgelt für Arbeits- und Werkleistungen nicht abzugsfähig, soweit es den Betrag von 500.000 Euro übersteigt. Die unentgeltliche Überlassung von Kapitalanteilen im Rahmen des § 67a stellt ein Entgelt iSd § 20 Abs. 1 Z 7 dar und ist daher für die Anwendung der Bestimmung relevant. Bei Abgabe der Beteiligung steht die Höhe des geldwerten Vorteils allerdings nicht fest. Sie ist vielmehr von zukünftigen Ereignissen abhängig, weil sie sich gemäß Abs. 4 Z 1 im Fall der Veräußerung nach dem Veräußerungserlös in den anderen Fällen nach dem gemeinen Wert richtet. Somit kann zum Zeitpunkt der Abgabe der Kapitalanteile durch den Arbeitgeber nicht klar beurteilt werden, ob das Abzugsverbot greift oder nicht. Um für das Wirtschaftsjahr der Abgabe der Beteiligung eine klare Beurteilung in Bezug auf § 20 Abs. 1 Z 7 zu ermöglichen, soll daher festgelegt werden, dass das Entgelt nach den Anschaffungskosten der Kapitalanteile zu bemessen ist.

In Abs. 3 soll geregelt werden, zu welchem Zeitpunkt der geldwerte Vorteil als zugeflossen gilt:

- In Z 1 soll der typische Fall eines „Exit" erfasst werden, d.h. die Veräußerung der Anteile an einen Investor. Demnach gilt der geldwerte Vorteil dem Arbeitnehmer als zugeflossen, sobald dieser seine Anteile veräußert; das erfasst die Veräußerung an Dritte wie auch z. B. die (verpflichtende) Zurückveräußerung oder unentgeltliche Rückübertragung an den Arbeitgeber. In der Regel wird dabei der Arbeitgeber der Veräußerung der Anteile durch den Arbeitnehmer zustimmen, womit die Vinkulierung aufgehoben wird. Einlagenrückzahlungen gelten gemäß § 4 Abs. 12 als Veräußerung der Beteiligung. Soweit die Rückübertragung unentgeltlich stattfindet, sind der Veräußerungserlös und damit der geldwerte Vorteil mit null zu bewerten, weshalb es in diesem Fall auch zu keiner Versteuerung kommen soll.

- Z 2 regelt den Fall der Beendigung des Dienstverhältnisses: Grundsätzlich soll die Beendigung des Dienstverhältnisses auch in diesem Zeitpunkt zu einer Besteuerung des geldwerten Vorteils führen. Dabei soll auch das Ende der steuerlichen Arbeitnehmereigenschaft als Beendigung des Dienstverhältnisses anzusehen sein. Wenn also ein bisheriger Arbeitnehmer beispielsweise Gesellschafter-Geschäftsführer mit einer Beteiligung von zumindest 25 Prozent an der Gesellschaft wird und daher im steuerlichen Sinne nicht mehr als Arbeitnehmer gilt, liegt eine Beendigung des Dienstverhältnisses und demnach ein Zuflusstatbestand vor. Davon soll abgesehen werden können, wenn die Anteile am Unternehmen so ausgestaltet werden, dass kein Stimmrecht und kein Recht auf Anfechtung oder Nichtigerklärung von Gesellschafterbeschlüssen vorgesehen ist und dass deren Inhaber entweder individuell im Firmenbuch eingetragen oder in einem Anteilsbuch oder einem vergleichbaren Verzeichnis erfasst werden und durch eine weitere Einbindung des Arbeitgebers (Haftung) die spätere Besteuerung sichergestellt ist. Insbesondere sollen damit Unternehmenswert-Anteile gemäß § 9 des Flexible Kapitalgesellschafts Gesetz (FlexKapGG) von der Regelung erfasst sein, die abstrakte Formulierung soll aber sicherstellen, dass auch andere Rechtsformen bei entsprechender Ausgestaltung von Substanzgenussrechten die Voraussetzungen erfüllen können. Um bei Vorliegen dieser Anteile einen Zufluss im Zeitpunkt der Beendigung zu verhindern, soll bei Beendigung des Dienstverhältnisses der Arbeitgeber diesen Umstand im Lohnzettel angeben. Wenn der Arbeitgeber diese Möglichkeit in Anspruch nimmt, erfolgt der Zufluss erst, sobald einer der weiteren Tatbestände des Abs. 3 verwirklicht wird (etwa der Veräußerung der Anteile, Aufhebung der Vinkulierung, Tod oder Wegfall des Arbeitgebers). Wenn auf Grund der Veräußerung der Anteile (Z 1) oder der Aufhebung der Vinkulierung (Z 3) erst nach Beendigung des Dienstverhältnisses ein Zufluss stattfindet, soll der Arbeitgeber zudem verpflichtet werden, den Zufluss dem Finanzamt Österreich mitzuteilen. Dadurch soll sichergestellt werden, dass eine Überprüfung der korrekten Veranlagung erfolgen kann. In diesem Fall soll der Arbeitgeber zudem auch nach Beendigung des Dienstverhältnisses für die Entrichtung der Steuer haften, weil durch die individuelle Aufzeichnungsverpflichtung der Gesellschafter im Anteilsbuch (wie etwa in § 9 Abs. 7 FlexKapGG) in Verbindung mit der Vinkulierung sichergestellt ist, dass der Arbeitgeber die für die Versteuerung notwendigen Informationen erhält und sich dementsprechend durch zivilrechtliche Regelungen in die Lage versetzen kann, eine korrekte Entrichtung sicherzustellen. Da eine Umwandlung von Unternehmenswert-Anteilen in Geschäftsanteile gemäß § 9 Abs. 9 FlexKapGG keine steuerpflichtige Realisierung darstellt, soll eine solche Umwandlung – auch nach Beendigung des Dienstverhältnisses – zu keinem Zufluss des geldwerten Vorteils führen. Der Zufluss soll daher auch in diesen Fällen erst erfolgen, wenn einer der weiteren Tatbestände des Abs. 3 verwirklicht wird. Alternativ kann auch bei Vorliegen von Unternehmenswert-Anteilen bzw. anderen die Voraussetzungen des Abs. 3 Z 2 erfüllenden Anteilen die sofortige Versteuerung bei Beendigung des Dienstverhältnisses durch den Arbeitgeber vorgenommen werden.

- Z 3 soll einen Auffangtatbestand für jene Fälle darstellen, in denen die Vinkulierung zwar aufgehoben wird – etwa auch durch gerichtliche Ersetzung der Zustimmung –, aber eine Veräußerung im selben Kalenderjahr nicht stattfindet. Auch bei Aufhebung der Vinkulierung, um bloß unentgeltliche Übertragungen zu ermöglichen, soll Z 3 zur Anwendung kommen. Dadurch soll sichergestellt werden, dass die Vinkulierung als grundlegende Voraussetzung für die Gewährung des Steueraufschubs über den gesamten Zeitraum erhalten bleibt und die Abwicklung im Rahmen der Lohnverrechnung durch den Arbeitgeber möglichst einfach administrierbar ist. Wird die Vinkulierung im Zuge der Beendigung des Dienstverhältnisses aufgehoben, ist Z 2 anzuwenden. Wird hingegen seitens des Arbeitgebers die Zuflussverschiebung gemäß Z 2 erklärt und erfolgt zu einem späteren Zeitpunkt eine Aufhebung der Vinkulierung, erfolgt der Zufluss gemäß Z 3; dies gilt auch, wenn die Aufhebung der Vinkulierung noch im selben Jahr erfolgt.

- Neben der Liquidation des Arbeitgebers soll gemäß Z 4 auch der Tod des Arbeitnehmers zu einem Zufluss führen.

- Die Mobilität der Arbeitnehmer spielt in der Praxis eine bedeutende Rolle. Werden Start-Up-Mitarbeiterbeteiligungen im Sinne von § 67a gewährt, gelten sowohl der geldwerte Vorteil bei Gewährung als auch allfällige Wertsteigerungen als Einkünfte gemäß Art. 15 OECD-MA, solange der Arbeitnehmer nicht frei über die Beteiligung verfügen kann (siehe OECD-Musterkommentar zu Artikel 15, Rz 12.2.).

Start-Up-Förderungsgesetz
Gesetzesmaterialien

Aufgrund des im Anwendungsbereich von Art. 15 OECD-MA geltenden Kausalitätsprinzips sind die Einkünfte in jenem Staat zu besteuern, in dem der Arbeitnehmer die der Vergütung zugrundeliegende Tätigkeit ab Gewährung ausübt. Dies gilt unabhängig davon, ob der Arbeitnehmer im Zeitpunkt der innerstaatlichen Einkünfterealisierung noch in diesem Staat tätig ist. Wird daher der Arbeitnehmer zwischen Gewährung der Start-Up-Mitarbeiterbeteiligung und freier Verfügbarkeit über die Beteiligung in verschiedenen Staaten tätig, sind die Einkünfte nach den in diesem Zeitraum geleisteten Arbeitstagen aufzuteilen. Folglich führt alleine der Wegzug des Arbeitnehmers oder die Verlegung des Arbeitsorts ins Ausland, dem Grunde nach zu keiner Einschränkung des österreichischen Besteuerungsrechts. Ein eigener Wegzugstatbestand auf Ebene der Arbeitnehmer soll daher nicht vorgesehen werden. Jedoch soll die Erhebung der Steuer durch Z 5 insbesondere in jenen Fällen sichergestellt werden, in denen der Arbeitgeber, der den Lohnsteuerabzug vornimmt, (ohne Liquidation) ins Ausland verzieht. Es soll daher im Sinne einer Abschlussbesteuerung auch dann zu einem Zufluss kommen, wenn die ertragsteuerlichen Pflichten des Arbeitgebers künftig nicht mehr wahrgenommen werden. Kein Zufluss gemäß Z 5 findet hingegen statt, wenn den Verpflichtungen weiterhin freiwillig nachgekommen wird (z. B. durch den ausländischen Arbeitgeber). Sobald der Arbeitnehmer frei über die Start-Up-Mitarbeiterbeteiligung verfügen kann, z. B. wenn die Vinkulierung aufgehoben wird, fallen die ab freier Verfügbarkeit angefallenen Wertsteigerungen nicht mehr unter Art. 15 OECD-MA, sondern sind vom Anwendungsbereich des Art. 13 OECD-MA erfasst. Findet danach eine wegzugsbedingte Einschränkung des Besteuerungsrechts statt (Art. 13 Abs. 5 OECD-MA), greift die Entstrickungsbesteuerung des § 27 Abs. 6 Z 1.

In Abs. 4 sollen die Sondervorschriften für die Besteuerung von Start-Up-Mitarbeiterbeteiligungen geregelt werden:
– Die Z 1 und 2 sollen die Bemessung des geldwerten Vorteils und die Anwendung eines festen Satzes regeln: Da die Beteiligung in der Regel veräußert wird, ist für diesen Fall der Veräußerungserlös als Bemessungsgrundlage heranzuziehen, was die Anwendung erheblich erleichtert. Sofern in den Folgejahren der Veräußerung insbesondere im Rahmen einer sogenannten „earn-out"-Klausel eine Anpassung des Veräußerungslöses erfolgt, soll vorgesehen werden, dass diese Anpassung als rückwirkendes Ereignis gemäß § 295a BAO im Jahr der Veräußerung zu berücksichtigen ist. Sollte (ausnahmsweise) ein anderer Zuflusstatbestand des Abs. 3 verwirklicht werden, soll auf den gemeinen Wert der Start-Up-Mitarbeiterbeteiligung im Zuflusszeitpunkt abgestellt werden; klargestellt wird für diesen Fall, dass dieser in weiterer Folge die steuerlichen Anschaffungskosten darstellt. Jedenfalls sollen vom geldwerten Vorteil Zahlungen gemäß Abs. 2 Z 1, die bis zur Höhe des Nennwerts der Anteile geleistet wurden, abzuziehen sein. Die weitere Besteuerung der Beteiligung erfolgt nach den allgemeinen Grundsätzen des § 27.
– Die Regelung verfolgt – neben der Einräumung des Vorteils aus dem Besteuerungsaufschub – das besondere Ziel, die Notwendigkeit einer komplexen Bewertung der Beteiligung möglichst zu vermeiden und eine einheitliche Steuererhebung mittels Lohnsteuerabzug zu ermöglichen. In die Besteuerung des geldwerten Vorteils soll daher auch die Erfassung der seit der Abgabe eingetretenen „Wertsteigerungskomponente" einfließen. Sie wird vereinfachend mit 75% der Bemessungsgrundlage (idR des Veräußerungserlöses) angesetzt. Für diesen Anteil soll ein fester (Lohn)Steuersatz von 27,5% zur Anwendung kommen, der in der Höhe nach dem entsprechenden KESt-Satz entspricht. Beim geldwerten Vorteil aus der Start-Up-Mitarbeiterbeteiligung soll es sich um einen sonstigen Bezug handeln.
– Um dem Aspekt der Bindung an das Unternehmen Rechnung zu tragen, soll die Anwendung des festen Satzes nur möglich sein, wenn das Dienstverhältnis zumindest zwei Jahre angedauert hat. Darüber hinaus soll sie den Ablauf einer Frist von drei Jahren ab dem Zeitpunkt der erstmaligen Abgabe von Start-Up-Mitarbeiterbeteiligungen an den jeweiligen Arbeitnehmer erfordern. Die Frist läuft vom Zeitpunkt der erstmaligen Abgabe einer Start-Up-Mitarbeiterbeteiligung, sodass auch in Fällen, in denen Anteile (sukzessive) zugewendet werden, eine einheitliche steuerliche Behandlung der gesamten Start-Up-Mitarbeiterbeteiligung sichergestellt ist. In derartigen Fällen genügt es für alle Anteile, wenn die Frist hinsichtlich der ersten gewährten Tranche erfüllt ist. Wird der Zufluss gemäß Abs. 3 Z 2 durch die Beendigung des Dienstverhältnisses verursacht, soll nur auf das zwei Jahre andauernde Dienstverhältnis abgestellt werden und der Zeitpunkt der erstmaligen Abgabe nicht relevant sein. In der Praxis wird es sich anbieten, ein Rückkaufrecht des Arbeitgebers, allenfalls zu einem festgelegten Preis, bei Beendigung des Dienstverhältnisses zumindest innerhalb der Zweijahresfrist vorzusehen. Bei Tod des Arbeitnehmers soll die Anwendung des festen Satzes auch dann möglich sein, wenn die Behaltefrist von drei Jahren nicht erfüllt wird bzw. das Dienstverhältnis nicht mindestens zwei Jahre gedauert hat.
– Soweit beim Lohnsteuerabzug der feste Satz nicht anwendbar ist, soll die steuerliche Erfassung nach § 67 Abs. 10 als sonstiger Bezug nach dem Lohnsteuertarif erfolgen; dies betrifft einerseits jene Fälle, in denen die Fristen nicht erfüllt sind, andererseits jenen Teil der Bemessungsgrundlage, der auch bei Erfüllung der Frist nicht mit einem festen Satz zu erfassen ist (25% der Bemessungsgrundlage).
– In Z 3 soll jener (Sonder)Fall geregelt werden, in denen kein Lohnsteuerabzug vorzunehmen ist, sondern die Besteuerung im Rahmen der (Arbeitnehmer)veranlagung erfolgen soll: Dazu soll es kommen, wenn der geldwerte Vorteil entsprechend den Regelungen des Abs. 3 erst nach Beendigung des Dienstverhältnisses zufließt. Das ist der Fall, wenn der ehemalige Arbeitnehmer die Anteile veräußert oder ein anderer Zuflusstatbestand nach Beendigung des Dienstverhältnisses verwirklicht wird.
– Erfolgt die Besteuerung nicht im Wege des Lohnsteuerabzuges, soll in § 41 Abs. 1 Z 17 ein Pflichtveranlagungstatbestand und in § 42 Abs. 1 Z 3 die Steuererklärungspflicht vorgesehen werden.
– Z 4 soll unerwünschten Gestaltungen entgegenwirken: Gewinnausschüttungen gelten als (tarif)lohnsteuerpflichtige Bezüge im Sinne des § 67 Abs. 10, soweit sie den Anspruch übersteigen, der sich aus dem quotenmäßigen Anteil am Kapital ergeben würde (alineare Gewinnausschüttungen). Sofern alineare Gewinnausschüttungen nachweislich aufgrund anderer wirtschaftlicher Gründe (z. B. umgründungssteuerliche Begleitmaßnahmen) erfolgen, soll dies jedoch unschädlich sein. Damit soll auch

Start-Up-Förderungsgesetz
Gesetzesmaterialien

vermieden werden, dass sich die Regelung allgemein auf die Lohnpolitik negativ auswirkt. Soweit Gewinnausschüttungen nicht unter diese Regelung fallen, stellen diese beim Arbeitnehmer Einkünfte aus Kapitalvermögen dar und unterliegen nach Maßgabe der §§ 93 ff dem Kapitalertragsteuerabzug.

– Z 5 soll Rechtssicherheit hinsichtlich der Besteuerungsfolgen bei Abgabe von Anteilen durch den Gesellschafter des Arbeitgebers schaffen: Um zu vermeiden, dass ein solcher Vorgang im Sinne einer Doppelmaßnahme als Einlage (Tausch) in die Gesellschaft und Abgabe durch diese (Betriebsausgabe) gesehen wird, und damit eine Bewertung der Anteile sowie Besteuerungsfolgen beim Gesellschafter nach sich zieht, soll vorgesehen werden, dass die Abgabe einen unmittelbareren Vorteil aus dem Dienstverhältnis von dritter Seite darstellt. Beim Gesellschafter sollen die Anschaffungskosten für seine Anteile durch die Abgabe in Summe gleichbleiben, sodass er steuerlich – durch geminderte Anschaffungskosten – keinen Nachteil durch die Abgabe der Anteile erleidet. Gleichzeitig soll durch eine Absenkung der Anschaffungskosten für empfangene Zahlungen der Mitarbeiter (in Höhe des Nominales) sichergestellt werden, dass diese Beträge steuerhängig sind, aber nicht zu einer Sofortbesteuerung führen. Da der Gesellschafter die Anteile auch in einem Betriebsvermögen halten könnte, soll durch Anführung der Buchwerte im Klammerausdruck auch die Anwendbarkeit der Regelung für solche Fälle klargestellt sein.

– In Abs. 5 soll geregelt werden, dass die SV-Beiträge für eine Start-Up-Mitarbeiterbeteiligung nach § 50a ASVG immer vom laufenden Arbeitslohn abzuziehen sind, unabhängig davon, ob ein Zufluss für die Start-Up-Mitarbeiterbeteiligung erfolgt ist oder die Versteuerung erst zu einem späteren Zeitpunkt erfolgt. Es hat keine Aufteilung der SV-Beiträge auf die laufend und die festversteuerten Bezüge nach § 67a zu erfolgen.

Im Interesse der korrekten steuerlichen Erfassung soll zudem die Lohnkontenverordnung in Bezug auf die Neuregelung angepasst werden.

Die Regelung soll für Anteile gelten, die erstmals ab dem 1. Jänner 2024 abgegeben werden, und erstmalig beim Lohnsteuerabzug 2024 oder der Einkommensteuerveranlagung 2024 anzuwenden sein.

5. In § 94 Z 2 wird im ersten Teilstrich nach der Wortfolge „Gesellschaften mit beschränkter Haftung" *die Wortfolge samt Satzzeichen* **„ , Flexiblen Kapitalgesellschaften"** *eingefügt.*

EB: Es soll die mit dem Flexible Kapitalgesellschafts-Gesetz neu eingeführte Gesellschaftsform der „Flexiblen Kapitalgesellschaft" in den Aufzählungen ergänzt werden.

6. In § 124b wird folgende Ziffer 445 angefügt:

„445. § 41 Abs. 1 Z 17, § 41 Abs. 4, § 42 Abs. 1 Z 3 und § 67a, jeweils in der Fassung des Bundesgesetzes, BGBl. I Nr. xx/2023, sind erstmalig für Anteile anzuwenden, die nach dem 31. Dezember 2023 abgegeben werden, wenn

– die Einkommensteuer veranlagt wird, bei der Veranlagung für das Kalenderjahr 2024,

– die Einkommensteuer (Lohnsteuer) durch Abzug eingehoben oder durch Veranlagung festgesetzt wird, für Lohnzahlungszeiträume, die nach dem 31. Dezember 2023 enden."

7. In der Anlage 2 (zu § 94 Z 2 EStG) wird in Z 1 lit. t nach der Wortfolge „ „Gesellschaft mit beschränkter Haftung", *die Wortfolge samt Sonderzeichen* **„ „Flexible Kapitalgesellschaft","** *eingefügt.*

EB: Es soll die mit dem Flexible Kapitalgesellschafts-Gesetz neu eingeführte Gesellschaftsform der „Flexiblen Kapitalgesellschaft" in den Aufzählungen ergänzt werden.

Artikel 2
Änderung des Körperschaftsteuergesetzes 1988

Das Körperschaftsteuergesetz 1988, BGBl. Nr. 401/1988, zuletzt geändert durch das Bundesgesetz BGBl. I Nr. 108/2022, wird wie folgt geändert:

1. In § 24 Abs. 4 entfällt die Z 3 und in Z 4 wird der Verweis „Z 1 bis 3" *durch den Verweis* **„Z 1 und 2"** *ersetzt.*

2. In § 26c wird folgende Z 92 angefügt:

„92. § 24 Abs. 4 Z 3 entfällt mit Ablauf des 31. Dezember 2023."

EB: Vor dem Hintergrund der mit dem GesRÄG 2023 erfolgten Herabsetzung des gesetzlichen Mindeststammkapitals von GmbH von 35.000 auf 10.000 Euro (§ 6 Abs. 1 GmbHG) kann das mit dem AbgÄG 2014 eingeführte steuerliche Privileg der ermäßigten Mindeststeuer des § 24 Abs. 4 Z 3 entfallen. Die Regelung des § 24 Abs. 4 Z 3 soll abgestimmt auf das Inkrafttreten des § 6 Abs. 1 GmbHG mit Ablauf des 31. Dezember 2023 außer Kraft treten.

Artikel 3
Änderung des Umgründungssteuergesetzes

Das Umgründungssteuergesetz, BGBl. Nr. 699/1991, zuletzt geändert durch das Bundesgesetz BGBl. I Nr. 108/2022, wird wie folgt geändert:

In der Anlage (zu Art. I, II, III und VI) wird in Z 1 lit. s nach der Wortfolge „ „Gesellschaft mit beschränkter Haftung", *die Wortfolge samt Sonderzeichen* *„ „Flexible Kapitalgesellschaft","* *eingefügt.*

Start-Up-Förderungsgesetz
Gesetzesmaterialien

EB: Es soll die mit dem Flexible Kapitalgesellschafts-Gesetz neu eingeführte Gesellschaftsform der „Flexiblen Kapitalgesellschaft" in der Aufzählung ergänzt werden.

Artikel 4
Änderung der Bundesabgabenordnung

Die Bundesabgabenordnung, BGBl. Nr. 194/1961, zuletzt geändert durch das Bundesgesetz BGBl. I Nr. 108/2022, wird wie folgt geändert:

1. In § 80 Abs. 3 wird nach der Wortfolge „Gesellschaft mit beschränkter Haftung" die Wortfolge „oder Flexiblen Kapitalgesellschaft" eingefügt.

2. In § 160 Abs. 3 wird nach der Wortfolge „Gesellschaften mit beschränkter Haftung" die Wortfolge „ , Flexiblen Kapitalgesellschaften" samt Satzzeichen eingefügt.

3. Dem § 323 wird folgender Abs. 81 angefügt:

„(81) § 80 Abs. 3 und § 160 Abs. 3, in der Fassung des Bundesgesetzes BGBl. I Nr. xx/2023, treten mit 1. Jänner 2024 in Kraft."

EB: Die Änderungen dienen der Verweisanpassung, die durch die Schaffung einer neuen Rechtsform („Flexible Kapitalgesellschaft") notwendig wird.

Artikel 6
Änderung des Kommunalsteuergesetzes 1993

Das Kommunalsteuergesetz 1993, BGBl. Nr. 819/1993, zuletzt geändert durch das Bundesgesetz BGBl. I Nr. 93/2022, wird wie folgt geändert:

In § 5 Abs. 2 wird am Ende der Punkt durch einen Strichpunkt ersetzt und folgende lit. f angefügt:

„f) der gemäß § 67a Abs. 4 Z 2 des Einkommensteuergesetzes 1988 (Start-Up-Mitarbeiterbeteiligung) mit einem festen Satz zu versteuernde geldwerte Vorteil."

EB: In Übereinstimmung mit der Systematik der steuerlichen Behandlung von Start-Up-Mitarbeiterbeteiligungen im Einkommensteuergesetz 1988 (EStG 1988) sollen nur jene geldwerten Vorteile kommunalsteuerpflichtig und dienstgeberbeitragspflichtig sein, die gemäß § 67a Abs. 4 Z 2 EStG 1988 nach dem Tarif zu besteuern sind (§ 67 Abs. 10 EStG 1988), nicht jedoch jener Teil des Zuflusses, der dem festen Satz von 27,5 % unterliegt. Vor dem Zufluss gemäß § 67a Abs. 3 EStG 1988 besteht keine Kommunalsteuerpflicht und Dienstgeberbeitragspflicht, da es sich um keine Bezüge gemäß § 25 Abs. 1 Z 1 EStG 1988 handelt, solange kein geldwerter Vorteil gemäß § 15 Abs. 2 Z 1 EStG 1988 zugeflossen ist.

Artikel 7
Änderung des Familienlastenausgleichsgesetzes 1967

Das Familienlastenausgleichsgesetz 1967, BGBl. Nr. 376/1967, zuletzt geändert durch das Bundesgesetz BGBl. I Nr. 226/2022, wird wie folgt geändert:

1. In § 41 Abs. 4 wird am Ende der Punkt durch einen Beistrich ersetzt und folgende lit. i angefügt:

„i) der gemäß § 67a Abs. 4 Z 2 des Einkommensteuergesetzes 1988 (Start-Up-Mitarbeiterbeteiligung) mit einem festen Satz zu versteuernde geldwerte Vorteil."

2. In § 55 wird folgender Abs. 64 angefügt:

„(64) § 41 Abs. 4 lit. i in der Fassung des Bundesgesetzes BGBl. I Nr. xx/2023 tritt mit dem der Kundmachung des genannten Bundesgesetzes folgenden Tag in Kraft und ist erstmalig ab dem Kalenderjahr 2024 anzuwenden."

EB: In Übereinstimmung mit der Systematik der steuerlichen Behandlung von Start-Up-Mitarbeiterbeteiligungen im Einkommensteuergesetz 1988 (EStG 1988) sollen nur jene geldwerten Vorteile kommunalsteuerpflichtig und dienstgeberbeitragspflichtig sein, die gemäß § 67a Abs. 4 Z 2 EStG 1988 nach dem Tarif zu besteuern sind (§ 67 Abs. 10 EStG 1988), nicht jedoch jener Teil des Zuflusses, der dem festen Satz von 27,5 % unterliegt. Vor dem Zufluss gemäß § 67a Abs. 3 EStG 1988 besteht keine Kommunalsteuerpflicht und Dienstgeberbeitragspflicht, da es sich um keine Bezüge gemäß § 25 Abs. 1 Z 1 EStG 1988 handelt, solange kein geldwerter Vorteil gemäß § 15 Abs. 2 Z 1 EStG 1988 zugeflossen ist.